本卷系交通部交通应用基础研究项目成果

中国航海史基础文献汇编

（第三卷·杂史卷）

（1）

中国航海史基础文献汇编编辑委员会
大连海事大学中国航海史基础文献研究项目组　编

主编　孙光圻　　副主编　刘义杰

海洋出版社

2012年·北京

图书在版编目(CIP)数据

中国航海史基础文献汇编. 第3卷,杂史卷/孙光圻主编. —北京:海洋出版社,2011.9.

ISBN 987-7-5027-8054-8

Ⅰ.①中… Ⅱ. ①孙… Ⅲ.①航海—交通运输史—文献—汇编—中国 Ⅳ.①F552.9

中国版本图书馆CIP数据核字(2011)第128845号

责任编辑:刘义杰
责任印制:赵麟书
海洋出版社 **出版发行**
http://www.oceanpress.com.cn
(北京市海淀区大慧寺路8号 邮编:100081)
中煤涿州制图印刷厂北京分厂印刷 新华书店发行所经销
2012年4月第1版 2012年4月北京第1次印刷
开本:880mm×1230mm 1/16 印张:372
字数:10620千字 印数:1～1000册
定价:980.00元
发行部:62147016 邮购部:68038093 总编室:62114335

本书编辑出版得到以下个人和单位的部分资助,特此鸣谢!

高彦明先生

中海发展股份有限公司货运公司

广州远洋运输公司

序　一

中国是一个历史悠久、大陆与海洋兼而有之的文明古国，地域辽阔，湖泊和河流众多，并拥有18 000公里的海岸线、6 000多个岛屿以及据《联合国海洋法公约》所规范的近300万平方公里的海洋国土。在漫长的航海实践中，我国各族人民“热爱祖国、以德睦邻”，创造了灿烂的中华航海文明，成为中华民族和全人类的宝贵财富。在中国和平发展的新世纪里，走资源节约型、环境友好型的综合交通发展之路，必须传承和弘扬中华民族优秀文化，有效提升全民族的海洋意识，促进航海事业不断发展，建设海运强国。

新中国的几代领导人反复强调：要传承文明，资政育人，开拓创新。今天我们所做的一切，将成为明天的历史，善于学习历史，是深远的智慧。2006年秋，大连海事大学受原交通部委托开展中国航海史基础文献研究，计划用6至8年时间，全面系统地检索、整理、研究自远古至新中国成立之间的各个历史时期的正史、别史、杂史、方志、考古、档案、图画、学术、海外典籍等各类基础文献，将其中与中国航海（含通海江河航行）历史相关的活动、事件、人物、地区、运载工具、航行技术以及航海管理机构与政策等图文资料辑集成集，编辑出版一亿字左右的多卷本《中国航海史基础文献汇编》，为子孙后代留下一份认识中国航海事业发展过程的宝贵遗产。这是一项功在当代、利在千秋的航海文化建设工程。做好《中国航海史基础文献汇编》（多卷本）编辑与出版工作，是一个涉及面极广、难度很大的科学研究工作，需要全行业、特别是各相关部门和企业单位领导同志的通力支持与合作，也需要相关部门和专家的参与和帮助。在大家共同不懈的努力下，我相信一定能够顺利和如期地完成这项重要的工作。

经过三年多的努力工作，《中国航海史基础文献汇编》的第一卷（正史卷）、第二卷（别史卷）已经相继面世，第三卷（杂史卷）也行将出版，我向参与和支持前三卷及以后各卷编辑出版工作的单位与个人表示祝贺和敬意。透过《中国航海史基础文献汇编》（多卷本）所汇集的这些珍贵的历史文献记载，我们可充分感受我国航海文化的深厚和久远。温故我国辉煌与灿烂的航海历史，有助于弘扬“热爱祖国，科学航海”的精神，必将激励广大交通职工为实现海运强国的目标而努力奋斗。

中国人民共和国交通部部长 李盛霖

2010年5月30日修订

Preface

China is a great country with a long history of an ancient civilization covering vast areas of land and having numerous lakes and rivers, 18 000km coastline and more than 6 000 islands, and nearly 3 million square kilometers territory waters stipulated according to the United Nations Convention on the Law of the Sea as well. Through out a prolonged practical process of marine navigation, the Chinese people of all nationalities with ardent love their motherland and return good for good - neighborliness, created a glorious Chinese maritime civilization which was turned into the precious wealth of Chinese nation and entire mankind. It is indispensable for China in the peaceful development new century to inherit and develop the Chinese outstanding culture, to effectively promote the whole nations maritime consciousness, advance Chinese marine transport continuous growth and build China into a strong modern maritime country, following the road of resources - saving and environment - friendly communications and transport developments.

State leaders of new China have repeatedly emphasized: we should inherit civilization, educate people to learn from history and the experience of the Communist Party of China, create and bring forth new ideas. What we have done today will be the history of tomorrow, and being adept at studying history is a far - reaching sagacity. In autumn 2006, the original Ministry of Communications commissioned Dalian Maritime University to carry out a research program in basic literature on Chinese history of marine navigation, which would last six to eight years, overall and systematically retrieve, sort out and research various kinds of basic literature, such as official history books, unofficial history, private record of anecdotes, local gazettes, archaeology, archives, drawings, academic publications, abroad ancient codes and records of each historical period from remote antiquity to the founding of the People's Republic of China, and from which the drawings and written materials of activities, events, characters, areas of exploration, marine navigation instruments, navigational technology, maritime administrative organs and maritime policies related would be edited into collected works, compiling and publishing "The Compilation of Basic Literature of Chinese History of Marine Navigation" of more than a hundred million characters in multiple volumes, which will remain a treasured national heritage to our future generations in recognizing the course of Chinese maritime developments, and this is also an achievement which will be a contribution to contemporary times and confer benefits to future generations. Making a good job in editing and publishing "The Compilation of Basic Literature of the Chinese History of Marine Navigation" is a scientific research program that bisects many broad fields and thus faces and provides a variety of challenges. It needs full cooperation and concrete support from many departments, enterprises and public institutions. It also needs the participation and assistance of many departments and experts in various walks of life. I genuinely hope that through our sustained effort, this vital task will be smoothly accomplished on schedule.

Through the three – year hard work, the first volume(official history) and the second volume (unofficial history) of "The Compilation of Basic Literature of the Chinese History of Marine Navigation" were published in succession, and the third volume(private record of anecdotes) will also be published, I would like to take this opportunity to express my congratulations and highest consideration to the individuals and institutions that have participated in and supported the edition and publication of this volume and the follow – ups. Through these valuable historical materials records collected in "The Compilation of Basic Literature of the Chinese History of Marine Navigation" (multiple volumes), we are deeply affected by the rich and time – honored Chinese maritime culture. Recalling the past illustrious Chinese history of marine navigation is conducive to carrying forward the spirit of ardent love for our country and scientific navigation, and this certainly shall encourage the vast workers and staff members of the communications and transport industry to strive for realizing the objective of building China into a strong maritime country.

Mr. LI Shenglin

Minster of the Ministry of Transport, the People's Republic of China

Revised on 30th May, 2010

序　二

航海活动是人类社会进步的重要动力，航海史是人类文明史的重要组成部分。在过去漫长的历史岁月中，中国曾经是一个航海大国、强国。中国人的航海活动，为中国社会的发展、也为世界各种文明之间的交往，作出了伟大的贡献，在世界历史上书写了灿烂的篇章。

中国又是一个文献大国，其数量之多，质量之高，都居于世界的前列。在中国浩如烟海的历代文献中，保存了丰富的与航海有关的资料，这些资料记录了我们祖先乘长风破万里浪的光辉业绩，也有许多关于世界其他文明的宝贵的记载。中国古代的航海著作，如《诸蕃志》、《岛夷志略》、《真腊风土记》、《瀛涯胜览》、《星槎胜览》、《郑和航海图》等，都以叙事准确、客观为世界学术界称道，早已译成多种外文，成为世界各国人民的共同财富。可以毫不夸大地说，亚洲、非洲很多国家和地区的历史，有赖于中国古代航海文献才得以重建。中国又是一个考古大国，文物大国，大量与航海有关的考古遗迹和文物，是我们祖先航海活动的形象记录。这些文献和文物，都是我们中华民族的极其珍贵的文化遗产。

中国封建社会后期，统治者实行闭关锁国的海禁政策，对民族的航海事业造成了极大的破坏。西方殖民者由海上蜂涌而来，用坚船利炮打开中国的大门。海洋成为殖民者横行霸道的势力范围。中国逐渐由航海强国变成航海弱国，完全丧失了在海洋问题上的发言权。近代的许多文献，记录了这段惨痛的历史。

新中国成立以前，我国航海的辉煌历史在相当长的时期内没有受到应有的重视，以致在不少人心目中，中国只是一个大陆国家、农业国家，中华文明是所谓黄土地文明。中华人民共和国成立以后，特别是改革开放以来，建设海洋强国日益成为全民的共识，客观形势的变化促使人们重新审视过去，历史上航海事业的研究愈来愈受到社会各方面的关注。

由交通部立项、大连海事大学承担的多卷本《中国航海史基础文献汇编》，正是在这样背景下启动的。这是一项规模宏大的文化建设工程，旨在将远古至新中国成立以前各个历史时期的有关航海的资料，包括文献（正史、野史、政书、文集、笔记、档案、方志、碑刻等）和考古文物等，作全面系统的整理，编辑出版。航海史资料的特点，可以说是小集中、大分散。集中的资料不多，大量的资料散见于各处，需要认真去搜求。披沙拣金，这是一项难度极大的工作，要求主事者和参与者付出艰巨的劳动。但这也是具有重要意义的工作。可以预期，这套多卷本《汇编》的问世,必将对中国乃至世界航海史的研究,产生积极的作用。

二十一世纪是海洋世纪。中华民族必须在海洋上大有作为,才能自立于世界民族之林。认真研究我们先民的航海业绩,总结我国航海史的经验教训,不仅能够丰富爱国主义教育的内容,而且可以对今天的航海事业和国际交往,提供许多有益的启示。谨向参与这项文化工程默默奉献的同志表示由衷的敬意。

中国社会科学院学部委员 陈高华

2007 年 6 月 4 日

序　三

交通部(今交通运输部)于2006年9月给我校下达了交通部应用基础项目《中国航海史基础文献研究》的任务书。明确规定用6年~8年左右时间,全面检索、研究和整理我国各个历史时期的史籍、丛书、方志、档案、考古成果和中外学术成果等基础文献,将其中与中国航海史有关的图文资料汇编成册,正式编辑出版一整套时间跨度为从远古至新中国成立,篇幅规模达数千万字的包括正史、别史、杂史、方志、档案、海外、考古、学术在内的多卷本《中国古代航海史基础文献汇编》(以下简称《汇编》)。为此,我校立即组织力量成立了以孙光圻教授为首的课题组开展工作。孙光圻教授早在20世纪80年代就潜心研究中国航海史各类基础文献,研撰了《中国航海史》、《中国航海史纲》、《海洋交通与文明》等三部专著,发表了近200篇学术论文,是我国航海史研究领域中知名专家。课题组其他人员无论是离退休的老领导、老专家,还是中青年的教研人员,都以极大的热情同心协力地投入到这一前无古人的重大的科研项目和文化建设工程中去。在交通部的正确领导和大力支持下,经过三年多来的艰辛劳动,《汇编》的第一卷(正史卷)、第二卷(别史卷)均已正式出版,并先后作为2007年和2009年的全国航海日庆典大会献礼,受到国内外航海界与媒体的广泛关注,其中第一卷还荣获2007年度国家海洋优秀科技著作奖。最近,第三卷(杂史卷)又将于2010年全国航海日庆典来临之际公开出版。我谨代表学校向课题组全体研究人员表示衷心的祝贺。

《汇编》(多卷本)所引述的浩为烟海的各类文献资料,充分展示了中国古代和近代航海事业所走过的辉煌和曲折的道路。它充分说明,一个国家的荣辱离不开航海活动的兴衰。航海是一个国家综合国力的象征。中国古代兴盛的海洋航行,无不验证了这一道理,可以资政育人,启迪后代,为我们建设现代化的航海强国提供宝贵的历史借鉴。

《汇编》(多卷本)还告诉我们,一个国家航海事业的发展,离不开航海人才的培养与航海科技的进步。我们大连海事大学是以培养各类高等航海人才为主旨的高等学府,迄今已有逾百年的历史。我高兴地在《汇编》所引述的历史文献中读到了我校前身"南洋公学"和"高等商船学堂"关于"以授航海机关之学术及驾驶商船之知识技术"的各类珍贵的相关记载。这对于我校继承与发扬历史传统,在新世纪建设世界第一流高等航海学府,是一个重要的精神鼓舞和文明支撑。

当然,尽管因时间紧张和编辑水平所限,《汇编》(多卷本)已出版的各卷无论在内容的选取与体例的安排上还有诸多不足与漏误,有待于今后继续弥补与提高,但作为从事一项前无古人的重大航海文化工程建设的"创新之旅",应该说已是相当成功了。古人说,"欲穷千里目,更上一层楼"。我相信,在交通运输部的有力领导与全国航海界及相关学术界的鼎力支持下,经过课题组再接再厉的不懈努力,这套多卷本《汇编》的以后各卷一定能如期相继问世,从而为我们传承优秀航海文明,重振中华航海雄风,提升航海软实力和建设航海强国,做出应有的历史贡献。

大连海事大学校长

2010 年 5 月 24 日修订

光辉和曲折：中国人走向海洋的历程

——《中国航海史基础文献汇编》（多卷本）总概述

我们伟大的祖国——中国，位于亚洲的东方，西濒浩瀚的太平洋，有着18 000多千米漫长的海岸线与大小6 000多个岛屿及其14 000多千米的岛屿线；此外，根据联合国《海洋法公约》，我国还拥有近300万平方千米的管辖海域，并形成渤、黄、东、南四个海区，是一个航海自然条件相当优越的大陆性兼海洋性国家。

我国的航海历史极为悠久，远古航海文明萌芽的产生可以追溯至遥远的新石器时代。从世界航海史角度考察，至少从公元前3世纪起，直到15世纪中叶为止，中华民族的航海事业与航海技术，始终居于世界领先地位。然而，对于中国人民杰出和辉煌的航海业绩与重大贡献，长期以来一直没有得到系统的整理和正确的评价，甚至在某些有关世界航海史的论著中或讲坛上，中国人民自古以来悠久的航海历史被有意或无意地忽略或抹杀了。例如，日本学者藤田丰八就曾经说过，“中国人向来就不长于航海术，尤以蒙古土尔其血统之汉人为然”[①]；德国人夏德以及美国人柔克义等也认为，在唐朝之前中国船从未到达波斯湾[②]。在这种国外学术观点影响下，国内有些学者也认为“中国船只在近海中航行，因此，中国人在航行远海或大洋时，就要乘外国船”[③]。直至20世纪80年代，这种对中华航海的光荣传统与雄厚实力表示这样或那样怀疑的学术见解仍时有所见。

值得庆幸的是，正是这个时期，在我国交通部（今交通运输部）的倡导与主持下，组织全国交通系统的编史力量，编辑出版了《中国航海史》与《中国水运史丛书》等数十部论述中国航运、港口与相关企事业单位发展历程的专著；中国航海学会也组建了航海史研究专业委员会，并编辑出版了《中国水运史研究》刊物；与之同步的是，国内主要的航海院校——大连海运学院（今大连海事大学）、上海海运学院（今上海海事大学）、集美航海学院（今集美大学航海学院）等先后开设了“中国航海史”课程，撰写了《中国古代航海史》、《中国航海史纲》等专著和教材；而也是从这一时期开始，中国的交通学界、历史学界、海交史学界、中外关系史学界以及造船界、旅游界、新闻出版界等，无不以极大的热诚和精力，投身于这一传承与弘扬中华航海文明的洪流之中。非但编辑出版了一系列重要的著作和刊物，取得了令人瞩目的学术成果，而且通过两次纪念郑和下西洋的全国性庆典活动的开展以及中国航海博物馆筹建和《中国航海史基础文献汇编》（多卷本）研撰这两项重大的航海文化建设工程的启动，开始全面、系统地向世人展示中华航海在历史长河的曲折沿革中所焕发出来的辉煌。

回顾数千年的中国航海史，虽然从15世纪中叶、特别是1840年鸦片战争以来，中国航海事业在内忧外患的钳制下，陷足于一段中衰和落后的时期，但随着1949年新中国的成立，又在短短的半个多世纪之内走上了再次崛起的重振之路。通过巡检正史、别史、杂史、方志、考古、档案、图画、学术等各类航海史基础文献，我们可以自豪地说，中华民族在海洋上的非凡活动及其对航海文明的卓越贡献，完全可以和世界上其他的优秀航海民族媲美而毫不逊色。中国历代航海家在海洋上所展示出来的开拓精神与慧思匠心，为整个人类的航海史册留下了浩气长存的光辉篇章。

---

① 藤田丰八著，何健民译《中国南洋古代交通丛考》。

② 夏德、柔克义《诸番志——赵汝适关于十二、十三世纪中国与阿拉伯的贸易的著作》。

③ 张星烺：《中西交通史料汇编》；张铁生：《中非交通史初探》。

一、中国航海历史的基本沿革

在中国各类航海史基础文献的记载中,根据航海活动主要内涵(例如:航海性质、航海规模、航海工具、航海区域、航海技术、航海管理等)的演变态势,可以将中国航海历史的整个发展过程大致分为“朦昧”、“起步”、“形成”、“上升”、“蓄势”、“繁荣“、“全盛”、“顶峰“、“中衰”、“落后”与“重振”等十一个时期。这十一个航海历史时期的沿革与变化,充分反映了中国航海事业与整个社会上层建筑及经济基础的内在辩证关系,这就是:航海作为人类通过一定的运载工具,在海洋(含通海江河湖泊)上完成物体和人体的时空位移的实践活动,始终是一定社会的政治与经济形态发展水平的一种动态反映;而同时,航海活动及其所涵孕的文明发展水平,又会对一定社会的政治与经济形态的演变,产生重要和深刻的影响。

(一)航海事业的朦昧时期

——旧石器晚期至新石器时期(公元前200世纪—公元前21世纪)

我国最初的原始航海活动,据有关考古遗存及远古神话传说等基础文献记载,很可能在旧石器时代的晚期已经萌发。从北京周口店龙骨山山顶洞遗址中发现的一系列海洋生物骨骼与贝壳的物证,以及有关“燧人氏以匏(葫芦)济水,伏羲氏始乘桴(筏)”①的传说探析,在距今约一万几千年之前的渔猎时期,中华原始祖先已开始与海洋发生接触,并能用植物蔓茎来捆扎树干或竹子进行短距离的海上漂浮了。又据《周易》、《物原》等古籍记载,特别是据浙江省萧山跨湖桥与河姆渡的考古发现可知,到新石器时代,当时的中国先民已懂得“刳木为舟,剡木为楫”②的道理,并在距今约8 000年前后就开始制作最早的船舶——独木舟,进行早期的海上航行了。同时,从我国滨海地区古代文化类型的产生与传播态势,也可以探测到新石器时代中国人的航行踪迹,不但已涉及江河与沿海一带,而且有可能已开始借助海洋自然动能,漂航到台湾、东南亚等远方水域了。

当然,这些原始的航海活动,基本上是盲目和被动的,其航海动因基本上是为了维持和繁衍生命,航海目标是非预期的,航海工具与航海技术是极其低下的,航海成功率是非常微弱的。然而,尽管如此,其意义却不同凡响,因为这不仅是中华民族走向海洋的第一步,而且是后来一切开发和利用海洋的文明基础。

(二)航海事业的起步时期

——夏、商、周时代(公元前21世纪—公元前770年)

进入夏、商、周奴隶社会后,随着社会生产力的发展与青铜生产技术的出现与成熟,木板船与风帆产生了。据各类基础文献记载,当时有目的、有计划、有组织的较大规模的航海活动开始起步了。以物资运输、人员迁徙、文化传播、外交往来为主要内容的航海行为与日俱增。有关夏代帝芒“命九夷,狩于海,获大鱼”③,商代盘庚迁都时“若乘舟,汝弗济,臭厥载”④,周代“越裳献白雉,倭人贡鬯草”⑤等记载,以及对美洲海域发现疑为中国古代石锚的研究,表明其时中国航海者不但活跃在中国沿海与内河区域,而且与今天日本列岛、朝鲜半岛、中南半岛的海上交往也已有交往,甚至还出现了某种远洋漂航的可能性。

(三)航海事业的形成时期

——春秋战国时代(公元前770年—公元前221年)

到了春秋战国时代,中国社会由奴隶制向封建制转化,生产力与生产技术得到了进一步提高。随着各诸侯国的争霸以及生铁生产技术与铁制工具的出现,木板船进而发展,结构渐趋复杂,吨位日益加重。据

---

① 《物原》。

② 《周易·系辞》。

③ 《竹书纪年》。

④ 《尚书·盘庚中》。

⑤ 《论衡》。

各类基础文献记载，其时的航海，不但被应用于各种规模的运输，而且已被吴、越、齐、楚等沿海临江的诸侯强国应用于大规模的水上作战。史乘上有关齐景公“吾欲观于转附（今山东省烟台市芝罘）、朝舞（今山东省荣成市成山头），遵海而南，放于琅邪（今山东省胶南市）[①]；吴国“不能一日而废舟楫之用”[②]；越国“水行而山处，以船为车，以楫为马”[③]；以及吴（今江苏省苏州市）与琅邪之间的两次江海联运迁都等记载，均为明例。而其时对朝鲜半岛、日本列岛、东南亚等远方水域的航行与探险，也已有明确的文物依据或文献记载。与之同时，远古时代的航海技术经过长期的实践与积累，已开始在对海陆态势的认识以及天文定向、地文定位、海洋气象、海上导航等诸方面初具雏形。鉴于其时的海洋航行已具有清晰的政治与经济动因，并已获得基本可靠的物质技术条件，因而可以认为，中国古代航海事业至此已告形成。

（四）航海事业的上升时期

——秦、汉时代（公元前221年—公元220年）

到秦与两汉时代，我国中央集权的封建主义国家开始形成和发展，社会生产力有了长足的进步，造船技术和航海技术相应得到重大提高。据各类基础文献记载与考古成果所得，随着近海与远洋的古代运载工具逐步趋向大型化、先进的控制航向设施——尾舵的出现、对所途海域季风规律的认识和掉戗驶风技术的掌握、以及地文、天文航海知识的进步，秦汉航海已步入了向上发展的时期。例如，有关秦皇、汉武的多次巡海求“三神山”、方士徐福的远航东渡、汉武帝的驰援东瓯（今浙江温州地区）与统一闽越、吕母的海上起义以及汉使远航南亚等航海活动的文献记载，就充分说明其时不但中国沿海全线畅通无阻，而且已能远航日本并驶出马六甲海峡，到达印度半岛南端，并在此基础上，形成了中国历史上第一条印度洋远洋航线——“海上丝绸之路”。

（五）航海事业的蓄势时期

——三国、两晋、南北朝时代（公元220年—公元589年）

到三国、两晋、南北朝时代，由于国内政局动荡、军事纷争，社会发展受到影响，经济重心开始南移，因此总的来说，该时期航海活动的规模较之秦汉时代有所减缩，但据各类基础文献记载，在某些时期与某些地区，仍有若干活跃之举和重要突破。例如，在三国时代，东吴的航海规模就相当庞大，航海范围也相当广阔，具有代表性的是孙权与辽东半岛公孙氏的海上交往，卫温、诸葛直船队浮海到达台湾，聂友、陆凯船队的海南岛之行，以及朱应、康泰船队的南洋远航。又例如，在东晋时代，孙恩、卢循所领导的海上大起义，著名的法显和尚从印度洋航海归国。再例如，在南朝时代，中日之间北路南线航路的开辟，中国远洋海船越过印度半岛，抵达波斯湾以及慧深和尚远航扶桑等。而与之同时，更为重要的是该时期中国古代航海技术有了长足的进展，如“邪张相取风气”[④]的驶风技术和航路指南的出现，“唯望日、月、星宿而进”[⑤]的天文航海技术以及对潮汐与信风规律的认识等。这一切都说明，这是一个蓄势待发时期，它为中国古代航海事业走向繁荣奠定了坚实的技术物质基础。

（六）航海事业的繁荣时期

——隋、唐、五代时代（公元589年—公元960年）

到隋唐时代，中国的封建社会进入盛期。特别是在唐代，社会生产力空前发展，科技文化全面繁荣，国际交往十分频繁，这一切推动着中国古代航海事业进入了繁荣时期。据各类基础文献记载，当时，中国海船工艺技术先进，结构坚固精良，载重吨位硕大，无论在近海与远洋航行方面，均独步于世界航海界。在北方航路上，与渤海国、朝鲜半岛、日本列岛的交往非常频繁，并开辟了西北太平洋上的堪察加半岛与库页岛

---

① 《孟子·梁惠王下》。
② 顾栋高：《春秋大事记》卷330。
③ 《越绝书·记地传》。
④ 万震：《南州异物志》。
⑤ 法显：《佛国记》。

航线以及横越东海的中日南路快速航线;在南洋与印度洋航路上,"海上丝绸之路"全面兴旺,航行踪迹不但遍及东南亚、南亚、阿拉伯湾与波斯湾沿岸,而且已伸展至红海与东非海岸,开辟了直接沟通亚非两大洲的长达10 000多海里的世界性远洋航线。与之同时,在国内外航海活动的大力推动下,从唐代中、后期开始,航海政策发生了重大改革,航海活动的经济价值得到了重视,出现了专门管理海外航运贸易的官吏——市舶使与机构——市舶司;国内的交州、广州、泉州、明州、扬州、登州等,也成为名噪中外的航海贸易大港。

唐朝之后,中国曾经历了半个世纪的五代十国动乱。虽然在此短暂的期间内,中原地区军阀混战,生产力遭到很大破坏,但是偏隅东南沿海的一些地方政权如南汉、闽、吴越等却较为平稳,生产继续发展,航海活动相当活跃,沿海以及与南洋、日本方面的海上交往也有增无减。

至于在航海技术上,其时的远洋季风航海技术已相当成熟,地文航海、特别是航路指南已有较为具体的文字记载,天文航海中的定位技术也有所进步,而对海洋潮汐的运动规律的认识也已达新的高度。

(七)航海事业的全盛时期

——宋、元时代(公元960年—公元1368年)

到宋、元时代,中国古代航海事业全面发展,进入长期活跃的全盛时期。在这一时期中,就航海史基础文献而论,可谓洋洋大观。除官方编撰的历史典籍外,还涌现出众多的由中外时人所撰写的纪实性或笔记性名著,如《宣和奉使高丽图经》、《真腊风土记》、《岛夷志略》、《诸番志》、《岭外代答》、《梦粱录》、《梦溪笔谈》、《大德南海志》、《海道经》以及《马可波罗游记》、《伊本·白图塔游记》等。除此而外,从考古遗址发现而言,也所获甚丰,如泉州宋代海船遗存与祈风石,以及莆田妈祖庙等,均为中国航海史研究提供了宝贵的资料。

从上述各类基础文献可知,宋、元历届中央政府力主积极的航海贸易政策,将航海事业与整个国民经济密切联系在一起。与此同时,航海工具体势庞硕,结构精良,"中者三千料至一千料","可载二三百人"①,"大船可载一千人"②,"有三帆以至十二帆"③,这一切为宋元兴盛的远洋航行提供了坚实的物质基础。而更重要的是,宋元时期的中国人在航海技术方面取得了具有世界意义的历史性突破,以罗盘导航、天文定位与航迹推算为标志,开辟了横跨印度洋的直达远程航线,比西方领先2-3个世纪进入"定量航海"④阶段。其时,中国航海业突飞猛进,在国内近海航行方面,与国家命运相关的北洋漕运航线得到了重大的改进和完善。在远洋航海方面,中国帆船的活动范围空前扩大,舟帆所及遍达西太平洋与北印度洋全部海岸,与朝鲜、日本、东南亚、南亚、西亚、东非、北非等广大区域的海上交通十分繁忙,中国远洋船队达到了"虽天际穷发不毛之地,无不可通之理"⑤的高超境界。仅据元代大航海家汪大渊所撰的《岛夷志略》介绍,当时中国远洋船队就已与约120个亚非国家与地区建立了海上贸易关系。

在国内外航海贸易活跃的基础上,宋元时期的航运管理体制、机构与政策法规日益健全,国内各主要海港也日益繁荣。著名的刺桐港——今福建省的泉州港,已成为与亚历山大齐名的世界上最大的国际贸易海港。这一切,直接推动中国古代航海事业走向光辉的历史顶峰。

(八)航海事业的顶峰时期

——明初郑和下西洋时代(公元1368年—公元1433年)

从14世纪70年代的明代开始,整个世界历史的运动格局已进入从封建主义转向资本主义的前夜,中国的封建社会制度也开始进入晚期。在渐趋保守和没落的明朝专制统治下,宋元时代的扶持民间航海贸

① 吴自牧:《梦粱录》。
② 《伊本·白图塔游记》,另名《伊本·拔都他游记》。
③ 同②。
④ 李约瑟:《中国科学技术史》。
⑤ 吴鉴《岛夷志·序》,见苏继庼《岛夷志略校释》。

易的政策发生重大逆转，替之以由中央政府直接控制的“官方航海”政策；而对民间私人航海贸易活动则开始采取严厉的海禁政策。但是，明初永乐至宣德年间，在国力强盛、经济富裕的物质基础上，在宋元丰富航海遗产和历史惯性的有力推动下，明代统治者出于巩固自身统治、扩大国际影响、满足物质享受的需要，曾举全国资财，先后派遣郑和率领当时世界上最庞大的官方远洋船队七下西洋，遍访亚非各国，从而将中国古代航海事业推入到前所未有的顶峰时期。

关于郑和下西洋的基础文献，除《明史》、《明实录》等官方史籍外，当时跟随郑和下西洋的人员如马欢、费信与巩珍等也归撰了纪实性著作——《瀛涯胜览》、《星槎胜览》、《西洋番国志》；同时，相关的遗址和家谱、碑文以及胡宗宪的《筹海图编》和罗懋登的《三宝太监西洋记通俗演义》等，也对之作了非常重要的记载。此外，自梁启超、伯希和开始，中外众多的学者也研撰了很多相关的专著与论文。这众多的基础文献雄辩地展示，郑和七下西洋堪称中国和世界航海史上前无古人、后启来者的宏勋伟绩。郑和船队船员众多，建制完整，每次下西洋人员多达二万七千余人；船舶巨大，种类齐全，“大者长四十四丈四尺，阔一十八丈”①；编队严密，分合有致，通讯捷便，进退有序。其规模之大，船舶之众，航迹之广，航技之高，在15世纪是世界上是无与伦比的。

郑和船队七下西洋，集中体现了古代中国人民在航海活动领域中所取得的光辉成就。在中国古代航海史的全部演变轨迹中，它既是上升趋势的最终一点，也是下降趋势的最初一点。郑和作为中国历史上最伟大的航海家，以他一生无愧的奋斗和执着的追求而彪炳史册。但明初中央政府在郑和下西洋时期所制定的封建专制主义航海政策以及“厚往薄来”的贸易政策，却终于导致了具有历史和光荣传统的中国古代航海事业的发展势头嘎然而止，并逐渐由盛转衰，悄然退出了在世界航海界的领先地位。

（九）航海事业的中衰时期

——明中叶至清鸦片战争（公元1433年—公元1840年）

郑和下西洋以后，我国晚期封建主义制度在整个世界开始向资本主义过渡的时代大潮中，越来越暴露出它内在的顽固性和落后性、成为中国社会生产力发展与生产关系革新的重大桎梏。据众多的基础文献记载，明清两代航海除了进行漕运和外交等有限的官方航行外，对民间海外航运活动基本上采取了闭关锁国的海禁政策，即或间有暂时的“开放”，也是伴以各种严厉的限制措施，致使中国原本先进的航海业非但无法走上资本主义的发展轨道，反而进退维谷，逐渐陷于被动。而与此同时，欧洲航海者却随着封建主义的瓦解与资本原始积累的兴起，拉开了以开辟“海上新航路”为标志的“地理大发现”时代的帷幕。以葡萄牙、西班牙、荷兰、英国等为代表的早期西方殖民主义国家的海盗式贸易舰队，沿着印度洋与太平洋航路不断向亚洲地区入侵，并对本以孤魂在外的中国民间航海贸易势力竭尽挤压和打击之能事，致使得不到本国政府有效支持的中国远洋商船队处境艰险，每况愈下。

在国内封建专制主义与国外殖民海盗势力的双重夹击下，中国民间航海贸易活动无法正常开展，被迫派生出以“海盗”和“倭寇”为名义的海上武装走私贸易活动，并在这类畸形扭曲的航海局面中，出现了王直、吴平、曾一本、张琏、林道乾、林凤、郑芝龙等著名的“海盗”航海家。

由于中国具有极其悠久的航海历史与非常丰富的航海文明遗产，因此，直到鸦片战争前夕，中国的木帆船队在东南亚水域中仍具有相当雄厚的实力，不失为世界航运界中一支相当可观的劲旅。但是，由于欧洲资本主义殖民势力的海上武装入侵以及清朝封建主义腐朽势力的愚昧昏庸，终于爆发了英国策动的鸦片战争。从此，随着外敌入境，内政腐败，航权丧失，中国近代航海事业迅速陷于全面萧条和落后被打的悲惨境地。

（十）航海事业的落后时期

——清末至中华民国（公元1841年—公元1949年）

① 马欢：《瀛涯胜览》。

清朝统治者在中英鸦片战争中败北后,签订了一系列丧权辱国的不平等条约,中国逐步沦为半封建半殖民地国家。随着国事日衰,海关失控,航权旁落,西方列强的炮舰商船横行于中国水域,外商垄断了中国的内河、沿海与远洋航运市场,传统的中国木帆船航业在内外交困中急剧衰落,基本上退出历史舞台。

进入近代航海时期后,就航海史基础文献而论,已是非常翔实。除各届中国政府的官方记载外,各类档案、方志与笔记、报刊等文献与之相关的图文资料可谓汗牛充厩,数不胜数。特别是海关与轮船招商局以及一些主要民间航企的档案,更是为了解中国近代航海事业演化的基本脉络与坎坷命运提供了可靠而具体的依据。

1872 年,在洋务运动中诞生的官督商办的轮船招商局虽然肇始了中国近代航运业,但是这一先天不足、后天失调的"病婴",始终无法与日益扩张的外国航运垄断势力进行有效抗衡。与之同时,中国民间航运企业也不得不以诡寄经营的方式,在帝国主义和封建主义两座大山夹缝中惨淡经营,艰难求生。

1912 年,孙中山领导的辛亥革命推翻了压在中华民族头上两千多年的封建专制主义统治,建立了中华民国,这在一定程度上使中国近代轮船航运业发展的禁锢得到缓解。随后,因第一次世界大战爆发而引发的部分外轮撤离,也给中国民族航运企业带来了一些伸张的空间。当时除国营的轮船招商局外,其他如三北、政记、宁绍、达兴、肇兴、直东、北方、民生和中兴等民间航运企业也开始初露头角。与之同时,活动于海外的由华侨与华商兴办的远洋航业也有所发展。

然而,随着 1937 年日本对华发动侵略战争,中国近代航运业又遭到了残酷的打击。战争伊始,日军就对中国的沿海商船和渔船进行疯狂的摧残与掳掠,仅在浙、闽、粤沿海即损毁各类船舶逾万艘。在整整八年抗战中,由于各种原因所致,被炸毁、击沉和劫掠的中国各类商船计达 3 000 余艘、50 万吨之众,战前好不容易积聚起来的航运力量几乎损失殆尽。

1945 年 8 月,中国人民取得了抗日战争的伟大胜利。中国航运事业在一片废墟上开始"重整山河"。随着航权的收复,从接收敌伪船舶到向国外大批订造船舶,中国商船队发展到拥有各类轮船 3 000 余艘、16 万余吨的规模。其中,由国营改为股份制企业的轮船招商局及其它公营航业的船队占一半以上,前者并在国民政府的直接控制与支持下,取得了航业的垄断地位;而民营航运企业,也有所恢复与发展,其中主要者有民生实业、中国航业、中兴、益祥、复兴等轮船公司。一时间,内河、沿海与远洋航运以及主要港口的经营活动均展示出若干新的景象。

然而,随着 1947 年国民党政府发动内战,刚有所复苏的中国近代航运业又迭遇坎坷。1949 年中期,国民党政府在退居台湾之前,除封锁航道、炸沉部分轮船外,还命令招商局的大量商船离境南驶,将占招商局轮船总吨位 86% 的船舶带往台湾,致使留在中国大陆沿海和内河的船舶仅有 10 余万吨,且其中大部分为江河小轮船。

(十一)航海事业的重振时期

——中华人民共和国成立以来(公元 1949 年—)

"一唱雄鸡天下白"。1949 年 10 月 1 日,随着中华人民共和国的成立,中国的现代航海事业开始逐步进入重振雄风和再次崛起的崭新历史阶段。

根据当代的各类基础文献记载,中国现代航海事业的发展道路是相当曲折和辉煌的。在 20 世纪 50 年代初期,根基薄弱和底子破损的中国大陆航运业艰难举步,进入恢复阶段。在帝国主义海上封锁和空中轰炸的严酷环境下,开始修复打捞沉船和疏浚航道,加上香港招商局及 10 余艘海轮的起义以及流散海外的私营海轮北归,到 1952 年基本上恢复了沿海、内河的航运与港口生产。在第一个五年计划时期,经过沿海航运管理体制的调整,南北海区的客货运输与海上拖排运输开始较快发展,到 1957 年,海上运力增至 108 艘、26.5 万载重吨,增长率为 50%。在此期间,通过国际合作与华侨华商船队的支持以及中国外轮代理总公司和中国远洋运输局的先后成立,中国大陆的远洋运输业也开始发展起来。1961 年 4 月 27 日中国远洋运输公司及其广州分公司的成立,向国内外宣告了中国大陆自力更生的远洋船队开始诞生并走向世界。

虽然在1966年至1976年的“文革”期间，中国大陆的航运管理与航运业务曾一度受到了干扰，但广大航运界员工依然在动乱中坚持海上运输与港口生产，并使之得到了相当的发展。到1976年，中国大陆沿海港口吞吐能力升至1.7亿吨，并基本上结束了依赖租用外轮的局面。

20世纪70年代末以来，随着改革开放的全面展开和逐步深入，中国现代航海事业得到了快速、健康和持续的发展。一方面纵向开通台湾海峡航线，使全国南北沿海航线畅通无阻；另方面，远洋船队与国际运输高速发展，逐步成为举世瞩目的商船队；再方面，沿海港口建设风起云涌，吞吐能力与吞吐总量扶摇直上。在经历了半个世纪的不懈努力和顽强拼搏后，中国的航海事业终于结束了鸦片战争后长达一个半世纪的屈辱命运，昂首进入重新向世人展示中华民族航海雄风的新时期。

截止到2008年底，中国已发展成为举世公认的航运大国。其标志性的主要数据有：中国连续10次当选联合国国际海事组织（IMO）A类理事国；拥有国际海运船队运力4 076万载重吨，在世界各国商船队中排名第四，其中散货船队运力占世界第一，集装箱船队占世界第六；国际海运船舶运力中，中国远洋运输集团总公司拥有（含经营）各类船舶812艘、5 208万载重吨；中国海运集团总公司拥有（含经营）各类船舶169艘、841万载重吨，其中不乏当今世界上最先进的超大型集装箱船、VLCC超级油轮和好望角大型散货船；是世界上集装箱进出口第一大国、铁矿石、大豆进口第一大国、原油进口第三大国；中国大陆规模以上港口拥有万吨级泊位1 400多个，完成货物吞吐量70亿吨、1.28亿标准箱；涌现出上海、宁波——舟山、天津、广州、青岛、秦皇岛港、大连、深圳、苏州、日照、营口、南通、烟台、南京、唐山、连云港等16个亿吨大港，其中上海港吞吐量5.8亿吨、集装箱吞吐量2 800万标准箱，分别居世界第一位和第二位。目前，中国商船队已航行于世界上160多个国家和地区的1 200多个港口，开辟了通达全球各地的定期班轮航线100多条。有资质的国际船舶代理企业1 580家，境外企业投资的合资国际船舶代理企业52家，中国企业代理的国际船舶21亿吨。取得无船承运人经营资格的企业3 357家，境内企业2 943家。中国因素已成为全世界航运业关注的聚焦点。世界航运界专家普遍认为，21世纪的国际航运将是中国人的航运，中国将成为世界上最大的国际航运中心。

二、中国航海历史的主要启迪

唐太宗李世民曾说过：“以铜为鉴，可正衣冠；以古为鉴，可知兴替；以人鉴，可明得失。”[①]由各类基础文献所展示出来的数千年的中国航海历史，是中华民族一份极为重要和宝贵的文明遗产，它反映了中国航海事业发展演变的客观规律，给后人以非常丰富和深刻的启迪。概而言之，至少有如下几点，是值得我们永远珍视和铭记的。

（一）中华民族在漫长的航海活动过程中，具有非凡的胆识与巨大的智慧。中国人民完全有信心和能力，赶超当代世界上最先进的航海水平，把现代航海事业重新搞上去。

中国悠久的航海历史告诉人们，起码从公元前3世纪到公元后15世纪，在这段长达1800年的漫长岁月中，中国的航海事业与航海技术，始终居于世界领先地位。在认识海洋、利用海洋与开发海洋的不屈征途中，中国历史上涌现出许多声誉卓著、名垂千古的航海人物。他们繁若群星，争艳斗辉，与皮瑟斯、汉诺、埃里克森、马可·波罗、白图塔、迪亚士、达·伽马、哥伦布、麦哲伦、库克、阿蒙森等举世闻名的航海人物相比，毫不逊色。在他们之中，有在公元前200多年的秦代就率领数千人船队东渡远航的徐福，有在公元3世纪遍航南洋水域的吴国航海家朱应和康泰，有在公元4世纪的东晋历尽坎坷从印度航海归国的法显，有在公元5世纪的南朝不畏海洋艰险横渡太平洋远航扶桑的慧深，有在公元8世纪前后的唐代从海上游历南亚与西亚的达奚通、杜环与义净等人，有在公元11世纪的北宋运用当时世界上最先进的航海技术出使

① 《新唐书·魏征传》。

高丽的徐兢,有在公元14世纪的元代两次远涉重洋遍航亚非100多个国家和地区的汪大渊,有在公元15世纪上半叶西方“地理大发现”前半个多世纪就指挥世界上最庞大的船队先后七次下西洋的明代航海家郑和。这些著名的航海人物,是中华民族的瑰宝和骄傲。他们艰苦卓绝而又光辉灿烂的历史活动,将极大地激发起今天与未来的炎黄子孙的自尊心与自信心。昨天的中国人是聪明的强者,今天的中国人更不是愚笨的弱者。既然昨天的中国人可以昂首阔步地走在世界前列,难道今天的中国人就不可以重整旗鼓,再展雄风吗?

(二)航海事业的发展必须与提高社会生产力紧密而有机地结合起来。从这一战略高度出发,就能使航海事业得到健康、快速、和谐的可持续发展。

航海,从本来的或主要的意义上来说,乃是人类认识世界、改造世界的重要生产实践活动之一。在各类不同的性质(如经济、外交、军事、文化)的航海活动中,对航海事业的发展起终极的决定性作用的,是以物资的运输与贸易为核心的经济性航海活动。历史表明,当某个时代注重航海活动的经济性质或价值并将其有机地纳入整个国家与民族的经济活动中去的时候,换言之,亦即将航海活动作为整个社会生产力组成部分的时候,那么,这个时代的航海事业就必然得到重大的发展。例如,在唐中期以降至元代末期,历朝中央政府将航海贸易的市舶收入,与整个国民经济的大局紧密地联系在一起,以航海事业的发展来推动经济水平提高,反过来又以经济水平的提高来刺激航海事业的发展。这种彼此促进的良性循环,从经济本质上保证了中国古代航海事业从繁荣走向鼎盛。相反,明清时期的历代中央政府,为了维护晚期封建主义的没落统治,对航海活动的理解与驾驭,主要着眼于统治者狭隘的政治利益,而忽略了对整个社会的深刻的经济利益。因此,或者一倾举国资财,不惜牺牲巨大的经济利益,去组织显赫一时的官方“赉赐航海”,以追求“万国朝贡”的政治虚誉;或者迭颁海禁严令,不惜焚船迁界,闭关锁国,运用封建政权的专制力量,去镇压并扼杀以经济因素为主要内涵的民间航海贸易活动。这种无视经济性质的认识与实践,无论在表面上对航海事业是“兴”也好,“废”也好,都严重违背了航海事业发展的内在规律。前者,使航海事业的发展成为无本之木,无源之水;后者,使航海事业的发展成为厩中之马,笼中之鸟。在郑和下西洋之后,中国古代航海事业由极盛而转衰的历史教训值得永志不忘。

值得庆幸的是,自新中国成立后、特别改革开放以来,中国现代航海事业的经济内核在向市场经济转型过程中得到真正和有效的彰显。目前,航海事业已成为为国民经济和社会发展全局服务,推进对外贸易,提高人民生活水平,确保国家经济安全的基础产业;成为中国和平发展,参与全球资源与市场的配置与合作的不可或缺的战略力量。在这一科学定位下,中国现代化的航海事业必将再次登上时代的高峰。

(三)航海政策是推动航海事业发展和繁荣的关键要素。只要坚持对外开放与对内搞活的政策措施,就一定能早日实现从航海大国向航海强国发展的战略转型。

如上所述,航海在本质上是一种以经济性质为主的生产实践活动,那么,它的发展态势就必然与各时期的管理政策关系密切。航海活动是要通过一定的人力与物力去进行的,而在人力与物力中,人力是带有决定性意义的因素。航海政策对航海事业的作用,主要反映在它能否最大限度地调动起人力因素在从事与发展航海事业方面的主观能动性。历史唯物主义认为,人们首先必须吃、喝、住、穿,然后才能从事政治、科学、艺术、宗教等等活动,因此,第一个历史活动,或者说一切历史活动的第一个前提,就是满足人们生活所需的直接性、物质性生产活动。据此可知,人们对航海的态度,亦首先应取决于通过航海这一特定的“历史活动”能否满足其对直接的、物质的生活资料的需要。如果某种航海政策,能够使人们在从事航海活动之时,较多并较好地满足他们对吃、喝、住、穿之类基本物质生活资料的需要,那么,他们就必然会对航海活动取积极的、热衷的态度,甚至甘冒鲸波之险,不远万里地到海洋上去搏击。这种情况,在中国航海史上可谓屡见不鲜。例如,南宋隆兴二年(1164年)所颁布的“饶税”政策,不但加速了宋船在东南亚水域中的周转频率,而且直接导致了横渡印度洋航路的开辟,推动中国远洋航业进入了一个新的历史时期。又如,元代中央政府大力推行“往来互市,各自所欲”与“官本船”等航海政策,并在市舶条例与利润分成上给予航海者以保障与优惠。结果,虽“海外蕃夷之国,去中国数万里,舟行千日而后始至。风凌之与陵,蛟龙之与争”,但“嗜利者必之焉”,从而造成了“虽天际穷发不毛之地,无不可通之理”的航海鼎盛局面。相反,如果某种航海政策,对满足人们进行航海活动的物质生活利益非但不问不闻,反而千方百计地加以限制或禁榷,那么,就必然使航海者或者对航海失去兴趣,或者违禁犯法,铤而走险。这样,航海事业就难免走上萧条或畸形发展的道路。在这方面,北宋时期广州港航海贸易的两盈两衰以及明清两代派生的“海盗”式的武装走私航海贸易,便是明证。从这些古代航海事业兴衰的历史教训中,还给人们以这样一个启迪,即对于官方的政治性或军事性航海活动来说,中国历史上几乎不存在海禁的政策,如郑和下西洋这样大型与频繁的航海活动,恰恰正是在对民间屡颁航海禁令时进行的。所谓航海政策方面的闭关禁海或开关驰禁,主要是针对广大民间航海活动而言的。因此,航海政策之正误,亦主要应据其对民间航海者取何种态度而定。要而言之,航海和任何一种生产实践活动一样,只有鼓励和确保广大人民的积极参与,才使之得到蓬勃的发展,并造就一代航运强国。

(四)航海事业的兴衰,与该时代的科技发展水平有着内在的辩证关系。只有科技水平得到了提高,航海事业才能得到相应的发展;同样,航海事业的发展,也会相应地对科技水平的提高,提出重大的时代需求。

从科技史角度考察,航海活动所依赖的航海工具与航海科技,在某种程度上乃是一个时代科技水平的缩影。例如建造船舶,需要有材料、结构、仪器、力学与工艺等多方面的科技知识与实践能力;驾驶船舶,也需要有天文、地理、水文、气象与船艺等多方面的科技知识与实践能力。离开了一定发展阶段的科技水平,就不可能有相应发展阶段的航海事业。在西汉时代,如果没有风帆与尾舵技术的配合,没有丰富的占星导航知识以及对西太平洋与北印度洋季风规律的理解,就不可能出现远航南亚已程不国的汉使航程。同样,如果没有全天候磁性导航仪的问世,没有航用海图与航路指南的指引,没有天文定位技术的出现,宋代航海者在印度洋上纵横驰骋的冀求,也会成为虚无缥缈的泡影。科学技术是一种在历史上起推动作用的革命性力量,它同社会生产力之间存在着不可分割的关联,它不断地为生产力的发展与实践活动能力的提高,提供新的生产工具和新的知识与技能。全部中国航海史,实际上也正是中国航海者以其所开发和应用的全部科学技术为依托,而在海洋上进行的生产实践活动。

但与此同时,航海活动也不断地为科学技术、特别是航海科技的发展,提出新的任务,开辟新的道路。航海科学技术,作为一个人类认识海洋、利用海洋与开发海洋的特殊的物质力量,它的发展离不开一定的社会条件,在很大程度上取决于航海生产力的发展状况与需求。航海活动对科学技术提出什么实践需求,这对后者的发展极为重要。春秋战国时代,独木舟与浮筏向木板船的演进,正是由于当时社会对水上运输的需求突破了原有的极其简陋的航行工具所能提供的技术服务,因而促使航行工具产生了革命性的飞跃。同样,宋代的航海技术之所以能比西方领先二到三个世纪由“原始航海”阶段转入“定量航海”阶段,也是与该时代对发展远洋航海事业的迫切需要是分不开的。郑和下西洋之后,中国古代航海科技的发展水准,始终没有越出前代的水准,查其原委,也无非是明清两代的航海事业缺乏新的时代使命感所致。相比之下,原本比较落后的西方航海科技,却在因资本原始积累急需开辟海上新航路的强大的时代动因刺激下,迈出了后来居上的决定性一步。

总之,巡检中国航海史各类基础文献,可以充满理由地相信:在整个中华民族的共同努力与联袂奋斗下,具有悠久历史、卓越贡献与优秀传统的中国现代航海事业,必将在和平与和谐发展的新的历史条件下重新崛起。亿万炎黄子孙昂首阔步,再次走在世界航运界前列的伟大时刻,已经为期不远了。

孙光圻

2010年6月8日修订

编辑说明

悠久的航海历史蕴含在厚重的传统文化之中,光辉的航海文明始终伴随着中华民族奋然前行。从人类前进的步履考察,中华民族祖先在海洋上所创造的灿烂文明,是对世界文明的重大贡献。2006 年夏,交通部(今交通运输部)领导高瞻远瞩,秉承传承文明、资政育人、建设海运强国的理念,给大连海事大学下达了交通应用基础项目"中国航海史基础文献研究"任务书,组建了以李盛霖部长为主任委员、徐祖远副部长为常务副主任委员的《中国航海史基础文献汇编》(以下简称《汇编》)编辑指导委员会,和以中国社会科学院学部委员、历史研究所前所长、中国海外交通史研究会会长陈高华研究员为主任委员的《汇编》专家指导委员会,启动了多卷本《汇编》的编辑出版工作。

在交通运输部以及国家海洋局的关怀下,在《汇编》编辑指导委员会和专家委员会的指导下,在大连海事大学的领导下,在全体参编人员的共同努力下,《汇编》的第一卷——正史卷于 2007 年 7 月出版发行,获得 2007 年度国家海洋优秀科技图书奖;第二卷——别史卷于 2009 年 6 月出版。本卷作为第三卷——杂史卷的编辑工作也于 2008 年 7 月启动,目前已如期完成。

在本卷正式出版之前,交通运输部李盛霖部长、大连海事大学王祖温校长,又在百忙之中拨冗亲自修订了序文,为《汇编》多卷本的研编工作进一步指明了方向,提出了要求。对此,我们表示最深切的感谢。现将本卷的编辑工作说明如下:

一、选用文献的范围与版本

本卷为"杂史卷",资料辑自"正史卷"、"别史卷"所选文献以外的具有重要学术价值的基本史料文献,主要来源于《四库全书》、《续修四库全书》、《四库全书存目丛书》三大丛书以及《玄览堂丛书》、《借月山房汇钞》、《历代史料笔记丛刊》等。四库系列丛书中的《四库禁毁书丛刊》,因其中航海史料价值较大的《明经世文编》已收辑于"别史卷",故不再辑录。

本卷所选文献达 200 余种,数量巨大,版本复杂,除《四库全书》选用"文渊阁版"外,余者视情而定;同时,还酌情参校某些古籍整理成果,俾使所辑内容更臻准确翔实。

所选文献,以脚注形式注明版本与著者,但对其中著者不明或存在争议者,则不予加注。凡有参校者,也将其版本及校注校勘者一并注明,并致谢忱。

二、正文与名词索引编排体例

本卷由正文和名词索引两部分构成。

本卷正文由辑录的文献内容整理而成,凡辑自《四库全书》、《续修四库全书》、《四库全书存目丛书》者,均按原书名目顺序排列,且每一种文献所辑录的内容单独编排;而《玄览堂丛书》、《借月山房汇钞》、《历代史料笔记丛刊》及个别有重要价值的史料文献,则合列于"其他"名下,编排也大致以此为序。

如某文献分存于两种以上的丛书,则视本卷所选版本而定其归属。如《汪直传》在《借月山房汇钞》和《四库全书存目丛书》中均有收录,因本卷所选是《借月山房汇钞》本,故归入"其他"名下,而"四库全书存目丛书"中的相同部分则不再收录。同样,因《四库全书》子部中小说家类文献,已集中收录于本卷"其他"名下的《历代史料笔记丛刊》中,故也不复录。

名词索引是方便于阅读和使用正文的必要工具,分为"人物"、"地名与水域"、"运载工具"、"知识与技术”、“管理”以及“其他”六个一级类目；除“人物”外，每个一级类目下又设若干次级类目。每一类目下的名词条则按其汉语拼音排序。

三、正文选取原则与处理

正文辑录以“与航海活动有关”为原则；编排上依其在原文献中顺序，不另做分类整理。为便于读者查对原文，所辑每条内容一般均冠以标目，注明其在原文献中出现的章节或段落。而对于某些文献，因体例所限无法标目或全文收录者，则保持其原貌。

在正文辑录中，内容取舍及编辑处理，按以下原则进行：

1、考虑到历史悠久、内涵丰富的江河航行活动是航海活动的基础和准备，航海活动和通海水域的航行活动难以截然分开，且是后者的自然延伸，二者在运载工具、操纵技术等方面相辅相成，互为一体，因此，本卷所指的航海活动，不仅包括狭义上发生在海洋上的航行活动，也涵盖广义上发生在通海江河水域上的航行活动，以便读者能够以更宽广的视野研究华夏民族的航海历史。

2、鉴于遍及江河湖海的漕运活动在各个历史时期对于航行活动的巨大实践意义，且某些时代（特别是元代）的海漕与河漕互为补充，相辅相成，故本卷对与航海活动关系密切的漕运资料亦予辑录。

3、我国与周边及海外地区的交通往来，有些内容史书记载语焉不详，但考虑到实现此种交往的交通工具或恐是船舶，故也将有关记载辑录在内，以供日后之研究甄别。

4、在不同的历史时期，对于与我国有航海交往的海外国家和地区的记载，由于客观反应了这一时期我国航海所到达的区域和航海成就，因而全文照录，以供详尽考订与研究。

5、关于河道治理，凡涉及漕运和通航活动者，则予以收录；而对纯属水利工程建设者，则不予收录。

6、关于海防问题，如纯属陆域设防及调兵，则不予收录，但涉及海陆交战者，则予收录。

四、名词索引的选取原则与处理

名词索引是阅读正文的必要工具，其选取原则与处理方式如下：

1、名词选取以“与航海活动有关”为原则。

2、名词以规范的自然词为准，例如，“沈葆桢”（人物）、“翠蓝屿”（地名）、“零丁洋”（水域）、“铁甲船”（运载工具）、“市舶司”（机构与建制）、“抽解”（政策与措施）等。

3、“人物”类目下的名词，以与航海相关人物的真名实姓为选取对象。

4、“地名与水域”类目下的名词，包括航行活动所及国家、地区、国内外城市、港口以及江河湖海等特定水域。对于诸如“江淮”、“南洋”等泛指区域以及省级行政区划，则不予收录。

5、对于地名名词的选取，由于不同历史时期的行政级别与区划不同，因而只取其地理名称，不加表示行政级别的后缀。例如，“琉球国”只取“琉球”；“临安府”只取“临安”；“定海县”只取“定海”。

6、对于包含与被包含关系的复合名词，采取“层层剥茧”的方式分级收录。例如，对“粤海关监督一员”的名词选取，在“机构与建制”类目下，既取“海关”，又取“粤海关”；在“职务与职业”类目下，既取“海关监督”，又取“粤海关监督”。

7、一级类目“其他”的次级类目“相关文献”下，只选取正文中提到的与航海有关的其他文献，而对已列于卷首目次者，则不再选入。

五、字、词、段落以及标点的处理原则

本卷辑录依原文献，但因所采大部分文献是影印本或手抄本，其间缺字、错字、字迹无法辨认、标点混乱、正文顺序颠倒等情况大量存在，故为方便读者的阅读和使用，进行如下原则处理：

1、对于原文没有标点的，辑录后亦不加标点，以存原貌；对部分采用点校版者，在脚注中注明。

2、原文带有夹注的，辑录后的正文用宋体字排印，夹注用楷体字排印，并在其前后加“【】”标识；对于

独立成篇的评述性文字,辑录后的标题用黑体,正文用楷体,但不加"【】"标志。

3、对于原文缺字及字迹难辨,且通过其他版本参校也无法识别者,一律用"□"代替;

4、繁体字、异体字改为简体字或通行字,但对某些人名、地名等的特殊用字及通假字等,依其原貌沿用。

5、对于脚注中所选文献版本及著者的表述用字概依原文献,例如:"撰"、"著"、"编"、"清钞本"、"清抄本"等。

6、对于明显错字,例如"己巳已"误刻误抄等,一律按常规改正。

7、对于加"口"字偏旁的外国人名、国名的译音,去掉"口"字。如"咈囒哂"改为"弗兰西"。

8、为了使所辑录的某些史料要素更为完整,本卷研加相关的时间或人物名词,并加"()"予以标明。

9、对于原文中帝王行文之格式,如遇到"国"、"朝"、"圣"、"皇"等字另起一行,以及不适当的文中空格等,均予必要调整,按一般行文惯例处置。

10、对于原文内容顺序混乱的,辑录时据常理加以改正。

11、对于原文未分段落,且辑录内容又较长者,为便于阅读和使用,进行了适当的分段处理。

12、对于辑录的插图,均按原文献图式顺序排列,不进行编号,也不另加说明。

六、编辑工作的分工

本卷的汇编工作,采取二次编辑的工作模式。第一次编辑(以下简称"一编"),以广采博录为原则,并对名词进行初次提取;第二次编辑(以下简称"二编"),则以去伪存真、去芜存菁为原则,并对名词进行仔细斟酌,最终形成正文文稿和名词索引表。

本卷编辑人员分工如下:

主编孙光圻,负责总体策划,拟定本卷编辑大纲、原则与体例,撰写本卷总概述和编辑说明,负责本卷的统稿与校订;副主编刘义杰,协助主持整个编辑工作,参与总体策划和拟定本卷编辑大纲、原则与体例,参与本卷统稿与校订。具体各文献的编辑工作承担如下:"四库全书"部分,一编:刘延华、逄文昱、王娟,二编:逄文昱、刘延华、王娟;"续修四库全书"部分,一编:逄文昱、王娟、刘延华、王莉、季忠恕、倪暹、钱耀鹏,二编:逄文昱、王娟、刘延华、王莉;"四库全书存目丛书"部分,一编逄文昱、王娟、刘延华,二编:逄文昱、王娟、刘延华;"其他"部分,一编:王娟、逄文昱、刘延华、孙建粹、杨守仁、于清河、滕元良、钱耀鹏、潘仁善,二编:王娟、逄文昱、刘延华。

《中国航海史基础文献汇编》编辑委员会

2010年6月1日

目　次

四库全书[1]

① 据《文渊阁四库全书》。

周易

易经

需:有孚,光亨,贞吉。利涉大川。

讼:有孚,窒。惕中吉。终凶。利见大人,不利涉大川。

蛊:元亨,利涉大川。先甲三日,后甲三日。

大畜:利贞,不家食吉,利涉大川。

益:利有攸往,利涉大川。

涣:亨。王假有庙,利涉大川,利贞。

中孚:豚鱼吉,利涉大川,利贞。

彖传

需,须也;险在前也。刚健而不陷,其义不困穷矣。需有孚,光亨,贞吉。位乎天位,以正中也。利涉大川,往有功也。

讼,上刚下险,险而健讼。讼有孚窒,惕中吉,刚来而得中也。终凶;讼不可成也。利见大人;尚中正也。不利涉大川;入于渊也。

蛊,刚上而柔下,巽而止,蛊。蛊,元亨,而天下治也。利涉大川,往有事也。先甲三日,后甲三日,终则有始,天行也。

大畜,刚健笃实辉光,日新其德,刚上而尚贤。能止健,大正也。不家食吉,养贤也。利涉大川,应乎天也。

益,损上益下,民说无疆,自上下下,其道大光。利有攸往,中正有庆。利涉大川,木道乃行。益动而巽,日进无疆。天施地生,其益无方。凡益之道,与时偕行。

涣,亨。刚来而不穷,柔得位乎外而上同。王假有庙,王乃在中也。利涉大川,乘木有功也。

中孚,柔在内而刚得中。说而巽,孚,乃化邦也。豚鱼吉,信及豚鱼也。利涉大川,乘木舟虚也。中孚以利贞,乃应乎天也。

系辞下

刳木为舟,剡木为楫,舟楫之利,以济不通,致远以利天下,盖取诸涣。

尚书

夏书·禹贡

禹别九州,随山浚川,任土作贡。禹敷土,随山刊木,奠高山大川。

冀州:既载壶口,治梁及岐。既修太原,至于岳阳;覃怀厎绩,至于衡漳。厥土惟白壤,厥赋惟上上错,厥田惟中中。恒、卫既从,大陆既作。岛夷皮服,夹右碣石入于河。

济河惟兖州。九河既道,雷夏既泽,灉、沮会同。桑土既蚕,是降丘宅土。厥土黑坟,厥草惟繇,厥木惟条。厥田惟中下,厥赋贞,作十有三载乃同。厥贡漆丝,厥篚织文。浮于济、漯,达于河。

海岱惟青州。嵎夷既略,潍、淄其道。厥土白坟,海滨广斥。厥田惟上下,厥赋中上。厥贡盐絺,海物惟错。岱畎丝、枲、铅、松、怪石。莱夷作牧。厥篚檿丝。浮于汶,达于济。

海、岱及淮惟徐州。淮、沂其乂,蒙、羽其艺,大野既猪,东原厎平。厥土赤埴坟,草木渐包。厥田惟上中,厥赋中中。厥贡惟土五色,羽畎夏翟,峄阳孤桐,泗滨浮磬,淮夷蠙珠暨鱼。厥篚玄纤、缟。浮于淮、泗,达于河。

淮海惟扬州。彭蠡既猪,阳鸟攸居。三江既入,震泽厎定。筱簜既敷,厥草惟夭,厥木惟乔。厥土惟涂泥。厥田唯下下,厥赋下上,上错。厥贡惟金三品,瑶、琨筱、簜、齿、革、羽、毛惟木。鸟夷卉服。厥篚织贝,厥包桔柚,锡贡。沿于江、海,达于淮、泗。

荆及衡阳惟荆州。江、汉朝宗于海,九江孔殷,沱、潜既道,云土、梦作乂。厥土惟涂泥,厥田惟下中,厥赋上下。厥贡羽、毛、齿、革惟金三品,杶、干、栝、柏,砺、砥、砮、丹,惟菌、簵、楛;三邦厎贡厥名。包匦菁茅,厥篚玄纁玑组,九江纳锡大龟。浮于江、沱、潜、汉,逾于洛,至于南河。

荆河惟豫州。伊、洛、瀍、涧既入于河,荥波既猪。导菏泽,被孟猪。厥土惟壤,下土坟垆。厥田惟中上,厥赋错上中。厥贡漆、枲,絺、纻,厥篚纤、纩,锡贡磬错。浮于洛,达于河。

华阳、黑水惟梁州。岷、嶓既艺,沱、潜既道。蔡、蒙旅平,和夷厎绩。厥土青黎,厥田惟下上,厥赋下中,三错。厥贡璆、铁、银、镂、砮磬、熊、罴、狐、狸、织皮,西倾因桓是来,浮于潜,逾于沔,入于渭,乱于河。

黑水、西河惟雍州。弱水既西,泾属渭汭,漆沮既从,沣水攸同。荆、岐既旅,终南、惇物,至于鸟鼠。原隰厎绩,至于猪野。三危既宅,三苗丕叙。厥土惟黄壤,厥田惟上上,厥赋中下。厥贡惟球、琳、琅玕。浮于积石,至于龙门、西河,会于渭汭。织皮昆仑、析支、渠搜,西戎即叙。

导岍及岐,至于荆山,逾于河;壶口、雷首至于太岳;厎柱、析城至于王屋;太行、恒山至于碣石,入于海。西倾、朱圉、鸟鼠至于太华;熊耳、外方、桐柏至于陪尾。

导嶓冢,至于荆山;内方,至于大别。

岷山之阳,至于衡山,过九江,至于敷浅原。

导弱水,至于合黎,余波入于流沙。

导黑水,至于三危,入于南海。

导河、积石,至于龙门;南至于华阴,东至于厎柱,又东至于孟津,东过洛汭,至于大伾;北过降水,至于大陆;又北,播为九河,同为逆河,入于海。

嶓冢导漾,东流为汉,又东,为沧浪之水,过三澨,至于大别,南入于江。东,汇泽为彭蠡,东,为北江,入于海。

岷山导江,东别为沱,又东至于澧;过九江,至于东陵,东迤北,会于汇;东为不江,入于海。

导沇水,东流为济,入于河,溢为荥;东出于陶丘北,又东至于菏,又东北,会于汶,又北,东入于海。

导淮自桐柏,东会于泗、沂,东入于海。

导渭自鸟鼠同穴,东会于沣,又东会于泾,又东过漆沮,入于河。

导洛自熊耳,东北,会于涧、瀍;又东,会于伊,又东北,入于河。

九州攸同,四隩既宅,九山刊旅,九川涤源,九泽既陂,四海会同。六府孔修,庶土交正,厎慎财赋,咸则三壤成赋。中邦锡土、姓,祗台德先,不距朕行。

五百里甸服:百里赋纳总,二百里纳铚,三百里纳秸服,四百里粟,五百里米。

五百里侯服:百里采,二百里男邦,三百里诸侯。

五百里绥服:三百里揆文教,二百里奋武卫。

五百里要服:三百里夷,二百里蔡。

五百里荒服:三百里蛮,二百里流。

东渐于海,西被于流沙,朔南暨声教讫于四海。禹锡玄圭,告厥成功。

商书·盘庚中

今予将试以汝迁,安定厥邦。汝不忧朕心之攸困,乃咸大不宣乃心,钦念以忱动予一人。尔惟自鞠自苦,若乘舟,汝弗济,臭厥载……

商书·说命上

命之曰:朝夕纳诲,以辅台德。若金,用汝作砺;若济巨川,用汝作舟楫;若岁大旱,用汝作霖雨……

诗经

国风·邶风·柏舟

泛彼柏舟,亦泛其流。

国风·邶风·匏有苦叶

匏有苦叶,济有深涉。深则厉、浅则揭。
招招舟子,人涉卬否。人涉卬否,卬须我友。

国风·邶风·谷风

就其深矣,方之舟之。就其浅矣,泳之游之。

国风·邶风·二子乘舟

二子乘舟,泛泛其景。愿言思子,中心养养。
二子乘舟,泛泛其逝。愿言思子,不瑕有害。

国风·墉风·柏舟

泛彼柏舟,在彼中河。髧彼两髦,实维我仪。之死矢靡它。母也天只,不谅人只。
泛彼柏舟,在彼河侧。髧彼两髦、实维我特。之死矢靡慝。母也天只,不谅人只。

国风·卫风·竹竿

淇水滺滺,桧楫松舟。驾言出游,以写我忧。

小雅·彤弓之什·菁菁者莪

泛泛杨舟,载沉载浮。既见君子,我心则休。

小雅·小旻之什·小弁

菀彼柳斯,鸣蜩嘒嘒。有漼者渊,萑苇淠淠。譬彼舟流,不知所届。心之忧矣,不遑假寐

小雅·小旻之什·大东

东人之子,职劳不来。西人之子,粲粲衣服。舟人之子,熊羆是裘。私人之子,百僚是试。

小雅·桑扈之什·采菽

泛泛杨舟、绋丽维之。

大雅·文王之什·大明

大邦有子,俔天之妹。文定厥祥,亲迎于渭。造舟为梁,不顾其光。

大雅·文王之什·棫朴

淠彼泾舟。烝徒楫之。周王于迈。六师及之。

大雅·生民之什·公刘

笃公刘。于胥斯原。既庶既繁。既顺乃宣。而无永叹。陟则在巘。复降在原。何以舟之。维玉及瑶。鞞琫容刀。

大雅·生民之什·江漢

江汉浮浮,武夫滔滔。匪安匪游,淮夷来求。既出我车,既设我旟。匪安匪舒,淮夷来铺。

江汉汤汤,武夫洸洸。经营四方,告成于王。四方既平,王国庶定。时靡有争,王心载宁。

江汉之浒,王命召虎,式辟四方,徹我疆土。匪疚匪棘,王国來极。于理于理,至于南海。

王命昭虎,来旬来宣。文武受命,召公维翰。無曰予小子,召公是似。肇敏戎公,用锡尔祉。

厘尔圭瓚,秬鬯一卣。告于文人,锡山土田。于周受命,自召祖命。虎拜稽首,天子萬年。

虎拜稽首,对扬王休,作召公考,天子万寿。明明天子,令闻不已,矢其文德,洽此四国。

颂·商颂·閟宫

泰山岩岩,鲁邦所詹。奄有龟蒙、遂荒大东,贝胄朱綅。至于海邦,淮夷来同。莫不率从,鲁侯之功。

保有凫绎,遂荒徐宅。至于海邦,淮夷蛮貊。及彼南夷,莫不率从。莫敢不诺,鲁侯是若。

颂·商颂·长发

相土烈烈,海外有截。

颂·商颂·殷武

挞彼殷武,奋伐荆楚。深入其阻,裒荆之旅。

周礼

春官宗伯

司尊彝：掌六尊、六彝之位，诏其酌，辨其用与其实。春祠、夏礿，祼用鸡彝、鸟彝，皆有舟。其朝践用两献尊，其再献用两象尊，皆有舟。诸臣之所昨也。秋尝、冬烝，祼用斝彝、黄彝，皆有舟。其朝献用两著尊，其馈献用两壶尊，皆有罍。诸臣之所昨也。凡四时之间祀、追享、朝享，祼用虎彝、蜼彝，皆有舟。其朝践用两大尊，其再献用两山尊，皆有罍。诸臣之所昨也。凡六彝、六尊之酌，郁齐献酌，醴齐缩酌，盎齐涚酌，凡酒修酌。大丧，存奠彝，大旅亦如之。

秋官司寇

凡道路之舟车轚互者，叙而行之。

冬官考工记

知者创物。巧者述之守之，世谓之工。百工之事，皆圣人之作也。烁金以为刃，凝土以为器，作车以行陆，作舟以行水，此皆圣人之所作也。

尔雅

释器

鱼罟,谓之罛。

释水

泛泛杨舟。绋縭维之。绋,繂也。縭,緌也。

天子造舟。诸侯维舟。大夫方舟。士特舟。庶人乘泭。

逆流而上曰泝洄。顺流而下曰溯游。五绝流曰乱。

江河淮济为四渎,四渎者,发源注海者也。

水中可居者曰洲,小洲曰陼,小陼曰沚,小沚曰坻。

方言[1]

卷九

舟,自关而西谓之船,自关而东或谓之舟,或谓之航。南楚江湘凡船大者谓之舸,小舸谓之艖【今江东呼艖,小底者也】。艖谓之艒艏,小艒艏谓之艇【艄也】,艇长而薄者谓之艜,短而深者谓之𦨴【今江东呼艖𦨴者】,小而深者谓之𣘳【即长舼也】。东南丹阳会稽之间谓艖为欚。

泭谓之䈶,䈶谓之筏。筏,秦晋之通语也。江淮家居䈶中谓之荐。

方舟谓之潢【扬州人呼渡津航为杭,荆州人呼潢】,艁舟谓之浮梁【即今浮桥】。

楫谓之桡,或谓之棹。所以隐棹谓之䈼【摇搐小橛也。江东又名为胡人】。所以县棹谓之缉【系棹头索也】。所以刺船谓之檔。维之谓之鼎【系船为维】。首谓之合闾【今江东呼船头屋为之飞闾,是也】,或谓之艗艏【鹢,鸟名也。今江东贵人船前作青雀,是其像也】。后曰舳【今江东呼柂为舳】,舳,制水也。伪谓之仡【吾勃反,伪音讹。船摇动之貌也】。仡,不安也。

① 〔汉〕扬雄撰。

释名[①]

释水

天下大水四,谓之四渎,江、河、淮、济是也。

海,晦也。主承秽浊,其水黑如晦也。

水中可居者曰洲;洲,聚也,人及鸟物所聚息之处也。
小洲曰渚;渚,遮也,体高能遮水使从旁回也。
小渚曰沚;沚,止也,小可以止息其上也。
小沚曰泜;泜,迟也,能遏水使流迟也。
人所为之曰潏;潏,术也,堰使水郁术也,鱼梁、水碓之谓也。
海中可居者曰岛;岛,到也,人所奔到也。亦言鸟也,物所赴如鸟之下也。

释船

船,循也,循水而行也。又曰舟,言周流也。其前立柱曰桅,桅,巍也;巍巍,高貌也。
其尾曰柂,柂,拖也,后见拖曳也。且弼正船,使顺流,不使他戾也。
在旁曰橹,橹,膂也,用膂力然后舟行也。
引舟者曰筰,筰,作也;作,起也;起舟使动行也。
在旁拨水曰棹,棹,濯也,濯于水中也。且言使舟棹进也。又谓之札,形似札也。又谓之楫,楫,捷也,拨水使舟捷疾也。所用斥旁岸曰交,一人前一人还,相交错也。
帆,泛也,随风张幔曰帆,使舟疾泛泛然也。
舟中床以荐物者曰笭,言但有箦如笭床也。南方人谓之笭突,言湿漏之水□然从下过也。
其上板曰覆,言所覆众枕也。其上屋曰庐,象庐舍也。其上重室曰飞庐。在上,故曰飞也。又在上曰爵室,于中候望之,如鸟雀之警示也。军行在前口先登,登之向敌阵也。
狭而长曰艨冲,以冲突敌船也。
轻疾者曰赤马。其体正赤,疾如马也。
上下重床曰舰。四方施板以御矢石,其内如牢槛也。
五百斛以上还有小屋曰斥候,以视敌进退也。
三百斛曰䑠,䑠,貂也;貂,短也;江南所名短而广安不倾危者也。
二百斛以下曰艇。其形径挺,一人二人所行也。

---

① 〔汉〕刘熙撰。

说文解字[①]

卷六上

榷　水上横木所以渡者也从木隺声江岳切

橋　水梁也从木乔声巨骄切

梁　水桥也从木从水刅声吕张切

梭　船总名从木叜声臣铉等曰今俗别作艘非是稣遭切

橃　海中大船从木发声臣铉等曰今俗别作筏非是房越切

楫　舟棹也从木咠

欚　江中大船名从木蠡声卢启切

卷八下

舟　船也古者共鼓货狄刳木为舟剡木为楫以济不通象形凡舟之属皆从舟职流切

俞　空中木为舟也从亼从舟从巜巜水也羊朱切

船　舟也从舟铅省声食川切

彤　船行也从舟彡声丑林切

舳　舻也从舟由声汉律名船方长为舳舻一曰舟尾臣铉等曰当从胄省得声直六切

舻　舳舻也一曰船头从舟卢声洛乎切

𦨶　船行不安也从舟从刖省读若兀五忽切

艐　船著不行也从舟𣪠声讀若辜子红切

舫　船師也明堂月令曰舫人習水者从舟方声甫妄切

般　辟也象舟之旋从舟从殳殳所以旋也北潘切

舸　舟也从舟可声古我切

艇　小舟也从舟廷声徒鼎切

艅　艅艎舟名从舟余声经典通用余皇以诸切

艎　艅艎也从舟皇声胡光切

方　并船也象两舟省总头形凡方之属皆从方府良切

斻　方舟也从方亢声礼天子造舟诸侯维舟大夫方舟士特舟臣铉等曰今俗别作航非是胡郎切

卷十一上

淜　无舟渡河也从水朋声皮冰切

潢　小津也从水横声一曰以船渡也户孟切

泭　编木以渡也从水付声芳无切

渡　济也从水度声徒故切

① 〔汉〕许慎撰。

潜　涉水也一曰藏也一曰汉水为潜从水替声昨盐切

淦　水入船中也一曰泥也从水金声古暗切

泛　浮也从水乏声孚梵切

汓　浮行水上也从水从子古或以汓为没似由切

湊　水上人所会也从水奏声仓奏切

钦定平定台湾纪略[①]

卷首一·御制文·剿灭台湾逆贼生擒林爽文纪事语

平伊犁定回部收金川是三事皆关大政各有专文勒大学诛王伦翦苏四十三洗田五是三事虽属武功然以内地怀惭弗芗其说至于今之剿灭台湾逆贼生擒林爽文则有不得不详纪颠末以示后人者向之三予惟深感天恩蒙厚贶次之三予实资众臣之力得有所成若兹台湾逆贼之煽乱乃卒然而起兵出于不得已而又不料其成功若是之易也盖自康熙二十二年平定台湾之后历雍正迨今乾隆戊申百余年之间率鲜卅岁宁静无事而其甚者惟朱一贵及兹林爽文朱一贵已据府城僭年号林爽文虽未据府城然亦僭年号矣朱一贵虽据府城蓝廷珍率兵七日复之不一年遂平定全郡林爽文虽未据府城亦将一年始获首渠平定全郡则以领兵之人有贤否之殊故曰事在人为不可不慎也林爽文始事之际一总兵率千余兵灭之而有余及其蔓延猖獗全郡骚动不得不发劲兵命重臣则予迟速论所云未能速而失于迟予之过也然而果迟乎则何以成功盖迟在任事之外臣而速在筹策之予心故始虽迟而终能成以速非夸言也盖纪其实而已若黄仕简任承恩初迟矣而予于去年正月即命李侍尧速往代常青为总督办军储常青往代黄仕简蓝元枚往代任承恩司剿贼之事而郡城与仕简弗致失于贼手是幸也是未迟也【黄仕简任承恩既至台湾南北互相观望两月余遂至与贼以暇日以滋蔓幸予于正月初旬值李侍尧入觐即命往代常青为总督而命常青代黄仕简又随令蓝元枚代任承恩是以郝壮猷于三月初八日自凤山弃城败归立即置之于法常青适于初九日到郡整顿兵威屡挫贼锋郡城得以无失使常青不即到则郡城必失守仕简或被贼获皆未可知是始虽迟而实未为迟也】既而常青只能守郡城蓝元枚忽以病亡是又迟矣而天启予衷于六月即自甘省召福康安来热河授之方略八月初即命福康安海兰察率百巴图鲁及各省精兵近万往救诸罗是又未迟也【常青虽固守郡城未能亲统大兵往救诸罗蓝元枚正筹会剿旋以病亡又幸予于六月内早令福康安来觐热河即命于八月初二日同海兰察率巴图鲁侍卫章京百余人驰赴闽省并预调川湖黔粤精兵近万人分路赴闽维时诸罗被围日久粮饷火药道梗不能运送若非天启予衷及早命重臣统劲旅前往几至缓不济事是常青等救诸罗虽迟而予所办亦未为迟也】福康安等至大担门开舟阻风风略定而启行又风遮至崇武澳不能进是又迟矣然而候风之际后调之兵毕至风平浪静一日千里齐至鹿仔港是仍未迟也【福康安到厦门于十月十一日自大担门开船被风打回十四日得风驶行半日又以风转遮至崇武澳渟泊似觉滞迟然当此候风之际四川屯练二千广西兵三千俱至而风亦适利遂于二十八日申时放洋至二十九日申时兵船齐抵鹿仔港千里洋面一帆直达其余之兵亦陆续配渡福康安率此生力之兵旬日内顿解诸罗之围继克贼巢生擒逆首是未渡以前若迟而计其成功又未可谓迟也】夫迟之在人而天地神明获佑每以迟而成速视若危而获安有如昔年开惑论所云者予何修而得此于天地神明之锡祉哉如是而不益深敬畏勤政爱民明慎用兵则予为无良心者矣予何敢抑又何忍乎夫用兵岂易言哉必也凛天命屏已私见先几怀永图方寸之间日日如在三军前而又戒掣肘念众劳且予老矣老而精神尚健不肯图逸以遗难于子孙臣庶藉以屡成大熏此非天地神明之佑乎亦岂非弗失良心得蒙天鉴乎福康安等解围殲贼以及生擒贼渠诸功绩已见联句之诗之序兹不赘言独申予之不得不用武又深惧用武之意如是以戒后世占验家以正月朔旦值剥蚀为兵戈之象远者固莫考自汉至明屡逢其事然亦有验有弗验【元旦日食自汉迄明有四十七其本系政治废弛及僭窃伪朝无论已如唐之太宗宣宗元旦日食其年俱宁静无事至宋仁宗四十余年之中元旦日食者四最后嘉佑四年亦无事此其弗验者也惟宝元元年元昊反康定元年元昊寇延州皇佑元年广源州蛮侬智高寇邕州又元代世祖至元二十九年元旦日食是年广西上思州土官黄圣许结交趾为援冠陷忠州江州及华阳诸县此其有验者也】若昨丙午可谓有验矣以予论之千岁日至可坐而致剥蚀亦可竿而定也既定矣其适逢与不逢原在依稀懞悦之间且亦乏计预使之必无也若使之无是为诈也不惟不能避灾

① 〔清〕佚名撰。

或且召灾故史载宋仁宗朝第二次康定元年春正月朔当日食司天杨惟德请移闰于庚辰岁则日食在正月之晦帝曰闰所以正天时而授民事其可曲避乎不许夫日食必当在朔可知古称月晦日食者见移闰曲避之说耳至于不得已而用兵惟在见几而作先事以图迟不失于应机速不失于不达惟敬与明秉公无私信赏必罚用兵之道其庶几乎夫行此数端甚不易矣知不易而慎用兵又其本乎凡军旅事必当有方略之书书成即以此语冠首篇亦不更为之序矣

卷首一·御制文·福康安奏报生擒庄大田纪事语

昨生擒林爽文则剿灭逆贼事可称蒇大端兹生擒庄大田则肃清台湾事方称臻尽善二逆狼狈为奸得一而不得二余孽尚存虑其萌芽且彼既闻首祸被获则所以谋自全而幸逃生入山固易追赴海则难捕矣是以先事周防屡申饬谕【庄大田在南路距海甚近不虑其入山而虑其入海则追捕甚难因屡次降旨令福康安等慎防其入海之路思虑所及随时预饬】兹福康安尽心画策凡港口可以入海者无不移舟设卡因闻庄大田带同匪众俱在柴城初二日欲往蚊率社经番众极力抵御复行退回初五日黎明官军由风港发兵越箐穿林遂有贼匪突出拒敌我兵迎击海兰察率领巴图鲁侍卫奋勇齐攻杀贼三百余生擒一百余追至柴城贼愈众多然恐攻扑过急庄大田或临阵被杀或乘间窜逸转不能悉数成擒福康安分兵数队以徐合攻自山梁布阵抵海岸适乌什哈达所率水师得顺风连樯齐至沿海进围水陆合剿自辰直至午刻杀贼二千余群贼奔溃投水尸浮海如雁鹜而独庄大田伏匿山沟以致生擒是岂人力哉天也二逆以么麽小民敢兴大乱杀害生灵无虑数万使获一而逃一未为全美斯皆生致阙下正国法而快人心反侧潜消循良乐业福康安海兰察等画谋奋勇不负任使固不待言然非天佑我师俾获万全岂易致此耶更查康熙六十年四月朱一贵于台湾起事提督施世骠总兵蓝廷珍于五月由澎湖进兵至六月收复台湾府城计阅七日于闰六月始擒获朱一贵计阅一月余至雍正元年四月而余党悉剿尽自朱一贵起事至台湾全郡平定始末阅两年兹林爽文于五十一年十一月起事其黄仕简等前后误事经一年福康安等于上年十一月由鹿仔港始进兵其间解诸罗县之围克斗六门攻破大里杙贼巢至本年正月获林爽文计阅四十二日继获庄大田计阅三十二日自林爽文起事至台湾全郡平定始末共阅一年三月是较之蓝廷珍等成功更为迅速矣夫逆贼入内山生番非我臣仆性情不同语言不通其遵我军令与否未可知也福康安示之以兵威使知畏给之以赏项使知怀其经画周密贤于施世骠蓝廷珍远甚又得海兰察率百巴图鲁攻坚陷锐遂得前后生获二囚且李侍尧悉心董理军储毋误行阵使不以李侍尧易常青之总督则军储必误不以福康安易常青之将军则成功必迟兹尽美尽善以成功于三月之间则上天之所以启佑藐躬俾以望八之年而获三捷之速则予所以深感昊慈岂言语之所能形容也哉自斯以后所愿洗兵韬甲与民休息保泰持盈日慎一日以待归政之年庶不远矣虽然仔肩未卸必不敢以娱老自怠所为犹日孜孜仍初志耳

卷首一·御制文·御制平定台湾告成热河文庙碑文

昨记平定台湾生擒二凶之事亦既举平伊犁定回部收金川为三大事专文勒太学其次三为诛王伦翦苏四十三洗田五以在内地怀惭弗芗其事而平定台湾介其间固弗称勒太学然较之内地之次三则以孤悬海外事经一年命重臣发劲兵三月之间擒二凶定全郡斯事体大讫不可以不纪因思热河文庙虽承德府学耶而余每至山庄必先展拜庙貌秋仲丁祭常遣大学士行礼则亦天子之庠序矣且予去岁筹台湾之事日于斯天佑予衷命福康安海兰察率百巴图鲁以行及简精兵近万亦发于斯而诸臣涉重洋冒艰险屡战屡胜不数月而生擒二凶且无一人受伤者是非上苍默佑海神助顺曷克臻斯则予感谢之诚兢业之凛亦实有不能已于言者筹于斯发于斯臻于斯文庙咫尺我先师所以鉴而呵获者亦必在于斯记所谓受成告成正合于是地也则平定台湾告成热河文庙所为礼以义起非创实因且予更有深幸于衷而滋惧于怀者予以古稀望八之岁五十三年之间举武功者凡六七胥善成其一惟征缅之事以其地卑湿瘴疠我军染病者多因其谢罪求罢兵遂以振旅是其事究未成也近据云南总督富纲奏报缅甸谢罪称臣奉贡之事命送其使至热河将以赐宴施惠是则此事又以善成于斯矣夫奉天治民百王谁不为天子而予以凉薄仰赖祖宗德施受天地恩眷独厚近八旬之天子蒇八事之武功于古诚希示后有述使

一事尚留阙欠予之怀惭终不释也自今以后益惟虔巩持盈与民休息敢更怀佳兵之念哉夫天地天子之父母也子于父母之恩不可言报中心感激弗知所云而已系之辞曰

瀛壖外郡闽峤南区厥名台湾古不入图神禹所略章亥所无本非扼要弃之海隅朱明之世始闻中国红毛初据郑氏旋得恃其险远难穷兵力每为闽患讫无宁息皇祖一怒遂荒南东郡之县之辟我提封一年三熟蔗薯收丰渐兴学校颇晋生童始之畏途今之乐土大吏忽之恣其贪取【台湾远隔重洋风涛冒涉其始升调之员原以为畏途既以该郡物产丰饶颇获厚利调任之员不以涉险为虑转且视为乐土如近日福康安等参奏文职自道员以至厅县武职自总兵以至守备千总巡查口岸出入船只于定例收取办公饭食之外婪索陋规每年竟至盈千累万而督抚大吏辄委之耳目难周不能详查于是益无忌惮兹据参奏不可不分别严加惩治以儆官邪而申国宪】既嬉其文复恬其武匪今伊昔叛乱屡覩向辛丑年昨丙午载一贵爽文其乱为最【地方文武既皆习于恬嬉则文员祇知饱欲壑岂复以抚字为心武员甚至纵兵离营牟利自总兵以下各衙门设立四项听差名目多者三百人少者亦三十余人存营之兵无几又岂复以操练为事以致奸民既得借口更无畏心煽诱愚民屡形叛乱其甚者如康熙辛丑年之朱一贵及昨丙午岁之林爽文纠众戕官据城僭号更为罪大恶极】水陆提督发兵于外奈相观望贼势张大【林爽文滋事之始水师提督黄仕简陆路提督任承恩一同带兵渡海谓可实时扑灭不意南北互相观望遂致贼势日益披猖】天启予衷更遣重臣百巴图鲁勇皆绝伦川湖黔粤精兵万人水陆并进至海之滨【上年正月虽烛于几先命李侍尧代常青为总督而以常青为将军专司征剿常青究未经行阵祇能保守府城不能奋加剿杀幸天牖予衷六月内即谕令福康安入观热河继而常青亦请旨令简重臣来闽随于八月初命福康安为将军海兰察为参赞带巴图鲁侍卫章京等百人并预调四川屯练二千广西兵三千湖南兵二千贵州兵二千水陆并进以待福康安至彼领剿】至海之滨崇武略驻后兵到齐恬波径渡一日千里以迟为速叶百舟齐至神佑之故【福康安等至厦门于十月十一日自大担门开舟连次遇风阻回复在崇武澳守候逾旬适四川屯练与广西之兵踵至而风亦转利遂于二十八日申刻放洋至二十九日申刻兵船共百余只齐抵鹿仔港千里洋面一日而达其始似觉迟滞而既渡之后所向无前转得迅蒇大功信非神灵佑助何以至是】驰救诸罗群贼蜂拥列阵以待不值贾勇如虎抟兔案角陇种顷刻解围义民欢动【维时贼匪久围诸罗闻大兵既至亦蜂拥迎拒福康安海兰察及巴图鲁等即日统兵前进剿杀无算立即解围义民等无不欢忻踊跃出城迎师】斗六之门为贼锁钥大里之杙更无巢落长驱扫荡如风卷箨夜携眷属内山逃托【斗六门为贼门户最为险要官兵乘锐立拔随即捣其大里杙巢穴林爽文胆落连夜携其家属逃至埔里社埔尾一带遂成釜底游魂矣】生番化外然亦人类怵之以威赉之以惠彼知畏怀贼窜无地遂以成擒爽文首系【先闻林爽文计穷即欲逃入内山而生番狙犷未必能喻利害或将逆首藏匿则难速蒇预命福康安既怵以威复赉以惠生番等果即倾心効命协同官兵社丁人等竟于正月初四日在老衢崎地方将林爽文生擒解京俾元恶不致漏网可知凡有血气无不各知自为顾所以经理者得当否耳】狼狈为奸留一弗可自北而南如上临下叶海口遮罗山涂关锁遂缚大田略无遗者【叶林爽文逃入内山势已成擒庄大田在凤山一路窥伺府城虑其事急遁海而逸乃福康安悉心筹划预令乌什哈达带水师兵丁绝其去路而分巴图鲁等为六队各自山梁挨次排下四面合围适值顺风乌什哈达水师兵丁连樯而至沿海密布庄大田逃窜无路立即就擒并其头目四十余人无一脱者又杀贼众二千余名又有逃入柴城琅峤各番社者三百余人被生番等立即擒献伏诛于是贼匪一时歼戮殆尽合郡顿称平定】二人同心其利断金曰福康安智超谋深曰海兰察勇敢独任三月成功熏扬古今既靖妖孽当安民庶善后事宜康安并付定十六条诸弊祛故永奠海疆光我王度【此次台湾用兵其始不能灭贼非尽由士卒怯懦之故亦由领兵者不得其人遂致稽延时日若福康安之智谋算无遗策海兰察之勇敢所向披靡可谓一时无两而又同心共济以此士卒用命势如破竹未及三月而大功告成洵能不负任使至于平定之后不可不亟筹善后之方以为永靖之计嗣据福康安奏定祛除积弊十六条俱能悉心筹酌切中肯綮已令大学士九卿议行以后地方文武实力遵守海疆庶可永庆安恬矣】凡八武成蒙佑自天虽令耄耋敢弛惕干如曰七德实无一焉惟是敬勤励以永年

卷首二・御制赞・平定台湾二十功臣像赞【有序】

近著剿灭台湾贼匪生擒林爽文纪事语以为伊犁回部金川三大事各有端文王伦蘊四十三田五次三事不

足艿其功若兹林爽文之剿灭介于六者间虽弗称大事而亦不为小矣故其次三讫未纪熏图像而兹福康安海兰察等渡海搜山竟成伟熏靖海疆吁亦劳矣不可湮其功而弗识故于紫光阁纪熏图像一如向三大事之为然究以一区海滨数月底绩故减其百者为五十而朕亲制赞五十者为二十余命文臣拟撰一如上次之式夫用兵岂易事哉昔汉光武有云每一发兵头须为白况予古稀望八之年须鬓早半白而拓土开疆过光武远甚更有何奠而为佳兵之举诚以海疆民命不得不发师安靖所为乃应兵非佳兵也然亦因应兵非佳兵幸邀天助顺而成功速此予所以感谢鸿贶不可以言语形容而又不能已于言者也昔人有言满洲兵至万横行天下无敌今朕所发巴图鲁侍卫章京等才百人已足以当数千人之勇绿营兵虽多怯而无用兹精选屯练及贵州广东湖广兵得近万人统而用之遂以扫巢穴缚逆首是绿营果无用哉亦在率而行之者为之埋根倡首有以鼓励之耳若福康安未渡海以前台湾绿营已共有四万余兵何以不能成功则以无率而行之者岂不然哉且台湾一岁三收蔗薯更富朕若微有量田加赋之意以致民变天必罪之不能如是成功速也后世子孙当一此意毋信浮论富国之言爱民薄敛明慎用兵庶其恒承天眷耳近日以宫商三百逐章赓饫其义竟如幼年书室学诗之时然彼时但知读其章句而今则究其义味因思采薇出车诸章乃上之劳下其义正斯为正雅祈父北山诸什乃下之怨上其义变斯为变雅夫上劳下可也下怨上不可也何则下之怨上固在下者不知忠义然亦必在上者有以致之斯则大不可也我满洲旧风以不得捐躯国事死于牖下为耻其抱忠知义较祈父北山之怨上为何如是则绿营之多恇怯思家伊古有之无足多怪矣然为上者不可不存采薇出车之意更不可不知祈父北山之苦如其一概不知而但欲开疆扩土是诚佳兵黩武之为望其有成岂非北辕而适越乎故因为功臣图赞而申其说如此以戒奕叶子孙并戒万世之用兵者

大学士王杰

典学七闽肃正士风台湾民俗颇悉心中山海险夷参画具通有佐樽俎图貌纪功

户部尚书董诰

旧例军务多用清文兹或用汉绿营海滨治以马上亦颇効勤堪同福将阁上书熏

闽浙总督李侍尧

以恒入观命往闽疆战固老矣谋猷允长渡兵济饷井井有方不误军储其绩孔臧

福建巡抚徐嗣曾

宣抚之任守土安民一应军务责成督臣佐之赞之竭虑摅勤渡海筹疆亦可称熏

福建水师提督健勇巴图鲁蔡攀龙

台湾战将巨擘惟兹向嘉大纪乃被所欺【上年因柴大纪在诸罗被围日久曾谕令酌量如实不能支不妨保获义民全师而出另图进取而柴大纪覆奏不忍将数万生灵委之贼手仍督率兵民忍饥固守以待援应览奏为之堕泪是以特沛殊恩封伊伯爵并赏银一万两以示优眷嗣据福康安奏其为人狡诈予犹不忍以空言遽加之罪其后德成自浙江差竣复命细询之遂将伊居官声名狼藉之处逐一面陈因命福康安李侍尧琅玕各据实查奏则其贪劣酿成逆案种种竟有确据且当贼匪起事之初柴大纪正值巡察彰化不即带兵剿捕转托称派兵回郡及闻彰化失陷仍复观望不前迟至数日始行以致逆匪蔓延其罪尤不可逭因即令革职拿问其水师提督员缺即以蔡攀龙调补盖前此未有人摘发其私予焉肯为逆诈亿不信之见迨既经败露则不得不明其赏罚以示劝惩是柴大纪之前后功罪予惟协于至公更无所容心于其间也】赏罚各当弗滥弗遗惟明克允奉三无私

附后三十功臣像赞

吉林副都统法福礼巴图鲁乌什哈达

金川领队不畏嵘岌领水师兵岂亦所习连樯海口合势围急大田就擒志坚功立

署正白旗蒙古副都统布陇巴图鲁岱森保

初至著绩盐水港营移师南路爰靖海鲸率先鼓勇有将提兵牛庄罙入克壮军声

广东肇庆协副将库尔库巴图鲁官福

随征金川秩以功超兹率粤兵鼓锐扬船所向披靡震电驰飙转旆而南克水底寮

卷一

台湾古未隶中国版图隋开皇中虎贲陈棱略澎湖三十六岛元末置澎湖巡司明永乐时太监郑和舟下东西洋至东番其国人所居名鸡笼山即台湾地嘉靖末遭倭寇焚掠稍稍避居山后神宗末荷兰国红毛番遭飓风泊舟于此爱其地筑城居之复筑赤嵌楼与相望设市城外而漳泉商贾往往前往渔利屹然为海外一隩区矣天启初东洋甲螺颜思齐冦海上福建南安人郑芝龙附之据台湾自是剧盗继起皆倚为固崇祯时熊文灿招芝龙降而海上诸冦猖獗如故终明之世迄未就平

本朝顺治三年大军驻汀州芝龙赴军门降其子成功率众入海冒姓朱自称曰国姓时时侵扰沿海诸郡县世祖章皇帝屡勅招抚并令芝龙作书谕之成功不应议政王等奏请发兵讨之因械系芝龙于宁古塔旋以成功反复诛芝龙及其子孙数人成功败窜入海令其子锦守金门厦门成功死锦窃据海隅康熙十三年耿精忠反锦因袭漳泉诸郡王师平定福建圣祖仁皇帝命将讨锦先取海坛诸要地又拔金厦二门贼众大败遁还台湾二十年七月特命施琅为福建提督集兵申讨时郑锦已死其子克塽犹恃险负固大兵由铜山进发直取澎湖克塽等穷蹙请降遂定台湾始设立郡县六十年四月奸民朱一贵作乱总兵官欧阳凯率兵往捕被害台郡全陷总督觉罗满保闻报自福州赴厦门讨之提督施世骠以舟师先抵澎湖同南澳镇总兵官蓝廷珍率将佐等攻克鹿耳门乘胜攻复安平进攻台湾府治贼众败散贼首朱一贵逃匿诸罗县为乡民擒献台湾平自大兵攻鹿耳门迄事定凡七日遂以次安戢南路北路擒其余党杜君英陈福寿江国论等咸伏法迄雍正十年闰五月台湾大甲西诸番不靖奸民吴福生等因纠众为乱戕害官兵陆路提督王郡讨平之并其党羽数十人槛致京师伏诛台郡以宁至乾隆五十一年十一月复有奸民林爽文纠众滋乱之事

乾隆五十一年十二月二十七日【丙寅】闽浙总督常青奏言据署淡防厅程峻竹堑营守备董得魁会禀十一月初间闻有彰化县匪徒林爽文结党肆虐骚扰地方即会带兵役于交界处堵缉并具文派拨番社飞递道署旋据该番带回原文并有彰邑大肚社番寄淡属大甲社通事信内称十一月二十七夜彰化俞知县在大墩地方拿匪遇害彰城失陷路途梗塞不能前进等情臣随飞咨水师提臣黄仕简率领本标兵一千名金门镇兵五百名南澳镇铜山营兵五百名由鹿耳门飞渡前进派令副将丁朝雄参将那穆素里带领标兵八百名海坛镇兵四百名闽安烽火营兵三百名听海坛镇总兵郝壮猷调遣由闽安出口至淡水前进两路围攻又参将潘韬都司马元熏带领臣陆路提标兵一千名前赴鹿仔港堵御臣即于泉州驻札会同陆路提臣任承恩居中调度并委金门镇总兵罗英笈前赴厦门弹压一面通饬沿海营县严密防范并咨广东浙江等省督抚各臣于海口要隘一体严查不使匪徒得以窜逸

同日福建巡抚徐嗣曾奏言本月十四日接据台湾镇总兵柴大纪及该道永福移禀内称访闻北路大里杙等庄有奸民林爽文王芬等结党抢劫拨游击耿世文带兵会同北协副将赫升额同知长庚彰化县知县俞峻前往查拿带兵驻札离县城三十里之大墩泛地二十七日夜有数千人往劫大墩营盘并于大肚溪边聚匪截路以致信息不通南北一带亦有匪徒纠集且闻要攻县城镇道等会率游击李中扬林光玉杨起麟等带领弁兵即于初二日早飞赴诸罗要处分路勦捕檄调澎湖右营游击蔡攀龙带兵八百名来营听应调用现在贼势猖獗台湾府城兵丁不敷调用应请多派强兵分路救援等情臣查提臣黄仕简已带兵由厦门出口飞渡鹿耳门督臣常青亦已驻札蚶江与陆路提臣任承恩会商调发官兵由蚶江对渡鹿仔港进攻至省城由闽安出口直达淡水此路最为便捷亦经督臣调派副将丁朝雄那穆素里带领官兵听总兵郝壮猷统领进发三路官兵夹攻分头搜捕臣现亦飞饬营县多备火药铅弹雇备船只听候拨用但恐贼匪闻知官兵分路前进势必四散窜匿或偷越内渡臣现饬沿海地方文武员弁严行截拿至台湾向有漳泉民人在彼耕种贸易此次不法奸民定多漳泉民人在内臣密饬该道府明白晓谕各

地保族邻人等或有窜回原籍立即捕拿首报加以重赏仍饬不动声色不得稍有张皇转致疑骇

同日福建水师提督黄仕简奏言访得台湾彰化县属有匪徒聚众攻破彰化县城等事一面委令提标右营游击邱维扬先带兵二百名渡台确查一面饬令挑选提标五营员弁及备战兵丁一千名配足军火器械封备商哨船只齐足臣当即力疾亲赴该地剿捕所有厦门地方檄委金门镇总兵罗英笈就近弹压查省城直对淡水际此北风当令渡往甚易随飞咨陆路提臣及水师各镇协营立就近省营分续调官兵北路援剿臣直由鹿耳门郡城南路进兵会督夹攻均奏入上命军机大臣传谕常青黄仕简任承恩徐嗣曾曰台湾地隔重洋民刁俗悍屡次滋事今有彰化县贼匪林爽文等纠众骚扰杀害官长攻陷城池尤为罪大恶极不可不痛加殲戮以示惩创彰化知县拿匪被害该县不能严密防范虽失之疏懈但带兵缉犯事属因公并著该督抚查明该县如平日并无别项劣迹及激变情事即据实奏闻候朕降旨交部议恤至黄仕简甫经病愈一闻匪犯滋事之信即带兵渡台殊属奋勉可嘉著赏给荷包等件以示优眷并著于办理搜捕诸务外仍加意调摄勿过劳勚至贼匪么麽乌合黄仕简到彼督率该镇道尽力堵剿无难立就扑灭但恐余党四散窜逸或偷越内渡常青任承恩现驻蚶江一带著严饬沿海口岸地方文武员弁实力巡防最为紧要常青徐嗣曾等总须不动声色妥协办理若因外洋遇有此等案件该督抚纷纷调遣迹涉张皇转致内地民人心生疑骇殊有关系该督抚不可不处以镇定也

二十九日【戊辰】常青奏言于惠安途次接据泉州府知府王右弼晋江县知县徐梦麟禀称十二日署淡水同知程峻之子程必大怀取淡防同知关防赴泉求救询据程必大称父程峻驻札竹堑因彰化贼匪滋事会同守备董得魁带兵赴中港地方堵御贼匪众多抵敌不住现在存亡未知贼匪于十二月初七日已到竹堑肆行抢掳我恐印信被抢又因彰化已被贼踞不能前往府城只得潜赴八里坌内渡求救等情又臣差往探信之守备林登云禀报情节相符是现在北路一带悉被贼匪占踞台湾郡城系根本要地必先急为保获并派拨重兵协同进剿方为得力随与提臣任承恩悉心筹划即将提标挑出精兵一千二百名先由该提臣统领仍于鹿耳门前进再派福协兴协长福等营劲兵一千名檄令参将福兰泰统领都司马元熏等带往听候调遣合计调发官兵已共六千名一面再行预为调备以资策应并檄调建宁镇总兵郑国卿来泉弹压其沿海各口岸均各加兵驻守臣于泉州蚶江厦门等处往来督察相机调度所需粮饷事宜派委道府大员经理俾不致迟误

同日任承恩奏言现催督厅县雇备船只已于十二月十一十二两日赶办敷用并已挑派备战兵丁一千名于十三日分配登舟候风放洋现闻督臣已自省星夜来泉一俟到日会筹妥协臣立即登舟飞渡协同黄仕简戮力剿洗又一应剿抚善后事宜关系重大恳皇上特简重臣临闽镇安督办蒇事方能迅速均奏入上命军机大臣传谕常青黄仕简任承恩徐嗣曾曰此等奸民纠众滋事不过么麽乌合上年台湾即有漳泉两处匪徒械斗滋扰等案一经黄仕简带兵前往督办立即扑灭今林爽文等结党横行情事相等该提督到彼匪党自必望风溃散即使该提督病后精神照料未能周到亦止可添派能事总兵一员多带兵丁前往协剿乃任承恩竟欲亲往岂有水陆两提督俱远渡重洋办一匪类置内地于不顾之理至所称简派钦差督办更不成话督抚提镇俱有绥靖地方之责设一遇匪徒滋事辄请钦派大臣督办又安用伊等为耶从前康熙年间台匪朱一贵滋扰一案全台俱已被陷维时止系水师提督施世骠带兵渡台进剿总督满保驻札厦门调度不及一月即已收复蒇功伊等岂竟未之闻乎又据常青驰奏询悉淡水同知程峻之子程必大彰化失陷文报梗塞情形已派兵二千二百名令任承恩及参将福兰泰等由鹿耳门前进会同夹攻等语与前奏大概相同任承恩本不应前往今既已渡台亦不须拘泥回任务须实力勇往会同黄仕简分路夹攻速擒逆匪以期克日蒇功常青仍只须驻札蚶江厦门一带调度策应此时总以镇静内地为要

正月初二日【辛未】上命军机大臣传谕两江总督李世杰提督蓝元枚曰现在台湾彰化地方有贼匪林爽文等纠众滋扰劫县戕官一案水师提督黄仕简陆路提督任承恩俱已带兵渡台剿捕漳泉地方紧要不可无大员弹压蓝元枚系福建世家众所稔悉于该处情形自能熟谙著传谕蓝元枚即行驰驿迅速前往泉州署理福建陆路提督即驻札蚶江一带帮同常青调度接应一切事宜以期迅速蒇事所有江南提督印务著李世杰于该省总兵内拣员暂行署理

同日常青奏言十二月十六日复接到镇道会禀有贼匪数千围攻彰化县城于十一月二十八夜将城攻陷都司王宗武被害即要来抢鹿仔港笨港一路直犯府城请拨兵救获随严饬本标游击李中扬千总苏明耀魏大鹏等

飞驰诸罗剿捕分饬将弁堵截各隘口职道等督同游击林光玉带兵驻札铁线桥以便应援查贼匪系漳州人诸漳二邑漳人甚多到处附从势甚猖獗府城为全台根本并饬右营游击郑嵩移驻弹压等情旋又据福兴泉永道万钟杰禀称台湾典史易凤翔执持台湾道印照同该道家人曹泰诸荣来厦当即传询据凤翔称十一月二十九日贼匪攻陷彰化十二月初六日攻陷诸罗柴大纪带兵堵住离府城十里之三坎店台湾道召募乡勇紧守府城令该典史同家人二名来厦请救初七日夜出城配船放洋初十日至澎湖见署协点兵赴援约十四日可到台湾并闻得十一日柴大纪与贼打仗大施火炮贼势稍退等语伏思台湾匪徒虽易聚集滋事但地方文武平日岂无防范何至一任蔓延竟至莫可抵御今经两提臣齐赴集剿小丑跳梁自可速期殄灭第查逆首林爽文系漳州人其附从之徒率皆籍隶漳属其中更难保无内外勾连情事台湾既属紧要而漳泉两郡尤为内地根本臣惟有预设机宜倍加严重并于漳州连界之广东潮州等境移会两广督臣一体防范一面督催渡台官兵协力进剿务期克日荡平不使稍留余孽再水师提臣黄仕简于十五日自厦门放洋陆路提臣任承恩十四日登舟十七日乘风开驾并与臣面为议定或竟由鹿仔港进攻或由鹿耳门入口统听该提臣察探贼情随机应变又闻知府孙景燧自十月初间前赴诸罗缉匪今诸罗失陷业已被害查福州府海防同知杨绍裘现在随赴泉州即饬该丞前往署理台湾府事务并派委正佐杂职等员到彼以备随时差委其余在台被害文武容俟查明再行具奏

同日徐嗣曾奏言十二月十八日据兴泉道万钟杰禀知彰化诸罗俱已失陷贼势方张不可不厚集兵力以速蒇事现于臣标及督标水师拨兵一千五百名并调上游之建宁延平镇营兵一千名来省以备调遣札商督臣就近酌调南澳镇兵赴泉听用又飞咨广东浙江抚提各臣于附近水师营内酌拨备战兵二三千名各于交界本境驻札如需策应便于征发亦可藉为声援至官兵裹带口粮已分饬妥协办理昨准督臣咨商饬司拨银十五万两解赴泉州贮备紧要动用臣现饬司迅速解往并另委获粮道李振文驰往蚶江随同督臣筹办一切其沿海要隘口岸谆饬文武员弁严密截拿以防窜逸又淡防新庄巡检王增錞禀称彰城已陷贼人移踞后垄现在招集乡勇前往剿捕初八日已刻败兵逃回俱称堑城已失程同知被贼围住不知著落新庄止有直街一道并无险要可据因思艋舺距新庄五里西北两面有大河二道兼有淡防仓厫一座淡水都司全营兵丁俱驻艋舺随商同都司易连派兵分守要隘保获地方仓厫但查淡营额设兵丁止有五百四十名恐贼匪一至兵力单薄当即传军工匠首黄世恭业户董再兴召募泉民七千余名其器械口粮系各铺户自行捐备现有竹堑守备千把总三员即令其管领乡勇分守堵御惟望迅速发兵由淡水八里坌进口大有济益等情臣查淡水地方险阻为台湾北路要区现在既有艋舺地方经该巡检王增錞召募乡勇竭力保获自应迅速发兵救援即将现派备调之省兵一千五百名饬令闽安协副将徐鼎士抚标右营游击吴秀统领多带军火器械克日由闽安出口直抵淡水协同守御并多带赏犒奖励泉州乡勇相机剿捕亦可为南路遥结声援均奏入上命军机大臣传谕常青恒瑞黄仕简任承恩徐嗣曾柴大纪曰常青此次所奏派兵剿捕各事宜较从前稍有主见略知镇定但常青折内称逆首林爽文系漳州人其附从之徒率皆籍隶漳属其中难保无内外勾连情事等语此等匪徒纠众滋事无论何处民人其从贼者即系伙党自应按名骈戮若漳泉民人乡勇果能应募拒贼出力堵御防守即系良民自应加以奖赏不应预存歧视稍露形迹转致漳民心生惶惧别滋事端此时水陆两提督先后带兵渡台已有六千余名徐嗣曾又经派拨兵丁一千五百名渡台协剿兵力不为不厚但闽人性本慓轻若零星打仗致有挫失是轻为尝试转足以张贼势而馁官军之气于事尤属无益著黄仕简任承恩务须俟各路兵丁到齐约会日期同时并力夹攻自无难一举蒇事该督等总须镇定持重再徐嗣曾奏飞咨广东浙江二省督抚提督于附近水师营内酌拨战兵二三千名各于交界本境驻札如需策应便于征发亦可藉为声援等语此时似可无需邻省接济兵力然备拨亦可总宜不动声色密为布置不可稍涉矜张惊动众听至台地会匪究系何会兴有几年聚众数千蔓延滋扰劫县戕官该地方文武平日所司何事岂竟漫无觉察并著常青于事定后查明严参示儆但非目前急务此时惟当镇辑内地速剿贼匪为要

卷二

正月初七日【丙子】常青奏言彰化贼匪林爽文等攻占城池先经臣派拨三路官兵赴剿惟是调往官兵虽有六千内水师提臣黄仕简带领本标及调取南澳铜山等营守兵共计二千数百名其由闽安出口派赴淡北之官兵一千五百名臣于十二月十三日据淡水同知程峻之子程必大禀报竹堑地方亦被贼人占踞因饬领兵之海坛

镇总兵郝壮猷相度情形非于新庄堵御即赴南路应援而鹿耳为台地咽喉尤须厚集兵力庶可近获郡城远赴攻剿兹臣复添派督抚二标兵一千名檄令原任闽安协副将徐鼎士带领由省城南台口配船又调福宁镇并桐山罗源等营兵一千名檄令福宁右营游击延山带领于福安县白石口配船俱从各该处出口候风直渡过台经由鹿耳门进口交与水师提臣黄仕简听其调度俾军容益昭壮盛贼匪克期殄灭臣一面仍再于各营兵丁内预为挑备酌量机宜随时策应

同日浙江巡抚琅玕奏言……又准福建抚臣徐嗣曾咨会臣于附近水师营内酌拨备战兵二三千名配齐器械在交界本境驻札以便征发亦可藉为声援等因查浙省温州府地方由海至闽省之厦门最为捷近自应于附近之水师营内酌派现在飞咨提镇各臣即于提标同温州黄岩二镇标所属营内共拣派练习兵三千名配齐器械携带粮饷在于本境交界之处驻札以待征调其应派将备带领前往一切事宜现咨提臣陈大用酌定具奏臣仍檄饬温处道陆瑗随同镇臣在彼弹压此等匪徒均系一时乌合之众现当闽省官兵合剿不日即可殱尽其匪党自必四散避遁各海口均关紧要臣已分委道府等官酌派兵丁实力盘查截拿俾无窜逸

初八日【丁丑】常青奏言前派赴淡官兵因闻竹堑已被贼踞旋又据巡检王增錞禀报于艋舺地方召募乡勇人等设守随又密饬统兵之总兵官郝壮猷相度情形非于新庄抵御即赴南路应援今该抚臣又经派兵一千五百名前往实为紧要得力惟是臣续调之督抚二标兵一千名已派令副将徐鼎士带领而抚臣所调之督抚二标兵一千五百名据称亦派该副将带领实缘省城距泉相隔数百里同时调派以致关会不及至查督抚两标除派拨防守外统计备战兵四千四百名现在派出之数已共三千三百名会垣重地尚须驻兵留守据抚臣札称复调上游之建宁延平镇营兵一千名来省以备调遣应俟该二处兵丁到省即留于会城驻札其抚臣所调之督抚二标兵一千五百名即令副将徐鼎士带领前赴北淡臣随改派在省之延平副将林天洛带领臣续派督抚二标兵一千名仍遵前奏由省城南台配船飞渡经由鹿耳门进口随同水师提臣黄仕简协力进剿

同日徐嗣曾奏言臣以淡水地方紧要即将派备之省兵一千五百名饬令闽安协副将徐鼎士臣标游击吴秀等统领克日进发连日接据蚶江通判陈惇厦门同知刘嘉会禀报查讯鹿仔港回棹商船鹿仔港亦有泉州兴化广东客民各用布书写义民字样共相守获等语复准提臣黄仕简亦因王增錞禀报咨会拨兵救援臣现已雇备船只添派督标都司朱龙章获水师营参将罗礼璋随同副将徐鼎士等迅速领兵前赴正在候风遄发接准督臣来咨于未接臣咨之先督标拨兵六百名臣标二营拨兵四百名交副将徐鼎士统领由闽安出口至鹿耳门协剿等因查淡水新庄等处待援既急而鹿耳门一路诚如督臣筹酌尤当厚集兵力臣前折奏明预调延建兵一千名原以备督臣调遣之用与督臣所调兵数适相符合应即饬令赴泉听候督臣派员统领赴鹿耳门进剿查厦门对渡鹿耳门较之由闽安出口更为便捷臣飞札厦门速备船只该兵到厦之日即可飞渡

同日浙江提督陈大用奏言接准福建抚臣徐嗣曾咨会浙省水师兵内挑拨备战兵二三千名前往交界处所以备调遣温州黄岩二镇各拨兵一千名尚少一千名于提标及所属水师兵内酌量选拨并将一切战船军械妥协料理等因臣随选派标下右营兵五百名附近之镇海营兵五百名共足三千名之数委派署右营游击俞世盛左营游击裴起鳌冯扬镇海营参将白国梁右营守备江得胜署守备张殿魁并千把外委三十员于十二月三十日带领起程赴闽浙交界之平阳县属北关洋面处所以为声援并即飞咨督臣常青酌量调用再查有温州镇总兵魏大斌瑞安营副将詹殿擢均由福建台湾水师升补来浙彼处情形素所熟悉随派委该镇将作为总领统率前往其温州地方界联闽省现饬乐清协副将李长庚前往弹压稽查至宁波沿海口隘均关紧要现在臣会同宁绍台道印宪曾选派员弁时刻留心稽察分路查缉截拿

(初十日【己卯】)常青奏言……而水师提臣黄仕简计此日已可前抵鹿耳陆路提臣任承恩于十四日自蚶江登舟十七日开驾抵口天气阴雨海道难辨不能前进二十日复起风暴连日猛烈难以放洋一俟风定立即飞渡现在兵力虽已厚集恐尚有随宜应变之处臣密为挑备以资策应务期肤功速奏以靖海氛

十三日【壬午】两广总督孙士毅奏言现在提臣黄仕简带兵渡台督粤剿东与闽省水陆紧接查拿堵截更

应格外加严现已密派妥干弁员于各隘口商船渔艇往来处所改装易服梭织游巡不露圭角遇有形迹可疑之人立即盘诘究办以绝奸匪鬼蜮伎俩至南澳一镇与厦蚶地方互为犄角提臣黄仕简移咨南澳镇臣预派左营战兵三百名以备调遣臣恐兵数太少不足以壮军威臣现于附近闽省各镇协营内共挑选水师战兵一千名配定战艋备足军火器械裹带一月口粮并派拨得力之统领将备员弁一一料理停妥设有征调便于立即起程以资策应此外再于战兵内挑选水师五百名陆路一千五百名共二千名预备调遣再查潮州府与闽省接壤声息相通自潮州至广州府省城尚有一千二三百里臣恐在省得信较迟除咨会署提臣彭承尧先赴潮州稽查弹压臣将督抚两署事务于数日内略为料理即亲赴潮州驻札以便遇有防范征调事宜即可就近办理以期迅速省会现有将军都统同城臣令藩臬两司随同督察足资料理奏入上命军机大臣传谕孙士毅曰闽越境壤毗连台湾贼匪纠众滋事孙士毅接准咨文派兵前往预备策应及严饬各隘口严密盘诘此系当办之事至孙士毅系邻省总督止当镇静地方堵拿逸犯岂得轻离省城以致粤东内地民人心怀疑惑外省各督抚遇有此等事件每以亲身前往见其急公而不权事理之轻重缓急孙士毅此时如尚未起程即毋庸前往若业已起程亦即速回省

同日徐嗣曾奏言前预调建宁延平镇营兵一千名来省以备督臣调派据准督臣咨会于督抚二标派兵一千名令延平协副将林天洛带领由南台配船至闽安出口前抵鹿耳门会剿建延官兵即留于省城驻札等因查延平兵五百名业经到省建宁离省较远所派官兵现尚未到臣即照督臣咨会于督标内派兵六百名臣标内派兵四百名备齐船只由南台开行至闽安候风放洋其延建兵到齐之时即留省城驻札再查淡水新庄等处现已据都司易连禀率励义民奋勇剿杀贼匪虽暂奔散现在复聚暗坑仔等处请速发兵进剿等情查总兵郝壮猷所带之兵近准督臣札会催令仍赴淡水救援及臣所派调闽安协副将徐鼎士带兵前后进发是淡水一路兵势已为壮盛一渡八里坌进口便可得力臣仍另遣熟谙路径之小船往来探报奏入报闻

十四日【癸未】台湾镇总兵柴大纪奏言本月初六日贼匪占据诸罗分路来犯郡城臣于初七日拿获奸细林马一名严审供出贼匪分二起一自诸罗山下茄苳来犯府城北门一在笨港将营盘烧毁知铁线桥一路有官兵驻札难以经过随往海边拿小船由海道来犯府城西门等语臣相度形势惟有盐埕桥地方可以截拿水陆两路一面将该犯林马正法一面飞饬在城文武员弁严守城池并飞饬台协水师多拨哨船沿海堵御臣即督率官兵飞驰盐埕察看海边一带已有小船数百只浮水而来俱系贼匪饬令弁兵施放枪炮被母子炮打沈小船数十只余船远逃又见遍野贼匪万余蜂拥而至随督率弁兵奋勇与战初九日贼匪被枪炮打死者不过数十名旋退旋来全无畏惧

卷三

正月十五日【甲申】常青奏言十二月二十七日接到署守备陈邦光两禀一称林爽文等于十一月二十七夜抢劫大墩营盘游击耿世文等全军俱陷二十九日即攻入彰化县城知府孙景燧理番同知长庚前署彰化县事俸满同知刘亨基署典史事鹿仔港巡检冯启宗北协中营都司王宗武及弁兵数十人俱被杀害复来犯鹿仔港并分扰淡水诸邑贼党蔓延难以抵御恳即兴师救援一称十八日有咳哈等庄贼匪谋犯鹿仔港陈邦光传会泉粤义民预先埋伏随令义民百余诱贼至埋伏处所两头夹攻杀贼百余名焚毁咳哈滴仔内湾二八水等处贼庄又约牛马头等庄义民于二十日辰刻由沙辘进攻水里大肚茄投等贼巢并率义民袭后追逐至猫雾捒贼匪退踞乌日庄缘该处有大溪阻隔不能飞渡各等情又于十二日午刻率同各义民从鹿仔港抵彰贼匪闻知随出西门外施放枪炮陈邦光令义民分为两队攻杀贼人退走当即擒获执旗之伪副元帅杨振国伪协镇高文麟伪先锋陈高伪办理水师军务杨轩等四名杀死贼伙百余名夺获马二匹炮位刀械八十余件余贼四散奔逃陈邦光入城查看有参革前任彰化县知县张贞生丁忧典史李尔和教谕王梁训导陈琔被羁未释并居民铺户受困在内因彰城逼近贼巢民心惊惶各义民又无粮食可支难以驻札随获卫受困官亲及居民男妇一同回至鹿仔港保守又将擒获伪官杨振国等四名臣押回鹿仔港装入槛车交丁忧典史李尔和受伤之北协外委许玛分拨兵丁配船解送泉州听候勘讯又续据陈邦光禀称二十三日林爽文党羽陈泮吴领等烧毁泉粤民庄随率义民前往追捕杀死贼伙三十余名拾获红旗器械四十余件查陈泮吴领与林爽文同恶相济均应一併剿灭以绝根株但南北投虎仔坑等处阻隔溪河必得三面夹攻方能克胜今各义民俱肯奋力捕匪惟因利器无多且鹿仔港地方距虎仔坑尚有七八十里现在

鼓舞众义民同守鹿仔港彰城一面出巡查捕等情查该署备节次扑捕贼匪及义民等同心协力俱属奋勇可嘉俟分别查明请旨优奖据解逆犯四名现委员飞赴迎提即于泉州审明办理再查漳匪作孽泉粤之人素与为仇到处俱有义民共相抵御不独现在足资保获即将来收拿匪犯亦可得力臣于淡水鹿港鹿耳俱已发有简明告示派员分赴各处遍贴晓谕以励众志而固人心至水师提臣黄仕简自金门收泊料罗续于二十八日又自料罗放洋计期两三日内即可前抵鹿耳陆路提臣任承恩系由蚶江出口亦于二十八日放洋旋因风雨骤作寄泊臭涂澳外该处与鹿仔港相对一俟风定即可扬帆直达惟是贼情猖獗到处蔓延自澎湖至鹿耳门系属台郡咽喉尤宜厚集兵力臣前经续调督抚标兵一千名原令由南台出口前往鹿耳以备策应第恐海道纡回风汛难定适预备之延建兵一千名亦已分起前来因令督抚标兵仍驻省城防守将延建兵一千名派委延平协副将林天洛管带由陆路兼程赴厦并派先经调来之汀州镇总兵普吉保统率登舟又于水师提标五营内预备兵丁六百名派令兴化协副将格绷额带领亦从厦门配船飞渡均由鹿耳赴台随同水师提臣协力进剿至续派之福宁镇及铜山罗源等营共兵一千名亦催令陆续继进奏入上命军机大臣传谕常青黄仕简任承恩徐嗣曾曰贼匪敢用枪炮攻犯城池罪大恶极不特首恶之父兄妻子应行缘坐即如现在拿获之杨振国等四犯俱曾受伪职并与官兵抗拒者亦应一例缘坐该犯等系漳州民人其家属想仍在内地若此时遽行查办恐漳民闻而生骇转多未便著常青俟杨振国等四犯解到时讯明各要犯家属下落密为存记俟黄仕简等在台搜捕贼匪事竣大兵撤回时按名查拿办理自无虞其兔脱漏网至署守备陈邦光督率兵民杀退贼众并擒获贼目解送内地审办尚属奋勇可嘉著常青于事竣后查明给咨送部引见其义民乡勇等亦著分别旌赏以示奖励至贼匪滋扰凤山时参将瑚图里乘马追贼转被贼人乘虚朴入城内兵丁冲散瑚图里由南而去不知下落是该参将之不能抵御贼众由于兵散与临阵退缩者不同此时尚可不治以委城而去之罪若该参将能收集兵民再行出力杀贼则其功罪足相抵统俟常青于事竣后查明具奏到日再行核办其知县汤大奎虽未能堵贼守城但既经自刎究属可悯亦应查明议恤至黄仕简与任承恩因海洋风色不顺难涉险轻进朕亦不责以迟延计此时各路大兵俱已早到黄仕简等务宜督率兵弁分路会剿奋勇剿贼速奏蒇功上又命军机大臣传谕李侍尧曰谋逆首犯与各要犯家属均当一律缘坐但该犯等俱系漳州民人其家属想仍在内地著将常青奏到之折并所降谕旨抄录一分寄与李侍尧阅看以便该督到闽时遵办其署守备陈邦光如何出力及参将瑚图里作何下落之处如李侍尧到彼常青未及查办著该督查明分别具奏

十八日【丁亥】孙士毅奏言闻台匪纠众滋事已将调拨弁兵等事料理停当兼程赴潮并密札该处镇将等暗行访查凡在漳泉等处游食民人有回潮形迹可疑者一面盘诘一面拘管无许轻易释放奏入上命军机大臣传谕孙士毅曰现在台湾剿捕贼匪即有粤东义民在彼帮同官兵出力杀贼者此时如有回潮民人正系不肯从贼及避乱回籍之人该督应令地方官收恤安抚何得转令拘管不准释放是殴良民转令从贼更属不成事体著传旨严行申饬该督系军机司员出身曾经随同出兵非若未经军务者可比乃于事体轻重毫无定见适足为朕所轻矣孙士毅当于该处明白晓谕以此事办理错误现奉谕旨训饬所有回潮民人仍俱各安生业毋许拘管俾该处民人安居乐业不致惊疑设遇有漳州台匪余党窜匿粤省自应访拿究办

臣等谨按督臣孙士毅因搜访逸匪并令遇有回潮民人概行拘管止知缉捕为亟而不觉失于太过设台湾被难之人闻信不敢回籍诚如圣谕良民或转致从贼更复成何事体蒙皇上传旨严饬并明示以回潮之民正系不肯从贼其避难回籍者应令地方官收恤安抚圣慈宽大如覆载之无所不容粤庄义民等所由闻风感励协同官兵剿捕始终不懈益征德化之入人者深也

(二十日)汀州镇总兵普吉保奏言前接抚臣来咨酌调汀州邵武官兵前赴汀州府属之永定上杭臣二县驻札听候进剿即于汀标三营派拨兵丁五百名自汀起行一面飞调邵武都司定柱带兵三百名驻札上杭已前抵永定弹压督臣调臣赴泉密商机务随即日起身途次复接督臣来文凤山县亦被贼匪攻陷望救孔急飞调臣统领建宁延平二处兵丁一千名水师提标兵六百名由厦门配船飞渡鹿耳门进剿臣于正月初三日到泉查延建官兵尚未到随与督臣面商台郡现在危急不可稍待臣即于初四日由泉星驰赴厦将水提标兵六百名先行配船飞渡其延建官兵飞催接续赴厦渡台统领合剿奏入报闻

二十二日【辛卯】徐嗣曾奏言准督臣咨商将臣预调之延建兵一千名及督续臣调福宁各镇营兵一千名俱令由陆赴厦径进鹿耳门为提臣黄仕简一路接应俱经陆续到厦总兵郝壮猷于十二月二十二日放洋臣副将徐鼎士等于十二月二十二日自南台下船至闽安屡次放洋俱被风阻臣于初八日亲赴督催该副将等已先于初七日放洋亲至五虎门瞭望一带洋面并无船只停搁闽安等处地方紧要臣即顺道将沿海各口岸逐一履看其汛兵单少之处先经臣于省标内派兵二百名前赴增驻以资截拿现在巡防甚为严密昨据兴泉道万钟杰禀报差探贼分南北二路攻犯台湾郡城适澎湖游击蔡攀龙领兵到台自十八九至二十二连日打仗得胜二十五日夜贼自北来攻柴大纪督同获安平协林光玉等施放大炮贼俱退避等语兹提臣黄仕简任承恩各路官兵先后抵台乌合之众自必立就扑灭特剿捕之时若逃入台地内山官兵长围攻逼搜拿不患不净惟海洋瞬息千里倘贼匪窜逸内渡或恐漏网现已飞咨水陆臣提及领兵镇将一面剿杀贼匪一面即于沿海汊港搜拿贼船先行烧沉净尽预绝其远扬之路而漳州一属系贼匪原籍诚虑有勾串连结情事臣密札该道朱芫会知府黄彬不动声色妥为防范复会同督臣出示晓谕以贼匪虽系漳人其在台滋事与原籍亲属毫无干涉惟藏顿隐匿例应同罪将来贼匪潜逃回籍即捕获首报并悬赏格剀切示谕至渡台官兵配坐战船之外需用商船皆系厚价催备应给兵粮亦皆动碾食谷惟漳泉一带民食素资台米今商贩不继恐致粮价稍昂现在设法招商运赴下游粜济其过兵处所俱饬令大员妥为经理并无丝毫扰累民间体访舆情各俱安贴奏入上命军机大臣传谕李侍尧常青徐嗣曾曰地方偶有聚众滋事之处总督既经前往巡抚自当在省静镇不应轻离会城以致人心疑骇昨孙士毅奏亲赴潮州弹压今徐嗣曾复有前往闽安之奏惟知出力急公而不权事体之轻重缓急朕并不嘉其不辞劳苦转为朕所鄙矣此时各路官兵自早已分头会剿贼匪无难立就殄灭惟窜匿贼党恐有逃至内者当于各海口不动声色严行防范截拿此则徐嗣曾应办之事该抚务督饬所属严行妥办不可张皇疏忽如得有剿贼情形信息仍著由驿迅速具奏

二十三日【壬辰】南澳镇总兵陆廷柱奏言前准福建提臣黄仕简札酌派南澳左营兵丁预备调用随即就每营饬挑备战兵丁各三百名预备调遣应援嗣又准两广总督札将先派水师一千名带领竟由陆路直抵厦门听候闽浙总督调遣等因随即檄调署澄海协就近抵澳弹压地方并飞饬各官兵星夜兼程赴厦臣即于初六日戌时登舟渡海前往厦门听候调遣奏入报闻

二十四日【癸巳】孙士毅奏言途次接准闽省咨会令粤省派兵二三千名于本省交界处所驻札预备征调臣思水师一项若待征调始行就道恐海洋风信靡常守候稽延是以拟将派定附近潮州之水师兵一千名先委将弁统领径由闽省诏安县陆路前抵厦门听候闽浙督臣常青调遣此外水师五百名陆路一千五百名照依闽省来咨调集交界地方俟有征调再行起程至碣石镇标水师五百名南澳右营及澄海海门水师五百名分起接续前进署提臣彭承尧获惠潮道顾声雷已于正月初八日先赴黄冈地方稽查弹压臣即于正月初九日亲赴闽粤交界处督率照料点送出境按照兵数每名令其里带一月口粮以备缓急应用其水师一千名应得出兵分例臣于藩库内支项酌给统俟蒇事后照例核实报销此外现在交界处等候之水路兵二千名尚未赴闽每日给以口粮其应得出兵分例暂缓给领再臣风闻有福建泉州兴化及广东潮州之在台贸易客民聚众数千人随同官兵奋力拒贼彼此互有杀伤等因臣即乘机出示剀切晓谕潮民俾知感动仍暗加密访如有潮属民人在台入伙从逆究出姓名即与叛逆奸匪一律从严办理缘潮郡民人在台贸易者颇多如此分别良歹明示惩劝庶几将来知所趋向并俟兵事略蒇臣即咨会闽省督抚分晰查明移知粤省办理再臣派拨南澳各营水师兵一千名先赴厦门听候调遣署提臣彭承尧咨商请以南澳镇总兵陆廷柱统领前往臣以南澳紧接台湾地方紧要该镇未便远离是以飞调左翼镇李化龙领兵仍令陆廷柱留营督率防范兹接据该镇陆廷柱呈报先已禀知闽浙督臣自愿赴台剿贼复准署提臣彭承尧咨调领兵之文即于正月初六日驰赴厦门听候等语是该镇未接改委文行一闻调派星速起程尚属勇往且该镇曾任台湾彼处情形熟悉军营多一得力之人更为有益南澳营务现有署澄海协廖光宇前往代理臣与署提臣往来潮州黄冈澄海等处距南澳不远足资弹压奏入上命军机大臣传谕孙士毅常青李侍尧李世杰徐嗣曾琅玕曰阅孙士毅折内接准闽省咨会原不过令其预备何尝有征调之语乃该督不揆事理轻重率行派委将弁纷纷带兵即赴厦门实属非是办一乌合匪犯遽行令广东浙江江南等省纷纷征调成何事体外省习气非失之懈弛即过于矜张偶遇地方此等事件率奏请亲往以见其急公勉力为站脚地步全不计事体之缓急轻重及骚动地方甚无谓也试思粤省巡抚现未回任该督又远赴潮州海疆重地关系紧要茭塘沙湾附近省垣该督如此办理张皇万一

有一二奸匪乘势皷动又将何以应之乎孙士毅接奉前旨即星速回驻省城其所派水师一千名既已起身听闽省督提调遣若事已定即令撤回其续派之兵俱著撤回本营总以镇静地方安戢人心为要

二十五日【甲午】常青奏言官兵出口屡被风阻收泊各澳兹据报黄仕简于十二月二十八日放洋由鹿耳门前进任承恩于正月初四日放洋由鹿仔港前进其由闽安出口之总兵郝壮猷及副将徐鼎士等亦因风讯不顺迄今并无抵淡水信息现在福宁延建各兵亦俱接踵继进臣并令调来之汀州镇总兵普吉保添带水师兵六百名由厦门出口并准两广督臣孙士毅派拨粤兵一千名到厦协同进剿兵力已属厚集计此时两提臣亦自必到台分路攻剿至台郡情形接据探差禀报自十二月十八十九至二十等日贼人往犯郡城经柴大纪同澎湖游击蔡攀龙等带兵打仗屡加殲戮城内聚集义民乡勇协同抵敌义民并不受值乡勇日给钱文人心甚固可保无虞其鹿仔港一路已据署守备陈邦光率同全粤义民杀退贼人协力固守又淡水新庄之艋舺一带亦经署都司易连召募义民共相保获官兵到日义民响应自必倍加奋勇即可剪除净尽至内地各境俱皆宁谧其余沿海口岸严饬文武员弁实力廵查已据漳浦县罗泽坤禀报盘获匪犯陈樵一名现在饬提确究再查漳化县俞峻系上年十月甫经抵任实因缉拿贼匪致被戕害并无别项劣迹奏入报闻

卷四

正月二十七日【丙申】常青奏言遵旨仍驻蚶江厦门一带调度策应务期镇静不敢少动声色时饬沿海文武员弁慎密廵查并与抚臣晓谕居民悬立重赏遇有贼匪潜逃回籍捕获首报总不使余孽得以漏网又南澳总兵陆廷柱自愿赴台剿贼固属急公勇往但南澳地方紧接台湾关系紧要今粤省之兵既已派有李化龙带领陆廷柱自可毋庸再往应饬令速回本任

同日徐嗣曾奏言林爽文本系积贼因被拿情急起意抗拒而游手无赖之徒乘机附和乌合遂多兹据报提臣任承恩于正月初四日放洋副将徐鼎士等系正月初八日放洋到台即有先后要亦不过数日之间提臣黄仕简系十二月二十八日放洋先由南路鹿耳门进发直抵府城计其统辖之兵陆续已四千八百余名兵力已厚又鹿仔港北淡水两路之兵接续前进虽闽人不免慓轻而兵威愈壮三路夹攻必可蒇事至贼匪林爽文系漳州人恐漳人因此自疑今蒙圣明指示无论何处民人从贼者即系伙党自应按名骈戮果能应募拒贼即系良民自应加以奖赏不应预存岐视臣现已札饬该道府等榜示城乡明白开导现据漳浦县罗泽坤禀报拿获匪犯陈樵讯系贼匪遣回探听官兵消息业经督臣常青就近提审臣以贼匪遣人探信所遣必不止一人并亦不止一处严饬各属慎密查拿此后窜逃偷渡回家亦必不少并饬加意防范仍悬赏格谕令亲属邻佑捕拿首报至一应军行供支粮饷火药等项督同司道妥速办理不敢稍有忽误又闻黄仕简抵台后剿捕贼匪开炮打死二千余人贼俱星散奔逃内山合并陈明再漳浦县知县罗泽坤浦城县知县钮琨均经部议降调查漳浦县滨临海洋所辖旧镇一澳与彰化县之七鲲山相对民俗刁悍稽查不易浦城县为上游入境首站有稽察文报之事该二县均不便骤易生手又莆田县亦系滨海要区为自省至泉孔道现有兵差往来候补知县郭廷魁历署繁缺俱能办理裕如臣现在委令前往署理但亦已缘事降调臣恳准将罗泽坤钮琨暂留漳浦浦城之任郭廷魁暂署莆田县事候剿匪事竣再行交卸又闽安协副将徐鼎士亦缘事降调现令其带印领兵由闽安出口前赴淡水八里坌剿捕贼匪均奏入上命军机大臣传谕李侍尧常青徐嗣曾曰现在该省兵差往来正需熟手所有降调人员自应留本任以资驾轻就熟但该省似此等降调人员自必尚有李侍尧到闽后应于剿捕事竣会同徐嗣曾核其功过分别办理此时祗须汇总咨部存案亦可毋庸逐员特奏也又徐嗣曾奏拿获匪犯陈樵讯系贼匪遣回探听官兵消息恐所遣不止一人亦不止一处现经督臣提犯审讯等语此应留心者该督等务须严饬各属慎密查拿加意防范毋任窜逸偷渡

同日孙士毅奏言现在接准闽浙督臣常青咨称天地会根源起于粤东有和尚洪二房及朱姓人住居后溪凤花亭不知何府何县地方该犯杨咏等现已解京令臣密查办理等因查天地会名目起于逆犯林爽文而根源由于该二犯平日必系素为众匪信奉亲近之人实系何府何县人氏伙犯断无不知之理臣一面饬属密速查拿一面札覆常青如再获有他犯将洪朱二犯籍贯究讯明确立即移知到臣查拿更易就臣臆见总不离惠潮二府民人缘潮郡民人赴台贸易者多惠郡次之煽惑入伙事所应有臣于上年臈底即严饬惠潮二府州县密查平日曾经赴台贸

易之人此时曾否回家有无别项诡秘纵迹现据地方官拿获数人未经究有端倪今思洪姓朱姓此时或现在台湾抗拒官兵或已潜回粤东惟有即于此项贸易人内切实追求自不难由影响而得实际臣已就近严谕潮属州县上紧设法侦拿此案逆犯将来窜逸必多必须大员专司督办已飞札臬司姚棻星速赴潮不动声色专办缉拿匪犯一事省城现无紧要案件藩司许祖京可以料理抚臣图萨布二月中旬即可回任为期亦属不远又派赴厦门听候调遣之南澳右营及澄海门营之兵丁五百名分作两起先行其碣石镇标之五百名现亦到齐接续前进计正月初十至十六日所有水师一千名俱全数入闽省境

同日左翼镇总兵李化龙奏言抵闽粤交界之黄冈地方经督臣孙士毅会同署提臣彭承尧将派拨水师战兵一千名配足军火器械裹带一月口粮分作四起自初十日起间日行走计十六日俱可入闽省诏安县臣境察看弁兵俱各精壮踊跃臣即定于十六日自黄冈起程统领前往听候闽浙督臣调遣均奏入报闻

二十八日【丁酉】常青奏言闻提臣黄仕简总兵郝壮猷副将丁朝雄等所带兵船俱于初三日自澎湖开驾初四日进鹿耳门登岸提臣任承恩统领各营官兵船只于初六日齐抵鹿仔港查台湾郡城前经差探固守无虞其鹿仔港一路署守备陈邦光率同目兵义民四处搜捕焚毁贼巢复擒获贼伙简鸠刘实张文林天球林耽朱开六名并闻北淡水署都司易连新庄巡检王增錞统领兵弁招集义民屡次杀贼惟淡水同知程峻竹堑巡检张芝馨均已被害又厦门同知刘嘉会禀称贼人已知大兵将到纷纷散去等语伏思贼匪本属么麿乌合今两提臣俱经到台南北两路会合搜剿定可克期殲灭臣惟严饬内地沿海各口岸加紧巡查以防窜逸并飞提获解匪犯到泉究审办理又浙粤二省前经抚臣徐嗣曾咨请酌拨战兵原系预为准备俾资策应旋准两广督臣孙士毅以台地远隔重洋风汛靡定先拨官兵一千由陆来厦现在尚未到齐臣计两提臣捷音亦不日可到应否再令前往俟得有确信随宜斟酌其余浙粤备拨兵丁仍咨明该督抚各于本境暂驻毋庸遽行赴闽致滋跋涉至逆首林爽文籍属漳人臣因虑漳民或有勾串情事但匪徒纠众岂必定为何处之人若漳泉民人果能应募拒贼即系良民臣惟有核其顺逆分别诛赏断不存岐视之见少露形迹以致漳民疑惧

二十九日【戊戌】常青奏言官兵登舟之后虽因风阻不能迅速直达但节次探明台湾郡城固守无虞

二月初一日【己亥】徐嗣曾奏言……黄仕简定于十三日前往收复诸罗陆路提臣任承恩初六日抵鹿仔港登岸亦定于十三日分兵进剿查鹿仔港鹿耳门相距颇遥两提臣先后进口皆克期于十三日剿贼正与圣训相符而鹿仔港署守备陈邦光于提臣任承恩未到之先又擒获贼匪简鸠等六名鹿仔港与北淡水相去较近徐鼎士等兵抵北淡水又复适当其时三路围攻自必一举蒇事此时沿海一带尤宜严密截拿防其窜逸但贼匪内窜必不敢由正口径入自漳泉兴化至福州福宁滨海各县汊港纷岐在在皆可偷渡臣先已严饬文武员弁选拨兵役于凡可偷渡之处罗织巡查现复通饬以贼匪洗荡在即加意堵防毋使一名漏网至郡城既保守无虞而彰化淡水等处又有乡勇义民协同剿御大兵一到贼即纷纷逃溃不但无须邻省策应即本省官兵亦不值多为调派臣知识短浅身亲其事不能辨晰实深感愧

初二日【庚子】徐嗣曾奏言遣将调兵本应督臣主政乃臣于派兵赴淡水一节因巡检王增錞禀请救援迫切急求集事竟一面奏派一面咨会督臣未及札商办理事后扪心自讼实属过涉张皇近于越俎咎无可辞至督臣遇有公事悉皆开诚剖示总以协力同心相为期勉即如臣调兵赴淡水未及待督臣咨覆臣之错谬已难自解而督臣并不因此稍存意见惟以公事为重虚衷斟酌将所调省兵留省弹压改用延建之兵由陆赴厦悉皆往返札商议归画一至军需口粮盐菜及裹带战粮军火器械船只人夫等项先经与督臣酌定章程一切水陆运送均无遗误本日据厦防同知刘嘉会禀报官兵到台贼匪纷纷散去定于十三日会剿收复诸罗等处郡城内外今已照旧生理民情安堵等语官兵克期剿捕自必立就扑灭诚如圣谕此时总以镇静内地严拿逸匪为要臣复又严饬沿海文武员弁实力堵拿毋使窜逸

同日松江提督蓝元枚奏言正月初八日自松江起身昼夜兼程趱赴已于十九日驰抵福州省城随访探台匪情形自官兵陆续渡台以后贼众纷纷溃散现在郡城保守无虞两提臣克期会剿自可即日蒇事但恐贼匪四出窜

逸逃入内山与生番勾结引藏搜捕不免有需时日若偷渡各处海面山箐捷便之路无不可通尤属稽捕不易而台湾语音与广东之潮州相同此时北风当令海道赴粤极顺恐逆匪等尤易于窜往臣现晤抚臣徐嗣曾询知闽省各处口岸已经设法严密侦缉臣抵泉后再当与督臣常青实力查拿一面飞咨两广督抚提臣等并札饬文武员弁加意访缉不致一名漏网

初四日【壬寅】柴大纪奏言彰属贼匪林爽文王芬攻陷诸彰二邑恃众分路来攻郡城自本月初九至十三连日堵御杀退贼匪十四日子刻接据台湾道永福来札知凤山又被贼陷随饬游击蔡攀龙带兵七百名守备邱能成带兵三百名往南剿捕以复凤山乃出城未远即遇贼众来犯郡城当此盗贼蜂起南北交迫郡城为全台根本倘有疏失恢复更难查郡城并无墙围惟以木栅莿竹环绕实不能固守必离城稍远于各总口扼其要害方可有济臣相形度势南则桶盘栈地方距城十余里可截南路贼众兼可以应大小东门饬游击蔡攀龙带兵七百名併南路参将瑚图里就此札营东则旧万寿亭离城五里可御中路之贼亦可以援大小南门饬守备邱能成带兵三百名李步云带兵二百名就此札营其沿海一带饬守备林球带兵二百名把守三鲲身署守备张时泰驾船把守港口并提标金门等标载班兵哨船六只俱饬驶在大港协守则安平既严西门亦固至北路贼匪虽多臣仍札盐埕桥独当一面倘东南门有急俱可随时应援署游击王天植参将宋鼎同道府厅县等督率兵民坚守四门游击郑嵩在城弹压巡查前次城内民人闻风恐惧自盐城连日战胜莫不踊跃鼓舞共奋义勇出城助战似此四面严守虽南北贼势猖獗郡城可保无虞俟内地兵到随即长驱前往力图恢复

初五日【癸卯】上命军机大臣传谕李侍尧曰从前办理剿匪时曾调福建水师兵二千名随同进剿该兵丁等沿途滋事鞭责夫役甚将民夫双耳割去当将首犯正法以示惩儆及随京兵打仗时又复怯懦竟有闻枪炮声恐惧战栗欲泅水逃避者可见该省兵丁勇于私斗怯于公战之习牢不可破皆由该省将弁平日不能认真训练以致军无纪律著李侍尧于剿捕台匪事竣后实心训练申明军律随时惩创俾各弁兵共凛法纪有勇知方痛改从前积习以作士气而励戎行方为有备无患该督不可惟知办理地方事件为重而转置军旅专责于不问也

同日常青奏言现在水陆两提臣俱经到台内地加调官兵亦接续继进兵力已属厚集虽未接该提臣等报有进剿情形已据厦门同知刘嘉会差丁自台回厦称上年十二月二十六至三十等日官兵与贼打仗杀死贼人甚多收夺器械无数正月初四日黄仕简官兵到台贼匪纷纷散去闻大兵现定十二三等日长驱会剿郡城内外照旧生理民情安堵又据蚶江船户张淡等禀称陆路提臣于正月初六日到鹿仔港上岸十一日杀死贼人七名祭旗等语是该提臣等到台之后已自相度情形会齐进剿以期一举蒇事正与不用零星打仗轻于尝试之谕旨相符再臣与抚臣徐嗣曾共事日久一切地方公务无不和衷办理今台湾远隔重洋匪徒窃发恨不灭此朝夕臣与徐嗣曾俱有同心衹因臣驻札泉州距省较远以致续调官兵稍有参差并非各存意见况军务尤关紧要臣不敢因此生嫌至该处商民等保获地方率先向义洵属可嘉已咨水师提臣黄仕简于事竣后逐一查办又提讯盘获匪犯陈樵据供籍隶漳浦乾隆五十一年六月渡台在彰化县大肚地方宰猪营生与林爽文会党许溪熟识许溪邀入天地会陈樵应允十一月初二日该犯同郭盏吴带陈榜吴汴李积郭却阮择薛指林倚赵荣林载生等共十二人齐赴麻园庄王芬家内入会嗣林爽文攻破大墩营盘杀害官兵该犯系带竹篙枪在场附和林爽文等惧内地发兵往剿经许溪付给该犯番银十圆嘱令搭船内渡探听官兵十二月初二日陈樵赴大安港搭船于二十八日飘至漳浦古刹僻处上岸听闻各处查拿严紧不敢回家躲匿附近之陆鳌山内于五十二年正月初三日经漳浦县兵役拿获至天地会名色不知起自何时等语审明后即将该犯正法其家属财产及在台匪伙分饬严拿照理妥办至漳浦县罗泽坤于陈樵上岸潜匿即经会营拿获应请免议其台湾失察偷渡之文武各职名仍俟查明另参又弹压台湾府城参将宋鼎游击郑嵩等因防守小北门把总高大捷逃赴鹿耳门觅船内渡随差外委郑廷栋前往锁解到郡诘问据供惧贼势猖獗欲赴内地随将高大捷即行正法办理尚属妥协

卷五

(二月)十一日【己酉】常青奏言接准黄仕简咨称带领官兵于正月初四日到台经将查办情形于初五日

具奏等因查该提臣所称初五日具奏一折并未到泉似系被风阻滞而任承恩由鹿仔港登岸之后迄令尚无进兵确信探闻现驻札彰化此时南北两路自必声息相通军威益壮至查闽省先后派调官兵共计一万内两提臣管带四千四百名总兵郝壮猷管带一千五百名普吉保续带六百名副将林天洛管带一千名俱已陆续到台又游击延山带领福宁等兵一千名亦经配渡前进惟副将徐鼎士管带督抚标兵一千五百名由闽安出口屡被风阻据蚶江通判探报十五日到东涌放洋又复因风飘散现止千总陈玉光兵船一只于十八日自沪尾港登岸其余各船尚未抵淡但核计到台官兵已共八千数百名兵力不为不厚所有广东兵一千名即可令其转回其浙省派备兵三千名亦应撤令归伍以省縻费惟漳州一带地方紧要应将粤省拨赴潮州兵二千名暂行留驻俟台地剿匪事竣再令归营臣等与署陆路提臣蓝元枚商酌意见相同现已分咨广东浙江督抚各臣查照办理

卷六

二月十三日【辛亥】任承恩奏言统领官兵于十二月十七日开行因风雨阻滞直至正月初四日放洋于初六日全抵鹿仔港登岸后正分派小船拨度兵械忽起风暴小船不能摆渡延至初十日始能全行上岸安营……又据运粮官黄嘉训访有彰化县兵房书办刘志贤曾受林爽文伪封鹿仔港同知公然到任鞭朴平民擅收盐课需索船规即亲率跟役拿获讯供不讳即日解送督臣审办

同日海坛镇总兵郝壮猷奏言承准督臣常青照会令挑派精壮兵丁四百名配足军装器械齐集闽安前赴进剿随即派兵起程于十二月十五日到闽安适副将丁朝雄参将那穆素里管带督标海坛闽安烽火兵丁共一千五百名陆续亦到臣即令分派船只于十二月十九日由闽安开驾到平海放洋缘连日风暴至五十二年正月初三夜抵鹿耳门水师提臣黄仕简船只亦到初四日一同登岸进城即将到台官兵分派各要隘处所严加堵截一面会商水师提督臣黄仕简相机带兵进剿奏入上谕内阁曰据郝壮猷奏奉派带兵起程到台湾日期一折所奏甚不明晰该总兵经总督派令前往进剿逆匪既已率领官兵于初四日登岸自应奋勉出力迅速剿捕并将贼匪现在情形详悉声叙方得窾要乃折内并未叙明只将起程及行抵台湾日期敷衍陈奏于剿贼事宜全无头绪郝壮猷著传旨严行申饬该总兵接奉此旨务须奋勇杀贼毋得稍有疏懈致干咎戾上又谕内阁曰台湾贼匪林爽文纠众滋事现据任承恩奏台湾府知府孙景燧彰化县知县俞峻鹿仔港巡检冯启宗同时被害各将印信令家属呈缴等语孙景燧等守御城池猝被戕害殊堪怜悯俱著交部从优议恤

(十四日【壬子】)孙士毅奏言上年十二月接准闽省咨文挑备战兵以资策应臣才庸识浅不知轻重缓急惑于漳潮接壤民情疑恐亲赴弹压兹自知错谬不禁惭悚交集现在已于正月二十一日起先将督标官兵陆续撤回归伍其先赴闽省之水师一千名昨接闽浙督臣知会现在暂驻漳州用资弹压其驻札黄冈等处水陆兵丁现与署提臣彭承尧商酌再俟得闽省剿贼确信亦即分起撤回惟粤省惠潮民人入天地会者谅复不少此种匪会非别项邪教止图诓骗钱财者可比必须彻底查办净绝根株臬司姚棻现已行调来潮专司督缉署提臣彭承尧仍暂驻潮州督率料理臣即于正月二十六日起程回省奏入上命军机大臣传谕孙士毅曰前因孙士毅接准闽省咨文立即调发弁兵亲赴潮州不过见其遇事急公而不权事理之轻重缓急且恐粤东内地民人心怀疑惑是以降旨饬谕现在黄仕简任承恩齐抵台湾分路进攻贼匪四散逃窜各庄生监义民擒献贼目贼伙并割取贼渠王芬首级呈缴大兵会剿余党自可即日荡平此时大局已定孙士毅又当亲往稽查弹压况惠潮民人入天地匪会者不少其从外窜逃入境及内地勾引入会之人均应逐一搜捕不留余孽若孙士毅往来督缉岂不较总兵彭承尧及道府等更为有益乃该督率行回省全不知事体缓急因时制宜何以拘泥错谬若此著传旨申饬该督接奉此旨即仍前往潮州一带督率办理

十六日【甲寅】上命军机大臣传谕李侍尧曰前据常青奏黄仕简等带兵登舟开驾以后屡被风信阻回朕当即于次日清晨斋心默祷叩天虔告以祈神佑嗣据该提督等节次奏报风水顺利所带官兵船只于二月初三初六等日先后俱抵台湾克期进剿可见诚敬感孚聿昭灵应朕欣慰之余益生寅凛著李侍尧即亲诣天后宫虔申报谢以荅神庥

卷七

(二月十七日【乙卯】)常青奏言准陆路提臣任承恩咨报拿获奸细僧人西叶等三名讯知林爽文已潜回大里杙庄随派令游击海亮等设卡防守及二十二日该游击等堵御杀贼并首恶未擒恐致蔓延必须添兵进剿伏思贼人退守巢穴匪类自必众多若非合兵剿洗计出万全则贼众兵单不能得力臣正在揆度机宜飞咨妥办旋准水师提臣黄仕简来咨总兵柴大纪进剿北路擒获贼伙收复诸罗县城总兵郝壮猷进兵南路屡得胜仗现至大湖进剿尚须添兵前进查该提臣黄仕简派拨官兵分路收剿未及旬日之间既已收复诸罗即可直达彰化与陆路提臣声势相援而南路之凤山又经总兵郝壮猷将贼匪攻散恢复已在指日至内地派出官兵惟徐鼎士所带之千五百名屡因风阻现在据报陆续前赴淡水其续调之延津福宁等营官兵二千名此时俱可先后抵台兵力已厚定可迅速蒇功再粤省拨赴潮州兵二千名臣因漳州一带地方紧要暂请留驻今台地已报有捷音内境均极宁谧潮州之兵似可毋庸再行留驻已咨会两广督臣一并饬令归伍均奏入上命军机大臣传谕常青黄仕简任承恩曰任承恩既探知贼首林爽文潜回巢穴自应多带弁兵亲往擒捕乃分派游击都司等零星堵御杀贼甚少而千总叶荣等转被贼枪伤阵亡更属不成事体从来行军制胜合则势强分则势弱况闽人性本剽轻若令零星打仗轻于尝试转恐挫失气馁朕屡降谕旨甚明任承恩岂不之知而乃轻分兵力以致损失威重乎前此署都司易联署守备陈邦光以微末员弁尚能督率兵民乡勇等多杀贼众收复鹿港彰化竹堑等处任承恩到彼后惟就已得之处驻札观望仅以派员堵御了事是诚何心任承恩著严行申饬至黄仕简前以所奏南北二路杀获贼匪情形亦系接据总兵柴大纪郝壮猷咨报并未躬率士卒迅速追剿黄仕简所办何事大非向日嘉予期望之意亦著严行申饬伊二人俱不免迟延观望而任承恩为尤甚恐于剿捕不能得力常青速渡台湾遵照节次所降谕旨实力督拿以期一举蒇事朕于军务从来赏罚严明其奋勇出力者必优加甄录而畏葸退缩者亦必重治示惩黄仕简任承恩等宁未闻知岂可自蹈重愆以致百身莫赎乎并著常青详悉谕知该提督等俾各知儆惕以期带罪图功奋勉集事上又命军机大臣传谕李侍尧常青曰贼匪廖东侯辰俱受林爽文伪封名号看来贼首林爽文肆逆不法或竟有自称为王及僭立年号之事林爽文胆敢纠众戕官占夺县城已属罪大恶极若果有此等伪僭名号该督即应据实奏闻正可明正其罪无所用其讳饰也所有现获之廖东侯辰二犯著即派委妥员解京审办守备邱能成奋勇当先攻开诸罗城门并将城内余匪殲尽甚属可嘉著该督于事竣后送部引见此次柴大纪于官兵未到之先能督率兵民极力守御郡城现在带兵赴北路搜剿又能多殲贼众收复县城并生获要犯甚属出力著常青抵台湾后先行嘉奖惟是台湾系该镇专管地方今有此贼匪聚众不法之事该镇本有应得之咎若能及此时勇往剿捕岂止可以将功抵过朕必将伊从优议叙至任承恩正值年富力强且自请前往剿贼乃亦逡巡观望并著常青到彼察访实在情形如任承恩尚知出力或有需该提督在彼协剿之处即令任承恩暂留台湾随同搜捕俟事竣后再核其功过据实具奏倘于剿捕不能得力即遵照前旨一面令其来京陛见一面据实参奏常青固不必因有此旨过事吹求亦不可稍存瞻徇回获致令幸免其功过大概朕已知悉常青亦不能欺朕为好人也

卷八

二十七日【乙丑】孙士毅奏言接奉谕旨将备调兵丁撤回归伍所有业已赴闽之水师兵一千名因准闽省来札内有交界处所官兵应暂留驻之语是以仍令暂驻黄冈及樟林两处俟有剿除逆犯的信即行撤回奏入

卷九

二月二十九日【丁卯】常青奏言据蚶江通判陈惇等将拿获逆匪刘志贤陈傍即陈榜解送到泉臣提犯研讯缘刘志贤即刘鼎鋐又即前获贼目高文麟等供出之刘贤士籍隶惠安于乾隆三十年往台充当彰化县兵房书办与林爽文王芬曾经认识陈傍原籍漳浦四十六年往台在彰化县大肚地方肩挑度日与在台居住之许溪同县相熟五十一年十一月初间许溪邀陈傍至王芬家同入天地会迨该县俞峻会营查拿林爽文起意抗拒王芬邀陈傍入伙劫营攻城陈傍俱系在场至刘志贤并非会内之人当林爽文攻陷彰化该犯躲避在家被王芬拿住因系泉民在台充役年久可以招集泉众令其入伙刘志贤亦即依从林爽文许刘志贤为伪海防同知刻给木戳一个时有

前经拿获解放之贼匪陈高往提随行十二月初四日刘志贤赴鹿仔港住守因传戲班不到将戏子杖责又将存仓官盐散卖并勒派船户每只番银二三圆不等嗣陈傍因见事情重大欲图逃走十二月初六日诡称避难回籍附搭诏安县商船于正月初十日至漳浦小铜山地方登岸至旧识之林笃家留住当经漳浦县兵役拿获至刘志贤因陈高拿获正欲窜匿即经知县黄嘉训访获报明陆路提臣任承恩解回内地审办查刘志贤既受伪职当彰城攻陷之时恐有勾结内应而陈傍既入会党则天地会起自何年共有若干人应知确实且有潜入内地探听信息情事反复究诘刘志贤坚供并未预为内应陈傍亦供入会未久止见林爽文等二十余人天地会名目起自何年共有若干人实不知确实其私渡回漳亦非探听消息属实即将刘志贤陈傍二犯正法枭示刘志贤所供之陈高先经解部容留陈傍之林笃虽据陈傍供明并不知情但系从贼潜回之匪犯并不查明遽行收留饬县另行究诘犯属家产查明照例办理诏安船户不知姓名无从拘提陈傍虽据漳浦县兵役自行拿获但小铜山有无口岸饬查到日再行核办再闽县商船户陈永泰船只渡载海坛营官兵一百六十四员名赴台剿匪于乾隆五十一年十二月二十九日驶至澎湖洋面陡遇狂风船舵刮折漂冲外礁击碎淹没把总一员兵丁七十九名巡检一员跟役三名船户水手扳挟板片得生弁兵八十四名内因伤身故一名受伤病重十七名所载军械药铅等项俱经沉失臣飞饬将得生弁兵给发银米另配船只赴台一面确查淹没各官兵姓名并打捞尸身及沉失军械分晰具报

（三月）初四日【壬申】常青奏言新任督臣李侍尧于二月十七日抵泉臣交卸督参将现在办理事宜向李侍尧详晰告知并将到台应办事务面为商酌后随于二月二十日自泉起程前赴厦门登舟候风飞渡至台地情形

卷十

三月十一日【己卯】李侍尧奏言旬日以来尚未续得台湾信息惟于进口商船密为探访据称贼匪出没无常尚时来滋扰等语今常青于二十二日已至厦门一得顺风即当开驾至所取兵粮军械系臣之责必须使军前事事应手方可克期藏事查台湾府城固属根本而任承恩在鹿仔港普吉保徐鼎士又带兵前往会剿所有军粮器械若解至府城再行转解此数百里内既费运脚又虑疏虞是以臣委员分路进送在厦门澎湖者径解府城在泉州者即由蚶江解往鹿仔港务期陆续接济不致缺误

（十二日【庚辰】）孙士毅图萨布同奏言查究天地会邪教自拿获许阿协等讯供后即密咨闽省访查勾引入会之漳州人赖阿边梁阿步等续据饶平县程焕又查获该县林功裕一犯讯系闽省平和县林边乡人林三长于五十年六月间勾引入会又惠来县地方盘获陈琴等七名潮阳县地方盘获林海瑞等二十九名均系福建漳州府属人氏虽讯据坚供欲赴西洋噶喇吧地方谋生因遭风驶船至粤并不知有为匪结会情事但正值台湾逆匪滋事之时该犯等胆敢纠约多人偷越出口形迹可疑亦密咨闽省存记统俟事定后分别办理

十三日【辛巳】李侍尧奏言北路鹿仔港等处两月以来虽据报连次打仗俱有斩获但于贼匪来扰时尽力堵杀尚未能直入贼巢痛加剿洗今南路已克复凤山军声益壮北路贼匪自必闻风震慑如凤山无须重兵弹压又可用全力专注北路以期迅速扫除常青已于二月三十日起椗放洋即日到彼鼓励振作自必易于奏捷

同日徐嗣曾奏言二十八日任承恩咨称本月十二日与普吉保分督官兵杀贼甚众是该处兵力已足从此开通道路即可与总兵柴大纪合兵会剿内地堵拿逆匪尤为紧要臣于二十八日前赴福州府属之福清长乐及兴化一带沿海口岸细查两月以来各该处并无台湾海船进口臣恐渔户小船或有贪图微利在于海边接渡逸匪并恐荒屿浅滩贼匪附搭海船经过偷越登岸细加访察现在实无窜逸内渡之人兹于三月初二日兴化途次闻官兵收复凤山贼匪四散奔窜凤山距澎湖甚近厦门一带尤为紧要臣即星驰前赴厦门等处亲督查拿凡有逆匪偷渡立即擒拿务获不使一名漏网奏入报闻

卷十一

三月二十一日【己丑】李侍尧奏言……再常青于二月三十日申刻已经放洋嗣因风汛不顺屡出屡回据厦防同知刘嘉训本月初五日具报尚在料罗暂泊臣心不胜焦急惟有敬诣天后宫行礼祈求顺风俾得速渡再厦门同知刘嘉会解到桐山营逃兵汪中鲤王正荣二名缘上年十二月初七日随同守备董得魁在中港抵御被贼冲散私自逃回赴水师回将衙门捏报董得魁差令往台湾镇求救因陆路被贼阻隔由大鸡笼搭船遭风飘至桐山随经饬查实系逃回即将该二犯正法

二十二日【庚寅】上命军机大臣传谕常青李侍尧曰昨经降旨将任承恩革职拿问黄仕简撤回厦门其水师提督员缺即令蓝元枚调补所有陆路提督员缺除柴大纪另看其如何奋勉将功抵罪其余总兵郝壮猷普吉保二人现在台湾带兵打仗尚属黾勉常泰虽未带兵前往剿贼然在漳州一带弹压地方亦为镇静有方该镇系朕简调之人著传谕常青李侍尧于郝壮猷普吉保常泰三人内察看孰为出力并才具堪胜提督者保举一人一面将陆路提督印务令其署理一面会同据实具奏候朕简放

二十三日【辛卯】李侍尧奏言柴大纪在诸罗咨请两提臣拨兵协助任承恩在鹿仔港又檄徐鼎士带兵会攻徐鼎士复以艋舺民人恳求留驻尚在未行各情形是任承恩柴大纪等非惟不能合剿大里杙并诸罗彰化间道路亦未疏通又罗礼璋巡查至扈尾庄被贼数千围住徐鼎士闻知遣兵并力抵御贼始退去是徐鼎士亦未能即往任承恩处会合看来各提镇等彼此相待坐废时日固不待言而处处被贼牵掣官兵不敷调用加以相持日久贼党益多兵气渐馁亦属实情而黄仕简于二月二十七日续调澎湖兵二百赴台湾则南路又似有需添兵之处常青至府城即欲向北路会剿看来已无兵可带亦必不能不请增兵该处远隔重洋风汛不常动需时日若俟常青咨会到臣始行调集往返又辄月余臣既确见实在情形不敢稍有迟缓致误事机昨据孙士毅札称已选兵四千并将弁等亦密行拣派而总兵陆廷柱曾任台湾情愿带兵前往臣一面知会常青一面飞咨孙士毅迅将预派之将弁兵丁克日起程一由厦门赴鹿耳门一由蚶江赴鹿仔港由厦门者令陆廷柱带往查南路郝壮猷尚在凤山常青无大员同行陆廷柱到时正可资臂指之助由蚶江者令将备带往听任承恩普吉保等驱策似于两路俱有裨益而兵事可以迅速奏功再常青杨廷桦俱于初六日戌刻在料罗放洋又南澳镇系闽粤两省兼辖向例委署总兵闽粤两省督臣一并咨明孙士毅听其酌量委员署理奏入上命军机大臣传谕常青李侍尧孙士毅曰台湾初起事时朕即不愿任承恩前往者恐二人不相统属未免有推诿观望之事因将李侍尧调补闽浙总督并令常青前往台湾督办以防缓不济急幸而事事预为布置否则该处止有常青一人既不能分身前往而黄仕简任承恩今竟如此因循贻误贼匪日久蔓延设乘间别生枝節致蹈从前朱一贵滋扰故辙或竟如木果木之失事尚复成何事体耶今李侍尧果看出该提镇彼此观望坐废时日贼党益多兵气渐馁不俟常青知会即飞咨粤省令预派之将弁兵丁克日起程筹办甚为周到动合机宜颇慰朕怀惟粤省预备之兵既有四千名恐陆廷柱一人不能照料昨已有旨令梁朝桂赴闽粤交界处所听候调遣著孙士毅即飞札梁朝桂速行前往带兵赴鹿仔港勉力会剿从前贼匪初起时孙士毅调发弁兵前往策应朕以本省兵力已厚是以降旨谕令撤回今复须征调虽似多一番往返之劳然竟实受撤回之益设使彼时粤兵早抵台湾不过分属任承恩黄仕简二人带领仍派令零星打仗该兵丁见闽兵不能得利自必日渐气馁徒使有用之兵亦归无用此番新调之兵初抵台湾听常青带领其锐气方盛正可资其生力转于军务有裨至黄仕简任承恩玩误紧要军务之罪均应按律正法但念黄仕简年老又系病后且伊从前办事尚属黾勉姑贷其一死令其退废家居自思咎戾所有公爵仍加恩令伊长孙承袭至任承恩之父任举前在金川阵亡任承恩又现无子息朕轸念前劳不忍令捐躯殉忠者绝嗣任承恩俟刑部照例定拟具奏时尚可加恩贷其一死但老师糜饷之罪伊二人百身难赎若使幸免余生之人坐享丰厚不足以示废弛军旅之戒将来事竣后所有多延时日糜费之军需银两均应于黄仕简任承恩名下追赔以示惩儆至常青于初六日放洋现在早抵台湾务照节次所降谕旨悉心筹划妥速督办

二十四日【壬辰】上命军机大臣传谕常青李侍尧曰徐鼎士于上年十二月即经常青徐嗣曾派令带兵一千五百名赴台湾进剿乃该副将所带之兵屡称因风阻滞直至二月初旬始据禀报陆续前赴淡水已不免迟延及到鹿仔港总未报其剿杀一贼现经任承恩檄令带兵会攻复以艋舺民人恳求留驻并未前往会剿看来竟系有心

逗留畏懦不前藉词支饰不可不严行查办

二十八日【丙申】孙士毅奏言此次密派官兵俱已酌定起数预为妥备今定于三月十六日即令头起官兵自潮起程每起二百五十名间一日行走自粤省黄冈入闽省诏安境相去止数十里自诏安至厦门蚶江等处亦止数日可到照依李侍尧派定数目以二千五百名赴厦门一千五百名赴蚶江配船渡海臣与提臣高璨往来弹压稽查沿途派令惠潮道图毕赫潮州府孙泳惠州府顾声雷督率经过之各州县妥协照料催趱前进并多备火药及裹带一月口粮俾资接济其弁兵应得分例量为借给俟将来闽省定有章程再行画一办理奏入上命军机大臣传谕常青李侍尧孙士毅曰据孙士毅奏是该省官兵全数在潮起程已在四月中旬加以配渡放洋计四千名陆续全抵台湾极早亦须至四月下澣常青于三月初六启椗放洋不过初十内外业抵台湾若必俟粤兵到日始行进剿则蒇事之期竟须至五月岂不旷日持久著传谕常青体察情形若台湾现有之兵一经鼓励觉属可恃即择其精壮者亲身带至大里杙贼巢痛加殲戮将首逆林爽文擒获其余附从自纷纷瓦解固属甚善如该处之兵实不可恃必须接济或俟粤省数起官兵到后酌量足敷剿捕即带同前往俾新旧间用庶新到者勇气方张旧存者心有可恃亦自必旌旆改观不可拘泥必待粤兵到齐始行办理致再迟延或台湾现有之兵其气已馁必须全仗粤兵到齐方能前往剿捕之处常青亦不可因有此旨稍存轻率之见务在相机妥办动出万全以副委任至粤省未经起程官兵著孙士毅即另行筹酌令其并起行走并先知会李侍尧预备渡船其已入闽境官兵著李侍尧飞饬沿途催趱前进李侍尧即当亲至厦门料理随到随渡至此事总由黄仕简任承恩二人互相观望以致久稽蒇事其罪实无可逭孙士毅驻札潮州相距不远其于黄仕简任承恩玩误之处自必有风闻著该督即将所闻据实覆奏勿稍回获

卷十二

四月初一日【戊戌】徐嗣曾奏言自兴化泉州驰抵厦门一带察看紧要口岸即汊港纷岐处所亦皆派拨员弁带领兵役梭织巡查臣又随处传集滨海耆民及澳中渔户面加奖劝该居民等咸知踊跃现复据漳浦县罗泽坤禀报盘获台湾逃回匪犯林壬即陈壬一名解赴督臣李侍尧审办臣于三月十四日回至省城拟将一切事件速行赶办再赴紧要口岸亲往搜拿又因调派广东兵四千名由厦门蚶江分渡会剿臣昨往来泉州将应行事宜面同督臣商酌督臣拟赴厦门一带巡查即料理粤兵东渡臣巡阅口岸亦以兴化泉州一带为最要计粤兵之由蚶江前进者正在其时臣即暂驻蚶江督率照料务俾妥速飞渡俟粤兵开船后赶回省城办理秋审及一切事件亦不至误至于应需粮饷等项布政使伍拉纳及盐法道戚蓼生现在泉州随同督臣办理已节次委员赍银前往接济台湾本系产米之区一面委员就地采办一面运米前赴支放仍令各属动碾仓谷运贮泉州听候拨用药铅等项亦已筹备充裕奏入报闻

初四日【辛丑】常青奏言二十三日至厦门登舟因春令北风甚少在料罗寄椗三月初六日风顺开洋初九日由澎湖进鹿耳门登岸抵台湾府城面晤

卷十三

(四月)十二日【己酉】常青奏言……府城驻防班兵甚少业已飞咨李侍尧续调本省内地及广东浙江共兵七千名配船渡海俟兵到三四千之后臣即亲自统领由南而北务将贼匪首伙尽数擒获

同日李侍尧奏言台湾保聚尚完者惟府城及鹿仔港等四五处而府城为全郡根本鹿仔港亦进兵要口且近大里杙此两处必须保固方可措手现在粤兵到厦已有四起臣令随到随即登舟一候顺风即行开驾但得先到数百名人心即定并知有大兵继至更当转怯为壮其鹿仔港一路臣现拟将粤兵内先拨一千五百名前往俟浙兵到日再派往二千名兵力既厚并可无俟常青南路之兵来会即直捣贼巢庶南北两路俱有重兵剿杀贼势自当溃散昨以粤兵每起二百五十名尚觉迟缓复札商孙士毅并为五百名一起计四月初十日前粤兵二千五百俱可到齐

其一千五百名之赴蚶江者亦相继入闽适署提臣蓝元枚查察海口来至厦门因留伊在厦照料催趱臣于数日内即至蚶江料理两路均可不致迟误再此次粤省官兵缘督臣孙士毅预行选派皆年力强壮看来甚可得力又于各兵内携带火药三万觔之外另备五万觔解闽接济查闽省虽不缺乏然火药要器多为预备益觉宽裕将来用过若干仍可按数归还再粤省第二起官兵自海澄县水路赴厦兵丁曾得高等一船到屿仔尾地方有盗二十余人驾船来劫兵丁受伤者六人失去鸟枪腰刀等物查厦门系水师提督驻札之地屿仔尾离厦不过十余里又臣方在厦门而盗贼已肆行无忌若此可见戎政废弛遂使濒海之地竟为盗数此等匪徒纵未必系台匪党羽而纵横洋面久为商民之害并有盗劫兵船之事更属目无法纪似此怠玩之文武若不严参示儆无以肃吏治而饬营伍请将海澄县知县侯谨度水师提标中军守备李光辉革职留于地方协缉勒限一年如限满不获再行交部治罪其石玛通判安静水师参将王祖烈均有督率之责咎亦难辞请将该二员交部严加议处至总兵罗英笈于所辖地方全无整饬应一併交部严加议处又现在押解台湾逆匪林小文等四犯林小文蔡纲系纠众为逆之犯廖攀龙系海口山汛把总曾将火药四五十觔送与贼目何朝英系已革外委曾在扈尾与官兵打仗奏入上谕内阁曰沿海地方盗贼出没最为商民之害甚至驾船行劫渡海官兵不法已极该管地方文武员弁并不能立时缉获非寻常疏纵可比侯谨度李光辉俱著即革去顶带暂行留任勒限半年在该处缉捕总兵罗英笈亦著即革去翎顶暂行留任在该处督缉其通判安静参将王祖烈均著革去顶带暂行留任督缉务于半年限内将盗犯按名缉获速正刑诛如限满不获即著该督据实参奏分别从重治罪上又命军机大臣传谕常青李侍尧曰李侍尧奏洋面盗案折内称此等匪徒未必系台匪党羽所见实未周到该犯等胆敢在洋面驾船肆行劫掠甚至执持鸟枪藤牌等械伤害商旅已属不法且现在粤省调赴叠湾剿捕贼匪之兵众所共知该犯等辄于屿仔尾地方驾船行劫与兵丁互相格斗安知非林爽文等探知消息令其党羽在中途劫掠以挫锐气而缓行程何得仅以寻常海洋盗犯办理李侍尧自因现在筹办一切事绪繁多心曲纷乱未能见及于此至闽省地方文武员弁于缉捕盗犯全不认真使濒海之地竟成盗薮废弛已极本即应从重治罪姑念该省现值多事未便遽易生手且该文武员弁若此时即行革职转可遽离本任置身事外是以降旨将该员等俱革去顶带暂行留任在该处勒限缉捕但该县侯谨度守备李光辉于所属地方一任盗匪纵横洋面行劫兵船已属罪无可逭著李侍尧详悉谕知该员等现止革去顶带留任缉捕实属格外从宽务须实力查拿以图自赎若限内不能将各犯按名拿获则是该员等始终怠玩即应在该处正法不能再邀宽宥总兵罗英笈于所辖地方毫无整饬今暂加恩革去翎顶留任缉捕若再不能于限内督率弁兵将盗犯全行缉获并著李侍尧于限满时据实严参亦应寘以重典决不宽贷著李侍尧将此严切晓谕俾该员等各知儆畏迅速上紧缉拿毋致自罹重辟盖该省正当军旅之际不可不从严办理也至此等盗犯党贼逞凶罪在不赦一经拿获著李侍尧即行审明按名正法一面办理一面奏闻不必照海洋寻常盗犯之例分别办理

臣等谨按缉盗安民守土之职闽省当台匪滋扰之时海洋盗匪纵横且敢行劫兵船不法已极而怠玩之地方官实罪无可逭皇上于督臣所拟勒缉一年之期改为半年不获即立置重典俾人知儆畏庶能实力缉捕奸宄不致漏网因时立法猛以济宽而犹传旨谆谆训饬所以大震启其聋聩而祸福仍听其人之自取者欤

卷十四

四月十三日【庚戌】上命军机大臣传谕富勒浑雅德曰沿海盗贼最为商民之害今闽省蚶江一带劫案甚多并未将首伙实时拿获而屿仔尾地方仅距厦门十余里盗贼竟敢行劫兵船可见该省政务废弛已非一日地方官怠玩讳饰遇有劫案仅以寻常械斗将就完结以致酿成巨案且台湾远隔重洋最关紧要道府厅县必须才守兼优之员方能胜任朕久闻该省督抚遇有台湾缺出不问属员才具是否相宜多以私人调补而得缺之员从不以冒险渡海为虑反视为利薮又安望其整顿地方实心办事此等劣员若到台湾无所津益何视为美缺而其津益非取之商民何从而得则致民怨滋事劫县戕官实有由来矣从前历任督抚已多身故难以追究至雅德由该省巡抚擢用总督在闽最久非若富勒浑之尚借口在浙江办理海塘者可比今贻误地方至于此极著令其自思罪状激发天良自揣如何赎此重戾一并明白回奏若稍有不实不尽无难将伊拿回照黄士简任承恩一律治罪雅德不能似彼二人之尚可宽一线也至富纲在闽抚任内虽未及雅德之久在任亦有二年而于地方事务缉盗安民全未整顿实难辞咎其如何赎罪之处一并据实明白回奏

十七日【甲寅】上命军机大臣传谕李侍尧徐嗣曾琅玕曰向来闽省内地民食全赖台湾稻田丰熟得以源源接济现在贼匪林爽文等纠众滋事农民未能及时栽种朕心深为轸念通省民食关系紧要必须预为筹划俾粮食充裕市价不致翔踊方为妥善浙省温处一带与闽省毗连从前该省商贩往往由海道运至闽省接济现距秋收之期尚远或彼时闽省竟无须邻省接济固属甚善倘民食稍有未敷尤应设法早为调剂俾得有备无患李侍尧统辖闽浙两省著会同徐嗣曾悉心酌议预行知照浙省届期如有必须接济之处即委员采买务令裒多益寡民食无虞缺乏至闽省因有台湾之事内地粮价自不免稍昂倘有奸商乘机囤积居奇射利最为可恶著该督等饬属密访严查一经拿获即应从重惩办一二以儆其余不可稍存姑息

臣等谨接闽省粮食向赖台湾接济自林爽文滋扰各庄本处不能耕种运赴内地者必少闽省市价自渐致昂贵我皇上于抚臣奏报春收之时早虑及秋收期远不待奏请先谕令于浙省通融采买酌盈剂虚俾得有备无患益仰见臣念切民依周详肫势且无时或释也

十八日【乙卯】孙士毅奏言高廉镇总兵梁朝桂现已星飞檄调俟到潮即饬令赶赴闽省带兵会剿至总兵陆廷柱于三月二十八日带兵到闽计此时将配船渡台查粤省水陆兵丁四千名现在入闽境者已经过半计四月初十日前全数俱入闽省又火药为行军利器此时台逆既未荡平火药亦应添备臣于粤兵随身携带三万斤外复另备五万斤运送闽省以资接济奏入报闻

二十日【丁巳】李侍尧奏言台湾远隔重洋运送兵丁粮饷等项俱系雇觅民船应用查部颁军需则例但有内河运脚而海运并无明文上年黄仕简任承恩等带兵前往台湾仓猝雇用但以所载兵数约略给值各船大小不同自渡送官兵之后凡差员前往及解银运粮等项雇价已不能画一今剿匪尚未竣事需船正多若不酌定章程则目下办理既不免参差将来并难于造报查部颁水运条例内开运粮水脚顺水每石每站三分六厘逆水每石每站七分等语海运本无顺水逆水之分但以风之顺逆为进止凡遇开驾必趁顺风应即以顺风抵内河顺水之价自厦门至鹿耳门十二站蚶江至鹿仔港九站闽安口至北淡水八站概以每石每站三分六厘给价其未闻洋以前之守候及运到之后回空俱不另支口粮如此酌定雇价较之内河逆水雇价可节省一半有余而各船户亦不致有苦累其内地各州县碾米运至泉厦两仓者除内河照部例支销外自内河出口后亦有应由海运之处并照此计程核给至送兵解银及官员奉差往来难以石数记者则就船之大小可载若干石之数照此记算以归画一又数日内连接常青来札称凤山再失之后贼匪益肆滋扰台湾府城亟须添兵因奏调之兵尚需时日先调澎湖兵四百及水师提标兵六百前来助守又据台湾道永福知府杨廷桦禀称府城内外仅存兵三千余名现在添雇乡勇万余人以资守御三月二十二三等日贼渐逼府城督臣常青亲带官兵乡勇躬自临阵多有斩获又据台防同知杨廷理禀称北路贼连日焚劫各庄涵西港为米粮通郡之路被贼梗塞府城米价益昂南路贼又沿村迫胁日积日多督臣虽堵剿二次而贼匪遍地滋扰弥觉增多是台湾府城目下需兵甚急而粤兵自前月二十二日起陆续至厦门臣令随到随即登舟总兵陆廷柱亦于本月初二日到厦缘连日东南风大难以放洋兹于初六日得有顺风陆廷柱即带已到之粤兵一千七百余名杨帆飞渡计两三日可直抵台湾查常青札称目下但得千余兵到即可镇定人心今一千七八百兵连踪而至且知随后尚有粤兵浙兵续到合郡士庶不惟顿解惊惶并当勇气百倍至鹿港一路据都司陈邦光禀称林爽文现踞大里杙乌日庄等处又有陈泮吴领踞虎仔坑南北投等处欲进攻林爽文则陈泮等无人可御欲进攻陈泮等又虑林爽文乘间而来是鹿仔港亦需兵甚急现在常青已奏将任承恩解任普吉保获理正当新旧更替之际人心尤易惊疑臣前所调粤兵原奏明以一千五百名赴鹿港今亦将次入闽是以臣由厦回至泉州向蚶江料理配渡昨奉旨以粤兵四千陆廷柱一人难于统率令梁朝桂前来分领陆廷柱已在厦门先渡则梁朝桂应至蚶江领兵前往但该镇自高州起程恐路远不能即至如粤兵全数已至蚶江而该镇尚未赶到未便令各兵守候应即令带兵之副参等先行东渡俟该镇到时再行续往

二十三日【庚申】孙士毅奏言挑备粤兵四千名分起赴闽嗣复经李侍尧札催其随后续到之兵臣即令并起前进所有粤兵四千名现于四月初十日全数俱入闽境昨据总兵陆廷柱自厦门申报三月二十二日起至四月初二日止粤兵到厦已有一千八百名其配渡船只先经李侍尧亲赴厦门备办齐全先后配船出港若遇顺风四月初十日前即可到台此外尚有七百名亦可接续到厦配船东渡其派赴蚶江一路由鹿仔港进剿共兵一千五百名

并作三起亦于本月初十全数抵闽臣在黄冈点送各弁兵俱剀切晓谕察视将弁兵丁颇皆踊跃奋兴

二十四日【辛酉】李侍尧奏言前接常青调普吉保带兵往攻斗六门之信恐任承恩兵力不支鹿仔港或有疏失是以拟分粤兵一千五百名前往协助今任承恩已经常青参革普吉保自必仍在鹿仔港不复分兵则鹿仔港可以放心今将此兵全赴府城以裕攻剿之用甫入闽境臣即檄粤省领兵各官一直赴厦门配渡仍檄不必俟全数到齐但遇顺风即行开驾梁朝桂如不能赶到则令其随后续往至鹿仔港一路现在究亦紧要普吉保见任承恩以迁延获咎自必思刻期进剿但恐兵力尚不敷用所调浙兵四千本月二十内外陆续可到泉州拟将先到之二千亟赴鹿仔港后到之二千仍赴府城惟目下鹿仔港与府城南北相隔常青虽系总统而呼应尚不甚便捷恐浙兵到彼无所禀承臣一面严饬普吉保俟浙兵到时务当视同一体均劳共苦勿得稍存岐视速即亲自督率闽浙两省弁兵直攻大里杙等处使北路之贼不能赴援南路之贼则常青在南益易剿除可迅速向北夹攻矣再现在增调官兵粮饷尤当多备闽省各营兵粮向系台湾各县解运谷石供支今台地无谷可解又须内地仓谷动支且漳泉民食向恃台米贩来接济今台米稀少内地粮价渐增将来恐不免平粜则仓储不敷应用查前岁浙省歉收奏拨闽省米石运往平粜今闽省需用亦可彼此通融前已札商抚臣琅玕据称可拨十余万石由乍浦海运较省脚价臣思与其临时办拨或致迟误不如预筹储备以资接济即米已到闽而军事已竣仍可留作营兵口粮及地方平粜之用将米价归还浙省均属有益谨一面具奏一面知会浙抚臣委员陆续由乍浦海运前来奏入上命军机大臣传谕李侍尧琅玕曰向来闽省内地民食全赖台湾稻田丰熟商贩流通得以源源接济今贼匪林爽文等纠众滋事台湾米石内渡者必少内地粮价自较增昂朕正为此萦念早经降旨令该督预为筹划并谕琅玕一体筹备想该督等此时尚未接奉前旨兹据奏札商琅玕覆称可拨十余万石由乍浦海运至闽较省脚价所办与朕前旨恰合著琅玕即速派员如数陆续运往俾兵粮民食充裕储备方为妥善

卷十五

四月二十七日【甲子】常青奏言……再臣前因台湾急需添兵策应恐内地各营之兵未能速到是以就近檄调澎湖兵四百名厦门水师兵六百名兹接督臣李侍尧札称已调广东省兵四千名由厦门配船飞渡俟一到台湾仍令澎湖厦门兵各回本汛

二十九日【丙寅】李侍尧奏言三月二十日接常青来札知台湾急需兵接济但查闽省营兵甚少又将弁多已出征惟有增调浙兵以资接济即于三月二十二日奏请增调浙兵四千一面知会琅玕陈大用迅速料理起程在案兹接奉谕旨应即令浙兵停止但浙兵先起程者已陆续入闽若行文停止再回本省延建各营调拨转致缓不及事至漳泉一带现在情形不特洋面盗案频闻而台湾到米日少粮价骤贵人情轻慓已有结伙抢劫械斗之案臣正在查办并另筹平粜等事不可不量留官兵以备缓急苐现奉谕旨增调本省驻防满兵一千则浙兵四千殊觉过多臣一面知会浙抚提臣将在途之陆路兵一千名及水师兵已起程者亦约有二千名令其催趱前来尚有未起程者即行截留一千名不必前进至满兵一千恒瑞自即星速挑选臣一面知会徐嗣曾就近料理起程计月内俱可到泉州惟常青所奏增调官兵齐赴府城之处臣再四思维现在粤兵到府城者已有二千五百名其续至之一千五百名亦已登舟不日可到是府城兵已不少现据柴大纪咨称前月二十九日逆匪林爽文率领大队贼伙来攻诸罗柴大纪力战竟日始行退去鹿仔港正近贼巢不能必其不来滋扰则普吉保兵力殊觉单薄可虑臣于浙兵到泉州时仍先拨二千由蚶江配渡前往不惟足资堵御兼可先行攻剿以牵掣贼势其满兵一千及后到之浙兵一千仍由厦门前赴府城则常青处已有新兵六千加以旧有之兵几及满万已足敷用可将南路贼匪迅速扫除而北路先有重兵在彼攻剿迨常青向北夹攻时更易于擒破贼巢擒捕逆首再臣自厦门回至泉州后风闻漳浦平和一带有奸匪滋事之信随密札提臣蓝元枚以巡查口岸为名就近访察本月十四日接提臣札称三月中有吴姓林姓械斗伤毙数命本月初四五等日又有浮山社民许朴许忽许潜等纠集匪党多人移尸各村藉端抢夺等因查此事地方文武官俱未申报提臣到彼始行访出除严饬各该员弁上紧查拿并取讳匿不报各职名紧奏外已札提臣在彼酌量情形密拿妥办至常青处现有恒瑞前往参赞兼之陆廷柱梁朝桂等大员亦多似足供驱策今内地尤属紧要臣谨札知

提臣暂留漳浦如此案可以不动声色即行竣事则仍令其速赴台湾倘稍需时日臣即一面前往督办并恳提臣留于该处商酌调度较为得力再先据台湾道府等禀称鹿仔港一带难民咸来避匿不下十万余人请拨米十万石银十万两照灾赈例赈恤等因臣以台湾远隔重洋碾运维艰亦恐支用浮滥如果事在必需应就近禀请常青察核咨覆到日办理是以驳饬但贼匪肆扰各路村庄俱遭焚抢农民不能耕种鹿仔港一带较为宁谧咸来避匿臣于往来船户细加访询其中竟有嗷嗷待哺亟须抚恤者若不速筹调剂转恐无以仰副爱民如伤之盛心查闽地民人向食番薯其切片成干者一斤可抵数斤加米煮粥即可度日随飞饬司道先在泉州采买一万斤拨米二千石委员运解鹿仔港交与地方官务查实在贫难男妇照依灾赈粥厂之例设厂煮粥散食仍在于上游延建一带产有番薯地方再采买数万斤酌配米石陆续运往接济如此量为调剂不日剿匪事竣难民复业耕种自可不致失所奏入上命军机大臣传谕常青李侍尧蓝元枚琅玕何裕城曰前于初四日接到常青添调浙兵之奏朕因浙兵向来柔懦不若福建驻防兵较为得力是以降旨将浙兵停止派拨令恒瑞于驻防满营内挑选一千名亲身统领其福建续调之绿营兵二千名即令蓝元枚统领赴剿次日复据李侍尧奏到闽省各营存兵无几未便再拨请于浙省兵协调四千名随经降旨令琅玕陈大用于温衢等镇拣派兵三千名赴闽合之闽省驻防兵一千名以足原调四千名之数嗣又据琅玕奏所调浙兵业将提标及镇海营兵停其调派其温衢黄岩镇兵三千名业已起身又据陈大用奏停派之提标镇海营兵俱已在途现令将备缓行候旨各等语朕以征剿贼匪及分防要隘需用兵丁甚多不妨多多益善因降旨令琅玕等所有此项兵一千名倘已行入闽境即令前赴厦门交与李侍尧酌量派拨不必拘泥回获是浙兵现已陆续赴闽李侍尧发折时未经接奉续降谕旨致有此奏耳现在浙兵已到闽李侍尧奏请先拨二千名前往鹿仔港其闽省满兵一千及后到之浙兵一千仍由厦门前赴府城之处俱属妥协至前据李侍尧奏台湾道府禀请拨银十万两米十万石该督恐支用浮滥驳饬不准之处所见错谬已经降旨详悉饬谕今李侍尧以鹿仔港难民嗷嗷待哺酌筹调剂事宜是李侍尧知过能改并不稍存回获惟不及朕先见之速耳所奏采买番薯一万斤并拨米二千石为数无多恐不敷用著该督酌量情形多为预备陆续采办运往以资口食设有不敷即再酌拨银米速行不可仍前惜费致误事机也现在兵数陆续加增乡勇义民人数亦众皆需按日支给口食现又有投顺者二千余人以及无食难民待哺情殷均不可不量给养赡自应宽裕接济前已有旨令该督将该道府等所请银米如数解运并令琅玕一体筹办拨米十余万石由乍浦海运至闽今思江西素称产米之乡且与闽省接壤著何裕城将该省仓谷即行碾米十余万石派员迅速运往福建应由何路运往及闽省由何处接收方为妥便之处并著何裕城札商李侍尧妥协酌量一面办理一面奏闻其动拨仓谷于秋收后再行买补还仓至浙省现在拨运米十余万石如尚可设法购办并著琅玕察看情形妥为筹划一面咨会李侍尧陆续运往一面具奏俾兵粮民食均资宽裕再台湾向来一岁三熟是以产米甚饶足敷内地民食今林爽文等滋事不法民皆失业农未归耕以致米无所出常青于所过地方务须督令该道府等妥为安辑详悉晓谕该处百姓于收复处所即令其先行尽力补种仍可有收即不能接济内地于本处民食亦属有益蓝元枚前有旨授为参赞令其前赴鹿仔港督兵会剿该处现在只有普吉保一人在彼且正近贼巢最关紧要其漳浦匪徒现在如已办竣固属甚善倘尚须时日即著李侍尧前赴漳浦督办自无难迅就弋获此时当以剿捕台湾贼匪为重蓝元枚自当迅赴鹿仔港无庸在漳浦留滞也

臣等谨案督李侍尧访知难民嗷嗷待哺情形即拨米与番薯运往足资赈恤之用我皇上犹虑不敷所需预令陆续解运深以惜费为戒恫瘝在抱爱获之殷有加无已又以现在添兵并乡勇等皆须支给口食复传谕江西省亦拨米协济并令浙江再为设法购办睿算精详无不烛照数计故军糈民食先时筹备悉宽裕有余也臣

卷十六

（五月初三日【己巳】）同日琅玕奏言浙省原派兵四千名钦奉谕旨止须调兵三千名当查添派之衢州镇兵一千名已于初九日全数出境温州黄岩镇兵各一千名亦已在途令即跟接前进以足三千名之数其提标及镇海营兵一千名因距闽较远是以行程在后即经行令撤回旋准提臣陈大用札会该兵等行抵温州奉到行知即饬令归伍其温州黄岩镇兵二千名跟接前进俱于十八日全数出境又先准督臣李侍尧札会奏拨浙省米十余万石经臣于附近各海口之杭州嘉兴湖州宁波绍兴温州台州七府属酌拨仓谷二十万石碾米十万石派员由海运赴闽嗣据嘉兴府郑交泰乍浦同知方受畴等禀报该处封雇海船百余只每船仅装米五百石内有挑出陈旧不堪应

用者二十余只现在不敷装运等情臣当查乍浦海口与江南上海口相距百余里往来船只甚为近便随一面札会江苏抚臣闵鹗元一面径行飞饬江苏松太道立即于上海口岸代雇船只旋据该道雇觅海船三十只委员星夜押赴乍浦当即赶紧装载足数应用所有杭嘉湖三府属米五万石已于五月初二日由乍浦海口全数开行其绍兴宁波府属米石据报现在装载开行温州台州府属米石亦据禀由该县陆续起运其至海口开行日期因离省稍远尚未据该府报到臣先已委员往催限于夏至节前务令全数出口似可不致迟误再此时相距秋收尚远本年浙省春收尚为丰稔米价亦渐次平减倘闽省再须采买筹备一俟督臣李侍尧抚臣徐嗣曾酌议知会到时即饬令各该地方妥协照料并严察访查奸商囤户如有乘机囤积抬价居奇情事即行严拿从重办理不敢稍存姑息均奏入上命军机大臣传谕常青李侍尧蓝元枚琅玕曰漳浦县许姓抢夺一案李侍尧自能办理现在台湾北路鹿仔港最关紧要著蓝元枚即遵前旨迅赴鹿仔港办事无庸在漳浦留滞李侍尧原调浙兵本系四千今虽减去一千但朕已为添调福州驻防兵一千名不特所调兵丁仍符原调之数且该处驻防兵虽不及京城健锐火器各营之精壮然较之浙兵柔懦其勇往坚定不啻数倍更为得力该处剿贼情形常青于四月二十七日奏到后迄今又经数日未经续奏朕盼望军报綦切著该将军务将此数日内剿贼情形续行具奏以慰廑念再贼匪攻扰凤山时尚带兵二千余名前据常青奏溃回者计七百余名其余一千三百余名作何下落兵丁临阵逃脱皆应按律正法但念人数众多概予骈诛在朕心究有不忍此项兵丁若只逃亡溃散将来只须查明为首者数人正法其余尚可免死分别发遣若去而从贼甚至随同抗拒官兵则竟不可一名宽贷矣贼党与官兵抗拒其罪尚在不赦况身隶行伍既经临阵溃逃复敢从贼肆逆此而不严行办理何以昭宪典而肃戎行著常青俟事竣后严查遵办不可稍存姑息又据琅玕奏于浙东浙西拨仓谷碾米十万石解闽本年浙省春收丰稔米价平减倘闽省再须采买筹备一俟李侍尧等知会到时即妥协办理恰与昨降谕旨相合如此留心殊属可嘉现在闽省内地及台湾支给口粮抚恤难民均须米石应用多多益善自应如此宽为筹备俾兵粮民食均资充裕并当先行出示则奸商不致囤积居奇亦权变一法也若李侍尧酌量闽省尚须接济即一面奏闻一面咨拨以期无误民食方为妥善

同日孙士毅奏言现需酌拨银三四十万两解赴闽省应用伏思闽省集兵剿匪需用较多自应迅速解往但自潮至省往返二千余里行文兑解必须半月以外始批方得到潮是以臣即就近在潮州运同衙门应解盐课及广济桥关税并存贮府库急需各项内凑拨银十万两选派妥员即于四月十七日自潮起程先行解赴闽省备用臣仍一面飞咨省城酌拨起解接续前进查粤海关上年征收正杂银九十余万两正值四月起解之期一切装银器具及委员人等俱经早为齐备应请于此项内拨出银四十万两解闽即可迅速起程臣现将在潮拨借之十万两查明内有六万两系应行解省之项即令藩运两司扣存抵兑其余三十四万两即交原派解京之员一并解潮赴闽并知会抚臣图萨布监督臣佛宁如关饷已交委员承领尚未开行即一面分拨一面起解如前批业已起程即将后批截留改拨设起解已经过半截留不足四十万两即于藩库留存盐课项下拨足解闽另行分别造册咨部似此通融筹拨庶起运不致迟延而闽省得以早资接济奏入报闻

初五日【辛未】徐嗣曾奏言本月初十日驰抵入境首站之福鼎县值浙江头起官兵三百名亦于是日到站臣督同延建邵道元克中及该府县照料前进至十五日统计福鼎县过站已有一千五百名嗣奉谕旨令福州将军恒瑞即于驻防满兵内挑选一千名统领前赴台湾会剿所有口粮等事宜饬臣妥为料理即飞檄在省司道暨厦防同知先将应需口粮船只等项妥协办理臣兼程驰回于十九日到省其驻防官兵并军械一切先经恒瑞预期派拨业于十六十八等日点发二起每起二百五十名臣即会同恒瑞于二十日将三起兵丁逐一点发察看该兵等踊跃奋勉较之绿营实觉不同二十二日全行起程出省统计月内俱到厦门船只已据具报雇备齐全可以随到随渡臣查常青到台湾适在凤山失律之际人心藉以安定激励官兵义民屡次奋勇杀贼三月二十七八等日尤大挫贼锋柴大纪亦于二十九日贼匪率众攻犯诸罗大加剿杀现在粤兵得有顺风据台防同知杨廷理等禀报到郡已有一千五百名至浙省官兵准督臣李侍尧咨会以闽省各营上年挑剩之兵再于短中抽长转恐不如浙省预备战兵较为得用奏请仍调温衢等处官兵配渡进剿等因咨臣查照办理查浙兵三千名不日皆可陆续到省酌以五百名为一起俟满兵起身后即于二十三日按起趱赴泉州一路不致拥挤行走自较妥速臣在省一面照料各路官兵挨次进发一面将秋审及一切紧要事件赶紧查办即驰赴泉州料理配渡现准督臣李侍尧咨会平和等处有匪徒械斗之事漳浦县浮山社亦有许姓多人抢夺之案查蓝元枚现在奉命带兵前赴台湾会剿李侍尧驻札泉州筹办要务

臣俟到泉州与李侍尧商酌如此案尚未完竣臣即亲赴查办又前经饬臣亲往严缉粤省咨拿会匪朱洪德洪李桃等犯飞行汀漳龙道朱莞会先往查缉旋据禀覆龙溪县并无朱洪德及洪李桃和尚亦无福莲寺臣思该犯等狡黠异常所供伙党姓名住址多不以实未便于台匪未靖之先纷纷搜捕致涉张皇一切仍俟会晤督臣李侍尧面商妥办期无贻误

卷十八

（五月）二十日【丙戌】李侍尧奏言恒瑞所带满兵一千于四月二十九日全抵厦门登舟浙兵即随满兵之后由蚶江配渡之二千名于本月初七日已经全到提臣蓝元枚已于初六日赴蚶江带兵配渡尚余浙兵一千昨准将军常青札称南路贼匪甚多是以臣亦令由厦门前往台湾府城计初八日可至厦门登舟总兵梁朝桂已先在厦门待渡一得顺风两路官兵俱可速到

同日蓝元枚奏言臣于五月初五日到泉州浙兵亦于是日抵泉初六日到蚶江配船臣亦即配风放洋均奏入上命军机大臣传谕常青李侍尧蓝元枚曰台湾近日情形业据该总兵将打仗杀贼之处奏报已明降谕旨将柴大纪交部议叙至四月二十五等日贼匪复攻府城经常青率领官兵堵御剿杀情形尚未据该将军奏到彼时台湾新调官兵尚未到齐常青等督率将弁尚能将窥伺贼匪奋勇杀退此时各路官兵全数到彼声势更为壮盛常青等统领进剿必当势如破竹其鹿仔港一路据李侍尧奏贼首林爽文率群贼南攻诸罗该处稍得宁息现在蓝元枚于本月初五日带浙兵二千名在蚶江配渡该提督扬帆直达该处声势益觉联络自可会同柴大纪普吉保将大埔林斗六门等处贼匪先行殲戮俾南北道路廓清至常青派令潘韬带兵一千名前往诸罗助剿该参将因陆路贼多兵少由海道绕至诸罗尚无不是与其轻率前进致有挫失自不若绕道行走虽到彼稍迟而添兵协剿更为得力也

二十三日【己丑】李侍尧徐嗣曾同奏言闽省内地米谷近因台湾商贩稀少漳泉府属市价稍增经臣李侍尧于浙省筹拨米十万石并酌筹平粜兹复仰蒙圣谕必须多为筹划有备无患现准浙江抚臣琅玕咨称该省可以及时采买臣等一面咨会浙省妥为筹备约以十万石为率一面委员前往会同该处地方官妥协办理由海道陆续运回所需米价应请即向浙省动支发值既免解运之烦复省冰脚之费更觉便益至闽省筹办米石固多多益善而浙省春收虽稔秋成尚远诚恐贩运过多致该处市价增昂亦不可不为虑及现在台湾军威壮盛可期克日蒇功臣等饬令该委员到浙省后不拘买运多寡一得此地捷音即停止采买庶于浙省粮价不致有妨而闽省民食亦足资接济奏入报闻

（二十四日【庚寅】）李世杰奏言请于苏州松江等属常平仓贮项下动拨谷二十万石碾米十万石由松太一带海道运闽省泉州听候拨用以济军需奏入上命军机大臣传谕李侍尧李世杰闵鹗元曰昨据李侍尧等奏委员前往浙省购办米石不拘多寡一得捷音即令停止采买是浙省续办之米尚可备而不用又何须江省动拨仓谷碾米运闽惟是闽省粮米向藉台湾接济今台湾贼匪滋扰小民耕种失时不但该处所产之米不能运至内地且漳泉等属因商贩稀少市价稍有加增兼以台湾支给口粮抚恤难民等事需用浩繁转须由内地运往此时或不妨宽为筹备俾民食兵糈益资充裕现在江省仓谷业经李世杰等动拨出碾且毋庸配渡起运著李侍尧察看情形如兵粮民食足敷应用不须邻省协济即咨会李世杰等停止起运倘闽省粮米尚有未敷必须广为储备亦即一面咨会李世杰等令其委员押运一面奏闻

卷十九

（五月）二十八日【甲午】李侍尧奏言闽省兵额本少所有台湾戍兵及调往征兵经去冬贼匪滋扰及本年凤山再失之后伤亡失散者多应及早募补以实营伍第台湾戍兵征兵本由内地各营派往所有缺额应查明何营何兵之缺方可令原营募补现在各营本有余丁待缺挑补兹于二月十九日即饬台湾镇将查造又屡次檄催嗣据

柴大纪与游击孙全谋造报前来均系约略总数内地各营无由知某营缺少若干难以悬揣挑补十四日准将军常青移送台湾镇中军守备王天植所造清册前来系就现在府城各营并班满未回留用兵内所有伤亡病故散失无著各数一一开造俱有营分及战守名目可查共四百六十六名臣思常青接奉谕旨自应于义民内接补臣若又令内地各原营补额恐致一缺两补因咨常青于去岁所调征兵内如有缺额就近于军营余丁或台地义民接补其旧时轮班驻守之戍兵臣即檄饬各标营查照缺数速将余丁内挑补如有不敷再行召募补足其诸罗鹿仔港北淡水南淡水各营该备因信息未通尚难查造应令于大兵进剿道路相通时随处查明造报即照此分别办理再提臣蓝元枚带兵前往鹿仔港其水师提督印务奉旨令漳州镇总兵常泰暂行署理查德水师提督驻札厦门常泰应即前往该处现有金门镇总兵罗英笈在彼弹压且地近泉州一切地方营伍事件臣就近可以照料惟漳州一带民情慓悍易于生事并据蓝元枚访知会匪多系漳属之平和长泰等县人是该处不可无大员弹压理合奏明令常泰驻札漳州兼办水师提督事务转属有益再将军恒瑞于初八日在厦门开洋浙兵由蚶江配渡者副将琢灵阿带兵一千于初三日开洋提臣蓝元枚续带一千于初八日开洋其最后之一千总兵魏大斌带领亦已在厦门登舟兹探得恒瑞将至澎湖洋面被风折回于十一日仍收泊料罗其前行各兵船有收入澎湖者蓝元枚琢灵阿等船欲沿海戗驶至金门趁南风斜渡鹿仔港十一日亦因东风甚大寄泊涂沪俱俟风色稍顺再行开洋至漳浦械斗一案据报现多畏罪逃匿该镇道等正在设法缉拿臣料理过兵今已竣事即于十六日起程前往察看情形指示办理其浮山社许姓藉尸强抢一案已拿获四十四名提解审讯适抚臣徐嗣曾巡查口岸亦到泉州就近督同藩司各道审办臣到漳浦查办械斗之案回至泉州计此案亦可审有就绪臣与徐嗣曾再行会同严讯从复位拟具奏再巴图鲁侍卫章京乌什哈达等八员于本月十一十二等日先后到泉州十四五日可到厦门登舟所需锣锅账房战箭等项臣先饬中军希当阿预为备办交该员等带用又因台湾营中本无马匹亦于就近营分挑选膘壮马每员各给三匹以备到彼打仗之用再前拨银二十万两分路解往府城鹿仔港两处以作雇价赈需其泉厦两仓现贮之米暂留作兵粮等用今蒙增拨江西米石则闽省军糈民食均已宽裕所有台地乡勇难民等项自须银米兼放更觉有益除已拨银八万两分解外又先拨米五万石银八万两各半分解台湾府城及鹿仔港两处其鹿仔港内难民一项臣前所买薯干已解往十万斤今又买得五万斤解往搭配米粮均匀散给计府城鹿仔港两处所有乡勇既可银米兼支而难民并有银米薯干三项匀配支放亦俱不致失所再各省备贮火药定例于额贮三年数内支出一年操演仍照动支之数逐年委员采买补足本年闽省因预买乾隆五十三年额硝现因台湾剿匪须用火药甚多若照例于冬季委员按额采买不免稽迟且不敷所用自应及早多为采买拟即行委员于岁需军硝一十六万八百九十斤十四两零并带买从前缺硝一万一千斤外添办二十万斤内于山东省添买十万斤湖北湖南省各买五万斤并乘委员赴湖南购硝之便带办硫磺二万二千五百斤一面行文各该省督抚一俟该员到日作速催令购办齐全运响应用其动用价值水脚等项俟办回时饬令据实造报核销再于本月十二日接奉谕旨令江西碾米十万石运往福建闽省得此接济一切军粮平粜等项均属充裕至此次米石应于何处接收以及雇船装载等事饬司道查议据称江西入闽之路有三其广信府之铅山县一路有陆运四五站宁都州之瑞金县一路更系山僻小路挽运维艰惟建昌府之新城县由五福地方陆运八十里至闽省邵武府光泽县之上水口即可用竹牌及小船剥运此系向来解运铜铅之大路由上水口再四十里至光泽县又可换大船运至省城再用海船装运至泉厦等因是江西省之米应在光泽县之上水口交兑查五福起岸系江省新城县地方雇夫挑运应由江省办理自上水口雇船及竹牌剥运应由闽省办理仍各委大员在上水口公同交收所有脚价各归本省报销除一面札商江西抚臣确按该省情形如果此路较便即由该处解运臣酌委道府前往接收转送奏入上命军机大臣传谕常青李侍尧曰现在台湾调往征兵所有额缺常青自应先于义民乡勇内择其奋勇出力者拔补至台湾曩时轮班驻守之戍兵向例本由内地各营派往朕思此等戍兵由内地调遣既不免往来繁费而该兵丁等一经调派戍守更不免系念家室必多顾恋若专用台湾本地人充补额缺又恐日久该处情形内地不能熟悉亦非万全无弊之道朕意嗣后此等换班兵丁一半用该处土著一半仍用内地各营抽调派往换班则内地既可稍省调遣繁费又能熟悉台湾风土人情实为一举两得且游手无藉之徒得以归伍食粮更可化无用为有用著常青李侍尧于剿捕贼匪事竣后公同熟商遵照办理

臣等谨案台湾驻守兵丁向例由内地轮班而往此番因正值剿匪之时未及遽行更替我皇上以戍卒远涉重

洋不免系恋家室专用本地民人充补又恐该处情形内地无由熟悉因酌为两用之道不特稍省调遣之繁兼令游手无藉之徒皆得食粮归伍地方更可阴受其益曲体人情随宜措置圣照所周迥非浅虑所能计及也上又谕内阁曰常青自抵台湾即慰抚义民乡勇俾伊等共知激劝用命争先至贼匪攻犯府城预先设法防堵并督率官兵乡勇迎捕截杀屡次克捷甚合机宜朕心深为嘉奖常青著交部从优议叙至李侍尧驻札厦门一带照料官兵配渡迅速办理军需粮饷均能先事预筹源源接济孙士毅挑备粤兵遄赴闽省所有火药铅弹等物均能宽裕筹备解送应用皆属急公可嘉李侍尧孙士毅著交部议叙

卷二十

（六月）初五日【辛丑】李侍尧奏言将军恒瑞提臣蓝元枚等所带满兵浙兵于十四日得有顺风俱即扬帆飞渡其巴图鲁侍卫章京八员亦于十八日开洋计日内俱可到台地臣因漳浦县械斗一案蓝元枚未及办结随于本月十六日起程前往查办今已将起意纠众械斗及伤毙人命各正犯吴春等先行拿获另有平和县匪徒周思等纠众抢夺先经臣访知饬拿兹平和营游击岳新泰探知各匪聚于霞寨堡内即带兵前往围拿各犯竟敢用枪铳刀棍等项抗拒该游击督率兵丁奋勇向前拿获周思周宽等十名并枪毙周污一名查械斗一案尚未敢恃强拒捕其平和抢夺各犯既聚众多人及官兵擒捕复敢持械抗拒致兵丁等带伤者七人尤为目无法纪臣拟在漳州将拒捕一案凶犯讯明即正法数人以示惩警然后回至泉州其械斗一案尚有未获名犯现饬速拿俟到日一并审办奏入报闻

初六日【壬寅】上命军机大臣传谕常青李侍尧曰台湾地方三面濒海且斗六门鹿仔港及府城外南潭一带处处俱有贼匪窜聚将来大兵搜剿贼势穷蹙内山要隘既有官兵堵截必思乘间逸出海口四散窜逃希图苟延残喘亦未可定此系最要不可不预为之备现在兵丁配渡船只已抵台湾凡鹿仔港府城登岸之处酌派弁兵分拨各船令其离岸稍远散布停泊留心查察不使匪犯得以偷渡兔脱方为周妥再昨据李侍尧奏前往漳州查办械斗抢夺两案拟在彼审明正法数人再回至泉州等语此案凶犯已拿获多名易于审办设此内亦有天地会匪名目祗可俟将来擒获林爽文后再行查办此时尚非急务李侍尧毋庸在彼久驻漳州镇常泰现署提督此等缉拿余犯自尚能办理李侍尧即当仍回厦门驻札且大兵四路搜剿保无余匪窜回内地李侍尧即应督率地方文武员弁随时查察实力擒获

初八日【甲辰】上命军机大臣传谕常青李侍尧蓝元枚曰阅台湾图内斗六门有溪河数道俱系通海之路大埔林牛稠山一带现在俱有贼匪窜聚斗六门前据奏久被贼匪占据南北声息不通经常青派令参将潘韬带兵一千名前往诸罗协剿该参将因陆路贼多不能前进仍回至府城由海道至诸罗是沿海一带尚无贼匪即日大兵进剿四路夹攻将斗六门大武陇等处窜踞贼匪廓清扫除设贼匪计穷势蹙或偷觅小舟由斗六门之溪河逸出海口而洋面岛溆丛杂易于窜匿希图苟延残喘亦未可定不可不预行设法防备著常青等务拣派得力将备带领弁兵于通海各溪河处严密防守所有通内山各要隘亦务遵节次谕旨派兵堵截并将船只收藏毋令近岸如此四面防堵水陆两路俱无虞其乘间窜逸庶可搜剿无遗至恒瑞蓝元枚侍卫章京等计此时早已到齐常青自己乘官兵锐气方盛之时统领剿贼乘胜长驱其如何调度进剿及打仗杀贼情形务随时加紧驰奏至蓝元枚前抵鹿仔港后与普吉保作何调度筹划曾否先将斗六门一带贼匪剿除殲戮著蓝元枚亦即将筹办剿捕情形迅速奏闻

初十日【丙午】李侍尧奏言粤兵四千前已俱令由厦门往常青处四月中旬全数到齐满兵一千恒瑞带领亦由厦门往常青处浙兵三千前令蓝元枚带二千往鹿仔港尚余魏大斌所带一千臣以常青称南路贼匪甚多是以令魏大斌亦由厦门往常青处查十四日得有顺风飞渡目下已俱到府城及鹿仔港两处

十四日【庚戌】何裕成奏言各县碾就之米已陆续从新城县五福一路赶紧运送又检查旧案自新城至五福溪河逆流仍须由旱路起运是以改由海运较为便捷而省脚价现在札询两江督抚俟查明海船咨覆到日立即分拨起运奏入上命军机大臣传谕何裕城曰军糈米石关系紧要自应星速拨运以济急需前因何裕城奏或由陆路运送或由海道运闽札商李侍尧办理殊属推诿已降旨饬谕令将碾出米石斟酌何路近便即定于何路迅速运闽今何裕城既查明旧案新城至五福一路溪河逆流仍须陆路起拨不便从前曾有改由海运较为便捷之案自应

一面飞咨李世杰闵鹗元令其预备海船一面即将陆运未竣之米先行运至海口彼时船只自已到齐庶可迅速起运如果米石先到江省船只不能早行预备朕自将李世杰闵鹗元治以迟误之罪乃何裕城计不及此竟俟该督等查明海船咨覆到日始行分拨起运则咨商往返徒稽时日岂不贻误要需何裕城不但意存推诿而于事之轻重缓急全无主见竟系不善于推诿且不解事矣著严行申饬仍著将此项米石于何日运至海口装载起运之处据实覆奏勿再延缓推诿干咎

十六日【壬子】上谕内阁曰……又命军机大臣传谕李侍尧常青曰向来闽省百姓捕鱼为业者甚多或载赴江浙一带海口贩卖本年台湾逆匪滋事该处耕种已稀若渔船不能照常出洋小民更致失业该督即行查明如有因贼氛未靖不敢出口捕鱼贩卖应饬沿海口岸文武员弁明白晓谕仍令照常谋生毋令失业但宜细查台湾逆匪逃亡混入内地者耳不可因噎废食

臣等谨案闽省沿海居民多以捕鱼为业兹因台匪肆逆巡察紧严谅必有不敢出口照常贩卖者我皇上虑小民无以谋生特谕令海口文武员弁明白晓示仍令出口捕鱼毋致失业海隅细民生计无一不在宵旰筹划之中故百姓咸感生成不复有一夫失所也上又命军机大臣传谕苏松水师总兵魏辙曰现在台湾正在剿捕逆匪之时恐有贼党余匪逃逸偷渡混入内地该处虽渔汛已过海洋宁谧该镇仍应在各海口督饬兵弁严密巡查如有逸匪窜入即行堵截擒拿毋得稍生懈忽致贼匪得以混入潜匿

十八日【甲寅】上命军机大臣传谕李世杰闵鹗元曰前因何裕城办理拨运闽省米石意存推位居既查明改由海运较为便捷乃欲俟咨覆到日始行起运已传旨严行申饬但何裕城既经咨商李世杰等自已早经接到其如何拨派海船于何日驶至海口预备装载之处自应一面咨覆江西一面将准咨办理缘由迅速具奏何以何裕城奏到后已阅数日尚未据该督等奏报军需米石关系紧要今何裕城既推诿于前若李世杰又复迟延于后岂不贻误要需著李世杰闵鹗元将此项海船于何日预备齐集派员押至海口及江西米石于何日运到装载开行之处及因何并不先行具奏缘由一并据实覆奏

卷二十一

六月十九日【乙卯】孙士毅奏言探闻往来船户称五月十五日以前常青带领闽粤官兵亲身督阵痛加剿杀该匪等畏惧官兵勇猛计穷力竭林爽文之母闻已自缢其父亦已潜逃等语现虽未接军营捷报传闻当必有因逆犯既已穷蹙势必四散溃逃粤东各海口与台地洋面处处可通此时防范搜拏尤难稍容刻懈且于数日前风闻林爽文密遣伙逆赍带银钱偷越外海行劫商船并不抢夺货财止将贼船与客船调换点明货物照本付价索取船照藉图影射入口之事此言是否确实无从彻底追求惟既传有此语无论虚实总应迅速侦查以绝奸宄已飞檄管辖各海口员弁更须加倍严密访查且在洋劫船夺照等事非图窥探军情即系预谋兔脱若得船照货物恃为获符尽可收口投税掩其叛逆形迹倘一时查察不严便可远扬漏网臣思匪犯行踪自与客商迥别小民挟赀牟利计及锱铢其投行发卖必须探访行情坐待长落凡与行户素常交易者又必牵前搭后收赈耽延若匪徒混迹其中志不在利止图迅速出脱以冀踪迹远窜一切卸货收银仓皇急遽自与客民迥别臣于附近惠潮各属现已加派妥员改装易服分赴各处海口以及税馆处所不露圭角悉心探访如有此等商船投行纳税稍露破绽立即知会地方文武员弁带领兵役赴船搜查即使并无违禁器具而言语支吾情形慌乱即可决其必非善类无论是否台湾逆党亦即迅速拏解

同日李侍尧奏言接台湾道府禀称台地风俗惯用外洋银钱向来内地解到饷银俱就行户易换应用时日从容尚易办理现因大兵出征所需夫价车价等项需用繁多郡城一隅之地兼以商贩罕通洋钱日少易换维艰恳将军需银两在内地俱换洋钱解用等情查该处既惯用洋钱自应换解前往以便行使随发银十五万两派省城及泉州漳州厦门等处分头易换现已换得六万圆先行起解余俟随得随解外第闽省行使洋钱之地祗此数处恐将来再需易换民间益少或致赶接不及粤省向亦惯用洋钱广潮二府行使最多今应奏明令两广督臣孙士毅拨出库

银四十万两分作数起按照市价陆续易换洋钱解闽以资接济并知会浙省抚臣亦于库项内酌拨六十万两前来备用再本日又接江西抚臣何裕城来札知拨运之米已于五月二十六日起在新城县五福地方起运查臣前奉谕旨后即拨银一万两委延建邵道元克中邵武府马腾蛟前往光泽县之上水口接收并料理雇船拨运等事又行令汀州福州二府雇备船只前往光泽县听候拨用均可源源赶运不至迟误再本日接到常青等抄录折稿知贼匪甚多现须添兵剿捕臣前于奏调浙兵之后惟恐台湾尚有需接济之处随查督提两标及上游延津等营可以酌量抽拨因即密令挑取二千名前来泉厦驻札以备缓急已于五月下旬到齐今常青处既需添兵即于日内将此项兵由厦门配渡星速前往至粤省兵较多前亦已密札两广督臣孙士毅再行酌量预备据称已密备二千在潮州守候现在常青已飞调粤兵想孙士毅即调发前来臣已饬漳州一路预备并饬厦门同知速备船只候渡

卷二十二

六月二十日【丙辰】上命军机大臣传谕常青蓝元枚曰阅蓝元枚所进图内该参赞等驻札之鹿仔港迤南东螺社麦仔寮二处在红线外近海边处所有贼巢二处现在鹿仔港一带一切军粮文报皆由海面通达幸而贼匪无能未于此处占踞倘贼匪于东螺溪等通海口岸私设船只拦截隘口使军粮文报及官兵来往俱被阻隔所关非细或贼匪势穷力竭由此入海而逃更难追捕朕意现在蓝元枚等剿捕柴坑仔大里杙一带贼匪若未能实时廓清尚需兵力厚集则莫若趁此添调各兵未到之前统领将弁先将东螺社麦仔寮二处贼巢尽力剿毁或于往来海口安设官兵派员把守毋使贼匪得以窃踞亦先事预防之一法著蓝元枚等相机筹划遵照办理

二十一日【丁巳】李侍尧奏言闽省军糈现在邻省协济之米已觉充裕但近接常青知会以贼匪甚多又请添兵剿捕则米粮自以多备为要兼以台湾支给乡勇抚恤难民等项需米甚多又近日漳泉一带雨泽较少晚禾尚未栽插将来不免平粜等事则闽省筹备米石自以多多益善臣再四筹酌江苏省既备碾米十万石似应即令陆续委员运闽以裕储备又常青既请增调官兵是以臣将豫备在泉厦之闽兵二千名即令配渡前往并两广督臣孙士毅亦有预备在潮之兵二千名想接常青咨调即先令此兵前来惟所调黔楚之兵似觉太远圣明自有指示而征兵既增则一切粮饷火药及过兵各事宜俱须预为筹备现在米粮银饷火药三项俱已宽裕其由粤入闽过兵各站既有前次章程可以照办至由浙入闽之路亦扎致抚臣徐嗣曾酌定章程檄饬各州县预备惟船只一项厦门蚶江本港船不过七八十只近因差使较多已饬沿海州县协雇今既增添大兵则船只亦须增备查浙省现有运米到闽之船臣现饬蚶厦两厅择其可赴台湾者暂行雇留先赏给口粮临时再从优给以雇价其未熟台湾海路者则代雇舵工水手驾驶各船户等俱甚乐从其余一切事宜臣惟有悉心筹度以期无误奏入上命军机大臣传谕李侍尧李世杰保宁闵鹗元曰前因闽省需用米石有浙江江西二省采买三十余万石足敷储备是以李世杰奏请碾米十万石运闽谕令且毋庸配船起运并谕李侍尧察看情形如闽省粮米尚有未敷再咨会李世杰等委员押运今台湾剿捕贼匪现又添调兵共一万一千名则军糈自应预为宽备兼以台湾支给乡勇抚恤难民并预备漳泉平粜等事所需米石不妨多多益善著李世杰闵鹗元即将前次碾出仓谷备运米十万石迅速派员配船起运以济急需再川省素为产米之区连岁收成丰稔积储较裕并著保宁速将川米备办二十万石即由川江迅速运至江南交李世杰闵鹗元一并委员运赴闽省于军糈民食更为宽裕李世杰闵鹗元务须将船只预行备办齐集一俟川米运到即可星速配船陆续起运毋又若何裕城之推诿迟缓致误要需李侍尧接奉此旨不妨将现在又于江南川省运米数十万石前来接济之处先令闽人知之俾军民口食有资市价不致踊贵方为妥善上又命军机大臣传谕李侍尧曰朕以湖广贵州等省兵丁与福建相隔数省未免缓不济急已降旨派调附近闽省之粤浙二省驻防满兵三千名及粤兵六千名合之李侍尧现在配渡之二千名已足该将军等所请之数足敷攻剿今李侍尧奏黔楚之兵似觉太远是李侍尧业已见到及此适与朕意吻合而常青并未能计虑及此看来常青见贼匪众多未免著忙胸中略无主见为此甚忧之至所请京兵朕未尝不早为筹及此时若即令前往不但伏暑炎歊长途跋涉未免延缓并虑迹涉张皇且京兵调动则派出之领兵大臣亦必须重臣统率常青昨奏请派大员到台湾办理军需其措词虽为督办军需起见而其意未必非自揣难以胜任欲朕另派大臣前往督办军务是此事恐非常青等所能办理完结是以昨已密谕福康安令其驰驿前来行在陛见彼时若常青等剿捕贼匪不能得手其势必须调拨京兵即可令福康安统领前往督办如

日内该将军等续有奏报剿贼得胜之信即令福康安于途次仍回本任原可备而不用此朕虑事于先之苦心也著将此先谕李侍尧知悉再李侍尧奏蚶江港船本少现将浙省运米到闽之船择其可赴台湾者暂行雇留等语所办甚是预行筹备临期方可遄渡不至稽迟至此添调兵丁内有广东浙江二省驻防满兵各一千五百名此项兵丁虽不能如京兵之骁勇然较黔楚绿营自为得力且与闽省接壤道路较近可以早抵该处以资攻剿之用李侍尧于各该省续调兵到遵照昨降谕旨以九千名拨往常青处以二千名拨往蓝元枚处带领进剿总以愈速愈妙再前据孙士毅奏林爽文之母闻已自缢其父亦已潜逃等语前解到贼犯林家齐亦有伊父劝诫不从畏累自尽之供自非无因总未据常青奏及李侍尧驻札厦门耳目较近自必亦有所闻著即将此事详加访问无论虚实即据该督所闻具奏

(二十三日【己未】)常青参赞臣恒瑞知会如潮州有挑备兵丁即先遣发一千名由厦飞渡来台随后再备二千名候旨到日续行遣发查前次粤兵四千名赴台会剿俱在附近潮州等营挑拨臣恐弁兵抽拨已多不足以资堵缉是以先经与提臣高璜商酌选派督标兵一千名提标左翼镇标水师兵各五百名共兵二千名并派定带兵将弁及一切军装器械火药铅弹俱令携带足数分驻海阳潮阳等县各海口严密巡防查拿窜匪稍补前次抽拨之数今既接到闽省来咨必须添调即将此项预备堵缉之水陆兵二千名即日飞饬迅速启程臣亲赴黄冈点验出境以五百名为一起接连前进不复间日行走计六月十三日粤兵二千名全数俱入闽境其后调之二千名现在一面派拨一面行调目下盛夏大雨时行如溪河通达即由水路来潮可节沿途糜费至台地既请添兵火药必须宽裕臣即于此次各兵随身携带火药外复就附近各营抽拨三万斤随后解赴闽省拨用仍札饬藩司许祖京催办硝磺赶紧补额并预备裹带一月口粮运送厦门支发至臣前将台湾连得胜仗并风闻逆匪穷蹙情形冒昧入告兹常青恒瑞咨调粤兵赴台会剿是前次探听未确实深惶悚臣现闻五月二十六日与贼打仗官兵踊跃争先是日阵亡守备千把共有四人均系粤省员弁是粤东官兵颇肯勇往向前奋不顾身尚为得力所有常青等令臣听候谕旨再行饬令起程之二千名仰恳准予调台协剿庶于军营有裨奏入上命军机大臣传谕孙士毅曰前据常青奏到派调粤兵一折已降旨谕令该督先将挑备兵二千名速行赴闽再续调兵四千名共足六千名之数又派驻防满兵一千五百名一体派拨克期配渡计此时该督已接奉前旨即行办理矣该将军等奏请派调官兵朕岂有不拨之理原可不必候旨除从前挑备之兵二千名该督已据咨令其分起行走此刻自早入闽境其余粤兵四千驻防满兵一千五百名该督亦须先期预备船只派员照料起身莫致迟误愈速愈妙至该督奏于此次各兵随身携带火药外复就近各营抽拨三万斤随后解赴闽省备用之处火药为行军利器自应多为筹备所办好实属可嘉至粤东距台湾远隔重洋传闻不实亦属事理之常该督即据所闻入告颇见急公又何妨碍耶嗣后如得有信息总当随时迅速具奏以收兼听并观之益即偶有不甚确实之处朕亦不加之责备也

卷二十三

六月二十五日【辛酉】蓝元枚奏言彰化贼匪时刻窥伺鹿仔港所有田中央南投庄大肚溪三处隘口屯聚贼伙紧守大里杙贼巢皆筑堤决水防备官兵进剿而诸罗县属自五月初七日起陆续焚抢沿海之安溪寮龙船窝铁线桥等庄计二十余里以致诸罗彰化道路不能相通其近海民人因贼焚庄多有搬家乘船逃到鹿仔港而鹿仔港居民见贼蔓延未免惶惑致有殷实店户欲搬家口货物渡回泉州臣窃思若殷实之人搬回内地则民心愈虚随即亲到街市慰谕禁止令其各安生业并饬获同知黄嘉训彰化县宋学灏稽查难民妥为安抚内有勇壮者挑作义民给与口粮交义民首管束在难民得有口粮之资兼可帮助官兵战守之用民情已渐安贴但鹿仔港周围村庄现在仅存二十余里又迫近贼巢不得不加意防守已经派拨官兵义民在番仔沟马芝遴两处险要安设营盘增添堆卡防范已属周密似可无虞又另拨官兵义民往二林大突沿海一带堵御遥为诸罗声援查有彰化淡水交界之大甲溪岸里细察情形如果声势得以联络便可率兵攻击大里杙之南再淡水竹堑一带据闽安协副将徐鼎士等禀报淡水白石湖贼本无多已经拿获从贼之参革守备彭喜一名解送督臣社系附近大里杙之北该处义民熟番颇知义理不肯从贼经密差干弁由海道往大甲晓谕义民鼓励番众令其攻迫贼巢以分贼势臣究办现在贼匪势孤逃入金包后山臣即飞饬该副将等速将逃散贼匪剿捕务尽根株再查鹿仔港难民杂处稽查尤宜严密以防贼匪

潜入滋事是以差派弁兵四处侦缉适据弁兵拿到盗犯张凑刘枫经迫勒薛四银两并抢夺牛只又在路上截抢不识姓名妇人对象讯供不讳虽非林爽文贼党但当扰乱之际截途抢剥必须从严惩治俾众人咸知儆畏当即将张凑刘枫正法

同日李侍尧奏言笨港为诸罗通海要口自府城海道北至鹿仔港必由笨港经过向来府城诸罗鹿仔港陆路已不通惟恃沿海用小船往来今笨港已失该处船只必多为贼所得又将在海口拦截滋扰则不惟府城鹿仔港信息益不能通而内地粮饷火药等项由厦门解至府城由蚶江解至鹿仔港虽系横海径渡不从笨港口经过然贼或探伺驾船在海面邀截亦不可不防是以臣酌拨缯船二只每只安炮六位水师枪兵一百名令营员带往一驻鹿耳门口一驻鹿仔港口弹压防获庶免疏失至从前原拟浙粤等兵一到台郡即可席卷而北今常青甫经出城已为贼阻而水陆两路信息又且中断则欲待常青由南而北正需时日是目下只可南北各自为战庶群贼不至尽萃于一处然臣阅蓝元枚折稿尚须待联络熟番始行举动伊虽未奏请添兵然至挑选难民协同守御亦似有贼多兵少之虑令常青方请添兵若又须接济蓝元枚则需兵更多征调更广臣查漳州镇兵四千上年因林爽文党羽皆系漳人故独未调拨若派往蓝元枚处以漳人统漳兵或可得力之处业经具奏仍一面札询蓝元枚如伊自量可以带领得用俟覆到日拟将此内选派有眷属之兵二千前往接济再蓝元枚投文兵丁王德到泉询以贼中情形据称贼匪甚多兼有枪炮台湾亦出硫磺贼匪在大里杙自行制造并不仰给外来等语随检查台湾府志有硫磺山出产硫磺在淡水厅北一百八十里焉知非贼匪即由该处私挖制用副将徐鼎士现驻艋舺与硫磺山相近臣已札蓝元枚速饬该将前往察看如有贼匪私挖即行擒杀勿使透漏又凤山县有硫磺溪或系因该处产磺而名亦札会常青令其于南路进兵时一并体察防范

七月初二日【丁卯】闵鹗元奏言前准何裕城咨查海运情形并无运米实在数目当将江西省由苏分运之米计若干石及苏省现办海运情形飞咨何裕城令其迅速咨覆以便预备旋据李世杰札会江西省拨运闽米已酌令八万石来上海过船起运当即飞饬松太道并移会浙省一体加紧凑备船只应用奏入上命军机大臣传谕何裕城闵鹗元曰江西运闽米石何裕城自应查明陆运海运何路近便即令于何路迅速运闽检查旧案既有改由海运较为便捷之案又何必待江南咨覆始行起拨又不将运米实在数目咨明以致江南难以预备船只何裕城于军务要需互相推诿殊属非是著将此项米石究于何日运至海口装载起运之处据实覆奏

初三日【戊辰】李世杰奏言前据何裕城咨称江西省现在碾米十万石赴闽分作六起委员从建昌府新城县之五福地方陆行八十里即至闽省光泽县水口转运前进又检查旧卷有由长江载至江南上海关口由海运闽之事应咨明江苏省现在海船是否充裕可以迅速载运等情臣查事关军糈至要总以迅速为主缘接到何裕城来咨之时正值浙省运米赴闽海船不敷移咨抚臣闵鹗元在上海口代雇运浙协济而江苏省亦奏请拨米十万石赴闽彼时上海口岸所到闽广船只甚少现在江浙雇用已不无竭蹶若再添运江西米石恐一时无船装运未免求速反迟似不如全由新城陆路运闽可以计日而到当即飞行咨覆旋准何裕城来咨以新城至光泽陆路八十里山径溪河层层险阻过岭过渡运送颇艰必须由海道分运方克迅速随飞行江苏藩司会同松太道务将闽广船只速行设法招徕多为预备听候江西运米到日即行过载开行不许稍有推诿耽延再查江省协济闽米十万石现在头运米五万石于六月二十五日起运二运米五万石于六月二十九日起运飞饬文武各运员等务即赶紧开驾前赴闽省兑收不许稍有迟误奏入上谕内阁曰李世杰素能办事所奏原委始为详晰是此事竟系何裕城办理错误军需米石关系紧要何裕城既查明改由海运较为便捷即一面将应用米石数目及开行日期飞咨李世杰等预备船只一面将应运之米运至海口等候以便装载开行并应以海口船只倘属短少或将江浙米石先行运送俟江西之米陆续运赴海口时再行接运之处一并咨明庶李世杰等可以酌量筹办乃徒事往返札商并不详晰咨会又不详悉奏明是何裕城不但意存推诿并不知事理轻重实属胡涂著交部议处上又命军机大臣传谕常青李侍尧蓝元枚柴大纪曰昨据福建委员解到廖东等四犯当经隔别严审连清水认为贼目王周载测字曾经许封伪巡检阮赞亦供称向开米店贼到店中抢劫时曾代为煮粥并收受黑旗许封千总等供是其从贼尚为有据业将该二犯先行正法至廖东胡蕃二犯一供系义民挟嫌诬害一供系兵役误拿均属一面之辞殊难凭信若此时即将该二犯一并办理不足以服其心且从前获犯时柴大纪或因军务倥偬未遑审讯而解到常青李侍尧处何以亦未讯取确供从前

该将军等所奏各折内既未详晰声叙实亦无从指质得其真情著该将军等即将该二犯如何被拿如何供认并将现在该犯等所供各情节确实严查据实覆奏再前奏林爽文手下并有蓄发亲丁千余名今见廖东等头发甚长虽据供被拿时系在正二月之间为时已久未能剃发所致但四五月之间亦不致发长如许恐系狡饰是否从前被获即系久已蓄养之发著一并查明据实覆奏

初四日【己巳】常青恒瑞同奏言初八日卯刻骤雨如注有贼匪三千余人三路直扑大营臣等令侍卫章京乌什哈达等八员分派将弁带领官兵各奋勇争先冒雨径战枪炮打死贼五六十人至已刻雨止又有续到贼匪接应约五六千人并力来攻官兵鼓勇迎杀贼犹抵死不退官兵等施放排枪乘势压下贼方退走夺获行营炮一尊枪刀等械十余件初十日贼人复来攻营又分贼二千余人攻小南门之桶盘栈臣等一面派拨在营将弁分路截杀一面飞饬副将丁朝雄等齐赴桶盘栈堵御台湾道永福同知杨廷理带领义民随后接应两处打仗枪炮打死贼一百余人夺获贼械二十余件至午刻贼俱败退当查出力有功以及伤亡弁兵义民俱照例赏恤注册再署游击黄鸣凤在鹿耳门内外洋面巡缉初七日巡至卓加海面瞭见贼艘八只随率弁兵义民追擒贼船駛逃入港登岸奔逃立带把总李光显等追捕时有萧垄等庄义民陈聪等率众协同官兵杀贼二十二人其余逃窜贼船贼寮尽行焚灭当将该将弁等记功以待奖擢义民陈聪等各赏银牌又查南北沿海各港小口俱可通运粮食如凤山之东港已被贼人占踞近复于诸罗之笨港盐水港往来骚扰粮食不通郡城米价渐昂每石钱三千二三百文该道永福现在设法调剂且防范沿海洋面保守郡城臣等酌量各处分兵四五百名并义民数百名前往剿御仍知会蓝元枚会同柴大纪就近速派弁兵齐赴守御务使港口常通则米粮不致腾贵至贼伙虽众臣等查看一有变动即乘势疾击亦不敢待添调之兵致失机宜

同日柴大纪奏言诸罗县南大排竹地方有贼匪千余复图肆扰臣即于初十日黎明亲率南澳游击李隆镇标把总蔡国祥罗勇各官兵并署诸罗县陈良翼带同武举黄奠邦各义民等一齐驰至大排竹果见贼泉聚集山上臣即督令官兵义民奋勇上山围拿连放枪炮贼匪俱向山后奔逃官兵义民复勇往追杀贼被枪炮打死者约数十人赶至窠仔厝贼皆四散远窜值大雨收军官兵义民俱无损伤生擒贼匪郑瑞王雕陈奇弁林泼钟攀石麟赖应林投廖明等九犯审明正法再恒瑞蓝元枚日内即可齐到兵力厚集克期兴师由南而北并力剿捕自可一举蒇事均奏入上命军机大臣传谕常青李侍尧蓝元枚柴大纪曰阅常青等奏到情形是伊等尚札营驻守因贼匪乘雨攻扰营盘督兵堵御杀死贼匪仅一百余人不及十分之一未能乘机进剿此次添调各兵计粤省先行调拨兵二千及李侍尧挑备兵二千此时均可前抵台湾此外添调兵丁尚需时日常青等断无坐待株守之理前曾谕令该将军等统领侍卫京将备径往南潭擒拿贼首庄大田设余贼奔救即可聚而殲戮该将军是否即行派拨直趋南潭若察看情形可以如此办理业已前往固属甚善但贼匪出没无定甚为狡狯若因常青等统兵前往南潭贼匪即纠合伙党绕截后路亦不可不虑该将军等务须加意防范或派奋勉将弁断后使我兵首尾相应不致被其抄袭方好前据李侍尧奏诸罗笨港被贼焚烧已拨派缯船分驻鹿耳门鹿仔港等处复有旨谕令常青蓝元枚于沿海一带各隘口派员把守并将笨港等处贼匪先速行剿除打通道路毋使贼匪得以乘间滋扰今鹿耳门等处果有贼船骚扰之事自应严饬官兵于各口岸梭织往来巡查防范毋致稍有疏虞其游击黄鸣凤巡缉认真即以参将擢用至蓝元枚接奉前旨如何设法剿散分路防堵及前奏称大甲溪岸里社有义民熟番不肯从贼业经密差干弁晓谕义民鼓励番众令其攻迫贼巢以分贼势如果声势得以联络即可率兵攻击大里杙之南等语自属极好机会著一并迅速覆奏又贼匪攻扰诸罗动称千万而官兵剿杀仅止数十人总未见大加剿洗其余匪是否屯聚各处或遁往山寮之处柴大纪均未分晰奏及著柴大纪务将该处近日打仗攻剿并道路是否不致梗阻各情形据实覆奏

卷二十四

(七月初五日)李世杰闵鹗元同奏言江苏碾备之米已分作二起赶运所有四川省米二十万石由长江来苏计期当在江西拨米起运之后臣等惟有预督所属将续到之船尽力截留并移会浙江抚臣琅玕一体截留以备运用俟川米一到臣等即派委员弁妥为照料克日运送闽省交收断不敢稍分畛域致有诿误

同日宝琳琅玕同奏言派调浙省驻防满兵即飞咨署乍浦副都统舒楞额于满营内挑选精壮兵五百名拣协领等官十员带领即日起程来省臣等随于本日传齐八旗满兵会同逐加挑选共足一千名并派协领二员佐领四

员防御四员骁骑校十员分行管带该兵等无不奋勇争先告求前往及选派足数未经入挑者犹纷纷跪求情愿出力所有杭州满兵一千名乍浦满兵五百名臣等酌定以二百五十名为一起共分作六起间日行走一切军装火药铅弹器械俱令裹带足数粮饷等项按数给发所需船只臣琅玕当饬赶紧备办兹头起官兵已于二十六日午刻起程臣等亲至江干督送其乍浦满兵臣琅玕已派委嘉兴府知府郑交泰驰往会同理事同知并派出领兵之员照料获送来省以便接续起程计未起官兵起程之前永庆自可到省倘不能如期赶上臣宝琳即先行督催前进俟永庆前途赶到接替再行回省至各兵经过水路各站臣琅玕已飞饬该府县各于本境内地方照料妥办并令在省司道带同委员按起轮流弹压获送其江山西安一带陆路尤为紧要臣琅玕委令杭嘉湖道清泰会同金衢严道玉德在彼妥办获送出境均可不致迟误均奏入报闻

初六日【辛未】何裕城奏言碾运闽省米十五万石当经查明新城县五福一路转运惟恐溪河旱道挽运不速拟由江南海船分运一面咨询一面赶碾米石并督饬将溪河水浅之处爬沙捞挖平治陡隘山路于五月二十六日将碾就之米开行往五福转运嗣准两江督臣李世杰来咨江苏亦有协济闽米由海道运往若江西载米到彼等候不免欲速转迟今五福一路自设法料理以后行走较便臣与藩司李承邺轮流亲往督催并令各县米船添雇纤夫加紧挽运旋准闽省咨会委道府佐杂在光泽县接运五福运往之米以八万石运赴厦门七万石运赴泉州盘收令江西委员帮同照料兹各县米石全数搌帮前进截至六月二十二日运至五福米三万五千余石挑送水口已交闽省委员接运现在早稻收获正毕挑夫日募日多转运自必倍速奏入上命军机大臣传谕李侍尧保宁闵鹗元何裕城曰江西五福一路运送米石既可不致稽迟而江南海船又不敷装运此项米石自应仍由江西陆路赶运该抚惟当督饬所属上紧查催迅速儹运毋致再有迟缓至李世杰等前因江西米石应由江南海运业经预备船只今江西之米既由该省陆路起运毋需江南海船前谕保宁将川米备办二十万石由川江运至江南正需海船拨运现在江南预备分运江西米石船只将来即当留为运送川米之用

初十日【乙亥】李侍尧奏言连日接台湾同知吴元琪等禀称府城米粮向恃北路之麻豆社笨港及南路之东港竹仔港等处沿海贩运米石来府城济用前月中麻豆社笨港已被贼攻占近日东港竹仔港又为贼匪张基光邓里所据以致南北两路无米到城而避难来郡者又多艰于觅食最为急务海边小船并有被贼押去者现在副将丁朝雄酌派官兵并挑义民四百用船四十余只在沿海一带巡拿又据知府杨廷桦禀称柴大纪在诸罗屡次打仗尚为奋勉近因分兵往救盐水港等处兵力益单诸罗县陈良翼现在禀请将军派兵往援各等语看此情形台湾贼匪更觉滋扰府城既有难民纷集自不得不暂为周恤适有续办薯干十万斤将解鹿仔港臣随饬派四万斤分解府城并札该道府设厂将薯干和米煮赈善为抚恤毋致失所至臣所预调在泉厦弹压之本省兵二千名内驻札厦门之一千名已于本月十三日随常青之子侍卫希明放洋驻札泉州之一千名亦已催来于十五日放洋计此时俱已早到台湾其两广督臣孙士毅遣来粤兵二千亦于十五六七八等日到厦今于二十四日一齐开驾查常青等与贼相持竟有不能分兵之势此四千兵一到当先令驱剿东港等处之贼使粮路疏通则府城人心先定即可相度事机大举剿除再常青拿获之番妇金娘及贼匪林红王坑郎杨章四犯于六月初六日解到泉州臣当即委员起解赴京外兹又据驻札北淡水之副将徐鼎士并同知徐梦麟拿解彭喜赖树二犯前来彭喜原系澎湖守备因军政革职从前署北淡水都司时即与林小文相识上年十一月赴淡水向林小文索讨旧欠值贼匪肆扰遂入贼党在白石湖山教贼聚石在山掷打官兵因贼散被擒其赖树一犯系从林小文纠约入会竖旗聚众伪称北路大将军在新庄街抗拒官兵逃后被获均属罪大恶极应解刑部已于本月二十日委员将二犯解京奏入上命军机大臣传谕常青李侍尧蓝元枚柴大纪曰北路之麻豆社笨港南路之东港竹仔港等处为府城贩运粮米通衢今为贼匪占踞以致南北两路无米到城避难民人艰于觅食不可不急为设法剿除前屡经谕令该将军或舍南趋北直捣大里杙贼窝或酌添兵丁防守府城即带领侍卫章京等直往南潭擒拿贼目庄大田该将军接奉前旨未知作何筹办定往何路进剿现在贼匪将南北两路运米社港占踞并押去海边小船虽经副将丁朝雄等挑派官兵义民前往巡拿究恐不能痛加剿戮此时常青或与贼相持不能分身何不于镇将内如蔡攀龙之奋勇可恃者酌派一员令同侍卫章京一二人带领官兵竟往麻豆社笨港等处先将占踞社港贼匪悉力歼除俾道路肃清贩运米粮不致阻隔仍饬该处副将丁朝雄等实力巡拿海边船只不使贼匪抢占此为最要此等贼匪四处侵扰多系胁从其实贼首贼目不过数人该将军若能将其渠魁擒获其余伙匪自可不攻而溃且贼首林爽文与其有名贼目各负一隅而分遣党羽四出滋扰使

官兵分路堵御疲于应接而贼匪转得暇逸此乃贼人奸狡之计该将军等不可为其所愚断无贼匪东至则于东堵御西至又于西堵御以一兵抵御一贼之理若徒事纷纷堵御稽延一日则师老一日恐官兵日久力疲致有挫失更属不成事体柴大纪处兵力亦单自应添兵助守但常青处现在正当相机进剿难以分兵往援且道路阻隔亦属缓不济急朕意蓝元枚现驻鹿仔港距诸罗较近且该处现已添拨兵丁即日可到蓝元枚前奏差弁约会大甲溪义民熟番前往大里杙之南合兵攻剿若声势不能连络未经前往此时或令普吉保驻守鹿仔港该参赞先带兵数千前往诸罗帮助柴大纪更可保获无虞著蓝元枚相度情形随宜酌办务使柴大纪处不致稍有疏虞亦不可有顾彼失此之虑方为妥善至现在笨港麻豆社等处有贼匪占踞蓝元枚亦应派拨将弁带兵前往该处奋力剿散打通粮路为要再李侍尧预备在泉厦之兵二千已于六月十三十五等日配渡开洋粤省先到兵二千于二十四日一齐开驾此次添调官兵共计一万一千名前已谕令李侍尧将九千名拨往常青军前二千名派赴蓝元枚处续据李侍尧奏预备漳州兵未经调用者二千名亦有旨令该督派往蓝元枚处此项漳州兵究于何日配渡此外应拨蓝元枚兵二千是否即将漳州兵抵数抑于前派一万一千内再拨二千前赴鹿仔港并著李侍尧详悉速行覆奏再台湾府本年应征钱粮已有旨豁免至漳泉二府前据徐嗣曾奏春夏缺少雨泽恐至歉收且该处有过兵运粮等事亦因酌量加恩但此时已过征收之期其业经完纳者自未便给还且恐徒为州县吏胥肥橐若尚有普行未征李侍尧即可一面传旨出示缓征一面据实覆奏再彭喜系参革守备胆敢从贼抗拒官兵实属可恶著该督等即查明该犯家属问拟缘坐至赖树一犯据供受贼伪职与官兵相抗该二犯既经从贼自有党伙何以容易即被拿获将来解京审讯恐又如廖东等之狡供不认亦未可定并著李侍尧将彭喜赖树如何被获实情一并查明具奏上又命军机大臣传谕保宁李世杰闵鹗元曰现在台湾军务尚未告竣一切兵食及平粜抚恤等事在在急需不妨多为储备川省素为产米之区连岁收成丰稔积储较裕著保宁再行采买米三十万石如或市粮不敷采办即于附近川江各县常社仓内碾动谷石以足三十万之数接续运赴江南交李世杰等一并委员运往闽省以资接济其碾动仓谷不妨暇时买补至此次运闽米数需用海船较多著传谕李世杰闵鹗元将海船一项宽为预备俟前次川米二十万石抵江起运后所有续办米石一经运到江省即接续配船起运以期迅速抵闽毋误要需

臣等谨案闽省军糈民食屡经宵旰运筹不待奏请早于浙江江南江西四川等省酌拨七十余万石接济嗣据督臣李侍尧奏储备已属宽余我皇上以现在添兵进剿凡乡勇难民皆须支给抚恤并漳泉平粜所需尤在多多益善特谕四川督臣李世杰再办米三十万石接续运往不特军饷有余而民食益形充裕圣主轸念民依有加无已所以该省即收成稍歉而闾阎仍安堵宴如也上又谕内阁曰李侍尧奏闽省现在军务繁多武职人员不敷差委请拣发参将二员游击三员都司四员守备六员速饬来闽以资差遣委署著留京办事王大臣会同该部于候补候选及应升人员内详慎拣选具奏即令该员等轻骑减从迅速驰驿前往福建交与李侍尧差委上又谕刑部堂官曰台湾从贼逆匪廖东胡番二犯前审讯时坚称并未从贼不吐实供因该犯语言不甚明晰是以暂令解交刑部监禁著刑部堂官遴派该部司员中籍隶闽省通晓漳州语音者再行严加鞫讯务得该犯等实供毋任再有狡饰如刑部司员亦未能通晓该犯言语即传侍卫蔡本禧会同派出之刑部司员严加诘讯据实具奏

十二日【丁丑】常青恒瑞同奏言十四日接据柴大纪等禀逆匪自麻豆庄杀散以后复纠合大武陇哆啰嘓各匪意欲攻踞盐水港以绝县城粮饷刻下诸邑四处皆为贼匪把截惟盐水港一路可通郡城必须保固现在安兵一千余名拨游击杨起麟统领驻札又拨千总陈邦材带兵二百名驻防鹿仔草与盐水港犄角初五初七等日连败贼匪初九日探得贼匪攻鹿仔草随派游击李隆带领队伍义民一千三百名前往夹攻行至竹仔脚大仑田洋该处离鹿仔草十余里忽遇贼匪约八九千蜂拥而出随饬兵丁施放枪炮打裂大炮一门贼人愈杀愈多四面逼近兵民奋力鏖战自辰至未枪炮毙贼约五六百人官兵义民亦多有损伤适游击邱能成巡哨回至该处枪炮轰击其后贼始退散收兵回县查点兵民有百余人尚未归伍军装亦有遗失统容查明另报查贼势猖獗驻县之兵除拨驻盐水港鹿仔草两处余兵只有一千五六百名已为单薄且义民亦分守盐水港鹿仔草县城空虚实为可虑乞发大兵三千名多带枪炮速来诸罗以安累卵又据派往盐水港之游击杨起麟禀称同守备黄象新昼夜督兵固守兹闻笨港汛于本月初一日被贼攻陷焚烧各庄初十日又攻围鹿仔草查鹿仔草离盐水港只隔十数里于初五初七初九十一连日分路围攻盐水港杨起麟等竭力杀败贼匪但盐水港附近四围庄社皆被贼陷惟存盐水港一街之地兵力甚单兼以连日打仗药铅存剩无几若差往诸罗运解路经贼巢恐有疏虞请速拨兵一千名并火药大小铅子应用

各等情查笨港盐水港皆系诸罗至郡水陆要路今游击杨起麟禀内有笨港于初一日被贼攻陷之语何以柴大纪等并无文报恐系该游击得自听闻未尽确实但细阅柴大纪等会禀派令游击李隆带兵民尚未及与游击杨起麟会合夹攻已于中途竹仔脚等处遇贼交战枪炮毙贼虽多而兵民军械俱有损失并虑县城空虚专差星夜间道告急自属立等赴援臣等本欲于各港口酌拨兵四五百名同义民前往防御今看此情形恐兵少于事无济当即派令总兵魏大斌副将詹殿擢都司刘振唐守备姚国泰等带兵一千五百名饬同知杨廷理备齐船只即于十五日黎明上船开行并令该总兵等探听盐水港如尚有贼围扰即协力进攻如贼已退即竟赴诸罗与柴大纪商同堵剿即确查笨港有无失事迅速驰报如笨港有失则府城往北海道贼人又将作梗而一切粮食货物商贾难行殊有关系且凤山之东港在鹿耳门之左已为贼占诸罗之笨港在鹿耳门之右又为贼扰则现在鹿耳门一口尤宜加意严防臣等已派拨官兵防御至盐水港在诸罗之南府城之北距府城不过五六十里今贼众围攻盐水港固意在诸罗而实即觊觎府城臣等现在札营府城以南自初十日贼人败退之后伏莽潜藏至十三十五等日有贼千余屡次来扰官兵迎击即又奔逃臣等料其诡计希冀官军大众深入穷追追去府既远不惟妄想绕出官军之后而盐水港等处之贼自北趋郡必更肆无忌惮且鹿耳门一口左右有贼又当时时兼顾臣等再三筹划现在营盘实有未可行动率行轻进之势臣等前请添兵已咨会督臣孙士毅如潮州有挑备之兵即先发二千名前来犹未据咨覆现已接据督臣李侍尧来咨业将预先调到本省兵二千名饬带领之参游等员由厦门配渡计日可到臣等惟有相机剿捕仍照料郡城南北两面以及鹿耳门要口并知会蓝元枚柴大纪等务于各该处用心防范再查台湾海防同知杨廷理屡次带领义民打仗现又随营剿贼勇往向前又经臣常青前经奏明随带军营之建宁府同知杨世纶该员曾在军机司员行走随臣等办理一切要件俱能谙练勤慎奋勉出力仰恳量加鼓励奏入上命军机大臣传谕常青李侍尧蓝元枚柴大纪孙士毅曰阅常青等奏到之折与李侍尧昨奏大略相同惟麻豆社柴大纪则称杀散李侍尧则称被贼踞不知何故不同又盐水港在诸罗之南笨港在诸罗之北皆为运粮要路今俱有贼匪抢占以绝粮饷诸罗势甚迫急所关甚重看来贼人狡计竟系因大兵俱在府城诸罗一路兵单弱故作窥伺府城以牵缀官兵使常青等不能远离该处营盘而其意实欲断我粮道攻逼诸罗县城若诸罗有失则台湾府城势更孤悬四面受敌大有关系前曾有旨令常青等或舍南趋北直捣大里杙贼巢或竟往南潭擒拿贼目庄大田今看此情形该将军等不必向南竟宜先往北路常青此时或于总兵副将内择其奋勇可恃者酌拨一员令其守固营盘而常青等拣选精锐亲自带领同侍卫章京将备等数人直趋北路前至诸罗会同柴大纪并力擒渠捣穴或再分派劲旅将盐水港屯占贼匪悉力殲除打通粮道此为上策蓝元枚昨已有旨令即带兵前往盐水港剿杀贼匪后自南而北星赴诸罗接应柴大纪或能先将笨港一带屯踞贼匪乘势扫除更为妥善常青自驻札府城未能进剿而现在营盘又未能移动岂有被贼牵缀株守坐视柴大纪受困之理今计粤先渡之兵四千早到若派勇干大员在彼固守常青即领兵前往北路自可无他虑而柴大纪处得此两路兵力接应盐水港笨港道路肃清米粮通运南北声势连络人心自定似于进剿机宜极为得力著常青蓝元枚酌量情形迅速筹办断不可坐失事机再用兵之道全在先声夺人现在添调兵丁不为不多即日陆续前抵台湾常青等不妨再行晓谕军民以此次添调官兵之外现又有旨于广东及福建本省添调兵数万接续前进俾军民等心胆益壮兵气益为振作且使贼人闻之亦不敢肆意鸱张此亦先声后实之一法仍著李侍尧孙士毅广为召募数万多多益善以备调遣再台湾府城官兵粮饷火药等项存贮甚多关系极为紧要常青于带兵前往盐水港等处进剿时除将战守官兵应用粮饷火药酌量散给随身移带外所余粮饷火药若仍贮积府城该处系编竹为城恐易生贼人窥伺之心不可不虑莫若竟将所余粮饷火药酌量留存以备守城之用可不至短缺外其余悉行携带随行即使府城万一稍有不虞亦祗系空城贼人一无所获亦不能久占并著该将军酌筹妥办但此时该将军等须密之又密只可暗为派拨不得稍露风声使军民闻之心中摇动转多未便此为最要至凤山之东港为贼占踞于鹿耳门甚有关系现已据常青派拨官兵前往防御但恐该处官兵未能分身尚不能殲除净尽著李侍尧于内地总兵副将内奋勇者拣派一员带兵一二千前往剿除占踞东港贼匪打通粮路更可得力又同知杨廷理屡次带领义民打仗出力杨世纶随营办理一切要件颇为奋勉俱著赏戴花翎俟军务告竣再行送部引见以示鼓励再前次解到贼匪廖东胡番二犯因屡次讯供坚称系被义民挟嫌诬害兵役误拿而于从贼一节狡展不认曾降旨令该将军等查明所供情节奏到再行办理今思此等匪犯若非从贼为逆何致被拿岂可因其一时狡赖复往军营查讯况正在剿捕贼匪之时若因其狡展之词又向兵民查讯恐兵民不无顾忌转致遇有贼匪不敢轻拿大为未便除已降

旨将该二犯即行正法外著常青等竟无须查讯此时不但兵丁等不须向其究问而义民等更不必再行传讯以致心存顾忌转使贼匪得以漏网上又命军机大臣传谕保宁李世杰闵鹗元曰江省海口船只业已多为预备无虞缺误著再谕保宁将前次拨运米二十万石及降旨复令续采买米三十万石务即上紧赶办接续运至江省交李世杰等即行配船起运以期迅速抵闽毋误要需

卷二十五

七月十三日【戊寅】常青恒瑞同奏言贼匪侵扰诸罗之盐水港等处臣等当派总兵魏大斌等带兵一千五百名应援讵南路贼匪闻知郡北一带有贼已分派官兵前往胆敢于十八日卯刻纠伙约七八千围绕大营三面又有贼三四千攻犯府城小南门外桶盘栈营盘该道府协同副参等员弁在城守御并派拨兵民出战臣等率同侍卫乌什哈达等带领满汉官兵出营分路迎击贼众正与桶盘栈营盘对阵乌什哈达等所带官兵横冲贼队奋勇争先枪炮齐发贼尚拚死抵敌官兵以排枪直压贼始败走追杀六七里俱向竹箐深密处窜逸其大营三面之贼有章京岱森宝等七员总兵梁朝桂副将蔡攀龙参将特克什布等俱各奋勇督战大小炮排枪弓箭施放得宜至午刻贼人大败共计枪炮毙贼约三百余人杀死数十人割献首级耳记发辫夺获贼械二十余件伤亡弁兵义民等分别驻册照例赏恤臣等查此次打仗乌什哈达奋勇倍常岱森宝等带队勇往又副将官福调拨官兵晓畅军旅深有机宜且昼夜勤慎实为营中出色之员在金川军营已赏戴花翎其副将贵林临阵打仗身先士卒以及同知杨廷理带领义勇倡率有方该二员现在奖以花翎又外委王国志亦能管带义民打仗甚属勤勉超补千总实缺并奖以蓝翎至总兵魏大斌等自十五日带兵由水道前赴诸罗盐水港前已有官兵防御今魏大斌带兵前往谅必通知柴大纪但尚未据回报臣等已飞札蓝元枚柴大纪即约会魏大斌协力剿贼固守诸罗迅速驰报同日李侍尧奏言常青抄录奏稿内称现在鹿耳门尤宜严防等语则臣前所派缯船二只枪兵二百名分驻两处似尚觉单薄今查水师提标缯艍各船已无可用枪兵除调赴台湾所余有限臣随飞饬海坛金门二镇调取缯艍船各一只并向沿海各营凑拨枪兵二百名照前分配每船一百名分往鹿耳门鹿仔港两处协力防范如有贼船出扰即行截杀庶粮饷到彼不至疏虞至内地沿海各营额设战船尤当预为整理无如因循日久船泊海边不为随时燂洗收拾多不适用其入厂修造者又不能上紧完工目下惟有先就可用之船亟饬修整完固其在厂修造之船一并勒限严催迅速报竣庶为有备不至周章再本月二十八日蚶江通判陈惇禀称有林源迈船自鹿仔港回至蚶江询据称蓝元枚于六月十五日带兵民往大肚溪剿贼义民涉水过溪与贼打仗互有伤杀又闻十六日牛骂头各庄义民带同熟番共数千人杀至大肚溪焚烧贼庄杀死贼匪甚多蓝元枚亦拨兵前往接应等语查蓝元枚前奏有遣人往大甲等社联络番社之语今牛骂头义民同熟番攻贼想即系蓝元枚遣人纠约前采买色布色绢四千余疋分行府城鹿仔港两处令蓝元枚联络番社正可得用拟再行酌买解往以备接续应用至北淡水一路据副将徐鼎士等禀称招抚难民俱已归庄幸得时雨晚稻大半播种惟贼首吴沙盘踞三貂恃其地险尚在窜伏现在设法购线剿捕等语是北淡水一路尚属宁贴又闽省额兵除调往台湾剿匪外所余水陆各营兵丁实属不敷应用不得不量为募补前接守备王天植造报缺额祇就现在府城各营而南北两路无从查造者更当数倍若俟一一查到始行补额现在内地营伍殊觉空虚应先约略募补以资差防而备缓急查水师提镇协所辖各营及陆路提标兴化长福省城福宁所辖各营均属沿海要地应请照调往轮戍台湾兵数无论是否伤亡散失先挑补十分之三其汀邵延建各营挑补十分之二所有粮饷即按名支给俟剿贼匪事竣后统于伤亡散失截旷银粮补款约略计算亦足敷归补如此则兵饷不致多糜而现在内地海强得添募新兵及时掺练可以资守御而裕巡防再闽省各营鸟枪自乾隆四十二年起赴台班兵及巡洋弁兵沉失八百八杆并有年久枪筒浇薄膛口宽大火机火门销蚀不堪适用者共六千四百六十八杆经前督臣雅德莅任后查明即散饬各营修造惟督标业经造补外其余各营因公费逐年支用无存至今尚未补造现在各营节次调兵前往台湾剿匪所有堪用之鸟枪多已带往其存营者半属不堪设或需用贻误匪浅查各营鸟枪沉失损坏七千余捍之多又延十年之久竟不补造理合据参奏将历任之提镇将备交部分别严加议处仍著落赔补但俟追出银两后始行制办又致稽延时日应请先行动项上紧修造所有动用银两容查明各该员在任久暂枪数多寡分别追赔至台匪滋事后所有军前节次遗失之鸟枪约有二三千杆亦请先行动项制造将来仍于各该营公费内樽节办理陆续归款均奏入上命军机大臣传谕常青李侍尧蓝元枚柴大纪曰南路贼匪将官兵牵缀意欲攻掠府城狡黠显然虽

经常青等率领官兵分路剿杀仅毙贼三百余人不为快意是常青等在府城外结营株守无益竟当遵照前旨酌量留将备守城直趋北路会合攻剿为是至蓝元枚处纠集义民熟番会合夹攻较为得手若令普吉保留兵固守鹿仔港自可无虞该参赞竟率领官兵将笨港盐水港等处屯占贼匪次第殲除廓清道路由北而南前赴诸罗接应柴大纪合兵一处似于冲坚扫穴机宜更为得力惟是南路贼匪四处屯聚现在将军参赞俱在一处府城外所立营盘自属宽阔若常青带领官兵前往北路兵力较分营盘宽厂照应不易常青应于起身时先将营盘酌量收小以便随时堵御可保无虞然此皆朕于数千里外思虑所及随宜指示用兵机要倏忽变换其是否可以如此办理之处惟在该将军等悉心筹划随机应变不必过于拘泥节次谕令常青等晓谕附从贼匪民人令其投诚归伍各安耕种但恐该民人等未能尽加晓谕常青等竟当刋刻腾黄令各处遍贴或射入贼巢通行晓谕则从贼民人自当纷纷投出不但贼党可以解散且使贼众彼此自相猜疑生心内溃实属不战可胜之良策常青蓝元枚即当妥速办理一面仍奋勉攻击不可坐视又据李侍尧奏酌补营兵一折所办未免拘泥前已屡经有旨令该督广行召募不必拘定额数如恐经费不敷即行奏请再行拨解应用现在正须多兵接应之时内地亦当操防备用如果募得多兵既可备拨军营以助声势即内地巡防调拨亦为宽裕著李侍尧即广行添募毋庸拘定原额并著常青蓝元枚各就台湾处所一体迅速召募上又命军机大臣传谕李侍尧曰昨因东港笨港俱为贼占踞滋扰恐常青派拨官兵前往防御不能殲除净尽已有旨令李侍尧于内地总兵副将内派拨一员剿散贼匪以防梗阻粮路又预备调遣之兵不妨多多益善特降旨令李侍尧孙士毅各行广为召募以资差防今该督俱能先事筹及可嘉之至鸟枪为行军利器遇有沉失自应随时补造何以各营损坏至七千余杆之多又延至十年之久竟不赶紧修理祇可免其议处若不令其赔补不足以示惩儆著李侍尧即行查明历任提镇年分之久暂损失之多寡除黄仕简任承恩自应著落赔补外其余各员应如何分别赔补之处酌拟开单呈覧该督即先动项勒限赶造以资应用俟分别著落赔补再行归款以期无误要需上又命军机大臣传谕李世杰舒常姜晟何裕城曰前据何裕城奏江西运闽米石俱由新城县五福地方行走现在自己陆续起运所有该处山路及一切事宜想已办有章程此次湖北所碾米石亦由江西运赴闽省不过照该督成式料理自属便易著何裕城即将江西米石于何时可以运竣其湖北米石接续由该省运闽道路便捷之处一面酌定一面飞咨舒常令其速将碾就米石分起拨运由江西五福一路前进不可似前次推诿以致迟延如江西实有碍难办理之处一面飞即知会舒常等令其将米石装载拨船由水路运往江南交李世杰等由上海出口运往闽省但前经先后降旨令保宁预备米五十万石陆续由川江载赴江南备船运闽为数较多恐江苏船只骤难添雇转恐有误要需莫若即由五福早运为是上又谕内阁曰柴大纪自剿捕逆匪以来督率官兵义民奋勇杀贼一切调度深合机宜著授为参赞协同将军常青等悉心筹办以期迅奏肤功上又谕内阁曰据舒常姜晟奏湖北省早稻丰收秋成可卜大有现在动支仓谷二十万碾米一十万石遴委妥员分作四起由江西一路运往闽省以济军储舒常并往湖南与浦霖酌议动谷碾米连闽以资备用等语现在台湾剿捕逆匪尚未蒇事一切军粮及抚恤平粜等事所需粮石较多不妨宽为预备该督等能不分畛域先事预筹殊属急公舒常姜晟俱著交部议叙上又谕内阁曰台湾现在剿捕贼匪尚未竣事所有军需一切费用繁多著户部于附近邻省内酌拨银一百万两令该督抚等派员解赴闽省交与该督等仍存贮备用

十四日【己卯】宝琳琅玕同奏言杭州满兵第二三四起已于六月二十八七月初一初三等日先后全行起程所有乍浦兵五百名并领兵协领等官十员于初四初六先后到齐江宁将军臣永庆亦于初四日抵省公同验看乍浦满营所挑兵俱年力精壮汉仗去得应需军装器械火药铅弹亦俱备带齐全臣等照前一体料理于初五初七分为二起接续起程永庆随即赶赴前途先后照料督催前进水陆程途一切船只口粮夫马等项先经臣琅玕派员会同该道府预备齐全现仍委令司道分起获送可以迅速遄行不致稍有迟滞奏入报闻

十五日【庚辰】蓝元枚奏言现在鹿仔港四面受敌而贼匪恃众负嵎屡来侵扰本月初五日贼匪数千来犯二林庄十一日贼匪数千分路来犯埤头茄冬沟等庄见官兵义民赶到应援随即散去如此出没无常防备恐难周密又章化淡水交界之大甲溪岸里社系在大里杙之北现亦被贼攻扰若彼处一失贼匪便可长驱直至竹堑断绝上□粮道臣派获游击潘国材等带陆路提标并延平等营兵六百名由海道前去堵御并饬副将徐鼎士酌拨官兵协同守御兼牵缀贼势以为诸罗声援臣等统计兵力除不服水土患病各兵外仅敷堵御应援而诸罗府城道路阻隔若贼匪四面来侵必须分路痛加追杀兵力未免不敷况鹿仔港最为要地尤当计出万全恳再调福建兵二千名

广东兵三千名前来鹿仔港以备剿捕又探闻自五月初七日起贼匪陆续焚抢诸罗县属沿海之安溪寮龙船窝铁线桥等庄计二十余里以致诸罗彰化道路阻隔又闻六月初九初十等日贼匪专攻诸罗属之鹿仔草庄查鹿仔港至斗六门六十余里至诸罗九十余里沿途皆有贼匪屯聚又兼东螺溪西螺溪一带水涨进剿官兵未能直达臣是以亲率官兵由鹿仔厝及中寮二路攻杀大肚王田等贼庄枪炮打死贼匪约五六十人官兵俱无伤损惟乡勇淹毙二名被伤八名业经臣酌量赏恤侦探诸罗贼匪于十七十八等日陆续赶回保守大肚溪谅此时诸罗贼势自应减少臣现在整顿兵力一面遣人由海道持札密商柴大纪定有日期臣即亲带官兵由东螺西螺土库等处攻杀至斗六门会剿贼匪再臣接据镇臣普吉保报先奉将军常青调令带兵一千名前赴诸罗大埔林地方与镇臣柴大纪订期会攻斗六门贼匪因到彼探闻贼首林爽文已回彰化又据鹿仔港营盘副将林天洛获参将马元熏等具禀贼匪数万分路围攻鹿仔港马鸣山营盘及埔心庄官兵分路迎敌施放枪炮打死贼匪甚多夺获炮位刀枪等件有福协左军千总林孝龙把总陈镐带兵追赶不意贼匪埋伏沟内突然拥出冲击队伍各官兵御敌至杀退贼匪查明阵亡兵丁七名失去行营炮二位鸟枪四杆腰刀七口贼势甚为汹涌续又据副将林天洛禀报五月初一日贼匪复出肆扰官兵奋力堵杀枪炮伤毙贼匪甚多并夺获鞭炮镰钩长枪竹銉生获犯王力廖应魁邱永押交彰化县审讯等情普吉保随撤兵兼程于五月初六日回港臣查普吉保撤兵仍回鹿仔港业经请将军臣常青核奏是以臣前次折内未经附奏王力等三犯先据彰化县知县宋学灏详报王力一名刀伤深重审明后即经病故其邱水廖应魁二犯经臣覆讯正法再查淡水彰化交界之大甲溪一带闽粤居民杂处间有贼匪潜匿其间以致各怀疑心彼此烧毁庄社又彰化县城内及附城庄社系民贼互相烧毁现在房屋全无以致泉民多逃出鹿仔港漳民多被贼押入山内水沙连并大里杙等庄社是以鹿仔港现有民人十余万人大里杙水沙连等社贼巢内亦有民人十余万人因衣食缺乏多有从贼入伙者是以贼势愈形猖獗今贼匪守御隘口音信隔断臣细询将弁竟不能知贼巢虚实现在严禁民人不许斗杀焚抢并遣妥人乘小舟由海到大里杙等社侦探贼巢虚实并携带告示谆谆晓谕如民人已经从贼打仗罪无可贷若系良善未经从贼者务速归庄乘时耕种至林爽文藉大里杙东系高山西向大海南北俱是大溪阻隔水沙连一带又是高山险峻得以鸠集伙党苟延残喘臣现在相度机宜设法剿捕断不敢效任承恩等观望迁延亦不敢冒昧轻率务计万全迅速剿灭匪党奏入上命军机大臣传谕常青李侍尧蓝元枚柴大纪孙士毅曰前已有旨令李侍尧将添调兵一万一千名内拨粤兵二千名与蓝元枚又据李侍尧奏预备漳州有眷属兵二千亦有旨令该督派赴鹿仔港蓝元枚此次发折时想尚未接到前旨其闽粤兵四千此时自已陆续前抵鹿仔港今该参赞既请添兵五千著孙士毅再于广东挑拨兵一千名速赴闽省并著李侍尧即于漳泉等处速行召募兵一千接济调拨合之前调粤省应拨鹿仔港兵二千及漳州兵二千已共有六千名李侍尧酌量情形如现在添调兵丁一千先到厦门即将粤兵先行拨赴蓝元枚处若漳泉召募之兵于粤兵未到之前业经召募齐集即将募兵一千拨往鹿仔港应用以足所请添兵五千之数其余一千著李侍尧即由五虎门配渡竟赴淡水接济徐鼎士所有此次续调粤省兵一千并著孙士毅妥协拨愈速愈妙

十六日【辛巳】上命军机大臣传谕李侍尧曰昨据蓝元枚奏鹿仔港之二林埤头等庄及彰化淡水交界处所据有贼匪攻扰已谕令该督在漳泉募兵一千名并令孙士毅再拨粤兵一千先尽五千名拨赴蓝元枚处接应其余一千名即令该督径由五虎门配渡拨赴淡水以助徐鼎士防守之用李侍尧务须妥速召募即行分拨至粤省及彰州兵应拨往蓝元枚者该督究于何时先后配渡未据奏及著即将何日可抵鹿仔港之处迅速覆奏盐水港笨港麻豆社等处为米粮贩运通衢今被贼匪抢占且押去海边小船又将在海口一带滋扰所关甚重已节次谕令常青等务将各港社屯占贼匪迅速剿杀打通道路为要今披阅台湾全图澎湖一处正与笨港盐水港鹿仔草等处相对且相距不远俱有港口可通现在常青蓝元枚两处酌办剿贼无暇前往各港社痛加剿杀虽据常青柴大纪各派官兵前往攻剿恐不能得力今澎湖既相距甚近该处原驻有官兵李侍尧自应饬令驻札澎湖将弁带兵就近配渡前往鹿仔草笨港盐水港一带接应会攻如澎湖驻守兵丁为数不多该督亦应于内地押拨官兵由澎湖前往协剿庶内外夹攻屯踞各港社贼匪自可迅速剿杀肃清道路使官兵声势联络于剿捕机宜方为有益况贼既占踞沿海各港社保无滋扰澎湖之事亦应预为筹备常青李侍尧蓝元枚等总未言及今因观图甚为廑念著传谕李侍尧并将图发交阅看酌筹妥办迅速覆奏

卷二十六

七月十七日【壬午】孙士毅奏言粤省先调兵丁二千名已于六月中旬陆续抵厦此时应已全数到台至续调二千名内督标及增城惠来营一千名七月初五六等日即可出境右翼镇标一千名距潮较远七月二十日外亦可点送赴闽所有现在添调二千名因计期稍后臣尤加紧飞调并于营分略近者量为抽拨足数计程月抄月初亦可由黄冈出境一切军装器械及铅弹火药并裹带一切口粮臣前此恐闽省军营续有征调俱预为密饬部署一俟檄调文到各该营均可即日起程左翼镇李化龙曾经出师金川派委统领其余带兵将弁俱挑选谙练勇往并有曾经打仗者至驻防兵一千五百名想日内存泰博清额会同图萨布挑选停妥不日即可启行臣仍一面星飞咨会一面派员驰往前途弹压到潮毋许稍有滋事再近年外洋商船均系以货易货其新到洋钱比前较少愚民无知竟与纹银一样行使是以市价稍昂现在军营需用孔亟自未便较论成色多寡致有迟误经抚臣在省迅速赶办得有数万两先行起解因思上年清查仓谷案内有潮属州县征出谷价银二十余万两提贮藩库内洋钱居多现与抚臣札商将此项洋钱凑足四十万两委员分起解送赴闽即可应用无误奏入上命军机大臣传谕孙士毅曰孙士毅添派征兵催趱赴台所办甚为迅速实属可嘉昨又降旨令于粤东挑拨兵一千名速行派赴闽省应用该督务须妥协派往愈速愈妙及据称拨银易换洋钱通融如数拨解所办亦属妥协至孙士毅现在驻札潮州且因照料官兵出境驰赴黄冈该处与闽省较近声息相通现在台湾剿贼情形该督自必有所闻知并著得有何信即行随时速奏

十八日【癸未】侍尧奏言闽兵二千名于前月十九二十等日俱到台郡粤兵先来之二千于前月二十四五等日放洋计目下应亦到齐至分兵二千前往蓝元枚军前之处若论道里则浙省满兵到泉州即可由蚶江配渡但该提督系汉人参赞而永庆系满洲将军同在一处恐不得臂指相使之用臣拟令永庆带满兵赴常青处俟粤兵来时分拨二千往鹿仔港似觉两处俱呼应得灵较为有益惟是该提督昨寄来折稿亦有请添闽粤兵五千之奏今增兵二千似尚不敷所请之数臣前奏明漳州镇兵独未调用因札询该提督去后兹于本月初四日接据札称漳镇兵内平和漳浦二营难保无会匪在内其诏安云霄二营兵最为勇健得用镇标中右二营及城守同安二营亦俱可得力保无他虞倘得此等兵五千不独可以御贼即相机进剿似亦不难等语该提督系本地人自必确有所见是以臣即照伊所指营分咨会常泰并密令挑取有家眷之兵二千名克日前往以资应用查南路贼匪既多若俟常青由南而北正需时日今该提督增此闽粤兵四千不必俟常青南来会合即可进剿贼巢庶剿灭逆匪较得迅速再逆匪林爽文之母自缢及其父搬入内山之信五月初间据同知杨绍裘禀曾有此语并谓系三月中事臣随访之内地文武各官则称二月初间已有此传闻是此信恐未必确是以臣未敢率行入告但今贼势日益蔓延则无论此事未真即果属实而该匪行同枭獍其父母已不足系其心惟有解散其党羽痛歼渠魁始可蒇事至于江浙数省拨运米石之外又令川省拨米二十万石前来接济尤属臣等意计所不到现在漳泉一带天气久晴晚禾尚未栽插将来必需平粜川米到时正资应用臣现在先行传播非惟人心俱有所恃而山海澨得闻此信无不感戴圣主顾复之恩再台地向无马匹历来驻班官员各自带马一二匹载往以资乘骑缘海船舱底甚深马匹不能上下仅可于篷板底每船附载三四匹一遇风浪尚多惊跳不宁是以载往甚难所有节次调往征兵非特绿营马兵俱属步行即恒瑞带往满兵亦照军需例折给此次增调浙粤二省驻防满兵应亦照此办理惟满汉官员似不可无马昨据粤省领兵之总兵梁朝桂等咨请两广督臣酌拨马数十匹以资将备乘骑现准孙士毅分解前来今又增调多兵则将备需用又多应请满汉各员三品以上准带马二匹五品以上准带马一匹其骁骑校千总以下概不准带马以省装运之艰奏入上命军机大臣传谕常青李侍尧蓝元枚柴大纪曰常青处已节次指示机宜谕令舍南趋北今又有续到闽粤兵四千名兵力更为厚集正当及锋而用若分投堵御零星打仗何日始能进剿且绿营怯懦习气动称贼有万余及数十万试思贼匪虽到处逼胁亦不过台湾地方一处民人况又未必尽皆从贼又何至各处贼匪动有数万果如此之多又何所得食岂贼人亦有钱粮散给之耶此乃事理之显而易见者该将军等岂可坐待株守以一兵御一贼之理蓝元枚处现在已据李侍尧派拨漳州兵二千其续调粤省兵二千亦当陆续前赴鹿仔港该参赞亦当令普吉保留守鹿仔港亲自领兵由北而南与常青柴大纪会合一处使我兵声势联络军威壮盛不可徒为贼所牵缀以致师老力疲坐失事机再据李侍尧奏贼势日益蔓延必须南北并举以期军务早竣此等贼匪不过乌合之众总因官兵与贼相持旷日持久转与贼人以暇以致处处牵掣我兵若办理得其要领贼匪焉能日聚日多肆行屯聚且该督称贼匪蔓延之语亦系绿营恇怯讹传从何而得所指何处并著李侍尧据实覆奏

同日何裕城奏言准福建抚臣徐嗣曾札称台湾军营需用火药虽已于浙江广东二省调拨协济但有续调官兵必须宽为筹备江西省是否现有存贮火药堪以拨济等因查军营火药甚关紧要臣已在各营额备火药内酌提六万觔装贮完固臣诣局点验派委员弁领解即于七月初十日自省城接续起程由陆路入闽省之崇安县解送前进一面札覆徐嗣曾并飞咨闽浙总督臣李侍尧派员接收交局应用奏入报闻

(二十日)又谕内阁曰刘峩奏前准常青咨拿台湾贼匪高文麟等供出从贼之各犯姓名开单移知令于沿海各港口严密堵缉当即飞饬各属一体查拿兹查有福建来津之糖船内有水手赵荣林光二名与高文麟等所供伙匪姓名相同随讯该水手等据赵荣供我系同安县人原名欧阳焕林光供我系彰化县人原名魏宠其赵林二姓系造船时报官姓名历年换照均系顶认并不添改原籍俱有住址亲属可问并有天津行铺人等见该水手到过天津十数次情愿具结等因现飞咨闽督查照所供是否属实再行核办等语所谓愈细愈远殊属不成事体常青等一正贼未获而用心于无用之地可笑可鄙今之大臣等行事率多如此实增愧懑也且台湾逆匪滋事其伙党即或窜逸不过在厦门附近一带海口潜匿断无远逾数省直至天津之理无论赵荣等系属误拿即或实系逸匪伊二人逃至天津又何能滋生事端况船户等俱系身家殷实天津行铺皆为出结更属可信乃刘峩率行拘讯殊为失当此等船只皆系装载货物投行售卖若如此混行查拿将来商贩未免畏累裹足不前必至百货腾贵于闾阎日用大有关系况该督及天津道府等于所属地方现有刘权之眷船被劫一事并未能将盗犯拿获转因千里外闽省咨缉之案纷纷查究刘峩何不晓事至此著交部严加议处并将水手赵荣林光二名即行释放不得再行拖累并晓谕该船户等以此二人实系误拿业经奉旨即行释放该督亦治罪矣嗣后各安商业不必心存疑惧至常青现在剿捕贼匪于应行会合夹攻之处不能妥速前进乃于余匪窜逸咨缉至数省之远徒滋烦扰实属不知事体轻重著传旨申饬常青既远咨直省于海口查拿逸匪则浙江等省自己早有咨会并著李世杰琅玕于沿海各口岸止须饬属密行访拿逸匪遇有商船不得如刘峩之遇事搜求累及无辜以致商贩闻风裹足

臣等谨按查拿逸匪固宜严密然累及无辜使商贩畏惧不前更增地方之累天津所到糖船内有水手与逸匪姓名相同督臣刘峩即据咨查办及审明并非贼伙尚待行咨闽省核覆所办实属失当我皇上降旨交部议处并令各省沿海口岸不得借口拿匪过事搜求俾商贾不致望风裹足圣天子明无不照缉暴安良务求其实故天下无幸逃之罪亦无不白之寃也

同日孙士毅奏言续调粤兵六千名内除预备贴防之二千名已于六月十三日全数俱入闽境其常青续调之二千名内一千名现于七月初五初六两日已抵闽境尚有三千名未经到潮内一千名已在途次约于七月十七八等日可以赴闽其最后添调之二千名系于七月初一日飞檄行调营分远近不一自七月二十一二日起定可陆续到潮即最远之罗定协兵三百名七月尽亦可赴闽至驻防满兵一千五百名系副都统博清额带领计程七月二十日后亦可抵闽至需用船只等项经抚臣图萨布与臣节次札商宽为预备满汉官兵尽敷乘坐省城经抚臣派督粮道吴延瑞护送至惠州所属地方妥为照料臣复派惠潮嘉道图毕赫迎至惠州所属彼此交代加紧催趱断可不致迟误

同日闵鹗元奏言江西省运闽米石先经何裕城咨会已全由五福陆路运送经臣同督臣李世杰酌商川省之米由大江顺流南下其来迅速且闽广等船向来秋冬间因北风较多来江南者甚少必需将现在陆续到来之船尽数截留以便俟川米一到即可次第配运并经关会浙省一体赶办现准浙抚臣琅玕知会亦尽力截送来江以资济运再江苏省拨运米石分作二次赶运兹据松太道张铭等禀报头运米五万石业经于七月初七日自上海启行臣一面飞移闽省督抚派员在泉州厦门查收并豫行移知浙抚臣通饬沿海汛地一体拨获前进再第二运米石已据各州县运赴上海所需船只亦以次办齐现在赶紧修舱盘交过载俟报到开行日期另行恭报奏入报闻

二十二日【丁亥】上谕内阁曰兵部奏福建省应行添设站夫未将道里远近事务繁简分别声明难以悬议请敕交该督查明具奏一折现在台湾正在剿捕贼匪之时所有文报往来最为紧要自应酌量添设驿站以便迅速接递朕早经想及未及降旨而李侍尧亦并未先行具奏仅咨部办理未免迟缓此时该省军务繁多若俟来往行查更需时日所有福建省应行添设站夫即著照该督所咨办理其各省驿站须有大员专司督办直隶省著派梁肯堂

山东省著派缪其吉江苏省著派通恩浙江省著派归景照福建省著派伍拉纳照料查察毋致迟延贻误

卷二十七

七月二十三日【戊子】存泰图萨布同奏言初四初五两日会同副都统臣博清额柏廷翰传集满汉八旗及水师旗营各驻防官兵逐加挑选共足一千五百名察看各官兵年力俱属强壮勇往必能出力剿贼随照例散给俸赏行装盐菜银两备足军火器械派定协领佐领防御等官共三十三员分作四起行走以三百七十五名为一起七月初七头起自省启行按日接连前进副都统臣博清额统领第四起官兵起程由水路昼夜兼行至龙川县起岸过山仍由水路至潮从黄冈入闽境现在河水通达船只便利迅速至官兵自省起程臣等督同藩司许祖京及府县等亲赴河干照科登舟至龙川起岸至清溪派委肇罗道阿章阿支给人夫随路弹压由清溪下船至潮州派委惠潮嘉道图毕赫拨给船只接替获送仍飞咨督臣孙士毅照料出境其官兵日逐应需口粮俱饬各府州县预备随到随发免致停留至此次驻防各官兵应支分例先于司库动项支给容俟汇案造报

同日图萨布又奏言粤东所属州县地方民多滨临洋海而附近省城沿海各隘口尤关紧要臣节次与督臣孙士毅檄饬文武慎密严查现在添调官兵赴台协剿诚恐地方稍有疏懈奸匪乘机窜逸臣现饬各州县会同营汛于沿海隘口加紧巡查凡船只收泊港湾遇有踪迹可疑其船户梢水若非本处歇家行店素相认识难保无台湾逸匪及洋面奸徒一经盘查得实即行拘拿解究务须不动声色严密办理使匪踪无所潜伏以靖海疆再与藩司许祖京酌商将库贮上年潮属解存谷价内洋钱十四万九千余两拨出凑解将饷银扣存司库抵补谷价并于省城佛山二处市铺公平兑换凑足全数现在已将洋钱七万八千圆于本月初六日委员先行批解起程此后赶紧易换定于本月内全行委解不致迟误均奏入上谕军机大臣传谕李侍尧孙士毅图萨布曰台湾与粤省毗连非江浙辽远者可比保无有匪犯窜逸自应严密查拿但贩货商人俱系家道殷实岂肯藏匿匪徒自取重戾该督抚等遇有形迹可疑者必须留心盘诘若遇到口商船概行查讯则商贩等闻风裹足将来商贩不通百货腾贵于闾阎民食大有关系著李侍尧孙士毅图萨布饬属不动声色设法妥办毋得纷纷误拿徒滋扰累

臣等谨按……至陆士锟当军务倥偬之际并不严访盗贼乃于商船被劫转从中侵渔吞匿是不但因该商被盗乘人之隙肆行侵隐而且乘国家有事任意贪婪似此居心真与盗贼无异仅与革职不足蔽辜著李侍尧将陆士锟即行革职拿问仍计赃科罪

同日李侍尧徐嗣曾同奏言本年应办乾隆五十一年奏销因台匪林爽文滋事先准台湾镇道等以淡水诸罗凤山彰化等厅县被陷恢复仓库款项必须逐一清查方可核实造报请俟剿匪事竣另行详报而内地各案奏销因逆匪尚未剿灭现在进兵一切军火银米分派各属办运自上年至今各员或支应差务或碾运军粮或稽查口岸均须亲身经理而于盘查仓库核造册籍等事一时难以兼顾且司道等又随同在泉州办理接应军需事务所有奏销案内应造册籍俱未能随时核办请将闽省应办乾隆五十一年分奏销各款展限两个月其台湾府属各款仍俟剿匪事竣另行饬查造报俾得宽其时日庶办理不致错误奏入报闻

二十五日【庚寅】李侍尧奏言现在粤浙等兵正当东渡臣更拟多拨银米火药等项称此兵船配渡之时委员随同解往尤为妥协将来如更有续解银米该二处既各有派往获防之兵船当亦不致疏失至就漳泉两处募补兵丁二千名现在情应入伍者甚多不过旬日即可足数所有拟调之浙兵二千已咨明浙省抚提二臣停止调遣再台湾殉难各官或素系贪残则殒命亦难赎酿祸之罪或尚称廉谨则捐躯自当邀死事之褒事关劝惩未可草率现在留心细访务得确实再行陈奏再查前调之闽兵二千粤兵二千目下已早到台郡又续调之粤兵四千本日头起五百名已到厦门其余各起有路远未能即到者准孙士毅扎称现在严催进发又浙省之驻防满兵已据报于六月二十六日起程粤省驻防满兵虽未报起程日期大约本月下旬俱可到厦臣现在厦门料理自当令其随到随即登舟俾迅速前往至北淡水一带近据同知徐梦麟禀称逆首林爽文遣贼至彰淡交界之大甲溪等处滋扰副将徐鼎士已带兵来援蓝元枚亦遣守备潘国材带兵由海路前来率同该处义勇于六月十八及二十一二等日连次接仗等语查所调漳州兵往蓝元枚处者现已在途俟粤兵到时再分拨二千前往则蓝元枚处新旧官兵亦不为少现令

常青蓝元枚等多募义民乡勇并从贼而自拔来归者亦准食兵粮常青蓝元枚等自必共相协力定可逐段推廓臣惟有料理粮饷宽裕解往俾足供支给不敢稍有缺误奏入报闻

(二十六日辛卯)又命军机大臣传谕李侍尧徐嗣曾曰前因台湾剿捕逆匪需用军糈且漳泉一带地方缺雨恐米粮市价昂贵民情不无拮据已有旨谕令该抚查明妥办并节经降旨于浙江江西江南四川湖广等省派办米共一百余万石令该督抚等迅速运闽接济是闽省米石日逐充盈除应付军糈之外尽有多余漳泉二府如有缺雨成灾处所该督抚务须详悉查明一面奏闻一面即行督饬所属妥为抚恤俾闾阎均沾实惠无使一夫失所以副朕轸念民依至意

二十七日【壬辰】常青恒瑞同奏言……臣等以柴大纪望援甚殷而该镇将等设法应援自以兵多为善是以再行添派参将特克什布张万魁署都司邵振纲带兵一千四百名并派令健锐营章京官保德成额协同前往即于初八日早仍配船由水道前抵鹿仔草并饬该镇将等务即悉心筹划彼此熟商或拚力直前或觅途驰赴总期速达诸罗痛殲丑孽至续添之闽省兵二千名于六月十九二十一等日先到粤省兵二千名惟配渡兵八十五名船一只尚未到来余已于七月初七日齐到军营

同日何裕城奏言协济闽米筹办之始原定于五福陆路转运抵以该处溪河山路节节起驳肩挑惟恐不速拟照从前办过成例陆海分运嗣准督臣李世杰咨覆始知江苏亦有运闽之米海船不敷咨商浙省协济臣恐运米到彼等欲速转迟随将碾就之米十五万石全由五福陆路运往该处先经爬沙挖浅多备竹筏小船兼幸上游得雨足资浮送又于旱路平治陡隘转运尚觉迅速现在抵闽省光泽县水口者已有六万四千余石其余接续运赴臣仍严切督催务令克期竣事不致稍有迟缓再江西运闽米石计至九月初旬可以运竣所有湖北省运闽之米行抵五福水次之日适当江西运竣之时堪以接续转运两不相妨一面预饬各属候湖北委员押米入境帮同悉心料理协力挽运一如江西运米成规不许稍存岐视再查闽省民人广种番薯以代米谷江西向不广种臣今春劝民广为种植兹届成熟之时收获颇丰已有成效臣思江西今岁麦禾二收俱属丰稔尚不藉番薯为食台湾现在用兵食口众多番薯堪佐米谷之用随陆续收买积有十万斤于运米完竣之日带运前去交闽省督臣李侍尧查收酌用奏入报闻

卷二十八

(七月二十八日癸巳)同日李世杰闵鹗元同奏言初次拨运川米二十万石约需用海船三百数十只先经竭力雇备除拨运江省两起米石配用外尚余可用船一百二十余只又浙省除续押送到船一百只尚不敷船一百数十只今次续拨川米三十万石约需用船五百数十只通计共尚需雇备海船七百只始足敷用臣等同司道悉心筹议查由江浙运米至闽必需往来闽鹿之船方得熟悉海道沙线情形而每年秋冬两季北风司令粤闽贸易海船由江浙而往闽粤者较多由闽粤而来苏者甚少且此时闽省辨理军务需用船只必多此次江浙两省运米赴闽之船计有四百余只若闽省尽行截留恐现需配载川米之船未能克期办足或致转运停留殊有关系臣等现在飞移闽省督抚通盘筹酌或雇令商贩之船赶紧来赴江浙或江浙运米赴闽之船配给水脚交与江浙委员押回以裕配载川米之用臣等仍同琅玕将各海口续到之船实力搜查尽数截留并酌给守空饭食银两以俟川米一到随即配载起运如此宽为雇备庶可不致稍迟奏入上命军机大臣传谕李世杰闵鹗元琅玕曰闽省米石关系军糈要务所有运米海船自应预为封雇不致临时迟误但该督等惟当核计应运米石所需船只先时筹备足敷运载即毋庸多为封雇此等海船俱系装载货物各处售卖若截留太多致商贾闻风裹足将来天津等处商船稀少必致百货腾贵于京师日用所需大有关碍且折内称现在督率府县于海口赶紧多方搜罗毋得隐匿私放办理固属认真但恐不肖州县一任胥吏从中借端需索滋扰以致各商船户从而受累更致裹足尤属不成事体不可不严行查察管束著李世杰闵鹗元琅玕务需悉心筹酌招集海船足资运送即可停止封雇并随时严行稽察毋使商贩等稽延守候吏胥乘间扰累方为妥善

二十九日【甲午】徐嗣曾奏言浙江满兵一千五百名由浦城陆路送至蚶江登舟赴鹿耳门较为便捷臣派

委粮道凌广赤及署臬司戚蓼生分赴建宁延平等处往来弹压兹头起兵二百五十名据报于十三日已到延平约十八日可抵省城以后各起俱间日接续而至臣接送一二起后即先驰赴蚶江料理配渡以期迅速前进至闽省粤省先经预调兵四千名已经全抵台湾其续调粤兵五千五百名本月下旬俱可到厦当此大兵云集粮饷火药等项甚关紧要臣严饬各属勒限转运不致迟误其浙江饷银已过省者二十万米石已到泉厦者七万有余火药铅弹等项亦俱源源而至臣于陆续到省时亲加照料迅饬押运前进江西米石由光泽县滩河拨载现饬延建邵道元克中在该处专司督办兵威倍加壮盛军需亦甚充裕

臣等谨按贼首林爽文到处胁迫附贼之众出于勉强者居多我皇上洞烛民隐节次谕令将军等广为招徕无论从贼与否一经弃械投诚即可赦罪安业并恐僻地未及周知又令出示恺切晓谕睿虑实无微不至兹抚臣徐嗣曾奏副将徐鼎士于白石湖山招抚三千余人鹿寮金包裹等处又招出难民千余人可见设法招徕贼党自易解散而海外剿匪机要早不出圣明指示中矣同日姜晟奏言详查江西之五福地方与福建光泽县接壤入闽境后由邵武延平等府取道福州省城仍由海运始达漳泉似不若长江顺流由江南出口海运便可径至泉厦因即与藩司陈淮熟商查得湖北米石用大船装载至镇江换船到上海再换海船起运如该处海船不敷则浙有乍浦商船聚集亦可由此出口并查得米船运抵镇江并或不入内河竟由外洋而行另换崇明船及江南簰子沙船驶至上海乍浦二处换船竟出大洋前赴泉厦更为简便随于十六日飞咨李世杰闵鹗元琅玕详悉熟商如何方为妥善之处迅速移覆以便照办一面饬藩司催据各属将所碾米石陆续碾就在省城上游者运至汉口汇齐其在省城下游者如黄州所属各县则拨船前往即委运员兑收起运并调集各委员一俟江西江浙各省抚臣咨会到楚核明江西一路实在有无碍难办理及江浙出口海运究由何路迅妥之处详细酌定即分起运行奏入上命军机大臣传谕李侍尧李世杰保宁舒常闵鹗元琅玕何裕城姜晟浦霖徐嗣曾曰昨据徐嗣曾奏浙省米石运到泉厦者已七万有余是闽省此时已有米石接济其江南江西续运之米亦当接踵而至可以无虞缺乏若因各省米石皆须由江南浙江出口船只不能应手一时纷纷封雇扰累商民转多未便著李世杰闵鹗元琅玕务须量其缓急酌筹妥办次第起运所有江南本省及湖北四川运闽之米止须随到随办使之源源不绝俾船只流通足敷装载不必一时齐运将船只全行截留封雇致商贩守候稽时吏胥从中滋弊方为妥善其湖南应运米石并著舒常浦霖亦由该处径运江南海口交李世杰等接续配运毋庸咨商江西省转致耽搁至川省续运之米该督务须妥协办理陆续接运竟由川江顺流而下亦由江浙海运抵闽可也

同日保宁奏言川省办米二十万石运交江南转运闽省业经臣饬委川东道黄轩总理督率重庆府县等会同总运叙州府知府施光辂雅州府知府叶书绅妥速办理现据该道等禀各处已买米三万石连各州县碾运先到之米凑足头运五万石之数兑交运员定于七月十九日开行等语又据各属具禀碾出起运之米俱可陆续到渝其二三四运亦可衔尾前进约计八月初即可全数开行查川江秋水方盛顺流东下虽风水靡常舟行总属迅速其自汉口而下川船素未经行必须换船前进臣已飞咨湖广督抚饬备船只过载运赴江南并咨江南安徽抚臣转饬经过地方官一体催趱并备船酌拨配运不致迟误再查运送米粮等项定例顺水每百里每石应给水脚银七厘自重庆至汉口计程二千九百七十里每石应给水脚银二钱七厘九毫乾隆十八年办运江南米石其时船户水手食物人工器用等项皆属平贱节省办理每石止给银一钱六分至四十三年协济江南米石办理已甚竭蹶今又阅十年一切加贵是以五十一年浙江办运川米经前督臣李世杰奏明浙省委员在川借领银两雇用船只该委员自行支发自重庆至汉口每石给水脚银二钱二分方能承运查今昔情形不同船户等势难赔累业经饬照定例每石以二钱七厘九毫发给再臣钦奉谕旨再行采买米三十万石即与司道悉心筹酌各州县仓储俱属充实尚敷拨用至采买市米虽似便易但川省民间素鲜盖藏目下早稻甫经收割未能集辏一时采买多米市价或致腾踊若仓谷则取之于官亦可不动声色而立办即将来买补办理甚属从容且新米往带潮湿不若仓谷干洁可无霉变之虞臣现已饬司道查明各属仓谷额数将水次所贮接续动碾赶办惟上游水次之米必用小船运至重庆换装大船由川江东下前办运米二十万石各处小船俱已载米运赴重庆恐卸载后四散他往臣已分委大小文武员弁四路查雇押令速赴原处受载仍运重庆并饬川东道黄轩督率重庆府县等多雇妥谙大船预备承运计碾米三十万石分为五运每

运米六万石一面飞调现任知县五员佐杂十员分起领运并派雅州府知府叶书绅为总运直送江南兑交计前运米二十万石扫帮开行后此次续办米石亦可接续起运不致迟误至汉口应换船只仍咨明湖广督抚饬属雇备其自汉口至江南水脚亦即由楚省照例给发均奏入报闻

八月初一日【丙申】蓝元枚奏言自到鹿仔港诸罗县属之铁线桥等庄俱已被贼烧毁彰化县之东螺西螺亦被贼占踞臣屡经札商柴大纪相机夹攻缘道途梗塞由海道递至盐水港转递诸罗至今尚未接准柴大纪覆札鹿仔港系四面受敌自五月至今贼虽不敢直扰鹿仔港屡就各处小庄滋扰焚烧意在断鹿仔港应援之路臣细查各贼巢内约有一二十万人多系漳州及同安之人内中情愿作贼者不及十分之一其余或被胁相从或贪图跟随贼伙焚烧村庄抢掠财物是以每处蚁聚至一二万人臣于六月二十六日奉到上谕敬谨录出遍行张挂晓谕数日之后有耆老人等陆续从各贼巢出来求见哭诉并无从贼止因家属被贼拘留未能遽出臣皆逐细开导令其遍谕众人俟官兵一到大里杙各贼巢务须协同擒杀贼匪立功自效各人无不欢欣撞头知有再生之路

同日李世杰奏言接湖北咨会拟将楚省所办运闽米十万石亦由长江运至江南海口转运等因查现在江南尚须预雇川省米船七百只若再添雇楚省米船未免竭蹶若由江西新城五福陆路运至闽省水口止八十里旱路即山径崎岖亦计日可到若照来咨即令楚米亦由海运不特船只一时莫办且恐欲速反迟奏入上命军机大臣传谕李世杰舒常闵鹗元姜晟何裕城曰李世杰系指川楚两省应运米六十万石同时并运而言殊不知川楚之米亦不能同时运到川楚米共六十万石若分作三起拨运则每起不过二十万石所需船只较少即易于雇用不特商船可得往返流通辘轳运载而米石亦可接踵而往足敷接济李世杰请将楚米仍归江西陆道岂非存诿卸之见向来总督兼辖两省者虽同系所属地方往往就驻札省分意存偏袒此系外省习气使然今该督现驻江南未免意存袒获岂能逃朕洞鉴耶所有现在湖北及将来湖南运闽米石均著由长江顺流归入江南及浙江等海口陆续转运

卷二十九

(八月初二日丁酉)上命军机大臣传谕常青李侍尧蓝元枚柴大纪曰柴大纪奏到情形皆系五月内及六月初四五日之事其贼目蔡福攻犯诸罗被官兵用炮击毙并击碎枋车杀死骑马贼目等事前据常青李侍尧先后具奏而柴大纪折内俱尚未经奏及至此次柴大纪奏到之折系六月初八日拜发距今五十余日查阅沿途驿递牌单系于七月十九日递至厦门是内地接递尚无迟误竟系由诸罗渡海阻隔四十余日海洋风信虽属靡常但常青蓝元枚两处驰递之折俱由海配渡即遇风不顺偶有阻滞多者亦不过十余日何以柴大纪此次奏折竟在洋面耽延至四十余日之久岂海洋独非闽省所辖不可按日而稽耶著李侍尧即将柴大纪所发之折渡海何以如此迟延多日严行查察申饬以儆将来

初四日【己亥】李侍尧奏言漳州一带竟有私贩硫磺之人并有出产之处两月以来节据漳州镇游击马应璧于郡城外拿获挑磺之何四何十二名磺八十斤南靖县知县长瞻于峰苍岭地方盘获贩磺之杜强吴若林二名磺四百余斤龙岩州知州包承祚于合溪地方盘获挑磺人巫彩鸣等八名磺四百四十斤又据烽火门参将李威光于牛鼻奠洋面追获匪船一只内搜出私磺一百七十余斤等情经臣历次饬府严讯该犯等多系宁化县人内间有江西人一二名或称系他人雇挑或称系买自上杭县郭车地方挑往漳州府城卖与刘姓江姓吴姓银朱店内旋据饬拿铺户刘长等到案据供每年制造银朱官磺偶不敷用或向不识姓名挑夫零买凑用等情均未讯有确供而上杭县知县恩古达禀称该县郭车乡大岩背山内有土磺该地居民王世良等私挖煎卖当即拿获该犯等三名并搜出煎就硫磺及铁凿铁槌等物是闽省匪徒私贩硫磺处处俱有或海洋盗贼买制火药以供劫掠或奸民辗转贩卖透入贼中俱须严加跟究现将各起人犯亲提来厦严讯务期水落石出查闽省向来并未查出使营中额用者反向远省采买而本省向来之磺转为贼人私挖煎贩臣现在一面提讯并饬拿在逃各犯务获解究并饬勘明该山绘图详报又本月十九日有外委陈廷标赍柴大纪奏折送到厦门发递查该提臣传单系六月初八日所发而七月十九日始至厦门益觉迟搁随传该外委面讯据称提督折子因诸罗城外道路梗塞雇熟番觅小路送出于本月初一日始到鹿仔草该外委系在鹿仔草接到又由小路行至盐水港雇小船于初三日到台湾府城出鹿耳门初九日因风

收泊澎湖十五日由澎湖放洋是以于十九日到厦等语合并陈明奏入上命军机大臣传谕留京办事王大臣李侍尧雅德富纲曰硫磺一项为军火要需该犯等胆敢私行煎挖贩卖或被海洋盗贼买制火药以供劫掠或奸民辗转贩卖透入贼中皆所必有不可不从重治罪所有拿获之地方官亦当记功升用至该省既有产磺地方自应开采煎用乃历任督抚并未查办而营中额用硝磺转向湖南远省采买其本地土磺一任奸民私行煎挖辗转售卖以供盗贼劫掠之用雅德富纲富勒浑俱任浙闽督抚于此等地方事务关系军营火药者既未能查出就近采办而于奸民挖煎售卖又漫无觉察以致私贩纷纷所司何事除富勒浑业经革职治罪令留京办事王大臣就近传谕询问令其自行登答至雅德富纲前在闽省时地方事务废弛若此均令其自行议罪并即据实明白回奏

初五日【庚子】李侍尧奏言前接将军常青折稿知柴大纪在诸罗被贼攻围本月十九日又接柴大纪咨会系本月初一日所发其述被围情形较之常青所奏更觉危急倘一有失事则不惟贼势益张而全台人心俱为摇动是以屡次札商常青务须增兵设法掘沟放水以通道路速解重围兹于二十二日辰刻接台湾道永福禀称据佳兴里巡检邵宗尧禀称赴援之兵以及粮饷军需俱于十三日卯时由鹿仔草三路进发即于午刻直抵诸罗等语永福禀内又称探得贼首庄大田已回南路本月十四日常青遣兵巡哨南潭有贼匪数千聚集该处经官兵义民奋勇剿杀贼匪大溃闻庄大田有潜逃之信现在设法截拿南路贼势日渐退散再得续请之兵三四千到郡即可长驱北路等语查续调之粤兵四千现有一千到厦已经放洋日内又有续到者臣现在厦门督催务令随到随即登舟其浙粤驻防兵总于本月内俱可抵厦迅速配渡前往看来贼势已衰而官兵之力益振灭贼不难奏入上命军机大臣传谕福康安常青蓝元枚柴大纪李侍尧曰贼目庄大田纠合伙匪屯占南路四出滋扰数月以来因常青等未能进剿曾经降旨饬谕今南潭贼匪已经官兵义民奋勇剿杀庄大田已有潜逃之信是贼势业经溃散剿捕事务大有转机想常青之折不日即行奏到该将军等乘此贼人溃散兵威振作之时急应亲统大兵奋力追杀若于福康安未到以前将林爽文庄大田等实时擒获则克复全台俱系常青之功受朕恩眷岂复可量至庄大田溃败潜逃其势自已穷蹙现在北路一带鹿仔港有蓝元枚在彼领兵堵截而诸罗接应之兵已经三路会合庄大田逃往北路自无他处可以窃踞必逃至大里杙以为负嵎苟延之计若贼首贼目同聚一处正可聚而殲戮即使负嵎死守以大兵全力四面合围贼人赀粮有尽无所得食自当束手就毙又何能久延残喘耶现在添调粤兵先到厦门者已据李侍尧配渡放洋其余浙粤官兵陆续登舟前发此时自已全抵台湾常青处兵力日盛而诸罗鹿仔港声势亦渐联络该将军不可不益加勉力深入长驱速行奏绩但仍当酌派弁兵严防后路勿使余匪得以乘隙潜出此为最要至魏大斌前经常青派令带兵接应诸罗在鹿仔草被贼拦截小有阻滞该镇能督率官兵透出重围前抵诸罗与柴大纪会合亦奋勉出力著赏戴花翎其田蓝玉特克什布张万魁同往接应能与魏大斌奋力剿杀直抵诸罗亦尚奋勇著常青查明何人最为出力即于前次发去花翎酌量赏给戴用以示鼓励至李侍尧办理军务调度接应俱为妥协周到此次一得常青处杀散南路贼匪及柴大纪处援兵会合信息即行驰奏以慰朕怀亦著赏蟒袍一件大小荷包以示奖励其常青俟奏报到日再行赏给

初六日【辛丑】何裕城奏言江苏海运米十万石之后又有川米五十万石为数已多深恐船不敷载若湖南之米又由海道转连势必壅积不前殊于军需无益而五福自浚流修路以来蹊径渐熟夫役渐众竹篾小舟亦日办日多即使交冬水落尚可随宜设法多行旱路数十里前抵五福不致束手所有湖南省运米十万石自应照湖北之式亦由长江前来行抵五福水次于江西湖北米石运竣之后接续转运已咨覆浦霖并饬司预备届期协力办理臣仍随时督率催儧不敢稍有歧视贻误至江西之米现已运过七万六千余石准于九月初旬运竣可以接运湖北米石奏入上命军机大臣传谕舒常李侍尧闵鹗元何裕城姜晟浦霖曰此事前据舒常等奏江西省五福一路实有难办情形是以降旨令将湖北湖南之米俱归江南海运今据何裕城所奏是江西陆运既属可行则运闽米石原止须陆续源源接济即在九月后接运亦无不可况现在江南封雇海船办理亦觉竭蹶正需水陆分运庶可不致壅滞周章著舒常等即将湖北湖南之米一并运赴江西交何裕城竟由五福一路接运赴闽毋庸再由江南海运何裕城惟当益加勉力妥速办理陆续转运俾闽省足资接济至江南海口既无需再运楚米所用船只较少俟川省两次拨运米石到时正可随到随运陆续载往海船无虞缺乏更不必将商船全行封雇致滋扰累也

初七日【壬寅】图萨布奏言粤省驻防第二起兵船于七月初七日行至博罗县铁冈地方陡遇狂风兵丁急

欲僨程不肯停留有正红旗兵船猝被覆溺甲兵八名内七名及军械俱已捞获唯马甲舒通阿一名被淹身死请将奉委获送之德尔炳阿夏永淳钟光哲交部议处图萨布交部察议奏入上命军机大臣传谕图萨布曰驻防兵奉调出征争先恐后不避风险适因陡遇风暴急欲僨程以致船覆溺毙足见急公奋勇殊堪嘉悯所有淹毙之舒通阿一名著照阵亡例给与赏恤其被溺捞获兵丁七名俱著赏给一月钱粮以示鼓励至兵船遭风覆溺究系猝不及防人力难施其获送兵丁之德尔炳阿等尚无大过著免其交部图萨布所请察议之处亦著宽免至该驻防兵此时自已抵闽其应赏一月钱粮即著闽省照例赏给

初八日【癸卯】李侍尧奏言松山汛千总郑魁报称有浙江石门县运闽官米船户刘新春到汛报称本月初八日该船驶至两山相对不知是何洋面遇贼船劫去米数十石并押运兵役所带鸟枪一杆腰刀一口又据崇武汛把总赵珠成报称有浙江新城县运闽官米船户林长茂本月十六日驶至莆田惠安交界之洋面被盗夺去押运兵役所带鸟枪二杆腰刀二口其米石并未被抢又据船户甘发兴到厦门报称装运兴化府米三百五十袋本月十七夜在崇武湾十里外被盗船二只劫去该船户自带番钱香茹等项并押运兵丁之鸟枪二杆腰刀二口其米石并未被抢等因查洋盗见官运米石胆敢抢夺已属目无法纪而林长茂甘发兴船所遇之盗则不抢米石专抢枪刀尤觉可疑地方文武屡接臣获送交替之檄何以此三船并无巡船防获即米船在外洋乘风迅驶本地兵役或有不及赶接获送之处然果平时巡缉严密何至盗贼充斥如此臣惟有遵照海澄县兵役被劫一案所奉谕旨将该地方文武严参革去顶带留于本任缉拿勒限半年如或不获即请从重治罪庶于巡哨不视为具文而缉拿可得实效再据台湾道永福禀称近日郡城粮食因北淡水一路渐觉宁贴时有米船到来粮价稍觉平减是台郡民食亦当不至拮据现在内地将各省运到之米陆续运往源源接济自不致缺乏其漳泉二府应征钱粮臣面询藩司觉罗伍拉纳本年已未征收各数据称该二府钱粮虽据各属于二八月间具报开征缘各花户因上年旧粮尚未完清先行赶纳其本年新粮各该县又多承办兵差不及催征现在并无报司完解各数等语今奉恩旨缓征若俟查明已未征各数始行出示转恐官吏开报不实或有挪前移后之弊臣即一面出示除已征者即提解司库其未完之钱粮及屯米概行缓征再漳兵已于本月二十日开洋前往鹿仔港而常青处九千兵内先派往闽粤兵四千已久到台郡本月十八日续到之粤兵一千亦已开洋本日又有粤兵一千到厦臣亦即令配渡其浙粤二省驻防满兵月内俱可到厦臣令随到随即登舟务当迅速飞渡至闽省水陆两提督俱系漳州镇总兵常泰暂行署理漳州地方紧要常泰必须驻札该处以资弹压而各处营务殷繁兼以海洋盗劫频闻尤须专心料理方为有益臣虽督饬上紧巡拿而照料过兵接应军需等事头绪繁多臣自知精神渐不如前实有不能兼顾周到之处常泰为人谨饬有余而心思亦不能各处贯注且以一人办一总兵两提督之事一切整顿营伍稽查奸匪恐不免顾此失彼查浙闽二省总兵臣俱未识面惟闻有福宁镇何俊舆论俱称其人明白且前曾代办水师提督事务熟悉海疆情形请将该镇暂署水师提督移驻厦门兼往来沿海一带专心料理巡缉之事庶洋面抢劫等案有所责成如圣心另有可信之员派来署理更为妥善又据驻札扈尾之守备罗礼璋禀称七月初六日外委陈皋望见大屯山顶有数人挑担不由正路形迹可疑随率官兵前往盘问该匪见官兵上山即弃担而逃不知去向遗下麻袋竹筐俱是硫磺共十五块重四百斤等因是北淡水果系出产硫磺若不严禁刨挖使贼得以私买应用所关非细查徐鼎士现已移驻大甲距硫磺山较远罗礼璋在扈尾可以就近防范一面檄令该备速拨兵丁昼夜巡查看守毋致稍有透漏仍移咨蓝元枚随时遣人访察以杜私挖俟军务告竣之后将该山作何封禁著落地方文武稽查不致透漏之处统归入善后事宜案内妥办奏入上命军机大臣传谕福康安常青李侍尧蓝元枚柴大纪曰此等盗犯胆敢在洋面行劫官运米船实属目无法纪而该船户所遇之盗又有不抢米石止抢鸟枪腰刀者或竟系贼党潜出滋扰亦未可定该地方文武向视巡缉为具文并不实力查拿以致盗贼毫无忌惮肆行劫掠自应从重查办著李侍尧督饬所属员弁务须上紧设法勒限查拿务获并于拿获逃犯时亲行提讯是否系海洋劫盗抑或贼人伙党之处严切跟究务得实情用兵之时不必按例具题一面奏闻一面正法并著拿获一案即将审办情形先行具奏其未获者俟拿获审讯明确再行随案续奏至漳泉二府应征钱粮虽已具报开征而各州县因承办兵差未及催征报解所有未完钱粮及屯米业经该督遵旨出示缓征务须督饬所属严行稽察俾闾阎得受实惠毋任吏胥影射滋弊现在南路贼匪经官兵搜剿贼目庄大田已有潜逃之信今据李侍尧奏北淡水一路渐觉宁贴时有米船到彼粮价平减是南北两路于剿捕之事俱有转机该将军等亟应趁贼匪溃散之时乘官兵新到及锋而用各亲自统领南北两路会合柴大纪擒拿贼首贼目进捣贼巢迅速蒇功至李侍尧所奏守

备罗礼璋外委陈皋在大屯山有挑运私磺匪徒率兵前往查拿该匪弃担而逃不知去向是何言耶该守备既见有挑运私磺之人自系贼匪即使带兵不多不能尽获亦应擒拿一二人以便跟究严讯何至竟任该匪悉行逃散罗礼璋陈皋殊属无能著蓝元枚严行申饬此二人遇有劳绩不准记功以示惩儆再李侍尧请将福宁镇何俊暂署水师提督一节何俊如果熟悉海疆足资弹压自可令暂署否则前此派出赴闽之王炳人亦明白著该督于此二人内酌其才具实堪胜任者量委一人署理水师提督于巡缉稽查更当得力

卷三十

八月初九日【甲辰】常青恒瑞同奏言……至续添粤兵内未到之八十五名兵船一只兹已于十五日齐到又接据游击邱能成禀三起各应援官兵于十三日辰刻自鹿仔草庄起行前往诸罗各兵军装系随带需用所剩药铅账房锣锅等项俱存鹿仔草看守俟道路相通另行搬运

同日蓝元枚奏言……至添调漳州官兵四五日内谅可陆续渡到鹿仔港倘守风未到臣仍统现在官兵相机剿捕

同日保宁奏言川省前办米二十万石据总理川东道黄轩等具报头二起共米十万石已于七月十九二十四日开行其第三四起米十万石总可以八月初五以内受兑开行至续办米三十万石虽为数较多业经飞饬各属接续动碾现在近处亦已具报起运八月初旬即可陆续运至重庆接续过载发运惟查川江船只上自重庆起下抵楚省之汉口止更迭往来经历滩险非他处人舟所能经涉据川东道及重庆府厅县等禀现在重庆除已雇稳固大船二百八十只运米二十万石外其余现止有大船一百二十只通查留雇约仅敷载十万有零恐停米待船不免迟滞一面饬该府等嗣后续到重庆大船概留雇用外并饬忠夔等属沿江文武挨查上峡客船催令赶赴重庆交载又查湖北宜昌荆州二处附近川东下峡船只亦有在彼卸载者已飞咨湖广督抚一面径檄宜昌荆州二府查明该处现有之空船垫给工价饭食即押令溯流而上交川省地方官转押赶赴重庆供用并委员驰赴该处会同查办约计八月内亦可陆续凑集不致久滞臣又饬委夔州府知府穆克登布忠州知州巴宁阿会同夔州协副将三音毕里克图重庆镇中营游击管隆阿自重庆起至湖广交界沿江一带分段往来催儹并多拨兵役哨船照料获送奏入上命军机大臣传谕保宁舒常曰此项运闽米石本为军储要需宽为储备之用止须源源接济若如该督所奏将川省船只及湖北宜昌荆州等处船只纷纷押雇既有累商民且恐不肖州县及吏胥等从中需索藉端滋事尤为未便况江浙等省全赖川米接济若将川省湖广船只尽行封雇则商贩无船装载川米即不能转运各省米价必致腾贵于民食大有关系该督何见不及此著保宁务须设法妥办无庸将川省湖广商船概行封雇止需陆续拨运源源接济期于要需无误而商贩仍不致有所妨碍方为妥善

臣等谨按川省续办运闽米石因船只不敷装载檄饬宜昌荆州二府凡有下峡空船俱令押赴重庆受载固见办事急公我皇上早筹及闾阎生计若该省尽将船只封雇则商贩无船转运各省米价必致腾贵而胥吏复得从中需索滋弊圣明所见甚大所虑甚周委曲指示俾得有所遵循故不特军储充裕而商民亦均无妨碍也

同日孙士毅奏言此次添调满汉官兵一万一千名赴台会剿从此自可一举荡平断无庸再行添调第军营情事未能悬揣万一将来因分路剿捕再有续调必需克期应付查一距潮千里以内一切营分俱须巡防海口现在抽调已多即督提二标亦已调过四千名势难再拨此外高廉雷琼等营均系海疆更关紧要且距潮二千几百里旱路居多臣斟酌情形似难议调惟粤西紧接粤东较之本省高廉一带计程为近又系一水可通倘将军常青等再行咨调可于粤西附近粤东营分抽拨三千名计数尚不为多再右翼镇及提标兵共一千五百名于七月十七八及二十日入闽省诏安县境此时俱已到厦候风开驾查添调之绿营兵六千名计点送入闽及已到台者共有四千五百名尚有一千五百名因与驻防满兵一千五百名途次相值臣饬令让过满兵即在后尾随行走以免拥挤计数日内满汉兵共三千应均可接续点送入闽奏入报闻

十一日【丙午】李侍尧奏言前以本省营兵不敷差防奏请照派往台湾班兵之数沿海各营先募十之三上游各营募十之二此第为内地营伍空虚起见实未计及将来再有调发之处兹节次接奉谕旨应再广为召募第查

诸罗现已解围军声日壮近据同知杨廷理吴元琪禀称本月十四日官兵焚烧南潭见贼寮内只有蕃薯并无米粮又被害之同知王隽家人逃回称贼目尚有米可吃贼伙惟吃番薯又各贼目不复相睦多有欲投诚者虽贼情狡诈未可尽凭然渐有涣散之势等语是南路贼势已衰看来内地可不必再募兵数万臣前所奏募十之二三约可得三千有余嗣又增募漳泉兵二千共已得五千有余今请再于泉州及沿海各营募兵五千约共成一万之数臣仍以募兵三万为词使外间传说其实分开各营召募外间但见处处增兵固无由知其实数也如察看台地情形或尚未旦夕可了则随时再行增募以新兵存营训练而以已练之旧兵派往亦足应手至臣前以东港被陷已两次配缯船二只兵二百名派往鹿耳门防范今再派兵前往沿海剿杀必须水师而内地水师各营现因米船被劫等事尤须巡缉洋面每营除防泛外不过存兵三百及数十名不等实无可再调今于陆路各营内凑兵一千名配渡前往移会常青留在军营进剿而于在台之水师兵内换出一千以资沿海剿贼之用查台郡安平港内本有战船数十号可就近配载或在沿海搜捕或向东港剿杀则海面既有防御而征兵亦不致短少矣其领兵大员查内地总兵副将内多系一人兼署数缺实亦无可再调拟于参游内酌派一员带领前往再查盐水港系府城由海道赴诸罗之水路现有柴大纪所派游击杨起麟带兵一千驻守魏大斌又留兵五百名协防并未被贼占据该处距府城近而距鹿仔港较远蓝元枚须自鹿仔港出海乘船南行方至该处今贼攻诸罗不利倘乘蓝元枚兵出之后来鹿仔港及北淡水等处滋扰则蓝元枚又须折回查蓝元枚前奏增兵四五千即可直攻大里杙之南或攻斗六门等语今漳兵三千已开洋前往粤兵二千现亦陆续到厦配渡是当责成蓝元枚即从前路进攻大里杙斗六门等处既直逼贼境贼必不敢来窥鹿仔港及北淡水即或绕道来窥蓝元枚可以就近兼顾似不必赴盐水港转须自南而北更觉纡回臣已移会蓝元枚仍向大里杙斗六门等处进兵与柴大纪会合相机攻剿奏入上命军机大臣传谕阿桂福康安常青李侍尧蓝元枚柴大纪曰据李侍尧奏召募兵丁及台湾贼匪情形一折所办筹划精详可嘉之至前因盐水港贼匪纠众滋扰思欲断绝粮道是以谕令蓝元枚察看情形带兵前往盐水港将贼匪剿杀再赴诸罗会合柴大纪今据李侍尧奏盐水港距府城近而距鹿仔港较远恐蓝元枚带兵南行贼潜至鹿仔港滋扰蓝元枚又须折回即一面具奏一面移会蓝元枚令其即从陆路进攻大里杙斗六门等处尤合机要用兵之道原当相时而动今该处情形既有不同自不当拘泥办理也至南路贼匪粮食就尽其伙党乏食且互相欺夺彼此不睦各情形系台湾同知等禀报自当确实现在常青蓝元枚两路应添官兵已据李侍尧先后派拨自早已全抵该处常青蓝元枚急应乘此军威壮盛贼匪溃散之时一面妥为招抚一面速赴北路将斗六门等处贼匪剿杀廓清道路前抵诸罗与柴大纪会合一处直捣贼巢以期一鼓成擒

十二日【丁未】常青恒瑞同奏言连次派兵数千应援诸罗军中偶染暑湿疾病者又十有二三……各官兵于十三日前赴诸罗至今尚无文报而贼又回攻鹿仔草则其势似复猖獗已派拨游击董秉灿管带本标兵四百名由海道赶赴鹿仔草协同防御

同日舒常姜晟同奏言楚省碾运闽米十万石自初十日起运头批为始陆续开行径从长江运赴镇江一面飞咨李世杰预备接运船只应于何处换载并或由上海或由乍浦出口之处均候李世杰等饬行调度再湖南省运闽米石臣咨会湖南抚臣浦霖一体遵照奏入上命军机大臣传谕舒常姜晟浦霖曰前因江西五福一带溪河浅窄竹筏撑运迟缓是以谕令楚省省运闽米石俱由江南出口海运旋据何裕成奏称五福浚流修路以来夫役渐众竹筏亦多楚省米石即可以由江西陆运等语因复降谕旨将湖北湖南米石一并由江西五福一带接运赴闽今舒常等自系因未经接奉前旨乃有此奏著即遵照续降谕旨由江西陆运较为妥速况江南封雇海船亦觉竭蹷莫若径由江西陆路以省往返稽迟也

同日孙士毅奏言粤东再派兵一千名抽调尚易臣即将潮属各营抽拨一千名速应军营之用其军装火药锣锅账房等项臣俱早令各该营先期预备计檄调文到一日即可集事内除潮州镇标存城兵距黄冈一百里可以朝发夕至此外近者八月初一二远者亦不过初五六等日均可点送出境至驻防满兵一千五百名分作四起自省起程七月二十五日头起已经赴闽计至二十八日四起均可出境至尾随满兵行走之绿营兵一千五百名臣已预饬地方官多备夫役抬送军装即于二十九三十日分作两起出境至现在添调之一千名八月初即可接续前进再臣思北路又请添兵似剿除逆贼尚非旦夕之事所有昨请预备粤西兵三千名若在西省地方等候计自行文到彼以

至抵潮出境至速亦须一月仍属不能应手惟有调驻闽粤交界处所既可遥壮声援使逆贼闻之震恐气慑万一接咨添调则陆程五日到厦由厦到台照常不过三四日不出十日军营已收臂指之用如逆贼即日荡平则此项兵丁仍由水程回至粤西沿途所费无几奏入上命军机大臣传谕孙士毅曰据常青等奏剿捕事宜已渐次就绪现在各处调派官兵陆续配渡此时已可齐抵台湾尽足敷用所有孙士毅奏请预备粤西兵三千名竟可不必以省滋扰

卷三十一

八月十五日【庚戌】李侍尧奏言所募新兵入伍未及一月虽上紧操演而技艺尚未娴习所制枪械亦未齐全现挑各营旧枪使之演放必须一两月后方可调用是以臣飞檄督抚两标及水师一营城守一营现存额兵内挑凑一千派将备管带即由五虎门出口赴北淡水随同徐鼎士协力堵剿已移咨抚臣即在省城料理点派起程计十日内即可至北淡水至内地募兵一事臣前接台湾道永福所禀官兵已直抵诸罗魏大斌柴大纪等里外会合即可乘势进剿指日不难灭贼是以臣奏明三次共募兵一万有余之外可毋庸再募今准常青寄来折稿则魏大斌等进抵诸罗后又无信息恐系贼人故意撤围俾官兵抵县却又于后梗阻道路使所运粮饷火药不能前往接济是不惟柴大纪被围而魏大斌等又在贼围之中虽据常青已派兵前往接应但看来事势或尚须量为预备则内地募兵必须多多益善拟于水陆各营再募兵一万及早训练所有鸟枪等军械亦饬司速拨银两令各营分头制造臣惟有日夜催趱以期应用不致迟误再臣接据副将徐鼎士同知徐梦麟等禀称现在林爽文在诸罗攻围未暇归巢实为有机可乘查鹿仔港在大里杙之南须步步仰攻而自大甲过溪为岸社等处系贼之背乘高而下易于俯制若鹿仔港攻其南大甲攻其北可使贼腹背受敌又本月十一二等日闻贼营中时有炮声探系贼伙自相攻杀该同知又访有何清风与贼目何安邦交好因令何清风转为开导据称何安邦情愿立功赎罪是此时尤可乘虚进剿等语查徐鼎士及守备潘国材等兵一千八百余名已移驻大甲又有食粮义勇三千名并岸社义民熟番共四千名今又增派官兵一千即由五虎门前往正可壮军声而作士气是又增剿贼之一路臣一面知会蓝元枚相度情形或应进攻斗六门一带或即与徐鼎士彼此订期径攻大里杙务当奋勇前进勿致坐失事机再漳泉一带现在尚有早禾可食计九十月间必须平粜直至明年青黄不接之时约二三十万石可以敷用台地除接应兵粮及乡勇难民外现在贼匪势又鸱张其实俱系胁从房屋已烧赀粮已罄不得不从贼抢掳以延旦夕近接将军常青折稿称各庄民又有改悔出结归庄者大兵进剿必多自拔来归然不稍资其生计俾得暂可度日则无食之民仍无所赖未免观望不前若来投者即加以抚恤安插使得重延残喘复为良民则胁从之徒谁不相携而至是米之在漳泉固所以绥靖地方而米之到台湾尤足以散贼党而省兵力是宜多为解运源源接济今浙省所拨之十万石将次到齐八月中浙江江南江西之米又可到一二十万石拟先行解往台湾南北两路以供支应官兵义勇口粮及招抚胁从之用其内地平粜等事九十月间各省米又必有解到者以之分运各处平粜自可陆续应手至台湾抚恤安插之事臣现咨令常青蓝元枚并饬办理粮饷之臬司李永祺及台湾道府等官兵随路廓清有被胁来投者随时察看情形或就各村庄煮赈或量给钱米俾得存活一面劝谕伊等及时补种番薯之类以资口食则贼伙日益解散逆首自易就擒至军前既有随路抚恤等事需用佐杂人员必多臣并多行挑选派令解运银粮前往即酌量留于该处委用内地现有拣发一等举人陆续到闽可以差遣亦不致乏员再查澎湖系鹿耳门之门户该处距鹿耳门洋面三百余里盐水港笨港两口则又在鹿耳门之北相去更远鹿仔草系入盐水港后在内港起岸至诸罗之马头并非沿海港口今盐水港有游击杨起麟札营鹿仔草亦有游击邱能成驻守而笨港被贼抢掳之后臣恐贼匪出海滋事已拨缯船二只水师兵二百名前往鹿仔港防获近据台湾道府禀称府城近日有北淡水米船到来是以粮价渐平等语北淡水由海道至府城必从笨港口经过今北淡水之米可以至府则笨港尚无贼匪滋扰可知至澎湖虽添兵五百究属单薄沿海一带并须预为防范前所续派前往鹿仔港之兵二百及鹿耳门之兵二百尚恐不敷应用一面于新募水师兵内择其稍习鸟枪者酌派六百名前往澎湖及各港口协同旧派之四百名往来梭织防获断不至稍有疏失再浙省驻防满兵已到二百五十名粤省驻防满兵已到六百名俱随到随即登舟候风计初十以内所有满汉官兵皆可到齐配渡至洋面劫案繁多实由该营员怠巡已惯视缉盗为具文近又因水师屡调之后存营兵少不能轮流更换以致旷误是以臣前奏请于沿海各营照派往台湾班兵之数先募补十之二三及时操练以备巡防昨募足五千后又增募五千现又增募万余名俱系水陆兼募自此水师各营既有新募之兵及时操练一面即可将旧兵多为抽派广布巡船轮流在洋

严缉盗贼兼同地方文员所拨差役获送官米船只以免疏虞查金门海坛闽安峰火门各镇协营所辖海道相连每营不过二三百里如果各于所辖之二三百里内实力巡查则匪船自无从寄泊臣今严饬各营每营派兵四百名配载缯艍各船分作两班每班二百名专派备弁带领各兵于所辖之洋面轮流出巡一月一换如有失事按照所辖之洋面严参治罪

同日徐嗣曾奏言浙省六起满兵已经全数过省接准督臣咨再拨兵一千名由五虎门配渡竟赴淡水接济徐鼎士嘱臣留省料理当即督同将备将各兵迅速挑派一面上紧雇备船只一应粮饷军火器械等项部署停妥适于初二日接据副将徐鼎士同知徐梦麟禀称自抵大甲后官兵先后到齐并募集义民番勇分隘剳营连战克胜探闻诸罗柴大纪于六月二十八九两日与贼鏖战贼目叶省蔡福俱毙于炮余贼死者无数林爽文仅以身免窜聚斗六门不敢回彰闻大里杙等处巢穴存贼尚有万余查大甲溪自南而西过大肚溪十余里即近鹿仔港由北而东自犁头店至乌日庄即逼近大里杙贼巢七月十一二等日闻贼营时有炮声密差侦探系犁头店贼伙自相攻杀现在官兵一千七百余名所募义民番勇共七千余名诚得鹿仔港大兵密订进期先在大肚溪等处声援即分兵两路一攻大肚以断贼营之右一攻乌日庄以绝贼营之左乌日一破纵使大里杙势甚完固架以大炮四面环轰如拉枯朽更得兵一枝扎营南投隔断虎仔坑陈泮贼巢使其不能应援而林圯埔水沙连等处贼匪亦不敢蠢动并已预遣妥人前往结好生番在内擒献以绝林爽文逃入内山去路腹心之患既除余贼以次搜捕势如瓦解商之各备弁义勇人等无不众口同声及锋欲试惟需添兵一二千名迅速由大安进口帮守大甲徐鼎士等即统带官兵义勇再添募义民数千随同进剿益壮声势并请发饷银五万两以备军需各项费用等语臣窃思大里杙一带久为逆首盘踞深沟高垒营巢愈密以为将来抵死负嵎之所而南路中路鹿仔港官兵俱为贼牵掣未能分兵进逼惟淡水一路自竹堑城以北此时搜捕渐净官兵俱驻大甲溪该处迫近贼巢地势又较便捷果能乘隙进捣将逆党私蓄一炬而尽使逆首势孤力竭不难指日就擒即或攻围稍需时日贼仍退而返顾则南路之势已解官兵可移而向北并力齐攻亦可迅速蒇事细核该将丞等所禀似属实有所见其禀内所请饷银先经督臣拨银五万两解往日内定已应手惟兵力稍单正在亟需策应而奉旨添兵适值该处禀到请兵之日现在船只俱已雇齐饬令该兵等多带火药已于初四日登舟候风开驾复经督臣饬司添拨银三万两米六千石委试用知县王履吉押附兵船带往粮饷已极充裕又查上年调兵渡淡水时因竹堑新庄等处皆有贼扰今兵由八里岔上岸前抵大甲溪尚有二百余里山径亦多迂折臣细访路径照依徐鼎士所禀由五虎门出口直抵大安港登岸相去大甲止有十余里较为便捷是以即雇募熟悉此路之舵水人等径由该处进发以期早资接应

同日琅玕奏言浙省自嘉兴入境首站以至钱塘向用马递自富阳以至江山向用夫递上年添设腰站每腰站一处用夫递者拨夫八名用马递者拨马四匹夫四名人夫接递之正腰站十九处每处酌添夫八名并因西安县至闽省浦城县交界计程二百四十余里皆崇山峻岭递送维艰若腰站四十里始行更换人力易致疲乏饬令于正站腰站之外每十里再设夫八名接替递送并派委佐杂各员分段专管轮流稽查刊发填报单式饬令臬司随时查核其余运送军装并火药铅弹饷鞘等项需用人夫为数甚多额设扛运人夫断不敷用均饬随时添雇统俟事竣后核明添雇确数按照军需则例据实造册报部请销再现在福康安等驰赴台湾自嘉兴府起至衢州府属之西安县俱系水路所有一切船只及由省城至江口应用马匹已饬管理驿站之臬司归景照妥为办理其由西安江山赴闽系属陆路所需马匹已飞咨提臣就近酌调衢州镇等处营马应用至江浙运闽米石用船甚多俱系两省合力雇办兹钦奉谕旨念及商贩令臣等量其缓急酌筹妥办是米石既稍可酌分缓急船只亦从容易办惟是海船全资风力此时将届深秋西北风当令运闽赴南可以遄行而自南赴北自不能如夏令之便捷现在川省米石既起运迅速其续运之米自踉接而来若两湖之米不相照应一时发运恐船只不敷配载致拥挤海口徒滋守候抑且各商船闻海口屯米过多致启隐避之弊查浙省两次运闽之米接据委员禀报在泉厦兑收者已有九万一千一百余石浙省采买之米及江南江西续经起运者亦可接踵而至此时闽省已有米石接济可以无虞缺乏此等运闽米石止须源源接运以备应用原不必同时运到恳勅下两湖督抚臣将应运米石如已起运者听其运赴海口臣等酌量随时起运如尚未起运者暂停发运俟川省末起米船全行过楚后将楚省之米运赴海口换船起运如此稍为通融庶船只可以陆续购雇不致掣肘奏入上命军机大臣传谕琅玕曰湖北湖南米石已一并由江西五福一带接运赴闽现在江浙

两省雇备海船已觉竭蹶该抚此时祇须遵照昨降谕旨将川省运闽之米陆续雇备海运船只其楚省米石即由江西陆路运往俾海陆两路源源分运接济以备应用自可无虞缺乏著琅玕将现在接济川省米石出口船只计算足敷运送者预为雇备其楚省运米船只毋庸封雇致滋拥挤稽迟

十七日【壬子】蓝元枚奏言贼党近日因被官兵各路剿杀胁从之众未免解体经臣出示晓谕乘间来归者颇不乏人惟是贼匪诡计多端恐有奸细冒充仍须严密查防至台湾南北道路被贼阻隔往来文报俱由海洋递送经严饬各海口员弁实力稽查现督臣李侍尧又派拨哨船二只前来巡查更为有益此时鹿仔港一带洋面颇觉安静二林海口现有守备张奉廷带兵五百名同义民驻札查自二林以南村庄系贼匪出没之所第东螺西螺一带数十庄先经臣差该地武生陈大用钟奇英等恺切晓谕令其保守村庄各安生业本月十七日乘其不备官兵分路攻剿西螺贼匪该地百姓俱无助贼今臣又差武生陈大用陈飘香等分头前往海丰港麦仔藔沿海各村庄遍贴告示面为晓谕使沿海百姓咸知大义纠集乡勇共御贼匪则贼势益孤便易设法剿捕奏入上命军机大臣传谕福康安常青李侍尧蓝元枚柴大纪曰前以蓝元枚奏杀退西螺贼匪拟即统领官兵相机剿捕又伊族人蓝启能等在彰化投出恳求安插所办尚属妥协方以蓝元枚系本省人统本省官兵可资倚任是以加恩奖励蓝元枚自应倍加奋勉速图奏绩且前因兵力单弱奏请增添业据李侍尧奏到粤兵漳兵皆经陆续配渡开洋自己早抵鹿仔港该参赞正应乘其锐气鼓勇前进以期迅速集事今阅所奏情形止系遵旨晓谕被胁贼众防范海口各事宜且据称台湾南北道路被贼阻隔往来文报不无迟滞是则更应速领官兵前往剿杀打通道路乃既未前往进剿而于作何调度会合之处亦并未陈奏看其光景竟系株守鹿仔港一筹莫展矣即云持重亦不应恇怯迁延若此前此任承恩在鹿仔港时心存观望束手无策以致旷日持久贻误机宜是以降旨革职拿问治罪蓝元枚尤非若任承恩可比若复踵前辙观望不进则蓝元枚获罪尤重不可不慎著先传旨严行申饬前因徐鼎士拟由大甲分兵攻击大里杙之北并约会蓝元枚从鹿仔港进兵大肚溪以期里外应合俾贼人腹背受敌捣其巢穴因谕令蓝元枚即由大肚溪进兵夹击不知徐鼎士此策知会蓝元枚否如蓝元枚接奉前赴诸罗之旨已领兵自北而南固属甚善否则亟应带兵速赴大肚溪会同徐鼎士夹攻大里杙贼巢机不可失蓝元枚务须加倍奋勉力图自効勿再因循迟缓再柴大纪于魏大斌前抵诸罗后如何攻剿杀贼游击邱能成所押军装火药于何时在鹿仔草杀退贼匪前赴诸罗尚未据续有奏报并著常青蓝元枚柴大纪各行迅速驰奏至福康安已有旨令其星速遄行今看常青蓝元枚于剿捕事宜竟无定见当必须福康安前往督办方能蒇事福康安在途行走务须益加紧急及早到彼督率调度以期迅奏肤功再贼首林爽文纠众谋逆罪大恶极覆载不容其祖坟自必近在漳州一带著李侍尧密委妥员将林爽文祖坟先行刨挖剉骨扬灰以申国宪而快人心亦申贼势之一法也

卷三十二

八月二十一日【丙辰】常青恒瑞同奏言外委段昭明沈贤赍回奏折随同大兵前往诸罗至老店被贼所害折亦遗失又魏大斌等禀称十二日夜接柴大纪札云带领之兵何日可抵诸罗我闻炮即带兵接应是以于十三日即带兵二千七百名前行沿途与贼打仗离诸罗尚有四五里我兵正与贼战之际忽大雨如倾道店汤圆店三坎店等处贼匪蜂拥而来约有二万余人围困我兵不能施放枪炮彼此鏖战杀死多贼我兵奋勇力战贼始败走行近诸罗西门见有参将潘韬游击李隆带领兵民前来迎接所带官兵内千总至兵丁伤有一千一百余名现在虽抵诸罗仍被围困等情臣等接阅之下不胜焦急伏思应援之兵内外订期必须彼此熟商不误时刻乃克有济今魏大斌虽接柴大纪来札有闻炮接应之语但定于某日某时此从某道而往彼从某道而来亦当从容详审今于十二日夜接札即于十三日早前往而魏大斌等起程在途之时正柴大纪在县城御贼之顷至午后贼退柴大纪闻炮派队往迎而魏大斌等已为贼阻是虽曾预先关会而仍属临事愆期俟该镇将等将弁兵实在伤亡各数分晰报到另行查办惟是目前道路梗塞一切军火粮饷不能运送诸罗实关紧急臣等当又派副将蔡攀龙贵林参将孙全谋带兵一千六百名仍由水道前往并谕令既抵鹿仔草务必打通诸罗并与柴大纪等悉心筹划使往来道路不致再有阻塞并飞饬前后调往各镇将官兵悉听提臣柴大纪调遣则意见无所参差必可克期集事至臣等军营新添本省兵二千潮州兵二千而总计派往诸罗各兵已有七千名即日打通诸罗之后该处亦须分兵堵剿是业经派往之兵不能调回郡城臣等军营兵力依然不足仰恳或于江西广西两省各拨兵三千臣等并不专候此六千兵到营方图进剿惟

俟现今浙粤满兵三千以及粤省绿营兵二千到齐即相机前进

二十三日【戊午】常青恒瑞同奏言……又自(七月)二十八日至今连日大风霖雨贼匪仍屯各庄开霁必复攻县日与代理县陈良翼设法米粮煎煮硝药以期力守但煎硝实不敷用两次飞咨蓝元枚发兵救援接到回札并未提及有无救援之处合再驰禀星刻发兵仍一面飞咨蓝元枚克日起兵由船至笨港来诸罗夹攻再贼匪鸱张务求迅调闽浙两省兵一万名来台湾以便剿洗各等情是诸罗望援甚殷但臣等又派蔡攀龙等带兵一千六百名前往该提臣等尚未得信计算一二日内自可前抵鹿仔草一面饬令道府预拨粮饷铅药妥速运赴盐水港转运接济一面飞咨参赞蓝元枚现有添拨漳州兵二千名约计已到鹿仔港务即于该处酌拨一二千名派令将弁带领即由笨港星赴诸罗自可订期夹功并力打通至臣等军营官兵于六七月间受湿染病者颇多自祭关帝厅以后目下病皆渐愈除前后派赴诸罗兵七千现计军营兵数除病者不过四千余名然剿贼并皆奋勇泥水亦不少怯不日溪水稍涸添调粤浙之满汉兵亦接续到来即无难尽殲匪逆

同日李侍尧奏言本月初七八日连接常青抄寄折稿知其又遣蔡攀龙带兵前往诸罗救应而蔡攀龙是否已到尚无信息常青仍复坐守军营并未亲往设法解围是真不知缓急实不可解就现在台地情形而论自当以先救诸罗为第一要务常青折内称柴大纪咨请蓝元枚由笨港赴救等语查蓝元枚处臣所调之漳兵二千久已开洋虽七月下旬海多大风而日内料已全到其分往鹿仔港之粤兵二千已先有五百前往今续到之一千五百亦已登舟又续调之粤兵一千亦到四百而领兵之总兵李化龙又已先到现催该镇带此已到之兵即日开驾再三面嘱该镇务与蓝元枚奋勇进攻不可再有观望此亦赴援解围之一路至臣于闽省多行召募原以备续调之用惟尚未操练娴熟难于骤调然既有新兵及时训练以实营伍即可将旧兵挑出进剿而新兵内有兵家子弟已能演习适用者亦可参用是以臣一面将泉州等处酌量新旧兼挑凑足三千名派委大员统领配渡径向盐水港进发以免纡折此又赴援解围之一路但未知诸罗之力是否尚能久待至常青折内有增调江西广西兵各三千之请而声叙柴大纪咨文又有增兵一万之请虽觉迹涉张皇然看来亦不得不再为接济与其零星续派自不如尽用大力以期一举扑灭之功查江西赣州素称强劲且距闽省路亦近便粤西之兵亦尚可用如照常青所请之数调派三千前来合之臣此次续调之闽兵三千则兵力亦已壮盛惟是统兵全恃主帅常青措置错谬看来竟不能完结此事仰恳或如臣前所奏竟令海兰察前来统领调度庶不至再有贻误至沿海各口岸恐有台匪潜入勾结等事固须严密查拿若贩货商船则正藉其流通百物自当倍加体恤使其所至如归商船载有货物非偷渡之船专载男妇者可比本属易于识别臣自二三月间即饬各口岸凡遇入口船只不载货而但载人者必须盘诘现已获有数起讯系避难逃归原籍之人俱有亲族邻里保认当即令其领回安插不许稍有扰累至于商船俱有本湾甲长认识其出口时但须挂号即行开驾及进口时载有货物俱有投税起货查自春间以来尚无留难误拿等事均奏入

同日鄂辉保宁成德同奏言川省屯练降番前经调赴甘省剿捕逆回办理已有章程此次仍应照办臣等即专委三标中军驰赴杂谷新疆会同该管将领检派屯练一千六百名降番四百名均挑选曾经打仗壮健之人并派得力土弁木塔尔日朋丹巴西拉布等带领星赴成都臣等亲为点验优加赏赉令其迅速遄行并调素经行阵曾带番兵之将备八员率同勇干千把分起管领查屯练原系维州协专属该协副将那苏图屡经出师人亦明白勇往现令与懋功协副将张芝元一同管领惟是番众二千道经数省必得统领大员以资总理松潘镇总兵穆克登阿熟谙军旅才识干练现派令统率前往方资镇抚至自成都由水路至重庆需用内江船只查现在上游各属两次赶办米石俱已运竣足敷雇用惟自重庆至楚船只除前运米二十万石已扫数开行外其续运米三十万石现亦接续兑运节经臣保宁设法雇备船只虽可无缺恐一时难得余船再副军行臣等现复严饬原委办船之文武各员将下游川船速行赶赴重庆供载倘番练等行至重庆尚无多余船只即将复运三十万石尾帮之船暂停运米先尽兵行再将续到之船随后运米亦不致守候稽延至沿途一切供支臣等飞饬水陆地方预备夫马及盐茶米面肉食柴斤等项宽裕应付奏入报闻

卷三十三

八月二十四日【己未】福康安奏言……再台湾不产马匹向来俱由内地带往此次巴图鲁侍卫等前往进剿带兵打仗追拿贼匪必须乘骑马匹方能得力已札知李侍尧速行备马二三百匹先期派员送往台湾应用

同日孙士毅奏言台湾地处海中深秋后早晚寒冷棉衣在所必需凡先后赴台兵丁似应各给一件至衫袴鞲鞋等项先调之四千名到台已阅数月领兵镇将目击将次破烂自应制备解往其续调之七千名甫经赴闽系属完好毋庸一体添给查鞲鞋套袴军装内例应制备准在各营公费项下开销其棉衣及贴身衫袴应由各营家属自备官为解送第该兵不能尽有家室若令自行备办恐迟速不齐有无不一其中难免向隅查出征将弁兵丁例有赏借二项其兵丁项下马兵赏银十两借银十两步兵赏银六两借银六两此次派拨赴台剿匪近在邻省非比出口大举臣意止应照例准借凯旋后分年扣还其赏银一项应俟到军前奋勇剿贼听候将军参赞随时酌赏以示鼓励若概于起程时照例赏给转使勇怯不分不足以昭激劝臣是以止办准借一项至此次派出马兵因地隔重洋并未携带马匹现系一律步行臣于各兵起身时普照步守兵准借六两之例每兵先借银三两使不致任意花消扣存三两官为制办棉衣衫袴核计尚有余剩本系该兵等应借之项臣即咨明闽省准其禀知领兵镇将就近请借为军营添补之用再鞲鞋套裤已据各本营陆续解送到潮其棉衣一项连余丁共须一万二千余件臣就近在潮饬令地方官备料鸠工并经潮州镇臣彭承尧多派营匠赶紧督办不日即可完竣除现在后起赴闽兵丁已令随身携带外其余解交厦门同知衙门附便搭解军营按名散给又接据梁朝桂等禀称逆匪溃逃之后将备督率追捕必资马力请于附近潮州各营借拨一百匹解往乘骑查将备起程时只预支三月养廉按月坐扣其应借治装银两凯旋后分年扣还一项未经具领应请即于此内扣出马价交各营买补等语臣查粤兵先后赴台湾一万一千名所有领兵官自总兵至将备共数十员今请给马一百匹略有浮多然台湾地属崎岖马力易乏似应宽给数匹俾资追捕已如所请令官兵陆续顺带过台其官员应借治装银两臣现咨询闽省画一办理至驻防领兵官员现按照品级随带马匹其棉衣一项询之副都统博清额据称现交秋令各兵均已备带毋庸另制再现在正值剿匪紧要之时兵数既多火药尤宜宽裕臣先期饬备复经潮州镇臣彭承尧在本营加紧配制又于额外赶备火药四万斤即随此次官兵之后接续运闽计兵丁随身携带及三次委员额外运送共火药二十万斤均在粤省年额之外内十万斤系额外办出尚有十万斤系于预备三年火药内抽拨解往臣严饬藩司许祖京务须克期采办硝磺分给各标营即日领回配制前接闽省抚臣来札借用粤东火药将来制就解还臣思闽粤同一办公无分畛域况闽省现在用兵正须火药应用粤东拨解之项即可在粤配制报销无庸闽省解还徒糜运脚至驻防兵一千五百名分作四起经抚臣添派臬司姚棻运司德尔炳阿肇罗道阿彰阿送至惠州老隆一带地方副都统博清额自省统领行走于七月二十五六七八等日齐入闽境其续调绿营兵六千名内除四千五百名蚤经配渡到台外尚有在满兵后接续前进一千五百名臣本定期于七月二十九三十日点送出境内有顺德新会营兵四百名迟到两日于八月初二日才到黄冈当即点送入闽又钦奉谕旨添调一千名八月初三日先点四百名出境其余六百名计程极迟八月初五六等日必到闽省诏安县境今于初六初八两日才到黄冈亦即同点送出境查顺德新会及罗定营兵俱迟到数日臣会同提臣高璨传齐众兵分将领兵备弁各加重责使凛遵纪律不致稍有迟误计该兵等到闽配船东渡如风色较顺此最后之一千名亦可于八月二十前齐赴军营再商民挟赀营运利于迅速往来本年因台匪滋事商船不免心存疑畏已觉比前稀少若再盘诘过严必致闻风裹足商贩不通百货腾贵即闾阎隐受其害是以臣严谕守口弁员如将毫无可疑之客船概行留难盘问立即据实参革重治其罪现在入口商船视春间较多从此转可暗中物色良歹设法侦探是一任商船往来无阻于稽查奸匪尤为有益至南路贼匪尚未十分惩创何至忽尔纷纷逃窜北路梗塞虽通然贼匪鬼蜮多端其中恐有别情未可深恃且又闻逆匪林爽文将无食贫民招入贼巢挑取年壮者厚给衣食教以技勇抗拒官兵其怯弱者尽数赶出听其所之以免养活无用之人其奸恶至此臣每向粤省带兵将备论及枪炮为行军利器固须演放纯熟然闻逆贼近因官兵枪炮利害不能抵御竟敢练出一伙亡命奸徒伏在贼匪队内抵死直犯我兵倘不预为整备恐临时转致吃亏必须于枪手后紧接短兵如贼匪已在百步之内即令短兵直前扑杀有反顾者将兵从后砍之如此痛剿一两阵杀贼数千贼无计可施当成瓦解之势再臣闻贼匪最短火药蓄心抢夺我兵存贮火药处所尤宜防获又闻林爽文胞弟为镇臣柴大纪用炮击毙庄大田之子为人割取首级出献未知是否确实再部议将粤海关五十二年分应征税银拨运二十万两解闽备用已移知广东抚臣图萨布会同监督臣佛宁拨出迅速委员眼同弹兑

装鞘运交闽浙督臣李侍尧存贮入于军需项下备用均奏入

卷三十四

(八月)二十九日【甲子】富纲奏言与抚提二臣于各营备战兵内酌量挑拨二千名每兵百名派鸟枪兵七十名炮兵二十名弓箭十名其应带火药从前出师金川每枪炮兵一名酌带火药十一觔四两黔省各营额贮药觔数甚充裕且由古州水路而下携带亦便今酌定每兵加倍配带火药二十二觔八两俾资充备其余军械等项悉照例配带大定协副将岱德人甚明干勇往曾出师滇川经历行阵臣即派为统领又长寨营参将札郎阿清江协游击鲁安邦遵义协都司杨廷邦古州镇都司朱化英贵阳守备刘廷奇提标守备罗世德等六员均系才具干练曾经出师酌派分起带领至此官兵二千名拟分作四起行走再查黔兵赴闽应由古州乘船于丙妹地方出境至广西怀远县所属之梅寨地方交替应于梅寨预备小船接载至怀远始换大船前进臣思与其于梅寨交替换船不免耽延不如即以黔省古州乘坐之船顺流而下直送粤西怀远再行换船前进在黔省不甚费力而广西又省备船交替之繁且于兵行更可迅速所有沿站应需夫船及供应等项臣现在密饬藩司就各营经由处所酌量安设尖宿各站饬各该地方官妥为预备毋致临时遗误奏入报闻

九月初二日【丙寅】李侍尧奏言粤省最后之绿营兵一千五百名并续调之一千名陆续于本月十三日全行来厦配渡缘旬日以来东南风大不能放洋所有满汉兵船一齐停泊兹于十六日晚间风势稍平俱已开驾满兵向鹿耳门进发系派往常青军前九千数内所有闽兵二千粤兵四千早已前往兹更得此满兵三千兵力自益壮盛其粤省绿营兵二千五百系派往蓝元枚军前五千数内缘先到之粤兵五百及汉兵二千已于前月下旬开洋今续到之粤兵二千五百适总兵李化龙抵厦即令统领向鹿仔港进发又有本省兵三千名系臣因诸罗望援甚殷奏明即于泉州等处就近挑拨新旧兵径往盐水港援剿缘三千兵必须大员统领已飞调建宁镇总兵郑国卿前来而路远尚未即到先令游击张无咎等带领前往嘱其到盐水港时即与驻札该处之游击杨起麟商度事机奋勇进兵勿得稍有观望俟郑国卿到厦门亦即令其星夜赶往其省城所派一千兵由五虎门往北淡水者风势大概相同想亦同时开驾至浙省拨运军米共十六万石已经全抵泉厦两仓盘收清楚其江西所运之米由五福起旱已抵光泽水口者七万余石转运至省亦已有三万余石江苏之米亦已有五千余石运抵厦门是米粮一项总可源源接济惟诸罗近日情形尚未得各官禀报俟一得信息即行驰奏再察看北淡水情形地在台湾极北不过林小文赖树等小贼纠伙不多势不能敌泉粤之众是以林小文等遂先后被官兵义民拿获昨讯据自贼中逃出渡回之陈班供称被贼何桧捉去派在何马寮内守更内不过四五十人三貂地方尚有贼目吴沙本年四月官兵焚毁何桧贼寮何桧已逃往吴沙处等语而何马一犯近亦经署把总王福等拿获是北淡水惟吴沙何桧二贼逃窜未获此外已无贼匪其所谓难民者臣细加查访并参阅各官禀报大抵多系漳人泉粤之人因其与贼同乡遂不分皂白从而抢杀以致避难白石湖金包里等处今既陆续招抚归业补种田禾并据该地文武等官出示晓谕泉粤民人不得再有戕害是北淡水地方现已宁贴无事至徐鼎士已移驻大甲该处系淡水南境与彰化接界昨据该副将同知等禀称林爽文方急攻诸罗未暇归巢恳内地拨兵一二千来即可自大甲过溪攻大里杙之背等语臣查该副将处现据报有兵一千八百名又有食粮义民义番七千名自备口粮义民一千余名随批令该将等既有兵民几及一万应即乘机进攻勿稍观望适令臣拨兵一千即由五虎门前往接济随于督抚标及水师营福州城守挑派兵一千名即由省城出五虎门放洋并札抚臣徐嗣曾就近料理起程已于初四日登舟至五虎门候风今厦门各兵船于十六日晚间放洋想五虎门之船亦必同时开驾再闽省办理兵差运送军械等项除海运外皆系陆路踰山越岭向无车马惟恃雇募人夫缘平日另有一种江西及本省游食之人专以受雇充夫为业故农民各安田亩不知有应差之事即遇重大差使农民习以为常谓各站自有充夫之人于民间无与是以州县遇有差务俱系现雇人夫应用从不能派及里下非如陕甘云贵等省可以按田派夫使之领价应役而此等专以充夫为业之人每值差务紧急辄一名索数名之价否则不肯就道地方官惟恐误差不得不曲徇其意增给价值此闽省实在情形也台湾近日雇夫尤为可异府城外乡民冲散已无可雇即间有可雇不能无疑惟恃府城内惯用之人雇募应用既资其力又免使去而为匪是以每名雇价二百四十文臣以夫价过多于臬司李永祺前往时嘱令留心查察今闽省内地既无按田派夫之例惟有仰恳量增雇价使人乐于受雇则虽素不充夫之人亦皆踊跃趋事查军需则例夫价条内口内每站给价银五分米一升口外每站

银八分米一升口内每站以七十里为率口外以四十里为率又注明金川例正价之外加给回空口粮折银口内五分口外八分系奉恩旨加给未便纂为成例如果需用紧急正价不敷承办大臣临时酌核奏明办理等语是正价之外如有不敷原得随时奏请今可否闽省内地雇夫照金川口内之例正价五分口粮一升之外加给回空粮银五分台地雇夫照金川口外之例正价八分口粮一升之外加给回空粮银八分设再有不敷俟事定后另于通省官员通融摊捐归款其内外每站里数另行咨部存案其海运雇船水脚臣前奏明海水无顺逆即以顺风抵顺水之价按照军需则例顺水每石每站三分六厘而守候回空俱不另支口粮其别项差使往来者就船之大小可载若干石之数计算原拟暂时应用不日即可竣事是以守候回空虽不另给口粮本港各船户已皆乐从今增兵添饷用船正多兼须雇觅外省来船方足敷用守候听差难以克定时日而回空时台地已无货可载又不能另得水脚则事前之守候事后之回空均须按照舵水人数给以口粮方不致苦累但不定以限制又恐开浮冒之端应请守候口粮以二十日为率回空口粮以十日为率再海船全以淡水为要通海港汊皆系咸水必须向居民购买井泉贮入水柜以供日用而沿海地方井既不多每满一柜辄取钱十余千所有载兵之船或有守风稽搁时日需水更多应请每载兵一名另给船户买水钱一百五十文其不载兵之船不得援以为例再前据台湾府杨廷桦详称库项已经前守孙景燧垫用无存现在兵饷无项可支请先行酌拨臣随批饬将所垫何项系何员任内垫用是否垫用军需抑系孙景燧侵亏查明以凭参奏分别追赔一面将应放官兵俸饷银十万二千五百两先由藩库拨解以应支放并将孙景燧垫用各项逐一查核府库应存银十六万一千一百余两除现贮在库并垫项内有已经扣还及虽未扣还尚有项可扣可追各款抵算外其余已垫作兵饷尚未收还之十万九千九百余两皆系台属各厅县应解之项又代垫盐贩欠课九千三百余两系各盐贩应缴之项府仓应存谷十六万七千七百余石除现存谷二万九千四百余石又交过谷价外实在无著谷十二万五千六百余石亦系各厅县应买补解府及各殷户已领过价值并历任留交应补之项皆因上年贼匪滋扰各厅县仓库有遭抢毁即领过谷价之各殷户及欠课之各盐贩亦未知存亡以致仓库俱无著落但钱粮仓谷既系应行解府之项自应按期催解以归实贮乃该故守于各厅县应解之项并不及早严催遇有官兵俸饷转将仓库旧贮之银谷挪移垫用而各该厅县于应行解府之项亦并不按期批解迨上年冬间贼扰后则尽归于无著明系平日已经亏空上下扶同作弊挪前补后致应行实贮之仓库散失无存自应严办孙景燧原籍现据浙抚臣琅玕查抄其家属尚在闽省侨寓除札会抚臣徐嗣曾等在省城泉州等处速行查明下落将赀财尽行查封毋稍隐漏外其应解不解之各厅县一并飞咨各原藉查抄以便变抵归款奏入上命军机大臣传谕福康安常青李侍尧蓝元枚曰此时正在剿捕贼匪之际该督惟应将调度策应一切紧要机宜悉心筹划及将有官军打仗杀贼信息随时具奏至此锁细之事并非目前急务该督察看情形遇有应行调办者不妨权其轻重次第办理何暇于此时鳃鳃过计琐屑入告该省之意不过以此等无著库项及增雇价值关系将来报销惟恐不预行奏明致伊有赔累之事殊不思台湾逆匪兹事皆由前任督抚及地方官侵贪敛怨废弛贻误所致李侍尧系接任办理军务之人将来事定后其浮用无著款项有应行赔补者自当于历任督抚及该地方官名下查明在任年月著落分赔必不令接办之李侍尧有所赔累也其折内所奏各款现在实无暇计及此姑照所请行李侍尧当明谕朕意安心筹办军务要件其寻常细事无庸过虑预为将来地步也至常青蓝元枚旬余以来未据续有奏报而柴大纪在诸罗被贼攻围曾否打仗得胜剿散贼匪日内总无信息殊为烦闷现据李侍尧奏调赴常青之闽粤兵早经前往满兵现已配渡开洋蓝元枚处应调之粤兵漳兵已于七月下旬开渡其续调之粤兵现已令李化龙统领向鹿仔港进发是常青蓝元枚两路兵力俱已厚集正当乘其新到锐气奋勇直前并力进剿况徐鼎士在大甲驻札招抚难民义番食粮充伍者甚多又经李侍尧派兵一千名前往接济此一路亦可牵制贼匪令其首尾不能相顾若贼匪回顾家属则诸罗之围自解常青蓝元枚尤当趁此机会迅速带兵直抵诸罗与柴大纪会合进捣贼巢以收扫穴擒渠之效同日浦霖奏言湖南拨运兵米十万石于改由陆运之后即已飞咨何裕城妥为筹办随据覆彼地接运之所据经派有专员不致迟误除领运米二万五千石已于八月十五日开帮其余陆续趱运鱼贯踵行总使湖南之米紧随北省尾帮之后不许远离自无虞迟误奏入报闻

初三日【丁卯】保宁奏言调派屯练降番二千名赴闽一切夫马船只供应等项俱预备经理兹于八月十九日晚头起屯练兵五百名到省臣保宁会同将军臣鄂辉提督臣德成亲加点验俱属精壮勇健当即晓谕鼓励令其安静行走奋勇出力该番等俱踊跃遵奉查番练原无军装今涉远赴闽军容宜整臣与各司道预为捐制毡帽得胜

卦并衫裤等二千副按名散给各屯员亦赏绸缎荷包等物并于例支口粮之外俱各赏给牛羊糌粑烟茶等物以壮行色其二三四起番练俱一例办给至番练等所带鸟枪刀矛器械俱属齐全惟火药一项水路长途不特有费搬运且舟中星火宜慎现饬毋容随带仍咨明闽省俟该官兵到日发给其管领将弁除本管维州懋功二协副将各选派干练都司千总外委等官并酌带字识通事目兵以资分领所有头起官兵支领俸饷行装银两及犒赏屯练衣物等料理完毕即令维州协副将那苏图管领于八月二十日登舟二十一日早开行月内可抵重庆其余二三起屯练俱即随后进发虽新疆降番较屯练稍远月内亦必能催趱到省接续起程不致间断其自省至重庆自重庆至夔州之巫山县出境派委各府州应付俱于例给口粮柴觔之外酌赏盐茶蔬肉以供日食并令随到随应俾免逐程停泊稽延至重庆所需船只已饬川东道黄轩知府赵由坤备办倘兵至之日尚有不敷即照前奏将雇备续运米三十万石尾帮船只先尽兵行不致迟滞再行江险滩甚多兵番等均可于过滩时上岸行走不过一二里仍即下船已派重庆镇道多派兵役及红哨等船小心获送再川省现在办运闽米正当秋令水平下游商贩货船来川者较多总须至重庆卸载臣前奏催令速赴重庆原无碍于商载至宜昌荆州雇办空船旋因客船陆续赶到可敷应用当即飞行荆宜二府停止现续办米三十万石之头二两运已自重庆开行其官兵番练所需船只业饬将催备米船尾帮先尽兵行随后再办运米约于九月中旬亦可蒇事其时正值秋收甫毕之后商贩米粮仍得船载流通并无妨碍奏入报闻

初四日【戊辰】孙士毅奏言贵州兵赴闽必须经由广西东境内臣密饬两省地方官酌雇船只碾备口粮诸凡妥协经理俟黔兵随到随即应付俾得迅速遄行查黔兵自古州一带舟行入广西境经柳浔二府直达梧州复由梧州入广东境俱系顺流而下行程最捷再从广东省河换船至惠州老隆过山仍从青溪下船直抵潮属黄冈起岸即日赴闽除粤西经过地方移至抚臣孙永清酌派文员妥为办理其标营武职由臣檄饬沿途弹压以期安静至粤东经由驿站稽查照料现已办有章程自可遄行无阻其自入广东境至惠州府抚臣图萨布督查其自惠州至老隆过山提臣高璘督查其自青溪下船至潮属黄冈起岸由臣督查点送出境总令军行肃静不致稍有张皇扰累又前接将军常青请调粤西江西两省官兵之信即一面檄令粤西官兵分起前进八月十一日复接常青寄阅折稿内有诸罗急需应接等语臣以粤西兵丁虽经檄调缓不济急臣既知军营需兵接应岂容膜视是以复就粤东抚标广协惠协等营凑调一千名派令将备速带来潮前赴诸罗协同搜剿今奉旨令湖南湖北贵州各挑兵二千名听候调遣自应将粤东西续调兵四千名暂停但详阅常青等折内情形贼匪势尚猖獗我兵似有不敷今调楚黔兵六千名若再加两广兵四千名共又得生力兵一万则福康安到彼足资调度剿匪自较多力臣是以拟候添调粤兵一千名到潮仍令速赴诸罗接应其粤西兵三千亦未敢遽行停止奏入上命军机大臣传谕李侍尧孙士毅曰台湾剿捕贼匪节经派调闽省浙粤满汉官兵及四川屯练黔省兵前往会剿兵力实已厚集乃常青因诸罗被围紧急续行咨调广西兵三千名因前据孙士毅奏业已咨会广西派委将弁带领起程是以准其调拨其孙士毅所请预备之广东兵一千名业经有旨停止想该督接到前旨自必遵照办理在孙士毅以邻省总督接到该将军等札会自不能不预为筹备但现在官军云集又经特派福康安及海兰察等带领巴图鲁侍卫等前往督剿大兵所临势如摧枯拉朽贼匪等鬼蜮伎穷谅不能久延残喘该督等惟当筹度机宜镇静料理俾内地民人安心宁谧方为妥善

卷三十五

（九月）初六日【庚午】蓝元枚奏言臣于七月二十二日染患痢疾病症至二十五日闻贼人来扰番仔沟亲带官兵前去堵杀行至中途因贼匪已退亦即回营是日大风猝受感冒渐觉疲倦八月初八日闻贼匪一由竹仔脚一由大肚溪一由柴坑仔三路来犯仍力疾亲带官兵前去堵杀至收兵回营精神愈觉不支现在不能起立饮食顿减伏思鹿仔港为海口要地况现在漳州兵已到一千三百余名广东已到四百余名兵力已足正当迅速剿灭首伙之际臣何人何心焉能安卧床褥调摄微躯兹暂将一切官兵移交普吉保管束进剿一面飞咨将军臣常青速拨大员前来经理臣奉职无状既不能克日擒渠又何敢抱病恋栈伏乞将臣革职军前効力俟台匪剿灭交部严加治罪奏入上命军机大臣传谕福康安李侍尧曰蓝元枚昨日奏到之折系八月初六日拜发驰递几及一月因查常青上次所到奏折系八月初五日拜发已于八月二十三日递到何以蓝元枚此次之折至一月之久随饬查沿途挂号发单系在未到蚶江以前海门耽搁十六日之久向来洋面虽以风信为凭即或间被风阻稍稽时日尚属事之所有何迟至十六日之多海面亦闽省所辖遇紧要文报该督等自必慎选员弁船只以便驶渡断无听其任意迟延之理著

交李侍尧严切稽查究系何处耽延迟误是否实系阻风即行据实覆奏此后务须随时留心稽查严饬该管员弁慎选夫船设法星速驰递毋致稍迟再蓝元枚处现据奏称漳州兵已到一千三百余名广东兵已到四百余名是兵力已盛且贼匪互相猜疑渐有涣散之势官军正可乘机进剿乃蓝元枚又因患病不能办理军务实深焦切鹿仔港一路现驻重兵最为紧要蓝元枚既经患病此时常青处亦无人可以派拨前往统辖福康安此刻已抵闽省接奉此旨即应星夜加倍兼程竟由蚶江配渡迅赴鹿仔港即带领蓝元枚所统官兵奋勇打仗接应诸罗或与徐鼎士会合夹攻大里杙惟当相机而行不必俟屯练及贵州兵到齐再行进发彼时若蓝元枚病症不能痊愈所有水师提督即令蔡攀龙署理蔡攀龙素为奋勇屡经打仗出力是以特加擢任著福康安先行传谕蔡攀龙务须倍加奋勉杀贼立功伊现在自己前抵诸罗即当由诸罗带兵剿杀沿途贼匪打信道路径赴鹿仔港如彼时福康安尚未到蔡攀龙即督率官兵奋力进剿不必等候福康安到彼始行进剿至蓝元枚自到鹿仔港后办理一切尚为奋勉后因其拥兵观望并无寸进又不亲往援应诸罗节经降旨饬谕今蓝元枚既称患病难以支持然犹在番仔港竹仔脚等处力疾打仗堵杀贼匪如果病症属实其情殊可怜悯现已颁赏大小荷包以示轸念福康安到彼即传旨赏给再蓝元枚虽因病不能办理普吉保自当带兵进剿何得株守坐待并著福康安将普吉保有无畏怯观望之处一并查明具奏

初七日【辛未】上命军机大臣传谕保宁李世杰舒常李庆棻琅玕孙士毅孙永清曰此时川黔两省之兵自必陆续按起前进但现在台湾虽有浙闽调拨之兵接济剿捕而会合攻击急需厚集兵力以期迅奏肤功计福康安此时已可到台湾督办一切正须多兵调遣所有调拨四川屯练降番及贵州之兵著保宁李庆棻务须饬令后起带兵员弁加紧行走愈速愈妙其川省之兵行过湖北江南浙江等省贵州之兵经过广西广东等省俱著各该督抚饬所属于兵过之时俱妥为照料速令加紧遄行毋使稍有迟缓上又命军机大臣传谕福康安李侍尧李化龙蔡攀龙曰前据常青奏派令蔡攀龙带兵一千六百名由海道前往诸罗援应柴大纪此时蔡攀龙自已早抵该处

同日李侍尧奏言诸罗被围日久刍粮铅药日少一日甚为可虑此间满汉兵登舟者不下八九千总以风信不常连日停泊不能开驾直至十六日始行放洋计目下当可到齐常青得此新兵或当分兵驻守府城率兵前往打通诸罗道路臣前询问船户陈荣昌据云闻得有牌腹村义民运粮接济诸罗城中等语若果如此则诸罗尚可坚守待援至鹿仔港一路普吉保札营在马鸣山本月初八日有贼来扰即率兵剿御自辰至未贼犹不退蓝元枚遣游击琢灵阿带兵接应贼始败散官兵乘胜追杀斩获甚多查漳兵二千久已起程其未到之六百余名不日亦即可到而左翼镇总兵李化龙带领粤兵二千五百亦于十六日放洋兵力骤增正可协力进剿旋接同知黄嘉训禀称蓝元枚于十八日身故等语蓝元枚到鹿仔港后连络民番布置似有头绪一旦身故群情未免失所倚恃适增调之粤兵漳兵计目下亦必全到则事机尚可相接惟普吉保李化龙两总兵恐难相统辖府城既有满汉兵新到想常青自必亲自带领赴援诸罗恒瑞或须留守府城不能分往鹿仔港督率臣一面飞檄普吉保李化龙务当和衷商度酌量一人驻守一人即统兵进剿斗六门等处与柴大纪会合勿得各存意见以致误事想普吉保等亦决不因统率无人遂稍存观望福康安海兰察等约计九月初间即可到厦门臣现已预备船只等项俟一到即可登舟所有粮饷火药惟有宽裕筹办上紧运送以期应手不敢稍有迟误均奏入上命军机大臣传谕福康安常青李侍尧柴大纪曰柴大纪所奏情形俱系七月以前之事业经常青李侍尧等先后俱奏而诸罗被贼攻围以后常青又派蔡攀龙等带兵往援如何杀贼解围之处尚未得有确信现在诸罗被困紧急望援甚切常青等自应遵旨带兵亲赴北路援应柴大纪而伊等又因府城存贮粮饷火药兼之难民甚多惟恐大兵起程后贼匪乘间侵扰府城请俟浙粤驻防满洲兵到后酌留一半驻守府城带领一半洗淨南路所办亦觉未中肯綮此项驻防兵三千前抵台湾后军势壮盛正当乘其锐气以全力直趋北路今又以分派一半驻守府城一半带往南路剿贼是兵力又以分而见单但此时常青等如已带兵前赴南路果能将贼匪大加剿杀擒获庄大田恢复凤山肃清后路俾无返顾之虞亦属甚善但必当奋力搜剿将屯占贼匪殲戮无遗庶不虚此一举不可徒分兵力以致两处耽延方为妥善又据奏官兵若往北路后府城止留梁朝桂驻守未免可虑一节常青既已见及于此自应令恒瑞同梁朝桂固守府城营盘常青自带兵径趋北路自不当祇令一总兵在郡城驻守也此旨到时竟应遵照前旨令恒瑞驻守府城常青仍带兵往援柴大纪为是又据李侍尧奏蓝元枚于八月十八日患病身故览之深为轸惜蓝元枚自驻札鹿仔港以来调度督率均属奋勉出力后因其久驻鹿仔港未能统兵进剿又未往救诸罗曾经降旨饬谕此亦策励之道不得不然今因偶患痢疾仍奋勉打仗竟至身故殊

为可悯鹿仔港现驻重兵方图进剿又贼党互相猜疑渐有溃散之势正是极好机会而参赞大员忽因病故军心不无惶怯将弁等不无懈弛观望并恐贼人闻知蓝元枚病故信息生心窥伺最为紧要李侍尧所奏之折福康安在途次已经启阅自悉该处情形惟当坚持定见及早驰抵该处整顿兵力奋勇进剿倘福康安尚未能克日前抵鹿仔港即应先发札谕以该参赞虽经身故但官兵厚集声势壮盛福康安现赴鹿仔港即日可到李化龙普吉保及将弁官兵等务须倍加奋勇努力自効杀贼立功俾军心镇定将弁等咸加奋勇其所调屯练及黔省兵现又有旨催令该督抚等即速派调起程克期进发以期早抵军营但此时鹿仔港续调之兵业已陆续到齐兵力已足福康安及海兰察所带巴图鲁侍卫等百余人最为勇健尤足以一当千更可恃以无恐惟当就现有之兵速即统领进剿将来屯练及黔省兵到彼时俱系生力岂不更资剿杀贼匪耶至水师提督业经降旨令蔡攀龙署理又因蔡攀龙未能即抵鹿仔港是以令李化龙署理以期事权归一今据李侍尧奏已经檄普吉保李化龙二人应留一人驻守鹿仔港一人带领兵攻斗六门与柴大纪会合想普吉保等不敢因统率之无人稍存观望等语自应如此办理厦门距鹿仔港不远李侍尧之信早到李化龙普吉保二人中何人驻守何人进剿自已早经商定即行各据实驰奏又前因鹿仔港招集充伍民人内有二百余名系曾经从贼者难遽信其无假冒投诚之事已有旨谕令留心防范倘有可疑者即先诛之今蓝元枚已经病故此事关系紧要并著福康安督同李化龙普吉保等加意严防随事稽查倘有心怀叵测者当即正法毋致别生事端上又谕内阁曰官兵在诸罗城外剿杀贼匪绅耆铺户挑送饭米凉水兵民得不饥渴又牌腹村民人复运粮接济诸罗该处民人能各知大义踊跃奉公深堪嘉尚自当特沛恩膏以示奖励著福康安常青李侍尧即行查明首先倡率之义民头目一面奏闻一面酌给官职第念该处义民众多若仅将头目给官嘉奖恩施犹未普遍前曾降旨蠲免台湾本年应征钱粮著再加恩将五十三年分台湾府属应征钱粮亦概行豁免并著该将军等即行普贴誊黄俾全郡民人咸知感激倍加奋免急公以副朕优奖义民有加无已至意上又谕内阁曰福建水师营提督蓝元枚于台湾逆匪林爽文纠众滋事以来屡统领将弁奋勇直前剿杀贼匪并筹划一切皆有条理特降旨授为参赞以示奖励昨据蓝元枚奏染患痢症屡次力疾统兵勇往堵御复降旨赏给大小荷包用昭体恤兹闻病故深为悯恻蓝元枚著赠太子太保并赏银一千两以示朕轸念勤劳优恤戎臣之至意所有应得恤典著该部察例具奏

卷三十六

九月初七日【辛未】阿桂奏言臣与福康安前在金川军营相处日久四十九年又同在石峰堡剿贼深知其办理军务及临阵克敌并非畏葸怯懦之人此次前赴台湾督办其主见如何臣虽无由得知但悉心揣度其奏请添兵自为速于完事起见缘逆匪林爽文等滋扰以来为时既久前后调往官兵虽已不少然其中如福建本省兵丁竟难深信即如该提镇等遇贼打仗屡报多兵不知下落此项兵丁岂尽死伤逃亡未必不因与贼同乡遂尔附从此外浙兵素又懦弱所可信者惟驻防满兵及粤兵二项统计不过一万四千余名现在贼匪猖獗鸱张设福康安到彼后现有兵力尚不敷剿捕维时再请添兵台湾远隔重洋往返动需数月倘不能冬春蒇事则台地炎热雨湿办理弥形棘手福康安身肩巨任思欲克朝蒇事故有预行调备之请方今帑藏充盈皇上于办理军务从无靳惜且福康安请调之黔楚兵六千名俱可由水路赴闽沿途应付似亦不至于劳费再查鹿仔港距大里杙较近且闻台湾彰化以北产米较广若北路打通粮运亦易办理是官兵由蚶江配渡往北进剿实为得力即臣前折亦曾请于虎仔坑等处分路进攻大里杙贼巢惟现在台湾蓝元枚驻札鹿仔港所带之兵本属无多而拨给常青处续调之粤浙各兵此时皆已到彼至内地兵丁其新募者既未经训练即旧有者均系挑选所余福康安现在前往台湾无兵可带若由蚶江配渡而大兵俱在南路转恐未能得济臣愚以为目下急务总在打通诸罗为要诸罗一通则南北声势联络维时可南可北视贼聚集处所或以全力专注或用分路夹攻捣穴擒渠蒇功自易而就现在情形再四审酌福康安似宜仍由厦门配渡以便统率大兵前往诸罗于捕剿方能得力

同日福建按察使李永琪奏言八月初五日由鹿耳门到台湾府城查军需一切先经督臣李侍尧委员源源运送尽属充裕所有粮饷药铅等项除台湾府道支放外现在存贮饷银二十一万两有零兵米六万一千余石火药八万九千余斤枪子六万一千余斤炮子一千八百余颗火绳一十二万三千四百余盘均足敷应用臣到后连次赴城外营盘见将军常青精神照旧强健参赞恒瑞同在一处城外营盘甚为整齐严肃城内民居安贴铺户贸易如常臣现与台湾道永福同文武各官督率义勇兵民日则慎密稽查夜则严谨巡逻与城外官兵相为声应凡存贮军火处

所拨兵防守仍不时亲往查看以免疏虞至鹿仔港军营应需一切粮饷药铅臣前经过厦门时查阅局内档案所有历次委员拨运过银米铅药并火绳炮子等项甚属宽裕兹又添兵五千亦足敷用臣一面飞查支存各数以备考核仍一面飞移内地总局再行拨运务使充足有余不敢稍有缺误均奏入报闻

同日何裕城奏言四川屯练降番兵二千名赴闽进剿必须行程倍加迅速今据浙江巡抚琅玕以川兵原定于江南浙江行走若改由江西之九江府等处从常玉山入浙省之衢州府达闽计程较近一千余里咨臣预备催趱前进等因臣查琅玕拟改之路程固可减省行程但川兵自江西之九江府入境经过南康南昌饶州等府抵广信府之河口镇系江西入浙入闽分路之处若如琅玕所拟从河口镇起身度常玉山经由浙江之衢州再度仙霞岭抵闽省之建宁府计程九百九十五里如不经由浙江即从河口镇起旱由铅山县过岭径入闽省之崇安县达建宁府前进计程四百三十里较琅玕所拟路程尚可少行五百六十余里兼可少过一岭更为便捷臣不敢拘泥浙省所拟路程绕道稽缓除行司在于河口镇至崇安县一路及水陆经过各属预备船只夫马口粮等项以资应付届期饬令藩司李承邺赴河口镇督率经理臬司额勒春在省城上船处督率照料并知会南昌镇臣永安带同官兵沿途弹压臣一俟入境有信驰赴九江府首站于官兵起旱处所躬亲督率料理奏入上命军机大臣传谕何裕城曰此次屯练各兵行期]急若早到台湾一日即可得一日之用今由铅山旱道入闽路程既较琅玕所拟之路为近自应即改从此路行走以免稽迟何裕城能不拘泥浙省来咨通融筹办俾军行倍得迅速甚属可嘉著赏给大小荷包以示奖励仍著饬令所属于川兵入境后妥为照料迅速前进

卷三十七

九月十四日【戊寅】李侍尧奏言诸罗被围日久前接将军常青来札知又遣副将贵林蔡攀龙参将孙全谋等带兵一千六百名前往应援嗣于二十四五等日接台湾各官禀报因八月以来候风频作各兵由水路沿海往盐水港去而复回兼有失风耗损者八月十四日尚未到齐柴大纪等在诸罗尚在固守惟粮食已无甚为竭蹶札盐水港之游击杨起麟先雇番民四人各带火药二十五觔番银四五十圆晚间伏地而进后又雇十一人如前运送俱得到诸罗拟再多雇暗运接济十五日以后风势稍息贵林蔡攀龙等料可俱抵盐水港该道永福又令盐水港随营之县丞徐英等多雇义民数千协力前进谅必打通道路二十九日有舡到厦询知蔡攀龙等已于二十前后到盐水港

同日舒常姜晟同奏言川省运闽米二十万石分装舡六十二只于七月十九日自重庆开帮八月二十八九军日陆续到汉臣等派粮道连柱带同汉阳府县并委杂职等官照料川省委员等盘量过载计楚舡五十七只足敷装载于九月初四日自汉口陆续开行臣等仍派委巡检把总四员协同获送出境其二运米舡抵汉者现已过半亦将取次过载三四运米舡据原任荆宜施道陈大文及宜昌府县等禀报已均入楚境衔尾遄行当亦随后抵汉换舡过载不至迟逾至楚北运闽米十万石亦分四运自八月初十日头运米舡开行每间五六日后启行今头批米舡已于九月初一日齐抵德化县转送前进二批亦到过半均应于吴城镇换舡过载业经江西抚臣委员照料臣等亦仍严饬押运各员催儧前行务于江西本省米石运竣赶紧接运不至守候耽延再川省自宜昌府巴东县入楚境至黄州府黄梅县出境计程二千二百里应设水台一十九处臣等遴派正印官分赴各府属沿江地方每隔一百二三十里不等可以湾泊舡只之处搭棚安站一面预备牛羊米麺油茶等项以便临期赡给其入境后宜昌荆州一路业已派有府道会同宜昌镇率带文武员弁分段照料弹压一俟抵汉换舡臣等即亲至汉阳督同妥为办理并于例得供支之外量加赏赉务令屯练等踊跃欢欣遄行无滞仍饬藩司陈淮前往黄梅县照料出境再本月初二日接准协办大学士福康安咨开四川屯练兵丁自九江由江西玉山常山径至衢州较近一千余里自应改从此路以期速达闽省当即飞咨江西抚臣何裕城查照迅速妥备至汉口为各省商贩聚集之所如雇备舡只之事办理不善恐有妨于商民舡户或致各货阻滞长价不可不通盘筹议前经出示晓谕所有不合用舡只毋许封雇今雇备辘轳应运之舡计足敷用除守空给与饭食开行照例给价外复将舡数已敷毋庸封雇缘由出示张贴今商民人等贩货往来一概听便并严查胥役人等留难阻滞是以汉口地方需用舡只为数虽甚繁多而商民舡户等均极宁贴如常

同日孙永清奏言黔兵如须调遣应由黔省古州丙妹一带入粤西之怀远县出苍梧县入广东之封川县境计

程虽一千八百余里俱系水路顺流直下最为便捷所有各兵沿途支应口粮盐菜等项均经密饬经过各地方官一律准备并派委右江道陆苍霖驰赴黔粤交界之梅寨地方督同该府县弹压照料郴州一带派委获盐法道李镜图督送浔州府一带派委左江道杨雄业督送一俟接有黔兵起程之信即分紧驰赴各站董率妥办臣仍前赴梧州府亲行点送出境至需用舡只现值粤西官兵赶紧启行即黔兵接续过境舡只亦尽可敷用又于八月二十五日接准督臣孙士毅咨称现准将军常青咨会奏请添调粤西官兵三千名赴台湾协剿若恭候朱批未免缓不济急自应饬令即日起程等因当即飞咨提臣令饬原派各营将弁立即带兵自营起程扣算路途远近勒限均到梧州汇齐分起启行并委获盐道李镜图驰赴平乐左江道汤雄业前往分头督催照料其郴州府一带即令右江道陆苍霖就近督催务期迅速趱行俾早行一日则军营早收一日之效至粤西各标协营现存预储三年火药共二十七万有零为数颇多臣现在札商提臣三德再添拨二万斤共成五万并配就枪子铅弹于官兵行走之后委员解赴潮州听侯督臣解赴闽备用均奏入报闻

十六日【庚辰】琅玕奏言四川屯练兵丁从川江顺流而下由湖北先至江西必由九江府行走该处有两路俱系由浙入闽通行大道一自九江府由安徽江南浙江至衢州府计水程二千三百余里自衢州西安至闽省浦城县旱路二百四十余里一自九江府湖口县至玉山水程九百余里自玉山经浙江常山至闽省浦城县旱路四百二十余里川省屯练兵丁改由江西行走较为便捷因将军臣福康安到浙面同商酌福康安亦深以为然即饬沿途地方一体预备查自衢州至闽陆路一切过兵事宜先俱委令杭嘉湖道清泰会同金衢严道玉德督率各该地方官办理已有章程惟常山一路并未经过兵差现仍委令该道清泰前往妥协备办务使行走迅速不至稍有迟误再海兰察等带领侍卫章京拜唐阿等已于二十二二十五二十九等日出境将军臣福康安带领侍卫章京各员于九月初四日入闽省浦城县界奏入上命军机大臣传谕福康安常青李侍尧曰海兰察等与福康安先后出浙江境入闽想海兰察等抵蚶江时自必等候福康安一同配渡齐抵鹿仔港激励将士整顿兵力军威振作壁垒一新即日前抵诸罗合兵进剿

十七日【辛巳】李侍尧奏言初四日接杨廷理禀称中秋前后连接柴大纪来文并外间侦探消息知诸罗尚在固守硝可取土熬煎米亦尚有出处十七日贵林蔡攀龙等到盐水港十九日领兵前进二十日贵林杨起麟邱能成为头队蔡攀龙孙全谋为二队一路前剿正遇大雨贼又乘势包围幸柴大纪带兵接应入城兵民尚无大折又探得到诸罗之兵于二十二日仍复自诸罗打出以通道路至恒瑞所统兵三千因舡少不能尽载二十二日即先往一千六百名余亦连日续进等语查诸罗被围已逾两月兹据杨廷理所禀则是道路已通即途次尚有贼匪伺间出扰而蔡攀龙等已可往来剿杀断不至如魏大斌之再入围中适恒瑞所带兵三千名又已续到兵力既可接济军势亦益壮盛数日内恒瑞与柴大纪等自必会同面商先将诸罗城外之贼剿洗即可克期直攻大里杙再接据带兵镇将等禀称去冬及本年春夏间调往各官兵所带账房经夏秋雨淋风刮已俱破烂难以栖止恳即制给更换等因自系实在情形兼有随带火药等项尤须遮蔽严密不至潮湿方可得用又旧时驻台班兵本无账房今亦有随征者并应给与账房以免露宿是以臣饬司道会同营员按照军装则例先制造一千架分解台郡及鹿仔港等处以供配给其近日所派一万一千之满汉官兵及本省增调向东港鹿仔港盐水港之进剿各兵甫经派往所带账房毋庸添补奏入

二十二日【丙戌】何裕城奏言据江西省各县驿禀报近有常青等奏折报匣二起先后递过俱附有两广督臣孙士毅传牌内开因系海船被风打至潮州海岸是以即从筠门岭递至江西省前进等因查江西交界至筠门岭本非驿路先因孙士毅驻札潮州府办事一切文报若照常由广东省城转递路径纡回惟于筠门岭至赣县驿站大路止计程六百三十里暂设台站六十四处深山小路不能驰马募备人夫按程接递在案现今军营报匣既有从筠门岭一路递到者诚恐交冬风信不常复有船抵潮州海岸经由此路递到之报匣且正值福康安统领大兵一举荡平之时驿递奏章更关紧要该处新设之站虽经分段派委杂职文员专司管理但重山复岭道路绵长若无驻彼总理之员不足以资稽查而明慎重酌委署赣州府通判徐宝麟赣州城守营都司石致远驰赴筠门岭一带驻札督率

稽查遇有军营报匣加紧驰递并饬按察使额勒春督率该地方官添募壮健人夫在站伺候以期迅速不致稍有迟误一俟凯旋即行停撤奏入报闻

二十三日【丁亥】李侍尧奏言闻李化龙已到鹿仔港该二镇面商定议李化龙留在鹿仔港驻守普吉保带领粤兵二千浙兵五百漳兵二千泉建兵一千定于初六日起程由西螺进攻斗六门查南北两路半年以来俱系堵御并未进剿而斗六门南接诸罗北通大里杙尤为贼匪往来要隘今普吉保因粤兵漳兵已到即统领前进及锋而用必能得手而诸罗之南现有蔡攀龙等打通道路恒瑞又统兵三千前往剿杀是兵力已俱集诸罗一带不日定当会合进攻贼巢至北淡水为大里杙之背调兵一千由五虎门出口往徐鼎士处接济八月十五日已经放洋嗣因各船在洋遭风有漂泊各口岸者今到淡已有七百余名查徐鼎士处本有兵一千八百名食粮民番七八千名今更得此兵一到声势益壮是以臣飞饬该副将星速进攻以期乘虚捣穴勿得稍有观望再查本年正月中柴大纪自府城领兵克复诸罗时系由陆路进发后于何时梗阻之处并未见各官禀报第查四月中常青遣参将潘韬带兵赴诸罗协守时因陆路不通改由海道坐船进盐水港至鹿仔草上岸陆行二十余里始至诸罗是四五月间府城至诸罗已不能从陆路直达惟盐水港鹿仔草两处有柴大纪所派游击杨起麟邱能成等分兵驻守是以水路尚无疏虞嗣后魏大斌田蓝玉张万魁及蔡攀龙等四次前往应援诸罗之兵俱由府城乘舡至盐水港而鹿仔草至诸罗之陆路二十余里则已俱为贼人占据非复如潘韬前往之时尚无阻碍魏大斌等赴援与贼接仗即在此二十余里之内其外委段昭明等赍回柴大纪之折想久在鹿仔草守候迨魏大斌等进兵时随同前往被贼杀害以致遗失至柴大纪送出之奏折文报多系雇募社番从间道黑夜到鹿仔草转递其文书率系小字密封大仅寸许尚易得出至夹板奏折益难赍送是以五月二十三日之折至六月二十日方至厦门六月初八日之折并至七月十九日始行到厦昨又据杨廷理禀称六月初三日柴大纪雇社番三人到郡内赍折一人被贼冲散人折俱失惟二人得至等语则柴大纪文报遗失者必多惟皇上所颁谕旨皆系递到台湾郡城再由盐水港鹿仔草转递从前路既未通杨起麟等必不敢轻率递送昨蔡攀龙杨起麟等已于八月二十日杀入诸罗二十二日又行杀出是道路已通自必赍交柴大纪矣至内地发往台郡之谕旨及紧要文书从前系由厦门同知遣家人衙役等配舡报送臣以事关紧要惟恐复有差失特派佐杂千总八员转流更替押送台郡所有此次交转寄柴大纪之旨已派妥弁赍送查蔡攀龙等既打通诸罗道路恒瑞又领兵三千前往自必将沿途贼匪更加剿洗可无虞梗阻奏入上命军机大臣传谕福康安常青李侍尧柴大纪蔡攀龙曰本日李侍尧之折系九月初十日拜发朕意其时福康安早应行抵厦门与李侍尧会晤定期配渡何以折内并未提及再自府城至诸罗陆路未能直达盐水港鹿仔草两处有柴大纪所派杨起麟邱能成等分兵驻守是以水路尚无阻隔蔡攀龙等得由海道前往援应诸罗打通道路此皆由柴大纪能先时筹及预行派员驻守何以常青并未能筹及由府城派委官兵前往防守耶至恒瑞带领多兵由海道绕往转避贼锋非懦怯而何前谕福康安于抵诸罗时查明参奏但此等情节朕于披览奏章之下其功臣罪已属昭然何待查奏始能明乎朕历年办理军务于万里之外时刻留心今恒瑞之畏葸无能情节显著即令恒瑞将来自行陈奏亦属无可置喙此事原不待福康安再行查询也

卷三十八

九月二十四日【戊子】孙永清三德同奏言接准督臣咨调粤西预备官兵三千名赴台协剿臣三德先驰抵梧州照料点送所有附近东省官兵即拨五百名为一起派副将巴尔布带领前进其余各起官兵均依限到梧即分派将弁点送上船衔尾开行九月初九日已全数出境由广东封川县一带前进奏入报闻

二十七日【辛卯】舒常姜晟同奏言川省派拨屯练降番二千名赴闽协剿于本月十六十七十九二十等日所有四起屯练降番挨次行抵汉口镇其替换船只先经照数按起预备差探每起将到臣等即亲至该处督同司道等先为预备随到随点看更换过船将例给供支及加赉饼肉钱文等项按船散给其领屯兵各起之将备土弁等量给绸疋荷包银锞等物当即令其开行前进臣等目击该官兵等气象不但整肃安静实俱踊跃奋兴自汉口至黄梅县出湖北境计程五百六十里顺流而下不过三四日臣等添派参游等催获前进逐站水台按例应付令藩司陈淮驻黄梅县照料出境成都将军鄂辉总兵穆克登阿俱于十九日先后行抵汉阳即日换船督催川兵前进至川省运闽米二十万石头二两运业经自汉换船开行其三四运亦现在陆续抵汉阳过载又续办米三十万石同头运米船

据宜昌府禀报已入巴东楚境

同日李庆棻奏言黔省赴闽官兵省城各营于初八日起程下游镇远等各营官兵均于初九初十十一等日自营起程上游之大定等营官兵亦于初九初十十一等日起程十六日全行经过省城臣现在亲赴沿途催趱并会同提臣保成飞饬领兵员弁迅速行走毋许片刻迟延约于二十四日可以全抵古州水次开船前进一路顺流直下约三日即可抵广西怀远县境均奏入上命军机大臣传谕孙士毅李侍尧何裕城孙永清徐嗣曾曰现在台湾剿贼仍未能刻期蒇事尚须厚集兵力以迅奏肤功计福康安此时早经前抵台湾鹿仔港督办一切正须生力之兵调遣会剿逆匪所有四川屯练降番及贵州广西之兵务须遄程前进著传谕孙士毅何裕城孙永清于沿途地方饬令带兵官弁加紧兼程行走愈速愈妙并著李侍尧徐嗣曾先行预备船只俟各兵到时即可迅速配渡毋使稍有迟缓

同日李侍尧奏言十四日接常青来札并将恒瑞折稿寄来臣查厦门驿站尚未有恒瑞奏折过境想因风水不顺吹往别处口岸不能即到臣等谨将原稿进呈惟是阅恒瑞折稿蔡攀龙等抵诸罗后仍未能杀出随同进兵之贵林杨起麟等并不知下落是此次赴援之兵又未得手幸恒瑞先带兵一千五百已到盐水港水路尚可无虞缘经月以来海洋东风甚大内地船只不能放洋所派赴援盐水港之本省兵三千已开驾一半其续出之一千五百名到厦门仅迟两日即为风阻屡出屡回至今尚未出境俟风势稍平即催令速发现准孙士毅咨称粤西兵三千本月二十以外头起可以入闽境臣自当料理令其随到随即登舟以资接济至海兰察等日内已陆续到厦福康安兼程行走已过省城不日亦即可到所有一切事宜臣与之悉心商酌再行具奏奏入上命军机大臣传谕福康安常青恒瑞李侍尧曰前据李侍尧奏蔡攀龙等已抵诸罗复又带兵出城杀贼而常青柴大纪总未具奏连日盼望军报甚为焦急今据李侍尧奏到各情形是此次赴援之兵又未得手贵林杨起麟系随同蔡攀龙带兵援应诸罗今蔡攀龙虽经柴大纪接应入城仍未能杀出而贵林杨起麟又无下落自系被贼匪拦截若有意外之虞岂不可惜恒瑞折稿又未提及贵林杨起麟下落殊不可解福康安于本月初五日已抵建溪计程早应前抵厦门与李侍尧会晤商办一切具奏今李侍尧所发之折系十五日拜发而福康安尚未到彼或系途中有疾是以行走迟缓但海兰察等现据李侍尧奏已陆续前抵厦门则福康安亦当相距不远何以此次李侍尧之折福康安又并未启阅岂中途或适相左未经遇见耶以此时情形而论蔡攀龙入城后虽未能得力而恒瑞已带兵到盐水港并据恒瑞折稿内称已札会普吉保令其派员带兵三千前赴诸罗接应而普吉保前已具奏留李化龙驻守鹿仔港伊亲带官兵由西螺斗六门前进攻剿此时自必在途想普吉保接到恒瑞札会自必星赴诸罗策应较之派员带兵更为得力看来盐水港尚可无虞

同日湖北布政使陈淮奏言川省头二起屯练降番各五百名已于九月初七日入湖北巴东县境现由宜昌荆州一带水路赴省其三四起官兵亦接踵而至臣自武昌起程迎赴前途查勘水站督率照料一抵汉口立即更换船只获送至黄梅县出境该处与江西交界臣即驻札黄梅按起料理前进再湖北动拨仓谷碾运闽米一十万石业分四起全数配船开行选派妥员按起管运出境四川先运闽省之米二十万石已陆续运抵汉口料理换船攒运前进其续运之三十万石头帮米二万石已于九月初七日入巴东县境现亦督率沿途州县俟其过境妥为获送摧趱务须迅速遄行所需船只汉口商贩云集易于雇觅经臣饬令地方官凡遇货船概不雇用查有卸载之船随时雇备以足副运送其余船只均听其往来自便货物流通商民乐业奏入报闻

(二十九日癸巳)同日保宁奏言九月初一日起至初七日四起官兵番练全数自重庆换船进发十二日已全出川境查剿捕台湾贼匪现须厚集兵力军行必须迅捷再飞咨成都将军鄂辉及各起领兵镇将督率催攒兼程前往并咨沿途各省一体督催奏入报闻

三十日【甲午】上命军机大臣传谕福康安常青恒瑞李侍尧普吉保曰前据柴大纪奏到搜获贼匪伪札内有防守海口要隘及被官兵耻笑等语因思贼人伙党内既称被官兵耻笑自系贼匪抗拒时屡被官兵剿败心存畏惧之言其所称防守海口亦必系虑及将来穷蹙之时希图窜逸入海况前据孙士毅奏访闻贼有暗造船只之事可见贼人气馁已预思逃窜将来官兵四路追剿贼匪自必由海口遁逸不可不加意严防著福康安常青等务须严饬弁兵于沿海各口岸要隘处所梭织往来巡逻稽察毋使贼人抢占船只得以逃往洋面致搜捕有稽时日又前据李侍尧奏鹿耳门鹿仔港等处已派拨缯艍船只并拨枪兵二百名前往协守此项缯船派往驻守之后该二处有无贼

匪在洋面滋扰兵丁等曾否拿获贼船总未据李侍尧奏及著该督即将该处情形据实覆奏并饬该官兵等务须实力巡防毋致稍有疏懈

卷三十九

（十月）初四日【戊戌】福康安奏言……至臣前赴鹿仔港本应由蚶江配渡闻李侍尧所备船只马匹账房等项先已齐集厦门若复调往蚶江转稽时日厦门至鹿仔港海道本属相通自应即由厦门前往以期迅速惟现在候风频作连日不止兹已于十九日拜折后登舟即在大担门候风俟风信稍顺即刻放洋径渡此时仍声言由鹿耳门前进临时再谕知船户令其前赴鹿仔港使贼匪猝不及防亦声东击西之一法

同日李侍尧奏言闽省办理军需除节次解往台湾南北各路军营一百五十余万两外其内地办理兵差夫船各价及一切制备军装借给官兵俸饷等项支用亦多宁可宽为备办恳再拨银二三百万两以资接济至本省岁需官兵俸饷等项一百四十余万两藩库亦属不敷据布政使觉罗伍拉纳详请于盐道库内拨银四十万两以供支放似亦应照详动拨再鹿仔港所运粮饷铅药等项本俱充足今更当源源运送务期宽裕惟是该处粮饷向来祇系同知等官办理今将军参赞等全向此路将来续调之川黔兵到来亦俱由此进剿则粮饷不可无大员经理臣拟即檄臬司李永祺由海道前赴鹿仔港但据福康安告称此时尚声言由鹿耳门前进臣俟福康安开洋后再饬知该臬司前往仍须慎密不可稍露端倪其府城有永福杨廷理等料理亦可不致有误惟官兵屡次赴援诸罗之后该处存兵又稍觉单薄查臣所派赴援盐水港之兵三千名已先有一半放洋其续到之一千五百名现在总兵郑国卿带领尚在厦门守风臣与福康安面商将此一千五百兵仍赴常青处协助南路兵力亦益厚集足资剿杀均入奏上命军机大臣传谕福康安常青恒瑞柴大纪李侍尧孙士毅曰福康安所奏台湾府城贼匪现在窥伺一节俱系地方官禀报之词但前此蔡攀龙带兵援诸罗时先据地方官禀报已将道路打通直抵诸罗复自城内杀出而续据恒瑞李侍尧奏报则蔡攀龙抵诸罗后仍被贼梗阻道路并未能出城剿杀可见该处地方官禀报之词好否皆未必尽系确实惟常青处兵力虽厚但先后派拨魏大斌蔡攀龙等援应诸罗已不免分势而恒瑞又带兵三千赴盐水港常青处现存之兵以分而见单所存无几贼人乘间侵扰亦属事之所有常青前经具奏亲带官兵往南潭中州等处搜剿贼匪如府城附近贼势稍增想常青自揣兵力有限不得直前搜捕亦断不能轻离该处府城从前未添兵以前尚能守获无虞又有常青在彼自当更无他宪总须俟常青等奏到方得的实看来常青柴大纪两处局面尚能支持防守所虑官兵或屡有挫失不免气馁于剿捕未能得力今福康安即由厦门配渡前赴鹿仔港仍声言由鹿耳门前进使贼猝不及防所办甚好其所称常青等调度失宜官兵多有损失及南北两路贼匪处处相通而我兵相距辽远声势不能联络各情节实为切中肯綮福康安于抵鹿仔港后振作士气镇定人心探视贼踪所至沿途搜捕实为此时要著至贼人狡猾伎俩往往于官兵过后阻截道路今福康安拟将贼匪屯聚相联之处并力截断使其首尾不能相顾是即因贼人之巧计用以攻贼俾官兵所过之地不致旋通旋塞深合机宜此事初起时若早派福康安前往督办自可早已蒇功乃黄仕简任承恩贻误于前而常青等又茫无把握以致旷日持久尚未办理完结朕悔之无及今福康安到彼声威壮盛又有巴图鲁侍卫章京等百余人带领已到蓄锐之兵进剿且续调之屯练二千黔兵二千广西兵二千约计十月底俱可到齐此项兵丁内川黔兵省兵最为趫捷临山陟岭骁健可用虽广西之兵稍逊于此二省之兵亦于南方潮溽之地水土相宜尚可期得力又李侍尧派赴盐水港兵三千名今据奏已先有一半放洋其一千五百名现经总兵郑国卿带领候风过渡合之常青恒瑞柴大纪普吉保等所带之兵统计不下五六万是先后派拨之兵为数已多加以府城及鹿仔港招集义民自足敷剿捕之用况我朝定鼎之后止用满洲劲旅所向克捷无不以少击众戡定海内奄有万方谅此等么魔草窃即云为数稍多只不过一时乌合以现在如许多兵统领进剿岂尚有不敷即云遍地皆贼断无须一兵抵一贼之理福康安惟当督率将弁奋勇前进勉图奏绩前曾降旨令李侍尧孙士毅于福建漳泉及广东潮州等处添募官兵以备调遣该督等竟当广为招募粤东与福建境壤毗连设遇有调拨可就近派往而附近游手无藉之徒甚多令其食粮充伍既可安辑地方又可预备调拨福康安察看情形若剿捕贼匪实有必须再行添调之处闽省粤东之兵不妨一面奏闻一面即就近拨调以期应手福康安计出万全上天必垂嘉佑惟福康安折内所称沿途搜剿一节贼匪到处屯聚所过村庄民人多被迫胁今福康安统兵进剿其经过地方固应乘势剿除不使于官兵过后潜出滋扰但所过村庄若悉行殲戮恐一处被官兵剿洗而他处闻风畏惧转为贼拒敌是驱使

从贼转坚其助逆之心若不留心防范而于所过村庄听其聚处又恐奸猾之徒于官兵过后生心梗阻致为肘腋之患福康安务须随时体访加意密防使良善得安其心而奸宄无由逞其伎俩此为最要再如鹿仔草等处本系杨起麟邱能成在彼驻守嗣因调往援应诸罗致该处兵单为贼所据福康安统兵前进所过之处其原派驻守官兵不可轻易撤调即鹿仔港亦应遵照昨降谕旨于普吉保李化龙二人内酌留一人驻守以免疏虞

同日何裕成奏言川省屯练降番二千名先经副将那苏图带领头起五百名于九月十八日抵江西九江府境当即起程前进兹松潘镇臣穆克登阿带领二起五百名于二十一日抵九江境即于次早起程前进成都将军鄂辉带领三起五百名于二十四日抵境亦于次早起程副将张芝元带领四起五百名及额外多带降番三十一名于二十六日抵境亦即于次早起程并由南康南昌饶州广信等府前进经臣每起于例给口粮盐菜之外量给食物钱文分别犒劳该屯番等赶紧行程甚属踊跃亦极安静臣仍飞饬臬司额勒春于南昌省城上船处督率照料并饬藩司李承邺于铅山县过岭处境处亲为妥协经理再湖北省协济闽米十万石分作四起由江西五福地方起岸转运其头二起米五万石先已入境换船前进今三四起米五万石亦于九月十五十九等日先后抵江西九江府境臣派员协同地方官获送儹催行抵鄱阳湖口一俟风顺立即渡湖换船前进不致少有迟误奏入上命军机大臣传谕孙士毅孙永清李庆棻曰广西贵州兵丁前据孙永清李庆棻奏已于九月初九十六等日全数出境谅日内自可陆续趱发已节经降旨催令遄行现在福康安已抵厦门配渡亟需官兵接济合力攻剿著沿途各督抚于前项官兵抵境务须妥为照料儹程前进愈速愈妙

初七日【辛丑】福康安海兰察同奏言登舟数日风信靡常现在大担门守候日内若得旁面稍顺之风可以折戗行走即令开驾放洋再台湾各处义民随营打仗接济诸罗粮食最为急公出力兹赏给义民头目官职并将乾隆五十三年应征钱粮通行蠲免现已发给厦门道厅等刊刻誊黄送至舟中一经登岸即于南北两路普行张挂并一面出示剀切晓谕被胁民人亦必闻风投出现在调派漳州兵丁二千名与贼匪同乡多言其不可深信然此时只可分派各营各队严加约束仍不可稍露端倪至义民人数众多难保无贼人混入其中亦当责成义民头目实力查察奏入上命军机大臣传谕福康安常青海兰察李侍尧曰海面九月内风色不正此原不可过于焦急轻易冒险但十月向系平顺易渡福康安于九月十九日在厦门登舟候风过渡计此时早交十月想已得有顺风久经放洋前抵鹿仔港矣台湾剿捕贼匪前后派调官兵不为不多而常青等运筹调度不能得有把握以致东派西拨兵力见单贼势尚在各路滋扰幸而朕先事预筹早经降旨将四川屯练及贵州广西兵预为调度此时台湾各路之兵未免因日久稍疲而新调川黔广西之兵皆系生力待其接续前到正资剿捕之用此刻虽因守风稍为稽待然俟此兵威壮盛机宜凑合未始非成功先兆福康安于此时转不必过于焦急轻易涉险也李侍尧派令郑国卿带往本省兵三千名亦在大担候风自即与福康安一同渡洋此内一千五百名前据李侍尧奏拟拨往常青处此时福康安到鹿仔港后即日相机进剿其郑国所带兵三千名竟可全数俱赴鹿仔港不必拨往南路更为壮盛再七月间曾据常青奏游击黄鸣凤带领弁兵义民在鹿耳门洋面巡缉瞭见贼船八只随率兵民追捕杀贼二十二人余匪逃窜贼船贼寮尽被焚烧等语曾谕令常青等于各隘口分派员弁实力巡查严密防范何以前此贼匪潜出滋扰当被巡缉官兵实时追捕剿杀而近日鹿仔草一带近海口岸转被贼匪肆出骚扰焚抢屯占并不能随时剿捕著福康安到彼后严饬沿海各隘口官弁兵丁等务须梭织巡逻认真查缉毋使贼匪得以乘间滋扰劫夺船只至普吉保前奏俟李化龙抵鹿仔港后即亲带官兵进击西螺斗六门正欲观其后效乃距今已阅两旬其如何进兵攻击及西螺一带曾否打通道路接应诸罗之处并未据有续奏或又系因风阻亦未可定普吉保在彼带兵是否实能奋勇出力著福康安秉公查明据实覆奏人才难得福康安亦不必因有前旨预存成见

同日阿桂奏言福康安进攻大里杙不特廓清道路攻围贼巢须用多兵即留防后路以及沿途获送粮饷火药等项在在咸资兵力且福康安与海兰察等久历戎行声威素著非常青等可比必得一临其地每战必克所向披靡方足以寒贼胆而整军威若急于前进设未能长驱直入途次稍有濡迟不副众望所关匪细台湾节次调往之兵虽已不少但分路剿捕及派拨防堵势已见单且其中亦少可用之兵而鹿仔港原驻兵力又不及府城至义民熟番等各获其身家大约以之守御则可资其力以之攻剿则但能助势即如剿贼以来义民乡勇到处打仗伤亡俱较兵丁甚少于此可见徐鼎士带兵不过二千余名即由大甲溪进剿恐亦难深恃计福康安到厦门蚶江一带当在九月二

十左右台湾每年九月向多候风难于配渡若福康安略需等候放洋则现调之屯练降番与黔省兵丁随后可到福康安亲带前往声势较壮若福康安到厦门蚶江一带即扬帆径渡似宜就该处现有兵力先于诸罗盐水港等处剿杀匪党廓清后路俟屯鍊降番与黔兵到齐兵力稍充整顿前进时再饬知徐鼎士由大甲溪克期夹攻庶捣穴擒渠可以得手

卷四十

十月初八日【壬寅】孙士毅奏言委守备沈德清千总庄大进带同兵丁三十二名将赴台兵丁绵衣鞋袴账房等项分载两船运送厦门九月初五日在粤东澄海县开行九月十八日接获南澳镇副将郑元好禀称前赴闽省铜山沿海一带巡查至虎仔屿收泊沈德清等船只亦收至虎仔屿告知于十五日湾泊铜山营仔汛港三更有贼船四只每只数十人前来行劫千总庄大进船内装载鞋裤账房等项被劫去一百余篓并失去随带兵器数件千总戳记一个因贼多兵少兵丁三名被打落水千总及各兵均各受伤其守备沈德清船内装载绵衣未曾被劫等因臣查该获镇郑元好既在闽省铜山沿海一带巡哨何至一任盗贼充斥毫无顾忌其铜山营汛是否该获镇所辖抑另有专管之员应听闽省查明参办外臣现于粤东境内各海口一体委员上紧踊缉严密查拿奏入上命军机大臣传谕李侍尧孙士毅徐嗣曾曰鞋裤账房等项俱系运送台湾军装对象被劫至一百余篓之多看来竟系林爽文伙匪在洋面潜出邀劫不可不严拿究办此案被劫系在闽省洋面李侍尧自应饬属一体严拿但该督驻劄厦门办理军务照料官兵配渡事务繁多无暇兼顾徐嗣曾现在省城并无经办要件竟著责成该抚督率所属实力查拿务期按名弋获毋使漏网徐嗣曾于台湾剿捕事务初时尚知留心随时陈奏后见贼匪肆扰日久一时未能办结未免心存畏难转似置身局外缄默不语若与己无干者徐嗣曾系本省巡抚何得漠不相关若此著传旨严行申饬

同日保成奏言黔省头起官兵距古州水次较近是以咨会古州镇总兵马诏蛟即将头起官兵会同贵东道尼堪富什浑先行点验开行总兵马诏蛟亲至丙妹照料嗣臣赶赴古州即将二起官兵查点开行随亲督前抵丙妹抚臣李庆棻于遵义大定平远黔西官兵过省亦即亲赴沿途督催铅弹等项俱加倍带往以资备用奏入报闻

初九日【癸卯】孙士毅奏言黔兵赴闽计程虽远而自贵州一带至广西梧州府均系溪河急水顺流而下无需多日其自梧州至广东省城水势亦顺不致稽迟唯自广州至惠州老龙地方逆水居多自老龙过山之后如遇溪河水势不致过浅亦止数日可到潮州查广西柳州以上提臣三德在彼督催抚臣孙永清现驻梧州照料其入粤东境后抚臣图萨布提臣高㻋于广惠两处上紧催趱其自老龙过山青溪下船至潮臣妥为料理中间复派委文武大员分段催查务期加紧遄行断不令稍有迟滞至粤西兵三千分作六起其头起五百名即日可到黄冈点送入闽其余五起因营分较远于九月初十日以前由梧州全数起程约计月尽月初亦由黄冈全数出境奏入报闻

(十四日)上命军机大臣传谕福康安常青海兰察恒瑞李侍尧孙士毅柴大纪曰……至福康安自九月二十四日在大担门发折后迄今未据续有奏报前于陛辞时曾令到厦门后察看情形如台湾府城及诸罗设有疏虞福康安应俟添调官兵到齐再行放洋前进计此时福康安自早得有顺风径渡鹿仔港但现在盐水港有贼滋扰恒瑞势不能支倘此旨到日福康安尚在守风待渡竟当俟川黔等省官兵到齐再行开驾若已得风配渡前抵鹿仔港不妨稍为等候俟川黔粤西官兵陆续到彼再行统领进剿或先赴盐水港一带剿杀贼匪援应恒瑞或径由鹿仔港直攻大里杙贼庄使贼人回顾巢穴前后牵缀则盐水港等处贼匪自必纷纷解散其围不攻自解福康安唯当审度机宜不可畏难亦不可冒险轻进总以持重为要

十六日【庚戌】福康安奏言臣此次由鹿仔港进剿必须南北两路并力攻围使贼匪处处防备疲于奔命贼势既分军威壮盛不难一鼓殲擒现已缮就咨文俟放洋时差人乘坐哨船知会常青恒瑞柴大纪蔡攀龙等约计臣到鹿仔港之时各路大举进攻鹿仔港大兵即可乘机迅发直抵诸罗将沿途贼匪痛加剿杀一面抚谕附近被胁民人令其各保村庄杀贼自効不必零星派拨逐处留兵道路自无虞梗阻中路既通声势益加联络然后整兵进逼大里杙约会淡水官兵由乌日庄夹攻另派巴图鲁侍卫数员带兵在牛骂快官等庄杜其奔窜之路巢穴既倾南路贼势益孤殲擒更易为力臣遥揣情形似应如此办理到彼后如有应行布置之处再当相机妥办

同日李侍尧奏言闽省驻防满兵除恒瑞带领一千赴台郡外尚有一千五百余名省城地方亦属紧要若分拨八百名来驻厦门亦足资弹压随飞移副都统鄂岳令其如数调派并明谕各兵以将军现赴台湾恐将来或需派拨是以先调至厦门预备至厦后仍饬随时操演既不稍露端倪亦已足壮声势至将军福康安既赴鹿仔港将来解送要犯或由蚶江入口该处附近泉州有陆路提标兵自足弹压可毋庸分拨满兵驻劄其漳州一带地方尤当静镇是以臣诸事只照常办理不露形迹再密饬平和县查访林爽文祖坟据禀林姓各支多者千余丁少亦数百丁现在进士林屏南称康熙年间有林悋者只身渡台营生后即家于大里杙乾隆四十年屏南之堂侄林任观往台贩易寓大墩林访家曾有大里杙人林爽年约二十以内常来闲游询系林悋之孙现在造逆之林爽文或即是此人但事隔多年彼此不通信息是否的系此人不能知其确实等语查漳泉土风往往人名有两字者只呼一字以便称谓今林任观所遇之林爽既居大里杙当即系现在之逆匪林爽文则伊祖林悋以上坟墓即应刨掘但据林任观所供林悋之孙与现在逆匪是一是二尚未有的据该姓支族甚多方且各怀畏惧未便因疑似之间遽行办理恐遂致惊疑不安容再行密访务得确切根据办理均奏入上命军机大臣传谕福康安常青海兰察恒瑞柴大纪蔡攀龙李侍尧曰福康安所奏筹办剿捕事宜与朕节次所降谕旨虽有大同小异然已俱得领要现在添调川省屯练兵不过七八日即可前抵厦门若福康安在大担门守风尚须数日放洋则此项兵丁当已陆续到彼福康安即可带领一同渡洋即福康安已得顺风先行开驾而屯练兵随后配渡计其前抵鹿仔港亦不过于福康安到后一二日即可到齐其贵州广西兵亦当接续全到且福康安前此原请添调四川湖南贵州兵各二千今湖北之兵虽因路远未经调发但朕已预为筹及派调广西兵三千现又添派湖南兵二千而川黔之兵于福康安未经奏调之先亦俱预为调派此时俱可络绎前抵该处正资进剿何虑不所向克捷耶唯恒瑞在盐水港有被贼滋扰之信该参赞前日奏到之折系由广东转递福康安未经启阅自尚未得信已降旨详谕一切就此时情形而论自先以援救诸罗为要福康安到鹿仔港后等候川黔广西兵齐到即直抵诸罗柴大纪蔡攀龙在彼日久于该处情形自为熟悉福康安当与之悉心筹划至台湾府城现有常青在彼看来虽未能进取而自守尚属有余即使府城守御难支或竟有疏虞之事亦不难再为收复福康安不必因身当重寄不能为郡城保全即为有负任使心怀疑虑以致顾此瞻彼转不能并力一处决机制胜朕亦不怪福康安之不救也所带巴图鲁侍卫章京等皆系久经行阵于行军机要皆能熟悉统兵进剿时其旁路后路或有贼匪潜出滋扰伊等自能随时察看预行防范不致堕贼狡计至林爽文祖坟未得确据自未便因疑似之间概行刨挖转致林姓支族闻信惊疑应俟查有确切根据再行办理即使一时未能查出亦无甚关系不妨稍从缓办同日何裕城奏言四川屯练降番兵二千三十一名先于九月二十六日全抵江西九江府境嗣接奉谕旨饬令加紧兼程行走又飞饬各地方官并添派文武大员分布各站节节儹催而该官兵等亦各踊跃争先由南康南昌饶州广信等府行抵河口镇经藩司李承邺率同府县等在彼经理分起过铅山县之分水岭至初八日全抵闽省之崇安县迅速前进奏入报闻

十七日【辛亥】孙士毅奏言前因诸罗急需应援即一面知会粤西兵起程来潮一面于粤东再凑调一千名实属失当至粤西兵三千于十月初四日全数照料入闽黔兵二千名计日应抵粤东境内奏入上命军机大臣传谕福康安常青李侍尧孙士毅徐嗣曾曰今台湾剿捕贼匪尚未能克期竣事正需兵力则孙士毅预行派拨以听调遣殊为得用甚资其力何必引以为罪耶此时屯练兵二千已抵该处粤西兵三千亦已早抵厦门合之郑国卿候风待渡之兵又有八千生力雄兵加以鹿仔港原有之漳州兵二千广东兵三千以及义民番社而以巴图鲁侍卫章京等分领进剿何向不克但恐将来大功垂成贼匪势穷力绌之时此辈狡猾性成断不肯束手待毙或思由海道抢船避窜笨港盐水港鹿仔草一带俱曾被贼匪焚抢此等处均系通海口岸将来贼匪避窜时其大里杙巢穴留存家属甚多贼人顾恋家室自必思抢船只同载逃逸若逃往洋面则大海广阔踪迹匪易岂有福康安亦驾船追捕之理福康安等务须预行留心今兵力既多如沿海口岸一经将贼杀散即拣派水陆弁兵严行看守并留一二大员往来稽察勿被贼人抢占若有商贩船只亦当全行调开勿令近岸其运载军需兵米等项船只于到后即令原船仍回内地使贼人无船可夺绝其逃窜入海之路方为妥善再漳泉各属向藉台湾运米接济今台湾被贼滋扰虽米石不能源源运送但该抚现称内运无多则是台湾地方小民尚能耕种有米运至内地且昨据福康安奏常青在府城与贼打仗情形其信息即系得之船户可见该处商贩虽少尚有船只往来其台湾产米是否常有运送内地者为数约计若干现在台湾南北两路何处尚照常耕种并著福康安李侍尧于便中访查据实具奏

二十日【甲寅】徐嗣曾奏言四川屯练降番二千名调赴来闽二起兵五百名于初四日入境其头起兵已于今日到省先准督臣咨会调拨驻防满兵驻札厦门备调经酌派八百名分起前往臣与副都统臣鄂岳商同料理趁川兵未到之时先令满兵两起于初八初十日起身此时川兵已到应先尽该屯练等逐起过竣后再遣后起满州前进臣亲赴沿途照料弹压火药铅弹均已备贮泉厦两处经臣酌定川兵由蚶江配渡赴鹿仔港已饬总办局司道于泉州存贮军火内就近按数拨给以资带往至广西兵三千名据报三四起已抵厦门贵州兵二千名计已可抵粤境俟各兵到时即可迅速配渡奏入报闻

二十一日【乙卯】孙永清三德同奏言黔省官兵二千名分四起行走头起官兵于九月二十一日入粤西之梅寨界第二三四起俱间日前来自梅寨至苍梧出境共水程一千八百余里每多滩浅难行之处先期饬令各地方官多备人夫在滩伺候兵船一到立即拉送毋许片刻停留并饬沿途督获各员弁加]严催俾各起接续行走兹于十月初三日至初六日四起兵船已全数出境入广东封川县界交明广东道府员弁押获前进其统领各兵之总兵许世亨并各将弁均能约束兵丁安静守法并无生事滋扰之处

二十三日【丁巳】李侍尧奏言九月以来海风连作台湾久无文报本月初九日始接同知吴元琪九月初六日来禀内称初一日柴大纪有信至府城称蔡攀龙等援兵惟蔡攀龙孙全谋带兵七八百名及运送粮饷之义民三千名到诸罗其贵林杨起麟杭富俱在正音庄阵亡贼在诸罗城十数里外周围邀截使道路不通米粮不入现在米价甚贵且无买处又闻近县各庄田禾正熟贼与庄民分收运归斗六门官兵常出城截用似尚可支持恒瑞在盐水港连日打仗常青又添派梁朝桂谢廷选带兵一千前往应援等语是诸罗仍未解围而盐水港又多贼匪滋扰梁朝桂等到彼虽可增助兵力万一贼益鲭张将盐水港水口截断则恒瑞等进退两难或有疏失益不成事体是以臣飞札常青速派水师鸟枪兵数百名驾船数十号往盐水港倘贼由水路来扰即行截杀务当保住水口兼可作万一退步之用臣因风帆不顺特令厦防厅选募舵工水手将此信冒险折戗前往但未知是否必能迅速送到至粤西兵三千现已到齐登舟缘东风甚大不能放洋福康安等亦尚在大担　风川省屯练本月初二日头起兵亦已入闽境此项兵系从江西取道省城而来应即从蚶江配渡其船只亦已预备妥当俟将到时臣即前往蚶江料理贵州兵闻已在途想亦迅速可到福康安等一得顺风自当即行开驾

(同日)上命军机大臣传谕福康安常青李侍尧恒瑞柴大纪普吉保曰……再朕恭阅雍正年间实录旧例闽粤民人往台湾耕种者所有妻眷一概不许携带止许只身居住台湾而全家仍住本籍嗣经高其倬疏请将在台湾垦田耕种及有房屋民人准其搬眷居住经九卿议驳自因台湾系海洋重地是以不令内地民人挈眷前往今台湾民人俱有家属与前定之例不符其准令携带眷属起于何时著福康安李侍尧查明具奏即如现在林爽文等纠众滋事设其家属俱在内地贼首等自必有所牵顾何致敢于肆逆若此是台湾民人禁止搬眷居住未必非杜渐防微之一法将来事定后应如何趁此兵威酌定章程妥协办理抑或从来已久有所不能之处并著李侍尧归入善后事宜一并妥议

卷四十一

十月二十四日福康安奏言十一日清晨臣见风势略平强令放船行未十数里仍被逆风打回至台湾情形日来总未据常青柴大纪恒瑞等具奏殊不可解适有自鹿仔港放回船只即传船户蔡顺利询问据供闻得总兵普吉保于九月半前亲自带兵前往诸罗曾否打仗得胜我不能知道等语据该船户所言普吉保久已带兵前往诸罗恒瑞若由盐水港并力进攻收复鹿仔草彼此声势联络诸罗尚可无虞查诸罗久被围困屡次救援皆未得手臣再四酌筹自应令柴大纪仍前固守与恒瑞普吉保内外应合杀贼解围似未便轻委县城奏入上命军机大臣传谕福康安李侍尧曰海洋风信顶阻未能克期开驾正是苍默佑天妃助灵俾福康安得以等候新兵扬帆同渡未始非极好机会朕方转愁为慰福康安惟当益加敬感切勿因放渡稽迟稍存尤怨也笨港距诸罗声息相闻与盐水港相距三十里兵势已为联络是诸罗盐水港两处俱可无虞且检查恒瑞前奏盐水港有贼匪滋扰系九月初四五两日情形而普吉保昨日奏到先复笨港系九月十六日之事是盐水港一路已壮声援常青处自守有余亦可无虑贼扰至普吉保一路既已得手柴大纪等自可内外应合并力会攻所有前后寄信谕旨俱毋庸给与阅看再普吉保昨日奏到

之折是否由蚶江登岸抑系由厦门转发何以福康安未经相值李侍尧亦未得有信息著李侍尧将普吉保此次奏折系由何路驰递之处便中查明具奏此后军营奏报均应于递到何处即由何处迅速转递勿得因有此旨拘泥令其转至厦门以致耽搁方为妥善至此次福康安发折时尚在守风待渡是由厦门至鹿仔港系属顶风而由台湾至内地当系顺风何以常青处亦未据有递到奏报并著李侍尧一俟常青文报递到即饬驿站加紧迅速驰递为要

二十五日【乙未】普吉保奏言李化龙于八月二十五日进港臣随将北路一带贼势及一切设备防御各情形详细告知而李化龙以曾经出师金川即欲带兵前往臣以李化龙甫经到港一切地势贼情未能深悉自应在鹿仔港固守堵御仍将各路留驻官兵统交经理臣得以长驱可免返顾之虞其原设各营盘均关紧要仍妥为安设留兵五千六百余名责令副将格绷额穆腾额参将福兰泰游击裴起鳌张会元陈士份等加意防范所有添调粤省兵三千名自八月初六二十二至九月初十日始行陆续抵鹿仔港内尚有兵船一只配带兵丁七十九名系把总郑廷斌管带未经进口臣一面酌带漳州兵二千名广东兵二千名又在陈兵内挑拨曾经打仗者一千五百名并带领获理副将游击琢灵阿参将张朝龙游击海亮夏承熙叶有光都司马元熏等分饬管领查署理番同知黄嘉训于事颇为熟悉总理粮务随营办理一切臣分派妥协定期于本月初四日亲率各官兵本拟于东螺西螺一带进攻缘闻诸罗县城被贼围困事至危急臣即遣妥人密为侦探道路若经由东螺西螺进攻斗六门贼匪不无设备剿洗恐稽时日今查笨港离县城二十余里离盐水港三十里虽系贼匪屯踞若大兵由沿海一带猝然骤至贼必丧胆溃乱我兵乘势进攻既可速解诸罗之危而于克复笨港后分拨官兵守御粮饷药铅等项于海道运送更为便益臣一面带兵相机前进一面密行知会柴大纪由县城统兵接应互相堵杀务期打通道路即可与将军臣常青等大兵会合进攻大里杙一带贼巢

(二十六日庚申)同日图萨布奏言黔兵二千名现分四起行走于十月初七八九十等日陆续到省立即更换船只将应给口粮各项照例给足随到随行

同日何裕城奏言川省委员先后押米二十万石接续到境经该地方官迎获尾催于十月十二日全数出江西境随飞咨安徽抚臣一体饬属儹催星速前进均奏入报闻

二十八日【壬戌】徐嗣曾奏言台湾自用兵以来车运军装夫脚并给发义勇口粮在在需用钱文以致钱价增昂即内地亦有日增之势恐将来逐渐增昂于民用官需均有滞碍不可不急筹调剂闽省宝福局鼓铸钱文岁额只四万三千余串仅敷搭放且云南买铜转运稽迟赶紧加铸亦属缓不济急与督臣商酌拟从邻省拨济以平市价但思陆路脚价浩繁转滋糜费惟查川米五十万现由江苏上海转运莫如即于米船内附搭来闽较为妥便仰恳勅下浙江江苏抚臣每省各备钱十余万串附搭米船解闽江苏钱文即于浒墅太平等关税银内扣拨归款浙省钱文即于现拨饷银内扣抵一并发至上海转运所需运费均由江浙二省核销闽省得此接济则制钱各处流通于军需民用大有裨益但江浙现在市价情形难以悬拟所请每省十余万之数或仍听江浙抚臣酌量增减毋致此盈彼绌奏入上命军机大臣传谕李世杰闵鹗元琅玕徐嗣曾曰闽省办理剿捕事宜一切运送军装夫价以及给发口粮需用钱文较多以致钱价昂贵自应邻省拨济以平市价但江浙两省现在钱价是否平减局铜是否敷用若因协拨闽省以致该二省钱价增昂局铜不敷亦多未便著李世杰闵鹗元琅玕即行妥为筹酌如该二省能照数协拨固属甚善即各备钱十余万串解闽否则减半拨济亦无不可所有协拨钱文即著附搭米船一并拨至上海转运闽省备用

二十九日【癸亥】李侍尧奏言普吉保往笨港时军装粮饷俱在元长庄大营有贼乘虚来犯经同知黄嘉训及游击夏承熙杀退又九月十二日有虎仔坑贼首陈泮带领四五千贼伙下山来扰经副将格绷额督率官兵义民奋勇杀退是贼觇知普吉保进兵又思乘虚从后路来袭一则扰普吉保之粮饷一则扰埔心庄营盘以图牵制则鹿仔港正需兵接济而本月十四日风势已平将军参赞及粤兵俱由大担放洋如风讯平顺不过两三日即可抵鹿仔港适川省屯练第一起已于十六日到蚶是以臣亦即自厦星赴蚶江料理配渡现皆随到即登舟配渡又查恒瑞普吉保既已订期夹攻普吉保所驻之元长庄离诸罗仅二十余里恒瑞所驻之盐水港离诸罗亦仅四十里两路齐进计此时必与柴大纪会合而将军参赞巴图鲁侍卫等及粤兵三千又齐抵鹿仔港川兵随后继进黔兵到来臣亦当

料理速发奏入上命军机大臣传谕福康安常青李侍尧曰福康安同海兰察及巴图鲁侍卫章京等于十四日俱由大担放洋不过两三日可抵鹿仔港计到彼后今已及旬余自已督率将弁乘锐进剿至虎仔坑贼首陈泮觇知普吉保进兵又思乘虚潜出绕截甚属可恨料此等贼匪罪恶贯盈久为天理所不容此时大兵云集四路攻围断不能苟延残喘贼匪等肆逆不法罪不容诛其逆首林爽文及庄大田陈泮吴领等必须生擒解京尽法处治方足以泄神人之恨著福康安于统兵进剿时如逆首等胆敢亲出抗拒被官兵临阵歼戮固亦足以伸国法然究不若按名生致处以极刑方可彰宪典而快众忿福康安务须预为布置设法筹办俾渠魁首恶悉数生擒更为妥善朕心方惬也副将格绷额于贼首陈泮带领贼伙下山滋扰时督率兵民将贼匪杀退甚属奋勇前因出有温州镇总兵一缺谕令福康安于带兵出力之副将内如徐鼎士谢廷选等保举一员奏明升补著将格绷额亦归入出力副将内一并察看比较何人最为奋勇即行奏明补用以示鼓励

卷四十二

（十一月初一日乙未）徐嗣曾奏言据台湾军需局司道议覆淡水同知徐梦麟请饷文内以大甲之兵尚未能与鹿仔港会剿该处义民口粮过多恐滋縻费似宜酌裁请示等语臣思淡水地处上游此时大甲溪以北安静无扰义勇颇为出力即日将军臣福康安督师渡港亟筹捣穴焚巢之计该处会合夹攻最关紧要臣即饬知该司道等现在大兵径渡鹿仔港淡水义民口粮未便议裁已于本月初十日自省添解饷银六万两米六千石运往接济一面飞札淡水文武员弁务将该义民妥为安抚于节次运往粮饷内酌量支给务期民兵并力以待大兵会合痛歼逆巢至铜山营宫仔汛贼船行劫粤兵棉衣鞋袴一案据营县节次拿获首伙各犯二十五名讯取供词虽未据供有勾结林爽文伙党情事但贼匪行踪诡秘所劫衣物现系解送台湾征兵之件必须严究有无勾通情节毋任狡脱臣到泉州送兵后即就近驰赴漳州亲自严审

臣等谨按粤庄义民随同大兵剿捕逆匪激于义愤视贼如仇虽以业经投诚之庄锡舍犹因其曾附贼党屏斥不与会合而庄锡舍遂以独力剿贼猝致被创亦可见粤民之相矜以气节由来久也我皇上叠加奖励示以同仇之义化其岐视之心复因康熙年间粤庄旧有怀忠效忠匾额止为督臣满保所给特亲洒宸翰宠逮穷檐所以鼓舞而作兴之者至矣上又命军机大臣传谕李侍尧徐嗣曾曰周井等犯在洋面肆行劫掠胆敢将运送台湾军装对象抢劫至一百余篓之多甚属可恶自当查明严办但该犯等俱系漳州人而贼首林爽文又籍隶漳州该抚查办此案若必将该犯等是否系属林爽文贼伙之处详加究讯伊等既不肯自行承认势必展转追究牵连波及恐该处民人不无心怀疑惧况此等盗犯审明后本应按律斩枭即使究出实系林爽文伙匪亦不过正法枭示罪无可加著徐嗣曾止须将该盗犯等行劫军装棉衣之案审讯明确就案完结毋庸展转追究致滋疑扰

同日常青奏言九月初七日贼目张基光洪赛等率贼二千攻扰东港之竿林等庄有义民首林成率众堵御杀贼八十余人初九日张基光等复纠水底寮贼三千余来攻又被林成会齐竿林内六庄义民奋力杀贼并溺毙之贼约有数百人夺回大小炮器械无数并前被贼伙林进李静等占踞之新园等庄亦经林成等义民同粤庄义民恢复各贼匪逃往水底寮声言再约贼匪来攻现在义民首林成同粤籍义民等恳发官兵前抵东港情愿齐心接应臣察看此时远近庄民因贼匪勒取粮米抽分田谷俱愿同心杀贼保获村庄既经竿林等庄义民倡率防御自系极好机会况有督臣李侍尧派来进攻东港陆路兵一千名对换水师内除已派二百名交千总王国志等带同府城义民二千前往盐水港外现有兵八百名即于十三日派令副将丁朝雄并原派来之游击倪宾守备查城带领又派守备林登云管带新募入伍之兵二百四十名一同起程由水路直取东港一复东港不但府城粮运大通而南路贼势自必穷蹙至总兵梁朝桂于初九日到盐水港札营与恒瑞大营相近即日与贼打仗剿杀贼匪甚多并烧毁贼寮又恒瑞派副将谢廷选同游击刘越共带兵九百名在新庄札营于初八日与贼打仗得胜查新店系水道登岸港口为盐水港后路既有该副将等驻守恒瑞处所需军火粮饷自可源源运送惟接据柴大纪咨称八月二十日副将蔡攀龙参将孙全谋游击邱能成等率领官兵来县查副将贵林游击杨起麟都司杭富守备马大雄四员及千总外委陈邦材陈洪猷等二十一名均闻在途遇害蔡攀龙等带来官兵一千二百六十六名损失六百二十二名邱能成等带来兵五百十二名损失一百五十六名又藤牌等兵丁九十名损失十四名其现到各兵随带药铅六百余斤运来饷番银

一千六百三十五员守备杨鹏在西门外打仗受伤身故恒瑞亲统大兵已抵盐水港柰诸罗附近各庄处处均有贼匪潜伏图截官兵来路苟非设法分其贼势大兵未易前来惟恳飞催鹿仔港普吉保李化龙速派勇战兵丁义民拣选大员统领前来俾贼知鹿仔港兵动必分其党以御我两路官兵则诸罗一带贼势自弱再差汀州义民游永盛等赍折赴郡祈再给发番银一千三百元迅速带回以济急需等情臣因普吉保前咨有商留总兵李化龙在鹿仔港固守即亲带官兵前往西螺斗六门一带打通道路之语复又飞札屡催谅该镇此时业已起兵现又有府城义民二千情愿前往而义民游永盛等既可陆续运送饷番则药铅并可设法零运必不致于乏绝不日南北官兵义民齐到参赞恒瑞柴大纪总兵普吉保酌筹并举内外合攻道路自必通畅贼首克日可擒惟游击邱能成在诸罗县城西门外番仔沟与贼打仗被伤身故恒瑞带往之获军参领岱森保患病未愈臣因派拨健锐营翼长乌什哈达前往适值内地调赴盐水港弁兵三千名陆续进发即令该翼长一同星速驰赴一到恒瑞军营即与总兵梁朝桂等酌筹进攻至南路东港臣派令副将丁朝雄管带弁兵由海道乘机进攻在凤山县属之竹仔港见有贼船数只即施放枪炮打破贼船一只贼匪百余人俱各弃船奔岸逃走该副将同革职参将那穆素里等带兵登岸追赶枪炮毙贼十余人生擒贼犯丁把洪贺二名当将各贼船烧毁仍即收兵回船候风又于十七日船抵东港暗令目兵李奇林光海浮水登岸先将贼人设防大炮灌湿将备弁兵齐到港口直攻进港贼各惊窜官兵追赶杀贼七名夺获枪炮弓刀等贼械又搜捕贼匪方得胜等十二名现在东港安抚百姓并哨探近港均有贼匪纠集该副将同游击倪宾等于路口安营堵御并会商粤庄义民总理曾中立等仍晓谕各庄将米谷由港运赴郡城粜卖现有载兵之船回郡俱已装载米谷开行臣查东港原系南路粮食赴郡之港口今官兵已经到港剿捕商贩米谷即由回空兵船装载来郡郡城米价现已平减但据称近港均有贼聚则此时尚不能为收复东港之功现有粤庄义民首举人曾中立并俸满教官罗荫前协同办理一俟全行通畅并粤民等庄粮食俱可由港出口到郡无阻臣即查明官兵义民有功者分别请奖另行奏报

同日李侍尧奏言……至四川将军鄂辉于本月十六日到泉州其头二起屯练兵亦已于十六七等日到蚶江余于二十一日可以到齐已到之兵现在支领盐菜口粮及锣锅账房马匹等项陆续登舟配渡

卷四十三

(十二月初四)柴大纪奏言……伏思元长庄相距鹿仔港八十里后路贼匪时出滋扰粮饷药铅若由旱路运送恐中途被截所关匪细现有五条港水路可以舟运曾将粮饷运到一次自港登岸离营盘仅只二十里臣派拨官兵沿途获卫可保无虞

卷四十四

十一月初八日【辛未】福康安奏言台湾贼匪蔓延日久官兵气馁总未蒇功蒙将屯练贵州广西兵丁预为调遣各兵俱系生力锐气方盛进剿必能得力臣适因风信不顺守候数旬粤西兵业俱到齐屯练已有至泉州之信贵州官兵不久亦可入闽虽守风稍觉稽延而军声更为壮盛俟到军营后督率奋勇官兵连得数次胜仗将贼匪尽力殲除即旧存之兵皆可转怯为勇用命争先又有闽粤各省兵丁随征子弟拔补额缺兵力亦藉可增添似未便因此时盐水港一带贼势滋蔓即于闽粤等省纷纷征调致涉张皇且军营添调一兵须得一兵之用京兵素称劲勇而台湾水土蒸溽似不相宜将来即使添兵京兵竟可毋庸调遣其余绿营兵丁除贵州湖广等省外惟广西及江苏狼山等处并崇明水师各营素称训练有方似为可用若闽粤新募之兵人数众多难保无充数应名之弊昨据孙士毅札会称广西兵丁存营精壮可得二千余名其广西召募之兵尚须训练又恒瑞所奏之内亦有闽省新兵须于暇时操演技艺之语是新募者技艺较疏不能十分出力即此已可概见臣此时前抵军营察看情形万一必须添兵大举即将拟调得力官兵据实奏闻如兵力业已足敷义民勇往出力亦即酌量情形具奏毋庸添调以省扰累臣于入闽途次闻有南安县教谕郭廷筠商人李光云于该处情形最为熟悉随传该教谕进见询以台湾事务应对明晰即饬其寻觅籍隶台湾之人听候差遣旋据禀报现有避难来厦之诸罗县举人郭廷机彰化县举人曾大源职员杨振文监生林文会等均为台湾民人素所信服家中庄佃甚多可以设法遣人离间贼党臣复传郭廷机等优加奖赉密令

分途前往妥办并将途中预备告示数千张著传人乘坐小船持往南北两路张贴剖晰利害剀切晓谕令被胁民人及早自行投出凡归庄安业者不许官兵丝毫扰累以安其心其情愿充当义民者亦即广为招集以备随营剿贼之用至器械为行军要需必须加倍坚利臣于候风时将应用一切军器妥为制备又闻贼匪居住草寮围以莿竹复多备火弹及厚背利刄斫刀预备临时应用现在各项器械俱已制备齐全已交载兵船内运送前往再查泉州民人素与漳人有隙凡系台湾之泉人多有充当义民者杀贼保庄倍加勇往因思泉州地方风俗剽悍若此时招集泉州乡勇既可随同剿贼又可安戢地方臣于到闽时先遣妥人密办及行过泉州即有乡勇多人恳请随征进剿当经面加抚谕饬委同安县知县单瑞龙教谕郭廷筠拣选身家殷实之人互相保结臣于此内择其精壮者二千四百余名商同李侍尧酌赏安家口食银两令其随往又恐内地漳人闻知疑虑复遣妥员招集漳州乡勇百余人以泯形迹但该乡勇义民等虽属健壮究不能谙晓纪律复檄调熟悉情形通晓闽音之副将李威光并臣奏请带赴台湾之参将李芳园等数员委令管辖随时教演以收实用又十四日得有顺风与海兰察同舟放洋驶行半日风色又转东北船户即欲在料罗地方暂泊臣仍令折戗开行无如侧帆迎借旁风往来转折水道纡回不能迅速二十二日已至外海大洋日暮大风陡起不及落帆水深又不能寄碇随风折回至二十三日卯刻望见崇武大山将近泉州惠安县洋面维时风信愈烈询据船户佥称现值暴期三四日方能平顺当令收入崇武澳中湾泊普尔普舒亮及巴图鲁侍卫等船只先后随至臣遣人赴各船看视皆因不惯乘舟又遇风涛倾簸头晕呕吐不能饮食间有患病者臣以现在湾泊候风并须添带淡水该侍卫等既多疾病不必在船坐守即令暂时登岸稍为歇息一遇顺风即刻开船径渡查崇武地方与鹿仔港隔海斜对若风色转顺一日可达军营今因风暴顶阻守候羁迟又不得台湾贼匪情形确信下怀焦急适惠安县将驿递常青恒瑞寄臣折稿呈送查阅各折郡城一带贼匪渐次退散义民投效甚多丁朝雄等所带之兵已到东港南路渐有转机惟恒瑞称诸罗贼匪愈聚愈多日在盐水港滋扰该参赞尽力堵御未能进抵诸罗其普吉保一路自到笨港元长庄后亦未能与恒瑞会合看来贼匪探知有十余万大兵渡台之信未免心生畏怯妄意诸罗围困日久兵力稍疲可以乘虚窥伺将南路贼匪撤回诸罗在盐水港一带四出滋扰是以南路贼虽觉解散而诸罗情形更为急迫必须臣亲督大兵迅抵军营相度机宜将贼之羽党痛加剿杀殲擒贼首贼目无难克期集事臣已与李侍尧面商并咨会鄂辉令由蚶江竟赴鹿仔港无庸前往厦门以期迅速再前在厦门守风据原任副将骑都尉陈大恩原任湖南守备李天贵江西南昌营守备广惠因解送火药到营俱呈恳随往军营听候差委查陈大恩李天贵广惠俱曾在金川出征年力尚壮自应准其所请带往军营差遣其广惠守备员缺即咨明江西抚臣遴员署理奏入上命军机大臣传谕福康安常青海兰察李侍尧柴大纪普吉保曰福康安海兰察等远涉重洋备尝辛苦而普尔普舒亮及巴图鲁侍卫章京等皆生长北方未历风涛之险今因乘舟不惯偶有患病览奏甚为轸念即日风色顺利自当安稳渡洋伊等此时勤劳出力虽不免风涛惊险指日奏绩蒇功朕必酬庸格外受恩之日正长当倍加奋勉鼓勇直前以期迅速集事共膺懋赏昨因恒瑞奏到之折称贼多兵少过于张皇恐福康安不免为其所惑是以降旨详晰开示今阅福康安奏到筹办机宜诸凡皆妥井井有条是福康安于接到恒瑞折稿后竟能胸有定见不为其言所夺览奏深为庆慰至柴大纪设遇县城万难守御之时自必带领兵民出城赴普吉保处合为一势克复易于反掌即使普吉保一路亦难驻守伊二人竟可同赴福康安军营会合一处以图收复然此系过虑乃必无之事且普吉保到笨港后昨据李侍尧奏已移营月眉庄距县城不过十余里伊一闻县城被困紧急自必星速赴援即仅如魏大斌之带兵入城而城中添此兵力亦可以壮声势是柴大纪普吉保均不致或有挫失即恒瑞在盐水港虽不能稍进尺寸伊带兵数千亦尚能自守断不至将盐水港弃去计此时福康安早得有顺风径渡鹿仔港自已亲统大兵相机进剿惟日夕盼望捷音为急耳

十一日【甲戌】福康安奏言郑国卿所带闽兵业经李侍尧拨往南路所有鹿仔港官兵除普吉保带兵五千五百名赴援诸罗外该处约存三千余名现在新到之粤西兵三千名屯练二千名俱已配船候渡又加臣招集泉州漳州义勇二千余名虽系未经行阵而踊跃随征意气颇为振奋亦可抵得力官兵一千之数是现在臣等带往鹿仔港兵丁共有六七千名军声已属壮盛其贵州兵丁已札饬许世亨催令趱行并咨明李侍尧备船在蚶江配渡约计月底可入闽境若配渡迅速不过十一月初间可抵鹿仔港臣一得顺风不必俟黔兵到齐即行开驾

同日徐嗣曾奏言二十八日福康安拜发奏折后风顺随于申刻登舟开驾不及缮折嘱臣代为奏报臣询之土人船户等俱称风色甚好必可速到鹿仔港并见各船连帆衔尾而进甚为安稳适接台湾同知吴元祺禀报闻得诸罗胁从之贼贪得钱文私将米粮卖给百姓而近县庄民惧贼不敢明助间有用袋装米埋于空旷处所遗字与营中自行往取等语是诸罗百姓中多有晓义急公者柴大纪等固守支持或亦稍资接济臣以贼情及民志揆之大兵一到鹿仔港后当必重围立解所有贵州官兵现已据报头起五百名于本月二十四日抵漳州府属之诏安县境臣复飞饬蚶江一带务将预备船只妥为齐全以速配渡均奏入上命军机大臣传谕福康安常青海兰察柴大纪普吉保李侍尧曰崇武澳至鹿仔港海道径直不过半日可达今福康安已得顺风连帆稳渡二十九日定可前抵该处台湾贼匪本系么么乌合今见福康安统领如许劲将强兵声威壮盛自必闻风胆落正可乘锐长驱奋力进剿而普吉保一路自亦倍加振作此时惟应先令普吉保星速带兵直抵县城而福康安即以大兵接踵遄征与柴大纪等并力剿捕以收捣穴擒渠之绩更可不须预筹添调官兵矣现在南路贼匪虽已撤动但府城现存兵力既属无多而府城仓库衙署户口自较嘉义县数倍尤不可委之而去自应令常青在彼驻札委以守城之事至贼目庄大田既闻其有潜赴林爽文处并力攻扰县城之语林爽文庄大田分路滋扰官兵剿捕未免稍需时日今若聚为一处正可趁大兵全力一鼓殲擒转属极好机会林爽文等于纠众滋扰之时预为改装逃窜之计可见天夺其魄已自知其破灭不远为此等鬼蜮伎俩即日大兵云集四路攻剿自当克期就缚访察真情断不致漏网也嘉义县附近庄民私将米粮卖与百姓埋藏空旷处所令兵民自行往取是该处百姓晓义急公甚属可嘉而县城得此米粮接济更可一心固守果有此事否即查明奏闻至福康安与海兰察得风稳渡诸凡吉祥如意特赐福康安海兰察玉如意各一柄并各赏大小荷包以志庆慰鄂辉普尔普舒亮俱远涉重洋勤劳出力著各赏大小荷包并共赏奶饼一匣另奶饼三匣著分赏随同出力之渡洋官弁等用示奖励

卷四十五

十一月十二日【乙亥】李侍尧奏言接奉上谕即使府城难支或竟有疏虞之事亦不难再为收复等因现在府城一两月以来并无贼扰常青遣丁朝雄前往收复东港虽南路贼匪复思煽动其党伙决不能如逆爽之多诸罗虽被围困昨接柴大纪折稿知其尚在坚守今郑国卿已到盐水港恒瑞兵约有七八千自当分兵驻守一面约普吉保并进普吉保即以后路为虑而福康安兵到可接续前进其势必能攻透诸罗则三路会合军声大振即可就近移兵直攻贼巢胜势已在我而不在贼此正捣穴擒渠之关键全郡事势不过数日内即大有转机至府城尤为全台人心所系况数十万粮饷火药以及炮位等项无一不在城中若使贼得之反增其势又鹿耳门为进兵要口府城或有疏虞则鹿耳门亦难守住将来官兵进剿并无上岸之路此事实大有关系现在事势固决不至如此臣恐谕旨一到军营必不能秘密万一稍有宣泄则人心不免惊疑摇动或转有意外之虞计此次所降常青之谕旨厦门尚未即刻配渡臣已飞饬厦门同知追回拟将上谕内节去一段另录寄知常青并恐已经发渡追赶不及一面札知常青并将此次折稿抄寄嘱其万勿泄露福康安处亦将此意札知矣惟府城之兵自前次派往诸罗盐水港后兵力不免单薄臣现又在各营挑派旧兵一千名由厦配渡前往协守并前派在澎湖鹿耳门一带往来防获之水师兵六百名亦知会常青倘海洋无事而府城或有缓急即就近调度以资堵剿再内地所解粮饷军装秋令暴风致有沉失除王履吉一船飘至广东业经图萨布具奏外尚有第六号米船一只载米九百石飘至长道坑海口遇礁击碎淹毙押运兵丁一名水手五名米石尽行沉失又郑圣华一船载米八百五十石七月二十五日将进鹿耳门遭风击破经杨廷理闻知急雇小船往救捞出湿米五百八十八包其余二百余包无从捞获又船户李生财载闽县军米赴厦门九月二十八日二更在鼓屿洋面遭风覆船黑夜无人救获米尽沉失淹毙兵丁水手七名惟李生财及水手林顺扶蓬飘流至屿得生又曾长瑛船在蚶江载军米一千石赴鹿仔港二十日遭风舵折二十一日飘至鸡膳触礁船碎曾长瑛扶蓬浮来其余兵役水手等同时浮水未知生死此三船沉失米石均请照王履吉之例一体豁免以示矜恤

(同日)上又谕内阁曰解送军饷米船于外洋陡遇候风人力难施以致船只沉溺淹毙数人情殊可悯所有沉失米石均著免其赔补外其前后溺毙之兵丁水手人等均著该督查明照阵亡例议恤以示体恤

十八日【辛巳】常青奏言……臣于海口各要隘分饬兵弁严密巡缉毋使贼匪抢占船只以致远扬并饬台湾县王露多备札谕交熟练番情之诸罗生员刘宗荣转交伊弟刘光志密往大武垄内后山给四社番通事土目收执预防贼匪窜匿现在南路东港一带虽尚未全行收复而官兵驻劄港口商贩米粮贼匪不能拦阻多有装载船只来郡粜卖者臣惟有酌量兵力并招徕义民足敷进剿即起兵肃清南路

同日李侍尧徐嗣曾同奏言有船户金锦远自鹿仔港回至蚶江据称该船于十一月初一日在鹿仔港出口见有兵船百余号已收到港口并遇将军坐船之船户告称所有兵船俱于前月二十九日齐到等语查福康安于前月二十八日申刻放洋臣等日夕占候夲月初一日又转东风惟恐船尚未到正深悬虑今据该船户所称则福康安等已于二十九日全到以数百里之洋面一昼夜间安稳飞渡实为用兵以来所未有现在恒瑞兵已抵鹿仔草普吉保进兵离诸罗不过数里福康安等带领新兵乘锐杀入定当三路会合迅即移攻贼巢目下贵州总兵许世亨已带头二起兵一千名于初三四等日抵蚶江俱即配渡其三四起兵亦不日可到接续前往兵力既厚军声益振捣穴擒渠可计日以待

同日李永祺奏言台湾办理军务一切情形有迥不相同之处如内地解运粮饷军火大炮等项船至鹿耳门内有海滩三十里重载不能前进必须另雇小船乘潮发运然后登岸是大船之外又用小船从前历次调援诸罗官兵皆由盐水港一路进发该处地方僻小无夫可雇一切军装器械系由府城雇备长夫前往抬运因台地夫役夲少且远历长途较之内地夫价亦昂又数月以来凡有限行北路各军营往来公文因旱路不通均雇觅快船递送如此之类不一而足皆系例所不载因地赶办者臣已逐一详明督抚二臣俟批到造册咨部事竣之日核实报销再台湾四面环海一交秋令以后风力甚劲早晚更觉寒冷督臣李侍尧孙士毅并浙江抚臣琅玕各在内地预办征兵衣履运送给散祗因海洋风信靡常至十月衣船未到各兵被体止单夹之衣臣目睹情形不敢拘泥与台湾道臣永福彼此酌量禀明将军常青凡闽浙粤省征兵每名各借给银三两分交领兵将官赶造衣裤等物现已按名给领以御风寒俟各省衣履运到仍令散给俾得益资温暖所借银数汇造清册详送督臣李侍尧查核分咨浙粤在于各兵月饷内匀扣解闽归款均奏入上命军机大臣传谕福康安常青柴大纪李侍尧曰据常青所奏情形是常青之意亦以普吉保不急往救援嘉义为非普吉保由鹿仔港亲带官兵打仗杀贼收复笨港固属有功而自驻元长庄后距县城不远且据柴大纪咨会望援甚切乃并不奋勇直前迅速进剿其咎亦无可辞是普吉保功过各不相掩昨据常青奏十月二十五日普吉保已攻开月眉庄等处在彼驻劄离县城不过五里此折系二十八日所发在夲日奏折以前或普吉保接常青札饬之信已带兵前抵县城与柴大纪会合亦未可定若果能如此则柴大纪此时早与彼会合一处而普吉保之咎尚可从轻至南路贼匪已经撤动势渐涣散而府城兵力已经李侍尧续行派往此时福康安又无须常青协剿常青惟当专力南路至常青于海口各要隘分饬弁兵巡缉并多备札谕令熟识番情之生员等密往大武陇后山发给番社通事土目预防贼匪窜匿所办均属妥协该处贼匪见官兵声势日盛贼党渐次穷蹙自必思乘间由海道潜逃常青将海口各要隘预为防守不使贼人抢占船只并札谕番社等在大武陇一带协力擒拿贼匪绝其逃窜内山之路于剿捕机宜似更得力福康安于二十八日在崇武湾放洋今于二十九日即抵鹿仔港以数百里洋面一昼夜间扬帆稳渡所带兵船百余号同时到港实仰荷天神默佑为成功佳兆福康安统领如许劲将强兵四路会合声威百倍自当乘锐深入惟日夕盼望捷音更为殷切

臣等谨按崇武澳距鹿仔港盖数百里而遥虽海道不可以里计而明史称舟人以更计程每行一昼夜谓之十更今大兵乘风扬帆不过十更耳而艨艟百余同时抵港一若祥飚有待必迟之十月之杪而始发者正俟征师之集俾得崇朝稳渡共庆安澜而迟之不啻其速之也乃知天神默佑早兆成功皆我皇上之钦承时若有以仰协天心也猗欤休哉上又命军机大臣传谕李永祺曰李永祺前在金川军营曾经办理粮饷是以专派该司前赴台湾经管军需各事宜且系臬司大员非府县可比遇有运送军装器械火药等项自应随时妥速给价担当赶运又官兵酌借银两赶制衣裤俱系该司分内应办之事何必锱铢较量为报销时预留站脚地步朕于行军要务从不靳惜费用将来大功告竣军需报销时设有实在当用而格于成例不准开销之项经部核驳时朕自当酌量宽免即如从前平定两金川所用军需内由部核驳删减各款经朕加恩宽免者至数十百万之多李永祺岂未知之为此烦琐之奏耶著传旨申饬

二十二日【乙酉】福康安奏言二十八日风色渐转即于申时与海兰察同舟放洋二十九日申刻已至鹿仔

港因潮退不能进口夲月初一日清晨即行登岸舒亮普吉保等及巴图鲁侍卫章京船只带领广西兵丁皆已随至又鄂辉穆克登阿所带屯练兵丁由蚶江配渡者亦于是日陆续来到船户人等皆称向来海船开驾行走参差总不能同时入港此次风顺波恬扬帆齐至实为渡洋罕有之事鹿仔港居民遥见连樯并进声势壮盛互相传说船只约有一千余号官兵当不下十万有余夹道拥观无不同声欢庆窃思臣等从前守风稽迟久未开行及广西屯练兵丁到后风色转顺千里洋面一帆即达如此事机凑合皆仰赖圣主洪福天神默佑海若著灵灭贼先机于此可卜……再臣在崇武澳守风时江西解送火药之吉安营参将张兆熊禀请随往军营效用情词恳切尚属奋勉业已带至军营听侯调遣

卷四十六

(十一月二十三日丙戌)常青奏言……又粤庄武生钟文华带义民四百名千总职衔郑其仁等募出番民一百余名现在抵东港与副将丁朝雄共相防守并于海边捞获大炮四尊安置营盘民心安帖又十月二十六日有贼匪撑驾竹筏二十余只在海面放炮丁朝雄即派备弁带领兵民各坐小船夹攻亲率领弁兵施放枪炮接应打死贼匪并淹毙者三十余人余贼逃散查现今鹿耳门海口兆至盐水港南至东港来往官兵粮饷俱各无阻

二十五日【己戊】李侍尧奏言台湾府城四乡尚有贼匪连日攻西港萧陇等庄俱被兵民杀退东港亦有贼来攻扰该处有兵一千四百名义民四百名尚资守御东港之米已陆续贩运至郡每石三千一二百文将军常青札调粤庄义民到府带同剿捕庄大田而粤民恐起程后贼来扰庄欲先攻水底寮是以行期未果诸罗虽尚梗阻而柴大纪常遣人到盐水港支取番银一二千圆并闻各庄民贪利乘夜运米入城粜卖前月每斗一千七八百文今减至一千二百文又蔡攀龙寄信到府要取账房数十架别无他语是诸罗尚可固守恒瑞子咨会普吉保订于初六日由新埤地方合兵进援又闻将军福康安初一日到鹿仔港初二日先发兵二千往普吉保处福康安亦即日带兵续进其随同福康安之狼山镇总兵袁国璜四川副将张芝元所坐船只飘至鹿耳门闻福康安已到鹿仔港因连日北风甚大难以直达是以与臬司李永祺同赴盐水港欲随恒瑞一路往迎福康安现在贵州总兵许世亨所带黔兵二千于初三日起至初八日俱已到蚶江配渡一得顺风即行开驾昨又接前途来信湖南兵于十月二十二日起程本月初间入江西境是兵行亦极迅速计月内当可抵蚶江所需船只臣已预行齐备不致有误至臣所调接济府城之本省兵一千名日内亦可陆续到厦登舟再闽省各府县及海口俱有天妃庙而厦门港口一庙尤为灵应臣因祈祷顺风亦尝亲至拈香即将此庙修理恭请御书匾对张挂奏入上命军机大臣传谕福康安常青李侍尧徐嗣曾曰……福康安一面统兵援应县城一面即将鹿仔港后路所存米粮随同大兵之后接续运送入城俾城中军势既振兵民口食有资或竟资粮于贼则更美善并著李侍尧将内地粮米迅速陆续运送鹿仔港军营俾得源源接济不致缺误

卷四十七

(十二月)十二日【乙巳】李侍尧奏言本月十七日以后总未续得台湾信息将军等既无奏折过境各官亦无禀报连日海洋风讯甚大蚶江厦门两处俱未有船进口无从询访想此时福康安等当已有奏折在途尚未递到或已经得手势有可乘欲竟待大有克获一并具奏亦未可定再贵州总兵许世亨带领官兵二千已于本月二十二日在蚶江放洋前往鹿汙港臣所派本省兵一千往常青处者亦已于二十五日在厦门放洋湖南兵现亦陆续入闽约计十二月初十日内可抵蚶江沿途夫役俱已早为备办不致有误俟一到蚶江臣即照料配渡奏入上命军机大臣传谕李侍尧曰旬日以来总未据福康安奏到捷音但揆度情形自断可无意外之虑福康安海兰察统兵进剿声威壮盛所带巴图鲁侍卫章京等俱趫健绝伦一以当百且川省屯练及贵州兵屡经征调最为得力而广西湖南兵亦俱系生力劲旅自可乘锐奋剿其恒瑞普吉保所带之兵虽驻守日久不无气馁但见有新到劲兵数千壮其声势亦自当振奋是福康安等抵县城后自必会合攻剿所向克捷即贼匪欲逞其故智于官兵进县城后复行拦截而福康安等亦必预有布置相机堵御断不至堕其术中计其所发之折此时谅已在途想因风信所阻未能速达今观李侍尧之奏风讯甚大亦合朕度量之意惟俟风定福康安奏折进口即饬沿途星飞驰递以慰廑切

（十五日【戊申】）李侍尧徐嗣曾同奏言船户钱泰来自鹿仔港回至厦门询称伊在鹿仔港时闻得福康安于前月十七八两日攻得斗六门即进攻大里杙先期出示晓谕附近贼巢之人多有来降者大里杙内亦有欲降之人尚被贼拦阻二十四日官兵进攻枪炮齐放内中愿降者知大兵已到即行杀出官兵乘势追杀内外夹攻已将大里杙打破等语初三日又有回至蚶江之船户林任兴据称前月初八九两日将军等杀进诸罗柴大纪从诸罗杀出两下会合道路已通十七八日将军往攻斗六门有老民带数百人出来投降十九二十等日又往攻南投社二十一二等日由南投社进攻大里杙又有官兵由牛骂头一路进攻二十三日两路兵会合将近贼巢即与贼打仗二十五日攻进大里杙贼众俱已逃走从前鹿仔港米价每石五千二百文前月二十七以后顿减每石只卖三千五百文等语查该二船户所供进兵大里杙情节虽有小异而贼巢已经攻克则大概相同正在缮折具奏间有福康安奏折进口查系初十日在嘉义县所发是嘉义之围已解该船户所供已属符合则初十日以后情形福康安虽尚未有奏折过境而该船户所称攻克大里杙之处自亦必确实可信又有船户金际泰陈恒裕二船自鹿仔港回厦称前月二十四日将军等攻克大里杙后二十七八等日即有大里杙附近庄民运米到鹿仔港来卖并有送官谷来交仓者是福康安等攻克大里杙贼匪溃散其送谷交仓想系胁从之民惧与贼党同诛特以此自别为良民此皆是极好消息……据藩司觉罗伍拉纳详称泉州府之晋江南安惠安同安漳州府之龙溪漳浦海澄诏安等八县应付浙粤满汉官兵及四川湖南贵州各兵兼之粮饷军装铅药等项络绎过境差务最繁所有钱粮应请蠲免十分之三其浦城崇安建阳建安瓯宁南平古田闽县侯官福清莆田仙游等十二县所有浙江四川湖南各兵俱由各该县经过并军装饷鞘等项差使亦多实为次繁应请蠲十分之二福鼎霞浦福安宁德罗源连江等六县应付过浙兵二千名其浙省拨米运装火药亦多由此路行走又光泽一县虽无过兵差使而江西湖广拨运米石均由该处经过所需竹篾船只以及滩师纤夫亦有资用民力之处惟此七县较之漳泉等处差使究属稍简所有钱粮毋庸议蠲应请缓至五十四年麦熟后征收

卷四十八

（十二月）二十六日【己未】常青奏言近日南路被胁民人闻知北路大兵痛殲贼匪自当各求生路渐次归庄今查十一月十七十八二十等日尚有贼匪一二千在府城小南门大北门外骚扰臣随派侍卫雅尔骝阿翼长官福等带领弁兵分投迎剿枪炮毙贼甚多又各追赶五六里杀贼十余名看来俱系胁从之徒易于溃散此时贼党势孤必将潜逃窜伏臣现于府城沿山要隘处加意堵御其沿海要口已有李侍尧派到缯船官弁兵丁在鹿耳门外往来巡逻臣又派江宁将军永庆副都统博清额总兵陆廷柱轮流前往稽查并据台湾道永福多备小船选派兵役率同厅县佐杂分路设立水卡该道仍不时亲往督拿倘有贼匪窜至定可立即擒获必不至有抢夺船只逃入洋面之事所办似为周密至于东港一口现在有兵驻札俾商贩粮食得以往来其有避难归庄者仍饬地方官随时抚恤……上命军机大臣传谕福康安常青李侍尧曰……其洋面一带仍著常青严饬将弁实力巡缉截其逃窜之路勿令贼人得以夺船入海现在常青处兵力不多即未能拿获庄大田朕亦不加之深责若于海口要隘不能督饬将弁严密巡访实力查缉或致庄大田及他要犯得以由海路逃逸令常青自思伊当得何罪耶

卷四十九

（十二月）二十九日【壬戌】李侍尧奏言本月十二日侍卫和隆武额尔登保等押解阵获之逆犯林茂等四名进京自鹿仔港放洋因风驶至厦门登岸

卷五十二

正月二十三日【丙戌】李侍尧奏言上年赴闽途次即风闻内地派往台湾戍兵多有卖放私回以致缺额其在台者惟上游延建等兵留在营中当差而漳泉兵则听其在外营生开赌窝娼贩卖私盐恣为奸利镇将等令其按月缴钱如该兵获利甚厚又须再有馈送而经年并不操演迨各兵换班回来鸟枪俱已锈涩难用等语臣随查台湾戍兵本有万余何以贼兵猝起旬日之内连陷三城是卖放缺额之说必非无因遂于到任第三日即咨查黄仕简柴

大纪令其开造存失各兵庶可核算在台实数常青过台后臣又屡次札知直至四月初四日准常青将柴大纪所开清单送到臣查单内府城存兵一项有戍兵三千七八百名而据台湾道府请兵禀内称府城内仅有参将潘韬带领戍兵五百余名之语其数迥异随又飞咨就近转饬查核至九月二十四日始据柴大纪饬水师中军游击孙全谋造报内开现在戍兵在府城及诸罗等处实共有七千五六百名此外伤亡散失者委无可查等语臣以该游击所报无著者竟有二千三四百名虽贼扰时不免亡失亦何至如此之多且从前亦未据报显有情弊应再行驳查而是时正值贼势鸱张柴大纪在嘉义县守御紧急之时臣若以此等未经查实之事遽行陈奏殊觉冒昧是以臣未敢具奏其柴大纪私令兵丁渡回内地贸易之处臣实未有所闻是以并未留心查察而臣所闻兵丁在外营生按月缴钱之事虽留心查察又未得有实据至前岁贼匪滋扰一事臣亦闻贼匪将至府城柴大纪恇怯不敢出战永福杨廷理催令出兵杨廷理并面加诮让激以将总兵印见付我当代为杀贼柴大纪始带兵出城其时实有此传说及臣再加察访则又闻柴大纪在盐埕桥堵扼尚为出力黄仕简到台令其收复诸罗即能杀退贼匪克复县城其守城数月与贼打仗往来船户亦俱称其最为贼所畏惧所闻柴大纪恇怯无能之说又似难尽信臣与柴大纪素未谋面伊平日或有骫法侵渔之处亦系前任督臣失察臣可毋庸代为隐讳且臣于上年二月十七日到任因有戍兵缺额之风闻即于十九日咨查台地存失兵数并于三月初八日敬陈军营情形折内曾经奏明是臣不敢稍存瞻徇之处并非饰说实以地隔重洋凡有风闻未得确据台地各官与柴大纪同事者又俱在台湾现因军务繁多但有自内地派往之员并无自台湾回来之员其因解饷往来者又非久在台地得知详悉是以无从访确若行查该道府等又恐稍有漏泄柴大纪正在带兵堵御或闻之而心生疑惧转于军事无益是以并未敢札查及秋冬间见柴大纪力守孤城当两路援兵俱不能进伊犹固守待援不肯舍士民而出臣实心服其为人亦不暇更事吹求留心查访以致始终不知其有无劣迹此实臣粗疏轻信之咎恳交部严加议处至德成所指柴大纪不法营私酿祸之处及此外有何别项劣迹究须彻底查办容臣再行严查密访务得实迹列款参劾庶足以服柴大纪之心断不敢稍有徇隐自取罪戾奏入上谕内阁曰柴大纪往嘉义县剿捕贼匪县城被贼围困数月始终保守无虞是以特沛殊恩用昭懋赏嗣据福康安奏其为人狡诈不可深信朕尚以柴大纪有守城之功未便以无据空言加之罪谴昨德成查勘海塘回京据奏风闻柴大纪自复任台湾总兵贪纵营私废弛营务并令兵丁私回内地贸易激变贻误玩视贼匪种种酿成巨案朕以德成自浙回京距闽不远所闻必非无因随降旨令福康安李侍尧琅玕各行查实具奏旋据琅玕奏风闻柴大纪私令守兵渡回内地贸易每月勒缴银钱又驻守嘉义县时系畏贼不出并非实心守城本日又据李侍尧奏台湾戍兵多有卖放私回以致缺额其留营当差之兵亦听其在外营生开赌窝娼贩卖私盐镇将等令其每月缴钱经年并不操演经李侍尧咨查始据柴大纪开报现在戍兵实止共有七千五百名此外则以伤亡散失无可查核为辞观之不胜骇异……著福康安即传永福杨廷理二人面加询问逐一跟究并著将柴大纪贪劣各款据实严参候朕另降谕旨

卷五十四

二月初五日【戊戌】福康安海兰察鄂辉同奏言将拿获首逆林爽文贼目何有志及节次拿获各要犯隔别研讯缘林爽文自幼来台湾赶车度日交结无赖行窃为匪乾隆五十一年八月十五日林爽文与林泮林领林水返张回何有志等在大里杙山内车轮埔饮酒结盟互相约誓有难相救结党抢夺适有杨光勲杨妈世倡会械斗案内逸犯逃在彰化经地方官差役查拿有差役黄姓傅姓访查曾入天地会之人藉端索诈人心不服林泮王芬林领林里生等起意拒捕招林爽文入伙经伊族长林绕林石等劝阻将林爽文藏匿山内粪箕湖地方林泮复来纠约遂决意聚众谋逆十一月二十七日副将赫生额游击耿世文知县俞峻带兵至大里杙查拿在大墩住宿贼匪乘夜劫营全行被害二十九日攻陷彰化县十二月初六日攻陷诸罗县其淡水之贼于初七日攻陷竹堑城南路之贼于十二日攻陷凤山县四处纷纷响应虽彰化诸罗旋经收复起事之林泮王芬林里生各犯亦被官兵义民杀死无如带兵各员株守一方不能及时进剿贼匪得以从容修备将大里杙地方筑城挖壕斗六门庵古坑集集埔水沙连等处要隘亦皆竖立木栅垒砌石墙屯聚粮米勒派农民等分季纳租山田按一九抽收水田按二八抽收公然以北路一带村庄属其管辖迫胁各庄民人于于辫顶之外留发一圈以为记认林爽文见党羽附和日众自称盟主伪号顺天贼伙内称林爽文为大哥彼此相称为兄弟受过伪职之有名贼目等不下数十人令林领林水返据守附近贼巢一带之乌日庄田中央等处陈传拈据南北投蔡福占据庵古坑李七占据斗六门刘怀青董喜陈梅为之主谋林爽文自

五十一年十二月三十日往犯府城未陷并未再往总在嘉义县及笨港盐水港地方滋扰以嘉义为全郡适中之地滋扰更甚围困数月之久必欲攻陷至上年十一月内嘉义围解后林爽文连夜奔回贼巢二十二日舒亮一路官兵进至大肚溪札营林爽文亲率贼伙前往攻扰左臂中枪从前所闻在嘉义牛稠山受伤之处系属讹传并无其事及大兵攻克大里杙时逆首由火焰山逃至集集埔以为退守地步并希图抄截官兵后路旋经大兵并力攻克贼之精壮能打仗者多被殲戮始窜入内山番界此北路逆匪等起意谋逆及滋扰煽诱先后各情节也其南路逆匪亦系天地会内之人庄大田实为渠魁该犯虽与林爽文附和一气究系各分党类不相上下其起衅情节容俟剿平南路拿获庄大田再行讯明具奏惟查林爽文狡黠性成供词闪烁其所供聚众滋事商同谋逆各情多有不实不尽而于天地会起自何人之处反复究诘该犯匿不供吐因系解京要犯未便遽行刑讯其供出助逆贼目等姓名除业经拿获正法外未获各犯出示悬赏按名严查务期尽绝根株不使稍留余孽再林爽文等系逆案首犯渡海解京道路遥远必须大员督解舒亮人甚明干堪以解送现在剿贼大局已定军营分路带兵者尚不乏人即将林爽文等一起逆犯交舒亮带领章京弁兵等押解赴京舒亮于军营一切情形皆所深悉亦可仰备垂询其先后拿获有名贼目二十名首逆眷属五名口业已分作三起拣派妥干员弁解送所有各起逆犯现于鹿仔港登舟径渡蚶江但恐风信靡常或吹至厦门崇武两处亦未可定臣已飞咨李侍尧于各处海口地方预行派拨官兵等候不问何处登岸皆有官兵获送不致稍有疏虞又自进兵以来义民首等随营进剿人思自効实为奋勉可嘉其中最为出力者查有嘉义县义民首黄奠邦郑天球王得禄元长庄义民首张源懃随同打仗搜拿贼匪并购线招出贼目等离间贼党又各差义民假扮贼装四出侦探贼中情事纤悉皆知得以预为筹划甚属勤干能事再淡水义民王松高振叶培英东势角义民首曾应开熟谙内山路径深悉番情前经臣委令徐梦麟招致屋鳌狮子等社生番即系王松等前往晓谕追贼匪遁入内山之后该义民首等导引官兵进剿并于要隘地方严密堵截不使首逆远扬所办均属周妥臣已将黄奠邦等八名核其劳绩分别赏给翎顶以示奖励至淡水同知徐梦麟明干能事熟悉番情办理剿贼一切事宜甚为出力将迤北一带生番全行招出亲至三貂险僻之处堵拿贼匪并于所属淡水地方沿山通海各要口分布义民设卡防守极为周密又南安县教谕郭廷筠试用盐大使张均军需局委员革职通判郑一桂在厦门招集漳泉义勇随至台湾军营臣以郭廷筠籍隶闽省于台湾情形最为熟悉凡购线擒拿贼眷贼目及抚谕义民访探贼情等事多交该员办理实能不辞劳瘁认真妥办其张均郑一桂往来督催粮饷铅药运送迅速自进兵以来从无贻误官兵在斗六门剿贼时张均因送铅药前进适遇贼匪猝至当即杀贼一名拿获活贼黄褒一名实为奋勉可嘉恳赏给徐梦麟知府职衔郭廷筠同知职衔郑一桂知县职衔俟大功告竣再行送部带领引见至张均以文职官员保获铅药亲杀贼匪应请令戴用蓝翎以示优奖又闽安协副将徐鼎士调赴淡水堵御贼匪尚为出力自臣到台湾以来遵檄由大甲溪进兵人虽不能如徐梦麟干练勤能亦属奋勉可嘉但业已因公降调恳仍留闽省以副将补用并赏戴花翎以示奖励又闻南路贼匪多聚凤山县水底寮大穆降等处地方近闻官兵剿平北路贼匪多在近山一带潜匿间或至郡城及山外村庄遥放枪炮亦不敢逼近营盘庄大田等及有名头目占据大武陇地方为负嵎死守之计该处大山围绕溪深岭峻山僻路径处处皆通中有四十余庄如礁吧哖街大湖庄乐陶庄后堀腊皆系贼人巢穴而虞庄加拔庄赤山保等处皆有贼人出没此时进剿南路贼匪必先捣大武陇贼巢覆其根本并将该处通往凤山之路饬令山猪毛义民在旗尾庄番薯寮要隘堵截一面令永庆带领总兵陆廷柱巴图鲁侍卫果尔敏色副将官福等就近由府城往攻水底寮牵缀贼势大武陇西面臣前已派蔡攀龙带兵驻札湾里溪乌什哈达驻札哆啰嘓梁朝桂驻札茅港尾郑国卿驻札白水溪一带进逼其东西一带内山生番已谕令熟识番情之贡生张维光生员王宗荣通事黄彦黄三才王和等前往晓谕各社生番协同堵剿并令台湾县知县王露差贡生张维光密谕大武陇内之粤庄番社招集义勇以为内应一俟各处布置妥协即令乌什哈达带兵一千名内地同安义民一千名由哆啰嘓前进梁朝桂带兵二千名绕至阿里港一带迎头堵截臣等即统率大兵分路进攻大武陇一破南路贼匪自成瓦解之势至北路各处村庄民心甫定仍须酌量留兵镇抚地方搜缉逸匪自应于紧要隘口分札营盘以联声势酌令普吉保留驻东埔纳游击夏承熙留驻斗六门都司田智留驻南头副将徐鼎士留驻大里杙都司陈士纷留驻彰化都司朱龙章留驻淡水北路一带统共留兵四千八百名足资弹压其余各处营盘概行撤去听候调遣惟鹿仔港盐水港系近海口岸地方难民寄住者甚多仍令总兵李化龙都司杨拜扬在彼稽查弹压至淡水极北之三貂蛤仔栏地方道路险远向为藏匿奸匪之薮臣前因逆首未获恐其潜行逃往访知该处有租垦番地之吴沙许天送二人素与生番熟悉因谕令密购生番

导引官兵入山搜捕并饬徐鼎士徐梦麟带领兵丁直入该处堵截兹据报称已于正月初二日前抵三貂吴沙等带领生番出山远迎词色甚为真诚并遵谕分派蛤仔栏东西势等社生番扮作抽藤打鹿之人分布要路截拿首逆等语现在林爽文虽已就擒但恐逆案内有名逸犯潜逃该处亦未可定复饬知该副将等转饬吴沙许天送严密缉拿并令徐梦麟仍回淡水徐鼎士仍回大里杙搜查余匪以靖地方再林爽文之二弟林跃兴与林爽文同逃入山在打铁寮失散据淡水兵役于竹堑小坑内搜获解送讯供后即将该犯归入第四起应解逆犯内一并解京查林爽文家属惟伊三弟林勇一名尚在南路潜匿大兵进剿时即当设法严拿务期必获以尽根株又古州镇标都司朱化英等带领兵丁九十四名配坐陈合兴船只渡洋被风吹回金门镇地方船只击碎淹毙都司朱化英千总陈汝志兵丁六十名其余弁兵扶板漂流登岸另配船只现在已到军营原船内铅药器械俱已沈失请将淹毙人等照阵亡例议恤其扶板得生之外委顾大成胡天祥及兵丁等俱已酌量给赏以示体恤再提讯林爽文之父林劝供称原住平和县小溪火烧楼地方父母葬在义冢现已将原籍村庄及葬坟处所飞咨李侍尧俟查有确切根据即行刨挖不必将义冢内坟墓概行发掘转致该处民人闻风惊惧李侍尧自能妥协办理庄大田系凤山县笃家港人访闻庄大田之父庄二本住嘉义县属台斗坑庄置有田亩给与庄民黄番耕种庄二即葬于该庄附近地方庄大田于庄二故后始迁往凤山随令柴大纪带同知县陈良翼至圳仔头山仔顶地方将庄二坟墓掘开骸骨挫焚其所存台斗坑田产照例入官归于叛产内一并办理奏入上命军机大臣传谕福康安海兰察鄂辉李侍尧曰前据福康安奏分派巴图鲁及义民屯练等改装易服于老衢崎地方搜获林爽文但究系何人首先擒获未据奏及想系军务匆遽无暇详及又林爽文之二弟林跃兴已于竹堑山坑内搜获林跃兴是何人所获自应加以奖赏即详查具奏嘉义县及淡水等处义民随同官兵打仗杀贼并购线侦探擒捕匪犯实属奋勉著福康安即向各义民等详加询问如伊等情愿顶带荣身不欲出仕者各听其便其情愿出仕者著福康安量其才具分文武咨送吏兵二部带领引见候朕酌量补用实缺以示鼓励又前经温州镇总兵缺出曾谕令福康安于带兵出力之副将徐鼎士格绷额二员内比较何人最为出力即奏请升补兹据奏徐鼎士另案得有降调处分未便遽升总兵请仍留闽省以副将补用并请赏戴花翎自应如所请行其温州镇总兵一缺格绷额是否堪以胜任即据实覆奏以便降旨又刘怀青一犯现经解到审讯其为林爽文主谋一节皆诿之董喜林水二犯供词狡展现仍令军机大臣严行刑询后即行正法外其供出之林水及现在究出之陈梅等已据奏拿获均俟解到逐一严审至董喜一犯据林爽文供带病跟到集集埔已经身死所供恐不足信又刘升一犯亦系起意纠众之人在内山冲散不知下落该犯既起意纠众亦未便任其漏网著福康安查明董喜是否实因病故刘升曾否续获毋任兔脱又大武陇系南路贼匪巢穴自应先行摧破使贼无所依据现在大兵四路密布庄大田等自不难立就生擒惟该犯见林爽文系在内山生番地方被官兵拿获自不敢复逃至内山潜匿惟防其由各路海口窜逸则洋面广阔官兵乘船追捕恐擒获有需时日前经屡谕常青令于各海口要隘严密巡防著福康安再严饬各海口弁兵梭织防守并传谕徐嗣曾普吉保等不时督率巡察如庄大田等由海道窜逸则惟伊等是问恐不能当此重咎也福康安于擒获庄大田后即令海兰察巴图鲁侍卫等先行内渡其应撤各兵即行陆续撤回福康安俟料理一切善后事宜大局已定亦即先行起程其零星未获无关紧要逸犯即交徐嗣曾普吉保等在彼督率查拿再此次福康安分派镇将在大武陇附近一带堵截已将蔡攀龙派入而柴大纪则从未派领带兵可见蔡攀龙在彼较为出力而柴大纪竟系懦怯狡诈无用为福康安所深憎是以不加派委柴大纪究竟如何贪縱营私废弛不职并著据实覆奏前因林爽文纠众肆扰势正猖獗是以欲将伊祖坟刨挖以泄众忿今首犯林爽文业就生擒其父母兄弟妻子合家俱被拿获即其三弟林勇现在逃往南路将来大兵搜捕庄大田自无难一并拿获是林爽文业罹族诛其祖坟亦不值再行查办且据供系葬在义冢内难以辨认若因此概行刨挖未免波及无辜或致众心惶惑著传谕李侍尧如林爽文祖坟查明确实自应行刨挖若查无确据亦可无须办理至台湾奸民倡立天地会起自何人林爽文匿不供吐该犯系属首逆应解京尽法处治此时福康安自不便加以刑讯阅其供词内称常听得说漳泉两府设有天地会邀集多人立誓结盟等语漳泉两处民人素不相睦林爽文原籍漳州其党羽亦多系漳州人而义民乡勇等籍隶泉州者居多林爽文自系欲借此扳陷以泄其忿看来天地会名色竟系漳州匪犯所倡与泉州无涉俟林爽文解到时严行刑鞫自无从狡展台湾剿捕事务克日完竣该处一交三月气候即已炎热各省派调官兵难以在彼久驻节经谕令福康安于办理善后事宜时只须留兵数千以资弹压其余官兵应行陆续撤回令其各归本处现在福康安统兵前往南路自可即日蒇功著遵照前旨俟大功告蒇后除台湾应留额兵外应将素耐炎热之贵州湖南

二省兵丁酌挑数千留彼弹压其余次第渡回内地各归营伍将来大兵凯旋渡洋不但福康安海兰察及领兵大员等不可冒险轻渡即微末弁兵亦不可轻易涉险总须俟风色顺利再行开驾即稍迟时日亦属无碍总期全臻稳顺上又谕内阁曰此次福康安等统率官兵前往台湾剿捕逆匪未及两月即将首逆林爽文生擒解京大功指日告竣固由福康安等调度有方所向克捷而将弁兵丁等随同剿捕亦俱争先効命用能扫逆擒渠妥速集事殊属可嘉前已有旨令福康安查明咨部议叙本日据福康安奏请将出力之侍卫章京将弁等分别赏给巴图鲁名号加升职衔翎顶均照所请行其余将领等仍著福康安查明咨部一并议叙兵丁等优加赏赉以示朕奖励戎行至意上又谕内阁曰向来官兵巡洋遇风淹毙俱照阵亡例议恤今都司朱化英千总陈汝志及随行兵丁等调赴台湾征剿逆匪渡洋遇风以致淹毙多人尤堪悯恻著交部俱照阵亡例从优议叙其扶板得生之外委顾大成胡天祥以及兵丁等并著福康安照落水得生之例从优给赏以示轸恤

初八日上谕内阁曰前据福康安奏调赴台湾协剿之贵州吉州镇标都司朱化英等带领兵丁配船渡洋被风吹回击碎船只淹毙都司朱化英千总陈汝志并兵丁六十名已降旨将员弁兵丁俱照阵亡例从优议恤

同日李侍尧奏言现在台湾北路逆首就擒余匪亦经剿除福康安等移兵南路乘胜搜捕庄大田等不日定行擒获计凯旋之期甚近内地应行筹备事宜臣已督同总局司道次第办理查本省及各省官兵不下四万有余自应分起撤回以免拥挤除咨商福康安于酌留弹压之外何路官兵由何处开洋内渡酌定咨覆俾得预期备办其最要者莫如船只一项臣查福康安过台时随带官兵义民及粮饷药铅等项共享船一百三十余号又渡载贵州湖南官兵并续运粮米铅药等项共约计二百余号是鹿仔港现有船只已敷配载之用至鹿耳门前此渡载官兵等项船只前经该处留船三十余号备用又运送粮米药铅等项船约有四十余号今再拨船六十号前往候渡两路官兵俱可源源配载

初十日【癸卯】李侍尧奏言被贼胁从之犯陈驻等十三名讯无助贼抗拒官兵情事应给驻防满兵为奴但福州距该犯等本籍太近拟发江宁驻防兵丁为奴奏入上命军机大臣传谕李侍尧曰江宁与闽省亦系一水可通之地各海岸俱有船只来往易于逃回原籍此等人犯竟应发往吉林黑龙江两处给兵丁为奴以防其窜逸滋事

卷五十五

(二月)二十七日【庚申】福康安海兰察鄂辉同奏言……各处布置已定派令乌什哈达带领福建水师及广东兵丁乘舟由海道前往海兰察鄂辉等带领大兵由山路进发臣福康安督催各兵前进于二月初四日行抵风港据柴城民人报称庄大田带同匪众俱在柴城欲往蚊率社经番众极力抵御复行退回现在居民等密相约会官兵到彼贼匪断难逃逸等语初五日黎民由风港发兵越箐穿林道路极为逼窄凡遇险要地方俱酌量留兵扼守以备接应约行二十余里贼匪多人从树林内突出前队之侍卫博斌副将岱德参将张朝龙都司张占魁等带兵迎击海兰察鄂辉率领巴图鲁侍卫奋勇齐攻杀贼三百余名生擒一百四十三名追至柴城贼匪人数众多惟恐我兵攻扑过急贼目庄大田或临阵被杀匪伙等或乘间窜逸转不能悉数成擒因派令穆克登阿带领屯练降番为一队许世亨岱德带领贵州官兵为一队梁朝桂张朝龙带领广东官兵为一队恒瑞王宣带领广西官兵为一队山猪毛义民副理事刘绳祖带领粤庄义民为一队都司庄锡舍北路义民首黄奠邦郑天球张元懃蓝应举各带所管义民共为一队自山梁挨次排下直抵海岸乌叶哈达所带水师兵丁适值顺风连樯齐至将船只沿海密布四面合围水陆并进

卷五十六

(三月)初四日【丙寅】上又谕内阁曰台湾孤悬海外远隔重洋民情刁悍奸徒易于滋事向来只派御史前往巡视职分较小且不能备悉该处情形殊属有名无实著将请派巡台御史之例停止令该督抚及水师陆路两提

督每年轮值一人前渡台湾严行稽察如地方文武有骫法营私扰累兵民之事即可就近查明据实参奏福州将军亦系该省大员自应一体轮派至海洋风信靡常前已降旨令该督抚等只须视风信平稳时配船前往不必拘定时日但远渡重洋究系涉险如该将军督抚提督内有年逾七十者著免其前往以示体恤

臣等谨按台湾民习剽悍不肖之吏又往往以孤悬海外滋为奸利是以有巡台御史之设所以驯民风肃吏治者固为周至第御史品秩威棱于台湾道府既不足以相慑且不能久驻于闽輶轩所至不过一经涉历又安在其能整饬哉我皇上罢御史之遣特命该省将军督抚暨水陆提臣岁以一人往视相嬗而周著为令甲夫督抚诸大臣既为道府以下之所畏惮而皆久驻于闽轮往巡视则以平日之所闻核诸巡视时之所见稽察尤易为功较之御史之设不更法良意美乎而为督抚诸大臣者当必有以仰体圣衷俾海外之民风吏治烝烝日上也夫上命军机大臣传谕福康安李侍尧曰前谕令阿桂讯问富勒浑在总督任时于柴大纪贪黩营私种种劣迹何以置之不办据富勒浑供称在总督任时曾节次密札台湾道府令其时时查访倘有废弛营伍等事即密行飞禀查办若通同狥隐别经发觉必将不行禀报之道府一并严参俱有案可查该道府等俱可询问等语柴大纪任意侵贪该道府等近在同城岂无闻见自当据实禀报何以并未有人举发著福康安即将富勒浑前此札据吊查阅看并询问该道府等如果富勒浑所供属实则柴大纪种种劣迹竟系道府等通同徇隐即使该处地方官接到密札后富勒浑旋经调任亦应将柴大纪款迹禀明接任之雅德常青等乃始终并无揭报除孙景燧已被贼戕害永福在台湾最久身系满洲又任道员于此事实难辞咎著福康安即查明该道有无揭报及如何通同徇隐之处据实严行参奏再台湾应办善后事宜已节次谕令福康安会同徐嗣曾熟筹妥办今思此次搜捕逆匪该处熟番尚为得力将来台湾换班兵丁前已有旨谕令酌留一半即在台湾募补毋庸更换今此等熟番向化日久驯熟可用或即照四川屯练楚省苗民之例酌量挑选即于应在台湾募补兵数内将此项熟番参半充补既可防范地方又足以示绥戢而出力社番得有钱粮于生计益资饶裕似为两有裨益著福康安等是否可以如此办理之处即行详悉妥商据实具奏如不可行亦不可拘泥遵旨又昨讯据林爽文有伙犯董喜带病跟伊逃至集集埔地方因官兵追杀不能相顾各自逃窜董喜实在身死与否并未亲见等供前经福康安讯据林爽文供称董喜业经病故当即以所供不足深信谕令福康安查明覆奏今严讯林爽文并未亲见董喜身死是林爽文前在军营所供自系获庇党恶并未确实著再传谕福康安将董喜一犯严切查究下落务得确据毋任幸逃漏网

初六日【戊辰】上谕内阁曰闽省地方文武员弁办理军需解运粮饷火药照料兵丁配渡等事尚俱妥速并无贻误现在大功告蒇除该督抚已邀甄叙外其在事出力之文武员弁著李侍尧详晰查明分别等第咨部议叙

十七日【己卯】李侍尧奏言运送军米船只前后遭风失水者共十七号内蔡球琳等六船有抢出捞起米石并淹毙水手自属可信其余曾长镒等七船船米俱失而船户水手并未据报淹毙恐有盗卖捏饰情事现移咨抚臣就近提讯又外委蔡永胜从九品官正邦二员于转递军报畏怯风涛逗遛湾泊以致耽延现咨部斥革枷号示惩奏入上命军机大臣传谕李侍尧徐嗣曾曰运送军米如并未遭风捏报沉失自应查明治罪但海洋风讯不常船只破溺在所不免且船户等运送军米事属因公今遭风沉破并有一船淹毙水手十七名殊堪悯恻著传谕李侍尧等即将淹毙人口照漕船失风淹毙之例赏恤其余送递文报等船如有因风淹毙者亦照此赏给以示轸恤至蔡永胜等因畏怯湾泊耽延军报怠玩已极非发遣不足以蔽辜俟枷号满日即发往伊犁乌鲁木齐等处充当苦差

卷五十七

(三月)二十一日【癸未】福康安海兰察鄂辉同奏言官兵进抵琅峤将庄大田及伊母擒获尚有家属在逃随分派水陆官兵及通事生番等分途搜捕旋据通事陈元品生番头目哒哒探报庄大田家属及贼目蔡福等逃过琅峤该处有运柴船二只惟恐贼匪夺船窜逸预饬舵工许诰谢助如有贼匪上船假意容留湾泊近湾官兵一到即可全数就擒兹探得贼眷贼目等在板六地方抢占船只该处从无渡洋大船不能远窜随饬乌什哈达带领水师前往围拿因飓风大作顶阻不能前进贼匪见官兵查拿紧急欲逃往山后舵工不肯驶行心生疑惑将舵工许诰斫伤即弃船登岸而潭底灰窑窟一带地方预有官兵义民等在彼堵截将庄大田之子庄天义庄天勇孙庄阿莫壻杨由

庄大田之妻童氏媳庄陈氏女杨庄氏及有名贼目蔡福谢桧叶省之妻黄玉娘幼子叶淂意蔡福之妻蔡赖氏全行拿获并据搜山兵丁及委员义民社丁等擒获著名贼目陈秀英等三十四名股头及匪伙等四百六十余名又普尔普在大武垄山内拿获林爽文三弟林勇贼目陈宁光等五名查逆匪滋扰日久伙党众多进剿以来凛遵睿训官兵屡得胜仗将贼匪痛加殲戮生擒者即于军前正法其窜逸入山逸匪亦被生番截杀今全郡业已平定但恐台湾地方宽广要犯或有藏逸严饬员弁兵丁义民及番社通事社丁一体严密搜拿并查东港大洋内有小岛一处地名小琉球为向来巡哨不到之地亦分派水师前往查缉务使山陬海澨处处穷搜以期尽绝根株不留余孽不敢以首恶就擒稍存暇怠连日以来拿获解送前来者纷纷不绝林爽丈庄大田家属悉数生擒……臣于十七日至台湾府城阖城衿士民人等扶老携幼夹道欢迎城内市廛如旧景象安恬民情甚为悦豫再军务业经告蕆海兰察应即回京现在东风甚大鹿仔港洋面较为平稳海兰察于二十日起程前赴鹿仔港登舟径渡蚶江所有回京巴图鲁侍卫章京等亦应分起行走除普尔普已带十员进京外兹海兰察带同岱森保带领四十员分为两起春宁带领十员为一起乌什哈达带领十员为一起其余暂留差遣俟臣回京时一同起程至黄州湖南官兵道路较远屯练降番素性不耐湿热去年调至台湾正值冬令气候平和该屯练等打仗出力并未稍形劳乏交春后天气骤寒为此地罕有之事均无疾病但恐一至三月水土不能相宜臣已酌量赏赉并将出力兵丁面加奖谕令与闽浙驻防兵丁及较远之黔楚兵丁先行撤回查明现有船只尽敷应用即于二月十九日登舟候风开驾以后各起及前往各处搜山者陆续撤回次第配渡查各兵人数众多若由一处配渡船只不敷守候有需时日到内地后又恐拥挤滋事今酌定由鹿耳门鹿仔港两处分渡并早经飞咨李侍尧添拨船只分赴两处港口渡载自可不致贻误所有各兵起数由鹿耳门配渡者酌将广州驻防兵作为第一起令副都统博清额带领行走杭州乍浦驻防兵作为第二起令将军永庆带领行走贵州官兵作为第三起令总兵许世亨带领行走广西官兵作为第四起令副将巴尔布带领行走广东官兵为数较多另派四起令总兵陆廷柱李化龙分起带领行走其由鹿仔港配渡者屯练降番作为第一起令总兵穆克登阿带领行走湖南官兵作为第二起令总兵尹德禧带领行走福州驻防兵作为第三起派协领海兴阿等带领行走其福建本省水陆官兵另分四起交原带镇将等官亦由鹿耳门撤回本营查台湾额设戍兵年满者例应由内地各营派兵换防现在查明年满兵丁令随撤回征兵内渡即于征兵内挑选壮健者更换以省往来换戍之烦惟是戍兵额数共有一万余名阵亡病故及遗失之数甚多现在严切详查或竟系营制废弛兵丁本有缺额情弊不得以伤亡遗失为辞任其掩饰且遗失之兵是否临阵溃逃抑系去而从贼均应严行究办所遗各缺亦即在征兵内挑留顶补所有此次留挑额缺征兵俱于续调各兵内挑选自调至台湾日期扣满年限再行更换其嘉义被困兵丁及初调台湾者仍令先行撤回以示体恤至台湾营制尚须酌量增添改设是否仍前全数换防抑应一半换防一半酌募本地义名充补之处容俟查明确切情形妥议具奏至办理善后事宜时自须遵旨酌留兵力以资镇抚查湖南贵州官兵素称得力但程途遥远经历数省若不全数撤回途中预备供支久稽时日未免致滋烦费惟广东距台湾较近洋面若遇顺风一帆可达今即将广东兵丁内酌留一千名该兵等训练有方此次在军营打仗奋勇甚属可用以资搜缉逸匪弹压地方必能得力一俟余匪搜拿净尽酌量应行撤回时即令撤回亦毋庸在台湾久驻所有撤兵各项事宜已咨明李侍尧妥为备办官兵登岸后即间日分起行走各由原路撤回但恐海洋风信靡常同时开驾之船先后参差动隔旬日难以预定并咨商李侍尧酌量情形令兵丁随到随行即由李侍尧知会前途一体预备再屯练降番此次调赴台湾自川江顺流而下由湖北江西入闽境现在春水涨发湖北宜昌府以上滩高流急逆水难行时日每多稽滞应令其到四川交界改由陆路行走该处系山道林木茂盛尚不致十分炎热屯练等素习山行毋庸多备夫马途中行走谅来亦不生疾病……其柴大纪一案亦即会同审办……其令兵丁内渡贸易以致存营兵少一节查柴大纪搽演各营兵丁每年不过一二次各营将弁相率效尤亦不认真训练甚至兵丁防泛该班亦俱帮贴钱文私相替代自三百五十文至六百文不等多不亲当差使又兵丁等名虽充伍其有赀本者仍各贸易营生余俱游手饮博相习成风营制遂不可问惟派令兵丁至内地贸易一事严讯柴大纪坚不承认质之王天植及弁兵等亦佥供兵丁在台湾自做生理属实并非柴大纪出赀派令贸易况船只出洋各口俱须挂号查验而铺户人等亦可逐一挨查不敢代为隐讳其雇倩当差钱文亦称系该班兵丁得受柴大纪并无从中染指但兵丁等任意游荡若非柴大纪及营员得贿纵容何至废弛若此……至台湾营制尚须酌量添增改设前已有旨令将一半换防一半酌募本地义民社番充补既可以鼓励义勇而内地兵丁仍有一半在彼防戍分班轮换其家属皆在内地又可以互相牵制于事似属两有

裨益自应仍遵前旨办理惟是内地兵丁渡洋防守若无恒产恐所得钱粮不敷资给仍不免借端扰累营私贸易等事或将入官叛产酌量拨给作为帮贴遇换班时仍著前后交代收取余息以资贴补当差似为妥协……上又谕内阁曰此次台湾剿捕逆匪调各省兵丁前往协剿均属奋勉出力现在逆首就擒台湾全郡平定因念该兵丁等远渡重洋究为涉险除福建本省及广东浙江二省兵丁邻近海疆渡洋素所经习毋庸另行加恩外其湖南贵州广西及四川屯练兵丁俱应酌加恩赏如该四省兵丁现已撤回著李侍尧于该兵丁内渡时每名各赏给银二两

卷五十八

三月二十三日【乙酉】李侍尧奏言闵鹗元咨称二批川米六万石于二月初一日开行难以停止又据湖南运员禀称奉文停运之前已运米六万六百余石俱抵闽境查此次米石既已放洋赴厦挑运过山自未便令其运回应将前项米九万五千六百余石俱照数兑收闽省奏入上命军机大臣传谕李侍尧徐嗣曾曰前据李侍尧奏台湾军务告竣计本省各省拨运之米尽足敷用其未经运到闽境米应行截留停运是以谕令各该督抚等将浙江湖南四川未经起运米石一体截留分别办理昨又据徐嗣曾奏台湾存米除给发军粮外所存无多其办赈口粮议欲加给折色银两业经降旨令该督抚严查办理毋任属员藉端浮冒今据李侍尧奏江苏湖南续运米石业已运到闽境李侍尧即照数兑收前台湾存贮之米果属不敷办理赈务正可将此二项续收之米酌运台湾既可以接济民食亦可免冒销之弊较为两有裨益

四月初二日【甲午】孙士毅奏言南澚碣石海门各营泛及饶平惠来等县禀报台湾凯旋官兵内渡由闽省厦门蚶江海门收口因风漂泊到境者计粤东乍浦两处驻防及福建官兵已有八九起即饬令地方官料理分别出境归伍奏入上谕内阁曰前因各省兵丁调往台湾剿捕贼匪远渡重洋究为涉险曾降旨令将湖广贵州广西四川四省兵丁于内渡时每名各赏给银二两又留驻台湾之广东兵丁一千名亦经一体赏给至广东浙江及福建本省兵丁因其邻近海疆渡洋素所经习是以未经另行加恩今孙士毅所奏凯旋官兵多有漂入粤境此项兵丁俱由闽省内渡因遇风漂入他省境界即素习海洋究属遭险亦堪怜悯所有台湾漂入粤境官兵著孙士毅查明无论何省官兵如前降谕旨内未经赏给者即著每名赏给银二两如已离粤境各回原藉即著孙士毅行知各该督抚按名赏给嗣后如有凯旋官兵因风漂入他省查明未经得赏者俱照此赏给以示朕格外轸恤之意

臣等谨按国家设有额兵原以备征发之用该兵等平素优给钱粮身家得资养赡一旦遇有征调即偶经涉险亦属分所应然我皇上于办理台湾军务当事竣之时因其远涉重洋优加赏赉复因念广东浙江福建之兵凯旋内渡遭风漂泊又续降恩纶每名赏给银两所以体恤戎行者有加无已深仁厚泽浃髓沦肌众志有不成城者哉

初七日【己亥】李侍尧奏言台湾全境荡平所有南北两路凯旋官兵一到即须按次遄行臣前已饬行司道等酌定章程预为备办三月初九日接准将军福康安来咨并抄寄折稿已令各路领兵大员分起配船载渡臣查海洋风讯靡常其自鹿耳门鹿仔港两处开行或收入厦门或收入蚶江崇武澳均须随风收泊臣已飞饬口岸各员于官兵登岸处即妥为办送起程仍酌量间日行走以免沿途拥挤至四川松潘镇总兵穆克登阿带领屯练降番兵丁已由厦门蚶江及铜山漳浦等处登岸接续前进二十四日即可全过泉州又江宁将军永庆因风收泊铜山湾起岸来厦其所带杭州乍浦驻防兵船收入厦门亦间有收南湾诏安到厦者尚有一船未到俟到齐即带领起程又广东副都统博清额带领广州驻防兵因风收入广东惠来县并有收入黄冈漳浦铜山者兵丁即就近取道回粤其抵厦之船及未到一船该副都统现在来厦带领起程又镇筸镇总兵尹德禧带领湖南兵丁已由蚶江厦门收口现已照料陆续起程至巴图鲁等及福州满兵亦接续进口遄行连日天气晴和官兵行走俱极安妥其贵州官兵原系总兵许世亨带领该镇已补放浙江提督所有原带兵丁查有贵州副将岱德堪以管领回黔臣俟其抵岸即饬知遵照其浙江广西广东福建等省绿营官兵军营分派起数本系编列在后是以尚未收口现饬妥协预备俾得随到随行再船只一项已节次饬拨前往并与福康安往返札商辘轳驾驶以资配载侍郎德成于二月二十九日带同司员等抵鹿仔港初二日登岸至福州将军魁纶于本月十五日由崇武湾放洋此日应抵鹿仔港奏入报闻

十二日【甲辰】福康安鄂辉同奏言台湾远在海外南北两路地方极为辽阔澎湖一岛控制鹿耳门为台湾屏蔽山海汛防均关紧要近年以来柴大纪贪鄙不职而各营官员亦多不得其人营伍日渐废弛遂致酿成逆案兹

当剿平贼匪之后应于军营出力之员内不论何省慎选干员请补方足以资整顿查台湾镇所属各营内副将二缺参将一缺游击七缺均未补放有人又安平协副将丁朝雄南路营参将瑚图里前已俸满照例将副将李威光参将亩贵调补查李威光带领内地义民随在军营虽知黾勉才具究属中平亩贵尚未到营任事察其材力亦非堪胜要缺之人均应酌量更调臣等进兵时于军营带兵各员内随时留心察看量其人才核其劳绩逐加遴选查有福建同安营参将福兰泰才具明干办事安详在鹿仔港堵御贼匪驾驭义民甚为严密得体堪以升补台湾北路协副将又福建督标水师营参将潘韬熟谙营伍才堪造就调赴台湾日久始终出力堪以升补澎湖协副将又广东罗定协副将孙全谋才具明晰随征出力谙习水师于台湾情形较熟堪以调补安平协副将又福建陆路提标前营游击穆腾额堵剿贼匪认真出力堪以升补台湾城守营参将贵州清江协右营游击鲁安邦打仗奋勇曾任京营守备通晓事务堪以升补台湾南路营参将又台湾镇中营游击一缺为镇标要缺营务最繁凡挑补兵丁清查军械等事皆其专责于都司内拣选一时实难其人查有福建陆路提标右营守备潘国才才具明干遇事奋勉恳请将潘国才照水师守备应升之例升署台湾镇中营游击照例扣满年限另请实授又福州城守左军都司敏禄明白勤慎堪以升补台湾镇标右营游击又广东澄海协都司麦瑞熟习营伍堪以升补安平协中营游击又海坛镇标中营游击叶有光熟习台湾风土堪以调补安平协右营游击又福建水师提标左营游击黄象新打仗出力堪以调补澎湖协右营游击又骑都尉陈大恩原任湖北施南协副将缘事革任仍留骑都尉世职恳请来台湾军营効力该员自进兵以来打仗奋勉仰恳将陈大恩留于台湾补放台湾镇太营游击又原任温州镇总兵魏大斌自革职以后深知感惧守城御贼甚属出力但观其才实非干练应请将魏大斌补授安平协左营游击又台湾澎湖有应补守备八缺分防汛地管束兵丁均关紧要现在整顿营伍之时亦应拣选年力强壮打仗奋勇人员补放以收实効查有候补守备陈宗煌堪以补授台湾镇标中营守备广东提标千总陈廷高堪以升补台湾镇左营守备汀州镇标千总吴芝凤堪以升补台湾城守左军守备潮州镇标千总吴大瑞堪以升补北路协左军守备福建水师提标千总李文彩堪以升补安平协左营守备泉州城守营千总李汉升堪以升补安平协右营守备闽安协左营千总雷鸣扬堪以升补澎湖协左营守备安平协千总聂世俊堪以升补澎湖协右营守备又浙江温州镇总兵黄岩镇总兵二缺令将军营出力副将拣选升用蔡攀龙升任提督普吉保调任台湾所遗海坛镇汀州镇员缺俱系军营所出之缺例应以军营人员补用臣留心察看于台湾军营副将内逐加遴选有福建兴化城守副将格绷额广东香山协副将谢廷选屡著劳绩自随同臣等打仗杀贼均属奋勉又福建闽安协副将丁朝雄带兵收复东港口粤庄粮米得以运至府城数月以来堵御贼匪防守极为严密以上三员俱堪任专阃之任请将谢廷选补授温州镇总兵格绷额补授汀州镇总兵丁朝雄补授海坛镇总兵以示鼓励此外军营副将内惟贵州铜仁协副将岱德打仗奋勇出力已奏请赏给巴图鲁名号但才具少欠开展尚须历练其余并无堪胜总兵之人不敢滥行保奏所有黄岩镇总兵员缺应请旨简放再浙江兵丁原系温州镇总兵魏大斌统领前来台湾因魏大斌业已革职派令副将詹殿擢带领撤回但兵数众多不敷照料查温州镇总兵员缺现请将谢廷选升补应即令谢廷选管带各起兵丁回浙奏入上命军机大臣传谕福康安李侍尧曰柴大纪贪纵玩弛一案前经福康安讯据守备王天植及柴大纪之胞弟柴大经等录供具奏是柴大纪骫法侵贪俱有证据其余各款亦无难向柴大纪逐一研讯跟究得实何以许久尚未审讯明确即前次所奏供情亦止系就弁兵及伊弟柴大经等供出而柴大纪尚未见讯取确供著福康安即将该弁兵及柴大经等所供柴大纪闻知贼匪滋事退回府城及带兵出城又在演武厅驻札并不亲往剿捕并派令兵丁至内地贸易借给糖行番银得受兵丁银两拔补外委各款并此外种种劣迹即向柴大纪逐一严加鞫讯录取确供迅速定拟具奏毋任稍有狡展再前此福康安等奏到获犯各供词内据庄大田供出有孙一人庄有又堂弟庄树现在平和广坑庄生理蔡福供出前年林爽文攻破诸罗有素识之何霜荣引进入伙等语此三犯现在曾否拿获该犯等系逆犯亲属伙党不可不严拿审办以净根株著福康安李侍尧一体严饬查拿务获上又谕内阁曰谢廷选著补授浙江温州镇总兵格绷额补授福建汀州镇总兵丁朝雄补授海坛镇总兵以示鼓励其浙江黄岩镇总兵员缺著王柄署理俟服阕之后再行实授上又谕内阁曰前因台湾出有武职各缺曾降旨谕令福康安查明军营出力人员内酌量奏补今据福康安奏请酌量补放俱著照所请其千总把总外委等缺著福康安于军营出力弁兵内择其才具堪以管教兵丁者酌量拔补照例咨部至此项升补人员若一概送部引见伊等俱在军营奋勉出力此时台湾逆匪初平正资人料理弹压未免又需调署且魏大斌曾任总兵亦经素识更无须令其来京引见所有此次升补各员竟无庸送部上又谕内阁曰特尔敦辙派往台湾剿捕

逆匪尚属出力业经加恩赏给副都统职衔今自闽回京于途次病故殊属可悯著加恩赏银二百两以示轸恤

（十四日丙午）命军机大臣传谕福康安李侍尧孙士毅曰……安现在所办台湾善后各事宜头绪繁多若诸务完竣能于七月间内渡即应起程于万寿前赴热河瞻观如一时未能办竣闻海洋风讯九月内向俱停止开渡福康安不妨在彼多驻几时万不可冒险开行即过九月俟风色顺利再行起程亦未为迟

卷五十九

四月十五日【丁未】福康安鄂辉同奏言……再凯旋官兵分起渡洋内福州驻防一起官兵在鹿仔港更换大船候风放洋有领催苏楞额等乘坐哨船已至港口未上大船陡起风暴飘至大洋正在危急忽有异鸟飞集船头船户等谓得神佑必可无虞飘流两日夜幸不覆溺适于黑水洋遇见他船兵丁等获救过船军装搬运甫竟见原坐哨船下有数丈大鱼浮出水面原船登时沉没

十六日【戊申】上谕内阁曰此次派往台湾剿捕官兵及运送钱粮鉛药等项渡洋多获平稳前此福康安自崇武澳放洋前抵鹿仔港千里洋面一昼夜即已遄达皆仰赖天后助顺灵应垂庥实深钦感节经降旨交李侍尧等修葺庙宇并亲书联额二分于厦门兴化两处悬挂以昭灵贶兹福康安等奏福州驻防官兵内渡船只在港口被风遇危获安叠征灵异览奏为之额手现在兵船陆续内渡者尚多据福康安等奏海洋三四月间风力平和四月前尽可全数彻竣仰荷灵祇默佑官兵安稳遄归允宜增益鸿称褒崇封号著于旧有封号上加增显神赞顺四字用答神庥而隆妥侑并再书匾额一面交福康安等于沿海口岸庙宇应悬处所敬谨悬挂至此项被飘船只虽遇救援无虞但因公冒险殊堪怜念著照前次凯旋兵丁漂泊粤境之例每名赏给银二两以示格外体恤再救渡兵丁过船之许长发究为何人并著福康安等查明酌加奖赏

臣等谨按书曰肃恭神人御制天津海神庙碑文曰康人我人咸依神庥盖神人虽幽明殊致而罔不肃恭则敬神而佑及于人即为爱人之验爱人而诚格于神即为敬神之实此至理之相贯彻而人之依神庥者所以即于康乂也我国家怀柔歆祀肸蠁昭融神著厥灵靡有不若即如台湾一役自徂征以迄凯旋往来航海悉皆袛波飙飐澶湉助顺甚至祥征异鸟履险而亨诚所云咸依神庥者乎我皇上特崇美报鸿号褒称而哨船之偶遭飘泊犹且悯其曾涉艰虞优加赏赉斯则爱人之至也夫斯则爱人以敬神之实也夫

同日德成奏言二月二十九日抵鹿仔港口此处水浅海船不能直达必须小船接渡又因连日风暴小船不能出港距岸二十余里停驻候至三月初二日风觉稍定换船登岸于初七日行抵台湾

（五月）初四日【乙丑】李侍尧奏言上年台湾军营需用钱文经臣徐嗣曾奏请于江浙两省各拨钱十万串附搭米船解闽以资接济嗣据陆续搭解兹准江苏抚臣闵鹗元咨称浙省尚有制钱五万串系附二批川米运往今米石业已截留其钱文是否应需之处咨询到臣查此项钱文从前徐嗣曾因军营需用是以奏请酌拨今军务已经告竣闽省钱价已平自可毋需解闽臣已咨覆江省仍应解还浙省归款奏入报闻

卷六十一

（五月）二十九日【庚寅】福康安魁纶徐嗣曾同奏言提集柴大纪案内人证逐一严讯……又鹿耳门海口例派游击千总按季轮流驻守凡系出入船只挂号稽查船户向俱送给陋规如有例带米石之外多带米粮仍须格外加送管理海口将弁系总兵派管将所得陋规按季分送总兵春季向止缴送九百七十二圆柴大纪以春季船只较多令每月加增番银二百圆春季共番银一千五百七十余圆夏季九百七十余圆秋季九百余圆冬季九百七十余圆尚有鹿仔港海口船只较少系安平左右将弁管理每年缴送番银一千二百圆北淡水通海港口虽未开设口岸亦有船只往来该处汛员每年缴送番银一千圆以上每年共得番银六千六百八十八圆自逆匪滋事以后此项陋规始行停止计柴大纪任内共收番银一万六千七百二十圆……今柴大纪每年得受陋规至六千余圆此外如

副将及管口文武自必有任意勒索情弊均须彻底根查当即饬调册档传集经管海口各员弁及书吏人等严加究讯缘鹿耳门海口安设文武两馆其武馆系由总兵派令安平中左右三营游击千总分年按季轮流管理凡船只入口船户送给番银三圆出口每船四圆又额外多带米石每百石给番银六圆每年约收番银二万圆内送给总兵陋规银三千八百八十八圆柴大纪到任又令春季加送六百圆安平协副将得受陋规银二千余圆又书吏工食纸张费用约需番银一千余圆余俱管口之游击千总各员收用其文馆则系海防厅同知管理入口船每只收取番银二圆出口船每只收番银三圆领取朱单每年加收番银九圆又各船遇有额外多带米石每百石收取番银六圆每年约收番银三万余圆除饭食纸张及设立小船引带商艘出入一切零星费用二千余圆外余俱同知收用虽海洋风信靡常台湾年岁亦有丰歉多寡不能画一但调查历年船只出入号簿核计所得陋规约略相等鹿仔港自四十九年经原任福州将军永德条奏议准添设口岸系理番同知与安平左营守备管理船只出入及多带米石陋规与鹿耳门无异而船只较少每年同知约得番银一万余圆守备约得番银六千余圆送给总兵规礼一千二百圆副将向不分送至淡水八里坌海口例不准船只出入常有私自收入港口因该处产米甚多商贩图利顺便贩运出口亦有陋规并无定数该处系淡水同知与上淡水都司管理每年同知约得番银六七千圆都司约得番银四五千圆都司又于所得银内分送总兵一千圆文武各员及书吏人等供出数目均属相符佥称相沿日久实不知起自何年至乾隆五十一年贼匪滋事后此项陋规概行停止因传讯升任游击李隆守备曾绍龙升任千总陈邦光千总黄明高等均系五十一年以前管理海口之人俱各如数得受副将丁朝雄前在安平协任内亦受过海口陋规升任同知杨廷理于五十一年八月到任十一月内即值逆匪滋事止得过番银一千四百余圆查载米既有定额岂容例外多带其书吏字识人等饭食费用亦有定数何以三十一年清查定议之后复又多设款项任意需索是巡查海口并不实力盘验转以商贩船只视为利薮若不严加惩治日甚一日伊于胡底所有现在台湾之升任海防同知杨廷理升任安平协中营游击李隆署安平协右营游击曾绍龙升任鹿仔港守备陈邦光署安平协右营千总黄明高各收受出入船户陋规银两虽系沿照陋习收取但该员等或系责成专管或系轮派稽查乃敢沿袭痼弊饱橐分肥实属胆玩均应革职各杖一百流三千里从重发往新疆充当苦差副将丁朝雄等以驻防海口大员并不钤束备弁转又按月分赃应请革职一并问拟杖流从重发军台效力赎罪以示惩儆其五十一年以前历任台湾总兵海防同知安平协副将中左右三营轮管之游击千总鹿仔港开设口岸后管口之理番同知鹿仔港守备有升调他省及降革事故回籍者移咨李侍尧查明一体问拟其五十一年以前历任淡水同知上淡水营都司及四十九年以前鹿仔港理番同知鹿仔港守备所管口岸例禁出入乃各员并不严行查禁辄敢收受船户陋规情节较重除阵亡各员外其余均已任满调回亦应咨明李侍尧严查从重治罪再台湾田畝膏腴产米最多不特漳泉一带藉资接济即沿海各府地方食米亦多仰给台湾自未便以官吏因缘为奸遽将商贩概请禁止查台湾回至内地船只每船止准载米二百石从前定例原属因时制宜但情形今昔不同内地各郡生齿日繁需米较多其自厦门蚶江等处来至台湾船只无货不可贩运而回帆装载只有糖米二种舍此更无他物堪以带售商民趋利如骛势难禁遏与其潜滋弊窦不若明定章程俾商贩流通以台湾有余之米补内地民食之不足嗣后横洋船一只应请准其载米四百石按边船一只准载米三百石于印照上注明实数内地收口照数查验如例外多带立予重究米石入官并将台湾管口员弁查参议处其驾往浙粤等省船只仍照旧例止准备带米六十石毋许稍有浮溢各处封禁海口亦不准载米出洋以重海防至海口巡查饭食及设立小船引带商艘出入一切费用均不可少三十一年所定文员衙门每船准收番银三圆武职衙门准收制钱自一百文至二百文不等近年食物昂贵实不敷用应请文员衙门每船准收番银五圆武职衙门准收番银三圆以资贴补其挂验米石等项陋例一概严行禁革将所定章程勒石海口倘敢仍前需索额外私增一经船户控告或巡查台湾之将军督抚提督查出即行据实严紧加等治罪

卷六十二

（六月）初六日【丁酉】福康安徐嗣曾同奏言办理赈务原应支放本色或银米兼散以济小民口粮惟查台湾自军兴以来截至本年二月由内地拨到军米共计三十二万余石除拨过兵粮等项外存米七万余石其续拨军米因海洋风信靡常尚未运到维时凯旋官兵陆续分起内渡尚未全撤且各路米价均极昂贵必须广为平粜以减时值俾通郡商民皆足以资接济计算所存米石仅可为兵粮平粜之需不敷散赈而台地贫民向藉番薯杂粮同米

搭凑糊口得银便于零买又因米价贵至三两以外恐一时未能平减难民买食仍未免拮据请旨每石给予三两但按之旧例实觉过多未便遽行擅给是以仍饬各属先照向例给发二两恭候批示到日察看田禾市价情形再行补给嗣因三月下旬以后粮价有减无增连次得有透雨禾苗畅茂可望丰收即照向例折给实已足敷接济毋庸于每石二两之外再议加增兹查台湾府属一厅四县被难民番男女共四十四万八千八百七十八口小口共二十一万八千九百七十口共放过赈银十六万七千五百八两九钱内有茕独残病等口并极贫难以度日应展赈一月现已查明大口共十四万一千九百六十八口小口共八万六千九百七十二口共应给银五万五千六百三十六两二钱……至李祖生等一百余名俱请发往湖南贵州广西烟瘴地方分县安插交与该地方官严加管束如敢稍滋事端报明督抚即行正法臣等酌商定议后即行面加晓谕以尔等曾经附逆原属罪在不赦仰蒙皇上法外施仁因尔等于大兵进剿之时即知悔罪自行投出随营效力尚有一线可原但尔等于从贼时骚扰居民若即释令归庄居民必不相安转恐纷争滋事今将尔等迁入内地即应搬取眷属一同配渡该贼目等俱愿迁移情形极为感惧业已陆续搬眷来郡随到随令登舟酌令十余人为一起即于撤回之广东福建都司守备等官内顺便带同弁兵管押前赴内地交李侍尧查明指定省分分起解送人数既少沿途小心获送自不致稍有疏虞现在送往内地者已有四起其余臣徐嗣曾陆续解送再逆匪滋扰时海岸港汊地方多被占据安平协水师在鹿耳门鹿仔港两处要隘防守其余通海溪河甚多照料难于周密经李侍尧派拨获提标游击事守备李德胜带领千总二员把总五员外委二员水师兵丁一千二十四名驾船八只于台湾澎湖洋面往来巡查自上年六七等月起至本年三月止照例每月只领口粮并无支给盐菜银两日用所需未免拮据是以于军需项下照征兵盐米银数酌量借给共借过银七千五百六十余两应在各官兵养廉钱粮内扣还归款第查此项官兵虽未至军营打仗但究自内地调派前来且于洋面梭织巡逻堵截逸匪涉历风涛已逾半载亦曾经夺获贼船炮械奋勉出力实与征兵无异自应一体支给盐菜请照征兵之例一并准令开销……魁纶自到郡城一月以来留心学习于一切情形已能谙悉将来轮赴台湾巡查地方可资经理查德该将军本任亦关紧要应令先行内渡已于四月二十八日由鹿耳门登舟候风梁朝桂蔡攀龙均系提督大员内地营伍乏人所有挑补兵丁查办台湾营伍等事均已告竣亦令梁朝桂先赴本任蔡攀龙系水师提督台湾是其专辖应令与普吉保分往南北两路及澎湖地方将安设水陆各汛逐一查勘再行赴任至巴图鲁侍卫等不服水土患病者甚多现在赶紧调治痊愈令副都统翼长六十七带领一起于臣起程之前先行配渡其暂留台湾之广东兵一千名亦多患病现无应用之处交与原带将备张朝龙等带领撤回本省至生番既知慕义自应广示招徕民番等得以共庆升平相安无事臣曾遣熟悉番情之贡生张维光至番社晓谕酌令生番头目数人照四川屯练土司之例进京瞻仰天颜使化外番民优沾圣泽而海疆荒僻之地咸得被服声教永庆敉宁兹据张维光禀报生番等极为欣悦情愿前往如蒙俞允请俟天气凉爽交与徐嗣曾妥协办理派员带领于年前至京臣现在已无应办之事即于五月初九日由鹿耳门登舟初十日获有顺风扬帆行至日暮抵黑水洋地方距澎湖内澳二十余里风息不能前进测量该处海水甚深碇索长至六七十丈总未沉底难以寄泊即在洋面往来飘荡十二日午风浪大作竟夜不止船只虽觉攲侧幸而安稳无虞行程甚速十三日晚间至大担门外溜逼山根礁石并未触损船只十四日由厦门港口登岸臣上年赴台湾剿捕叠次被风吹回及征调各兵到齐风色即为转顺自崇武澳放洋一帆即达鹿仔港兵船百余号同时并到为从来未有之事此次凯旋内渡途次虽遇风暴濒危获安此皆仰赖我皇上诚敬感孚神明默佑并蒙恩赐右旋白螺渡海得以益臻稳顺登岸后即至庙拈香瞻礼敬谢神庥上年由崇武澳径渡鹿仔港风帆恬利因于鹿仔港宽厂处所恭建天后庙宇今驻防兵丁等即在该处港口被风遇危获安叠征灵异请将奉到御书匾额交徐嗣曾即在鹿仔港新建庙内敬谨悬挂现在巴图鲁侍卫及随从官员俱已陆续到大担门一俟登岸后即起身前赴泉州与李侍尧会晤将应行面商事件另行会折具奏至厦门一带早禾现俱结穗颗粒充盈丰收可卜现在粮价不昂民情极为欢庆

卷六十三

六月初六日【丁酉】福康安徐嗣曾又同奏言清查台湾积弊酌筹善后事宜一各营操演宜设法稽查以核勤惰也向来台湾各营戍兵离营散处技艺生疏即遇操演之期亦复虚应故事并不按名全到兹当整饬之时已将修建营房添兵安泛增设骑操马匹等事次第办理营制更新亟须严定章程认真操演以收实效嗣后水陆各营按

照操演枪箭之期兵丁等齐集教场逐名点验不许一名不到将备带同弁目亲往较阅分别等第开单登记即将操演原折呈报该镇亲自较查偶有虚捏或操演不能按期立将该管将备揭报查参其分防营汛毋论冲僻地方均应一律按期操演一体开单呈报随时抽验并委员亲往查察以别勤惰凡该镇查阅原单并抽验过各营兵丁技艺名册等第统于年底汇送总督衙门察核并存底册一分俟将军督抚提督等巡查操演时照册查验如与原册相符兵丁技艺娴熟奏明将该镇交部议叙如有捏报不实即行严查参究如此层层查核操演不致间断纪律渐次谙习而将备中孰勤孰惰亦皆有所稽考一水师兵丁宜按期出洋巡哨也台湾澎湖为海疆重地额设水师战船以为巡哨之用例应将备带领弁兵按月出巡所辖洋面及本汛地方缉拿盗贼近年以来营伍不能整饬将弁等心存涉险畏难之见怠惰偷安不谙舟楫有汛防之名无巡哨之实洋面盗劫频闻莫能禁戢殊非慎重海疆之道查洋盗虽系亡命匪徒未尝不患覆溺其窜匿之地必有偏僻岛屿可以避风取水者方敢停泊亦必于台飓不作之时方敢出洋行劫至于私渡民人尤非盗贼可比湾泊之处更易巡逻官兵等若能于近边口岸留心搜捕断无不获之理嗣后应令水师将弁按期亲自出洋周历各处实力哨查不得装点军容张扬声势预驱贼匪远避徒衍虚文仍将出泛回泛日期报明督提各衙门稽核务将港澳之险易风信之向背及驾船之柁缭斗碇诸事讲求通晓时时操练自可渐臻纯熟如能擒拿盗贼匪徒者准其记功升用倘敢空文申报仅在内港往来虚应故事查出立即严参究办一严总兵巡查之例以肃营制也台湾镇总兵向例于每年冬间巡查南北两路各营供应尖宿四十八年以后渐至派送夫价而沿山沿海偏僻汛地并不亲历周巡往返皆由大路南至凤山北至北堑而止上淡水营及下淡水营兵丁只系酌调抽验殊非慎重营伍之道嗣后总兵巡查全郡一应供应夫价尽行革除不许丝毫派累惟是总兵出巡必须酌带弁兵一二百名方足以壮声势向来出差兵丁并无盘费难保无需索情弊应照内地出差官兵给与差费之例酌给盘费入于本省公费内报销所有巡阅地方务须北自淡水石门南至凤山水底寮毋论冲僻泛地一律按泛操阅兵丁技艺点验屯番并令留心察访弁兵如有包差庇赌者立即严行惩治巡查后将营伍地方情形据实陈奏一次倘该镇仍蹈故辙勒索夫价一经巡查之将军督抚提督等查出即照枉法赃从重治罪一兵丁贸易离营等弊宜严行禁止也台湾营伍废弛总由总兵营私牟利备弁等相率效尤纵容兵丁离营他出贸易谋生甚至包庇娼赌无所不为将惰兵骄实由于此现已将各处营汛兵房一律赶紧兴修分派安设又令于叛产内酌量拨给收取余息以为贴补当差之用从此各兵生计有余又有兵房可资栖止应责成各镇将都司守备等严行约束除操演日期按名点验外平时仍派员逐日稽查如不居住兵房在外游荡即行革伍枷号半年递回原籍严加管束永不许食粮入伍倘敢仍前贸易包庇娼赌从重加等治罪并将不行查察之员严行参处其分驻地方即交该泛弁稽查如本泛狥庇容隐准令邻汛弁目一体举报至地方赌博固属兵丁不行查禁而胥役亦不无包庇之事嗣后应令兵役互相稽察呈报镇道从重办理若镇道不行究办经巡查将军督抚等察出即治以狗纵之罪一禁革四项兵目名色以杜包差之弊也台湾各营自总兵至守备衙门皆有兵丁听候差遣分为旗牌伴当内丁管班四项各有目兵管领总兵署内多至三百人副将以至守备依次酌减至少亦有三十余人分班轮直其在外自谋生理者多在四项内挂名贴钱代班差操均可不到名为包差因而千总把总于所管兵丁皆有包差情事最为恶习窃思镇将等官署内本无胥役因公差遣兵丁固所不禁但私分四项名目需兵至数百人之多旷伍等事皆由此起且如郡城内兵丁二千七百余名而在各处署内当差者已逾三分之一存营实兵无几尤属不成事体嗣后四项目兵名色全行禁革总兵署内酌留差遣该班兵一百名分作两班足敷应用副将酌留兵八十名仍令轮流亲自上班不许私相雇替参将以至守备照此按等递减分防千总准留兵十名其余悉令归营如敢故违定制即依私役军人例按名治罪所有留署差遣兵丁一体照常操演毋许藉端旷伍一换防戍兵宜分交水陆提督互相点验也台湾全郡戍兵俱由内地水师陆路各标营派拨轮班更换向来调集厦门经水师提督点验配船渡洋台湾镇总兵照册点收分拨驻守但向来各兵内有手艺之人及亲族在台湾者甫经班满又复换防难保无老弱充数之弊其不愿来台湾者经各营佥派每于厦门逗遛不进时日迁延经富勒浑雅德等定限查参而陆路官兵非水师提督所辖督催开渡等事未免呼应不灵至于点验时由本管提督查点亦不免有回获将就之处伏思陆路提督驻札泉州府距厦门甚近兵丁配渡时即令该提督亲赴厦门互相点验将水师戍兵由陆路提督验看陆路戍兵由水师提督验看必须年力壮健方准配渡倘有应名充数及屡次藉端换防情弊立时究参驳回另换仍照例各按所属官兵专参将备催令开驾如此则责成愈重点验加严如戍兵皆得精壮充伍于海外操防实为有益一海口城厢各炮位宜清查安设以资守御也查台湾鹿耳门沿海一带口

岸旧设炮位数十处原因海滨辽阔远接外洋是以安设炮位外御内守以备不虞……一清查台湾户口搜拿逆犯以别奸良也台湾为五方杂处之区本无土著只因地土膏腴易于谋生食力民人挈眷居住日聚日多虽系海外一隅而村庄户口较之内地郡邑不啻数倍人数既多每年开报丁口俱系任意填写并不实力清查前闻府城被贼攻扰时惟恐贼匪潜为内应清查城内民数共有九十余万而臣等现在检查台湾县民册内只开载十三万七千余名口数目迥不符合人数既多版籍难凭是以匪徒逸犯竟有历年久远不能擒获者内地逃军徒犯亦多潜赴台湾希图漏网不可不亟为清查办理查德编查保甲一事原有定例即内地亦应实力奉行海外地方民无定籍尤赖此稽查奸匪臣福康安进兵时招抚难民归庄日有数千惟恐匪犯混入其中每户皆给用印手票开载姓名人口分派妥员登记簿籍事定后查拿逸匪村民不能容隐无不立时擒献应令地方官推广此意于清查叛产之便责成族长管事按户编甲其有充当义民者名册在官尤属易于稽核其并无家产游民最易滋事固未便无端驱逐致有扰累若遇犯事到官即在笞杖以下者亦押令回籍至禁止携眷之例自雍正十年至乾隆二十五年屡开屡禁经前任总督杨廷璋酌请定限一年永行停止而挈眷来台湾者至今未绝总因内地生齿日繁闽粤民人渡海耕种谋食居住日久置有房产自不肯将其父母妻子仍置原籍搬取同来亦属人情之常若一概严行禁绝转易启私渡情弊前经臣福康安据实奏明毋庸禁止嗣后安分良民情愿携眷来台湾者由该地方官查实给照准其渡海一面移咨台湾地方官将眷口编入民籍其只身民人亦由地方官一体查明给照移咨入籍如此则既可便民而外内稽查匪徒亦无从混冒倘有内地逆犯逃遣窜至台湾者地方官若即能盘获准予从优奖叙倘别经发觉讯明由何处进口何处藏匿即将该管员弁从严参处……一请开八里坌海口以便商民也查淡水八里坌地方港口距五虎门水程约有六七百里逆匪滋事时经臣徐嗣曾奏明派兵自五虎门放洋直趋淡水嗣后运往淡水之粮饷铅药亦多由八里坌收口一载以来甚为利涉该处港道宽阔可容大船出入从前即有商船收泊该处载运米石管口员弁藉端需索得受陋规徒有封禁之名毫无实际且淡水为产米之区八里坌一港又非偏僻港口仅容小船者可比虽台湾远在海外稽查奸匪不可不严而百余年来休养生息贩运流通实与内地无异小民等趋利如骛势难禁遏与其阳奉阴违转滋讹索不若明设口岸以便商民查鹿仔港对渡蚶江本系封禁经永德奏准开设船只往来极为便利应请将八里坌对渡五虎门海口一体准令开设其无照船只及照内无名之人仍行严加查察以防偷渡该处原设巡检一员今又新添一汛足资弹压并令淡水同知上淡水营都司就近稽查挂号出入其载运米石数目均照新定海口章程一律辦理毋许藉端需索致滋扰累一沿海大小港口私渡船只宜严加申禁稽查也台湾全郡沿海鹿耳门鹿仔港系南北要口商民船只出入例应挂验稽查现拟新设之八里坌海口亦应一体办理其余港口如淡水之八尺门中港后垄港大安港彰化之海丰港三林港水里港嘉义之虎尾溪八掌溪笨港猴树港盐水港蚊港含西港凤山之竹仔港东港打鼓港皆可容小船出入无照客民偷渡来台湾者多在各处小港登岸原设防守泛兵因塘汛倾圯营置废弛并不各归泛地甚或得贿纵容任听出入以致游民私渡日多奸宄潜滋无从盘诘臣福康安带兵进剿时屡奉谕旨严防海口以杜逆首逃窜之路遵即专派大员分驻并通饬各海口员弁凡有溪港通海之处一体严查即经拿获洪则李淡等私渡两案而窜至海口贼匪无不就获正法可见认真巡缉奸匪自无从透越现已挑拨泛兵照旧稽查并于八里坌东港等处要口添兵驻守嗣后应责该管员弁实力稽查如能拿获私渡奸民即将船只货物赏给兵丁以示奖励其有照商船因风飘泊到岸者验明牌照立即放行仍不许稍有留难藉启需索之弊至此项私渡船只皆由内地小港私越出洋向有积惯船户客头揽载图利应请于内地沿海地方一体申明禁例实力访拿庶可清私渡之源而海防益昭严密一台湾南北两路宜安设铺递修治道路船只以肃邮政也台湾全郡地方辽阔郡城距厅县治所远者几及千里近者亦不下一二百里向来递送公文俱系番社应役而番社相距较远驰递不能迅速遇有要事信息难通自宜仿照内地安设铺递每三十里一铺递送文报于封面上填写时刻以备稽考至各处通衢要路本不宽展又被贼匪铲削极窄数人不能并行臣福康安带兵进剿时均绕道由稻田行走交春以后引水灌田尤为泥泞难行况现已添设马兵遇有搜捕盗贼驰突尤非所宜应于秋冬农隙之时令地方官逐加履勘酌明一丈五尺为度一律修整以壮观瞻而通行旅其淡水溪湾里溪虎尾溪大肚溪大甲溪等处水深湍急徒涉为难每届山水骤涨月余不通往来每处应设船二只传送文书渡载民人实于公私两有裨益

卷六十四

（六月）十七日【戊申】上命军机大臣传谕李侍尧图萨布曰……又思兖州总兵柯藩此人或可用福康安于过兖州留心看此人可用否再福建水陆两提督员缺亦属紧要陆路所辖多系腹里地方梁朝桂或尚能办理其水师员缺所辖皆系外洋地方责任尤重而现任提督蔡攀龙询之由军回京大臣侍卫等佥称其人平庸福康安前亦奏其未能胜任若令其久任海疆恐有贻误朕意陕甘二提督哈当阿苏灵俱尚能事近来甘省地方宁谧蔡攀龙至彼尚可将就胜任并著福康安于哈当阿苏灵二人内量其才具孰与福建水师员缺相宜者即奏闻调补或此外福康安尚有知其才具堪以调用之人亦即据实具奏候朕简调庶于海疆重任足资整理

卷六十五

（十一月）二十一日【己卯】上命军机大臣传谕福康安曰上年福康安前赴台湾特赏给右旋白螺带往是以渡洋迅速风静波恬咸臻稳顺今思闽省总督将军巡抚提督等每年应轮往台湾巡查一次来往重洋均资灵佑特将班禅额尔德尼所进右旋白螺发交福康安于督署洁净处敬谨供奉每年督抚将军提督等不拘何员赴台湾时即令带往渡海俾资获佑俟差竣内渡仍缴回督署供奉至前往巡查大臣亦不必因有白螺冒险轻涉总视风色顺利时再行放洋以期平稳

十一月二十五日【癸未】嗣曾奏言……再上年冬间遭风击破船十七号除林合顺等赍递公文外其余十三号俱系装载军米内蔡球琳等六船有抢出捞起米石并淹毙水手自属可信其曾长鉴等七船船米俱失亦委系遭风失水并非捏饰是该船等委因猝遇飓风人力难施致遭沉失实属可信所有共沈失军米三千六百七十余石可否准予豁免奏入上谕内阁曰海洋风信不常船只破溺在所不免且运送军米事属因公今既据该抚查明实因猝遇飓风人力难施致遭沈失淹毙多人殊堪悯恻所有各船内淹毙水手兵丁著该督等查明照例赏恤其沈失军米三千六百七十余石俱著全行豁免以示轸恤

金佗稡编[①]

卷二・高宗宸翰中・绍兴七年

先臣前奏乞以本军进讨刘豫既奉诏方整兵北乡复上奏请建都上游以瞰中原以示圣意之所乡会淮西军变因赐御札报谕令竢机会览卿来奏备见爱君忠义之诚朕怀国家之大耻竭尽民力以养兵训戎恢复之事未尝一日少忘于心但以近者张浚谋之不臧淮西兵叛事既异前未遑亟举而议者谓朕当不常厥居使敌人莫测建康临安以时往来固不害为恢复之图也唯俟几会以决大策地远不得与卿面言卿其益励壮猷副朕责成之意先臣奉诏不复出师第行边备守朝廷犹以上流为虑赐御札令先臣饬备卿盛秋之际提兵按边风霜已寒征驭良苦如是别有事宜可密奏来朝廷以淮西军叛之后每加过虑长江上流一带缓急之际全藉卿军照管可更戒饬所留军马训练整齐常若寇至蕲阳江州两处水军亦宜遣发以防意外如卿体国岂待多言先臣奉诏以舟师屯九江为淮浙声援既至赐御札抚问且遣驲使燕劳宣谕圣意

卷三・高宗宸翰中・绍兴十年

夏五月金人大举入寇先臣闻警即奏乞面陈机密会已诏与诸大帅进兵赐御札不许趣先臣乘机破敌仍问至计览卿来奏欲赴行在奏事深所嘉叹况以戎事之重极欲与卿相见但敌兵在近事机可乘已委卿发骑兵至陈许光蔡出奇制变因以应援刘锜及遣舟师至江州屯泊俟卿出军在近轻骑一来庶不废事

乌珠再窥濠州韩世忠张俊杨沂中刘锜皆已提军到淮上以卿忠智许国闻之必即日引道切须径赴庐州审度事势以图寿春庐通水运而诸路漕臣皆萃于彼卿军至粮草不乏又因以屏蔽江上军国两济计无出此已行下诸漕为卿一军办粮草不管阙乏付此亲札卿须体悉十一日未时

卷六・行实编年三・绍兴五年乙卯岁年三十三

(春二月)除荆湖南北襄阳府路制置使神武后军都统制招捕杨么杨么者鼎州钟相之余党楚人谓幼为么故称么云自建炎末相败死么率其余部居湖湘间其徒有杨钦刘衡周伦黄佐黄诚夏诚高老虎等数年间聚兵至数万立相之子仪谓之钟太子与么俱僭称王官属名号车服仪卫并拟王者居有三衙大军所居之室称曰内文书行移不奉正朔蹂践鼎澧窥觎上流程【原阙】迎道之壶浆所至得其欢心斯以宽予忧顾将至潭先遣使持檄至贼中招之先是鼎州太守程昌禹遣刘醇荆湖南北宣抚使孟庾遣朱实湖广宣抚使李纲遣朱询荆南镇抚使解潜遣史安湖南及诸军遣晁遇十七人邵州太守和璟亦累遣人招安皆为贼所杀至是所遣之使叩头伏地曰节使遣某犹以肉餧饥虎也宁受节使剑不忍受逆贼辱先臣叱之起曰吾遣汝汝决不死使者起受命以行至其境望见贼巢即厉声呼曰岳节使遣我来诸寨开门延之使者以檄授贼贼捧檄钦诵或问岳节使安否虽叛服之志未齐然皆不敢萌异意于是么之部将黄佐谓其属曰吾闻岳节使号令如山不可玩也若与之敌我曹万无生全理不若速往就降岳节使诚人也必善遇我率其所部诣潭城降皆再拜先臣释其罪慰劳之即日闻于朝擢佐武义大夫合门宣赞舍人赏予特厚佐出复单骑按其部抚问甚至明日召佐使坐命具酒与饮酒酣抚佐背谓曰子真丈夫知逆顺祸福者无如子子姿力雄骜不在时辈下果能为朝廷立功名一封侯岂足道哉吾欲遣子复至湖中视有便利可乘者擒之可以言语劝者招之子能卒任吾事否佐感激至泣再拜谢先臣曰佐受节使厚恩虽以死报佐不辞惟节使命乃遣佐归湖中又有战士三百余人来降先臣皆委曲慰劳命其首领以官优给银绢纵之听其所往有复入湖者

---

① 〔宋〕岳珂撰。

亦弗问居数日又有二千余人来降先臣待之如初时张浚以都督军事至潭州参政席益与浚备语先臣所为谓浚曰岳侯得无有他意故玩此寇益欲预以奏闻如何浚笑曰岳侯忠孝人也足下何独不知用兵有深机胡可易测益惭而止夏四月黄佐袭周伦寨击之伦大败走杀死及掩入湖者甚众擒其统制陈贵等九人夺衣甲器仗无数寨栅粮船焚毁无遗者佐遣人驰报先臣先臣即上佐功转武经大夫仍抚劳所遣将士第功以闻统制任士安慢王𤫉令不战先臣鞭士安一百使饵贼曰三日不平贼斩之士安乃扬言岳太尉兵二十万至矣及所见止士安等军耳贼乃并兵永安寨攻之先臣遣兵设伏士安等战垂困伏兵乃起四合击之贼众败走获战马器甲无数又追袭过苟陂山所杀获不可胜计士安复移军与牛皋屯龙阳旧县之南逼近贼巢贼出攻之官军迎击贼又败走上赐札谕之曰朕以湖湘之寇逋诛累年故特委卿为且招且捕之计欲使恩威并济绥靖一方闻卿措画得宜朕甚嘉之五月有旨召张浚还浚得诏谓先臣曰浚将还矣节使经营湖寇已有定画否先臣袖出小图以示浚曰有定画矣浚按图熟视移时谓先臣曰浚视此寇阻险穷绝殆未有可投之隙朝廷方召浚归议防秋盍且罢兵规画上流俟来岁徐议之先臣曰何待来年都督第能为飞少留不八日可破贼都督还朝在旬日后耳浚正色曰君何言之易耶王四厢两年尚不能成功乃欲以八日破君何言之易耶先臣曰王四厢以王师攻水寇则难飞以水寇攻水寇则易浚曰何谓以水寇攻水寇先臣曰湖寇之巢艰险莫测舟师水战我短彼长入其巢而无向导以所短而犯所长此成功所以难也若因敌人之将用敌人之兵夺其手足之助离其腹心之援使桀黠孤立而后以王师乘之覆亡犹反手耳飞请除来往三程以八日之内俘诸囚于都督之庭浚亦未信乃奏曰臣只候六月上旬若见得水贼未下即召飞前来潭州分屯潭鼎人马规画上流军事讫赴行在先臣遂如鼎州六月二日杨钦受黄佐之招率三千余人乘船四百余艘诣先臣降先臣喜私谓左右曰黄佐可任也杨钦骁悍之尤者钦今乃降贼之腹心溃矣钦自束缚至庭先臣命解其缚以所赐金束带战袍予之即日闻奏授武义大夫又命具酒使王贵主之礼遇甚厚及所部犒赏有差钦感激不自胜所部皆喜跃恨降晚先臣乃复遣钦归湖中诸将皆力谏先臣不答越两日钦尽说全琮刘诜等降未降者尚数万先臣诡骂曰贼不尽降何来也杖之复令入湖是夜以舟师掩其营并俘钦等其余党杀获略尽惟杨么负固不服方浮游湖上夸逞神速其舟有所谓望三州和州载五楼九楼大德山小德山大海鳅头小海鳅头以数百计舟以轮激水疾驶如羽左右前后俱置撞竿官舟犯之辄破又官舟浅小而贼舟高大贼矢石自上而下而官军仰面攻之见其舟而不见其人先臣取君山之木多为巨筏塞湖中诸港又以腐烂草木自上流浮而下择视水浅之地遣口伐者二千人挑之且行且詈贼闻詈不胜愤争挥瓦石追而投之俄而草木坌积舟轮下胶滞不行先臣亟遣军攻之贼奔港中为筏所拒官军乘筏张牛革以拒矢石群举巨木撞贼舟舟为之碎杨么举钟仪投于水继乃自仆牛皋投水擒么至先臣前斩首函送都督行府伪统制陈瑫等亦劫钟仪之舟获金交床金鞍龙凤簟以献率所部降先臣亟领黄佐杨钦等军入贼营余酋大惊曰是何神也夏诚刘衡俱就擒黄诚大惧不知所为亟与周伦等首领三百人俱降牛皋请曰此寇逋诛罪不容数劳民动众亦且累年若不略行剿杀何以示军威先臣曰彼皆田里匹夫耳先惑于钟相妖巫之术故相聚以为奸其后乃阻于程吏部尽诛雪耻之意故恐惧而不降日往月来养成元恶其实但欲求全性命而已今杨么已被显诛钟仪且死其余皆国家赤子苟徒杀之非主上好生之意也连声呼谓官军曰勿杀勿杀牛皋敬服其言而退先臣请行诸寨慰抚之命少壮强有力者籍为军老弱不堪役者各给米粮令归田有自请归业者二万七千余户先臣皆给据而遣之又命悉贼寨之物尽散之诸军而纵火焚寨凡焚三十余所揭牓于青草洞庭湖上不数日行旅之往来居民之耕种顿若无事之时然湖湘悉平是役也获贼舟凡千余鄂渚水军之盛遂为沿江之冠自其与浚言至贼平果八日浚叹曰岳侯殆神算也即日上之朝上遣内侍一员至先臣军前传宣抚问仍赐银合茶药及抚劳将士赐诏褒谕有曰湖湘阻深奸凶啸聚曩命往伐用非其人轻敌寡谋伤威损重遂令孽寇久稽灵诛卿勇略冠军忠义绝俗肃将王命険集长沙威棱所加已闻声而震迭恩信既著宜传檄而屈降消时内侮之虞宣予不杀之武又赐札曰非卿威名冠世忠义济时先声所临人自信服则何以平积年啸聚之党于旬朝指顾之闲不烦诛夷坐获嘉靖使朕恩威兼畅厥功茂焉初有唐生居鼎州尝与程昌禹论湖寇之险曰他人寨栅犹或可入如杨么寨则虽虎豹不可入也昌禹曰然则奈何唐生作俚语应之曰除是飞便会入去昌禹大笑曰世闲岂有生肉翅人可使耶顾谓僚属曰兹事当且止也又夏诚刘衡等尝自诧曰吾城池楼橹如此欲犯我除是飞来至是始验时有卢奎者作鼎澧闻见录述其事其末曰半月之闲谈笑以平群贼使有船者不能远去有寨者不能坚守几于不战屈人纪其实也有旨兼蕲黄州制置使以目疾乞解军事上不许既而疾稍瘳先臣不复请强起视事又有旨令先臣军以三十将为额八

月二十二日有旨令先臣于襄阳府路复州汉阳军乡村民社置山城水寨处疾速措置备御事务具已施行状闻奏秋九月加检校少保食邑五百戶实封二百户进封鄂国公制词有曰得好生于朕志新旧染于吾民支党内擒争掀狡窟渠魁面缚自至和门服矢弢弓尽散潢池之啸聚带牛佩犊悉归田里之流逋清湖湘累岁荡泊之菑增秦蜀千里贯通之势还军鄂州益自奋厉日率将士阅习师徒军容甚整张浚按视还朝以闻冬十月上赐诏褒谕十二月除荆湖南北襄阳府路招讨使十五日遣赐腊药二十一日遣使传宣抚问赐银合茶药

卷八·行实编年五·绍兴十一年辛酉岁年三十九

杨么平先臣又致书献俊楼船一兵械毕备俊受船复不答先臣事之愈恭俊横逆自若

在合肥日遣骑驰奏至扬子江风暴禁渡典者力止之骑曰宁为水溺死不敢违相公令自整小舟绝江望者以为神

荆南镇抚司并湖南帅司各发兵船约期进讨下流合用军兵及会合诸头项兵马舟船并委飞措置施行所有岳飞本军合用钱粮如所部州军应副不足依旧朝廷给降及江西路支拨应副札送臣疾速施行臣伏蒙新除恩命已具奏辞免所有措置讨捕黄诚杨太等贼徒事切缘臣所管军马并系西北之人不习水战今蒙圣旨驱使不敢辞免谨已遵奉指挥外臣契勘湖贼黄诚杨太等占据重湖猖獗累年战舰舟船数目浩瀚又贼众多凭恃水险出没作过今来若以湖南帅司马準步谅两项军马听知鼎州程昌禹节制以荆南镇抚司并湖南帅司各发兵船约期进讨切虑如此事不专一临时难以措画有误指踪臣愚欲望圣慈特降睿旨令湖南帅司除留三千人在潭州弹压外并荆南镇抚司都共有二千人乞令臣量留一千人在镇抚司外将其余军马舟船尽数并拨付臣相度分布使唤兼马準步谅亦乞令付臣使唤如鼎州缓急合要军马使用乞令臣相度分遣庶几军马归一斟量调发免致误事兼契勘王　已降指挥江州驻札今来讨捕湖贼正赖舟船使用欲乞将王𤫉随军舟船除海船及有余船外只乞战船并海湖船权暂尽数借拨付本军候事毕日归还臣访闻湖南州郡系出产材木去处欲乞行下本路一就并钉线工匠应副添修本军舟船其合用钱粮窃详湖北路委是阙乏无以桩办伏乞特降指挥专一令江西应副外劵钱乞从朝廷宽剩支降庶不有误事机所陈利害并系急切伏望圣慈详酌依臣所乞前去措画誓尽犬马之劳以图报効谨录奏闻伏候敕旨

卷十九·家集十·公牍下

平湖寇申省状

镇宁崇信军节度使神武后军都统制荆湖南北襄阳府路制置使岳飞状申飞近招捉到水寨刘衡夏诚杨收杨寿石颗等及诸路头领小寨二十余座并黄诚杨太周伦下徒众节次取问得愿归业人于六月十八日终出给公据放散二万七千余户各量支米粮归业外谨具申尚书省并枢密院伏乞照会谨状

金佗续编

卷五·丝纶传信录卷四·绍兴四年

再据刘愿申杨么贼徒结连作过省札

权知岳州刘愿申契勘荆湖制置使王四厢复提大军前去鼎州措置招捕杨么贼徒二月二十四日到州收到被掳军兵王忠等二名自贼寨脱身出来寻行取问责据逐人供各是水军统制吴全部下人内王忠是使臣袁海是効用去年十一月十一日随吴全乘海船入湖讨捕杨贼到地名青江上口逢贼大车船本军船小当被围了势力不加遭贼擒杀吴全一行兵将王忠等各被捉缚回寨得贼首杨么黄诚存留在寨使唤王忠等日逐见杨么黄诚等评议下项机密事件除已将王忠等解赴制置王四厢军前外契勘本州系据长江上流西临重湖北通襄汉襟带荆鄂

屏蔽湖南自古号扼控重地今又系杨么贼船出入要途若本州可以捍御必不能侵犯下江州郡昨累经金人巨寇蹂践民户所存百分之一州城烧毁殆尽商贾不通税赋无入在州只有些小雕残贫民四围并无城壁钱粮储积无分文颗粒捍贼军马无一卒一骑从来每遇盗贼水陆侵犯官吏已下必全城逃避谓州郡守臣带沿江安抚特有虚名今据王忠等供说杨么贼徒已与伪齐李成结连先取本州安存老小以为硬寨然后顺流而下侵犯江浙幸而预知岂可坐待若不预为措画万一贼至不惟失

一岳州荆湖南北便见隔绝占据上流下江所系甚重欲望朝廷矜恤本州并无城壁钱粮军兵外贼内寇结连指日首先攻取占据要作硬寨然后侵犯江浙委是事势迫切特赐选差前项精锐军马支拨钱粮下本州驻札仍乞悉听本州节制庶可为用愿已于二月二十四日具此因依专差成忠郎乌沙镇监酒税权本州司户参军李佐赍申尚书省愿切虑前状在路住滞未到又于当月二十五日再具状申去讫今来春水泛涨杨么贼船不住出没作过事势委是危急伏乞详酌速赐指挥施行候指挥

一去年十二月三日见伪齐下李成发使臣称是康武翼来下文字要与贼商议通和令贼首杨么黄诚寿等打造大车船准备来年七月间前来鄂州汉阳蕲黄州已来迎接李成相公一行人马已备下甲军二十万就你门大船济渡许留甲军三万与杨么黄寿等相添装压车船令贼船取水路下江李成取陆路经由江西前来两浙会合要赴行在作过候了日许杨么等荆湖两路与钟相男伪太子建国通和当时杨么黄寿等允许供依应公文交付康武翼于当月七日发遣回去

一见贼首诬议张宣抚相公招安事其杨么黄寿等所说目即且权许受招安图教诸小寨兵夫放心作田兼要诸处采木人船稳便及要疑住诸路人马不动本寨安然打船

一诸贼寨已有大小车船共二十九只及创行打造大车船一十五只每只各长一百步底阔三丈高三丈五尺板厚七寸各要四月半先造成底推入水候五月尽船就令人兵六月间火急收刈早稻七月间起发先取岳州作老小硬寨将旧车船排泊城下要抵拦潭鼎州人马却将新车船一十五只前去攻取鄂州汉阳蕲黄州已来迎接李成军马到来济渡分水陆路前去浙中会合

一贼寨逐时行移文字只作甲寅年并不用绍兴年号今年七月间定是会合伪齐攻打沿江州县

右勘会近据刘洪道申到前项事理已奉圣旨札与岳飞去讫今再札送江南西路舒蕲州制置使岳承宣准此

卷十一·丝纶传信录卷十·绍兴十年

令契勘梁兴见今措置事宜开具申闻省札枢密院奏据探报下项……一泗州申干事人王德回供称十一月九日出徐州东门外见清河岸贴城立炮座河内有厂槽船船上有敌人掉船教阅恐梁小哥从梁山泺内乘船下来

卷十二·丝纶传信录卷十一·绍兴十一年

韩世忠与四太子兵会战令诸帅同共措置省札淮东宣抚处置使韩太保申世忠初六日早已次招信县界据濠州申称今月四日晚敌人马军并战船水陆已到本州离城一十五里下寨乞速赐遣发军马前来救援伏望详酌指挥札下诸大帅火急前来与世忠会合并力破之并小贴子称世忠见亲提军马战船水陆并进旦夕与四太子等大兵见阵外伏望速降处分下张俊杨沂中刘锜等星夜兼程前来乘虚先占寿春府与世忠夹击并力破之伏候指挥并据濠州申今来敌军札浮桥见渡人马过淮南岸乞速赐遣发军马应援施行

卷十八·百氏昭忠录卷二·章尚书颖经进鄂王传之二

十二月以李横牛皋隶飞时伪齐使李成合金兵五十万大举南寇攻陷襄阳及唐邓随郢州信阳军故镇抚刺史如李横李道翟琮董先牛皋等俱失守伪齐于每郡置将又湖寇杨么与伪齐交通欲分舟船五十艘攻岳鄂汉阳蕲黄顺流而下李成以兵三万益杨么舟师自提兵十七万由江西陆行趋两浙与么会朝廷患之始命于江南北岸水陆战守处常为备又命于兴国大冶通洪州之路为堤防多遣间探日具事宜以闻又命备鄂黄等州及汉阳军又于下流鄂岳备贼营之潜渡为寇者飞与幕府僚吏语及二寇或问将何先飞曰襄汉既复李成丧师而逃杨么失助

矣第申严下流之兵以备之然后鼓行绍兴四年三月除兼荆南鄂岳州制置使飞乃奏乞复襄阳六郡以为今欲恢复不可不争此土宜及时攻取以除心膂之病上以谕辅臣赵鼎鼎奏曰知上流利害无如飞者于是以亲札报飞曰今从卿所请已降画一令卿收复襄阳六郡惟是服者舍之拒者伐之追奔之际无出李横旧界画一之目以湖北帅司统制官颜孝恭崔邦弼两军并荆南镇抚使司马军并听飞节制诸州既复并许随宜差官防守如城壁不堪守御则移治山寨或用土豪或用旧将牛皋等主之

【缺】旬荆南镇抚使解潜遣史安湖南及诸军遣晁遇十七人邵守和璟亦累遣人招谕贼皆杀之至是所遣使叩头伏地辞飞叱之起曰吾遣汝汝不死使受命以行至贼巢即厉声呼曰岳节使遣我来诸寨开门延之以檄授贼皆捧檄跪诵或问岳节使安否么之部将黄佐谓其人曰岳节使号令如山不可玩若与之战万无生全理不如速往就降岳节使诚信人必善遇我遂率所部诣潭降飞释其罪抚劳之以闻于朝擢佐武义大夫合门宣赞舍人赏与特厚佐出复单骑按其部问劳亦至明日召佐使坐具酒饮酣飞抚佐背谓曰子真大丈夫知逆顺祸福况子姿力雄骜不在时辈下果能为朝廷立功名一封侯岂足道哉欲遣子复至湖中视有便利可乘者擒之可以言语劝者招之子能卒任吾事否佐感泣再拜愿以死报乃遣佐归湖中又有战士三百余人来降飞皆委曲慰劳命其首领以官优给银绢纵之有复入湖中者亦不问归数日又有二十人来降飞待之如前时张浚以都督军至潭帅参政席益与浚语及之益疑飞玩寇欲奏闻浚笑曰岳侯忠孝人也足下何独不知用兵有深机胡可易言益惭乃止

卷十九·百氏昭忠录卷三·章尚书颖经进鄂王传之三

四月黄佐袭周伦寨击之伦大败走杀之及掩入湖死者众禽其统制陈贵等九人夺衣甲器仗无数焚其寨栅粮船无遗者佐遣人驰报飞即上佐功转武功大夫仍抚劳所遣将士第功以闻统制任士安慢王躞令不战飞鞭士安百使饵贼曰三日不平贼斩之士安乃宣言岳太尉兵二十万至矣及所见止士安等军贼乃并兵攻之飞遣兵设伏士安战垂急伏乃四起击之贼败走获战马器甲无数追袭之杀获不可胜计士安移军与牛皋屯龙阳旧县之南逼贼巢贼出攻之官军迎击贼又败走上赐札谕之曰朕以湖湘之寇逋诛累年故特委卿为且招且捕之计闻卿措画得宜朕甚嘉之五月诏张浚还浚谓飞曰浚将还矣经营湖寇已有定画否飞袖出小图以示浚曰有定画矣浚按图熟视移时谓飞曰浚视此寇阻险穷绝殆未有可投之隙朝廷方诏浚归议防秋盍且罢兵规画上流俟来年徐议之飞曰何待来年都督第能少留不八日可破贼都督还朝在旬日后耳浚正色曰君何言之易耶飞曰王四厢以王师攻水寇则难飞以水寇攻水寇则易浚曰何如飞曰湖寇之巢艰险莫测舟师水战我短彼长以所短犯所长此成功所以难也若因敌人之将用敌人之兵夺其手足之助离其腹心之托使之孤立而后以王师乘之飞请除来往三程以八日之内俘诸囚于都督之庭浚亦未之信也乃奏曰臣只候六月上旬若见得水贼未下即诏飞来潭州分屯潭鼎人马规画上流军事讫赴行在飞如鼎州六月二日杨钦受黄佐之招率三千余人乘船四百余艘诣飞降飞喜私谓左右曰黄佐可任也杨钦骁悍之尤者钦既降贼之腹心溃矣钦自束缚至庭下飞命释其缚以所赐金带战袍与之即日以闻授武义大夫又命具酒使王贵主之礼遇甚厚犒赏其属有差钦感激其徒皆喜恨降之晚飞乃复遣钦归湖中诸将皆力谏飞不荅两日钦尽说全琮刘诜等降未降者尚数万飞诡骂曰贼不尽降何来也杖之复令入湖是夜以舟师掩其营并俘钦等其余党杀获略尽惟么负固不服方浮游湖间夸示神速其舟有望三州和州载五楼九楼大小德山大小海鳅头以数百计舟以轮激水其行如飞水上左右前后俱置撞竿官舟近之辄破又官舟浅小而贼舟高大贼矢石自上而下官军仰面攻之见其舟不见其人飞伐君山木多为巨筏塞湖中诸港又以腐木乱草自上流浮而下择水浅之地遣善骂者二千人挑之且行且詈贼不胜愤挥瓦石追而投之俄而草木壅积舟轮碍不行飞亟遣兵攻之贼奔港中为筏所拒官军乘筏张牛革以蔽矢石群举巨木撞贼舟碎么举钟仪投于水已继之牛皋赴水擒么至斩首函送都督行府伪统制陈瑶等劫钟仪之舟取其金交床金鞍龙凤簟与其众来降飞亟领黄佐杨钦等军入贼营余酋皆大惊曰是何神也夏诚刘衡俱就擒黄诚窘惧亦与周伦等首领二百人俱降牛皋请曰此寇劳心动众累年不剿杀何以示威飞曰彼皆田里匹夫耳始惑于钟相妖巫之术相聚为奸后又沮于程吏部欲尽诛雪耻之意故惧而不降苟求全性命而已今杨么已诛钟仪亦死余皆国家赤子徒杀之非主上好生之意也连声呼官军曰勿杀勿杀牛皋服其言而退飞亲行诸营慰抚之以少壮有力者籍以为军老弱给米粮令归田亩愿为

民者二万七十余户皆给文书遣之又命悉贼寨之物尽散之诸军而焚其寨凡三十余所揭榜青草洞庭不数日行旅之往来居民之耕种如无事时湖湘悉平获贼舟凡千余鄂渚水军之盛遂为沿江之冠自飞与浚言至贼平果八日浚叹曰岳侯殆神算也即日上之朝上遣内侍传宣抚问仍赐银合茶药及抚劳将士赐诏褒谕又亲札褒其功初夏诚刘衡等尝夸其寨栅之固城池楼橹之盛曰人欲犯我须是飞来至是其言始验

卷二十二·百氏昭忠录卷六·襄阳石刻事迹一

初鼎州妖巫钟相作乱为官军所败获而诛之相党杨么率其余部居湖湘间复聚兵至数万立相子仪谓之钟太子与么俱僭称王窥觎上流出没为患上命王招捕之王将至潭先遣使持檄招贼贼党黄佐率所部降王复遣至湖州招其它将不服乘便利擒之佐袭击周伦伦大败走杀死及掩入湖者甚众寨栅粮船焚毁无遗又使统制任士安饵贼贼并兵永安寨攻之王遣兵设伏士安等战垂困伏兵起四合击之贼众败走又追袭过苟陂山所杀获不可胜计士安复移军与牛皋逼近贼巢而屯贼出攻之官军迎击贼又败走杨钦受黄佐之招率三千余人诣王降复遣归湖中说未降者王因夜以舟师掩其营杀获略尽惟杨么负固不服王与挑战大破之杨么举钟仪投水继乃自投牛皋入水擒么至王前斩之伪统制陈瑫等亦劫钟仪之舟以降王亟领黄佐杨钦等军入贼营夏诚刘衡俱就擒其余首领二百人俱降王即纵火焚寨凡焚三十余所湖湘遂平

卷二十三·百氏昭忠录卷七·襄阳石刻事迹二

王讨湖寇凡有降者皆厚赏给而縱之有复入湖亦弗问张公浚以都督军事至潭州参政席公益谓浚曰岳侯得无有他意故玩此寇浚笑曰岳侯忠孝人也足下何独不知用兵有深机胡可易测其后竟以此成功

王之至潭也贼将黄佐首降使复入湖招其它党杨钦受佐之招以降王喜曰杨钦骁悍者今降贼腹心溃矣遂复遣归湖中说全琮刘诜等降未降者尚众王诡骂曰贼不尽降何来也杖之复令入湖是夜以舟师掩其营并俘钦等其余党杀获略尽

杨么舟有所谓望三州和州载五楼九楼大德山小德山大海鳅头小海鳅头以数百计皆以轮激水疾驰如羽浮游湖上夸逞神速左右前后又俱置撞竿官舟犯之辄破且官舟浅小而贼舟高大贼矢石自上而下官军仰面攻之所以屡败王取君山之木多为巨筏塞湖中诸港又以腐烂草木自上流浮而下择视水浅之地遣口伐者二千人挑之且行且詈贼不胜愤争挥瓦石追而杀之俄而草木坌积舟轮下胶滞不行王亟遣军攻之贼奔港中为筏所拒官军乘筏张牛革以拒矢石群举巨木撞贼舟舟为之碎杨么乃自投于水是役也获贼舟凡千余鄂渚水军遂为沿江之冠初鼎州有唐生者尝与太守程昌禹论湖寇之险曰杨么寨栅除是飞便会入去贼党亦尝自诧曰吾城池楼橹如此欲犯我除是飞来至是始验

初朝廷遣王𤍠讨湖寇久无功乃更命王张公浚至潭未几有旨召还谓王曰浚将还矣节使经营湖寇有定画否王袖出小图示浚且曰都督能为飞少留不八日可破贼浚正色曰王四厢两年尚不能成功乃欲以八日破贼君何言之易耶王曰王四厢以王师攻水寇则难飞以水寇攻水寇则易浚曰何谓王曰湖寇之巢艰险莫测舟师水战我短彼长入其巢而无乡导以所短而犯所长此成功所以难也若因敌人之将用敌人之兵夺其手足之助离其腹心之援使桀黠孤立而后以王师乘之覆亡犹反手耳浚亦未信王果八日平贼浚叹曰岳侯殆神算也

卷二十五·百氏昭忠录卷九·鼎澧逸民叙述杨么事迹一

常德府旧是鼎州昨于建炎三年有北来溃兵孔彦舟贼马侵犯府城其时府民为时有土人妖巫钟相久以幻怪鼓惑本土乡村愚民连络澧峡无知之俗悉来归奉谓之投拜法下莫知其数若受其法则必致田蚕兴旺生理丰富应有病患不药自安所以人多向之钟相乃妄称天大圣名号亦曰钟老爷于武陵县管唐封乡水连村地名天子冈所居置立寨栅聚集妖徒赍送金帛钱物积累无数道路填委昼夜不绝盖以相之长子钟昂曾于靖康二年蒙本府以土豪劝谕招募勤王之兵三百人依格借补承信郎祗随统制郑修武一行民兵共五千人前去武陵入卫王室至邓州南道总管司【缺】蒙总管司遣发所到民兵尽往南京劝进太上皇帝登宝位了当推恩发遣归元来去处

各著生业是时钟昂见世事扰攘依旧将元募人团集在家结成队伍多置旗帜器甲意要作乱官司坐视不能觉察次于建炎二年内有湖南人王靖之出入钟相之门备见其父子所为定生变乱欲谋不轨遂具状经鼎澧路兵马都钤辖唐龙图告首时有钤干范世雄受钟昂之金曲为保全止将钟相以私置军器断罪编管衡州相不久放还聚集妖党如故当年五月圣旨指挥罢鼎澧路依旧并作湖北路唐龙图改移充湖北路安抚使知荆南将尽带鼎州军马及元召募人钟昂等赴荆南任当时李孝忠贼马占据荆南府城尽烧毁府城官私舍宇起离北去唐龙图自公安县领兵收复空城横尸满街火烟未断才方经营府治修葺城壁招集民户归业未成次第俄报有北来范将军背叛将官辛泰瞿诚人马侵犯府境赖辛泰乃穷寇即受招安定妥未踰月又报有孔彦舟人马自随郢州来拥众数十万径犯荆南唐帅所将鼎州人兵思归一夕拥唐帅渡公安江奔走回本州唐帅告谕本州民户以彦舟人众凶悍杀戮定来本州冝各走避唐帅不住城中止将得随行从人将带家属径上辰州前去其元带军马一时溃散各任所往并无统摄于是钟昂部领所募民兵复归其家团集观望事势无何于次年二月内孔彦舟贼马长驱蓦澧州直犯鼎州在城居民以知州邢大卿已亡又无兵马防守虽有武臣提刑单宣赞却于出巡将带宅眷及一司公吏老小上船往岳鄂州点检令人牵所乘白马出陆随行是时钟昂闻彦舟至却将手下民兵于白沙渡拦截单提刑辎重夺其所乘白马鼓众乘势作乱招呼龙阳县妖党竞起掳劫出城避难人民船只其势猖獗府民复走入城为见外有妖寇杀掠无处逃生众共商议莫若设香花鼓乐出北门迎接彦舟一行兵马入城安泊多备金帛犒设恳告彦舟支吾钟昂保全一城生灵性命彦舟初亦喜府民之意欣然入城不期后军方自澧州起发至药山平无备遂为钟相妖徒横冲掩杀损折颇多彦舟忿怒以谓府民故作好意反相攻害安泊三日乃发人马于州城四外二十里间把截围闭将内外人民大纵屠戮无噍类次遣兵攻杀钟相徒众破其巢穴生擒钟相钟昂系累一家妖类械缚入城具事因申闻朝廷得旨令彦舟押送潭州将钟相等根勘以正刑典彦舟因此移军起离鼎州前去城壁一空但有所屠尸体头颅相枕填街积巷秽气充盈其官司库藏上有见钱将带不去仓廒尚余米粮数千斛以至富室钱物亦巨万数钟相余党多是龙阳县市井村坊无赖之徒杨华杨么杨钦刘诜周伦全琮杨广夏诚刘衡黄佐杨二胡高癞子田十八十余辈各为头领占据龙阳县分布于所居村分置立寨栅又集妖党群来城中尽搬官私财物仓廒米斛用船装载及打驾抽税场板木大小千片各回巢穴是时偶无太守州县官多被彦舟所杀或逃散已尽莫适为主容得水贼恣行讨掳而去俄有知荆州程吏部改移充鼎澧路镇抚使将元自蔡州所带一行军马前来赴任先自公安县发总管杜湛众兵官僚属取陆路来鼎州次程吏部乘座船并辎重暨随军官属及人兵老小与避难百姓舟船自公安油河水路径澧江安乡县石龟羌口沿鼎口小江出大江上水取龙阳县至城下缘舟船之行无次序又久在荆南移治处监利县水乡荒索无物食用乍见鼎口江半道腦口市阳城丰水村乡有酒坊村家有猪羊鸡鸭之类悉去争买以至纷拿渐行掠夺遂成作闹水寨之人为见舟船之多别无军兵防护因争买攘夺食物各持器刃乘势拦截舟船声言官军劫掳为名遽便众起行凶河道窄狭舟人不能措手痛遭杀害应随军官员避难人民老小多被驱掠又程吏部自蔡州与竭城人民军兵南来之时所带官司金银物帛及先在京城权开封府大尹日所得露台弟子小心奴同作一船载著其小心奴姿色妖丽其妻钱氏不容所以顿在别船尽为贼人掳夺时水寨小首领谢保义送小心奴献杨么与钟相之子郎君作夫人赖程吏部座船少后方入羌口知前船已失利急弃座船将眷属上小船仅能脱免复回公安县遣人告急于杜总管却拽一行军马趣公安救护内程吏部杜总管邵统制刘参议鲁签判宅眷得脱其余官员无虑数十家老小尽已陷没不存程吏部遂商议皆取陆路自公安县由澧州来鼎州赴任未到城间杨华等言既是程吏部来赴任已遭水寨人杀掳必定与我们结冤难以教来本州住坐遂发杨广杨钦徒众入城放火尽烧官私舍宇火光亘天数日不灭止存乡官张待制宅一区今府衙安静堂宅乃是旧屋程吏部一行人马既到城即就张待制宅为治所渐次打并街巷分立官司舍宇措置军马营寨例皆茅草搭盖次招集民户归业及随军买卖经纪等人住坐即纠集武陵桃源县乡兵保甲同军兵分头防守程吏部募乡道使臣李珪入龙阳县水寨以朝廷法令祸福招谕杨华等使之出首放散徒众著业耕种复为税民以前鼎口江作过之人一切不问杨华本是税户颇晓事体即随李珪来城中参拜程吏部厚以特劳令杨华亲随人回水寨遍谕杨么等诸首领各请出来受犒设杨么等不听却极口骂杨华不是丈夫汉遂鼓率贼船无数时来城下叫噉声言要取杨华归寨程吏部已得杨华拘留监管具事理申奏朝廷承指挥差人管押杨华赴行在蒙命之以官差充抚州钤辖不厘务其杨么等为见杨华不归心生疑虑乃率诸水寨首领妖徒群众扬言与钟老爷报雠于府东德山采斫松杉万株及往澧州钦山药山夹山倒伐松杉樟楠木万本又发掘

所在坟墓取板材打造海鳅擢橹等船出没重湖恣行劫掠作过势焰愈炽水贼初未有车船奈以程吏部兵力单弱又未有水军战船但坐视杨么等在江湖跳梁莫之或制姑且保守城壁徐图平灭之计当时因言事者诣阙论列分镇不便事遂有诏命罢鼎澧镇抚使改为湖西路安抚司程吏部失镇抚使所得圣旨便宜行事世袭锡爵之命颇生怨望快快常不平又无策可以剿除水贼惟恐无功罢去日逐焦懆不能自安偶得一随军人元是都水监白波辇运司黄河埽岸水手木匠都料高宣者献车船样可以制贼是时本州有虔州客人赖九郎自靖州山场所买文溪杉板条片甚多在桃源县上瓮子洞下緥小水牌筏梢泊于是差官尽行拘收打驾下来打造八车船样一只数日并工而成令人夫踏车于江流上下往来极为快利船两边有护车板不见其车但见船行如龙观者以为神异乃渐增广车数至造二十至二十三车大船能载战士二三百人凡贼之棹橹小舟皆莫能当自此杨么等更不敢辄近州城又闻得鄂州水军统制覃舍人已交所部水军三千人与吴锡统制归回辰州辰溪县乃专遣使人持书公牒礼请委令召募辰沅靖州洞丁刀弩手来赴本州应援覃舍人名敌是沅州人以鼎州是一路难以违程吏部之命遂依应于一月之间召募到洞丁刀弩手一千余前来听候使唤时又招安到人寇刘超下一头项背叛彭筠人兵三千余人内多有驱掳复起玉沙县湖漚谙会船水人民悉皆放散未有所归覃舍人措置择强壮者招充水军旬日之间得千余人与洞丁刀弩手合为一军专习水战军分已成伦理自此水陆皆有準备程吏部遂稍意解克日发杜总管部率全队步兵攻打上沚江水贼夏诚大寨仍委覃统制发八车船二只海鳅船二十只装载水军入上沚江直凑夏诚寨下与杜总管步兵并力夹攻要必破其寨覃统制力争以谓沚江窄狭车船不能回转又其水长退不定恐缓急水陷车船不能得出适以资贼反成虎生其翼之势不若多遣海鳅船亦足取胜程吏部不允所请必欲以车船炫贼竟发车船以进无何夏诚有备大开寨门受官军之敌杜总管疑惧其奸计不敢入攻寻值连日阴雨众兵淹浸泥淖中纵得晴霁人马已疲难以成功程吏部急使班师奈沚江之水渐落沚口滩浅车船不能出贼遂力争夺覃统制烧之不速其船竟为贼有当时更带高都料在船恐船或损要他修整不及走脱贼亦擒掳止是海鳅船出沚口回州自此水贼得车船之样又获都料匠手于是杨么打造和州载二十四车大楼船杨钦打大德山二十二车船夏诚打大药山船刘衡打大钦山船周伦打大夹山船高癞打小德山船刘诜打小药山船黄佐打小钦山船全琮打小夹山船两月之间水寨大小车楼船十余制样愈益雄壮忽一日尽至社木滩下赖滩浅来州岸不得程吏部深切悔恨不听覃统制之言白送车船样并都料与贼滋长其势致杨么等日夜乘船到德山滩下惊扰一城人民忧惶无由平定时有江西布衣方畴上封事达朝廷方今之大患有三曰金人曰伪齐曰杨么然以金人伪齐皆在他境而杨么正在腹内不可不深虑之若久不平灭必滋蔓难图乃于绍兴三年八月遣发御前大军都统制王四厢瓔节制本部军马三万人又差建康府水军正副统制崔曾吴全正兵人船一万人水陆并进前来讨荡杨么等贼众水寨王四厢带节制职事到本州要程吏部并听节制程乃平欺无能不伏节制程云某是守臣但保守得州城太尉是朝廷遣来责办平贼请自分布人马讨荡杨么等巢穴缘此程王赤面两军不足各相关防城市惶惶忧其不测赖随军向参议靳监军者虽各武人通变颇识大体乃和会程王言且当以朝廷为念况事一家宜各输忠竭力评议所以破贼或招或杀以图成功则为上策若分彼我适足败事恐贻朝廷之忧于是王四厢勉强隐忍与程吏部同其节制而程吏部心怀鼎江之辱切齿水贼劫其财物宠姬官员军兵老小必欲尽杀贼独成其功以快私忿所以应有紧急头重支吾去处先调发王四厢军马以当贼锋官军不知地利多落贼人奸便痛吃手脚自八月到来至十月已死损数百人至十一月初江湖水浅天气凝寒程吏部乃称宜发兵进讨王四厢遂举起王师水陆俱下先过德山大溪口破高癞寨次至龙阳县界泛州村破杨钦大寨次至黄店破全琮寨次至县对江北破杨么大寨巢穴一空贼众尽将老小乘船牵赶牛骡孳畜往鼎口下五十里西港地寛处存泊

卷二十六·百氏昭忠录卷十·鼎澧逸民叙述杨么事迹二

初发兵时先有戒约崔曾吴全一军人船止令在岳州𫔹山湘江口及洞庭湖口牌口等处捎泊听候上流逼逐贼船下来即拦截掩杀辄不得过石牌一步其奈崔全二统制以捎泊日久不闻上流消息乃贪功轻动使小舟上石牌探逻事体水贼先亦知有此水军又知都是撅头船子及海船湖中使用不得一面支吾上流大军遂发八车船数只不竖旗枪亦不见人交横放流而下崔军探人见有空船乱次争先撑篙拽牵急报崔全二将全队舟船乱次争先撑高拽牵悉上石牌入湖既历油麻滩又至大梁岸将至鄱官树湖面寛处被放流贼车船擂鼓发噉踏车回旋横冲

乱撞将崔军人船大小数百只尽碾没入水崔全二统制皆战亡溺水其余在沙碛散走步兵俱被掩杀一日之间万人就死致水贼杨么等尽得崔军所将御前器甲旗幡枪刀之属其势转加威猛已无下流之虑遂一意抗拒上流官员实是年十一月十三日也时有本州选锋水军驾先于牛皋渡口夺得杨钦二十二车大德山战船在鼎口梢泊前军杜总管石统制靳监军乘三楼大车船在风金口程吏部同王四厢在下沚江口卓帐初选锋军未知得崔曾吴全失利忽有一队贼人自北岸来至鼎口东岸皆著新鲜衣服红锦青绫战袍打鼓板吹羌笛弄气球不类水寨村人结束约百余辈以一行竿系缚文字一卷叫覃舍人教人来取文字不得乱放箭遂揷竹竿于沙觜上即令人取之始谓恐是受招安文字及至拆开却是官告两轴随军钱粮司印一颗御前小钟子器甲牌一包计百余枚并王四厢令人所画湖庭湖口岸图子一本贼见覃统制拆开遂大笑声言崔家水军一万来人前日晚被我们杀了一个不存衣甲枪刀旗号钱粮一齐属我了也大笑吹笛打鼓而去覃统制方知崔吴二将水军全没急差人告急于杜总管程吏部王四厢未得指挥间不期是日晚贼自西港大震鼓声俄有八车船八只相衔而来船箱尽载精锐全装鐡甲各执鹰翎长刀光彩射目行于中流杨钦大声叫呼覃统制你但放下大德山船还我放你一军人回去你还知崔曾吴全是天下有名水军一万来人只消我三只车船尽底杀了你们消得甚底杀也贼船炫耀一时却回西港覃统制又具此事理再申程吏部王四厢即传令速即回军前军中军后军一面便回独遣选锋水军大德山船及十八车船三只海鳅船三十只却作殿后当住贼船初更以来月上选锋军车船起缆踏车起离鼎口向上以行将近二更月高贼船大小车船不知其数追袭至风金口江面最宽阔处交战厮打覃统制所乘大德山车船元是杨钦旧物杨钦不舍必欲重夺乃与周伦两大车船挟定攻打至中夜覃军劳困但得灰炮少解贼势仍得水军统领邢显见事甚危急挥小舟向上赶杜总管三楼船复回策应百箭齐发贼船稍却再发则贼船已退覃统制大德山船方脱其船两邉护车板悉已打空急用布帆遮箭以护踏车水兵一船战士三百余人落得头破额裂满身中箭无功而还大军既回州歇泊水贼亦复还巢穴休息程吏部建议且分布王四厢甲军于德山对岸立寨差本州正将杜诚把托又社木寨差大军孙将把托又船场寨差大军将官常概把托各以五百人为率数内常概以程吏部犒设不均有言语遂怨王四厢【缺】于次年正月初烧寨反乱初出【缺】州入荆南无何中夜迷路为后【缺】逵掩袭由曾公堤转来西门却上【缺】路追遂至辰州界首牛栏坡被擒斩概一行甲军招抚归队渐至春夏之交江水泛涨社木寨地势低平水将登岸本寨申乞近城高阜处驻札王太尉取谋于程吏部程意不欲曰甲军移贼必占据其寨既而江流入寨又向上堤坊冲断江水横流打断新陂桥本寨申乞发船渡载人兵程吏部指挥覃统制不得擅发船只于是杨钦乘车船临寨放火烧屋又高癞子陆路来攻打寨栅兵将拒敌力极并无救援其一寨兵将五六百人一日杀尽不存缘此王四厢与程吏部不足王四厢遣人赴朝廷申诉即降指挥令王四厢班师而还止是本州人兵支吾水寇至绍兴四年十一月水贼周伦寨去岳州稍近一日令人赍申状赴岳州太守程殿撰陈诉称近有伪齐下襄阳府李成太尉差人自安复州取水路来故县滩水寨送金帛物件文书言欲水寨诸首领各备人船战士克日会合水陆并进取复向下淞江州县得州者做知州得县者做知县别命官资优加犒赏等事周伦燕设来人以干鱼鲊脯回答报言周伦等止是鼎州龙阳县税户为被知州程吏部凌逼要行尽底杀戮不得为王民且在湖中苟逃各家老小性命不晓得会合事节发遣来人归回后月余日李成又差三十五人来内有郑武功胡大夫二官员又将官告金束带锦战袍并羊羓之类再三相约诸寨首领克日会合周伦知事势异常难以依随又恐日后多有人来相逼别生患害一夜将来人以酒醉倒尽行杀戮沉尸入江中有此事因申岳州乞就便申奏朝廷早乞别差鼎州知州替了知州程吏部使周伦等诸寨【缺】路保全老小耕田种地输纳二税复为良民程殿撰为申朝廷蒙枢密院备奉圣旨褒赏周伦忠义特降黄榜一道差二使臣赍至岳州令人送入水军张挂安慰人民候事定日一应首领人并重赐推赏榜到岳州则程殿撰已移知鼎州到任也数月二使臣却赍榜来程殿撰处投下时乃绍兴五年五月初一日本州方发遣水军计议校士杨迪知往沣州慈利县前江鸡翁栅前后江五十八栅钟相下都首领雷德进处投文字招谕德进下栅就令将带黄榜安慰山寨徒众仍令德进差人送黄榜入水寨晓谕榜先至夏诚寨夏诚招诸首领看榜诸人俱来独杨么不肯来余人各有悔过之心是时朝廷为水寨杨么等有北人来结约恐事体张大不便遂除张右相充都督岳枢使节制军马本州讨荡水寨杨么等巢穴初移罢程吏部充都督府参议官当年六月岳枢使节制司大军已至鼎州方议进兵平荡水寨即有龙阳县泛州村大寨首领杨钦首先将合寨徒众老小万人舟船千只来投节制司出首以就招安岳枢相亲至城东邻善溃观老小舟船次到报恩光孝寺基寨受杨钦降拜岳枢相喜杨钦率先出降乃恕其罪申禀都

督行府特命以官并一行首领各次第推赏补授名目犒设了毕即拣选强壮人充水军其余者弱人并给公据放令归泛州村本业住坐耕种田土供丁二税复为良民众皆欣跃感戴得全生路于是其余大寨首领夏诚刘衡全琮刘诜黄佐等诸寨悉来出首招安不敢抵拒惟杨么凶狠乃拥钟相之子领妖徒紧恋寨栅车船不伏出首致蒙岳枢相亲提帐下精兵虎旅并覃统制水军车船前往龙阳县江北岸直口杨么巢穴杨么犹执迷在车船回惶不决见岳枢相旌棨已至尚不肯拜降却自船头先提钟相之子郎君入水次提夫人小心奴入水杨么次既入水被水军搭材水手孟安没水挟起次是牛观察皋用抓子拖上有余气未死押到岳枢相前犹叫数声老爷枭其首级函送都督行府告捷奏闻朝廷当时牛皋禀复岳枢相言许大杨么占据重湖作过致烦朝廷之忧虽一王四厢大军数万人犹自败折了空回今节使太尉提大兵来讨荡巢穴贼众畏伏虎威尽已出降独有杨么抗拒已行擒戮若不将其手下徒党少加剿杀何以示我军威欲乞略行洗荡使后人知所怕惧岳枢相曰杨么之徒本是村民先被钟相以妖怪诳惑次又缘程吏部怀鼎江劫掳之辱不复存恤须要杀尽以雪前耻致養得贼势张大其实只是苟全性命聚众逃生今既诸寨出降又渠魁杨么已被显诛其余徒党并是国家赤子杀之岂不伤恩有何利益况不战屈人之兵而全军为上自是兵家所贵若屠戮斩馘不是好事但得大事已了仰副朝廷好生之意上宽圣君贤相之忧则自家门不负重责于职事亦自无惭也连道数声不得杀不得杀于是牛皋无辞而退遂行抚定诸寨一时了当当时识者兴嗟曰岳枢相可谓贤大将矣观其荅牛皋之言则正合老氏所谓夫佳兵者不祥之器不得已而用之恬淡为上其不允牛皋洗荡之请则其以恬淡之道自处而臻不战而胜之功固已雍容于胷中彼区区甲胄之流岂足以识其操略哉先是程吏部以兵力不加杨么乃谋密募人入水寨图刺杨么未得其人于绍兴三年五月内青黄不交之时水寨人饥困本州所集沅南渔户甲头苏成招诱到杨钦小寨下不系出战人唐教书等五户共老小二十余口归投就食内唐教书颇能道贼寨中事程吏部一日与卢抚干奎坐于齐武堂呼唐教书来问杨么寨去处可以使人去得也无唐曰如别个寨栅犹自通人来往唯是杨么寨大段紧密水泄不通日逐离寨二十里陆路使人廵逻遇夜伏路水路日夜使船廵绰寨门外令群刀手把定便大虫豹子也则入去不得程吏部曰若恁地却有个甚道理去得唐教书曰除是飞便能入去得于是程吏部大笑曰那个生肉翅人使之以去耶乃顾谓卢抚干曰兹事当且止也此说当时邦人皆但知杨么水寨不通线路难为近傍初不以除是飞可入之说为先兆也及至六年岳枢相提大兵来平荡杨么巢穴邦人方省忆唐教书之言于三年前上天已自差下神将专了贼事只待时节到贼人合灭而此一方生灵有福星临照始得平定安乐岂是等闲之事耶人谓杨么等弄兵重湖数年狂猖作过惊扰州县人民苦于应副军期科敷差役之苦不堪其命今一旦遭遇岳枢相之来不施一镞不用一戟不动声气谈笑之间了此大事息甲停戈各获休息复见太平景象则其恩德布在荆南虽千载亦以不朽人亦孰得而忘爱惠之厚也爰自建炎三年水贼杨华杨么等起事至淳熙九年已历五十余年未问府县人民生齿安居乐业繁伙熙熙至如龙阳县上下沚江乡村民户无虑万家比屋连檐桑麻蔽野稼穑连云丁黄数十万皆自岳枢相恩德保全之所由出古人言爱人者必有天报有德者必有其后今常德之人每闻岳枢相之官称者必以手加额兹可以卜人心之所感仰也克昌厥后岂不宜哉姑叙大概庸示将来

卷二十八・百氏昭忠录・纪鄂王事

既破贼白德者领其子子义号太子与杨么聚众于鼎州龙阳县洞庭湖有众八万号十万置三十寨有望三州大德山之类三千只朝廷亟命王躞讨之败衄统制崔增死于兵知鼎州程昌禹及帅府遣间招诱皆俱受贼害自是杨么子义遂僭乘舆之服立三衙殿帅刘行马帅黄成步帅夏猫儿统制张彦通黄缺子周伦白德杨钦等头领八十余人猖獗于湖外朝廷命右仆射张浚都督荆襄以岳王为制置使王乃致杨钦结以恩信钦乐为用献策云么所恃者舟檝如望三州大小德山之类非一丈水不可行洞庭湖水旧不及丈么置堰闸十余年间所以弥漫钦本任闭塞之责尽知其详乞二十人往开堰水入大江使舟船不能动又么船皆用车轮乞以青草数千百万束散之湖中其轮必有窒碍王从之两月果破贼么赴水以死遂斩子义白德等自余附和愿充刺之外听其复业湖襄赖以安靖浚大喜露布以闻时赵忠简为首相寄诗张德远曰一扫湖湘氛秽消生民涂炭得逍遥更须早挂风樯起共看钱塘八月潮盖绍兴五年六月破么故有是诗云

卷二十九·百氏昭忠录卷十三·赵忠简公鼎奏札一卷

乞支钱粮赡给李横军兵

臣契勘近据诸处关报襄阳失守镇抚使李横等退师到汉阳军界臣先权宜措置移牒李横等将所部军马择地利去处驻兵掩击续承岳飞来谘目今李横等已至蕲黄州一行兵马既经溃散若在江北住札必不能安或令过江相兼捍御却可为用臣亦已牒岳飞从长措置令逐项军马过江安泊老小了当整龊前去相兼捍御及牒李横李道权听岳飞分拨使唤并逐急差官水陆斡运粮米起发应副已累具上项因依申奏朝廷去讫今月二十八日承岳飞公文探闻李横等人马被金齐各兵溃散前来各无斗志见有作过之人李道牛皋两项共有人兵千余人已到江北岸张家渡及李横翟琮董先等共约有五千余人已起发汉阳军其李道牛皋再来申告乞听岳飞节制内李道单骑已到江州臣契勘李横等一行人兵今相继前来本司已逐旋起发粮米应副外所有日后合用钱粮未有官司主管今且以六千余人约【缺】用意不浅盖轻兵追袭为患速而小占据上流为患缓而大计朝廷已有措置非臣愚虑所及缘上流既失即自汉阳而下沿江诸郡皆顺流可至之地不可一日弛备非特防秋而已臣已奏禀乞支降钱物打造战船不惟本路合行计置窃恐沿江诸路亦当如此兼闻光州顺昌府各储粮十数万今则未见动息观其意向必有所用臣除不住移文制置使岳飞及本司所遣兵马远布尔目益严防守并召募硬探直往襄阳已来伺察敌情外所有汉阳沌口系汉江下流湖北帅司所隶更望圣慈特降睿旨严切戒约过为堤备庶免意外不虞之患

吴船录①

卷上

石湖居士以淳熙丁酉岁五月二十九日戊辰离成都是日泊舟小东都合江亭下合江者岷江别派自永康离堆入成都及彭蜀诸郡合于此以下新津绿野平林烟水清远极似江南亭之上曰芳华楼前后植梅甚多故事腊月赏梅于此管界巡检在亭旁每花开及三分巡检司具申一两日开燕盐司预焉蜀人入吴者皆自此登舟其西则万里桥诸葛孔明送费祎使吴曰万里之行始于此后因以名桥杜子美诗曰门泊东吴万里船此桥正为吴人设余在郡时每出东都过此桥为之慨然东下五里曰板桥滩自蜀都下峡滩之始也

六月己巳朔发拏累舟下眉州彭山县泊单骑转城过东北两门又转而西自侍郎堤西行岷山道中流渠汤汤声震四野新秋勃然郁茂前两旬大旱种几不入土临行连日得雨道见田翁欣然曰今年又熟矣五十里至郫县观者塞涂皆严妆盛饰帘幕相望盖自来无制帅行此路者自是而西州县皆然郫邑屋极盛家家有流水修竹而杨氏之居为最县圃本犀浦县今废属郫犹为壮镇杜子美诗南京犀浦道四月熟黄梅湛湛长江去冥冥细雨来蜀无梅雨子美梅熟时经行偶值雨耳恐后人便指为梅雨故辩之唐玄宗幸蜀尝以成都为南京云郫商截大竹长二尺以下留一节为底刻其外为花纹上有盖以铁为提梁或朱或黑不漆大率挈酒竹筒耳华阳风俗记所载乃刳竹倾酿闭以藕丝蕉叶信宿馨香达于外然后断取以献谓之郫筒酒观此则是就竹林中为之今无此酒法矣庚午二十里早顿安德镇四十里至永康军一路江水分流入诸渠皆雷轰雪卷美田弥望所谓岷山之下沃壄者正在此崇德庙在军城西门外山上秦太守李冰父子庙食处也辛未登城西门楼下临岷江江自山中至此始盛壮对江即岷山岷山之最近者曰青城山其尤大者曰大面山大面之后皆西戎山矣西门名玉垒关自少城转登浮云亭李蘩清叔守郡时所作取杜子美诗玉垒浮云变古今之句登临雄胜又登怀古亭俯观离堆离堆者李太守凿崖中则如未始游焉一城之势此地最高如分江水一派入永康以至彭蜀支流自郫以至成都怀古对崖有道观曰伏龙相传李太守锁孽龙于离堆之下观有孙太古画李氏父子像出玉垒关登山谒崇德庙新作庙前门楼甚壮下临大江名曰都江江源正自西戎中来由岷山涧壑出而会于此故名都江世云江出岷山者自中国所见言之也李太守疏江驱龙有大功于西蜀祠祭甚盛岁刲羊五万民买一羊持以祭而偶产羔者亦不敢留并驱以享庙前屠户数十百家永康郡计至专抑羊税甚矣其杀也余作诗刻石以讽冀神听万一感前近离堆累石子作长河以遏水号象鼻以形似名西州夏旱支江水涸即遣使致祷增堰壅水入支江三四宿水即徧谓之摄水余在成都连岁遣郡丞冯俌摄水祠下皆如期而应连得稔既谒谢于庙徜徉三楼而返将至青城再度绳桥长百二十丈分为五架桥之广十二绳排连之上布竹笆攒立大木数十于江沙中辇石固其根每数十木作一架挂桥于半空大风过之掀举幡幡然大略如渔人煞网染家晾彩帛之状又须舍舆疾步从容则震掉不可立同行皆失色郡人云稍迁数里有白石渡可以船济然极湍险也十五里早顿罗汉院沿江行山脚入青城界左右多幽居流水琮琤修竹弥望晚渐入山三十里至青城山门曰宝仙九空洞天夜宿夫人观观在丈人峯下五峯峻峙如屏观之台殿上至岩腹丈人自唐以来号五岳丈人储福定命真君传记略云姓宁名封与黄帝同时帝从之问龙蹻飞行之道本朝增崇祠典与灊庐皆有宫名此独号丈人观先是其徒以为言余为请之朝李焘仁父适为礼部侍郎上议曰按河图括地象岷山之精上为井络帝以会昌神以建福注曰昌即庆也青城实岷山第一峰会庆又符诞节之名乃赐名会庆建福宫余将入山而敕书适至乃作醮以祝圣谢恩真君殿前有大楼曰玉华翚飞轮奂极土木之胜殿四壁孙太古画黄帝而下三十二仙真笔法超妙气格清逸此壁冠于西州两庑古画尚多半已剥落惟张果老孙思邈二像无恙壬申泊青城山始生之辰今春病少城几殆仅得更生因来名山禳祭夜道士就殿前作步虚仪方升坛有大炬出殿后岩上色洞赤周旋山顶有顷变灭同游者疾趋来观则无有矣余默请于丈人此灯正为仆出当复见使诸人共观之语脱灯复出分合眩转若经藏然食顷

① 〔宋〕范成大撰。

乃没观人云从来此峰无灯四年前曾一见今日山后老人村耆耋妇子辈闻余至此皆扶携来观村去此不远但过数绳桥俗称其村曰獠泽余以为不雅驯更名老宅近来盐酪路通寿亦减癸酉自丈人观西登山五里至上清宫在最高峰之顶以板阁插石作堂殿下视丈人峰直堵墙耳岷山数百峰悉在栏槛下如翠浪起伏势皆东倾一轩正对大面山一上六十里有夷坦曰芙蓉坪道人于彼种芎非留旬日不可登且涉入夷界虽羽衣辈亦罕到雪山三峰烂银琢玉闯出大面后雪山在西域去此不知几里而了然见之则其峻极可知上清之游真天下伟观哉夜有灯出西山以千百数谓之圣灯所至多有说者不能坚决或云古人所藏丹药之光或谓草木之灵者有光或又以为龙神山鬼所作其深信者则以为仙圣之所设化也甲戌下山五里复至丈人观二十里早顿长生观范长生得道处也有孙太古画龙虎二像在殿外两壁上笔势挥扫云烟飞动盖孙笔之尤奇者殿壁又孙画未成龙一堵相传孙欲画龙而不知其真有丈夫过云君欲识真龙乎忽变而夭矫孙谛视画得之视稍久一目遂眚即此画也旧壁宣和间取入京师后道士募名笔摹新壁今所存者摹本也晚宿范氏庄园乙亥十五里发青城县同年雅州守何正仲子方来见招游其群从园林江水分流入县滩声聒耳以故人家悉有流渠修竹易成幽趣四十五里晚宿蜀州城外圣佛院丙子二十里早顿周家庄周氏三大第皆高爽严洁大抵沃壄所在二百年不见兵火居民屋室如法有承平气象十里至蜀州郡圃内西湖极广袤荷花正盛湖船泛之系缆古木修竹间景物甚野为西州胜处湖中多小菱可食蜀无菱至此始见之郡守吴广仲撤旧四相堂新之名曰熙春余谓不若仍其旧四相谓唐李绛钟绍京等皆尝为蜀州刺史者然但名四相嫌限定数乃为更名相业丁丑三十里早顿江原县前馆职张演季长招至其曾祖所作善颂堂上季长之祖与司马公范太史同朝相善也论新法不合归二公作善颂堂诗以送之使归寿其亲诗卷皆存壁有赵清献公宰邑时题字季长之族祖浩藏仁宗御飞白书山谷所跋者其末句誉天地之高厚赞日月之光华臣知其不能也今集中作臣自知其不能也自字盖后来所增语意方全山谷自称洪州分宁县双井里前史官臣黄庭坚盖谪戎州时所跋四十里宿新津县成都及此郡送客毕会邑中借居僦舍皆蒲县人以为盛成都万里桥下之江与岷江正派合于此戊寅为送客住一日饭罢发遣令各归留者尚十五六新津县廨上雨旁风无一席宽洁处送客贪于相从欢然竟日忘其居之陋也己卯大雨不可登修觉者新津县对江一小山上有绝胜亭一望平野可尽西川杜子美所谓西川供客眼惟有此江郊是日雾雨昏昏非远望所宜故不复登辰初以小舟下彭山已刻与孥累船会即解维午后至眉州城外江即玻瓈江也冬时水色如此方夏潦怒涛涨皆黄流耳江上小山名蟇颐川平远似江浙间城中荷花特盛处处有池塘他郡种荷者皆买于眉徧城悉是石街最为雅洁前守王杨英昭祖所作也景疏楼在子城上甚草草闻旧在其角尤不如今其前多草木蔽亏无所见庚辰刘惇文潜眉人也招集于郡圃起文堂堂名盖为东坡设对起文又一堂前守李石知几所作名元佑学堂眉人云李揭堂名轻薄子于郡前旗亭上亦书其榜曰淳熙酒肆俗大抵好论议文潜郡人也眉郡治有古灶在厅事后太守不敢居扃钥奉祠之又闻军资库有一水瓮满贮石子每月朔亦祠之仍增水石各一器不知其几年而至今不满官府怪诬之事未有如眉之灶瓮者辛巳招送客燕于眉山馆与叙别荔子已过郡中犹余一株皆如渥丹尽撷以见饷偶有两拌留馆中经宿取视绿叶红实粲然乃知寻常用篮络盛贮徒欲透风不知为雨露沾洒风日炙薄经宿色香都变试取数百颗贮以大合密封之走介入成都以遗高宋二使者亦两夕到二君回书云风露之气如新记之以告好事者壬午发眉州六十里午至中岩号西川林泉最佳处相传为第五罗汉诺矩那道场又为慈姥龙所居登岸即入山径半里有唤鱼潭水出岩下莫知浅深是为龙之窟宅人拍手潭上则群鱼自岩下出然莫敢玩两年前有监司从卒浴其中若有物曳入岩下翌日尸浮出江上又半里有深源泉凡五里至慈姥岩岩前即寺也凡山中岩潭亭院之榜皆山谷书山谷贬戎州今叙州也有亲故在青神遂至眉游中岩自此不复西盖元不识成都疑有所畏避云入寺侧出石磴半里余有三石峰平正如高楼巍阙巀嶪奇伟不可名状前二峰后一峰如品字前二峰之间容一径可以并行至中峯之下有石室诺矩那庵也旧说有天台僧过病僧与一木锁匙曰异日至眉之中岩以此匙扣石笋我当出见已而果然天台僧怃然识为病僧挈以赴海中斋会既回如梦觉自此中岩之名遂显三峰上人谓之石笋余观之乃三石楼笋盖不足道旁又有宝缾峰数百尺上侈下缩真一古壶亦甚奇怪送客复集山中遂留宿初夜月出东岭松桂如蒙霜雪与诸人凭栏极谈至夜分散癸未早食后与送客出寺至慈姥岩前徘徊皆不忍分袂复班荆小饮岩下须臾风雨大至岩溜垂下如布雨映松栢如玉尘散飞诸贤各即席作诗不觉日暮遂皆不成行下山复入寺中宿甲申早出山至江步与送客先归者别放船过青衣入湖瀼峡由平羌旧县至嘉州日未晡自眉至嘉百二十里中岩其半途也谒宪使程咏之于雪堂咏之葺重堂之后一堂深

邃清凉专以度暑尽取所藏雪图挂四壁而榜曰雪堂将以馆余余不暇迁然未行以前盖日造焉先是余造舟于叙既成泝流泊于嘉甫毕而被召自合江乘小舟至此登新舰乃治装及载诸军封桩稍治一行私商匿税之弊例留数日行馆之侧曰同月堂虽久不葺然月正出前檐名不虚得城累大石为之以备涨湍虽庳而坚仪门之榜曰犍为郡然非汉郡旧地也尤多荔枝皆大本轮囷数围以九顶寺殿前极核者为最每岁宪司专之乙酉泊嘉州渡江游凌云在城对岸山不甚高绵延有九山头故又名九顶旧名青衣山青衣蚕丛氏之神也旧属于羌县县废并属龙游跻石磴登凌云寺寺天宁阁即大像所在嘉为众水之会导江沫水为岷江皆合于山下南流以下犍为沫水合大渡河由雅州而来直捣山壁滩泷险恶号舟檝至危之地唐开元中浮屠海通始凿山为弥勒佛象以镇之高三百六十尺顶围十丈目广二丈为楼十三层自头面以及其足极天下佛像之大两耳犹以木为之佛足去江数步惊涛怒号汹涌过前不可安立正视今谓之佛头滩佛阁正面三峨余三面皆佳山众江错流诸山间登临之胜自西州来始见此耳东坡诗但愿身为汉嘉守载酒常作凌云游后人取其语作载酒亭于山上丙戌泊嘉州游万景楼在州城旁高丘之上汉嘉登临山水之胜既豪西州而万景所见又甲于一郡其前大江之所经犍为戎泸远山缥缈明灭烟云无际右列三峩左横九顶残山剩水间见错出万景之名真不滥余诗盖题为西南第一楼也九顶之旁有乌龙一峰小江水绕之如巧画之图楼前百余步有古安乐园山谷常游之名轩曰涪翁壁间题字犹存云见水绕乌龙惟此亭耳是时未有万景故山谷以安乐园为胜今不足道矣下山入小巷至广福院中有水洞静听洞中时有金玉声琅然清越不知水滴何许作此声也旧名东丁水寺亦因名东丁院山谷更名方响洞题诗云古人名此东丁水自古丁东直到今我为更名方响洞要知山水有清音丁亥戊子己丑庚寅辛卯泊嘉州遣近送人马归者十九留家嘉州岸下单骑入峩眉有三山为一列曰大峩中峩小峩中峩小峩昔传有游者今不复有路惟大峩一山其高摩霄为佛书所记普贤大士示现之所自郡城出西门济燕渡水汹涌甚险此即雅州江其源自嶲州邛部合大渡河穿夷界千山以来过渡宿蘓稽壬辰早发蘓稽午过符文镇两镇市井繁类壮县符文出布村妇聚观于道皆行而绩麻无索手者民皆束艾蒿于门然之发烟意熏祓秽气以为候迎礼午后至峩眉县宿癸巳发峩眉县出西门登山过慈福普安二院白水莊蜀村店十二里龙神堂自是硐谷春淙林樾雄深小憩华严院过青竹桥峩眉县新观路口梅树垭雨龙堂至中峯院院有普贤阁回还十二峯绕之背隐白崖峰右旁最高而峻挺者曰呼应峰下有茂真尊者庵人迹罕至孙思邈隐于峩眉茂真在时常与孙相呼相应于此云出院过樟木牛心二岭及牛心院路口至双溪桥下石堑深数十丈窈然沉碧飞湍喷雪奔出桥外则入岑蔚中可数十步两溪合为一以投大壑渊渟湛澈为溪滩滩中悉是五色及白质青章石子水色曲尘与石色相得如铺翠锦非摹写可具朝日照之则有光彩发溪上倒射岩壑相传以为大士小现也牛心寺三藏师继业自西域归过此将开山两石斗溪上揽得其一上有目以为宝瑞至今藏寺中此水遂名宝现溪自是登危磴菩萨阁当道有榜曰天下大峩山遂至白水普贤寺自县至此步步皆峻阪四十余里然始是登峯顶之山脚耳甲午泊白水寺大雨不可登谒普贤大士国初敕成都所铸有太宗仁宗真宗三朝所赐御制铜像御书百余卷七宝冠金珠璎珞袈裟金银缾钵奁炉匙筯果垒铜钟鼓锣磬蜡茶塔芝草之属又有崇宁中宫所赐钱幡及织成红幡等物甚多内仁宗所赐红罗紫绣袈裟上有御书发愿文曰佛法长兴法轮常转国泰民安风雨顺时干戈永息人民安乐子孙昌盛一切众生同登彼岸嘉佑七年十月十七日福宁殿御札记次至裹藏亦朝廷遣尚方工作宝藏也正面为楼阙两旁小楼之钉校皆以碖石极备奇靡相传纯用京师端门之制经书则造于成都用碧硾纸银书之卷首悉有销金图一卷之事经帘织轮相铃竹器物及天下太平皇帝万岁等字于繁花缛叶之中今不复见此等织文矣次至三千铁佛殿云普贤居此山有三千徒众共住故作此佛冶铸甚朴拙是日设供且祷于佛丐三日好晴以登山乙未大霁遂登上峰自此至峰顶光相寺七宝岩其高六十里大略去县中平地不下百里又无蹊磴无此比者余以健卒挟山轿强登以山丁三十三曳大绳行前挽之同行则用山中梯轿出白水寺侧门便登点心山言峻甚足膝点于心胸云过第亭觜石子雷大小深坑骆驮岭簇店凡言店者当道板屋一间将有登山客则寺僧先遣人煮汤于店以俟爇炊又过峯门罗汉店大小扶搒错喜欢木皮里胡孙梯雷洞平凡言平者差可以托足之处也雷洞者路左深崖万仞磴道缺处则下瞰沉黑若洞然相传有渊水龙神所居凡七十二洞岁旱则祷于第三洞初投香币不应则投死彘及妇人敝履之类以枨触之往往雷风暴发峯顶光明岩上所谓兜罗绵云亦多出于此洞过新店八十四盘娑罗平娑罗者其木华如海桐又似杨梅花红白色春夏间开惟此山有之如登山半即见之至此满山皆是大抵大峩之上凡草木禽虫悉非世间所有昔固传闻今亲验之余来以季夏数日前雪大降木叶犹有雪渍斓斑之迹草木

之异有如八仙而深紫有如牵牛而大数倍有如蓼而浅青闻春时异花尤多但是时山寒人鲜能识之草叶之异者亦不可胜数山高多风木不能长枝悉下垂古苔如乱发鬖鬖挂木上垂至地长数丈又有塔松状似杉而叶圆细亦不能高重重偃蹇如浮图至山顶尤多又断无鸟雀盖山高飞不能上自娑罗平过思佛亭软草平洗脚溪遂极峯顶光相寺亦板屋数十间无人居中间有普贤寺小殿以上卯初登山至此已申后初辰暑路渐高渐寒到八十四盘则骤寒比及山顶亟挟纩两重又加毳衲驼茸之裘尽衣笥中所藏系重巾摄毡犹凛栗不自持则炽炭拥炉危坐山顶有泉煮米不成饭但碎如砂粒万古冰雪之汁不能熟物余前定知之自山下携水一缶来财自足也移顷冒寒登天仙桥至光明岩炷香小殿上木板皮盖之王瞻叔参政尝易以瓦为雪霜所薄一年辄碎后复以木皮易翻可二三年人云佛现悉以午今已申后不若归舍明日复来逡巡忽云出岩下旁谷中即雷洞山也云行勃勃如队仗既当岩则少驻云头现大圆光杂色之晕数重倚立相对中有水墨影若仙圣跨象者碗茶顷光没而其旁复现一光如前有顷亦没云中复有金光两道横射岩腹人亦谓之小现日暮云物皆散四山寂然乙夜灯出岩下徧满弥望以千百计夜寒甚不可久立丙申复登岩眺望岩后岷山万重少北则瓦屋山在雅州少南则大瓦屋近南诸形状宛然瓦屋一间也小瓦屋亦有光相谓之辟支佛现此诸山之后即西域雪山崔嵬刻削凡数十百峰初日照之雪色洞明如烂银晃耀曙光中此雪自古至今未尝消也山绵延入天竺诸蕃相去不知几千里望之但如在几案间瑰奇胜观真冠平生矣复诣岩殿致祷俄氛雾四起混然一白僧云银色世界也有顷大雨倾注氛雾辟易僧云洗岩雨也佛将大现兠罗绵云复布岩下纷郁而上将至岩数丈辄止云平如玉地时雨点犹余飞俯视岩腹有大圆光偃卧平云之上外晕三重每重有青黄红绿之色光至正中虚明凝观者各自见其形现于虚明之处毫厘无隐一如对镜举手动足影皆随形而不见旁人僧云摄身光也此光既没前山风起云驰风云之间复出大圆相光横亘数山尽诸异色合集成采峯峦草木皆鲜妍绚蒨不可正视云雾既散而此光独明人谓之清现凡佛光欲现必先布云所谓兠罗绵世界光相依云而出其不依云则谓之清现极难得食顷光渐移过山而左顾雷洞山上复出一光如前而差小须臾亦飞行过山外至平野间转徙得得与岩正相直色状具变遂为金桥大略如吴江垂虹而圯有紫云捧之凡自午至未云物净尽谓之收岩独金桥现至酉后始没同登峯顶者幕客简世杰伯隽杨光商卿周杰德俊虞植子建及家弟成绩今日复有同年杨悉伯勉幕客李嘉谋良仲自夹江来甫至而光现丁酉下山始登山时虽跻攀艰难有绳曳其前犹险而不危下山时虽复以绳纵与后梯斗下舆夫难著脚既险且危下山渐觉暑气以次减去绵衲午至白水寺则絺如故闻昨暮寺中大雷雨峯顶夕阳快晴元不知也幕客范谟季申郭明复中行杨辅嗣勲皆自汉嘉来会而不及余于峯顶食后同游黑水过虎溪桥奔流激湍大略而小不及始开山僧自白水寻胜至此溪涨不可渡有虎蹲伏其旁因遂跨之乱流以济故以名溪白黑二水皆以石色得名黑石前对日峯栋宇稍洁宿寺中东阁

秋七月戊戌朔离黑水复过白水寺前渡双溪桥入牛心寺雨后断路白云峡水方涨碧流白石照人肺肝如层冰积雪中篮舆下行峡浅处以入寺飞涛沫襟裾皆濡境过清毛发尽竦寺对青山莲峯有白云青莲二门最佳牛心本孙思邈隐居相传时出诸山寺中人数见之小说亦载招僧诵经施与金钱正此山故事有孙仙炼丹灶在峯顶及淘朱泉白云峡最深处去数里水深不可涉独访丹灶旁多奇石祠堂后一石尤佳可以箕踞晏坐名玩丹石寺有唐画罗汉一板笔迹超妙眉目津津欲与人语成都古画浮屠像最多以余所见皆出此下蜀画胡僧惟卢楞迦之笔为第一今见此板乃知楞迦源流所自余十五板亡之矣此寺即继业三藏所作业姓王氏耀州人隶东京天寿院乾德二年诏沙门三百人入天竺求舍利及贝多叶书业预遣中至开宝九年始归寺所藏涅盘经一函四十二卷业于每卷后分记西域行程虽不甚详然地里大略可考世所罕见录于此以备国史之阙业自阶州出塞西行由灵武西凉甘肃爪沙等州入伊吾高昌焉耆于阗疏勒大石诸国度雪岭至布路州国又度大葱岭雪山至伽涅弥罗国西登大山有萨埵太子投崖饲虎处遂至健陀罗国谓之中印土又西至庶流波国及左烂陁罗国国有二寺又西过四大国至大曲女城南临滔牟河北背洹河塔庙甚多而无僧尼又西二程有宝阶故墓又西至波罗柰国两城相距五里南临洹河又西北十许里至鹿野苑塔庙佛迹最伙业自云别有传记今不传矣南行十里渡洹河南大有浮图自鹿野苑西至摩羯提国馆于汉寺寺多相入入村隶焉僧徒往来如归南与杖山林相直嵬峯岿然山北有优波掬多石室及塔庙故基西南百里孤山名鸡足三峯云是迦叶入定处又西北百里有菩提宝座城门相望金刚座在其中东向至东尼连禅州东岸有石柱记佛旧事自菩萨提座东南五里至佛苦行处又西五里至三迦叶村及牧牛女池金刚座二北门外有师子国伽蓝又北五里至伽耶城又北十里至伽耶山是佛说宝云经处又自金刚座东北十五里至

正觉山又东北三十里至骨磨城业馆于鰕罗寺谓之南印土诸国僧多居之又东北四十里至王舍东南五里有降醉象塔又东北登大山细路盘斜有舍利子塔又临涧有下马迎风塔度绝壑登山顶有大塔庙云是七佛说法处山北平地又有舍利本生塔其北山半曰鹫峰云是佛说法华经处山下即王舍城城北山址有温泉二十余井又北有大寺及迦兰陁竹园故迹又东有阿难半身舍利塔温汤之西有平地直南登山腹有毕钵罗窟业止其中诵经百日而去窟西复有阿难证果塔此去新王舍城八里日往乞食会新王舍城中有兰若隶汉寺又有树提迦故宅城其西有轮王塔又北十五里有那烂陁寺寺之南北各有数十寺门皆西向其北有四佛座又东北下五里至乌巅头寺东南五里有圣观自在像又东北十里至伽湟弥罗汉寺寺南距汉寺八里许自汉寺东行十二里至却提希山又东七十里有鸽寺西北五十里有支那西寺古汉寺也西北百里至花氏城育王故都也自北渡河北至毗耶离城有维摩方丈故迹又至拘尸那城又多罗聚落踰大山数重至泥波罗国又至磨逾里过雪岭至三耶寺由故道自此入阶州太祖已晏驾太宗即位业诣阙进所得梵筴舍利等诏择名山修习登峨眉北望牛心众峰环翊遂作庵居已而为寺业年八十四而终出牛心复过中峰之前入新峩眉观自观前山开新路极峻斗下冒雨以游龙门竭蹷数里欻至一处涧溪自两山石门中涌出是为龙门峡也以一叶舟棹入石门两岸千岩壁色如碧玉刻削光润入峡十余丈有两瀑布各出一岩顶相对飞下嵌根有盘石承之激为飞雨溅沫满峡舟过其前衣皆沾洒透湿又数丈半岩有圆龛去可二丈以木梯升之即龙洞也峡中绀碧无底石寒水清非复人世舟行数十步石壁益峻水益湍亟回棹舟人云前去更奇以雨大作如飞瀑沾濡暑肌起粟骨惊神懔栗乎其不可以久留也昔尝闻峨眉双溪不减庐山峡前日游之真奇绝及至龙门则双溪又在下风盖天下峡泉之胜当以龙门为第一要之游者自知未之游者必以余言为过然其路崄绝乱石当道将至峡口盖大峩峯顶天下绝观蜀人固自罕游而龙门又胜绝于山间游峩眉者亦罕能到非好奇喜事忘劳苦而不惮疾病者不能至焉复寻大路出山初夜始至县中己亥发峩眉晚至嘉州庚子辛丑皆泊嘉州壬寅将解缆嘉守王亢子苍留看月榭前权守陆游务观所作正对大峩取李太白峩眉山月半轮秋影入平羌江水流之句郡治乃在山坡上正堂之偏有孙真人祠祠前有丹井又有石洞亦有水声如东丁号鸣玉洞食后发嘉监司太守前路相别宪司更独棹叶舟过佛头滩覆于望中子侄船上重下轻屡欹侧不免议易舟仅行二十里至王波宿蜀中称尊老者为波祖及外祖皆曰波又所谓天波日波月波者皆尊之之称此王波盖王老或王翁也宋景文尝辩之谓当作皤字鲁直贬涪州别驾自号涪皤或从其俗云癸卯发王波渡四十里至罗护镇岸有石如马村人常以绳縻之云不然为怪百里至犍为县县有江楼甚高爽下临长川过县二十里至下坝宿

卷下

甲辰发下坝百里至叙州宣化县百二十里至叙州才亭午叙古戎州也山谷谪居在小寺中号大死庵后人就作祠堂并裒墨迹刻其中方山谷谪居时屡有锁江亭诗今江上旧基别作新亭颇如法锁江者旧戎州在对江平坡之上与夷蛮杂处马湖江自夷中出合大江夷自马湖舟行过旧州下放联锁于江口以防其出没今徙州治于南岸而锁江之名犹存犹置锁中流但栏税而已旧州有韦皋纪功碑岿然在荒榛中对江诸夷皆重屋林木蔚然盛暑犹荷毡以观客舟之过江两岸多荔子林郡酝旧名重碧取杜子美戎州诗重碧拈春酒轻红擘荔枝之句余谓重字不宜名酒为更春碧印本拈或作酤郡有碑本乃作粘字己巳发叙州十五里有南广江来合大江通百二十里至南溪县四十里至泸州江安县道中有滩号张旗三滩谓湍势犇急张旗之顷已过三滩也百二十里至泸州方申时大雨中不暇登眺泸虽近年以为帅府井邑草草不成都会亦以密迩夷蛮故也然在滩已为江阳县矣蜀中虽泸叙之城皆以屋盖之极类广西叙多颓圮泸独全好犹不及桂林之壮泸叙对江即夷界近城有渡泸亭竟不知诸葛孔明的从何处渡或云叙正对马湖江马湖入诸夷路当自彼渡也丙午泊泸州登南定楼为一郡佳处前帅晁公武子止所作下临内江此水自资简州来合大江城上有凉风亭瞰二江合处于纳凉最宜梁介子辅所作子辅盖得末疾于斯亭竟以不起亭名疑谶云丁未予将解维泸帅马骐德骏移具江亭比散风起日亦曛不可行戊申发泸州百二十里至合江县对岸有庙曰登天王相传为吕光庙事苻坚以破虏将军平蜀有功后其子绍即天王位登天之名或以此舟至县皆上谒以鱼为享无即以鲊又以鸠摩罗什从祀而享以饼饵又有刘仙观右对江安乐山刘仙名珍隋开皇时人山中出天符木叶上有篆文如道士书符人采以相赠遗蜀中送客至嘉州归尽独杨商卿父子谭李士昕称三人送至此踰千里矣乃为留一宿以话别己酉发合江二百四十里至恭州江津县二十里过渔洞宿泥培村庚戌发

泥培六十里至恭州自此入峡路大抵自西川至东川风土已不同至峡路益陋矣恭为州乃在一大盘石上盛夏无水土气毒热如炉炭燔灼山水皆有瘴而水气尤毒人喜生瘿妇人尤多自此至秭归皆然承平时谓之川峡自不同年而语军兴置大师司始总名四川然法令科条犹称川峡泊舟小憩报恩寺热亦不可逃生平不堪暑未有如此日者辛亥发恭嘉陵江自村阆果舍等州来合大江百四十里至涪州乐温县有张翼德庙大观中赐额雄威绍兴中封忠显王蒲氏墨旧出此县大韶死久矣其族人犹卖墨不复能大佳亦以价贱故七十里至涪州排亭之前波涛大泊濆淖如屋不可稍船过州入黔江泊此江自黔州来合大江怒涨水色黄浊黔江乃清冷如玻璃其下委是石底自成都登舟至此始见清江虽不与蕃部杂居旧亦夷俗号为四人四人者谓华人巴人及廪君与盘瓠之种也自眉寿嘉至此皆产荔枝唐以涪州任贡杨太真所嗜去州数里有妃子园然其品实不高今天下荔枝当以闽中为第一闽中又以莆田陈家紫为最川广荔枝子生时固有厚味多液者干之肉皆瘠闽产则否壬子发涪州过群猪滩既险且长水虽大涨乱石犹森然两旁他舟皆荡兀惊怖号呼百二十里至忠州酆都县去县三里有平都山仙都道观本朝更名复冒大暑往游阪道数折乃至峰顶碑牒所传前汉王方平后汉阴长生皆在此得道仙去有阴君丹炉及两君祠堂皆存祠堂唐李吉甫所作壁亦有吉甫像有晋隋唐三殿制度率痹狭不突兀故能久存壁皆唐时所画不能尽精惟隋殿后壁十仙像为奇笔丰腫妍怪各各不同非若近世绘仙圣者一切为靡曼之状也晋殿内壁亦有溪女等像可亚隋壁殿前浴丹池不甚甘凉满山古栢大数围转运司岁遣官点视相传为阴君手种今以成都孔明庙栢观之彼止刘蜀时物乃大此数倍然段文昌修观记已云峭壁千仞下临佛波老栢万栽上荫峯顶段时已称老栢或真阴君所植直差瘦耳阴君以炼丹济人为道业其法犹传知石泉军章森德茂家有阴丹甚奇即阴君丹法也观中唐以来留题碑刻以百数暑甚不暇徧读道家以冥狱所寓为酆都宫羽流云此地或是晚行数十里至竹平宿癸丑发竹平七十里至忠州有四贤阁绘刘晏陆贽李吉甫白居易像皆尝谪此州者又有荔枝楼乐天所作又行五十里至万州武宁县八十里至万州宿在江滨邑里最为萧条又不及恭涪蜀谚曰益梓利夔最下忠涪恭万尤卑然泝江入蜀者至此即舍舟而徒不两旬可至成都舟行即须十旬甲寅早游西山万有西山及岑公洞皆可游岑叟事见严挺之碑隋末避地得道洞隔涨江不暇往西山之麓登阪及山半得平地有泉溢为小湖作亭堂其上荷芰花充满四山紫翠环之亦佳处也山谷题字极称许之湖上有烟霖阁取题中语也食顷回解舟六十里至开江口水自开连州来合大江四十里至下岩沿江石壁下忽嵌空为大石屋即石壁凿为像设前有瑞光阁上石岩如檐覆之水帘落岩下排溜阁前此景甚奇然此水乃山顶田间灌溉之余旱则涸矣阁前有大荔枝两株交柯蔽映入蜀道至此始见荔子岩壁刻字尤多坡谷皆有之坡书殊不类非其亲迹寺屋尤敝壊昔有刘道者创之刘死凿岩壁以藏骨又有石室处可辨也四十里至云安军又十余里风作水涌泊舟宿乙卯过午风稍息遂行百四十里至夔州余前年入蜀以重午至夔鱼复方涨八阵在水中今来水更过之六十四绝不复得见颇有遗恨峡江水性大恶饮辄生瘿妇人尤多前过此时婢子辈汲江而饮数日后发热一甫宿项领肿起十余人悉然至西川月余方渐消散守倅乃日取水于卧龙山泉去郡十许里前此不知也丙辰治州早遣人视瞿唐水齐仅能没滟滪之顶盘涡散出其上谓之瀐濒撒发人云如马不可下况撒发耶是夜水忽骤涨渰及排亭诸篁舍亟遣人毁拆终夜有声及明走视滟滪则已在五丈水下或谓可以侥幸乘此入峡而夔人犹难之同行皆往瞿唐祀白帝登三峡堂及游高斋皆在阓上高斋虽未必是杜子美所赋然下临滟滪亦奇观也丁巳水长未巳辰巳时遂决解维十五里至瞿唐口水平如席独滟滪之顶犹涡纹瀺灂舟栘其上以过摇橹者汗手死心皆面无人色盖天下至险之地行路极危之时旁观皆神惊余已在舟中一切付自然不暇问据胡床坐招头处任其荡兀每一舟入峡数里后舟方敢续发水势怒急恐猝相遇不可解拆也帅司遣卒执旗次第立山之上下一舟平安则簸旗以招后船旧图云滟滪大如幞瞿唐不可触滟滪大如马瞿唐不可下此俗传滟滪大如象瞿唐不可上盖非也后人左右辩之甚详入峡百余步南壁有泉相传行人欲饮水则叫呼曰人渴也泉出岩罅尽一杯而止舟行速且难稍泊不暇考也峡中两岸高岩峻壁斧凿之痕皴皴然而黑石滩最号崄恶两山束江骤起水势不及平两边高而中洼下状如茶碾之槽舟檝易以倾侧谓之茶槽齐万万不可行余来水势适平免所谓茶槽者又水大涨渰没草木谓之青草齐则诸滩之上水宽少浪可以犯之而行余之来水未能尽没草木但名草根齐法亦不可涉然犯难以行不可回首也十五里至大溪口水稍阔山亦差远夔峡之险纾矣七十里至巫山县宿县人云昨夕水大涨滟滪恰在船底故可下夔峡至巫峡则不然恰须水退十丈乃可是夕水骤退数丈同行者皆有喜色戊午乘水退下巫峡滩泷稠险濆淖洄洑其危又过夔峡三十五里至神女庙庙前滩尤汹怒十二峰俱在北岸前

后蔽亏不能足其数最东一峰尤奇绝其顶分两岐如双玉篸插半霄最西一峰相似面差小余峰皆郁律非常但不如两峰之诡特相传一峰之上有文曰巫不暇访寻自县行半里即入峡时辰巳间日未当午峡间陡暗如昏暮举头仅有天数尺耳两壁皆是奇山其可儗十二峰者甚多烟云映发应接不暇如是者百余里富哉其观山也十二峰皆有名不甚切事不足录神女庙乃在诸峰对岸小冈之上所谓阳云台高唐观人云在来鹤峰上亦未必是神女之事据宋玉赋云以讽襄王其词亦止乎礼义如玉色頩以頩颜羌不可兮犯干之语可以概见后世不詧一切以儿女子亵之余尝作前后巫山高以辩今庙中石刻引墉城记瑶姬西王母之女称云华夫人助禹驱鬼神斩石疏波有功见记今封妙用真人庙额曰凝真观从祀有白马将军俗传所驱之神也巫峡山最嘉处不间阴晴常多云气映带飘拂不可绘画余两过其下所见皆然岂余经过时偶如此抑其地固然行云之语亦有所据依耶世传巫山图皆非是虽夔府官廨中所画亦不类余令画史以小舫泛中流摹写始得形似今好事者所藏举不若余图之真也庙有驯鸦客舟将来则迓于数里之外或直至县下船过亦送数里人以饼饵掷空鸦仰喙承取不失一土人谓之神鸦亦谓之迎船鸦二十里至东奔滩高浪大涡巨艑掀舞不当一槁叶或为涡所使如磨之旋三老挽招竿叫呼力争以出涡二十里过归州巴东县有寇忠愍公祠县亭二柿传为公手植九十里至归州数里曰咤滩其崄又过东奔土人云黄魔神所为也连接城下大滩曰人鲊瓮很石横卧据江十七八从人船倾侧水入篷窻危不济闻交代胡长文给事已至夷陵欲陆行舟车且参辰不可相避泊秭归以须之己未泊归州峡路州郡固皆荒凉未有若归之甚者满目皆茅茨惟州宅虽有盖瓦缘江负山偪仄无平地楚熊绎始封于此筚路蓝缕以启山林其后始大奄有今荆湖数千里之广州东五里有清烈公祠屈平庙也秭归之名俗传以屈平被放其姊女媭先归故以名殆若戏论好事者或书作此姊归字倚郭秭归县亦传为宋玉宅杜子美诗云宋玉悲秋宅谓此县旁有酒垆或为题作宋玉东家属邑兴山县王嫱生焉今有昭君台香溪尚存城南二里有明妃庙余尝论归为州僻陋为西蜀之最而男子有屈宋女子有昭君阀阅如此正未易忽庚申辛酉泊归州归故尝隶湖北近岁以地望形势正在峡中乃以属夔是矣而财赋仍隶湖北岁输止二万缗而一州两属罢于奔命非是当别拨此缗补湖北而并以归隶夔始尽事理壬戌泊归州水骤退十许丈沿岸滩石森然人鲊瓮石亦尽出望昨夕系舟排亭乃在半山间移舟近东泊从船迁徙稍缓为暗石所触水入船几破败癸亥泊归州假郡中小圃挐孥累暂驻望洋轩所谓圃者崖上不能两亩花竹萧然有秭归怀忠二小堂前后山既高且近堂堂廪廪迫而临之如欲覆压甲子泊归州长文自峡山陆行暮夜至归乡沱渡江往渡头迓之余前入蜀时亦以江涨不可泝自此路来极天下之艰险乃告峡州守管鉴归州守叶黙倅熊浩及夔漕沈作砺请略修治先是过麻线堆下人告余不须登山有浮屠法实于山脚刊木开路尽避麻线之厄县尉孙某作小记龛道旁石壁上余感之谓一道人独能办此况以官司力耶乃作麻线堆诗以遗四君是时余改成都路制置使号令不及峡中故以诗道之继而四君皆相听许以盐米募村夫凿石治梯级其不可施力者则改从他涂除治十六七商旅遂以通行新制使之来正赖此然犹叹咤行路之难特不见未修治以前耳乙丑丙寅泊归州丁卯欲解船而长文固留复泊归州

八月戊辰朔发归州两岸大石连延蹲踞相望顽很之态不可状名五里入白狗峡山特奇峭峡左小溪入玉虚洞中可容数百人三十里至新滩此滩恶名豪三峡汉晋时山再崩塞江所以后名新滩石乱水汹瞬息覆溺上下欲脱免者必盘博陆行以虚舟过之两岸多居民号滩子专以盘滩为业余犯涨潦时来水漫羡不复见滩击楫飞渡人醼以为快八十里至黄牛峡上有洺川庙黄牛之神也亦云助禹疏川者庙皆大峰峻壁之上有黄迹如牛一黑迹如人牵之云此其神也庙门两石马一马缺一耳东坡所书欧阳公梦记及诗甚详至今人以此马为有灵甚严惮之古语云朝发黄牛暮宿黄牛三朝三暮黄牛如故言其山岧嶤终日犹望见之欧阳公诗中亦引用此语然余顺流而下回首即望断如故之语亦好事者之言耳自此以往峡山尤奇江道转至黄牛山背谓之假十二峰过假十二峰之下两岸悉是奇峰不可数计不可以图画摹写亦不可以言语形容超妙胜绝殆有过巫峡处欧阳公所以泝峡东游正不为黄牛庙也黄牛峡尽则扇子峡虾蟇碚在南壁半山有石挺出如大蟇呿吻向江泉出蟇背山窦中漫流背上散下蟇吻垂颐颔间如水帘以下于江时水方涨蟇去江面才丈余闻水落时下更有小矶承之张又新水品亦录此泉蜀士赴廷对或挹取以为砚水过此则峡中滩尽矣三十里得南岸平地田平善坝出峡舟至是皆栖泊相庆如更生舟师篙工皆有犒赐上下驩然将吏以刺字通贺不待至至喜亭也舟将至平善坝青天烈日中忽大风急雨倾盆食顷至坝下风定雨止晴色如故若江渎之神相送者己巳发平善坝三十里早食时至峡州登至喜亭敝甚不称坡翁之记州宅有楚塞楼山谷所名古语曰荆门虎牙楚之西塞夷陵即其地自古以为重镇三国时又为吴之西陵陆逊

以为夷陵要害国之闗限今吴蜀共道此地但为蕞尔荒垒耳郡圃又有尔雅台相传郭景纯注尔雅于此台对一尖峯曰郭道山景纯所居也夷陵县有欧阳公祠堂草屋一间亦已圮壊对江渡即登峡山陆路之始也向余入蜀时以涨江不可泝自此徒行备尝艰厄过渡有甘泉寺山上有泉及姜诗妻庞氏祠相传为涌泉跃鲤之地傍近又有姜诗泉此地之信否未决也百四十里至杨木寨宿向离蜀都至汉嘉则江之两岸皆山矣入夔州则山忽陡高无不摩云者自嘉以来东西三千里南北绵亘以入蕃夷之界又莫知其几千里不知其几千万峰山之多且高大如此然自出夷陵至是回首西望则杳然不复一点惟苍烟落日云平无际有登高怀远之叹而已庚午发杨木寨八十里至江陵之枝江县四十里至松滋县二百里至荆南之沙头宿沙头一名沙市辛未泊沙头道大堤入城谒诸官壬申癸酉泊沙头江陵帅辛弃疾幼安招游渚宫败荷剩水虽有野意而故时楼观无一存者后人作小堂亦草草旧对此有绛帐台今在营寨中无复遗迹章华堂在城外野寺亦粗存梗概询龙山落帽台云在城北三十里一小丘耳息壤在子城南门外旧记以为不可犯畚锸所及辄复如故又能致雷雨唐元和中裴宙为牧掘之六尺得石楼如江陵城楼状是岁霖雨为灾用方士说复埋之一夕如旧相传如此近岁遇旱则郡守设祭掘之畚其土于旁以俟报应往往掘至石楼之檐则雨作矣雨则复以故土还覆之不闻其壤之息也然掘土而致雨则辛幼安云亲验之而信甲戌泊沙头乙亥移舟出大江宿江渎庙前丙子发江渎庙七十里至公安县登二圣寺二圣之名江湖间竞尚之即在处佛门寺两金刚神也此则迁之殿上传记载发迹灵异大略出于梦应云是千佛数中最后者一名娄至德一名青叶髻江岸善隤或时巨足迹印其处则隤止百二十五里至石首县对岸宿县下石矶不可泊舟丁丑发石首百七十里至鲁家洑自此至鄂渚有两涂一路遵大江过岳阳及临湘嘉鱼二县岳阳通洞庭处波浪连天有风即不可行故客舟多避之一路自鲁家洑入沌沌者江旁支流如流之泙其广仅过运河不畏风浪两岸皆芦荻时时有人家但支港通诸小湖故为盗区客舟非结伴作气不可行偶有鄂兵二百庚戌欲归过荆南遂以舟载使偕行自鲁家洑避大江入沌月明行三十里宿戊寅己卯皆早暮行沌中庚辰行过所谓百里荒者皆湖泺菱芦不复人迹巨盗之所出没月色如昼将士甚武彻夜鸣橹弓弩上弦击鼓钲以行至晓不止早出大江午至鄂渚泊鹦鹉洲前南市堤下南市在城外沿江数万家廛闬甚盛列肆如栉酒垆楼栏尤壮丽外郡未见其比盖川广荆襄淮浙贸迁之会货物之至者无不售且不问多少一日可尽其盛壮如此监司帅守刘邦翰子宣而下皆来相见邀饭皆曰未敢定日及欲移具舟次余笑曰若定日则莫若中秋张则莫若南楼众亦笑许晚遂集南楼楼在州泊前黄鹤山上轮奂高寒甲于湖水下临南市邑屋鳞差岷江自西南斜抱郡城东下天无纤云月色奇甚江面如练空水吞吐平生所过中秋佳月似此夕亦有数况复修南楼故事老子于此兴复不浅也向在桂林时黙数九年之间九处见中秋其间相去或万里不胜漂泊之叹尝作一赋以自广及徙成都两秋皆略见月十二年间十处见中秋去年尝题数语于大慈楼上今年又忽至此通计十三年间十一处见中秋亦可以谓之游子然余以病丐骸骨傥恩旨垂允自此归田园带月荷锄得遂此生矣坐中亦作乐府一篇俾鄂人传之所谓十一处见中秋今略识于此始自酉年计之是年直东观戌年檥船松江垂虹亭下亥年泛阳羡罨画溪子年守栝苍丑年内宿玉堂寅年使金次睢阳卯年自西掖出泊吴兴城外辰年归石湖己午年帅桂林未申年帅成都而今酉年客武昌也癸未泊鄂州南楼月色如昨夜甲申泊鄂州蜀兵远送者封桩裹粮之具至此当尽数贸易非三日不可了故为之留統帅李川邀看新寨鄂营昔皆茅舍今始易以瓦屋方毕四分之一登压云寺则前后尽见周络井井甚有条理将司中又有雅歌整暇二堂皆面江山登览超胜己酉丙戌自鄂州遣送兵之半归成都丁亥风作不可行戊子早解维欲出江风不已至暮逾甚又留一夕土人云上江社前后辄大风数日谓之社风上下水船悉不行果然己丑社风稍息解维小泊汉口汉水自北岸出清碧可鉴合大江浊流始不相入行里许则为江水所胜浑而一色凡水自两岸出于江者皆然其行缓故得澄莹大江如激箭万里奔流不得不浊也午后风息通行百八十里至三江口宿三江之名所在多有凡水参会处皆称之庚寅发三江口辰时过赤壁泊黄州临皋亭下赤土山也未见所谓乱石穿空及蒙茸巉岩之境东坡词赋微夸焉郡将招集东坡雪堂郡东山垄重复中有平地四向皆有小冈环之东坡卜居时是亦有取于风水之说前守鸠材欲作设厅已而辍作雪堂故稍宏壮堂东小屋榜曰东坡堂前桥亭曰小桥皆后人旁缘命之对面高坡上新作小亭曰高寒姑取水调中语非当时故实然此亭正对东岸武昌数峰亦登览不凡处晚过竹楼郡治后赤壁山上方丈一间耳转至栖霞楼面势正对落日晖景既堕晴霞亘天末并染川醺黄酣紫照映下上盖日日如此命名有旨也楼之规制甚工问其人则曰故相秦申王生于临皋舟中黄人作庆瑞堂于其处近年撤而作栖霞云黄冈岸下素号不可泊舟行旅患之余舟亦移泊一湾渚中盖江为赤壁一矶

所撄流转甚驶水纹有晕散乱开合全如三峡郡议欲开澳以归宿客舟未决辛卯发黄州四十里过巴河水清澈自北岸入浊流如汉口通行二百三十里至桐木沟宿壬辰发桐木沟八十里至马头宿癸巳发马头百二十五里至江州治琵琶亭前守曹训子序新作通判吕胜已隶书琵琶行刻石左方甲午泊江州登庾楼前临大江后对匡庐背面皆登临奇绝又名山大川悉萃此楼他处不能兼有此独擅之庾元亮故事本是武昌南楼后人以元亮尝刺江州故亦以庾名此楼然景物则有南楼不逮者楼下思白堂正直庐山双剑峰相传此名最不利郡中每二百年辄有兵祸父老久愿更名而无定论余欲取东西二林所立名之双林乙未泊江州早出南门去城百里至濂溪溪水阔寻漫流荒田中潴为小湖郡守潘慈明伯新作周先生祠堂及小亭于溪上三十里至太平兴国宫在圣治峰下左则香炉石顶诸峰右则狮子莲花诸峰面对蕲黄诸山形胜之地也宫之尊神曰九天采访使者唐开元中见梦玄宗作庙于此南唐号升元府本朝更宫而加号使者曰应元保运相传唐建庙时材木皆浮出江上命曰神运云绍兴初贼李成破江州纵兵大掠焚宫净尽所存止外门数间其后道士修建惟真君之殿差如法余率因陋就寡从屋在山下及涧之外者今皆灌木生之猝不可复矣又道士辈各自开户牖荒凉之象可掬入山五里至东林寺晋惠远师道场也自晋以来为星居寺数十年前始更十方楼阁堂殿奇巧巨丽然皆非晋旧屋虎溪涓涓一沟不能五尺阔远师送客乃独不肯过过则林虎又为号鸣焉白莲池亦不复种花独远公与十八贤祠堂有榜曰莲社山上五杉阁晋杉也近年为主僧所伐阁后舍利塔鸠摩罗什所携来以瘗者其屋又南唐时所改作独聪明泉如故高仲堪与远公谈易处也凡山之故物如袈裟麈扇皆已不存承平时独有晋安帝辇佛驮耶舍革舄谢灵运贝叶经更李成乱今皆亡去成宅此寺故与西林并得不爇而唐以来诸刻皆无恙最可称者至邕寺碑开元十九年作并张又新碑阴大中十年作李纳兀元禅师碑张庭赞书颜鲁公题碑之两侧略云永泰丙午真卿佐吉州夏六月次于东林仰庐阜之炉峰想远公之遗烈升神运殿礼僧伽衣观生法师麈尾扇谢灵运翻涅盘经贝多梵筴忻慕不足聊寓刻于张李二公耶舍禪师之碑侧自鲁公题后世因传此石为张李碑又有柳公权复寺碑大中十一年作书法尤遒丽又有李肇蔡京苗绅等碑皆佳远师塔寺西数十步晋杉存焉出虎溪门隔路有涧从东来涧上峰如屏障翠樾蒙密绝似杭之灵隐之飞来峰下余嘱主僧法才作亭名曰过溪呼山夫锄治作址一夕毕僧约以冬初可断手自是东林增一胜处而余于山中亦附晋唐诸贤以不朽矣寺东北隅有作白乐天草堂乐天元和十年为州司马作堂香炉峰北遗爱寺南往来游处焉后与寺并废今所作非元和故处也远师塔西即西林寺惠永师道场也案诸碑始于伪赵时竺昙现而成于惠永规摹大略似东林而微小此地旧名香谷永先作此寺远徙而为邻号东林至今称二林焉主寺久不得人廊庑缺坏榛蔓生之独殿堂仅存独余主院一僧余入山时亦藏逃不见寺有西林道场碑隋太常博士渤海欧阳询撰大业十二年作而不著书人姓名笔意清润微有肉酷似虞永兴然结字之体则全是率更法疑询在隋时作此体入唐始加劲瘦刻削也颜鲁公题其碑额之上亦以永泰丙午岁游东林时来大略谓缅怀远现之遗烈跻重阁观张僧繇画佛像梁武帝蹙绵绣锦囊因题欧阳公譔永公碑阴然其实乃题碑额之上非碑阴也碑阴别有大中时游人题名笔法亦不凡还宿东林丙申离东林饭太平宫前草市中过清虚庵在拨云峰下晚入城庐山虽号九屏然其实不甚深山行皆绕大峰之足远望只一独山也比他山为最高云绕山腹则雨云翳山顶则晴俗云庐山戴帽平地安灶庐山系腰平地安桥此语可与滟滪如象瞿唐莫上滟滪如马瞿唐莫下为对

九月丁酉朔泊江州风作终日不行戊戌风小止已时发江州回望庐山渐束而高不复迤逦之状过湖口望大孤如道士冠立碧波万顷中亦奇观也九十里至交石夹宿己亥发交石夹东望小孤如艾炷午后过之澎浪矶在其南风起波作又行食顷通行八十里泊鳌背洲欲泊马当风甚不可前江中有风则白浪头作便不可行庚子风未止强移船数里马当对岸小港中泊辛丑风少缓移舟五六里风复作波斯夹泊夹中浪犹汹涌壬寅泊波斯夹日暮风息月明欲行船人閧云小龙见于岸侧竞往观则已夜癸卯发波斯夹至皖口北岸淮山相迎绵延不绝灊皖琅琊云物缥渺生平未曾著脚处也南岸自牛矶鴈汊行几二百里至长风沙下口宿甲辰发长风沙百里午至池州池口泊望淮亭去城南十余里夜大风舟檝摇荡通夕不寐乙巳泊池州入城登九华楼作重九风雨陡作懒至齐山望之数里间一土山极庳小上有翠微亭特以杜牧之诗传耳九华稍秀出然不逮所闻夜移舟出江却入南湖口泊水亭丙午离池州十数里风作泊清溪口丁未泊清溪九华所谓九峰者至此始见之戊申发清溪泊长风沙已酉发长风沙入夹行晚泊太平州庚戌登陵歊台台宋武帝所作为登临佳迹更兵烬重修草草道径亦芜莽不治塔寺亦萧索辛亥发太平州壬子至建康府泊赏心亭下癸丑集玉麟堂甲寅乙卯泊建康从留守枢密建安刘公行视新修外城自

赏心亭渡南岸由萑一水亭基登小舆转至伏龟楼基徘徊望金陵山本正三面至此则形势回互江南诸山与淮山团栾应接无复空阙唐人诗所谓山围故国周遭在者惟此处所见为然况游金陵者若不至伏龟则如未始游焉一城之势此地最高如龟昂首状楼之外即是坡垄绵延无濠堑自古为受敌处相传曹彬取李煜自此入也行城十之九乃下登舟至清溪阁南朝诸人为游息处比平修治为阁及小圃旁有空地可种植隶漕司不可得自清溪泛舟还集玉麟丙辰发建康丁巳泊长芦幞被宿寺中此为菩提达磨一苇浮渡处寺在沙洲之上甚雄杰江波淙啮行且及门寺前旧有居人今皆荡去岸下不可泊舟移在五里所一港中寺有一苇堂以祠达磨戊午开启会庆圣节道场毕登舟己未至镇江府闸已闭运河浅淤买小舟般博不胜烦劳庚申辛酉泊镇江壬戌发镇江久去江浙奔走川广乍入舴艋萧然有渔钓旧想不知其身之自天末归也癸亥尽日行甲子至常州乙丑泊常州丙寅发常州平江亲戚故旧来相迓者陆续于道恍然如隔世焉

冬十月丁卯朔雨中行不住戊辰未至浒市十里泊己巳晚入盘门

粤闽巡视纪略

沿海总图

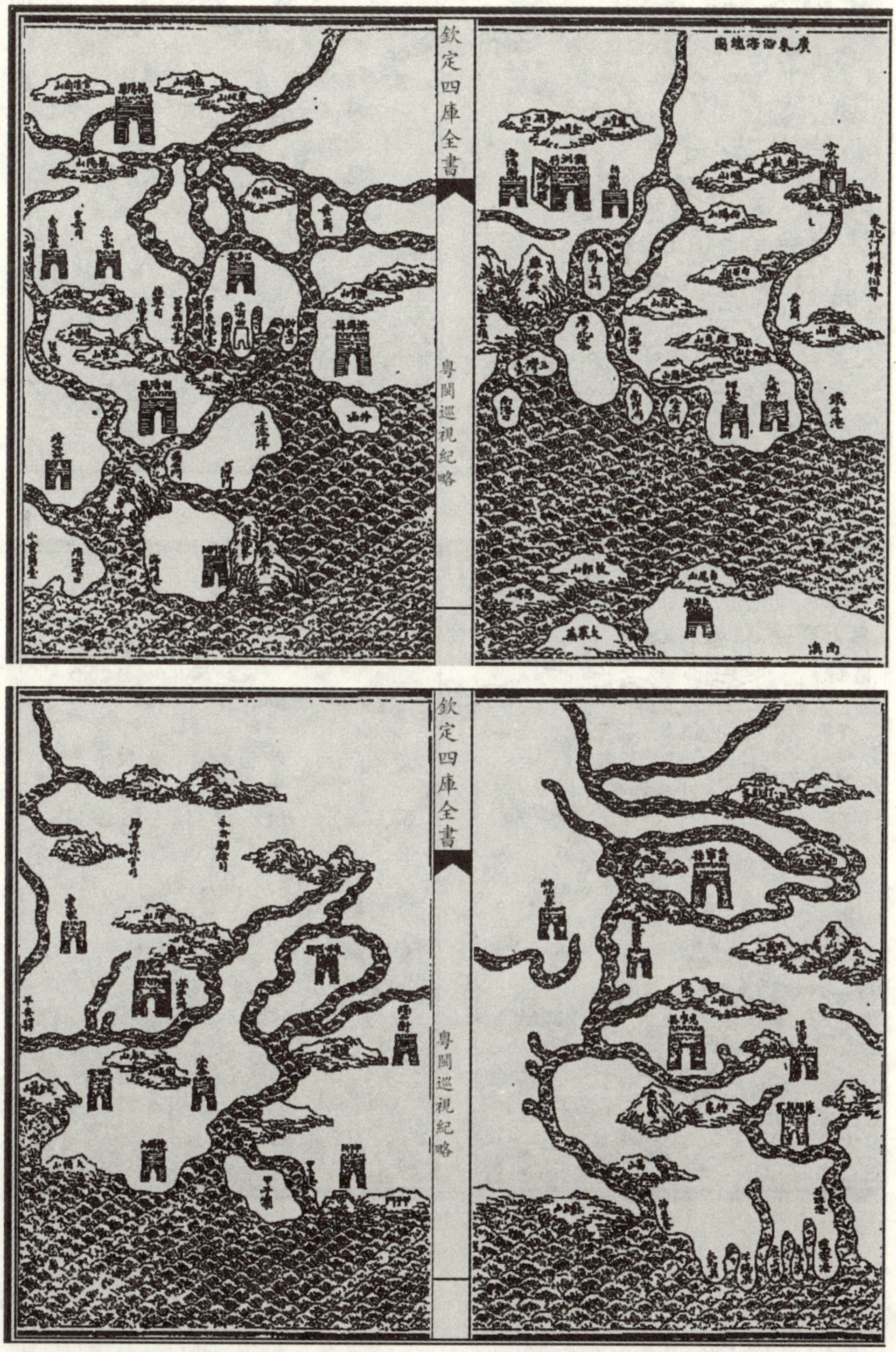

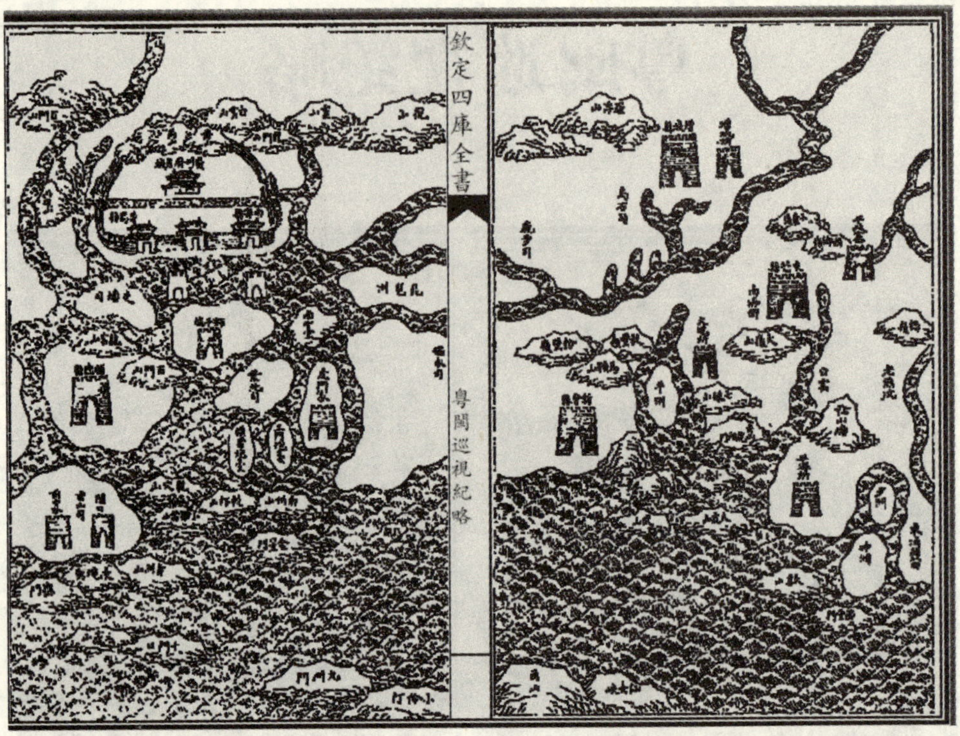
欽定四庫全書
粵閩巡視紀略

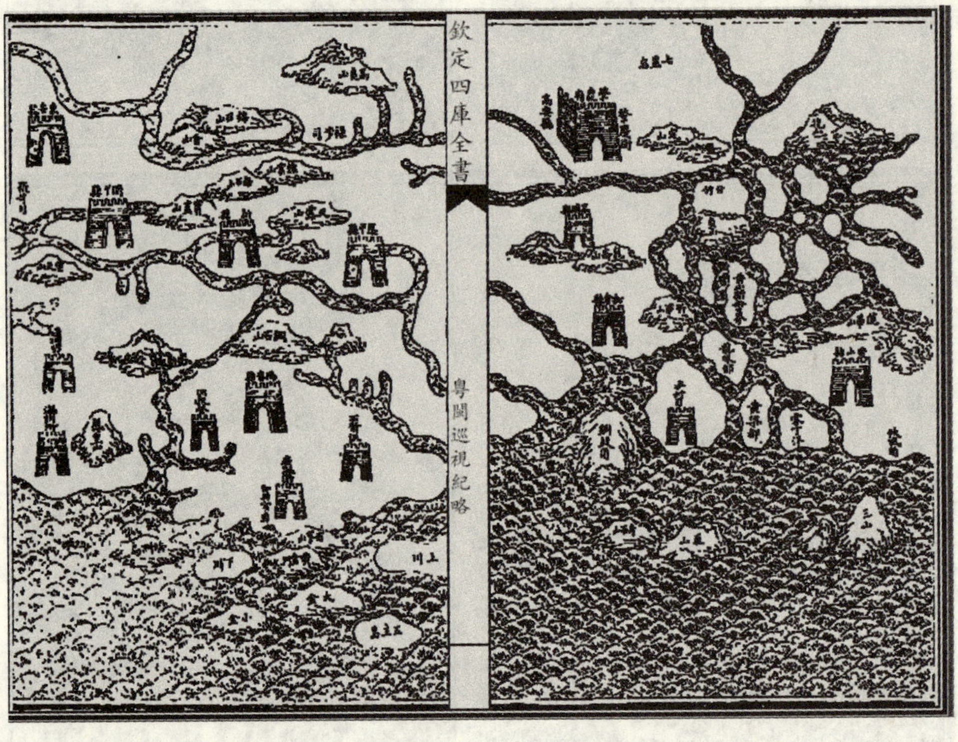
欽定四庫全書
粵閩巡視紀略

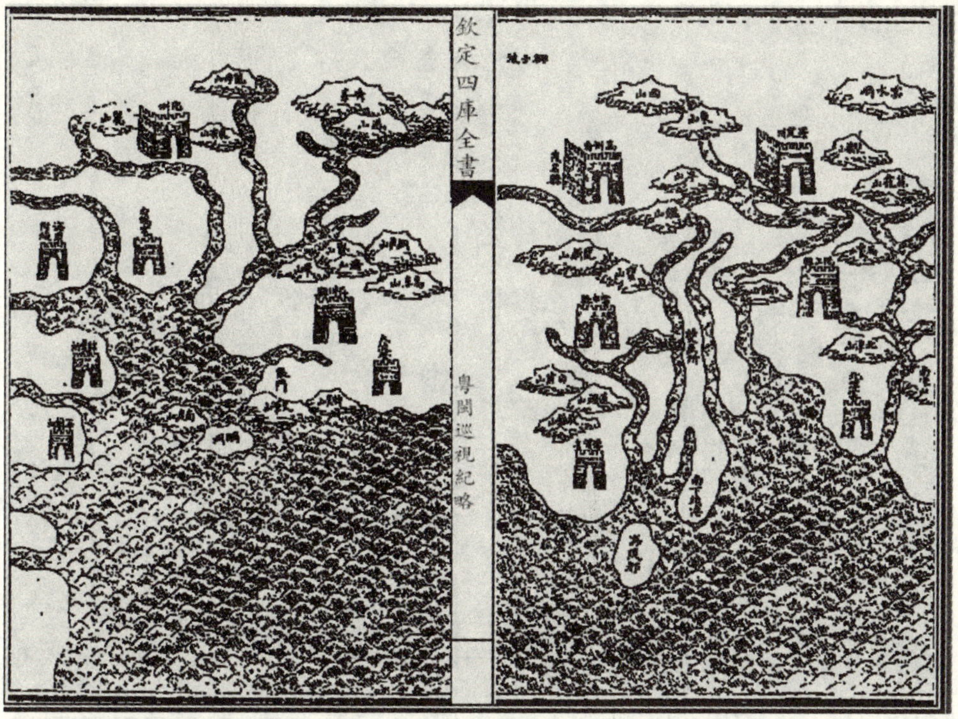
欽定四庫全書
粵閩巡視紀略

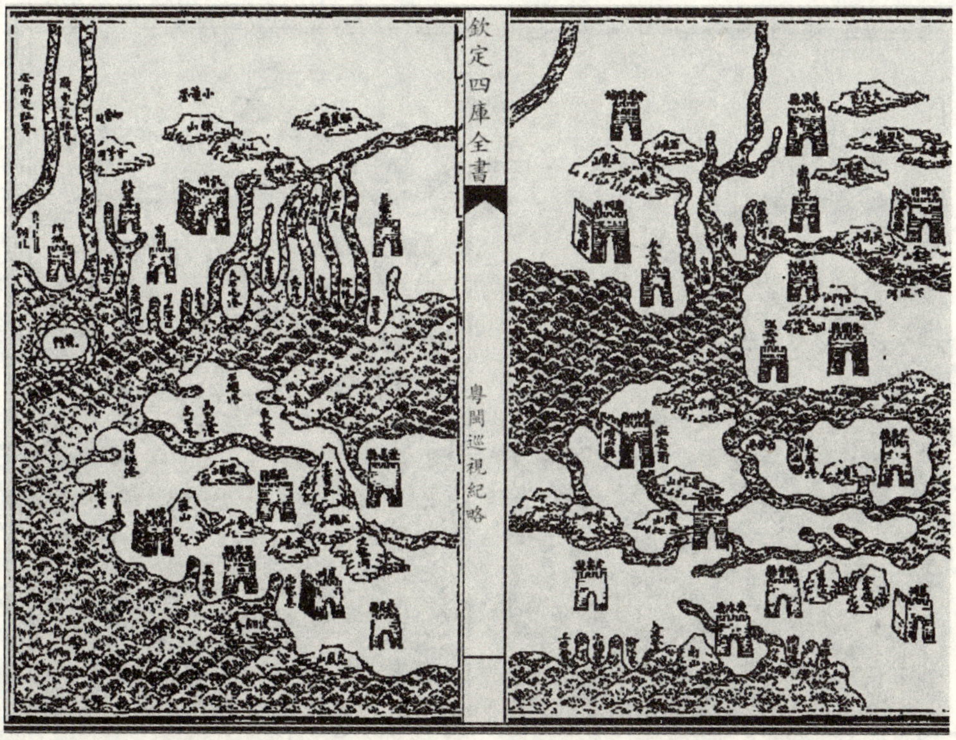
欽定四庫全書
粵閩巡視紀略

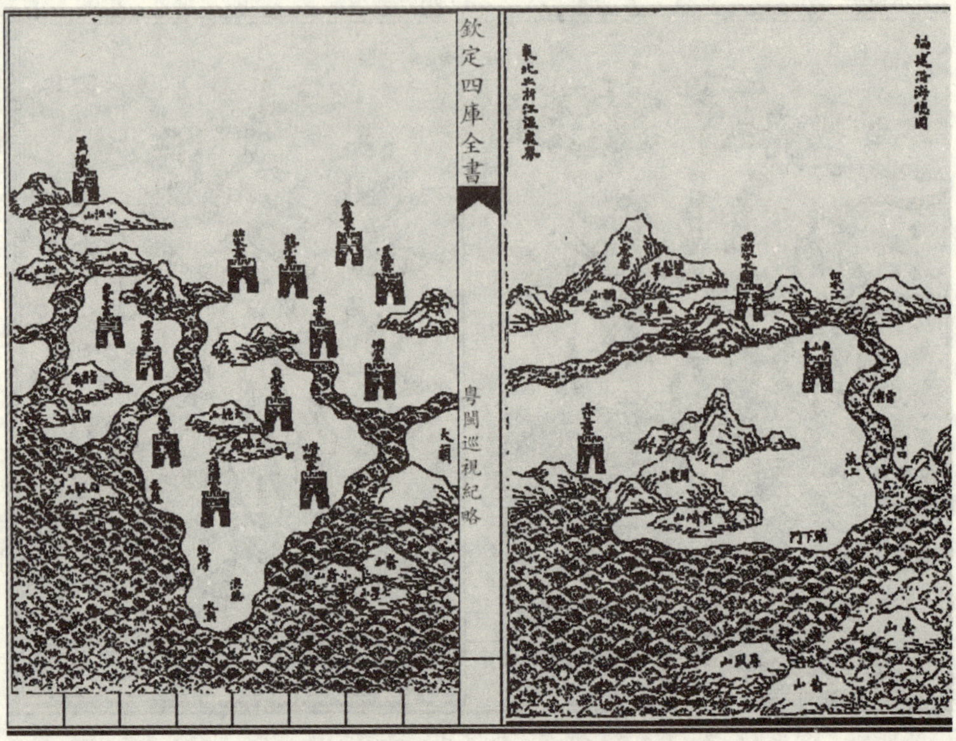
欽定四庫全書
粤閩巡視紀略

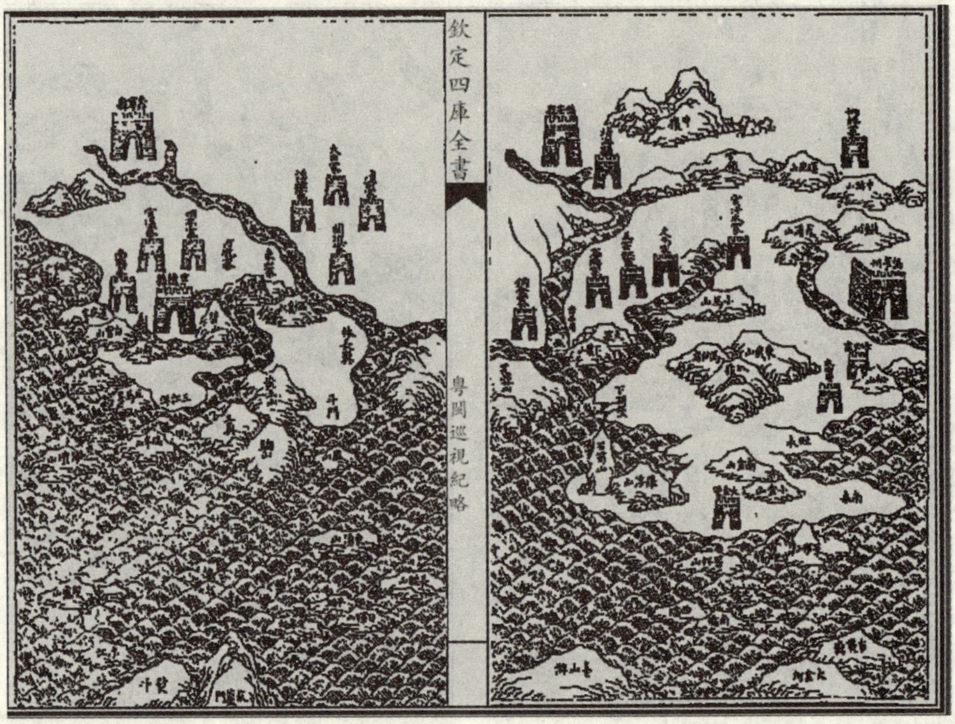
欽定四庫全書
粤閩巡視紀略

欽定四庫全書
粤閩巡視紀略

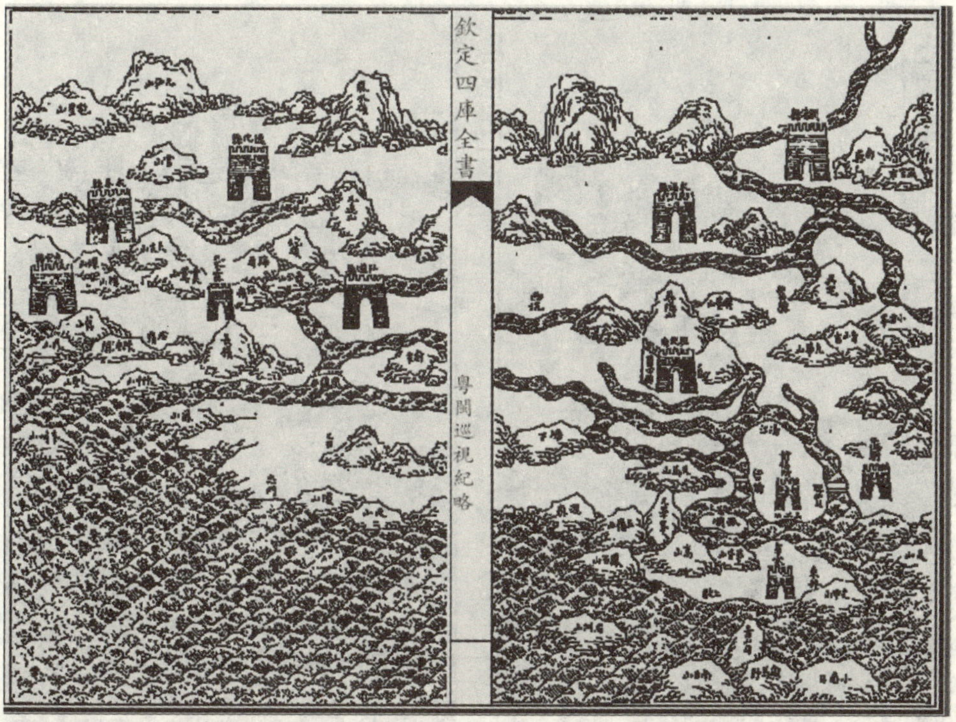
欽定四庫全書
粤閩巡視紀略

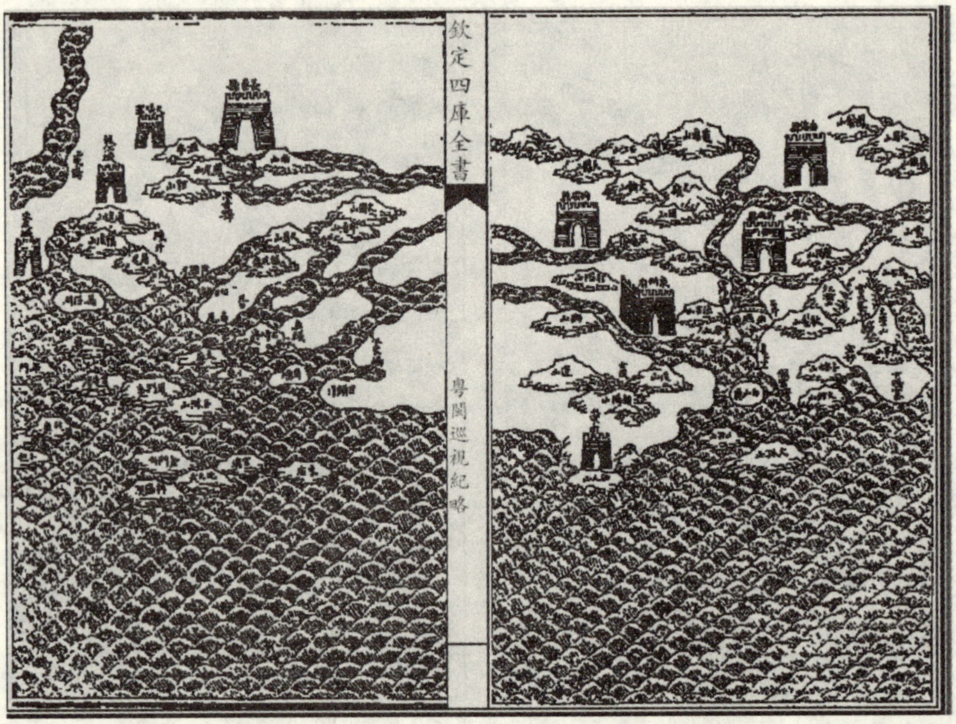

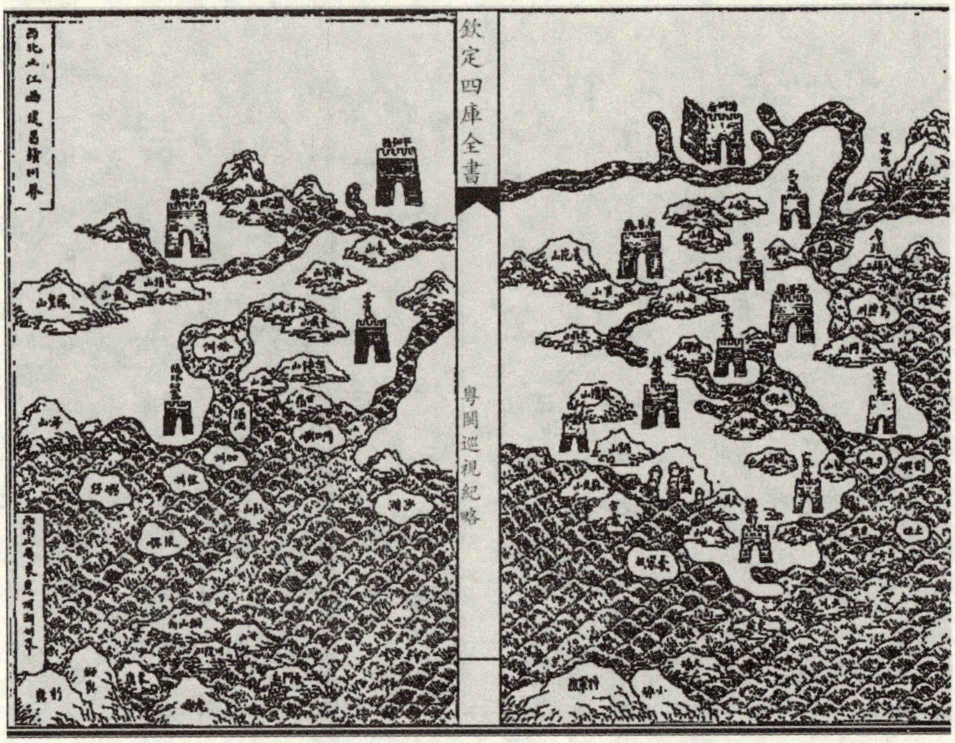

卷一

皇帝既平三逆复命将讨定海外威德所届与天同际爰念海壖之民迁移未复分遣廷臣驰往安集之臣臻与焉先是海寇郑成功盘踞金门厦门诸岛游艅入犯飘忽靡定并海诸省咸罹其患而粤闽为尤甚皇上嗣服之岁廷臣建议以为当令濒海之民移居内地民免锋镝之虞而寇无所掠势将自困于是粤闽江浙诸镇戍以次更置贼势

果绌降者接踵疆臣率众讨逐贼遂弃金门厦门迸窜远岛所谓台湾者居亡何成功死子锦代领其众势益弱迨耿逆变叛始勾之入居漳泉王师收闽寇众仍遁疆臣再修海备尽扫游氛而海坛金厦复寘戍兵矣于是降者又多无以处之康熙十九年六月福督姚启圣上疏言投诚之众率皆前日迁徙之民也若不给与俸饷无以安其身心欲给之则有限金钱不可为继若令归农又多无农可归势必复去而为盗以臣愚虑莫若将界外田地尽行给还方今海外要地已设提督总兵大臣重兵屯守是官兵在外投诚在内夫复何虑且彼等乐得故土人人有安土重迁之思即迫之为盗亦不可得矣故臣以为界外田土查有主还民之外应悉给投诚开垦疏上部议驳覆再三奉旨会议应俟设兵完毕之日请行上可之启圣又会同抚臣吴兴祚提臣万正色合词保题其言曰星罗棋布渐见海波不扬正臣等遵旨请开边界之日也一开界则上可以增国赋下可以遂民生并可收鱼盐之利以饷新兵安投诚之心永无反侧又可使台湾之众望风来归疏上再议得奉照旧展界之旨于是闽界稍稍开二十年二月科臣傅感丁奏曰伏见福督臣姚启圣请开边界业奉允行夫近寇之省莫若闽闽且得开他省远寇者何不可开乞敕各督抚将界外田地招徕旧迁之民及情愿垦荒者令其耕种三年之后起科部议下所司详酌保题久之皆鳃鳃过虑无敢直任者二十二年五月将军施烺进剿海寇克取澎湖岛驰檄台湾谕以顺逆之理时郑锦已死其子克塽率众来归请纳土为郡县而粤东督抚将军保题疏适至于是兵部议请开界十月二十二日得旨江南浙江福建广东沿海田地应给民耕种其紧要地方仍应作何防守等项事宜著差部院堂官前往会同该督抚详察确议具奏户部列诸臣名以上工部侍郎金世鉴副都御史呀思哈奉命往江浙而及内阁学士石亦拜闽粤之命是役也有当行之事四焉察濒海之地以还民一也缘边寨营烽堠向移内地者宜仍徒于外二也海壖之民以捕鲜煮盐为业宜并弛其禁三也故事直隶天津卫山东登州府江南云台山浙江宁波府福建漳州府广东香门各通市舶行贾外洋以禁海暂阻应酌其可行与否四也臣臻受命悚惕即日俶装戒行心窃自念皇上如天至仁迫欲见海壖之民及时耕耨今疾驰度岭已将改岁待论定奏报得旨而后行则农时已逾非所以奉宣德意也幸偕行诸臣亦同此怀遂用绿头牌启奏请予会勘之日将勘明地亩随时责令有司招民佃种其应设防守即时分设俟一省事竣驿疏奏闻上许之十一日戊寅陛辞臣臣臻跽柱请训命皇上熟思久之曰开界地亩务求原主授之宣谕督抚务俾得所臣等谨受命皇上问勘视将先何省臣臻对曰将始广东皇上问何以不先福建臣臻对曰臣等先至广东令彼处百姓及时承垦庶不误春耕之时皇上曰独不误福建开垦耶臣臻对曰福建督抚方安插投诚未暇协理开垦臣等以其间先竣粤事次至闽省诸臣已暇可以会商且闽土节候比粤稍近皇上颔之又谕曰将军施烺谙悉海岛凡事必与共议臣等拜受命皇上又召致榻前谆谆诫谕曰汝二人朕所亲简当善体朕意臣等又再拜受命而出

己卯启行宿良乡偕行者石学士柱主政殷特正郎张建绩中翰尹达理笔帖式赖都暨严子侗丘子民表也

壬午至河间府

甲申至德州

己丑至兖州府辛郊至利国驿盖已入江南界矣计行十有二日皆鸡鸣首途漏再下而止马上口占有努力前驱频计日只因海畔蚤春耕之句

壬辰渡大河止徐州

丙申渡淮

丁酉晦过红心驿行乱山中四十里

十二月戊戌朔发定远

己亥至庐州府

辛丑过七里河止桐城苍山万叠松桧萧森风景大异北地壬寅过冈岭二十余涉溪涧亦十余止潜山

甲辰至黄梅始入湖广境

乙巳由孔垄驿渡江止九江府

丙午过五石门止德安县峻阪斗绝登顿殊艰方即次而雷雨作幸免沾涂之苦

丁未止德兴宿徐中书宅

戊申至章江安抚军世鼎陈总戎平张藩伯所志署臬查君培继督学高君璜督粮鲍君畋率府属共迎且具舟以待

己酉杨帆早发乍释羇靮之劳而遇此差足快意

庚戌止樟树

辛亥止峡江山水回潆颇似浙东严陵濑是夕微雪

壬子止吉安府

癸丑止盐溪凡四日皆顺风

乙卯至万安将上滩觅滩夫以行是地水势湍急必用健夫习水道者二人一持篙一捩舵宛转石罅中方免倾欹撞击之患是日幸假风力不觉其难行六十里止大王庙

丙辰亦行六十里上四滩止攸镇

丁巳连上十滩虔郡诸君共迎于除滩庙张灯时次赣州自万安抵赣二百四十里名滩十八余小滩不可胜数悬水斗泻乱石锋矗舟尺寸失便利即不可知然势益险而境益奇行人方以洞心骇目为快不暇震怖也城北即章贡合流处章自粤来贡自闽来交会于此郡名所自得也

戊午易茅蓬船止新塘

己未止南康山光秀润村垄时有菜花如江南二月时庚申早发两岸峭壁千仞江流百折将至南安距城五里许已二鼓矣有虎自山巅下直抟挽船卒挽船卒惶遽疾呼舟中人群起和之仅乃获免少顷张正郎至言虎又挈其侪偶狙伺山麓冀攫后曹挽卒舟人觉之连发四鸟枪乃去

辛酉舍舟度岭过所谓南越雄关者夹道皆短垣盖少宗伯杨公尔茂祭告时所筑也苍松列嶂间以平畴约九十里村民以竹笼盛大蝴蝶两翅广可尺余五色绚烂腹垂绣囊遗子大如凫卵或言此蝶产于罗浮麻姑仙去时蜕裙所化云薄暮抵南雄登舟年友朱君介至二篮饮舟中宵分而别

癸亥泊苏渡江

甲子过韶州府泊白兔

乙丑挂帆行三百里过英德泊江岸廉石诸峰玲珑错峙奇秀壁立

丙寅除夕抵迎恩亭泊舟分岁

二十三年正月丁卯元旦即迎恩率诸臣行庆贺礼泊三水周仪部灿至自安南见于舟中戊辰吴总制兴祚李抚军士桢郎藩伯廷枢胡臬宪戴仁督粮蒋君伊提举汪君兆璋率诸属先后至先行请安礼乃敢具宾主会议诸务是日出示招民先是陛辞之日即已移咨两省督抚述皇上急欲小民归业之意至是复刊示晓谕略曰先因海寇陆梁游艅出没不时抄掠尔等皇上为尔等身家计权移内地以避贼锋今邀皇上威灵荡平海外凶孽永除允科臣奏请特遣大臣勘明地界给还原主或有原主已亡无从查觅者听情愿垦荒之人量力承种总俟三年起科皇上爱民至仁尔等固当曲体即尔等自今承佃之后子孙世世享有先业关系亦复非轻尔等当闻命向应勿有瞻顾示下万众驩呼继以泣下因命飞递各属务使周知次与诸臣定议勘界程途当始于钦州之防城按粤省介在荒服控带峒獠而防海为尤要秦命南海尉任嚣筑城泷口此置戍之始也汉设交州刺史治南海唐置岭南五管经略招讨使宋以京官充岭南道经略安抚使元置广东道宣慰使司兵制损益代有不同明太祖洪武二年命平章廖永忠参政朱亮祖取广东遂命亮祖镇守建置卫所分布要害其沿海者曰潮州卫辖大城蓬州海门靖海四所曰碣石卫辖甲子门捷胜海丰平海四所曰南海卫辖大鹏东莞二所曰广海卫辖香山新会海朗三所曰肇庆卫辖阳江所曰神电卫辖阳春双鱼宁川三所曰雷州卫辖石城锦囊海安海康乐民五所曰廉州卫辖永安钦州二所卫设指挥等官所设镇抚千户等官分领旗军设屯田以赡之星罗戍守又多建墩烽一传百应为常山率然之势颇称严整正统间因黄萧养寇乱设总兵于苍梧制两省嘉靖间倭寇犯边始专镇于东粤又设雷廉参将一驻雷州水营参将驻南头万历初又设惠潮参将各一白鸽水营参将一涠洲水营游击一柘林碣石虎头门广海北津白鸽六水营守备各一于是旗军而外复有城守之民壮斥堠之表加以水哨之游巡大将居中操臂指之权守綦密矣其防汛之境略分三路高雷廉三郡斗入海中西界钦州控连交趾杂处罗旁南面巨海绾毂琼山而占城暹罗满剌诸番环匝于外盖省会之西蔽也其地以神电雷州廉州三卫十一所为边白鸽涠洲两水营游徼于外是为西路广州带三江阻重海崖门虎门夹峙左右屹为筦钥前山香门番舶所集南头控其东阳江界其西实全省之中权也其地以肇庆广海南海三卫六所为边虎头门广海北津三营游徼于外而南头一镇总挈之是为中路惠潮二郡界连闽省漳舶通番道所必经

南澳介处两省之间伏莽蟠互全恃两府之弹压又省会东偏一要陀也其地以潮州碣石两卫八所为边柘林碣石两水营游徼于外是为东路三路各统于本管之参将而兼辖于两总戎琼州孤悬海外自为一镇此明代设兵之大较也国初山海未靖顺治七年特置两藩重兵驻守防海之筹视前加毖省会设提督潮州碣石高州各设总兵惠州雷州各设副将廉州设参将各县卫所要地并设游守分防尽罢卫所旗军屯租领于县官兵皆隶于各协制度一变康熙元年副都统觉罗科尔坤奉旨行定海疆自闽界之分水关西抵防城接于西粤画界三千七百里界外戍兵移之内地于是大城甲子捷胜海朗海安海康永安乐民诸所柘林黄冈涠洲诸游汛皆弃不守更于内隘分设汛防兵余边界五里一墩十里一台墩置五兵台置六兵禁民外出情势又复一变八年展界议以海边为界修复废毁诸营听民出田界外边境稍拓然亦未能如旧至边民之复业者尤寥寥仅见也今所守诸汛视八年所展之界又复不侔事经变乱文书散失不能详定焉现设

钦州营游击一守备一千总三把总六【国初额员】兵一千十三名

乾体营游击一守备一千总二把总四兵一千三百六十六名【国初无续设】

廉州府总兵一游击二守备二千总四把总八兵一千八百八十八名【旧系参将康熙元年改总兵领本镇兵一千涠洲兵一千加募兵一千共三千名今减】

高州府石城营守备一千总三把总五【国初额员】兵四百名

雷州府副将一都司二守备二千总五把总八【国初额员】兵一千四百名

徐闻营守备一千总一把总二【国初额员】兵三百名

海安营游击一守备一千总二把总四【国初额员】兵一千名

白鸽寨守备一千总一把总二【续设】兵五百名

吴川营游击一守备一千总二把总四【国初额员】兵八百四十名

高雷总兵一游击二守备二千总四把总八【国初额员驻高州府】兵一千八百九十一名

电白营游击一守备一千总二把总四【国初额员】兵八百四十名

肇庆府春江营副将一都司一守备二千总四把总八兵一千六百名【国初无顺治九年设阳高游击一员十一年西寇侵轶兵散十三年委官招复十七年即改为春江游击领兵一千康熙三年加兵五百改参将八年又加五百改副将】

那扶营守备一千总一把总二【国初额员】兵四百名

广海寨游击一守备一千总二把总四兵九百六名【旧设参将一员兵一千名加提标四百名康熙元年又加抚标六百名共二千名今改减】

新会营游击一守备一千总四把总六【国初设兼防会宁】兵一千三百名

香山营副将一都司二守备二千总五把总十兵二千名【顺治四年设前山寨官兵五百员名康熙元年加兵五百改设参将驻防县城三年又加兵一千共二千名改设副将】

顺德营总兵一游击三守备三千总六把总十二兵三千名【顺德旧不设兵康熙二年因周李二寇犯城而设十二年题定虽驻县城兼辖南番香山各县巡缉沿海】

虎门寨副将一都司二守备二千总四把总十兵二千名【原设参将一员兵一千名今改增】

新安营游击一守备一千总二把总四兵七百八名【旧设守备一兵五百名康熙三年加五百名四年广州左路总兵移镇七年罢今改减】

惠州府副将一都司二守备二千总四把总八【国初额员】兵一千五百名

碣石卫总兵一游击三守备三千总七把总十四【国初额员】兵三千名

惠来营游击一守备一千总三把总六【国初额员】兵八百名海门营守备一千总一把总二【旧拨都司今改】兵四百名

潮阳营游击一守备一千总二把总四【旧设副将一都司二今改】兵一千名

达濠营副将一都司三守备三千总六把总十二兵三千名【旧无因秋风角海寇丘凤据达壕埠康熙十九年讨平之添设】

潮州府总兵一游击三守备三千总六把总十二【国初额员】兵二千四百九十五名

澄海营副将一都司二守备二千总四把总八【国初额员】兵一千六百名

黄冈营副将一都司二守备二千总四把总八【国初额员】兵一千三百三十四名

凡为营二十八兵若干名于中抽调一万四百七十六名分布缘边诸汛候阅定因奉旨查阅先粤后闽故自西界防城始迤逦而东焉

庚午至肇庆之崧台驿督标副将张锐史孔笔都司薛铨率参游等将甲士五千迎于道军容甚盛崧台危石孤耸高二百余仞广六十余丈下有石室高可五丈容百人北向通明南有门可入左一窦持火入数十丈有龙井龙床龙磨角石右一窦亦用火入数十步石窗穿漏光荧荧下射前有浦名高星旁连七星岩曲折列峙如北斗中为石室岩东逾沥湖半里为屏风岩又一里为阆风岩石室西半里为天柱岩一里为蟾蜍岩又一里为仙掌岩西北二里为阿坡岩延袤数十里沥水环其下读唐李邕记有云迭花仰空的皪琼脂宋陶翼记有云滴乳成柱凝蓝作盖写石室之胜最真自此舍舟

甲戌偕同事诸公俱西

乙亥至新兴

丙子过佛子岭奇峰嵂兀登降颇烦止天堂

丁丑至阳春

戊寅渡潭沥那思二河

己卯至太平

庚辰至电白

辛巳行三十里至温泉庵有两池广轮数尺冬夏常热居民用以给浣濯止三桥

壬午黎旦拜福建开垦疏并移咨闽省将军督抚申陛辞时天语也次高州戍卒士民迎候不绝于道诉讼如云有言兵丁占民产者下所司廉问余皆斥去国初高郡受兵最酷总戎官廨即伪秦王藩府也堂形如殿覆瓦悉用琉璃近始撤易加以祖逆盘踞井里萧条极矣癸未高民失火燔毁庐舍六十余区捐橐金十两助之过冼夫人祠

冼夫人祠在郡东门外史称冼氏高凉人世为南越首领冼氏幼贤明晓兵略能拊循部众每劝亲族行善义结于本乡海南归附者十余峒罗州刺史冯融闻其名聘为其子高凉太守宝妻侯景叛梁广州都督萧勃征兵援台高州刺史李迁仕据大皋口遣使召宝冼氏曰刺史被召援台乃称有疾铸兵聚众而后唤君此必反也且无往宝从之已而迁仕果反冼氏诈为输赕伏甲攻迁仕败之怀集百越数州晏然亡何宝卒陈永定二年其子仆年九岁遣首领朝于丹阳拜阳春郡守广州刺史欧阳纥叛陈诱仆与俱冼氏曰吾矢忠贞迄今两代岂敢辄负国家发兵拒纥纥众遂溃仆以功封信都侯加平越中郎将石龙太守册冼氏为太夫人至德中仆卒陈亡岭南人奉冼氏为主隋高祖遣摠管韦洸安抚岭外并遣人遗冼氏书以冼氏故献陈主扶南犀杖为信冼氏见杖集首领痛哭遂迎洸未几番禺人王仲宣反冼氏遣其孙盎讨平之高祖拜盎高州刺史赠宝为谯国公冼氏册谯国夫人开幕府置官属皇后辍首饰赐之冼氏盛以金箧岁陈之以示子孙曰此忠孝之报也仁寿初卒赠诚敬夫人隋末盎保岭南其下请正南越王号不许武德五年归唐授上柱国高州总管封吴国公子智戴仕至左武卫将军惟岭南介在荒服不能北向而从兵车之会但谨守疆索为天子保境土斯为良牧矣冼氏系出峒族归于将门当群雄角逐之时处僻远孤危之境乃能尊朝廷惇信义见无礼于共主者则击去之和其人民以待有德虽窦融钱俶何以加焉卒令冯氏安全延及五世一方蒙庇几及百年以视夫沐猴冠带妄觊非分殃民而卒以自亡者其得失岂可同日语哉南人德之饰祠表墓至今不绝有以也冼氏墓在旧县盎墓或云在阳江东山下或云在电白冯家村冯家村又有盎宅手植枯椰子二株尚存

甲申止化州州署有两橘实大如橼可以疗疾庭有龙首石又有石在州后潜江中曰龙尾相传龙首时有吼声如鹅隋置石龙县以此

乙酉过菉竹堂琉璃庵止石城县夹道灌树丛生虫鸣似秋而行旅挥汗

丙戌渡龙湾河宿清平营

戊子至廉州

己丑阅乾体营登八字山望海复返廉州而西地多泞淖昏黑不可舁舆骑行二十五里用土人为导踯躅林箐

中时时恍见兽鬼来攫人抵那暮塘宿

廉州至乾体十五里乾体至海四十里乾体村名属合浦明地图有乾体营兵防条不载盖尝有之而久废矣元年界外八年疏中称有乾体营不知何时设

庚寅行六十里渡平银河止一小艓而渡者甚众争先过重方半渡而舟沉溺者十余人仆高大与焉钩得已僵舁行三十里至钦州而复苏吐白沫斗余是日死者四人两人尸不可得盖为蛟蜃所噬矣止钦州登天涯亭阅州治

辛卯石学士吴制院分阅龙门先别去予与李抚军同诣防城登舟于鸿飞亭

钦州之水曰钦江在州治东源出洪牙山流经城东南以入于海州西二十里有渔洪江又十里凤凰山州东三十里平银江出博巽山南一百余里防城江出仙隆山天涯亭在州东门月城上

鸿飞亭在州东门游鱼洲上前知州林希元改东岳庙为之取子瞻鸿飞那复辨东西之句以为名群山远拱颇称胜概

辛卯舟行十里至尖山岭又十里至石滩又三十里出猫尾湾海口望亚公山黄陂门龙门七十二径皆在巨浸中历历可辨其东则牙山斗出海外循海而西十五里至青鸠口戍台也故有守台五卒虎噬其三二亦弃去台随圮矣又五里至长墩河口夹岸置炮台无守者又行五十里至埇【读如崇】沦塘自青鸠至此夹岸皆林木在山趾者多海榄潮至半浸水中在山颠者多鐵枥色白而叶细

壬辰晓起陆行万木阴森猿啼不绝其音凄断必以三声为度忆唐张说钦州诗有饥狖啼相聚哀猿喘更飞之句为低徊久之十五里至防城守备郝炳麟拥马首流涕不已相与怆然闻昔逃虚者见似人而喜兹以绝域而觏使华其悲喜失序无足怪也然穷边远戍之苦益可念矣河西山麓废垒岿然旧防城也尚有民居五家以隔水难于策应遂徙今砦树棘为栅取具一时非久远之规也旧城控制迤西必宜修复盖昔以画界故人踪希阔今流亡尽归鱼盐稠沓久之当成雄镇也正南十里为水营又南九十里为蓬罗台西南四十里为渔洲坪正西四十里为三囊台又西五十里为如昔嵩又西九十里为澌凛嵩又西一百八十里为古森嵩即分茅岭也更西即交址矣西北为王光十万大山口正北接广西上思州界上思之西即交趾岐那隘防城正南江口有洲名曰三口浪土人谓浪一涌为一口相传马伏波下营于此浪三涌连发三矢射之皆平遂成此洲已刻复登舟由长墩内河行六十里至埇口有戍兵向在长墩因杨二乱徙此

钦州属灵山一县在州北内地止州治附海元年画界自防城历大鹿山等境【石梅山那狼山三中山平壁山空朗山派暮岭西丫山石家山那鹿山过河埇口岭鱼洪岭方家村洪屋岭望海岭茶山岭大木岭十二岭望州峰版桥峰江标岭三草岭鸡背岭小路林逻岭尖山岭瓦灶岭佛子岭马留山织篱围山封田山】至高岭尽大观港为钦州边边界以外距海四十里者为织篱围村鱼洪村三十里者为黄屋屯孔明村大值村二十五里者瓦鼋村鸡窝村二十里者根竹村墟埠村旧关村胎暮村洞晚村十里者长山村有贵坑村埠头村那畔村料连村及近海六七里以下至一二里若岭脚村等【西寮村南沙村竹根海尾村犀牛角村大丝萝村小灶村乌雷塘村平山村大灶村小榕涌村孔雀环村牧牛岭村鸡墩村金鼓嘴石头港鹿儿潭长墩关涌村白鹭村闲落村青鸠埠大头村大小邓村大蚬村开元村西蚬村那落村江那村佛子村小头村埇茶村蓿寮村南港村芊蒙村白沙茡村朱砂港栏埇村榄埠村蓬罗村冬瓜墩牛路村山心村鱼洲坪白沙湾赤沙头坛头村】皆移并三年续迁共豁田地四百七十一顷有奇于埇口诸处因界设守八年展界稍复旧边今从钦州营拨守防城各汛【防城守备一兵一百八十名王光十万山口二十名小董汛把总一兵八十名三十六村汛把总一兵四十名澌凛嵩二十名如昔嵩把总一兵四十名三囊山口二十名渔洲坪五十名水营二十名南港台十名青鸠台十名长墩河口千总一兵四十名乌雷台十名牙山台十名牙山港十名大观港把总一兵四十名】候阅定

按旧志地图有防城而不列于镇戍之数然疆域条云南支地脉起于徼外入粤西思明上思二州丛起为分茅岭尽防城之曲折而南入灵山转高凉至恩平发为高雷廉琼四府一州之境则防城一地实粤南之维首山川条有防城江注云其水自防城入于交址永安河安南志载嘉靖二十年安南臣郑松攻杀其主莫茂洽其族人莫敦让来奔于防城盖其来久矣兵卫条有黄土营注云旧防城营也在时罗都交址界久废万暦间知州董延钦复建改名由是防城之名遂没再考钦州之西控连交趾故有七嵩曰时罗曰贴浪曰如昔曰澌凛曰罗浮【一称鉴山一称金勒】曰古森曰葛源【一称团是一称丫葛】今防城旧建时罗而如昔澌凛并在镇守之列罗浮旧亦设营去防城百

里则防城为七峝故址无疑也峝主多黄姓相传有青州人黄方定者从马新息征南有功留守边境子孙世守七峝唐德宗贞元十年峝贼黄少卿叛陷钦州元和间又有黄承庆黄少度黄昌瓘继起裴行立阳旻讨之不能定韩愈为祭酒上黄家贼事宜状即其子孙也元世祖时以峝主黄世华讨贼有功授为七峝长官至正二十二年峝主黄圣许反寇钦州时罗贴浪七峝人民亡散殆尽明初参政朱亮祖定广东以七峝人民不多革其长官诸峝长以此怀怨宣德二年澌凛峝长黄金广纠合时罗峝长黄子娇丫葛峝长黄建古森峝长黄宽举四峝一十九村二百七十户叛附安南黎氏官之为经略使等官世袭以七峝地属彼国之万宁州正统五年巡按御史朱鉴【或云何善】奉玺书至时罗都之滩凌山揭榜招金广等不至至今其地名曰招远山金广死子进袭进死子无害袭无害死子伯银袭为奋略将军经略佥事嘉靖十九年安南国主莫登庸纳款献还四峝之地丫葛罗浮收入如昔都澌凛古森收入贴浪都由是七峝并为三都焉时罗峝主独禤姓相传有禤纯旺者从马新息南征有功留守钦邕二州为时休峝长永乐时失其世官其孙禤贵成移守时罗明末交人犹喋喋以故土为言天朝威德远届方外顺轨然峝界之民犹有输地赋于安南纳丁银于本管者盖羁縻不绝所由来也永乐初平交址收其地为郡县尚书黄福议曰交址万宁县接云屯海口并连钦州最为险要宜于钦州千户所添军立卫以备之英国公张辅复请设防城佛埇二水驿宁越埇沦二递运所以通交址之路因交南旋弃其议遂止嘉靖间廉州知府张岳言粤东入交之路自雷州冠头岭发舟顺风一二日可抵交之海东府自钦州天涯亭猫尾港历乌雷海白龙尾玉门山抵交之万宁州度可七站盖时方用兵于交故议者复及此也然则防城一戍不惟控制海岛抑且莞钥属国备书之以为疆吏告焉

龙门江源出合浦之龙门岭五十里有仙人桥溪中突起一石俨若巨舟长四丈阔半之南岸数石相连北岸石条横架于上有巨人迹累累然桥南两石人夹侍稍东又一石桥旁有石佛石船俗传仙人撑石船引大廉小港北通石康至此闻鸡声乃止一名石鸡桥又五十里为大廉山经钦州六十里两崖夹峙形势若门而水深百寻大鱼登此即化成龙不得过者曝腮点额血流入水恒如丹池流经埇沦周墩而达交址龙门之前有鸡笼岭又有巨石淡水出焉名淡水湾门外群山错列海中所谓七十二径也自钦州鸿飞亭十五里至佛子墩出海口又十里至黄陂门又十里过亚公山至龙门岛中央平旷可立营砦为泊船操兵之地周围七十二小山鳞次环绕每两山中一沙径水浅可通人行潮涌则舟入之故有七十二径之名明世设蛋总一兵一百八名战舰六常驻于此统于涠洲游击又于龙门江口之烟通岭设营以相策应祖泽清叛时群盗蜂起土人谢昌者据之为暴钦廉之境昌败其部下杨二代领其众阻险为窟官兵莫敢谁何协镇蔡璋勒兵剿捕二力战自午迄日中不退璋势颇窘跽伏艅艎中祷于天曰贼恶已稔天倘欲殲之以除民患愿假我东风一帆拜未起东风骤作一军讙呼因纵火焚贼舟俱尽二乘走舸逸入交址龙门遂虚兹与吴公议复守之

蛋户广南惠潮皆有之编蓬濒水而居谓之水栏见水色则知有龙故又曰龙户晋陶璜疏广州南岸蛮蛋杂居昌黎诗马人龙户子瞻诗蛮烟蛋雨皆指此自唐以来计丁输官明初隶河泊所岁收渔课其人多姓麦濮吴苏河古以南蛮为蛇种观蛋家神宫祀蛇可见廉州采珠多用之兹用为戍长取其习知海事也

钦州前世守御可考者宋置二砦一曰鹿井砦在州西南控象鼻沙大水口入海通交州一曰三村砦在州东南控宝蛤湾海口东南转雷州之递角场又钦州西南有六水口曰谭家曰黄幖曰藏埇曰西阳曰大湾曰大亭皆置兵守之今古地名不同未暇深考明设钦州所即在州治内而黄土龙门二营其要地也又有平银营即渡口也又有白皮营在白皮村今询土人云白皮场在牙山下牙山在州治东南九十里海中特起三山形如排牙故名万曆三十六年因变乱尝设营于此意即白皮营也西路又有罗浮营在防城外一百十里河洲村因道出彝界馈饷艰难又设思勒包冲二营于江平去防城九十里寻废考如昔峝在思勒村今如昔戍盖即思勒置营处罗浮山名原名安京山隋尝于此置安京县唐廉州刺史甯纯以其似惠州之罗浮遂改名焉刘鋹得古剑于钦州罗浮上有丁亥圣君谶遂为宋太宗嗣统之兆即此也滥坑营在乌雷岭距州南一百五十里海滨铜柱按黄佐旧志古迹条在钦州西贴浪都古森峝汉伏波将军马援既平交址立以表汉界上有铭曰铜柱折交址灭交人惧其折尝投石以卫其趾曹学佺名胜志云分茅岭有伏波铜柱在钦州西南二百里与交趾分界山顶生茅南北异向唐安南都获马揔亦建二铜柱于汉故处以自明伏波之裔明宣德二年地陷交址嘉靖二十一年莫登庸降顺复归版图二说相合铜柱在钦地无疑矣然林邑志云马援植二铜柱于象林【晋地理志注云象林即林邑】与西屠国分汉之南疆隋书大业元年刘方败林邑经马援铜柱南唐书南蛮传林邑南大浦有五铜柱马援所植依此则铜柱又在林邑今据汉书武帝始立交趾

日南九真郡光武帝建武十六年交址女子征侧征贰叛十八年马援军至浪泊上与征侧等战大破之十九年马援讨贼至九真建铜柱于林邑界交址平罢州牧设刺史汉交址郡治在今安南富良江上九真郡治即安南之清华府林邑即今占城国也而铜柱又在其南其非钦州可知矣且援方当盛汉时交址为汉郡而文其柱曰交址灭此何以解也或者还军之日更作一柱以告交人若曰为乱者氄必及家族容或有之即若是亦为誓诫之柱而非分疆矣新志云钦州之柱乃马揔所立斯为近理盖此时交人渐不内附也至于茅靡随斜阪之势无足为异当由丁部领之属创为此说以愚其部人耳项斯诗云领得卖珠钱还归铜柱边看儿调小象打鼓试新船醉后眠神树耕时语瘴烟不逢寒便老相问不知年盖亦指马揔柱也

甲午陆行十里过枫门岭又二十里至钦州峻阪斗绝舍舆而徒会大雨困甚

乙未行三十里再渡平银令惩前失多缚筏以待坦然安流无复戒心又六十里至那暮

丙申行六十里至乌家汛自钦至此皆山险更前悉平坦矣又四十里止廉州登海角亭

二月丁酉朔行四十里至上窑又三十里至白龙城明时采珠内监所驻也有城四门内官署及巡道署废址犹存于城之东隅皆荡为墟莽城亦倾坏是夕宿于野四无人居张幄以寝夜分有物至帐外勃窣作声披帷视之庞然巨虎也方睨枥上騋騋未觉圈豕先见之惊啼跃出虎啮之而去

丙戌行三十里至兵辨村又十里至珠场寨明时设兵以防珠盗者也偕李抚军张正郎列坐海岸望海外云山重叠如画西即白龙城东为调埠寨又东稍南为永安所而雷州又在其东舒雁行列一览可尽塘兵献鲎鱼雌雄各一十二足色青黑眼在背上口在腹下

按鲎雌尝负雄获雄则得雌雌或脱去亦终就毙矣吴都赋谓之乘鲎是也尾锐而长触之能击刺人在海遇风则举尾扇之俗呼鲎帆陆佃埤雅视鸥创梅观鲎掣帆是也韩退之南食诗鲎实如惠文骨眼相负行盖谓鲎实圆细如惠文冠所缀珠然也其血蔚蓝实可以醢介可以杓

又北行五十里止白水塘荔枝龙目夹道罗生扶疎可爱

己亥行二十里至白沙塘为广西博白县界盖两粤地形牙错廉钦之北皆粤西也又行二十里止新墟

廉州府属州一曰钦州县一曰合浦皆附海元年画界自大观港东历高坡等境【大树根蕉子山白沙冈大石屯村到满村乾体村北风岡武刀寨长岐山村白龙寨罗九塘三塘西村秋风塘社内村茅山塘榕根河大廉下山白石冈入小路香草冈山路村辘轳村丹兜村永安所山埇村西山村山口村】至新墟为合浦边边界以外入海四十里者曰三马寮村白屋小村冠田村三十五里者顾屋村鸦头村下白泥屯大山村三十里者铁屎岭高峰岗大岗高范村多养村埇头村大王山石板江三墩大脚垆村石屋村埤头村黄泥埇盐田村施屋村西笃村二十五里者栗木村黄糯田浓囊村二十里者武馱村船瓦窑桥梁山田寮村厥塘村崩塘村近埤村杨屋村多颜村沙尾堆下瓦窑白沙水村大桥村独江村箔寮村沈家村梁家村苏家村田寮大埠村十五里者庞村地罗村宁海村三家村关井村王屋塘村龙田村新村力士村那角村十里者许屋村马栏村英罗村雷公田葛麻山低岗村谭村罗茅根村彬伴村囊村独峰岭旧场村龙潭村庞家村十马村翁屋村西盐场上那隆村黄镜村观井村对达村暨附海八九里至三四里南乐村等【那坛村水流村大融村谢家村滨地村琼山村鹅洗村那格村山心村端肇村竹根村北班村陇村黄梢村宾逢村南冲村山口村东江村白沙塘村蛋屋村泉水村竹林村施家村田头村西村下塘村冠头岭小岭村吉车村高德村平洋村军屯村东梁村田头村西梁村山寮村井村何屋村】及海中之涠洲皆移并续迁共豁田地壹千九十八顷有奇于大观港诸处因界设守展界稍复今从乾体营拨守三汉各汛【三汉港把总一兵一百名西江口把总一兵二百名八字山千总一兵一百名双坟汛把总一兵一百名高德千总一兵一百名冠头岭十名武刀港十名白龙港二十名珠场港二十名川江港二十名榕根二十名英罗港把总一兵二百名】又于廉州营拨守二汛【永安所把总一兵七十名闸口把总一兵三十名】候阅定

永安所城在合浦县海岸乡旧在石康县安仁里【今废】洪武二十七年始迁永乐十年建城城周四百六十一丈成化五年佥事林锦凿外池置串楼四百一十五四门敌楼各八故设游击府于永安所万历十八年移于涠洲风毁仍复旧署而以涠洲为汛地廉州卫在府治

珠池旧志云一称珠母海相传有七曰青莺曰断望曰杨梅曰乌坭曰白沙曰平江曰海渚俱在冠头岭外大海中上下相去约一百八十三里前巡抚陈大科曰白沙海渚二池地图不载止杨梅等五池又有对乐一池在雷州共

六池予访之土人杨梅池在白龙城之正南少西即青莺池平江池在珠场寨前乌坭池在冠头岭外断望池在永安所珠出平江者为佳乌坭为下亦不知所谓白沙海渚二池也旧志又载有珠场守池巡司及乌兔凌禄等十七寨而不著其所自始白龙城亦不载于城池条但言钦廉土不宜谷民用采珠为生自古以然商贾赍米易珠官司欲得者从商市之而已汉顺帝时桂阳太守文砻献大珠诏却之足知其非常贡至孙吴黄武间改合浦为珠官郡始有官领采辨之事然权非侈靡之主史称其时魏主来求雀头香明珠翡翠斗鸭长鸣鸡权曰彼所求者于我瓦石耳悉以与之已而魏使又来请以马易珠玑瑇瑁权曰此皆孤所不用而可得马何苦而不听其交易由是多取以应之其意盖欲以权变弊敌国如范蠡骄吴故事然厉民已甚难免作俑之讥矣晋平吴交州刺史陶璜请弛其禁民困始苏自宋迄隋未尝复设唐虽以珠池名县官不采取但以利民至伪汉刘鋹始设媚川都于海门镇募兵能采珠者二千人以索系石没水而取之深至五百尺死者甚众宋开宝五年王师擒鋹罢之元延佑间置采金银珠子都提举司于广东明洪武初罢永乐洪熙屡饬弛禁罢采至天顺四年有镇守珠池内使谭记奏廉州知府李逊纵部民窃珠下逊诏狱逊亦讦记擅杀人夺取民财诸状上命并逮记鞫问具伏遂锢记而复逊官盖内臣之遣白龙之署始于此时后遂相沿不废官既厉禁小民失业往往去而为盗或乘大舰厉兵刄聚众以私采官法不能禁于是有十七寨之设环海驻兵以守乃守益密而盗益多官兵反藉以为市其后贼大起如红头沙锅之属与官兵相格杀前后不可胜计而官采率十数年一举行余年皆封池禁断盖蚌胎必十余年而后盈频取之则细嫩不堪用故也自天顺后弘治一采正德一采嘉靖初首尾七载而三遣使得珠遂少至于开采之岁必官治巨舰千余发重兵以虞变又多发濒海丁男十数万人以备爬螺之用舟入大洋辄以风败民避役如往弃市所需蓬厂兜罗刀锹之属官私劳费不赀而所得甚微不偿所费于是抚臣林富疏请罢免许之嘉靖十年富复请撤回内臣略曰合浦县杨梅青莺二池海康县乐民一池俱产蚌珠设有内臣二员看守后乐民之池所产稀少裁革不守止守合浦二池计内臣所用兵役每岁共费千金约十年一采已费万金而得珠不置数千金亦安用此请撤之而兼领于海北道疏上大司马李承勋力持之又得永嘉张文忠公为之主内臣遂撤万暦间复诏采珠用抚臣陈大科之言而罢其时奉行者尤无状珠船树内臣旗帜横行村落鸡犬靡遗至有奸污妇女者已乃扬帆竟去莫可究诘按臣李时华欲编船甲以禁之益可怪也按国语珠可以御火灾则贵之而车旗章服不用珠玑为饰禹贡淮夷蠙珠伊尹正四方献正南珠玑瑇瑁成周王会东越贡蚌蛤亦惟是官受方物以示王化所及无远勿届而已安有竭天地之藏专小民之利以充下陈之玩好而可以为国政之常耶至于中珰衔命为祸尤烈崇祯朝用于边境驯以致乱又不独珠池为然也圣代龙兴不宝异物恭俭之德轶于前古可为万世法云

南越志珠有九品一边水平似覆釜者曰珰珠其次为走珠又次为滑珠又次为官两珠又次为税珠又次为荇珠南方草木状凡采珠常以三月必祈祷而往否则风搅海或大鱼在蚌左右菽园杂记蛋人采珠以大船环池石悬大絙别用小绳系诸蛋腰没水拾蚌置竹蓝中撼絙则舶人汲取蛋缘大絙上不幸遇恶鱼血一缕浮水面已饱鱼腹矣陈大科曰冠头岭蛟龙水怪之所窟腰絙探珠者多不返故池名曰断望珠产于澄潭深渊人迹不至之处古所谓水圆折则多珠是也近沙浅水蚌多空殻每剖一二斗所得不过如粟小珠数十粒而已今法木柱板口两角坠石用山麻绳绞作兜如囊状谓之螺筐系船两旁乘风行舟兜重则蚌满矣此法较没取为便予询土人云每大风起蚌浮沙面探之甚易惟无风时蚌在池中须人取之此盖村民无知之说即大科所谓浅水如粟之珠也今蚌殻狼藉水涯形三角广不盈寸盖皆村民所剖云

岭表录异云廉州边海有洲岛岛上有大池谓之珠池每岁刺史监珠户采珠以贡人疑池底与海通池水乃淡此不可测熊太古冀越录云尝见蛋人入海取得珠子树数担其树状如柳枝蚌生于树不可上下树生于石蛋人凿石取之右二说志所无见本草纲目格古论云蚌闻雷则瘷瘦其孕珠如怀孕故曰珠胎中秋无月则蚌无胎左思赋云蚌蛤珠胎与月盈亏

水经注牢水出交州合浦郡郡不产谷多采珠宝前政烦苛珠徙交址会稽孟伯周为守有惠化去珠复还盖珠池实有异晋咸安间合浦人采珠得佛光焰先是丹阳尹高悝行张侯桥浦得金阿育王像无趺座与光焰经一岁临海渔人得趺座于海口至是复得光焰三相会合宛然如一盖三十年矣后有西域僧五人诣悝言昔造像送邺遇乱埋河边不意乃在此因拜伏流涕是夕像放光烛殿宇土人云珠海尝有光有珠母老蚌也偶入纲中其船必覆嘉靖中以中官扰害对乐一池全徙杨二乱时群蚌夜飞空中的皪如星尽入交址界云

涠洲在海中去遂溪西南海程可二百里【新志云在郡城东南十里误】周七十里【或曰百里】内有八村人多田少皆以贾海为生昔有野马渡此亦名马渡有石室如鼓形榴木杖倚著石壁采珠人尝致祭焉古名大蓬莱有温泉黑泥可浣衣使白如雪前为蛇洋洲周四十里上有蛇洋山亦名小蓬莱远望如蛇走故名二洲之上各有山阜缥缈烟波间可望不可登其间居民因珠盗充斥尽徙内地万曆初移广海游击将战舰三十以戍之十四年有侯游击者惮其险远请分所将战舰为二自统其半驻永安余使其属统之守滨涟雷州府同知徐学周建议驳之曰将心也卒手足也谓心与手足可异处乎涠洲绝险故不可撤备滨涟密迩珠池彼所以求驻者意在盗珠耳议上侯游击之请格不行十七年定设涠洲游击一员兵一千六百六名战船四十九分五哨驻守十八年治游击署于涠洲寻为风毁二十年卒徙永安而以涠洲为信地自海安所历白鸽海门乐民乾体至龙门港皆其游哨所及也三十六年倭船二百寇钦州有涠洲中军祝国泰者余姚人起家武进士方戍龙门率百户孔榕迎敌力战死立庙洲上以祀迁界时地久虚今不开

庚子行五十里至青平营又六十里至龙湾一名龙头沙石城令白玠云龙头沙乃石城西南境与合浦之永安所相望二地皆嬴出海外而龙头稍缩东邨在其右三墩乌兔在其左若急水炮台乃因内河通海而设非边地也

高雷二郡地如舌吐海中雷属之徐闻县最在南舌端也稍北为雷州府治而海康附郭又北为遂溪县二县之地皆横贯乎二垂绵亘一百六十里西抵廉海东抵广海舌之腰也遂溪又北为高州府其地亦贯二垂如舌之本所属石城为西境抵廉海吴川电白为东境抵广海故画界之序合浦之后继以石城为高之西境又次遂溪又次海康为二县之西境又次徐闻而徐闻之后又继以海康遂溪为二县之东境而吴川电白又继之焉元年画界自新墟而东历樟木冈等境【高桥冈鸡公岭竹山仔村那里坡深田肖博教冈急水村过河暗铺村麻水村北杭】至赤泠营【属遂溪本境之接壤也后仿此】为石城边边界以外距海二十里者为深田村十五里者长坡村石狗村十里者竹头田下岭村及附海八里至三里松明禄地村等【马埇村三墩村寮头村团教村下洋村东村那腮村凌禄村官寨村】皆移并续迁共豁田地二百五十二顷有奇于急水河口诸处因界设守展界稍复今从石城营拨守急水诸汛【急水炮台千总一兵四十六名东村台十名龙头沙十名乌兔台十名三墩台十名】候阅定石城所在邑治

辛丑行七十里抵遂溪雷州游击李嗣弼曰雷州形势白鸽寨东接□【读曰梲】洲大洋为东偏之门户乐民所西接廉州大洋与永安所相望西偏之门户也而海康诸所在其内

壬寅行七十里次城月驿其地山围四面中低处如月故以名地蒸湿多秽气必爇香以乱其臭因读白乐天送客游岭南诗有云蓊郁三光晦温墩四气匀阴晴变寒暑昏晓错星辰又云不冻贪泉暖无霜毒草春云烟蟒蛇气刀剑鳄鱼鳞真实录也李忠定于此别僧琮尝作诗赠之

癸卯次雷州府署

甲辰恭遇太皇太后万寿节即行馆率诸臣行庆贺礼

乙巳从间道西南行一百里至扶茂村仄径岖嵚人烟寥绝

丙午从榛棘中行四十里抵家山遇六麇射得其一以充午膳家山者雷西南之要扼也其下有流沙港由西海入岸南为青桐徐闻所辖也岸北为流沙海康所辖也今为两炮台绾毂其口登山而望正西有小山青石嶙峋房参岭也西北有城雉堞参差海康所也大海之西烟云杳霭中防城在焉流沙青桐相去八里别有鹅脰港在青桐台下青桐南十里为石马台八灯港出其下又南二十里为白盘台东场港出其下又南二十里渐折而东为包西港新地湾东场台在其内此雷之西隅也自流沙以北二十里为英翎台又十里为总堠墩又十五里为房参台房参港出其下又北二十里为徒房墩又二十里为郎斗墩又二十里为吴蓬墩海康港出其下又北三十里为博袍墩又十里为洪排台洪排营在其内距海康所四十里又北二十里为调建墩属乐民所更北历羊蹄台下落港为文体港东距遂溪县八十里自文体台更北即接石城矣诸港惟流沙港最深广长七十里其次海康港长三十里皆可泊舟是夕仍返扶茂宿

元年画界自赤泠营历文体上坡等境【八山下坡河头营新屯村助龙坡浩发坡调流坡墟坡北坡平湖坡坎头坡调楼坡田济坡田头坡山里坡西坡后湖头东坡英龙后坡林边塘后坡上罗西坡锦前坡新安坡】至蒋家后坡为遂溪西边边界以外距海十二里者石井村乾留村大墩村十里者官长村石头坑村文体上下村合斜村曲阬村同绳村及附海八里至一里塘饭村等【周家村羊蹄埠村调楼村甘纲村榄赞村迈特村傅处村草潭村谭神村

坑尾村坎头村抱金村卜里村调神村小子村邦那村林显村墩民村袄郎村埠头村北灶村调流村黎村】暨乐民所皆移自蒋家后坡历土乐坡等境【田西后坡山内坡英函坡北怀坡温堂岭㓙靶坡北和坡乌坎坡】至那渡边为海康西边边界以外距海十五里者为英风村十里者那灵村娘麓村赏村草错村金竹村麻亭村长榄村烟楼村油河村㓙靶村及附海八里至二三里西山村等【谭斗村英岭村盐灶村调黎村藤萝村陈家村博袍村房参村长洋村周家村白墓村苏恶村北合大冯村洪排村调候村内郎村郎斗村陈铁村田银村傍盘村】暨海康所皆移【二县顷亩见后】于海康青桐二河口因界设守展界稍后今从雷州营拨守乐民海康诸汛【乐民所守备一千总一兵八十七名对乐墩五名田头墩五名调神台五名牛寮墩五名博里墩五名抱金墩五名官场台五名调建台五名调建墩五名博袍墩五名海康所千总一兵五十名吴蓬墩五名郎斗墩五名徒房墩五名房参台五名总堠墩五名英岭台五名青桐台十三名流沙台千总一兵三十名文体台把总一兵三十二名羊角台十一名下落台十六名】候阅定

海康所在海康县九郡湾蓬村乐民所在遂溪县八都蚕村皆洪武二十七年安陆侯吴杰筑按沿海设立卫所之议始于花茂茂巢县人洪武初剿平广东诸徭蛮有功升都指挥同知上言广属逋逃蛋户附居海岛遇官军则称捕鱼遇番贼则同为寇请徙其人为兵庶革前患又奏添设沿海依山碣石等二十四卫所城池收集海民隐料无藉为军仍于要害山口海汊立堡拨军屯守皆从之茂以洪武三十年卒于镇命其子英获柩还京赐葬安德门外建祠于牛首山

是日张正郎奉委阅乐民所回言乐民所距海十里距府治一百二十里西有乐民港海口广二三里可泊大船其地有沙洲城登之可见大海稍南三十里调神湾又南三十里博里港可泊船又南三十里官场港船尝于此避风

雷州卫在府治

横山堡在遂溪西北八十里今不设守有横山江流出广西经乐民所

调楼山枕海高十丈产榛术可疗饥因五色云现若楼台故名地图乐民所有调楼营在迁界外志言在遂溪东北一百二十里误当作西北博袍水出博袍山山高五十丈相传有神光射天在海康西十里有墩

途傍水流通东渡入擎雷水因旁有径路故名讹为徒房

英岭台或作英翎疑即英灵村也相传陈大建间雷出于此英灵显异故名

邵洲在海康西南一百十里海中民多邵姓【似久废】卵洲在海西南海中鸟多伏卵于上船过或取卵其鸟千万飞随十里始返

丁未返雷治访城西罗湖十贤堂故迹

罗湖一名西湖堂在其上即寇莱公祠之后为宋咸淳九年郡守虞应龙建文信国为之记云寇莱公准以司户至丁晋公谓以崖州司户至学士苏轼正字任伯雨以渡海至门下侍郎苏辙以散官至秦观以苏门下至枢密王岩叟虽未尝至而追授别驾犹之至也未几章惇亦至其后丞相赵鼎李纲参政李光编修胡铨皆由是之琼之万之儋之崖邪正胜负世道与之为轩轾虞侯来黜丁氏章氏而列莱公以至澹庵凡十贤为此堂按准少梦至海滨作诗有到海只十里过山几万重之句及至雷阅地图见郡东门抵海崖果十里始大惊叹以为得丧非偶然今双溪台海口即其处也又有瑞星池以准所居常有星坠而得名有莱泉以准常饮英灵村水而甘之故名轼辙兄弟同时贬谪相遇于藤渡海作诗相示辙生日轼以海南黄子杖贻之作诗云灵寿扶孔光菊潭饮伯始虽云闲草木岂乐蒙此耻一时偶收用千载相瘢痏海南无佳植野果名黄子坚瘦多节目天材任操倚嗟我始剪裁世用或缘此贵从老夫手任配先生几相从归故山不媿仙人杞风骨矫矫至今芬人齿颊也乃准为丁谓所挤而谓亦寻至家人竟欲报雠准不能禁惟令纵饮博以须其过谓得以仅免辙见贬时章惇敕雷部无敢舍流人赖郡人吴国鉴者为之居停后惇至雷人以前令语之惇俯仰惭恨至诵商鞅之语以自咎二事差足快也前乎十贤有李北海邕李赞皇德裕皆人杰至万历间予乡人沈公思孝以比部郎抗论张居正夺情谪神电而莆田戴公士衡以给事请建储忤旨谪合浦两公贬所皆接壤好事者能陈蕉荔之奠而跻之座末当必为文山所许也而宋世又有蔡攸马自强可以追配丁章并志之以佐一噱

石学士吴制院至自琼州会于雷馆石学士曰自海安所渡海八十里即抵琼之海口所距府治十里琼城周八里东西南皆有门北无门各镇兵卫甚设饮苏学士所浚浮粟泉而还归遇暴风几困一大鱼长数十丈昂首张鬣迎

船来口吐黑雾半天为昏十里外犹见之

按彝坚志赵鼎贬珠崖桂帅张渊遣使致馈自雷州浮海风力甚劲顾见海涛中红旗相逐而下使者疑为海寇舟人摇手令勿语急入舟被发持双出篷背立割其股血滴水中凡经二时乃相贺曰更生因言此巨鳅也红旗者鳅鬐耳然则学士所见犹海族之小者子瞻从徐闻渡海亦由此道赋诗有九死南荒吾不恨兹游奇绝冠平生之句

石学士吴制院之自琼而返也即阅徐闻锦囊云徐闻在雷州正南一百八十里自徐闻东南行二十里为海安所下有港行十里出港口即大洋又东为锦囊所城东有港小舟行十里出大洋有新苪岛此港又可通通明白鸽寨

元年画界自那渡边历新地墩等境【麻丰墩麻鞋墩讨纲墩三墩赉仑墩踏磊墩海安港小水桥白沙田博平村博沙岭调黎坡博蜡堠般芦边县南门牛牯岭仑头村山园桥锦囊所赤岭南陈坡仑塘坡墓前岭田心洋】至牛克墓为徐闻边边界以外诸村【村名缺】及海安所新苪岛俱移并续迁共豁田地一千一百一十一顷有奇于锦囊海安诸口因界设守展界稍复今从徐闻营拨守讨网诸汛【讨网下名东场台千总一兵三十名白盘台十名石马台十名】海安营拨守三墩诸汛【三墩五十一名那黄墩五名西卯墩五名赉仑墩五名踏磊墩五名博涨墩五名红坎墩五名白沙墩五十一名青湾墩五名】雷州营拨守锦囊诸汛【锦囊所守备一把总一兵一百名博平五名博赊台把总一兵二十名博腊墩五名盐井台五名调黎台十名黄塘墩五名牛牯台十名石头墩五名调岭台五名大临墩五名赤尾墩五名临沈墩五名】候阅定

海安所在博涨村锦囊所在二十八都新安村俱洪武二十七年吴杰筑城锦囊之名不知所始方舆胜览载上庠录云寇准贬雷州帝赐手敕丁谓属中使以锦囊贮剑欲耆准使自裁准方在驿从容曰天子赐大臣死愿见诏书即脱从事绿衫以迎诏中使之诈遂穷疑因此以锦囊名其地而所名因之海安所天顺间常为邑治弘治间复旧

讨网村宋为邑治元至正二十八年迁于宾朴即今治

冠头岭县东南三十里远望如冠【廉州又有冠头岭此则张岳所云海道可通交趾者】踏磊有观涛岭周一里登之可望渡口

石马井在县东五里相传有马食田禾追之入井中但见有石如马遂号石马井一村藉以溉田

三墩在城南二十里突起海中号小蓬山中墩有古树甚怪下有龙王庙祷雨者诣之前有穴名龙泉取得淡水则雨立至由此渡海四百余里乃至琼州海隅有千步香叶似杜若而红碧间杂佩之闻十数里故名海中有鸡子鱼肉翅无鳞尾尖而长有风涛则乘风飞于海上又有天牛鱼方圆三尺眼大如斗在髀口在胁中露齿无唇肉角如臂两翼长六尺尾长五尺能上岸与牛斗角软还入海中坚则复出又有海镜亦名海月土人呼为膏药两片合以成形殻莹滑如云母内有小肉腹中蟹子小头黄螯时出觅食蟹饱亦饱或迫以火蟹出海镜立毙或生剖之蟹子尙活逡巡亦毙即海赋所云琐玮腹蟹也青湾港在城东南三十里宋韩琦曾孙贬琼南携三子留二子家于白沙后葬青湾七世孙显甫刊戒子诗于墓侧

新苪岛在锦囊所港外中有村落七八处民户三百余长三十余里广五里近岸狭处可一里按志载漉洲崛起海中周五十余里田地腴美盛产荷花博袍西流入海经于洲南疑即此岛也

雷州东门邪径三十里渡通明河至白鸽寨寨有城周二里雷郡东北隅门户也东海岛在其东自寨而南十里为北家港又南十里有旧炮台距海一里许又南十里为双溪炮台距海五里许而双溪营又在其内十五里自双溪台又南二十里为溪泊港又二十里为淡水港又二十里为调岭港又十里为吴家港又十里即锦囊所矣自寨而北十里为北品港又二十里为库竹港又二十里为旧县遂溪故治所也又北十里为北月港又北十里为海头炮台接吴川境矣诸港惟双溪最近府治港口又向大洋然淤浅不可泊舟独通明一港可泊大舟而白鸽据其口遂为重镇焉

元年画界自牛克墓历淡阳坡【那黄坡麻黄桥调风坡那奇村干塘村桥头村那头坡下塘坡那博岭高牛山溪东村萧家村黎陈村下岚村】至东洋村为海康东边边界以外附海八里以至三四里东山村等【下塘村高牛村调陈村溪打村符村丁村北昌村那头尾村】俱移合东西两境并续迁共豁田地一千二百八十五顷有奇自东洋村历仙凤村等境【通明村白鸽寨苪村小桥村临海村那凉村南柳村下山村】至麻斜渡为遂溪东边边界以外东海岛俱移合东西两境并续迁共豁田地三千二百六十九顷有奇于麻斜河口诸处因界设守展界稍复今从雷

州营拨守吴家诸汛【吴家墩五名吴家台十名淡水台把总一兵三十名调陈墩五名乌石墩五名东乡墩五名旧县台十五名北站台十名海头炮台把总一兵三十名】白鸽营拨守双溪诸汛【双溪台把总一兵五十七名寨炮台兵十七名库竹台二十四名芋村墩五名】候阅定

白鸽门明设把总一兵八百四十六名兵船二十八自赤水港接北津历限门沙头洋至海安所止与涠洲信地相接

旧县东五里辇轮埠有石枕于海岸长五尺阔三尺宋嘉定九年天大雷雨龙降其地瓜痕在石如凿土人谓之龙爬石泉于石上涌出旋为潭祷雨辄验

东海岛在遂溪东自北家港至旧县长七十里广二十里或三十里与县治虽隔海仅若一河有南北二渡南即白鸽相距十里许潮退不过五六里北在旧县水益狭不过二三里许其地宜稻且饶鱼盐居民稠密有西坡村大菌村大村奄里村那恼村调产村斋头村郁律村盐垆村厚皮山村德老村岩头村坡里村龙腾上村龙腾下村调屋村调东村青蓝村东山村调伦村调朗村迈望村吴处村麻坦村北山村调市村安宁村调罗村十二埇村遂溪东界及海而止止迁岛民而内地不及予至白鸽迁民累累拥马首泣诉求复故业予以上谕遍告之皆踊跃去志有思陵岛在郡城东十里海中其上多米豆枝叶如杨柳疑即是

东头山又东海之傍岛也有调琴村后山村金家村官寮上下村禄遐村西园村调第村暗禄村调旧村琅琊村山头村内林村三岔村

蔚律岭志称在海康东百里盖即东海岛中之蔚律村也尽海处屹起十余仞为东方巨镇舟舶自广回至汾州洋先见此岭以为指归

调鸡门周围一百五里隔□洲仅一水地势奔趋赴海如鸡展翅故名

卷二

己酉复至遂溪

庚戌行五十里至铜鼓又五十里止唐墢

辛亥行五十里至

梅菉镇阅限门梅菉镇南距吴川二十里四面皆水螺旋以入海南商舶多集于此居民数千家省会之通衢也万历间议设海防同知驻梅菉

高州府领一州五县四县并海石城距西海已见前吴川茂名电白皆距东海而茂名附郭元年画界自麻斜渡历新埸村【吴村千塘村木灰村岭上村过限口河芷芋村吴川县治东海村横山村调列村】至博茂村为吴川边边界以外距海二十里者为下吴村及附海南寨村等【广州湾青训村麻练村木胃村特呈村新沟村凤挚田头黄村木历村地聚村】暨硇洲俱移并续迁共豁田地七百一十七顷有奇于限口诸处因界设守展界稍复今从吴川营拨守麻斜诸汛【麻斜把总一兵四十名博立台十五名茂晖台十五名限门港东西烟墩十名岐山台十名文笔岭五名东海台五名】候阅定

限门在吴川邑南三十里纳三川之水入于海三川者一吴川二陵水三罗水吴川源出鉴江陵水源出广西北流县扶来山下罗水出北流县莪石下二水合于化州又会吴川于合江渡吴川县西一百里有罗州故址宋檀道济所置也三江合流过县西复分三川旋绕县南复合为一至限门入海水道曲偃值潮退沙碛浅露或潮满或风急舟楫多阻故名李元畅有限门赋略云吴川滨海而县其南三十里有限门焉纳鉴江云洞潭莪诸水放于海门广盈丈夹碛对峙如虎牙错浅流中逶迤而入即瞿塘之险不是过每风涛搏激其响如轻雷闻百里琼雷□洲仅隔一衣带水风劲可一瞬杭之海上有故此门设半旅可当剑阁一夫也商舶至非购篙师定樯乌不敢入稍失道触浅流中夹碛舟立瓜碎亦海滨之雄镇也赋曰登文翁之崔嵬望南溟其一杯疑巨灵之擘石睹重门之洞开纳三川之积水轰万古之奔雷挺螺峰以成戟断鳌极以为棂限天险以南北通潮汐以往来其为状也断碛横绝如环半缺对错猛牙双流积铁含形内虚盘纡曲折阴云结驷以长驱高浪翻车而无辙或命大鳅而建羽旗或吐晴虹而安绰楔【云云】解缙过吴川诗云吴川望海水冥冥万斛龙骧一羽轻沙碛煮盐疑皓月潮痕遗贝丽繁星□洲夜露金银气神电晴岚鹳鹤鸣玉节南来天北极安边归颂海波平

宁川所在邑治

文笔岭在邑西南七十里一名特思山其山云起即雨邑人特思而望之故名有唐刺史冯士翙墓

特呈山在邑南六十里其北有茂晖场山形秀耸海中因名城南河畔有极浦亭宋李凌云隐处宋亡后丞相陈宜中走占城过此赋诗云颠风急雨过吴川极浦亭前望远天有路可通环屿外无山堪并首阳巅岭云起际潮初长海月高时人未眠异日北归须记取平芜尽处一峰圆

出限门一百五十里有□洲长七十里广十里□字土人读曰挠宋史作硇洲屹立海中当南北道乃雷化犬牙处宋景炎三年端宗避元次此而崩群臣欲散陆秀夫曰度宗皇帝一子尚在安置此遂与张世杰复立卫王昺为皇帝年八岁填海录云是日午登坛毕还宫御辇所向有龙拿空而上身首角目俱全暨入室云阴不见因改元为祥兴升硇洲为翔龙县有上北村下北村中村南村迁界俱移今未复

南山渡亦岛名在硇洲西北五六里长三十里广七八里

自博茂村历老鸦埇村【旭金村杨梅村碌晒村】至王村为茂名边边界以外附海八九里至二三里龙秋诸村【那泥村调到村广潭村牛骑屈村流架村梅楼村那碌村东八村海头上下村潘村鸣鼓埇尾排山庄结谭　条突村条寅村冯村吉兆村东山村壮酒村横埇村下杨梅村潭八村那水村乙勉村篆茅村张要村那余村鹿娇村北千村平河村谭毕村柳雄村白石村罗村英裔村小那碌村谭杆村谭进村】俱移并续迁共豁田地肆拾顷有奇因界设守展界稍复今从高雷总兵营拨守博茂诸汛【博茂三十三名东港五名谭衢五名那碌四十名鹿娇五名西河五名】候阅定

博茂村以钱博潘茂名二人合取之先是有道士潘茂名者功成上升因以名县贞观中改潘州道士尝入山遇二人奕道士顾谓之曰子亦识此乎曰入犹蛇窦出似雁行道士笑可其说因授以服黄精之法县南二里有茂岭亦以此名南越志汉末建安十六年衡毅钱博拒步骘于高要县毅投水死博与其属亡于高凉吕岱为刺史博因请降遂以为高凉都尉高凉置郡始此邑之乡名有上博下博

岭表录异云鹿子鱼有鹿斑赤黄色罗州图南海有洲每春夏此鱼跃出洲化而为鹿曾有人拾得一鱼头已化鹿尾犹是鱼南人云鱼化为鹿鱼腥不可食

壬子行六十里至沙苑又六十里过蜑场又三十里次树再

癸丑行二十里过电白县绕城折而西南行十里至海边登白蕉墩山特高耸望大洋天水相涵无复涯涘渔舟出没隐见如烟中荠并海多盐田雪练皎皎莲头放鸡诸山簪列螺浮苍翠可揽莲头港口在县南三十里水行止十里由此迤西有博贺台去县三十里水行止二十里又西有赤水港去县六十里水行止三十里又西有流水台去县九十里水行百里又西有河口台去县三十五里水行五十里此电白之东南境也赤水莲头山后三港俱可泊舟

元年画界自王村历沙苑墟【那花岭那卢村水东村彭村上下陈村红花尾山麻洞村平岚山白蕉山电白县治树仔村孔雀村菉豆山那梓山麻丝村平蓝村下蓝村】至长山为电白边边界以外距海十里者马鲛头村白蕉村附海八九里至二三里山后村等【菉豆村新村上前村蓝村佛堂村赤山村莲头村博贺村那尾村新沟南北村横山村巷口村大中小红花村王村蛋场村老蔡村上山兜村下李村王村仔下山兜村迷村张耀村下寮村耸岳村新坡村下埠村暗镜村迷勒村下潘村海头村巽村沙沙村耸村大园村】俱移并续迁共豁田地一百二十六顷有奇于山后河口诸汛因界设守展界稍复今从电

白营拨守流水诸汛候【流水九名南海把总一兵二十八名赤水台九名沙尾九名山后台十四名山后把总一兵三十七名河口台十名】阅定

电白县治即神电卫城也洪武二十七年都指挥花茂筑土城永乐七年甃以砖周一千一百丈有角楼四敌楼四十正统间毁于猺寇旧县在府东北窦山下狮子坡盖以高州之地东西北三面皆猺而狮子坡控其咽喉故也景泰间流贼云扰成化四年徙县治入神电卫城隆庆五年倭犯高雷陷电白及锦囊所城殷制院正茂檄总戎张元勲驻从化复檄佥事李材许孚远分道督兵逐捕材方剿罗旁寇大捷闻有倭警曰电白与神电同城海北要区也不俟檄至而先趋之至则会兵合击俘斩一千七十五员名高雷悉平

莲头山在县南十里秀若芙蓉四十里有莲头港出奇璧山下北流南接大分洲入海奇璧山在县西十五里山色苍润如璧故名

寰宇记云海出騄马尾如牛水犀似牛角似龙一曰龙鲤又多珠鳖状如肺四眼六足而吐珠又有文魮鸟头鱼尾鸣如磬而生玉述异记云海中有鲛人不废机织其眼泪则出珠南越志有君鱼长一寸背骨如刀逢诸小鱼及鼋腹皆破之

甲寅行四十里至儒垌又六十里止太平驿

乙卯行七十里止乐安【旧营名属阳江】又四十里过麻桥河又十五里止阳江

丙辰偕诸公自阳江登舟行三十里至北津寨寨因山为城登之可以远眺有两炮台一曰南津与北津对峙夹海口而海陵岛在其前自阳江并海西南行四十里有白鹿【疏称北莨】炮台又十里有丰头港自阳江至丰头陆行则甚远为途一百里而水行邪径止四十里自丰头又西南五十里为双鱼所又二十里为白额【疏称北额】港此阳江西接电白之境也自北津东南三十里为三汊港与阳邪径相距六十里自三汊港又东至海朗所四十里此阳江东接广海之境也

肇庆府属州一县十惟阳江一县并海而恩平开平二县亦与内海相通元年画界自长山【属阳江】历铺户仔山【楼坑岭崩牛山蒲山岭双鱼所烟楼岭马村岭龙高山石港墟溠田村丹朗村小那罗村过河北禄冈坪冈村南落山那洞村山尾村过河

北津山潮浦山烂头山那伏山花村凤凰山那潭洞村合掌山官山蔡背村】至长径紫罗径口为阳江边边界以外距海十五里瓦邵平岚十里赤萎旧场余附海八九里至一二里允泊双门等【梁栋东平海朗新海朗北政西平垄平旧场石桥合浦垆背山麻洞潮浦垆仔大沟旧场白沙三叉新寨胜塘西塘北环口洋烟楼区村】及海陵岛俱移并续迁共豁田地三千一百六顷有奇于北莨双鱼诸汛因界设守展界稍复今从春江营拨守北额诸汛【北额十名双鱼所守备一兵九十名丰头把总一兵三十六名程村把总一兵三十九名平冈千总一兵五十三名北莨把总一兵三十九名北津千总一兵五十九名三汊十名】候阅定北津山高二十余丈自东沿海偶旅而来外扞奔潮内卫村陌邑之外藩也上有望海亭夹口对峙者曰南津山亦并海而西数里方止流其中者为汉阳江源出古铜陵县浮云山南流至阳春县会罗凤石碌诸水经南恩旧城莲塘河罿江注之莲塘河源出琨水经尖山合于罿江罿江东泒至独洲都为潭世传有龙潜因名龙涛又名罿江同至北津港门入海两津之间有独石高十余丈围四十余丈出海口二里许其下深不测万历二年倭陷双鱼总督侍郎殷正茂檄总兵张元熏副使赵可怀自新会发岭西道刘志伊佥事石盘自肇庆发参将梁守愚先至阳江众议贼已舍舟必逸内地当设伏以待之已而贼果奔儒垌官兵遮击于蓝水施村大败之俘斩八百一十二级复有余倭自白额港登岸屯聚望夫坪石诸处官兵击歼之余党悉平万历四年总督凌云翼奏立北津寨寨设船三十四官兵九百七十六员名自芒洲娘澳接广海汛地历海陵放鸡莲头至吴川赤水港止与白鸽汛地相接

双鱼所城在阳江洪武二十七年指挥花茂建周四百八十丈万历二年倭陷城署毁三年重修海朗所在阳江县东南花茂建周八百五十丈凤凰山高百余丈周二十里一名北甘山壁立千仞有瀑飞下猿猱不能至相传凤凰巢其上遇大风雨尝堕如雀而足稍短截其嘴为凤凰杯盖鹖雀之类

望夫山在白石都接电白县界高四百余丈周四百余里上有石如人引领状傍有丫髻石

海陵岛自北津寨渡海三十里长八十里广四十里自平冈渡直过止十里旧志云海陵山高三百丈周二百里列为数峰上有盘石非人力可致而螺觳相粘旧名罗洲又名罗岛图经云海中有鱼五月五日夜悉登岸化为鹿其中峰为伞黄山东为平章山下有平章港受海陵涨潦以达于海西南为马鞍山山下为戙船澳西北为鸦洲山海陵巡检居之宋史载末帝昺既亡张世杰将之安南舟抵平章港口飓风大作或劝世杰登岸世杰取瓣香登舵楼祝曰吾为赵氏亦至矣一君亡复立一君今又亡其所以未死者庶几别求赵氏立之以存宋祀天若不欲吾复赵氏则覆吾舟舟遂覆世杰溺焉相传世杰死军士得其尸焚化函骨葬于平章山下或谓葬处在潮居里赤坎村而邑无潮居里惟邑东有赤坎村亦不在此山下弘治已未知县柯昌大封赤坎村墓陈献章作诗纪之王佐以为潮居里赤坎村皆在香山此阳江之冢乃疑冢也存之俟考其聚落有长沙村石潭羊蚝村麻锦鸡头村丹朗村那赖村高田村那黄村那罗军寨北禄村新寨施村牛屎埠陈豹仔北寮村郎下蓝袍白水宫花崩溪村那贩望山梁村马村下洞南涌门旱洞仔白石扳河墩头苦草双贯白沙马洞坑朗角浦山村南宝楼坑石门后湖梁康旧场在版籍为寿文白石二都元年迁移今复

丁巳行六十里至莲塘又三十里止那龙为恩平县界

戊午大雨行四十里至占村又十里过那扶营多盐田又三十里次镇安屯周缭以坦垣外有溪绕之居民数百家属开平县界

三年续迁恩平县共豁田地七百五顷有奇开平县共豁田地一百九十九顷有奇恩平县明初无成化二年佥事陶鲁立恩平堡筑城周二百二十五丈设巡司十六年建为县崇祯十二年知县王扉以山水不利更筑新城于黄河萠周四百丈未及徙国朝顺治十一年旧城为土寇王兴焚毁官吏寄居凹头始葺新城以居焉【故有那龙营】

开平县崇祯十七年开设旧为开平屯堡城止二门康熙四年知县高子翼名其东门曰紫来南门曰常平而那扶又属广州之新宁盖犬牙相错也

己未大雨行四十里至白沙又六十里止新宁

庚申行十五里登舟又五十里止长沙阅广海卫寨城南面即大海绕城而东广二十里夹海口有二炮台西曰长沙距那扶营海程百五十里东曰烽火距元头山海程八十里广海阳江之界有香山口广二十里

广州府领州一县十五附外海之县五曰新宁新会香山东莞新安游波内注复有三县临其崖曰顺德番禺南海元年画界自长径紫逻径口历团鱼径【象山坑头松岭虎山陡门过河横山奇猷鬼冈烟冈文村柴格村奇头冈海宴街大芰荷村那马村石角山沙烂山小村上弓岭荷木径双门山广海卫过河庙后村窯冲山田头村冲金村南村东坑村曲冈村白石村过河龙潭滘古萝村头山圆山】至将军山为新宁边边界以外距

海十五里者旁幕赤企深湾曹涌十里石井那骨以至附海五里铜鼓村等【大麻村小麻村杨梅长沙莆草蛋行村亚公山夏春场望头村佑村沙桥村高明角红花蔄土冈那要村北里村北里村北泊村】及上川山下川山蟒洲诸海岛俱移并续迁共豁田地一千七百六十二顷有奇于

广海斗门诸口因界设守今从那扶营拨守泗门等汛【泗门港把总一兵三十五名陡门港把总一兵六十名】广海营拨守圆山等汛【图山三十名上洋坑四十名乌石冈六十名都斛汛千总一兵一百四十名上阁汛二十名山背汛二十名长沙汛兵二十名烽火角二十名荷木径二十名海宴把总一兵一百名烽火角口把总一兵四十名白蕉湾四十名潭滘口四十名】候阅定广海卫城本为新会县褥洲巡检司洪武间指挥花茂奏迁巡检司于望头镇以其地建置卫城周九百三十二丈弘治十一年设新宁县而卫城亦割隶焉明设守备一兵船二十八兵三百三十五名自三角洲接南头汛地起至芒洲娘澳与北津相接隆庆四年倭从海宴双门寇广海陷之指挥王桢镇抚周秉唐百户何兰战死

上川山在卫南海程五十里长二十五里广二十里有石笋村北坑村西坑村茶湾村高观村鲇鱼村山多香蜡林木今有徭人居之徭官主其征税徭人宗族在新宁之那仗寨上川之左曰大金门海右曰小金门海皆在海宴都下川山与上川对峙在卫西南海程六十里长三十里广二十里有牙湾村野牛塘南澳村水洋村南洋村淡水坑塔边村上步村下步村葫芦湾荔枝湾有新宁人居之洪武四年海寇钟福全李夫人等自称总兵挟倭船二百寇海宴下川广州左卫指挥杨景追捕至阳江平之

黄金门在卫南海程五十里周二十里

五主岛在卫东南海程六十里周三十余里

蟒洲岛在卫西南海程七十里长十五里广十里

大牌海产苗虾鳢白赤鱼东南径铜鼓山风涛触石有声曰铜鼓海产多龟鳖紫菜鹿角菜其西南为番舶往来之冲曰寨门海

紫霞海在邑西八里其上有紫霞山时出云霞与水相映行舟多泊于此

辛酉行七十里泊新会阅厓门厓门去县六十里又十里为长沙汛虎臀去县四十五里独子山白石岭皆其分汛

元年画界自将军山历厓门口【径口山百足岭那仗村独子山大涌口山东乡村长洲沙大九尾大杨沥子沙泥岳三沙口麻园石洲沙桥并州沙横海沙沥口径】过河至古镇为新会边边界以外傅海二三里沙堆村等【独洲村大湾村梅湾村沙角村新村梅角村长沙村鬼吽村】及崖门岛俱移并续迁共豁田地二千四百四十八顷有奇于古镇沥口崖门诸汛因界设守展界稍复今从新会营拨守长沙诸汛【长沙把总一兵七十名厓门东西炮台

千总一兵六十四名石岭五名虎臀千总一兵五十名虎坑二十八名崖口三十三名】候阅定

厓门山在大海中潮汐之所出入也高四十二丈周八十一里与奇山相对中有港门可以藏舟宋景炎三年端宗崩于硇州卫王昺即皇帝位改元祥兴六月帝舟次崖门造军屋千间行宫三十间正殿曰慈元以奉杨太后二年正月元张弘范李恒兵至崖山张世杰悉毁行朝连大舟千余为一字阵奉帝居其间二月弘范命恒等守崖分四军夹攻世杰苦战俄有一军樯旗仆余旗皆仆宋师溃世杰与苏刘义等断维以十六舟奉杨太后遁去陆秀夫赴帝舟帝舟大且诸舟环结不可动乃尽驱妻子入海朝服抱帝俱投海中后宫妃嫔及翰林学士刘鼎孙兵部侍郎茅湘吏部赵樵枢密高桂等多从死越七日尸浮出海十余万时帝舟一白鹇哀鸣良久亦坠水死世杰奉杨太后还崖山太后赴海崩世杰收葬于崖山今崖山有杨太后陵又有端宗永福陵即帝昺嗣位后所奉安也按行朝录填海录俱云端宗葬崖山惟野史云葬于乱山民为之讳其处至旧志云寿星塘侧有陵迹五处则又在香山盖马南宝筑疑陵也又有宋太后陵在香山梅花水坡上一在坟头冈而元文类称李恒追世杰至高州获昺尸还报亦与志异【见旧志事纪】成化间佥事陶鲁建大忠祠于崖山祀文信国陆侍郎张枢密三人知县丁积割废寺田二顷以供祀事以赵权伍隆起子孙守之弘治中右布政刘大夏奏入祀典徐佥事建全节庙于大忠祠后嘉靖中知县何廷仁建忠义坛于庙门外祀宋元时死义将士伍隆起者从与张弘范战死陆秀夫刻木为首以葬之今新宁西四里黄牛推车山有宋义士伍隆起墓

奇石山志不载但云与厓山相对有汤缾山陈献章诗云北风吹浪卷沧溟杖屦船头候晓晴满路寒云吹不散一帆细雨湿汤缾

崖山有大沙村旧设沙村巡检司长沙村旧设沙冈巡检司距崖门海程十里陆路五里与广海卫相对而近新宁之百峰山为会宁开恩四邑接壤之地康熙二十年设把总戍之百峰山层峦叠嶂不可纪汤缾狮子皆其支垄故有百峰之名有板潭雩祷辄应

宋元熙六年置新会郡治盆允隋改允州今新宁界外有允泊村是其遗迹也将军山在邑西三十三里自潮阳都趋向流水与双门径山相接

熊子山在邑南二十一里大海中有四名曰鼠熊曰马鞍熊曰东熊曰长熊熊当作能音若那鳖三足也又有紫水入于熊海宋皇佑间水忽变紫色故以为名

郁水自番禺分流至县东为江门陈征君献章所居也有碧玉楼嘉会楼闽人林应骢题诗云令伯可能忘菽水汉家终不屈羊裘至今传诵又有钓台即付吴聘君与弼者也其流径县滘入于熊海东趋香山为小梁海西自砚冈至崖门八于牂牁为南海汪广洋诗云牂牁流水碧潺潺潮落潮生草木闲一片海云吹不起越人遥指是崖山

癸巳行海程两日泊香山【失记里数】

甲午登陆自县东南行山脊百里至前山寨左右皆临斗绝之坡中一径仅数尺止容舁舆颇称艰险又二十里至岙门宿

乙未登岙中两炮台旷览海南形胜盖香山一邑位广省之正南环通四潮岛屿森拱而岙门一镇又在前山寨之南一名濠镜岙亦曰香山岙形如灵芝广二十里长半之正北一石埂贯大海而属于前山寨广十余丈长六里如芝之有茎埂与寨相属处筑关守之曰鬼子关启闭有节岛中居人皆番彝约千余家土人有非时阑出者关吏呵止之彝亦不得辄入焉然岙人食粮皆仰给内地土人常襁负至关前与为市岙中虽有炮台不设戍兵彝自为守彝所恃者炮东曰大炮台列炮二十六最大者一重万斤少次者重九千七百斤又次十五各重五千斤又次五各重四千七百斤最小者三各重四千五百斤西曰汪洋炮台列炮十有一大者六各重五千斤次者二各重四千五百斤小者三各重三千八百斤贼在数十里外用远镜登台瞩之帆樯兵械甲装服色毫发毕照举炮一击皆糜碎矣以此无敢近者自有海寇以来岙门无失事康熙八年议斥逐诸彝卒亦不果至今安居如故自岙而南海程十里为十字门山如两眉横列而阙其正中又南十里为小横琴适当缺口又南稍西为大横琴重案也自岙而西海程二十里为三灶岛又西二十里为黄梁都自岙而东海程三十里为涌口又二十里为旗纛澳又有蕉门黄角潭洲村诸岛在岙之东北而沙尾北山在其北止隔一水诸岛虽为省会之案砂而周罗环匝岙门独居其中如莲之有菂亦一奇也是日又阅黄梁都穿虎穴夜行二十里宿翠微村是处虎特暴悍能登人屋极裂椽以入破壁而出居人皆以铁栃为门关严设警备犹惴惴不保云

丙申行五十里踰径岭岭甚峻千崖耸列中通一径旋折如丝凭高下视山麓皆在云中也午刻抵县登舟邑诸生黄逵卿来谒贻先集四种乃其祖少詹名佐者所著也佐博通群籍又谙南越掌故尝为省志至今重之

元年画界自古镇历观音山【鸡头山赤企山叠石山竹仔林曲涌后冈大湖洲山凹泥埔鹿鸣山深湾村王母山小猴子山空隍山马骝山枫门坳石塘村茶头冈谷园山涌角长沙埇界田心墟翠微村三灶背村北山前山寨白石山吉大村关闸口南坑山濠潭村黄坑山金口山麻园山神前岭大沙冈后龙山东岸山盐田村企石山下田村龙穴头村狮子村麻子村东州门独子山潭洲山黄角山】至小虎山为香山边边界以外黄梁都沙尾村北山岭旗纛澳横琴山等诸海岛皆移并续迁共豁田地四千一十七顷有奇于前山诸汛因界设守展界稍复今从香山营拨守深湾诸汛【深湾把总一兵三十名麻子埇十名白石汛五名石塘汛五名茅湾台十名秋风角十名沙尾三十名平顶山十名角头山十名涌口门把总一兵四十名水洲山十名关闸把总一兵二十一名北山岭五名吉大台十名鸡拍台十名】候阅定

阮咏县治记云香山环海孤屿昔为东莞之一镇宋元丰建为县缭以土垣号曰铁城但设寨官即所谓金斗盐场也初治七星峰下元末迁于莲华峰是为今治濒海有插笏山又名獭窟香山所在县治

日南徼外占城以西诸国番人杂处粤省为日久矣省城怀圣寺番塔创自唐朝轮囷十六丈而宋余靖亦言粤台之下胡贾杂居特不能定其来自何国今嶴门诸彝自言大西洋人明万历间有利玛窦者始入中国见嶴门风气苞固因请于彼国遣众聚居为互市计其人多巧思善制器亦能治历士大夫乐与暱近相沿往来不绝初至时每岁纳地税五百金本朝弘柔远之德谓国家富有四海何较太仓一粟特与蠲免彝益感慕其所事之神曰天主高其观堂备极华饰京省皆有之而在嶴门者为尤盛也其像为女子抱一小儿被服珍怪障以琉璃望之如生女子曰天母名玛利亚所抱儿曰天主名耶苏汉哀帝时人也其室之右有风琴台悬铜弦琴时时自鸣又有钲鼓管箫诸器藏机木柜联以丝绳轮牙纷错互相击撞旋转既穷则诸音自作如出手口左为定时台巨钟覆其上飞仙立台隅操椎拟钟亦以机转之按时扣击子一丑二以至亥刻十二击无少爽前揭圆盘书十二辰日加某时则蟾蜍衔筹指其位主其教者道士也无室家在嶴者方姓诸编户皆有室家妇女长裙丝履男子披发戴番叶笠曳高屐著浅碧绣帔桃布行缠其交市以夜妇女主之男子不出也故事彼国洋船到布政司验票收入其物胡椒苏木哆啰呢洋酒其来尝以盛暑其去尝以腊底因风便也其行贾之地曰大小西洋小西洋去中国万里半年可至大西洋去中国九万里三年始至禁海时番舶暂阻嶴人贫困康熙二十年贡一狮子求通商以济远旅许之由是蕃舶复通予至嶴彼国使臣率其部人奏番乐以迎其乐器有觱篥琵琶歌声嘔咿不可辨使臣手握赤藤杖质如珊瑚光润通明而柔韧可卷不知何物为彼国所甚重非王赐不敢握若符节然嶴中握杖者四人而已已而迎者益众竞放鸟枪其声拉杂将至馆两台炮声大作山谷为动馆予之室有三层作旋螺径以入每进益高斲石为砌精工绝伦床几皆泥金地铺鲜花蕊瓣厚数寸红紫烂然侍童有白黑二种白者曰白鬼质如凝脂最雅靓惟羊目不眴与中国人异黑者曰黑鬼绝丑怪即所谓昆仑波斯之属也白鬼为贵种大率皆子弟黑鬼种贱世仆隶耳其贮茶用玻璨瓯承以甆盘进果饵数品皆西产也甘芳绝异有顷设食馔器止四而异香酷烈燔炰殊制鸡凫之臛皆全体无骨又不见解剥之迹不知何以能然也方姓言嶴中彝目三年一更皆奉彼国王命彼国王钦仰圣朝每遣使必戒以恭顺守法尚逆背叛时索其兵器抗勿予尚逆无以难也予一宿而行将行作一诗慰勉之嶴人出方物数种为献有玻瓈屏一镂金错钿备极瑰异千里镜一连筩四五注所窥之物而徐展之数十里外可瞩毫末自鸣钟二大者高六七寸小者半之略仿定时台之形扣击亦同双联鸟枪二长尺有咫可藏袖中不施燃线第用燧石嵌火门而抉以铁机机动火发发必叠双夜行用以警备人不能测予尽却之独取其洋酒一筩其酒以葡萄酿色如琥珀亦贮玻瓈罂内外澄澈十二罂共一筩也按岳倦翁珂桯史载南海彝商事云番禺獠海杂居其俗尚鬼如中国之佛而无像用金银为巨槽合鲑炙粱米为一沃以薇露散以冰脑群聚食之其饷客则用酒馔烧羊皮作黄金色酒醇而甘与崖密无异居无溲匽有楼高百尺下瞰通流谒者登之以中金为板施机蔽其下奏厕铿然有声有池亭方广数丈亦以中金通甃凡用铿镯数万中堂四柱皆沉香又有四柱欲舡于朝舶司以其非常有恐后不继不之许有窣堵波高入云表外圜而加之以垩望之如银笔梯级圜转如旋螺每层启一窦四五月间舶将至群獠临窦啁哳号呼以祈南风亦辄有验上施金鸡用代相轮其制作瑰异饮食芬洁绝类今时是知前此来通中国固已有人矣又昌黎集有赤藤杖诗云世传滇神出水献赤龙拔须血淋漓又云羲和操火鞭暝到西极睡所遗与予所见亦相近但云出自滇南亦不必产于绝域也存之俟考

万历二十六年吕宋市舶至峦峦人拒之不得人二十九年红毛鬼国驾大舶至峦峦人又拒之番彝译言但求通贡不敢为恶台司怪其无表不纳逡巡竟去归途为满剌伽国遮杀殆尽今台湾相传为红毛地云

唐始置市舶使以岭南使臣兼领之设市区以居番人番舶最大者为独樯舶能载一千婆兰【蕃人谓二百斤为一婆兰】开元中用番人言欲通狮子国监察御史杨范臣以为市舶与商贾争利非王者之体上引咎罢之元和贞元中番人数不靖讨平之节度使王处休令市舶之外一无所取尝表奏曰海门之外隐若敌国资忠履信贻厥将来时称得体宋开宝四年置市舶司于广州熙宁中罢明杭二市舶司皆隶广州大观中复旧建炎元年禁买笃耨香玛瑙猫儿眼诸无用物惟取象犀可充带饰者乾道初置提举官元罢之禁勿开明初复设凡东洋交市多用丝纻回易鹤顶等物西洋交市多用川广货回易胡椒等物沉香有黄沉乌角沉至贵有蜡沉惟奇南木乃沉之生结者犀角有乌犀花犀通天犀至贵有复通犀洪武二年初置市舶提举司设署广州城外一里即宋市舶亭海山楼故址也永乐间遣内臣镇守领市舶事寻于广州蚬子步创室一百二十间以处番人隶提举司正德中佛朗机国称朝贡阑入东莞南头树栅以居炮声轰烈震駴远迩多为不法甚至掠十岁以下儿烹食之奸民因为诱贩每口得金钱五十枚有司廉得以闻发兵逐捕戮其渠魁亚三余犹狡抗数用铳败我军或献计募善泅者伏水凿沉其船始败遁去佛朗机炮自是始入中国是年有诏绝番舶而粤市萧然无复旧观两广巡抚林富奏曰按祖训安南真腊占城苏门苔剌西洋瓜哇彭亨白花三佛齐渤泥诸国俱许朝贡佛朗机本不载祖训布政使吴廷举误许其贡致有惊侮诚为失考成宪乃因此尽绝诸番舶不几因噎废食乎以臣度之番舶通时抽解可供御用存库可佐军饷小民持一钱之货即得握椒展转贸易可以自肥广东旧称富庶良以此耳因民所利而利之诚与寻常言利者不同至于内外之防但须严敕津戍有祖训不载之国而妄冒贡舶者立驱出境自不致意外之虞矣疏入报可于是番舶复通国朝不设市舶提举兼领于盐课提举司禁海并罢复通后令番舶驻前山寨陆运货物至香山令藩幕一员监之今遣部属董其事

黄梁都长百里广八十里周四百里由香山小河五十里至海崖渡海二十里抵岛岸其村落有东澳村大干雾村小干雾村南山村南门村大赤坎村小赤坎村山蕉园油麻埔斗门村小濠涌村大沥岐村三洲村芋葵村沙江村山底村大濠浦村荔枝山泥湾村龙潭村南禅佛村溓涌村黄泥塘村黄杨山诸处黄杨山即邓光荐携家隐居地也光荐庐陵人至此遇寇妻子十二口俱焚死复走之乌岩山与文信国同舟倡和光荐有题崖石诗久之成东海集信国为之序三洲山去乌岩二十里三峰并立海中亦名大圜山赤坎冈即在黄杨山之阳相传为张世杰葬处详辨于海陵岛条中万历五年日本萨子马岛贼舟二十余寇温州舟坏倭帅丹俄率四十余人犯大鹏副使孙光祖参将胡震蹑之九洲洋贼窘急登黄杨山官兵逐之歼焉

大横琴长五十里广三十里小横琴长三十里广二十余里有横琴村井澳井澳即宋史所称端宗舟过此遇风几败者也傍有湖居里宋世沙涌人马南宝居之端宗至献粟千石召拜工部侍郎景炎二年十一月以其家为行宫南宝极力营获既而帝之硇州寻崩还殡南宝家后葬于崖山宋亡南宝悲不自胜作诗有目击崖山天地改寸心难与夜潮消之句后讹传帝昺在占城纠众往迎被执不屈死明黄瑜井澳诗云江南破白雁过更无一寸土可坐自闽入广随波流流氛暗天天亦愁黄芦埋岸风飕飕上有深井澳下有仙女澳渔舟不到御舟到风吹御舟力排奡嗟嗟悲哉谁与告江南破白雁过宋末童谣也

三灶岛长七十里广五十里乌沙海汇其东林木葱蒨中有三石如灶故名其聚落有大索村春花园茅田村鱼弄村草塘村圣堂村上表村下表村斤竹园神前村银坑村望下村占浦村岛中春花园诸处腴田三百顷宋时在黄字上下围元时海寇刘进据之洪武初属黄梁籍居民吴进添通番为乱二十六年都指挥花茂奏讨平之迁其民除其税虚其地屯千人守之正德中南海势家借新会虚税影占此土招畲蛮盗耕渐以成熟自是岛民相与攘夺数更其主知县邓迁清丈入官收其租贮仓备赈后因军饷不敷变卖以充而田仍归民矣其旁复有松柏峡白蕉山大托山蜘蛛洲坦洲诸小岛

沙尾北山长一百里广九十里

旗纛澳长九十里广四十里

九洲洋九山星列在峦门东北鸡拍村在其西高栏在县西南海程一百十里长四十五里广三十五里黄角在县东北八十里属虎门汛长一百二十里广八十里

鸡拍村隶恭常都有银涌角宋世产银属广州宜禄场大观中广东廉访使黄烈奏言矿内黄脉微甚而浮沉之

人以纳官为名发毁民田非法诏罢之严禁私开三百年无敢动正德中奸民揑旨采煎遂成矿盗闾里为墟

象角头海在伶仃洋西二十里西接鲟鳇北连大榄石岐海中有浮虚山与波上下在县北七十里

三月丁酉朔行一百八十里泊顺德

顺德在香山之北少西亦四面通潮元年不迁三年续迁豁田地一千二百二十一顷有奇【迁界村名不述】今从顺德营拨守仰船冈诸汛【仰船冈千总一兵三十五名马宁汛千总一兵三十五名白藤二十七名横流把总一兵三十五名大黄坊三十二名小黄坊三十二名龙湾游击一千总一兵一百七十名】候阅定

顺德县本南海之东埇马宁西淋三都地正统十四年鹤冲堡贼黄萧养作乱讨平之景泰三年析而置县治大良堡

吕嘉拒汉筑石瓮金斗二城金斗即香山地顺德城南七里有石涌村盖越人谓瓮曰涌也近县诸村更有西涌涌口之名疑皆从此推

碧鉴海源出粤江其色澄碧可鉴人形县北三十里曰三曹海又十里曰庚流海以水向庚流故名县西二十里曰锦里海又八十里曰洪蒙海皆小川也县北四十五里曰叠石海在桂林堡东接新会西南七十里曰石头海西通香山皆自北而南注于大海

仰船海在县西南七十里出三沥海西通香山

戊戌次广州登粤王台

庚子拜冬官命即驿庭望阙谢恩

辛丑谒南海神庙次于野

广州有重海在南海番禺之境者内海也元年不迁三年番禺县续迁田地六百七十四顷有奇【迁界村名不述南海县亦有迁阅时已复不赘】按吴越春秋阖庐子孙避越岭外筑南武城其后楚灭越越王子孙自皋乡入始兴令越人公师隅修吴故城居之即今郡城是也通历周夷王八年楚子熊渠伐扬越自是南海事楚有楚庭亦如尉陀有朝汉台也其后越人为楚所逼窜走丛薄而裴渊广州记云战国楚相高固时有五羊萃于庭则遂为楚有矣秦以任嚣为南越尉立南海郡初居泷口西岸俗名万人城既乃入治番山隅因楚庭之旧又以旧有五羊衔谷之祥增筑南武城号五羊城尉陀代嚣益广之故今又谓赵佗城汉武帝元鼎五年平南越号故城为越城建安末吴步騭为广州刺史以越城就圮乃廓其北面番山为番禺城二十二年迁州治于此隋开皇十年析置南海县治城北芝兰湖今禺山即在城内东南隅迤逦而北即番山也三山连属如长城南汉刘龑以南城尚隘始凿平禺山以益之就番山积石为朝元洞复以沈香为台观于禺山上宋熙宁间经略使程师孟增筑西城嘉定三年经略使陈岘复于城南筑雁翅城以卫民居洪武十三年永嘉侯朱亮祖请连三城为一辟东北山麓以广之周三千七百九十六丈而规模大备矣其城形如覆钟北枕高山如钟纽即粤王台也登之可尽一城之胜东西南三面浚也长二千三百五十六丈独缺北面宋世尝于东西置堰潴水以限北城之址成化间巡抚陈濂议凿北山沟通之虑伤龙脉不果行郡城三面皆江南距大海东江在城东南二十五里自博罗西流西江在城西北五十里源自牂牁合漓江过肇庆而东北江即浈武二水过临武合于西江三江并会于城南海中东海之潮由佛堂门入惠州界历甲子虎头以达东莞之斜西海南入大洋分其余波注郡南今去城百里至古斗村浩淼无际即诸江会处也有石如珠屹立波心曰海珠石南汉创慈度寺于其上又东过沥滘达于蚬江汇于南海庙前海隅出日水中见之有浴日亭是谓波罗江又合诸水入于南海

南海庙创自隋时唐天宝间始封广利王元和十二年韩愈撰广利王庙碑文广州刺史孔戣立宋康定二年加号洪圣有玉简玉砚象鞭石砚制作精巧又宋真宗赐玉带及番国金书表龙牙火浣布各一藏于市舶库至和元年加王冕九旒犀簪导青纩充耳青衣五章朱裳四章革带钩鰈緭绂素带大带锦绶履韈并内出花钗九株袿襹簪鐄署曰赐明顺夫人元时赐银盒金牖今俱不存配以六侯曰助利侯达奚司空也曰助威侯社公司空也曰济应侯巡海曹将军也曰顺应侯巡海提点使曰辅灵侯王长世子也曰赞宁侯王次子也洪武三年额封南海之神尽除诸王侯封号因屡著灵异复赐金盒黄牖以荅神贶嘉靖初按察副使徐文溥始撤夫人像而乡民犹崇信如故云庙在城南八十里本非海岛然陆行必踰斗岭仄径不若一帆之便而唐时刺史往往观望怖悸以疾为解委其事于副至以孔公亲祀为仅事是不可晓庙庭有两波罗树为庙与江所得名其旁有扶胥镇即韩碑所谓扶胥之口黄木之湾也浮丘山在城西四里先在水中若浮四面篙痕宛然宋初有陈崇艺者年百十二歳自言儿时见山根舣船数千今去

海已四五里番禺杂记浮丘山下有珊瑚井相传海神尝献珊瑚于此又三里为荔枝湾旧图经云广四十里袤五十里刘鋹建昌华苑于其上又十里为花田弥望皆种素馨花南征录云刘王宫人死葬于是至今花香特甚他处丹铅余录载陆贾南中行纪云南中诸花惟素馨花香特酷烈彼中女子以彩丝穿花心绕髻为饰梁章隐咏素馨花诗云细花穿弱缕盘向绿云鬟用陆语也花绕髻之饰至今犹然谓之花梳

海目山在城西南一百四十里海中并列两峰其形如目故名有芳秀台龟石台诸胜

暹罗贡使坤匣派拍纱来谒列贡舶数以上具言船名乌头夹板舵正贡船长九丈九尺中广二丈五尺三寸深一丈五尺四寸头广八尺尾广一丈四尺桅名打马树大者长七丈五寸围九尺次长五丈九尺五寸围七尺象船长八丈二尺四寸中广一丈八尺深一丈四尺头阔四尺八寸尾阔一丈大桅长六丈六尺围五尺五寸次桅长五丈三尺八寸围四尺正船空时食水七尺装载食水一丈一尺五寸象船空时食水五尺装载食水一丈二寸以康熙二十二年五月初二日发本国正船于闰六月二十日抵虎门象船于六月初十日自广南外逻失风漂至厦门九月二十一日始至虎门

按暹罗国故为暹国及罗斛二国地在占城极南隋大业间屯田主事常骏至其地有地名吉赤土遂讹传为赤眉遗种元至正间暹降于罗斛始合为一国明洪武初国王参烈昭昆牙遣使入贡永乐间与其旁国满剌伽相雠杀成祖诏谕王曰比者满剌伽国王亦思罕荅儿沙嗣立能继乃父之志躬率妻子诣阙朝贡其事大之诚与王无异然闻王欲加之兵夫兵者凶器好兵非仁者之心况满剌伽既已内属即为朝廷之臣不先申愬而辄加之兵是不有朝廷矣王宜深思辑睦邻国并受其福岂有穷哉暹罗王得诏悔祸息兵终明之世朝贡不绝在国朝尤为恭顺康熙二年六年十年皆常入贡其贡品以龙涎香为上在彼国每两直金钱十二枚每贡不过一斤又有金银香树胶香罗斛香碗石犀角象牙翠毛龟筒六足龟鲛绡布红撒哈剌布红地绞节智布人象花纹布乍连花布葱白暗花布之属龙涎香出苏门荅剌国有龙涎屿独峙南巫里洋每至春间群龙交戯遗涎石上国人驾独木槎取之遇风则下海一手攀槎一手摔水以至岸其涎初若脂胶黑黄色久乃凝结或从鱼腹剸得之有大如斗者游宦纪闻云海傍人伺草上有云即知有龙睡守之至散即知龙去矣得其真者和香焚之翠烟浮空结而不散有三种一曰汎水轻浮水面善泅者掠取之一曰渗沙杂和沙中一曰鱼食则从鱼粪得之是又谓随处可得不必苏门之屿也尝阅杂华疏钞及西域记西土诸香有旃檀薰陆兜楼婆毕力迦之属以牛头为第一此香因龙斗而生盖梵语谓交合为斗今黎人犹呼雌雄两鸡为一斗也龙涎当即龙漦耳嘉靖三十四年司礼监奉中旨访买龙涎香为醮坛之用每斤给价一千二百两徧购之番舶仅得十一两益以广狱死囚马那别所献及密地山彝所采始满一斤官司按验其中有褐黑色者有褐白色者多用赝物搀和其难得如此南宋人多作词咏之王沂孙云孤峤蟠烟层涛蜕月骊宫夜采铅水李彭老云波浮海沫谁唤觉鲛人春睡吕同老云剪碎腥云杵匀枯沫皆善写实事唐艺孙云海蜃楼高仙娥钿小缥缈结成心字则又言烟缕之异要之珍赏非一世也自苏门荅剌顺风十二昼夜至锡兰山国隋常骏至林邑极西望见焉番语谓高山为锡兰因名有翠蓝屿在龙涎屿之西北相传释迦如来佛迹犹存永乐七年太监郑和至其地王不恭和潜师袭破其国掳其王以归至京师赦之遣还更择国中贤者为王锡兰之南界为别罗里自别罗里西南行七昼夜为溜山洋国又十昼夜为古里国又二十昼夜为卜剌哇国与柯枝小葛兰接自小葛兰二十昼夜为木骨都束国自古里行十昼夜至忽鲁谟斯国又二十昼夜至剌撒国又二十昼夜至阿丹国又自忽鲁谟斯行四十昼夜至天方国西洋尽处矣永乐间所见西南诸国如此

壬寅行百里止东莞

癸卯行三十里至石角舍巨舰易逻海小艓出海口行二十七里至镇口又十里至虎门寨登最高山巅望大虎小虎山三门横当炮台及南沙海南栅宁洲等岛决眦可尽三门在寨南二里又南五里为宁州岛南山炮台在寨西七里又一里为横当台又西二里为南沙又西十里为蕉门又西二里为黄角左汛又西五里为黄角右汛香山所辖也南栅乡在寨东仅隔一水又东五里为上角村又东三十里为碧头乡而茅洲墟盐场在寨之东南四十里皆接新安境是日仍返东莞

元年画界自小虎山历大虎山虎门寨等境【缺口镇蚁公山白沙大山大岭山】至三角山为东莞边边界以外距海三十五里者新村柏树矮冈三十里者白泥坑田心寨龙眼北栅围大宁墟溪冈大坑钟屋地羊湾尾怀德长坑独树二十八里者河潭冈二十六里者田尾二十五里者钟屋围横树头二十二里者大宁西坑二十里者社冈增

田十五里者宫涌新地十里者壆尾阔澳余九里至一二里江门等【石岐村竹洲金洲角嘴崖小捷壆头侧冈尾上角白石凹白石下路沙头乌沙白石沙上沙大井上仅咸西萧边涌头田寨】及海岛宁洲海南栅俱移并续迁共豁田地八百三十六顷有奇于虎门诸汛因界设守展界稍复今从虎门营拨守石子头诸汛【石子头把总一兵一百七名麻涌口把总一兵一百二十四名到塭四十名大涌口七十名镇口把总一兵九十七名三门台二十八名南山台把总一兵三十一名横当台把总一兵一百名黄角把总一兵七十名】候阅定

晋咸和元年置东官郡领九县首宝安即治所也在今县南二百里隋开皇间废为县唐至德二年改名东莞移治倒埔即今县治也其宝安旧基洪武二十七年改为东莞所命千户洪皓开筑城五百五十二丈万历初即所城梢扩之置县治名新安沿宝安之名也其地土名石子冈亦名城子冈以平旷如城故其傍有石鼓纹如龙鳞鸣则兵起卢循入寇时尝有声今戍地有石子头倒塭皆相近地莞草名如兰可以编席

大岭山在县西南二十里奇特耸峭下视群山如蚁垤瀑布水出其阳紫霞泉出其阴相传宋世有道人崔羽号紫霞君游罗浮至此凿井得泉云

三门海在县西南六十里因海中有大小虎山分水为三故名潮水至此分为三派已复合而为一名大步海珠生其中曰媚珠池

虎头门寨海岛也纵十二里横五里周十二里宋景炎二年张世杰奉帝舟次于秀山即此又西南八十里大海中有梅蔚山景炎二年正月帝舟次于梅蔚即此按是年二月帝舟移古塔十二月自秀山移井澳又次谢女峡刘深追之七星洋井澳在横琴岛筹海图编有仙女峡九星洋在零丁洋西三角山一名莲花峰九峰峻耸状如莲花上有池池中石与蛎房相融结盖涌于海也

武山在大海中潮汐消长于此可辨宋余襄公靖纪行云凡月加午位而潮平者朔在日中上弦在日入望在夜半上弦前为昼潮以后为夜潮凡月加子位而潮平者望在日中下弦在日出朔在夜半下弦前为夜潮以后为昼潮此南海之潮候也按潮汐天地之呼吸也当其日中而平也日出初生为吸之始日入消尽为呼之终当其夜半而平也日入始生为吸之始日出消尽为呼之终消生循环呼吸互根一日两廵此南海之潮候也然亦有不同者雷州人言调黎之水一日一潮那黄之水一日两潮至域外尤多异候占城外罗历大佛灵至昆屯山有七屿七港号为七门自朔至望潮水自东旋西既望至晦潮水自西旋东真腊之潮自官船口注大埔朔望并潮一上七日水长丈六七七日后日夜分为两潮水长一二尺是又不可解明世于此设武山陆营与虎门水寨相应天启三年总督王尊德筑城为驻兵之所今不复设

缺口镇白沙村皆廵检司麻埇村一名中堡旧设中堂廵检司

海南栅纵横各八里周三十五里有南栅乡南栅村西涌村留亭步溪泥凹板头村冬爪郁村涌口村南岸村新村南涌口村溪头村对面冈永原村西安村东北村

宁洲乡纵六里横三里周二十里有东村西村溪螺后村坑塘村崩沙村

南沙纵十五里横十里周六十里【村名疑混入海南栅】

甲辰复易舟行二十里次板土沥

张正郎分阅新安新安城南水程二十里至伶仃山山外即伶仃洋县东一百六十里为大鹏所其南面有七娘山山外为老大鹏即滨大海所城东南有海口大舶可入其东北过西乡岭小贵岭复有港口仅通小舟大奚山海岛在邑南水程九十里【志称二百里】佛堂门海岛在邑东南水程一百五十里【志称二百里】

元年画界自三角山历马鞍山等境【源泉山河水口香橼围周家山田心围凉水井羊蹄山更鼓山北灶山围村上村新安县崇镇舖照穴岩白石山汉塘山龙湾山梅岭村新英村赤尾村塘尾围隔塘围籍口山平峯山后梧桐山黎峒村梧桐山盐田村梅沙山溪涌山下洞山涌浪山梅子林田头山径口山窑凹岭】至大鹏所为新安边边界以外距海二十五里洪田二十里岭下鲇鱼溪螺湖玉勒上寮白沙燕村十五里粉壁岭龙跃头谷丰岭石冈田寮白水邓家蓢十三里黎峒十二里上水十里半天云小坑上下屯门汉塘高莆锦田丰园蓢阿妈田平山园山下村大井田心纲井石祖庙新桥丙冈及附海六七里至一二里河上乡等【张屋村鸡雉上下步赤尾隔田新英村江下谷田龙塘东山流塘坜心臣田北灶山猪凹西乡鳌湾固戍大坑村龙骑大对山横冈大岭下碧州屯村花山犬眠地鹤薮南蛇牛栏山西贡西洋尾王母涧沙冈下沙欧阳水背叠福关湖溪涌奇埔上下埔梅大湾盐田麻雀岭大步头湴涌

锭角村大梨园牛骑龙蛟塘大浪马鞍山蚝涌天妃庙旧官富司衙前九龙古墐浅湾黄泥铺横洲沙冈下村竹园官埇米步饭箩洲新田洲头勒马洲蛟洲白冈桥头小横冈石下新灶沙头沙尾西涌榕树角白石山禾岭冈石园塘黄田茭塘福永司灶下嘴头角归德场白头冈大步涌渔洞大田茅州山茅州墟东煮铺潭头港口上下山门上头田莆尾黄松冈石冈溪头沙浦刘冈涌头塘周山碧头村】暨佛堂门大奚山鹅公澳榕树澳白沙澳鸡栖澳南头香港塘福梅窝石壁螺杯澳大澳沙螺湾诸海岛皆移并续迁共豁田地一千三百五十九顷有奇于大鹏所置重兵又因界设守展界稍复今从新安营拨守碧头诸汛【碧头台千总一兵四十五名佛子凹把总一兵五十九名南山台千总一兵六十名九龙台把总一兵七十三名】候阅定

佛堂门海中孤屿也周围百余里潮自东洋大海溢而西行至独鳌洋左入佛堂门右入急水门二门皆两山峡峙而右水尤驶番舶得入左门者为已去危而即安故有佛堂之名自急水角径官富场又西南二百里曰合连海盖合深澳桑洲零丁诸处之潮而会合于此故名又西南五十里即虎头门矣其地又有龙穴洲尝有龙出没其间故名每春波晴霁蜃气现为楼台城郭人物车马之形上有三山石穴流泉舶商回国者必就汲于此又有合兰洲与龙穴对峙上多兰草故名潮至此始合零丁洋即文信国赋诗处桑洲之旁又有大王洲马鞍洲陈琏诗云弥漫合兰海南与沧溟通蜃气起鲛室珠光出龙宫

大奚山在合连海中俗曰大姨又有小姨山与俱峙中环三十六屿周围三百余里居民以鱼盐为生宋史庆元三年提举盐茶徐安国以捕私盐致乱知广州钱之望遣兵击贼歼之遂墟其地后有万姓者据之呼为老万山筹海图编载其名明祁顺有大奚山诗沧海波涛阔奚山岛屿多空中排玉笋镜面点青螺洞古云迷路岩深鸟占窝昔人屯戍处遗迹徧烟萝

南头戍地古在屯门镇曹能始名胜志载纪事云东莞南头城古之屯门镇韩愈南迁诗云乘潮破扶胥近岸指一发屯门虽云高亦应波浪没即此也今志城池条不复载筹海重编图载屯门澳在海中屯门山今名杯渡山上有滴水岩虎跑井神僧传云杯渡禅师不知姓名尝乘木杯渡海因以为号禅师入粤后又尝至建业宿齐谐家宋元嘉三年九月死葬覆舟山至五年三月复诣谐所众皆惊异寻复辞去云当诣交广间云明嘉靖四十五年议设参将一员驻札南头兼理惠潮万历四年题定止防广州统兵二千余艅艎八十艘常驻新安遇汛出海东自巽寮港接碣石汛地西历大鹏佛堂横琴三灶至三角洲与广海汛地相接广海虎头两汛皆属其节制又设中权二部水军隶广帅下驻三门与相策应议者曰日本诸岛入寇多自闽趋广柘林为第一关宜会兵以扼之过此必越屯门鸡栖佛堂门冷水角老万山虎头门诸处而南头为尤甚东莞有备则不得泊矣又西必历峡门望门大小横琴零丁洋仙女澳三灶山九星洋诸处而浪白澳为尤甚香山有备则不得泊矣又西必历崖门寨门海万斛山11洲诸处而望峒澳为尤甚广海有备则不得泊矣此昔日备倭之说也国朝厚集防兵于碣石虎门而南头不复置戍焉

大鹏所城四面皆山洪武二十七年千户张斌筑周三百二十五丈雉堞一千一百门三康熙十六年八月飓风城楼雉堞皆倾知县李可成修复自新安至大鹏沿海皆盐田西乡混州屯门为尤多

梧桐山在邑东四十里多梧桐异卉

龙跃岭在邑东南五十里

卷三

乙巳登陆行六十里止平山驿

丙午行三十里至白云又三里至桥岭又三十里止鹅哺

惠州府属县九滨海者二曰归善曰海丰元年画界自大鹏所历西乡凹等境【山下村小桂村石灰山鲎殻径仔山长山仔村金坑松园港淡水围九里村长潭村龙古井村南前村乌栖塘村暖水湖村松山下村杨山村杨公径陈田村涧背村白云墟栏盘寨烟冈寨稔山墟饭罗冈大浦屯铁涌墟溪背村官田村盘圜口黄浦墟】至双园村为归善边边界以外距海二十里者蒲田燕门旧村西村甘泉蕉坑双罗溪林坑十五里槁木洞后垄十三里蕉子坑十二里官埔十里贵到河潭赤沙巽寮思盐台碧甲长子仔田寮鸦雀舖游鱼湾东坑水津园龙眼冈竹园墩山仔头蕉子园上葵坑云岭古埔峷及附海七八里至一二里潮阳村等【沙桥湖下涌头岗仔香涌老鸦山土湾大坟陂官溪大康小径太平岭岩前白冈西乡石井上角沙头下涌郁头山盐灶山头船凹中兴宜富山小漠园榄涌林军寮竹园

埇元宵围大岭蒲菜郁南坑新村仔新尾石桥复兴四石头岭石陂坑小门寨小桂凹旧村高埔沙凹岭凹横冈拳背洞内西涌港尾枯子蔚赤山白花尾莲麻坑大蔚东坑解葵坑大水坑径口大河渡鸭郁高尾田坑松园村田寮夫子岭古寮】俱移并续迁共豁田地八十顷有奇于平海置重兵盘圆口诸处因界设守展界稍复今从惠州营拨守诸汛【大鹏所守备一把总一兵三百名五通岭五名盐田台千总一兵三十名大梅沙五名少梅沙五名鸦梅山五名关湖把总一兵二十名西山五名水口五名黄坑五名老大鹏把总一兵三十名鳌头港十名白云十一名稔山千总一兵三十五名平海所都司一守备一兵一百八十九名盘圆口千总一兵三十三名小漠五名】候阅定

过白鹤峰访苏文忠公轼宅遗址及丰湖诸胜

按轼绍圣元年以端明殿学士追一官落两职知吴州行至当涂责授宁远军节度副使惠州安置以十月至惠寓居合江楼作诗云海上葱胧气佳哉二江合处朱楼开蓬莱方丈应不远肯为苏子浮江来盖楼为一郡之胜西江龙江至此而合西流以出虎门也寻迁嘉佑寺明年复返始营白鹤居有诗云今年复东徙旧馆聊自憩已买白鹤峰规作终老计长江在北户雪浪舞阶砌青山满墙头鬖髿几云髻今已作道观矣然诗中景物犹可想见观有井亦苏公凿有待凿平江百尺井要分清暑一壶冰之句自注营白鹤居凿井深四十尺而得泉云其旁有翟秀才林行婆居址翟秀才者名逢亨性至孝博洽群书郡人号为翟夫子林行婆即与浮杯荅语者见传灯录作凌行婆二人皆轼所甚重尝有暮出诗云林行婆家初闭户翟夫子舍尚留关又有过西邻翟秀才家诗云系闷岂无罗带水割愁还有剑铓山观此则二人之襟抱亦可见矣去观稍远有香积寺轼所时游尝写之白鹤故居图中悬泉百仞三山绕之三山者大北山象头山白水山也轼以为罗浮之东麓有三山屏拥僧舍小一溪雷转松阴凉之句丰湖去郡城八里横槎水自北注之其间有漱玉滩点翠洲明月湾杂花岛陈偁领州事时所筑轼尤赏爱尝有新年诗云海国空自暖春山无限清冰烟纷瘴雨雪菌到江城更待轻雷发先催冻笋生丰湖有藤菜似可敌莼羹自注云丰湖有臙脂藤味滑美类莼也轼侍妾朝云死遂葬之湖上今墓犹存旁有六如亭取云临终时所诵梵偈云轼在惠又有忆旧诗云合浦买珠无复有当年笑

我泣牛衣自注家白鹤峰下悼怀同安君故有牛衣之句盖是时轼妻已先亡而贫困以为不若汉王章得罪而妻子徙合浦反得致产百万也再考白鹤之居以绍圣四

年三月成四月责授琼州别驾昌化军安置拜命即行

得安居者仅七十二日焉绍兴三年虔贼周十隆陷州城尽毁官民庐舍独留轼居致奠而去其见重如此

平海所洪武二十七年指挥花茂筑周五百二十丈

雉堞二百八十

梅蟠者元丰八年举进士多才博学授廸功郎乡人

人称为梅夫子今地名有大梅沙小梅沙或其后

人所居也唐庚有赠梅夫子采药行

饭箩冈洪武间设内外管理廵检司后移黄浦墟碧甲山亦有廵检司后移淡水墟

船澳文信国移军表求入朝处

丁未行四十里过羊蹄岭仄径斗绝险过大庾约十里而得平壤又八十里止海丰

戊申行四十里过白沙又四十里次东海滘驿

已酉行七十里至灯笼山又五十里止碣石卫总兵陈耀率甲士千人来迎遂登山以望群山趋拱尽于海隅诸岛环之真要区也

元年画界自双园村历琵琶寨等境【窝舖村圆墩围南门江村田寮下村羊蹄岭鲘门港南门山渡头陂青草头东乡西洋舖丁张龙乡黄屿乡大德乡埕前乡长福桥寮口乡后湖乡佛山乡南埕乡乌坎村南灶碣石卫上林乡海峡北拳大苏寮鹿栏上崗沙尾洲仔华埔溪上寮文昌乡大寨后窟乌头围赤企仔下寮乡东樟乡前詹乡】至靖海所为海丰边边界以外距海三十里三兴寨牛扼寨海山港十里水尾寨东寨水尾上村圆墩寨汲水门寨出水村及附海五六里至一里黄家村等【新寨骆坑寨新西寨淤牛坑大坑寨牛朗寨新径寨莆岭上罟寮中罟寮下罟寮】俱移并续迁共豁田地三千二百四十顷有奇因界设守展界稍复今从碣石营拨守诸汛【小漠港十名鲘门港把总一兵五十名谢道山十五名梅陇坡千总一兵五十名青草头西台十名青草头东台把总一兵二十五名长

沙台十名马鬃山十名　下寨守备一兵二百五十一名扁涌湖把总一兵三十名大帽山兵十名捷胜所游击一千总一兵二百五十五名白沙湖把总一兵五十名娘岩山五名大魔山五名大德港西台兵二十名大德港东台把总一兵三十名南海下湾五名南海上湾五名乌墩港西台千总一兵五十名湖东澳东台千总一兵三十名海甲山五名甲子港把总一兵二十名苏公澳五名圭湖整五名乌整港东台千总一兵一百名小城汛三十名观音堂五名崎石港三十名田尾寨把总一兵一百名滴水整五名三洲整五名湖东港西台把总一兵一百名】候阅定

五坡岭在县北二里宋景炎戊寅文信国自潮阳走海丰至此方作食为元千户王惟义所获正德丙子提学副使章拯于其地建表忠祠祀信国以邹渢陈龙复刘子俊杜浒萧明哲张唐熊桂林奇吴希奭陈子全徐榛萧资从祀皆行府僚属也

碣石卫城在县东一百二十里孤悬海表城西南五里即大海洪武二十七年指挥花茂建周一千一百二十丈雉堞二千二百六十二敌楼四楼下辟门康熙八年重筑城外有旗峰山山状如旗半枕海上西南彝入贡望此为表识峰下有桂林书院故为永兴寺废而改作

海丰所在县署

捷胜所海岛也在县南八十里土名石狮头施公寮诸村税二顷有奇城去海二里洪武二十八年千户候良筑周四百七十二丈雉堞九百四十敌楼四楼下辟门

甲子门所在县东二百五十里洪武间千户盛玉筑城周五百九十丈雉堞一千一百八十敌楼四楼下辟门城西有西峰书院提学魏校毁西峰寺改建城下有甲子门水两山夹石堑港北接大陂溪龙江诸水入于海海口有大石壁立上下各刻六十甲子字故名其傍有奇石十八人呼为十八学士石宋景炎丁亥端宗自闽航海驻此旧有巡检司在石帆都

长沙海口在金锡都一名丽江合大液小液龙津赤岸诸水入于海有大金笼山雄踞海口宋端宗尝改名金龙

谢道山在县南二十里志作射道大魔山志作大磨娘岩志作娘冈

梅陇海岛土名燕洲蚊寮新围王公诸村税十三顷有奇

下马头有城周一里近扁涌湖去县五十里其海岛土名南湖东坑门乌岸汕头浪涌诸村税二顷有奇又东海岛土名蛋家宫埏坦浩洋诸村税二顷有奇

大帽山土名黄厝寮税十顷有奇

大德汉土名南海诸村税四顷有奇

乌墩海岛土名深田湖沙墩诸村税三顷有奇三洲湖东港海岛土名湖东海仔等村税二顷有奇

甲子门东有海岛土名深澳诸村税约一顷以上诸岛俱有陆路可通

鲘门港口广可半里去县六十里

大德港口广可半里去县一百一十里

异物志南海多鲸鲵伐林邑时得鲸头于海屿如数百斛圌顶上一孔大如瓮俗以为珠穴又有瓌雷鱼大一丈生子朝出食暮宿母腹入从脐中出从口中腹有二洞贮水养子一洞容二子又有鲙鱼南越谓之狼藉鱼长二丈背长六尺广三寸左右生齿如锯又有黄雀鱼每八月化为黄雀十月入海为鱼

己酉行七十里至长青寨又四十里至龙江堡又四十里止惠来所过村落炷香结绮迎导甚盛

潮属九邑附海者五惠来其西境也稍东为潮阳而揭阳在其内其东偏之地牙错潮澄间者亦迁又东为澄海郡治在其内去海稍远故附郭之海阳无迁又东为饶平过分水关即闽界矣兀年画界自靖海所历洪桥小黄冈田心寨至神仙寨为惠来边边界以外附海八里至一里湖边乡等【后衡寨前林村西庄村菜山乡下后陈村驿后乡后湖寮石塘驿东湖乡盖洋寨】皆移并续迁共豁田地八百三十七顷有奇于靖海所诸处因界设守展界稍复今从惠来营拨守诸汛【湖仔墩五名神泉港东台把总一兵二十名神泉司把总一兵一百九名澳角山五名溪东山五名茭梭山五名沿锡山五名东山五名后池山五名湖口港五名大架山五名石牌澳十名靖海港东岸千总一兵二十名靖海所把总一兵一百四十二名后表山五名小黄冈寨把总一兵九十名茆洋五名】候阅定

邑设于嘉靖四年先为潮阳县之惠来诸者以去邑治远甚吏不能理遂于其地设县割海丰之龙溪诸都以益之治羊尾

金刚髻山去县七十里尖峰秀拔渔舟归海上视以为準

靖海所城在大坭者洪武二十七年百户董聚建周五百五十丈旧隶潮阳嘉靖三十二年改隶惠来久废址存

神泉港在县南十里昌山之阳中有大石潮没而汐见人谓之石龟旧设神泉巡检司因苦海寇官兵寄寓他所民居荡析嘉靖三十三年分巡道尤瑛令知县林春秀筑城周三百丈曰神泉澳城今废又南四十里有赤沙澳沙堤可蔽海涛海艚多泊于此

庚戌行七十里至武宁驿又二十里至小黄冈又三十里渡练江海口过海门所又二十里次潮阳

辛亥行三十里至达壕海岛登最高峰陟峻坂五里许始至极巅一望大海浩汗无际诸洲岛演漾其中更有远峰如簪如髻乍明乍灭于重山之外即南澳诸山也欲仍返潮阳宿会大雨止桑田

元年画界自神仙寨历古埕村等境【海门所桑田山虎头山禄景山石井寨】至洪冈山为潮阳边边界以外附海四里至一里凤山上下寨等【西芦寨禄景铺赤水寨竹林寨海田寨华阳寨桑田寨】及达壕埠海岛俱移并续迁共豁田地七百六十顷有奇于海门所置重兵因界设守展界稍复今从靖海营拨守钱澳诸汛【河背炮台千总一兵三十二名猷湾炮台把总一兵三十四名钱澳五名冈头五名】又从潮阳营拨守径门诸汛【径门五名径门口五名东山口五名后溪十名蛋家宫五名粪箕湾五名华阳台二十名石井千总一兵八十名门辟台三十名南炮台四十名河溪口十名桑田堡把总一兵四十九名竹林二十名】又从达壕营拨守二汛【河渡门四十名磊石门四十名】候阅定

自洪冈历深埔山至邹堂山为揭阳边边界以外附海八里至三里双港等【土尾乡大莲乡石港乡青屿乡大寮乡塔冈乡铁场乡后田乡仙埔乡枫乡邹堂乡】俱移并续迁共豁田地八十六顷有奇于舖前河置重兵因界设守展界稍复今从潮州营拨守诸汛【北炮台把总一兵五十名青屿把总一兵五十名】候阅定

水经注员水又东南一千五百里入南海东历揭阳县王莽之南海亭也今县西北有揭岭意为汉旧治晋义熙间分揭阳立潮阳治临昆山韩文公为刺史迁治棉阳即今所也揭阳至晋时已省宋复立于玉窖山

海门所洪武二十四年设二十七年百户蔡春迁今所更名海门旁有钱澳山石壁镌莲花峰三大字万历六年游击金丹于此设莲花营驻水军以防寇

达壕埠海岛也筹海图作达头埔在潮阳澄海之间西与潮阳之招宁巡司招收场诸境相接止隔一河其河之南口曰河渡门北口曰磊石门两口俱陋止容一海艚入去潮阳邑治三十里周六十里有赤冈寨青林寨【筹海重编作青蓝寨】下尾寨圆山尾渡头乡白沙溪头杉寨下秽茂洲西墩割头沙浦松子山湖仔割洲澳头诸村民税八十七顷万历间海寇林道乾营巢于此名曰华美迁界时弃不设守有海寇丘凤者据之十九年讨平始设重镇焉

大忠祠在潮阳东双忠庙之左祀文信国章熙记曰公屯潮阳时有盗陈懿刘兴数叛附为害公诛兴攻走懿则潮阳实祀公惠德一宜祀公谒双忠庙作沁园春词悲歌激烈则东山乃公忼慨矢志之所二宜

祀公由潮阳西奔五坡岭被执复返潮阳见张洪范秉义不屈则潮阳为公穷阨仗节之地三宜祀弘治丙辰邑令姜森复建双忠庙祀唐张许二公亦曰灵威庙始于熙宁间有军校钟英奉遣入京道经睢阳梦神告以遗像处命持归立庙于东山觉而求之寝殿后果得铜像十二铜辊二遂持以归言于有司而立庙焉天顺间岭寇薄城望见空中车旗憚不敢逼后又有漳寇寻破灭捕得生口自言若有物禁其手握兵不能动屡著灵异庙貌日新

壬子行一百十里次潮州府登东山谒韩文公祠海阳县元年无迁三年续迁豁田地二百七十八顷零【村名不录】

文公祠在县治东山上即名韩山顶有三峰形如笔床韩文公守潮尝于此作亭曰东山亭后人因名之曰侍郎亭而作祠于其旁有文公手植橡木二本号为韩木郡人以其花之多少卜科第之盛衰竹坡诗话载宋学士王大宝赞并序略曰亭隅有木虬干鳞文叶长而傍棱相传为文公所植人无识其名故曰韩木旧株既老类更蕃滋移植辄死遇春作华或红或白簇簇附枝如桃状而小赞曰召公之棠孔明之柏既咏勿剪且歌爱惜瞻彼韩木是封是沃匪木之渎德化惟服宋陈尧佐刘允杨万里皆有诗

韩江在韩山下源出汀赣会于三河合产溪九河凤水过凤栖峡经鳄溪至于江经老鹳洲分流为三入海江绕郡东门外有湘子桥过桥即韩山也东湖又在韩山之后按宪宗元和十四年迎佛骨入禁中公上表极谏帝大怒将抵以死裴度崔群力救得贬潮州刺史明年三月至潮七月群臣上尊号大赦十月准例量移袁州首尾在潮七月耳

今潮人家弦户诵皆文公之教盛德入人之深如此

鳄溪一名恶溪有鳄鱼四足黄身修尾其形如鼍似龙无角似蛇有足口森锯齿其运尾犹象之运鼻尾有三钩极利遇人畜以尾戟而食之生卵甚多或为鱼鼍之属文公知潮州以一羊一豚投溪水为文告之是夕暴风震雷起溪中数日水尽涸鱼徙六十里宋咸平间陈尧佐通判潮州有硫黄张氏子与其母共濯于溪滨鳄掉尾钩子去母号呼求救已不能及尧佐敕二吏操网捕之吏投网得鳄重不能举更集百夫曳而出之箝其喙械其足车载而斱之于市鳄患遂息尧佐作戮鳄鱼文世亦传之此如祷蝗捕蝗各以诚感不必一术也

文公在潮尝与僧大颠游处颠生而神异齠龀时依止慧照元和间得法希迁归立禅院于潮阳之灵山出入猛虎随行手植荔枝千余株以铜壶灌之皆遍文公与孟简尚书书云有一老僧号大颠颇聪明识道理故自山召至州留十余日因与往来后愈以祭神至海上遂造其庐及去留衣服与别长庆中颠示寂或启其墖惟见一镜外集又载公与大颠三书旧本无之至宋元佑七年始出注云唐元和十四年刻于灵山欧阳公集古录收之而苏子辨其非是朱文公又笃信之而黄东发以为不然近世予同里蒋之翘辨之曰按书末题云吏部侍郎潮州刺史公以刑部侍郎贬召还久之乃迁吏部不应此时即称吏部定系伪作予谓三书为僧家所藏盖刻于公去潮之后僧家无识纪遗书之岁而署后日之官遂若可疑实无足怪也三书文笔绝高简当以朱子之言为正灵山去潮阳邑治二十五里有卓锡泉及大颠禅院至今犹存公有左迁至蓝关示侄孙湘诗云一封朝奏九重天夕贬潮阳路八千欲为圣明除弊事肯将衰朽惜残年云横秦岭家何在雪拥蓝关马不前知汝远来应有意好收吾骨瘴江边青琐高议载湘字清夫公之侄也有道术能顷刻禁花使开一日戲于公前聚土覆以盆举之得碧牡丹二朵叶有小金字即云横二语也公不解所谓后以谪行始悟前语遂足成此篇酉阳杂组亦云按史公从子老成乃兄弇之子老成生子二长湘字北渚登进士第为大理丞次滂未仕而卒集中明云侄孙而讹以为侄况湘登第在长庆癸卯后公迁谪四年岂既学仙而复入仕乎至花中显字之说鄙俚荒诞益不足言矣惟公又有曾口示湘诗而曾口在今曾城县则湘之从行入粤甚明蓝关旧注以为峣关盖即杜甫诗所谓蓝田关也公赴谪诸诗自道傍堠以下前后次序班班可考其云知汝远来盖公先行而湘复自后追及也今惠潮之间有蓝关往来题咏甚多乃袭诗中语而为之者尤足一噱黄佐粤志止载湘子桥之名而蓝关及湘子学仙事皆不录甚是

公泷吏诗云州南数十里有海无天地飓风有时作轩簸真差事赠元十八诗云峡山逢飓风雷电助撞捽盖粤人多苦飓风也作时无物不摧谓之铁飓土人多作地室以备飓每将至天脚有晕如半虹粤人谓之破篷亦谓之飓母子瞻飓赋所谓断霓饮海而北指赤云夹日以南翔者是也既见此征则天地改色海水自鸣禽鸟啾沸畜产犇骇土人仓皇徙炊器及薪米食物挈家走入穴中聚首屏息不敢出气居久之而飓乃作但闻木石器物相撞击于空中声如雷炮盖其所居室及室中所有大率毁败矣飓初起尝于东北既乃极于西南谓之荡西亦谓之回南三昼夜乃已穴中人度飓且已乃敢缘梯徐上探首出穴外察飓果息始复出治室屋以居焉子瞻赋云夜拊榻以九徙昼命龟而三卜又云理草木之既偃葺轩楹之已折情景亦略相似也字书从风从具谓具八面之风今粤人读如贝音

公南食诗鲎实如惠文骨眼相负行蚝相粘为山十百各自生蒲鱼尾如蛇口眼不相营蛤即是虾蟆同实浪异名章举马甲柱斗以怪自呈山海经鲎形如惠文惠文法冠也旧说鲎眼在背骨宜作背按尔雅翼云鲎背有骨长七八寸如石珊瑚则作骨亦可鲎殼甚坚可为冠亦可屈为杓尾可为小如意烧其脂可以集鼠性畏蚉螫之立死暴日中不死隙光射之立死蚝即牡蛎初生如拳渐长至一二丈巉岩如山每孔有肉潮至孔开吸小虫食之粤人多用其殼以垒墙蒲鱼一名鳙鱼粤人多食石蛤一名山鸡味甚美然退之又有寄柳州食虾蟇诗云予初不下喉近亦能稍稍似不无小异耳章举有八脚形如乌贼而大亦曰章鱼粤人用姜酢煠食味同水母马甲柱旧注即江瑶柱也诗又云惟蛇旧所识实惮口眼狞开笼放其去郁屈尚不平本草言岭南人截蚺蛇肉作鲙以为珍味今卢亭蜑家岐黎之属犹啖蛇云

公在潮时有赵德者摄海阳尉公特与友善令督州学生徒即坡公所谓潮人初未知学公命赵德为之师者也及将移袁州欲要与俱行德不可而止公作长篇赠之略云不谓小郭中有子可与娱心平而行高两通诗与书又云相期风涛观已久不可渝又尝疑龙虾果谁雄牙须按水经注滕修为刺史乡人语修虾须长一尺修以为虚其人至东海取虾须长四尺修始服所谓龙虾也段公路北户录云海中有大红虾头可为冠须可为簪杖刘恂岭表录云红虾大者七八尺至一丈

元年画界自邹堂山历莲塘山等境【蓬州所鸥汀背南洋外沙南洋寨樟林村洪沟村仙村盐灶村】至驿边村为澄海边边界以外附海三里小坑等村【乾冈村白头村新寮村大场天港玉井石城头夏止鮀浦莲塘村】皆移并续迁共豁田地五百三十五顷有奇于鸥汀背诸处设重兵因界设守展界稍复今从澄海营拨守诸汛【小坑五名溪东港二十三名蓬州所守备一把总一兵一百四十三名西港七名东港九名鸥汀背千总一兵三十三名新港二十名外沙把总一兵十九名南港十七名东湖炮台六名三湾把总一兵十一名平湖十六名南洋都司一千总一兵二百七十八名山头把总一兵十六名东陇台把总一兵二十六名樟林守备一千总一兵二百七十八名盐灶台把总一兵十八名】候阅定

蓬州所城洪武二十年指挥花茂奏于蓬州都下岭村置所以通商彝出入之路二十七年移鮀江都西埕内三十一年百户董兴始砌石城周六百四十丈城楼四月楼四原属揭阳嘉靖四十二年析置澄海遂改属焉天启五年知县冯明玠重修

水寨城在县西苏湾都白塔寺北洪武三年指挥俞良辅筑凿池置水关西北通海可泊战船池围二百一十丈深一丈今废邹堂山昔有逸士居此台址尚存

小莱芜山在邑东十里海中一名留子山又前二十里为大莱芜山一名双髻山

鸣洋在南湾海中时有声如雷鸣东则风鸣西则雨

乙卯行四十里踰白石岭又五十里过黄冈又四十里止柘林

丙辰登鸡母屿泛舟至南澳东望皆闽山矣是日仍返黄冈

丁巳返潮州

元年画界自驿边村历水磨村等境【长富村市头村黄冈江台埭大城所】至分水关接福建境为饶平边边界以外附海柘林寨等【赖家下岱埔下岱上湾下湾上里乡大埕乡长美神前岭后】及海岛井洲等皆移并续迁共豁田地六百一十五顷有奇于大城所置重兵因界设守展界稍复今从黄冈营拨守诸汛【玖溪桥把总一兵二十名员头台五名峙头台五名五塘港五名狮头五名林厝五名草尾五名下尾五名竹林十名横山把总一兵二十三名南寻十名大城所都司一千总一兵一百六十四名上里尾十名红螺山把总一兵九名盐楼山五名鸡母澳把总一兵九名柘林守备千总一把总一兵一百六十名青山十名铁牛港把总一兵三十名】候阅定

大城所在县东宣化都凤狮合山之下洪武二十七年百户顾实筑周六百四十三丈嘉靖戊戌重修增廓五十三丈

大尖山在县东南百里峻如笔立为高埕栅之镇其东大埕栅有凤髻山左虎屿右狮屿相距半里许西大港栅有烟楼山【疏作盐楼山】南柘林寨有红旗山下为柘林澳皆邑险隘四栅之中设大城千户所其东南有鲤鱼山又二里有红罗山【疏作红螺山】港通潮水蟠蜒四十里柘林在其南暹罗日本及海贾尝泊巨舟于此黄冈镇城在饶平西南九十里宣化都去府城东南亦九十里正南去海十里嘉靖间知府郭春震建城周一千二百余丈门四国朝顺治十七年饶镇总兵吴六奇重建周六百五十五丈高一丈三尺坚厚倍昔以黄冈溪而得名黄冈溪有三源一源出九峻山南流五十里至县东南两山对峙为河门一源出桃源山北流二十里经县北城隍山一源出梅峰东北流二十里经县南天马山皆入于河门并行十五里至吴坑渟潴中有巨石如狮虎曰石溪又十里有盘石中起一窍出温泉曰汤溪流经灯塷溪会大榕小榕潘段三溪流十五里为黄冈溪分为三溪入于海有栖云亭在镇城之石壁山松筠苍翠石洞窅冥群峰环绕沧海在目一方胜概也余散人所筑自黄冈东南三十里为大城所更十里为柘林寨又东八里为铁牛港即闽界矣自柘林而南至南澳海程四十里自黄冈而东稍北二十里为分水关

柘林寨嘉靖四十五年提督侍郎吴桂芳题设指挥一员官兵一千一百七十五名兵船四十五遇汛出洋后以倭警更益兵千余

市头乡小洲也在黄冈西南五十里长十里广二里员头乡与市头相接系界内

井洲鸿门皆海岛在黄冈正南二十里周四十里隔水半里曰石狗门

海山岛在井洲东南隔水十余里周四十里

大金门小金门在海山外无田土

下尾溪一名水寨溪邑南四十里有程洋冈宋哲宗时场官李前于此凿溪东行十五里至神山会水寨溪

南澳山界连两省蜿蜒于潮之饶平漳之诏安绵亘二百里望之三峰如笔架下藏三澳曰深澳曰青澳曰隆澳延袤三百里田土饶沃舟楫为路有镇城南枕金山北控蜡屿云盖揭其东有古寺焉果老羊碍白牛鸡笼诸山迤逦而东散为前江后汐西阁诸村又东则为长沙尾南有白沙乌头诸村设走马舖戍兵所往来也西有内澳外澳及竹栖九闰诸澳则闽境矣有太子楼在城南旁有行宫故迹宋少帝驻驾之地也明王弼诗云叠石为楼云影平楼荒空有石峥嵘残基草长阴狐啸幽壑人稀野磷明少主羁魂悲海岛孤臣忠魄绕残营只今楼下潺湲水似为当年作怨声有侍郎屿宋陆秀夫后人家于此故名嘉靖间郡守叶元玉得陆氏遗谱于秀夫之裔孙大策兵燹之余仅存二叶中云侍郎墓在南澳山青径口又云公四子有曰繇者好渔猎被逐遂家于此及崖山之变秀夫尽驱妻子赴海而此支幸存其后子孙散处郡境云谱后有水村刘埙诗大策尝访其族人于海边沙冈耆老引大策入左畔青麻园指其地曰此学士馆遗址也其莲花石磉约丈许天井阶阑次第如故但青径之墓则不知其处矣侍郎为海州人大策家又藏有广陵牡丹图卷林霁山题诗云南海英魂叫不醒旧题重展墨香凝当时京洛花无主犹有春风在广陵霁山亦宋末义士也洪武二十六年信国公汤和经理粤疆奏南澳为倭薮请徙其人内地澳地遂虚【闽志云成化间徙】而粮额未豁正德六年知府谭纶奏以广济桥盐利抽补民便之自后海寇许栋许朝光吴平曾一本等先后据为窟宅而倭舶之入寇者盘牙杂处以互市为名广捕急则犇闽闽捕急则犇广匪茹纠结非复人境许栋者黄冈人也自幼为盗招集多人遂为渠率无子养谢氏子为子名之曰朝光分所部授之令抄掠潮阳招收场诸处而身往外洋嘉靖三十二年栋自日本归朝光遮杀之石牌澳尽有其众遂构巢澳中自称澳长官兵莫能制当事屈意招抚令居海阳之辟望村朝光拥众桀骜分遣其党据牛田鮀浦诸海口商贾往来给票抽分名曰买水朝光居大舶中击断自恣或严兵设卫出入城市忘其为盗也时又有何亚八者与其党郑宗兴王直徐铨方武潜引佛大坭国番舶入寇三省皆被其毒三十三年提督侍郎鲍象贤定西侯蒋傅遣副使汪柏指挥黑孟阳等督兵捕之擒亚八于三洲铨武宗兴次第授首于柘林诸处边患少息明年许朝光为其党陈沧海所杀三十七年倭据黄冈海寇许老等挟之为乱濒年不止四十二年倭复大至众号一万明年继至者又万余提督侍郎吴桂芳调狼土官兵四万五千福兵一万五千以申威营总兵俞大猷副总兵汤克宽总领之相持两月贼不得野掠少困官兵一胜之洑水神山再胜之大德港又会飓风三日倭艅自相撞击覆溺几尽而海寇吴平起倭之败散也余众不能军平收而有之退保南澳构巢以居流突神山古埕诸村及漳之悬钟事闻敕两省协剿总兵戚继光都司傅应嘉率兵深入捣其巢穴平乘小艓逸去或见其死于海岛抱枯树成槁腊焉而曾一本复炽曾一本者诏安人吴平之部曲也险狡多智数自杀参将缪印遂不可制总兵俞大猷使人诱降欲生致之一本觉其意因借以愚大猷挟大艘六十直趋大鹏一把总察其意色非是言于大猷大猷始仓皇修战备陈未定而贼发投火燃官船俱尽一本遂纵掠直抵广州题诗海珠寺壁以诮大猷扬帆竟去隆庆三年廷议特简兵部侍郎刘焘总督福建两广以讨之焘至会同闽抚涂泽民粤抚熊桴遣总兵俞大猷郭威李锡参将王诏等相机扑剿连胜之铜山悬钟莲澳一本手燃炮以击官军炮炸堕指并伤其足遂被擒伏诛其余党林凤林道乾等犹绵延不绝凤为官兵所逐走吕宋攻其玳瑁港破之筑城以守治战舰勾番人为入犯计万历二年闽抚刘尧诲侦知之遣人驰谕吕宋国主发兵讨捕凤势大挫逸入广澳总督侍郎凌云翼檄总兵张元勳副使赵可怀击之碣石破之又败之淡水洋凤遁走不知所终而林道乾遂据南澳与其党朱良宝魏朝义莫应敷寇钞诸路无虚月官军搜剿急道乾走交趾良宝据南洋总兵张元勳用攻车陷其垒良宝死于是总督侍郎殷正茂会同闽抚尧诲请设重镇于南澳外以夺海寇之巢内以绝接济之路左以伸闽之臂指右以固粤之门户又可以兴屯田开海利朝议然之遂设协守潮漳副总兵一员领战船十三兵六百余名令于南澳要地创城池建营屋以居粤之柘林闽之悬钟皆听其节制责令兼防两省往来讨逐无以寇氛流逸为解此镇城开设之始也万历四年总兵吴继芳建城周五百丈高二丈二尺门四自设镇之后兵民安处生聚殷富寇氛偃息比于内地而并海诸汛亦得息肩矣万历二十年粤帅陈璘巡历至其地见地力未尽课民种树璘捐资先种松苗四万杉苗三万以倡之官民因而踵成数年之间蔚然葱茂民居益稠有南澳种树记见志中时有章熙作南澳赋曰相彼南澳为潮边幅环大海滨枕金山麓浪澎湃而作声潮旁午而拖绿森森冥冥天连日沃元元寞寞魑形鬼物冰岸横飞雪崖磅礴乌岩如磬之堆白沙如练之束后宅如屏之张长尾如釜之覆淄头前钱竹栖猎隩左辅右弼湾湾矗矗大小彭山又有莱菔金山岐山远近侧目黄芒陈岐杳冥元谷柘林樟林苍苍郁郁九闰洋屿白牛西阁平原旷野水暖土沃可耕可猎有禾有谷先种后熟则谓之稑有实无稊则谓之䅉涯岩紫菜可当采菖燕窝藻粉不盈一匊至若海错尤难枚举阿罗一首十身如许鳛身

十翼鳞有毛羽鲎牝负牡鳍腹有子豚膏可燃命之懒妇白鲨吹沙又云射鲋乌鲗噀墨水黑如雾方诸珠垂车螯肉吐带彀玳瑁珊瑚火树将军大帽龟脚鸡距更有盐埕曳白如布网桁雨零如杙罝兔征其槽漏可充外府是山海之在南服也不过一勺之水一撮之土昔天兵之下闽广也罙入其阻谁敢予侮是故大国小邦外趋内附吕宋琉球南金大赂占城暹罗随波飞渡佛齐阇婆勿敢互贾真腊彭坑疾驰如骛粤自弃捐爰啸其旅蕞尔丘墟不隶疆圉是以日本倭奴西番丑卤狷獗凭陵跳梁跋扈据为巢穴孳育狐鼠有林道乾寨依河渡许朝光巢隆澳深处有曾一本薙草盘踞螟螟螽贼嬲偕哤杜胠箧探囊脍肝啖脯潢池弄兵洪涛驾橹凡我元元荼毒何苦台府奏闻圣皇赫怒授钺元老奋扬厥武剪其巨魁剿其终怙灭灶划垒鱼游鼎俎石画庙筹肇开总府相度土功版筑百杵巍巍金墉砻砻礌础高高牙纛森森什伍碍日蚩吻连云栋宇舢舻帆樯环匝钩琐千仓万箱峙积粻糈招集流携惠通商贾岛蛮胆寒喙息伛偻童童桑柘芃芃苗黍济济青畲亦知艺圃昔为獍巢今变邹鲁海不扬波功岂小补

附琼州府辖三州十县中有五指山乃黎岐所居而州县反环其外惟定安居中余皆滨海势不可迁但即滨海之村画界禁民外出自海口所历龙岐村【兴仁村调塘村演顺村】至丰华村为琼山东畔边自那豆村历溪尾村【云楼村林梧村茭塘村潮滩村抱凌村沙港村南海村南砣村青一村】至迈陈村为文昌边自冯家村历槟榔埇【排田村官塘村严村沙荖村山墩村欧村双万水村龙湾村旧地村苗美园村教村草塘村潭门村斗牛村】至旧县村为会同边自营内村历头稍村【得环村后埇村多坭岐村古留村招抚村竹仔罗东边田村西边田村下坡村岭村黄枝塘村下落尾村油潭散村买栏村】至沙尾上村为乐会边自南港村历多格村【青山营马容村横山村栗鬼村港北村那落村排田村青头仔村梅箩村翁坆村大塘村番蔨村乌场村下坡村上坡村草洋村保定村南道村乌泥村新潭村长山村东澳村龙保村】至苧前村为万州边自南海村历旧凌水村【乌石村杨梅村伽叶村田头村独岭村港波村多辇村多谋村黎奄村后岭村祖客村岭仔村大墩村桐栖村盐灶村番村鹰秋营】至土崛村为陵水边自抱驾村历竹科村【墩蔨村港头村老孔村老麦村番人塘污山村窑炉村沟赤陶村赤面村黄流村望楼村容村乐罗村新村九所村十所村罗马村四所村盐炉抱腊村五都盐楼保平港大小蛋村西厢崖州城玉皇庙官道新村多奥村多抛村黑泥村打保村三亚营港沙尾村董隆村多岸村荔枝村小桥营官道白沙屯村中间炉庄头村康鱼塘村灶上村藤桥营三丫村南港村窑灶村】至土库村为崖州边自北黎村历三所村【十所村高排村蛋村踏田村深田村】至海棠村为感恩边自水牛塘村历哥来村【小园村乌沙村蛋场村中间村居恨村英恨村沙村四更村马岭村】至孽障村为昌化边自赤里村历留村【�积村青豪村英田村神埇村买龙村邓屋村零山村握埇村东岸村港坊村沙兰村权顿村南吉村东场村鱼骨村水井村地村新坊村白沙穴村杨市村林屋村莪幔村下埇村盐丁村新英港村滴滩村沙地村赤海村南源村马兰村陈村公塘高山村那烟村羊会村苻村千埇村丘黄村三家村咸塘村半浦村缧车村海踢村涂屋村水流村察坊村山村盐田村烛石村会埇村薛屋方村大井村村兰村潭龙村南边村赵屋村黄姜村番浦村新地村新英村琶郎村白沙村苻村藤根村寨村茂根村南庄村镇远村黑石村打蜡村松明村沙沟村麦慢村顿色村打卜村顿楼村远村誓村笋根村木龙村安海村】至木万头村为儋州边自抱东村历博早村【沙螺村那岭村坡地村多怀村卷苏村居执村前南村王洪村】至兰木村为临高边自蛋场村历东水村【石硐村南楚村玉抱村】至三墩村为澄迈边自小英村历西场村【白庙墩】复至海口所为琼山西畔边周环立界二千七百里惟海口所津渡往来如故自余鱼盐小径俱禁断不行从琼州营拨兵摆边如内地候阅定

山海经离耳雕题二国皆在郁水南汉武帝始置儋耳珠崖二郡元帝时罢孙吴置珠崖郡于徐闻地以招远人竟不从化隋始开郡设十县又置儋耳临振二郡然元和志有之而隋书不载也惟诚敬夫人庙碑有赐临振县为汤沐邑之语今崖州是也琼山汉为瑇瑁县澄迈汉为句中县文昌汉为紫贝县感恩汉为九龙县隋大业中置昌化陵水唐贞观中改紫贝为平昌寻又析置万州临机二县今为万州临高琼山南境皆獠所居唐咸通五年遣辛傅李赵四将军提兵擒黎渠蒋璘等遂定其地置忠州显庆中复置乐会县于黎黑村元将朱斌深入黎穴得峒六百复置定安会同二县于唐忠州地

按史唐德宗时珠崖黎氏三世不宾岭南节度使杜佑讨平之盖蛮獠之长故为黎姓而后遂因之为号云或曰蛮谓山曰黎以其人环居五指山下故谓之黎亦作俚伊尹正四方献所谓损子产里是也【损子产谓食首产子蛮也里音黎】在内为生黎近外曰熟黎又有岐人即隋书所谓㐌也错居黎中黎人之俗男子耕农射猎女子蚕桑织

绩居常以吉贝为衣仅掩前后名曰黎埇椎髻额前女年及笄涅其面为极细虫蛾花藕之状间以淡粟纹谓之绣面男子亦纹臂股其富者男戴藤六角帽花鬘缠腰银环缀耳妇人戴花箬笠文领露胸加裹数重以五色吉贝为之得中国彩帛折取色丝和吉贝织之为黎锦黎单殊精好尝饮石汁酿安石榴花为酒地产香木其木类椿及榉栁叶似橘花白子若槟榔大如桑椹交州人谓之蜜香取者先断其根皮干朽烂而心与节不坏沉水者为沉香细枝坚实者为青桂香半沉浮者为鸡骨香形如马蹄者为马蹄香麄者为栈香有竹名簩竻为弩极劲或云出思牢国李商隐射鱼曲云思牢弩箭磨青石绣额蛮奴三虎力是也然其音又转为涩勒东坡有诗云倦看涩勒暗蛮村即知为琼产矣又有小马翠羽黄蜡之属多为服器所资与为市者必因熟黎以通于生黎亦有食宿其家与通有无者然重约信取偿必严大率岁加一倍一缗之逋累之十年即至千缗得负责者辄穽系之用荔枝木关其颈以勒索满数乃释其俗不知礼义作木栈以居蒙之以茅形如覆盆人卧栈上畜处其下男女无别尝以春月为秋千会淫歌相挑两相谐合即为匹偶父母不之禁也其送死凿圆木为棺卜葬以卵掷卵不破即为吉壤其村聚曰峒峒大者千家小者百余家峒各有主父死子继夫亡妇代多有藏先朝文告者性凶悖好斗木弓竹弦骨镞无羽射必命中刀槊不去手小失意即起而相击刺骁健耐劳苦腾踔险峻飘忽如风悍者或捕生蛇食之身尝蛇腥重报雠刻箭为誓射著梁上虽易世不除报已乃除将攻雠必先数日誓戒椎牛酗饮共为犬嗥自谓其先狗种呼之以冀冥助也其合战必令妇女从其后战已妇女竞出扶舆创残拾坠矢两不相犯谓雠止一家伤妇女则妇家亦为雠益树敌故不为也地出奇药伤者服一丸立愈死者密瘗之妻子相戒勿哭恶得不武名岐尤狼戾得内地人辄悬之以为射的使少儿习射或烹食之盖其居益深去王化转远几非人类也凡黎人岐人皆吏治所不及唐取黎地开忠州旋废宋初用李承矩为四州都巡检使拊循得宜民彝安靖乾道间小梗即用黎人王日存等招降之官日存为承节郎子孙世袭五指生黎归化者十余峒由是峒首多王氏有王二娘者饶财而得众心受封宜人为三十六峒主老无子请以女袭封许之庆元中通判刘汉初建社学劝率有方黎獠遣子受业终宋之世无大乱元初设黎兵万户府即用峒长典兵与州县争权相轧遂以开衅而海南脊脊多事焉至元十六年用安抚使陈仲达言大发兵遣都元帅朱斌深入黎巢刻石五指黎婺得峒六百立安定会同二县及万全一寨而还居亡何居野峒贼起主簿谭汝楫讨平之迨至顺间而黎獠王马同王官福王六具先后叛攻陷会同乐会万安文昌定安元统元年命参知政事完泽会兵讨之泽至军受贿取成罢兵自是元亦不振矣明洪武二年永嘉侯朱亮祖定雷州威声远振诸黎望风纳款独乐会小踢洞未顺命亮祖遣指挥耿天璧讨平之尽革元人之弊黎官子孙不得承袭乱风少止永乐二年崖州太学生潘隆请身往招黎授知县衔遣之招至七方等八峒生黎八千五百人及抱有等十八村已而巡按御史汪俊民又言招黎当用同类改遣宜伦熟黎王贤佑衔命以行与之约熟黎随产纳税一切徭役无所与生黎新拊者免产税三年于是诸黎接踵至招抚官率之以入朝皆优诏劳赐之历宣德正统相继不绝成化五年七方黎符那南叛都指挥王璲讨平之后十年其族人符南蛇复起围儋州昌化犯临高上命伏羌伯毛锐将十万众征之是时贼党相连结甚众官军战数不利指挥何清没于阵诸将皆谓必先剪外寇乃可深入锐曰不然我先捣其巢禽渠魁以令诸部谁敢不服所谓疾雷不及掩耳者也遂进兵分军为三令指挥钱璋将左军当蓬墟抱吉指挥马义将右军当落基落窑参将马澄由中道入越三日攻克新场海田头寨符南蛇尽锐出战中流矢赴水死余党悉平嘉靖二十三年鹧鸪黎陈那任等犯安海指挥张世延战死事闻命安远侯柳珣将大军驻雷州督参将程鉴等进战破峒二百七十斩首五千五百登黎婺山巅而还是役号为大捷然官军亡失亦多万历二十七年居碌黎马屎叛总督戴耀遣游击邓钟讨之钟分兵入定泉水焦而身攻礤门克之遂定居碌获马屎斩首千八百凡此皆用大众有战功可纪者也其余寇钞时有师亦屡出或无功或师退而旋聚不胜书粤人郎中吴会期给事郑廷鹄都御史海瑞及总兵俞大猷参将黎国耀等先后建议略言黎乱不止由于大创之后漫无经理向化之余贪吏启衅耳欲计久远莫若开十字道以贯其中竖以道里计之南北自府至崖千里东西自儋至万六百里为距海直径之数论其实自府南至沙湾三百里而遥自崖北至罗活三百里而近久为坦途度未开之路南北不过二百里东西则又少矣诚能相其溪壑平其险阻使官民往来周通四达则黎之险失而势涣然后开设州县置屯立戍舆图所载有汉时乐罗县址隋时延德县址唐时临川落屯县址宋时镇州镇宁县址皆在贼中不难循迹而复置也因拔其秀良被以文教禁挟弓矢以变其凶戾之习则黎人皆为编户而诛戮之惨可弭矣乃或以险阻瘴疠为疑不知黎境外若险阻内实坦平田皆膏腴闽楚亡命多逸入黎中室家聚居未始以瘴疠为苦也黎众与琼民较不过五之一行之有渐自不患其跳梁议者之说如是予按琼郡地腴而民朴稻三熟蚕八绵不产狼虎

而有香药文木之饶秀民挺生辉映史册明太祖谓之奇甸非虚也独黎人介处其间自外王化要亦犹夫人耳非如异类之不可格也汉人初开珠崖旋议弃之扬子云曰珠崖之弃捐之力也不然将令鳞介易我衣裳盖其憎疾之如此今竟何如耶元立黎兵万户府用反侧之人以备他盗假之兵权反使吏不得禁其召乱固宜明初用文告柔远而得少安利害略可睹矣至于开道之议王文成公尝用之平浰之后当时凿龙南山腹数百里以穿贼垒商贩度岭走番禺者皆乐其径直久之遂成康庄轮蹄既多伏莽永绝成效可覆按也旧志尝言黎婺山高出云表人迹所不到疑为天仙化人所居然朱斌程鉴尝登其巅矣乌睹所谓神怪者乎谓黎巢人不可至亦犹是矣略述历代拊循征讨得失之故著于编俾后之君子得览观焉

四月癸亥朔

甲子质明同学士臣石柱郎中臣张建绩主事臣殷特总督臣吴兴祚巡抚臣李士桢拜广东耕种防守事宜疏略曰臣等会查得广州惠州潮州肇庆高州雷州廉州等七府所属二十七州县二十卫所沿海迁界并海岛港洲田地共三万一千六百九十二顷零内原迁抛荒田地二万八千一百九十二顷零额外老荒地三千五百顷零应交与地方官给还原主无原主者招徕劝垦务令得所外有钦州所属之涠洲吴川所属之硐洲隔远大洋非篷桅大船不能渡仍弃勿开臣等宣布

皇仁百姓欢呼载道据州县卫所陆续呈报复业丁口三万一千三百有零承垦田地一万一百四十六顷有零其丁口姓名及抛荒老荒开垦屯田盐田灶田分别细数应听该抚造册另报照例起科边界既开无篷桅小船筏子准其捕鱼渔课盐课亦应照例起征惟海禁如旧先因迁界沿海多设墩台今既展复应将不紧要处兵丁归并紧要处议得钦州之龙门去州治五十里原系界外海岛小山交错水径周通可以行舟亦可藏舟为全省西南门户紧要此处多设水师可以兼顾钦州乾体而钦州乾体之重兵可裁应于龙门增设水师副将一员都司一员其钦州营游击一员应裁去其下守备一员千总二员把总四员兵一千十三名裁归龙门乾体营游击一员应裁去其下酌裁守备一员千总二员把总四员兵九百八十七名归并龙门共足二千之数以立龙门营防城界连粤西交趾从龙门营拨守备一员千总一员把总四员兵四百名驻守即于其中分千总一员兵一百二十名防守王光十万山如昔峒等处钦州应设城守从龙门营拨都司一员千总一员把总一员兵四百名驻札即于其中分千总一员兵一百二十名防守乌雷海牙山港等处乾体营官兵裁归龙门外尚余千总一员把总二员兵三百七十九名仍留本营即于其中拨把总一员兵一百二十名防守冠头岭大观港等处再从龙门营拨守备一员把总一员兵二百名驻札永安所防守白龙城珠场寨等处自防城以下四路官兵俱令龙门副将专管仍听廉州总兵官统辖从石城营拨千总一员兵一百名守急水炮台从雷州营拨千总一员兵一百名守乐民所再拨千总一员兵一百名守海康所再拨守备一员把总一员兵三百名守锦囊所再拨千总一员兵七十名守青桐流沙炮台海安所系渡海往琼州之津口紧要现设游击一员兵一千名应仍旧即于其中拨把总一员兵一百名分防三墩白沙等处从白鸽寨拨千总一员把总一员兵二百名分防双溪口库竹渡海头台等处海安白鸽二营仍令雷州副将专管从吴川营拨千总一员把总一员兵一百五十名分防麻斜限门等处从高雷总兵营拨把总一员兵五十名守茂名之那蒜台从电白营拨把总二员兵一百三十名分防赤山港山后港河口炮台等处自石城以下诸路仍听高雷总兵统辖从春江营拨把总一员兵五十名守白额港再拨守备一员把总一员兵二百名守双鱼所再拨千总一员把总一员兵二百名守北津寨从那扶营拨把总一员兵七十名守陡门港从广海营拨千总一员把总三员兵二百五十名分防横山长沙圆山铜鼓角诸处从新会营拨千总二员把总一员兵三百名分防崖门虎臀山外海嘴等处香山县之前山寨去澳门二十里在海边紧要设有副将官兵二千名应仍旧但向来止驻县城未赴汛地应量留都司一员千总一员把总一员兵四百名防守县城余兵一千六百名及本副将应令移驻前山顺德县系省会西南水路门户紧要设有总兵官兵三千名应仍旧自春江以下诸路仍听顺德总兵统辖东莞县之虎门寨在海口去县六十里系省会东南水路门户紧要设有副将官兵二千一百八十名应仍旧但向来止驻县城未赴汛地应令移驻虎门即于其中拨千总一员把总二员兵二百名分防横当炮台山前炮台三门炮台诸处从新安营拨把总一员兵一百二十名分防碧头台嘴头角南山台北佛堂等处虎门新安二营仍听左翼总兵官统辖从惠州营拨守备一员千总一员兵二百名驻大鹏所分防老大鹏等处再拨都司一员千总一员把总一员兵二百名驻平海所分防盘圆口稔山汛等处大鹏平海二路仍令惠州副将专管从碣石卫拨千总一员把总一员兵一百五十名驻墩下寨分防青草头鲘门港再拨游击一员千总一员

把总一员兵六百名驻捷胜所分防扁涌湖大德港乌墩港等处再拨守备一员把总一员兵一百五十名驻甲子所分防湖东港田尾山等处墩下甲子二路令捷胜游击专管从惠来营拨把总一员兵一百名守神泉港再拨守备一员把总一员兵二百名守靖海所兼防小黄冈自墩寨以下五路仍听碣石总兵统辖从海门营拨千总一员把总一员兵八十名分防河背炮台猷湾等处从潮阳营拨把总一员兵五十名分防桑田堡等处达濠新设副将官兵三千名原非经制部议令于全省额内通融酌裁今经总督题留在全省额内裁去三千名以合原旧总额查达濠虽系要地但在碣石潮州之间两地各有重兵而达濠又置三千之戍浮多况现议设守南澳足以壮潮揭声援应将副将及都司二员守备二员千总四员把总八员兵二千名裁去止留守备一员千总二员把总四员兵一千名改设游击一员以领之即于其中拨把总二员兵八十名防河渡河磊石门从潮州营拨把总一员兵五十名防守青屿海口从澄海营拨都司一员千总一员把总一员兵三百名驻蓬州所分防溪东港鸥汀背等处再拨守备一员千总一员把总一员兵二百名驻南洋分防樟林山头仔等处从黄冈营拨都司一员千总一员兵一百名守大城所再拨守备一员把总一员兵一百名守柘林寨再拨把总一员兵三十名守分水关自海门以下诸路仍听潮州总兵统辖南澳海岛离岸四十里系粤闽接壤之区全省海疆东北门户扞卫潮漳最称紧要应设官防守但经部议令粤闽督抚提臣会议具题不便遽议俟臣等至闽会同将军施烺于闽省议设兵防之日再议具题至于附近海岛洲港既已给民耕种应听地方官酌拨官兵防守自防城至分水关沿海防守兵丁共一万肆百名琼州府孤悬海表辖十三州县黎人居其内周围二千余里设有总兵官官兵四千六百余名海口所北渡襟喉设有水师副将官兵一千二百名应仍旧至边海水师应设船只听该督抚另行议题所裁副将游击都司守备该督给文赴部候补千总把总留于本省遇缺补用其添设龙门副将一员都司一员达濠游击一员听部照例推补可也

屯田设于明初因明太祖初得金陵民无定居耕稼尽废粮饷匮乏命诸将分屯龙江诸处自后渐推于天下广东之制定于永乐二年大约每所设指挥一辖千户五每一千户辖百户十每一百户辖总旗二小旗十旗军百凡一百十二人为一屯五千六百人为一所其定额也然亦有一百户而止辖旗军七八十名者一千户而所辖百户或七或五或三者一指挥而止辖两三千户者每旗军一名给田二十亩计其所入约米十八石令以十二石自养六石输官为操守班军之饷小旗则每名给田二十二亩总旗又益至二十五亩而输官皆止六石用以厚之正统间复令每军给种子一石每两军给耕牛一头其更番之制以三分上班七分屯田上班哨守则又有每月月粮一石行粮四斗五升之给初制未尝不善也其后日久废弛官军往往盗卖卫所腴田半为豪民占夺所存荒瘠不足输官枵腹挂名而已甚有田已去而军籍存日久而迷其所卖之主以致不耕寸土而空输每亩三斗之籽粒者本军贫不能纳则扣其伍军之月粮又益以官舍之赔累军政遂以大坏贫军困不能支请改折请丈量纷纷不已于是有水坍砂压荒占迷失之籍量减科粮至每亩一斗参差不等国初尽罢卫所屯军籍昔日之屯田领于县官纷纭一洗然籽粒之征仍为每亩三斗视民田数倍军户畏避逃窜日益荒芜元年画界濒海者多在界外八年展复犹未尽开十年廵抚刘公秉政悯军丁困苦疏请减额照民田上则起科每亩八升八合八勺一抄见于省志今屯册所载犹用旧额未暇深考其迁移田土之数除垦复外现在给民者广州左卫田地五十六顷零广州右卫田地七十九顷零广州前卫田地四十三顷零广州后卫田地七十三顷零广海卫田地六十五顷零新会所田地二十二顷零新宁所田地七顷零香山所田地一十四顷零南海卫田地一十八顷零东莞所田地六顷零大鹏所田地一十五顷零碣石卫田地五顷零甲子所田地三顷零平海所田地一顷零潮州卫田地一十二顷零澄海所田地五顷零大城所田地一顷零宁州所田地一顷零雷州卫田地三十二顷零海康乐民所田地四十顷零已彙入州县民田之中因分隶不定附载于此

洪武二年设广东海北二提举盐课司广东提举领十四场曰靖康属东莞县曰归德曰东莞曰黄田皆属新安县曰香山属香山县曰矬峝曰海晏皆属新宁县曰双恩属阳江县曰咸水曰淡水皆属归善县曰招收属潮阳县曰小江属饶平澄海二县今黄田并入东莞咸水并入淡水止十二场海北提举领十五场曰白沙曰白石曰西盐白皮曰官寨丹兜皆属合浦县曰蠶村曰调楼皆属遂溪县曰武郎属海康县曰博茂属电白县曰茂晖属吴川县此海北九场也余海南六场皆属琼州又海丰县有石桥场【见册】惠来县有隆井场【见志】则初制所无也其歳额有出之灶户者有出之水客者有出之商人者在场煮盐者为灶户有日办三斤夜办四两之课赴场买盐者水客有生盐熟盐抽价之课从客受盐而行之赣吉南安诸府者为商人有正盐余盐纳引之课灶户之课征之两提举司水客之课榷之神安斗口诸埠商人之课收之浛洭厂广济太平二桥军国之需颇赖以济国朝仍明之旧元年迁界诸场多

在界外仍许灶户单身出界熬盐然亏课甚多三年后无征盐课八万四千五百八十三两有奇略居原额之半展界后渐增二十一年尚缺七千七百九十一两有奇未入题奏乃各场地名多与迁界相出入附志于此备参考焉

卷四

四月癸亥朔始毕粤事次日甲子自潮州发九十里至黄冈又二十里至闽界之分水关诏安境也闽抚金公鋐候于关口先行请安礼乃及闽事议自分水关始循海而东历漳泉兴福而至福宁州

按闽地为中国之东南隅而岛番日本正直其外元明以来时有寇扰故海防为尤重其地在周秦时为越国之支封汉元鼎间始列郡县然兵制不可考吴长沙王孙策始立南部都尉于建安晋置典船校尉于福州唐开元十九年设泉山府兵至德间复置经略宁海二军宋置崇节保节二军指挥及兵马都监皆统之于郡守故当时典郡者有郡将之名元设万户府明高祖洪武二十年命江夏侯周德兴经略海上置沿海五卫十二所曰福宁卫领大金定海二所曰镇东卫领梅花万安二所曰平海卫领莆禧所曰永宁卫领崇武福全金门中左高浦五所曰镇海卫领六鳌铜山悬钟三所其隙地支地控驭所不及者更置巡司以承其弥缝焉陆路之防既固又作烽火南日浯屿三水寨拥战舰以备蹑寇之用景泰间尚书薛希琏奉命巡阅复增小埕铜山二寨谓之五寨互为首尾迭相呼应而苞桑之筹益密嘉靖四十二年巡抚谭纶以倭警屡作议设总兵及三路参将以福宁为北路兴化为中路漳州为南路而重五寨之权各置钦依把总以三旧寨为正兵二新寨为奇兵定为分合哨守之制积弛一新隆庆间复设浯铜海坛二游总万历四年始设南澳副总兵又置悬钟游总隶之于是五寨三游各据要害颇称良法矣福宁州北界浙省东临大洋背倚丛山上游之要枢也故于烽火门置寨曰烽火寨外以联络浙兵而福宁卫大金所协守于内福州之闽安镇绾毂海口番舶商艑交通群聚省会之门户也故于连江之定海所置小埕寨隶于南路而镇东卫梅花所协守于内兴化地处东南之隅曲倭艅入寇独当其冲闽海之腰膂也故于莆田之东环屿置南日寨而平海卫及万安莆禧二所協守于内泉州外连金厦控引彭湖东番【即台湾】匪茹纠结相倚为奸右掖之岩险也故于晋江之外洋置浯屿寨隶于南路而永宁卫及崇武福全金门高浦中左五所協守于内漳州西界粤省前倚南澳东连金厦游氛往来控制不易瓯粤之襟喉也故于诏安之井尾澳设铜山寨而镇海卫及六鳌铜山悬钟三所協守于内明代兵制略具于此崇祯间海寇刘香老为崇继以郑芝龙边境骚然多事其后芝龙就抚授为潮漳总兵资其扞御海疆稍靖国初芝龙入朝其子成功复叛以金门厦门为巢出没于同安海澄之间王师扑讨同海漳泉皆宿重兵或驻满甲不复因仍旧制后颇议款而成功益肆陆梁会上初即位诛芝龙下诏诸将一意讨贼兵部尚书蘓纳海奉命迁界自省城闽安镇始北抵浙界之沙埕六百七十里南抵粤界之分水关一千一百五十里通为闽边一千八百二十里筑塞固守禁民外出其入海之水曰潘渡河曰铜镜河曰廉村河曰洋尾河曰大梅河曰赤头河曰云霄河曰开溪河皆断而守之昔之寨游卫所大率皆弃置是时靖南耿藩提兵一万自粤徙镇而又从纳海之请加兵七千以壮居重驭轻之势规制一变康熙八年都统济实奉命安兵稍拓旧边然斗绝之境及诸洲岛犹弃不守实又请益兵上不许止令移闽安一镇于海澄而以戍守闽安责之藩属既而海逆内讧窃踞漳泉旋即迅扫荡平尽收旧境于是提镇诸营皆移海外而内地之守星罗如故焉今各营现在抽防内地者则有

诏安营游击一守备一千总二把总四兵一千名【旧额】云霄营参将一守备一千总二把总四兵一千名【旧额八年曾驻总兵】

漳浦营总兵一游击三守备三千总六把总十二兵三千名【八年移漳州总兵刘炎防守漳浦悬钟等处驻札云霄后分设二处】

漳浦城守营参将一守备一千总二把总四兵一千名【八年系游击】

海澄营副将一游击二守备二千总四把总八兵二千名【元年以前不拘何处调兵三千防守元年议移汀镇兵二千又加一千共三千名防海澄其汀镇另设后改用水师提督领兵四千防海澄八年提督奉裁兵归陆营另移闽安镇兵三千防守海澄】漳州营总兵一游击三守备三千总六把总十二兵三千名【旧额】

漳州城守营副将一游击三守备三千总六把总十二兵二千二百名

灌口龙江营参将一守备二千总二把总四兵九百名【灌口属同安龙江属漳州】

同安营副将一游击二守备二千总四把总八兵二千名【八年前因海上投诚兵一千八年又加一千】

泉州陆营参将一游击四守备五千总十把总二十兵五千名

泉州城守营参将一守备一千总二把总四兵一千名

惠安营参将一守备一千总二把总四兵八百名

兴化营总兵一游击三守备三千总六把总十二兵三千名

兴化城守营游击一守备一千总二把总四兵一千名【八年设二千名】

福州蒜岭营守备一千总一把总二兵二百名福清营游击一守备一千总二把总四兵一千名【旧从长乐调兵五百名元年议归并长乐另设兵一千防守福清】

长乐营游击一守备一千总二把总四兵一千名【旧分五百名守福清元年归并长乐】

闽安陆营参将一守备一千总二把总四兵一千名【旧额陆营三千名元年加水营一千名总兵一八年调陆营守海澄】

连江营游击一守备一千总二把总四兵一千名【旧设兵一千分五百守罗源元年全调防罗另设兵一千守连江】

罗源营游击一守备一千总二把总四兵一千名【旧从连江拨兵五百名驻防元年全移连江兵一千驻防】

福宁营总兵一游击三守备三千总六把总十二兵三千名【旧额八年同】

桐山营游击一守备一千总二把总四兵一千名【元年议福宁州地阔兵单应再添一千名择要害驻札】

共二十二处其全营驻札不分调者则有

分驻厦门海澄水师提标参将一游击四守备五千总十把总二十兵五千名

驻札铜山总兵一游击三守备三千总六把总十二兵三千名

桐山城守营游击一守备一千总二把总四兵一千名

驻札厦门总兵一游击三守备三千总六把总十二兵三千名

驻札金门总兵一游击三守备三千总六把总十二兵三千名

浯屿营游击一守备一千总二把总四兵一千名

晋江营游击一守备一千总二把总四兵一千名

围头营游击一守备一千总二把总四兵一千名平海营游击一守备一千总二把总四兵一千名

海坛营总兵一游击三守备三千总六把总十二兵三千名

驻札镇东卫闽安镇副将一游击三守备三千总六把总十二兵三千名

凡十一处诸汛地多向所不守以新定添设重兵与内地并存候阅定

乙丑粤督臣兴祚抚臣士祯并诣行帐行请安礼北向跪兴祚奏曰臣自县令蒙皇上特恩擢臬司迁巡抚升总督先在闽中鲸鲵未靖臣曾捐躯血战比至两广岭表初平分遣将士剪除余孽今仗天威境内安堵臣于疆场之事无可效力惟有洁已爱民赤心报国严加防守以固封疆伏祈天使代奏士祯奏曰臣蒙调巡抚幸遇升平时和年丰境内宁谧但沿海居民虽经展界因海禁森严尚怀疑畏开垦无多今蒙皇上特遣大臣将沿海田土给民复业所至欢声载道三月之间遂已开垦一万余顷皆由皇上至仁普覆大臣宣布得宜故能如此神速其余尚有抛荒田地一万余顷臣等当率各属捐给牛种资助贫民不过数年可以全复至于沿海小民多以捕鱼为活应许其小艇轻筏附近采捕庶饥困可苏伏祈代恳睿鉴允行臣受辞谨识之二臣臻顿首辞去又行三十里止诏安是日兴泉道丹达礼云霄参将袁廷芝至

丙寅共登梅洲之八尺门望铜山

漳州府属县十滨海者四曰诏安曰漳浦曰海澄曰龙溪龙溪附郭元年画界自粤界之分水关历赤南山【凤山亭大兴寨】至梅洲寨为诏安边边界以外斗入海三十里悬钟所附海十五里西张西岐岭十里竹港梅岭皆移共豁田地三百八十四顷有奇又平和县豁免田地二十五顷错壤也于梅洲寨因界设守八年展界安兵十一处【分水关五十名十八葛十五名琉璃岭五十名白马坑二十名赤南山十五名洋林村千总一兵一百名洋尾桥龟山把总一兵四十名华寮十名悬钟嘴五十名梅岭千总一兵二百五十名梅洲游守千把各一兵五百名】今从诏安营拨守四汛【分水关把总一兵五十名洋林寨千总一兵一百五十名东洋尾河十一名龟山三十名】又从漳

浦镇右营拨守八汛【悬钟把总一兵一百五十名梅岭把总一兵一百名菜园浦十二名公子店三十六名梅洲寨游击一千总一兵二百五十八名八尺门千总一兵一百名江头汛七名烈屿八名】候阅定【烈屿误应作鼠屿】

诏安县宋为南诏场有临水驿元至正间右丞罗良命屯官陈君用城之弘治间置千户所正德间设捕盗通判寻废嘉靖九年设县治相传名南诏者乃以风景类滇南云

龟山在县西南二十五里上有巨潭祷雨多应有石洞可容数十人山之西有潮漳分界巡司度象头而止山外即潮境矣

洋尾山有石井中有两孔旱潦不涸溢

真武山前有官屿其形如龟后即洋尾石桥其形如蛇

大南山与龟山绵亘数里若巨屏然其巅产兰疑【即赤南山】

梅洲有大陂溪经马洋至大陂南绕梅洲村复抵渐山入海渐山在县东五十里高峭千仞顶分二峰有潭深不测宋进士翁待举陈景肃杨仕谨仕训读书其中种榴数百株号石榴洞绍兴间有吴大成者当秦桧柄国时隐居是洞讲明正学与莆田相陈俊卿游处仕训考亭门人也待举葬其旁之甘岭山土人号曰知州山以待举尝知琼州军故也今于梅溪筑砦以守梅河绕其南渡河为大梅山更南即海口名八尺门渡海面五六里得大洲金石洪淡二巡司及走马溪在焉其东即铜山矣

走马溪距悬钟梅岭各二十里

南澳游故设钦总一员官署二一在南澳镇之太子楼一在悬钟所之宫前澳领战舰三十四兵九百十八名彭山云盖寺走马溪其汛地也太子楼在镇城之东有后宅城闽人传海寇林道乾和人血筑之

彭山有三岛其居人四姓有上彭中彭下彭之别在云盖寺东大洋中水深三十余托倭冠闽粤来往所必经

悬钟山斗入海中形如覆钟相属处如华萼亦为孤峰旧于其处置所城为周江夏所建操屯军一千一百九十名在诏安东南二十里有果老山在城中四面八山连环相向其南有宫前澳一名胜澳即游兵营汛防所驻也澳内可泊南北风船百余又有东山望阳台环所为洲者七曰蛤洲猎洲敏洲红洲卧冈洲陈洲蛇洲南三十里为粤之柘林东行半潮水为鸡母屿

甘山一名柑山在铜山南海中二山相对有大柑小柑之名山上有井水独淡相传仙人遗柑其上山下水深二十余托东番彭湖倭贼往来之区中有一礁曰羊礁舟至此宜慎用单坤针三更可至南澳旁有四屿曰虎仔曰南村曰崎曰犬眠而柑山最奇远望若一小髻天将风雨状态百变若屏若屋若狮象之形

川陵山在铜山南半入于海相传宋帝昺南渡将都南澳筑此为东京地陷为海至今城堞尚存自山巅向海莫穷其际有屋材竹木时时浮出潮退后居人驾舟取以为薪其峰秀耸号曰苏尖又号苍陵又号东山其东隔海山若列屏曰杜浔科第踵出与是山相接者曰虎冈山峰峦秀丽曰揭榜山东湖水出其下

是日行七十里止云霄丁卯行八十里止漳浦

元年画界自梅洲寨历油甘岭【高塘洋云霄镇大梁山高洋口苦竹岭秦溪村荔枝园浯江桥赵家堡张坑】至横口为漳浦边边界以外斗入海四十里月屿二十里旧洋附海三十里虎头山十五里埔头十二里后葛司十里洋尾桥杜浔七里旧镇皆移共豁田地一千一百六十三顷于荔枝园高洋口因界设守八年展界安兵二十三处【大水窟三十名树洞把总一兵一百五十名长坑二十名云霄南岸廖家桥把总一兵一百名北岸荷步千总一兵二百八十名廖家楼炮台二十名屿头二十名杜浔游击一千总一把总一兵三百八十名南山十名眉田寨把总一兵八十名苦竹十名荔枝园千总一兵一百三十名旧镇十名下屿十名黄家寨把总一兵一百三十名保安二十名赤水十名台山十名南山十名赵家城游击一把总一兵一百七十名将军岭千总一兵一百六十名大帽山南鸡冠山二十名高山二十名】今从云霄营拨守八汛【山尾十名埭仔头十名廖家楼把总一兵五十名高塘十名荷步千总一兵六十名北屿十名下寨十名埔仔五名】又从漳浦镇中营拨守八汛【石峡仔十名屿头四十名杜浔千总一兵二百名青墩把总一兵七十名杏仔三十名南山二十名山头庙三十名眉田寨把总一兵一百五十名扈头礁三十名】又从漳浦城守营拨守四汛【旧镇把总一兵六十名六鳌五十名南景把总一兵五十名赤湖千总一兵六十名】又从漳浦镇左营拨守六汛【镇海卫内大坑把总一兵五十名积美千总一兵一百名东坂把总一兵三十名连江千总一兵一百二十名崎沙把总一兵五十名镇海卫游击一把总一兵三百五十名】候阅定

漳浦古名绥安县孙吴永安三年置地在今云霄镇晋时犹存南越志云绥安县北有连山昔越王建德伐木为船其大千石以童男女三千人举之既而人船俱坠于潭时闻拊船有唱唤之声往往有青牛驰而与船俱见一名越王潭绥安县不知何时废唐垂拱二年复于云霄之梁山下置漳州漳浦县以漳水出其南故也开元四年徙于李澳川即今治也原属附郭贞元二年徙州治于龙溪始为支县

李澳川其源有三一自平和五寨一自南靖龙岭崎溪一自盘陀岭九曲溪汇流于此川

云霄溪源出平和南径云霄镇一名西林溪

绥安溪在县南八都东流合于李澳川

漳江自西林出海水自铜山来迎之清浊合流而成章故名或云陈将军谓此水如上党之清漳故名

梁山在县西南三十里有九十九峰其高千仞亦称梁岳开元中钟绍京作尉择其可名者二十四峰以莲花山为中峰有齐帝石齐武帝所赏也帝尝仕宋为赣令晋安王子勋反纠之不从被囚南康郡狱族人萧欣祖门客垣京等破械迎之出避难揭阳因至此有水晶坪以产水晶而得名有晋亭峰以葛洪居之得名开元十二年十一月朔旦山出祥云如天仙佛像麟凤花草之状弥亘百里经月方息是时天子封禅泰山都督辛子言以闻宋议郎吴与居于山麓多异书云霄山去梁山四十里以其高耸故名一名大神山俗呼大臣山山下即云霄镇山后有玉女仙人二峰将军山在云霄城西与大臣山隔溪列峙唐戍将陈元光居此元光字廷炬固始人父政以功拜玉钤卫翊府左郎将高宗总章二年泉潮间蛮反政领岭南行军总管事出镇绥安故地与许天正卢如金等三十人入闽保九龙山后得五十八人姓为援进屯梁山外之云霄镇卜居火田村令如金屯云霄之修竹里仪凤二年政卒元光代领其众元光通儒术习韬钤年十三举乡荐第一及领州事广寇陈谦结蛮酋苗自成雷万兴等攻陷潮阳元光讨平之永徽间岭南盗起循州司马高璇令元光赴潮潜袭寇垒俘获万余岭表悉平进岭南行军总管嗣圣二年请建一州于泉潮间益七闽为八许之以元光父子世守南土边民畏服令建漳州漳浦郡于绥安世守刺史元光又请以部曲马仁等为司马从之境内称治已而苗雷余孽复炽元光讨之为贼将蓝奉高所害事闻赠豹韬卫将军追封颍川侯后以数著灵异历朝累封灵著顺应昭烈广济王子珦字朝佩先举明经授翰林承旨学士及元光被害率武勇袭杀蓝奉高奉朝命代领州事凡十九年卒谥文英子酆字有芑举秀才授宁远县令州人以刺史殳伯梁不能其官诣阙举酆代领州事许之遂命为中郎将漳州刺史受事二十九年卒谥忠宪陈氏四世守漳皆能得民心至酆子谟而失其官朝命柳少安为刺史犹命谟以中郎将检校本州别驾少安令谟白观察卢谌议建州治于龙溪得请州治遂移而漳浦县治李澳川如故谟后复以平广寇功兼漳州刺史今将军山下有陈王墓盖元光葬父政处相传葬后相冢者言山有王气元光改葬大峰山以避之宋宣和间有佣人林机诣县官言陈王将徙冢反云霄有砖一坎在普贤院请遣五百人徙之发验果然遂为徙砖诣故葬处越数日居人望见有数百人群作即之独机在耳久之又见有旗帜鼓吹自峰山下趋视之则新冢成矣由是居民益以为神山傍有火田溪即政初徙处也民至今烧畬以田淳佑志载李氏者闺媛能诗有汲水诗云汲水佳人立晓风青丝展尽辘轳空银缾触破残妆影零乱桃花满井红又书怀云门对云霄碧玉流数声渔笛一江秋衡阳雁断楚天阔几度潮来问过舟其地又有灵著王试剑石

盘陀岭梁山之支垄为入粤孔道旧置盘陀巡检司汉为南越之蒲葵关唐李卫公德裕贬岭南过此作诗云嵩少心期杳莫攀好山聊复一开颜明朝便是炎荒路更上层楼望故关宋世号葵冈岭有无象庵在其下前此山多逸象为暴有头陀吴姓祖华者构庵久之民居日稠象迹遂绝因以名

台山高数百尺平坦如台近视与诸山齐海上舟人望之则见其特出群

峰上大帽山在县东北八十里高耸圆秀林木蓊郁顶有黄茅若戴帽然又名戴帽山上有玉川瀑布新村石鼓龙漈潭宝珠石诸胜又有天湖悟道普陀金山碧石龙云石狮弘道八岩北行则为海澄南行则为镇海卫

铜山所在五都一名东山明初易今名自县西南一百二十里至其地纵横各百里有城周江夏所筑故设操屯军一千一百九十名又有水寨钦总一员统战舰四十五兵一千一百七十七名先置于井尾澳景泰间移此城依古楼山为固三面阻海势绝险嘉靖间海寇吴平引倭攻围数月不能下自来科甲不绝称文献区古楼三峰中峰有南溟书院东峰有东璧书院城东西二澳各藏南北风船百东澳有塔寺曰东门澳上多怪石产诸药品有石室可容二十余人一石如船一石如人戴笠其下激浪狂涌俗呼大惊门更东有五屿相错所谓铁钉鸡心虎窟空及铜坑铜钵也藏北风船十余南一山高耸曰苏尖泊北风船十余更南曰鲎殼澳泊南风船三十余更南为宫仔前泊北风船五

十余折而西为士员屿走马溪泊南北风船五十余商人往来及贼舟之自东番彭湖来者必于此收泊南会哨于悬钟北会哨于浯屿六鳌古雷井尾镇海皆其汛地也

鼓雷山在县东南五十里一称古雷高出秀耸为铜山外翰有古雷后葛二巡检司由杜浔后葛油澳以达于古雷皆并海曲行峻崖险绝盖其地斗入海中如伸一臂也山瞰大海潮声时至有如雷鼓相传葛洪尝炼丹其上石灶犹存后葛所以名也下有井旁多茶树相传宋幼主尝于此汲水煮茶掷弃余滓久而蘖生成林也山根多恶礁舟触之立碎南北泊船皆可二十余天启癸亥红夷尝至

沙洲在铜山东南海中泊北风船二十余为大洋外蔽商贾多行其里西北对峙者曰杳澳近古雷可泊南风船五十余万历己未贼袁进孝李忠率六十舟于此就抚

东墙菜屿在沙洲东北海中二屿相邻而菜屿在其内冬月石礁涸出皆生紫菜故以名内有井仔澳泊南北风船三十余六鳌所在县东六十里如巨鳌戴岳亦曰鳌山有城周江夏所建操屯军一千一百九十名澳口有沙线水落乃出可泊南北风船三百余线外又可泊五十余内通旧镇为萑苻出没之区城东北五里许一山崛起曰虎头山可泊北风船三十余

扈头礁苦竹寨眉田寨皆在其内万历戊申红夷驾夹板船入虎头山虏一防弁至天启三年又至盘踞匝月五年为贼钟之鹏所据广贾路绝久之乃通其下有双石生海中大浸不没又有双洲如门广船入闽必经此

将军澳在东墙之西可泊北风船四十余下有礁曰将军礁舟舶遇之辄碎滨海人多乘桴以取蜡相传陈元光尝驻兵于此或云古闽越王号驺力等为吞汉将军使据险拒汉故以为名未知孰是海中岛屿甚多可指者曰鱼肠屿通鹿溪曰竹屿有居民数百家曰石城屿乱石欹垒若城曰大桑小桑土宜桑而人业渔今人多呼大嵩小嵩也有浮沉屿视潮涨减为小大涨若沉减若浮又有大澈小澈之属嘉靖九年正月海中诸峰忽没不见顷之三山并为一峰屹立摩空作楼台之状三日乃已盖蜃气云

青山巡检司在将军屿之北亦一山斗入海者自丹灶山铁灶坑南行三十余里平沙漠漠可泊南风船四十余折而西为灯火墩亦可泊南风船

井尾巡检司在青山北南距鸿江四十里可泊船百余内通白石赤湖佛昙桥萑苻所出没澳口多礁巡船必避之非潮至八九分不可入鸿江者黄如江也讹为鸿儒其出海处曰鸿江澳亦名鸿儒屿天启辛酉于其地设游兵营把总一员乙丑又设陆兵一营澳口多礁惟浅船可入又不利南风夏至后巡船辄弃井尾去防守孤弱窥窬益多有愁城之名

镇海卫在鸿江南十里有城周江夏所筑操屯军四千九百名城三面环海太武山拥其后登云龟岭鸿岐五星诸山环其旁鸿江绕其南东碇南碇浮于前如龟鱼泛水城中有山曰后山古山昭山曜山苍山又有七星井柳树井民居蕃富科第不绝太武山去卫五里一名太母山上有太武夫人坛相传闽中未有生人时夫人独先居此列仙传云皇太姥闽人婺女之精即指此也其山周百余里高千仞登其巅东望大海无际漳郡诸列城指掌可数其名胜有浴仙盆仙人迹旁大石刻象径云根洞五大字有延寿塔营构甚工可坐十数人高数仞海舶望为标的有紫石佛高约三尺其质苍白上现紫点如粟有小石城曰秦建德城又有锦亭峰石钟楼九霄岩石眼泉及涅盘马蹄百丈仙灶诸石焉卫左一石臂横亘海中曰岐尾臂之南北皆可泊舟然非风便利北船不得历尾而南南船不得历尾而北一遇撞捽必立碎也东碇在东北南碇在东南水皆深三十托贼自彭湖东番来者必以二碇为标从二碇用未坤针四更可达大小柑山也卫之东门常塞有谶曰石狗吠金鸡啼东门开贼就来嘉靖辛酉一开而饶平贼张连卒至陷城大掠而去其旁有半洋洲在水底东接龟岭西接南镇屿如遇风晴见白浪一条长百余丈亦名白玉礁岐尾之北有白坑冬月北风飞沙四集一望浩然故以名西望中左北望料罗近望东碇远望围头皆历历也澳内可泊北风船百余彭湖游汛常于此发棹焉又北为岛美今曰积美实岛尾之讹耳旧有岛尾巡检司属海澄县卫城中有镇抚司署及五千户署豫备仓军器局儒学旗纛庙又有东瀛书院祀朱子又有陈布衣周翠渠两先生祠布衣名真晟字剩夫其先泉人笃志正学天顺中诣阙上书翠渠名英字梁石其先莆人尝知广德州投绂归与布衣同时讲学镇海故戎垒自有两先生文风始盛两家之先亦以戍至后遂占籍而长子孙也嘉靖中一斋丰先生熙由翰苑谪戍于此始白当事祠两先生惠安张岳为立碑产石蛏生海底石孔中类蛏圆尖上小下大殼类竹蛏而更红紫石孔本小蛏长孔亦随大海人用小铁錾破石取之

戊辰行九十里止海澄施将军烺自厦门来会

己巳漏下四鼓同登赶缯船过圭屿涉海七十里至厦门

元年画界自横口历洪礁【独石山关厢村蔡家庄】至三义寨为海澄边边界以外附海十七里陈辉村十二里甘辉村七里太江等皆移共豁田地七百八十四顷有奇于石马洪礁团山三义寨因界设守八年展界安兵八处【团山把总一兵一百名太江二十名圳尾千总一兵二百三十名娘妈宫千总一兵一百二十名中权关口三十名上恒泥港十五名石马十五名福浒二十名】今从海澄营拨守五汛【三都把总一兵五十名后境把总一兵二十名橄榄岭四十名青埔三十名海门山十五名】又从漳浦镇左营拨守三汛【石马游击一千总一把总一兵三百一十二名福浒千总一兵一百四名三义河千总一兵一百二十六名】候阅定

海澄故为龙溪漳浦地嘉靖九年都御史胡琏以奸民多阑出通番者请置安边馆于海沧委通判一员驻理而阑出者益不止二十五年都御史朱纨用副使柯乔议欲以海沧月港等澳耆民充捕盗备倭都指挥黎秀独以为不可已复上议曰近署安边馆乃益知奸民曲折其船皆造于外岛泊于外澳或开驾以通番或转售于贼党而嵩屿长屿渐尾海沧石马许林白石等澳在在皆贼之渊薮也不亟穷治恐益滋蔓议上忌者群毁之秀坐免官亡何倭果大炽遂改安边馆为靖海馆二十九年闽寇大起多据地以拒捕而月港亦为贼巢官军于海沧白石镇海野马井尾分道逐击贼始败遁参将王麟追及于古浪把总刘一桂追及于荆屿斩获数百擒贼首许西池等及倭众三千余海疆稍靖四十二年以委员非专任特添设捕盗同知以治之四十四年用知府唐九德议即海防馆设县治割龙溪东境一都至九都之地及漳浦县地以隶之营构城署至隆庆元年乃成此刱邑所自始也盖海之险在水有窾曲可以藏舟予自广至闽历诏安漳浦之境皆自西而东海在南面至漳浦之青山则折而北海在东面历镇海卫复有支海荡而西入过大江至月港而龙江自东来会之海澄之为邑即在月港之曲故自来以险特闻也由是东行过龙溪历同安晋江复为自西徂东之路矣国初海澄为寇据沟通其四面益成深阻黄梧来归始内属然寇犹迫处厦门尝宿重兵驻防后又屡陷于寇副将段应举死之盖以四面阻水运道易绝而贼驾舟薄城则甚便故也自督臣姚启圣进克厦门边患始息其地形北面阻海即支海之内入者城之北更筑土城为提镇驻兵之所外为总垣环之穿其西北隅为中权关别作镇远楼城于东北月港环其东为桥以属于东门而席帽鸿福常春诸山联络于前稍东即鸿江山也由东北出圭屿则大海矣予由是以至厦门焉

月港通海潮其形如月番舶所凑

泰江疏作太江一名南溪在县东六里许自三平经马口城受澌山橑浔诸水汇为龙潭至浮宫入于海又有支港自南溪出接海门曰芦沉港浮宫之潮逆流至南岐铺头山曰倒港今团山圳尾洪礁厚境诸戍皆在其西

圭屿在海澄月港之东周回五里一山浮水如圭故名白圭屿又名龟屿其上雉堞象八卦之形取龟负图意【筹海重编误为鸡屿盖以闽人圭鸡同音故也】晏殊类要云亦名赤屿又名丹霞屿以其上有石朝色如丹晚色如霞也乃清漳之门户北为濠门巡司南为海门巡司稍出为倒港荆屿自明世凡石马月港乌礁紫泥充龙惠民石美海沧洋船出入必由此接济勾引踪迹诡秘万历丁巳邑令傅某因旧城扩置兵百余人隶海澄营筑浮屠以备瞭望天启壬戌红夷五舟阑入登塔望内地因复议增陆兵千余人海门山亦名胡使二屿上下延袤数里绵亘一二三都又名荆屿梁屿荆屿产荆木梁屿古有水人水马产于此先有居民正统间知府甘瑛以民多骫法徙其民于青埔社置巡检司于五六都之地以控驭之今有戍兵

嵩屿相传宋幼主泊舟于此适遇诞节群臣呼嵩遂以名

石马镇亦名石码镇在邑之西其北支海亦名锦江龙江之所委也许茂乌礁紫泥三洲星列迤逦而东其支海之北则为桥梁尾嵩屿长屿海沧许林头诸境濠门巡检司在焉即所割龙溪一二三都之地也今皆在界外支海之尾分南北流南流循邑治而东北流历白石青礁石美自北岸东出合于南海【筹海重编有冲龙巡检司即充龙也省志无盖已裁】

青礁属海澄白礁属同安二礁相对皆有吴真人庙在白礁者曰灵济宫在青礁者曰东宫吴真人者名本海澄人也生太平兴国四年素食不娶善疗病求之者如市景佑六年卒感其惠者肖像以祀会有虔寇祷于祠而贼酋死民赖以安益神之部使者以庙额请赐名灵济焉庆元中封英显侯开禧中加号英惠累封普佑真君祠祀徧于闽粤永乐十七年文皇后患乳碧危甚梦道人献方用朱丝绕乳炙之问其名曰闽人吴本居白礁方施药未还也觉而如

方试之患良已皇后嗟异使人入闽求得庙处敕封医灵妙惠真君万寿保生大帝仍赐龙袍一袭真人生时尝与其族孙同开黄驭山道经青礁埋三缶刻盟章于其上既殁而乡人祠之云峤侧方筑宫有役夫狂呼曰此非吾居龙湫之阳吾昔有盟掘地得三缶青蛇蟠其中遂于其地作东宫焉【元年画界自三义寨历江东桥东尾九头马髻山】至莲花村为龙溪边边界以外附海二十五里海沧十五里乌臼十里姚屿石尾等村俱移共豁田地三百八十二顷有奇于龙江铺江东桥因界设守八年展界安兵五处【江东桥游击一千总一把总二兵二百名三义河把总一兵一百名玉洲千总一兵一百五十名石美城守备一把总一兵二百四十名乌屿十名】今从灌口龙江营拨守【高浦港十名】候阅定

海澄故与同安接境而龙溪在其内本非边海以海澄之北有支海内入故亦有迁界而龙江其重镇也龙江一水而数易名其源出延汀界合宁洋龙岩漳平之水而下华峰又合长泰诸水汇为潭曰漫潭两山如壁浑弘渊涵流十余里以其绕郡城之北也谓之北溪梁大同间有九龙游戏其上故又名九龙江而龙溪邑名亦自此立矣宋大中祥符七年邑民网鱼见有神龟负珠出游因捕得之其珠围三寸七分光彩烛天郡守危稹因改贡珠门为还珠门淳熙初陈淳字安卿家于此学者谓之北溪先生溪流又南径香洲渡历峡中出峡为柳营江旧志云唐末王潮下泉福尝驻兵故以名丁氏古谱曰六朝以来戍闽者屯兵于此插柳为营江当海溪之交两山夹峙可凭之以守西岸尽属蛮獠唐揔章中陈元光代父政为刺史始遣人从上流潜渡尽平诸蛮名其所居曰唐化里以此言之柳营之名其来旧矣宋绍熙间郡守赵伯逷始作浮梁以渡嘉定七年太守庄夏易以板桥丰石为址酾为十五道而屋之名通济桥嘉熙元年圮于火太守李韶易梁以石而不屋越四年乃成长三千尺址高八尺酾水亦十五道梁之跨于址者五十八长八十尺广博皆六尺即今之江东桥也桥之西有柳营巡检司桥之东有江东马驿其桥又名虎渡桥明晋江陈让记曰昔欲为桥有虎负子渡江息于中流探之有石如阜寻其胍沉石绝江隐然鱼梁乃因垒址为桥故名虎渡溪又南南溪来会之其会处曰福河俗名三汊河置戍营夹河而守在西者曰福河城属海澄县今又讹为福浒在东者曰三义寨焉南溪者以其绕郡之南而得名也源有二北源出禾溪永丰南源出铜壶小溪至南靖而合东径康仙渡员山之阴又东过郡城南疏为三台洲南桥直焉又东过文山而会于北溪二溪合流入于海澄之支海龙溪县置于梁舆地志曰隋开皇十二年并绥安兰水二县入焉绥安溪在漳浦兰水不知所在或云即南溪也

玉洲城在福河之北与海澄之许茂相对陈布衣真晟居之改名定山真晟生于镇海迁居龙岩晚乃定居于玉洲即此地也其地初名坂尾似即石尾筹海重编所谓石美亦此地也去坂尾五里为白石山山多白石故以名亦名鹳石山有石崆可容千人

龙江铺今设龙江营亦在福河北

华封岭即华峰在城北亦名龙头岭高千余丈北溪经其下二十里为九龙山其山北有九龙水宋陈尧佐诗人生五马贵山有九龙游是也别有九龙岭通潮州其下木棉庵即宋郑虎臣杀贾似道处

庚午登白石岭望金门白石岭者厦门之主山也连上三岭乃至绝顶仄径斗绝海风飘荡欲引人去四望大海群山环匝真海外要区也

辛未自厦门登舟过高岖遇大风历刘五店汭洲宿石浔海岸同安境也去县二十里

泉州府领县七边海者四曰同安曰南安曰晋江曰惠安晋江附郭元年画界自莲花村历乌头【孤山凤尾山灌口寨苎溪桥方坑岭浦头寨石浔蹈石山三忠官岩山店头铺】至小盈为同安边边界以外附海二十里埕头浔尾十五里马銮唐厝港五里鼎尾皆移共豁田地一千九百四十一顷有奇于灌口寨苎溪蹈石山设兵驻守八年展界安兵十四处【通津山千总一兵二百名文圃山背十名周山窑把总一兵九十名灌口千总一兵一百三十名前厂二十名乌头山十名下店守备一把总一兵一百七十名板桥十名美人山十名西岸窑头五十名东岸石浔千总一兵一百四十名对窑头后社十名马家港守备一把总一兵二百三十名龟山二十名】今从同安营拨守五汛【浔尾把总一兵二百名刘五店把总一兵一百名下店把总一兵一百名石浔把总一兵一百名大嶝二十名】候阅定

同安县唐为大同场闽王延钧僭号升为县绍兴间始筑城其形东西广而南北隘如银锭故名银锭城又城南溪有二石铜色而鱼形故又名铜鱼城

大轮山在城东有畏垒庵朱子为主簿时所作也朱子尝名其廨中之轩曰高士又聚徒讲学于庵中各为文以

记庵傍有梵天寺公所尝游处也尝书十六字于法堂中曰灵光不昧万古徽猷入此门来莫存知解又有战龙松三大字镌于石壁绝顶眺望最胜处有隶书极目二字焉

大凤山在城北三十里山势延袤形如凤翅故名朱子尝有诗云门前寒水青铜阙林外晴峰紫帽孤记得南垞通柳浪依稀全是辋川图

文圃山在城西六十里与海澄接境南滨大海四望圆秀号十八面山以多文士故名唐谢翛与弟修读书于此翛登文德五年进士词藻过人南唐主簿洪文用与族人洪泽宋皇佑元年进士石赓崇宁间石蕡皆居此嘉定间乡人杨志作三贤堂祀翛文用及蕡西蜀何致一为记有龙池满慈院建于其上赓为之记曰文圃山土无顽石木无荆棘层峦迭嶂之间松萝幽邃翠色如画深洞长谷自然天成佛氏之祠幡刹相望以云名者凡四曰云岳云峰云泉云峤皆其支峰也又里许为夕阳山其山在西方最高遥接落日故名上有遁迹岩唐宣宗尝龙潜于此依黄檗禅师于真寂寺作诗云惟爱禅林秋月空谁能归去宿龙宫夜深闻法食甘露喜在莲花世界中按福清县黄檗山已载此事洪州宣州亦载之

苎溪山去城西三十里下有苎溪出白桐岭蝇蟒所蛰色多黑为涉者病大观中邑人徐诚始为桥唐宋时虎豹所窟穴今则坦途矣山下有陈婆陂亦唐宣宗命筑云宣宗微时有陈婆进麦饭问之曰旱田所产帝即位命有司筑陂曰苏营陂灌田数百顷俗讹为陈婆

五通岭在县东宋幼主避元兵至泉闻蒲寿庚之乱止郡城北法石寺越过城南下辇即今下辇陂是也过五都龙窟有三巨石连接水中由此登舟谓之御踏石又至庄坂尾是谓五通岭路傍二大石高四五丈如门文天祥大书龙门二字刻石龙窟亦以宋主得名

汭洲屿在县南海中周围二里以在邑之丙位故名稍东有白屿周四里县治东西二溪之水经此南下其傍又有鼠屿海澳尽处即石浔也白礁巡检司错入龙溪境负山面海陆行崎岖咫尺不易度水道则瞬息耳颇为匪类所窟宅高浦千户所有城周江夏所筑故设操屯军千二百五十八名西距马銮东有深青驿稍南即浔尾也为邑之西南障辖墩台七前有宝珠屿沙屿也可插竹深入丈余风扬水漂沙聚自若刘五店北为同安港西为五通白屿南为乌沙烈屿东为澳头大嶝再东为角屿门嘉靖壬戌倭从此入天启四年设把总于石浔寻议撤以省饷诸境迁海时俱在界外

大嶝屿周五十里有沙路可通内地两涯相去七八里宋建隆初里人叶祝甃石为路疏桥以通潮汐已而圮乾道中僧宗寿欲修之寻卒见梦于其侣道震卒续成之路长千三百丈为桥六

小嶝屿在大嶝外其地有钟山宋时尝创章法院山之北为丘钓矶先生隐居处先生名葵生宋季有文名元遣御史马伯庸来征托治圃自匿伯庸率达鲁花赤赍币至家力辞不屈伯庸不能夺悉取其所著书以去今沙间有大盘石相传为先生钓石又有天与石方二尺许上镌碁局及字一行云万机分子路一局笑颜回亦云先生笔也又有仙人井在沙间石上潮至即没潮退即现甘冽如故日可给四五十舟厦门者乃嘉禾屿地屿在海中属嘉禾二十一都至二十四都以曾产嘉禾故名广袤五十余里去县七十里中左所城建其上故设旗军千二百四名城南三里有厦门港绕城之西与鼓浪屿鹿耳礁相对为中左之门户明初有水寨在浯屿设钦总一员后以其孤远移入厦门而寨名仍旧焉中左之境东抵烈屿金门南至大小担屿西接海澄五屿北至同安内港与高浦相望绕屿墩台凡九曰厦门在东曰东渡曰高崎在北曰流礁曰五通在西曰东澳曰径上曰井上曰龙烟在南【筹海重编有高浦塔头二巡司志不载】其汛地则惠安之崇武晋江之祥芝永宁围头同安之料罗曰最冲惠之獭窟同之官澳曰次冲其会哨南会铜山于担屿北会南日于湄洲为首尾联合之势后又设浯铜游把总一员统战舰二十二兵五百三十六名驻中左分兵二哨一屯旧浯屿一屯大担视贼所向随方策应此当时戍守之旧也天启壬戌癸亥间以红夷寇掠置厦门铳城一曾家澳塔头铳城二别设戍塔兵寻以省饷罢国朝久为寇据近始廓清帅府建牙雄踞海外不侔于前代矣其中名胜有无尽岩五峰错峙而最高者为洪济山上有方广寺云顶岩晴霁可见日本又曰留云洞两傍倚石为门上覆片石曰一片瓦鸡鸣登之可候日出也又有山高悬如蜂窠山前海中有七星石森列海面山麓洪塘有龙洞相传有龙穿地而出上分三窦下通为一或于其傍作龙湫亭西北有岭曰薛岭岭之北唐薛沙居焉沙父曰令之本长溪人沙为龙溪尉因卜居于此岭之南唐陈黯居焉黯颍川人十岁能诗领乡荐凡十八应南宫试不第值黄巢之乱避地于此遂有南陈北薛之名黯读书堂侧有石高十六丈上刻谈玄石三字土人呼其地曰场老山薛岭之下

曰薛浦浦外有屿曰离浦以其离于薛浦也度可在高崎西北又有动石在篔筜港口潮至则自动又有浮沉石潮涨不没潮退反沉天将风其上辄有吼声土人又呼为石虎礁有官荣石在龙烟墩宋幼主过此民有馈献者悉予官陆丞相秀夫书官荣字刻之

鼓浪屿纵横七里在厦门之西圭屿之东南望大担北邻猴屿上多民居明初与大嶝小嶝俱徙成化间复旧约二千余家率皆洋商也天启壬戌红夷驾巨舰攻围把总宋九龙率居民力拒殊死战斩酋长一人余众遁去抚军行视战处勒诗纪之因筑铳城置戍兵一营寻以饷绌罢大石壁立刻鼓浪洞天四字旁有岩曰日光岩又有黄牛屿沙埂属厦门曰龙腰渡古谶曰龙腰断黄牛平嘉禾出公卿

担屿有二曰大担围五里曰小担围四里在嘉禾之南西界浯屿东邻烈屿二洋归航至此如入玉门澳内可容南北风船五十余宋幼主过此舟胶不能去掷弃累重以轻其舟时有光发水上渔人往往得古砚其旁又有槟榔屿

烈屿在金门之西中左之东周二十里【闽海实录作百余里误】居民三千余家南有城仔角西有青崎东有湖下诸澳环之在在可登地皆斥卤岛民航海为生远出彭湖东番走死地如骛城仔角可泊北风船四十余天启初红夷入犯皆泊此尝设兵二百戍之以饷绌罢地有吴山楼山牧山湖山吴山最大唐柳冕尝置牧监于此故有牧山之名旧置烈屿巡检司筑城以居与金门并峙

旧浯屿在担屿西南海中北至中左南至镇海各半潮水周围五里地属海澄县居民二千余家稍折而内入为岛尾卓崎破灶洋为盗贼出没之区海澄中左门户也明初设水寨公署于此成化间徙厦门嘉靖三十七年贼首洪泽珍勾倭入犯盘据旧寨为巢徧历兴泉漳潮之境三十八年五月贼首严山老引倭犯泉州参将王麟拒之祥芝石湖追败之大岞其分艅别犯兴化者指挥唐修拒之峰头追败之野马又有犯福州者参将尹凤拒之闽安洪塘追败之梅花山老就擒倭众败遁于是泽珍之徒始自毁浯屿之巢以去四十一年倭复大入多陷卫所郡县广寇吴平复来浯屿据旧巢以应贼是时贼氛大炽上命总兵俞大猷刘显督兵讨贼二将至则亲捣浯屿巢贼始遁去巡抚谭纶总兵戚继光请复水寨于旧地万历三十一年有夷舟阑入泉郡城下不之觉也当事者遂议移浯屿寨于郡东之日湖不守门户而守堂奥识者病焉天启初红夷入犯亦以此为窟宅澳内可泊南北风船百余

浯洲山在县治东南百余里大海中翔风里十七至二十都地也广袤五十余里【即石湖闽海实录周三百余里】洪武间增置金门千户所设操屯军千五百三十五名及陈坑峰上田浦官澳四巡检司【田浦陈坑二司寻革】居民万余家明初科目甚盛地不宜稼惟恃鱼盐设盐场以榷之峰上在其东官澳在其北南有鸟觜大帽西有乌沙金沙而料罗一岐横出于峰上之外沙线重获可泊北风船百余凡往彭湖东番者每中途遇南风辄就此收泊候北风而后行计程七更至彭湖十更即至东番矣万历丙辰倭船尝至红夷亦数来天启壬戌添设陆兵一营与水哨协守峰上之民勇而善战官兵倚以御寇常与小嶝大嶝鼓浪烈屿诸戍联络相应焉山之最大者曰太武岩有玉几案蘸月池眠云石偃盖松石门石室蟹眼泉倒影塔千丈壁一览亭诸胜又有大小双山并峙若乳大双回顾二里许结为平林小双蜿蜒而南为后浦金门诸乡所城之南有宝月庵庵旁大盘石俞武襄大猷署所篆时亭其上以望海海中有岛天将雨则明现晴则日光皛皛反隐不见号曰变山有五湖曰许坑曰湖山曰湖头曰赤庭曰湖尾今赤庭湖尾已淤为田余犹在也海中礁石潮落时见马迹相传唐时有陈姓者善牧马马大蕃息客来市马者计所市之多寡倍与之及渡海仍得所市之数而已人以为神卒而祀之曰马牧王庙

壬申登陆行九十里止大盈是夜大雨

元年画界自小盈历东岭至大盈为南安边边界以外斗入海三十里石井附海十里鸡笼山等村皆移共豁田地三百七十二顷有奇于大盈设守八年展界安兵四处【小盈七十名歌髻山二十名盘龙埔千总一兵二百四十名鸡笼山二十名】今不设守候阅定

梁置南安郡今泉郡之地皆属焉隋废郡改为县唐开元中一析为晋江县再析为大同场三析为桃林场四析为小溪场而县非旧境矣故无城嘉靖三十七年县被倭寇始筑城

石井在四十三都在县南八十里故设巡检司山势斗拔寨门外即大海也同安之浯洲晋江之安平商船往来必由此西即歌髻山南有营前澳北有红渐山而鸡笼山又在其北大盈铺古名大荣以唐嗣圣间尝设武荣州故名以音同致讹又有武荣铺东岭舖

囷山在县西秀锐圆拔如囷风雨辄闻雷声在囷发航海者识以为准

灵岳祠在九日岩祠乐山神唐咸通中有僧募木作佛殿遇老叟为导得大木于永春之乐山又遇暴涨木自浮至因祠之于此水旱致祷海舶祈风多奇验宋累封通远王又加封善利广福显济王宋时泉有市舶司每四月十一郡守同市舶提举率属以祷宋宣和二年命市舶提举张佑赍御香诣庙焚之

癸酉行六十里次泉州府

元年画界自大盈历龙源山【鹧鸪寨后渚澳】至洛阳桥为晋江边边界以外斗入海五十里福全所三十里永宁卫二十里祥芝澳十里东石澳俱移共豁田地一千二百五十二顷有奇于观树塔山因界设守八年展界安兵十四处【安海寨守备一千总一把总一兵四百八十名小龙源山十名马坪山十名日湖山十名衙口山二十名竿头寨游击一千总一把总一兵四百四十名竿柄台十名观树塔山十名东安十名蚶江二十名南岸水头一百三十名鹧鸪寨守备一兵一百五十名浔尾把总一兵八十名径边十名】今从泉州陆营拨守七汛【东石千总一兵一百名鹧鸪把总一兵一百名围头福全把总一兵一百五十名竿头把总一兵百名深沪乌浔兵一百名永宁兵一百名水头蚶江祥芝千总一兵二百名】又从泉州城守营拨守一汛【溪边浯埭二十名】候阅定

隋始置泉州于今福州地而于今泉州地置南安郡唐景云二年始改泉州为闽州而别置泉州于南安地属闽州都督府此今郡所自始也郡北有清源山一曰泉山通志引汉书颜师古注指此为东越王所据之泉山然考师古之时乃唐贞观初所云泉州即今福州也其非此山明矣城建于唐其衙城北楼有欧阳詹贞元九年记尚存闽忠懿王王审知刺史留从效扩大之周二十三里有奇门六从效建牙时楼橹甚壮自刺史陈洪进纳土于宋始命撤之唐时西郭外有西禅寺刺史王延彬妹为尼居之延彬为拓城而包之于内城北松湾又有崇福寺蔡尊师葬在焉陈洪进又拓而包之于内宋绍定中郡守游九功元至正中监郡偰玉立又屡拓之于是其城益大至周三十余里而　斜不正土人呼为葫芦城元时又呼曰鲤鱼城皆以形似也相传初筑城时绕城皆种刺桐故又有刺桐城之名闽王审知者光州固始人也曾祖友祖蕴玉父恁生子三人长曰潮次审邽次审知唐末盗起江淮潮与寿春王绪刘行全为群盗流劫至汀漳绪以粮少令于军中曰敢以老稚从者斩潮独与两弟奉母以行绪欲斩其母三子泣请得释已而军中共叛绪杀之推潮为主观察陈岩表为泉州刺史岩死潮尽有延建五州之地乾宁中拜威武军节度使潮疾表审知为留后遂继潮为节度使居福州而审邽亦以泉刺史累进威武军节度使居泉州唐昭宗在凤翔审知奉诏得承制除授审邽卒审知以墨敕授审邽子延彬权知泉州事寻实授焉审知俭约好礼其下劝以建国审知不从曰我宁为开门节度不作闭门天子卒子延翰嗣延翰建国称王然犹禀唐正朔审邽子延钧弑之而自立更名鏻僭号改元龙启又改永和鏻淫暴子继鹏弑之而自立更名昶改元通文审知少子延义弑之而自立更名曦改元永隆都将朱文进弑之篡居其位以黄绍颇守泉州永春人留从效者泉州军将也攻杀绍颇而迎审邽孙继熏为刺史归于富沙王延政延政亦审知子也先是曦命延政为建州节度使封富沙王曦性淫暴延政数以书谏曦怒遣杜建崇监其军延政逐之即建州建国号曰殷改元天德至是从效及汀漳二州皆归之延政据有三州南唐兵至延政给福州人曰南唐助我也福州人遂杀朱文进而自归既而南唐克建州延政降而留从效亦执送继熏自领漳泉二州留后南唐主李景建泉州为清源军授从效为节度使寻封晋江王而福州竟入于吴越从效勤俭爱人王氏虽亡事其家甚严数发间使自通于周世宗宋太祖寻卒无子衙校张汉思自称留后而仙游人陈洪进又逐而代之洪进起戎伍为王氏军将留从效之杀黄绍颇也洪进有力焉遂事从效为统军使至是南唐主李煜即以洪进为清源军节度使时宋太祖已下扬州洪进遣使自归乾德二年宋改清源军为平海军授洪进节度使又官其二子文显文颢太宗即位洪进纳土归朝居京师而泉郡始隶于职方矣按潮兄弟三人并以孝弟忠谨崛起为一方之长虽子弟不类堕其家声而闽人思之不绝吴越王钱昱既有福州命即审知故宅为忠懿王庙而泉亦有王刺史祠祀潮于崇阳楼自潮始起于泉而审知审邽及邽子延彬延钧延美延武邽孙继崇继严继业继熏相继为泉刺史当抢攘割据之时能保其境土为民扞难不可谓非贻谋之善潜德之报也后又继以留陈亦在泉境泉虽支郡实为一方治乱所关故详志之以为后鉴云

海疆至同安复折而北故泉郡之海在城之东面其南面之水曰晋江合安溪之蓝溪永春之桃溪南安之金溪并会于城西以晋南渡时衣冠之族沿江而居故以晋名至临漳门有石卓立如笋曰笋江临漳门者城之西南门也岸傍一山俯瞰江流有大石从山股至麓长二百余丈又插入江底宋初僧定诸建塔于石上因名石塔山皇佑初造舟为梁曰履坦绍兴间易以石江又东至德济门外曰浯江宋嘉定间为桥曰新桥江又东径溜石在江之南流甚险

万历间建塔以镇之江又东径法石在江之北又东为蚶江至岱屿而入于海北面之水曰洛阳江纳惠安及本邑之水自康溪达于濠市至留公陂又合惠安沙溪之水东至乌屿岱屿合晋江而入于海沈存中曰水以漳洛名者甚众水落于下谓之洛旧号落洋九域志作乐洋山或曰唐宣宗至此谓风土大类洛阳故名竟不知谁是岱屿筹海重编作岱队新图又作大坠又有小坠附其旁传讹甚矣闽书岱屿在海中介石湖北镇两山间亦曰岱队门水深三十托商船入泉州港者必由此郡之水口山也海舟由此二日至高华屿又二日至鼅鼊屿又一日至琉球国

安海堡在大盈港北与南安之鸡笼山相对在郡城东南六十里古之安平镇也原名湾海宋开宝中有安连济者唐安金藏之裔孙也徙居于此土人遂易湾海为安海金藏本太常乐工则天时剖心以翊卫睿宗则天高其义命舆致禁中选高医褫桑土紩之阅日而苏开元间封代国公配享睿宗庙庭其后人至今犹在宋为安海市东曰旧市西曰新市海舶至此就榷号石井津建炎间创石井镇设镇官绍兴中镇官方姓者筑城以备海寇明嘉靖二十七年邑令卢仲佃邑绅柯实卿甃以石万历三十四年添设通判馆时一驻之有石井书院以泉不混潮故名旧名鳌头书院宋吏部郎朱韦斋公松绍兴初尝为镇官公余进秀民训廸之子侍讲考亭公熹后二十年为同安簿时至镇与父旧客讲论经义镇人益勤于学嘉定四年镇官游绛因士民请白郡守邹应龙于镇西为书院绘二先生像而祠焉命添倅在董其事在文公子也傅伯成为之记勒于祠旁

东石在安海东有狮头狮尾二寨夹之产牡蛎最佳初生如拳石四面渐长有一二丈者房中辄有一肉大者如马蹄小者如指顶海人火炙而取之谓之蛎房亦名蚝袍亦名蚝山又一种生海中大如杯曰草鞋蛎东为汭洲场稍南为白沙湖可通安海港港南一小屿曰北椗贼冲也澳内可泊北风船百余渡彭湖商船尝于此放洋北上商船欲转围头鯗者常泊此候风天启壬戌设陆兵一营乙丑以省饷撤

灵源山题本作龙源山【误新图亦作灵源】一名吴山延袤四里山顶大而平又名大平山山麓有吴明宫又名吴明山宋时有吴明兄弟隐此也山高峻出于东南诸峰之上有石曰望江石南瞰大海如在眉睫绝顶有灵泉大旱不竭有紫云峰宋林知先生隐处死即葬于此旁有华表山与灵源相角立有元时庵奉末摩尼光佛云为老子西入流沙所化与他佛因缘异稍西十里为罗裳山山之东有五髻峰尝有异人画马于峰前石上每天阴乡人见马驰骤旋即入于石疑即迁界中所谓马坪山也有龙湫六井各相去半里所或在高原或在平田而泉脈贯通汲一井则五井皆动往往有龙出入井旁树木时有龙爪痕城南山大者有吴孤横画四山横山长数里横郡治南下有画船浦沙面蹙纹时作船像帆樯皆具其帆势所向可以验风之南北南十里有萧妃村唐文宗母贞献皇后家所在也妃初为建安王侍者生文宗及帝即位册尊为皇太后太后去乡时有一弟命帝求之有茶纲役人萧洪妄自言太后召见呜咽不自胜拜金吾将军检校户部尚书两授节度使而太后真弟故在孱弱不能自通有萧本者探得其内外宗属遂诣阙发洪之诈且称已真太后弟诏追洪鞫问具服赐死拜本赞善大夫追封三代已复有晋江令萧弘自称太后弟征诣阙三司按问两人皆伪帝下诏曰皇太后齐梁望族侨寓闽中庆灵钟集早归椒掖终鲜兄弟常所咨嗟而奸滥之徒因缘假托乞沐恩荣既无可验凿空作伪岂得更容本可长流爱州弘流儋州由是太后卒不得真弟而萧妃村之名独存土人又名为烧灰村焉有植壁港泄横山以南诸水又南有陈坑港则汇井尾埭诸水皆入于海

陈埭以陈洪进所筑故名一名浯埭以其为浯江之委也受罗裳东北诸涧之水入于海乡曰陈埭乡百鲜所聚地多衣冠茂族今置寨稍北为溪边寨也

溜石镇有东山亦曰高甲山有井方丈余海潮时至终不相溷色尝甘美葛洲溪合南安以下九十九溪之水流其下汇为烟浦埭出六斗门而入于海

日湖以日所出也故名一称石湖在陈埭东旧浯屿水寨徙于此可泊南北风船六十余有金钗山两支对插如钗股宋政和间僧祖慧宗什等谓其地类明州育王建塔于两支相交处殊瑰壮左股崛起一峰有石圆净名镜石峰西小岩名石狮岩相传宋有僧貌类狮者隐于此或斲岩前石为泗州大圣像又名泗州岩又东有堤障飞沙以获田久而圮万历间寨帅沈有容令兵船出汛者必载石以归因以甃堤因得复故名沈公堤旧于此设沙堤寨相去里许有丰山寺寺前列石磊砢如群羊为游者所赏晋江以南初迁之境至此而尽矣

围头湾在汭洲场之极东一山横出海外为安海港之门户故有廵检司设于十四都地去县百里宋时真德秀移戍军于此

福全所在围头北八里有城隶永宁故设屯种旗军五百七十五名可泊北风船十余北为圳上澳亦可泊北风

船十余又有大留澳皆要冲也北至永宁南至料罗各一潮水

乌浔故设巡检司在十六都地南临大海东接深沪西连福全深沪故设巡检司在十六都去县七十里东滨大海北永宁南福全可泊南风船四十余地有石壁山一名狮山旧志引陆鲁望云列竹海澨曰沪盖设以取鱼故鱼之跃出者为跋扈也岂昔为渔市故遂以名其地欤有石刻深沪二字相传为罗隐书傍有崇真寺祀真武神寺有井岁旱不竭底穿石窦号复井左为弥陀山有井名天竺井右为青山市心保有井名宝泉皆甘美给一方用地无蚊蝇相传亦罗隐所谶也明詹仰庇诗云层崖分五澳叠屋耸孤冈风土鱼虾市丘园粟麦乡北有佛堂澳亦海寇出入必经之地

观树塔亦名关索塔西为竿头寨与灵源接北为蚶江寨与日湖接

永宁卫有城周江夏所筑旧设旗军六千三百九十五名地在邑东南六十里东滨大海北界祥芝南连深沪为泉襟裾嘉靖乙未为倭所陷屠杀兵民俱尽倭退后调泉南游击驻守可泊南北风船三十余有益辅山拥抱卫城之后一名朝阳山以先受日光也又名瑞海又以上有圆石如珠亦名骊龙山有仙人山在城中巨石盘礴上有仙人迹其石穿出城外半里许控扼海涛嵌嵒崟崎文如篆籀奇怪莫可名状皖人阮自华始表异之邑人黄克缵诗云浪有千层皆白练石无一片不莲花又有象山亦在城中形如伏象

祥芝澳在二十都故有巡检司距县五十里东面大海南接永宁北临支海与崇武相对澳内可泊南风船五十余支海中有臭涂可泊南北风船二三百皆极冲地也有宝盖金鞍二山俗呼宝盖曰大孤金鞍曰小孤相传有辜氏二女没而灵异土人庙祀之故曰大辜小辜久而讹曰孤大孤之巅有石塔宋绍兴中僧介殊募建而俗谓之孤山塔又或讹为姑嫂塔谓昔有姑嫂二人皆为舶商妇商入海不返二女构塔而望之其即二辜之讹欤今塔中刻石为二女像游女拾甓以擿之云中者当生男子也小孤之上有石室四面无路但可从峰顶缒而下有赵永嘉者隐于此永嘉或云宋人与考亭同时或云元人与虎岫岩僧嘉善交其在石室也独处无侣虎为守户人饷以食辄酬之草叶一榼其人不解所谓携归以饲牛牛辄熟睡不起始惊异再就永嘉询之永嘉则又予以他草令置牛前牛乃复起更求之则不可得矣因名其草曰祥芝祥芝之名始于此明有高士赵复字无疾博学好古为一方所向慕年九十五卒学人私谥庄节先生虎岫岩在大孤南五里许岩石光润林木葱蒨与海上诸山绝异每八九月为士女游嬉之地

法石山在郡东南滨于浯江之北度可与浯埭相对陈洪进常筑坛于此北向呼万岁亦曰万岁山下有法石院洪进妻及女葬其后宋有碧桃道人隐此既没南外宗正赵必晔作诗吊之地产荔枝蔡忠襄荔枝谱有法石白出于泉州法石院色青白其大次于蓝家红蓝家红亦出泉州兄弟二人圭为太常博士丞为尚书员外郎晋江荔枝五月熟者为火山六月熟者为早红为桂林为金钟王十朋为泉守有荔枝诗八章稍东为鹧鸪寨地有桃花山以土赤如桃花故名明蔡文庄公清葬于此再东为后渚台三面距海外即岱屿矣折而西北为径边台再西为乌屿

乌屿四面皆水屿上可居宋宝佑中僧道询募建石桥名凤屿盘桥长四百余丈广一丈六尺比洛阳桥长加四百尺阔高一尺海中遥望二桥横跨若二虹然今已废仅存南岸三水门属于屿而已道询少遇了角道人授以丹术彻悟宗乘勤行精进远近信之又尝构桥于峰崎獭窟而隐于白沙湖筑堤捍海而田其中一日潮至将毁其堤道询举扇挥之曰海至大不能让尺寸地耶潮为却行更西为洛阳桥洛阳桥始名万安渡极危险庆历初郡人陈宠拟作桥不就皇佑间僧宗已募赀累年亦不就会端明殿学士蔡忠惠公襄来守郡始作石桥始于皇佑二年成于嘉佑四年垒趾于渊酾水四十七道长三千六百尺广丈五尺翼以扶栏费金钱一千四百万桥心有洲置关其上晋惠二邑之界也相传经始时渊深不可趾忠惠为檄使隶人入海投之龙隶谓入海必死大醉卧沙上觉而视其檄则已易矣忠惠启阅之止一醋字喜曰神告我矣盖谓廿一日酉时潮退趾可立也及期果然桥遂得成或又移此事属之明郡守蔡锡不知何据桥之北题曰洛阳之桥赵岍书又有亭曰济亭赵不骀书也而忠惠手书碑立于桥旁今隶人犹祠于桥中央之洲上忠惠又尝种松七百里于闽部令行者得以避暍暑闽人为诗二章勒石以诵之一曰道旁松一曰洛阳桥

卷五

癸酉行三十里至洛阳桥又三十里过惠安县

元年画界自洛阳桥历石任寨【下金山下曾山文笔山柳庄溪石寨丘户村】至九峰寨为惠安边边界以外

斗入海四十里黄崎湾三十里崇安所峰尾二十里白沙獭窟十五里横头澳皆移共豁田地一千九百九顷有奇于石任诸处因界设守八年展界安兵十八处【石任五十名白沙尾十名乌石山十名埔塘把总一兵七十名狮卷山十名岩鼓山十名古楼山守备一兵一百二十名鸡母山十名东吴埔十名许山十名承天山十名陈坑山把总一兵一百名后张山十名龙田山千总一兵一百名白井山十名前涂山十名九峰十名南庄十名】今从惠安营拨守七汛崇武所千总一兵四十名小岞把总一兵三十名獭窟二十名黄崎澳二十名輞川十名峰尾澳三十名沙格澳二十名候阅定

宋朝会要云太平兴国六年析晋江地置惠安县于螺山之阳其地故为三国吴将张捆墓徙之青山而置署焉今县库即捆葬处也有古县基在龙窟岭而真如溪发源横溪东龙田又南至古县入添崎港今龙田古县皆置戍此县治不知何代所置

石船山在洛阳江北山顶有奇石如船明邑令叶春有诗云石船高驾碧山头似畏风波急暮流十二时中平地起问君何处不堪愁又木兰为檝桂为桡南接端明学士桥我自虚舟人不识海门风雨日潇潇【今讹为石任山】

凤山山形如凤掠海滨三国吴将黄兴葬其下时见灵异里人庙祀之宋淳熙间海寇犯小兜大岞忽有兵马声自庙出寇不敢犯一境得全绍定间闻于朝封顺济侯

楼山环绕县治一名留山

乌石山一名灵鹫山上有清泉石室蔡忠惠尝读书于此有伏虎岩宋祥符中僧道养居于岩下与虎狎习夜寝其穴时抱虎子示人岩以此得名稍南有五公山梁时五公隐此曰唐公宝公至公化公朗公也山有石鼓似即岩鼓山盖岩鼓当作石鼓也稍北有涂岭以涂姓兄弟三人没而为神宋淳佑间赐号昭惠故名前涂之名似亦缘此也

大圣山东临大海堪舆家谓之大象卷湖有屿曰乐屿在海中饶林麓之美明初徙其民入内地【狮卷山似与相近】下曾溪源有二一出上曾溪过上田小桥一出上范溪过上田大桥会于充口入马山埭

陈平山唐时有堪舆家曰陈平骑牛而化墓此【似即陈坑山】

文笔山三石错立如鼎耳旧名香炉或积石于两耳剡其中谓之文笔对学宫之前

九峰山在文笔山南峰有九断续向背若蹲兽若盘螺或翼而翔或俯而伏若立而拱辋川镇在县治东三十里支海中之孤屿也县治东面大海南为洛阳江之支海而辋海自东荡其胁峰崎港自县北来合之凡为县西北之水曰菱溪曰驿坂曰茭布曰龙津曰南坑皆汇此港峰崎山实当其冲县之水口山也山之北有桥曰青龙宋僧道询所建港又东入于辋海镇与内峰仅隔一水旧以舟渡人众争先数致覆溺成化间县令张桓作桥曰辋川桥镇民数百家以贾海为业嘉靖间苦倭县令陈玉成创为城而后令萧维美成之东西南各一门北小门二东小门一其外有竿屿

崇武所在大岞山县东南极境也为二十七都地故设操屯军千二百二十一名东面距海南对泉州之祥芝北望兴化之湄洲泉之上游也北至平海南至永宁日湖泉州港各一湖水澳中藏北风船三十余宋为小兜巡检司永乐间邑有倭患始筑城并筑獭窟小岞黄崎峰尾四城联络扞守于外焉嘉靖末陷于倭万历己未复为海寇所躏少北为大岞澳可泊南风船二十余夏至后贼尝伏此徂伺北来之商最称险要山多小石如鐵色扣之作磬声山南有洞朗豁可容四五百人旁一小门仅可侧身入入丈许右转有大石当道如屏内更宽广民避寇者多往焉又有石倚江渚齟齬如龙名龙喉山海中产龙虾一名虾杯一名虾魁大者五色次者名虾姑泉人谓之青龙最小者曰苗虾尝对插之曰对虾王世懋闽部疏曰长五尺其须四緪长半其身晴凸出上隐起二角负介昂藏形似小龙尾吐红子如榴花色开元遗事载其名状云如蜈蚣尾如僧帽又生沙参岁饥居民掘之可饱数日旁有青山即张捆徙葬处相传捆生时尝屯兵是山以御海寇改葬时得铜牌上有文曰若逢崔知县移我上青山遂移于此虞允文拒金兵于采石见空中有大旗题曰张将军青山人从军者为言捆事允文闻之朝赐勅封景炎间累封至灵安王

獭窟屿在崇武南十里邑东南三十里为二十五都地可泊北风船四十余故设巡检司北障前头山南萦覆釜历祥芝岱屿可入泉港寇至举烽内外警息屿北有桥七百七十间潮至即没潮退可渡宋僧道询所建

小岞山在大岞之西北去县四十里亦二十七都地故设巡检司城立山巅四面环海特出海上有洞可容数百人屿前后皆湾澳贼氛窥觎所时至也宋时李陈二姓居之李之先有曰文会者宋建炎中进士历殿中侍御史权参知政事陈则自侯官徙两族皆勤俭守礼为郡邑所矜式地产紫菜其生粘石上潮至则鬋鬌摇漾嫩者搓之成索曰

索莱生时正青干则色紫即吴都赋所云纶组紫菜也稍西十里曰净山一名尖山亦瞰海多怪石如水啮最高而削拔者三登之可见日旁有石窦中空洞可居今湮废矣产朱丹石宋僧道询生此

黄崎旧名宁崎在县东三十里为三十二都地故设巡检司高山特起三面瞰海南邻小岞北与峰尾隔海对峙如川而辋海贯其中至辋川镇一潮水商贾所集东北与湄洲南日遥相望也崎下多礁贼舟不敢轻至卤气所侵草木不茂土色微黄故名黄崎又以势如立旆故名扬旗地产铁宋置鐵垆

峰尾澳盖峰崎之尾也故有巡检司北障沙格南距黄崎与兴化之吉了湄洲相犄角贼船多泊于此巡兵番泛焉自左支一潮入于枫亭

是日又行五十里止仙游之枫亭驿

兴化府属县二皆临海曰仙游曰莆田莆田附郭元年画界自九峰寨历枫亭驿

梅岭至壶公山尾为仙游边边界以外附海二十里东沙十里厝头三里陡门皆移共豁田地八十一顷有奇八年展界安兵三处枫亭寨把总一兵二百二十名塔头十名东沙十名今不设守候阅定唐嗣圣间设清源县于大飞山南天宝间别驾赵顺正谓县名同郡为非是奏改仙游以其地有何氏九仙遗迹故也宋绍兴间始筑城峰尾莆禧之间海支内八仙游当支之穷处其海中有小屿故设巡检司嘉靖间以邑之白隔岭多盗移巡司以防之东沙诸境即小屿内滨海地也

枫亭驿在锦屏山下有枫亭市亦以九仙得名九仙豫章人生汉景帝时兄弟九人皆盲独长者有一目父曰何翁与淮南王游九仙劝父俱隐不从遂相与入闽初居福州于山已而游莆至西州谒胡道人饮以所居井泉九人眼尽开乃西行六十里结枫为亭以居此地所由名也后又入九鲤湖湖在山之东重山疊巘怪石交列湖底皆石石各有穴环屈相通深处不可测九鲤潜其间九人炼丹湖上鲤饵其余鳞鬣皆成朱色昂首喷沫湖水为溢势欲飞举九人各乘其一以上升旁有九漈曰雷轰曰瀑布曰珠帘曰玉筋曰石门曰五星曰飞凤曰棋盘曰将军皆名胜也枫亭溪源出阜洋合吴坑赤湖蕉溪诸水汇为沙溪至太平港有溪海会流石刻蔡君谟笔也港之南有陈洪进故居

壶公山一曰壶山接莆田境九域志云昔有隐者遇老人邀至绝顶见台殿宫室非人间老人曰此壶中日月也后乃因以名山前志云有陈壶者隐此得仙故名或曰乃陈胡二仙胡即九仙之师也莆西有灵潭庙井泉犹在即胡仙为九仙疗眼处今其地犹有陈胡里云山高千余仞方锐如圭首峙立如展旗有真净岩登之可眺一郡诸山又有虎丘岩宋徐思仁云凡山居以怪石奇峰走泉深潭老木嘉草新花视远为胜独壶公虎丘岩能兼之又有灵云南泉竹峰诸岩及桃花洞蘸月池盘陀石法流泉濯缨沼石壁峰碧溪湾又有蟹井泉出石穴中其脉通海视潮盈缩中有双蟹每旱祷雨以茅叶引置缶中迎归即雨宋彭乘墨客挥犀云壶山有柏一株长数尺半化为石蔡君谟见而异之徙置私第山为一郡之镇朱晦翁过此指谓人曰莆中人物之盛乃此公作怪自蔡君谟兴水利灌民田引水绕壶公山自是科第视前益多元郭完隐此与方时举二十二人结壶山文会有集行世有龙潭在壶山之西弘治志云元时有范氏养马潭边马与龙交而生龙马事闻于朝诏取之马至大义镇念母一驰即归范氏为其所苦因杀之

甲戌行六十里至兴化府又四十里止江口寨自寨东行二里即内海也

元年画界自壶公山尾历壶公山首【天马山清浦村胜塔】至江口为莆田边边界以外斗入海六十里莆禧所吉廖五十里平海卫附海十五里南酒林十里下尾三里东云及江口胜塔两岸海湾之村若勾上上皇港东珠浪等皆移共豁田地四千四百三十顷有奇于胜塔等处因界设守八年展界安兵二十一处【东港山十名东云十名白沙千总一兵二百名鸠头山十名陈店山十名后架把总一兵九十名陈墓守备一兵一百八十名忽石山十名马山十名天马山把总一兵九十名邹会徐十名惠洋十名五龙十名东华十名海滨十名宁海桥千总一兵二百十名白墓把总一兵一百四十名张井十名盐场十名岸胜五十名周堤尾十名江口桥把总一兵九十名】今从兴化营拨守十七汛【涵江平海卫一百名青山把总一兵七十名嵌头五十名美烂三十名宁海桥千总一兵四十八名东华二十一名百美寨把总一兵七十名岸胜寨把总一兵六十四名南埕八名白墓八名张井八名东蔡寨兵四十一名后郭五名马峰六十名忠门汛千总一兵一百名莆禧所六十名吉寥寨把总一兵六十五名】候阅定宋乾德二年置平海军于清源郡即今仙游县地也其地有游洋洞多盗贼太宗置兴化县以治之寻又改兴化军游洋在仙游县之兴泰里至今俗称旧县闽书以为即平海卫者误也太平兴国八年徙军治于莆田县洪武元年改为兴化府莆田以地产瑞蒲而名后乃去水为莆陈天嘉二年章昭达败陈宝应于莆口即其地也隋开皇九年始置莆田县唐嗣

圣间析莆田置清源郡府治既徙仍以莆田为附郭县云

天马山即塔山在莆田里一名文峰岩岩下有伏龙穴明御史朱淛居之有天马赋序云壶公东分一支屏翰海上列为五侯复折而西行隐见起伏且数十里结为文峰端伟秀拔飞动不居有天马行空之势故名赋云越岭徼破闽荒望莆口过游洋挈入壶之右派篮五侯于上苍靡然东驰忽焉西顾挹谷城之仙风爱沙堤之烟树撷锦园之芳蕤擢银塘之横素岛屿明灭沧桑朝暮东五里为城山亦曰黄石山下有黄石市山形如植笏盖即所谓忽石山也本名国清山又讹为谷城山五侯山正视之五峰侧视之两峰自郡城视之三峰故又名双鬓亦名笔架也迤逦入海为持久山海中突起二屿一青色曰青屿一赤色曰赤屿皆如覆釜

白沙溪在新兴里发源铁岭白云鼓角诸山至大山西合流北行与大溪合白云山在南白沙之南鼓角又在其东北观如鼓南观如角北行为九龙潭山分九支曰九龙山盖与鼓角为一山也南望即大海

东云盖东陈之讹也其地有浮山在灵川里近海下有东沙村地连仙游唐长史陈琨居其东曰东陈元陈绍叔居其西曰西陈

五龙庙在常泰里入濑溪上亦曰碧濑又名鳖濑昔有黑白二龙现故作庙祀之地多奇石秀腻巧琢如青玉或中裂一罅如甬巷或平展如田或锲入如车轨或陷下如履武蹄涔扪而行拂以卧净滑可喜盖皆海水荡潏而成也瀑穿崖隙汇为潭蜿蜒澄泓骇视沁骨土人侈为奇胜云

海滨地名有嵩山上有嵩山院院后石壁苔纹成文笔峰三字刬去复存其旁海中有小屿潮退有石桥可度居民千余家唐观察使柳冕监群牧于此有德于民建庙祀之曰柳侯庙宋余谦一作记俗呼为侯屿后遂讹为猴屿闽书曰即仙游之小屿也

惠洋疑即龟洋其地有龟山在文赋里唐末僧无了居之有六眸巨龟足蹑四龟如俯仰作礼者三遂卓锡焉曰名其地曰龟洋无了闽封真寂大师塔曰灵觉

东华溪在连江里石贯其底旁有东华村唐梅妃村中人也姓江氏九岁能诵二南诗父仲逊奇之因名采𬞟开元中高力士使闽选进明皇一见宠幸性喜梅因号之曰梅妃为杨妃所妒迁于上阳东宫作楼东赋以寓意一日上封珍珠一斛赐妃妃不受以诗付使者曰桂叶双眉久不描残妆和泪涴红绡长门自是无梳洗何必珍珠慰寂寥上览诗怅然令乐府度为新声号一斛珠明隆庆五年有二龙起海中拥水高丈余阔数丈长亘野声若崩山其一飞升天半长数十丈准角峥嵘身若水牯色正白鳞鬣蠕动历历可数忽有片云正黑从西北来龙乘之以升遂不复见其一浮游田禾之末北渡洋水田中水旋卷随之至白石崛中水跃数丈西北行经东庭至东华之忘饥亭埔下而入于潭所过云气喷薄声若雷霆而草树不损片叶焉佥事余一鹏为之记

遮浪村在连江里疏作东珠浪语讹也有大孤屿小孤屿大孤屿者海中有大石突起亦曰大龟屿屿东有石盘上有巨人武

黄巷山在延寿里疏作上皇港传讹也地产荔枝名火山五月先熟为莆之冠唐校书黄璞与从弟滔移居于此黄巢冦闽所过焚荡至此戒其下曰儒者家也灭炬而过滔有寄璞诗云纵征终不起相与避烟尘待到中兴日同看上国春新诗说人尽旧宅落花频移觅深山住猿啼作四邻正字徐寅有黄校书闲居诗云取得骊龙第四珠退依僧寺卜幽居青山入眼不干禄白发满头犹著书东涧野香添碧沼南园夜雨长秋蔬月明扫石吟诗坐讳却都无担石储山名黄卷以此盖讹为黄港久矣疏又讹黄为皇也

宁海桥在连江里支海自下黄竿入三江口经遮浪大小孤屿而入两涯洪阔北涯旧宁海镇镇前有渡元元统中僧越浦为桥曰宁海明徐敬则僧湘江重新之更入为白湖一名玉湖土人用谶言作桥以断水郑叔侨诗云结驷直过黄石市连艘欲断白湖腰谓此也旧有堤俗名白水塘其侧有灵惠井环境皆斥卤此独甘洌江口桥在待贤里支海自三江口又入接迎仙港迎仙溪合荻芦桃源白石诸水东流至此而与海会也其地江势最阔有盘石突起江心民居集焉于此作桥名江口桥一曰龙津桥一曰尚阳桥桥之南属莆田北则福清境也其旁迎仙巡司在府治东北四十里前临海后负江口桥地饶民聚商贾所凑相传其上更有迎仙桥为宋僧祖逊所建今地有子鱼潭亦名小姑潭宋志子鱼惟迎仙桥东小姑潭所出为最但少通三印者建安严子翼艺苑雌黄云通印长鱼古人以为食珍言其大可容印王荆公诗长鱼俎上通三印之句而子瞻亦以通印子鱼对披绵黄雀皆用此意王彦辅麈史云子鱼长七八寸阔二三寸出通应港者佳盖港上有通应庙因以名港耳后人讹为通印见之题咏不足据也闽书则又云绝

无通应港及庙妄人诡觞社祠颜以通应至今存焉港水下流曰锦江即江口有温汤池汉时胡道人者炼药于此药成有神人告之曰非太上之药也不足以度世道人弃丹于池池水遂温相传浴之可以益寿

吉了寨巡检司有城在新安里宋曰击蓼距郡城八十里前控南网右引小屿左带湄洲内通枫亭诸处外至莆禧一潮水其城枕海涘巨浪冲啮岁费修筑下有东西二澳内泊南北风船二百余只东有吉了水寨南日寨及湄洲游总向来移驻于此有华胥山或云吉了者犹言极了谓莆地至此而极乃复崫起为是山与湄洲隔海相望时见蜃气成楼台也居民甚稠以贾海为业岁出海不下千艘倭冠每于南麂礵台狙伺之或分其所获给票而遣行或并船夺之奸民外苦倭掠内虞巡兵然以微利故往往走死如骛或竟习为不轨使帆轻捷逐之殊难也吉了之船钓槽夹底最利深洋用以巡逻最便莆禧所故设旗军千二百二十一名在湄洲之西北平海之西南为兴化东南藩蔽三面阻海颇称险阨澳内藏北风船三十余自莆至中门为地极处一线仅通左支自贤良港而出吉了散为东湖西亭诸山右支自金沙铺而东出莆禧散为文甲山柄诸山中门疏作忠门贤良港在所城前有山卮然如象本名黄螺港美其名曰贤良焉文甲山一名门夹山以两山相夹如门故山柄墩城北澳也亦曰后山柄可泊南风船五十余其民习海勇斗而约结甚固嘉靖壬戌冠陷郡卫独所城得全南至平海北大咋各半潮水

嵌头巡检司在郡城东九十里城在石崖之嵌渔农数百户杂居其址介山海间贾舶冠船来往杂沓颇难稽诘

平海卫在府治东九十里属武盛里【闽海实录作八十里】孤悬海外三面临渊惟西北一路可通莆阳之藩蔽也洪武间周江夏置卫筑城有旗军五千五百十六名设学地有石狮九跳凤石诸山卫前小澳四面皆石有石鼓石锣孤峙碛上鼓周三丈锣差小扣之各如其声又有大泉在城东二里自石罅涌出澳中可泊北风船百余东一屿浮海曰鸬鹚屿【闽海实录作鸬鹚屿】可泊南风船二十余又有进屿进屿两岛如门洋船所出入也门之中及屿之西南皆有沈水礁过者戒心焉嘉靖四十一年壬戌郡城卫连陷于倭先是歙人王直入日本纠萨摩州倭以入冠贾人子徐海亦集众从之冠扰江淛数岁嘉靖三十四年冬犯莆田及镇海镇东诸卫泉州指挥童乾震拒战死之此闽中被倭之始也已而贼复犯淛应天巡抚胡宗宪用间杀海复计诱直诛之宗宪以功擢右都御史兵部侍郎加太子太保而直之余党毛烈知尚据浙之舟山巢柯梅闽浙诸境岁有冠患而闽中失亾尤多巡抚阮鹗坐罢三十七年烈知自柯梅徙泉之浯屿入南澳构巢以居于是兴漳泉三郡无地非冠三十九年破永定城又破宁德县杀参将王梦麒知县李尧卿奸民导贼发巨姓冢墓质其棺以索赎诸将冒功饰败贼益枝蔓浙江参将戚继光奉檄来援贼方据宁德之横屿阻水为营继光填河以进斩二千余级生获九百人连破六十余营贼少靖矣迨继光返浙而贼又炽四十一年新倭大至犯福清罗源连江杀游击倪禄十一月遂犯兴化郡城郡故饶裕贼艶慕已久至是乘高急攻尽得城中虚实木兰陂水注城中爨浣仰给贼徙其源民无所得水大困会总兵刘显来援衣甲俱刺天兵字贼逻得赍书者八人杀之而衣其衣以入守者勿觉也夜半斩关纳冦城遂陷同知奚世亮死之焚掠搜牢火经旬不灭盘踞两月见城中腐骸山积腥秽不可居遂去之平海乘不备急攻又下之事闻上震怒罢巡抚游震得以参政谭纶为佥都御史代之更调广帅俞大猷浙帅戚继光协力讨贼兴化之初陷也巡抚震得檄指挥欧阳深率所部降盗谢爱夫等驻濑溪以防其侵轶深泉州人也子模己未进士深以赀豪里中慷慨好施人怀其惠会冦难纠众保聚爱夫故助倭发冢深先墓亦与焉深遂率众攻爱夫爱夫骁锐多党翼号谢半番闻深至而惮之遂听抚至是深率半番追倭于平海之苏塘中槊死半番裹其尸而还时为四十二年之五月也是时战死者又有在籍总兵邓城泉州卫镇抚白良玉事闻深世袭指挥良玉子准署指挥同知巡抚纶至用总兵俞大猷议分其军为各万人总兵刘显攻其北浙总兵戚继光攻其东而大猷当其南又令二参戎以舟师截水道四月倭将逋把总许朝光率轻舸邀之不得出居亾何诸将四面云合鏖之崎头倭殱焉卫有忠勇祠二祠本卫千户丘珍叶巨卿皆剿倭阵亾者

涵江有涵头铺宋学士郑颐吉居之与文文山相友善为书新有社三字有涵江书院在郡城东北二十里唐贞元间宣圣四十一代孙孔仲良徙居此宋绍兴乙亥朱文公常过其家见其裔孙宜去孔子四十九世矣有唐告身七通及家牒犹存为告守臣傅自得令兵铎更其版籍淳佑中知军杨栋同涵江镇官郑雄飞作书院并夫子庙理宗御书涵江书院四大字以赐之元设山长以五十三世孙敬山充之子孙世袭至明始罢

青山巡检司在郡东九十里三面阻海南日山峙其南不及五十里莆门户也产相思石亦曰雌雄石状如杏仁而白擘之两瓣腹有纹置盘中沃以酰则石瓣离立相对俄合为一矣有大蚶山志称昔有物自海浮至轮囷如瓦屋盖蚶也土人作庙祀之因以名山上有大动石小动石石船石兽之属旧志上有岩洞十里之内水草皆香旁有蚶田

百顷南至崎头二里许有罗隐庙相传常有巨木数百章自海浮至尽镌罗字铲之愈明土人获而异之逾日见有神人峩冠黄袍曰我罗仙也言讫不见于是立庙以祀海商祈风能分帆南北南唐封广济王有蔡山壶山之分垄也今置戍

演屿与蚶山相近宋少帝舟舶大峡江为元兵所逼忽有白马神为演一屿一蔽帝舟遂免石刻犹存

南日山在青山之东大海中与琉球相望旧名南匿唐翁承赞有泊船南匿遥望竹啸旧山诗周百余里【闽书环屿二十里】旧有居民中涌淡水寇常汲于此明初置寨曰南日寨设战舰四十六兵八百七十六名成化末徙吉了居民无所依相率内徙其山遂空山之东北澳曰东沪泊北风船四十余最当贼冲其西南曰西寨泊南北风船四十余北连一屿曰小南日周七里不可泊船北澳曰燕内可泊南风小船十余又有大小砺山在海中自外小屿鳞次恶礁甚多曰十八门皆贼薮也北至东甲南至乌垢各一潮水北与小埕寨会哨于南茭南与浯屿寨会哨于湄洲

崎头北望南日在青山之西澳内可泊北风船百余俱苦潮退胶浅大船不可泊东北澳曰泥湿可泊北风船三十余东北洋中一小岛曰三蓬屿北至龙王宫南至东海各一潮水

冲心巡检司在郡治东六十里三面阻海与崎头三江澳港相接即山为城下多村落海上烽起则敛民入守其民岁贩饴糖稻麦浮温台泉潮为利

湄洲一名鲘山居大海中周八十余里在崇武之东北平海之东南距郡城八十里为莆禧吉了门户与琉球相望故有居民洪武间徙而墟之山有甘水茂草野马驴骡孳产蕃息骤逐之不可得有势家居之以为利寇舟常就汲焉隆庆初设把总一员战舰二十三游兵五百二十八名以守之后裁改设标游西为蚝仔埕泊南风船二十余东南为金沙澳可泊大船五十余文甲门商渔所必经贼常于此候劫外为深澳水深多网柱贼船所聚也北至平海南至崇武各半潮水大岞小岞其泛地也有顺济天妃庙妃姓林氏父曰愿闽王时为都巡检土人也妃初生地变紫色长而灵异能履席渡海往来诸岛间人呼神女或曰龙女一日方织据机假寐终日乃觉母询其故曰父有厄往救之耳未之信也有顷父至言涉海遇飓风几危忽见有神女拥辎軿幡盖现空中而风遂息仅乃得免母始异之而土人缘此盖知其非常人矣在室三十年至宋雍熙四年无疾奄逝妃既没土人时见其衣朱衣履浮槎出没巨浪中身有光又数见梦于父老遂作庙以祠名其墩曰圣墩宣和中给事路见廸使高丽遇风以妃见于舟得济使归以闻因赐顺济之号其后屡著灵异元明间皆有翊获海运之迹累加敕封益尊称至十字永乐初中官郑和使西洋又见光怪成祖命有司新其庙遣官致祭妃之显灵幻奇不一或见红灯自空坠或见彩蝶绕樯飞成化中给事陈询使日本嘉靖中给事陈侃使琉球皆有所见云今频海郡县往往有祠每册封外藩必致祭贾舶事之尤严也湄洲之庙至今宏丽每农月耕民夫妇毕出常以襁褓褁儿置神座下竟日不顾儿终不啼若或抚之者山产黑白搏石可为碁子宋林光朝与林晋仲书云海中一山名湄洲隔岸视之约五七里乃合两山蜿蜒之状有田数十可耕而食鱼盐饶美筑室读书可以忘世惟某知之也此岛自唐以来居民稠密洪武徙后时复阑出盖以承平不之禁今犹如故云

乌垢山周二十里在平海东洋中二山相连北曰大垢泊北风船三十余南曰小垢泊南风船二十余水深二十五托澳外水深三十托用坤申针二更至湄洲山日本塘船东番归棹皆泊此取水候风盖贼薮也系中路哨探汛地

乙亥自江口驿过蒜岭行八十里至福清县自县东北行十里至钟山登其颠望海坛山镇东卫诸处薄暮而返

省城福州府属县七闽县附郭附海者五曰福清曰长乐曰闽县曰连江曰罗源元年书界自江口桥历仙岭【蒜岭驿绵亭岭渔溪铺玻璃岭松树岭苍霞岭锦屏松潭山牛宅村里美】至定军山为福清边边界以外斗入海八十里万安所七十里牛头寨五十里泽朗寨四十里松下十里镇东卫附海五里海口桥上径镇二里硋灶俱移共豁田地四千六百三十四顷有奇于海口桥东大石渔溪铺蒜岭驿因界设守八年展界安兵十七处【峰头把总一兵六十名双屿二十名旗山二十名蒜岭把总一兵六十名棉亭山二十名九龙山后千总一兵一百八十名西岭三十名松树岭二十名葫芦山把总一兵五十名杞店千总一兵一百三十名松潭二十名镇东卫游击一守备一把总二兵四百五十名麒麟山二十名山下把总一兵五十名风水山十名定军山二十名】

从蒜岭营拨守一汛【峰头把总一兵五十名】福清营拨守二汛候阅定

福清立县始于唐初名万安改名福唐后唐庄宗始改福清其东南隅皆海也故迁界自西南以抵于东北自江口桥五里至仙岭又五里下埔又五里蒜岭又五里棉亭又五里苏阴又十里渔溪皆自南而北由此折而东行十三里玻璃寨又十里洋尾又二十里至县南门又二十里海口桥折而北四里牛宅村又十里里美又十六里定军山接

长乐境蒜岭之外有碄灶村有余坑山有旗山双屿有峰头寨又江阴壁头渔溪之外有九龙山玻璃岭之外有径上里皆邑西南附海界外地也自邑南门渡江至锦屏山南行二十里杞店十里牛田场二十里三山路岐分为五一西行十五里至薛店一西南行三十里至牛头寨一东南诘屈行六十里至万安所一东行稍南二十里至白鹤寨一正东行二十里泽朗司皆邑东南界外地也自海口桥循江而东一里至镇东卫自里美折而东行过麒麟山四十里至松下为邑东界外地凡各路岐分之间皆有支海内入故迁移独多

蒜岭以山形如蒜而得名在光贤里上设驿有照海亭登之东望大海无际又有漆林书院唐翁承赞兄弟读书于此故山曰草堂里曰光贤皆以是故也岭有古碑镌石马泉三字草堂山有小瀑布坛高数十丈承赞乾宁间进士也尝以右拾遗奉诏册王审知为琅琊王假金紫以行梁开平中又为闽王册礼使黄滔赠以诗有衣锦还乡翻是客回车谒帝却为归之句承赞遂留相审知卒葬于崇安子孙代有显者余坑山在光贤里之唐屿下有昭灵庙相传汉有赵升者事张道陵得仙隐居鸣鹤山下常乘铁船抵浮山又跨巨鹿憩盘石上今舟痕鹿迹尚存鹿迹长尺有二寸每六月村民聚祠炎暑酒善败俗尝罢酿独此地有北风旬日号酿酒风又有卢焦石高数丈海涛漱激为龛岩之状或采为池亭玩必致谴怪

江阴山在蒜岭之东三江之北兴化之北面关钥也东为壁头廵司北为牛头廵司南为崎头东北一屿浮海曰野马山可寄北风船五六只东为大麦洋入莆门户也其地又名双屿以二山突起海中故名中有古井甘冽可以济旱蔡道人岩及百年洞又呼仙屿

白屿又名陈山绝顶曰鸿休岩岩窦天成下瞰沧海浩无涯矣以僧鸿休居此故名其西又有乌窠岩乌窠禅师居之即杭州守白居易所参请者也

苏溪出莆田而通横山潭入海

渔溪上有昭应庙祀虞雄闽牙将也战殁于此径江有二一出故兴化县金支大潭合渔溪为径港一出黄蘗山北过铁场边与径港合流水之南有径上镇今置戍其水过棉亭东抵乌屿门又南至双屿岐而为二东出白屿西出后屿合于昭应庙前会迎仙港入海

苍霞山在新丰里

牛田镇民居甚稠其东有闻读山为唐水部陈灿读书处上有遏云碣潜公室讲经台狮子迹其西有福庐山在时和里明相叶向高所辟也由三天门入至石芝亭为相国书堂石芝者平地拔起高可二丈余茎细而首坼为华藕之形有蹑云径石磴四五折入岩腹天光斜影凡二百余级穿一窦以出有古榕树轮囷秀润旁有台曰榕台立冈顶俯眺海曲浦溆历历如指掌稍降有两石夹峙中露天光类武夷一线天人行峡中得旁穿以出乃入异香洞可容百人洞初开时异香经时不散因以名遵峡而行为饮虹硐泉自窦中出如鸣珂佩又穿穹岩而上入云关有古仙鹰崿二岩天门外有石阙俗呼擎天柱自上俯视始见其直如引绳凡四十五尺自福庐西行二里许曰灵岩有寺在嵌岩中大石迫岩傍作峡两松树生峡半根为石所啮顶作羽葆以自蔽岩之左有灵湫坠涧湫所来处数石磵相连逶迤巉刻皆泉溜所撞击而成者也寺之前后亦皆松林意即所谓松潭也牛田场有盐课司地在泽朗之北镇东之南福清之藩蔽也其东有东营山【新图作东壁山】在海中嘉靖辛酉壬戌倭艅盘踞于此联营二十余里将攻福清戚少保以火器破之始遁去

泽朗廵检司在化北里有嘉福寺隋时掠琉球五千户居此万安所城在平南里临大海明初江夏侯建设旗军千四百九十九名北望海坛南望南日内扞镇东东洋要冲也城内有万寿塔可以远眺澳内可泊南风船数十北有大丘寨又北为东金山高峻可以远望居民以海为业蹈险如骛颇难防禁折而西曰莲盘北曰沙坞皆商船必经之地并可泊船其外有草屿塘屿及南匿屿之属南匿产盐差淡塘屿一名大姨山其地多风不宜树日未出东向极目有黛色一点微露水面为小琉球国每风暴渔舟辄为所漂一昼夜至其国水深碧东流不返莎蔓错织不容转柁漂者必至而后已其国人得之以藤贯踵课之耕作盖其国刳木为盂乃能周旋莎蔓间非内地之舟可涉也相传大姨山夜不举火惧彼国人望见而至也

东甲山在万安之东三岛相连大小断续上有大王宫澳内可泊北风船数十万安居民多采捕于此临万寿塔望之隐隐可见贼自海东来多窟于此明时防剿尝以二艘发舟鸡鸣而至盖虑贼望见吾舟而逸去必乘夜掩袭之也乃万安港口有一沉水礁而草屿猫尾以至东甲澳口往往有恶礁非久习海道者不能辨以故巡剿之舟不敢轻

出惟严沿海之保甲以绝勾引勤哨逻以防窥轶斯为胜筹耳

海口桥一名渤澥桥去县二十里在海口江上跨方民仁寿二里宋里人林迁募建有海口镇属方民里明嘉靖三十四年倭冦至民多死御史吉澄请发帑金七千七百两赈之民请以是筑城其后岛夷屡犯以有城可守得全即今寨城是也其江出于故兴化县界流为百丈溪至金应铺为无患溪东流二十里合石塍溪至水陆寺合东溪经县之阿头潴为琵琶洋十余里入海又有龙江源于龙首山初名螺江【闽书作螺文江】宋林栗改今名至海口桥而合于江桥畔有林夫人庙规制不甚大而灵异素著舶商入海必祷之镇城东北有龙山一名瑞峰寺在山颠浮屠七层可观日出西麓有红莲阁疎野堂里人章氏所建下有粄粔潭南麓有草堂宋林光朝故居也自海口西行三里有网山宋林亦之读书处学者号为网山先生自海口南行二里曰瑞岩高数百仞有天台玉虚香山诸洞一滴泉鉴池紫霄亭休休庐诸胜绝顶石泉大如箕应潮汐号通海井龙江上有龙江书院中祀孔子旁为三贤堂祀宋林光朝林亦之陈藻

镇东卫城明初周江夏所筑设旗军八千六百八十七名以其在海口镇之东故名有仓局教场规制略备明世闽有总兵春秋二汛驻于城之东门又设土浙兵二营以守之卫东南有朱文公祠西南有镇山庵又有都督戚继光祠嘉靖壬戌倭冦万余围困数月指挥秦经突围请救俞刘戚三帅兵至始解报功之祠所由作也城中人文蔚聚商贾四集号为饶美外为盐屿屿外水浅非潮满不可入城之东有烽火山有警举燧于此山顶嵌岩其状如屋凡三十六间名曰虎屋宋林亦之诗云兴来走上烽火山著足不定秋风寒四边黄茅滑如雨低头俯看毛发竖几年欲到紫莱乡大练小练及东墙如今一时在眼傍白云流水天茫茫酒阑更欲吊虎屋无端日色相催促一奴魋髻一跛足逐我下山如野鹿其傍又有鹿角山巨石上仙篆数字人莫能识大练小练在东海中二岛相去十里许无风踰月不可度大练有居民数十家可泊北风船八十余但苦水浅不宜轻泊小练之山周十里多乔木无居人五代卢皓林甲避地居此而林氏世以文显

海坛山在县东南大海中以山形如坛得名或曰其上有岚气往来又名东岚山横狭而从广周可三日行控连诸岛度可七八百里唐为牧马地泰清中始有寺宇宋初置牧监后以骜悍不齐罢皇佑中许渔民耕垦淳熙中有户三千元户满四万邑得以升州者以海坛诸里佐之也其山曰黄崎曰紫阑曰牧上曰砦头曰坑头曰大小鳌网其水有三十六派湖亦名三十六脚湖峰峦环绕如画湖水滨碧产莲濒河沙软能没人中有龙窟相传元庚申岁龙出与马交而生驹毛鬣异文以贡于朝日行千里二三年后大雨雹湖忽自决与海相连云近坞有大小场及钱藏皆为泊船澳东方最高者曰军山王氏谪戍多居此间其旁岛曰浚门曰獭步曰广州埕曰流水隔曰东墙曰小墙小墙北曰十二蓝焦东墙北曰百兵焦大桑小桑两桑间曰桑门两墙间为鸬鹚门是极东之岛舟不可行矣海坛人旧事私记曰海坛山周八百里分海上海下四五六七图户计三千七百口计八万四千左有东岚瑞湖右有显迹湖【即三十六脚湖】有碧沙洋百花砦钟门三镇皆市井殷繁而碧沙洋产人参钟门多科第尤为海外名区焉闽海实录云相传旧有一州一县州曰沙州县曰朗县不知何据洪武初徙其民而墟之置游兵千二百名然所有苗米八百石征之合县如故也正统间邑中布衣林扬诣阙上其事逮系诏狱十八年至天顺复辟始允其请而释之嘉靖季年倭冦据为窟宅剿平后流民渐集蔚然成井里至隆庆间设海坛游置战舰三十兵六百六十九名启祯间几复旧观矣东为观音澳泊北风船二十余东南一屿浮海曰牛山常泊船十余皆贼薮也东北曰苏澳泊南北风大船八十余但不利西风又虞潮退舟胶而贼至西南为龙王宫可泊北风船三十余其旁又有晃尾澳可泊北风船三百余又有进屏澳可泊北风船三十余疑即浚门也苏澳西南为石牌洋一石高可百仞在洋中如石牌状石牌下有恶礁曰金钱礁龙王宫前亦有金盏银台礁出入慎避之东至东甲南至草屿西至万安各一潮水东庠即林亦之所谓东墙也在海坛东北南望牛山一小屿曰小庠即小墙也东为葫芦澳可泊北风船二十余出鼋鼍高于人流水甚急倭冦往来之冲其南曰南江北有鲎壳澳

钟门屿在石牌洋之西北可寄北风船三十余其屿玲珑如钟亦闻古有钟没于此潮退犹露其纽岛饶淡水汲者聚焉近屿石高二丈如媪东南瞰其石趾方二十丈中有井泉与潮候应船泊之都会也半潮抵慈澳则长乐界

苦屿门在镇东卫东北二十里海中可寄北风船十余凡南来商船俱在此候风过茭入省或遇风信不利经旬淹泊商旅无不苦之故曰苦屿南望石牌洋东望钟门后澳为涌月可泊南北风船二十余北入松下西入镇东有恶礁曰鸡屎礁舟行宜慎之五虎海坛游汛至此分界

丙子行七十里至青坡又二十里渡乌龙江水面约四五里夹岸俱山波涛惊驶又行四十里次福州府将军佟公少司空苏公抚军金公及藩臬以下皆来迎甲士五千军容甚盛旌旗相属十余里又有台湾归化人及琉球使臣以次见

元年画界自定军山历高岭山至闽安镇为长乐边边界以外斗入海四十里梅花所二十五里东山十里海路俱移共豁田地九百一十三顷有奇八年展界安兵十处【小石山石屏山石龙山七星岩十名小门二十名东山十名旧县守备一把总一兵三百名壶井山十名渡桥山千总一把总一兵二百五十名双桂山十名金墩山二十名燕山十名龟宿山十名】今从长乐营拨守七汛【松下把总一兵五十名垄山千总一兵六十名东山港尾十五名壶井大屿二十名仙岐六十三名梅花寨把总一兵四十名浪头鼻广石一十五名】候阅定县设于唐武德间以风物熙和故称长乐旧在六平山析新宁之敦素里为治今所谓古县是也上元初防御使董玠以其地卑湿徙治吴航头即今所也吴航去县西半里闽中记吴王夫差略地至此作战舰故名永乐间中官郑和过此改为太平港闽书以吴王濞反汉东瓯王摇从之故有吴航之名与此异至以为即马头江则大谬矣

六平山新图作鹿平旁有高岭戌台山宛转六曲上有巨石中穿为门通往来壁上勒第一山小有天字宋时于此建九日轩宝庆中太傅陈俞居其下亦名太傅山

瑞峰院在同荣里五代周广顺二年太保王绍齐以僧居岩间时有云覆其上因作为院有石屏庆历间提刑苏才翁刻字于石屏闽书以为石屏在县东之芝山亦云苏邵二公勒字盖又一石屏也

石龙山界连闽县以上为初迁近内界

七岩山疏名七里岩在县南五都之罗田其傍溪湄山有奇胜境曰宝山云曰石涧泉曰龙津钓山巅有湖相传湖中有巨蚌含珠曰珠湖自此而东有社溪有大社小社二村巡检司在焉其南有郎官山连石尤岭可通福清

牛垄山中有田一区丘垄环之有垄下民城洪武间江夏侯建今置戍

壶井山有一井在山麓如壶咸潮至则没潮退其水复淡自垄下城历江田漳阪东山三戍而至其地凡四十五里【志胜云在县东北四十里误以图考之尚在东南】下有壶井村有水曰壶井江其出海处有二石对峙曰王母礁【新图作虞母礁】宋末杨妃负益王福王航海经此

双桂山疑当作芳桂盖志有芳桂里也东至海滨有仙岐城自城以北有大董小董村董峰在焉一曰福山舆地纪胜云上有神人裸形披发见者获福故名闽中纪云董奉字君异侯官人少得道尝游交州刺史杜燮病死已三日奉以三丸药纳之口中食顷更生奉后居此山为人治病不责谢但令种杏一株久之有杏七万株森然成林其西有蛤山旁有屿二一曰人赤屿一曰蛤屿

雁峰即疏所称燕山也新图作雁山下临严湖上有御风台严湖一名西湖陈太建元年邑人严光之子恭贾于维扬舟次江浒买鼋五十头放之光家居见有黑衣五十人赍钱五千缗至曰子所寄也及恭归语放鼋事乃大异之遂舍宅为寺湖中有小阜曰蟹山有六奇曰牛山曰马水曰龙湾曰虎潭曰都官渡曰播笏石自是而东并海有圣娘山其下有林婆湖林婆者唐林鸥之妻鸥字神凤开元中为仓曹参军尝筑滨涠湖可溉田千顷妻赵氏亦舍奁田为湖遂名林婆湖稍北有魁山以其魁然异于众也有植柱庙相传唐时有神凭巨木溯流而上渔者徙之下流辄复上如是者三土人以为异而祠之久之刻木为像遂以名其庙又北为碁山有石台仙人奕处也碁局尚存

梅花所在二十四都去县四十里周江夏筑城设旗军千四百五十八名其地曰梅花山下有梅江俗谚有梅江水直千金之语人烟绣错民习贩海往往阑出外境明王恭梅江诗云君不见梅江浩荡连沧溟积水不极涵空青未明先带扶桑日入夜倒浸银河星澄波万顷秋无尽漠漠遥光海天迥岛屿千家烟火深军城百雉妖氛寝渔笛吹残夜落梅空江长见旧潮回珠潭露下渔风起蛟室云归蚌月来仙源香雾浮花岛海色空蒙望中好玄圃沧洲路不通清水黄尘梦难到

广石澳去梅花所二十里长乐北境尽处也下有广石江江上有石相传地产紫菜味极珍美闽王审知采以入贡禁民私取因立石焉澳民业渔宋末陆秀夫奉二王从此入闽安镇二澳俱泊南风船而梅花孤悬海外飞沙将掩雉堞风飓时作逻舟不能久泊诚要冲也

磁澳山在焦山石梁巡检司之外亦作慈澳新图作滋澳内直壶井大屿北望苦屿门原设防船十二只以备东沙白犬外洋之盗万历之季并入五虎游海船南来转茭者常候风苦屿门或已行而潮汐不利则泊磁澳逻戍既撤

每虞寇掠向来建议欲用渔船设长戍南风则驻苦屿北风则守磁澳亦扼要之筹也

东洛西洛二岛相连在磁澳苦屿之间南一小屿曰横蒜东即乌猪洋也洛门可寄北风船十余但礁多宜慎西南一山秀耸如牛角曰牛角山可寄南风船二十余牛角南十余里即松下

东沙白犬二山相连在磁屿正东北望竿塘南望东庠东沙澳水深九托可泊南风船百余用单巳针三更可至牛山白犬以形似蹲犬得名绕岛石棱如锋椗索遇之辄断泊时倘遇飓风即有不测之危惟犬目一处可寄北风船二十余向来虽隶小埕后哨然巡船不时至盗自东涌徙巢或自外洋突犯辄于此分䑸行剽巡剿之舟由竿塘用正南风由大马头苏澳用西南风由磁澳用西北风然磁澳水浅潮退未半而舟已胶往往望见贼船而不能逐也

南茭在梅花所前一沙线下插入海中上溯闽江而西长数里皆铁板沙大舟遇之皆胶更遇风浪鼓拍动至震裂有一港可蜿蜒以入闽江非老于海者不能识且其中沙面时有迁徙必满潮至八九分乃敢入也二茭夹列闽江之口南茭以沙险北茭以石险南北商船过此尝惴惴焉其闽江之舟东出者利西北微风

长乐连江二邑夹闽江之尾为境而闽安镇居其中绾毂海口则闽县地也自石龙山历象洋山至马门岭为闽县边边界以外十五里东岐高楼十里象洋俱移共豁田地三百八十九顷有奇八年展界安兵七处【石龙山五十名武定山十名武定门二十名登高山十名象洋五十名长柄山十名东崎山二十名】今从闽安陆营拨守三汛【象洋千总一兵七十名下塘寨把总一兵一百八十名石龙寨把总一兵一百名】候阅定

闽安镇海门也有城东南际大海闽江自西而东更其前由省城往从陆路则出水部门六十里而至从水路则自南台九十里而至有柔远驿琉球贡船常泊此有税课局粤浙商艘往来不绝有巡检司千掫者所驻也人烟稠杂百货所凑城四周皆水出城南门望隔江有石龙山山下有大石出江中其形盘屈号金刚腿北门外有桥曰沈公桥桥外为教场城之西为水寨东临江汜汜之隔浦登高山也其江为全闽之干水随地而异其名源出浙之龙泉建之浦城崇安又合延建汀邵及古田闽清永福大小诸溪之水至此入海大抵闽江承建剑上流谷陋川激至马渎山渐广而缓曰马渎江至长乐侯官之境螺女金琐石岊诸江来合之曰洪塘江又东曰马头江以江中有石如马头故以名众流所汇浩瀚无涯有洲如桃号投桃洲予所渡乌龙江即此也又东至会城上洞江自左下洞江自右来会之故会城三面距水而其汇处曰南台江越王钓龙处也上有万寿桥平海头陀王法助所募建长百七十丈水门二十有八又东东西两峡江来会之二江所受之水至多故又因其名而称西峡江而统谓之闽江也闽江过闽安镇有小山当其中流曰急水门又东有两石礁曰双龟又东合于大洋有五峰列峙即五虎门也江之南岸自石龙山而东曰武定门又东曰浮屿又东曰猴屿其地有七屿曰洋屿殷屿獭屿竹屿盐屿芝屿与猴屿而七也又东曰琅琦曰浮江江之北岸自登高寨又东曰碁盘寨曰象洋寨其地有怡山院云峰岭又东曰长柄山又东曰下塘寨又东至馆头与连江接境矣五虎门之旁又有官母屿筑城设巡检司澳内可泊南风船百余向设船十八艘外控竿塘定海内扞馆头伏莽时发哨逻殊不易也迤西为荻芦门属连江

己卯自福州发行三十里至北岭又二十里至何虎岭又二十里至潘渡又十里至罗仑渡河又二十里至连江县

元年画界自马门岭山历浦口【麻岭透岭】至棋盘山为连江边边界以外斗入海九十里北茭六十里奇达澳三十里定海所附海二十里马鼻十五里大澳五里馆头俱移共豁田地二百三十四顷有奇于浦口因界设守八年展界安兵二十处【岭岭马门岭十名长沙岭十名定安岭十名大澳山十名大澳岭四十名东岱把总一兵一百名东岱台十名小澳十名浦口千总一兵一百名松坞二十名腰岭十名麻岭十名白鹤二十名麻坂把总一兵八十名网边十名驴头十名拱头千总一兵二百名马鼻二十名岭口十名浮曦山十名东山三十名】今从连江营拨守六汛【东岱小澳把总一兵一百名浦口六十名定海千总一兵一百三十名苔菉把总一兵七十五名拱头寨把总一兵五十七名馆头十名】候阅定

连江本温麻县地沈约宋书晋武帝太康四年以温麻船屯置温麻县是也武德初析闽县地别置连江县连江出罗源县之王土溪黄柏潭会旧怀安县之桃洲密溪三派合流至县西曰罗仑河绕县治南亘钦平上下二里东流入海其在县南者名鳌江去郭门百步跨江为桥长五十丈水门十有六作于宋政和间俗呼江南桥自此东流二十里有东岱山亦称岱江有渔沧潭石刻渔沧天乙之门东岱寨置于此江之北岸即浦口寨也更东则海口矣

邑形东西绵亘海在其东闽安镇在西南闽江之口经其南境亦大海也其东北境又有支海内入故邑东偏之

地如舌吐海中北茭定海为舌之端小埕黄崎为舌之腰而浦口马鼻舌之本也初迁于此立界自是以东远者百里并在界外予行自潘渡入邑境罗仑河即英显萧公显灵处也公名孔冲五代时建安人中唐庄宗甲科隐于邑南之兑峰薙发为僧志行坚苦能伏虎豹殁而邑人祠之宋靖康初建冦叶侬犯境遥望罗仑有牙旗火光又闻鼓角呼噪之声逡巡退去避冦者咸见神兵归庙中绍兴中海冦掠荻芦亦见九龙江上有巨舰扬旌而下上书萧字因得赐庙额曰英显

自城而南七里曰馆头其地有覆釜山形似釜而势下垂南峰之麓有石双峙道出其中曰石门唐中和中建石门寺于此有玉华洞以巨石相倚而成其中深邃灿若玉华有玉人峰半月池皆取形似有清阴洞在石门寺之北其下平广可坐数十人上有佳木荫翳故名又有石鼓石鱼五台斗牛诸石石鼓形圆扣之有声五台者巨石五高而顶平如台之峙石鱼斗牛亦各以形似名也

自馆头而东五里至马门岭又五里定安又五里长沙又三里大澳又三里洲岭又十里小澳邑之南境八年展界也小澳斗入海为东南极处自此折而西北十里百胜寨又十里仍至东岱海口矣

荻芦港与闽江相连在长沙定安之外去县三十里【志胜云在县东四十里误】一名九龙江上有荻芦山亦名九龙山七岛外列因以成港海面约半里七岛者泥坞塘下定岐蓬岐后沙下边东岸也相传秦始皇遍凿东南诸山之有王气者此山根连鼓山凿之使殊得芦根一茎长可数丈断之明日复合役者苦之夜梦有神告曰夜可置锹锸勿收如其言芦茎遂绝其绝处有血痕因名其地曰荻芦峡今亦谓之荻芦门

自浦口而东十里至松坞又十里中麻又十里蛤沙又十里东坪又十里小埕寨又五里定海所而地尽矣折回西行十里至官坞又折回东行十五瑞安海十五里黄崎十五里苔菉又五里北茭为东境尽处蛤沙有城洪武间周江夏建有河泊所有石壁高数十丈上刻字曰刘禹锡过此

小埕寨水寨也设钦总一员白犬竿塘东涌及东西二洛其汛地也南与南日寨会哨于南茭北札西洋山与烽火寨会哨澳内可泊北风船三百余

定海所在二十七都因山为城三面阻海故设操屯军千五百二十名南门距海五步风起潮涌可激女墙为省会锁钥连江扞蔽城之坐山曰雁塔墩登之以望上而北茭下而南茭内而五虎荻芦外而扞塘白犬皆在指掌城为周江夏所筑火器楼橹甚备嘉靖末倭冦攻围固守不陷万历末移水师游击二十五舰驻防屹然雄镇矣南门一澳泊北风船二百余西门外长澳泊北风船三百余山东北为铁沙澳雁塔山后为小埕后澳泊南风船百余城东南五里许海洋中四屿珠联伏礁甚恶戚少保尝统四十艘犯夜而出皆劘碎南门西门二澳遇夏至后南风盛发舟不可泊秋冬飓风渔艇商舶纷纭猬集奸良莫辨稽诘殊难也

北茭巡检司有城周江夏所筑旧为荻芦巡检司明初始易今名一山直趋海中石骨嶙峋为省会锁钥南北之天堑也城下可泊北风船数十北上商船非东南风不得过或少参以北风舟辄絓礁而止游氛自东涌西洋乘之有坐困而已故商船将至茭而风未便者又须于黄崎候风

黄崎澳在北茭之西其外即铜鼓洋有土堡居民百余家澳内可泊北风船五十余斜行至定海三十里至竿塘一潮水竿塘两山相连在海中以多茅竿故名先有居民洪武间内徙上竿塘峰峦层曲周三十余里有竹扈湖尾等七澳镜澳泊南北风船十余竹扈澳泊南风船三十余长箕澳泊北风船三十余下竿塘周二十余里有白沙镜港等七澳马鞍澳泊北风船四十余但苦泥滑下椗易移二岛南至南茭北至北茭西至定海东南至白犬西南至五虎各一潮水相近一石峰高可六十余仞俗呼竿塘杙凡哨探淡水鸡笼琉球日本俱从此放洋认此收澳倭冦至竿塘亦必泊而取水焉

奇达澳在北茭之西斜径至安海十里

下木澳【筹海重编作下目澳又有上目澳在南】与黄崎对峙在北茭之东可泊南北风船二十余北至西洋南至竿塘各一潮水

大小亭山桑屿闽岭俱在海中旧属崇德里昔黄氏兄弟载宝没于亭山因祠于此按即黄助与其弟光也

马鼻山插入海滨以形似名南行为玉楼山有岭曰透岭有屿曰鹤屿皆设戍处元年迁界也自马鼻而西为棋盘浮曦亦设戍处乃八年所展界其地香炉山有章仙坛仙开元中人尝斩蛟延津江中有勅书碑记其事又有磨剑石扫坛竹及石棋盘此棋盘山所以名也

庚辰行四十里至丹阳铺又四十里止罗源县

元年画界自棋盘山历岐阳铺【荻国铺乌坑山界首岭】至白鹤岭为罗源边边界以外斗入海六十里濂澳门五十里妆裹附海三十里大获二十里迹头十里松山皆移共豁田地二百六十六顷有奇八年展界安兵十一处【大获山十名小获山十名松山三十名边奇山三十名泥田十名乌坑十名三源十名三层岭十名王沙十名疊石三十名半天罐十名】今从罗源营拨守七汛【鉴江把总一兵一百名五里渡把总一兵一百名濂澳兵一百名边崎二十名泥田十名乌坑三十名大小获四十名】候阅定

唐大中五年割连江一都置罗源场三山志云罗源溪名亦姓也一名罗川咸通中复割怀安地益之升为永贞镇后唐长兴四年闽王升为县宋乾兴中始名罗源县初治水陆寺侧介两溪间时有水患庆历八年迁于戴坑即今治所嘉靖中始筑城周三里

罗川源出蒋山接金钟潭流至四明溪分为三派曰中溪南溪后张溪流入松崎以达于海

濂澳在县东邑之左臂也而连江之奇达澳为邑右臂濂澳之东为鉴江又有东冲皆冦来必由之地嘉靖末濂澳奇达皆尝陷于倭自濂澳至西洋一潮水澳中有山曰帘山以形如帘幙围绕民居故以名濂澳有十景曰石笋曰仙人迹曰感梦泉曰山羊鼻曰石虎曰文笔峰曰通济桥曰马鞍山曰双石与帘山而十也

黄沙溪【疏误作王沙】源出宝胜山流入松崎港

疊石公馆在罗平里亦名飞来石山顶一峰突出有巨石平如砥小石疊其上故名

辛巳行三十里至疊石又三十里至白鹤岭止宁德县

福宁州领县二曰宁德曰福安与州治俱传海元年画界自白鹤岭历宁德县【铜镜河溪漓洋头闽坑】至小留岭为宁德边边界以外斗入海八十里象溪七十里梅溪六十里飞鸾附海三十里金垂河二十里黄坑十里三屿皆移共豁田地一百六十顷有奇于闽坑岭因界设守八年展界安兵十四处【界首岭十名白鹤岭十名洋尾山把总一兵三十名蚶崎山二十名黄土岩十名南山二十名马鞍山十名张湾千总一兵二百名斗门桥十名后垄十名东墙把总一兵百二十名林长屿十名金垂河西台二十名金垂河东台二十名】今从福宁右营拨守九汛【飞鸾蚶崎把总一兵四十名洋尾二十名张湾千总一兵五十名黄土岸十名港尾十名蓝田十名金垂西台五十名金垂东台把总一兵五十名马鞍山二十名】候阅定

县先为唐时感德场伪闽龙启元年升为宁德县东面距海支海内入抵于邑之东门一溪绕城之南曰南门溪一溪绕城之北曰蓝田溪皆汇于城东浮其中者曰酒屿曰金瓯山曰金崎曰钱岩曰橄榄屿曰青山其洋曰三江洋大岛当其口三都地也盖邑之环拱多在东故他县治皆南向而宁海独向东以白鹤为主山碧山为近案碧山外大海为明堂规模特宏敞焉其在支海之南岸为三都地山为飞鸾蚶崎梅溪之属在支海之北岸为四都地蓝田章湾黄坑马鞍山皆在焉少北为金鳌桥海口即斗门也又北为东墙海口距县二十五里即金溪铜镜之水出于三屿者也又北为金垂海口距县三十五里金垂河上接渺外溪又上穹窿溪邑西南境之水皆汇于此矣由邑南门黄土岸陆行过铜镜渡金垂河历溪漓至闽坑接福安境则为初迁内地之界白鹤山在邑之西门一都地也南连白鹤岭予行自此取道焉

白鹤山俗呼西山秀拔千仞南接飞鸾北接莲花峰悬岩峭壁空洞幽深泉水清冽是为龙湫其右为灵溪书院又有泉曰定泉旱涝不增减白鹤岭百折盘空海上诸山皆入延眺岭之南飞泉百丈遥望如银河倒泻曰南山漈岭半有黯井味极甘美宋枢密曹辅所凿也辅时为县尉偶憩此岭暍甚心自念曰安得引一泉以惠行者乎方举念而泉忽涌因甃为井初名应泉又名曹公泉

飞鸾岭在邑东二十里下有飞鸾溪源出罗源界其东峰有百丈漈名栖云潭唐黄岳家于岭下岳博通典籍尤精易数黄巢冦闽避地者闻岳好施归之如市悉赖全活乾宁中王审知累征不应必欲致之岳投栖云潭乡人哀之因祠于梅溪

梅溪山与飞鸾相属南俯大海前峰四拱势如勒马号曰勒马山县学取为前案岭下有万石岩石岩如屋可容数百人中有石灶石井石床石几傍有石舟两崖之间有石桥横跨又有仙茅山旧传茅君兄弟炼丹于此有土堆中虚击之硿硿有声号曰神仙土鼓山顶产石辣菜其味芬烈异常又有城澳山环匝如城中有三澳可置万家又有五马峰县南诸山奔会至海垂尽而五峰突起状如立马邑之捍门也

金瓯山若瓯浮海面与酒澳猿毛屿及大小金崎诸山联络海中而此山特近

瑞峰山在三都海中距邑三十里秀拔万仞昔有韩董二仙修炼于此丹井碁盘尚存又有黄湾峰嵩山皆与并高而嵩山之崖有瀑布千尺如白练悬空青山海岛周七十里有田土无官兵居民章湾在五都或作漳湾新图作张湾误其旁有仙人岩双掌痕深数寸又有仙迹岩亦留双掌及马蹄迹相对之山复留仙人坐痕又有阮先生祠祠宋绍兴间上舍阮大成又有龙江井溢则稔枯则旱邑民以为占验宋乾道元年邑大旱官民祈祷不应章湾士人阮元龄撰愬旱魃文斋祷龙井大雨立至三日乃已是夕元龄梦黄衣使者言奉上帝命取愬魃文且令儆装以须元龄晨起斋沐录其文而爇之踰日果卒文多奇字略曰吁咄哉酷魃肆虐多历时所恒阳烈熇炖燥灼煦譬堪舆大于一高俎穷极万有罗致罙弆【音举藏也】百亿魃属悉持巨炬燹笈烁毛个芦皴皵【个末五切䉂米古切肞音胥火烈也】风伯睡愬【睡音篆愬音恋不靡也】勦厥贪污【勦音卢助也】动堀墀堁【音课尘也】出入胥眗【音举】熇云疾雷震赫时暑九泉焦而扬尘苹苻燎而成旅【音举】流泉石之渊渊窘蛟龙而就肞【音汝鱼不鲜也】民森而颠【森音览愁也】物妥而脯【妥音俵落也】后云帝哀下民宁不震怒谅勅六丁撮汝骁鼠凡数百言佶屈类是见闽书中

三屿在六都少南为林长屿海口金溪水出焉海中又有官获屿乌屿盖所以为三屿也或云海中有三小墩即三屿故以名过海口又南为骝山山形秀耸有骅骝奔驰入海之势故名官获屿志作官扈山地势坦舒土壤饶沃山尾洋底有井源出浙江龙泉县界东流至斜滩过载首合松潭溪至廉首村会此名曰官井洋出此则渺茫大海矣志有扈崎山疑即乌屿官井洋内曰云淡门宁德之左臂也金溪源出古田县入由溪径罗源会百丈漈竹林潭至溪口村同出三屿汇于海

金垂河疏作金埵河误其海口曰浦门当其前者福宁之白瓠山也外渺溪入焉溪自政和界径清岩甘露溪至铜镜金垂汇于海宋陈嘉言霍童山诗云藤上老猿欲坠松间野鹿相随苔藓绿埋丹灶桃花红出金埵霍童山杜光庭以为第一洞天有大童小童峰又有石桥亘空石廊三十余丈海鳅井下与海通古仙人霍童所居也【在金埵河南渡距县可二十里志作县北七十里误】铜镜铺有水南湖潴水不竭可资灌溉有博济泉夏冽冬温自此渡金垂而北为溪漓又北为闽坑自此折而东则福安界矣闽坑之北有周墩堡故于此设县署曰东洋行县有东洋麻岭巡检司后移云淡门

西洋山周四十里内澳可泊北风船百余旁一澳名景初可泊北风船十余向不设兵贼所尝泊也上控盘山马砌下引北茭外望东涌内通奇达东冲濂澳鉴江飞鸾盐田白马云溪诸处为罗源宁德二县外藩自大金以往东北西北风皆利顺风至竿塘定海各一潮水

横山在西洋山东突兀海中不可泊船东涌内犯贼艅必由此至西洋一潮水自东涌来三更可到

东涌在东大海中两山东西对峙中一门相去里许四面峭壁澳内水深五十余托东山有大王宫澳前多拳石泊北风船五十余西山一澳泊北风船百余后一澳泊南风船二十余绝岛孤悬风信难测哨逻不能时至往时议设长戍虑险远难于策应辄复中止但为贼舰所窟穴贼所用钓艚高舰习于风涛转旋便利剿之者必以夜昼日望见我帆樯即迸走外洋我兵逐之直搏影捕虚耳每遇西北风自三沙往五更可到自大金往四更可到西南风自西洋往四更可到自竿塘往五更可到

壬午行三十里至三屿渡十里至金垂渡【沿海路少迂】又三十里踰大梨岭又五里至白石司渡又二十里次湾坞福安县地也

元年画界自小留岭历廉岭【县前洋尾河茶洋岭大梅柳溪】至杯溪村为福安边边界以外斗入海六十里衡洋五十里白石司附海三十里三江口圯湾皆移共豁田地四百八十四顷有奇于大梅因界设守八年展界安兵十一处【衡洋山二十名大梨岭十名白石司千总一兵二百一十名白石司马头十名湾坞十名梅洋山把总一兵一百名下裴山十名灶屿十名前郎山十名官岭十名盐田把总一兵一百名】今从福宁右营拨守八汛【白石司千总一百四十名大梨岭二十名南浦三十名盐田三十名湾坞把总一兵五十名马头梅洋一十五名下邳圯湾十名前郎官岭十名】候阅定邑为唐长溪县地宋宝庆间分而建县于韩阳坂即今治也邑水之大者有三并会于城南之三十一都曰三港口亦曰三溪口【疏作三江口】其地有洋尾寨以海潮所止也其水之自西而来者出政和之牛岭曰穆溪过廉岭曰廉溪自北而来出寿宁曰平溪以其绕郭之西而南流亦曰西溪自东而来者出浙之庆元曰长溪将近邑而秦川大梅化蛟诸溪次第会之合而西流以其在郭之东也又谓之东溪三溪既汇合流而南曰苏

洋又南曰六印江曰甘棠港曰芭蕉洋更出古镇门则大海矣然犹为内海有重沙二支自福宁州南出海中又逆插而西蜿蜒遥拱于邑之南内曰长兴外曰大金须自邑之西南泛海过箬头帮乃为大洋也

初迁内界自宁德县至闽坑皆自南而北过闽坑则折而西又过小留而至廉岭廉岭一名灵岩岩下有金印石钓鱼台前有双剑水廉岭之名始于唐人薛令之有灵谷草堂令之所居也令之尝闻龙吟之声后登神龙二年进士开元中累迁左补阙兼太子侍读时李林甫不惬于太子故宫寮亦见简略令之题壁以寓讽曰朝旭上团团照见先生盘盘中何所有苜蓿长阑干明皇见而续之曰啄木嘴距长凤凰羽毛短若嫌松桂寒任逐桑榆暖令之遂自病免罢归上闻其贫命有司资其岁赋令之量口受赐肃宗即位以旧德召而令之已逝诏官其后人且表所居村为廉村水为廉溪山为廉岭以旌之所著有明月先生集其弟之子芳杜有行谊卒而乡人祠之宋政和中山贼汤粃率众至引弓射祠旁木忽怖伏请命若有物禁之者遂就缚建炎中贼叶侬经此击祠中鼓不鸣走之溪忽水暴涨不得涉为邑人所殲嘉定间赐号灵佑侯杜四世孙念其亦为神附祀于祠邑阮氏盗侵令之墓傍地家辄火见念其指麾于烟中绍定间赐号显应侯其傍有城山唐末黄巢之乱邑民于此筑城保聚故名

六印江以江中有六小屿故名上有双岩先是文殊寺有大钟唐末黄巢寇闽过此欲取以烹牛钟忽飞入龙潭后潭渐塞复飞入六印江风雨中时时出没铿然有声宋咸平三年钟浮众举之不动双岩寺僧以锡杖挑之钟自起因留寺中

甘棠港旧名黄崎港在六印江下先有巨石屹立波间舟触之辄覆溺唐末王审知为威武军节度使欲凿之难其役乾宁五年梦有神自称吴安王许为助力因命判官刘山甫诣邑祠之祭未毕而风雷暴作见有一物非鱼非龙鳞黄鬣赤三日夜而风雷息已别开一港甚利舟楫事闻优诏嘉奖以为审知德政所致赐名甘棠港封其神为显灵侯梁侍郎于兢作忠懿王碑尝纪其事其上有甘棠公馆外即古镇门一名白马门

白石巡检司在邑南一百二十里设有城堡故为黄崎分司唐榷务也明时徙于长崎而设巡检司于此监司行部尝驻节焉后有泉石峭壁甚奇泰昌元年邑令张蔚然刊木辟磴求得胜地置亭其上名之曰青林洞青林者令别号也令钱塘人钱塘尝有青林洞云

大莱岭盗窟也明时置戍今讹为大梨闽音之讹也下裴山新图作下邳以圯湾而得名也

癸未行四十里官岭渡河又四十里止福宁州

甲申殷主政分阅桐山予与石学士金中丞先行返省

元年画界自杯溪村历福宁州城【赤岸桥杨家溪店头】至与浙江分界之沙埕止为福宁州边边界以外斗入海八十里沙埕七十里水澳四十里三沙三十里圯湾盐田附海十里松山皆移共豁田地一千七百九十七顷有奇八年展界安兵六十三处【李园山十名青礁十名尤家大山十名杨梅岭十名小马岭把总一兵六十名木连山十名南屏岭十名渔洋岭十名沙塘把总一兵一百名冲岭五名大沙五名州前岭五名白塔山五名鱼井山十名爪岭十名吕径山十名青浩十名青浩寨把总一兵一百名小湾岭十名小澳山十名周湾山十名岐溪二十名西洋千总一兵二百名横坑二十名数岭五名敖岭五名范溪五名圯崖山五名六都岭五名六都半岭五名三佛塔五名三佛岭五名黄宰山五名七溪团五名村保岭五名村保台二十名敛城守备一把总一兵三百名仓头山二十名群头山十名斗门山十名三墩十名缸窑岭十名团山十名敛城后山十名岭下十名周仓岭十名后崎二十名白琳把总一兵八十名店头河十名王孙十名郑崎十名岩前十名塘底把总一兵八十名塘底东山十名后湾十名桐山千总一兵二百名东山嘴十名东山十名西山十名南洋山十名骆驼山十名战坪洋十名分水关二十名】今从福宁营拨守十七汛【大金千总一兵六十名州前岭五名沙塘七名渔洋高罗十六名积石间峡十六名罗浮延亭十名小石洋五名下浒把总一兵五十五名小马寨六名龙湾八宝把总一兵三十名砚石二十名松山十名赤岸十名青浩牛店千总一兵六十名小浩三沙四十名七都牙城把总一兵三十名西洋寨十名】桐山营拨守十一汛【潋城千总一兵八十名三佛塔三十名秦屿八十名南镇把总一兵五十名黄崎三十五名店下三十二名白鹭三十五名前岐千总一兵四十八名流江二十名沙埕三十名分水关把总一兵五十名】候阅定

按连江县志晋太康三年析侯官县温麻船屯置温麻县其治所在今州南三十里有古县村盖尽州境以致罗源连江皆温麻矣隋开皇九年废温麻入丰县丰县者今之闽县也唐武德六年以温麻废县置长溪县在龙首冈即今州治也既而都督王义童自龙首移治于连江之北改名连江县今属福州而长溪县治为宁远镇嗣圣十九年复

置长溪县而连江县如故元至元二十三年始升长溪县为福宁州领福安宁德二县明为直隶州

按州境东西绵亘自州西至于柳溪五十里接福安县界自州东一百八十里至桐山接温州界其在西境者曰杨梅杯溪下场溪官岭皆边内海自城南州前岭三十里至沙塘又南为渔洋埕山脉自此分为二支插入海中一自渔洋而西历小马南屏以至于长兴凡一百二十里一自渔洋而南历武曲八十里至大金所折而西历闾夹罗浮至于箬头帮又一百五十里长兴之北海水荡而东入至于八宝又东至盐田上接杯溪诸水在州城西南三十里长兴之南海水荡而东入至渔洋埕其海曰连江其里为海连里盖渔洋左右皆海地形至狭一埂过脉如蜂腰也自城东门折而南行十里曰松山烽火寨在焉绕其外者曰松山港过松山港而南行曰赤岸又南曰后崎而抵于海由赤岸而东历青浩稍南至三沙渐斗入海中历五澳至黎智墩而止州东之第一支沙也绕其外者曰杨家溪过杨家溪历钱大王铺折而南又斗入海过三佛塔牙城梅花墩至南金墩而止州东之第二支沙也绕其外者曰潋溪上接蓝溪过蓝溪历屯头太姥山潋城秦屿又斗入海过大小箕笃白鹭水澳至南镇门凡四十里州东之第三支沙也绕其外者曰董江上接桐山溪过桐山溪至彩澳折而南又斗入海历大栏小栏流江象洋至沙埕而止凡百二十里州东之第四支沙也绕其外为白水即浙闽分界处矣自桐山又东则为分水关凡自州东以至分水关皆迤逦而东北海疆时有纡直之异兹特言其大较焉

福宁卫在州城中领操屯军五千六百名

杨梅岭旧产杨梅宋开禧寺僧始砌岭路东抵五里台西抵十八溪宋嘉定中令杨志捐俸甃石亦号杨公路

鼓钟山在古县旧村有鼓楼与山相连亦名鼓楼山稍南为洪山势极高耸远望温台如在目中相传葛洪炼丹于此故名石上有篆文六字人不能识

霞浦山下临江水曰霞浦江即连江也有青黑玄黄四屿日出照映江水如霞故名宋乾道间庄元美修道于此见五色鸾鸟来迎遂羽化

相近五里有牛迹山两岭有坳相抱中函方洼如牛蹄之迹溪水至此忽陷入地中伏流数十丈而复出溅溅有声又有小洪山绝顶天池广二三亩四时不竭有龙居之其傍为大小风门雾出即雨又有莲花山五峰攒簇如莲花菂山麓有大小二石龟其色莹白形体皆具首尾欲动亦有坼文

竹屿在海中脉出于洪山

小马山之旁有四城山上有巨石黑色亦名铁印山砚石江亦即连江之委也江中有屿其平如砚五代周时有许光大者为沿海都巡检江寇至光大战殁江水如血者三日尸随潮归乡人立庙祀之

砚石之旁有东蚶西蚶更西为长兴而地尽矣外一小孤屿曰莲花屿又西即白瓠山在海中当宁德之金垂河口地分两境以山脊为界自北回复转而东曰小青礁曰李园可复返于盐田焉

渔洋埕有二小垄东出北稍短曰短表南稍长曰南表自是而南为武曲台又南曰高罗又南曰积石又南曰斗米亦称斗美折而西曰大金所有城故设操屯军千一百二十名其山曰南金山广袤二十里昔有海客至此馆于逆旅遗金二饼而去逆旅兄弟二人追十里还之客大诧曰君非常人也异日声价当比南金因以为名宋时有郑辕以理学称又有郑君老十岁能诗举咸淳进士山上有江王庙相传始于唐时其像木自海浮来是夕见梦于里人曰吾台之黄岩人也姓江名清里人遂刻木而祠之于此其南又有小金山支峰曰剑峰而文崎武崎二山隔水相向相去五里拥抱左右上有玉井峰钟冠峰罗汉岩金牛迹桃花坞梅花坡远望之缥缈如双螺焉当其前者为笔架山在海中以形似得名明嘉靖四年四月土人见五山自海浮来止于笔架之外峰峦明历上有草木人马往来贸易如织万众聚观良久而散盖蜃气也其旁莱台下有龙潭逻海者必屏息过之噤不敢哗万历间一守备以为妄也鸣金鼓举炮自若俄而龙起覆溺焉笔架之内两峙之间曰鸭池以山岛四绕风恬水澄如鹅鸭之池也众险之中以独安为奇云自大金而西曰闾峡堡故于此设高罗巡检司又西曰罗浮相传此山浮海而来泊船止利北风若遇南风则石崖齿齿不可近旁立石笋山脉属于闾峡登之可以远眺中有清泉一泓上往大金下达西洋各半潮水西南风四更抵东涌三更抵礵山自罗浮又西为小柘洋又西为下浒故于此设延亭巡检司又西为延亭更西至箬头帮而地尽焉相传箬山为七佛所居其地峻岩一名峻滩有二大石相叠一人撼之即动众撼之反不能动旁一石笋高十余丈凡自大金已西山径险仄狼虎反纵人迹罕至也

芙蓉山在闾峡之南海中周二十里可泊北风船五十余亦有龙潭舟过不可举炮

马砌山在芙蓉南海中周十余里可泊北风船二十余上距大金下距西洋各半潮水

盘山在马砌南周七里可泊南风船十余以上三山皆贼薮也更南即西洋山矣

相近大金海中有浮瀛山一名浮膺山上有四澳宋元间居民蕃庶镇北大将军林国祥居此明初内徙松山港昔时风涛险恶岁患溺舟其后流沙渐合始成通港山之南有清潭寺隋开皇中梵僧阇那崫多建山上有庙相传其神姓赵名昱蜀之青城山人仕隋为嘉州守斩蛟拯溺蜀民祀之灌口宋开庆初复庙于此元至正间州大饥神化形为估客附米舶至闽谓舶主曰此米至松山必大售利且十倍我为若先驰往告彼中牙僧令聚赀以待且授以握中扇曰若至彼津渡有诘问者以此为验言讫遂去是日松山人梦神告曰米至矣有顷舶果至舶至具言所以来且出扇以示松山人视之则庙中塑像所握扇也乃益大惊成化九年移烽火寨于此初设于三沙外之烽火山海岛也置钦总一员战船四十三只兵九百五十三名后以险远而内徙焉澳内南北风船俱可泊但苦潮退易胶外对海中火焰山更出为长表短表折而南为筋竹洋恶礁鳞布柁师苦之夏至后阴阳相薄沙涛涌沸土人谓之海动虽渔艇不敢出也北至浙之蒲门南至连江之濂澳近则礌山大金罗浮箬头延袤三百余里皆其信地也其会哨北会浙船于井下门南会小埕寨于西洋山嘉靖中把总朱玑以汛地辽阔请分兵船为二一泊官澳一泊嵛山万历间复增中哨以守三沙焉爪岭一名深澳岭宋孝子王荐居此母沈氏冬月病渴思爪不得荐至此岭遇雪仰天而号忽见石岩间青蔓离披有二爪摘归奉母而疾差明太祖载之御制孝顺事实中岭畔有马仙岩相传仙人马姓者居此顶有穴泉随所至人数恰可给饮岭东有东岩岩左有龙井云气尝蒙其上右有池曰凤池

赤岸唐林嵩居此登乾符中进士词赋为一时之冠观察使李晦奏改其乡曰劝儒里曰擢秀以旌之又有文翁龙首二桥皆以嵩得名也其地又为纸衣道者堕水处道者为周显德间人清潭谢氏子出家名义韶居常不食以纸为衣一日赴斋赤岸被人推堕深潭中咸以为死矣及至斋所则道者先在纸衣亦不湿也柘洋水坑平岭诸溪皆至赤岸又有倒流溪亦西流合于赤岸赴海

后崎山与松山夹港对峙全体皆石磊砢奇秀唐乾符中有陈蓬为白水仙者居于此能诗尝题所居云竹篱疎见浦茅屋漏通星与林嵩友善宋绍圣间邑宰熊浚明作邑志言嵩曾孙仲荀有地里志得之黄忠黄忠得之白水仙云

三沙上有土堡明时居民三百余家澳内可泊东北风船三百余贼所窥伺汛时常设陆兵一营驻守为福宁上游最要之地

旧烽火在三沙南海中周十余里明时有居民三十余家原设寨总公署徙后撤之澳内可泊南北风船六十余

嵛山在海中旧烽火东二山相连高者曰大嵛山周四十余里外窿而中洼如盈盂故旧名盂山有三十六澳昔多居民洪武中内徙万历年勘丈得荒田三十余顷拟设屯垦而中止仅为渔户所居有妈宫地产鹿澳内可泊北风船六十余在南者曰小嵛山多鹿不可泊船二嵛皆烽火三沙屏翰也旧设游总一员战舰二十二兵五百十四名以守之与台山游相策应北路参将汛时驻此旁有艮山有屿曰日屿【或作目屿新图有大目小目】

七星山在海中嵛山之东七屿罗列故名七星可寄北风小船十余自官澳镇下门放洋或自嵛山放洋各三更可至

礌山在大金东海洋中有南礌北礌东礌西礌亦作桑山音相近也东礌泊北风船二十余北礌泊北风船五十余南礌泊南风船二十余中多恶礁过者宜慎西北南风俱自鸭池放洋二更可到东北风自三沙放洋三更可到倭寇自北来者尝至此分艅万历末设游兵统十二舟守之以不能久泊而撤

杨家溪中有九里潭自漆溪泥溪至此凡九里过黎智墩而入海

太姥山高十余里在州东已百余里矣旧名才山今置戍有材堡与之相近太姥者尧时种蓝妪也好施与遇仙人授以丹药服之以七月七日骑龙上升后人名其地曰摩霄峰又有太姥墓在岩洞前一石趺类龟背竖石塔乃太姥既上升而后人思之葬其衣冠也蓝溪源出山顶即太姥种蓝处每八月乌桕叶落水中作凝碧色俗传为太姥染衣居民候其时取水沤蓝染帛极佳唐乾符中僧师待建国兴寺咸通初林嵩建草堂读书其中遗址尚存嵩记云山旧无寺僧师待始筑居于此乃图其秀拔者为三十二峰自后精蓝鳞次遂成游观之区矣游太姥者东南入自金峰庵东入自石龙庵即叠石庵又山外小径自北折而东亦入自石龙庵西入自国兴寺寺西有塔北入自玉湖庵庵之东为圆潭庵国兴寺东岩石尤奇有万丈崖崖上为望仙桥桥西曰白龙潭有龙伏焉洞中韸韸如鼓声潭之西曰曝

龙峰峰上曰白云寺又上曰摩尼宫后有顶天石石有巨人迹二可长二尺山高风寒夏月犹挟纩树木无过四尺者石皆皲瘃秋霁远望可尽四五百里虽浙水亦在目中乾符六年记

潋城堡下有潋溪纳秦溪蓝溪诸水宋有林守真者自言永嘉人敝衣蓬垢日醉酒肆中或数日不食亦无饥色一日忽作百人之馔集诸道侣夜分举手谢曰先行矣瞑目而化案有遗扎曰得行便行得去去明月清风为伴侣火浴有异香鹤舞之应塔于龙涧之上

秦屿堡有大筼筜巡检司牙里堡即牙城也有青湾巡检司桐山堡在廉江里十七都有芦门巡检司下有桐山溪其出海处曰董江相传董奉炼丹山中尝就此澡浴也山之东有双髻峰又有形若龟者曰龟峰山北有岩如伏虎曰白虎岩宋高昙居此山下孝宗朝为秘书省著作郎昙号容斋光宗常书容斋二字以赐之又有高融者登乾道进士弃官而隐于此作无余草堂

沙埕北邻浙省之蒲门所澳内可泊南北风船三百余浙省商贾于此鳞集互易所赍两省一大都会也倭寇尝窥伺之旧于此设陆兵一营其地有黄崎山面大海海中屏风山当其前朱文公避学禁常隐于此作中庸序书其藁于民家白板扉上后此扉舁入州库奉为世宝焉

屏风山在嵛山之北南来商船皆自此收澳筼筜秦屿八都青澳皆为贼冲恃此扞之嘉靖三十八年四月海寇洪泽珍引倭人寇攻福宁州分守参议顾翀固守五昼夜得不陷贼移攻福安县破之参将黎鹏举率指挥卢鼎臣等大败贼于屏风屿又追之镇下门获其四舟贼毁巢遁去

台山在屏风山东周十余里秀耸若台故名水深五十余托澳内可泊北风船五十余上有娘娘宫往时倭寇自日本或南麂来者皆就汲于此八闽上游第一门户也万历三十五年置游总一员率战舰十有八兵六百十九名以守之以澳中不利南风不能久驻名守台山实居官澳耳西北风由官澳镇下门放洋二更可到南风由嵛山放洋三更可到

镇下门在屏风山之北故有居民千余家委税官以莅之澳内可泊北风船百余北至官澳南至三沙各一潮水

官澳在镇下门之北蒲门所之东为浙闽分界之地澳北泊南风船四十余为温属金盘汛澳南泊北风船五十余台山游哨所辖也故为贼所时窥最称冲要

分水岭在廉江里十九都浙闽分界处也下有白水江判隔两省海外夷人杂居闽岛者有七种一曰卢亭白水郎则在此江之上卢循遗种也详见粤纪中其余又有乐山莫徭游及般子山夷云家之属

丁亥复至会城

五月癸巳朔集诸公会议于公署五日而后定

壬寅促装登舟行十里止虹山桥会同侍郎苏学士石主事殷御史张靖海将军施将军佟巡抚金都统胡于行帐拜疏曰臣等先在广东恐误福建农时已经咨行福建抚臣将沿海应给民耕种田地即与耕种令其复业后于四月初二日行至闽境复将皇上爱民至意通行晓谕仍会同该抚遍诣沿海地方万姓欢呼咸称向来虽经展界仍有海寇未得安宁今赖朝廷德威海寇已除复沛纶音给还原业小民自此世世得沾皇上洪恩拥马焚香沿途不绝查福州兴化泉州漳州等四府福宁一州所属十九州县原迁界外田地共二万五千九百四顷零自康熙二十年展界至二十二年止已经垦复四千八百八十六顷零尚余未垦田地二万一千一十八顷零并额外老荒七百顷零共二万一千七百一十八顷零并交地方官有原主者令其复业无原主者招徕劝垦据州县陆续呈报归业丁口四万八百有零承垦田地一万七千一百三十二顷零其丁口花名及抛荒老荒数目并盐田灶田屯田分晰数目听该抚造册另报令其照例起科其沿边所有渔课盐课已经原任总督姚启圣于康熙二十年题准开复现在征收应无容议惟海禁仍行禁止至于沿海地方先因迁民立界遍造墩台各设防兵或五名或十名或二十名自广东交界至浙江交界止有防兵八千八百一十一名今海寇已除迁界已复沿海田土已经给还应将不紧要处兵丁归并紧要处臣等议得南澳一岛系闽粤二省咽喉门户应设水师重兵先在粤中原请至闽定议今查海澄厦门已有水师提标官兵分驻而复有专镇厦门总兵官领官兵三千员名可以移调应将此兵移驻南澳听两省督提管辖于诏安营拨守分水关梅岭寨各把总一员兵五十名洋林村把总一员兵一百名于铜山营拨守悬钟所游击一员兵五百名于云霄营拨守梅洲把总一员兵一百名荷步把总一员兵五十名漳浦县已有漳浦总兵领官兵三千员名复有城守参将领官兵一千员名应将城守营裁去止留总兵营仍于其中拨守眉田寨连江各把总一员兵一百名东墩赤湖各

把总一员兵五十名铜山已有水师总兵领官兵三千员名复有水师游击领官兵一千员名查铜山逼近南澳南澳既宿重兵铜山之兵可以减省应将水师游击一营全裁其总兵所领官兵亦裁去三分之一兼裁总兵官止留游击二员守备二员千总四员把总八员兵二千名另设副将一员以总之即于其中拨守八尺门杜浔各把总一员兵五十名古雷千总一员兵二百名六澳所守备一员兵五百名海澄县系紧急又設巡視厦門駐札臺灣副使一鎮守臺灣總兵一率八千人守其地领官兵二千员名应留于水师提标拨守石码游击一员兵三百名海门千总一员兵一百五十名桥梁尾高崎刘五店各把总一员兵一百名金门系紧要之处所设总兵官领官兵三千员名应留其附近处水师浯屿营围头营各设游击各领官兵一千员名查二汛逼近金厦金厦既有重兵二汛之兵相应裁去于金门营拨守围头将军屿等处游击一员守备一员千总二员把总四员兵八百名镇海卫千总一员兵三百名再于水师提标拨守浯屿千总一员兵二百名于漳州营拨守江东桥把总一员兵五十名同安县在金厦之内所有城守营副将一员领官兵二千员名可以减省应将官兵一半及本副将裁去止留游击一员守备一员千总二员把总四员兵一千名即于其中拨守下店寨把总一员兵五十名于陆路提标拨守竿头寨把总一员兵五十名洛阳桥把总一员兵一百名于泉州城守营拨守安海桥把总一员兵五十名于晋江水师营拨守永宁崇武各把总一员兵二百名于惠安营拨守黄崎把总一员兵五十名兴化府已有总兵官领官兵三千员名复有城守营游击领官兵一千员名应将城守营裁去止留总兵营即于其中拨守枫亭寨把总一员兵一百名天马寨江口寨各把总一员兵五十名再于平海营拨守湄洲守备一员兵三百名三江口千总一员兵二百名于福清营拨守蒜岭把总一员兵五十名海口寨千总一员兵一百名海坛系海岛重地所有水师总兵官领官兵三千员名应留查本营向驻镇东今应责移海坛于长乐营拨守垄下石龙台各把总一员兵五十名于福州城守营拨守乌龙江把总一员兵一百名闽安镇海口要冲省会东南门户所有水师副将领官兵三千员名应留于连江营拨守东岱定海各把总一员兵一百名拱头寨把总一员兵五十名于闽安水营拨守小埕千总一员兵三百名下屿北茭等处游击一员守备一员千总二员把总四员兵一千名于罗源营拨守松山飞鸾各把总一员兵五十名于福宁营拨守马鞍山松山港口各把总一员兵三十名金垂东台金垂西台东墙盐田下浒各把总一员兵五十名白石司大金各千总一员兵一百五十名于闽安水营拨守秦屿游击一员守备一员千总二员把总四员兵一千名于桐山营拨守牙城把总一员兵五十名沙埕分水关各千总一员兵一百五十名共拨兵丁九千五百一十名仍听各营照旧管辖其应裁铜山总兵陈昌现在征进台湾俟回日该将军令其赴部候补改设铜山副将一员听部照例推补其铜山游击一员守备一员千总二员把总四员兵一千名铜山城守营游击一员守备一员千总二员把总四员兵一千名浯屿营游击一员守备一员千总二员把总四员兵一千名围头营游击一员千总二员把总四员兵一千名漳浦营参将一员守备一员千总二员把总四员兵一千名同安营游击一员守备一员千总二员把总四员兵一千名兴化城守营游击一员守备一员千总二员把总四员兵一千名共官兵七千名应裁但现于经制兵丁内拨官兵一万驻札台湾彭湖不便遽裁俟该将军拨定之后将余剩者具题裁去所裁官兵内有征进台湾不必裁汰将陆营官兵裁去顶补可也

福建屯田明初设置旗军领种与广东略同其后渐废半为民占而虚额仅存国初领于县官照民则征收初迁界外甚多展界后有福州府同知附征福右卫屯田一十九顷零福州府通判附征福中卫屯田七十八顷零兴化府同知附征兴化卫屯田一顷零泉州府同知附征永宁卫屯田三顷零漳州府同知

附征镇海卫屯田四十四畆共计一百一顷零并入前抛荒额内其在各县附征者即纂入各县抛荒数内不另列

闽中盐场有七在福州者曰海口场曰牛田场在泉州者曰惠安场曰浔美场曰浉州场曰浯州场在兴化者曰上里场初迁多在界外今展复

是日将军施烺巡抚金鋐提督万正色俱至行帐北向跪行请安礼且致辞望阙叩头别去

癸卯至闽清之溪口行五日

丁未过黯淡滩至延平府

己酉至建宁府溯流上濑易舟以行是日过阿弥陀佛滩称绝险凡行三日所过滩不可胜纪

壬子过六牙滩老虎口滩止大园

癸丑过老鼠滩太平滩止古庙滩

甲寅过将军滩火烧滩止浦城县

乙卯陆行五十里至渔梁又三十五里过五显岭又五里止庙湾是日过仙阳街真西山先生故里也在县北三十里五显庙规制宏壮踞山之巅万竹围绕间以长松苍翠袭人衣裾飞流瀑布震荡于下行者至此每盘桓不忍去

丙辰行十里过枫岭为浙闽接壤处又二十里至念八都又十里至上竿岭又五里至羊羖岭又十里至仙霞关关有上下两重中作汉寿亭侯庙石磴峻绝真天险也又十里至保安又五里至姚岭又二十里止峡口

丁巳行五十里至清湖登舟自此沿江入浙矣

梨岭在乾封乡之安乐里通衢之江山民以树梨为业有水北流通广信洪武间令张鹏举置关于此表曰梨关正德七年以江西徭冠置戌焉唐欧阳詹诗曰南北风烟即异方连峰危栈倚苍苍哀猿咽木傍高处谁不沾衣望故乡明郑善夫诗曰梨岭遥于枫岭遥小关高比大关高佣夫过此如平地一日来回一百遭

卷六

附纪彭湖台湾

彭湖有三十六岛纵横三百余里【此据新图实录云二百余里】闽海实录云其地势在泉州料罗漳州镇海之界与旧屿大担相对自内地东渡顺风一日二夜可至闽书附晋江县云地近琉球昔人于此置兵防琉球今则防倭元岛夷志云自泉州顺风二昼夜可至有七澳曹能始志胜云自郡东出海门舟行三日始至郑若曾云风顺尚有日半之程指挥唐垣京彭湖要览云系琉球山川地界泉漳兴福其去内地也埒于琉球诸书所载不同兹从闽志附之晋江之后云前代事不可考隋开皇中遣虎贲郎将陈棱帅师至其地虏男女数百人而还唐施肩吾有彭湖诗云腥臊海边多鬼市岛夷居处无乡里黑皮年少学采珠手把生犀照咸水盖亦尝有至焉者明洪武五年以其民叛服不常大出兵驱其大族徙置漳泉间今蚶江诸处遗民犹存嘉靖之季贼首曾一本林凤据为巢穴万历元年总兵俞大猷逐倭冠尝至其地二十年朝鲜告倭且入犯议者谓不宜坐弃彭湖于是设把总一员以十六舟戌之隶于南路参将及泉南游击令与浯铜二寨时相策应共汛地北起北山南尽八斗澳【地图作八罩】北山龙门港丁字门西屿头曰最冲娘宫前莳上澳曰次冲春汛以清明前十日为期驻三月而返冬汛以霜降前十日为期驻两月而返后以孤悬海表议罢启祯以后鲸鲵荐食益不可问矣其气候常温多风少雨涉海者重絮而行既至则易暑服其土燥刚不宜木与禾黍惟多杂茅泉味涩卤其民多泉人侨处苫茅以居朴野多寿土布为衣耕渔畜牧以自给煮海为盐酿秫为酒掇蠃蛤鱼虾以佐食爇牛粪以爨燃鱼膏为油尤多畜羊羊特肥大孳生山谷间千万为群其主各刻角以志或烙毛務耳夜亦不收卒不相乱也黠者或行贾于外致饶裕其争讼择年长者为主有事则就决之间有不能平则诣晋江县陈白以听断焉其物产谷则胡麻菉豆药则天门冬蒺藜山茨茹虫兽则山猪蜈蚣花蛇及鼠山猪类常猪而色赤性矫健善跳跃捕之不易有毒食之辄发疮痈花蛇蜈蚣弥山皆是花蛇大者长丈余小亦不下五六尺昼日伏藏地下夜乃潜至几案间揣之不啮即偶见啮亦不至大创也海石间出乌鱼一名鲻鱼本生江南每春日辄来就石廉打子盖鱼子须跳掷乃出也又产白芥菜高五六尺其子中人药绝佳茉莉千瓣香尤酷烈又有藤蔓可为燂洗兵船之用其民以地近琉球夜不举火言夷船望见烟起必来抄掠居中六澳曰娘娘宫可泊南北兵船五六十艘游总处之其余诸岛重叠相包无大高山望之不过如覆釜水曰彭湖沟分流东西泉漳人行贾吕宋必径其间自此以东为顺流其返也过彭湖而西复为顺流自娘娘宫而西至西屿头曰左哨稍南至莳上澳曰右哨二哨去中营各水程四十里二哨自相去水程三十里西屿头有山稍高度可十六丈可泊兵船四十余其险阨曰内堑外堑稍北十里曰蝟仔澳可泊南北风船十余各有渔寮水源【新图又有大池角小流角吼硫磘员门司磺礁竹篙澳】稍北二十里曰丁字门其澳迫窄仅可容四五舟有水源无渔寮为寇夷樵汲所至【新图有大吼门小吼门】过此十里为西北大洋稍东二十里曰镇海港员背屿各有水源渔寮【新图有赤墩万丈潭土地公金屿姑婆屿铁砧屿】但水浅礁多舟不易往第于北山筑墩探瞭而已西屿头内十里曰菓叶澳可泊十余舟有水源无渔寮又自西屿头分道至通梁仔瓦硐港大礵各水程二十里中墩三十里【新图菓叶甚远中墩甚近小有不同中墩一称上门】各有渔寮水源亦以水浅礁多止可远瞭凡此皆左哨汛游所及也莳上澳可泊北风船四五十【新图其旁有岑圭屿狗沙屿毒屿铁线尾】西行水程五里有小屿曰大城与小城相对可泊南风船十余自莳上东北行水程二十里曰文龙港【即龙门港之误新图作良文港】可泊北风船十余有水源渔寮【新图其旁凌波屿芝眉屿椗齿礁】为冦夷樵

汲必至之地哨逻至此而回稍南五里曰林投仔【新图其旁有锁管港猪母落】有水源冬哨始有渔寮春夏无之也由此东北水程十里曰圭壁港又北五里为青螺仔头【新图其旁有洪林罩蚱脚屿鼎湾仔沙港雁精屿蝪广】各有水源渔寮但礁多水浅常于太武山远瞭及之不能时往并莳上而西五里曰枫柜仔山【新图其旁有大帽山沈礁四角屿朏龙屿番墓下】有水源渔寮北行水程二十里曰安山仔可泊南风船二十余又北十里曰东港尾有水源无渔寮可泊南北风船二十余【新图自此复近祖妈宫】左哨汛游所及略尽于此西屿头之极西又有吉贝屿孤隔多礁【新图其旁有布袋澳沙员日屿沈磘北硗其东有屈爪饭篮盖白沙澳北境尽处也】与南面之八斗屿远隔一潮水虽有渔寮水源均非哨瞭所及也新图与旧略异娘娘宫作祖妈宫大城太武山与之连壤不云小屿也自祖妈宫稍西尽西埯仔尾有新城盖寇所筑以屯兵者【其旁有后屈潭水烧平牛心礁西街】而八斗之旁澳屿甚多【在北者曰鸳鸯窟捕鱼坑水埯虎井桶盘屿三将军石在西者曰大花宅小花宅花屿草屿沉礁大猫屿小猫屿在东者曰挽毛潭网埯在南者曰头巾屿铁砧礁】稍远至西南有湖内社【挞鈇成质潭】东北有尾糍田【将军柱后代仔】极南有东屿平西屿平钟屿等更南有东吉屿西吉屿斧头争等皆明世所不及知也

台湾旧名东番不知所自始其人聚处无君长不通中国亦未尝属于外番泉漳市舶私与往来不闻于官司也万历三十年为倭所据浯屿营将沈有容出舟师击之有连江人陈第者以蓟镇游击家居与偕往共破倭泊舟大员其酋长大弥勒等持鹿酒以献因备询其土俗及山海形势述之成篇第倜傥能文起家诸生后乃去而习武为总兵俞大猷尚书谭纶所赏识遂以武秩进著有意言谬言毛诗古音考伏羲先天图缵太史焦竑亟称之自有第记而后厘考属国者始知有所谓东番云其略曰东番在彭湖外洋中自烈屿航海一昼夜至彭湖又一昼夜而至加老湾其地起魍港加老湾历大员尧港打狗屿小淡水又有双溪口加哩林沙巴里大帮坑皆其居也断续凡千余里种类甚蕃别为社社或千人或五六百推子女多者为社长听其约束性好勇喜斗暇辄习走昼夜不止足蹦皮厚至数分履棘刺如平地捷及奔马度终日之力可踔数百里或两社有隙而相攻约日合战战已往来如初不复相雠每杀人斩其首剔肉存骨悬之门门悬髑髅多者称壮士地暖冬夏裸体不知衣冠自谓简便妇女结草裾略蔽下体而已无揖让拜跪礼无历日文字视月圆为一月计月十圆为一年久则忘之故率不纪岁少壮老耄问之不知也交易结绳以识无水田治畲种禾山花开则耕禾熟拔其穗谷粒视内地稍长特甘香采苦草杂米酿之为酒间有佳者豪饮至一斗燕会则置大罍团坐各酌以竹筒不设肴核乐则起而跳舞口亦呜呜若歌曲男子剪发留数寸披垂女子则否男子穿耳女子年十五六断去唇两傍二齿以为饰地多竹大数握长十余丈伐竹构屋蒙以茅广长数丈每族共屋一区稍大曰公廨少壮未娶者曹居之议事必于公廨取召集之易也将娶视女子可室者遣人遗以玛瑙珠一双女子不受则已受则夜造其家鼓口琴挑之口琴者制薄铁如搔头尾有两岐啮而嘘之铮铮有声女闻纳宿未明径去不见女父母自是每夜必来以为常迨产子女妇始往壻家迎壻如亲迎壻始见女父母因家焉养女父母终身其本父母不得子也故生女喜倍男谓其可以继嗣云妻死更娶夫丧号为鬼残终莫之醮人死击皷环哭置尸于地四面炽火熇而干之不棺屋坏乃立而埋之不封不祭将耕戒勿言亦不复相仇杀道路以目田畔相遇少者背立长者径行无所问华人或故侮之不之较苟违戒则岁辍不登故守之惟谨女子健作女常劳男常逸有盗取人物者严剔之尸于市故夜户不闭禾积场无敢窃者有床无几案席地坐谷有大小豆胡麻薏苡蔬有葱姜番薯蹲鸱果有椰蔗毛柿佛手柑畜有猫狗豕鸡兽有虎豹熊鹿鸟有鸠雉鸦雀山尤多鹿人善用镖镖长五尺镞甚铦虎鹿遇之辄毙其捕鹿尝以冬伺其群出乃集众逐而围之掩群尽取积如丘陵先屠取其皮角次腊其肉次腊其舌与肾与筋别藏之盛以箱而鬻之华人又能榨蔗为糖二者其本业也得鹿子必扰驯之刺鹿肠出新饲草未化者必竞食名百草膏俗食豕不食鸡雉惟拔取其尾以饰旗见华人烹噉鸡雉辄呕虽居岛中不能操舟畏见海但捕鱼于溪涧故老死不与他夷往来永乐初郑和航海谕诸夷东番独远窜不听约于是家遗以一铜铃使悬于颈盖狗畜之也至今传以为宝始皆聚居滨海嘉靖末遭倭焚掠乃避居山倭善鸟铳镖不能御也自通于中国独见其居山耳漳泉之民至者既众充龙烈屿诸澳往往能译其语尝以玛瑙甆器布盐铜簪环之属易其鹿脯筋角间遗以故衣辄喜见华人则衣之以相晋接退则袭而藏之得布亦藏之盖其人习裸不耐冠履束缚也性颇醇朴自通中国始有嗜好奸人又给以滥恶之物彼亦渐悟知为巧伪矣第之言如此明季阻于海冦不复相通不知何时为红夷所得海逆郑成功之败遁于京口也乘大雾袭杀红夷守者而据其地筑城以守伪号东宁国或言岁以十万缗归红夷而假其地以居为日久矣卒莫知其然否后郑成功死于厦门其妻董氏复立子锦势益弱降者踵至争言台湾中曲折始知其地南北长东西狭东面

皆大山莫知其穷际水皆西流长者或数百里海逆既定居规度便近地给兵屯种而收赋于诸社以自给又多种桐树及枲麻为治船之需或盛言封畛辽阔獠人错居多奇怪有三指人爪锐如鸟跳踯山林如猿玃居于树颠树绝大其颠平广可置屋其人亦能耕获得谷辄徙置树上又善弩人迫之辄注矢下向终莫能近也又有长髯矮人仅如十岁小儿而须皆过腹或又言其巢特险固水道纡回惟一径可入欲往者必自彭湖易舟而令诸习者为导乃能至或又言地时时震又多飓风屋易坏多至三年必再构矣言人人殊亦有图形以献者事涉诡诈不足信也迨海逆入居漳泉再遁于厦门而锦又死独稚子克塽在悉以兵事委其伪武平侯刘国轩而专总财赋则属之伪忠诚伯冯锡范锡范者克塽妻父也于是督臣姚启圣提臣施烺咸言台湾可取状上命会议有旨允行康熙二十二年春烺自阙下至闽启圣已调集各镇之师饬军资峙糗粮列舰以待官军在行者皆有重犒师行以风不利而返再出复却回六月启圣亲饯烺于铜山从容言曰将军师期已三易矣每行必竭蹷庀军赏力已尽矣嗣后不能为将军再治行敬奉白简以待命于下吏克敌与否在今日矣惟将军图之烺念时方盛暑多南风意踌躇未决乃业已力任而启圣绳之又急遂慷慨行为书决别妻子誓必死诸将士当行者皆作书抵家处分后事无一还心合提标及兴化平阳铜山金门海坛厦门诸镇之师共数万人舳舻数百禡牙举帆自铜山南向而启圣亦进屯厦门为声援烺舟既至大洋风日恬和海波偃息安行如内地遂以初十日至彭湖之外岛当是时贼将刘国轩以二万众守澎湖昔日哨游重地皆为所据烺泊舟处非向来屯驻地也贼望见之皆大笑曰此不足烦吾兵潮至自碎耳盖海道收泊有常处必澳曲乃可以避风潮否则潮乘风势能举舟拍沙上即至坚之舟不过三四掀播无不震裂矣烺亦习知海事心窃危之顾无可奈何稍择便处相守十二日潮竟不至而天忽大雾咫尺不见人是为六月二十二日也烺告诸将曰潮汐有常而十二日不至方夏多飓风而无风此天相我成功也非天子洪福不及此然幸不可屡邀更需时日而潮至飓作必败无疑矣今日请与诸君共破贼诸将亦以为然请举炮烺曰不可火器彼之所长彼闻炮声即知我军所在而寻声以击我我不能敌也不若乘大雾未解而直趋其中坚彼不意我至必惊乱我跃登其舟短兵相接庶可取胜众曰善于是分其舟为二以兴化总兵吴英为左冲锋金门总兵陈龙铜山总兵陈昌继之而厦门总兵杨嘉瑞当其后平阳总兵朱天贵为右冲锋提标前营游击何应元提标署中营参将罗士珍提标右营游击蓝理提标署后营游击曾成继之而海坛总兵林贤继其后偃旗卧鼓鱼贯以入余舟八十艘留为后应军方行而潮至水骤涌四尺舟行通利无碍烺与诸将皆色喜度已附贼舟竞掷长鐮巨钩首尾钩之我舟与贼舟相混纠结不可解朱天贵林贤吴英先登诸将士奋勇腾跃竞上贼舰贼方茫昧不及辨而刃已及身大乱趣举炮铅甫脱口镕而未坚势亦不猛著鐵皆如泥不能伤我军我军大呼殊死战无不一当百因纵火焚其舟自已至未贼大败杀死焚死跳溺死者万二千人获贼舟甚多刘国轩以数舸逸去余创残八百人并诣军前降朱天贵冒矢石负重伤所当贼十二艘焚溺几尽犹称宁死不退追击不已忽有飞炮中项立毙天贵本浙镇以留后策应调之乃自愿为前部卒战死时论壮之贼守山者曰伪将军杨瑞见水军已败率伪官一百六十五员伪兵四千六百五十三名全军降初烺将出师梦观音授以水一桶觉而曰水者海也一桶者大一统也我今兹必破贼乎又军士有宿于关忠义庙者忽闻空中呼曰选大纛五十杆助施将军破贼烺闻之益自喜至是果验烺得降者皆厚抚之录所获水军创残八百人给以糜粥酒蔵遣医为裹伤傅药召见之曰若等欲归乎皆叩头言逆天宜死得不死足矣安望归烺曰不然汝一军尽没父母妻子必谓汝等已死日夜悲泣今纵汝归复见父母妻子宁不甚乐朝廷至仁如天不得已而用兵降即赦之耳汝今归为我告台湾人速来降尚可得不死少缓即为彭湖之续矣谕讫而遣舟归之八百人皆感泣去既至则展转相告欢声动地诸伪将伪兵闻之争欲自拔来归禁之不能止刘国轩自彭湖败还固已胆落至是见人情大率已解散始决计劝克塽归附矣始烺告捷且言台湾港道纡回南风狂涌须俟八月以后乘北风而行且遣书咨之督臣启圣启圣以为贼已大创宜乘胜急击若少延缓之令贼得保聚胜败未可知也又廉知官军破贼后药弹火器率已罄尽甚至撞毁铁锅为装炮之用遂为书报烺言当速进且送角弓五百张柳箭二万枝火药二万觔火礶一万五千筒喷筒三千枝火箭八百箱黑铅四千觔大小铁子一千枚出窝蜂子一千觔緞紬袍挂干练袍挂各数千领韡帽若干件赏功银一万两烺得书大喜悉以诸资具散之军中军中人人鼓励计日渡海灭残寇取重赏贼闻之汹惧闰六月初八日伪藩郑克塽遣伪官郑平英林惟荣曾蜚朱绍熙赍降表至军前请举国内附为东方屏翰烺告之曰仍居故土不敢擅许审欲降者当如幕府约因要以三事一必须刘国轩冯锡范亲身来二必须纳土献版籍三必须伪官兵遵制剃发举家内徙听朝廷安插使人衔命去七月十五日克塽复遣伪兵官冯锡珪伪工官陈庆炜刘国轩亲弟伪副使刘国昌冯锡范亲弟伪副使冯锡韩

同前使曾蜚朱绍熙来复奉书至军前请悉如约且言南北淡水驻防伪左武将军何佑伪左先锋李茂等并已撤回地方并已效顺但请颁给告示晓谕剃发而何佑等降款亦至十六日提督烺留刘国昌冯锡韩于军前而令侍卫吴启爵六品笔帖式常住赍告示五通与锡珪等偕往晓谕台湾军民见天使渡海合境驩呼投戈剃发向化恐后居亾何克塽降表至奏缴伪延平王印一颗册一副伪武平侯印一颗伪忠诚伯印一颗尽籍其境土数千里户口数百万为图以献但以宗族类多龆稺南人不谙北土请就近安插烺为代奏廷议许之于是克塽及伪将士等尽纳其器仗于军前举族内徙提督烺身自渡海行定新附地绝域尽入版图矣是役也天子念渡海远战将士勤苦赏恤皆从优厚提督烺授靖海将军世袭罔替死事镇臣朱天贵特赠太子少保授一子为荫生余将士升赏有差以刘国轩率先归顺授为天津提督克塽至赦其罪优以公秩居京师而台湾置郡县如内地焉按图东境果皆连山而台湾城则西面海中一孤屿也稍近南城之西皆大海而沙线重复舟不可近城之南一沙埂属于内土曰万丹湖湖之旁有港东入曰蛲港即陈第所谓尧港也埂上置七昆身昆身者山阜之名列兵守之如内地斥堠也城之东乃大海澳沙埂绕之城之北有水径曰马沙沟纡回以入于澳其近澳之口曰鹿耳门筑城守之澳纵广可数十里兵船宿其中由此乃可以至城之东而登岸焉马沙沟外又有沙线数重置南北昆身以守寇所倚为奇险者在此也自马沙沟西南有孤屿曰海翁涠为走彭湖道澳之西岸有城曰赤墈盖亦寇所筑城之南有十二街有文庙旁有港不知名城之北有花园旁亦有港疑即陈第所谓大员港也城之东有天兴万年二州有内菜园有嘉祥长治维新三里有二层营盖皆寇所规度为营田处也【又东有上港冈中港冈下港冈郎林大冈山小冈山大香洋小香洋中洲仔鲫仔潭柳仔林沈坑仔】自是极东曰哑猴林即大山穷处自赤墈城南行一百四十里至赤山仔稍西为凤山港又西近海为打狗山即陈第所谓打狗屿也寇置炮城在焉【其旁有半干山凹底山观音山人宅基】自赤山仔又南八十里至上淡水又二十里至下淡水此所谓南淡水寇置戍处也陈第谓之小淡水自下淡水十五里至力力社又十五里至茄藤社又六十里至放索社又八十里至茄落堂又一百二十里至浪峤社自赤墈城至此共五百三十里南路尽处矣【近海处曰沙尾岐头】小琉球在其西南而淡水之东有傀儡番在大山中亦号令所不至也自赤墈城北行历大桥小桥【二港皆经花园】乌鬼桥【其港为下寮港】一百二十里至新港社新港西行出海口有目茄洛湾即陈第所谓加老湾也【港北有召笼社黎头标社有大目降大武笼大冈山为东山尽处】其北又有欧王溪欧王社在其旁【又有大小茄冬林】自新港社西南五十里至麻豆社水西出曰莽港即陈第所谓魍港也其旁有茄哩屿双溪口皆第记所有自此以北第不及知矣【又有大龟肉铁线桥急水溪赤山】自麻豆社东行九十里至朱罗山【其旁有哑里山倒洛嘓茄拔仔大排竹】水西出曰蚊港【其旁有三叠溪牛朝溪八掌溪上茄东下茄东龟佛山土狮仔南世竹茄藤林】自朱罗山北行一百里至他里务【其旁有猴闷社石龟溪打猫社东山尽处为柴里斗六】又北一百二十里至大武郡水西出曰砖仔垵【其旁有东螺社西螺社南社二林三林台仔垵冷饭垵】自大武郡又北六十里至半线社水西出曰大肚溪其海口曰鹿仔溪【其旁有捉捒社大肚社哑捉社马之遴大突社】自半线社又北一百一十里至水里社【其旁有福罗社牛马社沙辘社】东有大山曰黑沙晃里买猪末里皆尽境也自朱罗山至水里社皆地之东境至此乃折而西行三百里至大甲社又西一百四十里至房里社又西一百三十里至吞韶社其水之西出者曰大甲溪【其旁有双寮社崩山社宛里社茅干社】自吞韶社折而西北一百三十里至后笼社又二十里至新港仔水之西出者曰后笼港【旁有茄世阁合欢社】自新港仔北行四十里至中港社中港出焉又北一百里至竹堑社竹堑港出焉又北二十里至眩眩社又北二百里至南崁社南崁港出焉【其旁有霄里社查内社龟仑社坑仔社】折而东八十里至八分里社【旁有奶奶社】又东过江十五里至淡水城此所谓北淡水也寇亦置戍为北面重镇江源有二皆出于东境大山峻滩斗泻一经首冕社一经房是仔社皆西流至外八投社而合合处有峭壁夹峙于江之东西曰干豆门江自此折而北入于海【在江南者曰摆接社瓦裂社龟仑社里末社在两江中者曰蓍匣社奇武子社巴浪泉社在江北者曰麻里则孝曰荅荅攸曰奇两峰曰里簇社麻少翁社】自淡水城东行三十里至奇独龟仑社又东六十里至龟州社有龟州山磺山又东六十里至大屯社又东四十里至小鸡笼自中港社至此皆滨海西北境小鸡笼外大海中有二石对峙曰旗杆石寇炽时策取台湾者尝欲自鸡笼趣淡水掩贼不备为奇功即此地也其地有支垄斗入海必踰此乃可前土人谓之跳石凡一百五十里至金包里外社又东十里至金包里内社又有支垄视前更大跳越较难曰跳大石凡行二百里至鸡笼头过江二十里至鸡笼城自此以上无路可行亦无埯澳可泊候夏月无风用小舠循海墘而行一日至山朝社又三日至蛤仔难社又三日至哆啰满又三日至真脚宣直脚

宣以上人迹不到矣自赤墩城至鸡笼城二千三百十五里朝议卒按图设府一县三曰台湾府曰台湾县曰凤山县【力力社眩眩社皆有凤山】曰诸罗县【即朱罗社】又设巡视厦门驻札台湾副使一镇守台湾总兵一率八千人守其地

吴越备史[①]

卷一·武肃王上

（中和三年）冬十月汉宏又遣弟汉容与辛约巴立李万敌等会温处等州兵洎白丁十万余众从萧山西陵大出战船以谋宵济王自新沙由渔浦而攻之戮何肃等遂趋萧山是月戊午王亲与汉宏遇自午至戌破贼大众汉宏易服持脍刀而遁时军中有异其状者将擒之汉宏诳曰我宰夫耳遂伏于乱尸之内得免次日汉宏复举余党四万人来我师乘胜大败之斩汉容辛约及招讨判官谭升都知兵马巴立先锋李万敌仍获汉宏伪淮海招讨使印一纽战舰五百艘马四千蹄兵甲万计俘馘千人汉宏宵遁归越

四年春二月婺州王镇执刺史黄碣请降于王汉宏闻之使其下娄赍杀镇而代之夏四月浦阳镇将蒋环会我师攻婺州生擒娄赍而还未几勅命中使焦居燔为杭越通和使俾其改过王遂班师以待之汉宏因杀王人密征水师于温州刺史朱褒出战船习于望海以史惠施坚实韩公玟领之复图水陆并进秋七月勅授王国子祭酒兼御史大夫右千牛卫将军冬十二月朔天子南郊改元光启

（光启二年春正月）是月一日王谓董氏曰除恶务去根本不尔当为后患愿以全师讨之董曰然王即日进师以诸都兵马使阮结守梅市监阵使钱爽守双童遏后使骆团守平水降将使章可周唐晟王公备等守兰头江海游奕使崔则守羊石是月辛亥王亲率师自诸暨趋平水导山路至曹娥埭癸丑破韩公玟因与朱褒遇水师战艑皆焚而溺之

（光启）三年春正月帝在兴元勅授王杭越管内都指挥使上武卫大将军充杭州刺史董昌为越州观察使凡国王自陪臣以下所授官爵自贞明戊寅以前制用诏勅皆自间道而至戊寅以后南康贡路阻绝则皆航海而至皆出其迎授徐审德本日月而书之他皆仿此

（光启三年）六月师次阳羡与贼将李君旺遇大破之获船八百余艘秋九月秦彦杀高骈

龙纪元年春正月朔改元三月我师破徐约于苏州约奔入海中箭而死

（大顺）二年春正月孙儒自淮南复入姑苏将乘胜以图我王出舟师以御之儒遂绝南顾……十二月孙儒烧掠苏常遂逼宣州因围杨行密行密遣使求救于我王出糗粮甲兵以助之是月常州甘露镇使陈可立据本州王遣师平之

（乾宁）二年冬十月行密又遣安仁义田頵等攻我镇戍昌遣裨将陈郁钟福朱党屯于香严寺又遣李蕙崔温屯于石侯【香严石侯皆地名】王命武勇都知兵马使顾全武马步军都知兵马使王球率兵往逐之遂戮李蕙崔温等未几昌复构湖州刺史李师悦率兵四千余人侵我封境又遣徐淑困我嘉禾王命内衙都虞候方密袭之不克更命顾全武率所部御之因破乌炖光福二砦而府城东接大江贼不得聚然沙路平涨贼之游兵得以来往王谓全武等曰贼若有我江壖襟带瓯越则不可当也汝善御之

（乾宁）三年春正月勅授费州刺史高彦夷州刺史沈夏并检校司空是月安仁义出战船从湖州将渡江以

① 〔宋〕钱俨撰。

应董昌王命武勇都指挥使许再思等御之仁义竟不敢渡然沙路之患未弭乃祭江海而祷胥山祠一夕惊涛沙路悉毁江壖一隅无所患矣昌又遣徐珣李玄宾等据肃清四朴九乡之地王命顾全武王球击之徐珣等来降昌又遣将汤旧领兵守石城袁邠领兵守永宁时昌镇遏使朱威与贺兰风招辑使孙仲殷等并投款于王旦为越军所袭朱威等由海道而至二月王命顾全武许再思自西陵趋石城与汤旧遇遂破石城【去越城仅三十里】生擒其党六百余人汤旧等走还昌不能援三月我师复攻余姚袁邠因大战贼党逃溺者相半而明州刺史黄晟遣指挥使梁从晊率兵来应我师袁邠坚壁自固昌益兵以救之顾全武遣武勇队主【彭城】彦章截其冲要生擒贼将徐宣斩首二百余级昌又遣暨阳镇将陈都自南秦【秦一作臻】了口至于富阳渔浦等处屯聚王命王球等击之仍遣婺州兵及诸镇兵以应之时陈都率其党千余人来降

(乾宁)四年春正月帝在华州是月王命行军司马杜棱都监使吴璋率兵救东阳安仁义复攻睦州一夕大风雨贼众惊扰而遁夏四月命顾全武与王弟镇并武胜军都指挥使沈夏陈璋高遇许再思等率兵自海道以救嘉禾时诸将皆欲缓进惟全武请倍道兼行王从之一日师次嘉禾围逼已久城中莫知所之遽见我旗号皆大悦贼亦谓之神是日遂内外夹击擒贼将李宗礼偏将顾金等二十余人俘馘不可胜计乘胜大破贼寨十有八所又擒贼将魏约张宣杨燔阎建等士卒三千余人嘉禾平全武等又乘胜逐田頵于驿亭埭頵由吴兴而遁于时大水我师逐之斩馘沉溺者仅于十里

李继徽亦作彦徽父师悦乃徐州马步院之小吏也属王仙芝作乱遂投行伍役以献黄巢首级功遂授是郡……师悦在任置舟楫树仓廪以图割据董昌僭伪师悦率兵食以应之至是继徽复以攜贰而败焉

卷二・武肃王下

王之巡句章也行次余姚丈亭镇舟凑巨石不能进既而大雨震电有二龙负王舷之下镇遏使翁元轲拽舟而进二龙自舷而升焉此其异常也

八月始筑捍海塘王因江涛冲激命强弩以射涛头遂定其基复建候潮通江等城门

初定其基而江涛昼夜冲激沙岸板筑不能就王命强弩五百以射涛头又亲筑胥山祠仍为诗一章函钥置于海门其略曰为报龙神并水府钱塘借取筑钱城既而潮头遂趋西陵王乃命运巨石盛以竹笼植巨材捍之城基始定其重濠累堑通衢广陌亦由是而成焉

(戊寅)冬十二月淮人围处州将绝我贡路刺史卢光稠来告王命征兵援之未及境而处州拔矣航海入贡自此始也

(乙酉)三年春二月南海入贺京师上书自称大汉国王夏四月朔日有蚀之秋八月敕遣正议大夫守尚书上柱国赞皇郡开国男赐紫金鱼袋李德休等持节备礼赐黄金印玉册及沿身礼物衣冠剑佩等

册曰维同光三年岁次乙酉八月辛酉朔二十七日丁亥皇帝若曰王者惠济黎元辑宁方夏重名器任股肱忠而能力则礼崇赏不失劳则人劝所以启周公之土宇列汉祖之膏腴者録彼茂熏寘诸异数登进贤哲焜耀事功也天下兵马都元帅尚父守尚书令吴越国王钱潮海灵源承天峻岳以英风彰德望以勇气赞忠贞往因义举之徒盛推韬略遂著袭封之绩高步藩维挺鱼鲲鸟凰之姿拥岸虎水龙之众居方面任将五十年倡导休声攘除凶丑摧坚奋锐鄙许东固圉之谋阜俗颁条广冀北安居之颂环堑浙江之要云滋星纪之墟说礼敦诗位崇元帅前茅后劲名重中权守画一之规奉在三之节信立靡移于风雨义行曷倦于津涂効琛则那顾险难荐币则常归宰用振英谟而端岩弼钟懿号而异列藩可谓职贡不乏梯航时至翼戴天子加之以恭也载念尊奖爰示徽章今遣正议大夫守尚书吏部侍郎上柱国赞皇县开国男食邑三百户赐紫金鱼袋李德休使副朝议郎守起居郎充史馆修撰赐绯鱼袋聂玙持节备礼胙土苴茅册尔为吴越国王于戏地奄数圻赋过千乘墨守阖闾之境轨围勾践之封子弟量才序进

多分于桀戟土疆渐海方输岂限于鱼盐贵盛富强虽古之封建诸侯礼优夹辅不加于此慎厥始终无以位期骄无以欲败度钦承赐履恊予一人汝嘉

卷三·文穆王

开平元年正月武肃王命王伐永嘉四月斩卢佶而还

时卢佶列巨舟四十艘于清澳海门以邀我师王谓诸将曰贼之锐卒尽在此矣宜勿与战当由他道径袭贼垒出其不意必成擒也于是由安固江登陆而袭之佶由是就执

五年春三月命王率水师大小战舰五百余艘皆刻龙形自东洲发舰遥趋淮甸夏四月乙巳大战淮人于狼山江将战之夕王召指挥使张从宝计之曰彼若径下当避其初以诱之制胜之道也乃命军中宿理帆樯每舟必载石灰黑豆江沙以随焉翌日昧爽淮人果乘风自西北而下危樯巨舰势若云合我师皆避之贼舟既高且巨不能复上我师反乘风以逐之复用小舟围其左右贼回舟而斗因扬石灰贼不能视及轴轳相接乃撒豆于贼舟我舟则沙焉战血既渍践豆者靡不颠踣命进火油焚之

火油得之海南大食国以铁筒发之水沃其焰弥盛武肃王以银饰其筒口脱为贼中所得必剥银而弃其筒则火油不为贼所有也

斩其将百胜军使彭彦章获士卒七千余人贼船四百余艘余皆焚之其斩馘之甚自江及岸数十里皆殷焉淮师自是遂求通聘

是行也舟次狼山江之石碑湾有石幢大署其文曰向后有木龙五百至此

（长兴）四年夏四月淮南伪客省使许确百济国太仆卿李仁旭各来祭我先王秋七月敕遣郎中张绚授王中书令进封为吴王是月番禺伪左仆射何瑱亦来祭我先王九月敕遣侍郎张文宝来宣谕

文宝泛海而来被风壊船飘至天长吴王厚礼之及赏从者钱帛等数万文宝独受饮食余皆辞之吴王嘉之竟抵杭

（天福三年）十二月大阅马步军泊艘舻于碧波亭

卷四·大元帅吴越国王

（广顺三年）冬十月大阅马步军艘舻于碧波亭

（显德元年）冬十一月敕遣进奏使章思忠归谕机事航舰不利思忠溺焉

（显德三年二月）王命丞相吴程前衢州刺史鲍修让等攻毘陵命都指挥使路彦铢等伐宣城命都指挥使罗晟等督水师次于江阴应王师也

夏五月乙酉建州刺史陈海以小船沿溪而下福州指挥使马进姚章等执于贼未几海亦宵遁

（显德四年夏四月）宣谕使薛有光航海归于京师

（显德五年）二月丁卯王师复维扬敕遣殿直赵海来宣谕仍出艘舻于瓜步迎銮长风涉等处王师欲济江乃命上直都指挥使邵可迁路彦铢等帅舰四百艘水师二万以会之江北诸郡悉平

(建隆四年)秋九月丁巳重建天宠堂壬申大阅艘舻于西湖赐内外将校服带有差冬十月甲申获巨鱼于江壖长九丈六尺

补遗

(开宝)九年春正月庚申王发自国城先是太祖皇帝因王入观敕遣供奉官张福贵淮南转运使刘德言开古河一道自瓜洲口至润州江口达龙舟堰以待王舟楫

(太平兴国三年五月四日)王再上言请之略曰……愿以所部十三州献于下执事其地闾里名数别具条析以闻伏望陛下念奕世之忠勤察乃心之倾向特降明诏允兹至诚

是月六日乃下诏从之

诏曰卿世济忠贞志遵宪度承百年之堂构有千里之江山自朕纂临来修观礼觏文物之全盛嘉书轨之混同愿亲日月之光遽忘江海之志甲兵楼橹既悉上于有司山川田土又尽献于天府举宗効顺前代所无书之简编永彰忠烈所请宜依

水道提纲①

卷一·海

海为百川之汇自鸭绿江口西襟盛京南京师直隶东南又南襟山东之北而东古所谓渤海也东为大海经其东南又南襟江南浙江之东又南襟福建东折而西经其南又西襟广东之南凡两京五布政司地际海禹贡冀兖青徐扬五州汉志辽东辽西渔阳广阳渤海平原千乘齐郡北海东莱琅琊东海临淮广陵会稽南海合浦十七郡国也共得巨川口九曰鸭绿曰大辽曰天津曰大清河曰河淮曰大江曰浙曰闽江曰粤江

盛京东南之鸭绿江口在九连城南其东为朝鲜国界海口与山东登州之成山遥相望海自鸭绿口西经凤凰城秀岩城南有小水口五又西南经东高丽城西高丽城南有小水口一又西南过官家山又西南经古金州城东南有小水口六【自东高丽城东南至此海中洲岛无数】又西南为宁海县之旅顺城【地自古金州城西南至此横仅数十里东南西三面悬居海中其山脉东北自长白山来西经盛京东南之北兴京摩天岭而西南相接千有余里至旅顺入海海中洲大者曰北黄城曰南黄城曰小钦大钦二岛其东曰鼍矶岛又南曰庙岛其南曰长山岛洲屿落落如星罗棋布又南即山东登州府蓬莱县也古称渤海本大海之支港说者言禹时青州踰渤海北兼营州之地其势固自然也】旅顺三面悬海南望蓬莱仅二百五十里【南过海至北黄城岛仅百余里】西望天津千里海自旅顺城折而北经城西其西为铁山岛【又西为双岛】又北而东为宁海县西又北稍西为复州城有小水口三复州城西南为长兴岛【岛大数十里海中洲之巨者】又北而东为永宁监城李官屯熊岳城盖平县之西有小水口三【熊岳水口西有兔儿岛盖平县西有连云岛皆小洲】又北有耀州河口又西北为海城县西南之大辽河口【自河以左为辽东以右为辽西漕运由此口入】海自辽河口西北经右屯卫南有小水口二至卫南为大凌河口又西经锦州府南为小凌河口又西稍南经松山杏山东南塔山村东【东有小笔架大笔架二岛】又西南经连山双桥二城宁远州东南水口【口东南有桃花菊花二岛菊花即明所称觉华岛也】又西南经沙河所中后所高儿河前卫中前所五城南有小水口五又西为山海关南【其西入直隶界海自山海关之南东北至大辽河口六百里大辽河口南至旅顺城六百余里自旅顺东北至鸭绿口八百余里】

直隶东北自山海关之南经山海卫南又西南经抚宁县东南有小水口四又西南经昌黎县东南有小水口二又西南经乐亭县南之齐家庄为永平府之滦河口又西有小水口又西经滦州南又西经顺天丰润县南之涧河庄南有小水口三又西经神堂韩沽南宝坻县东南境为蓟运河口海折而南经武清县东南境为新河镇东即天津直沽口也口曰大沽有海神庙当天津府之东南【东北至山海关六百里南至山东界二百五十里东南至山东之登州府八百余里古黄河入海之口也】海自直沽南经静海县东又南稍西为青县东之济沟小口又东南经盐山县东北【其东南入山东海丰县界】

山东地东北正东东南三面滨海海自武定府之海丰县东北有大沽口又东南经沾化县滨州东北又东南为利津县东北之大清河口【俗曰牡蛎口东省巨川惟大清河】又东南经蒲台县东北又东为青州府之博兴县乐安县东北即小清河口也又东南经寿光县北莱州府之潍县东北昌邑县北有小水口五潍水口其大者【自小清河口而东为弥河口为黑洋口为于河口为白狼河口又东为潍口俗曰淮河】又东为北胶河口又东为海仓口又东北经莱州府治掖县北【北有海庙口其西曰芙蓉岛】又北为三山口又东北经登州府之招远县西北有界河口又东北有地悬入海中曰岣嵝岛又东北经黄县北【有小水口西北曰桑岛】又东北经登州府治蓬莱县城之西北而东【蓬莱阁在府西北北有庙岛西北曰大小黑山二岛东曰长山岛又北曰侯鸡岛高山岛又北曰鼍矶岛稍细又东北曰碗矶岛稍大曰大钦小钦南黄城北黄城四岛北与旅顺口隔海相望长山岛之东曰沙门岛小竹大竹二岛皆在府东北湾子口之北】又东南经福山县北【有小水口】又东北地悬入海中曰之罘岛又东南经奇山

① ［清］齐召南撰。

所东北又东南经宁海州城北【有小水口外岛屿无数可名者曰栲栳岛曰大小崆峒养马及莒四岛曰栊子岛皆在之罘岛东正对州北之龙门港口若断若连】又东经文登县北之威海卫西北东三面【西有戏山金山寨郝庆三港口卫东岛屿无数可名者曰双岛曰刘公岛曰衣岛其南即长峰港口】又东南经夏崖所东曰朝阳口又东经荣城县城北【荣城即成山卫西北有鸡鸣岛东北海驴岛】成山地一线【纵二十里横八十里】北东南三面悬居海中【东六度八分极三十七度五分】海自成山之东折而西南经山麓西至县城南之里岛口始折而南经龙池崖寻山所崖头集东有港口四【曰养鱼池曰青鱼滩曰倭岛曰佳鸡旺】又南为宁津所东北之桑沟口又东北而南而西南经赤山寨东南【有镆铘岛石岛南有王家岛】又西南经靖海卫南【东南有马家嘴朱家圈二口南为苏门岛】又西折而北为文登县南之望海口长会口又西为五里岛口【长会之西有姑嫂岛五里岛耳岛琵琶岛】又西经海阳县之南【即海洋卫】有小水口六【东曰窑头口浪暖口南曰南泓口西泓口西曰琵琶口乳山口即大河口也海洋三面悬海东有黄岛腰岛南有南泓幢棉花岛青岛】又西南经大嵩卫南有港口二【东南草乌觜南徐家口】又西经莱阳县南之大山所南海渚曲入【经行村寨南中有香岛马公岛其口曰鲁家口何家口其东有古芦土埠千里三岛】又西海渚曲入北为五龙河口又西经雄崖所东北西三面【有李家口金家口齐口其东曰迟家口】又西南经即墨县东之坡子口东【东有芦岛水岛青岛田横岛长牙岛牛岛马龙岛石岛西南有女岛】又西有渚曲入曰巉村口又西南经鳌山卫东南【巉山三面悬海鳌山卫亦然南有巉岛及大管狮子小管小女四岛自雄崖所黄龙庄坡子口及鳌山卫地实三面居海中也】又南经即墨南境劳山东折而西经浮山所南又折而北至县西南之女姑口【劳山地东西南三面悬海南北八十里东西五十里其东南有石门岛车公岛劳公岛南有福岛石岛梅岛浮山所西与灵山卫相对】自女姑口西北经胶州东南之会海口麻湾口即南胶河口也【北胶河北至昌邑东北之海仓口入北海而南胶河至此入海二河之源出州西北分水岭以山险相阻故运舟不能通】又西北经州城东南又南经灵山卫东有小口【曰小河曰大河曰头营子曰洋河曰淮子其东南曰古积洋即东海大洋也渚中小岛曰阴岛曰黄岛曰陈家岛曰竹坌岛近卫东南曰薛家刘家顾家三岛唐岛】又南为古镇口夏河所龙旺口东又南为诸城县东南境夏河所之琅琊台三面悬海又西为窑头董家安家三港口又西南经日照县东南石臼所南之夹仓口又南为涛滩张滩岚山三口又西南经安东卫西南之荻水口【其西南入江南界海西自海丰东至成山一千五百里东自成山西南至安东卫九百里】

江南自荻水口西南经赣榆县东有小水口四【曰柘柱曰潮河曰兴庄曰觜口觜口隔海有秦山颇高大】又南经海州城东有小水口五【曰唐牛曰范家曰小河曰临洪在州东南曰恬风口】州东隔海巨岛即古郁洲也悬居海中【洲东有云台山有二水入海口西北有虚沟城西南有凤凰城其北隔海有莺游山】海又南稍东经新坝板浦白河港三口又南为盐河入海俗称曰淮河口又南稍东经安东县东北之云梯关是为大河淮渎入海口也【自荻水口至此二百八十里自此至大江口五百余里口东三度五分极三十四度】海自河淮口之南稍东经阜宁县东有射阳出海三口【北曰双洋港中曰当尖港南曰射阳港】又南稍东经盐城县如皋县东有六水口皆串场盐河泄水之港【曰野潮洋曰新洋港曰大闸港曰鬭龙港曰苦水洋曰天开河头】又南稍东经通州东境之蓼角觜南与崇明之北旧城西南与太仓州北境相望是为大江入海口也【蓼角觜在通州狼山之东百二十里自此南至吴淞口二百二十里又二百余里西南至金山城口东四度八分极三十二度】江口之南经太仓州镇洋县东北有七鸦杨林新岩刘家四浦口隔海与崇明县相望崇明即东沙悬居海中县城西与太仓南与吴淞江口相望【地南北六七十里东西百二十余里今城近南有旧城在西北又隔海相连北有东三沙东北有永丰沙东南有稗沙南有新兴沙实大江水口沙也】又南稍东经嘉定县东罗店镇水口又东南为吴淞江口又南经宝山县城东北又南经上海县东又南折而西经南汇县南又西南经松江府华亭县东南奉贤县南又西南经金山县城南【金山县东南海中岛屿有胜山金山龟山盘山小洋大洋二山又东有马迹山花鸟山画山驿络相连近于南汇】又西经白沙湾江门营之南【又西入浙江界】

浙江自江门营西南经平湖县东南有乍浦口【口东南有浦山】又西南经海盐县东南稍西为澉浦口【东南与曹娥江口相望有白塔山在海中】又西经海宁县东南稍西为赭山与南岸之龛山相对曰海门即浙江口也【浙口东北至吴淞口三百里东南至舟山四百里东四度极三十度四分】南自萧山县东北之龛山【龛山北临浙江傍有小山悬居俗曰鳖子门】又东稍南经绍兴府治山阴县北境三江闸口又东南经上虞县北沥海所西北之

曹娥江口又东北经余姚县北境临山卫浒山所北又东北经慈溪县北境观海卫盛山之北始折而南稍东经奄浦古窑淞浦三口【海中岛屿曰许山其南曰泥螺山蠏浦山其北曰西鹤山东鹤山又东曰五齐山烈表山】又南经镇海县东招宝山麓【外即七里屿】又南曰蛟门即甬江口宁波府治鄞县之水口也前即三山大洋当口东北岛屿甚多最大者曰金塘山又东南为舟山定海县【蛟门东北隔海大洲南北长广数十里近南曰虎蹲山曰大谢山近北曰金塘山与烈表五齐两山相接其东南即舟山也】舟山定海县悬居海中正西与蛟门西南与象山相望【地形如舟首向西北尾指东南县城近西南火烧门港与穿山郭衢二所相对其西北过螺头门即大谢山其前导小舩也正北曰大沙口相近有长白山又北曰秀山又北曰岱山稍巨又北曰大衢山其东南尾曰舵岙洞岙隔海东北曰普陀山曰竹屿门又东曰大落伽山南曰小落伽山普陀之南曰顺母涂曰朱家尖曰庐家山曰桃花山皆能与岙相近者由东而南曰乌沙门曰沈家门曰田岙山地稍宽广东南曰乱礁洋正南曰东岙门西岙门又西隔海即象山北之钱仓所也舟山为甬江外屏其外即大洋海】海自鄞江南口又东南有小口二【一对黄茅山一对下屿大茅两山】又东南经穿山所北折而南而西经郭衢所东南海渚曲入经所南而西经慈岙吉埼司大嵩所松岙之南又西北经河泊所东南折而西南经奉化县东南又西南为浮门折而东屈曲经象山县城西北又北至钱仓所西北折而东【钱仓所北与郭衢所相对海渚广六七十里河泊所与浮门东望象山长百余里皆海渚】又折而南经爵溪所东又南经东溪村东又东南经昌国卫石浦所之东南【爵溪海中有青门山又东曰牛门山曰大目山远曰韭山象山县地西北东三面皆海昌国地北东南西四面皆海惟西北一线与象山东溪村接】又西经卫之西南海渚曲而西北经东溪村西南【昌国北有担门锁门东有牛栏门小港南有铜下门下湾门皆小岛也西南正与林门对】又西北至宁海县东胡陈南又西北至杏浦南又西北经县东【渚中有岛曰南田山曰石佛青珠蛇盘山】又东南至慢岙东岙海游所南折而东经窦岙北【渚中有桃头山】又东南经健跳所北又北而东经浮门岭西林门北【自宁海白溪入海曰大湖汛纵横百余里浮门岭地东西皆海林门与昌国其渚口也杏浦地南北皆海一线地东至象山昌国】自浮门岭而南经赤屿曰牛头门【有牛头山白代山相望海渚西北曲入长七十里广八九里不常至桥寨南小姐寨都寨梅岙之北其海口牛头白代青唐三门】又南有小口无数经桃渚所东又西南经恳埠杜下桥东南又西南至前所与海门卫山相望即台州府治临海县灵江口也海自海门卫南经黄岩县东【海门外岛屿甚多可名者曰穿礁山东南曰琅玑山曰大陈山几青山】又南稍东经太平县新河所东又东南至松门卫【海中有松门山】始折而西经隘顽所东又西南经东岙南【海中有楚门山】始折而西北至江下泛西千岭寨南又折而西南至大荆营南芙蓉村东有数小口又西南经乐清县东北之蒲圻所又南为乐清水口东与海中玉环相对玉环山悬居海中东北与太平之楚门西与乐清西南与瓯江口相望【自楚门而西北有数岛屿其大者曰龙王山正西即玉环也自江下汛而南海中有太平山有水涨屿有茅衍山与玉环接地南北百余里东西七十里多山谷有一水港其东南隔海曰黄大岙曰三盘山南曰霓岙山又南曰凤凰山即瓯江外大口西有岛曰大鸟小鸟二山与乐清相近】自乐清而南经盘石卫东南又西有小口二又西为温州府治永嘉县东南之瓯江口【口东有大门山东北有小门山其中曰黄花关对黄大岙】瓯江口南经宁村所梅头寨东海安所东南又西为瑞安县东之江岸寨曰飞云渡口【口正东对凤凰山】又南为南岸宋埠东又南为平阳县东南之横阳江口【口外岛屿甚多可名者曰大岩头山曰鹿山曰大屿小屿曰大琵琶山小琵琶山曰长腰山】又南经金乡卫东南有小口三【曰大渔口曰石塘口曰赤溪口岛曰鸡山曰七星山曰屏风山】又西南经蒲门所东南之镇下关南与海岛南关北关二屿相望【又西南入福建界自舟山至松门三百六十里松门至蒲门三百余里】

福建地东南二面滨海台湾则悬居大海中自南关屿而西海西南经沙埕南为南镇澳口又西南经敛城崇屿东南【海中有屏风山东为台山东南有七星山北对南关屿】又西南经北洋硖门牙城东南有水口三【海中曰乌树山曰俞山其前曰烽火门】又西南经福宁府治栖霞县东南海渚曲入当港口有大小门二山【北有小岛筋山南有长泰山】其东即烽火门也【门南有北桑山南桑山火焰山】海又南屈曲而西南而西北海渚经下许堡折而东北又西北至栖霞南之盐田【自栖霞南沙糖汛而东为鱼湾武成二堡又南为程路长村二堡又南为大金所又西南为长溪延亭柘洋三堡至下许为内港口地有百余里又折而北经竹江关门八宝城龙湾村南皆外滨大洋内滨海渚一线屈曲相接地形如象鼻然】海渚又西北经福安县东南梅岭浦白石司南曰白马门又西为金垂寨南曰云溪门折而东经宁德县北曰斗门又东南经上下三都为飞鸾渡口出口为大洋【当港海中有东树山义东有

王安山又东为马炽山与胡缨山相近其南曰西洋山曰东引山颇大外即大海也】海又南而西北曲入为罗源县东之浦口又东南经西澳北而南而西经马鼻澳东南又东南经连江县东北之白鹤澳奇达堡北又东经北茭司东而南【当西湾港中有前屿东北有鹤屿外为大洋东南有西落东落二山又东南有下目山与北茭接】海又折而西经县东之黄崎堡定海所南为连江口南为东岱浦又西南经福州府治闽县东南之闽安镇南曰急水门与东南岸长乐县相望是为闽江内口也又东至五虎门为大口外即大洋【自急水门而东海港始阔东北有琅崎山东南有小芦巴豆大芦三屿中曰福斗山颇大又东曰梅花山又东为五虎山北与定海所北茭司相望西与梅花所相望为大海门又东为白犬洋稍南为东沙】南岸自长乐县东稍北之梅花所折而西南经仙岐渡桥二寨东有小渚港二【海中有磁澳】又东而南经松下寨北东南三面又海渚西屈经福清县东之镇东海口二寨南又折而东经牛田前薛寨三山白鹤寨北与北岸糖屿相望为松下门石门以东之古屿港口其外即海坛镇也【糖屿东有大练山小练山糖屿西与松下寨地邻近】海坛地形狭而长自西而东而南而西北如玉玦内向悬居海中镇居中西北与福清港相对【镇北曰苏澳中曰兴屿南曰观音屿虽正当福清港口实兴化府江口之外屏也福清港自糖屿南之古屿其东曰烂泥屿曰石牌屿曰大扁山其东即海坛东北洋中有小庠屿东庠屿南有草屿又南有长屿鹭鸶屿可门屿小日屿南日屿与兴化府东南之平海卫相望】海自白鹤山南经万安寨北而南而西【寨三面悬海东北与海坛之观音澳东南与草屿俱相望】又西北曲入牛田渔溪寨水口南【自牛田而东南曰前薛寨曰牛牙寨曰青屿曰夹石港曰西港曰白鹤寨曰东潮村曰万安寨地皆两面滨海当青屿南港中有狭长沙洲曰壁头寨其地尾北尖而首南稍广如鲤鱼北与万安寨南与平海卫相望为大口】又西南经兴化府治莆田县东峰头江口二寨南又西南至涵江镇南与南岸黄石寨相望为三江口自口东南经数曲折而西南经平海卫东南折而西南至吉了寨南【平海卫西为莆田所又西为塔村其北为嵌头寨魏澳地形两面滨海自黄石寨天马寨而东而南而西为内外洋屏蔽莆田所南海中有眉洲屿南曰大定山西曰鹅尾山曰后山湾】自吉了寨南海渚西北曲入为大港经仙游县东南又折而东南经惠安县东北至黄崎澳北而东而南【黄崎北与吉了寨相对为内港口港中有水口二有小屿澳】自黄崎折而南经崇武所东南折而西经獭窟澳南海渚西曲入泉州府治晋江县东之洛阳口又南为晋江口南自水头寨东至日湖寨北折而南【日湖寨与北岸下安澳港中大坠小坠二岛为内港之口】外为大海南经永宁澳东又西南至围头寨澳折而西海渚曲人西北经后湖寨水口又西南经同安县东南石井澳南隔海为金门镇【海渚北当水口曰东狮寨西有洲曰大登屿东曰小登屿又南为金门所其东有北定屿】金门地悬居海中北尖南广形如三角东南有小港所在正南镇在西南负重山东北与围头寨西北与湾头澳相望实西为厦门之外屏也海自石井澳西南至湾头澳又西北至同安县南丙洲之南又西南有水口三经长泰县东海澄县北为漳州府治龙溪县江水口其北岸曰海门山东口曰圭屿稍东北曰厦门厦门悬居海港中西北曰高湾寨东曰五山渡东南正对大海之澎湖台湾而相近岛屿东北自金门湾头隔港为列屿诸岛西南与大武山镇海城相拱获【列屿最大其相连曰星屿大担屿小担屿曰浪屿】漳府海口南岸自镇海城东而南折而西经崎沙汛南台湾悬居海中东为大山生番界滨海地北自鸡笼城沿海而西至淡水城有水口五又西南经南嵌竹堑中港后龙吞韶五社有水口十四又南经猫盂房里大甲等社至诸罗县西有水口十六又南经府治西有水口入自府治而南稍东经凤山县西有水口二又东南经凤山下淡水社有水口五南至沙马矶地形如初生月狭长南北千余里台湾城西滨海西北为鹿耳门西为安平镇大港口西北隔海为澎湖自凤山南望小琉球岛澎湖悬居海中地广仅数十里岛屿四面环之无数稍大者曰西屿曰吉贝屿曰白沙屿曰舩蓬屿曰八罩屿【台湾西北至澎湖二百里澎湖西北至厦门三百余里台地东三度五分至东五度四分极南自二十二度北至二十五度四分】海自厦门南对岸之大武山又南经镇海城东【东南海中有南定屿遥与北定屿对】折而西经崎沙镇南又西至漳浦县东之赤湖城东南有小口三【近海岛屿可名者曰连晋屿曰南风湾曰岱嵩屿曰灯火湾曰门扇后屿曰将军澳北即浮头港】又西南至大澳海渚北曲经县城东南为南溪口【大澳地三面悬海前有紫菜屿沙洲当港面悬海中又前为横屿】海渚西岸自洋山东曲屈经而南为大海经古雷寨之东南西三面【古雷地自洋山一线八十里隔内外洋】古雷西海渚又曲人西北为云霄城水口又东南经八天门林豆村南隔港即铜山城大屿也【古雷之西北有小松大松佳松三小岛】铜山城悬居海港中地形圆曲而西北向城在东其北曰塔屿其南曰青营山又西曰北山泛塔屿之西曰古港又西曰大帽屿【城隔海南曰苏尖山曰虎仔屿青营山西与悬钟山口相对曰松柏门自虎仔屿外为东南大海有大柑小柑二

山】自林豆村西有水口又西经诏安县东悬钟山之东而南至悬钟寨西洋林寨东为水口南隔海曰南澚自猎屿而南东曰狮头南曰青澚隔海有中澎北澎皆属福建一屿为两省交界地也【又西南为南澎入广东界自浙界南关屿西南至五虎门三百里五虎门东南至海坛镇百余里海坛西南至泉江口二百八十里泉江口西南至金门百余里金门西至厦门百里厦门西南至南澚四百余里闽地东南海共一千二百余里】

广东地皆南滨海雷州则东西南绕之琼则悬居大海中海自福建分水关南海中南澚【澚南岛屿有南澎入广东界稍西有赤黑白三小屿又西有平屿赤石屿外即大洋澚北岛屿无数可名者曰青屿曰白沙其北即饶平东南之大成所】经饶平县东南之大成所南又西北经黄冈镇南为县水口【海港中岛屿甚多曰井洲曰草澚曰招洲曰信州屿曰大金门皆东与白沙南澚相近曰鸿门曰牛心石曰侍郎洲曰小金门曰长山尾皆近西南外此即大洋也】又西南经澄海县东北樟林镇南海渚曲入为潮州府韩江口港汊无数【樟林镇南曰来龙港又西曰北港又西南为澄海县城南港又有新港共四口入大洋北港南港之间有大小菜芜二屿新港之西有放鸡山寻回山及殿江寨】海又西南经蓬州所南有小港西北曲入为泥屿口又西南经潮阳县城东南为练江口【有沧洲在港口中】其东长洲为海门所又东为青莱屿外即大洋【海门所形南北狭长为潮阳屏蔽东青菜屿地稍大东北与殿江寨相近东曰马耳澚东南曰连澚南曰广澚广澚与海门对曰磊石门】海自练江口又南而西经惠来县东南之靖海所南又西南经县南神泉司南为县水口又西南经海丰县东甲子所有水口二又西经揭石卫南又西有海港三【卫西曰崎石港稍西为西港又西南为大德港港口隔洋有遮浪金屿二岛】又西为捷胜所南二小口又西为扁涌湖西口之瞰下城【隔洋南有江母屿】又西为县西南丽江口【港前有鸡笼山记心屿】又西为鹅埠南小漠港口又西为惠州府治归善县东南之盐洲海平所南又西经碧甲司南又西南经新安县东之大鹏所东南【自盐洲浦而西海平所西有干溪口又西有墩头口大鹏所地东南西悬海中】又西南经官富司南又西经大箭磨刀挂角三山南麓【大箭山南隔海有大澳长三十里东有一洲中曰急水门小岛环大澳者无数挂角山西南有老万山广数十里南有小岛曰竹没山曰梅尉山又西南有东澳实粤江口之极外屏蔽也】又西北至杯度山麓海渚屈曲经其西而北为新安县城南之水港口【口西有洲三角又有小洲相次而北曰零丁洲曰大山曰平洲】又北而稍东经城西而北经鳌湾茅洲西有小水口又西经东莞县西南之缺口司南又北而西经虎门二寨南而北而东至虎头山北麓折而北经县西中堂司之西北为东莞支江口【海港中岛屿无数近东岸者新安县城西北有马鞍洲鳌湾西北有龙穴洲又北有合澜洲缺口司之南有赤冈北有海月山其西南曰东洲山曰三洲山西与香山县相近三洲之北有大洲数十里曰飞花屿北曰三角海东北曰珊瑚洲正与虎门二寨相望又东北曰林洲自江口而南俗总呼为南海小港口亦无数】又西北经广州府治南海番禺二县南境为粤江口【西三度五分极二十三度东江港汊亦与相通洲渚无数自中堂司西曰狮子塔曰金钗营曰龙湾曰历心沙曰排松岭皆最大者】又西南为顺德县东又东南为香山县东又经其南【香山实悬居海渚中洲屿相接其北有黄圃司东北曰坡头海东南曰分流海中曰永泰山司南曰浮墟村县北有长洲又西北有猪头山青霞山县东北有横当山东南有烟筒山箐口门淇忝金星门椟角山澚门九星洋正南为金紫山前山寨香炉山白银水濠镜屿清洲又南为十字门外即大洋也西南有象角洲胡桃山又西南有北台南台山】海渚又西南经新会县南【县东南皆港汊有巨洲曰荔枝山有小洲曰缥渺曰江门海其南有崖门山又南有小大横琴山东有连湾洲宿聚洲小岛无数又东为十字门大横琴之南有三灶山赤洲皋兰山牛角山小林大林二洲外有白石洲无数大横琴西南有大屿曰白礁铜鼓山西当长沙台水口】又西南经新宁县南之广海卫南有小口【西南隔港有龙溪望高司隔海东南两大洲东曰上川山西曰下川山中曰小金门海南曰大牌海】又西南经陡门营海朗所南又西为阳江县东南水口【海中岛屿自下川山而西曰漭洲山曰大镬山中镬山小镬山曰三汲山至汉阳江口为海陵山地颇大外即大海】又西南经丞相岭东水口又西经双鱼所南又西南经电白县南水口【东有白礁岭西南有小汾大汾二洲及放鸡山】又西南经吴川县南水口海折而南经雷州之遂溪海康徐闻三县之东有水口六【吴川水口有三并为一大口当港数小洲曰芷芋沙东南曰特秀山曰飞云山曰麻练沙曰限门又外曰硇洲西曰新门港曰东头山当遂溪东南之石门港口石门港溪东西并入海经遂溪县城南石门港之南为海头营又南一小水口外有调鸡门洲又南为库竹港口又西南为雷府城东北通明港口外有长洲曰东海岛又南为双溪口外有漉洲又南为淡水港调岭港吴家港外有新芋洲又南为北门港在兜鳌山锦囊所东北又南而西至徐闻东为青湾口外有耳聋山白沙港又西至徐闻南之海安所港口正南与琼府城

北之海口所相对】琼州府地悬居海中中为黎母山五指山周回千余里黎人所居水最长者曰黎母水北至府城东北入海一支分于儋州西入海山外沿海地郡县环之府城在北北与徐闻相望【隔海百五十里】有港五【西曰小英港北与徐闻西南之麻崳港对正北曰牛姑港白沙港西北与徐闻之溥张港对东北曰麻锡港曰芒芋港皆黎母水之委北曰琼海】又东稍南至抱虎山有港三【曰北洋曰石澜曰抱虎皆北入海】折而南至文昌县东南之清澜所东北有港五【曰郭婆曰走水外有洲曰浮邱曰抱凌外有小洲曰陈港在铜鼓山南曰文昌港东大海有分洋洲】又折而南而西南经会同县东又西南经乐会县东南有小口八【其大者曰冯家曰欧村曰港门曰莲花洲曰龙滚水皆东入海】又西南经万州东南又西南经陵水县南有港四【曰周村港前有樟树山前澳独洲山保定岭曰杨梅涧曰吞人港曰水口港外有双女屿加摄屿皆东南入海】又西至崖州南有港七【曰黎安曰合港曰高沙港曰榆林港前有大玳瑁洲曰三亚港前双洲门曰保平港番坊港即崖州水口也】自崖州而西稍北至望楼港有口三【曰龙栖港曰小玳瑁洲曰望楼港水始西南入海】又西北至感恩县西有港五【大者曰桥港水皆西入海】又北至昌化县之棋子湾始折而东有港三【曰北沟曰鱼鳞洲曰乌泥洲其水皆西稍北入海】又东北至儋州西北之狮子山有港三【曰永安塘曰新英港曰洋浦港即黎母水分支也】州西北之狮子山有港三又东稍北至临高县北之昆耶山有港三曰永安塘曰新英港曰洋浦港即黎母水分支也【曰黄沙曰几漫曰博浦皆北入海】又东北至澄迈县城北有小口三澄迈与府最近亦北与徐闻相望【琼所统惟安定在府南文昌之西余俱滨海崖当极南琼府西六度七分极二十度强崖州西七度七分极十八度三分中国极南地也】海自徐闻县南之海安所西为河泊所又西为讨网港【徐闻三面悬海其南入海之港东南曰青湾港白沙港正南曰溥张港曰麻崳港正对琼府讨网其西南口也】始折而北经县西为北山溪青铜港【以下水皆西入海】又北为潭浪港北海康所又北为雷府西境雷公山又北为蚕村港下落港羊脚港又北为暗浦港即遂溪西境也又北为石城县西南之急水港榕根港始折而西有二小港又西为廉州府治合浦县南之龙村寨港又西为珠场白龙城为武刀港又西为府城西南之廉江港【自入廉州水皆南入海】港南海中曰珠母池山又东南曰涠州海自廉江西口鲎港而西为大观港牙山港【外有洲曰香炉墩】又西为钦州西南之龙门营为钦江口【东南有洲曰白麟尾】又西有小口二至白龙尾【海中有洲曰三口浪曰渔洲砰曰钓鱼台】又西为安南江口其西为安南国界【自南澳西南至南海口千余里南海口自东溥北至番禺三百余里内港自东莞西至顺德二百里自新安西北至香山百六十里新安西至新会三百里自急水门西南至吴川县九百八十里吴川南至徐闻四百里琼自府南至崖九百里自崖西北至琼千里徐闻北至石城四百余里石城西至钦州西界五百余里】

卷二·盛京诸水【至京东蓟运河】

鸭绿江即古马訾水也源出长白山南麓两源分导合流而南有小白山水自东来注之又南流左受朝鲜北境数小水折而西流又折而西北凡长白以西连山南麓之水自十二道沟至头道沟皆奔注之水势始盛【江水南流经朝鲜谢山城东北境有建川沟自东来注之又南折而西经城北有水自东来注之又西经因禅卫诺言城小辰城北又西北流经新噶尔堡北而西有一水南自三山城来北注之又西北经旧堡北而西于是北受十二沟及十一沟水南受冲天岭东水又西北北受十九八沟水又西南受二小水于是北受七六五四沟水南受二小水又西北流北受三二及头沟水】折而西南流经帽儿山东麓又南屈曲西北流三十里又折而西南流中有沙渚西受李子沟水东受该诺尔水又南流西受里河水东受一水又南经满蒲发登高山里城西北有四小水来会【其巨者曰白马岭河破城子河】又南有图鲁河东自张杰城来西注之稍南有马驿河自西来注之又南经未源村西有五老梁水自东南来注之又西南流经地古尔城理山西北有三小水自西北来注之【正当地古尔城北岸者曰榆树河又南有小水又南曰义沟】又西流佟家江自西北来会【佟家江见后】又南经山阳公城西南有小水自东来注之又折而东南有东金河自东来注之又折而西南经小丕大丕必东三城西有东垓河自东南来注之折而西流经必城北有小水自北来注之又折而南经小巨流城大水高城大吉鲁城之西有小水自东来注之又折而西北流有常州杰河自东南来注之又西北经敖登城辽郭尔城昌城之北客店河自北来注之又西北长店河自北来注之又西左受一小水又西北苏子街河自北来注之折而西南左受一小水又西南有浦西河西北自大甸来南注之其南有小水来会经宿州城北又西北有小水自东南来注之又西北阿布河西北自凤凰城来会【阿布河即爱哈河出爱哈边门

外东北三源合西南流入柳条边经石头城西北又南折而东南流出边三明河洒马吉河草河三义子河皆西北自连山驿及凤凰城东南流注之又东南有汤山河自西来注之又南入江】折而南流爱州城北有小水自东来注之又南流分为三派行二十里复合经九连城东南【九连城与朝鲜爱州对岸分界正当江水分三泒处】又南有永阿河自西北来注之又南经义州西又西南有哈连河自西来注之又西南入于海【长白山东十一度八分极四十一度九分江口东八度极四十度】佟家江即古盐难水源出伊尔哈雅范山之南三源合而西南流汇诸水【长白山自东而西牵连数百里又西北为费德里山又百余里为伊尔哈雅范山高峻干云源出西麓】又西南流红石河自东合二水来会又西南有二水自东来注之【即帽儿山西麓水也】又西南流有哈尔敏河西南流与额尔敏河合而南注之又西南有嘉尔图库河合吉滩河英额河自西北来会又南东受吴儿江水马察河水又西南有王清河西北自王清边门东南流注之【王清河出柳边王清门东山东南流有伊母孙河北出柳边东数源合而南流百余里与王清河合又东南有密尔沽河自西南来会】又西南流有拉哈河自西来注之【拉哈河北源出兴京南柳边外山曰威尔喀什南源曰李雅达河出柳边嘉年蟾门之东东流百余里而合又东南百余里入江】又南流有一水自董鄂来东流注之【俗曰阿木巴雅儿浒有二河合而东流】又南有一水自西来注之【俗曰阿吉木鸦儿浒河】折而东南流有大沽小沽二水自西北合而东流注之又东南有唐石河自西来注之又东南入鸭绿江

卷二·盛京诸水【至京东蓟运河】·鸭绿口以西入海诸水

大羊河出辽阳州东南分水岭之西南麓西南流合四小水又南而东南流有小水自北来会又南至凤凰城西南境之正白旗庄西而南有览伯里库河自东北来会又东南入海

小羊河出秀岩城东南山中合三源【与大羊河止隔一山】又东南流入海海口即大孤山东麓也【海口东去大羊口仅二十余里】

墨河南流百余里入海

沙河有三源【西北一泒稍长】南流百余里而合南入海【海口前为王家岛又南为八坌岛又南为海洋岛又南为小鹤子岛】

驹儿河二源合而南经东高丽城东又东南入海

大庄河南流西沙河自西北来会经西高丽城北又东南野河自西北来会南入海【海口东南为石城岛海口之西三十里即官家山南麓】

毕利河出盖平县东山数源合而西南流百五十里折而南而东又百六十余里左受上河水又西南流右受吊桥河水又南入海【诸水中惟大羊河及此水稍长余俱小水河口正对大长山岛其东南曰海仙岛其东北曰塔连岛又东曰无名岛东与八坌海洋二岛相望其东南曰大鹤子岛东与小鹤子岛相似也无名岛之西南曰小长山岛曰舍利岛曰长子岛又西曰葛藤岛曰光禄岛光头岛也大长山岛之西南曰瓜皮岛曰马鞍岛曰古娄岛西与金洲城东之大和尚山隔洋相望余洲屿尤多数百里间纷列若棋局然大长山最巨】

小水口一王赞子河南入海清水河南流红水铺西南入海大沙河南入海澄沙河出小活山南流入海【以上皆源出复州城东南山长不过百余里】旅顺水口在新旧二城中间【南与登莱相望东五度极三十七度八分】金州城北水口【西入海对诸屿】李阑西口栾古河出栾古城东北山西北流折而西有一水东北自山中西南流经复州城南而西来会入海【海口有长兴岛广长踰数十里南可望旅顺北山】李官屯河西流经屯北空同山南麓又西入海熊岳河二源合而西流经城南又西入海【口有兔儿岛】盖州河西流经盖平县西南入海耀州河西南流经州城南又西有水自东南来会入海【俗曰桥头铺河】

辽河有大小二源自东北者古曰小辽水自西北者古曰大辽水亦曰潢河【潢源最远】小辽水今曰浑河亦有二源东北英额河源出盛京东北柳条边英额门外东山之麓二涧合而西流入边经英额城南柳白村北又西南二百余里至寨非城北高里营村南其南源自东南来会南源即苏子河张阴河其上源也出兴京东北柳边内山西南流有小水自东来会又西有马澜河自北来会又西有嘉里库河自北来会又西经兴京城北而西有二河南自柳边外北流而合注之又西经陵南又折而西北流经墓期站北曰苏子河又西北经孤勒村北寨非城西与东北来之英额河合二流既合西南流经萨尔浒城北营盘城南又西南至得孤村西南有伊尔德河自东南来会又西有查克

丹河自东北来注之又西经抚顺城南有拉古峪河自南来注之又西南经乌尔坚屯及冈子村南又西南为陵前地又西南经盛京城东南又西南有薄打铺河自东南来注之又西南有十里河自东南来注之又西南至辽阳州西北境太子河东自州城北西流来会【太子河即古大梁水源出兴京西南苇子村峪柳边界曰塔呵罗河西南流有佳河哈实玛河诸水自东南来会又西有哈达同河牛渊扬河自北来会又有拉们河自南来会又西南流有汤河自东南来会又西流百余里经东京城南辽阳州城北又西稍北数十里有沙河自州城东南西北来注之俗呼为太子河又西与浑河合】又西南百里与巨流河会【源东九度极四十二度三分口东六度三分极四十一度三分】

大辽水即潢水舌称饶乐水滥真水托纥臣水吐获真水皆即此河今蒙古称曰锡喇穆棱犹汉言黄河也源出古北口外克什克腾部界内山左麓北流折而东北有二水自东南来会【源曰伯尔赫贺尔洪在克西克腾之西一百五十里直古北口北八百里中度近东五分极四十二度七分连山东麓东北流有乌兰滚河自南来会又东有萨里克河自东南来会】又东北百余里南受一水【曰碧齐克图河南自克西克腾西北流注之】北受一水【曰碧落河自西北来注之】又东北经部落北境又东经巴林部南境有拜察河自西南来会【拜察河在克西克腾西南源出拜察池东北流会威里河诸小水三百里入潢】又东百余里有黑河西北自巴林来会【黑河蒙古称喀喇穆棱源出巴林西北境之松吉纳山东南流经察罕城北又东南有二水一西北出虾蟆岭东南流一西南出活泼名山之北东北流而合来注之又东南流有葛尔达苏台河西南合三水东流而东北注之又东南流有格尔格台河自北来会又东南入潢】既会黑水河流始盛又东流经阿噜科尔沁部之南【南二百里】翁牛特部之北【左翼北四十里】又东流沙漠中有白狼河自西南来会白狼河亦曰狼水亦曰土河又曰老哈穆棱今蒙古称老哈河即老河也源出古北口东北故大宁西南今喀喇沁部右翼南之明安山【汉言千山在右翼南一百九十里】源曰察罕河西南流折而西北经巴图察罕和硕之东北有二水自西南来会南【一水曰奇札岱河东流经拜查山会北来水入老河一水曰虎查河源出虎查察罕骆驼海山东南流合】始折而东北流有和尔和克河自西来会【河东南流经和尔和克阿惠山入老河】又北经旧青城东【俗曰喀喇河屯明为大宁孔道北去卫城仅两日程也】又北有巴尔喀河自西来会【亦曰巴尔汉阿喇善河汉言上神水也东流与西北来之巴尔汉河合而东经喀喇河屯北又东注老河】又东北百余里经旧大宁城南【俗曰巴尔汉城又曰察罕苏巴尔汉城】又东折而东北有五巴河自东来会【亦曰五巴宾河源出海他哈山西北流有东北来之西尔虎河来会又西北入老河】又东北百余里至敖汉部西界有喀尔几河自东南来会又北有英金河西自翁牛特界东南流合温泉乌古岱河坤兖河乌拉岱河克勒河锡尔哈河锡伯河及北来卓孙河诸水东流注之老河水势始盛【英金河源出翁牛特西北界之虾蟆儿岭东南流百里温泉水来会又东南有珠尔河东南会乌古岱河东流注之乌古岱河亦曰努古台河叶英金河又东西尔哈河会诸水东北流注之西尔哈河汉言獐水也克勒河亦曰克尔河楚拉克拉哈尔山东北流与锡尔哈会乌拉岱河源出乌里雅苏台岭南流折而东北与巴伦撒拉河会注于西尔哈河又有车尔伯呼河会焉英金河又东有西白河自西南来会西白河亦曰西白葛水源出卯金察罕拖罗海山其地喀喇沁右翼所居直喜峰口北四百里又东北流经翁牛特右翼南与西来之英金河会英金河又东有卓孙河自西北来会卓孙河亦曰卓索河源出翁牛特北海喇山东南流入英金河】又北有伯尔格河自西北来会【白尔格河源出翁牛特右翼北海喇汉山之西北东南流会陈德布河经布尔克图山入老河】又东北折而东流经敖汉部北界翁牛特左翼南又东北与潢河会【老河自南而北英金自西而东各行八百里其长与潢水伯仲水经注总称白狼固有由也】潢河既合白狼河水势益大【合处在阿噜科尔沁之南二百里翁牛特左翼之北四十里东四度四分极四十三度五分】又东北至札噜特南界奈曼北界始折而东南流分为二派数十里复合又东南经喀尔喀二旗北又东经科尔沁左翼境【科尔沁左翼所居伊克唐噶里克坡其西南六十里即西喇木伦河也】又东南八百里有赫尔苏河自东北来会【黑尔苏河源出永吉州西南柳边内二源西北流而合俗曰穆当阿赫尔苏河亦曰辽河西北流有枯鲁河自南来东北流注之又北经赫尔素驲东又北百余里有雅哈河亦两源合而西北流百里来会又西北流出赫尔素门之柳边即科尔沁境经额尔金山入左翼后旗界转西南流三百里将至柳边西会潢河】又东南流入盛京开元县西境之柳边又南有哈达河自东来注之【哈达河源出开元县东南柳边外东北流入边又东北经哈达城南又西北有叶赫河东北自叶赫城北南流而西南会东南来之占河南入柳边又西南至开元县城东南会哈达河又西流会潢河】又南经铁岭县城西北有河自东来注之【即铁岭河也】又西南流有范河自东来注之又西南至盛京西北境有懿路河自东来注之又西南百

里有杨柽木河自西北来注之【杨柽木河亦曰呼济尔河源出喀尔喀左翼南境东北流折而东南与库昆河会库昆河源出乌尼苏台山东流经土默特左翼合阿哈里河及乌讷苏台河又东与杨柽木河会东南经牧厂地有浩赉昆德河乌克尔齐老河来会又有鸭子河俗曰冲古尔河东北自科尔沁左翼前旗南西南流来会又南流入柳边彰武台门之西至广宁县境又南入潢河】又西南经珠尔呼珠驿东俗曰巨流河又西南二百里浑河自东来会于是西北源大辽东北源小辽二水合矣【合处在辽阳州西境】又西南有阿山河自东来注之又西南为三岔河口当海城县之西北境【三岔河中即辽河东有一小水自海城东北境西来其西有一小水西北自沙林铺来】又西南有海州河自东来注之【海州河源出辽阳州南千山之南麓西流会诸水经海城县南折而西又西南注之】又西南入于海【海口东五度八分极四十度八分】

卷二·盛京诸水【至京东蓟运河】·辽河以西入海诸水

广宁县境有水口二【东南有两河一在杜家台之西南流百里与西北来一河会又三十里南入海其西北河则两涧南流而合者也正南有二河一西南流一东南流七十里而合南六十余里入海】

大凌河源出柳边外喀喇沁左翼北五里威苏图山俗曰傲木伦东北流有升机河自西南来会又东北流会诸水【有阿喇善河东南流会苏巴尔噶图河及克尔河东流注之又有赛音台河又和尔图河各东流注之他奔河北流注之】又东北经土默特右翼界受西北来之水又东北经木头城北又东北有小河二自北自西来合东注之又东北至古兴中城之南【俗曰古尔班苏巴罕城辽金时三塔犹存】西有一水自西自北合而东经城南而东来注又数十里折而东南流入柳边【在土默特右界所受小水甚多其稍巨者曰布尔干台河东南流注之曰图尔根河东南流注之曰察罕河东南流注之曰细河即伊玛图河锡南流会锡噶塔拉河入边至义州会清河流入大凌河】东南经义州城西又东南百里经十二站城东右屯卫城西又东南入海【锦州东南】

小凌河源出柳边外土默特右翼西界明安喀喇山俗曰明安河亦曰苏巴尔罕河东北流有木垒河会女儿河哈柳图河水自西来会【女儿河俗曰乌馨河】折而东南流入边百余里经锦州府城西南又东至紫荆镇东双阳店西折而南入海【锦州之南其西岸为松山杏山】

宁远河又名三女河出宁远县西北山东南流有一水自东北来会又东南八十里经县城西南南入海

中后所河源出西北东南流经所东又东南入海

沙河东南流经沙河驿东又东南入海

凉水河东南流经平山营城东又东南经高儿河城之西凉水河驿之东又东南入海

中前所河北出山中东南流经中前所城东南入海

老军屯河在山海关外源西出关城内东南流出【曰无门口】又东南经屯北又东南入海

卷二·盛京诸水【至京东蓟运河】·山海关以西入海诸水

石河即古榆河源北出边城外两水一东北自城子峪口西南流入一西北自义苑口东南流入至筑造营之南石门寨之东北合而东南经山海卫城之西南入海

深河出边城外两源一南流入纳子峪口一东南流入苇子峪口合而南经平山营东又南五十余里经白塔岭之东南入海

牛头崖河南流分为二派复合入海

洋河即阳河出边外两源东北者南流入涧干岭口其西一水南流入升连口东而合西南流经北新庄东及头营之南西北一水自青山口东流入南经马谷营东遂合而南经抚宁县城西折而东南经洋河岛南入海

黑阳河出昌黎西北山东南流经县城南又东南有小水自西来会又东南至蒲河南东入海

滦河源出独石口外东南山中即古濡水【濡音乃官反】俗名上都河【亦曰商都河】郦注所谓御夷镇东南二源双引夹山元史云出金莲川中明一统志云云州堡北六十里发源炭山冰井乱泉合而北流者也源直中一度稍西极四十一度强其西与赤城县北境地相近】西北流二百里至御马厂地乌蓝城西折而东北百里经波罗城

西又东北九十里经旧桓州城东南【俗曰库尔图巴尔噶逊城明初开平西南第一驿】又东北四十里经元故上都开平城南【今曰昭奈曼苏默城有昭乃满寺有一小水自西北来注之元时所谓龙冈也今御马厂地南至独石口二百二十五里小水俗曰纳喇图布拉克】始东流经多伦湖北【俗曰多伦鄂模】有哈柳图河会东北诸水来注之【哈柳图河自池泉东南流有衣克绷河北合二水自东北来注之西南流有库库鄂摩水自东来注之又西南入滦河】折东南流折而南受一水【西岸即察哈儿牧地有海拉苏台水东北流注之】又南受一水【亦自牧地东北流折而南而东注之】又东南百里经郭家屯北有库尔奇勒河自北合诸水南流注之【源出山中南流有二水合自东北来会又南流经哈郎归岭东麓其西即滦河也又南有一水自东来注之又南百三十里至郭家屯北与滦河会自郭家屯以东为热河禁地】又东南经热河行宫禁地界流二百余里至金狗屯东又东南有兴州河合鞍子岭水自西北来注之【兴州河出郭家屯东南山中东南流至韭菜沟南有鞍子岭水两源当古北口东北地一南出两间房之东西北流其一东南出鞍子岭下西北流而合至偏山岭东麓折而北流又东北入兴州河东流五十里至喀喇和屯】又东流经喀喇和屯北有宜孙河合诸水自北来会【宜孙河北出翁牛特右翼西虾蟆儿岭之南山其西北即英金河源又西北即潢水源也东南流百余里有书库里岭水自北来会又南有小觉河大觉河孙儿图河俱自西来会又东南流百里有拜布哈河源东北出拜布哈岭汉言高凉岭也西南流会布墩河艾里河木睿哈喇克沁河西流注宜孙河又南有二小水自东来会又南稍西南经布鲁里之西张三营驿之东又西南经新店和乐营之西又南经博啰和屯之西而南有驿马图河自西北来会驿马图河源出永爱巴岭南流有七老图河源西出七老图岭者东南流有孟奎沟水合二水自西南来会又东会永爱巴河南流有二水自东来会又南百里有布克岭水自西北来会又东南流百余里与宜孙河会于波罗河屯之西南宜孙河又西南百里经红旗营之西折而东南经舍利乌珠之西南又东南六十里至喀喇河屯之北南入滦河】又东南为桦榆沟水口【桦榆沟西出鞍子岭之东东流折而东北入滦河】又东北热河合诸水自北来会【热河源曰赛音阿喇善汤泉东出喀喇沁右翼西南一百八十里之和尔和西麓西流有小水自东南来会又西而卯金诸水自北来会卯金河源东北出卯金岭南麓在喀喇沁右翼西一百五里山极高大俗曰卯金察罕拖罗海山其北麓即西白河西尔哈河源也俗曰墨里河西南流百里有小河自东北来会又西南经中关北又西南有十八儿河西北自七老图岭东南流注之折而南稍东赛因河自东北来绰诺河自东南来合而西与卯金河合而南是为热河赛音即汤泉也又南数十里折而西流二十里又折而南经热河城东而南又数十里南与滦河会热河城西有库塔哈沟水外即连山不断自北自西而南热河之东南即大黑山自卯金岭南及和尔和岭蜿蜒而西南者也】折东南流经上板城东又南有白河自西南来注之【白河两源在千松背之南山合而东北流经上板城南而东入滦河】又南有老牛河自东北来注之【老牛河二源西南流百余里入滦河】又南经下板城西折而东而东南流有小水自东来又有柳河自西南来会形如十字曰柳河口【柳河源西南出五龙山之东南山东北流并一小水经柳河口村北东入滦河】又西南折而东南有清河自东来注之曰清河口又东南有宽河自东北合诸水来会【宽河即豹河其上源则锡尔哈河也在喀喇沁右翼南一百六十里山麓东南流数十里折而西南经八沟店南有几百葛河亦东南流来会始南流经五十家驿东有小水自东北来会又西南有了头沟自北来注之又西南经豹河村西而南有小子沟自东北来注之又西南经宽河驿北又西流百里入滦河】又东南流至边城喜峰口之西入边【未入边时有小水自东来注之】经迁安县西北境之滦阳西有龙井关河自西北来注之【龙井关河出遵化边外东流合北来一水南流入龙井关之西又东南经韩侯庄南又东入滦河】又东南流一水西北自三台营来会又东有一水北自边外南流入董家口来注之【董家口在喜峰铁马关之东】又东经五华山南又东南有二水俱北自边外西南流入榆木岭口至太平营南合而南注之又东南经县城西南分而复合又东南至永平府城西北有青龙河北自边外南流注之【青龙河俗曰顾沁河出喀喇沁左翼西北百二十里曰长吉尔岱山西南流会布喇图河陶金图河又南折而西南流有汤图河自西北来会又南百里入边城河流口经堡西又南至永平府城之北西入滦河】又南稍折而西南流经滦州城东又东南流经马城长岭东又南经乐亭县城西又南分为二港一东南入海一南经齐家庄东南入海【海口相去二十余里明初东曰葫芦河西曰定流河后惟定流河存亦分二港其水清碧亦谓之绿洋沟东二度五分极三十九度三分】

滦州西河【出州西北山两源合而南流经州西而东南流经高家庄西又东南至马头营西又南入海】一小口【在马头营西南】长闸口古冶河【二源南流合而南至张家庄东南入海】

涧河【雨源出丰润县东北山一西南流经井子城南而西一南流经板桥东而南遂合而西而南百八十里至涧河庄东南入海海口在丰润正南境以上皆小水】

蓟运河即古泃水俗亦曰沽河有数源最东北者出遵化州东北龙井关南山南流折而西经州城东南又南折而西循连山北麓至姚家庄南有沙河自东北合诸水来会沙河有二源出州北边城外一西南流入蔡家峪口一东南流入千家峪口至州北合而南经州城西北又西南经石门南有马兰河自北来会马兰河北出边城外两源一东南流入马兰关东之鲇鱼口其东北源西南流入大安口者来会于马兰峪南经景陵之东南新城东又西南会沙河【马兰河源在边外脉自鞍子岭五龙山而南】沙河又西南与东来河水会又西经马神桥之南有淋河自北来会淋河出边外东南流入古强口经景陵西又南一小水自东来会又南至马神桥东南会沙河是为蓟运诸源也又西数十里经蓟州城南有盘山东水自西北来会【水自盘山东北南流经州城西南入沙河】又西南折而东南经上仓西又南经下仓西白龙港之北平谷水自西北来会【水自平谷县城南西南流折而稍东南经三河县城东功劳西又东南至白龙港北与沙河会】自下仓西东南流有玉田水自东北来会【水自玉田县东北西南流经县城东南又西南经林南仓之南又西南注蓟州运河】又东南至港黄口东有还乡河东北自丰润来会【还乡河即梨河有二源东北出山中西南流经丰润县城北又西南而遵化州南之沙流河自北来会又西南至丰台入蓟运河】又东南经芦基西韩沽西折而西南流经青蛇子西北而南而东入海海口之南即天津直沽口也【有新河自青蛇子东南经北塘新河二村之东至大沽之北相通三十里】

卷三·京畿诸水

京畿东南曰直沽本大河入海之口河既南徙衡漳以北恒卫大陆诸水悉汇此为尾闾实运河南北总会也运河自为一卷

白河上源有二东北曰潮河源出古北口外西北御马厂地南大山【中度极四十一度八分直古北口西北三百里独石口东北一百五十里】两水东南流而合又东南有一水自西北来会又东南至近边有鹌鹑沟水自东北来注之又东南有巴克井水自东北来合一水注之【水在古北口外巴克井营之西三义口之东一水东南自两间房西流合注潮河】南入边古北口之西折而东南流有一水东北自土墙入边来注之【水在两间房之南西南流入边经司马台北及南台北入潮河】又折而西南流经南台西南有一水自东来会【水东出鞍子岭西南山西流入烧香谷口经新城及司马台南台之南西会潮河】西南经石匣营南又西南至密云县城东北有一水自东来注之【水二派东自边外流入止水谷口而合西流经镇罗营及了髻山北又西入潮河】又西南经县城东又西白河自北来会白河源出赤城县东边外五郎海山西麓【源在中度近西一分极四十一度其北隔重山即上都河源也】西南流入边城盘盐口经宁远堡东南有独石水自西北来龙门水自西来合而东会于宁江堡北【独石水出独石口南流百里经赤城县城东北又东南有一水西北自镇宁堡东南流经县城南而东南会独石水又东南五十里龙门水自龙门县城南东流来会入白河】又屈曲经靖安堡西又东出东河口边外又东北折而东南流有三小水自北来俱注之【南直怀柔县正北】又东南入边古道谷口经高家庄北折而南流有一水自北来会【水北出边外两派合东南流入白马关西之白崖谷口又南而西南入白河】又南一水自西来注之【水出边外东流入小水谷口入白河】又南经密云县城西而南与潮河会【白河之源独石水最远】既会潮河西南流经怀柔县东南有七渡河自西北来会【七渡河西北出四海冶东南流经怀柔县西南又东南流有二水自县东北来注之又东至牛阑山东入白河】乃折而南经顺义县东又南至通州东北有沙河自西北来会【沙河出昌平州西北之居庸关即温余水亦曰榆河东南流经南口东又东南有一水自西来会又东南至州南之沙河城有一水自西来会又东流有一水北自州城之东北东南流注之又东一水自北来会又东南至宛平北境海淀水自西南来会又东南至通州北东入白河】稍南玉河水西南自都城来会【玉河源出玉泉山东流经大内出都城东南注大通河绕城南而东至高丽庄入白河即元运河也亦曰通惠河】南经通州城东而南折而东而南俗称古潞水至张家湾东【南海子中旧有桑干支水于此东北注白河】又折而东而南经旧漷县北折而东稍北经香河县西又东南经河西务东又东南经武清县东南之南蔡村又折而东而南而西至杨村东又东南至天津府西北之西沽桑干河自西北来合拒马涞易南及子牙河皆东流来会又东南运河自南合漳水滹沱东北流来会经府城北又东南至大沽北新河南入于海

【府东北有大河由西南流入直沽自天津而东百余里水经靳家窑郑塘庄双港新庄南阳马头醎水沽葛沽郭家沽之北其东即大沽海神庙也海口东一度四分极三十九度】

凡漕船南来俱由天津溯流北至通州城下

桑干河古曰治水亦曰湿水亦曰灅水今名永定河源出山西朔州马邑县西北洪涛山俗曰洪涛泉即古累头山也七泉涌起东南流至县城西南有灰河西南自朔州来会灰河实桑干南源较洪涛稍远其源出管涔山之北麓北流经宁武所东又北于阳方营西出边城北流至州西南有一水自西来会【水有二源南源出宁武所西北之神泉堡北有涌泉东南合一水北流至边城大水口东北流有一水自西北山来会又东北流会灰河此水出神水堡亦上源也】灰河又东北经州城西南有泉水自城西来会又东有桑干泉自北来会于城之东南【桑干泉如小湖在州北东南流经城东北又东南与灰河会】东北流与北源洪涛水会而东北经马邑县城南又东北流经山阴县北有一水自西北来注之又东北经安银驿南有黄水河南自县城东北流注之【黄水河出山阴西南朔州东南近边城之雁门关北山二源合而东北流有一水南自边城内之广武驿西出边北流与会东北百里经县城南又东北入桑干河】又东北经应州北有浑河自南合诸水来会【浑河东出浑源州东北望狐山两源合西流经州城北又西合圣水泉又西至应州城东北境有一水自州城东而北来会又北入桑干河即古浑源川也恒岳在水南三十里应州水二源其西南出夏屋山茹越山马跑泉者东北流东南出边城下者北流而合经州城东而北会浑河以北入桑干】又东北怀仁县水自西来注之【水出县西山中东流至神武镇东北合一水经县南又东入桑干】又东北经大同府南瓮城驿北武州川合卫河自西北来会【武州川西出左卫之西南山东北流经卫北又东有二水自北来会经云西堡北又东至高山营西有一水自西南来会又东至云冈堡东南一水自北来会折而东南流有十里河自西南来注之又东南与北来之卫河合又东南入桑干河卫河出大同北边城外南流入经得胜堡东又南经府城东又东南会武州川也卫河一名如浑水亦名御河源在边外太仆右翼牧地西北山】又东稍北经浑源州北境阳高县天镇县南境广灵县蔚州北境入直隶界经西宁县南又东北经怀安县南境之东城南又东北有一水西南自广灵蔚州来会【水出广灵县西望狐山之东麓东北流经县城南又东北经蔚州北又东北行山中折而西北入桑干】又东北百余里经保安州南又东北有东洋河合清水河西北自宣化府城来会水势益盛【东洋河即古于延水亦曰修水其源曰兆哈河在正黄旗察哈尔车北兆哈岭之东两水合而南流又东南有七七哈那河自东北来会又东南经海喀喇山又东南流入边城经山西新平堡之北平远堡之南又东流经直隶西阳河堡柴沟堡之南有西洋河自西南来会西洋河西出阳和边外太仆牧地东南流入边城靖鲁堡北守口堡南又东经阳高县城北又东流至天成卫西北有二水自西南来会又东经城北又东入直隶界东北流至万全县西南之柴沟堡东南与东洋河合既合东流至万全驿北有一水南自怀安县东北流注之又东清水河北自张家口南流来会清水河即古寗川水其源在张家口东北太平庄上源在独石口西南山南流百余里合二小水折而西又六十里与拜察河会俗曰古尔板河也拜察河在张家口北稍东六十里源出拜察村经桑阿苏台山南流会古尔板河又西会一水南流入口为清水河又南折而西南入东洋河东洋河既会清水河折而东南流经宣化府城西南又东南至保安州东北之鸡鸣驿南入桑干河西洋河即南洋河即古雁门水也水出阳和北之雁门山】桑干河又东经新保安沙城南折而东南经怀来县【土木驿在水东十数里】又东南有妫河东北自延庆州西南流经城南而西来注之【妫河出延庆州东北山西南流经州城南又西南经怀来县城东南又西南至边城外入桑干河延庆州南有岔道口与居庸关相接妫川亦名清水河】东南流入边城【东去居庸关百里】行山中经昌平州及宛平县西境曲折二百余里又东南流出芦沟桥下又东南经良乡县东旧分一派东流为凤河【凤河源出南苑海淀中东南流经旧漷县为新庄河至东安县东北四十里凤窝集为凤河又东至武清县西北为漷水铺河又绕城北折而东南八十里为安沽港河南入三角淀即元时浑河故道也明时浑河南注夺琉璃河经流下达霸州其东流一道不复相通遂名凤河】今全南流经固安县北又东南经永清县北霸州东北东安县南玉带河自西南来会东流过三角淀经武清东南子牙河自南来会又东流经杨柳青之北又东至西沽南白河自北来会又东南运河自西南来会所谓丁字沽也东流经天津府城北又东南百余里至大沽北入于海【桑干旧名浑河自宛平良乡而东填淤冲决自元明以来迁徙不一固安永清霸州或南或北时苦泛滥康熙三十七年始由良乡之张家庄至东安之郎神河重开一道使昔之泛决固安以西与清水河合而

南至新城霸州者今迁流于东由固安永清之北引流直出柳坌口三角淀以达西沽筑长堤南北两岸二百余里遏其南赵使不与清水诸河会赐名曰永定河而水患稍息也河源西四度三分极三十九度七分三角淀即古雍奴水当西沽之上最大周二百余里后渐填淤袤延霸州永清东安武清南至静海西及文安大城之境东西百六十余里南北二三十里为七十二清河所汇永定河自西北来子牙河自西南来咸注之今曰东淀以其对任邱赵北口之泊为西淀也东淀在武清县南八十余里王庆坨之南东西四五里南北十余里耳又东为西沽三十里合运河达天津】

清水河即会同河今名玉带河俗曰中亭河西南自任邱赵北口东北经保定北霸州南由苑家口东北经永清东安之南桑干河自西北来会又东南流至西沽即拒马涞易滱唐诸水之委汇也支流甚多其最巨者一曰拒马河即涞水古桃水也源出山西代郡广昌县北厓古塔当广昌城之东东北流至长城浮图峪北有一水南自城南北流来会又东经长城北至塔厓驿南又有一水南自山中北流出城来会又东流至紫荆关北入长城又东北经易州北境山中折而东南流经涞水县北境始出山又东南至涿州西南折而东北经州城北而东南流有胡良河自西北来会【胡良河即古洹水出房山县西南之大安山东南流经涿州之北十里又东南流入拒马河又有挟河出房山至涿州与胡良河合】又东琉璃河自北来会【琉璃河即古圣水源出房山县西北山中东南流经良乡县西南又东南有小水自北来会折而南流入拒马河】又南流经州东又南稍西经固安县西南境又西南经新城县城东南又南有北易水【易水有三曰武曰濡曰雹北易则武濡之合南易则雹也】西北自易州定兴来会俗曰白沟河【易水源出易州西山龙华店西北二源东北流而合又东有濡水自西北窜独山来会又东出山经州城西南又东南经定兴县南境涞水北自涞水县城东北南流来会又东南遏杨村北又东南至新城县南境与北来之拒马河会水至清故曰白沟】拒马又东南经雄县城西而南而东南入泊【即赵北口大路之东】又东北经保定县城北霸州南出苑家口又东北经永清县东南东安县南桑干河自西北来会而东也一曰长流河徐河长流河即古南易水一名雹水一名鲍河源出易州西南山【在易水源东南三十余里】两涧合东南流经安肃县城北容城县西南又东南至新安县西南徐河合曹河诸水自西南来会徐河即古大册水源出易州西南之五廻山曰雷溪【源在紫荆关前山】东南流百余里出山经满城县北又东流经保定府治清苑县北又东南经安州城西北有府河方顺河合庆都河自西南来会【府河西出满城县境东南流至府城西环城而东南有石桥河自西来会石桥河出完县有二源一出县东山一出县西南伊祁山即古祁水也东流至方顺桥而合曰方顺河又东流经泾阳驿南又东经清苑县南过石桥又东北至安州西庆都水自南来会庆都河绕庆都县城而东折东北流经高阳西北石家桥之北又东北会府河于安州西南又北与徐河会于州城西北】又东经州城北而东至新安县西南长流河自北来会东入泊经县城南又东为赵北口又东与拒马河会于雄县又东北自泊流出为清水河一曰猪龙河有三大水曰唐河沙河滋河唐河尤大唐河即古　水源出山西浑源南翠屏山即恒岳西麓也东南流有一水自西来会又东南流有温泉水自东北来会又南有呕夷水西自枪峰岭东流来会又东南经太白山北为唐河经灵邱县城南又东折而东南经三山隘门广昌县南境入直隶界倒马关之北又东南为曲阳北境唐县西北境群山有二小水自北来注之至唐县北折而西南流至大羊店又折而东南流出山经曲阳县北又东南经定州城北又东南经祁州南又东沙河滋河二水自西南来会【唐县西北大茂山即古北岳滱即禹贡恒水】沙河源出山西繁峙县东界岩头山【其西即滹沱源所谓泰戏山也】东南流穿长城入直隶界茨沟营北又东南有小水自西来注之又东南至阜平县东南有一水自西界龙泉关东南流合一水经县城而东来会又曲折东南流经王快镇西又东流经宕城西始出山经曲阳县西南又南经行唐县东北新乐县城南又东经定州南无极县北深泽县北又东至祁州东南滋河自西南来会又北与唐河会焉滋河源出山西五台县东界乌牛山北麓东流穿长城入直隶平山县西北界山中合数小水东南流经灵寿县北行唐县南又东南经真定府北又东经无极县南折而东北流经晋州西北深泽县北又东北至祁州东南与西来之沙河会而北合唐河也【滋河至行唐县之张茂村伏地流至真定县北之南孟社复出】唐河既会沙滋二水东北流为猪龙河经博野县蠡县南俗曰杨村河又北稍东经肃宁县北高阳县南又北至安州之东南入泊【其东南即任邱县北境泊口之北即新安县也】

滹沱河源出山西繁峙县东北泰戏山【在平刑关南岩头山西】曰青龙泉西流经三泉镇北孤山大营南有

小水自南来会又西经沙涧驿南有华岩水自南来会【水出中台之麓北流经北台东又西北流入滹沱】又西稍南经县城南又西南有峩水自东南来注之【峩水出东峩山西麓西北流入滹沱】又西南经代州城东南有小水自北来绕城东而南来会又西南经阳明堡东有二小水自西北来注之又西南经崞县城东有一水自西北经城北而东注之【其东岸即五峰山】又南有小水自西来经城南注之又西南有阳武河自西来会【其东岸即天柱山及福寿山】又南经平原村东有铜河自东来会【河东出凤凰山北麓】有小水自西来会【水西出五峰之西北麓】又南有沙河自西南来会又南为忻州北境之忻口折而东南流经定襄县城西北有云中河自西南来会【河出忻州西北山两源合而东流数十里经州北又东稍北至定襄西北入滹沱】又东南牧马河自城南来会【牧马河即三会水源曰岚水出忻州西南白马山东北流有阴山水自南来会又东又合一水东北流经麻令镇北及州城东南又东北经定襄城南又东北注之】又东经五台县南境槐阴堡南有一水自西南来会【水出定襄县南阳西镇之西山东北流又北经两岭山又北合一南来之水经建安堡东注之】稍北有一水自西北来会【水出泉岩堡西北山两源合东南流经槐阴堡东北至河边堡之西南南入滹沱】又东南五台山之清水河自西北来会【清水河源出南台山麓西流数十里东峩山东麓水自西北来会折而南稍东南流百里有射虎川自东来会折而西流稍西南经虒阳山麓又西有虒阳河北自独龙山来会又西南有九女泉西北自县东来会又西经五台县城东南又南有小水自城西来会折而东南流经暖泉山西突兀山东又东南经寞村店西又东南入滹沱河】又东南经盂县东北境有龙花河自西南来注之【河出盂县北之龙雾山东北流百里入滹沱】又东南有秀水河西南来会【秀水河三源一曰乌河出盂县西南之玉泉山合一水东北流经县城东南又东北有星河自县西北东流绕城来会又东合一小水又北有自鹿泉自西来注之又东北有白马山水自西来注之又北入滹沱】又东入长城黑山关东南入直隶界自发源至此由东而西而南而东而东南廻环九百里【源西二度五分极三十九度三分黑山关西二度六分极三十八度四分】入直隶界东五十里有一水西自黑山关之北东流穿城而南注之又东南三十里出山始行平地经平山县城北有井陉县水自南来会【水曰冶河有三水会合北曰桃河即甘淘河源出山西平定州西寿阳县东南新兴镇之南山东北流经州北四角山又东北有李宾山水自西来会又东北经卧虎山镜山东穿城入直隶井陉界折东南流经核桃店北又东南经井陉县城南又东北至获鹿县西南之两水店西与南来之河水会又北流百里至平山县西北入滹沱中曰栢川源出平度州西南陡泉山东北流经州南又东有州城河西北自城来会又东经西交镇南乐岭山北又东北于固关南穿城入井陉界四十里沾河自南来会也南曰沾河源出乐平县西南之沾岭北流而东经县城西北折东南流有小松水自南来会又东北流有鸣水自西北来合石马山水东流来会又东北有一水自南来注之又东北穿城入井陉界北流与栢川合又北至县东北与冶河会又北至平山县西北入滹沱】又东南流经灵寿县南获鹿县北境真定府城南又东南经藁城县城北又东南经晋州南又东南至束鹿县东南入大陆泽自泽东南流经冀州北东北流经衡水县城西北又东北经武邑县北武强县南又东北经交河县西境至献县南而水分为二派一派东流经献县南东北行百三十里至沧州西境杜林镇南与南来之漳河合又北至青县城东南与运河会北至静海县西又北至天津会白河桑干诸水东入海一派北流经献县城西北折东北流经河间府东境景河镇北又东北经青县西境大城县东境又北经子牙汛俗曰子牙河又北经静海县西境与西北来之清水河合东流至西沽北与白河桑干会又东南南与运河会二派复合也【水势湍急与桑干同自平山以下自昔迁徙分合不常今记其现在者既入直隶由西而东南折而东北又东入海行一千二百余里滹沱即禹贡卫水】

北泊即古大陆泽亦曰巨鹿亦曰广河西受槐河于宁晋南西南受滏阳东泊水于隆平东北南受漳水支津于新河西南而北受滹沱于东鹿南至冀州北东北流经衡水武强北又东北至献县南分为二派以会于直沽东入海实北方大泽也【泽自西南而东北长百余里南北三十余里或二十余里俗称宁晋北泊其上游曰葫芦河即漳水也大陆村在宁晋东北古泜水旧道南入泊】滹沱之外诸水可记者曰槐河源出赞皇县西南山中合诸水东流出山经县城北又东经元氏县南高邑县北栾城县赵州南栢乡县北又东南流经宁晋县城南东南入泊【槐水至栢乡东北曰野河旧与漳水合今自入泊槐河南北多古水名有泜水源出获鹿县西南莲花山曰白虎泉东流为西河经栾城北赵州南下流入葫芦河古泜水出元氏县西北封龙山下流入泲水古泲水出赞皇县西南赞皇山亦曰沙水疑即今之槐河但其水东经赞皇高邑之南非在北也】曰滏阳河即滏水源出磁州西山中两水合于彭城镇之东东流经州城南讲武城西折而北流至车驿关东又东北经邯郸县城东南又东北至开固村西北折而东南又折

而东北经广平府城东南又东北经肥乡县北曲周县城东南折而北流经鸡泽县平乡县东又北折而西北至新店桥巨鹿县之西南南泊水西南自顺德府治邢台县来会【南泊水出顺德府西北东南流经府北又东南经任县南有一水西南自府城之东南东北流经南和县北来会又东北为南泊广三十里】又东北经巨鹿县西隆平县东又东北入北泊【南泊水即古澧河一名涡水又名鸳鸯水】

漳河有二源曰清漳曰浊漳清漳又有东西二源东源出山西乐平县西沾岭之大黾谷【沾岭一山东为沾河源下会冶河入滹沱西为大黾谷清漳之源也】南流至和顺县西北有小水自西北来会又南经县城西又南折而西南流至南安驿有清河自东北来会【清河源出和顺县东北黄榆山西南流北合万泉水南合海眼泉水又合温泉水又西南经寒桃镇北南安驿南西入清漳水】又西南至辽州东北有小水自东来注之又西南至州南与西源会西源出西北赋岭东南流一小水自东来会南流经横岭镇西义成镇东又东南经长城镇西过松树坪有武乡岭水自西来会又东南经州城西南又东南会东源而东南流有箕山水自东北来会【水自龙潭西流为洗耳泉水有温泉水自东北来会又西入清漳乐平之东南和顺辽州之东连山插天多清泉涌溢下为通川】又东南有水自东来注之又南至桐谷镇有千亩泉水自西北来注之入河南涉县西界之辽城村又东南经县城西南折而南而东而西而南至林县北之交漳口浊漳水自西来会浊漳又有西北二源西源出山西长子县西南发鸠山一名鹿谷山东北流折而东南流有小水自南来会东流经县城南折而东北流有梁水自南来会有蓝水自西北来会【蓝水出县西北盘谷山北麓东南流有雍水自南来会又东经县北受一水又东南至高河镇东南入浊漳】又东北至潞安府北境漳沟镇府西水及石子河自南来会【府西水东北流经府城西北又北流注之石子河南出壶关县南山北流合一小水又北壶水出大峪岭自西来会又北经县城东南又东北折而西北至府城东北西北流注之】又东北经屯留县东潞城县西有欲水自西来会【水出屯留东南山东北流入浊漳】又北有绛河自西来会【绛河即古泽水源西出屯留县西南境之盘秀山蓝水出其阳绛水出其阴也今曰高丽水东北流有三峻水自西北来会东流经县城北又东流稍曲至潞城县西北安昌镇之西东入浊漳】又东北有潞水自东南来注之浊漳亦名潞水【水在潞城北山西北流数十里与漳合】又北至襄垣县城南与北源会北源出沁州西北伏牛山北麓东南流有圣鼓山水自东北来会又南经州城西又东南左右俱会一水【右曰后泉】又东南有铜鞮水自西南来会【铜鞮水亦曰小漳河出州南境鹏窠山之麓东北流与北源会亦名西漳河】又东南经虒亭驿西有水自东北来注之又东南至襄垣县西一小水自北来注之又东与西源会二水既合东北流经县城东南有水自西北来注之又东北至黎城县西北有榆社水自西北来会【即古涅水合武乡水入浊漳者也水北出榆社县北杏榛山南流经县城西又南有义川河东自城南来会又西南流折而南经魏城镇狗脊及关西又南至武乡县城西而南有分水岭河自西北合三水来会折而东流有洪水自东北合青石河水来会又东南流经西营镇下良镇之东彭庄南陌镇之西又南入漳】又南流至洺河镇北折而东流经黎城南境有水北自县城来注之【一水在黎城县东北一在西北俱南流夹城而南十里合南流注漳河】又东入河南林县西北界壶关口之南【此水南北俱太行山】又东经牛鲁村南又东至交漳口与清漳会也【清漳源西近三度极三十七度七分浊漳源西四度极三十六度交漳口西二度六分极三十六度四分】二漳既合东流经彰德府治安阳县北磁州南又东至临漳县城之西折而东北流经城西北北入直隶成安县西南界又东北经县东南又东至广平县西南境分为二派东流者经魏县北大名府治元城县北又东北入山东冠县西界与南来之卫河合而东北经馆陶西北又东北至临清州入运河东北流者经广平县东南东北经肥乡县东东北入山东界经邱县南又分为二派一自邱县城东北流入直隶威县南境又东北经清河县城北又东北经故城县西枣强县东又东北经衡水西南景州西武邑西阜城县城西北交河县城东南又东北经南皮北又东北至沧州西之杜林镇东滹沱东派自西来会又东北至青县城南运河自东南来会又北达直沽一自邱县城西北流至直隶界龙堂折而北流经广宗县城西又北经巨鹿县东又北至新河县西南北流入北泊【大陆本为漳水之滙今仅存此一派耳】自泊东北流会滹沱经冀州衡水武邑之北武强之南交河之西至献县复分为二【见前滹沱河东派及子牙河】至天津俱会而东入海【至天津俱会而东入海】

卫河以地名本出百泉水及淇泉也其源远而水盛有小丹河与五峪口水为百泉之上源有浙壅盈盈三水为淇泉之上源小丹河即丹水分支也由山西潞安府南山发源南流东合陵川西合高平诸小水经泽州东南入河南怀庆府北境之方山南流入沁水者此经流也俗曰大丹河其分一支自方山东南流经清化镇南折而东流经温县

北武陟县北又折东北流经修武县城东南又东北有一水合二泉水自西来会【灵泉水出修武县西东流经县城北合二泉水一曰马方泉一曰五里泉自县西北山东南流注之】又东北经获嘉县北会一水【曰竹林泉出西北山东南流注之】又北五峪水自西北来会【五峪口水源出山西陵川县东南马武山南流曰平田水有小水二西南自黄围山来会又东流入河南辉县西界之五峪口又东南百余里会小丹河】又东北至合河镇之北有百泉水自北来会始名卫河【百泉水北出辉县北苏门山南流经仁义二闸至县城西分而复合有卓水泉自西北来会又西南经礼智信三闸又南与小丹河会古百泉在北淇水在南此百泉水在淇水南非诗所谓百泉也】又东南流经新乡县城北又东北至卫辉府城之西南折而北流抱城西及北折而东流至淇县东南境淇水自北来会淇水上源出山西平顺县南陵川县东之高山浙山二涧合曰浙水东北流有花瓴山水自南来会又东北有壅水西北自抱犊三壅紫园三山来会又东至玉峡关之南合涧口有盈盈水西北自平顺东南来会遂东流入河南林县南境又东南经六岭山北又东南经淇县西北有淇泉自西南来注之又东流至高村北折而南流经淇县东境又东南与卫河会卫河既会淇水东流经滑县西南界又东北经县城西道口又北流经浚县城西【大伾山在浚县东一名黎阳山又名清潭山卫河至此名黎河又名浚河】又东北经汤阴县东界有汤河自西来注之【汤河即姜里河出汤阴县西山中东流经县城北又东入卫河】又东北经彰德府治安阳县东南界有洹河自西北来会其南岸即直隶内黄县西境也【洹水出府西南山中北流合珍珠泉水折而东南流经府城北又折而南流东入卫河】又东北经内黄北之楚望集又东北经大名县城南南乐县北【正当北张铺之北】又东北经大名府治元城县东北境入山东冠县西界又北流有漳河支流自西来会水势益盛又东折而北经馆陶县城西又东北百余里至临清州城与南来之运河会运河自是不复用闸北至天津会白河诸水东入海俗称运河自临清以北总曰卫河

卷四·运河【汶水　汶以南之泗水沂水】

运河北至天津南至黄淮近地诸水泉无不引为便漕之用总以汶水为上源汶上南旺正当水脊如屋极居中左右皆建瓴直达也漕舟自南而北曲折不可数计贏志入闸出闸上水下水以见涯略东省诸水自入海者由天津以南至黄淮以北悉类次于后

运河以汶水为上源汶水源出莱芜县东北之原山【亦名马耳山又名岳阳山在莱芜东北七十里东接章邱北接淄川县界】西南流经县城西北又南而西有牟汶水合嬴汶水自东来注之【牟汶出莱芜东南海眼泉合诸泉水于盘龙庄又西合孝义河水又西嬴汶自南来会嬴汶出宫山即古新甫山也北流会牟汶水】又西受司马河水【水出县东北大屋山西南流注汶水】又西至董家集南有方下河合会河诸水自东北来南注之【会河源出县东北分水岭西麓其东即青石关淄河之源其北即颜神镇长山孝妇河之源也西南流至士子口有小水自北山来会折而西流为方下河又西有小水自西北来会折而南流经董家集西又南注汶水】又西有董家河北自泰山来会【董家河源出泰山东南麓东南流五十余里南入汶水即古紫汶】又西绕泰山支麓流经泰安府南境又西南有泮河水自北来会【即北汶水源出岳西北桃花谷亦曰漆河泮河源出泰山之北济南府南山南流绕泰山西麓折而东南经泰安府城之西又西南屈曲南入汶水】始折南流有小汶河自东南来会【小汶河出新泰县东北四十里龙堂山下大小二龙池会诸泉水南流入蒙阴界复西流入新泰界合平阳河杏山涧西周河广宁河广明河诸水又西流羊流河自北来会又西经泰安县界受浊河泉经徂徕山南故梁父城又西南至大汶口与大汶水会】水势始盛俗称大汶河折而西流经宁阳县北境又西南至汶上县北之戴村坝有淨泉水自北山来会【汶水旧自宁阳西流至东平州东六十里之戴村又西经州城南至安山湖合济水自戴村筑坝遏其入济遂西南流八十里至南旺】又西南有小水自东来会又西南经汶上西南境之南旺分流南北南置闸曰柳林并蜀山湖北曰北闸贯马踏湖当汶水口之西为分水龙王庙【中近东半分极三十五度七分汶水本西会济水东北入海明永乐九年尚书宋礼用白英策以南旺当水脊于戴村坝遏汶西注建闸分流至今犹享其利】

运河自南旺北流为十里闸又北流下开河闸袁家口闸【西望见梁山即古梁山泺也其西南即郓城】又北流过张八老口为靳家口闸安山闸【其东北为东平州境】折而西北流有魏河自西南来会【魏河源出直隶开州东境东流经清丰县南境东入山东界经濮州城南东北流经范县东南境寿张县南境又东至东平州西境入运河】又西北为戴家庙闸【其西即寿张东境】又西北过安平镇折而北流为荆门闸为阿城闸【阿城在东东阿县

又在其东闸自荆门阿城至七级皆谷阳县东北境】又北为七级周家店李海务三闸【周家店为聊城县南境】又北经东昌府城东稍北为通济闸又西北为水通闸又北为梁家浅闸【堂邑县东北境】又北为土桥闸【博平县西北六十里】过清阳驿西折而西北为戴家闸【清平县西境】为板闸砖闸又北贯临清州城城左右如断环西会卫河水如丁字河势始盛顺流而北遂不复置闸矣【卫河西自卫辉大名东北流经冠县北与西来漳水会又东北至临清州入运见前卷右自南旺至临清凡十九闸临清中近西六分极三十七度弱】又北流经直隶界【河东岸为山东夏津县西境西北岸为直隶清河县东境】又东北流经武城县西南境渡口驿东【其北为甲马营】又北流折而东北经直隶界【南为山东恩县北境北为直隶故城县河水经城南】又东北至德州南折而西经州城之西南又北而东北流【德州西北与直隶界之刘智庙在河西十余里】又北经直隶景州东境【吴桥县之西北境也】又北稍东经东光县城西又北经南皮县西境之泊头镇南又东北经沧州城西北又东北至兴济镇西折而北稍西流滹沱河合老漳河自西南来会【滹沱漳河见前卷】北流经青县城东又北至马厂泛折而东北至唐官屯陈官屯西又北经静海县城西又东北流经大王庄北杨柳青南又东至天津府城北【天津东七分极三十九度三分】白河与桑干诸水自西北来会又东南至大沽入海漕舟至天津即溯白河至通州以达于京师【白河见前卷】

运河自南旺南流为柳林闸【其东隔岸即蜀山湖也诸闸中此为启闭最要】又东南流并蜀山湖堤为寺前铺闸又东南为广济闸【嘉祥县之东北境闸东当蜀山湖之尾湖自柳林至此长五十余里北为汶上南为济宁】又南经蜀山西麓至济宁州西南境折而东流为天井闸【在州城西南】经州城南有府河会诸水自东北绕城来会南为在城闸又南为赵村闸为石佛闸【府河即泗水支流也自兖州府城东穿城西出俗曰府河西南流六十余里至济宁州东有洸河会宁阳诸水自东北来有厂马湖水自西绕城北而东来会经城之东而南入运河洸水出汶上县东北曰龙斗泉东南流至宁阳南滋阳北有逻河会诸泉水又东合一水自东北来会又折西南流百余里至济宁东北与府河合宁阳诸水在县城东北者曰蛇眼泉曰张家泉合而南流经城东有井泉自东南来会在县城西者曰古泉曰五里泉合而南与井泉会东南流有一水东自九顶山西南流经曲阜北境来会又西南至滋阳北境与西北来之洸水合俗总曰洸河】又东南为新店闸为新闸为仲家浅闸为师家庄闸又南为鲁桥泗水东北自曲阜滋阳来会河势始盛南为枣林闸自此置闸稍稀【自柳林至枣林置闸如织】

泗水源出泗水县东陪尾山数源并发俱西流合经泉林寺北【东南有雷泽湖水溢亦西北来会】又西有二小水自南来会又西有三小水合自南来会又西有二小水自西南来会【以上小水皆出南山】又西经县城北折西南流六十余里至曲阜县东北有崄河自东北来注之【崄河出泗水县西北境之石门山西南流与泗水合】西经孔林北曲阜城西北又西南至兖州府城东北分为二支其西穿城为府河西南至济宁入运者支津也正派经城东而南有雩河自东来会【雩河即浴沂之沂水源出东南之尼山下北流数十里折而西北六十里有新安泉自北来注之又西流经曲阜南有横沟泉水及诸泉皆自东北来会又小水一自县城西南来会又西南至府城东南注泗水】折西南流六十余里又南流五十里有白马河东北自邹县来会【白马河源出滋阳南境邹县北境群山汇诸泉水最东者曰黄港泉曰马山泉其北曰白马泉南流而合西南流合北来之鳝眼泉又西南合西北来之新泉又西南合东来泉水始称白马河经邹县西境而南峄山水自东来会又西南注泗水】又西南至枣林北入运河

运河自枣林闸南行独山湖中【两岸皆堤】至鱼台东北境为南阳闸折而东南流过赵家口南为利建闸又东为邢庄闸过石家口有界河龙山河自东北滕县西入昭阳湖【界河出峄山东南山中西南流经界河驿又西南入湖龙山河出滕县东北龙山南流折而西南经县北境又西南流至界河口之南入湖即独山湖其西南曰昭阳湖实一水以运河贯其中堤岸所隔故为二名耳】又东南经徐家营南【北岸独山湖至此而尽自枣林迤而东南计百余里东西广处在滕县西四十余里】又东南有荆沟河自东北来注之【荆沟河出滕县东北境有荆水泉合柳泉及寿圣泉水西南流经县城东而南而西南至徐家营南入运河】又东南为珠梅闸【西岸昭阳湖至此而尽自枣林迤而南东百十余里珠梅南岸即江南沛县界】又东南有郭河自东北来注之【郭河即古漷水出滕县东南高山西流有三水自东北来会折西南流经县南境又西至常家口北入运河】又东为常家口闸又东南为江南沛县东北界之杨庄闸又东经沛湖口至夏镇闸有玉花河自东北来注之【玉花河出峄县西北牛山西南流五十余里分为二派北派西南经戚城北注运河沛湖在夏镇西南自沛县西北境迤而东北周围百数十里其支津南合县城南之水又东有支渠二南流合而东南通微山湖】又东入山东峄县西界北受玉花河南派水又东折而南有盘

龙河自东北来注之【盘龙河出峄县北黄家泉西流数十里折而南又西南经临城驿西至彭口西入运河】南至沙沟营西折而东南经微山湖口北【微山湖南自徐州府北境北至运河长百五十里东西广五十里沛县湖支渠其上源单家集水自东南西流至魏家集北折而西北流为冈头湖经石山驿西湖水广阔又北湖心有龟山铜山黄山其西受沛县水又北有微山皆江南界其北为山东界湖心有吕孟山西北自沙沟东南至韩庄皆湖口也】又东南为韩庄闸又东经峄县南境为得胜张庄万年丁庙顿庄五闸有巨龙河北自县城来南注之【巨龙河东北出费县西南境山中西南流六十里折而西而南经峄县城西南会诸小水又折东南流五十里至顿庄东大泛口西入运河峄县西北有石池泉十里泉沧浪泉皆合此河】又东为候迁闸为台庄闸【峄县南境自韩庄东南至此仅七十余里置闸凡八其密如此】又东南入江南邳州西北界折而南流有引河北自山东来注之即西泇河也【西泇河源出费县东南山两源合而南流百三十余里入江南邳州界又南折而西南流五十余里入运河此道自万历间始开以通运由直河口西北至沛县夏镇长二百六十余里避黄河之险者三百余里】又南至徐塘口东有沂河支津二道俱东自州城之南并西流来会又南至猫儿窝北有二水自西南合而西流注之【水出河北岸山东北流六十里有小水出旧邳州西北者自南来会东入运河】又东南经马庄集西又东南经窑湾口南【自马庄集以下南去黄河仅三十余里至窑湾又不过二十里矣愈南愈近】又东南经九龙庙南又东为十字河即沂河东泒汇骆马湖南出之口也沂河即古沂水源出沂水县西北之东镇沂山【俗曰东泰山】西麓曰大弁山与雕崖山【亦曰艾山】东南流有永福山水自东北来会又东南流有宝山水自东北来注之折而南经县城西又折而西南流经苏村集北又折而南又西南流至葛沟集西南有东汶河自西北来会水势益盛东汶河即沂水西源也亦名桑泉河出蒙阴县西南巨围山西曰五女山东流经县城南又东折而东南流经蒙山东麓又东南百五十里与沂水会既合南流经太平集西折稍西南至沂州府东北有祊河西自费县东流来注之稍南又有涑河支津亦西自费县东流来注之【祊河出费县北山南流经县城东又东南流折而东经沂州府北境又东入沂涑河出费县南境东流百数十里经沂州府西北分为二泒一东南流至府南境折南流又西南百有余里经郯城西境入江南邳州东北界与沂水会一东流经府城北而东入沂自费县东南界至此北与祊河地隔八九里一线相牵百有余里】经府城东而南又折而东又折而南经李家庄驿西又西南经郯城县西之马头集西又西南经西村集张家集西入江南邳州东北界有涑河支津自北来会【自郯城西北境至此南北百里沂河与涑河支津地隔仅十余里】又西南行数十里泒分为三其二皆西流稍南经邳州城南又西入运【北泒与南泒地隔仅八九里东西百里二水如重规叠带然】其一南流数十里汇为骆马湖【骆马湖自东北而西南长五十余里东西广三十里其东南隔水即宿迁县】于湖之南入运河

运河又东经宿迁县城北折而南经城东【顺河集即东岸也】又东南经仰化集西北其东分一泒为盐河东北至沭阳县东南境入硕项湖东至海州东南境入海【盐河见后】运河又南折而东经集之西南及古城驿之北又东南经桃源县北境之众兴集南又东南至清河县城北渔沟集南又东分一泒东北经安东县北会硕项湖而东北入海者为盐河【盐河见后】运河即于清河县东南入黄河其西南即清口黄淮交会处也【清口东二度六分极三十三度七分运河西北自骆马湖口东南屈曲至清口之北三百余里与黄河相隔仅八九里一线之地南北皆堤宿迁县城旧清河县城实北临漕运南襟大河自运河口而西北至宿迁十字河之西始南与黄河稍远又北至邳州西北入山东峄县之台庄始名上闸又西北至南旺柳林皆上水也北至北闸则又下水出闸西北至临清而闸始毕乃东北流至天津以纬度直计祇一千七百里因水道纡曲候闸启闭故里数加增其迟速不可以邮程定也自汶而北得巨川之助曰卫河曰漳水滹沱自汶而南曰泗水曰沂水山东一省运河贯其南北东昌泰安兖州曹州沂州四府之山泉薮泽支渠小水悉引以利漕】运河水东合河淮东北至云梯关入于海运舟自清口踰河淮即淮水出板闸由□沟南至于江踰江由京口东南至于浙

卷四・山东入海诸水

直沽以南惟济沟长数十里入海在静海沧州东余皆广斥平原无注海川渎南至山东利津始有大清河口为东省巨川可通舟楫【唐宋以后始有此河】有小清河自章邱东北至乐安入海为古济水故道【通典东平济南淄川北海界中有清河乃汶水与荷泽合流是也旧济水合汶于安民亭南今东平州西南十瑞安山镇即古亭也会汶以下东北流经今东阿平阴长清齐河然后会泺水于历城以东至章邱今自历城西南溯东平其道又为大清河所

历】

大清河自东平州东六十里之戴村坝西【汶水支津于坝下潜出西流依故道曰沙河至州城西北与北沙河会亦汶水支津也】北流十余里折西北流经东平州东南山之南麓又西北经州城之西南又西北有水东自城北来西注之【水出东平东山会芦泉徐家泉灰泉三水西流数十里经州城北又西入大清河】又西北流经东阿县城西有水东自山中西流贯城而西注之始折而东北流经平阴县城西北又东北百余里经长清县北境又东北经齐河县城东南有玉符河自东南来注之【玉符河源出济南府治历城县西南匡山西北流至齐河县城东南入大清河】折而东流经药山北麓又东至济南府城北之泺口北又东趵突泉水西南自城之西北来会【趵突泉出府西南数泉并发出地高涌汇成一渠即古泺水也】又东为新闸口有二小水自南来注之又有一水东南自龙山镇西西北流来会又东折而北流经济阳县东又东北有绣江河自东南来注之【绣江河源出章邱县南长白山东之分水岭岭东即小清河源也北流经县城东又西北流六十余里入大清河】又东北经齐东县城之西及北又东经青城县北境又折而北而东经滨州南境蒲台县城北又东数十里折而东北流经利津县城东南又东北至牡蛎嘴口入于海【源东二分极三十六度海口东二度三分极三十七度七分】

卷四·大清河以东入海诸水

小清河源出章邱东南分水岭东麓北流俗曰獭河折而西北有一水东自邹平县南境西流注之【水出邹平南之长山北麓较分水稍盛】又折而东北流【折处与西绣江河隔地仅三四里】经浒山泊及县北之浒山北曰小清河【浒山泊在邹平县城西浒山之西南麓长二十里】又东北至新城县西北境有孝妇河南自长山县来会【孝妇河两源一出莱芜北界之颜神镇东北流一出青石关北山北流而合东北经淄川县城西界合泷萌般诸水又西北流至长山县城西南北流环城北又东北至新城西北境入小清河】又东经高苑县南又东稍北经麻大湖之北【湖方广周回三十余里】博兴县之南有乌河自东南来会【乌河上流即古时水也出临淄西南愚公山东北流经县西折西北流至新城县东南境又西北至高苑东境入小清河麻大泊即在是水之西】又折而东南二十里复东北流十余里至乐安县北东流六十里又东北流经清水泊之北【地隔仅六七里】又东北入于海曰小清河口即古济水入海口也

清水泊即高家港即古马车渎为淄水北阳河所汇亦即古巨定湖也淄水源出淄川县西南与莱芜接界之原山分水岭东【岭西即入汶之会河源岭东则淄水出焉在青石关之西北颜神镇之南岳阳山东麓】东流经青石关又东至石门山下折而北流又东北绕尧山之麓又东流出牛山口又北流经临淄县城东又北折而东而北经乐安县东南又东北六十余里入清水泊【泊北即小清河相隔地甚近】北洋河即北阳河源出青州府治益都县西北牛山东流经府城北境折而东北流经寿光县西境又东北至乐安东南境入清水泊会淄水由泊东北入海【泊自西南而东北长五十里南北二三十里当乐安之东寿光之北】

弥河即古巨洋水源出临朐县南之东镇沂山即东泰山之北麓【沂山为东省诸山之祖东自穆陵关蜿蜒而西数十里其西麓沭水之源又西为沂水之源南即沂水县北境北麓则巨洋水所出也】北流百里至县城东有龙泉河自西南来会又北经益都东南境有陆康河自东南来会又北有季家河自东南来会有七里河西自府城之南来会又东北有南洋河西自府城之北来会【南洋河即南阳水出益都西南之石膏山经旧关山东北流经府城北其北隔北洋河仅半里又南流折而东入弥河府城之北南洋与北洋相背势如两弓相悖】又东北经寿光县东南北至县东穆塚村之西北折而东流有大小丹河合槐河水南自昌乐县来会【大丹河即西丹水出临朐县东北之丹山一名丸山东北流经昌乐县西北小丹河自南来会小丹河即东丹水出昌乐县南之方山北流经县城西而北与大丹河合又东北流经稻田镇东又北有槐河自东南来会槐河出昌乐东南山北流至五里店东折西北流与大丹河会北入弥河】又东北至黑塚村南又东北至弥河口入海后稍移东数十里曰黑洋口入海【旧弥河口犹存在小清河口东南百余里】

于河有大小大于河出昌乐县东南境东北流经潍县西境至流饭桥折而东有小于河自南来会【小于河出潍县西南北流经县城西与大于河相去甚近又东北流会大于河】又东北有白狼支津自南来会又东贯长泊而北【长泊周二十里】又东北至固堤集东南又东北入海曰于河口

白狼河源出昌乐县南之方山南麓【其北即小丹河源也】东流经大孤山北至擂鼓山南折而东北流经潍县城东又北折而东而北分为二支北流者北会于河正派东流有东于河自南来合寒浞河来会【东于河出潍县南山北流数十里至县东又北而东北寒浞河自南来会北入白狼河寒浞河出潍县东南境北流有膏润泉水东南自车留庄来会北流经寒亭店西又北流会东于河北入白狼河】又东北经长泊南又东北九十里入海曰白狼河口

潍水俗曰淮河曰东淮河亦曰东汶河源出莒州北境之箕屋山东北流与西北源水合【西北源尤长出箕屋山西北五十余里即沂水县北沂水山之东南支峰也】东南流百六十余里至诸城县西山麓有水自南来注之又东有福山水东会长山水自南来注之折而东北流经县城北而东北又折西北流至相州集南又折而东北而西北至景从镇东有大浯河自西南来注之【大浯河出宝泉村东南东流至镇南折而东北有小水自西来会东入潍】又北有小浯河自西南来注之【小浯河出安邱县南境杨埠之东东北流入潍】又北经安邱县东境有东汶河自西来会【东汶河源出沂山东北谷东流近穆陵关折东北流数十里折东流百五十余里至安邱县西南境有小水二自南来注之折东北流经县城西北又东流数十里与潍水会实别源也】又西北流折而北经潍县东境又北至昌邑县城东南又东北至下营西又东北入海曰淮河口

北胶河口在淮河口东北而百脉湖其伏地上源也【在高密东北胶州西北】自分水岭分为二胶河其南会大小沽河至胶州麻湾口入海【南胶河见后】高密东南之胶水又百泒湖上源也胶水源出胶州西南境之铁橛山亦曰胶山北源屈曲百余里经高密县东境东北入湖有五龙河自西来会【五龙河源出高密南山西北流经诸城县东境又北流数十里一小水自西南来会折东北流经高密西境又北折而东经县北又东入湖】湖自五龙河口由北而东南周围六十余里形如瓜渊渟不流其北连山即分水岭也岭北有水北流为北胶河北胶河自岭北流即折而西北有药石河东北自平度州之北大泽山南流经州城东折西南流至岭下会胶河也胶河西北流循山麓经州西境又西北至昌乐县东境新河桥之西折北流经海仓西又北入海曰胶河口【其东即海仓口】

卷四·北胶河以东莱登入海诸小水

南阳河即古掖水源出莱州府治掖县东南山西北流数十里有一水自东南来经府城南而西与会经城西而北至海神庙东北入海曰海庙口【口西海中有芙蓉岛口东北岸数十里临海为三山岛】朱桥河在掖县东北于三山口之东西北流入海界河即古原疃河源出招远县东南界分水岭两源合而北流经县东北折西北流至黄山馆西北入海曰界河口【口正北为悬居之岼嶬岛】黄水河源出黄县东南之艾山北流【山南之水即莱阳县西大河之源】折而西北经卢山莱山之东麓又西北经县东北北入海【海口之西即桑岛其东北海中即大小黑岛】登州河密黑二水之合也密水出府治蓬莱县南密神山黑水出县西南黑石山经府城南合流北入海安香河在登府城东南东北流入海曰湾子口【口北即沙门岛东北为大小竹岛口西北即府北蓬莱阁所望海中鼍嶬碗嶬诸岛也】流子河在福山县西北东流经县城北东入海有清洋河南自城东北流来会又有大沽河自东南来会共一海口其东北即之罘岛也【流子河在福山县北仅二十余里清洋河即义清河源西南出栖霞县东南之翠屏山西北流经县城南而西而北而东北流百余里经福山县城东南又北入海大沽河出南境山南东西三源合而北百里至海口入海其源曰巨齿山】辛安河出宁海州西南山北流入海曰龙门港口【口北隔海若栲栳崆峒诸小岛散布如列星】金水河在宁海州东境北入海曰金山寨口又东曰郝庆口曰威海卫东南之长峰口朝阳口其东为成山悬居海中折而南又折而西而南海港无数又西南为靖海卫西之长会口即文登县东南境高村河南流入海之口也郭家河出文登县东北山西南流经县城南而西会县北一小水又西南会西北一水东南流有母猪河西北自昆俞山来会又南至五里岛口入海南薫河南至浪暖口入海大河出宁海州西南山【山北麓水即州西之辛安河也北入海与此河仅隔一山与胶河同形势】南流有水自东北来会又南百二十里至乳山口入于海【口南曰大小竹岛】莱阳五龙河合五水一曰西大河出栖霞县西北之艾山南麓【其北水即黄水河北至黄县入海与此河仅隔一冈亦分水岭也】南流折西南又东南经县城西而南至迎驾山东南有九里河自西来会又东南有县河自北来陶章河自东北来会折而南有昌水河自东来会俗曰五龙河【九里河出莱阳西南境东流注西大河县河出莱阳北之方山南流经县城东又南与陶章河合陶章河东北自栖霞县东南山西南流经莱阳东境有昌水来会昌水

河自莱阳东南境昌山西流与四河合为五龙河古猤养泽在县东】又南流至羊圈南入海即墨南大河出县东北青山西南流经灵山马山之南至城北而西南有东来二水合经城南西流注之又西南入海曰女姑口大沽河出黄县东南之卢山亦曰蹲犬山二源并导合南流经宋家山西而南西合分水岭南之水【其北水即招远县西北入海之界河也】又南流经莱阳西境有小水自东来会又西南至刘家庄西有小沽河自西北来会又南流至胶州东北之店口西会南胶河经州东又南至麻湾口入海【小姑河即古九水】

南胶河自分水岭南东流承白沙河水白沙河源北出平度州东北之固山南南流经州东境【西与药石河南流入北胶河者相去地不过十余里而各有所归】西南流经麻栾集西又西南会南胶河折东南流经胶州北境东至店口大沽河合小沽河自东北来会又南至州东麻湾口入于海【海口东南即会海口又东南即即墨西南之女姑口也此外南至浮山所西与灵山卫为大海口东南岛屿无数】胶河由一岭间隔南北分流入海元人尝欲凿岭通运功讫不就

卷四·南胶河以西南入海诸小水

胶州城南河东入海【曰大小河口在麻湾口西南】洋河出州西南境山东流入海【曰洋河口其南即灵山卫】琅琊台西之窑头口董家口又西南曰潮河口在赣榆县东北境荻水镇之南赣榆河出县西北山东南流数十里分为二派北派东流经城北南派东南流经城南各入海北曰兴庄口南曰青口小河出县西南山东流经县南境又东至小河口入海海州河自西南境分为二派北派经新坝镇北又分二支一支正北经州城西折而东北流入海曰临洪口一支东北至州东南孔望山麓入海曰恬风口【东北即郁州凤凰城】南派东流折而东北入海曰新坝口板浦河在州东南境北入海曰板浦口【口东南即沭水下流之出河港也】傅疃河西北出莒州东北之高柘山东南流折而南又东流经日照县南境又东有固河东北自城东南合一水来会东入海曰夹仓口竹子河在日照南境山东流合一小水东入海在安东卫东北曰涛滩口【西南为安东卫西之荻水口入江南界】

沭河即古沭水亦曰术水源出沂水县西北之沂山【在大岘山之东曰大弁山百尺崖沂山即古东泰山也其北为弥河源其东南为潍水二源其西南为沂水源】东南流绕宝山北又东折而南凡二百数十里经莒州城东又南折而西南流有小水自东来注之【水出古墩山西西流经朱陈村北又西稍南入沭】又折而南经大兴镇西入江南赣榆县西北界又西南经郯城县东北境马陵山东又西南经县东南南至红花埠东南入江南界经邳州东境沭阳县西北境至司吾驿南折而东流至县西分为二派北派东经城北又分为二支一支东北注青伊湖一支东注硕项湖其南派东经城南又东南入硕项湖清伊湖自沭阳县东北受沭水支津汇为湖周围四五十里南有二渠南注硕项湖又西北受沭水二支津西受盐河北派水东南六十里襟安东县北境广大倍青伊湖其北流一支渠东行又受盐河支渠北流至大伊镇东折东经山南麓又东受盐河支渠北汇为出河港入于海硕项湖东南会南来之盐河于新安镇西又北分为二派北派见前东北派流六十余里又分二支一支北流见前一支东流入海俗曰淮河口盐河有北有南北盐河受运河水于宿迁东南之仰化集西东流经集北又东分为二支一支东北流折而北而东一支东南流经王家集南折而北流经里仁集东又北复合折而东流入硕项湖经安东县北境南盐河受运河水于清河县东曰大坝东北流经王家营北又东北经安东县城西北又东北至新安镇西与硕项湖水会东北分二口入海即出河港淮河口也

卷五·黄河

黄河源出星宿海西巴颜喀喇山之东麓二泉流数里合而东南名阿尔坦河南流折而东有小水自西南来会【当河源南岸有古尔班蒙衮拖罗海山三峰相并又有拉穆拖罗海山稍崇峻北岸有噶达苏七老峰高四丈亭亭独立石紫赤色俗传为落星石西南有阿拉尔巴颜喀喇岭】又东折而北而东而东南流有乌哈峰泉水自西南来会又东有拉穆拖罗海山水自南有锡拉萨山水自北俱来会又东有七根池水自北来会又东流数十里折东北流百里至鄂端塔拉即古星宿海元史所谓鄂端诺尔也自河源至此已三百里【巳颜喀喇山即古昆仑山其脉西自金沙江源犁石山蜿蜒东来结为此山以地势极高为南北诸山之祖源处西二十度极三十五度也山石黑色蒙古

谓富贵为巴颜黑为喀喇即唐刘元鼎所谓紫山者又名库尔坤即昆仑转音也阿尔坦河虽元人寻源但知起星宿海未知其西尚有本源蒙古谓金为阿尔坦言水色微黄而溜甚急真河源也自此东北至河州界积石关计二千七百余里直路边外一千四百五十五里】星宿海于群山围绕中平地有泉千百泓并涌望若列星阿尔坦河自西南来皆汇【自巴颜喀喇山东北连亘为布呼吉鲁肯山阿克塔齐钦山乌兰德齐山玛尼图山巴尔布哈山东南盘折为都尔伯津山哈喇阿达尔罕山巴颜和硕山众山环绕中间地可三百余里泉源大小无数蒙古谓星为鄂敦水滩为他拉也阿克塔齐钦及巴尔布哈二山高大异常一则两峰如马耳正当其北一则两崖壁立当其东北蒙古称为库尔坤与源西之巴颜喀喇同名以三山皆昆仑也海在西宁边外西南一千一百十四里】阿尔坦河东北会诸泉水北有巴尔哈布山西南流出之一水南有哈喇苔尔罕山北流出之水来会为一道【土人名此三河曰古尔班索尔马】东南流注于查灵海【泽周三百余里东西长南北狭河亘其中而流土人呼白为查形长为灵以其色白】水也自海东南流出五十里有一水合三河自南来会【一曰色纳楚河一曰多河源俱出察克喇峩山北俱东北流合为一水又东流有小水自南来会又东北流其东南有库克察池所出之水西北流百五十余里来会又东北流入于河察查克喇峩山势甚高大其东南为杂普通古查哈苏拖罗海山即齐齐哈纳河所出】又东南折而东北与东南来之喀喇河并东北为鄂灵海【喀拉河出东南大山北流折而西北又北流折西北而北合入鄂灵海行三百余里鄂灵海在查灵海东五十余里周三百余里形如匏瓜西南广而东北狭蒙古以青为鄂言水色青也即元史所谓汇二巨泽名阿拉脑儿者】由海东北流出转东北流五十余里【方流出海时有一水南自一巨池中北流来会】又折东南流百余里会诸泉小水【南有三池曰敖博图噶善曰多母达噶善曰查哈噶善俱东北流入河东北一小水自东来南入河东有敖罗海池水西流入河】至巴颜珲珲岭下东西有水来会复正南流百五十里水色始变绿而黄【西来水曰呼蓝河源出盔吞池西流环折而北而东北有库德勒古河自来南盘旋来会又北受一小水又东百余里东南流入河东北一水曰博奇图河出阿喇克苏喇山三源南流而合西南流入河东北一水曰哈玛古尔台河合数小水西南流入河西有泉水小大五十余泓曰额德凌特德凌鄂摩俱向白土河东汇入河又西一小水曰额鲁克河东南流入河又东北一水曰哈尔吉河合一小水西南流入河又西一小水曰萨克河东流折而东南入河自额德凌及萨克河以西至鄂端塔拉以东四五百里中地皆滩碛薮泽水泉分合巨细不常黄河犹绿色即以众流奔凑渐变而黄亦未全浊也厄得灵诸泉眼并涌亦若星宿海然但小耳】又东南流屈曲七百余里东绕阿木尼玛禅穆逊大雪山之南受小水数十【北来一水曰多尔吞河西南来一水曰呼呼乌苏河北来一水曰灯河西南一水曰巴尔和河北来一水曰巴罕萨喇河南来三水曰哈喇河曰拜多河曰巴里马河西北来一水曰衣克萨勒河西南三水曰他哈拉马克河曰乌揑河曰布喀河西北来二水无名西南来三水曰西拉河曰衣克巴尔和河曰巴哈巴尔和河黄河至此东北流绕大雪山支阜曰噶海山曰噶拉吉山之麓受北来二小水】大雪山即古积石山元史所谓伊尔玛布莫剌译言腾格哩哈达而误指为昆仑者黄河依山南麓东流折而东北有三昆都仑河前后自东南来注之水势益盛至乌兰莽鼐山下始折而西北流古言河绕昆仑之三面如玦然实禹贡导河之积石山非昆仑也【积石今大雪山自巴颜喀喇山东来当黄河北岸绵亘三百余里上有九峰甚高中峰独出冬夏积雪百里外即望见之为西海以南诸山之冠番语以祖为阿木你以险恶为麻禅以冰为母孙犹言大冰山也在西宁边外西南五百三十余里在甘州之南二千里星宿海之东千余里经度西十五至十六度纬极出地三十四度三分大河一折千里至此始著三昆都仑河一曰德忒昆多仑出赖杵山西北流三百余里入黄河即元史纳琳哈喇河自白狗岭北流者一曰多毋达土昆多仑源出纳克多穆精山西北流屈曲三百数十里入黄河当河流自南转东北处即元史乞里马出河自威茂州西北岷山之北北流者一曰多洛昆都仑源出冈出山西北流二百余里折西流又三百数十里折而北流百里会东来池泉水西北入黄河正当大河于乌兰莽鼐山麓折而西北流之处即元史鹏楞河自鹏楞山西北流七百里过札塞塔实地与河合者右三水溜急而深相距各百里土人总名为古尔班昆都仑河多达木图及多洛二源所出之纳克多穆精山冈出山东南百余里即四川松潘卫界其山东南麓水二道俱入岷江】自乌兰莽鼐山之北西流前后小水奔注不可胜数经纳林通布诸山四百余里稍西北流绕大雪山之东北又百余里有齐普河自西南合诸水来注之【自多洛河会而大河折向西流又西北流北岸所受小水有十其大者曰巴罕哈留图河二源西南流百里合又八十里西入河曰伊克哈留图河出巴罕图鲁根山东流百余里折而南又折而西百余里合二小水西南屈曲流百数十里西入河形如篆文月字南岸所受小水有十八皆大雪山支阜涧壑长者百余里短者数十里惟古尔板

乌兰温多罗山之东北噶海山之西北一河会三水东北流又会南来三水而北入河为最大齐普河源出滂马山诸山四水合西北流六十余里名图声图河其西南有哈尔济岭水东流合南北七小水而东北行曰得尔多河又东北百余里会图声图河北流绕阿穆尔玛禅木逊山东又合四小水始名齐普河东北流七十余里入黄河此水受十余水最为深阔】又北有呼呼乌苏河自西南合诸水来注之【呼呼乌苏河源出索诺木达西岭北流绕阿穆尔玛禅木逊山之西麓折而东北凡一百五十里有密喇河自西南来会绕雪山北又东有西拉哈卜齐海河自西北来合阿尔昂水南流而会东入黄河亦名察普楚河也】又折而东北流百三十里有路克图河自东南来注之【路克图河源出衣克图尔根山东北流折而北会巴罕图尔根山之水折西北流百余里有伊西克山之水自东北来会又西北入黄河】又正北流百余里有滚俄罗济河会奎屯西里克诸泉水自西北来会【滚俄罗济河源出青海西南百余里之即里山东南流七十里有奎屯西里克地所出诸泉汇成一河自西北东流来会又东南流百余里入黄河魁屯西里充诸泉十数泓地数十里亦若星宿】又东北流有硕尔浑河自东南来注之【亦曰苏勒古尼河源出古尔板班图哈山西流合南来一小水又折西北流合西南来一小水又西北流入黄河】又东北六十里东流有小水合二涧自南来注之又东有乌蓝河合诸水自东南来注之【乌蓝河源出塔苏拉海山西流百里其南有大成岭两旁二水西北流而合又西北八十余里来会又西流经敖隆鄂拖罗海山北又西北流共二百余里入黄河】又东北经古城址北【在南岸南长五十里自此为河州西境保安堡边内地河北岸即青海地也】入河州归德堡边界四十里有枯枯塞河自南来注之又东五十里有和琢兰河自南来注之又东北有乌兰布拉克河西北自青海南境来注之【乌兰布拉克河源在青海东南百里有泉百余泓远望亦如星宿海会为一河东南流三十余里有二小水自北合而来会又东南七十里入黄河】又东北有也巧雀匣河自南来注之【水出保安堡东南境西北流百五十里入黄河】又东北百里至苏鲁古山南折而东南流八十里有古楚河自南来注之【古楚河出古尔班拖罗海山南麓东南流折而北又折西北而东北流入黄河】又东南流五十余里折东北流百余里又东南流有小水西南来注之又折而东北经积石山南阿木尼达拉嘉山积石关之北北岸入西宁东南边外界南岸入河州内西北界此唐宋以来所名之积石也亦曰小积石【西十四度极三十六度计西南去大积石五百余里】自入归德堡边始名黄河【自鄂灵海流至归德堡蒙古名喀屯河】小积石即古唐述山【自巴颜喀喇山发源至归德堡边凡三大折流二千三百余里自归德堡东流又四百余里经积石关入河州界】黄河东北经积石山南长宁驿北又东北六十余里有小水自西北山来注之又东北五十余里至兰州西境有大夏河会三水西南自河州城来会【大夏河即古漓水又名白石河源出西南边外达城达巴罕山之南东流二百五十里南合小水一又东五十余里南合小水一又东北有二水自西北合流来注之又北流有五普威河自东南来会折西北流四十里有小水自西来会又北流六十里北受一小水折而东北流入边界大夏堡北又东稍北五十里有一水西南自边外来北注之又东北至河州城南有洪水河西自边外东流入经城南东注之又折东北流有广通河自东南来注之又东北百二十里入黄河】又东流二十余里有洮河南自临洮府来会曰洮口【洮河见后】稍东有湟水合大通河西北自西宁府来会【湟水即西宁河见后】又东有庄浪河北自苦水堡来注之【水北出镇羌营西北东流循边城下南流经全口武胜二堡东稍折经庄浪营南大通堡洪城驿野狐堡西又南经苦水堡西又东南入黄河行三百余里】又东百余里至州西北有阿干河自南来注之折东北流经州城之北长城之南又稍东循长城下东北流百里经金县北境有水自南来注之即浩尾河也【浩尾河亦名闪门河有两源一出县东南龛山北流合一水一出西南新营诸山东北流经县城西又东北三十里与东源水会又东北三十里入黄河】又北流循长城而北至靖远卫南之虎豹口西北有十字河自东合会宁安定二县水及消河西北流注之【十字河出消河堡西山西流有牛稼河及一水自东北来会西流百余里至会宁县西北境之干沟驿西有会宁南玉河自东南大山西流合响水及诸水经县城西而北又合诸水西北流来会又西北流百余里有安定东西两河夹县城而北合北流二百六十余里来会其北有消河源出海都原东北大山西南流百里北合韩家庄水又西南四十里南合枯木山水又西南六十里经郭城驿北又西南五十里来会又西北八十余里于靖远卫南西入黄河在乌兰关北即古祖厉水也】又自长城下经卫城西而北二百余里至永安堡之西北阖门折而东北流出循长城外其西有大山相接【长城内为芦沟堡地】东北二百里有长流水自西北来注之黄河折而北而东数里复东南流入长城【其南为苦水堡其北为减井口】又折而东北流经中卫城南【河自兰州北循长城而东北经城内外地至此计七百里】又东稍北二百余里至鸣沙堡西折而北流有清水河南自固原州北流合诸

水来注之【清水河源出固原州南山张义堡之东东北流合两涧经开城南又东北至州城东南有一水自南来会经城东而北又有一水自东南来会西北流有州西海子河北合西来之硝河须灭都河及小大黑河四水自西南来会又北经开城东又北合东来一水又西北合海喇都水又东北合东来二水俗曰甜水河又折西北流数百里有惠安堡河合三水自东来会又西北至鸣沙堡入黄河此水即葫芦河下流南北行六百余里】又北六十里经广武营东折东北流七十余里出山【自鸣沙堡以北河东岸连山相接而不断西岸亦有山至大坝堡南始出峡】又东北六十里经灵州所北又东北至宁夏府东南境之横城堡西当长城断处有洛浦河自南流注【其东南即清水营及兴武营花马池边内地其西北即宁夏府境西北至贺兰山其东北即河套鄂尔多斯诸部地与宁夏以河东岸为界】有托苏图河入边复出西北流注之又东北三十余里分为二沠俱东北流百余里复合西当长城断处【长城西北自贺兰山镇北口至河西岸长六十余里此宁夏之北境也贺兰之西即大沙碛西十度极三十九度】又东北出边【波罗营东北自中卫至此河流又七百数十里】为河套鄂尔多斯两翼六旗地【自横城堡以北经右翼中旗西境其西北连山相接不断外即沙碛俗曰阿兰善山】黄河东北流有大小托苏图河合注博木池自东南来注之又北经阿布山色尔网喀喇山西麓至白塔之东东北稍曲折北流岐为二沠一东北流经后旗西北境一北流注腾格里鄂模即古窳浑之屠申泽也【腾格哩池东西甚长其西北有水名哈尔哈纳河南流入焉池自西南迤而东北周百余里西十度弱极四十一度】又从池东北出会北来之阿勒坦河又东北为库库鄂模始折而东流其东流之正沠亦自南来会【河自宁夏东北至此始折共六百余里其北即阳山西即高阙又北则大漠也东折处正当阿尔坦山之南】正沠东北流六十里又分二支一南支东流一北支北流八十里又分为二一北与库库池东北流会一东南流南北地百余里间三渠并东流二百六十里经后旗北境即古朔方河南地也最北一沠中分复合东至噶札尔贺邵山之南大汉得儿山之西南始折东南流又分而合复分而东南共百三十里至乌喇忒旗西之墨尔楚克贺邵山北始折而西南流北沠自西来会又西南至济尔哈济图南南沠亦自西来会三沠复合【自古称南河北河二沠今则三支分合如织河北岸山最高大曰瓮金朔龙山曰巴尔喀山曰噶札尔和硕山俗言阴山也曰洪戈尔山言阳山也皆乌喇特西北境】东南流五十里折而东流经左翼后旗北乌喇特旗南【古五原郡及三受降城地今惟北岸有巴尔珠罕城址在二几图岭之东阴山相接不断自此蜿蜒而东至归化城】直行五百里南北受小水无数【河东南流经左翼后旗西北境有车根本河乌尔巴齐河大小图尔根河陶兖昆兖河布尔噶苏台河哈赖河西都喇呼河皆自南来注之其北岸大者曰昆都仑河即喀喇穆伦也源出毛明安界内南经诸山会额古德水及齐齐尔哈纳水与东北吉兰拖罗海山水合南入黄河余皆小水又南岸有呼苏台河东北流入河】至大图尔根河入河之处转东南流【东岸为归化城西南境其西岸为左翼后旗古胜州地】大图尔根即黑河自东北合诸水来注之【黑河即古白渠荒干水亦曰金河源出投虎口外镶蓝察哈尔东北七十里海拉苏台坡名喀喇乌苏西北流有纳札海河谙达河珠喇玛台河皆自东北山来会又西流受北来之德布色赫河水又西南流合东来之哲尔德河始名伊克图尔根河折正西流至归化城南有巴哈图尔根河即小黑河也自东北山西南流经城西南会札达海河来会又西流有西喇乌苏河呼图克图河二水源自杀虎口北山西北流合而来会又西流有哈尔几河赫勒库河多罗图河察苏七河诸水俱自北来注之又西南至黄河自西来折向南流之处汇为黛山湖又西入黄河归化城即古盛乐地在杀虎口北二百里黄河东岸二百六十里黛山湖即古沙陵湖黑河水即金河其北为白道】过古东胜州境稍折而东而南至湖滩河朔渡口即古君子津【在归化城西南一百五十里又帽带渡在城西一百九十里】有乌蓝木伦河东南自边内北流西折而西南流注之【乌兰穆伦上源曰图茂河源出平鲁县西南北流至杀虎口西出边折而西流有察罕音图河弩衡格尔河呼呼乌苏河俱自察罕尔西南流来会循边城而西旧名神水河在归化城南一百八十里南受一水又西流至乌兰巴勒噶逊城西入黄河即古中陵树颓二水也】遂南流百里入山西平鲁县边界【自此而南其东岸为山西州县其西岸为鄂尔多斯左翼前旗界又南余里西岸入陕西界此为出套河套地西自宁夏北托苏图河入大河处东至大河帽带渡口共八百十里南自榆林边察喀喇山北至穆敦鄂博共七百三十里为鄂尔多斯左右翼六旗地地多池泽有乌兰池为西喇穆伦河北流所会在黄河分支折向东处之南百余里古朔方郡地有喀喇莽鼐池广三十里为乌兰托赉二水所汇有质尔哈逊池有鼐玛岱池有哲格苏台池当大河折向东南之处有呼苏台池套中产盐池以喀喇莽凡为大即古郡南金连盐泽及青盐泽唐时名胡洛盐池者蒙古以盐为达布苏黄河折向南处西五度半极四十度五分】当东岸边城起处入经老牛湾西又西南经偏头所西有关河自

东北来注之【河出五眼井堡西南流南合二小水经所南又西注黄河】又南折而西五十里【北为河套其南东为山西界其西为陕西界西五度半极三十九度五分】循东岸古边城下折而南流经西岸陕西边城起处府谷县东北界之娘娘侯家口【自此山西陕西以河为界】稍南东岸河曲县北境有白应泉水自东来经河会营南而西注之又南西岸有清水河自西北边外来经黄甫营而东南注之又南经东岸河曲县城西【古边城自关河口南二十里起折而西至楼子营河堡营折而南至县北十里而止大河正西经其下】有六涧河自东来注之【河有六水最远者出宁武所西之黑庄屯西流百里有八角堡水自北来林溪山水自东南来会又西流六十余里有小水自南来永兴堡水自东北来又西二十里有水北自星古驿来俱会又西南流经河曲县城南又西入黄河】西岸即五虎山也东岸稍西南经平桥西又西南有尖山水自东来注之西岸经府谷县城东南有府谷河西北自边外东南流合数小水经城西而东南注之【水出河套左前旗南东南流入二十三墩口折而东流经镇羌堡南又东有一可北自边外南流入西川口东南注之又东经孤山堡南又东七十里有木瓜园水自北来会又东经城西又东南入黄河】东岸即保德州城也【经城西北】又西南有水自东来注之【水出州东北强梁山西南流有葫芦山水自东南来会西流经丛林沟寨南又会龙潭水于北山又西南八十余里经州南花园堡北入黄河】又西南有号风沟自东注之又南至裴家川口有岚漪河东北自岢岚州来西南注之【漪河源出州东南鹿经岭之东山北流有黄道川水自东南来会又西北流有走马岭水自南来会又西北有三角城水自东来会又北有马跑泉水自东来会西流经州城南又西有沙河自东北来合东来之岢岚山水经州城北而西来会又西北流有西豹谷水自东北来会又西经青石山北曰岚漪水又西南流百五十里入黄河】西岸即神木县东南界宅门坞山也东岸即兴县西之黑谷口又南蔚汾水东北自兴县合诸水来注之【蔚汾水出岚县西北之黄尖山西南流会东南来一水之经界河镇北者西流五十余里折西南流有黄羊山水自东南经蛇头镇南来会又西流经兴县城南又西南流有石楼山水自东北来会又西南有南川河自东南来会又西南入黄河其西岸葭州北境也】迤西南为红石滩当中流西岸有秃尾河西北自神木边外来合屈野河东南流注之【屈野河源出河套鄂尔多斯左翼中旗曰台石坡东南流与东来之哈楚尔河布哈河会南流二百余里入边城大川口有小水东北来会折南流经神木县城西又南折东南流五十里又南流百里有秃尾河西北自镇川台口流入边城经柏林堡北又东南流百三十里东流来会又东南有一水自西来会又南入黄河】乃折而南有大会川自西来注之【水西出黑龙潭】又南经葭州城东南有沙河自州西北来至城南东注之【水出边内双山堡东南流南北各会一水又东南百余里抱城南东注黄河】又南东岸临县西境有紫金山水自东北来注之又南东岸临县西境有紫金山水自东北来注之【水出山麓西南流经兔皃坂南又西南入黄河】又东南有小水自东北来注之至丛罗谷西有小水自东北来注之至孟门镇西北有河东北自临县城合诸水西南流注之当永宁州西北境西岸吴堡县北境也【临县水东出连枝山三源西北流而合又西北经黄龙山北有赤红山二水自东北合来会又西流有合查山水自东北经白文镇西南流来会又有窑头河自西北山来并会折西南流有太平河自西北万安河自西来并会折南流经县城东折西南流有二水自东来经黄龙山南合而西流来会又南流西南流有喜港河清堂河自西北来前后并会又西南流有钟底河东自濡水头西北流合一水至三交镇南来会又西南经沙源镇南又西南至孟门镇北西黄河入】又南稍东经吴堡县城东【东岸为后河底】又南经杨家村东绥德州东南境【东岸为柳林镇】东岸永宁州白泉河自东北来合宁乡县诸水西注之当上平关北【白泉河即北川河即古离石水源出州北赤坚岭一名离石山西南流经赤坚堡西方山镇东又西南至河庄北有龙山泉水自东北来会又西南经石板山北大武镇南有马跑泉水东自凤凰山来会又西南至州西北有东川河自东南来会东川河东出谷积山之石窟村南流有铁橛山水自东来会西南流至吴城西有一水自三交镇东南来至吴城南来会折西北流又西经州城北而西会北川河既合南流有清水河南自宁乡县合焦山车泉诸水北流折而西北来会又西至青龙驿西有青龙泉水自北来会又西至上平关北西入黄河】折西南流经河西驿华神堡西又西南榆林水自西北入边南合米脂绥德奢延诸水东南流注之【榆林无定河有二源西源曰额图泽河古奢延水也出河套右翼前旗贺通图山东南流有一水自西来一水西南自苏海阿鲁山来俱会东入怀远堡边城为潢呼都河又折东北至波罗营与北来海留图河会海留图即东源古黑水也亦名齐纳河出前旗呼喇呼之地东南流与西北来之纳林河出托里泉及西喇乌苏河出磨呼喇呼平地者会东南入榆林边于波罗营北而西源来会又受北来之塔喇布拉克水东流曰清河口又东南经榆林南境有榆溪西河北自卫城西东南流来会榆溪西河源曰清活河潜出右翼前旗南

平地南流曰西伯尔河合克绸及阿尔塞二水东南入雄石峡口边城经卫城西南曰三坌河又东南至归德堡西有一水自东北来会又东南入无定河无定河又东南经渔河镇川二堡南又东南经米脂县城西南又东南围水自东北来会折而南流至绥德州东北有大理河西北自山中合数水东南流经州城北而东注之又南经州东南有怀宁河西自田庄堡东流南合九里山水东注之又东南奢延川自北来会又东南经山麓入黄河】即青涧县东北境也东岸石楼县有屈产水西北流注之【屈产水即土军川源出县东南石楼山西北流经城东北又西北一小水自东北来会又西北经永宁关北又西有土门镇水自东北团□山来会又西北折而西流入黄河】又南流经西岸青涧县东南境老鸦关东折稍西南经延川县东境延水关东又正南流为老牛滩当河中又南有青涧河合吐延川自西北来注之东岸即永和县西境之烈凤山乌龙山也【青涧河出安定县西北山东南流百里有马儿河自西南来会又东南流经县城北而东有一水自北来注之又东百里有水自东北来注之折而南经青涧县城西南又东南流九十余里有青川西北自安定东南流来会经延川县城东北又东南有站川西自县西山来东注之又东南流入黄河】又南经延长县东北境清水关东河中有洲曰涧滩其东岸有水和仙芝河自东北来注之【仙芝河亦曰榆林河源北出石楼县南之翠金山西南流经坑坨堡西有一水自北来会折南流经马脊山东又南至永和县城北有索坨川自东北来会南经城西北又西南北会烈凤山水曰仙芝河又西南入黄河】又南西岸有一水自西北来注之【延长县东稍南其水西北出独战山者】又南有延水西北自延安府合诸水来东南注之【延水北出保安县北境山南流东南百余里有洧水自西来会又东南经萧馆驿南又西会一小水东南流百里经安塞县城西南有一水西自摩云岭来会又东南经延安府城北又东流有清化水北自鸦鸽山东南注之又东名濯筋河有小水自北来会又东南经延长县西南又东南至山麓有小水西自云岩山来会又东南入黄河】又南为东岸大宁县西之马斸关南有昕川自东合隰州蒲县诸水来西注之【昕川三源北源曰隰州北之罗儿沟出结北山南流东合一水南经水头镇东又南有蓬门河及小水俱自西来会折东南流有燕家河及小水俱自东北来会南流经州城西曰柴川河又西南至仵城北有东源水来会东源曰义泉河出姑射山东南之罗云山西北流有圣水山泉自东北来会折西南流至义泉镇东南有安真村水自东北来注之又西南流有蒲州河东南自蒲子山来注之又西与北源水会于仵城北又西南经大宁县城南南源自东南来会南源水曰第一河源出蒲县东北之七佛山西南流九十里经县城南有南川河自南来会折西北流至张村堡北有县底河南自翠屏山来会又西北经翠微山麓有篆亭河自西南来会又北至大宁县南西会北东二源水曰昕川自城南又西流稍南八十余里至马斗关之南入黄河】又南西岸山麓有小水自西北来注之【水出延长县南境紫云山南麓者】又南为宜川县东境东岸吉州西境之孟门山【山在宜川东北临河其东岸即吉州之西北山不断】南为壶口山河中有滩【山在吉州西北其西岸山即宜川孟门南寿峰也】又南经西岸老吉堡东又南有汾川水自西北来合银川丹阳诸水东注之【汾川水北出宜川县西北进士山及北山南流合而东南经县东南银川水自县西南山东北流合一水东经县城南而东来会又东南流有孟门西山水自北来会又东南丹阳水自西南来东北流经郭家村南又东北合南来一水又东会诸水于桃渠村之北入黄河水口东岸即师家滩】又南东岸有清水河自东北来注之【清水河源出吉州东境高天山西南流北合一小水折南流有小水自东南来会折西流经州城南又西其北合一小水又西南流至师家滩南入黄河其西岸即盘古山北池山也】又东南流东岸乡宁县西南境有罗洛水自东北来注之【罗洛水出乡宁县东北山西南流合东来二水又西南经县城东南又西经林山北盘古川南西南至船篙镇北西入黄河篙】又东东岸有小水自东北来注之【水出乡宁西南船篙镇东山西南流经青石峡西又南入黄河】南为西岸韩城县东北境东岸河津县西北境之龙门山【西五度九分极三十五度七分韩城北五十里】两山对峙河贯其中南流其下曰禹门渡稍折西南流至东岸葫芦滩西南有汾水东北自河津县城南西南流注之曰汾口【汾水见后】西岸即韩城东之周原堡也又西南经县南境有盘水河自北来注之【河水出韩城西北朱砂岭南流有柳沟水自西北麻线岭东南流经柳沟城西而东南来会又有白马潭水自西南麻林山东流折而东北来会又东南有西池山水及南池野孤川俱自北来会又东南经县西而南至芝川镇入黄河又有一小水自西来亦于镇南入黄河】对岸即荣河县城也【汾水古于县城北入河明时北徙于河津西南境而故道遂涸】又西南经西岸合阳县东境有小水二西北自梁山东南流注之【一出梁山南麓东南流四十里入河一出其西麓东南流八十余里入河此水河口之南有山东临大河】对岸即临晋县西境也又南西岸有洽水西北自合阳城西来南注之【洽水亦曰金河出县西北壶梯山东南流随山东麓经县城西

南又东南数十里入黄河】又西南经朝邑县新市镇东其东岸蒲州城也又西南有涑水自东北来注之【涑水即绛水也源出绛县北山西南流经城北又西北会一水至上东镇北有温水自东南来会又西至下东镇又北合一水又西南流经闻喜县城南有沙滰水自南来会又西有野狐泉合诸水自城西来南注之又西南流经安邑县解州北猗氏临晋南曰涑水河有夏县水东南合诸水西南流经安邑盐池解州之北至虞乡镇北与涑水会为五姓湖又西南经蒲州南境西入黄河】又南西岸有洛河西北自同州府至朝邑南东注之【洛河见后】又南至华阴县东北有渭水合泾水诸河自西南来东注之曰渭口在西岳太华山之北五十余里【渭口西六度四分极三十四度七分自归化城西河折而南行至此计二十五百余里渭水及泾水见后】大河至此始折而东流南岸自华阴东至潼关入河南阌乡县界北岸即山西蒲州南境中条山麓也【中条即雷首山蒲州当大河西西南及南三面故曰河曲自此以东山西为北岸河南为南岸以河为界】东流经潼关北【一里】入河南阌乡县西界有小水三皆自南来注之【曰玉溪河出关东南秦山曰十二河又在其东曰盘豆河二水合流又在其东皆北流入黄河】稍东其北岸有小水二合而南注之【曰妫水北出历山南流会自东来之汭水于永乐营西入河】又东南岸有小水二合而北注之【曰湖水东北流合自东南来之小河水北流经阌乡城西境北入河小河南出秦山】河稍东北流经北岸芮城县南【二十余里】南岸阌乡县城北【七里】又东北有稠桑河自南来注之又东经灵宝县西有弘农河自西南来合断密河北流经城西北注之【弘农河西出陕西阙东流经阌乡南境秦山之南折东北流二百里至石子口有断密河东南自干山西麓来会又北流于城西入河其北岸即芮城县东南之陌底渡也】又东经县城北【十里】有好阳河自南来经城东北注之【河出南境岘山】又东北至陕州西有干头河自南来青龙河自东南来注之有两水口【干头河即古槖水亦曰永定涧出干山北流经岘山东又北流入河青龙河出州东南明山北流折而西又折西北流经城西北入河】东经州城北北岸平陆县城南【陕州与平陆二城隔河相望】有水自北合二涧南经城东来注之【二水出北山一东南流一西南流合而东南经县城东南入河】又东为大阳关之茅津口【在茅津镇东南】又东出三门过底柱山【山在河中流北岸平陆南岸陕州山有三门中曰神门南曰鬼门北曰人门惟人门修广稍可行舟鬼门最险西五度二分极三十四度八分】又东北经渑池县北境白石山北北岸为垣曲县城有清水及沇水俱自北来夹城西东而南注之【清水亦曰毫清河出绛县南山南流合西北来二水经王第镇西又南经县城西南入河沇水东北出王屋山之西麓西南流有历山水西合诸冯山水自西北来会西南流经县城东南入河】又东数十里北岸亦入河南界【自此而东全经河南省地南岸为河南府地北岸为怀庆府地】东经新安县北【北岸为济源县西南境山】河南府治洛阳县北【河岸山自渑池西连陕州诸山东至府西北为谷城山为北印山至东北境而北岸济源诸山北自太行西自王屋连冈临河百余里】又东南流经孟津县北北岸即孟县西境也【孟津县西有硖石津委粟津高渚马渚陶渚皆渡河处陶渚在县北五里即古孟津亦曰富平津也】至孟县城南折而东北经南岸巩县西北北岸有溴河自县西北东南流注之【溴河源曰永利河出济源县西北山三源东南流合经县城而东有一水自西北来会即济水南一渠也又东南流至孟县北又东南入河】又东北有济水西北自济源县东支分经栢香镇东南流注之【见后】又东经温县城南其南岸巩县北有旧洛口又东至汜水县西北界有洛水合伊涧瀍诸水西南自河南府东经孟津偃师巩县之南而东北流注之【洛水见后】又东经汜水县北有汜水自西南来注之【汜水出县西南境大戏山东北流经县城西又东北至满家沟入黄河其东曰邙山其西即古虎牢关南岸之山至汜口东而尽】北岸温县东之司马台也又东北流经武陟县南境有猪龙河即济水支津西北自济源东经河内之南温县之北而东南流注之【见后】又东南流有沁水西北自泽州至怀庆府合大丹河东南经武陟北而东南注之【沁水见后】南岸即荥阳县北境及河阴县北境也大河自武陟河阴以东两岸并无山阜亦无小水流入者又东经荥泽县北又东南经原武县南【古河道经原武北而东北至直沽入渤海见后】郑州北又东南经阳武县南中牟县北又东流经延津县南开封府治祥符县北【西北有盐船黑岗柳园三口东北北岸上有陈桥镇又北则封邱也】封邱县南陈留县北又东南流经兰阳县北仪封县北【东北有黄陵冈】考城县北又东入山东界经漕县南【其西南黄陵冈与仪封界旧决口也南岸亦曹县境又南即商邱境】又东经单县南【南岸亦单县地又南即虞城县地河于河南省自潼关东至虞城共七度】又东南流入江南界经砀山县北丰县南沛县南萧县北【县西北滨河有天山冈阜相接为太山东至徐州府西】又东南经徐州府城【府治在云龙山大河自阳武县东南至萧县皆唐宋汴河故道自萧县东南经府城北遂夺古泗水道东径百步洪吕梁洪而入邳州界北岸东岸驿临河左右

有小山相连】又东南经邳州南境【河北岸西自魏家集东南至旧邳州尚有小山旧邳州之南岸亦有冈阜自西南来大者曰象山】睢宁县北境又东南至十字河口【北与落马湖运河近衹数里】东至宿迁县城西南遂折而南而东南流至白洋镇东古城镇西又折而东而东南经桃源县城北又东南至清河县城南即古清口亦曰泗口淮渎洪泽湖水自西南来会【清口东二度六分极三十三度六分自此而东入海皆淮水道也径二百六十里淮水见后】既会淮水折东北流经淮安府治山阳县西北之清江浦北又东北经阜宁县北境至安东县城南又东北流过北沙镇北过云梯关旋折入于海【海口东三度五分极三十四度自入砀山界至此东南流经七百里又东北二百六十里】

附考禹贡旧河道自今荥泽县北【北岸获嘉县】东径原武县北阳武延津胙城三县北【北岸新乡汲县】又东北至浚县西南古曰宿胥口大伾山在其口东北【南岸滑县即古白马津口】大河自今浚县折而北行径内黄汤阴安阳临漳魏县成安肥乡曲周平乡广宗至巨鹿古大陆泽在焉自巨鹿又北径南宫新河冀州束鹿深州衡水武邑武强阜城献县交河青县静海大城宝坻至天津直沽口入渤海

卷六·入河巨川

洮河源出洮州卫西南边外之西倾山东麓【在卫西南三百五十里当黄河自东折向北之东岸山绵亘千余里为诸山冠垫江水出其南麓南入江又诸川小水出西北麓西入河番名罗察普喇山即古西倾一名西强山又名強台山洮源处当山之脊曰托礼岭其上平坦即古羊撒岭其北曰多克的山东北曰绰农蕴尔玛拉峰甚高大】泉涌地十余汇为一道【即栢木沟】俗曰巴拉巴河东南流折而东其南北受小水十余至洮州卫西南入边界旧洮州南有水西南自边外来会东流经卫南稍东卫城左右二水合而南注之又东经岷州卫西之野狐桥北有西湾水自北来注之又东经卫城北有叠藏河西南自边外东北入边合诸水绕卫城东而北注之【叠藏河自边外废叠州南山西北流百数十里入边经白石山南马释仓北有一水自南来会又东北有高麻沟水自南来会又东北有分水岭水自南来会又东北经卫城东又东北入洮河】又北流折而西北又东北流至临洮府南有小水二自西南合而来一自东南来俱会【东南水即牛心山水西北流经十八盘山西麓又西北入洮河】又北经府城西而北有东结河南合乌鼠分水岭之水自东南来会【东结河东南出七圣山西流有乌鼠山东北分水岭三源西北流合而北来会又西北流至府城东折西流经城北而西入洮河此分水岭其东麓水入渭水】又北有三坌河西南自边外入边合而东北来会始折西北流经沙泥驿中堡南又西北有小水自东南来注之又西北流折而东北至兰州西境北入黄河曰洮口【源西十四度六分极三十四度七分入边西十三度二分极三十四度四分洮口西十三度一分极三十六度三分旧言行八百余里】

湟水即洛都水今番名博罗克克河源出西宁府西北边外当青海之东曰噶尔藏岭【湟水即洛都水今番名博罗克克河源出西宁府西北边外当青海之东曰噶尔藏岭】三泉一名伊克乌拉古儿台一名图尔根乌拉古儿台一名察哈乌拉古尔台南流二十里汇为一水其东有布虎图岭二泉亦南流曰昆都仑河会茂海图河水来会又东南流至董郭儿庙南有图尔根察汉河自西南来会水势始盛折东流入西宁边镇海营曰西宁河至府城西有北川河自北来有南川河自南经城西而北来并注水如十字经城北而东【北川河即古破羌水源出边外阿勒坦山南流曰阿尔坦河有布呼克河自西北合二小水来会又南流入西宁北川营边又南入西宁河南川河即古六谷水源出西南边外西喇苦特山东北流曰西喇库特河入南川边曰南川河又东北经府城西而北与西来之西宁河会】又东南有沙塘水自北来注之经碾伯老鸦二堡南折东北流经冰沟驿南又折东南流至西大通堡之东南山中与西北来之大通河会又东南至兰州西境入黄河大通河较湟水尤长源出青海之西北境阿木你厄库山南有池水东南流曰乌兰穆伦河【西十八度一分极三十八度径在肃州之西南五百里其山北水俱北入滔来河西水会布喀河惟此水东向】东百五十里有哈尔珲河自北来注之又东北曲曲流南受一水又东北有满楚克河自西北来会东经甘州府南边外番大山【凡山南水俱流入青海】东南流八百里北受小水六南受小水五至西大通堡入边经堡西又东南会湟水又东南至苦水堡西南南入黄河即古浩亹水也【西十三度一分极三十六度三分】

汾水源出静乐县北管涔山【山最高大蜿蜒数百里为山西诸山之祖其东北水皆北入桑干其东水皆东入

滹沱其西水皆入黄河而汾水其南水也西四度三分极三十九度】南流经宁化所西又东南流其左源二涧出管涔之东山者合而西南流来会【管涔自神池堡而南连峰不断西为岢岚州古茅山荷叶山相接此则静乐东北境山在头马营之北其东北衍为雁门广武诸山出城东北为浑源之北岳其东南为万华云中巾字诸山曲折而南为霍州之霍山】南流经县东北折而西南流经城西北又西南有碾河自东北来合两小水折西北流来注之【碾河出东北山西南流百里有小水自东南来会折西北流又北合一水折西流经县城南又西入汾】又西南有羊儿河自西北合二涧来注之又南稍西有社干河自西北来注之折南流经石峡山西有岚河西北自岚县合一水东流注之【岚河出岚县北山曰葫芦泉东南流经县城东曰葫芦河东南流有马路河自西来合又东流入汾】折东南流有石楼山水自西来合天成泉水东流注之【石楼山东水东流至楼烦镇东南天成泉水自西南天成村东北流来会又东北经雁门村北又东北入汾】又东南至天门关西有小水自北来注之又东南至向阳店南有直谷水合石桥河自东来注之【直谷水西北流有东北一水自东黄鼠村来会又西流经西黄鼠村北有石桥河北自黄山寨西南来会又西南流至南阳店南入汾水】又东南有小水二各自东北来注之【一自阳曲湾来一西至府城西北】南经太原府治阳曲县西稍南有韩村水自西合二涧来东注之折西南流经大原县城东又南有晋水自西来会【晋水出县西悬瓮山一名龙山一名结绌山晋泉一泓在县西南晋祠镇之南西流入汾】又南有榆次北水自东北来注之【水出寿阳西南山西南流至榆次县北有小水北自阳曲县东境山来会又西南百余里入汾】又西南流经清源县东南徐沟县北有洞涡水东北来合诸水来会【洞涡水出乐平县西之陡泉岭西北流有浮化山水自东北合寿水来注之寿水出寿阳县西境山两涧合东南流至县城西南有一水北自城西一水东自城南来会又西南流浮化山水东自平定州西界来会又西南会洞涡水又西流有大涂水自东南南合小涂水西北流来会又西经榆次县城东南有小水自北来会又西南北合一水又西南有象谷河自东南马陵关南黄花岭北北流折而西北有大塔山之金水河自东来会又西北至徐沟县东北会洞涡水西流经县城北又西入汾】又西南经交城县南有祁县水自东南来注之【水出祁县东南分水岭北其南水入浊漳也西北流百余里经县城北又西北入汾】又西南有文水自西北来注之又西过文水县南【文水出县西北山东南流百里曰文峪河经卦山西石峡山东有小水北自马鞍山来会又东南百里入汾】又西经平遥县西北境汾州府治汾阳县东境有马跑泉水西北自白虎山来注之又东南流折而西经孝义县东有义河西自狐岐山东流经县城北而东注之又南稍西经介休县北有中都水东北自平遥合诸水来注之【中都水出东南上殿山西北流有贺水自东来会又西北经平遥县城北西南流有亭同水自东南来会于城西北又西南至介休北有绵山水南来会又西入汾】稍西有孝河西自孝义南境来注之又南经冷泉关西有景家沟自西北来注之又南至灵石县西南有涧河西北自乌鸡山来注之又西南有狐岐山南水自西北南合康城镇水东南流注之又西南有韩侯岭水自东来注之又西南经汾西县东折而东南流经霍州城西稍南有水东自碾台山西经城南来注之其西即汾西之轰涧自县城来东南注之又南东受一小水又南有罗云山水自西北来会稍南有霍水东北自霍山西南麓西流注之又南经赵城县城西南有霍水东北自霍山南麓西经洪洞县城北而西注之又南经洪洞西南有涧河东自岳阳北之渗水西南经洪洞城南而西注之又西南经平阳府治临汾县西北有滴水河合诸水自东南来注之【滴水河出浮山县南长堡北流至县西北有黑水南合一水自东来会又西北流有杨村河自北来会又西北至乔李镇又受南北二水又西流经府城北又西入汾】汾水于平阳西北分为二派一南流稍西经襄陵县城东一西南流支渠如织经城北及城西曲而东南复合经赵城镇西稍南又分为二南流十余里复合又西南经太平县东南曲沃之北曰高县镇有小水自东来注之又西南经绛州城南有浍河东自翼城曲沃来注之【浍河源出翼城县东南山西流经中卫镇又西稍北至城南有小水三源自南山合而来会又西北有城北来自东来会又西经曲沃县南又西经候马镇南又西至绛州城南入汾】又西有马首山清浊水自北来注之又西经稷山县城南又西经河津县城南又西南流至葫芦滩南荣河县北境入黄河在龙门之南五十里曰汾口【西五度九分极三十五度五分】

洛水即古漆沮源出庆阳府治安化县北境三百余里之白于山【在边城宁塞堡南靖边营之西南】两源一西南流一东南流合而东南经金塘东分为二派有一水自东北来会二派复合折而东流又东南经保安县西南境曰洛河有黑水河自西来注之又东南有周水河北自县城西南流注之【周水河出保安西北山在靖边营之东南即白于山之东阜相去百三十里东流折而东南至县城西有一水自西来会又东南即折而南百五十里与洛会洛

河始大】又东南经安塞县西南境有摩云岭南水自北来注之【岭在安塞西保安东南岭东水入延水其西南水入洛河】又东至甘泉县西北有一水自东北来注之【水出延安府南山南入洛】又东南经城西南又东南有清水泉自东来注之又南经雕阴山东又南经鄜州城东有采铜川自东北来注之又南折而西南流经洛川县西境有街子河自东北来注之又南流至中部县东北有华池河自西北合清水河来会【华池河俗亦名洛水其源出合水县东北之白于山曰延鸠川在庆阳府城东北百二十里东南流有华池水自北来会华池三源曰豹子川南流曰平戎川西南流合而南其西北有一水来会东南流曰华池河延鸠川自西来会又东南流经邵庄驿西又南折而东二百二十里至随后岭东北有清水河自北来会清水河源在豹子川之东百余里两源合东南流有一水东北自马超洞山西南流来会又南至隆益驿北有一水自西来注之又东南流百余里经鄜州西南之长村驿东折而南流六十里与华池河会又屈曲东南流入洛河俗名三川水即豹子川等名也】又东南有葫芦河东北自洛川来注之【河出洛川县西南境南流折而西南入洛河】稍南有沮水自西来会【沮水即禹贡沮水出中部县西北境子午山东流经骆驼冈北翟道山南俗曰沮河有子午河自西来会又东有慈乌河西南自石龙岩北来会东南流经县城南又东稍北三十余里入洛河】又南经宜君县东北境至武庄镇西折东南流经白水县东澄城县西有一水自东北来注之【水出麻林山西麓南流百余里入洛河在澄城西北麻林之南即壶梯山又东即梁山也】又南甘泉自东北来注之【甘泉在澄城北山西南流至县西南有金沙谷胡仓泉二池自城南西流合而来会又西南入洛河】又有白水西北自大神山来注之【水出白水县北境大神山之东曰秦山东南流经县城西南又东南八十里至甘泉口之南入洛河】又南有大浴河自东北来注之【河出澄城东北山东南流八十里折而西又八十余里入洛河】又南稍西经蒲城县东境同州府之西北境有一水西北自蒲城来注之【水出蒲城西北境东南流经县城南汉底镇北又东南六十里入洛河】折而东南流经府城南又东南至朝邑县南太白池北【自同州南有白马池其东曰麻子池又东曰太白池皆在洛南岸外】于赵渡镇南东入黄河【洛水雚于朝邑西之朝坂南经赵渡镇至华阴县西北之葫芦滩合渭水东至渭口入黄河自明时改流不南入渭今洛口南去仓头村南之渭口三十里此洛周时与渭泾为雍州三川即禹贡漆沮既从小雅瞻彼洛矣源处西八度五分极三十七度四分洛口西六度四分极三十四度七分】

渭水源出渭源县西鸟鼠山一名青雀山南北两源北源发北麓分水岭东南流【分水岭西北三水皆西北至临洮府入洮若渭源则东南水也】经县城北又东稍南南源水自城西南东北流会焉【南源出鸟鼠山南麓大树下东流折而东北经县城南又东北与北源会】又东稍南有五竹山水曰清水河自南来注之又东南经巩昌府治陇西县城北又东有赤亭水自东北来注之又东南有小水自东北来注之【水出角山东南麓】又东南经宁远县西北出桃花峡两岸皆山又南有漳河西南自漳县来注之【漳河出西南境崆峒山东北流曰遮阳水有擦寸河西自西倾山剌能河西北自道阳山东南流皆会焉东经县城南折而东北流有水自南来会良恭水出岷峨山之北北流有间井水自西南来会折东北流至新寺镇北有马淳河东南自栢林山来会又北有笛沟水自西南来会又东北八十余里入渭水即古广吴水也良恭间井之南即岷州卫岷峨山笋沟源即卫东大山也】又东南有山丹河自南来注之【水出宁远县西南之青阳山北流折而东北入渭水】折而东经县城北又东流稍折而东北有桃花山水自西北来注之【水出巩昌府东南通渭县西南桃花山东之鲁班山南流折而东南经桦林山东麓又东南至宁远东北境入渭水】又北折而东有辰牛山水曰南峪河自西南来注之【辰牛山在宁远东南其东南为老君山又东为白崖山即古朱圉山当伏羌县西南】又东经伏羌县城北有华川水北自通渭县来注之【水两源出通渭县北百余瑞安定堡之西北山南流而合至县城之东又西南流有十八盘山水西自高山东南流经城西而南来会又南曲折百二十余里入渭水】又东北流折而东南经秦安县西南境秦州北境有罗玉河北自静宁州庄浪县合诸水南流注之【罗玉河上源北曰苦水河东曰甜水河苦水河出固原州西境消河堡东北大山其东水入固原清水河北至鸣沙堡入黄河者也其南水南经堡东又西南折而东有一水自东北来会又西南流七十里有一水自西北来会又南有张仪堡水自东合一水来会又南曰苦水河又西南经静宁州城西北又南有甜水河自东来会于城之西南甜水河出州东隆德县东连山二源自东北来一源自东南来夹城南北至城西北而合又西流折而西南至神林堡东折而西流又西折而南有水自来来会又西南经州城南又西南会苦水河又南有一水西北自青家驿东南流经高家堡西而东南来会折东南流经庄浪县西南境有一水东北自县城来一水西北自安定堡东山来并会又东

南流有陇山水自东北来会又折西南流有一水东自华亭南山三乡关来会又西南有阳兀川西北自永宁堡来会又西南至秦安县城西北又南经神仙岭东又南入渭水此水较诸水稍大】又东南经秦州东境有秦州河合诸水自西来注之【藉水出州西南境嶓冢山东北流有温泉水即段谷水自西来又一水自西北来会东流经州城南又东流南北合受一小水又东入渭冰】又折东流有牛头河自东北来注之【牛头河出清水县东北天井山东南阜西南流有汤峪川合蒙河自东南来会又西流有集翅河自北来会经县城北又西南有一水自北山来会又西南至牛头山西折而南又折而东南入渭水】经清水县南境又东有丁华岭水自北来注之又东折而南有黄交峪水自西南来注之又东流经陇州南境有一水自西北来注之又东稍南有长蛟川自北来注之又东经龙盘山麓至宝鸡县西有塔河自西南来注之又东经县城南有金陵河西北自吴山来注之【金陵河出陇州南境吴山南流合二小水东南流依山西麓至秦岭重山之南折而南经宝鸡县东又南入渭水吴山即西镇吴岳禹贡曰岍山者也陈仓大散关俱在宝鸡西南】其南即大散关路也又东经凤翔府南境有汧阳河自西北来注之【汧阳河即古汧水源出陇州西北之西镇吴岳东南流有浊水川西南自竹头村咸宜关来会又东南流经州城南有汭水出州西北景福山东流经寺厓镇南又东合北来之鱼龙川东南流会东北来一水南经城东而南入汧汧水又南而东南流西受白龙泉水北受石鱼沟水又东南至汧阳县城西南北受晖河水又东南北受涧口河水又东南有小水自东北来注之又东南入渭水】又东南有代鱼河自西南来注之又东经岐山县南境有石头河自西南来注之又东经扶风县西南境有清水自南来注之又东过郿县城北又东有洪河南自太白山来经槐芽镇西北注之又东有清湫河南自秦岭北流经横渠镇西北注之又东经武功县南境青花镇东有漳渠自南来注之又东经盩厔县城北而东有黑水自西南来注之【黑水出秦岭二源一出林关驿南山一出其西南山北流合而东北过三交驿北又东北过泥岭西麓樱桃驿东又东北至金井西有小水自西来会又东北经盩厔县城东南又北入渭水】其北即武功西受凤翔岐山扶风诸水北受麟游永寿乾州诸水口也【凤翔二水俱出府北大山一东南流经府城西南东流折而东南与东源之东南流者会而东有岐水北出岐山南流经县城西而南来会经城南又东南流有漳水北自凤鸣山南流右合一水又东流左合北来之周原水而南来会又东经扶风县城南曰漳河又东北流折而东经武功县城南有石臼水西北出麟游县西北山东南流经县城南会城东自北来之澄水又东南百四十里至武功县城东北与永寿县西北之武亭河南流经乾州西南合西北来之漆水而南者会于武功城之东南又东南流入渭水水口之东即长宁镇也】稍东有赤水南自终南山北流注之【终南绵亘数百里西自郿县而东至西安皆其支阜随地异名】又东北经兴平县南境有一水自南来注之【亦出终南山】有二水自西北来于马村镇东西分注之【一即兴平县水东流一出东北山东北流】又东经鄠县北境咸阳县城东南又东北有丰水自西来合诸水北流注之【丰水出鄠县东南牛首山北流至县东北有涝水西南出五福山北流经城西而东北来会又东北流有豹林谷水北流经子午镇西炭谷东昆明古池西而北又有滈水与石鼈各水自东南来合而西北流曰潏水者俱会又东北至咸阳县东入渭】又东北经西安府治长安县北境【府城北三十里】咸宁县北境高陵县南境泾水自西北来会曰泾口【泾水见后】稍东有灞浐二水自南来合北流注之【灞水上源即蓝水也出东南蓝田县蓝关之西南山秦岭其南即丹水南入沔汉者蓝水二源北流而合又西北经县城南又西北有水合三源自西南来会亦出秦岭者也又西北流曰灞水经府境东而北有浐水西南自太乙山东南之西王峪岭及秦岭三源合而北流经锡谷西拖栢东乃东北流至府东北境来会既合浐水又东北流至高陵县南境入渭曰灞口】又东经临潼县北境折东北流有淳化清峪二河自西北来合漆沮二水南流注之【淳化河出淳化县北山东南流经城东又东南会东北来之清峪河又东南经泾阳县北境三原县城北又东南经高陵县北境又东南至交口镇北漆沮自东北来会沮水出耀州西北境之分水岭东南流经建庄西又东南百八十里经州城西南又东南漆水自东北来会漆水出宜君县南大神山西南流曰同官川至同官县东北有一水自西北山来会南至城东南折而西南流至耀州城之东南沮水自西来会既会折东南流至富平县西北境有甲池水西北来会又东经县城西南又南左受一小水又南经孝文陵西又南至高陵之交口镇北与淳化河合入渭交口镇之东北岸即景渡镇也】又东有一水自南来注之又东稍北经渭南县城北有水自南来经城西而北注之又东有一水南自龙耳山崇宁镇来注之又东经华州西北有符嵎水南自少华山来注之又东北经同州府南境又东北经华阴县北有水南自太华山北流经城西而北注之又东北至仓头村南入黄河即古渭汭地曰渭口【源西十二度三分极三十五度二分入河西六度四分极三十四度七分】

泾水源出平凉府西北境笄头山【在瓦亭驿西北高山其北麓水为清水河由固原州北至鸣沙堡入河其西南即隆德县东北诸水为罗玉河南至秦安县入渭者也泾水出其东南麓】两源并发东南流至瓦亭南折而东有小水四俱自两南美高山来注之又东至固安镇北折东南流至府城西北有横水自西南来会【横水出府西南逞宿镇之西北山两源合东北流经武山北大统山南又东北至府城西北与泾水会】又东经府城北又东南有二水俱西北自北山来会【一曰阏水一曰卢河】经华亭县东北境崇信县北境有潘云涧合二水自北来注之又东南至泾州城西北有汭水合诸水西自华亭崇信来北注之【汭水出华亭西陇山之东麓东南流有一水自西南来会东北流经县城南又东北有北水自西北来注之又东北有策底河西北自武山南麓来注之又东北经崇信县城北又东流折北入泾】又东流稍北有镇原县水自西北来注之【水出县西北大方山东南流经县城西南又东南流有一水自北来会一水自东北来会又东南百八十里入河】折东南流至长武县东北有盘口河西自崇信泾州之南境来注之【盘口河出崇信县西南山东北流经县南境循山麓东北经泾州南境又东北至瓦云驿南又东经长武县北境东入泾】稍南有马连河北自庆阳府合环县合水宁州真宁诸川来会水势始盛【马连河源出庆阳府东北铁角城之北山东山其东隔冈即洛水也二源分流至城西而合西南流屈折百九十里至怀安所北有一水北自山中南流经铁边城西折西南流来注之又南至柔远城之东南有黑水河自西北来会又南有一水自东北来注之又南经府城东而南有环河西北自环县合诸水来会环河出环县东北兴隆山西南流有山城水自西北来会折东南流有一水自西来会又东南经木钵镇南有各道川自西来会又东有一水自东北来会又东南流折而南有佛堂沟自西来注之又南至阜城镇南有野狐沟自西来注之又东南至府城西南又东南会马连河既会东南流有柴家河自东北来注之又东南有建河东北自合水县城之东西南流注之又南百余里至宁州北有珊瑚川自西北来有小延川大延川东北自襄乐镇合西南流经宁州城北而西来并会又南经州城西又东南有五龙河自东来注之又曲折而南至长武县东北境有真宁县水自东合数小水经县城南而西受北来之马造沟西流注之又西南与泾水会此水源多流巨与泾水埒】又南经长武东南至停口堡东有黑水河西南自灵台县来会【河出灵台县西南境天台山其西即陇州南即汧阳县也水东北流经县南又东北流有一水自南来会又东北经静山南麓至堡南东入泾】又东南经邠州北又东南有温凉河东北自三水县合汃水来会【温凉河出真宁县南境山两水南流而合折东南流经三水县西境又南有汃水自三水县东北石门山西南流经城南而西南流来会又南入泾】其西岸有大谷镇水自西南来会【水出永寿北山东北流经泾州东南境入泾】泾水至此曰九曲经永寿县东北境淳化县西境有姜源河自东北来注之又东南经醴泉县东北境依九嵕山东麓至南屯镇之北有水自西北来注之【水出乾州北山东南流至甘北镇南有五峰山水自北来会东南经醴泉北有入鱼河自北来会又东有泥河西自县城来会又东北入泾其东岸即石桥镇及北屯镇也南屯镇南数十里即文王武王二陵咸阳北境】又东南经泾阳县南又东南至高陵县西南之上马渡与渭水会曰泾口【源西十度三分极三十五度八分口西七度四分极三十四度五分】

洛水即豫州川源出陕西商州雒南县西冢领山有三源【山在少华山之东南有水东南流俗曰皆谷河经南坪东其西南有药子岭北二水合东北流至坪东南来会南坪之西北连冈相接俗曰龙耳山疑即禹贡导洛之熊耳东南流九十里经县北又东南流有一水西南来会俗曰东川又东南有禹平河合二水北自芦灵关来会】合东南流经县北又东南南北各受小水一至灵峪口之南东入河南界百数十里经卢氏县城南又曲曲东北经熊耳山北【山为伊水源北皆冈阜洛水相去尚八十里不相涉也】二百七十里至永宁县城南又东北经宜阳县城北又东北出重山至河南府城洛阳县西南境有涧水合谷水西北自渑池新安来会又东经府城南而东有瀍水自北来会又东经孟津县南境至偃师县城南有伊水自西南来会【涧水出渑池县北境之白石山南流经县东稍南折而东流经义昌驿南又东谷水西北自阙山来注之俗总名曰谷水又东稍南经新安县城南又东稍北至府西境有王祥河自西来会东南入洛瀍水出府城西北境谷亭山与谷城山相连东南流经府城东北又东南入洛伊水出卢氏县东南百六十里之东峦山即熊耳山支阜亦曰闷顿岭与杏花山相连东北流经嵩县城南又东北经伊阳县北境白元镇东折而北流经宜阳县东境又折东北流至洛阳南境有小水自东南来注之又东经翟镇南又东北至偃师县城南入洛】洛水既会伊水又东北流经巩县西北而东北至汜水县之西北入河【源西六度七分极三十四度洛口西三度三分极三十五度弱此新洛口也】

济渎源出怀庆府济源县西北与山西垣曲阳城二县接界之王屋山顶曰天坛有太乙池渟泓不流即济源禹贡所谓沇水也【王屋山在垣曲县之东北界阳城县之西南界其东南为盘亭山又东为析城山源西四度四分极三十五度三分强】东数十里出地东流经济源县城北又东分为二派一经柏香镇之南东南流入河【南岸为巩县西北境连山】一东流经镇北又东曰猪龙河经府城南境又东经温县北境又东南至武陟县南之涧沟村入河【南岸为汜水县东北及河阴县西北境河阴之西南为荥泽东为荥阳自西汉末不复南溢为荥矣】

沁水源出山西沁州沁源县北之绵山车家岭俗曰水谷河东南流其东源出琴谷者自东北来会经绵上镇南又南经阳城村西南官军镇东有二小水自东北来会【一香果山水一马圈沟水】西南流有五龙川合浩河自西北来会【五龙川出土岭西山东南流有浩河出仁雾山东流经韩洪镇北郭道镇南与五龙川会东南流入沁水】又南经县东而南有青龙河自东来会折西南有西川河自西北来会南流经围寨镇西有大南川自西北来会又南经屯留县西境岳阳县东境之高壁村东有和川自西来会又南经藕村东卫寨西有边寨镇水自东北来注之又西南至端氏镇南有邢堡水自西北来注之其南即三峡偃月山也又东流一小水自东北来注之又南经沁水县东境有海河合诸水自东北来会【海河出沁水县西之乌岭关东流北合一水东南流经县城北又东南流有固镇水合一水自西南来会又东有碧峰山水自北来会俗曰大峪沟又东有友泉村水自南来注之东入沁水】又东流有海子河玉溪河自东北合来注之折而东南经泽州西北境至阳城县东有小水自东来芦水自西来并会又南有泽河自西来会【泽河出阳城县西南境析城山西北之岳神山东北流合一小水折东南流经濩泽故城南又东流有一水西北自西山来会又南流有桑村河自西来会又东入沁】折而东受东北来之长河水又南流入河南界经怀庆府西北济源县北之太行山东南流经窑头村南又东南至府西北有一水自西南来注之东经府城北而东有广济河支津自西南穿城而东北流来会其北受大丹河水水势益盛【大丹河出潞安府西南山南流至高平县东北有浮云河西北来会南经县城东又南许河自西来注之有耳白水东北自陵川县东北之圣宫山西南流合蒲水来会又南流东受白羊河水又南经泽州东南境有白河黄沙河西北自州城合而东南会天井关北水东入丹河又折而东南入河南界经怀庆府北境之方山东又东南出山流分为二其东流者曰小丹河东北经修武获嘉与卫河合者也其南流曰大丹河至怀庆府城之东北入沁水】又折而东经温县北境至武陟县城北折而东南流数十里入河曰沁口【在涧沟村东二十余里南岸即河阴县北境也】

卷七·淮水

淮水出河南南阳府桐栢县西南桐栢山【山在县西南九十里一名大复山东南接湖广德安府随州界其南为太平岭接连而东西接枣阳县界大复胎簪皆桐栢之支峰也有淮井】东南流淮【西三度三分强极三十二度二分】曲曲经湖广随州北界之出山司又折而北依翠屏山麓经桐栢县城东始折东流曲曲一百九十里经信阳州北境又九十里始出重山有明港河自西北来会【明港河出信阳州西北境之回龙山东流经州北境至明港驿北折而东南流至山麓与淮水会】东经真阳县南罗山县北有浉河西南自州城东北流来会【浉河出州西南界山三源一出平喜关北流一出东南一出其西者并会北流数十里折而东经州城南又东北至五里店南折而北流又东北至罗山西北境北流入淮】又东经息县南有小黄河西南自罗山县城东北流合竹竿河来注之【小黄河出罗山县西南境武胜关之北灵山东北流百余里经县城东南又东流数十里竹竿河自南来会竹竿河出九里关东操山北流百三十余里经竹竿铺东又东北会小黄河东北流经濮公山西麓北入淮其口正对息县】息县稍东水分二派一东南流有光山县北水自西南来会折东北流与一派之东北流折而东南者会于光州西北分五十里复合也【光山水出县西南山东北流经县北又东北至埠子口与淮水南派合又东北与北派合】又东北百三十里经固始县西北境汝水北自新蔡西北合舞阳西平上蔡遂平确山汝宁诸水东南流来会【汝水见后】曰汝口其南即光州南水西南合光山诸水东北流来会淮水势大盛即折东南流【光州水曰小潢河源出光山县西南界山白沙关北三源北流数十里而合又北数十里折东北流经县城南有一水自东来注之又东北分为二派经光州城南又东北复合有小水曰白露河自西南来注之又东北有春河自南来注之又东北入淮其水口正北对汝口汝口之北即颍州界】经老关巷南又折东北流有曲河西南自商城县来史河南自固始县城合石漕河东俱会【曲河出商城县西南湖广阙界北流入境经黄蘖山东北百余里经县城西北又东北经固始县北又东北与史河俱入

淮史河出商城县东南境松子关北山东北曲曲流二百余里折西北流至固始县东南有石槽河自南来会石槽河出商城县南境长岭关东北流百余里折而北至固始南会史河又北经县城东又东北经大山西麓又北百里与曲河俱入淮】曰三河尖又东北入江南界经颍州南境南照镇汝水支津自西来会【见后】乃东南流经霍邱县北颍上县南有澧河自西南来注之【在霍邱西北】又东南流有淠河南自霍山北流经六安州而北来注之【淠河出霍山县南潜山县西北境山北流经天堂镇西又北有一水自西南来会又北有曼水河西自湖广界山东北流经上土司南而东北合一水东来注之又北经霍山县城西北又折东北流至石埠口有一水自东南来注之又北流有桃围河自西来注之又北有璧河自西北来注之曰两河口又北至苏家埠西折而东北流经六安州城西北又东北出山北流经单家集东马头集西钱家集东又北至霍邱县东境有城河西南自下落山东北流来注之又有清河东南通芍坡水西北来注之又北入淮】淮水折东北流经正阳关北寿州西境有沙河上承伊阳汝州郏县襄城之汝水登封禹州长葛许州临颍之颍水荥阳以东开封以西之贾鲁河双洎诸水自西北来会曰颍口【颍水见后】又东北有淝河自西北来会【见后涡河】又东北经寿州北有芍陂沿河水自东南来注之【芍陂塘在寿州东南周数十里其西南支津西南流合清河西北入淠水其西北支津西北流曰沿河经州城东北又西北经两山入淮】又东北有水东南自庐州府北来注之【水二源出六安州东南龙穴山一出大尖山皆东北流经官亭镇西曲出山经庐州府西北境二百余里而合北流经伊家集东又北至北炉镇南有清洛涧水东北自定远来会又西北流百余里经两山又西北入淮】又东北经怀远县城南有天河自南来注之又东北有澮河自西北来注之【此澮河与前淝河由一水而分二流也澮河出河南太康县东南东流数十里一支南流二十余里又分二支俱东南流七十里经鹿邑县南境又东南入江南界经亳州南境又分为二一东北至州东南之义门集西东会澮河北派俗曰十字河是也一东南流经太和县北境又东南经颍州北境曰淝河又东南流经颍上县北境至寿州西境入淮一支自太康东流经柘城县南境分为二派南派东南经鹿邑北折东北流北派至柘城东南有旧黄河起睢州西北东南流合西来州南一渠又东南折而南经归德府西南境南经柘城东北又南来会此澮河之上源也又东南与南一支复合而东经鹿邑东北境入江南界东流经亳州城北折东南流经义门集南支有支津曰十字河自西南来会又东南流曰澮河至雉河呑北有雉河自北来会又东南经蒙城县城北又东南经怀远县北又东南入淮雉河上源曰浍河见后】又东北有肥河自西北来注之【肥河自宿州西境两渠会东南流二百六十余里入淮】又东至长淮卫小蚌埠之南有龙子河自西南来注之【龙子河二源出凤阳西山中合北流入淮】折东北至卫城北折东南流经凤阳府城外北境稍东有濠水自南来注之【水出府城东南山北流经府城东北山入淮】经临淮县城北又东北流至小溪口西折而北经五河县南境有南湖水自西北来注之又东北至县城南浍河水自西北来注之【浍河自河南永城县西南境旧酂县城西北之浑河集东南流旧经城西又东南至县南境分为二派其南派西南流入江南界经亳州东南境为雉河至雉河集入澮河又东南经蒙城北又东南至怀远东入淮见前澮河下其一北派东流入宿州西北境东南流经南平集北宿州南境又东南经固镇驿南又东南有澥河自西来会澥河自宿州南境东南为长湖又曲曲东南流岐为二派又东流复合东北流入浍河浍河又东南流至五河县城西南入淮】于城东南有沱河自北经城东来会【沱河自虹县北境羊城湖南流曲曲东南分为二派夹县城东西至南复合又南至五河县北境东南为沱湖又至东南于城东入淮】淮水东北分为二派一东北为天井湖南北五十余里其东南为二支渠曰潼河一东流至朱家庄北与二渠复合又东北为女山湖至双沟镇西折而南流有一水西南自上店镇来注之又南六十余里有池河西南自定远来注之【池河源出定远县西北喜羊山南流折东南经县城西南又东流百数十里至池河驿北折东北流经三界镇北又东北有涧溪自东南来注之折西北流百余里入淮】淮水又折东流五十里【南岸迤东尚有小山】经盱眙县城北泗州城南北【淮水自五河县以下广阔同黄河至盱眙西北更阔十余里为洪泽湖首泗州宛在水中四面皆水盱眙与南北相望但隔一渠其西南及县南东尚有小山耳】自泗州东北为洪泽湖有老子山在湖口【当泗水之东近南岸】其西北有睢河自砀山萧县宿州灵璧睢宁东南流注之【湖自泗州之北迤东折而北有管公店前水东流注之又折而西北至鲍家集东又西北乃折而东而东南为睢河口睢河自砀山县南境东南流入河南永城县界东南经萧县西境曰龙沟河又东南有齐河村自东北来会齐村河出徐州府西北萧县北境黄河南岸大山两源南流合西南流至萧县东南山下为小湖又西南流东派二泉水又西流合南一小水又西入睢河萧县之西南境也睢河又南流至徐溪口有小水自西山来注之又东南经宿州北境有一水自西来注之又东南经灵

壁县北境又东南经虹县北境睢宁县南境青阳驿南又东南百里入洪泽湖自睢口而东南五十余里南与老子山相对湖南北径五十里自此而东北南北益广遂至径百六十余里矣】自睢口东南折而西北六七十里又折而东【其嘴正直睢宁东南东径高家堰百七十里】而东北经桃源县南境有小水四自北来注之【自桃源南至南岸径百三十里】南自老子山南岸迤东北百五十余里为高家堰其北岸即清河县南之御坝始为全湖之委北流至清口黄河西自清河县城南来会【东二度七分极三十三度六分】与河合东北流东分支渠南为运道【运河？沟见后】东北经北江浦淮安府山阳县阜宁县北境安东县南境又东北经北沙镇北又东北至云梯关入于海【东三度五分极三十四度强】

卷七·入淮巨川

南汝水源出遂平县西南境之洪山龙陂两源即泌阳北界山也【汝水旧从舞阳县北而南入西平界自元末于涡河堨断其流使东归颍于是西平云庄诸石二山之水明时亦塞今水道与古全异即名称亦随时不同所谓灈瀙滍汶溱滇亦难确凿指证但据时俗所见叙次源流耳】北源出华山扶予山南源出中阳山【其山南之水皆流入泌】东流九十余里至沙河店东南合东北流六十余里经遂平县城南又东北五十里折东南流经上蔡县南境至汝宁府治汝阳县北境有斗河自西来注之又东折东南流经府城东北又东南有小沙河西南自确山县北来注之【小沙河出确山县西境山东流经城北又东南流折而东北经府南境入汝】又东南有吴寨河西南自确山县西南境来注之【吴寨河出泌阳县东南境东流引天目山北东北流又曲折东经确山县南境山麓又东北经真阳县北界府东南境入汝此水源长与南源北源相似】又东南数十里折东流至新蔡县之东南有洪河西北自西平上蔡来会【洪河出舞阳县东南界之笔尖山东北流百有余里至西平县城北折东南流经上蔡县东北折南流有朱里河西北自西平南境东南流经上蔡南境来注之又南经府治东北境又东南经新蔡县城东北又南入汝自元以前即汝水】又东流经固始县西北境东入江南颍州界支流南入淮【见前】其东流者经颍州之桃花店南又东经方家集南又东至南照镇与西南来三河尖之淮水会

北汝水与颍水沙水合者今入淮处曰颍口而经流概名沙河以地南北相次序从沙河始【合河南东南诸水尽归淮渎汝颍为最巨贾鲁河次之语云万派归淮信已】

沙河即古滍水俗曰沙水源出鲁山县西境之尧山【即伊阳南界山曰没大岭】东流合西南来之波水又东南经县城南又东有达老河西北来注之【鲁山在县东北河自山西麓东南流入沙】东经宝丰县南境有小水自东北来注之【水自县东南之香山西南流入】又东南经叶县北有昆水注之【县北有昆阳关】又东南流有辉河西自叶县城南来东流注之又东经舞阳县东北境汝水西北自襄城来会又东南流至郾城县南曰大溵水其上流即故汝水也俗总称为沙河有浓河西自舞阳之北东流来会【浓河亦曰澧河首引舞阳西界鲁山南界裕州北境之三里河三里河水本南流入唐河者于山中分其支津东流出山经叶县南境舞阳北境又东至郾城南与沙河会共行二百八十里按元人堨断故汝使东归颍水遏其南由舞阳以达西平之路致汝宁府所名之汝水全非古之出天息山者沙本入汝又得浓河自西南来会而东于是南北汝水遂判然不相涉也】东经城东南又东稍北曲曲流经上蔡县北界东至商水县西北颍水自北来会俗曰沙河口

汝水源出嵩县西南境南阳府北界山两源南源曰擂鼓山东北流【西四度五分极三十三度九分】北源曰老君山东流【擂鼓山西南水即南阳湍水之源也老君山西即杏花山又西即熊耳山伊水之源也】数十里合而东北经嵩县南境之伏牛山北即古天息山也【源至此巳百余里】又东北百余里经伊阳县城南又东北五十里折而东南流经汝州城南又东南有一水自北来注之又东南经宝丰县北境郏县南境又东南经襄城县城西南又东南八十里沙河西自叶县来会【源至此曲折巳六百里】又东南经舞阳东北境郾城县城南会西来之浓河又东北经上蔡县北界东至商水县西北会北来之颍水【自会沙水以上皆仍古道】

颍水源出登封县北中岳嵩山西南之少室山南流经城西有二水自西南来会【一出玉寨山一出其南】折东南流山中经密县南境又东南经禹州城北又东南分为二派一东北流经新郑县南界折而东南经长葛县西南又南经许州城东北又东南至临颍县东境其南一支东南流曰石梁河经襄城县东北界又东南经许州城西南又东南经临颍县北境东南流与分支复合凡二百三十里也又东南有渚河自西南来会【渚河出汝州东北境山在

登封东南禹州西北水东南流山中经州南又东南经襄城县北境又东南经临颍县西南又东南入颍水】又东流数十里折而南流于商水县西北会西来之汝水俗曰渚河口又东稍北至周家口有荥阳东南诸水合为一河自北来会【中岳西三度四分极三十四度七分】

荥阳水出县南境诸山【山脉自巩县汜水南界相连而东有无数小水北流合为一东北流经荥阳县城东又北流十余里折而东曰索河即古京索地东经河阴南境有京河西南自瓦确泉来会又东经荥泽南有须河南自山中数源合而来会折东南流经郑州北有东京河西南自山中东北流合一水来会水势始渐盛矣】自汜水以东凡南岸诸山泉并无北注大河者隔于河堤引流成渠自荥阳有索河北流东折经河阴荥泽南境会南来之京河须河又东经郑州北会南来之东京河又东南会南来之磨河即古溱洧诸水今总名小贾鲁河又东南有栾河自南来会又东南经中牟县城北自此以下俗曰贾鲁河又东南至开封府西南境朱仙镇之西【十余里】折南流经通许县西境尉氏县东境又南流折而东南至扶沟县北之李家潭西南有洧川县双泊河自西北来注之【双泊河源出密县南山东南流经禹州北境东至新郑县城南稍东有黄水河西北自山中东南流经新郑县城东来会折而南流至长葛县西北境又东流经阙北又东经鄢陵县北境又东南经扶沟县城北东入贾鲁河】又东南八十里折而西南数十里又折而东经西华县北而东又南流九十里至周家口西南颍汝自西南来会三水既会于商水县北折东南流至陈州府南界分为二派一支南流为项城北沈邱南之澺河一支东南流为沈邱北之沙河澺河自商水东南境南流有支渠西达县南境与西北来之汾河合其正流东南经沈邱县西北境汾河自西北来东南流经项城县城北而东会焉又东南经沈邱县城西南又东南入江南界经太和县西境朝阳镇沈邱集之南又东南至颍州城北其北支自北来会沙河东南流至沈邱北境槐枋店南折东北流经界首镇税子铺南砖桥集北旧县集西又东南经县城东南境至州北境之茨河埠有茨河自北来会又东南与澺河会于州城北又东折而南至八里垛西又东南经颍上县城北又东南至正阳关之东北淮水自西南来会曰颍口【中度极三十三度沙澺分流三百里复合实汝颍也俗于颍州而下概曰沙河沙河澺河之名彼此纷然以时俗称呼相沿已久也】

淮南运河自淮以南引支渠因古邗沟南注大江以通漕舟者运河为大运河西岸即宝应高邮二湖东岸泄水为盐运串场诸河北至盐城阜宁南至通泰港汊纵横今记其略

运河于清口黄淮交会之南分淮水一支东流出御示闸折东北流分为二支以节水势经清江浦前出龙王闸折向南而东南流出板闸又南流经淮安府城西稍南东岸有泄水子河口【子河东为涧河东至庙湾为射阳湖东入海见后】又南流东岸有泾河闸【泾河东南至宝应东汇诸水为广洋湖见后】又南西岸为宝应湖北口有黄浦闸【西北去洪泽湖之高家堰仅六十里湖水湖即南下宝应湖】东岸有支河以竹落坝捍之泄湖口水【支河东南入广洋湖见后】又东南流【西岸去宝应湖仅数里许】经宝应县城西有支河东入城【东入广洋湖见后】又南流有支河东入广洋湖【见后】又南流西岸滨湖有朱马湾闸支河口又南有小九甸闸支河口又南有狼儿闸支河口即泥水镇也又南有越河闸支河口又南有永安闸有七里闸俱有支河又南东岸为界首镇又南西岸滨高邮湖东岸有支河东出为三王沟【以上诸支河俱汇为广洋湖北注涧河见后】又滨湖而南经永安工西有二闸支河又南有头闸支河【又东合注兴化东北又盐城入海见后】又南经高邮州城西折而东经城西南稍与湖隔【相去半里一里】东岸有支河口二【俱自州东合流东趋兴化见后】又南为火烧闸支河【以下河俱来汇为绿洋湖见后】又东南与湖连岸为露筋祠闸支河口又南为稽家闸支河口其西邵伯湖也又东南至金湾东岸有支河口四【俱东汇绿洋湖】经邵伯镇西又南为三闸东派为八字河【见后】又南至湾头镇西北有支河口又南为夏家沟口【皆泄水东南为芒稻河南入江见后】稍折西南流经扬州府城东折而西南于城南南流分为二派曰三岔河一南流经头闸又分支津东南经瓜洲城南入江其正派稍西南经四闸南入江为运河口【南对江南之京口】一西南流数十里有带子沟北自陈公塘来注之又西南经仪真县东北为响水闸又南经城东为通济闸稍南为罗口闸经城南而西南入江【南对句容北境之炭渚驿又河口镇当江近岸有北新洲清口东二度六分极三十三度六分南口东二度八分极三十二度四分】运河南北三百里

宝应高邮邵伯三湖相连实一巨泽即古三十六陂水也北自黄浦闸南至三闸经宝应高邮运河岸西长二百余里在宝应西阔二三十里自泥水镇南至邵伯镇东西阔六七十里狭处亦五十里西北自洪泽湖堤岸以南潰渠野水悉以此湖为壑其经流所注有石梁河西自天长县来注之【口正当高邮西南邵伯湖正西也】石梁河源出

天长县西界覆釜山东南流有汉涧河自南来注之合东流经汉涧镇又东经石粱镇曰石粱河又东经城北又东经城门乡之东南入邵伯湖

运河以东泄水诸河其东北于双洋港当尖港射阳湖三口入海者曰涧河西南自山阳阜宁东南境宝应西南东境之水悉会于盐城北境也自射阳口以南泄水入海之口有六曰野潮洋曰新洋港皆在盐城东北曰大围口在其东南曰斗龙港曰苦水洋曰天开河头皆在兴化东境凡高邮南北支河东趋兴化北为大纵湖海淯河东为白涂车路梓新三河由此注海【宝应水高邮北涧河三王淯俱汇为广洋湖高邮南水俱汇为绿洋湖】至兴化以南水由高邮东南汇为绿洋湖者分流南入大江自芒稻河口而东南上承盐河之委曰秦塘港曰白塔河曰泰州西南河曰泰兴县南河曰如皋县南河曰通州南河其江口有六支渠交错其贯通北南者有二西为阜宁东南境通涧河南为西塘河经盐城西境兴化北境为大纵湖南夹县东西复合而南至泰州北又东南至泰兴如皋水亦自东北来会入江是也东为串埸河北自盐城北境之上冈镇南经新兴五佑诸场东南至蓼角觜之吕四余东诸场是也

卷九·江【中　自叙州府起至武昌府会汉水】

大江自叙州府城东东北流有福溪自北来注之【福溪出富顺县西南境山南流约百数十里至府东北境折东南入江】又东北经南溪县西南有桂溪自西北来注之【桂溪出南溪县西北山东南流至县城西南入江】又东数里折南流中有巨滩又南十数里有小滩又折东流有安宁江西南合珙县长宁兴文诸水来注之【南溪县西江心有石笋滩其东一巨滩当江流曲处铜鼓滩也又南十数里又有石滩当江安县之西北滩南即安宁河口河口之东即江安城安宁河即绵水珙县西南之珙溪其一源也东北流百余里至安宁镇南有长宁县东西二水至县北东北流合东南来一水又东北合兴文县东西北流之一水又北至镇南来会经梅岭西又东北百余里至江安城西北入江兴文县水即三渡河南出八望山北流者】东经江安县城北折东南流有怡乐溪自西南来注之又折而北十数里有上下二溪自北来注之又折而东二十余里有清溪水自南来注之又东北流有二巨滩北受小溪水又东北经纳溪县西有纳溪南自永宁卫来注之曰纳溪口【纳溪俗曰清水河源出永宁卫有两源一东南出贵州永宁县摩泥站界一南出雪山北流经唐家湾与吼西关北水曰道场溪者合东北流至卫东南与贵州界水合而北数十里东受二小水又北有落岩河二水北至大坝寺合东北流又南受一水经泸卫东又北受西来一水又东流来会又北曲曲二百余里至纳溪县南境折西北流入江】又北有小水自东南来注之又北折东北流经泸州城南而东沱江合诸水自西北经州城北而东南来会【沱水自灌口东分为三渠北曰太平二河南曰柏木河俱东流太平二河经崇宁县北而合又东有蒙水自西北来注之又分为三派柏木河东南流稍折而东北至焦沙尾之南四渠俱合东南流会北来绵雒诸水而南也支港纵横数百里间皆成泽国指其要领西自灌口东经郫县之北新繁县之南成都府治华阳县之北新都县金堂县之南前后支流皆沱江也亦曰湔江亦曰郫江其所会北来之水最大者一曰绵水今名绵阳河源出绵竹县西北境之紫岩山东南流经县北境百八十余里至德阳县东北境折南流经县东至汉州东境凡百七十里折西南流与西北来之雒水会而南曰雁水一曰石亭江有三源一名陡子河东南流合北来之白水河南流经绵竹县城西南又东南数十里会西北来之水一名射水河东南流合北来之龙蟒河又东南经县西境又东南与陡子河会又南流有一水自西来会曰石亭江又东南流经德阳西南汉州东境又南与西来之雒水会而合绵水一曰白鱼河源出什邡县北境山东南流经县东境及汉州东北有平桥河合雒水来会一曰雒水源出什邡县西北之章山亦曰雒通山东南流经县南境俗曰鸭子河又东南流至汉州城北而东有平桥河西北自什邡城北东南流来会又东南会石亭山又南会绵水总名雁水又南有蒙水支渠自西而东经彭县北又东经汉州南曰马水河者又东南合沱江支渠之清白江南流来会又东南至焦沙尾东金堂新都之沱江支渠并合而来会自此而南曰湔雒亦曰雁水亦曰中水实沱江也当新都县东南有龙泉水南有龙泉山东北流入沱江沱江自焦沙尾东南流八十余里折西南流百二十里至简州东北有赤水河自西北合二水来注之即绛水亦名牛鞞水也又南经州城东又东南百里至资阳县东北有杨花溪东北自乐至县西境山合二水来注之又南经县城东而南有资溪自县西北山来注之又南五十余里有珠溪自西北来注之珠溪二源一西北出仁寿县东北境资阳县西境二山水东南流而合一西南出仁寿南之龙回山青石铺东北流百余里与西北源合东流又南合一水又东南入沱江至此曰珠江亦曰资江也又东南百里经资县城西而东经其南有唐明渡又东有小溪自北来注之又东南百余里至内江县西北境折

东北流经县城西北又东北折而南经其东又南有高桥溪及东清流溪自东北来合注之经碓木镇西稍曲曲西南流百五十里至富顺县东北有观音河即鳌水自东北来注之又南经城东折而西经其南而西南流有荣溪西北自荣县东南流合诸河水盐井水来南注之至此雒江名金川亦曰中水又折而东流数十里折南流曲曲而东有隆桥河东北承际昌县水及石桥河西南流来注之又东南百里至泸州西北有沤水河自东北来注之又东经州城北而东南与大江会于州东也自灌口至复入处曲折行九百余里富顺县西南所合之荣河源出荣县西北之东川沟东南流经城西而南与城东北之梧桐沟会东南流曰中溪河折而东经贡井及自流井之南有威远县北之付家河东南流合北来之跳石河党木溪及龙令河三水南流注之又东经火井南有西牛河自北合三小水有胡家河自西南来并注之又东南流经沿滩埸东折西南流曰之溪经富顺之西南折而东与沱江会】大江既会沱江自泸州东稍北受北来龙溪水东有巨滩稍北折东南流又一巨滩有大河溪大桥溪俱自西南来注之又东南流经合溪县城北而东北流有赤水河西南自镇雄土府东北合诸水经合江城东而北注之【赤水河出镇雄土府西北山东流折而东北经府北境曰绵阳河有阿朗河及此来一水自西北来会折东南流入贵州界经永宁县南境百五十里有小河西南自毕节县北境合孙家河板桥河诸水东北流来会又东北流四十里入四川界又东北七十里经龙场营西北折而东流有□子关水自西南来会又东百三十里过鄢家渡至黎民镇北有一水西南自清水塘来注之又东有沙填河南合三水北流来会又东北流七十里有盐井河东南自枫香镇来注之又北流东受一水折西北流七十余里有斋郎河东自桐梓县东北山水合龙岩山水西流经县城东西行百七十里又北合一水西南流来会又西有九溪河自南合西南来之乘龙山水北流注之西经脉困塘北有古兰河自西南来注之又西北五十里至土城西有水思河自东来儒溪泥溪自西来并注之又西北有有盘桥溪自东猿猴溪自西南来先后注之折东北流六十余里有金沙溪自东来葫芦溪自东北来先后注之又折西流稍北百余里北受尧坝溪沙坝溪二水后溪一水至仁怀县西南境有枫溪自西南来注之折北流有永寿桥水自西来注之又北经县城西折而经其北又东北流百四十里经丁山西麓又东北七十里经合江县城东又北入大水此水曲折行受数小水几及千里】又有高洞河自东南来注之又东北有坪坦河自东来注之又北曲曲流有巨滩有大鹿溪自西北来注之【水出荣昌县南境山东南流入江】又东北流有洙溶溪北自永川县来注之【洙溶溪即车对河源有二一出永川县东北山西南流至县城东南有一水自西来会遂南而稍西流百余里折东南流九十里入大江】有对溪自南来注之又东折而北而东而北而西北流有五洞溪自西来注之又北有油溪自北合二水来注之【油溪出壁山县城北南流曲曲经来凤驿西又东南流至江津县北境折西南流有马坊河西北自永川县东北山东南流来会又南流入江】又曲而东而南有药城溪自南来注之又东北经江津县城西北【江自合江东北至此凡九折皆数十里一曲径二百里中纡折流至三百数十里】又东北流数十里有綦江自南合诸水来注之曰僰溪口【綦江源出桐梓县北境山两源合北流百数十里曰松坎河受西南来一小水又北数十里有坡头河自东北山来注之又北流西受一水又北九十里有三溪河自东来会又北七十里经綦江县城东而北有龙角溪自东合三小水来会又折西流经城北又西北流有沙溪沟自东北来有清溪河自西南合三坌沟及鱼子溪水东北流三百余里来会又西北百里北受一水又北有孙溪河西南合棋盘山水来会又北至江津东境又北入江】又北八十里有小水自西来有甘蔗溪自东南来注之中有巨滩又北稍东九十里受东南来小水二至重庆府治巴县南经明月峡折而东抱城东而北有涪江合白水嘉陵渠河三巨川尽并龙安潼川保宁顺庆四府诸州县之水自西北出鱼鹿峡经府城北而东来会【涪江白水江嘉陵江西汉水渠河见后】

大江既会涪江又东北受东北来一水折东流百里有小水自南来注之又东北流有梅溪北自大竹邻水二县东合宝石河南流注之【梅溪源出大竹县西九盘山南麓西南流经庙奥场西折东流又东南有一水自县南西南流来会又西南流受西北来一小水又南有土桥河合一水自西北来会又西南至邻水县东南境有水自县城北绕而东南来会曰芭蕉河又南流八十里折东南流有宝石河东北自月城山西南流二百八十余里西合一水来会又南流百余里经大洪冈铁山关东南入江】又东折而东北南受一小水又东北经温乐山有滩经长寿县城南而东有桃花溪自东北来注之【溪出县北山东南流折西南经仑尖山西又西南流经长寿县城东南入江】又有龙溪河东北自梁山垫江二县合诸水来注之【龙溪河源出梁山县东南山西北流经县北境有一水南自城北流来会又西流合南来一水又西南流有沙河自西北来会又南流有七间河自西来会又南流折而西南有狐狸山二水自

西北合而来会又西南经垫江县东境有罗干河西自县城北合三水东流来会又西南行两山中曰高滩河有两水自西北合而来会又南流有大沙河东北自梁山县西南山中西南流来会又西南百余里至长寿县东桃花口之南入江其南即黄草山也】又折南流经黄草峡而东南有梨河自南来注之【俗曰离乡河】江心有沙洲【长十余里】又东过铁柜山又东经涪州城北而东有黔江亦曰涪江南自贵州合诸水来会于铜柱滩口【黔江即乌江见后】

大江既会黔江又东北至南沱折西北流二十里复东北又东南而东流北岸受小水二【曰渠溪河出忠州西北山西南流二百余里经酆都县北境又西南至北涪镇之西入江曰马滩河出酆都北山西南流入江】南岸受小水二【曰罗云溪北流入江其口正对北岸之马滩河曰白水溪在罗云溪东东北流入江】又东稍北经酆都县城南有葫芦溪自东石柱司合诸水来注之【葫芦溪有两源东出湖广界上山北源曰龙嘴溪二水合西南流南源曰冷清溪亦二水合西流而会曰后河又西经石柱司北有漆兰溪自北来注之又折西南流有江池溪自西北来注之又西南流折而西北又折西流入江在县东南】又东北有龙停溪自城北来注之又东北流百二十余里经倒须滩北岸受小水七至忠州城南南岸受小水二【北岸所受水自龙停溪而东北曰赤溪曰丁溪曰挫溪溪口正南对石滩曰滩子沱二水合而注江当滩之尾曰泉水溪曰漕溪即忠州西南也诸溪皆出西大山东南流入江长不过数十里南岸所受二水曰神溪北流入江正当州城之南曰钟溪出方斗山西北流入江正当州城东南】又东北有淦溪河自西北来注之【淦溪河即鸣玉溪出梁山县南境山东南曲曲流经忠州北境淦井之南又东南至州东北入江】有沿溪自东南来注之【沿溪二水合流西北入江】又东北有涂井河自西北来注之【涂井河出梁山县东境山东南流经涂井之南折而东北入江】经西界沱西四方山东麓【西界沱在东岸四方山在西岸】又东北有合溪自西来注之【合溪亦曰跳蹬河】又东北北岸受二水【曰壤河溪稍长曰杨河溪俱东南流入江】又东北折正北流东岸受二水【曰白水溪西北流入江曰渡口溪北流折而西入江】稍西北至万县城南有西河自西北来合北一水经城西而东南注之【西河即苎溪出西北山南流折而东又东南流有一水即彭溪北自山中南流来会经县城西而南东入江】折东流而东北【自忠州东北至于万县东二百余里】于铁凤山南折而东流至小江口【自万县东稍北至此一百十里】有小江北自开县合诸水来注之【小江有数源一出开州东北山曰板桥溪西南流有谢家坝水自东南来会又西北流有石家溪自东北来会折西流至旧县坝南有北源观面山一水自西北来会又西南流有跳登河自西来注之又南经县东南境有西源曰临江自西北山经县城南来会折东南流有垫江自西南来会始曰小江亦曰清水江又东南百里至小江口之西南入江自小江口东至云阳城七十余里】又东经山麓又东经云阳县城南而东有新军河自西南来注之【新军河源出湖广施南府界两水西源出支罗所塘东北流东源出磁洞北流入石龙关西北界合而东北流凡二百余里东经云阳之南境至城南北入江】有东瀼河北自县城东来注之【东瀼河源曰五溪河出北与陕西界南九龙山之南麓南流山中经开县东北境凡二百余里至五溪关东有石土河自东来会又东南曲曲流曰东瀼河又百余里经云阳县城东北又东南入江正对南岸新军河口】又东稍北经山麓东流数滩南岸受老马五龙二溪水北岸受头塘溪水【头塘溪出夔府治奉节县西北山东南流经县西境南入江自云阳东至此百里】又东经南乡峡虎须滩至夔州府城南经八阵碛东出为瞿塘峡有小河西北自分水岭经城东来注之又东经白帝城南当瞿唐峡口为滟滪堆江流至险处也北岸受铁柱溪水南岸受大溪河水【滟滪堆石当奉节东南在大江中流惟西南近岸其东为龙脊滩小河北出陕西南界之分水岭南流曲曲随山麓东南曰分水河二百余里至凤宁山东又东南百里西受一水又东南流北受一水又东南经夔府城东北又南入江铁柱河自北山南流经白帝城东南入江大溪河出西南境山东北流百余里入江】稍南而东经南岸山麓八十里至巫山县城南有大宁河合诸溪水自北来经县城东北而南注之【大宁河东北出湖北竹山县西南境萧家坡之西北山二水合西北流八县东北界出山西流百六十里曰东溪河至盐井东北有西溪河西北自陕西界山东南流来会又南至盐井东南有后溪河自西来会折东南流数十里又折西南至大宁县东南有白杨河自西北山东南流合西南来之水浪小溪二河经县南而东来会又南流数十里折而东南有龙溪上田二河先后自西南来会又东南数十里经大昌废县南有杨溪河东北自竹山南界麦场垭西南流二百里北合一水经废县东南来会遂南百余里依山麓东南经巫山西麓至巫山县城东南入江】又东经巫山南麓曰巫峡南岸受小水二【曰观渡河东流经水坪北折东北流循江南岸大山南麓而东北入江土人亦曰巫山以在县东者为十二峰也曰白古水河自建始县东北境山东北流入江】北岸受小水一【曰边鱼溪北自巫山十二峰东麓南流入江】又东南流入湖北界【西六度

五分极三十一度一分计自叙州府东东北至巫山县径一千四百余里自巫山县始折而东南流】经巴东县西北界之万流驿南【驿西即边鱼溪也】又东八十里经门扇东奔破石三滩至巴东县城北曰巴东三峡北岸受小水二南岸受小水一【稍大者曰元渡河出巴东县西北界山西南流合左右二水又南有坪阳坝水自东来会经火峰铺东又南入江在巴东县西北四十里】折东南流经县东其北岸有小水三自北来合注之南岸有水自西南来注之【水出县西南境山三源合东流折而东北经县城之东北流入江】又东南流经数滩七十余里至归州城南【归州西有吒滩莲花滩新滩皆山石险峻】南岸受沙镇溪水北岸受吒溪水【沙镇溪二源一西南出召化堡山东北流有归坪河东南自劝农村来会又东北流入江在州西南三十里吒溪出州北境武家坪之西北山南流又东南折而南经两山间南至州城北折西南流入江入江之口即吒滩也】又东一小水自南来注之又东有茅坪溪自南来注之【溪东北流合东来一小水经荒口铺西北流入江】稍东有香溪东北自兴山县合诸水来注之【香溪出高鸡寨西山西南流曰深波河经苦口洞南又西南至兴山县北有南阳河自西北来会又南合西来一小水又南经县城西而南有小水东北自城来会又东南流有建阳河自东北来西南流二百余里来会又西南经茅坪铺东南入江】又东有花桥水自南来注之【花桥水出花桥铺东白沙驿西北流会西来之九湾及周坪二水又北入江】又东有杉木溪自西北山来注之又东有白水溪自北来衢溪自南来并会过黄陵庙又东南经宜昌府境山峡曲曲【有马肝白狗空舲三峡尤险自秭归而东南者甚为危虑】经下牢关折南为大石滩至彝陵南始出峡就平地安流而东也【自归州东之三峡东南至下牢夹江为险有西陵明月黄牛三峡中有使君虎头狼尾角鹿等滩皆至险处自瞿唐至彝陵计五百里彝陵自白水溪而东北岸又受罗钿河上红溪二小水至江折向南处有长桥溪南流合东北来之梁郜河水又南合东来一水折西南流入江稍为源长】滩口西岸有桃花铺水自西来注之又东南至沈家店有临江河自东北合三水来注之【临江河出龙泉铺之东北山西南流经铺南有二水自西北合而来会又西南流至店南西入江】又东南经鸡子山虎脑背南过荆门山【山之对岸即虎牙山】南至宜都县城北有清江西自长阳县西南承施南府诸水来注之【清江源出施南府西北境与四川之石龙关东交界之山东南曲曲流百余里有水西南自张家村山西北曲曲折而东流曰大跳敦河经官渡坝南又东至忠孝司北有一水自东南一自西南并来会北流至火铺塘西北山伏焉北踰重山复流出折而东流与清江会又东流数十里至施恩府治恩施县北境有龙马河自西北山有大河东北自水田坝南流合而西南来会又有干平溪自西南来经沙子门岭东北流来会清江又南经三龙坝西西受一小水又东南经府城东北东受一小水又东南有冷水河自西南经出水洞来会折东北流数十里经三坌口塘南又东北数十里有一河西南自施南司之南山东北流经司北又东北流受南来之杨二溪水经东乡司北又东北八十里来会清江又东有龙溪河自西北来合建始县之小河诸水来会水势大盛又东百余里合北来一水又东北数十里合北来一小水又东北至桃符塘南有水西南自桃山东北流经金鸡口西北合西来三叉口南之水东北经红沙堡东北来会清江又东北九十里有四都河自西北经黄家湾来会折东南流六十里有一水西南自栗子坪东北流与石梁司东南山水北流经五峰司西者合东北流至天地口来会又东北流七十里有石门南水自西北来注之又东南流五十里经长阳县城南又东北流受北一小水又东少北受北来传靳溪塘水折而南经湾市西有十八堰溪西自杨柳池来会又东南至宜都县城西北会西南来之汉阳河东入大江清江即古夷水行六百余里受数县诸小水无数龙溪河所会建始县之小河源出县北境灩澦南岸大山东南流经水坪东南曰蒲潭溪折西南流有桐木溪自西来会又南有木　河合二水自西北来会南经县东南有西溪自城西南来会曰小河又南折西流又南与龙溪河二水会龙溪河源出十三关大山者南流折而东南八十里其南源东北流来会又东流七十里会小河又东折而南流经双耳洞东又南经南里渡西又东南数十里与清河会汉洋河源出施南府东界五峰司之东北大山东南流七十余里经百年关北渔洋关南有一水自南山来会又东北流百三十里至宜都县西南境有二水西自梁山马鞍山者先后来会折东流稍北至城北会清江入大江】稍东有善溪自北来注之曰白羊渡口【正当宜都县城东北】又东南数十里经枝江县城东北有白水港溪自西南合一小水东北流经城西北东注之又东南数十里有洋溪自南来注之【洋溪村夹溪】折东北流至松滋县西南中有沙洲相联有玛瑙河北自当阳县西南境合三水南流注之【玛瑙河二源东源二水出当阳西南之玉泉山南流合而西南数十里与西源出双店铺东南流者合又南曲曲百余里至松滋西境南入江】又东北经县城北折而东南有珠市水自西来注之又东南经江亭草坪北又东至荆州府治江陵县西南境之涴口北北岸有沮河漳河北自古麦城合而南流注之【沮河源出远

安县北境之北风山南流曲曲百余里曰潮水河西受一小水南经县城西折东南流七十里至当阳县西北境有巩河自东北来会折东流而南而东南经当阳城北又东南流西受县南一小水经紫盖寺南又东南至古麦城西又东南漳河自东北来会又南百五十里入大江当未入江时有支津东流八十余里至荆州府城西南周寅店入江漳河源出沮河之东北五十里之劝汤岩南流至漳河司清水铺西曰清溪河又东南流至河溶西麦城东又南与沮河会二水自源至江行四百余里漳河司东北连山东为荆门山麦城在当阳县东南七十里东南至府城百六十余里当阳西南六十里即玉泉山北风山东北百余里至漳南县】又东至虎渡口北南岸有支津南通公安诸湖水北岸有沮漳支流来会又东稍北经府城南沙市折东南流【自巴东至此径六百余里前称川江至此又称荆江】经公安县东北境又东南稍折而西而南至石首县西境折向东稍北经县城北又东有沙洲过调弦口又东北折而东南至监利县西境有支津南会澧水入洞庭湖又东经监利南境至车湾西折南流屈曲经华容东境至岳州府治巴陵县西北境始折而东北流洞庭湖南汇沅湘诸水自府城西北东北流来会见后【洞庭湖湘水沅水醴水见后江自夔府始东南流至此凡一千二百里也湖口西三度五分极二十九度五分自监利至巴陵凡八曲折始会洞庭而东北】

大江既会洞庭水于巴陵东北之荆河口经城陵司北白螺司南南岸有松阳湖二支津来注之又东北经临湘县西南境南岸有白泥湖水自县东南来西北流注之【白泥湖在县东南即黄介湖之委也袤延七十余里西北流经县南境又西入大江】东北过石矶【曰城陵矶曰道人矶】经县城西北又东北经螺山南又东北至新堤镇南土矶头北南岸有黄介湖西口又东至茅埠村东北港塘西东口【黄介湖源南出大岭口水北流经长安驿东桃林镇西入湖又东南有龙角山水来会湖袤延百余里西南流为白泥湖西北入江东北流又为长湖其南有尖山铺港口驿诸山三水会平水港流入焉湖东即蒲圻西境也北分二港一西北入江一北入江】又东北为六溪口即古陆口又陆水东南自蒲圻合通城崇阳诸水来注之【陆溪出江西宁州西界大湖山三源东北流折而西北流经苦竹山西南楼岭东曰石嵛头河又东北至河市北有河市港水西南自黄龙山下将岭北流来会又东北经通城县东境有东港太平港及城南之朗河皆自西南来会又有龙窖山水自西来经城北来会又北会西来之白港河水折东北流经新桥铺苕桥镇西北有毛公渡河自南来注之又北至石五铺西有大溪洞水自东南来注之又南北至崇阳县西南有吴城港水南自雷公山来会又东经县城南而东有水自东南来注之又北流经城东而北有白羊山水合数小溪南流折而西北来注之又西北流经崇洪镇北有小水自西南来注之又北流折而西至蒲圻东南有桃花岭水自西南来注之又北经县城东北又西北百余里至六溪口西北入江】又东有石矶【矶南岸曰石矶头塘】南岸有小湖口【即嘉鱼城西南湖也赤壁在嘉鱼县西与江夏县界北岸对乌林】东经嘉鱼县城北北岸即沔阳州东南境也【北岸自新堤镇杨家嵛东北至此虽无入江之水沔阳支津北引汉水为川为泽纵横五六百里间】又东折而东北又西北至新滩口沔阳东南诸水合而来注之【见后】又西北折而东经大军山南麓至金口镇西有斧头湖金水自南来注之【斧头湖长百数十里自嘉鱼东南境迤而东有小水三自南来汇又迤而北有咸宁县咸河自东南合六小水来北注之又东北至贺胜桥受东来一小水又北百里至金口镇巡司西北入江】又北流稍西经小军山东麓又北有赤野湖西会沔阳太白十四湖诸水来会曰沌口汉阳府之西南境也【荆州府治江陵县城北有大晖港自北而南折而东经城北又东数十里形如曲尺此水无所入其北有池水当港曲平地于龙背桥南东流六十里有小水自西北来会汇为太白湖自西迤而东南长九十里至潜江县西境梅家嵛西有三湖水西南自江陵东南境来会又东有汉水支津东北有大泽口西南流来会南流有红马湖水南自江东岸之郝穴东北流又西合观音寺东之水来会即古所谓夏水首受江后人曰长夏河者也自此分二派一东南流至周家嵛又分为二北派东流至沔阳州南之谢云口又东数十里至峰口复合有小河西北自州北境来会东至土坑口又分为三其东流二渠汇为妙湖其南流者为白石湖有上洪湖官湖下洪湖相连自西来会又南而周家嵛南流之水与红马湖南流之水会而东南者西南受监利县北岸之南江湖莲头湖大鸟湖蒋师湖大城池五水又东流百数十里至新堤镇杨家嵛又东北来会过小港口又东北与沙湖水会而东州东北水之支渠亦东南注棍当湖会于平坊又东折而北至州东南之新滩口巡司之南东入江沔阳北派自潜江县北境张集口南引汉水支津南流至排沙渡之西折东南流经县城东北又东南流分为二派至谢汪刘三场又分为三其东二派南复合至州西萧家场折而东北汇为西湖经州西北及正北曰邋遢湖又东曰白泥湖长百二十余里南北广者八十里狭者五六十里其南一派东南流百七十里至州南境

与州城西水合又东南至土坑口会长夏河者也白泥湖东南流于沙镇司南东北注赤野湖赤野湖两受汉水一西北于州东北之仙桃镇南南流与白泥湖北出之二渠合而东经下楂埠南又东注赤野湖一东北于汉川县东境蔡店巡司之北引汉支津西南流百余里注赤野湖湖南北九十余里东西七八十里于东流出经小军山之北东北至沌口入大江即沔水也】又东北七十里经汉阳府城南及东武昌府城西有矶有湖水自东南来注之【矶在武昌府西南江中当汉阳正南即鹦鹉洲也武昌府治江夏县有黄鹤矶县南多水泽曰东湖曰汤孙湖曰黄家湖曰清宁湖曰赛湖至西山会流而北入江】二府隔江东西相望稍北汉水西北合商雒唐邓以南诸巨川自汉阳府城西北来会曰汉口【汉水见后西二度三分极三十度六分】

卷十·江【下 自武昌汉口东至海】

大江既会汉水东北流中有沙洲又东北经武昌北境南岸有南湖水口【一名五丈湖在江夏东】北岸即黄陂县之牛湖水口也【牛湖在黄陂西南袤邪八十余里广五十里东南流入江即古滠水自汉阳来入曰滠口】又东大江始折东南流【自岳州巴陵东北流至此径五百数十里】北岸有武湖水自黄陂来注之曰武口亦曰沙洑口【武湖水源出黄安县西北境与河南界之老山二水俱南流经仙居亭山左右约百余里会于河口之南即新集之西南也又南八十里经木兰山西麓又南百余里经黄陂县城东又南有什子湖水西南来鸭鱼湖水东南来并会又东南流有牛湖支津自西南来会潴为湖周五十里又东南入江】又东南至黄冈西北境阳逻驿南北岸有水北自黄安县合二水来注之【华家河出黄安县北与河南界之暮云山在周八家村之西又西即仙居亭山也南流九十里折东南流有郭家河自东北来会经县城西又南百余里经三姑井西又曲曲东南流折而西南百数十里至驿东南入海】又东南经汪家铺南白虎山北北岸有湖水口【湖在杨逻驿水之东团风镇水之西形三角数十里西南流入江】又东稍北流至黄冈北之团风驿西有水自北合麻城诸水来注之江口有洲【白塔河出麻城县北界之黄土关大山南流曲曲百余里至县城东有洪家河东北自虎头关东山西南流来会又西北流有道观河南自马鞍山西北流折而东北经沙河镇东合八叠山之水又西北经白果镇来会又西南流有浮桥水北自黄安东北界之分水岭南流经黄安东境麻城西境百数十里至浮桥西中馆驿东又南来会又西南至宋埠镇南岐亭东折而东南曲曲百六十余里至团风驿之西入江】江至水口折正南流六十里经黄州府城西北有小水口【自府北境西南流入江】经城西有矶【曰赤鼻矶】折而东流南岸武昌县境有诸湖水自西南来注之曰樊口【南岸湖自江夏东境之白羊湖南为山口铺东为白虎山南湖水渐广其上源南出咸宁县东北山数源东北流合而曲曲经山中曰大港水又北至金牛港入湖曰梁子湖西北自长山铺东南至武昌县西之樊山长百三十里广八九十里尽汇县境湖泽九十九北注大江】又东经武昌县城北南岸县城与西北岸府城隔江相望又东稍北南岸有五丈湖口【即武昌东之南湖俗曰洋澜湖者也】又东稍南北岸有小湖口【即黄冈东境湖】又东有巴河东北自罗田县西南流至蕲水县西境来注之【巴河源出罗田县石门寨西多云司东南山西流经天堂寨南又西南流有一水自北来会又西南流曰九子河又南流经平湖店西又西南至县西南境之油店西有油河东北自县北净瓶山水合石柱山水南流曰沙河又西南曰油河合东一小水南经县城东又经其南西流来会自源至此已二百八十里矣又西南数十里折南流经蕲水县北境之上巴河又西南百余里经巴水驿西又南至下巴河之西南入江巴河口之西即黄冈东湖口其东又有小湖口自东来注之】大江又折东南流南岸为大冶县东北境之黄石港口【华家湖自五丈港塘之南广二十余里东南流曰黄石港又东入江正对浠水口】东北岸有浠水自东北来经蕲水县城东南而西南流注之【浠水源出江南英山县北界岭南流曰落里河流百余里折东南流有一水自东界岭西南流经县城东南而西来会曰鸡儿河即兰水也又南流入湖广界经土峰岭豹子山之北折西流百数十里曰古河有一水自东北来注之又西南流六十里经蕲水县城东南又西南七十余里至兰溪司入江】又东南经蕲州西北境之茅山司西西南岸有道士洑口【大冶县东北有张家湖在黄石港之南东流曰道士洑入江正对茅山司】又东南经兴国州东北境有漳源湖西自大冶来注之曰漳源口【漳源出大冶县西境大港东山三源合东南流经县城南又东为金湖经小箕山北为漳源湖广数十里又东为小口入江】江中有洲其东北岸即蕲州城北之蕲水口也【蕲水东北出大浮山数源一源出龙砰山西麓西南流至大同司北又西南有南源二水出茅平山宝盖山者西流合而来会又西流曰童子河至高山铺南而西有北源出豹子山者亦西南流曰开口河经铺西北而南来会曰两河口又南经西河驿东

曹家镇西分为二派一东汇为赤东湖一西南流而合又西南数十里至州城之北西入江其口正对沙洲】又南经州城西南有数洲又东南南岸有富池口富水西南自通山县东经兴国州合诸水来注之【富水出通山县西太坪铺诸山其西诸水俱自崇阳西北至蒲圻入江即陆水也其山东数水东流合而东经寺下铺东南又南合一水又东经通山县城南又东北流至花桥北合二水至板桥又南合一水又东至阳辛市有水自南来注之又东北有水南自江西武宁县北境小洞山来会又东南经排市镇北又东北流有高桥市南北二水合而东南流州城西北湖汇诸水西为冰湖西流合而南来会曰港口又东数十里经州城南有一水自南来会又东北流有夹节湖汇诸水自南来经鸡笼山来会又东有纲湖水自西北来会又东至富池镇之南界首铺之北入江】又东南经广济县西南境之马口镇南折东北流南岸入江西界经瑞昌县西北境北岸有马口湖水口【马口湖水西北自蕲州城东南迤而东会诸小水又东南至广济西南马口镇之东南入江】又东北八十里折而东南南岸有瑞昌水口即古湓水也【今曰杨林湖水西出县西界之赤颜山二源合东流经羊肠山南又东经县城西南有小水北自城西来注之稍东经城南有白石岩水自西南来有罗家湖水自南来会又东北潴为湖周二十余里分为二流一西北流有白沙渡水自西来会即马头镇之南水也又东北流入江北岸即广济东与黄梅接界之新开口司也】又东南经黄梅县西南境有县河东北合诸水经小池口来注之【水出黄梅县西北龙坪山两源合东南流有孙家山水自东北来会曰古角河又南有老寺山水自西北来会折东南流经县城东又西南流至黄连村有广济县水自西来会又东南合一小水又西南数十里入江广济县河二水一曰县河出县北横冈山西南流经县城东而西南有层峰山水自城西来会南流曰挞水河折东南流汇为大泽迤而东北曰太白湖又北受东冲山水自东流出经双城驿前又东至黄连村南与黄梅县河会】又东南有数洲渚至九江府治德化县西境之湓口【中偏西半度极二十九度九分大江西北自武昌府东北青山铺之北东南流至湓口计六百余里大江至此其势遂向东北湓口水即瑞昌县东南杨林湖东流经锦绣谷又东北流至府城西境有小水自东南来会北入江亦曰湓浦北岸亦德化界有柘港湖江矶湖诸小水】东经府城北亦曰浔阳江又东稍北北岸为黄梅与江南宿松县之界【西曰小池口杨家穴黄梅境东曰段腰镇归林司宿松境】又东为湖口县西之湖口江中有大洲二【曰梅家洲曰永和洲】

彭蠡湖南汇章贡诸水北流来会【中偏西三分极二十九度九分彭蠡章贡见后】又东经县城北又东北流北岸有龙湖水北自宿松县来注之【水自县北之二郎河南流经城西而南分为二派一南流与西自黄梅来一水会潴为龙湖广二十里又东南流入江江口有二小洲相连】稍东有一水自南来注之【即太平关水也】又东经彭泽县城西北有一水南自城西北注之江中有小孤山滨岸有矶【山在城北江中江之北岸有小孤司】又东有泊湖水自东南来注之【大泊湖在彭泽县东境袤延曲折数十里西会一南来之水北入江】又东北有大洲又东北南岸受小水二中有洲又北入江南界【大江于江西经四县境五百里】

大江北经马当山北东流县之西南境也【马当山横枕大江为彭泽东流分界】西岸即望江县东南之雷口有水西北合太湖宿松二县水东流注之【前长河有三源一出潜山县西北境水吼巅之西北山其北水即淠河北流入淮者南水西南流经重山间曲曲百余里曰薛家河有一水自西北来会又东南流数十里有青石河西北自英山县东境山东南流百余里来会即西源也又东至青石镇南有东源曰羊角河自潜山西境山西南流百余里来会又东南数十里分为二派一东南流经大湖县城西南一东流经城北折而南经其东又南复合东南七十里为泊湖又东南流为前长河六十里至望江县西南有南泊湖水自西来会南泊湖水西北出宿松县西北界之二郎河东南流八十里经县城西南分二派一南注龙湖入江其一东流经县东南境有预县河自北山经县东而南来注之又东南四十里折而东稍北为泊湖又东八十余里会前长河东流经望江县城南之吉水镇前又东入江即古雷口也】又北经望江东境近西岸有洲东岸依山麓又东北为香口河口【香口河两源一出建德县南境石门岭西北流一出桃墅岭东北流合而北流百里曰前河折西北流经县城西南尧城镇东又北流折西北至东流县东南有一水南自山中来会曰香口河又西流经县城南又西入江水口西岸稍南即望江东北之华阳镇】又北经县城西北又北西岸有漳湖沟口【湖在望江县北境周四十里东南流为沟入江】又北六十余里折东北流经安庆府治怀宁县西南境数十里至县南有长河西合潜山诸水来注之即古皖水曰皖口【长河数源出潜山县西北山东流经县城北而东南者曰宾河又北曰黄花河又北曰破越河皆西出山中东流经青口驿南折东南流有西源曰西河出西境山东流经县城南而东与北三水会又东稍南至石牌镇有地灵河自西来会俗总名曰石牌河又东有白沙河与晶

灵河西自小池驿合而东流来会又东有灵里河及北关口河西南自大湖县东北境合而东北流来会又东南经府西境曰长河至府城西南东入江】东经府城东南又东北南岸池州府治贵池县西境有张溪自南来注之【张溪即李阳河源出建德县东境山三水合而北流折西北百余里至张溪镇东又八十余里至黄溢镇西又北入江】又东北至枞阳镇南有枞阳水西北自桐城县合诸水来注之【枞阳水数源东北曰鲁玉河出桐城县东北北硖关西北山东南流经吕亭驿东又南至县东南境孔城镇西南有小水自西北来会又南流至怀宁县界练潭驿东有二水自西北来会曰倒流河曰挂车河倒流河二源一出桐城县北马头山东南流经县城东又南其西一水出五岭山南流经城西南又合一小水东南流来会又东南流与西来之挂车河同入鲁玉河挂车河二源一出县西南山东南流一出陶冲驿西山东流而合又东南经练潭驿北又东会倒流河入鲁玉河又东南流有三安河及沙河自西合而东流来会三安河出桐城县西南境山东流经陶冲驿南又东南百余里至练潭驿南又南有沙河自西来会沙河两源在三安河之南东流合而东南有小路口二水西自潜山青口驿之北合东流会沙河又东会三安河又东南会鲁玉河又东南经桐城东南界枞阳镇之西入大江】又东北数十里南岸有池河自南来注之即贵池水也【池河俗曰云溪河源出祁门县北界大洪镇西北诸山两水合北流至七都村西折西北流二百里曰云溪河经唐村山南有一水自南来会又西北至府西南之殷家汇东折正北流至池府西五十里北入大江曰池口】又东北至府城西北境有通济河南自城东北来西北流注之【即池州城河也源二一出府南境唐村山东北流一出东南石罗山西北流合而北而西北经府城东折西北流入大江】又东北北岸有罗昌河自西北来注之【河出罗昌镇北山东南流经汤家沟北又东南入江】又东南岸有梅根港口【梅根港在贵池县东北境水有二源西南曰沙塘河东南曰石米河合而西北流又有白沙河自西来会又北流经梅根镇西北入江】又东北经铜陵县西南境有大通河南自青阳县合数水来注之【大通河西源曰五溪河出青阳县南山合五水北流经两山门又北经县西南之九华山西麓又北至大通镇之南与东源会北入江东源三水一曰分水岭北水西北流经青阳县城东而北有博山河东南自石埭县北境陵阳镇西北流来会又北稍西有乔麦湾河自东南来会又西北至大通镇南会西源入江】又东北经南岸山麓又东北经县城西有小水口【自城南西北流入江】中有洲又东经城北北岸有二小水口无为州南境也【曰灰河镇水口正对南岸铜陵城曰土桥镇水口又在其东】又东北南岸有小水口又东北北岸有泥汊镇水口【巢湖支津北自巢县南经无为州东而南入江之一派也见后】江心有洲南岸有荻港口【荻港水出铜陵县东南山东北流至顺安镇有二小水合自东南来会又东北流曰新河至黄浒镇又合繁昌县南之水龙山水折而西北经荻港镇南西北入江】又东北经繁昌县西北境北岸有珊港汛口中有数洲【见后】又东北经北岸奥龙镇南南岸三山镇北【奥龙镇以西俱无为州境三山镇系繁昌北境有三山矶滨江】又东北为南岸芜湖县西南境之石硊河口【石硊河源出南陵县西南山东北流经县城东南又东北受西来二小水即西出小龙山马耳山者又北有一湖自东合南来一水并东南达清弋江支津西流来会于繁昌东境又北至芜湖县南境石硊铺之西折西北流至鲁港镇西南入江其北岸稍东即和州南境之裕溪口也】北岸为和州南境之裕溪口【裕溪源流见后】又东北为芜湖县西北之鲁港口鲁明江南汇旌德太平石埭泾县诸水东北流经宣城西北境曰清弋江折西北流经芜湖城南而西北注之【鲁阳江即清弋江有三源东南源曰梅溪河出旌德县南与绩溪县界之铺头镇南山北流数十里经县城东又北折西北流经三溪镇南又西北流依山麓折而东北至泾县南境乌溪镇之西合南来三小水又北经县城东又北西南二源水合自西南来会南源曰小溪河出太平县南与歙县界黄山北麓北流八十余里经县城东又北稍西北曲曲八十里而石埭水自西南来会西南源曰阳溪河有三源一出石埭县西北分水岭其西北流即青阳县水也此溪东南流至县城西南与西南源之出郭郜山者会而东经城南又东北流与南源之一出焦村一出雀村合而北流者合又东北七十里与小溪河会阳溪河既会小溪河又东北流百余里至泾县北境与东南来之梅溪河会又东北九十里分支津北流入横湖注石硊河北入江正派东北流八十里至宣城县西北境之湾沚镇西北又分二派一西北流经方村镇东又西北流一东北流至黄池镇南有乌溪镇水东北自水阳河来会又分支渠北达水阳河其一支西北流与方村镇一派合曰县河西流经芜湖县城南折而西北流经鲁港镇之东北入江此水三源皆在黄山之北】又东北六十里至太平府治当涂县西南境之水阳江口水阳江即姑熟溪南自宁国府北流至当涂会广德建平高淳诸水西北流注之【水阳江南出宁国县有二源西南源出县南与绩溪县界之丛山关西北北流有四小水东西来会又北流经胡乐司西又北流数十里曰西河折东流至蟠龙铺之西北有一溪自南合东来二水来会

又东北流六十里经县城西北有东河自东南来会东南源即东河又有二源一东南出与浙江界山两水西北流合经狮桥镇南又西北至石口镇南折而北流有一水自南合二溪北流百余里来会又折东流经梅花镇北而东又折北流经河沥溪镇西又西北八十余里至县城东北又北与西河会于可渡镇之西始曰大河北流又西北经杜迁镇黄渡镇西受西南来之小水二又北分为二派一北流一西北流数十里至宁国府治宣城县东南又分二支一北经府城东北即折东北流一北流二十余里合于府北山东麓稍东北前北流一派自南来会又东北复分为三派一派东流会里南湖一派东北流会高淳县东南之因城湖一派北流八十里至水阳镇西南有支津与东北流者通又北流四十里折西北流至乌溪镇东南有支津与清弋江之经湾沚者会又西北流分为二派一西流有黄池河南自黄池镇通清弋江来会又西稍北流经太平府南境而西至东梁山之南麓其前分一派西北流于府东南又分为二一西流一北流会高淳县塘沟河西流经府城南折而西南流会前西流之派又西南于东梁山东南麓复会西入大江水出广德州者有二源一曰东溪亦有二源一东南出与浙江界山西北流至广德州城东北一东北出杭村镇西南流至州城东北合而西北有水西南自阳滩来会又西北曲曲流出山折而西至建平县东南有西溪自南来会西溪出州南境陈阳司南山北流数十里经柏店东折西北流有水合二溪自南来会又北百数十里会东溪河又西有水西南自唐尼岭北流经十字铺又东北来会乂西北经县城西南又西北曰溪河西入南琦湖南琦湖之南曰里南湖北曰因城湖实一泽东西狭南北长南承洪村桥水为里南湖有姑熟溪支河西南自宁国府东北来会迤而东北受一东南来之水又北有溪河东南自建平来注之又东北经定埠镇西又北有胥河东自溧阳来会湖水自西北流有姑熟溪支河西南来会又北而西经高淳县城南又西北经沧溪镇东北有石臼湖水自北支津相会又西北曰塘沟河经薛镇南又西北至太平府东南水阳河支津自南来会又西北至城东南分为二派一经城南而西南流合水阳河于东梁山南麓西入江一经城东而北石臼湖支水自东来会于府城西北入江石臼湖在高淳之北溧水县之西南东西长八十里西南支津通高淳县西之塘沟河自湖北流出一水经博望镇东又北折而西流经丹阳镇南又西曰新河经府城北而西至采石镇之南入江】南岸博望山与北岸和州南之西梁山隔江相对亦曰天门山【博望山今曰东梁山以与西岸梁山对也】又东北北岸为横江口牛屯河西北自巢湖来注之【巢湖在庐州府治合肥县南境庐江县北界东西广百余里南北八十余里形稍方中有姥山孤山近西岸为江北巨泽周四百里自合肥南界诸水皆汇注之其上源则肥水及舒城县之巴洋河也肥水出合肥西之鸡鸣山亦曰金斗河东南流有一水西自小蜀山来会又东南经府城北又东有店埠河东北自图疃来会又南流九十里入湖肥水之西南曰派河出西南大尖山之东麓东流经派河驿南又东流稍南入湖派河之南曰界河即桃溪也原出舒城县西北界山东流经桃城镇南又东北流折而东南入湖与西南来之巴洋河合巴洋河源较诸水最远出潜山县北界小路之北山其山以东之水皆东南会桐城之枞阳其西水即此河也东北流经桐城西北之五岭山马岭山西麓曲曲已二百里东北至龙河口有龙河北自舒城县城西来注之又东北数十里经县东南境又东北八十里会界河入湖湖自肥水口东南经忠庙镇炯炀镇南又东南有支渠东流有柘皋河东北自浮槎山又有下合镇河自东合而南流来会其南又受一小水东稍南流经巢县城南又东南八十余里至黄落河镇之东北分为二派其南流者经漕运镇西又分二派一于镇南东合其一南流经无为州东境又南分为二派一正南于泥汊镇之西入江正与东岸荻港相对一东流经栅港汛南而东入江即古濡须口也其东南流经漕运之北而南又合西来支津稍南又分为二派一东南流经雍家镇之北而东南入江曰裕溪口正与芜湖鲁港镇相对其东北流者即运河亦曰牛屯河又东北经和州东南境之西梁山北又东北入江即古横江正对东岸太平府西北之采石矶也】又东北经太平府城北之采石矶即古牛渚又东北经江宁驿西又北流经乌江镇东板桥镇西东岸有秦淮支津口【见后】又北有支津口二江宁县西南境其西岸即江浦县东境也又北至江宁府城西北境折东北流经北岸浦口南南岸有秦淮口【秦淮水源出句容县北华山东南流折而南八十里经县城东而南又西南五十里有运河东北自镇江府丹徒县南境西南流来会又西南六十里至柘塘镇西北有水东南自溧水县西北山来会折西北流至秣陵镇东有汤水北自汤泉东南曲曲流经句容西北境折而西经湖熟镇龙潭镇北又西南七十余里来注之又西北流经上元县东南境之方山西又西北百里至府城东南分为二派一派西流又分为三一南流四十里至板桥镇之西北入江正对和州东北境之乌江镇也一正西流入江一西北流入江正当府城西南其西岸隔江即江浦县城东境也一派北流入府城南又西北流出城西门与支津自南来会又北经西城外而过龙江关入江隔江北岸稍西即江浦县北境渡江孔道之浦子口也江宁东二度一分

极三十二度一分】又东北经钟山摄山北中有长洲至南岸句容北境龙潭驿北北岸为瓜步山六合县东南水口有滁河西自含山全椒来东南流注之【滁河出含山县西北黄山东南流经县北境山中九十里曰后河折而东北至全椒县东南境有一水北自花山合三溪来会又东北经东葛驿南江浦县北境又东北至山麓曰天河又东北至六合县西南有一水自北来会经县城南而东折东南流至瓜步口入江江有洲】大江又东流过南岸河口镇炭渚驿北岸有北新洲即仪征县城西南之汊河口运河东北自江都南境分流来注之【运河见前】稍东有福德洲又东过南岸高资镇北又东经镇江府治丹徒县西境之北固山银山东为京口运河自此南至于杭【运河见前】江中有金山【在府城西北银山之北】北岸为运河口即淮扬?沟入江处【在江都县南运河见前】稍东即瓜洲镇港口【见前】南岸自京口东经府城北之蒜山京岘图山江中有焦山【京口东三度弱极三十二度三分】又东为府东水口江中洲屿稍多自此又折东北流阔三十余里北岸有芒稻河口泰塘港口【见前南岸为大港镇东之安港镇口】计自江西湖口东北流至此而极径一千二百余里【北岸自江都东南至泰州界也江始折东南流北岸有白塔河口又东南为泰州西南之河口又南为州南境口岸司南】司在江之东岸其西岸即安港镇水之复入江口也又东南经西南岸丹阳县东北之包泾镇有九曲河口【见后】江心有二洲自此江阔四十余里矣稍东为孟河口又东为常州府治武进县北境之连江桥河及新园河口【俱见后】北岸即泰兴县城南河口也【见前河口南岸即新园河东之圩塘镇又东稍北流复折东南经靖江县城南南岸即江阴县城西北之君山】靖江县西南滨江江中有二大沙洲即马驮沙有黄田港口【在君山西见后】又东稍北过山麓北岸为如皋县南境河口【见前】又东南至通州西境之庙港觜江流极阔东西相望六十里稍折而南经州西南马鞍山黄泥山西麓西南岸为江阴东境横河口又东南为扬含镇南之谷渎港口又东为常熟县西北境之奚浦港口【俱见后】又东为福山港口福山城山在口西北临大江与北岸通州南境盐河口之狼山遥对为大江门户狼山之东有龟山在水口南与岸剑山相望又东江流益阔北岸经永安镇南南岸为土堡河口又东南为徐六泾口【南北阔八十余里】又南为昭文县东北境之白茆浦口【自浦而南为太仓州北之七鸦浦东踰海港即崇明县悬居海中为大江口南之荻沙自白塔口东南至蓼角觜白茅镇七百里】北岸自永安镇东北经余西余中余东吕四诸场之南又北至蓼角觜与西南昭文白茆浦相望正南与崇明县西北平安镇旧城相望是为大江入海之口【东四度七分极三十二度蓼角觜之东为大海洋西南径白茆浦百四十里正南径崇明旧县百二十里计岷山源至口东西径十八度自金沙源至口东西径三十度自鸦龙源至口东西径二十三度】

卷十一·入江巨川一【涪江 白水西汉嘉陵江 渠江 黔江即贵州乌江】

涪水嘉陵渠河三巨川会于合州南至重庆与大江会全蜀地居其半自岷源以东秦陇以南汉水以西诸流毕汇三巨川中嘉陵尤巨兼白水西汉源远流长今编次由西而东自涪江始

涪江古涪水出松潘卫东稍北之小分水岭【西水皆入岷江岭东二源合而东北流又有二源出西北山合而东南流来会即边界弓杠口之南山水也东经三合堡南有一水北自弓杠口东南大山南流经堡东来会】三水会于三合堡南东南流六十里有一水自东北来会又南八十里经小河营西曰小河又南有木瓜河自西来会【水出松潘卫之东大山东南流】又东南流五十里北有水进河南有黑水沟并来会【水进河出小河营东北山黑水沟出西南山】又东过铁索桥【桥曰永济龙安西达松潘道也】凡六十里有仙女山水自北来注之又东南经龙安府治平武县西北境之埠塔坝南有一水自西南来注之又东五十里经铁龙堡南有白马河自东北合二水来会【一西北出北边界山东南流百余里折而南至阳地隘西其一出青川所西北与陕西界之摩天岭西山西南流八十余里至隘北来会又西南曲曲流注之】又南流经府城西而南折东南流经古城南又东南有一水自北来注之【即青川溪源山西北麓水也】至此始曰涪江又东南八十余里至旧州东有白支河自东北来注之又折西南流经煽惑沟东又南经江油县城东南【自旧州南至此一百三十里】又西南流至中坝北分为二派至坝南复合稍南至彰明县城又分而经城之东西有小江河即古廉让水自西北来会【小江河源出武平县西南山一出县南药丛山会于大郢堡之南东南流百余里至平通堡西折西南流数十里经江油县西境又南合县西一水又南经中坝西又南至彰明县城之西北会涪江】至城南复合又南经漫波渡有石板河西北自石泉县合诸水来会【石板河二源西北源出平番营东南山东南流百余里至白草坝南又东南七十里合石泉北山之龙安水南流五十里经石泉县

城西又南而神溪河自西南来会西南源神溪河出茂州东北山东北流百里有水北自坝底堡来会又东北五十里会龙安水东流经县南九十里有都坝河自东北来注之折南流经两山间曰石板河折东南流至漫波渡南入涪江龙安水即安昌水】又南折而东经绵州北境有东河自东北来注之【东河即古潺水】又南经州城东而南有茶坪河西北自安县来注之【茶坪河出安县西境茶坪山东流经桑枣园北又东北至县城西南有水自西北来经城西而南注之又东南流经义兴场花街子北又东南经州城南又东南入涪江】又东南百五十里至潼川府治三台县西北境又东南经府城东北又东南有中江水西自中江县北合罗江县诸水来注之【中江今曰罗江河源有二北曰黑水河南曰冷水河地在茶坪山之南绵竹水之北重山连接俱东南流百余里至罗江县城北合而南流经城东又东南百数十里经中江县城西有小水自西南来注之折东经城南而东有小水自北来注之又东曲曲百四十里经府城南又东入涪江此水自罗江以西隔重山其西水即绵阳河南合沱江者也】又东南有桃花河自北来注之【水三源出北山合而南流入涪】又东南经射洪县城北折而南经其东又南有唐桥溪自西来注之【唐桥溪出射洪县西境山东流至县南境入涪江】折而东十余里有梓潼水北自盐亭县合诸水来注之【梓潼水即射江亦曰弥江源出白支河源之东南剑州西北五子山之西大山南流山中百里折东南流六十里受东北一小水折而西南流经梓潼县城西又东南流曰梓】潼河折而南有鹅溪水自东北来会又南至盐亭县西北境有石牛铺水合魏城驿水自西北来会又东南流经盐亭县城西南又东南有少沙河自东北来会又折西南流有鹅溪河自东北来会又南至射洪东南之独坐山入涪江】又曲而南而东折西南流数十里复东南流有杨桃溪自东北来注之又南经清堤渡曲曲而南有郪江合诸水自西来注之【郪江三源东南流有水西南自河边场之西南山东北流经蓬莱镇南而东来会又东至黄龙铺之西北入涪江涪江自此亦折向东也】折东流而南有马桑溪东北自蓬溪县来注之【溪出县西北文井场之西高凤山东流经场南折南流又西南经县城西北又西南数十里折而南流至遂宁县北境入涪江】又东南经遂宁县城东又南流折而东南有兜溪自北来注之又东南百三十里折而西南三十里又南流有关箭溪自西合安岳安居场诸水来注之【安居场水出乐至县之东境山三源合东北流经场北又合一水折东南流有鱼海河西南自安岳县来会安岳县城东会西北来及西南来二水东北流又合北来二小水折而东流与安居场水会又东南流有灌子河自西南合白水河来会又东南曰关箭溪东入涪江】又折东稍北流数十里至合州西北境折而南流经州城西而南有立石河西南自永川璧山铜梁来注之【立石河出永川县西南山东北流有双石河自北合二水来会又东北经县北境又东北百余里经璧山县北境又东北百里有晏渡河西自铜梁县东北流来会又东北至合州城之西南入涪江】东经城南嘉陵江合渠河自东北来会【涪江源流几及千里】

嘉陵江即西汉水下流合白水江而益大白龙江出陕西岷州卫东南杨满城西北分水岭【岭西北水皆流入洮河者西十二度二分极三十四度三分】垫江之北源也俗曰岷江一出岭下南流经城东稍西南其一出岭南之分水岭东南流来会稍南有荔川河自东来会南数十里有临江东北自岷峨西南流来会【岷莪山在分水岭东南百里其东北水流入西汉水者】折东南流经临江铺西俗曰白龙江亦曰临江又东南有武都山水自东北来注之又东南经朝阳山西西固所东南有白水江西自边外来会白水江即古桓水亦曰垫江源出边外洮源东南之西倾山【山在洮州卫西南三百四十里一名西嶺山亦名强台山番语曰罗插普喇山近黄河折向西北之东岸山绵亘千余里西十二度五分极三十三度九分】源曰裴杂塔拉泉泽十数泓涌成二渠汇东南曲曲流百五十里折而南流九十里又东流曲曲三百里曰香出必拉入陕西边经武都关南又东经西固所南又东南与白龙江会水势始盛又东南流有清江西南自边外来会【清江源在白水江之南舍哥普山东北流百余里入边至阶州西境入白水江】稍东有两水北自朝阳山东麓来注之又东南至阶州西南有东川水西自边外来会【清江源之西南山其西冈阜连接南与四川弓杠口北之大山相近东川东南流曲曲折而东北数百里入边注白水江】又东经州城南有北谷河合赤沙水自北经城西来会又东南百余里有紫水自东北来注之又南流九十里经临江驿西【西岸即百顷山金珠山八盘山】又东南有紫泥山水自东北来注之又南经文县东境俗曰黑水江有干沟水自东北来注之又南经玉垒关东有一水西自文县合诸水来注之【水出文县西境山曰毛沟河东流合北来之马儿河火烧关水南来之立志山水又东经县城南又东南流合南来一水北来西番沟水又东南至玉垒关南东入白水江】又东南受北来一水又南入四川界经昭化县北境之余山铺西又南有溪河自西北来注之又东南数十里至昭化县城北有黄沙江西北自摩天岭合青川及剑门水来而嘉陵江合诸水东北自朝天关来并会【黄沙江源出摩天岭南流

百余里有青川所二水自西合来会又南折东南流百里受南北二小水又东流经剑阁山北有水西南自剑门驿来会又东至昭化城北入白水江西十度六分极三十二度五分】此江即古葭萌水也

西汉水亦曰沔水即汉志误指为禹贡之嶓冢导漾者源出秦川西南之嶓冢山【西十度极三十四度五分即汉陇西郡西县之嶓冢山也在宁羌州汉源嶓冢之西北四百余里脉自白水江源山曲曲而东为分水岭又东为岷峩山又东北为箭杆山柏林山青阳山又东为老君山为朱圉山为温泉山刑马山其北伏羌县其东南即西汉水源之嶓冢山连亘而南】西南流曰漾水有小水自东南来会又西北曲曲流曰盐官水稍北有横水岭水南自西和县城东来会又北有永平水东北自刑马山来会折西流至礼县东有水西北自柏林青阳东南流经县城东北来注之又西经县城南又西折西南流数十里曰长道河经西和县西北境折东南流过仇池山西麓【仇池山在西和县西南成县之西北界脉自嶓冢绵亘而南至成县西北界为寿山为青崖山西为横水岭又西为西和南山又西为仇池】有岷峩江自西北岷峩山东麓来注之【其西麓水即流合白水江者】又东南流曰犀牛江经阶州东北境成县西南境之祁山麓有石硐关水自西北来注之【即横水岭之南水也】又东南有潭河西南自阶州北之米仓山东北流经甘泉驿来会曰两河口【西汉自发源西流而南而东至此流如旋规】又东至成县南境略阳县西北境有长家河自南来注之又东有黑峪江北自秦州南山来会【黑峪江源出吴紫山南之九眼泉在嶓冢东北七十里二涧合而南经街子镇大门镇又南合东来之乌油江又南东合麻沿河又西南流至鸡冠口西受西北来之建安洛谷二水又南经青泥岭仙人关西又南经成县城东南有浊水自西来注之又东南数十里入西汉水】又东有青泥岭水自北经仙人关东来注之俗亦曰白水江折东南流有九龙池水东北自徽州合三水来注之又南流至略阳县北之八渡山西嘉陵江东北自凤县合诸水来会【西十度五分极三十三度六分】

嘉陵江出凤县东北之嘉陵谷【西九度四分极三十四度三分此山之东北即宝鸡县渭水也】西流经东河驿横牛堡红花铺北折西南流经草凉驿白家店西【此水旁即比自陈仓南入汉中川蜀驿路】又南有大散水斜谷河自东北来会折西北又西南流经县城西北又西南有鱼河自北合红犀单河二水来注之【一北出藏家岭一西北出黄交谷南】又西南经两当县南境有下邳水自城西南来注之【此水于永宁堡之东南入嘉陵江】又南流有高桥河自西北合永宁河来会【高桥河出两当县西北山东南流有永宁河自东北来会又东南流经太白池东南入嘉陵江】又南有野羊北河合诸水东自凤县东南境来会【野羊北河出松林驿东南山西北流经驿西又西北至废邱堡合东北来一水又西流有蜜蜂沟自南来会又西北折西南经蓝安关山北又西南入嘉陵江】又西南经徽州南境百余里至八渡山西北西汉水自西来会嘉陵江既会西汉水南流稍西折东南流有横坝河紫混山水自西来各注之又东南经略阳县城西又东南有八渡河自东北合诸水经城东来会【八渡河出紫柏山西北流曰中川有三川自东北来会西南流八十余里有水自东南来会又西流折而南经略阳东南注之】又南有白石沟自东北来注之又西南流经宁羌州西北境之阳平关西【阳平关东南六十里有大山即禹贡之嶓冢导漾东流为汉者也】又西南有洛索河自西来注之又南流百里经四川广元县北界有小水西北来注之【水出陕西界山】南经大小漫天岭山麓又南至朝天关西有水东北自七盘岭关南来注之【七盘关川陕分界其北水即东北经宁羌州北合汉水者也此水自关下西南流经神宣驿北又西经大山麓至朝天关西北入嘉陵江】又西南九十里经广元县城西又西南有稻坝河东北来经城南西注之又西南至昭化县东北白水江自西北来会

嘉陵江既会白水江于昭化城东北南流经城东又南稍西曲曲流百五十里有剑水西北自剑州来注之【大剑水出剑川西北山东南流至州北有小剑水自北来会经州城东北又东南百余里入嘉陵江】又南八十里经苍溪县西稍南折而东经其南稍东又折而西而西南又东南经保宁府城西有北溪河自西北来注之【北溪出苍溪县西北山东南流入嘉陵江】稍南折而东经府南境稍东有东河东北自陕西宁羌州界西南经重山四百里来注之【东河源出宁羌州东七眼泉南流折而西南入四川广元县东北界行两山中曲曲数百里曰东河至百尺关西又西南至苍溪县东之云台山麓又南流至府东境入嘉陵江】又南有苟溪东北合塘溪来注之【塘溪出观音场北七十里山南流至场北折西南流有苟溪自北来会西经庙闾楼北又西南入嘉陵江】又南稍西六十里至南部县西北折东流经县城北又东南流有禹迹山水自县北境来注之稍东折南流数十里有安居场水自东北来注之又南至蓬州西北有西河自剑州西北来注之【西河上源曰武连河出剑州西北境五子山西南流九十里折而东南经武连驿南又东南数十里有柳池沟水自北来会又东南曲曲经保宁府治阆中县西境又东南至南部县南境

有袁家河自东来注之又东南折而东流入嘉陵江此水行四百余里】又东南经州城北东南如玦至州西南折向南流有清溪自东北来注之又西南流百余里至顺庆府治南充县东北境折南流经府城东而南有蛮子河西北自西充县来注之【河出西充县东北山西南流经县东南又西南流数十里折东南流经府城西南又东南入嘉陵江】又南流八十里有曲水河自西来注之折东流有清水河自北来注之又东南五十里有西溪东北自岳池县北境来注之又西南曲曲东南至定远县城东北有岳池水东北自城左右合西南流又合一水来注之经县城东而西南又东南旋折如带有苦竹溪自西来注之又东南流八十里至合州东北渠江自东北来会曰嘉渠口又南流涪江自西来经州城之西而东来会于城之东南曰三江口【西十度极三十度二分钓鱼山在涪江之北嘉陵江之南嘉陵自源至此径一千七百余里】

渠江即古巴水今曰渠河实巴渠二水之合也巴水出陕西西乡县西南之大巴山【自汉中府治南郑县南境之巴岭东连孤云两角米仓诸山其南即巴州北界也自米仓山而东为大巴山又东稍南为小巴山巴江水出大巴山之麓西流入四川通江县北界折西南流】西流入四川通江县东北界俗曰东河折西南流百余里有洪口河东北自陕西界西南流来会【洪口河二源东源出关坝北大山西南流西源出竹络关山东南流合而西南数十里又西北流又数十里折西南流与巴水会】又南八十里经通巴营西而南有小水东北自黑滩子来注之又西南经县东南有西河自西北经城南来会【西河即巴水西源也亦曰宕水源出南郑南界米仓山之南通江北界之羊圈关南流有南坌河自东来会又南流有朱家河自东北来会又南小水自西来注之又南西受板桥河东受夜义河水又南经新长坝西有水自西来注之又南东受流溪河水又南数十里经县西境折而东经县南而东与东河会此水源流与东河等】又西南七十里有杨柏河自西北来注之又西南百三十里至巴州东南境有南江水合诸溪西北自州城及升渡河来会【南江水二源西北源出陕西羊卷林关南界曰蟒潭河东南流八十里东北有关坝河西南流来会又南六十余里经南江县城东南亦曰难江又西南流七十余里有罗溪河西北自三角山来会又南经罗坪铺东南有沙河自西来会又南六十里有南屯河东北自关坝东南山西南流合东来之三溪河及开田坝水又西南百数十里来会又南稍西曲曲流百余里经巴州城东又南折东南流六十里有青赶渡河自东北来会又南五十里有恩羊河自西北来会又东南流六十余里折而南五十余里有升渡河西合花丛垭西及观音场东水东经仪陇县北境东南流来会折东流四十里巴水东北自通江县来会此水合诸溪涧水势与巴水合东西河亦相等】又南稍东流百二十里至渠县东北境渠河合后中前三江水东北自达州来会渠河三大源最北曰后江次曰中江次曰前江后江又有二源最北者出太平县北与陕西星子山连之大横山西南流六十里经县城西北又西南流九十里其东源曰白沙河出县东北华岳顶之万顷池东南流依山麓折而西南经县南境百余里又西南与北源会曰后江又西南六十里折而南流九十里至普光西中江自东北来会中江源出太平县东境之白支山黄墩山【黄墩山北麓水即北江北流入陕西合渚河入汉水者也】西南流百余里有石塘溪北自石塘坝东南流来会【石塘坝在县南境白沙河南岸山南】又西南有厂溪自东南来注之又西南九十里至普光北西会后江又南曲曲九十里经东乡县城东稍南前江自东北来会前江源出太平县东与陕西双河关界之金城山【关北水即紫阳县之任河北流入汉者也此山西自白支黄墩来东与九龙山及分水岭相接其水曰五溪河曰分水河皆南至夔入江】南流折而西南曲曲行山中三百数十里至东乡县东南后江合中江自北来会又西南百里经张家埠北折而南经达州城东有蹬子河东南自新宁县合诸水来注之【蹬子河出新宁县东境山中西南流数十里经县南境天子殿山北又西南合东南来一小水折西北流有水自南来会又北至凤洞铺新宁县河三水合而西北折西南流来会又北受西来一小水又北受西南来一小水折而西流至张家埠南西入渠河】又南折西流经城南又西南数十里有通巴河自南来注之【通巴河二源出月口山狐狸山北麓合北流山中百五十里折西北流五十里入渠河】又西南七十里有清溪河西南自大竹县合诸水来注之【清溪河即东流溪出大竹县东南月城山东北流有竹溪自县西北合九盘山诸水东流经城北有水自南来会又东北受南来一水又东北会清溪河又北流数十里折西北入渠河】又西南至渠县东北境与西北来之巴江会渠河既会巴江西南流过白水洞山北又西南受东来一小水西至渠县城之东有流江河西北自仪陇营山二县来注之【流江河出仪陇县西北山西南流折而东南经县南境之金钩场北有允家山水自东北来会又东南百里受西来一水又东南至营山县东境有兰溪河西自县城西东北曲曲流来会又东南九十里经渠县城东北入渠河】又南六十里折西南曲曲过云雾山西麓百余里至广安州东北曰篆江经三十六

滩亦名洄水南经州城东有西河自城西及南东流来会【西河即环水出州北山】又东南折而西南百三十里至合州东北之嘉渠口嘉陵江西北自定远来会【巴江渠河自源至此俱径千里】又西南经州城东南涪江自西来会曰三江口

涪江既会嘉陵江渠河又东北流十余里折而南曲曲流百里至重庆府治巴县西北境有虎耳河自西来注之又南有青水关河自西来南合万寿水东流注之又南折东南流经白岩北过鱼鹿峡又东流经府城北稍东入大江【大江自府城之东南北流来会而东】

按西川东川之水至重庆府而俱会于大江惟黔江南自贵州来至涪州始会

黔江亦曰涪江即贵州之乌江也源出威宁州东北山【西十二度一分极二十七度强】东流数十里一水自南来会东南流经黑章汛北稍东有一河合三水自南来会【三水一出歇凉亭北东流一出南山北流而合一出东南山西北来会又北合焉】折北流曲曲而东八十里有则底河合后所河自北来会【则底河出四川镇雄土府西境山南流八十余里入贵州界有后所河东自七星关北大山来会南入黔江】又东南伏大山下二十里于南麓流出经七星关南又东南流曲曲百三十里至毕节县南境之大山而伏三十余里于东麓复出曰天生桥东稍北流有落脚河北自大定府西北合毕节诸水来会【毕节县西南二二水东南流合而东经县南境又南合一水东流有县北水自西北山东南流经城东北又东南合北来一水又东合北来之倮猡河又东南经沙子哨北合东北来一水又南曰落脚河经大定府西境百数十里曲而西南又东南流入黔江】又东经府南境八十里有乌西河自北来注之【乌西河出府东北山东南流折而南而西南曲曲百四十里经北渡坡西又南流入黔江】俗曰六归河又东稍北五十里有西溪河自北合二水来注之又东流至黔西州南境有猓陇河高家河俱自西南来各注之又东南有杨柳河西南自平远州合诸水来注之【杨柳河出平远州西南境山曰卜牛河东流至州南境有猪场水自南来会东北流经州城稍北有二小水自西北来注之又东北经大山又东北七十余里入黔江】又东南有以麦河自西南来注之【河出平远州东境山东北流】又东有三岔河西南自安顺府西合以且海诸水来会【以且海在威宁州东南二百里阿遮泛之东南水城泛之西北也西十一度六分极二十六度六分池周二十里东北流有一水自西北来会东南流至扒瓦汛南有水城汛河自西南来会又南折而东有以固汛前河水自东北来会俗曰簸渡河又东南百数十里至西堡司北折东北流百里至安顺府西北境之定南汛北有古北河北自平远南境猪场南界山合四水南流注之稍东有三岔河东南自府西境山西北流合三水经定南泛西而北注之自此东北俱曰三岔河也又东北百数十里经安平县西北境又东北经清镇县西北境折西北流合西南来之牛场河又北百里至鸭池汛西南与西来之黔江会此水自源至此流七百里与黔江等实黔江之南一源也】又北折而东经鸭池汛北有池水自南来注之又东稍南有跳蹬河南自镇西卫来注之又东北经修文县西北境有鸡公河南合广顺州及安平清镇二县水来注之【鸡公河上流曰麻线河出广顺州西境山东南流合西南来一水东经州城南折北经其东又北经象鼻关之西又北曰麻线河经广兴镇西又北经安平县东境有县河左右二水合南而东北流八十余里来会又东北经清镇县城西折西其北而东有一水南自城东来会又东北至修文县西境有县南水经城南东折西北流来注之又北有那奢河自东来注之又西北入黔江】又东北经六广汛西北又东北经开州西境之修文所西曰六广河又东北曲曲至乌江城南有息蒙所水自东南来注之其西岸有以济河西南自黔西州合诸水及北境之沙溪河来会【黔西即旧水西也以济河出州西北山南流经城西折而东南流合西南来经打鼓寨之水折东北流百四十里曰以坝河有渭河西自山中来会又曰以马河又东北七十里有乌庆河西自州西北境合三水东流百五十里来会又东北与西来之沙溪河会东入黔江沙溪河出州西北与四川界山东流经清水塘南又东依山麓合西南来一水又东稍南会以济河入黔江】又东北经乌江城北镇南关南有小水自北来注之【南岸为开州北境北岸为遵化府西南境】又东北有小水自南来注之又北一小水自西北来注之【即枫香坝东南水】折东南流经鸡溪口南有小水自南来注之又东南经遵义府南境有乐闽河自西北来注之【水出府西南之雷变山】又东有清水江南自贵阳府治贵筑合龙里贵定诸水北流来会【清江水三源一曰牛路河出贵筑县西南境山东北流曰四方河至中曹司东有两江河自西来会又东有一水北自老鸦关来会又东经府城南又东北流有龙洞河自南来经黎儿关西来注之又东北曰牛路河又东北经虎坠司西又东北曰千坝河经巴香汛西而东北龙里贵定二县水自东南合而来会龙里县西南二水东北流合而东经县北境又东有西堡水自南来合东南定水坝水北流经城东而北来会又东南一水北经

龙头营之西而北注之又东折东北流九十里至喇哑村西有贵定县水自东南来会贵定县水源较诸水最远出旧县西南百四十里谷壤汛西北大山东北流经平伐司北又东北至旧县西有一水西南自谷壤汛北东北曲曲流经太平司南又折而北来会又有一水自东南来会又北流折而西北经把平小平二司西至山麓折正北流经新安堡东曰瓮城河又北经贵定县西境有水东南自城西来一水东自城北来会又北经新添司西又西北至喇哑村西南与龙里县水会又北流折东北数十里复西北流至巴香汛东北与府城之牛路河会又北流七十里有洗泥河自西稍南来会又北折西北流经开州东境又北开州东西二水自州城北东北流来注之又东北曲曲百余里入乌江此水源流五百里贵州西九度九分极二十六度五分】自此俗曰乌江又东南流曲曲经瓮安县北境【北岸遵义府东南境也】有湘江西北自遵义府城东合绥阳县诸水南流来注之【湘江出府治遵义县北境梓桐县南境之龙岩山两源一东南流一南流而合曲曲东南经府城东北又东南有桃溪自西北山东南流经城南而东来会又东流数十里有洪江自北来会洪江出娄山关南山东南流至遵义东境之清乘桥北有凤凰溪东北自绥阳西山西南流来会又东南入湘江湘江又东南数十里有鹿塘河北自绥阳县来会鹿塘河二源一出绥阳县西北山一出东北山流至城南合而南数十里有一水自东北来会又南八十里会湘江湘江又南流九十里折东南流五十里入乌江此湘江与沅湘不同】又东南有眉潭河自北来瓮安河自南来并会【眉潭河出眉潭县北境龙泉西境山东南流至眉潭县东北山折西南流受北来一水又西南经县城北折南流经其西有一水自东南经城南会又西流北受一水又南稍西流百三十里有一水自北来会又西南八十里折南流入乌江瓮安河出瓮安县南境山两源俱西流而合折东北流曰干溪河又北受东来一水又北经城西北又北有坪桥河自东南经城东来注之又北受东南来之红头铺河又北受东来之草塘司河又北九十里入乌江江口正北与眉潭口相对】乌江又东南至余庆县西北境折东北流有余庆司水自北来注之【水在眉潭河东隔重山】又东北百里有牛场河合小江自南来注之【牛场河出余庆县西南境山东北流百里经县城东南又北八十里有小江西南自县西之清水洞来会又北稍东六十里入乌江】又东北北受落花屯水【水出眉潭县南境山】又东北经石阡府西境龙泉县南境有岩头河自南来注之【岩头河北流经石阡府南境】又东北至府北境思南府西南境有白岩河南自石阡府城来注之【白岩河出府南二源一出南山北流经铁厂西一出东南山西流与合又北流曲曲经府城西南又西北折而东经城西北又北有一水自东来会又北稍东曲曲百余里入乌江】又东北有清江溪合诸水西自龙泉县来注之【清江溪出龙泉县西北山东南流有羊子河自北山南流有石贯河自西南山北流来会东流经县城北又东流百里有松溪河合数小水自北来会又东南至思南府西南境有板坪河自北合二水来会又东南入乌江】又东北至思南府城东南有小水三自东合来注之【即印江县南朗溪司东南三水西南流者】折北经城东又北有猛溪河自东南来麻海溪自西南来各注之又北稍东经印江县西北境有清水江东南自县城来注之【清水江三源一出印江县东北山西南流二出东南山俱北流合而西经朗溪司北又西经县城南折西北流有一水自东北经城北来会又西北流入乌江】又北稍东百余里至婺川县东北境之沿河司东折西北流入四川酉阳州西南界有三坌河东北来注之【三坌河二源出酉阳州西境山一西南流一东南流数十里合而西南南又西北入乌江】又北稍西百余里【东为四川界西为贵州界】又南溪河东北自湖广施南府合诸水西南流至龚滩来会【南溪河上源即北河也北河出湖北施南府南境忠洞之北山南流八十里至忠洞东南折西流有白龙潭水西北自高罗司来会又东南流有车峒河自东北合一水来会又西南流经忠建司南有川吊河烂河诸小水自西北来会又西南至来凤县境有大旺诸水自西来会又西南合左右诸溪曲曲二百余里西流入四川界经酉阳州东北境之西岭顾北又西有唐崖河北自黔江县来会又西南流受数小水曲曲流百五十里至州西界之龚滩东又西南入乌江此水源流五百余里唐崖河源出金咘之西北山东南流八十里折而西南七十里有南河合马河自西来会有大田水自东来会又南受东之马家山水又西南入四川黔江县东北界之界山岭东又曲南经县东南境之石牙关西亦曰大水溪又西南有梅子关水自西北来会又南有金山崖水自西来会又南入南溪河】自龚滩之西而北有洪渡河自西南婺川县合诸水来注之【洪渡河源出婺川县西南境龙泉县北境山东流经绥阳场南折而东北流有大水河自西北合一水来会又东北有小水河自西来会又东北经简家沟东又东北经丰落坝东受西来一水又东北受西北来之龙登河又东北经县城东南又北受西北来一水自源至此二百余里曰洪渡河又东北百六十余里入乌江自此以后全入四川界矣】又北稍西百二十里至彭水县南境有长溪自西南来注之【长溪出正安东界山东北流经贵州婺川北界入境又东北入

乌江】又西北经县西又北有中清河东北自湖广利川县西南流合诸水经城北而西注之【中清河上源即龙鬻河也龙鬻河出利川县之忠路北山有二源至洞源漕之西北合而南流又受西来一水南经忠路东又西南曲曲流西受胡家塘水东受沙溪水东南受活龙坪水又南百里入四川北崖关之北西南流曰中清河受东南来二水经郁山镇北有后江河自东北来会又西南流有水洞河自北来会又西南至彭水东北有一水自东南来注之又西南经县城北又西入乌江】又北有合溪口水自西南来注之又西北有木宗河北自射香溪合二水来注之【射香溪出石硂司东南八十里山南流合西北来一水经盐田坝东又西南曲曲二百里合西北来一水南入乌江】折西南流至口镇北曰黔江河有渡头河南自绥阳县正安州合清溪河三江河诸水北流来注之【渡头河出绥阳县西北境娄山关之东北东流合西北来一水东经桑木关北合南来一水又东北流有关渡河自西来会又东北曰米仓渡西受一小水又东北有牛渡河自东南来会又北流有清溪河自西南来会又东北经正安州城东南又东北有桥溪河自西来注之又东北有二水合流自东南来注之又东北有三江河自西来会三江河者一曰安泗溪自西南来一曰羊心溪自西来一曰河九溪合黄泥河又有白鱼河合一水俱自西北来合而东南故曰三江河也又东北经旧正安州又北而东百余里有大花溪自西南来注之折西北溪百余里至江口镇之西入乌江此水流源六百里】又西流经武隆废县南折西北流有一水自东北来注之经白马镇北有石梁河合三水西南自方竹箐都家坝北流东合后溪河来注之又北流稍西有大溪河西南自南川县合诸水来注之【大溪河出南川县南大山二源合西北流经县城西折东北流于城北受东南来之流金水又东北流有石牛河合西南来一水西北来一水东北流来会又东北流有坪坝河南自陶家营来注之又东北经杨柳坝西凤凰山东麓又东北入乌江】又北有百滩溪自东来注之又北折西而北流受西南来一水又北曲曲至涪州城东北铜柱滩入大江亦曰涪陵江也【西九度极二十九度九分此水自西而东而北源流二千三百里会贵州大定贵阳遵义平越石阡思南六府及湖广施南半府四川酉阳黔江彭水南川涪州诸水实巨川也】

卷十二·入江巨川二【洞庭湖所汇　澧水　沅水　湘水　资水】

薮泽莫大于洞庭自黔江以东五岭自始安萌渚都庞骑田以北群流悉汇源流远者可名不止于渐无辰叙酉资足当九江之目其最巨能合百川南曰湘西南曰沅西北曰澧实洞庭上源也澧较沅湘稍逊今以江支津先会入湖叙首澧水

澧水源有二南源出桑植县境又有三源出县西北界者曰绿水河自奇峰关前东南流合西来白岩一水东南流经县城南其南源合数水来会南源曰上洞河出永顺府治西北境大山东北流至上洞司南田谷凹北有官坝河合田谷河自南来会又东北经谢家塔北下洞司南有下洞河自西来会又东北至桑植县城南会绿水河又东北经旧村寨北其北源来会北源曰两家源河出太平镇旧建城北山南流【此水及绿水河源西北之山即施南府东南境之车冈河诸水皆会为北河西涪江者】曲曲经县东境南与绿水上洞会折东南流有安福溪自东北来会于南分山之北又东南至安福县城西北有王家坪水合三小溪自东来注之折南流经城西而南八十里折西南流经茅冈司西又南有眉虎溪南自永顺东北境来注之又东经大庸所北有龙爪溪西南自龙爪关合五溪河来注之稍东南经崇山北南北各受一小水又东经永定县城南南岸即天门山也又东受北来一水又东北有天堂寺前水自东北来注之自此曰陵江河东流受西南来一大溪北来一小溪又东北流南北受二小水北至慈利县城西数里其北源之九溪河自西北合诸水来会【自源至此曲折行七百余里】北源九溪河出施南府东境宣恩县东乡镇之东北山曰莺鞘荒又东曰白蜡荒【其山西北水皆入清江者二荒之北即四川巫山县界】三水合东南流经平山寨南有茅角洞水自东北合溪坪河西流来会又西南流经容美司南有小水自东来注之稍西有水西北自两河口来会折东南流有水自西来会曰平溪东南流至飞沙口南有雾江自北来注之【雾江出长乐县西南境之栗子坪南山两源合西南流伏大山下西至白水洞流出有水西北自桃山来会曰桃子口经雾江村西又南有燕子坪自北来会又南流至飞沙口入平溪】又东南有炉扇溪自西来注之大线溪自北来注之又东南百余里至九溪卫西安福县之东境也南受小水四【曰冷水溪曰响夹溪曰输赢溪曰索水溪皆西自大山东流来注之】北受小水二【曰和豹溪曰张马溪皆自北山南流来注之】又南有茶溪自西南来注之【茶溪西南出道堂寺之北东北流经岩门南南北俱合一水又东北经胡家坪东南又北有泻牛坡水自西来会又东流南受官塘桥水又东流至卫西南入平

溪】折东流有任石溪舒堰溪自北来各注之又东南受北来之通津铺水俗曰九溪河又东南与陵江河会【此水行五百里】陵江河既会九溪河于慈利县西北东流经城北又东北流受南来之零溪鬼邦溪又东北受西北来二水【高桥之北】又东经花山埠北会西北来之铁水河经石门县城南【铁水河出长乐县西南境石梁司栗子坪之南山两水东南流合西南来一水东流经沙泥塘北又东至添坪所西折而南流有一水自西来会又东南受东北来之一水又东南受西北来一水受北来一水又东南经石门西境南会陵江河此水行三百余里】有九渡溪合瓦溪自南来注之【正当石门县之南】又东北经铜山北有双溪自北来注之又北而东经新安市东南有刻木山水自北来会于合口又东经高桥南又东经澧州城南新渡之北又东分为二泒一东北流受西北来之杨潭河又东经津市北折而南而东有后河即涔河自西北来注之又东大江支津北自江陵西南岸之虎渡口南流合三冈湖诸水自公安县来会【古江直从虎渡口东南会澧水又东会洞庭湖后以徙流存虎渡口支津南经公安东北境之孱陵驿东又南曰陈张湖又南曰蕉藤湖又南有支津东北通白莲湖又南当公安东南有三冈湖诸水来会又西南有牛浪湖合二溪水自西来会又东南曰乌汎湖其西即澧州东北界之顺林驿也又南经涔河铺东又东南与澧水之东北泒会三冈湖在松滋县东南其上源曰杨子溪自西北来入湖曰竺圆溪自西来入湖曰裕家河自西南来入湖湖周百余里东有三洲曰湖中洲王家洲铁觜洲故以名湖北有高庄西南有塌庄亦冈也自东南流出有桂湖水自东来会又东通公安北之均湖又西经公安西境有裴家河合二溪自西东流百余里来注之又南有界溪河自西东流二百里来注之又东南经县城南而县北均湖亦南流经城东来会又东南与大江支津会也】澧水东北泒既会公安河湖水又西南至王家觜与东南泒支流会一东南流有道溪河西南来注之【道溪河出石门南境东北流经州南境新渡东南入澧水】又东流分一支通东北泒其一南经嘉山铺西关山之东又分一支东南流至田湖一支南为七里湖又南至汇口有白湖南湖诸水自西南来会又东南分为数汊至安乡县西北之西台瓦群流毕合有从河西南自常德府治武陵县北境来注之【从河三源一出武陵西北山东流经府城东北七里铺之南折东北流一曰善桥河又出其西北东南流一曰自生桥河又出其西北阳山亦东南流合而东北百数十里至马家洲南分为数泒北会澧水支津又东北至安乡县西南为江西湖北承竹湖之委经安乡城南而东也】又南经安乡城西折经其南又东分为二泒一泒南流又东南入洞庭湖【湖口正北水口东南正对湖中之鸡子团山】一泒东北流数十里至新堰驿南白莲湖水自北南流来会【白莲湖在公安东北即江支津之东泒所通者也南流西合王茂湖水又南合东一湖水又南至安乡东北之新堰驿南会澧水此湖自北而南流经石首西境至安乡凡二百五十余里】又东南于华容之西南境入洞庭湖【水口正对湖中明山在南口之北七十里自慈利至入湖四百余里源流共千一百余里至澧州亦名兰江入九溪河即溇水亦名后江】

沅水数源曰镇阳江亦名洪江亦曰潕水出贵州平越府东北之黄平州南金凤山北流【源在金凤北麓石头堡东南两水合流亦曰两岔江西八度七分极二十六度七分】三十余里经州城东又北折东流而东北至旧兴隆卫南有一水自西来会又北经飞云洞东有一水自西北来会【飞云岩在旧兴隆卫东当驿路其水自西北山来经其北亦一源也】东经杨柳营南又东北经施秉县南又东北至沙坪铺南有三水自北合来会【西水出施秉县西境山东流经偏桥驿南又东经县城北又东至沙坪铺南会沅水北水出县北境山南流至铺西南会沅水东北水两源出镇远府西北山西南流合至铺东南会沅水】始名镇阳江折东南流北受一小水又东北流一水自北来注之【即镇远府城西河也】又东经镇远府城南镇远县城北【府县城南北隔水相望为湖南入黔滇孔道】又东北流南受一小水【水自镇远县城东东北流注之】又东北经思州府南境【水南即镇远县东北之焦溪塘也】之清溪县清浪驿南【城西有山】又东北南受一小水又北有思州河合数水西北自思州府来会【思州河亦曰平溪亦曰异溪上源出镇远府西北界大山曰路赖河东流数十里合南北二水经铁厂南山之南东北曲曲百里至思州府西北境有铁厂东北水东南流来会此水以西水即入白岩河经石阡府北注乌江者也又东南流八十余里经府城北又东合北来一水又南合西来经城南一水又南至中阳坪之北入沅水】又东北至玉屏县平溪驿西南一小水自东南来注之又北经城西又东北至大鱼塘北有户溪江合数水北自黄道司来注之【户溪江亦曰黄道溪源出思州府北境山东流九十里折东南五十里至司西南折东流有一水东北自铜鼓塘西南流合一水来会东经司南东入沅水】折东南流入湖南沅州府治芷江县西南界之晃州驿南又东经波州铺南又东折而北流至便水驿西有小水自西北来注之折东北流至明山南折东南经府城南有杨溪西南自冷水铺来注之又东北至巴洲西受西来

一小水又东经罗旧驿南又东北至渔水湾东南有一水东北自怀化驿合两溪来注之折南流至竹站西南又折西南流经桐木北西南百余里经黔阳县城北稍西之牛角铺南清水江西南自贵州平越都匀东北流合诸水及靖州之渠河来会【黔阳县城之西镇阳江自东北来经城之北而会西来之清水江俱南折经城南东流也】清水江实沅水之上源较黄平尤远其源有二北曰平越府西北之猪梁江南曰都匀府西南之马尾河猪梁江出平越府西北大山东南曲曲流百余里至府南境有一水西南自贵定县东南山东北流经黄丝驿合数小水来会【两源合东北流至府西南境黄丝驿东受西北来二水又东北至府南十余里会猪梁江】稍北府城水自西来会正当城南东北流府城东水又来会【府城水本一水出西北山东南流至府西北五十里分为二派一南流稍东经城西折东经西南会猪梁于城南一东流折而东南经城东北又东南来会】又东北卡龙河西北自牛场来会【牛场在府北界其东北大山北麓水即瓮安之干溪河北入乌江者也南麓两水西南流经场东南会西来一水折东南流百余里会猪梁江此河源与猪梁江源之山东西相去五十里其北二里即遵义府南之乌江也古称沅水出故且兰必指猪梁卡龙】又东麻哈江西南自州来会【麻哈州西水有三源一西出贵定县东南之乐平司两溪至司东合而东流至州西南一出州西南者东北流一出州南者西北流俱会北流经州西又北合东来一水又北而东北至杨老驿北又北至林老寨西北入猪梁江】又东北流折而东经清平县北境之大风洞北又东经香炉山北重安驿南亦曰重安江【重安司北即金凤山山北即镇阳江之源若猪梁江至此已流三百余里矣】稍东马尾河自西南来会猪梁江源西九度四分极二十六度八分】马尾河出都匀府西南境山【在邦水司西南九十里山中本名板河亦曰邦水河】东北流【西九度三分极二十六度二分】经府西南境折东南流有一水自西南经大河铺来会又东有龙潭河自北合三水南流经府城西而东南来会【龙潭河在都匀府西北山东南流至府北十余里有一水自北山来一水自东北来一水自东南来并会南流经府城西折东南流入马尾河】又东南经杨安汛南又东南至吴家司东南折而北流【自大河铺东至吴家司百余里自吴家司以北水东岸为生苗界】经岩坦寨平定司东凡百二十里折而东北经瓮城南【瓮城南岸为生苗界】又东北经凯里营北【营即清平县东南境】又东折而西北经臻洞司西翁坝营东又北至重安司东南猪梁江自西来会【马尾河自源至此曲折行四百余里】二水既合曰清水江东流经岩门司南又东至平召寨北入生苗界【寨之南即苗界】又东南百余里至黎平府西北镇远府东南界之清江厅东流有乌下江南自古州司西南合生苗中诸水来会又东稍北九十里东北流有邛水西北自镇远县来有潭溪南自黎平府来并会【邛水亦曰德明河出镇远县东南二溪合东南流有长忌河自西南来会又东经邛水司南又东南有一水自东北合二溪来会折南流数十里又东南流受北一小水又东南经南洞西又东南百里至毛坪之南入清水江潭溪二源一出黎平府西山曰少寨河东北流经八舟司南亦曰八舟河又东经府北境一源出府西南东北流经府城西北与八舟河会又东经老潭司北又东北经新化所西曰新化江又北经铜鼓卫西又北至明耳司之西北入清水江水口正与邛水对】又东北至毛坪东入坌处汛界又东北至天柱县东南之远口西北有水西自县城来会【天柱县直银水出西界邛水司之东大山东流曰等溪折东北流经直银村西北又东北折南流至县北分流夹城左右有一水西自幞头堡至县西来会又东稍南流至远口北入清水江】又北至江东司西又北折东北流至大口西北有渠河南自靖州南合永从通道二县水北流来会【渠河两源西南源出贵州黎平之南永从县西东流经县城南折北流经其东又北折东流受南来一水又东北流经长春堡东至五开卫东南中朝所之南曰六冲江又折东南流曰潘老河又折东北流至洪州司西北入湖南中右所界又东北经中中所东又东北至播扬司东曰播扬河又北有双溪司西水南自金坑山来会又北稍东至通道县城西南其东南一源来会东南一源又有二水一南出通道南与广西界山东北曲曲百里一东南出长安堡西南与广西界山北流将百里至临口司西合而西北至江口南又西北至县城西南与永从水合北流经城西而北有平茶所水自西来会折东流经城北又东折北流经石家驿东又北折而东经东北经州城东南又北经其东北又北至土溪堡东又北曲曲经会同县城西而北有洒溪自东来合北一水经城北来会又西北流有一水自西南合欧阳村西楼村二溪来会又北流有水东南自伍招馆来注之又北至大口西北入清水江此水行四百余里其东南源即郎水】清水江于大口合渠河又东至竹滩浦西折而北又东流至黔阳县西之牛角铺南田溪铺北镇阳江自东北来会东南流经县西南而东也【清江水会镇阳江处西七度极二十七度二分自源至此已千一百余里】沅江自黔阳城南东经洪江司南有竹舟江即巫水南自绥宁县合城步县诸水来会【竹舟江出城步县东南百余里山两水合北流经小平寨西又北有阑牛寨水东自花山来会又西

北流有水自东北来会曰清溪又西经县城南又西稍南折西北流有京凉桥水土桥水白竹山水自东合来注之又西北经关陕铺西黄石铺北折西南流经绥宁县城北有砆河南自城西来会砆河出城步县西南界长平寨西山北流有一水自东来会经砆河村北又西北流经铺头寨东又北折西北流经黄桑坪西又北经县城西又北与清溪会焉东北流至竹舟村西曰竹舟江有长溪沙溪自西南来分注之又东北受东南来一水又西北流有龙宝溪自西南来注之又北经若水司东又北至洪江口之东北入沅】又东北经安江司北又东北受南来一水又东北经铜湾南又东北受东南一水又北流受西南来一水又北稍西至辰溪县东南之大江口西有双龙江即溆水东自溆浦县来注之【双龙江二源南源曰龙潭河出龙潭司南山西北流六十里合东南来一水又西北曲曲百余里至溆浦县南境与东源会有东源曰龙湾河出畲刀界北西北流有一溪自东北来会又西流数十里折西北流八十里与龙潭河会又北流至县城东南有四都河自东北山西南流百余里合北来之三都河南经县城东而南会焉双龙河经城南而西六十里为小江口又西三十里为大江口与沅江会】又西数十里折而北而西经辰溪县城南有麻阳河西自铜仁府合诸水来注之【麻阳河数源最远者出贵州铜仁府西北界曰顺溪其山北水即朗溪司水西入乌江者也顺溪两源合而南流有一水自西来会经岩门东提溪司西有一水自东北来会又南折而东经江口汛南有省溪自东北来会又东北流有凯洪溪自南来会又东北折东流而东南有小江自北山东南流百余里合东一水经府城西北而南来会又东经府城南又东稍北经黄蜡关南施溪司北受西南来一水东入湖南麻阳县界又东八十里至县西折而南有小江河自西南来会又东南经县城南折而北经城东又北复折东南流数十里又东北流百余里经滥泥村南又东北折而东南南受中和铺水又东北南受山塘水又北至辰溪县城西南入沅江此水当即古辰水】又北流数十里折东北流经浦市东又北有舒溪自东来注之【即船溪驿南水也】又北至泸溪县城东南有武溪即獭溪西自乾州城合诸水来注之【武溪数源名称不一其最远者出贵州铜仁府北界印江县东南界乌罗司南山西麓水即清水江入乌江者也此水源东南流又折而东北经龙头营太平营北共百余里东入湖南界经乾州卫西境曰木叶潭溪有泡水溪自北来会又东有得胜营水合二溪自西南来会又北至卫城南有湾溪自西北来会又东北流北受一小水又东流有镇溪所水合三溪自北来注之又东有舟溪自北喜鹊营来会又东南经河溪塘北有乌巢江自西南来会水势始盛乌巢江出与贵州界之凤凰营南北二源合而东经营南东北流折而南经镇竿镇北又东折东北流百三十里至河溪塘东与武溪会又东南受小能大能二溪水北受潭溪二水又东北受仲溪水南受冼溪二水又东经泸溪武南东入沅江此水与绥宁之行舟江及麻阳河皆源流行四百余里】又北经城东又北折东南流受南来之土桥水又东北流麻溪自东南来注之俗曰辰河实沅江也又东北受东南来一水又北有蓝溪自辰州府治沅陵县东南境西流曲曲经新安塘南而西来注之又北至府城西南有北河即酉水西北自四川酉阳州合诸水南经府城西来会【北河数源西南源出四川酉阳州西南与贵州乌江界之平茶司西溪东北流而合经司北又东北数十里俗曰嘉塘河有一水自南来注之又东南其南流来会南源出湖南贵州三省交界之邑梅司二水北合于司之北北流折而西北百余里合西南来一水北经石即司东亦曰石郎河又北与西南源会又东流有眉子河合容溪西北自州之东南来注之东入湖南永顺府西界曰北河有后溪河西北自酉阳州北界合二水东南流百六十里来会亦一源也又东折东北流数十里折而东流经大剌司南又东经小江口北有小江自西南来会又东经保靖县城北又东稍北有世溪河自西北合四水东南流二百余里来注之又东受南来关山河水又东有灵溪东北自永顺府城之北山东合椰溪经城南合白水溪西南流合剌济溪来会又东南受麦子溪水经王村南东受一水又东南流有溶溪自东来注之又南有明溪自东北来注之又南稍西至乌宿东南有酉溪西自喜鹊营之北山东南流百数十里合南来一小水又合北来之莲花池诗溪二水来会又东南经辰州府城西南入沅江即古之酉水也此水行五百余里辰州府三面临水回环如带】又东经府城东南折而北流十余里折东北流经诸滩【有百曳高涌九矶清浪等名皆险峻】数十里折东流又东北有马底河自南来东合来溪及清捷河北流注之【马底河在沅陵县东南境马底驿西东北流来溪自南来会又东北经楠木塘北有清捷河自南来至界亭驿西合东南来之板桥溪西流来会北流数十里入沅江】又东稍北有大洑溪剪家溪自北来注之又东有渡河自南合三渡水来注之【一渡水自东南来百余里有二渡水自南三渡水自北合于辰龙关之东东流来会经宁乡铺西又西北流十余里折而东北入沅江】又东小洑溪自北来注之又东北流有新店溪自南合三水来注之【一水在宁乡铺一水在太平铺东一水在新店驿东皆自南北流合而东北入沅江】稍东有新湘溪自北来注之又东南有杨溪自南来注之又东经郑

家驿北有小溪自西南合沉渡溪北流注之其东岸为桃源洞【小溪出南山中西北流八十里折东北流经杨溪湾东羯羊塘北又东经郑家驿南又东有沉渡溪自东南来会其东岸即桃源洞又北入沅江】又东稍北受东南来一水又东经白马渡东北经桃源县城东南又东北有延溪西自县西境来注之又东北有白洋河合漆家河自西北来注之分为二派东北至陬市南复合有一水自西北来注之东流经常德府治武陵县西南境河洑山南又东经府南折东南流有德山港水自南来注之又东分为二派一东北流又分二支俱东南流一南流至沧港塘北折东北流会前二支津经龙阳县城北又东会前一支津曲曲东北入洞庭湖【在常德府正东八十里西四度七分极二十九度自黔阳县二江合处至此又千二百里共前实二千三百余里古所谓辰酉叙无渐五水俱为所并惟渐水未明耳此水合镇远平越都匀黎平思州铜仁沅州辰州永顺常德十府及靖州之水所受小水无数】

湘水源出广西桂林兴安县南之海阳山【西五度九分极二十五度三分】两源合北流有桃花源水自东来会又北曰海阳江受西南一小水经鸣玉洞东麓折东北流数十里至县东南左右俱受一小水遂北为分湘漓洒其北抱县城之东折而西经城北而西南至桂林府城者漓水也湘水则分为二北流三十里复合东北流有龙蟠山水南自九龙岩之阴合数小水北流稍西来会又东北经光华铺东有六洞山水西北自湖南城步县东南之大猴寨黄水岩来会【兴安县北之越城岭即古始安岭亦曰始安峤五岭最西者其水下流入漓】又东受南之界牌山水又东北有咸水自西北来注之【水口在奇石山之北岸】又东北有小水合自北来注之俗至此曰湘江又东北至全州城西南有杨子江西南自石塘塔板田村合二水来注之其北有罗江合数水自西北来其南有灌水亦曰灌江南合十数水自灌阳县来并会湘流始盛【罗江出州西北与湖南新宁县界之覆釜山南流合二溪又合东北之钴鉧潭水东南流数十里有钟乐水自西来会又东有一水自北来会又东南数十里受北来二小水折而南流数十里至州城西南入湘江灌水源出兴安县东南境曰龙川水南流有西北源来会又南合市溪水折而东流数十里至白竹铺西南有一水自西南合二水东南流九十里折而北流来会又东北经铺东而北会西北来之九龙岩阳水东经黄牛寨南又东受南一小水折而北有吴川水自东南来注之又北有钟水自东来注之又北经灌阳县城东又北折而东受南来之麒麟山水又北有沙罗江合二水自西来注之又东北受东来之永安关水又北受西南来一水又东北受东来之白水又西北流至全州城南稍西与湘江会此水源流曲折四百余里水势与湘江同】又东经城南东北流俗曰合江经银石白雨飞山西麓又北有黄沙河自西来注之又东北至三角司东有洮水西自文山东流合二小水来注之又东北入湖南界经东安县东南境之渌埠市南水口村北【西五度一分强极二十六度二分】又东有右江自北来西合县南清溪水东南流注之【右江出东安县北境大山东南流百里至右江铺东又南有清溪自县西北山东南流经城南而东北合西来一水于白牙铺南又东稍南与右江会又东南至大江口西石期市之北入湘江】又东南至龙塘铺北折东北流至永州府治零陵县西北之湘口村有潇水南自道州合永明江华宁远三县诸水曰泥江北流经府城西而北来会【泥江即古潇水出九疑山朱明峰北流与淹水之出石城娥皇二峰砅水之出女英峰舜源水合今泥江源在宁远县南境九疑山者有回西水自南界山西流三十里经九疑司南又北折而东流又东北受东南来一水又东北六十里至县城南折而西流有分水坳南水西南流九十里至白马铺西而南受东南来一水又西南经县西南合焉又西至把截村北有石城峰北水自白草岭东北流经孟塘东至把截南又西北与回西水会即古淹水也又西北至道州东北之青口有水西自州来会州南之水出江华县南者源稍远县南白芒岭而南有冬冷山开山壕界东北有白石关皆与广东接境即古之萌渚岭也南即连山横水东即连州天堂岭分界南北州西南之水出永明县南亦远县西南与广西富川界之龙虎关古调清溪猺山即古都龙岭其西南水皆入桂江者也江华水出县东南境大马营南山西南流经大桥及长平寨东又南受西北来之麻江水又南有平冲水西南自连山县界山东北流合白石关水来会折西北流经锦田所南至土塘寨东折向北流有老梅营水自北来会又北经白芷营东又西北至县东南有梅花村水自西南来会又北经城东又北数十里至道州南境之曲溪口有永明县水自西南来会永明县水即古遨水源出广西富川县北境之平山川也东北流至龙虎关北入界又东北经镇峡关冷水铺南又北经马蹄营西又东北至县城南有小水自西北来会又东北十里至道州南与江华水会二水既会东北流有营水西自永安关来会又东北经州城东南又东北有濂溪西自安定山东北合宜水来会即出州西界之春陵山者也又东北总名泥江至青口之北宁远县水自东南来会又北流百七十里折东北曲曲流数十里至永州府治零陵县东南境折向西流三十里折向南流五十里又折西北流受南来一水至府城西南有永水西自永山东北流注

之北经城西又北二十里至湘口入湘江湘江得此水始盛大故称潇湘也平山川西南流者下入桂江】湘水既会潇水于零陵北北流百余里至祁阳县西境之黄羊铺南有卢洪江自西北来注之【卢洪江出东安县北境山东南流经洪卢司南又东南至黄羊铺之西南东入湘江】折向东南流经哲周滩北又东受东南来一溪水又东稍南经县城南又东折向北流有腾云岭水合西北一溪自北来注之又北折而东南流经古洲北至白水司北又南流至归阳司南又折东北流百里至粮船埠南又东折南至常宁北境之白坊铺北又东北流至松柏铺东有水南自常宁县合二溪来注之【一水出常宁县西南境之塔山东北流百余里经县城西北又东稍北至金塘铺北有一水自南来会一水出南境三口山东北流经弥勒铺西又东北有一水自西南来会又东合南来一水又北流经县东境至金塘铺东北西流会前一水又东北流入湘】又东北有舂陵水合岿水南自蓝山嘉禾新田桂阳州北流来会岿水即舜水也【岿水源自蓝山县西南界九疑山之杞林峰东北流过三分石至宁溪所南即广东界也又东北经县城南又东北依山至古城南有毛俊堡水自东南界西北流来会又东北流九十里经嘉禾县城南东北至石口东舂陵水自西来会舂陵水源出新田县西北与宁远界之舂陵山俗曰乌江源也东南流数十里经县城西南又东有一水自东北经城东来会又东南经张富村白面司南又东至石口与岿水会二水既合北流七十里至柏家渡西折东北流经大山下又东北经桂杨州西北境至斗下渡又东北百里至野落滩又北百里至白沙市东折西北流数十里又北经白马渡西冲头市阳隔州东又东北与湘水合即常宁县东北界也此水源流长六百数十里】又北流经衡州府治衡阳县东南境折西北流至东江北折正北流经府城东稍北有烝水自西南经城北来会曰烝口【烝水数源远者出衡阳县西南界之大云山东流过石湾浦南东北流百余里至阴陂市南有西来之雷公寨水北来之烝水合而东南流来会又东流八十里过府城西北又东北至烝口入湘江】稍北有郴江南自耒阳东南合桂东桂阳兴宁郴州永兴诸水来会曰耒口耒水即郴江也【郴水与耒水合总名耒水其上源最远者桂东县之桂水也桂水源出桂东县西北之小桂山东南流经县城西南又东南有沤江一源出县北屏水山南流一源出东境三都村西流合而来会曰增口又南稍西经三峰山泥湖山有一水自西北来会又南受东来新坑水又南受西来石磨岭水又南数十里折而西流至梅洋桥受北一小水又西经田庄南又西有西水北自县西境山南流经西水桥百数十里来会经桂阳县北境银岭之北又西至丰溪村南有耒水自东南来会耒水出桂阳县南山其南水皆入广东者耒水二源皆在山北一东流一西流合而西北流会二小水经县城西又西北有廊江西南自白岩来会自此而西北俱称耒水矣又西北有文明村东水南自广东界镇安司北流曲曲折东北经百丈岭西而北来注之又西北经滁口司南又西北经兴宁县南境有资兴江合东北来之西板桥水西自城东来之坪石水南流来会又西北受南来之雷溪又西受南来之鸦溪又西北有乌石江自西南来注之又西北至郴州东北之郴江口郴江自南来会郴江出州南境之黄岑山北流其南即章水流入广东界者也郴水出北麓北流百余里经州城东南受西来一小水又北经城东又东北受西南来一水又东北与耒水会以下总曰郴江又北折而东北流数十里至永兴县东南境有廖江东自七宝山牛头岭西南流百余里经石壁村南来会又西北有注江东北自千溪来会又西北经永兴县城西又北稍西有黑山口水南自郴州西南境之黄坌岭东北曲曲流二百余里来会即古白豹水也又北经郴州滩东又北经上堡市东又北至耒阳县之西南折而东北流经县城东而北稍西北又折正北流经新镇市西又西北经衡阳县东南境百余里至府东之泉溪市西又西北受南来一小水又西北与湘江会此水源流曲折七百余里郴水所出之黄岑岭即古骑田岭为五岭第二】湘水又北至插木市东折东北流至衡山县南境【数十里自南而北曲曲流皆绕南岳支峰之麓】有洣水合攸水东南自酃县茶陵州攸县及安仁小江西北流来会曰茶陵口【洣水源出酃县南与桂东县界烟竹堡南山曰米泉北流数十里经黄那潭又西北七十里左右各受一小水北经斜濑渡又北有云秋水西南自竹坑猫山东北流百数十里来会又北有水西自顺风岭来会曰洣江凡酃县西南北境水皆注之又折东北流至县北境之可口有沔渡河东南自县东南界山北流经县东百余里而西北来会洣江又西北流百里折而北流数十里至茶陵州南境折而东北经州东南有沙坡河合二溪自东南来注之又北经城东有岩沟河合二溪东南自和尚庄来注之折西北流有潽江东自高龙司来注之又西经城北稍西有背江东自江西界之皇雩山九路冲有浦江东北自太和山西流合而来会又西至把集铺北受南来一水又西稍北至黄石铺北受西南来一水又北稍西六十里至攸县之东南境攸水自东北来会背江即古茶水出与江西永新县界之景阳山其东南即皇雩山九路冲村也西流百余里与北来之浦江合又西南会洣江攸水源出江西界之泸潇山其东水即安福之泸水河东南至吉安府入豫章江者也攸水自山

西麓西南流会柴岭水又西南有水头村东西二溪合而西北流来会又西南流有断江桥东西二溪自南来合而来会又西南有溪自南来注之又西至新市铺东折而南流七十余里至县东北又西南流会洣江于县之东南二水合西流经县城南又西百里至草市北稍西有小江南自安仁县来会小江二源一南出尺滩北流百三十里至安平司东东源来会东源出酃县西北界之尖山铺山西流曲曲经太平橦桥二铺之北亦百余里至仙口铺南与南源会西北流受东北来自大石岭一水又西北经青路北安仁县城南又西北有一水南自观音阁合同塘小臂二溪北流来会又北流曲曲百五十里至草市西北会洣江攸水攸水洣江自草市西北流百五十里至衡山县南之茶陵口入湘江洣水源流自南而北而西北行六百余里】湘水又北流至衡山县城东南有水西北自衡山来注之【南岳在县西绵亘数百里西四度极二十七度三分水自南麓会诸溪涧东南流经南岳司北又东过师姑桥又东南经县城西南乌石铺之北又东入湘江】又北经城东东北经石桥铺东有水自西来注之【水亦西出南岳东麓】又东北曲曲二百里经渌口市西有渌江合泗汾河东自醴陵县会江西苹乡诸水来注之【渌水源有二东源出袁州府西苹乡县东北境大山二涧一西南流一东南流合而南所谓苹川也稍西南有小水自东来会曰新江折西南流经县城东南又西南至湘东铺南有马迹岭水北流合二溪自东南来会又西受北来之五金山水又西流曰湘东江又西北流入湖南界插岭关南又西北北源来会北源出浏阳县东南与江西万载县界之铁山南二涧合经王家桥西流经闸家市北又西南流至渠城司北吴甲市东又西南受北来之路口桥水又东南流经金刚渡东又南受东来一水又南曲曲经明澜铺东又南折西南流百余里与东源会曰双江口二水既合曰渌江西流经醴陵县城南又西北流折而西至铁河口之北泗汾河自东南来会泗汾河源出江西苹乡县西南境之婆婆岩西流入湖南界西北流数十里折北流有丹陵桥水自西南来会又西北至船湾东北流数十里至泗汾铺东北折西流数十里又西北流至铁河口东北会渌江既会泗汾河又西流八十里至渌口市北西入湘此水行四百余里】湘水又北流至湘潭县东南之渚洲铺折而西稍北流有茶园水自南来会又西北至下摄司南飞羊铺北有涓水自西南山东北流百余里来注之又北有涟水西自湘乡县合诸溪东流经城南来注之【涟水数源西南源出宝庆东北境之大龙山北阜东北流又曲曲而北二百余里受西北来一水折东北流至关王庙西南其西源水出新化县北境山中东流经桂子岩南独山北又东折东南流有伏溪口二水自北合而南来会又东南至关王庙南与西南源会源流亦二百余里又东南数十里至潭市南有丰溪南自黄龙山北流折而西北经永丰桥东凡二百余里来会又东南至大江口南有水南自山中北流百数十里来会又南折东北流数十里有小水自南来又有豆溪河东北自县北之夏阴烧砖二桥西南流来会又东流有花桥水南自衡岳北麓经望岳山而北来会又东经湘乡县城东南又东稍北有官步河自西北来注之又东北受北来二水又东经玉枆铺羸湖铺南受北来一水稍北至姜畬市南又东流经湘潭县城南入湘江此水自宝庆东北衡岳以北诸水皆会源流五百余里】湘水于湘潭城东南北流又东北受东南一水折北而西又北流经回龙铺西又北经下托铺西受西南来一水又北至长沙府治善化县西南自岳麓山来注之【岳麓南去衡山三百里隔于湘潭一水实不相连】又东北经府城西南有水东自城南来注之北经城西【西三度七分极二十八度二分】又北稍东有浏阳河东自浏阳县来注之曰浏口【浏阳河出县东界二源一曰大溪自大围山西南曲曲二百里一曰小溪在大溪源之东南山亦于西南合北一小水西经铁山之北亦二百余里会而西流至县城东南受北来城东一水又西经城南受南来一水又西稍北受北来城西北之水过百子桥又西有焦溪东北自焦岭西南流合数水来注之又西经永安市南又西过百家山北又西北流经丁家铺杨林铺南又西北至长沙府城北十里入湘江】稍北有黄泥江自东北来注之【黄泥江出平江县南界长田市山西南流经黄泥界又西南有社港水自东来会又西南九十里有浏阳北境二溪合而西南流来会又西折而西北曰劳刀河又西南数十里流入湘江其水口在浏口稍北】湘水折西北流有水西南自岳麓来注之【此岳麓西水东北流经惊马桥而北者也】又西北有建港溪自西南来注之【建港溪出建港桥南山东北流百五十里入湘江此水源隔山即湘潭豆溪源也】有清水合二溪自东来注之【一溪自山西流八十里一溪自腰站东山西南曲曲流六十余里合而西流经桥头铺又西入湘江】又北有围河合玉堂诸水西南自宁乡县来注之【围河数源出宁乡县西与安化县界之十泉风大山及南晒谷石二水东流合而东经黄枋铺南有芭蕉岭二水皆北流来会又东经长桥南曰围河又东稍北至玉堂铺东南有玉堂河自西北来会又东至石土南受南来一水又东至县南有谭家桥水自西南来注之折而北流经县城东又北受西来一水又东北受西来青化衡龙二铺北之水又东数十里入湘江】又北资江西自益阳县合西南武冈新宁宝庆邵阳新化安

化诸水来会曰乔口资水即都梁水源出武冈州西南有枫门岭水东南流高坪南山水东北流合而东经山口南又东有一水南自水东铺来会【资源及此水隔山之水皆南至城步县西入竹舟江者也】又东经浪石北至西筵桥受南来一水又东稍北经州城南又东北流至赤溪桥有龙溪自东南合二水来会【龙溪出州南境东北流有二水又出其东南北流而合折西北流会龙溪又西北至赤溪桥入渍】北经石羊桥西折东北流经斗溪荆竹西北有蓼溪西自蓼溪司东流来会又东北经西桥五里排西又北有水西自硖石司合二溪东流二百余里来会又东北经龙潭铺西又东北受北来一水折东南流经紫阳司南又东南曲曲而东曰紫阳江经宝庆府治邵阳县西南境有罗江即古夫夷水南自新宁县合诸溪来会水势始盛【罗江源出新宁县南与广西界之罗江岩北流数十里有长木山水自西南来会又有县西一水合北一水自北来会折东北流经县城南又东北有大云山水自南来会于黄龙塘北又北流折而东至油溪桥北有香溪南自大龙山北流来会又东至木山铺北杨田铺南有杨家山水南自广西界之界三山铺来会又受东来一水又北流至田堂寺西折东北曲曲流百五十里会资水此水源流数百里与资水等】既会罗江又东北经枫林铺南又东经府城北有邵水南自城东来会【邵水即花桥及洪桥官桥三水也花桥水出南境思铺之西南山其隔山水即卢洪河源也此水北流东北过小花桥西又北数十里经谷洲铺西又北至府东南有官桥水东南自狮子山北流经南市东又西北会北来之洪桥水折西南流经官桥铺北又西流至府东南与花桥水会二水既合北流经府东而北入资水资水自东入邵阳北境流数十里有五十三滩既合邵水又有四十八滩】又东折而北流百里至申家塘西又北折而西流七十里有潮水合田心水自西南来注之折北流有连溪东北自石柱寨西南流至蒋家坝来会又西北流数十里经新化县城东北又西北至牛婆坝北有洋溪合思丰溪女溪自西南来会【洋溪出新化县西南境大山一源东流一源出望云山东北流合而东北数十里至三姓口有女溪南自龙源山来会又北有思丰溪西自铁山来会又东北至牛婆坝西北入资水】又西北数十里有油溪自东北独山来注之又西北数十里至苏溪司东折东北流百八十里受西北来一水经安化县西境又东北二百余里至县东北境有敷溪河合二水自西南来注之【敷溪河出安化县西南之黄柏山东北流曰石城溪一出县南境之桂子岩北流曰大木溪至县城南合而东北流经县东北境山中百余里入资水】又东经益阳县西境曰资江有四里河西南自安化东南境山来注之【此水源在清塘铺之南其隔山南水即伏溪口水南经湘乡者】又东受南来三小水【曰占溪曰桃花溪曰志溪俱自西南山东北流注之】又东至益阳县南分为二派一东北至城东南折而东一东流受西南来之七里溪又东二十里至小江口复合东流又分为二派一东北流十余里又分二支正北一支经王家村瓦口矶又北分数汊一汊东至湘阴县林子口黄花洲之北入湘江一汊北折而西经沅陵县南之瓦阳塘东折北流经县城东又分二汊一东北流入洞庭湖一西北流数里又分二汊一北流于县正北境白沙塘之东长坡入湖【口东南去前汊口四十里】一西南流至兔子哨折而北至李家蓬西入湖【口东去前口长陂约六十里正当沅陵西北】自王家村东南一支曰青草港东南二十里与一支东流者合为资水正派又东南有关龙河合西北仙清二水自西南来会【关龙河源在衡龙铺北】俗曰玉堂江又东流至乔口与湘江会【此水源流约千七百里其入湘之口有二于乔口入湘者其东流正派于相阴县北入湘者其支津也其支派西北至沅陵县境入湖之口有三又支津之支津也】湘水既会资水于乔口东北流至湘阴县西南境有支津西通资水之支津者二稍北有哀江东自东南境合数水来注之过城西黄花洲又北有资水支津西南自林子口来会又东流折而东北有汨水东南自平江县合诸水来至汨罗山分流而西注之曰汨罗口【汨水即平江县东与江西界之黄洞岭西南流经宁阳村南又西南经长寿司北又南有一水自东来会又西南经义口北又南有一水南自连云山来会西流经铜坪及围湾之南有一水东南自卢洞西至滑石桥江口合西一溪东北流来会又北经横槎东又西北至县东北境折西南流经城东南及西三面又西北流至杨梅江有昌水河自北来会又西流数十里稍北分为二派西南流复合又西南至新市北折西北流至归义驿西北有一水自东北伏井驿之东南来会又西北分为二支一支西流稍北于山麓西入湘一支北流数十里西北入湘曰屈潭亦曰汨罗口】湘水至磊山洲分为二派又北复合入湖曰湘口正对湖中之石录山【西三度七分极二十九度湘水自源至此行二千余里会桂林永州宝庆衡州长沙五府道郴武冈桂阳诸州水为洞庭上源】

洞庭湖东南隅曰青草湖自湘口磊山之东北有河塘湖数十里相通正西对湖中之石录山又北数十里有昌矶洲【洲在石彔山之北去东岸十余里长数十里西北稍阔形如鲫鱼】又北经鹿角司西岳州府治巴陵县之南稍西境也又北稍东有新墙河自东来注之【新墙河上源曰土城河出通城县西北境龙角山西南流有箬姑山水

合土门司水自东南来会又西南会东来之龙窖山水又西南经新墙市北又西北流受东北来青冈驿前有一水又西北入湖此水口西南对常德之沅口径三百里】自水口而北数十里为府南水口之鸡窝山湖中为扁舟山近岸【此水口即府城南湖西接徐家岭者也】又北经府城西正对湖中之君山【府城西门即岳阳楼】又东北流出至府东北之七里坡北与大江会【湖与江会南岸为临湘县西南之城陵司北岸为荆府监利县东南之白螺司】湖自湘口而西数十里折而西南百余里至沅江县东北境之资江支津一水口【自水口北稍东至北岸墨山铺径二百余里】又西稍北四十里至长坡口又西折而南六十余里至李家蓬口【沅江县西北境以上三口皆资水支津】又西折而南数十里有河港溪南自益阳县西境之迎风铺北流注之又西四十里有一水南自龙潭桥来注之又西折而北经龙阳县东南境有五洋港水自西来注之口正东对李家蓬八十里曰天心湖【五洋港上源出龙阳县西南之金牛山东北流合西北来一水折东流经县南境又东有小塘溪自南来会又东经游汛塘南又东入湖】又西北九十里至常德府东南之沅水口【口在正西与东南湘江口径二百余里】又西北四十里折而北而东北而东百六十里至澧州安乡县东南之澧水西口【口南对长坡口径百五十里】又北五十里为澧水支津东北口【此水口东对岳州径百六十余里】口南有明山凤山鸡子录山与东北之君山东南之石录山遥相望湖水又北数十里至华容县南有华容河首北受大江南流经县东而西南来会【又县西有场西湖东北受九湖水西南经县西境又南曰白泥湖每雨涨亦南入洞庭】又东三十里折而南二十余里又折东北经禹山东麓八十里至层山南麓于墨山铺前折而东南五十里又东过围湖之南数十里又东南至岳州府之西北遂东北会大江也【自围湖之东南数十里湖与大江隔一线地而未相合】湖曰青草曰赤沙实一水周围八九百里为海内数泽之冠

卷十三·入江巨川三【汉水　云梦】

汉水即漾水亦曰沔水源出宁羌州北之嶓冢山【西十度二分极三十三度山在州北稍西九十里】即禹贡导漾之嶓冢也东南流数十里折而北数十里至霓川铺西折东北流经沔县西南境有大安水自西北来会【在大安镇东南】又东北经青阳铺南又东北有沔水会涺水沮水自北来会曰涺口【沔水上源有三一曰涺水出西北山东南流经硖口北又东南流一曰上沮水出北山南流经沮水铺西南一曰丙水自东北山西南流至铺南三水俱会又东南曲曲流八十余里入汉】又东经县城南又东经黄沙驿南又东南有水北自云雾山来注之又有白岩河西南自宁羌州城东北流合平溪河来会水势始壮【白岩河出州西南与四川界之七盘关北流又东北经州城西北又东北经铁锁关北又东北经蔡坝有平溪河自南山来会曰坝河又东北入汉水在天池山之北】又东南流经褒城县南境称为沔水有黑龙江东北自太白山西南流合斜谷东南诸水自北来会【黑龙江源出郿县南境太白山之西南麓两源西南流而合又南合东来一水西流又合北来一水又西有紫金水自北来会又西折西南流至泰柏村西受东来一水西南至镇江铺西又西南有白马及安河西北自斜谷之东南山合而来会曰黑龙江又南流折而西南至武关驿东北有野羊河自西北来会又南有武林河自西北来会又南有马道河沙河俱自西北来注之又南称褒城水经褒城县城东折稍西南流至龙江铺与汉水会此水即古褒水自凤县大散水三坌驿以东郿县太白山以南诸流悉会行五百余里】又东南流至汉中府治南郑县西南有高台镇水自西南来注之东经府城南又东有老渚河自南合二水来注之【老渚河二源一出建龙池自南与川界之小坝北流经岩堰口东又东北流一曰青石水自东南与川界之笼盖山北流至青石关西合焉又东北流数十里入汉水】又东北流经梆村堡南又东有一水自北来一水自南来并会【北水自北山南流合西来一水东南百余里入汉南水曰南沙河南自贯谷关北流经七里坝东又北入汉水口南北相对其东南曰五郎口】又东经城固县城南水中有洲稍东有小水自南来注之稍东北有水自西北东南流经县城东北来会【疑即古壻水亦名智水】又东北有马扈河自北来注之【马扈河出城固县北境山东南流有关王河自东北来会又南百数十里折东南至洋县西南境入汉疑即古骆谷水】又东有铁台河亦曰溢水自北来注之【铁台河出北境秦岭之西南山二源西南流而合折东南曲曲流二百里至洋县城西南入汉】又东经洋县城南又东稍北八十里有潜水自北来注之【潜水出铁台河源之东南山东南流百数十里经槐树关西又南入汉】又东经真武镇北有沙河西南自西乡县北境来注之【沙河出西乡县西北之楼山东北流有祁了山水自西来会又东北经真武镇南又东北入汉】又东稍北有金河自北合二水来注之【金河出北山东南流有玉门山水自东北来会又东南流入汉】又东南流至铁石关南有李家河即饶风河自东北合数水来注

之【李家河出柏林坝北山东南流合西来一水曰焦溪河东南流八十里有一水自北合东北一水南流来会又东南至马家沟东折而西南流南经金鸡岭子午山东又东南有两河东北自云雾山北合而西流来会折西南流经饶风岭北又西南入汉】折西南经西乡县东北境渭门镇东南又南折东南流有洋河即清凉川西南自盐场关北流合木马河东北流来会于茶溪镇北【洋河源出西乡县东南与四川之盐场关北山北流经鱼渡路西又北有小巴山东水自西来会又北有扬旗河自东来会又北经碓血坝西有七十二渡河一自大巴山北麓一自飞龙山合而东流来会又北数十里至县东境有木马河自西南来会木马河源出县西南与川界之米仓山东北流有大巴山西北麓水自南来会又东北有贯峪关东水自西来会东流经风口南又东折东北流经空渠铺北又东经县城南又东与洋河会二水既合东北流经金牛山北受西北来一水又东数十里有洋溪南自皂军山北流经父子关东北流来会又北稍东至茶溪镇西北入汉】又东至石泉县西南有珍珠河北自云雾山西南流合西北之香子河来注之又东经县城南又东南流有池河东北自蚂蝗山来注之折南流受东来一水又西南经汉阴县西境南至马家营西汉阳坪东折东南流至紫阳县西境有小松河自北来注之又南有渚河西南自四川太平县境北流经毛坝关合二水来会【渚河即任河其上源曰北江出四川太平县东境黄墩山北麓北流合东一水西北流百里有一水自西南来会又北流入陕西界经毛坝关东又北有渚河自县西南境东北流折而东南合西南一水来会又北经马家营东又北折而东流数十里曰渚河亦曰任河至紫阳县之西南东入汉曰任河嘴】又东经城南又东经西沙坝南又东有汝河西南自双河关来注之又东有岚河东南自花龙山来注之【岚河出东南界花龙山西北流至水围城北会西南来一水又西北折而北流百余里又折东北经岚河右营之东北入汉水口正对汉北岸之流水铺】又东有香河自南来注之【香河出平利县西南境西北流经香河营东又北九十里入汉】又东稍北至兴安州西境有越河即古直水合恒河西北自汉阴县来会【汉阴县西北山有二水南流而合又会西来一水东南流经县城西南又东南五十里有添水河自东北山来会即古直水也又东南经涧池铺西又东南五十里经关垭南有白音沟水自北来注之又东经恒口堡南有恒河自北来注之又东南至长枪铺西南有傅家河自北来注之又南入汉】又东稍北经州城北又东有黄羊河南自平利县来注之【黄羊河出平利县东南界白土路营二水南曰石牛河北曰连先河西流至营西而合西流即古灌溪水也有狮子山水自南来会又西北流经县城西南又北数十里受东南来一水又北流至州南之黄羊村东又北经州东而北入汉】又东北经二郎铺北有一水合二溪自北来注之东经青山铺南又东北至洵阳县西南有闾河自南来注之【闾河出县南与湖北界之七里关南山北流合西南来之炭河及神河三水西北流又折而北而西受西南来之孟家河又北至闾河铺西北入汉】又东过县城南有洵河自北合镇安县诸水东南流经县城东北而南来会【洵河源出鄠县东南豹林谷之西南太乙山西北径鄠县百五十里东北径长安县二百余里太乙山西北麓即西黄谷岭为浐水之源其西南麓即洵水源也南流合东来一水又南八十里合西北来一水又南四十里合西来一水又东南经两山间三百余里至两河阙南有镇安县水自北来会镇安县水二源西北源出天书山东南流北源二水出旧县关东南山南流至石瓮子南会焉南流经徐家坪西又南数十里经县城东又南有一水西北自红山洞东南流合一溪经县城西南来会又南受东来一水又东南受西来一水又东南受东北来一水又南经青锁关东又南折东南流六十里有东坌河自东北湖广界来会又南至两河阙东南洵河自西来会洵河又东南经赵家湾东又东南经洵阳东与湖广界八十里折而南经县城东北又东南入汉此水源流五百余里在陕中入汉巨川惟黑龙江及此水也】又东稍南受北来构园水又东经大棕溪铺南【铺北即湖北郧西县西南界】又东南有冷水河自西南来注之又东稍北经月儿铺北稍东有吉水河北自郧西县西北境来注之水口北岸即湖北界【吉水河出郧西县西北境与陕西界之铁锡岭东南流经沙口铺南又东南九十里经上津堡西又南八十里受西北来一水又东南五十里受东北来一水南经夹关塘东又南于白河县北界入汉】稍东南有白河即大白石水自西南来注之又东南经白河县城北又东有小白石水自西南来经城东而北注之又东入湖北郧阳府界郧西县之西南境东流受东南来一水【汉水自源至郧西界已一千三百余里】又东北百里至县南境之黄连垭南有水北自县城来注之【水有二源东源出木龙洞东北山西南流九十里经县城东南西源出黄云铺西山东流合北一水经土门铺南折而东南经城西南至城南会焉又南流八十里于黄连垭东南入汉亦曰黄连水】又东北有曲远河自北来注之曰曲河口【曲远河出滔河山之西南麓其东水即滔河也曲远河南流至青铜铺折而西南流至曲河口南入汉】又东流有陟阿西南自竹溪竹山二县合诸水北流来会【陟河即竹溪水有二源西北源曰竹溪河

出竹溪县西北与陕西白河县界七里关西南之鸡笼山其北水即闾河炭河也竹溪南流数十里至中峰塘东南有白土关水西自界上西沟塘来会其西水即平利县东之石牛河也竹溪折而东流有一水自北来经城西来会竹溪又东经县城南有洛家河自北来注之又东稍北折东南流至水坪塘东南有县河自北界山北流百余里来会曰西两河口又东南七十里至东两河口西南源来会西南源曰柿河出西南与陕西界曾家村北山其西水即岚河也柿河东流百六十里经渡船口塘北又东四十里有秦坪河自西南来注之折东北流百里至东两河口与竹溪会有羊肠河自东南来合焉又东北经竹山县西南境至县南有獐落河东南自阴条岭西北流合西南麦场垭北水北经上瓮塘西曲曲西北流来会又东折而北经竹山县城东又北稍东二百三十里至郧阳府治郧县西南境之鲍家渡东黄龙滩西受西来一水又北七十里至陟河口西北入汉竹溪柿河源流行六百余里竹山古上庸地竹溪县又在其西县之北境及西南即陕西白河洵阳兴安州平利县界其南境及东南境即四川夔州府巫山县界也】又东经郧县西境洪河馆南又东折而南经府城西南受西南来一小水又东流受西南来之小岭塘水又东至土地垭南折南流经龙门塘西有一水西南自十堰店东北流经八亩地来注之【府东南境水也】又东流有水自东北来注之【即龙门塘东北一水】又东南流至均州西北有水西南自白浪塘南北合二水东北流来注之又东流经州城北折东南流至曾口东有曾河西南自两河口合太和马嘶二山水东北流来注之【太和山在均州南百二十里其南山北麓水曰吕家口西北流至两河口塘有马嘶山水自西南来会又东北曲曲数十里经武当山西麓又北至孙家湾北又东北经州南境至曾口南有草店水南自太子坡北流稍东来会又东北于曾口之东入汉】又东南数十里至萧江口有丹河北自河南淅川县西合陕西商州山阳商南诸水南流来会【丹河即古丹水源出陕西商州西北境之秦岭东麓其西北即蓝田县东界之蓝关蓝水源也丹水东南流至红门口南有一水自北来会又南有一水自西来会曰乳水河又东南至州西南境有荆水自北山药子岭合二水南流至上板桥又合西北一水南来会又有五峪河自西南合南秦川及赤水峪水东北流来会丹水又东经州城南又东曰丹江折而南流经巴楼铺白杨店西又东南流经商山北经商雒铺南又东南至龙驹寨南受北来一水又东南流经商南县西南境有银花水西自中村合二涧东流经土门来注之折而东流有武关河自北来注之又东经县南境稍东有清油河北自城东来注之又东南经打鼓洞梳洗楼凡百六十里入湖北郧县东北界数十里又东入河南淅川县西北界有淇河自北来会淇河出商南县东北山二源合东南流入河南淅川县西北界又东南数十里折而南又东南流入丹水丹水又东南百里经淅川县城西南有金井河合滔河西自镇安山阳来会水势始盛曰丹江金井河出陕西镇安县东北孟家寨南北二水东流而合又东合北来一水东南流九十里至扈家坪东南有社川河合三水自西南来会又东南经山阳县南境有色河北自县北苦竹塬南流合东西四水来会又东经沙沟铺南又东经商南县南境吐雾山南又东南至胡家店东南有滔河自西南来会又东入湖北郧县东北境经梅岭北又东至淅川县西南境东入丹水俗称滔河源流行五百余里丹水又东南四十里有老鹳河北自杏花山南流合熊耳山南之双河南经西峡集及宵山凡三百里至马蹬店之西南来注之丹水又南稍折西南流百三十里于萧江口东南入汉此水源流曲折行八百里】稍南有青石铺水西南自太和山东北麓来注之又东南流八十里至光化县西北分为二派夹客洛河洲至县城西南之旧城西复合曰老河口又南至谷城县东北有余家河自西来注之又南经城东南之仙人渡有南河即古沮水西南自房县东流合保康县水东北流来注之【沮水源出房县南境之景山在县南稍西百三十里其西为阴条岭其东南为五柯树山又东为保康县南境山又东为北凤山劝易岩漳水源自景山北流百数十里至县城西北有包家河北自东浪村西南流百余里来会于城北折东南流经宜阳湾北又东经驴蹄店南又东至保康县西北之台口有白岩河自西南来会白岩河出景山之东南百里五柯树南山东北流曲曲至博磨坪南又东北折东南流数十里至王家湾北折而北流百余里至姬公会西折东北流百里与沮水会又东流至保康东北之洞庭庙西有板仓河西南自县城来会板仓河出保康县南境之马湖垭东北流经罗圈岩西麓其东水即南漳县西水也板仓河又北经黄保坪东折而西流数十里至保康城西南又折而北而东北数十里会沮水沮水自洞庭庙西折而北又西北复折而东北经鸡子口东俗曰南河又东北经谷城县城南又东入汉此水源流曲折行五百里】又东南至庙滩东受东北来一水又南至太平店南折而东流有水自东北来注之【出北与河南邓州界东南流六十里至黑龙西折而西南流百五十里至太平店之东南入汉】又东南至牛音塘南稍东北流经襄阳府城北樊城南稍东有白河唐河东北自河南新野合南阳府诸县及邓州水南流又合西来之清河东来枣阳之滚河来会【湍水源出嵩县西南境之老君山南麓其东北山即

汝水源也湍水南流百数十里折东南数十里又折而南有长城河自西南来会又东南百余里至内乡县北境有螺蛳河自西北来会又南经县城东又东南有黄水河西北自宵山东南流百数十里经城西南而东南来会宵山之西即淅川县北之老观河也湍水又东南有默河东北自圣朵山西南流百余里来会又东南流百四十里经邓州城东北又东南百里至新野县城西境之高家庄北有潦河北自镇平县北山合二水南流经县东境南阳西境曲曲东南凡二百六十里入湍水稍东白河自南阳府城西南流来会白河源出南召县西北境之曹峰山在老君山东南二百余里其西北为伏牛山北即汝水其东北为没大岭即沙河源也白河南流经演艺山麓又南经县西境又东南流至南阳县北境有鸡子河自东北山西南流百数十里合西北来之雅河来会又西南出山曰白河西南曲曲百余里经府城东而南分为二派其东南流之支津曰溧河南经林水驿至郭家滩会唐河者也正派于城东南西南流百五十里至新野县北境西流与湍河潦河会白河既会湍河南流经新野县城西又南数十里有刁河西北自内乡西南山东南流经孙家寨又东南经邓州南境又东南流凡三百里来会白河又南数十里入湖北界经襄阳东北境西南流百余里唐河自东北来会唐河三源至唐县皆会故名唐河其北源曰裕州西境之赵河源出鲁山县南境大山在鸡子河源之东南流百余里出山又南折东南流有三里河北自赵河源之东北山亦南流百数十里与赵河会此河南流处有支津东经叶县南舞阳北东至郾城西入沙河之澧河也三里河南流与赵河但隔一山赵河又东南有裕州左右二水俱出北山南夹州城左曰潘河至城南合而西南流数十里来会又西南百余里至南阳县东南境曰赵河折而东南流九十里至唐县西北其东源东自泌阳来会东源曰泌河又有两源南源出泌阳东与确山县西界之铜山西流数十里北源出县东北之大胡山西流又西南合北来一水数十里来会西经泌阳县城南又西有瀼水北自申阳山西麓南流来注之又西数十里折西北来经大河屯北又西有昆河东北自慈邱山西南流来注之又西至唐县城东北又西北与赵河会南流经县城西而南其东南源东南自桐柏县来会东南源曰卢家河二源一出桐柏县东北界之回龙山西麓其东水即入淮之明港河也西麓水西南流八十里一源北出泌阳南界山者南流数十里来会又西南七十里至桐柏县北境有一水西南自淮源桐柏山北麓东北流来会又西北九十里出山曰卢家河又西北百数十里经唐县南塘至县城西南会赵河而南以下总名唐河西南流百里至郭家滩东南有白河支津曰溧河北自府城来会又西南八十里入湖北界经襄阳东北境百数十里白河自北来会白河既会唐河西南流三十里有清河西北自北界东南流百余里来会其东有滚河自枣阳来会滚河三源东北源出枣阳县东北境之洛湖店南流又西南数十里折西流经县城南有比源自北来经城西而南合焉又西南流八十里其南源自东南山西北流百里来会折西流曰滚河经秋树井南折西北流经打火店北又西北与白河会白河又西南流四十里至樊城东南入汉白河源流行七百里西合湍水东合唐河泌水南阳全府州县群流毕会湍泌亦源流行六百余里实入汉之巨川也赵河即古清水】汉水又东至东津湾西折向正南流经东南境百里有罗家河自西来注之又东南流数十里经宜城县东境又东南百里有蛮河西北自南漳县合歇马清凉二河东南流来注之【南漳县在襄阳府西南百二十里宜城西北百四十里其西与郧阳府保康县连界其南境多大山自竹山而东南为房山景山为五柯树为龙潭山高鸡寨东为老龙山北风山至县南与远安接界绵亘不断而东南至荆门州之西北凡数百里禹贡荆州之荆山在县西北八十里漳水所出即今清凉河也论源流则歇马河较长歇马河源出县西南与保康县南界龙潭山北麓其南即兴山远安北界群山也东北曲曲流经老龙山西折北流数十里至长坪西南有一水西南来经罗圈岩东麓来会折东北流经长坪北又东流经杏桥坪北又东南五十里经南漳县城南又东南经骑龙集南又东南至武安镇南清凉河自西北来会清凉河出南漳县西北大山即谷城县南界保康县东北境襄阳县西南界诸山相连者也东南流循山南麓八十里至县北龙门集之北又东南流百余里至武安镇西南会歇马河东流曰蛮河又东稍北经宜城县西境朱家嘴南稍东折东南流八十里至县东南境之新店又东南八十里入汉源流行四百余里】又南经安陆府治钟祥县北境之丰乐驿西有丰乐河自东北来注之【丰乐河西南流百三十里入汉】又南六十里有乐乡河自西北来注之【乐乡河即夹浴河源出南漳县西南界老龙山南麓其西北即歇马河也东南流二百余里合西南一水经钟祥北境又百余里有石桥河西自山东流经石桥驿南又东合西南来之荆门山北水东北流来会又东入汉丽阳石桥二驿皆荆门州北境源流三百里此河源东南七十里即当阳漳河源】又东南经安陆府城西三尖山东麓【三尖山西自荆门山东北绵连数十里至此山甚高大其东南为黄土坡山东临汉江隔岸即府城也疑即古内方后人名为章山西四度一分极三十一度三分】又东南至旧口西有寨子河自东北来注之折西南流经荆门州

东南境有水西北自州城合南北二水东南流来注之【一水出州西南山东北流经州城南又东一水西北自荆门山东南流经城东北而南来会又东南曲曲百余里入汉】又正南经石碑镇东稍南折东南流至沙洋镇北折南流经京山县西南境之多宝湾西又东南流至潜江县北境之大泽口西北有支津西南流西通荆州府南通监利东南通沔阳州诸湖支港纵横交会即古江北之云梦泽【见后】汉水正沠自大泽口折而北流数十里又折东流至张集港南又分支津南经潜江县城之东北又东南为沔阳北湖【见后】汉水正沠又东南经黑流渡南竹根滩北又东分为南北二沠北沠东北流经天门县南境【天门即旧景陵县】自截河场东至干镇司南又东数十里有松湖支津自东北合西北京山应城诸水来会【松湖见后】又东过沉湖至脉旺觜与南沠会南沠东流经牛迹口南又东南经慎口场北彭河镇南东经沔阳州北境曰拖枪河东南至仙桃镇南又分一支津南为白泥赤野诸湖【见后】南沠折向东北流经沉湖东【沉湖长七十里阔二十余里首东北尾西南在南北二沠之中隔一堤岸其东村曰豆觜】至脉旺觜北与北沠合【分沠东流二百余里南北相去五六十里】二沠既合东北流过彭公湖南【彭公湖在汉川县西南境自东北而西南长六十余里形如鲤鱼在松湖支津之南汉水之北】至汉川县西南受西来之松湖支津水【见后】折东南流数十里复折北稍西至县城东北有松湖支津自西北来会【见后】又东至涓口塘北有溠涢诸水北自随州南流会德安府云梦应城数县水来注之【溠水源出随州西北界山南流数十里经唐县镇西又南百里至梅邱镇东有涢水自西南山东北流经镇北而东来会折东流经安居店南又东五十里有均水南自佛儿岭北流至茶庵西北注之又东四十余里经州城南有浮婴河北自太平岭南流至厉山店南合西北来一水东南经城西而南注之又东流三十里有漂水自东北山西南流经万家店而南来注之又东经淅河店南折东南流至光化店东有浪河自西南来注之又东南至马坪港南折正南流百里经平里市西又东南流经德安府治安陆县西北境有一水东北自金家店合二水西南流来注之又东南至府城西北有一水东自城北来注之又南经城西又南至两河口南有水东北来经好石桥南及云梦县西北之利塘镇北合云梦城南之水西北流来注之又南有杨家河西北自大猿山合佛儿岭南水东南流来注之又东南经胡金店长江埠南其东北云梦境其西应城境也又东南百三十里至汉川北境刘家隔司之东有孝感河支津自东北来合云梦东水支津南流来会又南流有应城南支津自西北来会又东南至涓口塘南入汉此水源流长五百余里】又东南流至汉阳府治西北境之蔡店司北有赤野湖水自南来会【赤野湖为汉南江北支渠总汇分为二流一东流至沌口入江其一东北流至蔡店司入汉】汉水又东北流曰拖路口有三里河北自应山东南流合小河诸水经孝感而东南来注之【三里河源出应山县北与河南界平靖关之东南山西南流经麻稜市南又西南折而东南经十里铺东又南经县城东又南曰三里河又东南有一水合二溪自东来会又东南经太平镇东又东南有小河溪自东北来会小河溪出河南界九里关东之马口岭二水合西南曲曲流百五十里有广水店南溪自西北来会经小河司西又西南会三里河又南百五十里至孝感县西折东南流经县城西南又东南流有支津西南与云梦南境八埠口支津会三里河又东南有桑始湖猫儿湖水自西来会又东南至拖路口入汉水此水源流四百余里】汉水又折东南流经汉阳府城北之大别山麓东会南来之大江当江口有巨洲曰汉口即夏口口南岸即武昌也【西二度三分极三十度六分自郧西界至此又一千六百余里源流共三千里合陕西汉中兴安商州河南南阳湖北郧阳襄阳安陆德安汉阳七府二州之水古与大江并称朝宗不妄也】

云梦跨江南北盖八九百里今自枝江而东为松滋东南为公安又东南为石首为华容滨江南岸多薮泽即古所谓江南之梦也【江南之梦皆首受江水支津成渠潴为泽南入洞庭北复入江】江北尤巨自荆州府江陵以东潜江以南监利以北巨阳州前后左右诸湖渠皆首受汉水支津于大泽口之西【在潜江县西北西南流】张集港之南【在县正北东南流】东南流至嘉鱼东北之新滩司及汉阳西南境之沌口分流入江者也总曰沔水【在江陵东北者曰太白湖东南曰三湖曰红马湖在监利大江北岸曰家渌湖南江湖莲头湖大鸟湖蒋师湖大城池在潜江东南沔阳西北者曰西湖曰邋遢湖曰白泥湖在沔阳南及东南者曰上洪湖官湖曰白石湖沙湖昆当湖东北曰赤野湖实为沌口上流之总会也又沔阳东北境仙桃镇南又受汉水支津南流西南通白泥湖东南通赤野湖赤野湖有支津北会汉水于汉川县东南境之蔡店】东西地四百余里南北二百余里汉水东北岸自京山天门应城云梦孝感东南至黄诸水所潴亦即古泽也【天门竟陵诸水东北汇为杨叶湖京山水东南会焉又东北为三台湖应城水自北来会又东南为松湖经汉川县城东北入汉水云梦东有湖西南流至县东南分为二沠一西北经城西而北

会溳水一南流会杨家河俱东南至溳口入汉孝感水下合猫儿湖于拖路口入汉黄陂县西南境汉阳县东北境有牛湖东通黄陂东南之五湖南入江以上诸湖皆入汉之水所潴而又流入汉入江者也】

卷十四・入江巨川四【彭蠡所汇　章水　贡水　赣江诸水】

自洞庭以东庾岭以北泽薮大者曰彭蠡为江西全省十三府一州之总会北入大江其上源曰章贡二水即古豫章湖汉也既合后总名曰章江

章水源出湖南郴州桂阳县东之孤山【西三度一分极二十五度六分】三源合而东流为章水【桂阳县南境山为大分水岭凡西北麓水皆西北流入湘江其南水皆入广东南至番禺入海者也章水出县东南山东北流经苗将司东北其北源西北自硖石界东南流来会又东北流其最北源又自西北来会经集龙村南又东入大庚界】东入江西南安府界经珠子山北又东北流七十里有一水自北山来会又东五十里有一水自西南山来会又东北六十余里至崇义县西北受西南来一小水又东经县城北折东南流受南一小水又东北流五十里有礼信水自西北合琴江来会【礼信水出文美营与湖南界之大山东南曲曲流百余里合西来一水又南流八十里有琴江西自界上山合二水东流来会又东南流合县北一水又东南入章】又东北折而东南经上犹县西南境有口溪坑自西南来村水合二溪北自城西来并会又东经县南又东稍北有九十里曲水合四溪自北来会【水出上犹东北山南流合东来三水南流百里入章】又东北经西云山北麓又东流曰梅江经南康县北境有小水自南来注之东南流过玉潭山至赣州府治赣县西南境之潭口东有池江西南自南康合南安府诸水东北流来会池江即章水之南源也出南安府治大庾县西与桂阳界之东南大山【在内良隘之东北古源隘之东】东北流亦曰章水折东南流八十里经南安府城北折而南经城东北又东南有小溪自西来会【小溪出大庾县西南与广东界大山东流经郁林司北又东经小梅岭之北过水城之北府城之南两城隔水相望为入粤孔道又东与大溪会而东流】又折东二十余里折西北流十余里折东流经大里塘南遂东北流八十里经凤凰城南池江铺北又东北曲曲经锅坑铺南又东北受西南来一水又东北至南康县西南境有一水合二溪西北自李姑堡来注之【即上犹东南境南康西北境二溪也】又东北至县城东南受南来一小水折北流经城东又北受西北一小水又东北流八十里至潭口村东北受南来一水又东北会章江章江既会池江东南流二十里折北流经赣州府城之西折东流经城北贡江南自城东来会【西一度六分强极二十五度九分计章水与池江至此俱四百余里】

贡水即古湖汉水源出福建汀州府治长汀县西北山【中近西一分极二十六度七分】有两源合而西流【其北源水之东北即汀州府西溪也】曰万安溪又西稍南经古城司又西受南来逆岭之水又西入江西瑞金县东界山中数十里至远南稍西有一水东北自界上黄竹山合数溪西南流来注之水势始盛曰贡江【黄竹山在瑞金东北界即陈石山所出之绵江水也三源合西南流经壬田寨南又南流折西南经县城东又折西流至县南入贡江】西南流有灞水自北来注之又南有罗田水自东来注之又南受西北来一水又西南有浮图水自东来注之【浮啚水二源出瑞金南与福建界之黄安山合而西流曲曲数十里入贡江】又西经谢坊东又西南经会昌县东北有湘洪水自东南来会【湘洪水源出会昌县东境与福建界山西北流至县东贡江自北来会】又西流有雁门水合朗溪沙河南自长宁北境山北流来会【雁门水源出长宁县北境盘古山北麓东北流合西来一水又东北曲曲东流有朗溪自东南来会于羊角寨西北折西北流至军门墟东受东西来二溪水又西北折正北流经罗田墟东又北有一水自西南合三溪东北流来会又北有沙河东自白云山合一溪西北流来会又北经会昌县城东又北入贡江】又西经县城北又西折西北流受西南来一水又西北有梅村江西南自安远县合诸水东北流来会【梅村江即安远水亦曰廉水源出安远县东南山西北流经县南及西境有一溪东自城北来会又北折而东北流有乐山衢孚山二溪自西合而东来会又东北经芊山南又东北至庄埠墟南又东北至洛口墟之南北入贡江】东受一小水又北曲曲八十里受东南来二水又西北七十里至雩都县东南有梅川水合诸溪东北自宁都县西南流合石城县之鹿河瑞林河又西南合雩水来会水势益盛【梅川即梅江源出宁都北境梅岭东南流有苦竹铺东南山及大树岭二溪西南流合而来会又西南流有凌云山水自西北来有一水自东南来并会又西南至洛口村西北有南曹山水及锦山北水合四溪自西北来会折正南流有云南铺东水及蜈蚣山北水自西合而来会又南折东南流受东北来一水又南受东来鳌溪水又西南受西北来桃溪水始曰梅江自源至此已二百数十里又西南至县东有龙溪合二水

自西北来有大溪合二水自东北来并会又南经县城东南又西南八十里有璜溪西北自黄沙山有白沙水东北来并会又西南流瑞林河合鹿河自东来会鹿河出石城县东北界山两源西南流而合又西南有温泉水合二涧西流来会又西南经县城西北又西南折西流有琴水自东南来注之曰琴水江又西数十里折西北流有寨溪合二水北自阳坑东南流来会又西经固口墟南西南流有一水合二溪自北来会又西南流曰鹿江瑞林河出石城县东南与福建界之黄竹山北麓其南即瑞金之绵江源也水自北流曰秋溪水两溪合西北流至秋口渡北有霸水自东北来会折西南流有龙江自东南来会又西流曲曲有大栢水自南来会折西北流经瑞林司东有智水自东来注之又西北流数十里曰瑞林河又西与东北之鹿河合两河源流至此俱三百余里又西与梅江会梅江既会瑞林河又西南数十里有药水自东来注之即长乐水也又折西流有曲阳河自北来会又西南流八十里受南来二水又西稍北有寒信峡水自北来注之又西南至雩都县东有雩水北自雩山西南流经城东来注之又南而贡江自东南来会此水亦曰宁都水以梅川为上源与散水篔筜曲阳黄沙长乐霸水虔化诸水合受纳既多源委行五百余里实湖汉水之别源也】经县城南而西有麻油水自北来注之又南数十里有小溪河合流陂水及二溪自南来注之折西流受北来二小水过三门铺南又西有潋河合濊水诸溪北自兴国县来会【潋江出兴国县东北境宁都西北境之蜈蚣山西麓西南流有药山西水自东南来会又西南流有沙潲河自东来会又西南八十余里至兴国县东北有濊江自北来会濊江出县北境山南流九十里有甲溪自西北来会又南有宝石水合一溪自东北来会即城冈墟东水有杨坊水自东来合者也又西南流有文溪西北自塘源岭东南流注之又南曰濊江至县城东与潋江会又南至城东南有程水自东来合一溪来会又西南有廖屋溪西北自叠山东南流合一溪来会于县南境又南有沉水自东南来注之又西南流经石院铺东雩山西又南曲曲西南流百数十里入贡江】又南有桃江南自信丰县合龙南定南二县诸水北流来会【桃江即信丰江源出龙南县西南与广东界之冬桃山东北流有热水湖水自东来会又东北数十里有一溪自东南来会即东南源也又北数十里折东北流经松林岩西麓有猿山水西自界上东北流来会曰桃水又东北七十里至县城西北有水尾山水西北自界上南合葛溪东南流经禄马山将军山来会东流过城北有渥水自南濂水自东来会渥水源出县南界之南宫山两涧北流而合又北合西来之松林岩水又北至县东南有一水东南自定南县西界山来会又北经龙南县城东又北与桃水会稍东北濂水自东南来会又北经金盆山东麓又北有水自西南来注之又北小东至小江口西北有水东南自定南西北界山合三溪来注之即九洲河也又北有一水自东来注之又北有九渡河自西南来注之曰桃江又东北至信丰县城东南又北流有大乐水西南自龙潭石君山合四溪东北流经县城西北而东来会又有一水东南自安远县西境之九龙山黎山西北流合五溪经小坑铺南又合南来之黄沙埕水而西北来会又有南水铺前溪自西来会桃江水势益盛东北流有一水西北自杨铺东南流合二溪来会又东北曲曲经赣县东南境陈四铺西又东北受东南来一水又东北入贡江此水源流行五百里入贡江巨川梅江为最大桃江次之】贡江又西流有一水自东北注之又西至崆峒山东麓折北流经府城东而北与章江会曰赣江【府城南有崆峒山章水自西来贡水自东来夹山左右麓而北经城东章水自西折而东经城之北贡水自南来会俗称章为西江贡为东江也贡水自源至此行七百余里受数巨川实较章水为尤盛合处西一度七分极二十五度九分】

章贡合为赣江自府城东北东北曲曲流多险滩【古称赣滩三百里】又北折而西北有水西南自分水坳合二溪东北流来注之又北至万安县东南境之滩头镇西有蓼水自东南来注之【在万安县境有十八滩而惶恐滩最险】又西北至皂口有皂江自西南来注之【皂江即皂溪源出赣县西北境之金船山东北流合分水坳北三溪又东北七十余里至皂口司入赣江】又北有油田溪自东来注之又西北至县城南有龙溪自东来注之经城西南有遂江西南自龙泉县合诸水来会【遂水源出龙泉县西湖南界之万羊山东南流九十里有一水自北来会又东流有一水自书山来会东北流曰左溪有大汾水西北自燕塘隘东南流合北来林阳溪东南来会又东有新溪自北合二水来会又东有右溪自南合二水来会又东经县南受南来一水又东受南来汤村水又东北流有雩溪西北自拔铁山合二水东南流又合敖溪来会又东北九十里至万安县西南入赣江此水源流行三百余里】又北经城西而北折东北流七十里有常溪自东南来浩溪自西南来并会又北经观庄西又东北至泰和县西南有牛吼江自西南来合澄江来会【牛吼江上源曰禾溪二源出永宁县东境拔铁山北岭东南流合又东南有蜀水自西南合二溪来会又东南有二溪自南合而来会又东有射川水自南来会又东北流至泰和县西境曰牛吼江有澄江又名环川

自西北来会东流入赣江曰牛吼石口】又东北经县城东南有云亭江东南自兴国县境来注之曰珠林口【云亭江即缯水出兴国县北境山北流经双凤山东又西北至泰和东之珠林口入赣江】又东北至水泡塘西有仙槎水合一溪自东南来注之【一溪之源即甲溪源北山也】又北经铁桥塘东折西北流至吉安府治庐陵县东南境神冈山下有卢水西北自安福县东南流合西南永宁永新二县诸水来会【卢水即庐水为豫章十川之一源出安福县西二百八十里与湖南界之卢萧山东流折而南数十里有一水自西界来会折东北流受西北来一水又东流数十里有赤谷水自北山来会有洋泽水自西南来会又东有寨木坳水南自罗塘司来注之又东北有冈山二水自西北合而来注之又东曰卢水河至安福县城西北有郭水自北来注之又东经城北稍东有荷溪自北山合智溪南流来注之又东折而东南流有王江合毛亭水闵水自北流来注之南流至丝毛铺西有金田水西南自大桥东北流合县南境泠水坑数溪来会曰洋口又西南流经荷山铺西冈铺南又东南经螺江铺南即府城西南境也有禾水浆水合诸溪自西南来会浆水别源最远曰永河出永宁县东南楞湖山西北流数十里有二溪一北自鹅岭一东自拔铁山西麓西流合而来会又西数十里经县城南又西有黄烟堡水自南来会又西北有浆水自西南茶陵交界枫溪岩之北东北流七十余里来会以下总名浆水又东北流八十余里至永新县西南境曰胜业水与西北之禾水会禾水源出永新县西北境秋山东南流经栗村司东又东南流有琴川水西自湖广界山东流来会又东流会南来之永宁浆水曰永新江亦曰潞江东至永新县城西南有二溪自南来合而北注之东过城南折东北流九十里有一水自西北来会又东北折东南流数十里有天河自西南来注之折东北流经敖城司北又东北曲曲百数十里至庐陵西境螺江铺南与卢水会卢水既会永新江东南流有邕水自西南合高湖山水东北流来会又东经府南入赣江即神冈山下也卢水及浆水源流俱五百余里】又北经府城东又北稍东有真君山水自西来注之经螺子山东麓有横江合朗溪三水自东南来注之又东北至吉水县城西南有恩江东北自永丰县合诸水来会【恩江源出宁都东北界广昌西北界乐安东南界苦竹铺梅岭北之大龙山两源北流而合曰远溪水有徐庄水自东来会北流数十里有鹿角峰西水自东来会又北流曰前团水有湖平水自西南来会又西北流至乐安县西南境有鸡笼山水东自县城南西流来会折而西流曲曲百六十里至永丰县东南受东北来一水又西经县城南而西南流有一水北自城西来注之又西南有焦岭北水合南曹山嵖岭数溪自东南来西北流经藤田铺南而西北注之此水颇盛又西南流有皂水自东南来注之又西受北来之吉阳水及东南来之乌水又西经吉水县南曰明德江又西入赣江此水源流行四百余里】又北经县城西而北经三曲滩东北流有南溪水自西北来注之又东北有枫子江自西北合二溪经富田垆来注之又东北有黄金水自西北黄皮村合二溪及洞水来注之又东北经阳山西又东北经峡江县城东南玉笈山西麓又东北有乌河自西合数小水来注之【乌河出峡江县西北境有牛顿虎岭二水合而东流曰凌江又东南有觉水自南来会坳水自北来会又东有一溪自北来会又南入赣江】又东受北来沙溪水过仁和铺南又东至新淦县西南境有象江泥江自东南合而来会【象江即永丰县北之郭山水也二源合北流有乐门山水自东南来会又北流数十里与泥江会泥江出县东境柸山关南麓南流曰泥水西南流七十里有大盆山水及丰溪自南合而来会西北流八十余里郭山水自西南来会北入赣江】又北有高岭水自东南潴为小湖来会【即新淦南水也】有一水自西来注之又北经县城西北折东北流循山麓凡百里至临江府治清江县东南境清江即赣江也亦曰章江分为二支一支北流折而西二十余里又折而北有秀江西南自新喻县会萍乡宜春分宜诸水东流来会即袁江也【袁江曰秀江即古南水为豫章十川之一源自萍乡县东南之罗筲山罗筲水出焉分流为二派其西北流者合县北之萍川水西为湘东江入湖南醴县界入渌水下流注洞庭湖其北流者即秀水也两源在罗筲山东北与赤谷水冈山水隔一山西北流合而西北有水东自江西铺来会又北折东北流经县东境又北至泸溪镇南有一水西自萍川之东来会相隔地仅数里苹川西南流经县城为湘东江此水东南流入秀水秀水自源至此已一百五十里矣又东北流至宣风镇北有一溪自南来会又东北经七星铺北又东北有坑头岭溪自西北来合罗汉山水东南流来会又东至袁州府城西北有清沥江自南来经城西北北注之东过城北有石屋山水自西北来注之折东南流有老山水合一溪自南来注之又东有白沙水自北来一水自南来并会又东稍南有洋江赤江俱自北来注之又东南经分宜县城西南又东南受北来之钟山水南来一溪又东流经钟山峡至新喻县界曰喻河东经县城南稍东有睦官水自南来注之又东稍北受南一溪水又东受南来灼水又东有长宣江自西北合二溪来注之又东有玛瑙山水合东北来之阴冈岭水南流来会经雒湖铺南又东有沼河自南来注之折东北流至清江县东南境有皂溪自西来会又东北

入赣江此水源流行六百余里】既会袁江东北流经府城东又北折东流与支津合而北经樟树镇西江浒司东有萧水自西来注之折东北流至丰城县西南境又折北流经县城西莲花湖之东又北有丰水南自杯山关北流合东南数水来会【丰水二源出杯山关北流而合又北数十里合西南来一水又东北经县南境数十里有富水东南自罗山合二溪西北流来会又东北有槎水东南自万家桥西流合南一水西北流经雷家铺西来会又西北流至县北入赣江】又北岐为二支一东北流受南来三小水【次曰雩韶水自钟城山西北流注之】又东北中有巨洲又东盱江之支津东南自建昌抚州二府来会西北流经南昌南境之猴村东又北有巨洲又北至南昌府城之西南【盱江见后】一西北流经新店西有杭水自西南合药湖水东北流来会又东北百里有锦江即古蜀水西自瑞州府来会【锦江见后】东北流经留田铺南河泊所北章江之正派也又东北至南昌府城西南与东支津复会江流甚盛北经城西【其西即南昌铜岭及西山也中偏西六分极二十八度七分】又北分为二派又东北支渠无数连络交错入鄱阳湖支津东北出者会南来盱江支水及东南来广信府上饶江水于三江口入湖【广信府上饶江见后】支津西北出者会奉新安义之冯水靖安之双溪水与宁州武宁之修水并会于建昌县南而东入湖【修水见后】章江自贡源至入湖已一千九百里

盱江即古盱水亦曰临川江亦曰汝水亦曰东江源出广昌县有三处一曰小熏溪出县东南与福建界山即白莲池之东北山也西流曲曲百余里折西北至县西南境一曰巴溪二涧出县南界血木岭北流合而北数十里来会又北有雩河自县西南山来会曰盱江东北流有一溪自西北来会东经县城南折东北流受东南来一水又东北受西北来二水【一曰菽河自西北大树岭东南流】又东北受西北来一水【自南丰西南境笔架山东南流】又东北至南丰县西南有军港水西自军山来会东流有大南河自东南与福建山来会东北经县城东南又东北受东南来一水又东北有石沟水东南自蟠湖隘来会又北有兆港自西来注之又东北有一水自西南来会于水口铺东又北受东南来一水【水东有汤塘泉】又北至建昌府治南城县南受西来一水又北经府城东稍北有新城县水自东南来会【新城县水即黎水飞猿水及五福港也有赤溪出县南与福建界之黄土关北流折而西北会东南来之游源水又西北流经县城西又西北有桃溪自南界得胜关之西山北流合西南之九曲水东北流来会又北稍西至硝石镇西有资溪源出东与福建界之杉关即五福港也西南流合东南来之洵溪及黄土关熊村水又西北流经蓝田铺南又西北受东北来一水又西北至硝石镇南入盱江】自此而北曰东江折西北流数十里受西南来之岳口东水又西至藤桥铺北有金溪县水自东北来注之【金溪二源一出县东北山西流经县西北境而南一出县东南山西北流而合西南流经苦竹铺南又西有嵩溪市西二水合西北流经后车铺西来会又西南流至藤桥铺之北入盱江】又西稍北经白塔铺东又北曰汝水至许湾镇西受东南来一水又西北受西南来一水又北稍西经抚州府城东折而西北有临水西南自崇仁县东北流合南来宜黄县水经府城西北来会【临水源出崇仁县西南之巴山即临川山也北流有乐安县北境诸水自西南合而来会源较临水为甚远即唐水也唐水出乐安西北境之大盆山南流为大溪有宝溪自西来会东南流受西南来一溪水又东经县北折东北流有十洞水自东南来会又东北流曰蛟河有般方水西北自桃岭来会又东北北受一小溪南会临水自源至此二百里实临水上源也临水又北至崇仁西南有一水西北自西罗山之南来注之稍东有西宁水南自华盖山来注之又东北经县城东南折经城东而北又东北有罗山水自西北来注之又东有孤山水自南合二溪来注之又东北百二十里至府治临川县西境有宜黄水自南来会宜黄山出宜黄县南南丰县西北境军峰山北之栋柱岭北流合西南来一水西北流合西一水又北经老埠村东北有黄水西南自鹿角合二溪东北流又合西一水又东北经老埠村西北合西一水来会又东北至县东南有宜水南自麻坑村东北流合东来漳水西北流来会又东北经城东而北有曹水西自迎华山东流经县北而东来会又东北流至长山铺东折西北流经临川县南境至县西稍北临水自西南来会东北流经抚州府城西北又东北与盱江会此水源流行四百里】又北稍西有槠山水自西界桥南合一溪东流来注之东受延桥北水又西北至桂家村西北岐为二派一派西流折而西北百五十里于丰城县东北境与章江支津及雩韶水通又西北经猴村铺东又西北至南昌府城西南有巨洲又北与西南来之章江会一派北流折西北经进贤县西南境又西北至馆头铺西北有东乡进贤水自东南来会【水出东乡县东境山一自东北来一自东来一自东南来合而西流经县城北又西受北来南来二水又西南数十里受南一小水折西北流至进贤县东南受南一小水又西北经县城又西北经浮江岭下分为二派南受小港水又西复合又西受南来之罗溪水又西北入盱江】又北至谢埠折东北流百余里有落港

水自东南来注之【港二源出进贤县东南之六山铺及徐桥埠东合西北流经县东北之龙马洲东又西北百数十里经敛足岭东北又西北入盱江】又北岐为二派一北流曰竹山溪至新建县东北境赵家园之西与章江东北支津曰蟠溪北港者会东北经三洞湖至表安村东北入鄱阳湖【当口有大洲小洲各一其西即表安西北口也】一东北流受东南来之古路水又东北至几山东南西会赵家园南支津东南会广信府之上饶江水北入鄱阳湖曰三江口【指章江盱及上饶江也源流千三百余里此口于湖为正南有小洲】

上饶江即玉山水亦曰安仁港曰锦江有二源一为玉溪出玉山县东稍北之怀玉山与浙江常山县界【草平铺之西大桥铺之西北】分二流东流者为信安港之上源东入浙其西流即玉溪也亦曰上干溪西南经县城东南西流有古井潭水自北经城西来会又西南流至仑溪铺西南有冰玉水东北自子午口南合二溪西南流来会【子午口在县东北白石街之西冰玉水西南流有落马潭水自西北界来会折南流有汪村潭水自东北来会又西南至仑溪铺西南合焉】又西南至广信府治上饶县东北境有槠溪自西北来会【槠溪即灵水也源出上饶西北之灵山东南流数十里有一溪自北来会南流有玉琊溪自东北来会又东南数十里与玉山水会】又西南经府东境折西流经府城南稍西有永丰溪自东来会一为永丰溪出广丰县东南与福建浦城县界之渔梁山北三源【当浙江福建之界在浦城西北境其东南水皆入建溪其东北水皆北入于浙者也永丰源一出渔梁泛之北西北流折而东北至小关驿北会东来一水又北至枫岭汛西有一水北自江山县界西南流来会又西稍北流过黄家桥南又西至二渡关木城阙之南入江西广丰县界又西北流经太平隘南又西北过封禁山隘又西北至府东南境而永平诸水自广丰县城合诸溪来会永平溪出广丰东南与浙江界山二渡关之东山西北流至县东南有永丰溪自东北来会永丰溪出县东与浙江界界头草坪关之南大山西南流合东来一水又西南流合永平溪西北流经县城南又西南至洋口镇北受北来之扈水又西南合浦城水总曰永丰溪又西北至府城西南而玉山水自东来会】二源既合西流曰上饶江有一水自北合二溪南经府西来会又西南至铅山县北境分为二派一西南流会东南来之岑阳关水【岑阳关水出浦城县西北渔梁山北麓其东北水即永丰上源也此水西流数十里经岑阳关北入江西界西北流经封禁山之南又西北有七卢水自东北来会又西北折西南流有横溪河自焦岭关西北流来会又西北会上饶江南之水】又西会南来铅山县之东西溪曰汭溪【铅山东水曰车盘水源出县南与崇安县界之分水关岭其南水即崇水东南入建溪者此水东北流合西南来一水又东北流有一溪自东南界合温林关撩竹关二水北流来会又北合东来一水折西北流合西来一水即彭溪也又西北经鹅湖岭南又西北经县城东北折而西会西南一水铅山西水曰桐木水出县西南与崇安界之桐木关其南水即望溪东会崇溪者此水北流有马陵关北水自西南来会东北流又合东南来一水又东北百里至县西稍北与车盘水合曰汭溪又北流入上饶江曰汭口】又西北而一派西北折而西南二十余里受北来二溪合焉又西流经兴安县南境弋阳县东南境有大州溪南合信义港翁源及双港水北流注之【信义港出石佛司北】又西北有潦源水东北来注之【潦源出兴安北境山中东南流经县城西北又南有水东来注之又西南入上饶江】又西北曰葛溪有弋阳溪自东北来注之又西经弋阳县城南稍西有水自北合二溪南经城西来会折而南流有军阳水自东南来注之即艿溪也【亦曰贵溪】又西受北来一水又西南经贵溪县城南而西有须溪南自云际关西北流合数水来会【云际关南与福建光泽县界水自关北流折而西北数十里有茶山东北水自南来会又西北经火烧关东又西北折而北流受东南一水又北流稍西受西南一水又西北受南一水又西北至县城西南与上饶江会】又西北流至县西北有山水自北合数溪西南流来注之【贵溪县北境水也山水自徐克场东南流数十里有佛老岭水自东北来会又南流受西来一水又南有一水自东北来会折西南流北受长溪水南受县北箬溪水西入上饶江】又西北折西南流受南来马鞍山西水又西北流八十里至安仁县东南境山白塔河南自泸溪县合杉港茶山清田诸水经龙虎山而西北来会【白塔河二大源一出泸溪县东福建光泽县西北境之大禾山南沼佾村北西流经铁牛关南入泸溪界经县城北大山南折西北流有县西南二溪北流合而来会又北流受西南一水又东北流受东南来一水是曰杉港又北而茶山水自东南来会茶山水出光泽县北境大山中西北流数十里经茶山隘西入江西界又西北与杉港合又东北流至紫云铺西折西北流经金贵铺北又西北曰上清水以其北即龙虎山也又西北有清田水南自金溪县东南山东北流合东南来一水折西北流受西南来一水又北折东北流会上清水北流曲曲数十里折而西流曰白塔河又西北流经扫帚岭东至安仁县东南与上饶江会此水源流行四百里】有惠安溪自东北来会【惠安溪自白鸡山西南流合东来一水曰惠安溪又西南流

入上饶江】又西北至城东南曰安仁港有金盘山水自东北经城东来注之又西经城南而西又西北南受穆皇山西水又西北经黄田铺南又西北经拨云峰东麓曰锦江又北至余干县东南境折而西南经县南境又西北流有洞陂水自南合阳林铺水北流来注之又西北受南来一小水【即流落山东水也】自县界至北总曰龙窟河又西北至三江口与盱江章江支津北会入鄱阳湖【湖口有洲其西北即几山大洲其东北康山也口在南昌东北余干西北上饶江源流行八百里所会诸水亦多】

瑞州锦江即古蜀水源出万载县西北与湖南界之大围山云峰洞东南流数十里有一水自西北来会又东南有剑池水合二溪自西界来会【西界有金钟渊及龙成岩之水皆会入焉】又东流曰龙江经县城北又东折东北流经紫盖山南荔子岭北曰杨木江受北来康乐水又东经上高县西北境之凌江口有藤江西北自新昌县合临江诸水南流来会【藤江有二一曰长藤江出新昌西北黄冈洞之西北山隔山北即宁州修水也此水于山南三源合东南流经黄冈铺西又南数十里折东南流有一水自西南黄土岭东北流合血树坳二溪东流经金鸡山之北来会曰长藤江又东受北来之藤江水及盐溪水北藤江出县北大山有盐溪自西北双丫尖来会南流经黄茅岭东又南经县西而南会长藤江水又东经县城南又东南流有临江自东北山合二溪南流经县东南境来会又东合北来一溪水又东折西南流至临江口与杨木江会杨木江东南流合此水势始盛实蜀江北源也】又东南流有灵江自北合数水来会【灵江出上高北境之灵源山及西洞山二源南流而合于太平乡之东清凉山之西曰崇浦江又南合西北太平乡来二水又南至县北境曰灵江折而西南流经县西南入杨木江】又东南经县城西南又东南折东北流有斜口水南自蒙山合一水来注之【斜口水出县南境蒙山北流折而东北有宝珠岭水自东南来会又北流至斜口入杨木江亦曰界埠会水】又东北曲曲经青山西受东来华阳水又北曰蜀江折东流至府治高安县西境有凤岭水合二溪自北来注之【此水东南流经凤岭山霞山尉山之西麓】又东有龙口水自南合二溪来注之【龙口水出县西南境山东北流有碧云峰水自南多宝岭水自东南合而西北流来会又东北数十里入蜀江】又东至府西南受西北来莲花山水【瑞府西水也】又东经府西南受南来钟口水又东受北来城东水曰锦江又东受南来之琴岭水又东受北来一水又东稍北有曲水自南合二溪来注之【曲水出鸡笼山之北北流有羊山水自西南来会又东北流有药湖北地一水自东南来会又东北流入蜀江】又东北至乌溪铺西南有逍遥山水自北来注之又东至南昌府治新建县西南境象牙潭与南来丰城之章江会而东北经南昌府城西又东北入鄱阳湖【蜀水即筠水为豫章十川之一源流行六百余里南昌之西山派自新昌高安上高北境之山连接而东北遂为西山其北水皆入冯水其南水皆入蜀江】

蜀江以北曰奉新安义之冯水曰靖安之长溪皆东与章江支津及宁州之修水合而入湖修水最大

修水亦曰修河亦曰西河源出宁州西南与湖广界之幕阜山【亦曰大阜山北曰青龙山】两源合而南流合西来血木山黄蘖山二水【二水自大阜相连而南又南为仙羊寨山俱西与湖广界】又东南至铜鼓营东江头村西有址河自西南来会即修水西南源也址水两源出西南与湖广界大山合流而东百数十里经铜鼓营南又北流会修水东经江头村南】又东北流数十里折西北流经葡萄村西又西北至山口村西【即青龙大阜之东麓支峰也】又东北曲曲受西北来一水又东北至州西南有南楼岭水西北自崇乡东南流经南屏山合西南马市一水来注之水势始大亦修水北源也【崇乡东西北三面皆湖广界其山东南相连为州北境诸山又东北为九宫山赤冈山武宁西北境】又东北经州城东南有额坳岭水自南合弥玉山清凉二山水西北流注之又东北数十里有鹤源水北自九宫山南合一溪来注之【九宫山甚深】又东北曲曲受北来赤冈山水南受陈坊山水又东受北来东延山水及九宫东水又东受北来一水又东有白石港南自茅坪东南山合二溪北流经柳山来注之又东受北来一水【武宁县西水也】又东经武宁县城南又东受北来城东之水又东北受北来一水又东受西南来一水又东北有紫鹿岭白羊山水自西北来注之折东南流受西南来严阳山水又东南经白崖山有滩溪西南自洪屏山东北流经朱家山猴子崖来注之又东南经尖山将军山南麓又东南至建昌县城南有靖安县长溪及奉新安义之冯水俱自南来会【长溪源出靖安县西北九仙铺之西北山其北水即茅坪溪北流入修江者此水东南流山中曲曲百里至县西北山双溪水西自宁西州界毛竹山合两水东流来会又南至县南有石掌溪西南自双峰来注之又东南经县城南折东北流至东北境有一水北自牌楼下山合东一溪东南流注之又东北流经安义县北境又东北曰皓源水又东北至建昌县南境而冯水自南来会冯水出奉新县西北与宁州界之百丈山即宁州东南境东岭之东北山也

东流经南坪桥南鲤鱼山北东北曲曲流折而东南合西南来谢山之水东北流有洞山及北岭水合自西北来会东南流受西来一水又东南经药王山西南麓受诸溪涧又东流受南来李家山水又东受南来华林山水又东受白鹤山水皆高安北境山水也又东受北来之龙溪水又东受奉新县城西水东经县城南稍东有米岭水合高胡山水自南来注之又东北数十里经安义县南境有白云山水自南来注之白云山东北即南昌之西山诸峰岭也修水又东北受西来县城南二溪水经安峰桃花岭翔鸾山之北曰龙江分为二派一北流经牛头山西麓至建昌县东南境与西来靖安之长溪会而北合于修河一东北流经牛头山东南麓东北至老鹳嘴北与修河之支港会又东北至赤岸山北又会支港东北至松门之北吴城镇之南入鄱阳湖冯水源流五百余里】修水于建昌县城南分二泒中有巨洲一南经洲东南流会长溪冯水东北流又分二泒曰慨江口一东经丁家山南会冯水支津及章江支渠北流者于赤岸山之北又分二泒一东北于松门北吴城镇南东入鄱阳湖一于建昌城南东北流受支渠水又东北经丁家山北东北于吴城镇之西北入湖【西北即德安水口也修河源流行九百余里】

章江自南昌分泒甚多其最明三支一东北经蟠溪南北港南又东北至竹山溪东会正南来之盱江支津东流经赵家园南儿山东南会盱江及东南来之上饶江于三江口北入湖也一东北经蟠溪村北马湖塘之东三洞湖之西东北分二支夹饭罗村而北一于焦尾东入湖一于曲尺港杨家港之东入湖也一北经蛟桥东孙家洲西又北经新兴铺又北至泠溪分为二派其东流者东经马塘湖曲尺港南会支津北至杨家港东焦尾西入湖其北流者至老鹳嘴又分为二一北会冯水支津由赤岸左右而北复合修河支津又东北至吴城镇又分二口一北于丁家山北会修河入湖一东北于松门之西入湖也章江合南安赣州吉安袁州临江瑞州及建昌抚州之水经南昌又东会广信西北会宁州之水以潴为巨泽汉志所以总名为湖汉水也三大港于湖之西南及东南上源已毕惟饶州府之鄱阳江于余干康郎湖之北入湖者亦为巨川

鄱江即古番水有二源一曰婺河出江南徽州府婺源县北之大广山自塔坑镇西南合二水【其北隔山即浙源东北至五城镇合黟南港河】西南流数十里有龙尾山水自西北来会折东南流会茗坦村水于汪口村东【茗坦村在塔坑西南有水西南曲曲经江湾村东又南西至汪口村之北西入婺】又东南经古坑村东折西南流数十里经县城东南曰婺河又西南百里经太白司南又数十里至曹港口南入江西界经德兴县北界西南流经桐林铺西北有一水北自凤游山西南流注之又西南经乐平县东境曰乐安江有大溪合诸水东自德兴县来会【大溪自婺源界山西南流即三清山水也有灵山水东南自北前村西山西北流来会西流有一水自东北来会始曰大溪西南流经德兴县城北有林河自东北山来会西南流有石人峰水合二溪自东南曲曲西北流经县城南而西来会又有一水南自毛岭北山北经界田镇来会又西南有建节水南自阳林铺来会又西流有福泉山水西北流合一溪来会折西北流至乐平东南境与东北来之婺河会源流三百余里】又西稍北经乐平县城南而西有拿舟村水自北来经城西而南注之【乐平北水也东北即乌聊山山之东南即凤游山水水之西有龙停湖周十数里又西二十里即此溪】又西稍南百里经古城南石头街北西北流经高沙湾南又西北至饶州府治鄱阳县东南境有余水东南自万年县西流合余干县水北流来会【余水出万年县东北仙鹤山西南流经县城东南有竹屯河自东南山西北流来会又西北经城西南又西北流六十余里至余干县城西北有二溪合而南经城之西折而东经其南遂东北七十里来会即余水为十川之一者也又北流受西南二小水东南一小水又北而婺河自东来会】又北于府城之东南会东北来自祁门浮梁之昌江一曰大共水即祁门南河源出祁门北境大共山山中曲曲南流曰梅溪经县东北之梅溪镇东又南西南流有山溪河东北自黟县西北岭西南流来会又西经县城南又西南曰南河有历河西北自榉根岭合界河水东南流百余里来会【山溪河东隔一山即黟县城西之浙源也界河西即江西界大山】又西南至倒湖村东入江西界经浮梁县东北境曲曲而南经大寒岭吴岭之北有小北港水自西北来会【小北港水出浮梁县西北境高陂蒙岭及分水岭二溪合西南流至大惟铺西南有一溪自北来会又东南流至山麓折而南流与大河会】又西南经洞庭山北又西南至县东有渭水东自吴岭合高岭水来会又西南经城东南又西南至景德镇北受北来赤岭水及西北来南坑桥水稍西受东南来凤游山北水及柳家湾水又西过界牌铺南曰昌江又西南百里至云龙山南折而南流经府东北境求仁湖上东湖之东白鹿山之西折西南流经下东湖南又西至府城东南而婺河自东南来会二河既合曰鄱江西经府城南又西南有西湖水自北来会又西南入鄱阳湖湖口正西对康山【在余干西北康郎湖之北南昌东北三江口之东北也此水源流七百里】西湖水南通鄱江北为上湖珠湖又北为乌

玲湖会鄱阳童子石二门港水西入鄱阳湖【童子港出鄱阳县东北境与江南界之浩山南流有东北蒙岭及分水岭水合而西南流来会又西南流有港口水一出北斗岭西南流一出福峰西北流合而西经双钟山来会曰童子港又西南经铁蓝山西又南有上蓝村南水自东北经塔水桥云龙山北而西南来会又西南至府西北汇为乌玲湖石门港出鄱阳北境石门司之西北山二源合东南流经司南曰石门港又东有一水自东北来会又南曲曲经烟冲山论石岭东麓又西南至乌玲湖会童子港及珠湖水西入湖即鄱阳北港口也童子港源流四百里石门港源流二百余里】

鄱阳湖汇章贡诸水为巨浸亘南昌【东北】饶州【西】南康【东】九江【东南】四府南昌新建【东北】建昌【东】德安【东】星子【东南】德化【东南】湖口【西南】都昌【西】鄱阳【西】余干【西北】十县之境东西广四五十里至百里南北长三百里【二江口中偏西一分极二十八度八分湖口德化中偏西三分极二十九度九分】形如葫芦中为细腰即南康星子之东南都昌之西北也南曰宫亭湖族亭湖北曰落星湖曰左蠡湖实一水也湖自三江口康山而东北为鄱阳两口又北而西经都昌东南黄金嘴又西北经县南湖中有矶山当县西南稍西有黑山东有甲山东南有苕荛山【自此而南湖心东西阔百余里其西南与南昌东北之焦尾相望】北经县西有马家湾水自东北元辰山合数水来注之又北为山麓石流嘴又北为左蠡司【湖至此甚狭西望南康城仅三十余里】又折而东北有马儿山水自东南来注之又北为屏风山又北为沙洲经刘家市西北有白羊湖水口又东北为湖口县东南之西仓湖又西经县南稍西为鞋山【鞋山在湖正北西与大孤山隔水相望】又北为湖口自三江口而西北为几山为表安东北沙洲又西北为焦尾又西北为松门又西为吴城镇【以上皆支渠入湖之口】又西北为德安县东南水口博阳水合庐山水自西北来注之【博阳水出县西南樟树坳东北经城南又东与东北来之庐山水及诸溪会庐山水出县东北之庐山曰谷帘水西南流有五乳峰水自东来会又西南会数水折东南流会北来栅岭史君二山水又东南有紫竹林水自西界东南流合北来凤凰山石鼓山诸水又东南来会又南有县北水自西而来注之又有清风岭水合龙山铺水自东北来会又南经县城东又东南入湖】又东北为渚溪又北为羊阑头又北为南康西南之福星洲【南康北倚庐山东南面彭蠡】又东经府城东南【正南对南昌之松门径百余里东南望左蠡司岸仅三十余里】又东北为德星石【西北岸即桃花铺】又北经甘棠铺东【自北而西即白鹿洞凌云峰正当南康北境】又北而湖渐广【东望屏风山五十余里东北望鞋山六十余里】又北稍西经吴帝铺东其西即庐山之五老峰也【庐山为南康北界九江南界】又西北经九江府东南之大孤塘南【大孤山在北岸】又东北至鞋山西北束为一江【阔十余里】东北经湖口县城西北会大江【中偏西四分强极三十度弱】章江自源至湖口县西北入江共行二千三百里

卷十五·江南运河【自京口东南至浙 太湖源流】

江南运河自镇江府治丹徒县西北之京【口正北对扬州府南之 州西口江心有金山山之南即渡舟所经也口西南岸即银山亦曰蒜山运河经其麓】南经府城西稍南入闸折而东经城南又东十余里经丹徒镇南又东折而东南有支港北流注大江【支港在丹徒镇东其入江之口在府城东北十余里】又东南经新丰镇西上下练湖之东【练湖自北而南长数十里形如葫芦腰细在运河西岸北曰上练湖当新丰镇之西南南曰下练湖南至丹阳城西运河之西岸】至丹阳县城西北分络城之左右而南其东经城北者东北分一支为九曲河东北至包港镇北入大江【包港口在丹阳东稍北七十余里口对岸正北为泰州境正东为泰兴县西境】运河至城南有南运河南自溧阳金坛北流会长荡湖支河及太平河来会【南运河源出溧阳西南之胥河西北之旧县上兴河县南之戴埠河者会于县城实东南至宜兴东入震泽为荆溪之上源见后太湖卷运河自县城北西连上兴河东连徐舍河北流数十里会东北之昆仑河即长荡湖西南支津也又会西南来上兴支津之南渡河又北流三十里会西南来上兴支津之北渡河又北流有金坛西境之茅山水自西北来会而长荡湖正西支津亦自东南湖溪镇来会焉又北至金坛县城西南分经城西南二面其东经城南者于城东南有长荡湖西北支津亦曰运河自东南来会折而北经城东有直塘河东通常州府城稍北分一派东北流又分二派西曰丁义河东曰白鹤溪其正支北经城西又折经城北会东支水北流为南运河经延陵东镇之西又北数十里分为二派一东北流正支西北流至丹阳城南有太平河西南自延陵西镇东北流来会又北入运河长荡湖亦曰洮湖在金坛东南宜兴西北其水亦东南入震泽见后太湖卷】

又东南流会南运河东北出之支津又南数十里会南来之丁义河又东南会南来之白鹤溪【丁义河白鹤溪即金坛城东北分南运河一派东北流而又分为二派者】又东经吕城镇【镇在丹阳东南六十余里】又东南经奔牛镇【镇在武进西北五十里】稍东南分一支曰孟河北流百余里入大江【口在孟河城之西北即包港镇之东南也】又东至常州府西北分一支曰桥河即得胜港东北流九十里入大江【口在孟河口城东南三十里】又东至府城西北隅分一支曰新园河东北流百里入大江【口在连江桥河口之东南十余里圩塘镇之西北其北岸即泰兴县南河口也】运河分为二派其一经城西而南有直塘河西自金坛城东来会【即南运河支津东西长百二十里】折而东经城南有长荡湖东北出之支津自南经旧塔镇北流来会即宜兴城北之运港也【自宜兴城北北流分数支港东入太湖其北流者为运河北数十里又分支津东南入太湖其北流者经钟溪司西北会长荡湖东北出之支津又东分一道东通无锡其北流者经旧塔镇西又北曲曲流五十余里常州府城南与运河会】其一东经府城北而东分一支为山塘河通江阴县南诸河又分为二一北于君山入大江【口在江阴城西北之君山西正北对隔江之靖江县】一东曰横河东入大江【口在江阴东六十里正东岸对隔江通州西南黄泥山】其南经府城东会城西南水东南流又东分一支曰曹港河东至四河坝北达江阴东通常熟东南连昆山太仓者也又东南经横林镇西又东南至无锡县西北境东分一支北流曰亭塘河东北会诸渠于四河坝以北达江阴东流汇为闻庄崇村西坪三荡北会黄泥港泰和塘二河及严塘河东北至杨舍镇东入大江【口在江阴东南百里东北岸即通州狼山】而东南支渠曰长泾白湖直接常熟【见后】运河又南有湖埭镇北一水自西接溧阳西南接宜兴西北接金坛东流来会【湖埭在宜兴东北百里其水西北分长荡湖支津西南分宜兴东北下邾镇诸水东流至无锡西北入运河】又东南至无锡县城分络左右而南有太湖北口于城西南相会【太湖在无锡城西南十余里凡支渠分泄湖水者皆见后】运河自城之东南东南流经荡口镇西南东分一支为二派北曰荡口河东北会白湖水东南曰白渎河东北会昆城湖于长熟之南东会元和塘水及新河塘湖于昆山之北者也运河又东南经浒墅关有光福河西自太湖东流经木渎镇北而东来会又东南分为数汊正派东南经虎邱山麓又东南至苏州府城西北分络左右而南于城之西南有木渎河西自太湖东流经金墅镇北合石湖诸渠来会城东南北三面支渠纵横属县并达【东北为元和塘北通常熟东为官塘河东通昆山太仓东南通嘉定及松江各县南为吴淞江西泄太湖之水以东注大海】运河于府城南稍东而南又有太湖诸水支汊相接又南至吴江县北又南经城东有太湖支津东南流为吴淞江【吴淞江见后】又东南并太湖经八折镇又东南有松江府河自东南来会又南经平望又南经梅堰有溪河即湖州府运道也西南经震泽镇东北流来会又南入浙江界经秀水县北境之王江泾镇东又南有水西南自乌镇南通桐乡西通湖州府分浔溪东北流来会其东有支渠东达嘉善及松江府运河又南至嘉兴府城北分支夹城左右而南其西有支渠二【一西北一支西自湖府乌镇东流一西南一支南自桐乡东北流并会】其东有支渠二【一东北流通嘉善北境之崇福河一东流至嘉善城南曰华亭河松江府舟由此入运嘉善县东之魏塘河东北之清风泾北之章练塘河俱流合华亭湖东达华亭之泖湖】会于城南之南湖东南有支渠东通平湖【此渠东北通松江北通嘉善南通海盐西南及海宁】又南经桐乡县东南境有支渠曰长水塘【东南接海宁东接海盐二县】又西南桐乡城河自北来会又西南经石门县城南【县西北有河自德清流入东北有石门塘北达乌镇南接运河】又西南海宁河东南自长安镇来会【此河东通海盐北通平湖嘉善于长安之南南流折而西经临平镇又西南达杭城】又西南经德清县东境之大麻村又西南经仁和县北境之塘栖镇又西南折而东南又南而东西支渠皆会东自海宁北自德清西自余杭诸水并会过北新关南至杭州府城之北【杭城北至嘉兴府城一百八十里又三十里入江南苏州府吴江县界又北至镇江府京口古称八百里平江】

卷十五·太湖源流

大江以南浙水以北彭蠡以东薮泽最巨者曰太湖襟苏常湖三府财赋之地东为松江入海本不与大江通其源亦远逊洞庭鄱阳所汇诸流众盛因地势注下积水浩荡无涯神禹时即称震泽今叙次先自湖身而其源次之其流之分注于海与注于江者又次之

太湖即古震泽亦名具区又名笠泽五湖纵横三百八十余里周三万六千顷在江南常州府城东南百里【宜兴县荆溪县之东府城武进县阳湖县之东南无锡县金匮县之西南】苏州府城西南三十里【府城吴县长洲县

及吴江县震泽县之正西】浙江湖州府城北二十八里【西自长兴之东北至府城乌程县归安县之正北】环二省之交三府十三县地湖中山最大者曰两洞庭其南近湖州府城名小雷山西南近长兴名大雷山也其东近苏州府城曰林屋即包山曰莫厘山曰灵岩山曰天平山曰穹窿山其南曰胥口两洞庭东西相望水光接天支港无数

湖之上源在西曰宜兴百渎在西南曰吴兴苕霅诸溪

宜兴荆溪在县城南其在城西曰西溪东曰东溪凡广德溧阳金坛及县西诸水俱汇流于西溪贯城绕郭而东是为东溪又东北四十五里入太湖曰百渎口【百渎支水无数在县城西南七十五里为中渎在县北六十里者为北渎昔人以荆溪当数郡下流于其东北入湖之口疏为百派以分其势自东坝筑而百渎渐微今惟荆溪合西南境诸水经铜官山之北麓东北流入太湖耳】又有竹山港在县东北六十五里【太湖东北自分水墩入武进县界南境自董塘岭入长兴县界】

湖州府水俱入太湖其港最大者府治乌程县东北之大钱湖正北之小梅湖二口为西南孝丰安吉州之苕溪及南临安余杭武康德清之余不溪二水之汇而长兴县在府西北其东入太湖有三港口【大钱港口在府城东北十八里泻水之口二十有八其支港曰黄泥港在城北四里趋小梅港以入太湖在府城北十八里泻水之口有入】

长兴北境水曰金线泉河出西北境顾渚山南流有金山水自西界来会东南流经水口镇南又东南折而东流至县东北境之夹浦港入太湖【水长百余里港口东北对湖中大雷山六十里】西境水曰合溪即箬溪也出县西与江南界山东流至合溪镇南有南溪支津自南来会又东流经长兴县城北又东运河自东南及南溪正流自西南会而支渠北来相通又东北至大沈湾港入太湖港南又有新塘港即南溪自县西南来东北流入太湖者也【南溪源流见下】

苕溪源出孝丰县南境之天目山【最高处曰金石山其南迭嶂即于于潜北境之柳渔源白鹈溪所出东南流入浙者】北流折而东北俗曰龙溪河七十余里合南来一水【水出东天目山其南隔岭即临安县西北之北溪为东苕水称余不溪之上源也此水北流四十里合焉】折正北流经县城东又北流七十里经安吉州城东南有东溪河自东南来会【东溪出州东南境山西北流数十里分为二支一西北流会苕溪一支正北流】北经城东又北二十里分为二派一正北流有横溪西南自龙潭山东北流经州西境而东北来会【横溪亦苕溪西别源也出州西南境龙潭山东北流经州西境七十里至龙目山南麓折而东流会苕溪】又东北经小市镇北梅溪镇南又东北流一东北流会东溪支流经小市镇南又北经莫干山西麓而二派复合总曰龙溪河亦曰梅溪东北至和平镇北受南一小水又分为二派一正北至长兴县东南合运河又西北而长兴县南之南溪来会【南溪亦曰荆溪出长兴县西南境四安镇东北流数十里分为二支一北流经县西境与合溪会其正派东北流经县南境又分为二支其正派北流与运河北经县城东又分三渠一东南通小梅河口入太湖一东北至大沈湾港入太湖一北合合溪东北于夹浦港入太湖其东南流会苕溪】又北于长兴县东分二支一东南于小梅河口会正流一东北入大沈湾港而一派东北流合运河东至湖府城西有余不溪自南来会又北于城之西北分为二派一正北流为小梅溪数十里折而西会南溪支津北入蔡浦港入太湖即小梅湖口也一东抱城北而东会城东诸水又东北至大钱湖口入太湖【是为最大水口东北六十里即湖中小雷山此水源流三百余里】又东分一小支于新泾港入太湖

余不溪即东苕水其上源即临安县之南北二溪至余杭钱塘为安溪至德清合武康前后二溪为余不溪亦曰霅溪至府治与苕溪会临安北溪出县西北与孝丰界之东天目山【北水即北入孝丰之苕溪者】东南流数十里经县北又东南至青山镇南南溪出县西与于潜界之化龙镇东南流合西南一水东流经县城南又东流折东北与北溪会经青山镇南又东北经余杭县城南稍东分为二派一北流经城东又东北至安溪镇东又北会东南来支津又北有一水自西来会【水出武康县西南境东南流数十里经余杭北境之双溪镇北又东经平富镇南又东北流入安溪】又北而小山河东南自钱塘北界西北流来会即安溪一派东流者也【自余杭城南一派东流稍北七十余里至杭州府治钱塘县北境之武林驿西与运河通折西北流经北新关而西北流曰小山河凡七十里与安溪会】又北受西来下渚湖水【湖自武康南分封溪水东南经上陌镇东又东南为湖】又北至德清县南曰苕溪河有封溪西自武康县前来会即前溪也【前溪出武康县西南境山东北流经县城东南分有二派一东流至此来会俗曰封溪】又北至县城南而武康前后溪自西合而来会【后溪出武康县西境山东流经县城北又东流而前溪支津自西南来会又东至德清西入安溪总名余不溪也】环城而北分为三派东北曰东塘河北曰西塘河其西北正

流俱北流九十里至湖州府城南复合【东塘河自德清县城之东南北流有支渠东南至塘栖镇之西合运河其环城东而北者东北流至归安县南境之菱湖镇东南有支渠东南通新市镇又东南至石门县北合运河有支渠东北至连市镇东通乌镇而东北会运河又于连市南通新市河而东塘河正派西北流经菱湖镇南与西塘河支津合又北流至湖州府城东南而西塘河及余不溪正流俱自城南来会西塘河自德清县城西北流五十里有支渠东会东塘河又北四十余里至府城正南而东塘河自东南来会余不溪正流自德清县城西流折而北经武康县东北境又北流至府城西南而苕溪支津自城西而南来会东与西塘东塘二河汇为南湖】循城东分支津二东南者曰涧溪河东通连市乌镇正东者为运河至南浔镇南折而东北经嘉兴府西北境又东北经吴江界入运河余不溪正流于城东北流会城北苕溪水又东北至大钱湖口入太湖支津又东而北至新泾港入太湖【此水源流五百余里较苕溪稍长】

东天目山在临安县西五十里东苕水即霅水出其阳西天目山在于潜县北四十五里西苕水出其阴入湖之七十二溇乌程三十有九长兴三十有四

湖之下流入海古称三江今东江已湮其大者曰松江府之吴淞江次曰娄江又小者为诸浦凡松府及太仓州长熟各县支渠东入海北入大江者皆其委也

吴淞江古名笠泽亦曰松陵江自太湖分流出吴江县城东南之长桥东北流合庞山湖【湖在苏州府城南二十里又东南为黎湖菱湖叶泽湖新湖皆曲折旁注与吴江县境界近相接】又东北经唐浦【浦在府城东二十五里有土坝】折东南流十余里为角直浦即古角里【在昆山县西四十里】又东南流经淀山湖【湖在昆山县南八十里松江府西七十二里湖周回可二百里其东北即青浦县界】入松江府境合赵屯大盈顾会崧子盘龙之五大浦【赵屯浦在松江府西北七十里大盈浦在府西北六十里自淀山湖东北南曹港口而北历青浦县西绝横泖与北曹港合又经青龙江白鹤汇而北入吴淞江顾会浦在府西北二十五里上源为通波塘出府城北流为五里塘又北为祥泽塘崧子浦在府北十五里自顾会浦分流至嘉定县之高家滨入吴淞江盘龙浦在崧子浦东自府城东三里北流汇上海青浦诸塘水长八十里流入吴淞江以上松江五大浦】流入上海县西北境之宋家桥又东南流至县东北三十六里与黄浦合又迤遇为吴淞江入于海【海口在嘉定县东南四十里去上海县五十余里吴淞江经吴江吴县昆山青浦华亭上海嘉定七县地至黄浦入海凡三百余里】

黄浦亦曰春申浦在松江府城东南十八里既会吴淞俗称吴淞为黄浦江其上源即嘉兴府秀州塘水与苏州府淀山湖水汇为上中下三泖湖凡嘉湖以东太湖以南诸流并会平湖县北境水亦北流注之至黄浦又折而北经上海县城东二里又折而东北与吴淞江合【嘉兴府长水塘源出杭州府海宁县诸水北流入嘉兴境东通练塘东南通横塘横塘在府城东南五里其流会为彪湖转马塘堰而上南至海盐县也练塘在府城南二十五里与横塘长水塘通而长水塘正流至府城南为鸳鸯湖也府城东十里有双溪松江漕舟由嘉善至此又西北合运河府城东有凤凰洲洲以南之水入平湖县界洲以北之水曰华亭塘入嘉善县界嘉善县在府城东三十六里魏塘河自县西之华亭塘分出东流绕县城后而东即秀州塘俗呼官塘南合白水塘东合大云塘诸水又东至松江府城西南六十里之交界处曰风泾镇又东十里过白牛塘绝长泖而北流又东合黄桥门及斜门以东诸水至沈泾塘入松府城西水门贯城东出与俞塘诸水合流入黄浦松府运舟由此水以达嘉兴三泖湖阔十八里其西岸达淀山湖十里其东岸达松府城三十五里为数郡众流之会】

娄江今曰刘家河自太湖分流于吴江县西北十八里之鲇鱼口北流至苏州府城西三十里之木渎口由胥门外石灰桥入运河经城东为娄门湖又东至渎墅湖【苏府东南二十里】又东为陈湖【府东南三十五里】又东受阳城巴城二湖之水【阳城湖在昆山县西三十五里巴城湖在西北二十里】经昆山县城南【一里】又东四十里经太仓州城南自州西南诸水悉会又东稍南七十里曰刘家口入于海【自此浮海至崇明县百二十四里地为海滨要会元人海运由此入海】

自娄江而北泄水支港颇多其最名者太仓州北之七鸦浦入海又西为常熟县东之白茆港北之福山港入江也

七鸦浦在太仓州北三十六里本娄江之别支自昆山至和塘而北合常熟诸水为七浦经州西之真塘市又东三十里经沙头市涂松镇至七鸦口入于海【宋时以茜泾下张七鸦白茆许浦为昆山常熟之五大浦】

白茆港在常熟县东七十里本丹阳练湖常郡滆湖诸水为震泽不能容者溢而东南从无锡蠡蚝诸湖入常熟之华荡绕县城南而东北流至鲇鱼口又东二十五里经支塘市又东稍北二十六里达白茆口入于江【宋时常熟五浦曰李梅塘曰白茆港曰崔浦曰福山浦曰黄泗浦】

福山港在常熟县北四十里自城北水门流三十里经斜桥又二十里经福山下入于江

【附录】海自吴淞口而南为川沙堡【上海县东南五十四里】为南汇嘴【上海县东南八十里】为青村所【松江府东八十里为东南二面转屈之会】西南为柘林镇【府东南七十二里】又西南为金山卫【府南稍东七十二里】又西南入浙江界泄水之口有平湖之乍浦海盐之澉浦

乍浦在平湖县东南三十里与海盐界平湖南境诸水汇此入海

澉浦在海盐县南三十六里县西南境水由此入海自澉浦而西南为海宁县之赭山海门即浙江海口也

卷十六·浙水

浙水有南北二源北曰徽港南曰衢港至严州府城东南会而东北经杭州府城南又东北数折至海宁入海

北源徽港亦曰新安江其源有四一出徽州府治歙县西北与黟县相连之黄山即古黟山今曰林历山也两涧合而东流流经黄山司东南又东南至府城西俗曰西界河有东界河自东北来会又南至府城西南之浦口有南港河自东南来会江流始大又东南至街口镇南入浙江严府西界【东界河即浙之东源古所谓扬之水出巃嵷山流合大障山水者也今绩溪县北界丛山关南一溪西南流经县城南而西有二小溪自北来注之又折而南仁里村南大溪自东来孔灵村西溪自西北来并会又西南经新馆村西又西北受一溪水又西南经府城西北而西与西界河会西界河即古丰乐水也又南至浦口南港河来会浦口即古所谓歙浦也南港河又有二源其远者一出黟县西北西武岭之东一出县东北黄山司西南山中并南流经县东西至城南十余里而合又东南流经渔亭镇南又东南经休宁县南境五城镇之北有率山水古所谓渐江源者南自婺源北境龙尾山之东北塔坑镇之西北山中北流经五城镇东而北与黟溪合又东北经休宁东南之屯溪镇南有霭溪俗曰县港河者西北自县城西南而东南流注之又东北流至浦口与正源合而东南曰新安江按浙源有四西界河出黄山北者为北正源东界河尽汇绩溪诸水其东北源也黟县水古所谓横江水出武亭山吉扬水出吉阳山鱼亭水出鱼亭山者其西北源也休宁南婺源北古所谓率水出率山俗曰张公山浙溪出浙岭东流与率水合者其南源近西者也四源水至浦口而尽合论者必谓率山为正恐未必然】自严府西界南流折而东经威平镇南又东经淳安县城南有东溪自东北来注之又折而南流经灌口镇东有龙溪西南自遂安县来注之【龙溪即武强溪出遂安县西界马金店北山东流至县西南有灵岩溪出县西北界之灵岩山东南流注之又东经县城南又东稍北流至灌口镇南与新安江会】又折而东北流经茶圃头又东经建德县西之洋溪镇南有艾溪东南自寿昌县来注之【艾溪有三源出寿昌西南山东北流至县城东南而合折而西北流注新安江】又东北流经严州府治建德县城西南有小溪自北来注之又东至城东南衢港水南自兰溪来会而北流形如丁字江流益大矣【新安江自淳安而下亦曰青溪】会合在城东南一清一浊【北源新安江清南源衢港水浊古人尝以河济喻之】

南源有二一曰衢港一曰婺港衢港亦曰信安江其源有二一曰金溪源出开化县西北之马金岭一出县东北之百际岭合流而南经县城东又西南经界首东有二溪一自西北界来注之一自西南来注之即出苏章镇者又东南至常山县西境折而东流经县城北亦曰金川溪又东稍北至衢州府城西江山文溪自西南来会【常山县西有三衢山东有常山即信安岭草砰系县南地与江西玉山县界故马金溪为信安江上源】文溪西南出江山县南界之仙霞岭北流至峡口左受一小溪水又北经凤林镇西折而东北流至石门镇西南有小溪自东南来注之又北经清湖镇西折而东而北分为二支经县城东而北复合东北至百灵街西南有二小溪自东南来注之又东北至衢府城西与金溪会【文溪南出仙霞与福建界即信安江南源】金溪会文溪曰双港口东北流经府城北而东有柘土溪自东南来注之【柘土溪出府南车床山之南山东北流经龙鼻头西又东北至府东南折而西北流经府城东至东绩渡入信安江水颇长】又东北经安仁街北又东北至龙游县城北停步驿之北有笋箨溪自西北来有桃溪自南来注之【笋箨溪出寿昌县南界鸡笼山之阳东南流入信安江桃溪即灵溪源出遂昌县北高平山之阳东北流经北界村东南折而北流经龙游县城东而北注信安江】信安江至龙游曰瀔溪亦曰盈川溪又东经湖头北又东

北至罗埠有汤溪县水自南来注之【汤溪县二溪西曰小龙溪东曰派溪俱出宣平县北界山北流并经县城之西又北至花园村游埠东合流注信安江】又东北与婺港南渠会于兰溪县西南又东北至城西南婺港北渠亦来会婺港亦曰东阳江源出东阳县东界之大盆山西北流经定安镇东北俗曰歌溪有溪自西北来会溪流始大【北源出东阳县北界之白峰岭东南流经溪口村北有小溪自东北来会折而西南流经村东南又西南至巍山村东北有巍溪自东会又西南至定安镇北遂会大盆水而西】又西经县城北俗曰双溪又西经义乌县城南又西南有荆浦溪东南自东阳来会【荆浦溪出东阳县东界之千丈岭西北流经安文村南又西北至长衢村西有夹溪自东北来会经湖溪村南又西北流经县南又西北流至义乌县西南与双溪合】又西一小溪自南来注之又西至苏溪市南折而西南流有航慈溪自东来注之【航慈溪出东南西北流经赤岸街南又西北至航慈村之北与双溪合】又西南流经金华府城南有梅溪自南来会亦曰双溪也梅溪即南溪亦曰缙云水源出缙云县东北之苍岭北流有好溪东北自大盆来会西北流经湖陈北馆头西又北经永康县东南华溪自东北来注之又西桃溪自西北来注之又西经县南至杨公桥西有小溪自北来注之至相琴村南折而西北流至武义县东白溪村北有熟溪自县西南来会又西北经县城履坦村北又北经小溪村东受一小水又西北与东阳港会于府城之南双溪既合而西有小溪自西南来注之又西北流分为二派南渠西南流受白龙溪水【白龙溪南出千年山北流经白关桥东北注之】折而西北流至罗埠西与衢港会北渠西北流经兰溪县城南而西与衢港会二港既会北流经城西女埠东有小溪自西来注之又北经香溪镇西又北至严州府城东南与西来之新安江合流而北【南港水较北港犹大】

二江合而北经城东北之富春驿又北经富春山麓亦曰严陵山有钓台下为七里濑【富春山在桐庐县南三十五里两峰对立有二钓台皆临险】又北为胥口【胥溪出桐庐县西南山俗曰安仁溪东流经县南而入浙】又北而东经桐庐县城东南又东北桐溪水自西来会曰桐口【桐溪上源即天目溪源出于潜县西北之西天目山俗称柳渔溪者东南流为紫溪有二溪东北来会经县城西又南有藻溪自东来会又南至麻东埠北有昌化县南之柳溪双溪合而东注之又东南至分水县东北有小汉自东北来注之又南分为二派经县城东复合而东南有前溪水西自城南来注之又东而南至桐庐县之西南折而东北经城西而北而东入浙即古淳溪紫溪】又东北至富阳县界有溪西北自新城县城来注之【新城县有东溪南流西溪东南流至县东南而合东南流入浙】又东北至富阳县城南有筱岭水自北来经城西南注之【以上俗称富春江下称钱塘江海潮将至富阳而止有定山横踞江岸在钱塘县南五十里】又东有数巨洲折而北流经东岸萧山县西南境有浦阳江即浣江南自浦江诸暨会数水而西北流注之【浦阳江源出浦江县西境之深袅山曰东溪东南流又一源出县南之五路岭曰南溪东北流至县城南合而东稍北五十里有一水南自义乌西北之戚村桥北流来会又东北流经白马桥又东北经诸暨县南境曰上西江又东北至丫口有上东江东南自东阳界合孝义开化二溪东北流又合超越下濑二溪经街港来会曰浣江又北经县城南又东北五里分为二派一东北流曰下东江合东南来落马桥水又北有泌湖及双桥溪水自东来会又北稍西有枫桥北水东自山阴界来会又西北至三港口一西北流曰下西江有五泄溪西自五泄山合二溪来会又北有新港水自西来经直埠南而东来会北至三港口复合曰大江其分凡七十里复合也又西北流临浦镇西古道东至钱清者已塞今自临浦又西北流入浙江此水源流三百余里越城人旧称西小江】又北经公馆东为钱塘县西南境于山东□折东北流经钱塘驿南又东北经杭州府城东南南岸即萧山县西之西兴驿也又东稍北经萧山北境又东北五十里至龛山与北岸海宁县西南境之赭山相对如门入于海【海口阔五十里曰鳖子门东四度极三十度四分又北为北岸海宁城南又东南为南岸绍兴府山阴县北境之三江口】

【附录】西湖在杭府城西周三十里南西北皆山疑即古武林水不与江通为游观胜地其水引贯城而东出灌海宁县田

卷十六·浙东诸水

三江绍兴府山阴会稽萧山三县诸水之尾闾也腹曰鉴湖古称周三百五十八里南并山凡水出南山者皆汇北属府城漕渠【绍兴运河西自西兴驿东经萧山县城中又东经钱清镇入山阴界经河桥共百里至府城西郭门皆顺流也穿城中会稽界自东郭门东湖高埠至东关分为二渠一东至曹娥坝一东南至嵊坝共九十余里此为运道自东南至府城亦顺流也镜湖故迹仅存城西南一处余皆水田但支港纵横四通八达俱至府城之北汇为巨流

又北过陟亹至三江所入海有闸以时蓄泄】鉴湖源在会稽东南境曰东溪【其源无数其大者曰若耶溪出若耶山日寒溪出日铸岭曰上灶溪曰平水西北流经樵风泾又北为会稽山禹陵又西北至府城东南】山阴西南境曰西溪【亦有数源稍大者曰相溪出藏山岭曰巧溪出崇山曰余支溪即温凉二泉之合也俱东北流至府城西南与鉴湖会俗曰白塔洋】三江闸又名星宿闸在府城北三十里【三江所城西门外有二十八洞其地西北去浙江口鳖子门八十里东去曹娥江口数十里按闸从古名其实山阴已筑临浦会稽已筑嵊坝东西二小江俱不从此口入海矣】

曹娥江即古剡溪源出天台及东阳经新昌西北为三溪至嵊县南而西港来会曰剡溪【源一出天台之万年山及石桥俱西北流一出东阳之玉山北流至新昌西南三十里之长潭溪又北至县北而东溪南自城东来会曰三溪又西北至嵊县南有西港合二溪自西来会曰剡溪】稍东折东北流经浦口有溪自东南来会【新昌北之王宅溪也一源东南出宁海三坑一源东出奉化沙溪】又北流经清风岭嵊浦三界过东山至嵊坝东南为曹娥江【江东上虞界江西会稽界】又名上虞江北稍西经梁湖及百官镇西又东北会夏盖湖水至沥海所西入海【此水越人曰东小江源流四百余里潮势亚于钱塘】

宁波府甬江即鄞江有南北二源北源曰姚江亦曰舜江出余姚县西南八十里之太平山西北流至上虞县南乃东北出经余姚旧城新城中间而东【上虞县东北十里中坝十八里下坝过坝即姚江水】又东经慈溪县南曰前江蓝溪文溪诸水皆流合焉其南有大西小西二坝东南有南港东港与奉化江会于宁波府城西南者二坝之下流会于府城东北者南港也又东分流为镇海县西南入江者东港也南源曰奉化江亦曰北渡江亦曰东剡溪源出奉化县西南连山苏木岭东北流经县城东南而北稍西有东剡溪西北自陈公岭东南流来会又北分为二派北派稍东北与慈溪二坝下流会又东至府城南南派复合又东北至城东北与姚江之南港会又东北与东港会经镇海县城南即大小浃江总汇也又东一里至招宝山前浃口南曰金鸡屿北曰虎蹲山又前曰蛟门入于海

宁海县水稍大者曰浮溪【在县北四十里源出奉化西南界山东南流经马岙南又东汇栅墟岭天门山水又东至浮门西北入于海天门在县北六十里】曰大溪白溪【大溪出西北黄崖岭东南流曰石瑜溪会桃花坑牛头潭诸水又东南与白溪会白溪出天台华顶山东流折而东北流经县南又东与大溪合曰双港至亭头南东入海】曰海游溪【海游在县南六十里一西北出天台东界山东流经吴岙高笕东南入海一南出和宁岭北北流东溪来会又东北入海】

台州府灵江亦曰澄江有天台仙居二源北源出天台县西南与东阳接界之大盆山东北流会南来小溪寒明及北来沓溪诸水至平头潭又东北至县西南之清溪街有清溪西北自关岭东南流合南来之左溪北来之秀溪铜溪百丈岙瀑水岭二溪诸水来注之【左溪出鹧鸪山秀溪出万年山铜溪即桃溪出桃源山百丈岙水出琼台瀑水岭溪出桐柏山】又东有赭溪自北山流经西廓而南来会【赭溪出五峰双涧岩石皆丹以地脉由赤城山来也】过城南而东有螺溪自北来注之又折而东南经东横山之麓折而南有欢溪自北合东来之灵溪倒溪诸水自东北来注之又南受二淡溪水又南经临海县西北境百步岭之东麓小石岭八迭山之西麓左右受小水无数又东南而仙居溪水自西来会曰三江【天台大溪亦曰始丰溪所合诸水稍大者县西之清溪县东之欢溪即楢溪也】南源出仙居县南境与永嘉接界之坑山北流与西南出缙云界之冯师山二水东流而会又东北流有横溪合永康界之苍岭二溪水自西北来会【苍岭在县西一百里一名岭里溪一名木溪俱东流合于横溪又东南与大溪合仙居水以苍岭为大】又东北流会诸小水经皤滩镇北又东北经田头村北有马岭溪自北来注之【马岭溪源出县西北界东阳安文村之南山南流与瞿溪合又南流与大溪合大溪止通竹筏与天台同】又东经县城南曰大溪亦曰永安溪又东白水溪自北来注之【白水北出天台界之紫箨山南流至城东南东流入大溪】折而东北流左右受小水无数又东北经白水洋北折而东南流与天台大溪会于三江始可行舟【三江在府城西北二十里】二水既合东南流经府城之西而南而东至双江口北受临海东乡诸溪汇于大田港之水【县东有柘溪滩溪周家溪潮漈溪云溪东溪西溪虎溪寨溪黄肚溪小芝溪诸水以诸山回抱势不能东入大海故西南流经枧桥诸村过少两山而南与灵江合】又东南七十里黄岩县城北之永宁江自西南来会亦曰椒江【永宁江在黄岩县城北有大小二源大源西南出永嘉北界之尖山东北流合诸山水小源曰黄岩溪出县南黄岩山下东北流合诸山水二流既合又东至官岙村始可行舟又东百里过县城北又北稍东二十里会灵江东入于海海口西至黄岩城六十里西北至府城一百

二十六里海潮北至三江口而止】又东经章安镇金鳌山南　又东海门山前所东对岸即海门卫城灵江入于海

太平县有新河口【在县东四十里河自黄岩县东南至温岭长一百三十里别为九河各二十里绵亘两县八乡之田旧有闸十一入海之口即新河所城东五里是也】

温州府瓯江亦曰永嘉江自处州府大溪其源有二西南源曰龙泉县大溪源出县西南之台湖山【俗曰小梅溪以其南出小梅岭之北麓也南麓水流入闽注建溪】东北流至县西南有独溪自西北来会【独溪出县西北界山东南有小溪自西南来会东北入大溪】折而东流经城南而东稍北有灵溪自北来会【灵溪俗曰梧桐溪二源俱出县北山合而南流入大溪】又东稍北有安仁溪自西南来注之又东经云和县北又东北有小溪自西南来注之又东北经均溪村北保定铺南遂昌松阳之大溪自西北来会西北源曰遂昌县大溪源出县西南贵义岭北流折而东北又东经县城南而东有后溪自西北来会【俗曰双溪出县西北钱村岭诸山东南流经县城之东北又南注大溪】又东南经金岸界首田市南又东南经松阳县城西南又东南流有小溪自西南来注之又东南经五尺禹溪保定与龙泉云和水会二大溪既合东北流经碧湖镇东又北至处州府城之西南有虎踏溪西北自宣平来会【虎踏溪有二源一曰西溪出宣平县西北山东南流一曰东溪出东北嵛次山西南流至县城南而合东南流又西合一水又东南至府城之西南入大溪】大溪东经府城南而东有缙云县溪自东北来会【溪源出苍岭西麓西南流经缙云县城东南又西南至府城下河关之东南西南流入大溪】又东南数折经小郡海口腊溪村南有腊溪自东北来注之【腊溪出青田县东北山有二涧西流合而西南又折而西而南至腊溪村东南入大溪】又南经大洋村南溪流始阔又南至青田县西北有彪溪西南自景宁县来会【彪溪俗曰外卸溪源出景宁县西南山东北流有忠溪自东南来会又东北流经县城南又东北流有小溪自南来会又东北入大溪】又南折而东经青田县城南又东北流数十里折东南流入温州府永嘉县之西北境始曰安溪【自处州府至青田县有七十二滩之险至此始无巨石故名】经林福小京二村南又东南至府城北有楠溪北自仙居界大山东南流合诸溪水而南至潮漈来会【楠溪曲折行三百里亦瓯地巨川潮漈在城北十里】过孤屿而东有永宁河自城西南汇瞿溪诸水为湖经城内外东北至海坛斗门来注之【永宁湖即会昌湖绕城内外其东南出为瑞安河其西出为瓯浦】又东三十里经乐清县西南界曰馆头江又东至盘石卫南对岸为永嘉境之宁村所北入于海曰瓯江口【此水合二府众溪水势甚盛口在府城之东九十里有二洲曰大灵昆小灵昆】

瑞安县飞云江源出泰顺县北之百丈流东北流莒冈溪自西来会【莒冈溪出县西北山东流经天关山之北又东入大溪】又东北有小水自西南来会又北有小水自西北来会又东经瑞安县城南又东至江岸寨南为飞云江口【旧曰安阳江亦曰瑞安江】

平阳县横阳江源出县西南有二一南出分水关与福建界曰南港一出西北山中曰北港合流而东经县城南又东南为横阳海口【自横阳而南金乡卫南有数港口皆小溪】自平阳而南至分水关为瓯闽分界但闽地福宁一府及罗源连江二县水皆山溪东入海无有南入建江者今叙次于浙东诸水之后【福宁东南滨海其险曰烽火门然海渚曲入非有巨川注海故但于海下详之】

福宁府北境水一曰分水关南水自关西南流折而南经铜山营东又南有一溪西北自界山东南流一溪南自店头深山北流来并会水势阔如湖泽又东南曲曲流百三十里经南镇北又东南至沙埕入海【其南即南镇澳其东北即南关也】一曰硖门港溪【合三溪东南流至北洋村之南硖门之北东入海长百余里】一曰杨家溪【出府北山南流经湖平铺西折东流合北来一水经三沙堡北又东至牙城南又东入海长百余里】府西有长溪三源东北源出浙江泰顺县源又有二【一曰龙溪出泰顺县北山穿城而南一曰白溪自西北山南流经县西而南合西来一水东与龙溪会】合而南入福建界经寿宁县东境曲曲而南百余里曰交溪经岭口寨西又南百余里经福安县城东折而西南流与北源会北源曰平溪出寿宁县东境山两涧合而东南流【与交溪隔一山相去二十里许】曲曲二百里经福安县城西又东南与交溪会又南四十里而西北源来会西北源曰托溪出寿宁县北界岭头南流穿城而南折东南流合东北来一水曲曲流【在平溪之西隔一山相去三十里】二百里至福安西境之穆洋镇西又东南三十里而交溪合平溪自北来会东南流经白石司北又东南至大梨东入海港即长溪也【源流长三百余里】又西曰外渺溪出浙江庆元县东南山东流三十里入福建界经寿宁县西境有一溪北自庆元之东境山东南流入界折而西南流来会【此水东去托溪仅十余里】又南合西北一水又南流两山间百数十里折东南流经周

墩堡南又东南百数十里至金垂寨南入海港【源流长三百八十里港口东去长溪之口五十里溪入宁德县界】又南为五丈溪出马岭东南流合北一水又东南经铜镜渡南又东南折而东流至云淡门入海港【源流长二百余里港口北去外涉溪口十余里】又南为龙溪出宁德县西北山东流百数十里经七都南东南流经县城北有一水自西来会【即穹窿溪也】又东南至马鞍寨入海港【源流二百余里港口北去五丈溪口六十余里自长溪至此入海皆海港曲入内地者】又南为罗源县之罗川一曰起步溪自梨洋岭东流至县北合北来九龙村水东南流经城东而南有鳌峰水西自城南来会又南入海港又东南至西澳北入大海又南为连江出福州府北山东南流曰宝溪经连江县城南又东至东岱堡北入海【罗川连江俱百余里连江之南曰闽江】

卷十七·闽江

自浙以南踰仙霞合建宁邵武汀北之水会于延平东南经福州入海源流几二千里建江也闽地群川为最巨

闽江即建江上源有三曰建溪即浦城崇安水也曰富屯溪即邵武光泽水也曰沙溪即汀州宁化清流水也【建溪即北源邵武富屯即西源汀宁化即西南源至延平而俱会亦曰剑江至福州府曰南台江】

建溪即建宁府大溪其源又有二东曰浦城南浦溪西曰崇安崇溪浦城南浦溪源又有二东北源出浦城县北之渔梁汛【在枫岭小关驿南诸山中东二度三分极二十八度三分】南流数十里有牛岭水自东北界上西南流来会南流曰南浦溪又南至新岭有二小溪自西北合而来会又南经县城东南折西南流其西北源曰新溪自西北来会于城南【西北源出县西北渔梁山即与江西界岑阳关东南山也新溪东南流经数十里至县西北有二小水自东北合而来会又东南流至城南与南浦溪合】又南至水口左受一小水稍南右受一溪水又南左受太平桥溪水经观前塘西又东南有临江溪自西北来会【临江溪出岑阳关大岭东南流数十里至阳溪尾西南会一小溪折东流经西乡街南又东南流过临江桥又东南经绵山岭西又东南至北街村之西北而南浦溪自北来会】折西流五十里合西北来一小水折西南流至塔岭东折南流经马岚墟营头驿东又南经建阳县东境诸山之水麓又南至建宁府治瓯宁县西北之叶坊驿东北而崇溪自西北来会【自源至此已曲曲行四百余里】西北源崇溪亦曰大溪交溪汉溪源出崇安县北亦有二西源出县西北与江西铅山县界之分水关岭下东南流经望仙铺南又东南曰西溪又东至杨庄南有干溪合诸小水自北来会又东经县城北稍东而东源自东北来会即东溪也【东溪出县东北与江西界之焦岭关折西南流经岚角寨口山麓折东南流有大浑塘一溪自北来会又西南流至县城东北与西溪合】既会东溪南流经城东稍南折西南流曰大溪经赤石街东稍南有梅溪自东北来会【梅溪出洋源隘南山南流经寨口东又西南流七十余里入大溪】折而东流经仙店北又东折而南流经兴田驿东南右受小溪水又东南流经建阳县北境又东南经县城东北折南流至城东南有小溪自东来注之又有建溪自西北来会于城南之建溪驿【建溪源出西北与邵武界大山合三水南流百余里至界首东南有一溪西自邵武东北山东南流经林墩折而东北流来会又东经江防南又东北流有一溪西北自大自坊来会又东有街口溪自北来会折东南流至建阳县城西南又东南与崇溪会】又南稍西有徐墩溪自西来注之折东南流至瓯宁西境之丰乐塘北又东南至叶坊驿与北来之南浦溪会【崇溪源流亦四百余里所合诸水较多于南浦溪】二水既合东南流经建宁府城西北有溪自东北山来注之【即小松街北山水也】南经城西亦曰西溪至城西南有东溪东北自浙江龙泉庆元西南流经松溪政和二县合诸水经府城东南而西来会亦曰当阳溪也【东溪源有二一曰松溪出处州府龙泉县小梅岭之南其北即小梅溪水北流入瓯江者也松溪南流过竹口八都二镇而庆元县竹溪水自东南来会竹溪出庆元县东山温杳西北流经县城北又西有小溪自南来注之又西至八都镇与松溪水合二溪既合流入福建松溪县界西南流有小溪自北来注之折而南经县城东其南有小溪来会折西流过城南有小溪自北来会又南流稍曲东南流经政和县西南境之西津南有七星溪东自东峰塘合东南来之胡屯溪西流经县城南来会南流经铺前东又南为当阳溪口又南为党口汛有小层溪自东南来注之又西南流经东阳街南又西南经东峰街南又西南经建宁府城东南又西与浦城崇安之建溪名西溪者合此水源流与南浦崇溪等实建溪东别源也以在建宁府治建安县东境故名曰东溪】既会东溪水势始盛东南流数十里折向西流复东南流有深溪东南自石亭汛山来注之曰南雅口折西南流经延平府治南平县东北境之大横驿东又西南至府城东北境南流至城东南之剑津亦曰延津而邵武及汀州二源合自西北来会【延平人称建溪为剑溪以其东北自建宁南经黯淡滩而西与邵汀之西溪会于剑津也

亦曰东溪】

富屯溪即闽江西北源也出光泽县西与江西界山者二一曰西南之黄关东北流合东南一水经金坑北流数十里有极高隘水自西来会又东北流会杭川为大溪一曰杉关水即杭川东流至水口村与金坑水会而东北数十里至县西南有长山水自西来会又北经城西而北有花桥二溪西北自沿岱村山东南流合而来会【此水源北山即铁牛关水西流入江西者】自城东北折而南经城东曰大溪亦曰紫云溪又南至漠口南折东南流经邵武府城北有樵溪自西南穿城中来会折东南流经城东稍南有溪自西来经城南而东合南一小溪来会又东南流屈曲山中百余里至拿口驿西折而东流九十里岐为二派经富屯驿北而南复合南流有顺阳溪东北自仁寿司西南流来会折西南流又南数十里经顺昌县城西而将溪西自将乐县会建宁泰宁二县诸水来会将溪亦闽江一源也亦曰金溪【将乐金溪源出建宁县西有三处一曰西南之宁溪最远出与江西界之窖岭及北车桥镇山二水桥流而合曰南桥溪东南流数十里经安远司西南合南来伍家坊水东北流经司东有严坑水自北来会又东北经均口寨西又北数十里至县西南西北两源合而来会西源曰落洋溪出与江西界之麻岭北山东流九十里有兰溪自南来会折而北流与北源会北源曰均溪出与江西界惠心隘大山中二水合东南流百里余与西源会又东数里会宁溪三源既合东北流经县城东南受南一小水折而北经城东稍北有古溪北自竹溪隘东南流来会又折东北流受南一小水又东北至梅口北有梅溪东北自大埠冈合诸山水西南流百五十里经泰宁县城南合黄溪而西南来注之水势益大自梅口东南流数十里有三溪寨水南自黄坑岭北流来注之折而东流经黄潭市南又东有池湖溪南自铁岭北流来注之又东稍北曰金溪至将乐县城东南折东北流有龙池溪西北自山中东南流经光明村南而东南来会于城之东北又东北有小溪自南来注之又北有安福溪北自隔岭万安岭南流来注之又东北流经高滩市北会石村南过交溪桥经汉布街北有小水自南来注之又东南流经大槎墟北又东至顺昌县城之西南而富屯溪自北来会此水源多流长行六百里胜于富屯】既会金溪东流经城南又东稍北有石溪自南来注之又东北流为鸬鹚溪东北自大吾岭西南流经大历司北而南来注之地曰上洋口折东南流经王台驿北有黄泥溪自南来注之又东南至沙溪口东北有沙溪西南自沙县会宁化清流连城永安归化之水东北流来会【富屯源流六百余里】

沙溪即闽江西南源也出宁化县西境与江西赣州府石城县界有二处北自长放坑东南流其正西曰西溪出堑头岭东流与会又东五十里经禾口墟北折东南流至县城西南与淮溪会淮溪即西南一源也出长汀县北界狐西岭淮头山东北流数十里与西溪合东流经县城南又东至鱼龙铺北有东溪北自打钟岭南流经城东来注之又东南有杨苏溪合二水自东南来注之又东至清流县西境有前溪自北来注之又东稍南折而东北至县城西北隅又东北折而南经城东又东南有玉溪东北自五通岭西南流经玉华驿南合西来之嵩溪而南流注之又东南数十里有文川溪西南自连城县合诸水来会【文溪二源南源出连城西山东流至城南合东南来一水经城东又合东来一水东北流曰冈溪又东北其西北山二水合流曰山下溪自西北南流折而东来会又东数十里与清流溪会】溪至清流曰清溪亦曰九龙溪经九龙滩至铁石矶头东南流经安沙司南遂东曲曲流至永安县西境有西溪自西南合数水来会【西溪数源一曰莒溪即新泉司西北山水也东北流七十里西有连城东南之新干岭龙爪岭二水合东流为背溪来会东有岭后村水自小陶墟来会又东北流百余里经洪田村南又东北数十里至永安县西境与龙溪会】又东北至县城西北有南溪南自城西北流来注之【南溪出县南马山北麓东南流会东南来西洋村水折西北流经县城西又北入龙溪】又东北有东溪自东南来注之亦曰燕溪稍北有安定溪西北自莲华山来注之【安定溪出莲华山东南流八十里经大湖村南又东南与燕溪会】又东北经贡川村南有坊溪西北自湖坊市山东南流来注之【坊溪自归化县南山东流经湖坊市南又东南流百里至贡川西南入燕溪】又东北至沙口村西北有沙洋溪西北自归化县来会【沙洋溪出归化县西南山东北流经县城北有石溪南自南山北流穿城北来会又东折东南流百余里经夏阳市南又东南至沙口村西北入燕溪】稍北有松洋溪南自松洋山来注之【溪在沙口村东】又东北经三元街西北又东北至沙县西南境曰沙溪有罗布溪自西南注之又东北经县城南又东北有五水合为一溪自北来会【正北曰墟溪东南流经中堡西又南流西高桥西南有东溪自东北来会又有西溪西自北乡塞之南东流来会又南流数十里有富口溪自西来合西南来之夏茂溪东流来会折东南流经沙县东北又南入沙溪】沙溪又东北经霹雳滩亦曰太史溪经渔溪街南又东北至延平府西北境之沙溪口与邵武之富屯溪会是曰西溪东南流有洪溪自南来注之又东经府城南剑津而东溪北自建宁府来会【西源西南源合于沙溪口沙

溪源流七百余里】

东西二溪既合于延平府城南水势大盛东南流至土埠洲有龙溪自南来注之又东南经大洲有吉溪自东北来注之又南流有尤溪西南自大田尤溪二县合诸水东北流来会曰尤溪口【尤溪出大田县西南武陵铺之北山梨子岭及龙背岭诸水合东北流又东北数十里有林柄溪自西北合羊子岭水东注之又东北经县城南又东北有柳溪西北自高里岭东南流合北来银隔岭之花溪东南流来会又东北经溪演板南折北流稍东至高才司东曰湖头溪又北曲曲百余里至尤溪县城东南有溪合诸水自西南来会即尤溪别源也源出西南莲花山东麓盐岭之南东南流合大佛岭诸水折而东北数十里有英溪南自山中北流经花桥来会又东北经新桥又北有一溪西北自山漈岭诸山东南流来会又东北八十里至县西南有铜溪西北自秋竹岭东南曲曲流来会又东北至县城东南与尤溪会二溪既合北流经城东稍北折西北流有均竹溪东南自柽岭来注之又西北有山坑水自西北合北来之玉溪南流注之折东北流有塔兜溪自北来注之又东北七十里至尤溪口入建江志谓尤溪源出龙岩及德化二地非也源在大田西南去龙岩隔远数百里】建江又东流有同仁溪北自夏山西南流二百余里来注之又东经仓峡司南黄田驿南有上洋溪北自水朝岭来注之又东南至古田县南境之水口驿有大溪亦名剑溪北自县城合诸水南流来会【大溪三源一出县西北白漈岭东南流一出县东北之黄居岭西南流至城之东合焉南流数十里一源出东北前山者曰西洋溪西南流经吉口村来会又南曰剑溪又南至水口驿之东入建江建江自延平之南平至此水虽盛而滩险未平】又东南经摸天岭下江流始出险就平又东南经闽清县北境折而南至县东又南溪亦曰梅溪西自城北合西南数水来注之【南溪出闽清县南马坑岭北流合西南一水又北曲曲数十里至县西南有西溪自西来会又东北有下祭溪自东南来会又东北经县城西北又北折而东南入建江】又东稍南经大穆村东北有穆溪自南来注之又东南经白沙驿南竹崎所北又东南经甘蔗塘南有成塘溪自北来注之建江自古田闽清至府治候官西境江流浩瀚至芋原曰洪塘江遂分二派其东出经府城曰南台江【南台山在府南亦曰台山】钓其南出而东南曰陶江【洪塘在此江之北】支浦分合相错【在候官西南有阳崎吴山凤冈泽苗延泽仙坂六浦实一江之支津也】南台江东流经芋原塘北又东经洪塘北有支津与陶江通又东岐为二渠十数里复合经福州府城南有小溪自城西而东南来注之【即候官西界水】又东南数十里至鼓山与陶江合陶江东南流经芋原塘西南又东南有双溪西南自永福县会德化县水东北流来注之【双溪出德化县西南之雪山曰龟龙溪东北流经县城南折北流经其东又东北百余里至嵩口街西有嵩溪自西北来会又东北百余里至永福县西有渔溪北自马坑岭南麓来注之又有三井溪东北自赤岸山西南流经城西而来注之又东流经城南有穴利溪东南自六洞岭广业山西北流来注之又东北流百余里至洪塘西南入陶江此水即西峡江】又东经洪塘南有支津北通南台江又东南至乌龙口江流浸阔亦曰乌龙江东流至青浦之北而南台江自北来复合二流既合东流经批验所北又东福清长乐二县水自南合而北流注之【福清县北境水有二北流合经坑田西折东北流会长乐水长乐县城二小水西南流与福清水会北流入建江水口在长乐城西二十里】又东北流至闽安镇东急水门西为内海口水阔数十里港口之北为琅琦山又东北为福斗山自急水门而东南即长乐城北境港中洲屿无数曰小芦大芦巴豆其东最峥嵘者五虎门也是为闽江大海口【五虎门北与定海所黄崎堡北茭司相望南与梅花所相连与海坛山相望其正东即白犬洋东沙也福府东三度极二十六度强五虎门东三度半极二十五度九分至二十六度三分自浦城至海口行一千三百里】

卷十七·闽江以南诸水

兴化府江西南会仙游县水有三溪一曰南溪出县西境白隔山东麓东南流数十里折东北流至文殊寨南折北流又东北至县南有西溪西自祥云山来会又北至城南有凤阳溪西北自高坪岭东南流经城西南而东来会曰三会溪亦曰九龙溪稍东北有九鲤溪自东北来会【九鲤溪出东北何岭山中有九鲤湖水汇南流数十里与九龙溪会】又东北流至府治莆田县西境岐为二派一东北流折而东经府城南曰延寿溪又东有赤土溪西北自广业山前东南流经府城东北而南来会一东流十里又岐为二俱东流曰木兰溪至黄石寨之北复合又东北与延寿溪合曰三江口稍东有梅花溪北自六洞岭东南流经涵江镇西而南来会东为海口【此水源流三百里】

泉州府晋江有二源西北源曰桃林溪出永春州西北雪山南麓【其北麓即德化县西南之双溪北经永福而

入闽江者】东南流数十里有小溪自北来会东流经州城南又东折而南经东关桥西稍南有入坑溪东北自湖洋堡来会又南数十里折东南流有罗溪东北自海涡山西南流经小罗村来会又东南经南安县西北境有洪濑水自东北来会又东南数十里而安溪水自西南来会西源曰蓝溪亦曰碧溪出安溪县西北剑山东南流数十里经湖头市北又东南至魁斗村南有小溪自北来会折南流经县城西有归溪西南有归窑岭来会折东流经城南又东流百余里曰罗渡溪至南安县西境与桃林溪会曰双溪口亦曰黄龙溪东南经南安城西南又东南流经泉州府治晋江县境为晋江又东南经府城西石塔山下又东南经法石司南有二溪西南自五龙山古陵东北流合而来注之又东至岱屿入于海【海曰北曰下安澳崇武所南曰日湖寨东南隔海正对澎湖台湾】末出海口其东北即洛阳港口也

漳州府九龙江源有二西北源曰宁洋之九鹏乐溪西源曰龙岩之雁石溪九鹏溪出宁洋县西北山东南流曰西洋溪有小溪南自大吴地村东流来会东南流经县城南有马山水自北来经城东而西南来会又东南流曰九鹏溪而乐溪自东北合三水西南流百余里来会【乐溪源曰高浮溪出高里岭西麓其东即羊子岭之柳溪东合大田诸水北至尤溪口入闽江者高浮溪南流折而西南经桃源司南有一溪北自大佛山西南流来会又西经早达村南有一溪北自莲花山南麓南流来会又西南流经宁洋东境凡百二十里与九鹏溪会此水源流与九鹏等】又南经茶林堡东又东南经漳平县西北境有和睦溪东自长安岭西南流来会又南有万安溪西自旧鸪岭东南流来会又南经县西境而雁石溪西南自龙岩来会雁石溪出龙岩州西之杨梅岭东南流经大池村南又东南有小溪西自九山来会折东北流经船巷南又北流至州西有一溪西北自艾岭南流经石碑西南合小池水折而东流来会又东流经州城南又东经雁石司南又东折东北流至基泰村西又东北至盐场村东北有白沙溪自西北来会【白沙溪出州北新泉司之南山东南流百里至白沙汛南又东南与雁石溪会】又东流稍北至漳平县西而宁洋九鹏溪自西北来会二溪既合东流过漳平县城南又东折东南流有黄畲溪自南来注之又东南流有感化溪自东北来永福里溪自西南来并会水如十字【感化溪出留地洋山西南流经白石隘北又西南来会此水源北山即武陵乡梨子岭尤溪之源也永福里溪即下折溪出西南朝天岭北麓其北源水即和溪也此水东北流经永福里又东北有须村水自西来会又东北入大溪水口相对】又东南有山溪自北来注又南循山东麓数十里折而东十余里又南流入漳州府治龙溪县北境曰九龙江经龙头岭下谓之峡中又南经长泰县西境即龙溪北境也有龙津溪东北自磨枪隘西南流经长泰城东南而西来注之又东南经府东境江东驿水始出峡曰柳营江东南经玉洲城西南有南溪亦曰龙江西自府城之南会西北南靖县双溪诸水来会曰三汊河口【南溪即龙溪有二源一出南靖县西北朝天岭南麓其北水即漳平县东南之下折溪也此水西南流数十里经和溪司西南折而东南流经平南驿南麓洋山北又东经金山铺北又东南至永丰司南有深渡溪自北山合三水南流来会又南流稍东经县城西至城西南隅与西南源会一出南靖西南平和县东北之高山两涧东流合而东南至管溪汛北折而东北流经三平院西又北经官寮山东麓洪濑口是曰管溪又东北数十里有山城溪自西北山来会折而东流至南靖县城西南而和溪北自城西来会既合曰双溪东流经城南稍东北流至天宝市南折而南流经府治西境又东南流经府城西南又东曲曲至三汊河口入柳营江即海澄县之西境也】又东经南坂北有溪自西来注之【此溪又在南溪之南自九龙山东流至南坂】又东经海澄县城西有溪西自马口寨合二水至洪礁汛之东北注之江流甚阔洲渚星罗又东经城北而东过海门山南岸复有支港来会【即洪礁溪之分流东注者】又东入海【南岸圭屿北岸古浪屿其东有当港一大洲即厦门也又东为金门】闽地水自建江外此水为大源流行六百里兼六七州县溪涧【漳浦县南溪出县西靖龙县东南流经城南又东南合二小水至旧镇前入海又云霄溪出县西北天马】山南流经县西南境之云霄城东南流合数小水又东南有梅洲溪自西来会又东入海诏安县东溪即南陂溪出县北及平和县南界金扇岭西南流数十里合西北来二小溪折东南流经大布寨西又南受数水又东南曰羊尾溪至县城东北会西来城北水又南经城东又东南至悬钟山入于海水口与广东分界其南即海中之南澳也广东分水关之西有黄冈河源出饶平县东北界山西南流至县城东有溪背村南水经城东北来会又东南流受西来之河门溪又东南受二水至黄冈镇入于海

汀水即鄞江【汀府正当京师正中南度东西二溪之合正直丙丁极二十五度八分】源出汀州府治长汀县北与江西界之英竹山观音岭东南流曰龙陂溪数十里至府城东北有龙溪东自馆前驿后山西流来会【此山之东即山下溪东南流至连城县东北境南合山冈溪东北为文川至九龙合宁化清流二县之水至延平会邵武水入

闽江者也此山亦自黄竹山蜿蜒而东南为分水之春志言宁化县南有大溪源出县北万斛泉分流为清流县之清溪其正流南入府治长汀县界为鄞江亦曰东溪左溪下流经广东大埔县入海有五百滩亦曰汀水按宁化虽与长汀接界但淮溪自西而东其南隔大山峻岭者数重岂有水能踰越而至长汀者乎】南经城东曰东溪折经东南而西有西溪西北自皇祝岭东南流至城西南境来会【此水之西即万安溪西南流至古城司入江西界为贡水之上源】又南流至河田铺西有一水自东来注之又南经大潭三洲二铺西稍折东南流至车田铺东又东受一水复南流至水口铺东又西受一水稍南至背远馆西南有山屼溪西自江西界上黄峰岭东流合一水而东南来会又东南经回龙蓝屋官庄东至珊瑚铺北有水自西南来注之【此水出武平县东北境东流经官堡北又东北入龙陂溪】又曲曲东南流至上杭县北境有旧县溪东北自朗村隘西南流二百余里来会【即新干岭水自朗村隘山西南曲曲百余里至桃头村西桃排隘东又西南至旧县东南又西南数十里入龙陂溪】又南折而东流经县城北有一水东北自将军桥合左右二溪西南流来注之折东南经城东有一水东北合桂竹岭白沙二溪南流石灰岭西麓折西南来注之又折西南流经城南复折东南十余里又南流数十里至万寿山东折东南流至峰市之东河墠城之西有永定县溪东北自太平山西南流合诸水经县城南而西来会【永定溪出永定县北与龙岩州界之太平山东南流至太平司西又南有大唐凹水自西来会西南流至新罗坑有文溪东自象山西流曲曲来会又西南至溪口村东南合西北来二小水又南流经罗滩东又南经县东又南有当风岭水自东来注之折西流经县城南又南受一小水又西南至河墠城之北西入龙陂溪】又西南流入广东界【在永丰县西南境抚民馆之南】经大埔县北境坪砂塘西北折南流有小溪自东南来注之又西南流受西北来小湖水又南经县城西龙陂溪至大埔以南曰神泉河又南经福员塘西又东南经西江塘东南有小靖溪东北自福建永定东境古竹汛山西南流入境东注之【小靖溪出古竹汛西南流数十里有石龙溪自东南来会又西流数十里受东北来一小溪又受北来水曰新村溪折而南流经天德坪西三层岭东入广东界经大埔县东境曰小靖溪又西南流数十里有一小水自东南来会又西入龙陂溪】又西南至三河司东有大靖溪东自福建平和县会数水西流来注之【大靖溪即平和县之合溪也二源一出县北境之葛山西南流入漳汀司北有凹头岭水自西北来会又西南经留恩村西受西来一水又西南经平坦西又南受东来一水又西南至县西界之白土村东北而合溪东南自城南西北流来会合溪即别源也自县东北高山为分水岭其东即管溪流合漳州府之龙江者此水西南流至平和县城东南折而西过城南稍西有一溪自东南来合遂曰合溪又东北流与葛山水合西至白土村南至广东界又西南流折而西北曰大靖溪经大崖司北又西北经白猴镇北又西北合一小水又西入龙陂溪】其西有一大溪自西北会武平镇平平远三县自西南会长乐兴宁程乡三县诸水来会于三河司之东合口塘之北【福建武平县水大源出县西北与江西闽界之阙山阙流合一水东南流入界数十里有大杨桥水自北来会又东南经县西又东南至武平所东南而夹城左右二水合于城南曰花龙溪自东北来会又东南自盘龙隘山东麓有岩前寨水自东南来会折西南流经春来村之西入广东界经镇平县北境有一溪西北自平远县城东合西来南北二水东南流又南受三水北受一水来会折东南流又西受一水又南经镇平县城西南有一溪自城东南合北来之笔山水东南来之大峰嶂水西南流来会又南稍西有一溪西北自平远县南境之大信铺合南北数水东南流有北受猫头山水南受嵩山水东流来会又折东南流有一溪南自程乡县北境北流来会又东南数十里而程乡大溪自西南来会程乡南大溪出长乐县西北境蓝关之西北大山两源合东南流经两口塘之东蓝关之西又南有一溪自西南合三水来会折而东流有一水自北来注之曰青溪河折东北流至县南有县西溪西北自霍山东南流合五小水经城之西南来会又东有一水自东北来会又东流有溪自西南来会源流更长溪源出龙川县东南之天柱山大梧山二水东流合而东南受北一小水南二大水折而东北有石马嶂沙岭锡坪山三水自西合而东来会又东北有一溪自南合二水北来会又东北与长乐溪会既合东北流至兴宁县东南境有石马溪西自县城合诸水来会石马溪出兴宁县西北境南流东合一水西有龙母山水自西来会经罗洞东东南流有黄峣水自东北来会又东南流西受二小水东受一水又东南经县城西南折而东流过城南有石马洞水自北合分水凹水南流经城东来注之又东数十里而长乐大溪自西南来会既会东流数十里折东北流经水南坝西北又东北至程乡县城南有溪合二水自西来一水自北来俱会程乡西北有高涧东南流合数小水至大坪南又东南至城西南有鹿子山水及分水凹东水自西南合而东北流来会其北水自县北山合二涧南经城西又南会二溪而东入长乐大溪也既会东经城南又东至西洋塘北有蓝田水自南来注之又东北流有铜鼓嶂及柑子山二水自南合而北

流来注之又北流受东来一水又北与镇平溪水合镇平程乡二溪既合东北流至丰顺司东有蓬辣滩西水自北合数水东南流来注之又折东流经蓬辣滩又东经洋陶坪南又东南至三河司北东与龙陂溪大靖溪会】三水既会水势甚盛西南流经银溪塘西折东南流至宋公塘东富塘西有上槎溪东南自饶平县北境西西流来注之又折西南流经潭湾转水塘西又南南至小留铺西有银溪西自潘田司南合小溪坝水东流来注之折东南流经乌石塘西又东南至松林塘西有桐溪东北自饶平西南境南流来注之至此名曰韩江东南经曲湾东至凤栖西西受一小水又东南经潮州府北至城东北折而南经城东东受一水又南而揭阳江水支津自西来会又东南至海澄县西北岐为二派一东流经县北复分二渠东入海【一港曰东陇港北岸即东陇所也其南曰北港西南即县城】一南经县西境又分为三港入海【最东曰南港在县南又西南有二港潮府中近东二分海口极二十三度五分韩江即汀水源流七百余里亦巨川也】

揭阳水曰琴江出永安县东境紫帘山鸡公嶂及天雪岭三水东南流合于琴岭之北又东南曰北琴江数十里有一水西自南岭来会又南有一水西南自莲花山来会又东流曰南琴江有独山水自北来注之又东南受西南来之旗头嶂水折东北流经普宁县西境明山麓又东北折而东至石母山之南普宁北境即揭阳县西南境也有揭阳山水自西北合二溪东南流先分二支渠来会【揭阳山自龙川县东南之天柱山又南为大梧山又南为永安县东北之紫帘山鸡公嶂又东为天云岭为排岭又东南为北琴江北岸山又嵩螺山又东稍北为瘦牛岭为飞云岭其东南为贵人山龙发山双山石母山其北为揭阳山连峰相接为五岭极东南之委又北即天堂山黄土岭山势蜿蜒数百里此水自揭阳山下东流北合天堂山苏姑山二水东南流数十里至县西北一支南入琴江又东南复分一支南入琴江又东流分一支南会又东流经县城北又分一支南会又东南流合琴江】又东普宁县鲤湖溪自西南经县城合一水东北流来会【鲤湖溪出县西南鲤湖埠北流折而东北经巾山东麓又东北经县城西北又东北有县南水自城南东北抱城来会又东北入琴江】又东有支流通揭阳水又东过揭阳县城南有支津夹城左右自揭阳水来会稍东分为二派一东北流会亭山水及揭阳水【亭山水出县北梅冈南流与琴江支渠合】又东南至潮州府治之西南英塘铺南又分二派一东会韩江一东南流又合一西来水经浮洋铺北又东南会韩江即澄海西北境也琴江正派自揭阳县城之东南南流有一水南自惠来县北和平司北流经山阴城东北至南炮台来会又东南为大港至湖阳县北入海分为三口【一南经潮阳县城又南至海门所之西草芜铺之东入海一从县北境泥屿角屿之南又分二港一南至海门所之东磊口门入海一东至澄海县西南之欧江寨入海】自潮阳江口而西南曰惠来南港又西曰碕石港曰小清西港又西南曰海丰县东南之大德港西南之金笼港又西曰小漠港皆南入海者

卷十八·粤江【上】

五岭以南水最大会滇黔两粤众流至番禺入南海曰粤江实四渎外之巨渎也其源有三曰东江曰北江曰西江西江源流最远滇黔粤西之大川悉汇即盘江也今序次自东江始

东江即古龙川水两源一出江西安远县南山【山北水为廉水北入贡江山南水南流为东江上源】南流曰镇水入广东和平县北界大竹园之东又南有小溪自西南来会折东南流会北来一溪又东南有合水自北来会即东北源也一出江西安远县南曰鹤子水东南流入和平县东北界又东南会东北二小水折而南流与镇水会曰合水又东南有水自东北来注之折而南有紫云山水自西来注之又东南受北一小水折南流受西一小水又东南受东北一水及西一水即龙池山水也又东南经龙母山西北有一水东北自江西长宁县北山合数水南流而西来会曰寻邬水今曰寻都江【寻都江自长宁县东北合三源曰温溪西北合三源曰保水南流经县东西南流受西来之河岭水东来之老鸦河曰马踶江又南经新平司西曰寻都江又西南入广东龙川县东北界曰龙江为东江别源】又南流折而西受东南来一水又西流受北一水又西受东南来之太乙岩水又西经新田铺北又西南流而和平县城左右诸溪自西北合数水东南来会【和平西北水曰利溪出江西界鲜山排嶷山合二水东南流至县西南境会西南一小溪折而东流经县城南有东溪北自城东来会东溪三源西北曰九连山水北曰五花嶂水东北曰赤石南水合而南经城东与利溪会又南折而西又南折而东南流数十里有一溪自东北来会又东南数十里有大溪西自洋塘凹会诸山水东南流折而东百余里来会又东南与龙川江合镇水合水自入界屈曲经和平北而东而东南又折而西至会利溪凡二百数十里】南流经大坝西及东水墟之东曰东龙江又东南数十里折西南流又南经龙川

县城东有官坑水自东北来注之又西南流经县城南受城西北来小水又西南受北来小水又西南受西北来一水折南经蓝口司西受东南一水又西南流经洪军塘南又西折而南受西一小水受东南一水又西南流至河源县东北有新丰江西北自连平州合诸水东南流曲曲至河源北境与西来之长宁县罗纹水合而南来会江流大盛【新丰江源出连平州西北与江西界山曰蜜溪水东南流会东北来二水又东南流会西来一水经州西南有沐河自西南山来会折而东流经州城南又东有十二排山西水北自界上南流来会又东南流有内管水东北自十二排山东西南流来会其水口即大埔店之北也又东南流受西南来一溪又东流有忠信水北自九连大山南流会梨潭及西来三水而南来会又东南数十里受西来及东来小水二又南曰新丰江受西来大水一又东南受东北来大水一折西南流数十里而长宁溪自西北来会长宁溪二源一东北出连平州西北境之石亚山两涧合东南流折而西南数十里受东西小溪三又西南流有溪自西北合四水东南流来会又东南流经长宁县东北境又东南流而县前溪自县城南合西南山四水东北流又合一北水而东来会又东南流数十里曰罗纹水受北一小溪又东南数十里受北来一水又东流经平陵墟北又东南流与新丰江会二水既合南流数十里有赤水合二涧自西来会又东南至凤凰山西南麓与龙川江会新丰江及罗纹水源流俱三百余里】又南经河源县城东又南受城南西来一水又南受西一小水又曲曲东南流有神江东自咸鱼村合数水西南流来会又有一溪自西山合二涧东南流来会又南流受东一小水又西折而南有榄溪东北自永安县来会【榄溪出永安县北三殿山西南流经县城西北又西南八十里有溪东南自羊角山合数水西流来会又西流受北一水又西受北来天字山水又西经驯雉司南又西稍北曲曲数十里入龙川江】又西南曲曲经槟榔潭北折而东南经钓鱼村蓬瀛村西又西南经草鞋历北又西折而西南至惠州府城东北有淮水自南合数水北流经城东而北来会【淮水出府治归善县西南境之梅沙尖即金斗岭之西岙山也东北流经黄冈墟东又折而东数十里有大鹏水自南来会于碧甲司之西北又折东北流数十里有白马水东南自船澳西北流有平山司南水东自姨岭西流俱来会又东北经凤逢山东麓又西北流经鼓角山西麓又北经府城东又北入龙川江】折而西经城北有横槎水南自城西来会又折而西北流经博罗县城西南又西北有榕溪自东北来注之溪口即合竹洲稍西有云母溪北自罗浮山南流合西北之香溪来注之溪口即鲇鱼角洲也又西南流有水南自银缾岭松柏岭西北流来注之又折西北流至马嘶洲有水自北来注之又西流至东莞县东北之江口北有增城县会东北龙门县诸水南流南自新安县柑坑山水北流并来会【龙门鳌溪三源一出县西北虎狮山曰大溪东南流有高明水西自铁冈山合二水来会又东南流有凤山水自东来会又南有蓼溪嶂水自西南来会折而东流至龙门县城西南又东南流其北源北自桂峰山曰白沙水南流经城东而西南流来会又东南流其东源曰路溪东北自平陵山合麒麟冈水西南流来会又西南流数十里有墨湖水自东南来会又西南经东涧山北又西南有双石山水自北来罗阳河南自罗浮北麓来俱会曰鳌溪又折西北流受北来永清水又西流至增城县北境有派潭水合澄溪山水南流来会又折南流受西二小水南经增城县城东又南数十里至江口入龙川江柑坑山水出新安县东境北流折而西北合诸山水经东莞县东南境又北经深溪山及神山西麓于县东北境将至江口先分一支西南流经京口司南又西经东莞城北又西入海口其正支北入东江】东江于江口歧为二支一西北流会鳌溪水折而西南一西南流会柑坑水又西复合经东莞城北境之官海镇南京口司北又西有绥福水西北自古华山龙冈来注之又西受自北来之南樵岭水江至此已西南与海港相接支津经络洲屿其南即东莞西境之中堂司也东江又西受北一小水折西南流经番禺县东境之鹿步司南受北来罗冈山溪其南即金钗营大洲也又西受北来白云山水过琵琶洲其南即沙湾司地又西至广州府城东南有北江支津会北自从化及花县水东南流经府城东而南来会又西经城南北江自北来西江自西来并会是三江口也又南入于海

北江即古溱水源出南雄府治保昌县有三源北源出县北与江西南安府界之梅岭小梅关东南流经红梅司东曰大庾河又东南折而南流有鲤鱼河自西北来会又东南流至府东北有保水合昌水自东来会保水即东北源也出东北与江西界山二涧合西南流经洪崖山麓又受西北一小水东北一水又西南流与昌水会昌水即东南源也出东与江西界山西北流会北来龟湖水又西北有冯大山二水自南合而来会水势颇盛俗曰浈江又西北数十里会保水又西十余里会大庾河三水既合西南流至府城东南折而西经城南有凌水涟水自西北来会【凌水出西北与江西界山东南流有涟水自西北山合三水东流来会又东流数十里折东南流五十余里至府城西南隅与浈江会】又西南经杨历岩东麓有修仁水自东南来会【修仁水出保昌东南境山二水合西北流百余里入浈江】

又西南经都塘铺北又西南有龙潭水自东南来会【龙潭水自南山西流为潭又西流会南来之安水又西北经都塘铺南】又西南经始兴县东北境又西流过县北又西有始兴溪自东南合诸水西北流经城西南而北来会【始与溪上源出县东与江西界之峡头岭北山西南流数十里有朔水自东南来会折西北流六十里有小武当山水自南来会又西三十里有清化水东南自鞋山来会又西北流四十里经始兴县城西南有肥水南自九仙山北流曲曲会西南来之官石水又折东北流会南一水而北流来会又西北至江口墟之东北入浈水】过江口墟北又西受北来一水又西经总铺南又西折西南流经鸡笼墟南受东南来之零溪又西南有锦江西北自仁化县来会【锦江二源东北源出仁化县与湖南界桂阳县之东南山东南流合二小水曰三江口折而西南流经仁化东北境珠子山东又西南经紫岭西又南至丹霞山而西源来会西源出桂阳县之南山二水合而南流曰两江口又南入仁化北境经珠子山西曰小浈水又东南流与东北源会二源既合西南流经县城东南又南流有吴竹岭水自西北来会曰锦江折东南流又南流折而东南会浈江此水亦浈江别源也】又西南经韶州府治曲江县东北境南受小水二北受小水一又西南经府城东南又南有乐昌县水自西北合诸溪东南流经城西南而南来会【乐昌水出湖南宜章县西南山东南流入县界经渔家塘南又东南会北来一水又东南会南来一水又折东流会北一水又东会南来一水又东有一溪北自湖南宜章县东南流入界经黄围村西又东南经罗渡司东又南会司西水又东南来会二水既合东南数十里至县西有周山罗水合三洞自北来注之又东南经县城南又东南有白云洞水自北来注之折而南流有猺坑水自西来注之又南数十里有牛口水西自猺山来注之即乳源县北境水也折东流受东北来一水又东南数十里经府城西南又南与浈江会】又西南流经山麓有漠溪西自乳源县来注之【漠溪二源一出西北界猺山合三洞东流折而东南经腊岭南其西南源出黄金岭者东北流合数水来会又东南流经乳源县城南又东南经破分凹北又东南数十里入浈江对岸即虎榜山也】又南有沙溪东自铅山西流经南华铺前来注之又西南有宣溪自西南来注之【宣溪出阳山县东北山两水合南流折而东北流经苲岭北又东北经青山北又东北经胡家村北有一水北自秦丰山来会又东流数十里入浈江】又南经髻山西又南经清溪村西西受一水有溪自东北来注之又南稍西经英德县北境山麓又南经县城东南有翁江东北自翁源县会诸水西南流来会【翁江源出翁源县东北展旗山上庄铺西流合北来之桂了山水西南流经莫村北又西南数十里受东南来二小水西流有玉华山水自西北合一水来会折而南又合东南来一水折而西流曰翁溪曲曲经三华镇南又西南流北受水源山梅岭溪水东南受龙头铺水又西南经县城东南又西有罗水北自豹耳山西南流合一水南流经城西曰江镇河来会乂南流有腊溪河自东南合独玉山五指山二水北流又合东一水北数十里折而西北合东北来之陈磜水又西北合北一水数十里来会折西南流有寨角河及蒲岭水自西合而来会又西南数十里经象冈司北有隆水东南自潮水岩西北流合东北来之马鞍山二水又西北合东南来之沱水又西北经司前来会始曰翁江又西流有泷头水合二洞自东南来会又西与浈江会此水源流三百余里受巨溪甚多】折而西流又西南经碧落洞西至江口塘东南而洭水西北自阳山县会连山连州诸水来会亦巨川古所谓湟水也【洭水源出连山县西南境北与湖南江华县界山曰分水凹其西南即广西界地洭水二源合而东流五十里有横水西北自界山来会又东有溪合四水自西南来会又东稍北三十里有上敌水自北山来会又东经县城南又东有小水冲溪自西北而南经城东来注之又东受南来八排猺水折而东北流经三江口镇东又东北至连州西南受南来一水又东北至州城西南而州西北山四水合而南经城西来会又东经州城南又东折南流经黄泥塘西又东南流受东北一水又南流有水南自分水岭北合狮子山诸溪东北流经九十九重山西麓东会又东南经芙蓉山东又东南至连山县北境有龙潭水北自太甲塘黄金岭南流来会折西南流经大东山东受西一小水稍南受东一小水经雷公坑东又南经县城西南又东南有一水西南自重山合四溪东北流百余里来会折而东流有钟唐山水自北来注之又东南流数十里有狮子山水自西南来注之折东流有白羊山水自北来桂溪水自东南来并会又东南数十里有明月冈南水自西南合三溪东流来会又东流有桃溪合二水自北来注之又东南曲曲流至英德县南之江口塘南而东与浈江会连州西北水一出北境与湖南界之方山西南流合西北来顺头岭南水折东南流合西来之巾子山北水又南合东北一水又东南合西北来之天堂岭水又东南流折而东至州西北锦坑山南麓有六梯山水自北来合东北来凤头岭星子司水及东来之中山水而南流经州城西南入洭水洭水源流五百余里】浈江既合洭水水势大盛南流经香炉峡入清远县北境西南流又折东南有琵江自东北合北一水西流来注之又南稍西有一水东自标幡岭前山西流来注之又西南经县城东南受

南来王子岭水又西至县南受城西南溪水又西南有溱水西北自溱源山来注之折南流受东南来之黄旗山水又西南流经黄巢矶龙拔山又西南受西北来之回岐山水又西南分为二派支津西南流曰绥江经醉翁山东又南经三水县城西又西南与西江之支津会折而东经县南又东南会北来支津又东南至西樵山折而东至江口司北又分一支南通西江又东北经佛山镇南过荔支湾柳渔浦于广州府城之西南北会北江而南会西江也正派自绥江口东流折而南又分一支南通绥江及西江支津又东流经灵洲山带冈北蚬榖冈南又东南中有大洲又东有花县水自北来会【花县水二源一出县东北山西南流经县城东南又西南流经种鱼塘南而西水来会西水出县西大潭山东南流合西南一水东流数十里有一溪自北来会又东南经种鱼塘西而东会东水二流既合又南曲曲数十里入北江】又有从化县流溪合诸水自东北来会【花县正当广府之北从化县在其东北有流溪出县东北高山南流合一水又西南合东来一水西南流数十里北合高云紫草山二水西南经云台山东麓又南经县东南境受东南一水折西北流经县南有西溪自县北汤泉之南合二水南流又合东西二水曲曲经云台山西麓又西南流经县城西而南与流溪会二水既合又西南流经太平墟西又西南八十里有二溪自北合而南流来会又西南经广府城东北境之白云山北又西流数十里至石门北西会北江此水源流三百里自此水而东重山相连其水皆汇入东江者也】北江至此又分二派中有大洲南流其东派会从化水于石门南为巨浸分支津东南经广府城东而南会东江于珠江口也正派南流至府城西郊为巨浸曰柳渔浦于城西南会西江水及东江水又南入海

西江合黔桂郁三巨川源长流远为岭南巨渎水势十倍于龙川浈水而三巨川中黔郁尤远合于广西浔州府城之东黔即北江右江郁即南江左江也与桂水合于梧州府城之西亦曰三江口东经肇庆至广州府曰西江今序次自桂水始

桂江即古漓水亦曰漓江与湘水同源而分流南北者也源出广西桂林府兴安县南之海阳山北流曰海阳江受数水至鸣玉洞山折东北流至县东南遂北为分湘漓洒其东北经全州至湖南北入洞庭湖者湘江也【见前】漓江自分湘漓洒北流十余里经县城东北折而西抱城北而西南流三十里有大溶水及六洞水北自六洞司合而来会【大溶水出六洞司东北山南流经司东折而西至白竹铺东有六洞水自西北与湖南界山东南流经司西南东会又西南入漓】又西南有小溶江合左右二水自西北界来会又西南有银江西北自界山东南流合西南来之读书山水来会【此水稍长百余里即灵川县北境水也】又西南经灵川县城东南又西南有白石湫水自西来注之又西南折正南流而西南经府治临桂县北境将近府城分为二派一东南流经城东而西南一西南流经城西而东南复合其西南流者有阳江自西北合二水南流来会于城之西北复分一支西南流至城西南隅复会其东南流者中有沙洲至城东有癸水自东北来注之又南分一支十余里复会于东南境也漓江自府东南流二十里有马溪自东北合东南之灵溪西流来会【马溪出桂临县东北山南流有一水自东北来会即海阳山桃花源之西南岭水也又南数十里至县东南境有灵溪自东南山来会折而西流入漓江俗呼此水为乖水】折西南流有相思江自西会永宁州永福县诸水北会义宁县诸水来会【永宁州北境与生苗界有黄源水出黄源山东南流数十里有一水自西来会又东南流会东北一水又东南至州东境有州西北八寨隘南水东北流合北山一水又东北折东南流经州城东北又有州东南水自穿岩堡北流合西来一水又北合西来城南一水又北经城东而北合而东流十余里来会黄源水又东南经兴隆村西南有大长江自北合一水南流经村东南来会又东南四十里经永福县西南境有一水自北来经县城西而南注之折东流至县南而分为二派其一南流折而西南至雒容县南为洛清江以西会柳江见后文其一东北流会桂江此相思江之所以得名也东流环县城之东南而北二十里分二支一西北流中有沙洲又北曰白石江经破村西而东北与义宁县之义江会于两江埠之东一东北流有常宁水东南自独秀山西北流合南来之异鱼塘水又西北来会又东北数十里而白石江之会义江折而东南流者复合也义江出义宁县北界生苗中东南流入界又折而南有二水西北自苗界合而东流来会又东南流经桑江司西南有桑江自东北山来会折西南流有灵秀山水自西北来会又南经县城西又南有县东二溪自东北合而西南经城南来会又有一溪自西北来注之又西南经鹈桥西又西南曲曲数十里至两江埠与白石江会也白石江既会义江折东南流二十里而支津复合又东流过铜鼓墟南受北来一水又东南流五十余里受南来之南溪水又东稍北曲曲流六十里曰相思江与漓江会源流四百里】漓江既会相思江东南流数十里折南流曲曲百里经两山间又东南流经画山西宝山东又南有龙头山水自东北合二涧南流经画山东麓而南又合东来一溪西经穿岩之北来注之折西南流经阳朔县东北

境有翠屏水自西北来注之【翠屏水二源一曰甘岩水东南流一曰龟潭水在龙隐山之北东流而合又东折而东南流经翠屏村之东又东南数千里东入漓江】又南数十里折东南流经县城东北而南有县溪合西南山诸水自西来注之【阳朔前溪三源一出县西北之宝子山及金泉山二流合而东南六十余里一出县西宝子山西南麓东南流合犀潭水而南一出县西南境修仁县北之大山及苏山合而东北流又南合一水又东北流八十余里会西源又东北会西北源又东经县南而东入漓江】又南受东北来伏荔司前水又东南经平乐府北境浮屿山西麓又南至府城西北有龙江自东北恭城县合诸水来会【龙江出恭城县东北与湖南界龙虎关之北大山有水西流曰坪川源会北来二水折西南流经栗木关西又西南经镇峡司西有水东北自凤山西南流经司南而西来会始曰龙江又西南有水自东来会又南有丁秉水西北自抱子山东南流合东北一水东南流经甘岩北麓而东来会又东南流经龙印山福田岩西麓又东南经县北又东南经城东中有沙洲有下山源水自东北来会又西南经县城南而西又西南有岛平源水自县西北朝帽山北东流合北来甘岩南水折东南流数十里经县西南之金龙山麓南入龙江龙江又西南有马峰山水合东南一水自东南来注之又西南经青乌村南又西经府城北入漓江此水多泉源所汇长三百余里】南经府城西稍南有荔水西自荔浦县西南合修仁县修仁诸水东北流来注之【荔水出荔浦县东南与永安州界银山之北通天岭东北天门山之东北流三十里有丹溪自西来会又北折而西北曲曲数十里至县东北境又折而西南至县城东而修江自城南而东北来会修江源出修仁县西北境旧县山东南流三十里折东流二十里又东南流三十里有一水自西南合三溪来会又东南合北来修仁山水又南合马浪水又东南二十里折北流至县城西南分为二支一支北经城西而北受西北来二水折而抱城北而东一支东经城南有横墙水南自山中北流来会又抱城东而北二支复合东北流经青山寨北又东北至荔浦县西南境受北来一水又东北经县城东南丹水塘之西受东南一水又北抱城东与荔水会荔水既合修江于城东北流有一水自北合二溪来注之折而东北曲曲流数十里经古罗山南马鬃山北又东入离江修江合荔水长三百里】又折而东而南经长滩塘西又南流经永安州东北境石鼓山东麓巴江塘西又南稍东经黄牛塘西又南受西南来一水即永安东南山水也又南经昭平县北境有金芝岩东水自东北来注之【金芝岩在恭城县东界富川县西界与下山源水相近南流又东南曲曲经金芝岩山间百余里至鲤鱼山东麓折西南流经佛岩西麓又西南流经双凤桃溪玉城三山西麓又西南经五峰北麓合北来一水又西南六十里入漓江此水蟠曲流三百余里】又南稍西经县城东南有铜鼓山水合冬华山水自西南来注之又东南曲曲流有双桥水自东南合东北一水西南流来注之折南流稍西又东南流经倒水东又南稍西又东南苍梧县北境有二水自东北合而来注之【一曰茶亭山南水南流一曰峡山水西南流合而西南入漓江】又南经梧州府城西而浔州府所合之黔郁自西南来会东流经城南又东入广东界东南至广州府会浈江龙川而入南海【湘漓洒西五度九分极二十五度五分梧府会黔郁西五度六分极二十三度五分】

桂江源流曲折行九百里

卷十九・粤江【中】

黔即北江右江其上源有三一曰柳江一曰北盘江一曰南盘江南北盘江之源尤远【南北盘江自云南沾益州东至广西泗城府把兰村而合又东至柳州府来宾县而会柳江又南至浔州府会郁水】今序次先柳江柳江出贵州永从县西生苗山中【西八度极二十六度不知其源】东南流入县西界经苏洞北又东经平江村南【在黎平府西南百里永从县西百三十里】曰福禄江又东南流入广西怀远县西北境西山营北界又东南百二十里至福禄村东又南数十里至石门山口有水西北自永从西南境与苗界之大洞合南来西山营水东南流百余里经福禄村西而东南来会【西山营有二一属怀远在西北一属永从在东南黔粤地相错如犬牙此水则经永从之西山营北】又东南流经标里村西拥委村东折而东流经大滩村南又东南经良口村西至大岩村西南又东南有二水一自北一自东北来会【北水出东北黄土塘之界山其东北湖广西北贵州及广西三省交界塘东又生苗界也水西南流经朝天山北　曲曲百里至县正北境有猛围村水自西北来会又西南数十里经寨从村东又南数十里经大岩村东又南会福禄江东北水自朝天山东南苗界流入西南经都天平胆二村北又西南流经林溪塘东马鞍寨西又西南合东来之下余塘水曲曲七十里而西会福禄江交会处如画】水势始盛又南流稍东五十余里经标口塘东又南分为二派一西南流有小溪自西北境东南流合吼江来会【小溪出县西北二百五十里与生苗界天有村

之西南大山东北流数十里折东南流有一水自西南来会又东流至猺龙村之东南有一水西北自永从界之拱洞村来会又东南流百余里有吼江西南自吼江村东北流来会又东南数十里经标口塘西又东南入福禄江西支津也此水源流三百里】又西南而南有支津相通一东南流受东北来一水又南与西南支津通即怀远县北郊也一南流经县城西一南流经城东折而经城南而西复合又西南折而正南有保江水自东北太保石牛二村来注之又西南流有浪溪江自东南来注之【浪溪江出东南铜掌岩之西北山俗曰昌河西北流曲曲百余里入福禄江】又西南经西岸塘至融县东北曰融江有一水自西北合诸溪东南流来注之【水出县西北二百余里黄口村西南大山东南流合北来二水又东南有通道镇北三山合而东北流来会又东流受北来之大湾村水又东南有一水合二溪自西南来会又东北流折而东南经揽口堡东又南折而东北又东南流经剌利村南有一水自北来会又东南至融县东北会融江此水源流三百里】又南经县城东南稍西有水自西经城西南而东来注之正南流有马鞍山水及湾洞水自东南合数溪来注之又西南流受西北来一水又西南至罗城县东北境有水西自县城来注之【水出罗城县西北山西北流经县北鸡拱山青陵山西麓三十里折东流五十里又折东南流经中火堡西又折东北至青黄山麓入融江】折东南流俗曰落滃河六十里经纱帽山东麓又东南有龙潭水东北自狗头山来注之又南流四十里有马泡水自东北来注之又西南经柳城旧县村西又南折东南流至柳城县城西北有古清河东北自轿顶山西南流合东来一溪经城西北而南来会南经城西而南有龙江西自庆远府会贵州独山州荔波县及南丹河池思恩天河诸水东流来会亦巨川也【龙江上源出贵州都匀府之南独山州二源一出西南境丰宁上司之北山北流折而东北数十里至州南里蜡寨北有西源羊角寨水自西山东流经州城西南折而南流十余里来会又东南流折东北俗曰黑神河又东北数十里有木鱼河南自唐怀寨来会又东北经朴寨北又东北至烂土司北折东流有巴开河自南来会又东数十里经三角寨南又东入生苗界又自苗中折西南流入荔波县东北界又西南流至县东境猺排村东南有一水自村西北山来会又南有一水合四溪东自古州八万猺山来会经火猺村北又西南受北来一水又西南经旧荔波县西北又西南经堆村北又西南经寨鹅村北又西南而劳村江北自荔波县城来会劳村江出荔波县北境稍东生苗中西南流入界经山洞北又西南经猺台村北又西南合北来一水又西合西来一水折南流经县城东又南受西北来经城南一水又西南数十里受西北来一水折东南流数十里与龙江会既会劳村江又南稍西经南丹州东北境有水西自州北境山合四溪东来注之折东南流经打狗村东又东南受东北来一潭水又东南经大山关受东北一水又有青云溪西南自州西境之高峰坑东流经城南东北流合西北来之三宝山水又东北数十里来会又南流经猺家村西又东南经下川村东又折西南流受东北一水又西南经河池州东北境曰金城江经州北境四一山东麓折东南流二十里有红盆水西南自州城来会红盆水出南丹州西南那地州东北界之金鸡寨山即青云溪南隔山水也东北流七十里折而东南流经看马村西又东南合东来一水又东南有猫溪自西来会又东南数十里经河池州城南又东南折而东北流受东南来之浪溪三水又北入龙江龙江既会红盆水于州东北境又东南流受北来啸山水又折南流经圣水山西麓又东南受西南一水折而东流经思恩县南境曰龙江有带溪自北合数水经县城西而南来会带溪上源出古州八万猺山之东北与生苗界山西南流八十里受北来二溪合为一水又西南曲曲百余里有一水自东来会折而西流五十里受北一水又西而带溪水北自二十索村之南东西二源合而南流来会又南流经洞马村西又西南六十里有一水合二溪自西北来会又东南流经绀山修炼山西麓是为思恩东北境折而西南流经县城西北又南五十余里于白沙村之西南会龙江此水源流长五百里亦龙江东一源也龙江既会带溪曲曲东南流有修炼山东水自北来注之又东南经月山覃藏岭北麓九十里经庆远府治宜川县西北境又东流经府城北又东至威家堡北有潭水自北来注之又东稍南有洛蒙江南自忻城县北界之迭石山西北流合西来永定土司南水北流经府东南境合西来一溪又东北流来注之龙江又东北流经乌藏村南又东北而天河县水自西北来合东北罗城县水南流来注之天河水出县西北山二大源合而东南流经三仙山东麓有三湖水自西来会又曲曲东南流有九龙泉自县东北山西流折而北又折而西南来会于冲干村之东北又东南经天河县城西南又东南至文华山西麓受西南来日山水折东稍南数十里而罗城县西南三溪合西南流来会亦龙潭水也又东南数十里至永顺副土司之北岐为二支夹司左右而南受东来一水西流复合而入龙江龙江又南经罗村西又南折而东流曲曲经西山南麓又曲曲而东约百有余里至柳城县城西南而柳江自北来会以下总曰柳江此水自源至合柳江处曲折已九百余里受纳群流甚多实柳江西源也】柳城县城西南二水既合东流经城南曰柳

江又东南流经柳江府治马平县西北境有奕贵山水自北来洛满镇水自西来并会又东而南经府城西折而抱城南东三面又北流三十里折而东南龙壁山南麓又折而南经横赖山西麓及桃竹山西南又折东南流经犁雍塘北又东北流【自柳平至此直经百余里之间江曲折三百里】有洛清江北自雒容县东北承永福县南分流合诸溪西南流来会【即黄源水之西南流一派也黄源见前漓江下雒清江自永福县城南分一支南流有大榕江东南自下边山西北流合西来毛洞水曰丹竹江曲曲西北流又合东南来一大溪西南来一小溪而西北来会水势始盛折西南流六十里受西北来二水经太和山西又西南折而正南多石滩有石盘岩水自西北经常安镇来注之又南经古罗塘西又南受西来之屏石山水又南有一水自东北来注之折西南流经先锋墟北又西南至雒容县东北大方塘之东有水北自樟岭南流来会又有龙鼻江及平潭水自县西北合东南流分为二支一东流经县城北而东来先会折西南流经县城东南又西南而龙鼻南流一支自城西南来会又西南折而南流又东南流为雒清江与柳江会自永福至此三百余里】又东流折而东南经运江司西有一水自东南来合东北诸水来会即象州北境也【东南水二源一出卧龙山之东南山西北流百余里一出竹踏山西北流与西南出龙殿山东北流者合而曲曲经马鞍塘及大乐司西皆会西北流六十里其东北天柱山水及石人山水合于南隘之西南又西南来会又西四十里入柳江】又西南受东南来一水【水二源一出南山西北流一出猺山巨泽东北流合而折西北流入柳江】又南至州北有水南自天益山东北流经州东而西北来注之又西南经州城西北而南又西南有穿山堡北水西自山中东南流百五十里来注之又南至天益山西南　红水西南自来宾县来会俗曰都泥江即两盘江也既会盘江南流稍西折而东南经武宣县西南又东南经浔州府治桂平县西北境又东至府城北二十里岐为二一南流经城东而郁江自西南至城东南来会一东北流二十里折而东而前会郁江支津并东北流来会【自会都泥后所受诸水见后】又东南至梧州府城西南会北来之桂江

北盘江即乌泥江亦曰红水河其上源云南贵州之可渡河所谓盘江者也源出云南沾益州北境为滇黔川三省之界【西北四川界东北贵州大定府威宁州西南界也西十二度五分强极二十二度四分新沾益州北二百四十里】地曰倘塘驿西北山有水东北流【隔山西南即车洪江西南出嵩明州寻甸州东北流至山麓折而西北入四川界注金沙江者】数十里曲曲而东【北岸贵州威宁州西南之瓦擦汛界南岸云南旧沾益石龙山北百里】经可渡桥又数十里东北流受东北来结里汛南山水【即威宁州东南境水西南流来会】折东南流数十里入贵州界曰可渡河【自源至此曲折已二百里】折东北流受东南来一水又东北受东北来一水【即结里汛东山水也威宁州即古乌撒地汛在州东南】又折东流至大山而伏又东南二十余里出山东南流曰天生桥【大山数重水伏流其下复出在威宁州东南百六十余里】南数十里有一水自西来会又东经黑胯汛南又东南受东北来一水又东经北怯汛南又东南经安南县北境有拖长江西南自普安州西南界之平夷所东北曲曲流经州城北又东经普安安南二县北境而东来会【拖长江出普安州西南百里与云南平彝县界处之平夷所北山其西即滇南胜境入滇之孔道也水东南流经亦资孔驿南折而北经大山中又北合西南来一水又北经毛政营西折东北流数十里折而东经州北境有海子铺北水自西南来会折东南流七十里至州东境之软桥驿西南而州城南北二水自西合而来会又东流经普安县西境又东北至大山而伏曰天生桥县北二十里也东北流出有县溪自县城东合二水北流来会又东北有猪场河自西北山合二水东南流百六十里来会又东流经安南县北境有西安河西南自江西坡驿南山东北流百余里来会又东流入盘江此水曲折行四百里】始曰盘江又东南经永宁州西境【即安南之东界】折而南流经盘江营东又南折而东十余里又折而南而西南流三十里有阿黑河合马京河西北自安南县东境来注之又南数里折东南流有马军河南自南笼府新城北东流折而北百五十里来注之【马军河出新城西北山东流经城北又东数十里折东北而北经高伍塘及安姑之东又北流注盘江】又东稍北二十里折东南流三十里有宁谷河自东北安顺府会西南镇宁永宁三州诸水西南流来会【宁谷河二源出安顺府治普定县东北境山南流至府城东有一小溪自东北来会又南至城东南而西源出西玉麓东北麓者东南流经城而南来会二水既合东南流经五官屯西至宁谷寨东折而西南经群山中百八十里至宁谷司西北折西流五十里有白水河北自镇宁州城之南西北流十余里折而西流合北来一水折东南流三十里合东来之王二河又南流有霸陵河西北自永宁州北境山东南流合州东北关岭驿水而东南来会又南折西南流有州东二水合而东南来会又南流五十里会宁谷河宁谷河既会二州水又西南六十余里入盘江】盘江又南数十里经南笼府东北境又东南曲曲数十里经康庄司

西南境有岩下河东北自岩顶山西南流百余里合东来一水而南来注之又南入生苗界有鲁沟河自西安笼镇之西北木舌寨山东流来注之【生苗中不知受合几水惟木舌寨水自南笼西北七十里山东北流百余里曰鲁沟河入苗界则可知者也鲁沟之南五十里即安笼城城东北有大泽东西数十里】自生苗界东南流入广西泗城府北境把兰村之东北界又东折而南流受东来一水又南受西北来一水【即把兰村东水也】俗曰盘江河又南而南盘江曰红水江自西南西隆州来会【会处在泗城府治陵云县北稍西百五十里把兰村东南二十里西十度四分极二十四度八分北盘江自源至此九百余里】

南盘江即红水江亦曰八达河源出云南新沾益州西北三十里之花山【西十二度七分极二十五度七分花山北去北盘江源二百四十里花山西北即寻甸东北流之车洪江也沾益为两盘江源其地势甚高而旧州在东北二百里有一水自西南而东北经旧州东石龙山西左右各受一水又东北数十里而伏又北踰大山数重与贵州界则北盘江也】东南流二十余里至松林驿西南折正南流又西南流十余里又南流折而东南经州城北而东折东南流经州东境南二十里有磨刀溪自西来会【磨刀溪即马龙州北境山水东流曲曲经曲靖府治南宁县北境新沾益州南境与北盘江会实北盘江南源也】又西南经曲靖府治南宁县东境稍南有水西南自府城来会【即府南一溪出西南山者】又曲曲而南七十里经废越州西又曲曲南流百三十里经陆凉州东南境湖泽中有一水自南来会【水出州南山东北流经薛官堡西又东北与盘江会】自湖西流经州城南中有大滩又西南流曰八达河六十余里折西北流七十里亦曰赤江河折西南流至宜良县东北有杨宗海水自西来会又县北小水亦自西来注之【杨宗海在宜良县西境稍南之杨宗废县北有巨湖阔十里南北长三十里自北流出折而东经县北境又东南会盘江县城北一水出西境东流经城北而东来并会】又东南流至县东南境曰八达河折西南流经路南州西境稍南经化所村西又西南折而南而东南经澄江府治河阳县东境过席家渡又东南五十里有白龙潭水东北自路南州西南流来会于乌哥背之西北【白龙潭在路南州东北山西南流有黑龙潭水自东来会经州城东又西南百余里会八达河】又西南流经黑村东又西有仙湖受江川县水西北自府城东南流来会【仙湖在澄江府城南阔三十里南北长五十余里其上源则南稍西江川县水也江川县水出县西境东流至城南潴为湖东西数里南北二十余里曰应星河形如悬瓠自腰东流出至县东五里又潴为湖愈洄而北即仙湖也仙湖西岸夫山及黑龙潭又西即晋宁县境其水皆北入滇池者仙湖经澄江府城南有梁王河北自城西南来又有东河自东北经城东来并会湖东岸有乌乍山自东南流出八十里入八达河澄江府地亦大分水岭也】又南经弥勒州西境宁州东北境受西来分水岭水【即宁州东北山水】又南曲曲经宁州东南之旧甸东有小曲江自西合新兴嶍峨河西通海四县及宁州水东流来会【小曲江出新兴县北山二源一南流一西南流而合经古北城之西北其源北山之北即昆阳州境水皆北入滇池者小曲江自古北城西南流至新兴县城北有一水自东南来会又西南曲曲七十里经嶍峨县北境有水自西来会折东南流四十里经县城东北又东南而老鲁关水自西南经城南而东来会始曰曲江又东流折东南流至河西县西南境受西来一水又东南数十里经两山间折而南流经通海县西南境数十里又东南至曲江驿南折东北流六十里至县东南境之老丁庄北又折而东流经宁州南境有婆兮江自州东北之分水岭西南流经州东合州西之瓜水而西南流来会即通海湖水泛溢亦由瓜水来会曲江又东流数十里折而东北至旧甸南东入盘江通海县北有湖受县西山水又受西北河西县南一水及县西北曲陀关水汇而成湖南北二十里自西南而东北至甸苴关南长四十余里与宁州西之瓜水相近曲江源流四百余里】又东南曲曲五十里有水东北自弥勒州来会【弥勒州东北三水一东北出广西府西北境泸源洞西山西南流六十里一东出府西南山与府南矣邦池相近西南流四十里一出州西北山东南流三十里至州城东北会焉经城东南又西南流百里经竹园西又西南百里入盘江矣邦池在广西府南其源曰府东龙泉府西泸泉二水不涸】又东南百余里经阿迷州北境稍东有乐蒙河西南自临安府治建水县西受石屏州之异龙湖水东流经州城东南折而东北来会【乐蒙河上源出石屏州西北宝秀乡北山东南流经州西南亦曰曲江又东南而北潴为巨泽广长三十余里曰异龙湖自东南流出曰泸江河又东南流六十里经临安府城南又东折东北流有象冲河自南山北流来会曰乐蒙河又东北至岩洞而伏又东流出经样田塘南又东南流三十里至燕子洞而伏阿迷州西南境也又东流出折东北流五十里经州城东南有一水东南自南洞来会折西北流经城东北又西北十余里折东北流四十里入盘江此水源流三百余里两伏于大山下复出亦天生桥也】盘江既会乐蒙河折东北流六十余里又折而北有一水自东南来注之又北三十里折东北流而又

北曲曲百三十里经江边塘东有一水自东来注之地曰小江口【西北去竹园六十余里弥勒州之东南境广西府之西南境也】又西北受西南来一水又西北折而东北经广西府之南境及广南府之西北境凡曲曲二百八十里有清水河自西南来会【清水河出邱北汛二源一出汛南山东北流一出西北山东南流合而东北行山中凡二百余里入盘江】又东北至广西西隆州极西界【东北广西而西岸为云南界】有马别河南自开化府北山东北流经广南府西北境又折而西北流来会【马别河出开化府北境山东流经法土童北折东北流有江那汛南水自西来会又北流曲曲百余里有维摩塘南水自西来会又西北受西来一水折东北流经衣落寨及弥勒湾东又东北百余里至广南府西境之马别塘北曰马别河有者种河自东来会又北流曲曲百三十里至广西界折而西北流入盘江此水源流四百余里】又西北曲曲流为两省之界八十余里北至罗平州东南境之可渡河【东广西界西云南界】折东北流【可渡在罗平州东南六十里盘江之名为可渡河以此也】二十里至新寨折而东流为三省之界【自水西北为云南东岸为贵州南笼府西南捧鲜汛上江界水南岸为广西西隆州西北界】有九龙河西北自罗平州西会师宗州蛇场河北会沾益州东北山水平彝县水及贵州平夷所水南流而东南为上江来会【九龙河二大源南源出师宗州北境陆凉州东北境大山西南流经得勒坡南蛇场村北折而南流受西北一水折东南流曰蛇场河又东经师宗州东北境百余里折东流经罗平州北境曰九龙河又东九十里其西北源自北来会西北源更远出新沾益州东北二十里山中其西去南盘江仅三十里此水东流三十里经腰站南又东流经平彝县西北之凉水井南又东折东南流经县城西南其城东十里即滇南胜境入滇之孔道也自城又东南流百六十里有一水东北自贵州普安州西南界平夷所之南东南沿界流四十里折而正南入云南平彝县北境四十里又合一东来水而西南流来会平夷所亦分水岭也二水既合又南经亦佐废县西又南流曲曲百二十里有恩勒村水自西经罗平州北境来会又东南与九龙河会两源既合于罗平州东境又东南九十里至江底村北东与一水自北来者会折西南流为滇黔二省之界经捧鲜汛西又西南有水曰上江东自汛南山西南流来会又西南当三省交界处入盘江此水自沾益至上江曲折几五百里】又东南折而东为黔广二省之界【北岸贵州南笼府地南岸广西西隆州地】稍东北有中江自北来注之【出捧鲜汛东南山者东南流注之】稍东有下江自东北来注之【出笼戛北山者西南流来注之】又东南流有水合三溪自南来注之【出西隆州西境山三溪合而北流入盘江】又东南六十里全入广西西隆州西北界自此以上总曰八达河至界曰红水江折正东流百二十里有清水河自西南来注之【清水河出云南广南府北境分水岭之北山二源一东南流一东北流合而东四十里入西隆州西南界又东北流经胆轰塘西又东北数十里入红水江】又东北流二十里有马别河西北自贵州合深溪木郎诸水南流经南笼府境东合都威河而东南来会【马别河上源曰深溪河出普安州南境山东流经归顺营南又东南六十里有一水自西来会又东南四十里有阿希河东北自普安县东南山西南流百里来会正南流百三十里曰深溪河有木郎河出普安州南界山东南流经狗场营西即云南罗平州东北界之黄泥河也又东南流合西来沙营北水又东南流来会既合二水又东南流经南笼府西境二百里曰马别河又东南入广西西隆州界二十里有都威河东北自南笼府西山南流经马鞭塘及甲寨东又西南流数十里入西隆州界三十里来会又南稍东三十余里入红水江此水源流四百里】又东南受南一水折东稍北流六十里经西隆州北境板朋塘南有水南自州城来注之【水出州东南山西北流经州城南而西有一溪自南来会又北经州西而西北又有一溪自西来会折东北流注之】折东南流二十里有水西北自贵州界来会【水出南笼府安笼镇南山东南流经石门坎北又东南五十里当生苗界处入广西界又三十里经牛墟东又东南八十里入红水江】又东南流六十里有水自西南来注之【西隆州东南水也自山北流合东来一水折西流又合西南一水东北流入红水江】折东北流四十里至百乐寨西北有水东来注之又北流五十里有马墟水自西北来注之【马墟在牛墟东八十余里】又东北流折而东经泗城府西北境凡百里至把兰村南境而北盘江自北来会【南盘江自沾益至此会曲靖澄江临安广西四府沾益陆凉宜良路南江川新兴通海宁州弥勒石屏阿迷师宗罗平平彝诸州县之水曲折已千八百里容受众流较北盘江势数倍】

两盘江既合总称曰红水河东南流有一水自南合二溪来注之又东流有水自东北蕖村合一溪西南流来注之【蕖村水出北与苗界山南流经村西又南而西南流有水东北自何旺村西南山来会又西南入红水河】又东南折而东北数十里又东南流折而东经上隆村南又东曲曲经东兰州北境折东北又东南流至州东北境双凤山北麓福山南麓又东北流百里经那地州西北境有拱村水自西北苗界东南流合二水来注之又折东南至州西有

二水东自州城左右西流来会【一出州东北山西南流经城东折而抱城南一出州北山合二洞东南流数十里经州西而南与会又西流入红水河】又折西南流二十里东流三十里有一水自东北来注之【水出那地州东北都利山两涧合西南流经常坡岭西又南八十里至州东南境有龙泉水东自折登山来会又西南流经思河村南西入红水河】南流曲曲经旧都阳司东又东南流曰乌泥江至山麓又折东南流经三旺司西又曲曲而南经旧东兰州东折西南至北荷山东麓有一水自西南来注之【水出东兰州东南境山二源合东流有一溪自南猺山西北流来经银海地之西来会又东北百余里入乌泥江】又南流经都彝山西麓又南流折东南经十八鹤山东麓又东南有水自东北来注之又东南经猺山中百余里有水自西合二溪来注之又东南经思恩府西北境折东北而东经安定土司南【司东西俱有水南流各潴为小湖在北岸】又东南流有芦江南自鸡笼山北流合西七首水东北流来会【鸡笼山在思恩府西北二十余里其南水皆南注右江而芦江自山北北流经兴隆司西又东北经白土司西又北流有七首水西自七首山东流合南一溪来会又东北入乌泥江】又东北流受北来刀房隘水【水出猺山两源至隘南而合南流又折而西南百余里入乌泥江】又东北经大明山北麓北受一水又东北经忻城县西南境有那龙江刁江西北自那地州东南合诸水三百余里来会【即永顺正土司北水也上源曰刁江三源一西北出那地州东南境地黄村西之福山东南流经三旺司东与隔山乌泥江相去二十里耳又东南流其西南二源一出隘肖之北都彝山东北流其隔山去乌泥江不过十余里也一出隘峒东南北流数十里而合又北合西来真武山水又东北与西北源会而东流曰刁江有那龙江北自河池州南境之振人山南流经马鞍山东又南来会又东南流受西南一水折东北流受南来一水又东北受东南一水又东北受北来清远山水又东经永顺正土司北折东南流受东北柱藤村水又东南流百里经猺巢西折而东而东南流受西北来七星山水又东南经忻城县西境有彝江自西北猺山合两源东南流来会又东南受北一小水又东南入乌泥江】又东流数十里有龙塘江东北自县城来会【龙塘江出忻城县西北境宜川县西南境之猺山东南流百里经忻城西北境受东北来黄泥冈水又东南流经县城西南又南而一溪东北自青潭冈西南流经县城东南而西来会又西南数十里入乌泥江】又东南受西南来一水又东南曲曲百余里经迁江县西北境有木托村水自东北来注之又南流受西南一水折东南流经县北有青水江南自县东合西南上林县宾州诸水北流来会【青水江合二大水一出上林县北百八十里之思僯山三涧合而南流在三叫司东又南会东北一水南流经桥贤墟西南十余里又南曰周江流数十里有里仁江西北自茶山来会又东南流至县城西北会西来一水东经城北曰周利江有城东一水自南来会又东有七龙江自南来会又东稍折而南又东曰黄龙江有罗洪洞水自北来合西云摇村水东南流来会折东南流经思揽村西曰思榄江经宾州北境有樊庙江西南自金鸡山合南来黄庚山水东北流来会又东南流至州东北境一出宾州南境曰武陵江二源一于岭方山东北流一于武罗司东北流而合又东北有镇龙水东南自镇龙山来会又东北经仰渡山东又东北有黄陵川自东来会折西北流曰李依江经州东境白羊山东又西折而北流经州东北之鸡鸣岭东又北有临浦江自州西南合螺江北流经州西又折而东经州北来会又北流与上林县思揽江会东北流有龙溪自东南来注之又北流经迁江县南境有黑洞岩水自西北来注之又北经龙降村东又北经县城东又北会乌泥江此水源流四百里】又东北经文辉塔甲山南鸦罗堡北又东北折东南至来宾县西境受南来石牙山西水又东经县城南有石牙山东水自南来注之折东北流有思玉山湖水自西北经城东来会又东北中有石滩北流有定清水西北自双泉山东南流注之【此水与玉山湖水源甚近】又东北流至象州西南境而柳江自州西而西南来会自此而下总名曰都泥江亦曰左江【自把兰村两盘江合处至此又一千四百余里】折西南流又折而东经武宣县西北境受西南来大禄山水又东受东北来阴江水【水二源自县北境合而西流南注都泥江】又东南至县城西北有新江自东北山西南流经城北而西来注之【新江二源一出北仓帽山南流二十里又一出东金龙山西流合而西南经城北而西入都泥江】南经城西有贾利山水自西南来注之折东经城南又东南流有东山水自东合二溪西流来注之又东南受西南来一水【一出仙岩山北流一出居松山东流而合东北流入都泥江】又东流经碁石山北勒马山南又东南流经浔州府治桂平县西北境碧滩塘之南又折东北流受北来花雷村及东北大藤峡二水又东南流至府北二十里分为二派一南流经府城东北又东南会西南来之郁江【在府城东南】一东北流二十里受西北来金珠岭水折东南流而前一派会郁江者自西南而东北流四十里来会【在浔州府东北境四十里曰大黄江司】黔江既会郁江水势愈盛自此以下总曰浔江又东南流有相思江北自秦川司来注之中有巨洲又东南经平南县西境有干江自南来注

之又东南有乌江自北合二水来注之又东南经县城西南又东南受北来城东罗冲塘水又有秦江自东北来注之又东南流曰龚江有白沙江合诸水自西南来注之【白沙江出容县北界之摩云岭二水合而东北流经太冲墟西北又东北有火乌河自东南山西北流经火乌墟而西北来会又有湖水自西北来会中有绿水洲又东北流入浔江】稍北有白马江东北自抚羊山西南流来注之又东经白马塘南又东经藤县西境有蒙江北自永安州合数水南流来会【蒙江三源一出永安州北与荔浦县南界天门山通天岭岭东水即荔水东北入桂江者此水自西北麓两涧合西南流数十里有古角山北水自东来会又西南有一水自北合二溪来会南流又西合一小溪折东流曰冷柑水又东折而东南经州城西而南又合西来一水折东南流又折而南经三石山东麓曰眉江受东南来一水即泥鲛水也又西南流有大樟水西南自百余里外山合两溪东北流至州西境合西来一水折东南流数十里来会又南流受西北一小水又东南流经古花山西麓又东南有松栢山水自东北合东南一水西南流来会曰牛皮江又南有大同江自西北大同司前合左右二水东南流百四十里来会又东南流经六爻山东麓又南入浔江此水源流四百里】又东流中有巨滩【即藤县西南境】折东北流经藤县城西又东北有四培江自北来注之【四培江东北出李白岩两水合西南流又合一北来水又西南折而南经登禺山东麓又东南流入浔江】又有剑江自县城东会南来北流容县岑溪三县之水至县北来会【剑江上源曰昆仑水出北流县东南与广东界之峩石山双威山北流数十里合东来一溪又北合西南来箫韶山水又东北流折而西北有西昆仑水自西南合西金坊山水东北流来会又北流受东来一水折西北流受西来登高山水又北流经天塘山西麓折西北流经黄箭山北麓至县东南境曰沿龙江折东北流又正北至县东有县南溪西自城南合东一水来会即狮子岩水也又北经灵台山西麓受西北来一水又东北曰沿龙江口又东北至容县西南境有绿蓝水自北金牛岭南流来会又东北经容县城东南有天塘山水自南而北经石羊山温泉之东曲曲百数十里来会稍北有水自东北来经城东而南来注之又东北有南渡江自南大山合二溪经石梯山昙平山凤凰山将军山北流受东来通天岭水又北至南渡司之东受东北一水折西南流经司南又西南经李村及六王司南有六洞司水南自石梯西麓合数水北流折而东北来会折西北流入剑江至此曰思登河又东北流分为二派一正北流经山来岭下至窦家司东勾刀山西折而东北有绣江西南自大榕山摩云岭东北流来会又东北至都榜岭南麓一东流经独竹岭下数十里至岑溪县西境有龙底江二源一自县东与广东界山西流曰龙潭合东北二水一自县南凤麓山东麓北流合东一水合焉西经城南而西稍北来会又北流经勾刀山东麓曰皇华江又东北有义昌江东南自腰鹅岭及周公山水西流经罗洞墟北黄塘村南而西来会又北至都榜岭南二派复合又东北流数十里经藤县南境折正北曲曲流曰剑江又北经城东而北折稍西入浔江此水自昆仑水源至此六百余里亦巨川也藤县西浔江东剑江至北而合】又东北流经龙潭南为梧州府治苍梧县西境折东流又东南有牛岭水自南来合数溪北来注之有东南折而东北有长行江南自长行司北流合西一小水经泽山折而东北来注之江中有巨洲又东至梧州府城西南而漓水桂江北自昭平县南流经城西而南来会于高望村之东【浔江自黔郁左右二水会处至此又四百余里】于是广西一省之水俱合东南流经府城南苏山北又东过伏虎岩南而东入广东界【自入广东肇庆至广州府会浈江龙川江南入海见后文】

卷二十・粤江【下】

郁江即广西左江亦曰南江上源有二北源出云南广南府曰西洋江南源出归顺州及安南境水曰丽江至南宁府之西合江镇而会为郁江

西洋江亦曰南盘江古夜郎豚水也源出云南广南府治宝宁县西北六十里者兔塘之西南山【西十一度六分极二十四度三分此山之西北山即者种河源西流折而北为马别河入八达河者】东北流折而东经塘西北又折而东南曲曲数十里至府西境有松木岭水自北来又有一水自东北山西南经府城西北来并会南流合西北来一水又东南有红石店水自西北合二溪东南流来会【红石店北至者兔塘仅二十里】又东南流曰西洋江数十里受西南来一水又东流至广西界【广南府东南九十里其东为广西西林县西南界】受西南来一水稍东北曲曲流为两省之界一百五十里【南岸为云南广南府东南境土富州之北境北岸为广西西林县南境】至西宁村北【土富州东北境】有同舍河西北自西林县城合诸水南流来会【同舍河两源一出广南府东山二涧合流而北而东北入广西界经剥贯村东一出广南府北境山二涧合流而东入广西界经剥贯村北又东会焉即西林县西境

也又东北流数十里受西南一水东流折东南流经县北境曰同舍河有一水自西北来会曰驮娘江又东南流有一水东北自西隆州南山南流合三溪来会又南流经县城东有驮门河西自广南府东南山合二溪西北流入界而东南经县城南合西南来之渌驮河而东来会折东流又东稍北经八渡站北受西南来一水折东南流又受东北那个村水经者达村西又东南流四十里入西洋江】折东南流经百约村西【自北东岸广西西岸云南分界】受西来西宁村水又东南经别隘北【土富州东北界】有剥江自西南来注之【剥江出土富州东北山两源合东南流合西南来一水折东北流入西洋江】又东南有者郎河西南自土富州城东北流合诸水来会【者郎河二源一出土富州西北山东南流一出西南山东北流合而东经州城北又东折东南流经归朝村北又东流至平洋村北有广西归顺土州西北境水曰小镇安溪曰下劳村溪自西南来合而东北曰那旺村水曰东水自东南来合而西北会焉东北流来会又东北至那洞北受东南一水又东北经那万西又东北至两省界处入西洋江此水源流三百里】又东入广西界又东北流经泗城府南境镇安府南境折东南流经土萎村北又东北经剥色埠东南有一水北自泗城府东南流合西数水来会【泗城府水有二俱出北境大山一西南流一东南流至府城南而合又东南流折而西南曲曲经人弗村西官村东又东流经茶亭坡北又南折西南流有供村北山二水合西南流受西来一水折东南流受北来佳甸站水又东南经大琵塘喜村南又东南至皈乐营之北来会又东南数十里入西洋江此水源流三百余里泗城北山西山诸水毕会】又东经砦马塘南又东南经奉议州北境田州城南有水自北经城东来会即那碧桥也【水出田州北山东南流合东北一水又东南流折而西南经州城东又南入西洋江】又东南经渌浓塘西又东南有水西自奉议州来会【水自奉议州西南山二涧合东南流经州南境那蒲村南又东流有砦例村水自南合三水北流来会又东北入西洋江】又东南经上林县西北境榕树塘南【南岸皆大山】又东南经县城东北又东南有泓济江西自镇安府城东流合向武都康诸州水东北流经县南来会【泓济江出镇安府北百六十里坡豆村南山之麓有湖东南曲曲流二十里有二溪北自山中合而南流来会又南数十里合西来一水又东南经定禄村南合北来一水又东南合东北来一水折西南流合西北来府北湖水又南经府东有水自府西境一湖东流数十里折南流复东合北一小水东经府城南而东来会又东流北受一水南受西南来二溪水又东百里过吉峒村南又东经向武州北境有湖水自南来注之又东稍北有一水西南自上映土州之北汇西北来一溪为巨泽合南来二溪东北流经都康州西北又西合一溪又北经向武州东境而北有一溪自西来会又东北入泓济江又东北流经佶伦州北境又东北至上林县西南境受北一小水又东北折东流经县城南又东入西洋江此水源流四百余里】又东南流受北来合三溪水又南经定西村北受北一小水又东南受北一小水又东南至隆安县北境北受归德土州西水西南有一水合二溪来会又东归德土州东水自东北来注之折而之南而西南又折东流经县城北而东有渌水江南自城东西南会沛水来注之【沛水出都结州西山东流经城南又东合西南来一水东经芭苗村北曰渌水江折东北流至隆安县南境合西南来一水又东北流经县城东南又北入西洋江】又东稍南有都阳土司水自北来又有龙床江自西南来并会【龙床江出万承土州东南山东北流经禁口村北又东北经永康州西北境之横山岭又北流受西南来一小水又北折东北流经隆安县东境受东南来一水又东北入西洋江】又东流有那感水自北合潭水南流来注之【那感水出归德土司北境旧城土司之岭下有巨潭东南流数十里受东北来一水曰慕乌溪折西南流经都阳土司东有潭水自东来会又南流数十里入西洋江】折南流而东南曲曲西受芭仆山水又东南折而西南有何虑江自北合一水西南来注之又东南经永康州北境有驮蒙江东北自思恩府南经武缘县合南流江诸水西南流来会【驮蒙江出思恩府西北鸡笼山黄泥岭东麓二涧合南流经府城西又南而东境之白花山自城东南西流来会又西南流有那马土司北山水三源合流自土司东东南流至鸡笼山西麓合山水西南流与西来定罗土司北之琵山水会又西南折东南流分为二派一东流会驮蒙江驮蒙江又南流经武缘县城东南有南流江东北自府东境山二源合南流而东南合东一水折西南八十里合东北来二水又西流北合西陵山水又西合北一小水而西来会驮蒙江既会南流江西流过县城南而那马司水之支津南流者自县城西来会又西南受南来二溪一水又西南流曰灵水有一溪自北来注之又西南入西洋江那马司及南流江源流俱三百余里而那马水至鸡笼山黄泥岭南流似与山北兴隆司之芦江北流入乌泥江者相通】西洋江至此曰右江以在丽江之北也又东南永康州水西北自横山岭东南流合一水经州城南而东来注之又东南六十里至南宁府治宣化县西境之合江镇东南白沙塘西而左江西南自新宁州东北流曲曲经镇西而东南来会【右江自广南府者兔塘至合江镇曲折行千余里】

丽江即左江有南北二源北源即龙潭水出归顺州北有二巨潭水东南流东北一水来会【西十度四分极二十三度三分镇安府西南九十里】南流经州城东又南折东南流经吞墓村西又东南有潭水西自空村来会【潭在州南稍西二十余里空村之东东南流折而东又二十里来会亦龙潭水也】又东南五十里出峩嶆隘东口经交址高平府界地四十余里又东南流入平雷州西界经灾平隘南又东南经州南境受西南一小水又东南有驳来水合流珠水北自州城东而南来会【驳来水二源出镇安府东南境山合东南流至平雷州西北之湖涧寨西有流珠水自西北龙潭东南流合北来之驮马涧水南经寨西南来会又东南经州北受东北来一水折南流经州城东又南数十里受东山一水又南入丽江】又东南百里经安平州城北折东南有水西自城南来会【水出安平州西与交址界之四献隘二涧合东南流经底耽隘南又东南有多烈隘水自西南来会又东流八十余里经州城南又东稍北入丽江】又东北流有龙英州水自西北百余里来会又东北折东南流经太平州北稍东有龙水北自养利州合东北万承州西北茗盈州二水南流来会【龙水两源一出万承州西北山三涧合南经州城西而南有一水自城东来会又南流受东来一水折西南流数十里受北来一水又西南经养利州城南又西而西北源出茗盈州西境南流合西北来一水者南经养利州城西又受西来一水而东南来会又东南折而西南入丽江】又南经州城东有巨洲【当养利州水来会之口】又东南经旧县北有水自北来注之折西南流经土地墟西【西岸即旧县也】有水自西北来注之又南流经太平府西北境而南源丽江自西南来会【自源至合处五百里】南源丽江又有二源一出交址广源州东流入广西上下冻州西境东流经州南有一水合二溪自西北界山东南流经州城东来会又东南流经龙州南境曰龙江有凭祥州水西南自镇南关北流经州城东又北合西来一水而东北流来会即龙江西南源也【凭祥州为广西西南界州南镇南关为交址孔道关南踰山即汉时铜柱为界西十度极二十二度此水自关北流合两涧北经州城东又北稍东至坤山村之西有黎溪水西自交址界来会又东北六十里与上下冻州水会】又有湖水自龙州城东北而西南来会又东流经南岸村北又东南至江口塘东北有水东南自思州会东南诸水源流较远实丽江上源也【水出广东钦州西境罗浮峒之南与交址接界此水南隔山即安南江南入海为广东界者此水自罗浮峒西北流七十里经新凛峒西西岸即广西蒙板隘也折东北流八十里至古森峒西又北曰勒寨隘有驮白水二溪东北自土司思州之东山西南流经州南又合北来二水而西南来会于团龙村之东南此水折西流经村南又西经迁隆峒南又西南受西北一水又南经叶阳村北折而西流有一水南自交址北流入界经驮鹰司西而北来会又西北受北来一水又西南曲曲至思明土府南折西北流有马泡泉东北自府西来会又西北至思明土州东有一水南自思陵州东北山西南流合南一水西经州城南而西北流数十里又合西南来上石州水而东北来会又北百余里至江口塘之东而龙江自西北来会此水源流亦五百里】又东北流曰丽江经邓勒塘南折而北而东至太平府西境而北源丽江北自太平州来会二源既合东流有水东南自江州合三溪北流来注之又东折而南经太平府城西南东三面又东北流受北一水又折东流经濑湍塘北有水南自罗白土县合二溪东北流折西北来注之经呌程塘南又东北曲曲经驮驴塘南折而东有水西北自左州北合三溪东南流又合东一溪来注之折东南流有水南自忠州来注之又折东北流至新宁州西有水自州南合三溪北经城西来会又东稍北经州北折北流受西北小水二又东北流曰左江数十里有水西北自罗阳土县东南流合西南二水来注之折而东流又折东南经西白沙塘之东又南经合江镇之西受西南来一水又东南与右江会是曰郁江

郁江自合江镇东南流至仙降山北麓折而北又折而东有都来山水自北东南流合二水来注之【一卸龙山水自东来会一苦山西水合三涧自东北来会】又东受东北来一水【即南宁府北境所谓邕溪也西南流有湖水自东来会又西南入郁江湖即北湖也】又东南经南宁府城西南而湖水东自城南来会【即南湖】又东南有跑马泉水东北自高井西南分流来注之【高井在府东北境有水西南流数十里为跑马泉又西南分为二派南注郁江】又东有一水自西南合四溪来注之【最南二源出广东界山北流合而东北合东来一水正北流又合西来一水又东北流合西北来吴村水又东北数十里入郁江】又东北流有伶俐水东北自昆仑关西南流合二水而东南来注之【伶俐水二源出昆仑关南一西南流一东南流而合西南流三十余里有石燕山北水自东来会又西南数十里中有巨洲又南有水东自都石山来会又有一水自西来会焉又南流有一水北自墨山及高峰岭二溪合而南流又西北有独秀山水二涧合而东南流皆会而东流注之又东南流入郁江】又东稍北曲曲流经道人山南麓又东北至永淳县西北境折东南经县城北有东班江自东北来注之【东班江自东北山三源南流合而西有渌墨山

水自西北来会又西南曲曲百里于永淳县城之东北会郁江】又东南经城东又东南流有秋风水西南自迎恩桥来注之【秋风水出南境八尺寨北大山两源合东北流过迎恩桥又东北合西一水又东北经林公岭有水自南来会又东北入郁江】又东有牛冈岭水自南来注之又东南经飞龙山北麓又东北经横州西南境有陈埠江自西南合二溪来注之又东经骆驼山麓有横漾江南自广东界来注之又东折东北至州西南有水北自圣山东南流经州城西而南来会又东北经城东南有洪流江东南自广东界合二溪西北流来会亦曰郁江也【洪流江二源一出州南界笔架山东北流一出东洪苍山西北流而合又西北三十里至州城东北与郁江会洪流江源隔山而南即广东廉江源也】又东北曰鳄鱼江有方水江自北来注之【方水江二源一出凤凰山北麓东南流有东北山水西南流来会南流百余里入郁江】又东北经甜菜塘南有水南自空龙山来注之又东北过起敬滩经兴业县西北境又北流有武思江自西北来注之【武思江出贵县西南境山东南流又南流合西来一溪又东南流入郁江】又北折西北经大浦洲东又北曲曲经贵县南境有水东自狮子山来注之又西北折而东北至县西南有一水自西北合数水东南流经城西来会【即贵县城西水也出西北境纱帽山东南岭初西流折而东南曲曲百里经仙女岩西麓又东南合西来泉山水又东南合北一水又南折而东合东北来一水又东有干河自县北境合二源西南流来会于城之西北又南经城西而南入郁江】折东流经县城南又东折东北流有汛江自东南来注之又北有沙江自北来注之【即贵县东北水二源一出县北上龙山东流一出东北北山司西南流合而南流数十里折东南流九十里入郁江又东北有东津江自北来注之东津江出钟馗山南流有一水西北自北山司之南东南流来合经龙石山西麓又南数十里入郁江又东折北流数十里有横眉江自南来注之】横眉江出郁林州北境山东北流数十里折而西北又折西南有一溪南自艾羊营西山北流来会又西北折正北流入郁江又东北经大湾塘北又东北经浔州府治桂平县西南境曲曲百余里至府西南折而东南流【其南即云合岭】又折东北而西北至府城西南十里有蓬阆江西北自石梯岭来注之【即府西水】又东北至府城东南受南来宝子岭水稍东而黔江支津北自城东来会又东总曰浔江有一水自南来注之【水出南顿岭北流合西来横岭东来伏虎山水经独秀峰东麓又北经宝子岭东又北西北入浔江】又东北流曲曲六十里而黔江正派自西来会【自合后东至梧州府会桂江所经地及所受众流见前文郁江自合江镇至此又八百里】

黔郁二江既会于浔州府曰浔江又东会北来之桂江于梧州府东流经城南又东流入广东界总曰西江经封川县西北境折而南流三十里经县城西有一水自西来注之折东南流曰锦江受东来一水又南流经圆珠山西麓又折南稍东经西宁县北境罗旁墟西北有武仓水南自城东而北来注之【武仓水西南出罗定州西北与广西界之封门所南山东北流至西宁县西南境折东流而东北至县城东南有一水东自大力山来会又北流经罗旁墟西北入西江】又东稍北折东南流经德庆州城南有一水北自端山合二溪南流经城东来会稍南有连州河西南自罗定州合数水东北流来注之【即龙水江也上源出罗定州西南二百余里朱沙岭西北流经怀乡司北又西北有南一水折北流有函口所水自东来会又西北经平合司南又西北入广西容县东南境有一水西南来会其源出小水猺水亦自广东界西北流折而东北者也又北流有石梯山水自西南来会又东北流入广东界经夜获营南曰连州河又东北经罗镜所北受南来分界店水又东北曰龙水江经罗定州城西北又东北折而东南经尖冈又东北经企阳石有东水自东南来会东水南出雷公岭东北流数十里合东南来一水折西北流合西南来凉峰岩水又北流经花榜顶山折而东流经笔山北有一水自东南来会又北流曰上乌水经龙龛山西麓又西北流经榕潭东又西北会龙水江龙水江又东北曲曲百余里至德庆州南境大力山东麓有水东南自东安县城南西流而北来会又北流有东南一小水同入西江此水源流三百余里】又东稍北有水东北来注之【水出劳山及计都山】折东南流经辣头塘南南栅所北受北一小水又东经东安县北境三洲岩北又东北受北来一水折东南流受西来一水【即三洲岩东水】受北来灵陵河水【自双鹤岭南流合东西二溪又南入西江】又东经望夫山南麓有大湘水北自大湘峡来注之又东受南来一水过铜鼓山北麓有小湘水合三溪自北来注之又东南经肇庆府治高要县西南境有罗银水自西南会新兴县水东北流来会于府城之西南【罗银水出云扶山东北流合西南一水折东流合南北二水东经下洞南又东而新兴县水自南来会县水出南境猫爪岭东北流至夹岭折而西北合西南来新宁山水又北流经县城东有水自西南山东北流百余里东流经城北来会稍北又有水自东南来会又北流经茅田径西又北会罗银水罗银水又东经老香山折东北流数十里入西江此水源流三百余里】经府城南稍东折东北流经望候山又东

北至黄香司南有贞山水自西北来注之稍东而贺江北自四会县南流来会亦巨川也口在三水县西南二十余里【贺江上源出连山县境二大源一出西北与湖南广西三省之界山东南流经分水凹西南其东隔山即横水之上源下流入浈江者此水东南合东来及西来二水又东南合西来一水又东南至上台塘南有二涧自北合而南经塘东而南来会折西南流又受东来一水又南受东北来一大水又西南受西来一水又西南而东南源水来会东南源出阳山县西南境之马丁山西北流合东北一水又西流合北一水又西合北来之西溪水又西合北来之钟山水又西稍北与西北源会二源既合又西南流折而西北入广西界经贺县东北境之禄山北又西北经西北境之梧山北又西北至富川县南境有龙溪北自县城东合北来长标山峡口山龙溪山马头山四大水西来城南小水东南流来会贺江折西南流受西北来一水又折东南流经钟山镇东又南曲曲受西南来之佛子岩水又东南受南来之下石泉及沸水泉合而东北来之溪又东南至贺县城北受北来平地村水又东南经城东有临水东自齐岳合南北二溪西南流来注之又南折西南流受东来二水又西南受东来一水经幞头山东又西南受东南来一水又西南折而东南流经圆珠山南麓又东流经清水山西麓折而南入广东界经开建县北境稍东南有一水南自县城东合西南来之安东水诸溪北流来会东安水出广西梧州府东北界之黄沙岭西南流折而东南经东安司西又东南入广西界经封川县北境又南至县东北十余里折而东南曲曲流经黎山北又东曰广信河折正北流受东来一水东北流又受东一水东北经石田滩东大滩西受西北来大壬水过狼岭西而北至开建县城西南受东北金槌水又北经城西又北受西北来莲塘水又北受东北界之金装水又北会贺江贺江既会东安水又东北流入广西界经清水山东麓水泻山西麓又东北经牛阑山东麓有水北自佛子山来注之又东北有水北自磨刀山蒲冈山天祖山合三溪来会又东至怀集县西境南受一水又东北流有黄甲水自东北来注之又东有凤凰滩水自东北界山西南流合二小水经县北来注之折东南流经县城西南又南受南来白鹤山水又东南流有桃花水东北自界山合南北二溪西南流来注之又东南经大浪村南又东南入广东界经广宁县西北界又东南受东北来一水又西南流折而东南有乌龙潭水自西来注之又东南经县南境有一水北自县城左右合西南流来注之又东南受西来新招水东北来石涧山水又东南曲曲百余里经四会县西北境又东南经县城西南又东南有水北自城东合东北境三溪南流来会又东南百里经三水县西南境与西江会支津东流而浈江支津西南来曰绥江者亦会也贺江源流曲折行一千三百余里水势几与桂浈二江相埒】稍东岐为二派一东流会浈江之支津曰绥江者经三水县城南又东南会东北一支津又东南分为二渠一东南会正派一东北至广州府城西柳渔浦南会正派其正派东南流经高明县东北境月山东又分为支津一西南流受西来高明县城南之郁水东南流又分支津南于新会县东北境香山县南北境入海一东流于顺德县南北境入海其正派东北流会北来支津又东北至广州府西南境似汇为巨泽【中有集翠洲三山等浦屿】至城西南而支津合浈江自北来会东江龙川水东自城南来会又南于大通湾分为二渠南入海【海口西三度五分极二十三度西江自封川县境至此又九百里】

粤江口以西入海诸水甚多今叙其源流长者自东而西余详前文海下

新会县潭江源有二一西南出恩平县西境山合二溪东北流折而东南经县城南受南一水折东北流受东南蓝坑山水又东北受西来石围山水又东北受东南三溪合流之水【即新宁县西境孔公岭西水也】又北有西北源自山中东南流合北天露山水又东南经鸿鸺山鼓角山西曰蚬冈水东流来会又东北经开平县南境有独鹤水北自县城合数溪南流来会【独鹤溪出开平县西南独鹤山东北流至县西南有二溪西北自山中合而东南流来会东流经县城南有水坪河北自梁仓山南流经城东来会又东南流合东一水折西南流与恩平水会】受南一小水又东北受北来游鱼山水【水二源出蝴蜂山合西南流经羊头嵛又南经游鱼山东麓又西南入恩平水】又东南流曰潭江有龙镇河南自新宁县来会【龙镇河出新宁县南玉怀峰北流至城西南会东来一水又北经城西又西北流数十里折东北流入潭江】又东北受南一水又东流过锣鼓潭又东北折而东流至新会县城西有紫水自北来会又东南流折而东北入海其东南口即龙获山也【潭江源流五百里】潭江口之南稍西为厓门山港又西南为广海卫东港【新宁县南境】又西为海朗所东港又西为阳江口阳江出罗定州东南界大山三源合南流数十里经阳春县北境东合一水经黄泥湾西有博李水西自雷公岭东流合西南之古勤水又东北流来会又南流受东一水又南受西一水又南受东来之高流水又东南受东北一水又南受东北来之蟠龙河又南经县城西又东南受东来之月方水又东南有水西合二溪自西南来会【麻陈水东北流八十里合南来罗水又东北有黄桥水自西

北合三水来会又东流百里折南流合西南一水又东北流入阳江】又东南八十里经阳江县北境之麻桥又南经县城西折东南流有莲塘驿水自东北合二溪西流经驿北折西南流数十里来会又正南流入海【此水源流三百余里海口有洲其南隔海即海陵山大洲】又西为太平司水东流合北来一大水东北一水东南流至丞相岭东南入海又西为电白县东西诸港又西为高州府窦江窦江出信宜县东北百余里古楼山二源合西南流会北来六豪山水西南流经官奥南会北来溪水又南流经县城东稍南而潭峩江自西北石马猺山二源合南流合西来一大水东南流合西南一小水又东南经县城西南而东来会又东南流受西北公茄岭水又南流受西一小水有石人山高凉山水自东北经射狼山西南流折西北来会又西南经高州府治茂名县东北境又西南经府城西北又南经城西有新河东北自铜鱼山西南流城南又合南一小水来会其西即丽山也又西南受东一水又西南至化州城东北有罗江自西北来会【罗江二源北源出州西北与广西界之峩石山南流百里有浮水东北自鼓楼岭来会折西南流有米水自西北来会又东南流数十里会西北水西北源出广西界之鹿踏山及石洞山合东南流百里有石屋山水自西北来会东流经石城山北官山南又东南与北源会曰罗江经化州北境东南至州城东北而窦江来会】又南西南流经莺哥山正南流又东南过石滩经千秋山西麓又东南有赤岭水自东北来会【水出电白县北百数十里之罗浮山及东诸山两源合西南流经石壁山受北来一水又西南流受茂名县东南之焦林山水又西南流受电白西境之安乐山水又西受北来白石岭水又西南经赤岭下又西南入窦江源流曲折几三百里其会处曰三江俗名此水为三桥水】又西南流经吴川县北境有鸡笼山水自西来注之又西南至县西境南入海【此水源流几五百里】其海口西即大船港口博泉水口平城江口以次而南【隔海大洲即硇洲也】又南为石门港即遂溪县水东流会北来之石门山水东南入海又自遂溪东南分流西经城南又西北至明铺港西入海者也【石门山在化州西南石城县东南】又南为雷州府大肚河诸水无巨川自遂溪而北有石城县之南廉江

南廉江源出广西陆川县东西二源一从西北伏波山东南流经县城西一从东北文龙山西南流经城东南又西会而东南流受东二水折西南流又东受东北一水【其西六鳌山也】又南流受东来箫韶山水又西南流受西北一水又南经大流山东麓受东北来文黎山水又西南受西北来一水又南流入广东界【陆川西即博白县西北即郁林州凡县北水皆西北入郁林河也北即北流县凡县东南境水皆北流入剑江惟此水南流二百余里】经石城县北境畲禾山折西南流受西界上鸡笼山水经石洞山西麓六吉山东麓又南有合江自西北界来会折南稍东曰南廉江有石楼山水自东北合清湖龙湖二水西南流来会又西南流经县西境曰九州江折南流经龙村西有罗水东北自城东合二溪西南流又合东南一水而西来会又南折而西流经遂溪县西北境之急水港西入海【此水源流四百余里】又西北为渡子江及零禄江香草江大港口【渡子江北出广西界山东南流合东西二水南流又合东一水折西南流有水自北来会经清平营南有零禄江北自晒谷岭南流来会又西南至永安城南入海香草江出北界合二溪南流合东来一水又西南流折而东南有官基江自北来会又东南流至永安城南入海海口有三洲即榕根港也江皆源流百余里】又西为陇村寨东港口【港口西为珠场】又西为白龙城港【廉州府治合浦县东南境】为武刀港【合浦南境】又西稍北为廉江口

廉江源出广西郁林州及兴业县在郁林有三大源一东北出北流县西北境山西南流曲曲百余里经州城东南二面而西者曰思贺江一出思贺源之西北大人山两溪合而西南经州北境又西南会西北一源水南流经州城西而南与思贺江会又西南有新桥墟北水自东合二溪经陆川县北境西北流来会又西南会兴业水兴业县水有二大源一出县西北山东流数十里折南流曰下乌江经县城东又南而南源水二溪自西南山合而东流来会又东南流折而南而西南经马鞍山东麓又南流合西南一水又东流与州水会曰铜鼓潭西南流有南沙江自西北来注之折东南流经博白县北境折西南流有绿珠江自西北来注之南经县城西稍南有环玉江自东来浪马江自西来并会又南有顿谷江自西来会又西南流有水东自南境山合二大溪西北流来会【此水源流百数十里】又西南经将军山金鱼山西麓又南至蟠龙山有沙河西南合二溪东北流经沙河司东而北来会又西流入广东界经廉州府治合浦县东北境之百良山北有白沙江北自文会山合西北古榄水南流来会又西南百余里受北来之张蒙溪南流受东来天人山水又南经大廉山又西南受东来乌水江折西流曰廉江经白石山北有武利江北自灵山县会诸水南流来会【武利江出灵山县东北广西界三源东源出大龙山南麓西流曰浮龙水有北源自花竹山来会又有西北源自龙牙山来会西南流至县城东南有大溪东自大东山西流来会西过城南又西南流有马槽江自西北

界山来会又西南流有旧州江自西北来会又西南会西来一水折而东流又东南有南岸大江自东北合三水西南流来会又东南合东北五黄山水经簟竹山东麓折东流曰武利江受北来一水又东南流数十里折而西南流受北来一水又南而廉江自东来会此水源流三百余里灵山北界即广西横州其东北及兴业县连山相接凡北水皆入郁江而南水皆入海】又西南流数十里至府北有水西北自北峩山合二溪东南流合一北来水来注之又西南正南流经府城西岐为三派至南复合受东来城南水又西南入于海海口曰三沙鲎港【此水源流六百里港口正南隔洋有洲曰珠母池山】西为小港为簟竹河东港为平银江大观港又西为钦江口

钦江二大源一东北出管彬山西南流合东来一溪西南经吴屋山北麓曰吴屋江又南流有琅清山水自北来会又南流一东出传岭西流与东南出林台山水合而西曰龙门江又合东南来一溪而西与吴屋江会又西南有雁芦山水自北来注之南经白马山西麓曰钦江又南经钦州城东有巨滩稍南受西来城南水又西南流受东一水折正西流有渔洪江自北来合西南凤皇江南流同南入海【渔洪江出州北广西界之肥羊岭东南流入界经那峰汛西又东南合东北来二水折西南流曰水车江又西南合西北一水西南流曰都良江又西南曲曲有青山水自西北合南大寺塘水东流来会而南流曰渔洪江又东南曲曲百余里经州西境稍南折而西流而凤皇江自西北来会凤皇江出州西百八十里之黄振岭东南流经王光营南如首峒北又东南流曰那凿河有一水北自长敦司南合左右二溪东南流来会又东南有大寺江自东北来会又东南曰凤皇江而渔洪江自东北来会又南曰南港有巨洲又南而钦江自东来会入海】钦江海口有洲即龙门营也【钦江源流三百余里渔洪江亦三百里】自龙门营而西有防城营河口又西有贴浪江口又西有安南江口其西岸即交址界也【江出州西极界山隔山而北即丽江东南源西北流入广西太平府境而西北会龙江者也此江东流数十里至思勒峒南折东南流又东南数十里入南海】

卷二十一·云南南出之水

中国滨东南海故直省巨川未有流出于外者惟云南南界交址其水自北归金沙东归盘江而外水之入南海者越境尚多澜沧潞江乃最大也今自东而西编次自者赖普梅二河始

者赖河出广南府南二百余里土府州之西南山南流稍西曲曲行两山间二百里南入安南国界

普梅河出广南府南百八十里大山二源一自山西南流【其源在者赖河源西北六十余里】数十里一自山东南流【其源又在东水之西北五十里大山】合而正南数十里折东南曲曲又六十里南入安南国界【又西为开化府河】

开化府河上源曰乌期河出府西北百五十里大石牙之西南山东北流经村南又东北数十里折东南流经乐农寨北稍东有迷勒河自南来会又东南合东北来一水折正南流数十里有路梯河自西南来会【河出府西七十里山中】又东南流至府西北二十里有磨底河自西南来会【河出府西五十里山】又东至高山下伏焉数里复出曰天生桥【在府西北十五里】东南流经城东南又南折而东南伏于山下数里从东南山洞复出曰天生洞【洞在府东南约十七八里】又东而南曲曲百三十里有一水自东北合二溪西南流二百里来会【此水在普梅河之西百五十余里】又南曲曲数十里至大山北麓伏焉复从南麓涌出是有三天生桥也未伏时有赌咒河西自山中东南流数十里东伏于大山下数十里复出而会开化河俱伏故南麓涌出之水益壮又东南曲曲百八十里南入安南国界【北水行五百余里过三天生桥而赌咒河亦然又西为三岔河】

三岔河正源出蒙自县东五十里山中【蒙自县临安府之东南邑也西北三十里有长桥海广数十里二角向东北及东四时不涸】东南流曲曲百五十里有钻天青河西北自县南境山东南流百余里来会又南有那木果河东北自开化府西南境者安塘之南山下西南流百五十里来会曰三岔河又西南流百余里受西北来一水折东南流百六十里南入安南国界【此水行四百里又西为河底江】

河底江二源俱出大理府南境东源出云南县西北六十里之梁王山【即赵州东北界】东南流至县城西北分为二派一支东经城北折东南流为一泡江即东北三百余里于铁琐之北入金沙江者也【见前金沙江下此水源一流分似与广西湘漓及相思江相类】其一支南流经县城西境东南流二十里折而西南至迷渡巡司之西有一溪西北自白崖站北合二水东南流又合西南一水而东来会【白崖站北二十余里大山即赵州东南境云南县之西界也其山北麓二水合而西北为赵州北之波罗江西北入珥海者也山东南麓一水东流一水南流合焉又南

经站东又东南四十里有一水西南自蒙化府北山东北流来会又东至迷渡西岸南会梁王山水】折东南流百八十里受东北来一水又南而东南七十里而蒙化府水自西来会西源曰杨江即蒙化水也出赵州南境山【在州南五十里】三溪合而南折东南流【东去白崖站八十里】数十里经大山西麓又东南数十里经蒙化府城之西折东南曲曲百余里经旧定边县城北又东南有定边河西自罗求场西北山东南流东经城南来会又东曲曲百五十里会云南县水两源既合东南流百余里折而东而南曲曲百六十里至碍嘉废县之北【景东府东北境也】折东流百里曰大厰河受北来一水又东南流受西南来一水又东流有马龙河自北来会【马龙河出镇南州南境山中一溪南流一溪东南流俱数十里合而东南曲曲经楚雄府南境及南安州之西南境至旧哨汛西又东南数十里折南流经两山间又南来会大厂河此水源流四百里】又南流至元江府北境之三江口有一江自东北会富民罗次安宁禄丰易门西会广通南安诸州县水西南流折而西北会邦汉水而西来会水势大盛【源曰羊溪出云南府西北富民县之西南山山之东麓即滇池北流之水为普渡河北入金沙江者也山西麓有溪西北流至羊溪冲东北有一溪西南自禄丰县东南境山东北流来会又北流数十里经富民县西境有一溪东自县西来会又北稍西数十里经罗次县城西稍北折西流经羊圈村北又西南流百余里经禄丰县城北有响水河自北来注之又西稍南受西北来九盘山水又西南流九十里有拾资河北自广通县东境山合二溪东南流来会折东南流二十里有安梢河西南自南安州南境山东北流合南来两竜汛之沙甸河俱二百里而东北来会又东南流有一水东北自禄丰县南之炼象关合二溪西南流经太和街前而西来会又南流曲曲经易门县西境山中二百里又东南而易门水自东北来会易门水出安宁州北境山西麓其东即云南府之西从滇池北流之普渡河也此水二源从西麓西南流而合又西南流有一溪北自老鸦关之西南流来会又南流经县西境至矣栖村东有旧县水西自易门庄合南二溪东北流折而东南经旧县东来会又西南经易门县东北受西来城北之水又南经县东又南折西南流百里与羊溪会既会易门水又西南百六十里经新平县北境有一水合二溪南自县西山北流来会又西南至新化废州北折西北流数十里有一水东北自李海汛北自两竜汛至大橄榄西北自官厂所三溪合而南经邦汉汛西而南来会又西南二十里至三江口与大厂河会此水汇云南楚雄二府之半诸水源流六百余里实河底江之东南源也】既合西南流六十里受西北来一水又西南五十里经哀牢山东折东流又东南受东北来一水又东南流百三十里受东北来一水又正南曲曲百四十里至元江府北曰沅江有一水西北合三溪东南流百余里经府北而东来注之又东南经府城东北又东南有清水河西自城南来注之【清水河出元江府南百数十里山中北流折而西北数十里合西来一水又正北流数十里折东流数十里经府城南合西南一小水又东入元江】又东南百二十里受西南来水二经南昆寨北又东南有南充河南自落恐司北流来注之又东南经宋竜塘北稍东有一水南自左能司北山东北流经思陀司北而东北来注之稍东有一水北自新平县合数河南流来会【水出新平县东北山两源合而南流曰亚泥河百里至东境有襟带河出县西南山亦合两源东北流折而东经县城南又东四十里来会又东南流三十里有一溪自西南来会又东南折东流有怕还乡河东北自嶍峨县西境山西南流合北来一水正南流百余里又合东北来罗吕乡水而南来会又东流折而东南至窝泥寨西正南经鲁魁山东麓又南数十里有白花竜水自石屏州东北境山西北流折而西南来会折西南流百里有一水自西北合二溪来注之又南流五十里折东南有一溪东北自石屏州西南境山来注之又东南曲曲百余里入元江此水源流五百里】东流曰河底江经阿巴寨北又东南经亏容甸北有一水西南自瓦渣司来注之又东南有一水南自溪处司东北流而东经亏容司南来注之又东经六蓬寨北又东数十里折东南流百数十里有一水北自纳楼长官司合二溪东南流折而南又合东北一水南流来会【纳楼在临安府西南百二十里】又东南五十里经纳更司东又南百六十里有清水河自西北来【此水南即安南界】又有一水东北来并会成三义形又南百里经新寨之西其西南为安南国界折东南流八十里经坝洒汛之南又东南入安南国界【河底江即元江源流千八百里受纳大理府东南楚雄府南云南府西南蒙化沅江全府及临安西南诸水凡水之不北会金沙西会珥海澜沧东会八达河盘江者俱汇此河故论云南南出之水最大者曰澜沧曰潞江其次即河底江也自河底江而西为李仙江】

李仙江即景东河源出蒙化府东南境山【在旧定边县之南三十里大山】西南流有一溪西北自凤皇山东麓东南流【山西麓水即西南流入澜沧者】合而东经虎街南又东南流有安定河自东北来会又东南经安定关南又东南经景东府北境有沙罗河自东北来会又东南东流经新站街南又东折南流有板桥河自西来注之又南

有天窑河自西来注之又南有大顿河合二溪自西来注之又东南流经府城东北又东折西南经城之东南又折东南流有蛮谢河自东北来注之又东南经中所塘西稍南受北来一水又东南受东北来之品秀河又南流受东北来一水又南折而东有蛮冈河自东北来注之南流有阿萨河自西南合二溪来注之稍南有怕莫河自东北来注之又东南经者乐甸西有大弄河西自镇沅府北山东流来会又南流折而西南经跨泥村西稍南有四必河自东来注之又南有蛮奠河自东来注即镇沅东境也又东南经新府汛东又正南曲曲流百九十里经威远州东境曰把边江又折东南复西南数十里南流有麻黑河南自麻黑塘东北流来注之折东流经把边塘南又东有慢冈河自北来注之又东南折正南流而西南又东南而东流而南而东南共二百五十里有阿墨江自北合数水来会【阿墨江出旧碍嘉县南百余里大山与蛮冈河源相近此水自山东南流合西北一水又东南经三家坡汛西又东南经哀牢山西麓其东三十里即河底江也又南百六十里折东流数十里又南曲曲经元江府西境二百里折东南流有慢会河自东北来会于阿墨塘之南又东南曲曲八十里有他郎河合三水自他郎汛南流合东北之甸索河水西南流来会他郎甸索即元江府南境水也又南曲曲二百里至三江口而把边河自西北来会此水源流几六百里】又东南有萨普河自东北合三溪西南流二百余里来会又东南流曰李仙江二百里有一水自北合二大溪南流二百余里来会又东南百五十里流入安南国界【水北为安南界南为老挝界此水源流千四百里又西为澜沧江】

澜沧江即古兰苍水疑即禹贡黑水番名拉楚河有二源一出西藏喀木之匝坐黑冈城西北千余里格尔吉匝噶那山名匝楚河即古鹿石山也【山在诺木珲乌巴什山东北三百余里卫之东界喀木之西北界甚高大即古所指吐蕃嵯和甸之麓石山蕃名格勒济咱噶拉纳阿林其麓水东南流百数十里会北来之库克噶巴山之水又东南流会左一池右三池水形若花吐瓣又东南百数十里而南而东南曲曲有一水自西来会始曰匝楚河又东南折而南会西南来一水又南流百里折东南流三百里会西南来一水又曲曲东南百数十里经苏噶莽城西南又东南二百余里会东北来一水又南会西北来一水又东南会东北来一水折正南而西南流百余里会西北来一水又南数十里经义木多庙东境又西南与鄂穆楚河会】一源出匝坐里冈城西北八百余里巴喇克拉丹苏克山名鄂穆楚河【亦曰敖母槊河山下十数池若星宿海汇西南流八十里有一水自西北山曲曲东南流二百余里来会实别源也南流折而东而东南百八十里又一源曰普陀营塔拉水源更远自西南大山南流折西南又折东南流三百里会西北来一水又柬流折东北流曲曲三百余里与巴里喀塔水会二水既合东北流折而东南百余里受北来一水又东南流二百里折南流二百余里受东北来一水又南折而东南经义木多庙西又南与东北来之匝楚河会】二水俱东南流折而南至匝坐里冈城东北三百余里义木多庙前而合又南流受东北来一水始名拉楚河又南数十里折东南流二百里折西南流经贾庙西北稍南有一水自东北合二河西南流汇东南来之滚兆宗城及查木敦庙前水与南一水北流来会至此番名默楚必喇又西南数十里过札克达克匝穆木桥【在匝坐里冈城东北百二十里澜沧江自南至此巳千百里喀木境之大桥也】又南数十里折东南而南百里有自楚河自西北来会【罗隆宗城东北百二十里有楚充千两池水番俱名布多哥鄂模合向东南流以会匝楚果公阿林之水又东南经灵涡庙车前东南流曲曲八百余里来会亦曰匝楚河】又南受西来一水又东南百余里受东北来一水又西南受西来一水又南流过占失打格萨马桥又西南百里折向东南而西南经察喀罗巴西又西南受西来之叶尔玛巴山水又东南百里受西来之喀塔噶里布岭水又东南数十里经屈虫帝鲧庙西南又东南百数十里经蒙番怒夷地折而东北而东南有一水自西来会【自此以前东为蒙番境西为怒夷界】至云南塔城关西入丽江府界曰澜沧江【江源西巳经七度】

澜沧自入边经徐那山之西怒山之东北【西十七度三分极二十七度四分东北去塔城关金沙江入边处百七十里西南去路江入边处百二十里】南流二十里受西来一水【自西边界东流经怒山南麓而东注之】折东南流受东北来一水【出徐那山东北大山者西南流来会】又南经树苗汛西又南有一水自东来一水自西合二溪来并会形如十字【西二溪一东流一东北流合而东注之】又南折西南经小甸塘西折东南流分为二派一支东流至工江汛合东一水折而东南曰工江曰白石江又曰漾备江【见后】其正派南流经风罗山西折西南流曲曲二百里有白水河自西北合三水东南流来注之折东南流四十里受东北来一水又南六十里有表村河自西北来注之东南流经表村东有一水自西来会又东南经云龙州西北境山麓折南流有松枚溪自西来注之又南受东来一水【即云龙州北山水西南流者】南经州西南境受西来一水又折东南曲曲百里有沘江东北自州城北合小

水无数来会【沘江源曰弩弓河出北大山合两涧东南流至白地坪百余里又东南有小盐井山水南流合东一溪西南流经坪东来会折西南流合西来水二东北来水一又南流合西来水一又南经顺荡井田折东南流受东北一水又东南受西一水又东南有大朗河东北自盐路山西南流百余里来会大朗河源隔山而东即白石江也又有一水自西来会又南流受东北水一又南经大波浪村西又南受东北来二溪合流之水折西南流受西北来二溪合流之水又西南折东南流经诺邓井西又南受东北来水二又南流穿云龙州城而南受东北来一水又东南流受东北来二水至干海子西折西南流经山麓又西南入澜沧江此水行澜沧之东白石之西自北而南合诸山小水源流曲曲五百里】又南折西南而南经永平县西境又东南受西一小水【出永昌府北境山东流】又南有沙木河自东合二水来注之【二水出永平县南山西流合而西经沙木河汛南又折西北而西注之】又东南曲曲经永昌东境而东二百里有一河北自永平县合数水南流折西南来会【永平县河出县北境山在干海子东南二源南流而合东南流受东北一水又南经县城中稍南受东北来经城东水又东南受西北来一水有锡厂河自东北来会又东南曲曲百七十里受东一小水又受东南来狗街水折西南流六十里入澜沧江此水源流长三百里】又东南百二十里经顺宁府北境以受南来二溪合流一水【即出顺宁北山北流者】又东曲曲经山麓又东经云州北境而漾备江北自大理府南流汇东剑海洱海诸水来会

漾备江即澜沧之沱江也北自小甸塘南分澜沧一支东流受东南来一水又东至工江汛西北受东来一水折南流曰工江有拉巴山水自东来会又西南受西南来二水折而东经河西汛北又东南流折而南受西南来一水又东南有麦鸡河自东北大山来会【即拉巴山南山也其东麓水东北流至石江会金沙江者】又东南经通甸西北有一水自西南来【即小盐井西北水东北流者】一水自东合二溪来并会【即通甸东北山水两溪西流合而经通甸北者】又东南至通江塘西受东北来一水又东南受东北一水又东南经剑川州西境之旧兰州东有一水自东北来注之【即剑川北山西麓水也】稍南受西北来一水【即旧兰州西北山水东南流经州南者】又东南有磨刀河自东北来注之【即剑川州西境水】又东南受东北来一水【即州西南山水】经大山东麓曰白石江又南经弥沙井西又东南受西一水又东受北一水又东南有东剑海北自剑川州合数河西南流来会【东剑海在荆川州东上源有三西北源曰老君河出州西北百里大山东南流其东北源曰千水河出丽江府西南石鼓汛之南大山西南流百数十里至州北境会而南其东源曰螳螂河出鹤庆府西北山西南流百里与二河合潴为大泽又有州北一水东南流经州城东北会焉湖阔二十里南经城东南有水自西来经城南注之又受东南来一水湖长四十余里自西南流出至沙溪村东有一溪自西北来注之又西南受东北来一水又西南入白石江此水源流三百里自东剑海以东诸水皆于鹤庆府入金沙】又南流受西来水二东来水一即浪穹县西境也又南经炼铁街西受西来一水【县西南境】折东南流经邓川州西南境受西来一水始曰漾备江又东南而南经大理府治太和县西北境又南稍西至漾备街西受西来一水【街在府西南六十里】又东南至合江铺西南有洱海东北自府城汇北来浪穹邓川诸水南流经赵州而西南来会亦巨川也【珥海以形似名北自邓川州东南南经大理府城之东又东南经赵州西北阔三四十里长百三十里其大与滇池不异其上源即浪穹县之黑水梅茨白沙三河也黑水河出浪穹县北与剑川州东南界山两源一南流一西南流合而南经二营西义南而梅茨河自东北而南流经二营之东而西南来会又南而白沙河自东来会南至县东北潴为巨泽有西北一水东流潴为大池经城北来会又东南十余里有凤羽河南自邓川州西南山北流经县南境折东北流来会湖自东流出经巡司北折而东南至邓川州北境分为二派一南流稍东经州城东一东南流折而南曰弥苴河又南复合遂潴为巨泽有芦济河自东北来亦潴为泽西南合焉此珥海之首也东西阔四十里又南经上关之东即邓川州城南十五里大理府城北百里也又南受西来山水三东来山水一即鸡豆山水西流者鸡足山在府城洱海之东北九十里洱海又南受西来一水即府西北山水也又南受西南来经府城北一水又南经府城东至此渐狭东西仅十余里南又渐阔受西来城南及南境三水又东为小湖大湖相连东南经赵州西北有波罗江合二水自南而北经州城东而西北来会又西南流出经下关之南下关在府东南六十里北至上关百二十里此洱海之尾也又西南四十里经合江铺南而西会漾备江弭海源流三百五十里自海而东北诸山水皆入金沙江自海东南诸山水皆入河底江亦滇省之大分水地也】漾备江既会洱海水稍西南折南流百余里有一水西北自黄连铺合数水来注之【水出云龙州东北山东南流百里至永平县东北境黄连铺东受东北一水又南受铺前二流合而东流之水又东南百余里入漾备江】又南经蒙化府西境曲曲而南百八十里受东北

来一水【即蒙化府西境山水西南流者】及西来一水【即乐可巧村西北山水东南流合南来二溪又东流入漾备江】又东南至云州北境复与澜沧江会【首受澜沧处西十七度一分极二十七度一分会处西十六度一分极二十四度七分亦曰漾濞江分澜沧会剑川州浪穹县邓川州大理府赵州诸水源流共千余里】

澜沧江既会漾备江东流八十里有凤凰山水自北来注之折而南流稍东曲曲百余里折西南流【云州东南境即景东府正西百三四十里】有顺甸河西北自右甸城东南流经顺宁府南云州城南合数水来会【顺甸河上源曰右甸河出右甸城北大山东南流数十里经城东又东南曲曲百六十里至顺宁府西南境有一水自南来会又东南百余里至府东南境合西南来一水折东北流至云州西南而府城北水东南流合北二溪南西一溪流来会又有永镇关水合二溪北流来会又东北经州城东南有猛郎河东北自猛郎司西北合二溪西南流经州城东而南来而南来会曰顺甸河又南流百余里入澜沧江此水行四百里】又南数十里折而东二十里又南流五十里受东北来一水【即景东府西南境水西南流者】又南有猛麻河西北自巡司来注之又南折西南流百余里受东南来一水又西南百余里受西北来分水岭水【分水岭在猛缅长官司南九十里猛准之东南其水北流者折而西南为孟定土府南丁河之源】又西南二百里有棘蒜江西自孟定土府东南境合诸水东流来会【棘蒜江上源有二一曰孟定上府东境之耿马河合南来西来二溪又南流合东北来二溪会之南别河又南流而东南一曰土府东南境之南董河自猛董东北流合西北来一水又东北经猛角南又东流合南来大溪又东北流至猛渗北与耿马河会既会东流折东南曰猛渗河曲曲百余里有一水自西南合二溪来注之又东流有南猛河北自猛库合二溪西南流又合东来二溪之会一水者经猛猛村西北又南合西北来二溪之会一水者又南经腊门村西又南合东来一水折西流合西北来一水又南流百里来会既会南猛河又东有猛尹河南自邦董山东北流合东南一水折而北经上下二猛尹又合东西二水北流来会又东流折而东北曰棘蒜江有一水北自仙人山南流来注之又东入澜沧江此水源流三百余里】折东南曲曲流百八十里有巴景河东北自镇沅府合诸水西南流经威远土州而西南来会【巴景河二源一曰树根河出镇沅府东北山及北山二溪南流而合经府城东有二溪自东南合而来会又南西南流经城东南又西南五十里经抱母井南流折而西南一曰猛统河出府西北山合两涧西南流经府西境而南百数十里与树根河会既合西南流有恩更河自东来正统河自西北来并会又西南有景谷河自西北百余里合三溪东南流来注之又南有难可河自东来注之又西南经威远土州城东南曰巴景河西南流曲曲二百数十里有一水合二溪北自猛戞西南流而南稍东共二百里来注之水亦大又西南百里入澜沧江此水源流五百余里自树根河源山以东水俱东入把边江下为李仙江者也】又东南百里有康郎河自西北合诸水来会【康郎河出康郎村西北百余里边界大山有二溪出山合东南流二溪自西南合而东北来会东至村西南折东南流合西来一水又南有蛮河自西南合二溪东北来会又东南折而东流合北来一水又东南百六十里入澜沧江此水源流三百里】又南经巨洲分复合折而东有猛赖河东北自普洱府合数水西南流来会【猛赖河出镇沅府南境山两源一南流一西南流合而南百里有阑马河自东北合二溪西南流又合南一水来会又西南流有暖里村河西北自威远土州东南山南流来会又南流曰暖里河有铁厂河东自西萨村东南北来折而西合北二水而西南流来会又西南曲曲百七十里有追栗河东北自那库里西南流百余里舍北来之普洱河而西南流来会又西南百六十里入澜沧江此水源流四百余里】又东南折正南流数十里又东南流受南北各一水又东南经车里宣尉司西北有巨洲分而东复合至司北折东南流曰九龙江又西南至橄榄坝西折东南至猛沦南境有罗梭江自东北合数水南流来会【罗梭江上源有二一曰大开河出那库里南山南流百里经小猛罕西又南六十里经普藤东又东南曲曲二百里一曰龙谷河出小猛罕东北百余里大山南流曲曲百九十里与西北来之大开河会既会东南流数十里有一水合二溪自东北来会又西南流百六十里有一水西北自猛养之东北大山东南流百余里来会又西折而南经莽支西又南流折而西南曰罗梭江百余至经猛沧东又南数十里入九龙江此水源流七百里】又东稍南流百里入阿瓦国界【西十五度极二十一度七分澜沧自入云南界至此经六度曲折二千五百里】又东南经老挝界又东南经安南国为富良江入于海【又西为南丁河】

南丁河出猛准东南之分水岭北流有西南一水来会东北流折而北合东来一水经猛缅长官司东北有一水合二溪自西来会又北合西南一水又北有嵋堡河李歪河俱自东来注之经腊丁西又北曰猛缅河折西北有分水岭一溪及永镇关南水合而西南流来注之【即云州及顺宁府南境】折而西流百余里受北来小水一大水二又

折西南流有一水东自猛回合三溪西流来注之又南受东南一小水即猛勇东水也又西南有虎口河自东来注之【虎口河出猛撒东南山两源合西北流合西南来一水折东北流有一水自东南来会又西北流经虎口村西有一水自东来会又西流入猛缅河】又西受北来无梁山水及南来一水又西南百里受北来一水及东南来之南路河又西南百里至孟定土府东北有南底河自东南来南滚河自南来并会又西流经土府城北稍西有小南朋河自北来注之又西有大南朋河自北合二溪来注之【南朋河源隔山即路江南流也】折南流入阿瓦国界【西十七度四分极二十三度六分在孟定西南二十里此水行曲折七百里不知其入阿瓦后并入何江南丁河之西为潞江】

潞江疑即禹贡黑水蒙古名哈喇乌苏番名鄂伊尔楚源出卫地喀萨之北二百八十里四围大山中为平野有巨泽曰布喀鄂模当大流沙之东南泽广袤环曲二百三十里【西二十五度极出地三十二度至五分】其水从西北流出百数十里又成一泽曰额尔吉根鄂模广百余里又从东北流出八十里又成一泽曰伊达鄂模广长百余里从此池转东南流百五十里为喀喇池广百二十里水色深黑其地即古壅望之嘉湖也从南流出曰哈喇乌苏又东南流曲曲百余里受西来一水又南有布伦尔河自南来会【布伦河在哈喇池南百五十里其东有公噶巴噶玛山之哈喇河裕克山之裕克河俱西北流百余里与西南来之说木池水合又东北流数十里入哈喇乌苏】始东流百里有一河自北合三水及海拉池水南流来会又东南数十里折东北流经巴楚山麓又东北曲曲受南来二小水北来一小水凡四百余里有布克河自西北来会亦巨流也【沙克河源出喇萨北七百余里之喀尔占古察岭南流三百余里西合都回山之水始名沙克又东南二百五十里北受布克河水又东南流西受库兰河水又东二百余里入哈喇乌苏布克河出自布喀山山甚高大形如野牛连峰而东为诺木珲乌巴什山其阴水入金沙阳水入哈喇】又东北百里出卫地入哈木境折东南流有索克占丹索河合诸水自北西南流来会【索克占丹索河源出伊克诺木珲乌巴什岭数水合流绕诺木珲乌巴什山麓东南流二百余里其西南有巴哈诺木珲乌巴什岭及布喀山察溪峰流出之四水来会历两山间入喀木地又流二百余里入哈喇诺莫浑高大自此连山界全沙哈喇二江而东南直抵云南之境】既合三巨流水势始盛南数十里过索克萨玛木桥【在索克宗城南八十里】又东南折西南流始名鄂伊尔楚河又西南受西北来一小水又折东南流曲曲受东北及西北小水各一又东南受西南来一小水折而东流有一河自北合数水南流至色里苏木拖巴来会【此水长五百余里】又东南百里受东北来一小水又东有一河西南自折里土宗城之敦错池北流合数水来会【此水亦盛】又东受南来一水又东经罗隆宗城北境受北来一水又折东南流百里过沙布衣萨木巴桥【亦曰札木牙萨母巴桥】又数十里受北来一小水又南流稍西曲曲二百余里受西来水折东流又南百里折西南流受西北来一小水又东南流经喀所突庙西又东南百里受北来一水又西南数十里折东南流受西来一小水又南有敖楚河自东北来会【敖楚河亦曰鄂伊楚河在匝坐里冈城西源出城北三百里纳兰岭南流五百余里至家拉穆池入哈喇乌苏长八百里】又南曲曲三百余里受东来一小水又折东南流经密喇隆地【亦曰米纳隆巴】又二百余里入怒夷界始曰怒江又南流三百余里入云南界曰潞江【计自源至横八度纵五度强矣】潞江自怒夷界南流入云南丽江府边境【西十七度五分极二十七度三分东去北怒山澜沧江入边处百二十里在树苗汛西百三十里东岸有大山】南曲曲流百里受东一水又南二百数十里西东北一水又南百八十里至大山东麓【在表村西南百五十里】折而东南流【自入边至此五百里云南西北以此水为边其西岸即怒夷界也故曰怒江东岸与澜沧相去仅百三四十里之间中则连山相接凡东流水俱入澜沧】又百里至猓猓界东南全流入云南境【西十七度五分极二十五度九分地在云龙洲西二百里松牧溪源西六十里】有一水合二溪自东北来注之又东南折南流曲曲经大塘隘东【四十里】马面关东【六十里】又南折东南流有一水合二溪自北来注之又西南流经永昌府治保山县西境稍南有蒲缥河自东南注之【即府西南七十里蒲缥站水西北流入潞江】又东南受东北一水及西来八湾塘一水经潞江安抚司东北其西八十里即高黎共山也【八湾塘水出高黎共山东麓东流经塘南至安抚司北而东入潞江高丽共山之西麓即腾越州之龙川江也山南有分水岭】又南受西来二溪合流一水又东南有一水自东北来注之【水出府正南百九十里施甸巡检司山西北流八十里合东北来一水折西南流百里入潞江】又南流有迴环河合二水自西南来注之【回环河出镇安东南山西流经所南而西而北又东北经所三面又东北合西来一溪又北有邦卖河自西来会又东北流入潞江】又东流四十里折正南流曲曲百九十里有南甸河东自湾甸土州合北来永昌府河及南来镇康土州水西流来会【南甸河上源出永昌府西北山东南流百里合北来一水又东南合东北来一水又南流经府东有巨洲中分复合

曰青华海稍南有水自西经城南来会又东南经哀牢山西南麓折东流数十里经落水洞又折西南流曲曲二百余里有姚关水自西北来会又南六十里至湾甸土州城西北又南经城西有镇康河自南来会镇康河上源曰乌木龙河二源一出无梁山西北流一出其西山东北流合而北有一溪自东来会又北折而西经镇康土州城南而西有怕红河自西南山北流来会又北经土州西又北百里合东南来一水又北经湾甸土州城西南又北与永昌府河会既合曰南甸河折西南流八十里入潞江此水源流五百余里】又西南八十里受西北一小水又南折而东南受东北一小水又西南流受东南来一小水又西流受北来一小水又西南流入阿瓦国界【西十七度半强极二十三度九分地在孟定土府西北百五十里腾越州南稍东三百余里自入云南境至此经三度半潞江在云南行曲折千四百里其下流入南海潞江之西为龙川江】

龙川江番名博藏布河源有二一出薄宗城东北三百余里春多岭名鸭龙河合六水西南流一源出城西北五百余里栋拉岭名额楚河合十余水东南流至城南二水合西南流曰博藏布河经噶克部落及罗喀卜札所属之们布罗入云南腾越州界为龙川江自猓猓界南流入云南边大塘隘之西北【西十七度六分极二十五度六分东去潞江仅五十里】南流经马面关西又西南流经瓦甸西有一水自东来会【即瓦甸东山水西流经瓦甸南者】又南流折东南经曲石街南有曲石河自西合西北二水来会【曲石河二源一出西北边与猓猓界之滇滩关南山东南流曲曲百余里一出关东北之明光山南流曲曲百里合而东南有一溪自西南来会折东北流经曲石界南而东入龙川江】又东南流经高梨共山西麓其西岸即橄榄坡腾越州东境也又南折西而东南又西南流复东南受东北来镇安所西南山水又南有猛弄水自东来注之又西南流二百里曰龙川江有沙木龙东水自西北来注之【水出南甸宣抚司之南大山两源南流而合西南流百余里经沙木龙山之东北折东南流入龙川江】又南流经龙山宣抚司东境又西南经遮放司西南有芒市河东北自芒市宣抚司合诸水西南流来会【芒市河二源出猛弄南流合而西南合西北一水又西南经芒市宣抚司北又西南有一水自东经司南而西来会又西南有南歌朗河自东南来会又西经怕底寨北又西南受东一水又西南经遮放副宣抚司南又西南入龙川江】又西南经猛卯安抚司东有碗顶河自东来注之【自此而西水之南岸为阿瓦国界】又西南百八十里折而西至南喜寨之东南境汉龙关之东北境有岗碗河自北合诸水来会【岗碗河出龙山宣抚司东北沙木龙山两源合西南流经司西又西南合东北来一水又南合西北来一水又南有蛮胆河自东来会又西南流有景坎河自东南来会又西南经屯兴寨北又西受西北来一水又西南有南澜河自东来会又西南折而正南曲曲经虎踞关东境东五十里又南经南喜寨东又东南入龙川江此水源流三百余里】又西至汉龙关北有一水西南自天马关外缅国界东流入合西北小水来会又西南流入缅国界【西十八度六分极二十三度七分在汉龙关西十里天马关东南二十里云南之西南极边其东南河瓦国界其西南缅界也龙川江行九百余里又西为槟榔江大盈江】

槟郎江出腾越州西北境猓猓界山【地在古勇州之南四十里神获关之北六十里大山】东南流合东北来一水西南曲二百数十里而大盈江东北自州城来会大盈江出腾越州北境之半月池西南流二十里有龍嵸山水自西北来会南流至州东北有一水自南合东南二溪北流经城东来会折西流经城北又西南流数十里合北来一水又南有桥头河自东来注之又西南经南甸宣抚司北又西南经猛送南受北来一小水又西南与槟榔江会【大盈江源流三百里】既会大盈江又有一水自西北来会于千崖宣抚司之西北【司在大盈江之南槟榔江之东】又西南流有盏达河北自盏达副宣抚司南流来会【盏达河两源一北出万牣关与猓猓界山西南流一出其西南与缅国界山东流俱数十里而合又东南流折而西南经司东南合西来一水又南流数十里入槟榔江】又西南经翁冷南又西南有曩送河西北自巨石关合二水南来注之【巨石关在万仞关西南百九十里又西南二百里为铜壁关云南极西地其西缅国也】又西南有腊撒河自东来注之【河出户撒之东北山西南流经腊撒南折西北流入傧榔江】又西南入缅国界【西十八度二分极二十四度四分地在铜壁关之东南百里虎踞关之北二百里槟榔江行五百余里】

自龙川江而西边外藏地最大者曰雅鲁藏布江即大金沙江也又西曰冈噶江即冈底斯山水也池最大者曰滕格里池【见后在潞江源布喀池之西隔山】

卷二十四·赫隆江

赫隆江即古漠北之黑水靺鞨室韦所居亦曰完水又名室建河其上源曰敖嫩河即元时斡难河也自喀尔喀界内肯特山西之特勒尔吉岭西北小肯忒山东麓东流【肯特山高大为漠北群山东至大海之祖山之西支阜曰吉隆岭又西曰特勒尔吉岭凡诸岭以南水皆流入克鲁伦河以北水皆流入敖嫩河敖嫩源处曰敖嫩色禽在克鲁伦河源西北三百余里实小肯特山土人呼为哈即格肯山山南为喀尔喀地山北为鄂尔罗国边界岭之北麓水即楚库河源北流入色楞格河者岭之南干山西南麓水即图喇河源西南流折而西北会鄂尔昆河入色楞格河者此岭为漠北一大分水岭也敖嫩色禽西八度极出地四十九度弱自小肯特山东北行为大兴安山包络黑龙诸水之北而东入海一支折而南分为二干一东南为大肯特山起顶又东南为必尔喀岭诸山为北黑龙南克鲁伦诸水之界绵亘千余里至会合处一西南为图拉源山又南为噶拉泰岭折而西南为兴安岭为东克鲁伦锡图喇诸水又西南而西北至土喇会鄂尔昆河处自此而西北群山皆以哈尔泰山为祖若论正当漠北大分水之水一东至东海一北至北海则莫高于肯特山矣】数十里折东南流又数十里会北来一水【即东北大干高山南麓水】又东南经忒勒尔吉岭北麓有一水自岭之西北东流来会【亦敖嫩一源也】又东数十里经吉隆岭北麓有一河自北大山合二水南流来会又东数十里经大肯特山北麓有一河自北合二水来会又东百余里有一河西北自大山合二水东南流来会稍东南流有启察噜河西南自大肯特山折向东南之支阜东北流来会【此水源隔山西麓即克鲁伦源处西南流西会诸岭以南诸水者也】折东北流又折而东百里有巴拉喀河合二水自西南必尔喀岭东北流来会【此河即必尔喀河】又东南流数十里有呼玛尔堪河自南大山合两源北流来会折东北流百里有一河合两源西北自大兴安山东南流来会【此大兴安山土人曰阿母巴兴安甚高大自此绵亘而东直抵黑龙江入海处山之南为喀尔喀界山之北为鄂罗斯国界山在西六度半极出地四十八度六分敖嫩自源至此已合九水矣】又东北二百数十里有科勒苏河自西南大山两源东北合二水流四百余里来会又东北百余里会西来一河又北折东流折而东北二百里有巴儿吉河合四水自西大山东北流五百余里来会又东北折正北流百余里有阿巴楚河合三水自西来会又北稍东百数十里有他尔巴哈水河合五水自西来会又东北三百余里有图噜泰河他拉巴尔吉河特楞河俄克若河俄伦河先后自西大山来会又东北百数十里有泼拉和吉河自南合五水北流五百里来会又东北百数十里有图里格河自南合二水北流来会又东北有温多河自南合五水北流四百里又有昂伊德河自西北大山东北流合六水折而东南流来并会其口如十字【西一度四分极高四十六度七分昂伊德河源流长八百里】自此以下曰黑龙江折而东流曲曲稍北二百数十里有泥朴处河自西北大山东南流七百余里合五水来会【此水源在西二度六分极四十八度九分】又东入内地黑龙江界经泥朴处城南【即泥布楚城在中度稍偏西二分极高四十六度八分】又东南流数十里折向东北二百里折而东稍北二百余里经界碑南即与鄂罗斯国分界处也有昂巴奇里比其河自西北山合四水东南流来会【界碑中偏东一度四分极高四十七度四分】自界碑前东南百里许折向东北二百数十里有卓罗克其河自西北大山合六水东南流五百里来注之又东北二百余里而克鲁伦河西南自库伦鄂模东北流为额尔古纳河来会水势益盛【会处在界碑东北五百余里东四度正极高五十二度七分自源至此已数千里克鲁伦河见后】

黑龙江既会克鲁伦河东流数十里有谋河自南合三水来注之又东北数十里有格哩比其河自西北山合四水东南流七百余里来注之又东北折而东有俄勒河自西北合二水来注之又东有敖尔多坤河自西北合三水来注之又东百里许折而东北数十里有乌里苏河自西北大山合六水东南流六百里来注之又东流百余里经雅克萨城南有额穆里河自西南合三水东北流来注之【城在东六度四分极高五十三度弱】又东稍北八十里【黑龙江东北流至此而极】始折南流数十里折而东流有傍库河自西南来注之又东曲曲百余里有博噜穆达河自北大山东南会四水流七百余里来注之又东曲曲数十里始折向东南流数十里有尔格河自北大山合五水南流七百余里来注之【此水源在五十度】又东南有必勒谭河自北大山合三水南流来注之【亦长七百里】又东南曲曲二百余里经察哈言哈打地山西麓又东南曲曲三百数十里经道士哈达岭南麓有呼玛喇河自西合数水东流千余里来注之【呼玛喇河源出伊克古克达地大山西北流百余里会西南来一水又北流数十里折而东北曲曲三百里有一河合两源自西来会折东流百里有他哈河自西南伊尔呼里山之北东北流合南一水而东北来会又东北流曲曲百余里折东流又东北数十里有呼吉哩河自西北山合二水东南来会又东数十里折东南曲曲四百

里有一河自西北来会又东南数十里有呼蓝河源曰窝勒可河自西南山东流会南来三水而东北流来会又东南曲曲四百余里入黑龙江正当道士岭之南此水东流北岸连山之北即黑龙江南岸连山之南诸水皆并嫩泥江者】又有必勒言河自东北西流绕道士岭东麓而南来注之又东南二百余里经屋鲁苏木丹地西折而西南二十余里折向东南二十里又折向东北三十里又折向东十余里又折向西南二十里水势凡五曲若勾巳状【东十度五分至六分极四十六度四分】又南流有滚必拉哈合三源自西来注之又东南流百余里有库兰河自东北合二源来注之又东南数十里有额苏里必拉哈合二源自东来注之又南百里有殿河自西北合二源来注之折西南数十里复南有库丁河自西山东南流来注之【其上源曰伊士恳河其源西之隔山水皆西南流入嫩泥河者】又正南数十里有额你必拉哈自西来注之又南折向东流五十里有锦衣里江亦曰净溪里江北自鄂罗斯国界大山南流合北来诸大水西南流来会亦巨川也【锦衣里江二源西曰拖呵河东曰纳尔河苏希河俱出极高五十度之北不知所在俱南流合而西南流曲曲而南而东南约五百里有一水合东北来之阿儿吉河西南流又合东北来之二格河又西南合东北来最长之乌揶河又西南合东来之乌拉喀河而南来会或曰此亦衣锦里之一源也遂南曰衣锦里江南流百数十里折而东南曲曲五百里有琴都河自北山南流合一水又南合东北来之昂乌里鄂模水及泞泥河二源之水又西南流合东来三源之殿纽河水而西南流来会锦衣里江又东南曲曲流四百数十里有一大水自东北来会即锡哩穆的河也锡哩穆的河源出东北大山亦在五十度之北西南流数百里合东北来二源之水又南二百里合东北来一水始曰锡哩穆的河又西南流合北来一水又西南流合东北来最长一水又西南二百里合北来一水又南合东北来一水折向西流合东南来一水又西流百里有锡乞你河北自达尔扬沙山前合两水南流又合二水而南来会又西南数十里有敖昆穆尔科河自东南山西流来会又西百里折而西南曲曲二百数十里有那拉河自北合二源南流来会又西南百余里有翁厄河自东北合三水西南流来会又西南百里会锦衣里江锦衣里江既会锡哩穆的河折西南流二百七十里有必拉河合二源自北来注之又南有托莫河自东合二源来注之又南数十里折西南流百里有贝敦河自东合三源来注之又西南百三十里而黑龙江自西来会此水源流可见者二千余里可谓巨川土人称锦衣里乌喇】

黑龙江既会锦衣里江折南流数十里有五可萨里必拉哈两水自西先后来注之又西南数十里经瑷浑城西又南十余里经萨哈连乌喇城东【两城隔江相望东十一度之间极出地四十五度强】又东南流数十里有尼河自西大山合二源东流经乌喇站北而东来注之又东南百里经拖里尔哈达北麓又东南折而南数十里经阿克的苏苏之西又东南经德闻苏苏及扶禄苏苏之北又东南八十里至德尔得尼城之东北有博尔豁里鄂模水北自喀分苏苏地南流经察哈吉城西南又合东北来之穆得赫山水曰模里尔克河者经车赫得城北而西注黑龙江黑龙江南经德儿得尼城东东岸数里即车赫城亦隔水相望也【东十一度七分极四十四度四分】有博库里河自西北来绕城南而东注之又两经博库里山东麓南流为湖广十余里长三十里有博吞河自东北来注之又南稍东百余里至马哈拉察克丹地之东南有孙河自西北来合西南来之占河东南流经格里儿哈达之南而东来注之【孙河源出库穆勒山之北曰孙色沁东北流经库穆勒里站之南折东流百余里其北有厄育勒河自西北合北来之厄楞古河东南流来会又东流折而东南曲曲三百里而占河南自大山北流合西来二水又东北流二百里来会折而东南百余里经格里尔哈达南麓又东入黑龙江】又东南有科尔芬河自南合二源来注之又东南百数十里有纽满河自东北合数水西南流来注之【纽满河源出东北大山南流数十里折西南流百余里合北来一水又正南流九十里合东来一水又西南流百里折而南数十里合西北一水又南百余里合东北来一水又西南百数十里有卓伦启河自北合两源东南流又合一水而东南来会又西南三百里有塞拉马河自东北合三水西南流来会又西南曲曲二百余里折而南百里至苏克西哈达之西北南入黑龙江此水源流长千二百里】又东南经苏克西哈达南麓又东南有哈拉河自东北合二水西南流经哈达东麓来注之又东南百余里有乌衣河自西南合两水东北流来注之又东南数十里有甲里河自西南来注之又稍东北流数十里折而东南有富河自西南来潴为湖复北流注之又东南有库尔社里河自北合三水南流来注之又东南折而东流经纳丹哈他拉山之南麓凡百里许有察伊河自南合二水北流经布轮山东麓而北来注之又东稍南数十里抵南岸大山北麓有库穆努河自北来注之【枯母奴河即出纳丹哈他拉山之北大山中东南流循山东麓入黑龙江】又东北数十里有木春河自北合二水东南流来注之南岸山即喀母泥哈达自西绵亘而东者也折东南流经谋哈达西南麓又数十里有吉坛河自西南合二水来

注之又东南数十里其北岸犹是谋哈达东南麓其南岸即木克阿里哈地北大山北麓也【黑龙自受富河之后经两岸大山中如蜀江出峡者五百里】有库育鲁河自北合二水来注之又东南有禾乔惠河自北来注之又东南有必占河北自必占窝集山中合二水南流来注之【窝集即深山也此河长三百余里黑龙江至合此水始出两山间行平地】又东南百数十里折而东流土人称为萨哈连乌喇又数十里折东南流百余里而松花江会嫩泥河及宁古塔河诸水自西南东北流至查匪噶山之西而北分二支先后来会【东十六度七分极高四十七度八分松花江及嫩泥河宁古塔河见后自此以下凡曰噶山以居人聚落而名】

黑龙江既会松花江东流折东北经查匪噶山北又东北有数大洲【最大者近北岸之阿西克哈噶山近南岸之改金噶山也】凡百余里当改金山之北而支港复合又东北数十里经衣秃噶山南中有洲又东有乞穆尼河西北自乞穆尼窝集山中合四水东南流来注之【乞穆尼窝集在必占窝集东北三百里又北三百里为格连窝集皆连山绵亘叶落浮土人迹罕到自此而东至海滨皆杳茫窝集也】又东南经乞纳林噶山北其东南即额穆吉山也又东南折而东北江中有洲长三十里又东北百数十里经喜鲁林噶山北又东分为二派正派稍东北数十里折而东南旁派东南流数十里有乌苏里江自南合诸水北流而先分一支西北流来会而东北流与正派合二派既合而东中有大洲又东稍北而复东经松额里昂喀地之东北复分二派正派北流二十里旁派东流十余里而乌苏里江一支渠自西南来会北流经赫真噶山之西即赫克特里地之西北也又北与正派复合经这乞林噶山之东【乌苏里江合处在东十八度三分至七分极高四十三度四分及五分自合松花江至此四百余里乌苏里江见后】

黑龙江水势愈盛有库噜河自西北窝集中东南流经汪达山西麓而南来注之江心有洲数处又东北经穆尔枯噶山西北由得行里噶山东南而江心有洲长二十里【中有噶山】又东折而东北经噶山四处之北而江分二派俱东北流五十余里【中有噶山】又北复合经噶山三处之西为巨浸中有两大洲有敦敦河自东合五水西北流五百余里来注之又北经两处噶山之中北至赫根地东而江又分二派一正北流经五处噶山之东一东北流折而西北经三处噶山之西共百六十里复合有奴垒必尔特河自西南合三水东北流四百里来注之又北有巴勒尔河自东南合三水来注之又北有克七河自西来注之又东北受东来之呼兔他拉哈池水又北有富打克他拉

哈池自西承西南两源一河之水东流来注之又东北经西岸之噶山三东岸之噶山二又北有格林河自西南合数水东流千里来会【格林河源出格林窝集在乞穆尼窝集之北三百里有两源南源东北流百余里北源东南流数十里合西来一水又东南九十里合焉又东北流百数十里会西南一水又东流数十里折向北流有一水自西北来会又东北曲曲二百余里分为二派俱东北流六十余里复合又东北百里有多索密河自西北山合三水东南流来会又东稍南流曲曲三百里潴为勒因鄂模自东北流出百余里入黑龙江江心有一大洲也】又北有勾根河自西北合二水东南来注之又东北经福禄马噶山东有科尔古河自西北松林中东南流来注之又东北经科尔古噶山东由特噶山西南有由特河自东南合二水来注之又东北经东西两岸噶山各二有哈尔即河自东南来注之又北折而东北经南岸噶山一有喜拉孙河自东南合二源西北流来注之又东北有戳罗河自西北来注之又北有多林河自西来注之又东北有七可杜哈河自西北来年塔哈河自东南并注之又东北经东西两岸之噶山各一又东北至西尔术噶山之北又东分为二派一北流数十里折而东北经一噶山南又数十里一东北流有克吉必尔特池自东南合四河之水西北流来注之【克吉必尔特池上源一曰纳母登忒河自东南合二源西北流三百里与南源会南源曰喜尔巴喜河自南山北流合东一水西北流三百余里会为池西北流有刀湾河自南来会又西北有会里河自东南来会又西北流中有大洲三角分派入黑龙江水口之北即克吉噶山也】又东北百里许经东岸噶山一又东北有敖体河自东南来会又北与前派复合又东北受东南来一水又东北有必占河自西大松林合四水东流六百余里来注之又东有药民河自东南来注之江心有洲其西岸即色楞素山麓也又东北经葵马山西麓又北有夏里河自东南来有图陈河自西南来并注之又北有梅苦河西自松林来注之又北有付打哈河自西北来注之折东流有马哈尔七河自东南来注之稍东又受东来之赫勒里河又东北有法亭河自东南来注之又北有气宁河自东南来注之又北经木乎勒噶山之西其西岸即松林也又北分为三派【中有二洲】有阿可启河东南自厄非金水合二源西北流来注之又北复合又北至莽阿臣噶山之东南有亨滚河西自窝集合数大水东北流千五百里来会江心有二洲【亨滚河出羊山之东隔岭东麓曰亨滚色禽东流二百余里合北来一水东南流百数十里合西南来一水又东百余里合北来一水行松漠中东南二百余里有哈达五尔河西南自松林东流合南水四北水三而

东北流七百余里来会又东北行松林间曲曲八百里有额密勒河自西北合数水东南流七百余里来会又东行二百里稍北经伊斯科路必尔特地之南又东百余里至莽阿臣噶山之南东入黑龙江此水自东十七度八分至东二十四度源流几二千里】又东北有巴哈河自东南来注之又东北江心有巨洲有七灵伊河西自衣思科路必尔特池合西北来三水东流来注之稍北有喀兔密河自西北合一水东南流注之又有敖达里河自东南来注之又东北经南岸阿尔哈噶山庙噶山之北受东南一水【曰可七河在阿而哈之西】受北来五水【其有名者曰药密河曰里七河曰法特海河皆北出松林中南注法忒海河之东北即察哈达噶山也】又东北至别央阿山西南麓为初入海之口其南岸即瓦吉噶山也【东二十五度极高五十二度八分九分】又东北至达不哈敖佛洛山东南麓有堪达河自北而东南来会其南岸百里即启不林敖佛洛山瓦巾朱鲁哈达也是为外口【东二十五度四分极高五十二度六七分至四十八度】又东而北岸为杜郎噶达敖佛洛山三面悬海即布育里噶山地其北有宁艾河自西北七嘉可山东南流注于海七嘉可山即大兴安山包黑龙江之北绵亘数千里不断者至此而东蟠为郎噶达敖佛洛山及面噶达敖佛洛山为黑龙入大海口之北岸两山之东隔海数十里有长岛形如偃月【长百数十里阔五十里南北俱尖】岛南又隔海数十里有小圆岛曰角即哈达【圆径二十余里西望面噶达七十余里西南望杜郎噶达百数十里二岛在东七十二度长岛极高五十三度六分至八分圆岛极高五十三度四分强】其南岸自启不林敖佛洛及瓦巾朱鲁哈达而南为卓和林敖佛洛前后有小河口五隔海有小岛十一又东有天阿河口【五河一在瓦巾朱鲁哈达之南河口阔四十余里有小岛又南为你满山其西南即你满河口又南有一河口又南有察满河口又东南百里至索母宁噶山有客勒穆特河口口之北有兔而庠及雅布格里二岛隔水相望又北即海内八岛也自索穆宁隔海北望八岛相去百余里自八岛隔海北望杜郎噶达相去二百余里矣南自极高五十二度三分北则极高五十三度二分强矣又东南百里为天阿河口河出厄非金山之北支峰厄非金山亦海岸大山自南而北绵亘千余里者也自河口而东北数十里为它什铺弩敖佛洛山】为它什铺弩敖佛洛及青噶里敖佛洛二大山亦三面悬海与北岸面噶达四百里相望为外大海门其东隔海二十里亦有小圆岛曰额里必哈达与北小圆岛又相望也【南小圆岛东二十六度一分极高五十二度三分】自小圆岛隔海东百数十里为东大长岛之白和必河口大长岛为黑龙江口海中大狭沙南北袤邪长一千六百余里【南自极高四十九度八分至北高五十四度四分】东西最阔三四百里或一二里西近黑龙南小圆岛为东二十六度半至东北斜处为东三十度三四分地形夭矫如游鱼中脊有山连峰自北至南松林相望蜿蜒不绝水分流东西入海近海平地有居人数处其山有名者曰英额申山正居岛中其水西流入海者有八【曰白和必河源出英额申南麓西南流有一水自东来会又西南曲曲入海长三百里此河口之南为汪艾河口又东南为低巴怒河口又东南为温忒呼河口南岸即拉喀噶山也以上皆西南流者又东南为出可金河口又东南为出拉河口又南为特恳河口南岸有噶山以上皆西流者又东南为衣堆噶山河口西南流者又东南二百里为蒲垄噶山又东南曲曲而南为岛之南尽处自白恬必河口而北而东北九百余里无水也岛西近黑龙江口两岸惟白和必河口亦正为岛地之中其北其南则与两岸远数百里矣】东流入海者有九【自白和必河源而东隔山为郭多和河两源合东流入海其东北二百余里为努列河口长三百余里又北为达喜河口又北为萨衣河口北岸有噶山又北稍西二百余里为披伦图河口北岸有噶山又北百数十里为厄里耶河东北北流入海之口北岸有噶山自此而北百里为岛北尽处也自郭多和河口而南而西南二百里为塔塔玛河口又东南二百余里为启社什河口又东南三百里为阿当衣河口自此曲曲而南而东而西南至尽处无水】黑龙江自西八度至东二十六度【实三十五度】源远流长自会松花以下东北数千里深阔与岷江埒

卷二十五·入黑龙江巨川【曰克鲁伦曰松花江曰嫩泥江曰乌苏里江】

克鲁伦河即胪朐河源出肯忒山东南百余里支峰西南麓两源【直河套北二千余里肯忒山脉西北自敖嫩色禽岭有东南一干东为忒勒儿即岭又东为即龙岭又东起顶为肯忒山甚高大山北麓即敖嫩河也山又东百里许折而南行数十里其西南麓二水西流而合是为克鲁伦色禽在西六度六分极高四十八度四分在敖嫩色禽东南三百余里】西流而合又西数十里有一河东北亦自肯忒山南麓西南流而会【即北别源也】又西南流经肯忒山顶之南【去山顶数十里】受北来之衣鲁河又西南受西北自即龙岭来之即龙河又西南至布塞山之东南麓【布塞山即忒勒儿即岭南干尽处】有撒纳河东自必儿喀岭之西麓西流合东南一水来会【必儿喀岭即肯忒山

之东南干山也】又东南有一河北自忒勒儿即岭东南流来会又西南有白勒官河西北自土喇源山之东麓东南流来会又西南至噶勒秦岭之东【自岭西北之水皆西入土喇自岭东北之水皆会入此河】又西南二百余里至两山间【岸东山即必儿喀岭之西南干山又南百余里起顶为巴颜乌喇山势甚高大其岸西山西自兴安岭来过平地东为呼商阿山北有呼查不拉河南有噶老台及衮鄂模二池水又东过平地有此山绵亘而东南二百里许克鲁伦自源西南流至此已四百数十里】循山麓折而东南流经巴颜乌喇山西麓至南岸山尽处共二百数十里稍折东流有孙可勒河自北合三源南流沙中隐见不常来注之【亦曰僧叉勒河在巴颜乌喇山之东活拉灰图之西南其水长三百余里以行沙地若隐若见】又东南百数十里自沙地经拖诺山南麓圣祖御碑前赐名饮马河康熙三十五年亲征噶尔丹驻跸于此【山在河水之北河自会孙克勒河东南流前临沙漠北岸亦无山者百余里惟此地有大山西南与大漠中之拖拉哈山遥遥相望而已】于山前稍折东北流数十里又东北经喀勒河朔山北麓【山在巴颜乌喇山之东百里东西相望克鲁伦经其北】又东北百数十里有他拉几尔即河西北自必儿喀岭西南麓合二源东南流沙土中四百余里隐见不常来注之【此水自出山行沙地中亦若隐若见其东为乌即衮布拉克也】又东北数十里经小山西北麓【小山曰厄写得哈儿哈南隔漠百里为烟秃山又东南百余里为才里刚阿山又东南三百里为翁文卓鲁可山又南三百余里为查汉七老碑山又东南二百里为杜兰喀喇又东南五百里为察布图山又东南为苏尼特部落此度漠要道也自小山北渡河即厄勒莫山之西南麓地曰克勒布里社又西北曰得儿白勒克布拉克又西曰乌即滚布拉克】即北岸厄勒莫山之西南麓也【山脉西北自必儿喀岭东干东南至此为厄勒莫山其东北干则数千里绵亘不断色敖嫩河南岸诸水东北】折东流数十里至东南麓两岸沙漠又东北流【有古尔板拨拉龙山三峰并立在南岸沙中四十里许】三百里至哭路鄂模南稍东经西拉得克西拨各山之阴【漠中小山】又东百里中有沙洲曰木儿呼术东北流百余里经必拉城南【漠北仅有此城隔河而南有干诸可客蒲山绵亘而东北者百里许即他本托罗灰也】又东经杜勒鄂模南【池在城东十余里】又东河心有沙洲南岸为他本托罗灰之北麓折东南流又东流二百里至南岸小山折向东北百数十里至南岸大山东北麓折东南流百数十里其东岸山即古尔板包活特也至南麓折东北流百数十里折向正北数十里又东北流中有沙洲其东南岸外则杜勒鄂模也又东北曲曲三百里经阿儿坦尼莫儿山之东北潴为枯伦湖【东一度克鲁伦自源东北流至此已二千数百里在黑龙江齐齐哈尔城西一千三百余里】枯伦湖即古俱伦泊亦曰阔滦海子自西南而东北长径二百余里东西阔百余里周可五六百里【自中偏东六分至东一度四分自极高四十六度七分北至五十度四分湖西三十里有巴留拉泰山东北近岸有噶尔巴里山正北有敖勒即塞克忒山】有乌里顺河自东南布伊尔湖会喀尔喀河诸水北流来会正当湖面之正东【乌里顺河上源曰喀尔喀河有数源最东者出河鲁他拉奇岭之西麓有池广数十里西南流出百余里而南源合三水西北流来会又西南流百余里有一河合三源自北西南流来会又西分为二支一南流有阿母巴哈儿浑河合三水自南来会又西流与北一支复合又西流有衣蓝塞漠河颇大色禽自北大山西南流二百余里来会又有一河自西北合三源亦南注之又西南受南来之哈尔浑河又西有噶儿查布鲁克图河自东南合噶儿图思太河及噶儿巴哈尼河二水北流来会又西有活活河自南来会折西北流经客勒河朔地之北其北岸有小山又西北百余里受东北来之呼鲁思太河又西北二百里折而西流百里许曰喀尔喀河折西南流数十里分支渠西南汇为巨泽曰布伊尔湖亦曰布育里鄂模形如瓜瓠自东北至西南径百四五十里东西径七十里亦俱沦泊之亚也自正北流出百数十里曰乌顺河中有沙洲受西南来之乌蓝布勒克水又北曲曲流二百数十里折而东北又西北流入枯伦湖此水源流长一千余里】

克鲁伦河自湖东北角分二支流出一支于噶尔巴里山之西北地东北流有开拉里河自东合诸水西北流来会【开拉里河源出诺民河源山之西麓有两源西流而合又西数十里有一水自东南来会又西百里有查萨河自东北来会又西百余里合南来一水又西稍北百数十里有忒纳克河自东北合三水来会又西北数十里有衣本河自东南山合两水西北流又合南一水又西北曲曲数百里与南来之灰河北经西百山者合而北流来会又西北数十里有乌蓝鄂模自东北合莫勒根河之水西南流来会又西稍北曲曲四百里许经达哈得儿山南又西与枯伦湖东北流出之水会此水源流千余里】又西北流数十里而一支正北流经敖拉即塞克忒山东麓者又东北数十里复合又东北流数十里经车里山之东其东岸为西楼兔山之西麓又正北曲曲二百里折而东北二百数十里又折正北流有振河自东南合活轮河等五水西北流来会又正北曲曲二百里有忒儿布勒河自东南合两水来注之又

东北百数十里有谋里儿肯河自东南合三水来注之又北流数十里折东北百里许有牛勒河自东南合四水来注又东北二百余里有衣母河自东南合两水来注之

自出枯伦湖东北流经黑龙江索伦界两岸无山土人名为纳尔古纳河实克鲁伦河也

又东北流二百里两岸有山【两岸山即必儿喀岭之东北干绵亘至此而尽】而黑龙江自西来会【东四度极高五十二度七分此河南临大漠源流长三千八百里径十四度】

松花江南自长白西北流会嫩泥江折东流会虎尔哈河东北流与黑龙江会

松花江古粟末水亦曰速末水鸭子河即混同江亦曰吉林乌喇有数源皆出长白山北之支峰其东有二源正当鸭绿江源之北者一曰阿几八兔拉库北流其东十数里曰阿母八兔拉库亦北流下山数十里合焉又北曲曲百数十里有泥牙母泥牙库河自东南来会泥牙母泥牙库源在长白顶之东北六十里支山中西北流曰色禽流二十余里有别源自东来会西北流百余里会前水也既合西北流三十里而活同几河自东合东北之富尔虎河西流来合焉水势始盛活同几河即混同江有四源出黑山之西麓【黑山在长白顶之东北百四十里即长白之支峰东北行干山也】西北流合而西百里许会东南来一水又西会南来一水曰混同江而西富尔虎河源出平顶山之西北诸峰【平顶山在黑山之北百里亦干山北行而分支一趋东北一趋西北为你牙蛮哈达】三源一西北流二西南流而合西北流百里许有一水合二源北自你牙蛮哈达之南合而西南流来会又南稍西南而南百余里与东来之活同几河会疑即金时按出虎水也二河既合西南流数十里有了儿拖河自南合二水来会又西流数十里而泥牙母泥牙库河自南来会于是折西北流有色米冷河自南来会又西北百里许而松嘎里乌喇自南合诸水来会【以上是东源即古名混同江也】松嘎里乌喇即古松花江也源出长白山顶北稍西与阿几八兔拉库仅隔一冈西北流出山七八十里合南来一水【出长白连西干山东去松花源六十里】西北流曰厄赫诺引河百六七十里许有三引诺引河合二源水西北流又合西南来自斐得里山之汤河北流百余里来会【斐得里山即西干西行之大山东去长白顶二百六十里】又有雅哈河自西南来会又北流有罗库河西南自山中合二源东北流又合一水百数十里来会【罗库河二源出大山其南即佟家江源也】又北有那尔混河合二水自西来会又北有泥他哈河自西来会又北而混同江自东来合水势益盛矣两大源既合北流受东来一水又北受东来之色勒河又北受西南来百数十里之拖哈那儿浑河至此土名松嘎里乌喇又北受东南来百数十里之三母石河折西北流而土门河西南自鸡林哈达东北流会数十水经辉发城那儿佛路城而东北来会亦巨川也【土门河出柳边外之鸡林哈达在兴京东北百六十里英额城东南百五十里其山高峻绵亘派自长白而西至斐得里山折而西北为佟家江源大山又西为黑林岭又西为哈达连峰不断河有三源合而北流折而东北行二百数十里而西南来之古沟河合诸水来会古沟河较土门河更长源出柳边英额东南数十里之戈尔朱墩山中二源合而东北流百余里有朱墩河自西南水中来会其西北即肨色城也折而东数十里经萨哈亮山南麓朱鲁莽喀北麓有阿母八煤和河自西北山来会又东北经两山间有富尔哈河自西北山来会又东北有角河自西北山来会又东北有羊谷河自西北山来会折而东流而土门河自南来会焉二水既合又东会南来之三屯河又东北数十里经辉发城又东北受北来之德佛河南来二百里之拖欣河又东北受北来之牛里顺河南来之角喀河又东北受北来之禾土河又东北受北来之佛多少河稍东受北来之辉溪河又东北受南来之梭尔火河又东北受北来之胡萧河受南来之发河又东北经那儿佛路城之北受西北来之布喀河及北来之拖母十河水又东北受南来之敦屯河又东北受西北来之鸡儿萨河即源出西北之哭勒岭东之哭勒诺窝几者也又东北百里与松花江会此河自柳边外东北行六百余里合水之有名者十九凡自戈尔朱墩之北大山以东自鸡林哈达及黑林岭大山以北诸水毕汇水势与松花混同相敌是以土人呼其下流总曰鸡林乌喇也】

松花江既合鸡林土门河又北有穆禽河自东南来泥石哈河自西来并注之又北有非衣河自东来注之又西北有扯法河东北自小白山色奇窝几合诸水西南流来会【扯法河上源一曰推屯河出色奇窝几之西麓二水西南流而合经推屯驲之北又西南流会北来之拉伐哈达东一水又西南流而北源之出小白山西南麓曰秃尔丹河西南流与西北来之懒虎河会南流合西来即穆窝几岭水合南经拉哈驲及兰包村之东而南来会焉二源既合又西南流经旧营东又南会东来之佛思狠山西水又西南受北来二水又西南经瓜儿茶村南有瓜儿茶河自东南来会又西南有代鲁力河自北来会又西南入松花江此水行三百余里】又西北有马烟河西自马烟岭合数水东北

流来会【马烟岭而北又有小白山非东小白也在鸡林乌喇城之南五十里】又西北百二十里至鸡林乌喇城之南有温得狠河自西南来会折东北经城东而北【其东相望有泥石哈山】又折西北流九十里有一汊河东自那穆窝几岭之西来会又北水分为二派一东北流经景思佛罗驿西北有折松厄河自东来注之又东北经布特哈乌喇城之东又东北有书兰河自东合那母麻噶河及禾土河水西流来会折西经喀哈城南一西北流经布特哈乌喇城之西又西北有鸡河自西南合一拉其河搜登河及鸡哈河三水东北流来会折东北流与东一派复会于喀哈城之南【分行八十里复合】又西北有查欣哈河自西南合二水来注之又西北有喀哈村河自东来注之稍北有其它河西南自商尖哈达来注之【自哭勒岭而北连峰不断北为萨龙岭又北为伐十阑哈达又北为商尖哈达又北始为沙漠】又西北数十里出柳条边之巴烟鄂洛边门之西【松花源处东十一度三四分极四十一度九分合鸡林处东十度八分极四十三度二分乌喇城东十度五分极四十三度七分布特哈城极四十四度二分江出柳边门东十度三分极四十四度五分】

松花江自柳边西北流经灯厄儿驲西又西北有拖儿泥河自东南来注之又西北经蒙古驿南又西北折而西南有穆书河南自伐十阑喀达西麓合南呼兰哈达水自北流出柳边来注之又西北流经它赖驿南又西稍北有义屯河南自柳边义屯门合数水北流来注之【义屯河源出阿尔滩额黑尔站之东南大山其隔岭水即角河羊谷河东南流入鸡林河者此河三源合而西北流二百里有一单河自东南所尤母阿恋山之北麓合二源西北流百余里经一把单驿又百里与东来哭勒岭西之刷烟驿河而西北来会既会一把单河又北流出柳条边义屯门之西北数十里折北稍东百余里有衣儿门河东南自哭勒岭之北麓西北流数十里经衣儿门驿南又西北数十里有萨龙河自东南萨龙岭来会又西北经呼兰哈达西南流又西北出柳边共行三百里来会义屯河既会衣儿门河北流曲曲二百余里入松花江此水行五百余里】

松花江又西北经鲁衣包驿南又西经合子驿南又西北经舍里驿南又西北经深村南又西北经白都讷城之南水中有巨洲【东八度六分极四十五度三分】又西北百里许折而北稍东北流而嫩泥江水自北来会【计自源至此已行千六百里会处东八度五分极四十五度五分强】

松花江自白都讷城西北境会嫩泥江水势益大折东流十余里中有长洲经三噶山南受北来一小水又东稍北经二噶山南【皆在白都讷城正北百余里噶山皆在北岸最西当会口曰哈龙噶山也】又东稍南六十里折东稍北百余里经九噶山南有拉林河自东南来折正北流注之【拉林河出拉林山在乌喇城东北三百里即色奇窝几之北蟠为小白山又西北转行挺为拉林山者也此山之北即活龙窝几疑即金之黄龙岭此水二源南源出拉林西麓曰音兰河北源出窝几南麓曰活龙河西流而合西北流百里而磨梭河东自大山西流来会又西数十里有喀萨里河自南来会其北即花苔库山也又西北曲曲四百数十里入松花江】又东北百三十里经六噶山南曰松嘎里乌苏折东流数十里又东北数十里中有长洲经阿儿褚库城北境又东有褚库河自南来注之【阿尔楚库河即褚库河源出磨梭山之北麓合二水曲曲西北流四百里许入松花江】又东北有呼轮河自北合五水东南流七百余里来注之【呼轮河两源一出东北山两水南流而会又西南流百数十里一出西北山东南流百余里折而南流又百余里而两源会焉西南流百余里有呼拉库河自北山合三水东南流三百数十里来注之又西南百里许有厄即米河自北来注之又西南百余里有厄浑河自北来注之折正南流数十里有纳民河自西北合二涧来注之又南数十里有通背河自西北喀勒喀儿图地合二水南流又合西一水东南流共六百余里来注之始折东南流三百余里入松花江江口在褚库城东北五十里木儿昆城西南二十里】又东经木儿昆城南江中有洲又东北受北一小水【即木儿昆城东一河也】又东有匪克兔河自南来注之【非可吐河即匪克兔河源出磨梭山东南百余里大山西北流合二水行三百余里又合一水西北流二百余里入松花江】又东折东南流有说罗河自北合二小水南流又西合你乌拉山水东南流注之又东百余里受北来一水【即泥勒邵马山西麓水也】又东南有巨洲有佛忒库自北来注之【即泥勒邵马山东麓水也山在江北岸十余里】稍东南有乞蒲拉河自南来注之【义巴拉河即乞蒲拉河二源西北流三百里许入松花江】又东南有木林河自北合二山来注之又东有长洲又东有布呀米河自北来注之又折而东北有阿即各富拉库河哈儿呀河阿母波富拉浑河俱自北来注之又东百里折东南流有西林河自北来妈言河自南来并会【马昂河即妈言河其上源曰衣儿门河源在小白山北百余里平地合二水北流又合一水又北流有哈河来会又北曲曲曰马昂河又北曲曲四百余里入松花江】又东南折东北流经化查哈河儿池

南又东北百数十里至阿母巴呼忒亨噶山之东受西北来三小水【一曰阿母巴乌那浑河一曰西百河一曰阿母巴呼忒亨河】又北有洲又北受北来一小水经拉喀里噶山东北有呼拉哈河南自宁古塔合诸水北流来会【呼拉哈河见后】经豁吞噶山之北博拉毫噶山之南稍东有窝肯河自东南合四水西北流经乌儿见山西南麓来注之【窝肯河两大源一曰枯勒河源出堪达山西麓西南流百余里会东南来之查库蓝岭北水又西流百八十里会东南来一水折西北流二百数十里一曰掖肯河色禽在阿儿哈窝集之东南百余里高山下隔山即诺罗色禽也此水自山麓西南流百余里会东南来一水而西匪勒河自东北窝集西南流来会又西流数十里合北来之博豁里河又西数十里与枯勒河会又西北百余里会北来之发儿秃浑河又西北百余里经乌儿见山南折而西北入松花江此水源流七百余里口在豁吞噶山之北】而巴蓝河亦自西北合四小水东流来会水口如十字

松花江既会呼拉哈河又北流百里经三噶山之东四噶山之西折而东北经三噶山之北又折正北有巨洲经二噶山之西一噶山之东有吞河西北自吞你窝集池南流合十水东南流七百里来注之【吞河源出吞你窝集之南有二池南池曰吞鄂模周三十里南流曲曲二百里会东北来之乌模鲁河又东南百余里有衣春河自西北大山两源合南流会三水东南曲曲三百余里经察哈拉库山之北而东来会稍东有哈母乞河亦自东北来会又东南流百余里有查里河自西南来会又东南百里许有活河自北合窝集毕汉二水东南流来会又东南有洪乌河自西南来会总曰吞河又东百里有木孙河自北合三水来会又东南数十里有秃河自北合三水来会又东南数十里有哈罗河自西南来会又东有阿西克谭河自北来会又东数十里经哈拉噶山北东入松花江隔江东岸噶山相连也】又北数十里经诸噶山西折而东经多龙乌噶山南敖干噶山北有河东南自敖干山西北流注之又东北数十里折东百余里经诸噶山北有困打母河自东南合二水来注之中多沙洲【西岸即查林达及阿察两噶山也】又北数十里折东北流有洲经它来城北有乌吞河自西北合二水来注之又东有洲又东有巨洲数十里【中即杜喀噶山】又东南有杜儿河北自佛思痕山合二水来注之又东有阿母巴河自南来注之又东百余里沙洲无数【北岸曰敖里米噶山其南岸数十里即毕勒言山也】又东折东北流经西而巴打及喀儿亭两噶山南又东北至乌都乞噶山之北【江中洲渚甚多南岸数十里即敖勒豁勒山也】又北分为二派一正北流一东北流百余里与西北来之黑龙江会于查匪噶山之北【自会嫩泥江东北流至此径二千余里与黑龙合总计源流长三千七百余里】

嫩泥江即嫩江亦曰诺尼江古名难水亦曰那河明初曰脑温江又名忽剌温江源出黑龙江将军界内衣克古克达地之东北衣克呼里山之西南干山东南流曰嫩色禽【在东五度六分极高五十一度三分山甚高大自西南来东折起顶又东北折而东南绵亘千余里为诸水之源所出嫩色禽之北隔山即他哈河源东北流为呼马拉河入黑龙江者】东南流百里许与西南来一源水会又东南二百余里有一河自西北大山东南流合二水来会【即嫩江之北别源也出衣克呼里山之东北干山】又东南百余里有衣思肯河自西大山合二水东南曲曲四百里而东来会【即南别源也出衣克古克达山之东南麓】折东流百里有那药里河自北合三水而南来会【亦出衣克呼里之东北干大山】又东数十里折而东南百数十里有厄儿何恳河自北合两源四水南流来会又东南折正南流受西来之客你河又东南有喀罗里河自东北大山合三水西南流来会又南经五云厄河哈打地北山之西折西南流百余里有中科河自东大山合两大源西流合敖多河而西南五百余里来注之又南折而西南至山之东麓【即衣思肯河南岸大山之东南支峰】又南折向东数十里复折而西南有拉社里河自西北大山合三源东南流四百余里合西来之古里河而东来会【西北大山即衣思肯河南岸山之东南连峰不断古里河出平地中之哥儿不里山东南流百数十里】又东南流数十里经莽贾哈达之西南又东南数十里有多博库里河西北自大山东南流合北二水经多博库里地而东南八百余里来会【此水源在衣思肯河南岸之西南颇远其山在衣克古克达之东南三百里此水至多博库里地已四百余里又东南经各儿布里山之西又东南曲曲五百里入嫩江亦巨川也】又东南有敖肯河西自查克达里山东流来注之又东折而南而西而北而西南乃折而东数十里经达巴库地之北折而东南流经其东数十里有莫鲁里河自东北两源西流合北三源之米乞里河而西南来会又东南有活鲁儿河自东合两源西北流合东北来之术那拉里河折而西南流来会【活鲁里河出东南大山两源西北流而合又西北百数十里经平地中汪艾山西麓又西北数十里经活鲁儿站之东又西北数十里有术那里河东北自枯母勒山发源其源东隔山即孙河源东南流入黑龙江者术那里河西流经喀儿他里鸡站南又西数十里折而西南合东来一水又西流百数十里而活鲁里河自东南来会折西南流经戈宁安山之北又西南入嫩江此水源流四百余里】又西南经

莫勒根城北【城在戈宁安山之西九十里达巴库之南百里东八度六分极高四十九度三分】又西南有甘河自西大山合两源东南流合南北二水而东合西北之枯育里河而东七百余里来会【甘河色禽自西大山两源一出山麓东流一出平地东南流而合又东南百余里合西来一水折东流合北来一水又东折而东南曲曲三百数十里有枯育里河西北自山麓平地亦合两源东南百数十里合北一水曲曲而东南四百里来会人东百里经查克达里山之南又东南数十里受西南一小水又东南百数十里入嫩江】又西南百里许折东南流数十里又西南百数十里经泥勒即噶山东又南数十里东岸有纳莫里河东北自乌云呼儿东衣山及博勒多站合数水西南流西岸有诺民河西北自勒忒库勒山合数水西南流并会【三水并会如十字在泥勒即噶山南四十里拉哈城北五十里纳莫里河出东大山下两源西北流而合又西北百数十里经乌云呼儿东衣山之南麓又西而北数十里有鲁拉喀河自东稍北西流经山北麓而西南来会又西数十里折西南流百里有罗罗科河自东北来经衣拉喀站喀母泥喀站之东而南来会又西南经博勒多站之南又西南百里入嫩江水口之西即诺民河口也诺民河色禽出西北山下东南流百余里会西来一水又东南折而东流百数十里有一河合两源自西北来会又东南百余里折东流百数十里受北来一小水又东南百里有必拉河自西南大山下东流合两水曲曲四百余里至特忒库勒山之北麓来会折东流依山而东受北来一小水又东南百里有各泥河自西合南二水东北流来会又东南百数十里入嫩江此水源流长七百余里其源西隔山即开拉里河之源西北流入克鲁伦河者】又南经拉哈站西又西南百余里经娘年站西又西南百余里至达哈里站之西北有阿伦河自西北合三水来会又西南百余里经乞察哈里城之西【自达哈里站之南有两噶山在东岸又西数十里至城】又西南经噶山东五处有哭勒乞勒河西北自雅儿河分一支渠东南流又分复合至噶米子太噶之南麓而东来会又正南六十里而雅儿河正派自西北合数水东南流九百余里来会【雅儿河色禽自开拉里河源隔山百余里之南东南流百数十里而正北一源来会又南而西南一源水会焉又东南数十里而北别源自北来会又东而东北一源会焉合五大源又东南百数十里有一河自西合四水东北流来会又东折而东南百数十里经厄赫鲁儿山西麓折而南数十里有鸡秦河自西合一水东流来会鸡秦河之南即朝哈里山也又东南二百里许分为二派一东流为哭勒乞勒河见前一派南流百余里折东南百数十里经哈代汉站之北而东有哈达汉河自西大山东流合西北来之呼育勒库河水东南流沙土中经站之南而东北来会又东南数十里入嫩江亦巨川也自哈代汉站西数十里当哈达汉河之南为多罗乌哈达岭西为赛汉岭又西北连接数百里为呀克山皆高大自哈代汉战而东南为戳儿噶拉汉地】又南稍东数十里有戳儿河支渠西自戳儿噶拉汉地来会又南复会西南一渠又东南数十里有闻拖浑池水自东来会【池在东岸杜尔伯特界多泥站西北数十里】又东南百里而戳儿河正派自西北阿鲁他拉其岭东南流合群水东南至戳光城西北又分为二渠东南复合来会即绰尔河【绰尔河源之山在雅儿源之南稍西二百数十里噶儿必鄂模隔山之北百数十里出山下东南流有一水合两源自北来会又南流数十里至阿鲁拖拉奇岭东麓折东南流合东北来一水又东南循呀克岭南支阜曲曲而南三百里许有一河自西北合五水东南流来会其北岸直呀克山其南岸直达乞兔山皆连峰相延而东南者绰尔河于两山间出平地又东南百数十里合西来之赛勒河又数十里合东北来之马拉兔河又百里合西来三源之特门河经科尔沁右翼北境又东百里为赛汉岭之南又东南数十里为多罗乌哈达之南又东数十里分一支行沙土中东北流若隐若见经小山下折而东经戳儿噶拉汉地而东南入嫩江此北支也又一支东流十余里分为二渠稍东北三十里复合又东北百数十里入嫩江此中支也正派自分处东南流数十里分为二渠东南曲曲二百里许复合而东南入嫩江自北支至此相去二百余里】又东南百里受东岸他儿哈池水【池在杜尔伯特界他儿哈站之南】又东南百里经枯鲁跕之西南拉必儿忒地东有洮儿河亦曰拖罗河自西合诸山水东南流折而东北会为拖拉浑池来会科尔沁部之巨川也【洮儿河亦曰桃尔河源出西兴安山东麓有数源一曰奴查兔河东南流百余里稍南曰郭忒河东流又折东南数十里又南曰木什夏河两源合东南流数十里折而东北百里与前两河会东流会北来之查木哈兔河又东南流数十里会北出厄白勒哈巴拉岭南合二水之厄模克什忒河有即白各兔河自西南亦来会以上皆源也又东南会北来之哭乞太河又东南会西南之忒门河又东会北来之多灰罗太河又东会北来之索灰兔河及西南来之即拉呼太河又东南始号拖罗河又东南数十里有敖龙撒里河自北合三水来会又东折东南流数十里有得白忒河西自茶蒲乞拉库哈达之北必郎乌山之南东北流来会又东南曲曲行山间三百里出山就沙地有归勒里河即贵勒尔河自西北合诸水东流来会归勒里河上源曰乌蓝古衣河其源有二一出索约儿鸡山

之东南百里东麓两源东北流而合曰乌蓝灰河一出其东乌喀那山之北麓二涧西流而合曰乌喀那河会而北稍东数十里会西来之口肯河又东北分为二渠曰乌蓝古衣河东北流百里复合有海拉苏太河自西北山东南流经呼里泰山西麓又会西北来之诺门太河而南来会又东北经魁勒库山之北茶蒲乞拉库哈达之南有阿儿达拉河自西南来会又东稍北折而东南曲曲三百里与北来之拖儿河会洮儿河既会归勒里河东南流数十里分为二派一南流一东南流十余里又分一支先合南派又东南流二百里至喀沙兔站之东南复合而东流百余里又折东北曲曲流三百里至札赖特旗南汇为纳蓝撒蓝池犹言日月池也东流入嫩江】

嫩江既会洮儿河东南流入郭尔罗斯后旗界百数十里而松花江自南来会【东八度五分极高四十五度六分即白都讷诚之北稍西百余里也】

宁古塔河即呼拉哈河亦曰虎尔哈河唐时谓之忽汗河金时曰按出虎水即金源也源在长白顶北径三百余里【其干自长白山东北连山不断其东为土门河诸水之源其西北为混同江诸水之源至平顶山又东北行分一干向西北复高峻其南为富尔虎河诸水之源西入混同其北即呼拉哈之诸源也】自大山北流数十里【其南隔山即南流富尔虎一河之源】有一水东南自你牙蛮哈达西麓西北流来会经大山之麓北流百里许经俄多力城湖之东【湖周围二十余里中有一城近东岸】又北数十里折而东北又数十里而苏蛙木克河自东南合数水北流来会苏蛙木克河三源出你牙蛮哈达之东南大山合而北流百里许有附佳哈河东自英额岭之西北大山三源合而西流数十里会东南来之板桥河又西流数十里与苏蛙木克河会而北流又八九十里许与呼拉哈河合既合折东北流十余里至忒莫贺索落驿之南有朱鲁多浑三水一西自色奇窝儿东麓二北自平地南流而合折而东来会于驿前又东受北来一水又东经那昆谷村之南有那多沙河自西北合北来之那昆谷河南流来会又东数十里折东北流有他拉河北自阿兰村合东北来之滚他哈河东南流来会又北流数十里有他哈河南自大山合三源北流来会又东北数十里汇为巨泽曰必尔滕湖其北有必拉溪河西自大山东流二百里许经必拉河驿之南合西北来一水同南入泽其南有查家河南自大山合一水北流百余里北入泽巨泽自西南而东北形狭而长七十里南北径二十余里中多小山其南有沁多河南自松林北流入泽其北有布尼河西北自平地流入泽泽自东北口流出数十里有阿卜河自南合二水来会又北有河西北自沙兰驿来注之又东北经会宁城之北即金时会宁府也【东十三度一分极四十四度三分】又东北有一河自南合四水曲曲东北流来会即马儿呼窝儿西麓水也北岸亦有一河来会又东北受北来一水又东北至宁古塔城西南境有一水自南合洼益河梳儿火藏河及他克通喀必拉寒水北流来会又东经城南境有一水自东南来注之折稍北有商尖必拉寒自东来会又北有花蓝必拉寒自东来会折西北流经城东北又西北有汉度城水自西来注之又北折稍东有枯石喀力河自东南来注之【汉度城之北即旧宁古塔城】又东北折而北流经喀占城之东北有米占河西自大山合西北来之海澜河东北流三百里来会稍北有蹑赫河自东南合数水西北流二百余里来注之其西岸即撇儿呼城北二山也又北有忒林河有其克屯河俱自东来注之又北折而西北有五河岭河东自五河岭合三水西流曰非牙河又合数水西流共三百五十里来会又北有大非牙河西南自大山来注之又北有撇尔河自西合三源来注之又北折西北流受西来之青萝河又北受东南来之梅黑河又西北受西南来自松林之阿母拉河折东北流经阿母拉山之西北麓又折西北流百余里有昂邦河西南自松林来会又西北折而东流经五思呼噶山之北有五思呼河自东南合南来之朱伦河西北流五百余里来会又东北曲曲二百余里经诸噶山左右至豁吞噶山西北拉喀里噶山东北入松花江

乌苏里江即古胡里改江源出西噶塔山之东北麓【八度七分极出地四十三度七分山在长白山之东朱尔根城之东南三百数十里左右山皆大松林】北流数十里折而西北又数十里合南来一水又北流数十里有衣锦河自西南山来会【山即西噶嗒山之北麓】又北会东来之厄图米河又西北合东来之厄衣虎河又西北百余里会西南来之法尔兔河又北会东南来之富七河又西北百余里经朱尔根城南境土人曰能兔河又西北折正北流经城西境稍北有能兔北河自东合三水西北流经城之北境而西来会又西北经西朱尔根城之北有奴客米河自东南来会于米占山之南麓【即城北隔山水也西朱尔根城东南去东城五十里城之西南即西伯山也】又西北百数十里有呼也河自南合七水西北又西北百数十里有呼也河自南合七水西北流经依鲁山东麓而北来会【呼也河出衣锦河源之西百数十里大山松林中东十七度八分极高四十三度八分西北流数十里与东来一水会又西北百里许与南来一水会折而北流与东来一水会又北与西南自勒富忒勒库山北麓之水会又折东北流

与东南一水会又北折而西北与西南来一水会又西北流二百里许曰呼也河始出松林间有一河自西北合二水东流来会又北曲曲百里于依鲁山东北麓会乌蕴里河此水亦乌苏里河之西别源诸水俱出大山松林源流长四百数十里】又西北受西南来之依鲁山北水又北过一山东麓又西北数十里有枯勒母河自东南合四水西北流五百里来会【此水源出富七河之东北大山松林中西北流经米占山之北麓枯勒母山之南麓又西北流会乌苏里河】又北数十里受西南来之依鲁山西北麓水又北曲曲数十里有噶拉妈河自东南合一水西北流来会【此水在枯勒母山北麓长四百里】又北折而西经秃必山西南麓又西折而北而西北有枯勒布馨河合二源自东南经母克秃里山之北西北流来会【此水源流亦四百里】始出松林间就平地百里许有松阿产河南自新开湖即兴诸水北流来会

凯湖古名镜泊凡七源最西南者曰五札虎河【源在长白山东北东十五度极高四十四度半自山东流曲而东北会西北来三水西南来二水共三百余里入新开湖】稍东南曰门河【源出哈喜山北麓北流合西南二水东南一水折东北流共二百余里入湖】其东南即木克阿里哈地也又东最大者曰勒富河【源出勒富忒勒库山之南勒富窝集两源一北流一西北流数十里而合又西北流百里许经大山北麓又西北百数十里经三喜山南麓又西有年林河西自拉林山东流来会此河之南即察七里模墩也折而北流百余里有二水东南自三喜山之北北流来会又北有查哈母河自东南来会又西北流数十里入新开湖此河源流长四百余里察七里模墩者暗河也自年林河源拉林山之南二十里当哈喜山之东麓东南流沙间若隐若见经甯尔单城之北境百余里又东南至勒富河源之南山下共长三百余里或以为勒富河即此水之伏而再发也】又东曰三欺河【自东南来会长百余里】又东而北曰忒黑河【自东南来长百数十里】又东北曰二哥河【自南来长数十里】又北曰撒里母河【其源即衣鲁河三源于松林间西北流而合有小撒里母河合南北两源西流百余里而会又北流数十里曰撒里母河入新开湖长三百里】新开湖自西南而东北【自东十六度三分至十七度一分自极高四十四度六分至四十五度余一分其正南为木克阿里哈地又南二百数千里为甯尔单城】东西径百五十里南北长二百里周五百里自五札虎河口而东南而东而北至撒里母河口皆有山自五札虎河口而西北而东北经富冷衣山之东南麓又东北曲曲数十里其西隔岸为一小长湖【自西南而东北形如冬瓜长八九十里广二三十里南尖而北广与新开湖仅隔一岸在富冷衣山之北】湖地曰打不库又东北折而东百余里而撒里母河口之北而东北折而西北亦百余里湖水自东北流出曰松阿产河行平地中曲曲三百余里与乌苏里河会【东十七度五分极高四十五度七分】乌苏里河既西会新开湖水势盛大北流数十里有扶而秃库河自东南来注之【长四百里】稍西北有搜里河西自穆轮河先分一支东流来会又北百余里有穆轮河自西南合数水东北流七百余里来会亦巨川也【穆轮河源出大山东北流百余里会东南来一水又北流数十里有一水东流来会又东北会南来一水又东北二百里有母勒肯河自西合三水东流三百余里来会又东流有巴言河自南来注之又东北百余里有夜勒浑河西北自查库蓝岭东南流合西来哈而哈山之水东流二百余里来会又北折而东流至汪达山支峰之南麓有达拉呼河自南来注之又东折而东北经大山东麓又东北数十里折而东水分为二其一东南流曰搜里河折东北共百数十里先入乌苏里河其一即正派也东北流曲曲二百里许入乌苏里河】又东北始曰乌苏里乌喇经掇乞里敖佛洛西麓又北经泥满噶山西南有阿库里河及泥满河俱自东南山合数水西北流六百余里合而来会【阿库里河合三小水泥满河合三水及北来之阿里奴河俱东北流平地中五六百里以中有连山相界及泥满河西经萨哈连山之南又西北经噶山南而阿库里自东南来会又西入乌苏里河河旁有噶山村落始此】又北折而西北有西蒲克里河西自堪达山东北流合西南一水而东共四百余里来注之又北数十里折而东而北经阿乞噶山之东又西北折而北有乞发库河自东南萨哈连山北麓西北流来注之又北数十里折而西北经得克登衣噶山之东南有杜满河自西南合三水来注之又北经布枯拉噶山西又北经苏母鲁山西麓又西北数十里有必心河自东南合二水西北流五百余里来注之又北经必心噶山之西佛匪及西勒古陈二噶山之东又东北而北有沁河自东南合二水来注之又北经阿布打里噶山之西又西北经诺罗噶山之东有诺罗河自西南合数水西北流六百余里来注之【诺罗河源二自大山麓一东流一东北流而合又东北百余里会南来一水又北数十里会西来一水又折东流百里会南来之喀母兔河又东北数十里会南来之博沁河又东北会东南来之乞勒沁河又东北数十里有西勒喜河自西南会北来之屋汉术河东流来会又东北曲曲四百里许经噶山之北又东入乌苏里河其北岸即喀而喀山南麓也此河色禽与窝肯色禽只隔

一山】又东北经喀而喀山东麓又东北经衣杜赫噶山南又东而北有厄公河自东南合二水来注之又东北百余里经三噶山西【一曰厄公噶山一曰亳谭噶山一曰呼拉喀噶山】折而西北始曰乌苏里乌喇至活洛噶山之东南有活洛河自东南合三水西北流六百余里来注之又西北流百余里经噶山三【在西岸者曰海褚噶山在东北岸曰索亭噶山在西北岸曰衣勒噶山】又有沁河自东南来注之又北经摸而忒噶山东又北经二噶山之西【一曰瓜金噶山一曰厄鲁母噶山】又北而水分二派正派于摸林兀米呑地之南西北流百里许与黑龙江之南支会【东十八度三分极高四十九度四分西南去松花江会口五百里许】旁派东北流经汉克得赫噶山之南又东北经松厄里昂喀地之东南又东北经赫真噶山之西共百数十里而北与黑龙江会其东岸即赫克特里山也【东十八度七分极高四十八度半强】乌苏里河自东南海岸山西北之水毕会而北注黑龙源流二千三百余里【自四十四度北至四十八度半】

卷二十六·东北海诸水

自黑龙江口而南【东二十五度半极高五十三度】当南岸有大山蜿蜒而南或去海百余里或数百里连峰不断其西麓诸水皆会入黑龙江其东麓诸水皆自入海无巨川今序次滨海自北而南

海自江口南岸瓦金朱鲁哈达而南而东南至敖托科敖佛洛【东二十五度八分极高五十二分】有小水海口六【一在哈达之西南无名一曰你满河东至卓活林敖佛洛入海南有噶山一无名一曰察满河东北流入海一曰客勒毋忒河东北至索母宁噶山西入海一曰天阿河东北流入海以上长者百余里】又南而西南至禹勒儿苏可敖佛洛【东二十四度六分极高五十一度】有小水三【一曰宁摄里河东至哈勒母兔敖佛洛入海一曰厄乞纳河合三源东入海一曰客莫勒河合二源东入海以上稍长二百余里】又南而曲曲东南而南而西复南至厄勒河【东二十二度极高四十八度】有水口五【一曰僧格勒河合三源东入海其三无名皆长三百余里一曰厄勒河源出大山松林东流合北来二水四南来一水又东曲曲七百余里入海】又南至厄母里河【东二十度二分极高四十三度半】有水口五【一曰纳色河两源各合二水东流又会北一水南一水曲曲而东凡五百余里入海一无名出大山松林两源各合三水东南流曲曲七百余里入海最长一曰呼尔金河三源出大山松林东流会北来二水曲曲东南凡六百余里入海一曰拉府拉河二源合东南流三百余里入海一曰厄母里河源出大山松林东南流会南水一北水一又东南会西来水二共五百里入海自黑龙江口至此径十度正二千五百余里】自厄母里河口而南二百余里海水折而西【东二十度二分极高四十二度八分】而稍西北复西至甫尔单城南二百余里之海滨有水口十一【自东而西一曰塔里分河源出大山松林南流会东北一水西北一水又东南会东一水西一水而南入海共四百余里一曰呼也可河源出大山松林其隔山北即乌蘓里江东源也此河合四水南流三百余里入海海口之西即呼闲哈达势甚高大一曰西洛河亦出大山松林合三水南流二百余里入海此河源北隔山即乌苏里江之源也一曰雅兰河源出西噶塔山之西南麓南流合二水而南二百数十里入海一曰乌鸡米河南流二百余里入海一曰杜儿活河两源出大山松林合西南流折而南会东一水共三百里入海一曰西林河源自大山松林南流会东北一水又南二百数十里入海一曰法林河三源俱出松林其北大山即勒富忒勒库山为新开湖上源也此水南流又合西一水共三百里许入海一曰西拉河三源其北隔大山麓即察七里模墩也此水南流百数十里入海一曰富儿家哈河两源出大山松林南流又会西一水流三百里入海一曰甫尔单城南境诸河之口此口颇大上源曰书番河合二源东北流会南北来二水又东稍北折而南而东经朱尔根城南境而随分河自西北亦合二源东北流折而东南会北来之浑大河又东南经城北合北来之哈喜山水而南来会又东南经甫尔单城之南松林之北有甫尔单河自东北来会折而南流有民河法哈库河库坦府河大雅哈河小河土克金河大河木下河共七水俱西北自松林下东南流先后来会其土克金河源出通金山稍长余或百里数十里耳又南为小海口有纳民河自西来会又南而海渚东北曲如长湖又南为大海口自海折而西至此阔五度零径一千三百余里】又西南有水口六【一曰蒙古河北流折而东会北二水又折而东南受北来之细河又东南入海口隔海有岛形圆又西南曰厄即采河东南流入海曰哈即不河东南流入海口有长岛曰鸡心河东南流会东一水经滨海之甫尔单城东北又南入海曰烟楚河东南流经甫尔单城西境又东南入海口隔洋有尖角岛又西为大口海渚西北曲入八九十里中有小岛三】

其西水最大为朝鲜东北界者曰土门江

土门江源出长白山顶之东麓曰土门色禽东流若隐若见数十里折东北流又数十里有一水自西北一水合二源自南来并会俱长白支峰也东南流百余里有一水合二源自西南来会【水南即朝鲜国】折而东北流百数十里南岸受小水二大水一【二小水皆甑山以北北流仅百里许大水曰洪丹河源西南出大山合三池源之水东流百数十里折东北流合东一小水又北经甑山东麓又东北而北百余里入土门江】稍东有阿几个土门自西北合一水东南流来会【阿几个色禽在长白顶东北百里大山其西即泥牙毋泥牙库色禽西北流为松花江者此河自山东流百数十里有一水合二源自西北来会折东南流百里入土门亦别源也】又东北百里南岸受水二【一曰渔顺河自南合两源北流又合一水行三百余里入土门江一曰波下川三源合而北流曲曲二百数十里入土门江】至大山东麓折北流受东来二水其东岸朝鲜茂山城也折而西北受西来一水其东岸朝鲜良雍城也又折东北流平地中数百十里受南来水三其东南岸即朝鲜方山堡及会宁高岭王坦钟城潼关雍大七城皆滨江有小水西北流入焉其北岸至大山南麓有噶哈里河北自兴安岭西南麓西南流合诸水折东南合西来之卜儿哈兔河而东南来会亦巨川其南对岸即朝鲜稳城也【噶哈里河出兴安岭极两水一自岭之南麓一自岭东南数十里支山西流数十里合焉西南流数十里合北来一水又西南数十里有哈达河西北自马儿呼里岭大山合数源东南流来会折东南流合西南来自活浑山之艾衣六河又东南会西来之活几河及东来之萨其库河又东南合东来萨克得亨岭之付儿哈河又东南合东来之哈顺河此水自源至此已四百余里而卜儿哈兔河自西合二大水来会卜儿哈兔河源出浑源山西北相连大山其西南即英额岭也三源合南流数十里有英额河西自岭下东流来会又东南数十里有和土河西自大山来会折东流数十里合北来之付儿哈火罗及达儿花川二水又东数十里经艾丹城南而东有土门河西北自活浑山南麓东南流来会又东南流而海兰河自西南来会海兰河三源中源出黑山北即长白相去二百里东北干山其西岭即混同江源也此水东北流数十里曰阿几个海兰南源出黄顶子山北麓在黑山东南百里北流亦数十里曰巴颜河与中源合折东北流八十里许北源出黑山北干数十里东北流百余里曰阿母八海兰者来会东北流百数十里至大山之南麓折而东而西北又折而东北百数十里会卜儿哈兔河二河既会又东南百数十里经大山北麓与噶哈里河会噶哈里河又东南数十里会土门江此水合众流势与土门比盛】

土门江折东流百余里合北来小水三【一无名一曰呼兰河一曰米瞻河】其南岸朝鲜美践镇城也折东南流数十里又有东英额河来注之其西岸即朝鲜循镇城南为庆源府城也又东南经辉春村西南又东南有辉春河辉春河自东北诸山中西流合北来之牛非尖舍利河西来之夫答足浑河折西南流百余里合东南来之西白河西北来之心鸡拉库河又折西流百数十里合北来之哈尔达山水及东南来一河南来之虎鲁河你牙河卜禾里河又折西北合北来之哈达河勒忒河又西南数十里合东来之哈达河又西南入土门江

土门江又东南百里受朝鲜西岸之水二【一为庆源府南水自西南山东北流入土门江一为前元铺前水自西而东入土门江长百余里】折而南二十里又折而东受南岸水一【即阿山铺南一水也长百数十里】又折东北二十余里【即乌儿滚山之南八十里许】东岸茂山城北水曰西水洛川源出东海滨大山西北流合南来二水又北流曲曲经茂山城东折经城北而西入土门江又北一水无名其南岸当水曲即朝鲜庆兴城又东南入大海【海口东十四度五分极四十二度五分海口南有二小洲其东一山即代都萨哈也又东数十里即西思河岛也岛与山之北即火擢火河海口也此河源流长千余里西岸自庆兴城而南滨水曰索凤坡又南至大海口曰西水洛城】

朝鲜国水【地从正北长白发脉南跨全罗界西南尽于海而日本对马诸岛偏在海洋东南与庆尚道之釜山相对】

国东南西三面滨海南北长而东西狭【北自长白山南至东南角海中之对马岛西南角海中之汉拿山极出地三十四度其实地滨海之镇海城固城极出地三十四度四分也径七度半一千八百七十余里西自鸭绿江海口东北至土门江口径六度半一千六百余里王京东至襄阳西至江华岛东西径九百里至海惟南境稍阔其东南角左水城西南角务安城径一千三百余里】

自土门江南岸为朝鲜东北境其水会入土门者见前【国东北最远者曰庆源府西北之稳城及美践镇城最东者曰庆源府东南之庆兴坡及李凤坡当土门江海口又南为海岸之西水洛城】

海自土门江口经李凤坡东稍南为西水洛城东南折而西数十里又折而西北经大山麓又折而西南二百里许折而南曲曲三百余里又折而西百数十里稍折西南百数十里始折而南百数十里经端川城之东【东十二度

六分极四十度七分自西水洛城至此滨海无城郭多大山绵亘不断端川稍平旷其东面海水澹而清澈下视十余丈与诸地不同】又南数十里有一小水口【一水自端川西北三百里大山中合三源东南流二百里入海】又南经利城东【利城西有桧山圣代山】又南为北青城北小水口【水自圣代山西北大山合三源东南流二百数十里至城东北入海】又西南为洪源城东小水口县海中有岛屿又西南数十里经立元山麓又西南经咸兴城南又西有小水口【水出西北大山合两源东南流百余里经定平县北境又东南经道安山东麓又东南入海】又南数十里有永兴城东北之小水口【水二源一西北出定平西之鼻白山东南流百余里有阳德之遇仙山东水自西来会东流经永兴北东入海】水口悬海即花岛沙岛其东熊岛连岛其东南薪岛郊岛猪岛国岛远近相望【连岛在洪源东最北卯岛稍大最东国岛最南余皆近咸兴及永兴隔岸】海自永兴东北水口东南百里经大博山北平地【其隔海即国岛也】又东南百余里经高源城东【东十二度五分极三十九度】又南折而西数十里有文川城东北境小水口【水二大源自文川城西北大山一东南流一东流百余里而合东经盘龙山文川北境又东南百里入海】又东南百数十里折而南数十里经德源城东又南数十里有安边城东北水口【水西出平康城之东大山东流经剑华山南黄竜山北又东经城北东入海】又南经歙谷城通川城东【南北相去皆五十里】稍南为高城东北小水口【水出秋池岭南麓东流数十里入海】又南经金城东【金城西即金城山山之西即淮阳城】又东南数十里经襄阳城东又东南有头蛇山水口【头蛇即金城山南行千山其西即金冈山又南为张山】又东南经江陵城东又南百里经三涉浦东又东南折而西南百里经蔚珍城东其东南隔海曰千山岛曰菀陵岛【东十三度极三十六度八分】又西南数十里经平海城东南有小水口【水西出奉化城东大山合两源东流百里入海海口正对千山岛】又东南数十里经宁海城东北又东南数十里有小水口【水西自礼安城东白石山东流百余里入海】又东南百余里经盈德城东南小水口【水西出真宝县东山东流百余里至城南东入海】其南岸清河城也又东南经兴海城东又东南经延日城东南有小水口【水西南出永川城东之母子山东北流数十里经普贤山之南又东经延日城南东入海】延日之南岸长老日城地又东南百数十里经左兵城东境折而西南有小水口【水西北出蔚山城西山东流经城南又东南流经左兵南境百数十里入海】又东南数十里有小水口【即梁山城北山水也东流百余里入海】又东南经左水城东又东南数十里【为朝鲜境极东南角东十四度弱极三十五度二分强】折而西南有小水口又南数十里为东南角尽地【东十四度弱极三十四度九分】隔海东南径三百数十里为对马岛大岛也【岛形自西北斜盘而西南尖长内向中有枝芽西指似关刀状自北尖至西南尖有长山绵亘如脊长三百里许广中百里前后数十里尖处十余里自东十四度极三十三度八分至东十五度弱极三十四度四分盖朝鲜东南海防之要地也西北正对绝影岛及东莱西南金海之东大水口四百里许】海自左水东南地始折而西而西南百里经机长城南境有小水口【即机长西境水南入海】又西南经东莱城南东莱南三十里海岸即釜山隔海为绝影岛【隔岸三十里】又西为金海城之东大水口【东十三度极三十四度六分】此朝鲜国东南巨川也即晋江

晋江水【北出王京东南五百里荣川县之北大山其脉北自长白小白蜿蜒盘曲而来二千余里至奉化县之西礼安县之西北起顶而支峰南行又分二千以南为各郡县经络而尽于海此水东南流数十里经荣川县东又南合西来一水又东南经安东城西南又东南受东北来之白石山水折西南经清凉山西麓又西南经义城西境龙宫城东境有水东南自比安城西流来会又西南有丰酉川西北自咸昌城北山东南流合西来尚州西北巴音山之东水东南流来会又南流经仁同城西善山东又南经开宁城东境又南有水西北自赤岩东南流合西南来之居昌水又东经金山南而东合北来一水经星州北开宁南而东南来会又东南流有水东北自庆州西北冰川东南之母子山西麓西南流经河阳城南又西南经恭谷城南境折而正南经火邱城西而南流来会又南稍东有水西南自泱川城东北流经高灵城南又东北流来会又东南经元凤城南宜宁城北又东经昌宁南有水西南白云峰智异山东南流经咸阳南丹城北又东受北来之山阴水又东经三嘉南又东受北一水东经晋州南又东南经恭原城北曲曲东北流共七百里来会泗又东而东南经灵山城西灵山者大山脉自母子山蜿蜒历庆州孙仁庆山火邱清道五城南抵昌宁为武溪山东南至灵山城之北为华岳山朝鲜最高山也又东南有水东北自密阳北会庆山西南山及东北荪仁东之金鳌山水南经彦阳梁山西境密阳东境而西南来会又东南至金海城之东入海三其东岸为东莱西境金海西有熊山江口之东南即绝影岛又隔大海东南为对马大岛此水源流长千里会数十城山川】

海自金海城南而西百里经熊川城南隔海有洲数十里曰加德天城【相隔五十里】又西百余里经昌原南

境及右兵城南隔海巨洲曰永登岛【洲横七十里径三十里洲近东曰右水营近西北曰巨济其南知泄浦也亦朝鲜南防要地】又西南百余里经镇海城南又西稍北百余里经泗川南境之固城南又西百数十里经昆阳城南又西数十里隔海巨洲【洲自北而西南而南而东折而北而西而北而东北一尖向北岸一尖向南径百里横八十里腹径五十里近北曰南海城西曰珍助顶南曰平山浦距北岸三十里西北距河东城五十里】又西经河东城南又西有小水口【水北自南源城西北山东南流经谷城东北境会东北来一水南流经永礼城西境又南会西北来自无木山经松京山及顺天城北东南流一水南经光阳城东而南入海海口东十余里即河东城也】又西百里经左水城南稍西有小水口【水北自乐安城东北之松京山麓东南流入海】又西南折而稍北经兴阳城南又西北为天冠山水口【天冠山在兴阳西北乐安及宝城之南水自山西北麓西南流经长兴城南又西南至兵城东南入海长数十里】又西经兵城及康津城南又西稍北经海南城又折西北数十里有一水口【水东北自昌平东北大山西南流百余里经光州南境至无木山之北又西南有水西北自井邑西之龙岑山南阜东南流百数十里至无木山西南合焉又西南经和顺南绫州北又西经灵岩北又西南有水自绫州南山西流来会又西南经右水城西北又西南受东南来一水又西南入海海口阔数十里】海口西南隔洋曰黑山岛其南稍大曰珍岛又东南稍远最大曰济州岛【黑山岛在海口之西南去南海城岸百里北去务安南岸五十里形如鹅卵中有黑山周五十余里珍岛在黑山东南五十里去南海城岸九十里形长而方近南有金伊山其北曰南桃浦周百里许济州岛在珍岛东南七十里北去南海城岸百数十里形三角东西百三十里东南至西北百余里北至西南九十余里当中有汉拿山山北曰济州东南曰旌义西曰大静为朝鲜西南防海要地自东四度五分至九度弱极三十四度至三分】

海口之西为务安城南境朝鲜西南角地也始折而北数十里经城西又折而东北数十里经山麓又北经南平城西北境有小水口【水东北自龙岑山西南流经长城南又西南百数十里入海】又北经茂长城西又北稍东折而西又北经高敞城西境又北稍曲经扶安城西境稍北有水口即沃沟城西南境也【水二源南源东南出秋月山西北流经金沟城南又西北会南来一水又西北经古阜城北又西经万填城南又西北至扶安北境而北源来会北源出山西流经金堤城北又西北经临陂南万填城北境又西稍北至扶安北境西与南源会西流数十里入于海此水长三百余里】又北经沃沟城西境隔海三十里有洲曰群山岛【岛长圆周六十里】又北稍东有舒川南水口即沃沟西北五十里地水亦朝鲜一巨川也【水有两源一东南出锦山城东南境赤岩西北麓西北流数十里经城东而西北合南来一水又西北流经珍山城之东有一水西南自高山城来会又北流经永同城西北有一水东南自巴音山之阴西北流经黄磵城北而西北来会又北而西经沃川城北又西北经怀德城北文义城南又西经珍岑城北又西北至公州东境而北源来会北源东北出乌岭西南流经清安城西境镇川南境有一水东自阴城及槐山西流合焉又西南经清州西北又西南有一水东南自报恩之东开庆之南大山西北流折而西经清州南境怀仁北境而西来会又西南至全义南境文义北境又西稍北至公州之东与南源会二水既合西北流数十里折而西经公州北境折而西南流经燕岐城南又西南百余里折西流经扶余城北又西折而西北百里许又折而西南经石城北境定山城林川之东又西南有一水自东南来会水东出连山东北珍岑之南大山西流经泥山南境砺山北境又西南流经恩津城北又西南有一水南自全州西南之母岳山北流经益山城西而西北来会又折西流经龙安北境又西经咸悦北境又西北数十里南北会小水各一西北经大山南麓又西北与北来定山林川之大源会既合折西流经青阳南境又西经韩山城南又西北经舒川城南又西稍北数十里入海此水合州县数十之水源流几及千里江口正西百里隔海曰元山岛其南稍东曰群山岛见前元山岛形长六十里横二十里北与要儿梁地相去四十里西北与乌平岛相去九十里皆此江西面水口也】

海自水口而北为岐海渚北经施仁城水城西又北经结城西境又北稍西经泰山城东南境海渚西南折而南百数十里经要儿梁地即泰山南地一线陡入海中形如象鼻东望水城施仁岸相去三四十里也海自要儿梁之南转西北经要儿梁西其西为乌平岛【岛周五十里东去要儿梁岸六十里】海又北稍西经泰山城西其外为德勿岛【岛如鸡卵周五六十里东去泰山岸五十里】又折而东北经泰山北境其外为龙岛【岛形微长周五十余里南去岸三十余里】又东北经端山城山北稍东有水口口之西即大富岛也【水东出清州西大山当全义之东北西北流经天安城东北境合东北来一水又西流经安城阳城南境又西北经稷山城西北境有水东南自车见山西北流来会又西经振威南平泽北又西北流有一水北自衿川城东北之冠岳山西南流来会又西南流折而西经水原

城南牙山城北又西北合南来一水又西南经富平城北境又西稍北有水东南自新昌之南山西北流经礼山城北境合西南来自加邪山一水又西北经德山城北境合西南来一水又西北经牙山城西沔川城东北流来会又西经沔川城北境又西稍北曲曲流经南阳城南唐津城北又西至水城南西入海此水源流五百余里水口正西海中为大富岛形圆周五十余里东北去水城岸四十里】

海自水口水城之西又折而东北经仁川城之北稍东为朝鲜大水口此巨川也【源有南北二派南派东出张山合两涧西流经牛头山南麓清风城北境又西有一水东北自宁市村西之孔雀山西南流来会又西经堤川城西南之雉岳山南麓又西至原州东南境有一水东南自阴城之东北山西北流经忠州西及吕州东而北来会又西稍北经原州城南又西北经利州城北合东北来一水又西北经广州城北杨根南境又西北经碑亭之北又西北至朝鲜国城东南之三角山前而北源自东来会北源有三一东北出金城东南之秋池岭西流与西北一水合而西南至狼川东南境一出淮阳城北山及南金城山二水合而西流经杨口城及麟蹄城之北又西稍北与北源会二源既合西南流至加平城南境而南源东南出金刚山者东北流经平昌城北而西北来会三源既合西流曲曲经五甲山南麓洪川城北境又西经春川城北又西经横城北境有水自东南来合焉又西经底平城北境抱川城南又西经杨根城北北岸山即杨州城也又西循山麓至三角山前而南派自东南广州来会二派既合西流经国城案山之南国城自东北而东南西皆有莪山西北有小山隔山之东为扬州其北八十里为白岳山山之东北为积城又北三十里即临津江也其西北六十里为高阳城又西北五十里为坡州州北二十里即临津江也国南横山作案东西绵亘数百里随水为案而宏滋院在城西南五十余里山间也江水又西循案山南麓经果川城北境果川在国西南又西南为龙仁城又西南为冠岳山修理山】又西南曲曲依案山南麓百数十里经阳川城北又西经安山城北境受北来一水又西而西南经金浦城西而南有水东南自水原城北山西北流经富平城东北境来会折而西北经通津城北又折而西南入海海口之南岸为仁川城北岸为交河城相去百里海中当水口东南为大富岛当水口正西近北者为井浦巨岛周二百里中有江华城形方而西南尖斜东北至交河城岸四十里即古所称觉华岛也此岛西南六十里为砚子岛形如圆长之砚南与龙岛德勿岛相望百余里为外大水口焉此水纵横源流长千余里

海自江口交河城之西折而东北百里许为临津江口临津亦巨川也【临津江东北出伊川城西北大山南流合西来一小水又南合东北来经安陕之北一大水折西南流经朔宁城北又西南有一大水东南自铁原之南西北流来会又西南有一大水东南自加平北山西北流经金化城之南境永平城之北境及连川城之西南境来会折而西流经麻田城南境积城北境西至大山南麓折西南流又西北折而西南经坡州北境长湍城南又西南流合东南来一小水又西南百数十里有一大水东北自开昌府东之松岳山南麓西流经长湍北境及府南境而西受北来一小水而西南来会又西南为临津江西入海海口外以东南之江华岛及北之乔桐城巨岛为大水口也此江源流七百余里】

海自临津江口而北为丰德城西南地稍西北为一水口【水源自东北谷山城之东北山西南流经城南合东一小水又西南流经新溪城北折而西北流至遂山城之西南有大水自北合二源南流来会折西南流经兔山城北又西南受东南来一小水又西经松岳山开昌府北境又西北循北山南麓而西经东金川城南境又西北至西金川城南境有金川河东北自大山西流经东金川城之北又西稍北合北来二源西南流经平山城南者西来之金滩河西经西金川城东南又西南来会又西南曲曲经丰德城北境而西入海海口之东南即海中乔桐城巨岛也岛形方长而西南尖斜周二百里似江华去岸四十里此水五百余里】

海自水口而西北九十里有延山南一小水口【水东北出驹苓山西南流经建水城西北凤山城南又西南经白川城南又西南循首阳山南麓及延山城之南西入海长三百里】

海自延山城南折而西数十里经康翊城南又西南数十里折而西北经瓮津城西南又西北数十里折而西经长渊城西南海中为椒岛又北数十里经丰川城西海中为白翎岛又北折而东百里许经殷栗城北又东北八九十里为三和城南之浿水口【自东凤山白川西至延山康翊瓮津长津其背皆负山连亘不断又折而北为丰川松花长连而东至安岳山亦屈蟠故数百里地南西北三面悬居海上】

浿水今曰大同江即大通江也有南北二大源【南源有二一东出文川城西北百六十里大山西麓两源一西流一西北流而合又西北合东北来一水西流稍北百余里有一水北自德阳之东南大山西南流百数十里来会又

西流是为浿水至成川城东南境其南源东南自谷山城西北百余里大山西北流合南来一水又曲曲西北流共二百里来会又西经谷山城南西流百数十里经三登城大木山南境祥原城北境而北源来会北源有三一东北出阳德城北之遇仙山西麓西流与东北出孟山城东南山者合而西稍南曲曲二百里至殷山城北境而自北来一水合焉又北一源出定平城西北鼻白山西麓西流经孟山城北境又西合北一小水西南流经德川城南境又西南至价川城东北境正北一源出宁远城东北百余里大山南流经宁远城东境德川城西境又南至价川城东北境二源既合又南数十里而前源自东来会稍西折而南经殷山城西南境又西南流经燕山城东境又南折而西经江东城西北境又南数十里至祥原北境而南源来会西流百里经中和城东北境折而南流经平壤城之东又折而西经城南平壤即旧王险城箕子故都汉尝置乐浪郡治晋后高丽都此唐拔平壤高丽始平五代王建据高丽始谓之西京也今城东北六十里有锦绣山又北为顺川城又北则大山东北自宁远绵亘而西南为香山为大祖山为顺安城又西南为舞鹤山以南至江口共五百里不绝南襟浿水又南为中和城北山为案又南则黄州及凤山也浿水自平壤城南西稍北数十里折西南流百三十里曰大同江过江西龙冈二城之东南至三和城之东南而黄州北之黑河自东西流合南来安岳水西北流来会黑河出祥原东南境大山合三源西流共三百里经祥原南境又西经黄州北境中和南境又西稍南至三和城东南有南来一水自安岳来会安岳水二源一东北出黄州东山西南流经黄州南凤山北又西南合南来一水又西经载宁城北境至安岳东北一西南出海岸长渊城东北之传石山东流百里经松花城南信山城北与信川南山水东北流经海州城北者合又东北流百余里经安岳城东南又东北与东北一源合而北流九十里合东来之黑河西北流入大同江大同江既合南水又西南入海此水源流八百里国西北巨川也】

海自三和城南水口折而北二百余里经咸从曾山二城之西又北经永柔城西北又东北有小水口【即顺安城西北大山之北水也】又北经肃川城西境又北经安州西南境有青泉江水口【青泉江二源一东北出宁远城东北大山与德川东北源流入浿水者只隔一山西南曲曲流经西川城南又西南循山麓至宁边城南又西南循岳山南麓至安州东北而北源来会北源出南源之北九十里大山西南流合北来一小水又西曲曲而西南流经西川城北境又西南循诸山北麓耳山之后宁边城北境折而南循岳山西麓而南会又西南经安州城北又西南入海源流长五百里两源自源至合处四百里中只隔山二十余里】又折而西北数十里有大定江水口【大定江东北出青泉江北源之西隔山西南流合北来一水折而西又西南经博川城南白碧山南合北来云山之水又西南合北来龟城东北山水又西南流受北来一水南循大山北麓经嘉山城南境安州城西北境西南入海海口东南与青泉江相去二十里自源及流与青泉江不过隔山此水源流长四百余里】

海折而西有那青河小口【河出嘉山城西北山南流经凤头山东那青厅西又南入海】又西有大川河小口【河出北山南流经凤头山西麓又南稍西经定州城东又南入海以上二口与大定青泉二口相去在百里之间】又西经定州西南境及郭山城南境有东来川小口【东来川出朔州北山与盖幕山相连其北隔山即鸭绿江南岸之敖登及辽郭尔与昌城三城也此水西南流经郭山城西宣川城东又南入海】又西经宣川城南境折而西北有宣川河小口【宣川出北山其隔山西北即鸭绿江南岸之宿州城也此水西南流循铁山之东麓于宣川城西南境入海】

海又西经铁山城南境数十里折而北经龙川城西南有朔川河小口龙川城隔河北岸即义州城又北即鸭绿南岸之爱州也【朔川河东出山西流经龙川城北义州南又西南入海】海自朔川口经义州西南境其西即鸭绿江口西北岸为盛京界

筹海图编[1]

卷一

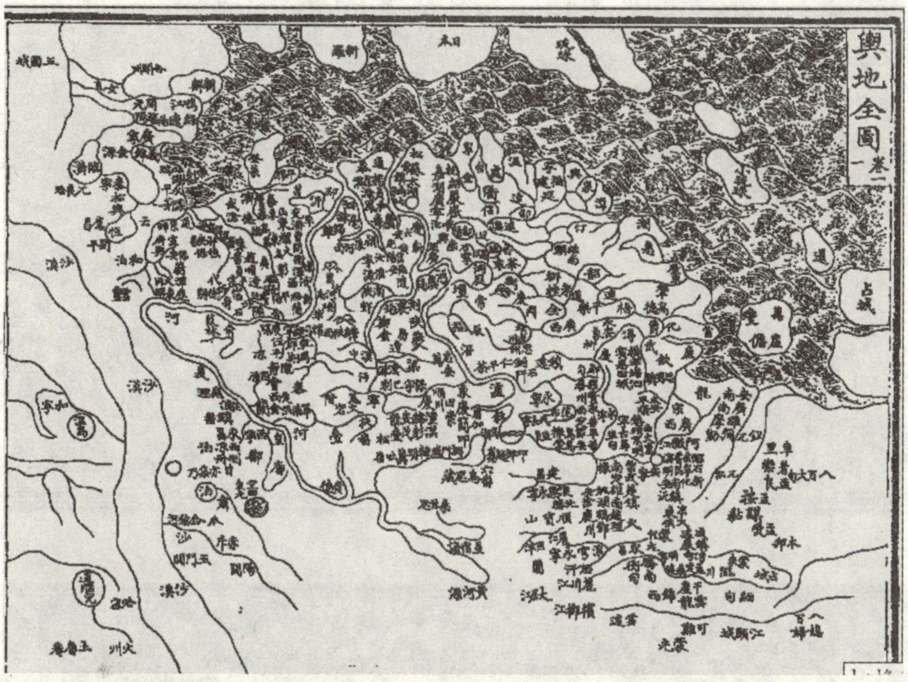

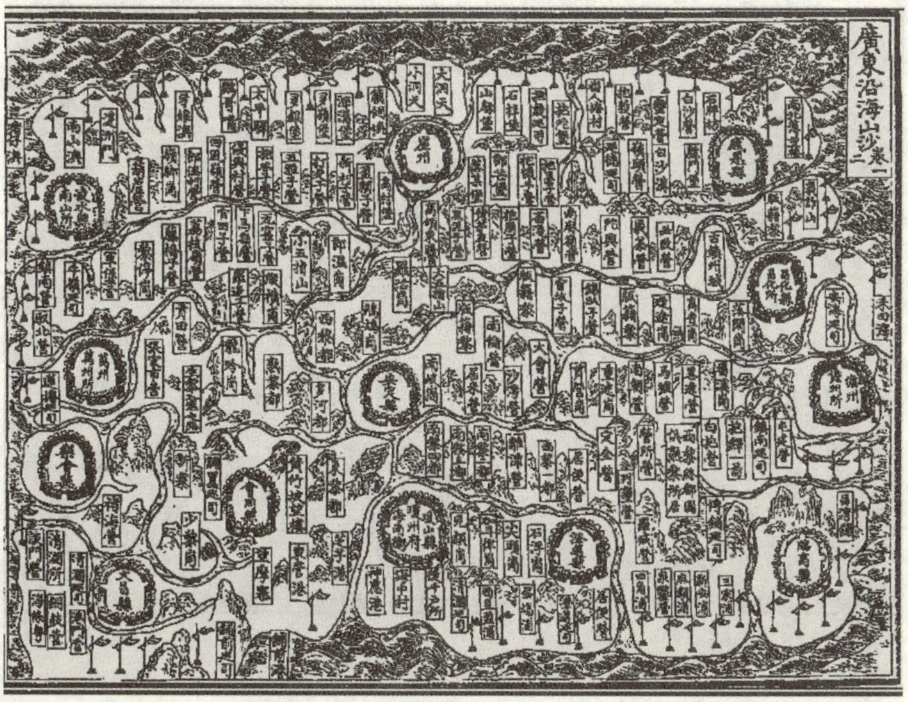

① 〔明〕胡宗宪撰。

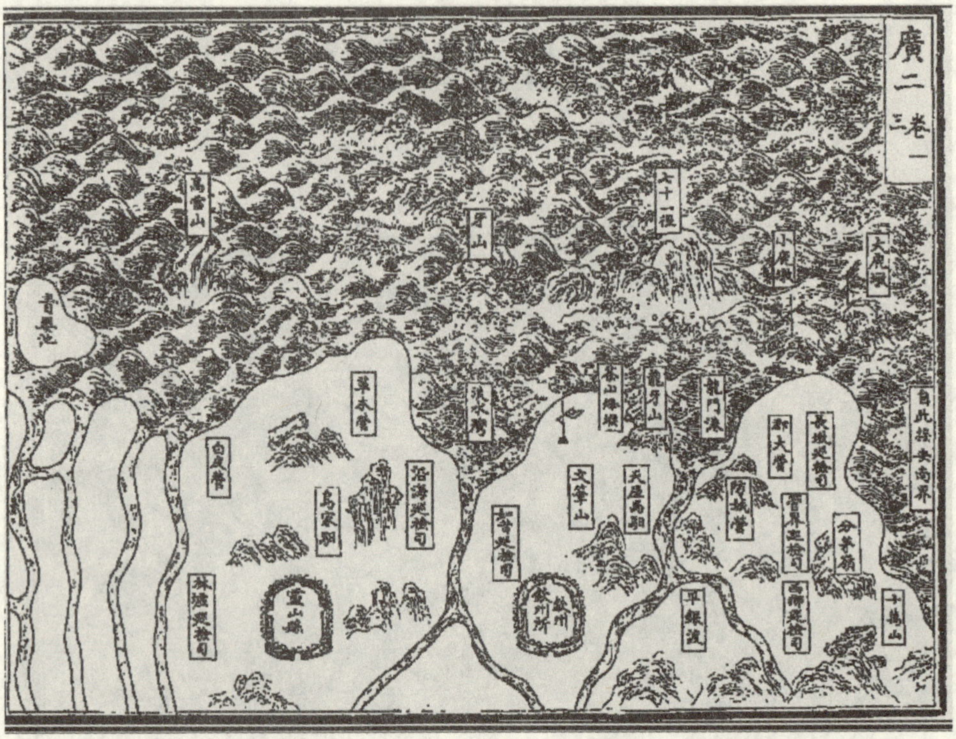
廣二
卷一
三
高雷山
牙山
青嬰池
草木營
沿海巡檢司
烏家驛
林墟巡檢司
靈山縣
文筆山
龍門港
長墩巡檢司
防城營
平銀渡
分茅嶺
自此接安南界
西鄉巡檢司

廣三
卷一
四
蛇山
蛇洋洲
楊梅池
平江池
老沙營
海康所
徐聞縣
東場巡檢司
錦囊所
白石驛
大廉山
永安所
永安營
永平巡檢司
新安營
山口營
珠場寨
珠場巡檢司
廉州府

廣四
卷一
五
小黄程
硇洲
海康縣
雷州衛
遂溪縣
石城縣

廣五
卷一
六
海朗所
雙魚所
神電衛
電白縣
大陳寨
獅子山

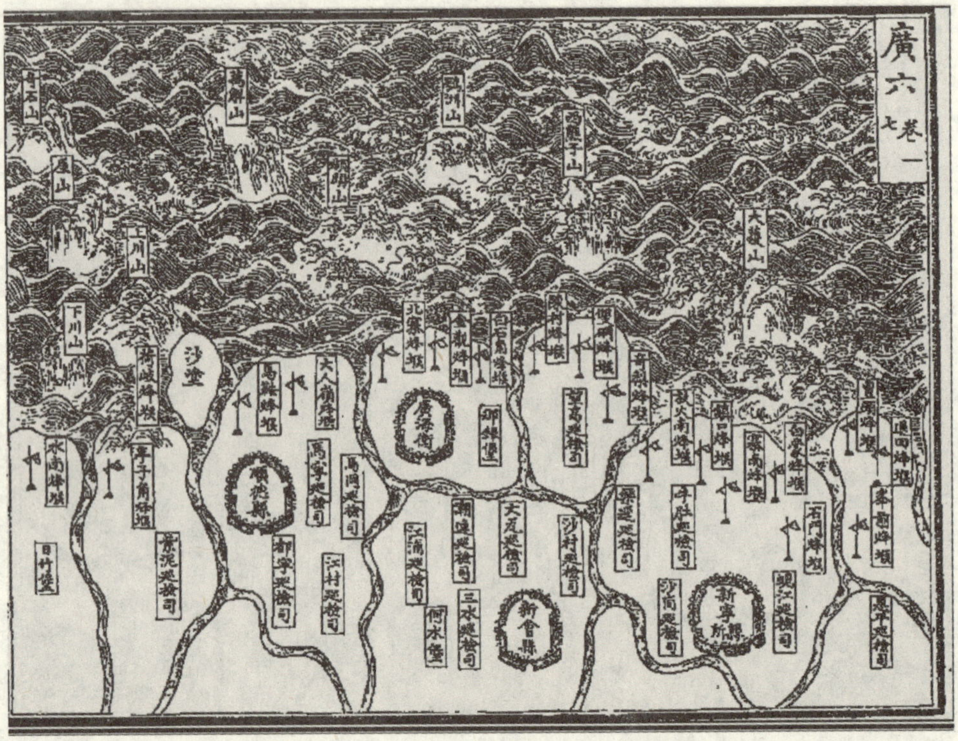
廣六 卷一 七
沙堂
新會縣
三水巡檢司
沙村巡檢司
江村巡檢司

廣七 卷一 八
海珠寺
東洲驛
西城驛
江尾堡
沙尾堡

廣八
卷一
九
大奚山
九星洋
大王洲
上下横當洲
金蘭洲
大鵬所
東莞所
惠州府

廣九
卷一
十
枯洲山
平海所
平政驛

廣十
卷一
十一
大浮山
小浮山
虎子山
靖海所
石城烽堠
南山烽堠
北山驛
神泉巡檢司
惠來縣
甲子門所
甲子門巡檢司
碣石衛
吉朗烽堠

廣十一
卷一
十二
石牌門
大村澳
小江水寨
井州村
井州烽堠
九瓶山
大城所
蓬州所
海門所
潮陽縣
招寧巡檢司
大埕烽堠
外沙烽堠
石牌烽堠
白沙墩
橫山

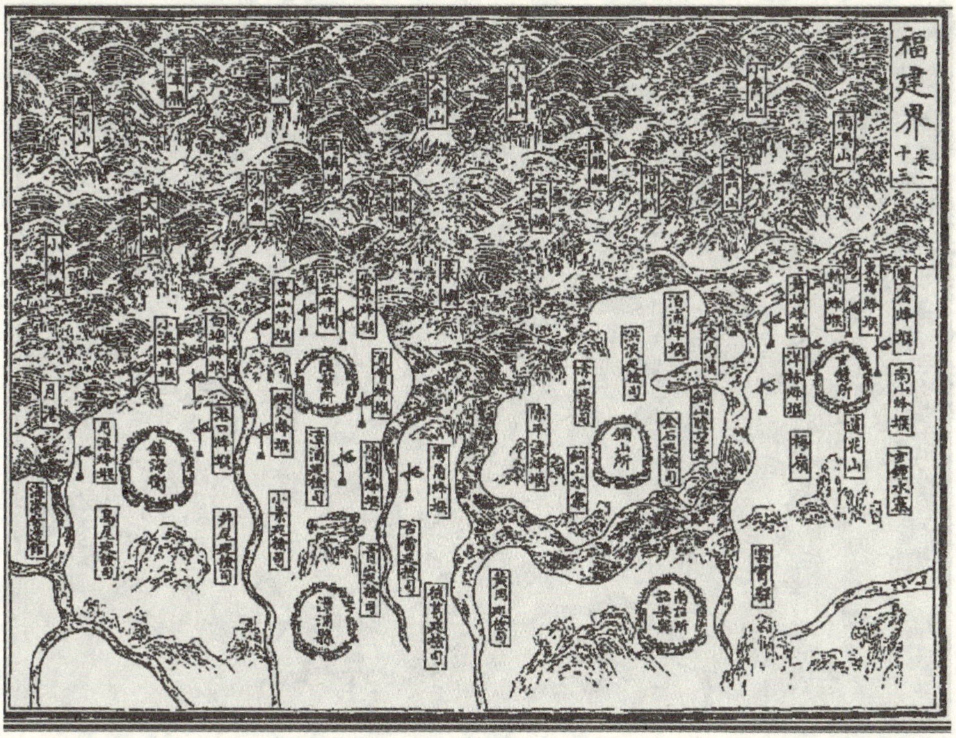
福建界
卷一
十三
鎮海衛
銅山所

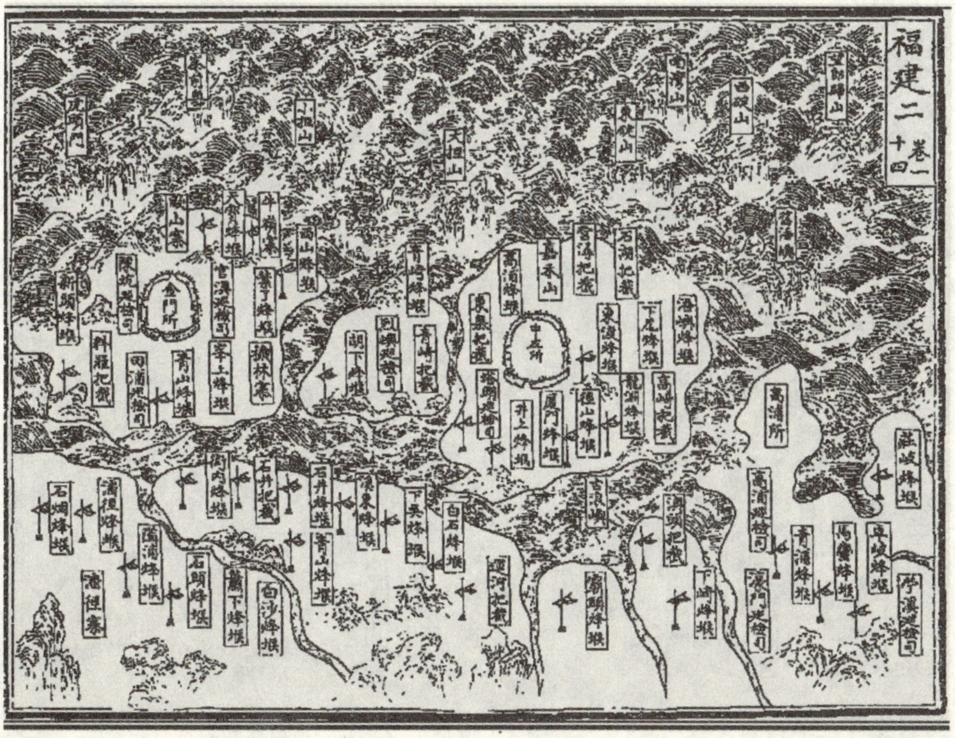
福建二
卷一
十四
金門所
中左所
高浦所

福建三
卷一
十五
泉州府
永寧衛
福金所
小登山
大登山

福建四
卷一
十六
天妃宫

福建五
卷一
十七

福建六
卷一
十八

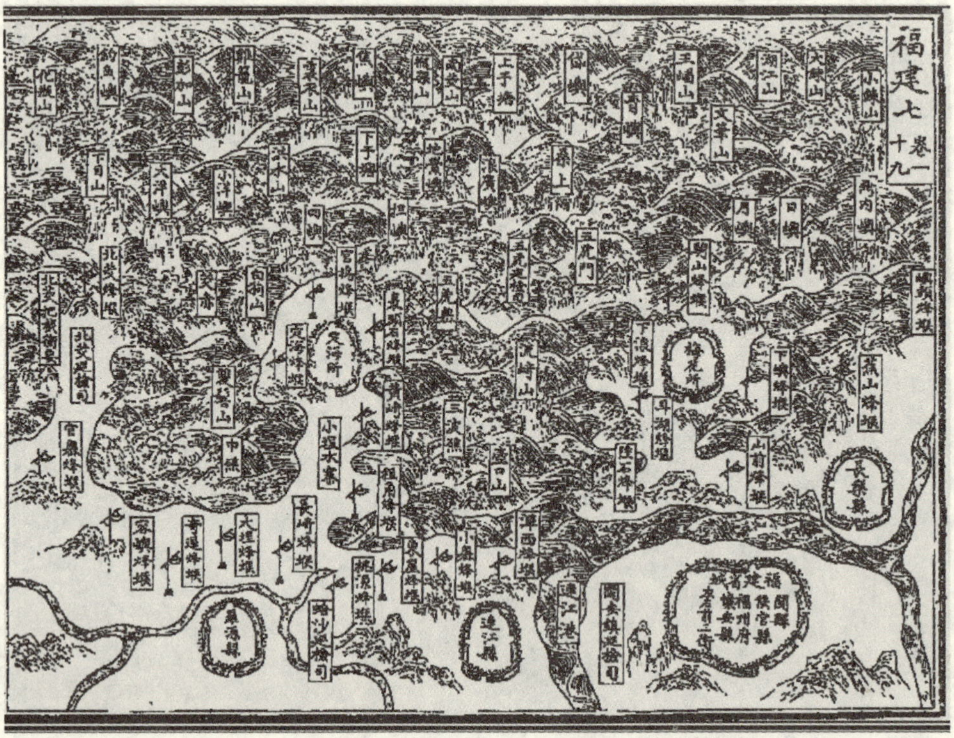
福建七
卷一
十九

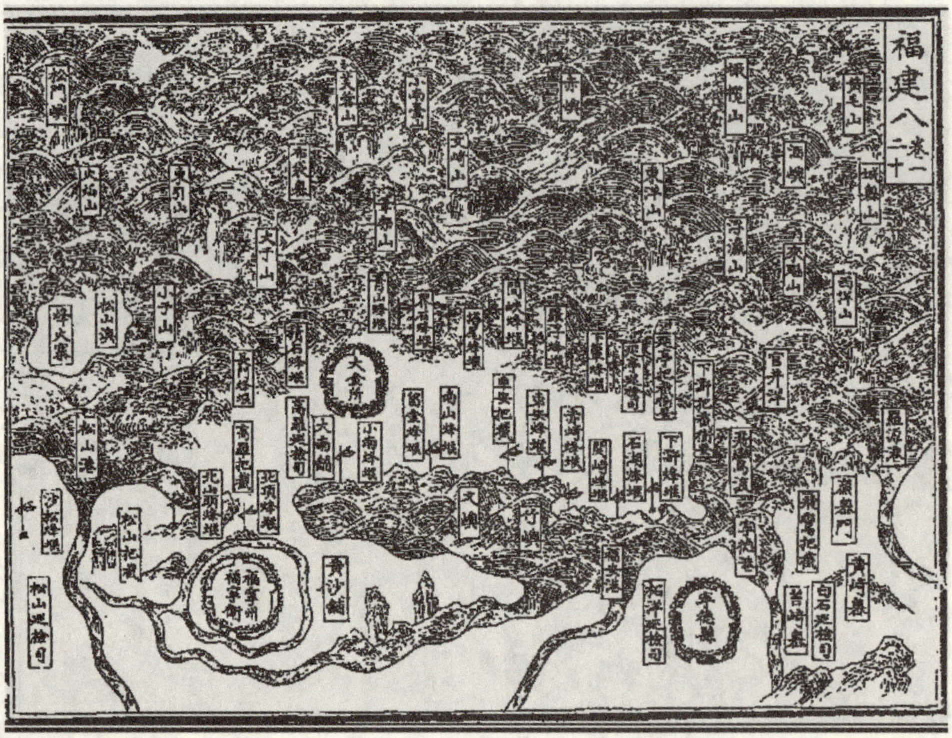
福建八
卷一
二十

福建九
卷一 二十一

浙江界
卷一 二十二

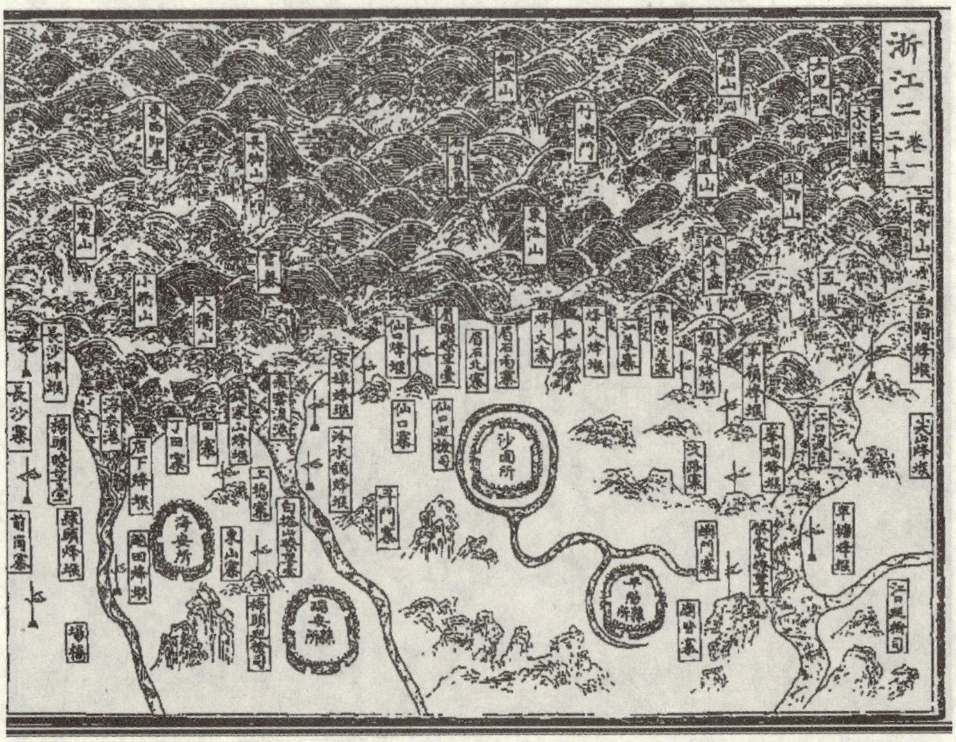
浙江二 卷一 二十三
沙園所
長沙寨
仙口寨
東洛山

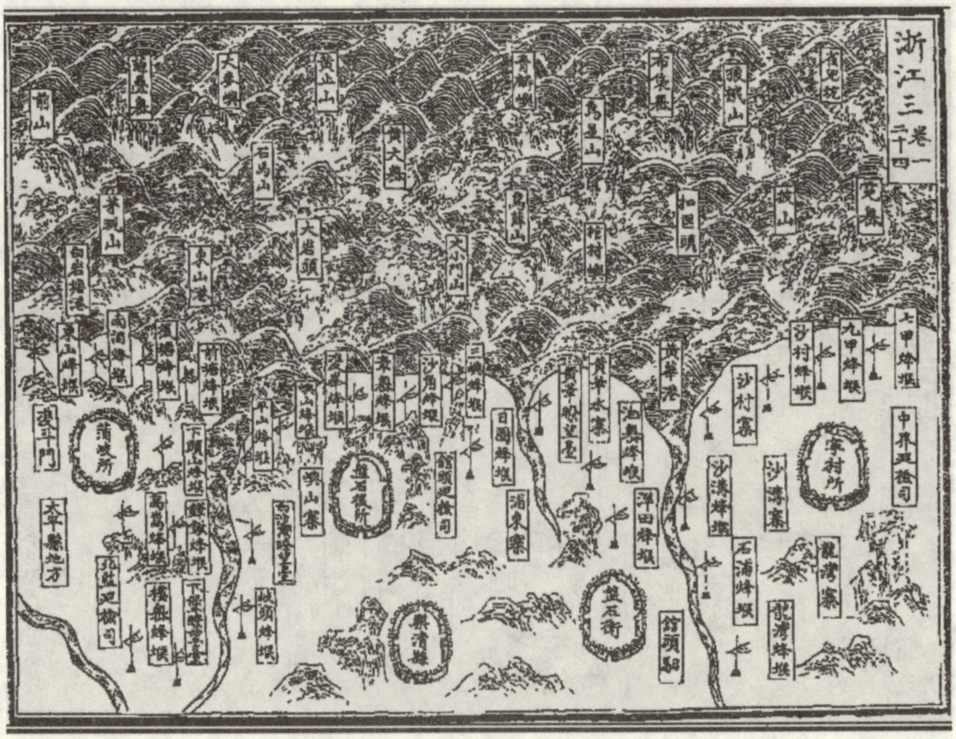
浙江三 卷一 二十四
蒲岐所
沙村寨
沙溪寨
寧村所
龍灣寨
盤石衛

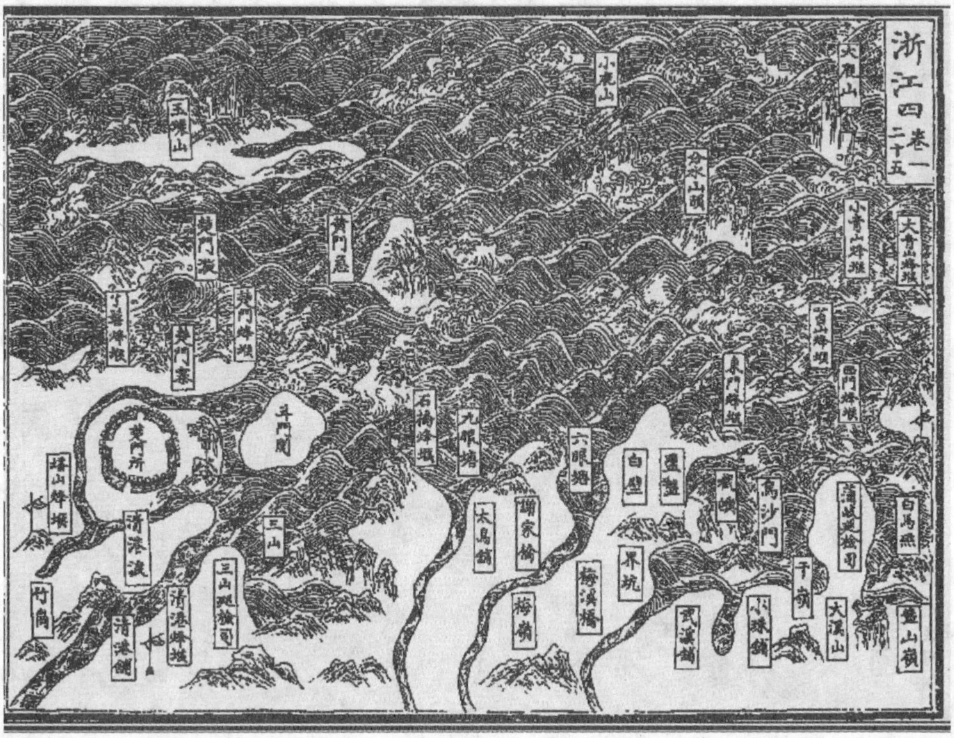
浙江四 卷一 二十五
玉環山
小鹿山
大鹿山
楚門澳
楚門寨
楚門所
斗門閘
塘山烽堠
清港澳
清港烽堠
清港鋪
竹角
三山
三山巡檢司
石橋烽堠
九眼塘
六眼塘
梅溪橋
界坑
烏沙門
蒲岐巡檢司
大溪山
武溪鋪
盤山嶺

浙江五 卷一 二十六
太平縣
小閘
大閘

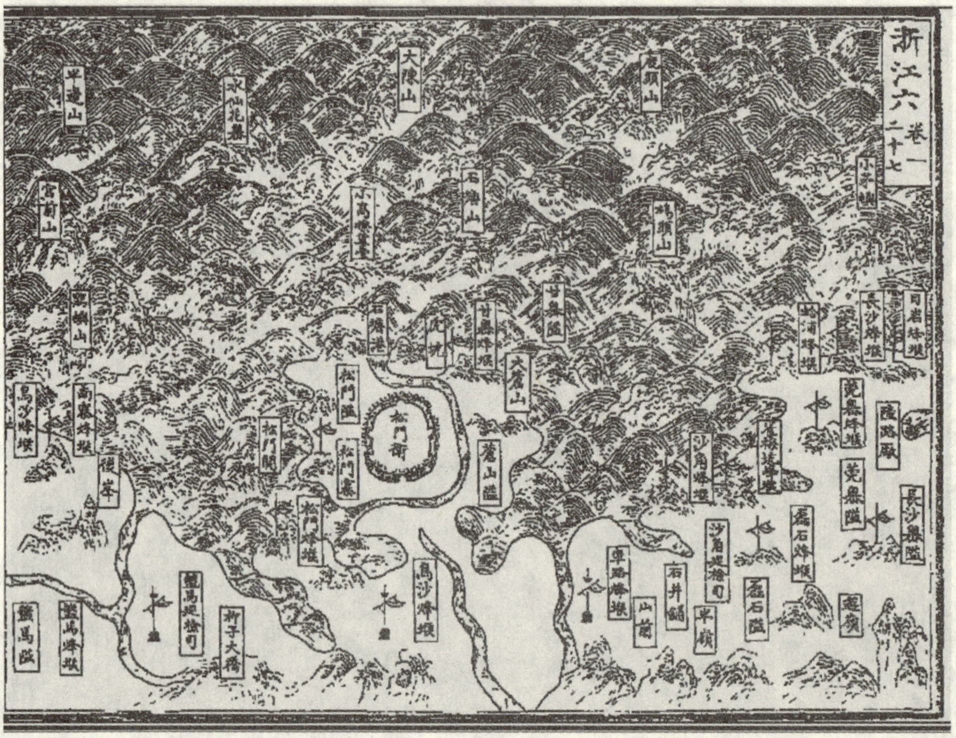
浙江六
卷一
二十七
松門衛

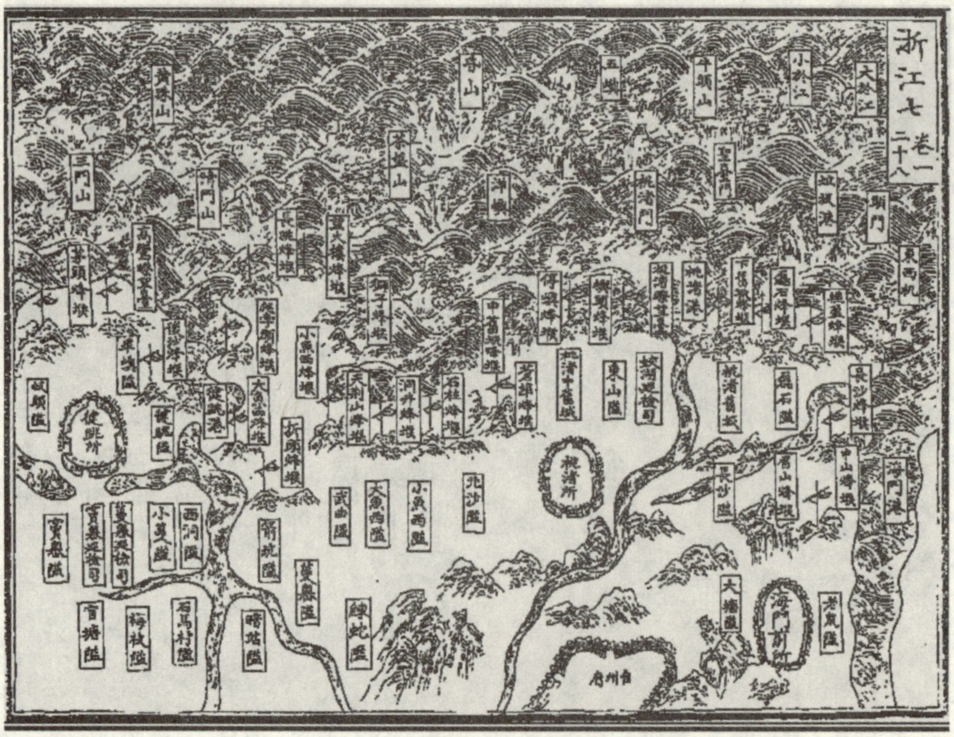
浙江七
卷一
二十八
健跳所
桃渚所
海門前所

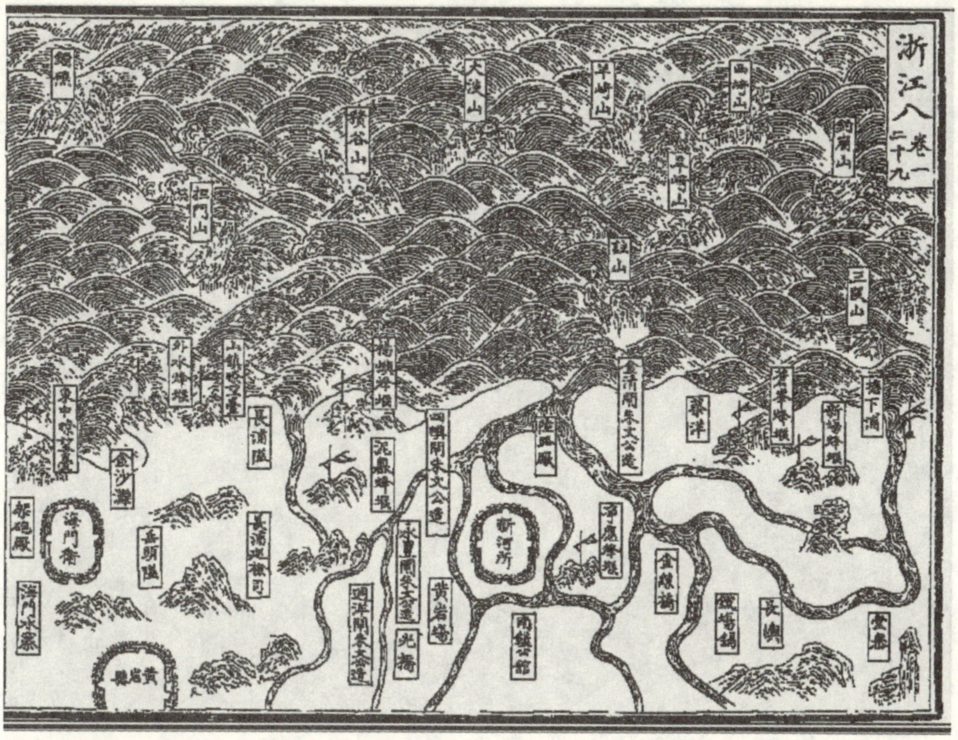
浙江八
卷一
二十九
大陳山
積谷山
長浦隘
金沙灘
海門衛
海門水寨
長浦巡檢司
新河所
黄岩場
蔡洋
長嶼

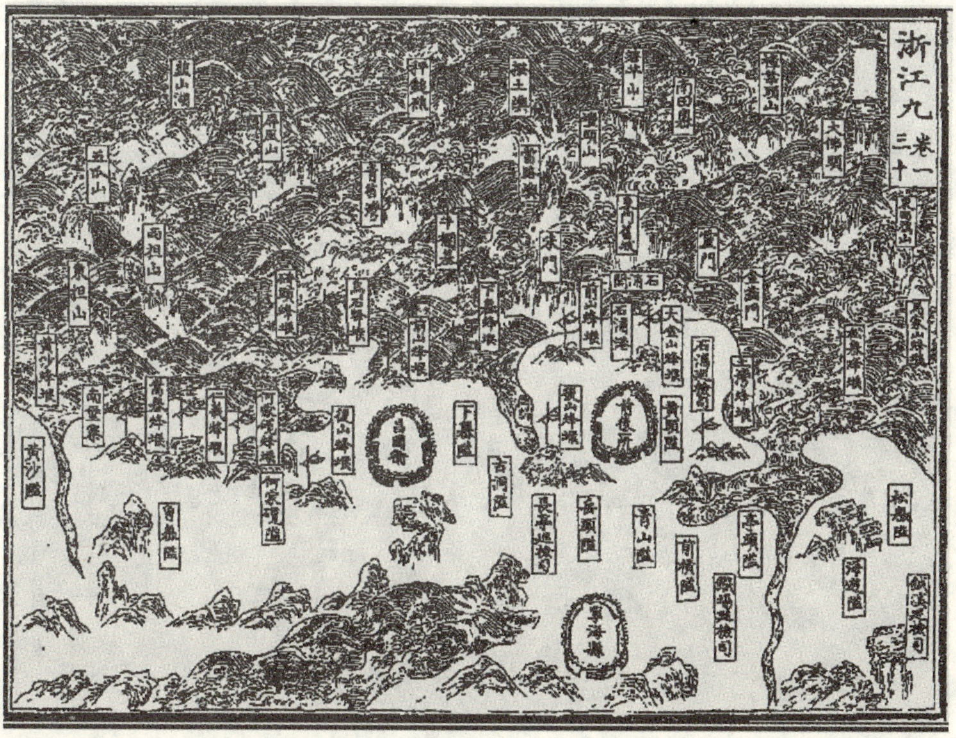
浙江九
卷一
三十
大佛頭
黄沙隘
南壁寨
下塘隘
古洞隘
青山隘
前橫隘
松嶴隘

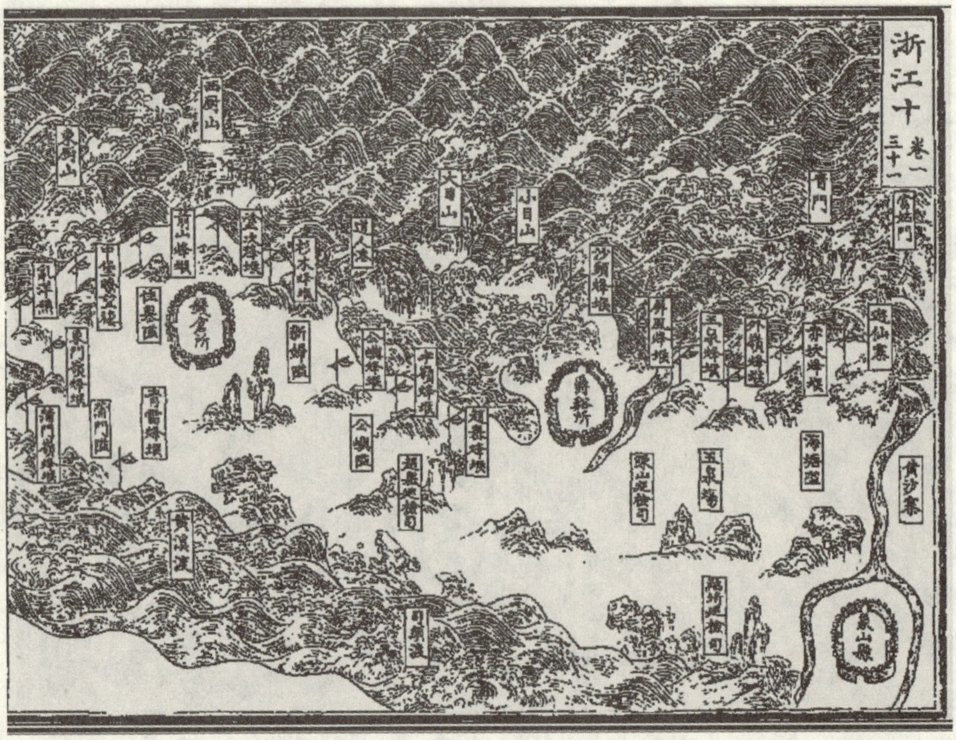
浙江十
卷一
三十一
西廚山
東廚山
大目山
小目山
前山烽堠
杉木烽堠
錢倉所
黃溪渡
青雷烽堠
爵谿所
沙頭烽堠
屏風烽堠
玉泉烽堠
玉泉場
海塘嶴
黃沙寨
遊仙寨
象山縣

浙江十一
卷一
三十二
赤坎山
石板港
白馬礁
南堂山
大嵩所
大嵩場
大嵩港
三山嶴
上里嶴
天童寺
青龍山
孝順洋
大嵩洋
亂礁洋
橫山嶴
高山烽堠
梅山烽堠
大平烽堠
港口烽堠

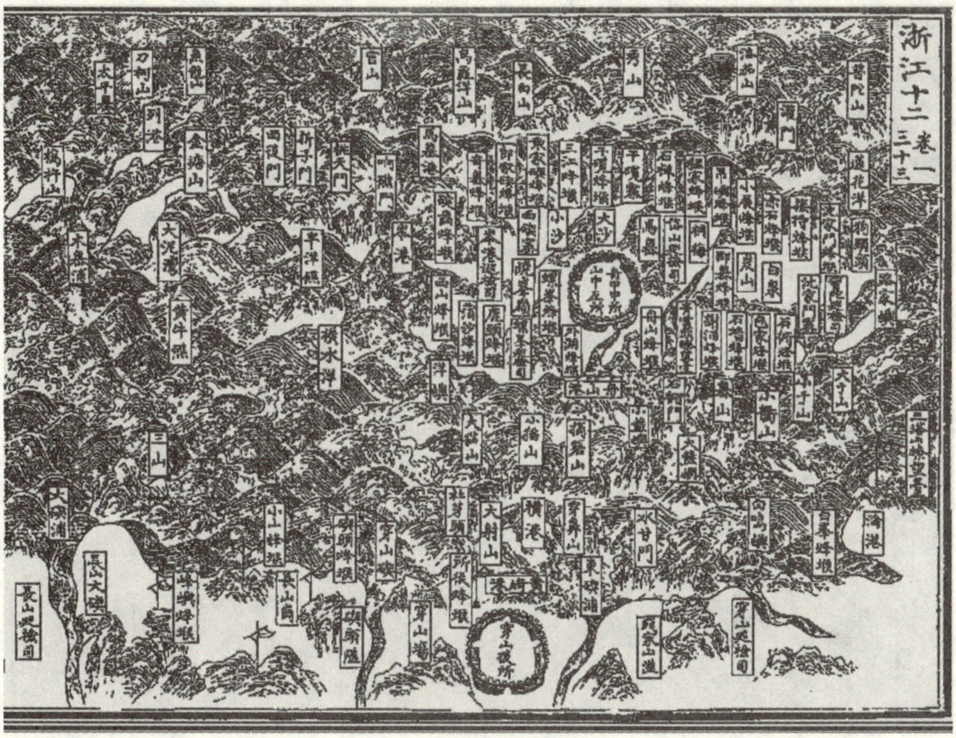
浙江十二 卷一 三十三

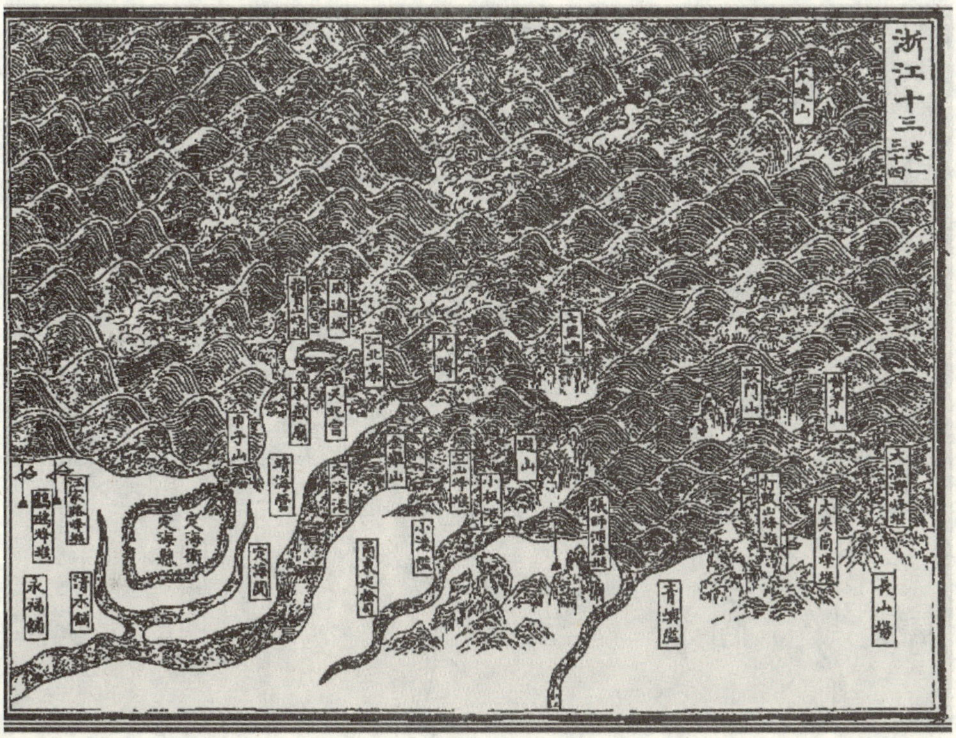
浙江十三 卷一 三十四
定海衛
定海縣

浙江十四
卷一
三十五
西霍山
龍尾烽堠
大嵩山
龍頭烽堠
龍山所
丘家洋
金家嶴
徐家鋪
高山烽堠
鸛鷂烽堠
官圖鋪
孔浦鋪
慈谿縣
寧波府

浙江十五
卷一
三十六
鶴門
馬鳥山
竹嶼港
長在港
黃山
青山
松枫山
吳山烽堠
新浦堠
古窰港
松浦港
龍海衛
三山巡檢司
向頭巡檢司
新浦烽堠
古窰烽堠
松浦巡檢司
施公山烽堠

浙江十六
卷一
三十七
全
臨山衛
三山所
烏盆隘
烏盆烽堠
臨山港
周家路烽堠
徐家路烽堠
眉山烽堠
道塘烽堠
眉山巡檢司

浙江十七
卷一
三十八
三江所
紹興府
瀝海所
上虞縣
曹娥江
曹娥驛
東關驛
胡家池烽堠
宋家樓烽堠
桑盆烽堠
黄家堰巡檢司
下蓋烽堠

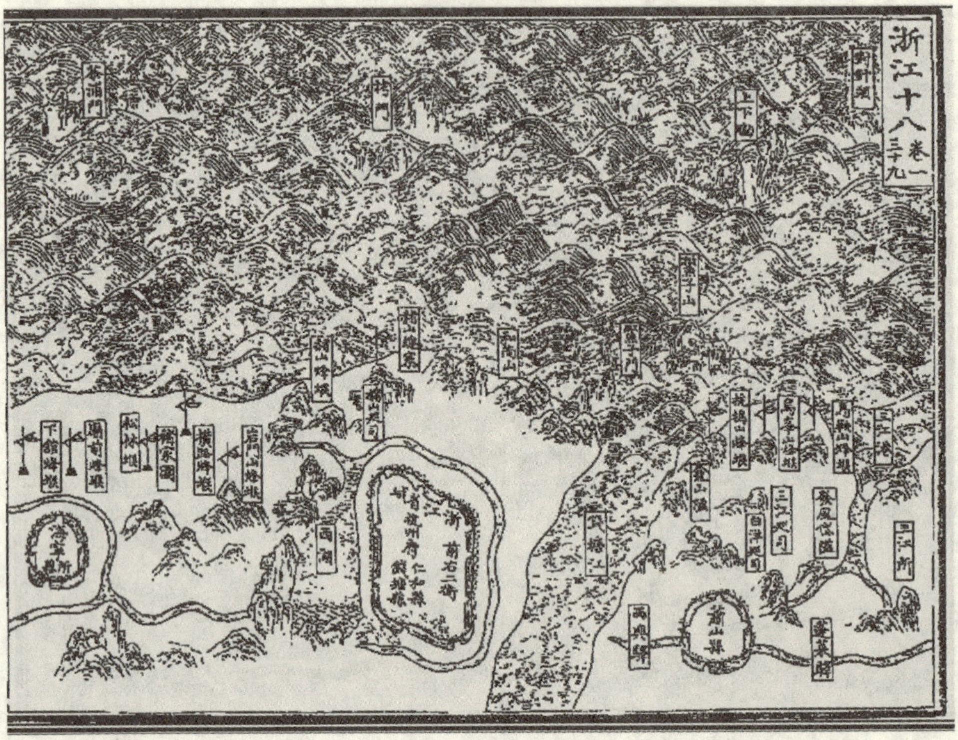
浙江十八 卷一 三十九
上下岬
下館烽堠
松林堠
橫路烽堠
岩門山烽堠
三江港
西湖
浙江省城
杭州府
仁和縣
錢塘縣
前右二衛
錢塘江
龕山巡
三江巡司
白洋巡司
三江所
西興驛
蕭山縣

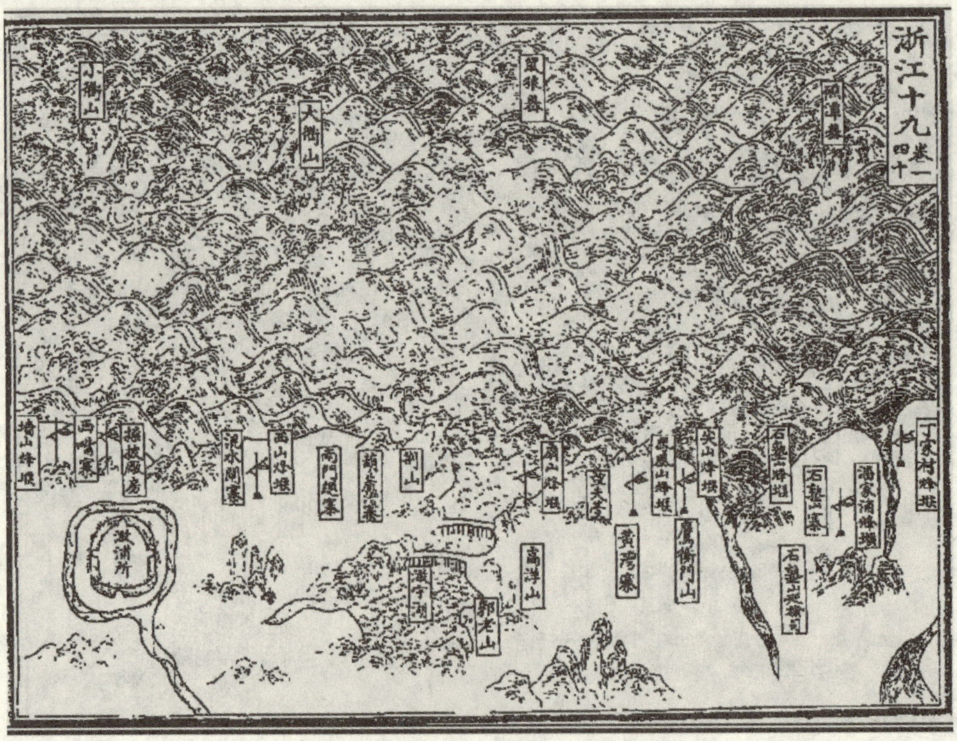
浙江十九 卷一 四十
小衢山
大衢山
塘山烽堠
西嘴寨
泥水閘寨
高山烽堠
南門總寨
剃山
尖山烽堠
石墪山烽堠
石墪山寨
潘家浦烽堠
丁家村烽堠
澉浦所
高洋山
郭老山
黃灣寨
鷹窠門山
石墪山巡檢司

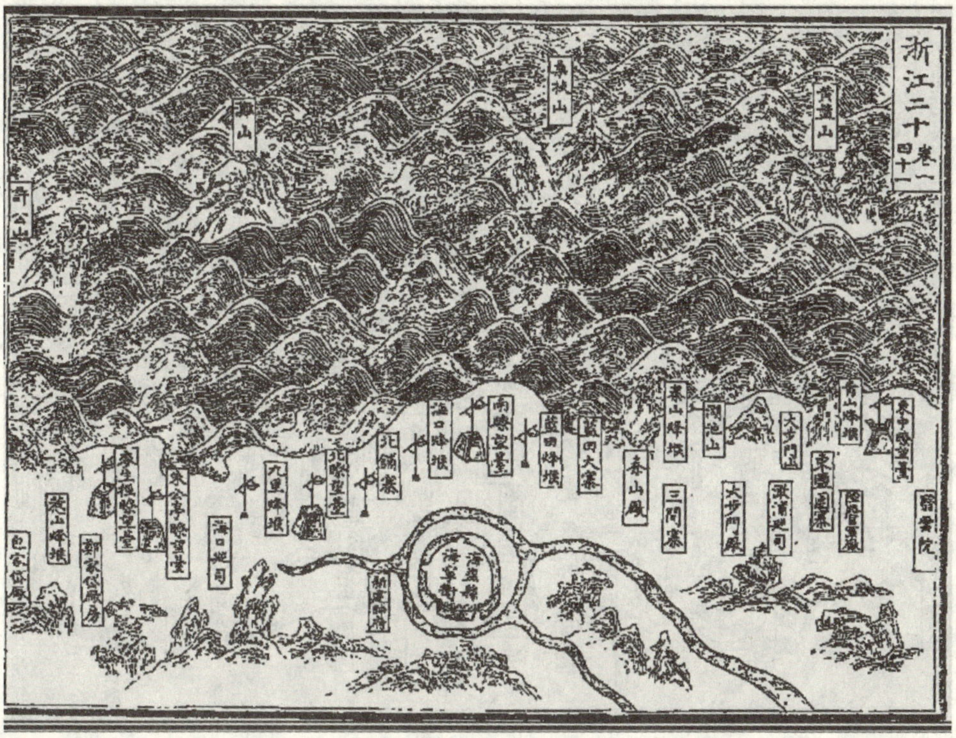
浙江二十
卷一
四十一
三門寨
海口巡司

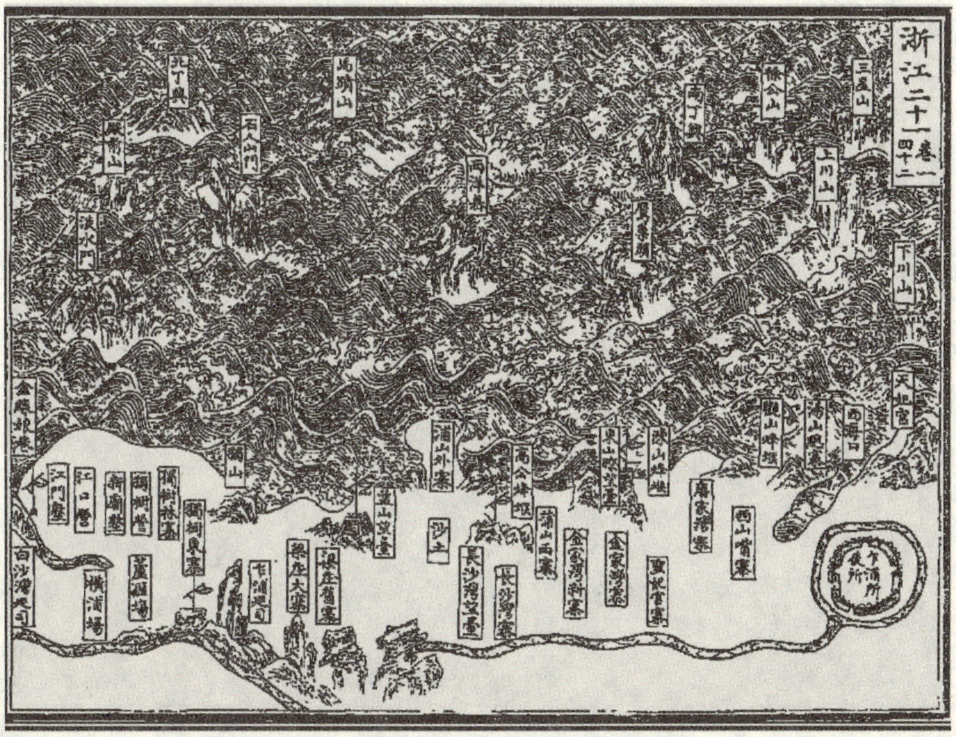
浙江二十一
卷一
四十二
上川山
下川山

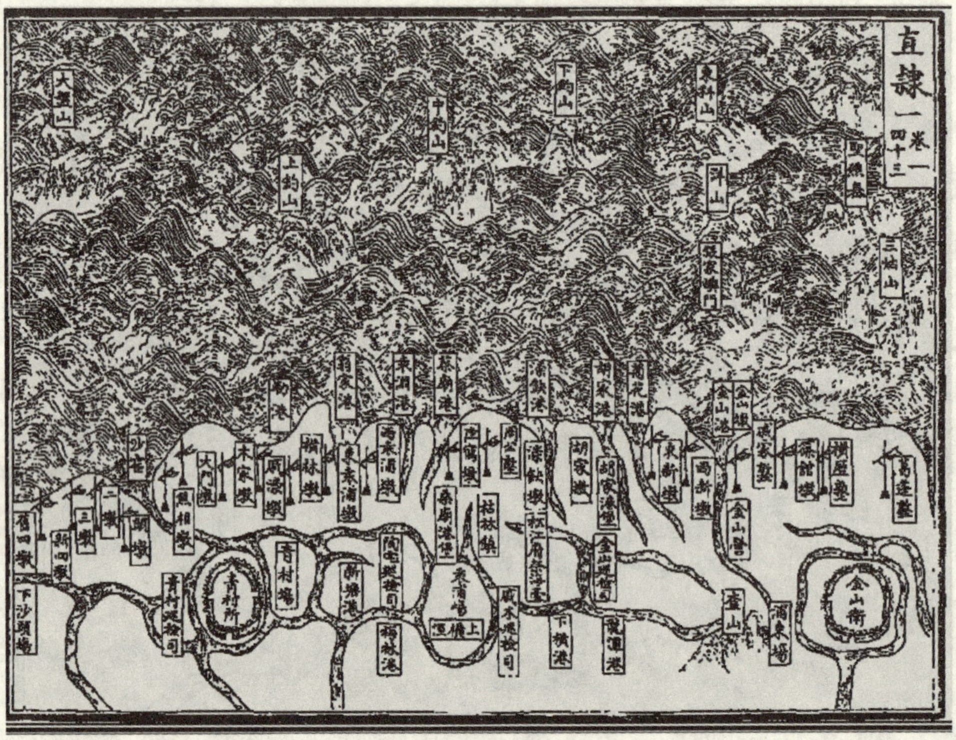
直隸一 卷一 四十三
洋山
三姑山
沙堡
大門墩
木家墩
東湄港
柘林鎮
青村所
青村營
上橋
胡家港
胡家墩
菊花港
金山港
金山營
東新墩
金山衛
下橫港
高達墩

直隸二 卷一 四十四
閩

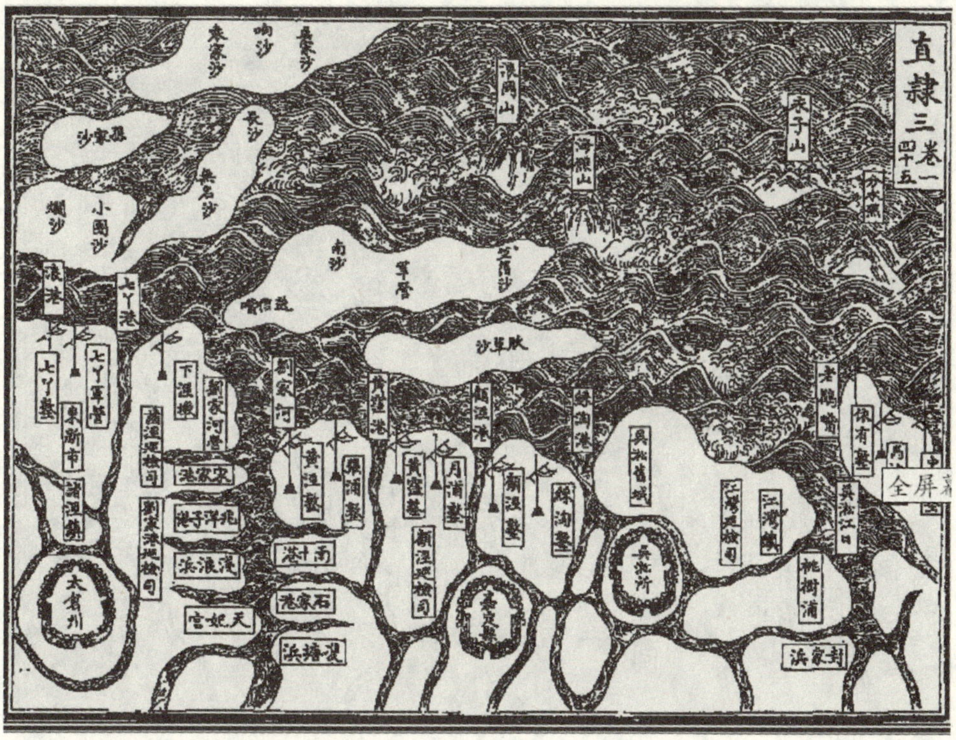
直隸三
卷一
四十五

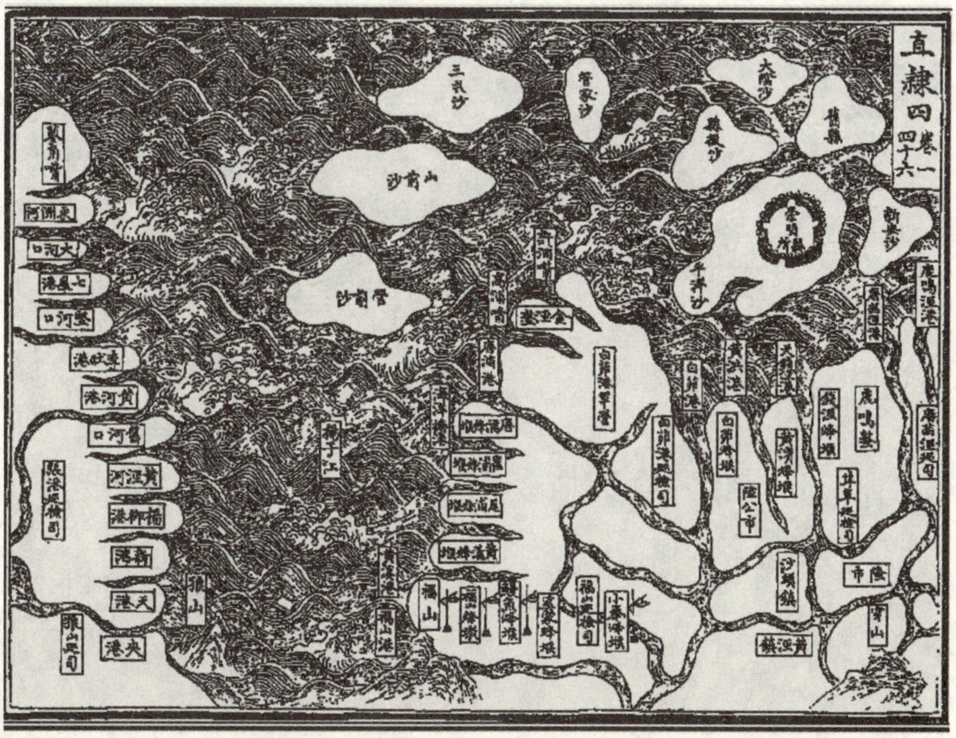
直隸四
卷一
四十六

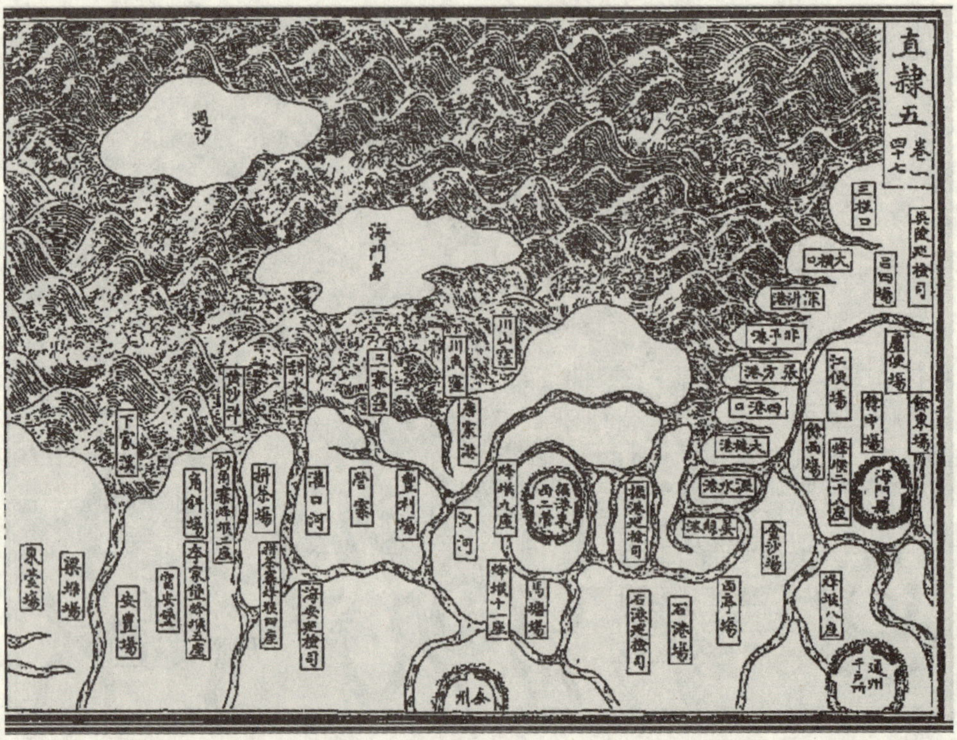
直隸五 卷一
四十七
退沙
海門島
通州千戶所

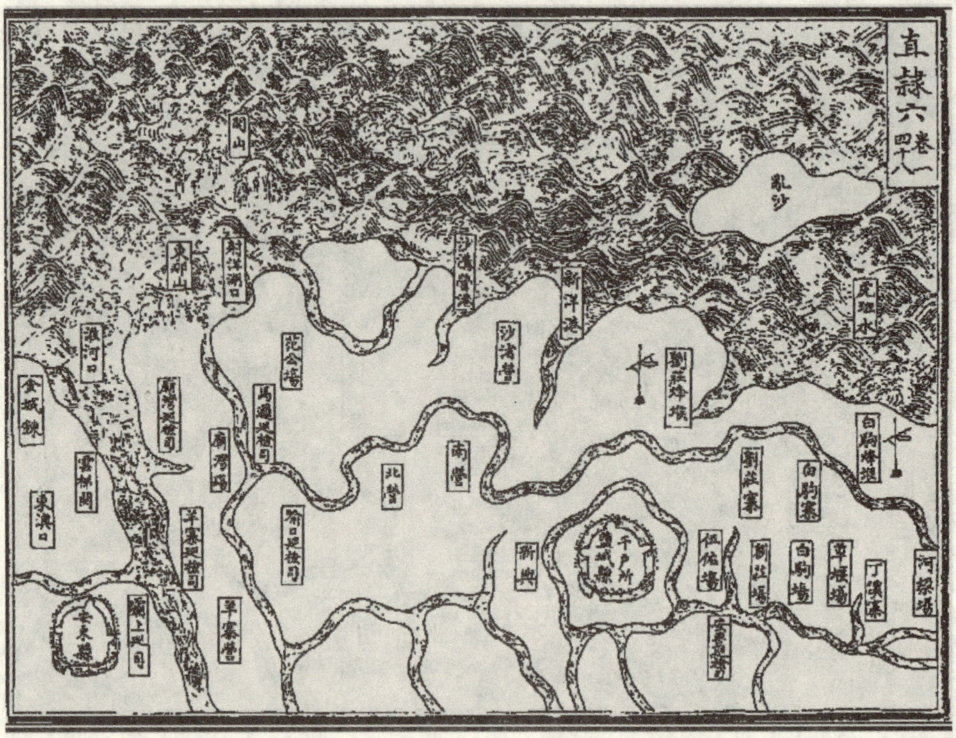
直隸六 卷一
四十八
亂沙
南營
北營

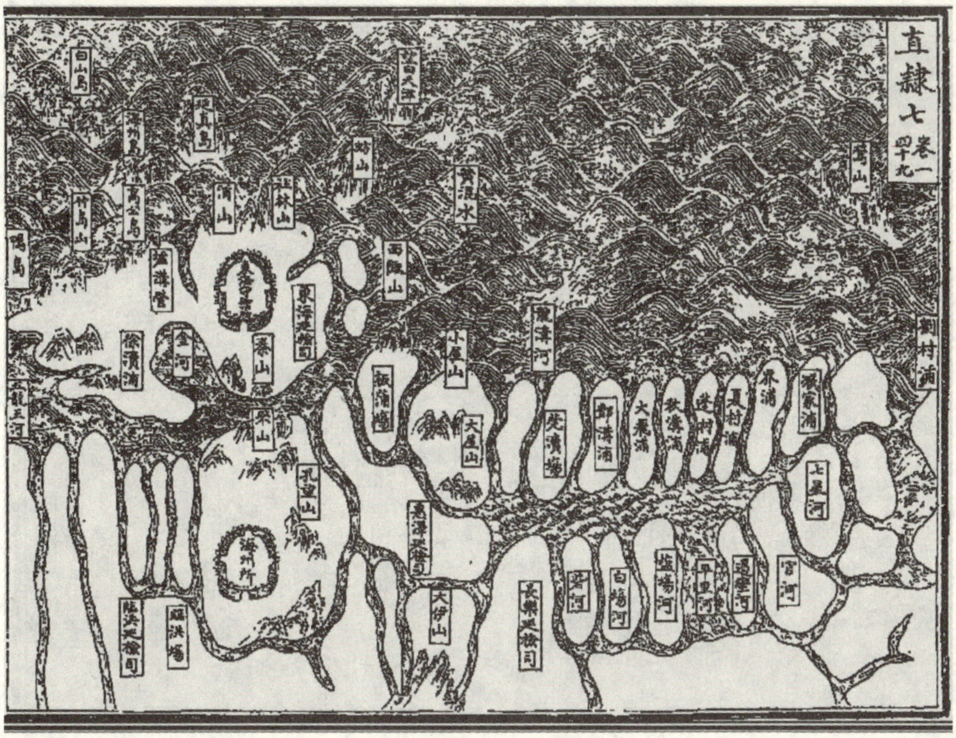
直隸七
卷一
四十九
白山島
鳴島
竹島山
高公島
清山
黄泥水
西陬山
東海巡檢司
泰山
金河
徐瀆浦
小尖山
大尖山
孔望山
海州所
惠澤巡檢司
大伊山
長樂巡檢司
白蕩河
鹽場河
官河
七星河
劉村浦
界浦
夏村浦
大義浦
臨洪巡檢司
臨洪場

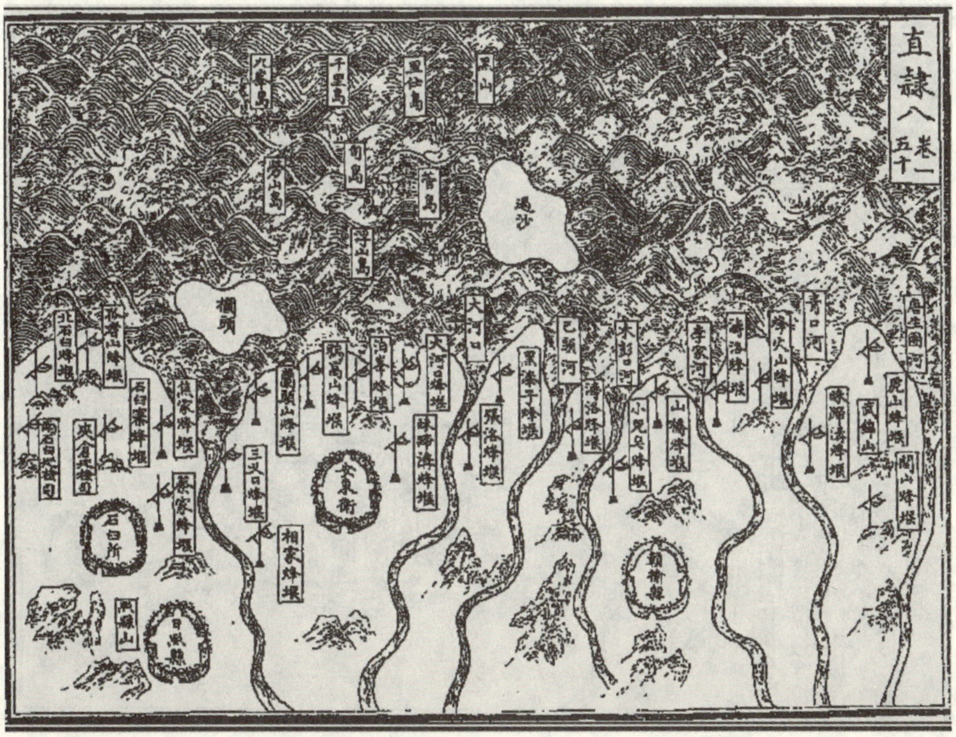
直隸八
卷一
五十
千里島
黑山
旬島
菅島
浮山島
遮沙
大河口
大河口烽堠
已濒河
李家河
青口河
石臼所
安東衛
三义口烽堠
相家烽堠
蔡家烽堠
張洛烽堠
山橋烽堠
閻山烽堠
虎山烽堠

山東界
卷一
五十一

山東二
卷一
五十二

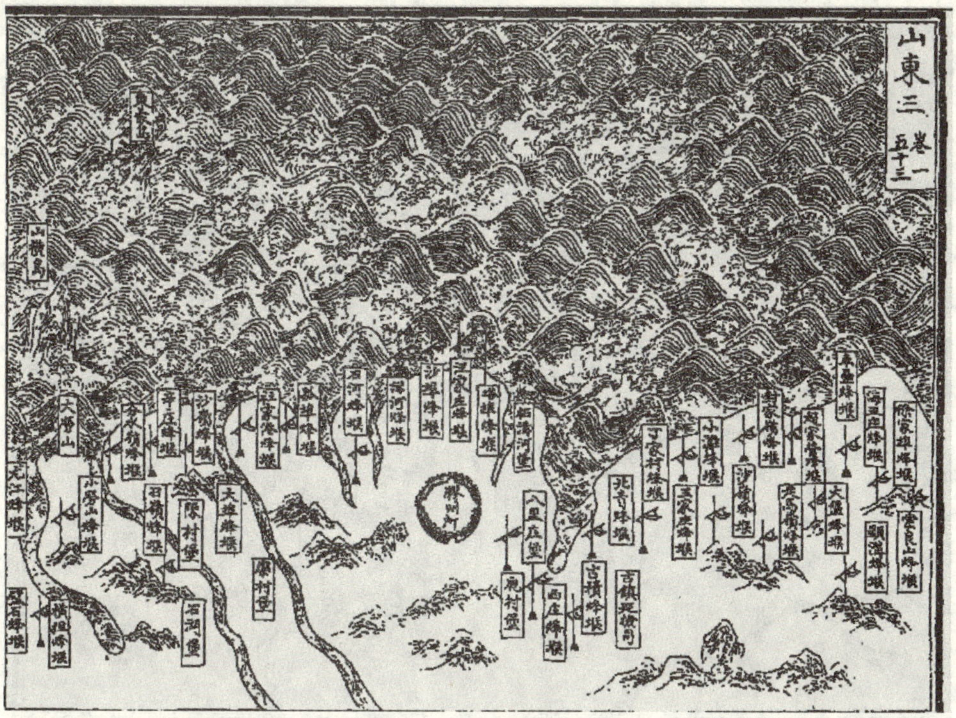
山東三
卷一
五十三

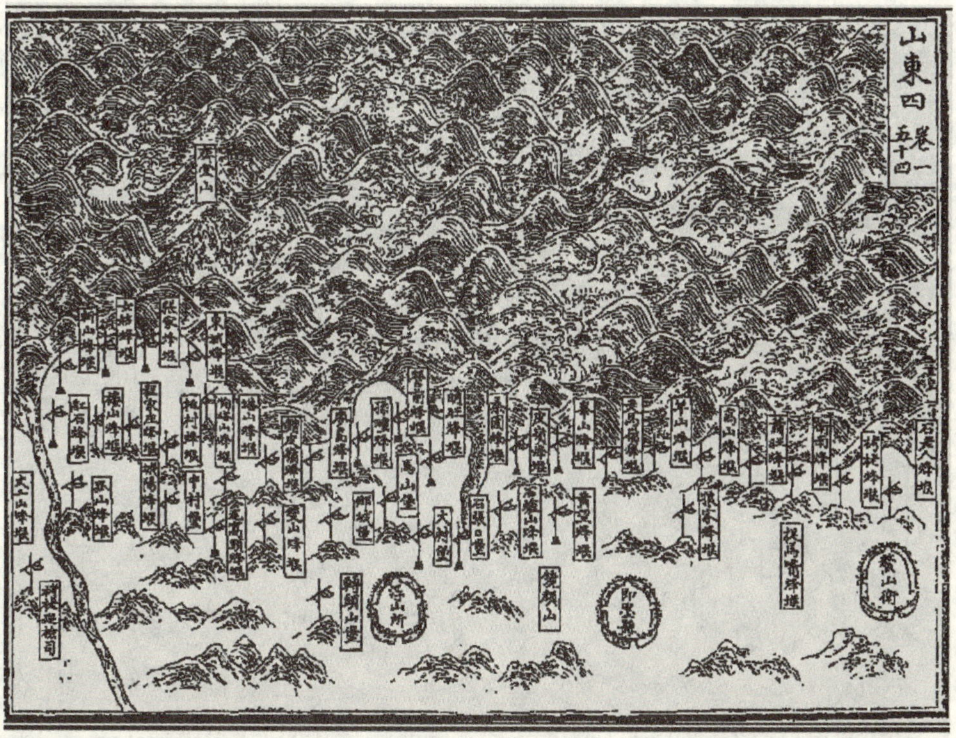
山東四
卷一
五十四

山東五
卷一 五十五
竹島
向島
大嵩衛
大山所
雄崖所
黃山堡
青山堡
小山堡
七子山
羊山寨

山東六
卷一 五十六
松島
小青島
靖海衛
林寺中
白澗山
湯山堡
桃村堡
扒山堡
清港堡
孔家庄堡
高家庄烽堠

山東七
卷一
五十七
靖子山堡
青埠烽堠
孟家山烽堠
石岡烽堠
斤山
火洞山
赤山巡檢司

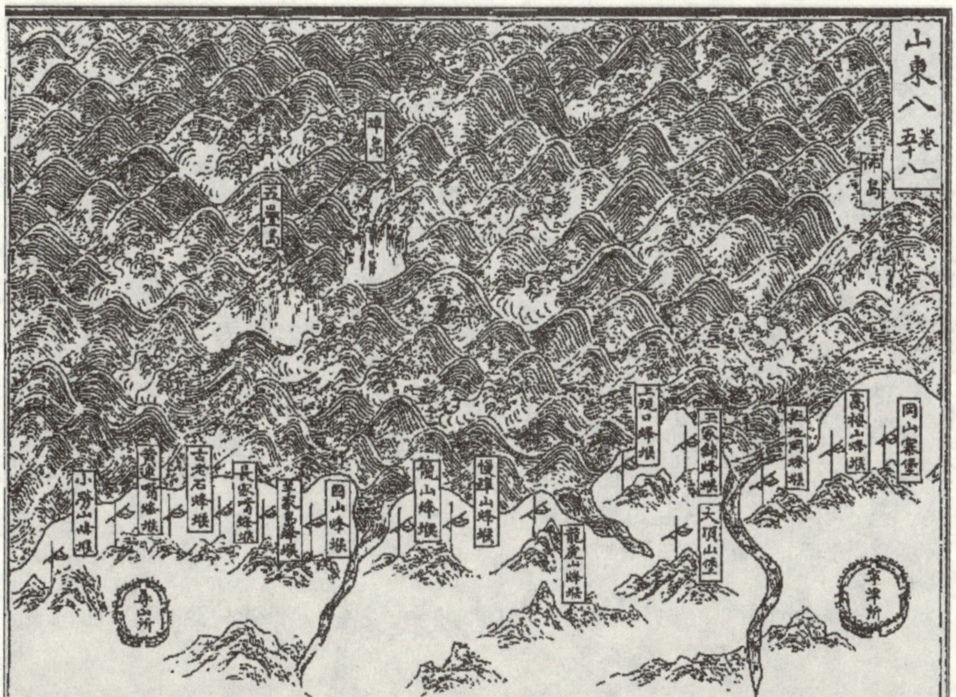
山東八
卷一
五十八
小勞山烽堠
古老石烽堠
龍虎山烽堠
大頂山堡
高樓山烽堠
岡山寨堡
鰲山所
寧津所

山東九
卷一
五十九
東島烽堠
張家頂烽堠
青山烽堠
大水泊烽堠
蒸餅山烽堠
成山
馬山烽堠
半月烽堠
溫泉鎮巡司

山東十
卷一
六十
海牛島
仲山烽堠
張家堡
北留村堡
冷口堡
神前堡
松埠烽堠
曹家島烽堠
不夜城
成山衛
馬山烽堠

山東十一
卷一
六十一
劉島山
金山所
威海衛
白鹿山
麻子烽堠
峰山烽堠
天都烽堠
蒲臺頂烽堠
老姑烽堠
陸家莊烽堠

山東十二
卷一
六十二
金山烽堠
馬山烽堠
辛安堡
杏林烽堠
寧海衛
湯西堡
小峯烽堠
乳山寨巡檢司
大崑嵛
小崑嵛
石子現烽堠

山東十三
卷一
高家庄
清泉峰堠
石瀆峰堠
高山峰堠
西牟堡
奇山所
清泉寨
高山巡檢司
龍山
側山
神山
福山所

山東十四
卷一
西庄峰堠
王徐峰堠
田横峰堠
田横島
備倭所
劉家汪
八角峰堠
郭家庄峰堠
白石峰堠
城後峰堠
黃石廟峰堠
解宋寨
盧洋寨
西山
登州府衛
大白山
楊家店巡檢司

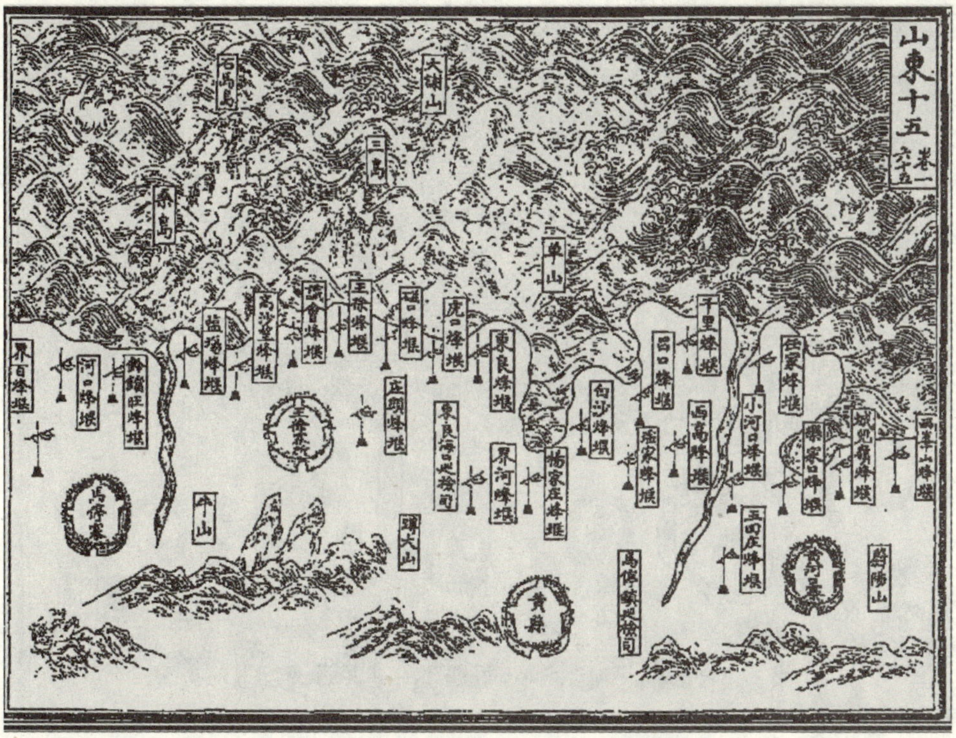
山東十五
卷一
六十五

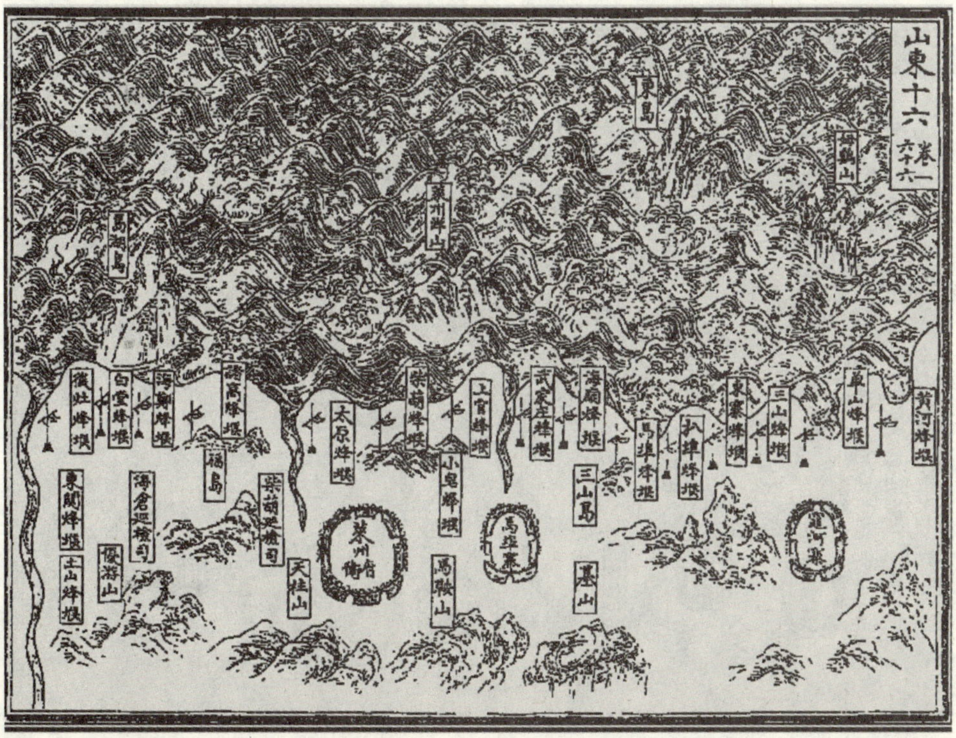
山東十六
卷一
六十六

山東十七
卷一
六十七
青島
大清河
小清河
古河清入海處
利津縣
霑化縣
蒲臺縣
廣陵巡檢司
壽光縣
昌邑縣
黑山烽堠
河口烽堠
水司烽堠
青山
陳山

山東十八
卷一
六十八
塔山
半邊山
黃島
赤洋口關
樂亭縣
昌黎縣
盧龍衛
馬城島
灤河入海口
新橋海口營
寶坻縣
武清縣
信陽縣

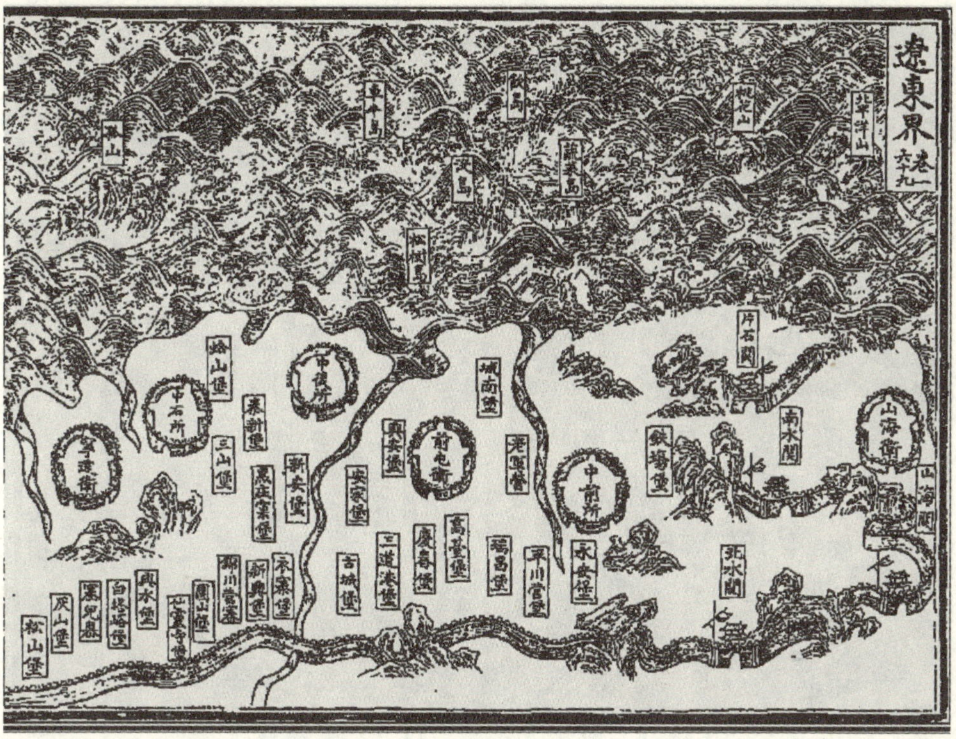
遼東界一
卷一 六十九
山海衛
中前所
前屯衛
中后所
中右所
寧遠衛

遼東二
卷一 七十
海州衛
廣寧衛
右屯衛
中屯衛
中左所
大凌河
小凌河
女兒河

遼東三
卷一
七十一
石家島
東青口
西青口
南青口
北青口
石河島
七箇山島
圓島
紅嘴島
黑山
河口島
松山
秀山堡
平頂山
花山
大寨
海山寨
蓋州衛
八家寨
熊岳驛
龍門山

遼東四
卷一
七十二
小平島
和尚島
平島
石門島
五十寨島
黃井島
青泥島
沙河島
劉家寨
楊家島
花洋島
平頂島
北夾河島
南夾河島
布袋島
沙角島
過島
山洞島
向陽島
紅嘴島
杏園島
金州衛

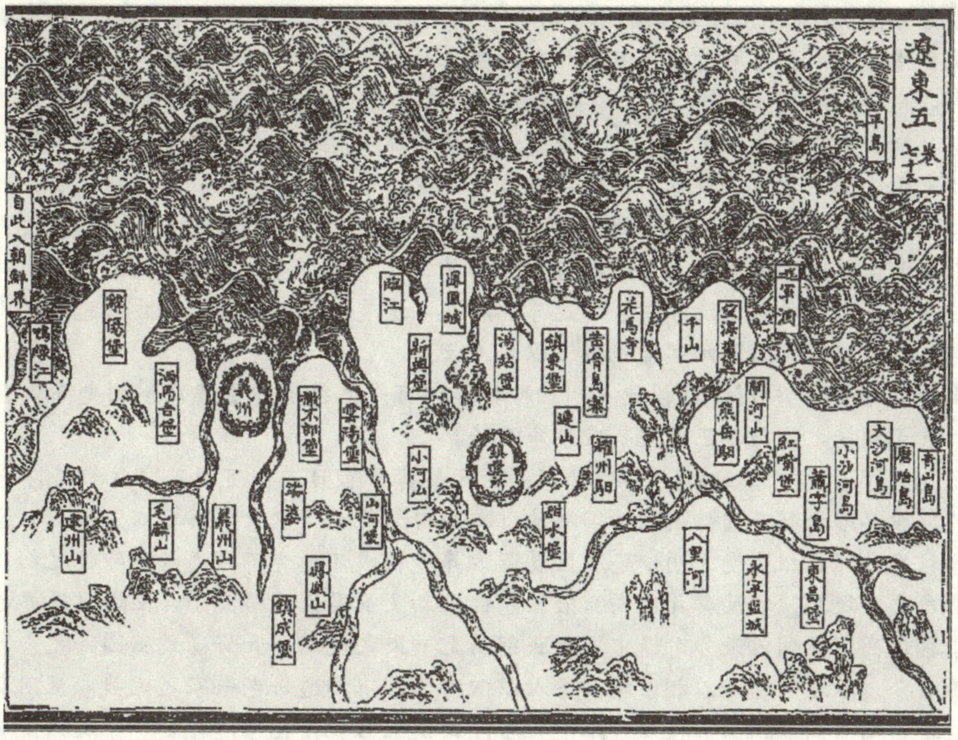

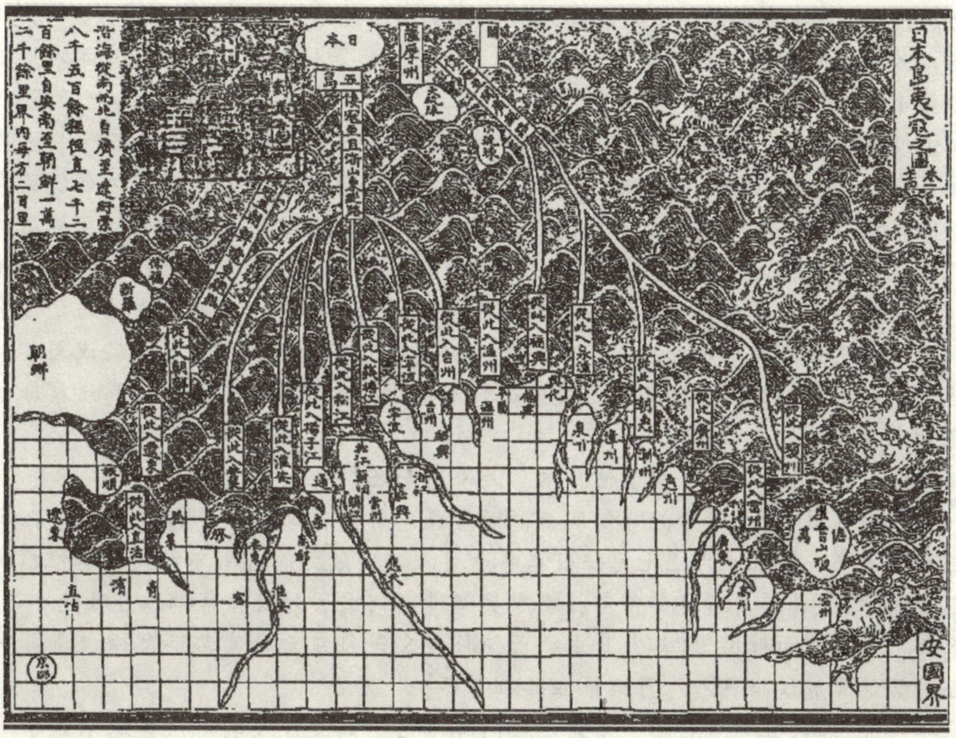

卷二·王官使倭事略

魏正始元年遣使如倭【太守龚遵遣使建中校尉梯儁等奉绍印绶诣倭国拜假卑弥呼爵命并齐诏赐金帛锦罽刀镜等物】

六年赐倭臣绶【诏赐难升米黄幢付带方郡假绶】

八年遣使诏谕倭王【太守王颀到官卑弥呼与狗奴国王卑弥弓呼交兵遣其臣载斯乌越等诣郡说相攻击状郡遣塞曹椽史张政等因赍诏书黄幢拜假难升米为檄告谕之卑弥呼已死宗女台与嗣政等以檄告之】

隋炀帝大业三年遣使倭国【帝遣文林郎裴清渡百济行至竹岛南望耽罗国经都司麻国迥在大海中又东至一支国又至竹斯国又东至秦王国其人同于华夏以为夷洲疑不能明也又经十余国达于海岸自竹斯国以来皆附庸于倭倭王遣小德何辈台从数百人设仪仗鸣鼓角来迎后十日又遣大礼歌多毗从二百余骑郊劳既至彼都其王与清相见大悦曰我闻海西有大隋礼义之国欲遣朝贡我僻在海隅不闻礼义是以稽留境内不即相见故清来道饰馆以待天使冀闻大国维新之化清答曰皇帝德并二仪泽流四海以王慕化故遣行人来此宣谕既而清就馆其后清遣人谓王曰朝命既达清即戒涂于是厚设燕享以遣复令使者随清来贡方物先时其王冠服仍其国俗至是如赐与衣冠乃以彩锦为冠饰裳皆施襈缀以金玉云】

唐太宗贞观五年遣使持节抚倭【倭使入阙帝矜其远诏有司无拘岁许贡遣斯州刺史高仁表持节抚之浮海数月方至仁表无绥抚之才与其王争礼不宣朝命而还】

元世祖至元三年遣使往谕日本不达而还【以高丽人赵彝等言日本国可通乃命兵部侍郎哈达给虎符充国信使礼部侍郎殷弘给金符充国信副使持国书使日本书曰大蒙古国皇帝奉书日本王朕惟自古小国之君境土相接尚务讲信修睦况我祖宗受天明命奄有区夏遐方异域畏威怀德者不可悉数朕即位之初以高丽无辜之民久瘁锋镝即命罢兵还其疆域反其旄倪高丽君臣感戴来朝义虽君臣欢若父子计王之君臣亦已知之高丽朕之东藩也日本密迩高丽开国以来亦时通中国于朕躬而无一乘之使以通和好尚恐王国知之未审故特遣使持书布告朕志冀自今以往通问结好以相亲睦且圣人以四海为家不相通好岂一家之理哉以至用兵夫孰所好王其图之哈达等道由高丽高丽国王王植以帝命遣枢密院副使宋君裴偕礼部侍郎金赞等道诏使哈达等往日本不至而还】

至元四年遣使如日本【六月帝谓王植以辞为解令去使徒还复遣哈达等至高丽谕植委以日本事以必得其要领为期植以为海道险阻不可辱天使○九月遣起居舍人潘阜等持书往日本留六月亦不得其要领而归】

五年遣使日本【九月命哈达复持书往至对马岛日本人拒而不纳执其塔二郎称二郎而还】

至元六年遣使如日本【六月命高丽金有成送还所执二人俾中书省牒其国亦不报有成留其太宰府守获所者久之○七月命秘书监赵良弼往使书曰盖闻王者无外高丽与朕既为一家王国实为邻境故常驰信使修好为疆场之吏抑而弗通所获二人令有司慰抚俾赍以还遂复寂无所闻继欲通问属高丽权臣林衍构乱坐是弗果岂王亦因此辍不遣使或已遣而中路梗塞皆不可知不然日本素号知礼之国王之君臣宁肯漫为弗思之事乎近已灭林衍复旧王位安集其民特命少中大夫秘书监赵良弼充国信使持书以往如即发使与之偕来亲仁善邻国之美事如或犹豫以至用兵夫谁所乐为也王其审图之良弼将往乞定与其王相见之礼廷议与其国上下之分未定无礼数可言帝从之十二月诏与高丽王植送良弼通日本期于必达仍以呼噜蕴王国昌洪察球尔将兵送抵海上候国信使还姑令金州等处屯驻】

至元十年遣使如日本【六月赵良弼复使日本至太宰府而还】

至元十一年命将征日本【三月命经略使实都高丽军民总管洪察球尔以千料舟巴图鲁轻疾舟汲水千舟各三百共九百艘载上卒一万五千期以七月征日本冬十月入其国败之而官军不整又矢尽惟掳掠四境而还】

至元十二年遣使日本【二月遣礼部侍郎杜世忠兵部侍郎何文著计议官蘊都尔丹往使亦不报】

至元十七年日本杀使臣杜世忠【二月日本杀国使杜世忠等征东元帅实都洪察球尔请自率兵往讨廷议姑少缓之○五月召范文虎议征日本八月诏募征日本士卒】

至元十八年再征日本【正月命日本行省右丞相阿喽罕右丞范文虎及实都洪察球尔等率十万人征日本二月诸将陛辞帝勅曰始因彼使来故朝廷亦遣使往彼遂留我使不还故使卿辈为此行朕闻汉人言取人国家欲得百姓土地若尽杀百姓徒得地何用又有一事朕实忧之恐卿辈不和耳假若彼国人至与卿等有所议当同心协谋如出一口答之五月日本行省参议裴国伊等言本省右丞相阿喽罕范右丞李左丞先与实都洪察球尔入朝时同院官议定领舟师至高丽金州与实都察球尔军会然后征日本又为风水不便再议定会于伊岐岛令其水工画

地图因见近太宰府西有平户岛者周围皆水可屯军船此岛非其所防若径往据此岛使人乘船往伊岐呼实都察球尔来会进讨为利帝曰此间不悉彼中事宜阿喽罕輩必知令其自处之六月阿喽罕以病不能行命阿塔哈代总军事八月诸将未见敌丧全师以还乃言至日本欲攻太宰府暴风破舟犹欲议战万户厉德彪招讨王国佐水手总管陆文正等不听节制辄逃去本省载余军至合浦散遣还乡里未几败卒于阊脱归官军六月入海七月至平户岛移五龙山八月一日风破舟五日文虎等诸将各自择坚好船乘之弃士卒十余万于山下众议推张百户为主师号之曰张总管听其约束方伐木作舟欲还七日日本人来战尽死余二三万为虏去九月至公角岛尽杀蒙古高丽汉人谓新附军为唐人不杀而奴之阊輩是也盖行省官议事不相下故皆弃军归久之莫青与吴万五五亦逃还十万之众得还者三人耳】

至元二十年遣使征日本不果【命安塔哈为日本省丞相与彻尔特穆尔右丞刘二巴图尔左丞募兵造船欲复征日本淮西宣慰使昂吉尔上言民劳乞寝兵】

大德三年遣僧往说日本【遣僧宁一山者加妙慈弘济大师附商舶往使日本而日本人竟不至】

国朝太祖高皇帝洪武二年遣使招夷【遣使臣赵秩往日本招来倭夷泛海至析木崖入其境关者拒勿纳秩以书达其王良怀乃延秩谕以中国威德而诏旨有责让其不臣之语王曰吾国虽夷僻在扶桑未尝不慕中国之化而通贡奉惟前朝自恃其强大而以小国视我使赵姓者訹我以好语初不知其觇国也既而发水犀数十艘一时雷霆风波漂覆几无遗类自是不与通者数十年今新天子帝华使亦赵姓得非蒙古使之云礽乎亦将訹我好语而袭我也命左右将刃之秩不为动徐曰今圣天子圣神文武明烛八表威加四海开诚布公故以恩信结汝尔若悖逆不我信即先杀我则尔之祸不旋踵矣我朝之兵天兵也无不一当百我朝战舰虽蒙古戈船百不当一况天命所在人孰能违岂以我朝之孔怀尔者与蒙古之袭尔国者比耶于是王气沮下延秩礼遇有加】

秋使行人杨载赍玺书谕日本国王【倭寇患潮滨海上命载往使赍书谕其国王书曰上帝好生恶不仁者向者天降丧乱赵宋失驭中原板荡东南半壁曰寻于干戈自救不暇固未能经略四荒也迨元自辛卯以来又复扰攘被倭来寇山东不过亦乘其衰耳朕以布衣提三尺剑义声一唱振旅兴师爰宅函夏宵衣旰食垂一十年自去岁以来群盗止息海宇乂安惟四夷未服间者山东来奏倭兵数寇海边生离人妻子损伤物命故修书特报正统之事兼谕倭兵越海之由诏书到日如臣则奉表来廷不臣则修兵自固永安境土以应天休如必为寇朕当命舟师扬帆诸岛捕绝其徒直抵其国缚其王岂不代天伐不仁者哉惟王图之】

洪武五年遣僧往谕日本【先是天宁寺僧祖阐以高行召至会朝廷将遣使诏与瓦罐寺僧无逸俱往祖阐毅然请行上壮之赐以缁器禅衣之属令大官馔享于五楼下且谕其国敬浮屠喻以善道设化时天界寺僧宗泐尝赋诗饯之其诗上献凡十八韵首言王化无遐迩一视同仁次言宣诱以善道庶契西来祖意次言经涉海波虽甚艰险君臣大义勿忘次言平等法行之无有彼此之异末言使旋方尽终始之义太祖俯赐和之常闻古帝王同仁无遐迩蛮貊尽来宾我今使臣委仲猷通洪玄倭夷尝往至于善导凶人不负西来意尔僧游远方毋得多生事入为佛弟子出为我朝使珎重浦泉经勿失君臣义此行非瀚海一去万里地既辞释迦门日日宿海涘艨艟挂飞飘天风驾万里平心勿忧惊自然天之使休问海茫茫直是寻根际诣彼佛放光倭民大欣喜行止必端方毋失经之理入国有斋时斋毕还施礼是法皆平等语言休彼此尽善化顽心了毕才方已归来为拂尘见终必见始祖阐受命而行自翁州启棹五日至其国境又踰月始入王都馆于洛阳西山精舍一遵圣教擢演正法无非约之以善听者耸愕以为中华之禅伯亟白于王请主天龙寺乃梦窓国师道场实名刹也祖敷以无上命力辞之且申布威德罔间内外所以遣使者来之意王悦命僧奉方物称臣来贡既归上喜怡愉赐白金一百两文绮二缣】

成祖文皇帝永乐九年遣使日本【遣三宝太监王进奉使日本收买奇货至宁波选壮军顾通号大汉将军同往彼夷初御以礼后起别议辄下瀼江龙于港口得支港潜出彼夷妇密引而还】

永乐十五年遣使如日本【倭寇沙园所边将执其酋首送京师诏贷以不死遣刑部员外郎李渊等使日本玺书责以敬天事大之义次年渊还其国王亦遣刺史奉表称谢】

宣宗章皇帝宣德八年遣使吊丧【倭王源道义卒上命太监雷春少卿潘锡等出使垂吊以尽怀柔之意】

今上皇帝嘉靖三十四年七月遣使移谕日本【先是海商王直挟倭以要互市不得遂纠岛夷入寇而身为之调度浙直广福沿海悉被残破倏往倏来讫无宁岁御史胡宗宪按浙廉知其情奏乞遣使宣谕日本国王令其禁戢

岛夷以弭边患实欲行间谍以钩致王直而绝祸源也疏入上命廷臣议之咸称曰便乃令布政司为檄致之宣布朝廷德意募能使者宁波生员蒋洲陈可愿请行于是假以市舶提举服色充正副使以往檄曰王国自我太祖高皇帝御极以来世秉恭顺贡献天朝天朝待王恩亦不薄上下安和恪承天道各保生民今尔倭劫掠居民念惟王国法令严明部民盗一鸡一犬者必杀无赦岂有縱民侵劫之理必是欺蔽国王私出为非故特遣正使蒋洲副使陈可愿移檄报知王若能守祖宗之大法思圣朝之厚恩愤部民之横行分投遣人严加约束不许私出没海洋侵扰中国使边境宁静衅隙不生共享和平之福如此本司即为王奏闻天子必有大旌劳之典史册书美光传百世岂不快哉否则奸商岛民扇祸不已党类益繁盘据海岛窥伺窃发恐非王国之利如昔年安南国王陈氏之祸可鉴矣今日移文报知亦非为中国也王其深体而速行之洲等捧檄以行十一月望日至其国五岛地方偶遇直養子毛海峰在焉洲等以移谕事告之遂引见直洲等谕以朝廷遣使之意及军门招徕之心直为感德然不欲国王之知之也谓洲等曰夷意惟在求互市而已既朝廷有旷荡之恩吾当为若等谋之然天文国君孱弱不能号令于其国其能禁戢诸部耶须历岛谕之乱可弭也遣毛海峰辈送可愿回而留洲在岛者数月海峰以报効为名实伺内地虚实与当道待直之意何如以为进止时宗宪已总督军务洞烛其奸乃故示以宽厚之意准令立功报効而为之奏请赏赉优渥海峰还报直始挺身而来谓市舶可通而荣显可致也然犹虑中变仍挟倭数千而来迁延海上者又两阅月遣方大忠反复说之又携贰其党与始入见军门于宁波而生致之斩之市曹传首京师自此海上少戢矣后御史赵孔昭以洲专命往使不达其王谓为直党恶奏系诏狱论死巡视军情郎中唐顺之谓不赦洲将来必以使绝域者为讳而阻宣力报効之心后奏释之】

太仓使往日本针路【见渡海方程及海道针经】

太仓港口开船用单乙针一更船平【更者每一昼夜分为十更以焚香枝数为度以木片投海中人从船面行验风迅缓定更多寡可知船至某山洋界】

吴淞江用单乙针及乙卯针一更平

宝山到南汇嘴用乙辰针出港口打水六七丈沙泥地是正路三更见茶山【茶山水深十八托一云行一百六十里正与此合】

自此用坤申及丁未针行三更船直至大小七山滩山在东北边

滩山下水深七八托用单丁针及丁午针三更船至霍山

霍山用单午针至西后门

西后门用巽巳针三更船至茅山

茅山用辰巳针取庙州门船从门下行过取升罗屿【庙州门水深急流】

升罗屿用丁未针经崎头山出双屿港【升罗崎头俱可泊船崎头水深九托】

双屿港用丙午针三更船至孝顺洋及乱礁洋【双屿港口水流急孝顺洋水深十二托泥地】

乱礁洋水深八九托取九山以行【九山西边有礁打水行船宜仔细一云乱礁洋水深六托泥地】

九山用单卯针二十七更过洋至日本港口【打水七八托泥地南边泊船】

又有从乌沙门开洋七日即到日本

若陈钱山至日本用艮针

福建使往日本针路

梅花东外山开船用单辰针乙辰针或用辰巽针十更船取小琉球

小琉球套北过船见鸡笼屿及梅花瓶彭嘉山彭嘉山北边过船遇正南风用乙卯针或用单卯针或用单乙针西南风用单卯针东南风用乙卯针十更船取钓鱼屿

钓鱼屿北边过十更船南风用单卯针东南风用单卯针或用乙卯针四更船至黄麻屿黄麻屿北边过船便是赤屿五更船南风用甲卯针东南风用单卯针西南风用单甲针或用单乙针十更船至赤坎屿

赤坎屿北边过船南风用单卯及甲寅针西南风用艮寅针东南风用甲卯针十五更船至古米山

古米山北边过船有礁宜知畏避南风用单卯针及甲寅针五更船至马岛山【马岛山南风用甲卯或甲寅针五更船至大琉球】

大琉球那霸港泊船【土官把守港口至此用单卯及甲寅针行二更进那霸内港以入琉球国中】

那霸港外开船用单子针四更船取离倚屿外过船南风用单癸针三更船取热壁山以行

热壁山南风用单癸针四更船取硫黄山硫黄山南风用丑癸针五更船取田嘉山又南风用丑癸针三更半船取梦加剌山南风用单癸针及丑癸针三更船取大罗山

大罗山用单癸针二更半船取万者通七岛山西边过船

万者通七岛山用单寅针五更船取野顾七山岛内各呼兵之妙是麻山屿野顾山用巽寅针二更半船旦午山用艮寅针四更船取亚甫山【一云野顾山对面行六十里有小礁四五个最宜畏避在北边过船用艮寅方行一百五十里至旦午山用艮寅方行二百四十里至亚甫山】

亚甫山平港口其水望东流甚急离此山用艮寅针十更船取亚慈理美妙若不见此山用单艮针二更船又艮寅针五更船取沿湾奴【一云沿渡奴】乌佳眉山沿渡奴乌佳眉山用单癸针三更船若船开时用单子针一更船至而是麻山

而是麻山南边有沉礁名套礁【一云名佐沉长礁】东北边过船用单丑针一更船是正路却用单子针四更船取大门山中

大门山傍西边门过船用单丑针三更船取兵裤山港

兵裤港循本港直入日本国都

按已上针路乃历代以来及本朝国初中国使臣入番之故道也频年倭寇之入往往取间道突至便利特甚予已稍从入寇图中指画然不欲条书之者恐传者或贻奸孽以幸衅也有志于经世者须以意会之而得予之所以不详书焉斯善矣

卷二・倭奴朝贡事略

汉武帝建武中入贡【帝灭朝鲜使驿始通使者自称大夫】

光武中光六年入贡【奉珍朝贺赐以印绶】

安帝永初元年入贡【来献生口百六十人愿相见】

魏景初二年朝献【公孙渊诛后卑弥呼遣其大失难升米牛利等带方物求诣天子朝献太守刘夏遣使吏将送诣京师明帝诏赐卑弥呼为亲魏王假金印紫绶以难升米为率善中郎将牛利为率善校尉假银印青绶】

正始四年入贡【卑弥呼遣大夫伊耆掖邪狗等八人献方物诏拜掖邪狗苛率善中郎将各假印绶】

八年入贡【卑弥呼死宗女台与立率善中郎将掖邪狗来献生口百珠杂锦物】

晋泰始初年入贡【台与遣使朝献台与死其国复立男王】

安帝时通表【倭王赞通表江左】

文帝元嘉二年入贡【讃遣司马曹达奉表献方物讃死子珍立遣使入贡自称使持节都督倭百济斯罗任那秦韩慕韩六国诸军事安东大将军倭国王表求除正诏除安东将军倭国王珍又求除正倭洧等十三人平西征虏冠军辅国将军等号诏并听之】

二十年入贡【倭王济遣使奉献复以为安东将军倭国王】

二十八年加封王复入贡【加使持节都督倭斯罗任那加罗秦韩慕韩六国诸军事安东将军如故并除所上二十三人职济死子兴遣使贡】

顺帝升明二年入贡【倭国王武遣使上表言自昔祖弥躬环甲胄跋涉山川不遑宁处东征毛人五十五国西服众夷六十六国陵平海北九十五国王道融泰廓土遐畿累叶朝宗不愆于岁道经百济装饰舡舫而句丽无道欲图见吞臣亡考济亡兄兴并欲大举问罪不幸奄丧父兄使垂成之功不获一篑今欲练兵申父兄之志窃自假开府仪同三司其余咸各假绶以劝忠节诏除武使持节都督倭斯罗任那加罗秦韩慕韩六国诸军事安东大将军倭王】

隋文帝开皇二年入贡【倭王多利思北孤遣使诣阙上令所使访其风俗使者言倭王以天为兄以日为弟天明时出听政跏趺坐日出便停理务去委我弟文帝曰此大无义理训令改之】

炀帝大业二年遣使入贡【多利思北孤复遣使朝贡使者云闻海西菩萨天子重兴佛法故遣朝拜兼有沙门数十人来学乾道国书曰日出处天子致书曰没处天子无恙云云炀帝览之不悦谓鸿胪卿曰蛮夷书有无礼者勿复以闻】

大业三年入贡【报使也】

唐太祖贞观五年入贡【倭使入阙帝矜其远诏有司无拘岁许贡仍遣高文表往抚之使者不宣朝命而回遣详见出使事略】

永徽初年贡宝物【遣使献琥珀大如斗玛瑙若五升器时斯罗为高丽百济所暴高宗赐玺书令出兵援斯罗】

永徽二年夷使偕虾蛦入贡【倭使协虾蛦人偕朝虾蛦亦居海岛中其须长四尺许珥箭于首令人戴瓠立数十步射无不中】

咸亨元年入贡【遣使贺平高丽后稍习夏音恶倭名更号日本使者自言国近日所出以为名○或云日本乃小国为倭所并故冒其号使者不以情故疑焉又妄夸其国都方数千里南西尽海东北限大山其外即毛人云】

长安元年入贡【时遣真人粟田贡方物○彼国真人犹唐尚书冠进贤冠顶有华　四披紫袍帛带粟田好学属文进止有方且求书籍武后宴之麟德殿授司膳卿】

开元初年入贡【仍遣粟田复朝请从诸儒授经诏四门助教赵玄默即鸿胪寺为师献大幅布为贽悉赏物货书以归其副朝臣仲满慕华不肯去易姓名曰朝衡历佐补阙仪友文多所该载久乃还】

开元四年入贡【彼国宝龟二年遣僧正玄昉入朝贡物】

开元二十四年入贡【遣二僧灵仙行贺入唐礼五台山学佛法】

元和元年入贡【夷遣腾元葛野与空海大师及延历寺僧澄入唐诣天台山传教】

会昌元年入贡【遣僧贡物入唐礼五台佛法】

光启元年入贡【遣僧宗睿贡物入唐传教】

大历十二年入贡【遣使表贡方物】

天宝十二年朝贡【时朝衡复入朝贡物上元中擢左散骑常侍安南都获求内外经教及传戒新罗梗海道更由明越州朝贡】

建中元年入贡【夷遣使真人兴能献方物真人盖因官而氏者兴能善书其纸似茧而泽之莫晓何物所造】

贞元末年遣使入朝【其王桓武遣使入朝其学子橘免势屠空海愿留肄业历二十年使者高阶真人来请免势等俱还诏可】

贞元四年入贡【遣文明使贡物】

后梁龙德中入贡【遣僧宽建入贡方物】

宋雍熙元年入贡【夷遣僧使大周然与其徒五六人浮海而至献铜器十余事并本国职员及年代纪各一卷大周然衣绿自云姓藤源父为真连○真连官名其国五品职也○大周然善隶书不通华言问其风俗但书以对云国中有五经书及佛法白居易集十七卷并得自中国交易用铜钱文曰乾文大宝银以贡赋国王自古传袭于今六十四世文武僚吏皆世官其皇系详见年代纪上闻之叹息谓宰相曰此岛夷耳乃祚遐久其臣亦继袭不绝此盖古道也中国自唐季之乱郡县分裂梁周五代享历尤促大臣世胄鲜能嗣续朕虽得继往圣尝夙夜寅畏讲求治本不敢暇逸建无穷之业垂可久之范亦以为子孙之计使大臣之后世袭禄位此朕之心焉又云其国多中国典籍大周然来复得孝经一卷即郑氏注越王孝经新义第十五一卷即唐太宗子越王真新义者记室参军任希古第譔也皆金缕红罗标水晶为轴复求诣五台许之令所过给食又求印本大藏经诏复许之】

端拱元年夷僧奉表来谢并贡方物【大周然遣弟子喜奉表来谢曰日本国东大寺大朝法济大师赐紫沙门大周然启伤麟入梦不亾汉主之恩枯骨令欢犹亢魏氏之敌虽云羊僧之拙宁忘鸿濡之恩周然诚惶诚恐顿首顿首死罪大周然附商舡之离岸期魏阙于生涯望落日而西行十万里之波涛难尽顾信风而东别数千里之山岳易过妄以下根之卑适诣中华之盛于是宣旨频降恣许荒外之跋涉宿心克协历观宇内之环奇况乎金阙晓后望尧云于九禁之中岩局晴前拜圣登于五台之上就三藏而禀学巡数寺而优游遂使莲华回文神笔出于北阙之北贝

叶印字佛诏传于东海之东重蒙宣恩忽趁来迹季夏解台州之缆孟秋达本国之郊爰待明春初到旧邑缁素忻待侯伯慕迎伏惟陛下惠溢四溟恩高五岳世超黄轩之古人直金轮之新大周然空辞凤凰之窟更还蝼蚁之封在彼在斯只想皇德之盛越山越海敢忘帝念之深纵分百年之身何报一日之会染笔栻泪伸纸摇魂不胜慕恩之至谨差上足弟子传灯大法师位嘉因并大朝剃头受戒僧祚干等拜表以闻称其本国永延二年岁次戊子二月八日又别启供佛经纳青木函琥珀青红白水晶红黑木槵子念珠各一连并纳螺钿花刑平函毛笼一纳螺杯二口葛笼一纳法螺二口染皮二十枚金银莳绘莒一合纳发鬘二头又一合纳三议正四位上藤佐理手书二卷及进奉物数一卷表状一卷又金银莳绘砚一莒一合纳金砚一鹿毛笔松烟墨金瓶水瓶铁刀又金银莳绘扇莒一合纳桧扇二十枚蝙蝠扇二枚螺钿梳函一对其一纳赤木梳二百七十其一纳龙骨一撅螺钿书案一螺钿书几一金银莳绘平莒一纳白细布五疋鹿皮笼一纳豹裘一领螺钿鞍辔一副铜铁镫红丝鞦泥璋倭画屏风一双石琉黄七百觔】

咸平五年来贡【建州海商周世昌遭风飘至日本凡七年得还与其国人滕木吉至上皆召见之世昌以其国人唱和诗来上词甚雕刻肤浅无所取询其风俗云妇人皆被发一衣用二三缣又陈所记州名年号上令藤木吉以所持木弓矢挽射矢不能远诘其故国人不习战斗赐木吉时装钱遣还】

景德元年入贡【遣僧寂照等八人来朝寂照不晓华言而识文字缮写甚妙凡问答并以笔札诏号圆通大师赐紫方袍】

天圣四年入贡却之【十二月明州言日本国太宰遣人贡方物而不持本国表诏却之其后亦未通朝贡南贾时有传其物货至中国者】

熙宁五年夷僧献方物【宁五年夷僧献方物僧诚寻至台州止天台国清寺愿留州以闻诏使赴阙诚寻献银香炉木槵子白琉璃五香水晶紫檀琥珀所饰念珠及青色织物绫神宗以其远人而有戒业处之开宝寺尽赐同来僧紫方袍是后连贡方物而来者皆僧也】

元丰元年入贡【使通事僧仲回来赐号慕化怀德大师明州又言得其国太宰府牒因使人孙忠还遣仲回等贡絧二百疋水银五千两以孙忠及海商而贡礼与诸国异请自移牒报而答其物直付仲回东归从之】

乾道九年入贡【始附明州纲首以方物入贡倭舡火儿滕大明欧郑作死诏械太明付其网首归治以其国之法】

淳熙二年入贡

元至元八年遣使入朝【九月高丽王植遣其通事别将徐称导送赵良弼使日本日本始遣弥四郎入朝帝宴劳遣之】

至元九年遣使来朝却之【二月枢密院臣言奉使日本赵良弼遣书状官张铎来言去岁九月与日本国弥四郎等至太宰府西守获所守者云曩为高丽所绐屡言上国来伐岂期皇帝好生恶杀先遣行人下示玺书然王京去此尚远愿先遣人从使回报良弼遣铎回其使二十六人至京师求见帝疑其国主使之来云守获所者诈也诏翰林承旨和尔果斯以问姚枢许衡等皆对曰诚如圣算彼恐我加兵故发此辈伺吾强弱耳宜示之宽仁且不宜听其入见从之是月高丽王植致书日本五月又以书往令必通好大朝皆不报】

至元十四年遣使易钱【日本遣商人持方物交易钱许之】

大明洪武二年入贡【太祖高皇帝混一寰宇薄海之外莫不臣仆惟日本未至乃遣使臣赵秩往谕之〇详见使倭事略〇其王良怀乃遣僧祖来进表笺贡马及方物并僧九人来朝诏赐祖来等文绮及僧衣比辞遣僧祖阐克勤等八人获送还国仍赐良怀大统历及文绮纱罗】

洪武十二年入贡【夷船一只称贡缘无表文却之来人分发云南川陕三边安插】

洪武十三年入贡【遣僧贡马及茶布刀扇之类亦无表文以其私贡不纳来人仍发三边安插】

洪武十四年入贡【十月国王良怀遣僧如瑶贡马十匹及方物通有前来人船花名乃命行取赴京宴赏归国〇会典记十二年贡者作七年十四年贡者作发三边安插与南京礼部案不同必记者之误耳〇通志作却其贡】

洪武十五年入贡【使归廷用入贡方物厚赏回还明州备倭指挥林贤在京随驾时交通枢密使胡惟庸潜遣宣使陈得中密与设计令将归廷用诬为倭寇分用赏赐中书省举奏其罪流贤日本】

洪武十六年诏绝日本之贡【贤流三年逆臣胡惟庸暗遣人充宣使私往日本取回就借精练兵四百与僧如

瑶来献巨烛中藏火药兵具意在图乱上大怒磔贤于市乃降诏责其君臣绝其贡祖训云以日本隔海僻在一隅得其地不足以供给得其民不足以使令故不兴兵致伐著为训章绝其往来】

永乐二年入贡【上命太监郑和统督楼船水军十万招谕海外诸番日本首先纳款擒献犯边倭贼二十余人即命治以彼国之法尽蒸杀之今铜甑犹存炉灶遗趾在芦头堰降敕褒奖给勘合百道定以十年一贡船止二只人止二百违例则以寇论制限进贡方物马铠硫黄贴金扇牛皮枪盔苏木涂金装彩屏风剑洒金厨子洒金手箱洒金木铫角盥刀洒金文台描金粉匣描金笔匣水晶数珠抹金提铜铫玛瑙】

宣德元年入贡【入贡人船踰数刀剑过多特谕来使令后贡船不过三只使人毋过三百刀剑毋过三千不许违禁】

宣德七年入贡【来使不知礼法甚扰于民禁之】

宣德十年入贡【并奉表谢恩以八年遣使吊丧也】

正统七年入贡【时贡船九只使人千余分发境清天宁各寺安歇朝廷虽责其越例以远人慕化亦宽容之八年六月使回迷失使头普福二人在乐清沙嵩滕岭坊长孔希名获解把总遣回普福在途悲感有诗云来游上国看中原细嚼青松咽冷泉慈母在堂年八十孤儿为客路三千心怀北阙浮云外身在西山返照边处处朱门花柳巷不知何日是归年】

天顺二年入贡【至京师燕赏丰渥稛载而归】

成化二年入贡【时都指挥张翥洞烛其伪贡之奸而去】

成化十一年入贡【诸使诣京沿途骚扰朝廷为禁约之】

成化二十年入贡【六月使臣周瑋入贡敕谕彼王知会自后宜恪遵宣德中事例也】

弘治八年入贡【五月差使寿蓂入贡方物赴京沿途生事至济宁强买货物彼此杀伤罪及解官府照磨童钊指挥魏政提举王昭俱降调通事林春充军次年使归司府失于检点致鄞人朱缟填欠货物而去】

正德四年入贡【五月正使宋素卿副使源永春贡方物请祀孔子仪注朝议孔子中国圣人不当为夷狄亵渎不许素卿者即鄞人朱缟其家鬻于夷商汤四五郎越境亡去至是充使入贡重赂逆瑾蔽覆其事盖缟在倭国伪称宗室苗裔倾险取宠辅庶夺嫡争功要利而夷夏之衅遂酿于兹】

正德八年入贡【五月夷船三只使僧桂梧贡方物越岁而去】

嘉靖二年入贡【四月夷船三只译传西海道大内谊兴国遣使宗设谦道入贡越数日夷船一只使人百余复称南海道细川高国遣使瑞佐宋素卿入贡导至宁波江下时市舶太监赖恩私素卿重贿坐之宗设之上且贡船后至先与盘发遂至两夷雠杀毒流廛市宗设之党追逐素卿直抵绍兴城下不及而还至宁波胁宁波卫指挥袁进夺舟越关而遁时备倭都指挥刘锦追贼战没于海定海卫掌印指挥李震与知县郑余庆同心济变一日数警而城以无患贼有漂入朝鲜者国王李怿擒获中林望古多罗械罗京发浙江按察司与素卿监禁候旨法司勘处者凡数十次而夷囚竟死于狱倭奴自此惧罪伏诛不敢款关者十余岁】

嘉靖十七年入贡【五月夷船三只使僧古鼎副使僧周良持方物表贡且求还前遗物法司以事已经乱货应入官且无从索之良等乃不敢言朝廷复申十年一贡之例责令送还正德巳前勘合更给新者遵照入贡】

嘉靖二十三年入贡【是年六月夷船一只使僧仆寿光等一百五十八人称念无表笺且以非期却之】

嘉靖二十六年入贡【四月使臣周良人船踰例且非贡期朝议欲却之以其远来效顺且贡期止隔一年乃发外海岙山停泊至明年而后纳之】

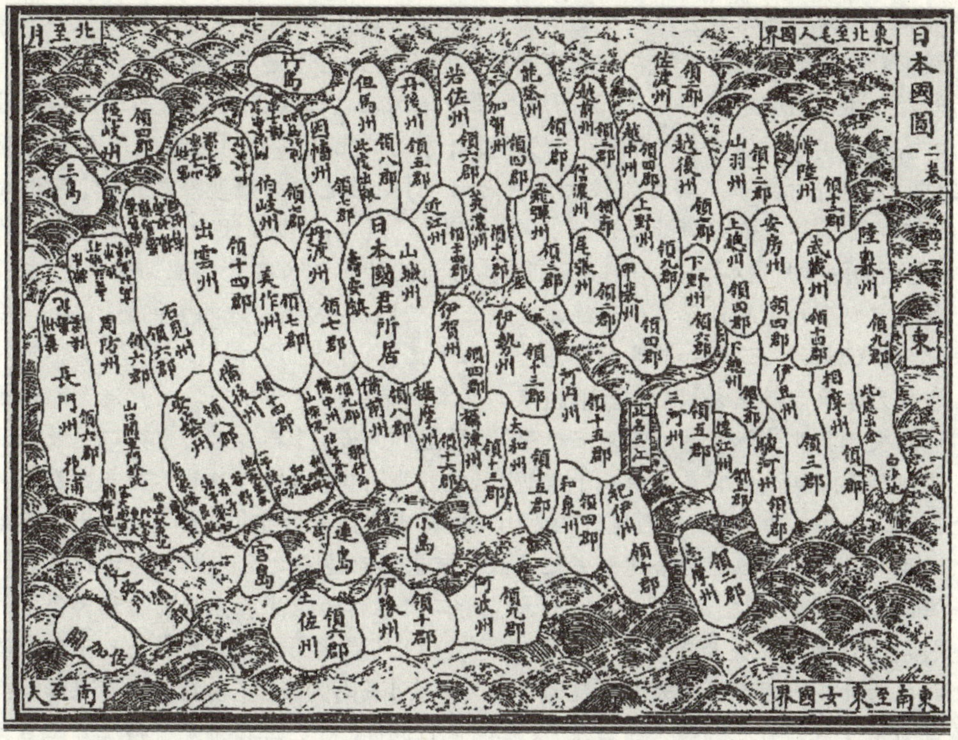

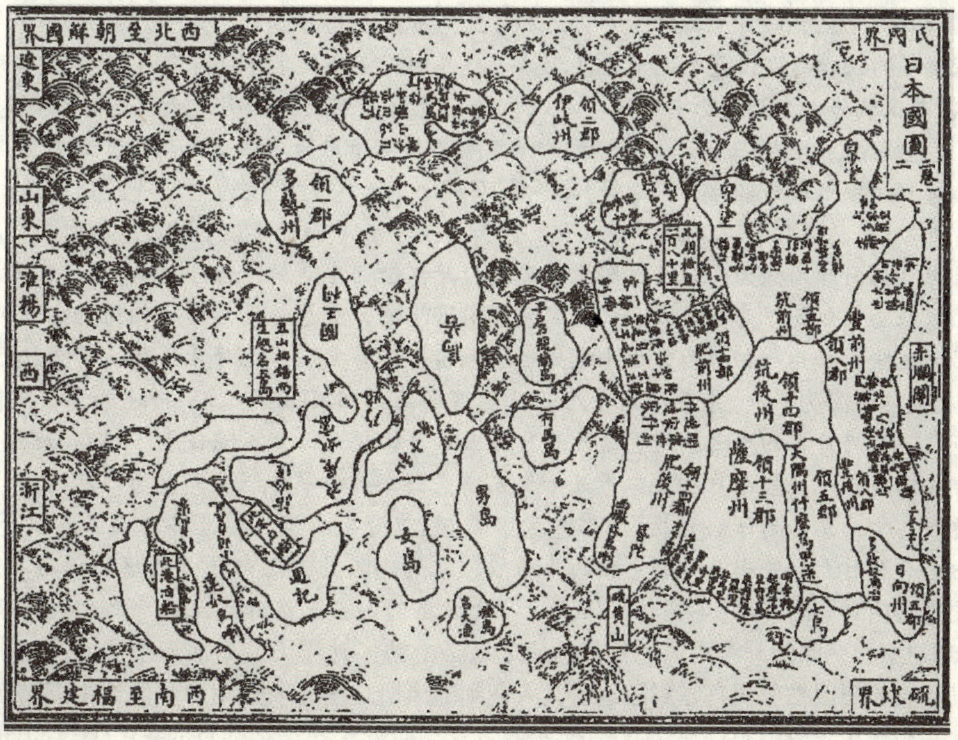

卷二・倭国事略

日本即古倭奴国也去中土甚远隔大海依山岛为国邑隋书记在百济新罗东南其地形类琵琶地势东高西下东西数千里南北数百里九州居西为首【肥前肥后丰前丰后筑前筑后日向大隅萨摩】陆奋居东为尾【至山城早程七十五日旧云陆奋为头萨摩大隅为尾者非】山城居中乃彼国之都也其国君以王为姓以尊为号后改称皇初居日向筑紫宫后徙山城国文武僚吏皆世其官有德仁义礼智信大小十二等及军尼伊尼翼诸名山城以东地方广邈虽倭奴远服贾者不能阅历而知况华人乎故其岛之数可考【按旧图山城以东中为近江伊贺尾张三河美浓飞

弹信浓上野陆沗北边海为但马州后若佐加贺越前越中越后出羽甲装常陆南边海为摄摩摄津太和河内远江骏河伊豆相摩武藏下野东北悬海则为佐渡在南悬海则为志摩七岛上总下总安房】而其间广狭至到有不能考者今姑据予之所闻者而述之山城之南为和泉【其南海沗泊舟者为阿卖介撒几为歪打阿波为于撒几为天王者为沙界衣】又其南为沙界【其地方甚小】沙界之东南为纪伊【东为三河出海之口为滨大海其岛为康大为科什么为奴智】纪伊之西为伊势【北为三河其沗为腰大为阿乃奴子】山城之西为丹渡左为摄津【其沗为飘舡谷为阿家世奴乎辣为素埋为男女怀东南悬海为安防州】左之西为摄摩【其沗为那败为舍个世为抗茄为我这古为磨罗】右为但马右之西为因幡丹渡西为美作左为备前【其沗为兀什么舵为茄卖茄里为多大】左之西为备中【出铁其沗为山子加为言奴乎赖为那什摩其南为连岛悬海三十里】右为因幡右之西为伯耆【沿海俱白沙无沗可泊其镇为阿家杀记为倭子介为他奴贺知其北为竹岛悬海三十里】美作之西为备后之北境【其沗为一子该一知为子奴鼻为和奴密知为拏败为赦东大】出云之南境【其沗为番你为山子介为钦子溪为户流为非赖町为失喇哈町为也生忌为密和奴失记其北为隐岐悬海三百五十里】备后之西为安艺【其沗为翁家搭曰昆败为法子加一知为窟撒子为谷也为他加歪喇其南为宫岛悬海三十里】出云之西为石见【出银与铜其沗为南高番马为番马搭为哥为撮奴市为有奴子北至海三十里】安艺石见之西为山口国即古之周防州也【横直二百四十里其南边海之沗为翁哥里为密大游里为东大为陀奴逑为哈迷奴失记为奴罗市米其北边海之沗为斯杀为卖抵哈扣为夜市为高奴乌赖北至三岛海面三百五十里】山口之西为长门【横直皆二日程沗为花浦为熏州为番记为倭委北至三岛悬海三百五十里】关渡在焉【其西旱关为阿介马失记抽分司设于此】渡此而西为丰前【横五百里直四百里其沗为可苦赖马喇介袜次为大义地为野慢茄为阿世夜为暮治为一卖】其南为丰后【横直皆六百里其沗为福乃为倭几奴法卖为锁孤舟为由奴乌喇为撒一基为乌四基】又其南为日向【丰前之西北为筑前横直皆三百六十里其沗为多故奴甫治横六百五十里直四百里其沗为右势为加菩里为加打也马为多卖里为一万字为奴打为世加为经宇里为多罢为密那多为法哈哒即博德之别名也其北离伊岐岛海面五百里】西南为筑后【横直皆二百五十里】筑后之南为大隅【其南滨海之岛为什么乌思迷今之人讹传为悬海悬海乃大渔舟也大隅与日向萨摩等连壤名为九州】大隅之西为萨摩【横直皆三百六十里其沗为暗孛喇为起麻子记为羊理南为康国什么为罢里为拖马里为强头马里为鹦哥里为年市米为仙台为审孛署】丰后东南悬海为土佐为伊豫为阿波阿波相近悬海为炎路土佐丰后之间为佐加关【土佐至佐加关海面一百八十里佐加关至丰后海面七十里】萨摩之北为肥后【横直皆五百里其沗为牙子世六为阿麻国撒为昏为一种国撒介乌赖为开怀世利为哒加什为什哒加】又其北为肥前【横直皆五百里其沗为铁来为言奴气子为法司奴一计为客舍其内沿河泊舟交易之处为倭磨赖为知十歪为法一溪为夜间迷为坐迷子为迷坐骨知为一扫拂为爱奴乎喇为世子为迷古里为失撒为喃哥牙为雄婆哥为松元一名马子喇为法麻撒几】肥前西悬海为平户【东西海面十里西北至博多海面四百五十里】平户之西为五岛【五山相错悬海而生其中有沗可泊乃日本西境之尽处也过此西行越五六日四望无山直抵陈钱壁下此岛与萨摩相去一千五百里与肥前相去四百三十里与平户相去二千五十里五岛至山口必由平户经过其沗为乃路为倭齐家为衣屋奴密为通记为达奴乌喇为乌苦为话哈哒】北为多艺为伊岐【横直皆七十里至对马岛海面五百里】为对马岛【横三百里其南沗为哥为甘大哈东南为拂乃哥世西北为堆沙几为山谷为撒思乃为知六磨为你打北为倭奴乌喇】其西北至高丽也必由对马岛开洋【各岛之人俱至堆沙几撒思乃山谷三沗开洋至高丽之则失多顺风一日约五百里】南至琉球也必由萨摩州开洋顺风七日其贡使之来必由博多开洋历五岛而入中国因造舟水手俱在博多故也贡舶回则径收长门因抽分司官在焉故也若其入寇则随风所之东北风猛则由萨摩或由五岛至大小琉球而视风之变迁北多犯广东东多则犯福建【彭胡岛分䑸或之泉州等处或之梅花所长乐县等处】若正东风猛则必由五岛历天堂官渡水而视风之变迁东北多则至乌沙门分䑸或过韭山海闸门而犯温州或由舟山之南而犯定海【经大猫洋入金塘蛟门】犯象山奉化【由东西厨入湖头渡】犯昌国【入石浦关】犯台州【入桃渚海门松门诸港】正东风多则至李西沗壁下陈钱分䑸或由洋山之南而犯临观【过渔山两头洞三姑山入蛏浦则犯绍兴之临山三山过霍山洋五屿烈表平石则犯宁波之龙山观海】犯钱塘【过大小衢徐公入鳖子门赭山则薄省城】或由洋山之北而犯青南【过马迹潭而西】犯太仓【过马迹潭而西北】或过南沙而入大江【过茶山入瞭角嘴涉谷楗狼福山而犯爪仪常镇】若在大洋而风歘东南也则犯淮阳犯登莱【过步州洋乱沙入盐城口则犯淮安入庙湾港则犯扬州再

越而北则犯登莱】若在五岛开洋而南风方猛则趋辽阳趋天津大抵倭舶之来恒在清明之后前乎此风候不常届期方有东北风多日而不变也过五月风自南来倭不利于行矣重阳后风亦有东北者过十月风自西北来亦非倭所利矣故防春者以三四五月为大汛九十月为小汛其停桡之处焚劫之权若倭得而主之而其帆樯所向一视乎风实有天意存乎其间倭不得而主之也向之入寇者萨摩肥后长门三州之人居多其次则大隅筑前筑后博德日向摄摩津州纪伊种岛而丰前丰后和泉之人亦间有之乃因商于萨摩而附行者也日本之民有贫有富【如摄摩伊势若佐博多其人以商为业其地方街巷风景宛如中华富者各数千家有积赀至百万者又如和泉一州富者八万户皆居赀货殖】有淑有慝【如萨摩之鹦哥里方数千里其邑长安庆能纳民于轨物无一人为盗又如宫岛人不嗜杀人有不平事但请神庙罚钱又如纪伊之头陀僧三千八百房专习武艺杀人而不犯中国】富而淑者或登贡舶而来或登商舶而来凡在寇舶皆贫与为恶者也山城君号令不行徒寄空名于上非若我中国礼乐征伐自天子出大一统之治也山口丰后出云开三军门【如中国总督府之义】各以大权相吞噬今惟丰后尚存亦不过兼并肥前等六岛而已【肥前肥后筑前筑后丰前丰后】山口出云以贪灭亡【山口原并国十二日石见长门安艺备前备后备中出云伯岐丹后因幡但马后出云夺归其地山口长子死焉其君亦为陶殿所杀丰后君以其弟摄山口事吞安艺安艺杀之嘉靖三十六年山口无君丰后独称雄焉山城君金印勘合久为山口所有向来入贡俱山口自主山城惟出名而已陶殿之乱宫殿勘合俱焚金印亦损一角不知所归贡自此绝矣】欲望彼国之约束诸夷断断乎不能也

卷二·倭国事略·倭船

日本造船与中国异必用大木取方相思合缝不使铁钉惟联铁片不使麻筋桐油惟以草塞罅漏而已【名短水草】费功甚多费材甚大非大力量未易造也凡寇中国者皆其岛贫人向来所传倭国造船千百只皆虚诳耳其大者容三百人中者一二百人小者四五十人或七八十人其形卑隘遇巨舰难于仰攻苦于犁沉故广福船皆其所畏而广船旁陡如垣尤其所畏者也其底平不能破浪其布帆悬于桅之正中不似中国之偏桅机常活不似中国之定惟使顺风若遇无风逆风皆倒桅荡橹不能转戗故倭船过洋非月余不可今若易然者乃福建沿海奸民买舟于外海贴造重底渡之而来其船底尖能破浪不畏横风斗风行使便易数日即至也凡倭船之来每人带水四百斤约八百碗每日用水六碗极其爱惜常防匮乏也水味不同海水咸不可食食即令人泄故彼国开洋必与五岛取水将近中国过下八山陈钱之类必停舶换水所以欲换者冬寒稍可耐久若五六月蓄之桶中二三日即坏虽甚清洌不能过数日也海洋浩渺风涛叵测程不可计遇山而汲亦其势耳盥颒沐浴海水山水皆可用或云浴海水令人肤裂近访之不然但黑肌肤而已倭奴有一秘法煮泉一二沸置之缸缶能令宿而不坏然亦不过半月久则不能也其至普陀必登者非换水亦非真欲焚香乃觇兵防虚实耳

卷二·倭国事略·倭好【昔贾谊上三表五饵之术知倭国之所好则饵在是而悟所以制之之术矣故志之】

丝【所以为织绢纻之用也盖彼国自有成式花样朝会宴享必自织而后用之中国绢纻但充里衣而已若番舶不通则无丝可织每百斤直银五六十两取去者其价十倍】

丝绵【髡首裸裎不能耐寒冬月非此不暖常因匮乏每百斤价银至二百两】

布【用为常服无绵花故也】

绵䌷【染彼国花样作正衣服之用】

锦绣【优人剧戏用之衣服不用】

红线【编之以缀盔甲以束腰腹以为刀带书带画带之用常因匮乏每百斤价银七十两】

水银【镀铜器之用其价十倍中国常因匮乏每百斤卖银三百两】

针【女工之用若不通番舶而止通贡道每一针价银七分】

铁鍊【悬茶壶之用倭俗客至饮酒之后啜茶啜已即以茶壶悬之不许著物极以茶为重故也】

铁锅【彼国虽自有而不大大者至为难得每一锅价银一两】

磁器【择花样而用之香炉以小竹节为尚碗碟以菊花棱为尚碗亦以葵花棱为尚制若非觚虽官窑不喜也】

古文钱【倭不自铸但用中国古钱而已每一千文价银四两若福建私新钱每千价银一两二钱惟不用永乐

开元二种】

古名画【最喜小者盖其书房精洁悬此以为清雅然非落款图书不用】

古名字【书房粘壁之用厅堂不用也】

古书【五经则重书礼而忽易诗春秋四书则重论语学庸而恶孟子重佛经无道经若古医书每见必买重医故也】

药材【诸味俱有惟无川芎常价一百斤价银六十七两此其至难至贵者也其次则甘草每百斤二十金以为常】

毡毯

马皆毡【王家用青官府用红】

粉【女人搽面之用】

小食箩【用竹丝所造而漆饰者然惟古之取若新造则虽精巧不喜也小盒子也亦然】

漆器【文几古盒砚箱三者其最尚也盒子惟用菊花棱圆者不用】

醋

按日本所贡倭扇描金盒子类皆异物也其所悦于中国者皆用物也是彼有资于我而我无资于彼忠顺则礼之悖逆则拒之不易之道也若徇其求而慫期许贡无端互市断断乎不可

卷二·倭国事略·寇术【倭奴之胜我专以术也即以其术还治其人不必用古兵法蔑不胜矣故志之】

倭夷惯为蝴蝶阵临阵以挥扇为号一人挥扇众皆舞刀而起向空挥霍我兵苍皇仰首则从下砍来又为长蛇阵前耀百脚旗以次鱼贯而行最强为锋最强为殿中皆勇怯相参

贼每日鸡鸣起蟠地会食食毕夷酋据高坐众皆听令挟册展视今日劫某处某为长某为队队不过三十人每队相去一二里吹海螺为号相闻即合救援亦有二三人一队者舞刀横行人望之股栗远避延颈授首薄暮即返各献其所劫财物毋敢匿夷酋较其多寡而嬴缩之每掳妇女夜必酒色酣睡劫掠将终纵之以焚烟熖烛天人方畏其酷裂而贼则抽去矣愚给我民勿使邀击自为全脱专用此术

贼至民间遇酒馔先令我民尝之然后饮食恐设毒也行衢陌间不入委巷恐设伏也又不敢沿城而行恐城上抛砖石也

其行必单列而长缓步而整故占数十里莫能近驰数十日不为劳

又阵必四分五裂故能围

对营必先遣一二人跳跃而蹲伏故能空竭吾之矢石火炮

冲阵必伺人先动动而后突入故乘胜长驱战酣必四面伏起突绕阵后故令我军惊溃

每用怪术若结羊驱妇之类当先以骇观故吾目眩而彼械乘惯双刀上诳而下反掠故难格

钯枪不露竿突忽而掷故不测

弓长矢巨近人则发之故射命中

敛迹者其进取也张扬者其外遁也故常横破舟以示遁而突出金山之围造竹梯以示攻而旋有胜山之去

将野逸则逼城

欲陆走则取艎

或为穽以诈坑

或结稻秆以绊奔

或种竹签以刺逸

常以玉帛金银妇女为饵故能诱引吾军之进陷而乐罢吾军之邀游

俘虏必开塘而结舌莫辨其非倭故归路绝

恩施附巢之居民故虚实洞知

赏丰降掳之工匠故器械易具

细作用吾人故盘诘难向导用吾人故进退熟

预籍富室姓名而次第取之故多获

宿食必破壁而处乘高而瞭故袭取无机

间常一被重围矣饵以伪醎而逸之或披簑顶笠沮溺于田亩或云巾纻履荡游于都市故使我军士或遇而投贼或疑而杀良

江海之战本非其所长亦能联虚舟张弱帘以空发吾之先锋捐妇女遗金帛以弭退吾之后逐

凡舟之裙墙左右悉褁布帛被褥而湿之以拒焚击交関间或附蓬而飞越即雷震而风靡矣

寇掳我民引路取水早暮出入按籍呼名每处为簿一扇登写姓名分班点闸真倭甚少不过数十人为前锋寇还岛皆云做客回矣凡被我兵擒杀者隐而不宣其邻不知犹然称贺

卷二·倭国事略·倭刀【刀有高下技有工拙倭之富者不惜重价而制之广延高师而学之其贫者所操不过下等刀耳善运刀者在前冲锋可畏颇有限也中国人不知望之辄震而避焉擒获夷刀亦莫辨高下混给兵士故志之】

大小长短不同立名亦异每人有一长刀谓之佩刀其刀上又插一小刀以便杂用又一刺刀长尺者谓之解手刀长尺余者谓之急拔亦刺刀之类此三者乃随身必用者也

其大而长柄者乃摆导所用可以杀人谓之先导其以皮条缀刀鞘佩之于肩或执之于手乃随后所用谓之大制

又有小裁纸设机刀出长门号兼常者最嘉

又有作贽礼贺礼不拘大小名虽为刀其实无用

上等

上库刀【山城国盛时尽取日本各岛名匠封锁库中不限岁月竭其工巧谓之上库刀其间号宁久者更加世代相传以此为上】

次等

备前刀【以有血漕为巧刀上或凿龙或凿剑或凿八幡大萨蓬春日大明神天照皇大神宫皆其刑著在外为美观者】

如匠人制造之精不论刀大小必于柄上一面镌名一面刻记字号以为古今贤否之辨枪剑亦然

卷三

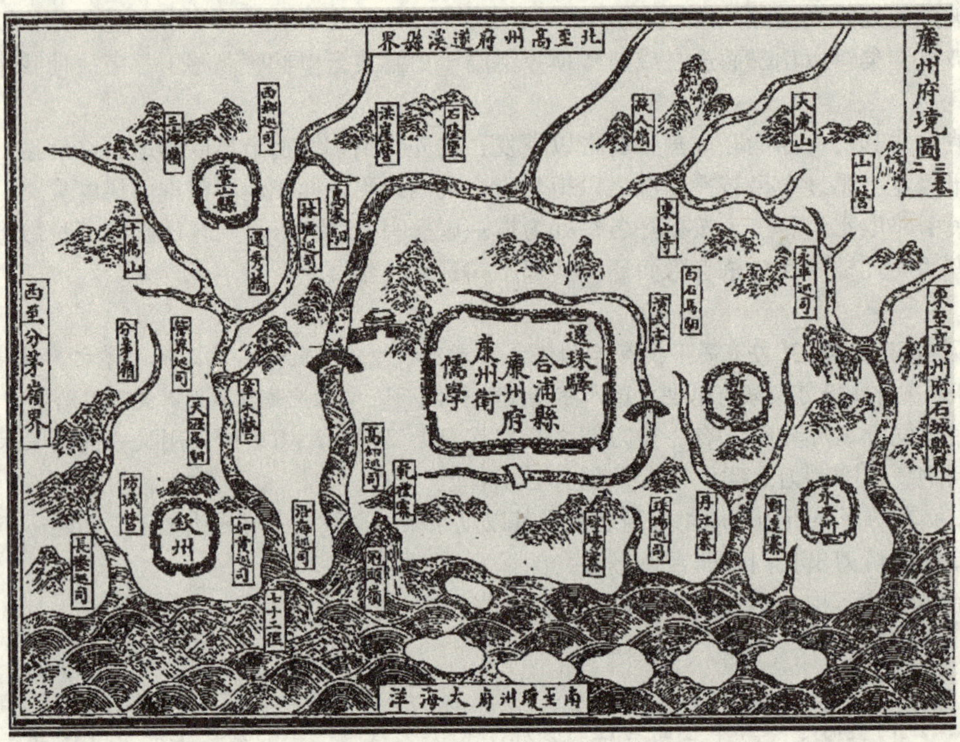
廉州府境圖 二卷
北至高州府遂溪縣界
東至高州府石城縣界
西至分茅嶺界
南至瓊州府大海洋
還珠驛
合浦縣
廉州府
廉州衛
儒學
靈山縣
欽州
大廉山
山口營
永安所
長墩巡司
七十二徑

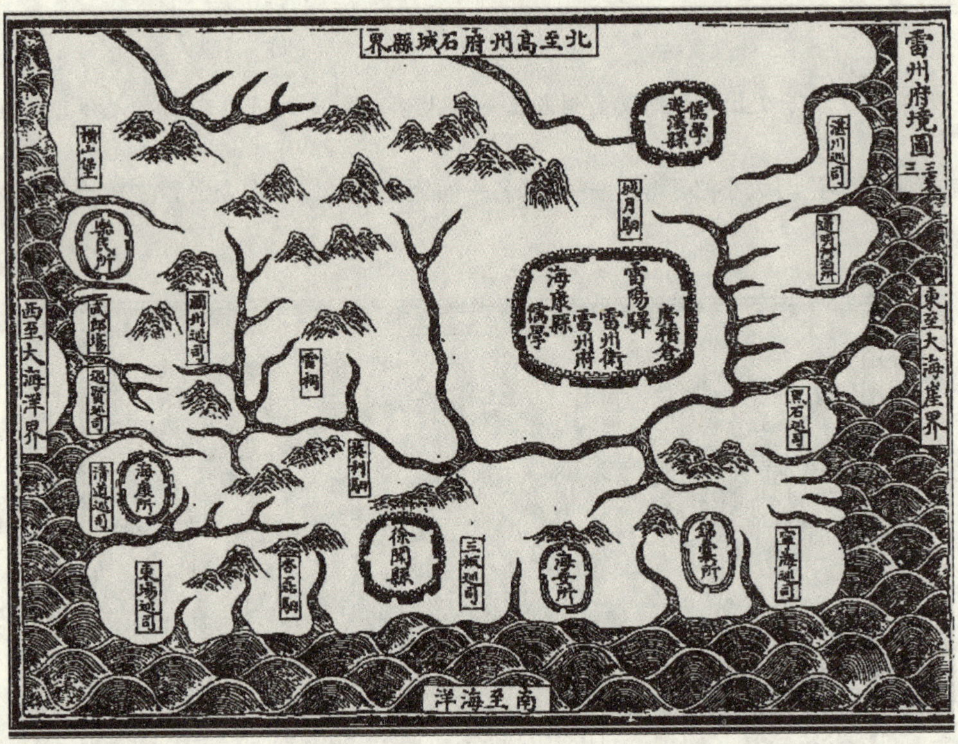
雷州府境圖 三卷
北至高州府石城縣界
東至大海崖界
西至大海洋界
南至海洋
遂溪縣
儒學
雷陽驛
廣積倉
海康縣
雷州衛
雷州府
儒學
徐聞縣
海安所
錦囊所
海康所
樂民所
湛川巡司
黑石巡司
清道巡司
東場巡司
三板巡司
英利驛

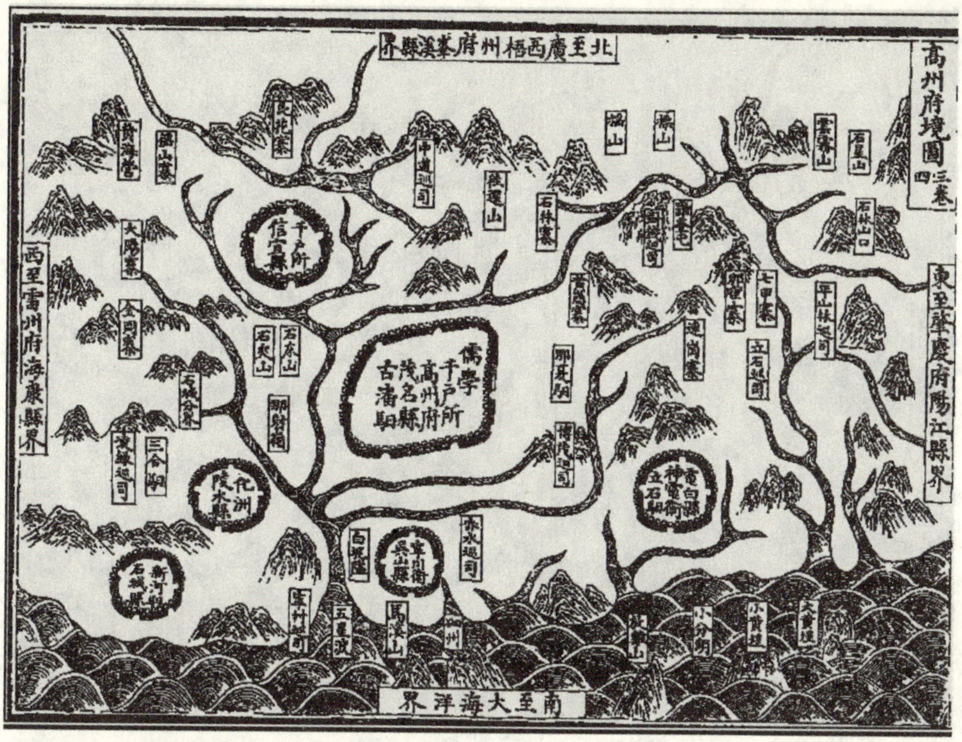
高州府境圖 三卷 四
北至廣西梧州府岑溪縣界
東至肇慶府陽江縣界
南至大海洋界
西至雷州府海康縣界

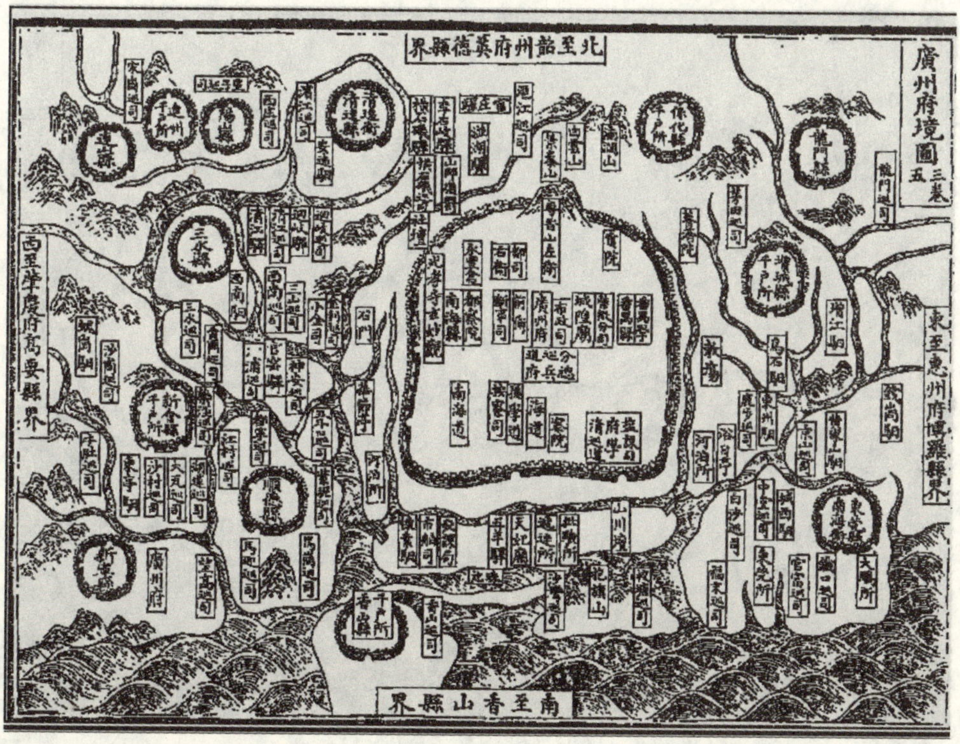
廣州府境圖 三卷 五
北至韶州府英德縣界
東至惠州府博羅縣界
南至香山縣界
西至肇慶府高要縣界

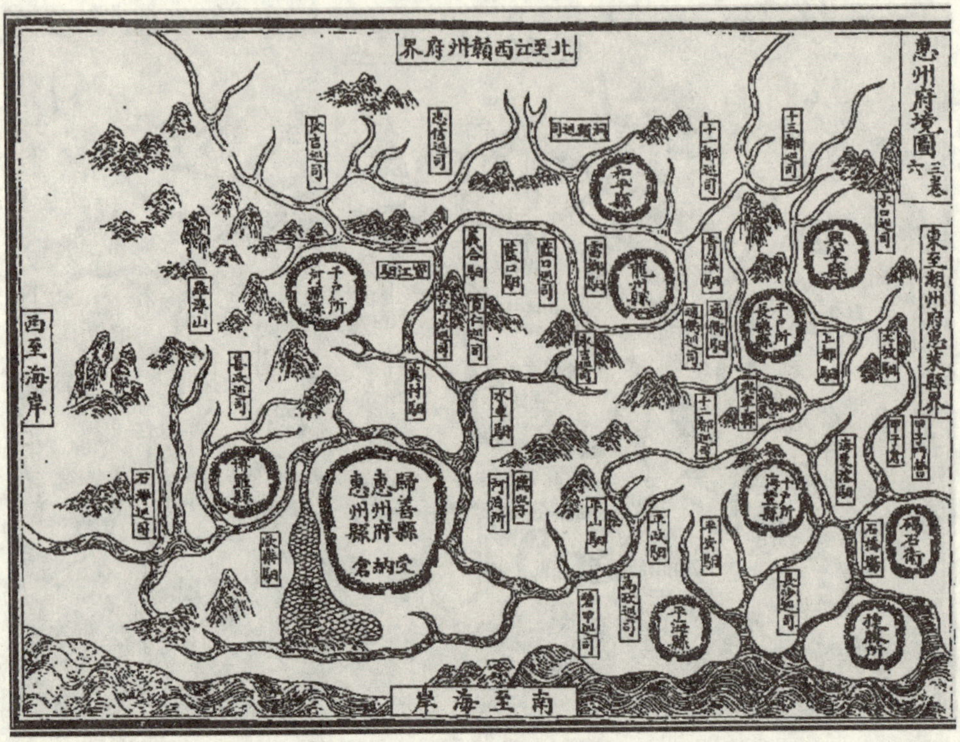

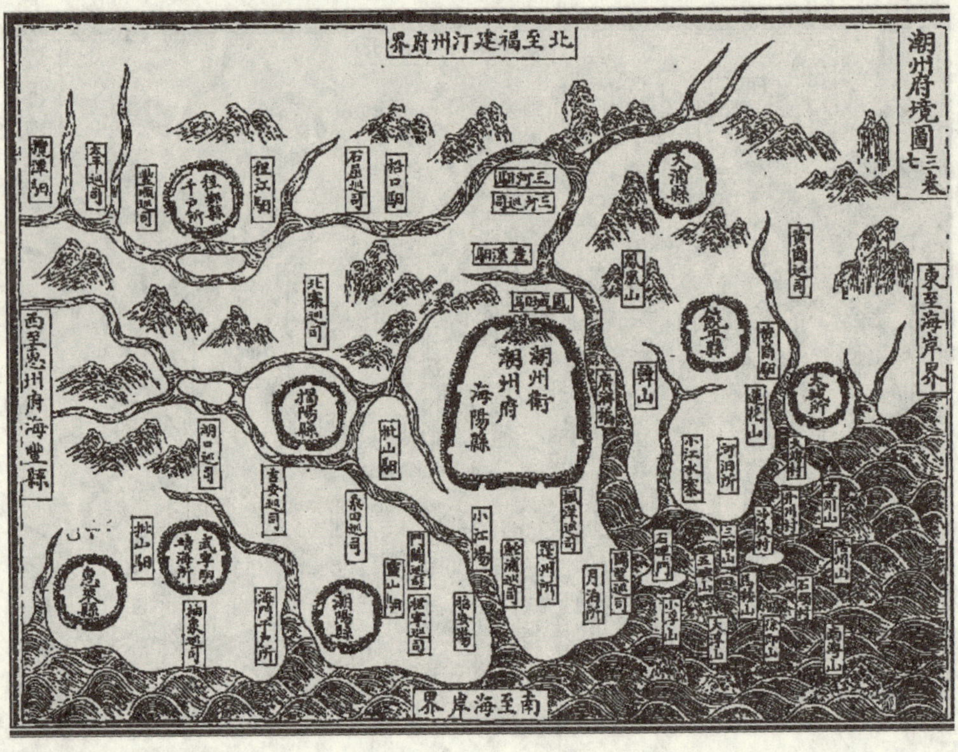

卷三·广东兵防官考

提督两广军务兼巡抚都御史【驻劄梧州旧尝设总督两广都御史事平即归非常设故不载】

镇守两广总兵官【驻札梧州】

巡按广东监察御史
巡视海道副使【额设专为备倭并防捕海盗】
整饬琼州兵备副使
整饬清远兵备副使
整饬清远佥事
整饬高肇兵备佥事
整饬惠潮兵备佥事
整饬雷廉兵备佥事
市舶提举司提举【驻劄广州】
分守琼崖参将
分守高肇韶广参将
分守惠潮参将
总督广东备倭以都指挥体统行事
守备惠潮以都指挥体统行事

卷三·广东兵防官考·沿海卫所

广州卫【旗军九百五十二名】
镇州所【旗军二百十七名】
灵山所【旗军二百五十四名】
永安所【旗军三百九十名】

雷州卫【旗军一千三百八十名】
乐民所【旗军三百四十五名】
海康所【旗军三百二十三名】
海安所【旗军一百八十一名】
锦囊所【旗军二百三十五名】
石城后所【旗军二百三十四名】

神电卫【旗军一千五十八名】
宁州所【旗军四百五十七名】
双鱼所【旗军一百七十七名】
阳春所【旗军二百十名】

广海卫【旗军一千一百六十五名】
海郎所【旗军】
新会所【旗军六百六十四名】
香山所【旗军四百二十八名】

肇庆卫【旗军】
阳江所【旗军】
新兴所【旗军二百五十二名】

南海卫【旗军一千一百十四名】
东莞所【旗军三百二十八名】
大鹏所【旗军二百二十三名】

碣石卫【旗军一千二百八十四名】
平海所【旗军四百四十七名】
海丰所【旗军四百二名】
捷胜所【旗军五百八十二名】
甲子门所【旗军二百八十七名】

潮州卫【旗军一千三百二十八名】
靖海所【旗军二千八十二名】
海门所【旗军二百二十五名】
蓬州所【旗军三百八十八名】
大城所【旗军三百八十三名】

海南卫
清闲所【旗军五百八十七名】
万州所【旗军四百六十九名】
南山所【旗军二百十五名】

卷三·广东兵防官考·沿海巡检司【弓兵数附】

廉州府

管界【弓兵二十名】长墩【弓兵二十名】西乡【弓兵二十名】如昔【弓兵二十名】沿海【弓兵二十名】林墟【弓兵二十名】高仰【弓兵二十名】珠场【弓兵二十名】永平【弓兵二十名】

雷州府

东场【弓兵三十名】清道【弓兵三十五名】涠州【弓兵三十名】海宁【弓兵三十名】湛州【弓兵三十名】黑石【弓兵三十名】

高州府

凌绿【弓兵三十名】宁村【弓兵三十名】赤水【弓兵二十五名】

肇庆府

直将【弓兵五十名】海陵【弓兵六十名】恩平【弓兵五十名】

广州府

城岗【弓兵五十名】牛肚【弓兵五十名】沙冈【弓兵五十名】迈径【弓兵五十名】望高【弓兵五十名】沙村【弓兵五十名】大瓦【弓兵五十名】潮道【弓兵五十名】三水【弓兵五十名】江浦【弓兵五十名】江村【弓兵五十名】都宁【弓兵五十名】马冈【弓兵五十名】马宁【弓兵五十名】紫泥【弓兵五十名】神安【弓兵五十名】黄鼎【弓兵五十名】香山【弓兵五十名】茭塘【弓兵五十名】五斗口【弓兵五十名】沙湾【弓兵五十名】鹿步【弓兵五十名】白沙【弓兵五十名】小黄浦【弓兵五十名】福水【弓兵五十名】缺口【弓兵五十名】官富【弓兵五十

名】京山【弓兵五十名】

惠州府

内外管【弓兵五十名】碧甲【弓兵五十名】长沙【弓兵五十名】甲子门【弓兵五十名】

潮州府

神泉【弓兵五十名】吉安【弓兵五十名】门辟【弓兵五十名】桑田【弓兵五十名】招宁【弓兵五十名】鮀浦【弓兵五十名】枫洋【弓兵五十名】辟望【弓兵五十名】黄岗【弓兵五十名】

琼州府

清澜【弓兵三十名】舖前【弓兵六十名】澄迈【弓兵三十名】青蓝【弓兵六十名】调嚣【弓兵六十名】藤桥【弓兵六十名】牛岭【弓兵六十名】抱岁【弓兵六十名】巡德【弓兵六十名】镇南【弓兵六十名】安海【弓兵六十名】田牌【弓兵六十名】

卷三·广东兵防官考·沿海烽堠

雷州府

【那宋　八灯　包西　讨纲　对楼　踏磊　清安　调黎　宁海　陈家　南门　通明　调陈　草绿　淡水南浦　北品　北月　石岁　麻障　北鹅】

高州府

【调高　尖　辅弼北　辅弼南　山南　连头　白山　门浮】

广州府

【南海　那浮　谭村　黄村　赤水　蛤浦　北津　丹章　南洋　那贡　安民　处儒　逭田　丰头　峰前石门　白蒙　寨南　镇口　放火南　奇黎 双硼　陈村　白石角　企观　北寨　大人岭　马鞍　黄岐　水南　亭子角　白沙　稍潭　四会 石门　青蓝　节尾　烟　长洲　员揽　白岐　黄浦　青紫　英村　冈村　南山　鳌湾　冷水　福漏　赤冈　嘴角　迭福　蓝田　秋风角　风门凹】

惠州府

【旧大鹏　水头　沙澳　沙江　野牛澳　凹背　长沙　虎白　芳茅　白沙湖　东坑　大麻　河田　古径　石山　新设　平安　新泾　丽江　丽山　吉头　桑州　前标　后标　竟山　铅钖　安充　阙州　阙平】

潮州府

【文昌　钩帘　南山　石城　前冈　沙尾　下岭　大场　石牌　浮山　钱塘　环山　新村　鸿山　鸦髻阙洲　白峰　黄岗　阙沙】

卷三·广东兵防官考·沿海卫所战船

【旧制每岁春末夏初风汛之期通行府卫所县捕巡备倭等官军出海防御倭寇番舶动支布政司军饷银雇募南头等处骁勇兵夫与驾船后生每船分拨五十名每艚船四艘一官统之三路兵船编立船甲长副字号使船水手教以接潮迎风之法长短弓兵弩时常演习使之出入往来如神如无字号者长副鸣锣迫逐俱待秋尽无事而

掣】

中路东莞县南头屯门等澳【大战船八乌艚船十二】

广海卫望峒澳【战船四】

东路潮州府柘林澳【战船二乌船十五哨船二】

碣石靖海甲子门等澳【哨船六】

西路高州府石城县川湾澳【各哨船二】

廉州府海面【战船二】

琼雷二府海港【东莞乌艚各六新会横江船四】

雷州海港【大战船六】

卷三·广东倭变纪

洪武二年倭寇惠潮诸州

【时天下初定海内乂安倭夷窃发滨海一带皆被骚扰乃命行人杨载使日本以玺书谕其国王书详见使倭事略中】

四年倭寇海晏下川指挥杨景讨平之

【时海寇钟福全李夫人等自称总兵挟倭船二百艘寇海晏下川等地广州左卫指挥佥事杨景追捕至阳江平之】

永乐七年冬十月倭陷廉州教授王翰死

【之详见遇难狥节考】

九年三月倭陷昌化所千户王伟死之

【时副总兵李珪等拥兵不救城遂陷王伟力战而死军士死者甚众城中人口粮食军器皆被劫掠】

十九年正月辛巳李珪败倭于潮州靖海海滨

【珪先以昌化之陷戴罪杀贼大败贼于靖海生擒十五人斩首五级悉送京师】

嘉靖三十三年海寇何亚八等引倭入寇提督侍郎鲍公象贤总兵定西侯蒋公传讨平之

【先是亚八与郑宗兴等潜从佛大坭国引番舶于沿海劫杀逸往福建收叛亡数千人与陈老沈老王明王直徐铨方武等流劫浙福复回广东鲍公遣副使汪栢指挥王沛黑孟阳督兵捕之及于广海三州环生擒亚八等贼一百一十九名斩首二十六级余党脱逃徐铨方武等又自福建流突潮州为黑孟阳所破徐铨授首分巡兵备等官兵于潮州柘林等海洋擒斩一千二百有奇亚八宗兴武与陈时杰等俱斩于市海岛遂平】

三十七年正月壬午倭犯揭阳入蓬州所官兵击败之

【先是壬子岁倭寇初犯漳泉仅二百人其间真倭甚寡皆闽浙通番之徒髡颅以从至是船十三艘贼八百人自漳泉犯杨阳县适蓬州千户所城崩贼遂拥入杀百户李日芳等提督都御史王公钧遣副使林懋举佥事经彦宷参将钟坤秀知府李春芳统官兵击败斩首一百七十名颗是战也乡夫之功居多焉】

十月甲子倭贼自漳州如饶平攻黄岗民镇据其城官兵败之

【经彦宷等大败贼众俘斩一百四十六名】

三十八年二月寇围揭阳官兵大破之

【时军门驻潮州肇庆同知吕天恩与佥事经彦宷率乡兵合击之斩获甚多寇复趋揭阳围城彦宷帅师救之乡夫斩金甲贼酋一人贼大败走俘馘无算会彦宷报罢佥事殷从俭代之乘胜逐北贼望风而靡黄岗镇贼亦遁去】

十一月庚午贼攻海门所官兵败之走犯潮阳复破之

【先是贼在福建之平和与饶平黄岗镇隔界而迭至是贼首许老等三百余贼引倭千余自磊门登陆攻海门所官兵击之贼死甚多壬申南丹主目莫善等追贼与指挥孙敏击败之贼遁还平和丙子许老等犯潮阳县丞范南卿等兵击走之贼由分水关犯黄岗镇城通判翁梦鲤指挥李荣知县熊灵林丛槐率兵捕之巳卯贼至南洋湾指挥冯良佐统目兵莫真莫善分为二哨千户黄升等统募兵打手为一哨南洋三湾诸乡兵又协助之大破其众贼奔聚

辟望港口甲午贼出揭阳蓬州都水沙村焚掠皆为我兵所败十二月巳亥贼寇陇外莆都辛丑贼自平和营于赤寮村揭汤棉湖寨丁未新贼自福建云霄突入黄岗戊申辟望贼出掠彩塘甲寅新贼与辟望贼合踪出掠甲子棉湖贼突往芦清官兵连战皆破之俘斩凡一百八十有奇】

三十九年正月官会击辟望之贼大破

【之时贼为官兵追急移屯潮阳贵山都屯指挥武尚文及乡兵连战皆捷贼改营古埕乙酉贼遁往南洋湾典膳秦金与官兵合击大败之斩首三百七十贼溃渡河官兵邀之复大捷戊子贼祭江而来誓复南洋湾之仇尚文等官兵又大败之甲午古埕营贼出掠官兵又败之二月戊戌贼复回平和沙岭已酉贼至大溶桥官兵又胜之戊午贼复来掠守备兵击之贼大溃俘馘八百有奇四月佥事齐遇与海道参将会师追之斩三百六十残贼悉遁】

卷三·广东事宜

东路

广东列郡者十分为三路东路为惠潮二郡与福建连壤漳舶通番之所必经议者谓潮为岭东之巨镇柘林南澳俱系要区枕吭抚背之防不可一日缓而靖海海门蓬洲大城诸所又皆跬步海涛所赖以近保三阳远卫东岭者也惠州海丰东南滨海其捷胜平海甲子门皆瞬息生变惠潮守备札于卫治城有以严其防矣然未知柘林为尤要也柘林乃南粤海道门户据三路之上游番舶自福趋广悉由此入旧例风汛之期各澳皆设战舰秋尽而掣回泊水寨此在他澳犹可柘林去水寨一日之远警报未易达倘贼视我无备批吭捣虚不亦危乎无柘林是无水寨也无水寨是无惠潮也为今之计东路官军每秋掣班必以柘林为堡慎固要津附近大城所戍卒互为声援不得规避空所纵贼驰骤若遇飓雾尘霾尤宜加之意焉其外碣石靖海甲子门海澳虽视柘林稍次而舟师防御各有信地之责者又可少懈乎

中路

岭南滨海诸郡左为惠潮右为高雷廉而广州中处故于此置省其责亦重矣环郡大洋风涛千里皆盗贼渊薮帆樯上下乌合突来楼船屯哨可容缓乎尝考之三四月东南风汛日本诸岛入寇多自闽趋广柘林为东路第一关锁使先会兵守此则可以遏其冲而不得泊矣其势必越于中路之屯门鸡栖佛堂门冷水角老万山虎头门等澳而南头为尤甚或泊以寄潮或据为巢穴乃其所必由者附海有东莞大鹏戍守之兵使添置往来预为巡哨遇警辄敌则必不敢以泊此矣其势必历峡门望门大小横琴山零丁洋仙女澳九灶山九星洋等处而西而浪白澳为尤甚乃番舶等候接济之所也附海有香山所戍守之兵使添置往来预为巡哨遇警辄敌则亦不敢以泊此矣其势必历厓门寨门海万斛山纲洲等处而西而望峒澳为尤甚乃番舶停留避风之门户也附海有广海卫新宁海朗所戍守之兵使添置往来预为巡哨遇警辄敌则又不敢以泊此矣夫其来不得停泊去不得接济则虽滨海居民且安枕而卧矣况会城乎按今设御之法浪白望峒二所各置战舰慎固封守而南头宜特设海道驻札居中调度似有以扼岭南之咽喉矣应援联哨其中路今日之急务乎

西路

议者曰广东三路虽并称险阨今日倭奴冲突莫甚于东路亦莫便于东路而中路次之西路高雷廉又次之西路防守之责可缓也是对日本倭岛则然耳三郡逼近占城暹逻满剌诸番岛屿森列游心注盼防守少懈则变生肘腋滋蔓难图矣可弗讲乎故高州东连肇广南凭溟渤神电所辖一带海澳若连头港汾州山两家滩广州湾为本府之南翰兵符重寄不当托之匪人以贻保障之羞也雷州突出海中三面受敌其遂溪湛川涠洲乐民等四十余隘固为合卫三道门户而海安海康黑石清道并徐闻锦囊诸隘所以合防海澳以操纵反侧俾不敢梗化焉者尤可龌龊玩愒已哉若廉州则尤为全广重轻海北扼塞两有攸寄故兵符特札于灵山达堡增屯于卫北海寇峒獠外夷之忧视三岭独劳焉西南雄郡如琼为廉之外户五指腹心尽为黎据郡邑封疆无不滨海备倭之制若白沙石琼馆头文昌海安海康对峙番岛飘风突来防御甚艰近虽驻参将于厓州责有攸寄而守御营戍旧额岁久寝弛凡此皆西路今日所当汲汲经画焉者深念预防俾幕南稽颡重译来庭非长民若兵者之责乎

一广东兵饷旧制于潮州府民壮数内抽追工食选募打手驾船后生分守三路后因山贼窃发念城池为重寄留民壮守获而前项兵食每年于盐利内处补后议以兵贵精而不贵多食宜预而不宜匮于东路兵夫正选三百名防守遇有警报则增雇三百以足六百原数其中西路一千五百名内量减七百名止募八百名通计见该一千一百名约计东路三百名西路二百名中路六百名各路将三之一哨巡三之二营守【每兵夫五十名艚船一只兵夫一名每月工食六钱口粮三斗船一只脚价一两五钱或一两二钱】兵船每四只则以一官统之日逐守巡或阅月半月更番相代又于朔望量加鱼盐之犒永为定额所费俱于军饷内取办遇有警报又许径自动支添募应选不必直俟文移动经旬月以致噬脐无及凡所应办逐一登记每月造报追掣兵之时截日住支于以厘革浸渔冗滥之弊此岭南海防之大略也

一广东滨海诸邑当禁船只若增城东莞则茶窖十字滘番禺则三漕波罗海南海则仰船冈茅滘顺德则黄涌头香山新会则白水分水红等处皆盗贼渊薮也每驾峻头小艇藏集凶徒肆行劫掠勾引倭奴残戮甚惨为今之计莫若通行各县令沿海居民各于其乡编立船甲长副不拘人数惟视船之多寡依十家牌法循序应当如船二十只总统于船甲长内以十只分统于甲副仍于船尾外大书某县船某甲下某人十字翻刻黑填为记其甲长副各置簿一扇备载乡中船数并某样船只某项生理一一直书每岁具呈于县以凭查考如遇劫掠则被害者能识其船速投首于甲长副鸣锣追究俾远近皆知无字号者即系为非人人俱得拿送旧时沿海居民明知贼盗惧其反攻而不救今后坐视者罪以通同则船有统纪而行劫之徒忌畏况操舟之时可以按簿呼召给价差用而不致卖放之弊乎议者谓欲令每县取无碍官银千余两造船百艘分给军民生理令河泊等官岁课入息五年当抵造船之银如朽烂更以岁课银更造此法固善终不若无事处事如前法之为善也

一南湾当闽广交界之处周围皆山中有田百顷乃国初起遣居民遗弃之地也四面蔽风大潭居中可以聚舟其大视金塘二倍五六年来因浙直攻捕之严倭泊无所容俱于此互市福建捕急则奔广东广东捕急则奔福建定期于四月终至五月终去不论货之尽与不尽也其交易乃搭棚于地铺板而陈所置之货甚为清雅刀枪之类悉在舟中若能密令人于滨海沉灭其舟则在岸上之倭生擒也何有

卷四

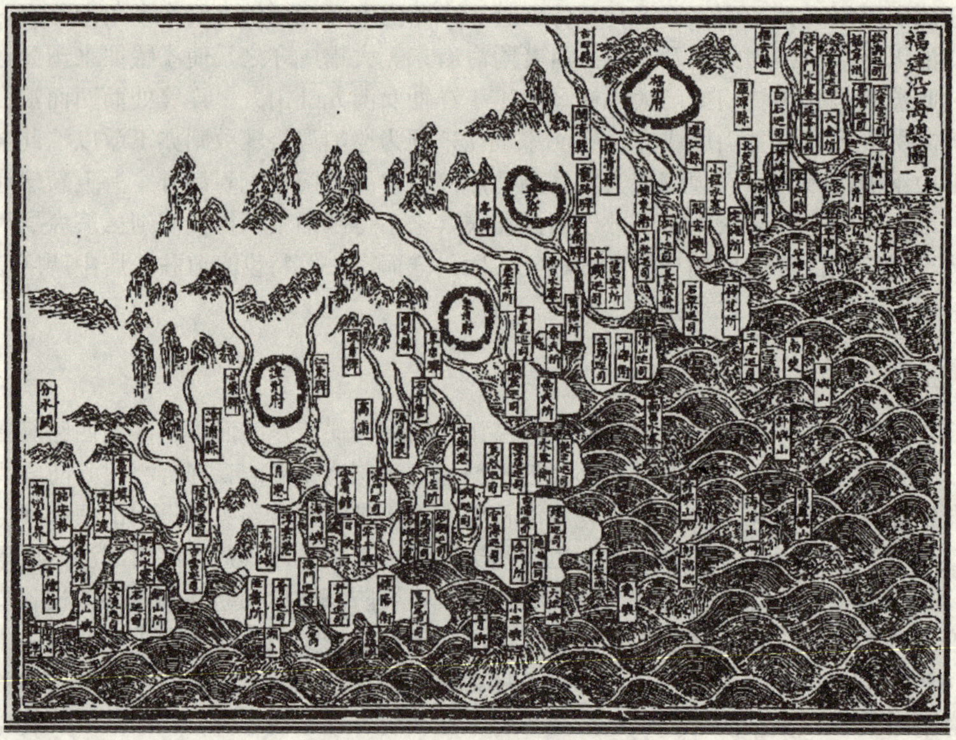

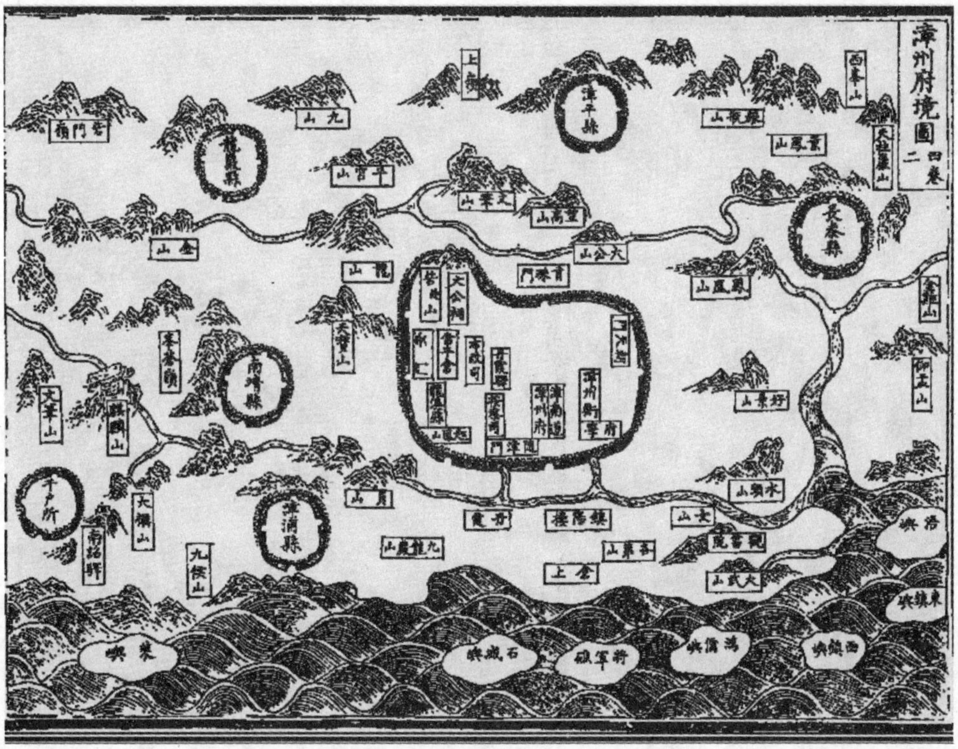
漳州府境圖
卷四 二

泉州府境圖
卷四 三
北抵永福界
西抵龍溪界
東抵仙遊界
南抵海

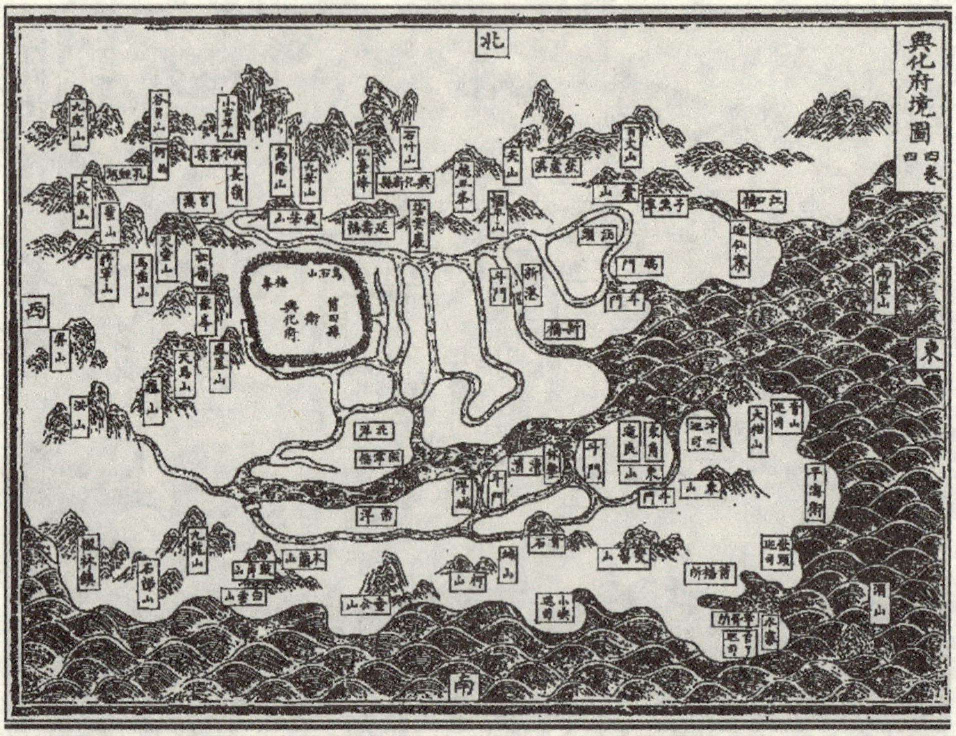
興化府境圖
四卷 四
北
西
東
南

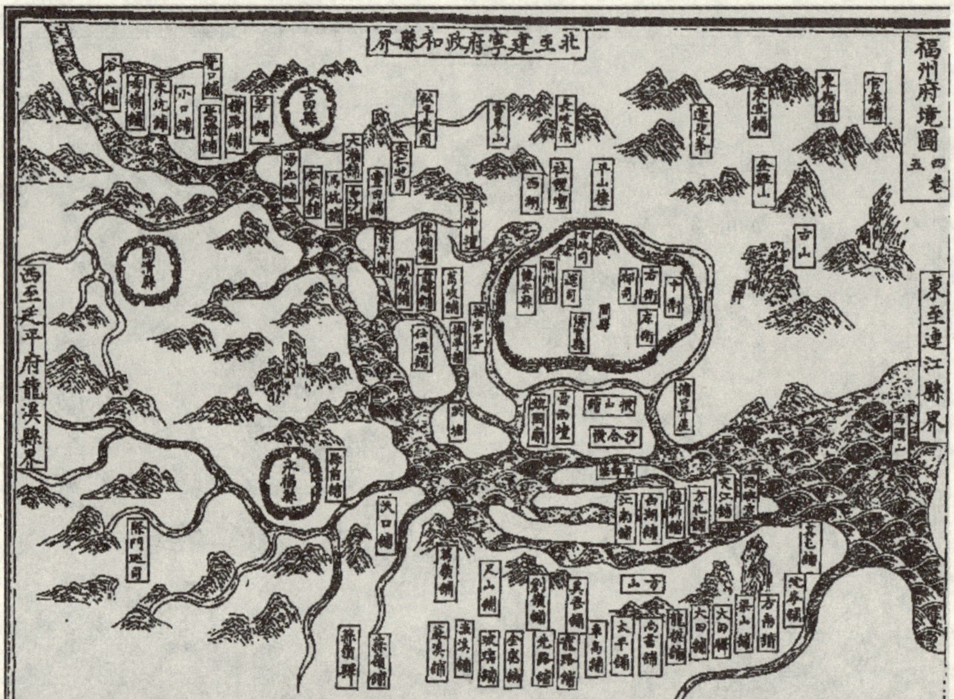
福州府境圖
四卷 五
北至建寧府政和縣界
東至連江縣界

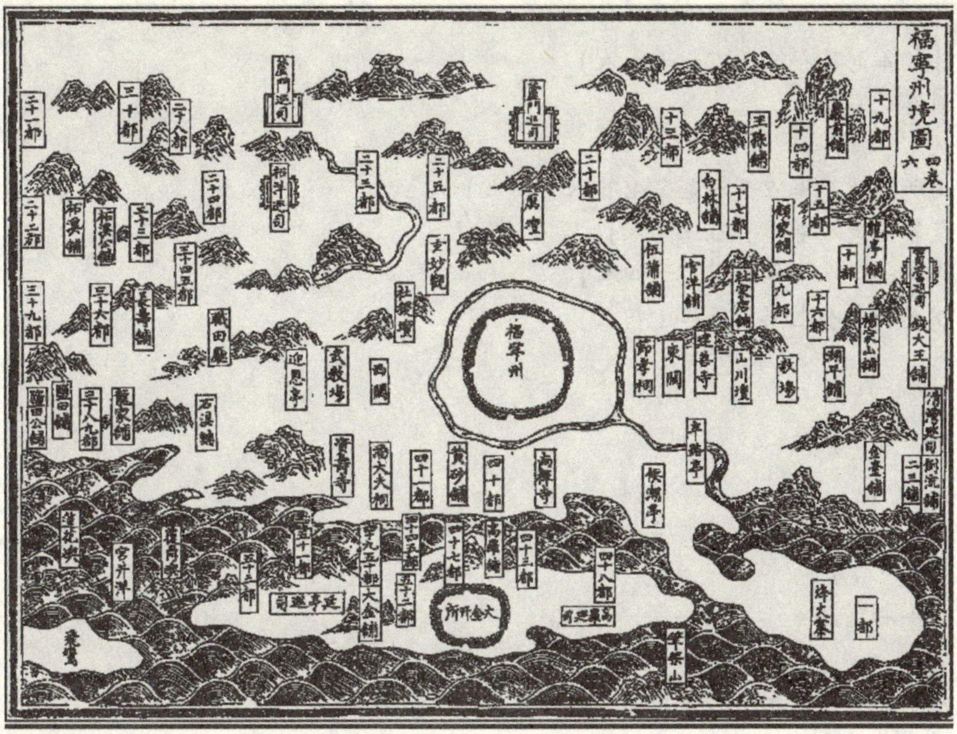

卷四·福建兵防官考

总督军门【驻浙江】

提督军务兼巡抚都御史【福建原无巡抚因倭乱而设驻札福州】

巡按福建监察御史【近奉勅兼纪功】

巡视海道副使

福州兵备副使

兴泉兵备副使

汀漳兵备副使

北路参将【自福宁州起直至宁德县廉湾地方止皆其信地】

中路参将【自廉湾起直至泉州府祥芝地方止皆其信地】

南路参将【自祥芝起直至广东交界止皆其信地】

游击将军

汀漳守备

行都指挥司

铜山水寨把总

浯屿水寨把总

南日水寨把总

小埕水寨把总

烽火门水寨把总

卷四·福建兵防官考·沿海卫所

镇海卫【旗军一千五百人屯军】

六鳌所【旗军一千人屯军四十三人】

福州左卫【旗军屯军一千六百九十七人】
中左所【旗军屯军】

永宁卫【内所五共旗军五千人屯军七百八十四人】
金门所【旗军一千人屯军一百三十人】
福全所【旗军一千人屯军二百二十四人】
崇武所【旗军一千人屯军二百二十四人】

平海卫
莆禧所【旗军屯军】

镇东卫【旗军屯军一千四百三十二人】
万安所【旗军屯军】
梅花所【旗军屯军】

福宁卫【旗军屯军七百一十七人】
定海所【旗军屯军】
大金所【旗军屯军】

卷四·福建兵防官考·沿海巡检司

漳州府
洪淡　后葛　金石　古雷　盘陀　九龙　青山　漳浦　小景　井尾　岛尾　海门　柳营　濠门
泉州府
苎溪　高浦　塔头　烈屿　官澚　峰上　田浦　陈坑　围头　乌浔　深沪　祥芝　獭窟　黄崎　小岞
兴化府
小屿　吉了　嵌头　青山　冲心　迎仙
福州府
壁头　牛头　泽朗　松下　小祉　石梁　闽安镇　官母屿　北茭
福宁州
延廷　松山　青湾　大篔筜　水澚　芦门

卷四·福建兵防官考·沿海关寨台烽堠

漳州府
水寨二
铜山西门澚【每岁分镇海卫玄钟陆鳌二所官军一千八百六十员名更番备倭领于把总以都指挥行事】
玄钟【每岁分镇海卫并铜山陆鳌二所官军一千一百员名更番备倭领于卫总受铜山把总节制】
瞭望台二【陆鳌　玄钟】
烽堠十二【南山　东湾　渐山　黄崎　洋林　盐仓　流会　安集　洪丘　峰山　白塘　小澚】

泉州府

水寨一

浯屿【原在海外今移入夏门澚每岁分永宁漳州二卫官军二千八百九十八员名更番备倭领于把总指挥以控泉州郡之南境】

烽堠四十四【高浦　刘山　径山　井上　东渡　龙渊　厦门　流礁　溪东　下吴　街内　白石头　石井　萧下　石头　溢圃　潘径　石恫　陈坑　安平　叶了　洋下　坑山　古云　白沙　埕埭　青山　白崎　古楼　赤山　柯山　獭窟　后任　大山　大砟　下头　尖山　高山　峰尾　后黄　海头　东门外】

兴化府

水寨一

南日山【原在泉州府海外景泰中奏移于莆田之吉了澚官府文移仍以南日山水寨称管寨事有把总分管寨事有卫总每岁分兴化平海泉州三卫官军一千五百十人更番备倭】

烽堠四十五【崎头　大洪　塔林　吉了　渡边　塔山　文甲　西山　庵前　砺山　吴山移山　林边　上欧　大崳　东山柄　石狮　下徐　小澚　谷成山　石城　湖边　登港　埋头山　岐头　后埔　东林　后浦山　蚝山　茶浦　鲫鱼　东蔡山　支头　峰岭　近仙　岩沁山　基山　尖头山　山西山　三江口】

福州府

水寨一

小埕【每岁分附近卫所军士更番备倭方岳重臣会推指挥之有才略者总督之】

瞭望台一【茶林】

烽堠四十四【洪坑　壁头　前村　蟹屿　车盘　塔山　俞溪　仙岩　白鹤　马头　后营　枫屿　龙下大坵　大壤　陈场　峰前　山崎　石门　潮井　松下　屿头　蕉山　山前　下屿　骑山　斗湖　陆石　潭西　程角　桃源　黄崎　裹头　官坞　官海　东澚　长崎　大埕　北茭】

福宁州

水寨一

烽火门【今移入丰山地方】

烽堠三十八【下箪　下浒　石湖　关崎　车安　罗浮　闾峡　搭尾　界石　南山　刘金　小南　青山积石　长沙　沙松　后崎　离智　东壁　台澚　赖离　烽火　三山　北山顶　梅花　大峰　古县　大青画　金家　南金　黄崎　小青画　白岩　水澚　白露　南岭　沙埕】

卷四·福建倭变纪

嘉靖二十七年正月海寇许二引倭入寇七月官兵讨平之

【先是贼首许二纠番舶聚浙江之双屿港大为福兴诸府沿海患上命都御史朱公纨剿之三月朱公以都司卢镗帅福清兵船泊温州之海门把总俞亨统燕山兵船协助之以备福宁之北境海道副使柯乔统福清兵船泊漳州专备海战以遏南逸入广之路副使翁学渊驻福宁州佥事余爌驻泉州备倭黎秀驻金门所把总孙敖驻流江各分信地水陆截捕仍严保甲之令搜罗接济奸人四月镗分兵与贼战于九山大洋百户张烨冲其前指挥张汉等继之大败贼众俘斩稽天新四郎等五十五名颗溺死者无算六月贼攻沙头岙及冲大担外屿者再柯乔御之严贼乃遁去贼首许二流劫北茭罗浮同知张鲁把总王麟指挥闵溶张文昱千户王灏王銮御之七月许二与倭合艅以拒官兵麟等率兵鏖战自寅至午擒斩八十有奇贼错愕投水死者千数余乘潮遁去】

三十四年十一月贼攻镇东卫城官兵御之千户戴洪高怀德张銮等死之

【贼自莆田白湖江登犯过涵头至海口十三日攻卫城洪与怀德各率军出战张銮遇贼于路皆殁于行阵平海卫千户杨一茂白仁丘球追贼及于东岳山大败倭众一茂等亦战死】

三十五年三月备倭刘炌千户王月与贼战于石壁岭死之贼亦败遁

【福清海口之贼遁至西乡官兵追之斩其衣红贼首一人贼败走炌与月率兵欲伏石壁岭邀击之未及设伏遇贼突至山路屈曲遂至败殁贼流遁福宁州之竹屿孤山官兵追之或火攻或伏弩贼辄败走参将尹凤预置药酒于胡坪贼中毒者数十人四月及于桐山又破之贼遂入浙江】

三十六年三月贼犯省城

【贼于旧腊自连江洪登陆就据为巢至是复自流江至小埕水寨遂犯省城沿城焚掠掳去战舰二十有奇又焚毁四十余艘】

十月贼攻连江县官兵击退之贼乃宵遁

【先是北茭湾原屯倭寇进无所掠乃遁出洋遇新至贼船遂会䑸进攻连江官兵以矢石殪其精悍者四人明日分门四进又击败之乃夜遁如拱屿澳出洋】

三十七年四月贼入安海城官兵追击大败之

【贼入城居民拒之不得掠佥事盛唐参将黎鹏举等分兵逐之贼遁至唐店官兵连战皆捷至水涵贼遁出海水兵又击败之沈其二舟】

陷福清县

【贼犯闽安镇为参将尹凤所败进攻福清据门外山头用炮乘高击坏雉堞城遂陷居二日而出】

攻兴化府

【贼自福清进攻府城越翼日不退广兵及鸟铳手殒其乘马衣红贼首一人从贼四十余各兵出城追之贼遂败走】

攻惠安县

【贼自兴化为官兵敌退遂至惠安攻城有自水涵潜入者官兵觉而杀之于是连攻五昼夜皆被官兵敌败贼死者百余人乃遁官兵截之于洛阳桥又大胜之斩首五十有奇】

五月贼攻泉州府

【贼复自惠安进犯府城巡按御史樊公献科自督兵敌退之】

入南安县

【县故无城知县徐光裕统民兵御之遂被突入时居民已迁避贼无所掠官兵追击之乃遁往晋江海边掳船出海而去】

攻崇武所

【贼别䑸之新到者攻所城凡五日而后解】

突犯惠安知县林咸与战死之

【贼自崇武分突惠安永宁等地方咸率兵与战阵亡官兵继至击败贼众贼乃退遁】

攻镇东卫城提督都御史王公询遣兵追击大败之

【贼三千余人自松下突入海口澳登陆攻卫城者二日益以新至贼千余合势来攻城几不守时闽中南北海洋皆贼惟此贼独剧且逼近会城陆走合䑸势益滋蔓王公乃多方集兵设伏扼险剪其零党伺惰合攻仍密令水兵布于海外贼势穷促乃遁出洋水兵乘胜逐之沈二十余艘斩首四百余级】

贼首洪泽珍引倭入寇

【泽珍故通番逆贼积年启衅引倭内侵至是复引倭泊旧吾屿盘据为巢】

三十八年三月贼攻福宁州不克遂陷福安县

【贼攻州城者凡五昼夜分守参议顾翀督兵固守贼计无所施乃退往福安适淋雨城崩知县李尚德恐难坚守督兵出城迎击贼屯城北山上窥见守垛兵少遂分踪拥入】

四月参将黎鹏举大败倭贼于屏风屿海洋

【鹏举与指挥卢鼎臣攻贼于屏风屿镇下门及三沙海洋沈其四舟擒斩一百五十有奇烧溺者无算时贼乘汛突至未得登劫我兵邀击外洋擒斩颇多贼皆望风遁去】

五月贼首严山老等遁出海洋参将王麟等追击大败之

【山老连年引倭入寇分踪四掠麟等兵船按伏海上贼由祥芝石湖南浔出海者麟追败之于大咋岛圻自峰头湾出海者都指挥唐修澄追败之于野马外洋自闽安洪塘出者参将尹凤备倭张侨追败之于梅花外洋山老就擒贼舟沈者七十八艘死者数千人而洪泽珍之徒亦自毁其巢遁去】

十二月官兵会击上径之贼大败之

【先是贼徒四千余人自海坛山登犯副使张情参将曾清督兵剿逐屡摧其锋贼乃移屯上径蔓延日久提督都御史王公询巡按御史樊公献科令佥事万民英参将王麟把总朱先等期朔旦捣巢至期官兵夹击之贼遂大败死者八百余人毁其巢死者复千余人】

三十九年三月贼攻平和县

【贼首萧雪峰张琏等引倭千余自大埔及三饶岭来攻县城官兵出城夹击之贼遂退屯承坑】

攻大金所

五月月港之贼败遁出海官兵追击大败之

【先是贼巢月港官兵于众州海仓白石镇海野马井尾等处击之皆胜至是遁出海洋参将王麟追及于古浪东砟镇海山把总邓一挂追及于刺屿尾五战皆胜之沈其舟数十斩获数百贼首徐老许西池王老及日本头目尚干皆就擒所部三千余徒悉溺水无遗】

七月贼自广东来寇官兵击败之贼复入广

【广东谢贼等突入走马溪势极猖獗把总徐濂沈其数艘贼大败遁去官兵乘胜追至广东南澳外洋而回】

八月贼入安溪县

四十年正月安溪倭贼流犯长泰同安等县官兵追击大败之

【贼自安溪为官兵所败遁至长泰典史叶露百户金环败之乃往同安复为乡兵所袭奔窜石菌海滨】

五月贼攻宁化县

【贼来攻城知县陈添祥击败之】

攻诏安县

【先是贼首陈思达等潜入城内主奸民林熏家为内应外合之计知县龚有成防诘颇严贼计不得施乃自内杀出思达就擒而熏等为内应者凡数十家至是皆败】

闰五月贼复攻宁化县

【时贼久在县近郊时来攻城官兵击败之遂伪为遁计知县陈添祥谨防其再至贼果分布四门一时突击又为云车一乘覆以牛革屡以大炮佛郎机殪贼而贼之在云车者来愈力乃出打手二百人下击之贼乃败走】

按倭寇之患自福建始乃内地奸民勾引之也其时为嘉靖二十五年祸尚隐而未彰微而未大都御史朱公纨用海道副使柯乔议欲以海沧月港等澳耆民充捕盗扑之备倭都指挥黎秀独谓不然上议于巡按御史金公豪曰日本倭夷先年内犯朝廷屡下备倭之诏及委重臣以督海防是以海洋乂安今承平日久军民趋利忘害而各处轻生之徒攘臂向前私通贸易向尝缉绝今复启衅若不预行究治恐祸患日深卒难禁制也既而复上议曰近署安边馆事谂知违禁通番大船之详其船皆造于外岛而泊于内澳或开驾以通番或转售于贼党而嵩屿渐尾长屿海沧石马许林白石等澳乃海贼之渊薮也本职欲行禁治恐澳甲势要抗拒不服反速其祸乞行府县巡捕官亲诣各澳密行擒治船只应烧毁者烧毁应留用者留用庶顽民知警而通番之风少息矣议上秀遂大为漳泉耆民捕盗怨谤致劾免官后十余年倭患大炽沿海数千里生灵靡不荼毒人始服黎远览而惜其宛抑向使早用其言胡以有是岂非民命之当阨也邪今之士论但知纪录战功而曲突徙薪谩不之及予不能无感故志之

卷四·福建事宜

浯屿水寨

福建五寨俱江夏侯所设浯屿水寨原设于海边旧浯屿山外有以控大小岨屿之险内可以绝海门月港之奸诚要区也不知何年建议迁入夏门地方旧浯屿弃而不守遂使番舶南来据为巢穴是自失一险也今欲复旧制则孤悬海中既鲜村落又无生理一时倭寇攻劫内地哨援不及兵船之设何益哉故与其议复旧规孰若慎密夏门之守于以控泉郡之南境自岱坠以南接于漳州哨援聯络岂非计之得者哉

南日水寨

原设于海中南日山下北可以遏南茭湖井之冲南可以阻湄洲岱坠之阨亦要区也景泰以来乃奏移莆田县吉了地方仍以南日为名旧南日弃而不守遂使番舶北向泊以寄潮是又失一险也今之事体与浯屿相仿有兵寄者其思为哨守应援之规以扑寇焰于未炽哉

烽火门水寨

原设于福宁州三沙海中永乐间倭寇犯境议拨福宁卫大金所官军防守秦屿罗浮官井洋皆辖焉正统九年侍郎焦宏以其地风涛汹涌不便栖舶徙今松山寨地方其后官井洋虽添设水寨而沙埕罗江古镇罗浮九澳等险孤悬无援势不能复旧矣须官井罗浮沙埕南北中三哨罗江古镇两哨聯络策应庶可恃为福州之藩户也

铜山水寨

漳州府所辖地方漳浦一县最近海屿设水寨者二铜山西门澳为把总水寨而玄钟则受其节制者也故今止以五寨为名初水寨在井尾澳景泰间移今西门地岁拨镇海漳州永宁卫及玄钟铜山所军分番巡哨而北自金石以接浯屿南自梅岭以达广东险阨所系匪浅浅也须以铜山玄钟巡哨之兵分守南澳云盖寺走马溪金石等处俾倭舶之自浙趋闽及惯徒之勾引接济者严遏其冲则有以控入闽上游之势矣

小埕水寨

小埕北连界于烽火南接壤于南日连江为福郡之门户而小埕为连江之藩翰也海坛连盘雄踞耸峙若南屏然为贼船之所必泊其所辖闽安镇北茭焦山诸巡司为南北中三哨无事往来探视有警协力出战则此寨之设为不虚矣

三四月东南风汛番船多自粤趋闽而入于海南粤云盖寺走马溪乃番船始发之处惯徒交接之所也附海有铜山玄钟等哨守之兵若先分兵守此则有以遏其冲而不得泊矣其势必抛于外浯屿外浯屿乃五澳地方番人之窠窟也附海有浯屿安边等哨守之兵若先会兵守此仍拨小哨守把紧要港门则必不敢以泊此矣其势必趋于料罗乌沙料罗乌沙乃番船等候接济之所也附近有官澳金门等哨守之兵若先会兵守此则又不敢以泊此矣其势必趋于围头峻上围头峻上乃番船停留避风之门户也附海有深扈福金哨守之兵若先会兵守此则又不敢以泊此矣其势必趋于福兴若越于福兴计其所经之地南日则有岱坠湄洲等处在小埕则有海坛连盘等处在烽火门则有官井流江九澳等处此贼船之所必泊者也若先会兵守此则又不敢泊矣来不得停泊去不得接济船中水米有限人力易疲将有不攻而自遁者况乘其疲而夹力攻之岂有不胜者哉倭寇拥众而来动以千万计非能自至也由福建内地奸人接济之也济以米水然后敢久延济以货物然后敢贸易济以向导然后敢深入海洋之有接济犹北陲之有奸细也奸细除而后北人可驱接济严而后倭夷可靖所以稽察之者其在沿海寨司之官乎稽察之说有二其一曰稽其船式盖国朝明禁寸板不许下海法固严矣然滨海之民以海为生采捕鱼虾有不得禁者则易以混焉要之双桅尖底始可通番各官司于采捕之船定以平底单桅别以计号违者毁之照例问拟则船有定式而接济无所施矣其二曰稽其装载盖有船虽小亦分载出海合之以通番者各官司严加盘诘如果是采捕之船则计其合带米水之外有无违禁器物乎其回也鱼虾之外有无贩载番货乎有之即照例问拟则载有定限而接济无所容矣此须海道官严行设法如某寨责成某官某地责成某哨某处定以某号某澳束以某甲如此而谓通番之不可禁吾未之信也

一倭人至福建乃福人买舟至海外贴造重底往而载之舟师皆犯重罪之人也若至沙板双屿等处访之则某家船将至未至及至某湾自有人说而知之一处货到各处无不知者

一漳潮乃滨海之地广福人以四方客货预藏于民家倭至售之倭人但有银置买不似西洋人载货而来换货而去也故中国欲知倭寇消息但令人往南湾饰为商人与之交易即廉得其来与不来与来数之多寡而一年之内事情无不知矣

一区处福建之法若用福船捕之万万不可须用福船而不用福人架使若用苍山人架使候倭于福建外海而截杀之倭船必非齐来乃一艘二艘以渐而至也至即擒之则后至者将闻风而回矣

一八闽多山少田又无水港民本艰食自非肩挑步担踰山度岭则虽斗石之储亦不可得福兴漳泉四郡皆滨于海海船运米可以仰给在南则资于广而惠潮之米为多在北则资于浙而温州之米为多玄钟所专造运船贩米至福行粜利常三倍每至辄几十艘或百艘或二三百艘福民便之广浙之人亦大利焉兵兴山岭戒严担负既难而募调之费又众大户所积莫肯轻粜海运又厉禁焉民食兵饷如之何而不匮也故经略福建之策莫先于处糗粮糗粮若缺则五湾之兵虽设譬之衣冠之人外貌可观而五内腐裂四肢痿痹未有不丧亡者盖不待倭攻之而后地方为难保也今日足食之计有二其一须申明祖宗之意止禁双桅船只私通番货以启边衅所谓寸板不许下海者乃下大洋入倭境也非绝民采捕于内海贩粜于邻省也严其保甲令民沿海运粜则广浙有无相通而福民不患于无食矣其二官府提编银两输解督府春夏给为兵粮时价方贵有银无米兵甚苦之不如令有司以银秋籴贱米则米数多春而随兵所至就以为饷官与兵不两利乎兵饷既备民食亦充军门以别省善战之师三五千人调至于福大振威克岂惟倭夷不能为福建患将使福民之勾引接济与倭为党者永永其不敢矣

都御史唐顺之云贼之根本实在闽中海上经略此第一义况一海相通喘息闽贼亦浙直贼也

闽县知县仇俊卿云闽之一省北接浙江之界为烽火门水寨原设官军把守为因势孤援寡军门朱公添设流江寨为犄角之势此诚随时立法之权但官军之数不及各寨之半难以助本乡防获议者欲将流江并入烽火门不若增添流江官军形胜并据声援相及此最近是仍令福宁州相近巡司官兵同心哨捕不许役占买闲等弊又浯屿水寨旧址向在海洋之冲可以据险寇不敢近今乃移近数十里在于中左所地方与高浦所止隔一潮致月港松屿无复门关之限任其交通其旧浯屿基乃为寇之窠穴漳州海沧之人悍谲尤甚素号难驯嘉靖年间始置安边馆轮委通判一员治之半年一更上下皆无固心无益于地方海防之助况在前之议犹有纷纭者似为可革又走马溪番船直泊近年官军柯海道等截杀寇盗皆在彼处议者欲令诏安漳浦近县巡捕官十员更番住守且与铜山寨玄钟澳军民官兵协力相机以便剿捕至于泉之安海向虽通番犹有避忌迩年番舶连翩径至近地装卸货物皆有所倚也议者欲令府佐贰一员时巡常住或可潜消

又云沿海地方人趋重利接济之人在处皆有但漳泉为甚余多小民勾诱番徒窝匿异货其事易露而法亦可加漳泉多倚著姓宦族主之方其番船之泊近郊也张挂旗号人亦不可谁何其异货之行于他境也甚至有藉其关文明贴封条役官夫以送出境至京者及其海船回番而劫掠于远近地方则又佯为之辞曰此非此伙也乃彼一艅也讹言以惑人听比及上司比责水寨巡司人等间有一二官军捕获寇盗人船解送到官彼为巨盗大驵屯住外洋者反役智用幸致使著姓宦族之人又出官明认之曰是某月日某使家人某姓某处粜稻也或买杉也或治装买疋帛也家人有银若干在身捕者利之今虽送官报赃尚有不尽法合追给或者有司惧祸而误行追惩但据赃证与所言之相对不料所言与原情实不同其官军之毙于狱而破其家者不知其几也彼巧于谗而计行此屈于威而难辨奈之何哉以致出海官军不敢捕获不若得货纵贼无后患也概以下海之律彼独无可罪乎调停之法亦必有道或欲访广东市舶司及各边开市之利使番徒报货抽税岁可得银数万两以充军国之用亦且通商惠民上下咸利但恐海边之人贪利无厌强暴弱智吞愚不免群聚为奸势所必至似招之为寇也何以禁其后哉况城狐社鼠之相倚有难以尽诘者则税之所入将不在公家而咸归巨室矣又暹罗朝鲜日本爪哇等国通事照会典各有定数其不通夷语及误事者法禁甚明今漳泉之人冒滥名色假为通事实多通谋而误事之孽有不可逭者亦当察而更革之可也

都司戴冲霄云闽中事体与浙直不同惟在抚之得宜而已盖寸板不许下海之禁若行于浙直则海滨之民有鱼盐之利可以聊生而海洋即为之肃清若福建漳泉等处多山少田平日仰给全赖广东惠潮之米海禁严急惠潮

商舶不通米价即贵矣民何以存活乎愚闻漳泉人运货至省城海行者每百斤脚价银不过三分陆行者价增二十倍觅利甚难其地所产鱼盐比浙又贱盖肩挑度岭无从发卖故也故漳泉强梁狡猾之徒货赀通番愈遏愈炽不可胜防不可胜杀为倭向导者官府系其家属不敢生还岁岁入寇是外寇之来皆由内寇纠引之也福建之乱何时已乎福乱不已浙直之患何时而靖乎唐荆川云倭患始于福建福建者乱之根也谅哉言乎如愚见莫若因其势而利导之督抚海道衙门令漳泉巨室有船只者官为编号富者与之保结许其出洋南则哨至广东北则哨至浙江装载货物纳税自卖督之以将官限之以信地交牌报验其回也南则许贩惠潮之米北则许贩福宁温台之米但不许至外国及载番货今也海禁太严见船在海有兵器火器者不问是否番货即捕治之米谷鱼盐之类一切厉禁据其迹虽似犯法论其情海船往来非带兵器火器无以防海寇之劫夺不有可原者乎明乎此则民情得伸而乱源可塞矣虽然亦末也将欲抚之必先威之练兵足食使在我之威足以制贼则民有所惮而听吾抚治抚治而不从者然后兵以剿之是故能攻而后能抚知抚而不知攻者吾未见其能抚也

予按福建经略之术有百年之长策有一时之权宜何谓长策修复海防旧规处置沿海贫民得所使不为贼内应是也何谓权宜今日福建之患有二曰山寇曰海寇海寇乃本地之民纠之而来苦无兵以殄灭之耳然欲练兵须先料理养兵之费费无从出必加赋于民夫福民不受官府约束其来渐矣常赋之额且不可征况额外加增乎吾知兵未练而变先激矣若非早为之所万一福建失守则广东将隔绝而不通而浙江与福连壤其祸亦烈矣与其至此时而动各省之兵马钱粮孰若早闻于朝请银十万两募兵一万人到彼操练不假福建之兵不费福建之财先将沿海通番之人与贼尽行剿灭兵威大振则破竹之势山寇不攻自平矣由是而选练乡兵由是而加赋充饷由是而修复海防旧规以为百年经久之计岂有不可行者乎

卷五

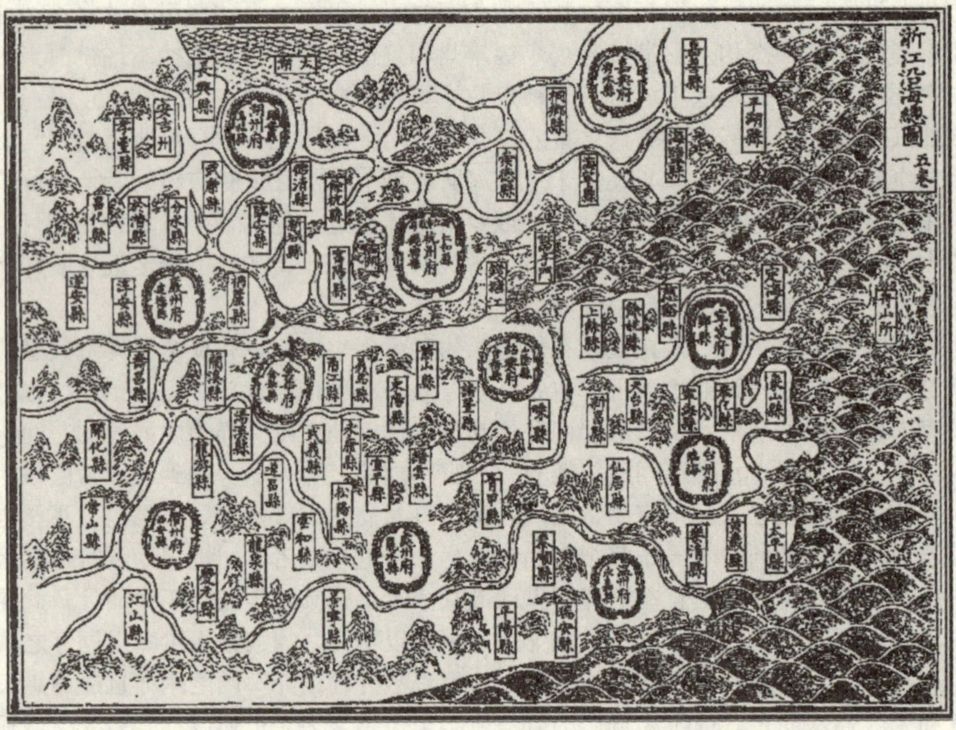

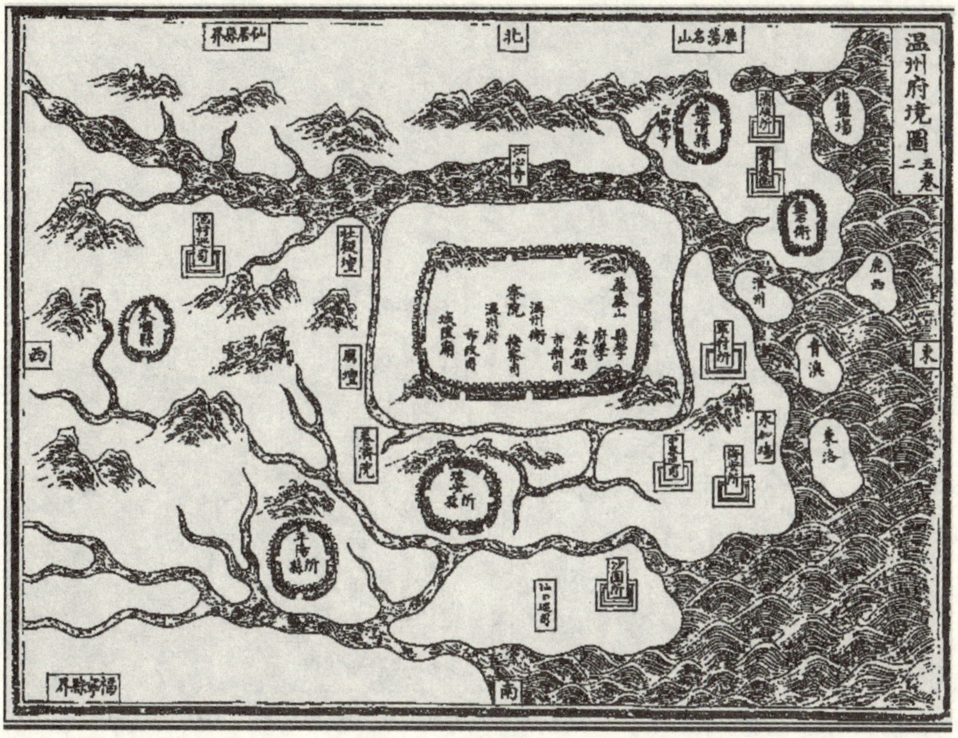
温州府境圖 五卷二

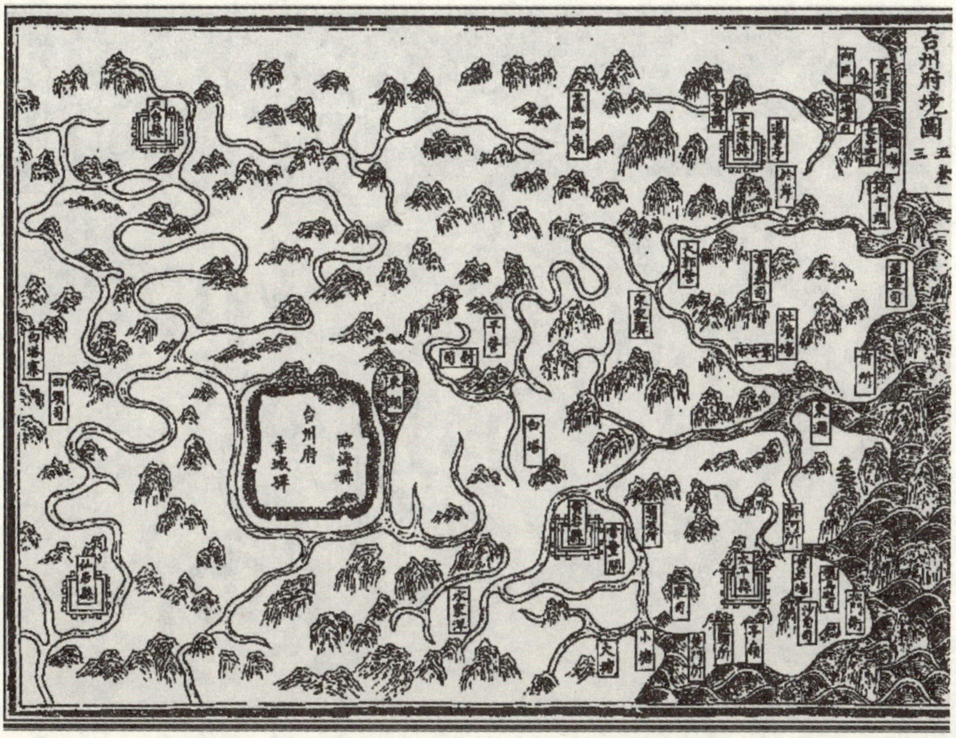
台州府境圖 五卷三

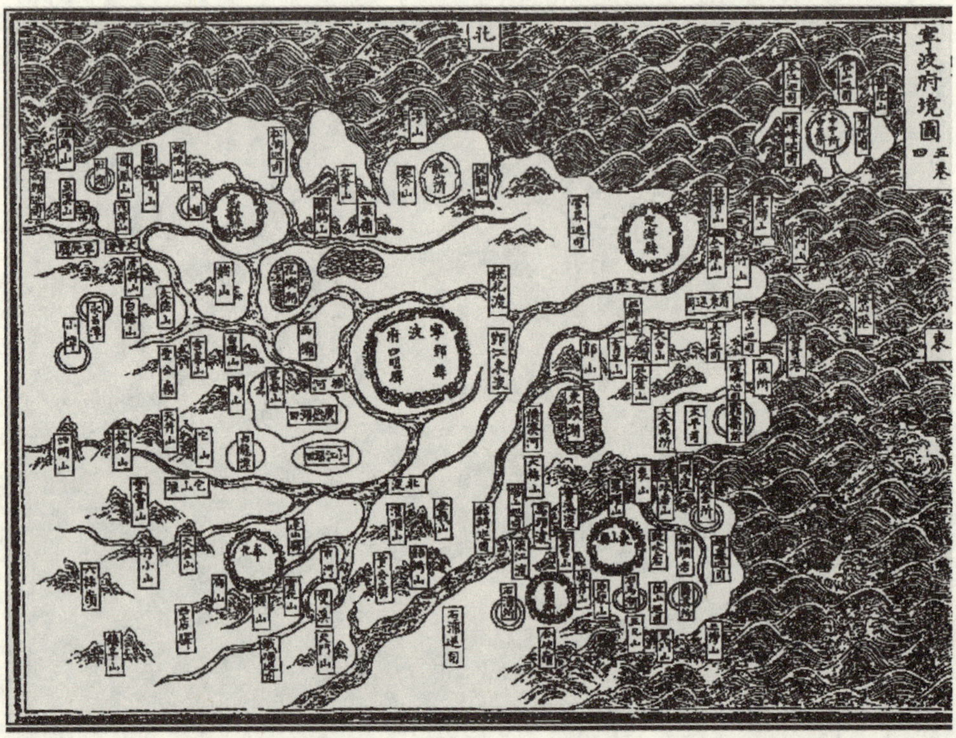
寧波府境圖
五卷 四
北
東

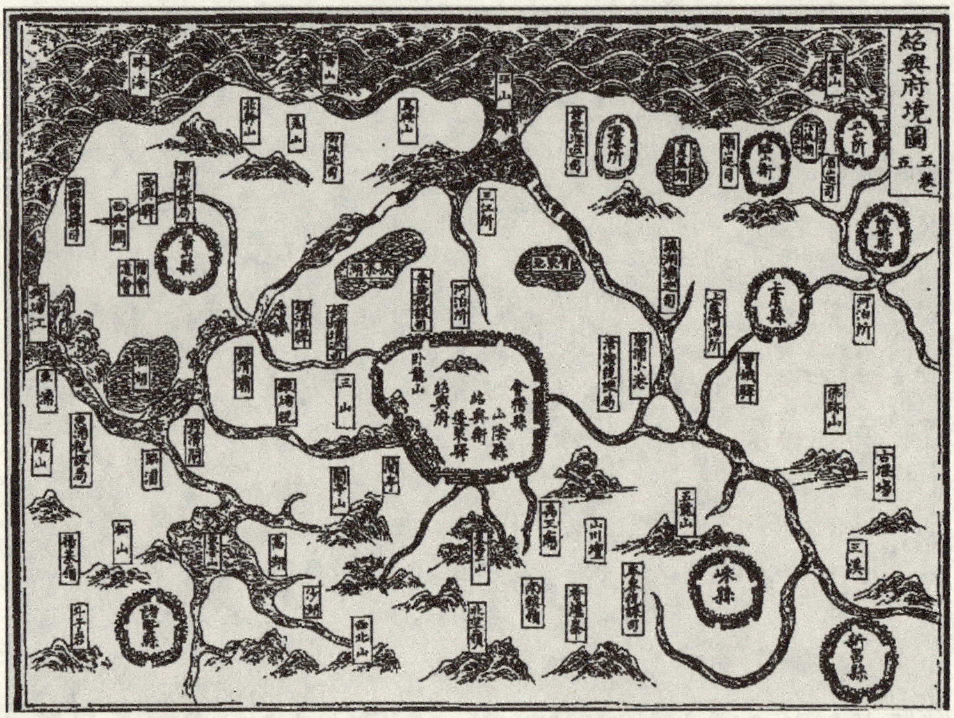
紹興府境圖
五卷 五

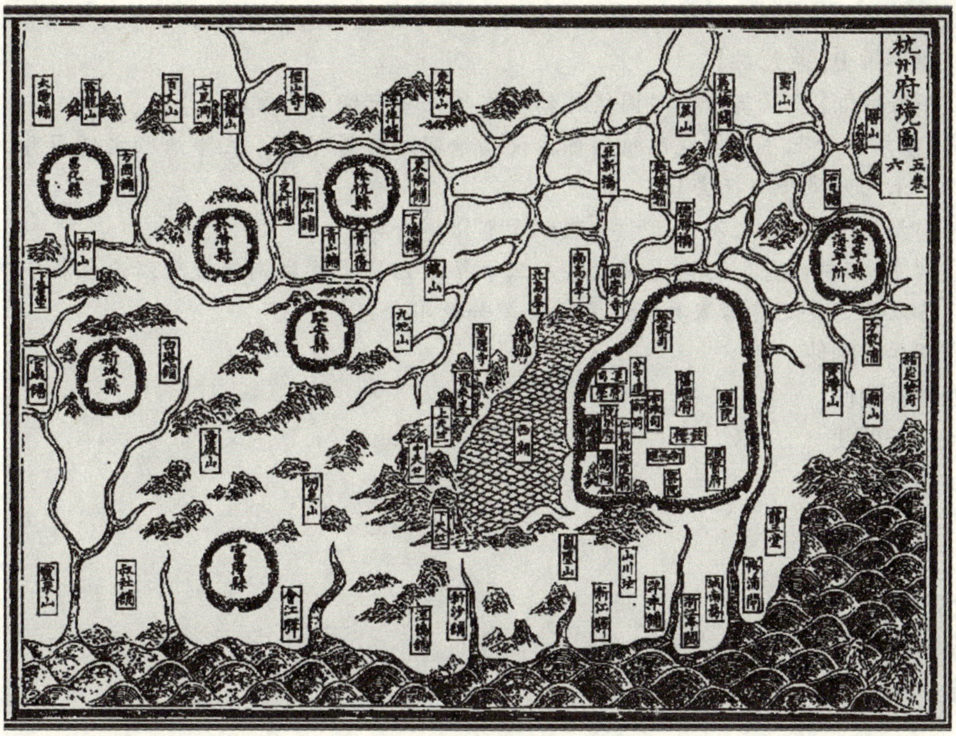

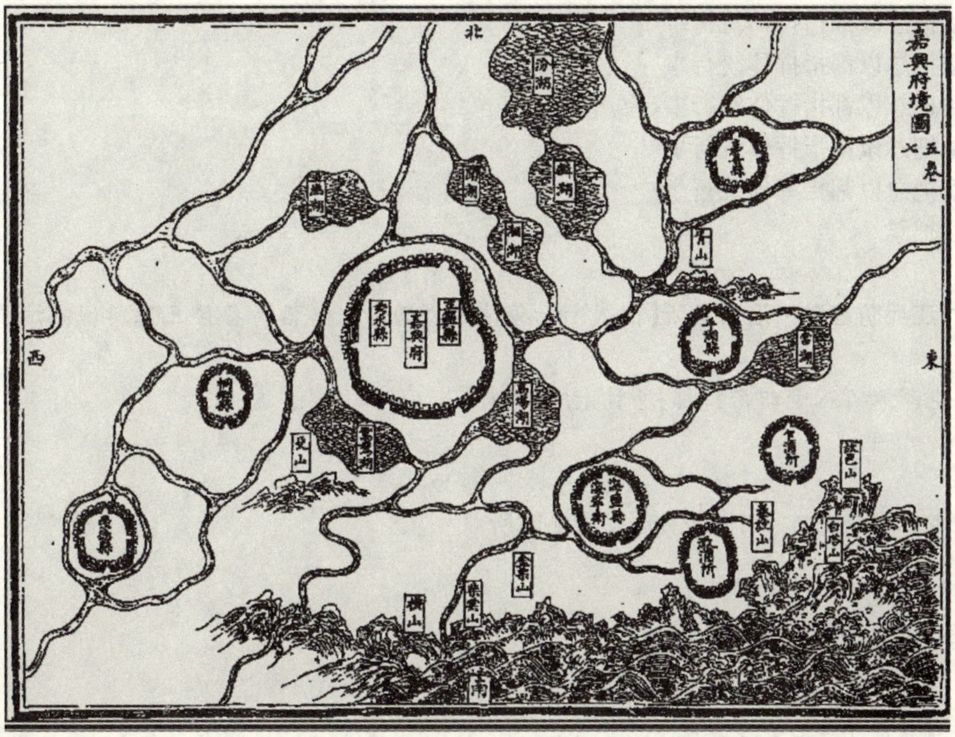

卷五·浙江兵防官考

总督浙直福军务兼巡抚浙江都御史【专驻本省浙江旧无巡抚嘉靖丁未因海寇作乱始设提督军务兼巡视浙江福兴泉漳地方佥都御史以朱纨为之纨去王忬代忬去李天宠代天宠去胡宗宪代时乙卯七月也先是宗

宪以巡按御史督兵王江泾大获克捷诏许论功之日不次擢用故有是命其总督之名则因廷臣建议福浙直事权不一设自张经始周琉杨宜相继后命宗宪庚申以剿贼首徐海王直等功累升太子太保兵部尚书仍节镇云】

巡按浙江监察御史【兼纪功】

督察直浙军务侍郎【嘉靖三十四年因倭特敕赵文华任事宁即归非常设也】

视军情官【嘉靖三十七年因倭寇不靖兵部奏设敕命职方司署郎中事主事唐顺之任历升太仆少卿右通政仍在地方行事未几升凤阳巡抚去】

总督备倭【旧以公侯伯领之洪武三十年改领于都指挥今革】

巡视海道副使【旧制以侍郎都御史领之洪武三十年后始领于按察副使统理浙海住札宁波近因地方多事各郡俱设兵备以分巡兼之其沿海兵粮则海道督理如故不分也】

整饬杭嘉湖兵备副使

整饬温处兵备副使

整饬宁绍兵备副使

添设台金严兵备佥事

镇守浙直地方总兵

官分守杭嘉湖参将

分守温处参将

分守宁绍参将

分守台金严参将

游击将军

定海备倭把总以都指挥体统行事

昌国备倭把总以都指挥体统行事

金乡备倭把总以都指挥体统行事

临观备倭把总以都指挥体统行事

海宁备倭把总以都指挥体统行事

松门备倭把总以都指挥体统行事

统领游兵把总

卷五·浙江兵防官考·沿海卫所【洪武十七年信国公汤和经略沿海备倭凡卫所城池巡司关隘寨堡屯堠皆其所定】

金乡卫【屯军六百八十四名】蒲门所壮士所沙园所

温州卫

海安所【屯军二千七百一十七名】瑞安所平阳所

盘石卫

宁村所　蒲岐所　盘石后所

松门卫【旗军屯军一百九十七名】

楚门所　隘顽所

海门卫【屯军六百八十三名】

新河所　海门前所　健跳所　桃渚所

昌国卫
爵溪所　钱仓所　石蒲前后二所

定海卫
大嵩所　霩霩所　穿山后所　舟山中中中左二所

观海卫
龙山所

临山卫
三山所　沥海所
绍兴卫
三江所

直隶都司
海宁所

海宁卫【屯军一千二百四十名】
澉浦所　乍浦所

卷五·浙江兵防官考·沿海巡检司
温州府
龟峰【弓兵一百名】舥艚【弓兵一百名】江口【弓兵一百名】仙口【弓兵一百名】梅头【弓兵一百名】中界【弓兵一百名】馆头【弓兵一百名】蒲岐【弓兵八十名】三山【弓兵八十名】小鹿【弓兵八十名】沙角【弓兵八十名】

台州府
盘马【弓兵八十名】长浦【弓兵一百名】蛟湖【弓兵一百名】蔓岙【弓兵一百名】窦岙【弓兵一百名】越溪【弓兵一百名】铁场【弓兵一百名】石浦【弓兵三十名】长亭【弓兵一百名】陈山【弓兵三十五名】赵岙【弓兵一百名】塔山【弓兵一百名】鲒觭【弓兵一百名】

宁波府
太平【弓兵一百名】霞屿【弓兵一百名】穿山【弓兵一百名】长山【弓兵一百名】甬东【弓兵一百名】管界【弓兵一百名】螺峰【弓兵七百名】岑江【弓兵一百名】岱山【弓兵一百名】宝陀【弓兵一百名】松浦【弓兵一百名】

绍兴府
向头【弓兵一百名】三山【弓兵一百名】眉山【弓兵一百名】庙山【弓兵一百名】黄家堰【弓兵一百名】三江【弓兵一百名】白洋【弓兵一百名】

杭州府
赭山【弓兵一百名】石墩【弓兵七十名】

嘉兴府

澉浦【弓兵七十名】海口镇【弓兵七十名】乍浦【弓兵七十名】白沙湾【弓兵七十名】

卷五·沿海关台寨烽堠

金乡卫

寨十一【庙背　屿门　舥艚　大岙　炎亭　大荻　小荻　石塘　石砰　小鱼埜　大鱼埜】

烽堠十五【半塘　尖山　白崎　马迹　凤凰　猫头　上洋　毕湾　东岗　岭门　东山 蒙湾　兰头　舥艚门　蓂山】

蒲门壮士二所

台二【高阳水竹】

烽堠六【雷岙　尖山　时家　四袠　南堡　悬中】

沙园所

寨四【陡门　眉石北　仙口　眉石南】

台一【眉头】

烽堠四【冷水　宋埠　仙口　烽火】

温州卫

海安所

寨二【上坞　东山】

平阳所

寨三【风火　江莱　汶路口】

台二【山项　蔡家山】

烽堠三【福泉　半岭　峰瑞】

盘石卫

台二【黄华　白沙湾】

烽堠十【岐头　平山　屿山　章岙　沙角　三屿　池岙　洋田　双峰　日团】

海村所

寨三【沙沟　沙宁　长沙】

烽堠六【黄石浦　沙沟　沙村　七甲　长沙　九甲】

蒲岐所

台二【高嵩　下堡】

烽堠八【东山　南浦　海塘　铧锹　娄岙　下山头　前塘　双陡门】

松门卫

台一【小高】

烽堠十【甘岙　苍峰　乌沙　车路　沙脚　磊石　荒岙　蛤浦　盘马　松门寨】

隘顽所

台一【白岩】

烽堠九【长沙　岐门　骊头　后湾　江馆　灵门　长山 会蓬　雀海坑】

楚门所

寨堡一【楚门】

烽堠十五【渔井　洋坑　梅岙　泥湖　楚门　丫髻　石桥　清港　东门　西门　苔山　小青山　大青山　塔山　马鞍山】

海门卫

台三【眉山　束中　中镇】

烽堠五【磊石　轻盈　长沙　外水　中山】

新河所

烽堠五【洋岙　泥岙　净应　盘马　新场】

桃渚所

台一【桃渚】

烽堠十二【石柱　停屿　长跳　涸井　苍埠　大荆山　狮子山　屿头　舥孛头　下旧城　望火楼　中旧城】

健跳所

台一【高鸾】

烽堠五【茅头　折头　后沙　小渔西　大鱼西】

昌国卫

烽堠九【仁义　赤坎　黄沙　前山　后山　山头　松岙　何家礵　乌石】

爵溪所

烽堠二【公屿　沙岭】

钱仓所

烽堠五

石浦前后所

烽堠六

定海卫

寨二【江北　长山】

关一【南关】

烽堠十一【高山　竺山　小山　鸬鹚涹涧山　打鼓山　张师舖　大尖闸　大鱼湾　长山风　季屿】

大嵩所

烽堠八【大干　昆亭　黄岩　尖崎　港口　横山　慈岙　蛤岙】

舟山所

寨三【千礵　沈家门　西碶】

台一【青雷头】

烽堠二十一【外湖　石墙　包家　石衖　鹿颈　蒲沙　西山　碇　赤石　接侍　奇岙　小展　吊屿　程家　石禅　谢浦　舟山　沈家门　即宋碶　袁宋碶　螺峰】

穿山后所

台一【神堂】

烽堠九【西山　碶头　所后所　锅盖　白峰　嵩子山　屿山　撩虾埠　黄崎】

霩衢所

台一【三塔山】

烽堠五【盛岙　高山　梅山　观山　虾康】

观海卫
关三【丈亭长溪柱湖】
烽堠六【向头 爪誓 西陇山 新浦 古窑 西陇尾】
龙山所
台一【龙山】
烽堠五【龙头 头尾 石塘 青溪 施公山】

临山卫
台一【罗家山】
烽堠九【赵港 乌盆 庙山 荷花池 方路 道塘 周家路 四门 下盖山】
沥海所
台一【西海塘】
烽堠三【槎浦 胡家池 棲树】
三山所
烽堠七【历山 眉山 徐家 撮屿 蔡山 吴山 浒山】
绍兴卫
三江所
台一【蒙池山】
烽堠六【杭坞山 马鞍山 乌峰山 宋家楼 周家墩 桑盆】

直隶都司
海宁所
寨一【黄湾】
台六【下馆 松林 丁家村 格路 潘家浦 褚家图】
烽堠五【尖山 庙前 岩门 赭山 石墪山】

海宁卫
寨二【北铺 蓝田】
台六【南台 麦家泾 朱家亭 北台 九里亭 三间塞】
烽堠一【蓝田】
澉浦所
寨四【西山嘴 南海口 混水闸 葫芦湾】
台二【东园 缺】
烽堠五【青山 西山 泰驻山 墙山 庙山】
乍浦所
寨七【独树林 梁庄大 梁庄旧 长沙湾 蒲山外 金家湾 唐家湾】
台七【独树林 益山 西山嘴 蒲西山 圣妃宫 惹山 东山嘴】
烽堠三【陈山 高公山 观山】

卷五·浙江倭变纪
洪武二年倭犯温州【中界山永嘉玉环诸处皆被剽掠】
六年掠海滨

七年靖海侯吴祯败倭于琉球洋【倭扰海边祯遣舟师追逐之及于琉球洋中斩获甚众悉送京师】

十六年寇金乡小濩亭官兵敌却之

二十六年寇小尖亭

二十七年寇小尖亭

三十四年九月寇蒲岐所

永乐二年四月寇穿山百户马兴与战死之【日本国王源道义知之出师获其渠魁来献党类悉就擒朝廷嘉其勤诚降敕褒论余详见出使事略卷中】

二十年寇浙东朱亮祖徐忠击败之【亮祖破之于温州忠破之于桃渚斩获献俘由是贼始知戢敛云】

二十二年寇象山县县丞宋真教谕蔡海死之【直持竿击贼海骂贼不屈皆被害】

正统四年陷大嵩所昌国卫【贼舟四十余夜入大嵩港袭破所城转寇昌国卫城亦陷备倭等官以失机被刑者三十六人惟爵溪所以获贼首毕善庆得免】

八年六月寇海宁乍浦诸处十月寇壮士所

景泰六年寇健跳所

成化二年寇陷大嵩所【贼伪称入贡官军不为严备遂袭破大嵩官兵夜围其舟樯灯达曙不移舟已乘潮遁去灯皆悬于蒿端蒿卓沙上盖设诈以疑追兵也台阃大臣以失机获罪】

嘉靖十九年贼首李光头许栋引倭聚双屿港为巢【光头者福人李七许栋歙人许二也皆以罪系福建狱逸入海勾引倭奴结巢于霩衢之双屿港其党有王直徐惟学叶宗满谢和方廷助等出没诸番分迹剽掠而海上始多事矣】

二十七年四月都御史朱公纨遣都指挥卢镗副使魏一恭等捣双屿港贼巢平之贼首李光头就擒【时海壖多警军无纪律浙福二省互相抵牾贼得肆志议者请设巡视都御史以节制之上命朱公纨行公至即行二省守巡诸官各分信地或战或守皆有专责而以福建都指挥卢镗谙海上事即以委之镗乃与海道副使魏一恭备倭指挥刘恩至张四维张汉等部署兵船集港口挑之贼初坚壁不动迨夜风雨昏黑海雾迷目贼乃逸巢而出官兵奋勇夹攻大胜之俘斩溺死者数百人贼酋许六姚大总与大窝主顾良玉祝良贵刘奇十四等皆就擒镗入港毁贼所建天妃宫及营房战舰贼巢自此荡平余党遁往福建之浯屿镗等复大败之翼日贼船有泊南麂山女儿礁洞门青岙者知巢窟已破无所归去之下八山潜泊】

五月官兵筑双屿港【朱公初欲于双屿立营戍守为一劳永逸之计而平时以海为生之徒邪议蠭起摇惑人心沮丧士气福兵亦称不便朱公叹曰济大事以人心为本论地利以人和为先不得已从众议聚木石筑塞港口由是贼舟不得复入而二十年盗贼渊薮之区至是始空矣时二十五日也】

六月贼首许栋就擒【二十日金乡卫指挥吴川追攻于近山海洋贼船为我所迫又遇暗礁舟覆所遗才二人栋与其弟社武也官兵擒之积年巨寇一旦生俘之盖天意假手云王直徐惟学毛烈收其余党复肆猖獗广东贼首陈思盼自为一鯮与直弗协直用计掩杀之由是海上之寇非受直节制者不得自存而直之名始振聋海舶矣直以杀思盼为功叩关献捷求通互市官司弗许】

三十一年王直移巢烈港【直既破陈思盼求市不得乃引倭夷突入定海关官兵却之遂移泊金塘之烈港亡命之徒日益附之由是边海郡邑无处无贼矣】

四月攻游仙寨百户秦彪战死【详见遇难徇节考】

五月攻瑞安县百户李潮高良战死【初十日贼自江口登犯岭门岐头等处入坡南汇至瞭高山下潮等与战死之遂乘胜攻县城把总夏光知县刘畿率官兵击却之贼乃退泊东山港】

陷黄岩县【二十八日福清贼首邓文俊等率倭夷二千直入县中焚毁县治居七日而出时县无城而贼乘潮猝至故陷】

六月贼攻霩衢所指挥樊懋力战死之【二十日贼以破黄岩得利复攻所城二十日夜半乘雷雨先以草人用竹揭试遂入城懋急督兵力战死之时守御指挥魏英督兵夜战至天明贼从北门而出】

十一月参将汤克宽追击贼于马下洋大败之擒贼首邓文俊等【十二日克宽统兵追黄华之贼与战于下马

海洋越三日复战遂擒文俊以归】

三十二年闰三月官兵追捣烈港贼巢王直败走【烈港地形曲折贼负固盘据卒难进剿都御史王公忬躬至温州阅图审形谓兵船虽多难以直骋乃令参将俞大猷汤克宽分为二哨部署既定大猷由列表门进以当其前克宽由西后门进以防其逸谓贼一出则一哨可以追剿不动亦可以全制也至是大猷募熟谙山脉径路之人傒得等潜入贼营期以十一日举火为号而自移营本岙距贼巢止隔一山分遣把总张四维屯龙山黎秀屯霸衢遥为声援夜四鼓傒得等纵火贼营烟焰蔽天官兵乘之贼惊奔争舟死者无算乃大败走直率精锐溃围而去泊马迹潭军门以大猷并兵独进虽破贼巢而违我节制使贼得逸深责之】

四月贼攻海盐县【初四日贼自太仓上海而来攻县城三日始解去城外民居悉为煨烬矣】

寻至海宁卫把总马呈图等与战死之【初六日贼至海宁卫马呈图督官兵御之弗胜遂与指挥宋炼百户王相姜楫吕凤姚岑皆殁于行陈既而把总王应麟率兵追逐之与战于海口巡司大胜之贼以伏兵冲我师我师遂溃千户王继隆百户杨臣康绶亦死焉】

参将汤克宽破贼于鳖子门【初九日犯平湖官兵追之连战皆败蔡指挥等死焉王公命克宽往剿之及于鳖子门大破之俘斩二百六十有奇】

贼薄省城指挥吴懋宣御之于赭山死之【懋宣率僧兵御之力战而死】

贼攻松门卫把总刘恩至追击于舟山岑港大败之【贼初至势甚猖獗攻卫城弗克而去盖依王直为窝者也】

陷昌国卫百户陈表死之【详见遇难徇节考】

贼犯定海官兵击败之【贼皆鸡鸣山人沿海为患十二日都司刘恩至破之于芦花港口】

官兵进剿马迹潭王直败之【十四日汤克宽等兵船进捣贼巢大败之因炮声惊起蛰龙官兵覆溺者甚众直遂走直隶地方俞大猷又追败之所存仅百余人】

陷临山所参将俞大猷等追击大败之【廿四日大猷与都指挥刘恩至俘斩三百有奇】

犯长沙湾参将汤克宽败之

五月贼攻海宁卫

破乍浦所百户陈绶指挥陈善道死之【贼自金山而来城破绶死之善道从汤克宽率兵来援与贼战于长沙湾与冠带总旗张儒皆死之】

攻新河所【时两浙之贼充斥郊野所过残破村落为墟而乍浦以东达于直隶之柘林二百里之地皆为贼巢矣汤克宽兵胜于叶谢港副使李文进副总兵俞大猷兵胜于莲花洋俘斩虽多而贼犹不知戒云】

七月贼攻台州宁海县【初四日攻城凡七日而解】

三十二年八月都指挥刘恩至等迎击直隶遁贼于普陀山洋败之【先是贼首萧显屯直隶之崇明南沙修船为遁归计都御史王公忬计其势必流入浙境预令都指挥刘恩至指挥张四维百户邓城等分为二哨一自观海临山趋乍浦遏贼来路一自长途沈家门设伏邀击贼果南遁官兵与遇于普陀落伽山临江海洋连与战皆胜之零贼败登普陀依险为巢掘堑自卫参将俞大猷督官兵进攻之二十二日夜自石牛港进张疑整众而不与交战潜遣奇兵由西北巡检岙直入百户邓城武举火斌黎俊民陷阵先登贼遂败走茶山绝顶翼日邓城由东北浅步沙进火斌由鹦哥岩进黎俊民由中路进刘恩至等统大兵居其后四面齐进俘馘无遗】

九月都指挥卢镗败贼于乍浦

十二月贼攻沥海所千户张应奎百户王守正张永死之三十三年三月都指挥刘恩至等败贼于三岳山【贼至三岳山恩至与指挥张四维督舟师进攻胜之寻与指挥潘亨会兵再战又胜之贼乃由赭山遁去历曹娥三江历余姚直走定海之王家团】

贼首萧显流突海盐官兵追击大败之于二十里亭追至慈溪平之【显叛结倭夷连艅入寇首犯直隶之上海盘据南沙劫邑攻城号称剧寇自松江败衄遂率精悍数百遵海而南王公命官兵设伏于要路贼至二十里亭复大败走显复统百余枭锐南奔官兵乘之逐于三江刬于龙山围于定海困于慈溪分道夹攻贼遂就灭】

贼据普陀山分踪流劫内地参将卢镗邀击于石墩洋大败之【先是贼入寇归栖普陀为息肩之地官兵守之

既泱旬将捣其巢先一日遣谍觇之傍无一舟至是四合鼓噪而前值他岛贼自彼来精悍异常遂合攻官兵官兵腹背受敌辄败衂亡者什六因罢归贼以先所得货蒲新舟令其半先归而留其枭悍者入掠由是海盐龙王塘乍浦长沙湾嘉兴嘉善皆被其害而石墩洋之捷仅斩馘二百余级云】

四月参将卢镗击贼于平湖败之【贼自金山张堰而来至平湖广陈新仓镗迎击之贼遂败走】

五月贼攻嘉兴府参将卢镗追击石墩之贼大败之【贼久盘据海宁县之石墩为巢至是出洋镗追败之俘斩二百有奇】

六月贼犯金乡指挥王希禹陈区击败之

九月浙西之贼分掠浙东萧山临山沥海上虞

攻嘉兴府官兵追之与战于孟家堰等处指挥李元律等死之【孟家堰之战元律与千户薛纲朱应兰死焉既而贼走嘉善参将张钦等败之贼奔百家山百户赵轩梁瑜战死贼寇沈家河都指挥周应祯亦死之】

十月百户张曜御贼于湖头死之【贼自霓屿登劫突温州之湖头曜统兵御之败绩乃力战而死】

贼寻至东阳南午岭巡检朱纯死之【贼自湖头之败走乐清越盘石岭趋台州黄岩县仙居遂至南午岭纯统乡兵邀击之力战而死】

指挥戴祀等与贼战于芙蓉海口死之【祀与江九山千户崔海镇抚刘彧百户易次皆战殁】

贼攻观海卫

攻乍浦所【贼自金山而来攻所城不克乃分掠平湖嘉兴等处复回柘林】

十一月贼入嘉善县遂至湖州【贼复自柘林而来入县治又越嘉兴府而西流劫湖州诸县】

十二月贼复入嘉善县百户赖荣华死之【贼归自湖州复入县治荣华统福兵御之乘胜逐北贼预伏鸟铳手以待兵溃荣华死焉翼日贼焚县治自是而后贼入县治凡十有七次无城故也】

三十四年贼首徐海攻乍浦所【自柘林而来】

攻平湖县

破崇德县【时筑城未完贼以小舟潜从南水关入】

贼至湖州横塘官兵与战败绩福建副理问陶一贯温台守备周奎等死之【时同死者清州指挥孙勇羽林百户陆陵玄钟百户周应辰山东把总梁鄂武生郭问张景安朱平姚清孙鲁故青齐骁将也是役亦手刃数贼以众寡不敌故败殁】

二月攻嘉兴府【贼掠湖州而回复攻府城】

四月贼攻乍浦所不克遂至嘉兴府巡按御史胡公宗宪败之于王江泾【详见大捷考】

浙东贼犯绍兴百户叶绅韩纲死之【贼自钱仓白沙湾入奉化仇村经今峨突七里店宁波卫百户叶绅与战而死贼由甬东走宁海崇兵乡复折而趋鄞江桥历水溪樟村宁海卫百户韩纲与战亦死之至会稽副使许东望率知事何常明典史吴成器围之困于绝地几尽毙知府刘锡纵之走由白米堰沿海塘过萧山入富阳趋直隶徽州等处余见直隶倭变纪及大捷考】

五月贼犯余姚省祭杜文明死之【文明团练乡兵累立战功至是统土兵御之斩贼首一人从贼三十二人文明亦战死焉其父杜槐亦死于枫树岭之战父子忠勇人所难及】

既而贼犯鸣鹤参将卢镗败之

贼犯平湖指挥李希贤败之【贼自柘林分掠平湖希贤邀击大破之无何贼益众攻城月余始解】

攻乍浦所

贼攻爵溪所及余姚县【贼新至即攻所城不克进攻余姚】

贼攻三山所把总指挥刘朝恩击败之【时朝恩已承院檄他委离所一舍闻报即驰还率军民固守值霖雨城圮者数十丈贼譁呼谓唾手可陷贼中汹汹或劝朝恩突走朝恩叱之曰我祖宗世受国恩今日正我报効之秋岂可以事权去已而规避邪且我去则一身之利得矣其如生灵何遂以身蔽圮所督战甚力复以木城障之时城上矢石如雨而未有中贼者朝恩悟曰此幻术也投以生犬首发矢即中其酋帅贯喉而毙贼惊溃走朝恩复追蹑之斩馘数级是役也内外居民全活者三四万人】

六月贼犯省城烧北关市总督尚书张公经统兵御之大战于塘栖败绩【初贼败于王江泾精锐者多死柘林诸贼亦惊愕破胆胡公计乘胜进捣贼巢欲令永保二兵由金山海塘而进瓦氏兵合游击邹继芳由闵行黄浦而进狼兵攻其东苗兵攻其西海洋战舰截其遁归之路必使贼无噍类以绝后患张公不能用竟分永保兵以援苏州等处二兵困于奔疲且众寡不敌故有是败】

贼寻走吴江之平望浙直官兵会击大败之【详见直隶倭变纪】

贼从嘉善县遁去严州府推官刘泉复大败之【贼既不能取道苏州乃折而东南从嘉善乍浦以趋旧穴泉率乡兵御之于三店塘复大破之斩首四百六十余级焚溺中毒死者复千余人盖不藉客兵之援而专督乡兵之功也】

浙东贼犯余姚乡兵击败之

贼自观海遁归官兵追败之【于霍山洋贼自观海出洋都指挥王霈与把总闵溶张四维等邀击于霍山海洋悉沈其舟】

参将卢镗败贼于马鞍山新林复追败于胜山龟鳖洋

八月副使孙宏轼等破贼于大陈山岙擒贼首林碧川【贼首林碧川自柘林遁出海为飓风沮回泊台州之螺门宏轼与兵备许东望参将卢镗知府宋治都司王霈等督舟师追之贼败登山官兵围之月余碧川与高赠乌鲁美他郎等一百五十人俱俘斩无遗】

参将卢镗击贼于全塘败之

九月贼巢舟山之谢浦

十一月官兵追贼于龛山平之【详见大捷考】

贼登犯海盐知县郑茂指挥徐行健即日讨平之【贼自秦驻山登泊茂等率兵扑灭之是战也贼虽止于八十有奇然以是日登陆而官兵以是日尽歼之则前此未之有也】

十二月贼犯平阳三港守备刘隆等死之贼寻平【贼自南麂山流入金乡至平阳之三港官兵邀击大破之贼佯为我兵装束绕出阵后而以精悍者冲其前腹背夹击我兵遂溃隆与千户郑纲百户张澄死焉贼寻至嵊县提督军门胡公令副使谭纶剿之授以成算仍令典史吴成器为乡导引官兵由新昌绕出贼后期容美田九霄兵至夹击之百户王世臣等又各分守要害以防贼遁至是官兵分作五哨四面埋伏止以一哨诱敌贼出战伏兵四起贼遂大溃走清风岭烈女庙官兵乘胜攻之斩馘无遗余详见大捷考】

乐清贼犯宁海主簿毕清死之【清善骑射屡立战功至是御贼于枫树岭力战而死】

寻至平阳垒指挥祁嵩等死之【嵩与百户刘憨俱力战而死】

指挥闵溶亦战死于舟山

三十五年正月官兵击贼于后梅大破之【详见大捷考】

二月贼围宁海卫【贼据近城盖厂为巢日夜攻击】

三月官兵进击舟山谢浦之贼胜之【参将卢镗知县宋继祖生员李良民武生娄楠等会兵进攻大破之贼移屯邵岙】

柘林贼攻乍浦所【贼首徐海陈东等自柘林沿海而来欲取乍浦为巢进攻杭州次及苏常以至南京兵备副使刘焘疾驰应援与贼相持官兵大胜斩首五十有五贼势少挫翼日贼自金山而下者复万余遂围焘于城中日夜攻击焘督官兵御之贼不得间九日乃解去由海塘而西焘尾追之斩首一百三十贼过海盐转塘湾指挥徐行健御之因众寡不敌而死贼因野无所掠分作二支一径至长安一由硖石章婆堰与长安贼会知杭州有备不敢攻而去】

四月攻嘉兴府指挥程禄死之【贼回至王店复分为二半由海盐塘半出长水塘期会攻府城时嘉兴兵俱往杭州贼觇知之故乘空而至也适程禄所统陆兵五百至与金州等水兵夹攻之斩获颇多贼后至至众其陆行者径趋城下我兵为其所缀贼遂过城下而西急赴皂林以趋乌镇禄追之贼预伏民房以待禄遇害时官军死者千余人】

浙东新贼攻观海卫龙山所进陷慈溪县【时贼自鸣鹤场临山三江登者各千余越数日始攻观海龙山生员

李良民统兵御之贼乃往慈溪时慈溪无城知县柳东伯率民兵御之而贼分踪绕出兵后冲县市都长沈宏率族属土兵剿之斩首百余贼即遁去贼首为周乙丰洲酋也】

参将卢镗败贼于慈溪之丈亭【时贼将掠余姚镗遏之于丈亭大败其众贼乃不得至余姚余姚士民感之为勒石颂功云】

佐击将军宗礼与贼徐海战于崇德三里桥【海统贼万余流劫乌镇胡公遣千总钱灿等率盐兵百余人伪为亡命投入贼中以为内应而檄知县张冕剿之贼内外惊扰不得宁居欲仍往杭州至崇德三里桥礼与镇抚侯槐何衡忠勇官霍贯道率兵九百御之三战三逐北贼死者以百数贼分番死斗礼等以孤军力战多寡不敌遂皆死之】

贼攻平湖县【指挥翟文击之贼退走指挥刘岱预伏潘港复追贼至乓山皆胜之】

五月浙东贼复入慈溪焚县治攻龙山所【贼分二支一入县治一攻所城为龙山兵所击死者数十人乃解去】

贼首周乙就擒【乙统贼四千余劫慈溪不已而延及余杭为浙东之大患至是就擒】

福建流贼破仙居县入据之【时方筑城未完且值霖雨新城崩坏贼进攻者三知县姚本崇悉力御之贼夜分三支攻城西南而以一支潜由东北登陴遂入县治先是贼自莆田岐头流劫北至清田百户方存仁死焉贼遂猖獗攻破县城巡检刘岱率兵来援亦死之】

浙西贼围桐乡县【宗礼兵既败殁贼益纵肆提督阮公鹗入壁桐乡贼就围之副使刘焘遣指挥朱文王彦忠来援擒斩贼二百六十余人众寡不敌我兵遂却】

总兵俞大猷卢镗败贼于渔山马迹洋【松浦口之贼自古窑遁出渔山海洋镗与指挥张四维等追及之沈其数舟擒斩二百大猷复追及于马迹洋俘斩百余】

桐乡围解【徐海陈东攻围桐乡势甚危迫总督胡公新受命引乡兵千余驻敌楼防守杭州无他兵可遣援者乃与中书罗龙文谋曰方今征兵未集而阮提督久困孤城万一有失损国威多矣今欲用间用饵以纾时艰而无可使者奈何龙文曰我世受国恩愿以死报请往说之公曰君京官也而无朝命往且不测况与贼素无一面之识谁则信之适陈可愿自松浦回以王直义子毛烈通事童华夏正朱尚礼邵岳等款定海关称报效胡公喜曰吾事济矣乃留毛烈于舟山而亟召童华等来见因厚抚之华等感悦胡公察其可使乃推诚与之计华遣关朱尚礼持书往说海海故畏公威名欲解去而恶无名得书大喜欲与华面议龙文因请监督以行胡公从之遂偕诣海所宣布朝廷威德因劝树功以图显荣海固唯唯而阴与华曰吾固愿为报効而费倭人金且数万奈何华曰此易事耳胡公豁达大度尔能与之立功富贵可望也岂直数万金而已邪海大悦遂以降券付龙文等还报即日解桐乡围而去既而下硖石逼塘栖华亟驰问进兵之故海曰以倭人金无所偿耳华曰若然是挟兵以要重赏也兹岂效顺之义胡公一怒我亦不能为若谋矣尔第出海须军门有厚赏持以偿倭未为晚也海惧从之即退屯李港华恐其反复难保因索其弟洪来质云】

副使刘焘遣指挥王彦忠等败贼于斜塘【贼有复自松江来者屯斜塘风泾玉带等处势甚滋蔓焘令彦忠等逐之贼大败复由横浦东去】

六月官兵进击仙居之贼平之【贼据仙居胡公咨阮公往救之又檄副使许东望知府谭纶总兵卢镗等从东路进贼闻大兵至乃走断桥彭溪官兵围于林同知家指挥伍惟员犯其前锋俘斩三百死水火者不计余贼六十人遁往天台复为乡兵所杀而福建流贼遂无孑遗矣】

应袭管懋充中书罗龙文诱擒贼首叶明陈东等【徐海既解桐乡围而去与陈东叶明分屯吕港新场旋复合于乍浦城南党与甚盛督察赵公数趋进兵总督胡公曰今众寡不敌进兵岂为胜算且海所以退去者贪吾饵也若进兵而胜固是美事不胜当奈何今日之事法当先抚而后剿以金数万勾至其心遣谍离其党与剪其羽翼而后徐为之图万全之计也于是遣龙文童华等行间适麻叶伪为胡公虎符潜出硖石掳祝氏妇胡公怒复遣华等往语海曰尔一心欲投降而陈东麻叶反复不常恐为尔累非我所以曲全尔命之意海犹豫未决龙文曰彼二人者已密启赵公约缚尔生致之矣海大怒乃诱麻叶至管懋充舟所缚送军门复约龙文以舟载货阳与贸易童华以金二百与倭人之桀黠者诱东偕来至舟所即执之以归海自此势孤以至于亡】

八月官兵败贼于夏盖山三江海洋【既而又战于金塘马墓之间复大败之俘斩二百三十余人】

兵部郎中郭仁副使刘焘擒贼于秦驻山【时谍报秦驻山支岭之上有群倭栖之其舟为触礁所破不能长往仁与焘时驻乍浦即欲遣兵击之将士皆云穷寇据险难以仰攻乃计令兵士挟降倭一人往说之许其送付徐海其党五十余人悉弃兵而来因次第缚之】

官兵败贼于乍浦【详见大捷考】

贼首徐海乞降【陈东党既为官兵所破海内不自安阴修战备为死斗之计胡公知之复令罗龙文童华等往慰之且讽使入见海犹豫未决龙文宿其营安寝如家海以足蹑之觉曰此虎狼之穴何酣睡若此邪龙文曰我为尔百口且不顾况此身邪今尔乃心持两端何也海曰闻赵必欲杀我恐公不能救龙文曰赵公初意如此今也则否海曰焉知非诱我而执之邪华曰胡赵二公欲为尔题请封爵使尔专提一旅之师捍海上寇若不入见彼何所据以正请也海曰蹈不测之险奈何龙文曰我京官也且胡公姻戚尔第入见我则质尔营中万无一失矣海始首肯华既驰报军门军门许之为之期日谍使复数四给既定海犹虑中变先期而至入见胡赵阮三公及巡按赵公孔昭于平湖城中受犒而出谓龙文等曰鉴诸军门之貌吾祸终不免叹息者久之】

既而复叛据沈家庄总督侍郎胡公宗宪率官兵讨平之【时官兵四集军威甚盛海侦知之阴收陈东叶明余党谋拒自全胡公复遣华往解之海迎谓曰吾以尔言结怨诸倭今军门既受吾降而复征兵渐逼非为我而谁邪叱左右缚华将杀之华大笑不止海曰尔尚何言华曰吾笑尔不识人以忠为奸使吾枉死尔海曰何谓也华曰陈叶二党尚多且心迹不一今阳为附尔实为豫让之计军门恐尔入其彀中故遣我相闻官兵壁近郊者防其变也尔何不悟邪海曰然则如之何华曰今沈庄有东西二所尔曷不分其党各自为巢而密约官兵杀之尔后患绝矣海深然之卒用其策由是二党互相猜疑胡公知之遂部署大兵进捣其巢是时贼壁甚坚据敌楼以拒四面皆挂白布觇我我不得觇贼也诸将以佛郎机攻之畏矢石不敢近七月弗克胡公怒命都指挥戴冲霄攻之冲霄率兵士逼贼垒立于矢石之下毁其西南正西敌楼各一座贼失据冲霄及把总杨永昌等督永保等兵大进捣巢于半日之间实冲霄毁敌楼之功也海既败歼其党散走一支据定海丘家洋阮公与总兵俞大猷卢镗合兵围之贼溃走踰桃花岭渡宁奚历鄞奉化宁海与官兵战于台州两头门把总指挥范阙死焉贼突走温州至福宁得舟而遁一支自直隶出海为大猷兵所灭一支自浙江出海为镗兵所灭其得脱走者突登慈溪县伏龙山阮公率官兵灭之由是贼无生还者矣】

总督胡公宗宪佯纵贼酋辛五郎出洋命总兵卢镗擒之【详见大捷考】

副使许东望击贼于马墓福山洋败之【九月百户郎官追贼贼酋二曬表及从贼七十余皆就擒】

副使王询总兵俞大猷击舟山贼平之【俘斩一百五十余】

十二月官兵进捣谢浦贼巢平之【先是贼据吴家山官兵自秋及冬屡攻弗克胡公命把总张四维以麻阳兵当岁除夜袭破之俘斩无遗是年两浙之贼数踰二万皆次第就擒而谢浦之寇即舟山之余孽云】

三十六年四月贼犯定海关应袭百户俞宪章死之贼亦败遁【贼舟漂至沈家门副使王询总兵俞大猷令把总张四维诱降五十三人至定海关适别艅贼杀宪章恐其中变悉斩之而移兵击新至者贼败宵遁】

十一月贼首王直款定海关要互市总督胡公诱擒之【王直拥倭称降志在互市总督胡公檄总兵卢镗驻中中所授以成算必欲生致之镗殚心竭力抚循备至直犹豫未决计无所出胡公复遣生员方大忠往说之与把总刘朝恩陈光祖指挥夏正通判吴成器等偕行镗以城外倭刃森列虑变不肯启钥朝恩曰若是是益疑贼也不若以礼谕之以诚招之保无他虞镗从之朝恩等驰至贼所直见皆单骑伏迎道左大忠反复开谕直曰公等皆督府亲信轻身临辱直小人也敢不惟命遂听大忠计见镗于城中诱至定海而执之夏正以此不得还详见遇难徇节考】

三十七年二月贼酋毛烈据舟山之岑港【王直既就擒毛烈等欲为之报仇不肯还岛而据岑港分踪出掠官兵屡攻之弗克】

都指挥戴冲霄等擒王直谢和余党头目陈秀山等【秀山王信郭乔恕等直部下酋项松吴九等十五名和部下酋也】

贼攻乐清县城【贼舟入石马港者甚众即进县城副使袁祖庚参将张鈇逐之至和尚岙与太平流寇合兵五千余人金盘指挥刘茂朱廷鑰千户周宾百户李爵刘深与战而死乡官佥事王德良医王沛督乡兵御贼亦死之】

四月贼攻台州府【贼众二千余人临海岛朱门劫松门寨寇台州象山桃渚又有继至之贼与合为一攻府城佥事李三畏知府谭纶率兵剿之至隘顽所海滨大败之】

温州贼过太平县典史叶宗与战死之

攻宁海县

攻温州官兵讨平之【时台州贼复合乐清贼攻温州府总督胡公遣参将戚继光追之及于盘石馆大败之贼遁出巷参将张鈇预奉胡公方略舣舟师江滨以待斩首百余焚其舟数十贼死者无算先是贼分劫象山宁海仙居知府谭纶悉擒斩之戚继光又追及于海洋贼遂全灭】

八月官兵进剿舟山贼巢平之【详见大捷纪】

三十八年三月贼巢象山何家礦副使谭纶讨平之【贼自何家礶登犯者三百余据险为巢树木营以自固总督胡公檄副使谭纶剿之纶与总兵俞大猷计曰堠者报贼甚多而今登犯者止于三百其尝我乎乃令大猷率舟师备之于海而自率陆兵往御之至定海即欲进兵将士请曰兵士远来乞休三日而战纶曰贼数不及三百久掠不去者盖谓我无兵耳今闻大兵四集不走且严为备宜出其不意急击之乃进兵至马冈贼继至者五百自金井头而来至近纶即移兵先击之前锋既接纶分兵从中冲之贼遂大败追至落头斩级以百计贼避入山中竟宵遁焉翼日纶率军进捣何家礶贼巢贼殊死战纶遣奇兵从间道出贼后击破之贼溃入舟中因纵火焚之俘斩略尽】

贼攻桃渚所

攻楚门所【贼千余自泥湖礁而来】

贼犯乐清参将张鈇败绩千户胡凤等死之【贼自梅岙劫次日至窑岙鈇迎败之乘胜进攻贼伏麦田中官兵入其伏遂溃千户胡凤朱璠百户姚宪皆死焉】

贼犯定海把总陈其可与战败绩武生蔡启元死之【贼自丘家洋入犯为参将戚继光所败至奉化之蒋家舖副使谭纶遣其可击之其可违纶节制乘胜逐北为贼所乘遂溃败启元死焉】

贼攻松门卫【贼攻夏公岙入犯即日攻城既栅浦贯子为巢皆去卫不远数里】

四月贼攻乐清县【贼自石马港入者二十张鈇射死其酋二人贼党溃奔舟】

桃渚围解【时贼攻所城甚急几至陷殁总督军门檄谭纶往应之纶至入所城与戚继光合攻之俘斩颇众贼遁莒埠依山为固官兵又进攻之复大捷贼遂并入栅浦败巢】

参将张鈇败贼于白沙岭【贼自松海登陆及太平遁至之寇合踪至白沙岭鈇预设伏以待贼至入伏正兵方合伏兵继起大败之贼遁出海去】

五月栅浦贼夜袭松门卫城副使谭纶等击破之【纶既破桃渚之贼即回军向松门击栅浦贼既入卫城以守城卒久而疲且风雨昼暝恐贼乘官兵初至来攻城乃令诸偏裨悉军通衢以备巷战而令戚继光军分配城守诸偏裨皆窃笑之夜漏下四鼓果有贼数百袭西门先登者且三十辈杀城卒火城馆守者纷纷堕城走章延廪陈其可督兵大战斩数贼贼乃退遁纶与继光尾贼后计贼必出金清闸凿二舟塞之贼果至起塞时纶驻新河所城偃旗示弱诈为新河老人遗书于贼约馈千缗令勿攻城贼信之乃不起塞明日继光军出璧牛桥诱贼贼果悉众往纶尽锐兵出南门复遣人搜贼伏悉走之贼依舟以拒官兵攻之沈其二舟贼大败奔陆复大败乃弃辎重越过南岸官兵追之及于南湾岭贼复据滨海高山分五部以拒官兵蔡汝兰等进捣其巢先令奇兵间道夺其巅以拊其背张左右翼以贯其中游兵复四面环攻之贼遂大败斩首三百生擒数十百人贼溃围奔乐清黄华据舟出海而去】

副使刘存德参将张鈇进捣海游贼巢平之【先是存德鈇预令把总任锦等设伏石所庄港口而自督兵进剿之贼知大兵将至即遁出洋伏兵击败之追至猫头洋又败之进至青门洋又败之沈其舟数十俘斩数百余贼改屯海游官兵击斩尽绝】

九月福宁贼流至桐山指挥卢锜等败之【贼掠福建而去为飓风所击复至桐山锜与梅魁等捣其巢预遣人伏贼巢中约被虏人为内应而令指挥李光佐典史黎乔伏兵北策应之夜二鼓贼巢火起各兵乘乱夹攻贼大败奔前岐官兵复追及之斩首一百三十】

十一月贼遁往福建卢锜等复大败之【锜等知贼将遁设伏秦顺港口伺之贼至大败官兵追至同坑适仙居知县复益以杭兵来会前后夹击复大捷俘斩二百有奇】

十二月王直伏诛初直自列表之败而之日本也居五岛之松浦僭号徽王频岁入寇皆直之谋其党倚其方略辄以倭人借口故海上之寇概以倭子目之而不知其为直遣也巡按御史胡公宗宪首发其奸人初未之信及贼首

董二老被擒译供与胡公所料不爽毫发人始服其明鉴御史陶承学金濂等交章论曰方今总督大臣调集大兵克期剿灭将兵非不锐也斩获非不多也而四面之侵扰愈甚者何也盖以逆贼之名未正则讨贼之义未明讨贼之义未明则人心之从违靡定但彼逆之为计也狡为谋也秘是以东南士民虽疑为王直主使而莫可致诘今乞皇上勅下该部会议明揭黄榜正逆贼之罪以明讨贼大义率众入寇助恶煽虐者乃王直之羽翼爪牙也必诛无赦又曰兵威虽振而祸本不拔乱终未已即如王直构乱二十余年潜形遁迹莫能谁何煽祸连岁此非所谓大奸恶者乎苟欲制其死命在悬非常爵赏见今赏格固亦匪轻然爵未及侯伯赏未及万金人谁乐为我用以建非常之功哉臣愚以为宜勅督抚及各有司等官募有能善设谋计俘馘贼首王直者成功之日封拜侯伯其余量功大小授以都指挥指挥千百户等官俱与世袭命既下胡公策曰王直远在松浦居室扈从僭拟王者且不自来其孰能擒之不若以宣谕为名遣人用间用饵以勾致之祸本塞矣于是交章论列大意欲宣论日本国王令其禁戢岛夷以绝乱阶上从之由是遣宁波生员陈可愿蒋洲充市舶提举以行时胡公已为总督矣指授可愿等方略期必生致之可愿等至松浦见王直如胡公指直方欲肆志中华以官兵防之严未有计得可愿语大悦先遣义子毛海峰来探胡公意公知其谋因厚抚之海峰还报直益感悦率诸倭来求互市胡公预遣总兵参将等官兵水陆按伏无虑数万计直至舟山泊列港固已入公彀中而不自知矣然胡公犹以困战死斗为虑阳许题请开互市授直官爵俾专主海上艘而阴遣人诱之入见直初犹豫未决胡公令谍入贼中携贰其党其党稍稍思变直不得已始入见公于定海遂执之归杭州直既就擒党与无主图脱走辄为兵船所追不得去久之因飓风起意我兵不之堤也突走海中辄为飓风所击无有存者而王直之党尽灭矣既而胡公列状上请得旨即杭州市曹斩之传首京师东南二十余年积寇至是乃绝自时厥后海舶失发纵指示之人始灰入寇之念间有至者辄为官兵所破若摧枯拉朽矣】

四十年四月官兵击贼于马呑沙堘大败之【贼新至官兵遇之于海洋中追逐至马呑沙堘大败之贼奔陆适冠带把总章延廪守于舟山引兵设伏又约水兵合击之贼遂大败】

贼犯新河所官兵击败之【贼自周洋港登劫佥事唐尧臣遣指挥刘意等击败之复用火攻贼死者百余遁太平渔岭复追败之】

贼犯台州参将戚继光败之【贼自桃渚登陆流至台州为继光所败追至新桥贼又败走死者百余而继至者复二千余人至黄沙为继光所败乃登山以拒官兵复追败之围于白水洋民居火攻之贼遂尽绝是役也贼多兵寡而我兵九战皆捷俘斩千余焚死者称之】

五月贼犯大嵩官兵击败之【贼为我兵所逐出至横岭梔于水兵不得去乃奔入鲒\u7e7a副使王春泽檄总兵卢镗由南路奉化以入象山而自引兵由大嵩望湖头袁村进期与合击适贼至袁村官兵击之贼大败溃斩首四百五十】

卷五·浙江事宜

金盘总【金乡盘石二卫立把总一员其分守温处参将即此总所辖之地也】

海港守备

黄华水寨【东接大海大小门屯呑南枕港口乃温州之咽喉也旧制战船四十余艘南会飞云北会白岩塘交相巡哨岁久撤备嘉靖三十七等年倭从此港入温州抵处州之青田补造福苍等船三十余只比旧反减似宜添设】

江口水寨【东临大海至五屿等呑北至平阳县外接琵琶长腰陌城阳屿等大洋为平阳门户旧制战船三十余艘岁久撤备嘉靖三十一年倭犯平阳前苍泾口麻圆等地从本港入今造兵船戍守比旧制量加南至舥艚炎亭北至瑞安飞云凤凰往来会探似为得之】

飞云水寨【温州适中之地也旧名中军水寨南临海港外接凤凰山内通县治实卫获府县之门户也旧制战船四十余艘岁久撤备今议江口黄华二处兵船于此往来分哨此在无警之时则可若风汛之候倭舶分鯮冲突二港自卫不暇何暇顾此哉】

镇下门水寨【东距大海倭若登犯径抵瑞安所城则平阳赤哨诸处无策捍御极为冲要旧制战船二十艘南会福建烽火门流江北会江口港巡哨岁久撤备今议将江口兵船于此往来存留旗军防守限于财匮不堪复设舟

师也更宜添寘方为慎固】

白岩塘水寨【东滨于海实蒲岐所之外户也旧设战船二十只北会松门楚门南会黄华港巡哨岁久撤备今议并入黄华港兵船存留旗军四十名防守亦因限于财匮不堪设舟师也添置慎固方可】

海岸设备

舥艚寨【东北皆滨于海倭贼屡次于此登犯至前仓腹里见拨旗军防守】

炎亭寨【在海滨贼若登犯突入腹里从本卫城外可至平阳县孙湖地方见拨旗军防守】

大小渔埜二寨【联坐海滨极为冲要贼入登犯若突入腹里从本卫城外可至平阳县南盐场等处地方见拨旗军防守】

小濩寨【与龟峰巡司相联南临海至竿山一潮比枕山巡司逼临海滨贼易登犯额设弓兵旗军防守已上四寨俱金乡卫平阳县所辖皆系江口港兵船往来巡哨】

程溪寨【南至海西抵镇下门水寨颇为蒲门要区嘉靖三十四年贼尝登犯见拨旗军防守】

菖蒲洋寨【在海滨先年贼曾登犯见拨旗军防守已上三寨俱蒲门所所辖亦系江口港兵船往来巡哨】

眉石北寨【东至大海南会陌城寨西平阳所北会陡门极为冲要先年贼尝经登犯若突腹里从陌城可至前仓等地方又可通平阳坡南见拨旗军防守江口港兵船于此往来哨守】

眉石南寨【东滨大洋凤凰山岙一潮可至西抵仙口极为险要贼若突入腹里从仙口可至平阳县沙园所原设飞云港战船今并入江口港往来巡哨见拨旗军防守】

仙口宋埠二寨【东临大海近年本处居民建立堡城捍御拨军防守已上俱属沙园所其外港口兵船往来巡哨】

黄华山寨【西离水寨二里先年贼尝登犯极为冲要见拨旗军瞭守外有水港兵船巡哨】

沙角寨【东临大海界于黄华章岙之间嘉靖三十八年经贼船登犯若突入腹里从芝岙可至三条岭抵乐清见拨旗军防守已上俱盘石卫所辖】

章岙寨【在海滨贼船易登颇称险要防御慎固则东卫塔头而西卫沿盘南卫百华北卫长林倭舶虽至不敢犯也见拨旗军防守】

白沙寨【东南滨海嘉靖三十七年贼犯乐清县治自此地入乃水陆要害之道也见拨旗军防守已上俱乐清所辖】

屿山寨【坐临海口贼可登泊若于此突入西可犯天仙南可犯双峰北可犯后所势难猝御见拨旗军防守】

平山寨【西接后所南接屿山北接白沙为乐清唇齿嘉靖二十七年贼尝登犯若突入腹里南从石马可至本县白石等处见拨旗军防守已上俱后所所辖】

后塘寨【东南入海地势险要嘉靖三十一等年贼屡登犯其南为李岙西为清江渡北为双陡寇若突入则诸地悉受焚劫矣见拨旗军防守】

高嵩寨【为蒲岐门锁钥东临大海极为险要嘉靖壬子等年贼尝登犯若突入腹里从杨婆桥可至长山地方见拨旗军防守】

下堡寨【为蒲岐之南藩南临大海颇为险要见拨旗军防守已上俱蒲岐所所辖】

龙湾寨【东援宁村西捍府治坐临深水颇为险要嘉靖戊午等年贼自黄华港登犯突入腹里从新建蒲州地方直抵府城见拨旗军防守】

沙沟寨【坐临滨海贼可登犯见拨旗军防守】

沙村寨【北至宁村所东至海见拨旗军防守】

长沙寨【东临海涂地势颇险见拨旗军防守已上俱宁村所所辖】

丁田前后岗三寨【俱海安所所属虽拨旗军协守然丁田地势稍缓惟前后岗俱临深水极为险要嘉靖癸丑等年贼尝登犯若突入腹里可至温州府城及瑞安县见有黄华港兵船往来巡哨】

东山上礁二寨东西分峙有犄角之势坐临海滨极为险要贼若自东山而入由九里可至府治自上礁而入由丁田可至海安见拨旗军协守

陌城陆路二寨【东南滨海极为险要贼若自陌城突入从营山可通乐阳城自陆路突入从江口港可至钱仓等处见拨旗军协守外港有兵船往来巡哨】

汶路口寨【东临海洋阳屿门南以策应江口水寨北策应眉石南北二寨地势险要先年贼曾登犯平阳沙园二所拨军协守】

分水隘岭【系浙福交界贼自福省突来必由此岭至平水过牛皮岭一可至萧家渡本县城外而抵瑞安地方一可经莒岗至泰顺青田地方且可通桐岭至温州府城等处遇有声息必调兵遏截方可扼其吭而固全浙之南境也已上俱平阳所所辖】

海外设备

大岩头山【贼船自南麂凤凰霓岙蒲岐楚门玉环而来俱经此山今拨黄华港兵船每遇风汛于此巡哨】

海岛玉环山【与蒲岐所相对此山悬居海中聯络深长山背即台州府所属太平松门楚门交界海洋贼自北来必经乎此处今拨黄华港兵船于此巡哨】

霓岙【贼船南北向往多泊于此可至盘石卫最为险要今拨黄华港兵船于此巡哨】

南龙山【贼船自北洋来必经此山黄华港兵船于此巡哨】

南麂凤凰山【此岙涧大坐临深海山外大洋别无山岛贼自国初以来俱经此栖泊实巢穴也风顺一二潮可至飞云港先年设兵船一枝哨守废坏未复今拨江口黄华港兵船巡哨】

松海总【松门海门三卫立把总一员其分守台金严参将即此总所辖之地也】

海港设备

中州港【南往海中茅堰山与蒲岐港接境北往海中坯山与灵门港接境此处见有兵船巡哨更设八桨小船以搜玉环诸山之穴则善矣】

灵门港【东接海中鸡脐山与松门港接境南接楚门洋坑下接砌礁山原无兵船之设嘉靖壬子等岁倭犯江绾犯后湾始议立战舰己未贼犯灵门跳头从腹内流突沿岭江窃舟遁海将前船掣守东门又以单弱不足防御并入松门港大䑸哨守革之诚便也窃谓松门寨港大䑸兵船去此密迩可以径顾其地彼港舟师每每潜遁哨报不时为今之计当重责于松门港之水兵而专严以哨船之号令】

松门港【其东为岛米门外积谷山及下洋大陈岙等处外即大海直抵日本北往化屿龙王堂鲤港横门大潭深门等处与新河水三汊港接境南往鸡脐吊崩砌礁鹿头片屿骊洋邳山等处与灵门接境隘顽居其南如隘顽有贼此港之船直捣其䑸隘顽缓急此港之责守也海内碎山极多若贼自温州而来此为汇嘴快捷方式竟抵城下若自外国而来止过大陈邳山大鹿登岸皆为贼巢甚难防守今虽稍增战舰仅堪小敌之御而港内迂回屈曲难以捍贼必出大陈山而迎战于海中乃为得之】

新河港【港口浅狭大船未易出入不必舟师防守止陆备旧设椿关动称门户之固司事者未皆亲履遂相驾重以为险阻实惟小松木二三十株于半港中耳既无险可恃无据可守左右南岸平于如掌岂能为坦港之重轻哉】

海门港【一名椒江渡港水流入二十里之中一分台州城下一分黄岩城下此我朝开国以来之重镇台黄府县之咽喉也视宁波定海关不同其定海关水港既狭港外舟山长涂马岙金塘远近皆堪泊船分哨海中复有舟山二所且设重镇于定海战舰数百是以海外之功屡有成绩而港口之守永无内患今海门港一潮之远止有三山一座形小直削并无港次四望汪洋我之兵船欲泊于港内则不可御敌欲出于外洋则更无山屿可抱风浪汹涌自国初迄今倭之犯台悉由于此国初全浙设备倭都司一员而独驻守海门其所系之重可知迩来诸港皆设备独此一港与海门卫未尝经理虽有兵船率为故事旧有二百余艘尚不能沮其黄岩之入今所造船只分其半于松门卫港不知此港之兵必当倍于松门庶克有济何也松门港之船可以尽出外洋截贼此港口必须多留船只防守若不严御港口使贼一入则其舟西去台州随潮仅九十里我之陆路隔渡阻山无由追蹑必由黄岩远抄势不相及故全赖水兵阻截港外有台境之寄者其慎图之】

桃渚港【议者谓桃渚离海门甚近可以策应战舰不必设不知海门所由里路至桃渚止四十里形似弓弦若

由海中转达圣塘而下必出大洋其程两日不似桃渚至长沙巡司一带乱山丛砌群峰散走或出或入萦纡纷峙海边浅潮之中直深出大海极为绵远而桃渚所北往健跳一带如盐塘除下仙岩处处海湾突进其健跳之舟北御昌国海邮一带力已足矣桃渚港之外接大海总港亦当设船一䑸如健跳之数但额舟有限松海二关已为不足若量抽数舟弃之万山之外孤海之中势分力弱亦竟何益哉】

健跳港【原设长洛一渡逼近东所城侧渡阔四百余丈出海直往茅头大洋上接海中查盘山与练陀等处下接海中青屿黄毛礁与牛头桃渚地方接境此处宜设兵船一䑸必得福苍海沧二十余艘方可守御松海二关已称疏薄无力分应若又量抽数只分守此港则港大船寡无益于事此城孤悬以船为命今虽有守似为单弱不足恃也按台州海门不出此数港分守合备似不可缓若春汛之期当以松海二港合为一大䑸在大陈洋岙伏截以为南䑸桃渚似当添船与健跳相等亦令会合外洋以为北䑸其在南䑸也则海门港必当留大小兵船十余艘守港而松门可尽发其在北䑸也则健跳港必当留大小兵船数艘守港而桃渚可尽发】

陆路设备

楚门所【贼犯楚门必屯鸡脐山下其心恋船不过二三日既还而走如往隘顽则历所城藤岭慢游料我兵阻之不得已方弃船陆行也其往三山大荆以由温州不如径由水中对过蒲岐港为便南隔一小港为玉环山周围百里旧有民居国初遣入内地台温二境乃贼去来泊船之渊薮也对岸则温州府蒲岐所近被势豪据以耕种夫耕田则起屋起屋则招贼衅端虽不宜开然当事者谁肯任怨哉又由西北至太平城江下地方谓之东门港沿山滨海而行山林密茂水港出入又十五里乃南弯地方高山环海旧战场也旧贼据万仞山腰进兵之路皆鸟道鱼贯我兵分为四枝松林如织相战犯兵家之大忌仍成全捷以收奇功信乎地利不如人和也】

隘顽所【北为太平县藩篱南可以阻楚门之寇城外东北山下长沙面水民居一村番舶至此可以屯泊若弃舶登突决由藤岭内外皆可至温川地方夫贼屯聚于藤岭则太平之路既阻于藤岭松门之路又阻于慢游设贼屯据面水背山可以高枕久住可以从容困城楚门所在其南非驻兵之地决不能北援大松二路又绝将何以为计也所赖只有松门港兵船抵城下贼若有船在水定可逐之贼若在陆水兵无所用力但哨船远瞭松门港兵船急出过隘顽之南大海中截之庶可保全万一疏虞而致贼舟登犯城四面皆山高插天表既不能守而城身欹矮又不足固其若灵门关有贼虽属险难我兵统入城内从容南出攀接而进亦可应援过大岭皆夹山而行进退路径皆艰两鼠斗于穴中勇者胜耳可不深长思乎若贼流走我兵当星夜先驰江下预处战地设伏以待若尾而追之则无及矣】

松门卫【若止驻兵城内而贼由西来则我兵瓠系诸处难顾若城内未尝驻兵而贼据松门寨为巢以一枝劲兵守北门山麓下则我兵无路可援故城内城外皆当防守有警则将人由泥涂用马报约城内之兵刻期以一枝由新河一枝由隘顽海边进战城内兵鼓噪应之庶为一策其由隘顽而来多水窟难行必由北里山会合新河一带而往遇雨则潦不可涉旱则可进大兵沿涂皆硬沙实土有潮不可行无潮可列堂堂之阵今有大䑸兵船谅多无虞】

新河所【论形势之急在海门港论适中之地在新河所该所去松门隘顽海门黄岩皆五十里去太平县三十里三面俱有大路可以进兵应援但北至海门皆由塍雨久潦溢水皆没人其藤岭横山头敌所必由我可设备以阻贼冲者也盖此带沿海陆地四散贼出温岭少有阻则即由路桥绕出黄岩以往温州黄岩之贼决不复由海门新河盖知椒江有舟师新河有陆兵故也】

海门卫【卫城当置于高岭乃为据险每岁贼攻垂破而卒不陷者乃保障之力非形胜之据也此为浙东三台门户水陆重镇三面阻水贼舟可泊实为险要惟恃兵船以为命御番舶于未登此守海门之上策也失此则为中策矣如贼在栅浦则水兵截于大港陆兵进剿一由海门近攻一由泉井一由路桥一由三山远截合力亦捍御之一术也又失此则无策矣】

前所【与海门卫对垒中隔大港即椒江也其形势利害与海门相同剿前所之贼多过江或由府治或下城门岭往仙居出温州贼若在长沙连盘一带屯住连盘港深而长背山面水健跳桃渚二港会于此处可为巢穴分投出掠饱载而归我兵由里路至隘口转南出其巢后自山上攻下仍以一枝截住山头庶我不为贼抄兵勇者胜耳】

桃渚所【其城可守但濠狭而城卑今议浚濠即以土增城庶为海门卫及府治之藩翰也所城东北有莒埠港与本所港相类皆委蛇细曲贼之大船必不能入若泛小舟而我之兵船不能进追则其去海门甚近也外海诸山皆可以截贼须预设伏俟贼出而击之乃可以成功也其它若安圣寺可伏截以阻贼莒埠之冲白莲岭可伏截以阻贼

后岭之冲肯埠岭尽头可伏截以阻贼肯埠之冲若贼至东所弃城而不之顾则必往府治自仙居走温州我兵即当驰赴府城以截之也】

健跳所【健跳城三面阻山皆峻岭而东面山前距海若非兵船预伏探哨寇舶卒至何以御之故健跳战舰之设不可一时而不戒严也其去桃渚一百里或攀峻岭则鸟道鱼贯或涉羊肠则潮滨梗陷或行山地则溪石坎坷马不能驰人不能列非二日不能至设贼舶舟城下江中桃渚一路决不可以进援东去昌国卫隔大洋彼处有贼所当时时防御去宁海去台州俱一百四十里路径皆如桃渚缓急之际松海大兵必不能猝达若径过台州府从宁海而入必由黄岩台州相岩桑州宁海窦岙计一日余方到东所援兵至此贼必已遁海而别犯矣岂能望以成功邪若报至即调海门关兵船抵所城东海山内设伏以邀击之万无一误也】

昌国总

沿海设备

昌国卫【坐冲大海极为险要石浦关切近坛头韮山乃倭夷出没进贡等船咽喉必由之路悬海南北礵等山可设舟师往来巡哨以为东路声援其西象山县石浦巡司则恃之以为右翼者也悬海金齿八排朱门等处可设舟师往来巡哨以为南路声援其北牛栏基旦门青门茅海竿门则恃之以为门户者也见拨福苍兵船于此关哨守】

金井头【相对旦门直冲大海嘉靖已未夷船由此港登岸本港原设兵船近因船少力弱掣并石浦关见拨本卫北哨兵船往来巡哨】

前后二所【南临关口近三门要冲之路本所附城设有东西南北中哨伏兵厂五处每处拨军瞭望遇警走报】

钱仓所【东临大海至大嵩港水程一潮南为涂次烽堠外接竿门蒲门地方西北至湖头渡海为大嵩所界乃昌国之藩篱与大嵩相为犄角者也】

爵溪所【城悬海口直冲韮山东逼大海西并钱仓南以游仙寨为外户北以象山县为喉舌见拨旗军防守】

海中设备

韮山【形势巍峩岛岙深远对冲日本此山之外俱辽远大洋故夷船东来必望此山为凖此昌国总第一险要今拨北哨兵船于此巡哨】

三岳山【系外海悬岛乃昌国卫前后二所喉襟如贼船从韮山来每经此过嘉靖三十四年倭船于此盘据最为险要今拨中军哨船往来巡哨】

旦门【系悬海大洋外有东旦山与韮山相对如贼船出韮山来必望本门突入以往南路内近何家□仁义南盘一带老岸今拨北哨兵船往来巡哨】

三门【乃石浦巡司土湾番头一带沿海居民喉舌如贼从闽广遁归由台温来必经于此最为险要今拨南哨兵船往来巡哨】

金齿门【岛岙甚多便于栖泊贼船往来必经此假息诚南路要冲之处与石浦关相隔二潮今拨游兵及南哨兵船往来巡哨】

大佛头山【内有斗底虾岙乌头青后城壶底等澚系贼船往来栖泊之处极为险要与石浦关相隔一潮今拨南哨兵船巡哨】

朱门山【相对大佛头系外海险要之处如贼由南来必至此假息与石浦关相隔二潮今拨南哨兵船往来巡哨】

八排门【相连南田内多膏腴田地下便栖泊若倭船停栖甚难剿灭与石浦关相隔二潮今拨南哨兵船巡哨】

林门【乃金齿朱门等山喉舌岛岙亦多先年夷船从坛头海洋突入结巢于此系起遣之地极为险要石浦关至此相隔一潮今拨南哨兵船巡哨】

牛栏基【系石浦关后门外洋必由之路有山环抱可避东北飓风如分哨南北兵船往来必于此为适中哨守之处与石浦关相隔丰潮今该中军游兵船南北往来会哨】

坛头山【有南北礵壳菜蓝等岙可以避风泊船贼由日本而来每望此山收泊与石浦关相隔一潮今该中军

哨兵船于此巡哨】

鸡笼屿【在坛头山外此外一望大洋别无岛屿如贼从韮山来必由此过与石浦关相隔一潮今该中军哨兵船巡哨】

茅湾【切近钱仓所与韮山相对先年番船尝栖泊于此原设兵船一枝因船少兵弱掣聚石浦关今派北哨兵船巡哨与石浦关相隔二潮】

竿门【贴附钱仓所夷船每栖泊原设兵船一枝因船少不敷掣收石浦关并艅今派北哨兵船巡哨与石浦关相隔二潮】

青门【贴附爵溪所有山回抱可以避风泊船内接公屿居民地方外冲四礁与韮山相对极为冲要原设兵船一枝因船少力弱掣聚石浦关今拨北哨兵船巡哨与石浦关相隔二潮】

定海总

沿海设备

定海卫【南临港口定海关有靖海营团兵操守招宝高夆海口极为要害山巅筑威远城屯札军兵使有犄角之势其隔江南岸自甬东巡司竺山等堠接连后所碶头烽火相望遇警驰报】

小浃港【内通东江出穿山宁波极为险要昔为海贼孙恩所据迩倭贼亦曾登此近打椿数层泛期拨船防守似亦未为慎固宜更密之】

后千户所【东南为霩霩所南为大嵩所北为碶头烽堠坐临黄崎港先年贼船由崎头海洋突入本港最为险要每堠拨军瞭望】

黄崎港【东至舟山中中中左二所水程计一潮北至金塘山水程半潮最为险要见有兵船往来巡哨舟师单弱似未足以遏贼之冲也】

大谢山【离后所城二里南临黄崎港北由犬猫海洋至金塘鹿山最居险要乃先年起遣地方也内设黄崎西山等七堠拨军瞭报又该中军哨兵船往来巡逻】

霩霩所【滨海对双屿港先年贼尝登犯极为孤险春汛时月添拨官兵协守又该大嵩港兵船往来巡哨】

梅山港【东至崎头大洋南至双屿港俱约半潮双屿港先年为贼巢今填塞矣西至大嵩港计一潮北五里至三塔烽堠最为险要今拨大嵩港兵船及本所军船哨守】

大嵩所【东连霩霩南接钱仓以大嵩港舟师为命】

大嵩港【对峙韮山直冲外海先年贼由此犯所城突慈吞地方极为险要今拨战船巡哨】

海外设备

舟山螺峰巡司【虽有官署之设而巡检弓兵俱散处民居螺头岙与螺峰烽堠离城十五里贼易登犯须迁居民入城则可】

鹿头烽堠【近海民少势孤常被贼登犯须迁入而后可】

岑江巡司【乃冲要海口也贼累登劫见今居民虽筑墙自卫亦被贼坏近又自葺理终难备御须为慎固之计可遏贼冲】

天同岙【居民百余家气势颇壮但力不支内有紫皮岙居民千数若协力出守彼此可以无事内又有鹿夫善射曾胜倭寇宜令悉力防御】

碇齿隘【与外港相对居民势孤累被登劫其原守军余又已取回必迁居民入内地则可】

奇岙烽堠【即大沙地方贼常于此登舶原有隘已废二岙居民大户约有千数合力出守方可恃也】

郎家碶【西碶寨相连又小沙居民殷庶有隘军共守但地势散阔难以设备贼尝登劫以碶头海塘筑堡协守则可】

袁家碶【即沙岙地方原有马岙千户所军民并逃民约计二千若迁入城以合其势庶可相接济也】

山江烽堠【与沙岙相连有隘军防守贼尝登犯军已取回须迁居民入袁家碶等处则可】

岱山巡司【与于碶堠寨相连居民自筑垣防守贼尝登犯该司居隆教寺内亦为虚应须并力捍御则可】

吊屿【因近海口每被登劫须与小展居民协守则可】

沈家门寨【原系水操之地冇军防守近皆取回番船去来皆泊于此内有赵岙南岙芦花岙大岙去寨三五里向者居民筑墙大岭阻截总路近贼径由水路或门道而入累被劫掠更须慎御庶克有济】

临观总【临山观海二卫设一把总分守宁绍参将即此总所辖之地也】

海岸设备

三江所【海滨地势梢缓然海上有警则去省城八十里烽火之通于此攸寄】

沥海所【东卫临山西捍黄家堰有蛏浦等堠拨军瞭望】

临山卫【坐当冲要东接三山西抵沥海设烽堠者十拨军瞭望】

三山所【界于临观之间西以声援临山东以策应观海者也拨军瞭望】

观海卫【西有三山为右翼东有龙山为左翼居中调度瞇络应援烽堠七处每堠拨军瞭望】

龙山所【北对金山苏州大洋东对烈港沉伏龙山独临海际去所仅十里乃贼船往来必由之路临观一总之咽喉也封守慎固省城安枕而卧矣】

金家岙【丘家洋连界东对烈港海洋北望洋山三姑大洋嘉靖丁巳倭舶盘据本岙及丘家洋月余为我兵所捷若突腹里由鴈门岭凤浦湖一带至慈溪县直抵宁波内地极为险要今拨烈港兵船哨守】

海港设备

三江港【港口深阔外通大洋甚为险要贼船若自宋家溇突入腹里从陡门一带海塘可至绍兴地方越港而北为浙西赭山乃省城第一关锁也】

蛏浦港【北对浙西石墩南至绍兴府城通连大海极为险要嘉靖三十二年贼船泊西汇嘴登犯若突腹里由沿江塘路至百官梁湖直抵上虞县兵船哨守不可一日少缓】

临山港【切近卫城直冲大海倭舶屡犯见设舟师屯守西哨浙西澉乍二浦东哨观海龙山如遇临观海洋有警驰报烈港兵船合鯮截剿】

泗门港【为余姚县东北之喉襟越港而北为浙西澉浦最为隘要嘉靖丙辰倭舶由东北烈表突犯本境今拨本卫兵船巡哨】

胜山港【港深而广倭舶可乘潮以入嘉靖丙辰由此登犯三山所官兵敌退之近议筑塞港口又建墩台于山上】

古窑港【为慈溪之咽喉北对乍浦东哨观龙西连平石极险之处嘉靖三十五年贼船盘据突犯慈溪地方今拨兵船巡哨】

金墩浦【为定海慈溪相界之地北连大海西连伏龙山此处坐临海涂贼船自东北而来必由此系泊嘉靖已未贼曾登犯见拨军船往来巡哨】

烈港【所系甚大盖贼船之入临观也非由澉乍则由烈港诚临观之门户甚为险要先年议设三江蛏浦临山胜山古窑五港以卫临观后因各港沙硬水浅难泊而止今议派临观把总兵船改调烈港出哨临观一带地方】

海宁总【海宁卫立把总一员其分守嘉湖参将即此总所辖之地也】

海岸设备

海宁演武场【枕海曾经倭泊实为险要旧设陆路厂倭据为巢厂毁今拨旗军哨守】

澉浦镇巡司【外与秦驻山大步门相连山湾潮浚贼船曾泊此可通内地宋停村紫云等处接近屿城此卫南之冲也今派龙王塘兵船巡守】

海口巡司【此处海滩沙污船只难泊迤北乍浦相连内有白马庙八团圩民丛集递年倭寇突犯将向南北必先住此观望虚实其地内通嘉兴平湖嘉善等处乃卫北之冲要也今拨龙王塘兵船巡哨】

南海口【操备厂离海半里与东海口陆路厂俱为冲要】

金家湾【此处潮深山僻递年贼船登泊若犯腹里直抵平湖沿海则侵乍浦直抵海盐实为险要今拨西海口兵船巡哨】

梁庄寨【倭寇屡登为巢实为险要】

赭山寨【东南逼大海面对萧山与钱塘江口相连先年倭尝突犯实为险要】

石墩山寨【东南倚海山下有一小港外通大洋递年倭寇登据为巢船泊港内极为险要原设寨军防守后掣回所城止于石墩烽堠拨军瞭望】

凤凰山寨【南临大海坐对膺冲门倭尝犯此实为险要】

黄湾寨【东与澉浦接界南对大洋北通腹里硖石地方昔年倭寇屯据为巢实为险要】

海港设备

东关外龙王塘【外即大洋直对浙东临观等处迤南半洋中有白塔山贼船可泊贼若登岸向南则侵澉浦往西则侵腹里天宁寺水陆通衢直抵嘉兴实本卫之咽喉沿海之首冲也近议立为关隘今委官兵出哨西海口九王门澉浦等处】

黄道庙港【南滨海与临观相峙倭寇登犯极为冲要】

西海口【南通大洋北近平湖系折西之咽喉平湖之门户也本港海涂高硬潮水长涸不一船难系泊恐倭船来潮突进则我之兵船高阁关系匪轻当踏勘开浚建立水闸将各兵船浮泊活水遇警出剿此第一预防之计也今拨兵船出哨滩许金山青村一带海洋与吴淞江兵船相会】

一国初定海之外秀岱兰剑金塘五山争利内相仇杀外连倭夷岁为边患信国公经略海上起遣其民尽入内地不容得业乃清野之策也赵工侍近奏令民开种以给幕租若兴此利金塘一山即可垦田数万亩岁入米几万石玉环诸山计之每岁可得米几十万石大为海防之助但其患二故当道屡议屡止其一是倭人藉以为粮结巢于此兵费反多其一是大家争佃秋粮难征且无益于小民以愚计之须丈量为屯田召民耕种输赋军门耕者塔棚厂而居不挈妻孥不得卖买逐岁更始如大家放租之法则官民两利而争夺之患免矣官差石工伐山造堡海洋有警小民避入贼知堡中无子女财帛自无结巢之念矣

一台州沿海近涨滩涂长数十里阔十里若做范蠡围田之法令民耕种外设海塘一条以捍咸潮俾不得伤稻每岁起科以给幕租可得若干万石

一浙江寺田甚多势豪吞占动以千万亩计若每千亩抽其二百亩以给幕租每岁可得米几万石

主事唐枢云杭州居腹里之地而以钱塘港海门为分户南岸为宁绍北为松嘉极西尽底为杭东临大海若战舰严守闻警即出把截贼难直捣

副使茅坤云浙江所幕客兵当量缓急以为声援策应则可尔恐不得为常而沿海郡县所自部署勒习以为岁戍之兵必于土著之兵择其膂力猛悍之士若杭嘉湖贩盐处州矿徒并一切亡命者为之大约杭州三千嘉兴三千而湖温台宁绍亦各一二千量多寡以差其费当括十一郡县民壮弓兵之属而通计之腹里郡县则减去其半或三分之二特量留什之二三以给城库刑狱之役而已其余并籍其费以归于官令各兵备道亲为按历州县或择诸州县长吏破常格而募之且各州县民壮弓兵之所食故额人七两二钱然其民间所私相转雇募一倍再倍者有之追呼道涂之费尤不可算约者请量为每名额征一十五两籍二人之所食而募二人其数可三十金

把总指挥蔡汝兰云东南自倭变以来议者不少然于台州独无说焉何也夫台州辽处海滨诚四寨之国南有桃岙金竹北有桑洲桐岩西有关山卫墅迭嶂层冈重关鸟道真一大可御之险而且南去盘石楚门仅百五十里东南去松门仅百里东去海门仅八十里设或倭奴弃舟登陆皆可卒至城下自海门而上者则一潮直达实一时难御之变也三面阻山一面濒海孤悬于数百里之外救援接济所难卒至者惟此耳曩者戚参将驻兵桃渚而倭奴屯聚桑洲遣输粮银经月不至孤危之势诚可畏也今宜于台州专立督饷方面积聚粮饷训练兵士以为重镇而且西控温处金衢北卫宁绍权非遥制而威可近饬也如是则粮饷无临时输运之难而士卒有先时设备之佚以至出海兵船卫所官军悉知警备而防御益固矣夫督饷既立则粮饷聚粮饷聚则兵士充兵士充则训练精如是则先声足以破其胆而防御足以杜其衅冲突足以挫其锋行之三年而海不扬波矣此督饷所当议也近虽添设兵备参将然于粮饷无裨虽增兵亦何益哉

总兵俞大猷云自潭岸山以北以西之海水浅沙硬大船误阁则破坏且无避风安岙兵船至彼如遇夜必须当

洋下碇碇不能坚每被急流飘去或夜半发风则尤危然多赖天幸非安计然则宜如何曰钱塘江乌嘴头浦内船兵一枝不可无余则练陆兵精卒一枝以待而严瓮赭哨探远谍焉庶救仓猝或曰贼舟何能至此曰贼用单桅小舟径抵山边阁干登劫故必用陆兵追捕方不走脱若以兵船必高大方能胜贼如与贼舟等则胜负未可必也今言御贼于海也易要非通论海本辽阔舟行全藉大风与潮人力能几风顺而重则不问潮候逆顺皆可行若风轻而潮逆甚难夏秋之间西北风起不日必有极大西北风也操舟者见此风候须急收安岙兵船在海海舟遇晚俱要酌量收舶安岙以防夜半发风至追贼亦要预计今晚收舶何岙若一意前追遇夜风起悔无及矣又云沿海之中上等安岙可避四面飓风者凡二十三处曰马迹曰两头洞曰长涂曰高丁港曰沈家门曰舟山前港曰浔江曰烈港曰定海港曰黄岐港曰梅港曰湖头渡曰石浦港曰猪头岙曰海门港曰松门港曰苍山岙曰玉环山梁岙等岙曰楚门港曰黄华水寨曰江口水寨曰大岙曰女儿岙中等安岙可避两面飓风者凡一十八处曰马木港曰长白港曰浦门曰观门曰竹齐港曰石牛港曰乌沙门曰桃花门曰海闸门曰九山曰爵溪岙曰牛栏矶曰旦门曰大陈山曰大床头曰凤凰山曰南麂山曰霓岙其余下等安岙只可避一面飓风如三孤山衢山之类不可胜数必不得已寄泊一宵若停久恐风反别迅不能支矣又潭岸山滩山许山之类皆團土无岙一面之风亦所难避可不慎乎

都御史唐顺之云往时浙直军需多倚各省协济自例罢协济之后而窘急甚矣胡总督近有乞留运米借盐银之奏盖以军需无处甚不得已全仰此一著救急

又云江南控扼在崇明浙东控扼在舟山天生此两块土大海中以障蔽浙直门户诸哨船皆自此分而南北总会于洋山若会哨严紧遇船即打贼何从入

都指挥戴冲霄云议者皆谓玉环等山可兴屯田之利以给幕租愚谓此等山古时有民居耕作信国公皆迁之于内地不许其得业岂诚弃地利而不知惜哉亦念荒山起税为利不多即以万亩计之不过千石若寇据此以为巢穴则攻逐之费不知几倍是赍盗粮为小而失大也故舟山止留二所瞭守而亦不许民屯种其为虑至深远今日备倭之策不必远求查复信国公之制而已矣

卷六

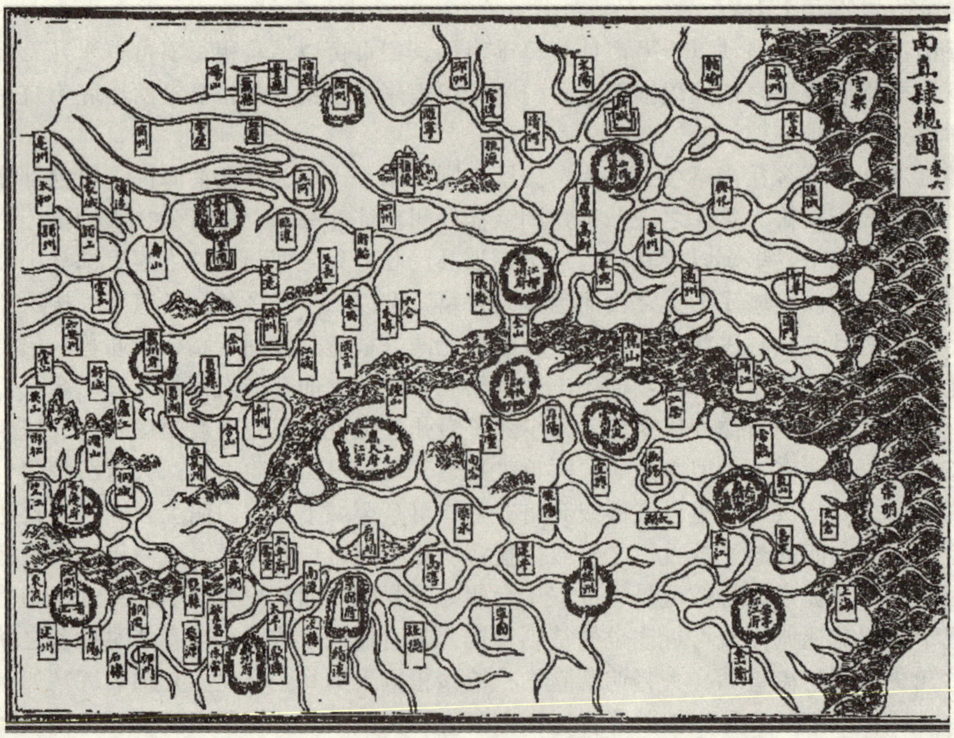

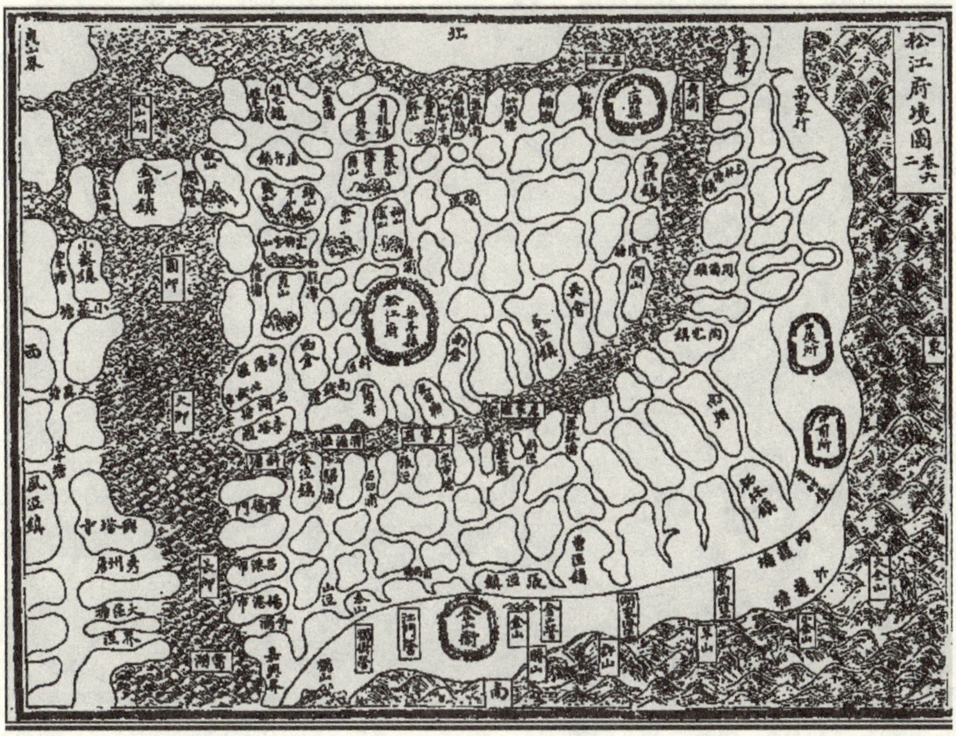
松江府境圖二 卷六

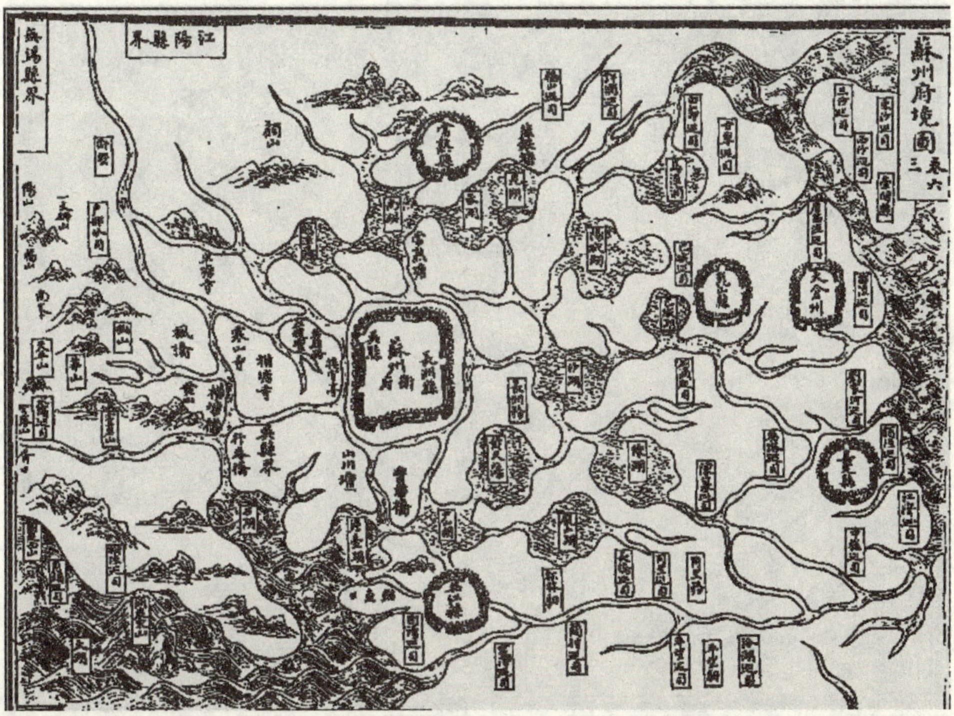
蘇州府境圖三 卷六

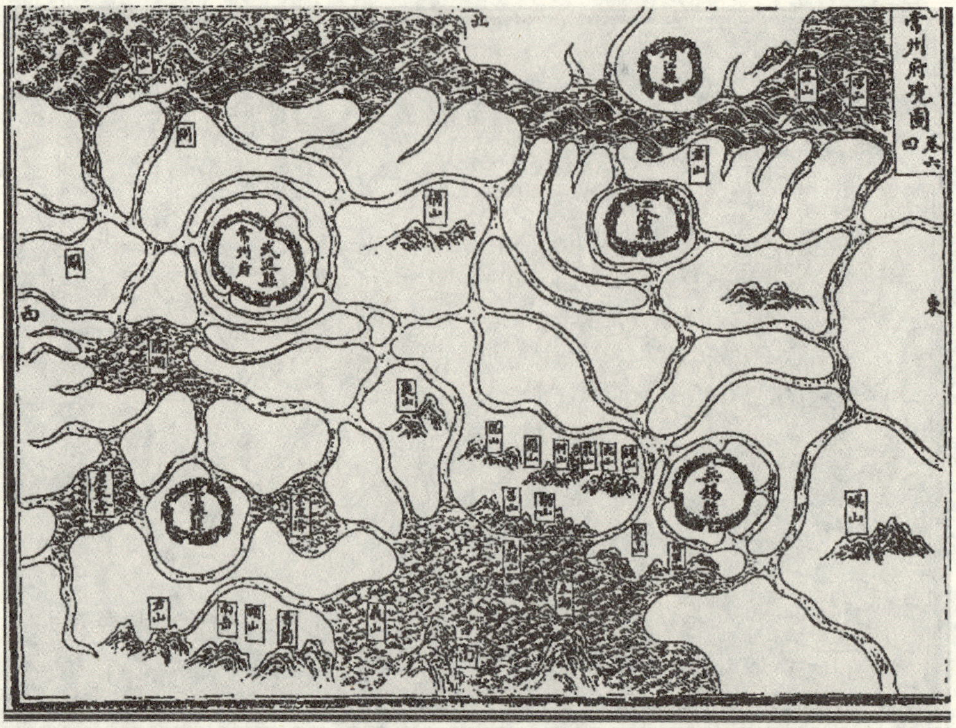
常州府境圖四
卷六
北
西
東

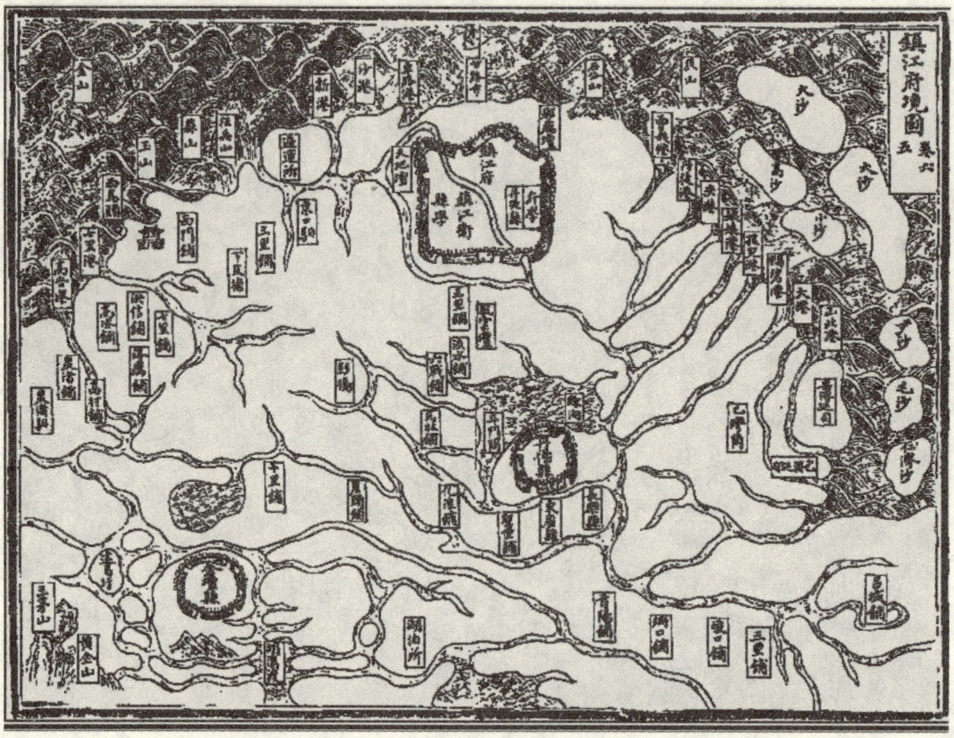
鎮江府境圖五
卷六

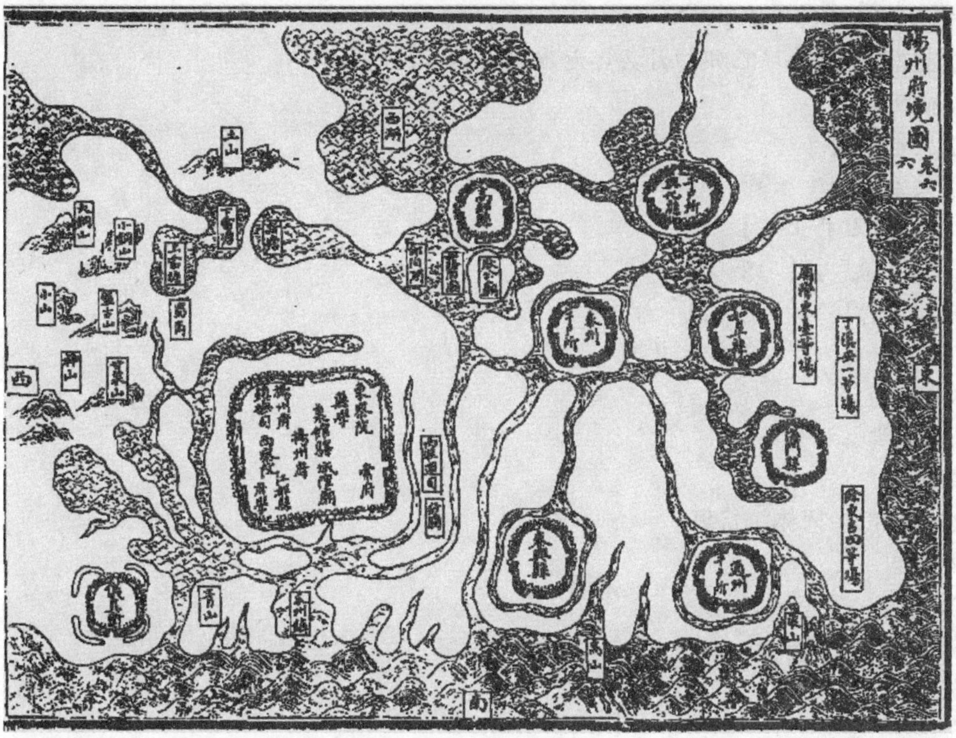

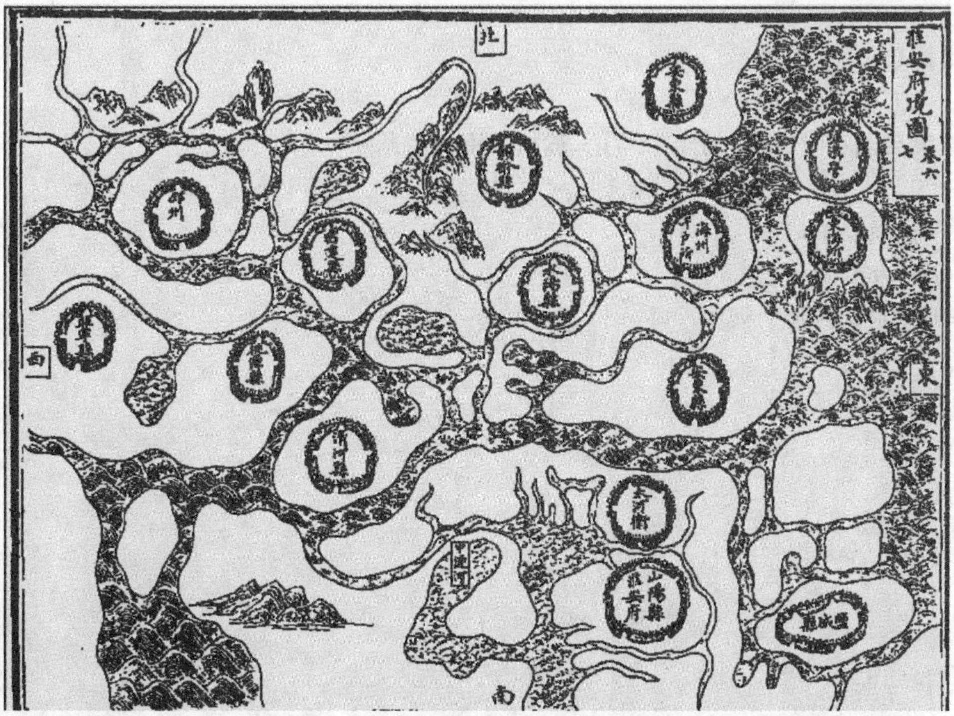

卷六·直隶兵防官考【分江南北为二】·苏松

总督直浙福军务兼巡抚浙江都御史

提督应天军务巡抚都御史

操江都御史

督察侍郎【详见浙江】
视军情官【详见浙江】
巡按苏松监察御史【嘉靖乙卯四月兵部题准勅兼监军纪功】
巡江监察御史
整饬苏松兵备副使
整饬常镇兵备副使
添设海防佥事【驻札上海】
镇守浙直地方总兵官【驻浙江】
协守浙真地方总兵官【驻金山】
苏松参将
常镇参将
游击将军【新设驻札金山】
南洋游兵都司
刘家河把总以都指挥体统行事
吴松江把总
南汇把总
青村把总
柘林把总
川沙把总
福山港把总
镇江把总
京口圌山把总

卷六 · 直隶兵防官考【分江南北为二】· 苏松 · 沿海卫所

金山卫
左右前三所【俱在卫城】
后所【今调守柘林镇堡】
中所【今调守松江府城】
中前所【今调守青村城】
中后所【今调守南汇城】

太仓卫
左右中前后五所
吴松所

镇海卫
左右中前后五所
崇明守御千户所

镇江卫

卷六·直隶兵防官考【分江南北为二】**·苏松·沿海巡检司**

松江府

金山　戚木泾　三林庄　南跄

苏州府

江湾　顾泾　刘家港　茜泾　唐茜泾　甘草　白茆港　唐浦　福山

卷六·直隶兵防官考【分江南北为二】**·苏松·沿海营堡台堠**

松江府

营五【独树　金山　江门　小盘　大盘】

堡四【柘林　胡家港　川沙　蔡庙港】

塘铺二十四【前所二瞭守军四人左所二瞭守军四人右所二瞭守军四人中所十七瞭守军三十四人】

烽堠四十三【每瞭守军五人】

后所三【新庙　江门　葛逢】

前所四【横沥　莜管　戚家　金山】

左所三【漴缺　周公　陆鹤】

右所三【西新　东新　胡家】

中前所十二【戚漴　宋家　新袁浦　大门　焦树　旧袁浦　头整　二整　三整　五整　旧四整　新四整】

中后所十八【南汇　头整　二整　三整　四整　五整　六整　七整　八整　九整　十整　十一整　十二整　十三整　十四整　十五整　十六整　十七塾　十八塾】

苏州府

营堡三【福山　九折村　双滨村】

敌台三【黄窑港　七了港　白茆港】

烽堠四十八【依有　西潜　生宇圩　周家　马沙　吕家圩　东潜　宝山　月浦□采掬港　顾泾　练祁　五岳　七了港　张浦　黄窑　新塘　唐茜泾　浪港　鹿鸣　双鸣　大钱泾　金泾　许浦　高浦　白茆港　崔浦　黄滨　福山　千步泾　瓦浦　卢浦　奚浦　三丈浦　西洋　海洋　耿泾　黄泗浦　新庄　唐浦　大陈浦　徐陆泾　小东浦　四马泾　乌沙港　野市漕】

卷六·直隶兵防官考【分江南北为二】**·淮扬**【除总督督察视军官操江巡江与苏松同不重列外】

总督漕运兼提督军务巡抚都御史

提督淮扬军务巡抚都御史

巡按淮扬监察御史【嘉靖乙卯四月兵部题准勅兼监军纪功】

整饬淮扬兵备副使

总督漕运总兵官

提督狼山等处地方副总兵

扬州参将

盐城参将

统领兵勇游击将军【驻仪真】

北洋游兵都司

仪真守备
掘港守备
大河口把总
周家桥把总
狼山水兵把总
东海把总
管领曹濮民兵把总
管领沂州民兵把总

卷六·直隶兵防官考【分江南北为二】·淮扬·沿海卫所

扬州卫【旗军八千九百六十名屯军四千四百四十名】
通州千户所【旗军二百三名屯军八百八十二名】
盐城千户所【屯军八百八十二名】
泰州千户所【旗军二百三名屯军八百八十二名】

高邮卫【旗军六千七百二十名屯军四千四百四十名】
兴化千户所

仪真卫【军四千四百八十名】

大河卫【军一千五百二十一名】
左中右前后中左中右中前八所

淮安卫【军八百五十名】
左右前后中左中右六所
东海中千户所【军五百五十名】
海州中前千户所【军四百七十五名】

卷六·直隶兵防官考【分江南北为二】·淮扬·沿海巡检司

扬州府

狼山【六十名】吴陵【五十名】张港【五十名】石港【四十名】掘港【四十名】西场【三十名】海安【三十名】西溪【三十名】安丰【三百名】黄桥【三百名】印庄【三十名】口岸【三十名】归仁【五十名】瓜州【一百名】

淮安府

喻口镇　马逻　庙湾　羊寨　坝上　长乐　惠深　东海　临洪　荻水镇

卷六·直隶兵防官考【分江南北为二】·淮扬·沿海营堡台堠

扬州府

营十五【徐稍　大河　料角嘴　壮捷　壮武　掘港东营　镇远　轻忠　济武　掘港西营　登庸　平定　忠节　兴义】

寨九【白驹　刘庄　掘港场　拼茶　角斜　李家堡】

【大河口军二百人　料角嘴军五十人　徐稍寨军五十人】

烽堠九十三

通州八

海门县二十八

泰州十一

拼茶寨四

角斜寨二

白驹寨一

掘港寨九

刘家寨一

李家堡五

卷六·直隶倭变纪·苏松常镇

洪武二年二月倭寇崇明诸处指挥翁德朱文击败之【贼犯崇明德督舟师御之于海门之工帮斩获甚众阮而复寇吴淞江沿海一带文亦破之俘斩献捷】

永乐二年四月对马岐倭寇苏松【贼掠浙江穿山而来转掠沿海上命太监谕其国王源道义源道义出师获渠魁以献】

十四年倭寇崇明【朝廷发镇江镇海二卫百户十员率军士千余御之寇平遂崇明守御所其旧戍官军发属水寨自是贼无至境者】

嘉靖三十二年闰三月贼首王直犯嘉定贼自烈港之败以百余人自白马庙而来收集余党流突苏松掠嘉定【之宝山镇抚陈宪疑为盐盗率轻兵追之后知为直不敢袭】

破南汇所【自望日而后七日贼破城者再】

同知任环守备解明道败贼于吴淞江口【贼至刘家河扬帆而西明道与六合知县董邦政率兵迎击之追及于吴淞江口值彩绚港复有新贼至者与之合踪势益猖獗官兵莫敢进都御史蔡公克廉遣同知任环往助之贼遂败走俘斩百余】

四月贼围太仓州【时贼势甚急直逼太仓城下蔡公躬乘城督战贼乃去而城外居民焚掠几尽】

五月贼破吴淞所入据之越十日守御解明道复之【贼既破城遂据为巢明道袭败之斩首百余贼首三大王六大王死焉遂复所城贼遁出海复为州判金汝舟千户杨循礼所败擒斩八十有奇】

贼首萧显入上海县镇抚胡贤死之【显自浙西流突直境过金山至天妃宫指挥黎鹏举与贤御之鹏举被枪贤死焉贼遂冲县市焚台所自是而后浦东沿海二百余里间新旧之贼往来络绎无虚日矣】

十一月参将汤克宽败贼于高家嘴【俘斩百余】

三十三年正月萧显攻嘉定县【显自上年入寇上海而去为官兵追迥登据崇明之南沙官兵围守且半载值岁暮守者懈显得遁至黄窑入攻县城又分掠南翔等镇参将汤克宽击败之】

攻上海县【显自嘉定循海而南攻围上海甚急时城初筑未固势且陷官民汹汹兵备佥事任环统民兵三百僧兵八十往援时贼船泊黄浦者以百计而自吴淞江南行者不计焉环追袭之于五里桥贼败南奔环追败之于刁家坟贼始惧适浙江都御史王公忬遣都指挥卢镗来击贼乃解围而南】

二月都指挥卢镗败贼于史家浜佥事任环败贼于归家港时显据史家浜为巢镗进捣大败之贼死者无算乃遁往浙江海宁县镗复追败之其别踪之在归家港【时显据史家浜为巢镗进捣大败之贼死者无算乃遁往浙江海宁县镗复追败之其别踪之在归家港者亦败之者环亦败之】

三月贼攻南汇所

攻松江府副千户童元巡检李丛禄御战死之【贼自曹泾而来元与丛禄御之于萧塘力战而死贼遂渡浦攻府城环与克宽击败之贼乃退走大门塾】

四月贼首王直等巢柘林【贼与徐碧溪吴德宣等营柘林为巢窟连络三百里如老鹳嘴七八团之间皆其部落之所屯聚也间分一支自清浦白鹤港而北出太仓分一支自刘家河入趋昆山】

州判金汝舟指挥姜统败贼于刘家河【贼自正月复据南沙至是突入刘家河统与汝舟率舟师击败之斩首百余】

攻太仓州【松江之贼出青鱼泾遇贼之自刘家河入者六十余合攻州城】

攻昆山县【贼自刘家河入越太仓至昆山知县祝干寿莅任甫一月闻报即督官民死守贼攻围甚急苏州路绝干寿夜募死士持蜡书浮水而行八昼夜始达郡城巡抚屠公大山巡按孙公慎遣都指挥梁凤应援凤竟不进生员龚良相涕泣请兵于孙公始知凤逗遛之罪遣良相监督以行凤大怒欲杀良相良相不为动促之益力凤不得已至三里桥望贼即溃而西遗火器二船于贼佯报贼已遁去人皆信之贼得火器攻城益急至有捍障者有穴城门下者乾寿与乡官朱隆禧等分门登御而今生员张光绍潘蔚卿武举郭龙韬等严督士民竭力御之城赖以全时贼欲据昆山为巢故苏州各县皆被攻围而攻昆尤急以昆山为苏郡州县适中之地得此为巢则沿海诸邑声援俱绝进可以蚕食苏常退可以拒援兵也】

总兵俞大猷败贼于吴淞所【贼船入吴淞江者十六艘大猷败之沉其舟十一斩首二百五十有四】

贼攻苏州府【贼首阿八王自昆山分踪进掠府城参政翁大立提兵御之贼乃退遁】

攻常熟县【贼酋刘鉴自梅李进攻越四日又合福山贼进攻县城】

攻松江府五月贼解苏松围而去州同张魁千户田应山追败之贼纠诸县精悍者凡七千人攻昆山县城期于必破知县祝干寿殪其渠魁二大王贼大惧图归而各县之围皆解遁出刘家河者数百艘魁等追击大败之【斩首四百四十有奇】

六月贼犯苏州府【贼自松江来者分作三支一由嘉定太仓大道而进一由关桥清浦间道而进一由唐行千墩而进会于昆山期犯府城兵备任环御之于真义弗利百户刘爱臣死焉贼遂进至府城焚掠诸市镇而去取道于行春桥由鲇鱼口出太湖过吴江知县杨芷举人周大章率舟师追击于王江泾烂溪莺湖等处皆胜之贼由菜花泾过嘉善而去】

七月贼攻南汇所

八月贼攻嘉定县【贼首王直分遣其酋吴德宣徐碧溪自彩绹港率众千余入攻县城】

参将许国李逢时败贼于师家浜【直知官兵将捣其巢乃进营于师家浜列七星阵以待官兵击之大败而去阮而又进攻之贼固守其舟时二参将所统者皆北兵不知地利屯所遇潮死者甚众无何贼由原港出海水兵追战于老鹳嘴之四马洪大败之】

贼攻青村南汇所金山卫【蔡庙港贼并入柘林贼巢合攻青村所继至之贼登周公墩者千余攻南汇所旋亦入巢与新至之倭合攻金山皆为官军敌退】

十二月贼陷青村所【先是贼攻所城者数次官兵守备极严贼皆负伤而走积忿诣柘林借兵二千来攻弗克贼亦计穷欲去会守门百户之伯有为贼所虏者贼令叩南门呼侄求入侄闻伯音以绳下挽昏黑之际贼乘隙以登百户首先被杀贼遂入城焚杀比他地尤惨】

三十四年正月贼攻南汇所【川沙之城】

佥事董邦政捣川沙洼贼巢破之【时贼死伤者五百余监生乔镗复追败之】

贼攻金山卫总兵俞大猷副使任环孙宏轼等败贼于胜墩【贼自嘉兴流至吴江之平望分道而来一支由太湖澜溪南麻一支由张村黎里出牛场泾期会于苏州兵备任环知州熊桴知县杨芷御之于梅堰莺湖皆胜之贼乃遁去以嘉善道阻复合兵由大道进至胜墩环与知府林懋举等率狼兵自北击之浙江副使孙宏轼总兵俞大猷率宣慰彭翼南兵自南击之狼兵首殪其渠魁一人贼气阻捐资于狼兵求脱弗听东西皆阻水官兵南北夹击之贼遂大败斩首三百是战也提督都御史周公琉巡按御史周公如斗令所在清野凡贼所向民间爨具悉毁之而令环等扼之于前浙江巡按胡公宗宪复督宏轼等自后追之贼进不得食退不得息故有是败】

贼入崇明县知县唐一岑死之贼旋就灭【贼夜袭破县城岑与之巷战身被数刃犹力战贼败出城一岑伤重而死居二日贼复至据县城诸耆民相与谋曰唐父母被害而吾辈乃容贼盘据吾县耶于是相与戮力为死斗贼二

百人皆就灭】

二月贼攻青村所翁时奖等击败之

三月贼围上海县【贼五千余屯新场下沙千余屯闸港数千屯川沙俱进逼县城时总督都御史张公经调集广兵湖兵数万驻松江贼乃退入旧巢完垒治兵为拒守计而诸营连络声势益盛张公欲伺其出海击其惰归故捣巢之策卒不果行】

贼攻金山卫总兵俞大猷败之【柘林新至贼乘锐来攻守者发矢石御之贼中伤者甚众乃解去既而又来攻大猷败之俘者二百余】

四月贼攻常熟县【福山之贼】

兵备副使任环击败常熟三丈浦之贼【先是贼屯三丈浦者势甚猖獗且易官军不为备环阴部署主客官兵以保靖应袭彭守忠为中哨太仓耆民为右哨知县王鈇为左哨躬环甲胄激励三军我兵皆踊跃思奋进攻之贼遂大败俘斩二百八十有奇而我兵不损一人自用兵以来旱战全捷未有如此者也】

常熟知县王鈇与致仕参政钱泮御贼于上塘港口皆死之【三丈浦之贼为任环所败势已破沮值陆泾坝败遁之寇与之合踪复肆猖獗欲攻县城鈇泮率兵御之贼佯为村民避贼若依官兵为援者官兵方共惜之倏尔起斗兵士惊溃鈇泮犹督战不已遂皆遇害】

柘林贼首徐海分踪出掠【贼知官兵将捣其巢乃分兵四出以牵制我师东掠崇明常熟以达江北西出嘉湖以摇动全浙而川沙之贼先屯老鹳嘴者以声援不继俱并入柘林】

贼攻无锡县

五月任环复败三丈浦之贼【贼既杀王知县声势甚滋漫而太湖之贼与之合益骄肆无忌环率官兵进攻大败之杀其白眉主帅一人贼乃大惧称环为拼命官人数迁徙避之】

官兵击贼于陆泾坝大破之【详见大捷纪】

游击将军周藩与贼战于朱泾败绩死之

贼复巢柘林【贼自王江泾之败皆遁出海新贼万人复来据之未几风雨大作出海之贼覆溺几尽余党复巢焉】

贼掠浙江取道苏州出海至平望浙直官兵会击大败之【详见大捷考】

六月贼攻苏州府【贼自柘林取路昆山而来遂掠太湖洞庭两山】

常熟三丈浦贼出海太仓知州熊桴败之于登舟沙【俘斩一百三十有奇余贼南遁至吴淞江口复为把总刘堂所败其酋急速如郎就擒斩首二百六十】

七月松江府知府方廉计杀柘林贼千人【时巢贼甚炽廉遣谍投毒井中贼死者千余人斩首数百】

浙江提督都御史胡公宗宪遣参将卢镗都指挥王沛败贼于刘家河金山洋【先是贼自王江泾陆泾坝平望数败之后势甚穷促参将卢镗都指挥王沛时往挠之贼死伤及疾疫者过半乃潜伏巢穴不敢出掠日为遁归之计既而为官兵邀击遂沉舟破釜示无去志然实计官兵不备之于海而得走也胡公谍知之预遣沛等率舟师伏海口向之贼果遁去沛等追败之于金山洋悉沉其舟贼溺死无遗】

柘林贼攻屯陶宅【贼出海复为总兵俞大猷参将卢镗把总娄宇所败乃复登陆结巢陶宅其一艘飘泊海门则贼酋林碧川为之首与其下一百二十余贼复登大陈山为把总任锦俘斩无遗】

八月剧贼五十三人流犯苏州提督都御史曹公邦辅讨平之【详见大捷考】

七丫港吴淞江贼遁出海洋把总杨尚英追败之【沉其舟六十俘斩三百有奇】

九月浙直官兵会击陶宅之寇指挥邵升姚泓生员千岳皆死之【升等乘胜进攻贼死守其巢乘高刺下三人皆死焉】

总督都御史杨公宜遣游击将军曹克新副使任环捣川沙贼巢击走之【克新统官兵攻贼大败之毁其巢贼遁至吴淞所环督舟师袭之斩获大半余党走清水洼】

闰十一月佥事焦希程率川兵捣周浦贼巢大败之【先是杨公潜令武生胡亘朱先等设伏贼巢约纵火为号希程监督川兵与曹克新乘雪夜袭之亘等纵火焚寺贼惊乱四面伏起斩首二百三十有奇而贼巢毁焉】

官兵败贼于吴淞江口【周浦贼遁出吴淞江副使王崇古总兵俞大猷追击大败之俘斩一百七十】

三十五年正月参将尚允绍击贼于四桥死之【贼首陈东时屯新场为巢】

二月贼首徐海复巢柘林【新陈贼首陈东自毁其巢来与之合】

三月贼据蔡庙堡参政任环参将乔基等大破之【时贼新至潾缺总督胡公令环会基共击之贼迯入蔡庙废堡环乃以把总陈习攻东门车梁攻西门张惟孝攻西北顾鸣鹏攻西南贼死守官兵攻之战方酣王宾等兵潜从东北入贼遂大败悉斩之】

官兵击新至贼于七灶洪等处悉败之时新至贼一支自潾缺登犯游击宗礼败之一支自七灶洪登犯佥事董邦政败之【一支自南汇所登犯参政任环败之参将娄宇又败之俘斩甚众而所存者无几焉先是贼据松江累年未有能挫之者及胡公为总督于是官兵僇力而新至之贼皆迎刃以败云】

陶宅之寇为官兵击败遁出海洋参将娄宇等复追败之总督胡公会浙直兵进捣陶宅之寇大败之【贼死者甚众遁出潾缺外洋娄宇与把总王应麟复败之于九团洋俘斩踰百】

参政任环佥事董邦政击界嘴新至贼平之【贼新至自界嘴登犯胡公檄环邦政会击之大战一日斩贼十之七八明日复战遂无孑遗】

贼犯西庵董邦政平之【贼新至自金山登陆流至西庵胡公檄邦政攻之贼大败走匿法昌寺邦政复火攻之尽殲焉】

贼犯青村把总王应麟讨平之【新至贼自青村焚舟登陆应麟败之贼匿民房官兵复火攻之贼突走为官兵所截不得去乃复匿民房遂悉斩之】

董邦政追击新贼于沈庄平之【贼百余皆就僇】

贼入吴淞江总兵俞大猷大破之【贼舶十六自宝山入江大猷先奉胡公檄与把总杨尚英刘堂等设伏海口待之贼至伏发沉其舟十三斩首二百五十】

贼攻江阴县知县钱錞出御战死之【时贼攻围甚急填濠直逼城下势且陷钱錞议欲出兵拒之兵备副使王崇古不从钱錞独率民兵出城捍贼力战而死然自是贼亦稍稍引去矣】

贼攻无锡县

贼入杨子江镇江卫千户沈宗玉王世臣战死

五月贼攻上海县寻进攻松江府官兵追击于泖湖败之【时贼新至者以万计复屯柘林乍浦总兵俞大猷同知袁文贵知县杨旦等败其前锋既而贼攻工海县又为官兵所败而去遂攻府城把总刘堂追击于泖湖败之参政任环同知熊桴复追击于淀山湖东又败之前后俘斩三百余贼】

六月新安卫百户帅印与贼战于青村德胜港死之【时印统广兵追贼】

总兵俞大猷邀击遁贼于茶山洋大破之【七了港贼与吴淞江贼为官兵所败相继遁出海洋大猷预受胡公檄设伏刘家河海洋待之且攻且逐追及于茶山东北沉其舟六十俘斩三百余残寇宵遁复为飓风所覆无生还者】

总兵徐珏击孟河之贼大破之贼遁出杨子江把总张成己复追败之【时贼在孟河势颇猖獗珏与战大败之贼死者三百余人先是督察赵公渡江而南预戒兵将无得贪功取级以陷贼计故是战杀伤独多既而贼遁出江成己率舟师复破之斩首百计】

八月常州贼遁出海总兵卢镗等追击大败之【贼掠江阴无锡为官兵所败遁出海洋胡公命镗等追败之沉其舟数十俘斩三百五十有奇】

三十八年四月贼据崇明三沙七月遁往扬州【贼舟为飓风所击登三片沙总兵卢镗与把总杨尚英迎击之沉其三舟俘斩百余既而欲突入内地为官兵所截遁过三沙镗等复攻败之总督胡公恐其滋蔓檄副使熊桴副总兵刘显与镗协攻之通政唐公顺之适至乃帅官兵渡海而东与贼相持者月余官兵屡进挠之贼屡败舟尽毁贼穷促死拒值提督陈公锭告病而去兵饷不继遂辍围而西与胡公议复遣兵往击且檄沿海严为之备贼造小舟数十乘风雨从北面遁往江北官兵追之弗及】

卷六·直隶倭变纪·淮扬

嘉靖三十四年四月贼犯海门知县赵卿败之【时贼首徐海屯松江之柘林知官兵将捣其巢故分掠江北卿败之斩首一百五十】

五月参将乔基等击贼于吕四场败之【基与都指挥张恒通州同知印寀统兵夹击贼大溃败俘斩一百六十】

三十五年四月百户戚继爵与贼战于狼山死之【都指挥张恒千户罗大爵百户曾沂御贼于扬州死之时贼一从瓜州入一从新港入一从通州入】

贼攻瓜州

贼攻扬州府同知朱裒等死之【贼攻小东门甚急官兵用佛狼机殪贼数人贼乃退去裒与千户贾勇应袭男恩率兵出城御贼死焉高邮卫经历晏锐为贼虏去】

五月无为州同知齐恩与贼战于圌山之北江中死之【恩率兵与贼大战乘胜逐北误入伏中力战而死父子兄弟叔侄同时遇害者七人详见遇难狗节考】

副使马慎追贼于狼山败之【贼遁出江慎追败之既而福山把总邓城又追败之沉其舟十一是年犯江北之贼凡五而庙湾之贼尤剧副总兵卢镗参将刘显上舍人彭志显屡进攻之贼遂败遁】

三十六年四月

五月贼犯扬州府总兵卢镗等大败之【贼入海子内为东兵所败至湾头镗等复败之斩首一百七十余】

贼入宝应县【先是瓜州东门及瓜州俱有堡贼至扬州不得掠乃从高邮至宝应宝应素无城焚掠殆尽】

贼犯天长都指挥沃田把总岳君宠与战死之

六月副使于德昌参将王元伯刘显击泗州贼破之【时贼掠泗州为官兵所败德昌等会击之显身先士卒杀衣红贼首一人群倭大乱元伯督兵乘之贼大溃败追及于舟所水兵复自下应之贼死者无算既而贼遁出海总兵刘显败之于安东千户汪时中又败之于庙湾匣子港贼竟遁去】

三十八年四月贼犯如皋官兵击之【时贼新至官兵首挫其锋斩首一百六十】

贼犯卢家场千户汪时中击却之【贼从大河口吕四场登者以千计据卢家场时中与把总张大义合兵围之大义意欲困之且待诸兵齐至然后进击时中奋然曰我等既受倭任坐视贼之肆虐民之荼毒而不肯前何也大义固沮之遂与有隙时中单骑提双刀突入贼营斩贼数人贼大惊异相顾错愕莫敢谁何似有嘆羡其勇而欲收用之意时中绕贼营后贼追之部兵往救贼大败走为之丧气】

官兵进捣庙湾贼巢大破之【详见大捷考】

参将胡宗义与贼战于海安兵溃千户赵世熏镇抚韩胤死之贼寻为副使刘景韶所灭【时海安故有毛葫芦营毛兵素贪宗义新任无纪毛兵为贼所饵而败官兵皆溃世熏与胤死于阵提督李公遂檄副使刘景韶率边兵逐之贼大败奔张家庄官兵围之因纵火攻焉贼奔新洲官兵复追败之俘斩尽绝约三百五十有奇其别支之在曹家庄者亦为景韶所败奔潘家庄景韶复斩绝之】

七月副使刘景韶参将丘升击贼于旧场败之【三沙遁至之贼也既而贼遁仲家庄官兵围困是夜漏下三鼓贼乘雨溃围而走官兵复追败之斩首三百余贼遁七灶河】

八月副总兵刘显曹克新等败贼于白驹场【贼既为刘景韶所败遁白驹场官兵围之四面逸出复为官兵敌退回守其巢显身先陷阵贼死者百余乘夜遁大海沙洲显复陷阵攻败之贼溃走走则陷沙途中官兵又败之俘斩千余余见大捷考】

贼遁出瞭角嘴副使熊桴败之【贼为刘显等所窘将遁出海总督胡公预檄苏松兵备副使熊桴率舟师设伏海上至是贼逸官兵败之总兵卢镗又追败之】

卷六·直隶事宜

【直隶东滨巨海北亘长淮中贯大江江南则为苏松常镇诸郡江北则为淮扬诸郡其势不能以相接也故各

有巡抚之设在苏松四府有防海防江二者之责在淮扬二府有防海防江防淮三者之责以其均之为直隶也合为一卷】

卷六·直隶事宜·江南诸郡

松江自金山卫至南汇所官军各分信地各有定额【按金山卫以西守御独树江门二营旧制各设官军四十名又贴守兵共一百名金山卫以东守御金山营胡家港堡蔡庙港堡旧制各设官军四十名又贴守军共三百五十二名已上正守军人系金山卫查拨贴守军系太仓镇海二卫嘉兴千户所调发】每岁二月上班十月掣班青村以东各洪港旧制系南汇官军把守今查修复海塘须照旧分派但太仓镇海嘉兴同有倭患贴守官军似难调发相应于金山青村适中如柘林地方南汇吴淞江适中如七八团地方添设陆路把总二员各领精兵一千如募到狼兵邳兵之类若兵数不敷就于沿海招募义勇照依客兵支给口粮各官兵即于柘林七八团暂借民居札营随路有警相机策应不许潜住卫所城中各设守御官军悉听钤辖此松江海防设备之大略也若沿海港口金山以东有翁家港蔡庙港柘林漴缺等处南汇以北有四五六七八九团洪口川沙洼清水洼等处皆宜设船防守按旧制金山卫所造船各有定额【左右前后所每百户所造出海哨船四只共计八十只青南二所每百户所造出海哨船四只共计八十只】俱就各卫所派拨巡军在海巡逻正统间因海患宁谧或以船为虚费题准以江船易马而哨船之制遂废矣今议设船只一马之资不足以备一船之用官军穷苦又难陪赃合令每马二疋造船一只再于卫所查有地租公费银两与松江府库军前银内相兼辏数每船量贴银十两金山卫总委一官督造其各船应用器械火器合于原议太仓置造军器内给发听用就点各卫所知水军人操习水战布列港口各分信地如倭贼突至而纵容其停泊者服以上刑则自无规避之患矣此松江海港设备之大略也夫沿海设备固为上策万一外守不固则黄浦一带又为苏松险要守浦乃所以守门户犹有愈于守城也今吴淞江口即为黄浦口子既经设备而吴松江所亦设兵一枝以防深入矣而至于上海之高仓渡沈庄塘周浦闸港闵行华亭之叶谢曹泾张堰等处贼一等岸抢船渡浦甚易除松江府先后打造双塔船鹰船各发上海华亭各召募水兵分布沿浦各港巡逻把截又华上二县各募乡兵获守城池有警调至浦边协守但前项兵夫官无专职则事难青成而沿浦二百里之远本府巡捕官一人势难管摄合令清军同知一员带管华亭乡兵水兵自丰泾以至闵行皆其信地再设巡捕同知一员住札上海专管该县乡兵水兵自闵行以至嘉定界首皆其信地无事率兵操演有事统兵防守盖同知名位稍尊威令可行又科甲之左迁外补与举行之才望升迁者皆得为之庶济实用若止设通判则为官非乐就而下亦玩视恐不能振作而有为也此松江内地设备之大略也然倭舶之来乘风渡海势难联络每至海外大山必停泊候齐然后深入照得羊山为本府所属为定海吴淞江二总兵兵船会哨之处以地里适均故也本府所造之船数本不多仅可以支把港之用此但可以言守而不可以言战须得福船苍山各数十只沙耆民船二三百只每至风汛时月分泊港口各住信地更番出至羊山往来游击昼夜不绝外则为定海吴淞江会哨兵船之羽翼内则为海港把守兵船之捍卫遇有海贼齐力奋击将见贼船䑸散而少我兵船䑸合而众盛衰之气势既分则胜负之分数自判得海防之上策矣抑犹未也查得沿海民灶原有采捕鱼虾小船并不过海通番且人船惯习不畏风涛合行示谕沿海有船之家赴府报名给与照身牌面无事听其在海生理遇警随同兵船追剿此则官兵无造船募兵之费而民灶有得鱼捕盗之益此松江海洋设备之大略也

已上都御史方公廉前任松江府呈

苏州沿海一带险隘甚多举其大者则常熟有福山港白茆塘太仓有刘家河七丫港嘉定有吴淞江黄窑港皆贼之通衢而东吴之门户此则所谓一府之险要长洲则泖湖浩荡吴江则莺湖相属吴县则太湖交通皆贼之径道而腹里之关隘此则所谓一县之险要以言其次则福山以西有三丈浦斜桥以东有许浦金泾刘家河以北有新塘浪港茜泾吴松江以南有宝山以东有老鹳嘴均之所谓险要而少次焉者况海滨数百里一望平坦非有山风险阻为之扼塞皆可以泊船登岸要害无边兵力有限而防御之计当先其大者以海边惟福山为最以腹里惟胜墩为最故刘家河吴松江福山港舟师防守不可单弱白泖口七了港黄窑港俱当预设战舰庶与各港相为犄角又如贼自东南而来必由宝山吴松江宜发船一䑸泊于吴家沙以堵截之贼自东北而来必由三沙刘家河宜发船一䑸泊于

营前沙以堵截之把总游兵船只往来策应而三丈浦新塘老鹳嘴等处亦得以联络而并制则苏之外防或可无忧矣至于风汛时月吴松水兵统发胜墪平望以防嘉兴突犯之寇吴县水兵统发太湖以防蠡里突犯之寇长洲团结水兵统发周庄以防泖湖突犯之寇本府相度缓急发遣水陆之兵以为应援则苏之内防或可无忧矣然福山港刘家河吴淞江各该把总之官统领兵船在洋堵截似为有备但贼船之来联艅接舰乘风驾潮万一不能尽行邀击或有一二泊浅阁岸则水兵束手旁观任其焚劫无可奈何而把总官亦且以为非所事事矣合于常熟县分拨兵勇一千名屯驻福山港五百名屯驻白茆塘太仓州分拨勇兵一千名屯驻刘家河大镇二卫原练杆子军兵五百名屯驻七了港嘉定县分拨勇兵一千名屯驻吴淞江五百名屯驻黄窑俱听各该把总选官分领相机调度贼在外洋则水兵击之贼若登岸则陆兵堵之彼此夹攻远迩互应各该州县量为声援如此则贼亦疑畏而不敢犯矣至于腹里如昆山县分拨兵夫三百名屯驻清洋江三百名屯驻千墩吴江县分拨兵夫五百名屯驻胜墩各张声势以助军威各该领兵官听其调遣不许退避万一贼势重大未易为功则各枝之兵又宜听府州县掌印官调回守城庶事体专一可以责成兵势联络不致孤悬矣

已上副使温景葵前任苏州府议

主事唐枢云松江有海防道佥事住札上海苏州有兵备道副使住札太仓则常熟江阴地方自福山白茅奚浦诸港进泊头山可直趋无锡武进此处颇为空缺应援不及故更设一兵备辖至镇江一带住札江阴贼入海口即为游击若深入大江即从腹里抵京口截御

都御史唐顺之云自来御倭之策无人不言御之于海则易御之于陆则难是以海上会哨会勦事例甚严所以图难于易也浒山去乍浦金山吴淞江三处各是一潮道里适均系会哨所在

又云海贼入江由江两岸登陆之路廖角嘴营前沙南北相对海面约阔一百四十五里为第二重门户周家桥与圌山相对周家桥北岸至顺江洲与江南分界江岸约阔六七里顺江洲至新洲夹江面约阔七八里新洲来至圌山南岸江面约阔十四五里为三重门户三处领水官兵须整备船舰昼夜紧守三门勤会哨以防春汛门户既固堂奥又云海贼入江由江两岸登陆之路廖角嘴营前沙南北相对海面约阔一百四十五里为第二重门户周家桥与圌山相对周家桥北岸至顺江洲与江南分界江岸约阔六七里顺江洲至新洲夹江面约阔七八里新洲来至圌山南岸江面约阔十四五里为三重门户三处领水官兵须整备船舰昼夜紧守三门勤会哨以防春汛门户既固堂奥自安若三门哨有疏虞至不得已而守金焦两岸所谓下策与无策矣

又云江北江南事例互相应援况南北共海贼若抢船上岸不寇江南则寇江北是江北之援江南亦自援也若不会兵殲之于海中何以独力御之于岸上

巡抚都御史翁大立题云今日海防之要惟有三策出海会哨毋使入港者得上策循塘距守毋使登岸者得中策出水列阵毋使近城者得下策不得已而至守城则无策矣臣周行海壖分布信地视吴淞所乃水陆之要冲苏松之喉咽也提兵南向可以援金山之急扬帆北哨可以扼长江之险以副总兵统兵镇之自吴淞而北为刘家河为七丫港又东为崇明县七丫而西为白茆港为福山又折而西北为杨舍为江阴为靖江又西为孟河为圌山此皆舟师可居利于水战臣皆设有兵船非统以把总即统以指挥而又以圌山游兵把总驻札营前沙会哨于江北吴淞游兵把总驻札竹箔沙会哨于羊山常镇参将统水陆兵据江海之交镇守于扬舍所以备水战者亦既密矣但吴淞而南虽有港汊每多砂碛贼可登岸兵难泊舟非选练步兵循塘距守以出中策不可也今自吴淞所而南为州沙堡以把总练兵一枝守之川沙而南为南汇所以把总练兵一枝守之南汇而西为青村所以把总练兵一枝守之青村而西为柘林堡以都司练兵一枝守之此皆不远六十里声援易及首尾相应宛然常山之蛇之势也柘林而西为金山卫西连乍浦东接柘林频年皆贼所巢窟添设游击将军一员统领马步游兵往来游徼则北可以获松江而西可以援乍浦

卷六·直隶事宜·江北诸郡

都御史唐顺之云庙湾勦贼之路原有两条一条从宝应拖船过垻水路自清沟喻口进攻则兵势既便而馈饷亦易一路从淮安至马逻陆路进攻则兵势既迂而馈饷亦难

又云通州屯下重兵若有寇则又有客兵屯聚计算通州所出粮斛得兵吃否恐临期不免腾贵则通州该

何路籴买或是先将军饷银上江籴米从江路运至通州积下若米价腾贵则银米兼支与军家为便柴薪亦须预处

又云江北局面与江南浙福不同靠不得水战止靠陆战也

闽县知县仇俊卿云海寇之来每自南而北度南麂山则自广入闽矣过流江寨则出闽入浙东矣越海门则又浙之西矣踰宝山至吴淞沙上等处则又自浙入江南直隶矣沙上以南不暇泛及兹以海道之要害切于江北者言之狼山当江海之吭而廖角掘港皆扬之东南界也朐山据淮海之首郁州嘤游山皆淮之东北境也中包泰兴之周家桥盐城之射阳湖山阳之云梯关庙湾等处此皆沿海冲要之区寇盗可以停舶出没之处乃据守所当先者也近奉钦依东西二海所云梯关麻洋掘港俱设把总惟周家桥庙湾场二处亦须添设把总其狼山朐山为首尾之势责令参将分布驻札堵截海寇中间旧设新添官军兵快悉听参将提调凡遇声息百里之内同日应援不许互相推避致误军机各照律例重拟庶心力可一盗寇可御又照临清向为北敌添筑外城淮郡西湖嘴正人烟稠密处所一遇寇至搬移流离况二城所容有限欲将西湖嘴另筑一城又虑财力地势俱有未便聊将夹城中间联筑为道一自新城东南角楼起抵旧城桃花营一自新城西南角楼起抵旧城北水关共计四百余丈比之扬外城之工不及十之一二如此则两城相通粮草兼济攻守有备矣

吴郡监生金鱼云倭寇之患起于吴浙而沿及淮阳盖扬州富甲天下人所素闻三十五年之夏贼以二百余人【或曰止一百三十余人】突至扬州城下城中谨闭自守任其游逸无如之何大掠而去自是益生歆艳而扬州为贼所必窥之地矣以江北之大势言之东起瞭角嘴大河口以及吕四卢家等场沿于杨树港海门里河通州与如皋泰州稍折而北则为扬州矣过扬州而西稍北则天长滁州抵中都踰海门而北则为徐步营又北则为崛港又东北则为新插港转而西北则金沙盐城庙湾刘庄姚家荡再西北则蛤蜊麻线等港而至大海口矣刘庄东北则安东安东之北则为海州赣榆泰州西北则为高邮宝应宝应之北为淮安淮安转西则泗州以达凤阳此江北形势之大略也贼入海之道有二其一新港为一道新港即所谓三江口盖由南江狼山越仪真瓜州而入登岸则下家坟周家坟稍折而东则扬州矣此可入以登岸亦可从以出海者也此最为便道其二则蛤蜊麻线等港沿北大海口为一道大海口有水陆路南通庙湾与刘庄姚家荡俱为大镇贼若据此我兵屯于汤潮岸等处贼南寻新港路出不得则必北寻大海口而出势所必然也若安东海州之东北有大北海不惟道里迂远且砂碛甚多此不可运舟者也崛港新插港之东亦有北海砂碛亦多不堪重载此但可从以入而不可出者也是贼出海之路止有二途若其登岸之处则不一东则瞭角嘴吕四场西则杨树港徐沙营又西则狼山杨树港北则山必窥通州而扬州在西使于榆东榆西等处率民以掣其后则贼必敢直前以寇扬州若于瞭角嘴吕四场或新插港崛港以进使于榆东榆西等处屯兵以遏之则扬州可无危故今榆东榆西等处最为要地而当事者欲屯宿重兵以控扼贼锋者有以也按江北之地细港委荡固亦有之而平原浩壤则视吴松为多夫西北骑兵倭寇未易以婴其锋也既得平地则骑兵可施三十八年之捷以西北骑兵三千为之先冲可见也他有汤潮岸者文范公所筑以捍海溢者也故亦名范公堤东南起四吕荡西北抵姚家场绵亘几三四百里高冈平衍可用骑兵为之长驱今东关瓜州俱已建堡贼若于瞭角嘴吕四场及新插港崛港以进或不能袭取扬州必转之东北而窥淮安安东以据刘庄庙湾我军苟能彼此夹攻逼之使至汤庙岸以西北骑兵冲其锋而以火器继之各路兵随后新插港崛港皆其所从以登岸而入寇之路也夫贼所歆慕惟在扬州一执居民便问其道若登狼击之贼可以战成擒矣故我军惟利贼之至此者有以也新插港东临北海素有盐徒数百艘聚泊崇明北海之寇欲劫盐协徒而不果当事者欲置官于此以提督盐徒使不为贼用而为我用亦一见也夫寇兴以来烧劫屠戮之惨吴浙淮扬所同若获利之多则未有如淮扬者而贼所必不能舍者在是矣况其地运道陵寝在焉所系尤重乎夫江北之地除安丰等三十六场俱在海内不为要害其要害之处乃通州也狼山也杨树港里河镇也榆东榆西等场也瞭角嘴吕四场也崛港新插港也庙湾刘庄金沙场姚家荡也今皆已建城堡设戍守非若往日之无备矣其要害之尤者曰新河出入最便逼近扬州也曰北海所从以通新插港且有盐徒聚艘于此者也曰庙湾以其为巨镇而可通大海口也故当事者【荆川先生】欲以把总三人一住新港一住北海【近新插港且有盐艘聚泊也或曰庙湾以北之北海疑未是一住庙湾一为陆路游击住札海安镇若海安在如皋泰州之间东可以控扼狼山通州海门之入而西可以捍卫扬州也】

卷七

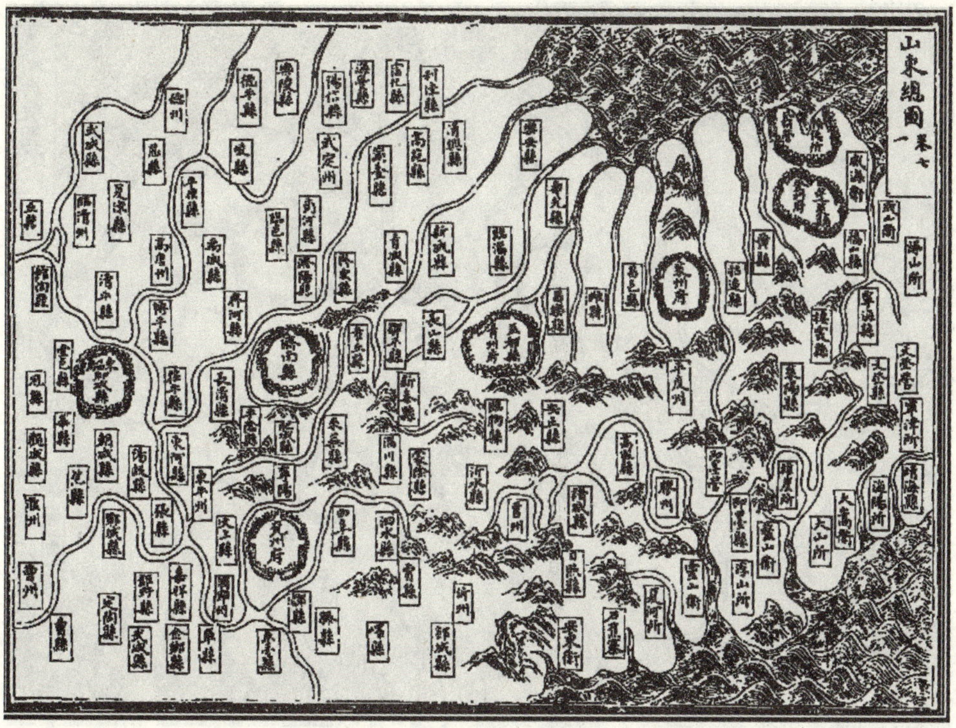

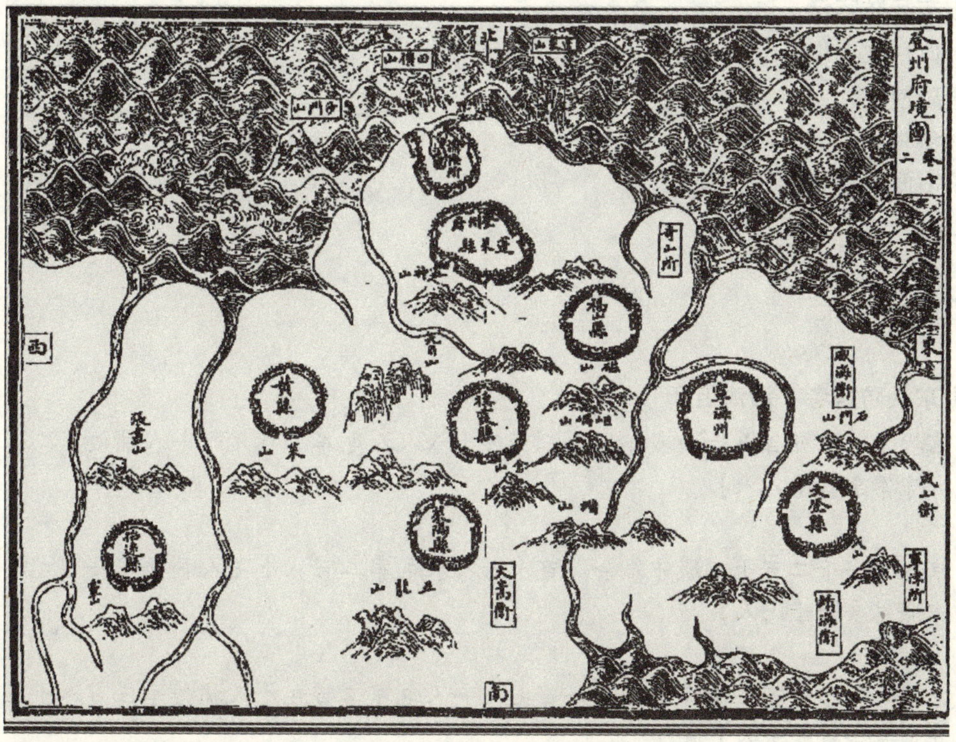

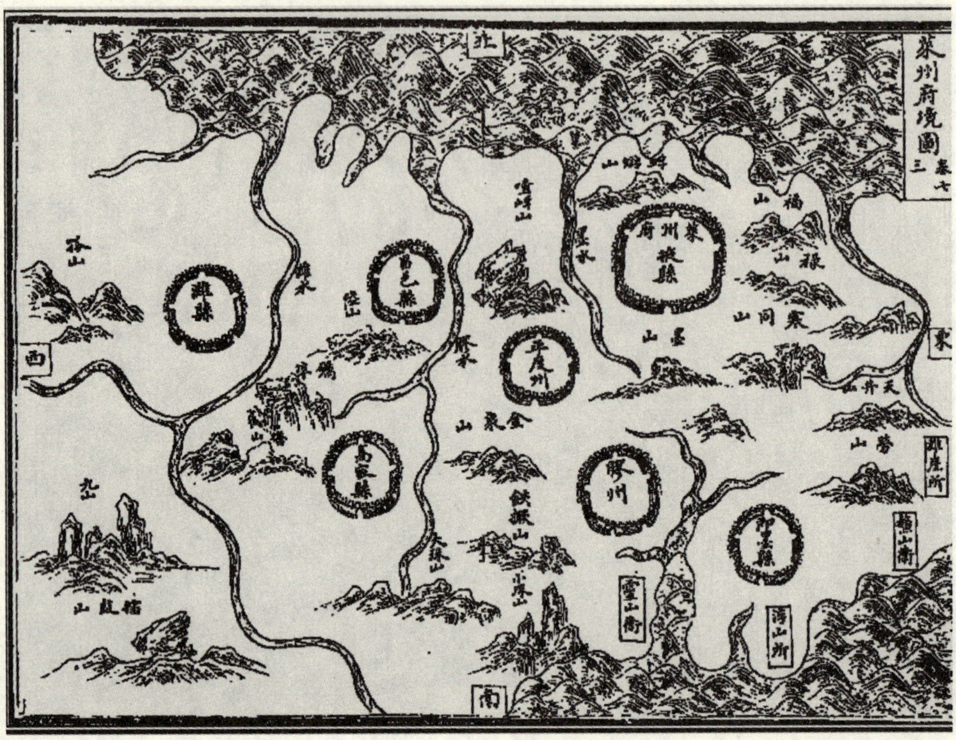

卷七 · 山东兵防官考

提督军务巡抚都御史

巡察海道副使

管领民兵参将

总督登莱沿海兵马备倭都指挥

登州营把总

文登营把总

即墨营把总

卷七 · 山东兵防官考 · 沿海卫所

安东卫【京操军一千五百七十六城守军余三百五十八人人屯军三百九十一人捕倭军二百六十九人】

石旧所【城守军余四十八人】

灵山卫【京操军一千二百十三城守军余一百十六人人屯军二百八十七人捕倭军一百九十一人】

夏河所【守城军余六十七人】

鳌山卫【京操军一千六百三十城守军余一百七人一人屯军二百九十人捕倭军三百八十五人】

浮山所【守城军余五十六人】

雄崖所【京操军五百七十一城守军余九十七人人屯军七十七人捕倭军一百一十人】

大嵩卫【京操军一千四百九十一城守军余三百五十八人人屯军四百二十八人捕倭军二百四十六人】

大山所【守城军余二十六人】

靖海卫【京操军一千五百九十三城守军余一百五十人人屯军二百一十一人捕倭军三百十三人】
海阳所【京操军四百九十六城守军余一百二十六人屯军六十六人人捕倭军一百二人】
宁津所【京操军五百二十九城守军余一百六人人屯军六十八人捕倭军六十八人】

成山卫【京操军一千二百五十城守军余二百六十一人六人屯军二百四十人捕倭军二百三十四人】
寻山所【守城军余九十四人】
宁海卫【京操军一千六百十五城守军余一千一百一十人人屯军三百九十一人捕倭军三百五十四人】
奇山所【京操军四百九十八城守军余一百一十二人屯军六十人人捕倭军七十五人】

威海卫【京操军一千三百六十八城守军余七十五人人屯军二百二十四人捕倭军二百八十五人】
百尺所【守城军余三十五人】
金山所【守城军余一百十四人】

登州卫【京操军二千九人城守军余二百五十人屯军一百一十四人捕倭军八百二十八人】
福山所【守城军余一百十四人】

莱州卫【京操军一千七百二十城守军余三百二人八人屯军四百四十七人捕倭军四百十三人】
王徐寨所【守城军余四十八人】
胶州所【京操军四百六人城守军余九十四人屯军七十七人捕倭军四十四人】

青州左卫【京操军三千六百二城守军余七人屯军四百五十三人百二十人】

卷七・山东兵防官考・沿海巡检司【弓兵数附】
青州府
夹仓镇【在日照县弓兵一十八人】
信阳镇【同前弓兵一十八人】
南龙湾【同前弓兵二十一人】
高家港【在乐安县弓兵二十四人】

登州府
赤山寨【在文登县弓兵二十七人】
辛汪寨【同前弓兵二十七人】
温泉镇【同前弓兵二十四人】
东良海口【在招远县弓兵二十四人】
乳山【在宁海县弓兵二十三人】
高山【在蓬莱县弓兵二十四人】
杨家店【同前弓兵二十一人】
马停镇
孙夼镇【在福山县弓兵二十一人】
行村寨【在莱阳县弓兵二十二人】

莱州府
鱼儿铺【在昌邑县弓兵一十五人】
古镇【在胶州弓兵二十一人】
逢猛【同前弓兵二十一】
栲栳岛【在即墨县弓兵二十一人】
海仓【在掖县弓兵十五人】
柴葫【同前弓兵一十二人】

卷七·山东兵防官考·沿海墪堡【守军数附】
安东卫【守墪堡军余三十九人】
墪九【兰头山 鸭高山 大河口 黑漆子 泊峰 张落 滔洛 小阜儿 昧蹄沟】
堡八【三桥铺 虎山 烽火山 关山 昧沟 木寨 孤嘴 董家】
石旧寨所【守墪堡军余四十人】
墪十【温桑沟 南石旧 北石旧 清泥 董家口 钓鱼 湘子泊 金线 石河 湖水】
堡三【古城 滕家岭 滔洛】
夹仓镇巡检司【守墪弓兵一十二人】
墪四【蔡家 焦家 三叉口 相家】
信阳镇巡检司【守墪弓兵一十二人】
墪四【西大岭 南黄 东沙岭 黄石槛】
南龙湾海口巡检司【守墪弓兵九人】
墪三【陈家台 胡家 琅琊台】
高家港巡检司【守墪弓兵六人】
墪二【石牌司西】

灵山卫【守墪堡军余八十人】
墪二十【帽子峰 将军台 沙沟 黄埠 李家岛 唐岛 安岭 风火山 黄山 野山埠 长城岭 臧家疃 捉马山 张家庄 刘家沟 孙家巷 胡蓝嘴 敲尧山 酉子埠 沙嘴】
堡十三【青石山 崇石山 东石山 交差涧 焦家村 石喇差 鹿角河 大河口 花山 本寨东门 丁家庄 白塔夼 沙岭】
夏河寨所【守墪堡军余三十九人】
墪七【徐家埠 紫良庄 海王庄 车迭山 沙岭 黄埠 大盘】
堡六【赵家营 走马岭 封家岭 北显沟 小滩 王家庄】
古镇巡检司【守墪弓兵九人】
墪三【西庄 古积 北青】
逢猛巡检司【守墪弓兵九人】
墪三【互埠 彭家港 岛儿河】
胶州所【守墪堡军余八十一人】
墪九【汪家庄 杜家港 沙埠 洋河 石河 塔埠 孤埠 沙岭 大埠】
堡七【辛庄 鹿村 石河 八里庄 陈村 栾村 柘沟河】

鳌山卫【守墪堡军余六十九人】
墪十七【汾水岭 小劳山 石岭 横担 栲栳岛 羊山 龙口 石老人 峰山 走马岭 黄谷 俞

家岭　高山　萧旺庄　狼家嘴　劈石山　捉马嘴】

堡十八【桑园　营前　马山　大村　监望　中村　那城　桃林　双山　错破岭　孙仝　塔儿　东城　转头山　狗塔埠　瓮窑头　万口炉　石张口】

浮山寨所【守墪堡军余四十五人】

墪九【麦岛　程阳　女姑　程家庄　楼山　姑山　红石　张家庄　斩山】

栲栳岛巡检司【守墪堡军余九人】

墪三【丈二山　金钱山　望梅】

雄崖所【守墪堡军余三十人】

墪八【王家山　公平　望山　米粟山　北堑　朱皋　陷牛山　白马岛】

堡三【段村　王骞　青山】

大嵩卫【守墪堡军余四十二人】

墪七【杨家嘴　刘家岭　新安寨　草岛嘴　擒虎山　望石山　麦岛】

堡五【青山　管村　界河　小山　黄山】

行村寨巡检司【守墪弓兵九人】

墪三【高山　田村　灵山】

大山所【守墪堡军余十人】

墪二【大山　虎巢山】

堡二【双山　黄阳】

乳山寨巡检司【守墪堡弓兵七人】

墪三【里口　长角岭　高家庄】

靖海卫【守墪堡军余七十二人】

墪二十【大湾口　头姚山　青岛嘴　长会口　石岗山　浪浪　苽蒌寨　标杆顶　唐浪顶　铎木山郭家口　赤石　红土崖　黑夫厂　石脚山　柘岛　峰窝　明光山　狗脚山　路家马头】

堡八【店山　望将山　起雨顶　蒸饼山　憨山　孤西山　望将山　坟台顶】

赤山寨巡检司【守墪弓兵三人】

墪一【田家岭】

宁津所【守墪堡军余四十二人】

墪八【孟家山　青埠山　柴家山　芝麻滩　慢埠　龙山　万口　羊家岛】

堡九【帽子山　大顶山　高楼山　拖地冈　王家铺　上现口　龙虎山　崮山寨　固山】

海阳所【守墪堡军余四十一人】

墪七【帽子山　乳山　驴山　贼子港　白沙　峰子山　小龙山】

堡十【窄山　孤山　猪港　黄河科　汤山　扒山　桃村　孔家庄　老埠港　撇雪山】

成山卫【守墪堡军余四十一人】

墪十【狼家顶　里岛　马山　高□山　北峰头　仲山　崮嘴　太平顶　俞镇　大姑山】

堡九【神前　堆前　祭天岭　报信口　石础　洛口　歇马神　北留村　张家】

寻山所【守墪堡军余三十八人】

墪八【张家嘴　古老石　黄连嘴　小劳山　杨家岭　马山　青鱼岛　葛楼山】

堡七【曲家埠　青山　大水泊　胜佛口　老翅　纪子埠　蒸饼山】

温泉镇巡检司【守墪弓兵六人】

墪二【可山　半月山】

威海卫【守墪堡军余三十八人】
墪八【陈家庄　焦子埠　绕达　麻子　斜山　磨儿山　古陌头　庙后峰】
堡四【曹家庄　豹虎　峰山　天都】
百尺崖所【守墪堡军余二十四人】
墪六【曹家岛　百尺崖　老姑顶　蒲台顶　嵩里　望天岭】
堡三【转山　阙　窦家崖】
辛汪寨所【守墪弓兵三人】
墪一【辛汪】

宁海卫【守墪堡军余四十二人】
墪六【后至山　戏山　小峰山　马山　草埠　貉子巢】
堡十二【宋家　曲水　管山　汤西　修福　石子现　辛安　杏林　芜蒌　板桥　修福　栲栳】
金山所【守墪堡军余一十七人】
墪五【庙山　凤凰　金山　骆驼　小峰山】
堡四【邹山　清泉　石沟　朱家】
清泉所【守城军余一十五人守墪军余八人】
墪二【清泉　石沟】
奇山所【守墪堡军余一十八人】
墪四【现顶　埠东　熨斗　木柞】
堡二【黄务　西牟】
孙夼镇巡检司【守墪弓兵九人】
墪三【岗仑　塔山　旗掌】

登州卫【守墪军余一十八人】
墪六【抹直口　教场　林家庄　西庄　蓬莱阁　田横寨】
福山所【守墪军余二十五人】
墪三【单山三山阜河】
柴葫寨巡检司【守墪弓兵一十八人】
墪六【小阜儿　武庄庄　上司　诸黄　诸高　大原】
马埠寨所【守城军余四十人守墪军余九人】
墪三【海庙　扒埠　马埠】
海仓巡检司【守墪弓兵一十五人】
墪五【海郑　白堂　上山　后灶　东关】
鱼儿巡检司【守墪弓兵十五人】
墪四【黑山　河口　韩城　烟火】
塘头寨所【守城军余七十六人守墪军余三十人】
墪九【宁家坟　荆埠　宅科　官台　田水河　八面　公母堂　上司　黄种河】

卷七・山东倭变纪

永乐六年倭贼袭破宁海卫【杀掠甚惨指挥赵铭以失机被刑】

寇成山卫【白峰头寨罗山寨及大嵩草岛嘴鳌山羊山寨阴岛张家庄以次被掠】

入于家庄寨百户王黼死之

入桃花闸寨百户周盘死之

嘉靖三十四年五月贼登犯日照县

三十五年四月贼登灵山卫养马岛官兵讨平之

犯海阳所官兵讨平之

卷七·山东事宜

登州营

登莱二郡凸出于海如人吐舌东南北三面受敌故设三营联络每营当一面之寄登州营所以控北海之险也登莱二卫并青州左卫俱隶焉其策应地方语所则有奇山福山中前王徐前诸所语寨则有黄河口刘家汪解宋芦徐马停皂河马埠诸寨语巡司则有杨家店高山孙夼镇马亭镇东良海口柴胡海仓鱼儿铺高家港诸司三营各立把总二员以总辖之其在海外则岛屿环抱自东北崆峒半洋西抵长山蓬莱田横沙门鼍矶三山芙蓉桑岛错落盘踞以为登州北门之获过此而北则辽阳矣此天造地设之险也然诸岛虽登州而居岛中以取鱼盐之利者乃辽阳之编伍非山东之戍卒也叫呶跳梁可畏而不可恃详见【后总论中】故北海之滨既有府治而设险者复建备倭城于新河海口以为屏翰且有本营之建焉沿海兵防特重其责非若他省但建水寨于岛屿良有以也夫岛屿既不设险则海口所系匪轻自营城以东若抹直石落湾子刘家汪平畅芦洋诸处自营城以西若西王庄西山栾家孙家海洋山后八角城后芝罘莒岛诸处皆可通番舶登突严外户以绥堂阃其本营典守之责乎

文登营

文登乃泰山余络突入海中文登县尤其东之尽处也成山以东若捍门滩九峰赤山白蓬头诸岛纵横沙碛联络潮势至此冲击腾沸议者谓倭船未敢猝达然考之国初倭寇成山白峰寨罗山寨延大嵩草岛嘴等处海侧居民重罹其殃倭果畏海奚而有是哉故文登县东北有文登营之设所以控东海之险也宁海威海成山靖海四卫皆隶焉其策应地方语所则有宁峰海阳金山百尺崖寻山诸所语寨则有清泉赤山等寨语巡司则有辛汪温泉镇赤山寨诸司逶而北则应援乎登州迤而南则应援乎即墨三营鼎建相为犄角形胜调度雄且密矣有干城之寄者其思国初成山之变而儆戒无虞也哉

即墨营

山东与直隶连壤即墨县南望淮安东海所城左右相错如咽喉关锁迩年登莱海警告宁然淮阳屡被登劫自淮达莱片帆可至犯淮者犯莱之渐也故即墨所系较二营似尤为要自大嵩鳌山灵山安东一带南海之险皆本营控御之责其策应地方语所则有雄崖胶州大山浮山夏河石洞诸所语巡司则有乳山行村栲栳岛逄猛南龙湾古镇信阳夹仓诸司其海口岩唐家湾大任陈家湾鹅儿栲栳天井湾颜武周疃松林全家湾青岛徐家庄诸处俱为冲要堤防尤难国初倭寇鳌山毒痛甚惨即本营所辖之地也殷鉴不远封守者其可以弗慎乎

一倭患之作岭峤以北达于淮阳靡不受害而山东独不之及岂其无意于此哉亦以山东之民便于鞍马而不便于舟楫无通番下海之人为之向导接济焉耳然迩年青齐之兵多为所掳安知其中无识海道而勾引者乎予观山东诸郡民性强悍乐于战斗倭之短兵不足以当其长枪劲弩倭之步战不足以当其方轨列骑万一至此是自丧其元也所虞者登莱突出海中腹背受敌难于堤备国朝专设备倭都指挥一员巡海副使一员分驻二郡卫所森严塹堡周备承平日久不无废弛申明振厉庶几其无患乎

一予闻宋以前日本入贡自新罗以趋山东今若入寇必由此路但登莱之海危礁暗沙不可胜测非谙练之至则舟且不保何以迎敌而追击乎故安东以北若劳山赤山竹篙旱门刘公芝界八角沙门三山诸岛乃贼之所必泊而我之所当伺焉者也若白蓬头槐子口桥鸡鸣屿金嘴石仓庙浅滩乱矶乃贼之所必避而我之所当远焉者也严

出洋之令勒会哨之期交牌信验习熟有素则他日庙堂或修海运亦大有赖焉独御倭云乎哉

一山东今日之患有二其一曰班兵怀跋扈之志久矣其一曰登莱岛民原系辽阳所徙不受法制地方痈毒宜早治而亟平之不然溃决之虞不能免也

一山东关系大要尤在海运予考元时海运故道南自福建梅花所起北自太仓刘家河起迄于直沽迢迢五千余里永乐以来会通河成海运遂废运者皆由漕河所以避开洋之险也然海险莫甚于成山以东白蓬头等处危礁乱矶湍流伏沙不可胜纪非熟识水洪则不敢行宗伯席书云海运一失人不复生河运有失尚幸不死以生易死轻重昭然是海运之罢端为山东之海险也以愚观之漕河自王家闸以北至于德州千有余里乃国家咽喉命脉其通其塞所系匪轻况黄河渐徙而南或冲而北易为漕患及今承平修复海运以备不虞岂非国家之大计哉今上初年庙堂尝议及此或建议欲于胶州凿山浚土以达海仓以避洋险山东抚巡病其烦难而止惜小害大可慨也夫会通河也胶莱新河也登莱海险也皆山东所辖之处今之论山东海患者但知备倭而不知备运愚故及之【其法详见大学衍义补海道经等书附录太仓生员毛希秉云洪武永乐间海运江南粟以给辽东北京从太仓刘家河过崇明三沙放洋至直沽交卸南北货物往来近海居民甚得其利而无盐盗之害自海道绝而沙民争鱼盐之利往往仇杀拒捕矣今黄河日徙于南漕运渐有难行之势莫若讲求海运召募沿海鱼人灶丁盐徒番客寻认海洪以开运道如广东船能至漳州漳州船能至宁波宁波船能至崇明崇明船能至通泰海州自此以北岂无识认之人故老相传崇明至海州风顺无需一日海州至登州六百里转过登莱环抱千余里从利津至直沽亦六百里近故尝考之元史至元三十年千户殷明略开海运新道自浙西至直沽不过旬日又浚山东胶莱新河直达天津以避迤东海道之险今未通者仅五里耳且漕船大者三四百石海船大者八九千石漕运一年每三石致一海运一月不两石而致一其便利较然也所忧者风涛之害耳然闻南洋通番海舶专在琉球大食诸国往来而海岛州县常年度海未见有覆溺之患宜兼漳船蜈蚣船制度而酌其中有风则帆无风则桿打造有法处置得宜何忧费人之说尝观沙船载芦山船载竹者如浮筏然故鲜漂弱议仿刳木为舟之制上留一窍出纳米粮悉以油灰黏缝附于海舟两旁万一漂失米无沉湿人有搭救庶为万全之策若夫料浅占风之法定盘望星之规放洋泊舟之处详载大学衍义补山东通志海道经采试有效即令崇明各沙大户及沿海巨室自备人船海运许载私货回盐以偿其劳连年有功者量授以官则不惟公私两便而海盗亦可以不作矣或曰海运通则漕河塞京官家室未免舍舟而车孰若安流之为利邪督运者或不得人而应募之夫鲜则将仍旧定派里甲军余轮运而泣送悲迎之害兴又胡以善其后乎愚曰不然自迁都北平以来东南财力竭矣今复海运则田耗可以量减运卒得以少休江西湖广江东之粟仍从漕运惟浙东西苏松常闽广贡赋则从海运斯固并行而不害矣又云客难曰漕运费财海运费人古今以为确论故罢海而漕今且百三十年矣子欲复之岂非知惜财而不惜人者邪子曰不然天下事利多害少者为之害多而利少者弗为也朱子非仁人与何为疏诸海运闽广之米于浙东我太祖非仁君与何为诏令海运江南之粟于辽左亦以道近而省民也矧今会通河常弗利漕船不行可不为之所乎果曰费人请以耳目之闻见者征之近如苏之崇明县西至太仓二百余里南至宁波北至海州各千余里捕鱼贩盐赍文应役公私往来者无日庶之又如宁波东南有茶山牛头山玉环山逋民衣食器用不能不仰于内地彼此往来者无日无之近闻宁波势家每至漳州贩木顾白船往来海中并无覆溺之患远如广之琼崖儋万其至省城也风顺则半月风阻则一月甚至浮海三月者有之他如南洋西洋诸国其隔闽广也近则数千里远则数万里通番海舶无日无之使其下海必遭漂没人亦何苦舍生而求死哉况东洋有山可依有港可泊南北不过三千里往来不过二十日非若南洋西洋一望无际舟行而再不可止也海运何难之有哉客曰海运果不费人何为永乐十三年会通河成罢海运万民歌舞且为开漕河者立生祠其故何哉予曰以不教民战是谓弃之欲人出死力弗与同其利自古未有能济者也元人海运召募两浙富户素习海涛者而以沙民朱清张瑄罗壁为之使且禁网疏阔能与同其利自至元二十九年至天历二年六十余年间海运不废总其所失米数盖曾不能以十一我朝迁都北京后议行海运编定里甲矣递年轮差夹带私盐者没入之且置以法焉况造船多不如武督运多不得人故乡人数逢其害咸以为弗便漕运通而军七民三之例定宜乎民之歌舞而颂德也若打造有法处置得宜何忧乎费人邪区区之议非欲驱民于死也亦曰因民之利而利之耳朝廷诚下诏江南有能寻复元人海运故道者当银万两授以某官海道既通复下诏曰有能自备人船海运者每运米万石给与耗米月粮四千仍许私货回盐永不抽税仍严私自下海之禁毋得浸其利人谁不愿运乎但当自募番客灶丁盐徒及傍海大户惯习海涛者听其所欲不可

强定腹里军民不习水性之人以败乃事斯可久行而无害矣客曰虽惯下海素习水性者汪洋浩浩舟覆可以得生予曰海洋虽大有洲有岛专募下海善没之人而又多置脚船尽备浮筏虽遭风波亦可以幸免况又变通船制以为万全之策乎客曰丘文庄欲照例工部造船军夫运粮而子乃欲召募漳人沙民及沿海大户自备人船者何居曰从来公事不如私事之勤劳官物不如民物之坚厚尝间漳船费银万两莫若召工估价而宽给海运大户自造免私货之税以备修理军夫不习水性素怯海涛岂可强所不能而驱之以冒险邪行丘之议是陷赤子于汤火也从吾之说是蛮夷水寇皆将为我用也岂但不为中国良民害哉客曰丘议一如番舶之制斯亦善矣而子欲兼蜈蚣船者何哉曰海行甚连而遲者守风故也如大食国在漳州东南每岁通番者必候冬初西北风盛而去夏初东南风盛而来所谓海舟无风不可动也惟佛郎机国蜈蚣船底尖面阔两旁列楫数十其行如飞而无倾覆之患故兼二船之长则除飓风暴作狂风怒号外有无顺逆皆可行矣况海中昼夜两潮顺流鼓楫一日何尝不数百里哉客曰丘议每艘运米八百石许载私货二百石而子乃云海运大者八九千丘议运军私货三十税一客商附载者如常例而子乃许税货回盐永不抽税何大小多寡之悬绝邪子曰取海运者载重而行疾也故漳船能容人三千货倍之盖不止于万斛也漕运正米四百万公私费米八百万今海运止给耗米月粮一百六十万岁省六百四十万矣而又欲税其私货毋乃遗大较细计近而忘远乎盖闻辽东天井之国百货难出登莱苦盐之地物产不多而登辽隔海甚近风顺半日可达太祖旧制岁运登莱花布以给辽军辽阳之货亦得载于山东彼此军民交受其利既而捕巡官军假公济私报称官船不许私载之律往往搜捕攘夺故海船不敢入港远泊大洋潜以小舟私渡数被风涛损失官费修造咸议其不便遂奏折银陆运海道既绝辽东生儒大比赴山东非迂过北京以来不啻五千余里劳费不赀士民俱困此可以为鉴矣客曰通番海船每放一艘出年例得二三千两番货进港船户分其半人犹冒禁为之利多故也今海运既给耗米月粮而又容载私货回盐且不征其税毋乃貊道不可行于中国乎予曰异哉言与计小利则大事不成故沛公间楚赵王备边宋祖任将与夫刘晏造船虞集垦地皆有得于夫子之计而成功其为国家之利甚大故区区之见不但弗征其税而已海船能载万石者止运六千许以四分载私货回船悉听带盐附载而严私自下海之禁盖恐侵其利也将使官民富饶乐于海运自出方略以备不虞不至漂失万一有之即如漕船亦间有遇风而连数帮损坏者岂能保其万无一失之理哉所失之利甚少所得之利甚多后世因占小便宜而失大便宜者众矣可不戒哉客喜再拜曰不啚海运之利若是也沙民富而海之盐盗息矣解纲省而农之田耗减矣运卒休而卫之行伍实矣南北货通而物价不至于涌贵官民船便而漕河不至于挤塞水战习而足以制东南之夷民力宽而足以备西北之狄若更省漕卒十万以兴北方之地利积余粟数年以减南方之纲运军民富庶上下安乐】

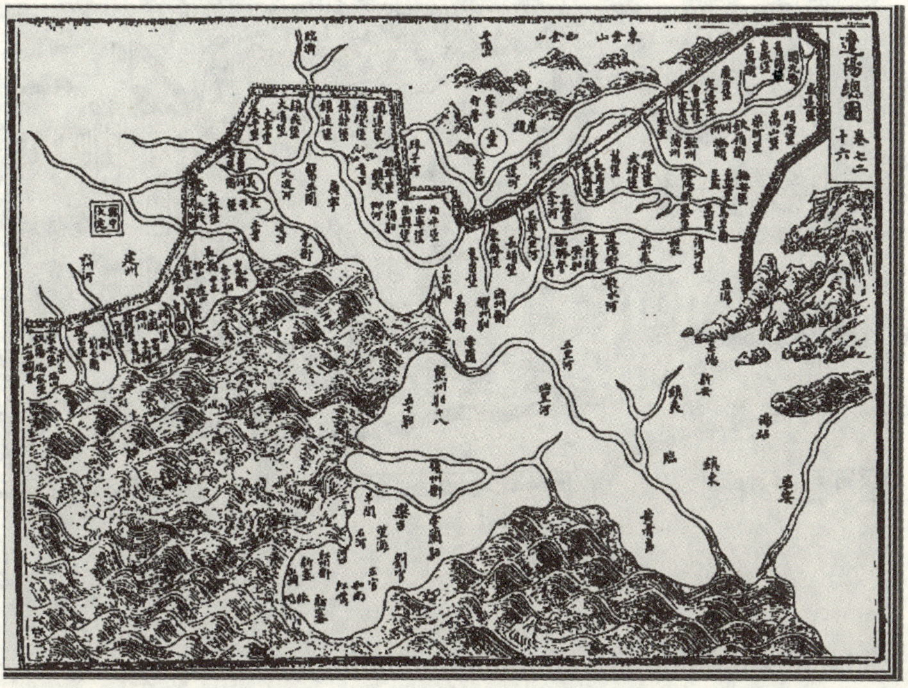

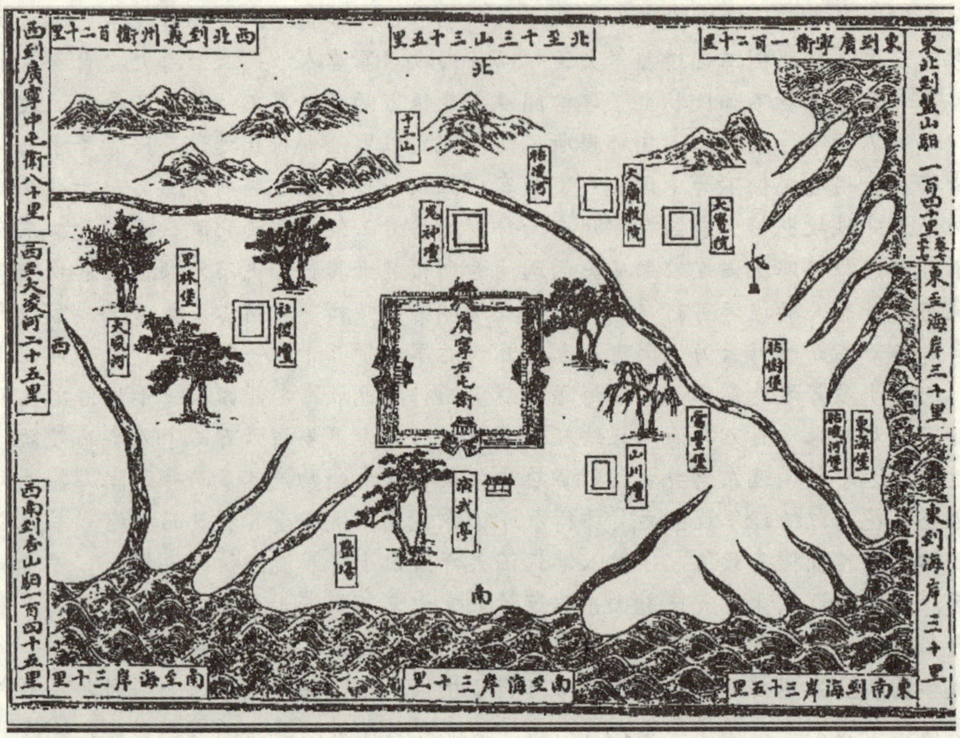
北至十三山三十五里
北
南
西
廣寧右屯衛
東至海岸三十里
東到海岸三十里
南至海岸三十里
南至海岸三十里
東南到海岸三十五里
西至大凌河二十五里

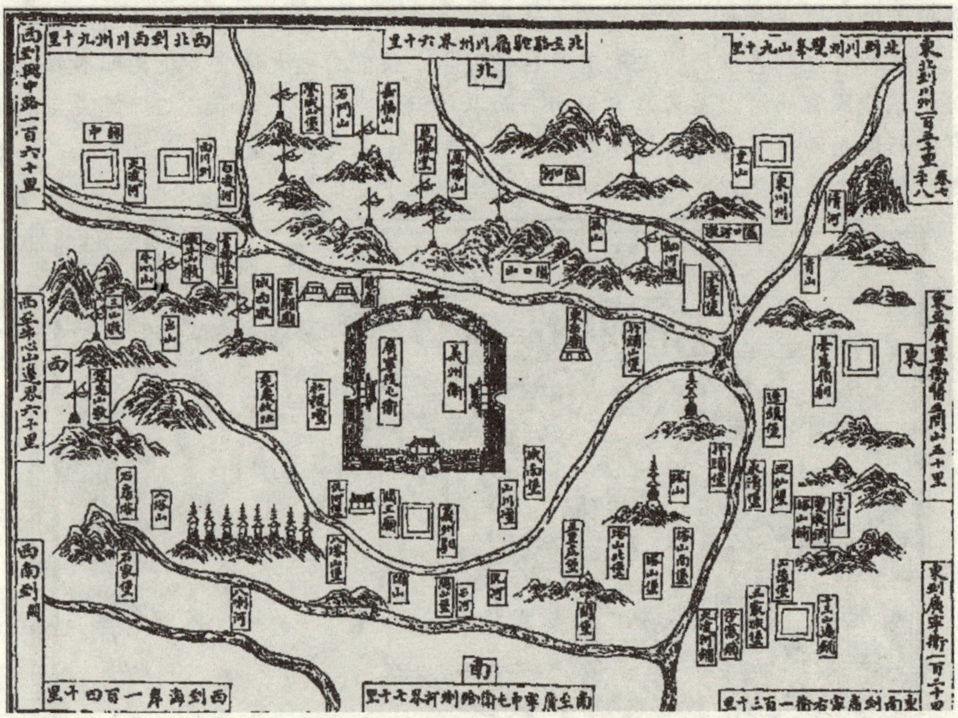
北
南
西
東
義州衛

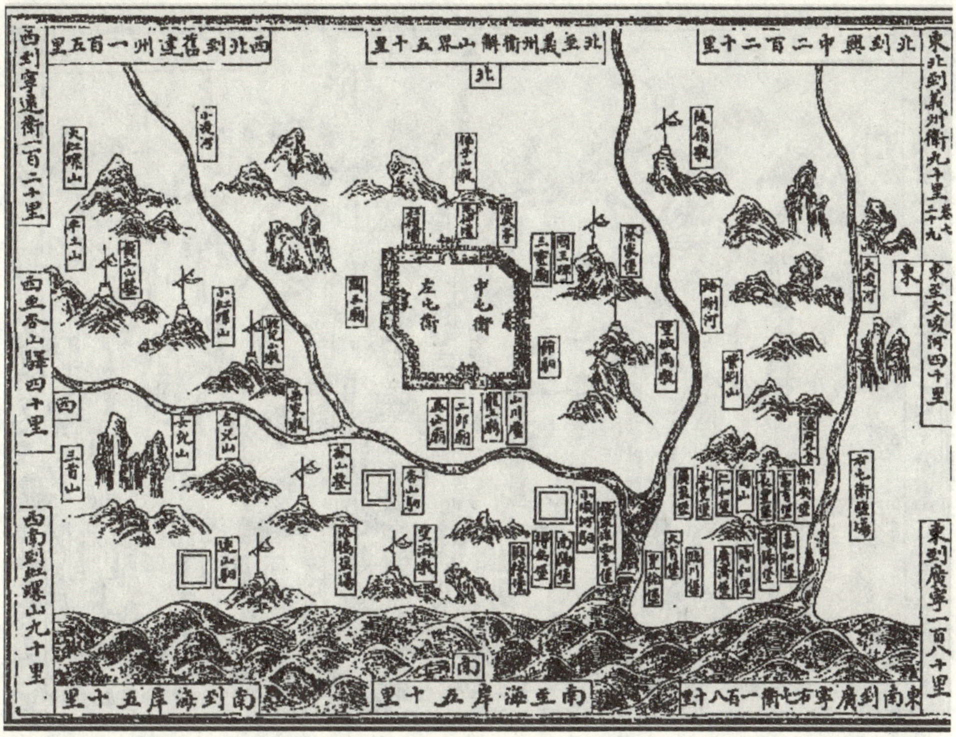
西北到舊遼州一百五里
北至義州衛解山界五十里
北到興中二百二十里
東北到義州衛九十里
東至大凌河四十里
東到廣寧一百八十里
東南到廣寧右屯衛一百八十里
南至海岸五十里
南到海岸五十里
西南到紅螺山九十里
西至杏山驛四十里
西到寧遠衛一百二十里
中屯衛
左屯衛

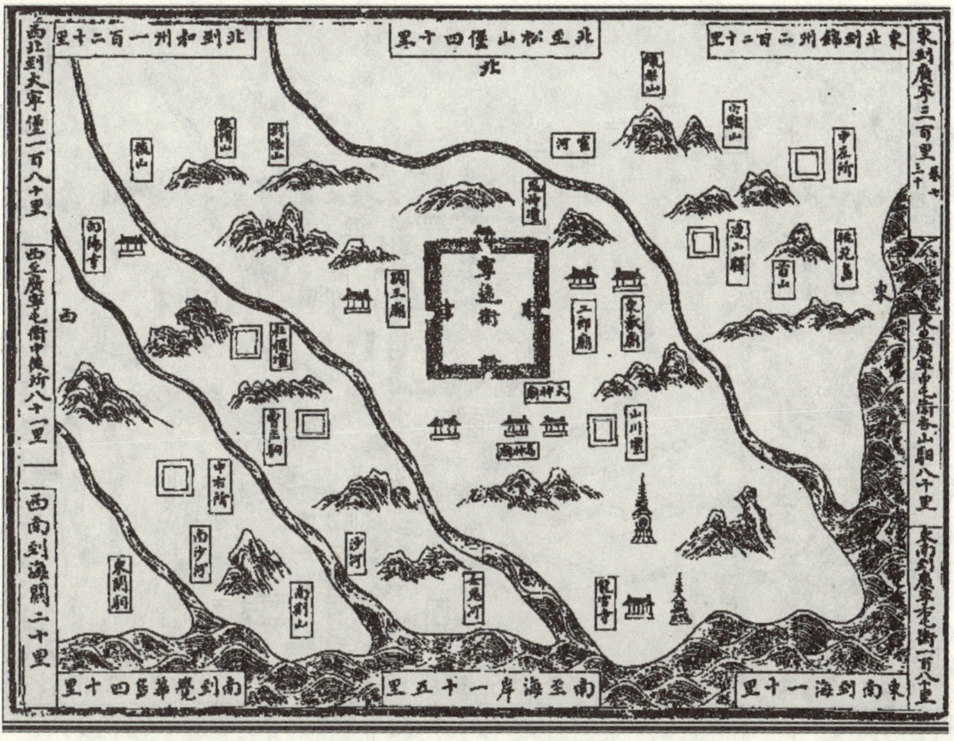
北至松山堡四十里
東北到錦州二百二十里
東到廣寧三百里
東南到海一十里
南至海岸一十五里
南到覺華島四十里
西南到海關二十里
西北到大寧堡一百八十里
寧遠衛

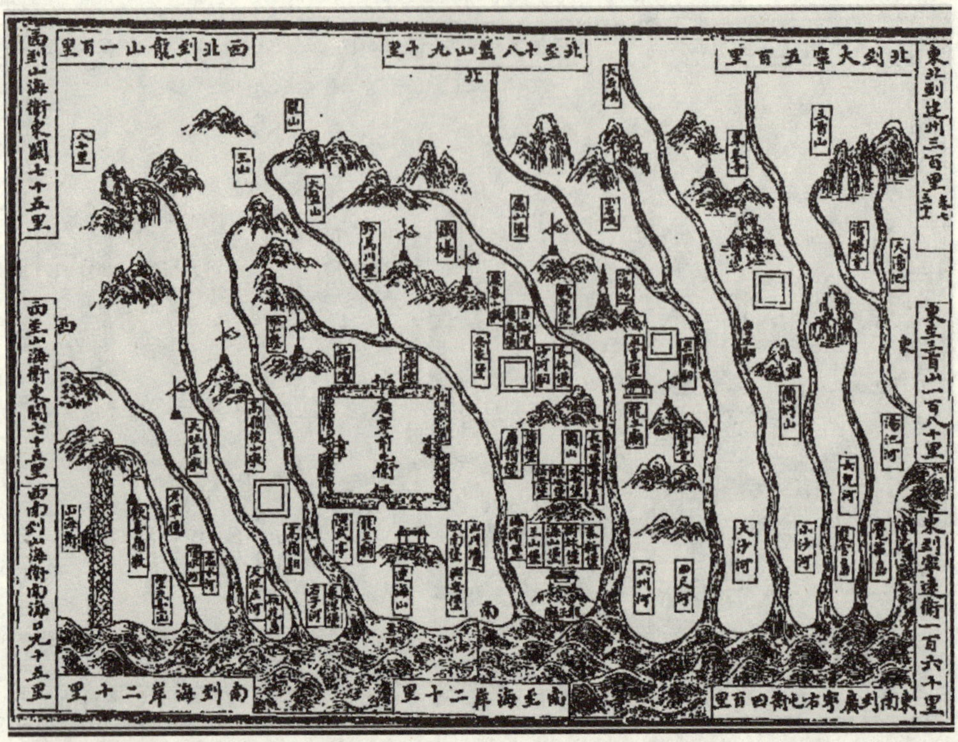
西北到龍山一百里
北至十八盤山九十里
北到大寧五百里
西到山海衛東關七十五里
西至山海衛東關七十五里
西南到山海衛南海口九十五里
東北到建州三百里
東至青山一百八十里
東到寧遠衛一百六十里
南到海岸二十里
南至海岸二十里
東南到廣寧右屯衛四百里

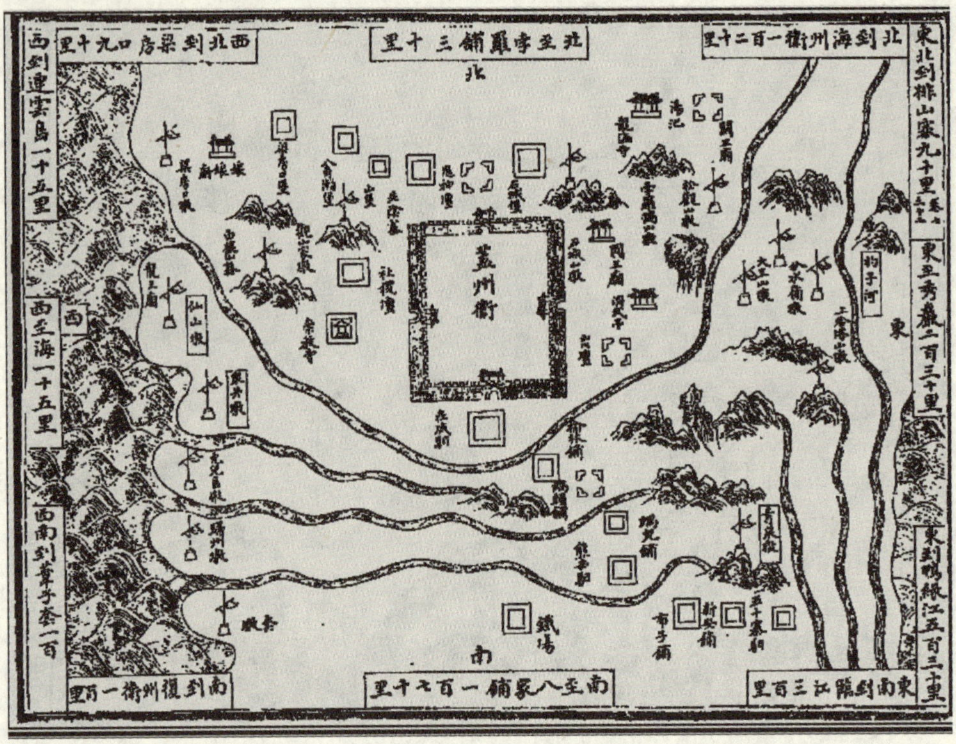
西北到梁房口九十里
北至李巖鋪三十里
北到海州衛一百二十里
西到連雲島一十五里
西至海一十五里
東北到排山寨九十里
東至秀巖二百三十里
東到鴨綠江五百三十里
蓋州衛
南到復州衛一百里
南至八家鋪一百七十里
東南到臨江三百里

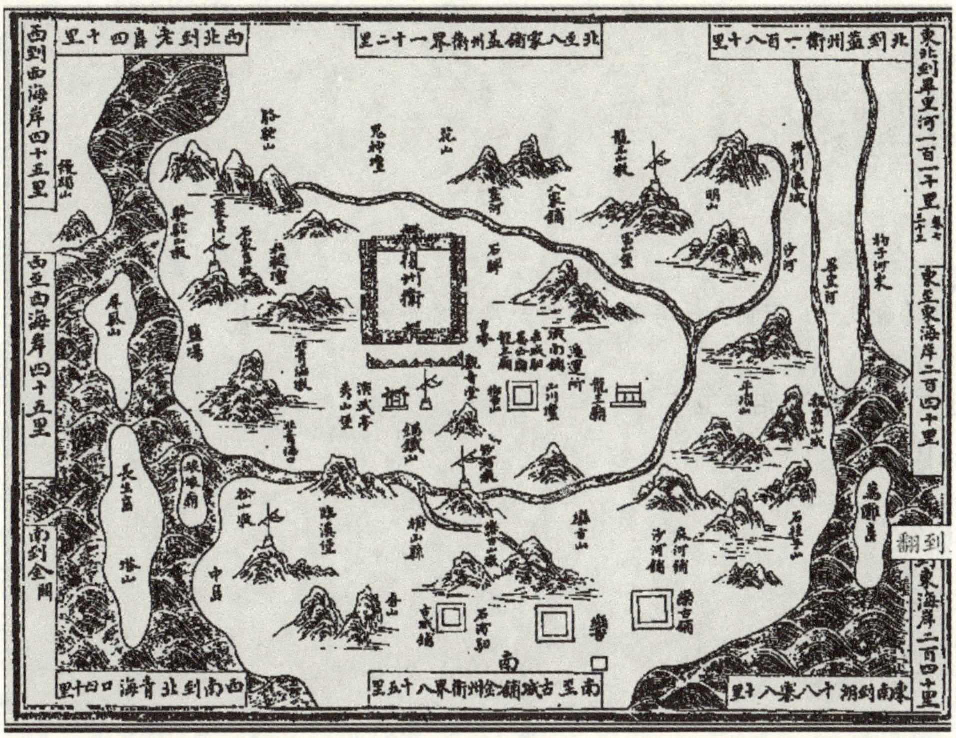

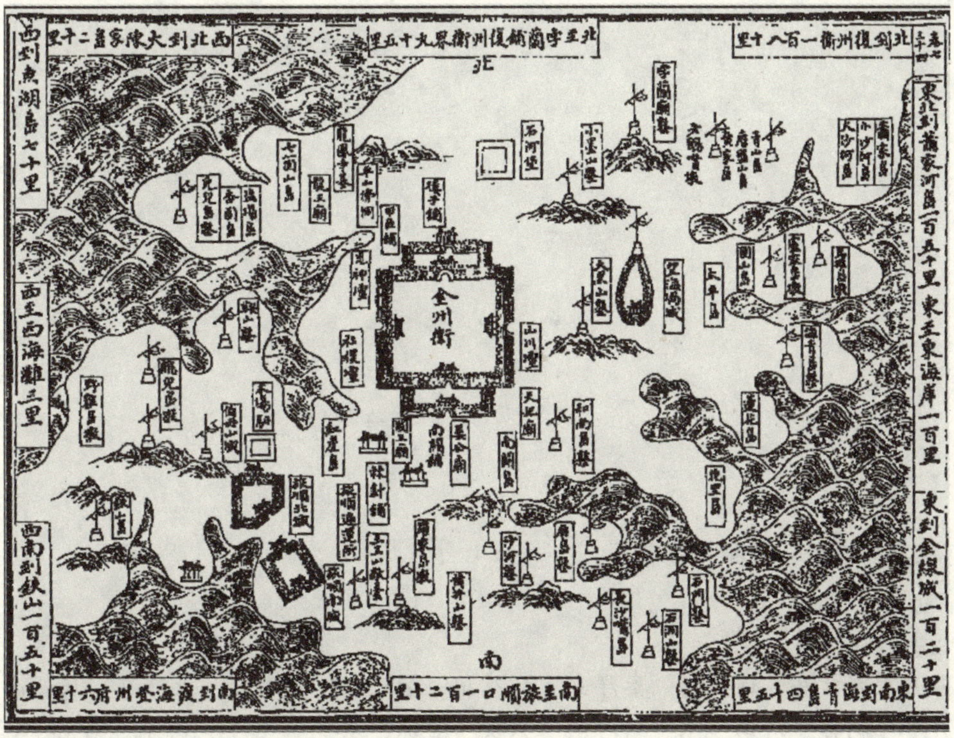

卷七·辽东兵防官考

【辽东兵防之设始于永乐己亥广宁伯刘江至为精密自望海埚之捷而倭不敢犯者盖百六十年矣墩堡关隘日就废弛一旦有变宁不张皇矣乎安不忘危今日之急务也愚故详录之以俟当道者修复焉亦爱礼存羊之意

云尔】

提督军务巡抚都御史

镇守总兵官

分巡辽东东宁道佥事

分守辽海东宁道参议

广宁参将

游击将军

叆阳守备

备御都指挥【金复一广宁前屯一海盖一义州一广宁右屯一广宁城一】

卷七·辽东兵防官考·沿海卫所

广宁前屯卫

中右所

中前所

中后所

广宁所屯卫

中左所

广宁左屯卫

广宁右屯卫

中左所

金州卫

复州卫

盖州卫

义州卫

卷七·辽东兵防官考·沿海关城墩

台广宁前屯卫

关一【山海】

墪九【觉华岛　龙宫岛　连海岛　泰洋岛　桃花岛　望天岛　欢喜岭　大旺庄　庆春山】

堡二十【广积　树林　海山　永丰　海滨　兴安　古城　泰新　老军　海泉　杏林　三山　锡安　新安　长安　城南　积粮　庆春　永安　安家】

广宁中左二屯卫

墪三【望海　孤山　岳家】

堡十六【嘉和　乐安　富有　顺阳　长丰　顺宁　时和　仁和　得安　永丰　兴穑　广盈　丰稔　西杏　福宁　南阳】

广宁右屯卫
关一【三岔】
堡五【东海　枯菱河　常丰　枯树　女直】

金州卫【守墪堡官军一千七百二十六员名】
城四【望海埚　旅顺南城　伯母山　旅顺北城】
墪三十六【石门　萧家岛　老鹳嘴　大黑山　海清岛　孛兰店　双庙　鴈岛　铁山　小沙河岛　石洞山　马稚岛　莲花岛　大沙河岛　黄谷岛　长沙嘴　青山岛　鴈练岛　卢家岛　花里岛　杏园岛　七兰山　野鸡岛　沙河岛　鹤儿岛　磨盘山岛　团山岛　和尚岛　红崖岛　鞍山　罗家岛　黄家岛　太平岛　兔儿岛　盐场岛　南门岛】
台一【三王山】
堡四【三淮　新寨　黄骨岛　刘家寨　红嘴】

复州卫【守墪堡官军六百四十七员名】
城二【魏霸山城　得利瀛城】
墪九【龙王山　万滩岛　中岛　张生岛　松山　北青海　塔山　石家岛　骆驼山】
堡四【富川　临溪　杨官寨　奕古驿】

盖州卫【守墪堡官军二千四百六十四员名】
墪九【韦子岛　归州　兔儿岛　象井　白狼山　观家山　神仙山　梁房口　辽针山】
堡五【梁房口　中山　熊岳驲　八角湖　五十寨驲】

义州卫
城一【叆阳】
墪四【塔儿山　三山　擦牙　城西】
堡三【石家　八塔山　青榆林】

卷七·辽阳事宜

辽地负山阻海屹然为东北雄镇北邻沙漠而辽海三万沈阳铁岭之统于开原者足遏其冲南枕沧溟而金复宁盖旅顺诸军联属海滨者足严守望京师翰屏可谓固矣然观今日辽阳边防颇为有赖而备倭海防视为虚文盖自辽江金线岛之捷而海氛久熄自山东海运之费而墪寨益废于是旅顺诸堡亦无复用识者谓辽东沿边五路得分守应援之规沿海卫所亦当如其制如旅顺而西以金州辖之三岔河而南以盖州辖之三岔河而东以三屯辖之总兵抚按之统其青者秋汛以防边为重防海为次春汛以防海为重防边为次则虽岛夷窥伺岂能遽犯哉予按辽东倭患较诸省似可缓所虞者地千余里卫所军旅将十万员名止藉山海关一线馈饷我朝北都燕而远漕江南粟又自京师达于辽阳飞挽不继边卒辄叫呶待哺万一岁歉密迩畿辅突骑乘间何以御之此其患不在兵之不强而在食之不足食足则兵强兵强则守固矣迩者登莱运米达辽甚便惜其不多愚谓国初军屯商中之制至为精当而大坏极弊司国计者深念而亟图之可也

卷九·大捷考·望海埚之捷【永乐己亥】

永乐已亥中军都督府左都督刘公江总兵镇辽东甫至即相地形势请于金线岛西北之望海埚筑城堡立烟墩一日瞭者言东南海中王家岛夜有火光计寇将至公亟遣马步军赴埚上小堡备之翼日倭贼二千余人以数十海艚泊马雄岛鱼贯而上直逼埚下一贼貌甚丑恶指挥诸贼如入无人之境公得报但令犒师秣马略不为意徐以都指挥徐刚伏兵山下百户姜隆率壮士潜烧贼船截其归路约曰旗举伏起炮鸣奋击不用命者戮既而贼至公披发举旗鸣炮伏兵尽起为两翼而进贼遂大败奔匿樱桃园空堡中我师追逼环而攻之且请入堡剿杀公不许故开西壁纵之仍分两翼夹击生擒数百斩首千余间有潜脱而逃艚者复为隆所缚无一人得免者诸将请曰公见敌意气安闲惟饱士马及临阵披发而战追贼入堡不杀而纵走之何也公曰穷寇远来必饥且劳以逸待劳以饱待饥法也贼始鱼贯成蛇阵故作真武状以镇服之虽愚士卒之耳目亦可借以壮其气贼既入堡有死而已我师临之彼必死斗我兵宁无伤乎故纵之生路而后掩击之即围师必缺之意耳事闻征至京师面慰劳之封广宁伯食禄一千二百户子孙世袭

卷九·大捷考·王江泾之捷【嘉靖三十四年四月】

国家地广治极文禔武嬉海壖奸商乘时盗贩因缘忿怒转为寇贼民不觌兵为日既久望风奔溃莫之谁何贼既连得利内附外连声应气合徒党滋蔓动以数千万计又善用兵能以少为众所获四方材勇懻忮武力之士率殲其手势若烈火炎炎狡焉思启盖自壬子春更癸丑甲寅恣行转掠戕杀燔烧丛萃薮窟新故环迭而两浙三吴之祸变惨矣乙卯春柘林巢贼积增至万余人出掠嘉善诸处夏四月剧贼徐海麻叶等探知嘉杭兵调松江捣巢率众数千人水陆并进声言先攻嘉兴次及杭时巡抚李公留守杭总督军门在华亭无兵可恃军民汹汹甚惧御史默林胡公方巡浙东台温诸郡得报连日夜驰诣嘉兴会贼从嘉善来前驱迤逦薄城外众益惧甚公曰兵法攻谋为上角力为下矧又无兵乃密属吏取酒百余罂鑚其颠投以毒剂塞如故载两船选兵卒机警而猛者假冠服持赤牍坐船上称解官解酒饷军载向贼所从道见贼即褫去冠服走贼信不疑驰报诸酋长诸酋长得酒大欢相率高会痛饮率多死已又令村市酒家皆入毒瓮中约偿以直民所有米渍药水澌而遗之贼往往争取饮啜辄又死然贼党尚众我兵寡且恇怯适保靖宣慰彭荩臣所领土兵数千人至可使胡公策其恃勇犯忌使人传语之曰贼善伏且知分合我兵常为其诱宜分奇正左右翼击防其突出荩臣不听乘锐直前果遇伏堕贼计挫于城南石塘乃始大悔遂有溃志远近震骇大失望胡公深忧之曰如是我技穷矣于是亲诣军营宣谕且劳苦之曰胜负兵家常事恶足介介凡尔所以偾者以不知地利中其伏我闻贼酋多死众丝棼无纪且久不得食息暇可攻若等无畏顾兵多无衣与器械乃使人悉索诸质肆故衣颁给之加赐钱帛牛酒饮食召诸金木工昼夜缮造器具悬重赏苗兵感激思奋察可用乃指画石塘地形曲折曰女宜以兵若干为前锋从塘路进若干为奇兵伏道左水兵船若干环列道右防其逸皆后前锋数里候贼将至某处前锋迎敌佯败走俟其过伏伏尽起三面夹击蔑不胜矣荩臣如公策贼果偾败北走平望平望故别有苗兵营贼不知会总督张公从松江兼程来视师而永顺宣慰彭翼南复从泖湖西出胡公又同督察赵公部署参将卢镗等厉激之且躬擐甲胄径驰马趋出四面合围军声遂大振贼大沮还走王江泾既连疲于奔又馁且病矧无统纪遂大溃不支土兵与我军乘之斩倭首二十余级堕溺水死者不可胜校盖自是嘉兴杭人始安枕军民主客始知贼犹人非真若鬼神雷电虎豹然不可向迩浸有斗志贼亦自是稍稍顾忌逆气狂谋渐以亏朒始可诱而图矣嗟乎奇变决而波才破洛涧袭而淮淝捷嘉山合而博陵奔盖自昔祸乱之兴必有忠义材武韬钤之臣以指挥擘画敉宁戡定盖天所以奠安维极绥辑神人鸿德好生常假手乎巨公伟人实为之孰云其果梦梦哉武进左子好论次当世事而谓故所收公私牍牒载王江泾战功混淆无纪属余诠次余为诠次而归之庶后经世者有考焉【都御史胡松撰】

卷九·大捷考·平望之捷【嘉靖三十四年五月】

嘉靖乙卯夏五月官兵败贼于吴江之平望先是永保之兵既皆失利贼遂肆意猖獗一西北入太湖犯常州一西南犯杭嘉湖其犯杭州者至塘栖二宣慰复失利贼掠北关去欲由苏州入海道吴江之平望浙直乡兵会击之贼

腹背受敌大败走松江至三店我兵邀击之斩首七百有奇中毒死者千余人是战也巡按御史胡公宗宪副使董士弘佥事王询以浙兵至参政任环知府林懋举以直隶兵至而三店则推官刘泉功居多皆不藉客兵之援由是而专任乡兵之议兴矣呜呼客兵之用岂得已哉盖彼之犷狡不驯非素有礼义之习我之恩威未洽难责以忠爱之心恤之过则骄操之急则变胜敌不足以偿其掠民之害厚赏不足以称其邀求之私前方城宗氏论之详矣虽然寇攘猝起民不知兵虑客兵之祸而徒驱民以战如投羊于虎是畏溺而避舟者耳故调客兵者一时之权恃客兵而忘练乡兵者非经远之策调客兵而练乡兵兵可用矣而后酌势之缓急敌之多寡以处客兵遣之则我无乏用之嫌留之又有以制其反噬之毒我师梅翁之底定东南也外立战熏内鲜兵变今日遣客兵数千而贼无玩心明日来客兵数千而民无惧色者用此道也彼谓客兵必不可用而又无练募之法者吾不知其所终矣【太学生俞献可撰】

卷九·大捷考·陆泾坝之捷【嘉靖三十四年五月】

嘉靖乙卯夏五月松江柘林之寇千余人流突李塔汇历张庄小昆山趋泖湖而北保靖宣慰彭荩臣兵追之抵苏州之陆泾坝坝离城十里而近兵备副使任环督兵击之擒其枭帅俘斩五六百级水火死者不计尸盈阡陌娄水为赤残寇仅二百人值暴雨追之不克逸归柘林呜呼往岁倭贼觇我无备扬帆深入视吾苏不啻几上肉耳是捷也论者皆谓我兵有死之心无生之气而又益以荩臣善战之兵其胜宜也愚谓不然战之日续亲见之矣抚巡乘城督兵传餐寇矢如雨自娄门以东达于陆泾坝我众连呼战者三曰今日我任父对敌所不捐生以报者有如此日由是士气百倍总兵俞大猷并二宣慰兵三路并进奋勇夹击遂收全功当是时使非任公身先督战则吾不知民之僇力者何如使战而弗胜则鼓寇之怒其惨吾又不知何如也抑陆泾苏之东境也前此浙江巡按御史胡公宗宪有王江泾之捷则苏之南境后此提督都御史曹公邦辅有横泾之捷则苏之西境未几任公复有三丈浦之捷则苏之北境一岁而贼四衄于苏盖自是而苏无倭寇矣【昆山举人李续撰】

卷九·大捷考·后梅之捷【嘉靖三十四年十一月】

嘉靖乙卯冬十一月倭贼自福建福宁州之连江洪流入浙境越平阳仙居至宁波奉化与钱仓贼合几七百人深入绍兴势益滋蔓提督都御史胡公宗宪亲督兵备副使许东望容美土目田九霄同知曲入绳等兵往戡之遇贼江桥仅隔一河公谓诸将曰贼见我不顾而南其气未可乘若稍止观望可图也吾兹试之乃于马上自持一帜作指挥状贼果聚观公笑曰此易与耳乃令兵渡河九霄邀其前入绳袭其后贼见两兵迭至大怖而走至后梅匿民家公复大笑曰贼若乘我兵半渡迎击胜负犹未可量今已投死地复何能为乃悉众围之三匝纵火焚之死者强半值天雨公与将士立田中夜二鼓大雾咫尺莫辨贼乘黑冲典史吴成器军成器故善战驱兵四面奋击之擒斩复若干人然脱走者犹众公计贼必由山西岭而遁岭之巅可伏也命设伏以待夜将半贼果至遂大败之斩首及焚死者积五百二十有奇余奔太平蒲岐港官兵复追之贼坚壁不出乃夜佪贼垒投以霹雳火器讙若劫营者贼惊起自相攻击死者又若干人得脱者无几竟出洋去丙辰春正月也时公新膺简命未浃旬辄有奇捷如此【乌程县学教谕张节撰】

卷九·大捷考·清风岭之捷【嘉靖三十四年十一月】

嘉靖乙卯冬十一月倭舶三艘舣南麂之西麓提督都御史胡公预设海舰封守甚固二舶不能入扬帆而东其一西走我兵蹑之沈其舟追入岙内相持八昼夜贼窘甚从山后窃划船逸去飓风驱回登劫大岙至三港守备刘隆千户刘纲百户张澄战殁于阵贼势复炽遂越金乡趋台州以渐北向时公方奏乐清之捷会台州告急公笑曰寇来有三败我皆得之不足平也初寇登平阳守将不循约束故得深入今台守谭纶干城之将且素受方略贼玩蹂其疆一兵法小敌之坚大敌之擒寇方得志三港其气骄我兵方捷于乐清其气劲以劲乘骄如拉朽耳二容美兵精悍甲诸部万里从征朝气正锐但初未谙险阨今授以布伏邀击之法则为全胜之技三遂命分道布截天台以南纶兵当之新昌以北容美兵当之纶兵逼垒而进以典史吴成器统部署为前哨报効吏章延廪为后哨百户王世仁陈濠督捷卒伏于小江道左知事张东督乡兵伏于颜坑诸处而又迎贼所向预置药蜜药饼饵之由是贼或中伏或中毒擒

获三十余颗伤死者不计始悔入台州境十二月抵新昌知应台关有备去至嵊县三界上馆岭会容美兵陈而待田九霄以正兵当其前田九章援兵继进左翼则留守王伦伏兵当之右翼则经历毕爵伏兵当之指挥吴江率部兵绕贼后背夹击且多张旗帜为疑兵以撼贼势贼四面受敌且战且走我兵追之入清风岭烈女祠俘斩一百七十余是艅也贼二百余徒历温台绍三郡始克剿灭其敢于深入者犹恃绍兴之倭欲与合伙迨越台州始知旧倭已破于是既畏谭兵不敢南复畏土兵不敢北卒至于败如公所料云【武进举人吴嶔撰】

卷九·大捷考·仙居之捷【嘉靖三十五年】

嘉靖丙辰春三月朝廷以都御史胡公累建奇熏命以兵部侍郎总督浙直福建军务会福建桐山之贼流逼浙境同知黄钏指挥梅魁御之贼溃围北走公密令副使刘焘预伏兵塔石蕉蒲诸山呑险阨则潜置火器以待仍列舟师于山侧之江滨贼至伏起杀伤甚众遁由天门埭至平阳青田越小峙沿江而南遂入荆溪荆溪通仙居乐清之孔道也时临海天台业已受公计集乡兵守黄潭箬孔中渡由是贼不得犯宁绍由乌杭西入仙居乘城筑未完冲突焚劫惨倍他地乃咨提督都御史阮公鹗驰救之复行副使许东望知府谭纶总兵卢镗兵从东路而进贼闻大兵且至遂走断桥彭溪巢于民舍我兵合围攻之俘斩三百余级焚溺死者无算所存六十余人取道天台之北复为赤城民兵所杀是时浙东西硖石梁湖之贼各万余人俱薄会城魁桀难制江南北新旧屯据者数亦逾万公以一身寄诸藩之安危以一心当百万之兵甲随机督剿算无遗策直隶有宝山之捷两浙有西庵清水洼之捷而桐山流寇亦旋就殄戮谓公今之子仪非耶【嘉善训导谢顾撰】

卷九·大捷考·乍浦之捷【嘉靖三十五年七月】

嘉靖丙辰秋七月贼徐海陈东之解桐乡围而东也阳为听抚心实狐疑自吕港新场移屯乍浦城南营厂络绎改修旧船以图出海且窥伺我兵强弱为其进止总督侍郎胡公策知其计因外示羁縻而密檄副使刘焘图之会尚书赵公再命督察至公乃与定议以乍浦西南海塘可通杭州咨浙福提督都御史阮公偕郎中郭仁副使徐洛总兵徐珏等壁海盐以遏犯杭之路东北金山可通松江浦东咨直隶提督都御史张公景贤驻松江而参政任环佥事董邦政留守王伦同知熊桴容美土官田九霄等扼青村黄浦及出海之路公亲督大兵与参政汪栢参议王询等驻平湖与贼偪垒而阵总兵俞大猷卢镗等则以舟师设伏洋山马迹邀其归路分布既定候间而发适上海之贼由吴淞而西南出复万余人公恐海或中变与之连衡急蹈海使东出击贼可得舟还岛海以为然果逆斩贼数百贼遂夜走以故海不及取其舟而返其它酋长脱出海者公已别遣大猷伏飞舰海上邀击之溺且尽公又计海书记麻叶不死无以坚其内附之心而陈东者与麻叶声相倚桐乡之役与海相睚眦者也于是又计令海缚麻叶缚陈东以献海遂并有其众而诸酋长则疑且怨海矣海自度进退无所而赵公簿责海益急公因遣谍私海令其诱众俘斩之以谢可无罪海不得已从之遂与定约【与前缚麻叶陈东等俱详见鹿门茅氏所为剿徐海本末纪】公乃令副使刘焘引游击尹秉衡兵夜伏乍浦城中而徐珏等兵分为三哨进壁白马庙左灏等兵由平湖间道而出主簿曹廷慧参将丁仅等壁乍浦城以为内援至期珏等移营瓦山海果挈妻走海上艘群倭争逐之大乱城上举火我兵四合竞进大败之烧贼巢厂二十余里时海执称归顺投梁庄去诸遁出海洋者大猷兵邀击之前后俘斩七百有奇没海及焚死者无算乍浦之贼无孑遗矣夫徐海以首恶煽祸而陈东麻叶等为之掎角勾引外夷侵扰中土受其螫毒者五年矣丙辰春拥众数万分道入寇北犯瓜扬阻绝运道东掠宁绍牵制我师声言欲下杭州犯留都比之曩时猖獗尤甚公相度机宜不轻与争锋捐千金赏敢死之士用间诱退吕港贼艘以伐其深犯之谋复诱令杀贼立功以剪其羽翼之势擒麻叶擒陈东度其孤危可以取矣犹谓困兽死斗乃故弃船海滋开一面之缺而卒以游兵邀之无一得脱者后先下著不爽纤微岛夷之所以畏服而东南之所以奠安者不以此哉不以此哉【余姚举人诸大圭撰】

卷九·大捷考·纪剿徐海本末【嘉靖三十五年八月】

嘉靖丙辰徐海之拥诸倭奴而寇也一枝由海门入掠维扬东控京口一枝由淞江入掠上海一枝由定海关入掠慈溪等县众各数千人而海自拥部下万余人直逼乍浦而登岸则破诸舟悉焚之令人人各为死战又导故窟柘

林者陈东所部数千人与俱并兵攻乍浦城盖四月十九日也当是时朝廷方夺故总督而新总督胡公自提督代之甫八日问幕府麾下募卒仅三千人俱孱弱不可用故总督所征四川湖广山东河南诸兵俱罢去所为缓急者特容美土兵千人及参将宗礼所藉河朔之兵八百人耳南北诸倭酋不下数万谍者声言他酋分掠于江淮吴越诸州郡间以扼援兵而海等当窟乍浦下杭州席卷苏湖以胁金陵气恣甚总督胡公方召诸司画计无何故提学阮公代胡公为提督檄未至夜半闻乍浦围卷甲趋之胡公亦分遣兵澉浦海盐之间为声援而自引兵壁塘栖相犄角居顷之海闻新总督胡公即故御史所尝提兵督战于莺湖王泾之间而覆之者气稍阻寻罢乍浦围闻两公方拥兵壁近郊不复敢窥杭于是径略峡石越皂林出乌镇以北乌镇者即海故所犯苏湖旧路也当是时胡公既获谍度苏湖之间惟莺湖为四战之地于是檄河朔兵自嘉兴入驻胜墩阵而待因以吴江水兵遮其前湖州水兵尾其后而公自引麾下募卒及容美土兵衡击之提督阮公自崇德闻贼且出乌镇也即道挟河朔之兵骑而驰及之于皂林令善射者且蹑且射贼稍稍引去贼纵数百人尝之辄又败去贼怒甚鼓噪而前提督阮公势皇急于是走轻舸入保桐乡而参将宗礼与裨将霍贯道等乃自张左右翼厚集其阵以待战数合击杀数十人会日暮贼且引去时贼气颇窘而宗礼霍贯道等亦已绝向道不得择善地便水草以自休止明日饿而战贼遣候者树而望盖孤垒以堑无他援者也大喜复纵兵以半击其前以半绕其背而霍贯道河朔故骁将也大呼众力战矢炮如雨下无不人人一当十复击杀数十百人而贯道亦手自刃十余人贼益怖海且中炮欲驰去会火药尽霍贯道面宗礼仰天呼曰吾两人再得药数斗可以了此贼矣未几贯道与宗礼俱陷众大败贼遂乘胜围桐乡时总督胡公已引兵蹑崇德闻之潸然流涕曰河朔之兵既败东南之事无复可支矣贼已困桐乡假令复分兵困崇德以劫我我两人譬之抱石而自沈也国家且奈何于是还省城檄诸路兵为战守计先是公始为提督时尝与监督赵公谋曰国家困海上之寇数年于兹矣诸倭奴乘潮出没将士所不得斥堠而戍者人言王直以威信雄海上无他罪状苟得诱而使之或可阴携其党也按部题亦尝有用间为策者于是遣辩士蒋洲陈可愿及故尝与王直友善者数辈入海谕直直果感悦愿如约遣其养子毛海峰款定海关谢过间以谕海海已勾萨摩诸岛人入劫故不相及而海峰者云云彼固未之闻也胡公策曰直与海虽顺逆不同其势固唇齿也直既悔悟海独不可以大义说之乎不然彼贪人也诱之以利或可狃其心闻桐乡城小而坚缓之数十日则永保戍兵至固可破之矣于是疾走人谕海峰因厚遗谍者阴过海所曰直已遣子款定海关朝廷固且赦之矣若独无意乎新总督威名非曩时比且仰体朝廷德意推心置人腹若不乘此时解甲自谢他日必为虏矣海颇然其计于是亦遣酋自谢约罢围去因以要公稍出中国货物遗他倭酋而疏释其罪公佯诺辄以银牌绮币厚遗来谢酋而阴令营中盛兵容私谍者故纵酋瞰之酋既德公遗又内怖公之兵威也归以报海明日复遣他酋来谢公视之如初凡数复海于是始归心于公愿为公死之矣然陈东独心切疑海私公遗犹鞅鞅未之从也海间遣酋次桐乡城下私城上兵曰某已听总督胡公约解去矣城东门故柘林贼陈东党也鸷悍不吾从若当谨备之是夕海果道崇德而西且乞他兵于公以夹击东胡公犹心讶未之许而东独盛为楼橹撞竿以撞城而桐乡令金燕者强干吏也城中一切兵仗火药诸已缮备提督阮公复躬厉矢石徇城上人下令散千金募敢死之士督战益亟所杀伤贼亦数十人方撞竿自楼橹中跃而撞城城几坏一男子为缗索圜撞竿所击故窟处竿至即缗挽以上斩之又募冶者煮铁汁灌城下酋城下酋不敢逼东既无何闻海等解去道远势且孤亦相与稍稍引去围始解而提督阮公出矣时五月二十三日也方阮公困桐乡时固日夜望总督胡公援兵之至而胡公亦重念东南之安危身之祸福与阮公相旦暮情固急业已遣兵备刘公督同留守王伦宣抚田九霄勒兵自嘉兴入壁斗门分守汪公督同知县张冕勒兵自湖州入壁乌镇参将丁仅勒兵自海盐入壁王店指挥乐埙督同千户罗天与勒兵自崇德入壁石门又令崇德令崔近思收河朔之散卒入城为声援兵四面环贼远者二三十里近者十余里而阵然各以狃皂林之败逡巡惶怖不敢逼而公业遣谍羁说贼亦日夜望永保戍兵之至以决一战也计无可奈何而胡公与阮公两人者为同年故深相结者及援兵不合阮公自围中颇急于是两相猜而他谤者与为飞语撼两公者盈道路矣当是时朝廷闻东南之寇即日出尚书赵公督山东河朔诸兵援之于是日夜引兵而南至扬州则阮公业已出桐乡围东渡钱塘徇会稽诸下邑击他贼胡公亦闻尚书赵公之至且战且南淮扬毘陵之间无足虑海为巨孽间虽狃而内附中固不可测而上海之贼万余人由吴淞江西引方急乃日遣谍者蹈海以金帛而说之东出海上击他贼海亦果收诸倭酋出乍浦道平湖时谍报吴淞江之贼已鼓行涉嘉善界欲西合海公念海万一卒他变两相合奈何因策海始已焚舟为深入今不得舟必急于是遣谍诇海谓海既内附何不如故约勒兵击吴淞江贼且篡夺其辎掠舟以归海果然其计即日引诸酋逆之朱

泾道上斩首若干级余贼遂夜走以故海不及篡夺其舟而还及他酋脱而出海也公又别遣总兵俞大猷伏飞舰海上遮击之溺且尽于是海既德公不敢背又闻吴淞江贼之出为海兵所遮击益内怖日输款于公遂辇故所戴飞鱼冠及他坚甲名剑数十种并以输公而间遣其弟洪入质于公公固佯纳之公又谍闻海麾下独书记麻叶为长酋其为人颇黠而悍近与海争一女子有微郄非用间急缚之则无以死彼之内附之心于是遣谍就海帐中讽海缚麻叶以出麻叶出而诸酋中故隶麻叶部曲者稍稍怨且惧矣怨且惧恐生他衅则又以他罪缚酋几百余人公又策陈东于诸部曲中与麻叶声相倚顷以桐乡之役两睚眦者也数遣谍持簪珥玑翠遗海两侍女令两侍女日夜说海并缚东海间诺而陈东者萨摩王弟故帐下书记酋海固未之能也于是出麻叶囚中令其诈为书于东反兵贼杀海其书故不以遗东阴泄之于海激怒之使并缚东海读其书涕双下益德公之不忍为东所贼杀之也日夜谋缚东以报公于是出所故掠中国货物千余金赂王弟诈请东代署书记海因夜得东即缚以故约复于胡公麻叶与陈东相继缚而诸酋长汹汹内乱矣是时诸酋长既疑且怨海无鬬心故其气日窘海亦自度彼令反故岛当亦必为诸酋长所贼杀故为内附日固而督兵者簿责海益急海既急因念欲掠舟出海恐为海上兵所劫欲列垒拒官兵又业已内附不忍背且陈东党固日夜袭杀之也公策曰彼既乱吾可乘之矣因遣谍私海曰我固欲宽若赵尚书爷以若罪孽大何不听我舣数十艘海上若且诱之逐海上艘令俘斩千余级以谢赵公而若因得以自完乎海不得已且疑且诺因约兵备副使刘公引兵伏乍浦城中而某日时某当引众出海岸去乍浦城半里而阵佯令众酋逐海上艘某手旗麾之城中官兵即举燧为号从城中出亟击勿失诸官兵卒如故约乘之诸倭酋逐海上艘如蚁不及还兵鬬于是诸官兵得乘胜蹂而前不伤一卒所俘斩数十百人没海者无算于是海自以数有功于朝廷愿与部下诸酋长入款且庭谒胡公与尚书赵公提督阮公及巡按赵公并许之谍往复期以八月初二日然海犹恐间设甲士劫之先期一日卒拥酋数百人胄而阵平湖城外自帅酋长百余人胄而入平湖城中以求四公者计不许恐他变遂许海与诸酋长北向面四公按次稽首呼天星爷死罪死罪海欲再为款胡公而未之识因顾谍谍目示之海复面胡公稽首呼天星爷死罪死罪胡公亦下堂手摩海顶谓之曰若苦东南久矣今既内附朝廷且赦若慎勿再为孽海复稽首呼天星爷死罪死罪于是四公厚犒遗之而出是日城中人无不洒然色变者海既出诸公者固已忿恚海之列款犹胄而入属强胁无礼又不及如谍故所期月日而先日卒至也其习行桀黠若此于是阖谋不勒兵诛之他日必为患计部下尚千余人猛鸷难即破永保兵犹迤逦远道未至也于是佯令海自择便地居之海果自择便地得沈家庄即僦沈家庄与居之是为八月八日当是时众复喧然哗公何不扑灭海不然且纵之出海上令自解去顾豢虎以自祸也不知公固有待于是私自部署兵又日夜遣使趣永保兵来会兵未集恐海惊祸且肘腋间因日遣谍诇海且啖海如囊时公因谋以语诸公曰吾闻善兵者乖其所之海与陈东党业已深仇今合而两附者迫故耳闻沈家庄故东西两处而中绾河为堑何不说海以西沈家庄居陈东党而自择东沈家庄以居部下酋乎谍以谕海海果如其言顷之永保兵至会海输二百金于公市酒米公复以药毒其中而归之又令陈东诈为书夜遗其党曰海已约官兵夹剿汝辈矣陈东党果疑而夜伏逻卒东沈家庄道上瞰之适海皇急因令酋窃两侍女出道上而急则因间道走幕府以自托逻卒瞰知之归以报于陈东党陈东党闻之大惊即勒兵篡两侍女过海所骂曰吾死若俱死耳遂私相猜而斗海中猜众大乱明日官兵四面合墙立而进保靖兵先当之稍却河朔兵乘之又却俄而胡公擐甲厉声叱永保兵左右列大呼而入瞰垒下击会风烈公麾众束千余炬人各持炬纵火焚之海窘甚遂沈河死甫食顷人人鸷而攫千余酋搜斩殆尽矣中所故饮毒首虏黑色者凡三百余人于是永保兵俘两侍女而前问海何在两侍女者王姓一名翠翘一名绿姝故歌伎也两侍女泣而指海所自沈河处永保兵遂蹈河斩海级以归【副使茅坤撰】

卷九·大捷考·龛山之捷【嘉靖三十五年十一月】

龛山之贼自温州登岸蔓延于会稽经历文某与战于苦竹岭副使孙宏轼并军门所调奇兵与战于析开岭于翁家村参将卢镗与战于斤岭于梁衕贼乃败走龚家畈百官渡过曹娥江顺流而西狡黠善斗噬齕孔棘初总督都御史胡公方在浙西剿川沙之贼移檄诸将竟未有能殄之者至是亲提大兵至欲斩不用命者以徇于是佥事李如桂王询指挥杨永昌知事何常明典史吴成器等兵并力追击于瓜山战三界战母婆岭朱家溇贼遁萧山之丁村杭湖至陈家湾虽多所杀伤而凶焰愈炽公至择地形壁龛山之巅分诸将信地皆露宿以待时参将卢镗战还公促明日再战镗曰士疲矣休养数日乃可公佯许诺而密召亲兵谓曰若曹豢养久未立战功今贼将灭而诸将首鼠不进

万一贼得脱此径渡钱塘江奈何今日正若曹立功之会能乘其不意而袭之贼可尽也众皆踊跃请效死已乃激令成器统之以进不数里遇贼死战无不一当十贼遂大败循海而走登匿山坡堡内我兵四面奋击不得已登屋掷瓦砾下瓦尽继之以枪枪尽投刀刀尽乃下死守我兵攻堡破之悉斩首以献时日且暝公喜谓诸将曰此贼流突千里转战无虑数十无能撄其锋者今一鼓荡平真朝廷天威也命取贼心啖之选狰狞首级廿余颗置案上每颗为饮一觥左右皆失色而公谈笑自若也达旦诸营方知破贼相率入贺公谓镗曰再一二日何如镗大钦服乃完师而归时乙卯冬仲既望也【山阴县学生员徐渭撰】

卷九·大捷考·金塘之捷【嘉靖三十五年】

辛五郎者宿寇徐海之偏裨也与陈东叶宗满麻叶辈同巢柘林攻乍浦围桐乡毒螫吴诸州郡其志欲吞全浙窥留都势甚猛也总督胡公欲灭之忌海与其党既而海受饵为我用擒其所恶陈东麻叶辈而遣其所欢以归倭岛五郎在焉公密令总兵俞大猷等分布海洋要冲截杀诸寇而五郎则责之卢镗镗接密谕时方对诸客食忽命治舰之金塘山客相顾莫知所谓镗自乘福船令子相督率哨船为前驱次日至金塘瞭见北洋有大舟扬帆而南令哨船四散潜泊少选大船舣金塘之麓贼皆登憩镗知其为五郎也令哨船丛射之继以铳炮贼以手且摇且招摇者示勿攻击招者示有所言也相乃扬言曰欲打话须去尔兵器贼拍掌示无而呼一董【一董者一家之义乃倭语也】有华人从寇者曰吾乃胡总督爷招安放回者也相问曰有牌验乎曰有镗招众贼至舟傍慰藉之谓五郎曰汝既为军门所遣岂可慢乎请至县款洽而津送之遂延五郎同舟余泒哨船分载每载不过三四人多则不能容也五郎辞镗厚加礼貌五郎不疑宴至深夜镗坐福船上层将台侍者引双灯上桅俄而哨船猬聚镗问之曰如何相对曰是了五郎大惊请下哨船与众夷同宿镗曰诺令左右送之穴梯而下至蓬户外望维海而已五郎悟欲赴水死左右不许曰卧塌在地平下五郎度不能免浩叹就卧相缚之翌日入定海关乃知贼徒俱已芟尽即前夜起双灯时也是了者乃复命也群贼死时皆不知军门之谋佥讶哨兵敢行误杀五郎亦自以偶遇卢镗被执不知其出军门也呜呼神哉后献俘告庙天子赐玺书奖公天下无不称快云【昆山进士王宇撰】

卷九·大捷考·擒获王直【嘉靖三十六年十一月】

王直者歙人也少落魄有任侠气及壮多智略善施与以故人宗信之一时恶少若叶宗满徐惟学谢和方廷助等皆乐与之游间尝相与谋曰中国法度森严动辄触禁孰与海外乎逍遥哉直因问其母汪妪曰生儿时有异兆否汪妪曰生汝之夕梦大星入怀傍有峩冠者诧曰此弧矢星也已而大雪草木皆冰直独心喜曰天星入怀非凡胎草木冰者兵象也天将命我以武胜乎于是遂起邪谋嘉靖十九年时海禁尚弛直与叶宗满等之广东造巨舰将带硝黄丝绵等违禁物抵日本暹罗西洋等国往来互市者五六年致富不赀夷人大信服之称为五峰船主则又招聚亡命若徐海陈东叶明等为之将领倾赀勾引倭奴门多郎次郎四助四郎等为之部落又有从子王汝贤义子王激为之腹心会五岛夷为乱直有宿憾于夷欲藉手以报及以威慑诸夷乃请于海防将官而剿之无孑遗者而声言宣力本朝以要重赏将官馈米百石直以为薄大诟投之海中从此怨中国频入内地侵盗直又尝以扁舟泊列表参将俞大猷驱舟师数千围之直以火箭突围去怨中国益深且眇官军易与也乃更造巨舰联舫方一百二十步容二千人木为城为楼橹四门其上可驰马往来据居萨摩洲之松浦津僭号曰京自称曰徽王部署官属咸有名号控制要害而三十六岛之夷皆其指使时时遣夷汉兵十余道流劫滨海郡县延袤数千里咸遭荼毒而福清黄岩昌国临山崇德桐乡诸城皆为攻堕焚燔庐舍掳掠女子财帛以巨万计吏民死锋镝填沟壑者亦且数十万计比年如是官军莫敢撄其锋但为计狡谲每残破处必诡云某岛夷所为也故东南虽知王直之叛而不知受祸之惨皆由直者独总督胡公前按浙时见贼进退纵横皆按兵法知必有坐遣者且贼酋来者皆直部落也而不闻直来其为坐遣无疑先是间使徽州收其母妻及子于金华府狱中至是出之丰衣食洁第宅奉之以为饵而疏请以移谕日本禁戢部夷为名其实注意伺察直也上从之乃遣生员蒋洲陈可愿充正副使以行公以密计授洲等曰王直越在海外难与角胜于舟楫之间要须诱而出之使虎失负嵎之势乃可成擒耳又曰王直南面称孤身不履战阵而时遣偏裨杂种侵轶我边圉是直常操其逸而以劳疲中国也要须宣布皇灵以携其党使穷发皆知向化则贼之势自不能容然后道之灭

贼立功以保亲属此上策也洲等领计敬诺而行居无何倭酋董二被擒讯道直事甚悉与公所料不爽毫发中外始晓然知状于是上以公灼见祸本降玺书褒劳而阃外之事一以委公公得旨规罗益密御史金淛陶承学交章请立赏格有能主设奇谋生擒王直者封伯予万金部议从之诏曰可嘉靖三十四年十一月洲等至五岛遇王滶道以移谕事滶曰无为见国王也此间有徽王者岛夷所宗令渠传谕足矣见国王无益也明日直出客馆见洲等椎髻左衽旌旗服色拟王者左右簇拥洲等心动坐论乡曲设酒食相对情款方洽洲等曰总督公遣洲等敬劳足下风波无恙直避席曰直海介逋臣总督公不曳尺缠牵而鞫之而远劳讯使死罪死罪洲等曰总督公言足下称雄海曲志亦伟矣而公为盗贼之行何也直曰总督公之听误矣直为国家驱盗非为盗者也洲等曰是何言与足下招聚亡命纠合倭夷杀人剽货坐分掳获而为之辞曰我非为盗者是何异于昏夜操罟以临人之池执之则曰我非盗鱼者为君获鱼者也虽三尺童子知其必不然矣直语塞洲等曰总督公统领官军十万益以镇溪麻寮大剌土兵数万艨艟云屯戈矛雨注水陆戒严号令齐一而欲以区区小岛与之抗衡是何异于骋螳臂以当车辙也又曰总督公推心置腹任人不疑拔足下寿母令妻于狱中馆谷甚厚则公之心事可知矣何不乘机立功以自赎保全妻孥此转祸为福之上策也直默然而罢乃挟州等巡数小岛而还而从此风闻外夷随其颐指者颇少变而叛贾倚直为渊薮者多有离心直始不安于彼矣初直闻母妻为戮心甚忿欲犯金华及闻洲等言无恙又窃喜于是始有渡海之谋日夜集所亲信者计之谢和等曰今日之举未可冒昧以往也当遣我至亲为彼所素信者先往宣力以坚其心待彼不疑然后全师继进始可以逞直笑曰妙算也遂托宣谕别国为名留蒋洲在岛令叶宗满王汝贤王滶同陈可愿回至宁波诘之皆云宣谕未至时徐海陈东巳拥萨摩洲夷过洋入寇矣今王直归顺先遣叶宗满等投赴效力成功之后他无所望惟愿进贡开市而巳公得报巳揣知其计姑从所请疏上许之公喜曰虏在掌中矣先是海中倭寇败没有零寇百余据舟山为乱公遣叶宗满等协助官军剿之尽殲焉公疏上功次犒赏有差王滶笑曰此何足赏若吾父至当取金印如斗大嘉靖三十五年三月徐海等果拥众十余万寇松江嘉兴诸郡甚急声言欲下杭城取金陵势张甚公乃谋之王滶等以观其意滶等初欲小试殷勲故甘心于舟山之寇至于徐海等正其所倚以图大事者且欲速直来共济乃辞曰是非吾所能办须吾父来乃可耳遂留夏正童华邵岳辅王汝贤在军门自以招直为名与叶宗满开洋去是年徐海等以次就擒事见徐海传公恐形迹彰露委心留用王汝贤等抚摩若亲子然叶宗满兄弟并加礼遇时时对将吏士民曰直非反贼顾倔强不一见我见我当有处也直闻公意指谓公诚朴可欺欲乘机以全亲属且未知徐海等败没以为纵不如所料亦可与之应援得志而去遂决策渡海先遣蒋洲次遣王滶叶宗满等率锐卒千余执无印表文诈称丰洲王入贡先泊岑港据形胜分布巳定直乃与谢和等慷慨登舟酾酒誓众曰俞大猷吾尝破之列表泊岸时须谨备之公当直未至时巳度其有隙豫调俞大猷于金山而以总兵卢镗代之卢镗者旧与王滶等从事舟山同饮食抚循倭夷备至直坦然不疑惟日聚群倭砺兵刃代竹木为开市计且索母妻子弟求官封时公计巳定仍姑列状上请以安其心上巳知直为釜鱼智力俱非胡公敌乃显诏王直既称投顺却挟倭同来以市买为词胡宗宪可相机设谋擒剿不许疏虞致堕贼计公奉诏秘而不宣夜驰至宁波城图方略密调参将戚继光张四维等督诸健将埋伏数匝水陆要害星罗棋列鱼鸟莫度乃以夏正等为死间谕直曰汝欲保全家属开市求官可以不降而得之乎带甲陈兵而称降又谁信汝汝有大兵于此即往见军门敢留汝邪况死生有命当死战亦死降亦死等死耳死战不若死降降且万有一生焉直怫然不悦而公与其所亲信王滶叶宗满先遣来见者连床卧因佯露诸将请战书十余篇于几案王滶等窃视惊怖夜半公作醉梦中语云吾欲活汝故禁不进兵汝不来休怨我也含糊其辞吐满床王滶等漏之于直直始疑之又使其子澄啮指血寓直书云军门数年恩养我辈惟愿汝一见使军门有辞于朝廷即许眷属相聚汝来军门决不留汝藉令不来能保必胜乎空害一家人耳又使生员方大忠往来游说直犹豫未决公以直执恋岑港巳踰五旬察其心神终属观望乃开关扬帆示欲进兵直探知四面兵威甚盛终无脱计且知徐海等败没孤立无援因叹曰昔汉高祖见项羽鸿门当王者不死纵胡公诱我其奈我何乃曰部兵无统欲得王滶摄之公知海上诸贼惟直多智习兵久雄异域得人心为难制其余皆鼠子辈毋足虑诸将亦云以犬易虎不可失也遂遣滶往直乃桀然诣军门时嘉靖三十六年十一月也公执之付按察司狱乃集三司诸大夫参议曰王直始以射利之心违明禁而下海继忘中华之义入番国以为奸勾引倭夷比年攻劫海宇震动东南绎骚虽称悔祸以来归仍欲挟倭而求市上有干乎国禁下贻毒于生灵恶贯滔天神人共怒问拟斩罪犹有余辜公具疏上请得旨斩直于市枭示海滨妻子给功臣之家为奴王汝贤叶宗满俱从末减边远充军王滶出洋为飓风所覆其余从贼鱼散鸟惊奔聚山谷公亲督官

兵扫除党与皆绝嘉靖三十九年二月兵部始以封赏之议上请诏曰大憝既除海氛已靖部议报谢徐徐何也胡宗宪可太子太保都察院左都御史兼兵部左侍郎荫一子锦衣卫副千户其余有功者升赏有差

卷九·大捷考·舟山之捷【嘉靖三十七年二月】

嘉靖戊午春二月总督侍郎胡公既擒获元凶王直其余党泊舟山之岑港倚险列栅势甚猖獗公命把总任锦指挥甘述宗等进泊江口之南都指挥李泾指挥张天杰等泊港口之北总兵俞大猷等以福船并叭喇乌八桨串纲船往来策应指挥周官土官彭志显领大剌土兵由中路小河岭入指挥杨伯乔唐崟土官张阙领镇溪麻寮兵由右路碇礁入参将戚继光率部兵由左路小岭入而指挥杨永昌卢锜鲍尚瑾方升通判吴成器等分道策应参政王询刘焘副使陈元珂则监督之约期水陆并进直抵贼巢时都指挥戴冲霄先用火攻杀伤颇多公许全捷俱准首功禁取级以妨前进我兵蹂尸而战贼大败奔舟忽港侧炮声大震复拥众登陆抄后死战我兵后哨稍却前锋四击横冲贼乃敛营固守公以夷僧德阳称贡而来贼胁为声援可计而离也乃潜纵之令成器遣谍持信票数百入巢散其胁从由是贼势日孤为守益坚公又檄诸将曰贼所以负固死斗者盖春汛已及计有新倭可为应援若哨击稍疏必流突与合矣此非小利害也其督舟师预为哨探之计无何果有倭船泊普陀小道头参将张四维推官查光述等督兵且战且逐至乌沙门外洋贼遂溃败俘斩四十余级贼走登乌沙悬山即朱家尖山也公策此贼与岑港之寇相距不远陆路必由碇礁水路必由向礁门乃檄诸将设伏以待已而贼果由二处奔沈家门与岑港合踪公不得已亲莅定海分遣将领各与信地福船由岑港南口广船由北口宣抚田世爵都指挥何本源等兵由马岙至张礁一由阙寺岭至三官堂一由小岭至聚水塘进而以元珂四维往来监督又遣奇兵由天童径捣贼船仍近巢半里许列一老营以焘居中调度参政胡尧臣防守所城督发粮饷克期大举时贼依山阻水列栅自卫火器颇多我兵陷阵先登者间多被害公复檄诸将从中逼垒而阵且示以哨伏应援之规更番迭战以耗其火药折其锐气又令夷僧辈招之私语贼遂互相猜疑至持刀自击我兵乘隙进攻贼众大乱夜分纵火焚其舟死者无算余各奔巢我兵蹑之斩栅而入斩馘百余级复奔柯梅岭我兵迫之火其巢厂贼势窘甚遁出浦口四维与指挥朱尚礼等舟师追至俞山外洋见贼连艘而行遂以兵船潜伏山下而以小艇尝之贼果逐利来追伏兵大起夹击之犁沈四舟擒其渠魁汪印山陈礼等斩首九十余级溺死者不计王直之党至是尽矣是捷也五哨之布公有成算而大猷等参错不进沈家门合踪公料敌如神而诸将不先事追击至厪定海之设非公渊度圆机小挫不折能因败为胜且奈何哉呜呼于是见公之心独苦矣【俞献可撰】

卷九·大捷考·淮扬之捷【嘉靖三十八年】

江北之有倭患自嘉靖乙卯始淮扬故多大贾富户贼至属厌以去自是岁以为常丁巳夏贼千余深入天长泗州祖宗陵寝几至震惊廷议特设提督都御史而以丰城李公遂至即立什伍之法定援应之规练乡兵严保甲设将官筑城垣造战舰为水陆战守之计贼知有备船泊掘港者不敢登岸而去江北赖以无事己未贼万众连艘分道并入中外震恐时四月一日也公阅兵通州计贼若从海门西亭趋如皋则通州在贼外乃兼程趋通泰州而以副使刘景韶游击丘升驻兵如皋以扼要害檄各路兵进黄桥海安等处援应已而贼至益多我兵迎战挫其前锋贼果出西亭知如皋有备遂由通州东趋白蒲镇公计贼深入利在速战戒海防等兵据丁堰东北坚持不出时东南风急我兵不便迎击公吁天以祭风即回连三日乃擐甲誓师斩不用命者人皆踊跃以进又计贼过如皋必由黄桥泰兴犯瓜仪则粮运阻梗留都摇动若驱之富安以北沿海东出无能为矣乃身当泰州之冲而以黄桥西路责景韶等贼求战不得进据丁堰丘升从河北纵火焚之边兵冲入贼营毛葫芦兵复从南出首尾夹击贼退屯二十里连日接战斩其金盔贼首一人旦且晡我兵少郄贼进至如皋公计其必奔瓜仪趣与海防游击兵从间道越过贼前径趋泰州若以为西路之防其实于泰州待敌也执贼党潜入城为内应者贼未至三十里辄从富安沿海东出我兵追蹑贼后公戒毋轻战昼则逼令不得久驻夜则退屯以防冲突公亲提大众驰淮安马逻之间约与诸将夹击于庙湾贼觇知之分其众一由西亭一由白蒲丁堰以牵制我师公令景韶升专击二贼而身赴淮安以当大敌丁堰流贼至曹家堡与我兵遇逐北至潘庄全伙覆没公至淮安而总督侍郎胡公与视军通政唐公顺之亦提青沂兵至相与合势公乃部分

中军马兵为前驱曹克新兵为中哨青州邢镇兵为左哨沂州何本源兵为右哨中军倪禄梅三锡合曹沂徐邳等兵为后继列阵于姚家荡以待初贼计我兵缀于丁堰之贼急走淮安欲掩其无备比至见兵势甚盛相顾惊愕尽锐冲我左哨公挥兵四面围击俘斩八百有奇焚溺死者不计贼不得已奔守庙湾于时西亭之贼夜走海安诸将不能御公以庙湾贼垂尽恐杨仪有失乃亲往扬州而视师唐公援兵亦至时贼已奔张庄因益兵赴援海安而与唐公俱还庙湾督诸将捣巢令军中多具畚锸先填沟港毁民舍之傍贼巢者我兵分番进攻斩级一百五十有奇贼乘风雨夜遁而西亭亦以全捷来告无何闽中之贼止近百然沿海转掠来去无定踪不可力取为飓风飘至者公令守备杨缙击灭之斩其酋长八大王孟得山崇明三沙之寇溃围而来时海门狼山如皋泰州扬州俱潜有备贼由七星港焚舟登岸深入拼茶场杨缙陈忠等兵尾击之自是连战皆捷斩级三百有奇贼乃竟走海涂而公已宿戒沿海无得泊舟以是贼不得去复败之刘庄会唐公遣副总兵刘显适至公益以亲兵使与贼战贼连败走竹堰仍沿海北遁我兵追及之于七灶斩级九十有四又及之茅花墩斩级一百七十贼奔唐家堞僻远无兵复登岸掠食而公故所练乡兵追兵竞逐之斩级一百四十有奇贼遂尽绝矣是役也自夏及秋仅四阅月前后斩戮焚获不可胜纪其成功之伟何如耶予尝宦辽阳闻永乐间都督刘公江镇辽时有倭患望海埚之战斩级千余生擒四百封广宁伯至今海上之烈人犹颂之公以文臣特起其所建立卓卓如此真足以宣扬朝廷之威发舒华夏之气匪直淮扬之利而已夫贼之始至也非公决战通泰则瓜仪维扬必受荼毒而运饷不免焚掠贼之东奔也非公出贼不意收功姚荡则淮城多不可守而凤泗不免震惊三沙之贼北渡也非公预有成算厉兵急战则以彼胜势乘我困疲又适我地灾饥幸乱乐祸之人内应必众事变未可测也记曰以劳定国则祀之能御大灾则祀之能捍大患则祀之公于三者实兼有焉予不文聊述其所见之略【兵部侍郎蒋应奎撰文节略】

卷九·大捷考·宁台温之捷

自倭奴入寇东南惟浙为最甚浙受祸惟宁台温为最甚而我总督军门少保兵部尚书胡公为御史时自王江泾捷后我兵始有生气至今官凡五转而大捷者十有三徐海王直擒而祸本去矣戊午冬舟山既捷而我兵告罢战者二年我总督公安不忘危旦暮东乡望思斫扶桑而湮之海尝曰余不恃倭之不来恃吾所以待倭之来耳益缮甲治舰峙糗选将练士惟谨水陆分地刻期防汛惟谨示战守机宜约束惟谨策画万全兵气振厉人人无不乐为死者辛酉夏四月忽并海郡报贼艘从外洋来者日数至而合象山奉化宁海瑞安乐清诸县中山大嵩霏霭桃渚新河楚门健跳隘顽诸所所报船不下数百艘贼不下一二万人而所登犯地散至数十处人情汹汹檄书人马交错于道公顾从容燕笑自若徐骂曰桀黠奴投死耳扑灭之在旦夕也乃筹笔授方略密封付使者驰去各海道兵备分守巡总兵参将诸官而遣游击将军王应岐何本源即日督发大兵一营六千人并调参将吕圻部兵先往同所在官军击之公乃卜日社禡载櫜临止厥地至则亲履戎行不逾二旬而捷凡九至所向靡不摧破震赫风霆电扫影灭而白水洋战为最奇云先是四月十九日倭船一艘望小展至马岙沙　公所督部兵及守备卢相等兵击杀舟师贼遂奔岸时带管海道副使王春泽调守舟山把总章延廪率陆兵至即伏为应水兵从下急追伏者起夹击之贼大败溺死者无算斩首三十五我兵死者三人越二日洌港中大草撇船一艘来公所督部把总周栗统林仕贵及卢相等船与贼三十余战用发熕佛郎机诸火具毙之溺死者无算斩首五十而两头洞贼一艘把总童华毙之斩首若干而犯象山者乃王海道奉军门方略会同总兵卢镗调度分守参议唐爱协计与前所督发二游击大兵吕折部兵进剿之其犯大嵩者我兵逐出横山各水哨又伏候外海故逡巡海口不出五月一日夜烧船奔鲒埼乃王海道会同卢总兵何游击兵分南路由奉化入象山而海道兵由大嵩入裘村亦趋象山前贼适入我兵中路二日贼出岳林庄卢总兵何游击鼓行前趋相去二十里各遣锐兵趋合吕参将王游击兵前后继发三日贼至裘村分三阵迎敌海道把总胡良瑶李超等兵先至遂陷阵先登各锐兵殊死战数合贼大溃斩首百五十七阵亡者三人八日梅山港贼三艘计二百人突入天童小白东吴吕圻追至东湖哨兵汤时茂等斩酋一人遂夜遁石桥湖头横溪奔入山径走海道即遣中军指挥艾升由小路径出贼前吕圻追尾贼后至白杜兵合贼屯余家各兵用火攻之烧死者不计溃出朱家店者各兵夹击之章延廪兵生擒二人斩首五十六吕圻兵斩首二十一阵亡者各营共三人至暮收兵一贼负伤窜山中千总汪廉斩之菩提岭下宁遂平先是海道诸兵前副使谭纶实训练之极精锐而谭以忧去居无何会王副使来实能守谭成法较若画一而成功若此前四月十九日又鸟嘴船十六艘由象山从奉化西凤登岸夜突至宁海一都团前是时松

门海门俱无警乃台金严兵备佥事唐尧臣参将戚继光将原发松海二关扼守陆兵三枝撤回继光亲督二枝趋宁海留一枝札海门中地备警分发中军游击兵协守新河会行把总任锦兵船速出宁海外洋伏击又行宁波海道总兵各发官兵水陆会剿二十二日贼知戚参将至宁海遂乘虚以大船五艘窜入桃渚大域港里浦登岸计五百人有奇是日又三艘入新河周洋港登岸次日又五艘亦从周洋港登岸与前贼合共计五六百人二十五日又七艘入健跳折头登岸计二千人有奇戚参将曰犯桃渚健跳者势尚缓周洋逼近新河所城贼又前后继至宜急击之而会军门批唐佥事申列贼状有云贼虽分侵不可堕其计中辄便分兵应策当并力合势先讨其重大者然后以次剿除乃佥事与戚继光奉令惟谨即部署诸兵疾趋新河击之又令黄太二县号召程梁等姓乡兵助战贼惧夜驾五船遁去余屯城外鲍主簿家二十六日拥众薄城下攻城唐佥事与戚继光原授军令相与协谋调度曲虑广画以楼楠刘意张元熏胡守仁等分立阵列密授方略使奇正相参各以县尉武生等监督之而给饷秣运器械断要害固封守审坚瑕援桴策应者各有属既定乃申明用命不用命诛赏令甚肃驱死士冲锋而先用鸟嘴与贼对击千百总哨队长蒋瑞葵实等奋勇先登力战良久贼遂溃乱伤甚奔原巢死鸟铳者六十余人各哨共得首级三十颗是夜二更贼冒雨由太平走旦日刘意楼楠兵追至温岭大麦坑太平知县徐钺亦督乡兵会剿共斩首二十二余贼奔田舍中者烧死之突出火者遁温州前犯桃渚里浦贼是日亦流至台州府城外花街戚参将即自桐岩岭驰抵城下时各兵尚未炊以大义谕之各兵勇气百倍无不争先跃起乃鼓行而前以丁邦彦为前锋陈大成为右哨陈濠胡大受为中哨赵记孙廷贤为左右翼各置监督奇正冲伏各有指犄角声援各有属乃齐阵而前至花街约二里贼以一字阵迎敌丁邦彦部下列铳分番铳殪数贼各兵乘势拥杀贼乃分右哨敌我左哨丁邦彦反击其右贼又分左哨敌我右哨陈大成反击其左于是旗鼓尽变奇伏俱出贼乃败北奔陈大成兵追至瓜陵江下贼奔水死者二百有奇而前阵中斩首三十九丁邦彦兵追至新桥五战五胜共斩首六十一生擒倭酋一人二十九日胡震于邳山下犁沈大倭船一艘死者计百余人生擒倭酋一人斩首八颗三十日前登折头大颗贼二千有奇自烧船南突府城戚继光部兵已分留守新河隘顽可战者千五百人贼众我寡继光忧之又恐流犯内地势当速灭乃与唐佥事厚犒之悬千金为冲锋者赏光又尽出笥中银酒具散之又监军知县赵大河登坛誓众申谕大义语棘棘动耳目气烈烈振山岳兵乃踊跃受令靡不一当百五月一日继光即率部至大田设伏待贼贼至亦设伏待我会天雨不战二日贼径出大石往仙居戚继光曰贼出中渡由里路至白水洋七十里我兵由官路至白水洋五十里兵法云先处战地而待敌者佚且以寡御众非谋不克而临敌交锋我少彼多必兵心激发乃胜遂策马鼓行四十里至上风岭屯止多令探者出贼前后视其向往知状即率兵上岭伏五日前锋兵出颇早光乃下令令人各砍松枝一树执而坐贼望之为林不介意行列二十里衣甲旗帜甚盛我兵对山瞭之俟其行过半乃仆松呐喊齐出贼惊以三四百人作一字阵冲来我兵分为一头两翼一尾阵以太学生葵汝阑左蒸监督而陈惟成陈法陈蚤杨文通等俱赵大河监督以鸳鸯阵冲锋拥杀夙受令不许取首级疾若风雨有前无退贼遂败遁上一小山然犹格斗不已丁邦彦兵出里路径捣山下四面仰攻之而戚参将乃树白高招一竿于北山下令兵大呼胁从者从招下走走者数百人贼复上大山我兵又仰攻之贼又大败奔上界岭山巅山巅陡峻如柱上平广贼立营其上若蓬麻然只一径可攀陟丁邦彦等首先攀援鱼贯上吴惟忠等继之数贼疾前来从上斫下我兵用长枪枪贼堕岩下遂得登顷之我兵尽登贼六七百人齐来交锋我兵戮力大战贼败走四散投落坑堑林谷间死者不计走者奔白水洋朱家我兵乘势急下追围火四面起贼屡突出不可得赵大河亲弟赵幽甫率兵举鸟铳击之死者不计又四面拆墙石投之贼急登屋亦用石与铳投我墙尽各兵逼围屋下乱投石铳诸物如雨贼不支巢内高屋火炎炎起贼益急亦乱投刀枪诸物出中我我兵枪筅林立随格之不一中贼烧死者不计而余孽胆怖魂褫捧银物掷首顿额哀号乞生我兵用狼筅挑其银物并所掷首疾杀不一顾诸物居有顷贼尽死积尸高丈六日戚参将自战所班师入府城老稚士女欢呼以为自罹倭毒来无如此捷大快也乃壶浆迎道左而唐佥事率府司辈实玄黄以迎焚死者不在算而共计斩首三百四十四颗生擒者若干而我兵亡于阵者止三人陈四陈七十即前入巢放火者王华升即前山下冲锋者是时兵实千五百人而一鼓殄二千贼于呼吸间全师奏凯可不谓奇耶时戚参将方入城犒众未罢楚门又报贼十余艘系泊于港者登梅岙乃急发胡震兵伏截外洋而遣楼楠兵陆走至洋坑冒雨大战楠亲斩贼酋一人而朱文林等共斩贼十二人生擒一人余船尽开至长吊洋会前所发胡震兵迎敌犁沈五艘烧残五艘至夜贼拖残船出海继光部下兵船又击沈五艘追犁一艘昏黑不取级而日所斩级二十人生擒贼酋二人次日胡震又于沙镬洋追贼十余艘至仰月沙贼乃遁悬山我兵用三板船载鸟铳弩手伏岙口候

击之至三更贼果乘雨雾走我兵犁沈一艘斩首四人余遂奔回悬山我兵围之至旦日五更贼约百余人复渡水走至林头继光乃督楼楠兵由隘顽所迎其前刘意兵由聂王桥径进绍兴府通判吴成器兵继进而知县徐钺督乡兵伏截藤岭至小藤岭三路官兵夹击之贼急径奔吴成器阵成器督战益力贼枪及成器马腹成器一矢射中贼面死各官兵四面力战尽殲之共斩首五十级而余尽溺死五月十七日又前犯宁海团前遁贼十余艘至长沙登劫约二千人有奇猖獗益甚砍采竹木欲巢长沙将南攻隘顽北攻太平尽凭钳所掠男子耕作是日继光在新河闻即与吴成器赵大河抚谕兵士示以对大敌之策尽出所蓄赀悬给赏格如前下令不许取首级辎货如前乃兵气益扬而继光又曰贼巢逼近隘顽所城城又孤危贼所泊长沙地又北扼太平之路于小藤岭东扼松门之路于漫游岭楚门隘顽二所又势孤路绝止水路浮海可援而又为贼船所出没处奈何乃先令把总李成立单骑驰往松门卫将所练亲兵与罗继祖分船夜浮海入隘顽城守之隘顽固乃用楼楠丁邦彦陈大成等各立军令誓状云事异则分心同则坚遇有征调各营轮日冲锋以一营当前以一营尾后以一营分翼左右同心并力不计斩获多寡功同赏罪同罚等议随用印钤示众使各遵守如令继光亦誓天明神以发十八日至铁场大雨十九日夜半至大藤岭分三路进至小岭偃旗息鼓直趋船所贼始觉分兵迎敌我兵齐拥攻杀遂大披靡四走各兵追杀无一遗者共斩首级数百生擒倭酋五郎如郎健如郎前后数十辈是为长沙之捷每临阵戚参将率各将士谕以军门好生之仁宁无功级不许妄杀胁从一人以故前后被掳者俱得生还前四月二十日温之瑞安县周岙贼由梅头奔突者五百余人参将牛天赐通判杨岳把总梅魁等殲之伤而死者不计生得一人斩首十三人余溃走二十四日牛参将同兵备副使凌云翼把总卢骑武生黄允中指挥李光佐千户张榜等兵分三路进剿杀死三百余人衣红衣渠魁二人军中令不许争首级故斩获止五十有奇而是日杨岳梅魁陈应等兵由瑞安后路策应生擒斩首共十余人贼溃出海三十日又贼二百有奇自台州流突乐清县界凌云翼预调王钦兵牛天赐督之至窖岙岭伏截贼遂走双陡门天赐兵追击之斩首四十五人余奔江水死而窜林薄中去者三十余人至五月一日追斩于闽浙界上生擒一人温州平而是月四日卢镗水兵船与海道把总黄应选等船分布青龙港遇奉化遁贼七艘向钱仓行外洋去者犁沈三艘值大雷飓昏黑溺死漂失者不计捞斩首二十颗是役也计前后擒斩共千二十四名级而焚溺死者莫之殚计盖无一人生还者而旬日间三郡宁谧疆徼清平脱遗黎于锋镝而帖之席欢声动天地歌舞太平以共戴天子休德谁之赐欤谁之赐欤我总督公开诚布公能任人善将将赏罚明肃硕画奇计不动声色而出自渊　贼状夷情坐照千里又亲临督调先声夺人所谓心战为上力战为下者非耶以故将领人人得以自効而白水之役以寡克众而仰攻勍敌兵法所忌然卒取奇胜此其故何欤实公用戚参将赵大河同心选练义乌赤城等兵使之有勇知方见利不动故一可当百足赴水火虽古名将不能出公右矣而忠诚一念食息不忘捐身许国誓不以贼遗君父忧此又其大者臣无似以书生佩刀笔待罪幕下窃所闻于诸将校者退而论撰如左挂一漏万岂足云纪盛事哉聊用稗官所职以备野史氏采择【鄞诸生沈明臣撰】

卷九·平倭录

世庙时南北并急其时竭天下之力以御河套南方急时所输于北者不丝毫减中间悉力拮据终得荡平者胡襄懋力也事平之后襄懋中谗死同志如茅先生鹿门几至破家有功秀才蒋洲陈可愿至谪戍生平受襄懋卵翼煦沫者皆噤而避匿且讳之不敢出声一切战功惟有鹿门徐海一篇而最难致者王直却又不及间以诘其子孝若曰尊公与襄懋情谊如何乃不详录者何孝若蹙额曰并此篇几削去赖长兄言之得止嗟乎世有缚一草贼捕一叛民因人成事者尚连篇累牍以求必传于世而公半壁之功十余年出生入死辛苦泯泯至此安用一时文士为余老矣每每访求不可得间有谭者年远未可信近见唐凝庵先生胡少保传极为详赡喜甚订录数款

初为益都知县有贼曰草上飞虎悍甚众至数千据矿为患久莫能制公召其父母宗族谕以利害示之恩信群盗解散择其可用者千人编为义勇会有诏令巡抚曾铣募青齐兵入卫遂以应焉一不以扰其民也

三十三年甲寅江南倭大至官兵屡败南兵书张经带部务总督军务公为巡按方至嘉禾贼至武唐将逼城公出酒百余瓮米五十包毒之封包如故载以二小舟授数健儿赍冠服文牒若犒兵者贼见逐之健儿浮水遁贼入舟见冠服文牒信为犒兵也呼类欢饮且醉复作饭食之一时流血暴死者七八百余贼知中计遂相戒勿食民间遗物会雨骤至又无所得食淋漓饥困毙者益众遂解去

三十四年乙卯二月工部侍郎赵文华祭告海神兼视军情四月至松江祭海是时倭据川沙洼柘林为巢涉冬春新倭复日有至者地方甚恐及狼兵至者五千人众稍安总兵俞大猷遣游击白泫等稍有斩获文华因谓狼兵果可用厚犒之激使进剿至曹泾遇倭数百人与战不胜头目钟富黄维等十四人俱死失亡甚众于是贼知狼兵不足畏复肆掠如故五月张经蹙倭于王江泾大破之经素贵倨以文华部民也藐之触怒会倭寇苏州大掠即奏经畏懦失机玩寇殃民上怒逮经及巡抚李天宠问斩以应天巡抚周珫代经寻以珫衰老黜之以南侍郎杨宜代超公佥都御史代天宠而先四月公上疏请宣谕日本覆允比得旨新受事檄宁波选委知海情者得弟子员蒋洲陈可愿二人因令充正副使而先犯海禁系狱朱尚礼胡节中并释令各募二十人辅洲等赍文以往公密授计洲以十月壬午行十一月丙午至日本从山口丰后二道宣谕王直故为舶主原徽州人因令养子毛冽率众邀洲等至五岛询以故洲等奉计诱之直佯言曰我本非为乱因俞总兵图我拘收家属遂绝归路今军门如是宽仁我将归然毋用人众也今闻萨摩岛徐海等大纠倭众来春必犯浙直吾令毛冽叶宗满伴送陈副使朱尚礼先覆军门吾与蒋先生宣谕毕日亦同归顺但倭国缺丝绵必须开市海患乃平可愿偕毛冽以仲冬闰月泊列港至定海关已而直剿杀海洋流贼数十级効功以窥我意公询得其情奏闻且厚犒之文华遂请还京

三十五年丙辰正月冽率倭兵百八十人助卢参将捣舟山贼斩首三十余贼奔邵岙山屯于山巅公奉旨赉冽等金币且令回谕直早归顺冽感激因送商伴夏正童华邵岳报徐海入犯消息遂留为通事阴厚遇之意未尝一日不在直也是月辛酉贼数百自闽连江洪突犯平阳仙居等县趣四明奉化合钱仓新至贼深入上虞转战千里官军望风奔溃海道孙弘轼驰檄告急甲子自率标兵渡钱江而东合诸道兵及容美土兵皆会丁卯贼由上浦潜渡曹娥江见官兵由对山出海塘转山阴壬申公至江桥遇贼夹河而行从马上操小旗语诸将曰使此贼见我旗指不顾而西胜负未可知若观望迟疑即可扑灭也贼见旗东西交指果聚立公笑曰贼气夺矣麾兵渡河贼惊问谍者知军门自至遂不敢战南走后梅村急麾诸军围之一昼夜用火器力攻贼负伤深匿战益急我兵登屋举火烟焰大起贼多焚死已而雷雨大至公与诸将冒雨立水田中或劝之少避不听明日五鼓贼乘雾突乡兵我军四合奋击俘斩二百五十九余贼逸走钟村平明追及西岭杀百贼贼又遁轻兵追之少岇复遣土兵及于蒲岐亭斩六十级余贼夜遁入海先是居民闻贼至咸奔避入城公所至炊宿无所薄暮入山巅小庵饥甚道人具酒饼以献方数酌哨者至备询其故已而问哨者食否答曰枵腹两日矣公泪下尽撤酒饼与之道人进曰庵中仅有此愿少留公曰此探卒吾三军耳目也不得食必毙宁忍饥以食有功左右皆感泣时陈东屯于陶宅知公悉军而东复袭败官军杨宜剿新倭又败罢之以南侍郎王诰代而先文华还京言倭大势已定余零散者诸将剿之可立尽既败报踵至上甚疑以问严嵩嵩支吾以对文华大惧而素与吏部尚书李默有违言因讦默出题谤讪欲败国事初罢杨宜即当以宗宪代而专愎自用推举周珫珫老悖致残倭复炽上大怒收默下狱止诰无行升公兵部侍郎兼佥都总督军务升阮鹗代巡抚浙江四月鹗败于崇德陷骁将宗礼等走桐乡被围公谕解之文华兼副都复出督视【七月收徐海陈东详鹿门集】公授计把总张四维雪夜渡舟山出贼不意大破歼之

三十六年丁巳倭入闽广改鹗抚福建公兼两浙巡抚不更设王直忽驾巨舰拥骁倭突进舟山涔港住泊以送蒋洲为名公遂遣夏正等往觇而自提兵驻绍兴且令画工图涔港形势正还报直语甚肆谓必待奏奉明旨许其宽宥与以都督职使得稽压海上开市以息兵方图归顺必不效徐海堕牢笼作俘囚也而画工所图形势甚险恶四山峭立海环其外入口仅容一舟别无他道公览之谬曰此绝地也乃令直长子澄述祖母意为书道制府恩厚促直早归顺以全母子之情遣直中表方大忠偕夏正等持往直启书笑骂曰儿騃何至此汝父在故厚汝父归阖门骈首僇矣大忠与正等晓譬百端直意稍动遣王滶叶宗满随方大忠蒋洲至军门输款公因送监军御史王本固本固疏其状于朝公念滶乃直之养子用事不还直且疑而生变因言于本固送还将行公故引之卧内留其宿而预为题稿力乞贷直并诸将请战书十余篇置之案间乃出饮大醉还因呼滶入宿而公甫入室大吐床席俱沾污侍者皆就寝滶闻鼾声满室窃起翻案间见疏稿回顾公睡益熟因录其疏复就榻久之公乃作伸欠状呼茶且易枕席而犹喉喉语我为儿子辈苦心开生路乃犹迟疑取死耶晨起滶即于榻前告行复好言慰之阴檄文武诸将吏联络棋布以防奔逸又密遣谍饵德阳诸酋长购直首使之自疑直方犹豫不知所出滶等至出疏稿示之直犹未决滶等力劝之乃留夏正为质自挈妻孥稽颡制府公大喜摩顶曰儿来何晚时长至前三日也乃使朱尚礼童华馆伴至杭参谒监军次日即回军还杭具述始末闻于朝又为书达当事言兵机忌泄如上意罪止于直则已必欲尽其余党乞密启上万勿

宣之明旨时倭贼诸奸多在直舟公将以直为媒渐致之不烦甲兵谈笑以靖祸本监军疏先至辄奉旨悉剿余党矣然公已逆虑其然先遣朱尚礼往说诸小酋释夏正及谕王澈叶宗满来杭澈等以候旨为辞而密遣其骁锐吴九项松王四等四散探旨童华以告公分遣将吏密擒之明年二月本兵檄至直遂下狱德阳走涔港诸酋复叛朱尚礼先闻脱身走夏正遂为所锢公即移师宁波谓集诸将水陆攻剿贼坚壁不出我师亦不得入公曰曩谓兵机不可泄正虑今日惟坐困不忧不全胜也时及汛期新倭续至或抵普陀逼沙门或自峒嶕奔东北洋或自洋中超舟山则水兵擒斩之或犯乐清金乡梅头临梅松门或攻太平台州温州永嘉盘石象山仙居平阳四散流突则陆兵擒斩之其追至铁场山者诸军冒险夺岭三面奋击贼从山后奔陷海涂中长跪受刃俘斩无遗大都贼之骁悍非徐海陈东比而我将士久战胆力益壮习知贼技不足畏避虽不无一二失律而所至成功卒无有得与直党合者其党困甚闻有贼在朱家尖遣六百余人自涔港奔沈家门援之又从响礁门出碇础奔沈家门皆为我师所邀俱败入巢公乃命朱尚礼以先所收抚倭人夷来廷夷来住等驾艇伏炮其中冒为倭船招之贼不疑登舟来廷等佯称还报易八剌虎先行炮从舵后发舟为煨烬水兵乘之俘获二十二名斩级二百五十沈溺者无算贼气日挫因严督诸军分番攻巢杀伤甚众诸贼积恨为夏正所诱支解之公闻躬至海边望祭恸哭诸军皆为堕泪贼自知势孤援绝焚其余舟将并力出海官兵乘势焚栅厂火光烛天各贼夜奔柯梅候潮官军击之贼乘东仔小舟遁出浦水兵击沈其半斩首九十有七诸将复统苍船追之俞山外洋沈其四舟生擒贼首汪印山陈礼计得脱者不及什一矣是时贼至江南者千余水兵御之不得登陆遂扼之于崇明之三沙江北之贼几七千北枝据淮安之庙湾南枝据扬州之如皋公皆分兵助战前后斩馘俱尽三沙贼为官兵所困不得骋乃卸屋材为小舟以遁飘至江北亦殲焉三十八年十一月本兵再驳王直等罪状下抚按三司详议枭斩于市妻子没官叶宗满免死戍边加公太子太保左都御史荫一子锦衣副千户文武将吏各加升赏夏正死事赠都指挥使荫一子与朱尚礼童华邵岳俱正千户先是处贼万余盗义乌矿会令缺丞尉率乡民逐之贼易丞尉列阵而出戕乡民民怒奋力死斗贼披靡入山民追破其巢贼悉战死公闻之喜曰处贼称悍乌民一战殲之勇可知已吾方求其人而不得傥新尹任事淛可不征调而强矣会江阴赵大河宰义乌谒制府即语以故大河欣然任之遂令戚继光与之偕给饷甚厚继光行复语曰江南所以不能战者以未谙节制耳吾每思仿六花阵法训练尔喻之乎继光因献鸳鸯阵公曰得之矣自后义乌兵遂以劲名天下今所称南兵是也有事调用遂以为常

嘉靖三十九年五月公请定节制礼仪视三边事例上嘉其任事加兵部尚书兼右都悉从所请闽寇告急撤其兵往援行至桐山邵副使尹参将舟师来会贼已满载且闻淛兵至急遁出海水兵邀击洋中犁沈贼舟四十有七溺死者无数获贼首严山老等百余名洪泽珍亦焚巢遁入闽解严提督遂以饷乏令舒兵备撤兵还贼闻之复纠众入寇犯福宁桐山闽兵再败公复发兵攻之战于桐山寿宁追至枫亭血战于仙游前后俘斩几二千余贼遁入海

四十年九月讨倭屡捷加少保

四十一年十一月被逮停其官不补升赵炳然兵部侍郎兼佥都抚浙江

四十四年再逮疏辨寻卒上怜其功免勘【朱平涵老先生撰】

又外录默林手疏二则胡默林为总督先后上疏皆手书如一后被劾为上所怜盖不独有御倭之功其一段敬谨心亦自难及孰谓公仅矗豪人物哉凡古人上疏必手书宋时犹然迨至前元始停耳默林被逮殁歙太守何东序窥时局欲罗织没其家发兵围守嘉禾郁阳川兰为绩溪令知胡公家贫且捍海功不可泯力覆获之愿上印绶去乃得免

卷十一·经略一·叙寇原

主事唐枢云天下学未大明人心不正以致有是诸同志欲为得为能为宜再订印功夫先从天下人心上倭寇灭尽然后天人合发以定万化之机【此言人心乃治乱之原凡论御寇者皆详于治法而略于治人惟此推究本源度越群见似迂而实切故首列之】

御海策要云为民御乱莫若绝斯民从乱之心今之海寇动计数万皆托言倭奴而其实出于日本者不下数千其余则皆中国之赤子无赖者入而附之耳大略福之漳郡居其大半而宁绍往往亦间有之夫岂尽为倭也倭有时可使之无遗种而其杂以土人也则吾之攻杀者有限而民之附益者无穷几何而有宁日哉故愚以为今之当事者

当一面督兵截杀以治其流一面重抚百姓以治其本钱粮非上供至紧者悉与奏免而一切军门用度皆奏请无碍官物以充之无令尽责诸民而其不容或已者则严为会计使吏胥粮里人等无有指一科十之弊则斯民不惟身得安生而其心且有父母孔迩之怀固将可杀而不可使之为乱矣今日郊野之间皆嚣然丧其乐生之志夫民不乐生其又将何所不至哉此今日不可不为之计者也

兵部尚书胡世宁云自古盗贼起于民穷民穷由于赋役之繁重官吏之贪酷而官吏贪酷又其致盗之大本也盖使官吏循良则部檄虽有征敛而亦为之周旋善处民之被害亦轻官吏贪酷则朝廷虽有宽恩善政而亦被其停废克削民之受祸不减故盗贼之兴多由贪吏而亦最恨贪吏观方腊之乱所杀官吏备极惨毒此其验也故自古明君良臣平日既以选用良吏为弭盗之本临难亦以委用良吏收平盗之功唐太宗尝言去奢省费轻徭薄赋选用廉吏使民衣食有余则自不为盗而龚遂之治渤海贾琮之平交趾皆是道也近时盗贼所在充斥实由昔日权奸弊政及守令乘机侵克之所致今朝廷累下恩诏悉更旧弊而盗贼犹未革心者惟以平日贪庸之吏扬扬犹在民上而其一二离职者则又归作富翁而坐享吾民之膏血或反升要职而更为贪吏之营窟故无以服盗贼之心而散其胁从之党为今计者宜简命风力宪臣出询民瘼而凡旧日贪官暴吏不拘见任去官悉皆重按其罪以快吾民之愤穷追其　以代吾民之赋而又选用循良之吏委以便宜宽其文法仿龚遂贾琮故事使得推诚布德散其徒党而一二渠魁及奸民乘间生乱稔恶难宥者轻则就委守令设法擒捕重则选委将帅调兵剿除则盗贼平而患永绝矣计不出此而欲因循荏苒袭用旧人行旧政吾恐盗贼难保其不至于滋蔓也

主事唐枢云备倭之法防海之禁斤斤明于国初然寇未尝绝何也夷夏有无之互以通也承平日久市舶之官势胜流职于是为私通之计自天顺末以来安之而海上亦无盗警凡商于海者武具而力齐虽有小寇无所容于其间嘉靖初市舶罢流臣严其私请商市渐阻浙江海道副使傅钥申禁于六年张一厚申禁于十七年六年之有禁而胡都御史琏出十七年之禁流延而有浙江巡按杨九泽之疏乃有朱都御史纨之出视抚设而盗愈不已何也寇与商同是人也市通则寇转而为商市禁则商转而为寇始之禁禁商后之禁禁寇寇势盛于嘉靖二十年后是时居有定处隐泊宫前澳南纪澳双屿澳而已又人有定伙名酋不上六七许栋李光头就擒张月湖蔡未山死陈思眄为王直所杀王万山陈太公曹老又皆不闻矣又况入有定时登岸虏人致其巢责令以赀赎后乃盘据内地随在成居而恶少继发徐明山者三十二年前之樿诠约步遨于浙之西东而莫之识也当夫壬子前盗形已具沿海有司为禁益严内外商物不得潜为出入内地人素与交识者因负其赀而不偿夫然后壬子之变作矣【此言海寇之患其始由于流官严禁海商其后成于内地奸民负商赀本】

都御史章焕云倭夷安从至哉有首乱有胁从有导引明乎此而后贼可理也故外贼易见内贼难知今以海外蛮夷而深入内境道路之纡曲民间之虚实官府之动静纤息必知者谁为之也又其始至千人四布无一知者及鸣号而须臾毕集贼固善匿匿之谁也此东南之大变也夫吾民重困欲为盗久矣然时有见执之患自贼间入而为之用进有望外之获退无盗贼之形海滨无关隘阻诘柔橹轻舟往来甚捷此贼之由通也与贼连衡与良民杂居贼未至皆良民也贼至则良民去奸民留贼去又皆良民也此祸之所以难测也兵入其地以为居民询贼情问道路悉为所误当此时以为奸民戮之然有良民也以为良民舍之然有奸民也故兵多惑乱而妄行故倭夷有由入也乱贼有由炽也兵行有由误也良民有由扰也城郭有由惊也奸萌有由自也故奸党不消则贼患不止故安攘之计莫要于安反侧夫反侧之初良民也横征暴敛迫之耳故奸民不可以形治也治倭寇以兵治反侧以诚故内贼为急外贼次之政事为急甲兵次之诚得良吏而分治之行宽大布恩信问疾苦时拊循明示不校反侧者回心矣此龚遂所以治渤海之盗也且今良民安居而乐业彼将反本而呼天捐亲戚背乡井冒危险岂其情哉是散贼党而伐贼谋也倭夷安从入哉故良吏优于良将善政优于善战不然兴师百万能驱倭夷不能驱奸民奸民在贼可以复入师不可久留是行奸民之计也且天下宁独倭夷可为乱哉故反侧为要夫反侧者反间之因也敌情所由得也善致之则为我用不善致之则为贼用此尤兵家之要微乎微乎不可以尽言者也

太守严中云海商原不为盗然海盗从海商起何也许二王直辈通番渡海常防劫夺募岛夷之骁悍而善战者蓄于舟中泊于双屿列表滨海之民以小舟装载货物接济交易夷人欺其单弱杀而夺之接济者不敢自往聚数舟以为卫其归也许二辈遣倭一二十人持刃送之倭人还舟遇船即劫遇人即杀至其本国道中国劫夺之易遂起各岛歆慕之心而入寇之祸不可遏矣【此言海商初无纠倭入寇之念因防他盗渐至乎此其后遂即真大受倭患

矣】

都督万表云向来海上渔船出近洋打鱼樵柴无敢过海通番近因海禁渐弛勾引番船纷然往来海上各认所主承揽货物装载或五十艘或百余艘或群各党分泊各港又各用三板草撇脚船不可胜计在于沿海兼行劫掠乱斯生矣自后日本暹罗诸国无处不到又诱带日本岛倭奴借其强悍以为获翼许二住双屿港此海上宿寇最称强者后被朱都御史遣将官领福兵破其巢穴焚其舟舰擒杀殆半就双屿港筑截许二逸去王直原在许二部下管柜素有沉机勇略人多服之乃领其余党改住烈港渐次并杀同贼陈思盼柴德美等船伍遂至富强以所部船多乃令毛海峰徐碧溪徐元亮分领之因而海上番船出入关无盘阻而兴贩之徒纷错于苏杭近地人民自有馈时鲜馈酒米献子女者自陷黄岩屠霩𩅽而其志益骄其后四散劫掠不于余姚则于观海不于乐清则于瑞安凡通番之家则不相犯人竞趋之杭城歇客之家贪其厚利任其堆货且为之打点获送如铜钱用以铸铳铅以为弹硝以为火药铁以制刀枪皮以制甲及布帛丝绵油麻酒米等物【此言海寇起于中国边海奸民违禁取利初通西番后及日本为寇心腹毛海峰徐碧溪徐元亮者乃其魁首而许二王直又魁中之尤也殲厥渠魁非策之至要而功之无上者欤】

海道副使谭纶云片板不许下海禁革双桅大船乃屡朝明例以销祸未萌意至深远奈何沿海灶丁假以采办私造大船违禁下海始则取鱼继则接济甚则通番十数年来富商大贾侔利交通番船满海间有朱秋崖任事之臣力行禁捕而大家灶户浮议横生不曰小民无以聊生则曰国课必致亏损加之监鹾宪臣偏获灶户过抑边官摘拾小愆节次论劾海道备倭勘斥相继遂至避祸迁就海禁愈隳养成大祸莫有敢言者往年倭寇劫掳渔船逼为党羽既得其船以张声势又驱其人以为向导苏松之寇半皆胁从捕获有　尤多灶户必须申明严禁仍乞特勅巡盐御史钤束灶户止于额设海边场荡采办煎盐遵照节题事例小船编号朝出暮入循涂载卤不许造大船入洋采捕招惹倭夷仍立连坐之法以稽私出之弊如有纵容下海为盗者运司场官并得坐罪【此言渔户灶丁但当用小船不当容其打造大船通番引寇】

卷十一·经略一·除内逆

兵部尚书杨博题云倭贼入寇多因我民为之勾引盖逋逃不归则祸本未拔东南无息肩之期合行督抚诸臣多方招徕务使不轨之徒以次归正又题云蠢尔倭奴敢肆流劫者皆缘我之内逆为之乡导也倭奴非内逆无以逞狼贪之志内逆非倭奴无以遂鼠窃之谋必须禁捕内逆方可消除外寇合行督抚诸臣责令军卫有司将沿海居民逐一清查造册在官稽其生理时加约束敢有仍前不悛从倭为逆许令同里之人赴官告首即于犯人名下追银三十两充赏本犯从重处治拔本塞源此为要务也

卷十一·经略一·定庙谟

都御史唐顺之题云自海贼入寇以来十余年东南虽苦其毒而贼之被杀者亦积至几万今年寇江北寇浙东者且万余而寇福建者传闻不下二三万则是杀者不可胜纪而寇者不为少止夫南倭与北敌异口外砂砾之地从古以来原有边患腹里膏腴之地二十年前原无倭子今口外尚有一两年无扰而倭子却无一岁不来如此不已非止外患将为内虞古云兵久则变生近者吴淞定海之间水卒呼粮挟官缚吏则兵变之渐矣苏人素怯弱而游冶子弟怀毒蓄机日伺倭来里外合应幸早发之犹烧官寺劫狱囚哄然一逞则民变之渐矣此其萌芽也诚不可不深图而熟虑之若谓倭寇之来一岁支却一岁一番杀却一番便自了事则臣不敢知其所终也伏惟圣明勅下礼兵二部备讲祖宗以来招怀抚谕之略防海固圉之机及勅督抚诸臣徧访倭情集议长策二十年前何以绝无倭患十年之间何以倭患若此年年御倭何时是了如何可以永断倭寇之路以复东南之旧苟可以利国不必为身家顾虑苟可以便今不必以成说拘牵外内臣工方略毕上然后圣明与庙堂大臣从中主断而力行之期于三年四年断却此贼臣犹以为速也不然一岁一来一来一胜臣犹以为浪战

卷十一·经略一·精教练

主事唐枢又云……若在海船则以风潮为主有难于操演者其紧要惟在舵工转运趋向皆出其手遴选赏罚

非总副参游之所当注意者乎【此言练陆兵之法须委重领战将官练水兵却无法惟精择舵工而已】又云使船必用造船之人则不恡工料而且知爱惜领兵必用练兵之将则用心训练而亦相识认故平日宪职练兵而御敌付之武将非计也必令将官自练而兵宪不侵其权不夺其功然后可责其成效耳【此篇与前同义】

镇抚蔡汝兰云……以土产之食养土著之兵以土著之兵御土地之患兵不加多而民皆乐业矣此土著之愈于客兵而募战之不若募教幸较量而取舍之太仓生员毛希秉云盐徒海盗水寇也而我军操练于陆不习海势素怯沙民以其所短攻其所长蔑不败矣朝廷知其然特敕兵备道专重水战议者谓宜造多橹机发巨舰巡捕巡盐官督令于海洋沙场险要去处上下巡视专习水战之法此练军之法也又云军之克敌者在器兵不完利与空手同射不中的与无矢同海贼之器械惟任短兵我军足以制之者火器弓弩也然善射者寡乞仿种世衡教射之法悬银钱于百步之外不中者宜罚阙而受责三胜者得银钱又当令其三六九日衍习如镇江会手然每下操之日为数十偶使各官分临之庶不费时日而官军可善射其它应用器械枪棍弩铳皆以是法校之数月而军成矣此精技之法也

卷十一・经略一・清屯种

知府严中云国朝屯田之制北方与南方不同南方与中州亦不同北边之屯田重在盐法兼重马政而行之也中州之屯田专重马政而行之也浙直之屯田则以屯军籽粒供造运船之用有余者充补月粮福建则又不然其省屯田至多不若浙直之少故专设一屯田佥事敛之与浙江水利道带管不同大抵屯种之军不守城不上操清查其弊于军饷大为有助

太仓生员毛希秉云崇明田若干粮若干栅海若干实征若干升合不起运而官吏师生守御官军俸粮犹未能给每数年大盗一兴动费钱粮数万沿海州县居民劫烧之害又不可以数计然则国家何利哉太镇二卫之设本为崇明盗贼何故缓急未得其用乞于南沙平洋沙增设守御所修古土著屯田法庶有实效若仍旧春秋二班交代惟虚应故事其势安能久乎盖旧制崇明守御所之外又有太仓中所八百户镇海前后所三百户在于崇明潭子港备倭后因栅海改拨刘家河把港既而太仓沙指挥具呈空闲人数取补上班今申明旧制改设南沙守御孰曰不宜或曰边方卫所该守御腹里卫所该运粮今太镇二卫切近海洋每有盐盗倭寇生发乃坐运船三百艘运军三千名有一缓急兵不足用合无议将太镇金山运船该派腹里卫分即以无额运军定拟南沙等处守御又曰屯田之设本备军储今屯军在太仓而屯田乃在常熟嘉定昆山等县且屯田零坐各区各圩其势安能耕种未免转佃居民而屯军坐食不差有名无实莫若通变宜民择沙上常稔不栅田与守御军屯种以旧屯军田易银与沙民别置田产实为两便此策果行则凡旱寨水寨把港官此实百世之计也【此言屯田与卫所隔别之弊即太仓一处观之其余可以例推矣】

卷十一・经略一・募客兵

兵部尚书张时彻云闽广诸兵其长技故智利在水者可习而知而吾苍山下八山之人熟闽广之技者亦非少也以一教十以十教百以百教千事在反掌而有勇知方是在上之人使之者何如耳夫吴越之人以舟楫代舆马以江海为坦途伍员对阖闾以舟军之教比陆军之法大翼当陆军之车小翼者当轻车突冒者当冲车楼船者当行楼车走舸者当轻走骠骑况今日之边防恃舟师为长技以火攻为要术乎【此言闽广水兵不必募】又云军既销弱势不得不募客兵矧今募兵他省动越数千里征发仅千百人未及至而已损官帑民需不訾矣况至者未必皆精以之赴鬬往往贪饵致败恐官府之诘之也既又弃戈而窜走所过道路率又逞其狼豕贪残之性白日剽掠昏夜则污渎妇女一或捍拒则露刃而哗杀人无忌故谚曰宁遇倭贼毋遇客兵遇倭犹可避遇兵不得生由此而观客兵有害无益明矣况使之久居内地间熟道路习知土风民俗之事必有不战自焚之祸如元末苗帅杨完者流毒吴楚盖可鉴也【此言募客兵有损无益】

主事黄元恭云客兵有二有调而至者有募而至者调而至者统领有官籍贯有的用则札之至有不用则札之归即无事矣募而至者乌合无统领之素萍聚无籍贯之眞况多游手好闲无藉恶少安知不恃其武习反卫为仇啸聚山谷党附海岛皆不难矣【此言募兵不如调兵】

卷十一·经略一·客兵附录

【天下精兵甚多不可胜纪兹所载者但据庙堂近年议调与士论所评者耳或云无益如愚见客兵各负所长其或败者不闲吴越地利又多堂堂之阵罕用饵伏若原领头目得人调皆精选严节制慎冲突用谋用哨不徒恃乎骁猛庶可暂为海防之一助】

狼兵

广西狼兵于今海内为尤悍然不易得眞狼也眞狼兵必土官亲行部署才出其余盖不过柳州所为水东岩之游民与广州新会打手之属而已如果则亦无以加于嘉湖贩盐者流也

湖兵【钩镰枪弩之技】

湖广土兵永顺为上【彭翼南】保靖次之……其来也以一宪副督之宣慰专主禁令调官专主聚泊每晚不许舟师乱泊须视调官搴旗然后鱼贯而泊次早即行勿容登岸

北方兵

北兵所长优于骑射东南水乡技难独展

福兵漳兵

尝习水战闻其内多从海寇行奸利者多习海寇所斗于诸兵中为冣特不知今所调者若干耳

坑兵

浙江以处州为绝勇处州守坑之军其性健斗但未尝勒习水战也

卷十一·经略一·公赏罚

都御史方廉云用兵之际冲锋为难斩级次之今海上贼船初来能迎其锋犂沉一船另赏银一百两饱去之贼犂沉一船另赏银五十两如不能对敌摇驾小船捞取首级者不惟不赏即以退缩论

都御史唐顺之云贼若从某处海面深入登岸者该总首先坐之论其登岸多少以次罪及总兵又罪及兵备海道而止至于海中击贼初至将领以奇功论已有事例惟军士首级之赏尚未别白臣先具题击来船与击归船不同击归船真倭首级一颗给银十五两自合如故击来船真倭首级一颗合无量增银十两比陆战首级尚少银五两已足使水卒感恩怀利尽死击贼【此言行罚当自上始行赏当以海中击来船为重】又云击贼海中以奇功论虽有平倭事例但分别得来船去船欠明且水中首级一概以十五两论赏不知打来船之难十倍于打去船也去船杀人劫财已厌其毒杀一贼是止于一贼而已若杀却来贼一人是全了几个好人性命其功不可同日语也若得该部题覆打来船真倭首级虽不能同于陆地首级三十两亦可量增银五七两则人人争夺打来船者益众而贼之登岸者少矣【此专言赏功当以海中击来船为重】又云自来海中获功止击归贼不击来贼归则贼气已惰贼资又满人既乐击击之又易来则贼气方锐贼船又空人不乐击击之又难击贼之归如虎啗人而人杀虎虎毙而人已残击贼之来如虎未啗人而人杀虎人不伤而虎毙【此段发明击来贼与去贼难易不同】

夫出入波涛冒不测之险人情所甚不堪然臣尝思之地里有险夷而土著者无险人情有利害而利重者忘害

若使各升调官军必于沿海卫所自少生长身履目击虽或稍迁异地事无弗同也至其垂危冒险转战穷追若只同常廪止以常格论功其视内地轻重难易之间殊有不得其平者今须多处行粮丰其犒赏若总兵官能使贼船不得登岸而于海洋擒斩首级得叙异格各军人等比内地所获功次倍论如止获贼船亦以大小论级如此则人皆争夺而无不堪之情矣【此言论功当以御海洋为重】

兵部尚书杨博题云沿海一带休戚相关若使自分秦越或不行拒堵或不相策应希免已责贻人以祸均属误事交相坐罪合行福浙直督抚诸臣如前通政唐顺之所议若贼已下船果有冲锋阻遏俾不得登岸四突者虽无首级照依题准事例升赏

兵部尚书张时彻云今奏拟五等赏功之例

曰论首级【凡水陆主客官军民快临阵擒斩有名真倭贼首一名颗者升三级不愿升授者赏银一百五十两获真倭从贼一名颗并阵亡者升一级不愿者赏银五十两获汉人胁从贼二名颗者升授署一级不愿者赏银二十两】

曰论奇功【如在海洋遇贼有能要击冲沈船只或追逐登山使贼不得登岸如贼既登岸有能冲锋破阵奋其声势或追出境或逼下船使地方不致受祸或所部兵少而擒斩多者均以奇功论听总督实时具题巡按作速勘报超格升赏】

曰分信地【凡守备把总及海防民兵府州县佐各有信地如贼至不能拒守致贼突入者固当律以守备不设之罪若能奋勇鏖战或有首级功罪相当者亦许准赎若罪少功多者仍以功论如贼从别港路出境有能邀截擒斩打获船只所得货物尽行给付仍照例升赏至于故纵出入本港专图邀取贼赃者听督抚官参究重治】

曰计职任【详见会题中】

曰处报効【详见会题中】

必如是而行之则有功不至于滥赏有罪不容于幸免而将士戮力用命矣【此言赏罚之令当严】

太仓生员毛希秉云欲人出死力不与同其利自古未有能济者也乞依晁错边事胡人入驱能止所驱者以其半与之凡捕巡所获盐船贼船听其照例估料纳银不得如旧惟有势要在官人征价给领利归他人如此而再犯赃坏法照依文官永不许管军管事庶彼顾利不敢轻犯明宪而可责其尽职矣此使人自为战之法也

卷十二·经略二·御海洋

予按防海之制谓之海防则必宜防之于海犹江防者必防之于江此定论也国初沿海每卫各造大青及风尖八桨等船一百余只出海指挥统率官军更番出洋哨守海门诸岛皆有烽墩可为停泊其后弛出洋之令列船港次浙东于定海浙西于乍浦苏州于吴淞江口及刘家河夫乍浦之地海滩浅阁无山岙避风之处前月把总周易等所领战船被贼烧毁仅遗十余只近又报为飓风击碎不若海中洋山殿前窝集反可泊船也吴淞江口及刘家河出海纡回又非泊船防海处所议者欲分番乍浦之船以守海上洋山苏淞之船以守马迹定海之船以守大衢则三山品峙哨守相联可扼来寇而又其外陈钱诸岛尤为贼冲三路之要兵部原题副总兵俞大猷统领战船驻札海上防贼截杀则如陈钱乃其所当屯泊而提督军门及海道等官每于风汛时月相参巡察有警则我大船火器冲截贼入使不得越过各岛则彼毒无所施衅孽不作而内地安堵矣【此言哨船当泊于外洋山岛】又云直隶与浙江名虽异地而实则一家若不设官总理则彼此自分门户贼一入内地随风南北可以互犯故必共守陈钱分守马迹等三道而后贼无遁情兵可夹击必得总兵官正副二员分驻金山临山要会之地先守陈钱以春秋分任更番出入而参将分画三道马迹等三山各督信地则人易为守而守无弗力矣【此言总参当分任哨责】

通政唐顺之云御倭上策自来无人不言御之于海而竟罕有能御之于海者何也文臣无下海者则将领畏避潮险不肯出洋将领不肯出洋而责之小校水卒则亦躲泊近港不肯远哨是以贼惟不来来则登岸残破地方则陆将重罪而水将旁观矣臣窃观崇明诸沙舟山诸山各相连络是造物者特设此险以迂海贼入寇之路以蔽吴淞江

定海内地港口也国初设县置卫最有深意而沈家门分哨之制至今可考合无春汛紧急时月苏松兵备暂驻崇明宁绍兵备或海道内推择一人暂驻舟山而总兵副总兵常居海中严督各总分定海面南北会哨昼夜扬帆环转不绝其远哨必至洋山马迹【此言海中远哨近哨】又云国初防海规画至为精密百年以来海烽久息人情怠弛因而隳废国初海岛便近去处皆设水寨以据险伺敌后来将士惮于过海水寨之名虽在而皆是海岛移置海岸闻老将言双屿列港峿屿诸岛近时海贼据以为巢者皆是言国初水寨故处向使我常据之贼安得而巢之今宜查出国初海防所在一一修复及查沿海卫所原设出哨海船额数系军三民七成造者照数征价贴助打造福船之用【此言水寨哨船旧制当复】

兵部尚书杨博云平倭长策不欲鏖战于海上直欲邀击于海中比之制御北狄守大边而不守次边者事体相同诚得先发制人之意国初更番出洋之制极为尽善至于列船港次犹之弃门户而守堂室浸失初意宜复祖宗出洋之制【此言旧制原御寇于海中】

南京工部尚书马坤等题乞聚船于马迹山以为诸路水军老营仍于扬山设水营以扼贼入乍浦川沙洼由吴淞江口入苏松之路于大衢山设水营以遏贼入宁波台温之路专设海上总兵特造出海大舰如古拿飞舰飞虎舰戈船楼船将军之制仍大申出洋之令修复大青风尖八浆等船以便行使【此见与御寇远洋大同小异】在京各衙门会议云倭奴长技利于陆我兵长技利于水历查连年用师凡得捷俱在海战利害较然明矣海中陈钱大衢马迹扬山诸岛为贼南犯必由之路先该督察侍郎条陈会议海防长策首列此条今又该南京工部尚书马坤左通政何云鴈题相同合咨新任总督令总兵官速集太仓崇明嘉定上海沙兵及福苍东莞等船分为二哨专守扬山马迹又将绍兴温台捕鱼及下八山采捕福苍东莞等船分为二哨专守普陀大衢其陈钱山为浙直分路之始所宜更番共守【此言御寇远洋之策为是】

略云诸将海战而胜者常十一其内地战败者常十八何勇于海而怯于内也其故有四士卒入海人无还心皆殊死战无所逃难一也洪艟巨舰易以凌贼势便二也毒药火器且战且焚三也贼载水而饮开口待卤势不能持久四也而其后不能御贼者亦有四犯不测之险以命博贼而常赏不酬劳其怠心一也海中无人易以为解二也既不能赏易于姑息将不能驱三也海波不常或利或否四也议者皆言益修战具反言四失守马迹殿前诸山以控吴守大衢诸山以卫越守陈钱诸岛以制贼往来之冲夹击互救三道鼎峙贼不足防矣【此言海战利弊】

南京兵部尚书张时彻云今之水战止能要击去贼而于来者未能遏其烽夫来贼锐而去贼惰击惰易而攻锐难人情所习知也然击来贼者譬之扑火于方然之始火灭则栋宇可以无虞击去贼者收燎于既烬之后此其利害则有间矣自海上用师击来贼者仅一二见而要去贼者亦不过文其纵贼不追之罪耳今若以击来贼之赏优于追去贼之赏以纵来贼之诛严于纵去贼之诛而当事者同心僇力急如救焚尽遏海外方来之寇则边鄙又何不宁耶【此言海战以击来贼为奇功】

总兵俞大猷云倭贼自彼岛入寇遇正东风径由茶山入江以犯直隶则江内正兵之船可以御之遇东北风必由下八山陈钱里西倒球干邪清水马迹蒲岙丁兴长途衢山扬山普陀马墓等岙经过然后北犯南直隶西南犯浙江请于浙江共设楼船二百只苍船一百只分伏于前项海岙往来巡探攻捕名之曰游兵而远遏之于大洋之外【此言当设哨船于浙直外洋】又云大洋以外欲就诸山随处结营随班分哨常得胜势似足以赖然万里风涛不可端倪白日阴霾几如黑夜故有相遇而不可击亦有未必相遇者【此言外洋御贼之难】

主事黄元恭云或者曰我兵长于水战短于陆战而倭奴则长于陆短于水故御之莫要于海中陈钱马迹大衢殿前扬山当倭奴往来之冲诚设总兵官驻陈钱参将三员分驻马迹大衢殿前洋山常川督哨御其来而邀其去贼殆尽殲而鱼矣愚窃谓其策甚善而难行盖海栖经月必有飓风巉崕剑峰难于椗泊癸丑春参将俞大猷围王直于马迹蛟龙惊炮而起几至覆没师旋贼逸乙卯秋浙直会兵大衢前殿邀贼归路疾风暴雨大作飘没舟师以千万计是亦乘危幸功者也夫大海无际何独称四山为贼出之冲盖航海者必昼行夜止依山宿泊自倭东南而来望中惟此四山相去各一二日程始至陈钱必泊次泊马迹次泊大衢次泊殿前洋山若驿传驻跸然固非若子午谷东西莫适必由隘中行者贼诚知山有兵东西南北何所不适虽失所依泊然与犯戎兵之必死宁冒风涛之不测且闻长老云起椗扬帆舍山泊而适大洋此避飓风之妙术而岂谓必死地哉知戎地而不避有生途而不趋贼必不然矣然则御其来而邀其去不可为欤曰依此四山但严会哨应援之令潜师伺之万无不中若设官显驻是示趋避之标耳故

是策也宜潜不宜露宜邀其归不宜伺其来盖归路可计日候风信故也【此言陈钱诸山但可设伏以击去贼】

副使茅坤云方其海寇之舳舻相望必由通海之门户而入于苏松之吴淞江刘家港之类是也古人云守险者必先设险于险之外守之其所谓海战之重兵如各参将所提闽广募兵之类当设战舰备火攻而谨斥堠以迎击于淞海之上贼未泊岸则当夹水而阵以遮击之贼既及岸则当随其贼艘所泊之处而直捣之此则海上格斗之兵也将之最猛兵之最精者可以当之【此言当御寇于海中将近港岸之处与陈钱马迹远攻之说异】

御海策云备倭之术不过守御二者而已未闻泛舟大海远征岛夷虽以元世祖之威伯颜孛木儿之勇艨冲千里旌旗蔽空一遇飓作万人皆为鱼鳖此其明验也而况沙石起伏洲渚驱阻风候向背潮汐高下波涛汹涌至到浅深彼皆素所谙练以我之迷而蹈彼之危能为必胜哉【此与前说相反】

海道副使谭纶云陈钱马迹洋山在内海之外止可出哨不能设守盖恐粮饷易匮声援莫及不如荆川备倭之说为善且自来水寨设在沈家门遇有缓急战守兼得耳【此言设险远洋不如守近洋为稳便】

都指挥戴冲霄云浙洋诸山沈家门居定海之东相去二潮乃宁绍之外户也陈钱马迹大衢洋山尤为窎远乃沈家门之外藩也外藩设而门户固门户固而后堂室安故有识者咸欲设险于陈钱四山以扼来寇以愚观之沈家门水寨乃信国公之所设其才识高远人所素让岂见不及此故舍远而就近哉必其身亲相视四山太远孤悬海中难于声援不若沈家门与定海哨报易及策应易施熟思审计夫是之处耳不然大海渺茫风潮难犯水兵官可藉以躲闪万一四山失备致寇直捣追咎无及反致误矣不若守之近海易于综核太祖之所以听从信国或者在于此耶太祖神明先见毫发不爽信国公若有疏谬肯遽听信之而已乎【此说与谭副使所论相似而推原旧制当守尤为有见】

知府严中云外洋御寇岂不是上策但在将官有难于奉行者何也海中无风之时绝少一有风色天气即昏面对不相见矣须十分晴明方能瞭远岁在已未飓风大作四百战船一齐覆没利害如此将官出哨岂敢远浮大洋必寻岙内收泊令一二小舟行探耳若迎风而上遇敌归报贼使顺风瞬息数百里报至贼亦至矣若顺风而去遇敌归报甚难甚难况遇贼被杀将官不知此常事也故谓海战为可恃者必其未常亲至海洋者也若见海洋自知此说之难行而以固海岸为不易之定策矣【此说以固海岸为上策与唐荆川以固海岸为第二义不同】又云海防不设险于海岸而设险于海中山沙犹论北方边务者不可但守近边须远守于边墙之外其见同也昔者俞子俊尝因修外边费财甚多其后边墙反易坏而难守何也离内地太远照顾之力自有所不逭也且如北边之制每城垛相去六尺一军守之积而至于六百丈之远不过守以千人而已虏来攻城动以数万计六百丈之间只此千人如何相策应而御乎此与水兵哨船出海太远声援不及备御甚难同一义也国初信国公不肯设险于险之外岂其智不及此哉可以悟矣【此见与谭副使王知州相似】

海道副使谭纶又云今之谈海事者往往谓御之于陆不若御之于海其实大海茫茫却从何处御起自有海患以来未有水兵能尽殲之于海者亦未有能逆之使复回者不登于此必登于彼即十得其一二彼亦视为不幸而遇风者耳侥幸之心固自在也若陆战一胜即可尽殲贼乃兴惧不复犯我此水战陆战功用相殊而将官则力主海战为是者以海战易于躲闪陆战则瞬息生死势不两立且万目共覩不能作弊当事者宜坐照之勿堕将官术中自失长算可也【此言与荆川之见不合然将官闪避情弊洞烛无遗矣】

宁波生员陈可愿云吾昔使日本经历海中诸山注意观之陈钱乃孤山突出极东大洋水深不可下椗又无岙可泊惟小渔舟荡浆至此即以舟拖阁滩涂采捕后仍拖下水而回欲以此为期会之地恐不便也马迹大衢洋山则不然盖马迹有小潭可以泊舟但有龙窟不可放炮遇敌难战此山虽在陈钱之西离大衢尚远贼舟西来一过陈钱即是马迹以此为会哨之地可也大衢与长涂相对其西有礁无岙不可以泊舟且亦有龙窟宜避之其东面有衢东岙者可容广福船四十只但水震荡不宁舟泊于此久则易坏不如以大舟藏于长涂之北而以哨舟泊于衢东岙遇警举号招广福船剿之岂非长久之计乎但大衢在北长涂在南相离不过半潮之远潮从东西行两山束縛其势甚疾哨船战船遇潮来与落时皆难横渡俟潮平然后可行策应亦有不便者

御海洋之策有言其可行者有言其不可行者将以何者为定乎常亲至海上而知之向来定海奉象一带贫民以海为生荡小舟至陈钱下八山取殻肉紫菜者不啻万计每岁倭舶入寇五岛开洋东北风五六昼夜至陈钱下八分艐以犯闽浙直隶此辈恒先遇之有被杀者有被掳为乡导者因此诸山旷远萧条无居民守御贼得以深入此御

海洋之议所由建也国初以来从来无人发此然事理虽长而未经试练嗣后将官遵而行之或谓其间有不便者何也离内地太远声援不及接济不便风潮有顺逆椗船有便否蛟龙之警触礁之险设伏击刺之难将官之命危于磊卵无惑其争执为难行也然自御海洋之法立而倭至必预知为备亦甚易非若乙卯以前倭舶岸人犹未觉其为寇也苟因将官之不欲而遂已之是因咽而废食也乌可哉如愚见哨贼于远洋而不常厥居击贼于近洋而勿使近岸是之谓善体立法之意而悠久可行矣

卷十二・经略二・固海岸

通政唐顺之云贼至不能御之于海则海岸之守为紧关第二义贼新至饥疲巢穴未成击之犹易延入内地纵尽殲之所损多矣然自来沿海戍守莫不以拥城观望幸贼空过谓可免罪而不顾内地之残破内地戍守亦幸贼所不到而不肯策应沿海今却不然宜分定沿海保获内地内地策应沿海地方沿海力战损兵折将宜坐内地不能策应之罪内地残破沿海幸完宜坐沿海纵贼之罪又如同是一样沿海地方贼由宁绍登岸宁绍却不残破而残破温台贼由温台登岸温台却不残破而残破宁绍自来则坐地方残破者之罪今却不然宜并坐贼所从入其沿海文武将吏有能连次鏖战抵遏贼锋阻贼下船不得登岸深入者虽无首级以奇功论一准平倭事例如此则人知谨于海岸之守不敢幸贼空过以觊免门户常扃堂奥自安矣【此言沿海之兵与内地之兵宜相策应】

镇抚蔡汝兰云环海兵船之设其法不为不善其备不为不周矣迩年倭寇往来兵船未收全功者必有说焉夫茫茫巨洋极目无际虽于要害之处联舰设备而疾风怒涛不时亦必择善地而停泊焉岂得扬帆起椗常出洋口而能尽阻贼船之不入尽遏贼船之不归哉但能于大数内打得分数中几分耳必欲其尽收全功以为经久不易之图在于水陆夹攻尽之矣夫倭寇之发艅犯我也每徒止备一月行粮而飘泊二月者有之每船可载百徒而满载二百者有之及其抵岸困惫莫甚使得焚舟登陆夺险鼓势养锐蓄精然后出我兵以临之近者十日远者一月方得与贼相望反主为客转佚为劳岂能得志于彼哉为今之计宜于春汛小汛先期一月将各道兵士督发各海口要害之处如在嘉湖者出三关在绍兴者出龛山出临山出观海出三江在宁波者出定海出昌国出象山在台州者出海门出新河出松门在温州者出楚门出盘石出金乡等处安营操练与兵船相表里以为防守万全之计设或贼船潜入海口则水兵星罗于其外陆兵云布于其内其将至也击其困惫既至也击其先登既登也击其无备以疲惫仓遑之贼而当我养盛豫备之兵一鼓成擒可不血刃而收其全功矣春汛之期不过三月将终四月将半小汛之期不过九月将终十月将半过此则非风汛所利而倭警不必防矣今宜于每年三月九月初将各道统兵官分与信地令其督领部兵出沿海兵船停泊之处守营操练防守贼至即击春汛至五月终小汛至十月终方令撤兵归道严立限期通行浙直广福提督总参衙门永为遵守则防御周而贼无返棹先声播而贼无伺志矣

卷十二・经略二・谨瞭探

兵备副使凌云翼云哨探者兵之耳目也哨探既真则先事有备今沿海守把官员遇贼初至皆不闻知及已近岸仓遑失措甚则我船亦有被掳以为贼资者今后把总官务要督同各哨官员多置蜈蚣梭船精选熟知水性之人远出外洋分投哨探如有声息先来传报其附近各港官兵一闻警急随合艅约会截击大洋庶可获制胜之功如贼从某官某信地登岸把守官不先期传报附近官兵闻报不实时策应以致深入腹里贻害地方听本道查实指名参究坐以失误重罪其有与贼相拒众寡不敌者原情另处庶人心兢惕海防可固矣予按哨探与间谍不同间谍者使人于敌中设法离其腹心觇其虚实之谓也哨探者将欲进兵预分遣人装作田夫渔樵之类于兵所经行险阨路口宵行昼伏窥辑于我兵将到之前夕某处有伏某处无伏逐路预报兵得以安心前进也此惟极其机警熟知道路之人方可任使乃将之腹心所托兵之安危所系也非平日恩信相孚者不可

卷十二・经略二・勤会哨

广福浙三省大海相连地画有限若分界以守则孤围受敌势弱而危戢捕之谋能不有赖于相须乎曾考入番

罪犯多系广福浙三省之人通伙流劫南风汛则勾引夷船由广东而上达于漳泉蔓延于兴福北风汛则勾引夷船由浙江而下达于福宁蔓延于兴泉四方无赖又从而接济之向导之若欲调兵剿捕攻东则窜西攻南则遁北急则潜移外境不能以穷追缓则旋复合艅有难于卒殄此夷船与草撇船之大势也又有一种奸徒见本处禁严勾引外省在福建者则于广东之高潮等处造船浙江之宁绍等处置货纠党入番在浙江广东者则于福建之漳泉等处造船置货纠党入番此三省之通弊也故福建捕之而广浙不捕不可也广浙捕之而福建不捕亦不可也必严令各官于连界处会哨如在福建者下则哨至大城千户所与广东之兵会上则哨至松门千户所与浙江之兵会在浙江者下则哨至流江等处与烽火之兵会在广东者上则哨至南澳等处与铜山之兵会遇有倭患互为声援协谋会捕贼势岂有不孤穷而海患岂有不戢宁者哉

福建五寨烽火门水寨设于福宁州地方以所辖官井沙埕罗浮为南北中三哨其后官井洋添设水寨则又以罗江古镇分为二哨是在烽火官井当会哨者有五小埕水寨设于福州府连江县地方以所辖闽安镇北茭焦山等七巡司为南北中三哨是在小埕寨当会哨者有三

南日水寨设于兴化府莆田县地方以所辖冲心莆禧崇武等所司为三哨而文澳港哨则近添设于平海之后是在南日当会哨者有四

浯屿水寨设于泉州府同安县地方上自围头以至南日下自井尾以抵铜山大约当会哨者有二

铜山水寨设于漳州府漳浦县地方北自金山以接浯屿南自梅岭以达广东大约当会哨者有二

由南而哨北则铜山会之浯屿浯屿会之南日南日会之小埕小埕会之烽火而北来者无不备矣

由北而哨南则烽火会之小埕小埕会之南日南日会之浯屿浯屿会之铜山而南来者无不备矣哨道联络势如常山会捕合并阵如鱼丽防御之法无踰于此

浙江六总浙海诸山其界有三黄牛山马墓长涂册子金塘大榭兰秀剑山双屿双塘六横韭山塘头等山界之上也滩山浒山羊山马迹两头洞渔山三姑霍山徐公黄泽大小衢大佛头等山界之中也花脑求芝络华弹丸东库陈钱壁下等山界之下也此倭寇必由之道也海防莫急于舟师旧制边海卫所各造战船有七百料五百料四百料二百料尖缺之殊向因贼舟不大七百料停造久矣其余五百料之类亦以不便海战改造福清等船复调发广东横江乌尾船顾税苍沙民船又有小哨草撇船军驾八浆船装火器出奇埋伏划网船四参六总分哨守各洋港【参将原设二人分守浙东西后分为四曰杭嘉湖曰宁绍曰台州曰温处把总原系指挥四人今因地方多事卫所窎远分而为六曰定海曰昌国曰临观曰松海曰金盘曰海宁裁去备倭总督而各把总以都指挥体統行事辖诸卫】每值春汛战船出海初哨以三月二哨以四月三哨以五月小阳汛亦慎防之【每年六七八月风渐险恶正月十一二月不常舟皆不可行三月至五月东北风多倭来便易十月小阳汛亦可渡海寇有停泊海岛乘间而至者故春秋二汛皆当严为预防也】其南哨也至镇下门南麂玉环乌沙门等山交于闽海而止其北哨也至洋山马迹滩浒衢山等处交于直海而止陈钱为浙直分综之处则交相会哨远探穷搜复于沈家门列兵船一枝以一指挥领之马墓港列兵船一枝以一指挥领之舟山驻札把总兼督水陆贼若流突中界也则沈家门马墓兵船北截过长涂三姑而与浙西兵船相为犄角南截过普陀青龙洋韭山而与温台兵船相为犄角贼若流突上界也总兵官自列港督发舟师北截之于七里屿观海洋而参将自临山洋督兵应援南截之于金塘崎头洋而石浦梅山港兵船为之应援是故今日之设险自内达外有三会哨于陈钱分哨于马迹羊山普陀大衢为第一重出沈家门马墓之师为第二重总兵督发兵船为第三重备至密也所患者海气溟蒙咫尺难辨风涛欻忽安危叵测兼之潮汐有顺逆哨报有难易奸将往往藉以规避吾何从而综核之哉自海上用师以来击来贼者仅一二见而要去贼者不过文其故纵之愆识者谓宜以击来贼之赏优于追去贼之赏纵来贼之罚严于纵去贼之罚风汛时月正副总兵不拘警报有无而亲出海洋严督各总僇力用命以遏海寇于方来则何边鄙不宁之有

福浙直海洋浙东地形与福建连壤浙西地形与苏松连壤利害安危各有辅车相依之势故上命浙江巡抚总督浙直福分哨各官互为声援而不许自分彼已画地有限责任相联此庙谟之所以为善而海防之所以为固也愚考海中山沙南起舟山北至崇明或断或续暗沙连伏易于阁浅贼舟大者不能东西乱渡如遇东北风也必由下八陈钱马迹等山以犯浙江而流突乎苏松如遇正东风也必由茶山西行以犯淮扬而流突乎常镇如遇正北风也必由琉球以犯福建而流突乎温台三途窎远瞭望难及须总兵官拨游兵把总领哨千百户等船往来会哨【以交信

票为验】其在浙江也南则沈家门兵船哨至福建之烽火门而与小埕兵船相会北至马墓兵船哨至苏州洋之羊山而与竹箔沙兵船相会其在苏松也南则竹箔沙兵船哨至洋山而与浙江之马墓兵船相会北则营前沙兵船哨至茶山而与江北之兵船相会诸哨络绎连如长蛇群力合并齐如扛鼎南北夹击彼此不容岂惟逐寇舶于一时殆将靖寇患于无穷矣

闽县知县仇俊卿云国初沿海相近地方转相哨报势合情联承平既久人多好逸事机渐疏即以东南沿海直隶与各省相近之势言之浙之海宁等处则北与直之金山崇明等界相接其蒲壮等所则南与闽之流江烽火等寨相接闽之铜山玄钟等澳则又南与广之柘林寨蓬莱驿相接向来各省自分彼此不相哨报缓急难备今欲与各省相近卫寨转相会哨往来络绎使万里海洋无悬料叵测之患其会哨官军船只须各给字号牌票以防憸细混杂为奸并注到销日期以杜偷玩又云兵法地有所必争言其险要也尝闻海寇往来其大船常躲匿外洋山岛之处小船时出而为剽掠在浙常于南麂山住船双屿港出货若东洛赭山等处则皆其别道也在闽常于走马溪旧浯屿住船月港出货若安海崇武等处则皆其游庄也自浙迤北则极于料角而属于直隶自闽浙南则湾于南澳而属于广潮中间所泊所经之处可以得其概也以澳属经广潮

卷十二·经略二·散贼党

都御史唐顺之云逋逃不特如王鏊李华山洪迪珍等有名贼首力能构倭为乱者而已以臣所亲见三沙千余倭子起自瓜洲一被掳人冯三嗾其扬州取宝遂至哄然远来冯三之在中国不啻一虮虱及在岛中却作此一番风浪虽旋就诛殛而流毒已多矣然则逋逃不归东南诚未可以息肩也【此说恐难行盖逋逃之人在彼得利招之不来况杀王直谁其信之昔秦璠王艮之叛也当道尝诱其降而杀之庄渠先生曰后日招降之令从此更不可行矣盖招而处之则可招而杀之则不可宁可不招招后必不可以失信胡静庵令军门之条曰已降者不杀再叛者不饶新起者必扑灭于微至哉言乎】

太常寺卿魏校云海寇须开其自生之路自古岂有二三千人致死命不开其生路而欲尽殱之者诸人能不以克胜受赏为心方与上帝之心合其事可成功兵部尚书王守仁云出给告示凡胁从皆不问虽尝受贼官爵能逃归者皆免死斩贼徒归降者给赏使内外居民及乡道人等四路传播以解散其党

副使吴子孝云中国昔年下海之人不得归其乡土故反为海寇之用彼岂无父母妻子之思哉请开其求生之路出给小方纸榜万张以付彼来间谍之人往彼散给招抚曰昔日吾民胁从海寇原非本心今日执此投降悉免本罪愿充行伍愿归乡土者听能自相擒杀者赏如前说今松江上海招而杀之失信可恶当以守信为主庶有功也

副使茅坤云于闽之漳福泉州浙之宁波等处当行有司严为保甲之法各籍其里之名氏而钩考之而为之钩考者亦非欲据籍而罪之也特令见在土著者不得望风而煽诱入海既群聚入海者广令招谕曲为缓其罪而出且为之下令大略贼从以下有自缚来归者并得免死有能手刃其党来归者仍按给赏银二十两三级以上仍命爵一级有能诱众而缚来归者亦如之有能手刃所称佐乱剧贼如某某者赏银五百两仍世袭千户其尝佐乱剧贼而能率所部来归少或数十人多或百人以上者赏亦如之所部人获免死仍优恤以差其能手刃首乱某某来归者赏银一千两仍世袭指挥使其为首乱能自归者亦除罪免死而能率所部二三百人以上自缚来归者赏亦如之其所部人亦得免死仍优恤以差凡贼中有能自缚告以贼情引导官兵击死得胜者每二级准手刃一级爵亦如之有能焚溺其舟并辎重兵仗因来归者而告官验实亦赏如手刃佐乱之贼又下令于闽之漳福泉州及吾浙宁波等处各贼犯之父母妻子兄弟朋友邻佑有能自行首鸣者勿连坐其为若父母妻子兄弟朋友邻佑不能首鸣而他人告发验实则以其罪罪之仍量以所犯之赀充赏有能私绔所犯来归者并亦得免死赏如之有能以姓名闻官因而诈入贼党本图诱所犯来归所犯率不听因而谍知贼情告官而令官兵击杀得胜或左计陷贼或自贼中焚溺其舟而出者赏亦如之其故行党而不以告者并得论罪如律又下令传示海岛诸夷有能手刃首乱之贼或击灭其党数十百人以上効首虏以闻者赏万金加之封爵愿岁通贡入市者听

主事唐枢云内地人入贼伙者须许亲识的当人甘结令其自新以散贼党并可因而行间

闽县知县仇俊卿云海寇之聚其初未必同情有冤抑难理因愤而流于寇者有凭藉门户因势而利于寇者有货殖失计因困而营于寇者有功名沦落因傲而放于寇者有佣赁作息因贫而食于寇者有知识风水因能而诱于

寇者有亲属被拘因爱而牵于寇者有抢掠人口因壮而役于寇者诸如此类中间不无可矜虽在寇盗之日未必皆无求生之心乐于犯法以甘必死者岂人情之通好哉招徕拨乱转移亦易吾将为攻心之谋伐交之计必明揭榜于通衢或书黄旗标插寇所内地之人有愿归籍许令不时投首官给口粮押赴各该乡井有亲邻识认者实时放释并不加罪中有豪杰能以智力取倭首来献者另行重赏若能说诱谋主出降者题封见任官职如此彼心危疑其党易散又闻寇至地方必先掳其土著之人以为乡导吾即以乡人之知巧者遗之掳去反行间谍或假作接济之人与之往来使不相疑或暗贻之财使厚相结兼馈饮食使日相狃如此未有不可得彼情形以行吾计取者也

卷十二·经略二·分职掌

一制器械

发矿佛郎机鸟嘴铳铅锡铳火球火箭喷筒烟鑵箭匠竹匠木匠【造火器架子用】铜匠铁匠【合火药人】

右火器府佐一员专督之

长枪刀铁盔铁甲皮披牌纸甲弩弓箭【太仓州取弓匠来造】铁匠皮匠竹匠木匠裁缝弓箭手

右兵器府佐一员专督之

先拣选旧时所蓄可者用之不可者作急制之某人某人长于拣选者也某人某人长于置造者也与府佐相协赞庶不为各匠所欺

卷十二·经略二·慎防御

一打牲船上弩矢百发百中此船吴淞江阳城湖陈湖太湖水乡多有之著各区图报举入城不许容隐其人官府照养兵口粮给与工食计名分派城上紧要去处有功仍加重赏

卷十二·经略二·行保甲

副使谭纶云连年倭患皆为私通贸易而起浙人多诈窃买丝绵水银生铜药材一切通番之货抵广变卖复易广货归浙本谓交通而巧立名曰走广不此之禁则履霜之渐驯至坚冰欲行究诘则奸宄之雄弥缝百端徒滋扰耳为今之计莫若称此议练乡兵之时立为保甲之法委所辖各府佐贰官公同属县掌印官省约舆从亲诣地方不问腹里沿海与城郭乡镇去处官吏生徒举监之家务逐户挨查每十家编为一牌牌内分十直格皆以巷道为准如是东巷门起则于牌格内左甲尾下填注东巷门字样从西顺挨一赵甲二钱乙三孙丙四李丁五周戊六吴已七郑庚八王辛九冯壬十陈癸各填注人丁生理明白即于右甲头下填注褚子姓名是为第一甲其第二甲牌格内左甲尾下填注陈癸姓名亦从顺一褚子二卫丑至十家止三牌四牌亦依次联络挨填如一巷之内人家已编十牌外有零者即将大家中人丁烟多者报足编之如村镇无巷道者亦依村镇编之就于本名下坐定日期每一家轮值三日第一家轮初一十一二十一日第二家即初二十二二十二日以次填注按日于本家门首悬挂仍每一牌年轮一名为甲长管领九家每十牌年轮一名为保长领百家其中若有远出不归或私收丝绵火药等物假名走广潜往通番或逋逃海外久不还乡者许牌内值日之人抱牌赴首官为拿究敢有隐不觉举一家有犯十家连坐毋容姑息其有原犯通番但逃回自首免罪编完之日府县仍将牌每甲一样再填一张类钉成册存留在官巡捕官时加查考一体稽察若有假公济私乘此害人从重惩治如此庶通番之党自消而地方之不逞亦可以禁绝矣

太仓生员毛希秉云凡海贼一起陆地贼乘机窃发假海贼之名以纵暴地方不能抗御惟保甲可以除之如太仓初编保甲陆地贼无所容身逃缢擒首散亡略尽尝有海贼廿人夜劫城南十八都时其家潜报保甲总甲及有船者预待贼出追之且击且行逐至海口天明贼之器械尽矣把港百户陈璋鼓率人船直追半洋擒回送道又十五都沿江地方白昼有海贼上岸打劫适潮落舟阁被保长尽数擒获此皆从来未见之事而保甲之功大矣今法久人玩乃复罢宜修饬以保地方但不可使之迎送受词以生事耳

卷十二·经略二·降宣谕

南京工部尚书马坤等题朝鲜居东北日本居正东偏北故日本诸夷凡由海上入中国交通生事舟必经过朝

鲜海面先年倭首宗设等犯我海道大肆叛逆屠害中国军民数多时朝鲜国王李怿闻贼归由彼海愤其作孽尽遮杀之随即具奏倭奴打劫上国致杀官兵不伏天诛过境仰仗皇威剿杀几尽并将擒获贼倭中林望古多罗等及贼首级三千颗与长箭船隐等物连抢回人口王样等差刑曹参判成洗昌等先后齐献阙下此固未暇深究其故但朝鲜能杀日本之人与日本之人之畏朝鲜则验矣请乞宣谕朝鲜国王查贼经由海面既与日本密迩王须益申初议尽行截杀仍行国王就近转查日本管国者近年倭寇是否由其纵放若果知情速令悔改若系左右奸宄或系中国逋逃假借妄为就令其尽将首恶擒斩献报是亦一策也【此言当令朝鲜转谕日本】

在京各衙门会议云查得先该巡视浙江都御史王忬题臣闻东南之倭寇犹西北之匈奴诅诈勇猛强不可御乘风迅速来不可测故我朝备倭北自山东南抵闽广规画经制不减西北且严通番下海之禁明十年一贡之规使常修举不失岂有边患但数十年来事皆废弛番商海寇俱至浙洋宁绍苏杭奸宄射利之徒接济交通勾引贸易自嘉靖二年宋素卿入扰之后边事日隳遗祸愈重闽广徽浙无赖亡命潜匿倭国者不下千数居民里巷街名大唐有资本者则纠倭贸易无财力则联夷肆劫巨室为之隐讳官府惟务调停日就月将年深岁积识者固知有今日之变矣臣询访在海贼首约有百人其雄狡著名王五峰徐碧溪徐明山毛海峰徐元亮沈南山李华山洪朝坚皆广布奸细包藏祸心计算则未能就擒捕急则逃遁无迹虽恃海洋辽阔亦由倭国为之渊薮也节据被掳在倭归人供称本国酋长请有入贡勘合得行则利归于上今各倭私自贸易利归于下彼中酋长甚是不乐尝禁各倭西犯昨劫黄岩去者多被擒杀今春关隘亦加严禁曾追回倭船二十余只并审擒获贼首李哪哒亦称渠魁沈南山等安住倭国分遣其党同倭入寇此辈不除海无宁日若差人晓谕国王定将各逆并岛夷剿逐此虽得贼掳之口未可轻信而国王感恩慕义之心亦岂尽无查得永乐年间倭夷入贡又有倭寇犯边令来使追捕得倭贼若干许以彼国法治之以次蒸死数十余年海洋平静海道副使李文进屡以议呈欲臣具请特旨北行朝鲜南行琉球转谕彼国及令布政司咨行述其许贡之由勉以藩屏之义令将中国逋逃尽搒起发严密各岛不得出关庶使贼势日孤兵力可逞但恐夷性叵测国体攸关未敢遽陈即今警变异常正多方图济之日乞要查酌议拟务求事体稳便等因本部咨行礼部查议讫又该刑部河南司主事郭仁题云今之倡乱者已经兵部明言有贼首王直盘据海岛招纳叛亡然必竟勾引倭奴张大声势故敢猖獗一至此也臣承乏刑曹凡遇朝鲜国解至日本萨摩州失风流贼望古三甫罗等转行到部有被枪火铳木牌刻有军门及松江府字号则倭奴之流劫江南也无疑常考洪武二年遣臣赵秩谕日本来贡五年复遣僧祖阐无逸往宣佛法谕其来贡太祖为赐诗送行实重厥事也乃十余年得安堵焉永乐初命太监郑和等招抚诸番日本独先纳贡并擒献犯边贼二十余人就命来使治以其国之法于鄞地令一人执炊一人上甑尽行蒸杀至十五年复入寇边将执其酋首送京师成祖待以不死遣刑部员外郎李潤等使日本降玺书责以敬天事大之义次年还其国王源义持亦遣刺史奉表称谢成祖特释其罪宴赉有加嗣是终成祖世不复入寇此仁义并用祖宗驾驭倭奴之长策也即今海岛群盗旁午使舟或未能达昔太祖尝以三佛齐梗化阻绝使臣商贾命礼部移文暹罗国王转达爪哇俾以大义告于三佛齐合无查照故事遣使朝鲜谕令差官赍送玺书前往日本宣扬圣朝威德戒令戢属夷该本部复议移咨总督会同操巡抚按等官转相计议题奉圣旨已经通行督抚等官议处未报近又该督察侍郎赵文华咨送通事一名降倭二名前到兵部译审得入寇海贼俱系日本所属野岛小夷被中国逋逃之徒纠同打劫倭王未必尽知所据南京工部尚书马坤题请前因侣亦有据及要宣谕朝鲜一节又与王忬郭仁所奏大略相同且日本原系朝贡之国载在典制遣官传谕于义无乖合无从礼部酌量查照祖宗故事差官赍捧玺书前至朝鲜谕令传谕日本国王以示君臣之义祸福之机令其禁戢属夷擒斩华逆以効臣节如果罪在夷属国王无预输诚听命海氛肃清许其遣使奏报另议褒奖是亦不战屈人之一策也【此言行令琉球朝鲜转谕日本之疏为是】

海道副使谭纶云照得倭夷诸岛种类虽繁部落相联亦有酋长众所尊者号曰天文其法最严其威慑众一人为盗一家尽灭一岛有犯邻岛移平即奉令勘合以时来贡者彼中故事每遇闰年则诸岛富倭各出已赀输于天文请得勘合方来入贡实则贸迁有无以侔厚利利权在上天文所欲者后因海禁废弛奸民通番殷实之倭径自贸易不请勘合利权下移天文所不乐者加之王徐林陈辈假称名号窃录勘合妄具礼仪私通酋长遂至招呼益众往来无稽天文所不知者此皆彼中情状博访似实故本职在昔具呈题请许令省谕盖尝反复思之审矣若颁降玺书特遣使命恐偶不敬反生事端若令琉球高丽就近传宣事在彼中难于取必不如止行浙江巡抚得以从宜省谕当如永乐事例取高僧数人移文乘桴直至天文详为传谕宣累朝许贡之恩禁近来倭夷之扰发王徐之伪收逃叛之民

许修常贡操利权天文虽愚必知所择盖日本所需丝绵药物器用之类悉皆仰给中国不能缺者若或海禁皆严通番尽止彼日用不足势必请贡惟命是从而我所欲为亦无不遂此又拔本塞源之术也【此言朝使宣谕及邻国转谕总不如抚臣自移谕之为善】

通政唐顺之云宣谕日本浙江军门常请命遣使矣竟不能尽得其要领使者坐罪而其事遂罢尝考平倭略所载洪武永乐间遣使日本者不一而足高皇帝又尝与刘基议以倭国重佛特遣僧往谕古之王者于四夷之不贡不臣则有威让之令文告之辞兵交使在其间以深得敌情而处之切中其机也然自叶宗满之坐重罪而逋逃欲自归者不免自疑自蒋洲之得罪而人以使绝域为讳或宜减宗满之罪以示信于逋逃之徒宽蒋洲之狱以留使绝域诇敌情之一路【此言宣谕当行】

兵部主事黄元恭云策者曰倭夷犯顺乃群小之僭窃其君不知也诚遣使谕之彼王必能禁其下海境安矣百万之师何如一介之任耶窃恚之昔晋率阴戎伐颍周景王以弁髦之敝告晋辞直获免而说者以为不如东周之伐秦夫君臣上下古今之所以临事统属分也臣有干于其君杀无赦下有犯于其上杀无赦夫其所以杀无赦者乃天宪也周天子颠分坏宪屈体卑辞以祈一日之存孰与挤国举义存纲常于万世之愈哉今堂堂天朝玉帛万国威迅九垓虽倭奴为患譬则蠡蟊之螯耳未若唐之回纥宋之困金元何至甘衰周之不屑耶或曰是举也请命于天子择布衣之士假朝臣之服而以藩省之辞将之非害大者夫曰请命则实意开于天子而识者默思之必有元首居下之耻曰假服则名器颁于朝廷而匪人卑用之必有衣冠扫地之辱实意卑名器玷而犹曰无害大可乎且夫中国天子犹家之主也倭王犹家仆也倭之群小则家仆之台从也台从肆然凌犯其主既不能奋草薙于其来又不能正其根诛于其主而顾修文告之辞岂不忸怩当代含羞百世也哉抑人有言苟可以息干戈而全民命何惮于枉尺夫逋法网以为盗于外境华夷皆有其人吾中国岂不明揭宪典密布机宜乃不能禁吾民之窃出顾责倭王尽禁其窃入者乎势不行矣且倭奴狡猾素无慕义之诚其臣服数十年不为梗特通贡之利足羁縻之耳今入寇之利百倍通贡充其贪心何所不至犹恃中国之威慑服者素而群小之回诱说未通若乃遣使谕之假其重以寝其兵示弱明甚矣安知不启通国之贪乎【此言宣谕害义之大必不当行】

海道副使谭纶云移谕日本之言似不可行何也通查接济乃吾中国沿海之人也中国之官不能自禁而欲倭王禁其所属不为所笑乎欲望倭王之禁其属必先自禁始【此言降宣谕为不当行】

太常寺卿魏阙云琉球国未尝亲来朝贡决不可使朝臣往封以致之死地但以勅命封付福建布政司彼国来领可也国初朝臣亲往者以其国主亲来朝故也今不来朝久矣中国岂可使朝臣亲往乎【此言乃为使琉球国而发琉球世为不叛之臣待之且尚如此况日本乎可例推矣近年督抚议遣使谕日本不用王官而用布政司移谕甚为得之】

卷十二·经略二·用间谍

都御史唐顺之云用间使其自相疑而自为斗最是攻夷上策然非深得敌情则不能用间非熟于地形则不可以成掎角之势而夜袭敌营且我兵形既露虏人亦日夜为备而匿实示虚匿近示远匿精壮而示羸弱百计以疑我者宜亦深是故得敌情为难

卷十二·经略二·通贡道

通政唐顺之奏云据总兵官卢镗手本内一款抚处夷情以尊国体开称祖宗以来给与日本金印勘合十年一贡船不得过三只人不得过百名既申远夷慕义之情远夷亦得交易中国之货以为利而中国亦以羁縻远夷使常驯服不为寇贼百余年来自嘉靖二年宗设宋素卿等争贡雠杀贻害地方因而绝贡至嘉靖十八年正使硕鼎等赍献贡物并进表文伏罪荷蒙皇上扩天地之仁虽非贡期复准入贡嘉靖二十六年正使周良等坐船四只复贡议者计方九年之期有违事例径自阻回从此贡路不通倭夷素性贪诈利我中国之货既不与贡则无复望矣因此遂被奸徒勾引同利为寇不止则以偶蹉一年贡期阻回之故也为今之计乞题请圣裁行令各衙门遵照今后夷人复来求贡果有真正表印勘合别无诈伪姑不计其限例就与奏请起送赴京译审来寇之端勅彼国王令其查治恶逆敛

戢属夷使不敢再犯则倭夷知有贡路之可通而诡计自销党类自携勾引之徒亦可暂缚矣镗老将也三十余年在海上熟谙夷情其言当不甚妄乞敕该部查议可行与否臣又闻先时陕西总制王琼论西夷事以谓能绝其入贡之路不能绝其入寇之路今亦可借以为喻也【此言夷人来贡不必拘定贡期但有表印勘合即当准其贡】

兵部尚书张时彻云倭奴悔祸或扬帆称贡而至将何以处之昔杨文懿公尝著却贡之议曰倭奴狙诈狼贪云云【见杨守陈条下】且前此入寇之少盖以通番下海勾引向导者多也乃不严禁奸之令而欲开非时入贡之门是止沸而益之薪也况倭王微弱号令已不行于国中即使通贡果能禁诸岛之寇掠乎且贡夷止数百计而寇边者动以千万计岂寇边之贼皆欲贡而不得贡者乎请宜颁明诏申命海道帅臣益严守备贡则却而驱之出境寇则草薙而禽狝之则奸谋狡计破阻不行矣今之议者复曰昔三代盛王九夷八蛮五戎六狄莫不来王圣人之作春秋于荆楚猾夏则书人以黜之至遣椒来聘复书爵以进之招携以礼怀远以德盖王政之所不废也倭奴自祖宗朝効其职贡已非一日迩者朝廷准令遣使移檄往谕实属招来之意以开其补过之门但奉使者不能直达倭王以宣布圣天子威德而徒以简率行之如其款边纳贡而峻却之恐永塞其自新之路而益坚其稔恶之心东南未知所息肩也夫为是说者犹治疾之标而未察其本者也王者内夏外夷修之有道军志亦曰毋恃其不来恃吾有以待之使在我者未修而疏于所恃也则通之适所以招侮绝之亦足以启衅此岂安攘之长策哉迩者台省部寺会疏奏行九事一曰选武将二曰任文职三曰精选练四曰慎征调五曰处军饷六曰守要害七曰明职掌八曰明赏罚九曰行抚谕酌以时议之允协者而兼行之于以内收顺治之功而外树威严之绩如其且寇且贡反复不情则用威让之令文告之辞以却绝之是恪遵太祖高皇帝之明训义之所以为尽也如其引慝伏罪重译効款必欲率宾王化以自纳于覆载之中则必质其信使坚其誓约勅令禁戢各岛不复犯我边疆期以数年为断其命不渝而后如先朝著例容令入贡此成祖文皇帝绥徕之方仁之所以为至也是故明征定保君子监成宪而行之尔已是故修治垣隍慎固城守一策也编立保甲内寓卒伍一策也讥察非常严禁出洋一策也绥抚疮痍以固根本一策也此皆所以治内也修复墩堡严明烽堠一策也缮治器械查复战船一策也出哨会哨悉遵旧规一策也据险守要联络响应一策也此皆所以治外也至于练土兵而免调募之扰足财用而资军兴之需聚刍粮而给饷以时严赏罚而功罪不掩设画树防出奇应变为吾之不可胜以待敌之可胜则在中外任事之臣加之意可也或云许贡一说决不可行盖成祖之许入贡先有威以制之也今威未行而遽许之非惟无益恐彼借入贡之名来无常期人舟不遵定数反生事端矣【此二条言贡不宜轻许】

尚书杨守陈云倭奴僻在海岛其俗狙诈而狼贪自唐以至近代已尝为中国疥癣矣国初洪武间尝来而不恪朝廷既正其罪复绝不与通著之为训至永乐初始复来贡而后许之于是往来数知我中国之虚实山川之险易因肆奸谲时拿舟载其方物戎器出没海道而窥伺我得间则张其戎器而肆侵夷不得间则陈其方物而称朝贡侵夷则卷民财朝贡则沾国赐间有得不得而利无不得其计之狡如是至宣德末来不得间乃复称贡而朝廷不知其狡诏至京师燕赏丰渥稇载而归则已中其计矣正统中来而得间乃入桃渚犯我大嵩劫仓庾燔室庐贼杀蒸庶积骸流血如陵谷缚婴儿于柱沃之沸汤视其啼号以为笑乐捕得孕妇则计其孕之男女刳视以赌酒荒淫秽恶至有不可言者吾民之少壮与其粟帛席卷而归巢穴城野萧条过者陨涕于是朝廷下备倭之诏命重帅守要地增城堡谨斥堠大修战舰合浙东诸卫之军分番防备而兵威振于海表肆七八年间边氓安堵而倭奴潜伏罔敢揣焉兹者复来窥伺而我军怀夙昔之愤幸其自来送死皆瞑目砺刃欲食其肉而寝处其皮彼不得间乃复称贡而我师遂从其请以达于朝是将复中其计矣今朝廷未纳其贡而吾鄞先罹其害芟民稼穑为之舍馆浚民脂膏为之饮食劳民肋力为之役使防卫昼号而夕呼十征而九敛虽鸡犬不得宁焉而彼且纵肆无道强市物货善谑妇女貂珰不之制藩宪不之问郡县莫敢谁何民既哗然不宁矣若复诏至京师则所过之民其有不哗然如吾鄞者乎矧山东郡县当河决岁凶之余其民已不堪命尤不可使之哗然也且其所贡刀扇之属非时所急价不满千而所为糜国用弊民生而过厚之者一则欲得向化之心一则欲弭其侵边之患也今其狡计如前则非向化者矣受其贡亦侵不受其贡亦侵无可疑者矣昔西旅贡獒召公犹致戒于君越裳献白雉周公犹避让不敢受汉通康居罽宾隋通高昌伊吾皆不免乎君子之议况今倭奴乃我雠敌而于构衅之余复敢怀其狙诈狼贪之心而施其奸计以罔我其罪不胜诛矣况可与之通乎然彼以贡献为名既入我境而遂诛之则类于杀降不武不义若从而纳其所贡则中其奸计而益招其玩侮不可谓智取一而损十得虚而费实不可谓计弊所恃以事无用俾其不兵甲而骚不水旱而窘不可谓仁有一于

斯皆非王者之道窃以为宜降明诏数其不恭之罪示以不杀之仁归其贡献而驱之出境申命海道帅臣益严守备俟其复来则草薙而禽狝之俾无噍类若是则奸谋狡计破沮不行若日之所照月之所临物莫能遁故天下咸知朝廷之明贡献不纳货贿不贪虽有远方珍怪之物无所用之故天下咸知朝廷之廉自浙江以达京畿且数千里之民举不识输运之劳不知征敛之苦父哺其子夫煦其妻而优游衣食故天下咸知朝廷之仁裔夷知吾国有礼义而不敢侮奸宄知吾国有谋猷而不敢发桴鼓不鸣金革不试故天下咸知朝廷之威举一事而众善备焉斯与劳民费国而幸蛮夷之服者万不侔矣

卷十二·经略二·开互市

主事唐枢云我太祖高皇帝定鼎之二年遣使赵秩招谕日本次年国王良怀奉表入贡五年复遣僧祖阐往谕之随遣人奉方物时祖阐之使也宗渤以诗别而高皇帝亲和之有同仁无遐迩之句十三年贡使无表文俱发三边安插十四年贡使表有前使姓名乃悉放还自十五年贼臣胡惟庸党备倭指挥林贤入倭构乱十六年寇金乡十九年进巨烛暗藏火药兵器佐惟庸为不轨于是高皇帝立训绝其往来夫招之者帝王无外之仁也无验而拘之及得其真而即归之中国柔远之礼也其奸深祸结示以永拒圣人诛罪之义也然不即勤兵于讨以训令代鈇钺明于势之所不及不欲以全律之也况罪以罪乎其人岂终罪其国无可宥之日耶是则良怀世而圣怒宜息矣故当文皇帝继世定贡加赉遣使给符封其镇山初禁似与全释盖后先殊局彼此异宜而其致一也尝考大明律凡将物私出外境货卖及下海者罪止杖一百将人口军器出境及下海者绞因而走泄事情者斩及考问刑条例擅造二桅以上大船将带违禁货物下海往番国买卖潜通海贼同谋结聚反为向导劫掠良民者处以极刑若止将大船顾与下海之人分取番货及纠通下海之人接买番货发边卫充军若小民撑使单桅小船于海边近处捕鱼采木巡捕官兵不许扰害钦测皇猷防民以恶交而不强遏其贩贸杜民以奸构而不直挠其生业故海上境外之货实与夷为市罪惟杖而不过谓不胜其重也其诛斩焉则人口军器恐资寇兵益盗党耳违式巨舰虽成济具而原其所欲为若只从互市罪亦不列死款夫然后知先皇制律之意严奸宄以沮其渐复因利用以体其情苟当事者不意论慎一切矫枉而踰于直岂先皇大道为公之谓哉【此言海禁当宽】

通政唐顺之云国初浙福广三省设三市舶司在浙江者专为日本入贡带有货物许其交易在广东者则西洋番船之辏许其交易而抽分之若福建既不通贡又不通舶而国初设立市舶之意漫不可考矣舶之为利也譬之矿然封闭矿洞驱斥矿徒是为上策度不能闭则国收其利权而自操之是为中策不闭不收利孔泄漏以资奸萌啸聚其人斯无策矣今海贼据峿屿南屿诸岛公然番舶之利而中土之民交通接济杀之而不能止则利权之在也宜备查国初设立市舶之意毋泄利孔使奸人得乘其便【此言开市舶为是】

主事黄元恭云或者云中国繁华之盛四夷慕之吾民之出而勾引彼夷之入而横暴皆此为之媒故浙之定海有关号称要害诚于此立市多设防兵以通诸番之货易则夷人有自通之便吾民杜窃出之端凡所欲物以好取不以戎取夷酋何惮而不为广中岁通市舶百姓安堵足明征矣难与诸番类观广浙事体大不侔也尝闻海岛诸夷惟倭狡猾为甚出没无时所在登劫故沿海诸郡尽设守备把总等官军以御之曰备倭盖患之深矣广东旧有诸番之舶而无倭故通市无恙若乃定海本倭入贡之道定海通市舶倭奴原在不拒之中矣昔在太祖朝犹虑倭奴通贡之扰而不与成祖嘉其擒献叛寇之忠始许之自刘江擒斩尽绝之后宪臣有司能束以法恪守陪臣之分帖帖者数十年至嘉靖癸未夏宗宋与倭构孽中国莫能禁自是遂萌骄桀贡不及期献不尽物争屠牛剥狗之故相予环视者屡矣当是时守臣已难禁辑况通市于大乱未惩之后谁复能以纲纪驯扰之昨倭自宁波登劫者八十人南京横行两省而后殲之计市舶之倭当不减八十其或外顺内奸乘吾不备甚易易也就令无他安保吾民不有奸贪愚弄以起隙又安保彼中不有淫酗骄恣以生戎一有不虞将何以御之此端一启朝夕栗栗官除者必挂纳餍处者必播迁昔人倡为马市之说以弥乱得乎失乎鉴不在远矣【此言浙江开市舶之不可】

兵部尚书张时彻云或谓定海沿边旧通番舶宜准闽广事例开市抽税则边储可足而外患可弭殊不知彼狡者倭非南海诸番全身保货之比防严禁密犹惧不测而况可启之乎况其挟赀求利者即非脯肝饮血之徒而捐性命犯锋镝者必其素无赖藉者也岂以我之市不市为彼之寇不寇哉殷监不远元事足征当商舶未至而绝之为易贸易既通而一或不得其所将穷凶以逞则将何以御之矣今之寇边者动以千万计果能一一而与之市乎内地之

商闻风胆落果能驱之而使市乎既以市招之而卒不与市将何词以罢遣之乎夷以百市兵以千备夷以千市兵以万备犹恐不足以折其奸谋我之财力果足以办此乎且市非计日限月之可期也彼之求市无已则我之备御亦无已果能屯兵而不散已乎此皆利害之较然者也乃谓可以足边储而弭外患不已大缪乎【此言浙江互市必不可行大意与黄元恭同而剖析利害尤为明备】或云互市之说即入贡之说也若我之威有以制之则彼以互市为恩不然则互市之中变故多矣予按今之论御寇者一则曰市舶当开一则曰市舶不当开愚以为皆未也何也贡舶与市舶一事也分而言之则非矣市舶与商舶二事也合而言之则非矣商舶与寇舶初本二事中变为一今复分为二事混而言之亦非矣何言乎一也凡外夷贡者我朝皆设市舶司以领之在广东者专为占城暹罗诸番而设在福建者专为琉球而设在浙江者专为日本而设其来也许带方物官设牙行与民贸易谓之互市是有贡舶即有互市非入贡即不许其互市明矣西番琉球从来未尝寇边其通贡有不待言者日本狡诈叛服不常故独限其期为十年人为二百舟为二只后虽宽假其数而十年之期未始改也今若单言市舶当开而不论其是期非期是贡非贡则厘贡与互市为二不必俟贡而常可以来互市矣紊祖宗之典章可乎哉何言乎二也贡舶者王法之所许市舶之所司乃贸易之公也海商者王法之所不许市舶之所不经乃贸易之私也日本原无商舶商舶乃西洋原贡诸夷载货舶广东之私澳官税而贸易之【详见后附录广东海道回文】既而欲避抽税省陆运福人导之改泊海仓月港浙人又导之改泊双屿每岁夏季而来望冬而去可与贡舶相混乎何言乎二而一一而二也海商常恐遇寇海寇惟恐其不遇商如阴阳昼夜判然相反为商者曷尝有为寇之念哉自甲申岁凶双屿货壅而日本贡使适至海商遂败货以随售倩倭以自防官司禁之弗得西洋船原回私澳东洋船遍布海洋而向之商舶悉变而为寇舶矣然倭人有贫有富有淑有慝富者与福人潜通改聚南湾至今未已【日本夷商惟以银置货非若西番之载货交易也福人利其值希其抽税买尖底船至外海贴造而往渡之】虽驱之寇不欲也此固无待于市舶之开而其互市未尝不行者也贫者剽掠肆志每岁犯边虽令其互市彼固无赀也亦不欲也此非开市舶之所能止而亦不当反锡之名目者也故不知者谓倭寇之患起于市舶不开市舶不开由于入贡不许许其入贡通其市舶中外得利寇志泯矣其知者哂之以为不然夫贡者夷王之所遣有定期有金叶勘合表文为验使其来也以时其验也无伪我国家未尝不许也贡未尝不许则市舶未尝不通何开之有使其来无定时验无左证乃假入贡之名为入寇之计虽欲许得乎贡既不可许市舶独可开乎或谓日本国王号令不行山口丰后互相雄噬金叶勘合毁于兵久矣如责其期拘其验则彼终无繇贡而市舶终无繇开矣须弘包荒之量昭无外之仁可也又不然夫贡而无验招寇之囮也贡而无期弛备之阶也缓其期稽其验堤防犹难矧可频贡而勿验哉大抵善施恩者施之于威伸之后则人知恩今寇犯顺数年虽屡大捷而祸犹未殄倭未知畏也此须肃清之后俟其请罪求贡或如永乐初擒斩对马台岐故事夫然后许之则抚下之仁事上之义两得之矣

兵部尚书郑晓云洪武初设市舶于大仓名黄渡市舶司寻以近京师罢改设于福建浙江广东七年九月又罢未几复设盖东夷有马市西夷有茶市江南海夷有市舶所以通华夷之情迁有无之货收征税之利减戍守之费又以禁海贾而抑奸商也市舶不复利归豪强而国家坐受其害若虑各夷并至市舶司难于防闲查照西蕃阐化阐教辅教三王贡使自四川入赞化王贡使自陕西入事例而今日本等国至浙江市舶司琉球等国至福建暹罗满剌加等国至广东亦可近见箬溪先生言都宪陈金西渐集中有开市舶十利疏大抵事体宜然今不设重臣贼必不退退必复来设重臣退贼后因民情震惧可筑城矣不复市舶夷人必欲售货奸民必欲牟利为盗必不已重臣无可召还之期盖非设重臣无以戡目前之棘祸非复市舶无以塞日后之乱源开设市舶会典中有之诸巡抚及信国各志墓志行状传中皆有之矣

予按倭国服饰器用多资于中国有不容一日缺者安能待十年一贡之期而限以三船所载之数哉若禁其贸易则入寇劫夺一定之势也盖倭国虽小亦有君臣朝贡燕享礼仪使无丝线等物则无礼文而不成乎国矣彼既不容不资于我而利重之处人自趣之岂能禁民之交通乎故官法愈严小民宁杀其身而通番之念愈炽也但朝廷无命孰敢私许互市以干国典哉此只消一海道有机敏有力量者活动行之不失于纵不失于激如某海屿某老历年商舶之头也欲律以通番死罪罪未必及而乱先激矣必申明朝廷之法宽处而羁縻之且重其责成曰商贩贸易姑听其便但一方之责皆系于汝一方有倭变即汝一人之咎也彼以利为命者利既不失而又不峻绳以法则感恩畏威必不偾事矣一面修吾海防不容夷舶近岸贩货出海者关口盘诘勿容夹带焰硝之类载货入港者官为抽税以

充军需岂不华夷两利而海烽晏如也哉此之谓以不治治之也见今广东市舶司处西洋人用此法若许东洋岛夷亦至广东互市恐无不可

卷十三·经略三

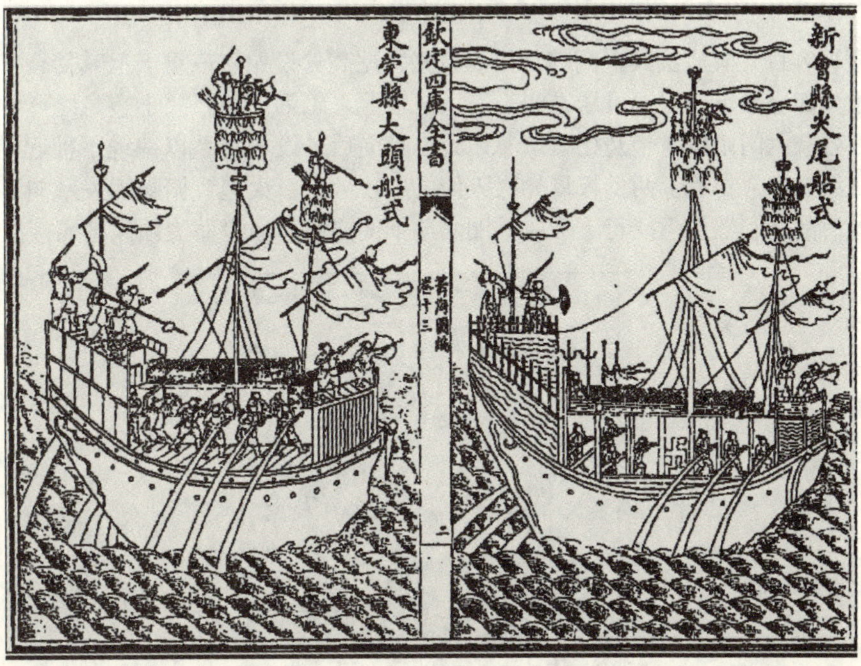

广船视福船尤大其坚致亦远过之盖广船乃铁栗木所造福船不过松杉之类而已二船在海若相冲击福船即碎不能当铁栗之坚也倭夷造船亦用松杉之类不敢与广船相冲但广船难调不如调福船为便易何也广船非我军门所辖不似福船之易制御一也广船若坏须用铁栗木修理难乎其继二也造船大户倩人驾使任其毁坏而不惜三也造费浩繁其毁甚易移文修造理势难行四也将欲重价以雇之则此船在广鱼盐之利自多区区价微不

乐于雇五也欲许其带货则广货之来无资于海盖福建收港溪水甚逆浙直道远风涛可畏不如一踰梅岭即浮长江四通八达故虽带货亦非其所愿六也向来通倭境漳泉无生理之人广人自以鱼盐取西南诸番之利不必如福船之当蹈以取利中国七也此广船之利弊也广东大战舰用火器于浪漕中起伏荡漾未必能中贼即使中矣亦无几何但可假此以褫敌人之胆耳所恃者有二发矿佛郎机是惟不中中则无船不粉一也以火球之类于船头相遇之时从高掷下火发而贼舟即焚二也大福船亦然

福船高大如楼可容百人其底尖其上阔其首昂而口张其尾高耸设柁楼三重于上其傍皆获板钉以茅竹坚立如垣其帆桅二道中为四层最下一层不可居惟实土石以防轻飘之患第二层乃兵士寝息之所地板隐之须从上蹑梯而下第三层左右各获六门中置水柜乃扬帆炊爨之处也其前后各设木椗系以棕缆下椗起椗皆于此层用力最上一层如露台须从第三层穴梯而上两傍板翼如栏人倚之以攻敌矢石火炮皆俯瞰而发敌舟小者相遇即犂沈之而敌又难于仰攻诚海战之利器也但能行于顺风顺潮回翔不便亦不能逼岸而泊须假哨船接渡而后可

参将戚继光云福船高大如城非人力可驱全仗风势倭舟自来矮小如我之小苍船故福船乘风下压如车碾螳螂斗船力而不斗人力是以每每取胜设使贼船亦如我福船大则吾未见其必济之策也但吃水一丈一二尺惟利大洋不然多胶于浅无风不可使是以贼舟一入里海沿浅而行则福舟为无用矣故又有海沧之设

参将戚继光云海沧稍小福船耳吃水七八尺风小亦可动但其功力皆非福船比设贼舟大而相并我舟非人力十分胆勇死斗不可胜之二项船皆只可犁沈贼舟而不能捞取首级故又有苍船之设

参将戚继光云开浪以其头尖故名吃水三四尺四桨一橹其形如飞内可容三五十人不拘风潮顺逆者也

参将戚继光云近者改苍山船制为艟䑠比苍船稍大比海沧更小而无立壁最为得其中制遇倭舟或小或大皆可施功但水兵人技皆次于陆兵设使将水兵教练遴选亦如陆兵而后登之舟中则比陆兵战加一舟险其功倍于陆兵必矣司寄者何惮而不为哉

苍山船首尾皆阔帆橹兼用风顺则扬帆风息则荡橹其橹设于船之两傍腰半以后每傍五枝每枝二跳每跳二人方橹之未用也以板闸于跳上常露跳头于外其制以板隔为二层下层镇之以石上一层为战场中一层穴梯而下卧榻在焉其张帆下椗皆在战场之处船之两傍俱饰以粉盖卑隘于广福船而阔于沙船者也用之冲敌颇便而捷温州人呼为苍山铁

参将戚继光云苍船最小旧时太平县地方捕鱼者多用之海洋中遇贼战胜遂以著名殊不知彼时各渔人为命负极之势亦由贼之入我地是也今应官役便知爱命然此船水面上高不过五尺就如以木打棚架亦不过五尺贼舟与之相等既势均不能冲犁若使径逼贼舟两艘相联以短兵斗力我兵决非长策多见误事但若贼舟甚小一入里海我大福海沧不能入必用苍船以追之此船吃水六七尺与贼舟等耳其捞取首级水潮中可以摇驰而快便三色之中又此为利

崇明沙船可以接战但上无壅蔽火器矢石何以御之不如鹰船两头俱尖不辩首尾进退如飞其傍皆茅竹板密钉如福船傍板之状竹间设窗可出铳箭窗之内船之外隐人以荡桨先用此舟冲敌入贼队中贼枝不能却沙船随后而进短兵相接战无不胜矣鹰船沙船乃相须之器也

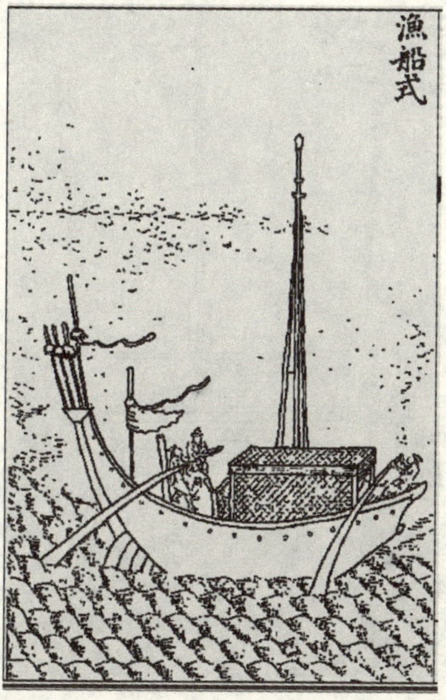

渔船于诸船中制至小材至简工至约而其用为至重何也以之出海每战三人一人执布帆一人执桨一人执鸟嘴铳布帆轻捷无堑没之虞易进易退随波上下敌舟瞭望所不及是以近年赖之取胜擒贼者多其力焉

此船定海临观象山一带沿海地方俱有之其形如梭用竹桅布帆仅可容二人冲风冒乱专入大洋抵下八山取殻菜紫菜打鱼之利舟至山麓二三人以舟舁置滩涂避风潮若欲西归仍舁舟下水不能御敌但可为哨探之用乃鱼船之至小者也

参将戚继光云网船形似织梭内容二人前后用二人以罩罩之风浪大可拖之涂上且不能覆吃水七八寸耳此可走报或用之里港窄河动以百数每只内用鸟铳二三人蜂集蚁附沿海沿涂而打之甚妙如贼追逼就可弃走一舟不过一金之费耳

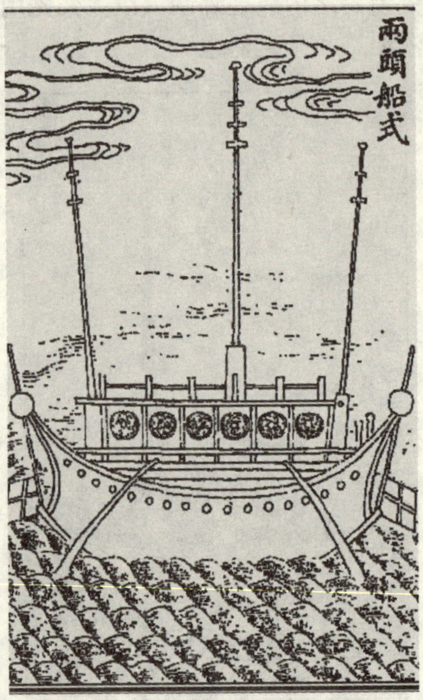

按大学衍义补有两头船之说盖为海运为船巨遇风惧难旋转两头制舵遇东风则西驰遇南风则北驰海道诸船无逾其利盖武备不嫌于多虑患不妨于远莫为之前犹将求之而况设之前者有未泯乎以此冲敌则贼舟虽整可乱也

船曰蜈蚣象形也其制始于东南夷专以驾佛郎机铳铳之重者千斤至小者亦百五十斤其法之烈也虽木石铜锡犯罔不碎触罔不焦其达之迅也虽奔雷掣电势莫之疾神莫之追盖岛夷之长技也其法流入中国中国因用之以驭夷狄诸凡火攻之具炮箭枪球无以加诸其成造也嘉靖之四年其裁革也嘉靖之十三年数年之间未及一试而莫知其功用之大也葛雉川曰蜈蚣之气能逼蛇夷之制义毋乃为是故与夫海宴河清万世所愿使长蛇之势不能尽偃则蜈蚣之制其能不兴也乎名器尚存述之以俟采用海行甚速而迟者斗风故也如大食国在漳州东南每岁通番者必候冬初西北风盛而去夏初东南风盛而来所谓海舟无风不可动也惟佛郎机蜈蚣船底尖面阔两傍列楫数十其行如飞而无倾覆之患故仿其制造之则除飓风暴作狂风怒号外有无顺逆皆可行矣况海中昼夜两潮顺流鼓枻一日何尝不数百里哉

水战非乡兵所惯乃沙民所宜盖沙民生长海滨习知水性出入风涛如履平地在直隶太仓崇明嘉定有之但沙船仅可于各港协守小洋出哨若欲出赴马迹陈钱等山必须用福苍及广东乌尾等船

沙船能调戗使斗风然惟便于北洋而不便于南洋北洋浅南洋深也沙船底平不能破深水之大浪也北洋有滚涂浪福船苍山船底尖最畏此浪沙船却不畏此北洋可抛铁猫南洋水深惟可下木椗此船当与鹰船说参看

太仓生员毛希秉云太祖旧制深严双桅船只私自下海之禁承平既久法度浸弛双桅习以为常甚至有五桅者长江大帆一日千里近蒙当道建言申明旧制晓谕改正而未尝著实举行故沙船入港头桅多寄海口或倩人游说官府航海非双桅不可冀便其私盖单桅双桅无不可行但有大小迟速耳定制沙民止许户船一只巡船宜快便多桅橹如粮船有一定之式以便江海识别沙船宜朴实单桅仍禁双桅眼责令本州县及守御官限一月之内改正违者即系贼船许诸人擒获首告即以充赏惟有副帆副桅以备损坏而桅眼止一者听庶几我常强而彼常弱我常速而彼常迟此造船之良法也

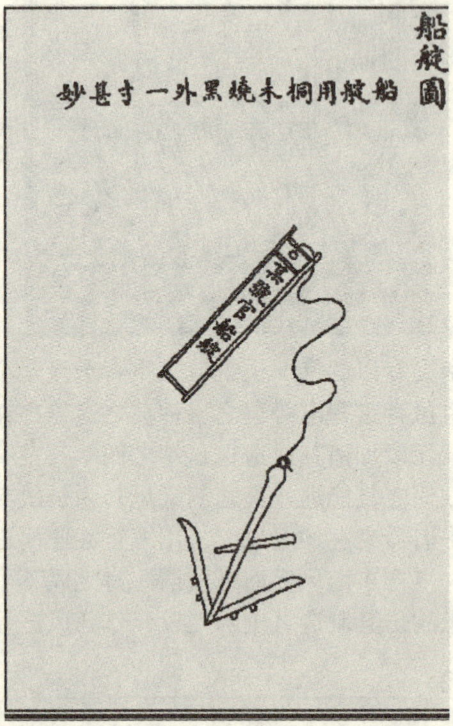

船椗

走风捉飓事急追贼车关人力起椗迟误备此临急解系缴尾泛之以便回取

都御史唐顺之云再三沉思制贼小船冲突之说滩浅处多钉暗桩薄皮船遇之即碎此一说也先发制人一著惟有望斗上做工夫然必须以利使人惜不得银子每夜杨都司邵把总卢守备等各水军编定福船十只每一只望斗人一夜给与银一两使一夜常有人坐在斗上者看贼动静虽月黑之夜若抬船撑船未必无一把两把火光我船便可做手脚不患于大船赶贼不上也月明之夜则斗上纤悉必见正与彼四层望楼是对手至如小船叭喇唬八桨船宜多置铳手既不战亦宜量与给赏多布之八桨叭喇唬中火器既多贼来便死打又有望斗内人先报贼动静不患于小船制贼不下也一只船望斗人每夜与银一两毫厘不可少就是一月浪费银三百两亦说不得支得一月贼必擒矣恐惜费误了大事望斗人若报贼的当水军因以成功则望斗人即当给与冲锋重赏若有误事定以军法斩首盖赏重则罚亦重也每夜与银一两分毫不可与头目人克落必使望斗人一一得实惠

训导薛俊云水战东南长技也故国朝濒海卫所俱置官哨船以备倭但虚饰美观少遇风色不便行使递年走报声息多赖民船莫使少更无益虚花之制务求坚便实用每官哨船增置小划船或三或四有事则令与大船夹战无事则令与大船樵山渔海以赡器械修补之费又云听容沿海居民单桅船只附近砍柴捕鱼则边氓便于生理声

息便于夹战实备边万一之助也

闽县知县仇俊卿云地有南北时有冬夏自春徂夏则时多南风而利于北行自秋徂冬则时多北风而利于南行此番泊往来出没之候也彼瞰其时辄乘风连云以出洋我当其冲欲逆涛破浪以邀击未必其势之便也盍亦随时以应之时乎北风必先于北道之防以遏其冲而以南舟曳于后而追之其居中间各寨澳之舟又从旁递出而击之时乎北风也亦如前法或遏于前或蹑于后或击于旁此亦迭肄之法长蛇之势寇未有不困疲而就缚者海上可立京观矣又云国初置沿海卫所每所船五只每船军百名其法备载会典自一所推之则合卫之海船海军可知其数也自一卫推之则合省之海船海军可总其实也使法之常存何虑海寇之扰向来修复一二止可用于哨报难以冲敌御寇及其事急调用不给借发福清盐船并报各澳民船柰彼不思国家之急皆存系吝之私原非官物率不如令虽给价值终不直前况福清海船虽大不可以当海寇之夹板船叭喇船漳州之草撇乐清之大铁等船又不可以当海寇之乌尾尖艚至于东仔铜茭等船又不及也昔人海战之船大小制度不同今当兼用可也如楼橹艨冲此船之大者也如直进露挠此船之中者也又如舴艋海鳅此船之小者也以船之大者为中军座船而当其冲以船之中者为左右翼而分其阵以船之小者绕出于前后两旁之间伏见于远近聚散之际使挠其计随船器械各须犀利完足固不待赘但海寇所恃全在于铳吾亦以铳为应中军大船之前仍用次等船载佛郎机大铳数架以镇之两翼中船之前亦用再次船以载铜将军大铳数十架以列之其小船亦各载鸟铳铅筒数百以备于四面各船编定字号每数船列为一行每一数组为数行昼则麾旗为号夜则振鼓为节迭出更进则彼此众寡劳佚之势不同未有不殱此渠丑者也今蒙委官鸠工大造船只战船之造必有定议但船之外旁必须获以牛革鱼网毡絮之类其大者更用列木为栅可避炮石又有车船之制令战士前后踏轮舟自进退所谓中流上下回转如飞虏众相顾骇愕者用此法也又须预募能射与善浮之人一遇番船或以火箭焚之或以水鑚溺之是或皆可用也至于奇正之变大船中船为正则以小船为奇前队为正则以后队为奇合之为正则以辟之为奇形难预料变不可穷是在临机神应之妙不可测者也

总兵俞大猷云或问兵船官造与私募孰便曰造易而修难也虽督造之官用之海上冲敌激浪不旋踵必议修矣修船之弊奚啻万端议修之后阁岸日多浮水日少以之守港则可以之出洋追捕则全不足恃矣在官府不能立无弊之法在民间不能克不可制之情天下古今岂有视官物为已物者哉此惟熟于海务者自知之乌得而尽言或曰民间安有许多私船可募乎曰厚之以税银使逐利之民争造新船以应募何患其不多责府县以及时给税责船户以及时修整则经年累月皆可坚船可用然则用官造之船以守港用私募之船以追捕则如何曰必若是然后攻守各适其用也

总兵卢镗云沿海战船自国初以来不知几易其制矣而备料修造或出之军或出之民或造或雇又不知几易其法矣然而卒无实用可以行之永久者非制法之未善存乎其人耳方今兵久费繁公私匮乏管船官捕支持不足驾船兵稍口给不敷是以船日敝而兵日馁也予久在兵间深知其故尝立麻记疤痕之册以稽代替立薪水通融之法以革虚冒二三年来稍稍就绪为今之计必择人以管船节财以养兵此经久之良法也若曰置简便之法以济缓急之用是治丝而棼之愈棼而愈乱也又何益哉

兵船稍手

闽县知县仇俊卿云沿海居人多便于舟楫虽未习水战亦易于为教今于出海之数或欲以沿海者居其十七其内地卫所者居十三余拨防边以助守望使渐教习人人皆可为胜兵所谓水虎捷凌波军者不患无其人也如此亦可以节省雇募水稍之费又云水稍之募因军士之不习于水而始议之也窃念国朝养兵之费岁有常输冀籍其力以为用海军不能効力而又官募兵夫积弊之来不暇追论也访得其初募水稍之时即将本寨军之老羸不堪者发回该卫所扣除月粮并行粮银两转给水稍是兵得实用而官无重费今皆不然既有廪军之粮又加募夫之费况水稍之夫又有老稚羸弱者杂于其中费于无用之地重为可恤中间情弊犹有可言盖以通番下海接济窝藏皆沿海之人其人皆水稍之亲故也自小埕以南浯屿铜山等处此辈皆是也我谋未成彼已先泄间遇将令严明不得已从而出兵至于两船相及之际或以口哨为号或以物色为号扬帆转柁故意放开不与交兵或放彼先行而我船曲折其行遥蹑于后或邀截于港内寇计已穷忽突开一门纵之轶去或追赶将及寇乃丢弃一船以为之饵即不直前扑灭各去抢货如此之类情弊百端难以殚述彼以受雇于官役之暂时耳非籍于官终身之役者比也一去则若不

统属是以无所顾籍捕盗之弊亦犹是耳甚至有捕盗而为盗者益可慨也或谓周世宗用降人为水师卒赖其力今独不可乎不知周用降人但假之教习于平时不用之操驾于临阵况今之水稍亦皆乡民而非取之于异域者也即令水稍教习沿海军夫如兵志以一人教十人十人教百人之法则朞月之间莫非水稍也兵将一心何虑他患海道副使谭纶云凡水战专系在舵工与管船捕盗舵工使船必近贼捕盗又从而倡之则士卒不得不战战则蔑不胜矣故捕盗舵工不可无破格之赏与必罚之法至于分合节制与陆战同临阵每占上风使火器得

副使茅坤云粤中独田州甲为善自盔以下并以坚生牛皮而油灌之甲特周前后胸背而已两肩两臂手及两股并别为小牛角片置云肩敌手等名色盖取其伸缩如意而便于战斗者试令诏田州之工氏或广中能敏制者而官自为采料制之大略一盔甲则二三金可办也

每座约重五百斤用铅子一百个每个约重四斤此攻城之利器也大敌数万相聚亦用此以攻之其石弹如小斗大石之所击触者无能留存墙遇之即透屋遇之即摧树遇之即折人畜遇之即成血漕山遇之即深入几尺不但石不可犯而已凡石所击之物转相搏击物亦无不毁者甚至人之支体血肉被石溅去亦伤坏又不但石子利害而已火药一爇之后其气能毒杀乎人其风能煽杀乎人其声能震杀乎人故欲放发矿须掘土坑令司火者藏身后燃药线火气与声但向上冲可以免死仍须择强悍多人为之获守以防敌人抢发矿之患若非攻坚夺险不必用此也或问用之水战可乎曰贼若方舟为阵亦可用其小者但放时火力向前船震动而倒缩无不裂而沈者须另以木筏载而用之可也曰城上可用乎曰不可发矿便于攻高不便于攻下故也

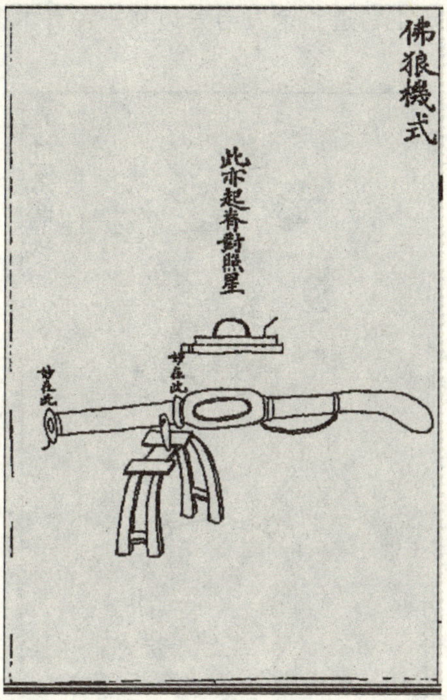

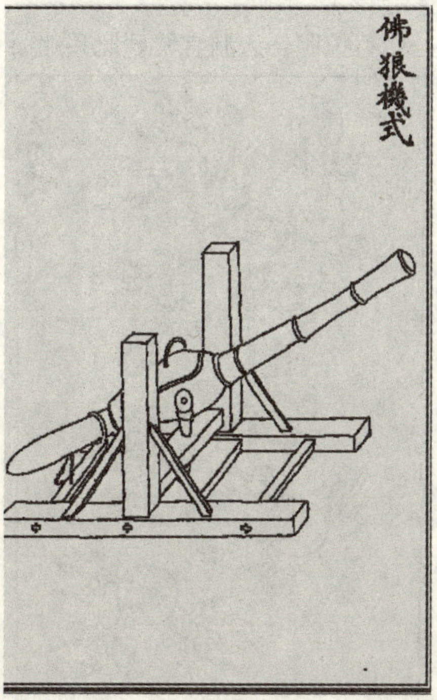

刑部尚书顾应祥云佛郎机国名也非铳名也正德丁丑予任广东佥事署海道事蓦有大海船二只直至广城怀远驿称系佛郎机国进贡其船主名加必丹其人皆高鼻深目以白布缠头如回回打扮即报总督陈西轩公金临广城以其人不知礼令于光孝寺习仪三日而后引见查大明会典并无此国入贡具本参奏朝廷许之起送赴部时武庙南巡留会同馆者将一年今上登极以其不恭将通事明正典刑其人押回广东驱之出境去讫其人在广久好读佛书其铳以铁为之长五六尺巨腹长颈腹有长孔以小铳五个轮流贮药安入腹中放之铳外又以木包铁箍以防决裂海船舷下每边置四五个于船舱内暗放之他船相近经其一弹则船板打碎水进船漏以此横行海上他国无敌时因征海寇通事献铳一个并火药方此器曾于教场中试之止可百步海船中之利器也守城亦可持以征战则无用矣后汪诚斋鋐为兵部尚书请于上铸造千余发与三边其一种有木架而可低可昂可左可右者中国原有此制不出于佛郎机

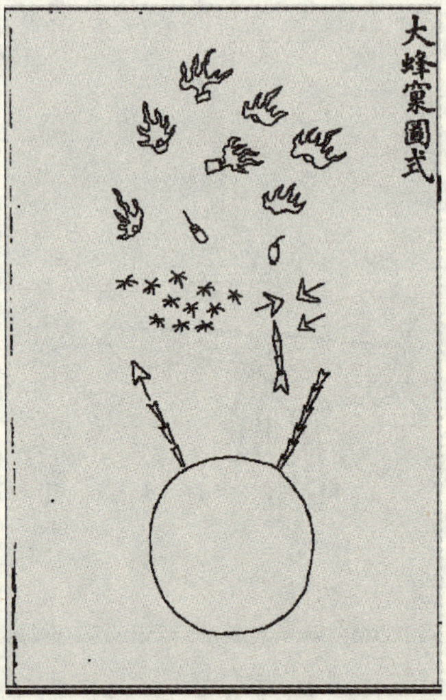

此器战守攻取水陆不可无者夺心眩目惊胆伤人制宜精妙此兵船第一火器也

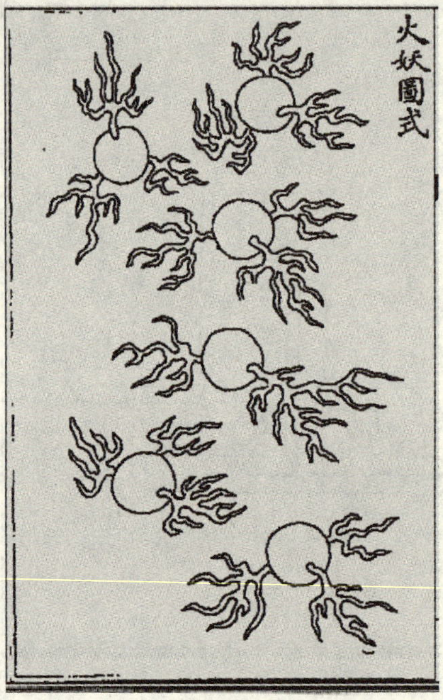

纸薄拳大内荡松脂入毒火外煮松脂樒油黄蜡然火抛打烟焰藜截脚利水战守城俯击短战

参将戚继光云火器之法制度甚多其实大同小异皆不甚利于用只此数种尽其妙矣故不繁载至如弓射箭头用火之类又不如火箭除水陆通用者先附陆兵技艺之后凡陆所不用只可用于水者故备于此以上药线各处制者俱用一二尺长浮于外每点掷之际一掷斗风其药线便灭或掷至别船如贼见线尚长而拔之或反掷我舟今用子母铳药线法凡火器一件其药线之处用细竹管一个直插于腹内至底药线安于竹腹之内待外点火燃线已入竹管之内不见方才掷下则线在竹内燃至竹底方透火器掷下之时药线在竹内燃并无闪灭之事且掷于贼舟只见凝然一物并不知点燃何处就掷在水内则线燃于腹火器冲于口水为气所迎亦不能入虽在水底犹能燃放而后已此极妙极验万无一失者

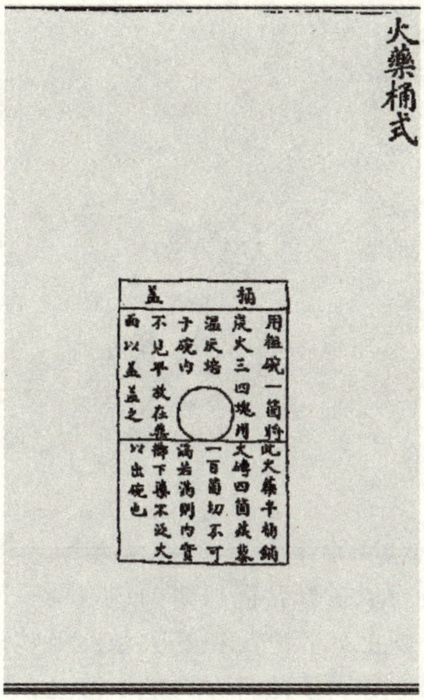

参将戚继光云旧用火药倾下贼舟此固长策然又别用火药或炭火再倾掷使之发药每每或连桶掷入水中或被贼乘药桶及伊舟以水沃湿亦皆未中肯綮可以必发不如远则只用飞天喷筒近则只用埋火药桶至易至便万用无差除此之外所谓火箭神机火砖喷筒之类皆远不及此苟用此二种则他种又皆不必用也

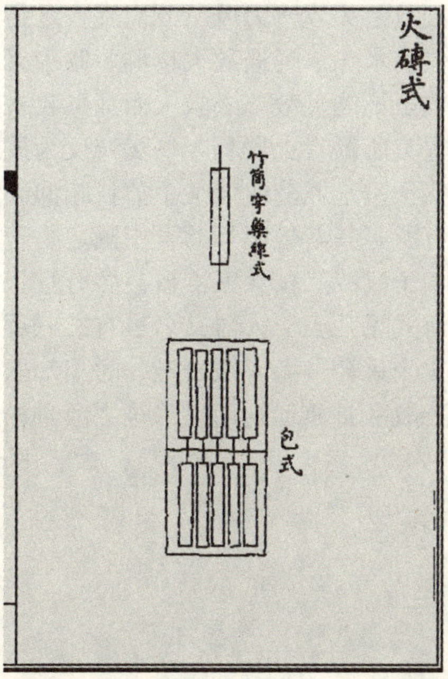

用地鼠纸筒炮各安药线每个排为一层上下二节各二层以薄蔑横束合洒火药松脂硫黄毒烟用粗纸包裹成砖形外用线纸包糊以油涂密另于头上开口下竹筒以药线自竹筒穿入

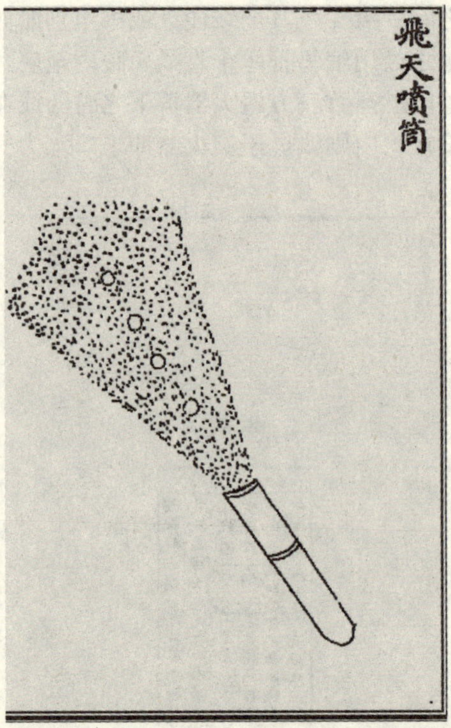

参将戚继光云截径二寸竹装药制打成饼修合筒口饼两边取渠一道用药线拴之下火药一层下饼一个用送入推紧可高十数丈远三四十步径粘帆上如胶立见帆燃莫救此极妙极妙万分效策

闽县知县仇俊卿云火器所及能加于数百步之外今海寇所恃全在火器缘硫黄出于琉球诸夷制造又多巧思惟硝硝中原所产严其禁约不许人下海潜通以资其用则彼失所恃擒之亦易矣

予按海中战法攻船为上若以吾大船犂敌小舡触之无不坏者其次则恃火器火器之中火箭铳炮之类亦多无用惟火裘火药桶二者投入贼舟实时焚毁为至妙也或问我以火攻敌使敌亦以火攻我如之何曰以火攻敌全靠柁工得人持柁得法我常夺据上风则敌之火攻将为风所驱而反攻之矣大抵火攻之法须先自为水备假如一舟五十人只用十人持火器其四十人俱执水斗水桶遇敌火攻群手倾水灭之乌能焚我耶或又曰设使我用火攻而敌知水备何道以焚之曰敌若知备则虽不能焚敌亦必救火而乱矣我乘其乱而击之岂有不胜者乎又按短兵相接乃倭奴所长非中国之民所易敌也其所歉者火器耳今鸟嘴铳反为彼之长技而我兵鸟铳手虽多不能取胜何耶倭人忘命我兵望之辄惧而走或铅子堕地或药线无法手掉目眩仰天空响议者谓宜禁通番接济火药之人甚善甚善愚谓硫黄出产在彼何禁之有所当禁者焰硝耳此吾中国之物若官司设法不容入番则倭奴之火器为无用而我以火器攻之彼之短兵岂能加于我哉又按兵家器械甚多有宜于山战者有宜于陆战者有宜于水战者如武经总要所载是也要之利于今日海战无几至于火器其名虽有二三百种而海船得用亦惟喷筒火药桶二件盖喷筒发去有一百五十步之远横占丈余火药桶抛入贼舟贼一时不知取而视之内火发矣未发之先水不及沃临发之后人不能救触之者碎犯之者死故敌舟离远则用喷筒烧之敌舟相逼则用火药桶烧之此二者皆海船利器今日御倭之切要也

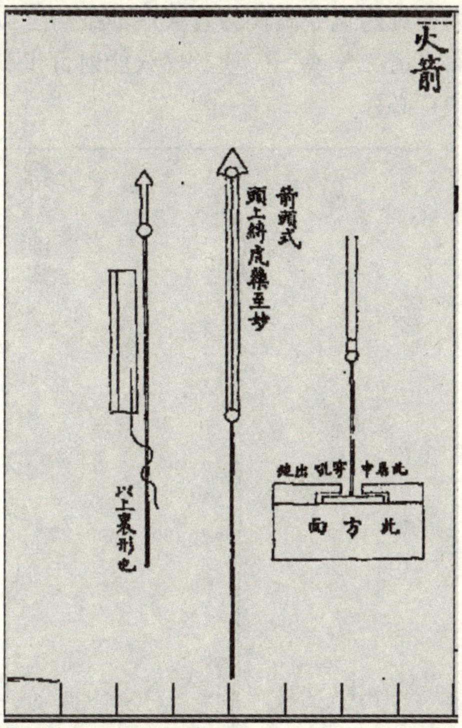

参将戚继光云火箭亦水陆利器其功不在鸟铳下但造者无法放者无法人鲜知此器之利也大端造法有二或造成用鑽鑽线眼或用铁杆打成自然线眼但鑽者不如打成者妙鑽易而打成费手匠人多不肯用打成之法其肯綮全系于线眼之歪正深浅杆要直翎要劲羽长而高褙筒用樊纸间以油纸夏不走硝可留二年此物最不耐久收又云火箭只著棚帆当中一点打去常高中则不可救

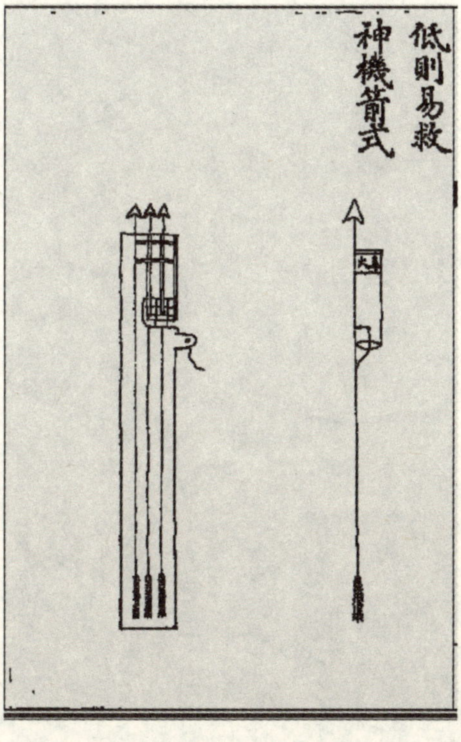

丹阳邵守德云造法矾纸为筒内入火药筑令满实另置火块油纸封之以防天雨后钻一孔装药线用箭竹为干铁矢簇如燕尾形末装翎毛大竹筒入箭二矢或三矢望敌燃火能射百步利顺风不利逆风水陆战皆可用用之水战能燔舟篷用之陆战能毁巢穴中毒必死

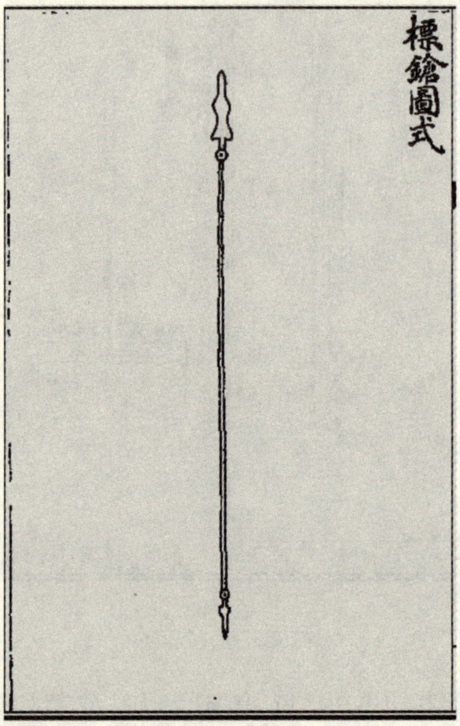

标枪或用稠木细竹皆可但前重而后轻前稍粗而后稍细为得法

参将戚继光云标枪非两船相逼不可用往下打更难准

吴地记[①]

太湖按汉书志云尔雅十薮曰吴越之间有具区郭璞云今吴县西南太湖即震泽也中有包山去县一百三十里其山高七十丈周回四百里下有洞庭穴潜行水底无所不通号为地脉又有大小二雷山按越绝书曰太湖周回三万六千顷亦曰五湖虞翻云太湖有五道之别故谓之五湖国语曰吴越战于五湖在笠泽一湖耳张勃吴录云五湖者太湖之别名以其周行五百里以五湖为名周处风土记曰舜渔泽之所也扬州记曰太湖一名震泽一名洞庭今湖中包山有石穴其深莫知其极即十大洞天之第九林屋洞天也

通玄寺吴大帝孙权吴夫人舍宅置晋建兴二年郡东南二百六十里有沪渎渔人夜见海上光明照水彻天明日覩二石神像浮水上众言曰水神也以三牲日祝迎之像背身泛流而去时郡有信士朱应及东陵寺尼率众香花钟磬入海迎之载入郡城像至通玄寺前诸寺竞争数百人牵拽不动众议玄像应居此寺言毕数人舁试像乃轻举便登宝殿神验屡彰光明七日七夜不绝

吴地记后集

吴江县梁开平三年钱氏奏请于松江置嘉兴海盐二县晋天福四年置为秀州

水军第一指挥在州西六里二十步

水军第二指挥在州北六里二十步

① 〔唐〕陆广微撰。

岭表录异[①]

卷上

南海秋夏间或云物惨然则其晕如虹长六七丈比候则飓风必发故呼为飓母忽见有震雷则飓风不能作矣舟人常以为候预为备之

廉州边海中有洲岛岛上有大池每年太守修贡自监珠户入池池在海上疑其底与海通又池水极深莫测也

贾人船不用铁钉只使桄榔须系缚以橄榄糖泥之糖干甚坚入水如漆也

跳鯅乃海味之小鱼鯅也以盐藏鲻鱼儿一斛不啻千个生擘点醋下酒甚有美味余遂问名跳之义则曰捕鱼者仲春于高处卓望鱼儿来如阵云阔二三百步厚亦相似者既见报鱼师遂桨船争前而迎之船冲鱼阵不施罟网但鱼儿自惊跳入船逡巡而满以此为鯅故名之跳又云船去之时不可当鱼阵之中恐鱼多压沈故也即可以知其多矣

鸡子鱼口有觜如鸡肉翅无鳞尾尖而长有风涛即乘风飞于海上船梢类鲐鳎鱼

海鳅即海上最伟者也其小者亦千余尺吞舟之说固非谬也【案太平广记四百六十四卷引此条其小者亦千余尺句下有吞舟之说固非谬也二句原本无之今补入】每岁广州常发铜船过安南货易路经调黎【地名海心有山阻东海涛险而急亦黄河之西门也】深阔处或见十余山或出或没篙工曰非山岛鳅鱼背也双目闪烁鬐鬣若簸朱旗日中忽雨霡霂舟子曰此鳅鱼喷气水散于空风势吹来若雨耳近鱼即鼓船而噪倏尔而没交趾回乃舍舟取雷州缘岸而归不惮苦辛盖避海鳅之难也乃静思曰设使老鳅瞋目张喙我舟若一叶之坠眢井耳宁得不皓首乎鱼畏鼓物类相伏耳

唐乾符四年占城国进驯象三头当殿引对亦能拜舞后放还本国

卷中

海虾皮壳嫩红色就中脑壳与前双脚有钳者其色如朱余尝登海　忽见䑸版悬二巨虾壳头尾钳足具全各七八尺首占其一分嘴尖如锋刃嘴上有须如红筯各长二三尺前双脚有钳云以此捉食钳麄如人大指长三尺余上有芒刺如蔷薇枝赤而铦硬手不可触脑壳烘透弯环尺余何止于杯盂也

尝有人自青社泛海归闽为恶风所飘五日夜不知行几千里也至一岛忽见群羊人向之亦不惊避初疑人所牧放而绝无人迹乃知野生者船人方馁食因取食之

铜柱旧有韦公乾为爱州刺史闻有汉伏波铜柱以表封疆在其境公乾利其财欲摧镕货之于贾胡土人不知援之所铸且谓神物哭曰使者果坏是吾属为海人所杀矣公乾不听百姓奔走诉于都督韩约移书辱之公乾乃止

---

① 〔唐〕刘恂撰。

【出太平寰宇记下一条同】

卷下

陵州刺史周遇不茹荤血尝语刘恂云顷年自青社之海归闽遭恶风飘五日夜不知行几千里也凡历六国第一狗国同船有新罗客云是狗国逡巡果见如人裸形抱狗而出见船惊走经毛人国形小皆被发而身有毛蔽如狖又到野义国船抵暗石而损遂般人物上岸伺潮落阁船而修之初不知在此国有数人同入深林采野蔬忽为野义所逐一人被擒余人惊走回顾见数辈野义同食所得之人同舟者惊怖无计顷刻有百余野义皆赤发裸形呀口怒目而至有执木枪者有雌而挟子者篙工贾客五十余人遂齐将弓弩枪剑以敌之果射倒二野义即舁拽鸣啸而遁既去遂伐木下寨以防再来野义畏弩亦不复至驻两日修船方毕随风而逝又经大人国其人悉长大而野见船上鼓噪即惊走不出又经流虬国其国人么么一概皆服麻布而有礼竞将食物求易钉铁新罗客亦半译其语遣客速过言此国遇华人飘泛至者虑有灾祸既而又行经小人国其人裸形小如五六岁儿船人食尽遂相率寻其巢穴俄顷果见捕得三四十枚以归烹而充食后行两日遇一洲岛而取水忽有群山羊见人但耸视都不惊避既肥且伟初疑岛上有人牧养而绝无人踪捕之仅获百口食之【出太平广记下十二条同】

唐贞元中有盐户犯禁逃于罗浮山深入第十三岭【南越志云木只罗山忽海上有山浮来相合是谓罗浮山有十五岭二十二峰九百八十瀑泉洞穴诸山无出其右也曹有诗曰四百余崖海上排根连蓬岛荫天台百灵若为移中土嵩华都为一小堆】遇巨竹万千竿连亘岩谷竹围皆二丈余有三十九节长二丈许逃者遂取竹一竿破以为筏会赦宥遂挈以归有人得一筏奇之献于太守李复乃图而纪之予尝览竹谱曰云邱帝竹【帝陵上所生竹】一节为船又何伟哉南海以竹为甑者类见之矣皆罗浮之竹也

夷人通商于邕州石溪口至今谓之獠市

沓潮者广州去大海不远二百里每年八月潮水最大秋中复多飓风当其潮水退之间飓风作而潮又至遂至波涛溢岸淹没人庐舍荡失苗稼沉溺舟船南中谓之沓潮或十数年一有之亦系时数之失耳俗呼为海翻为漫天【出说郛下四条同】

岭外代答[1]

卷一・地理门・百粤故地

自秦皇帝并天下伐山通道略定扬粤为南海桂林象郡今之西广秦桂林是也东广南海也交址象郡也汉武帝平南海离秦桂林为二郡曰郁林苍梧离象郡为三曰交址九真日南又稍割南海象郡之余壤为合浦郡乃自徐闻渡海略取海南为朱崖儋耳二郡置刺史于交州汉分九郡视秦若多其统之则一交州刺史耳至吴始分为二于是交广之名立焉时交治龙编广治番禺唐太宗分天下为十道合交广为一置采访使于番禺其规模犹汉时唯帅府易地也高宗始置安南都护府于交州本朝皇佑中置安抚经略使于桂州西道帅府始于此至今八桂番禺龙编鼎峙而立复秦之故云

卷一・地理门・并边

广西西南一方皆迫化外令甲邕宜钦廉融琼州吉阳万安昌化军静江府系沿边柳宾贵横郁林化雷系次边总广西二十五州而边州十七静江属县半抵猺峒猺峒者五陵蛮之别也自静江稍西南曰融州其境控扼王江乐善宜良丈盈洪源从允物质牂牁夜郎诸蛮自融稍西南曰宜州宜处群蛮之腹有南丹州安化三州一镇荔波赢河五峒茅滩抚水诸蛮南丹者所谓莫大王者也自宜稍西南曰邕州邕境极广管溪峒羁縻州县峒数十右江直西南其外则南诏也左江直正南其外则安南也自邕稍东南曰钦州钦之西南接境交址陆则限以七峒水则舟楫日通自钦稍东曰廉州廉之海直通交址自廉东南渡海曰琼州万安昌化吉阳军中有黎母山环山有熟黎生黎若夫浮海而南近则占城诸蕃远则接于六合之外矣

卷一・地理门・天威遥

钦之士人曾果得唐人天威遥碑文义骈俪诚唐文也碑旨言安南静海军地皆滨海海有三险巨石屹立鲸波触之昼夜震洶漕运之舟涉深海以避之少为风引遵崖而行必瓦碎折三险之下而陆有川遥顽石梗断焉伏波尝加功力迄不克就厥后守臣屡欲开凿以便漕运锥镢一下火光煜然高骈节度安南斋戒祷祠将施功焉一夕大雨震电于石所者累日人自分沦没矣既霁则顽石破碎水深丈余旁有一石犹存未可通舟骈又虔祷俄复大雨震电悉碎余石遂成巨川自是舟运无艰名之曰天威遥退而求诸传载天威遥事略同但不若是详尔

卷一・地理门・天分遥

钦江南入海凡七十二折南人谓水一折为遥故有七十二遥之名七十二遥中有水分为二川其一西南入交址海其一东南入琼廉海名曰天分遥人云五州昔与交址定界于此言若天分然也今交址于天分遥巳自占又于境界数百余里吴婆灶之东以立界标而采捕其下钦人舟楫少至焉

卷一・地理门・三合流

海南四郡之西南其大海曰交址洋中有三合流波头濆涌而分流为三其一南流通道于诸蕃国之海也其一北流广东福建江浙之海也其一东流入于无际所谓东大洋海也南舶往来必冲三流之中得风一息可济苟入险无风舟不可出必瓦解于三流之中传闻东大洋海有长砂石塘数万里尾闾所泄沦入九幽昔尝有舶舟为大西风所引至于东大海尾闾之声震洶无地俄得大东风以免

---

[1] 〔宋〕周去非撰。

卷一·地理门·象鼻砂

钦廉海中有砂碛长数百里在钦境乌雷庙前直入大海形若象鼻故以得名是砂也隐在波中深不数尺海舶遇之辄碎去岸数里其碛乃阔数丈以通风帆不然钦殆不得而水运矣尝闻之舶商曰自广州而东其海易行自广州而西其海难行自钦廉而西则尤为难行盖福建两浙滨海多港忽遇恶风则急投近港若广西海岸皆砂土无多港澳暴风卒起无所逃匿至于钦廉之西南海多巨石尤为难行观钦之象鼻其端倪已见矣

卷一·地理门·天涯海角

钦州有天涯亭廉州有海角亭二郡盖南辕穷途也钦远于廉则天涯之名甚于海角之可悲矣斯亭并城之东地势颇高下临大江可以观览昔余襄公守钦为直钓轩于亭之东偏即江滨之三石命曰钓石醉石卧石富为吟咏载在篇什

卷一·地理门·潮

江浙之潮自有定候钦廉则朔望大潮谓之先水日止一潮二弦小潮谓之子水顷刻竟落未尝再长琼海之潮半月东流半月西流潮之大小随长短星初不系月之盛衰岂不异哉

卷一·边帅门·琼州兼广西路安抚都监

汉武帝斩南越遣使自徐闻渡海略地置珠崖儋耳二郡今雷州徐闻县递角场直对琼管一帆济海半日可到即其所由之道也元帝时以海道闭绝弃之梁复置崖州隋时领县十是时海南止一州耳唐贞观五年置琼州今琼管靖海军节度是也武德五年置儋州今昌化军龙朔二年置万安州今万安军武德五年置振州后改曰崖州今吉阳军四州军乃海上一洲耳中有黎母大山四州军环处其四隅地方千里路如连环欲历其地非一月不可遍琼管再渡海至吉阳所谓再涉鲸波者也夫广西去朝廷固远矣海外州军又加远焉不得不置小帅以临之琼守权能擿发四州军官吏今兼本路安抚都监提辖海外逐州军公事良以此也

卷一·边帅门·钦廉溪峒都巡检使

钦廉皆号极边去安南境不相远异时安南舟楫多至后为溺舟乃更来钦今廉州不管溪峒犹带溪峒职事者盖为安南备尔廉之西钦也钦之西安南也交人之来率用小舟既出港遵崖而行不半里即入钦港正使至廉必越钦港乱流之际风涛多恶交人之至钦也自其境永安州朝发暮到钦于港口置抵棹寨以谁何之近境有木龙渡以节之沿海巡检一司迎且送之此其备诸海道者也若乃陆境则有七峒于如昔峒置戍以固吾圉

卷二·外国门上·安南国

交址本秦象郡汉唐分置已见于百粤故地首篇境内伪置四府十三州三寨府曰都护大通清化富良州曰永安永泰万春丰道太平清化乂安遮风茶卢安丰苏州茂州谅州寨曰和宁大盘新安大抵清化遮风乂安永安皆遵海而永安与钦州为境茶卢与占城为境苏州茂州皆与邕管为境其国东西皆大海东有小江过海至钦廉西有陆路通白衣蛮南抵占城北抵邕管自钦西南舟行一日至其永安州由玉山大盘寨过永泰万春即至其国都不过五日自邕州左江永平寨南行入其境机榔县过乌皮桃花二小江至滴定江亦名富良江凡四日至其国都乃郭达师所出也又自太平寨东南行过丹特罗江入其谅州六日至其国都若自右江温润寨入其国则迂矣交人自谓至其国都曰入峒谓吾民曰上京地里止此而文移动以数月盖故为迁延以示道里之远国初其部内乱有丁都领【按宋史作部领】者与其子琏率众讨平之众立为帅三年而私命琏为节度使开宝六年琏遣使贡方物制以琏特进检校太师充静海军节度观察处置等使安南都护兼御史大夫上柱国济阴郡开国公仍赐推诚顺化功臣八年又封交址郡王琏死黎桓【按原本作亘避钦宗讳今依宋史改正】篡立太平兴国中桓以交州叛朝廷因以抚之桓死子至忠立大中祥符三年至忠卒有子才十岁李公蕴冒姓黎杀之自称留后遣使请命授以黎氏官公蕴死子德

政立来告哀自称留后天圣六年授安南都护交址郡王宝元初进南平王德政死子日尊立自称大越国李氏第三帝日尊死子乾德立自号明王乾德初立权移臣下大臣李上吉首建叛议而广西白州进士徐伯祥者有功于州不得官导以犯边陷邕钦廉三州朝廷遣郭达致讨几覆其国乃以表乞降会王师大疫达受表班师时熙宁八年也乾德死有遗腹子在占城奉而立之曰天祚【按宋史绍兴二年乾德卒子阳焕嗣八年阳焕卒子天祚嗣此有误】绍兴二十六年入贡乾道癸巳朝旨符广西帅司下交址买驯象天祚因乞以象贡许之未入贡而天祚死嗣子龙□不以闻而冒天祚名称贡封为安南国王既受封乃以天祚名乞国印及上天祚遗表朝廷命广西提刑廖蘧为使至钦州吊祭复立龙□为安南国王其国僭伪自李日尊始伪谥其祖曰太祖神武自号曰大越国伪年曰天贶继以十八字尊号乾德立乃犯边朝廷遣郭达为招抚使赵卨副之进至滴定江乾德奉表请降纳之刱为法制虽曰甚鄙而上下颇安之母妻皆称后子皆称太子本族称大王族长称承嗣余族称支嗣其官有内外职内职治国官之长曰辅国太尉犹宰相也外职治兵官之长曰枢密使金吾太尉都领兵其文移至边有判安南都护府者亦外职也其入仕之途或任子或取士或以资有御龙武胜等八军皆在左右每军二百人横刺字于额曰天子兵又有雄略勇健等九军以充给使其宫室有水精宫天元殿制皆僭拟别有一楼牓曰安南都护府屋其国最重科举凡入赀先为吏叙迁至书状又入赀为保义郎即可为知州矣凡莅官不支俸唯付以一方之民俾得属役耕渔以取利兵士月一更暇则耕种自给岁正月七日每一兵支钱三百紬绢布各一匹兵士月给禾十束元日以大禾饭鱼鲊犒军盖其境土多占禾故以大禾为元日之犒正月四日国王宴官僚七月五日号大节人民相庆官僚以生口献王王次日宴酬之门前有楼置大钟为民诉冤为盗者斲手足指背国逃亡者斲手足谋叛者埋身露头旁植劲竹挽竿系首以利刄划之首歘起揭竿标矣钦州探海往其部永安州投公文不容民间交语馆之驿亭速遣出境防之甚密其国入贡自昔由邕或钦入境盖先遣使议定移文经略司转以上闻有旨许其来则专使上京不然则否旧制安南使者班在高丽上建炎南渡李天祚乞入贡朝廷嘉其诚优诏答之绍兴二十六年乞入贡许之乃遣使由钦入正使安南右武大夫李义嗣安南武翼郎郭应以五象充常进纲外更进升平纲以安南太平州刺史李国为使所献方物甚盛表章皆金字贡金器凡一千二百余两以珠宝饰之者居半贡珍珠大者三颗如茄子次六颗如波罗密核次二十四颗如桃核次十七颗如李核次五十颗如枣核凡一百颗以金瓶盛之贡沉香一千斤翠羽五十只深黄盘龙段子八百五十匹御马六匹鞍辔副之常进马八匹驯象五头二纲衙官各五十人使者颇以所进盛多自矜后乞入贡朝廷辄却之乾道九年朝旨符广西下安南买驯象天祚因乞以象贡许之以五象进奉大礼正使安南承议郎李邦正副安南忠翊郎阮文献又以十象贺登宝位安南中卫大夫尹子思为使自邕州右江永平寨入象纲所过州县类有宴犒夫脚象屋之费而诸郡兵卫单弱不足以耸外夷比至静江见迓卒铠甲之盛进退行伍之肃使者失声叹曰吾至此方见大朝威仪参府之次就戟门外上下马庭参甚恭时范石湖为帅属威严以临之而盛其犒宴馈遗视绍兴二十六年礼遇颇杀使者不敢较也帅司津遣入朝李邦正题诗邮亭有此去优成赐国名之句比到阙偶得赐国之宠使者满意而归过静江复庭参致谢乞自钦州归国许之比至钦留两月其国以舟楫旗帜迓之而归是役也贡象之外附贡金银洗盘犀角象齿沉笺之属计所直不满二三万缗似非绍兴入贡之盛而其国扫府库仅能集事朝廷赐予优厚复叨异恩交使衙官百人所过州县批券得米以充粮食得钱则人日给十文余皆藉归国一路州县应副夫脚八百人擎负贡物者固无几而皆为使者负贩至都象实能浮象奴所至水津索舟以载得钱然后驱以济押伴官如加礼使者愈慢后不加礼乃听命既侥幸赐国复有乞印之举其后谢赐继至钦又数乞入贡莫之许矣其国人乌衣黑齿椎髻徒跣无贵贱皆然其酋平居亦然但珥金簪上黄衫下紫裙耳其余平居上衣则上紧蟠领皁衫四裙如背子名曰四颠下衣则皁裙也或珥铁簪或曳皮履手执鹤羽扇头戴螺笠其文身如铜鼓欵识其军人横刺字于额曰天子兵其妇人乃皙白异于男子皁裙男子之尽饰也以香膏沐发如漆裹乌纱巾顶圆而小自额以上细褶如缝上彻于顶身著大蟠领皁衫加于小蟠领衫之上足加鞋袜游于衢路与吾人无异但其巾可辨耳其来投文书也紫袍象笏趋拜雍容使者之来文武官皆紫袍红鞓通犀带无鱼自贡象之后李邦正再使来钦乃加金鱼甚长大其俗之轿如布囊而使者至钦则乘凉轿雨晴皆用之

卷二·外国门上·海外黎蛮

海南有黎母山内为生黎去州县远不供赋役外为熟黎耕省地供赋役而各以所迩隶于四军州黎质直犷悍

不受欺触本不为人患熟黎多湖广福建之奸民也狡悍祸贼外虽供赋于官而阴结生黎以侵省地邀掠行旅居民官吏经由村峒多舍其家峒中有王二娘者黎之酋也夫之名不闻家饶于财善用其众力能制服群黎朝廷赐封宜人琼管有令于黎峒必下王宜人无不帖然二娘死女亦能继其业昔崇宁中王祖道经略广西抚定黎贼九百七峒结丁口六万四千开通道路一千二百余里自以为汉唐以来所不臣之地皆入版图官僚皆受厚赏淳熙元年五指山生黎峒首王仲期率其旁八十峒丁口一千八百二十人归化诸峒首王仲文等八十一人诣琼管公参就显应庙研石歃血约誓改过不复抄掠琼管犒遣归峒大抵黎俗多猜客来不遽见之而于隙间察客俨然不动然后遣奴出布席客即席坐移时主乃出见一交一谈少焉置酒先以恶秽味尝客客忍食不疑则喜继以牛酒否则遣客其亲故聚会椎鼓歌舞三杯后请去备犹以弓刀置身侧也性好雠杀谓之作拗遇亲戚之仇即械系之要牛酒银瓶谓之赎命婚姻以折箭为信商旅在其家黎女有不洁者父母反对邻里夸之其亲死杀牛以祭不哭不饭唯食生牛肉其葬也舁榇而行前一人以鸡子掷地不破即吉地也居处皆栅屋土产名香槟榔椰子小马翠羽黄蜡苏木吉贝之属四州军征商以为岁计商贾多贩牛以易香黎装椎髻徒跣裸袒而腰缭吉贝首珥银钗或铜或锡首或以绛帛彩帛包髻或带小花笠或加鸡尾而皆簪银篦二枝亦有著短织花裙者熙宁中王祖道抚定黎峒其酋亦有补官今其孙尚服锦袍银束带盖其先世所受赐而服之云猺人执黎弓垂箭箙戴兆鍪佩黎刀刀刃长二尺而柄甚长以白角片长尺许如鸡尾为靶之饰兆鍪织藤为之其妇人高髻绣面耳带铜环垂坠至肩衣裙皆吉贝五色烂然无有袴襦徒系裙数重裙制四围合缝以足穿之而系诸腰群浴于川黎人半能汉语十百为群变服入州县墟市人莫辨焉日将晚或吹牛角为声则纷纷聚会结队而归始知其为黎也

卷二・外国门上・海外诸蕃国

诸蕃国大抵海为限界各因方隅而立国国有物宜各从都会以阜通正南诸国三佛齐其都会也东南诸国阇婆其都会也西南诸国浩乎不可穷近则占城真腊为窊里诸国之都会远则大秦为西天竺诸国之都会又其远则麻离拔国为大食诸国之都会又其外则木兰皮国为极西诸国之都会三佛齐之南南大洋海也海中有屿万余人莫居之愈南不可通矣阇婆之东东大洋海也水势渐低女人国在焉愈东则尾闾之所泄非复人世稍东北向则高丽百济耳西南海上诸国不可胜计其大略亦可考姑以交址定其方隅直交址之南则占城真腊佛罗安也交址之西北则大理黑水吐蕃也于是西有大海隔之是海也名曰细兰细兰海中有一大洲名细兰国渡之而西复有诸国其南为故临国其北为大秦国王舍城天竺国又其西有海曰东大食海渡之而西则大食诸国也大食之地甚广其国甚多不可悉载又其西有海名西大食海渡之而西则木兰皮诸国凡千余更西则日之所入不得而闻也

卷二・外国门上・占城国

占城汉林邑也境上有马援铜柱在唐曰环王王所居曰占城以名其国地产名香犀象土皆白砂可耕之地绝少无羊豕蔬茹人采香为生国无市肆地广人少多买奴婢舶舟以人为货北抵交址南抵真腊臣事交址而日与真腊为仇乾道癸巳闽人有以西班到选得官吉阳军都监者泛海之官飘至占城见其国与真腊乘象以战无大胜负乃说王以骑战之利教之弓弩骑射占城王大悦具舟送至吉阳厚赍随以买马得数十匹以战则克次年复来人徒甚盛吉阳军因却以无马乃转之琼管琼管不受遂怒而归后不复至也异时诸国舶舟类为其所虏盖其俗本好剽掠其属有宾瞳胧国宾陁陵国目连舍基在宾陁陵或云即王舍城建隆二年曾贡方物三年八月又来贡哲宗元佑元年十二月又进贡有诏赐钱二千六百缗其慕化抑可嘉也

卷二・外国门上・真腊国

真腊国远于占城而近于诸蕃其旁有窊里国西棚国三泊国麻兰国登流眉国第辣挞国真腊为之都会北抵占城最产名香登流眉所产为绝奇诸蕃国香所不及也其国僧道呪法灵甚僧之黄衣者有室家红衣者寺居戒律精严道士以木叶为衣国中望天一隅常有少痕其人云昔女娲所不至也本朝徽宗宣和二年曾遣使入贡

卷二·外国门上·蒲甘国

蒲甘国自大理国五程至其国自窊里国六十程至之隔黑水淤泥河则西天诸国不可通矣蒲甘国王官员皆戴金冠状如犀角有马不鞍而骑王居以锡为瓦以金银裹饰屋壁有寺数十所僧皆黄衣国王早朝其官僚各持花献王僧作梵语祝寿以花戴王首余花归寺供佛徽宗崇宁五年二月曾入贡

卷二·外国门上·三佛齐国

三佛齐国在南海之中诸蕃水道之要冲也东自阇婆诸国西自大食故临诸国无不由其境而入中国者国无所产而人习战攻服药在身刃不能伤陆攻水战奋击无前以故邻国咸服焉蕃舶过境有不入其国者必出师尽杀之以故其国富犀象珠玑香药其俗缚排浮水而居其属有佛罗安国国主自三佛齐选差地亦产香气味腥烈较之下岸诸国此为差胜有圣佛三佛齐国主再岁一往烧香艺祖开基建隆元年九月三佛齐王悉利大霞里坛【按宋史悉利下有胡字】遣使来贡方物二年五月复遣使进贡三年三月又来贡十二月又贡方物至神宗元丰二年七月遣詹卑国使来贡哲宗元佑三年闰十二月又遣使入贡五月复来贡慕义来庭与他国不侔矣

卷二·外国门上·阇婆国

阇婆国又名莆家龙在海东南势下故曰下岸广州自十一月十二月发舶顺风连昏旦一月可到国王撮髻脑后人民剃头留短发好以花样缦布缴身以椰子并挞树浆为酒蔗糖其色红白味极甘美以销银鍮锡杂铸为钱其钱以六十个准为一两金用三十二钱为半两金土产胡椒檀香丁香白荳蔻肉荳蔻沉香国人尚气好斗战王及官豪有死者左右承奉人皆愿随死焚则跃入火中弃骨于水亦踣水溺死不悔

卷二·外国门上·故临国

故临国与大食国相迩广舶四十日到蓝里住冬次年再发船约一月始达其国人黑色身缠白布须发伸直露头撮髻穿红皮履如画罗汉脚踏者好事弓箭遇斗战敌时以彩缬缠髻国王身缠布出入以布作软兜或乘象国人好奉事佛其国有大食国蕃客寄居甚多每洗浴毕用郁金涂身欲象佛之金身也监篦国递年贩象牛大食贩马前来此国货卖国王事天尊牛杀之偿死中国舶商欲往大食必自故临易小舟而往虽以一月南风至之然往返经二年矣

卷二·外国门上·注辇国

注辇国是西天南印度也欲往其国当自故临国易舟而行或云蒲甘国亦可往其国王冠有明珠异宝多与西天诸国战争国有战象六万皆高七八尺战时象背立屋载勇士远则用箭近则用槊战胜者象亦赐号以旌其功至有赐锦帐金槽者每日象亦朝王国王及官民皆撮髻绕白布以金银为钱出指环脑子盖猫儿睛之类也真珠象牙杂色琥珀色丝布妓女近万家每日轮妓三千人朝衹役国人尚气轻生有不相伏者日数十对在王前用短刀格斗死而无悔父子兄弟不仝釜而爨不共器而食然甚重义真宗大中祥符八年注辇国王遣使贡真珠等译者道其言曰愿以表远人慕化之心至神宗熙宁十年六月此国亦贡方物上遣内侍劳问之乃此国也

卷三·外国门下·大秦国

大秦国者西天诸国之都会大食蕃商所萃之地也其王号麻啰弗以帛织出金字缠头所坐之物则织以丝罽有城郭居民王所居舍以石灰代瓦多设帘帏四围开七门置守者各三十人有他国进贡者拜于阶陀之下祝寿而退屋下开地道至礼拜堂一里许王少出惟诵经礼佛遇七日即由地道往礼拜堂拜佛从者五十人国人罕识王面若出游骑马打三檐青伞马头项皆饰以金玉珠宝递年大食国王号素丹遣人进贡如国内有警即令大食措置兵甲前来抚定所食之物多饭饼肉不饮酒用金银器以匙挑之食已即以金盘贮水濯手土产琉璃珊瑚生金花锦缦布红马脑真珠大竺国其属也国有圣水能止风涛若海扬波以琉璃瓶盛水洒之即止

卷三·外国门下·大食诸国

大食者诸国之总名也有国千余所知名者特数国耳有麻离拔国广州自中冬以后发船乘北风去约四十日到地名蓝里博买苏木白锡长白藤住至次冬再乘东北风六十日顺风方到此国产乳香龙涎真珠琉璃犀角象牙珊瑚木香没药血竭阿魏苏合油没石子蔷薇水等货皆大食诸国至此博易国王官民皆事天官豪各以金线挑花帛缠头搭项以白越诺金字布为衣或衣诸色锦以红皮为履居五层楼食面饼肉酪贫者乃食鱼蔬地少稻米所产果实甜而不酸以蒲桃为酒以糖煮香药为思酥酒以蜜和香药作眉思打华酒暖补有益以金银为钱巨舶富商皆聚焉哲宗元佑三年十一月大食麻啰拔国遣人入贡即此麻离拔也有麻嘉国自麻离拔国西去陆行八十余程乃到此是佛麻霞勿出世之处有佛所居方丈以五色玉结甃成墙屋每岁遇佛忌辰大食诸国王皆遣人持宝贝金银施舍以锦绮盖其方丈每年诸国前来就方丈礼拜并他国官豪不拘万里皆至瞻礼方丈后有佛墓日夜常见霞光人近不得往往皆合眼走过若人临命终时取墓上土涂胸即乘佛力超生云有白达国系大食诸国之京师也其国王则佛麻霞勿之子孙也大食诸国用兵相侵不敢犯其境以故其国富盛王出张皁盖金柄其顶有玉狮子背负一大金月耀人目如星远可见也城市衢陌居民豪侈多宝物珍段皆食饼肉酥酪少鱼菜米产金银碾花上等琉璃白越诺布苏合油国人皆相尚以好雪布缠头所谓软琉璃者国所产也有吉慈尼国皆大山围遶凿山为城方二百里环以大水其国有礼拜堂百余所内一所方十里国人七日一赴堂礼拜谓之除【或作厨】幭其国产金银越诺布金丝锦五色驼毛段碾花琉璃苏合油无名异摩娑石人食饼肉奶酪少鱼米民多豪富居楼阁有五七层者多畜牧驼马地极寒自秋至春雪不消寖近西北故也有眉路骨惇国居七重之城自上古用黑光大石迭就每城相去千步有蕃塔三百余内一塔高八十丈内有三百六十房人皆缠头搭项寒即以色毛段为衣以肉面为食以金银为钱所谓鲛绡蔷薇水栀子花摩娑石鹏砂皆其所产也有勿斯离国其地多名山秋露既降日出照之凝如糖霜采而食之清凉甘腴此真甘露也山有天生树一岁生粟次岁生没石子地产火浣有珊瑚

卷三·外国门下·木兰皮国

大食国西有巨海海之西有国不可胜数大食巨舰所可至者木兰皮国尔盖自大食之陁盘地国发舟正西涉海一百日而至之一舟容数千人舟中有酒食肆机杼之属言舟之大者莫木兰若也今人谓木兰舟得非言其莫大者乎木兰皮国所产极异麦粒长二寸瓜围六尺米麦窖地数十年不坏产胡羊高数尺尾大如扇春剖腹取脂数十斤再缝而活不取则羊以肥死其国相传又陆行二百程日晷长三时秋月西风忽起人兽速就水饮乃生稍迟以渴死

卷三·外国门下·西天诸国

西方诸国大率冠以西天之名凡数百国最著名者王舍城天竺国中印度盖佛氏所生故其名重也传闻其地之东有黑水淤河大海越之而东则西域吐蕃大理交址之境也其地之西有东大食海越之而西则大食诸国也其地之南有洲名曰细兰国其海亦曰细兰海昔张骞使大夏闻身毒国在大夏东南一千里余闻自大理国至王舍城亦不过四十程案贾耽皇华四达记云自安南通天竺又达摩之来浮海至番禺此海道可通之明验也

卷三·外国门下·西天南尼华啰国

西天南尼华啰国城有三重其人早晚必浴以郁金涂身面效佛金色国人多称婆罗门以为佛真子孙屋壁坐席涂以牛粪家置坛崇三尺三级而升每晨以牛粪涂焚香献花供养道通西域西域忽有轻骑来劫但闭门距之数日乏粮自退

卷三·外国门下·东南海上诸杂国

东南海上有沙华公国其人多出大海劫夺得人缚而卖之阇婆又东南有近佛国多野岛蛮贼居之号麻啰奴商舶飘至其国擒人以巨竹夹而烧食之贼首钻齿陷以黄金以人头为食器其岛愈深其贼愈甚又东南有女人国

水常东流数年水一泛涨或流出莲肉长尺余桃核长二尺人得之则以献于女王昔常有舶舟飘落其国群女携以归数日无不死有一智者夜盗船亡命得去遂传其事其国女人遇南风盛发裸而感风咸生女也

卷三·外国门下·昆仑层期国

西南海上有昆仑层期国连接大海岛常有大鹏飞蔽日移晷有野骆驼大鹏遇则吞之或拾鹏翅截其管堪作水桶又有骆驼鹤身项长六七尺有翼能飞但不高耳食杂物炎火或烧赤热铜铁与之食及产大象牙犀角又海岛多野人身如黑漆拳发诱以食而擒之动以千万卖为蕃奴

卷三·外国门下·波斯国

西南海上波斯国其人肌理甚黑鬓发皆拳两手钤以金串缦身以青花布无城郭其王早朝以虎皮蒙杌迭足坐群下礼拜出则乘软兜或骑象从者百余人执剑呵护食饼肉饭盛以甆器掬而啖之

卷三·外国门下·蜑蛮

以舟为室视水如陆浮生江海者蜑也钦之蜑有三一为渔蜑善举网垂纶二为蚝蜑善没海取蚝三为木蜑善伐山取材凡蜑极贫衣皆鹑结得掬米妻子共之夫妇居短蓬之下生子乃猥多一舟不下十子儿自能孩其母以软布束之背上荡桨自如儿能匍匐则以长绳系其腰于绳末系短木焉儿忽堕水则缘绳汲出之儿学行往来蓬脊殊不惊也能行则已能浮没蜑舟泊岸群儿聚戏沙中冬夏身无一缕真类獭然蜑之浮生似若浩荡莫能驯者然亦各有统属各有界分各有役于官以是知无逃乎天地之间广州有蜑一种名曰卢停善水战

卷三·外国门下·三伏驮

交址之南有山曰播流环数百里若大铁围不可攀跻中皆良田唯有一窍可入有种类居之交址所不得而臣号曰三伏驮安南屡欲灭之其人守险万方不可入三伏驮自言曰纵安南有强兵我自有禾可食盖谓其不可灭也

卷三·外国门下·航海外夷

今天下沿海州郡自东北而西南其行至钦州止矣沿海州郡类有市舶国家绥怀外夷于泉广二州置提举市舶司故凡蕃商急难之欲逃愬者必提举司也岁十月提举司大设蕃商而遣之其来也当夏正之后提举司征其商而覆护焉诸蕃国之富盛多宝货者莫如大食国其次阇婆国其次三佛齐国其次乃诸国耳三佛齐者诸国海道往来之要冲也三佛齐之来也正北行舟历上下竺与交洋乃至中国之境其欲至广者入自屯门欲至泉州者入自甲子门阇婆之来也稍西北行舟过十二子石而与三佛齐海道合于竺屿之下大食国之来也以小舟运而南行至故临国易大舟而东行至三佛齐国乃复如三佛齐之入中国其它占城真腊之属皆近在交址洋之南远不及三佛齐国阇婆之半而三佛齐阇婆又不及大食国之半也诸蕃国之入中国一岁可以往返唯大食必二年而后可大抵蕃舶风便而行一日千里一遇朔风为祸不测幸泊于吾境犹有保甲之法苟泊外国则人货俱没若夫默伽国勿斯里等国其远也不知其几万里矣

卷三·外国门下·五民

钦民有五种一曰土人自昔骆越种类也居于村落容貌鄙野以唇舌杂为音声殊不可晓谓之蒌语二曰北人语言平易而杂以南音本西北流民自五代之乱占籍于钦者也三曰俚人史称俚獠者是也此种自蛮峒出居专事妖怪若禽兽然语音尤不可晓四曰射耕人本福建人射地而耕也子孙尽闽音五曰蜑人以舟为室浮海而生语似福广杂以广东西之音蜑别有记

卷三·外国门下·惰农

深广旷土弥望田家所耕百之一尔必水泉冬夏常注之地然后为田苟肤寸高仰皆弃而不顾其耕也仅取破块不复深易乃就田点种更不移秧既种之后旱不求水涝不疏决既无粪壤又不耔耘一任于天既获则束手坐食以卒岁其妻乃负贩以赡之已则抱子嬉游慵惰莫甚焉彼广人皆半羸长病一日力作明日必病或至死耳

卷五·财计门·广右漕计

今日广右漕计在盐而已盐场滨海以舟运于廉州石康仓客贩西盐者自廉州陆运至郁林州而后可以舟运斤两重于东盐而商人犹艰之自改行官卖运使姚孝资颐仲实当是任乃置十万仓于郁林州官以牛车自廉州石康仓运盐贮之庶一水可散于诸州凡请盐之州曰静江府融宜邕宾横柳象贵郁林昭贺梧藤浔容州各以岁额来请静江岁额八千箩融二千七百箩宜四千三百九十邕七千五百宾二千五百柳三千五百有奇象三千横二千七百贵三千一百有奇郁林三千昭三千九百贺五千梧二千藤二千五百浔三千容三千凡五万八千二百箩有奇【按此文原本有错简今移正】取其息以八分归漕司二分归本州又海南四州军及钦廉雷化高皆产盐州军昔卖漕司二分盐亦以八分息归漕司通前十六州请盐于十万仓者凡七万余箩绝长补短漕司岁得钱六十五万五千六百余缗而岁支钱七十三万二千余缗又以向者存留盐本钱充之每箩八百足七万余箩当得七万余缗省以充漕计厥后张南轩为帅乃请于朝以三分盐息予诸州而免诸州民户苗米每一石取二斗之耗后以诸郡实卖数奏请其额稍减

卷五·财计门·广西盐法

广西土瘠民贫并边多寇自侬智高平朝廷岁赐湖北衣绢四万二千匹湖南絁一万五千匹绵一万两广东米一万二千石提盐司盐一千五百斤韶州涔水场铜五十万斤付本路铸钱一十五万缗总计诸处赡给广西凡一百一十余万缗祖宗盖以广右西南二边接近化外养兵积威不可不素具故使常有余力也自南渡以来广西以盐自给宣和五年已诏广东西路各置提举官岁卖盐固无定额至是漕司乃得取其赢余绍兴八年诏二广盐通行客钞专置提举一员于广州尽领两路盐事又以西路远阔又令广西提刑兼领西路盐事时杨么扰洞庭淮盐不通于湖湘故广西盐得以越界一岁卖及八万箩每箩一百斤朝廷遂为岁额每一箩钞钱五缗岁得四十万缗归于大农内有八万四千四百缗付广西经略司买马三万缗应副湖北靖州十万缗以赡鄂州大军余悉上供于是漕计大绌无以备边乃取诸郡民间税米等第拨往边州输纳别以钱和籴充诸郡岁计每一石为钱五百足边州宿兵岁饷二十三万二千余石而边州止管税米一十一万九千余石故不免科拨他郡至绍兴十一年民以病告乞将支移边州米就本州纳钱漕司上请从之每石折钱四缗足尽贮于漕司辛字库用以支付边州漕计大优议者谓边郡米一石价止数百钱遂裁减至二缗而漕计犹有余也时淮盐已通于湖湘客钞遂不登额提刑兼司极力招诱岁止卖及五万箩言事者又谓客钞既不登额不若复令漕司自卖官盐而除民折米和籴之扰于是广西漕臣复领本路盐事而东盐不得入西路矣广东盐额大亏屡请于朝乞复通客钞以为广东产盐多而食盐少广西产盐少而食盐多东盐入西散往诸州有一水之便西路产盐之州水陆不便异时西路客人乐请东盐占额为多今西路以盐利自专则东盐坐亏课额朝廷从其请又为广西画所以为岁计者曰旧额广东十万箩广西八万箩增收钞钱一缗省可得一十八万缗省谓之漕计钱旧法广西盐户纳盐一箩官支本钱一千八百足后为官吏侵刻止支二三百今实支一千足官截取八百足谓之存留盐本钱计西路八万箩又得八万二千缗省而西路元额八万箩客人入纳四十万缗省如是则通可得六十六万二千缗尽付广西漕司内取二十余万缗充买马并鄂靖州之费余四十五万余缗以之充广西岁计广西旧额八万箩止及五万今遂指为实卖之数又于上收增钞钱减刻盐本钱是以虚数较之实数岁当亏钱二十一万六千缗此岂细事也哉范石湖作帅抗疏请复官卖其说曰官自卖盐不过夺商人之利以利官而民无折米之患往日西路卖及八万箩今为虚数矣只于实卖及五万箩为率而权以广西盐价每一斤以一百四十文足为率岁可得七十余万缗足计九十余万缗省需乎其有余矣其道约而易行其说简而易明严抑配之法杜侵欺之弊俾法久而不壤诚长利也朝廷始疑而后从之广东申乞不已又为东路岁认发东盐入界钞钱之数二万四千六百

余缗其议遂定然漕计优裕实范公之力也

卷五·财计门·钦州博易场

凡交址生生之具悉仰于钦舟楫往来不绝也博易场在城外江东驿其以鱼蚌来易斗米尺布者谓之交址蜑其国富商来博易者必自其边永安州移牒于钦谓之小纲其国遣使来钦因以博易谓之大纲所赍乃金银铜钱沉香光香熟香生香真珠象齿犀角吾之小商近贩纸笔米布之属日与交人少少博易亦无足言唯富商自蜀贩锦至钦自钦易香至蜀岁一往返每博易动数千缗各以其货互缄踰时而价始定既缄之后不得与他商议其始议价天地之不相侔吾之富商又日遣其徒为小商以自给而筑室反耕以老之彼之富商顽然不动亦以持久困我二商相遇相与为杯酒欢久而降心相从侩者乃左右渐加抑扬其价相去不远然后两平焉官为之秤香交锦以成其事既博易官止收吾商之征其征之也约货为钱多为虚数谓之纲钱每纲钱一千为实钱四百即以实钱一缗征三十焉交人本淳朴吾人诈之于权衡低昂之间其后至三遣使较定博易场秤迩年永安州人狡特甚吾商之诈彼也率以生药之伪彼则以金银杂以铜至不可辨香则渍以盐使之能沉水或铸铅于香窍以沉之商人率堕其数中矣

卷六·器用门【舟楫附】·木兰舟

浮南海而南舟如巨室帆若垂天之云柂长数尺一舟数百人中积一年粮豢豕酿酒其中置死生于度外径入阻碧非复人世人在其中日击牲酣饮迭为宾主以忘其危舟师以海上隐隐有山辨诸蕃国皆在空端若曰往某国顺风几日望某山舟当转行某方或遇急风虽未足日已见某山亦当改方苟舟行太过无方可返飘至浅处而遇暗石则当瓦解矣盖其舟大载重不忧巨浪而忧浅水也又大食国更越西海至木兰皮国则其舟又加大矣一舟容千人舟上有机杼市井或不遇便风则数年而后达非甚巨舟不可至也今世所谓木兰舟未必不以至大言也

卷六·器用门【舟楫附】·藤舟

深广沿海州军难得铁钉桐油造舟皆空板穿藤约束而成于藤缝中以海上所生茜草干而窒之遇水则涨舟为之不漏矣其舟甚大越大海商贩皆用之而或谓要过磁石山而然未之详尔今蜀舟底以柘木为钉盖其江多石不可用铁钉而亦谓蜀江有磁石山得非传闻之误

卷六·器用门【舟楫附】·刳木舟

广西江行小舟皆刳木为之有面阔六七尺者虽全成无罅免繻袽之劳钉灰之费然质厚迟钝忽遇大风浪则不能翔多至沉溺要不若板船虽善不能为矣钦州竞渡兽舟亦刳全木为之则其地之所产可知矣海外蕃船亦有刳木者则其为木何止合抱而已哉

卷六·器用门【舟楫附】·柂

钦州海山有奇材二种一曰紫荆木坚类铁石色比燕脂易直合抱以为栋梁可数百年一曰乌婪木用以为大船之柂极天下之妙也蕃舶大如广厦深涉南海径数万里千百人之命直寄于一柂他产之柂长不过三丈以之持万斛之舟犹可胜其任以之持数万斛之蕃舶卒遇大雨于深海未有不中折者唯钦产缜理坚密长几五丈虽有恶风怒涛截然不动如以一丝引千钧于山岳震颓之地真凌波之至宝也此柂一双在钦直钱数百缗至番禺温陵价十倍矣然得至其地者亦十之一二以材长甚难海运故耳

卷七·香门·沉水香

沉香来自诸蕃国者真腊为上占城次之真腊种类固多以登流眉【案范成大桂海虞衡志作丁流眉宋史作登流眉】所产香气味馨郁胜于诸蕃若三佛齐等国所产则为下岸香矣以婆罗蛮香为差胜下岸香味皆腥烈不甚贵重沉水者但可入药饵交址与占城邻境凡交址沉香至钦皆占城也海南黎母山峒中亦名土沉香少大块有

如茧栗角如附子如芝菌如茅竹叶者皆佳至轻薄如纸者入水亦沉万安军在岛正东钟朝阳之气香尤酝藉清远如莲花梅英之类焚一铢许氛翳弥室翻之四面悉香至煤烬气不焦此海南香之辨也海南自难得省民以一牛于黎峒博香一担归自差择得沉水十不一二顷时香价与白金等故客不贩而宦游者亦不能多买中州但用广州舶上蕃香耳唯登流眉者可相颉颃山谷香方率用海南沉香盖识之耳若夫千百年之枯株中如石如杵如拳如肘如奇禽龟蛇如云气人物焚之一铢香满半里不在此类矣

卷七·香门·蓬莱香

蓬莱香出海南即沉水香结未成者多成片如小笠及大菌之状极坚实状类沉香惟入水则浮气稍轻清价亚沉香刳去其背带木者亦多沉水

卷七·香门·鹧鸪斑香

鹧鸪斑香亦出海南蓬莱好笺香中槎牙轻松色褐黑而有白斑点点如鹧鸪臆上毛气尤清婉

卷七·香门·笺香

笺香出海南者如猬皮渔蓑之状盖出诸修治香之精钟于刺端大抵以斧斫以为坎使膏液凝冱于痕中膏液垂而下结巉岩如攒针者海南之笺香也膏液涌而上结平阔如盘盂者蓬莱笺也其侧结者必薄名曰蝉殼香广东舶上生熟速结等香当在海南笺香之下

卷七·香门·众香

光香出海北及交址与笺香同多聚于钦州大块如山石枯槎气麤烈如焚松桧桂林供佛宾筵多用之沉香出交址以诸香草合和蜜调如薰衣香其气温馨然微昏钝排草香出日南状如白茅香芬烈如麝香亦用以合香诸草香无及之者橄榄香出广州及北海橄榄木节结成状如黑胶饴独有清烈出尘之意品格在黄连枫香之上桂林东江有此居人采香卖之不能多得以纯脂不杂木皮者为佳钦香味犹浅薄其木叶如冬青而差圆皮如楮皮而差厚花黄而小子青而黑人以斧斫木为坎膏凝于痕遂采以为香香之为香良苦哉

卷七·宝货门·珠池

合浦产珠之地名曰断望池在海中孤岛下去岸数十里池深不十丈蜑人没而得蚌剖而得珠取蚌以长绳系竹蓝携之以没既拾蚌于篮则振绳令舟人汲取之没者亟浮就舟不幸遇恶鱼一缕之血浮于水面舟人恸哭知其已葬鱼腹也亦有望恶鱼而急浮至伤股断臂者海中恶鱼莫如刺纱谓之鱼虎蜑所甚忌也蜑家自云海上珠池若城郭然其中光怪不可向迩常有怪物哆口吐翕固神灵之所护持其中珠蚌终古不可得者蚌溢生于城郭之外故可采耳所谓珠熟之年者蚌溢生之多也然珠生熟年百不一二耗年皆是也珠熟之年蛮家不善为价冒死得之尽为黠民以升酒斗粟一易数两既入其手即分为品等铢两而卖之城中又经数手乃至都下其价递相倍蓰至于不赀采珠在官有禁州以廉名谓其足以贪也史称孟尝守合浦珠乃大还为廉吏之应二十年前有守甚贪而珠亦大熟虽物理无验然此以清名至今彼与草木俱腐耳噫孰知孟尝还珠之说非郴子厚复乳穴之说乎东广海中亦有珠池伪刘置军采之名媚川都死者甚多太祖皇帝平岭南废其郡为静江军

卷八·花木门【果实附草附】·桂

南方号桂海秦取百粤号曰桂林桂之所产古以名地今桂产于钦宾二州于宾者行商陆运致之北方于钦者舶商海运致之

卷八·花木门【果实附草附】·沙木

沙木与杉同类尤高大叶尖成丛穗小与杉异猺峒中尤多劈作大板背负以出与省民博易舟下广东得息倍称

卷八·花木门【果实附草附】·槟榔

槟榔生海南黎峒亦产交址木如棕榈结子叶间如柳条颗颗丛缀其上春取之为软槟榔极可口夏秋采而干之为米槟榔渍之以盐为盐槟榔小而尖者为鸡心槟榔大而匾者为大腹子悉下气药也海商贩之琼管收其征岁计居什之伍广州税务收槟榔税岁数万缗推是则诸处所收与人之所取不可胜计矣

卷八·花木门【果实附草附】·藤

藤梧州产大者可为胡床小者圈为盘盂又其小而细长者织以为笼篌卧簟耐久而文理可观其叶则以为渔父之蓑一领可终身用矣藤州州治之外尝有古藤甚大故以名州

卷九·禽兽门·鹑子

广西海山多鹑雷化间罗为鲊至富也鹑乃海中黄鱼所化成者黄鱼当秋冬羽翼已化于水中俟北风拍岸遂登岸成鹑便能行入茅苇海南人捕得黄鱼有半化为鹑者庄周鹍鹏之喻小大不同其义一也余尝推其为物未有非类而能化者鸟鱼皆生于阴岂非质异而性同欤

卷十·虫鱼门·鲟鳇鱼

春水发生鲟鳇大鱼自南海入江至浔象之境龙门之下或为渔网所得余东归将至番禺有蜑急棹就舟萦二鲟鳇求售大者长六尺小者四尺修鼻哆腮口隐于颐身无细鳞上各有锋又与凡鱼不同恻然念曰神龙之稺乃受制于人如此哉问所需几何曰四百即市而纵焉始则举首出水少焉扬鬐掉尾复举首似顾悠然而逝矣

卷十·古迹门·铜柱

汉马伏波平交趾立铜柱为汉极西界唐马揔为安南都护夷獠为建二铜柱于伏波之处以明揔为伏波之嗣是铜柱在安南矣又唐何履先定南诏复立马援铜柱按南诏今大理国则是铜柱复当在大理又占不劳之地南有大浦有五铜柱山形若倚盖西重岩东崖海按占不劳今占城也然则铜柱又当在占城闻钦境古森峒与安南抵界有马援铜柱安南人每过其下人以一石培之遂成邱陵其说曰伏波有誓云铜柱出交址灭培之惧其出也又云交址境内有数铜柱未知孰是

卷十·志异门·圣佛

南海诸蕃国皆敬圣佛相传圣佛出世在真腊国之占里婆城圣佛女子也有夫渡海而舟为龙王所荡乃谓龙王曰使我登岸当岁生一子以奉龙王既海神送其舟于占里婆城乃显神异人有慢轻必降祸焉人有祈求必赴感焉人有自欺于前必报验焉南蕃皆敬事之凡相争者必相要质于圣佛前曲者不敢往也南蕃所居皆茅庐唯圣佛庙貌甚整黄金饰像四躯为四殿盖一佛而三夫也女巫数辈谓之夷婆庙多鼓舞血食无虚日每岁正月十三日设庐于庙前积禾于中请圣像出庙而焚禾以祭十四日圣佛归庙二十日圣佛生子乃忽有一圆石出其身二十日夜举国人民不寝以听佛之生子明日国人皆奉珍宝犀象献佛其所生子舟载而投诸海以奉龙王云六合之外妖祥恠诞愈多如此

梦粱录[①]

卷一・二月・八日祠山圣诞

初八日西湖画舫尽开苏堤游人来往如蚁其日龙舟六只戏于湖中其舟俱装十太尉七圣二郎神神鬼快行锦体浪子黄胖杂以鲜色旗伞花篮闹竿鼓吹之类其余皆簪大花卷脚帽子红绿戏衫执棹行舟戏遊波中帅守出城往一清堂弹压其龙舟俱呈参州府令立标竿于湖中挂其锦彩银球官楮犒龙舟快捷者赏之有一小节级披黄衫顶青巾带大花插孔雀尾乘小舟抵湖堂横节杖声喏取指挥次以舟回朝诸龙沙小彩旗招之诸舟俱鸣锣击鼓分两势划棹旋转而远远排列成行再以小彩旗引之龙舟并进者二又以旗招之其龙舟远列成行而先进者得捷取标赏声喏而退余者以钱酒支犒也

卷四・八月・观潮

临安风俗四时奢侈赏翫殆无虚日西有湖光可爱东有江潮堪观皆绝景也每岁八月内潮怒胜于常时都人自十一日起便有观者至十六十八日倾城而出车马纷纷十八日最为繁盛二十日则稍稀矣十八日盖因帅座出郊教习节制水军自庙子头直至六和塔家家楼屋尽为贵戚内侍等雇赁作看位观潮向有白乐天咏潮诗曰早潮才落晚潮来一月周流六十回不独光阴朝复莫杭州老去被潮催又苏东坡咏中秋观夜潮诗曰定知玉兔十分圆已作霜风九日寒寄语重门休上钥夜潮留向月中看【二】万人鼓噪慑吴侬犹似浮江老阿童欲识潮头高几许越山浑在浪花中【三】江边身世两悠悠人与沧波共白头造物亦知人易老故教江水更西流【四】吴儿生长狎涛澜冒利轻生不自怜东海若知明主意应教斥卤变桑田【五】江神河伯两醯鸡海若东来气吐霓安得夫差水犀手三千强弩射潮低林和靖咏秋江诗云苍茫水嘴鹭鹚眠片纸无痕浸碧天最爱芦花经雨后一篷烟火饭渔船治平郡守蔡端明诗云天卷潮回出海东人间何事可争雄千年浪说鸱夷怒一信全疑渤澥空浪静最宜闻夜枕峥嵘须待驾秋风寻思物理真难到随月亏圆亦未通其杭人有一等无赖不惜性命之徒以大彩旗或小清凉伞红绿小伞儿各系绣色缎子满竿伺潮出海门百十为群执旗泅水上以迓子胥弄潮之戏或有手脚执五小旗浮潮头而戏弄向于治平年间郡守蔡端明内翰见其往往有沉没者作戒约弄潮文云斗牛之外吴越之中唯江涛之最雄乘秋风而益怒乃其俗习于此观遊厥有善泅之徒竞作弄潮之戏以父母所生之遗体投鱼龙不测之深渊自谓矜夸时或沉溺精魂永沦于泉下妻孥望哭于水滨生也有涯盍终于天命死而不吊重弃于人伦推予不忍之心伸尔无家之戒所有今年观潮并依常例其军人百姓辄敢弄潮必行科罚自后官府禁止然亦不能遏也向有前辈作看弄潮诗云弄罢江潮晚入城红旗飐飐白旗轻不因会吃翻头浪争得天街鼓乐迎且帅府节制水军教阅水阵统制部押于潮未来时下水打阵展旗百端呈拽又于水中动鼓吹前面导引后抬将官于水面舟楫分布左右旗帜满船上竿舞鎗飞箭分列交战试爆放烟捷追【阙】舟火箭群下烧毁功成鸣锣放教赐犒等差缘因车驾幸禁中观潮殿庭下视江中但见军仪于江中整肃部伍望阙奏喏声如雷震余扣及内侍方晓其尊君之礼也其日帅司备牲礼草履沙木板于潮来之际俱祭于江中士庶多以经文投于江内是时正当金风荐爽丹桂飘香尚复身安体健如之何不对景行乐乎

卷七・杭州

城东门者七曰北水门曰南水门盖禁中水从此流注出铁沙河及横河桥下其门有铁窗栅锁闭不曾辄开曰便门曰候潮门曰保安水门河通跨浦桥与江相隔耳曰保安门俗呼小堰门也曰新开门城东门者三曰崇新门俗

① 〔宋〕吴自牧撰。

呼荐桥门曰东青门俗呼莱市曰艮山门城北门者三曰天宗水门曰余杭水门曰余杭门旧名北关是也盖此门浙西苏湖常秀直至江淮诸道水陆俱通城西门者四曰钱塘门曰丰豫门即涌金曰清波即俗呼闇门也曰钱湖门其诸门内便门东青艮山皆瓮城水门皆平屋其余旱门皆造楼阁诸城壁各高三丈余横阔丈余禁约严切人不敢登犯者準条治罪城内元三门俱废之独朝天门止存两城壁杭人独以门称之

卷九·省所

今有创市舶所官府察见吏奸亦行省罢矣

卷九·监当诸局

市舶务在保安门外瓶场河下凡梅商自外至杭受其券而考验之又有新务在梅家桥北

司农排岸司在前洋街掌狗卸诸州郡宣限纲运检察搜空而縶其不登岸者【岸作数】

卷十·诸官舍·运司衙

西浙运司衙旧在双门北为南北二厅今边丰像门南渡子桥西普安桥为东西二衙曰东衙有寛民堂福星楼节【阙】堂振襟堂堂侧建榭曰西衙有周咨堂公生明堂绣春堂仁惠堂堂有栽修竹而围之运司佥厅提领犒赏酒库所俱在运司衙门主管文字干办公事在俞家园主管帐司厅在戒子桥之北

卷十一·堰闸渡

清河堰在余杭门外税务东里沙河堰在余杭门外仁和桥东澄水闸在西湖长桥南因钞湖门内诸山之水分流为三道一以钞湖门外北城下置海子口流水省马院后为小渠引水直至澄水闸入湖又为三渠出于湖皆有石桥后渠为居民湮塞然桥犹可记也西闸在赤山教场侧龙山浑水闸清水闸在龙山浙江清水浑水二闸在便门外保安闸在小堰门外清湖上中下三闸在余杭门外石函桥闸在钱塘门外水磨头因湖水涨壅开此泄水出于下湖安溪化湾二斗门闸在钱塘县北浙江渡在浙江亭江岸对西兴龙山渡六和开化寺山下对渔浦渔山渡在大朱桥及盐仓前两岸相望不远湖势可畏浙东士夫惮于渡渔浦者多由此渡船头在通江桥北周家渡在城内漆木巷司马渡在油蜡局桥萧家渡在下中沙巷边家渡在仁和仓东睦家渡在丰储仓西时家渡在德胜堰南

卷十二·浙江

浙江在杭城东南谓之钱塘江内有浙山正居江中潮水投山下曲浙而行有若反涛水势者以钱塘松江浦阳为三而不知浦阳在何地今当阳即钱塘江其江自古曰浙河见于庄子书中其为东南巨浸昭昭也按吴越春秋时内传云吴王赐子胥死乃取其尸盛以鸱夷之革浮之江中子胥因随流扬波依潮来往荡激堤岸又按越王外传云越王赐大夫种死葬于西山之下一年子胥从海上穿山胁而持种去与之俱浮于海故前潮水潘侯伍子胥也后重水者大夫种也恐此说荒诞无稽不敢信以忠清庙记言之非诞也然诸家所说甚多或谓天河激涌亦云地机翕张又以日激水而潮生月周天而潮应或以挺空入汉山涌而涛随析木大梁月行而水大源殊派异无所适从索隐探微宜伸确论大率元气嘘吸天随气而张敛溟渤往来潮随天而进退者也盖日者众阳之母阴生于阳故潮附之于日也月者太阴之精故潮依之于月也是故随日而应月依阴而附阳盈虚朔望随于上下弦息于辉朒故潮有大小焉但月朔夜半子昼则午刻潮平子地次日潮信稍迟一二刻至望日则潮亦如月朔信复会于子午位若以每月初五二十日此四日则下岸其潮自此日则渐渐小矣以初十二十五日则潮交泽起水则潮渐渐大矣初一至初三日于十五至十八六日之潮最大其银涛沃日雪浪吞天声若雷霆势不可御进退盈虚终不失期且海门在江之东北有山曰赭山与龛山对势潮水出其间也卢肇潮赋所谓夹群山而远入射一带以中投者是也若言狭逼则东自定海吞余姚奉口二江侔之浙江尤甚逼狭潮来闻其声北望嘉兴大山水阔二百余里故商舶船只怖于上惮惟泛余

姚小江易舟而浮运河达于杭越盖以下有沙惮南北之革碍洪波蹙遏潮势矣

卷十二·湖船

杭州左江右湖最为奇特湖中大小船只不下数百舫船有一千料约长二十余丈可容百人五百料者约长十余丈亦可容三五十人亦有二三百料者亦长数丈可容三二十人皆精巧创造雕栏画栱行如平地各有其名曰百花十样锦七宝戗金金狮子何船劣马儿罗船金胜黄船董船刘船其名甚多姑言一二更有贾秋壑府车船船棚上无人撑驾但用车轮脚踏而行其速如飞又有御舟安顿小湖园水次其船皆最精巧雕刻创造俱用香楠木为之只是周汉国公主游翫曾一用耳灵芝寺前水次有赵节斋所造湖舫名曰乌龙凡遇撑驾即风浪大作坐者不安多不敢撑出以为弃物湖中南北搬载小船甚伙如【阙】船买卖羹汤时果掇酒瓶如青碧香思堂春宣赐小思龙游新煮酒俱有及供菜蔬水果船朴时花带朵糖狮儿诸色千千小段儿糖小儿家事儿等船更有卖鸡儿姜蒜末海蛰螺头及点茶供茶果婆嫂船点花茶拨糊盆拨水棍小船渔庄岸小钓鱼船湖中有撇网鸣榔打渔船湖中有放生龟鳖螺蚌船并是瓜皮船也又有小脚船专载贾客妓女荒鼓板烧香婆嫂扑青器唱耍令缠曲及投壶打弹百艺等船多不呼而自来须是出著发放支犒不被哂笑若四时遊翫大小船只雇价无虚日遇大雪亦有富家玩雪船如二月八及寒食清明须先指挥船户雇定船只若此日分舫船非二三百券不可雇赁至日虽小脚船亦无空闲者船中动用器具不必带往但指挥船主一一周备盖早出登舟不劳为力惟支犒钱耳更有府富宅家自造船只遊戏及贵官内侍多造采莲船用青布幕撑起容一二客坐装饰尤其精致

卷十二·江海船舰

浙江乃通江渡海之津道且如海商之舰大小不等大者五千料可载五六百人中等二千料至一千料亦可载二三百人余者谓之钻风大小八橹或六橹每船可载百余人此网鱼买卖亦有名三板船【阙】等船且论商舶之船自入海门便是海茫洋无畔岸其势诚险盖神龙怪蜃之所宅风雨晦冥时惟凭针盘而行乃火长掌之毫厘不敢差误盖一舟人之命所系也愚累见大商贾人言此甚详悉若欲船泛外国买卖则自泉州便可出洋迤逦过七洲洋舟中测水约有七十余丈若经昆仑沙漠蛇龙乌猪等洋神物多于此中行雨上略起朵云便见龙现全身目光如电爪角宛然独不见尾耳顷刻大雨如注风浪掀天可畏尤甚但海洋近出礁则水浅撞礁必坏船全凭南针或有少差即葬鱼腹自古舟人云去怕七洲回怕昆仑亦深五十余丈又论舟师观海洋中日出日入则知阴阳验云气则知风色逆顺毫发无差远见浪花则知风自彼来见巨涛拍岸则知次日当起南风见电光则云夏风对闪如此之类略无少差相水之清浑便知山之近远大洋之水碧黑如淀有山之水碧而绿傍山之水浑而白矣有鱼所聚必多礁石盖石中多藻苔则鱼所依耳每月十四二十八日谓之大汛等日分此两日若风雨不当则知一旬之内多有风雨凡测水之时必视其底知是何等泥沙所以知近山有港若商贾止到台温泉福买卖未尝过七洲昆仑等大洋若有出洋即从泉州港口至岱屿门便可放洋过海泛往外国也其浙江船只虽海舰多有往来则严婺徽衢等船多尝通津买卖往来谓之长船等只如杭城柴炭木植柑橘干湿果子等物多产于此数州耳明越温台海鲜鱼蟹鲞腊等类亦上惮通于江浙但往来严婺衢徽州船下则易上则难盖滩高水逆故也江岸之船甚伙初非一色海舶大舰网艇大小船只公私浙江渔浦等渡船买卖客船皆泊于江岸盖杭城众大之区客贩最多兼仕宦往来皆聚于此耳

卷十二·河舟

杭州里河船只皆是落脚头船为载往来士贾诸色等人及搬载香货杂色物件等又有大滩船系湖州市搬载诸铺米及跨浦桥柴炭下塘砖瓦灰泥等物及运盐袋船只盖水路皆便多用船只如无水路以人力运之向者汴京用车乘驾物运盖杭城皆石版街道非泥沙比车轮难行所以用舟楫及人力耳若士庶欲往苏湖常秀江淮等州多雇舸船舫船【阙】船飞蓬等船或宅舍府第庄舍亦自创造船只从便撑驾往来则无官府捉拿差借之患若州县欲差船只多给官钱和雇以应用度杭城乃辇毂之地有上供米斛皆办于浙右诸郡县隶司农寺所辖本寺所委官吏专卒督催米斛解发朝廷以应上供支用搬运自有网船装载网头管领所载之船不下运千余石或载六七百石

官司亦支耗券雇稍船米与之到岸则有农寺排岸司掌拘卸检察搜空又有下塘等处及诸郡米客船只多是铁头舟亦可载五六百石者大小不同其老小悉居船中往来兴贩耳寺观庵舍船只皆用红油舸滩大小船只往来河中搬运斋粮柴薪更有载垃圾粪土之船成群搬运而去北新桥外赵十四相公府侧有殿前司红坐船于水次管船军士专造红酝在船和沽官司宽大并无捉捕之忧论之枝城辐辏之地下塘官塘中塘三处船只及航船鱼舟钓艇等船之类每日往返曾无虚日缘此是行都士贵官员往来商贾买卖骈集公私船只泊于城北者伙矣

卷十四·祠祭

海神坛在东青门外太平桥东祭江海神为太祀以春秋二仲遣从官行望祭礼

卷十四·祠祭·山川神

昭济庙在候潮门外浑水闸西相传为吴王夫差庙加封曰善应安济孚佑显卫侯忠清庙在吴山其神姓伍名员乃楚大夫奢之子自唐立祠至宋亦祀之每歳海潮大溢冲激州城春秋醮祭诏命学士院譔青词以祈国阜民安累锡美号曰忠武英烈显圣福安王有行祠在仁和县治东南隅吴越钱武肃王庙在方家峪宝藏寺及龙山武功堂为钱文穆王庙五王俱祀焉平济王在浙江广子湾累封曰显烈广顺王顺济庙元浙江里人冯氏自侯加至王爵曰英烈王王封助灵佑顺侯英显于通应公庙即庙子头杨村龙王庙是也平波祠赐额善顺庙钱塘顺济龙王赐额昭应庙并在白塔岭之原孚应庙在磨刀坑广顺庙在龙山惠顺庙在江塘顺济龙王庙在汤村顺济宫三侯加王爵美号曰广泽灵应曰顺泽昭应曰敷泽加应自平济至顺济十庙俱司江涛神也嘉泽庙在钱塘门外二里钱武肃曾封王爵今改封曰渊灵普济侯水仙王庙在西湖第三桥会灵庙在卧柳洲五龙王庙在涌金门外上船亭龙井惠济庙在风篁岭美号王爵曰嘉应广济孚惠王南高峯龙王祠在荣国寺后盏盂潭累封曰孚应昭顺侯玉泉龙王祠在青芝坞净空寺内其神加封美号曰嘉应溥泽公

卷十六·米铺

有新开门外草桥下南街亦开米市三四十家接客打发分俵铺家及诸山乡客贩卖与街市铺户大有径庭杭城常愿米船纷纷而来早夜不绝可也且乂袋自有债户肩驼脚夫亦有甲头管领船只各有受载舟户虽米市搬运混杂皆无争差然铺家不劳于力而米径自到铺矣

闽中海错疏[1]

卷上·鳞部

海鳅最巨能吞舟日中闪鬐鬣若簸朱旗

按海鳅喷沫飞洒成雨其来也移若山岳乍出乍没舟人相值必鸣金鼓以怖之布米以厌之鳅攸然而逝否则鲜不罹害间有毙沙上者土人梯而脔之刳其脂为油舱船甚佳

卷下·鳞部

嘉酥鱼海中鱼之极大者重千斤琉球人以其脊为酥贩鬻闽中【补疏】

附录

海语载海燕大如鸠春回巢于古岩危壁茸垒乃白海菜也岛夷伺其秋去以修竿执取而鬻之谓之海燕窝随舶至广贵家宴品珍之其价翔矣畯据三说不同海语所载为近通待彼都近海人质之而后信也

① 〔明〕屠本畯撰。

台海使槎录[①]

卷一·原始

琉球国在泉州之东有岛曰彭湖烟火相望水行五日而至旁有昆舍耶【一作那】国语言不通袒裸盱睢殆非人类喜铁器临敌用镖镖以绳十余丈为操纵盖爱其铁不忍弃【文献通考】

按彭湖东南即今台湾其情状相似殆即昆舍耶国也

台湾于古无考惟明季莆田周婴著远游编载东番记一篇称台湾为台员盖闽音也然以为古探国疑非是【台湾随笔】

台湾海中番岛名山藏所谓乾坤东港华严婆娑洋世界名为鸡笼考其源则琉球之余种自哈喇分支近通日本远接吕宋控南澳阻铜山以彭湖为外援明万历间海寇颜思齐踞有其地始称台湾思齐剽掠海上倚为巢窟台湾有中国民自思齐始思齐死红夷乘其敝而取之茀草为田民知树艺顺治辛丑郑成功金陵挫败厦门不守袭而有之迄康熙癸亥归我一统其民五方杂处非俘掠之遗黎即叛亡之奸宄里无一姓人不一心溪深林茂易于伏莽山海气湿又多雾露水土之害其番喜酒好杀无姓氏无岁月无冠履衣服之仪无婚嫁丧葬之礼不知法纪抚御或失急之则变生肘腋缓之则俗敝人顽【蓉洲文稿】

吏科都给事中王家彦疏闽省海壖地如巾帨民耕无所且沙砾相薄耕亦弗收加以年荒赋急穷民缘是走海如骛长子孙于唐市指窟穴于台湾【春明梦余录】

卷一·星野

台之星野莫录其详然既系于闽则宜从闽闽盖禹贡扬州之域天文牛女分野按牛女于辰为丑银海之属星纪之次银海玄武象也星纪吴越分也刘向曰吴越属斗牛女分晋隋元志吴越其辰在丑说者谓台在泉州之穷南去福州远甚不宜为银海之属又在漳州之极东去吴越远甚不宜为星纪之次遂以台分野当在女虚之交者虚元枵之次在子之辰以台之稍迤而东疑其越次越辰亦坐井之见今以近事考之明时彭岛统于泉泉为牛女则台无可疑以近地考之台海西界于漳南邻于粤北则闽安对峙漳分野视闽而粤分野视漳台之壤接独不属牛女乎唐僧一行有云星纪当云汉下流百川归焉故其分野自河南下穷南纪之曲东南负海为星纪则台宅东南仍属牛女又与一行之说相符【岛上附传】

卷一·形势

台湾为土番部族在南纪之曲当云汉下流东倚层峦西迫巨浸北至鸡笼城与福州对峙南则河沙矶小琉球近焉周袤三千余里孤屿环瀛相错如绣自鹭门金门迤逦东南以达于彭湖可数千里风涛喷薄悍怒激鬬瞬息万状子午稍错北则坠于南风炁南则入于万水朝东皆有不返之忧又东至鹿耳门夹以七鲲身北线尾海道纡折仅容数武水浅沙胶虽长年三老不能保舟之不碎余乃山罗礁涌无由以入其险且不测如此【岛上附传】

海中孤岛地在东隅形似弯弓【台湾纪略】

鸡笼山岛野夷亦谓之东番万历四十四年倭胁取其地久之始复国东番诸山其人盛聚落而无君长习镖弩少舟楫自昔不通【中国方舆纪要】

台湾处大海之中地形坐东南面西北自东北而至西南如列屏为中国江浙闽粤四省之外界西北近海多平地可耕土番及人民聚落以百数山背东南一望洸洋舟楫所不到土番加唠使种类居焉自红夷以至郑氏皆不能

① 〔清〕黄叔璥撰。

绥附闻中国盛德悉来臣服贽其方物故我国家边陲极于海东数万里置郡县为疆界实自古所未有【福建海防志】

东宁缘高邱之阻以作屏临广洋之险以面势无仙踪神迹之奇无楼台观宇之胜有山则顽翳于蔓草有水则卤浸于洪涛鹿豕狸鼠之所蟠龙蛇蜃虺之所游夫既限之以荒裔而求天作地成之景皆无所得【蓉洲文稿】【以上台湾】

三十六岛巨细相间坡陇相望有七澳居其间大约有土无木土瘠不宜禾稼产胡麻菉豆山羊尤多居人煮海为盐酿秫为酒采鱼虾螺蛤以佐食土商兴贩以广其利贸易至者岁常数百艘为泉外府至元末置巡司于此【元志】

水至彭湖渐低近琉球谓之落漈漈者水趋下而不回也凡西岸渔舟到彭湖已下遇飓风发漂流落漈回者百无一【续文献通考】

隋开皇中尝遣虎贲陈棱略彭湖地其屿屹立巨浸中环岛三十有六如排衙居民以苫茅为庐舍推年大者为长以畋渔为业地宜牧牛羊散食山谷间各剺耳为记【海防考】

彭湖岛在琉球国水行五日地近福州泉州兴化漳州四郡界天气晴明望若烟雾【明统志】

海中岛屿最险要而纡回则莫如彭湖盖其山周回数百里险口不得方舟内溪可容千艘海中旧有三山之目彭湖其一耳东则海坛西则南澳诚天设之险何可弃以资敌【方舆纪要】

福州海中有彭湖岛相去三千里晴日髣髴可见有参将领兵驻之自福州顺风而往不半日至也【玉堂荟记】彭湖僻在兴泉外海其地为漳泉南户日本吕宋东西洋诸国皆所必经南有港门直通西洋【福建海防志】郑成功窃踞台湾用彭湖为外薮康熙三十三年六月将军施琅统兵自铜山攻破据之八月遂克台湾【诸罗杂识】【以上彭湖】

台湾在福建之东南地隔重洋形势延袤可至者凡千六七百里外此则生番所居与熟番阻绝远望皆大山迭嶂莫知纪极可以置而不议府治南北千有余里越港即水师安平镇又有七鲲身沙线潮平可通安平港内为水师战艘商民舟楫止宿之地港名鹿耳门出入仅容三舟左右皆沙石浅淤焉此台湾之内门户也衡渡至彭湖岛屿错落有名号者三十六岛彭湖沟底皆老古石参差港泊有南风北风二者殊澳此台湾之外门户也然台湾之可通大舟者尚有南路之打狗及东港北路之上淡水凡三处而惟上淡水可容多船港门为正也其可通小舟者尚有南路之蛲港北路之咸水港及八掌港笨港海翁港鹿仔港大甲西二林三林中港竹堑蓬山凡十二处而笨港并有小港可通鹿耳门内即名马沙沟是也总之台湾三路俱可登岸而惟鹿耳门为用武必争之地者以入港即可以夺安平而抗府治也夺安平则舟楫皆在港内所以断其出海之路抗府治则足以号令南北二路而绝依附之门故一入鹿耳门而台湾之全势举矣或云鹿耳门为天险门户而又上设炮台防亦密矣万一攻之不入兵法有攻坚而瑕者亦坚其谓之何不如由北路之上淡水进兵所谓行师如过于衽席之上者谋非不臧也而不知由北路进兵则其势主缓缓则必以众而临寡以强而并弱由鹿耳门进兵则其势主捷捷则有以反主客之形成控制之师而且安平不据彭湖尚孤彼贼众者急而扬帆不无他虞也是故觇台湾之形势而必讲明于得入鹿耳门之要为最急【理台末议】

彭湖为台湾之门户鹿耳门为台湾之咽喉大鸡笼为北路之险隘沙马矶为南路之砥柱【凤山县志】

台郡无形胜可据四围皆海水底铁板沙线横空布列无异金汤鹿耳门港路纡回舟触沙线立碎南礁树白旗北礁树黑旗名曰荡缨亦曰标子以便出入潮长水深丈四五尺潮退不及一丈入门必悬起后舵乃进

台地负山面海诸山似皆西向皇舆图皆作南北向初不解后有闽人云台山发轫于福州鼓山自闽安镇官塘山白犬山过脉至鸡笼山故皆南北峙立往来日本琉球海舶率以此山为指南此乃郡治祖山也淡水北山朝山与烽火门相对

同安洪淳思【心澄】云北路淡水直对福州省城海道山石错列碍于大舟往来南路赤山直对南澳

台地诸山本无正名皆从番语译出内山诸水皆西流于海安平七鲲身环郡治左臂东风起波浪冲击声如雷殷谚云鲲身响米价长谓海涌米船难于进港

余与益斋二兄论罗汉门书略罗汉门在郡治之东自猴洞口入山崇冈复岭多不知名行数里为虎头山诸峰

环列树惟槺榔过大湾崎芦竹坑咬狗坑又东南经土楼山壁平如削上则猕猴跳掷虞人张罗以捕稍前为迭浪崎出茅草埔度雁门关岭回望郡治海天一色去关口里余中为深堑可数十丈缘崖路狭不堪旋马一失足便蹈不测五里至石头坑四里至长潭清莹可鉴潭发源于分水山后由罗汉门坑入岗山溪同注于海自番仔寮迤逦至小乌山后入罗汉内门峰回路转眼界顿开沃衍平畴极目数十里东则南仔仙山东方木山隔淡水大溪为旗尾山西即小乌山南为银锭山北为分水山目猫徽山层峦迭巘苍翠欲滴暝色尤堪入画民庄凡三外埔中埔内埔居民约二百余口内埔汛兵五十名分防猴洞口狗匀昆诸地则寥寥三十余人而已先是由长潭东南行至夏尾蓝脚帛寮转北至外埔庄后以逆党黄殿潜踪内埔而瓮菜岑鼓坛坑尤为奸匪出没之所禁止往来外埔东南由观音亭更寮崘番仔路头至大崎越岭即为外门去大杰巅社十二里中有民居为施里庄北势庄庄尽番地往年代纳社饷招佃垦耕继以远社生番乘间杀人委而去之今则莽草不可除矣自社尾庄割兰坡岭可赴南路由木岗社卓猴可赴北路外此羊肠鸟道触处皆通峻岭深谷丛奸最易土人运炭莘稻牛车往来径路逼狭不容并轨惟约昼则自内而外夜则自外而内因以无阻夏秋水涨坑堑皆平则迷津莫度与诸邑声息隔绝议者谓宜归台邑良然

上淡水在诸罗极北中有崇山大川深林旷野南连南嵌北接鸡笼西通大海东倚层峦计一隅可二百余里洵扼要险区也外为淡水港八里坌山在港南圭柔山【一作鸡柔】在港北两山对峙夹束中流南北有二河南河源出武朥湾行四十余里北河源出枫仔屿行百余里俱至大浪泵会流出肩脰门【一作干豆】入淡水港曲折委宛五十余里而归于海圭柔山麓为圭柔社由山西下数里有红毛小城高三丈围二十余丈今圮城西至海口极目平衍名虎尾今淡水营所驻也两山南北重冈复岭灌莽丛翳南则武朥湾里末摆接秀朗诸社北则麻少翁外北投内北投大浪泵麻里即吼枫仔屿诸社磺山在内北投滨河山仅数仞寸草不生自淡水经枫仔屿岭上下十里过港至鸡笼山高多石山下即鸡笼社稍进为鸡笼港港道狭隘港口有红毛石城非圆非方围五十余丈高二丈远望为小鸡笼屿番不之居惟时于此采捕循此而上至山朝社又上至蛤仔难诸社深箐鸟道至者鲜矣南路界尽沙马矶头相传地脉直接吕宋凡舟赴吕宋必由此东放大洋有澳名龟那秃北风时大船可泊沙马矶头之南行四更至红头屿皆生番聚处不入版图地产铜所用什物俱铜器

彭湖一名彭蠡湖樵书二编彭蠡湖屿环岛三十六洪武五年以居民叛服不常遂大出兵驱其大族徙置漳泉间

观彭湖诸岛夏月正值南风由妈宫澳入港顺驶最易惟出港逆风未可时计或收入八罩从挽门潭上岸登天台山四望则三十六岛屿形势尽在目前

卷一·洋

大海洪波止分顺逆凡往异域顺势而行惟台与厦藏岸七百里号曰横洋中有黑水沟色如墨曰墨洋惊涛鼎沸险冠诸海或言顺流而东则为弱水昔有闽船飘至弱水之东阅十二年始得还中土【赤嵌集】

暗洋在台湾之东北有红夷舟泊其地无昼夜山明水秀万花徧满而上无居人谓其地可居遂留二百人给以一岁之粮于彼居住次年复至则山中如长夜所留之番已无一存乃取火索之见石上留字言一至秋即成昏黑至春始旦俱属鬼怪其人渐次而亡盖一年一昼夜云【蓉洲文稿】

由大担出洋海水深碧或翠色如靛红水沟色稍赤黑水沟如墨更进为浅蓝色入鹿耳门色黄白如河水

泛海不见飞鸟则渐至大洋近岛屿则先见白鸟飞翔

卷一·潮

月临卯酉潮涨东西月临子午潮平南北潮涨多在春夏之中涛大每居朔望之后各处皆然台亦无异志云地属东南月常早上十七八之夜月临卯酉仅在初昏故潮长退视同安金厦亦较早同安金厦初一十六潮满子午而退卯酉初八二十三潮满卯酉而退子午台则初一十六潮满已亥而退寅申初八二十三潮满寅申而退已亥所差竟至一时半线以下潮流过北汐流过南与彭岛同半线以上潮流过南汐流过北水师副将魏大猷云自鹿耳门至打狗港潮汐较内地早四刻水长五六尺打狗至琅峤潮汐较内地早一时水只三四尺自三林港北至淡水潮汐与

内地同水丈余

卷一·风信

台湾风信与他海殊异风大而烈者为飓又甚者为台飓倏发倏止台常连日夜不止正二三四月发者为飓五六七八月发者为台九月则北风初烈或至连月为九降过洋以四七十月为稳以四月少飓七月寒暑初交十月小春天气多晴暖故也六月多台九月多九降最忌台飓俱多挟雨九降多无雨而风凡台将至则天边有断虹先见一片如船帆者曰破帆梢及半天如鲎尾者曰屈鲎土番识风草草生无节则一年无台一节则台一次多节则多次飓之名以时而异正月初四日曰接神飓初九日曰玉皇飓十三日曰关帝飓念九日曰乌狗飓二月二日曰白须飓三月三日曰上帝飓十五日曰真人飓念三日曰马祖飓【真人多风马祖多雨】已上春三月共三十六飓此其大者四月八日曰佛子飓五月五日曰屈原飓六月十二日曰彭祖飓十八日曰彭婆飓念四日曰洗炊笼飓七月十五日曰鬼飓八月初一日曰灶君飓十五日曰魁星飓九月十六日曰张良飓十九日曰观音飓十月十日曰水仙王飓念六日曰翁爹飓十一月念七日曰普庵飓十二月念四日曰送神飓念九日曰火盆飓念四日已后皆曰送年风【香祖笔记】余同王君仲千采硫仲千登舟余乘笨车行十八日至后垄社王君敝衣跣足在焉泣告余曰舟碎身溺幸复相见自初三日登舟泊鹿耳门十八日乃行舵帆不协斜入黑水者再船首俯入水底舟人大恐十九日午后南风大至行甚驶顷之风厉甚舵牙折者三风中蝴蝶千百飞舞舟人以为不祥申刻风稍缓有黑色小鸟数百集船上舟人谓大凶焚楮镪祝之不去至以手抚之终不去反呷呷向人少间遥见小港以沙浅不能入就港口下碇五鼓碇失复出大洋浪击舵折舟师曰惟有划水仙求登岸免死耳众口齐作钲鼓声人各挟一匕箸虚作棹船势如午日竞渡状船果近岸得不溺【稗海纪游】

海外纪略云飓风虽暴无四面齐至理辟如北风台必转而东东而南南又转西或一日或三五七日不四面传遍不止是四面递至非四面并至也诸志云此乃天地之气交逆地鼓气而海沸天风烈而雨飘故沈舟倾樯若海不先沸天风虽烈海舟顺风而驰同鲲鹏之徙耳此语良然六月有雷则无台谚云六月一雷止三台七月一雷九台来

彭湖湾船之澳有南风北风之别时当南风误湾北风澳时当北风误湾南风澳则舟必坏癸亥兴师正当盛夏南风大震之候伪都督刘国轩将战舰尽泊南风澳时我师到彭舟尽误泊北风澳国轩得计谓可弗战而胜也岂知天眷忽北风大作我师舟楫无损而伪敌连艅覆没因得乘时进攻克取彭湖杨孝廉朝宗说

放洋全以指南针为信认定方向随波上下曰针路船由浯屿或大担放洋用罗经向巽已行总以风信计水程迟速望见彭湖西屿头猫屿花屿可进若过黑水沟计程应至彭湖而诸屿不见定失所向仍收泊原处候风信由彭湖至台湾向巽方行近鹿耳门隙仔风日晴和舟可泊若有风仍回彭湖

内地之风早西晚东惟台地早东风午西风名曰发海西四时皆然船出鹿耳门必得东风方可扬帆彭湖来船必俟西风才可进港设早西晚东则去船过日中始能放洋来船昏暮不能进口何云利涉

淡水在磺山之下日出磺气上腾东风一发感触易病雨则磺水入河食之往往得病以死七八月芒花飞扬入水染疾益众风候与他处迥异秋冬东风更盛

诸山烟霭苍茫若山光透露便为风雨之征又饥鸢高唳海雀惊飞则踰日必风春日晚观西冬日晚观东有黑云起主雨谚云冬山头春海口

台邑春日雨泽独少铁线桥以北大雨滂沱桥南无一滴梁观察文科恶其限于南也改名通济桥

卷一·气候

台湾环海孤峙极东南之奥气候与漳泉相似热多于寒故花则经岁常开叶则历年不落春燠独先夏热倍酷秋多烈日冬鲜凄风四五月之交梅雨连旬多雷电山溪水涨自秋及春则有风而无雨多露少雾田禾播种以后亦喜露而畏雨至月早升地常震风发不时此一郡之大概也诸罗自半线以南气候同于府治半线以北山愈深土愈燥水恶土瘠烟瘴愈厉易生疾病居民鲜至鸡笼社孤悬海口地高风烈冬春之际时有霜雪此又一郡之中而南北异宜者矣【诸罗杂识】

广东志云岭南阴少阳多故四时之气辟多于阖一岁间温暑过半元府常开毛腠不掩每因汗溢即致外邪盖汗为病之媒风为汗之本二者一中寒疟相乘其疾往往为风淫又云盛夏士庶出入率以青布裹头盖南风为厉一侵阳明则病不可起此地正相同

卷一·水程【郡县里数】

淡水登舟半日即望见官塘山【一作关童】自官塘趋定海行大海中五六十里至五虎门两山对峙势甚雄险为闽省门户门外风力鼓荡舟甚颠越既入门静渌渊渟与门外迥别更进为城头【土音亭头】十里至闽安镇数十里至南台大桥【稗海纪游】

厦门至彭湖水程七更彭湖至鹿耳门水程五更志约六十里为一更亦无所据按樵书二编云更也者一日一夜定为十更以焚香几枝为度船在大洋风潮有顺逆行使有迟速水程难辨以木片于船首投海中人从船首速行至尾木片与人行齐至则更数方准若人行至船尾而木片未至则为不上更或木片反先人至船尾则为过更皆不合更也舟子各洋皆有秘本云系明王三保所遗余借录名曰洋更台湾至彭湖五更彭湖至厦门七更厦门至上海四十七更宁波近上海十更俱由厦门经料罗在金门之南澳可泊数百船沿海行至惠安之崇武澳泊船可数十经湄洲至平海澳可泊船数百至南日澳仅容数艘南日至古屿门从内港行古屿至珠澳复沿海行二地皆小港南日古屿东出没隐见若近若远则海坛环峙诸山也白犬官塘亦可泊船至定海有大澳泊船百余至三沙烽火门北关澳亦如之此为闽浙交界至金香凤皇三弁石童双门牛头门尽沿海行至石浦所乱礁洋崎头门舟山登厝澳尽依内港其登厝澳之东大山迭出即舟山地赴上海宁波至此分䑸从西由定海关进港数里即宁波从北由羊山放大洋至吴淞进港数里即上海九月后北风盛尤利涉自登厝澳从西北放小洋四更至乍浦海边俱石岸北风可泊于羊山屿向北过崇明外五条沙转西三十四更入胶州口过崇明外五条沙对北三十二更至成山头向东北放洋十一更至旅顺口由山边至童子沟岛向东沿山七更至盖州向北放洋七更至锦州府

郡志三县南北延袤二千八百六十里康熙五十三年使者奉命绘画地图勘丈里数台湾县南至二赞行溪凤山县界二十一里北至蔦松溪诸罗县界一十五里凤山县南至沙马矶二百一十里北至二赞行溪台湾县界六十五里诸罗县南至蔦松溪台湾县界一百一里北至大鸡笼六百五里南北延袤一千一十七里而道里远近乃定陈湄川中丞北路路程自郡城至八里坌四百七十七里淡水港以下溪涌潮吞过岭踰海一自北港水路由内北投至鸡笼二百二十一里一自北港上岸由外北投至鸡笼二百四十二里约略相同可证郡志之误

卷一·海船

独坐舷际水波不动星光满天与波底明星相映上下二天合成圆器身处其中遂觉宇宙皆空海上夜黑不见一物则击水以视水光飞溅如明珠十斛晶光荧荧良久始灭亦奇观矣【稗海纪游】

余所坐海船桅木之值数百金舵师云得之外域者任重当风不稍屈曲长可八丈通身无节名打马木明监察御史路振飞按闽摘略云崇祯六年遣户科给事中杜三策行人司司正杨仑册封琉球先期采木造舟大桅屡求未获嗣于宁化县方得应用独铁力木柁产自广南差官采买回大鹏所被贼焚劫复支银五百五十两前往海澄县采买二门运到副用云云今盐木柁尚值数十金亦广南所产

每船载杉板船一只以便登岸出入悉于舟侧名水仙门碇凡三正碇副碇三碇【正碇一名将军碇不轻下】入水数十丈棕藤草三緪约值五十金寄碇先用铅锤试水深浅绳六七十丈绳尽犹不至底则不敢寄铅锤之末涂以牛油沾起沙泥舵师辄能辨至某处有占风望向者缘篷桅绳而上登眺盘旋了无怖畏名曰亚班南北通商每船出海一名即船主舵工一名亚班一名大缭一名头碇一名司杉板船一名总铺一名水手二十余名或十余名通贩外国船主一名财副一名司货物钱财总捍一名分理事件火长一正一副掌船中更漏及驶船针路亚班舵工各一正一副大缭二缭各一管船中缭索一碇二碇各一司碇一迁二迁三迁各一司桅索杉板船一正一副司杉板及头缭押工一名修理船中器物择库一名清理船舱香公一名朝夕焚香楮祀神总舖一名司火食水手数十余名

海船按十二支命名船头边板曰鼠桥后两边栏曰牛栏舵绳曰虎尾系碇绳木曰兔耳船底大木曰龙骨两边

另钉湾杉木曰水蛇篷系绳板曰马脸船头横覆板插两角曰羊角镶龙骨木曰猴楦抱桅篷绳曰鸡冠抱碇绳木曰狗牙拄桅脚杉木段曰桅猪舟随波浪上下动辄数丈左右瞻顾不觉眩晕寄碇时或遇风涛揉荡鲜有不眩晕者

入大洋中天光水色弥望无垠近船犹可望见帆樯远者仅于水面依微点缀东坡云登州蓬莱阁上望海如镜面与天相际忽有如黑豆数点郡人曰海舶至矣不一炊久已至阁下信然

卷一·赋饷【籴运】

康熙二十三年部臣苏拜总督姚启圣巡抚金鋐提督万正色会议疏内有兴贩东洋白糖一项岁定二万担不足之数听在本省采买施琅另疏云本省去台湾已隔重洋以台湾所产白糖配台湾兴贩船数固为安便若就本省凑买涉重洋而至台湾方兴贩东洋则今四方荡平六合为一何地不可兴贩必藉台湾之名买白糖赴彼兴贩此皆部臣苏拜等虑钱粮不敷婉为筹度臣今不言后有祸患咎安所逭三县每岁所出蔗糖约六十余万篓每篓一百七八十觔乌糖百觔价银八九钱白糖百觔价银一两三四钱全台仰望资生四方奔趋图息莫此为甚糖觔未出客人先行定买糖一入手即便装载每篓到苏船价二钱有零自定联䑸之法非动经数旬不能齐一及至厦门归关盘查一船所经两次获送八次挂验俱不无费是以船难即行脚价贵而糖价贱矣【余奏准半线分设彰化县尚在经理故仍三县之称】

杂饷罟罾缯縺縌蚝志言之详矣又有乌鱼旗罟者结网长百余丈广丈余驾船载出常数十人曰牵罟罾者树大竹棚于水涯高二丈许曰水棚置罾以渔縺小于罟罾又小于縺网长可数十丈广五六尺曰牵縺曰牵罾蚝蛎房也即以为取之之名用竹二长丈余各贯铁于末如剪刀于海水浅处钩致蛎房縌垂饵以钓鱼也大绳长数十丈系一头于岸浮舟出海每尺许拴数钩大小不一绳尽则返棹而收曰放縌乌鱼于冬至前后盛出由诸邑鹿仔港先出次及安平镇大港后至琅峤海脚于石罅处放子仍回北路或云自黄河来冬至前所捕之鱼名曰正头乌则肥冬至后所捕之鱼名曰倒头乌则瘦渔人有自厦门彭湖伺其来时赴台采捕凤山杂饷给乌鱼旗四十九枝旗用白布一幅刊刷乌鱼旗字样填写渔户姓名县印钤盖插于船头带网采捕

彭湖杂饷泊网大小沪泊者削竹片为之绳缚如帘高七八尺长数十丈就海坪处所竖木杙趁潮水未满缚泊于木杙上留一泊门约宽四五尺潮涨时鱼随水入以网截塞泊门潮退鱼不得出采取之沪者于海坪潮涨所及处周围筑土岸高一二尺留缺为门两旁竖木柱挂小网柱上截塞岸门潮涨淹没沪岸鱼蛤随涨入沪潮退水由沪门出鱼蛤为网所阻宽者为大沪狭者为小沪

彭湖居民以海为田以鱼为粮稻谷升斗必仰给台郡以地尽沙碛海风甚厉艰于播种惟植高粱麻豆亦不足用一遇凶歉便致绝粒陈观察大辇详请台诸二县各运粟五千石赴彭巡检营弁公同监收遇凶歉或风飓舟楫不通以便粜赈兵粮亦可如期支放

北路米由笨港贩运南路米由打狗港贩运壬寅六站台邑存仓稻谷无几每日减粜数百石不敷民食暂借凤山仓谷支放自东港运至台邑进大港不由鹿耳门每石船价八分陆运每牛车止五六石溪涨难行脚价数倍水运雍正癸卯浙江饥运米一万石甲辰补运四万石每商船载米五百石运费每石二钱未去之船尚有贴费

卷二·武备

洪武五年汤信国经略海上以岛民叛服难信议徙近郭二十一年尽徙屿民废巡司而墟其地继而不逞者潜聚其中倭奴往来停泊取水亦必经此嘉隆以后海寇曾一本等屡啸聚为寇万历二十年倭犯朝鲜哨者云将侵鸡笼淡水于是议设兵戍险二十五年增设游兵四十五年倭犯龙门港增冲锋游兵其地环衍可二百余里地斥卤水鹹涩常燠多风稼穑差艰峙正中曰娘宫屿从西屿入二十里为茶盘又十里即娘宫屿矣波平浪息无溯犇激射之势其状如湖因曰彭湖宽可泊船面为案山右为西安各置小城列铳为守名曰铳城又左为风柜山高七八尺红毛凹其中上垒土若雉堞今毁其城仍分军戍守与案山西安相犄角东为莳上澳猪母落水最当东南之冲由陆趋娘宫三十余里旧有舟师戍守今更筑铳城以防横突又东向为锁管港林投仔龙门青螺诸澳龙门有原泉旧为居民

聚落万历三十五年倭突犯泊此屿西为西屿头有菓叶澳泉甚洌可饮稍北为竹篙湾又西为蚂仔员又西北为丁字门水吼门今皆有兵戍守屿北为北山墩有北太武稍卑为赤嵌循港而进为镇海港垒城于此又西北为吉贝屿又北太武与中墩称两太武俱最高便于瞭望娘宫稍后二里有稳澳山颇平坦自万历三十七年红毛一舟阑入彭湖久之乃去天启二年高文律乘戍兵单弱以十余船突掳彭岛遂因山为城环海为池破浪长驱肆毒漳泉总兵俞咨皋移红毛于北港乃复彭湖议于稳澳山开筑城基大石垒砌高丈有七厚丈有八东西南留三门北设铳台一座内盖衙宇营房凿井一口戍守于此以控制娘宫然议者谓彭湖为漳泉之门户而北港即彭湖之唇齿失北港则唇亡齿寒不特彭湖可虑即漳泉亦可忧也北港在彭湖东南亦谓之台湾天启以后尽为红毛所踞【方舆纪要】

彭湖远在海外内澳可容千艘周遭平山为障止一隘口进不得方舟令贼得先据所谓一夫守险千人不能过者也矧山水多礁风信不常吾之战舰难久泊矣而曰可以攻者否也往民居恃险为不轨乃徙而虚其地今不可以民实之明矣若分兵以守则兵分为弱远输为贫且绝岛孤悬混茫万顷脱输不足而援后时是委军以予敌也而曰可以守者否也亦尝测其水势沈舟则不尽其深输石则难扞其急而曰可以塞者亦非也惟峻接济之防而敷陈整旅以需其至则贼既失其所恃讵能为久顿谋哉【图书编】

南路自大岗山以下至下淡水琅峤社北路自木岗山以上至上淡水鸡笼城其间如凤山傀儡山诸罗山半线山皆扼野番之冲为陆汛所必防如下淡水硫磺溪大线头鹿仔港皆当入海之道为水汛所必守至鸡笼淡水乃台湾极北之岛突处海中毗连番社后垄一港与南日对峙即兴化港口也后垄而上一百二十里为竹堑社对海坛镇竹堑而上一百五十里为南嵌社对峙关潼即福州闽安港口自南嵌至上淡水七十里对北胶淡水至鸡笼三百里对沙埕烽火门皆浙江省界也大洋之外红夷出入之路而又远隔郡城港道四达往来一帆直上伪郑设重兵于彼虽曰远御红夷实恐我师从福兴分出以袭其后也鸡笼至闽安不过七八更水若闽安兴化等港听商人往来贸易非止利源通裕万一意外之警则厦门彭湖之师以应其前福泉兴化之船以应其后首尾呼应缓急可恃【东宁政事集】

台湾环海依山欲内安必先守山欲外宁必重守水守山之法劳而易守海之法逸而难盖陆地之防惟在严斥堠慎盘诘实心卫民勿以扰民不过得其人以任之而已水地之防必资于船多设船则有篷桅缆碇修葺之工费岁需不赀是在主计者之持策也盖台湾善后之计莫急于增兵增兵自不得不增饷若仅驻镇于郡驻协于安平南北两路兵单汛薄恐未雨之忧不在鹿耳而在海港山社之间矣【诸罗杂识】

台湾水陆制兵盈万费綦重矣乃彭湖安平之兵居其半水师汛重不容以核减台湾之兵居其半陆路汛广又不得不议增然有可节省之道至便之术亦持筹者所必讲也台湾原有官庄即可为屯田其佃即可为屯兵不过加以训练明其节制或仿古者耕七调三或立在要地屯守寓兵于农之中非特兵无跋涉岁免度支已也历观名臣奏议所用边守之众多取土著以土著宜于水土明于地势而又欲自保其身家则守御必周且闻名将用兵有取农人号为新力兵则以其性质椎鲁手足强健虽风雨奔驰可无倦乏耳今议旧设制兵仍用内地更代增设之兵就台另立屯田可以相资则兵力愈强而巡防弥周矣【理台末议】

陆师重马力水师重舟力战阵之时务争上风而运转不灵不能占居上风压持不重或反退居下风此虽人力全在良舟然匠人为舟固守绳尺及驾中流而快利迟钝之用乃见同时发棹而前后入港之日顿殊者何也盖木之本质不类【如盐木为柁遇波涛乃不摇动余则否】轻重亦异【木老则坚而重否则轻】必得良材轻重配合如人一身筋骨相配然后善于运动也故水师必讲于造舟者此其一也水师之湾泊犹陆师之安营凡水师不能于外洋觅战皆于近港交锋所以湾泊之处即是战争之场我舟先至利在居要以争上风然风信难凭透发之后往往转变先要泊稳倘一澳中有南风澳北风澳不同则宁泊南风澳以待此又老将之持重不可执一而论也故水师必明于湾泊者此其一也水师之入港犹陆师之克城凡港门为贼所守而险隘尤为贼所恃兵法有挟制其险而攻其虚之说以险处多虚故险可制而虚可攻耳故水师必详于入港者此其一也此水师之大概也而其要在机曰扼要曰伺隙曰察变曰虚中四者夫扼要则握其权矣伺隙则分其力矣察变则夺其守矣虚中则避其害矣此所以能于衽席之上以过吾师克期取敌捷如也要而言之师之用在舟舟之用在水水之用在风舟与师相习风与水相遭其用在于变而通之以尽利神而明之存乎人易曰刳木为舟剡木为楫舟楫之利以济不通盖取诸涣涣者风水之义圣人一言尽之矣【同上】

彭湖出洋巡哨由祖妈宫澳开驾向西至西屿头经内堑外堑复收泊西屿头内大菓叶登岸大菓叶二里左为缉马湾右为小菓叶南四里至内堑按季轮拨千把各一员澳口炮台一东山顶烽台三内堑西南三里至外堑澳口炮台一西山顶烽台三再北经缉马湾小菓叶八里至小池角西北四里至大池角十五里至小门炮台一烽台一四里至鸽界头横礁三里至竹篙湾仍回至大菓叶十里登舟由内港驾至北山瓦硐港寄泊登岸四里至通梁三里至后寮二里至大北山山顶瞭望北为吉贝屿姑婆屿土地公屿铁砧屿目屿白沙仔屿险礁东为湾贝屿蓝笨仔屿鸟屿鸡膳屿碇齿屿欲赴吉贝各屿须出吼门往北若逆流逆风未可驾驶瓦硐港四里至大赤嵌社南有塘汛按季轮拨千把各一员一里至小赤嵌三里至港仔东二里即崎头东南一里至镇海三里至港尾二里至城前仍至瓦硐港登舟从吼门出洋哨巡由西屿头外收入内垵寄泊回妈祖宫澳再妈祖宫澳开船出哨由西往南经鸡笼屿四角仔桶盘屿虎井直抵八罩金鸡澳入挽门汛【南北风可泊五六船】按季轮拨千把各一员汛后山顶炮台一由塘口往西南一里至网垵南为半砰屿头巾礁铁砧屿砛仔屿西南为大屿西北为花屿猫屿草屿西北半里至瓮菜堀北四里至花宅四里至水垵垵口北炮台一【南风时可泊船】复回挽门汛东隔半里为将军澳与挽门汛对峙【立冬后可泊四五船】东临海有石山名船帆屿山顶炮台一向北为金鸡屿【南北风俱可泊船】在将军澳后北有马鞍屿由挽门登舟出金鸡屿口往东南至东吉西吉锄头精屿至文良港驾回经过锁管港猪母落水虎井蒔里风柜尾鸡笼屿四角仔回妈祖宫澳陆巡由妈祖宫澳四里至暗澳有巡检司三里至东卫五里至大城北三里至隘门仔一里至林头仔垵南香炉屿鼓架礁四里至尖山仔一里至文良港东鼻头烽台一可望阳屿阴屿北五里至菓叶仔二里至奎壁港北三里即奎壁港山西三里白湾坑二里至湖东二里至湖西五里至红罗罩北三里至青螺仔红罗罩半里至西溪仔南三里至太武仔西三里至港底北一里至东石六里至沙港头南三里至鼎湾西北三里至中墩屿潮退可通西南二里至潭边南二里至港仔尾三里至蚱脚屿二里至东卫四里至西卫三里至后堀潭四里至妈祖宫澳再陆巡用大杉板往蒔里后山登岸蒔里澳口炮台一山顶烽台一五里至风柜尾澳口炮台一烽台一东二里至井仔垵东南四里猪母落水东北二里锁管港西北一里鸡母坞北五里至铁线尾八里至乌嵌五里至双头挂与大城北相对三里至菜园三里至暗澳回妈祖宫澳【副将薄有成出哨月报】

康熙辛丑兵部奏准彭湖系台湾咽喉紧要适中之地移台湾总兵驻彭湖台湾陆路改设副将金门总兵黄英奏言彭湖为台湾之门户今将台湾总兵移改彭湖台湾设立副将与水师彼此接应遥度形势尽善之谋无大于此臣阅地势轻重彭湖虽称三十六岛居于台厦之中究皆一抔之土错落弹丸除妈宫八罩略有人烟余悉冷落荒屿原设副将尽堪防守兹台湾南北延袤二千余里村庄番社闾井户口不下百余万丛山深林最易藏奸非总兵不足以资弹压况安平水师及南北路副参各员与台湾副将职位不相上下有事势必各怀已见非若总兵可行调度今若将总兵设在彭湖与台湾悬隔往来船只俱候风时台湾水陆各营倘有紧急事机不能朝发夕至是彭湖固台湾之门尸而台湾实彭湖之腹心形势重于彭湖关系沿海各省要害请将总兵仍设台湾庶得居重驭轻之道以造海宇无疆之福提督姚堂亦为陈请仍照旧制驻札

安平水师额设战船中营平字号十八号内赶缯十双篷艍六双篷舫二左营定字号十六号内赶缯八双篷艍八右营澄字号十八号内赶缯十双篷艍八彭湖水师额设战船左营绥字号十八号右营宁字号十八号与安平中右营同赶缯长四五丈至七八丈双篷艍长二丈至五丈设为分总巡哨之法每年二三四五月为一巡期六七八月为一巡期轮拨本营将备一员带领兵船四分巡所辖洋面副将统领兵船四总巡各营所辖洋面大赶缯配兵六十小赶缯五十大艍四十小艍三十四巡期满日官兵船只撤回安平水次十月至正月各船配兵一半于本辖水汛巡哨淡水营旧拨左营赶缯二近又拨道标波字号赶缯四又道标双篷艍四亦归镇标各船三年小修六年大修九年再大修十二年拆造小修自三十两至一百五六十两大修自四十两至二百三十余两拆造自五十两至三百六十两不等

凤山打狗港距鹿耳门水程三更北风盛发鹿耳门港道狭隘舟不得进而打狗可扬帆直入由此登岸者甚多水师把总配哨船二只领兵防汛下淡水离邑既远奸宄易滋陆路千总领兵防汛此二处为南路水陆扼要之地伪郑在台民人往来至半线而止自归版图后淡水等处亦从无人踪故北路营汛止大肚安设百总一名领兵防守沙辘牛骂二社则为境外自海盗郑尽心脱逃部文行知伙盗供称郑尽心约在江浙交界之尽山花鸟台州之鱼山福建台湾之淡水等处藏匿维时总兵崔相国分拨千总一员领兵分防淡水自后遂以为常而业户开垦往来渐众

镇标原额兵三千三百五十名道标兵三百六十名康熙六十一年提督姚堂奏准将道标裁归镇标安平协二千五百名彭湖协二千名南路营八百九十名北路营八百九十名淡水营五百名全郡共兵九千四百九十名【合拨闽省将军兵五百名共一万】六十年总督满保疏请于府治增一千名四面协获南路增一千名以五百驻岗山前获本营后获府东并保获罗汉门口以五百驻下淡水新园后获本营前查龙桥东之阿猴林等处北路增一千名以五百驻斗六门后获半线前获本营并查笨港海口防御生番以五百驻半线后获淡水前获斗六门稽查鹿仔港防获大江口再北路营去府两日又有大河不能实时接应于适中之地亦应增五百名前则协获府治后则稽查北路横港海口堵截内山共计增兵三千五百名九卿议覆匪类聚众为乱并非兵少之故添设官兵甚属无用遂寝其议

癸巳九月福督范时崇题准在台逃亡汰革兵丁不得在台募补应于各原营挑选年力精壮有家业者计有十名以上即拨百队一名押往补额兵米镇标三营台邑支给安平水师凤山支给彭湖水师诸罗支给

半线淡水兵米向皆折给半线每石连脚价至九钱淡水每石连脚价至一两五钱尽派里民邑令周钟瑄于半线建仓三间贮谷三千七百有奇淡水建仓二间贮谷千余随便拨补就地夅给

偷渡来台厦门是其总路又有自小港偷渡上船者如曾厝垵白石头大担南山边镇海岐尾或由刘武店至金门料罗金龟尾安海东石每乘小渔船私上大船曾厝垵白石头大担南山边刘武店系水师提标营汛镇海岐尾系海澄营汛料罗东石金龟尾系金门镇标营汛安海系泉州城守营汛各汛亦有文员会同稽查余有清台地莫若先严海口一疏

近海港口哨船可出入者只鹿耳门南路打狗港【打狗山南岐后水中有鸡心礁】北路蚊港笨港淡水港小鸡笼八尺门其余如凤山大港西溪蚝港蛲港东港【通淡水】茄藤港放縤港【冬月沙淤至夏秋溪涨船始可行】大昆麓社寮港后湾仔【俱琅峤地】诸罗马沙沟欧汪港布袋澳茅港尾铁线桥盐水港井水港八掌溪猴树港虎尾溪港海丰港二林港三林港【二港亦多沙线水退去口五六里】鹿仔港【潮长大船可至内线不能抵港外线水退去口十余里不知港道不敢出入】

冰里港牛骂大甲猫干吞霄房里后垄中港竹堑南嵌八里坌蛤仔烂可通杉板船台湾州仔尾西港仔湾里凤山喜树港万丹港诸罗海翁堀崩山港只容舢仔小船再凤山岐后枋寮加六堂谢必益龟壁港大绣房鱼房港诸罗仔㚎象领今尽淤塞惟小鱼船往来耳山后大洋北有山名钓鱼台可泊大船十余崇爻之薛坡兰可进杉板沿海暗沙险礁哨船龙骨艰于驾驶即有可以开驾者必俟潮水平时方可进港否则沙坚水浅终于望洋港外更值风暴又无收泊之所或云当改制杉板舢仔数只质轻底平随波上下易于巡防随处可以收泊高知府铎云朱逆之变士民避乱及平台后商旅贸易乘透膨仔等平底船在洪涛巨浪中往来如织康熙壬寅五月水师营雇坐　仔出哨遭风失桅飘至浙江黄岩人船卒致保全是在内港既属相宜即外洋亦可无患

鹿耳门炮台今圯炮十五位中左右三营各五位以木架之中有一枢随向转动名曰转轮炮雍正甲辰总兵林亮新修炮架上横梁前后各长四尺中实三尺下横梁前后各长五尺中实三尺上下直梁各长四尺梁柱各五寸四方直柱各高四尺接笋处俱裹以鐡下坐板厚三寸横八尺阔七尺柱脚木九根围一尺八寸长五尺入地四尺五寸盖以木为之如屋顶式可以避风雨剥蚀两边用环勾牵然炮时掀下极易

修造哨船工料大吉木【八丈以上】中吉木【六丈以上俱杉木名】浮溪木【松柏木】高洋木【即土杉木福州出】舵碇龙骨【大桅每丈配桅一丈二尺赶缯长八丈二尺围六尺五寸篷船长五六丈围四尺五寸】头桅【赶缯长六丈围四尺篷船长四丈五尺围三尺五寸】大橹小橹大小风篷大小桅饼【大木圈或十余或数个用套大桅便于起篷】大小无底升【亦木圈风篷挂于桅上用木圈以动之赶缯一千三百个双篷船七八百个】樟梁头梁座大桅座头桅座【头尾】托浪板斗盖水柜头禁水【镶船头木】尾禁水【镶船尾木】上金【尾楼边高起木】下金【在船尾水内用以拴舵】招【船顶上招子便于头起也】撑面【舱盖】扛罩【舱口直木此木自官厅口起至大桅兜止所罩舱之撑盖俱扛于此故名隔舱板木乃横木也在大桅处名含檀又曰梁头在各舱则名堵经】披枋【杉木板隔船两边水】笨枋【船顶板在战棚枋之下】占柜【铺官厅顶盖】覆竹【船两旁所钉樟木】车战棚【杉木板重铺笨枋上】车耳【扯篷起碇索缚于此】櫼仔【水蛇下湾木】大繚极【系大绳索木】湾极直极头尾八字极【俱樟木用以镶船】屈尺极【妈祖堂前两湾樟木大赶缯用双篷船无】番人耳【船头木】头含檀【树头桅木】大含

檀【树大桅木凡船身长阔满汉字号俱于此印烙】大转水【附大含檀木】含檀鞋【削成方木镶含檀内】木里鞋【镶桅座内方木】转水鞋【船梢上两边方木】车档【扯篷起碇绞棍木】大鹿耳【夹大桅木】头鹿耳【夹头桅木】夹车档【靠车木棍】金楦【下金内木棍】软箸【船尾中间镶木用以夹舵】橹椽【放橹架一作橹床】上下秤【拴风篷木头尾在上者名上秤在下者名下秤】尾穿梁【船尾柱】通梁【舱口上木】下株梁【船底木】舵牙【夹舵木】水蛇猴楦桅猪【见前】铁钉【赶缯一千八百觔篷艍七百觔】茅铁【四五百觔】槐藤【十觔】张篷水藤【百余觔】黄麻【为绳索之用其名有大律索小律索篷踏索小踏索大缭母小缭母大千觔坠小千觔坠篷尾吊小篷尾吊鸡贯流浪索之属】棕【亦为绳索之用其名有篷头根篷尾根舵吊虎尾碇奴碇索揺尾腰边奏出尾奏之属二项赶缯一千数百觔篷艍八九百觔】篾碇索【二条每条篾三担草四担】桐油【赶缯一千五百觔篷艍五六百觔每油百觔配灰三百觔钉一百觔网沙一百觔】网沙【破鱼网炼入油灰内用以补缝】灰草饼【舂灰用】炭【千二百觔至千八百觔】勒肚【拴舵绳自船底贯于碇前缚紧舵乃有力水浅放松便可悬起】杉板船尾楼灯金鼓各一其余颜料旗布匠役工价大修小修为数不等水仔尾设有精架地系修船之所郡守召募精匠结绳应工不偿工费精架不限数目各商船户自备棕藤及绳匠只用所坚精架每一绳付赁值百钱台彭各标营船初俱分派通省内地厅员修造康熙三十四年改归通省内地州县其尚可修整而不堪驾驶者内地之员办运工料赴台兴修迨按粮议派台属三县亦分修数船此非偏庇台属以内地各厂员多力分工料俱便不烦运载可以克期报竣后定左近道府监修统计闽省船只匀派通省道府乃将台彭九十八船内派台湾道府各十八只余俱派入内地既而仍归内地修造惟未至朽烂而不堪驾驶者留台修补至康熙四十四五年间仍俱改归台属而派府船数倍于道然令其与福府分修议于部价津贴运费外每船捐贴百五十金续交延粮厅代修其半道镇协营厅县共襄厥事迨后专责知府并将道船亦归于府矣台郡修船桅木大吉杉木等料并钉鐡油麻棕丝网沙篾片蓬叶俱非台地所产远购福州料价运费不赀再大木附搭商船装载往年被风覆溺多案船户深畏之至樟枋厚力木在凤诸内山鸟道羊肠涧溪阻隔雇匠砍锯雇夫肩运动辄经月泥淖尤难计日且从前山厂近遭焚毁今另为搭盖尤为烦费需时况附近水沙连等社接壤生番最易启衅此办料之难也又台厂修舱各匠原止二三十人向已不敷拨雇今经变乱或逃回内地或为贼杀害见在无几一举大工内地雇募非易雇价较内地数倍此又募工之难也每遇修船将备兵目恣意苛求或将完固勒令修改或稍有损裂故行残毁或将板木藏匿致累多费工料兴工时又于配定丈尺将大斲小将长截短又于修整合式之工搜剔拆换逼使加添又或押船赴修之兵乘夜伺隙偷窃料物则是既苦办料雇夫之难又苦弁兵之扰累所以台地船工领价贴运必赔贴两倍而后得竣也台守高铎申详制府请查照往例将船身朽烂者内厂补造尚堪驾驶而应修者驾赴内港兴修其尚可修整而不堪驾驶者留在台湾交营兴修文员仍遵例监视将府庄递年所收官租为津贴修船之资不惟节费且易于集事重工务而保残疆实于台地有益前此覆辙患在兵虚将惰而虚兵之原皆由台地招兵换名顶替盖兵从内地抽拨逃亡事故不为申报每至放饷即留饷以饱私橐即有召募强半市井亡赖空名挂籍含混欺蒙则主帅大府之过也当责总兵不时清厘使随丁悉照定制空粮悉行拨补无籍之人一名不得妄招到伍之兵一名不得顶替则虚冒之弊可除兵既充伍而训练尤所当亟讲者拨换入班即宜配明队伍将统弁弁统队队统卒清查器械不足者补之不精良者淬砺之按期操演各营将操期并演何技勇逐月彙报务使兵与将习手与器习而后可而分汛又当斟酌变通台地辽阔大汛驻兵一二百名或数十名究之官多离汛兵多聚赌有汛防之名无守望之实多兵亦奚益乎防汛分作几处匀作几班统以该汛弁目于本汛乡庄市镇山口港隘分地划界巡哨侦探有事则飞报本营酌量调遣追捕无事则远者一月一换近者半月一换歇班之兵归营操练更番戍守人无偏劳声息可以时通庶卖汛旧弊自此绝矣巡哨海口责之水师远近岛屿必明港澳险易丛杂交错之区上下风涛必察湾泊向背取水风候之所善其舟楫械器习其行阵击刺定其游巡往来毋潜伏内港空文申报驾驶既熟乘风自易则整练平时可资备御出师剿捕可成劲旅宁有兵虚将惰之患哉

卷二·习俗

台地民非土著逋逃之渊薮五方所杂处泉之人行乎泉漳之人行乎漳江浙两粤之人行乎江浙两粤未尽同风而异俗且洋贩之利归于台湾故尚奢侈竞绮丽重珍旨彼此相效即佣夫贩竖不安其常由来久矣赌博恶业也父不禁其子兄不戒其弟挟赀登场呌号争哄始则出于典鬻继则流于偷窃实长奸之囮也又莫甚于要盟豪健家

儿聚少年无赖之徒指皎日以盟心抚白水而矢誓称兄呼弟出妻拜母自谓古道相期不知往来既频则淫酗之累作声援既广则嚣竞之患生若其丧不停柩婢不愆配犹为近古之风而视疏若亲穷乏疾苦相为周恤亦荒岛之善俗也【诸罗杂识】

亲友自内地来具酒食相招名曰洗醎水谓泛重洋而至亦犹北地洗尘之意

七月十五日亦为盂兰会……更有放水灯者头家为纸灯千百晚于海边亲然之头家几人则各手放第一盏或捐中番钱一或减半置于灯内众灯齐然沿海渔船争相攫取得者谓一年大顺沿街或三五十家为一局张灯结采陈设图画玩器锣鼓喧杂观者如堵二日事毕命优人演剧以为乐谓之压醮尾月尽方罢

交易最尚番钱红毛所铸银币也长斜无式上印番字银色低潮以内地兼金与之反多滞难用小制钱外多用昔年所铸台广昌南红铜钱并明时旧钱鹅眼荇叶散若流泉见行鼓铸轮郭周好交易则弃而不用亦足异矣

卷二·祠庙

水仙宫并祀禹王伍员屈原项羽兼列奡谓其能荡舟也【一作鲁般】庙中亭脊雕镂人物花草备极精巧皆潮州工匠为之

卷二·商贩

东西洋通贩诸国西洋则交趾占城暹罗下港加留吧东埔寨大泥旧港马六甲哑齐彭亨柔佛丁机宜思吉港文郎马神东洋则吕宋苏禄狸里务沙瑶呐哔啴美洛居文莱鸡笼淡水【谈荟】

明给事中何楷疏台湾在彭湖岛外水路距漳泉约两日夜其地广衍高腴可比一大县中国版图所不载初穷民至其处不过规渔猎之利已耳其后见内地兵威不及往往聚而为盗近则红夷筑城其中与奸民私相互市屹然成大聚落矣【春明梦余录】

给事中傅元初疏海滨之民惟利是视走死地如骛往往至岛外区脱之地曰台湾者与红毛番为市红毛业据之以为窟穴自台湾两日夜可至漳泉内港而吕宋佛郎机见我禁海亦时时私至鸡笼淡水之地与奸民阑出者市货其地一日可至台湾官府即知之而不能禁禁之而不能绝徒使沿海将领奸民坐享洋利有禁洋之名未能尽禁洋之实此臣乡之大可忧者盖海外有大西洋有东洋大西洋则暹罗东埔诸国其国产苏木胡椒犀角象牙诸货东洋则吕宋其夷佛郎机也其国有银山夷人铸作银钱独盛中国人若往贩大西洋则以其产物相抵若贩吕宋则单得其银钱诸夷皆好中国绫缎杂缯其土不蚕惟藉中国之丝到彼能织精好段疋服之以为华好是以湖绵百觔值银百两者至彼得价二倍而江西磁器福建糖品皆所嗜好百工技艺有挟一技以往者虽徒手无不得食民争趣之永乐间先后招徕至红毛番其夷名加留巴与佛郎机争利不相得一心通市据在台湾自明禁绝之而利乃尽归于奸民矣【同上】

近以开洋互市奉旨红夷挟市地方官果能饬备毖防禁绝勾引接济狡谋自无繇逞乃海防名饬实弛奸商阳禁阴纵以致酿衅滋隙至开洋应否未见确议但云宜吕宋不宜台湾均属夷地商贩给引出海何法综稽能使画地遵守著详查开禁利害博谘熟审酌妥具奏据泉州乡官史继偕张瑞图等称开洋有四便漳州乡官林宰等称海寇起灭不系洋禁开闭臣会同邹维琏勘得开洋之说心心有主喙喙争鸣大约主开而不主禁总之言利不能无害衣食源开则利在民洋税复而闽安诸税可免则利在商得税三四万以壮军实则利在準备而亦有害即抚臣所谓四可虑者是已此就利害言也若体民情则开不容缓臣入闽关见高山大川回旋掩映自建徂兴间关千里中求三里康庄而不可得岩下居民各就山根溪畔开垦力食率崎岖硗埆即方正五亩一段者亦未之见过泉眼界稍宽然已望洋海若矣其人则林林总总肩摩踵接望开洋不啻大旱望雨而臣反言开之不便达情之谓何故今日开洋全为民计非为夷计谓开洋而贫民不再从贼则可谓开洋而奸民尽化为良则不可谓开洋而奸民便于勾夷则可谓不

开而全无海氛亦不可【按闽摘略】

明庄烈时工部尚书渭南南居益巡抚福建时红毛以明月珠珊瑚树异香火马诸珍贿请互市公绝其使焚其贡物口占一绝云明月珊瑚贵莫言番书字字诳军门牙前立下焚珠令不敢持将献至尊授部将以方略讨之系其酋高文律闽人立石平远台以纪公绩今严禁互市实苞桑之至计为国家计久远者当看前明红毛入犯中左肆行焚劫又复勾引刘香老首尾冲突海壖骚动虽竭力驱剿实苦不支慎勿狃目前之近利而轻言互市也

海船多漳泉商贾贸易于漳州则载丝线漳纱剪绒纸料烟布草席砖瓦小杉料鼎铛雨伞柑柚青果橘饼柿饼泉州则载磁器纸张兴化则载杉板砖瓦福州则载大小杉料干笋香菰建宁则载茶回时载米麦菽豆黑白糖饧番薯鹿肉售于厦门诸海口或载糖靛鱼翅至上海小艇拨运姑苏行市船回则载布疋纱緞枲棉凉暖帽子牛油金腿包酒惠泉酒至浙江则载绫罗棉紬绉纱湖帕绒线宁波则载棉花草席至山东贩卖粗细椀碟杉枋糖纸胡椒苏木回日则载白蜡紫草药材茧紬麦豆盐肉红枣核桃柿饼关东贩卖乌茶黄茶紬緞布疋椀纸糖曲胡椒苏木回日则载药材瓜子松子榛子海参银鱼蛏干海壖弹丸商旅辐辏器物流通实有资于内地

卷二·进贡

康熙二十五年台湾平设郡县其王耀汉连氏甘勃氏遣陪臣宾先吧芝复奉表进贡表词有云外邦之丸泥尺土乃是中国飞埃异域之勺水蹄涔原属天家滴露云云贡物大珊瑚珠一串照身大镜二面奇秀琥珀二十四块哆啰绒二十五疋织金绒毯四领乌羽缎四疋绿倭缎一疋哔叽缎二十疋织金花缎五疋杂色细软布文采细织布白毛里布二百九十四疋大自鸣钟一座琉璃灯一圆聚耀烛台一悬琉璃盏异式五百八十一块丁香三十担冰片三十二觔甜肉豆蔻四瓮镶金小箱一只内丁香油蔷薇油檀香油桂花油各一礶葡萄酒二桶大象牙五只镶金鸟铳三十把马铳六十把彩带三十佩镶金佩刀三十把镶金双利剑二十把单利剑六把照星月水镜一执江河照水镜二执雕制夹板二双【池北偶谈】

荷兰国最称富饶乃遇风至台假地于倭虎视盘踞大有深心迨何斌引郑成功袭台力战不克而归见我师扫荡郑逆不觉詟服

卷三·物产

三县皆称沃壤水土各殊台县俱种晚稻诸罗地广及凤山淡水等社近水陂田可种早稻然必晚稻丰稔始称大有之年千仓万箱不但本郡足食并可资赡内地居民止知逐利肩贩舟载不尽不休所以户鲜盖藏

福州东岛视彭湖为近内惟产鹿千百为群岛人捕得取其肠胃连粪食之以为至美其全体则鬻之福州人今所鬻鹿脯鹿筋皆东岛物也【玉堂荟记】

鱼二种志所未录一曰新妇啼状本鲜肥熟则拳缩意取新妇踧踖也一曰飞藉鱼疑是沙燕所化两翼尚存渔人伺夜深时悬灯以待乃结阵飞入舟中甚至舟力不胜灭灯以避鲨鱼胎生市得一鱼可四五觔用佐午炊庖人剖腹一小鱼从中跃出更得五六头投水中皆游去【赤嵌集】

旗鱼色黑大者六七百觔小者百余觔背翅如旗鼻头一刺长二三尺极坚利水面驱鱼如飞船为所刺即不能脱身一转动船立沉鳄鱼俗呼海竖头似猪大则千余觔小亦五六百觔常于水面跃起高丈余喷水如雪渔人见之即避又海和尚色赤头身似人形四翅无鳞海狗头似狗尾尖四翅海马状似马颈有鬃亦四翅渔人网获均为不祥

海舟夜眠潜伏舱内尚喜无蚊台地四时皆受其害

卷四·杂著

郡县志艺文榆林高拱乾台湾赋率藉中土景物渲染似不足以形容无锡季麒光所著客问独不作泛设语颇

极台地山川物产之胜诸志略而不载节录数则于左一曰僭号承天东宁锡字乾坤东港华严南岛近接彭湖遥分哈喇荷兰起之琉球倚之北凭瓯闽西距交广属扬州之分隶女虚之躔外环大海云涨烟平内阻重山沙迷雾列中有平原可耕可牧滃水长连昆流交峙吕宋之估飘时集日本之夷舶常通南澳铜山风樯可接海坛东埔飞苇直达蛟龙蜃虺兕豕鲸鲵隐隐沄沄沆沆莽莽遏云怒风轰雷遁雨固海山之僻壤亦宇宙之奥区二曰木岗大岗以分南北前岭后岭以界东西鹿耳当海外之咽喉半线为内山之锁钥凤山则葱郁弘开猴闷则离奇盘结赤山乌山上港中港钩婴樛突攫搏呷呀至若斗六门攀缘鸟道傀儡山曲折羊肠观音志如来之胜迹鬼仔实魑魅之渊薮革目琅峤迤南巨嶂鸡笼竹堑极北重关奇岭之雪峰万仞南日之烟嶂千寻大武垄大杰巅小琉球小双寮皆迭岫参差连岗撼戛阿猴林障蔽顽番哆啰嘓交蟠远社龟佛龟仑双标天半猫罗猫雾接峙云中圭心石门崩山后垄重洋底柱攫浪搏潮觑关蹀户当者失据三曰东宁之地惟水是卫淡水江北注之津梁浊水溪南来之门户鹿耳门冲突海口大线头高据沙洋鸡笼城下飘指闽安琉球社外舟通吕宋至如北线尾中楼仔夜静潮平海翁窟欧汪溪春明浪秀蚊港笨港新港后港竹沪三林或依山回冱冒没腾流或聚石奔冲昂澎涌溢千里雷驰万潮烟汹七鲲身毗连环获三茅港汇聚澄泓路分东渡西渡洋别大乡小乡鲫鱼潭……六曰坟垆斥卤五谷是滋以稼则蕃以种则硕水耕火耨不营而足上地可七下地可二宜秔宜稻宜菽宜稷禾秫赤秫早占晚占秬黍芦黍红籼白籼豆分黄绿麦别大小莫不累累淋淋颗颗的的瓯窭满篝污邪满车黄云红玉相积陈陈于是牛马运之舟航载之以征以贡和钧兵卒家有稼穑之利人有作甘之用

武林郁永河台湾竹枝词铁板沙连到七鲲鲲身激浪海天昏任教巨舶难轻犯天险生成鹿耳门

雪浪排空小艇横红毛城势独峥嵘渡头更上牛车坐【沙坚水浅小艇不能达岸必藉牛车挽之】日暮还过赤嵌城……肩披鬓发耳垂珰粉面朱唇似女郎【梨园子弟垂髫穴耳傅粉施朱俨然女子】妈祖宫前锣鼓闹【海船演剧酬愿】侏离唱出下南腔【闽以漳泉为下南】台湾西向俯汪洋东望层峦千里长一片平沙皆沃土谁为长虑教耕桑

各志多取沈文开杂记未得全书亦不知其人蓉洲文稿文开传名光文四明故相文恭公世孙字文开别字斯庵以恩贡历仕绍兴福州肇庆由工部郎中加太仆寺少卿明鼎革后遁迹不仕辛卯从肇庆至潮州由海道抵金门当事书币邀之不就七月挈眷买舟赴泉过围头洋遇飓风飘泊至台

卷四·纪异

海上事略康熙癸亥四月彭岛忽见鳄鱼长丈许有四足身上鳞甲火炎从海登陆百姓见而异之以冥钞金鼓送之下水越三日仍乘夜登山死于民间厨下按郑成功起兵荼毒滨海民间患之有问善知识云此何孽肆毒若是答曰乃东海长鲸也问何时而灭曰归东即逝凡成功所犯之处如南京温台并及台湾舟至海水为之暴涨顺治辛丑攻台湾红毛先望见一人冠带骑鲸从鹿耳门而入随后成功诸舟由是港进癸卯成功未疾时辖下梦见前导称成功至视之乃鲸首冠带乘马由鲲身东入于外海未几成功病卒正符归东即逝之语则其子若孙皆鲸种也今鳄鱼登岸而死识者知其兆不佳至六月彭师战败归诚亦应登山结果之兆焉康熙辛丑五月二十八日大雨如注六月六日始晴山摧川溢溪涧阏塞田园沙压濑口有大牛冒雨犇腾下岸入水过三鲲身登陆由镇城从柴桥头入海向大港而出小艇追之不及而还此不知为鳄为鲸为水牛或兆鸭母之乱旋即殲灭乎

卷四·郑氏附略

红夷犯顺郑芝龙攻击大担侦知夷䑸分泊彭湖设计勒捕焚夹板一只擒酋七名后直抵料罗麾令参将陈鹏等首冲夷阵生擒酋长因用牵扯焚烧之法会同副总高应岳游击张永产彭湖游兵游击王尚忠等夹击焚大夹板五只贼小船五十余只生擒伪夷王呷哚哔吧哇一名前后计擒贼众百余名斩级二十颗焚溺以千计此从来未见之死战亦从来未见之奇捷又云芝龙浑身是胆屡建奇功海上之旌旗指顾不啻摧枯而拉朽【按闽摘略】

按此在崇祯六年志云天启元年东洋螺甲颜思齐与郑芝龙引倭据台施琅请留台湾疏崇祯元年芝龙就抚将台地税与红毛为互市之所此正在就抚之后

郑芝龙泉郡南安人明季与刘香老啸聚海上既而投诚授游击将军顺治乙酉分兵南下芝龙以兵降郑成功芝龙庶长子也【小字森舍】步阶前闻父降咨嗟太息掉小舟至厦门隔港之古浪屿招集数百人方苦无资适有贾舶自日本来二仆在焉赀近十万成功悉以其赀募兵制械从者日众竟踞金厦门内地港澳悉设舟师登陆为寨搤守水口又徧布腹心于内地事无巨细皆得早闻为备故以咫尺地与大兵拒守三十余年我朝严禁通洋片板不得入海而商贾垄断厚赂守口官兵潜通郑氏以达厦门然后通贩各国凡中国各货海外皆仰资郑氏于是通洋之利惟郑氏独操之财用益饶日本最富强闻郑氏兵精颇惮之又成功为日本妇所出有求必与故府藏日盈自传位子经适当耿逆叛乱与郑失好耿兵方图内向郑兵即蹑其后已据闽之兴漳泉汀粤之潮惠七郡养兵之用悉资台湾自此府藏虚耗败归之后不可为矣成功蓄志内侵造战舰三千余艘顺治十三年窥江南过浙之东瓯泊舟三日连樯八十里至江南羊山山神嗜羊海舶过者必置一生羊日久畜息不可数计郑氏战舰泊山下将士竞取羊为食大风骤至人船伤损什之七八十六年复大举入寇袭京口犯江宁成功重操练舳舻陈列进退以法将士在惊涛骇浪中无异平地跳踯上下趫捷如飞将帅谒见甲胄仅蔽身首下体多跣足不裤有以靴履见者必遭斥骂凡海岸多淤泥陷沙惟跣足得免沾滞往来便捷闽督陈景驻师漳郡力图进剿郑氏沿海拒守有门子李文忠素机警为景亲信实阴通郑氏一日夜入制府卧内刺其首并窃令箭出南门称有军机无敢诘者以首献成功成功恶其弑主薄与一官不满所望岁余以他事斩之龙碩者大铜炮也成功泊舟粤海中见水底有光上腾数日不灭使善泅者入海见两铜炮浮游往来命多人持巨絙出之一化龙去一缚出斑驳陆离光艳炫目较红衣炮不加大而受药独多先投小铁丸斗许乃入大弹所至糜烂成功行师必载与俱龙碩有前知利即数人曳之不知重否则百人挽之不动以卜战胜莫不验康熙十八年刘国轩将攻泉郡龙碩不肯行强舁之往及发又不然国轩怒杖之一发炸烈如粉伤者甚众【伪郑逸事】

郑成功攻取红毛改台湾为东都郑经自铜山入台改东都为东宁省

郑国城门名伪郑据红毛城因取以名内城之门顺治十六年郑成功大举入寇七月抵焦山进据瓜州趋镇江直薄金陵八月至观音门我师以步卒捣其中坚而以骑兵绕山后出其背前后夹击成功大败十七年五月世祖命将军达素总督李奉泰率兵大搜两岛【厦门金门】十八年议取台湾三月成功泊彭湖次鹿耳门红夷大惊成功引兵登陆克赤嵌城十二月围王城不下成功乃使人告之曰此地乃先人故物今我所欲得者地耳余悉以归尔荷兰乃降康熙元年成功卒二年天子锐意南征遣人约红夷合兵攻岛大兵入两岛之贼歼焉【三藩纪事】

康熙庚申十月伪郑毁鸡笼城鸡笼系海隶台湾北山居淡水上游其澳堪泊百余艘先时吕宋化人裔占据此城与土番贸易因出米稀少远馈不给弃去后红毛及郑国姓据台湾皆不守癸卯总督李奉泰召红毛合攻两岛约复台湾后许贡就闽省交商红毛于乙巳年重修鸡笼城图复台湾丙午郑经令勇卫黄安督水陆诸军进攻伪镇林凤战死红毛虑无外援随弃去至是有传我师欲从北飞渡恐踞此城乃遣右武卫北哨密令督兵将城拆毁辛酉令伪镇何佑等北汛鸡笼驱兵负土就旧址砌筑并于大山别立老营以为犄角兵士疲劳兼时值炎天居处磺地手足断烂不可胜计伪郑无定谋犹如儿戏鸡笼一城始也毁而弃之继也筑而守之模棱之见徒苦生灵耳【海上事略】

明时原住彭湖百姓五六千人原住台湾二三万人俱耕渔为生顺治十八年郑成功带内地水陆伪官兵弁男女计三万有奇康熙三年间郑经复带内地伪官兵弁男女约六七千人贼中无家者十五六【靖海纪】

天下一统胡为一郑经残孽盘踞绝岛而折五省边海地方画为界外以避其患自古帝王致治得一土则守一土安可以既得之封疆而复割弃况东南膏腴田园及所产鱼盐最为财赋之薮可资中国之润不可以西北长城塞外风土为比倘不讨平台湾匪特赋税缺减民困日蹙即防边若永为定制钱粮动费加倍又边防持久万一惧罪弁兵及冒死穷民以为逋逃之窟遗害叵测且郑成功有十子迟之数年长成假有一二机觉才能收拾党类结连外国联络土番羽翼复长终为后患督臣姚启圣调兵制器奖励士卒精敏整暇咄嗟立办捐造船只无所不备矢志灭贼非臣所能及惟是生长北方虽有经纬全才汪洋巨浪中恐非所长臣谓督臣宜驻厦门居中节制别有调遣臣得专统前进行间将士知有督臣后趱粮运策应则壮志胜于数万甲兵今若与臣偕行征粮何以催趱封疆何有仰赖安

内攘外非督臣断难弹压缓急所有督臣题定功罪赏格俾臣循例而行则大小将士咸皆凛遵【施襄壮疏略】

癸亥我师议取台湾郑克塽将伪镇营兵官眷口监羁红毛赤嵌二城坚其死战

伪延平王郑克塽伪侯刘国轩差伪礼官郑平英伪宾客司林惟荣等赍表请降表云臣祖成功筚路以辟东土臣父经赓韦而杂文身宁敢负固重险自拟夜郎抑亦保全遗黎孤栖海角而已乃者舳舻西下自揣履蹈之获愆念此气血东来无非霜露之所坠颜行何敢再逆革心以表后诚昔也威未见德无怪鸟骇于虞机今者悟已知迷敢后麟游于仁圃

癸亥七月郑克塽差伪兵官冯锡珪等赍降本稿到彭湖军前施琅差侍卫吴启爵笔帖式常在往台湾看验伪官兵薙发克塽复差锡珪等同启爵在赍降本并缴延平王印一颗册一副辅政公郑聪印一颗武平侯刘国轩印一颗忠诚伯冯锡范印一颗左武卫将军何佑印一颗尚有招讨大将军印一颗称有户口兵马册籍未造暂留候缴

琅攻取彭湖获红衣大铜炮十二位每位重四五千觔炮子大者二十余觔中者十七八觔次者十四五觔鉎铁大炮二位每位重七千余觔炮子三十余觔鸡笼城贮铁炮明崇祯三年铸兵部尚书何乔远监造郑成功得之镇江者

彭湖台湾向属夷岛明末迄国初郑寇窃据迨郑归命夷岛亦入版图为诗以纪之曰海中岛各一方耳无帝目无王古若兹况汉唐胜国末郑冦强踞其壤恣跳梁乘潮汐驾帆樯肆侵掠毒闽疆皇赫怒整斧斨命楼船下扶桑寇日蹙乃求降陬兼滋梯且航置郡县破天荒贡皮币赋蔗糖销兵气日月光【劳之辨集】

卷四・朱逆附略

康熙辛丑六月初三日上谕台湾众民据督臣满保等所奏台湾百姓似有变动满保于五月初十日领兵起程……台湾只一海岛四面货物俱不能到本地所产不敷所用祇赖闽省钱粮养生前海贼占据六十余年犹且剿服不遗余孽今匪类数人又何能为

变后居民避难络绎海上风恬浪静寸艇飞渡不畏重洋之险大师自六月十六日进鹿耳门十七日下安平镇二十二日复府治未及浃日奏捷先是童谣有云头戴明帽身穿清衣五月永和六月康熙先郑逆流毒沿海州郡迨破金厦两岛贼退守台彭越二年乃灭之朱一贵为乱未两月便授首二事迟速不同何也盖郑逆窃踞海上历有年所党与尚多且踞彭湖是台湾多一门户故其道主缓图而为万全之计朱一贵虽号称十余万贼率系乌合之众时水师副将许云度势已不支挥民船使归内地厂内战艘未成者悉焚之贼故不得取彭湖又与贼将杜君英相攻杀故其道主急攻而得制胜之术此其所以异也然而有同焉者台湾南北中三路皆有港门可入中路鹿耳门最称险要乃前者将军施琅誓师期诸将取鹿耳门后者总督满保诡称三路并发及期仍令齐攻鹿耳门何也盖鹿耳门一入便登安平镇港内战艘均在是已断其出海之路矣安平隔港即台湾府贼失鹿耳门必退守七鲲身我师由陆可以直攻其首由水可以衡攻其腹水陆合攻贼必不支府地又无城郭可守便当引去南北二路党与孤危不过传檄可以立定矣此其所以同也抑闻之康熙癸亥年克郑逆舟进港时海水乍涨康熙辛廿年克朱一贵舟进港时海水亦乍涨前后若合符节盖由圣人在上海若效顺王师所指神灵呵获理固然耳然在臣子效命必求万全老将行师自有授受所以闭门造车出门合辙者此中盖有机焉夫机有二义一曰机谋之机谋则至精至确故其机不可失而后一举有必胜之方略一曰机缄之机缄则至慎至密故其机不可露而后百发有百效之韬钤况台湾为海疆最要地用兵乃国家之机事持筹者使将士奉令以往成功而退可矣而不必使明其故者盖有深意在也岛屿之在外海者皆荒烟草树鱼龙窟宅盗安所凭在内海者则汛防星列棋布稍有见闻便行擒捕盗无由伏惟台湾一区沃壤千里人众百万五谷狼藉物货毕充近海诸郡皆资台湾所产而且地尽东南之表则生番隔绝港有砂石之阻则门户据险至于重洋远隔风信难定所以前代狡贼踞此为雄后夺之红毛又夺之郑成功闽粤之害惟此数为盗薮耳康熙六十年间朱一贵复倡为乱是虽太平至治之时而一二奸民尠夫犹不忘乱心如此也然则治之当如何无事之日责在贤良之司老成之帅熟识风土体察人情爱民肃兵培植元气安不忘危弭乱未萌万一有事法宜急平毋使平台异同滋蔓盖乘其羽翼未大张根本未甚固则易为力此其机不可失者也然要必其熟识于台彭之形势三十六岛之湾澳南北中路之港门风云妙合之天时番民庄社之情形与夫用兵机宜素讲其理而亲其事者然后可任

以大权而功立成至于输饷馈粮以及舟舰甲仗咄嗟立办选将行师一呼立应使内地不扰而军务毕集人事先定而天时可计此其责惟在于大府之平时留心斯临事调遣裕如耳

八月十三日夜台湾飓风大作倒坏衙署仓厫民房伤损船只人民田禾上召入九卿詹事科道面谕台湾飓风大作官兵商民伤损甚多朕心甚为不忍前朱一贵等谋反大兵进剿杀戮已多今又遭风灾书云大兵之后必有凶年地方兹言信然总因台湾地方官平日但知肥已克剥小民激变人心聚众叛逆及大兵进剿征战杀戮上干天和台飓陡发倒塌房屋淹没船只伤损人民此皆不肖有司贪残所致今宜速行赈恤以慰台民九卿议照保安沙城地震散赈之例倒房一间银一两压死大口一口银二两小口一口银七钱五分被风伤船压死兵丁应照出兵病故官兵每名赏银五两给伊等妻子

漳浦诸生蓝鼎元著有东征集平台纪略诸罗教谕蔡芳有平台始末同安黄耀炯有靖台实录言之详矣漳浦明经陈梦林鹿耳门即事八首并自注附录于左征飖摇曳海无波回首沧桑一掷梭前后三从此地入安危几度险中过顽民革面干戈戢诸将承恩节钺多独有书生仍故我白头杖策待如何东港由来各一天兴朝覆载独无偏地袤南北二千里人乐耕渔四十年习染渐浇争靡丽民风尚力杂机权当时载笔空愁思满目烟花正斸妍 地震民讹桐不华【庚子春有高永寿者诣帅府自首云至琅峤一人乘筏引入山后大澳中船只甲仗甚盛中渠帅一人名朱一贵云云镇道以为妖言枚枷于市辛丑群贼陷郡治议所立因以朱祖冒一贵名贼平遣人入琅峤遍觅并无其处亦异事也是年冬十一月地大震台多刺桐辛丑春阖郡无一华者有妖僧异服倡言大难将至门书帝令二字则免僧即贼党也贼平僧伏诛】处堂燕雀自喧哗无端半夜风尘起几处平明旌旆遮牧竖横篙穿赤甲【时官军寡弱贼众至数万多以竹篙为枪】将军战血漫黄沙【副将许云参将罗万仓游击游崇功守备胡忠义马定国千总陈元蒋子龙林文煌赵奇奉把总林富林彦石琳俱战死把总李茂吉不屈骂贼死】传闻最是游公壮登岸飘然不顾家【四月廿九日崇功自笨港巡哨还入鹿耳门官眷有下船者崇功顿足曰官者兵民之望官眷下船则兵民心散大事去矣时贼已逼郡亟登岸堉蔡姓者叩马固请愿一过家门区处家属崇功厉声曰吾此身朝廷所有今日那知有家跃马麾众竟去前后连战凡手刃数十百人崇功既殉蔡亦赴海死】万顷洪涛沙线漈参差竹树亦干城非关群盗全无策漫说元戎有胜兵风自西来知顺逆船从浅入任纵横潮头顷刻高寻丈天佑皇图孰与争【六月十六日亭午西风大作潮长六七尺战舰雁行齐入鹿耳门遂克安平】沙碛甘泉信有神庙谟弘远古无伦鲲身合战齐群力西港分奇仗虎臣【十七十九日贼犯鲲身殊死战我兵大破之廿二日总兵蓝廷珍率林亮魏大猷等分兵由西港仔登岸贼大败长驱至郡路诸兵合遂克郡治】草窃顿消冰见晛天兵到处雨清尘等闲一月全台定何似有苗格七旬 刀劫火轮万象凋黑风红雨又漂摇【八月十三夜飓风发屋拔木大雨如注昏黑中红点飘扬夹雨纷飞漏尽风雨乃止民居倒塌无数营帐船只十无一存死伤者千有余人】才看肆赦衔丹凤忽听蠲租下九霄疮病人扶邮灶冷拊循力尽长官憔【时死伤载道次年春夏间米价腾涌文武官厨一日两粥平粜散赈戴星出入至秋人心乃定】转移薄俗从今日只在君王十六条 绝岛重洋古秽墟弃留曾费几踌躇原资保障安封内宁屑刀锥增币余乱后赋须仍旧额法宽农好治新畬眼看硗确草莱尽尺寸何当军国储南从虎尾北鸡笼建邑当年议颇同【壬寅诏允巡使请于半线增设彰化县】地逼诸番宜扼吭址因故镇更称雄天心悔祸民更始帝德昭明日在东【巡使奏释余党从之】寄语王官好著意无忘前事旷天工

康熙六十一年七月余奏请勒缉余孽宽免株连疏略云臣闻得朱一贵余孽王忠刘育等逃匿内山不时出没本年四月初九日夜杀竹仔脚塘兵镇臣蓝廷珍遣弁追捕于五月初三等日获贼林千林荣朱昆生等供王忠等先于四月内欲到三林港偷船出海因无船只退入得宝寮今又至内山清水寮潜伏……

台湾始入版图为五方杂处之区而闽粤之人尤多先时郑逆窃踞海上开垦十无二三迨郑逆平后招徕垦田报赋终将军施琅之世严禁粤中惠潮之民不许渡台盖恶惠潮之地素为海盗渊薮而积习未忘也琅没渐弛其禁惠潮民乃得越渡虽在台地者闽人与粤人适均而闽多散处粤恒萃居其势常不敌也康熙辛丑朱一贵为乱始事谋自南路粤庄中继我师破入安平甫渡府治南路粤庄则率众先迎称为义民粤庄在台能为功首亦为罪魁今始事谋乱者既已伏诛则义民中或可分别录用以褒向义加以严行保甲勤宣圣谕使食毛践土之众一其耳目齐其

心志则粤民皆良民也何以禁为故曰圣王不易民而化【理台末议】

南路淡水三十三庄皆粤民垦耕辛丑变后客民【闽人呼粤人曰客仔】与闽人不相和协再功加外委数至盈千奸良莫辨习拳勇喜格斸倚恃获符以武断于乡曲保正里长非粤人不得承充而庇恶掩非率徇隐不报余时饬所司调剂而检察之报满拟陈请将外委多人分发闽广各标营差操能者授以职不堪委用者斥还本籍不惟可清冒滥亦以杀其势也寻被诬就质于杭不果

卷五・北路诸罗番一・附载

郡中造船出水最艰所司檄四社番众牵挽岁以为常闻金一鸣鼓力并进事毕官酬以烟布糖丸新港萧垄麻豆各番昔住小琉球后迁于此

卷五・北路诸罗番三・附载

台湾令周钟瑄详藁估修船料悉取材于大武郡社山去府治四百余里锯匠人夫日以数百计为工须数阅月每属工人具领官价才十余两尚不足支一日之费凡食用雇夫等项每匠匀派以补不足工完方止此为工匠之苦工料办齐郡县檄催每县约需车四百辆每辆计银三两五钱照丁派银保大丁多者每丁派至三钱保小丁少者派四丁一辆是每丁出银八钱合计四县共派四千有零所领官价才每属三十余金此为里民之苦至重料悉派番运内中如龙骨一根须牛五十余头方能拖载而梁头木舵亦复如之一经兴工番民男妇日夜不宁计自山至府若遇晴明半月方至此为番民之苦今岁估修不过数只害已如此若明岁大修三十余只台属遗黎恐难承受不去为盗有相率而死耳当事允其请力为禁止

卷六・北路诸罗番七・附载

阿里山离县治十里许山广而深峻番剽悍诸罗山哆咯嘓诸番皆畏之遇辄引避崇爻社饷附阿里山然地最远越蛤仔难以南有猴猴社云一二日便至其地多生番汉人不敢入各社夏秋划蟒甲【独木舟名】载鹿脯通草水藤诸物顺流出近社与汉人互市汉人亦用蟒甲载货以入滩流迅急船多覆溺破碎虽利可倍蓰必通事熟于地理乃敢孤注一掷水沙连四周大山山外溪流包络自山口入为潭广可七八里曲屈如环围二十余里水深多鱼中突一屿番绕屿以居空其顶顶为屋则社有火灾岸草蔓延绕岸架竹木浮水上藉草承土以种稻谓之浮田隔岸欲诣社者必举火为号社番划蟒甲以渡屿中圆净开爽青嶂白波云水飞动海外别一洞天【诸罗志】

卷六・北路诸罗番九・附载

崩山番皆留半发传说明时林道乾在彭湖往来海滨见土番则削去半发以为碇绳番畏之每先自削以草缚其余

崩山八社所属地横亘二百余里高阜居多低下处少番民择沃土可耕者种芝麻黍芋余为鹿场或任抛荒不容汉人耕种竹堑后垄交界隙地中有水道业户请垦无几余皆依然草莱故往年自大甲溪而上非县令给照不容出境大甲西社离港十里双寮社离港六里后垄社离港三里竹堑社离港十里南嵌社离港二十里淡水社则直临大海各有通事往来郡治货物自南而北者如盐如糖如烟如布疋衣线自北而南者如鹿脯鹿筋鹿角鹿皮芝麻水藤紫菜通草之类

卷六・北路诸罗番十・附载

附载鸡笼淡水夷在泉州彭湖屿东北名北港又名东番永乐中郑和入海谕诸酋番独不听约束和贻之家一铜铃使颈之盖狗之也【杂记】

自南嵌越小岭在海岸间行巨浪卷雪拍辕下衣袂为湿至八里分社有江水为阻即淡水也水广五六里港口中流有鸡心礁海舶畏之乘蟒甲由淡水港入前望两山夹峙曰干豆门水道甚隘入门水忽广漶为大湖渺无涯涘

行十许里高山四绕周广百余里中为平原惟一溪流水麻少翁等三社缘溪而居甲戌四月地动不休番人怖恐相率徙去俄陷为巨浸距今不三年再指浅处犹有竹树梢出水面三社旧址可识麻少翁内北投在磺山左右毒气蒸郁触鼻昏闷诸番常以糖水洗眼隔干豆门巨港依山阻海划蟒甲以入地险固数以睚眦杀汉人官军至则窜淡水以北诸番此最难治【稗海纪游】

伪郑时上淡水通事李沧愿取金自效希受一职伪监纪陈福偕行到淡水率宣毅镇兵并附近土著未至卑南觅社土番伏莽以待曰吾侪以此为活唐人来取必决死战福不敢进回至半途遇彼地土番泛舟别贩福率兵攻之获金二百余并系其魁令引路刀锯临之终不从按出金乃台湾山后其地土番皆傀儡种类未入声教人迹罕到自上淡水乘蟒甲从西徂东返而自北而南溯溪而进匝月方到其出金之水流从山后之东海与此溪无与其地山枯水冷巉岩峻峭泄水下溪直至返流之处住有金沙土番善泅者从水底取之如小豆粒巨细藏之竹篦或袐之瓿甑间出交易彼地人虽能到不服水土生还者无几【海上事略】

康熙壬寅五月十六至十八三日大风漳州把总朱文炳带卒更戍船在鹿耳门外为风飘至南路山后历三昼夜至蛤仔难船破登岸

陈湄川中丞淡水各社纪程淡水港水路十五里至干豆门南港水路四十里至武唠湾此地可泊船内鸡心礁陆路六里至雷里六里至了阿八里至秀朗三十里至里末三里至摆接北港水路十里至内北投四里至麻少翁十五里至大浪泵此地可泊船三里至奇武仔十五里至答答悠五里至里族六里至麻里即吼二十里至峰仔屿上滩水路七十里至岭脚上岭下岭十里渡海十二里至鸡笼又淡水港北过港坐蟒甲上岸至八里分十五里至外北投十二里至鸡柔山十五里至大屯三十里至小鸡笼七十里至金包里跳石过岭八十里至鸡笼社

卷七·南路凤山番一·附载

小琉球社对东港地广约二十余里久无番社饷同琅峤卑南觅皆邑令代输山多林木采薪者乘小艇登岸水深难于维系将舟牵拽岸上结寮而居近因侦缉余孽所司绝其往来矣

卷七·南路凤山琅峤十八社三·附载

红头屿番在南路山后由沙马矶放洋东行二更至鸡心屿又二更至红头屿小山孤立海中山内四围平旷傍岸皆礁大船不能泊每用小艇以渡

或云琅峤山后行一日至猫丹又二日过丹哩溪口至老佛又一日至大乌万社又三日过加仔难社朝猫篱社至卑南觅社番长名文吉辖达里武甲等七十二社岁输正供银六十八两零南仔郎港可以泊船由卑南觅一日至八里扪又一日至加老突文吉所属番界止此至打水安一日又二日至芝母兰共五社又行五日至直加宣社俱系北路山后生番另详本社之下

卷八·熟番

平地近番不识不知无求无欲日游于葛天无怀之世有击壤鼓腹之遗风往来市中状貌无甚异惟两目坳深瞪视似稍别其语多作都卢嘓辘声呼酒曰打喇酥烟曰笃木固相传元人灭金金人有浮海避元者为飓风飘至各择所居耕凿自赡数世之后忘其所自而语则未尝改

卷八·社饷

台湾南北番社以捕鹿为业贌社之商以货物与番民贸易肉则作脯发卖皮则交官折饷日本之人多用皮以

为衣服包裹及墙壁之饰岁必需之红夷以来即以鹿皮兴贩有麡皮有牯皮有母皮有麞皮有末皮麡皮大而重郑氏照觔给价其下四种俱按大小分价贵贱一年所得亦无定数伪册所云捕鹿多则皮张多捕鹿少则皮张少盖以鹿生山谷采捕不能预计也诸罗杂志

番社杂咏【二十四首】黄叔璥……仰沫巨鱼才跃波矢无虚发巧如何于今苦学汉人法驾筏施罛事转多【射鱼】

徐霞客游记[1]

卷一下·闽游日记前

崇祯改元之仲春发兴为闽广游二十日始成行三月十一日抵江山之青湖为入闽登陆道

十三日三十五里过岭饭于仙阳仙阳岭不甚高而山鹃丽日颇可爱饭后得舆三十里抵浦城日未晡也时道路俱传泉兴海盗为梗宜由延平上永安余亦久蓄玉华之兴遂觅延平舟

十四日舟发四十里至观前舟子省家早泊余遂过浮桥循溪左登金斗山石磴修整乔松艳草幽袭襟裾过三亭入玄帝宫由殿后登岭兀兀中悬四山环拱重流带之风烟欲暝步步惜别

十五日辨色即行悬流鼓楫一百二十里泊水矶风雨彻旦溪喧如雷

十六日六十里双溪口与崇安水合又五十五里抵建宁郡雨不止十七日水涨数丈同舟俱阁不行上午得三板舟附之行四十里太平驿四十里大横驿过如飞马三十里黯淡滩水势奔涌余昔游鲤湖过此但见穹石崿峙舟穿其间初不谓险今则白波山立石悉没形险倍昔时十里至延平

二十四日始至永安舟奴犹未至

二十五日坐待奴于永安旅舍市顺昌酒浮白楼下忽呼声不绝则延平奴也遂定明日早行计

二十六日循城溯溪东南二十里转而南二十五里登大泄岭岧嶤行云雾中如是十五里得平坂曰林田时方下午雨大竟止林田有两溪自南来东浑而赤西则一川含绿至此合流

二十七日溯赤溪行久之舍赤溪溯澄溪共二十里度坑源上下桥登马山岭转上转高雾亦转重正如昨登大泄岭时也五里透其巅为宁洋界下五里饭于岭头时旭日将中万峰若引镜照面回望上岭已不可覩而下方众岫骈列无不屐下献形盖马山绝顶峰峦自相亏蔽至此始廓然为南标询之土人宁洋未设县时此犹属永安今则岭北水俱北者属延平岭南水俱南者属漳州随山奠川固当如此建置也其地南去宁洋三十里西为本郡之龙岩东为延平之大田云下山十里始从坑行度溪桥而南大溪遂东去踰岭复随西来小溪南行二十里抵宁洋东郭遶城北而西则前之大溪经城南来恰与小溪会始胜舟二十八日南下传盗警舟不发者两日四月初一日平明舟始前溪从山峡中悬流南下十余里一峰突而西横绝溪间水避而西复从东折势如建瓴曰石壁滩乱石丛立中开一门仅容舟舟从门坠高下丈余余势屈曲复高下数丈较之黯淡诸滩大小虽悬殊险更倍之也众舟至此俱鳞次以下每下一舟舟中人登岸共以缆前后倒曳之须时乃放过此山峡危逼复嶂插天曲折破壁而下直如劈翠穿云三十里过馆头为漳平界一峰又东突流复环东西折曰溜水滩峰连嶂合飞涛一缕直舟从云汉身挟龙湫矣已而山势少开二十余里为石壁滩其石自南而突与流相扼流不为却捣击之势险与石嘴溜水而三也下此有溪自东北来合再下夹溪复自东北来合溪流遂大势亦平又东二十里则漳平县也

宁洋之溪悬溜迅急十倍建溪盖浦城至闽安入海八百余里宁洋至海澄入海止三百余里程愈迫则流愈急况梨岭下至延平不及五百里而延平上至马岭不及四百里而峻是二岭之高伯仲也高等而入海则减轰雷入地之险宜咏于此

初二日下华封舟行数里山势复合重滩叠溜若建溪之太平黯淡者不胜数也六十里抵华封北溪至此皆从石脊悬泻舟楫所不能过遂舍舟踰岭凡水惟滥觞之始不能浮槎若既通而下流反阻者止黄河之三门集津舟不能上下然汉唐挽漕缆迹犹存未若华封自古及今竟无问津之时拟沿流穷其险处而居人惟知踰岭无能为导丶

初三日登岭十里至岭巅则溪水复自西来下循山麓俯瞰只一衣带水耳又五里则隤然直下又二里抵溪舟

---

① 〔明〕徐宏祖撰。

行八十里至西溪西南陆行二十里即漳郡顺流东南二十里为江东渡乃泉兴东来驿道也又顺流六十里则出海澄入海

初四日舆行二十里入漳之北门访叔司理署印南靖去郡三十里雨中出南门夜舟往南靖

初五日晓始达南靖以溯流迂曲也溪自南平来至南靖六十里势与西溪同其浩荡经漳郡南门亦至海澄入海不知漳之得名两溪谁执牛耳也

卷一下・闽游日记后

初五日下浦城舟行四日抵延平郡

初十日复逆流上永溪泊榕溪其地为南平沙县之中各去六十里先是浦城之水小而永安之流暴涨故顺逆皆迟

十一日舟曲随山西南行乱石狰狞奔流悬迅二十里舟为石触榜人以竹丝绵纸包木片掩而钉之止涌而已又十里溪右一山瞰溪如伏狮额有崖两重阁临其其上崖下圆石高数丈突立溪中于是折而东又十里月下上一滩泊于旧县

十二日山稍开西北二十里抵沙县城南临大溪雉堞及肩即溪崖也溪中多置大舟两旁为轮阁水以舂西十里南折山间右山石骨巉削而左山夹处有泉落凹隙如玉筋又西南二十里泊洋口其路通尤溪东有山曰里丰为一邑昨舟过伏狮崖望而见之今遶其西而南向

十三日西南二十里渐入山又二十五里至双口折而西北行五里至横双口溪右一水自北来至此合其北来之溪舟通岩前可七十里又五里入永安界曰新凌铺

十四日永安境中始闻猿声南四十里为巩川上大滩十里东南行忽望见溪右峰石突兀既而直逼其下则突兀者转为参差为崩削俱盘亘壁立为峰为岩为屏为柱次第而见中一峰壁削到底或大书其上曰凌霄于是溪左之奇亦若起而争胜者已舟折西北左溪之崖较诡异而更有出左溪上者则桃源涧也其峰排突溪南上逼层汉下瞰回溪峰底深裂流泉迸下仰其上曲槛飞栏遥带不一争停舟登焉……返舟促舟子夜行不可乃与奴辈并力刺舟幸滩无石月渐朗二鼓泊废石梁下行二十里去永安止二里

十五日抵城西桥下桥已毁而大溪自西来桥下之溪自南来依然余游玉华时也遶城西而南溯南来之溪以去五十里至长倩溪出山右路循山左乃舍溪登岭越岭两重西南过溪桥五里南过溪鸣桥又五里直凌西南山角以为已穷绝顶其上乃更复穹然不复上循山半而南纡折翠微间俯瞰山底溪回屈曲惟闻吼怒声而深不见水盖峻峦削岫错立如交牙水漱其根上皆丛树行者惟见翠葆浮空久之偶于树隙稍露回湍浑赤如血又五里与赤溪遇又五里止于林田

十六日沿山三里有峰自南直下峰东有小溪西为大溪俱北会林田而注于大煞岭西者渡小溪循峰南上共五里至下桥逶迤南跻又八里得上桥一涧飞空悬桥而渡两旁高峰插天度桥路愈峻十里从山峡中直跻高峰之南登岭巅回视两高峰已在舄下计其崇峻大煞浮盖当皆出其下南下三十五里抵宁洋县

十七日舟达华封

十八日上午抵陆渐登山阪溪从右去以滩高石阻舟不能前也……逾岭下舟明日抵漳州司理署

卷二上・西南游日记一・浙江　江西

余久拟西南游迁延二载老至不能待遂以崇祯九年九月十九日为万里遐征计束装未就适杜若叔至饮至子夜乘醉放舟天未明抵锡邑同行者为静闻师

十月初二日舟至余杭登陆

初四日西二里过一桥折而南六里上干坞岭……出洞溯南来之溪二里止太平桥祠中

初五日南二里上马岭里许达其巅岭以北属新城水亦出新城岭南则属于潜县在其西北五十里水由应渚

埠出分水县下马岭南十里过㳇口桥岐分南北北达于潜可四十里南则应渚埠道也㳇口之水源于于潜马岭之水东来合而南出路随之八里过板桥桥下水自西坞来与前水合溯水西走路可达于潜及昌化又南八里止于唐家拱南去应渚埠尚二里原无市肆担夫以应渚舟下桐庐必北曲经此遂上溪畔久之得桐庐舟盖应渚埠为于潜南界溪之南即隶分水于潜之水北经玉涧桥昌化之水西自麻汊埠俱会于应渚而水势始大顾玉涧桥而上已不胜舟麻汊埠而上小舟直抵昌化于潜水固不敌昌化也下舟东南行十里为分水县县在溪之西分水原止一水东南去其西山陆行八十里通淳安予初欲从陆为王奴遁去乃就水道反向东南焉

初八日抵兰溪与静闻为金华三洞游金华之山横峙东西阳临郡城浦江在北西垂尽处为兰溪东则义乌也婺水东南从永康经郡之南门而西北抵兰溪与衢江合予将登陆行见溪中一舟溯流而东遂附之水流沙岸中四山俱远丹枫疏密映迭尤佳仰瞻北山兀突天表若负扆立顾背之东南行问三洞何在曰在北始悟三洞不必至郡若陆行便可中道入也

十八日至铅山河口初拟由广信北游灵山且闻其地北山寺丛林甚盛阻病创而止西南下三十里有峰圆亘曰仙来山舟过时卧未起及经二十里潭至马鞍山下回望见之已不及登矣自仙来至雷打石凡二十里石山介溪左右俱如伏牛覆釜不特形绝崆峒并无波绉文至纤土寸茎亦不能受或山断沙回霜痕树色出村庐石隙中又二十里过旁罗南望鹅峰峭削天际此予昔年假道分水阔趋幔亭处又二十里抵河口一水自东南分水阔经铅山县至此入大溪两溪合始通大舟

十九日下贵溪舟二十里西至叫岩……又十里至弋阳遂以行李托静闻督舟去予与顾仆留旅舍为明日龟岩之行

二十三日西行八里将至贵溪城忽见溪南一桥架两山间问之为仙人桥隔溪不可至西趋二里入城觅静闻于逆旅同出西南门经张真人墓碑乃赵松雪奉勅撰书者一里越小桥东向溪溪流直逼五面峰下此溪发源江湖山自花桥而下即通舟楫西北六十里至罗塘又二十里至此入溪为通闽间道其所北输皆楮炭适有炭舟舣溪畔呼之渡

初五日东南四十里为硝石南溪东溪至此合南来者为新城溪舟抵新城尚六十里东溪四十里至五福又陆三十里至杉阔为江闽分界度东溪桥而南为铁仙岩山俱纯石北半崭削为崖屏立田畴间由崖隙而上两崖间潴水成溪崖捍溪底凿栈以入又一水自东来注亦纯石捍底隘不容足架梁南渡又转一桥西渡大溪遂蹑山峡而上则飞岩高穹东向而出僧凭岩结阁种竹于外颇幽敞出度峡桥见有石级西上因蹑之盘旋山顶两度过脊皆深壑断峡回亘纵横下山二里仍宿硝石东溪桥之南

初六日闻觉海寺胜南趋二里则南溪之左也寺亦古其前即铁仙岩以西之第二重也盖自硝石来其山皆块石堆簇南则交互盘错斩若截堵峰峰皆然以铁仙为中西则突而峙于南溪之左东则两突而止于止止岩之东再东则山转而南矣入觉海见山在其前乃循崖以登崖之西下瞰南溪涓涓北流时有小舟自新城来既南行崖尽有峡东下盖南北两崖对峙成峡其度脊处反在西濒溪之上予见其峡深沈遂蹑山级东南直登其巅东西两台最高自西而东路尽莫前下瞰乱壑縱横峡形屈曲枝分汇水成潭分曹迭泻疑即所云金龟湖也而二峰东下无路但见东峡有水有径疑即铁仙仍従旧路下至溪东两崖对峡处即従崖下东入峡中渐下渐湿遂东北三里至小港口水自韩公桥而来渡之入山东北三里大石岩五里韩公桥三里双同槽南二里紫云岩西一里渡溪为夫子岩返出紫云一里至响石岩又登岭一里至竺岫

二十六日候舟逆旅度溪桥北上会仙峰其峰在大溪北黄漠溪之西盖两溪交会是山独峙其下流与雪华山东西夹黄漠溪之口者高耸兀突倍于雪华南面石骨嶙峋于此中独为峻拔其西南则豁然溪流放注永丰境由溪北従东小径西上五里至会仙峰更西北上一里石尤巑岏上多鹃花红艷但不甚高亦冬深殊景也下山舟尚不行复止宿予自常山来所经县治无不通舟惟金溪乐安通舟之流俱在四五十里外二十七日舟发乌江经永丰出吉

水恩江

二十五日入永新舟

二十六日十里至神冈山下乃西入小江又西二十五里曰三江口安福江自西北来而西南来者永新江也舟溯西南行至是始有滩又十五里泊横江渡去吉安郡五十里

二十七日二十里廖仙岩至是始有山南岸为泰和界北俱庐陵境也自此舟转北行十里永阳庐陵大市也在江之北然江之南岸犹十里而始属泰和以舟曲而北耳又三十里泊止阳渡二十八日二十里至敖城始南转扬帆五里上黄坝滩复北折入两山间五里枕头石转而西三里上黄牛滩十八滩従此始滩之上为分丝潭潭水深碧崖束如门至此始有夹峙之崖激湍之石又十七里经画角滩抵坪上则庐陵永新交壤处

初六日由洞门南越一岭可五里其处西为西云山东为佛子岭之西垂望见东面一山中剖如门意路且南向无由得一迫视又二里至树林忽度桥转而东一里正取道断山间乃即东向洋溪大道也盖自祝高岭而南山分东西两界中开大洋直南抵汤渡自断山之东山又分南北二界中开大洋东抵洋溪而武功南面与石门山之北彼此相对中又横界祝高至儿坡一层遂分南北二大洋北洋西自上陂合陈钱口之水由钱山平田会于洋溪南洋西自断山至路口水始东下合石门东麓卢子垄之水由塘前而会于洋溪二溪合流曰洋垒始胜舟而入安福

初八日西南向石门西北麓行即向所入夫子地处也五里小流自铜坑北麓西北注山峡间忽乱石蜿蜒中一石横涧上流淙淙透其下玲珑若云片偃卧但流微梁伏似园亭中物巧而不巨耳又五里逾冈而得大涧一峰兀立涧北为洞仙岩踰涧南循西麓行其西即祝高南下之大洋也

初十日由路江循西来小水二十里为桥头分两道直西向者往茶陵道也渡溪西南向则芳子树下道于是从西南道十里至界头岭为分界处盖崇山南自崖子垄东峙为午家山东行者分永宁永新南北界北转者至月岭伏为塘石为茶陵永新界下岭水即西流闻黄雩仙在其南遂迂道南入山十里南越一溪即黄雩下流也踰仙宫岭下五里望南山高插天际者即午家山乃永宁茶陵界也北与仙宫夹而成坞中一峰自西而来至此始卓立下即黄雩庙庙南有涧奔涌不见上流察之则一窍伏卓峰之下乱波沸涌流出遂成滔滔之势游竟仍北出仙宫岭十里与界头之道合又一溪自西而东发源崖子垄在黄雩西北重山中渡溪北五里复得一溪亦向东去渡溪桥即为芳子树下始见大溪自东南注西北小舟鳞次其下至高垄而更大芳子树名昔有之今无矣

卷二下·西南游日记二·湖广

二十一日分静闻舟従芳子树顺流至衡州期以衡之青草桥塔下予同顾仆従陆探茶陵攸县之胜顺流西行八里越两冈至蟠龙庵庵前道分为两一小溪北自龙头山来过溪直西去是为巫江乃茶陵大道随山顺流转南去是为小江口乃云嵝山道小江口即蟠龙巫江二溪北自龙头至此南入黄雩大溪者云嵝山在茶陵东五十里沙江之上其山深峭神庙中僧孤舟开山建刹孤舟故虎来寺攫僧去僧徒星散豺虎昼游人无入者每従人问津俱戒莫入且雨雾沈霾莫为引道予不为阻従蟠龙小路南沿小溪二里复与大溪遇渡溪南入山雨沉沉益甚西南三里大溪复自北来直逼山下盘曲山峡两旁石崖水啮成矶沿大溪二里至沙江即云嵝溪入大溪处道遇一人持盖将远出见问云嵝道即曰入此山非多人不可予为君前驱因随抵其家为余觅三人各持械具火冒雨入初循溪口东入一里一小溪自西峡透隙出望其石崖层亘外束如门导者曰此虎窟也樵采従未有入者遂溯云嵝大溪宛转二里溪底石峙如平台中剖一道水由石间下甚为丽观于是上山转山嘴而下得平畴一壑曰和尚园四面重峰环合平畴尽约一里复踰一小山循前溪上流曲折峡中一里抵云嵝寺山深雾黑绝无一人而大雨促行遂同导者出至溪口遇一舟附之顺流下时衣履沾湿得舟甚适买薪炊粥炙衣无暇遑问两旁崖石也山溪迂曲下午登舟四十里暮舟子宵征三十余里泊东江口十二日闻灵岩在茶陵南十五里乃出城南渡鄘水东南行陂陀上下五里得平畴曰欧江有溪东南来溯之行雾中望东山石甚兀突心异之

十九日西南四十五里下太平寺岭则大江在其下隔江即芒洲也候舟不得宿泊舟间

二十日上午始得舟顺流西北向山峡行二十五里大鹅滩十五里过下埠下四乡滩险甚过此山始开江乃西向二十五里北下横道滩又十五里宿宿子坪民舍

二十一日四鼓舟人乘月促下舟二十里雷家埠出湘江又东北十五里抵衡山县

二月初一日由庵东南踰小岭至湘江溯江至蒸水入湘处渡江登东岸东南行六里复西五里徙丁家渡渡江已在郡南门外登崖上回雁峰峰不甚高东临湘水北瞰郡城俱在足下雁峰寺笼罩峰顶无余隙仍出北门登石鼓山山在临蒸驿后湘江流其南蒸江北遶山由其间东突成峰前有禹碑亭后为崇业堂再上宣圣殿中峙焉殿后高阁甚畅曰大观楼平视衡城与回雁南北相对蒸湘夹其左右俯出窗楞下近而万家烟市三水帆樯

初七日静闻同顾仆定永州船予循麓东入桂花园

初十日仅行舟五里泊水府庙

十一日二十五里南上钩栏滩衡南首滩也西二十五里为车江折而东南二十里为新塘站又二里泊新塘上流之对涯二鼓中盗囊洗仅脱身顾仆被重创

十二日赖静闻于焚余中拔得衣被数件体得蔽时劫舟已沈锅具焚没无余静闻没水取得一铁铫漉取江底湿米煮粥遍食诸难者余三人因附土人舟返衡府舟颇大篙师仅一人抵铁楼门已五鼓

三月初三日下午风雨作舟子迁延晚始移泊南门埠

初四日下午过汊江抵云集潭去前日被盗处不远

初五日平明发舟风颇利十里过前日畏途沈舟犹在也四里过香炉山上有滩颇高又二十五里过桂阳河口桂阳河自南岸入湘舂水出道州舂陵山肖水出宁远九疑山经桂阳西境合流至此入湘为常宁县界由河口入抵桂阳尚三百里又四里止瓦洲夹

初六日二十里过白坊驿又西南三十里为常宁水口水从东岸入湘亦如桂阳河口水较小常宁县治犹在江之东南也西十五里泊粮船埠

初七日西南十五里至河洲驿此地湘江东岸为常宁界西岸为永之祁阳界皆平陵扩然冈阜远迭三十里过大铺两岸俱祁阳属上九州滩又三十里至归阳驿

初八日西七十五里泊石坝里

初九日五十余里下午抵祁阳余病不能登昨予将至白水驿力疾西望一横山如列屏至是舟溯流而西又北转已出是山之阳盖祁山也山在湘江北县在湘江西祁水南相距十五里上流则湘自南来循城东抵山南转祁水西自邵阳来东入湘遂并东曲去

初十日舟以候客未发余念浯溪胜不可不登乃沿江南五里渡之东已在浯溪下溪由东西入湘流甚细溪北三崖骈峙西临湘江中崖最高颜鲁公所书中兴颂高镌崖壁前有亭下临湘水崖巅巉石簇立如芙蓉丛萼余病怯不能登卧崖边石上仰观久之舟至又行二十里过新妇塘江北岸一石娉婷立岩端矫首作西望状下有小鲜曰竹鱼极腴八九月重一二斤他处所无又十里泊舟滴水崖崖在江南岸危岩亘空十一日六十五里抵七里滩十二日二十里过冷水滩舟循东岸行隔江聚落俱在石崖上濒江石骨嶙峋直插水底阛阓之址以石不以土人徙崖隙拾级以登眞山水中窟宅也忽南风大作薄暮稍杀舟乃行五里已暮乘月行五里抵区河十三日四十里至湘口關湘江自西南潇江自东南合于其前予舟由潇入十里为永郡西门之浮桥已一舟从后来予移附其中盖以明日向道州者下午舟过浮桥泊小西门隔江望西岸石甚森幻中一溪自西来注石梁跨其上心异之循城而北西越浮桥则浮桥西岸异石张吸土人问愚溪桥即浮桥南畔溪上跨石者是钴鉧潭则直西半里路旁嵌溪者是始知潭即愚溪上流潭従西桥従南也乃遵通衢直西去路左人家隙中时见小溪流石间半里过梆子祠祠南向临溪再西抵茶庵溪自南来沿石东转转处石势尤森特但亦溪湾一曲耳无所谓潭也求小丘小石潭俱无能识者是水发源永州南

百里之鸦山有冉染二名郴子易之以愚按文求小丘当即茶庵也庵去潭西数十步丛丘之上为此中鼎刹求西山亦无知者后读芝山碑谓芝山即西山亦非也芝山远在北当即柳子祠后圆峰高顶今为获珠庵者是闻庵间有柳子崖则为西山信矣余觅道其间西北登山崖已芜竟不得道乃西南遶茶庵前复东返郴子祠前渡溪南越一冈东转出愚溪桥桥两端架潇江之上即前所望异石也因搜踞石窟上下穿眺尤幻桥内一庵曰圆通北向俯溪有竹木胜时舟在隔江城下以舟子迟待予乃返

十四日晨过浮桥西见一长者叩以永州最胜曰溯江南二里濒江为朝阳岩北随江转入山冈亦二里为芝山岩无得而三也予乃先北趋芝山循江西岸半里至刘侍御山房由其侧北入山越一岭又北踰山冈登其山见山之西北湘水在北稍远近则一小水従西来东南则潇水在其东潇江……令顾仆从桥东溯湘放舟南上予従桥西仍过愚溪桥溯潇西岸南行一里大道西南折道州道也由岐径东南一里则一山怒而坚石奔与江斗踰其上东俯入石闞内飞石浮云旁下瞰潇水即朝阳岩矣岩后通前豁上覆重崖绝壑临其下憩倚于中烟帆远近与溪云山鸟相出没游目所及胜常迭供甫定而山谷传响舟人已放舟于下促下舟余不顾……舟人促不已乃下舟溯江渐东折七里至香炉山尖锐若髻石骨攒簇独峙江西岸时见佳植缀摇下午过金牛滩上有金牛岭岭北峰尖削南则横突三峰江流直捣其胁至是舟始南泊庙下舟行已五十里陆路止二十里先是闻永州南二十里有澹岩不意舟帆竟日岩犹在前也计明晨过其下舟人执不肯待余念陆近水远不若听舟去従陆蹑之

十五日五里至岩北亟登涯期舟于双牌双牌者郡南五十里铺也郡南二十五里为岩北陆至此与江合陆即南入山又二十五里至双牌水道则东迂溯江至双牌又六十里计舟一日……一溪自西南山凹来过溪东南一里复与潇江遇溯江西南三里抵双牌舟适至下舟西南豁然若可远达舟反向南山入泷盖潇水南自青口合沲水即入山峡中是曰泷口北行七十里皆连山骈峡亏蔽天日且水倾泻直中下所谓泷也中泷有麻潭驿南四十里属道北三十里属零陵时风色甚利薄暮乘风驱舟舟滩卷浪如雷五里入泷又五里泊横口自永州至双牌陆五十里水倍之双牌至道州水陆俱由泷中行无他道故泷中七十里止有顺逆分无水陆异出泷至道州又陆径水曲矣

十六日二十里为麻潭驿零陵界尽南即道州境自入泷来山势逼来石滩悬亘山鹃盛开皆在水涯岸侧不作漫山布谷观映碧流丹尤觉有异二十里至吴垒铺西南山稍逊舟反东转又五里复南又十里山势愈逼束为泷口又五里泊将军滩滩有峰立泷口若当闞然溯流出泷划然另辟区宇是夜明月彻夕入春仅见

十七日山开水曲五里至青口一水东自山峡出宁远道也此水最大即潇水一水平旷中南来者即道州道也此为沲水水小弱乃舍潇南溯沲又五里为泥江口水西通营阳舟上罗坪三日程当即营水矣又三十里抵道州登南城回眺州城南凭江水东南西三门俱濒江盖沱水自江华掩邀二水自永明俱合于州西南十五里外东北抵城西南隅遶南门至东门复东南去若弯弓而城临其背

二十日东南従小径一里出江华大道南为火烧铺在州南三十里而远又五里为营上则中江华道州设营兵以守者后有小尖峰倚之东数里外高峰屼起为杨梆塘屏亘而南九疑当在其东矣南八里有溪自西而东石巉然横卧涧中清流漱之不减包园石壑南十二里至伽佑铺去江华十里由铺南直下一径可通浪石寺东南转従岭上行共七里至江华城西出城南东南一里为麻拐岩又名回龙庵由庵沿江岸南行半里水分二道来一自东山谷中者其水较大即沲水也一自南来者可通小舟发源自上武堡堡南即为广西贺县界大小二江合于麻拐岩之南大江东源锦田所涧流二百余里舟行三四日可至小江南自上武堡舟溯流仅到白马营可五十里然入江之口即积石为方堰置中流横遏江舟不得上下堰内另置小舟外有桥横板以渡白马营东大山曰吴望山有秦洞甚奇惜未至又南始至上武堡堡东大山曰冬冷山二山之水合出白马营为小江上流乃沿南来小江岸西行三里宿浪石寺

十一日午后下小舟东北由苏仙桥下顺流西北去六十里达郴口则郴江自东南耒水自正东二水合流势始大耒水出桂阳县南五里耒山下西北至兴宁县胜小舟又三十里至江东市胜大舟又五十里乃至此江口诸峰俱石崖盘立寸土绝丽志称曹王寨山极险峻暮不及登舟人夜鼓棹三十里抵黄泥铺雨至而泊予従篷底窥之外若桥门心异之因起视则一大石室下也宽踰数间屋下汇为潭四舟俱泊其内岩外雨声山色不意梦中多此奇境四

鼓雨止乃行昧爽达程口

十二日晨炊程口肆中程口者志所称程乡水也地属兴宁水发源茶陵酃县界舟溯入皆兴宁西境进有钟原山土人夸为名山又进则小舟尚可三日程踰高脚岭则茶陵道矣程乡水西入耒江时煤炭大舟鳞次水浅不能发上午得小煤船附之行程口西北重岩若剖夹立江岸两涯纯石盘亘错突色间赭黑环转一如武夷如此四十里又二十里过永兴县十五里为观音岩岩在江北岸西南下瞰江中石崖腾空上覆下裂如剖半爪其足迭阁两层阁前有洞临流中容数人由阁西悬梯直上上接崖顶透隙上一龛嵌覆顶下中祠大士岩下一石狮横卧江心下舟又五里至森口大溪自南来乃桂阳州龙渡以东诸水东北合白豹水至此入耒江又北五里泊郴州滩永兴以北山始无回崖突石观

十三日六十五里过上堡市地为耒阳境北过江登直钓岩岩前有真武殿观音阁东向迎江洞门瞰江南向当门石柱中垂界为二若连环然其内空阔平整右隅裂一窍历磴上别有邃室左隅由大洞深入石窍忽盘空起东进一窍歆纳天光内又盘空起透顶直上天光一圆下彻其中直是井底窥天也下午九十里抵耒阳县江经城东直北去山至此尽开

十四日顺流北一百二十里至新城市为耒阳衡阳分界乘月随流六十里泊相公滩

十五日一百二十里至前溪渡陆路抵府止三十里水倍之渡西岸遂登陆西行十二里已暮

十六日二十里渡湘江已在衡州南阛外抵金寓静闻宿花药未归及归桂藩助金事尚未就

十七日定广右舟

十八日舟人以同伴未至改期二十日早发

二十日冒雨登舟静闻往谢桂藩追至南阛外别祥甫舟即行三十里泊东阳渡江涨浊湘流又作一观

二十二日闻刘已舟往松柏匍匐雨中二十里别刘松柏肆中时所附广右舟计竟日力当止于常宁河口乃遍觅渔舟为夜抵白坊计二鼓雨止月出已抵白坊驿念再行三十里可及舟适见二舟泊下流余漫呼顾行得应声始知舟犹待予于此也乃过舟

二十三日北行二十里过大鱼塘见两舟被劫哭甚哀于是同行两舫人谢予曰昨不同君暮亦当至此始舟子以候予故大为众诟至是甚见德色共六十里泊河州驿

二十四日归阳驿

二十五日小河口

二十六日观音滩

二十七日祁阳县

二十八日水涨舟泊竟不成行

二十九日昧爽放舟晓色蒸霞层岚开藻既而火轮涌出金光腾耀中直従舟尾射予枕隙泰岳日观不谓得之卧游也过二十四矶泊黄阳铺

闰四月初一日冷水湾

初二日湘口阛自冷水湾来山开天旷界大骋江两岸瞰水之石出没屡变但有所遇靡不霁心缀目盖入祁阳境石质奇石色润过祁阳突兀之势以次渐露至此随地涌立及入湘口则耸突盘亘者变为峭竖回翔矣

初三日放舟入湘口于是别潇专向湘潇即予前入永州道与湘交会此二水一东南一西南界其中者为芝山北尽两流夹之尖若龙尾下垂因其脊无石中砥故挫之必锐而后已由湘口上多西北之曲滩声愈多石崖愈奇凡四十里有骈立东岸者与江左平剖之崖夹江对峙如五老比肩愈见奇峭西转五里过军家埠又南转一山中剖平插江右其下云根苍黯倒浸重波时落日正衔山外舟过江东忽峰间片穴通明若钩月与日并悬旋即隐蔽乃去军家埠五里泊

初四日东过挂榜岩岩平削江北下嵌水面其上石若磨崖色间黄白远逾临武南行三十里抵石溪驿已属东

安界有东江自南北注湘石梁跨其口水发源零陵南舟由桥下南溯十五里为零陵境又二十五里为东江桥上有小河三支通筏而已按志永水出永山在永州西南九十里北入湘即此水无疑也石溪之西有山突兀石崖下插江中一隙北向如重门悬峡山之后顶为狮子洞洞门东南向不甚高敞穿石窟下一里可透出临江门峡惜时方水溢临江处既没浸中洞复无炬入遂返又五里泊白沙洲其对岸石壁临江黄白粲然充壁崖北山巅又起一崖西北向有庵倚之隔江不能往也

初五日十五里上磨盘滩……过崖泊罗埠

初六日江涨才挂帆行五里

初七日西六里两山门裂遂分楚粤界又南三十里上金华滩滩东石崖当冲轰流崭壁高下两绝险胜一时又西十里止庙头

初八日放舟南行二十里为黄沙铺粤舟可直抵桂林余欲尽全州诸山遂止此徙陆为粤游始

卷三上・西南游日记三・广西

十九日始定阳朔舟

二十一日日中乃行南过水月洞东又南雉山穿山斗鸡刘仙崖头诸山皆从陆遍游者惟斗鸡未到今舟出其东麓崖头有石门淨瓶胜舟隔洲以行不能近悉去省已十里崖头之南江流浩然自放又东南二十里过龙门塘南岸有山嵯峨中峰最高处南北透东五里横山岩突立江右又东南十里江右削崖屏立南五里至碧崖岩岩南石峰隔江排列横障南天上分危岫几埒巫峰五老扼江使东江流啮其北麓怒涛龘壁赤壁采石失厥雄丽崖间一石纹黑缕白章成泛海大士曰沉香堂其处南虽崇深极致北岸犹夷豁共五里下寸金滩南转入山峡江自是左右皆石峰巑岏争奇炫诡入峡下斗米滩五里为南田站当桂阳朔界山遂转峡为坞四面层围仅受此村过南田山色暮合舟人夜棹不休江为山所泥偘东偘西盘峡透崖凡二十五里抵画山月未起山隐空蒙中又南五里为兴平月从群峰东隙出舟泊候曙漓江自桂林南来两崖森壁回峰中多洲渚分合无翻流之石直泻之湍故舟行屈曲石穴间无妨夜棹第月起稽时暗行明止未免怅怅

二十二日早起月光破晓奇峰合棹南三里为螺蛳岩一峰盘旋上转峙江右兴平水口山也又七里东南出水绿村山乃敛峰掩篷就寐南三十里则龙头山复铮铮骨立而阳朔四围直碧莲玉笋攒成矣阳朔北自龙头南抵鉴山二峰巍峙当漓江上下流中有掌平地乃东面濒江以岸为城而南北属于两山惟西面叠垣为雉城西山最近者为来仙洞石人牛洞龙洞诸山通省大道从之盖陆从西水从东也其东南门鉴山下则南趋平乐水陆并道正南门亦西北转通省道直南为南斗山延寿殿旁建文昌阁无径他达正北即阳朔山……时顾仆守舟期东南门外于是南经鉴山寺出东南门觅舟不得渡江东一里至白沙湾舟泊其南乃下舟白沙湾去城东南可二里民居盛于城有河泊所

二十五日舟过水绿村北七里西岸一岩门甚高敞东向临江前垂石成龙曰蛟头岩由岩右峡深入渐高黑由岩左登前亘为台后结一窦窦后深陷成峡以无炬返时舟已先移待兴平出洞循麓溯江半里达螺蛳峰下绕峰东麓又二里及舟北过兴平二里泊

二十六日北五里抵画山山横列江南岸江自北来至是西折山受啮半剖为削崖石质错绮成章舟人泊山脚晨飡予乃登其麓与静闻选石踞胜崖半洞北向望之甚深高下都无著足处返而登舟北上小散大散滩至锣鼓滩共十里其山南岩窍有水中出缘突石飞下坠江势同悬瀑粤中皆石峰拔起水随四注无待破壑腾空此瀑出崇窍尤奇绝又北八里过兰州西北岸一峰纯透初望之疑即龙门穿穴以道里计之始知另穿一峰前以夜棹失之耳又北三里为冠岩先是江东岸崭崖丹碧焕映采艳画山冠岩即在其北山上突崖层出麓穹一洞西向临江水自中出外与江通棹舟入洞门甚高内更宏朗悉悬乳柱惜流通之窦下伏无从远溯久之棹舟出洞望隔江群峰攒合忆前兰州所见穿山当正对其面惜溪回山转并其峰亦莫能辨识顷之忽北见皎然一穴另悬江东峰半即近在半岩北亟登岸趋之期舟候南田站一里抵山腋……至南田入舟

二十七日经横山碧崖诸胜无间昔游横山岩东向右腋有窦旁穿而南南复辟一洞甚宏有门有奥奥西上则

深入昏冥奥之南坠皆嵌空透漏门在坠奥东廓然凭流与前门比肩立又西北过龙门塘南望横山岩西透顶峰虽似穿石无从上跻夜过新江口十里泊

二十八日昧爽亟推篷已过崖头山十里抵水月洞北城下入浮桥门

卷三下·西南游日记四·广西

六月十二日自苏桥登洛容舟顺流西南五十里过永福县又八十五里泊新安铺

十三日一百二十里抵洛容县陆去柳州府五十里水须三日溯柳江乃至遂定骑为明日陆行计

十四日出城南西二十里为高岭铺南寨山秀立其南乃南折登岭共五里直抵南寨山西柳江逼其西崖舟人舣舟以渡有小溪自南寨破壑西注柳江

十九日留仆伴静闻寓中予独挈囊为融县游出西南门得【沙弓小舟】同舟者欲明晨行竟宿沙际

二十日上午始发舟循城西北溯柳江江之西鹅山亭亭独立旷野中自柳郡西北两岸山土石间出土山迤逦间忽石峰数十挺立成队所异阳朔桂林者彼四顾石峰不受寸土此则如锥处囊中尤觉有脱颖异北二十里泊古陵堡

二十一日过杉岭江右尖峰突出共五十里抵柳城县城西江道分为二自西来者庆远江也其源一出天河县为龙江一出贵州都匀司为乌泥江经忻城北入龙江合流至此自北来者怀远江也其源一出贵州平越府一出黎平府流经怀远融县至此二江合为柳江所谓黔江也下经柳郡历象州与郁江合于浔今分浔州南宁太平三府为左江道以郁江为左也分柳州庆远思恩为右江道以黔江为右也然郁江上流复自为左右二江则以云南交水南盘江为右交趾广源州丽江为左也二江合于南宁西合江镇古左右二江指此今则以黔郁分耳南盘自交水下田州至南宁合江镇合丽江是为右江北盘自普安经忻城为都泥江入黔江经象州至浔郡合郁亦为右江是南北二盘在广右俱为右江但合非一地耳云南志以为二盘分流千里至合江镇合则误以为南宁左右二江俱源自盘江不知南盘无関于丽江北盘且不出合江镇也下午自柳城北溯怀远江入又十里抵旧县

二十二日暑雨时作仅行三十里

二十三日西北十里过草墟江右崖壁峭秀又十里江左山崖回亘内遥峰森列攒合天半于是舟反东北转十五里抵沙弓融县内江也江之西南即为罗城县东界西望隔江群峰汇聚处皆罗城道中所由也

二十四日仍附原舟向和睦墟先是沙弓人谓明日乃和睦墟期墟散有融县归舟原舟亦往墟市米故仍附之行舟自沙弓西即东转北一里有江来自西北舞阳江也内滩石甚险又北东九里抵和睦墟墟已散不得舟得一荷盐归者附囊与之行

二十九日晨促参慧觅结桴者未行昨所期樵者呼群至问已入洞否予应以待舟樵者谓舟不能至若联木为桴予辈水中挟之入正与舟等参慧即以觅人钱畀之遂群负木入溪斩竹为筏顷间桴就复以岩中大梯架其上更置木盆予踞坐盆中诸人前者引纤旁者挟篙后者肩耸遇深渊辄浮水引之遥不能引辄浮水挟之始由洞口溯流仰瞩洞顶益觉穹峻两崖石壁劈翠夹琼渐进渐异前望天光遥遥层门复穴交映左右既入重门两旁俱有层窦盘空上嵌前后光明皎然彼此照耀挟桴者欲从中爇炬登崖以穷旁窍予令先溯流出后洞乃复浮水引桴抵洞门门西南向吸川饮壑溪破石而下桴为石格不能入溪舍桴践石出洞又舂然一天也溪石坎坷不受踵望左崖有悬级在伏莽中援莽跖空上不数十步辄得溪径四望平畴中围众峰环遶即予昔来横道北岩之东北隅也返登桴顺流入洞中扃东向俱有穴可登而西崖穴高难扳且前游暗洞彷佛近之东崖则穴竟门纷曾未一历遂爇炬东入其上垂乳环柱与老君坐后暗洞诸胜工力悉敌从其内穿隙透折多有旁穴星星上彻云影知其东透山肤甚薄从其侧宛转北出已在老君对崖之下层因崖为台下临溪流再出即为对崖之上层上亦列柱纵横崖壁峻阻与此层无径相达仍引桴下浮欲从溪中再上浮崖亦悬嵌无由上跻计取道当从洞前南转抵东北山椒可入洞中非架飞梁不能上也乃绝流引桴还登东崖诸人释桴归去

初七日别参慧入城讯舟

初九日始得小舟过午舟发东南行已转西南共六十里泊沙弓

初十日四十里为罗岩村岩在江右层沓斑驳五色粲列南崖稍低石芝偃峰顶崖半匏剜一洞当有胜可寻惜来时以暑雨掩篷今去仅隔江遥睇耳又四十里柳城县县南二里江之东为峦拦山削崖截江为县城南障西即峭峰丛立土人指为笔架穿山者棹月顺流瞬息二十里一山兀耸江东岸排列而南江亦随之南折滩声轰轰如殷雷为倒催滩又南四十里抵柳州府泊南门城鼓犹初下也

十七日同静闻及仆下浔州船以中元节无旅客故留滞数日

十八日晨飡后放舟十里有小山在江左江稍东北曲小山东为龙船山又西道为夹道双山乃北门陆路所出也又五里为油闸江始东转十五里乃转而南南十里为山门冲即向日洛容来渡江处江东为南寨山西麓石崖回返下嵌江流又南十里为罗峒前有山兀突坪中罅裂其南上连下透如石门其巅一圆石突缀作一僧倚崖南向肩与崖齐头颅上出又五里诸峰森丛江右由山门冲至此江稍西南转又东五里转而南一回渚成涯曰犁冲山脉北自牛角尖下江流环其东南西三面中成盘涯宛似犁尖云忽北转五里直抵牛角山下复转东去滩声如轰雷久之乃止悬流回泻一泻数里曰横旋滩自犁冲北转至此若破壁出东南下滩五里山渐开又东北二十五里至山江口洛青江自东北来注日已西遂泊

十九日乘月放舟五鼓抵宾江有岩特立江左下削上突江因之西转二十里至象州城在江东岸隔江即为象山西二十里过大容堡遂西南行两岸始廓然无山又东南十五里都泥江自西南来会江东北岸一小山北面分耸西岐为突兀东峰峭削尤甚正对都泥江入江口特建标以识……又东南二十五里东下大滩曰菱角滩又二十里泊泷村

二十日放舟五里下大鹭滩江右石峰复骈列出又南五里至武宣县隔江西岸山卓立岐分引坠南下岩皆奇诡若垂首引项伛偻比肩各极怪异志谓县西有仙人山南有仙岩山当即所望谓诸异峰也东南十里两岸复旷然又二十五里为勒马堡过此即浔郡桂平界南十里两岸山渐合又五里为横石矶石自江右山麓横突江中返流倒涌遂极澒洞势两岸连山逼束至此为入峡始又东南二十五里为镇峡堡又十里两岸山势益高耸独冠诸峰间出石峰悬峙江至是转而东其南回东转处江左瞰流之石有大书镌石传为韩督宪留题云东北二十里小溪自北破壁出其内峻崖屈曲如夹堵墙又东即大藤度峡处南北两岸俱有石突立江心昔有巨藤横架江上故南北两山猺贼此追彼窜藉为津衢韩公雍破贼断之因名断藤峡过断藤五里下弩滩遂南出峡口一水自东来注曰小江口合而西南下势甚峻急盖北自横石矶入峡南出弩滩其中山势回逼正如道州泷江严州七里泷但此峡相去六十里始入为东西峡中转为南北绝无居庐丛木亏蔽两旁悉猺童窟宅故得因势展暴使刊木开道则亦丹崖钓台胜概相丽矣西南循山下十五里抵浔州府日已暮泊北门

二十二日留静闻顾仆寓浔之南门觅担夫为白石勾漏都峤三山游从驿前南渡郁江八里至车路江小水自东南西北入郁郡舟上水可抵此又南三里为石桥村

十二日……抵贵县南门则大江在下静闻与顾仆所附舟先泊南门久下船迫暮放舟乘月西行十五里而泊

十三日行十里西抵西山南东南转十里为宋村由贵县南至南山十里南山至宋村亦十里舟行屈曲水路倍之予先拟一至贵县即往宿南山诘明从南山间道候舟询之舟人既不得地名且云舟将连夜发遂不得行及发不过十余里即泊今上午过宋村悔不从初所拟至此登舟也又四十五里夹江两山起溯之入又乘月十五里泊香江驿

十四日过乌司堡已十里为横州界

十五日挂帆三十五里抵横州南门犹上午也是日为中秋节以行李及两病人入南宁舟予独入城傍江而东三里抵下渡渡南岸为宝华山道

十六日自宝华山下十里望东北凤凰诸石峰在三十里外路远不及往遂西抵州由上渡渡江入南宁舟

十七日舟西南行四十里抵陈步江内通小舟钦州盐俱从此出是日静闻病转剧

十八日舟至是多西北行旁皆土山缭绕盖自入郁江惟凤凰山石崖骈立瞰江余皆土阜耳又三十五里泊江西岸

十九日平明行五里过火烟驿为永淳县界于是舟北转历十二矶矶在江右涯盘石横突江畔又四十里抵永淳南门

二十日北绕永淳东旋西绕其北江几环城四隅矣于是始西北行共四十里过伶俐水五里泊

二十一日西南五十里八尺江自西来入江发源自钦州通舟可抵上思州遂西泊黄花驿驿去南宁府尚五十里

卷四上·西南游日记五·广西

九月二十二日予自南宁崇善寺别静闻下太平舟泊建武驿

二十三日下午始解维行八里泊窑头

二十四日放舟西五十三里为右江口右江自北左江自西至此会闻右江之流溯田州而上舟至白隘止由右江口北望其内俱高涯平陇无崇山为间而左江南岸则众峰内突兀起一圆阜颇与众山异西入左江二里泊大果湾乃两江中交脊尽处北有小峰三石圆亘如覆钟山至是始露石形

二十五日西南二十里为杨美石嘴错愕临流又二十里泊金竹洲上流野岸

二十六日西南十里过萧村入新宁州境石山复出若列屏若角挺濒江两岸奇石碁置竞露峥嵘又五里东折江南岸穹石成洞外裂多门如猛兽群立空其跨下北岸则断崖为峡飞梁驾其上两端又五里仍西南转与石山倏忽向背两崖突石愈奇上下覆嵲如劈云如肺叶降垂纷幻沓换但崖洞未甚深扩竟成阁殿耳又十八里石山始在江南岸又三里西透两山腋两岸始石山对列舟挟江北石峰北转而循其西麓于是东岸之南峰列三洞门北向北骈立两崖崖壁两叠叠各有洞是名狮崖南向争雄北三里直抵狮崖下南转二里又西一里逼一尖峰下仍南向西岸复有骈崖平剖巍临江潭者笔架山也而东岸石根愈透耸共三里过象石下泊新宁之西门自南宁来过右江口岸山始露石至杨美江石始奇过萧村入新宁境江左始有纯石山抵新宁北郭江右始有对峙之岫舟行峰石中如梳度纬应接不暇且江抵新宁不特石山最胜而石岸尤奇盖江流击山山削成壁流回沙转云根迸出或错立波心或飞嵌水面皆洞壑层开肤痕縠绉江既善折岸石与山辅之恐后益使江山两擅其奇予谓阳朔山峭濒江无此岸之石建溪水激多石无此石之奇虽连峰夹嶂远不类巫峡凑泊一处促不及武夷而疎密宛转在伯仲间至其一派玲珑通漏别出一番鲜巧足夺二山之席矣

二十七日西南行八里江东岸石根空中上覆已为诡幻忽一转双崖前突砻石高连下辟如闾阖更巧幻中雄观又一里冲江自东南来会南三里东岸一峰甚峭其北垂环腋转截处有洞西向累累特悬空无路又西曲南转共六里过那勒予泊舟于此为穿山犀牛二岩游西南三里透两峰下南至穆窑村市肆西临江浒穿岩在其南一里群峰排列岩在峰半门西向扳崖石上抵门始西见江流横其前洞直透山腹又见隔山回环后门外翠壁掩映乃由门上跻踞其中扃则东西两门对辟上皆垂石骈柱凝结两旁但其内西下东上故东透门高出西门顶自外望之都无所见必入门始知为穿岩也两门外俱削崖千丈矗立云表而东门地势既崇壁尤削趾尤峻所环对诸岩自门北迤东转又南围深谷若另辟一翠微境其下旋转西去谷口崖石交错不得窥下山过穆窑闻犀牛洞在骐驎村村依那勒东与穆窑三村鼎立乃东北三里至其村村人指洞在北山东峰上相去祗里许至其下不得路闻岩下伐木声呼觅之不荅时已过午虽与舟人期抵午返舟今即舟去不能顾也……由骐驎村北西二里抵那勒下舟

二十八日放舟南行旋转西北三里直逼双峰石壁下再折东南五里小水自东南来入即穆窑也又西南一里过穿山西又一里西入两山隙又五里江北岸山崖陡绝小峰如浮屠插其前山半缀一南向洞又六里界牌山蜿蜒江北西即太平境盖江之北岸新宁太平以此山分界南岸俱属新宁也又二里舟转北向西岸列岫嵯峨一峰前突俗名为五虎出洞舟遂东转已复西北抵北山下循之西向行共六里过安定堡北山尽南山复出亦西循之三里随山北转过花梨村又西北转随江北山二里转而西随江南山三里又暮行三里泊南岸晚梦村

二十九日循南岸山二里北转又三里转而西又五里山开水绕百家之市倚江北岸曰驮卢属太平县是日止行十里泊舟

十月初一日循驮卢西北五里北岸为左州界稍南南岸石峰复突又二里西北转乃见北岸石峰三里西南入峰夹间十里西岸回崖雄削骈障江流南最高有三洞东启极南一峰稍低上辟洞尤巨洞南崖石外跨自峰顶下插江潭崖南洞复透门出中崆峒交透舟行望之甚奇又南二里东岸石壁与之争奇而峰壁合映江潆其间更为胜绝又西南行六里已而东折则北岸双崖高穹崖半各有洞南向南岸矶嘴盘叠飞石凌空无不穿嵌透漏二里西南转上银瓮滩滩始有巨石中横如坝西五里西北盘东岸回崖二里抵北山下仍西南六里山开江旷一望廓然又五里而暮又二里泊捺利在江西岸属新宁

初二日西北三里抵江北危崖下南七里响源水自南来注声如雷源发自江州水之西岸即江州属新宁江州以此水分界水入江处有天然石坝绝江口高十尺东西长十余丈水逾坝坠江虽不甚高而雪溅雷击势尤阔悍亦一奇观也北岸为上果湾有岩西向临石上北一里抵北山下又西北转两岸山复出二里为宋村村有八仙岩绝胜又八里西岸石崖叠出屡变奇诡盈望又五里北转西岸一崖嶂天崖半洞裂双穴东向如连环北大南小垂石外间通其内既而大者愈穹忽划然中刓光自后透洞前上下皆翠崖危叠倒影江潭南有驮槎村转登山后闻可扳跻上又北一里东岸临江皑然为银山劈崖截山之半斑烂缀色与天光水影相为飞动觉阳朔画山更逊一筹崖下有上下二洞门俱西向上洞尤空邃中悬石作大士形上嵌层壁下濒回潭无从中跻其北纷窍甚多裂纹错缀树间吐纳云物独含英润一里转而西遂止驮朴为明日陆行计

佛国记[①]

法显本心欲令戒律流通汉地于是独还顺恒水东下十八由延其南岸有瞻波大国佛精舍经行处及四佛坐处悉起塔现有僧住从此东行近五十由延到多摩梨帝国即是海口其国有二十四僧伽蓝尽有僧住佛法亦兴法显住此二年写经及画像于是载商人大舶泛海西南行得冬初信风昼夜十四日到师子国彼国人云相去可七百由延其国在大洲上东西五十由延南北三十由延左右小洲乃有百数其间相去或十里二十里或二百里皆统属大洲多出珍宝珠玑有出摩尼珠地方可十里王使人守护若有采者十分取三其国本无人民止有鬼神及龙居之诸国商人共市易市易时鬼神不自现身但出宝物题其价直商人则依价直直取物因商人来往住故诸国人闻其土乐悉亦复来于是遂成大国

法显住此国二年更求得弥沙塞律藏本得长阿含杂阿含复得一部杂藏此悉汉土所无者得此梵本已即载商人大船上可有二百余人后系一小船海行艰险以备大船毁坏得好信风东下二日便值大风船漏水入商人欲趣小船小船上人恐人来多即斫絙断商人大怖命在须臾恐船水漏即取粗财货掷著水中法显亦以军持及澡灌并余物弃掷海中但恐商人掷去经像唯一心念观世音及归命汉地众僧我远行求法愿威神归流得到所止如是大风昼夜十三日到一岛边潮退之后见船漏处即补塞之于是复前海中多有抄贼遇辄无全大海弥漫无边不识东西唯望日月星宿而进若阴雨时为逐风去亦无准当夜闇时但见大浪相搏晃然火色鼋鼍水性怪异之属商人荒遽不知那向海深无底又无下石住处至天晴已乃知东西还复望正而进若值伏石则无活路如是九十日许乃到一国名耶婆提其国外道婆罗门兴盛佛法不足言停此国五月日复随他商人大船上亦二百许人赍五十日粮以四月十六日发法显于船上安居东北行趣广州一月余日夜鼓二时遇黑风暴雨商人贾客皆悉惶怖法显尔时亦一心念观世音及汉地众僧蒙威神佑得至天晓晓已诸婆罗门议言坐载此沙门使我不利遭此大苦当下比丘置海岛边不可为一人令我等危崄法显本檀越言汝若下此比丘亦并下我不尔便当杀我汝其下此沙门吾到汉地当向国王言汝也汉地王亦敬信佛法重比丘僧诸商人踌躇不敢便下于时天多连阴海师相望僻误遂经七十余日粮食水浆欲尽取海咸水作食分好水人可得二升遂便欲尽商人议言常行时正可五十日便到广州尔今已过期多日将无僻耶即便西北行求岸昼夜十二日长广郡界牢山南岸便得好水菜但经涉险难忧惧积日忽得至此岸见藜藿菜依然知是汉地然不见人民及行迹未知是何许或言未至广州或言已过莫知所定即乘小船入浦觅人欲问其处得两猎人即将归令法显译语问之法显先安慰之徐问汝是何人答言我是佛弟子又问汝入山何所求其便诡言明当七月十五日欲取挑腊佛又问此是何国答言此青州长广郡界统属刘家闻已商人欢喜即乞其财物遣人往长广太守李嶷敬信佛法闻有沙门持经像乘船泛海而至即将人从至海边迎接经像归至郡治商人于是还向扬州留法青州请法显一冬一夏夏坐讫法显远离诸师久欲趣长安但所营事重遂便南下向都就诸师出经律法显发长安六年到中国停六年还三年达青州凡所游历减三十国沙河已西迄于天竺众僧威仪法化之美不可详说窃惟诸师未得备闻是以不顾微命浮海而还艰难具更幸蒙三尊威灵危而得济故竹帛疏所经历欲令贤者同其闻见阙是歳甲寅晋义熙十二年歳在寿星夏安居末迎法显道人既至留共冬斋因讲集之际重问游历其人恭顺言辄依实由是先所略者劝令详载显复具叙始末自云顾寻所经不觉心动汗流所以乘危履险不惜此形者盖是志有所存专其愚直故投命于不必全之地以达万一之冀于是感叹斯人以为古今罕有自大教东流未有忘身求法如显之比然后知诚之所感无穷否而不通志之所奖无功业而不成成夫功业者岂不由忘夫所重重夫所忘者哉

① 〔南朝宋〕释法显撰。

宣和奉使高丽图经[①]

卷三·封境

高丽南隔辽海西距辽水北接契丹旧地东距大金又与日本琉球聃罗黑水毛人等国犬牙相制惟新罗百济不能自固其圉为丽人所并今罗州广州道是也其国在京师之东北自燕山道陆走渡辽而东之其境凡三千七百九十里若海道则河北京东淮南两浙广南福建皆可往今所建国正与登莱演棣相望自元丰以后每朝廷遣使皆由明州定海放洋绝海而北舟行皆乘夏至后南风风便不过五日即抵岸焉旧封境东西二千余里南北一千五百余里今既并新罗百济东北稍广其西北与契丹接连昔以大辽为界后为所侵迫乃筑来远城以为阻固然亦恃鸭绿以为险也鸭绿之水源出靺鞨其色如鸭头故以名之去辽东五百里经国内城又西与一水合即盐难水也二水合流西南至安平城入海高丽之中此水最大波澜清彻所经津济皆舣巨舰其国恃此以为天堑水阔三百步在平壤城西北四百五十里辽水东西四百八十里自辽已东即旧属契丹今契丹已亡大金以其地不毛不复城守徒为往来之道而已鸭绿之西又有白浪黄嵓二水自颇利城行数里合流而南是为辽水唐贞观间李绩来破高丽于南苏既渡怪其水浅狭问之云是辽源以此知前古未尝恃此水以为固此高丽所以退保鸭绿之东欤

卷三·贸易

高丽故事每人使至则聚为大市罗列百货丹漆缯帛皆务华好而金银器用悉王府之物及时铺陈盖非其俗然也崇宁大观使者犹及见之今则不然盖其俗无居肆惟以日中为墟男女老幼官吏工伎各以其所有用以交易无泉货之法惟纻布银瓶以准其直至日用微物不及疋两者【阙】以米计锱铢而偿之然民久安其俗自以为【阙】也中间【阙六字】朝廷赐予钱宝今【阙二字】之【阙二字】时出以示官属传玩焉

卷十八·释氏

浮图之教始出天竺遂传四夷其法崇盛高丽虽在海东闻自清凉法眼一枝东渡之后僧徒颇知性理尝于普济寺僧堂见其揭榜示众大略云言不足以载道久矣大千经卷皆药病之说正法眼藏无所付嘱世尊于是举花而示有微笑者至于子孙言辩相示谓之谈禅无乃妄乎灵山之会唯一迦叶其可容易期于众人昔人犹爱羊存而礼之大意不忘又况言说之筌足以得其意哉抑闻之说诗者贵在以意逆志吾宗亦然盖言以索意意之所随不可以言传则亦在乎默而识之尚何数数于文言之末乎观凡数百言滨契宗旨佛像供具皆悉修洁幡华缯盖行列有序大经则有华严般若小者不可悉数亦有本翻自中国能为华言者尝令诵之历历可听至其梵呗则又駃舌不复可辨矣其铙钹形制小而声悲至其螺声则洪大如号焉先是元丰间上节使臣宋密殁于紫燕岛自后使至必于济物寺饭僧致祭上节以次罗拜墓下比者衔命至彼亦袭前例虽存殁恩义理固宜尔然人心初到异邦远怀乡国遽覩客殡无不沾洒盖出使绝域唯辽东为难海洋阻隔危险万态得获全济复命于朝岂不幸欤自非倚仗【阙二字】王灵则其不葬于蛟蜃之腹者几希岂释氏专能持护哉今图其衣服制度以考同异云

卷十八·舟人

高丽头巾唯是重文罗一巾之价准米一石细民无赀可得复耻露头与罪囚无别故作竹冠以冠之或方或圆初无定制短褐被体下无袴襦每舟十余人夜则鸣榔鼓棹讴歌互答哓哓如鹅鹜群鸣略无声律情义盖其俗然也

---

① 〔宋〕徐兢撰。

卷二十三·杂俗二·渔

国俗有羊豕非王公贵人不食细民多食海品故有鳅鳆蚌蛛母虾王文蛤紫蟹蛎房龟脚以至海藻昆布贵贱通嗜多胜食气然而臭腥味咸久亦可厌也海人每至潮落矶舟岛屿而捕鱼然不善结网但以疏布漉之用力多而见功寡唯蛎蛤之属潮落不能去人掇拾尽力取之不竭也

卷二十四·节仗

臣闻春秋之法王人虽微序在诸侯之上盖尊王命也然当时周室纪纲圮坏诸侯强大有轻之之心孔子托空言以为天下后世臣子法尚谆谆如此矧太平盛际亲遣王人远使外国则彼之尊奉之礼岂敢少懈哉恭惟宋有天下垂二百年干戈寝偃四裔君长不待诏告而信顺之诚坚若金石盖自容成氏以来未有太平如此之盛宜乎诸侯推尊王人而礼文繁缛也比年使命每至丽国闻其备竭仪物之华兵卫之众以迓诏书以导旄节礼甚勤至然是行也适在王俁衣制未终其鼓吹之类皆执而不作亦可谓知礼也已

卷二十四·节仗·初神旗队

神舟既抵礼成港下矴讫丽人具采舟来迎使者奉诏书登岸三节步从入碧澜亭奉安诏书讫退休于所舍明日质明都辖提辖官对捧诏书入采舆兵仗前导诸仗之中神旗为先自西郊亭预建于馆前候诏书至与余仗相接导卫入城旗列十面车载而行每乘十余人自是之后受诏拜表则皆设于兵仗前也青衣龙虎军铠甲戈矛儿及万卒分为两序夹道而行

卷二十四·节仗·次骑兵

神旗之次有锦衣龙虎亲卫旗头一名骑而前驱执小红旗其次则领兵上将军其次则领军郎将皆骑兵也持弓矢佩剑饰马之具皆有銮声驰骤甚亟颇自矜耀

卷二十四·节仗·次铙鼓

骑兵之次鸣笳之军次之铙鼓之军又次之每百余步鸣笳军必却行面诏舆而合吹声止则击铙鼓为之节

卷二十四·节仗·次千牛卫

鼓角之次即有仪物贯革镫杖千牛军卫执之相比而行

卷二十四·节仗·次金吾卫

十牛卫之后金吾仗卫军次之执黄幡豹尾仪戟华盖差闲而行

卷二十四·节仗·次百戏

金吾仗卫之后百戏小儿次之服饰之类略同华风

卷二十四·节仗·次乐部

歌工乐色亦有三等之服而所持之器闲有小异其行在小儿队之后比使者至彼会俁衣制未除故乐部皆执其器而不作特以奉诏命不敢不设也

卷二十四·节仗·次礼物

礼物之匣大小不一其面标题所赐之物名件而皇帝信宝封之丽人尊奉宠眷乃盛以要舁而罩以黄帕每乘

用控鹤军四人服紫绣花袍上折脚幞头其行在乐部之次

卷二十四·节仗·次诏舆

采舆之设缋绣锦绮五色闲错制作华巧前一舆安大金炉次奉诏书并祭王俣文次奉御书亦以控鹤军捧之拜表归馆则不用其中一舆耳

卷二十四·节仗·次充代下节

国朝故事奉使高丽下节皆卒伍比岁稍许命官士人艺术工技以代其选今使者之行也人人仰体圣上怀徕之意愿为执鞭以观异域之俗又况陛辞之日面奉圣语丁宁宣谕人皆感泣而不以海洋之生死为忧也故有若成忠郎周通承信郎赵溉登仕郎熊樗年尹京文学江大亨李训唐浚翰林医学杨寅进士有若晁正之徐亨黄大本叶彦资王怿陈兴祖陶挺孟徽高伯益李锐崔世美顾大范金安止王居仁刘缉熙副尉则有李晖王泽吕渐徐珙徐可言施佑钟禹功省府寺监胥吏则有若董琪牛敏年郑恭陈佐杨大同杨涣刘宗武孙洵王佑尹公立孙琬曹裕王伯全陈惟溉王道深杨革张雩桂林范敏求舒障邹琮志张若朴范宁之朱彦康刘棨胡允升周郁郊伯成其服紫罗窄衫乌纱帽涂金双鹿带分为两序从诏舆而行

卷二十四·节仗·次宣武下节

宣武下军明州土兵共五十人服饰与充代不异但褰裳而行使锦绣彰施耳使者初出都门降赐涂金器皿从物再出节即供给之人各执于前粲采夺目以示荣耀于外国焉

卷二十四·节仗·次使副

国信使副从诏书入城副【阙】公会皆二马齐驱其服紫衣御仙花金带仍佩金鱼高丽伴使骑马在副使之右数步相比而行阙使又次之

卷二十四·节仗·次上节

上节都辖武翼大夫忠州刺史兼合门宣赞舍人吴德休其服紫衣金带行马在正使之后提辖朝奉大夫徐兢绯衣佩鱼行马在阙使之后法箓道官大虚大夫蘂珠殿校籍黄大中碧虚郎凝神殿校籍陈应常紫衣青襈佩金方符书状官宣教郎滕茂实崔嗣道如提辖官之服随船都巡检吴敞指使兼巡检路允升路逵傅叔承许兴文管勾舟船王觉民黄处仁葛成仲舒绍弼贾垣语録指使刘昭庆武 4i 杨明医官李安仁郝洙书状使臣马俊明李公亮其服紫衣涂金御仙花带引接荆珣孙嗣兴服绿各以官序行马从诏书入城其侍使副行则戴席帽而执鞭专遣行礼则亦张青盖彼国自有伴官相陪多以引进官为之

卷二十四·节仗·终中节

中节管勾礼物官承直郎朱明发承信郎娄泽范敀迪功郎崔嗣仁刘璹将仕郎吴构行遣迪功郎汪忱进士王处仁占候风云官承信郎董之邵王元【阙】符禁呪张洵仁技术郭范司马瓘使副亲随徐闳张皓李机许兴古亲从官王瑾鲁蹲宣武十将充代赵佑正名程政都辖亲随人吏王嘉宾王仔其服幞头紫窄衣涂金宝瓶带其行马在上节之次

卷三十三·舟楫

臣闻风行水上在卦为涣而舟楫之利以济不通取象于此后世圣知代作百工加饰故龙文鹢首驾风截浪一日千里必使横绝江河如履平地非特刳剡之简而已也乃若丽人生长海外动涉鲸波固宜以舟楫为先今观其制

度简略不甚工致岂其素安于水而狃狎之耶抑因陋就简鲁拙而莫之革耶今谨即所见列于图

卷三十三・舟楫・巡船

高丽地濒东海而舟楫之工简略特甚中安一樯上无棚屋惟设橹柁而已使者入群山门有此等巡船千余只皆插旌旗舟人逻卒皆著青衣鸣角击铙而来各于樯之杪建一小旆书曰洪州都巡曰永新都巡曰公州巡检曰保宁曰怀仁曰安兴曰暨川曰阳城曰庆源皆有尉司字实捕盗官吏也自入境以迄回程迎至饯行于群山岛望神舟入洋乃还其国

卷三十三・舟楫・官船

官船之制上为茅盖下施户牖周围栏槛以横木相贯挑出为棚面阔于底通身不用板箦唯以矫揉全木使曲相比钉之前有矴轮上施大樯布帆一十五幅垂下五分之一则散开而不合缝恐与风势相拒耳使者入境自东而来曰接伴曰先排曰管勾曰公厨凡千余舟大小相若惟接伴船有陈设幄幕焉

卷三十三・舟楫・松舫

松舫群山岛船也首尾皆直中为舫屋五间上以茅覆前后设二小室安榻垂帘中敞二间施锦茵褥最为华焕惟使副与上节乘之

卷三十三・舟楫・幕船

幕船之设三岛皆有之以待中下节使人也上以青布为屋下以长竿代柱四阿各以朱绳系之

卷三十三・舟楫・馈食

使者入境而群山岛紫燕测三州皆遣人馈食持书之吏紫衣幞头又其次则乌帽食味十余品而面食为【阙六字】器皿多用金银而杂以青陶盘椟皆木为之而黑漆神舟泊不近岛必遣介乘舟馈献于使者故事送三日若过期风阻未行则馈食不复至也

卷三十三・舟楫・供水

海水味剧咸苦不可口凡舟船将过洋必设水柜广蓄甘泉以备食饮盖洋中不甚忧风而以水之有无为生死耳华人自西绝洋而来既已累日丽人料其甘泉必尽故以大瓮载水鼓舟来迎各以茶米酬之

卷三十四・海道一

臣闻海母众水而与天地同为无极故其量犹天地之不可测度若潮汐往来应期不爽为天地之至信古人尝论之在山海经以为海鳅出入穴之度浮屠书以为神龙宝之变化窦叔蒙海峤志以谓水随月之盈亏卢肇海潮赋以谓日出入于海冲击而成王充论衡以水者地之血脉随气之进退率皆持臆说执偏见评料近似而未之尽大抵天包水水承地而一元之气升降于太空之中地承水力以自持且与元气升降互为抑扬而人不觉亦犹坐于船中者不知船之自运也方其气升而地沈则海水溢上而为潮及其气降而地浮则海水缩下而为汐计日十二辰由子至巳其气为阳而阳之气又自有升降以运乎昼由午至亥其气为阴而阴之气又自有升降以运乎夜一昼一夜合阴阳之气凡再升再降故一日之间潮汐皆再焉然昼夜之晷系乎日升降之数应乎月月临于子则阳气始升月临于午则阴气始升故夜潮之期月皆临子昼潮之期月皆临午焉又日之行迟月之行速以速应迟每二十九度过半而月行及之日月之会谓之合朔故月朔之夜潮日亦临子月朔之昼潮日亦临午焉且昼即天上而言之天体西转日月东行自朔而往月速渐东至午渐迟而潮亦应之以迟于昼故昼潮自朔后迭差而入于夜故所以一日午时二

日午末三日未时四日未末五日申时六日申末七日酉时八日酉末也夜即海下而言之天体东转日月西行自朔而往月速渐西至子渐迟而潮亦应之以迟于夜故夜潮自朔后迭差而入于昼此所以一日子时二日子末三日丑时四日丑末五日寅时六日寅末七日卯时八日卯末也加以时有交变气有盛衰而潮之所至亦因之为大小当卯酉之月则阴阳之交也气以交而盛出故潮之大也独异于余月当朔望之后则天地之变也气以变而盛出故潮之大也独异于余日今海中有鱼兽杀取皮而干之至潮时则毛皆起岂非气感而类应本于理之自然也至若波流而漩伏沙土之所凝山石之所峙则又各有其形势如海中之地可以合聚落者则曰洲十洲之类是也小于洲而亦可居者则曰岛三岛之类是也小于岛则曰屿小于屿而有草木则曰苫如苫屿而其质纯石则曰焦凡舫舶之行既出于海门则天地相涵上下一碧旁无云埃遇天地晴霁时皓月中天游云四敛恍然如游六虚之表既不可以言喻及风涛间发雷雨晦冥蛟螭出没神物变化而心悸胆落莫知所说故其可纪录者特山形潮候而已且高丽海道古犹今也考古之所传今或不覩而今之所载或昔人所未谈非固为异也盖航舶之所通每视风雨之向背而为之节方其风之牵乎西则洲岛之在东者不可得而见惟南与北亦然今既论潮候之大概详于前谨列夫神舟所经岛洲苫屿而为之图

卷三十四·海道一·神舟

臣侧闻神宗皇帝遣使高丽尝诏有司造巨舰二一曰凌虚致远安济神舟二曰灵飞顺济神舟规模甚雄皇帝嗣服羹墙孝思其所以加惠丽人实推广熙丰之绩爰自崇宁以迄于今荐使绥抚恩隆礼厚仍诏有司更造二舟大其制而增其名一曰鼎新利涉怀远康济神舟二曰循流安逸通济神舟巍如山岳浮动波上锦帆鹢首屈服蛟螭所以晖赫皇华震慑海外超冠今古是宜丽人迎诏之日倾国耸观而欢呼嘉叹也

卷三十四·海道一·客舟

旧例每因朝廷遣使先期委福建两浙监司顾募客舟复令明州装饰略如神舟具体而微其长十余丈深三丈阔二丈五尺可载二千斛粟其制皆以全木巨枋搀迭而成上平如衡下侧如刃贵其可以破浪而行也其中分为三处前一仓不安艎板惟于底安灶与水柜正当两樯之闲也其下即兵甲宿棚其次一仓装作四室又其后一仓谓之廥屋高及丈余四壁施窻户如房屋之制上施栏楯朱绘华焕而用帟幕增饰使者官属各以阶序分居之上有竹篷平时积迭遇雨则铺盖周密然舟人极畏廥高以其拒风不若仍旧为便也船首两颊柱中有车轮上绾藤索其大如椽长五百尺下垂矴石石两旁夹以二木钩船未入洋近山抛泊则放矴著水底如维缆之属舟乃不行若风涛紧急则加游矴其用如大矴而在其两旁遇行则卷其轮而收之后有正柂大小二等随水浅深更易当廥之后从上插下二棹谓之三副柂惟入洋则用之又于舟腹两旁缚大竹为橐以拒浪装载之法水不得过橐以【阙】轻重之度水棚在竹橐之上每舟十橹开山入港随潮过门皆鸣橹而行篙师跳踯号叫用力甚至而舟行终不若驾风之快也大樯高十丈头樯高八丈风正则张布飒五十幅稍偏则用利篷左右翼张以便风势大樯之巅更加小飒十幅谓之野狐飒风息则用之然风有八面唯当头不可行其立竿以鸟羽候风所向谓之五两大抵难得正风故布帆之用不若利篷翕张之能顺人意也海行不畏深惟惧浅阁以舟底不平若潮落则倾覆不可救故常以绳垂鈆硾以试之每舟篙师水手可六十人惟恃首领熟识海道善料天时人事而得众情故若一有仓卒之虞首尾相应如一人则能济矣若夫神舟之长阔高大什物器用人数皆三倍于客舟也

卷三十四·海道一·招宝山

宣和四年壬寅春三月诏遣给事中路允迪中书舍人傅墨卿充国信使副往高丽秋九月以国王俣薨被旨兼祭奠吊慰而行遵元丰故事也五年癸卯春二月十八日壬寅促装治舟二十四日戊申诏赴睿谟殿宣示礼物三月十一日甲子赴同文馆听诫谕十三日丙寅皇帝御崇政殿临轩亲遣传旨宣谕十四日丁卯锡宴于永宁寺是日解舟出汴夏五月三日乙卯舟次四明先是得旨以二神舟六客舟兼行十三日乙丑奉礼物入八舟十四日丙寅遣供卫大夫相州观察使直睿思殿关弼口宣诏旨赐宴于明州之厅事十六日戊辰神舟发明州十九日辛未达定海县

先期遣中使武功大夫容彭年建道场于总持院七昼夜仍降御香宣祝于显仁助顺渊圣广德王祠神物出现状如蜥蜴实东海龙君也庙前十余步当鄞江穷处一山巍然出于海中上有小浮屠旧传海舶望是山则知其为定海也故以招宝名之自此方谓之出海口二十四日丙子八舟鸣金鼓张旗帜以次解发中使关弼登招宝山焚御香望洋再拜是日天气晴快巳刻乘东南风张篷鸣橹水势湍急委蛇而行过虎头山水浃港口七里山虎头山以其形似名之度其地已距定海二十里矣水色与鄞江不异但味差咸耳盖百川所会至此犹未澄彻也

卷三十四·海道一·虎头山

过虎头山行数十里即至蛟门大抵海中有山对峙其闲有水道可以通舟者皆谓之门蛟门云蛟蜃所宅亦谓之三交门其日申未刻远望大小二谢山历松栢湾抵芦浦抛矴八舟同泊

卷三十四·海道一·沈家门

二十五日丁丑辰刻四山雾合西风作张篷委地曲折随风之势其行甚迟舟人谓之拒风巳刻雾散出浮稀头白峰窄额门石师颜而后至沈家门抛泊其门山与蛟门相类而四山环拥对开两门其势连亘尚属昌国县其上渔人樵客丛居十数家就其中以大姓名之申刻风雨晦冥雷电雨雹欻至移时乃止是夜就山张幕扫地而祭舟人谓之祠沙实岳渎主治之神而配食之位甚多每舟各刻木为小舟载佛经粮糗书所载人名氏纳于其中而投诸海盖禳厌之术一端耳

卷三十四·海道一·梅岑

二十六日戊寅西北风劲甚使者率三节人以小舟登岸入梅岑旧云梅子真栖隐之地故得此名有履迹瓢痕在石桥上其深麓中有萧梁所建宝陁院殿有灵感观音昔新罗贾人往五台刻其像欲载归其国暨出海遇焦舟胶不进乃还置像于焦上院僧宗岳者迎奉于殿自后海舶往来必诣祈福无不感应吴越钱氏移其像于城中开元寺今梅岑所尊奉即后来所作也崇宁使者闻于朝赐寺新额岁度缁衣而增饰之旧制使者于此请祷是夜僧徒焚诵歌呗甚严而三节官吏兵卒莫不虔恪作礼至中宵星斗焕然风幡摇动人皆欢跃云风已回正南矣二十七日己卯舟人以风势未定尚候其势海上以风转至次日不改者谓之孰不尔至洋中卒尔风回则茫然不知所向矣自此即出洋故审视风云天时而后进也申刻使副与三节人俱还入舟至是水色稍澄而波面微荡舟中已觉颱杌矣

卷三十四·海道一·海驴焦

二十八日庚辰天日清宴卯刻八舟同发使副具朝服与二道官望阙再拜投御前所降神霄玉清九阳总真符箓并风师龙王牒天曹直符引五岳真形与止风雨等十三符讫张篷而行出赤门食顷水色渐碧四望山岛稍稀或如断云或如偃月巳后过海驴焦状如伏驴崇宁闲舟人有见海兽出没波闲状如驴形当别是一物未必因焦石而有驴也

卷三十四·海道一·蓬莱山

蓬莱山望之甚远前高后下峭拔可爱其岛尚属昌国封境其上极广可以种莳岛人居之仙家三山中有蓬莱越弱水三万里乃得到今不应指顾间见当是今人指以为名耳过此则不复有山惟见远波起伏喷豗汹涌舟楫振撼舟中之人吐眩颠仆不能自持十八九矣

卷三十四·海道一·半洋焦

舟行过蓬莱山之后水深碧色如玻璃浪势益大洋中有石曰半洋焦舟触焦则覆溺故篙师最畏之是日午后南风益急加野狐飘制飘之意以浪来迎舟恐不能胜其势故加小飘于大飘之上使之提挈而行是夜洋中不可住维视星斗前迈若晦冥则用指南浮针以揆南北入夜举火八舟皆应夜分风转西北其势甚亟虽已落篷而飐动扬

摇瓶盎皆倾一舟之人震惧胆落黎明稍缓人心尚宁依前张飖而进

卷三十四・海道一・白水洋

一十九日辛巳天色阴翳风势未定辰刻风【阙】且顺复加野狐飖舟行甚钝申后风转酉刻云合雨作入夜乃止复作南风入白水洋其源出靺鞨故作白色是夜举火三舟相应矣

卷三十四・海道一・黄水洋

黄水洋即沙尾也其水浑浊且浅舟人云其沙自西南而来横于洋中千余里即黄河入海之处舟行至此则以鸡黍祀沙盖前后行舟过沙多有被害者故祭其溺水之魂云自中国适句骊唯明州道则经此若自登州版桥以济则可以避之比使者回程至此第一舟几遇浅第二舟午后三桅并折赖宗社威灵得以生还故舟人海以过沙尾为难当数用铅硾时其深浅不可不谨也

卷三十四・海道一・黑水洋

黑水洋即北海洋也其色黯湛渊沦正黑如墨猝然视之心胆俱丧怒涛喷薄屹如万山遇夜则波间熠熠其明如火方其舟之升在波上也不觉有海惟见天日明快及降在洼中仰望前后水势其高蔽空肠胃腾倒喘息仅存颠仆吐呕粒食不下咽其困卧于茵褥上者必使四维隆起当中如槽不尔则倾侧辊转伤败形体当是时求脱身于万死之中可谓危矣

卷三十五・海道二・夹界山

六月一日壬午黎明雾昏乘东南风巳刻稍霁风转西南益张野狐飖午正风厉第一舟大樯者然有声势曲欲折亟以大木附之获全未后东北望天际隐隐如云人指以为半托伽山不甚可辨入夜风微舟行甚缓二日癸未早雾昏曀西南风作未后澄霁正东望一山如屏即夹界山也高丽以此为界限初望隐然酉后遇近前有二峰谓之双髻山后有小焦数十如奔马状雪浪喷激遇山溅瀑尤高丙夜风急雨作落帆彻篷以缓其势

卷三十五・海道二・五屿

五屿在处有之而以近夹界者为主定海之东北苏州洋内群山马岛皆有五屿大抵篙工指海山上小山为屿所以数处五山相近皆谓之五屿矣三日甲申宿雨未霁东南风作午后过是屿风涛喷激久之齿崒【阙三字】甚可爱

卷三十五・海道二・排岛

是日巳刻云散雨止四顾澄霁远望三山并列中一山如堵舟人指以为排岛亦曰排垛山以其如射垛之形耳

卷三十五・海道二・白山

是日午后东北望一山极大连亘如城日色射处其白如玉未后风作舟行甚快

卷三十五・海道二・黑山

黑山在白山之东南相望甚迩初望极高峻遇近见山势重复前一小峰中空如洞两间有溪可以藏舟昔海程云是使舟顿宿之地馆舍犹存今取道更不抛泊上有民居聚落国中大罪得贷死者多流窜于此每中国人使舟至遇夜于山巅明火与熢燧诸山次第相应以迄王城自此山始也申后舟过

卷三十五·海道二·月屿

月屿二距黑山甚远前曰大月屿回抱如月旧传上有养源寺后曰小月屿对峙如门可以通小舟行

卷三十五·海道二·阑山岛

阑山岛又曰天仙岛其山高峻远望壁立前二小焦如龟鳖之状

卷三十五·海道二·白衣岛

白衣岛三山相连前有小焦附之偃桧积苏苍润可爱亦曰白甲苫

卷三十五·海道二·跪苫

跪苫在白衣岛之东北其山特大于众苫数山相连碎焦环遶不可胜数夜潮冲激雪涛奔薄月落夜昏而溅沫之明如火炽也

卷三十六·海道三·春草苫

春草苫又在跪苫之外舟人呼为外屿其上皆松桧之属望之郁然夜分风静舟行益钝

卷三十六·海道三·槟榔焦

槟榔焦以形似得名大抵海中之焦远望多作此状唯春草苫相近者舟人谓之槟榔焦夜深潮落舟随水退几复入洋举舟恐惧亟鸣橹以助其势黎明尚在春草苫四日乙酉天日晴霁风静浪平俯视水色澄碧如鉴可以见底复有海鱼数百其大数丈随舟往来夷犹鼓鬣洋洋自适殊不顾有舟楫过也

卷三十六·海道三·菩萨苫

是日午后过菩萨苫丽人谓其上曾有显异因以名之申后风静随潮而进

卷三十六·海道三·竹岛

是日酉后舟至竹岛抛泊其山数重林木翠茂其上亦有居民民亦有长山前有白石焦数百块大小不等宛如堆玉使者回程至此适值中秋月出夜静水平明霞映带斜光千丈山岛林壑舟楫器物尽作金色人人起舞弄影酌酒吹笛心目欣快不知前有海洋之隔也

卷三十六·海道三·苦苫

五日丙戌晴明过苦苫苫距竹岛不远其山相类亦有居人丽俗谓刺猬毛为苦苫此苫山林木茂盛而不大正如猬毛故以名之是日抛泊此苫丽人拿舟载水来献以米谢之东风大作不能前进遂宿焉

卷三十六·海道三·群山岛

六日丁亥乘早潮行辰刻至群山岛抛泊其山十二峰相连环绕如城六舟来迓载戈甲鸣铙歈角为卫别有小舟载绿袍吏端笏揖于舟中不通姓字而退云群山岛注事也继有译语官合门通事舍人沈起来参同接伴金富轼知全州吴俊和遣使来投远迎状使副以礼受之揖而不拜遣掌仪官相接而已继遣荅书舟既入岛沿岸乘旗帜列植者百余人同接伴以书送使副及三节早食使副牒接伴送国王先状接伴遣采舫请使副上群山亭相见其亭濒海后倚两峰相并特高壁立有数仞门外有公廨十余间近西小山上有五龙庙资福寺又西有崧山行宫左右前后居民十数家于后使副乘松舫至岸三节导从入馆接伴郡守趋廷设香案拜舞望阙拜舞恭问圣体毕分两阼升堂

使副居上以次对再拜讫少前叙致复再拜就位上中节堂上序立与接伴揖国俗皆雅揖都辖前致辞再拜次揖郡守如前礼退就席其位使副俱南向接伴郡守东西相向下节舟人声喏于庭上节分坐堂上中节分两廊下节坐门之两厢舟人坐于门外供张极齐肃饮食且丰腆礼貌恭谨地皆设席盖其俗如此亦近古也酒十行中节下节第降杀之初坐接伴亲斟以奉使者复酬之酒半遣人致劝三节皆易大觥礼毕上中节趋揖如初礼使副登松舫归所乘大舟

卷三十六·海道三·横屿

横屿在群山岛之南一山特大亦谓之案苫前后有小焦数十绕之石脚一洞深可数丈高阔称之潮至拍水声如雷车

卷三十七·海道四·紫云苫

七月戊子天日晴快早全州守臣致书备酒礼曲留使者使者以书固辞乃已惟受所馈蔬茹鱼蛤等因以方物酬之午刻解舟宿横屿八日己丑早发南望一山谓之紫云苫横巘差迭其后二山尤远宛如双眉凝翠焉

卷三十七·海道四·富用山

是日午后过富用山即舟人所谓芙蓉山也其山在洪州境内上有仓廪积谷且多云以备边鄙非常之用故以富用名之

卷三十七·海道四·洪州山

洪州山又在紫云苫之东南数百里州建其下又东一山产金盘踞如虎谓之东源小山数十环拱如城其山上有一潭渊澄可鉴不可测是日申刻舟过

卷三十七·海道四·鸦子苫

鸦子苫亦名轧子苫丽人谓笠为轧其山形似之因以得名是日酉刻舟过

卷三十七·海道四·马岛

是日酉后风势极大舟行如飞自轧子苫一瞬之闲即泊马岛盖清州境也泉甘草茂国中官马无事则群牧于此因以为名其主峰浑厚左臂环抱前一石觜人海激水回波惊湍汹涌千奇万怪不可名状故舟过其下多不敢近虑触暗焦也有客馆曰安兴亭知清州洪若伊遣介绍与译语官陈懿同来如全州礼岸次迓卒旗帜与群山岛不异入夜然大火炬荧惑照空时风政作恶舟中摇荡几不可坐使者扶持以小舟登岸相见如群山亭之礼惟不受酒礼夜分还使舟

卷三十七·海道四·九头山

九日庚寅天气清明南风甚劲辰发马岛巳刻过九头山其山云有九峰远望不甚详然而林木丛茂清润可喜

卷三十八·海道五·唐人岛

唐人岛未详其名山与九头山相近是日午刻舟过岛下

卷三十八·海道五·双文焦

双文焦其山甚大不异岛屿前一山虽有草木但不甚深密后一山颇小中断为门下有暗焦不可通舟是日巳

刻自唐人岛继过此焦风势愈急舟行益速

卷三十八·海道五·大青屿

大青屿以其远望郁然如凝黛故丽人作此名是日午刻舟过

卷三十八·海道五·和尚岛

和尚岛山势重迭林壑深茂山中多虎狼昔尝有学佛者居之兽不敢近今叶老寺乃其遗迹也故丽人谓之和尚岛是日未刻舟过其下

卷三十八·海道五·牛心屿

牛心屿在小洋中一峰特起状类覆盂而中稍锐丽人谓之牛心它处皆见之形肖此山而差小者亦谓之鸡心屿是日未正舟过此屿南风小雨

卷三十八·海道五·聂公屿

聂公屿以姓得名远视甚锐逼近如堵盖其形匾纵横所见各异是日未末舟过其下

卷三十九·海道六·小青屿

小青屿如大青屿之形但其山差小而周围多焦石申初舟过雨势稍密

卷三十九·海道六·紫燕岛

是日申正舟次紫燕岛即广州也倚山为馆榜曰庆源亭亭之侧为幕屋数十闲居民草舍亦众其山之东一屿多飞燕故以名之接伴尹彦植知广州陈淑遣介绍与译官卓安持书来迎兵仗礼仪加厚申后雨止使副与三节登岸到馆其饮食相见如全州礼夜漏下二刻归舟十日辛卯辰刻西北风八舟不动都辖吴德休提辖徐兢同上节复以采舟诣馆过济物寺为元丰使人故左班殿直宋密饭僧毕归舟已刻随潮而进

卷三十九·海道六·急水门

是日未刻到急水门其门不类海岛宛如巫峡江路山围屈曲前后交锁两闲即水道也水势为山峡所束惊涛拍岸转石穿崖喧豗如雷虽千钧之弩追风之马不足喻其湍急也至此已不可张篷惟以橹棹随潮而进

卷三十九·海道六·蛤窟

申后抵蛤窟抛泊其山不甚高大民居亦众山之脊有龙祠舟人往还必祀之海水至此比之急水门变黄白色矣

卷三十九·海道六·分水岭

分水岭即二山相对小海自此分流之地水色复浑如梅岑时十一日壬辰早雨作午刻潮落雨益甚国王遣刘文忠持先书使者以礼受之酉刻前进至龙骨抛泊

卷三十九·海道六·礼成港

十二日癸巳早雨止随潮至礼成港使副迁入神舟午刻使副率都辖提辖官奉诏书于采舟丽人以兵仗甲马旗帜仪物共万计列于岸次观者如堵墙采舟及岸都辖提辖奉诏书入于采舆下节前导使副后从上中节以次随

之人于碧澜亭奉安诏书讫分位少愒次日遵陆入于王城臣窃惟海道之难甚矣以一叶之舟泛重溟之险惟恃宗社之福当使波神効顺以济不然则岂人力所能至哉方其在洋也以风飘为适从若或暴横转至他国生死瞬息又恶三种险曰痴风曰黑风曰海动痴风之作连日怒号不已四方莫辨黑风则飘怒不时天色晦冥不分昼夜海动则彻底沸腾如烈火煮汤洋中遇此鲜有免者且一浪送舟辄数十余里而以数丈之舟浮波涛闲不啻毫末之在马体故涉海者不以舟之大小为急而以操心履行为先若遇危险则发于至诚虔祈哀恳无不感应者比者使事之行第二舟至黄水洋中三柂并折而臣适在其中与同舟之人断发哀恳祥光示现然福州演屿神亦前期显异故是日舟虽危犹能易他柂既易复倾摇如故又五昼方达明州定海比至登岸举舟臞顇几无人色其忧惧可料而知也若以谓海道非难则还朝复命不应受重赏以为以死则自【阙七十一字】

风归日以北风初发明州以其年五月二十八日放洋得顺风至六月六日即达群山岛及回程以七月十三日甲子发顺天馆十五日丙寅复登大舟十六日丁卯至蛤窟十七日戊辰至紫燕岛二十二日癸酉过小青屿和尚岛大青屿双文焦唐人岛九头山是日泊马岛二十三日甲戌发马岛过轧子苫望洪州山二十四日乙亥过横屿入群山门泊岛下至八月八日戊子凡十四日风阻不行申后东北风作乘潮出洋过苦苫风入夜不住九日己丑早过竹岛辰巳望见黑山忽东南风暴复遇海动舟侧欲倾人大恐惧即鸣鼓招众舟复还十日庚寅风势益猛午刻复还群山岛至十六日丙申又六日矣申后风正即发洋夜泊竹岛又二日风阻不行至十九日己亥午后发竹岛夜过月屿二十日庚子早过黑山次过白山次过五屿夹界山北风大作低篷以杀其势二十一日辛丑过沙尾午闲第二舟三副柂折夜漏下四刻正柂亦折而使舟与他舟皆遇险不一二十三日壬寅望见中华秀州山二十四日癸卯过东西胥山二十五日甲辰入浪港山过潭头二十六日乙巳早过苏州洋夜泊栗港二十七日丙午过蛟门望招宝山午刻到定海县自离高丽明州界凡海道四十二日云

卷四十·正朔

唐刘仁轨为方州刺史乃请所颁历及宗庙讳曰当削平辽海班示本朝正朔及战胜以兵经略高丽帅其酋长赴登对之会卒如初言史臣壮之然仁轨特服其力耳未必其本心也何以言之臣观丽人之事中国其请降尊号班正朔勤勤恳恳不绝于口及为契丹所迫革面从之而乃心朝廷葵倾蚁慕终不解于胸次岂用兵之与用德固自有次第哉虽然近则易服远则难怀若丽境之望帝封邈在大海之外当其来也泛巨航驾便风昼夜兼行十数日始达四明风或稍戾惊涛山涌灶釜倾荡涓滴之水不留且不可爨舟人往往绝粒甚则柁折樯摧倾覆之变生于瞬息亦已危矣然自建隆开宝间愿效臣节不敢少懈以迄于今至与北敌则封境之相距才一水耳敌人朝发马夕已饮水于鸭绿矣尝大败衄始臣事之用其年号终统和开泰凡二十一年至王询大破北敌复通中国乃于真宗皇帝大中祥符七年遣使请班正朔朝廷从之后遂用大中祥符之号易去北虏开泰之名

诸蕃志①

卷上·志国·交趾国

交趾古交州东南薄海接占城西通白衣蛮北抵钦州历代置守不绝赋入至薄守御甚劳皇朝重武爱人不欲宿兵瘴疠之区以守无用之土因其献款从而羁縻之王系唐姓服色饮食略与中国同但男女皆跣足差异耳每岁正月四日椎牛飨其属以七月十五日为大节家相问遗官寮以生口献其酋十六日开宴酬之岁时供佛不祭先病不服药夜不燃灯乐以蚺蛇皮为前列【案此句未详疑有误字】不能造纸笔求之省地案省地【二字亦未详】土产沉香蓬莱香生金银鐵朱砂珠贝犀象翠羽车渠盐漆木绵吉贝之属岁有进贡其国不通商以此首题言自近者始也舟行约十余程抵占城国

卷上·志国·占城国

占城东海路通广州西接云南南至真腊北抵交趾通邕州自泉州至本国顺风舟行二十余程其地东西七百里南北三千里国都号新州有县镇之名甃砖为城护以石塔王出入乘象或乘软布兜四人舁之案宋史外国列传云王出近则乘软布兜远则乘象或乘一木杠四人舁之【据此则布兜下当脱或乘一木杠五字】头戴金帽身披璎珞王每出朝坐轮使女三十人持剑盾或捧槟榔从官属谒见膜拜一而止白事毕膜拜一而退妇人拜揖与男子同男女犯奸皆杀盗有斩指断趾之刑战则五人结甲走则同甲皆坐以死唐人被土人杀害追杀偿死国人好洁日三五浴以脑麝合香涂体又以诸香和焚薰衣四时融暖无寒暑候每岁元日牵象周行所居之地然后驱逐出郭谓之逐邪四月有遊船之戏陈鱼而观之定十一月望日为冬至州县以土产物帛献于王民间耕种率用两牛五谷无麦有秔粟麻豆不产茶亦不识酝酿之法止饮椰子酒菓实有莲蔗蕉椰之属土地所出象牙笺沉速香黄蜡乌樠木白藤吉贝花布丝绞布白氎簟孔雀犀角红鹦鹉等物官监民入山斫香输官谓之身丁香如中国身丁盐税之类纳足听民贸易不以钱为货惟博米酒及诸食物以此充岁计若民入山为虎所噬或水行被鳄鱼之厄其家指其状诣王王命国师作法诵呪书符投民死所虎鳄即自投赴请命杀之若有欺诈诬害之讼官不能明令竞主同过鳄鱼潭其负理者鱼即出食之理直者虽过十余次鳄自避去买人为奴婢每一男子鬻金三两準香货酬之商舶到其国即差官折黑皮为策书白字抄物数监盘上岸十取其二外听交易如有隐瞒籍没入官番商兴贩用脑麝檀香草席凉伞绢扇漆器甆器铅锡酒糖等博易旧州乌丽日丽越里微芮宾瞳龙乌马拔弄容蒲罗甘兀亮宝毗齐皆其属国也其国前代罕与中国通周显德中始遣使入贡皇朝建隆乾德间各贡方物太平兴国六年交趾黎桓上言欲以其国俘九十三人献于京师太宗令广州止其俘存抚之自是贡献不绝辄以器币优赐嘉其向慕圣化也国南五七日程至真腊国

卷上·志国·宾瞳龙国

宾瞳龙国地主手饰衣服与占城同以葵盖屋木作栅护岁贡方物于占城今罗汉中有宾头卢尊者盖指此地言之宾瞳龙音讹也或云目连舍基尚存雍熙四年同大食国来贡方物

卷上·志国·真腊国

真腊接占城之南东至海西至蒲甘南至加罗希自泉州舟行顺风月余日可到其地约方七千余里国都号禄兀天气无寒其王妆束大概与占城同出入仪从则过之间乘辇驾以两马或用牛其县镇亦与占城无异官民悉编

---

① 〔宋〕赵汝适撰。

竹覆茅为屋惟国王镌石为室有青石莲花池沼之胜跨以金桥约三十余丈殿宇雄壮侈丽特甚王坐五香七宝床施宝帐以纹木为竿象牙为壁群臣入朝先至阶下三稽首升阶则跪以两手抱膊遶王环坐议政事讫跪伏而退西南隅铜台上列铜塔二十有四镇以八铜象各重四千斤战象几二十万马多而小奉佛谨严日用番女三百余人舞献佛饭谓之阿南即妓弟也其俗淫奸则不问犯盗则有斩手断足烧火印胷之刑其僧道呪法灵甚僧衣黄者有室家衣红者寺居戒律精严道士以木叶为衣有神曰婆多利祠祭甚谨以右手为净左手为秽取杂肉羹与饭相和用右手掬而食之厥土沃壤田无畛域视力所及而耕种之米谷廉平每两乌铅可博米二斗土产象牙暂速细香粗熟香黄蜡翠毛【此国最多】笃耨脑笃耨瓢番油姜皮金颜香苏木生丝绵布等物番商兴贩用金银瓷器假锦凉伞皮鼓酒糖醯醢之属博易登流眉波斯兰罗斛三泺真里富麻罗间绿洋吞里富蒲甘窊里西棚杜怀浔番皆其属国也本国旧与占城邻好岁贡金两因淳熙四年五月望日占城主以舟师袭其国都请和不许杀之遂为大雠誓必复怨庆元己未大举入占城俘其主戮其臣仆剿杀几无噍类更立真腊人为主占城今亦为真腊属国矣唐武德中始通中国国朝宣和二年遣使入贡其国南接三佛齐属国之加罗希

卷上·志国·登流眉国【案登流眉宋史作丹流眉】

登流眉国在真腊之西地主椎髻簪花肩红蔽白朝日登场初无殿宇饮食以葵叶为椀不施匕筯掬而食之有山曰无弄释迦涅盘示化铜像在焉产白荳蔻笺沉速香黄蜡紫矿之属

卷上·志国·蒲甘国

蒲甘国官民皆撮髻于额以色帛系之但地主别以金冠其国多马不鞍而骑其俗奉佛尤谨僧皆衣黄地主早朝官僚各持花来献僧作梵语祝寿以花戴王首余花归寺供佛国有诸葛武侯庙皇朝景德元年遣使同三佛齐大食国来贡获预上元观灯崇宁五年又入贡

卷上·志国·三佛齐国

三佛齐间于真腊阇婆之间管州十有五在泉之正南冬月顺风月余方至凌牙门经商三分之一始入其国国人多姓蒲累甓为城周数十里国王出入乘船身缠缦布盖以绢伞卫以金镖其人民散居城外或作牌水居铺板覆茅不输租赋习水陆战有所征伐随时调发立酋长率领皆自备兵器糗粮临敌敢死伯于诸国无缗钱止凿白金贸易四时之气多热少寒豢畜颇类中国有花酒椰子酒槟榔蜜酒皆非曲糵所酝饮之亦醉国中文字用番书以其王指环为印亦有中国文字上章表则用焉国法严犯奸男女悉寘极刑国王死国人削发成服其侍人各愿狥死积薪烈焰跃入其中名曰同生死有佛名金银山佛像以金铸每国王立先铸金形以代其躯用金为器皿供奉甚严其金像器皿各镌志示后人勿毁国人如有病剧以银如其身之重施国之穷乏者云可缓死俗号其王为龙精不敢谷食惟以沙糊食之否则岁旱而谷贵浴以蔷薇露用水则有巨浸之患有百宝金冠重甚每大朝会惟王能冠之他人莫胜也传禅则集诸子以冠授之能胜之者则嗣旧传其国地面忽裂成穴出牛数万成群奔突入山人竞取食之后以竹木室其穴遂绝土地所产瑇瑁脑子沉速暂香粗熟香降真香丁香檀香荳蔻外有真珠乳香蔷薇水栀子花腽肭脐没药芦荟阿魏木香苏合油象牙珊瑚树猫儿睛琥珀番布番剑等皆大食诸番所产萃于本国番商兴贩用金银瓷器锦绫缬绢糖鐵酒米干良姜大黄樟脑等物博易其国在海中扼诸番舟车往来之咽喉古用鐵索为限以备他盗操纵有机若商舶至则纵之比年宁谧撤而不用堆积水次土人敬之如佛舶至则祠焉沃以油则光焰如新鳄鱼不敢踰为患若商舶过不入即出船合战期以必死故国之舟辐凑焉蓬豊登牙侬凌牙斯加吉兰舟佛罗安日罗亭潜迈拔沓单马令加罗希巴林冯新拖监篦蓝无里细兰皆其属国也其国自唐天佑始通中国皇朝建隆间凡三遣贡淳化三年告为阇婆所侵乞降诏谕本国从之咸平六年上言本国建佛寺以祝圣寿愿赐名及钟上嘉其意诏以承天万寿为额并以钟赐焉至景德祥符天禧元佑元丰贡使络绎辄优诏奖慰之其国东接戎牙路【或作重迦卢】

卷上·志国·单马令国

单马令国地主呼为相公以木作栅为城广六七尺高二丈余上堪征战国人乘午打鬃跣足屋舍官场用木民居用竹障以叶系以藤土产黄蜡降真香速香乌樠木脑子象牙犀角番商用绢伞雨伞荷池缬绢酒米盐糖甆器盆钵麄重等物及用金银为盘盂博易日啰亭潜迈拔沓加啰希类此本国以所得金银器纠集日啰亭等国类聚献入三佛齐国

卷上·志国·凌牙斯国

凌牙斯国自单马令风帆六昼夜可到亦有陆程地主缠缦跣足国人剪发亦缠缦地产象牙犀角速暂香生香脑子番商兴贩用酒米荷池缬绢甆器等为货各先以此等物準金银然后打博如酒壹墱準银一两準金二钱米二墱準银一两十墱準金一两之类岁贡三佛齐国

卷上·志国·佛啰安国

佛啰安国自凌牙斯加四日可到亦可遵陆其国有飞来佛二尊一有六臂一有四臂贼舟欲入其境必为风挽回俗谓佛之灵也佛殿以铜为瓦饰之以金每年以六月望日为佛生日动乐铙钹迎导甚都番商亦预焉土产速暂香降真香檀香象牙等番商以金银甆鐵漆器酒米糖麦博易岁贡三佛齐其邻蓬豊登牙侬加吉兰丹类此

卷上·志国·新拖国

新拖国有港水深六丈舟车出入两岸皆民居亦务耕种架造屋宇悉用木植覆以棕榈皮籍以本板障以藤篾男女裸体以布缠腰剪发仅留半寸山产胡椒粒小而重胜于打板地产东瓜甘蔗匏豆茄菜但地无正官好行剽掠番商罕至兴贩

卷上·志国·监篦国

监篦国其国当路口舶船多泊此从三佛齐国风帆半月可到旧属三佛齐后因争战遂自立为王土产白锡象牙真珠国人好弓箭杀人多者带符标榜互相夸诧五日水路到

卷上·志国·蓝无里国

蓝无里国蓝无里国土产苏木象牙白藤国人好斗多用药箭北风二十余日到南毗管下细兰国自蓝无里风帆将至其国必有电光闪烁知是细兰也其王黑身而逆毛露顶不衣止缠五色布蹑金线红皮履出骑象或用软兜日啖槟榔炼真珠为灰屋宇悉用猫儿睛及青红宝珠玛瑙杂宝妆饰仍用藉地以行东西有二殿各植金树柯茎皆用金花实并叶则以猫儿睛青红宝珠等为之其下置金椅以琉璃为壁王出朝早升东殿晚升西殿坐处常有宝光盖日影照射琉璃与宝树相映如霞光闪烁然二人常捧金盘从承王所啖槟榔滓从人月输金一镒于官库以所承槟榔滓内有梅花脑并诸宝物也王握宝珠径五寸火烧不暖夜有光如炬王日用以拭面年九十余颜如童国人肌肤甚黑以缦缠身露顶跣足以手掬饭器皿用铜有山名细轮迭顶有巨人迹长七尺余其一在水内去山三百余里其山林水低昂周环朝拱产猫儿睛红玻瓈脑青红宝珠地产白荳蔻木兰皮麄细香番商转易用檀香丁香脑子金银甆器马象丝帛等为货岁进贡于三佛齐

卷上·志国·阇婆国

阇婆国又名莆家龙于泉州为丙巳方率以冬月发船盖藉北风之便顺风昼夜行月余可到东至海水势渐低女人国在焉愈东则尾闾之所泄非复人世泛海半月至昆仑国南至海三日程泛海五日至大食国西至海四十五日程北至海四日程西北泛海十五日至渤泥国又十日至三佛齐国又七日至古逻国又七日至柴历亭抵交趾达

广州国有寺二一名圣佛一名舍身有山出鹦鹉名鹦鹉山其王椎髻戴金铃衣锦袍蹑革履坐方床官吏日谒三拜而退出入乘象或腰舆壮士五七百輩执兵以从国人见王皆坐俟其过乃起以王子三人为副王官有司马杰落佶连共治国事如中国宰相无月俸随时量给土产诸物次有文吏三百余员分主城池帑廪及军卒其领兵者岁给金二十两胜兵三万岁亦给金有差土俗婚聘无媒妁【案聘字原脱今依宋史补入】但纳黄金于女家以取之不设刑禁犯罪者随轻重出黄金以赎惟寇盗则寘诸死五月遊船十月遊山或跨山马或乘软兜乐有横笛皷板亦能舞山中多猴不畏人呼以霄霄之声即出投以果实则有大猴先至土人谓之猴王先食毕群猴食其余国中有竹园有鬬鸡斗猪之戏屋宇壮丽饰以金碧贾人至者馆之宾舍饮食丰洁土人被发其衣装缠胷下至于膝疾病不服药但祷求神佛民有名而无姓尚气好斗与三佛齐有雠互相攻击宋元嘉十二年尝通中国后绝皇朝淳化三年复修朝贡之礼其地坦平宜种植产稻麻粟豆无麦耕田用牛民输十一之租【案十一二字原本误作土今依宋史改正】煮海为盐多鱼鳖鸡鸭山羊兼椎马牛以食果实有大瓜椰子蕉子甘蔗芋出象牙犀角真珠龙脑瑇瑁檀香茴香丁香荳蔻荜澄茄降真香花簟番剑胡椒槟榔硫黄红花苏木白鹦鹉亦务蚕织有杂色绣丝吉贝绫布地不产茶酒出于椰子及虾猱丹树之中此树华人未曾见或以桄榔槟榔酿成亦自清香蔗糖其色红白味极甘美以铜银鍮锡杂铸为钱钱六十凖金一两三十二凖金半两番商兴贩用夹杂金银及金银器皿五色缬绢皂绫川芎白芷朱砂绿矾白矾鹏砂砒霜漆器鐡鼎青白甆器交易此番胡椒萃聚商舶利倍蓰之获往往冒禁潜载铜钱博换朝廷屡行禁止兴贩番商诡计易其名曰苏吉丹

卷上·志国·苏吉丹

苏吉丹即阇婆之支国而接新拖东连打板有山峻极名保老岸番舶未到先见此山顶耸五峰时有云覆其上其王以五色布缠头跣足路行蔽以凉伞或皂或白从者五百余人各持鎗剑镖刀之属头戴帽子其状不一有如虎头者如鹿头者又有如牛头羊头鸡头象头狮头猴头者旁插小旗以五色缬绢为之土人男剪发女打鬃皆裸体跣足以布缠腰民间贸易用杂白银凿为币状如骰子上镂番官印记六十四只凖货金一两每只博米三十升或四十升至百升其它贸易悉用是名曰阇婆金可见此国即阇婆也架造屋宇与新拖同地多米谷巨富之家仓储万余石有树名波罗蜜其实如东　皮如栗壳肉如柑瓣味极甘美亦有荔支芭蕉甘蔗与中国同荔支晒干可疗痢疾蕉长一尺蔗长一丈此为异耳蔗汁入药醖酿成酒胜如椰子地之所产大率与阇婆无异胡椒最多时和岁丰货银二十五两可博十包至二十包每包五十升设有凶歉寇攘但易其半采椒之人为辛气薰迫多患头痛饵川芎可愈蛮妇搽抹及妇人染指甲衣帛之属多用朱砂故番商兴贩率以二物为货厚遇商贾无宿泊饮食之费其地连百花园麻东打板禧宁戎牙路东峙打纲黄麻驻麻篱牛论丹戎武啰底勿平牙夷勿奴孤皆阇婆之属国也打板国东连大阇婆号戎牙路【或作重迦卢】居民架造屋宇与中国同其地平坦有港通舟车往来产青盐绵羊鹦鹉之属番官勇猛与东边贼国为姻彼以省亲为名番舶多遭劫掠之患甚至俘人以为奇货每人换金二两或三两以此商货遂绝【贼国丹重布啰琶离孙他故论是也】打纲黄麻驻麻篱牛论丹戎武啰底平牙夷勿奴孤等国在海岛中各有地主用船往来地罕耕种国多老树内产沙糊状如麦面土人用水为圆大如绿荳晒干入包储蓄为粮或用鱼及肉杂以为羹多嗜甘蔗芭蕉捣蔗入药醖酿为酒又有尾巴树剖其心取其汁亦可为酒土人壮健凶恶色黑而红裸体文身剪发跣足饮食不用器皿针树叶以从事食巳则弃之民间博易止用沙糊凖以升斗不识书计植木为棚高二丈余架屋其上障盖与新拖同土产檀香丁香荳蔻花簟番布鐡剑器械等物内丹戎麻篱武啰尤广袤多蓄兵马稍知书计土产降真黄蜡细香瑇瑁等物丹戎武啰亦有之率不事生业相尚出海以舟劫掠故番商罕至焉

卷上·志国·南毗国

南毗国在西南之极自三佛齐便风月余可到国都号篾阿抹唐语曰礼司其主裸体跣足縛头缠腰皆用白布或著白布窄袖衫出则骑象戴金帽以真珠珍宝杂拖其上臂系金缠足圈金鍊仪仗有纛用孔雀羽为饰柄拖银朱凡二十余人左右翊卫从以番妇择貌壮奇伟者前后约五百余人前者舞导皆裸体跣足止用布缠腰后者骑马无鞍缠腰束发以真珠为缨络以真金为缠鍊用脑麝杂药涂体蔽以孔雀毛伞其余从行官属以白番布为袋坐其上

名曰布袋轿以扛舁之扛包以金银在舞妇之前国多沙地王出先差官一员及兵卒百余人持水洒地以防飓风播扬饮食精细鼎以百计日一易之有官名翰林供王饮食视其食之多寡每裁约之无使过度或因而致疾则尝粪之甘苦以疗治之国人紫色耳轮垂肩习弓箭善刀矟喜战斗征伐皆乘象临敌以彩缬缠头事佛尤谨地暖无寒米谷麻豆麦粟芋菜食用皆足价亦廉平凿杂白银为钱镂官印记民用以贸易土产真珠诸色番布兜罗绵国有淡水江乃诸流凑汇之处江极广袤旁有山突兀常有星现其上秀气钟结产为小石如猫儿睛其色明透埋于山坎中不时山发溯洪推流官时差人乘小舸采取国人珍之故临胡茶辣甘琶逸弼离沙麻啰华冯牙啰麻哩抹都奴何哑哩喏嗷啰啰哩皆其属国也其国最远番舶罕到时罗巴智力干父子其种类也今居泉之城南土产之物本国运至吉罗达弄三佛齐用荷池缬绢甆器樟脑大黄黄连丁香脑子檀香荳蔻沉香为货商人就博易焉

卷上·志国·故临国

故临国自南毗舟行顺风五日可到泉舶四十余日到蓝里住冬至次年再发一月始达土俗大率与南毗无异土产椰子苏木酒用蜜糖和椰子花汁酝成好事弓箭战斗临敌以彩缬缠髻交易用金银钱以银钱十二準金钱之一地暖无寒每岁自三佛齐监篦吉陀等国发船博易用货亦与南毗同大食人多寓其国中每浴毕用郁金涂体盖欲仿佛之金身【案仿佛原作彷佛今改正】

卷上·志国·胡茶辣国

胡茶辣国管百余州城有四重国人白净男女皆穴耳坠重环著窄衣缠缦布戴白暖耳蹑红皮鞋人禁荤食有佛宇四千区内约二万余妓每日两次歌献佛饭及献花献花用吉贝线结缚为球日约用三百斤有战象四百余只兵马约十万王出入乘象顶戴金冠从者各乘马持剑土产青碇至多紫矿苛子诸色番布每岁转运就大食货卖

卷上·志国·麻啰华国

麻啰华国与胡茶辣连接其国管六十余州有陆路衣服风俗与胡茶辣国同产白布甚多每岁约发牛二千余只驼布就陆路往他国博易

卷上·志国·注辇国

注辇国西天南印度也东距海五里西至西天竺千五百里南至罗兰二千五百里北至顿田三千里自古不通商水行至泉州约四十一万一千四百余里欲往其国当自故临易舟而行或云蒲甘国亦可往其国有城七重高七尺南北十二里东西七里每城相去百步四城用砖二城用土最中城以木为之皆植花菓杂木第一第二城皆民居环以小濠第三第四城侍郎居之第五城王之四子居之第六城为佛寺百僧居之第七城即王之所居屋四百余区所统有三十一部落其西十二曰只都尼施亚卢尼罗琶离鳖琶移布尔琶布尼古檀布尔蒲登故里婆轮岑本蹄揭蹄阎黎池离那部尼遮古林亚里者林其南八曰无雅加黎麻蓝眉古黎苦低舍里尼蜜多罗摩伽蓝蒲登蒙伽林加蓝琶里琶离遊亚林池蒙伽蓝其北十二曰拨罗耶无没离江林加里蒙伽蓝漆结麻蓝握折蒙伽蓝皮林伽蓝蒲棱和蓝堡琶来田注离卢娑啰迷蒙伽蓝【案三十一部落之名原本讹脱不一今皆依宋史改正】民有罪命侍郎一员处治之轻者絷于木格笞五七十至一百重者即斩或以象践杀之其宴则王与四侍郎膜拜于阶遂共作乐歌舞不饮酒而食肉俗衣布亦有饼饵掌馔执事用妓近万余家日轮三千辈祗役其嫁娶先用金银指环使媒妇至女家后三日会男家亲族约以田土生畜槟榔酒等称其有无为礼女家复以金银指环越诺布及女所服锦衣遗婿若男欲离女则不敢取聘财女欲却男则倍偿之其国赋税繁重客旅罕到与西天诸国斗战官有战象六万皆高七八尺战时象背立屋载勇士远则用箭近则用槊战胜者象亦赐号以旌其功国人尚气轻生或有当王前用短兵格斗死而无悔父子兄弟不同釜而爨不共器而食然甚重义地产真珠象牙珊瑚玻璃槟榔豆蔻琉璃色丝布吉贝布兽有山羊黄牛禽有山鸡鹦鹉菓有余甘藤萝千年枣椰子甘罗昆仑梅波罗蜜之类花有白茉莉散丝蛇脐桑丽秋青黄碧婆罗瑶莲蝉紫水蕉之类五谷有绿黑豆麦稻地宜竹自昔未尝朝贡大中祥符八年其主遣使贡真珠等译者导

其言曰愿以表远人慕化之意诏合门祗候史佑之馆伴宴锡恩例同龟兹使适值承天节其使获预启圣院祝寿至熙宁十年又贡方物神宗遣内侍劳问之其余南尼华啰等国不啻百余悉冠以西天之名又有所谓王舍城者俗传自交趾之北至大理大理西至王舍城不过四十程按贾耽皇华西达记云自安南通天竺是有陆可通其国然达么之来浮海至番禺岂陆程迂廻不如海道之迅便欤

卷上·志国·西天鹏茄啰国

西天鹏茄啰国都号茶那咭城围一百二十里民物好胜专事剽夺以白砑螺壳磨治为钱土产宝剑兜罗绵等布或谓佛教始于此国唐三藏元奘取经曾到

卷上·志国·西天南尼华啰国

西天南尼华啰国城有三重人早晚浴以郁金涂体效佛金色多称婆罗门以为佛真子孙屋壁坐席悉涂牛粪相尚以此为洁家置坛崇三尺三级而升每晨焚香献花名为供佛大食番商至其国则坐之门外馆之别室具供帐器皿妇人犯奸辄杀之官不问土产上等木香细白花蘂布人多食酥酪饭豆菜少食鱼肉道通西域西域忽有轻骑来劫但闭门距之数日乏粮自退

卷上·志国·大秦国

大秦国【一名犂靬】西天诸国之都会大食番商所萃之地也其王号麻啰弗理安都城以帛织出金字缠头所坐之物则织以丝罽有城市里巷王所居舍以水精为柱以石灰代瓦多设帘帏四围开七门置守者各三十人有他国进贡者拜于阶陀之下祝寿而退其人长大美皙颇类中国故谓之大秦有官曹簿领而文字习北人皆髦头而衣文绣亦有白盖小车旌旗之属及十里一亭三十里一堠地多狮子遮害行旅不百人持兵器偕行易为所食宫室下凿地道通礼拜堂一里许王少出惟诵经礼佛遇七日即由地道往礼拜堂拜佛从者五十余人国人罕识王面若出遊则骑马用伞马之头顶皆饰以金玉珠宝递年大食国王有号素丹者遣人进贡如国内有警即令大食措置兵甲抚定所食之物多饭饼肉不饮酒用金银器以匙挑之食已即以金盘贮水濯手土产琉璃珊瑚生金花锦缦布红玛瑙真珠又出骇鸡犀骇鸡犀即通天犀也汉延嘉初其国主遣使自日南徼外来献犀象瑇瑁始通中国所供无他珍异或疑使人隐之晋大康中又来贡或云其国西有弱水流沙近西王母所处几于日所入也按杜还经行记云拂桑国在苫国西亦名大秦其人颜色红白男子悉著素衣妇人皆服珠锦好饮酒尚干饼多任务巧善织络地方千里胜兵万余与大食相御西海中有市客主同和我往则彼去彼来则我归卖者陈之于前买者酬之于后皆以其直置诸物旁待领直然后收物名曰鬼市

卷上·志国·天竺国

天竺国隶大秦国所立国主悉由大秦选择俗皆辫发垂下两鬓及顶以帛缠头所居以石灰代瓦有城郭居民王服锦罽为螺髻于顶余发剪之使短晨出坐氍皮【氍乃兽名】用朱蜡饰之画杂物于上群下皆礼拜祝寿出则骑马鞍辔皆以乌金银鬧装从者三百人执矛剑之属妃衣大袖镂金红衣岁一出多所赈施国有圣水能止风涛番商用琉璃缾盛贮猝遇海扬波以水洒之则止后魏宣武时尝遣使献骏马云其国出狮子貂豹橐驼犀象瑇瑁金铜鐵铅锡金缕织成金罽白迭毾㲪有石如云母而色紫裂之则薄如蝉翼积之则如纱縠有金刚石似紫石英百炼不销可以切玉又有旃檀等香甘蔗石蜜诸果岁与大秦扶南贸易以齿贝为货俗工幻化有弓箭甲矟飞梯地道及木牛流马之法而怯于战斗善天文算历之术皆学悉昙草书【案新旧唐书皆作悉昙章】以贝多树叶为纸唐贞观天授中尝遣使入贡雍熙间有僧啰护哪航海而至自言天竺国人番商以其西僧竞持金缯珍宝以施僧一不有买隙地建佛刹于泉之城南今宝林院是也

卷上·志国·大食国

大食在泉之西北去泉州最远番舶艰于直达自泉发船四十余日至蓝里博易住冬次年再发顺风六十余日方至其国本国所产多运载与三佛齐贸易商贾转贩以至中国其国雄壮其地广袤民俗侈丽甲于诸番天气多寒雪厚二三尺故贵毡毯国都号蜜徐篱【或作麻啰拔】据诸番冲要王头缠织锦番布朔望则戴八面纯金平顶冠极天下珍宝皆施其上衣锦衣系玉带蹑间金履其居以玛瑙为柱以绿甘【石之透明如水晶者】为壁以水晶为瓦以碌石为砖以活石为灰帷幕之属悉用百花锦其锦以真金线夹五色丝织成台榻饰以珠宝阶砌包以纯金器皿鼎灶杂用金银结真珠为帘每出朝坐于帘后官有丞相披金甲戴兜鍪持宝剑拥卫左右余官曰太尉各领兵马二万余人马高七尺用鐡为鞋士卒骁勇武艺冠伦街阔五丈余就中凿二丈深四尺以备骆驼马牛驮负物货左右铺砌青黑石板尤极精致以便来往民居屋宇与中国同但瓦则以薄石为之民食专仰米谷好嗜细面蒸羊贫者食鱼菜菓实皆甜无酸取蒲萄汁为酒或用糖煮香药为思酥酒又用蜜和香药作眉思打华酒其酒大暖巨富之家博易金银以量为秤市肆諠哗金银绫锦之类种种萃聚工匠技术咸精其能王与官民皆事天有佛名麻霞勿七日一削发翦甲岁首清斋念经一月每日五次拜天农民耕种无水旱之忧有溪涧之水足以灌溉其源不知从出当农隙时其水止平两岸及农务将兴渐渐泛溢日增一日差官一员视水候至广行劝集齐时耕种足用之后水退如初国有大港深二十余丈东南濒海支流达于诸路港之两岸皆民居日为墟市舟车辐凑麻麦粟豆糖面油柴鸡羊鹅鸭鱼虾枣圈蒲萄杂菓皆萃焉土地所出真珠象牙犀角乳香龙涎木香丁香肉荳蔻安息香芦荟没药血碣阿魏腽肭脐鹏砂琉璃玻璨砗磲珊瑚树猫儿睛栀子花蔷薇水没石子黄蜡织金软锦驼毛布兜罗锦异緞等番商兴贩系就三佛齐佛啰安等国转易麻啰抹施曷奴发哑四包闲啰施美木俱兰伽力吉毗喏耶伊禄白达思莲白莲积吉甘眉蒲花罗层拔弼琶啰勿拔瓮篱记施麻嘉弼斯罗吉甆尼勿斯离皆其属国也其国本波斯之别种隋大业中有波斯之桀黠者探穴得文石以为瑞乃纠合其众剽略资货聚徒浸盛遂自立为王据有波斯国之西境唐永徽以后屡来朝贡其王盆尼末换之前谓之白衣大食阿婆罗拔之后【案阿婆罗拔宋史作阿蒲罗拔】谓之黑衣大食皇朝乾德四年僧行勤游西域因赐其王书以招怀之开宝元年遣使来朝贡四年同占城阇婆致礼物于江南李煜煜不敢受遣使上其状因诏自今勿以为献淳化四年遣副使李亚勿来贡引对于崇政殿称其国与大秦国为邻土出象牙犀角太宗问取犀象何法对曰象用象媒诱至渐近以大绳羁縻之耳犀则使人升大树操弓矢伺其至射而杀之其小者不用弓矢亦可捕获赐以袭衣冠带仍赐黄金準其所贡之直雍熙三年同宾瞳龙国来朝咸平六年又遣麻尼等贡真珠乞不给回赐真宗不欲违其意竢其还优加恩礼景德元年其使与三佛齐蒲甘使同在京师留上元观灯皆赐钱纵饮四年偕占城来贡优加馆饩许览寺观苑囿大中祥符车驾东封其主陁婆离上言愿执方物赴泰山从之四年祀汾阴又来诏令陪位旧传广州言大食国人无西忽卢华百三十岁耳有重轮貌甚伟异自言远慕皇化附古逻国舶船而来诏赐锦袍银带加束帛元佑开禧间各遣使入贡有番商曰施那帏大食人也侨寓泉南轻财乐施有西土气习作丛冢于城外之东南隅以掩舶贾之遗骸提舶林之奇记其实

卷上·志国·麻嘉国

麻嘉国自麻啰拔国西去陆行八十余程方到乃佛麻霞勿所生之处佛居用五色玉甃成每岁遇佛忌辰大食诸国皆至瞻礼争持金银珍宝以施仍用锦绮覆其居后有佛墓书夜常有霞光人莫能近过则合眼若人临命终时摸取墓上土涂胷云可乘佛力超生

卷上·志国·层拔国

层拔国在胡茶辣国南海岛中西接大山其人民皆大食种落遵大食教度缠青番布蹑红皮鞋日食饭面烧饼羊肉乡村山林多障岫层迭地气暖无寒产象牙生金龙涎黄檀香每岁胡茶辣国及大食边海等处发船贩易以白布甆器赤铜红吉贝为货

卷上·志国·弼琶啰国

弼琶啰国有四州余皆村落各以豪强相尚事天不事佛土多骆驼绵羊以骆驼肉并乳及烧饼为常馔产龙涎

大象牙及大犀角象牙有重百余斤犀角重十余斤亦多木香苏合香油没药瑇瑁至厚他国悉就贩焉又产物名骆驼鹤身顶长六七尺有翼能飞但不甚高兽名狙蜡状如骆驼而大如牛色黄前脚高五尺后低三尺头高向上皮厚一寸又有骡子红白黑三色相间纹如经带皆山野之兽往往骆驼之别种也国人好猎时以药箭取之

卷上·志国·勿拔国

勿拔国边海有陆道可到大食王紫棠色缠头衣衫遵大食教度为事

卷上·志国·中理国

中理国人露头跣足缠布不敢著衫惟宰相及王之左右乃著衫缠头以别王居用砖甓甃砌民屋用葵茆苫盖日食烧面饼羊乳骆驼乳牛羊骆驼甚多大食惟此国出乳香人多妖术能变身作禽兽或水族形惊眩愚俗番舶转贩或有怨隙作法诅之其船进退不可知与劝解方为释放其国禁之甚严每岁有飞禽泊郊外不计其数日出则绝不见其影国人张罗取食之其味极佳惟暮春有之交夏而绝至来岁复然国人死棺殓毕欲殡凡远近亲戚慰问各舞剑而入嗷问孝主死故若人杀死我等当刃杀之报仇孝主答以非人杀之自系天命乃投剑恸哭每岁常有大鱼死飘近岸身长十余丈径高二丈余国人不食其肉惟刳取脑髓及眼睛为油多者至三百余墱和灰修舶船或用点灯民之贫者取其肋骨作屋桁脊骨作门扇截其骨节为臼国有山与弼琶啰国隔界周围四千里大半无人烟山出血碣芦荟水出瑇瑁龙涎其龙涎不知所出忽见成块或三五斤或十斤飘泊岸下土人竞分之或船在海中蓦见采得

卷上·志国·瓮蛮国

瓮蛮国人物如勿拔国地主缠头缴缦不衣跣足奴仆则露首跣足缴缦蔽体食烧面饼羊肉并乳鱼菜土产千年枣甚多沿海出真珠山畜牧马极蕃庶他国贸易惟买马与真珠及千年枣用丁香荳蔻脑子等为货

卷上·志国·记施国

记施国在海屿中望见大食半日可到管州不多王出入骑马张皂伞从者百余人国人白净身长八尺披发打缠缠长八尺半缠于头半垂于背衣番衫缴缦布蹑红皮鞋用金银钱食面饼羊鱼千年枣不食米饭土产真珠好马大食岁遣骆驼负蔷薇水栀子花水银白铜生银朱砂紫草细布等下船至本国贩于他国

卷上·志国·白达国

白达国系大食诸国之一都会自麻啰拔国约陆行一百三十余程过五十余州乃到国极强大军马器甲甚盛王乃佛麻霞勿直下子孙相袭传位至今二十九代经六七百年大食诸国或用兵相侵皆不敢犯其境王出张皂盖金柄其顶有玉狮子背负一大金月闪耀如星虽远可见城市衢陌居民豪侈多宝物珍段少米鱼菜人食饼肉酥酪产金银碾花上等琉璃白越诸布苏合油国人相尚以好雪布缠头及为衣服七日一次削发剪爪甲一日五次礼拜天遵大食教度以佛之子孙故诸国归敬焉

卷上·志国·弼斯啰国

弼斯啰国地主出入骑从千余人尽带鐵甲将官带连环锁子甲听白达节制人食烧面饼羊肉天时寒暑稍正但无朔望产骆驼绵羊千年枣每岁记施瓮蛮国常至其国般贩

卷上·志国·吉慈尼国

吉慈尼国自麻罗拔国约一百二十程可到地近西北极寒冬雪至春不消国有大山围遶凿山为城方二百余

里外环以水有礼拜堂二百余官民皆赴堂礼拜谓之厨【或作除】幭民多豪富居楼阁至有五七层者多畜牧驼马人食饼肉奶酪少鱼米或欲饮饭以牛湩拌水饮之王手臂过膝有战马百匹各高六尺余骡数十匹亦高三尺出则更迭乘之所射弓数石五七人力不能挽马上使鐵锤重五十余斤大食及西天诸国皆畏焉土产金银越诺布金丝绵五色驼毛段碾花琉璃苏合油无名异摩娑石

卷上·志国·勿厮离国

勿厮离国其地多石山秋露沆瀣日晒即凝状如糖霜采而食之清凉甘腴盖真甘露也山有天生树一岁生栗名蒲芦次岁生没石子地产火浣布珊瑚

卷上·志国·芦眉国

芦眉国自麻啰拔西陆行三百余程始到亦名眉路骨国其城屈曲七重用黑光大石甃就每城相去千步有番塔三百余内一塔高八十丈容四马并驱而上内有三百六十房人皆缠头塌项以色毛段为衣以肉面为食以金银为钱有四万戸织锦为业地产绞绡金字越诺布间金间丝织锦绮摩娑石无名异蔷薇水栀子花苏合油鹏砂及上等碾花琉璃人家好畜驼马犬

卷上·志国·木兰皮国

木兰皮国大食国西有巨海海之西有国不可胜数大食巨舰所可至者木兰皮国尔自大食之陁盘地国发舟正西涉海百余日方至其国一舟可容数千人舟中有酒食肆机杼之属言舟之大者莫木兰皮若也国之所产极异麦粒长三寸瓜围六尺可食二三十人榴重五斤桃重二斤香圆重二十余斤莴苣菜每茎可重十余斤其叶长三四尺米麦开地窖藏之数十年不壊产胡羊高数尺尾大如扇春剖腹取脂数十斤再缝合而活不取则发膔胀死陆行二百程日晷长三时秋月西风忽起人兽速就水饮乃生稍迟则渴死

卷上·志国·勿斯里国

勿斯里国属白达国节制国王白皙打缠头著番衫穿皂靴出入乘马前有看马三百匹鞍辔尽饰以金宝有虎十头縻以鐵索伏虎者百人弄鐵索者五十人持擂棒者一百人臂鹰者三十人又千骑围护有亲奴三百各带甲持剑二人持御器械导王前其后有百骑鸣鼓仪从甚都国人惟食饼肉不食饭其国多旱管下一十六州周回六十余程有雨则人民耕种反为之漂壊有江水极清甘莫知水源所出岁旱诸国江水皆消减惟此水如常田畴充足农民藉以耕种岁率如此人至有七八十岁不识雨者旧传蒲啰吽第三代孙名千宿曾据此国为其无雨恐有旱干之患遂于近江择地置三百六十乡村村皆种麦递年供国人日食每村供一日三百六十村可足一年之食又有州名憇野傍近此江两年或三年必有一老人自江水中出头发黑短须鬓皓白坐于水中石上惟现半身掬水洗面剔甲国人见之知其为异近前拜问今岁人民吉凶如何其人不语若笑则其年丰稔民无札瘥若蹙额则是年或次年必有凶歉疾疫坐良久复没不见江中有水骆驼水马时登岸啮草见人则没入水

卷上·志国·遏根陀国

遏根陀国勿斯里之属也相传古有异人徂葛尼于濒海建大塔下凿地为两屋砖结甚密一窖粮食一储器械塔高二百丈可通四马齐驱而上至三分之二塔心开大井结渠透大江以防他国兵侵则举国据塔以拒敌上下可容二万人内居守而外出战其顶上有镜极大他国或有兵船侵犯镜先照见即预备守御之计近年为外国人投塔下执役扫洒数年人不疑之忽一日得便盗镜抛沉海中而去

卷上·志国·海上杂国

晏陀蛮国自蓝无里去细兰国如风不顺飘至一所地名晏陀蛮海中有一大屿内有两山一大一小其小山全

无人烟其大山周围七十里山中之人身如黑漆能生食人船人不敢舣岸山内无寸鐵皆以砗磲蚌壳磨铦为刄上有圣迹浑金床承一死人经代不朽常有巨蛇卫护蛇身毛长二尺人不敢近有井每岁两次水溢流入于海所过砂石经此水浸皆成金阖山人常祭此井如铜铅鐵锡用火烧红取此水沃之辄变成金旧传曾有商舶壊船人扶竹木随流飘至此山知有圣水潜以竹筒盛满乘木筏随浪飘漾至南毗国以水献南毗国王试之果验南毗王遂兴兵谋奄有其山船未至间遭恶风飘回船人漂至山尽为山蛮所食盖此山有金床异人窞有神护不令人近也

昆仑层期国在西南海上连接大海岛常有大鹏飞蔽日移晷有野骆驼大鹏遇则吞之或拾鹏翅截其管可作水桶土产大象牙犀角西有海岛多野人身如黑漆虯发诱以食而擒之转卖与大食国为奴获价甚厚托以管钥谓其无亲属之恋也

沙华公国其人多出大海劫夺得人缚而卖之阇婆又东南有野岛蛮贼居之号麻啰奴商舶飘至其国群起擒人以巨竹夹烧而食之其贼首鑚齿皆以黄金装饰取人脑盖为饮食器其岛愈深其贼愈甚又东南有女人国水常东流数年水一泛涨或流出莲肉长尺余桃核长二尺人得之则以献于女王昔常有舶舟飘落其国群女携以归数日无不死有一智者夜盗船亡命得去遂传其事其国女人遇南风盛发裸而感风即生女也

西海亦有女国其地五男三女以女为国王妇人为吏职男子为军士女子贵则多有侍男男子不得有侍女生子从母姓气候多寒以射猎为业出鍮石朱砂麝香牦牛骏马尤多盐与大秦天竺博易其利数倍波斯国在西南海上其人肌理甚黑鬓发皆虯以青花布缠身以两金串钤手无城郭其王早朝以虎皮蒙杌迭足坐群下膜拜而退出则乘软兜或骑象从者百余人执剑呵护食饼肉饭盛以甆器掬而啖之

茶弼沙国城方一千余里王著战袍缚金带顶金冠穿皂靴妇女著真珠衫土产金宝极多人民住屋有七层每一层乃一人家其国光明系太阳没入之地至晚日入其声极震洪于雷霆每于城门用千人吹角鸣锣击鼓杂混日声不然则孕妇及小儿闻日声皆惊死

斯加里野国近芦眉国界海屿阔一千里衣服风俗语音与芦眉同本国有山穴至深四季出火远望则朝烟暮火近观则火势烈甚国人相与扛舁大石重五百斤或一千斤抛掷穴中湏臾爆出碎如浮石每五年一次火从穴出流转至海边复回所过林木皆不燃烧遇石则焚爇如灰

默伽猎国王逐日诵经拜天打缠头著毛段番衫穿红皮鞋教度与大食国一同王每出入乘马以大食佛经用一函乘在骆驼背前行管下五百余州各有城市有兵百万出入皆乘马人民食饼肉有麦无米牛羊骆驼菓实之属甚多海水深二十丈产珊瑚树

卷上·志国·渤泥国

渤泥在泉之东南去阇婆四十五日程去三佛齐四十日程去占城与麻逸各三十日程【案麻宋史作摩】皆以顺风为则其国以板为城城中居民万余人所统十四州王居覆以贝多叶民舍覆以草王之服色略仿中国若裸体跣足则臂佩金圈手带金練以布缠身坐绳床出则施大布单坐其上众舁之名曰阮囊从者五百余人前持刀剑器械后捧金盘贮香脑槟榔等从以战船百余只为卫战斗则持刀被甲甲以铜铸状若大筒穿之于身护其腹背器皿多用金地无麦有麻稻以沙糊为粮【沙糊详见黄麻驻】又有羊及鸡鱼无丝蚕用吉贝花织成布有尾巴树加蒙树椰子树以树心取汁为酒富室之妇女皆以花锦销金色帛缠腰婚聘先以酒槟榔次之指环又次之然后以吉贝布或量出金银成礼丧葬有棺敛以竹为輂载弃山中二月始耕则祀之凡七年则不复祀矣以十二月七日为岁节地多热国人宴会鸣鼓吹笛击钵歌舞为乐无器皿以竹编贝多叶为器食毕则弃之其国邻于底门国有药树取其根煎为膏服之仍涂其体兵刃所伤皆不死土地所出梅花脑速脑金脚脑米脑黄蜡降真香瑇瑁番商兴贩用货金货银假锦建阳锦五色绢五色茸琉璃珠琉璃瓶子白锡乌铅网坠牙臂环臙脂漆椀楪青甆器等博易番舶抵岸三日其王与眷属率大人【王之左右号曰大人】到船问劳船人用锦藉跳扳迎肃欵以酒醴用金银器皿褖席凉伞等分献有差既泊舟登岸皆未及博易之事商贾日以中国饮食献其王故舟往佛泥必挟善庖者一二辈与俱朔望并讲贺礼几月余方请其王与大人论定物价价定然后鸣鼓以召远近之人听其贸易价未定而私贸易者罚俗重商贾有罪抵死者罚而不杀船回日其王亦豳酒椎牛祖席酢以脑子番布等称其所施舶舟虽贸易迄事必候六月望日排辨佛节然后出港否则有风涛之厄佛无他像茅舍数层规制如塔下置小龛罩珠二颗是谓圣佛土人云

二珠其初犹小今渐大如拇指矣遇佛节其王亲供花菓者三日国中男女皆至太平兴国二年遣使蒲亚利等贡脑子瑇瑁象牙檀香其表缄封数重纸类木皮而薄莹滑色微绿长数尺博寸余卷之仅可盈握其字细小横读之译以华言云渤泥国王向打稽首拜皇帝万岁万岁万万岁又言每年修贡易飘泊占城乞诏占城今后勿留馆其使于礼宾院优遣之元丰五年又遣使来贡其西龙宫什庙日丽胡芦蔓头苏勿里马胆逾马喏居海岛中用小船来往服色饮食与渤泥同出生香降真香黄蜡瑇瑁商人以白甆器酒米麤盐白绢货金易之

卷上·志国·麻逸

麻逸国在渤泥之北团聚千余家夹溪而居土人披布如被或腰布蔽体有铜佛像散布草野不知所自盗少至其境商舶入港驻于官场前官场者其国阛阓之所也登舟与之杂处酋长日用白伞故商人必赍以为赆交易之例蛮贾丛至随舒簥搬取物货而去初若不可晓徐辨认搬货之人亦无遗失蛮贾乃以其货转入他岛屿贸易率至八九月始归以其所得準偿舶商亦有过期不归者故贩麻逸舶回最晚三屿白蒲延蒲里噜里银东流新里汉等皆其属也土产黄蜡吉贝真珠瑇瑁药槟榔于达布商人用甆器货金鐡鼎乌铅五色琉璃珠鐡针等博易

卷上·志国·三屿

三屿乃麻逸之属曰加麻延巴姥酉巴吉弄等各有种落散居岛屿舶舟至则出而贸易总谓之三屿其风俗大略与麻逸同每聚落各约千余家地多崇冈迭嶂峭拔如壁凭高依险编茅为屋山无水源妇女以首絫擎二三瓮取水于溪登陟如履平地穷谷别有种落号海胆人形而小眼圆而黄虬发露齿巢于木颠或三五为群跧伏榛莽以暗箭射人多罹其害投以甆椀则俯拾忻然跳呼而去番商每抵一聚落未敢登岸先驻舟中流鸣鼓以招之蛮贾争棹小舟持吉贝黄蜡番布椰心簟等至与之贸易如议价未决必贾豪自至说谕馈以绢伞甆器藤笼仍留一二辈为质然后登岸互市交易毕则返其质停舟不过三四日又转而之他诸蛮之居环绕三屿不相统属其山倚东北隅南风时至激水冲山波涛迅驶不可泊舟故贩三屿者率四五月间即理归棹博易用甆器皂绫缬绢五色烧珠铅网坠白锡为货蒲哩噜与三屿联属聚落差盛人多猛悍好攻劫海多卤股之石槎牙如枯木芒刃铦于剑戟舟过其侧预曲折以避之产青琅玕珊瑚树然绝难得风俗博易与三屿同

卷上·志国·流求国

流求国当泉州之东舟行约五六日程王姓欢斯土人呼为可老王所居曰波罗檀洞堑栅三重环以流水植棘为藩殿宇多雕刻禽兽男女皆以白纻绳缠发从头后盘绕及以杂纻杂毛为衣制裁不一织藤为笠饰以羽毛兵有刀稍弓箭剑鼓之属编熊豹皮为甲所乘之车刻兽为像导从仅数十人无赋敛有事则均税不知节朔视月盈亏以纪时父子同床而寝曝海水为盐酿米曲为酒遇异味先进尊者肉有熊罴豺狼尤多猪鸡无牛羊驴马厥土沃壤先用火烧然后引水灌注持锸仅数寸而垦之无他奇货尤好剽掠故商贾不通土人间以所产黄蜡土金氂尾豹脯往售于三屿旁有毗舍耶谈马颜等国

卷上·志国·毗舍耶

毗舍耶语言不通商贩不及袒裸盱睢殆畜类也泉有海岛曰彭湖隶晋江县取其国密迩烟火相望时至寇掠其来不测多罹生噉之害居民苦之淳熙间国之酋豪常率数百辈猝至泉之水澳围头等村恣行凶暴戕人无数淫其妇女已而杀之喜鐡器及匙筯人闭戸则免但刓其门圈而去掷以匙筯则俯拾之可缓数步官军擒捕见鐡骑则竞刓其甲骈首就戮而不知悔临敌用标鎗系绳十余丈为操纵盖爱其铁不忍弃也不驾舟楫惟以竹筏从事可折迭如屏风急则群舁之泅水而遁

卷上·志国·新罗国

新罗国弁韩遗种也其国与泉之海门对峙俗忌阴阳家子午之说故兴贩必先至四明而后再发或曰泉之水

势渐低故必经由四明有大族曰金氏朴氏唐武德中封真金为乐浪郡王其后常为君长开耀中遣使乞唐礼及他文从之屋宇器用服饰官属略仿中国其治峻法以绳下故少犯道不拾遗婚娶不用币人知书喜学厮役之家亦相矜勉里有庠扁曰局堂处子弟之未婚者习书射于其中三岁一试举人有进士算学诸科故号君子国地宜粳稻有橐驼水牛不用钱第以米博易民家器皿悉铜为之乐有二品曰库乐曰乡乐开元中尝遣邢璹为吊使五代同光长兴中各遣使修朝贡礼皇朝建隆二年遣使来贡兴国二年又贡其国信阴阳鬼神之事多拘忌中国使至必涓吉而后具礼受诏每受诏亦为谢表粗有文采地出人参水银麝香松子榛子石决明松塔子防风白附子茯苓大小布毛施布铜磬甆器草席鼠毛笔等商舶用五色缬绢及建本文字博易

卷上·志国·倭国

倭国在泉之东北今号日本国以其国近日出故名或曰恶旧名改之国方数千里西南至海东北限以大山山外即毛人国凡五畿七道三岛三千七百七十二乡四百一十四驿八十八万三千余丁地多山林无良田嗜海错俗多文身自谓泰伯之后又言上古使至中国皆自称大夫昔夏少康之子封于会稽断发文身以避蛟龙之害今倭人沉没取鱼亦文身以厌水族计其道里在会稽之正东寒暑大类中国王以王为姓历七十余世不易文武皆世官男子衣横幅结束相连不施缝缀妇人衣如单被穿其中以贯头一衣率用二三缣皆被发跣足亦有中国典籍如五经白乐天文集之类皆自中国得之土宜五谷而少麦交易用铜钱以乾文大宝为文有水牛驴羊犀象之属亦有金银细绢花布多产杉木罗木长至十四五丈径四尺余土人解为枋板以巨舰搬运至吾泉贸易泉人罕至其国乐有中国高丽二部刀楯弓矢以铁为镞挽射矢不能远诘其故以其国中不习战斗有屋宇父母兄弟卧息异处饮食用俎豆嫁娶不持钱帛死有棺无椁封土为冢初丧哭泣不食肉已葬举家入水洁浴以祓不祥举大事则灼骨以占吉凶不知正岁四时但计秋收之时以为年纪人多寿率八九十岁妇女不淫不妬无争讼或罹于罪重者族灭轻者没其妻孥以金银为贡赋即其地之东粤州及别岛所产也其国自后汉尝通中国历魏晋宋隋唐并遣使修朝贡国朝雍熙元年国僧奝然与其徒五六人浮海至以铜器十余事献极精致太宗召见馆于太平兴国寺赐紫衣方袍抚之甚厚闻其王一姓传继臣下皆世官因叹息谓宰臣宋琪李昉曰此岛夷尔乃世祚遐久其臣亦继袭不绝此古之道也夫以一岛夷而动太宗之叹息岂泰伯用夏变夷之遗风犹有存者欤

卷下·志物·脑子

脑子出渤泥国【一作佛尼】又出宾窣国世谓三佛齐亦有之非也但其国据诸蕃来往之要津遂截断诸国之物聚于其国以俟蕃舶贸易耳脑之树如杉生于深山穷谷中经千百年支干不曾损动则剩有之否则脑随气泄土人入山采脑须数十为群以木皮为衣赍沙糊为粮分路而去遇脑树则以斧斫记至十余株然后截段均分各以所得解作板段随其板傍横裂而成缝脑出于缝中劈而取之其成片者谓之梅花脑以状似梅花也次谓之金脚脑其碎者谓之米脑碎与木屑相杂者谓之苍脑取脑已净其杉片谓之脑札今人碎之与锯屑相和置瓷器中以器覆之封固其缝煨以热灰气蒸结而成块谓之聚脑可作妇人花环等用又有一种如油者谓之脑油其气劲而烈秖可浸香合香用

卷下·志物·乳香

乳香一名薰陆香出大食之麻啰拔施曷奴发三国深山穷谷中其树大概类榕以斧斫株脂溢于外结而成香聚而为块以象辇之至于大食大食以舟载易他货于三佛齐故香常聚于三佛齐番商贸易至舶司视香之多少为殿最而香之为品十有三其最上者为拣香圆大如指头俗所谓滴乳是也次曰缾乳其色亚于拣香又次曰缾香言收时贵重之置于缾中缾香之中又有上中下三等之别又次曰袋香言收时止置袋中其品亦有三如瓶香焉又次曰乳榻盖香之杂于砂石者也又次曰黑榻盖香色之黑者也又次曰水湿黑榻盖香在舟中为水所浸渍而气变色败者也品杂而碎者曰斫削簸扬为尘者曰缠末此乳香之别也

卷下·志物·没药

没药出大食麻啰抹国其树高大如中国之松皮厚一二寸采时先掘树下为坎用斧伐其皮脂溢于坎中旬余方取之

卷下·志物·血碣

血碣亦出大食国其树略与没药同但叶差大耳采取亦如之有莹如镜面者乃树老脂自流溢不犯斧凿此为上品其夹揷柴屑香乃降真香之脂俗号假血碣

卷下·志物·金颜香

金颜香正出真腊大食次之所谓三佛齐有此香者特自大食贩运至三佛齐而商人又自三佛齐转贩入中国耳其香乃木之脂有淡黄色者有黑色者拗开雪白为佳有砂石为下其气劲工于聚众香今之为龙涎软香佩带者多用之蕃人亦以和香而涂其身

卷下·志物·笃耨香

笃耨香出真腊国其香树脂也其树状如杉桧之类而香藏于皮树老而自然流溢者色白而莹故其香虽盛暑不融名曰笃耨至夏月以火环其株而炙之令其脂液再溢冬月因其凝而取之故其香夏融而冬凝名黑笃耨土人盛之以瓢舟人易之以瓷器香之味清而长黑者易融渗漉于瓢碎瓢而燃之亦得其髣髴今所谓笃耨瓢是也

卷下·志物·苏合香油

苏合香油出大食国气味大抵类笃耨以浓而无滓者为上蕃人多用以涂身闽人患大风者亦仿之可合软香及入医用

卷下·志物·安息香

安息香出三佛齐国其香乃树之脂也其形色类核桃瓤而不宜于烧然能发众香故人取之以和香焉通典叙西戎有安息国后周天和隋大业中曾朝贡恐以此得名而转货于三佛齐

卷下·志物·栀子花

栀子花出大食啞巴闲啰施美二国状如中国之红花其色浅紫其香清越而有酝藉土人采花晒干藏之琉璃缾中花亦希有即佛书所谓薝卜是也

卷下·志物·蔷薇水

蔷薇水大食国花露也五代时蕃使蒲诃散以十五缾效贡厥后罕有至者今多采花浸水蒸取其液以代焉其水多伪杂以琉璃缾试之翻摇数四其泡周上下者为真其花与中国蔷薇不同

卷下·志物·沉香

沉香所出非一真腊为上占城次之三佛齐阇婆等为下俗分诸国为上下岸以真腊占城为上岸大食三佛齐阇婆为下岸香之大概生结者为上熟脱者次之坚黑者为上黄者次之然诸沉之形多异而名亦不一有如犀角者谓之犀角沉如燕口者谓燕口沉如附子者谓之附子沉如梭者谓之梭沉文坚而理致者谓之横隔沉大抵以所产气味为高下不以形体为优劣世谓渤泥亦产非也一说其香生结成以刀修出者为生结沉自然脱落者为熟沉产于下岸者谓之番沉气哽味辣而烈能治冷气故亦谓之药沉海南亦产沉香其气清而长谓之蓬莱沉

卷下·志物·笺香

笺香乃沉香之次者气味与沉香相类然带木而不甚坚实故其品次于沉香而优于熟速

卷下·志物·速暂香

生速出于真腊占城而熟速所出非一真腊为上占城次之阇婆为下伐树去木而取者谓之生速树仆于地木腐而香存者谓之熟速生速气味长熟速气味易焦故生者为上熟者次之熟速之次者谓之暂香其所产之高下与熟速同但脱者谓之熟速而木之半存者谓之暂香半生熟商人以刀刳其木而出其香择其上者杂于熟速而货之市者亦莫之辨

卷下·志物·黄熟香

黄熟香诸番皆出而真腊为上其香黄而熟故名若皮坚而中腐者其形如桶谓之黄熟桶其夹笺而通黑者其气尤胜谓之夹笺黄熟夹笺者乃其香之上品

卷下·志物·生香

生香出占城真腊海南诸处皆有之其直下于乌里乃是斫倒香株之未老者若香已生在木内则谓之生香结皮三分为暂香五分为速香七八分为笺香十分即为沉香也

卷下·志物·檀香

檀香出阇婆之打纲底勿二国三佛齐亦有之其树如中国之荔支其叶亦然土人斫而阴干气清劲而易泄之能夺众香色黄者谓之黄檀紫者谓之紫檀轻而脆者谓之沙檀气味大率相类树之老者其皮薄其香满此上品也次则有七八分香者其下者谓之点星香为雨滴漏者谓之破漏香其根谓之香头

卷下·志物·丁香

丁香出大食阇婆诸国其状似丁字因以名之能辟口气郎官咀以奏事其大者谓之丁香母丁香母即鸡舌香也或曰鸡舌香千年枣实也

卷下·志物·肉荳蔻

肉荳蔻出黄麻驻牛崘等深番树如中国之栢高至十丈枝干条枚蕃衍敷广蔽四五十人春季花开采而晒干今荳蔻花是也其实如榧子去其壳取其肉以灰藏之可以耐久按本草其性温

卷下·志物·降真香

降真香出三佛齐阇婆蓬丰广东西诸郡亦有之气劲而远能辟邪气泉人岁除家无贫富皆燃之如燔柴然其直甚廉以三佛齐者为上以其气味清远也一名曰紫藤香

卷下·志物·麝香木

麝香木出占城真腊树老仆湮没于土而腐以熟脱者为上其气依稀似麝故谓之麝香若伐生木取之则气劲而恶是为下品泉人多以为器用如花梨木之类

卷下·志物·波罗蜜

波罗蜜大如冬瓜外肤礧砢如佛髻生青熟黄削其肤食之味极甘其树如榕其花业生花褪结子惟一成实余

各蘸死出苏吉丹广州南海庙亦有之

卷下·志物·槟榔

槟榔产诸蕃国及海南四州交趾亦有之木如棕榈结子叶间如柳条颗颗丛缀其上春取之为软槟榔俗号槟榔鲜极可口夏秋采而干之为米槟榔渍之以盐为盐槟榔小而尖者为鸡心槟榔大而匾者为大腹子食之可以下气三佛齐取其汁为酒商舶兴贩泉广税务岁收数万缗惟海南最多鲜槟榔盐槟榔皆出海南鸡心大腹子多出麻逸

卷下·志物·椰子

椰子木身叶悉类棕榈槟榔之属子生叶间一穗数枚大如五升器菓之大者惟此与波罗蜜耳初采皮甚青嫩已而变黄久则枯干皮中子壳可为器子中穰白如玉味美如牛乳穰中酒新者极清芳久则浑浊不堪饮南毗诸国取其树花汁用蜜糖和之为酒

卷下·志物·没石子

没石子出大食勿厮离其树如樟岁一开花结实如中国之茅栗名曰沙没律亦名蒲芦可采食之次年再生名曰麻茶麻茶没石子也明年又生沙没律间岁方生没石子所以贵售一根而异产亦可恠也

卷下·志物·乌樠木

乌樠木似棕榈青緑耸直高十余丈荫緑茂盛其木坚实如鐡可为器用光泽如漆世以为珍木

卷下·志物·苏木

苏木出真腊国树如松栢叶如冬青山谷郊野在在有之听民采取去皮晒干其色红赤可染绯紫俗号曰窊木

卷下·志物·吉贝

吉贝树类小桑萼类芙蓉絮长半寸许宛如鹅毳有子数十南人取其茸絮以鐡筯碾去其子即以手握茸就纺不烦缉绩以之为布最坚厚者谓之兜罗绵次曰番布次曰木棉布又次曰吉布或染以杂色异纹炳然幅有阔至五六尺者

卷下·志物·椰心簟

椰心簟出丹戎武啰蕃商运至三佛齐凌牙门及阇婆贸易又出三屿蒲嘿噜山产草其状似藤长丈余纹缕端腻无节目名曰椰心草蕃之妇女采而丝破织以为簟或用色染红黑相间者曰花簟冬温而夏凉便于出入以三佛齐者为上三屿者最为下

卷下·志物·木香

木香出大食麻啰抹国施曷奴发亦有之树如中国丝瓜冬月取其根剉长一二寸晒干以状如鸡骨者为上

卷下·志物·白荳蔻

白荳蔻出真腊阇婆等蕃惟真腊最多树如丝瓜实如蒲萄蔓衍山谷春花夏实听民从便采取

卷下·志物·胡椒

胡椒出阇婆之苏吉丹打板白花园麻东戎牙路以新桅者为上打板者次之胡椒生于郊野村落间亦有界中国之蒲萄土人以竹木为棚开花四月结实花如鳳尾其色青紫五月收采晒干藏之仓廪次岁方发出以牛车运载博易其实不禁日而耐雨旱则所入者寡潦则所入倍常【或曰南毗无离拔国至多蕃商之贩于阇婆来自无离拔也】

卷下·志物·荜澄茄

荜澄茄树藤蔓衍春花夏实类牵牛子花白而实黑晒干入包出阇婆之苏吉丹

卷下·志物·阿魏

阿魏出大食木俱兰国其树不甚高大脂多流溢土人以绳束其梢去其尾纳以竹筒脂满其中冬月破筒取脂以皮袋收之或曰其脂最毒人不敢近每采魏时系羊于树下自远射之脂之毒著于羊羊毙即以羊之腐为阿魏未知孰是姑两存之

卷下·志物·芦荟

芦荟出大食奴发国草属也其状如鲎尾土人采而以玉器捣研之熬而成膏置诸皮袋中名曰芦荟

卷下·志物·珊瑚树

珊瑚树出大食毗喏耶国树生于海之至深处初生色白渐渐长苗拆甲历一岁许色间变黄支格交错高极三四尺大者围尺土人以丝绳系五爪鐵猫儿用乌鉛为坠抛掷海中发其根以索系于舟上绞车搭起不能常有蓦得一枝肌理敷腻见风则干硬变为干红色以最高者为贵若失时不举则致蠹败

卷下·志物·琉璃

琉璃出大食诸国烧炼之法与中国同其法用鈆硝石膏烧成大食则添入南鹏砂故滋润不烈最耐寒暑宿水不壊以此贵重于中国

卷下·志物·猫儿睛

猫儿睛状如母指大即小石也莹洁明透如猫儿眼故名出南毗国国有江曰淡水江诸流匝汇深山碎石为暴雨泖流悉萃于此官以小舸漉取其圆莹者即猫儿睛也或曰有星照其地秀气钟结而成

卷下·志物·珠子

真珠出大食国之海岛上又出西难监篦二国广西湖北亦有之但不若大食监篦之明净耳每采珠用船三四十只船数十人其采珠人以麻绳系身以黄蜡塞耳鼻入水约二三十余丈绳缠于船上绳摇动则引而上先煮毳纳极热出水则急覆之不然寒栗致死或遇大鱼蛟鼍诸海恠鬐鬣所触往往溃腹折支人见血一缕浮水面则知已葬鱼腹尝有采珠者绳动而引之不上众极力举之足已为蛟鼍所断矣所采者曰珠母番有官监视随其所采籍其名掘地为坎置诸坎中月余珠母壳腐取珠淘净与采珠者均之珠大率以圆洁明净者为上圆者置诸盘中终日不停蕃商多置夹襦内及伞柄中规免抽解

卷下·志物·砗磲

砗磲出交趾国状似大蚌沿海人磨治其壳因其形为荷叶杯肤理莹洁如珂玉其最大者琢其根柢为杯有厚

三寸者脱落碎琐犹为环佩诸玩物按佛书以此为至宝今乃海错耳未审是古砗磲否

卷下・志物・象牙

象牙出大食诸国及真腊占城二国以大食者为上真腊占城者为下大食诸国惟麻啰抹最多象生于深山穷谷中时出野外蹂践人莫敢近猎者用神劲弓以药箭射之象负箭而遁未及一二里许药发即毙猎者随毙取其牙埋诸土中积至十余株方搬至大食以舟运载与三佛齐日啰亭交易大者重五十斤至百斤其株端直其色洁白其纹细籀者大食出也真腊占城所产株小色红重不过十数斤至二三十斤又有牙尖止可作小香叠用或曰象媒诱致恐此乃驯象也

卷下・志物・犀角

犀状如黄牛只有一角皮黑毛稀舌如栗壳其性鸷悍其走如飞专食竹木等刺人不敢近猎人以硬箭自远射之遂取其角谓之生角或有自毙者谓之倒山角角之纹如泡以白多黑少者为上

卷下・志物・膃肭脐

膃肭脐出大食伽力吉国其形如猾脚高如犬其色或红或黑其走如飞猎者张网于海滨捕之取其肾而渍以油名膃肭脐蕃惟渤泥最多

卷下・志物・翠毛

翠毛真腊最多产于深山泽间巢于水次一壑之水止一雌雄外有一焉必出而死斗人用其机饲媒擎诸左手以行巢中者见之就手格鬭不复知有人也右手即以罗掩之无能脱者邕州右江亦产一种茸翠其背毛悉是翠茸穷侈者多以捻织如毛段然比年官虽厉禁贵人家服用不废故蕃商冒法贩鬻多寘布褯袴中

卷下・志物・鹦鹉

鹦鹉产占城有五色唐太宗时环王所献是也案传谓能诉寒有诏还之环王国即占城也钦州有白鹦鹉红鹦鹉大如小鹅羽毛有粉如蝴蝶翅谓之白鹦鹉其色正红尾如乌鸢之尾谓之红鹦鹉

卷下・志物・龙涎

龙涎大食西海多龙枕石一睡涎沫浮水积而能坚鲛人采之以为至宝新者色白稍久则紫甚久则黑不薰不莸似浮石而轻也人云龙涎有异香或云龙涎气腥能发众香皆非也龙涎于香本无损益但能聚烟耳和香而真用龙涎焚之一缕翠烟浮空结而不散座客可用一剪分烟缕此其所以然者蜃气楼台之余烈也

卷下・志物・瑇瑁

瑇瑁形似龟鼋背甲十三片黑白斑纹间错边襕缺啮如锯无足而有四鬣前长后短以鬣掉水而行鬣与首班文如甲老者甲厚而黑白分明少者甲薄而花字模糊世传鞭血成斑妄也渔者以秋间月夜采捕肉亦可吃出渤泥三屿蒲嘿噜阇婆诸国

卷下・志物・黄蜡

黄蜡出三屿麻逸真腊三佛齐等国蜂生于深山穷谷中或窠老树或窠芭蕉树或窠岩穴较诸中国之蜜差大而黑蕃民以皮鞔躯先用恶草作烟迫逐群蜂飞散随取其窠挤去蜜其滓即蜡也镕范成陶或杂灰粉盐石以三佛齐者为上真腊次之三屿麻逸蒲嘿噜为下

卷下·海南

海南汉朱崖儋耳也武帝平南粤遣使自徐闻【今雷州徐闻县】渡海略地置朱崖儋耳二郡昭帝省儋耳并为朱崖郡元帝从贾捐之议罢朱崖至梁隋复置唐贞观元年析为崖儋振三州隶岭南道五年分崖之琼山置郡升万安县为州今万安军是也儋振则今之吉阳昌化军是也贞元五年以琼为督府今因之徐闻有递角场与琼对峙相去约三百六十余里顺风半日可济中流号三合溜涉此无风涛则舟人举手相贺至吉阳乃海之极亡复陆涂外有洲曰乌里曰苏吉浪南对占城西望真腊东则千里长沙万里石床渺茫无际天水一色舟舶来往惟以指南针为则昼夜守视唯谨毫厘之差生死系焉四郡凡十一县悉隶广南西路环拱黎母山黎獠蟠踞其中有生黎熟黎之别地多荒田所种秔稌不足于食乃以藷【时诸切】芋杂米作粥糜以取饱故俗以贸香为业土产沉香蓬莱香鹧鸪斑香笺香生香丁香槟榔椰子吉贝苎麻楮皮赤白藤花缦黎幙青桂木花梨木海梅脂琼枝菜海漆荜拨高良姜鱼鳔黄蜡石蟹之属其货多出于黎峒省民以盐鐡鱼米转博与商贾贸易泉舶以酒米面粉纱绢漆器瓷器等为货岁杪或正月发舟五六月间回舶若载鲜槟榔搀先则四月至琼州在黎母山之东北郡治即古崖州也政和间升为节镇以靖海军为额濒海少山秋霖春旱夏不极热冬不甚寒多飓风常以五六月发有晕如虹者谓之飓母按隋志谓人性轻悍椎髻卉裳刻木为符力穑朴野父子别业豪黠共铸铜为大鼓初成悬于庭鸣鼓以招同类至者如云群情趋服者号为都老人著紬缏以土为釜瓠匏为器无曲糵以安石榴花酝酿为酒今之上衣无异中土惟下裳男子用布缦女子用裙以纺贝为生土釜至今用之瓠瓢间以郲水酒用薯粮以变色虽无富民而俗尚俭约故无惸独凶年不见匄者丁晋公尝贬为州司户教民读书著文庆历间宋侯贯之创郡庠嘉定庚午赵侯汝厦新之祠东坡苏公澹庵胡公于讲堂之东西偏扁其堂曰明道海口有汉两伏波庙路博德马援祠也过海者必祷于是得环珓之吉而后敢济属邑五琼山澄迈临高文昌乐会皆有市舶于舶舟之中分三等上等为舶中等名包头下等名蜑船至则津务申州差官打量丈尺有经册以格税钱本州官吏兵卒仰此以赡西二百三十六里抵昌化军治

昌化在黎母山之西北即古儋州也子城高一丈四尺周回二百二十步旧经以为儋耳夫人驱鬼工供畚锸一夕而就或谓土人耳长至肩故有儋耳之号今昌化即无大耳儿盖黎俗慕佛以大镮坠耳俾下垂至肩故也地无烟瘴水潦之患气候与中州异群花皆早发至春时已尽独荷花自四五月开至穷腊与梅菊相接俗尚淳朴俭约妇人不曳罗绮不施粉黛婚姻丧祭皆循典礼无饥寒之民学在东南隅后迁于西绍兴间复迁于城东参政李公光为之记去州十五里地名蜑场忠简赵公鼎谪吉阳尝过斯地盛暑苦旱井泉枯竭凿井不数尺得泉至今不涸号曰相泉又有白马井泉味甘美商舶回日汲载以供日用灵济庙在镇安门内即儋耳夫人祠也绍兴间封显应夫人海外黎峒多窃发惟儋独全夫人之力也城西五十余里一石峯在海洲巨浸之间形类狮子俗呼狮子神实贞利侯庙商舶祈风于是属邑三曰宜伦曰昌化曰感恩南三百四十里抵吉阳军界

吉阳军在黎母山之西南郡治振州吉阳县基也琼管虽有陆路可通然隔越生黎峒必再涉海而后至胡澹庵谓再涉鲸波险是也郡治之南有海口驿商人舣舟其下前有小亭为迎送之所地狭民稀气侯不正春常苦旱涉夏方雨耕种不粪不耘樵牧渔猎与黎獠错杂出入必持弓矢妇人不事蚕桑惟织吉贝花被缦布黎幕男子不喜营运家无宿储俗尚鬼不事医药病则宰牲牷动鼓乐以祀谓之作福禁人造门丧祭亦皆用乐地多崇岗峻岭峯峦秀拔故郡之士人间有能自立者学在郡城之东北去城十三里有石面平如掌非磨琢之工所能为周围数丈可坐十客林木茂密涧水甘冽周侯创结茅亭其上扁曰清赏熟黎峒落稀少距城五七里许外即生黎所居不啻数百峒时有侵扰之害周侯遣熟黎峒首谕之约定寅酉二日为虚市率皆肩担背负或乘桴而来与民贸易黎人和悦民获安息领吉阳宁远二县政和间并为宁远一县东一百二十里抵万安军界

万安军在黎母山之东南唐贞观五年置万安州领县三曰万安富云博辽天宝初更州为郡至德二载更为万全乾元初复为州皇朝省富云博辽二县更万安县曰万宁熙宁六年更为军析万宁为陵水今万宁陵水是也民与黎蜑杂居其俗质野而畏法不喜为盗牛羊被野无敢冒认居多茅竹瓦屋绝少妇媪以织贝为业不事文绣病不服药信尚巫鬼杀牲而祭以祈福佑黄侯申首创药局人稍知服药之利城东有舶主都纲庙土人敬信祷卜立应舶舟往来祭而后行三郡士子当岁大比皆附试于琼管

黎海南四郡岛上蛮也岛有黎母山因祥光夜见旁照四郡按晋书分野属婺女分谓黎牛婺女星降现故名曰黎婺音讹为黎母诸蛮环处其山峻极常在雾霭中黎人自鲜识之秋朗气清时见翠尖浮揷半空山有水泉涌流派

而为五一入昌化一入吉阳一入万安一入琼州一流为大溪有滩三十六至长寮村属澄迈县一流为小溪有滩二十四至碌运村属乐会县二水合流为三合水属琼山县去省地远者为生黎近者为熟黎各以所迩隶于四军州黎之峒落日以繁滋不知其几千百也咸无统属峒自为雄长止于王符张李数姓同姓为婚省民之负罪者多逋逃归之其人椎髻跣足插银铜锡钗妇人加铜环耳坠垂肩女及笄即黥颊为细花纹谓之绣面女既黥集亲客相贺庆惟婢获则不绣面女工纺织得中土绮彩拆取色丝加木棉挑织为单幕又纯织木棉吉贝为布祭神以牛犬鸡彘多至百牲无盐鐵鱼虾以沉香缦布木棉麻皮等就省地博易得钱无所用也屋宇以竹为棚下居牧畜人处其上男子常带长靶刀长弰刀弓跬步不离喜雠杀谓之捉拗其亲为人所杀后见仇家人及其峒中种类即擒取而械之械用荔枝木长六尺许其状如碓要牛酒银缾乃释谓之赎命议婚姻折箭为质聚会椎鼓舞歌死必杀牛以祭土产沉水蓬莱诸香为香谱第一漫山悉槟榔椰子树小马翠羽黄蜡之属闽商值风飘荡赀货陷没多入黎地耕种不归官吏及省民经由村峒必舍其家恃以为安熟黎之外海南四州军镇其四隅地方千里路如连环欲历其地非一月不可遍马伏波之平海南也命陶者作缶器大者盛水数石小者盛五斗至二三斗者招到深峒归降人即以遗之任意选择以测其巢穴之险夷黎人止取二三斗之小者诘之云来时皆悬崖缘木而下不取大者恐将归不得以是知其峒穴深而险峻不可入四郡之人多黎姓盖其裔族而今黎人乃多姓王淳熙元年五指山生黎峒首王仲期率其傍八十峒丁口千八百二十归化仲期与诸峒首王仲文等八十一人诣琼管公参就显应庙研石歃血约誓改过不复抄掠犒赐遣归琼守图其形状衣裘上经略司髻露者以绛帛约髻根或以彩帛包髻或戴小花笠皆簪二银篦亦有著短织花裙者惟王仲期青巾红锦袍束带自云祖父宣和中尝纳土补官赐锦袍云

卷下·海南·物货

海南土产诸蕃皆有之顾有优劣耳笺沉等香味清且长敻出诸蕃之右虽占城真腊亦居其次黄蜡则迥不及三佛齐较之三屿抑又劣焉其余物货多与诸蕃同惟槟榔吉贝独盛泉商兴贩大率仰此

真腊风土记[①]

总叙

真腊国或称占腊其国自称曰甘孛智今圣朝按西番经名其国曰澉浦只盖亦甘孛智之近音也自温州开洋行丁未针历闽广海外诸州港口过七洲洋经交趾洋到占城又自占城顺风可半月到真蒲乃其境也又自真蒲行坤申针过昆仑洋入港港凡数十惟第四港可入其余悉以沙浅故不通巨舟然而弥望皆修藤古木黄沙白苇仓卒未易辨认故舟人以寻港为难事自港口北行顺水可半月抵其地曰查南乃其属郡也又自查南换小舟顺水可十余日过半路村佛村渡淡洋可抵其地曰干傍取城五十里按诸番志称其地广七千里其国北抵占城半月路西南距暹罗半月程南距番禺十日程其东则大海也旧为通商来往之国圣朝诞膺天命奄有四海索多元帅之置省占城也尝遣一虎符百戸一金牌千戸同到本国竟为拘执不返元贞之乙未六月圣天子遣使招谕俾余从行以次年丙申二月离明州二十日自温州港口开洋三月十五日抵占城中途逆风不利秋七月始至遂得臣服至大德丁酉六月回舟八月十二日抵四明泊岸其风土国事之详虽不能尽知然其大略亦可见矣

城郭

州城周围可二十里有五门门各两重惟东向开二门余向皆一门城之外巨濠濠之外皆通衢大桥桥之两傍各有石神五十四枚如石将军之状甚巨而狞五门皆相似桥之阑皆石为之凿为蛇形蛇皆九头五十四神皆以手拔蛇有不容其走逸之势城门之上有大石佛头五面向西方中置其一饰之以金门之两傍凿石为象形城皆迭石为之可二丈石甚周密坚固且不生繁草却无女墙城之上间或种桄榔木比比皆空屋其内向如坡子厚可十余丈坡上皆有大门夜闭早开亦有监门者惟狗不许入门其城甚方整四方各有石塔一座曾受斩趾刑人亦不许入门当国之中有金塔一座傍有石塔二十余座石屋百余间东向金桥一所金狮子二枚列于桥之左右金佛八身列于石屋之下金塔至北可一里许有铜塔一座比金塔更高望之郁然其下亦有石屋十数间又其北一里许则国主之庐也其寝室又有金塔一座焉所以舶商自来有富贵真腊之褒者想为此也石塔出南门外半里余俗传鲁般一夜造成鲁般墓在南门外一里许周围可十里石屋数百间东池在城东十里周围可百里中有石塔石屋塔之中有卧铜佛一身脐中常有水流出北池在城北五里中有金方塔一座石屋数十间金狮子金佛铜象铜牛铜马之属皆有之

宫室

国宫及官舍府第皆面东国宫在金塔金桥之北近门周围可五六里其正室之瓦以铅为之余皆土瓦黄色桥柱甚巨皆雕画佛形屋头壮观修廊复道突兀参差稍有规模其莅事处有金窗棂左右方柱上有镜约有四五十面列放于窗之旁其下为象形闻内中多有奇处防禁甚严不可得而见也其内中金塔国主夜则卧其上土人皆谓塔之中有九头蛇精乃一国之土地主也系女身每夜则见国主则先与之同寝交媾虽其妻亦不敢入二鼓乃出方可与妻妾同睡若此精一夜不见则番王死期至矣若番王一夜不往则必获灾祸其次如国戚大臣等屋制度广袤与常人家迥别周围皆用草盖独家庙及正寝二处许用瓦亦各随其官之等级以为屋室广狭之制其下如百姓之家止草盖瓦片不敢上屋其广狭虽随家之贫富然终不敢效府第制度也

① 〔元〕周达观撰。

服饰

自国主以下男女皆椎髻袒裼止以布围腰出入则加以大布一条缠于小布之上布甚有等级国主所打之布有直金三四两者极其华丽精美其国中虽自织布暹罗及占城皆有来者往往以来自西洋者为上以其精巧而细样故人惟国主可打纯花布头戴金冠子如金刚头上所戴者或有时不戴冠但以线穿香花如茉莉之类周匝于髻间顶上戴大珍珠三斤许手足及诸指上皆带金镯指展上皆嵌猫儿眼睛石其下跣足足下及手掌皆以红药染赤色出则手持金剑百姓间惟妇女可染手足掌男子不敢也大臣国戚可打疏花布惟官人可打两头花布百姓间惟妇人可打之新唐人虽打两头花布人亦不敢罪之以其暗丁八杀故也暗丁八杀不识体例也

官属

国中亦有丞相将帅司天等官其下各设司吏之属但名称不同耳大抵皆国戚为之否则亦纳女为嫔其出入仪从亦有等级用金轿扛四金伞柄者为上金轿扛二金伞柄者次之金轿扛一金伞柄者又次之止用一金伞柄者又其次之也其下者止用一银伞柄者而已亦有用银轿扛者金伞柄以上官皆呼为巴丁或呼暗丁银伞柄者呼为厮辣的伞皆用中国红绢为之其裙直拖地油伞皆以绿绢为之裙却短

三教

为儒者呼为班诘为僧者呼为苎姑为道者呼为八思惟班诘不知其所祖亦无所谓学舍讲习之处亦难究其所读何书但见其如常人打布之外于项上挂白线一条以此别其为儒耳由班诘入仕者则为高上之人项上之线终身不去苎姑削发穿黄偏袒右肩其下则系黄布裙跣足寺亦许用瓦盖中止有一像正如释迦佛之状呼为孛赖穿红塑以泥饰以丹青外此别无像也塔中之佛相貌又别皆以铜铸成无钟鼓铙钹与幢幡宝盖之类僧皆茹鱼肉惟不饮酒供佛亦用鱼肉每日一斋皆取办于斋主之家寺中不设厨灶所诵之经甚多皆以贝叶迭成极其齐整于上写黑字既不用笔墨不知其以何物书写僧亦有用金银轿扛伞柄者国王有大政亦咨访之却无尼姑八思惟正如常人打布之外但于头上戴一红布或白布如鞑靼娘子罟姑之状而略低亦有宫观但比之寺院较狭而道教者亦不如僧教之盛耳所供无别像但止一块石如中国社坛中之石耳亦不知其何所祖也却有女道士宫观亦得用瓦八思惟不食他人之食亦不令人见食亦不饮酒不曾见其诵经及与人功果之事俗之小儿入学者皆先就僧家教习暨长而还俗其详莫能考也

人物

人但知蛮俗人物麤丑而甚黑殊不知居于海岛村僻寻常闾巷间者则信然矣至如宫人及南棚【南棚乃府第也】妇女多有莹白如玉者盖以不见天日之光故也大抵一布缠腰之外不以男女皆露出胸酥椎髻跣足虽国主之妻亦只如此国主凡有五妻正室一人四方四人其下嫔婢之属闻有三五千亦自分等级未尝轻出户余每一入内见番主必与正妻同出乃坐正室金窗中诸宫人皆次第列于两廊窗下徙倚窥视余备获一见凡人家有女美貌者必召入内其下供内中出入之役者呼为陈家兰亦不下一二千却皆有丈夫与民间杂处只于顋门之前削去其发如北人开水道之状涂以银朱及涂于两鬓之傍以此为陈家兰别耳惟此妇可以入内其下余人不可得而入也内宫之前后有络绎于道途间寻常妇女椎髻之外别无钗梳头面之饰但臂中带金镯指中带金指展且陈家兰及内中诸宫人皆用之男女身上常涂香药以檀麝等香合成家家皆修佛事国中多有二形人每日以十数成群行于虚场间常有招徕唐人之意反有厚馈可丑可恶

产妇

番妇产后即作热饭抹之以盐纳于阴戸凡一昼夜而除之以此产中无病且收敛常如室女余初闻而诧之深疑其不然既而所泊之家有女育子备知其事且次日即抱婴儿同往河内澡洗尤所恠见又每见人言番妇多淫产后一两日即与夫合若丈夫不中所欲即有买臣见弃之事若丈夫适有远役只可数夜过十数夜其妇必曰我非是

鬼如何孤眠淫荡之心尤切然亦闻有守志者妇女最易老盖其婚嫁产育既早二三十岁人已如中国四五十人矣

室女

人家养女其父母必祝之曰愿汝有人要将来嫁千百个丈夫富室之女自七岁至九岁至贫之家则止于十一岁必命僧道去其童身名曰阵毯盖官司每岁于中国四月内择一日颁行本国应有养女当阵毯之家先行申报官司官司先给巨烛一条烛间刻画一处约是夜遇昏点烛至刻画处则为阵毯时候矣先期一月或半月或十日父母必择一僧或一道随其何处寺观往往亦自有主顾向上好僧皆为官戸富室所先贫者不暇择也官富之家馈以酒米布帛槟榔银器之类至有一百担者直中国白金二三百两之物少者或三四十担或一二十担随家丰俭所以贫人家至十一岁而始行事者为难办此物耳亦有舍钱与贫女阵毯者谓之做好事盖一岁中一僧止可御一女僧既允受更不他许是夜大设饮食鼓乐会亲邻门外缚一高棚装塑泥人泥兽之属于其上或十余或止三四枚贫家则无之各按故事凡七日而始撤既昏以轿伞鼓乐迎此僧而归以彩帛结二亭子一则坐女于其中一则僧坐其中不晓其口说何语鼓乐之声喧阗是夜不禁犯夜闻至期与女俱入房亲以手去其童纳之酒中或谓父母亲邻各点于额上或谓俱尝以口或谓僧与女交媾之事或谓无此但不容唐人见之所以莫知其的至天将明时则又以轿伞鼓乐送僧去后当以布帛之类与僧赎身否则此女终为此僧所有不可得而他适也余所见者大德丁酉之四月初六夜也前此父母必与女同寝此后则斥于房外任其所之无复拘束堤防之矣至若嫁娶则虽有纳币之礼不过苟简从事多有先奸而后娶者其风俗既不以为耻亦不以为怪也阵毯之夜一巷中或至十余家城中迎僧道者交错于途路间鼓乐之声无处无之

奴婢

人家奴婢皆买野人以充其役多者百余少者亦有一二十枚除至贫之家则无之盖野人者山野中之人也自有种类俗呼为撞贼到城中亦不敢出入人之家城间人相骂者一呼之为撞则恨入骨髓其见轻于人如此少壮者一枚可直百布老弱者止三四十布可得秖许于楼下坐卧若执役方许登楼亦必跪膝合掌顶礼而后敢进呼主人为巴驼主母为米巴驼者父也米者母也若有过挞之则俯首受杖略不敢动其牝牡者自相配偶主人终无与之交接之理或唐人到彼久旷者不择一与之接主人闻之次日不肯与同坐以其曾与野人接故也或与外人交至于有娠养子主人亦不诘问其所从来盖以其所不齿且利其得子仍可为异日奴婢也或有逃者擒而复得必于面刺以青或于项上带铁以锢之亦有带于臂腿间者

语言

国中语言自成音声虽近而占城暹人皆不通话说如以一为梅二为别三为卑四为般五为孛监六为孛监梅七为孛监别八为孛监卑九为孛监般十为荅呼父为巴驼叔伯亦呼为巴驼呼母为米姑姨婶姆以至邻人之尊年者亦呼为米呼兄为邦姊亦呼为邦呼弟为补温呼舅为吃赖姑夫亦呼为孛赖大抵多以下字在上如言此人乃张三之弟则曰补温张三彼人乃李四之舅则曰吃赖李四又如呼中国为备世呼官人为巴丁呼秀才为班诘乃呼中国官人不曰备世巴丁而曰巴丁备世呼中国之秀才不曰备世班诘而曰班诘备世大抵皆如此此其大略耳至若官府则有官府之议论秀才则有秀才之文谈僧道自有僧道之语说城市村落言语各自不同亦与中国无异也

野人

野人有二种有一等通往来话言之野人乃卖与城间为奴之类是也有一等不属教化不通言语之野人此辈皆无家可居但领其家属巡行于山头戴一瓦盆而走遇有野兽以弧矢标枪射之而得乃击火于石共烹食而去其性甚狠其药甚毒同党中常自相杀戮近地亦有种荳蔻木绵花织布为业者布甚麤厚花纹甚别

文字

寻常文字及官府文书皆以麂鹿皮等物染黑随其大小阔狭以意裁之用一等粉如中国白垩之类磋为小条子其名为梭拈于手中就皮画以成字永不脱落用毕则插于耳之上字迹亦可辨认为何人书写须以湿物揩拭方去大率字样正如回鹘字凡文书皆自后书向前却不自上书下也余闻之额森哈雅云其字元音声正与蒙古音相邻但所不同者三两字耳初无印信人家告状亦有书铺书写

正朔时序

每用中国十月为正月是月也名为佳得当国宫之前缚一大棚上可容千余人尽挂灯球花朵之属其对岸远离二十丈地则以木接续缚成高棚如造塔扑竿之状可高二十余丈每夜设三四座或五六座装烟火爆杖于其上此皆诸属郡及诸府第认直遇夜则请国主出观点放烟火爆杖烟火虽百里之外皆见之爆杖其大如炮声震一城其官属贵戚每人分以巨烛槟榔所费甚伙国主亦请奉使观焉如是者半月而后止每一月必有一事如四月则抛球九月则压猎压猎者聚一国之众皆来城中教阅于国宫之前五月则迎佛水聚一国远近之佛皆送水与国主洗身陆地行舟国主登楼以观七月则烧稻其时新稻已熟迎于南门外烧之以供佛妇女车象往观者无数主却不出八月则挨蓝挨蓝者舞也点差伎乐每日就国宫内挨蓝且斗猪斗象国主亦请奉使观焉如是者一旬其余月分不能详记也国人亦有通天文者日月薄蚀皆能推算但是大小尽却与中国不同闰岁则彼亦必置闰但只闰九月殊不可晓一夜只分四更每七日一轮亦如中国所谓开闭建除之类番人既无名姓亦不记生日多有以所生日头为名者有两日最吉三日平平四日最凶何日可出东方何日可出西方虽妇女皆能算之十二生肖亦与中国同但所呼之名异耳如以马为卜赛呼鸡之声为栾呼猪之声为直卢呼牛为个之类也

争讼

民间争讼虽小事亦必上闻国主初无笞杖之责但闻罚金而已其人大逆重事亦无绞斩之事止于城西门外掘地成坑纳罪人于内实以土石坚筑而罢其次有斩手足指者有去鼻者但奸与赌无禁奸妇之夫或知之则以两柴绞奸夫之足痛不可忍竭其资而与之方可获免然装局欺骗者亦有之或有死于门首者则自用绳拖置城外野地初无所谓体究检验之事人家获盗亦可施监禁拷掠之刑却有一项可取且如人家失物疑此人为盗不肯招认遂以锅煎油极热令此人伸手于中若果偷物则手腐烂否则皮肉如故云番人有法如此又两家争讼莫辨曲直国宫之对岸有小石塔十二座令一人各坐一塔中其外两家自以亲属互相堤防或坐一二日或三四日其无理者必获证候而出或身上生疮疖或咳嗽热证之类有理者略无纤事以此剖判曲直谓之天狱盖其土地之灵有如此也

病癞

国人寻常有病多是入水浸浴及频频洗头便自痊可然多病癞者比比道途间土人虽与之同卧同食亦不校或谓彼中风土有此疾曾有国主患此疾故人不之嫌以愚意观之往往好色之余便入水澡洗故成此疾闻土人色欲才毕皆入水澡洗其患痢者十死八九亦有货药于市者与中国不类不知其为何物更有一等师巫之属与人行持尤可笑

死亡

人死无棺止以篾席之类盖之以布其出丧也前亦用旗帜鼓乐之属又以两柈炒米绕路抛撒抬至城外僻远无人之地弃掷而去俟有鹰犬畜类来食顷刻而尽则谓父母有福故获此报若不食或食而不尽反谓父母有罪而至此今亦渐有焚者往往皆唐人之遗种也父母死别无服制男子则髡其发女子则于顖门翦发似钱大以此为孝耳国主仍有塔葬埋但不知葬身与葬骨耳

耕种

大抵一岁中可三四番收种盖四时常如五六月天且不识霜雪故也其地半年有雨半年绝无自四月至九月每日下雨午后方下淡水洋中水痕高可七八丈巨树尽没仅留一杪耳人家濵水而居者皆移入山后十月至三月点雨绝无洋中仅可通小舟深处不过三五尺人家又复移下耕种者指至何时稻熟是时水可渰至何处随其地而播种之耕不用牛耒耜镰锄之器虽稍相类而制自不同又有一等野田不种常生水高至一丈而稻亦与之俱高想别一种也但粪田及种蔬皆不用秽嫌其不洁也唐人到彼皆不与之言及中国粪壅之事恐为所鄙每三两家共掘地为一坑盖其草满则填之又别掘地为之凡登溷既毕必入池洗净止用左手右手留以拿飰见唐人登厕用纸揩拭者笑之甚至不欲其登门妇女亦有立而溺者可笑可笑

山川

自入真蒲以来率多平林丛昧长江巨港绵亘数百里古树修藤森阴蒙翳禽兽之声杂沓其间至半港而始见有旷田绝无寸木弥望芃芃禾黍而已野牛以千百成群聚于此地又有竹坡亦绵亘数百里其间竹节相间生刺笋味至苦四畔皆有高山

出产

山多异木无木处乃犀象屯聚养育之地珍禽奇兽不计其数细色有翠毛象牙犀角黄腊麤色有降真荳蔻画黄紫梗大风子油翡翠其得也颇难盖丛林中有池池中有鱼翡翠自林中飞出求鱼番人以树叶蔽身而坐水滨笼一雌以诱之手持小网伺其来则罩有一日获三五只有终日全不得者象牙则山僻人家有之每一象死方有二牙旧传谓每岁一换牙者非也其牙以摽而杀之者上也自死而随时为人所取者次之死于山中多年者斯为下矣黄腊出于村落朽树间其一种细腰蜂如蝼蚁者番人取而得之每一船可收二三千块每块大者三四十斤小者亦不下十八九斤犀角白而带花者为上黑为下降真生丛林中番人颇费砍斫之劳盖此乃树之心耳其外白木可厚八九寸小者亦不下四五寸荳蔻皆野人山上所种画黄乃一等树间之脂番人预先一年以刀斫树滴沥其脂至次年而始收紫梗生于一等树枝间正如桑寄生之状亦颇难得大风子油乃大树之子状如椰子而圆中有子数十枚胡椒间亦有之缠藤而生累累如绿草子其生而青者更辣

贸易

国人交易皆妇人能之所以唐人到彼必先纳一妇人者兼亦利其能买卖故也每日一墟自夘至午即罢无居铺但以蓬席之类铺于地间各有处闻亦有纳官司赁地钱小交关则用米谷及唐货次则用布若乃大交关则用金银矣往往土人最朴见唐人颇加敬畏呼之为佛见则伏地顶礼近亦有脱骗欺负唐人由去人之多故也

欲得唐货

其地想不出金银以唐人金银为第一五色轻缣帛次之其次如真州之锡镴温州之漆盘泉州之青甆器及水银银朱纸札硫黄焰硝檀香白芷麝香麻布黄草布雨伞铁锅铜盘水朱桐油篦箕木梳针其麤重则如明州之席甚欲得者则菽麦也然不可将去耳

草木

惟石榴甘蔗荷花莲藕芋桃蕉芎与中国同荔枝橘子状虽同而酸其余皆中国所未曾见树木亦甚各别草花更多且香而艶水中之花更有多品皆不知其名至若桃李杏梅松柏杉桧梨枣杨柳桂兰菊蕊之类皆所无也其中正月亦有荷花

飞鸟

禽有孔雀翡翠鹦哥乃中国所无余如鹰鸦鹭鸶雀儿鸬鹚鹳鹤野鸭黄雀等物皆有之所无者喜鹊鸿鴈黄莺杜宇燕鸽之属

走兽

兽有犀象野牛山马乃中国所无者其余如虎豹熊罴野猪麋鹿麞麂猿狐之类甚多所少者狮子猩猩骆驼耳鸡鸭牛马猪羊所不在论也马甚矮小牛甚多生敢骑死不敢食亦不敢剥其皮听其腐烂而已以其与人出力故也但以驾车耳在先无鹅近有舟人自中国携去故得其种鼠有大如猫者又有一等鼠头脑绝类新生小狗儿

蔬菜

蔬菜有葱芥韭茄瓜西瓜冬瓜王瓜苋菜所无者萝卜生菜苦荬菠薐之类瓜茄正月间即有之茄树有经数年不除者木绵花树高可过屋有十余年不换者不识名之菜甚多水中之菜亦多种

鱼龙

鱼鳖惟黑鲤鱼最多其它如鲤鲫草鱼最多有吐哺鱼大者重二斤已上有不识名之鱼亦甚多此皆淡水洋中所来者至若海中之鱼色色有之鳝鱼湖鳗田鸡土人不食入夜则纵横道途间鼋鼍大如合苎虽六藏之龟亦充食用查南之虾重一斤已上真蒲龟脚可长八九寸许鳄鱼大者如船有四脚绝类龙特无角耳肚甚脆美蛤蚬螺蛳之属淡水洋中可捧而得独不见蟹想亦有之而人不食耳

酝酿

酒有四等第一唐人呼为蜜糖酒用药曲以蜜及水中半为之其次者土人呼为朋牙四以树叶为之朋牙四者乃一等树叶之名也又其次以米或以剩饭为之名曰包棱角盖包棱角者米也其下有糖鉴酒以糖为之又入港滨水又有茭浆酒盖有一等茭叶生于水滨其浆可以酿酒

盐醋酱面

醝物国中无禁自真蒲巴涧滨海等处率皆烧山间更有一等石味胜于盐可琢以成器土人不能为醋羹中欲酸则著以咸平树叶树既荚则用荚既生子则用子亦不识合酱为无麦与豆故也亦不曾造曲盖以蜜水及树叶酿酒所用者酒药耳亦如乡间白酒药之状

蚕桑

土人皆不事蚕桑妇人亦不晓针线缝补之事仅能织木绵布而已亦不能纺但以手理成条无机杼以织但以一头缚腰一头搭上梭亦止用一竹管近年暹人来居却以蚕桑为业桑种蚕种皆自暹中来亦无麻苎惟有络麻暹人却以丝自织皁绫衣著暹妇却能缝补土人打布损破皆倩其补之

器用

寻常人家房舍之外别无桌凳盂桶之类但作饭则用一瓦釜作羹又用一瓦铫地埋三石为灶以椰子壳为杓盛饭用中国瓦盘或铜盘羹则用树叶造一小碗虽盛汁亦不漏又以茭叶制一小杓用兜汁入口用毕则弃之虽祭祀神佛亦然又以一锡器或瓦器盛水于傍用以蘸手盖饭只用手拿其粘于手非此水不能去也饮酒则用镴注子贫人则用瓦钵子若府第富室则一一用银至有用金者国之庆贺多用金为器皿制度形状又别地下所铺者明州之草席或有铺虎豹麂鹿等皮及藤簟者近新置矮桌高尺许睡只竹席卧于板近有用矮床者往往皆唐人制作也

食品用布罩国主内中以销金缣帛为之皆舶商所馈也稻不用砻止用杵舂碓耳

车轿

轿之制以一木屈其中两头竖起雕刻花样以金银裹之所谓金银轿扛者此也每头一尺之内钉钩子以大布一条厚折用绳系于两头钩中人挽于布以两人抬之轿则又加一物如船蓬而更阔饰以五色缣帛四人扛有随轿而走若远行亦有骑象骑马者亦有用车者车之制却与他地一般马无鞍象无凳可坐

舟楫

巨舟以硬树破版为之匠者无锯但以斧凿之开成版既费木且费工也凡要木成段亦只以凿凿断起屋亦然船亦用铁钉上以茭叶盖覆却以槟榔木破片压之此船名为新拿用棹所粘之油鱼油也所和之灰石灰也小舟却以一巨木凿成槽以火熏软用木撑开腹大两头尖无蓬可载数人止以棹划之名为皮阑

属郡

属郡九十余曰真蒲曰查南曰巴涧曰莫良曰八薛曰蒲买曰雉棍曰木津波曰赖敢坑曰八厮里其余不能悉记各置官属皆以木排栅为城

村落

每一村或有寺或有塔人家稍密亦自有镇守之官名为买节大路上自有歇息如邮亭之类其名为森木近与暹人交兵遂皆成旷地

取胆

前此于八月内取胆盖占城王每年索人胆一瓮万千余枚遇夜则多方令人于城中及村落去处遇有夜行者以绳兜住其头用小刀于右胁下取去其胆俟数足以馈占城王独不取唐人之胆盖因一年取唐人一胆杂于其中遂致瓮中之胆俱臭腐而不可用故也近年已除取胆之事另置取胆官属居北门之里

异事

东门之里有蛮人淫其妹者皮肉相粘不开历三日不食而俱死余乡人薛氏居番三十五年矣渠谓两见此事盖其用圣佛之灵所以如此

澡浴

地苦炎热每日非数次澡洗则不可过入夜亦不免一二次初无浴室盂桶之类但每家须有一池否则两三家合一池不分男女皆裸形入池惟父母尊年在池则子女卑幼不敢入或卑幼先在池则尊长亦回避之如行辈则无拘也但以左手遮其牝门入水而已或三四日或五六日城中妇女三三五五咸至城外河中漾洗至河边脱去所缠之布而入水会聚于河者动以千数虽府第妇女亦预焉略不以为耻自踵至顶皆得而见之城外大河无日无之唐人暇日颇以此为游观之乐闻亦有就水中偷期者水常温如汤惟五更则微凉至日出则复温矣

流寓

唐人之为水手者利其国中不著衣裳且米粮易求妇女易得屋室易办器用易足买卖易为往往皆逃逸于彼

军马

军马亦是裸体跣足右手执摽枪左手执战牌别无所谓弓箭炮石甲胄之属传闻与暹人相攻皆驱百姓使战往往亦别无智略谋画

国主出入

闻在先国主辙迹未尝离戸盖亦防有不测之变也新主乃故国主之壻原以典兵为职其妇翁爱女女窃金剑以往其夫以故亲子不得承袭尝谋起兵为新主所觉斩其趾而安置于幽室新主身嵌圣铁纵使刀箭之属著体不能为害因恃此遂敢出戸余宿留岁余见其出者四五凡出时诸军马拥其前旗帜鼓乐踵其后宫女三五百花布花髻手执巨烛自成一队虽白日亦照烛又有宫女皆执内中金银器皿及文饰之具制度逈别不知其何所用又有宫女执摽枪摽牌为内兵又成一队又有羊车马车皆以金为饰其诸臣僚国戚皆骑象在前远望红凉伞不计其数又其次则国主之妻及妾媵或轿或车或马或象其销金凉伞何止百余其后则是国主立于象上手持宝剑象之牙亦以金套之打销金白凉伞凡二十余柄其伞柄皆金为之其四围拥簇之象甚多又有军马护之若游近处止用金轿子皆以宫女抬之大凡出入必迎小金塔金佛在其前观者皆当跪地顶礼名为三罢不然则为貌事者所擒不虚释也每日国主两次坐衙治事亦无定文及诸臣与百姓之欲见国主者皆列坐地上以俟少顷闻内中隐隐有乐声在外方吹螺以迎之闻止用金车子来处稍远须臾见二宫女纤手卷帘而国主乃仗剑立于金窗之中矣臣僚以下皆合掌叩头螺声方绝乃许抬头国主特随亦就坐坐处有狮子皮一领乃传国之宝言事既毕国主寻即转身二宫女复垂其廉诸人各起以此观之则虽蛮貊之邦未尝不知有君也

岛夷志略[①]

彭湖

岛分三十有六巨细相间坡陇相望乃有七澳居其间各得其名自泉州顺风二昼夜可至有草无木土瘠不宜禾稻泉人结茅为屋居之气候常暖风俗朴野人多眉寿男女穿长布衫系以土布煮海为盐酿秫为酒采鱼虾螺蛤以佐食燃牛粪以爨鱼膏为油地产胡麻绿豆山羊之孳生数万为群家以烙毛刻角为记昼夜不收各遂其生育土商兴贩以乐其利地隶泉州晋江县至元年间立巡检司以周岁额办盐课中统钱钞一十锭二十五两别无科差

琉球

地势盘穹林木合抱山曰翠麓曰重曼曰斧头曰大崎其崎山极高峻自彭湖望之甚近余登此山则观海潮之消长夜半则望暘谷之出红光烛天山顶为之俱明土润田沃宜稼穑气候渐暖俗与彭湖差异水无舟楫以筏济之男子妇人拳发以花布为衫煮海水为盐酿蔗浆为酒知番主酋长之尊有父子骨肉之义他国之人倘有所犯则生割其肉以啖之取其头悬木竿地产沙金黄豆麦子硫黄黄蜡鹿豹麂皮贸易之货用土珠玛瑙金珠粗碗处州磁器之属海外诸国盖由此始

三岛

居大奇山之东屿分鼎峙有迭山层峦民傍缘居之田瘠谷少俗质朴气候差暖男女间有白者男顶拳妇人椎髻俱披单衣男子尝附船至泉州经纪罄其资囊以文其身既归其国则国人以尊长之礼待之延之上座虽父老亦不得与争焉习俗以其至唐故贵之也民煮海为盐酿蔗浆为酒有酋长地产黄蜡木绵花布贸易之货用铜珠青白花碗小花印布铁块之属次曰答陪曰海赡曰巴弄吉曰蒲里咾曰东流里无甚异产故附此耳

麻逸

山势平宽夹溪聚落田膏腴气候稍暖俗尚节义男女椎髻穿青布衫凡妇葬夫则削其发绝食七日与夫同寝多濒于死七日之外不死则亲戚劝以饮食或可全生则终身不改其节甚至丧夫而焚尸则赴火而死酋豪之丧则杀奴婢二三十人以殉葬民煮海为盐酿糖水为酒地产木绵黄蜡玳瑁槟榔花布贸易之货用鼎铁块五采红布红绢牙锭之属蛮贾议价领去传易土货然后准价舶商守信如终如始不负约也

无枝拔

在阇麻罗华之东南石山对峙民垦辟山为田鲜食多种薯气候常热独春有微寒俗直男女编发缠头系细红布极以婚姻为重往往指腹成亲通国守义如有失信者罚金二两重以纳其主民煮海为盐酿椰浆蕨粉为酒有酋长产花斗锡铅绿毛狗贸易之货用西洋布青白处州甆器瓦坛铁鼎之属

龙涎屿

屿方而平延袤荒野上如云坞之盘绝无田产之利每值天清气和风作浪涌群龙游戏出没海滨时吐涎沫于其屿之上故以得名涎之色或黑于乌香或类于浮石闻之微有腥气然用之合诸香则味尤清远虽茄蓝木梅花脑

① 〔元〕汪大渊撰。

檀麝机子花沉速末蔷薇水众香必待此以发之此地前代无人居之间有他番之人用完木凿舟驾使以拾之转鬻于他国货用金银之属博之

交趾

古交州之地今为安南大越国山环而险溪道互布外有三十六庄地广人稠气候常热田多沃饶俗尚礼义有中国之风男女面白而齿黑戴冠穿唐衣皂褶丝袜方履凡民间俊秀子弟八岁入小学十五入大学其诵诗读书谈性理为文章皆与中国同惟言语差异耳古今岁贡中国已载诸史民煮海为盐酿秫为酒部长以同阙为妻地产沙金白银铜锡铅象牙翠毛肉桂槟榔贸易之货用诸色绫罗匹帛青布牙梳纸扎青铜铁之类流通使用铜钱民间以六十七钱折中统银一两官用止七十为率舶人不贩其地惟偷贩之舟止于断山上下不得至其官场恐中国人窥见其国之虚实也

占城

地据海冲与新旧州为邻气候乍热田中上等宜种谷俗喜侵掠岁以上下元日纵诸人采生人胆以鬻官家官以银售之以胆调酒与家人同饮云通身是胆使人畏之亦不生疵疠也城之下水多洄旋舶往复数日止舟载妇人登舶与舶人为偶及去则垂涕而别明年舶人至则偶合如故或有遭难流落于其地者则妇人推旧情以饮食衣服供其身归则又重赆以送之盖有情义如此仍禁服半侣唐人日三四浴以脑射合油涂体以白字寫黑皮为文书煮海为盐酿小米为酒地产红柴茄蓝木打布货用青磁花碗金银首饰酒色布烧珠之属

民多朗

临海要津溪通海水不咸田沃饶米谷广气候热俗尚俭男女椎髻穿短皂衫下系青布短裙民凿井而饮煮海为盐酿小米为酒有酋长禁盗盗则戮及一家地产乌梨木射檀木绵花牛麂皮货用漆器铜鼎阇婆布红绢青布斗锡酒之属

宾童龙

宾童龙隶占城土骨与占城相连有双溪以间之佛书所称王舍城是也或云目连屋基犹存田土人物风俗气候与占城略同人死则持孝服设佛择僻地以葬之国主骑象或马打红伞从者百余人执盾赞唱曰亚或仆【番语也】其尸头蛮女子害人甚于占城故民多庙事而血祭之蛮亦父母胎生与女子不异特眼中无瞳人遇夜则飞头食人粪尖头飞去若人以纸或布掩其项则头归不接而死凡人居其地大便后必用水净浣否则蛮食其粪即逐臭与人同睡倘有所犯则肠肚皆为所食精神尽为所夺而死矣地产茄蓝木象牙货用银印花布次曰胡麻沙曼头罗沙犗宝毗齐新故越州诸番无所产舶亦不至

真腊

州南之门实为都会有城周围七十余里石河周围广二十丈战象几四十余万殿宇凡三十余所极其壮丽饰以金璧铺银为砖置七宝椅以待其主贵人贵戚所坐皆金杌岁一会则以玉猿金孔雀六牙白象三角银蹄牛罗献于前列金狮子十只于铜台上列十二银塔镇以铜象人凡饮食必以金茶盘笾豆金碗贮物用之外名百塔洲作为金浮屠百座一座为狗所触则造塔顶不成次曰马司録池复建五浮屠黄金为尖次曰桑香佛舍造裹金石桥四十余丈谚云富贵真腊者也气候常暖俗尚华侈田产富饶民煮海为盐酿小米为酒男女椎髻生女九岁请僧作梵法以指挑童身取红点女额及母额名为利市云如此则他日嫁人宜其室家也满十岁即嫁若其妻与客淫其夫甚喜夸于人我妻巧慧得人爱之也以锦围身眉额施珠酋豪出入用金车羽仪体披璎珞右手持剑左手持麈尾法则劓刖刺配之刑国人犯盗则断手足烙胸背黥额杀唐人则死唐人杀番人至死亦重罚金如无金以卖身取赎地产黄蜡犀角孔雀沉速香苏木大枫子翠羽冠于各番货用银黄红烧珠龙段建宁锦丝布之属

丹马令

地与沙里佛来安为邻国山平亘田多食粟有余新收者复留以待陈俗节俭气候温和男女椎髻衣白衣衫系青布缦定婚用假锦白锡若干块民煮海为盐酿小米为酒有酋长产上等白锡米脑龟筒鹤顶降真香及黄熟香头贸易之货用甘理布红布青白花碗鼓之属

日丽

介两山之间立一閴之市田虽平旷春干而夏雨种植常违其时故岁少稔仰食于他国气候冬暖风俗尚节义男女椎髻白缦缠头系小黄布男丧妻不嫁煮海为盐酿浆为酒有酋长土产龟筒鹤顶降真锡贸易之货用青磁器花布粗碗铁块小印花阙之属

麻里噜

小港迢递入于其地山隆而水多卤股石林少田高而瘠民多种薯芋地气热俗尚义若番官没其妇再不嫁于凡夫必有他国番官之子孙阀阅相称者方可择配否则削发看经以终其身男女拳发穿青布短衫系红布缦民煮海为盐酿蔗浆为酒编竹片为床燃生蜡为灯地产玳瑁黄蜡降香行布木绵花贸易之货用牙靛青布青磁器盘处州磁水坛大瓮铁鼎之属

遐来勿

古泪之下山盘数百里厥田中下俗尚妖恠气候春夏秋热冬微冷则人无病反此则瘴生人畜死男女挽髻缠红布系青绵布梢凡人死则研生脑调水灌之以养其尸欲葬而不腐民煮海为盐酿椰浆为酒有酋长地产苏木玳瑁木绵花槟榔贸易之货用占城海南布铁线铜鼎红绢五色布木梳篦子青器粗碗之属

彭坑

石崖周匝崎岖远如平寨田沃谷稍登气候半热风俗与丁家卢小异男女椎髻穿长布衫系单布稍富贵女顶带金圈数四常人以五色焇珠为圈以束之凡讲婚姻互造换白银五钱重为准民煮海为盐酿椰浆为酒有酋长地产黄熟香头沉速打白香脑子花锡粗降真贸易之货用诸色绢阇婆布铜铁器漆磁器鼓板之属

吉兰丹

地势博大山瘠而田少夏熟而倍收气候平热风俗尚礼男女束发穿短衫系皁布缦每遇四时节序生辰婚嫁之类衣红布长衫为庆民煮海为盐织木绵为业有酋长地产上等沉速粗降真香黄蜡龟筒鹤顶槟榔外有小港索迁极深水咸鱼美出花锡货用塘头市布占城布青盘花碗红绿焇珠琴阮鼓板之属

丁家卢

三角屿对境港口通其津要山高旷田中下民食足春多雨气候微热风俗尚怪男女椎髻穿绿缬布短衫系遮里绢刻神木为神杀人血和酒祭之每水旱疫疠祷之则立应及婚姻病丧则卜其吉凶亦验今部长主事贪婪勤俭守土地产降真脑子黄蜡玳瑁货用青白花磁器占城布小红绢斗锡酒之属

戎

山绕溪环部落坦夷田畲成片土脉膏腴气候不正春夏苦雨俗陋男女方头儿生之后以木板四方夹之二周后去其板四季祝发以布缦绕身以椰水浸秫米半月方成酒味极苦辣而味长二月海榴结实复酿榴实酒味甘酸宜解渴地产白豆蔻象牙翠毛黄蜡木绵纱贸易之货用铜漆器青白花碗磁壶瓶花银紫焇珠巫仑布之属

罗卫

南真骆之南实加罗山即故名也山瘠田美等为中上春末则禾登民有余蓄以移他国气候不时风俗勤俭男女文身为礼以紫缦缠头系溜布以竹筒实生蜡为烛织木绵为业煮海为盐以葛根浸水酿酒味甘软竟日饮之不醉有酋长地产粗降真玳瑁黄蜡棉花虽有珎树无能割贸易之货用棋子手巾狗迹绢五色烧珠花银青白碗铁条之属

罗斛

山形如城郭白石峭厉其田平衍而多稼暹人仰之气候常暖如春风俗劲悍男女椎髻白布缠头穿长布衫每有议刑法钱谷出入之事并决之于妇人其志量常过于男子煮海为盐酿秫米为酒有酋长法以8子代钱流通行使每一万凖中统钞二十四两甚便民此地产罗斛香味极清远亚于沉香次苏木犀角象牙翠羽黄蜡货用青器花印布金锡海南槟榔口8子次曰弥勒佛曰忽南圭曰善司坂曰苏剌司坪曰吉顿力地无所产用附于此

东冲古剌

巉辟丰林下临淡港外堞为之限介田美谷秀气候骤热雨下则微冷风俗轻剽男女断发红手帕缠头穿黄绵布短衫系越里布凡有人丧亡者不焚化聚其骨撇于海中谓之种植法使子孙复有生意持孝之人斋戒数月而后已民不善煮海为盐酿蔗浆为酒有酋长地产沙金黄蜡粗降真香龟筒沉香贸易之货用花银盐青白花碗大小水埕青缎铜鼎之属

苏洛鬲

洛山如关并溪如带具有聚落田瘠谷少气候少暖风俗勇悍男女椎髻穿青布短衫系木绵白缦凡生育后恶露不下汲井水浇头即下有害热症者亦皆用水沃数四则愈民煮海为盐有酋长地产上等降真片脑鹤顶沉速玳瑁贸易之货用青白花器海巫仑布银铁水埕小罐铜鼎之属

针路

自马军山水路由麻来坟至此地则山多卤股田下等少耕植民种薯及胡芦西瓜兼采海螺螃蛤虾食之内坪下小溪有鱼鲫极美民间临溪每一举网辄食数日而有余气候差热俗恶男女以红绵布缠头皂缦系身民煮海为盐织竹丝布为业有酋长地产芎蕉8子通暹准钱使用贸易之货用铜条铁鼎铜珠五色焇珠大小埕花布鼓青布之属

八都马

阛市广阳山茂田少民力齐常足食气候暖俗尚朴男女椎髻缠青布缦系甘理布酋长守土安民乐其生亲没必沐浴斋戒号泣半月而葬之日奉桑香佛唯谨有犯奸盗者枭之以示戒有遵蛮法者赏之以示劝俗稍稍近理地产象牙重者百余斤轻者七十八十斤胡椒亚于阇婆贸易之货用南北丝花银赤金铜铁鼎丝布草金缎丹山锦山红绢白矾之属

淡邈

小港去海口数里山如铁笔迤逦如长蛇民傍缘而居田地平宜谷粟食有余气候暖风俗俭男女椎髻穿白布短衫系竹布梢民多识山中草药有疵疠之疾服之其效如神煮海为盐事网罟为业地产胡椒亚于八都马货用黄硝珠麒麟粒西洋丝布粗碗青器铜鼎之属

尖山

自有宇宙兹山盘据于小东洋卓然如文笔插霄汉虽悬隔数百里望之俨然田地少多种薯炊以代饭气候烦热风俗纤啬男女断发以红绢缠头以佛南圭布缠身煮海为盐酿蔗浆水米为酒地产木绵花竹布黄蜡粗降真沙地所生故不结实贸易之货用牙锭铜铁鼎青碗大小埕瓮青皮单锦鼓乐之属

八节那间

其邑临海岭方木瘦田地瘠宜种粟麦俗尚邪与湖北道澧州风俗同男女椎髻披白布缦系以土布一岁之间三月内民户采生以祭鬼酬愿信不生灾害民煮海为盐有酋长地产单茇花印布不退色木绵花槟榔贸易之货用青器紫矿土粉青丝布埕瓮铁器之属

三佛齐

自龙牙门去五昼夜至其国人多姓蒲习水陆战官兵服药刀兵不能伤以此雄诸国其地人烟稠密田土沃美气候暖春夏常雨俗淳男女椎髻穿青绵布短衫系东冲布喜洁净故于水上架屋采蚌蛤为鲊煮海为盐酿秫为酒有酋长地产梅花片脑中等降真香槟榔木绵布细花木贸易之货用色绢红硝珠丝布花布铜铁锅之属旧传其国地忽穴出牛数万人取食之后用竹木塞之乃绝

啸喷

繇监毗吉陀以东其山陂延袤数千里结茅而居田沃宜种粟气候常暖俗陋男女椎髻以藤皮煮软织粗布为短衫以生布为梢地产唯苏木盈山他物不见每岁与打网国相通贸易通舶人货用五色硝珠磁器铜铁锅牙锭瓦瓮粗碗之属

勃泥

龙山石盘礴于其右基宇雄敞原田获利夏月稍冷冬乃极热俗尚侈男女椎髻以五采系腰花锦为衫崇奉佛像唯严尤敬爱唐人若醉则扶之以归歇处民煮海为盐酿秫为酒有酋长仍选其国能算者一人掌文簿计其出纳收税无纤毫之差焉地产降真黄蜡玳瑁梅花片脑其树如杉桧劈裂而取之必斋浴而后往货用白银赤金色缎牙箱铁器之属

明家罗

故临国之西山有三岛中岛桑香佛所居珎宝盈前人莫能取一岛虎豹蛇虺纵横人莫敢入一岛土中红石掘而取之其色红活名鸦鹘也舶人兴贩往往金银与之贸易土瘠宜种粟气候大热俗朴男女衣青单被民煮海为盐有酋长地产红石之外别物不见

暹

自新门台入港外山崎岖内岭深邃土瘠不宜耕种谷米岁仰罗斛气候不正尚侵掠每他国转输驾百十艘以沙糊满载舍生而往务在必取近年以七十余艘来侵单马锡攻打城池一月不下本处闭关而守不敢与争遇爪哇使臣经过暹人闻知乃遁遂掠昔里而归至正己丑夏五月降于罗斛凡人死则灌水银以养其身男女衣著与罗斛同仍以𧵍子权钱使用地产苏木花锡大风子象牙翠羽贸易之货用硝珠水银青布铜铁之属

爪哇

爪哇即古阇婆国门遮把逸山系官场所居宫室壮丽地广人稠实甲东洋诸番旧传国王系雷震石中而出令

女子为酋以长之其田膏沃地平衍谷米富饶倍于他国民不为盗道不拾遗谚云太平阇婆者此也俗朴男子椎髻裹打布惟酋长留发大德年间伊克黥色平章史弼高兴曾往其地令臣属纳税贡立衙门振纲纪设铺兵以递文书守常刑重盐法使铜钱俗以银锡鍮铜杂铸如螺甲大名为银钱以权铜钱使用地产青盐系晒成胡椒每岁万斤极细坚耐色印布及鹦鹉之类药物皆自他国来也货用硝珠金银青缎色绢青白花碗铁器之属次曰巫仑曰希苓曰三打板曰吉丹曰孙剌等地无异产故附此耳

重迦罗

杜瓶之东曰重迦罗与爪哇界相接间有高山奇秀不产他木满山皆盐敷树及楠树内一石洞前后三门可容一二万人田土亚于阇婆气候热俗淳男女撮髻衣长衫地产绵羊鹦鹉细花木绵单椰子木绵花纱贸易之货用花银花宣绢诸色布煮海为盐酿秫为酒无酋长年尊者綂摄次曰诸番相去约数日水程曰孙陀曰琵琶曰丹重曰员峤曰彭里不事耕种专尚寇掠与吉陀亚崎诸国相通交易舶人所不及也

都督崖

自海腰平原津通淡港土薄田肥宜种谷广栽薯芋气候夏凉多淫雨春与秋冬皆热俗尚节序男女椎髻穿丝布短衫系白布梢民间每以正月三日长幼焚香拜天以酒牲祭山神之后长幼皆罗拜于庭名为庆节序不喜煮盐酿蜜为酒有酋长地产片脑粗速香玳瑁龟筒贸易之货用海南占城布红绿绢盐铁铜鼎色缎之属

文诞

渤山高环溪水若淡田地瘠民半食沙糊椰子气候苦热俗淫男女椎髻露体系青皮布梢日间畏热不事布种月夕耕锄渔猎采薪取水山无蛇虎之患家无盗贼之虞煮海为盐酿椰浆为酒妇织木绵为业有酋长地产肉荳蔻黑小厮荳蔻花小丁皮货用水绫丝布花印布乌瓶鼓瑟青磁器之属

苏禄

其地以石崎山为堡障山畲田瘠宜种粟麦民食沙糊鱼虾螺蛤气候半热俗鄙薄男女断发缠皂缦系小印花煮海为盐酿蔗浆为酒织竹布为业有酋长地产中等降真条黄蜡玳瑁珎珠较之沙里八丹第三港等处所产此苏禄之珠色青白而圆其价甚昂中国人首饰用之其色不退号为绝品有径寸者其出产之地大者已直七八百余锭中者二三百锭小者一二十锭其余小珠一万上两重者或一千至三四百上两重者出于西洋之第三港此地无之贸易之货用赤金花银八都剌布青珠处器铁条之属

龙牙犀角

峯岭内平而外耸民环居之如蚁附坡厥田下等气候半热俗厚男女椎髻齿白系麻逸布俗以结亲为重亲戚之长者一日不见面必携酒持物以问劳之为长夜之饮不见其醉民煮海为盐酿秫为酒有酋长地产沉香冠于诸番次鹤顶降真蜜糖黄熟香头贸易之货用土印布八都剌布青白花之属

苏门傍

山如屏而石峭中有窝藏平坦地瘠田少多种麦而食气候常暖俗鄙薄藉他番以足其食赖商贾以资其国男女披长发短衫为衣系斯吉丹布煮海为盐有酋长地产翠羽苏木黄蜡槟榔贸易之货用白糖巫仑布油绢衣花色宣绢涂油大小水埕之属涂油出于东埕涂中熬晒而成

旧港

自淡港入彭家门民以竹代舟道多砖塔田利倍于他壤云一季种谷三年生金言其谷变而为金也后西洋人

闻其田美阙来取田内之土骨以归彼田为之脉而种谷旧港之田阙复生亦怪事也气候稍热男女椎髻以白布为梢煮海为盐酿椰浆为酒有酋长地产黄熟香头金颜香木绵花冠于诸番黄蜡粗降真绝高鹤顶中等沉速贸易之货用门邦丸珠四色烧珠麒麟粒处甆铜鼎五色布大小水埕瓮之属

龙牙菩提

环宇皆山石排类门无田耕种但栽薯芋蒸以代粮当收之时番家必堆贮数屋如中原人积粮以供岁用食余则存防下年之不熟也园种菓采蛤蚌鱼虾而食倍于薯芋气候倍热俗朴男女椎髻披木棉花单被煮海为盐浸芋根汁以酿酒地产粗香槟榔椰子贸易之货用红绿烧珠牙箱锭铁鼎青白土印布之属

毗舍耶

僻居海东之一隅山平旷田地少不多种植气候倍热俗尚虏掠男女撮髻以墨汁刺身至头颈项臂缠红绢系黄布为饰国无酋长地无出产时常裹干粮棹小舟过外番伏荒山穷谷无人之境遇捕鱼采薪者辄生擒以归鬻于他国每一人易金二两重盖彼国之人递相仿效习以为业故东洋闻毗舍耶之名皆阙也阙卒地势连龙牙门后山若缠若断起凹峯而盘结故民环居焉田瘠谷少登气候不齐夏则多雨而微寒俗质披短发假锦缠头红油布系身煮海为盐酿米为酒有酋长地产上等鹤顶中等降真木绵花贸易之货用丝布铁条土印布赤金甆器铁鼎之属

蒲奔

地控海滨山蹲白石不宜耕种岁仰食于他国气侯乍热而微冷风俗果决男女青黑男垂髻女拳髻系白缦民煮海为盐采蝌黄为鲊以木板造舟藤篾固之以绵花塞缝底甚柔软随波上下以木为桨未尝见有损壊有酋长地产白藤扶留藤槟榔贸易之货用青甆器粗碗海南布铁线大小埕瓮之属

假里马打

山列翠屏阛阓临溪田下谷不收气候热俗浇薄男女髡头以竹布为桶样穿之仍系以梢罔知廉耻采蕉实为食煮海为盐以适他国易米每盐一斤易米一斗地产番羊高大者可骑日行五六十里及紫玳瑁贸易之货用硫磺珊瑚珠阇婆布青色烧阙布之属

入老古

益溪通津地势卑窄山林茂密田瘠稻悭气候热俗薄男女椎髻系花竹布为稍以象齿树之内室为供养之具民煮海为盐取沙糊为食地产丁香其树满山然多不常生三年中间或二年熟有酋长地每岁望唐舶贩其地往往以五枚鸡雏出必唐船一只来二鸡雏出必有二只以此占之如响斯应贸易之货用银铁水绫丝布巫仑八节那间布土印布象齿烧珠青磁器埕器之属

古里地闷

居加罗之东北山无异木唯檀树为最盛以银铁碗西洋丝布色绢之属为之贸货也地谓之马头凡十有二所有酋长田宜谷粟气候不齐朝热而夜冷风俗淫滥男女断发穿木绵短衫系占城布市所酒肉价廉妇不知耻部领纵食而贪色醉酒之余卧不覆被至者染疾多死倘在番苟免回舟之际栉风沐雨其疾发而为狂热谓之阴阳交交则必死昔泉之吴宅发舶稍众百有余人到彼贸易既毕死者十八九间存一二尔多羸弱之力驾舟随风回舶或时风恬浪息黄昏之际则狂魂荡唱歌阙十则添炬晔耀使人魂游而胆寒吁良可畏哉然则其阙纵有万倍之利何益昔柳子厚谓海贾以生易利其有甚于此者乎

龙牙门

门以单马锡番两山相交若龙牙门中有水道以间之田瘠稻少气候热四五月多淫雨俗好劫掠昔部长掘地而得玉冠岁之始以见月为正初酋长戴冠披服受贺今亦递相传授男女兼中国人居之多椎髻穿短布衫系青布稍产粗降真斗锡贸易之货赤金青缎花布处磁器铁鼎之类盖以山无美林贡无异货以通众州之贸易皆剽窃之物也舶往西洋本番置之不问回船之际至吉利门舶人须驾箭棚张布幕利器械以防之贼舟二三百只必然来迎敌数日若侥幸顺风或不遇之否则人为所戮货为所有则人死系乎顷刻之间也

昆仑

古者昆仑山又名军屯山山高而方根盘几百里截然乎瀛海之中与占城西竺鼎峙而相望下有昆仑洋因是名也舶贩西洋者必掠之顺风七昼夜可渡谚云上有七州下有昆仑计阙孰存虽则地无异产人无居室山之窝有男人数十阙异状穴居而野处既无衣褐日食山菓鱼虾夜则宿于树巢仿标枝野鹿之世何以知其然也百舶阻恶风湾泊其山之下男女群聚而翫抚掌而笑笑而去自适天趣吾故曰其无怀大庭氏之民欤其葛天氏之民欤

灵山

岭峻而方石泉下咽民居星散以结网为活田野辟宜耕种一岁凡二收谷舶至其所则船人斋沐三日具什事崇佛讽经燃水灯放彩舶以禳本舶之灾始度其下风俗气候男女与占城同地产藤杖轻小黑文相对者为冠每条互易一花斗锡麄大而纹疎者一花斗锡互易三条舶之往复此地必汲水采薪以济日用次得槟榔老叶余无异物贸易之货用粗碗烧珠铁条之属

东西竺

石上嵯峩形势对峙地势虽有东西之殊不啻蓬莱方丈之争奇也田瘠不宜耕种岁仰淡净米谷足食气候不齐四五月淫雨而尚寒俗朴略男女断发系占城布煮海为盐酿椰浆为酒有酋长地产槟榔老叶椰子簟木绵花番人取其椰心之嫩阙或染织而为簟售之唐人其簟冬暖而夏凉亦可阙贸易之货用花锡胡椒铁器蔷薇露水之属

急水湾

湾居石绿屿之下其流奔骜舶之时月迟延兼以潮汐南北人莫能测舶洄漩于其中则一月莫能出昔有度元之舶流寓在其中二十余日失风针迷舵折舶遂阁浅人船货物俱各漂荡偶遗三人于礁上者枵腹五日又且断舶往来辄采礁上螺蚌食之当此之时命悬于天忽一日大木二根浮海而至礁傍人抱其木随风飘至须门答剌之国幸而免溺焉

花面

其山逶迤其地沮洳田极肥美足食有余男女以墨汁刺于其面故谓之花面国名因之气候倍热俗淳有酋长地产牛羊鸡鸭槟榔甘蔗老叶木绵货用铁条青布粗碗青处器之属舶经其地不过贸易以供日用而已余无可兴贩也

淡洋

港口通官场百有余里洋其外海也内有大溪之水源二千余里奔流冲合于海其海面一流之水清淡舶人经过往往乏水则必由此汲之故名曰淡洋过此以往未见其海洋之水不咸阙田常熟气候热风俗淳男女椎髻系溜布有酋长地产阙与亚芦同米颗虽小炊饭则香贸易之货用赤金铁器粗碗之属

须文答剌

峻岭掩抱地势临海田硗谷少风俗浇薄其部长人物修长一日之间必三变色或青或黑或赤每岁必杀十余人取自然血浴之则四时不生疾病故民皆畏服焉男女椎髻系红布土产脑子粗降真香味短鹤顶斗锡种茄树高丈有余经三四年不萎生茄子以梯摘之如西瓜大重十余斤贸易之货用西洋丝布樟脑蔷薇水黄油伞青布五色缎之属

僧加剌

迭山环翠洋海横络其山之腰有佛殿岿然则释迦佛肉身所在民从而像之迨今以香花烛事之若存海滨有石如莲台上有佛足迹长二尺有四寸阔七寸深五寸许迹中海水入其内不咸而淡味甘如醴病者饮之则愈老者饮之可以延年土人长七尺余面紫身黑眼巨而长手足温润而壮健宛然佛家种子寿多至百有余岁者佛初怜彼方之人贫而为盗故以善化其民复以甘露水洒其地产红石土人掘之以左手取者为阙者设佛后得此以济贸易之货皆令温饱而善良阙一钵盂非玉非铜非铁色紫而润敲之有玻璨声故国初凡三遣使取之至是则举浮屠之教以语人故未能免于儒者之议然观其土人之梵相风俗之敦厚讵可弗信也夫

交栏山

岭高而树林茂密田瘠谷少气候热俗射猎为事国初军士征阇婆遭风于山下辄损舟一舟幸免唯存钉灰见其山多木故于其地造舟一十余只若樯柁若帆若篙靡不具备飘然长往有病卒百余人不能去者遂留山中今唐人与番人丛杂而居之男女椎髻穿短衫系巫仑布地产熊豹鹿麂皮玳瑁贸易之货用谷米色绢青布铜器青器之属

特番里

国居西南角名为小食官场深邃前有石崖当关以守之后有石洞周匝以居之厥土涂泥厥田沃饶临溪溪又通海海口有闸春月则放水灌田耕种时雨降则闭闸或岁旱则开焉民无水旱之忧长有丰稔之庆故号为乐土气候应节俗淳男女椎髻系青布煮海为盐酿老叶为酒烧羊羔为阙黄蜡绵羊高四尺许波罗大如斗甜瓜三四尺围贸易之货用麻逸布五色绸缎锦缎铜鼎红油布之属

班达里

地与鬼屈波思国为邻山峙而石盘田瘠谷少气候微热淫雨间作俗怪屋傍每有鬼夜啼如人声相续至五更而啼止次日酋长必遣人乘骑鸣锣以逐之卒不见其踪影也厥后立庙宇于盘石之上以祭焉否则人畜有疾国必有灾男女丫髻系巫仑布不事针缕纺绩煮海为盐地产甸子鸦忽石兠罗绵木绵花青蒙石贸易之货用诸色缎青白磁铁器五色烧珠之属

曼陀郎

国界西北隅与播宁接壤地瘠宜种麦酋长七尺有余二国势均不事侵伐故累世结姻颇有朱陈村之俗焉蛮貊之所仅闻他国之所未见者气候少热男女挽髻以白布包头皂布为服以木犀花酿酒地产犀角木绵摘四斗花可重一斤西瓜五十斤重有余石榴大如斗贸易之货用丁香荳蔻良姜荜茇五色布青器斗锡酒之属

喃乌哩

地当喃乌哩之要冲大波如山动荡日月望洋之际疑若无地民居环山各得其所男女椎髻露体系稍布田瘠谷少气候暖俗尚劫掠亚于牛单锡也地产鹤顶龟筒玳瑁降真香冠于各番贸易之货用金银铁器蔷薇水红丝布

樟脑青白花碗之属夫以舶历风涛回经此国幸而免于鱼龙之厄而又罹虎口莫能逃之其值风信之乖时使之然欤

北溜

地势居下千屿万岛舶往西洋过僧加剌傍潮流迅急更值风逆辄漂此国候次年夏东南风舶仍出溜水中有石槎牙利如锋刃盖已不阙舟矣地产椰子索趴子鱼干大手巾布海商每将一舶趴子下乌爹朋加剌必互易米一船有余盖彼番以趴子权钱用亦久远之食法也

下里

国居小具喃古里佛之中又名小港口山旷而原平地方数千余里民所奠居星罗棋布家给人足厥田中下农力耕气候暖风俗淳民尚气出入必悬弓箭及牌以随身男女削发系溜布地产胡椒冠于各番不可胜计椒木满山蔓衍如藤萝冬花而夏实民采而蒸曝以干为度其味辣采者多不禁其味之触人甚至以川芎煎汤解之他番之有胡椒者皆此国流波之余也

高郎步

大佛山之下湾环中纵横皆卤股石其地湿皋田瘠米谷翔贵气候暖俗薄舶人不幸失风或驻阁于其地者徒为酋长之利舶中所有货物多至全璧而归之酋以为天赐也孰知舶人妻子饥寒之所望哉男女撮髻系八郎那间布梢煮海为盐酿蔗浆为酒有酋长地产红石头与僧加剌同贸易之货用八丹布斗锡酒蔷薇水苏木金银之属

沙里八丹

国居古里佛山之后其地沃衍田少俗美气候微暖男女系布缠头循海而居珠货之马头也民有犯罪者以石灰画圈于地使之立圈内不令转足此其极刑也地产八丹布珎珠由第三港来皆物之所自产也其地采珠官抽毕皆以小舟渡此国互易富者用金银以低价塌之舶至求售于唐人其利岂浅鲜哉

金塔

古崖之下圣井傍有塔十丈有余塔顶曾镀以金其顶颓而石烂惟苔藓青青耳上有鹤巢宽七尺余有朱顶雌雄二鹤长存人见每岁常巢其上酋长子孙相传以来千有余年矣春则育一二雏及羽翼成飞去惟老鹤存焉国人书扁曰老鹤里土瘠而民贫气候不齐俗朴男女椎髻缠白布系溜布民煮海为盐女耕织为业寿多至百有余岁地产大布手巾木绵贸易之货用铁鼎五色布之属

东淡邈

皋揵相去有间近希苓数日程山瘠民间田沃稻登百姓充给气候热俗重耕牛每于二月舂米为饼以饲之名为报耕种之本男女椎髻系八丹布煮海为盐酿椰浆为酒有酋长地产胡椒亚于阇婆玳瑁木绵大槟榔贸易之货用银五色布铜鼎铁器烧珠之属

大八丹

国居西洋之后名雀婆岭相望数百里田平丰稔时雨沾渥近年田中生丛禾丈有余长禾茎四十有八谷粒一百三十长半寸许国人传玩以为禾王民掘禾土移至酋长之家一岁之上茎不枯槁后其穗自坠色如金养之以槟榔灰使其不蛀迨今存其国时出曝之以为宝焉气候热俗淳男女短发穿南溜布煮海为盐地产绵布婆罗蜜贸易之货用南丝铁条紫粉木梳白糖之属

加里那

国近具山其地硗确田瘠谷少王国之亚波下有石穴深邃有白牛种每岁逢春产白牛仍有雌雄酋长畜之名官牛听其自然孳育于国酋长以其繁衍因之互市国得金十两厥后牛遂不产气候稍热风俗淳厚男女髡发穿长衫煮井为盐酿椰浆为酒地产绵羊高大者二百余斤逢春则割其尾用番药搽之次年其尾复生如故贸易之货用青白花碗细绢铁条苏木水银之属

土塔

居八丹之平原赤石围绕有土砖甃塔高数丈汉字书云咸淳三年八月毕工传闻中国之人其年贩彼为书于石以刻之至今不磨灭焉土瘠田少气候半热秋冬微冷俗好善民间多事桑香圣佛以金银器皿事之男女断发其身如漆系以白布有酋长地产绵布花布大手巾槟榔贸易之货用糖霜五色绢青缎苏木之属

第三港

古号为渊今名新港口岸分南北民结屋而居田土气候俗男女与八丹同去此港八十余里洋名大郎蚌珠海内为最富采取之际酋长杀人及十数牲祭海神选日集舟人采珠每舟以五人为率二人荡桨二人收绠其一人用圈竹匡其袋口悬于颈上仍用收绠系石于腰放坠海底以手爬珠蚌入袋中遂执绠牵掣其舟中之人收绠人随绠而上才以珠蚌倾舟中既满载则官场周回皆官兵守之越数日候其肉腐烂则去其殼以罗盛腐肉旋转洗之则肉去珠存仍巨细筛阅于十分中官抽一半以五分与舟人均分若失海神以取之入水者多葬于鳄鱼之腹吁得之良可悯也舶人幸当其取之岁徃徃以金与之互易归则乐数倍之利富可立致特幸逢其时耳

华罗

揎椰树为疆理迭青石为室田土瘠硗宜种稻气候常热秋冬草木越增茂盛俗怪民间每创石亭数四塑以泥牛或刻石为像朝夕讽经敬之若神佛焉仍以香花灯烛为之供养凡所主之坛所行之地及屋壁之上悉以牛粪和泥涂之反为洁净邻人徃来苟非其类则不敢造其所男女形黑无酋长年尊者主之语言谓以檀香牛粪搽其额以白细布缠头穿长衫与今之南毗人少异而大同

麻那里

界迷黎之东南居垣角之绝岛石有楠树万枝周围皆水有蚝如山立人少至之土薄田瘠气候不齐俗侈男女辫发以带捎臂用金丝穿五色绢短衫以朋加剌布为独幅裙系之地产骆驼高九尺土人以之负重有仙鹤高六尺许以谷为食闻人拍掌则耸翼而舞其容仪可观亦异物也

加将门里

去加里二千余里乔木成林修竹高节其地堰潴田肥美一岁三收谷通商贩于他国气候常热俗薄男女挽髻穿长衫丛杂回人居之其土商每兴贩黑囡囚徃朋加剌互用银钱之多寡随其大小高下而议价民煮海为盐酿浆为酒有酋长地产象牙兜罗绵花布贸易之货用苏杭五色缎南北丝土绸绢巫仑布之属

波斯离

境与西夏联属地方五千余里关市之间民比居如鱼鳞田宜麦禾气候常冷风俗侈丽男女长身编发穿驼褐毛衫以软锦为茵褥烧羊为食煮海为盐有酋长地产琥珀软锦驼毛腽肭脐没药万年枣贸易之货用毡毯五色缎云南叶金白银倭铁大风子牙梳铁器达剌斯离香之属

挞吉那

国居达里之地即古之西域山少而瘠气候半热天常阴晦俗与羌同男女身面如漆眼圆白发鬅鬙笼软锦为衣女资纺绩为生男采鸦鹘石为活煮海为盐酿安石榴为酒有酋长地产安息香琉璃瓶硼砂栀子花尤胜于他国贸易之货用沙金花银五色缎铁鼎铜线琉磺水银之属

千里马

北与大奋山截界溪水护布四时澄彻形势宽容田瘠谷少气候乍热俗淳男女断发身系丝布煮海为盐酿桂屑为酒有酋长地产翠羽百合萝葭贸易之货用铁条麄碗苏木铅针之属

大佛山

大佛山介子迓里高郎步之间至顺庚午冬十月有二日因卸帆于山下是夜月明如昼海波不兴水清彻底起而徘徊俯窥水国有树婆娑余指舟人而问此非清琅玕珊瑚珠者耶曰非也此非月中娑罗树影者耶曰亦非也命童子入水中采之则柔滑拔之出水则坚如铁把而翫之高仅盈尺则其树槎牙盘结奇怪枝有一花一蘂红色天然既开者彷佛牡丹半吐者类乎菡萏舟人秉烛环堵而观之众乃雀跃而笑曰此琼树开花也诚海中之稀有亦中国之异闻余历此四十余年未尝有觀于此君今得之兹非千载而一遇者乎余次日作古体诗一首以记其实袖之以归豫章邵庵虞先生见而赋诗迨今留于君子堂以传玩焉

须文那

国居班支尼那接境山如瓜瓠民乐奠居田瘠谷少气候应节俗鄙薄男女蓬头系丝布酋长之家有石鹤高七尺余身白而顶红宛然生像民间事之为神鹤四五月间听其夜鸣则是岁丰稔凡有疾则卜之如响斯应民不善煮海为盐地产丝布胡椒亚于希苓淡邈孩儿茶又名乌爹土又名胥实考之其实槟榔汗也贸易之货用五色细缎青缎荳蔻大小水罐苏木之属

万里石塘

石塘之骨由潮州而生迤逦如长蛇横亘海中越海诸国俗云万里石塘以余推之岂止万里而已哉舶由玳屿门挂四帆乘风破浪海上若飞至西洋或百日之外以一日一夜行百里计之万里曾不足故源其地脉历历可考一脉至爪哇一脉至勃泥及古里地闷一脉至西洋极昆仑之地盖紫阳朱子谓海外之地与中原地脉相连者其以是欤观夫海洋泛无涯涘中匿石塘孰得而明之避之则吉遇之则凶故子午针人之命脉所系苟非舟子之精明能不覆且溺矣吁得意之地勿再往岂可以风涛为径路也哉

小具喃

地与都拦礁相近厥上黑坟本宜谷麦居民懒事耕作岁籍乌爹运米供给或风信到迟马船已去货载不满风信或逆不得过喃巫哩洋且防高浪阜中卤股石之厄所以此地驻冬候下年八九月马船复来移船回古里佛互市风俗男女衣著与古里佛同有村主无酋长地产胡椒椰子槟榔溜鱼贸易之货用金钱青白花器八丹布五色缎铁器之属

古里佛

当巨海之要冲去僧加剌密迩亦西洋诸马头也山横而田瘠宜种麦每岁藉乌爹米至行者让路道不拾遗俗稍近古其法至坦盗一牛酋以牛头为準失主仍以犯人家产籍没而戮之官场居深山中海滨为市以通贸易地产胡椒亚于下里人间居有仓廪贮之每播荷三百七十五斤税收十分之二以下次加张叶皮桑布蔷薇水波罗蜜孩

儿茶其珊瑚真珠乳香诸等货皆由甘理佛朗来也去货与小具喃国同畜好马自西极来故以舶载至此国每疋互易动金钱千百或至四十千为率否则番人议其国空乏也

朋加剌

五岭崔嵬树林拔萃民环而居之岁以耕植为业故野无旷土田畴极美一岁凡三收谷百物皆廉即古忻都州府也气候常热风俗最为淳厚男女以细布缠头穿长衫官税以十分中取其二焉其国铸银钱名唐加每钱八分重流通使用互易㺚子一万五百二十有余以权小钱便民良有益也产苾布高你布兜罗绵翠羽贸易之货用南北丝五色绢缎丁香荳蔻青白花器白缨之属兹番所以民安物泰者平日农力有以致之是故原防管茅之地民垦辟种植不倦犁镰劳苦之役因天之时而分地利国富俗厚可以轶旧港而迈阇婆云

巴南巴西

国居大响山之南环居数十里土瘠宜种荳气候乍凉俗尚浇薄男女体小而形黑眼圆耳长手垂过膝身披丝绒单被凡民间女子其形娅【于加切】㛠【若加切】自七岁父母以歌舞教之身折迭而圆转变态百出粗有可观倘适他国呈其艺术则予以小钱为赏地产细绵布舶人以锡易之

放拜

居巴隘乱石之间渡桥出入周围无田平旷皆陆地宜种麦气候常暖风俗质朴男女面长目反白容黑如漆编发为绳穿斜纹木绵长衫煮海为盐煅鹅卵石为炭以代炊有酋长地产绝细布疋阔七尺长丈余大槟榔为诸番之冠货用金㺚子红白烧珠之属

大乌爹

国近巴南之地介西洋之中峯山多卤股田杂沙土有黑岁宜种豆气候常热俗尚淳男女身修长女生髭穿细布系红绢梢女善战使摽鎗批竹矢毒于蛇他国人极畏之乃以金钱鱼兼㺚子使用煮海为盐以逡巡法酿酒有酋长地产布匹猫儿眼睛鸦鹘石翠羽贸易之货白铜鼓板五色缎金银铁器之属国以㺚子金钱流通使用所以便民也成周之世用钱币汉武造皮币铸白银无非子母相权而已如西洋诸番国铸为大小金钱使用与中国铜钱异虽无其币以兼之得非法古之道者欤

万年港

凌门正湾为之引从彷佛相望中间长阔二十余丈其深无底鱼龙之渊薮也旁有山如氐民环而居田宽地窄宜谷麦气候常热俗朴男女椎髻系青布捎煮海为盐酿蔗浆为酒有酋长地产降真条木绵黄蜡贸易之货用铁条铜线土印花布瓦瓶之属

马八儿屿

控西北之隅居加将门之右濒山而居土咸田沃饶岁倍收气候热俗淫男女散发以椰叶蔽羞不事缉织凿井煮海为盐酿椰浆为酒无酋长地产羽细布大羊百有余斤谷米价廉贸易之货用砂金青缎白矾红绿烧珠之属次曰拔忽曰里达那曰骨里傍曰安其曰伽忽皆属此国之节制焉

阿思里

极西南达国里之地无山林之限风起则飞沙扑面人不敢行居人编竹以蔽之气候热半年之间多不见雨掘井而饮深至二三百丈味甘而美其地防原宜种麦或潮水至原下则其地土润麦苗自秀俗恶男女编发以牛毛为

绳接发梢至齐膝为奇以鸟羽为衣捣麦做饼为食民不善煮海为盐地产大绵布小布疋贸易之货用银铁器青烧珠之属

哩伽塔

国居辽西之界乃国王海之滨田瘠宜种黍民迭板石为居掘地丈有余深以藏种子虽三载亦不朽也气候秋热而夏凉俗尚朴男女瘦长其形古怪发长二寸而不见长穿布桶衣系皂布梢煮海为盐酿黍为酒以牛乳为食地产青琅玕珊瑚树其树或长一丈有余或七八尺许一尺有余秋冬民间皆用船采取以横木系破网及纱线于其上仍以索縛木两头人于船上牵以拖之则其树槎牙挂挽而上贸易之货用金银五色缎巫仑布之属

天堂

地多旷漠即古筠冲之地又名为西域风景融和四时之春也田沃稻饶居民乐业云南有路可通一年之上可至其地西洋亦有路通名为天堂有回回历与中国授时历前后只争三日其选日永无差异气候暖风俗好善男女辫发穿细布布衫系细布梢地产西马高八尺许人多以马乳拌饭为食则人肥美贸易之货用银五色缎青白花器铁鼎之属

天竺

居大食之东隶秦王之主去海二百余里地平沃气候不齐俗有古风男女身长七尺小目长项手帕系额编发垂耳穿百阙皮织鞋以绵纱结袜仍将穿之示其执礼也不善煮海为盐食仰他国民间以金钱流通使用有酋长地产沙金骏马贸易之货用银青白花器斗锡酒色印布之属

层摇罗

国居大食之西南崖无林地多淳田瘠谷少故多种薯以代粮食每货贩于其地者若有谷米与之交易其利甚溥气候不齐俗古直男女挽发穿无缝短裙民事网罟取禽兽为食煮海为盐酿蔗浆为酒有酋长地产红檀紫蔗象齿龙涎生金鸭觜胆矾贸易之货用牙箱花银五色缎之属

马鲁涧

国与遐迩沙喃之后山接壤民乐业而富周回广一万八千余里西洋国悉臣属焉有酋长元临漳人陈其姓也幼能读书长练兵事国初领兵镇甘州遂入此国讨境不复返兹地产马故多马军动侵番国以兵凡若干万岁以正月三日则建高坛以受兵贺所至之地即成聚落一所民间互易而卒无扰攘之患盖以刑法之重如此观其威逼诸番严行赏罚亦酋豪中之表表者乎甘埋里阙南冯之地与佛郎相近乘风张帆二月可至小具喃其阙为马船大于商舶不使钉灰用椰索板成片每舶二三阙板横栈渗漏不胜稍人日夜轮戽水不枯竭下以乳香压重上载马数百匹头小尾轻鹿身吊肚四蹄削铁高七尺许日夜可行千里所有木香琥珀之类地产自佛郎国来商贩于西洋互易去货丁香荳蔻青缎麝香红色烧珠苏杭色缎苏木青白花器甆瓶铁条以胡椒载而返椒之所以贵者皆因此船运去尤多较商舶之取十不及其一焉

麻呵斯离

去大食国八千余里与鲸板奴国相近由海通溪约二百余里石道崎岖至官场三百余里地平如席气候应节风俗鄙俭男女编发眼如铜铃穿长衫煮海为盐酿老叶为酒有酋长地产青盐马乳葡萄米麦其麦粒长半寸许甘露每岁八九月下民间筑净池以盛之旭日曝则融结如冰味甚糖霜仍以甆器贮之调汤而饮以辟瘴疠古云甘露王如来即其地也贸易之货用剌速斯离布紫金白铜青琅玕阇婆布之属

罗婆斯

阙那之右山联属奇峯磊磊如天马奔驰形势临海阙不织不衣以鸟羽掩身食无烟火惟有茹毛饮血巢居阙虽然饮食宫室节宜之不可缺也丝麻絺纻寒暑之阙违也夫以洛南北之地悬隔千里尚有寒暑之殊而况于阙诸国者哉其地钟汤之全故民无衣服之备陶然自适以宇宙轮舆宜乎茹饮不择巢穴不易相与游乎太古之天矣

乌爹

国因伽里之旧名也山林益少其地堰潴而半旷民专农业田沃稼茂既绝稂莠之害又无蝗螨之灾岁凡三稔诸物皆廉道不拾遗乡里和睦士尤尚义俗厚民泰各番之所不及也气候男女与朋加剌略同税收十分之一也地产大者黑国翠羽黄蜡木绵细匹布贸易之货用金银五色缎白丝丁香荳蔻茅香青白花器鼓瑟之属每个银钱重二钱八分准中统钞一十两易𧴩子计一万一千五百二十有余折钱使用以二百五十𧴩子籴一尖罗熟米折官斗有一斗六升每钱收𧴩子可得四十六罗米通计七十三斗二升可供二人一岁之食有余故贩其地者十去九不还也夫以外夷而得知务农重谷使国阙民故家给人足岁无饥寒之忧设之兴行礼让教以诗阙则与中国之风无间然矣孰谓蛮貊之邦而不可行者

异闻类聚

一曰伽里国之民能为飞车从风远行见于博物志矣次曰顿阙人死送于郭外鸟食肉尽乃去以火烧其骨即沉于海中谓之鸟葬见于穷神秘苑矣次曰骨利国昼长夜短薄暮煮一羊胛方熟东方已曙见于神异録矣次曰大食国山树花开如人首不解语人借问惟频笑笑则雕落见于酉阳杂俎矣次曰婆登国种谷每月一熟见于神异之记次曰缴濮国人有尾欲坐则先穴地以安之误折其尾则死见于广州之记次曰南方之产翁獠妇生子是拥衾抱雏以护卫之见于南楚之新闻次番禺县民灾蔬园盗之于百里之外若浮筏乘流于海上有县宰为之判杖见于玉堂之闲话他如女人国视井而生育茶弼沙国入其地声震雷霆至于南方缚妇成姻多非礼聘岭南之好女不事缉织南海之贫妻名为腹指卖南中之师郎拥妇而食肉此又人物风俗之不同録之以備采覧故曰异闻类聚

海语①

卷上·风俗·暹罗【按暹罗国乃暹与罗斛二国在占城南】

暹罗国在南海中自东莞之南亭门放洋南至乌潴独潴七洲【三洋名】星盘坤未针【海天无际舶行莫知方位惟以星盘针定子午而赴之】至外罗坤申针四十五程至占城【本古越裳氏之界】旧港经大佛灵山其上烽墩则交趾【即安南】属也又未针至昆屯山又坤未针至玳瑁洲玳瑁额及于龟山西针入暹罗港水中长洲隐隆如坝舶出入如中国车坝然亦国之一控扼也少进为一關守以夷酋又少进为二關即国都也其地沮洳无城郭王居据大屿稍如中国殿宇之制覆以锡版辟东壁为巨扉是为王门治内分十二塘坝酋长主焉犹华之有衙府也其要害为龟山为陆昆主以阿昆猛斋犹华言总兵甲兵属焉有奶街为华人流寓者之居土夷乃散处水棚板阁荫以茭草无陶瓦也其国右僧谓僧作佛佛乃作王其贵僧亦称僧王国有号令决焉凡国人谒王必合掌跽而扪王之足者三自扪其首者三谓之顶礼敬之至也凡王子始长习梵字梵礼若术数之类皆从贵僧是故贵僧之权侔于王也国无姓氏华人流寓者始从本姓一再传亦亾矣人皆髡首耻为盗窃凡犯盗及私市者罪之其犴狱则穴地为重楼三级谓之三牢轻罪置上级差重置中级殊死者乃置下级轻刑以皮鞭差重断足十趾差重断手十指罪至殊死者腰斩或以象蹂之贵僧为请于王王乃宥之没为僧奴谓之奴团赋役省薄惟给象为最重故殊死获免者不为奴团则以给象终身焉国无占候凡日薄蚀国人见者则奔告于王首至者赏建寅之月王乃命巫占方命力者由胜方所向掠人而剔其胆杂诸药为汤王濡足象濡首以作猛气凡用胆华人为上僧不剔孕妇不剔疮痏不剔是故用胆视岁甲子为多寡也建辰之月是为岁首建巳之月始作农事建午之月潦始涨建酉之月潦退王乃御龙舟乃祀土谷禾乃登始获凡稼之长茂视潦之浅深秆长丈有三尺穟八寸有只稻三盈寸田亩赡数口少歉岁也凡男女先私媾而后聘婚既嫁而外私者犯则出货以赎然犹蔽罪于男谓其为乱首也凡妇多慧巧刺绣织纴工于中国尤善酝酿故暹酒甲于诸夷妇餙必以诸香泽其体发日夕三四浴戏押不禁虽王之妻妾皆盛餙倚市与汉儿贸易不讶亦不敢乱居父母若夫之丧则削发如比丘尼经旬乃蓄鬒如旧凡死丧富夷火尸而葬贫者举尸筏而浮诸海丧属跽伏于海滨迎僧而呪群大鸟啄而食之顷之而尽谓之鸟葬凡鳄患夷众则奔赴于王王诏贵僧呪饭而投诸鳄所乃以贝多叶书数符佩以奴团没水牵数鳄出贵僧稽其孽迹多者戮之刳其腹有得铅珠二升者迹少乃黥符其背呪而纵之国人凡有雠怨皆谒僧求呪其呪土夷遭者非死即疾苦施诸华人则不能害也尺饭僧必具十品食也屑糯若秔也牛也羊也豕也翰音也舒鴈也家鹜若鱼也皆熟而荐之僧呪而后举举必尽数器不足十品不以供也其产多苏方木槟榔椰子波罗蜜片脑诸香杂菓象齿犀角金宝玳瑁之属贸易用䞂故其民饶富豪酋各据别岛而居奴团数百口蓄赀多至数十巨万不盖藏不虞冦西洋诸国异产奇货辐辏其地匠艺工致嵌宝指环时至中国一枚值数十金地广而兵强尝并有占腊【本扶南属国】而私其贡赋以不系中国利害置不问也【洪武四年暹罗国王参烈昭昆牙遣使臣柰思俚侪剌识悉替等来朝贡进金叶表其物有象牙有犀角孔雀尾翠羽龟筒六足龟宝石珊瑚金界指片脑米脑脑油脑柴檀香速香安息香黄熟香降真香罗斛香乳香树香木香丁香阿魏蔷薇水丁皮琬石紫梗藤竭藤黄硫黄没药乌爹泥肉荳蔻胡椒白荳蔻荜茇苏木乌木大枫子苾布油红布白缠头布红撒哈剌布红地绞节知布暗花红细棋子花布织人象花文打布西洋布织花红丝打布剪绒丝杂色红花被面织杂色红文丝缦使回令于广东布政司管待】

卷上·风俗·满剌加【按满剌加国在占城南前代不通中国】

满剌加在南海中始为暹罗属域厥后守土酋长判其主而自立开国无可考矣自东莞县南亭门放洋星盘与

① 〔明〕黄衷撰。

暹罗同道至昆屯洋直子午收龙牙门港二日程至其国为诸夷辐辏之地亦海上一小都会也王居前屋用瓦乃永乐中太监郑和所遣者余屋皆僭拟殿宇以锡箔为餙遇制使若列国互市王即盛陈仪卫以自儆备其民皆土室而居其尊官称姑郎伽邪巨室称南和达民多饶裕南和达一家胡椒有至数千斛象牙犀角西洋布珠具香品若他止蓄无算俗不尚鬼男子鸡鸣而起仰天呦呦而呼哈喇盖哈喇者天地父母之通谓也文字皆梵书贸易以锡行大都锡三斤当银一钱耳牙侩交易搦指节以示数千金贸易不立文字指天为约卒毋敢负者不产五谷米稻皆暹罗崛巄陂堤里所货鬻俗禁食豕肉华人流寓或有食者辄恶之谓厌其秽也其地多酥酪富夷以和饭而啖鸡犬鹅鹜常仰贩于他国故一物之价五倍于华也民性犷暴而重然诺钯镴不离顷刻生男二岁即造小钯镴而佩之一刄类也语不合便剸刄其胷死即刄者辄逃匿山谷踰时乃出死者之家不复寻雠姑郎伽邪亦不复追论矣交会则交扪其心以为礼误扪其手则勃然忿争贫民颇事剽掠遇独客辄杀而夺其赀舶商假馆主者必遣女奴以服役犹日夕馈食饮少不知戒即腰缠皆为所掩取矣婚嫁尤论财男聘以十四而责女之奁资尝数倍陪送奴団有五六房者市井骂詈止于其身虽甚辱不大较若骂子孙而及父祖骂奴而及家长辄以死斸故佣奴以土著为上谓其能扞主也妇女以夜为市禁以二鼓为罢脱有过禁者遇巡徼姑郎伽邪即执而戮之王亦不诘也轻刑鞭挞罪至死者断木为高桩而锐其末入土二尺许以囚大孔贯锐端辗转哀嗷顷之洞腹而死丧事贫者举尸而焚富人则以樟脑实棺中而后焚之诘旦而视骨为扬灰矣其地多崇山大谷陆行可达暹罗尝并有爪哇之国【本婆古阇国】然爪哇之夷素号凶狡凡受佣其地而戕害其主者十八九惟善制药筒中其矢者无不立死正德间佛郎机佛郎机【不知何种素不通中国正德丁丑假作贡献来至近广恃火铳设栅自固掳婴儿烹食之守臣率来军攻杀之遁去】之舶互市争利而閧夷王执其哪哒而囚之佛郎机人归愬于其主议必报之乃治大舶八艘精兵及万乘风突至时已逾年国中少备大被杀掠佛郎机夷酋进据其宫满剌加王退依陂堤里老幼存者复多散逸佛郎机将以其地索赂于暹罗而归之暹罗辞焉佛郎机整众满载而去王乃复所【永乐三年满剌加国王西剌八儿速剌遣使奉金叶表来朝贡其物有番小厮犀角象牙玳瑁玛瑙鹦鹉黑猿黑熊白麂锁袱金毋鹤顶珍珠珊瑚撒哈剌白苾布姜黄布撒都细布西洋布片脑栀子花蔷薇露沉香乳香速香金银吉降真香檀香丁香乌木苏木大枫子番锡番盐使回令于广东布政司管待正统间复来朝贡】

卷中·物产·鲏

【音具夷言小醎鱼可治痢病十颗粒即愈服之忌醋犯则绝肠矣】饮以漓酒即跃然喜似谓得所主者举族受役至死不避虽历世不更他姓尝役以采片脑鹤顶皆如期而获其山多犀象主者利其齿角授以毒镖犺挟以归遇犀或象辄往刺之升木而匿犀或象怒且索毋得也移刻毒发而殪犺乃群聚叫啸若夸其捷者相戒聚以守经月犀象且腐所遗如牙如角齿则负以数犺角乃一犺肩之以输其主遇夺他姓亦至死弗畀也舶人编竹为笼纡深其制置所必由之径机而取之以献于夷王也舶人编竹为笼纡深其制置所必由之径机而取之以献于夷王

卷中·物产·海犀

【开元天宝遗事开元二年冬至交趾国进犀一株色黄如金使者请以金盘置于殿中温温然有暖气袭人上问其故使者曰此辟寒犀也上甚悦厚赐之】

卷中·物产·海马

海马色赤黄高者八九尺逸如飞龙山食而宅海盖龙种也东南岛夷老于泛海者间一见云昔人有巨兽骨者以问沙门赞宁【赞宁宋初僧为寺主太祖至寺行香问曰朕见佛拜是不拜是曰见在佛不拜过去佛大合帝意遂为定礼】赞宁曰是为海马骨水火俱不能毁惟沤以糟腐即烂矣试之果然

卷中·物产·海驴

海驴多出东海状如驴舶估有得其皮者毛长二寸许睛则毵毵下垂阴则氂緳整也或以制卧裀善人御之

竟夕安寝不善人枕籍魂乃数惊矣岛夷诧其灵不敢蓄也

卷中·物产·海狗

海狗纯黄形如狗大乃如猫尝群游背风沙中遥见船行则没海渔以技获之盖利其肾也

卷中·物产·獴猾

獴猾有白有黑有黄有狸状酷类猫而大亦高足而结尾捕鼠捷于猫也诸国皆产惟暹罗者良舶佑挟至广州常猫见而避之豪家每十金易一云或作俱

卷中·物产·海鸥

海鸥似鹅而大不识人舶过尝集人肩顶人辄捕而烹之列子海上之人有好鸥鸟者每旦从鸥游至者百数其父曰取来吾玩明日之海上鸥舞而不下此似寓言之意也又晋书张华传人有得巨鸟毛长三丈者问之华华愀然曰此海凫毛也出则世将乱予以鸥凫类近附之

卷中·物产·海鹤

海鹤大者修项五尺许趐足称是吞常鸟如餤鱼鳝成化间有至漳州者漳人射杀之复有以顶货者类淘河而锐味雄大雌乃略小昼啄于海暮宿岩谷间岛夷豫以小镖付犹月夕则伏于鹤常宿所择其大者而刺之平旦有获五六头者岛夷乃剥其顶售于舶估比至闽广价等金玉予尝见广中善宦有以鹤顶制饮器数百事淘河即鹈鹕亦名逃河诗云维鹈在梁不濡其味是也

卷中·物产·海燕

海燕大如鸠春回巢于古岩危壁葺垒乃白海菜也岛夷伺其秋去以修竿接铲取而鬻之谓之海燕窝随舶至广贵家宴品珍之其价翔矣

卷中·物产·海鳅

海鳅长者亘百余里牡蛎聚族其背旷歳之积崇十许丈鳅负以游鳅背平水即牡蛎崪屼水面如山矣舶猝遇之如当其首辄震以铳炮鳅惊徐徐而没犹漩涡数里舶颠顿久之乃定人始有更生之贺盖观甚奇而灾甚切也【琼州旧志赵公简公鼎谪吉阳军即今崖州雷州守臣走使泛海通问使者晨望极远处隐隐如十里红旗出没疑为番寇指示舟子舟子摇手戒勿语乃披发持刀割舌血滴水中食顷方不见问之曰此海鳅也无数红旗者背翅耳此舟几为所坏裂乃举酒相庆吁水物之害有如是乎披发裂舌盖厌禳之志云此鱼长或千里】

卷中·物产·鳗鲡

鳗鲡大者身径如磨盘长丈六七尺枪嘴锯齿遇人辄斗数十为队常随盛潮陟山而草食所经之路渐如沟涧夜则咸涎发光舶人以是知为鳗鲡所集也燃灰厚布所开路执镖戟诸器群噪而前鳗鲡循路而递遇灰体涩不可窜移时乃困舶人恣杀之皮厚近食之美于肉也

卷中·物产·河豚

河豚出于江河者皆不盈尺海中大者如豕服杂红黄文彩可玩常鱼率水而游此则旋回戱跃喷沫之声乌乌如训狐【服鸟也似鹤贯谊在长沙作服赋狐或作胡服或作鹏】舶人闻其声知其下有河豚也以小絙系义镖掷而获之有重数十斤者云

卷中·物产·蜘蛛

海蜘蛛巨若丈二车轮文具五色非大山深谷不伏也游丝隘中牢若絙缆晨辉照耀光焰烨如虎豹麋鹿间触其网蜘蛛益吐丝如缟霞缠纠卒不可脱俟其毙腐乃就食之舶人欲樵苏者率百十其徒束炬而往遇丝辄燃红遍山谷如设庭燎蛛潜愈邃密惟恐其及也或云取其皮为履不航而涉岂其然欤

卷中·物产·猛火油

猛火油树津也一名泥油出佛打泥国大类樟脑苐能腐人肌肉燃置水中光焰愈炽蛮夷以制火器其烽甚烈帆樯楼橹连延不止虽鱼鳖遇者无不燋烁也一云出高丽之东盛夏日初出时烘日极热则液出他物遇之即为火此未必然恐出树津者是也

卷中·物产·酴醿露

酴醿海国所产为盛出大西洋国者花如中州之牡丹蛮中遇天气凄寒零露凝结著他草木乃冰澌木稼殊无香韵惟酴醿花上琼瑶晶莹芬芳袭人若甘露焉夷女以泽体发腻香经月不灭国人贮以铅瓶行贩他国暹罗尤特爱重竞买略不论直随船至广价亦腾贵大抵用资香奁之饰耳五代时与猛火油俱充贡谓蔷薇水云【晋书贾谧传外国贡异香著人则经月不歇武帝甚贵之惟以赐侍中贾充及大司农陈骞海外诸香木虽芬烈然不甚著人亦不经久据所云知即此香也】

卷中·物产·片脑

片脑产暹罗诸国惟佛打泥者为上其树高者三二丈叶如槐而小皮理类沙柳脑则其皮间凝液也好生穷谷岛夷以锯付狖就谷中尺断而出剥而采之有大如指厚如二青钱者香味清烈莹洁可爱谓之梅花片鬻至中国擅翔价焉复有数种亦堪入药乃其次耳【按本草有龙脑医家专云片脑皆以为眼科之药盖即一也图经云龙脑香出婆律国今惟南海番舶贾客货之相传云其木高七八丈大可六七围如积年杉木状旁生枝叶正圆而背白结实如荳蔻酉阳杂俎云此木有肥瘦者出龙脑香其香在木心波斯断其木剪取之肥者出婆律膏其膏于木端流出斫木作坎而承之或云南海山中亦有此木唐天宝中交趾贡龙脑皆如蝉蚕之形此老木中根节方有之极为难得也今海南龙脑多用火煏成片中亦有杂伪入药惟贵生者状若梅花瓣甚佳也详观所记与图经大同小异虽出之处不同意海外之国俱有之总则谓之龙脑其成片如梅花者则谓片脑耳】

卷中·物产·石蜜

九海山岩穴野蜂窠焉酿实无收采者草间石罅在在泛溢抛露日久必宿蛇虺之毒船人遭难入山者虽草木鱼蝌之属糁以胡椒熟而食之无害也脱遇石蜜以为甘而过食必大霍乱而死可不慎诸

卷下·畏途·昆屯山

山在大佛灵南凡七屿七港是谓七门【唐书广州东南海行三百里至屯门山或疑即此山计之道里不同恐非也】其旁洲屿皆翼然环列适诸国者此其标也其山多兕犀野马巨麢异蛇大木复平川沃壤数百顷椰树骈生堕实弥谷冬瓜延蔓苍藤径寸实长三四尺大踰一围【海上无人之境产物皆硕大予客朱崖令人采取何首乌天南星二药皆三倍于常品气味自别周知有枣如瓜非诞语也】糜腐若泥淖然舶欲樵苏非百人不敢即往老估尝镵崖壁识崄以示防云

卷下·畏途·分水

分水在占城之外罗海中沙屿隐隐如门限延绵横亘不知其几百里巨浪拍天异于常海由马鞍山抵旧港东

注为诸番之路西注为朱崖【即今琼州府所属大约緫称朱崖】儋耳【即今儋州】之路天地设险以域华夷者也【予尝循朱崖儋耳之境縱观于海则见洪涛骇浪势如沸鼎色类蓝靛遥望不极问于居民此外当为何所笑而不荅尝闻崖州老客云每取鱼远出界夜半略闻鸡声此为占城国而岛夷志又闻占城至崖州七日程盖海直抵天际朱崖与诸番皆在海中如浮扂然地理图所载是也惟朱崖联属雷廉汉贾捐之建议弃之历代皆入版图声名文物盖十倍交趾者也】由外罗历大佛灵以至昆屯山自朔至望潮东旋而西既望至晦即西旋而东此又海中潮汐之变也惟老于操舟者乃能察而慎之【予幼为弟子员时督学四明余子华老先生讲正蒙及潮汐以余忠襄海潮图为是盖主月之所临潮必从之之说及游朱崖读王桐鄉楠集又以长短星为验再检岭外録云江浙之潮自有定候钦廉之潮则朔望大琼海之潮半月东流半月西流潮之大小随长短星不系月之盛衰始知王之说盖祖此】

卷下·畏途·万里石塘

万里石塘在乌潴二洋之东阴风晦景不类人世其产多硨磲【蛤蚌之属海南人以锯解之磨砻为砚极可珍玩本草以为玉石类者非也】其鸟多鬼车九首者四三首者【鬼车晦冥则飞鸣能入人室收人魂魄一名鬼鸟此鸟昔有十首一首为犬所噬今犹余九首其一常下血滴人家则凶夜闻其飞鸣则捩狗耳犹言其畏狗也亦名九头鸟荆楚岁时记闻姑获夜鸣闻则捩狗二鸟相似故有此同周礼庭氏以救日之弓救月之矢射之是也】漫散海际悲号之音聒聒闻数里虽愚夫悍卒靡不惨颜沾襟者舵师脱小失势误落石汊数百躯皆鬼録矣

卷下·畏途·万里长沙

万里长沙在万里石塘东南即西南夷之流沙河也弱水出其南风沙猎猎晴日望之如盛雪船误冲其际即胶不可脱必幸东南风劲乃免陷溺

卷下·畏途·铁板沙

成化二十一年乙巳宪庙遣给事中林荣行人黄乾亨备封册之礼以如占城官治大舶一艘凡大舶之行用小艚船一选熟于洋道者数十人驾而前谓之头领大舶之后系二小船以便樵汲且以防虞谓之快马亦谓脚艇是役也军民之在行者千人物货太重而火长又昧于经路次交趾之占壁啰误触铁板沙舶坏二使溺焉军民死者十九予里中有麦福者同七十余人夺一脚艇棹至崖侧巨浪簸荡众惧舍舟而登山回望大舶覆处近如席前洪涛澜汗惟败篷破甑出没于其间数百人者泯灭无迹众皆长恸于是昼行夜伏捕蛇鼠拾草木之实而啖风雨晦冥石妖木魅千奇万怪来侮来狎悉难名状且已忘甲子惟视月弦望以验时日曾未浃旬死者强半存者二十四人复已缺食二日蹒跚冥行佽入空谷谷中石窟寛坦如堂有草叶如广之水蕉掘之根类蹲螓而大竞取以食喉间微觉苦涩余味如葛识者曰此非恶草也第未经风日水土气作苦涩味耳乃曝之日中众亦偃息石窟已皆酣寝比寤晓星煌煌矣迟明敲火燃草取所曝日中者煨而食之味转香滑晨进一枚饥渴俱弭相率肆力而采顷之根裔都尽窟居二日体力完健乃各负数枚复沿水际而行俄闻溪中人语至见岛夷数辈乘三小船循溪搜捞段帛诸物有谙夷语者询之乃交趾占城二国之交徼巡船也二船酋长闻是覆溺之余为之隐恻各取十二人共载以归二国夷王谓天朝人民馆谷如礼于是占城遣人以二使来讣广中始知大舶汩没守臣以闻二使均荷恤荫【二使以死勤事闻其孙子甲科世盛朱紫相袭天之右功不为疏矣予荐主绍兴毛鸣岗老先生题其家挽册有白骨已沉恩似海锦衣可奈夜如年之句】又踰年二国始具海舟资送诸人以还盖同日达广也逆计阽危之日至是已二年矣麦福自言向在占城旅次月夕夢还其家见三道士设水陆醮闻其妻哭声而寤福于枕上亦哭同寝诘之语之夢无不酸鼻者次年抵家见其妻髽而麻衣筵几俨然夫妇相持悲喜交集询其妻云凶问至时为丙午六月晦初犹未信既而审然七月望始倩道流招魂而葬月夕之夢无乃是乎吁人之游魂夕数千里不既神乎

铁桥子曰甚哉利之戕贼也穷荒绝徼无不竞焉二使衔命远适异域不幸而溺厥职固在诸众人者何为者哉缘刀锥之末蹈不测之渊以饱鲸鳄非溺海也利溺焉耳予故纪之以为犯险侔利者鉴之【予窃禄海外每见叔此语辄愧恨不已携家生还不为不幸也大抵海舟深底入水数尺纵风浪汹涌舟极颠沛可保无恙惟遇沙浅并石浪

势相撞则破坏必矣嘉靖丁酉琼府诸生下第者自省由海而归至硇州而下失道遇浅数舟皆折崖州所溺凡八生焉次年予适至崖为之陨涕作哀八生文文拙且冗不复録也】其称状类蹲蛣者不知其为何草也俾托根于通都名峤得岐黄为之品第功岂下于重楼三秀者哉兹乃沦没裔夷广莫之野获济者仅二十四人才而不效呜呼惜也虽然幽人空谷古盖有之

卷下·畏途·物怪·海和尚

海和尚人首鳖身足差长而无甲舟行遇者率虞不利弘治初吾广督学大佥淮阳韦彦质先生将视学琼州陆至徐闻方登海舟此物升鹢首而蹲举舟皆泣谓有鱼腹之忧议将禳之先生方严人不敢白也诘旦抵琼留十许日试士都毕泛海而还若履平地后迁福建宪都考终于家语曰妖不胜德【草木子邵子曰陆生之物水中必具计必有海人尝闻之海贾云有海人出形如僧人颇小登舟而坐至则戒舟人寂然不动少顷复沉水否则大风翻舟以予观之必水族之异形者也遇物而升值之恐非祸福所系率以为怪是谓生于罕乎】

卷下·畏途·物怪·海神

风柔浪恬岛屿晴媚倏然红旗整整拥浪而驰迅若徹电火长即焚香长跪率众而拜曰此海神游也整整红旗者夜义队也遇者吉矣【南海最灵验敕赐庙宇春秋二祭国有大事天子为遣使进香庙旧有波罗树一本海中大暨鱼一岁间岁来朝民间舟中所事海神不一广琼有天妃祠亦受敕封王祭昌化有峻灵王祠苏子胆谪海南为作碑记余不尽録予携家浮海还横巨浪几不能济舟人呼神而共祷之顷刻顺风入港矣】

卷下·畏途·物怪·鬼舶

海船相遇火长必举火以相物色日影向西或三或两帆樯楼舵首尾间缺下上攲侧掠浪冲突此举火而彼不应者知鬼舶也巫乃披发掷米抛纸而厌胜之【游魂为变则覆溺亡者似为鬼矣所操之舶果何所化耶未可知也】

卷下·畏途·物怪·飞头蛮

飞头蛮亦海山中鬼物也居处嗜好与人无别夜则其首飞去颐实秽物归则身首属而咽之惟颔下微痕红线耳暹罗岛夷有娶妇得此者其夫恶之或教以俟其首去置身于地以小刀喇喉颈间顷之首归不合宛转而死夷僧云是必素遗誓约鬼罚乃尔然予偶记小说云某人家生一子自然无首则飞头者岂亦沴气适然所钟邪【予僚友尝言海外奇事乡间有纳妇者妇每夜从床前入地去饱食鱼蟹而返衣犹沾湿其夫欲逐之不果后生子如常亦无他异此与予叔所记皆令人骇不置信者乡伯祭酒泰泉黄公志云亲见香山县深林中有物如婴孩而祼自藤萝中携手鱼贯而下相挽不断见人辄笑至地而灭土人谓之赤虾亦无所怖及阅双槐集所载亦与此合又盐商高氏言代薪青远县山中见一小孩奔走众逐入枯树中以火熨之出走死视之俨如人形惟胁下多两翅耳二县广州属邑已希异如此是知六合之中无所不有而海外神怪为多故曰视听之表圣贤有不言者也】

卷下·畏途·物怪·人鱼

人鱼长四尺许体发牝牡人也惟背有短鬣微红耳间出沙汭亦能媚人舶行遇者必作法禳厌恶其为祟故也昔人有使高丽者偶泊一港适见妇人仰卧水际颇发蓬短手足蠕动使者识之谓左右曰此人鱼也【山海经姑射国在海中属列姑射西南有陵鱼人面手足鱼身在海中】慎毋伤之今以楫扶置水中噀波而逝

卷下·畏途·物怪·蛇异

弘治间有舶欲贩于占城者舶中二十人将即山而薪是夜舶主寥神语之曰明日斫山须多裹盐也寤而异焉以语诸薪者或笑或不信舶主曰第人负十许斤何碍众从之乃乘二快马即三山麓石潭深不可测二十人者分朋

而攻日影西下山声殷殷如雷众谓天日高晴何以有此是必有异升木而伺俄有巨蛇蜿蜒几五丈其色正黑两目如炬山巅奋迅而下没于潭如雷者乃触石崩陨之声也有蜈蚣长可七尺腾跃而逐之旋潭踆踆尾端毒沫时时射潭内水色变如油抵暮潭面火焰高尺许舶人熟视乃自蜈蚣甲间出夜分循山而去光烨烨烛山谷迟明下山观之蛇蜷局死潭间众方惊喜曰裹盐之蓼实神贶也乃以藤缆联巨铁钩引蛇出平野剥其皮厚如黄牛之革骨节中鼊臼腌其肉殆满船腹众乃辍薪载蛇以回舶岛夷之船或过而见其皮问何从得之为价几何舶主给曰五十金岛夷付之不较复问肉价几何曰百金又付之不较易载将发舶主谓岛夷曰若何急此为也岛夷笑曰汉儿不识宝耳是乃龙也其皮鞔鼓声闻二十里【龙皮亦可制扇开元天宝遗事元宝家有一皮扇子制作其质每暑月宴客即以此扇子置于坐前使新水洒之则飒然风生巡酒之间客有寒色遂命撤去明皇亦曾差中使去取爱而不受帝曰此龙皮扇也】此皮中七鼓一鼓即偿今值易易也肉以为鲊货于国中且不知值又几倍矣舶主懊恨自谓其不善贾也铁桥子曰物遇乃贵是何足叹哉语云雎【或作螣】蛇游雾而殆于即且【或作蝍蛆见淮南子】气固有相制夫【予村居时见小蜈蚣逐尺余小蛇于池塘蛇惧没水蜈蚣于水面布毒沫蛇不禁自浮出蜈蚣乃啮杀之并去其两目鄉人云蜈蚣寄种于蛇目是以毒也凡蜈蚣极大则有宝珠雷每击之或云恶其善伤龙也又沈存中筆谈云见一蜘蛛逐蜈蚣蜈蚣循篱竹裂隙而入蜘蛛以腹磨隙再三而去少顷破竹视之则蜈蚣断烂不属矣盖蜘蛛布溺以杀之也物之以小制大理实运之耶】

卷下·畏途·物怪·龙变

冈濒海洲也环海皆崇山其氓多以樵采为业昔有樵者三十余辈驾二白艚涉海而龂薪午将及岸遥望巨物青黑如蛇垂首山脊其角觺觺也诸众人惊相召曰蚺蛇吞鹿矣【蚺蛇长数丈大亦数围善吞鹿惟角难进乃伏水中俟其将腐变登木自绞则角脱骨尽出矣楚词辩证疑巴蛇食鹿出骨事似迂诞而蚺蛇已有然者胆入药最良本草以为产于高雷而海外尤盛】彼利得鹿吾属利得蚺耳棹歌踊跃而前维舟山麓以梃与刃噪而争先比至山半阴云四合雷电大作雨雹石注樵者怖散莫知所之顷之天日开霁崩崖拔木弥溢山谷樵人血额裂趾者累累而集顾见二白艚阁置树杪攀木而升则雨电满载惟米盐衣被略无所损乃取米若釜为糜而食越数日别艚踵至众乃得归铁桥子曰事固有似利而实害者樵也乌足以知之然鬼神戏人类是多矣【此或龙运天变之期也濒海居民每直龙运则屋宇人畜顷刻半空无论舟楫也易曰龙战于野邹阳疏曰神龙骧首奋翼则浮云出流斯际也天地且易位人孰得而撄之

深山大泽神物所居切不可触犯续搜神记云昔有三人共在山中伐木忽见石窠中有二卵大如升取煮之始汤热便闻林中如风雨声须臾有一蛇大十围长四五丈径来于汤中衔卵去三人无几皆死予尝过昌化大村驿旁有神庙前土隆然或有动其土石者辄死人皆为庙神呵获之予闻登其上戒僮仆勿使犯意古有息壤或此类也】

卷下·畏途·物怪·石妖

妖出昆屯山疑亦阴精也昔漳人有贩舶者偕伴数十薪于山中崖间石壁可鉴漳人祖负石立俄有妇从石隙出姿态姝丽殊非蛮岛所有漳人与语媚之迷惑忘返遂伉俪焉妇日献草木实殊形异色味皆甘脆遂已饥渴乃鉴漳人葺茅以居绕舍莳美竹踰时即长林郁郁无复寒暑漳人时从妇陟巘求食每遭猛兽鬼物妇身为蔽翼习见毋怪亦毋恐也妇又教之验草木荣落以记时岁漳人安之是生二子不自知其流落海屿间也所阅草木凡五荣落妇或他出漳人独居忽伐竹声往视乃舶樵也中有旧侣二辈即乡思油然向舶人道所以请共载以归旧侣乃匿之舟中妇挟二雏追至沙溆侏　之声如怨如詈掷二雏于水号嗷而去漳人登舶竟瘖不能语【夷坚续志广州有商人与同伴泛海往诸国经纪偶中流得病力别同伴登岸歇泊至一洲间结茅居止遂相与约云若回舟如见竹竿标记衣物可来相接若无标记即已不讳不必泊船恐阻风利也越半年舟经前地则竹竿衣物并无矣众相望欷歔暨回广州访其家人历道其所以全家痛哭即命道士建九幽斋醮祭炼天下孤魂至夜三更召请之时忽闻屋上有人连呼曰我在此急用梯扶下乃所度之人未尝死也即救以汤粥方省人事云昨浮海得病止于洲渚止忽有二妇人挟至山中石崖内每日亦有饭食但自不知此身为生死已近年余一日闻二妇相语曰有符使持公文至水府称广州

某人作商死于海岛今祭炼天下鬼神宜留此人我尔自去赴会既密闻之力扣二妇口望带去一观一妇曰不可一妇曰不妨遂挟至其建功德所约曰今藏你在屋上戒勿作声二妇遂往坛前享食适闻道士出门召请我名姓又是本家作醮主且晓我家人哭泣之声是以叫呼二妇方知骂云始不欲带彼来今事泄矣飞走而去其人归虽得再生但饮食甚少越两月死盖为鬼气所侵不可救药但得终于正寝而已以此见祭炼之有功也

又昔有富商漂海舟折抱一板至岸得熊毋挽之而上登石穷甚深窈其中以草芥毛羽为巢颇温暖菓木具设商安焉与熊合而生子后有贾舟经其下商抱子登舟有珠数颗极为珍美熊见商去亟缘崖而下攀附不可投水死商携子归本姓之子不容遂养于别所长分以财帛俾店于公安而姓之曰熊今其遗种犹大似猴耳以上三事与所记相类故附著于后然揆之会通于理则窒读者辨之】

东西洋考[1]

卷一・西洋列国考・交址

交址【清化顺化廉南新州提夷】交址古南交也秦为象郡汉灭南越置九郡交址其一也光武时女子征侧征贰反马援讨平之后改交州隋复为交址郡唐置都护府朱梁时曲承美据地输款授承美节钺已复并于南汉其后州将争立所部云扰丁部领及子丁琏讨平之宋绥岭表琏内附封交址郡王盖于是沦为夷矣琏弟璇嗣为其将黎桓所篡贡使不绝【宋史曰宋镐使黎桓归阙上令条列形势及事迹以闻镐具奏曰去岁抵交州境桓遣牙内都指挥丁承正等以船九艘卒三百人至太平军来迎由海口入大海冒涉风涛半月至白藤径入海汊乘潮而行宿泊之所皆有茅舍三间营葺尚新目为馆驿至长州渐近本国务为夸诧尽出舟师战棹谓之水军宵征抵海岸至交州仅十五里有茅亭五间题曰茅径驿至城一百里驱部民畜产妄称官牛数不满千扬言十万又广率其民混于军旅以杂色衣乘船鼓噪近城之山虚张白旗为陈兵之象俄而拥从桓至展郊迎之礼桓敛马侧身问皇帝起居毕按辔偕行时以槟榔相遗马上食之此风俗待宾之厚意也城中无居民上有茅竹屋数十百区以为军营而府署湫隘题其门曰明德门桓质陋目眇自言近岁与蛮寇接战坠马伤足受诏不拜信宿之后张筵出临海汊为娱宾之游桓跣足持竿入水标鱼每中一鱼左右皆叫噪欢跃凡宴会与坐之人悉令解带冠以帽子桓多衣花缬及红色衣帽以真珠为饰或自歌劝酒尝令数十人扛大蛇长数丈馈使馆曰若能食此当治为馔以献焉又羁送二虎以备纵观皆却之不受士卒三千人悉黥其额曰天子军粮以禾穗日给令自舂为食兵器上有弓弩木牌梭枪竹枪弱不可用桓轻锐残忍昵比小人腹心阉竖五七辈错立其侧好狎饮凡官属善事者擢居亲近左右有小过杀之或鞭其背宾佐小不如意亦捶之黜为阍吏怒息乃复其位有塔其制朴陋桓一日请同登遊览地无寒气十一月犹衣夹衣挥扇云】然屡为寇害渐失藩臣礼桓卒诸子争立及廷龙嗣苛虐不道李公蕴逐之遂代为王【其孙日尊称帝改元僭号大越】数传至昊旵无嗣为其壻陈日煚所有【宋史曰李氏有国凡八传二百二十余年】元攻下之封其子光昺为王世贡不绝顾时时遣将蹦蹂其地高皇帝荡平区宇王陈日煃率先内附遣学士张以宁封为安南国王会日煃卒侄日熞嗣请诏印于以宁拒之吾受命封先王何得予若日熞乃请于朝遣编修王濂主事林唐臣封日熞嗣王而赏以宁得使臣体未几陈叔明篡立叔明死子日焜为其臣黎季牦所弑【苍霞集曰叔明老弟煓代视事煓攻占城败死弟炜代先是上尝戒安南占城毋相攻至是以叔明兄弟怙强速祸复遣使谕之二十一年黎季牦弑炜立叔明子日焜旋为季牦所弑】改国大虞称太上皇使其子胡査为国王诈称陈氏绝无后而査其甥也请权国事文皇帝许之俄而陈氏之孙天平者间道愬于朝胡査惧表请天平还国封天平安南国王使都督吕毅黄中大理卿薛岩以兵护之季牦具牛酒犒师侦骑往壶觞道相属也不为虞至芹站伏发杀天平及薛岩上大怒拜成国公朱能为征夷将军西平侯沐晟左副将军新成侯张辅右副将军发兵分道讨之【吾学编载上幸龙江禡誓众曰黎贼父子必获无赦毋养乱毋玩寇毋毁庐墓毋害稼穑毋恣取货财毋抢人妻女毋杀降有一虽功不宥】成国公薨诏新成侯辅行大将军事兵躏坡垒隘留二关而入抵富良江西平侯亦破猛烈关突宣江口出洮水度富良江与大军会于三带州贼立栅屯守师夜度大破之焚栅烟焰涨天乘胜攻下西都烧其宫室又破贼艘于木九江嗣大破贼于咸水关穷追季牦父子获之捷闻诏求陈王后已绝乃郡县其地【立交址布政司都指挥司按察司为府十七州四十七县一百五十七卫十一守御千户所三】论功进封辅为英国公晟黔国公余爵赏有差亡何余孽简定作乱英国为大将率兵讨擒之踰年陈季扩复叛季扩简定从子也辅复往讨转战连岁始获之自英公下交南凡三获伪王威震西南夷因留镇其地而尚书黄福掌藩臬有威惠遐外以宁寻召辅归以丰城侯李彬代镇福亦以久得代中贵人马骐墨而烦苛失众心黎利遂乘之反彬不能制所攻没郡邑十数命成山侯王通佩将印发二广兵四万并镇兵讨之凡十余战利益盛前逼交州诏安远侯柳升以精兵七万往犄角平贼升故尝从征安南者锐而轻敌自以千骑为前锋败利兵

[1] 〔明〕张燮撰。

前追之伏发桥壊升中鎗死成山侯惧不敢出乃与利约和以交址弃之引兵还利于是送还文武官吏四百十七人进代身金银香象布帛谢罪且乞封而宣宗用大学士士奇荣策【利表言前国王遗嗣暠今在老挝请嗣封上集大臣议英国公臣辅尚书臣义臣原吉皆言交南本中国地劳苦得之不宜隳成功大学士臣士奇臣荣言兵兴以来天下无宁岁今疮痍未起而复勤之臣不忍闻且求立陈后者太宗皇帝心也求之不得而后郡县今因其请抚而建之以息吾民于计大便汉弃珠崖前史荣之安在为示弱乎上曰卿二人言是】遣少宗伯李琦少司空罗汝敬等持玺书赦利求陈氏后立之利诡陈氏已绝更遣少宗伯章敞纳言徐琦册为权署安南国事利遣使入谢解岁金五万两然已改元顺天帝其国中矣利死子麟立【僭号绍平伪谥利太祖高皇帝】遣使告哀求册权署国事正统丙辰以少司马李都纳言蔡亨持节册为安南国王【麟复改号大宝】久之死子浚嗣【僭号太和伪谥麟太宗文皇帝】请册朝贡不绝天顺时为庶兄琮所弑自立【僭号天兴】大酋黎寿域等起兵杀琮而立浚弟灏【僭号光顺】成化初与镇安土官守岑宗绍相攻为岑氏所败占城王茶全攻其化州灏率兵救之占城退走虏王茶全以归弘治间灏死子晖嗣【僭号景统伪谥灏圣宗淳皇帝】晖死子敬嗣【僭号泰贞】未踰年而死遗命立其弟谊【僭号端庆伪谥敬肃宗钦皇帝】谊立四年死于弑其酋黎广度等表谊宠信母党阮种阮伯胜恣行凶暴民不堪命阮氏图窃国柄迁谊别宅逼令自尽臣等与国人共声其罪党与尽伏诛窃见故国王黎灏第二子故臣照有子黎赒堪任国事乞赐袭封诏许之【赒僭号洪顺追谥谊为厉愍王】初灏生二子长即晖次子珚伪封锦江王晖生敬谊珚生灦赒谊被害时珚与灦俱先死故国人立赒而灦之子伪沱阳王譓及弟廣以兄不得立灦妻郑绥女譓妻郑惟铲女是时郑强且握柄于国立赒非其意也赒既立【伪尊父珚为德宗建皇帝】多行不义国人恶之正德丙子郑惟铲郑绥与其党陈真弑赒而谅山都将陈暠者称陈氏后以谅山之甲迫交州杀郑惟铲自立陈真击走之暠病死郑绥等共立譓为主于国【僭号光绍伪尊灦哲宗明皇帝谥赒曰灵隐王追谥谊为威帝】其大臣阮弘裕等讨弑赒之罪攻郑氏郑氏出奔时国柄未有所属莫登庸讽群臣推已典兵【登庸者荆门人世业渔以武举为陈暠参督后归黎譓累战功封武川伯镇海阳以重赂赂譓左右入柄军政加太傅封仁国公遂篡夺伪国】既得志渐除譓左右易所亲信防守之譓潜起兵攻登庸反为所败出奔清华时嘉靖元年也登庸乃伪立廣【僭号统元追谥赒为襄翼帝】亡何酖廣并其母杀之而自立【国号大越改元明德伪谥廣曰恭皇帝】时譓尚据清华乂安顺化广南四道登庸立其子方瀛居守自称太上皇率兵攻譓连破之譓走入哀牢国愤悒死子宁甫七岁故臣共立之于漆马江登庸屡攻不能克郑惟憭以黎宁命来请兵下部议拜咸宁侯仇鸾为大将尚书毛伯温监督及督臣蔡经等分道入讨乃聚兵以声恫喝登庸诱使纳款登庸于是为降表请罪献代身金人自赎伯温等为坛两军相距登庸脱帽徒跣伏坛下称诏赦之【广西通志曰嘉靖十五年皇子生先议颁诏诸夷礼部尚书夏言奏安南不贡逾二十年宜罢使及黎宁奏至廷议命毛伯温为兵部尚书从宜抚剿两广督臣潘旦疏称莫氏奸雄之贼黎氏逆利之裔皆非宜立如以夷狄处之则元昊可爵不义可侯而黎利可王也二氏纷争兵甲未息皆欲假天朝名号宜静观其变与廷议不合因召旦还以侍郎蔡经代之廉州守张岳独言用兵之害宜留使者勿前经问岳曰能保毋用兵降登庸乎岳曰欲降之必令纳地令贬号令匍伏诣阙献国中图籍听上处分国体不可亵也经曰如此能令登庸听乎岳曰一檄足矣于是兵事调度一属之岳司马毛伯温至岳手贼情地形册子授伯温曰公计用兵则图进取方略无逾此者然不若罢毋征为完计顾公策安决耳伯温密谓岳曰交事属子矣先是登庸闻廷议兴师遣人上表乞降至是求益　岳用前言要之登庸初犹倔强岳惧以祸令蚤自计于是登庸惟命会岳迁去登庸复首鼠两端伯温经奏乞还岳广东登庸曰张公在吾无恐矣伯温檄重兵驻节南宁而参政翁万达素负雄略诸所策如张岳议乃使通判苏廷瓛传译令束身军门归地缴印去僭号奉正朔复遣作书谕之登庸乃以十一月素衣系组躬率头目耆士候于南关万达等开张幕府设龙亭覆以黄幄传令开关登庸等由关道左出脱履跣足面北而跪传解其组及接受降书】凯旋伯温等加秩有差廷议黎宁非真黎氏后以登庸为都统使镇安南然帝其国自如也登庸方瀛相继死孙福海嗣位又死子宏瀷幼大臣阮敬等专权国复乱四十三年贡使黎光贲至京光贲以国难羁留南宁者十五年至是乃达其后贡遂绝万历间莫茂洽为都统使茂洽死国大随机数年郑惟憭子郑检立黎晖后维邦为主维邦死子维潭嗣尽逐莫氏遗孽诣督臣请款关输贡移文擅用前国王印守臣诘之维潭饰词对然请款愈坚与约必以高平居莫氏如黎氏漆马江时维潭心难之遁去顷之复款具言其恢复之义归附之诚高平乃其故土且莫氏篡臣不宜漆马江为比守臣曰莫氏先世虽篡逆今日乃国家外臣也使假息一隅毋遽殄绝是我国家所以镇抚四夷共其患难之意维潭乃听二十四年夏筑坛受

降如登庸故事【广东通志曰维潭抵关同知黄宇李陶成出关传译诘以六事首擅杀贡臣曰复仇之急不遑请命乞矜其愚次维潭曰世孙也其祖黎晖天朝曾锡命焉次郑松曰隶臣世以卫黎非冒黎也然则何宵遁乎曰以仪物之不戒非遁也幸不加讨其自今有死无二金印何在曰权仿为之立销矣至安抻犹佯对不决复译谕曰均贡臣也黎昔可漆马江莫独不可高平乎且分土既定庸何伤阮澧等语塞趋白维潭曰谨遵命黄宇还报授澧款关仪节使旋习之初十晨开关先夷杠次夷使卫兵次维潭并通国臣耆俱鱼贯入维潭褫衣跣足身系白组北面伏地陶成亲解其组维潭起著衣履同臣耆五拜三叩头讫进伏罪表次进金人代身姑令戴罪还国候旨维潭又五拜三叩头毕候龙亭前赴左江道请用宾主见又请稍降阶俱不从黄承祖从旁厉声示维潭今复国不费槟榔半咽何靳四拜遂下拜各头目皆罗拜张其犒之】督臣陈大科疏言莫之篡黎其事逆先朝犹赦其愆况黎之复雠其名正今日宜许其顺以夷治夷祖宗成法事下部议如大科言以维潭为都统使安南复定万历间黎维新嗣维新虽国主然政无纤巨悉决于大臣郑松所拥虚器耳三十五年交南苦饥叛酋集众掠钦州辄散去督臣戴耀遣兵讨捕之移檄维新自缚叛酋松缚企扬扶安扶忠三人来献其与粤西连境者岁岁为南大忧督臣周弘谟请增兵增饷以需大创云其俗夷獠杂居犷悍喜斗或剪发或椎髻口赤齿黑跣足文身暑热好浴故便舟善水惟交爱人倜傥好谋驩演人淳秀好学则从古传为美谭国中尚知祀文宣王用制科取士亦犹中华之遗教也其地分十三承政司【广志曰欲示土地之广强分析为郡县其实一承政不能及中国一府或自旧县升为府如慈山莅仁之类或承政只管一府如安邦谅江之类旧名多更改割裂】舶人称东京者即其故都其王居曰日南殿清化港即旧清化府也是汉九真郡治之地隋唐为爱州在交址为西京今为清华承政司顺化港即旧顺化府也今为顺化承政司广南港即旧乂安府也汉为日南隋唐为驩州今为广南承政司太傅阮某郑松之舅也松既执国政阮不能平拥兵出据于此威行诸部某卒其子始修贡东京新州港即旧新安府也今为海阳承政司提夷港亦交址属县以上风俗大约与东京相类【尚有汝南承政京北承政山西承政谅山承政太原承政明光承政兴化承政乂安承政贾船所不到附载于此】

卷一·西洋列国考·交址·形胜名迹

佛迹山【在交州府石室县有巨人迹下有池景物清丽一方胜概】勾漏山【在石室县古勾漏县在其下汉书注勾漏有潜水牛上岸共斗角软还复出】东究山【在北江府嘉林州一名东皋山唐刺史高骈建塔其上】仙遊山【在北江府武宁县相传有樵夫观二仙奕棋于此】金牛山【在武宁县唐刺史高骈欲凿其山见金牛奔出遂止汉书注九真郡居风县有山出金牛往往夜见光辉十里】昆山【在谅江府鳳山县上有清虚洞山腰有濑玉桥白云庵林岫之胜】丘皤山【在谅江府丹巴县上有石门广三丈相传汉伏波将军马援所凿】安子山【在新安府东湖县一名象山汉安期生得道处宋海岳名山图以为第四福地】云屯山【在新安府新屯县大海中两山对峙一水中通商舶多聚此】大圆山【在新安府新安县大海中突起圆峤永乐十六年山获白象二来献】鳳翼山【在三江府夏华县邑人岁时登览】三岛山【在宣化府杨县三峰特起】芃山【在太原府弄石县下有岩洞水穿洞中可行舟】陇山【在太原府洞喜县四面皆峭壁中有村墟在焉】戲马山【在清化府永宁县一名遊英山巍然独立横枕长江邑人九日登高处】安镬山【在清化府东山县出美石汉豫章太守范宁尝遣吏采石为磬】天琴山【在乂安府奇罗县东海边相传陈氏主游此夜闻天籁声故名永乐初天兵擒黎贼子苍于此】横山【在乂安府河华县昔林邑告交州刺史朱蕃求以日南北鄙横山为界即此】伞圆山【在嘉兴州其势高峻雄伟】艾山【在嘉兴州蒙县面临大江峭石环立人迹罕至相传上有仙艾每春开花雨后漂水群鱼吞之便过龙门江化为龙】富良江【在交州府东关县一名泸江上接三带州白鹤江经城东下通利仁县大黄江以达于海宋郭逵破蛮决里隘次富良江本朝张辅等破黎寇于此】如月江【元兵与怀文侯战处】天德江【一名廷蕴江又名东岸江永乐初黎寇惧讨役民堙塞天兵既平寇重加浚治舟楫复通】来苏江【旧名苏历江自交州东北转而西下直抵锐江昔有苏历者开此故名永乐初工部尚书黄福重浚因王师吊伐乃更名来苏】宣光江【在宣化府旷县源自云南教化长官司入境流七百余里达宣化江沐晟自云南引兵驻此】海潮江【在建昌府快州自阿鲁江分流下通玉球江昔陈氏破占城军处】龙门江【在嘉兴州蒙县汉书注封溪县有堤防龙门水深百寻大鱼登此门化成龙不得过曝鳃点额血流此水恒如丹池一统志曰源出云南宁远州至此横截江流中分三道飞湍声闻百里舟过此必舁上岸方可复行】夜泽【在建昌府东结县梁时有阮贲世为豪右陈霸先击破之贲逃泽中夜则出掠因号夜泽】龙溪【在镇蛮

府廷河县昔陈氏夜过江不能渡忽见一桥跨江既渡回顾不见及有国改名龙溪】天威泾【唐高骈以交州至邕川海多潜石漕运不通凿开五道有青石径或传马援不能治既而震碎其石亦得通因名天威泾】东津渡【在交州府东关县泸江旧以舟楫往来阻风永乐初张辅沐晟始置浮桥每岁一易】金溪究【水经注曰朱戴雒将子名诗索麋泠雒将女名征侧为妻侧有胆勇攻破州郡为王马援将兵讨之走入金溪究三岁乃得】越王城【在乂安府东岸县又名螺城以其屈曲如螺汉时安阳王所筑安阳王旧都越地故又称越王城宫址尚存】玺城望海城【俱交州府汉书曰马援奏言西于县户三万二千远界去庭千余里请分置封溪望海二县因筑二城守之】大罗城【在交州城外汉交址郡唐安南都护府皆在此其城张伯仪所筑高骈修广之宋李公蕴立国于此】雒王宫【交州异域记曰交趾未郡县时地有雒田随潮上下民垦食其田因名雒民设雒王雒侯主诸郡县县多为雒将铜印青绶后为蜀王子所灭今三带州宫址尚存】天使馆【元傅与砺使安南题诗云使旌入馆青云动仙盖临江白日回喻蜀岂劳司马檄朝周终见越裳来】浪泊【在交州府东关县一名西湖马援平交趾谓官属曰吾弟少游常哀吾慷慨有大志叹曰士生一世但衣食才足为郡县吏守坟墓乡里称善人足矣至求赢余自苦耳吾在浪泊西里闲下潦上雾毒气熏蒸仰视飞鸢站站堕水中念少游语何可得也】铜柱【马援破交址立为汉界誓云铜柱折交址灭唐马总亦建二铜柱】

卷一·西洋列国考·交址·物产

金【尔雅曰黄金谓之荡孔融曰金之优者谓之紫磨一统志谓太原谅山乂安等府所出也】珠【晋陶璜为交州百姓无农惟采珠为业以珠易米】辟寒犀【唐开元间交址进犀角一株色黄如金以金盘置殿中暖气袭人上问其故使者曰辟寒犀也】珊瑚【一统志曰有赤黑二种在海直而软见日曲而坚汉初赵佗献赤珊瑚号绛火树】犀角【宋及本朝充贡山海经曰犀三角一在顶上一在额上一在鼻上鼻上者小而不坠食角也交州记曰犀有二角鼻上角长额上角短或曰三角者水犀二角者山犀】象牙【尔雅翼曰象齿岁脱犹爱惜之掘地而藏必削木为伪齿潜往易之觉则不藏故处宋及本朝交址充贡】贝【刘欣期交州记曰大贝出日南如酒杯广州志曰贝有八紫贝最美出交州万震曰乃有大贝奇姿难俦交址以南皆有之】玳瑁【本草曰大如扇似龟甲有文解毒兼辟邪海槎余录曰背负十二叶有文藻取用必倒悬其身用滚醋泼之逐片应手而下但不老大则皮薄不堪用耳】翠羽【尔雅谓之鹬异物志雄赤曰翡雌青曰翠禽经曰鹬有文而贪人取其羽为饰故左传云翠被而楚词云翠帷】铜鼓【广州记曰俚獠铸铜为鼓面阔五尺余鼓脐隐起或作海鱼周回有虾蟇十二相对初因乡里小儿闻鸣蛙之怪得于蛮酋大冢中按汉书马援征交址得骆越铜鼓改铸马式盖汉而有之与今制不同】铜【铜柱之铸从来久矣】丹砂【晋葛洪炼丹求为勾漏令杜子美诗交址丹砂重】奇楠香【其香经数岁不歇为诸香之最故价转高以手爪刺之能入爪既出香痕复合如故华夷考曰香木枝柯窍露木立死而本存者气性皆温为大蚁所穴蚁食石蜜归而遗于香中岁久渐渍木受蜜气结而坚润则香成矣近世以制带銙率多凑合颇若天成纯全者难得耳】奇楠香油【真者难得今人以奇楠香碎渍之油中以蜡熬之而成微有香气】沉香【图经曰木类椿榉多节叶似橘花白子似槟榔大如桑椹交州谓之蜜香断其积年老根经年皮干俱朽烂木心与枝节不壤者即香也坚黑而沉水为沉香】速香【南方草木状曰交址蜜香树伐之经年其根干枝节各有别也心与节坚黑沉水为沉香水面者为鸡骨香根为黄熟香干为栈香细枝紧实未烂者为青桂香根节轻而大者为马蹄香同出一树今人名速香盖黄熟语音之讹矣】安息香【酉阳杂俎曰其树呼辟邪树长三丈许刻皮出胶如饴名息香本草云似栢脂黄黑色为块新者亦柔软一统志曰树如苦楝大而直叶类羊桃而长中心有脂作香】詹糖香【图经曰出交南木似橘煎枝叶为香往往以皮及蠹屑和之难得淳好者】苏合油【图经曰苏合香与真紫檀相似而坚实极芬香今不复见但用如膏油者极芬烈耳陶隐居以为是狮子屎外国说不尔梁书云苏合香是诸香汁煎之非自然一物也先煎其汁为香膏乃卖其滓与贾人】绢【按九真郡蚕年八熟茧小轻薄丝弱绵细今交址绢盖八蚕之丝所织也薄者画家多用之其色近古本朝充贡】东京布【朝亦吉贝所织者尺幅甚狭】羚羊角【郭璞曰麢似羊而大角圆锐陈藏器曰羚羊夜宿以角挂木不著地但取角弯中深锐紧小犹有挂痕者是交址出高石山】明角【牛白者角亦白是称明角雄角大而直雌者多磊块故价为逊】乌角【考工记曰稚牛之角直而泽老牛之角紾而昔疢疾险中瘠牛之角无泽】鹿角【许氏说文曰鹿解角兽雅翼曰鹿阳兽遊山夏至得阳气而解角从阳退之象埤雅曰群居则环角外向以防物之

害己】獭皮【埤雅曰似狐而小青黑色肤如伏翼一岁二祭其先取鱼水濆四面陈之谓之祭鱼今人集其皮为裘】马尾【宋时占城多从交址市马则马故所自出】蜡【陶隐居云蜡生蜜中故谓蜜蜡蜂先以此为蜜跖煎蜜亦得之初时极香软人更煮炼或加少醋酒便黄】燕窝【燕食海藻吐以作巢依石穴上伏其卵生雏故多著蠡夷人梯取之王敬美闽部疏谓海燕所筑衔之飞渡倭则掷置海面浮之若杯身坐其中久之复衔以飞为海风吹泊山澳海人得之以货此好奇而误入之者也】胡椒【酉阳杂俎云苗蔓生根极柔弱长半寸有细条与叶齐条上结子两两相对其叶晨开暮合合则裹子叶中形似汉椒至辛辣】蟳肉【周书王会海阳大蟹注海水之阳以此贡献盖蝤蛑巨者蝤蛑即蟳别名也今人货其干肉以归】薏苡仁【交南呼为薢珠一名薏珠子马伏波所以兴谤也】槟榔【俞安期曰槟榔子既非常木亦特异余在交州度之大三围高丈余叶聚木端房栖叶下花秀房中子结房外皮似桐而厚节似竹而概中空外劲遐立海南辽然万里岭表录异曰安南人采实以扶留藤兼瓦屋子灰竞嚼之云交州地温非此无以祛瘴疠】椰【异物志曰树高六七丈无枝叶叶如束蒲在上实如瓠系之颠实外皮如胡芦肤中有汁升余食其肤则不饥食其汁则增渴交州记曰椰子有浆作酒饮之亦醉沈佺期椰子树诗日南椰子树香袅出风尘丛生调木首圆实槟榔身玉房九霄露碧叶四时春不及涂林果移根随汉臣】千岁子【南方草木状曰藤蔓出土子在根下须绿色交加如织其子一苞二百余颗皮壳青黄色壳中有肉如栗味亦如之干者壳肉相离撼之有声出交址】庵罗果【一统志曰俗名香盖乃果中极品实似北梨四五月熟多食无害】波罗蜜【一统志曰大如冬瓜皮有软刺五六月熟味最香甜核可煮食能饱人嘉林州出者佳】刘【尔雅注曰实如梨酢甜核坚出交址】石栗【草木状曰石栗生石罅间壳厚肉少味似胡桃熟时为鹦鹉啄食略尽故彼人珍贵出日南】豆蔻【异物志曰生交址形似益智皮壳小厚如石榴辛且香】古度【交州记曰不花而实实从皮中出大如石榴色赤可食】石南树【南方记曰实如燕卵取核干其皮中作肥鱼羹和之尤美出九真】州树【南方记曰掘煮如李子剥核味甜出武平】国树【南方记曰子如雁卵曝干食之味似栗出交址】多感【交州记曰多感子黄色围一寸】荜茇【草木状曰蒟酱生蕃国者大而紫谓之荜茇交址多种蔓生】留求子【草木状曰形如栀子棱瓣深而两头尖及半黄已熟中有肉白色甘如枣核大交址有之】大茄【草木状曰交广种茄宿根三五年渐长枝干乃成大树盛熟梯取之】苏木【华夷考曰苏枋树出九真南人以染绛一统志曰一名多那俗名红木】乌樠木【颜师古曰樠木名其心似松一统志曰树似栟榈坚致可为器】棕竹【竹如指大实中黑色而白点文文似栟榈故名稷竹其粗者名竹枯不中用】棘竹【竹谱曰棘竹生交州大二尺围肉厚几于实中夷人破以为弓枝节有刺种以为城卒不可攻万震异物志所谓种为藩落阻过曾墉者也】白缘【交州记曰白缘树高丈余实味甘美于胡桃】人子藤【酉阳曰安南人子藤红色在蔓端有刺子如人状烧之集象南中亦难得】犀【交州记曰犀毛如豕蹄有三甲颈如马有三角】象【朝野佥载曰安南有象能知人曲直负心者以鼻卷之】兕【尔雅曰兕似牛青色重千觔一角长三尺余形如马鞭柄皮坚厚可制铠汉灵帝时九真献为奇兽元时安南贡兕】白鹿【晋元康初白鹿见交趾武宁县宋元嘉交趾献白鹿】䴢【尔雅云䴢如马一角者骐郭云元康八年九真郡猎一兽大如马一角角如鹿茸此即䴢也】猩猩【水经注云猩猩兽形若黄狗又状貆豘人面颜容端正音声玅丽楚太原王纲曰猩猩好酒及履里人置之山谷常数辈为群见酒物知人张设取之先知张者祖父姓名詈曰奴欲杀我亟舍尔去也既复还曰试共尝酒逮醉取屐著之为人所擒】狒狒【尔雅曰狒狒如人被发迅走食人山海经一名枭羊有毛反踵见人则笑出交广郭璞赞曰狒狒怪兽被发操竹获人则笑唇掩其目终亦号跳反为我戮】果然【山经果然似猕猴以名自呼群行老者在前少者在后得果食辄与老者似有义焉交趾有之南州异物志曰交州果然兽体不过三尺而尾长四尺余反尾度身过其头视鼻仍见两孔仰向天其毛长柔细滑泽以白为质黑为文集十余皮可得一縟繁文丽好细厚温暖】蒙贵【尔雅谓之蒙颂一统志曰状如猫而小紫黑色畜之捕鼠甚于猫林元凯为安南陈中贵题画云内相家中蒙贵儿华堂客到每先知今朝洗面还过耳故写新图开阁诗】白雉【汉光武时日南九真贡】孔雀【异物志曰孔雀自背及尾皆圆文五色头戴三毛长寸以为冠足有距迎晨则鸣相和交址郡人多养孔雀杀为脯腊又养其雏为媒傍施网罟伺其飞下则牵网横掩之采其金翠毛装为扇拂或生截其尾以为方物云生取则金翠之色不减】鹦鹉【林元凯诗陇头春树拂云红学语声娇弄晚风上国抵今辞远贡莫愁彩羽閟雕笼】蚺蛇【水经注曰交址山多蚺蛇长十丈围七八尺常树上伺鹿鹿过低头绕之有顷鹿死先濡令湿便吞头角骨皆鑚皮出山夷始见蛇不动时以大竹签签蛇头至尾杀而食之以为珍异故异物志曰蚺为大蛇既洪且长采色驳荦其文锦章食豕吞鹿腴成养创实享嘉宴是豆是觞言养创之

时肪腴甚肥搏之以妇人衣投之蟠而不起便可得也】红飞鼠【华夷考曰多出交址深毛茸茸然唯肉翼浅黑色双伏红蕉花间捕者获其一则其一不去妇人带之为媚药】竹鼠【交州记曰竹鼠如小狗大食竹根出封溪】鹦鹉鱼【一统志曰龙门江旁有穴出鹦鹉鱼色青绿口曲而红似鹦鹉嘴相传此鱼能化龙】蚁子盐【岭表录异曰溪洞酋长多收蚁卵争卤为酱非官客亲友不可得食周礼醢人馈食之豆有蚳蚁子即此】

卷一·西洋列国考·交址·交易

贾舶既到司关者将币报酋舶主见酋行四拜礼所贡方物具有成数酋为商人设食乃给木牌于廛舍听民贸易酋所须者辇而去徐给官价以偿耳广南酋号令诸夷埒于东京新州提夷皆属焉凡贾舶在新州提夷者必走数日程诣广南入贡广南酋亦遥给木牌民过木牌必致敬乃行无敢哗者斯风棱之旁震矣顺化多女人来市女人散发而飞旁带如大士状入门以槟榔贻我通殷懃士人嗜书每重赀以购焉【按宋史大观初贡使至京乞市书籍有司言法不许诏嘉其慕义许之然则彼国嗜书正非一朝耳】论曰久矣夫交南之为郡县也文皇帝振宋之陋六师所指海立电飞汉唐土疆于兹重辟厥绩伟矣迨英公内旆衔命宵人马竭犹求兽穷则逸宣庙以止戈为武休息甚弘然楚楚冠裳弃成鳞介不得与珠崖儋耳同被华风则大造者之靳此一方灵秀也二百余年羁縻勿绝保境戢惠固献琛而称藩易姓代兴终款关而待命虽僭窃未改视黎桓时则有分矣

卷二·西洋列国考·占城

占城古越裳地也秦林邑汉象林及区连杀县令自立称林邑王数世中绝外甥范熊代之子逸嗣逸死奴文篡立【梁书曰文本夷帅范稚家奴尝牧羊山涧得鳢鱼二化而为铁因以铸刀刀成文向石呪曰若所石破者文当王此国因斫石如断刍藁文心异之范稚尝使之商贾至林邑因教林邑王作宫室及兵车器械王宠任之后乃谗王诸子各奔余国及王死无嗣文伪于邻国迓王子置毒浆中杀之胁国人而自立】永和间袭破日南杀其守夏侯览以尸祭天屯日南久之【梁书曰夏侯览为太守侵刻尤甚林邑贪日南地肥沃常欲略有之因民之怨遂举兵袭日南杀览以其尸祭天留三年乃还交州刺史朱藩遣刘雄戍日南文复屠灭之遣使告藩愿以日南北境横山为界藩不许遣陶缓讨之文归林邑寻复屯日南】文死子佛嗣屡为晋兵所破然亦世为交南患【梁书曰佛立犹屯日南征西将军桓温遣滕峻灌邃帅交广兵讨之佛婴城固守畯盛兵于前邃帅劲卒自后踰垒而入佛众惊溃追至林邑佛乃请降升平初复为寇暴刺史温放之讨破之隆安三年佛孙须达复寇日南执太守灵源又寇九德执太守曹炳交址太守杜瑗遣邓逸击破之即以瑗为刺史义熙三年须达复寇日南杀长史瑗遣阮斐讨破之斩获甚众九年须达复寇九真行郡事杜慧期与战斩其息及生俘百余人自瑗卒后林邑无岁不寇日南诸郡杀伤甚多交州遂致虚弱】至孙文敌为扶南所杀大臣范诸农平其乱自立为王传子阳迈宋永初时遣使来贡【南史曰阳迈初在孕其母梦生儿有人以金席藉之其色光丽夷人谓金之精为阳迈若中国云紫磨者因以为名】其后叛服靡常交州刺史檀和之将兵击之深入其境齐梁亦通使往来隋时为大将刘方所破【北史曰仁寿末上遣大将军刘方击之王梵志乘巨象战方军不利方多掘小坑草覆其上与战伪北梵志逐之其象陷大破之入其郡获其庙主十八枚皆铸金盖其国有十八世方班师梵志复其故地】至唐而范始灭国人立其姑子诸葛地更号环王元和初都护张丹击走之徙国于占占城之名所自始也宋时袭破真腊【文献通考曰闽人有泛海之吉阳军者飘至占城见其国与真腊乘象以战无大胜负乃说王骑战教之弓弩骑射王大悦具舟送之吉阳厚赍随以买马得数十匹以战大克】后真腊大举复雠俘杀几尽更立真腊人主之元世祖诏降虎符授荣禄大夫占城郡王即其地立省抚安之然竟负固大军南讨国王战败逃遁然不果降明兴高皇帝赐占城国玺书国王阿荅阿者遣使朝贡盖从此始归款矣四年王为安南所苦奉表乞赐兵器乐人俾安南知我为声教所被不敢辄欺负上怜之报曰两国既共内附岂宜擅兵相攻业诏安南无开疆衅兵器不尔吝但以安南故赐尔是助尔构兵也乐有声律方言各异中国人不可遣尔国人能习华语者来习肄十六年遣子入贺圣节永乐改元遣使告谕即位其王占巴的赖奉金叶表来贡上使行人蒋宾王枢往报之赐金绮有差且勅安南毋相侵掠从来请也四年遣中贵马彬谕以共伐安南诏粤东诸将缮兵甲由海道与占城会赐占城王镀金银印他物甚侈王出兵助征【广通志曰复遣太监王贵通赍勅往劳赐金币】五年奏言克

复安南所侵地献俘贡方物上下诏褒美数年间屡遣使来贡悉厚答之至命中贵彬护其使臣以归十三年兵部尚书陈洽驰奏初讨安南时占城王虽听命出征然实怀二心愆期不进又以金帛战象资季扩季扩以黎苍女遗之复约陈翁挺侵升华府所隶地罪下季扩一等耳请发兵征之上以交趾初平不欲穷兵远夷遣使谕王归我侵地其后三年一朝贡诏使亦间往不绝【吴惠日记云正统六年奉使占城王遣头目迎诏笳鼓填咽旌麾晻霭氍衣椎髻前奔驰至行宫设宴王乘象迓于国门帐列戈戟以群象为卫既宣诏稽首受命上元夜请赏烟火燃沉香燃火树盛陈乐舞民多裸袒士著竺衣】景泰末王摩诃贵殂天顺初年弟盘罗悦驰使请封命给事中江彤行人刘寅之持册往王亦遣使来谢云成化中王茶全为交趾所破嗣王徙居赤坎邦遣使请封如故事而安南陪臣据其故都诡称占城王迎诏使臣冯乂误谓真王也持封册给之嗣王古来航海奔广州投诉更以来朝为辞督臣屠滽命参议姜英核其事时安南纳叛将而助之虐申言古来不当嗣滽从佥议谓册印元有古来名宜王其地具疏以闻仍移檄安南道之顺逆安南亦不敢大肆其狼噬乃选官军二千令东莞商人张宣护送古来还国弘治十八年古来卒沙古卜洛嗣正德五年奉诏册封者给事中李贯行人刘廷瑞也十二年来朝嘉靖二十一年再至云其俗果于战斗尚释教王冠三山金花玲珑冠披锦帔著玳瑁履腰束八宝方带出游乘象或黄犊车一人持槟榔盘前导从者十余辈各执弓矢刀鎗【梁书曰王著法服加璎珞如佛像之饰出则乘象吹螺击鼓罩吉贝伞以吉贝为幡旗】民望之膜拜一而止臣茭叶冠男蓬头【宋史曰撮发为髻散发余髾于后】女后椎结居处为阁名曰干阑门户皆北向民居茅茨不得踰三尺衣紫衣【梁书曰男女皆以横幅吉贝绕腰以下谓之干漫】僭玄黄者论死椰叶为席以麝涂身山牛不任耕耨但杀以祭鬼令巫祝之曰阿罗和教他早托生也正月一日牵象周行所居之地然后驱逐出郭谓之逐邪四月游船十一月望日为冬至所部各献方物十二月望日城外缚木为塔以衣服香药置塔上焚之祭天酿酒瓮中俟熟宾主绕瓮坐筒而吸且吸且注水味尽而止【星槎胜览曰非至午不起非至子不睡见月则歌舞为乐】无纸笔以羊皮搥薄削竹为笔蘸白灰书字【南史曰书树叶为纸】或击鼓以警众或吹蠡以即戎古称岁时采生人胆入酒饮之又以浴身谓之通身是胆也嫁娶必用八月女先求男同姓还相婚姻使婆罗门引壻见妇握手相付嘱曰吉利吉利【北史曰婚媾令媒者赍金银钏酒二壶鱼数头至女家于是择日夫家会亲宾歌舞相对女家请一婆罗门送女至男家壻盥手因牵女授之】丧用火葬以器乘余骨沉之【隋书曰王死七日而葬百官三日庶人一日皆以函盛尸鼓舞导从舆至水次积薪焚之收其余骨王则内金罂中沉之于海有官者以铜罂庶人以瓦送之于江男女皆截发随丧至水次尽哀而止归则不哭每七日然香散花复哭尽哀尽七七而罢】王在位三十年即入山茹素受戒曰我不道当充虎狼食或病死从此国事不得复相关传子摄国期年得无恙复入为王国人呼为芳嚟马恰刺札焉【唐书曰呼王为阳满王妻为陀阳河熊大子为阿长逋宰相为婆漫地隋书曰尊官有二其一曰西那婆帝其二曰萨婆地歌其属官三等其一曰伦多姓次歌伦致地次乙他伽兰外官分为二百余部其长官曰弗罗次曰可轮如牧宰之差也】

卷二·西洋列国考·占城·形胜名迹

金山【在林邑故国梁书曰石皆赤色其中生金金夜则出飞状如萤火】鸦候山【元史曰唐人曾延来言国主逃于大州西北鸦候山聚兵三千余集他郡兵未至不日将与官兵交战谍者云国主实在鸦候山】不劳山【在林邑浦外唐书曰有罪者使象践之或送不劳山令自死】赤坎山【占城王为交趾所逼徙居于此】伽備貌山区粟城【南齐书曰区粟城建八尺表日影度南八寸】木城【元史曰官军依海岸屯驻占城兵治木城四面约二十余里起楼棚立回回三梢炮百余座又木城西十里建行宫】半山塔【元行省尝屯兵于此】罗湾【即占城港口】

卷二·西洋列国考·占城·物产

金【即金山所出者南齐书曰金汁流出于浦事尼乾道铸金银人像大十围】银【元史曰遣其舅奉国王信物大银三锭小银五十七锭碎银一瓮为质归款又献金叶九节标枪曰国王病未能进先使持其枪来以见诚意】锡【见吾学编】铁【见宋史】宝母【原化记魏生得一美石有胡人见之曰此宝母也每月望设坛海边置石其上可得美珠一统志载为占城产】澄水珠【宣室志曰严生得一珠胡人云此清水珠置浊流则涣然澄彻一统志载为占

城产】火珠【旧唐书曰范头黎献火珠大如鸡卵圆白皎洁光照数丈状如水精正午向日以艾蒸之则火燃】琥珀【华夷考曰林邑多琥珀琥珀在地其上及傍不生草木深者或八九尺大如斛屑去皮成焉初如桃胶凝成乃坚】水精【一名水玉太康四年林邑王献紫水精唾壶一口青白水精唾壶二口】贝齿【本草曰贝子一名贝齿生东海梁书云占城所出】菩萨石【周显德中入贡谈苑曰色莹白若水晶类日光射之有五色如佛顶圆光】犀角【夷人谓之黑暗宋及本朝充贡吾学编曰占城犀角象牙最多犀大者八百斤独角在鼻端长者可尺五寸】象牙【夷人谓之白暗宋及本朝充贡】瑇瑁【见梁书】奇楠香【诸国出者惟占城为佳本朝充贡星槎胜览曰棋楠香在一山所产酋长禁民不得采取犯者断手足吾学编名伽南香】沉香【梁史曰沉木香者土人斫断积以岁年朽烂而心节独在置水中则沉故名沉香】檀香【佛家谓之旃檀宋及本朝占城以之充贡图经曰檀香凡数种有黄白紫之异古今注曰紫旃木出林邑亦谓紫檀也】龙脑香【酉阳杂俎云树高八九丈可六七尺围叶圆而背白树有肥瘦形似松脂作杉木气干脂谓之龙脑香清脂谓之波律膏】麝香【唐书曰以麝涂身日再涂再澡华夷考曰似麞而小其香正在阴前皮内别有膜裹之春分取之生者益良一说香有三种第一夏食虫多至寒香满入春急痛自以爪剔出之落处草木皆焦其次脐香乃捕得杀取者又次心结香麝被兽逐狂走颠坠崖谷而毙破心见血流出作块者是】乳香【宋时充贡广志曰即松木脂有紫赤如樱桃者名乳香盖熏陆之类也香谱云今以通明者为胜】降真香【本朝充贡本草曰和诸杂香烧烟直上天召鹤盘旋其上】丁香【宋时充贡本草注曰树高丈余凌冬不凋叶似栎而花圆细色黄子如丁长四五分紫色中有粗大长寸许者呼母丁香击之则顺理而折】蔷薇水【周时入贡宋史曰洒水经岁香不歇俗呼为蔷薇露】猛火油【周时入贡宋史曰得水愈炽国人用以水战】吉贝【梁书曰树名也其华成时如鹅毳其绪纺以作布亦染成五色织为斑布】朝霞布【唐书曰王妻服朝霞又贞观时以之充贡】丝纹布【见宋史】白氎布【宋史曰无丝蚕以白氎布缠其胷垂至于足】贝多叶簟【贝多叶长一尺五六寸阔五寸许叶形似琵琶而厚夷人以此书字者也织以为簟宋时占城充贡】明角乌角黄蜡【见宋史】硫黄【陶隐居云出林邑色如鹅子初出壳名昆仑黄】苏木【见宋史本朝充贡】乌樠木【见宋史本朝充贡星槎胜览曰乌木降香樵之为薪】观音竹【吾学编曰如藤长丈八尺色黑如铁一寸二三节】谷【宋史曰每岁稻熟王自割一把从者及妇女竞割之今漳人所有占粟即占城种也】燕窝【华夷考曰海燕大如鸠春回巢于古岩危壁葺垒乃白海菜也岛夷伺其秋去以修竿接铲取而鬻之谓之燕窝宴品珍之】胡椒【宋时入贡】槟榔【唐书曰取槟榔渖为酒宋时入贡】椰【南方草物状曰昔林邑王与越王有故怨遣侠客刺得其首悬之于树俄化为椰子林邑王愤之剖为饮器南人至今效之当刺时越王大醉故其浆如酒云】波罗蜜【瀛涯胜览曰占城有果曰波罗蜜状如冬瓜皮似荔枝内有黄肉大如鸡子味甘如蜜中有子似鹅腰子炒食之味如栗】海梧子【南方草木状曰树与中国松同但结实绝大形如小栗三角肥甘樽俎间佳果也出林邑】茴香【图经曰怀香子亦名茴香交广诸番出入药用番舶者花头如伞盖结实如麦而小青色宋时占城入贡】荜澄茄【本草经曰生佛誓国似梧桐子及蔓荆子微大亦名毗陵茄子按宋史占城王为交州所攻奔于佛逝即占城属国也】荳蔻【见宋史按宋史载占城所产又有甘蔗蕉子莲子麻豆之属兹不具悉】犀【林邑记曰犀行过丛林不通开口露齿前向棘林自开周显德中占城献云龙形通天犀】狮【说文曰虓狮子也尔雅曰狻猊如虦猫食虎豹宋史占城传曰民获狮象皆输于王】象【酉阳曰环王国野象成群一牡管牝三十余国人养驯者可令代樵】猩猩【见唐书】白猿【梁天监九年来献】白雉【援神契曰周成王时越裳献白雉】秦吉鸟【唐会要曰林邑国有结辽鸟谓之吉了能人语华夷考曰如鸜鹆黑色丹咮目下连顶有深黄文顶毛有缝如人分发能言比鹦鹉尤慧大抵鹦鹉如儿女吉了声则如丈夫】鹦鹉【山经曰青羽赤喙人舌能言名曰鹦鹉舌似小儿脚折前后各两扶南徼外出五色者旧唐书曰林邑献五色鹦鹉太宗异之诏李百药为赋又献白鹦鹉精识辨慧善于应答太宗悯之并付其使令放还于林薮】山鸡【异苑曰山鸡爱其毛映水则舞傅玄赋曰惟南州之令鸟兼坤维而体珍被黄中之正色敷文象以饰身占城宋时入贡】归飞【水经注曰林邑城外香桂成林气清澄烟时禽异羽翔集间关兼比翼鸟不比不飞鸟名归飞鸣声自呼俞益期与韩豫章笺曰其背青其肠赤丹心外露鸣情未达终日归飞飞不十千路有万里何由归哉】龟【宋史曰官无资俸但给龟鱼充食】

卷二・西洋列国考・占城・交易

贾舶抵岸献果币于王王设食待之国人狠而狡贸易往往不平故往贩者少或谓取人胆者非止献王亦以供

象洗目伺人于道乘其不意斫杀之取胆以去若彼人惊觉则胆破不中用矣置众胆煮釜中华人胆辄居上故必取华人胆为贵五六月间商人出必戒严

卷二·西洋列国考·暹罗【六坤】

暹罗在南海古赤土及婆罗刹地也以赤土故后人讹为赤眉遗种隋大业二年募能通绝域者屯田主事常骏等自南海郡乘舟使赤土宣诏毕为奏天竺乐曰今是大国臣非复曩赤土国矣以铸金为多罗叶隐起成文为表金函封之遣子随骏还报此通中华之始也【隋书曰王遣舶三十艘来迎进金鏁以缆骏船月余至都遣子那邪迦送金盘贮香花并镜镊金合二枚贮香油金缾八收贮香水白迭布四条拟供盥洗其日那邪迦又将象二头持孔雀盖以迎并致金花金盘以藉诏函男女百人奏蠡鼓婆罗门二人导路至王宫骏等奉诏上阁王以下皆坐宣诏讫引骏等坐奏天竺乐事毕骏等还馆遣婆罗门就馆送食曰饮食疏薄愿大国意而食之后数日请骏等入宴前设两床床上并设草叶盘方一丈五尺上有黄白紫赤四色之饼牛羊鱼鳖蝤蛑之肉百余品延骏升床从者坐于地席各金钟置酒女乐迭奏礼遣甚厚寻遣那邪迦随骏贡方物并献金芙蓉冠龙脑香令婆罗门以香花奏蠡鼓送之】唐贞观时婆利罗刹与林邑使者偕来【唐书曰婆利东即罗刹也常骏使赤土遂通中国】其后分为暹与罗斛二国暹瘠土不宜耕稼罗斛土平衍而种多获暹取给焉元元贞初暹遣使入贡赐来使素金符佩之【元史曰元贞元年进金字表欲朝廷遣使至其国比表至已先遣使盖彼未之知也使急追诏使同往以暹人与麻里予儿旧相雠杀至是皆归顺有旨谕暹人勿伤麻里予儿以践尔言】大德三年暹国主上言父时朝廷尝赐鞍辔白马及金缕衣乞循故事以赐帝以丞相言彼小国而赐马恐其邻祈都辈讥议朝廷竟赐金缕衣不锡以马迨至正间暹降罗斛遂称暹罗斛洪武四年国王参烈昭昆牙遣使奉金叶表来朝七年使臣沙里拔继至自言衔命来王去秋八月坏舟乌猪洋漂至南海所余贡物仅苏木降香兜罗绵来献不敢自外于包茅上讶其无表诡言舟覆而方物乃存必番商也却之【诏中书礼部曰古者中国诸侯比年一小聘三年一大聘九州之外则每世一朝所贡方物不过表诚敬而已高丽稍近中国颇有文物礼乐与他番异是以命依三年一聘之礼其它远国如占城安南西洋琐里爪哇浡泥三佛齐暹罗斛真腊等处新附国土入贡既频劳费甚大朕不欲也令遵古典不必频烦其移文使诸国知之】九年国王哆啰禄遣其子昭禄群膺贡象及方物下诏褒谕赐暹罗国王印自是始称暹罗从朝命也二十年再贡二十八年哆啰禄殂遣中使赵达往祭兼赐嗣王昭禄群膺及妃绮帛毯布有差永乐元年遣使贺即位二年表贡方物遣中使李兴往劳赐文绮钞帛四年贡使嗣至表乞量衡式许之并赐古今烈女传是秋国王遣使与琉球修好遭风漂舟入闽守臣籍记方物以请上谓李至刚曰属夷缔盟美事也朕岂有利焉乡有善人犹能救人于危况朝廷统御天下哉令有司给粟俟便风导之去七年使凡两至首春以祭仁孝皇后秋九月更修职贡厚报之时南海叛民何八观等屯聚岛外窜入暹罗至是使归兼谕国王毋为逋逃主八年贡使附送八观等还降勅嘉美十年冬贡复至十三年昭禄群膺殂子三赖波磨札剌的赖嗣暹罗于满剌加夙鞭棰使之征输惟命然犹岁岁开兵隙十七年诏暹罗国王俾与满剌加平十八年贡又至遣中使杨敏护其使还国并报礼王十九年春奉表谢侵满剌加之罪七月贡如常仪盖是岁使又两至云二十一年贡至赐钞币如礼其后著令三载一贡至成化间汀州士人谢文彬者以贩盐下海飘入暹罗因仕其国后充贡使至留都遇从子瓒于途为织锦绮贸易事觉下吏竟遣归然成化后大率六年一贡矣嘉靖三十二年使至贡白象及方物途中白象已毙遗象牙一枝使者以珠宝饰之置金盘内并贮白象尾毛为信【广志曰象牙一枝长八寸首尾厢金起花牙首大五寸七分镶石榴子十颗中镶珍珠十颗宝石四颗尾大二寸镶金刚鑽一颗】上嘉其意而礼遣之隆庆初年东蛮牛【俗名放沙】求婚暹罗暹罗拒之峻东蛮牛恚甚统沙外兵围暹罗破之王自经死虏其世子及中朝所赐印以归次子摄国奉表请印曰暹罗部领数十国非天朝印不得调兵上命给予【时郑汝璧为礼部郎白内阁不知印文云何阁臣曰第铸暹罗国王印予之可耳郑曰国初受封未必即称王且篆文尺寸或有未合于彼不便彼所存公移旧印文固在也宜檄粤东抚臣往取循以给之内阁曰然嗣取印文至则都统使印也遍考诸书国王印是永乐所赐而耳目刺谬若此岂先朝佯为驾御之术耶抑迩来在事者因更给而故杀其权耶存之以俟知者】暹罗既败其后颇为东蛮牛所制嗣王整兵经武志在复雠万历间东蛮牛复来寇嗣王引兵迎击之杀其子东蛮牛宵遁不敢复窥暹罗暹罗新雄海外遂移军攻真蜡真蜡降从此年年用兵遂霸诸国矣比倭寇朝鲜部议遣材官谕诸属国率夷兵攻夷暹罗愿领所部前驱自効经略都御史宋应昌以闻会倭酋死遁去不果行焉其土

下湿气候岚热不齐民悉楼居楼密联槟榔片藤系之甚固藉以藤席竹簟寝处其间王宫高九丈余以黄金为饰雕镂八卦备极弘丽【隋书赤土传王居有门三重每门图画飞仙菩萨之状悬金花铃旄王宫诸屋悉是重阁北户北面而坐坐三重之榻王榻后作一木龛以金银五香木杂钿之龛后悬一金光焰夹榻又树二金镜前并陈金瓮金炉当前置金伏牛前树一宝盖左右皆有宝扇然则今之暹罗犹略祖其华靡也】诸酋见王礼制甚肃望门自拜膝行乃前王与国人白布纆首被服长衫腰束嵌丝帨王独加以锦绮跨象或乘肩舆尚释教国人效之【赤土传曰其俗敬佛】百金之产便以其半施佛妇人多智丈夫事无大小悉归与妇计之听其裁决妇见华人慕悦之置酒款接留宿酣狎以为常夫不能禁也【吾学编曰男阳嵌珠玉贵者范金盛珠行铿然有声】婚则群僧迎婿至女家僧取女红帖男额以为吉祥丧礼以水银灌之葬于高埠盖塔其上贫家鸟葬耳以矾制纸施烟粉为白黑田平而沃稼穑丰熟其俗劲悍善水战【星槎胜览曰削槟榔木为标鎗水牛皮为牌药镞等器】大将多用圣铁裹身刀矢不能入圣铁者人脑骨也【方言谓天为普赖地为佃因日为脉月为晚官制凡九等一曰握哑往二曰握步剌三曰握莽四曰握闷六曰握文七曰握板八曰握郎九曰握救坤文则使臣在馆教习译字生者】

卷二·西洋列国考·暹罗【六昆】·形胜名迹【其国有款细湾细辞滑沾奔诸府皮细禄倒脑细可剌诸司】

大帽山【在王宫后】笔架山【三峯接连如笔架状】黎头山竹屿椰树湾黄河水【水自五月一派从海中来渐而涨田其地四月插苗苗随水涨而发水渐高苗亦渐长遂至六七尺涨以九月始退退则稻熟可收田得水而肥其米纯白邻壤多取给焉】三宝港【是港无鳄鱼】金城【在王宫】金塔【在殿内其中金佛无数高七八尺小一二尺】三关【其一为程尽所辖其二为本夷所辖其三为佛郎机日本所辖】锡门【华人出入必经之处郑和为建卓楔扁曰天竺国】礼拜寺【永乐间郑和所建寺甚宏丽佛高与屋齐】三宝庙【在第二关祀太监郑和】西塔【其塔无合尖闻夷人初建塔功成郑和令削去之后屡缉不能就】

卷二·西洋列国考·暹罗【六昆】·物产

珠【徐衷南方状曰采珠用五牲祈祷若祠祭有失则风搅海水或有大鱼在蚌左右海贾云中秋有月是岁多珠】珊瑚【图经曰生海底作枝柯状明润如红玉海中经曰取珊瑚先作铁网沉水底珊瑚贯中而生岁高三二尺绞网出之皆摧折在网中故难得完好者今一统志云以丝绳系五爪铁猫儿用黑铅为坠掷海中取之亦其遗法也本朝充贡】琥珀【博物志曰松脂沦地中千年化为茯苓又千年化为琥珀】猫睛石【宝货辨疑曰猫睛出南番酒色阔如指面大者愈大愈好】宝石【华夷考曰锡兰高山参天顶产青美蓝石黄雅鹘石青红宝石每遇大雨冲流沙中拾取之暹罗本朝充贡】金刚鑽【抱朴子曰金钢生水底石上如钟乳状体如紫石英没水取之铁去不能伤华夷考曰金刚砂出深山高顶人不可到乃鹰隼打食郄于野地上鹰粪中获得以其能鑽定器名金刚鑽】犀角【本朝充贡】象牙【本朝充贡】翠羽【本朝充贡】玳瑁龟筒【岭表录异曰人立背上可附而行取壳以生得全者为贵初用木换出其肉楚毒鸣吼如牛古人谓生龟脱筒指此工人以其甲通明黄色者煮拍陷瑇瑁为器谓之龟筒】花锡【尔雅锡谓之鈏】铅【地镜图曰草青茎赤秀下有铅】罗斛香【一统志曰味极清远亚于沉香本朝充贡】檀香【叶廷珪香谱曰皮实色黄者为黄檀皮洁色白者为白檀皮腐色紫者为紫檀并坚重清香白檀尤良】乳香【佛书谓之天泽香言其润泽也又谓之伽罗香】降香【本朝充贡俗呼舶上来者为番降】片脑【华夷考曰产暹罗诸国高二三丈皮理如沙柳脑则其皮间凝液也岛夷以锯付犹就谷中尺断而出剥采之有大如指厚如二青钱者香味清烈莹洁可爱谓之梅花片鬻至中国擅翔价焉复有数种其次耳本朝充贡】蔷薇水【华夷考名酴醾露曰海国所产天气凄寒零露凝结著他草木乃冰澌木稼殊无香韵惟酴醾花上琼瑶晶莹芬芳袭人若甘露焉夷女以泽体发腻香经月不灭暹罗尤特爱重竞买略不论直】兜罗绵【瞿睿夫曰兜罗绵刀矢不能入】明角乌角蜡【见星槎胜览】阿魏【酉阳杂俎曰树长八九尺皮色青黄断其枝汁出如饴名阿魏海上耳谈谓传之暹罗商云树如棘丛生刺若猬毛春初麞鹿孳逐狂奔著树辄死地产大蚁壅泥沙啜之成封垤夷人乃以竹筒作篦射壅中筒溜成药彼中食料以此烂物如鲍肆忘臭按唐本注曰性极臭而能止臭亦奇物也】獭皮苏木【吾学编曰暹罗苏木贱如薪色绝胜本朝充贡】夷瓶【以夷泥为之俗名干柸夏月贮水可以不败】大风子【本草释名曰能治大风疾

故名】紫梗【本草名紫铆苏恭曰紫色如胶作赤麋皮及宝钿用为假色亦以胶宝物云蚁于树藤皮中为之如蜂造蜜吴录所谓赤胶】没药【图经曰海南诸国有之根株如橄榄叶青而密岁久者膏液流滴地下凝结成块一统志曰树高大如松皮厚一二寸采时掘树下为坎用斧伐其皮取脂流于坎旬余方取之本朝充贡】孩儿茶【即乌爹泥本草一名乌迭泥或作乌丁皆夷语无正字】血竭千年枣【宋时献】大茄【一统志曰树高丈余经三四年不瘁子大如西瓜重十余斤以梯摘之】无名异【本草集解曰出大食国生石上状如黑石灰番人以油鍊如黳石嚼之如饧】瓜【星槎胜览曰皮若荔枝未剖臭如烂蒜剖开如囊蜜味如酥油香甜可口】犀【宋太宗问蒲押陀犀象何法可取对云犀使人升木操弓矢伺至射杀之小者不用弓矢可捕获本朝充贡】象【蒲押陀曰象用象媒诱至渐以大绳系之】骏马【唐书曰有千里马号为龙种】鹦鹉

卷二·西洋列国考·暹罗【六昆】·交易

舶到有把水瞭望报王遣象来接舶主随之入见进果币于王王为设食贸易输税号称公平【星槎胜览曰胡椒番秤一播抵我官秤三百二十斤价银钱二十个重银六两金抵纳即金钱也每二十个重金五两二钱龙涎屿香一两用金钱十二一斤该金钱一百九十二个准中国铜钱九千价亦非轻】此国辽远至者得利倍于他国盖宋时称本肆多金银绫锦工匠技术咸精其能至今富饶犹昔也

卷三·西洋列国考·下港【加留玑】

下港一名顺塔唐称阇婆在南海中者也一名诃陵亦曰社婆元称爪哇【一统志又名蒲家龙】甲兵为诸番之雄王宫砖墉高三丈方三十余里屋高四丈【宋史曰室宇壮丽饰以金碧】地覆板蒙藤花席跏趺而坐【唐书曰象牙为床若席】王蓬头顶金叶冠冒萦嵌丝系腰束锦绮佩短刀跣足跨象或乘牛前导有金鎗珠篋及孔雀尾伞之属【宋史曰其王椎髻戴金铃衣锦袍蹑革履坐方床官吏日谒三拜而退出入乘象或腰舆壮士五七百人执兵器以从】国人见王皆坐俟其过乃起云【宋史曰王子三人为副王官有落佶连四人共治国事如宰相无月俸随时量给次有文吏三百员目为秀才掌文簿总计财货又有卑官千员分主城池帑藏及军卒其领兵者每半岁给金十两胜兵三万亦给金有差】民居茅茨砖库男蓬头女椎结衣装缠胸以下姻聘无媒妁但以黄金为礼将婚男造女家后五日迎妇以牛车载彩棚实绣女其中又作假新人新妇一双妆束相类迎向礼拜寺订盟然后抵家其俗有名而无姓五月游船十月游山【方舆胜略曰每月望夜前后妇数十人聚众成队一妇为首众妇随行月下首妇唱则众妇皆和至亲友富贵家赠以钞帛等物每十月有竹枪会其国王与妃各乘一车至会所令男子二人为偶各执竹枪妻各执短木列其旁及交敌一合妻各以短木隔之曰那剌那剌则退设中枪死王令胜者与死者金钱一个死者妻即随胜者而去】乐有横笛鼓板自为夷舞谚所谓太平阇婆之征也【元史曰多出奇宝取贵于中国人则丑怪情性语言与中国不能相通】病不服药但礼佛祈禳丧有水葬火葬犬葬惟逝者所欲而已生子甫一岁以匕首佩之名曰不剌头【俗云吧六头】金银象牙雕琢为靶无贫富悉佩腰间值忿争即拔刃相刺国人居相语曰病死天之所厌不若刺死者身自为雄也其轻命捐生类如此刘宋元嘉时始入中国【南史曰元嘉十二年国王师黎婆达阿陁罗跋摩遣使奉表曰宋国大主大吉天子足下教化一切种智安隐天人师降伏四魔成等正觉转尊法轮度脱众生我虽在远亦沾灵润】至唐贞观中遣使入贡【唐书曰王居阇婆城其祖吉延东迁于婆露伽斯城旁小国二十八莫不臣服】上元间国人推女子为王号悉莫威令整肃道不拾遗大食君闻之赍金一囊置其郊行者辄避如是三年太子过以足躏金悉莫怒将斩之群臣固请悉莫曰而罪实本于足可断趾群臣复为请乃斩指以徇大食闻而畏之不敢加兵大历元和咸通之间使者屡至朝命优答之【唐书曰大历中诃陵使者三至元和八年献僧祇奴四五色鹦鹉频伽鸟等宪宗拜内四门府左果毅使者让其弟帝嘉美并官之讫大和再朝贡咸通中遣使献女乐】至宋淳化三年其王穆罗茶遣使来贡云中国有真主本国愿得比于外臣【宋史曰先是朝贡使泛舶船至明州定海县掌市舶监察御史张肃先驿奏其使饰服之状与尝来入贡波斯相类译者云今主舶大商毛旭者数往来本国因假其乡导来朝贡又言其国王一号夏至马罗夜王妃曰落肩娑婆利又其方言目船主为勃荷主妻曰勃荷比尼赎其船中妇人名眉珠椎髻无首饰以蛮布缠身颜色青黑言语不能晓拜亦如男子膜拜一子顶戴金连锁子

手有金钩以帛带萦之名呵噜】使还赏赉甚厚大观三年再贡诏礼之如交址元遣史弼高兴征之终不能制【元史曰世祖抚有华夷其出师海外诸番者惟爪哇之役为大】我朝洪武二年遣行人赐爪哇国玺书三年王昔里八达剌遣使奉金叶表贡方物及黑奴三百人纳元所授宣勅二道已而我使至三佛齐爪哇要而杀之【宋史曰其国与三佛齐有仇怨互相攻战】十三年王八达那巴那务来贡上绝其使下诏责王永乐元年西王都马扳奉表贺即位二年东王孛令达哈遣使朝贡请印与之西王亦岁岁贡使来朝五年西王与东王战灭东王时我舟过东王城西王杀我百七十人西王惧遣使谢罪勅责西王令偿死者金六万已仅人贡万金礼官请索如约上曰朕利金耶令远人知畏耳蠲其金赐钞币谕之八年贡马及方物十一年复贡是时三佛齐已降爪哇更名旧港中贵人吴宾使爪哇还奏言满刺加国王诡称朝旨从爪哇索旧港地爪哇人不敢即宁上降勅附来使慰谕之俾无猜惑十三年都马板更名杨惟西沙专使谢恩十六十九年凡再贡而东王久不至盖先是为西王所破诡言欲立其子意竟不果而遂灭也正统二年再贡厚赐之景泰时请封赐蟒衣伞盖天顺四年王都马班贡使还国以彩币赐其王及妃郑端简谓其国人大抵三种唐人土人而外西番贾胡居久者服食皆洁近红毛番建礼拜寺彼中盖其别种由来渐矣

加留玔下港属国也半日程可到风土尽相类云

卷三·西洋列国考·下港【加留玔】·形胜名迹

新村【旧名厮村中华人客此成聚遂名新村约千余家村主粤人也贾舶至此互市百货充溢】西山【中有人三百余岁身穿纸衣卧树上辟谷能知吉凶呼为老仙】覆鼎山【其上似釜故云】苏鲁马益【港傍大洲林木蔚茂千余家强半是中国人又有长尾猿数万人相传唐时族众凶恶一日有僧至其家取水噀之俱化为猿止留一妪不化至今余种犹存】麻喏巴歇村【元史爪哇传曰由戎牙路于麻喏巴歇浮梁前进又葛郎王追杀至麻喏巴歇后人讹为满者伯夷中有二三百家总领七八人】漳估山【贾人登岸之处】郎卑野州【唐书曰王尝登之以望海夏至立八尺表景在表南二尺四寸】鹦鹉山【出鹦鹉故名】石椗【相传是郑和所遗者重只百斤二千余人抬之不起及徙置他所瘟疫甚多国王乃移还其处】吉利门【元史曰大军继进吉利门】阇婆城【唐书诃陵传王居阇婆城】婆露伽斯城【唐书吉延东迁处旁国二十八莫不臣服】淡水港【去苏鲁马益二十里】

卷三·西洋列国考·下港【加留玔】·物产

金银【唐书曰出黄白金】真珠【宋史阇婆传曰方言谓真珠为没爷虾罗宋及本朝皆充贡】犀角【宋史曰方言谓犀为低密其角宋及本朝充贡】象牙【宋史曰方言谓牙为家啰宋及本朝充贡】玳瑁【宋时充贡】沉香【宋史曰方言谓香为昆炖卢林】檀香【宋及本朝充贡】丁香【生深山中树极辛烈不可近熟则自堕雨后洪潦漂山丁香乃涌涧溪而出捞拾数日不尽宋时充贡】铜鼓【即今华人所用者诸国以爪哇为最振响遏云价直可数十金】龟筒【本朝充贡】绞布【宋史有绣纹绞杂色丝绞本国充贡】吉贝【见宋史】藤花簟【宋时充贡】硫黄【见宋史】红花【习凿齿所谓红蓝者也尔雅翼曰花生时但作黄色茸茸然故又名黄蓝杵灌水淘绞去黄汁更阙捣以清酸粟浆淘之绞如初即收取染红】夷瓶【下港出者其色红】芦荟【本草曰一名讷会一名奴会俗呼象胆以味苦如胆也一统志曰草属状如萱尾采之以玉器捣研成膏】阿魏【一统志曰土人纳竹筒树梢脂满其中冬破筒取脂或曰脂毒人不敢近系羊树下自远射之毒著羊羊毙即为魏】胡椒【树如蒲桃叶如扁豆实如浮葵子蔓生梧桐上故国人语曰未种椒先种桐】青盐【唐书曰诃陵最富有穴自涌盐按魏地记盐大而青白名青盐也】木瓜【尔雅谓之楙何承文赋所谓方朝华而繁实比沙棠而有耀者也宋史载为爪哇所产】槟榔【见宋史】椰子【旧唐书曰以椰树花为酒其树生花长三尺余大如人脑割之取汁成酒味甘饮之亦醉】虾蝾丹树【宋史曰其酒出于椰子及虾蝾丹树虾蝾丹树华人未尝见】波罗蜜 荜澄茄【一统志曰藤蔓春花夏实白而实黑】蓥吉柿【华夷考曰如石榴样皮厚润有橘囊榉白肉四块甘酸可食出爪哇国夷人呼为纲滑】赤白荳蔻【本朝充贡】海菜【海物异名记曰海生而紫蔓其大者为鹿角菜一名猴葵南越考曰猴葵色赤生石上谓之鹿角以其茎有岐也故名】思君【似婆罗蜜而中无子烘食之似芋】茴香【见宋史】苏木【南州记云生海畔叶似绛木若女贞】犀 象【见宋史】白鹿【见吾学编】猴【宋史曰国中多猴不畏人呼以霄霄之声即出投以果实则二大猴先至土人谓之猴王

猴夫人食毕群猴食其余】孔雀【本朝充贡博物志曰尾多变色喻如云霞人拍其尾则舞尾有金翠五年始成】鹦鹉【埤雅曰众鸟足趾前三后一其目下睑眨上惟鹦鹉四趾齐分两睑俱动雅翼曰五色尤慧白次之青为下按白者阇婆宋时充贡】傍伽鸟【唐时入贡】倒挂鸟【星槎胜览曰身形如鹊而羽五色日间焚香则收藏之羽翼间夜则张尾翼而倒挂以放香】绿鸠【似鹦鹉而小不复能言俗名柑槺鸟其五彩者名彩鸠】

卷三·西洋列国考·下港【加留把】·交易

华船将到有酋来问船主送橘一笼小雨伞二柄酋驰信报王比到港用果币进王立华人四人为财副番财副二人各书记华人谙夷语者为通事船各一人其贸易王置二涧城外设立铺舍【宋史阇婆传曰中国贾人至者待以宾馆】凌晨各上涧贸易至午而罢王日征其税又有红毛番来下港者起土库在大涧东佛郎机起土库在大涧西二夷俱哈板船年年来往贸易用银钱如本夷则用铅钱以一千为一贯十贯为一包铅钱一包当银钱一贯云下港为四通八达之衢我舟到时各州府未到商人但将本货兑换银钱铅钱迨他国货到然后以银铅钱转买货物华船开驾有早晚者以延待他国故也

卷三·西洋列国考·柬埔寨

柬埔寨即古真腊国也其国自呼甘孛智后讹为甘破蔗今云柬埔寨者又甘破蔗之讹也【风土记云西番经名其国曰澉浦只盖甘孛智之近音】先为扶南属国王姓刹利氏至质斯多那兼扶南而有之遂雄诸夷既死子伊奢那先代立隋大业十三年遣使贡献帝礼之甚厚至唐疆土寖辟神龙以来国分为二北多山阜号陆真腊南近海号水真腊久之仍合为一今贾舶至者大都水真腊地也宋政和六年使者来贡赐朝服服之【宋史曰奉化郎将鸠摩僧哥等十四人来贡赐以朝服僧哥言万里远国仰投圣化尚拘卉服未称区区向慕之诚愿许服所赐从之仍以其事付史馆】明年辞去宣和二年诏封其国王与占城等建炎间以郊恩授王检校司徒加食邑其国屡与占城战战失利至建元时大举复仇破占城遂王其地改国号占腊盖于是地方七千余里矣元之置省占城也尝遣一虎符一金牌同往真腊为所拘执元贞中始招谕宾服之明兴国王忽儿那献琛内附二十年七月行人唐敬还自真腊王遣使贡象五十九头香六万觔永乐改元遣使者谕即位二年八月国王参烈婆毘牙遣陪臣九人来贡赐钞币有差先是中贵人奉使彼中将归有健儿三人夜遁去索之不得其王以国中三夷人充数还朝既引见上曰华人自遁何与彼事而责偿之过且若辈语言不通风土夐隔将焉用此而令背井离乡之为顾命礼部给道里费善遣之尚书李至刚曰臣意华人必不甘逃遁彼土或为彼所匿则此三人于法应留上曰何须逆诈人主但推天地之心以待远人可也三年参烈婆毘牙殂命鸿胪王孜往祭之封其子参烈昭平牙为王赐彩币七年奉金镂表贡驯象及方物景泰三年再贡王城周围可二十里城上石佛头五饰其中者以金王宫及府第皆面东宫殊壮丽【风土记曰莅事处有金窗棂左右方柱上有镜四十八面列于窗旁】王三日一视朝坐七宝床上著朝霞吉贝瞒络腰腹下垂至胫头戴金宝花冠足履革屣耳悬金铛尝服白氎【风土记曰男女椎髻以布围腰出入则加以大布围小布之上惟国主打纯花布头戴金冠有时穿茉莉之类周匝髻间项上戴大珍珠三斤许手足及指上皆带金镯指环上嵌猫睛石手掌用红药染赤色】臣入见王稽首阶下者三王呼上阶则跪以两手抱膊遶王环坐议国事讫跪伏而去【风土记曰国主坐衙欲见者列坐地上以俟少顷内中隐隐有乐声外吹螺迎之须臾二宫女卷帘国主仗剑立金窗中矣臣僚合掌叩头螺声方绝国主随亦就坐坐处狮子皮一领乃传国之宝言事毕国主转身二宫女复垂帘】国中有金塔金桥岁时一会罗列玉猿孔雀白象犀牛于前名百塔洲【风土记曰用中国十月为正月名为佳得宫前缚大棚可容千人挂灯球花果之属对岸远离二十丈地以木接续缚成高棚每夜装烟火爆杖请国主观灯如是半月而后止四月抛球九月压猎压猎者阅聚国众皆来城中教阅宫外五月迎佛水聚远近之佛皆送水与国主洗身陆地行舟国主登楼以观七月烧稻盖新稻已熟迎于南门外烧之供佛妇女观者无数主却不出八月挨蓝挨蓝者舞也点差伎乐宫内挨蓝且斗猪斗象如是一旬】谚所谓富贵真腊也生女九岁择僧道去其童身名曰阵毯【风土记曰官司每岁四月内择日颁行本国有女应阵毯之家先行申报给巨烛一条烛间刻画一处点至刻画处则为阵毯时候矣先期父母择一僧是夜大会亲邻以彩帛结二亭子一坐女子一则僧坐其中至期与女俱入房手去其童纳之酒

中天明以鼓乐送僧去后当布帛与僧赎身否则女终为僧有不得他适】婚娶男女两家俱八日不出门昼夜燃灯相续人死舆置之野听乌鸢食顷刻食尽者以为福报居丧但髡其发女人于额上剪发如钱大曰用此报亲文字以麂鹿杂皮染黑随其广狭以意裁之用粉如白垩类磋为小条子拈于手中就皮画以成字永不脱落作字皆从后书向前却不自上书下也沃野弥望一岁可三四获【风土记曰粪田种蔬皆不用秽嫌其不洁】其国谓儒为班诘僧为苎姑道为八思班诘不知所读何书但由此入仕则为清贯微时于打布之外项上挂白线一丝以此自别既贵曳白线如旧僧皆食肉直不饮酒肉亦时以供佛王有大故辄僧为司南【今贾舶未有到王城者只到海隅一属国耳故不覩其丽靡或云即蒲甘地按宋史蒲甘入贡朝议欲待以交址之礼制诏书白背金花绫纸贮以间金镀管钥用锦绢夹幞缄封以往乃本朝贡夷独无蒲甘应是为真腊所并无疑矣】

卷三·西洋列国考·柬埔寨·形胜名迹

陆伽钵婆山【隋书曰上有神祠以兵五千守卫之城东有神名婆多利祭用人肉王别杀人以夜祀祷亦守卫千人】伊奢那城【隋书曰伊奢那先代立居伊奢那城】婆罗提拔城【按唐书是水真腊所居处】真蒲【风土记曰真蒲以来率多平林丛昧长江巨港绵亘数百里古树修藤森阴蒙翳禽声杂沓其间至半港始见旷田绝无寸木弥望芃梵黍苗而已】篱木州【以木为城是华人客寓处】竹坡【风土记曰绵亘数百里其竹节相间生刺笋味苦四畔皆高山】佛村【风土记曰自查南撰小舟顺水十余日过半路村佛村】鲁班墓【风土记曰在南门外周围十里石屋数百间】铜台【宋史曰列铜塔二十四铜象八以镇其上象重四千斤】内中金塔【风土记曰国主夜卧其上塔中有九头蛇精乃国之土地主也系女身每夜国主先与同寝虽其妻不敢入二鼓乃出方与妻妾同睡若此精一夜不见则王死期至矣王一夜不往必获灾祸】淡水洋【风土记曰四月至九月每日午后下雨洋中水痕高七八丈巨树尽没仅留一杪耳人家滨水者皆移入山后十月至三月点雨绝无洋仅通小舟深不过三五尺人家又复移下】

卷三·西洋列国考·柬埔寨·物产

犀角【风土记曰白而带花者为上黑为下】象牙【风土记曰以摽杀之上也自死而随时为人所取者次之死山中多年者为下】鹤顶 翠羽【风土记曰丛中有池翡翠飞入求鱼番人以树叶蔽身坐水滨笼一雌诱之持小网伺其来则罩日获三五只】铜 金颜香【一统志曰香乃树脂擘开雪白者为佳夹砂石为下其气能聚众香番人以和香涂身】笃耨香【本草纲目曰出真腊国树如松形香老则溢出色白而透明者名白笃耨盛夏不融香气清远土人取后夏日以火炙树令脂再溢至冬凝复收之杂以树皮者名黑笃耨一统志曰盛之以瓢碎瓢燃之亦香名笃耨瓢】沉香【一统志曰出真腊为上占城次之】速暂香【一统志曰出真腊为上伐树去木取香者谓之生速仆木腐而香存者谓之熟速其树木半存者谓之暂香】降香【风土记曰丛林中颇费斫伐之劳此乃树心其外白木厚八九寸】蜡【风土记曰出村落枯树间一种细腰蜂番人取得之一船可收二三千块块大者三四十斤】藤黄【本草曰树名海藤花有蘂散落石上彼人收之谓之沙黄就树采者轻妙】布【风土记曰土人不事蚕桑仅织木绵布亦不能纺以手理成条无机杼但一头缚腰一头搭上梭只用一竹管】獭皮 夷瓶 明角 乌角 燕窝 胡椒【风土记曰缠藤而生累累如绿草子】紫梗【风土记曰生树枝间如桑寄生状颇难得】大风子【风土记曰大树之子如椰子而圆中有数十枚】婆那娑树【隋书真腊传曰叶似柿实似冬瓜】庵罗树【隋书曰花叶似枣实似李】毗野树【隋书曰花似木瓜叶似杏实似猪婆】田罗树【隋书曰花叶实并似枣而小异】歌毕佗树【隋书曰花似林檎叶似榆而厚大实似李其大如升】椰子 槟榔【唐书曰客至削槟榔龙脑香蛤以进】荳蔻【一统志曰树如丝瓜蔓衍山谷春花夏实】酒【风土记曰酒有四等第一呼蜜糖酒用药曲以蜜及水为之次者呼朋牙四以树叶为之乃树叶名也又次以米或剩饭为之名包棱角包棱角者米也其下糖鉴酒糖为之又入港滨水有茭浆酒按唐书真腊饮酒者比于淫顾后人亦渐预醉乡矣】麝香木【一统志曰气似麝脐】苏方木【苏恭曰树似庵罗花黄子青熟黑其木人以染绛南方草木状曰煎汁忌铁器则色黯】犀 象【宋史曰国战象几二十万庆元二年贡驯象二】孔雀 鹦鹉 建同鱼【隋书曰四足无鳞其鼻如象吸水上喷高五六十尺】浮胡鱼【隋书曰形似䱉觜如鹦鹉有八足】

卷三·西洋列国考·柬埔寨·交易

船至篱木以柴为城酋长掌其疆政果币将之遂成贸而征偿夷性颇直以所铸官钱售我我受其钱他日转售其方物以归市道甚平不犯司䖆之禁间有鲠者则熟地华人自为戎首也【风土记曰国人交易皆妇人能之所以唐人到彼必先纳一妇兼利其能买卖故也每日一墟自卯至午则罢无居铺但蓬席铺地间亦有司赁地钱土人见唐人颇加敬畏呼之为佛见则伏地顶礼近亦有欺负唐人由去人之多故也】

卷三·西洋列国考·大泥【吉兰丹】

大泥即古浡泥也本阇婆属国今隶暹罗其国以板为城【宋史曰城中居者万余人所统十四州】以铜铸甲【宋史曰战斗者将刀被甲甲以铜铸状若大筒穿之于身护其腹背】其王所居屋覆贝多叶王服颇效中国在王左右者为大人王坐绳床出即大布坐其上众舁之名曰阮囊民居覆草椎髻以五彩帛系腰花锦为衫市用金钱国人宴会鸣鼓吹笛击钲歌舞为乐爱敬华人见华人醉者扶之以归婚聘之资先以椰子酒槟榔次之指环又次之后量用金钱成礼丧葬有棺以竹为轝载弃山中二月始耕则祀之如是者七年不复祀矣原田丰利腊月七日为岁节地热多风雨盛食无器并以竹编贝多叶贮之食毕辄弃捐古称其邻有药树取根煎为膏服之及涂其体兵刃不能伤也宋太平兴国二年其王向打遣使从商人蒲卢歇为导入都朝贡其表以小囊缄封数重非中国纸类木皮而薄莹滑色微绿长数尺阔寸余横卷之仅可盈握其字细小横读之使至诏馆于礼宾院优赐遣归元丰五年王锡理麻喏复遣使贡方物乞从泉州乘海舶归国从之明兴洪武四年王马漠沙遣使进金表银笺并贡方物【续文献通考曰遣御史张敬之往谕其国辛丑遣其臣朝贡】诏赐金绮永乐三年遣使封其国主麻那惹加那乃为浡泥国王赐印诰符币六年王率其妻子来朝遣使迎劳之王上金表献珍物妃笺献中宫东宫上宴王奉天门是年王卒于都下赐谥恭顺葬石子冈【续文献通考曰在安德门外】树碑立祠有司春秋致祭封其子遐旺为王赐玉带金银绮帛他物称是礼送还国遐旺请封其国后山赐名长宁镇国上自为文俾勒于石十二年及洪熙元年皆来朝贡万历间国王病卒无子族众争立国中相诛杀俱尽乃立其女主为王初漳人张某为哪督哪督者大酋之号也国难既作哪督避祸出奔女主既立乃遣人迎哪督复其爵号其女出入宫中有心疾一日向女主言父欲反女主大恐急使人按哪督家哪督自杀已而国人讼哪督无反状女主寻悔之绞杀其女官其子为酋【红毛番近筑土库于中谋入彭湖互市者携大泥国文也事详红毛番考】

吉兰丹即浡泥之马头也风俗俱同浡泥嘉靖末海寇余众遁归于此生聚至千余人行劫海中商舶苦之【或谓吉兰丹即小葛兰国按小葛兰与柯枝接境而吉兰丹在大泥相连去彼远甚但大泥吉兰丹俱铸金为钱而柯枝与小吉兰亦俱用金钱以此相同影响之所自起也姑载之以破疑】

卷三·西洋列国考·大泥【吉兰丹】·形胜名迹

长宁镇国山【永乐六年国主麻那惹加那乃上言蒙恩封王爵境土皆属职方国有后山乞表为一方之镇王卒子遐旺复以为请封为长宁镇国山御制碑文刻石其上】

卷三·西洋列国考·大泥【吉兰丹】·物产

金【星槎胜览曰大金钱名倪伽小金钱名吧喃】犀角 象牙【宋时充贡】鹤顶【见一统志本朝充贡】玳瑁【见宋史宋及本朝俱充贡】翠羽 锡 檀香【宋时充贡】降香【本朝充贡本草曰似苏方木紫而润为良】片脑【即龙脑香一统志曰树如杉桧取者必斋沐而往其成片似梅花者为上次有金脚脑速脑米脑苍脑札聚脑又一种如油名脑油】吉贝布【宋史曰无丝蚕用吉贝花织成布】明角 獭皮 锦鲂皮 燕窝 西国米【亦名沙孤米其树名沙孤身如蕉空心取其里皮削之以水捣过舂以为粉细者为王米最精粗者民家食之以此代谷今贾舶虑为波涛所湿只携其粉归自和为丸】槟榔【见一统志】椰子【见一统志】莉藤【异物志曰莉藤围数寸重于竹可代　以缚船胜竹也】巴尾树【见一统志】贝多树 加蒙树【一统志曰二树心可为酒】犀 象 孔雀【本朝充贡尔雅翼曰尾展开如车轮金翠烨然羽族最华辉者】鹦鹉【本朝充贡】

卷三·西洋列国考·大泥【吉兰丹】·交易

华人流寓甚多趾相踵也舶至献果币如他国初亦设食待我后来此礼渐废矣货卖彼国不敢征税惟与红毛售货则湖丝百斤税红毛五斤华人银钱三枚他税称是若华人买彼国货下船则税如故

卷三·西洋列国考·旧港【詹毕】

旧港古三佛齐国也初名干陀利又名渤淋在东南海中本南蛮别种居眞腊爪哇之间王号詹卑故今王所部号詹卑国而故都为爪哇所破更名旧港以别于彼之新村云【俗名吉宁邦】其地故称沃土谚云一年种谷三年生金言其米谷盛而多贸金也冬无霜雪累甓为城民散居城外香油涂身覆屋多用椰叶市用钱布字彷梵书以国王指环为印【宋史曰亦有中国文字上章表时即用焉】俗嚣好淫水战甚惯【文献通考曰习水陆战临阵敢死霸于他国】其国多水而少陆部领乃聚岸筑屋以居僮仆环之其余民庶悉架室木筏上以木桩拴闸水长则筏浮起不能没也或将别居则起桩去之连屋移徙不劳财力【岛夷志谓好洁净故于水上架屋与此不同】其乐有小琴小鼓昆崘奴踏曲之类刘宋孝武世始贡中国【南史干陀利传曰王释罗那邻陀遣长史竺留陀献金银宝器】梁天监元年其王梦中国有圣人如是者再因图梦中所见遣使献玉盘其容质果与梁帝合岁时望北顶礼【南史曰王瞿昙修跋陀罗以四月八日梦一僧谓曰中国今有圣主十年之后佛法大兴若遣使贡奉礼敬则土地丰乐商旅百倍若不信我则境土不得自安初未之信既又梦此僧曰汝若不信我当与汝往观乃于梦中至中国拜观天子既觉心异之陀罗本工画乃写梦中所见武帝容质饰以丹青仍遣使并画工奉表献玉盘等物使人既至模写帝形还国比本画则符同焉】十七年及普通元年凡再至后亦遂绝唐天佑初复通授其使都蕃长蒲诃栗宁远将军宋时贡使络绎【按宋史建隆元年王悉利胡大霞里檀遣使李遮帝朝贡二年夏又遣使蒲蔑贡方物是冬其王室利乌耶遣使茶野伽朝贡其后岁各一至太平兴国五年王夏池遣使茶龙眉来是年潮州言三佛齐国蕃商李甫诲乘舶船载香药犀角象牙至海口会风势不便飘船六十日至潮州其香药悉送广州八年王遐至遣使蒲押拖罗来贡雍熙二年舶主金花茶以方物来献端拱元年遣使蒲押陀黎贡方物淳化三年广州上言蒲押陀黎前年京回闻本国为阇婆所侵住南海一年今春乘舶至占城偶风信不利复还乞降谕本国从之】尝建佛寺以祝圣寿愿赐名及钟诏以承天万寿为寺额铸钟给之时咸平六年也其后贡献不绝每优赐遣归元丰时使者入见以金银花贮真珠龙脑撒殿用昭殊敬【宋史大中祥符元年王思离麻啰皮遣使来贡许赴泰山陪位于朝观坛天禧元年王霞迟苏勿咤蒲迷遣使贡真珠象牙梵夹经昆崘奴诏许谒会灵观游太清寺金明池及还赐诏慰奖之天圣六年王室离迭华遣使来贡旧制辽国使人赐以问金涂银带时特以浑金带赐之熙宁十年使大首领地华伽啰来以为保顺慕化大将军元丰中使至者再天子念其道里遥远优赐遣归二年赐钱六万四千缗银一万五百两官其使群陀毕罗为宁远将军陀旁亚里为保顺郎将毕罗乞买金带白金器物及僧紫衣师牒皆如所请给之三年广州南蕃纲首以其国王之女唐字书寄龙脑及布与提举市舶孙迥迥不敢受言于朝诏输之官市帛以报五年遣使皮袜来官皮袜为怀远将军六年又以其使萨打华满为将军绍圣中再入贡】绍兴二十六年贡使复至帝曰远人向化嘉其诚耳非利方物也淳熙五年诏免赴阙馆于泉州洪武二年诏行人赵述往使其国王恒麻沙那阿遣使随述奉金叶表来贡赐历及文币六年复贡八年遣使从使者招谕拂菻九年王殂王子麻那者巫里表请绍封诏授驼纽镀金银印封三佛齐国王久之丞相胡惟庸事发事连三佛齐惧而贡绝三十年上念远夷希至谓礼臣曰惟庸谋叛三佛齐乃生间谍诒我使臣至为爪哇闻知礼送还朝今度已悔祸朕欲许其自新暹罗在远国中最称恭顺而爪哇则三佛齐所悉索敝赋以从者也可移檄暹罗达于爪哇俾戒谕三佛齐嘉与更始礼臣如旨以行永乐初年三佛齐竟为爪哇所破废为旧港是时南海豪民梁道明窜泊兹土众推为酋闽广流移从者数千人廷议遣行人谭胜受往招之道明随胜受来归【广东通志云谭胜受南海人乡荐授临桂丞以最召拜监察御史坐事降行人时闽广流徙从梁道明者数千人指挥孙铉使海南遇其子及二奴挟与俱来上以胜受同乡令偕其二奴赍勅往招道明遂从入朝赐道明袭衣钞百五十锭文绮十二表里绢七十二疋胜受奏事称旨擢浙江按察使】留副酋施进卿代领其众五年中贵郑和奉使西洋还过旧港遇流贼陈祖义祖义诈降潜谋要劫和料贼无归顺意整兵以待贼倅至与战大破之斩获无算械祖义至京伏诛诸夷闻之震慑曰眞天威也吾曹安意内向矣是年施进卿遣壻朝贡诏命进卿为旧港宣慰使赐印

诰冠服及文绮后进卿卒二十一年以子济孙嗣印毁于火诏给之

卷三·西洋列国考·旧港【詹毕】·形胜名迹

彭家山【在港外】承天万寿寺【宋时赐额今废】

卷三·西洋列国考·旧港【詹毕】·物产

珠【宋史曰以珠献宰臣秦桧桧已死诏偿直收之】金 银【宋时入贡】珊瑚【宋时充贡】犀角【宋时入贡】象牙【宋时入贡】瑠璃【宋时入贡魏仲培鼠璞曰此自然之物彩泽光润踰于众玉其色不常今皆销冶石汁以众药成之非其物也】摩娑石【庚辛玉册云阳石也出三佛齐海南有山五色夷取烧之作硫黄气以形如黄龙齿而坚重者佳姚西溪丛话曰舶过山下爱其石以手扪之故名摩娑】水晶【宋时入贡】沉香【见宋史】安息香【一统志曰树脂其形色类核桃瓤不宜于烧然能发众香故人取以和香】龙脑香【宋时充贡使者来朝至艾萨克殿】乳香【一统志曰树类榕以斧斫之脂溢于外凝结而成其品十有三有滴乳瓶乳袋香黑榻缠末之别宋时入贡】降香 金银香【华夷考曰其香如银匠榄糖相似中有白蜡一般白块在内好者白多低者白少焚之香美出旧港国】木香【一统志曰树类丝瓜冬取根晒干】蔷薇水【一统志曰即蔷薇花上露花与中国蔷薇不同土人多取其花浸水为露故多伪者以琉璃瓶试之翻摇数四其泡周上下者为真】苏合油【一统志曰浓而无泽者为上】猛火油【华夷考曰树津也一名泥油大类樟脑第能腐人肌肉燃置水中光焰愈炽蛮夷以制火器其烽甚烈帆樯楼橹连延不止鱼鳖遇者无不燋烁】腽肭脐【图经曰旧说似狐而大长尾今沧州所图乃鱼类而豕首两足其脐红紫色上有紫斑点欲验其真取置睡犬旁犬忽惊跳者眞】吉贝 椒【国中最多他港取给焉】阿魏 芦荟 没药 血竭【一统志曰树略同没药采亦如之】乌樠木【一统志曰单马令国出树似棕榈可为器用】褊桃【北户录曰占卑国出褊核桃形如半月状取食绝香美】没石子【一统志曰树如樟开花结实如中国芋栗】万岁枣【见一统志】火鸡【瀛崖胜览曰三佛齐出火鸡大如鹤身圆颈长颈有二红软冠状如红褐嘴尖毛如羊毛脚长其爪甚利好食热炭因名火鸡】

卷三·西洋列国考·旧港【詹毕】·交易

舟至献果币有成数詹卑人商量物价虽议偿金多少然非偿金实偿椒也如值金二两则偿椒百石其大较云喜买夷妇他国多载女子易其椒以归旧港则用铅钱矣三佛齐夙称蕃盛国破以后渐觉故都满目萧条贾人亦希造【续文献通考曰万历丁丑中国人见大盗林朝曦在三佛齐列肆为番船长如中国市舶官】

论曰阇婆眞腊故岛外繁华地也东西之王水陆之国向化已非一朝浡泥三佛齐亦雄视诸部而或以守祧或以易姓华人逋入司彼国钧佣中佼佼辄复驱簸远夷益以觇皇灵之无外矣

卷四·西洋列国考·马六甲

马六甲即满剌加也古称哥罗富沙汉时已通中国后顿逊起自扶南三千余里皆属之其东界通交州即哥罗富沙地也唐永徽中以五色鹦鹉来献【唐书曰哥罗一曰个罗亦曰哥罗富沙罗王姓矢利波罗名米失钵罗】旧隶暹罗岁输黄金为赋盖所部瘠卤尚未称国云永乐三年酋西利八儿速剌遣使上表愿内附为属郡效职贡七年上命中使郑和封为满剌加国王赐银印冠服从此不复隶暹罗矣九年嗣王拜里迭苏剌率其妻子及陪臣五百四十人来朝命中贵海寿礼部郎黄裳迎劳于郊勅有司供帐饰馆待之寻陛见贡方物上御奉天门宴王赐玉带羽仪鞍马金银钱钞锦绮王妃冠服其下赏赉各有差居久之礼送还国【广东通志曰光禄日给牲牢赐王金绣龙衣一袭金银器皿帷帐裀褥咸具赐妃八儿迷速里及子侄陪臣文绮纱罗袭衣有差就馆复赐宴八月赐黄金相玉带仪仗鞍马并赐王妃冠服九月辞归赐宴奉天门别宴王妃陪臣如初赐勅劳王副以金相玉带一仪仗一副鞍马二疋黄金百两白金五百两钞四十万贯钱二千六百贯锦罗六百疋绢千疋浑金文绮二金织通袖膝襴二妃以下各有

差】礼部饯于龙江驿复赐宴龙潭十年遣使入贡十二年王母来朝赐如王妃十七年王亦思罕答儿沙嗣更率妻子来朝言为暹罗所侵惟陛下卵翼之上为降诏暹罗国王无开兵隙暹罗旋遣使来谢侵伐之罪满剌加所得保境息肩者皆中国赐也二十二年王西里麻哈剌来朝宣德九年王复至后先赐予甚厚其后贡使不绝天顺三年王无答佛哪沙卒子苏丹芷速沙请封遣使册立为王成化末给事中林荣行人黄乾亨奉使溺海死以故罢遣云王以帛缠首衣青花袍蹑皮履乘轿俗敦朴尚回回教居处如暹罗婚丧大类瓜哇【唐书曰嫁娶槟榔为礼多至二百盘妇已嫁从夫姓死者焚之取烬贮金罂沉之海】民用陶锡网鱼为业屋如楼阁然不更铺板但叠木高低层布连榻趺坐饮食厨厕皆在其间男女椎髻【唐书曰非有官不束发】肌肤黑漆间有白者华人也后佛郎机破满剌加入据其国而故王之社遂墟臣隶俛首无从报仇久乃渐奉为真主矣古称旁海人畏龟龙龟龙高四尺四足身负鳞甲露长牙遇人则啮无不立死山有黑虎虎差小或变人形白昼入市觉者擒杀之今合佛郎机足称三害云

卷四·西洋列国考·马六甲·形胜名迹

镇国山【永乐中诏封其国之西山为镇国山御制碑文赐之勒石其上】五屿【未称国时酋镇于此】龙雅山【在满剌加港外其山甚高】

卷四·西洋列国考·马六甲·物产

猫精石【华夷考曰中含活光一缕】珠【一统志满剌加出石榴子珠】犀角【本朝充贡】象牙【本朝充贡】玳瑁【本朝充贡】翠羽 叆叇【俗名眼镜华夷考曰大如钱质薄而透明如琉璃色如云母每目力昏倦不辨细书以此掩目精神不散笔画倍明出满剌国叆叇乃轻云貌如轻云之笼日月不掩其明也若作暧睫亦可】斗锡【星槎胜览曰内有山泉流为溪于溪中淘沙取锡煎成块曰斗锡每块重一斤四两本朝充贡】乳香【本朝充贡】片脑【本朝充贡】苏合油 蕉心簟【见星槎胜览按华夷考称满剌加取茭蕈叶织成细簟阔二尺长丈余即此类也】明角 乌角 蜡 做打麻【方舆胜览曰树脂结成者夜点有光涂舟水不能入华夷考曰树枝流落胶汁土内掘出如松沥青内有明净好者都似金珀一般出满剌加国】硫黄【见一统志】没药 夷瓶 燕窝 槟榔 椰子 沙孤米【华夷考曰山野有树名沙孤树将树皮如中国葛根捣浸澄滤取粉作丸洒干卖之出满剌加】茭蕈酒【华夷考曰茭蕈叶似苦笋壳厚性柔软结子如荔枝样鸡弹大取其子酿酒饮亦醉人出满剌加】犀 象 黑熊【本朝充贡】火鸡【华夷考曰出满剌加大如鹳多紫赤色能食火吐气亦烟焰也子如鹅胎壳厚踰重钱或斑或白岛夷采为饮盏见者珍之】鹦鹉【唐时来献】

卷四·西洋列国考·马六甲·交易

本夷市道稍平既为佛郎机所据残破之后售货渐少而佛郎机与华人酬酢屡肆辀张故贾船希往者直诣苏门答剌必道经彼国佛郎机见华人不肯驻辄迎击于海门掠其货以归数年以来波路断绝然彼与澳夷同种片帆指香山便与粤人为市亦不甚藉商舶彼间也

卷四·西洋列国考·哑齐

哑齐即苏门答剌国一名苏文达那西洋之要会也王装束类满剌加官属毕具宫有内阁百余盖他国所无云相传风俗颇淳语言和媚惟酋长好杀杀人辄取血浴身【岛夷志曰酋长人物修长一日之间必三变色或黑或赤每岁杀十余人取自然血浴之则四时不生疾疹故民畏服焉】田硗少熟然贾舶还往财物充牣雅称富饶贫民捕鱼为生活朝驾独木舟张帆破浪抵暮郄回国征其赋以为常其先为大食国盖波斯西境也隋大业中有牧者探穴得文石诡言应瑞当王聚众剽略遂王其地【旧唐书云夷人牧驼忽有狮子人语曰此山有三穴穴中大有兵器并有黑石白文读之便作王夷人依言果得穴中石及刃甚多教其反叛于是纠合亡命劫夺商旅其众遂盛自立为王波斯拂林各遣兵讨之皆为所败于是遂强并诸国胜兵得四十万】唐永徽以来屡使朝贡【唐书曰永徽二年朝贡自言有国三十四年传二世开元初复遣使献马钿带谒见不拜有司将劾之张说谓殊俗慕义不可寘于理玄宗

赦之使者复辞曰国人只拜天见王无拜也有司切责乃拜十四年遣使献方物拜果毅赐绯袍】其先为白衣大食至河蒲罗拔以来为黑衣大食【唐书曰白衣大食有二种一盆尼末换二奚深末换杀兄自王下怨其忍将讨之狗众曰助我者皆黑衣俄众数万即杀末换求奚深孙阿蒲罗拔为王号黑衣大食】至德初代宗用其众平西都贞元中使者三人来朝悉拜中郎将赉遣之宋乾德四年遣僧西域因赐王书招怀自是贡舶岁通【按宋史开宝元年遣使朝贡四年复贡以其使为怀化将军用金花五色绫纸写官诰以赐嗣此连贡不绝淳化四年酋长李亚勿来朝舶主蒲希密附方物来献咸平六年贡使摩尼对崇政殿持真珠以献云离国日诚愿得瞻威颜乞不给回赐上不欲违其意俟其还厚加优赉景德元年使来值上元观灯赐钱纵其宴饮四年使又至许遍诣苑囿寺观游览】泰岱汾阴并许陪祀【宋史车驾东封舶主陁婆离愿执方物赴泰山从之又祀汾阴诏令贡使陪祀】大中祥符五年大食国老人无西忽卢华年百三十岁耳重轮体貌甚伟自言远慕皇化附舶来王诏赐袍带束帛建炎后以国费匮乏闭关谢贡大食竟修贡如故事则怀德者远也【宋史帝谓侍臣曰茶马政废武备不修致中原板荡今复捐数十万缗易无用之珠玉曷若惜财以养战士诏张浚却之优赐以答远人之意远人怀之贡赋不绝】入明始称苏门答剌洪武初国王奉金叶表贡马及方物永乐三年王锁丹罕难阿必镇遣使入贡诏封为苏门答剌国王赐印诰金币五年再使来贡已而王与花面王战中流矢死子弱不任尝胆其妃饮泣令于国曰能复雠者我与为夫共图国事有渔翁闻之率众杀花面王妃遂从渔翁【吾学编曰永乐七年来贡厚赐之十年遣使至其国】久之故王假子率所部杀渔翁王王子苏斡剌以众奔峭山十一年中贵人郑和擒假王俘至京伏法渔翁王子感激圣天子威灵条进方物甚伙宣德中贡使频至十年封其王子嗣王世世朝贡不绝数传后凡再易姓而为今王今王者人奴也先是其主为大将使奴牧象而象肥主以为能呼语之曰而牧象良苦其为我监捕鱼税坐而受直奴前谢从此往税捕鱼得大鱼辄遗其主自取小者主后闻之曰奴忘其食指而奉我耶命侍左右出则捧槟榔盘后随一日王召诸大酋议事奴从主仗剑入王居起尊严若神而主局蹐惟谨奴出谓主曰主自视虽贵孰与王主笑曰臣何敢与王齿奴曰主第不欲王耳是可取而代也主惊顾无妄言将赤吾族奴因间进曰吾主行拥重兵出镇海隅诘旦入辞奴从而后主诚乘间请屏左右以毕所私王必不疑五步之内奴抽刃刺王洒王颈血为主盥手主兵柄在握谁敢不服咄嗟而事可定矣主诘朝果入辞如奴约白王曰臣远离宫殿情怀恋恋愿有所私布请屏左右王叱左右出奴突引王裾前刺王掖其主上殿号殿下曰王为不道吾杀之吾为若主时所拥兵悉集殿外诸酋股栗无敢閧者因诛其偶语者若而人余悉拜官有差主既为王命奴代为大将隶以所部居亡何奴弑王自立是为今王于是大为防卫于国拓其宫规制宏壮宫凡六门门不得阑出入虽勋贵不得带剑上殿王出乘象象列绮架亭而帷其外又列象百余披结俱如王所乘象望者不知王在何许卤簿传呼甚盛犯者无赦法制严于他国矣

卷四・西洋列国考・哑齐・形胜名迹

俱纷摩地那山【大食王牧处得黑石白文于此旧唐书曰在国西南邻于大海】膏膀榭山【洞中出油王出征战取油倒水上燃之能飞渡作火攻人死以油涂之能坚其尸千年不坏】椰屿【在港口屿上有三宝庙】恒曷水【旧唐书曰大食王纠合亡命渡恒曷水劫夺商旅】急水湾 龙涎屿【星槎胜览曰苏门答剌西去一昼夜浮灩水面波激云腾每春群龙来集于上交戯而遗涎沫番人驾独木舟登屿采取而归或风波则人俱下海一手附舟旁一手揖水而得至岸】翠蓝屿【星槎胜览曰在龙涎屿之西北大小七门门中皆可过船传闻释迦经此山浴水被窃袈裟佛云后穿衣者必烂皮肉由此男女今皆无衣止树叶纫结而遮前后】

卷四・西洋列国考・哑齐・物产

宝石【本草纲目曰山海经谓之采石碧者唐人谓之瑟瑟红者宋人谓之靺鞨今通呼为宝石大者如指头小者如豆粒皆碾成珠状】玛瑙【格古论曰非玉非石坚而且脆中有人物鸟兽形者最贵负暄录曰玛瑙产有南北南玛瑙产大食色正红无瑕可作杯斝】琥珀【宋时充贡】玳瑁 犀角 象牙【埤雅曰象牙生花必因雷声故古以为器饰】鹤顶 琉璃【宋时以瓶及瓮盛物来献】照身镜【梁四公子记云扶南卖碧颇黎镜广一尺半重四十斤内外皎洁向明视之不见其质蔡绦云御库有玻黎母乃大食所贡】叆叇 龙涎香【游宦记闻云龙涎香最贵重出大食

国海旁常有云气出山间土人即知龙睡其下更相守之俟云散知龙已去往求必得龙涎入香能收敛脑麝清气虽数十年香味仍在得其真和香焚之翠烟袅空结而不散或言涎有三品一曰泛水一曰渗沙一曰鱼食泛水则轻浮水面善水者伺龙出随取之渗沙则凝积多年渗入沙中鱼食则化粪散于沙碛又鱼食亦有二种海旁有花若木芙蓉花落海大鱼吞之腹中先食龙涎花咽入久即胀闷昂头向石上吐沫干枯可用惟粪者不佳若散碎皆取自沙渗力薄欲辨真伪投没水中须臾突起直浮水面或取一钱口含之微有腥气经一宿细沫已咽余结胶舌上取出就淖称之亦重一钱将淖者又干之其重如故虽极干枯用银簪烧热鑚入枯中抽簪出其涎引丝不绝验此不分褐白褐黑皆真星槎胜览曰初若脂胶黑黄色颇有腥气焚之清香可爱】片脑【宋时献】安息 木香【本朝充贡】乳香【宋时献】丁香【本朝充贡】蔷薇水【宋时献】苏合油 天鹅绒【本草纲目谓鹄为天鹅云皮毛可为服饰谓之天鹅裓华夷考曰海东青小而健能擒天鹅即此也华人以绒织之沿为伪物】琐服【一统志名琐服曰又名梭服以鸟毳为之纹如纨绮】兆罗绵【亦毛毳织长者每疋至六七丈今呼为哆啰嗹】驼毛缛面【埤雅曰驼卧腹不帖地屈足漏明则行千里今其毛缛温厚暖于狐貉极堪御寒遇夏退毛至尽乃能避热故古者冬取皮于狐类而裘成夏取毛于驼类而褐成宋时来献】花锦【宋时献】西洋布【一统志名阔布华夷考曰西洋布幅广至四五尺精者价乃胜缎】锡【本朝充贡】宾铁【宋时献】蜡 膃肭脐【即唐书所谓骨肭兽俗名海狗肾】燕窝 胡椒【星槎胜览曰蔓附树枝结椒累垂如栟榈子但粒小耳本朝充贡】石蜜【唐书大食传曰刻石蜜庐如舉状】没药 孩儿茶【即乌爹泥本草一名乌迭泥或作乌丁皆夷语无正字】血竭 千年枣【宋时献】大茄【一统志曰树高丈余经三四年不瘁子大如西瓜重十余斤以梯摘之】无名异【本草集解曰出大食国生石上状如黑石灰番人以油鍊如黳石嚼之如饧】瓜【星槎胜览曰皮若荔枝未剖臭如烂蒜剖开如囊蜜味如酥油香甜可口】犀【宋太宗问蒲押陀犀象何法可取对云犀使人升木操弓矢同至射杀之小者不用弓矢可捕获本朝充贡】象【蒲押陀曰象用象媒诱至渐以大绳系之】骏马【唐书曰有千里马号为龙种】鹦鹉

卷四·西洋列国考·哑齐·交易

舶到有把水瞭望报王遣象来接舶主随之入见进果币于王王为设食贸易输税号称公平【星槎胜览曰胡椒番秤一播抵我官秤三百二十斤价银钱二十个重银六两金抵纳即金钱也每二十个重金五两二钱龙涎屿香一两用金钱十二一斤该金钱一百九十二个准中国铜钱九千价亦非轻】此国辽远至者得利倍于他国盖宋时称本肆多金银绫锦工匠技术咸精其能至今富饶犹昔也

卷四·西洋列国考·彭亨

彭亨者东南岛中之国也【星槎胜览名彭坑续文献通考曰暹罗迤西】国并山山旁多平原草树繁茂然鸟兽希少沃土宜谷蔬果亦饶其城以木围之方广可数里诛茆覆屋男女椎髻衣长布衫系单衣富者头著金圈数枚贫人则五色烧珠为圈束之煮海为盐酿椰浆为酒古称上下亲狎民无寇盗好佛诵经而久乃寖漓也俗渐好怪刻香木为人像杀生人血以祭云用此祈禳洪武十一年遣使奉金叶表朝贡永乐十二年遣苏麻固门的里来朝并贡方物其后二百数十年而有柔佛之事先是婆罗王子者彭亨王妹之壻也赘于彭亨柔佛之副王精悍好斗其子娶彭亨王女将婚副王送子之彭亨彭亨王宴柔佛副王戚属俱会酒半婆罗王子举觞为寿手指一巨珠光耀倍常副王心欲之曰王子以是珠见饷者不惜重赀为报王子固靳之副王恚甚归而起兵攻彭亨矣二国初为婚媾贼出意外彭亨人人惴恐不战自散王与婆罗王子奔金山彭亨王妃者浡泥王之妹也率众来援副王焚掠其城郭宫室以归是时彭亨国中鬼哭三日浡泥王迎其妹还浡泥彭亨王随之而命其长子摄国久之王归彭亨其次子骁而多智遂毒杀父诛兄自立至今尚为王每为毛思贼逋逃主买所掠人远近苦之【毛思贼者婆罗属夷也劫掠海上生人至彭亨卖之代作昆仑奴不如指者则杀以供祭每人得直三金】

卷四·西洋列国考·彭亨·形胜名迹

石崖【一统志曰其国石崖周匝崎岖如栅寨】金山【其上出金有大酋守之日遣百余人采取月进王二十

金】地盘山【织嘉文席处】狼宾

卷四·西洋列国考·彭亨·物产

沙金【即金山所采者排沙拣金金木在镕虽黄光闪铄视亦复类沙既煎乃始成块】犀角 象牙 鹤顶 玳瑁 花锡【见一统志】沉香【见一统志】速香【本朝充贡】降香 片脑【是狼宾所出者本朝充贡】嘉文席【嘉文草蔓生有脊用刀刺脊剔去之织以为席温柔妍雅帖人肌夏微凉而冬微温故价直逾侈其制狭而长盖夷中一席只卧一人故狭等身之外卷以作枕故长】燕窝 胡椒【本朝充贡】西国米 椰子【见一统志】槟榔 蚕吉柿 莉藤【蔓抽被地无枝叶有皮裹其外如竹皮剥之则落藤长数丈不值剪伐可缭绕数围狼宾出者为多】犀 象

卷四·西洋列国考·彭亨·交易

舟抵海岸国有常献国王为筑舖舍数间商人随意广狭输其税而托宿焉即就铺中以与国人为市铺去舟亦不甚远舶上夜司更在铺中卧者音响辄相闻

卷四·西洋列国考·柔佛

柔佛一名乌丁礁林男子削发徒跣围幔佩刀妇人蓄发椎结王服与下无别第带双刀耳酋见王弃刀于地和南而立各有尊卑位次字用茭葦以刀刺之又置乌簿书浩大及秘密事情外以绳缚之涂泥封固印识其上宫室覆茅插木为城其外有池环之港外多列沙垓【犹中华蛋户】无事以船载货国外有警或出征战则募召为兵称强国焉婚姻王与邻国王家自相配偶余人缔结亦论门阀相宜王用金银器盛食民家磁器都无匕箸以手拈之而已持斋见星方食节序以四月为岁首居丧妇人方加剃男子则再削发逝者火葬也其酋好斗屡开疆隙彭亨丁机宜之间迄无宁日先年有大库吉宁仁忠于王王大信用二王以兄疎已谋杀吉宁仁其后二王出骑马堕地死从者皆见吉宁仁为祟至今人家祀之竞传灵应盖夷俗尚鬼其固然矣

卷四·西洋列国考·柔佛·形胜名迹

东西竺【星槎胜览曰山与龙牙门相望海洋中山形分对若蓬莱方丈之间】

卷四·西洋列国考·柔佛·物产

犀角 象牙 玳瑁 锡 片脑 蜡 嘉文席【是东西竺所织者星槎胜览曰地出蕉心簟想嘉文席之所自始也】木绵布【见星槎胜览】椒 燕窝 西国米 血竭 没药 槟榔【见星槎胜览】海菜 蚕吉 柿

卷四·西洋列国考·柔佛·交易

柔佛地不产谷土人时驾小舟载方物走他国易米【星槎胜览曰田瘠不宜稼穑岁藉诸邦淡洋米以食】道逢贾舶因就他处为市亦有要之入彼国者我舟至止都有常输贸易只在舟中无复铺舍

卷四·西洋列国考·丁机宜

丁机宜爪哇属国也幅员最狭酋众仅千余柔佛黠而雄丁机宜境相接也柔佛狡焉有启疆之思动为国患悉索敝赋无宁日近始求通姻好然安忍无亲善事之犹恐其不得当也其国以木为城王居旁列钟鼓楼出入骑象以十月为岁首性好洁食啖所须手自操割民俗都类爪哇大率爪哇一带酒税甚广而酒禁乃甚严民间携酒具取水酿酒国有常赋然上族之家辄不复御酒惟细民无赖者时时阑入醉乡则曹偶笑之上族客至以扶留藤槟榔代茗若开宴则人具一大盘盘有足置地上杂贮肴核每进一物客甫尝毕则客之从人径从后取食之曰不敢留残溷主翁也婚者男往女家为持门户故生女胜男丧用火葬

卷四·西洋列国考·丁机宜·形胜名迹

独石门 铁钉屿【以形尖故名其外水流甚急】鳄鱼屿【亦以其形似鳄也其水昼则南流夜则北流】

卷四·西洋列国考·丁机宜·物产

犀角 象牙 黄蜡 嘉文席 西国米 血竭 没药 槟榔 海菜

卷四·西洋列国考·丁机宜·交易

夷亦只就舟中与我人为市大率多类柔佛而俗较驯而货较平自为柔佛所侵彼国有风声鹤唳之虞而舶人亦抱林木池鱼之患此扬帆者所以掉臂希顾也

卷四·西洋列国考·思吉港

思吉港者苏吉丹之讹也为爪哇属国其中凡数聚落而吉力石其主也吉力石有王百余岁能知吉凶国在山中贾舶仅经过其水澙而未尝泊船彼民出诣饶洞与华人贸易华人所泊者饶洞也饶洞原野平衍以石为城其酋出入乘车车以金饰亭御四马或八马亦御黄犊前导百余卤簿皆备诸夷见王辄避匿不敢出独女人合掌伏道旁其余风俗多类下港云其与国为思鲁瓦为猪蛮猪蛮多盗故华人辄不肯驻猪蛮有次子名北极十余岁时躯重数百斤为盗所劫负之不能起今为哪督饶洞之后为金后山修竹成林茉莉自花不假培植人皆赤身只一纸蔽其下体种豆供餐强者善射逐獐鹿猿猱火焙而食饥噉其肉渴饮其血佐以树酒足迹未尝下山

卷四·西洋列国考·思吉港·形胜名迹

保老崖山【一统志曰在苏吉丹国凡番舶未到先见此山顶耸五峰时有云覆其上舶人呼为巴哪大山】吉里问山【与保老崖山相对西面拖尾甚长】椒山【在猪蛮国】牛郎山 义里山 白屿【即饶洞港口】望加黎洲【饶洞国外十余里】杜板村【即吉力石之港外是元史所云杜并足也】塔寺【寺外有塔故名】八节涧【元史曰涧上接杜马班王府下通莆奔火海乃爪哇咽喉必争之地史弼高兴会兵其处】圣水【在杜板村星槎胜览曰海滩有水一泓甘淡可饮称为圣水元将史弼高兴征其国舟中乏水粮尽二将祝天以鎗插海中泉随鎗涌起汲而饮之军威大振】

卷四·西洋列国考·思吉港·物产

金 银 珠 犀角 象牙 玳瑁 沉香 檀香 降香 锡 铜鼓 龟筒 夷瓶 蜡椒 槟榔 椰子 血竭 豆蔻 毕拨 苏木 犀象 孔雀 火鸡 鹦鹉 㑳伽鸟 倒挂鸟

卷四·西洋列国考·思吉港·交易

吉力石主爪哇而臣饶洞苏鲁瓦诸国他国货萃下港者彼中亦时相通我舟到时诸属国鳞次饶洞以与华人贸易虽在敻邈亦蕃盛之乡也向就水中为市比来贩者渐伙乃渐筑铺舍

卷四·西洋列国考·文郎马神

文郎马神国以木为城城只一半余半皆山也【按水经注称文狼人野居无室宅依树止宿食生肉采香为业与人交市若上皇之民又马文渊遗兵十余家住西屠国不返土人以其流寓号曰马流世称汉子孙今之文郎马神疑即其后而播迁兹土云】王宫绣女数百人王出乘象或泛舟以绣女自随或典衣或持剑或捧槟榔盘王登舟趺坐榻上绣女坐地下与王相向或用女人刺舟威仪甚盛民居多缚木水上筑屋以居如三佛齐男人用五色布缠头腹背多裸或著小袖衣蒙头而入下体以缦围之初盛食以蕉叶为盘及通中国乃渐用磁器又好市华人磁瓮画龙

其外人死贮瓮中以葬其俗不淫奸者论死华人与夷女通辄易彼装以女妻之不听归也女人蓄发发苦短见华人发许长心慕之问何以致此或给之曰我生长中华用华水沐之耳夷女竞市船中水欲以沐发华人故靳之以为笑端焉【女人慕悦华人辄持香蕉甘蔗及茉莉花相赠不妨往复嘲谑第国禁甚严无敢私通者】入山深处有村名乌笼里弹其人尽生尾见人辄掩面羞涩欲走然地饶沙金夷人携货往市之击小铜鼓为号货列地中主者退丈许深山人乃前视货当意者置金于货之侧主者遥语欲售则持货去不售则怀其金蹒跚归矣邻境又有买哇柔每夜半盗斩人头以金装之故夜必严更以待

卷四·西洋列国考·文郎马神·形胜名迹

金山【即乌笼里弹深处幽涧邇流驱舟良苦两崖繁阴木多拱抱每夕景晓云禽声四合几断人肠华商即乘兴以行未有不中道返者也】丹戎世力山 末那突大山 班节糸礼山 加会屿

卷四·西洋列国考·文郎马神·物产

沙金【是金山出者夷人持货往易每虚往实归】鹤顶【文郎出者最多】降香 蜡 藤席【红白色问杂而成】莉藤【文郎亦独盛他国】荜拨 獐皮 血竭 肉豆蔻 犀 孔雀 鹦鹉

卷四·西洋列国考·文郎马神·交易

故王有贤德始开港时待贾舶大有恩信王子三十一人俱不令外出恐扰远人也其妃为买哇柔国主之妹故王既殂嫡子嗣立买哇柔人导之为欺诈买货辄缓偿直至解维每多负逋商人从此希造矣其地女人悉荡小舟以饮食来市至售货物则男人司之市用铅钱

卷四·西洋列国考·迟闷

迟闷者吉里地闷之讹也其国居重迦罗之东田肥谷盛沿山皆旃檀至伐以为薪其气蒸人鲜不病者地又苦热旁午必俛首向水而坐差可辟瘴男女断发短衫夜卧不盖体俗亦以立为尊夷人见王则坐地合掌无姓氏不知年岁亦无文字纪事以石片子为记如千石则总于绳上一结亦有酋长互讼则两造各牵羊入曲者没其羊直者仍带羊以出结绳束矢之风其犹存于绝岛乎

卷四·西洋列国考·迟闷·形胜名迹

犀头山【顶有巨石石有窍王岁时祀之有巨蛇由窍中出食所祭都尽石顶人不敢蹑】

卷四·西洋列国考·迟闷·物产

檀香【独盛他国】荜拨 荳蔻

卷四·西洋列国考·迟闷·交易

市去城稍远每贾舶至王自出城外临之妻子及姬侍皆从防卫甚盛日有输税然税郄不多夷人砍伐檀香树络绎而至与商贸易倘王归则贸易者不得自来虑有纷纭也须请王更出乃至【星槎胜览曰商舶到彼皆妇女到船交易与所传微异岂习俗至今稍革耶】

论曰满剌加奕世朝天用深帝眷答剌彭亨供兹包茅均彼楛矢其它诸国前籍之所未名虽重译尚賒而占云屡出未丽主客获染禁脔夫固羲御之末光谷王之余润也

卷五·东洋列国考·吕宋

吕宋在东海中初为小国而后寖大【吾学编曰产黄金以故亦富厚人质朴不喜争讼】永乐三年国王遣其臣隔察老来朝并贡方物其地去漳为近故贾舶多往有佛郎机者自称干系蜡国从大西来亦与吕宋互市酋私相语曰彼可取而代也因上黄金为吕宋王寿乞地如牛皮大盖屋王信而许之佛郎机乃取牛皮剪而相续之以为四围乞地称是王难之然重失信远夷竟予地月征税如所部法佛郎机既得地筑城营室列铳置刀盾甚具久之围吕宋杀其王逐其民入山而吕宋遂为佛郎机有矣干系蜡国王遣酋来镇数岁一更易今华人之贩吕宋者乃贩佛郎机者也华人既多诣吕宋往往久住不归名为压冬聚居涧内为生活渐至数万间有削发长子孙者万历二十一年八月酋郎雷氏敝里系勝征美洛居役诸流寓二百五十人充兵助战【政和堂集曰高肖为把总魏惟秀杨安顿潘和五洪亨五为哨官郭振岳为通事郭惟太等为兵】夷人偃息卧船上使华人日夜驾船稍倦辄棰之或刺杀苦毒备尝潘和五等谋曰叛死棰死刺死等死耳不然亦且战死不若杀酋以泄吾忿胜则扬帆故乡即不胜死未晚也议既定夜半入卧内刺酋持酋头大呼夷人惊起不知所为悉被刃或落水死和五等悉获金宝兵器驾其船以归失路之广南为交酋所掠独郭惟太等三十二人走免附舟返舍酋既死子郎雷猫吝拥兵驻朔雾驰回代立为酋遣僧来诉明年闽抚遣贾舶招回久住吕宋华人酋为给粮以归致书及词重诉父冤【吕宋嗣王具文一道用金箧封识另小书用红罗包裹付贾舶携来内称郎雷氏敝里系勝是猫吝爷氏奉干系蜡国主命镇守东洋吕宋等处蒙差官来探日本消息招回唐人日本近虽称兵入境然彼国有征伐之兵敝国有备御之固况日本熟知敝国士卒精壮遇敌无不争锋何足以惧前輩回唐人系是久住不安生理今之輩者因敝国狭窄米谷稀少粮食不给别无他端伏望尊慈鉴察其被害战船乞追军器金银宝贝并究杀父之人偿命以警后人以正法纪从兄巴礼于旧年十月驾船往贵省奔诉父冤万里悬情惟冀秉公严追究治从兄巴礼厚遣归国感佩图报又诉词一纸为辩明父冤事缘父守国欲讨美洛居时有涧内唐民愿充助敌者二百五十人自备行粮立功给赏时父与兵同船间驾到交逸地方有佛郎人与唐兵言竞父责番人吊在船桅惩戒原船装载金银莫计同船番目各带宝贝银钱数多船进合万门湾泊父令唐人牵罟捕鱼共烹而食卧至半夜唐人心贪财宝阴谋不轨将父并番目四十余命尽行杀死仅存巴礼书记二人报息将本船宝贝驾逃仆时奉命带兵驻札朔雾各属闻变共议报冤将城内旧涧拆卸仆闻讣回国劝谕不许生端报怨复议设新涧城外虑及番兵横为扰害著头目四人逐日在涧看守以便唐人生理不想起盖未完而日本报警番目思见涧地接迩城郭兼之唐人每有交通之情恐招萧墙之祸再议移涧此非本心革回唐人每船给米五十包资助想来人必能道其详者激切含冤伏望作主转达施行】闽抚许孚远具疏以闻【许中丞疏略曰我民往贩吕宋中多无赖之徒因而流落彼地不下万人番酋筑盖铺舍聚札一街名为涧内受彼节制已非一日去秋彼酋抽取我民二百余人为兵刑杀惨急遂致激成此变夫以番夷豺狼之性轻动干戈不戢自焚固其自取而杀其酋长夺其宝货逃之交南我民狠毒亦已甚矣】檄两广督臣以礼遣僧归国置惟太等于理潘和五竟留交夷不敢还夷人故奴视华人征赋溢格稍不得当呵辱无已时犯者即严置以法自兹衅既结疑贰日深夷益虏使我矣其后又有机易山之事自采金中贵虿尾四出一妄男子张嶷更为新奇其说上疏曰吕宋有机易山其上金豆自生遣人采取之可得巨万无禁有诏下闽廷臣力言其谬不报闽当事持之乃遣海澄丞王时和及百户干一成往勘其地夷初闻使至大骇诸华人流寓者见酋言华无他特奸人横生事端今遣使者来按兹土使奸人自穷便于还报耳酋意稍解令夷僧散花道旁迎使者诸流寓先结蓬席为厂如公署状酋盛陈兵卫邀丞入亦为丞设食然气豪甚问丞曰汝华言开山山各有主安得开也且金豆是何树生来丞无以对数目嶷嶷云此地皆金不必问豆所自盖嶷欲借朝命临之袭破其国耳至是不敢显言夷人皆大笑酋留嶷欲兵之诸流寓苦解俾归为戮于司寇乃释令登舟时三十年四月也丞归病悸死嶷以奏事不实坐诛传首海外然夷竟疑中国有启疆意益暴虐诸流寓诸流寓无赖者声言今日之事汝为政一旦天兵下海门汝辈宁为石人乎语稍稍传布夷益疑明年夷遂决计谋杀诸流寓诡言将征他国凡华人寸铁辄厚售之即切肉小刀价至数钱华人利其直辄听鬻去家家无复寸铁乃约日勒点名籍分三百人为一院入即杀之事稍露诸流寓乃纠众走菜园屯聚为乱八月朔日夷兵大起攻菜园死伤无数次日聚大仑山揭竿应敌夷亦少挫酋旋悔祸遣人请和华人虑其诱我扑杀彼使夷怒设伏城旁初三日华人在大仑山饥甚不得食冒死攻城夷人伏发燃铜铳击杀华人万余华人大溃或逃散饿死山谷间横尸相枕计指二万五千人存者三百口而已是役仓徨无主盟又粮与刃俱乏故搏手困穷膏涂远屿华人在大仑时风雨大作人立雨中夜半望见长天有光炯烁大地

震动每惊突自相触杀夷乘其毙而屠之是月漳亦大水漂没万家受祸同时阳九之均厄也后夷酋下令招抚其所掠华人货悉封识贮库中移书闽当事俾诸戚属往领明年贾舶乃稍稍去奸商黄某者与酋善辄冒领他货称为某子甲姻党捆载干没云三十三年有诏遣商往谕吕宋无开事端至是祸良已留者又成聚矣佛郎机身长七尺眼如猫嘴如鹰面如白灰须密卷如乌纱而发近赤其僧拥重权国有大故则酋就僧为谋主人论死者僧诵经劝之首肯然后行刑【中罪用拘轻拘一足重则拘两足】妇女岁时诣寺谶悔有阴事辄密向僧自输僧为说法鞭之数十忍痛不敢言夜留宿寺中听僧意所指画唯唯而已婚姻父母不能定惟僧所决之人死贮以布囊就寺以葬所畜财产半入僧室矣先是吕宋国王兄弟勇甚既为佛郎机所戕辄祟于国国人每值死日夷僧为摽牛厌之摽牛者栅木为场置牛数十头于中环射之牛叫掷死以此逐鬼云性婪甚靡国不至至则谋袭人吕宋满剌加遂至易社在吕宋者初尝攻破婆罗婆罗放药水毒杀之故奔吕宋其在中国香山盘据为日已久今则马非马驴非驴俨然金城雄其湾中矣

【广东通志曰佛郎机素不通中国正德十二年驾大舶突至广州澳口铳声如雷以进贡为名抚按查无会典旧例不行乃退泊东莞南头盖房树栅恃火铳自固御史邱道隆何鳌前后具奏皆言残逆称雄逐其国主先年潜遣火者亚三假充满剌加使臣风飘到澳往来窥伺熟我道途略买小儿烹而食之近日满剌加国王奏其夺国雠杀等情屠掠之祸渐不可长宜即驱逐所造房屋城寨尽行拆毁诏从之海道副使汪鋐帅兵至犹据险逆战商人凿舟用策乃悉擒之余皆遁去嘉靖中党类更番往来私舶杂诸夷中为交易首领人皆高鼻白皙广人能辨识之方言谓天为西罗日为梭罗风为绵除山为文池真珠为亚思佛玳瑁为实除奴牙犀角为亚里高佛金为阿罗银为巴劳礁】

卷五·东洋列国考·吕宋·形胜名迹

覆鼎山【其形似鼎倒覆故名上有野夷巢居树巅射鸟兽鲜食之人迹不到】文武楼【远望山容甚伟故华人蒙以佳号】大仑山【华人与吕宋相攻时屯聚于此】圭屿【为其山与吾澄圭屿相类因袭今名】半邊山【望之半缺故名】加溢城【初只一山夷人以其要害地也虑红毛出没始筑城伏铳其内贼至以铳击之蔽不敢窥张嶷所称机易山想即加溢之讹耳】大湖 假港【即吕宋港口】

卷五·东洋列国考·吕宋·物产

金【永乐时充贡奸人所捉影而唱金豆之说也】银钱【大者七钱五分夷名黄币峙次三钱六分夷名突唇又次一钱八分名罗料厘小者九分名黄料厘俱自佛郎机携来】子花【即吉贝花】苏木【夷名巴膀居】椰【夷名哥具】

卷五·东洋列国考·吕宋·交易

舟至遣人驰诣酋以币为献征税颇多网亦太密我人往往留彼不返者利其近且成聚故也衅隙而后彼亦戒心于我恐族类既繁后复为乱辄下令每舶至人只二百为率毋溢额舶归所载回必倍以四百毋缩额我人当放舟时多诡名充数听其查核中流辄逃回彼土【市名涧内旧在城中后既猜嫌改设城外新涧】

大港是东洋最先到处彼中一大部落也砌石为城佛郎机以酋来镇米谷繁盛他产不过皮角之属未至港有笔架山

南旺在大港相连再过为密雁为雁塘皆小小村落所产皮角子花

玳瑁港地势转入故称玳瑁湾而表山环其外凡舟往吕宋必望表而趋故兹山推望镇焉湾名玳瑁然玳瑁非其所出所出苏木耳再进为里银中邦是海中一片高屿

吕蓬在吕宋之南产螺

磨荖央在吕宋之后产子花油麻椰子

以宁从文武楼一苇可造产只苏木其地有龙隐山最大

屋党亦名屋同城郭森峙夷酋屯聚粮食处所也其咽喉名汉泽

朔雾俗名宿雾佛郎机未据吕宋时先聚彼中与其国人相亲好佛郎机之破吕宋朔雾人有力焉佛郎机德之既奄有诸土率虏使其民独与朔雾为婚媾城戍俨然一大酋拥重兵守之向岁吕宋王之子求报父寃自称奉命驻札朔雾是也所产苏木子花海菜【以上俱吕宋属国佛郎机人主之者也吕宋王如中国总兵官巴礼如文吏诸国酋皆吕宋王所遣偏裨为政其间所在各建礼拜寺咸有巴礼司彼夷化诸国风俗与吕宋尽相类故附列焉】

卷五·东洋列国考·苏禄【高药】

苏禄在东南海中永乐十五年其国东王巴都葛叭答剌西王巴都葛叭苏哩峒王巴都葛叭剌卜各率其妻子酋目来朝并贡方物赐王冠服金钱锦币杂器子女姻戚侍从赏赉有差【会典曰赐王纱帽金箱玉带钑花金带金蟒龙衣金银钱纱锦纻丝纱罗器皿等物王妃冠服银纱纻丝等物余冠带衣服诸物】三王者东王为长西王亚之峒王又亚之空国来归鳞次阙下亦向化之笃也还次德州东王以疾殂于驿亭命有司营葬更为文树碑墓道留其姬妾内侍十人守坟满三载然后还国遣使册其子都麻合为苏禄国东王十九年遣使来贡今贾舶到者言其城据巉巇之巅雅称天险疑是峒王所都佛郎机屡拥兵攻之不能克聚落不满千家山涂田瘠间植粟麦民食沙糊鱼虾螺蛤气候半热男女短发缠皂缦系小印布煮海为盐酿蔗为酒编竹为布时从鲛室中探珠满袖自成生涯云

卷五·东洋列国考·苏禄【高药】·形胜名迹

石崎山【一统志曰国以此山为保障】犀角屿 珠池【入夜登高望之水面浮光】

卷五·东洋列国考·苏禄【高药】·物产

真珠【一统志曰色青白而图有至径寸者】玳瑁【本朝充贡】珠壳 片脑【本朝充贡】番锡【本朝充贡】降香【本朝充贡】竹布【本朝充贡】绵布【本朝充贡】荜茇【本朝充贡】黄蜡【本朝充贡】苏木【本朝充贡】豆蔻鹦鹉

卷五·东洋列国考·苏禄【高药】·交易

舟至彼中将货尽数取去夷人携入彼国深处售之或别贩旁国归乃以夷货偿我彼国值岁多珠时商人得一巨珠携归可享利数十倍若夷人探珠获少则所偿数亦倍萧索顾逢年何如耳夷人虑我舟之不往也每返棹辄留数人为质以冀后日之重来高药与苏禄相近出玳瑁

卷五·东洋列国考·猫里务【网巾礁老】

猫里务即合猫里国也地小土瘠国中多山山外大海海饶鱼虫人亦知耕稼永乐三年国王遣使回回道奴马高奉表来朝并贡方物国于吕宋邻壤故与吕宋使者偕来其后渐成沃土俗亦近驯故舶人为之语曰若要富须往猫里务盖小邦之善地也有网巾礁老者数为盗海上驾舟用长桡其末如瓠之裁半虚中以盛水者入水荡舟其行倍疾望远涛中仅微茫数点倏忽贼至趋避不及无脱者猫里务既重遭寇害死亡数多遂转贫困贾舶往者虑为贼所急稍稍望别岛以行

卷五·东洋列国考·猫里务【网巾礁老】·形胜名迹

罗黄山【上有白石】

卷五·东洋列国考·猫里务【网巾礁老】·物产

苏木 子花

卷五·东洋列国考·猫里务【网巾礁老】·交易

小国见华人舟爱然以喜不敢凌厉相加故市法最平礁老在海上行劫第欲人之诣彼土也舟往贩者每善待盖自藏其杀机焉

卷五·东洋列国考·沙瑶呐哔啴【班隘】

沙瑶呐哔啴其地相连呐哔啴在海畔沙瑶稍纡入山限皆吕宋一带第不属佛郎机部署男女畜发椎结衣服无内外领或用布丈余抄折男子多袭以二三重妇人一袭而止男著皮履妇人乃却跣足足极细润耳皆穿大孔令可容极重金錈衣服即锦绮或甚奇细之布必剪破服之以衣服多为富字亦用纸笔第画不可辨筑板为城竖木覆茅为宫拜则两手和南伸身直伏跪屈足而俯两手支地人多奉佛在处礼拜寺甚伙凡入寺者将死堆柴坐其上自下焚之男女之禁甚严夫行在前其妻与人嘲笑夫径刃其妻所嘲笑之人亦不敢逃听其刺割盗不问大小辄论死其人愿到家与妻子别辄听去及期妻子自送诣酋酋令架高棚登棚自剖其腹孕妇以水灌之仍用水涤所生子置子水中生而与水习矣又有班隘者即蚊罩山山甚奇往往有仙人出没山头火光日夜不断故亦名火山险巇倍常人迹罕到其上极至半山而止人皆扁头赤身亦佛郎机号令所不到处也

卷五·东洋列国考·沙瑶呐哔啴【班隘】·形胜

海山

卷五·东洋列国考·沙瑶呐哔啴【班隘】·物产

苏木 花

卷五·东洋列国考·沙瑶呐哔啴【班隘】·交易

僻土无他长物我舟往贩所携亦仅磁器锅釜之类极重至布疋然竟少许不能多也舟至诣酋亦有微赠交易朴直

卷五·东洋列国考·美洛居

美洛居俗讹为米六合东海中稍蕃富之国也酋出威仪甚备所部合掌伏道旁男子削发女乃椎结脑后嫁女多市中国盛酒器图饰其外富家至数十百枚以示豪侈燕会设二大盆盛酒置坐隅人手一器酌而饮之长大者起为夷舞年少环列旁视逊不敢登场也先是佛郎机来攻国人狼籍请降赦其酋令守旧为政于国岁输丁香若干不设兵戍令彼国自为守和兰既鸮张海外无安顿处忽舟师直捣城下虏其酋语曰若善事吾吾为若主殊胜白颈【佛郎机人皆白颈故云】酋唯唯又禅理国事如故佛郎机闻之怒曰悔不杀奴污吾刃奴故反耶亟治兵征美洛居驱涧内华人命当一队刑法酷急华人中途杀夷王驾其舟遁归事具吕宋考王子自朔雾驰还吕宋嗣立为王饮恨久之益出兵竟父所志红夷虽主美洛每一二载大众辄返国既去复来吕宋王兵抵境外值红夷空国言返斩关以入遂杀美洛居酋立所亲信主之红夷继至复破吕宋酋逐之去更立美洛居酋子为嗣自是每岁征斗递为胜负华人某者流寓彼中慧而黠有口辨游说两国间分万老高山山半为界山北属和兰而山南属佛郎机各罢兵并雄兹土

卷五·东洋列国考·美洛居·形胜

万老高【即两国分界处】香山【雨后香堕沿流满山采拾不了故常带沙泥之色王每檄致之委积充栋以待他壤之售民间直取余耳】

卷五·东洋列国考·美洛居·物产

丁香【东洋仅产于美洛居夷人用以辟邪曰多置此则国有王气故二夷之所必争】

卷五·东洋列国考·美洛居·交易

向时舟所携货有为红毛夷所特需者倘遇佛郎机必怒谓此舟非关我车来直是和兰接济将货掠去且横杀人故必缄固甚密不令得见若红毛人见有佛郎机所需货怒亦如之解纷之后稍息睚眦然一渊两蛟商彼者亦难矣

卷五·东洋列国考·文莱

文莱即婆罗国东洋尽处西洋所自起也唐总章二年王旃达钵遣使者与环王使者偕朝自后久绝永乐四年遣其臣勿黎哥来朝并贡方物赐王及妃文绮俗传今国王为闽人随郑和征此留镇其地故王府旁旧有中国碑先年曾为佛郎机所逐国人走山谷中放药水流出毒死佛郎机无数佛郎机遂奔吕宋其地故有一石城一木城后折石城于长腰屿筑岸闭潮今所遗者木城耳王削发裹金绣巾腰佩双劒出自步行从者二百余辈其亲属称邦奇兰贵重与王相亚王有金印一枚重十六两印上篆文作兽形一只云是永乐间所赐者夷人婚娶请印印背上恐或假宠中国以啊喝其部落非果铸自上方也入礼拜寺每祭用牺【吾学编云人多念佛素食恶杀】民间不得食猪肉食猪肉者论死此地有毛思番在处行劫所得人货中分与王

卷五·东洋列国考·文莱·形胜名迹

圣山【夷人自号此山为天下第一山按于阗国北境通圣山人迹罕到此沿其名耳】长腰屿 毛文蜡 鲤鱼塘 浮纳招庙【神为国初时押工总管直库三人阵亡合葬于此因庙食其地贾舶到必屠牛烹鸡并献茉莉花红花梳篦等物以祭舟中有人不拜则病彼国人将行贾亦献花礼神得利回取双鸡系刀于足俾斗墓前鸡死即以谢神亦大奇也】

卷五·东洋列国考·文莱·物产

真珠【本朝充贡】玳瑁【本朝充贡】玛瑙【见一统志】车渠【魏文帝赋曰玉属也多纤理缛文本朝充贡】片脑【海上耳录曰脑树出东洋文莱国生深山中老而中空乃有脑有脑则树无风自摇入夜脑行而上瑟瑟有声出枝叶间承露日则藏根柢间了不可得盖神物也夷人俟夜静持革索就树柢巩束震撼自落】黄蜡【本朝充贡】藓藤

卷五·东洋列国考·文莱·交易

华船到进王方物其贸易则有大库二库大判二判秤官等酋主其事船既难出港最宜蚤行有时贸易未完必先驾在港外

卷五·东番考【不在东西洋之数附列于此】·鸡笼淡水

鸡笼山淡水洋在彭湖屿之东北故名北港又名东番云深山大泽聚落星散凡十五社【名山记云社或千人或五六百】无君长徭赋以子女多者为雄听其号令性好勇暇时习走足蹋皮厚数分履棘刺如平地不让奔马终日不息纵之度可数百里男女椎髻于脑后裸逐无所避女或结草裙蔽体人遇长老则背身而立俟过乃行至见华人则取平日所得华人衣衣之长者为里衣而短者蒙其外凡十余袭如襜帷扬之以示豪侈别去仍挂于壁裸逐如初男子穿耳女子断齿【女年十五断唇两旁二齿】以此为饰手足则刺纹为华美众社毕贺费亦不赀贫者不任受贺则不敢更言刺纹男子惟女所悦娶则视女可室者遗以玛瑙一双女不受则他往受则夜抵其家弹口琴挑之

口琴薄铁所制啮而鼓之铮铮有声女延之宿未明便去不谒女父母自是宵来晨去必以星迨产子始往婿家迎婿婿始见女父母或云既留为婿则投以一箒一锄佣作女家有子然后归娃妇产门外手拄两杖跪地而娩遂浴子于清流焉人死以荆榛烧坎刳尸烘之环阐而哭既干将归以藏有祭则下所烘居数世一易地乃悉污其宫而埋于土他夷人无此葬法也四序以草青为岁首土宜五谷而皆旱耕【名山记曰治畲种禾山花开则耕禾熟拔其穗粒比中华稍长】谷种落地则禁杀人谓行好事从天公乞饭食比收稻讫乃摽竹竿于路谓之插青此时逢外人便杀矣村落相仇订兵期而后战勇者数人前跳被杀则皆溃其杀人者贺之曰壮士前杀人也见杀者亦贺之曰壮士前故见杀也次日即解嫌和好如初其地多竹大至数拱长十丈伐竹构屋而茨以茅广长数雉聚族以居无历日文字有大事集而议之位置如横阶陛长者居上以次递下无位者乃列两旁至宴会置垒团坐酌以竹筒时起跳舞口乌乌若歌曲焉其人精用镖竹棣铁镞长五尺九咫铦甚携以自随试鹿鹿毙试虎虎毙居常禁不得私捕鹿冬鹿群出则约百许人即之镖发命中所获连山社社无不饱鹿者取其余肉离而腊之笃嗜鹿肠剖其肠中新咽草旨曒之名百草膏畜鸡任自生长拔其尾饰旗射雉亦拔其尾见华人食鸡雉辄呕居岛中不善舟且酷畏海捕鱼则于溪涧盖老死不与他夷相往来永乐初郑中贵航海谕诸夷东番独远窜不听约家贻一铜铃使颈之盖拟之狗国也至今犹传为宝富者至掇数枚曰是祖宗所贻云厥初朋聚滨海嘉靖末遭倭焚掠稍稍避居山后忽中国渔者从魍港飘至遂往以为常其地去漳最近故倭每委涎闽中侦探之使亦岁一再往

卷五·东番考·鸡笼淡水·形胜

璜山【琉璜气每作火光沿山躲铄】沙巴里 大幇坑 大圆尧港

卷五·东番考·鸡笼淡水·物产

薏苡 甘藷【漳名番藷以其自东番携来也异物志曰甘藷似芋亦有巨魁去皮肌肉正白如脂肪南人专食以当米谷南方草木状曰实如拳皮紫而肉白蒸鬻食之味如藷蓣蒸曝切如米粒以充粮糗是名藷粮】椰 佛手柑 酒【名山记曰米甘香采苦草杂米酿之间有佳者饮能一斗】鹿【名山记曰儦儦俟俟千百为群】

卷五·东番考·鸡笼淡水·交易

夷人至舟无长幼皆索微赠淡水人贫然售易平直鸡笼人差富而悭每携货易物次日必来言售价不準索物补偿后日复至欲以元物还之则言物已杂不肯受也必迭捐少许以塞所请不则諠哗不肯归至商人上山诸所尝识面者辄踊跃延致彼家以酒食待我绝岛好客亦自疏莽有韵

论曰合东洋诸国仅足当西洋大国之三吕宋既折入干系蜡已非贡夷之旧直蒙故号与相羁縻而已苏禄婆罗贾类藏珠会均执玉异防风之后至同俪日之齐翻宜其久也鸡笼虽未称国自门外要地故列之附庸焉

卷六·外纪考·日本

日本古倭奴也汉光武时遣使入朝自称大夫安帝时始称倭奴国灵帝光和中其国递相攻伐女子卑弥呼能以鬼道惑众国人共立为王无夫有二男子给王饮食通传言语【魏志曰有男弟佐治国自为王以来少有见者以婢千人自侍惟男子一人给饮食传辞出入居处宫室常有人持兵守卫】卑弥呼死更立男王国人不服乃立宗女台与为王自魏至隋朝聘不绝【隋书开皇中遣使诣阙上令所司访其风俗使者言倭王以天为兄以日为弟天明出听政日出便停理务云委我弟文帝曰此大无义理训令改之人大业三年王遣朝贡使者曰闻海西菩萨天子重兴佛法故遣朝拜国书云日出处天子致书日没处天子无恙帝览不悦谓鸿胪卿曰蛮夷书有无礼者勿复以闻明年遣裴世清使倭倭数百人设仪仗鸣鼓角来迎后十日遣大礼哥多毗从二百余骑郊劳王相见大悦曰我闻大隋礼义之国故遣朝贡僻处海隅不闻礼仪是以稽留境内不即相见今清道饰馆以待大使冀闲维新之化清曰皇帝德并二仪以王慕化故遣行人来此宣谕复令使者随清来贡】唐咸亨后稍习夏音恶倭名更号日本武后时使臣真人粟田请从诸儒受经副使仲满至慕华不肯去自此文物日增矣【唐书曰真人冠进德冠顶有华藕四披紫袍

帛带好学能属文进止有容宴之麟德殿开元初复朝请从诸儒受经诏四门助教赵玄默即鸿胪为师献大幅布为贽悉赏物贸书以归其副仲满慕华不去易姓名曰朝衡历左补阙仪王友多所该悉久乃还建中元年使者兴能善书其纸似茧而澤人莫识贞元末使者朝其学子橘免势愿留肄业历二十余年】宋时屡遣僧入贡方物【宋史曰僧奝然来朝太宗存抚甚厚赐紫衣馆太平兴国寺其国多中国图籍奝然之来复得孝经及越王孝经新义皆金缕红罗褾水晶为轴奝然诣五台令所过续食求印大藏经诏给之景德元年僧寂照来朝不晓华言而缮写甚妙问答并以笔札诏号圆通大师赐紫方袍熙宁五年僧诚寻至天台国清寺愿留诏使赴阙神宗以其远人有戒业处之开宝寺尽赐同来僧紫方袍是后连贡方物而来者皆僧也元丰初通事僧仲回来赐号慕化怀德大师】日本舟为风涛飘至者悉厚给之【按宋史乾道三年风泊日本舟至明州众不得食行乞至临安复百余人诏日给钱米俟其国舟至日遣归十年日本七十三人复飘至秀州给常平仓钱米赈之绍熙四年庆元六年嘉太二年复有倭人风飘而至者诏并给钱米遣归国】元世祖使赵良弼招之不至嗣发水犀十万征之全师漂没【元史曰败卒于阊脱归言官军七月至平壶岛移五龙山八月一日风破舟诸将各自择坚好舩乘之弃士卒山下众议推张百户为主帅听其约束方伐木作舟日本人来战尽死余二三万为其掳去尽杀蒙古汉人谓新附军为唐人不杀而奴之阊等是也久之莫青吴万五亦逃还十万之众得还者三人耳】终元世竟不通然亦不能为寇洪武二年倭寇山东淮安明年再入转掠闽浙上遣赵秩语其王良怀尔能臣即来毋患苦吾边不能善自为备良怀言蒙古尝使赵良弼好语餂我袭以兵今使者得毋良弼后乎其亦将袭我也秩曰圣天子荡平区夏四裔来庭此非蒙古时也吾远宣国家威德耳岂狃汝耶良怀气沮乃遣僧奉表称臣入贡上亦遣二僧往谕然其为寇掠自如乃下令造海舟防倭德庆侯廖永忠请备轻舸以便追逐从之【宪章类编曰廖永忠上言陛下定四海臻太平元人遗党亦远遁万里独倭夷鼠伏海岛时因风便以肆侵掠来如奔狼去若惊鸟请令沿海添造快船巡徼倭来则大舩薄之快船逐之彼欲为寇不可得也上善其言】七年来贡无表文九年表贡语谩诏诘责之十三年再贡皆无表以其征夷将军源义满所奉丞相书来书倨甚命锢其使明年复贡命礼臣为檄数而却之已复纳兵贡艘中助逆臣胡惟庸惟庸败事发上乃著祖训示后世绝不与通而令信国公汤和江夏侯周德兴分行海上视要害地筑城设卫所兵戍之犬羊盘错矣【吾学编曰信国公和致仕居凤阳召至京谕曰日本小夷屡扰东海上卿虽老强为朕行视要地筑城防贼信国筑登莱至浙沿海五十九城二十年置浙东西防倭卫所是年遣江夏侯周德兴筑福建海上十六城】永乐元年王源道义遣使入贡赐冠服文绮给金印道义稍捕获诸岛寇来献赐赉甚丰封其镇山赐勘合百道与期期十年一贡八年道义死子源义持立遣使册封顷之我兵献海上俘其首皆倭人群臣请诛之上释归下玺书义持尔父畏天事大职贡不愆先烈之不图而轻犯上国罪在必讨朕所隐忍者未忘尔父之恭耳尔熟计之义持奉表谢罪未几复寇辽左都督刘荣大破之【吾学编曰都督刘荣总兵守辽东缮海上堠堡伏兵伺倭十七年倭入王家山岛传烽沓至荣率精兵疾驰望海埚贼数千人直抵马雄岛荣发伏出战遣奇兵诣山下断其归路贼奔入樱桃阑荣合兵攻之斩首七百四十二生捕八百五十七】是时方招来诸岛夷贡使络绎倭乘为欺诈濒海复骚赖是捷始戢论功封荣广宁伯宣德七年命中使往谕自后递贡递掠羁縻而已倭益纵无忌至焚官庾墟民舍缚婴儿竿上沃以沸汤卜孕妇男女剖视赌酒为乐惨毒不忍言成化时廷臣议郄贡竟从中格正德四年王源义澄遣宋素卿来贡素卿者鄞人朱缟也入倭有宠于王易姓名充使守臣白发之礼臣恐失外夷心置不问赐飞鱼服遣归嘉靖二年再奉使至是时国王源义植孱不能御其酋诸酋争贡以邀互市及赏赉右京兆大夫高贡使宋素卿来左京兆大夫内艺兴遣宗设兼道先素卿至俱留宁波故事夷使以先后至为序市舶中官赖恩墨素卿贿先素卿宗设大忿攻素卿遂躏诸旁县夺舟去御史以闻下素卿狱论死因罢市舶绝贡者十七年至十八年王源义晴复贡乞易勘合不许仍申约贡必如期舟以三为率每舟不得过百人不者郄勿受夷性婪鲠约如故内地奸豪往往与为市不偿直夷索逋急则恫喝官府逐寇兵出则阴泄之倭速其去且树德也如是久之倭大恨言我挟王赀来不得直何以还报因盘据岛中海上亡命无赖之徒交构为乱东南之祸大作于时特设闽越中丞台弹治之抚臣朱纨日夜饬兵甲严纠察上章暴势豪交通罪【纨疏曰去外夷之盗易去中国之盗难去中国之盗易去中国衣冠之盗难】纨竟为豪所中自杀贼益獗三十一年残浙东明年犯太仓破上海崇德嘉善诸邑时王忬为中丞拮据粗有成绪旋移大同去李天宠代之卢镗汤克宽俞大猷为将倭四出流剽诸道与战俱不利三十三年张经为总督经前督两粤有威惠调粤兵御倭兵未集而工部侍郎赵文华以祷海至文华素龠缘相嵩贵华颐指经经自以大臣位其上不肯下文华遂劾经养寇并及天宠诏逮讯时经已与贼大

战王江泾破走之斩首二千人进攻陆泾坝贼又败之倭大创经上疏自理不听竟论死西市以周琉代经胡宗宪代天宠琉未几去以杨宜代属文华督察其师倭来益众文华战于陶宅败绩遂还朝贼别部自日照登掠赣榆自上虞登掠高埠皆不满百人官军莫能御转掠浙西南直破南陵溧水横行数千里杀伤蔽野至苏州始为参政任环所败大猷等逐贼海上斩获颇多而闽广倭大至三十五年十月有倭由漳浦登岸所过焚掠无计漳自此岁岁苦倭【漳志曰三十六年海寇许老谢策等突至月港掳杀千余家是冬倭泊浯屿往来漳潮间流毒甚惨三十七年夏寇月港焚烧人家夺舟去是冬海寇诱倭三千余复泊浯屿三十八年正月散处行劫二月倭数千自潮来延劫海滨长泰南靖平和诸处】杨宜既罢去宗宪代之以阮鹗代宗宪文华复出督师时浙贼惟陈东最疆徐海后至与东合势雄甚当事意在议抚而鹗主剿贼进围桐乡鹗固守不能拔乃解去【叶福唐阮中丞传曰贼众奔桐乡公先驰入城与知县金燕死守自倚时戟女墙上更四十余日乞援于胡竟不应贼悉力仰攻不能入持胡公牍请犒曰吾与胡成矣公怒伏神铳射之穿其股贼乃退】宗宪欲构二贼遣人至海所若为好语者东疑之则厚赂海使执东自赎海许诺乃计擒东以献而自率其众别营梁庄鹗遣官兵尽歼东巢进攻海于梁庄海死两浙暂平【李文定曰海奔据沈庄凭险设守诸道兵观望不敢进公躬率重兵赴之别选壮士夜潜渡濠薄贼栅焚之海重甲突围创毙之贼遂灭】其明年诛王直直徽人也啸逋海上有盗道能号召诸夷治艨艟巢五岛中奸商王激等共集众与相署置倭来皆直等为导宗宪欲招之乃迎其母妻至杭供具犒慰甚厚先是鄞诸生蒋洲者上书督府言能说直使禁戢诸夷宗宪遣洲行以陈可愿副之直为言日本方乱诚令我辈得自归无难倭矣遣养子毛臣同可愿还白直语而传送洲至丰后岛岛主留洲稍为传谕诸岛居二岁乃遣僧德阳随洲来贡直亦许俱至宗宪遣毛臣还报直所以游说百端至是直乃来御史王本固疏言不宜招直直至觉有异乃先遣激入见曰吾等奉招而来谓宜信使远迎宴犒交至也今行李不通而兵陈俨然公毋诳我乎宗宪曰国法宜尔毋我虞也与约誓坚苦直终不信曰果尔可遣激归宗宪立遣之复以指挥夏正为质直乃使毛臣王激守舟而身入见顿首言死罪且陈与洲戮力状宗宪慰藉甚至令居狱中俟命疏闻有诏诛直始宗宪本无意杀直以本固争之强宗宪不敢为请直死王激毛臣杀夏正率余众据舟山征之踰年乃解三十八年倭寇江北巡抚李遂讨平之【李遂至如皋与贼遇白蒲诸将请击之遂曰战贵得地贼方锐而我军未尝见大敌即小挫难复矣约勒军中毋得言战贼益进策曰贼分道入过如皋必且合合则道有三自泰州逼天长凤泗即皇陵惊最要自黄桥逼瓜仪摇南都而梗漕次之若从富安而东海滨荒凉掳掠无所得至庙湾绝矣乃吾得地时也于是部诸将防遏令毋得过天长瓜仪而分兵缀贼后贼果走庙湾遂欲以策困之通政唐顺之以视师至促战死伤甚众顺之度不能克释去遂益合兵攻围贼因甚欲遁副使刘景韶督兵焚其舟贼救舟我兵水陆攻之贼大溃江北倭悉平】其寇闽最剧者曰张琏琏饶人也三十九年夏由潮袭漳郡无宁土【漳志曰张琏僭伪号袭陷云霄城屯住十余日方去是时平和诏安龙岩南靖俱被倭饶杀掠草寇乘风所在为乱】琏又攻破宁德福清永福诸邑宗宪檄参将戚继光往援时贼据横屿阻水为营官军踰年莫敢进继光所部用命至则令军中人持束草填河力战大破之归乘胜剿福清牛田倭又破之继光每至郡邑从当事酣饮父老请师期继光曰吾兵疲且休矣缓图之贼侦者归告不为备酒罢辄督兵行数十里黎明破其巢郡邑人尚未知兵出也继光归贼复肆四十年寇漳州陷镇海南靖而月港人自称二十四将雄据海上久之【先是张维等二十四人造船通倭官府莫能禁戊午冬遣兵剿捕维等率众拒敌由是益横据堡为巢官府为倭饶乱故用以贼攻贼之计遣金币招致洪廸珍攻倭倭众由诏安漳浦取道渐山进击八九都接战草坂城外倭败走而廸珍等益横张维复叛巡海道周贤宣檄邓士元讨擒之自此地方告宁而设县之议起矣】四十二年贼陷兴化复命继光往时贼方巢平海继光督军薄战因风纵火贼糜巢中无脱者因捕余寇于连江仙游追至漳浦大破之明年讨吴平林道乾于诏安灭之当是时微继光几无闽【时广中倭亦为总兵刘克宽所败斩获无算】自东南中倭以来十余年间中外骚扰财力俱匮苍黔之屠脍已极倭亦大伤至尽岛不还隆庆时海上逋寇曾一本等复勾引入犯我亦严为备旋至旋扑非如嘉靖之季矣倭自平清盛秉政一门并据要路为淫暴于国万历十四年平信长为关白其义子平秀吉者先是母为人婢得娠欲匆举念有异征育之秀吉幼微贱贩鱼为业醉卧树下信长出猎吉惊起冲突将杀之见其锋颖异常因留养马名木下人嗣从征伐有功为大将已而信长为明智所杀秀吉与行长诛明智废信长子自立为关白倭奴既盛散入诸国间万历初使臣封琉球闻中山王往往为倭所苦至十八年阻中山王勿通贡闽抚以闻朝议置而不问二十年正月秀吉帅行长清正等入犯朝鲜朝鲜承平久武备尽弛王李昭闻变恇怯遂陷三道太妃及世子为倭所执昭北走义州络绎告急遣祖承训往援全师皆

没上震怒以宋应昌为经略率大将军李如松督诸将东征渡鸭绿江战平壤大破之倭奴宵遁我师追讨遇伏发战碧蹄馆师遂少挫自是连战不利大司马石星度内阁有厌兵意力主和议以布衣沈惟敬往游说焉倭遣小西飞来议贡【顾养谦孙矿相继为总督俱掣肘不得展】中朝力陈其伪章满公交车大司马持之坚上为下御史曹学程于狱至论死于是中外莫敢言乃遣临淮勋卫李宗城及沈惟敬持册封秀吉为日本国王使至秀吉不受封宗城遁还朝鲜陪臣李元翼知关白无意罢兵议乘釜山渐弛作攻复之计为惟敬所阻久之倭益肆羽檄旁午和议讫不成上始暴大司马石星误国状下狱论死二十五年邢玠为经略杨镐为经理镐誓师躬自督战屡破清正围秀吉秀吉粮尽请和镐曰受降不受和也倭窘甚会大雨雪我师沾湿不得驻倭突围出战我师败归镐坐夺职万世德为经理无何秀吉死倭人反首拔舍而还世德追破之斩获甚伙朝鲜以宁当朝鲜鼎沸时倭声言入闽闽抚张皇久之事定而后解严然残倭流劫者时时窃发海外掠我贾舶春秋防汛遣刁斗忧而富人射利之徒又诡给别引挟重货走倭觊其厚直且阴输中国情形乱未歇也三十九年上谕廷臣议严越贩之条犯者杀无赦奸计稍戢而倭已将他部攻破琉球虏中山王以去中山王入倭之二年得还国上章补贡自陈包茅不入之罪廷议以中山王既降倭恐藉贡使为倭侦探谢遣之四十三年琉球使者重来泊闽海上闽当事驱之使归严内防也四十四年夏倭将有事东番漂渡闽越间在处为虿螫闽遣材官董伯起侦之径拥之去其明年倭酋村山等安命小舟送伯起来归并献方物上章求市当事以章表不中式拒不纳厚犒之遣还然比年以来无日不中倭秋袭料罗冬陷大金春屯彭湖大抵遭风飘摇登岸取水元非入犯顾当者无不摧残官军不能制听其挥斥旋复解维他往至夏五月有倭舟为风涛击碎流泊东涌中丞台命将以计擒之旋以捷闻闽自戒倭后请增置游击将军一人领舟师备倭戎容亦稍振云夫倭在东海中分五畿七道三岛又附庸国百余最称魁然然唐宋之世酷慕华风为不侵不叛之外国雍容文雅宋时滕木吉来朝上令挽射矢不能远诘其故云国中不习战也【宋史曰海贾周世昌遭风至日本七年得还与其国人滕木吉至上召见之以国人唱和诗来上词甚雕刻肤浅令滕木吉以所持木弓矢射不能远曰国不习战斗】至元而黠至我国家而遂称天骄之雄盖造物者突开东南几番杀气而华人导之祸遂烈耳讵云喜盗轻生好杀天性然哉倭地北跨朝鲜南尽闽浙其往朝鲜也自对马岛开洋信宿至闽浙顺风旬月至其主居山城故称山城君山城之南为和泉又南为沙界沙界之东南为纪伊纪伊之西为伊势山城之西为丹渡左为摄津左之西为摄摩右为但马右之西为因幡丹渡西为美作左为备前左之西为备中右为因幡右之西为伯耆美作之西为安艺出云之西为石见安艺石见之西为山口笞国即古之周防州也山口之西为长门关渡在焉渡此而西为丰前其南为丰后又其南为日向丰前之西北为筑前西南为后筑后筑之南为大隅大隅之西为萨摩丰后东南悬海为土佐为伊豫为阿波阿波相近悬海为炎路土佐丰后之间为佐加关萨摩之北为肥后又其北为肥前肥前西悬海为平户平户之西为五岛北为多艺为伊岐极北则对马岛诸岛皆有酋长山城君弱空名耳倭不禀其号令内相攻强则属役而丰后最大其人贡必由博德历五岛而行回则径趋长门每岁清明后至五月重阳后至十月常多东北风利入寇故防海者以三四五月为大汛九十月为小汛其入寇多萨摩肥后长门三州人次则大隅筑前筑后博德日向丰前后和泉诸岛耳男子魁头削发黥面文身妇人被发屈紒足皆徒跣亦间用屦勇而戆不甚别生死每战辄赤体提三尺刀舞而前无敢捍者迩又为蝴蝶阵势且益炽夫中原百货所萃彼国之所必须严绝百端既不胜内热微开一线又多忧外溃则衣袽之不可以已也亦久矣【隋书曰内官有十二等一曰大德次小德次大仁次小仁次大义次小义次大礼次小礼次大智次小智次大信次小信员无定数有军尼一百二十人犹中国牧宰八十户置一伊尼翼如今里长也十伊尼翼属一军尼其服饰男子衣裙襦其袖微小履如屦形漆其上系之于脚人庶多跣不得用金银饰故时衣横幅结束相连而无缝头亦无冠但垂发两耳上至隋其王始制冠以锦彩为之金银镂花为饰妇人束发于后亦衣裙襦裳皆有襈

竹为梳编草为荐杂皮为表缘以文皮有弓矢刀矟弩䂎斧漆皮为甲骨为矢镝虽有兵无征战朝会陈设仪仗奏其国乐户可十万其俗杀人强盗及奸皆死盗者计赃酬物无财者没身为奴余轻重或流或杖每讯狱不承引者以木压膝或张强弓以弦锯其项或置小石沸汤中令竞者探之云理曲即手烂或置蛇瓮中令取之云曲者即螫手矣人颇恬静罕争讼少盗贼乐有五弦琴笛男女多黥臂点面文身投水捕鱼无文字唯刻木结绳敬佛法于百济求得佛经始有文字知卜筮尤信巫觋每正月一日必射戏饮酒好棋博握槊樗蒱之戏气候温暖草木冬青俗无盘俎藉以槲叶食用手餔之性质直有雅风女多男少婚嫁不取同姓男女相悦者即为婚妇入夫家必先跨犬乃与夫相见妇人不淫妬死者敛以棺椁亲宾就尸歌舞妻子兄弟以白布制服贵人三年殡于外庶人卜日而瘗及葬置尸船上

陆地牵之或以小轝唐书曰王以金玉文布为衣左右佩银藕长八寸以多少明贵贱宋史曰奝然善隶书不通华言问其风土以书对云国中有五经书及佛经白居易集七十卷并得自中国土宜五谷而少麦乐有国中高丽二部四时寒暑大类中国东境接海岛夷人所居身面皆有毛国王以王为姓传袭至今王六十四世文武察吏皆世官其年代纪所记云初主号天御中主次曰天村云尊其后皆以尊为号次天八重云尊次天弥闻尊次天忍胜尊次瞻波尊次万魂尊次利利魂尊次国狭槌尊次角龚魂尊次汲津丹尊次面垂见尊次国常立尊次天鉴尊次天万尊次沫名杵尊次伊奘诺尊次素戋乌尊次天照大神尊次正哉吾胜速日天押穗耳尊次天彦尊次炎尊次彦潋尊凡二十三世并都于筑紫日向宫彦潋第四子号神武天皇自筑紫宫入居大和州橿原宫即位年甲寅当周僖王时也次绥靖天皇次安宁天皇次懿德天皇次孝昭天皇次孝天皇次孝灵天皇次孝元天皇次开化天皇次崇神天皇次垂仁天皇次景行天皇次成务天皇次仲哀天皇国人言今为镇国香椎大神次神功天皇开化天皇之曾孙女又谓之息长足姬天皇国人言今为太柰良姬大神次应神天皇甲辰岁始于百济得中国文字今号八蕃菩萨有大臣号纪武内年三百七岁次仁德天皇次履中天皇次反正天皇次允恭天皇次安康天皇次雄略天皇次清宁天皇次显宗天皇次仁贤天皇次武烈天皇次继体天皇次安开天皇次宣化天皇次天国排开广庭天皇亦名钦明天皇即位十一年壬申岁始传佛法于百济当此土梁承圣元年次敏达天皇次用明天皇有子曰圣德太子年三岁闻十人语同时解之七岁悟佛法于菩提寺讲圣鬘经天雨曼陀罗华当此土隋开皇中遣使泛海至中国求法华经次崇峻天皇次推古天皇钦明天皇之女也次舒明天皇次皇极天皇次孝德天皇白雉四年律师道照求法至中国从三藏僧玄奘受经律论当此土唐永徽四年也次天丰财重日足姬天皇令僧智通等入唐求大乘法相教当显庆三年次天智天皇次天武天皇次持总天皇次文武天皇大宝三年当长安元年遣粟田真人入唐求书籍律师道慈求经次门闭天皇次皈依天皇次圣武天皇宝龟二年遣僧正玄昉入朝当开元四年次孝明天皇圣武天皇之女也天平胜宝四年当天宝中遣使及僧入唐求内外经教及传戒次天炊天皇次高野姬天皇圣武天皇之女也次白壁天皇二十四年遣二僧灵仙行贺入唐礼五台山学佛法次桓武天皇遣腾元葛野与空海大师及延历寺僧澄入唐诣天台山传智者止观义当元和元年也次诺乐天皇次嵯峨天皇次淳和天皇次仁明天皇当开成会昌中遣僧入唐礼五台次文德天皇当大中年间次清和天皇次阳成天皇次光孝天皇遣僧宗睿入唐传教当光启元年也次仁和天皇当此土梁龙德中遣僧宽建等入朝次醍醐天皇次天庆天皇次封上天皇当此土周广顺年也次冷泉天皇今为太上天皇次守平天皇即今王也凡六十四世畿内有山城大和河内和泉摄津凡五州共统五十三郡东海道有伊贺伊势志摩尾张参河远江骏河伊豆甲斐相模武藏安房上总常陆凡十四州共统一百一十六郡东山道有通江美浓飞驒信浓上野下野陆奥出羽凡八州共统一百二十二郡北六道有狭越前加贺能登越中越后佐渡凡七州共统三十郡山阴道有丹波丹彼狙马因幡伯耆出云石见隐伎凡八州共统五十二郡小阳道有播么美竹备前备中备后安艺周防长门凡八州共统六十九郡南海道有伊纪淡路河波讃者伊豫土佐凡六州共统四十八郡西海道有竺前竺后丰前丰后肥前肥后日向大隅萨摩凡九州共统九十三郡又有台伎对马多檝凡三岛各统二郡是谓五畿七道三岛凡三千七百七十二都四百一十四驿八十八万三千三百二十九课丁课丁之外不可详见续文献通考曰饮食常用磁器漆器尊敬处用土器有筯匙男披发而束之人佩短刀妇人拔其眉黛其额发垂背而续之以髢长曳地男女冶容者黑其齿会时蹲坐为礼道遇尊长脱鞋履而过】

卷六·外纪考·日本·形胜名迹

寿安镇国山【国之镇山永乐初御制文赐之立碑其地】邪摩堆【是倭王都处即魏志所谓邪马台】阿苏山【隋书曰石无故起火接天俗以为异因行祷祭】东奥州【产黄金处】五龙山【元师至平户岛移五龙山舟破弃士卒十余万处】平户岛【元史曰太宰府西有平户岛可屯军船】一岐岛【元史曰风水不便再议定会于一岐岛】八角岛【日本尽杀蒙古高丽处】聚快乐院【续文献通考曰其城盖筑四座名聚快乐院内盖大楼楼阁九层妆黄金下睡房百余间东西游卧令人不知以防阴害】相板关 赤门关【续文献通考曰东号相板西号赤门二关各有船数千只】千丈溪【续文献通考曰二月至千丈溪点齐选兵】

卷六·外纪考·日本·物产

金 银【僧奝然曰东奥州产黄金西别岛出白银以为贡赋】如意珠【隋书曰色青大如鸡卵夜则有光曰鱼眼精也】青玉【见南史】玛瑙【华夷考曰出日本生土石间种有三般红黑而白纹如缠丝者咸妙研木不见热者才真】琥珀【宋时充贡】水晶【宋时贡有青红白三色】水银【广雅谓之澒本草谓之灵液】螺钿【宋时贡】石硫黄【宋时贡】铜【见一统志】铁【见一统志】锦【魏志曰贡异文杂锦二十匹】细绢【宋史曰产丝蚕多织绢薄致可爱】花布【景初二年献斑布宋时献白细布】刀【倭刀甚利中国人多鬻之其精者能卷之使圆盖百炼而绕指也】屏风【宋时贡画屏风今亦有入中国者画金隐起如打成帖著】扇【两山墨谈曰中国宋前惟用团扇元初东南使者持聚头扇人皆讥笑之我朝永乐初始有持者及倭充贡遍赐群臣内府又仿其制天下遂通用之】砚【见一统志】漆【一统志曰以漆制器甚工致两山墨谈曰泥金画漆之法古亦无有宣德时遣漆工至倭国传其法以归】椒【魏志曰有橘椒蘘荷可和以为滋味】犀 象【宋史曰多犀象】黑雉【见南史】山鼠【南史曰有兽如牛名山鼠又有大蛇吞此兽蛇皮坚不可斫上有孔乍间乍闭时或有光射中蛇则死矣】

卷六·外纪考·日本·交易

自市舶罢而倭不能来射利之徒率多潜往倭辄厚结之欲以诱我乃舶主之黠者至冠进贤衣绮绣诡称闽抚材官与重申互市之约彼虽在疑信亦厚遣之以庶几幸而售耳其意乃滋不可测矣【宋史曰交易用铜钱文曰乾元大宝】

卷六·外纪考·红毛番

红毛番自称和兰国与佛郎机邻壤自古不通中华其人深目长鼻毛发皆赤故呼红毛番云【颜师古曰西域诸戎其形最异今胡人青眼赤须状类弥猴者其种也】一名米粟果佛郎机据吕宋而市香山和兰心慕之因驾巨舰横行爪哇大泥之间筑土库为屯聚处所竞以中国险远垂涎近地尝抵吕宋吕宋拒不纳又之香山为澳夷所阻归而狼卜累年矣【广东通志曰红毛鬼不知何国万历二十九年冬大舶顿至濠镜其人衣红眉发连须皆赤足踵及趾长尺二寸壮大倍常澳夷数诘问辄译言不敢为寇欲通贡而已当道谓不宜开端李榷使召其酋入见游处会城一月始还诸夷在澳者寻共守之不许登陆始去】澄人李锦者久驻大泥与和兰相习而猾商潘秀郭震亦在大泥与和兰贸易往还忽一日与酋麻韦郎谈中华事锦曰若欲肥而橐无以易漳者漳故有彭湖屿在海外可营而守也酋曰倘守臣不允柰何锦曰寀珰在闽负金钱癖若第善事之珰特疏以闻无不得请者守臣敢抗明诏哉酋曰善乃为大泥国王移书闽当事一移中贵人一备兵观察一防海大夫锦所起草也俾潘秀郭震赍之以归防海大夫陶拱圣闻之大骇白当道系秀于狱震续至遂匿移文不投初秀与夷约入闽有成议遣舟相迎然夷食指既动不可耐旋驾二巨舰及二中舟尾之而至亡何已次第抵彭湖时万历三十二年七月也是时汛兵俱撤如登无人之墟夷遂伐木驾厂自以鳞介得窥衣裳矣李锦徐挐得一渔舟附之入漳侦探诡云为夷所虏逃还当事者已廉知其踪并系之嗣议使锦秀谕令夷王还国许以自赎并拘郭震与俱锦等既与夷首谋不欲自言其不售第云我国尚在依违而已材官詹献忠捧檄往乃多携币帛瓜酒觊其厚偿海濵人又有潜装华货往市者夷益观望不肯去屡遣官谕之比见夷语辄不扬夷视之如发蒙振落也而寀珰者已遣亲信周之范驰诣海上与夷订盟以三万金为中贵人寿贵人从中持之盟已就会南路总兵施德政遣材官沈有容将兵往谕沈多才略论说锋起从容谓夷曰中国断不容远人实偪处此有诳汝逗留者即是愚尔四海大矣何处不可生活嗣又闻珰使在此更曰堂堂中国岂乏金钱巨万万尔为鼠辈所诳钱既不返市又不成悔之何及麻郎见沈豪情爽气叹曰从来不闻此言旁众露刄相语曰中国兵船到此想似要与我等相杀就与相杀何如沈厉声曰中国甚惯杀贼第尔等既说为商故尔优容尔何言战斗想是元怀作反之意尔未覩天朝兵威耶夷语塞又心悔恐为之范所卖乃呼之范索所饷金钱归只以哆啰嗹玻瓈器及夷刀夷酒遗珰将乞市夷文代奏而都御史右御史各上疏请剿于是德政严守要害厉兵拭甲候旨调遣兵民从海外入者一钱不得著身挟钱者治如法盖接济之路遂穷又声言预作火攻之策夷度兹事必无济理又且坐困乃以十月二十五日挂帆还锦秀震献忠等论死及戍有差嗣奉旨使殷商至大泥移檄和兰毋更为细人所误云或谓和兰长

技惟舟与铳耳舟长三十丈横广五六丈板厚二尺余鳞次相衔树五桅舶上以铁为网外漆打马油光莹可鉴舟设三层傍凿小窓各置铜铳其中每铳张机临放推由窓门以出放毕自退不假人力桅之下置大铳长二丈余中虚如四尺车轮云发此可洞裂石城震数十里敌迫我时烈此自沉不能为虏也其役使名乌鬼尝居高自投于海徐出行涛中如御平原舵后铜盘大径数尺译言照海镜识此可海上不迷奉天甚谨祀所谓天主者于中其酋所居及卧内俱哆啰嗹蒙其四壁每华商诣酋守门者撞钟为报侍者二人出传语值酋卧或别冗则坐外间以俟传见乃进或为设食以一大片置盘中人分一刀切而食之与华人语数侵华人若华人与他夷人争斗则为华人左袒尝谓华人曰此身浮泊世间须有鳞甲爪牙令可畏若辈牝鸡耳讥其不善斗未尝以狸膏蒙其头也【万历四十五年在吕宋港口迎击华商大肆劫掠舶主苦之】

卷六·外纪考·红毛番·物产

金 银钱 琥珀 玛瑙 玻瓈 天鹅绒琐服 哆啰嗹 刀

卷六·外纪考·红毛番·交易

商舶未有抵其地者特暹罗爪哇渤泥之间与相互市彼国既富褒踦华人货有当意者辄厚偿之不甚较直故货为红夷所售则价骤涌论曰譬天下之大其犹上林乎珍禽异羽竞响齐鶱即孤屿剩巢殊方片翮分之固颈长颈短合之皆腹毳背毛独倭犹枭也不能革子之鸣东行能无恶子之声哉和兰继至蜂目已露象齿终焚绝之此为时矣

卷七·饷税考

宋时发舶海上郡国有司临水送之尝登泉山见刻石纪岁月甚伙尔时典綦重云闽在宋元俱设市舶司国初因之后竟废成弘之际豪门巨室间有乘巨舰贸易海外者奸人阴开其利窦而官人不得显收其利权初亦渐享奇赢久乃勾引为乱至嘉靖而弊极矣二十六年有佛郎机船载货泊浯屿漳泉贾人往贸易焉巡海使者柯乔发兵攻夷船而贩者不止都御史朱纨获通贩九十余人斩之通都海禁渐肃顾海滨一带田尽斥卤耕者无所望岁只有视渊若陵久成习惯富家征货固得稛载归来贫者为佣亦博升米自给一旦戒严不得下水断其生活若辈悉健有力势不肯缚手困穷于是所在连结为乱溃裂以出其久潜踪于外者既触网不敢归又连结远夷乡导以入漳之民始岁岁苦兵革矣四十四年奏设海澄县治其明年隆庆改元福建巡抚都御史涂泽民请开海禁准贩东西二洋盖东洋若吕宋苏禄诸国西洋若交址占城暹罗诸国皆我羁縻外臣无侵叛而特严禁贩倭奴者比于通番接济之例此商舶之大原也先是发舶在南诏之梅岭后以盗贼梗阻改道海澄隆庆六年郡守罗青霄以所部雕耗一切官府所需倚办里三老良苦于是议征商税以及贾舶贾舶以防海大夫为政万历三年中丞刘尧诲请税舶以充兵饷岁额六千同知沈植条海禁便宜十七事著为令于时商引俱海防官管给每引征税有差名曰引税【东西洋每引税银三两鸡笼淡水税银一两其后加增东西洋税银六两鸡笼淡水二两】每请引百张为率尽即请继原未定其地而限其船十七年中丞周寀议将东西洋贾舶题定额数岁限船八十有八给引如之后以自变量有限而愿贩者多增至百一十引矣其征税之规有水饷有陆饷有加增饷水饷者以船广狭为準其饷出于船商陆饷者以货多寡计值征输其饷出于铺商又虑间有藏匿禁船商无先起货以铺商接买货物应税之数给号票令就船完饷而后听其转运焉【西洋船面阔一丈六尺以上者征饷五两每多一尺加银五钱东洋船颇小量减西洋十分之三陆饷胡椒苏木等货计值一两者征饷二分鸡笼淡水地近船小每船面阔一尺征水饷五钱陆饷亦如东西二洋之例】加增饷者东洋吕宋地无他产夷人悉用银钱易货故归船自银钱外无他携来即有货亦无几故商人回澚征水陆二饷外属吕宋船者每船更追银百五十两谓之加征后诸商苦难万历十八年量减至百二十两每岁夏仲至秋中风汛届期贾客扬帆归抵海外经过南澚浯铜诸寨及岛尾濠门海门各巡司随报饷馆逐程遣舟护送以防寇掠实欲稽察隐匿宝货云自万历四年饷溢额至万金刊入章程录至十一年累增至二万有余二十一年倭寇朝鲜闽以震邻禁止通贩海上人辄违禁私下海或假借县给买谷捕鱼之引竟走远夷中丞许孚远深念之恐复为变如嘉靖时移檄

招谕凡留贩人船不论从前有引无引日远日近俱许驾回诣官输饷如故事凡私通及压冬情罪一切宥免于是越贩商人胡台谢楠等二十四船闻抚绥令皆驾船回湾二十二年饷骤溢至二万九千有奇此因逆而顺收之者也其后当事疑税饷赢缩防海大夫在事久操纵自如所申报不尽实录议仿所在榷关例岁择全闽府佐官一人主之及瓜往还示清核毋专利薮而泉人以兵饷匮乏泉观察议分漳贩西洋泉贩东洋各画陇无相搀越欲于中左所设官抽饷如漳例漳郡守持之谓割漳饷以给泉兵则漳饷当匮且有不漳不泉夤缘为奸者将奈何奏记力言其不可独榷税不属海防官听上裁【详文略曰本府军需往往告匮即隆庆间开设舶税仅数千金万历间增至万两以此佐之犹且不敷动请司饷济急往牒具在也迨十三年增税至二万余兼以尺土寸田凡属官者靡不括以充饷即铁垆牛行渡船渔税搜无遗利始免仰给司牧然亦必尽数追完方克有济见在十县饷额共三万七千七百九十余凑船税二万余大都六万上下而水陆官兵月粮修船置器犒赏诸费岁不下六万如二十一年禁海饷诎则括府县帑藏支用丰有赢余积藏于库哉饷在漳则漳利饷在泉则泉利其便均也漳饷匮则请在漳泉饷匮则请在泉其不便均也今欲东西洋分属漳泉割漳饷以赡泉兵不惟漳之兵食无从措给从此私贩之徒缘为奸利不漳不泉东影西射公然四出不可究诘者又什百于昔日本府筹之未见善画在彼府计其无弊何如耳】于是漳泉分贩议罢不行而上章请改设饷馆给关防会二十七年上大榷天下关税中贵人高寀衔命入闽山海之输半搜罗以进内府而舶税归内监委官征收矣【时议委三司首领一员与委官合管】正税外索办方物费复不赀诸虎而冠者生翼横噬漳民汹汹赖有司调停安辑之不大沸【时郡守韩擢澄令龙国禄也】三十四年有旨封闭矿洞各省直税课有司照常征解命甫下海内方忻忻忭舞而所在税监仍奏请转解及办进方物且言税归有司奴辈无所事事乞召回于是旨纷出先后互异税银准解工部又总解税监分进内库方物准折办又勅该监照旧办进其布政司银既彙解而税监者又欲州县有司径解及代办方物有司莫知适从纷然久之藩司具咨户部请画一而部咨回复以藩司一邦之主若金花税粮等银何莫不由藩司而州县敢于径解乎近者南赣巡抚题奉明旨各处税课都著类总解税监分解应用是各处者指各省直言也类总解监者明命布政司类总也若由州县径解当云各解何须类总为乎方物乃税监芹曝之诚非有司贡献之礼抚臣既题准折办及措处加平等费续奉明旨照旧办进并未有有司备办之旨谨始虑终正在今日亟当移会该监备将历来明旨开导其详使知类总二字旨意昭然径解之举终属悖谬矣自是议稍定当事复申前饷官之议以海澄洋税原议轮委各府佐征收但外府官远来住札非便而增设供应人役所费倍繁不若于本府佐刺五员岁委一员管理事无专属既于原议不悖且于事体为宜当路报可于是本府官承委岁一更代云四十一年上采诸臣议撤寀铛还诏减关税三分之一漳税应减万一千七百当事悉罢五关杂税独以洋商罗大海之重利即不减犹可支持仅蠲三千六百八十八两然不可谓非圣世洪洞之恩也夫贾人占风犯涛博十一于鳞介之国幸而取赢远望故里关山欣同隔世有续命缕乃墨者既凭高攫之黠者豪者又从旁百计浚之情倍可怜当议蠲时主者曰孰使之走不测风涛与蛟龙争命也比于征贱丈夫不必议此亦未足服商人之口要以弊窦开而无变计则中阉虽撤遗毒尚沿赋虽减犹未减惟是上下相维美意行其良法使害马既去鲛泣长收纵蠲少犹多也四十四年推官萧基署郡符蒿目商困条上恤商厘弊凡十三事【看得海澄饷税初仅三千其后增益至万又加倍之迨中使端榷始盈二万七千近奉恩命减三分之一议减三千乃蠹弊未涤飓害连遭商人羽毛剥落行道相戒给引日少将来饷额愈不可支及今不为厘正上下交病安所底止请先言其害而后规其便可乎一曰官害夫仓巡下属逢船至营求差使如田夫逐鹿一有奉委骤以富名称验查而常例不赀称押送而常例不赀称封钉而常例又不赀夫饷船动载数千担旬日盘量不能殚其数即贤者亦不克胜而况鼷鼠之腹止计充囊者乎又况狡者桀者卖放指吓倍索常例之外尤有足未到船镪已充盈者乎故差官是瘠商之蟊贼也一曰吏害夫衙役之横无如饷馆之甚上以尝官下以蚀商报货则匿其半而输半直于吏书量船则匿其一而酬其二分于吏书喜则啸席怒则张鸱甚至官坏而吏仍肥饷亏而书悉饱皂快人役同类分至惨焰异常故衙党是残商之蜂虿也一曰奸商之害夫一船商以数百计皆四方萍聚雾散之宾而听命于商主受压于船主彼操颐指之柄先从外洋派敛众商从一科十从十科百动称使费代为打点而市棍包引之徒分门别户以相表里衙胥狙狯之雄丝牵绳联以相应和彼各舱之商抛命图财讵堪鱼肉有委货于中流以求脱免者故积年操柄是削商之刀锯也三害不芟将见吏书以积包者为市包棍以船主为市船主又以商梢为市其究商绝民困饷亏计穷浸渐以往又不止今日之情形也为今日计商人宽一分则受一分之惠诸蠹减一分则省一分之害厘弊拯急无出此二言矣谨据臆参访舆论酌为规条凡议十三以听采夺

一议水饷水饷以梁头尺寸为定载在成册而商人往往克减尺寸官亦利其加增而重科之吏书人役百般诈索奸弊莫清今酌以十月修船时饷官躬诣从腹阔处看量尺寸编记天地玄黄字号以某船往某处给引其同澳即照字号规则依纳水饷不必复量梁头其约省商费固无量也在饷官虽以今年理来年之船然互相代稽事所宜然贤者自不惜以一劳而杜百扰今春除已驾发外议以今秋九十月始一议复印信官单之规原给引时商船量报梁头登引而本海道发印信官单一本发与商人以备登报荅舱货物递送掣验如所报有差错船没官货物斤数不同货没官此厉禁也重以道印之册至严崇也谁敢犯之迩因内监套官单付饷馆书吏命各商先替草单吏书从中任其加增商欲不减报货物不可得者是秽丛也合无请复旧规将道印官单于请引时发下商人令诸在船散商亲填货物多寡如不能书者即写代笔某人与主商梁头阔狭备造官册随送随验隐报者如律究治亦厘弊清商之急务也一议出水免委官验船洋船多以百计少亦不下六七十只列艘云集且高且深委官二员竭力莫胜适以饱索常例止矣而奸商藉经验护送之名益便于放胆犯载是滋害也夫一船一商主司之即散商负载而附者安能逃其耳目合无专责一人仰船至亲递甘结同港诸船主共相保结严以一体连坐之律又广开首举之门能首实者给重赏如此责命必鲜有犯者而出水杂费杜矣商已当受其利矣故委验之官断可已也一议入港先委官封钉封钉前无此例近年始有之防漏货也然滔滔洋波何地不可匿载何必入港而封之适以饱官差之需索乎只宜严禁地方套小艇先出海外接载饷货须命巡栏澳甲之人防之然假巡缉名色驾船者多是漏载之奸应示禁巡栏澳甲之船在大担内者只就海畔瞭望不许近泊商船在本港者从溪边巡视不许在商船边往来倘商梢登岸止用小艇渡载而搜检有夹带货者究没其巡栏澳甲人役如三五成群生事指骗者亦究治此法三令五申未必不可以杜漏货而蠲商害也一议禁加起夫匿货漏税应尽没官律有明禁至凛凛也自有加起之名而商人始不得实报留其余以待加起于是明用钱少暗用钱多如报道本船一千担其加起作一千二三百者有之甚则加起作一千五六百者有之是官与商为市也此加起者归何手乎而考成徒以虚报故事登册宜额饷之亏失也合无照旧规货物逐一开报有加起者以漏货论大书告示使民遵守商货尽数开填饷额必有羡无失即船寡之年无虞乏矣故革绝加起与梁头加增者并禁于以绝干没杜衙蠹足国饷有三善焉一议验船后船货二税船货二税俱从在船货物多寡精粗匀科命舱商自秤以防船主多科之弊迩因有常例有加增有菓子银有头鬃费名色不等俱从商首取给任其科索东洋船有敛三百余金者西洋船有敛四百金者悉归商首操纵不止饷一费一甚饷一而费二矣众商为喉主商为腹怨声载道率此之由自今以后合无容舱商自纳自秤彷收粮银之法投入柜内商首不得科索止命银匠数人验银足色限十日内通完违限者方指名差追不得混票吏严禁管饷收饷人役掯索情弊亦苏小商而杜奸商之一端也一议禁包引给引时积年市猾每每包引包保至五六船者串惯主商倡言给引费至数十两而后来诸商自给引者只得如数出费彼且从中瓜分及船回销引时又倡言费银数十两而后之销引者只得如数出费彼又从中瓜分此辈坐富作奸已久甚至捏名给引虚造僯结将引移东转西卖与越贩如朱彩德等其证也近略访郑心斋等究治外今后引从商人自给保取里僯实保无容包同衙役作弊犯者重治以清市猾一议洋船随至随验以便起货海舟入澳跋涉久而几壊装载重而甚危而巨飓时作覆没堪虞乃衙门吏胥不饱欲壑不为禀验以致风水叵测阁破湿漏如前年之秋可鉴也自后船至即行抽验限以三日为期不得踰期刁难违者究治所谓早一日得一日之便者也一议苏遊兵之害洋船启行既有经馆验船经县盖印抱引出洋法綦密矣何必更用厦门司盖印复添设浯铜遊之盘诘乎夫盘诘所以防四月后踰期之船杜越贩也今一概嗜为利孔尽行留难总哨目兵次第苞苴藉声掯诈阻滞拖延是费商也亦厉商也合请示禁一议复失水压冬之船免征饷银失水者人货俱付之奔涛而勒追者复向迫之诛求其家人父子于断肠招魂之余株连亲党波及侣傍此近日之苛政也自今以后如失水被刦之情形既核同港僯澳之公结不虚应宽免以恤遊魂至压冬而索水饷者向无而近有之为不无假道走倭之虞耳然多有中途飘泊归来无期者应从宽免如不得已于饷乏时只宜先征一半留其余以待来归不得一概并索则旧规所宜酌复者此为亟矣一议洋饷充额以六十船为率夫每年征输大似贡法无论岁之丰缺船之多寡广收不益数诎不减何不平也今约饷馆六十只即可足额其溢出者随多寡申报征银储府以备公用或留异日补乏之资逐年仍送查盘以便稽实如每年船出六十下者亦少然就给引之时可量酌之取数果少不过从西洋吕宋二处船只稍稍增补权宜申请以无失额亦不为厉此乃万一之遇在司饷者相机裁之耳一议饷馆吏书饷馆吏书旧从府拨吏二书四而中间帮附不知其几矣乃司饷官势不能不携人役跟用此皆朘商之膏而蔽上之窠也且府役权难约束不无掣肘之形若本役独为

任使适多骈指之累矣合无饷吏二名自本府发其书手即就饷官衙役取去止许四名而止庶钤束自由功罪有归而衙党亦差汰矣一议禁主商科敛方物近查蔡美一船簿开出方物银百十两而册载仅半之余盖未可量算矣且物货原有定价闻平易之未闻其酷索之也总之官市一吏书市二矣书吏索一主商又敛二矣重重征削皆商膏也应宜切禁船主不得藉此项名色科敛众商即有应用之货平交公买其价值载在成册可依不然中使藉上供之名穷搜异贝衣号方熄可令人已去而弊犹踵乎何得不就今厘革也】分守参知洪世俊力赞之条上中丞台若直指悉报可俾垂令甲舶事有重大难决者悉诣府决之而饷大夫亦凛凛奉德意惟谨贾人子各得意去譬之旱魃之后而登泰岱值触石之吐云矣若通倭之禁向岁稍弛廷臣章数上近乃岁岁申饬犯者戮不待时然禁严而倭患尚剧此又司关者所不得问也

卷七·饷税考·水饷

万历三年提督军门刘详允东西洋船水饷等第规则【时海防同知沈植议详船阔一丈六尺以上每尺抽税银五两一船该银八十两一丈七尺以上阔船每尺抽税银五两五钱一船该银九十三两五钱一丈八尺以上阔船每尺抽税银六两一船该银一百零八两一丈九尺以上阔船每尺抽税银六两五钱一船该银一百二十三两五钱二丈以上阔船每尺抽税银七两一船该银一百四十两二丈一尺以上阔船每尺抽税银七两五钱一船该银一百五十七两五钱二丈二尺以上阔船每尺抽税银八两一船该银一百七十六两二丈三尺以上阔船每尺抽税银八两五钱一船该银一百九十五两五钱二丈四尺以上阔船每尺抽税银九两一船该银二百一十六两二丈五尺以上阔船每尺抽税银九两五钱一船该银二百三十七两五钱二丈六尺以上阔船每尺抽税银十两一船该银二百六十两贩东洋船每船照西洋船丈尺税则量抽十分之七】

卷七·饷税考·陆饷

万历十七年提督军门周详允陆饷货物抽税则例

【万历三年陆饷先有则例因货物高下时价不等海防同知叶世德呈详改正胡椒每百斤抽税银二钱五分象牙成器者每百斤税银一两不成器者每百斤税银五钱苏木东洋木小每百斤税银二分西洋木大每百斤税银五分檀香成器者每百斤税银五钱不成器者每百斤税银二钱四分奇楠香税银二钱八分犀角每十斤花白成器者税银三钱四分乌黑不成器者税银一钱沉香每十斤税银一钱六分没药每百斤税银三钱二分玳瑁每百斤税银六钱肉豆蔻每百斤税银五分冰片每十斤上者税银三两二钱中者税银一两六钱下者税银八钱燕窝每百斤白者税银一两中者税银七钱下者税银二钱鹤顶每十斤上者税银五钱次者税银四钱荜拨每百斤税银六分黄蜡每百斤税银一钱八分鹿皮每百张税银八分子绵每百斤税银四分番被每床一分二厘孔雀尾每千枝税银三分竹布每疋八厘嘉文席每床税银五分番藤席每床税银一分大风子每百斤税银二分阿片每十斤税银二钱交址绢每疋税银一分槟榔每百斤税银二分四厘水藤每百斤税银一分白藤每百斤税银一分六厘牛角每百斤税银二分牛皮每十张税银四分藤黄每百斤税银一钱六分黑铅每百斤税银五分番锡每百斤税银一钱六分番藤每百斤税银二分六厘乌木每百斤税银一分八厘紫檀每百斤税银六分紫㮽每百斤税银一钱珠母壳每百斤税银五分番米每石税银一分四厘降真每百斤税银四分白豆蔻每百斤税银一钱四分血竭每百斤税银四钱孩儿茶每百斤税银一钱八分束香每百斤税银二钱一分乳香每百斤税银二钱木香每百斤税银一钱八分番金每两税银五分丁香每百斤税银一钱八分鹦鹉螺每百个税银一分四厘毕布每疋税银四分锁服每疋红者税银一钱六分余色税银一钱阿魏每百斤税银二钱芦荟每百斤税银二钱马钱每百斤税银一分六厘椰子每百个税银二分海菜每百斤税银三分没石子每百斤税银二钱虎豹皮每十张税银四分龟筒每百斤税银二钱苏合油每十斤税银一钱安息香每百斤税银一钱二分鹿角每百斤税银一分四厘番纸每十张税银六厘暹罗红纱每百斤税银五钱棕竹每百枝税银六分沙鱼皮每百斤税银六分八厘螺肥每石税银二分獐皮每百张税银六分獭皮每十张税银六分尖尾螺每百个税银一分六厘番泥瓶每百个税银四分丁香枝每百斤税银二分明角每百斤税银四分马尾每百斤税银一钱鹿脯每百斤税银四分磺土每百斤税银一分花草每百斤税银二钱油麻每石税银一分二

厘黄丝每百斤税银四钱锦魴鱼皮每百张税银四分甘蔗鸟每只税银一分排草每百斤税银二钱钱铜每百斤税银五分】

万历四十三年恩诏量减各处税银漳州府议东西二洋税额贰万七千捌拾七两陆钱叁分叁厘今应减银参千陆百捌拾七两陆钱叁分叁厘尚应征银贰万叁千肆百两货物抽税见行则例

【胡椒每百斤税银二钱一分六厘象牙成器者每百斤税银八钱六分四厘不成器者每百斤四钱三分二厘苏木西洋每百斤税银四分三厘东洋每百斤税银二分一厘檀香成器者每百斤税银四钱三分二厘不成器者每百斤税银二钱七厘奇楠香每斤税银二钱四分二厘犀角每十斤花白成器者税银二钱九分四厘鸟黑不成器者税银一钱四厘沉香每十斤税银一钱三分八厘没药每百斤税银二钱七分六厘玳瑁每百斤税银五钱一分八厘肉荳蔻每百斤税银四分三厘冰片每十斤上者税银二两七钱六分五厘中者税银一两三钱八分二厘下者税银六钱九分一厘燕窝每百斤白者税银八钱六分四厘中者税银六钱五厘下者税银一钱七分三厘鹤顶每十斤上者税银四钱三分二厘次者税银三钱四分六厘荜拨每百斤税银五分二厘黄蜡每百斤税银一钱五分五厘鹿皮每百张税银六分九厘子绵每百斤税银三分四厘番被每床税银一分孔雀尼每千枝税银二分七厘竹布每疋税银七厘嘉文席每床税银四分三厘番藤席每床税银一分二厘大风子每百斤税银一分七厘阿片每十税银一钱七分三厘交址绢每疋税银一分四厘槟榔每百斤税银二分一厘水藤每百斤税银九厘白藤每百斤税银一分四厘牛角每百斤税银一分八厘牛皮每百张税银三钱四分六厘藤黄每百斤税银一钱三分八厘乌铅每百斤税银四分三厘番锡每百斤税银一钱三分八厘番藤每百斤税银二分二厘乌木每百斤税银一分五厘紫檀每百斤税银五分二厘紫檏每百斤税银八分六厘珠母壳每百斤税银四分三厘番米每石税银一分降香每百斤税银三分四厘白荳蔻每百斤税银一钱二分一厘血竭每百斤税银三钱四分六厘孩儿茶每百斤税银一钱五分五厘速香每百斤税银一钱八分一厘乳香每百斤税银一钱七分三厘木香每百斤税银一钱五分五厘番金每两税银四分三厘丁香每百斤税银一钱五分五厘鹦鹉螺每百个税银一分二厘毕布每疋税银三分四厘锁服每疋红者税银一钱三分八厘余色税银八分六厘阿魏每百斤一钱七分三厘芦荟每百斤税银一钱七分三厘马钱每百斤税银一分四厘椰子每百个税银一分七厘海菜每百斤税银二分六厘没石子每百斤税银一钱七分三厘虎豹皮每百张税银三钱四分六厘肚筒每百斤税银一钱七分三厘苏合油每十斤税银八分六厘安息每百斤税银一钱四厘鹿角每百斤税银一分二厘番纸每百张税银五分二厘暹罗红纱每百斤税银四钱一分四厘棕竹每百枝税银五分二厘沙鱼皮每百张税银五分九厘螺𧴩每石税银一分七厘獐皮每百张税银五分二厘獭皮每百张税银五分二厘尖尾螺每百个税银一分四厘番泥瓶每百个税银三分四厘丁香枝每百斤税银一分七厘明角每百斤税银三分四厘马尾每百斤税银九分鹿脯每百斤税银三分四厘磺土每百斤税银九厘花草每百斤税银一钱七分三厘油麻每石税银一分黄丝每百斤税银三钱四分六厘锦魴鱼皮每百张税银三分四厘甘蔗鸟每只税银九厘排草每百斤税银一钱七分三厘钱铜每百斤税银四分三厘】

别有货物先年无开载者今依时估附记于后

【哆罗嗹每疋红色税银五钱一分九厘余色每疋三钱四分六厘番镜每面税银一分七厘番铜鼓每面税银八分七厘红铜每百斤税银一钱五分五厘烂铜每百斤税银八分七厘土丝布每疋税银一分六厘粗丝布每疋税银八厘西洋布每疋税银一分七厘东京乌布每疋税银二分八丁荞每百斤税银一钱正青花笔筒每个税银四厘青琉璃笔筒每个税银四厘五毫白琉璃盏每个税银四厘琉璃瓶每个税银一分莺哥每个税银三分阙一草席每一床税银九厘漆每百斤税银二钱红花米每百斤税银二钱犀牛皮每百斤税银一钱马皮百张税银三钱四分六厘蛇皮每百张税银二钱猿皮每百张税银一钱沙鱼翅百斤税银六分八厘翠鸟皮四十税银五分樟脑每百斤税银一钱虾米每百斤税银一钱火炬每千枝税银一钱棕竹枯每百枝税银三分绿豆每一石税银一分黍仔每一石税银一分胖大子每百斤税银三分石花每百斤税银二分六厘】

万历四十五年督饷通判王起宗呈详番舶载米回港征税如西国米例

【详文略曰海澄洋税上关国计盈虚下切商民休戚职日夜兢兢惟缺额病商是惧然变态多端有未入港而私接济者有接济后而匿报者甚欲并其税而灭之者即今盘验数船除物货外每船载米或二三百石或五六百石又有麻里吕船商陈华满船载米不由盘验竟自发卖问其税则曰规则所不载也访其价则又夷地之至贱也夫陆

饷照货料算船盈则货多货多则饷足今不载货而载米米不征饷不费而获厚利孰肯载货而输饷乎诚恐贪夫狗利后不载货而载米国课日以亏也查规则内番米每石税银一分二厘今此米独非番地来者乎今后各商船内有载米五十石者准作食米免科凡五十石外或照番米规则或量减科征庶输纳惟均而国饷亦少补也】

卷七·饷税考·督饷职官

本府海防同知相继署税务凡七人罗拱辰【广西马平人举人隆庆三年任清军同知后以才望改海防隆庆六年税务初起公首膺斯任议留税银若干筑城圭屿城凡八面以象八卦名曰神龟负图其后卒官吏民惜之万历间城为豪所毁驱其石去至今海波微警始议更筑转思罗公之勋矣】沈植【湖广临湘人万历元年任三年当路请舶税以充兵饷公条海税禁约十七事当路才之后擢广东佥宪】周裔登【广东南海人辛未进士万历七年任后擢阙部员外郎民有平恕之思】姚应龙【浙江慈溪人举人万历十三年任公磊魄多英御事曾有成局后中谗去竟祀名宦】叶世德【浙江温州人举人万历十七年任后擢王长史】王应乾【广西马平人举人万历二十年任】舒九思【浙江奉化人举人万历二十一年任久之论劾罢去当路始疑舶政为防海大夫私物而轮管之议起矣】

各府佐贰官委署饷务只一人 赵贤意【浙江东阳人乙未进士授邵武府推官以能声最诸郡来督漳饷时万历二十六年也未几中贵人横操利权各府佐遂罢遣】

本府佐贰官轮署饷务凡十二【人事归有司后议以本府轮管不复借材他郡】杜献璠【南直上海人举人清军同知署三十四年饷是时商人稍脱税珰之苦而公华胄起家不妄取予擢宗正大夫人为立碑郡人副使郑怀魁撰侯展骥霞中濯鳞海甸虞廷九载汉吏任专夜烛清凝晨乌化警军籍清核而辕门无脱巾之号考校贞严而楚庭无宪玉之恨其最著者督饷吾澄率多惠政彼逃命于龙堆鳞谷之险争息于蜗角蝇头之间者得侯如得艾也单车诣船城社塞渔猎之窦诸饷投柜豪猾绝干没之阶马如羊金如粟箕敛幸见息肩门如市心如水貂珰为之夺气货无逗遛商称便利南阳杜母政在今日如晦王佐不蔡可知矣兹擢宗正大夫行以亲民者入而展亲以佐郡者转而佐国又岂特一方之惠向阳之春也耶郑侨功成宜播舆人之诵羊祜德厚永垂岘首之思共勒贞珉爰志不朽】沈有严【南直宣城人举人海防同知署三十五年饷公强直自遂风骨棱棱而舶政乃更平易贾人安之】钟显【江西定南人岁贡督捕通判署三十六年饷后被劾罢去】陈钦福【江西南丰人举人督粮通判署三十七年饷公门市心水在脂不润擢广东提举商人至今思之】吕继梗【浙江新昌人举人督捕通判署三十八年饷公温然长者所在与名流酬和盛有篇章其为政详练周至尝陈饷事十议两台命悬象魏以示来兹商人立石颂德郡人宫保尚书戴耀撰夫澄东南偏一澨也民故鲜耕种之饶以海为田始岁输不踰九千既中使至竭泽渔矣民安土任贡犹将抚其凋敝况危生以供上乎必实与以长便俾上不病国下不病商可永垂无扰者而后为轸念之至若我吕侯其人已侯浙东之博闻有道术者也娴于经济声华烨然倅漳未期月而案牍神恬萑苻迹扫当涂者廉其贤属之饷务当是时也澄云霓侯而侯亦雨露澄曰风涛叵测东西岐岛有发不及至者至不及返者返不及有货者饷其能如额乎即可如额而诸为饷病者弊窦种种计饷则不得不计弊矣蒿目焦思条其款十上于两台藩臬皆报可而侯得一意行之诸不便国不便商者一切报罢于是船得从实报报得从实验验得从实纳有不督责而自输者较曩额加溢焉饷事竣商人私相告语曰吕侯十法吾商人生命也创行利可近习行利又可远易人而行易纷异时而法又易废且奉公者所便抑又营私者之所不便也以为便檝不上下鼓以为不便方圆左右画矣吾侪何知梗商者惟恐一日兴便商者惟恐一日废耳遂相与叩台使者请曰得此法与贾舶常相维不惟议法者德抑亦主行法者德也夫法少不便必有尼之者今而后俱得请也长便可知已以烛弊如镜照以厘奸如剸犀以凛积猾如立之冰谷以便贾航如负之春暄以垂宪来兹又如衡之平轻重低昂咸取则焉石可泐此法不可朽也爰勒贞珉以视来者其十法划然夫已另编之饷署之前侯字思楸由乡进士两令邑三守州今任清漳别驾其世家尤多显仕云】龚朝典【湖广临湘人举人海防同知署三十九年饷以墨论罢】张应奎【湖广蕲水人甲辰进士推官署四十年饷后卒于官】邵圭【浙江余姚人举人清军同知署四十一年饷公长才亮识倾心儁流其督饷自足额而外多从宽政商人德之立碑颂美后左迁商人无贫富悉致厚赆公好语谢却之商人流涕而别郡人御史林秉汉撰闽古泽国也澄之贾滛于海指南所至累译而通紫贝文甲之玩异香华毳之奇耀宇内而饰天府岁益县官刍挽费九千缗中贵人至倍征三之几与中原大都会埒矣缇骑络驿画攫方物冰蚕火浣不尽入内供而以资旁猎市豪猾胥又横吸焉茫茫大壑真成苦海孰

驾慈航而济之者则邵侯其烈哉侯奕世载德家著宦谱先司寇名迹彪炳玉昆金友渊源渐矣顷广德最迁贰吾郡郡即繁剧乎而咄嗟治办贾其余力旁兼数篆捷举若承蜩当道嘉之吏以澄饷属侯侯甫视事详询商民便苦有虎翼狐假籍上供而恣鱼肉者乎有积猾作奸干没不可诘者乎有诬越禁以恐吓而借有力为吞舟者乎尽得某利某害状条请两台诸蠹病商者悉屏绝永勿令蹂躏众悉感悦歌何暮焉届期风便浪恬群舰云屯侯随至随阅以所报簿书为征以所颁衡尺为準要以岁输如额而止毋增羡毋苛责毋淹时日毋繁讼牍有没而逋饷者怜其拿夕督赋自登而下不扰一切驵猾孰得侵牟其间为商患苦者哉君子是以谓侯识之朗也其于利病靡不晰也才之赡也其于纷纠靡不解也守之励也其于膏脂靡不净也惠之普也其于卵翼靡不周也盖二郡而理兼篆而理署饷而又理使人并歌舞而尸祝之异时足要津而手盘错将与先司寇伯仲辉映何必减骠骑哉余里居闻侯政最稔而商民乞余言勒诸石夫饷署若传舍然阅人多矣几能令万心悦而万口颂者而于侯独著然则直道何尝不在人而上之驭之者与其贿而没没何若使人谓子实生我而令名之垂以不朽也余不文爰次口碑纪之以表好德之公且劝后之受饷事者知所慕尚云尔】卢崇勋【广东增城人举人海防同知署四十二年饷公莅事清谨既满人为立碑邑人御史周元起撰闻之利器非盘错不显而剸犀断蛟则纯钩之用始神澄故难薮也民以海为禾犹穑人以禾为禾当连轊结艘捆载而归持筹不烦以供上方额易易耳不者而难易半或期至而洋舶有至未至或过期乃至犹可东支西补虽烦筹而额无虞不足何居乎澄今年饷也澄船每乘窬发去乘熏来是年七月将望熏风变为凄其舶至仅什之二征输几何望后稍鳞次至而饷篆改委之议下矣议未定为八月五日是夜异风挟雨怒号无一刻停空中如簸诰朝视之拔木发屋而数十万洋货一飓立尽伤哉舟待飓乎飓待舟乎公冒雨亟省之灾民骈首雨衣环公泣公亦泣亟驰檄请蠲顾上额近奉明赦业减三分之一而必复减之不益难之难乎虽巧妇安能嘘无烟之铄炁无米之炊也公毅然曰事不辞艰且恶乎辞之则亟按本年籍常例秋毫弗入正赋杪忽勿漏一切均输以佐饷额则覆按往年籍黠者毋久逋殷者毋幸免一切并征以佐饷额则豫按来年募商人量征水饷将来舶至免重征盖其始民若破碳既而知上额之必不可减催科之即为抚字袞甫之歌已继麛裘而作矣嗟乎大盈内贡山赋海视弹丸饷锾太仓梯米耳夫乌知公固粒获寸掇稊米而登之太仓乎哉是月也窬发又至而赋成清风两袖飘然还署令治办人人如公岂忧难事哉盖公所难与易所难者如此其它治状已载口碑中兹不具赘】江一雷【山东即墨人例贡督粮通判署四十三年饷】丘建经【广东汝源人岁贡督捕通判署四十四年饷】王起宗【应天上元人官生督粮通判署四十五年饷公温秀朗畅兴利除弊之际绰有成绪而所部不扰商人谋为立碑郡人会魁林茂桂撰环寓皆商也独澄之商舶民间醵金发艅艎与诸夷相贸易以我之绮纨磁饵易彼之象玳香椒射利甚捷是以人争趋之第其出也凌飙破浪与天吴九首博命其返也头会箕敛不胜噬血吮肤之惨是以人又争患苦之视中土之商轮櫼优游利害劳逸奚啻霄壤理饷先属海防今议于郡佐中岁委一员称曰饷馆岁丁巳我王侯以半刺承檄理其事侯金陵世家也才若流云慧若然犀一觇簿单胸中便自了了接诸商务节省简便如舶初进港苦验发稽迟未免漂损侯登时往验风雨不辞便一先时每委役将货物秤明而后请验干没无算侯既躬核斯窦随塞便二今岁红毛酋为梗舶货被掠仅存其半饷若全征其谁堪之侯就中量派许其半征梗三至久番漏报法应株及通船没官侯只著漏者充完饷额不用桁杨便四其余借口上进方物减值强市额外横征者一切明禁便五间有全舟覆没往时征饷如故侯廉其实状务从宽恤便六盖侯心切惠商而拘束左右甚严检防宿蠹甚周是以诸商议伐贞珉以纪不磨而介不佞一词也盖侯尝署余邑矣其为政勤而强练而密简而不烦刑罚平恕罔不沐浴其膏露者夫圭海之商即梁山之民也民有去思商有忭儛侯岂特无忝官常直不负家声哉宜为颂颂曰大海东涯涛涌波沉岛夷碁列氛雾滃淫念此海贾趋险莫禁一叶为舡指南为针济边取给匪今斯今不畏鲸侮而畏渔侵天惠此邦屏星聿临琉璃为照香莲为心泛泛者舶其至如林一切众生波罗蜜斟欢呼告语我席我裕虎盖齐高龙门媲深召公是似芾棠载阴刻篆丰碑后来所钦】

卷七·饷税考·公署

督饷馆【在县治之右即靖海馆旧基嘉靖四十二年新设海防改建为海防馆万历间舶饷轮管因改为督饷馆四十五年通判王起宗以饷馆验船旧往厦门厦门无驻札处所议于圭屿再建公馆一区于验船为便奏记申请其略曰商船出海向属浯铜官兵于厦门盘验始放开驾近改委各馆轮验职冬春之间已验放出洋身履其地始知

不便者三故易地设馆之议不得不为之请也夫厦门原隶泉州为浯铜汛地职等非随波上下者此必驻公馆方可讥盘厦门原设参府海防二署当洋船开驾正春汛防海之会参府及泉州防馆驻札职诣其地既无空闲公廨又难借扰民居不便者一况漳州官远涉泉境既非所辖之地又无服役之人势难单骑裹粮而跟随人役不下数十人若涣散民居殊非关防体统不便者二且本府至厦门两经潮汐冲突波涛一遇风则轻舟难泛时日稽迟商船不无耽阁不便者三职往来洋上相地度形圭屿一山浮于海口环山皆海适在中央乃商船必由之路又澄邑所属之区且今筑造城堡其上添制兵船其下职议于圭屿设立公馆将来盘验即驻本屿船之出洋也既可稽查舩之回港也亦便瞭望不越出于他境不阻隔于风涛虽易地不同及讥察则一此职目击而身历者俯候详示另议设处估计工料覆详亦一劳永逸之计也】论曰司关掌国货之节以联关市此周制也汉时商各以其物自占率二千而算一轺车二算船五尺以上一算匿不自占占不悉没其缗钱告者以半畀之从此网綦密矣市舶之设始于唐宋大率夷人入市中国中国而商于夷未有今日之伙者也夷人来市似乎以逸待劳然鳞介窥我版图纷然其扰不若自此之彼境内永清开舶以来垂数十载榷额之时赢时缩榷司之谁浊谁清榷政之递因递革据牍覆按抑可深长思矣

卷八·税珰考

高寀者顺天文安人也幼给事上前累迁御马监监丞先是大学士张位以国帑虚耗请开采以充边储比三殿之役于是四方言利之徒奸弁积猾率上章请遣中贵出督矿岁输巨万万足供大工又徐及榷税上俞其议廷臣争之强不能得也燕山卫指挥冯纲千户胡志嗣请以寀使闽帝命寀往闽自市舶镇守先后报罢四封老稚久不识貂珰为何物比寀衔命南下金钲动地戈旗绛天在在重足莫必其生命而黠吏逋囚恶少年无生计者率望膻而喜营充税役便觉刀刃在手乡里如几上肉焉寀在处设关分遣原奏官及所亲信为政每于人货凑集置牌书圣旨其上舟车无遗鸡豚悉算然税额必漳澄之贾舶为巨寀躬自巡历所过长吏望风披靡漳守韩擢每股掌玩之澄令龙国禄者强项吏也分庭入见寀不为屈严约所部不得为寀驱使每事掣肘不令飞而食人寀遣人诣令白事其人鸱张自豪国禄庭笞之寀在郡恚甚欲具疏劾其阻挠韩守谓寀曰澄故习乱所不即反者以有龙令在也倘令危民何能即安激而生变若亦岂有赖焉寀气夺而止自后每岁辄至既建委官署于港口又更设于圭屿既开税府于邑中又更建于三都要以阑出入广謬捕稍不如意并舩货没之得一异宝辄携去曰吾以上供三十年贾舶还港寀下令一人不许上岸必完饷毕始听抵家有私归者逮治之系者相望于道诸商嗷嗷因鼓噪为变声言欲杀寀缚其参随至海中沉之寀为宵遁盖自是不敢复至澄其开采之役漳龙岩亦与焉寀不论有矿无矿但与富人庐墓相连处辄命发掘必饱行贿乃止其应开之山聚徒跃冶竟得不偿失虚縻县官为名而已三十二年澄商潘秀郭震等携渤泥国王文以和阑夷求市为请称渠锦囊所载旧浯屿元系彼国通商处所乞修故事夷舟径趋彭湖当事者严绝之红夷则遣人厚赂寀大将军朱文达者与寀厚善尝以其子为寀干子寀谋之文达曰市幸而成为利不赀第诸司意有左右惟公图之文达刺刺向大吏言红夷勇鸷绝伦战器事事精利合闽舟师不足撄其锋不如许之寀遣周之范往报夷因索方物夷酋麻韦郎赠饷甚侈并遣通事夷目九人赴省候风未行参将施德政已奉宪檄遣沈有容谕夷无为细人所误德政整兵料罗少候进止麻韦郎知当事无互市意乃乘风归寀竟上疏为夷乞市上俞中丞及御史言置珰疏不纳海上人悉北向称万岁寀闻之顿足曰德政乃败吾事盖从此思甘心之矣明年德政擢神机营右副将军后军都督文达私语寀如许归装悉异香大贝寀心动遣数百人邀之途掠其装以去既胠箧无他长物始遣还三十四年上命封闭矿洞诸税咸归有司珰威势稍杀然已屡擢太监赐绯鱼服其在会城筑亭台于乌石山平远台之巅损伤地脉又于署后建望京楼规制宏壮几埒王家诸棍受寀意指讽人为立碑平远台颂寀功德恬不为怍原奏官魏天爵林宗文百计媚寀由是得幸忽进一方云生取童男女脑髓和药饵之则阳道复生能御女种子寀大喜多买童稚碎颅刳脑贫困之家每割爱以售恶少年至以药迷人稚子因而就寀幸博德金者税署池中白骨齿齿嗣买少妇数人相逐为秘戏以试方术歌舞娈童又不下数十人备极荒淫天爵等术既售益自为得计导之横噬如阴云毒雾蒙被草木无不焦枯子衿路相遇避尘稍缓困辱随之簪绅奉使过里与寀微芥蒂者关前行旅并遭謬掠里市贫民挟货无几寀朝夕所需无巨细悉行票取久乃给价价仅半额而左右司出入者又几更横索钱始得到手如是者岁岁为常澄税已属有司转解然寀日遣税棍诡名督催仍买取方物迫勒减价商民无所望天闽中驿卒习为骄悍独寀税役经过辄缩项欲死每一人索马三四匹人夫称是往来驿路鸡犬骚然四十二年广东税珰李鳳病死有旨

命寀兼督粤税闽父老私计粤税视闽税为巨寀必舍闽适粤所在欣欣祈解倒悬然粤人已揷血订盟伺寀舟至必揭竿击之宁死不听寀入也寀既陇蜀望奢神气益飞扬不驻如饥乌踌躇两树间攫物之念愈动遂造双桅二巨舰诳称航粤其意实在通倭上竖黄旗兵士不得诘问时施德政为闽都督尼之海门无从速发中丞袁一骥檄所部缉治之而浦城人有为珰役所苦者誧控两台袁逮其役使材官马仕骐下之理四月十一日寀所未偿直商人数百辈自金缯以逮米盐所负金钱巨万群赴阉署求领辞气稍激寀挥所练习亡命群殴之立毙数人余众趋出复从巍楼射之放火延烧民屋数十余家众各奔溃次早远近不平各群聚阉署约数千人寀露刃跃马率甲士二百余突犯中丞台是时皇太后哀诏新至辕门解严寀斩关而入一骥叱曰汝反耶寀见一骥辞锋忼慷意为少阻未敢遽犯但劫一骥俱出步至宪台会副使李思诚佥事吕纯如都司赵程等后先继至始释中丞返署而诸司与寀偕还时万姓走护大兵徐集一杀寀无难诸司虑伤国体以理解散之曰众休矣明旨自有处分无狂斗也众乃解去至次早又留海防同知陈豸为贽始听思诚等出中丞若御史上疏暴寀诸奸状大小臣工叩阍之牍为满上始下一骥疏撤寀回京徐听处分十六载之风霾一朝开朗矣寀虽奉严旨然尚踊躅未肯就道必尽释税役诸械系者乃起行识者谓大盗既已就擒不妨宽假束缚图献俘于阙下今日驭珰亦须如此聊为委曲以听早去九月九日寀发榕城遣材官黄应龙覃继荣护之以归遵朝命也寀辎重塞途日行仅一舍驰賄乞援于大珰既将抵京不即归命公然引疾栖迟里门朝议哄然久之然后入见上怒命系之闻寀在请室中竟日股战后不知所终【巡抚都御史袁一骥为税监流毒激变刦制要挟显谋叛乱事近皇上大沛德意税减三分之一海内百姓欢欣鼓舞大小臣工亦仰颂圣德为闾阎称庆独税监高寀谓减税即减其督税之利恩减则渐致罢税之机恐不久撤回并日渔猎岌岌若狂又以粤人戒严摈斥惧不敢往思专取盈于八闽者囊括无遗故私派一切行户金行取紫金七百余两珠行取大珠五十余颗宝石行取青红酒黄五十余块盐商每引勒银二钱岁银万两其它绸缎铺户百家编定轮日供应日取数百计而打造通倭双桅海船二只竹木油铁各铺行取料二千余两置办通倭禁物如番段龙凤红袍建铁刀胚硝磺铅锡毡单湖丝价数十万出入陈兵家丁三百余人宾客谋士及歌童舞女百人饮食珍奇及一应米菜酒果尽取商店日用五十余金各项物价分毫不给又听魏天爵等拨置设立看验使用寀受其献而各棍人人取足百金之产编派无遗擒拿考逼非投水即自缢冤号动天赴臣泣诉日以百计皆甘心以命与寀博臣等每善谕百姓犹如防川惟恐一旦决裂不能救随出牌禁谕乃寀稔恶弥甚四月十一日怒各行哀求稍给麾兵持刀乱砍杀伤潘六蔡廷机等数命余各惊逃又恨逼近民家居停铺户及暮射火将三十余户无辜荡毁一时万姓裂眦切齿欲得寀而食其肉乃不思招安退众十二日率领家兵二百余乘臣以国丧撤卫屏从突出匕首随招各凶露刃刼臣复挟副使李思诚佥事吕纯如都司赵庭要盟而始释臣情形若此其为叛乱岂待智者知哉寀以贪残凶恶之性日糜烂其民故民乐与偕亡而胁臣以幸缓万死有余辜之命是陛下责臣以保民而寀欲臣保其恶以杀民也日大行慈圣皇太后升遐臣民无不缟素独寀借口诏书未到张乐演戏沉湎如故大逆不忠由来渐矣且民因臣被胁暂解以舒臣其积怨深怒已成燎原之势皇上不速召寀显戮以谢天下寀小而如杨荣与民俱付烈焰祸犹止在地方大而为尉佗结倭外援操戈叛逆则祸在社稷矣若臣见辱刑余又何足道哉伏乞皇上大奋干断早赐施行海邦幸甚第二疏为逆珰蔑君叛国聚兵通倭雠执命臣恳速诛灭以保东南疆土以免万姓锋镝事税监高寀剥民一十六年恃富敌国潜蓄异志打造兵器藏贮万件近又私造海船招集亡命练习刀枪骑射散泊沿海身踞会城经营狙伺凡奸豪勇猛蹈险轻生之辈皆收为亲兵外假朝廷之威陵轹臣民内图通倭制闽粤二省之命而笼天下半壁之利形为百足势成负嵎近因肆虐以激民变按剑一呼兵卒云集先刼臣以谕散百姓次挟道臣为城下之盟因恨同知陈豸盘诘其开洋海船喝兵拘执拥入税府自十三日迄今未有释放之期夫豸天朝之命臣而兵防之要任也当春汛戒严正督率巡兵之日寀恶其碍已擅自拘执叛乱之形已著臣受皇上付托恐以逆贼贻忧君父不敢爱身以犯其锋其边海伏奸要害处所一面布置兵卒制其航海通倭而盘踞内地之奸渐次以图翦割其陈豸被执不放以兵入索彼必杀豸以逞大伤国体故宁濡忍朝夕以待雷霆若皇上忍弗早图寀不死于皇上之法而死于万民之怒则纪纲扫地国势陵夷从此不可挽回矣臣才本迂疏滥承节钺惟恤民瘼以固邦本禁通倭以保封疆因与凶竖枘凿而威望素轻致熏腐贱臣以兵刃加遗忝皇上之委任臣无所逃罪但地方祸在燎原臣于斯时求弛负担则臣为畏死为避难而重负国恩故腼颜在列而直陈悖逆之状伏望皇上赫然震怒亟行封刃之诛显戮无君之恶使腥秽涤于一朝万民从此帖席仍乞即赐罢臣以谢高寀臣不胜陨越待命第三疏为逆阉久系府官闽省变在呼吸恳乞圣明速下霆威以弭大祸事税监高寀恶逆万

状具前疏者不敢复赘惟恨同知陈豸挟仇拘禁始犹钥门环守今则竟置私牢声息不通矣豸仁廉公正百姓戴之如慈父母今见其横受刑余之僇辱咸愿捐躯为豸一洒臣谕以候旨处分幸各俯首寀知神人共愤无所自容大出金钱召募海洋巨盗以为兵卫军灶日增会城之内市罢肆而户昼闭势如厝火积薪仅仅濡湿以延顷刻陛下不视如燃眉亟下崇朝雷雨一解欝攸之气至烈焰猛发寀之首领与闽民俱膏锋刄斯时而责臣以不能禁乱未萌即臣无敢逃罪顾陛下守二百年盘石山河纵一阉竖与积怒之民相寻干戈酿成内衅而外寇乘之谁为厉阶一至此极况天子至尊即臣工有犯非重辟不轻置狱今高寀陛下之奴隶而豸则外臣之才而贤者也以奴隶夺主威而辱贤臣非豸之辱而朝廷之辱也以陛下之明而容无君之恶岂以言者过而有未信之心耶今豸见在囚执而寀航海舰竖旗列戟见泊南台地方船内满载违禁番货及下海枪刀弓弩鸟铳火药皆万目共睹凿凿有据者陛下犹然置疑直至溃裂糜烂不可收拾始悔不信臣言亦无及矣伏乞大奋干断亟赐诛戮下兵刑二部议覆施行第四疏为府官冤系濒危逆竖怙终愈甚王纲扫地民恨敷天恳乞圣明亟赐传首陈尸以正大罪事臣惟国号中华虽蛮夷率服君为共主虽蜂蚁知尊世未有作逆而逭天诛无君而逃上刑如凶竖高寀其人者寀之稔恶擢发难数如近日杀死潘六蔡廷机等二十余命射火烧毁郑钦陈怀等三十余家擒进而绑缚斩首者聚尸而灰之烈火即纵凶而骈杀于外者官司买棺敛骨而置若罔闻先胁臣以兵次劫盟于司道旋执同知陈豸禁锢臣已三疏列其罪状使寀尚知有君稍怀顾忌则释陈同知于幽囚而安海邦积怨之民弭营窟负固之狂谋辍叛国媚倭之异志席藁待命犹身戴百死无足以宽燃脐碎骨之辜乃顽凶狡贼日长月滋养流倭于私室以召募亡命传习刀法辟教场于城外以侍卫亲军训练行阵匠作百人大修攻战之具先是该监造府原建敌楼以象大内北台丹垩俨然皇居上筑箭垛驰道已预设不逞之谋近且摆列发烦神飞炮百子铳佛郎机各样火器放则百丸齐发杀人千步之外人情汹汹无敢宁居此何等景象臣等因谍而得其凶谋首恨往者冤聚之众欲尽杀闽省官民而据城招倭以叛次谓粤人之拒其去欲带勇敢千人自卫而用前所劫臣计执粤中命臣而入其省其长系陈豸欲于兴兵屠省之日拘于军前为质今豸遭禁日则仅给粝食夜则严扃暗阱夫礼下公门式路马乃皇上所礼使之臣而凶珰擅执之僇辱之寀宁知有君耶夫寀剥民一十六年富踰万乘力赡三军实养成其不掉而身为叛逆蔑弃君父囚奴缙绅为二百年未有之事不特皇舆之内无不惊心动魄使外夷听闻中国有阉竖擅执王臣而朝廷不能问则君权轻于鸿毛国事将至瓦解恐因此而启戎心关系非细故也今闽民榜示通衢欲杀寀以救豸并雪杀人放火之雠寀日夜治兵欲行屠灭寀与闽民已成不共之势即臣等多方抚戢谕以待旨而众怒欝勃窃发难料傥岛夷恃寀内变五日海程扬帆卒至即闽省阽危天下响震宁惟一时之害哉顷皇上不以臣愚误任闽抚若臣贪位固禄侪俗苟同不以民瘼吏治加意是臣负皇上为不忠今臣不避危险以捋虎不爱死亡以报国乃民被杀而不能伸孤寡号天之冤官被执而不能洒冠裳涂炭之祸斩孤雏而忌器叩九阍而不应是皇上负臣而臣负此心至于目击危乱如厝火积薪扑之不能置之不可跋胡疐尾进退维谷徒有痛哭流涕叹生之不辰耳惟皇上念陈豸一日不释则百姓恨深一日而释豸以雪其耻高寀一日不诛则国家祸深一日而诛寀以正其刑仍弛无艺之征以苏憔悴则雷霆雨露一时并施庶可转乱为治否则闽事有不忍言者矣第五疏为珰变胪陈已数愚臣诚信未孚尸位非宜循分引退事臣惟人君不能任未信之臣志士不能受虚拘之禄若显用其人而阴疑其心虽忠告如药石必以为鸩毒而不食矣既任以事而仍夺其权虽强颜而展采皆视为土偶而弗灵矣方今朝多上哲野有遗贤奈何以臣之未信具员节钺致皇上徭毒废药一方受病浸至不救又令臣以枯丛受土偶之媟嫚哉以税监高寀害民贼国通外夷囚命官具疏四陈而概置不报岂不知三谏不听再渎而厌祗以奉身求退遑其恤后臣子之心不若是恝也故终为皇上再申前说如下堂之妇一数臧获之奸夫皇上讪臣言若不闻必以前疏枚举未足尽信耳顾言出凭虚驾空则可无信言出隔别浪传则可无信如寀僇辱陈同知囚系三月两次大行皇太后诏到凡在臣工俱出郊恭迓寀深拱不臣且怙终拘执陈同知如故曾不得出涂炭以尽臣礼此非臣以释为禁也寀造船通倭违禁之物无所不有明竖上用黄旗大书总督闽广使官兵不敢盘诘乘风往来海上飞报旁午谁得稽留今二船见泊会城船哨周桂等看守可据此非臣以无为有也其被杀潘六等尸亲见在号冤白骨暴野被烧郑钦等露居见无栖托一望焦土俱凿凿人有主名此非臣以生为死以伪为真也且寀自踞闽之始即勾引红毛番皇上允前抚臣之奏寝遂公然以军资禁物载输于倭资寇召兵祸在不远税既有司征解此外即有孝顺私进皇上度不过二三万止矣乃寀假托剥夺按各属记籍及海洋商舶岁得数万他金珠宝玩派取无价者不可胜计在闽一十六年总得数十余万金每进税银杠数动踰百计驿递钞关可查一至德州先以其半假作商货

分途窃运及抵雄县又以十之六七公行装入文安厚藏私室所献皇上曾不满百中之一耳皇上明眷南顾念此巨万之数非横夺民间从天降乎从地出乎闽八郡多不食之土民以贩鬻为生人人而夺之岁岁而刲之非宛殒于刑逼即自经于沟渎比屋而是呼号震天君门万里虽隔绝不闻以寀家之金银山积即闽民无罪而死无告诉者当以国量矣此亦事理之真而确乎有据者若犹以为未信则见在拘执同知打造海船放火杀人亦不可信耶海内方骇为非常之变而皇上故纵寀使行意自如欲杀人则立斩数十余命碎其尸使无所葬欲放火则立毁三十余家赤其地使无所依欲通倭则操驾巨舰横行海洋而大小将领无敢置喙欲执官则辱陈同知于囚奴而地方之抚按目击而莫可谁何臣若丧节隳守一切望寀风旨悉置不问则皇上严敕臣以抚安军民整饬庶僚者为何事而臣受节钺叨居督抚而抗颜司道之上者为何官于此而犹恋尸位之爵禄安犬马之豢养不亦羞朝廷辱缙绅哉则臣之去在情理固然而势亦不容已者矣臣当高寀胁辱之后已决意拂衣然犹低回迟速间者诚望皇上以臣言除寀出闽民汤火之余庶几不负明恩而后一去谢寀今皇上疑臣以义不可留而去去等耳第不能博寀之去稍裨地方而仅以明己之志臣实媿之然国体之全毁闽土之安危实系寀之去留所关非小非斩寀无以谢九庙神灵无以慰天下万姓伏望皇上将臣先赐罢斥仍将寀亟行撤回正法庶朝纲正而乱臣不致逋诛臣不胜激切附湖广道御史周起元为税监戕杀生命要挟重臣乞速行正法以存国纪以安地方事福建税监高寀素行贪残最于别珰历年海商贵重美丽奇巧之珍百入于寀未必一贡于皇上臣生长之地耳而目之久矣溪壑既盈虐声久播入粤粤人不受归闽闽人震恐不意益肆鸱张大开狼噬克剥我皇上取用各行物料即一草一木莫不按数予值而寀刬刳楼船连舸揭百尺之维樯穷雕饰之极丽所取物料浩烦概欲白没彼市鬻之夫扶贽何几令一旦尽付乌有谁能甘之相率控诉自无足怪乃简枭雄以作威陈利兵而相向挥刄放火市民惊骇围拥喊集怨气冲腾然不旋踵而解者岂诚畏寀哉盖抚按禁约于上司道府县晓谕于下毋敢抗法雄行以干三尺且又虑寀造一偏之言以诳皇上反以挥刄放火诬坐小民万里君门不易自白是以死者骈首就戮生者含冤解散竟不敢逞于一击也寀是时宜下罪己之词自执杀人之参随付之有司犹可稍逭万分之一乃越日披坚执锐统率骁骑乘守卫之偶撤径弄兵于辕门抚臣袁一骥节制一方为民造命寀不能遂其竭泽之贪夙怀愤忿辄敢按剑要挟三司副使李思诚佥事吕纯如埒虎须以解厄寀复留而要盟皇上试思从来税监最贪最很最毒曾有放火杀人刃劫节钺要留方面如寀之大逆不道者乎皇上利根未肯割断税使未肯全撤酿成时事至此臣读抚按疏揭参以乡人之见闻不觉发指而继之以痛哭也近者邢洪驰兵器于禁地卢受假狐威于票拟皆漫不处分今寀又见告矣望皇上亟行两观之诛用雪三山之忿非仅仅撤回墩锁可以了事臣闻省会人情汹汹防川不决决必滔天宿火不发发必燎原万一戈矛起于肘腋海滨因而摇动倭夷乘以生心寀粉骨不足惜皇上岂善为社稷计乎寀之言曰多进孝顺便可保全首领寀以累年括掺挟百万盖藏出其珍玩绮縠歌舞角抵享用作乐之剩贽可以结左右之欢而及于宽政傥一遂其奸是皇上不惜太阿之重而仅易此阿堵也昭之史册亏累令名岂浅鲜哉臣不胜激切待命袁中丞疏初上时周念切桑梓即中夜草疏继之故寀恨周独深因有谋占湾头公馆之诬也又袁中丞参驳税监疏为罪珰悖旨要挟饰词渎奏捏陷无凭侵盗有据恳乞早赐正法以警奸邪以全国体事先是税监高寀激变地方种种不法蒙皇上俯允臣疏特准撤回乃寀离闽后逗遛途次凡五越月乘传拥卫百无顾忌所携珍宝从浙中已多抵换沿途窃匿不知几许弁髦明旨曾无天日近阅邸报见寀四疏又复咆哮据首疏以告病为词公然乞养外宅旋有回监管事之请夫寀之在闽杀伤民命当斩烧劫民房当斩造船通倭当斩囚执命官当斩椎击童男女至死而吮吸其脑髓当斩皇上日照月临业洞悉奸贪悖逆之状需其至京自有处分乃戴罪视息之余而自请供职视皇上为何如主矣皇上试看内外大小臣工凡奉旨建系乞恩贷死不暇曾有请复原官自求叙用者乎真胆大包天者至雠臣反噬诋为权门鹰犬正所谓得其恶言不足怒臣不任受亦可无赘所可恨者身未入都差官以税课余盐银两解进是明以小利尝我皇上而驾言拖欠抢夺尚欲贻地方以不结之局至栖住公馆妄言变卖荧惑圣聪此其肉尚足食哉臣闻报后即欲具疏驳参尤以事关钱粮仍须核实随行各司道查议据布政司署司左参政金忠士回称福建税额六万福兴等府分委征收解监完足自税监激变放火杀人气焰方张何人敢抢及奉旨撤回地方加谨防护该监在日并无抢欠之说显是混赖止有古田曲税已征在官因变后请旨未经转解并无叶家包揽情由且税银六万该监疏中止五万三千五百其六千五百明系侵匿相应题参又据按察司署屯盐道按察使萧近高回称运盐司续领依山盐引四万道除引价外余价盐课该二万四百有奇内尚有未经发卖盐引致课银四百余无出原非拖欠又据漳南建南福州兵备道参政刘洪谟陈德元副使吕昌期

回称该监驻札原无额设衙门澚头圭屿虽有公馆已经倒塌其浦城诏安闽安等处系民间店房因监役住宿地方量为修葺未动该监分毫公费何从变卖各到臣该臣会同巡按御史李凌云看得在外官司各有衙门间设一二公署为过客经临之所建造修葺非官帑则民赀也即官有迁移而署仍其旧曾无可变卖者税监原非常设之官其入闽之初地方有司罔敢委使命于草莽故到处择空闲别署为之栖止原无创建以监署为名止该监初年一驻海澄即狭小公署旋欲移居海口委有澚头圭屿二馆之建该监方借建馆科敛民财而费一派十阖邑骚然几至大变若论地方之耗费当日何止三千而脂膏入监棍之手砖石木料曾不足数百计自该监入省数年来败垣颓瓦所存宁几勿论变价无多即欲变卖其谁售者他如闽安诏安新港等处原非该监居住不过监棍借栖民间何曾动该监丝毫之费而哆口千百以欺皇上乎若省城乌石平远国初以来即有公会厅亭不知创造何年至欲攘为已有亦称三百余两之费真逢人说梦者惟该监先年乌石山曾建一阁省城风水不便前抚臣丁继嗣劝令自行拆毁尤昭昭耳目此而可欺孰不可欺乎况自税监以来撤回如梁永高淮不下五六辈当年亦必非露处者曾不闻公署变卖何独寀而造此恶孽也又据疏称余价盐课内商人洪国裕尚欠四百夫依山盐引原创自该监其第二次复请盐引四万道除引价先行解进节发各商出卖共上余价盐课银二万三十八两有奇其滴珠在外即该监疏称历年解内之数尚有盐引未经发卖该课银四百余缘盐商消乏前按臣不便行即该监在地方不能强派故迟留至今夫引尚未发银于何出而可谓拖欠乎即见在各商非止一人何他商不欠独洪国裕敢于逋欠也犹记临行时声言恐吓各商谓此番不加津贴到京必行攀害故各商有私馈至一二百金者独国裕不应衔恨而以逋欠故入之耳最后一疏复称抢去银两九千八百两不言抢于何地抢于何日臣且就其疏折之夫该监激变地方在四月十一日火箭齐发烟焰熏天地方救死不暇谁敢撄其锋者比入臣署迫胁以百余棍持刀冲突而另留亲兵一枝居守仍以火器凶械拦当前后监门两道臣同诣其室该监张目嗔视微有混赖意两道臣叱之云库门封识宛然即卓上摆设一毡不动安得为此昧心语渠闻之口塞此十二日事也及奉旨差官护送地方兢兢惟恐有失而谓其有抢劫乎至古田出水曲税自有司征解绝无丝毫短少累年税簿可查且有造曲之人即纳造曲之税何从包揽按籍亦别无叶姓者祗四十一年秋冬曲税例于次年上纳起解已当激变之后方在请旨仍收贮该县耳崇安未解二十七两之数事亦类此一称拖欠一称包揽驾空凿虚欲陷害地方乃所捏抢银之人首为林世吉而方塌鼻其家奴也次则张嘉谟曾文宇嘉谟系名色把总物故有年文宇系丝线经纪原非衙门员役不知因何中伤若林世吉以任子起家郎署向年该监交通红毛番世吉倡言不可遂致蚕尾即如变卖疏中蓦添御史周元起以霸占公署为词所开此衅者因起元不忍桑梓涂炭抗疏激切遂含沙以泄其私愤耳独不思举朝借剑章满公交车固东西南北之人也为国除奸岂皆有澚头圭屿之可觊哉若臣不自量首扑凶焰更宜有鹰犬之詈辱矣乃臣因全疏而得该监侵盗之实不敢不直陈者盖福建税银六万两为额有司奉行务足前数而后即安从前解内银两疏不发抄无从核其虚实今据该监之疏开福建每年税银五万内一半解进内库二万五千两一半解工部助工二万五千两外杂费三千两滴珠二百五十两加平二百五十两合之仅五万三千五百两耳其每年六千五百两竟无归著此孰非民之膏脂可竟置勿问乎有谓该监每遇取解动称备办方物银三千两或亦在此数内窃谓方物以孝顺为名宜其自备而亦取足税银于名何居然或各省税监通例臣亦不敢深求就方物外尚余银三千五百两未经开载将谓起运路费耶则长途原有勘合之应付将谓解部杂费耶在该部万无耗羡之诛求料该监必不敢以此借口其为侵匿入已无疑矣每年侵匿多则六千五百少亦不下三千五百合十六年所积何止十万而在外朘削一切无名之征不与焉皇上亦安用此盗臣为也据自陈疏仅留一二公署尚图变卖以充国用其忠赤何如而显行干没其状若彼不一追究则有限之民财曷胜此漏卮而此辈尚复知顾忌哉故由前则种种不法当正典刑由后则饰无为有说谎之罪不容诛也征多解少侵欺之罪不容诛也伏乞勅下法司从重究拟籍没其家为奸欺悖旨之戒庶法纪修明所全国体亦不小矣】

潘相江西税监也上既撤寀命相兼摄闽中税务【四十三年六月二十八日奉圣旨所奏内官高寀不谙事体以致人心不安激变地方抚按官差的当官员伴送来京定夺其原管税课并兼摄广东税务俱著归并江西潘相不妨原务兼摄督理待三殿工有次第即奏请停止其地方不安抚按官出示晓谕抚绥该部院知道七月十七日邸报到闽】然税进裹蹄俱属有司类解藩司转解相仅使命时一还往不能大为害国初又有提督市舶内官莅闽卓洪范士明俱宣德间遣梁著杨某俱正统间遣韦查董让俱弘治间遣然市舶之设是主贡夷及夷商来市者与今漳税不同第以均属税珰故附列之

论曰以内庭执虎子之人而舌簸宪准手握利权则夫窃帝之威而厉苍黔幸人之国以结夷虏彼宁复有荣名之愿祸败之虞哉阻挠足以制郡县而横决且至凌节钺山颓海泣霜履冰坚自其常势耳此古人所以叹鹿马之易形而问豺狼之当道也

卷九·舟师考

海门以出洄沫粘天奔涛接汉无复崖埃可寻村落可志驿程可计也长年三老鼓枻扬帆截流横波独恃指南针为导引或单用或指两间凭其所向荡舟以行如欲度道里远近多少准一昼夜风利所至为十更约行几更可到某处又沉绳水底打量某处水深浅几托【方言谓长如两手分开者为一托】赖此暗中摸索可周知某洋岛所在与某处礁险宜防或风涛所遭容多易位至风静涛落驾转犹故循习既久如走平原盖目中有成算也舟大者广可三丈五六尺长十余丈小者广二丈长约七八丈弓矢刀楯战具都备倅遇贼至人自为卫依然长城未易卒拔焉造舶费可千余金每还往岁一修辑亦不下五六百金或谓水军战舰其坚致不及贾客船不知贾舶之取数多若兵舰所需县官金钱仅当三之一耳每舶舶主为政诸商人附之如蚁封卫长合并徙巢亚此则财副一人爰司掌记又总管一人统理舟中事代舶主传呼其司战具者为直库上樯桅者为阿班司椗者有头椗二椗司缭者有大缭二缭司舵者为舵工亦二人更代其司针者名火长波路壮阔悉听指挥书云有常占风有候此破浪轻万里之势而问途无七圣之迷者乎

卷九·舟师考·内港水程

海澄港口【旧名月港隆庆六年奏设县治此间水浅商人发舶必用数小舟曳之舶乃得行计一潮至圭屿】中左所【一名厦门南路参戎防汛处从前贾舶盘验于此验毕移驻曾家澳候风开驾二更船至担门东西洋出担门分路矣】

卷九·舟师考·西洋针路

镇海卫太武山【打水二十托宋图经称未有生人时太武夫人拓土以居其上有坛出大担门半更船过此用丁未针四更取大小柑】大小柑橘屿【内是铜山所钦依把总置寨于此船从外过内打水十五托外二十五托用坤未针三更取南澳坪】南澳坪山【南澳是漳湖接连处万历四年设副总兵镇此筑城周围五百丈其外玄钟寨属漳柘材寨属湖最称重镇坪山者远望只一山近有三门西南边一派沉礁与澳相连内打水十八托外打水二十五托舶从外过用坤申十五更取大星尖】大星尖【属广州东莞县其内为大鹏所洪武间筑城守之大星尖赤石甚尖故名内打水三十五托外四十五托用坤申针七更过东姜山】东姜山【对开打水四十五托其前为弓鞋山】弓鞋山【山如弓鞋样对开打水四十九托内外俱可过船其前为南亭门】南亭门【对开打水四十七托用单坤五更取乌猪山】乌猪山【上有都公庙舶过海中具仪遥拜请其神祀之回用彩船送神洋中打水八十托用单申针十三更取七州山】七州山七州洋【琼州志曰在文昌东一百里海中有山连起七峰内有泉甘冽可食元兵刘深追宋端宗执其亲属俞廷珪之地也俗传古是七州沉而成海舶过用牲粥祭海厉不则为祟舟过此极险稍贪东使是万里石塘即琼志所谓万州东之石塘海也舟犯石塘希脱者七州洋打水一百三十托若往交址东京用单申针五更取黎母山】黎母山【在琼州定安县南四百里广东通志曰五指山一名黎母生黎峒中五峰如人指屹立图经云岛上四洲黎母为主每辰巳后云雾收敛则一峯耸翠插天申酉间复蔽不见此南极星芒所降之地又云婺女星见此山因名黎婺后讹呼黎母虞衡志曰山极高常在云雾中黎人自鲜识之久晴海气清明见翠尖浮半空明丘浚诗五峯如指翠相连撑起炎荒半壁天夜盥银河摘星斗朝探碧落弄云烟雨余玉笋空中见月出明珠掌上悬岂是巨灵伸一掌遥从海外数中原用庚酉针十五更取海宝山】海宝山【用单亥针及乾亥由涂山海口五更取鸡唱门即安南云屯海门也】交址东京【一统志曰东至海西至老挝南至占城北至思明府】又从七州洋【用坤未针三更取铜鼓山】铜鼓山【广东通志曰在文昌东北诸獠铸铜为大鼓悬庭中雠杀相攻则击此鼓到者云集后瘗此山乡人掘得之故名琼州志曰铜鼓海极深险坤未针四更取独珠山】独珠山【俗名独猪山琼州志曰独州

山一名独珠山在万州东南海中峯势高峻周围五六十里南国诸番修贡水道视此为凖其洋为独珠洋舶人云有灵伯庙往来祭献打水六十五托用坤未针十更取交址洋】交址洋【唐沈佺期有渡海诗尝闻交址郡南与贯㑹连四气分寒少三光置日偏越人遥捧翟汉将下飞鸢北斗崇山挂南风涨海牵别离频改月容鬓骤催年虚道崩城泪明心不应天打水七十托用坤未针取占笔罗山是广南港口】广南【汉为日南郡隋唐为驩州国朝为乂安府】又从交址洋【用未申针三更取望瀛海口入清华港】清华港【汉为九真郡隋唐为爱州交址为西京国朝为清化府】又从交址洋【取小长沙海口入顺化港】顺化港【国朝为顺化府】又从交址洋【用坤未针十一更取外罗山】外罗山【远望成门近看东高西低北有椰子塘西有古老石船傍西行打水四十五托用丙午针三更取马陵桥其内为提夷是交址属县】提夷马陵桥【打水二十五托内外俱可过舩南边有礁出水用丙午针四更至交杯屿即新州港口】新州港【国朝为新安府】新州交杯【屿两屿相对如交杯状故名内打水十八托用丙午三更取羊屿】羊屿【有小石塔好抛船内打水八九托外二十托南有羊角礁不可近用丙午针三更取烟筒】烟筒山【此交址占城分界处也以状似烟筒故名虽极澄霁亦顶上有氤氲气用丙午针三更取灵山】灵山【星槎胜览曰与占城山连接峻岭而方有泉下绕如带山顶一石块似佛头故名灵山往来贩舶于此樵汲崇佛诵经燃放水灯彩船以禳人舩之灾开打水六十托用单午针二更取伽俑貌】伽俑貌山【港内有三屿潮涨则不见山远过打水十五托用坤未针五更由圭龙屿取罗湾头即占城港口】占城国【一统志曰东距海西抵云南南接真腊北连安南东北至广东舟行可半月程至厓州可十日程古名林邑唐名环王国后始名占城】占城国罗湾头【打水五十托用坤申针五更取赤坎山】赤坎山【宋时占城王常避交人徙居兹山近打水二十托外十八托用单申针四更取鹤顶山】鹤顶山【打水二十五托洋中有玳瑁洲宜防若往柬埔寨由此分路用单庚四更取柯任山】柯任山【自赤坎沿山而行因风应变外任寻港用庚申针开有石烂礁在西南若行船放落屿下开头用单庚及庚申针看风让高收毛蟹洲】毛蟹洲【打水六七托舩头对洲收入有三托水在浅内船恐犯洲尾浅要认毛蟹洲须见两边坤身头崎便是天略清明潮水晓退在外任开舩东风小午到浅至午进港为妙】柬埔寨【即古真腊地也又名占腊将至港俱是泥地故名占腊泥国人自呼甘孛智后讹为甘破蔗舶人又讹为柬埔寨一统志曰东际海西接蒲甘南连加啰啼北抵占城】又从赤坎山【单未十五更取昆仑山】昆仑山【此非河源之昆仑然自海中一大名胜星槎胜览曰节然瀛海中山高而方山盘广远俗云上怕七州下怕昆仑针迷舵失人舩莫存用单庚及庚酉三更取小昆仑】小昆仑【两边有礁出水用庚酉及单酉八更取真屿】真屿【看成三山内过打水十四托泥地外过打水十八托沙地远过只七八托便是假屿水浅不可行只从真屿东北边出水礁南边过舩用庚戌针五更取大横山】大横山【到此是暹罗界外过南边打水二十五托为正路北边水浅只五托水船在南边见小横山】小横山【其山多树打水十四托辛戌十更单戌十更乾戌十更取笔架山】笔架山【远望形如笔架故云山下打水十四托开打水二十托壬亥五更取陈公屿及黎头山】黎头山【西边高大东南稍低其内有屿西北一派是石排山用壬子针五更取圭头浅】圭头浅【打水四十托用单乾三更取竹屿】竹屿【浅口打水四五托用壬子及乾亥沿山坤申尾即暹罗】暹罗【乃古赤土及婆罗刹地至本朝合暹与罗斛二国名暹罗一统志曰在占城极南】又从昆仑山【用坤申及庚酉针三十更取吉兰丹】吉兰丹【即大泥港口用坤申七更入港是大泥国】大泥国【即古渤泥也我朝贡道由福建入又从昆仑山】【取真屿用辛酉针二十八更取六坤】六坤【暹罗属国也其地与大泥相连】又从昆仑山【用坤未针三十更取斗屿】斗屿【用丁午针五更取彭亨国】彭亨国【一名彭坑单午五更取地盘山】地盘山【在彭亨港外外打水二十八托内四十四托三更至东西竺】东西竺【此柔佛地界也用丁未针十更取罗汉屿即柔佛港口】柔佛国【一名乌丁樵林】罗汉屿【有浅宜防往来寻白礁为凖往满剌加从北边过舩用庚酉五更入龙牙门】龙牙门【星槎胜览曰山门相对如龙牙状中通船田瘠谷薄男女穿短衫围稍布掳掠为豪番船于此防之今人夜舶不敢行以其多盗且南有凉伞礁也中打水三十托北二十托南八九托又过淡马锡门用庚酉及辛戌针三更取吉里问山】吉里问山【打水二十七托两边有浅用乾亥针三更取昆宋屿】昆宋屿【打水二十五托用单亥针五更取箭屿】箭屿【打水三十四托用乾戌针五更取五屿】五屿【先时酋开镇于此此中有真五屿假五屿沿山而入为马六甲】马六甲【即满剌加国也舶人音讹耳在古为哥罗富沙地】又从东西竺【用丙午针十更取长腰屿】长腰屿【北边正路打水二十六托若往丁机宜用坤申四更取独石门】独石门【出门用单酉针过铁钉屿】铁钉屿【其外水流急甚用单庚及庚申针四更至鳄鱼屿】鳄鱼屿【西是坤身昼南流而夜北流再进由第二港入是丁

机宜国】丁机宜【瓜哇属国】又从长腰屿【用丁午针十更取龙雅大山】龙雅山【在马户边过用单午针三更取馒头屿】馒头屿【收入即是詹卑七更可到】詹卑【三佛齐人称其国王为詹卑其国既为爪哇所破故王徙居于此因以名地】七屿【从馒头屿驾开用丁午针三更到此又用丁未七更取彭家山】彭家山【用坤未三更取西南第二山有沉礁收坤申针收入旧港】旧港【即三佛齐故都也其先为干陁利国初时为爪哇所并改名旧港以别于彼之新村】又从彭家山【用辰巽针十更取进峡门】进峡门【用丙巳巡坤身七更见三麦屿】三麦屿【过屿用单丁及丁午五更单未五更取都麻横港口】都麻横港口【中望一山名真不真假不假正路打水十七托用单午针十更取览邦港口】览邦港口【览邦夷人好食人故舶无维缆者外有小屿名奴沙牙近屿打水八九托用丁午三更取奴沙剌打水十四托又用丁午针三更远望锡兰山】锡兰山港口【即梁时所通狼牙修也今讹为石旦隋常骏至林邑遥望见焉夷言高山为锡兰港口者亦就望见言之其实去彼尚远星槎胜览曰地广人稠亚于爪哇山顶产黄鸦鹘石青红宝石海旁有珠帘沙常取螺蚌倾入池中作烂淘珠货之海边有一盘石上印足迹长三尺许常有水不干称先世释迦从翠蓝屿来登此足蹑迹至今尚存永乐间其王来贡旋复负固不恭郑中贵和虏其王归上命释之其后贡使岁以为常洋中凡五屿正门打水四五托用丙巳针六更至下港】下港【即古阇婆在南海中者也亦名社婆至元始称爪哇今下港正彼国亦巨镇耳舶人亦名顺塔再进入为咖嵧吧】又从满剌加国五屿【分路入苏门答剌用单乾针五更取绵花屿】绵花屿【第三湾正好过船打水七八托外二十托用单戌针过浅辛戌四更取鸡骨屿】鸡骨屿【对开打水六十六托有浅舩宜远过用乾戌针十更取双屿】双屿【对开打水三十五托即正路所经也用乾戌并辛戌四更取单屿】单屿【内打水十六托外四十托用辛戌针十更认亚路】亚路【坤身打水三托洋中二十托用壬亥及乾亥针若离山用乾戌针十五更取巴禄头】巴禄头【其旁为九州山星槎胜览曰林木丛生枝叶茂翠永乐间郑和遣人入山采香有长六七丈者数株香味清远黑花细纹山人张目吐舌言天朝威力若神单亥及乾戌五更取急水湾】急水湾【西边有湾沉礁打浪对开水二十五托用辛酉针五更取哑齐】哑齐国【即苏文答剌国也其先名大食今一名苏文达那广东通志曰自满剌加九昼夜可至】又从玳瑁洲【用丁未针三更取东西董】东西董【从西董过舩远似石礁状用单丁五更丁未三十更取失力大山】失力大山【近山用坤未针五更取马鞍屿】马鞍屿【用巽巳五更取塔林屿】塔林屿【山尖有老古石正路在西用辰巽针三十更取吉宁马哪】吉宁马哪山【山上有池贮水不竭池上石壁有古篆用单巳针七更单丙六更取勿里洞山】勿里洞山【丙午十五更取吉里问大山】吉里问大山【西面坤身拖尾甚长有老古浅离山宜防用辰巽四更取保老岸山】保老岸山【山与吉里问相对俗讹呼巴哪大山一统志所谓番舶未到先见此山顶耸五峯云覆其上者也用巽巳四更取椒山】椒山【即猪蛮地沿山取磨屿七更收入饶洞】思吉港饶洞【即苏吉丹国政与瓜哇王国相近而吉力石为之主】又从保老山【用乙辰针五更取吉力石港】吉力石港【即瓜哇之杜板村史所谓通蒲奔大海者也打水八九托用乙辰针一更取双银塔】双银塔【用丁未针五里取磨里山】磨里山【即星槎胜览所谓彭里者也俗尚寇掠用单乙三更取郎木山】郎木山【山下有三吧哇屿屿前有老古用单卯五取重迦罗】重迦罗【舶人讹呼高螺星槎胜览曰地与瓜哇界相接高山奇秀内一石洞前后三门可容万人用单卯针五更取火山】火山【内是里马山有真里马假里马过火山门用辰巽针二更取大急水】大急水【一名双牌水深流急出门用乙辰针三更至嚮屿】嚮屿【用乙夘十更取大云螺小云螺】大小云螺【又乙夘针六更单夘针七更取苏律山】苏律山【有红毛番居此不宜进泊用乙辰三更收山取印屿】印屿【用单卯针二更至美罗港即是池闷】池闷【即吉里地门是诸国最远处也】又从吉宁马礁【往文郎马郎分路用丙巳及巽巳五更取吧哩马阁】吧哩马阁【即白水洋打水八托是正路近屿有浅可防用乙夘针五更甲夘五更单夘五更取三密港】三密港【用乙夘针二更取龟屿打水六托是正路】龟屿【稍开有石六七块名猫著万里浅用单巳三更取单戎世力山】单戎世力山【有浅宜防打水五托是正路用单巳及巽巳四更又辰巽收美哑柔】美哑柔港口【是处多盗好夜杀人前有大山是马神国】文郎马神国【古称文狼】

卷九·舟师考·东洋针路

太武山【用辰巽针七更取彭湖屿】彭湖屿【是漳泉间一要害地也多置遊兵防倭于此用丙巳针五更取虎头山】虎头山【用丙巳七更取沙马头澚】沙马头澚【用辰巽针十五更取笔架山】笔架山【远望红豆屿并浮甲

山进入为大港】大港【用辛酉针三更取哪哦山】哪哦山【再过为白土山用辛酉针十更取密雁】密雁港【南是淡水港水下一湾有小港是米吕蓦下一老古湾是磨力目再过山头为岸塘】又从密雁港【幞头门用丙午单午十更取六藐山】六藐山【下有四屿用单巳针五更取郎梅屿】郎梅屿【单午四更取麻里荖屿】麻里荖屿【用丁午五更取苏安山及玳瑁港】玳瑁港【东是傍佳施栏用壬子针四更及癸丑五更取表山】表山【山甚高为涛门之望故名用丙午及单午五更取里银中邦】里银中邦【丙巳五更取头巾礁】头巾礁【用单午五更收吕宋国】吕宋国【国初贡路由福建入用丙巳及乙辰针十更取沙塘浅开是猫里务】猫里务国【即合猫里国也永乐时与吕宋贡使偕来】又从吕宋【取猪未山入磨荖央港】又从吕宋【过文武楼沿山至龙隐大山为以宁港】以宁港【山尾十更西边取里摆翰至高药港】又从以宁港【用丙巳针取汉泽山即屋党港口】汉泽山【用单巽针取海山】海山【用单巳针五更取呐哔啤其内为沙瑶】又从汉泽山【用丙午针二十更取交溢一名班溢】交溢【稍下为逐奇马山用乙辰七更取魍根礁老港】魍根礁老港【用乙辰针七更见绍山】绍山【又用乙辰针十更入乾子智港是米洛居地今佛郎机驻此】乾子智港【对面是直罗里稍上是绍武淡水港红毛夷驻处】绍武淡水港【此处大山凡四进入即美洛居舶人称米六合】又从交溢【对西开船取犀角屿】犀角屿【外有三四白礁南势开船用单坤针入苏禄国】苏禄国【国初朝贡有东王西王峒王其后只东王来贡不绝疑是为东王所并矣商舶所至则峒王地】又从吕蓬【用坤未针五更取芒烟山】芒烟山【用丁未针十更取磨叶洋】磨叶洋【用单未针并丁未取小烟山】小烟山【其上有仙人掌用丁未针五更取七峰山】七峰山【用单丁五更取巴荖圆】巴荖圆【用丁未五更取罗卜山】罗卜山【用丁未针三更取圣山】圣山【自圣山东去突出二大尖两傍皆老古石中只一沟舟行甚险用单未及坤未针五更取昆仑山】昆仑山【此又别一昆仑是舶人强名之耳用坤未针取长腰屿】长腰屿【舶过屿门用单午针五更取鲤鱼塘】鲤鱼塘【收毛花蜡即文莱港口】文莱国【即婆罗国此东洋最尽头西洋所自起处也故以婆罗终焉】东番【人称为小东洋从彭湖一日夜至魍港又一日夜为打狗仔又用辰巽针十五更取交里林以达鸡笼淡水】

卷九·舟师考·祭祀

协天大帝者汉前将军汉寿亭侯关忠义也万历四十三年上尊号天妃世居莆之湄洲屿五代闽王时都巡检林应之第六女也母王氏妃生于宋元佑八年【一云太平兴国四年】三月二十三日始生而地变紫有祥光异香幼时通悟秘法预谈休咎无不奇中乡民以疾告辄愈长能坐席乱流而济人呼神女或曰龙女雍熙四年二月十九日升化【一云景德三年十月初十日】盖是时妃年三十余矣厥后常衣朱衣飞翻海上里人祠之雨阳祷应宣和癸夘给事中路允迪使高丽中流震风八舟俱溺独路所乘神降于樯竟无恙使还奏闻特赐庙号曰顺济绍兴己夘江口海寇猖獗神驾风一扫而遁其年疫大作掘坎涌泉饮者辄苏涔封昭应崇福云乾道己丑都巡检使羌特立以妃默佑捕反有功疏闻于朝加封善利淳熙间加封灵惠庆元戊午调舟师平太奚寇神在空中以雾障之贼为昼昏而我师晴明如故以此贼无脱者开禧丙寅敌迫淮甸忽半汉旌旄云集望之则妃庙号也敌披靡解围景定辛酉巨寇泊祠下祷神不允群肆暴慢醉卧廊庑间神纵火焚之各自躏蹂而毙有司以闻累封助顺显卫英烈协正善庆等号元以海漕有功赐额灵济国朝永乐间内官郑和有西洋之役各上灵迹命修祠宇己丑加封弘仁普济护国庇民明著天妃自是遣官致祭岁以为常册使奉命岛外亦明禋惟谨舟神不知创自何年然舶人皆祀之以上三神凡舶中来往俱昼夜香火不绝特命一人为司香不他事事舶主每晓起率众顶礼每舶中有惊险则神必现灵以警众火光一点飞出舶上众悉叩头至火光更飞入幕乃止是日善防之然毕竟有一事为验或舟将不免则火光必扬去不肯归都公者相传为华人从郑中贵抵海外归卒于南亭门后为水神庙食其地舟过南亭必遥请其神祀之舟中至舶归遥送之去灵山石佛头舟过者必放彩船和歌以祈神贶

卷九·舟师考·占验【似可解似不可解似有韵似又无韵备波涛之望气非委巷而征歌也】

朝看东南黑势急午前雨暮看西北黑半夜看风雨【右占天】

天外飞游丝久晴便可期清朝起海云风雨霎时辰风静欝蒸热雷云必振烈东风云过西雨下不移时东南夘

没云雨下巳时辰云起南山遍风雨辰时见日出夘遇云无雨必天阴云随风雨疾风雨片时息迎云对风行风雨转时辰日没黑云接风雨不可说云布满山低连宵雨乱飞云从龙门起候风连急雨西北黑云生雷雨必声訇云势若鱼鳞来朝风不轻云钩午后排风色属人猜夏云钩内出秋风钩背来乱云天半遶风雨来多少风送雨倾盆云过都暗了红云日出生劝君莫出行红云日没起晴明未堪许【右占云】

风雨潮相攻飓风难将避初三须有飓初四还可惧望日二十三飓风君可畏七八必有风讯头有风至春雪百二旬有风君须记

二月风雨多出门还可记初八及十三十九二十四三月十八雨四月十八至风雨带来潮榜船人难避端午讯头风二九君还记西北风大狂回南必乱地六月十一二彭祖连天忌

七月上旬来争秋莫船开八月半旬时随潮不可移【右占风】

乌云接日雨即倾滴云下日光晴朗无妨早间日珥狂风即起申后日珥明日有雨一珥单日两珥双起

午前日晕风起此方午后日晕风势须防晕开门处风色不狂

早白暮赤飞沙走石日没暗红无雨必风朝日烘天晴风必扬朝日烛地细雨必至返照黄光明日风狂午后云过夜雨霶沱【右占日】

虹下雨雷晴明可期断虹晚见不明天变断风早挂有风不怕晓雾即收晴天可求雾收不起细雨不止三日雾蒙必起狂风【右占雾】

电光西南明日炎炎电光西北雨下连宿辰阙电飞大雨可期远来无虑迟则有危电光乱明无风雨晴闪烁星光星下风狂【右占电】

蝼蛄放洋大飓难当两日不至三日无妨海乏沙尘大飓难禁若禁沙岸仔细思寻乌鲭弄波风雨必起二日不来三日难抵东风可守回来暂傚白虾弄波风起便和【右占海】

月上潮长月没潮涨大讯潮光小讯月上水涨东北南东旋复西南水回便是水落击定且守船走难缆钮定必凶直至沙岸走花落矴神鬼惊散要知矴地大洪泥硬【右占潮】

卷九·舟师考·水醒水忌

每月初一卅日初二三四五六水醒至初七平交十五水又醒至十六十七十八十九二十日水俱醒廿一日水平如前水醒流势甚紧凡船到七州洋及外罗洋值此数日斟酌船身不可偏东宜扯过西自初八九十一二三四水退流东廿三四五六七八水俱退东船到七州洋及外罗值此数日斟酌船身不可偏西西则无水宜扯过东凡行船可探西水色青多见拜浪鱼贪东则水色黑色青有大朽木深流及鸭鸟声见如白鸟尾带箭此系正针足近外罗对开贪东七更船便是万里石塘内有一红石山不高如看见船身低下若见石头可防可防水痕忌日忌行船装载大月初一初七十一十七廿三卅日忌小月初三初七十二廿六日忌

卷九·舟师考·逐月定日恶风

正月初十廿一日乃大将军降日逢大杀午后有风无风则雨二月初三十七廿七日午时有大风雨三月初九十二廿四日有大风雨四月初八十九廿三日午时有大风雨五月初十十一十九日申酉时有大风雨六月十九廿七日卯辰有大风雨七月初七初九十五廿七日有大风八月初三初八十七廿七日有大风九月十一十五十七十九日有恶风雨十月十五十八十九廿七日府君朝上帝卯时有大风雨十一月初一初三十九日有大风雨十二月初二初三初五初六十二廿八日有大狂风

卷九·舟师考·潮汐

古今论潮备矣长为潮退为汐匪朝至夕至之谓或以为海鳅出入或神龙变化或日出于海或天河激涌皆居中土不习见潮者之论夫天地间一气耳海潮者地之喘息耳记云夘酉之月气以交而盛朔望之日气以变而盛故潮独大此以余月余日论也周翠渠云海居地上地有俯仰潮因有往来气升于北则北盈而南虚地必南俯故潮皆

南趋气升于南则南盈而北虚地必北俯故潮皆北趋此以地乘气潮因地论也唯俯仰之形与喘息之义略有异矣月临于午为长之极历未及申酉则极消月临于子为长之极历丑及寅夘则极消此以太阴之天盘论也若每日之子午亦有潮退每日之夘酉亦有潮至至于八时皆然昼刻不见太阴安得复论天盘乎余安道云海之极远者其得气尤专故潮因之东海南海其候各有远近之殊岂非方之不同而气有独盛与若昼潮大于春夏夜潮大于秋冬潮之极涨常在春秋之中涛之极大常在朔望之后则天地之常数通四海皆然者漳人之候潮也夜则以月昼则以时于指掌中从日起时顺数三位长半满退半尽以六字操之无毫发爽海上渔者于海啸则知风海动则知雨潮退则出潮长则归其方言云初一十五潮满正午初八廿三满在早晚初十廿五日暮潮平又云月上水翻流月斜水半月落水汐尽潮则呼曰南流上汐则呼曰北流落至驾舟洋海虽凭风力亦视潮信以定向往或晦夜无月惟瞻北斗为度至海外之潮已平而内溪犹长则气盛而未收俗所云港尾水又云回流水是也海口以潮平为度其穿达支流仍以百里而缓三刻不可以此而分迟速焉【见漳州志】

论曰造车室中出而合辙善舟者亦然彼夫蜩翼不分蠡测多合直狎夷酋为鸥鸟而谷王波臣皆庄周所可衔翼而济也嗟乎望鳌冠山元无殊于戴粒问蜗左角亦何有于触蛮所可虑者莫平于海波而争利之心为险耳

卷十 · 艺文考 · 交址

唐降杨于陵贺安南破环王制白居易省所贺安南破环王国者蛮夷犯疆方镇致讨凶徒丧败荒徼清平卿素蕴忠诚又连封壤疾既同于山薮势益壮于辅车想闻捷书当倍慰惬载省所贺深见乃怀【占城元和三年犯安南杨于陵为节度使遣兵击走之故有此制】

卷十 · 艺文考 · 宋降交州制

率土来王方推以恩信举宗奉国宜洽于封崇眷拱极之外臣举显亲之茂典尔部领世为右族克保遐方夙慕华风不忘内附属九州混一五岭廓清靡限溟涛乐输琛宝嘉乃令子称吾列藩特被鸿私以旌义训介尔眉寿服兹宠章可授开府仪同三司检校太师封交址郡王【宋史曰丁部领为交州帅号大胜王署其子琏节度使凡三年逊琏位岭表平遣使内附制以琏检校太师静海军节度使安南都护八年遣使贡犀象香药朝议崇宠部领故降制】

卷十 · 艺文考 · 宋赐黎桓诏

丁氏传袭三世保据一方卿既受其倚毗为之心膂克狥邦人之请无负丁氏之心朕且欲令璇为统帅之名卿居副贰之任辠裁制置悉系于卿俟丁璇既冠有所成立卿之辅翼令德弥光崇奖忠勋朕亦何吝若丁璇将材无取童心如故然其奕世绍袭载绵星纪一旦舍去节钺降同士伍理既非便居亦靡安诏到卿宜遣丁璇母子尽室来归俟其入朝便当揆日降制授卿节旄凡兹两途卿宜审处丁璇到京必加优礼今遣供奉官张宗权赍诏谕旨当悉朕怀【宋史曰太平兴国八年黎桓自称权交州三使留俊遣使贡方物并以丁璇表来上帝赐桓诏桓已专据其土不听命】

卷十 · 艺文考 · 宋授黎桓制

王者懋建皇极宠绥列藩设邸京师所以盛会同之礼胙土方面所以表节制之雄矧兹跕鸢之隅克修设羽之贡式当昜帅爰利建侯不忘请命之恭用举酬劳之典权知交州三使留后黎桓兼资义勇特禀忠纯能得邦人之心弥谨藩臣之礼往者丁璇方在童幼昧于抚绥桓乃肺腑之亲专掌军旅之事号令自出威爱并行璇尽解三使之权以狥众人之欲远输诚欵求领节旄士燮强明化越俗而咸乂尉佗恭顺禀汉诏以无违宜正元戎之称以列通侯之贵控抚夷落对扬天休可检校太保使持节都督交州诸军事安南都护充静海军节度交州观察处置等使封京兆郡侯食邑三千户【宋史曰雍熙二年遣牙校张绍冯贡方物继上表求正领节镇三年秋又贡是岁十月降制授桓使持节都督交州仍赐号推诚顺化功臣】

卷十·艺文考·宋报交州诏

卿抚有南交世受王爵而乃背德奸命窃暴遑城弃祖考忠顺之图烦朝廷讨伐之举师行深入势蹙始归迹其罪尤在所绌削今遣使修贡上章致恭详观词情灼见悛悔朕抚绥万国不异迩遐但以邕钦之民迁劫炎陬久失乡井俟尽送还省界即以广源等赐交州【宋史曰神宗即位封李日尊南平王熙宁元年加开府仪同三司二年表言占城阙贡臣帅兵讨之虏其王诏以其使郭士安为六宅副使陶宗元为内殿崇班日尊自帝其国尊公蕴为太祖神武皇帝国号大越改元宝象又改神武五年日尊卒命广西转运使康卫为吊赠使予所夺州县诏报之乾顺初约归三州官吏千人久之才送民二百二十一口男子年十五以上刺额曰天子兵二十以上曰投南朝妇人刺左手曰官客以舟载之而泥其户牖中设灯烛日行一二十里则止而伪作更鼓以报凡数月乃至盖示海道之远也】

卷十·艺文考·御制谕安南国王诏

前者朕令安南来见期以三年遣使一朝所贡表意而已若事大之心永坚何在物之盛今使者黎公等至仍前远贡丰物何不遵朕至意岂彼中紊乱纪纲更王易位有所疑猜乎然君臣之分本定昔王荒昏于上致令如斯岂非天假手欤朕又闻方今之王亦族中人为之或者可盱中国圣人有云将欲取天下而为之吾见其不得已天下神器也不可为也为者败之执者失之今陈煓夺位而为之必畏天地而谨事神恤及黔黎庶膺王爵傥慢天地而虐庶民又非久长之道且安南限山隔海远居蕞尔天造地设帝命王于彼者以主生民中国有道之君必不伐尚强无知者必征今朕统天下惟愿民安而已无强凌弱众暴寡之为安南新王自当高枕无虑加兵也【御制谕安南使臣阮士谔尔阮士谔入贡来朝久驰山川其劳甚矣今命尔归复达尔邦当与叔明言昔者陈日煃荒昏以致亡灭然既亡之后国中多事连年今王若不德胜前王又恐宗社不安若欲久安之道务以仁治国毋以虐为政傥有小愆当自省修德以释则可回天意御制安南国王陈叔明勅前者为入贡之礼繁所贡之物广然广则广矣以物度之上不足备内廷之供下无利于军民往复劳苦致生嗟叹为斯止贡三年一至至必贡微情厚乃国王之大体也何王不知我之至意数来无诚物广寡用安得万里神交者耶且王居遐荒山川阻险封疆之际密迩中国之遑陲若欲互生情爱福及黎民则送往迎来必毋自侮若泛常施以小诈则大体一失祸不招而自至又为无事而生事今王不如我约贡物之广劳民从事行移字异莫辩真伪阮士谔非人国王之为也今陪臣行人归特谕王知迩来朕中书御史台朋党相尚事觉已行诛毕因使王知故兹勅谕御制命中书谕止安南行人勅使者自安南归奏陈安南人情礼意彼中动以侮诈为先非以小事大之诚乃生事之国不可数令人往来近岁贡将期尔中书速遣人至境止行人归毋尚虚礼令安南国王省已修仁御制谕安南来使勅夫人必自侮然后人侮之洪武十一年尔王差阮士谔来贡朕知彼中多难特以心腹之言勅谕阮士谔归朕恐待王礼薄专命内臣与阮士谔亲性安南何至其境士谔星奔日驰兼程先至我内臣既达尔邦士谔罔知所在故出门入户之礼排筵席宴之间异端非一此果礼之诚欤抑侮之设欤安南中国虽称僻居遐荒实是密迩虽曰密迩地不足以广疆人非我用在昔中国之君难统朕思限山阻川实为疆制若我中国有道内安四夷守分何欲今安南与朕本无嫌疑若较斯非必后有余愆阮士谔来朝及其至国似非有官今尔等来若欲令见又非有官故不令见尔归告叔明安分高枕虽不来朝亦已无虞迩来朕失务德人神有变惶惧无已尔勿我干故兹勅谕】

卷十·艺文考·御制谕安南陈叔明诏

朕闻春秋诸侯之国皆自丧其福然后相继而灭亡者云何盖逆君命而祸黔黎故天鉴不可逃也假使当时诸侯惟天王之命是从岂不同周之固何期舍长富贵而贪高位致富贵若草杪之朝露贤不云乎毋为祸首毋为福先尔叔明自临事以来国中多事民数流离此果尔兄弟慕福而若是耶抑民有愆而致是耶易不云乎积善之家必有余庆积不善之家必有余殃天地之广长民者众若邦有道固封疆勿外求则世为永福若越境殃民福命未可保也尔安南与占城忿争将十年矣是非彼此朕所不知其冤未伸而雠未解将如之何尔叔明如听朕命息兵养民以遂天鉴后必无穷之福若否朕命又恐如春秋之国自取灭亡也昔人有云以道佐人主者不以兵强天下何也杀伐之事好还故知者不为尔其图之鉴春秋之失毋蹈往辙岂不美乎【谕占城安南二国诏朕居中国统天下每欲使四

夷俱安近者海内诸国皆来臣朕贡献方物占城上言安南出兵连年侵境朕未知实否今为尔两国言之和睦邻境乃保国善道故善为国者各守其封疆各安其民人上顺天道天必佑之世道得以久长若各不安分构怨交兵纵其君长身虽无损害及生民又何利乎甚而天地神人共愤共怨其患将有不可测者此岂保国之道哉朕为天下主治乱持危理所当行今遣谕尔两国若彼此果有所争即当罢兵以和睦邻境为念畏天保民安疆土以永传于子孙岂不美欤故兹诏示想宜知悉阮廷桧归省谕安南国王勅前者占城之役只候内人阮廷桧行中之一尔因尔前王终占海之滨廷桧留占国思归浮海至于岭南有司送至朕见净人授以内臣之职今六年矣特令省亲并养疾若痊王必令再至今因廷桧朕复谕尚兵相加之役自今已后王无再举勤修睦邻之道以乐安南之民其福无穷故兹勅谕】

卷十·艺文考·御制谕安南陪臣谢师言等归敕

盛暑时来涉山川之遥晨进昏止吞烟服雾劳已至矣然是修职贡而以小事大之行尔承国王之令事毕而归盛暑未终潦水汗漫非舟不济舟则舟矣尔当中庸其心凝然其神则天假飙风渡衡阳之浦不期而济之必矣不然巨鱼尾浪鳌背风生蛟蜃嘘气而云横八极非诚心无二者岂不危然是时樯倾而舵摧欲良工以完之奚速成也哉朕以天道人事表里而谕一如朕命吉哉故兹勅谕【御制命中书回安南公文安南僻在西南本非华夏风殊俗异未免有之若全以为夷则夷难同比终是文章之国可以礼导若不明定仪式使知遵守难便责人中国外夷若互有道彼此欢心民之幸也何在繁文今后与安南往来尔中书行移诏书无故不轻往使彼得自由岂不有便外夷者欤尔中书昭示安南知会三年来贡陪臣行人许五人而止进见之物须教至微至轻必来使自捧而至免劳彼此之民物不在多惟诚而已】

卷十·艺文考·开设交址衙门诏【永乐五年三月初一日】

朕只奉皇图恪遵成宪弘敷至治期四海之乐康永保太和俾万物之咸遂夙夜兢业弗敢怠遑仰惟皇考太祖高皇帝混一天下怀柔远人安南陈日煃慕义向风率先职贡嘉其勤悃颁赐鸿恩封安南王长有其土子孙世袭与国咸休贼臣黎季犛子黎苍久畜虎狼之心竟为吞噬之举杀其国主戕其阖宗覃被陪臣尽罹惨酷掊克杀戮荼毒生民鸡犬弗宁怨声载路狐疑狙狡鼠黠狼贪诡异姓名为胡一元子胡查隐蔽其实矫称陈甥诳言陈氏绝嗣请诏袭封朕念国人无所统属不逆其诈听信所云幸成奸谲之谋辄逞跳梁之念全无忌惮靡慝不为自以圣优三皇德高五帝欺圣欺天无伦无理僭国号曰大虞窃纪年为绍圣非惟恣横于偏方实欲抗衡于中国佯奉正朔受颁历而焚之招纳逋逃闻追索而隐匿朝贡之礼不行凶暴之情益肆涵淹卵育荐有图大之心锋猬斧螗益动侵陵之势觊觎南诏窥视广西据思明之数州侵陵远之七寨掳其女子以备凭钳驱其人民以蹈汤火欺占城之孱主伐其国以遭丧夺其土疆要其贡赋逼受伪印冠服令其从已背朝屡被残殃数来告急朕矜愚昧未终绝之特遣使臣晓以祸福启其自新之路开其向善之门谆切再三俾其改悟益见冥顽狠愎稔恶弗悛未几安南王孙奔窜来京诉陈其事黎贼一闻谬来効欵求释诬罔之罪迎立陈氏之孙示彼至公曾何芥蔕即遣送归国贼乃伏兵要杀于途并杀朝使朕遣人赐占城礼物又杀使臣而夺之昔苗民逆命禹有徂征之兵葛伯仇饷汤有徯苏之旅朕以五兵戢櫜之日正万国乂安之时独兹叛夷妄乾天宪兴言及此衋然伤怀志在吊民岂忍穷武实不得已告于神只聿兴问罪之师爰举九伐之典用除残暴以解倒悬乃命征夷将军成国公朱能等率偏师带甲八十万讨之特勅将士临阵来敌者杀无赦其来降者悉宥师渡富良江贼率众号七百万来拒尚逞怒蛙之勇以婴霆击之威兵刄才交势即披靡我师轥之如摧枯拉朽斩首百万级直隶东都遂平西都四郊无结草之固前徒有倒戈之师黎贼孽党实时殄灭其投兵乞命者即释不诛所至市不易肆人民安堵徧求陈氏子孙立之其国官吏耆老称为黎贼灭尽无可继承陈请安南本古交州为中国郡县沦污夷习于兹有年今幸迅扫欃枪划磢芜秽愿复古州县与民更新庶再覩华夏之淳风复见礼乐之盛治俯狥舆情从其所请合行事宜条列于后于戏威武载扬岂予心之所欲元恶既殛实有众之同情广施一视之仁永乐太平之治布告中外咸使闻知

卷十·艺文考·为丁璇上宋太宗表·黎桓

臣族本蛮酋僻处海裔修职贡于宰旅假节制于方隅臣之父兄代承阃寄谥保封略罔敢怠遑爰暨沦亡将坠堂构将吏耆耋乃属于臣俾权军旅之事用安夷落之众土俗犷悍恳请愈坚拒而弗从虑其生变臣已摄节度行军司马权领军府事愿赐真秩令备列藩干冒宸扆伏增震越【宋史曰丁琏既死弟璇尚幼嗣立大将黎桓迁璇别第举族禁锢之代总其众太宗怒以兰州团练使孙全兴八作使张璇左监门卫将军崔亮为陆路兵部署自邕州路入宁州刺史刘澄军器库副贾湜供奉官王僎为水路兵部署自广州路入黎桓遣牙校江巨湟贵方物来贡仍为丁璇上表上察其欲缓王师寝不报王师进讨斩首二千余级六年春又破于白藤江口转运使侯仁宝率前军先进全兴等顿兵候澄仁宝累促之不进及澄至井军由水路至多罗村不遇贼复回花步桓诈降以诱仁宝遂遇害诸将班师】

卷十·艺文考·平南献俘露布·【明】张辅

伏以天讨有罪聿兴吊伐之师武功告成爰举献俘之礼渠魁尽获海峤肃清盖划恶必锄其本根而绝患宁存乎萌蘖安南逆贼黎季犛更姓名胡一元及子黎苍更姓名胡者僻居炎徼负固海隅豺狼之残孽蛇虺之遗毒戕贼国主潜移陈氏之宗祧荼毒生民数犯朝廷之遏境攻围诏使侵暴邻邦僭称大虞窃纪年号酷刑威众人怀孥戮之忧横敛剥民家被掊克之害衔寃动地无辜吁天圣恩尝许其自新狂竖怙终而不改挤遏天朝之使贼杀故主之孙凶甚三苗舜法岂容于原宥罪浮反侧汉兵必事于剪除臣等恭奉制书总率师旅鹰鹯鵰鹗先云气而度斗南貔虎熊罴挟风威而踰岭表屡破重关之险飞度长江遂拔多邦之城歼夷群丑乃乘破竹之势分逐窜蒿之夷东都立平西都亟下余孽如蚁蚁之聚迅扫于盘滩困牧贼党犹爝火之然扑灭于噜江仙侣市廛安堵郡邑向风士民上书陈其罪恶者动以千计土人效顺愿同追剿者何啻万人乃督舟师进逼胶水逐鲸鲵于海口困虎兕于柙中暂尔偷生须臾延命因驻我师而设备欲致彼贼以就诛狂悖犹欲鸱张丑类仍怀豕突传报贼众引兵驾象以来侵愤激诸军鸣剑抵掌而往捕臣彬臣旭戒行既远都督柳升惊报倏来贼复入于黄江船悉来于闷海遣伪将朝射仁鉴等犯咸子閷臣辅遂用弩弓跃马督陈麾兵调骠骑将军吴旺刘塔出游击将军林帖木儿神机将军张胜丁能朱贵横海将军王玉都指挥黄义指挥李敬等领精兵而直前急击登岸之劲贼都督佥事柳升黄中鹰扬将军江浩徐泰都指挥徐正等率舟师而力战奋剿游水之逆徒歼其群凶毙其首将泸水尽赤长江尸壅而血腥杀气腾空终日云昏而雾惨臣晟率都指挥柳宗等领马步官军水陆夹攻大肆剪屠余烬溃散臣彬臣旭闻报继至臣辅率骠骑将军朱荣等乘胜追袭由噜江至于黄江贼徒弃槊奔逃获海舰及其战舰直抵闷海闻贼首轻舟复窜海滨遂洗涤胁从绥怀降附臣晟等率都指挥俞让等亦由噜江直至龙王海口获到战守船只释其拘系人民臣辅等以贼巢既倾凶徒尽散遂振旅于胶水复陈师于交州誓殄贼以宁遏当奋身而励众议留臣旭备御黄江等处臣辅臣彬领马步官军倍道兼进直穷海陬追擒贼首臣辅仍调柳升等臣晟调指挥李节等各领战舰由水路穷追师过清华府磊江贼众犹举虿尾而致毒欲逞螳臂以当轮遂分调前队官军剿杀戈船邀击而夹岸奔走矛戟争驰而望风披靡残夷败衄士气倍增舟师至典臾门泾鹊浅晴久水涸贼众捐舟而先遁我军进棹而莫前俄然云作沛然雨下水涨数尺信川只之效灵船过千艘岂人力之能致不待渡河而冰合奚劳拜井以泉流有开必先庆罪人之斯得惟动丕应仰圣德之格天师进演州府荼龙县探知首贼逋于乂安府狐疑犹豫方谋三窟以庇身雷励风飞不可一日而纵贼臣辅率都指挥陈怀等由土田县举厥江东臣彬率都指挥俞让等举厥江西各从陆路掩袭游魂震慑焚舟欲窜于新平余党离披投杖来降于海口臣辅复调黄中等躬率大军驰蹑至日南州柳升等舟师先于奇罗海口败杀贼徒夺其战舸五月十一日其所领永定等卫军士王柴胡等生擒贼首黎季犛黄中所领指挥陈钦等于海口擒获贼男黎澄十二日莫遂下头目武如卿等于盎海畔生擒贼首黎苍及男黎柄臣晟臣彬寻迹追袭亦至日南州据阮太等报初十日于奇罗海口擒获贼弟季貔并侄黎源晳等其胡杜范六才阮彦光段击等贼之爪距亦既就擒陈日昭阮飞卿阮谨杜满等贼之心膂悉皆降附过师枕席之上箪食来迎救民水火之中室家相庆宽宥迫胁招抚流离奉宣恩命获遂更生扫魑魅于炎荒息妖氛于瘴海臣辅等稽诸载籍安南本古交州汉唐仅能羁縻宋元犹被侵侮僭窃跳梁狃于故习虽加兵而致讨终叛服而不常覆载不容神人共愤今父子兄弟皆缚缚于辕门宗族伪官咸生擒于麾下自谓蛮

烟瘴雨之僻处历代兵威所不能加孰知圣德神功之齐天六合全封而莫敢敌戡定之速迈三年之克鬼方俘获而还陋六月之伐玁狁雪前代之遗恨解邦民之倒悬将士欢呼知天心之助顺蛮夷舞忭信人道之恶盈是皆圣略渊深明见万里之外天威烜赫坐收三捷之功数百种雕题馱舌之民咸跻寿域几千里鱼盐繁衍之地尽入舆图复隆古之封疆布中华之礼制通前所平州府四十八处县一百八十六处户三百一十二万五千九百所获象一百一十二马四百二十牛三万五千七百五十船八千八百六十五其所俘斩获级军资器仗别奏条上今将生擒贼首伪大虞国上皇黎季犛等献俘阙下臣等曾无汗血之劳获伸敌忾之志皆遵成算得效微勤平安南夷克清大憝献俘而告庙社仰答神灵盛醧以赐蛮夷用昭天宪聿新万年之治化永乐四海之清宁【附尚书黄福贺再平交址表天地以生物为心四时顺序圣人以安民为德一视同仁干戈櫜戢而海宇清平礼乐修明而神人欢庆恭惟皇帝陛下与天同运如日方中齐虞舜之文明重华协帝迈周武之功烈广大如天德威所加遐迩咸服声为律而身为度车同轨而书同文夫何交址之炎荒敢外中华之声教爰稽厥土实古硕夷在汉唐仅能羈縻至宋元尤为叛服逮乎黎丑仍踵敝风负井蛙而自尊致涸鱼而莫悔何简定之余孽复效前尤而季扩之狡童再循覆辙逞狐鼠之威蹂践疆域恣蛇虺之毒吞噬邦人遑尘弥漫蚁聚蜂屯之是覩田里萧索鸡鸣犬吠之不闻蠹伤造物之心愤激神人之怒皇上每垂戒谕屡扩至仁彼乃愈肆跳梁恣为不道爰兴睿算用命偏师天戈指而蚁穴尽空风帆举而鲸涛顿息渠魁既殄遗孽悉除共惟拯救之勤式慰徯苏之望班师振旅喜文德之诞敷行赏锡封覩武功之载戢舆图旧物于以光复山川精彩于以发舒赋列九州不止金人之贡化均万里远踰铜柱之功氛祲廓清雨阳时若实由懋先之盛德冠古之隆功致今日之太平雪前代之遗恨也臣顾惭微贱幸遇圣明始开百粤之新藩遂掌二司之重寄拜命惟谨惧德弗堪易俗移风勉承流而宣化彰善瘅恶誓激浊以扬清远慕皋夔之良尚隆唐虞之治然遐陬之地虽异而感报之心悉同凡沾雨露之民室家相庆获际风云之士冠冕增辉咸欲覩照临之清光于以谢生成之大德臣心感激未能率领以来朝天阙遥深徒切仰瞻而下拜敢效华封之三祝恭祈圣寿于万年】

卷十·艺文考·平南献俘露布·【明】田汝成【广东提学副使】

皇帝承运文敷武谧宇内熙皞百灵荐祉元储应期将以诞告多方外谕四裔乃坐明堂朝群辟按图数贡至于安南曰兹邦不庭廿有余稔岂其叛哉曷往诘之礼官肃将濒行会有逋臣控曰臣南裔黎氏之嫡胤也国有不令之雄曰莫登庸者实篡黎宗逐臣草莽惟陛下怜察皇帝若曰信兹称乱其往讨之乃命兵部左侍郎蔡公经安远侯柳公珣经略遐务以需大举蔡公简委贤豪参谋画策而左参政翁君万达实揔其凡乃图山川发间谍探要领峙刍粟砺矛镝选偏裨练卒乘义问昭乎日星威棱抗乎风霆交人闻之大惧登庸吐欵奉表而称曰臣黎氏之陪隶也黎氏式微国乱无象臣以皇灵削芟草窃仅有宁宇黎氏殀绝属纩之晨仓皇解佩印而属之臣曰天锡元宝尔姑守之请命以听所立也臣恐骇逃匿国人周章索臣拥之左推右挽责以大义曰不守锡宝是不共天朝也臣不得已苟从夷俗护印五年而犬马之齿耋矣复以属臣之子十有一年再尝遣使欵关而关令严不敢启方物弊不敢移易也封题较然臣父子旦夕稽首北望曰天监在兹夫黎氏不请而属之臣臣又不请而属之臣之子死罪死罪复更何言第黎氏忽亡而国人谬拥避迹无所谨以土地人民之数咸簿录之登献阙下事闻皇帝若曰咈哉岂其挟诈以缓我师其往核之乃命兵部尚书毛公伯温节制六省咸宁侯仇公鸾统握诸军勅曰听以军往违即征之毛公蔡公协忠同心以作义勇乃勒两粤劲士分为三军副总兵张经将中军翁万达监之参将李荣将左军副使郑宗古监之都指挥白泫将右军佥事李文凤监之勒滇南劲士分为三军都指挥胡绍将中军副使鲍象贤监之都指挥方策将左军副使郑骝监之都指挥王立将右军副使张絅监之幕府邃穆进止机宜则惟翁君与焉于是八蛮五獠侮食左言之长吴钩越棘狼纛鸟章之士傻牡介象云梯楼船之具莫不岳岳傱傱脉列猬合箕张翼舒阗骈乎桂海交人闻之愈益大惧登庸之使迭迹辕门摅褫哀悰恳以降请辕门佥议以为在古降仪或牵羊以表顺或舁榇以请诛彷佛于斯乃见悃抱登庸顿首敬诺辕门乃启镇南之关奠龙舆抗黄幄陈兵森邑登庸徒跣囚首白组系颈稽颡称曰臣斧锧游魂也无异圂豕陛下不发乘轺曳尺缨牵而刲之县首藁街以昭诫不謓是陛下以不忍群黎之故而宥微臣幸藉群黎以延残喘臣闻命已来魂魄飘丧悽悽荒恳又不足以感格皇千重烦讯使诘责诚伪死罪死罪臣共顺之情觳觫之状绘图不足为献剖心不能自明惟陛下哀之臣率土编户也戮之惟命俘而放之四荒惟命若以天地之量覆育蝼蚁宥之故穴亦惟命谨以黎氏所侵四峒之地先朝所锡金印遣从子文明表献臣昧死言不胜陨越辕门佥议以为

其辞顺其仪恭其哀无伪违即征之天之命也服而舍之武之经也为之解组而遣之按兵不进以状闻皇帝若曰呜呼皇天以予一人抚鞠四海匪威力是凭匪玉帛山河是爱惟苍生涂炭是忧黎氏守职无状众叛亲携驯至天绝莫氏宣力北户按堵朕亦嘉之其革王爵易国号置都统司以莫氏为都统使世掌其土以共王命诏至诸军解严南土驩呼飙驰鼎沸矣是役也君子以莫氏知命者四系组以请死也归地以赎罪也函印而献之以完宝也不贡方物以明畏也诗曰畏天之威于时保之其得不死而且世官也宜哉当兵事之初兴也尝以藩僚分守左江悉厥颠末昔愍其劳而今欣其靖也乃述而铭之曰粤有交州蕞尔瀛介三代之隆摈于荒外嬴秦远略乃辟其疆声教渐被历汉而唐五季纷纶土酋窃据涉宋而骄益烦遏虑大明受祚陈氏奉賨皇祖嘉之俾仍旧封季犛贼逆毒蔓雕题文皇征之掊戮鲸鲵索胤于陈绝不可得乃建省垣约以绳墨黎利再叛诈拥陈后宣庙慈弘包荒肆宥锡爵给印树为藩邦三叶而坠遂覆厥宗莫氏承之诸夷麕怀不请而禅于义则乖皇帝赫怒涣号征师如雷如电岳峙海驰纬武经文维两司马矫矫元侯从天而下司马有令既严既明翊用翁君廉信以匡铺敦义勇鹰搏虎奔朱鍪日丽玄甲云屯藉令戡之倏如畦耨载鞠载询蓄武不究交人闻之喙喙啴啴倾巢举落俯诉仰干蓬跣系组蛾伏而进顺效牵羊请同舁榇匪寇匪篡庶几有辞皇帝怜之遂以德来乃削其爵而畀世官比于内吏辑我龙编交人驩呼曰父母且完我妇子筑我室庐烨烨天威盱睫而在濊濊天恩含哺以戴如春之育如海之容训尔孙子惟王之共虞格苗民淹于七旬交人来欵曾不浃辰商伐鬼方三年而服宰割交州曾不遗镞我纪其事勒之贞珉伏波铜柱又何足云【附莫登庸请款关奏记登庸荒徼细民限于知识然每遥瞻北极光被南邦仰知中国有圣人久矣况天威振动之下有阳春骀荡之仁惧感交并曷可云喻窃惟先国主黎氏末运迍邅相继沦没黎譓摄国未几亦遘危疾临终仓卒苟从夷俗暂以国事付之登庸登庸又付其子方瀛未及奏请委涉擅专虽君门万里难于上闻而罪实滔天岂容自昧嘉靖十七年谨遣阮文泰赍表乞降并祈处分积诚未至不能立动圣心夙夜忧危靡遑宁处子方瀛不幸遘疾而亡国人狃于旧习欲以方瀛子福海代领其众登庸虑前误相授受义已不安今若再循所请负罪益重以此执共以俟朝命顷者大将专征重兵压境登庸犹圈豕何足以当惟是国人亦危朝夕幸见军门檄问备奉天言慈渥无涯拊膺流涕切念登庸有罪黔首无辜圣慈不忍以登庸之故而骈戮群黎登庸何幸以群黎之故而概存残喘已于国内北望嵩呼率同阮如桂等恭候南关组系出境诣幕廷而稽首输中款以投降登庸本欲躬自赴京瞻天请死缘已衰老不堪匍匐福海方在衰次不可远离谨遣亲侄莫文明并先国主旧臣许三省阮简清阮延祚等诣阙待罪亦以见登庸父子往年降表委系畏威怀德不敢有饰诈之心伏望矜宥俾获自新其土地人民皆天朝所有惟乞俯顺夷情从宜区处使得内属永世称藩比照列藩事例岁领大明一统历书刊布国中共奉正朔莫大之幸也虽先国丁氏陈氏黎氏递相沿袭称号纪元登庸悔悟之余固知不可以再严戒国人一切革除岂敢仍蹈往谬自速天诛比者广东钦州知州林希元奏称如昔贻浪二都澌凛金勒古森了葛四峒系钦州故地果如所称唯命是听本国先年缺贡应合类补以后年分续贡方物登庸不敢遽为言者以方在罪中求免一死尚恐不得耳又登庸与国人欲照先朝故事备办代身金银人献上亦虑唐突惟以投降听处实情具奏若天朝原赐本国王印信登庸止宜谨守不敢擅用伏望垂察】

卷十一·艺文考·占城·刘宋克林邑与将帅诏

林邑介恃遐险久稽王诛龙骧将军交州刺史檀和之忠果到列思略经济禀命攻讨万里推锋法命肃齐文武毕力洁已奉公以身率下故能立勋海外震服殊俗宜加褒饰参管近侍可黄门侍郎领越骑校尉行建武将军龙骧司马萧景宪协赞军首勤捷显著摠勒前驱克殄巢穴必能威服荒夷抚怀民庶可持节督交州广州之郁林宁浦二郡诸军事【宋书林邑传曰阳迈遣使上表求领交州诏答以道远不许后频贡献而寇盗不已所贡亦陋薄太祖忿其违慠二十三年使交州刺史礼和之伐之遣振武将军宗悫受和之节度府司马萧景宪为前锋阳迈闻将见讨遣使上表求还所略日南民户奉献国珍太祖诏和之果有款诚许其归顺二月军至朱梧戍遣曰南太守姜仲基贼曹参军蟜弘民宣扬恩旨阳迈执仲基等遣弘民反命外言归款猜防愈严景献等进军向区粟城阳迈遣大帅范扶龙大戍区粟又遣水步军径至景宪破其外救尽锐攻城克之斩扶龙大首乘胜克林邑阳迈父子挺身奔逃所获珍异皆是未名之宝上嘉将帅之功】

卷十一·艺文考·占城·南齐报林邑诏

林邑蠢尔介在遐外世服王化当根纯乃诚款恳到率其僚职远绩克宣良有可嘉宜沾爵号以弘休泽可持节都督缘海诸军事安南将军林邑王【南齐书曰杨迈子孙相传为王夷人范当根纯攻夺其国篡立为王永明九年遣使贡献金簟等物诏答之】

卷十一·艺文考·占城·梁答林邑诏

林邑王范天凯介在海表乃心款至远修职贡良有可嘉宜班爵号被以荣泽可持节督缘海诸军事威南将军林邑王【梁书曰天监九年文赞子天凯奉献白猿诏答之】

卷十一·艺文考·占城·明封占城国王诏

咨尔占城国王素处海邦奠居南服自乃祖父世笃忠贞向慕中朝恪守臣职今朕肇承天统抚驭万方欲率土之咸宁尝驰书而往报而尔能畏天命知尊中国即遣使称臣来贡方物思法前人之训以安一境之民眷尔忠诚良可尚嘉是用遣官赍印仍封尔为占城国王尚慎终如始永为藩辅

卷十一·艺文考·占城·明赐占城王玺书【洪武二年】

二月四日虎都蛮奉虎象至王之诚意朕已具悉然都蛮未至朕之使已在途矣朕之遣使正欲报王知之曩者我中国丁元人之末造遂使冦盗布满四方废我中国之彝伦朕发兵讨之垂二十年芟夷既平朕主中国天下乂安恐番夷未知故遣使以报诸国不期王之使者先至诚意至笃朕甚嘉焉今以大统历一本织金绮纱罗绢五十疋专人送使者归且谕王以道能奉若天道使占城之人安以生业王亦永保禄位福及子孙上帝实鉴之王其勉图勿怠【御制谕占城国王阿答阿者敕洪武十三年九月十八日占城使至为朕上寿非王诚意极专来使奉命万里之外岂能期时而若此耶览表阅辞知复与安南交兵水战弗利朕戒尔两国毋得深构仇雠以安生民今一胜一负终无休息果何如哉今再勅前去王其审之古人有云杀莫大于好杀生莫大于好生杀莫大于好杀者好用兵也天之所恶用兵也生莫大于好生天之所好者仁也人能行仁有血气者无有不生焉曩者安南兵出败在占城之下占城乘胜入安南之国辱之甚矣若此之后可已而已王能保守封疆奉天勤民则福禄绵长必欲驱兵连年苦战彼此胜负固不可知鹬蜂相持渔人获利悔之晚矣朕观宋书占城在宋朝时曾被真腊入境难之甚者也因王至意故戒之再三使归王其修仁惟吉故兹勅谕御制问中书礼部慢占城入贡勅占城国王所进象马至承天门合无发付朕居中国抚四夷若夷有诚从者必以礼待之若肆侮者必异处之前爪哇非礼所以贡物不以礼受但拘收而已使者囚之占城来贡甚诚王非侮我行人方物既至则当陈设晨朝以礼而进今不令使者进献为何宰相之职出纳朕命礼接百僚今以重事视为泛常岂不法所难容特勅尔等自思果何理道哉永乐十三年戒谕占城王勅尔久罹安南荼毒屡请发兵除害朕既命师平之郡县其地尔赖以安当思感德守分用保爵土若阴蓄二心悖违天道不抚下人不归侵地安南覆辙在前尔其鉴之】

卷十一·艺文考·占城·遣祭占城等国山川碑记

朕赖天地祖宗眷佑位臣民之上郊庙社稷以及岳镇海渎之祭不敢不恭迩者占城安南遣使奉表称臣已封其王则其国境内山川悉归职方考之古典天子望祭虽无不通未闻有遣使致祭其境者今思与普天之下共享升平之治故具牲币遣使往祭于神神既歆格必能庇其国王世保境土使风雨以时年谷丰登民庶得以靖安庶昭一代同仁之意是用刻石以垂永久【洪武三年遣使往占城安南祀其山川所至诸国皆勒石纪其事八年礼部尚书牛谅言京都既罢祭天下山川其四夷山川亦非天子所当躬祀乃命别议以闻中书及礼部奏以外夷山川附祭各省如广西则宜附祭安南占城真腊暹罗广东则宜附祭三佛齐爪哇福建则宜附祭日本琉球渤泥京城更不须祭又言各省山川与风云雷雨既居中南向其外夷山川神位宜分东西同坛共祀上可其奏命中书颁行】

卷十一·艺文考·占城·入贡表·宋占城王阳陁排

前进奉使李良莆回伏蒙圣慈赐臣细马二疋旗五面银装剑五口银纓枪五条弓弩各五张及箭等戴恩感惧稽首稽首臣生长外国复远天都窃承皇帝圣明威德广大臣不惮介居海裔遣使入朝皇帝不弃蛮夷曲加优赐然臣自为土长声势尚卑常时外国颇相侵挠况以前民庶如芥随风星散流离各不自保近蒙皇帝赐臣内闲驵骏及旗帜兵器等邻国闻之知臣荷大国之宠各惧天威不敢谋害今臣一国安宁流民来复非皇帝天德加护何以至此臣之一国仰望仁圣覆之如天载之如地臣自思惟鸿恩不浅且自天子之都至臣所居之国涉海绵邈不啻数万里而所赐之马及器械等并安全而至皆圣德所及也自前本国进奉未尝有旌旗弓矢之赐臣今何幸独受异恩此盖天威广被壮臣土疆臣虽殒身无以上报兼臣贡使往复资给备至恩重山岳不可具陈今特遣专使李波珠副使诃散等进奉犀角十株象牙三十株玳瑁十斤龙脑二斤沈香百斤夹笺黄熟香九十斤檀香百六十斤山得鸡二万四千三百双胡椒二百斤簟席五前物固非珍奇惟表诚悬臣生居异域幸遇明时不贵殊珍惟重良马傥皇帝念及外国不罪悬求若使介南归愿垂颁赐臣之幸矣本国元有流民三百散居南海曾蒙圣旨许令放还今有犹在广州者本国旧有进奉夷人罗常占见驻广州乞诏本州尽数点集兵籍以付常占令造舶船乘便风部领归国冀安生聚以实旧疆至于万里感恩一心事上臣之志也【宋史曰淳化元年王阳陁排自称新坐佛逝国遣使李臻贡驯犀方物表诉为交州所攻人民财宝皆为所略上赐黎桓诏令各守境三年遣使李良莆贡方物赐王白马二兵器等本国僧净戒献龙脑金铃铜香炉如意各优赐之至道元年王遣使奉表来贡上览表遣使诣广州询问愿还者悉付波珠使还复赐白马二遂为常制】

卷十一·艺文考·占城·入贡表·宋占城王

占城国王杨普俱毗茶室离顿首言臣闻二帝封疆南止届于湘楚三王境界北不及于幽燕仰瞩昌时实迈往迹伏惟皇帝陛下乾坤授气日月储英出震居尊承基御极慈悲敷于天下声教被于域中业茂前王功芳徂后苍生是念黄屋非心无方不是生灵有土并为臣妾真风遍布霈泽周行凡沐照临共增耸抃臣生于邉鄙幸袭华风蚁垤蜂房聊为遂性龙楼凤阁尚阻观光再念自假天威获全封部邻无侵夺俗有舒苏每遣下臣问宁上国蒙陛下恩沾行苇福及豚鱼特因回人颁赐戎器臣惟望阙焚香欢呼拜受心知多幸曷答鸿恩圣君既念于宾王微懈肯忘于述职今遣专信臣布禄爹地加副使臣除逋麻瑕珈耶等部署土毛远充岁贡虽表楚茅之礼实怀鲁酒之忧虔望睿明甫寛谴戮专信臣等回日军容器仗耀武之物伏愿重加赐赉盖念忝为臣子合告君亲服饰车舆威仪斧钺不敢私制惟望恩颁干冒冕旒不任死罪【宋史曰咸平二年王扬普俱毗茶逸施离遣使朱陈尧副使蒲萨陀婆以犀象玳瑁香药来贡赐尧等冠带衣褥有差景德元年又遣使来贡诏以良马介胄戎器等赐之四年遣使布禄爹地加等奉表来朝表函藉以文锦布禄爹地加言本国旧隶交州后奔佛逝北去旧所七百里使还赐物甚厚】

卷十一·艺文考·暹罗·御制谕暹国王诏【洪武初年】

君国子民非上天之明命后土洪恩曷能若是华夷虽间乐天之乐率土皆然若为人上能体上帝好生之德协和人神则禄给世世无间矣尔哆啰禄内修齐家之道外造睦邻之方数遣使中国称臣入贡以方今时王言之可谓贤德岂不名播诸番今年秋贡象至朝朕遣使往谕特赐暹国之印及衣一袭尔当善抚邦民永为多福故兹诏谕想宜知悉【附洪武二十八年谕祭暹罗国王勅朕自即位以来命使出疆周于四维历邦国足履其境者三十六声闻于耳者三十一风殊俗异大国十有八小国百四十九较之于今暹罗最近迩者使至知尔先王已逝王绍先王之绪有道于家邦臣民欢怿兹特遣人祭已故者庆王绍位勅至其罔失法度罔淫于乐以光前烈其敬之哉永乐十七年谕暹罗国王勅朕只膺天命君主华夷体天地好生为治一视同仁无间彼此王能敬天事大修职奉贡朕心所嘉盖非一日比者满剌加国王亦思罕答儿沙嗣立能继乃父之志躬率妻子诣阙朝贡其事大之诚与王无异闻王无故欲加之兵夫兵者凶器两兵相斗势必俱伤故好兵非仁者之心况满剌加国王既已内属则为朝廷之臣彼如有过当申理于朝廷不务出此而辄加兵是不有朝廷矣此必非王之意或者王左右假王之名弄兵以逞私忿王宜深思勿为所惑辑睦邻国无相侵越并受其福岂有穷哉王其留意焉】

卷十一·艺文考·暹罗·明礼部移暹罗国王檄

自有天地以来即有君臣上下之分且有中国四夷之礼我朝混一之初海外诸番莫不来庭岂意胡惟庸造乱三佛齐乃生间谍给我信使肆行巧诈岂不知大琉球王与其宰臣皆遣子弟入我中国受学皇上赐寒暑之衣有疾则命医胗之皇上之心仁义兼尽矣皇上一以仁义待诸番国何三佛齐背大恩而失君臣之礼据有一蕞之土欲与中国抗衡傥皇上震怒使一偏将将十万众越海问罪如覆手耳何不思之甚乎皇上尝曰安南占城真腊暹罗大琉球皆修臣职惟三佛齐可谓梗教夫智者忧未然勇者能从义彼三佛齐可谓不畏祸者矣尔暹罗国王犹守臣职我皇上眷爱如此可转达瓜哇俾以大义告三佛齐三佛齐系瓜哇统属其言彼必信或能改过从善则与诸国咸礼遇之如初勿自疑也【三十年六月礼部奏诸番国使臣客旅不通上曰洪武初海外诸番与中国往来商贾便之凡三十国胡惟庸谋乱三佛齐生间绐我使臣至彼瓜哇国王闻知戒饬礼送还朝是后使臣阻绝诸国王之意遂尔不通惟安南占城真腊暹罗大琉球自入贡以来至今来庭我待诸番国不薄但未知诸国之心若何今欲遣使谕爪哇国恐三佛齐中途阻之三佛齐系爪哇统属尔礼部备述朕意移文暹罗国王令转达瓜哇知之于是礼部咨暹罗王】

卷十一·艺文考·爪哇·明赐瓜哇国王玺书【洪武二年】

中国正统自元之季遂失其纪纲常既隳盗贼四起朕起兵讨之垂二十年海内悉定朕奉天命已主中国恐遐迩未闻故专报王知之使者已行闻王国人捝只某丁前奉使于元还至福建而元亡因来居京师朕念久离瓜哇必深怀念今遣人送还颁去大统历一本王知正朔所在必能奉若天道俾瓜哇之民安于生理王亦永保禄位福及子孙其勉图之勿怠【永乐十一年谕瓜哇国王都马坂勅前内官吴宾等还言恭事朝廷礼待勅使有加无替比闻王以满剌加国索旧港之地而怀疑惧朕推诚待人若果许之必有勅谕今既无朝廷勅书王何疑焉下人浮言慎勿听之今赐王文绮纱罗至可领也】

卷十一·艺文考·爪哇·奉刘宋太祖表·阇婆国王

宋国大主大吉天子足下敬礼一切种智安隐天人师降伏四魔成等正觉转尊法轮度脱众生教化已周入于涅盘舍利流布起无量塔众宝庄严如须弥山经法流布如日照明无量净僧犹如列宿国界广大民人众多宫殿城郭如忉利天宫名大宋扬州大国大吉天子安处其中绍继先圣王有四海阎浮提内莫不来服悉以兹水普饮一切我虽在远亦沾灵润是以虽隔巨海常遥臣属愿照至诚垂哀纳受若蒙听许当年遣信若有所须惟命是献伏愿信受不生异想今遣使主佛大陁婆副使葛抵奉宣微诚稽首敬礼大吉天子足下陁婆所启愿见信受诸有所请唯愿赐听今奉微物以表微心【宋书元嘉十二年国王师黎婆达陁阿罗跋摩遣使奉表盖是时甫通中国云】

卷十一·艺文考·大泥·宋入贡表·勃泥国王

勃泥国王向打稽首愿皇帝万岁寿今遣使入贡向打闻有朝廷无路得到昨商人蒲卢歇船泊水口差人迎到州言自中国来比诣阇婆遇猛风破其船不得去此时闻自中国来国人大喜即造舶船令导达入朝贡所遣使人只愿平善见皇帝每年令人入朝贡每年修贡虑风吹至占城界望皇帝诏占城令有向打船到不要留臣本国别无异物乞皇帝勿怪

卷十一·艺文考·旧港·宋赐三佛齐国使者诏

吾以声教覆露方域不限远迩苟知夫忠义而来者莫不锡之华爵耀以美名以宠异其国尔慕悦皇化浮海贡琛吾用汝嘉并超等秩以昭忠义之劝【宋史曰熙宁十年使大首领地伽罗来以为保顺慕化大将军赐诏宠之】

卷十一·艺文考·旧港·奉梁武帝表【干陁利国王】

常胜天子陛下诸佛世尊常乐安乐六通三达为世间尊是名如来应供正觉遗形舍利造诸塔像庄严国土如须弥山邑居聚落次第罗满城郭馆宇如忉利天宫具足四兵能伏怨敌国土安乐无诸患难人民和善受化正法庆

无不通犹处雪山流注雪水八味清净百川洋溢周回屈曲顺趋大海一切众生咸得受用于诸国土殊胜第一是名震旦大梁扬郡天子仁荫四海德合天心虽人是天降生护世功德宝藏救世大悲为我尊生威仪具足是故至诚敬礼天子足下稽首问讯奉献金芙蓉杂香药等愿垂纳受【梁书曰跋陁死子毗邪跋摩立十七年遣长史圆跋摩奉表】

卷十一·艺文考·马六甲·劳满剌加国王还国勅【永乐九年】

王涉海数万里至京师坦然无虞盖王之忠诚神明所佑朕与王相见甚驩固当且留但国人在望宜往慰之今天气向寒顺风南帆实维厥时王途中善饮食善调护以副朕睠念之怀

卷十一·艺文考·哑齐·上宋太宗表·大食舶主蒲希密

众生垂象回拱于北辰百谷疏源委输于东海属有道之柔远罄无外以宅心伏惟皇帝陛下德合二仪明齐七政仁宥万国光被四夷赓歌洽击壤之民重译走奉珍之贡臣顾惟殊俗景慕中区早倾向日之心颇鬱朝天之愿昨在本国曾得广州蕃长寄书招谕令入京贡奉盛称皇帝圣德布宽大之泽诏下广南宠绥蕃裔阜通远物臣遂乘海舶爰率土毛涉历龙王之宫瞻望天帝之境庶遵玄化以慰宿心今虽届五羊之城犹赊双凤之阙自念衰老病不能兴遐想金门心目俱断今遇李亚勿来贡谨备蕃锦药物附以上献臣希密凡进象牙五十株乳香千八百斤宾铁七百斤红丝吉贝一段五色杂花蕃锦四段白越诺二段都爹一琉璃瓶无名异一块蔷薇水百瓶【宋史淳化四年李亚勿来贡舶主蒲希密至南海老病不能诣阙以方物附之上表来献诏赐希密勅书锦袍银器束帛至道元年舶主蒲押陁黎赍希密表来献引对崇政殿云父希密泛舶广州五稔未归毋令臣远来寻访具言前岁蒙圣恩降勅赐法锦袍紫绫缠头间涂金银凤瓶一对绫绢二十疋令臣来谢以方物致贡上赐袭衣冠带被褥令合门宴犒就馆延留数月遣回降诏答赐黄金凖其所贡之直】

卷十一·艺文考·吕宋·折吕宋采金议·【明】高克正【邑人翰林院检讨】

蕞尔敝邑介在海滨频年驿骚民困日甚迩采金使者又见告矣澄民习夷什家而七问机易山未有能举其处者有金与否果可望气而知乎自丱使四出所得金几何可按籍计也辄云海上开采岁输精金十万白金三十万将取之寄抑输之神乎夷德亡厌好利更甚安有瓦铄黄白坐锢以待我者取之能必夷之不攘臂争乎能必我之取不为大盗积乎明命已颁奸商已扬扬乘六而来要若曹亦未知澄事耳采金海上非余皇十余艘卒徒千余人不可行而是十余艘千余人者非可空手而具亡米而炊也谁为备之而谁为给之至计穷而欲夺商船以应上命敛民财以应上供则土崩之形成而脱巾之势见吾所虑者不在风涛之外也桑梓之地疾痛与俱惟台台为万姓请命以杜乱萌澄邑幸甚【第二议有问不佞者曰奸商以采金为名力能勾引富民以与夷市前哨探一开应者如响往事可镜愚以今日之事与哨探不同哨探公行藉此阑出私货通番获利捆载而归尽入私橐而官弗问也采金则归必输金于朝罄敝邑富民家藏与每年通夷所入不足当黄金十万白金三十万之数其谁肯以身委风波而金输朝廷故断谓敝邑商人不敢与奸商比而为此也第三议大约奸民之雄其能出赀以通番勾夷而构衅者必大力量者也张嶷么么小人未必办此不过以虚词厚利耸动主心幸得一听必遣貂珰贵臣与之共事繇此恣睢道路骚扰地方既至则以利啖愚民以势抗官府惟所欲为或可如意赖主上明见万里内使不遣责其自备船只工本毋致烦扰则张嶷之胆寒矣奉命置邮迅速可至且疏云以十一月往以四五月归则造船备货当在数月之前乃今迟迟其行姑待来年则伎俩亦自可见矣今两台章疏已上倘张嶷至省严加约束以待明旨一精严有司足制死命于戏投珠抵璧之风既难望于叔季转圜投水之喻又难必于朝廷以杞包瓜令其自溃至计无所施金无所出朝廷责以欺罔之罪始见封疆之臣为国计诚忠而群小果不足信也】

卷十一·艺文考·日本附·魏报倭女王诏【景初六年】

制诏亲魏倭王卑弥呼带方太守刘夏遣使送汝大夫难升米次使都市牛利奉汝所献男生口四人女生口六

人班布二匹二丈以到汝所在踰远乃遣使贡献是汝之忠孝我甚哀汝今以汝为亲魏倭王假金印紫绶装封付带方太守假授汝其绥抚种人勉为孝顺汝来使难升米牛利涉远道路勤劳今以难升米为率善中郎将牛利为率善校尉假银印青绶引见劳赐遣还今以绛地交龙锦五匹绛地绉粟罽十张蒨绛五十匹绀青五十匹答汝所献贡直又特赐汝绀地勾文锦三匹细斑华罽五张白绢五十匹金八两五尺刀二口铜镜百枚真珠鈆丹各五十斤皆装封付难升米牛利还到录受悉可以示汝国中人使知国家哀汝故郑重赐汝好物也【附宋永初二年诏倭赞万里修贡远诚宜甄可赐除授宋大明六年诏倭王世子兴奕世载忠作藩外海禀化宁境恭修贡职新嗣邊业宜授爵号】

卷十一・艺文考・日本附・元与日本书

朕惟自古小国之君境土相接尚务讲信修睦况我祖宗受天明命奄有区夏遐方异域畏威怀德者不可悉数朕即位之初以高丽无辜之民久瘁锋镝即令罢兵还其疆域反其旄倪高丽君臣感戴来朝义虽君臣欢若父子计王之君臣亦已知之高丽朕之东藩也日本密迩高丽时通中国至于朕躬而无一乘之使以通和好恐知之未审特遣使持书布告朕志冀自今以往通问结好以相亲睦且圣人以四海为家不相通好岂一家之理哉以至用兵夫孰所好王其图之【又命赵良弼往使书盖闻王者无外高丽与朕既为一家王国实为邻境故尝驰信使修好为疆埸之吏抑而弗通所获二人敕有司慰抚俾赍牒以还复寂无所闻继欲通问属高丽林衍构乱坐是弗果岂王亦因此辍不遣使或已遣而中路梗塞皆不可知不然日本素号知礼王之君臣宁肯漫为弗思之事乎近已灭林衍复旧王位安集其民特命少中大夫秘书监赵良弼充国信使持书以往如即发使与之偕来亲仁善邻国之美事其或犹豫以至用兵夫谁所乐为也王其审图之】

卷十一・艺文考・日本附・御制谕日本国王诏

曩宋失驭中土受殃金元入主二百余年及元将终英雄鼎峙声教纷然朕控弦三十万砺刃以观未几命大将军律九伐之征不逾五载戡定中原蠢尔东夷君臣非道四扰邻邦前年浮辞生衅今年人来否真实非疑其然而往问果较胜负于必然实构隙于妄诞于戏渺居沧溟罔知帝赐奇甸傲慢不恭纵民为非将必殃乎故兹诏谕想宜知悉【洪武三年谕日本国王良怀朕闻顺天者昌逆天者亡自古帝王居中国而治四夷历代相承咸出斯道朕荷上天祖宗之佑百神效灵诸将用命收海内之群雄复前代之疆宇即皇帝位已三年矣比尝遣使持书飞谕四夷高丽安南占城爪哇称臣入贡既而西域诸番各献良马来朝俯伏听命元人远遁沙漠将及万里特遣征虏大将军率马步八十万出塞追获歼厥渠魁大统已定蠢尔倭夷出没海滨为寇已尝遣问久而不答方将整饬巨舟致罚尔邦俄闻被寇者来归始知前日之寇非王之意乃命有司暂停造舟之役然或外夷小邦故逆天道不自安分神人共怒天理难容征讨之师控弦以待果能革心顺命共保承平不亦美乎呜呼抚顺伐逆古今彝宪王其戒之以延尔嗣御制设礼部问日本国王礼部尚书致意专答日本国王呜呼王罔知上帝赐奇甸于沧溟之中命世传而福黔黎不守已分但知环海为险岩头石角为奇妄自尊大肆侮邻邦纵民为盗帝将假手于人祸有日矣吾奉至尊之命移文与王王若不审巨微效井底鸣蛙仰镜观天无乃构隙之源乎恐王大略涉历古书不能详细特将日本与中国通往礼物及前贪商之假辞如王之国至日可细目日本之盛大也且日本之称有自来矣始号曰倭后恶名遂改日本其通使中国上古勿论自汉魏晋宋梁隋唐宋之朝皆遣使表贡方物生口当时帝王或授以职或爵以王或睦以亲由彼归慕意诚故报礼厚也若叛服不常构隙中国则必受兵如吴大帝晋慕容廆元世祖皆遣兵往伐俘获男女以归千百年间往事可鉴王其审之】

卷十一・艺文考・日本附・上宋顺帝表【升明二年】・倭国王武

封国偏远作藩于外自昔祖祢躬擐甲胄跋涉山川不遑宁处东征毛人五十五国西服众夷六十六国渡平海北九十五国王道融泰廓土遐畿累叶朝宗不愆于岁臣虽下愚忝胤先绪驱率所统归崇天极道遥百济装治船舫而句骊无道图欲见吞掠抄邉隶虔刘不已每致稽滞以失良风虽曰进路或通或不臣亡考济实忿寇雠壅塞天路控弦百万义声感激方欲大举奄丧父兄使垂成之功不获一篑居在谅闇不动兵甲是以偃息未捷至今欲练甲治

兵申父兄之志义士虎贲文武效功白刃交前亦所不顾若以帝德覆载摧此强敌克靖方难无替前功窃自假开府仪同三司其余咸假授以劝忠节【宋书曰诏除武使持节都督倭新罗任那加罗秦韩慕韩六国诸军事安东大将军倭王】

卷十一・艺文考・日本附・上宋太宗表・僧奝然

日本国东大寺大朝法济大师赐紫沙门奝然启伤鳞入梦不忘汉主之恩枯骨合欢犹亢魏氏之敌虽云羊僧之拙谁忍鸿霈之诚奝然诚惶诚恐顿首顿首死罪奝然附商船之离岸期魏阙于生涯望落日而西行十万里之波涛难尽顾信风而东别数千重之山岳易过妄以下根之卑适诣中华之盛于是宣旨频降恣许荒外之跋涉宿心克协粗观寓内之瓌奇况乎金阙晓后望尧云于九禁之中岩扃晴前拜圣灯于五台之上就三藏而禀学巡数寺而优游遂使莲华回文神笔出于北阙之北贝叶印字佛诏传于东海之东重蒙宣恩忽趁来迹季夏解台州之舰孟秋达本国之郊爰逮明春初到旧邑缁素欣待侯伯慕迎伏惟陛下惠溢四溟恩高五岳世超黄轩之古人直金轮之新奝然空辞凤凰之窟更还蝼蚁之封在彼在斯只仰皇德之盛越山越海敢忘帝念之深纵粉百年之身何报一日之惠染笔拭泪伸纸摇魂不胜慕恩之至谨差上足弟子传灯大法师位喜因等拜表以闻【僧奝然来朝还国后数年遣其弟子喜因奉表来谢】

卷十一・艺文考・日本附・请计处倭酋疏・明许孚远【福建巡抚都御史】

为侦探有据廷议纷纭恳乞审定大计殄灭狂酋事臣入境之初据指挥沈秉懿史世用称奉石尚书密遣打探倭情看得沈秉懿老而黠不可使令还报石尚书史世用貌颇魁梧才亦倜傥遂选取海商许豫令世用扮作商人同往萨摩州二十二年三月许豫回报旧年七月船收日本庄内国内浦港距萨摩州尚远探得州酋滕义久同许仪后随關白去名护屋地方史指挥分别潜去寻觅同伴张一学等密往关白居住城郭探其动静起居八月關白同义久幸侃仪后等回九月初三日豫备礼物以指挥作客商进见幸侃幸侃曰恐非商贩仪后答曰亦大明一武士也侃将自穿盔甲送豫有大隅州正兴寺倭僧玄龙来问曰船主得非密探我国之官耶豫权答曰是因尔侵伐高丽皇帝不忍发兵救援遣游击将军来讲和好福建许军门欲发商船未审虚实先差一船人货来此原无他意倭僧将信将疑十一月义久会幸侃等差倭使黑田唤豫覆试前情倭僧玄龙与豫面写对答喜为足信仍奉文书一封旗刀二事付豫进送军门以图后日贸易通利之意延二十三年正月豫始得回并倭酋所上文书旗刀幸侃送豫盔甲一副又庄内国倭酋滕一云送豫倭刀一把根占国倭酋平重虎送豫鸟铳一对逐一呈报一探得關白平秀吉今称大阁王年五十七岁子才二岁养子三十岁平日奸雄诡诈六十六州皆以和议夺之一侵入高丽被本朝官兵杀死不计其数病死亦不计其数弓尽箭穷人损粮绝诡计讲和方得脱归一关白造船千余大船长九丈阔三丈用橹八十枝中船长七丈阔二丈五尺用橹六十枝诸倭云候和婚不成欲乱入大明等处一日本点兵十八岁至五十岁而止若奸巧机谋者虽七十岁亦用之一日本长岐地方广东香山澳番每年至长岐买卖透报大明消息仍带倭奴假作佛郎机潜入广东觇伺动静一关白奸夺六十六州必拘留子弟为质令酋长出师以侵高丽实寘死地各国暂屈雠恨不忘察义久等甚有恶成乐败之意一浙江福建广东三省人民被虏日本生长杂居十有其三住居年久熟识倭情多有归国立功之志乞思筹策令其回归又据商人张一学将到關白城郭侦探事情开报一平秀吉有三帅名石田浅野大谷大小谋议俱是三人一吉发兵令自备干米络绎接应处处含宽一丰护州酋首野柯踏闻大明助兵丧胆逃回吉剿杀一家一兵入朝鲜内浦港抽选七十人回者止二十人日向国大船装倭三百回者止五十人损失甚多一萨摩州乃船只惯泊之处今发往吕宋船四只交址三只东埔一只暹逻一只佛郎机二只兴贩出没此为咽喉也一器械不过黄硝乌铅硫黄日本产出焰硝随处恶土煎炼亦多惟乌铅大明所出香山澳发船往彼贩卖炼成铅弹一日本有罪不论轻重登时杀戮壬辰吉儿病故妄杀乳母十余人癸巳吉在名护屋回闻女婢通奸将男女四人烧大堺野中究杀七十余口一吉自擅政山城君懦弱无为壬辰征高丽将天正二十年改为文禄元年自号大阁王将關白付与义男孙七郎字见吉年三十智勇不闻一虏掠朝鲜良家子女糠飧草宿万般苦楚有秀才廉思谨等被虏厚给衣食欲拜为军师谨等万死不愿据此臣又屡阅邸抄为议封贡一事本兵经略大臣与台省诸臣持论不决旹月于

此臣在封疆不容无言窃料平秀吉一狡诈残暴之夫耳本以人奴篡窃至此彼国诸酋思攘夺者甚众阴谋伐国构怨亦深如结萨摩州将幸侃逼令州官义久杀其弟中书以自明义久不得已佯为降顺心未尝一日忘秀吉也夺丰后州官之妻为妾民间妻女充塞卧内淫虐百端诸州质子禁若囹圄共不胜忿恨之情日本原无征科之扰而今令远道输粮原无兴大兵动大众之举今则征发骚然举国鼎沸日事杀人而虞其噬多行不轨而虑其毒故出则蒙面卧则移徙彼亦自知不免于祸自底灭亡可计日而待也今夫谋动干戈驱无辜之苍赤而欲尽寘死亡之地此神明所不与恃其取诸州之故智以袭朝鲜凭其破朝鲜之余威思犯中国怒臂当车岂可久长且彼虽数十万众航海而来我沿海舟师以主待客胜算在我而又绝其向导乖其所之彼未可遽入吾地也战舰虽巨而多离船则不能守守之则不能登陆而战兵数万计日须数百石粮我坚壁清野使无所掠食则困毙立至曩时倭犯浙直闽广间虽受荼毒卒就歼灭昨入朝鲜不下一二十万死亡过半伎俩可知矣蕞尔夷邦主者不过一匹夫之勇左右羽翼非素亲信曾无韩白之略又或怀豫让之谋故以臣策之必不能得志于我而不戢自焚旋就颠蹶亦理势之必然今中外汹汹畏蜀如虎者皆过也若封贡之说诸臣言之甚详无容复寘喙窃谓山城君虽懦弱名分犹存一旦以天朝封号加之僭逆之夫且寘山城君何地崇奸怙乱乖纪废伦非所以令众庶而示四夷也北国谙达之孙巴罕鼐济来投我执以为质而彼卑辞求之因而还其孙与通贡市假以王封先帝有不杀之恩北国无要挟之迹此机会偶有可乘今非若此也秀吉无故兴兵陷我属国碧蹄战后暂退釜山尚未离朝鲜而我以细人之谋听其往来讲封讲贡若谓许我封贡则退不许封贡则进要耶非耶近朝鲜国王李昖奏称倭贼于金海釜山筑城造屋运寘粮器焚烧攻掠无有已时尚可谓退兵乞和耶夫乞封固非秀吉本谋然藉名号以詟服诸夷益以恣狂逞之志则秀吉亦姑尔从之行长小西飞慑于平壤王京之战既未能长驱直入而又兵入朝鲜死亡数多恐无辞于秀吉则亦姑假封贡之说以给秀吉而缓其怒是以沈惟敬苟且之谋得行其间我经略总督诸臣不过因惟敬而过信行长诸酋又因行长诸酋而错视秀吉不知秀吉豺狼之暴狐兔之狡必不可信义处者也观请封表文末云世作藩篱之臣永献海邦之贡因封及贡其情已露于此要而得封必复要而求贡求市朝廷将何以处之今当事之议欲令倭尽归岛不留一兵朝鲜以听命顾彼方肆无忌惮又安肯收兵还国憣然顺从臣恐不能得此于彼也即使暂时退兵旋复入寇败盟之罪又将谁责耶议者多谓封贡不成倭必大举不知秀吉妄图情形久著封贡亦来不封贡亦来特迟速之间耳伏乞明诏天下以倭酋平秀吉干犯天诛必不可赦之罪兼谕日本诸酋以擒斩秀吉则有非常之赏破格之封朝廷不封凶逆之夫而封其能除凶逆者以此晓然令于天下然后奸雄丧胆豪杰生气平秀吉不久当殄灭无难也臣以为今日之计莫妙于用间莫急于备御莫重于征剿何者倭酋倡乱惟在秀吉一人诸州酋长面降心异中间有可义感者有可利诱者秀吉原无亲戚子弟股肱心膂之人傥得非常奇士密往图之五间俱起不烦兵戈而元凶可擒故曰莫妙于用间备御之策屡奉申饬亦严矣臣惟辽阳天津密迩京师一由朝鲜度鸭绿江而上一由山东海面乘风疾趋设有疏虞震惊宸极宜将东征之兵挑选分屯两地以防不测各省直兵防更于今日严为整备俟其入寇或犄或角戮力歼之此不可恃其不来而一日懈缓者故云莫急于备御然用间妙矣恐未可必得志于彼备御急矣恐未能使破胆于我臣以为彼不内犯则已果其内犯大肆猖狂乞我皇上定议征讨特发内帑百万分助诸省打造战舰二千余只选练精兵二十万人乘其空虚会师上游直捣倭国此堂堂正正名其为贼敌乃可服者也故曰莫重于征剿或者谓兴师远涉为费不赀臣计山东浙直闽广备倭兵饷岁不下二百万积之十年则二千万征剿所费不过一岁之需而足若倭奴荡平海防又可息肩各处饷银可坐省其半一劳永逸未有若斯举矣又闻元世祖舟师讨倭溺十万众五龙山下谈者恒为口实臣料世祖虽雄其实北人不谙海上形便当时将帅必多达官彼以不习波涛不识风汛之人颠倒沈溺百万何用今东南舟师必习波涛必知风汛无忧覆溺试观沿海商民兴贩各国者百鲜失一故元事非所论于今日也夫人情畏倭而虑其来又株守而惮于往是以倭酋得恐吓要求诚知备御之策攻伐之谋不患其来复制其往兵志谓未战而庙算胜者此举是也臣非不知诸臣值时势之艰从权变羁縻之术何敢轻为挠阻但灼知封贡非利不封贡非害敢效愚忠仰赞庙画惟皇上断而行之则顺逆之分明华夷之防定久安长治之计从此可得矣论曰文告表状古今之所驭夷大率尽此盖睽则联之以信服则怀之以仁梗则威之以兵行远惟文传信乃核读此者愈以悟一张一弛之道而见同轨同文之征矣

卷十二·逸事考

尚书大傅曰尧南抚交址于禹贡荆州之南垂幽荒之外故越也周礼南八蛮雕题交址有不粒食者焉秦开越岭南立苍梧南海交址象郡汉武帝元鼎二年始并百越启七郡置交址刺史督领之时又建朔方郡已开北垂遂辟交址于南为子孙基址也交址外域记曰越王令二使者主交址九真二郡汉遣伏波将军路博德讨越王越王令二使者赍牛百头酒千钟及二郡民户口簿诣路将军乃拜二使者为交址九真太守【后汉书男女同川而浴故称交址】

蜀王子将兵三万讨雒王服诸雒将因称安阳王后南越王尉佗举众攻安阳王有神人名皋通下辅佐为安阳王治神弩一发杀三百人南越王却军住武宁县遣太子名始降服安阳王称臣事之安阳王不知通神人遇之无道通便去语王曰能持此弩王天下不能者亡天下通去安阳王有女名眉珠见始端正珠与始交通始问珠取父弩视之始见弩便盗以锯截弩讫逃归报越王越进兵攻之安阳王发弩弩折遂败安阳王下船径出于海【见水经注】

马援南入九真至无功县贼渠降进入余发渠帅朱伯弃郡亡入深林巨薮犀象所聚群牛数千头时见象数十百为群又分兵入无编至居风帅不降并斩级数十百九真乃清【凿南塘者九真路所经也去州五百里建武年马援所开俱见水经注】

马援所过辄为郡县治城郭穿渠灌溉以利其民条奏越律与汉律驳者十余事与越人申明旧制以约束之自后骆越奉行马将军故事【见后汉书】

任延为九真太守九真俗以射猎为业不知牛耕【东观汉记曰九真俗烧草种田前书曰搜粟都尉赵过教人牛耕也】每致困乏延令铸作田器教之垦辟田畴岁广百姓充给又骆越之民无嫁娶礼法各因淫好无适对匹不识父子之性夫妇之道延移书属县各使男年二十至五十女年十五至四十皆以年齿相配其贫无礼聘令长吏以下各省俸禄赈助之同时相娶二千余人是岁风雨顺节谷稼丰衍其产子者始知种姓咸曰使我有是子者任君也多名子为任于是徼外蛮夷慕义保塞遂止罢侦候戍卒初平帝时汉中锡光为交址太守教导民夷渐以礼义化声侔于延王莽末闭境拒守建武初遣使贡献封盐水侯岭南华风始于二守焉【见后汉书】

永和二年区怜攻象林交址刺史樊演发兵救之虽击破反者而贼势转盛御史贾昌使在日南与州郡并力讨之不利为所攻围岁余兵谷不继帝以为忧召公卿问方略拜祝良九真太守张乔交址刺史乔至开示慰诱并皆降散良到九真单车入贼中招以威信降者数万岭外复平【见后汉书】

李进中平间代贾琮为刺史请交址依中州例贡士其后阮琴以茂才任至司隶校尉人才得与中州同选盖自进始

建康元年日南蛮夷攻烧县邑扇动九真与相连结交址刺史夏方招降之后居风令贪暴无度县人朱达等攻杀令众至四五千人进攻九真太守倪式战死都尉魏朗讨破之渠帅犹屯日南众转盛延熹三年诏拜夏方交址刺史方威惠久著日南相率诣方降【见后汉书】

周乘为交州刺史上书云交州绝域习俗贪浊强宗聚奸长吏肆狡侵渔万民臣欲为圣朝扫清一方时属城解绶者三十余人

士燮拜交址太守气宇宽厚谦虚下士天下丧乱不废职贡诏封龙度亭侯建安末吴孙权遣步骘刺交州燮奉节度修贡不缺封龙编侯【水经注曰龙编初名龙渊立州之始蛟龙蟠编于南北二津故改龙编】

交州治赢陵县元封五年移治苍梧广信县建安十五年治番禺县诏书以州遐远使持节并七郡皆授鼓吹以重威镇【见王范交广春秋】

汉交址有橘官长一人秩二百石主贡御橘吴黄武中交址太守士燮献橘十七实同一蒂以为瑞异群臣毕贺【见南方草木状】

龙编县功曹左飞化为虎数月还作吏【见交州记】

吕岱为交州刺史交址太守士燮卒以燮子徽领九真太守以陈时代燮表分海南三郡为交州以戴良为刺史海东四郡为广州岱自为刺史徽不承命举兵戍海口拒良岱督兵三千晨夜浮海与良俱进徽不知所出率兄弟六人肉袒迎岱斩送其首徽将甘醴等率吏民攻岱岱奋击大破之复进讨九真斩获万计遣从事南宣国化林邑诸王遣使奉贡【见吴志】

日南张重举计入洛正旦大会明帝问日南郡北向视日耶重曰今郡有云中金城必不皆有其实日亦俱出于东耳至于风气暄暖日影仰当官民居止随情面向东西南北回背无定人性凶悍果于战斗便山习水不闲平地古人云五岭者天地以隔内外况绵途于海表顾九岭而弥邈非复行路之径岨信幽荒之冥域者矣【见水经注】

越人铸铜为船在安定江潮退时见【出交州记】

王机遣使乞为交州会杜弘温邵及交州秀才刘沈谋反陶侃击破之又遣别将讨机斩之诸将请乘胜击邵侃笑曰吾威名已著但一函纸足耳下书谕之邵惧而走追获于始兴加都督交州军事【见晋书】

日南野女群行不见夫其状皛白裸袒无衣襦【见博物记】

卢循寇交州刺史杜惠度以火攻烧其船舰一时溃散循赴火死传首京师封龙编侯【见水经注按晋书卢循势屈先鸩妻子又召伎妾问曰我今自杀谁能同者多云鼠雀贪生就死人情所难有云官尚当死某岂顾生于是悉鸩诸辞死者自投于水慧度取尸斩之与此不同】

虞国为日南太守有惠政出则双鴈随轩及还会稽鴈亦随焉既卒犹栖墓不去【孔晔会稽记】

高骈为安南都护时南诏陷交址骈击破之进静海军节度使【唐书曰骈大破南诏收所获赡军利瓦伊周匿捷书不奏劾骈玩敌更命王晏权代骈俄而骈拔安南斩蛮帅段酋迁降附诸洞二万计晏权发海门檄骈北归而骈遣王惠赞传酋迁首京师见艨艟甚盛乃晏权等惠赞惧匿岛中间关至京天子览书群臣皆贺进骈检校刑部尚书仍镇安南改都护府为静海军授骈节度】

交州有鸟王如鹊头有毛冠尾长一尺五寸纯黑色欲取诸鸟先选高枝斫除枝柯惟留三两枝以胶挿著取鸟王置其下鸟王鸣呼众鸟闻声争集其处或衔果实或送虫蚁皆送鸟王诸鸟著胶獠子下收之【见寰宇记】

胡卢笙者交址人多取无柄之瓠割而为笙上安十三簧吹之音韵清响雅合律吕【岭表录异】

宋太宗遣李若拙以玉带赐黎桓桓出郊迎然词气悖慢曰向劫如洪镇乃外境蛮贼也皇帝知非交州兵否若交州叛命则首攻番禺次击闽越岂止如洪镇而已若拙曰上初闻寇虽未知所自然以足下拔自牙校授之节制固当尽忠岂有他虑及见执送海贼事果明白然大臣佥议朝廷建节帅以宁海表今蛮贼寇害是交州力不能独制请发劲卒数万会交兵剪灭之上曰未可轻举虑交州不测朝旨或致惊骇不若且委黎桓讨击当渐清谧今不复会兵也桓避席曰海贼犯邊守臣之罪圣君容贷未加诛责自今谨守职约保永清于涨海因北望顿首谢【见宋史】

黎龙廷遣黄成雅来贡会含光殿上以成雅坐远欲稍升位著访宰相王旦旦曰子产朝周飨以上卿之礼子产固辞受下卿礼而还国家惠绥远方优待客使固无嫌也乃升雅于尚书省五品之次【见宋史】

李天祈遣使入贡诏馆怀远驿安抚使范成大言经略诸蛮安南在抚绥之内陪臣岂得与中国王官亢礼政和间贡使入境皆庭参不报谒宜遵旧制诏从之【见宋史】

元遣柴椿再谕陈日烜来朝若不能自观则积金以代其身两珠以代其目副以贤士方技以代其土民不然修尔城池以待审处【见元史】

交址道士年九十九别号漫叟因渡海船坏结庵于金仙水石上养一鸡大如倒挂子日置枕啼即梦觉又畜一胡孙小如虾蟇以线系几案间道士饭已即登几食其余又有龟状如钱置金盒中时使出戏衣褶常以诗自娱云流动乾坤影花沾雨露香白云飞碧汉玄鸟过沧浪月照柴扉静蛙鸣鼓角忙龟鱼呈瑞气无物污禅床僧惠洪见之戯曰公小国中引道神也后莫知所之【见广州志】

莫登庸本东莞蛋民父流寓安南宜阳县社长名之曰萍盖无定迹之义也以渔为业登庸有勇力黎滢以为都力士竟至篡国而终为义子阮敬所鸩【见月山丛谈以上交址】

从林邑至日南卢容浦口可二百余里从口南发往扶南诸国常从此口出也故林邑记曰尽纮沧之徼远极流服之无外地滨沧海众国津径【见水经注】

纪粟出浦阳渡便州至典由渡故县至咸驩咸驩已南麞鹿满冈鸣咆命畴警啸聒野孔雀飞翔蔽日笼山渡治口至九德【见林邑记】

松原以西鸟兽驯良不知畏弓寡妇孤居散发至老南移之岭崒不踰仞仓庚怀春于其北翡翠熙景乎其南虽嘤讙接响城隔殊非独步难游俗姓涂分故也【见林邑记】

林邑城西南际山东北瞰水重壍流浦周绕城下东南壍外因旁薄城东西横长南北纵狭北邉两端回折曲入

城周围入砖城二丈上起砖城一丈开方隟孔上倚板板上层阁阁上架屋屋上构楼飞观鸱尾迎风拂云骞翥嵬竂但制造壮拙稽古夷俗城开四门东为前门当两淮渚滨于曲路有古碑夷书铭赞前王胡达之德西门当两重壍北回上山山西即淮流也南门度两重壍对温公垒交州刺史温放之征林邑今东城南五里有温公二垒是也北门滨淮路断不通城内小城合堂瓦殿南壁不开青隟丹墀榱题桷椽多诸古法回廊曲掖绮牖紫牕椒房嫔媵无别宫观路寝永巷共在殿上临踞东轩径与下语子弟臣侍皆不得上屋有五十余丘连甍接栋檐宇如承神祠鬼塔小大八庙层台重榭状似佛刹郭无市里邑寡人居海岸萧条非生民所处【见水经注】

比景县日中头上影当身下与影为比故以比影名县阚骃曰比读荫芘之庇影在已下言为身所庇也【见水经注】

林邑王阳迈死子咄立慕其父复改名阳迈【见南齐书】

阮弥之征林邑阳迈出婚不在阮谦之领七千人先袭区粟未入寿泠三日三夜无顿止处凝海直岸遇风阳迈携婚部伍三百许船夜于寿泠浦相遇阇中大战谦之手射阳迈柂工以风溺之余制胜理难自此还【见水经注按宋书曰阮弥之遣队主相道生三千人赴讨攻区粟城不克引还】

宗悫随檀和之围区粟城林邑王倾国来拒具装被象前后无际士卒不能当悫谓狮子威服百兽乃制其形与象相御象果惊奔遂克林邑【见宋书】

小水岸羃羅常吐飞溜或雪霏沙涨清寒无底分溪别壑津济相通檀和之东桥大战阳迈被创落象即是处也【见水经注】

隋炀帝时常骏使赤土还入海见绿鱼群飞水上浮海十余日至林邑东并山而行海水色黄气腥舟行一日不绝云是大鱼粪【见北史】

范头黎死太宗崩诏于陵所刊石图头黎之形于玄阙之外【见旧唐书】

大中祥符四年占城贡狮子诏畜苑中留二蛮人以给豢养上怜其怀土给资粮遣还【见宋史】

占城交址素仇后同入贡占城使者乞避交人诏遇朔日朝文德殿分东西立望日则交人入垂拱殿占城趋紫宸殿大宴则东西坐【见宋史】

有人往林邑于海屿上得鲸头骨如数百斛囷顶上一孔大如瓮俗以为珠穴【见寰宇记】

林邑人杀象象怒布阵以斗人登树取衣挂树枝缘它树而走象见衣以为人存以鼻汲水灌树枝倒不见人踏碎其衣而去象病首必向南死肉麄连皮煮易熟牙笋足掌肉稍佳【见安南志】

占城犯奸者男女共入牛赎罪负国王物者以绳拘于荒塘物充而后出之【见宋史】

占城野水牛甚狠是人家耕牛走入山自生长年深成群但见人身穿青者必赶来抵触而死【见华夷考】

占城尸头蛮本是妇人但无瞳人为异与家人同寝夜深飞头而去食人秽物飞回复合其体即活如旧若封固其项或移体别处则死矣人病者临粪时遭之妖气入腹必死【见星槎胜览】

林邑山杨梅大如杯椀以酝酒号梅香耐非贵人重客不得饮【出林邑记】

海枣身无闲枝直耸三四十丈树顶四面生十余枝叶如栟榈五年一实实大如杯碗味极甘美泰康五年林邑献百枚【出南方草木状以上占城】

赤土豪富之室恣意华靡惟金鏁非王赐不得服用【见隋书】

赤土甘蔗作酒杂以紫瓜根酒色黄赤味亦香美【见隋书】

勘合号簿洪武十六年始给暹罗以后渐及诸国每国勘合二百道号簿四扇如暹罗国暹字勘合一百道及暹罗字底簿各一扇送贮内府罗字勘合一百道及暹字号簿一扇发本国收填罗字号簿一扇发布政司收比遇朝贡填写国主使臣姓名年月方物令使者赍至布政司先验表文次验簿比号相同方许护送至京每纪元则更换给【见广东通志以上暹罗】

诃陵有三十二大夫大坐敢先为最贵【见唐书】

阇婆不设刑禁杂犯罪者随轻重出黄金以赎惟寇盗者杀之【见宋史】

瓜哇港口一州长尾猢狲万数一黑色老雄猴为主一老番妇随侧妇人无嗣者备菓酒往祷老猴喜则食物余诸猴食尽即有雌雄二猴来前交感妇回家便有孕否则无孕【见华夷考】

瓜哇国旧传鬼子魔天与一罔象青面红身赤发生子百余常食啖人其中人被啖几尽忽一日雷震石裂中坐一人众异之遂为国主即领余众驱逐罔象而除其害复生齿安业至今国之遗文后书一千三百七十六年考之肇在汉时至我大明宣德七年【见星槎胜览以上瓜哇】

真腊城皆迭石却无女墙亦有监门者惟狗不许入门城甚方整四方各石塔一座曾受斩趾刑人亦不许入【东池在城东十里周围可百里中有石塔石屋塔中有卧铜佛脐中常有水流出】

真腊惟国主打纯花布大臣打疏花布惟官人打两头花布新唐人打两头花布人亦不罪以暗丁八杀故也暗丁八杀不识体例也【国有丞相将帅司天等官皆国戚为之金轿扛四金伞柄者为上金轿扛二金伞柄次之金轿扛一金伞柄又次之止一金伞柄又其次也下者止一银伞柄而已亦有银轿扛者金伞柄以上官呼巴丁或呼暗丁银伞柄呼厮辣的伞用中国红绢其裙直拖地油伞绿绢为之裙却短】人知蛮人丑黑不知宫人及南棚【南棚乃府第也】妇女多有其白如玉一布经腰之外皆露胷酥国主之妻亦如此国主凡五妻正室一人四方四人嫔婢三五千番主与正妻同坐金窻中诸宫人次第列两廊供出入之役者呼陈家兰不下三千却有丈夫与民间杂处只额门前削去其发涂以银朱及涂两鬓傍以为陈家兰别耳【番妇产后作热饭抹之以盐纳阴户凡一昼夜而除之以此产中无病且收敛常如室女次日即抱婴儿同往河内澡洗夫适远役只可数夜过十数夜归必曰我非是鬼如何孤眠】

真腊亦有通天文者日月薄蚀皆能推算但大小尽与中国不同闰岁彼亦置闰但只闰九月殊不可晓一夜只分四更每七日一轮亦如中国开建除之类有两日最吉三日平平四日最凶何日可出东方何日可出西方虽妇女皆能算之十二生肖与中国同但呼名异耳如以马为卜赛鸡为栾猪为直卢牛为个之类

真腊争讼虽小必上闻初无笞杖但闻罚金重事亦无绞斩止掘地成坑纳罪人于内实以土石坚筑而罢次有斩指去鼻者但奸与赌无禁奸妇夫或知之以两柴绞奸夫之足痛不可忍竭资与之方免人家失物疑人为盗以锅煎油极热令伸手于中果偷则手烂否则皮肉如故又争讼莫辩曲直国宫对岸有小石塔十二座令一人各坐一塔无理者必生疮疖或咳嗽之类有理者略无纤事以此剖判谓之天狱

真腊地苦炎热日非数次澡洗不可过初无浴室盂桶但家有一池否则两三家合一池男女皆裸形入池或三四日城中妇女至城外河中漾洗河邉脱去所纏布入水者动以千数虽府第妇女亦预焉踵顶皆见唐人暇日颇以此为游观之乐【妇女亦预焉踵顶皆见唐人暇日颇以此为游观之乐有病多入水浸浴及频频洗头便自痊可】

真腊粪田皆不用秽嫌其不洁也唐人到彼皆不言及中国粪壅之事恐为所鄙登溷既毕必入池洗净止用左手右手留以拿飰【按隋书曰以右手为净左手为秽每旦澡洗以杨枝净齿读诵经呪又澡洒食食罢还用杨枝净齿又读经呪】

巨舟以硬树破版为之匠者无锯但以斧凿开成版凡要木成段亦以凿凿断起屋亦然船上以茭叶盖覆却以槟榔木破片压之此船名为新拿所粘之油鱼油所和之灰石灰也小舟却以一巨木凿成槽以火熏软用木撑开腹大两头尖可载数人名皮阑【以上俱真腊风土记】

三佛齐人民不输租赋有所征伐随时调发自备兵器粮糗【见宋史】

治平中三佛齐地华伽啰遣使至啰啰入贡遇风船几覆祷天有老翁现云端浪旋息时寇毁广州天庆观老君像在瓦砾中至啰啰覩之即向所见也及还告地华伽啰遣人诣广鸠工重建施钱十万置山田于黾塘以充常住铸大钟覆以楼明年地华伽啰没剪其爪发送道士葬之黾塘至今祭焉【见广州志】

神鹿高三尺许前半甚黑后半白花毛纯可爱止食草木不食腥出旧港国【见华夷考以上三佛齐】

大食男子鼻高黑而髯女子白皙出辄鄣面日五拜天神有礼堂容数百人率七日王高坐为下说法曰死敌者生天上杀敌受福故俗勇于斗【见唐书】

大食海中见一方石上有树干赤叶青树上生小儿长六七寸见人皆笑其手脚头著树枝摘取一枝小儿便死收在大食王宫【见旧唐书】

大食国出胡羊高三尺余其尾如扇每岁春月割取腊再缝合之不取则胀死【见方国志按大食有大尾羊细毛薄皮尾上旁广重一二十斤行则以车载之唐书谓之灵羊】

嘉靖三十四年三月司礼监传谕户部取龙涎香百斤檄下诸藩悬价每斤偿一千二百两往香山澳访买仅得

十一两以归内验不同姑存之亟取真者广州狱夷囚马那别的贮有一两三钱上之黑褐色密地都密地山夷人继上六两褐白色问状云褐黑色者采在水褐白色者采在山皆真不赝而密地山商周鸣和等再上通前十七两二钱五分驰进内辨万历二十一年十二月太监孙顺为备东宫出讲题买五斤司札验香把总蒋俊访买二十四年正月进四十六两再取于二十六年十二月买进四十八两五钱一分二十八年八月买进九十七两六钱二分自嘉靖至今夷舶闻上供稍稍以龙涎来市始定买解事例每两价百金然得此甚难【见广东通志以上哑齐】

成化间撒马儿罕使臣枉道至广东将往满剌加市狻猊入贡所过震惊布政使陈选奏言狻猊本非泽国所产假借意旨入海宣索惊扰域中贻讥海外【见昭代典则】

红毛鬼投澳夷拒不纳满剌加伺其舟回遮杀殆尽【见广东通志以上马六甲】

人到吉里地闷多染疾病十死八九盖其地瘴气及淫污之故也【见星槎胜览右池闷】

佛郎机在瓜哇南二国用铳形制同但佛郎机铳大瓜哇铳小国人用之甚精稍不戒则击去数指或断一掌一臂嘉靖初佛郎机遣使来贡行使皆金钱其人好食小儿每一儿市金钱百文广之恶少掠小儿竞趋之其法以巨镬煎沸汤以铁笼盛小儿置镬上蒸之出汗尽乃取出用铁刷去苦皮其儿犹活剖腹去肠胃蒸食之居二三年儿被掠益众海道汪鋐以兵逐之不肯去又用铳击败我兵乃使善水者入水凿沈其舟尽擒之汪鋐由此荐用后为吏部尚书会北兵入寇鋐建议请颁佛郎机铳于邊镇诏下所司施行三邊赖其用然鋐疏语谆复可厌兵部郎中吴缙见而笑之鋐怒黜为铜仁知府或戏之曰君被一佛郎机打到铜仁府【见月山丛谈然今在吕宋者却不闻食小儿之事】

吕宋最严狡童之禁华人犯者以为逆天辄论死积薪焚之【以上吕宋】

裴清使倭东至竹斯国又东至秦王国其人同于华夏以为夷洲疑不能明也又经十余国达海岸自竹斯国以东皆附庸于倭【见隋书】

贞观五年日本使者入朝帝矜其远诏有司毋拘岁贡遣龙州刺史高仁表往谕与王争礼不平不肯宣天子命而还永徽初献琥珀大如斗玛瑙若五升器【见唐书】

唐日本王子来朝王子善棋勅顾师言为对手王子出楸玉局冷暖玉棋子云本国之东有集真岛岛上凝霞台台上有手谈池池生玉棋子冬温夏冷故谓冷暖玉又产如楸玉其状类楸琢之为局光洁可鉴师言与敌手至三十三下胜负未决师言汗手凝思方敢落指谓之镇神头乃是解两征势也王子瞪目缩臂已伏不胜回语鸿胪曰待诏第几手耶鸿胪诡对曰第三手师言实第一国手矣王子曰愿见第一曰王子胜第三方得见第二胜第二方得见第一今欲躁见第一其可得乎王子掩局曰小国之一不如大国之三信矣

倭国有天王自开辟以来相传至今不与国事不辖兵马惟世享国王供奉而已国王受国事掌兵马盛衰强弱更替不常【续文献通考】

元丰时明州言得倭国太宰牒遣仲回等贡絁二百匹水银五千两以仲乃海商贡礼与诸国异请自移牒报而答其物直从之【见宋史】

日本人善啜茶道傍有茶店邀人啜茶如汉人入酒馆【见续文献通考】

肥前州岛酋村山等安者受彼武藏总摄之命监主市易交闗唐人者也明石道友乃领倭出贩渠率驾舟送侦探官董伯起来还旗书单冀凯旋【四字海道副使韩仲雍驰至海上召倭目译审情实问渠何故侵扰鸡笼淡水称自平酋物故国甚厌兵惟常年发遣十数船挟带资本通贩诸国经过鸡笼频有遭风破船之患不相救援反掠我财乘便欲报旧怨非有隔远吞占之志也问渠何故谋据北港称通贩船经由驻泊收买鹿皮则有之并无登山久住意或渔捕唐人见影妄猜或仇忌别岛生端唆害问渠外海商贩何故内地劫掠称国王严禁不许犯天朝一草一粒缘各商趁风飘入折闽不得已沿途汲取山泉官兵既劫贼相待因而格斗未免杀伤且各商去国远不必谨守国灋有信附舟唐人恐吓起衅者有被劫海唐人教诱取利者国王实不知闻闻则必根查之而秇诛之董伯起亲见旧年同道友来掳去渔人张士春欧达老船众五十余辈今尽监系待回报行戮是也问渠何故挟去伯起称上年彼国发商船十一只阻风失航其二船系岛酋亲子至今未还其七船与浙兵缠住厮杀惟道友二船先到东涌遇小渔船浼代樵汲并作眼目询知军门黄都爷多拨船兵火器系是韩海道新行训练十分精利于渔船丛中觉察伯起有异质问系是海道中军官人礼请过船同到日本一则欲待官兵追及央其分剖一则藉此归报国主明非逗留实不敢轻慢

问渠今又何故送还伯起称总摄嗣立未久每念四夷皆得自通天朝而彼独隔绝先世亦常列名职贡而后乃弃捐心中时常以为耻愤今因送到伯起词气耿介愈仰中华人物始悟每年轻舟越贩戕冠进谒或称衙门差官以求供馈或领互市价值竟至脱骗皆骪瀌奸民使小国慕化之心有负而天朝字小之恩不沾今幸拨云见日自愿输忱春信风柔始差道友等整船送回至恭进表文经沈参将谕以不合体式愿带缴回矣问渠何故侵夺琉球使吏治其土宇称系萨摩酋陆粤守恃强擅兵稍役属之今岁输我王不过银米三千收利几何而不忍割出但须转贵该岛耳本道随谕汝并琉球皆吾赦前事当自向彼国议之又问渠来意何求称送还华宫得一公文回报图好体面传好名声别无他求但愿自后鉴我倭人船众止是通贩不是行劫官兵相遇莫辄斗杀本道谕汝来西贩先经浙境乃天朝首藩也迤南为台山为礵山为东涌为乌坵为彭湖为彭山皆我闽门庭之内岂容汝涉一迹此外溟渤华夷所共穷兵芟薙汉过不先汝或飘风暂时依泊不许无故登岸或为旷日所误望山取汲不许作意淹留我兵各有汛地防围驱逐自难弛纵但汝自取方便明声禀而速扬去可矣渠又请归岛启知国主先犯料罗大金之人系何岛商倭则请官莅杀之国中如唐人拨置则差倭缚送于境上以表效顺本道谕使命往来非疆吏所得擅议本省奏闻发落尚延日时汝船经由港湾或招猜衅汝国中一动一静我院道悉见悉闻果不食言自汝国长利也旋又谕上年琉球来报汝欲窥占东番北港传岂尽妄天朝因汝先年有交通胡惟庸之事有擅遣宋素卿在驿閧杀之事有误信汪五峯频年入寇之事近年有平秀吉侵扰高丽之事疑汝嫌汝悬示通倭禁例益严其实远屿穷棍挟微赀涉大洋走死骛利于汝地者弘网阔目尚未尽绝汝若恋住东番则我寸板不许下海寸丝难望过番兵交之利钝未分市贩之得丧可覩矣归示汝主自择处之闻石道友等各指天拱手连称不敢不敢因量打花红布丝复椎牛酾酒大飨之仍颁布旗号由福建发回日本効顺夷目俾悬桅上给粮遣回见款倭详文】

倭自言为泰伯之后【见梁书】

论曰逸事非尽稗官之残简流俗之琐谈也或胪列于正史而事近迂缓或参考于国故而事近纤屑或諠传于前籍而事近荒唐本传所不胜载者咸彚而存焉分之则碎金屑玉合之皆珠船宝山固麈谈所必资抑狐掖之并采云尔

皇清职贡图[①]

卷一

朝鲜国夷官
朝鲜国官妇
朝鲜国民人
朝鲜国民妇
琉球国夷官
琉球国官妇
琉球国夷人
琉球国夷妇
安南国夷官
安南国官妇
安南国夷人
安南国夷妇
安南国狭獾
安南国狭獾妇
暹罗国夷官
暹罗国官妇
暹罗国夷人
暹罗国夷妇
苏禄国夷人
苏禄国夷妇
南掌国夷官
南掌国官妇
南掌国老挝
南掌国老挝妇
缅甸国夷人
缅甸国夷妇
大西洋国夷人
大西洋国夷妇
大西洋合勒未祭亚省夷人
大西洋合勒未祭亚省夷妇
大西洋翁加里亚国夷人
大西洋翁加里亚国夷妇
大西洋波罗泥亚国夷人
大西洋波罗泥亚国夷妇

① 〔清〕傅恒等编纂。

大西洋国黑鬼奴
大西洋国黑鬼奴妇
大西洋国夷僧
大西洋国女尼
小西洋国夷人
小西洋国夷妇
英吉利国夷人
英吉利国夷妇
法兰西国夷人
法兰西国夷妇
瑞国夷人
瑞国夷人
日本国夷人
日本国夷妇
马辰国夷人
马辰国夷妇
汶莱国夷人
汶莱国夷妇
柔佛国夷人
柔佛国夷妇
荷兰国夷人
荷兰国夷妇
俄罗斯国夷官
俄罗斯国官妇
俄罗斯国夷人
俄罗斯国夷妇
宋腒勝国夷人
宋腒勝国夷妇
柬埔寨国夷人
柬埔寨国夷妇
吕宋国夷人
吕宋国夷妇
咖喇吧国夷人
咖喇吧国夷妇
嘛六甲国夷人
嘛六甲国夷妇
苏喇国夷人
苏喇国夷妇
亚利晚国夷人
亚利晚国夷妇

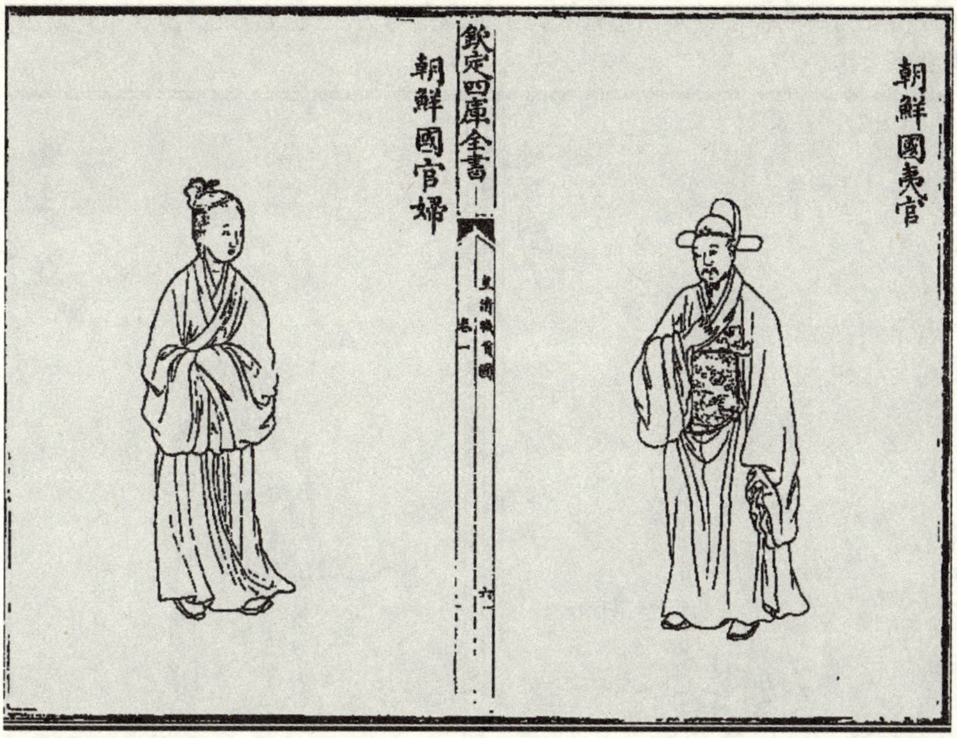

朝鲜古营州外域周封箕子于此汉末扶余人高姓据其地改国号高句骊亦称高丽唐李绩征之高氏遂灭至五代时有王建者自称高丽王历唐至元屡服屡叛明洪武中李成桂自立为王遣使请改国号为朝鲜本朝崇德元年太宗文皇帝亲征克之其国王李倧出降封为朝鲜国王赐龟纽金印自是朝鲜遂服庆贺大典俱行贡献礼其国分八道四十一郡三十三府三十八州七十县王及官属俱仍唐人冠服俗知文字喜读书饮食以笾豆官吏娴威仪妇人裙襦加襈公会衣服皆锦绣金银为饰

朝鲜国民人俗呼为高丽棒子戴黑白毡帽衣袴则皆以白布为之民妇辫发盘顶衣用青蓝色外系长裙布袜花履崇释信鬼勤于力作

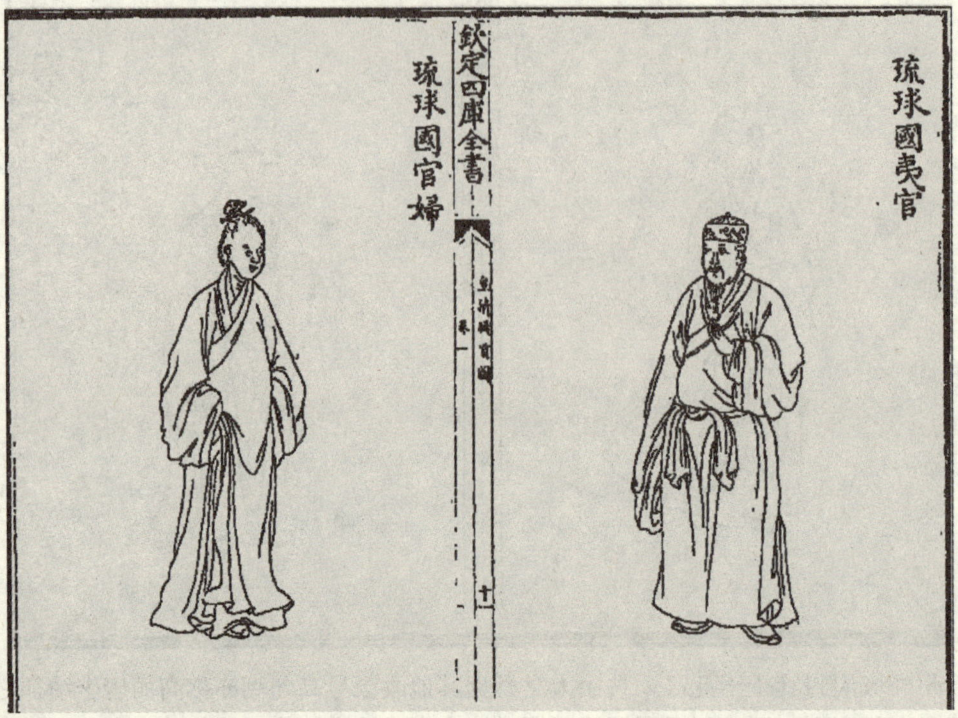

琉球居东南大海中明初其国有三王曰中山曰山南曰山北皆以尚为姓而中山最强洪武间三王俱入贡至宣德时山南山北为中山所并本朝定鼎其王航海输诚遣使册封屡赐御书匾额常遣陪臣子弟入监读书其国有三十六岛气候常温俗尚文雅鲜盗贼王与臣民分土为禄地产五谷蔬果之属夷官品级以金银簪为差等用黄绫绢折圈为冠宽衣大袖系大带官妇髻插金簪不施粉黛衣以锦绣其长覆足

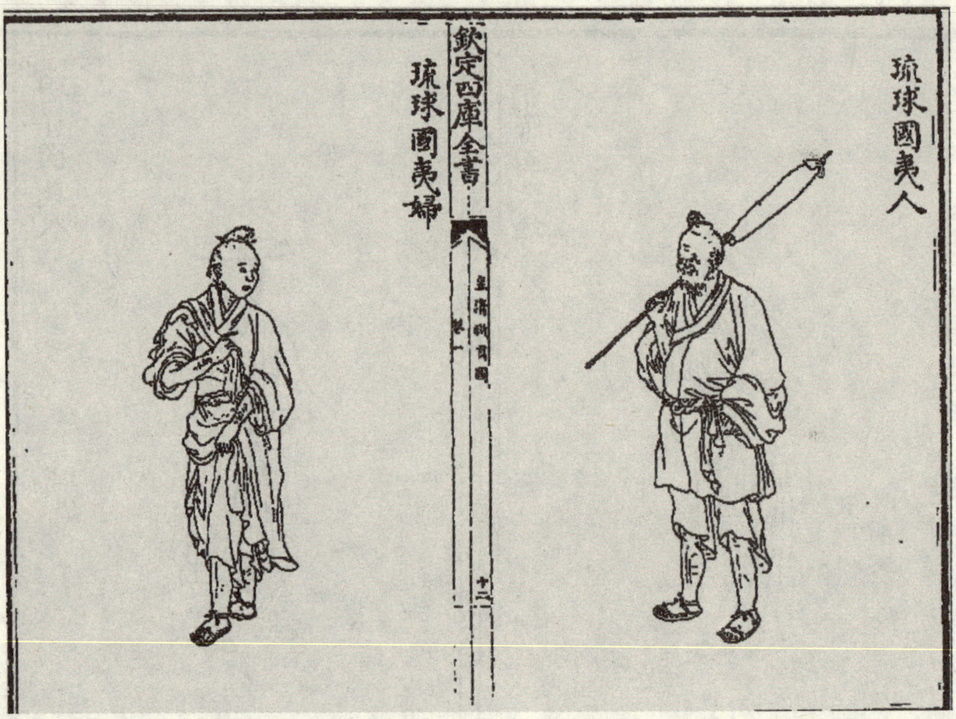

琉球国人多深目长鼻男服耕作营海利土人结髻于右汉种结髻于中布衣草履出入常携雨盖妇椎髻以墨

黥手为花草鸟兽形短衣长裙以幅巾披肩背间见人则升以蔽面常负物入市交易亦工纺绩

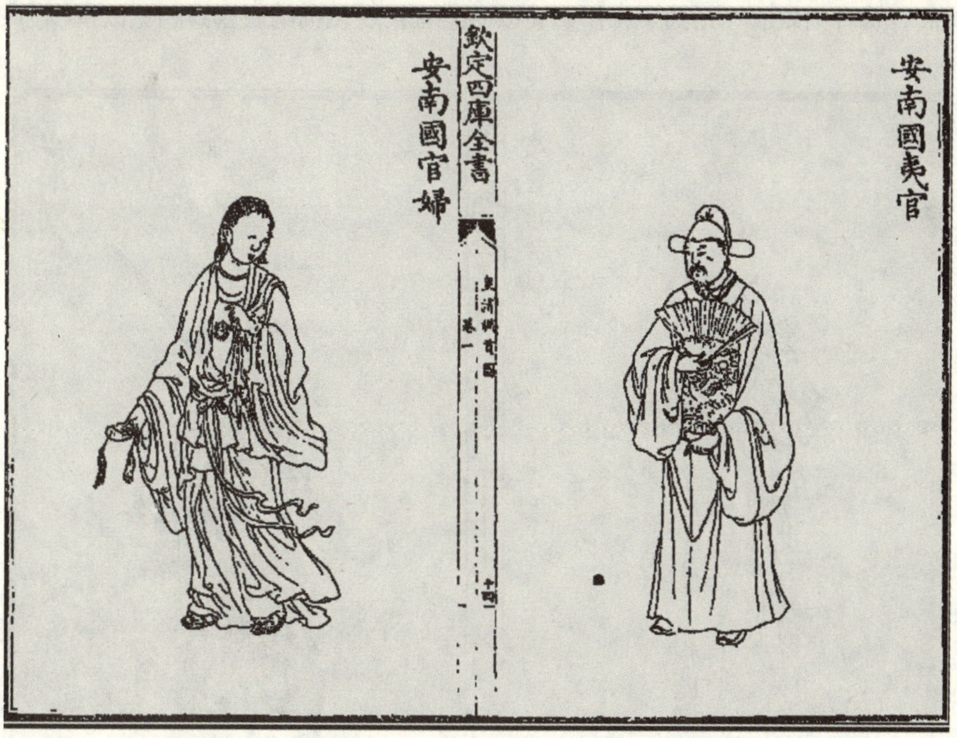

安南古交趾地唐以前皆隶中国五代时始为土人窃据宋时丁氏黎氏皆三传李氏八传无子传壻陈氏明永乐间讨黎季犛篡陈氏之罪因郡县其地后黎利构乱因而抚之嘉靖中莫登庸篡黎氏旋为黎惟潭恢复本朝康熙五年黎惟禧欵附因封为国王嗣后五年一贡其地有东西二都十三道土地膏腴气候炎热一岁二稔其夷目冠带朝服多仍唐制皂革为靴惟武官平顶纱帽靴尖双出以为别贵家妇人披发不笄耳带金环以大小分等级内服绣襦外披氅衣履如芒屩

安南国夷人性狡诈好浴信鬼神重丧祭附山耕稼树桑滨海捕鱼煮盐男子戴大白草帽形如覆镬长领大衣手持蕉扇曳履而行贫者则短衣赤足勤于耕作妇女以帕蒙首长衣长裾纳履露踵相见以槟榔为礼善纺绩烹饪之事

交州苗裔在安南境内先隶交酋管辖因与滇省接壤国初置开化府多居府属逢春里之极边性顽悍嗜酒善用火器凡交地守关守厂以为兵卒其僻处山箐者黑面环眼短衣短袴或捕蛇鼠则生啖之妇人短衣长裙善弩亦能射猎雍正八年以边地四十里隶安南俾就近管领约束

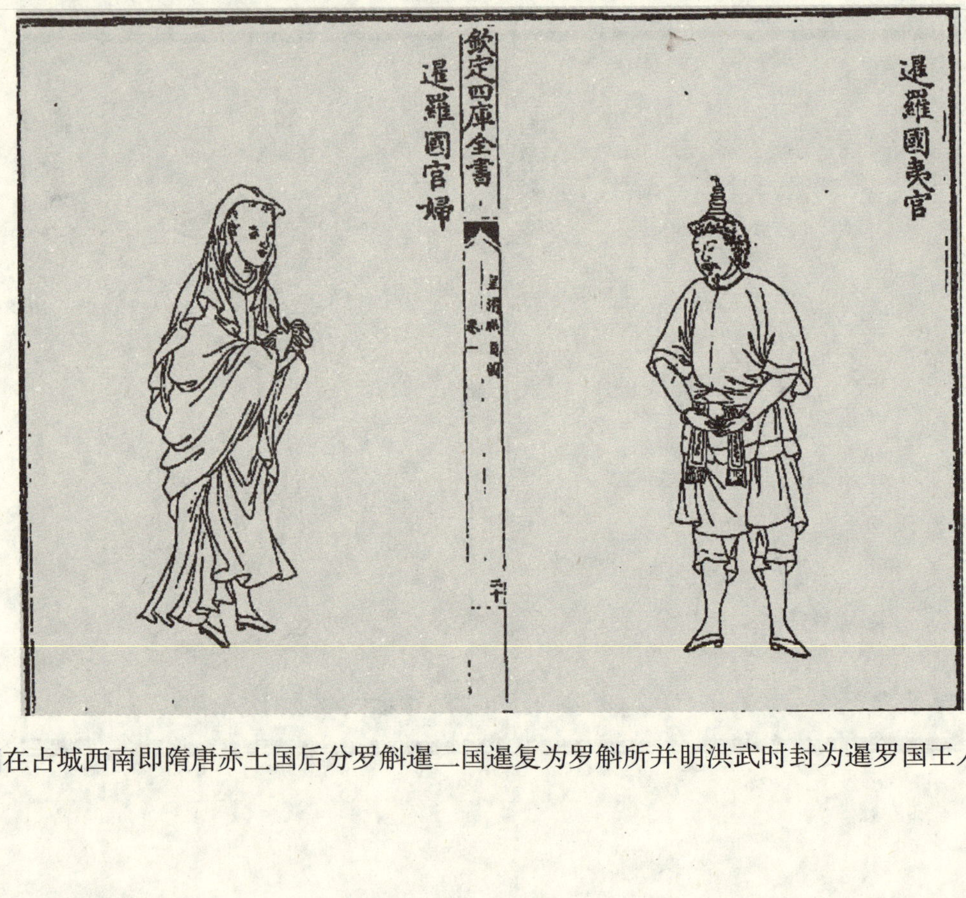

暹罗国在占城西南即隋唐赤土国后分罗斛暹二国暹复为罗斛所并明洪武时封为暹罗国王入国朝尤恭顺

国贡惟谨其地方千里有大库司九府十四县七十二官制九等其四等以上戴锐顶金帽嵌以珠宝五等以下则以绒缎为之衣锦绣及织金或花布短衣系锦带妇人以金银为簪钏约指上衣披五色花缦下衣五彩织金花幔拖地长二三寸足履红革靸鞋其选举皆引至王前咨以民事应对得当即授官服候用文字横书有事则具书文朗诵呈之

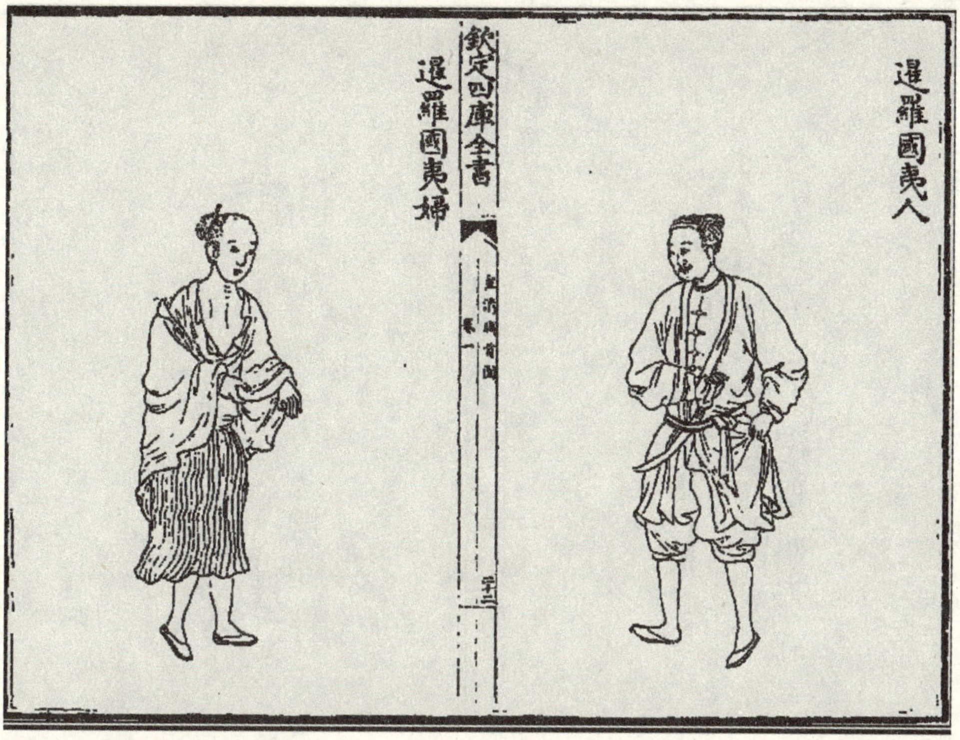

暹罗地卑湿民皆楼居坐卧即以楼板上籍以毡席其风俗劲悍习于水战好崇佛斋僧饲象取牙以奉夷目男白布缠头衣短衣曳革履常佩刀剑妇女椎髻上衣披青蓝布缦下衣五色布短裙性喜遊冶亦工纺绩俗重女轻男家事皆取决于妇

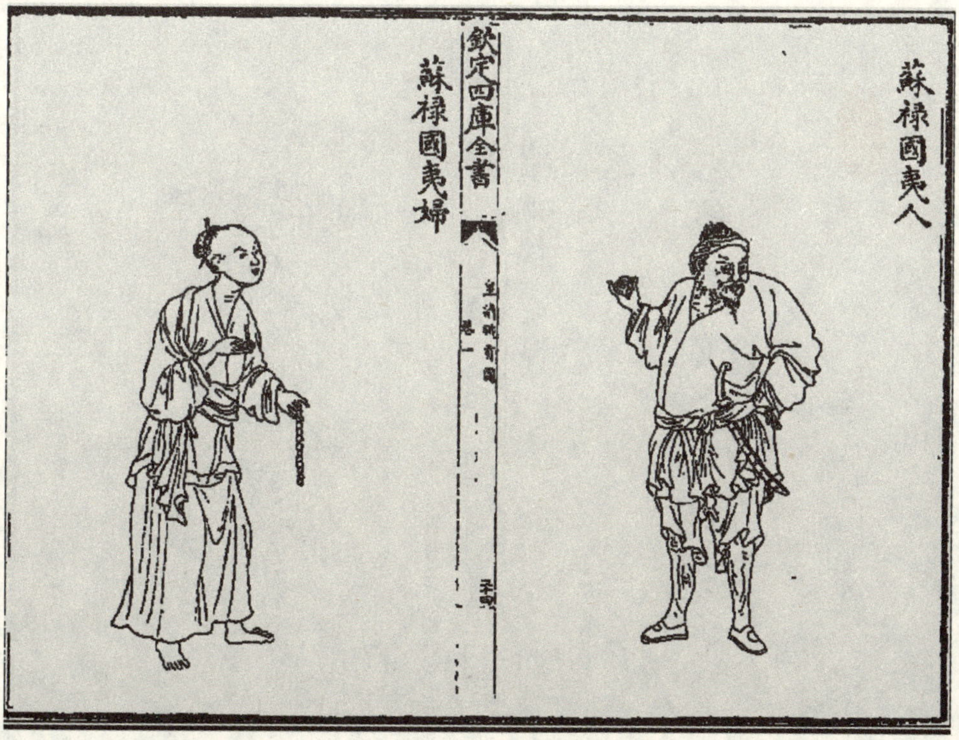

苏禄在东南海中明永乐间其国有东西两王又有峒王俱来朝贡后不复至本朝雍正四年遣使入贡因定期五年一来其地气候常热人情强悍以取蚌珠为业山田瘠寡粟麦民率食鱼虾煮海为盐酿蔗为酒不食豕肉剪发裹头去须留髯衣袴俱短绛帛系腰露胫而著履女椎髻跣足短衣长裙以幅锦披肩能织竹为布

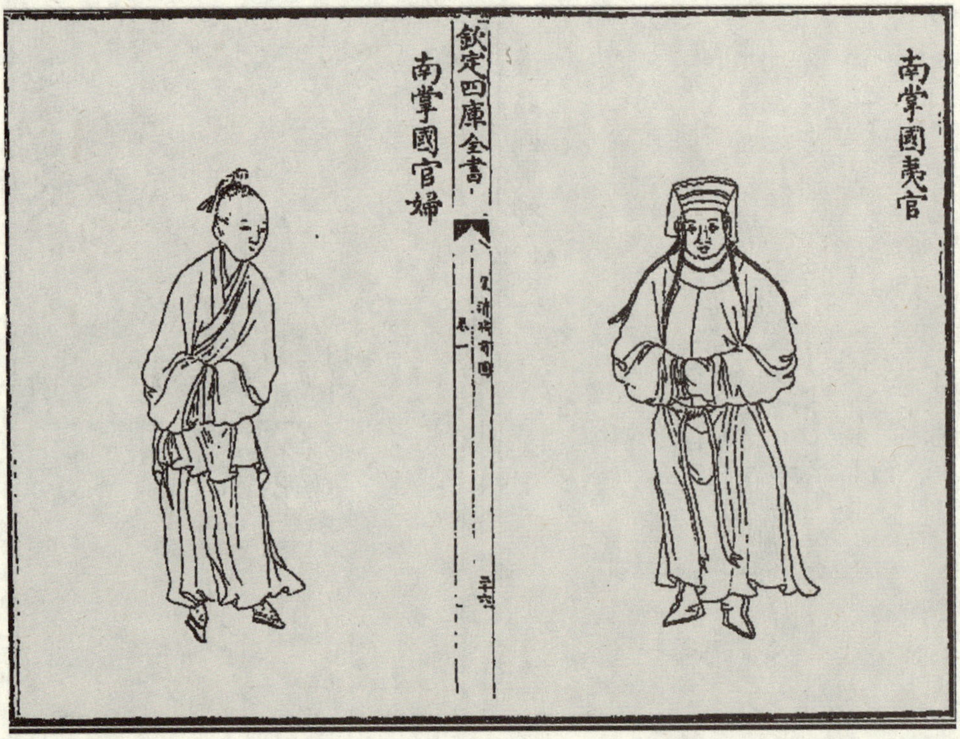

南掌古越裳氏地自周以来不通中国明永乐初部长刀线歹入贡始置军民宣慰使万历中犹奉贡后不复至本朝雍正八年其部长素马喇萨遣其头目叭猛花等奉金表称南掌国王贡牝牡二象乾隆八年定为十年一贡其部长居高楼见者以贵贱为限贵者披发覆肩红巾红衣妇人则挽发束以红帛短衣长裙体皆刺花性多犷悍

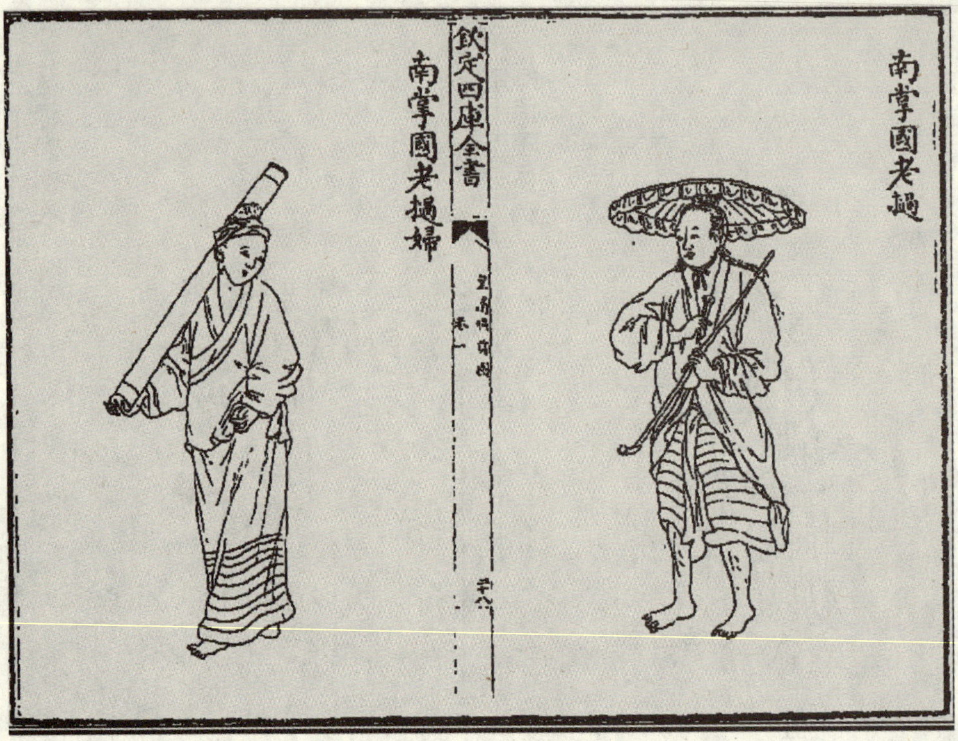

老挝俗呼为挝家即南掌夷民也男子披发带黑漆帽著青衣以疋布绕下体妇女挽髻以白布抹额白衣红领系花布桶裙俱跣足喜啖生肉知耕种勤纺织其近在普洱府东界外者常入内地贸易

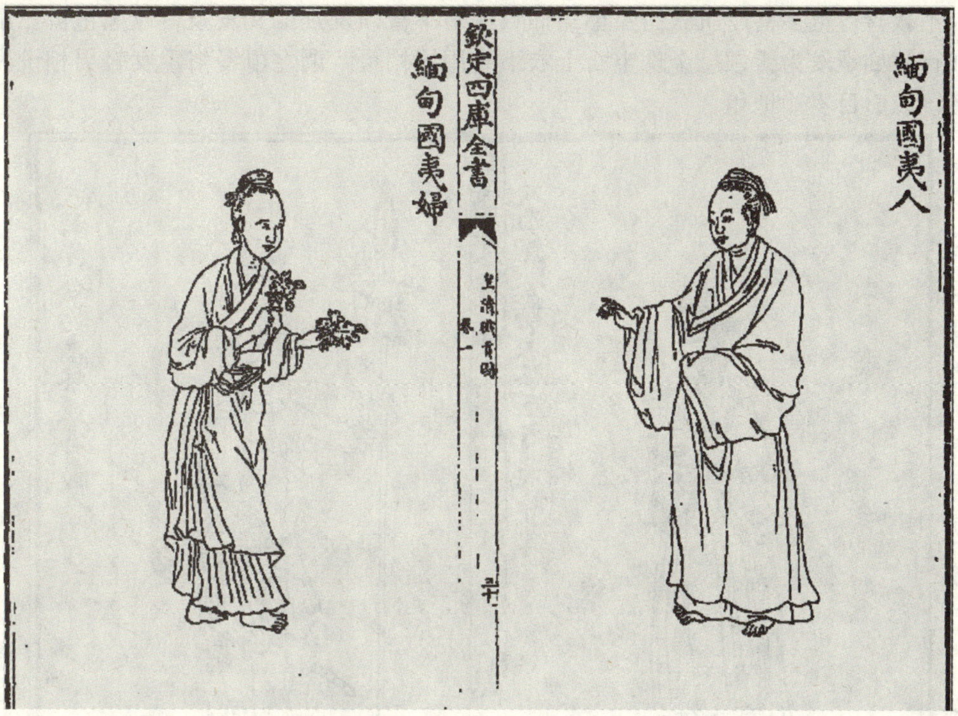

缅甸古朱波地在永昌府腾越州天马虎踞诸关外其酋居阿瓦城元及明初虽示羁縻时多反复嘉靖后莽瑞体父子雄长诸部自称缅甸国王不通职贡本朝顺治十八年吴三桂领兵至阿瓦城东传谕缅王倾心向化乾隆十五年其王莽达喇制金银二鈚篆刻表文并贡涂金宝塔驯象缅布等物嗣为木梳酋长瓮藉牙所篡子懵恼懵驳相继占踞其夷官夷民服饰与南掌相似妇人束发穿耳短衣围以锦幅长裙性爱花卉其文字呈尊者用金叶书之次用纸次用槟榔叶谓之缅书

大西洋明永乐间有古里琐里忽鲁谟斯凡数十国来朝贡后多不复至万历中西洋人利玛窦航海来中国自称意大里亚国人本朝康熙六年通朝贡雍正三年意大里亚教化王来贡五年博尔都噶尔亚国来贡乾隆十八年复来其人奉天主教善行贾多富厚肌肤白晳鼻昂而目深碧不畜须发别编义发蒙首以黑毡折三角为帽短衣革履袴袜束迫如行縢妇螺发为髻领悬金珠宝石上衣下裳用锦帕覆背谓之巾缦俗重女轻男相悦为婚有侨居香山县之澳门者统以夷目岁输地租

合勒未祭亚省属热尔玛尼亚国中其人躯体壮阔极忠义受德必报乡内公设学塾习武备者约居大半尝有遊往他国彼君上必用为侍卫之属其地多山冬月甚冷善造室妇人贞静质直工作精巧能徒手交错金绒不用机杼布最轻细土生黄金掘井恒得金块河底常有豆粒金珠山产獐鹿兔豹家畜大牛以供珍馐

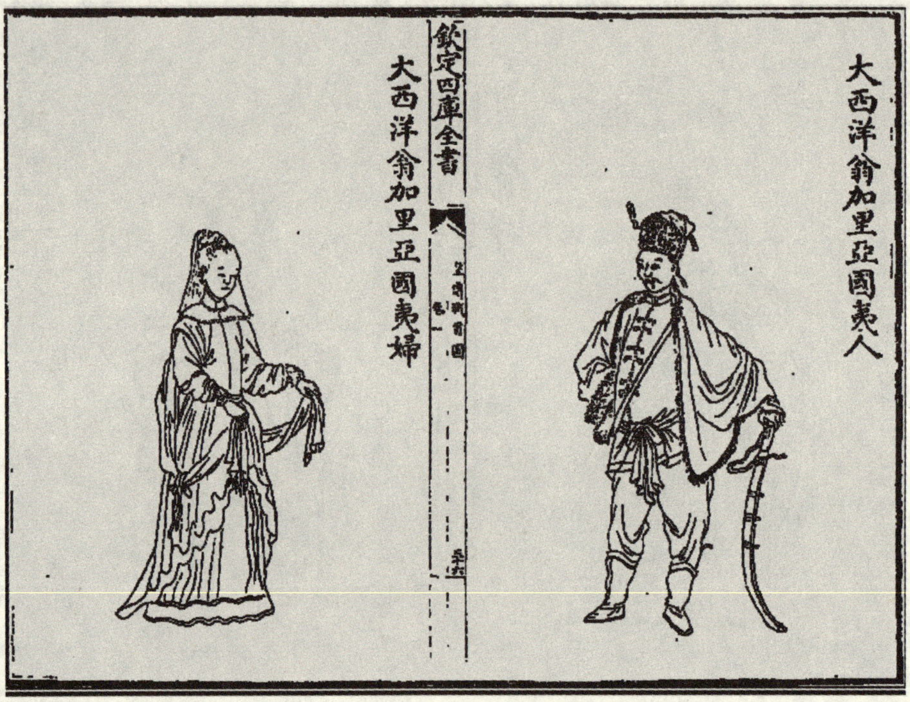

翁加里亚国在波斯泥亚国南其人彷佛蒙古衣服甚短束缚袴袜有如行縢极颖悟尚礼貌幼习驰马短颈善奔常带弯刀长四尺每在马上舞试妇人能通文字刺绣工巧出门必设纱绫蔽面物产极丰牛羊可供他州之用金银铜铁等物取之不竭

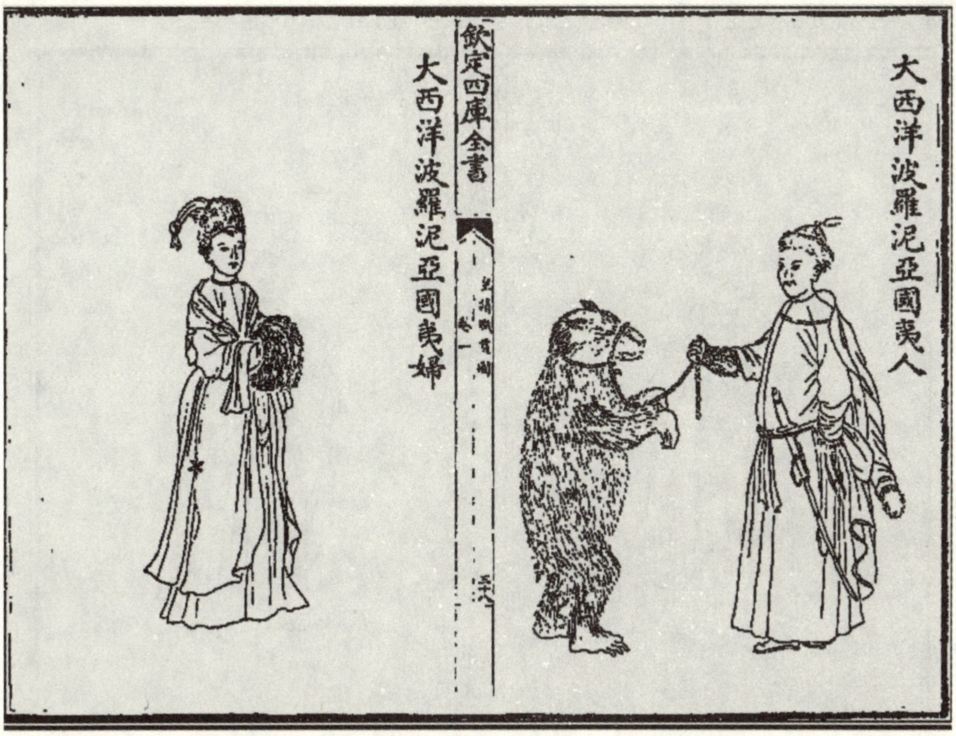

波罗泥亚国在热尔玛尼亚国东其人彷佛蒙古有髭无须去发存顶编垂首后其地寒冷初秋至初夏皆衣皮裘如狐貉貂鼠之裘长蔽足首用皮冠好击剑家豢熊罴以供戏玩妇人才能专持家务内外井井土产蜂林琥珀牛羊等物

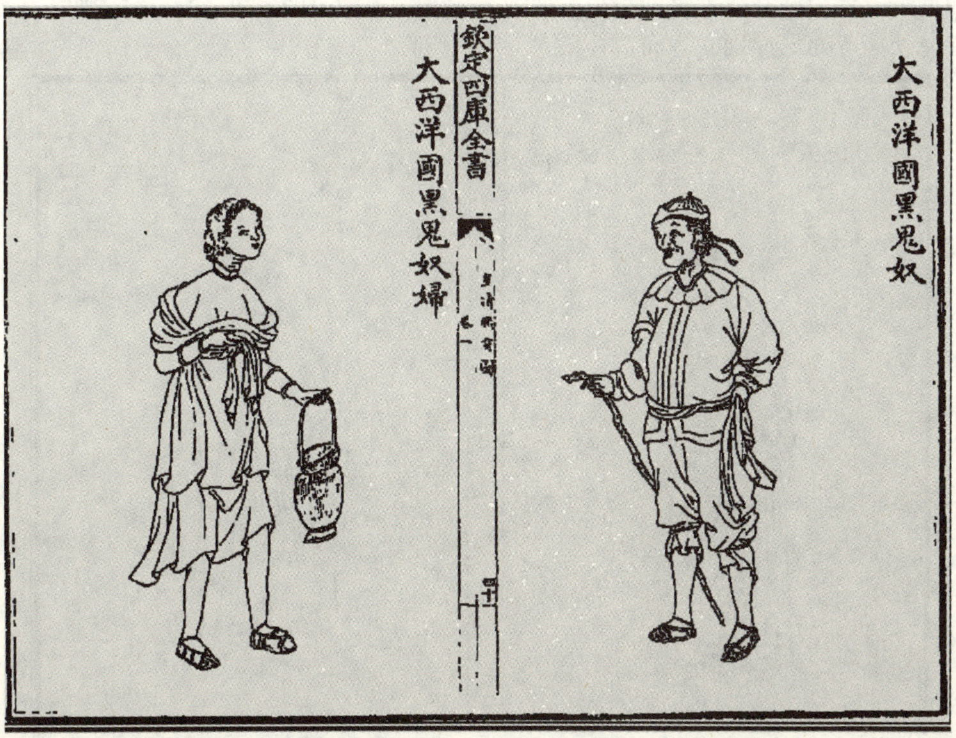

夷人所役黑国奴即唐时所谓昆仑奴明史亦载荷兰所役名乌鬼生海外诸岛初至与之火食累日洞泄谓之换肠或病死若不死即可久畜通体黝黑如漆惟唇红齿白戴红绒帽衣杂色粗绒短衫常握木棒妇项系彩色布袒胷露背短裙无袴手足带钏男女俱结黑革条为履以便奔走夷人杂坐以黑奴进食食余倾之一器如马槽黑奴男女以手抟食夷屋多层楼处黑奴于下若主人恶之锢其终身不使匹配示不蕃其类也

大西洋有教化治世二王贸易者皆治世类夷僧则教化类也奉天主耶稣像夷人敬信之有大事疑狱不能决必请命焉其法王削发留须带青斗帽衣缁衣出入张盖树旛幢僧雏卫之男女见之辄跪捧足俟过乃起凡通晓天官家言曾遊京师者皆留髭须解华语能制仪器大西洋国女尼以白布缠领及胸缁缦缁衣革带革履夷人敬奉尤甚于僧一女为尼一家皆为佛眷人罹重辟得尼片纸立宥之然其始必捐千金归公既入寺则终身不出其在澳门者僧居三巴寺龙松庙等处尼亦别立寺庙戒律颇严

小西洋去中土万里属于大西洋遣夷目守之衣冠状貌与大西洋略同常披氅衣藏兵器夷妇青帕蒙头著长衣围锦幅于前折袖革履喜执绣谱以习针黹

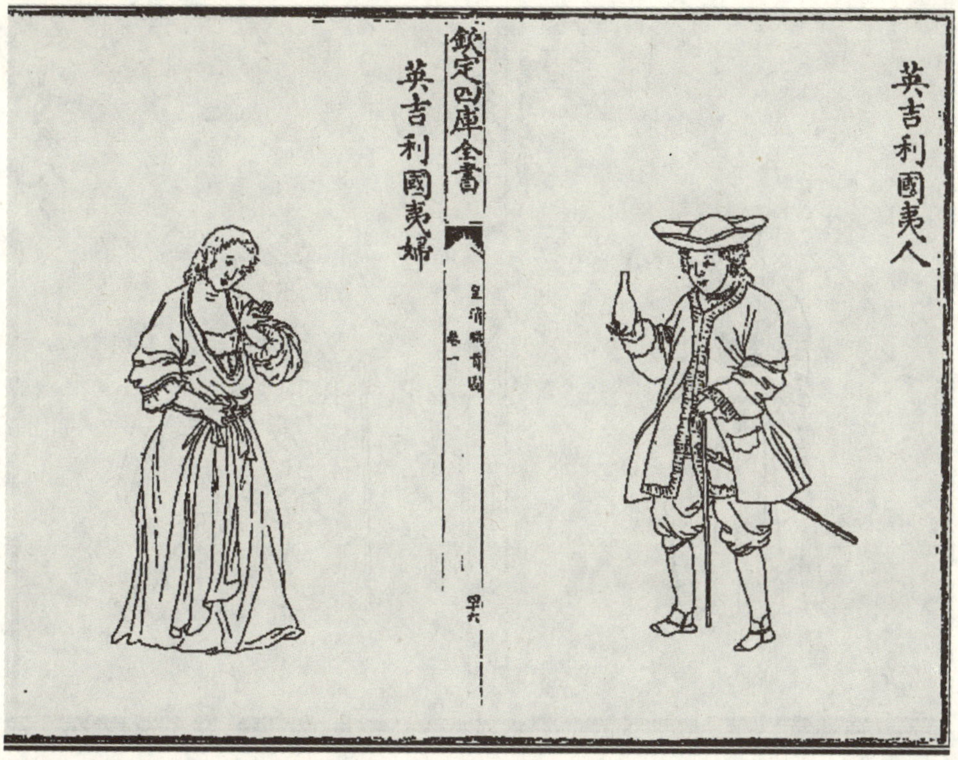

英吉利亦荷兰属国夷人服饰相似国颇富男子多著哆啰绒喜饮酒妇人未嫁时束腰欲其纤细披发垂肩短衣重裙出行则加大衣以金缕合贮鼻烟自随

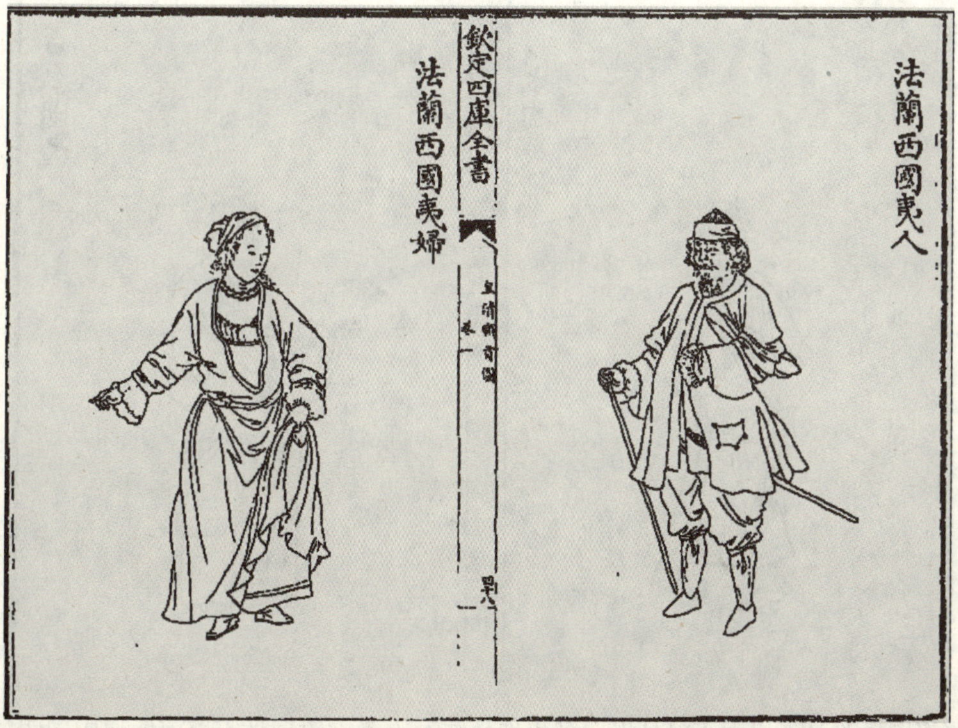

法兰西一曰弗郎西即明之佛郎机也自古不通中国正德中遣使请封贡不果后遂阑入香山之澳门其人强横精兵械屡破吕宋满剌加与红毛中分美洛居尽擅闽粤海上之利初奉佛教后奉天主教故澳门市易为大西洋

所据其酋居吕宋者近与红毛之英吉利争雄长而法兰西亦稍弱焉夷人冠白巾加黑毡帽亦以脱帽为礼其服饰与大小西洋吕宋略同夷妇妆束亦颇与荷兰诸国相类

亦荷兰属国贸易于粤其脱帽为礼与荷兰相类短衣革履常执藤鞭卫身夷妇方领露胸衣外束裙折袖舒袂以革为履底缀方木似屐喜以金缕合贮鼻烟时时吸之

日本古倭奴国唐改日本以近东海日出而名也地环海有五畿七道三岛宋以前皆通中国明洪武初常表贡方物而夷性狡黠时剽掠沿海州县叛服无常俗崇释信巫嗜酒轻生亦习中国文字读以土音立法颇严鲜争讼窃

盗居处饮食有古法其器用制造精巧物产亦饶男髡顶跣足方领衣束以布带出入佩刀剑妇挽髻插簪宽衣长裙朱履能织绢布

马辰国即文郎马神在东南海中相传汉马援南征士卒之裔其地多水惟夷目得陆居夷人则架筏水上覆以板屋俗尚释教而性强悍男女无敢私合以采藤拾椒为业男剪发勒以红帛腰围花罽出入必佩刀剑常负竹筐以盛椒女袒身跣足系布裙过膝间披幅帛于胸背汲水则戴瓦瓶于首

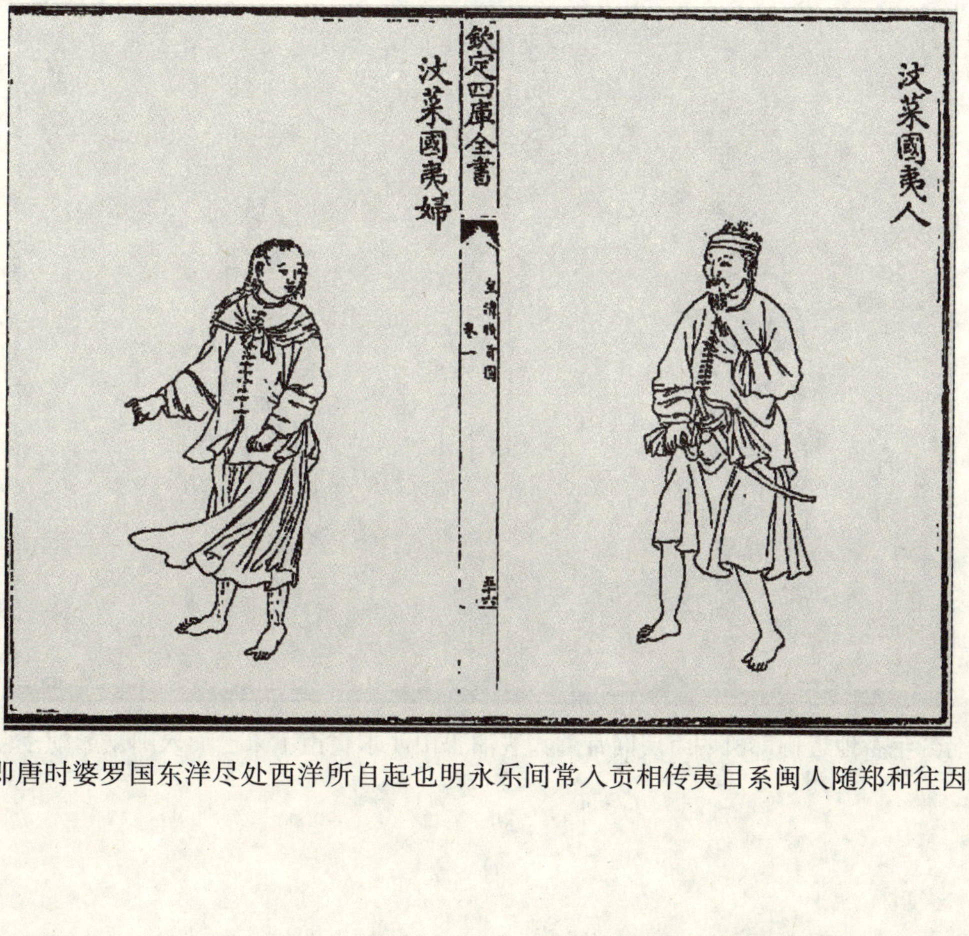

汶莱国即唐时婆罗国东洋尽处西洋所自起也明永乐间常入贡相传夷目系闽人随郑和往因据其地负山

面海崇释教恶杀喜施禁食豕犯者至死以伐木采藤为业男剪发裹绛帛去须留髯与苏禄相似女散发垂肩结巾于项著衣裙而跣足

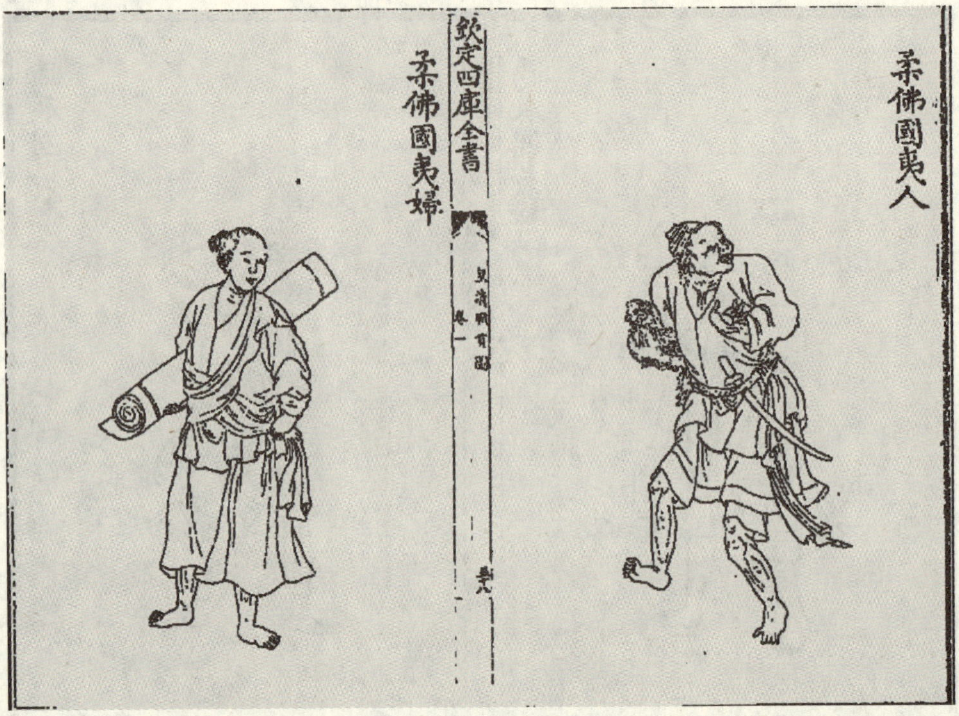

柔佛国在西南海中其地有东西竺山覆茅为屋列木为城地不产谷常易于邻壤尚释教持斋累月见星方食以刀刺茭苇叶为文字婚姻亦论门阀男剪发跣足帽如覆椀铜丝为胎羃以白布衣袴俱短围花巾于腰身不离刄妇垂髻跣足短衣长裙披锦缯于肩与苏禄相似善织席

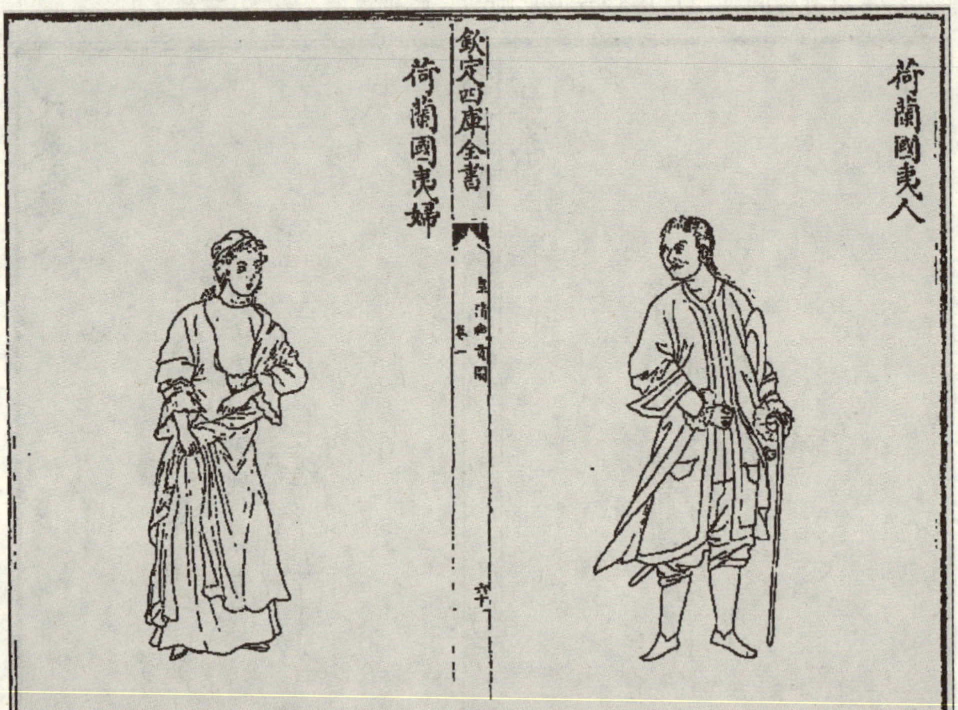

荷兰又名红毛番地近佛郎机明万历间常驾大舰泊香山澳求贡市不果已而入闽据彭湖侵台湾地国朝顺

治十年始由粤通贡康熙初助大兵征台有功嗣后贡市不绝其贡道改由福建夷人黑毡为帽遇人则免冠挟之以为礼著锦绣绒衣握鞭佩剑夷妇青帕蒙头领围珠石肩披巾缦敞衣露胸系长裙以朱革为履其地有咖喇吧为南洋之会又析其名曰瑞曰英吉利

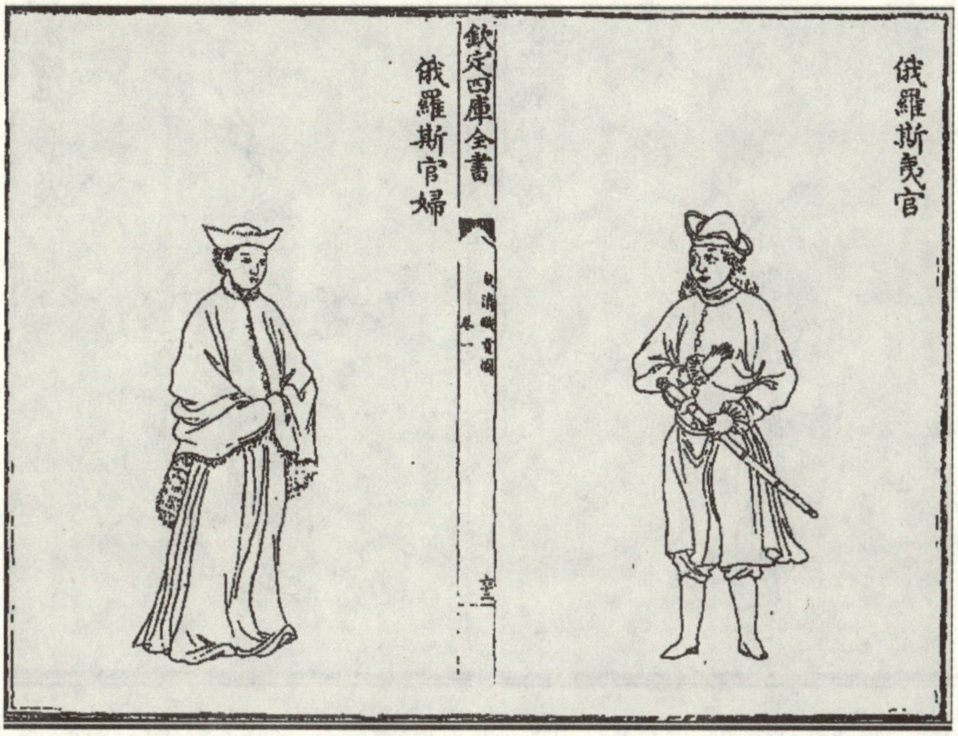

俄罗斯地在极北汉时之坚昆丁令唐时之黠戛斯骨利乾元时之阿罗思吉利吉斯等部皆其地也有明三百年未通中国本朝康熙十五年入贡二十八年遣内大臣索额图等与其使臣费耀多啰等定以格尔必齐河为界自后朝贡贸易每间岁一至其夷官披发戴三角黑毡帽穿窄袖短衣履革靴出必佩剑官妇则戴红顶三角帽系五色长筒裙披织锦无袖短衣或以貂皮为里俗以去发为姣好以免冠为恭敬

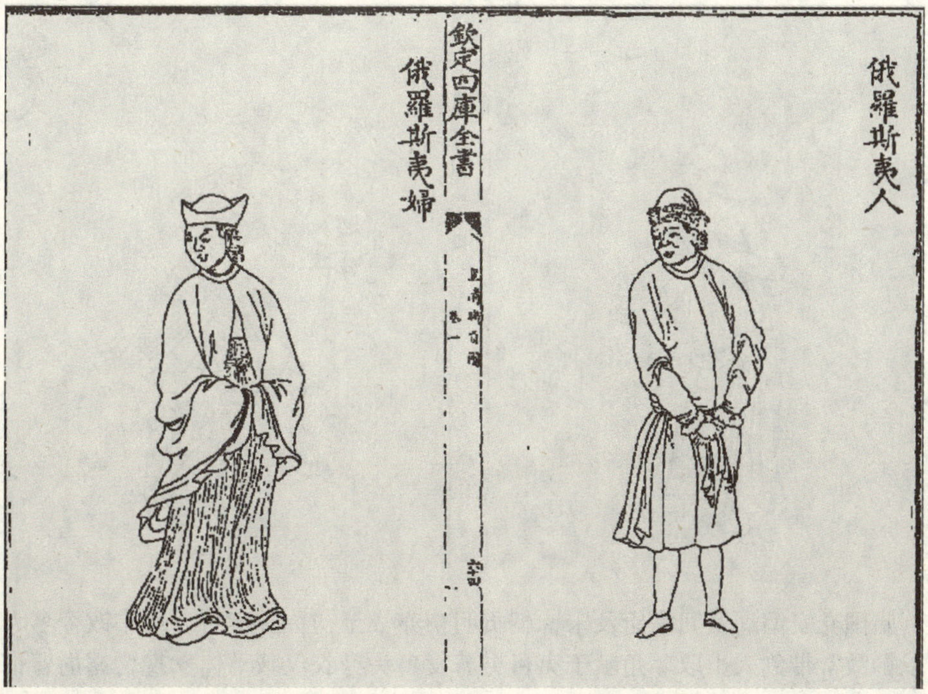

俄罗斯地有八道称为斯科每一斯科又各分小斯科俱设官管辖其民聚处城堡居止有庐舍水陆有舟车服毡罽喜饮酒屑麦为饼不饭食性矜夸贪得尚浮屠自国王至庶民有四季大斋数十日

宋腒朥乃暹罗属国其人多以耕渔为业性情褊急其斋僧饲象与暹罗相类男蓄发去其髯首插雉尾腰束疋帛短衣而窄袴无履袜常佩刀剑女椎髻跣足短衣长裙披帛于肩颇能知纺绩

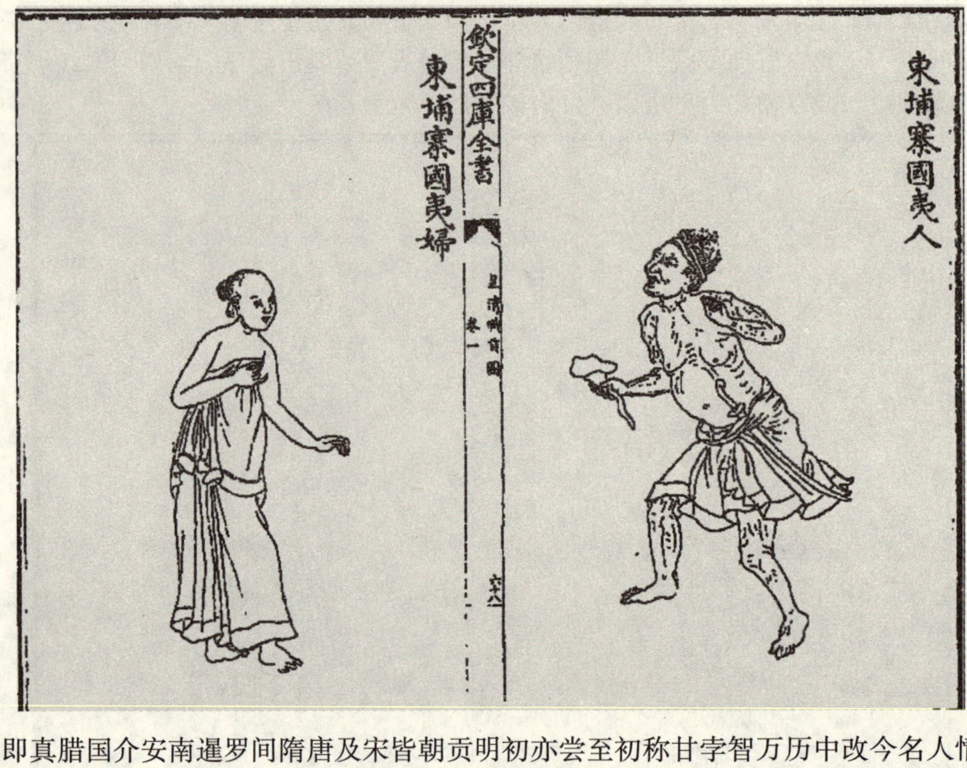

柬埔寨即真腊国介安南暹罗间隋唐及宋皆朝贡明初亦尝至初称甘孛智万历中改今名人情柔弱善饲象其演之为阵用以御敌常带剑入山取犀角献于夷目男剪发裹头身衣仅蔽下体女挽髻露肘臂惟蔽其乳围裙跣

足能采桑饲蚕亦能织席

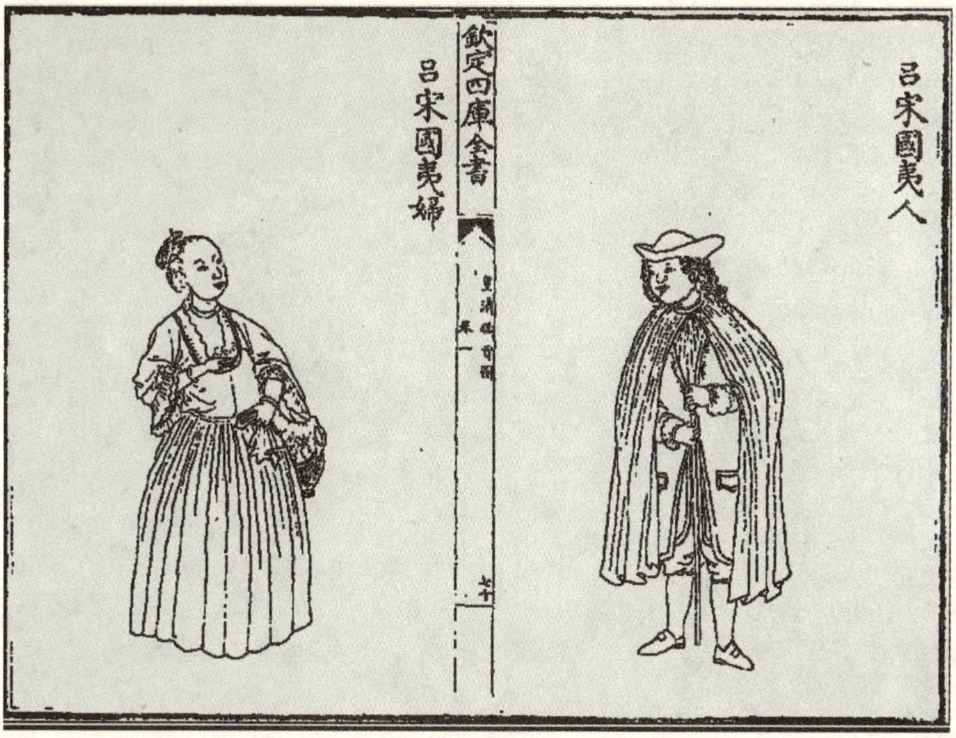

吕宋居南海中去闽之漳州甚近明初朝贡万历中为佛郎机所并而仍其国名佛郎机在占城西南先是灭满剌加又与红毛中分美洛居至是破吕宋益富强多侨居香山澳门贸易夷人居吕宋者长身高鼻猫睛鹰嘴服饰与大小西洋略同妇盘髻施簪珥方领露胸短衣长裙裙里衬藤圈二三层常执帕以盖髻

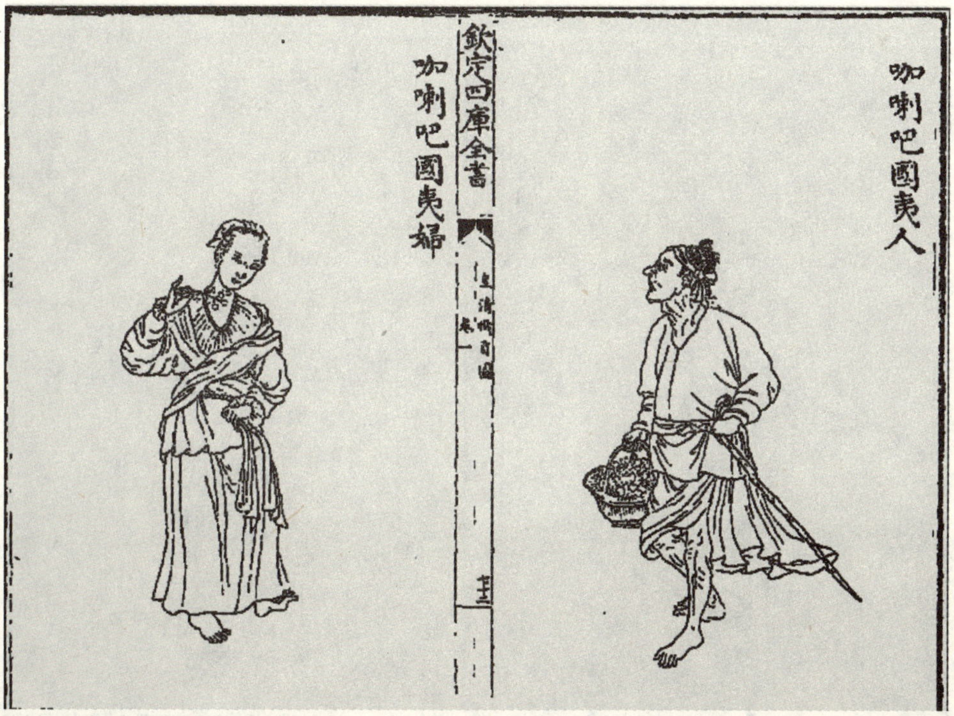

咖喇吧本爪哇故地为荷兰兼并华人之贸易者多流聚于此性工巧饶谋虑室宇壮丽器具精致夷人花帛缠头短衣束腰绕布幅为裙跣足手持木棒有爵者镌字于上以为别夷妇垂髻施簪珥以花布缠上体短衣长裙露胸

跣足善裁制缝纫性嗜啖果

嘛六甲即满剌加在占城南明初服属暹罗水乐中其酋遣使入贡封为国王并勒碑文于其国之镇山后为佛郎机所侵夺嘉靖时勅还其地迄无应者今则为荷兰所属其性情机巧器用精致亚于咖喇吧男以色布缠头长衣短袴露胫曳履女椎髻跣足垂珠于项短衣长裙颇工缝纫

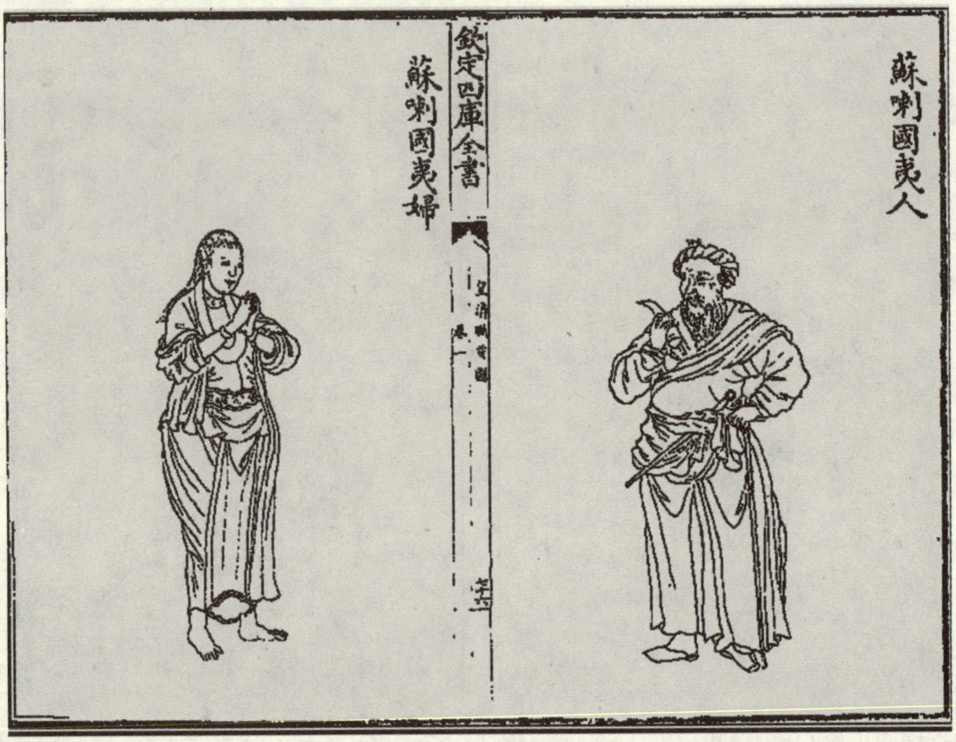

苏喇国即回回国在西南或云本苏门答剌为汉条支唐波斯大食二国地天时温暖无麦有禾一岁二稔多产宝石香药俗颇淳厚性亦柔善男白布缠头蓄须发著素衣肩披花帛束腰佩剑妇披发不笄颔下胸前多饰金珠家

居常喜现体跣足出行仍以大布蒙首至踵

亚利晚国在西洋与回回国相近天气温和风俗淳厚夷人戴八角帽著长衣采色相间文如柳条窄袖束腰蹑革履夷妇披发不笄以青帕蒙首及背领饰金银著长衣常持盥器善事女工

卷四

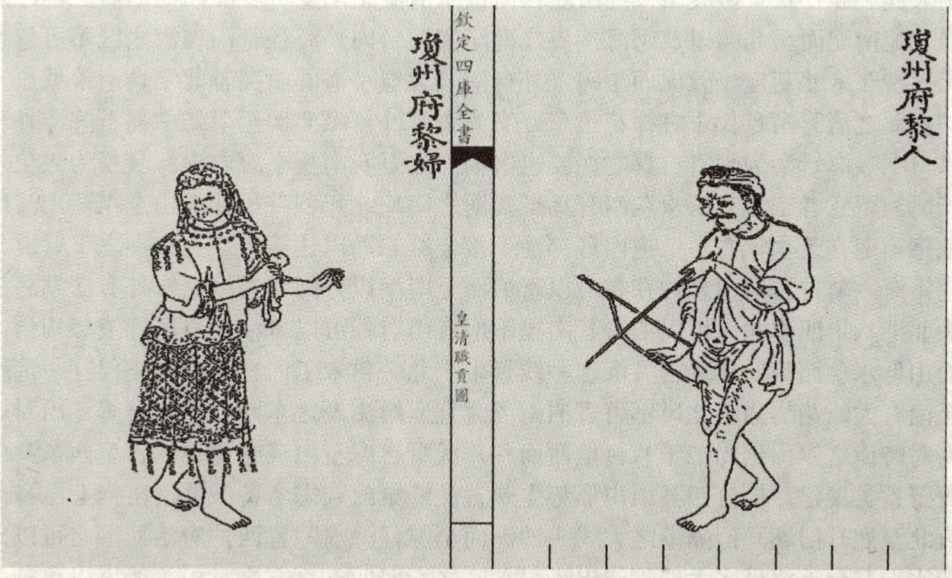

按黎人后汉谓之俚人俗呼山岭为黎而俚居其间于是讹俚为黎散处于琼属五指山各峒中性凶横时相雠杀自唐至本朝叛服不常康熙三十八年总兵唐光尧率兵剿抚始获绥靖雍正七年各峒生黎咸愿入版图悉为良民男椎髻在前首缠红布尔垂铜环短衣至膝下体则以布两幅掩其前后而已射猎耕樵为生黎妇椎髻在后首蒙青帕嫁时以针刺面为虫蛾花卉状服绣吉贝系花结補補似裙而四围合缝长仅过膝其俗亲死不哭唯啖生肉即以为哀恸切至

海国闻见录[①]

上卷·天下沿海形势录

天下沿海形势从京师天津东向辽海铁山黄城皮岛外对朝鲜左延东北山海关宁远盖平复州金州旅顺口鸭绿江而抵高丽右袤东南山东之利津清河蒲台寿光海仓口登州而至庙岛成山卫登州与旅顺口南北隔海对峙东悬皮岛西匝两京登莱是为辽海登州一郡陡出东海尽于成山卫海舶往盛京天津者以成山为标准也成山卫转西南则靖海大嵩莱阳鳌山灵山而至江南海州此皆登州西南之海也海州而下庙湾而上则黄河出海之口河浊海清沙泥入海则沉实支条缕结东向污长潮满则没潮汐或浅或沉名曰五条沙中间深处呼曰沙行江南之沙船往山东者恃沙行以寄泊船因底平少阁无碍闽船到此则魄散魂飞底圆加以龙骨三段架接高昂阁沙播浪则碎折更兼江浙海潮外无藩扞屏山以缓水势东向澎湃故潮汐之流比他省为最急乏西风开避舟随溜阁靡不为坏是以海舶往山东两京必从尽山对东开一日夜避过其沙方敢北向是以登莱淮海稍宽海防者职由五条沙为之保障也庙湾南自如皋通州而至洋子江口内狼山外崇明锁钥长江沙坂急潮其概相似而崇明上锁长江下扼吴淞东有洋山马迹花脑陈钱诸山接连浙之宁波定海外岛而嘉兴乍浦钱塘之鳖子余姚之后海宁波之镇海虽沿海相联要疆但外有定海为之扞卫实内海之堂奥也惟乍浦一处滨于大海东达渔山北达江南之洋山定海之衢山剑山外则汪洋言海防者当留意焉江浙外海以马迹为界山北属江山南属浙而陈钱外在东北俗呼尽山山大澳广可泊舟百余艘山产水仙海产淡菜【蚌属】海盐【小鱼】贼舟每多寄泊江浙水师更当加意于此南之海岛由衢山岱山而至定海东南由剑山长涂而至普陀普陀直东之外出落迦门有东霍山夏月贼舟亦可寄泊伺劫洋舶回棹且与尽山南北为犄角山脚水深非加长掟缆不足以寄普陀之南自崎头至昌国卫接联内地外有韭山吊邦亦贼舟寄泊之所此皆宁波郡属自宁波台州黄岩沿海而下内有佛头桃渚崧门楚门外有茶盘牛头积谷鲎壳石塘枝山大鹿小鹿在在皆贼艘出没经由之区南接乐清温州瑞安金乡蒲门此温属之内海乐清东峙玉环外有三盘凤凰北屺南屺而至北关以及闽海接界之南关实温台内外海径寄泊樵汲之区不可忽也闽之海内自沙埕南镇烽火三沙斗米北茭定海五虎而至闽安外自南关大嵛小嵛闾山芙蓉北竿塘南竿塘东永而至白犬为福宁福州外护左翼之藩篱南自长乐之梅花镇东万安为右臂外自磁澳而至草屿中隔石牌洋外环海坛大岛闽安虽为闽省水口咽喉海坛实为闽省右翼之扼要也由福清之万安南视平海内虚海套是为兴化外有南日湄洲再外乌坵海坛所当留意者东北有东永东南有乌坵犹浙之南屺北屺积谷吊邦韭山东霍衢山江之马迹尽山是也泉州北崇武獭窟南祥芝永宁左右拱抱内藏郡治下接金厦二岛以达漳州金为泉郡之下臂厦为漳郡之咽喉漳自太武而南镇海六鳌古雷铜山悬钟在在可以寄泊而至南澳以分闽粤泉漳之东外有澎湖岛三十有六而要在妈宫西屿头北港八罩四澳北风可以泊舟若南风不但有山有屿可以寄泊而平风静浪黑沟白洋皆可暂寄以俟潮流洋大而山低水急而流回北之吉贝沉礁一线直生东北一目未了内皆暗礁布满仅存一港蜿蜒非熟习深谙者不敢棹至南有大屿花屿猫屿北风不可寄泊南风时宜巡缉澎湖之东则台湾北自鸡笼山对峙福州之白大洋南自沙马崎对峙漳之铜山延绵二千八百里西面一片沃野自海至山浅阔相均约百里西东穿山至海约四五百里崇山叠菁野番类聚建一郡分四县山川形势生熟番性蜂窠蚁穴志考备载郡治南抱七昆身而至安平镇大港隔港沙洲直北至鹿耳门鹿耳门隔港之大线头沙洲而至隙仔海翁隙皆西护府治而港之可以出入巨艘惟鹿耳门与鸡笼淡水港其余港汊虽多大船不能出入仅平底之澎船四五百石之三板头船堪以出进此亦海外形势以扞内地沿海要疆南澳东悬海岛扞卫漳之诏安潮之黄冈澄海闽粤海洋适中之要隘外有小岛三为北澎中澎南澎俗呼为三澎南风贼艘经由暂寄之所内自黄冈大澳而至澄海放鸡广澳钱澳靖海赤澳此虽潮郡支山入海实为潮郡贼艘出没之区晨远扬于外洋以伺掠夜西向于岛澳以偷泊而海贼之尤甚者多潮产也赤澳一洋自甲

① 〔清〕陈伦炯撰。

子南至浅澳田尾遮浪汕尾鲘门港大星平海虽属惠州而山川人性与潮无异故于居中碣石立大镇下至大鹏佛堂门将军澳红香炉急水门由虎门而入粤省外自小星笔管沱泞福建头大嵛山小嵛山伶仃山旗纛屿九州洋而至老万岛屿不可胜数处处可以樵汲在在可以湾泊粤之贼艘不但缯船海舶此处可以伺劫而内河浆船橹船渔舟皆可出海群聚剽掠粤海之藏垢纳污者莫此为甚广省左扞虎门右扼香山而香山虽外护顺德新会实为省会之要地不但外海捕盗内河缉贼港汊四通奸匪殊甚且共域澳门外防番舶与虎门为犄角有心者岂可泛视哉外出十字门而至鲁万此洋艘番舶来往经由之标准下接岸门三灶大金小金乌猪上川下川戙船澳马鞍山此肇属广海阳江双鱼之外护也高郡之电白外有大小放鸡吴川外有硇州下邻雷州白鸽锦囊南至海安自放鸡而南至于海安中悬硇州暗礁暗沙难以悉载非深谙者莫敢内行而高郡地方实藉沙礁之庇也雷州一郡自遂溪海康徐间向南干出四百余里而至海安三面濵海幅阔百里对峙琼州渡海百二十里自海安绕西北至合浦钦州防城而及交址之江平万宁州延长一千七百里故海安下廉州船宜南风上宜北风自廉之冠头岭而东白龙调埠川江永安山口乌兔处处沉沙难以名载自冠头岭而西至于防城有龙门七十二径径径相通径者岛门也通者水道也以其岛屿悬杂而水道皆通廉多沙钦多岛地以华夷为限而又产明珠不入于交址是以亭建海角于廉天涯于钦琼州屹立海中地从海安渡脉南崖州东万州西儋州北琼州与海安对峙琼山文昌乐会陵水感恩临高定安澄迈沿海诸州县环绕熟黎而熟黎环绕生黎而生黎环绕五指岭七指山五指西向七指南向周围陆路一千五百三十里府城中路直穿黎心至崖州五百五十五里万州东路直穿黎心至儋州五百九十里自海口港之东路沿海惟文昌之潭门港乐会之新潭那乐港万州之东澳陵水之黎庵港崖州之大蛋港西路沿海惟澄迈之马袅港儋州之新英港昌化之新潮港感恩之北黎港可以湾泊船只其余港汊虽多不能寄泊而沿海沈沙行舟实为艰险内山生黎岚瘴殊甚吾人可住熟黎而不可住生黎生黎可住熟黎而不可到吾地熟黎夹介其间以水土习宜故也此亦海外稍次之台湾惜乎田畴不广岁仰需于高雷虽产楠沉诸香等于广南甲于诸番又非台湾沃野千里所可比拟也

上卷 · 东洋记

天地之大何物不容轻清之气包涵万类星辰日月亦有所不及而圣人测理备至定四方制指南分二十四筹由近之远莫出范围启后世愚蒙识万国九州然而九州之外又有九州谨按四方外国地方海道人物风土粗据所见闻而略志之俾后之君子有所采择朝鲜居天地之艮方联盛京对天津古箕子地分郡县幅员里道朝贡经由历代史典舆图备纪无容剿说其南隔一洋日本国属之对马岛顺风一夜可抵明阙白为乱者是也自对马岛而南寅甲卯东方一带七十二岛皆日本倭奴之地而与中国通贸易者惟长崎一岛长崎产乏粟菽难供食指开贸易入公家通计终岁所获利就长崎按户口均分国王居长崎之东北陆程近一月地名弥耶谷译曰京受封汉朝王服中国冠裳国习中华文字读以倭音予夺之权军国政事柄于上将军王不干预仅食俸米受山海贡献上将军有时朝见而已易代争夺不争王而争上将军倭人记载自开国以来世守为王昔时上将军曾篡夺之山海应贡之物不产五谷不登阴阳不顺退居臣位然后顺若如故至今无敢妄冀者官皆世官世禄遵汉制以刺史千石为名禄厚足以养廉故少犯法即如年佥举一街官街官者乡保也岁给赡养五十金事简而闲通文艺者为高士优以礼免以徭俗尚净洁街衢时为拭涤夫妻不共汤羹饮余婢仆尚弃之富者履坐絮席贫者履坐荐席名曰毯踏棉各家计摊毯踏棉之多寡为户口男女衣服大领阔袖女加长以曳地画染花卉文采裈用帛幅裹绕足著短袜以曳履男束带以插刀髡须而薙顶额留鬓发至后枕阔寸余向后一挽而系结发长者修之女不施脂而傅粉不带鲜花剪彩簪珥而插玳瑁绿发如云日加涤洗熏灼楠沉髻挽前后爪甲无痕惟恐纳垢至于男女眉目肌理不敢比胜中华亦非诸番所能比拟实东方精华之气所萃人皆覆姓其单姓者徐福配合之童男女也徐福所居之地名曰徐家村其冢在熊指山下其国男子年五十余阳多痿奴者侬也故呼之曰倭奴俗尊佛尚中国僧敬祖先时扫坟庐得香花佳果非敬佛僧则上祖坟人轻生有犯法者事觉向荒山割肚自杀无累他人立法最严人无争斗语言寂寂呼童仆鸣掌则然诺无售买人口佣工期满即归所统属国二北对马岛与朝鲜为界朝鲜贡于对马而对马贡于日本南萨峒马与琉球为界琉球贡于萨峒马而萨峒马贡于日本二岛之王俱听指挥气候与山东江浙齐长崎与普陀东西对峙水程四十更厦门至长崎七十二更北风从五岛门进南风从天堂门进对马岛坐向登州萨峒马坐向温台地产金银铜漆器磁器纸笺花卉染印海产龙涎香鳆鱼海参佳蔬等类萨峒马山高巉岩溪深水寒故刀最利兼又产马人壮健嘉靖

间倭冦者萨峒马是也日本原市舶永嘉因倭之渔者十八人被风入中国奸人引之为乱凭须薙额杂以远处土语递相攘掠群称倭奴后平回国仅十八人王正以法随禁市舶中国听我彼往至今无敢来者倭载十八竒士普陀往长崎虽东西正向直取而渡横洋风浪巨险谚云日本好货五岛难过厦门往长崎乘南风见台湾鸡笼山北至米糠洋香蕈洋再见萨峒马大山天堂方合正针糠蕈二洋者洋中水面若糠粃水泡若蕈菌呼之为米糠洋香蕈洋萨峒马而南为琉球也居于乙方计水程六十八更中山国是也习中国字人弱而国贫产铜器纸螺甸玳瑁无可交易其衣冠人物贡由福州久熟习见故不详载自日本琉球而东水皆东流庄子所谓尾泄之不知何时已而不虚也

上卷·东南洋记

东南诸洋自台湾而南台湾居辰巽方北自鸡笼山至南沙马崎延袤二千八百里与福兴泉漳对峙隔澎湖水程四更隔厦门水程十有一更西面一带沃野东面俯临大海附近输赋应徭者名曰平埔土番其山重叠野番穴处难以种数捕鹿而食薯芋为粮不知年歳以黍熟酿酒合欢为年性好杀以人颅为宝文身黑齿种种不一晨听鸟音以卜行事吉凶男女野合成耦迨崇祯间为红毛荷兰人所据就安平大港建炮台城三层以防海口教习土番耕作令学西洋文字取鹿皮以通日本役使劳瘁番不聊生郑芝龙昔鲸鲵海上娶倭妇翁氏生成功随带数十倭奴聚泊台湾视海外荒岛不足以有为仍冦江浙闽粤因嘱其子曰倘不可为台湾有如虬髯之安及郑成功冦镇江败归阻守金厦始谋取台湾会荷兰之通事何斌逋夷负钓鹿耳门知港路深浅说成功联樯并进荷兰严守安平大港成功从鹿耳门进水涨三丈余入据台湾与荷兰相持甚久因喻之曰台湾系我先世所有现存倭人为尔等所据今还我地资货无染荷兰悉众而去至康熙二十二年郑克塽归顺方入版图以承天府为台湾府天兴州为诸罗县万年州为台湾凤山二县雍正二年分诸罗北之半线为彰化县凤山沙马崎之东南有吕宋居巽方厦门水程七十二更北面高山一带远视若锯齿俗名宰牛坑山有土番属于吕宋与沙马崎西北东南远拱中有数岛惟一岛与台湾稍近者名曰红头屿有土番居住无舟楫往来语言不通食薯芋海族之类产沙金台湾曾有舟到其处吕宋大山北从宰牛坑延绕东南昔为大西洋干丝腊是班呀所据地宜粟米长者五六分漳泉人耕种营运者甚盛年输丁票银五六金方许居住经商惟守一隅四方分定不许越界广纳丁票听凭贸易东南洋诸番惟吕宋最盛因大西洋干丝腊是班呀番舶运银到此交易丝绸布帛百货尽消岛番土产云集西洋立教建城池聚宗族地原系吕宋土番今为据辖汉人娶本地土番妇者必入其教礼天主堂用油水画十字于印堂名曰浇水焚父母神主老终归天主堂窆坑土亲肤而埋富者纳赀较多寡埋堂上基内贫者埋墙外三年一清弃骸骨于深涧所有家赀明于公堂天主妻子作三股均分其蛊殊甚母传女而不传子即如牛皮火腿咒法缩小如沙令人食而胀毙又有虾蟆鱼蛊之类彼能咒解从口跃出成盆禁龙阳父子兄弟亦不得共寝席夜启户听彼稽察拭床席验有两温气者捕以买罚晨鸣钟为日方许开市肆经营午鸣钟为夜阖市寂闭不敢往来昏鸣钟为日灯烛辉煌如昼营生夜半鸣钟为夜以闭市肆昼夜各以三时辰为日为夜傍午捉夜禁阖地皆鬼市下接利仔攴水程十二更至甘马力水程二十一更二处汉人从吕宋舟楫往彼贸易利仔攴之东南隔海对峙有五岛班爱恶党宿务猫务烟网巾礁脑中国俱有洋艘往通均系土番族类山海所产与吕宋同如鹿麂牛皮筋脯苏木乌木降香束香黄蜡燕窝海参等类水程必由吕宋之利仔攴海而南吕宋至班爱十更至恶党二十三更至宿务二十四更至网巾礁脑五十八更人愚罔有知识家无所蓄需中国布帛以蔽身国各有王惟谨守国土其东南又有万老高丁机宜二国居于巳方国土人物产类相似水程吕宋至万老高一百七十四更至丁机宜二百一十更由吕宋正南而视有一大山总名无来由息力大山山之东为苏禄从古未奉朝贡雍正戊申六年至闽贡献西邻吉里问又沿西文莱即古婆罗国再绕西朱葛礁喇大山之正南为马神其山之广大长短莫能度测山中人迹所不到产野兽亦莫能名其状苏禄吉里问文莱三国皆从吕宋之南分筹而朱葛礁喇必从粤南之七洲洋过昆仑茶盘向东而至朱葛礁喇一百八十八更马神亦从茶盘噶喇吧而往水程三百四十更厦门由吕宋至苏禄水程不过一百一十更共在一山南北远近相去悬殊矣又隔东海一带为芒佳虱大山由马神至芒佳虱水程二十七更复绕而之东即系丁机宜东北系万老高而苏禄吉里问文莱朱葛礁喇总名皆为无来由绕阿番性喜铜钲器皿皆铜沿溪箬屋为居俗甚陋身不离刄精于标枪见血即毙以采色布帛成幅衣身经商其地往来乘莽甲【即小舟】伙从持利器相随产珍珠冰片玳瑁海参燕窝乌木降香海菜藤等类而马神番性相似人尤狡狯红毛人曾据其港口欲占其地番畏火炮莫敢敌入山以避用毒草浸洗上流使其受毒而自去产钢钻胡椒檀

香降香科藤豆蔻冰片铅锡燕窝翠羽海参等类钻有五色金黑红者为贵置之暮夜密室光能透彻投之烂泥污中上幔青布其光透出各番以为首宝大如棋子直价十万余两西洋人购之为至宝吕宋至吉里问三十九更至文莱四十二更此皆东南洋番国而朱葛礁喇马神非从吕宋水程应入南洋各国因同苏禄文莱南北大山是以附载东南洋俾览者识其形势焉

上卷・南洋记

南洋诸国以中国偏东形势用针取向俱在丁未之间合天地包涵大西洋按二十四盘分之即在巽巳矣就安南接联中国而言海接廉州山绕西北而环南直至占城形似半月名曰广南湾秦象郡汉交址唐交州宋安南明交址陆接两粤云南风土人物史典备载后以淳化新州广义占城谓广南因舅甥委守淳化随据马龙角炮台北隔一水与交址炮台为界自淳化而南至占城为广南国亦称安南王阮姓本中国人氏古日南郡产金楠沉诸香铅锡桂皮象牙绫绢燕窝鱼翅赤菜糖与交址相类以交址为东京广南为西京强于交址南辖禄赖东埔寨昆大吗西南邻暹罗西北接缅甸栽莿竹为城人善没红毛呷板风水不顺溜入广南湾内者国遣小舟数百人背竹筒携细缕没水密钉细缕于呷板船底远浆牵曳船以浅阁火焚而取其辎重今红毛呷板以不见广南山为戒见则主驾舟者曰伙长国有常刑厦门至广南由南澳见广之鲁万山琼之大州头过七洲洋取广南外之咕哔啰山而至广南计水程七十二更交址由七洲西绕北而进厦门至交址水程七十四更七洲洋在琼岛万州之东南凡往南洋者必经之所中国洋艘不比西洋呷板用混天仪量天尺较日所出刻量时晨离水分度即知为某处中国用罗经刻漏沙以风大小顺逆较更数每更约水程六十里风大而顺则倍累之潮顶风逆则减退之亦知某处心尚怀疑又应见某处远山分别上下山形用绳驼探水深浅若干驼底带蜡油以粘探沙泥各各配合方为确准独于七洲大洋大洲头而外浩浩荡荡罔有山形标识风极顺利对针亦必六七日始能渡过而见广南咕哔啰外洋之外罗山方有准绳偏东则犯万里长沙千里石塘偏西则恐溜入广南湾无西风不能外出且商船非本赴广南者入其境以为天送来税物倍加均分犹若不足比于红毛人物两空尚存中国大体所谓差毫厘失千里也七洲洋中有种神鸟状似海雁而小喙尖而红脚短而绿尾带一箭长二尺许名曰箭鸟船到洋中飞而来示与人为准呼是则飞而去间在疑似再呼细看决疑仍飞而来献纸谢神则翱翔不知其所之相传王三宝下西洋呼鸟插箭命在洋中为记广南沿山海至占城禄赖绕西而至东埔寨厦门至占城水程一百更至东埔寨水程一百一十三更东埔寨虽另自一国介在广暹二国之间东贡广南西贡暹罗稍有不逊水陆各得并进而征之番系白头无来由裸体居多以布幅围下身名曰水幔【读平声】地产铅锡象牙翠毛孔雀洋布苏木降香沉束诸香燕窝海菜藤自东埔寨大山绕至西南为暹罗由暹罗沿山海而南为斜仔六坤大哖丁噶呶彭亨山联中国生向正南至此而止又沿海绕山之背过西与彭亨隔山而背坐为柔佛由柔佛而西为麻喇甲即丁噶呶之后山也由麻喇甲而西出于云南天竺诸国之西南为小西洋戈什哒暹罗沿山海而至柔佛诸国各皆有王均受暹罗国所辖古分罗暹二国后合为暹罗国俗崇佛王衣文彩佛像肉贴飞金用金皿陆乘象亭象辇舟驾龙凤分官属曰招夸以裸体跣足俯腰蹲踞见尊贵不衣裈而围水幔尊敬中国用汉人为官属理国政掌财赋城郭轩豁沿溪楼阁群居水多鳄鱼从海口至国城溪长二千四百里水深阔容洋舶随流出入通黄河支流夹岸大树茂林猿猴采雀上下呼鸣番村错落田畴饶广农时合家棹舟耕种事毕而回无俟锄耘谷熟仍棹收获而归粟藁长二丈许以为入贡土物因播秧毕而黄河水至苗随水以长水尺苗尺水丈苗丈无涝伤之患水退而稻熟矣干河入中国势猛而急支河入西域归东埔寨暹罗以出海势散而缓田畴藉以肥饶故产米之国石可三星俗语捕鹿枝头牵牛上楼盖鹿为水漂没阁息于树梢溪屋为水注浸引牛于楼人有被虎啖鳄吞者告于番僧僧咒拘而虎自至咒摅绵纱于水而鳄自缚剖而视之形骸犹存有受蛊者向僧求咒则解是以俗重佛教富者卒后葬以窀即释氏塔也又有一种男女名谓尸罗蛮与人无异但目无瞳子人娶之亦生男女夜眠魂变为狸狗率类向水厕嗜食粪秽将明附魄若熟睡翻覆其身魂不得附归女为经纪人戏以酸柑挤汁噀之眼泪长流而不可忍人染痢者若不洗涤夜为尸罗蛮舐食化作小物入谷道而食肠腹故居暹之人以近水搭厕便于净涤又有一种共人共者咒法名也刀刃不能伤王养以为兵卫犯事应刑令番僧以咒劝化之使其自退共法方与受刑国多祟魔相传三宝到暹罗时番人稀少鬼祟更多与三宝鬪法胜许居住一夜各成寺塔将明而三宝之寺未及覆瓦视鬼之塔已成引风以侧之用头巾顶插花代瓦幔覆今其塔尚侧三宝寺殿今朽烂棕绳犹存于屋瓦洋艘于蓬顶桅上加一

布帆以提吊船身轻快为头中顶又于篷头之傍加一布帆以乘风力船无欹侧而加快为捙花番病每向三宝求药无以济施药投之溪令其水浴至今番唐人尚以浴溪浇水为治病外洋诸番以汉人呼唐人因唐时始通故也番俗死后焚而后葬为消除罪孽又一种生前发愿死后恬问饲鸟饲鱼者恬问即舍身也恬问鸟置之山石之上群鸟翱翔毕集然后内一乌红嘴足先下而啄群鸟集下顷刻仅存髅骨收而埋之恬问鱼焚化存灰和面作块投之溪亦有先饲鸟后饲鱼两者皆兼之矣国造巨舰载万余石求桅木于深山大树先以咒语告求允许方敢下斧不则树出鲜血动手者立亡用牛挽辇沿途番戏以悦之咒语以劝之少有不顺则拔木而自回旧地挽至厂所其灵方息产银铅锡洋布沉束象牙犀角乌木苏木冰片降香翠毛牛角鹿筋藤席佳文席藤黄大枫子豆蔻燕窝海参海菜以银豆为币大者重四钱中者一钱次者五分小者二分五厘其名曰泼皆王铸字号法不得剪碎零用找以海螺巴厦门至暹罗水程过七洲洋见外罗山向南见玳瑁洲鸭洲见昆仑偏西见大真屿小真屿转西北取笔架山向北至暹罗港口竹屿一百八十八更入港又四十更共水程二百二十八更而东联东埔寨仅水程一百十三更何以相去甚远盖东埔寨南面之海一片尽属烂泥故名烂泥尾下接大横山小横山是以纡回外绕而途远也由暹罗而南斜仔六坤宋脚皆为暹罗属国大哖吉连舟丁噶呶彭亨诸国沿山相续俱由小真屿向西分往水程均一百五六十更不等土产铅锡翠毛佳文席燕窝海参科藤冰片等类相同惟丁噶呶胡椒甲于诸番为美番皆无来由族类不识义理裸体挟刄下围幅幔槟榔夹烟嚼国米和水吞贸易难容多艘而柔佛一国山虽联于彭亨其势在下水程应到昆仑用未针取茶盘转西至柔佛计厦门水程一百七十三更番情与上诸国相似而所产相同较之略美而倍多年经商可容三四舶就舟交易产沙金国以铸花小金钱为币重四五分银币不行由柔佛而西麻喇甲亦系无来由族类官属名曰恶耶国王彷暹罗用汉人理国事掌财赋产金银西洋布犀角象牙铅锡胡椒降香苏木燕窝翠毛佳文席等类金钱银币皆互用往西海洋中国洋艘从未经历到此而止厦门水程二百六十更至于小西洋乌鬼国大西洋虽与大块相联西洋呷板来往语具大小西洋记麻喇甲南隔海对峙大山为亚齐系红毛人分驻凡红毛呷板往小西洋等处埔头贸易必由亚齐经过添备水米自亚齐大山生绕过东南为万古屡尽处与噶喇吧隔洋对峙红毛回大西洋者必从此洋出然后向西南过乌鬼呷绕西至大西洋就中国往噶喇吧而言必从昆仑茶盘纯用未针西循万古屡山而至噶喇吧厦门计水程二百八十更原系无来由地方为红毛荷兰所据分官属名曰呷必丹外统下港万丹池问三处下港产胡椒万丹另埔头池问产胡椒檀香而噶喇吧甲诸岛番埔头之盛各处船只聚集贸易中国大西洋小西洋白头乌鬼无来由岛番罄珍宝物食无所不至荷兰建城池分埔头中国人在彼经商耕种者甚多年给丁票银五六金方许居住中国人口浩盛住此地何啻十余万近荷兰亦以新唐禁革不许居住令随船而回茶盘一岛居昆仑之南毗于万古屡山之东皆南洋总路水程分途处岛番捕海为生产佳文草顶细而长者年仅足二席之用入王家辟虫蚁值价四五十金次者二三十金再次十金值一二金者犹锦绣布褐之相去也

上卷·小西洋记

小西洋居于内午丁未方从麻喇甲暹罗绕西沿山而至于白头番国人即西域之状卷须环耳衣西洋布大领小袖缠腰裹白头故以白头呼之国有二东为小白头西为包社大白头二国北接三马尔丹即噶尔旦之本国也而三马尔丹之北邻细密里也国而细密里也之西为俄罗斯国小白头东邻民呀国民呀人黑穿著皆白类似白头英机黎荷兰佛兰西聚此贸易民呀之东接天竺佛国民呀之东南远及暹罗民呀之南临海民呀之北接哪吗西藏及三马尔丹国属而小白头南入于海之地曰戈什嗒东西南三面皆临大海外悬一岛曰西仑中产大珠戈什嗒东之沿海地名有三曰网礁腊系英机黎埔头曰房低者里系佛兰西埔头曰呢颜八达系荷兰埔头西之沿海地名有二曰苏喇曰网买皆英机黎埔头其地俱系红毛置买所建也

○包社大白头国东邻小白头北与小白头皆联三马尔丹西北枕里海西邻东多尔其西南邻阿黎米也南邻大海

○多尔其分东西二国皆回回东多尔其国不通海东邻大白头东北傍里海北接惹鹿惹也西邻西多尔其南接阿黎米也

○里海者诸国环而绕之东北细密里也西北俄罗斯东三马尔丹西惹鹿惹也西南东多尔其南包社大白头内注大海不通海棹其水惟从包社出海故为里海

○惹鹿惹也一国亦不通海东傍里海西傍死海北联俄罗斯南接东西多尔其女人姿色美而毛发红气味臭衣著同白头贡于包社

○死海者即黑海源从地中北俄罗斯南西多尔其东惹鹿惹也西民咋呻四面环绕不通大海故为死海而西多尔其民咋呻二国不通小西洋之海而濆于中海之东北中海系从大西洋之海而入语附大西洋记

○阿黎米也东邻包社大白头北接东西多尔其西北濆于大西洋之中海西联乌鬼国陆地一隅自西至西南与乌鬼之地隔对一海南临大洋国为多尔其所属贡男女于多尔其为奴婢

○乌鬼国东北山与阿黎米也相联向西南生出坤申方大洋何啻四五国之远其尽处曰呷即中国支山入海尽处曰表表者标也佛兰西曰呷英机黎曰岋皆顺毛乌鬼地方是以红毛呷板从小西洋来中国者由亚齐之北麻喇甲之南穿海过柔佛出茶盘而至昆仑自呷而东至戈什嗒自戈什嗒而东至亚齐其海皆呼曰小西洋人黑白不同皆西域装束长衫大领小袖裹头缠腰国富庶产宝器生银洋布丁香肉果水安息吧喇沙末油苏合油等类以金为币钻石为宝

上卷·大西洋记

按红毛等国居于西北辛戌乾方而乌鬼自坤申而绕极西至庚酉方皆乌鬼族类之国总而名之曰大西洋按天图分度十二月日月方行到之度正当乌鬼地方之呷处乾艮坤三方博厚相均而于巽巳之地缺少故外生东南断续诸国尚未适均而又于噶喇吧万古屡之东南另生一地以补东南之缺因人迹不到尚未立名曾询之佛兰西人云昔时伊国呷板曾到彼处地有土人语言不通执数人而去后国王遣载之回此所以地面正四方于适均之处未均而又补之也是以西洋人志四方洋名以东南缺处之海洋为小东洋戈什嗒为小西洋日本为大东洋红毛为大西洋

○乌鬼国地方其顺毛乌鬼北与小西洋阿黎米也之山相联沿海生向西南坤申方而尽呷处方绕向西北与闇年乌鬼王国为界又于呷之东面悬海大山系吗哩呀氏简乌鬼一国间有舟楫通粤东自闇年又向西北复绕出极西西方一带皆闇年卷毛乌鬼地方又自西复往西北与苏麻勿里乌鬼为界中有一国亦名乌鬼国王西面皆沿海接联北面一带陆地俱联苏麻勿里东与接联阿黎米也之顺毛乌鬼为界周围皆属乌鬼地方种类繁多肌骨皆黑生相不一地方广阔难以族举沿海亦有通舟楫贸易者各国以争斗攘掠为事所掠人口活者俟红毛经过售买为奴死者类牲畜剖块晒干为食苏麻勿里西临大洋北邻弥黎吕黎惹林二国南北相联人口稀少山林深密多产奇状野兽弥黎吕黎惹林西临大洋北一带与猫喇猫里也毗联猫喇猫里也乃回回族类多为海贼在中海西海刦掠西临大洋北一带与红毛隔中海对峙海从西入东自隔海之西北而东沿中海有葡萄呀是班呀佛兰西那吗民咋呻西多尔其而尽中海之东处阿黎米也由阿黎米也而向西直出至西洋皆猫喇猫里也中海沿边之地南北东诸国三面夹绕惟西通外海是为中海海产珊瑚西洋人来中国者谓中海阿黎米也之地西联乌鬼陆地处恨不能用刀截断即于中海可通阿黎米也内海而出小西洋戈什塔至亚齐出茶盘何用绕极西极西南极东南而至噶喇吧北上茶盘远近相去年余之远也

○葡萄牙者澳门之祖家也东北二面地邻是班呀西临大洋南俯中海

○是班呀者吕宋之祖家也西北临大洋东南俯中海西邻葡萄呀东北接佛兰西

○佛兰西者西临大洋北接荷兰南邻是班呀东接那吗东南俯中海由中海之东接联那吗

○那吗者天主国王处也北接黄祁东沿中海而至民咋呻由民咋呻沿东南中海而至西多尔其由西多尔其东沿中海至阿黎米也由阿黎米也向西沿中海之南猫喇猫里也之地而出西洋

○民咋呻者天主之族类也其地东至死海西接那吗北邻挽雅黄祁二国南临中海

○荷兰者噶喇吧之祖家也西邻佛兰西沿佛兰西而至西北皆临大海西北隔海对峙英机黎东邻黄祁南接那吗由荷兰北海而至黄祁

○黄祁者均系红毛种类素未通中国近有舟楫来粤营生南接那吗民咋呻东邻普鲁社

○普鲁社系俄罗斯种类也西北接吝因东邻细密里也南接惹鹿惹也沿海而至细密里也皆属北海

○吝因者西北海之国亦系红毛种类素未通中国西南隔海与英机黎对峙

○细密里也东邻加里勿东南接噶尔旦三马尔丹南至里海西邻俄罗斯北系北海

○英机黎一国悬三岛于吝因黄祁荷兰佛兰西四国之西北海自吝因沿海而东绕俄罗斯自俄罗斯而东至细密里也皆为北海不能行舟海冰不解故为冰海自吝因而南至乌鬼诸国皆为大西洋红毛者西北诸番之总名净须发披带赭毛戴青毡卷笠短衣袖紧袜而皮履高后底略与俄罗斯至京师者相似高凖碧眸间有与中国人相似者身长而心细巧凡制作皆坚致巧思精于火炮究勘天文地理俗无纳妾各国语言各别以摘帽为礼而尊天主者惟干丝脑是班呀葡萄呀黄祁为最而辟之者惟英机黎一国产生银哆啰呢羽毛缎哔吱玻璃等类

上卷·昆仑【又呼昆屯】

昆仑者非黄河所绕之昆仑也七洲洋之南大小二山屹立澎湃呼为大昆仑小昆仑山尤甚异上产佳果无人迹神龙蟠踞昔荷兰失台湾遏海界禁未复因金厦二岛平荷兰掠普陀毁铜像铜钟万历间宫塑脱纱佛像刀刃不能伤驾火炮壊之取里所实金银财宝见像必剖以取臓宝悉收而去至昆仑意欲居之龙与为患藉火炮与龙斗相持有日后荷兰状若颠狂自相戏以曲腕击背心日益毙扬帆而去将至噶喇吧船击碎存活者可十人雍正丁未歳夏噶喇吧海面立一中国妇人群相棹舟往视惟浮一铜钟上镌普陀白华庵知为昔荷兰掠沉回浙洋艘互相争载以藉神庇公议求筊余戚末黄姓彦者本船柁师得筊载回通港之艘惟此舟小而旧敝顺帆不及月抵南澳后转运至普陀别船坚致有被刼红毛者有失风水者佛力如此前惟付之刧数耳余少随先君任浙闽之白华住持剖疑者常言小沙弥时在山被红毛刼掠逃匿虚张情景今恍惚将三十年恨僧未之见也康熙四十五六年间红毛又图昆仑不敢近山居住就海傍立埔头以昆仑介各洋四通之所嗜涎不休有中国洋艘载砖瓦往易红毛洋货以其本廉而利大夜团宿于沙洲人寂寂稀少后密窥知为鳄鱼步岸所吞伐木围栅稍宁夜闻山中语语促归红毛为水土不服毙者甚多又为广南番刼杀殆尽仍虚其地凡中国洋艘田昆仑者备鸡鹅毛鲎壳等类到昆仑洋天时极晴霁见黑云一点随化为含烟蜿蛇摇尾即如江浙夏月湖中云龙下篷惟恐不及狂风立至幸不及时而霁俗呼鼠尾龙风白云者其风尤甚日遇二三次或四五次间或不遇者少故以翎毛鲎壳焚秽气以触远扬过昆仑则无

上卷·南澳气

南澳气居南澳之东南屿小而平四面挂脚皆磏古石底生水草长丈余湾有沙洲吸四面之流船不可到入溜则吸阁不能返隔南澳水程七更古为落漈北浮沉皆沙垠约长二百里计水程三更余尽北处有两山名曰东狮象与台湾沙马崎对峙隔洋阔四更洋名沙马崎头门气悬海中南续沙垠至粤海为万里长沙头南隔断一洋名曰长沙门又从南首复生沙垠至琼海万洲曰万里长沙沙之南又生磏古石至七洲洋名曰千里石塘长沙一门西北与南澳西南与平海之大星鼎足三峙长沙门南北约阔五更广之番舶洋艘往东南洋吕宋文莱苏禄等国者皆从长沙门而出北风以南澚为准南风以大星为准惟江浙闽省往东南洋者从台湾沙马崎头门过而至吕宋诸国西洋呷板从昆仑七洲洋东万里长沙外过沙马崎头门而至闽浙日本以取弓弦直洋中国往南洋者以万里长沙之外渺茫无所取准皆从沙内粤洋而至七洲洋此亦山川地脉联续之气而于汪洋之中以限海国也沙有海鸟大小不同少见人遇舟飞宿人捉不识惧搏其背吐鱼虾以为羮余在台丙午年时有闽船在澎湖南大屿被风折桅飘沙壊有二十人驾一三板脚舟用被作布帆回台饿毙五人余询以何处击碎彼仅以沙中为言不识地方又云潮水溜入不得开出余语之曰此万里长沙头也尚有旧时击壊一呷板潮虽溜入汝等若以南风棹长潮再不得归矣大洋之水为沙两隔节次断续南北沙头为潮汐临头四面合流外长而内退外退而内长须沿沙节次撑上断续沙头夹退流乘南风东向尽流南退虽欲北上求生而南下者正所以生也何也南风夹退潮方能出溜虽溜下然而归于大海不入内溜方得乘南风而归群起而呼曰曾到此地乎不则何为知之确且详有如目覩壊呷板尚存为飞沙污没饥抱海鸟为餐渴饮其血驾长潮为溜所吸不得开头三四日无奈祷筊棹退潮溜入大洋飘十二日到台余又语之曰呷板飘壊闻之粤东七八年矣尔之舟飘风于何处计风信而度之谅在斯矣至于潮水分合退为长长为退夹流双开临头汇足易知近隔难识远扞自有一定之理在乎海国形势于胸中意会变通有可到处有不可到处安能处处而指识岂掺舟者把死木之所为哉则如南澳气受四面流水吸入而不出古为落漈试问入而不出归于何处岂气

下另有一海以收纳乎四入者从上而入必从下而出如溪流涌急投以苇席入而出于他处此理甚明并以志之

下卷

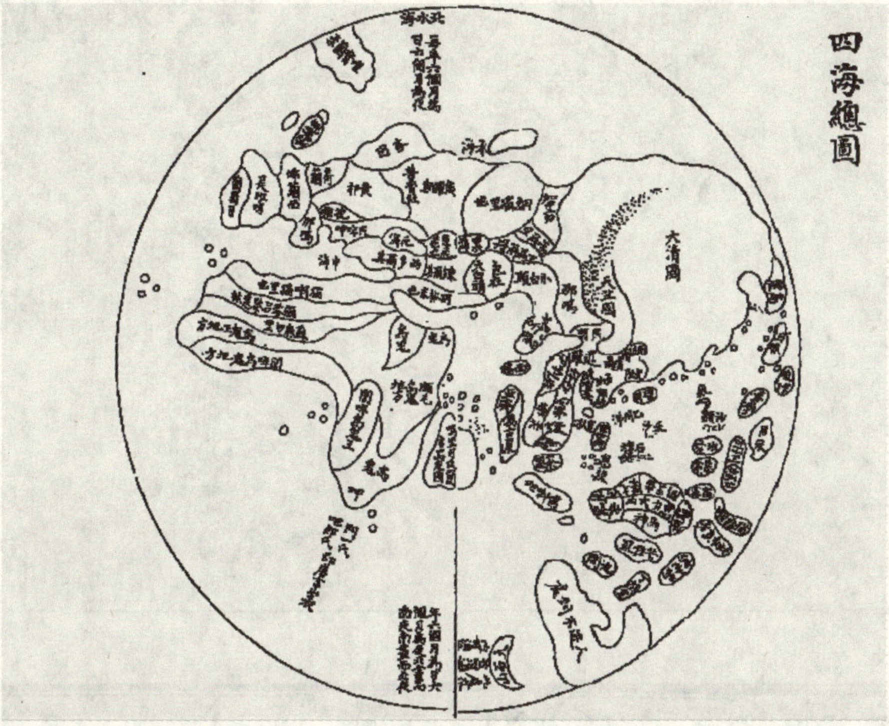

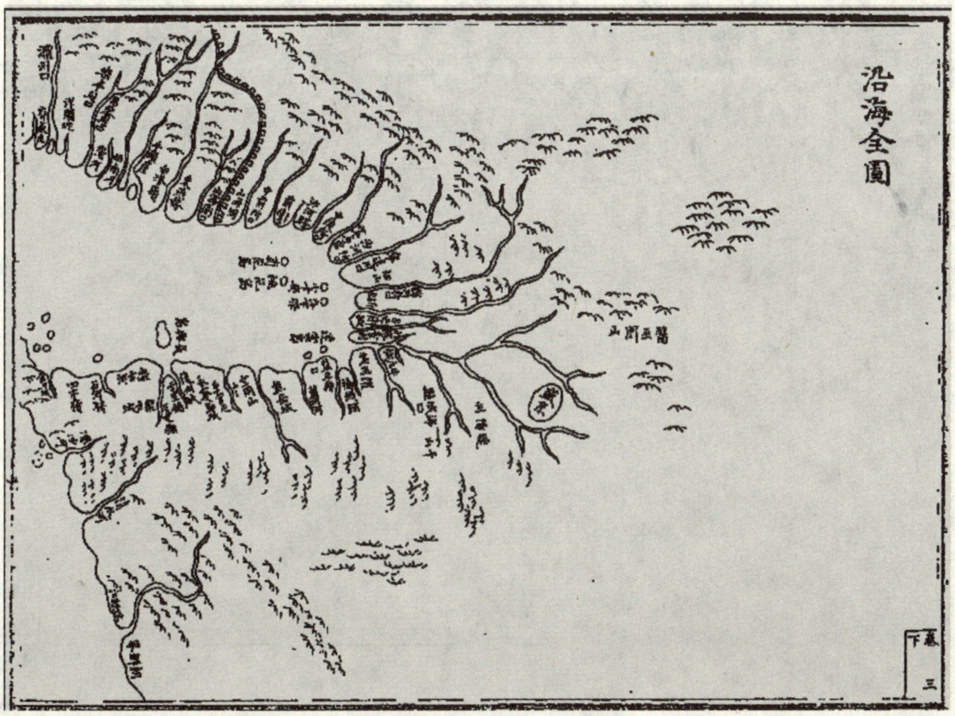

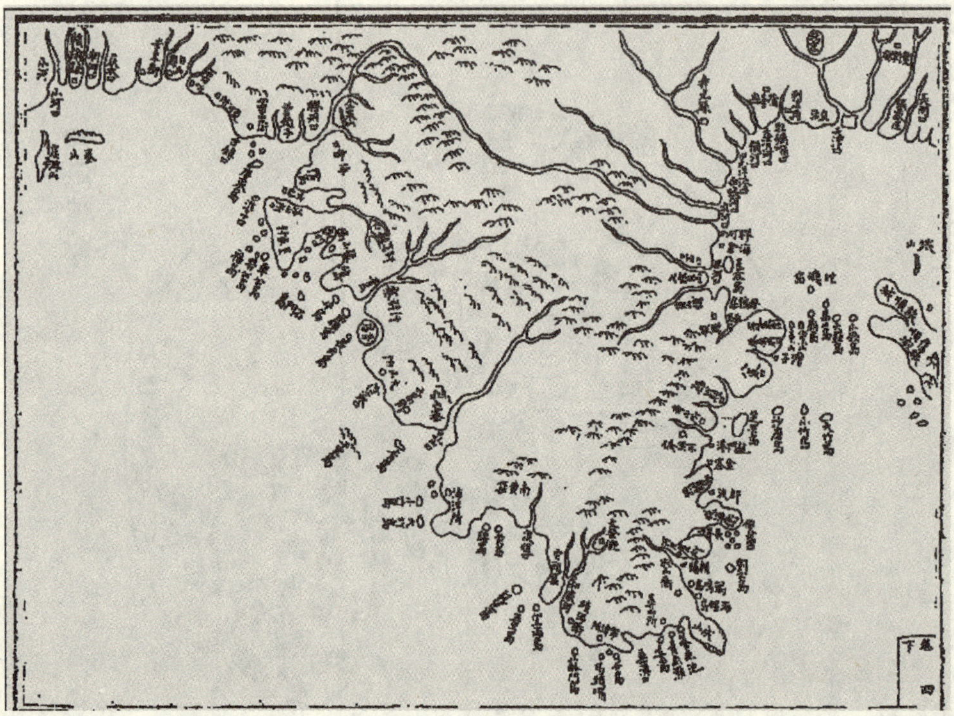
下卷
四

下卷
五

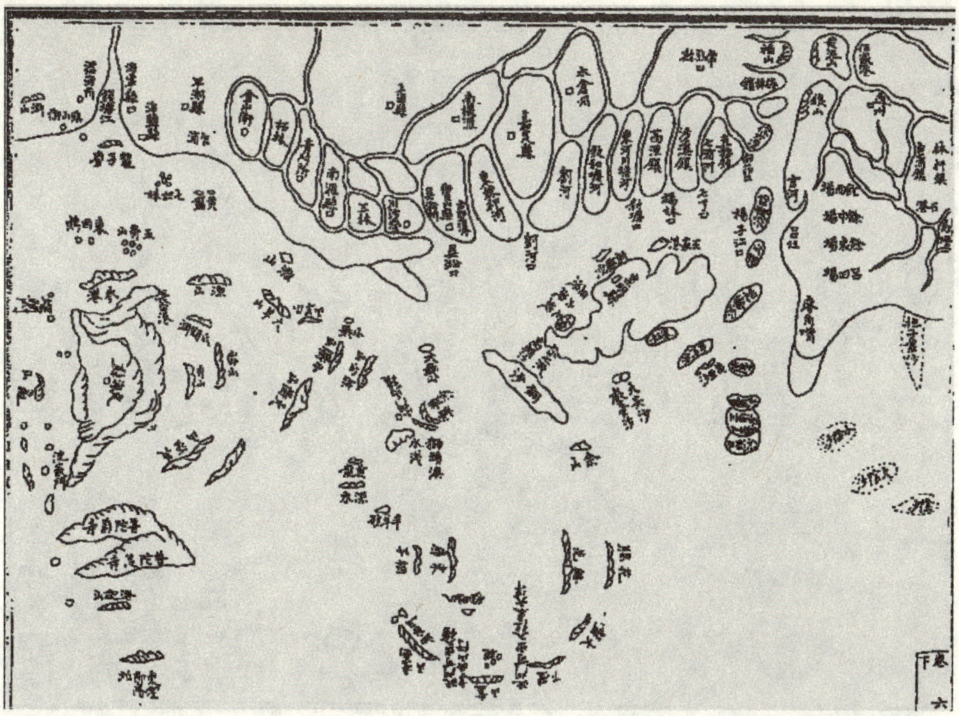

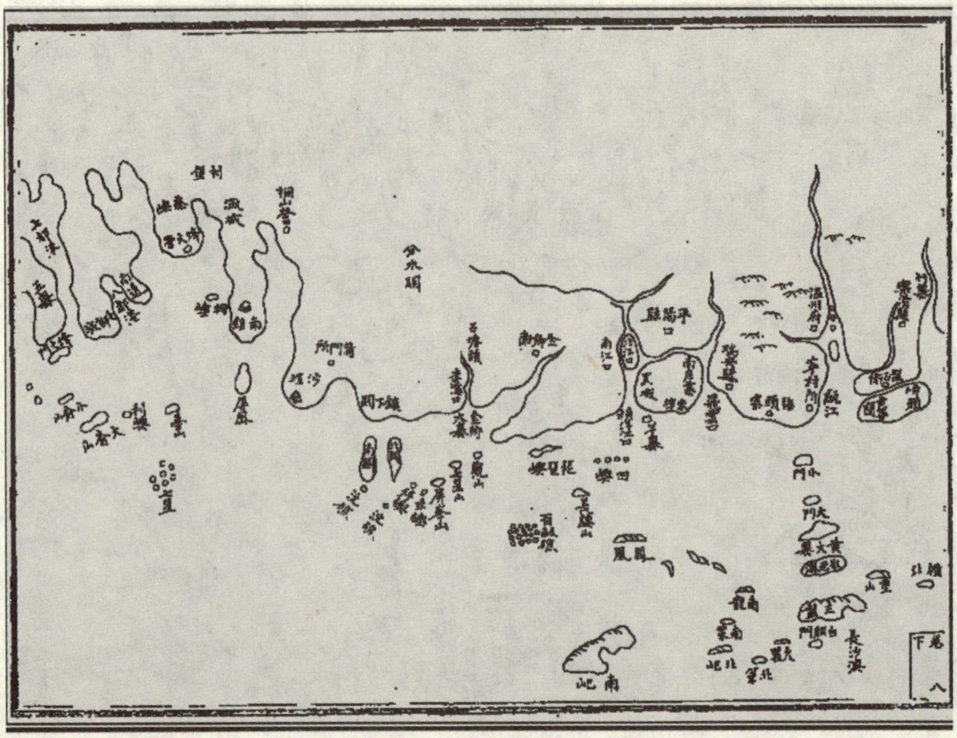

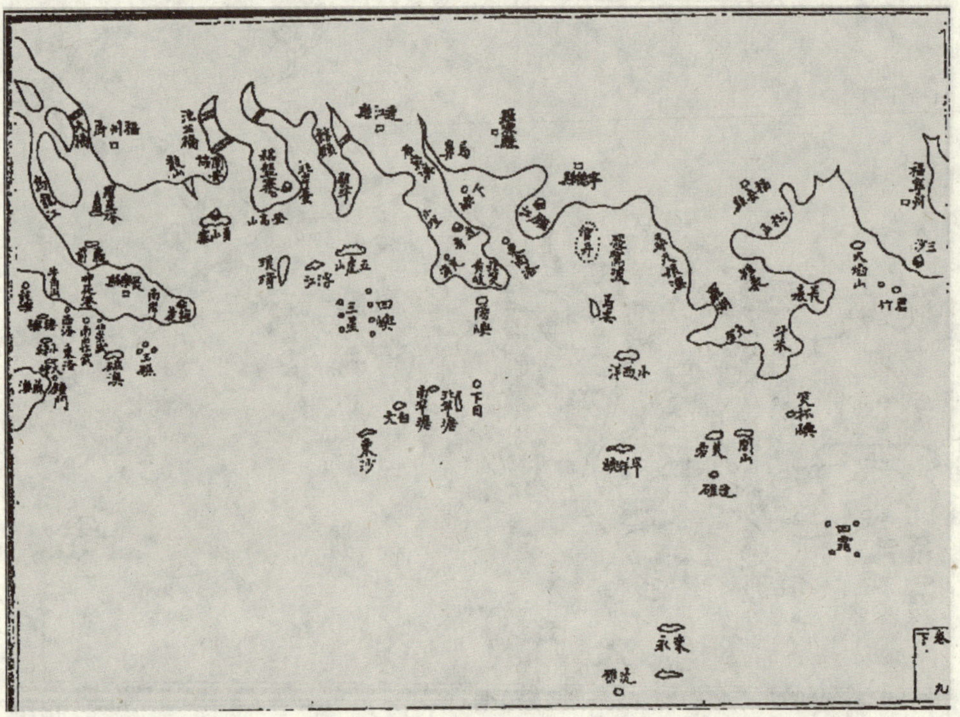

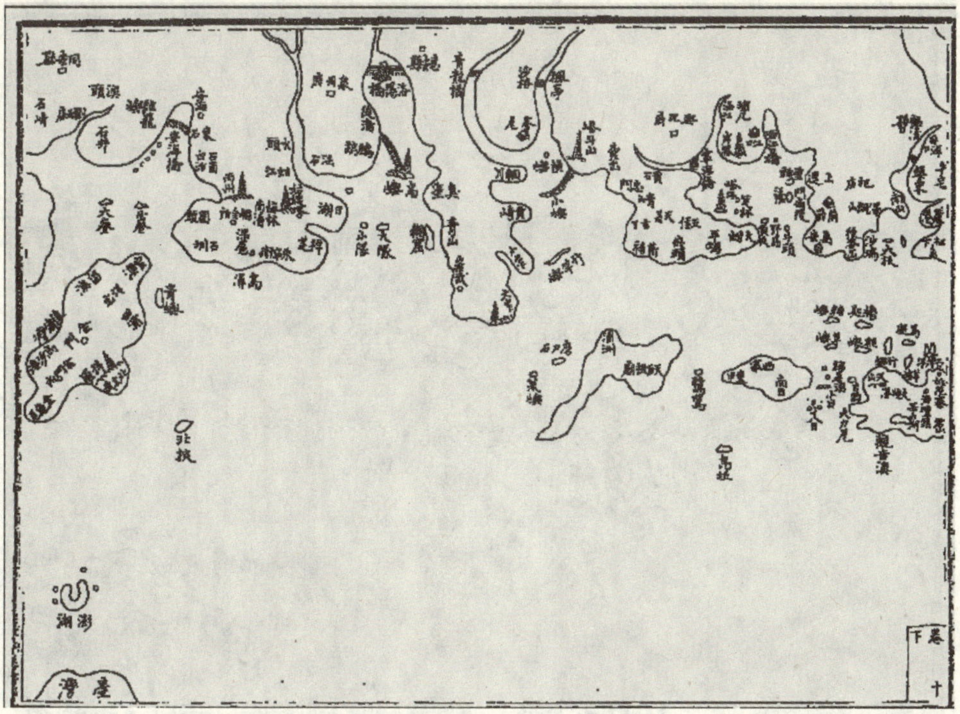

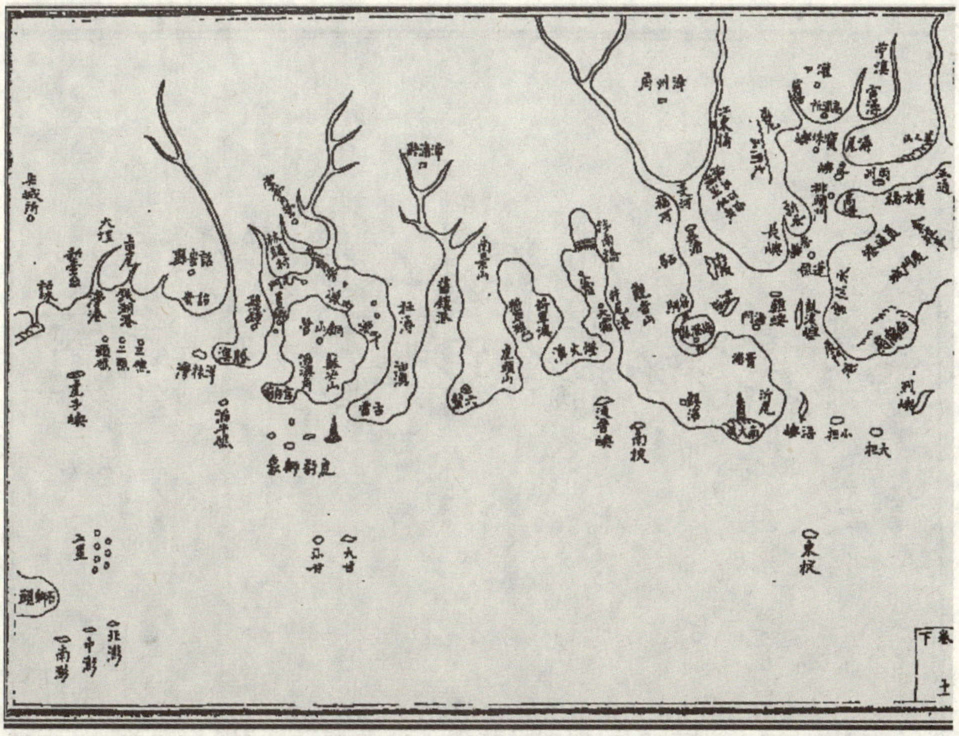

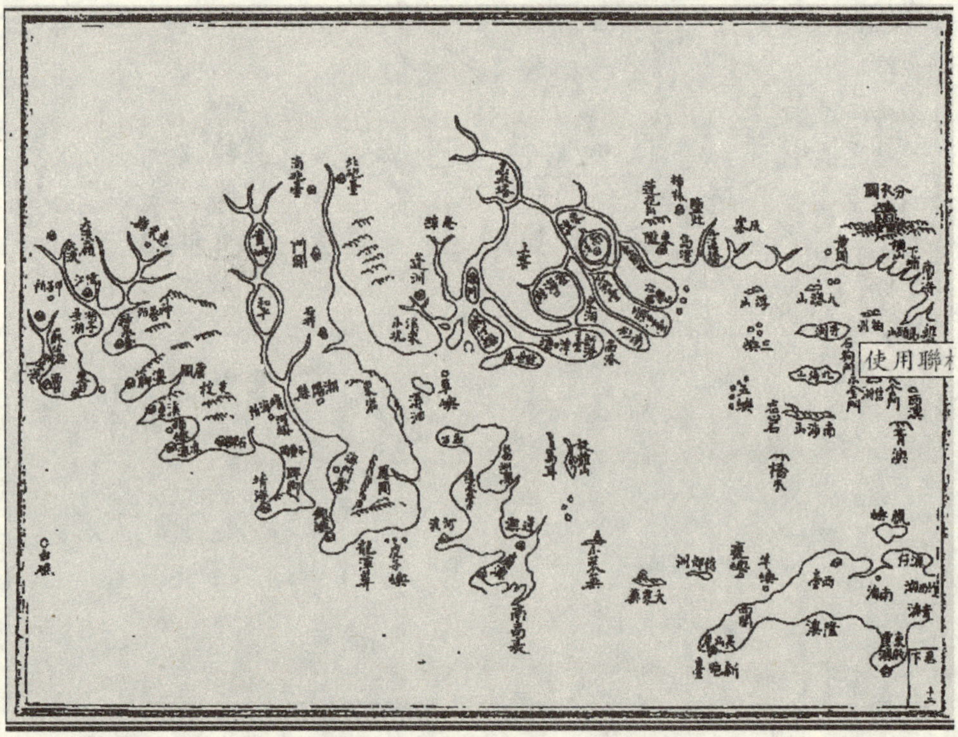

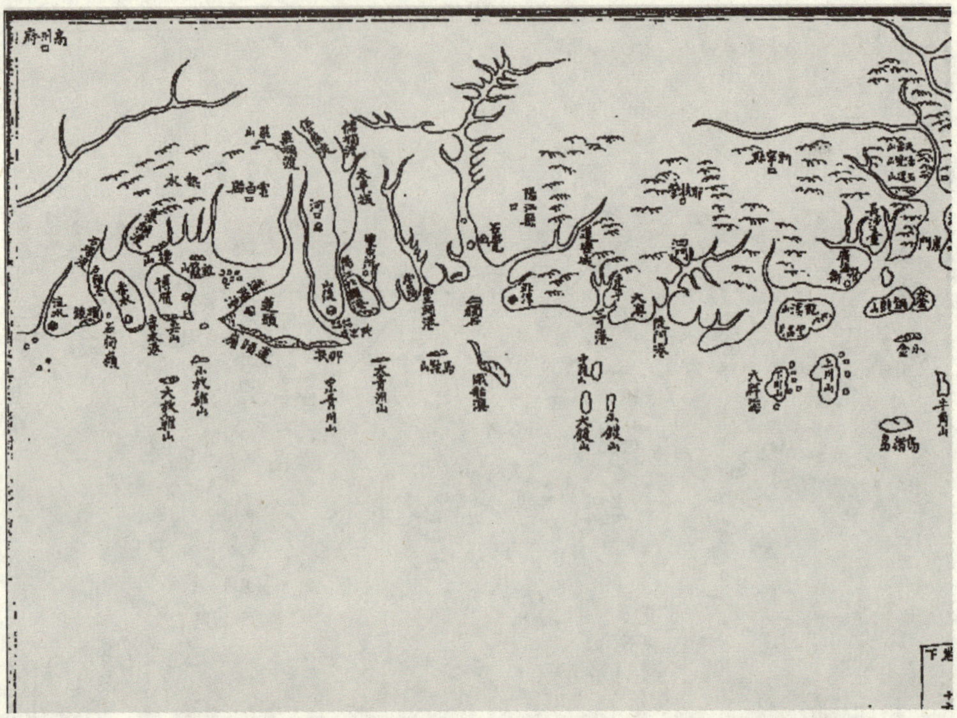
高州府

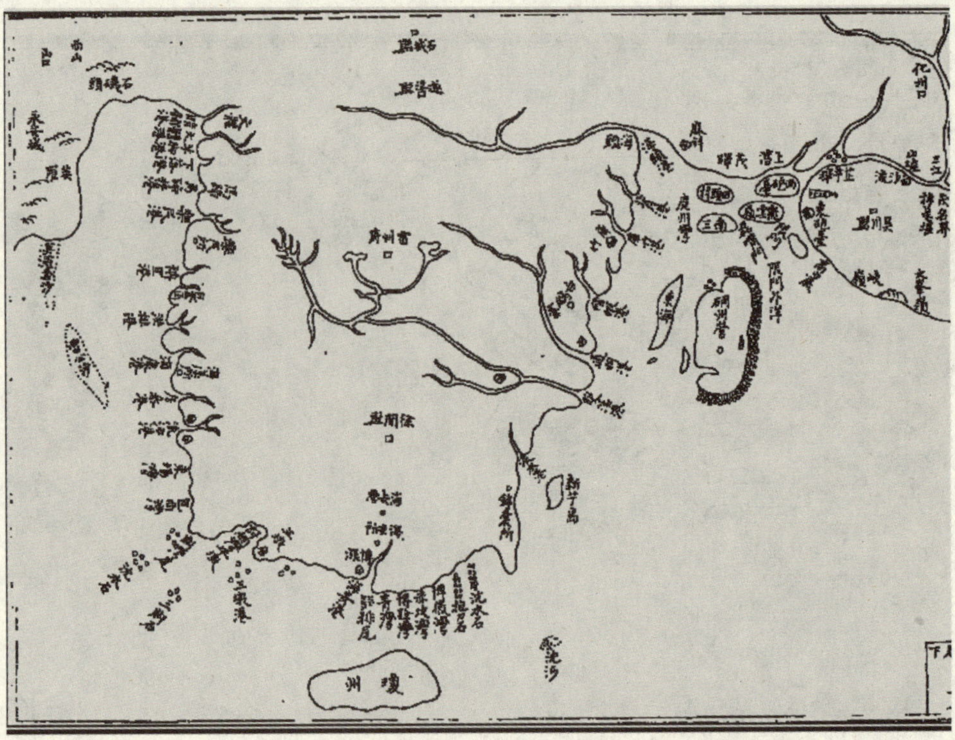
雷州府
徐聞縣
瓊州

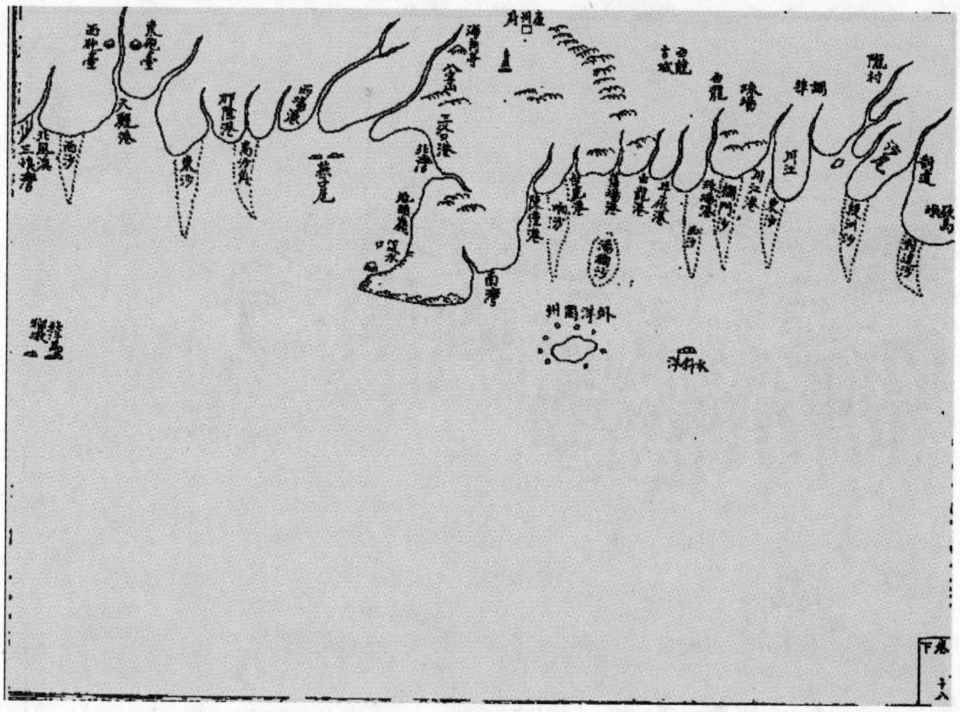

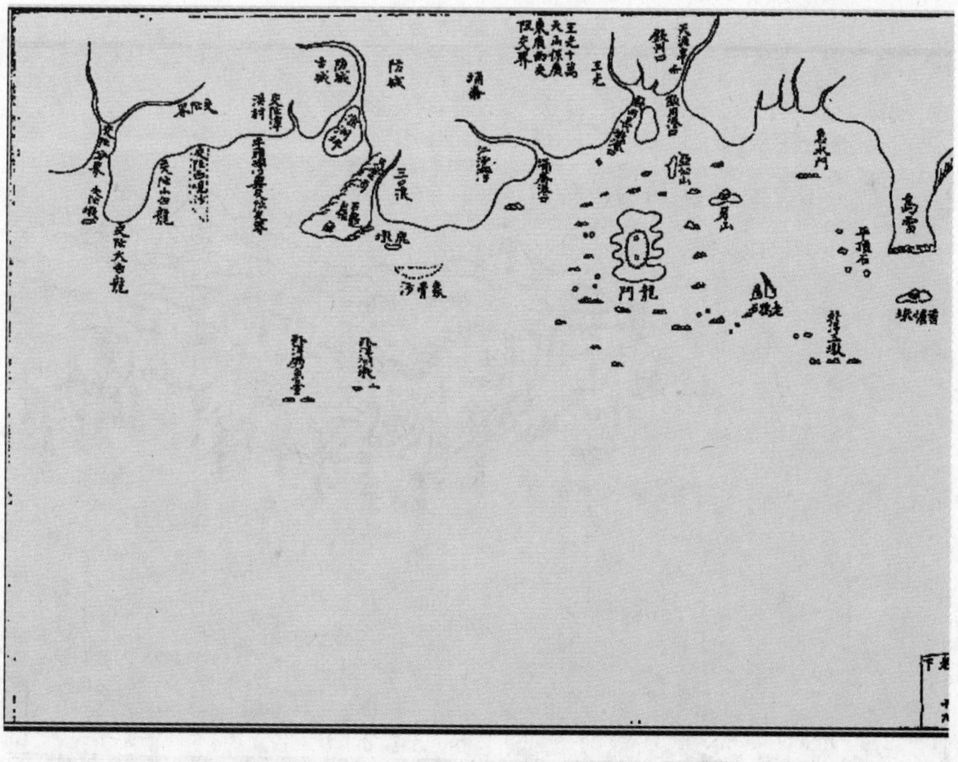

臺灣圖

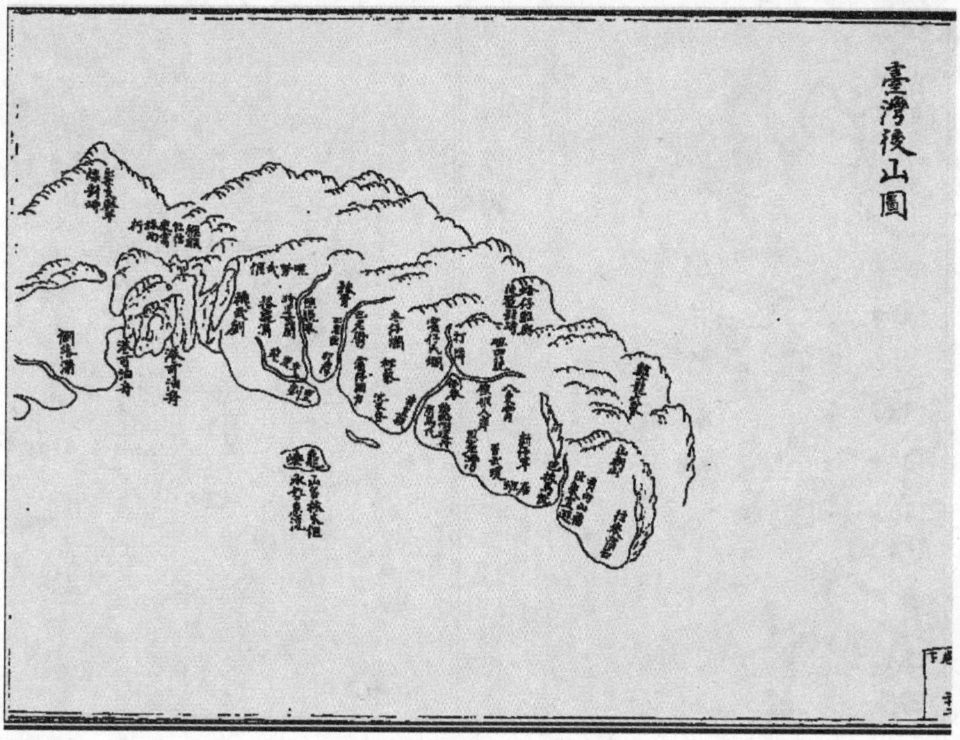
臺灣後山圖

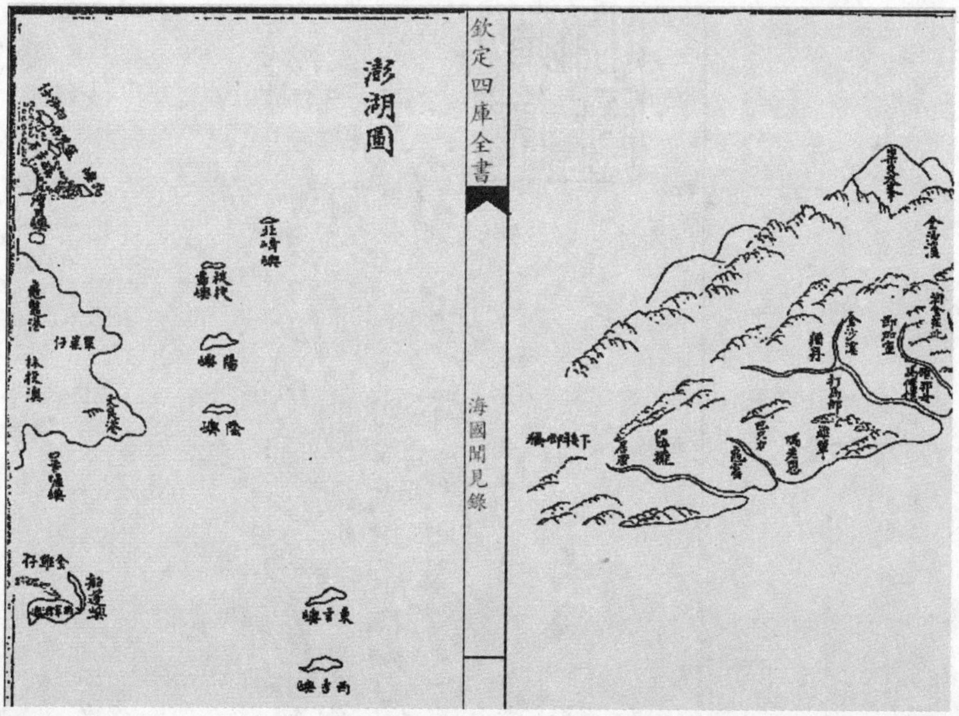
澎湖圖
欽定四庫全書
海國聞見錄

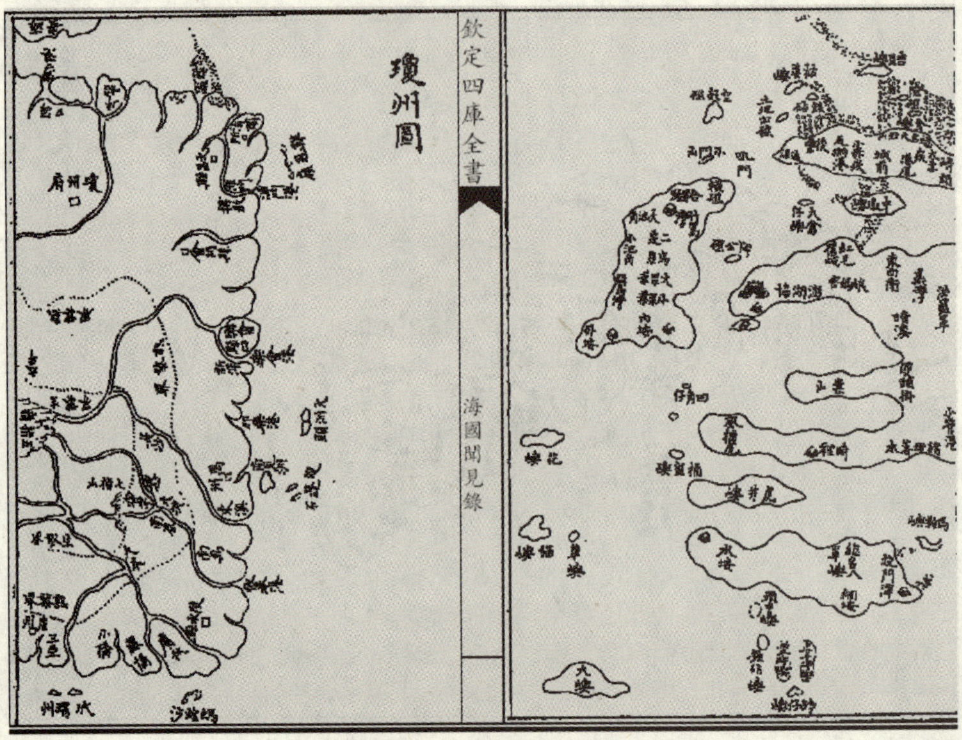
瓊州圖
欽定四庫全書
海國聞見錄

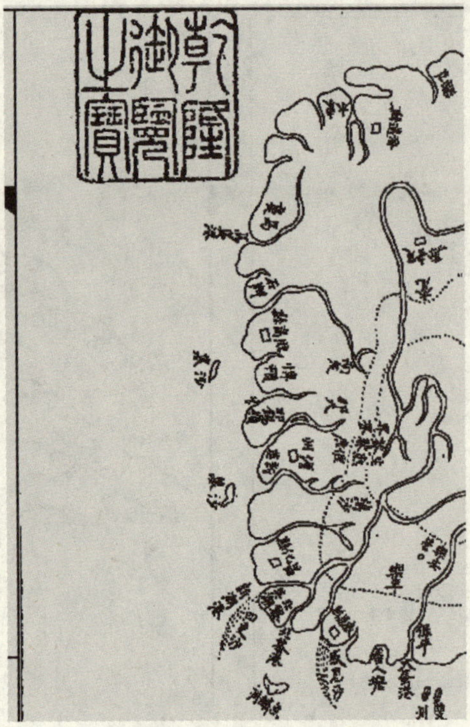
乾隆御覽之寶

纪效新书[①]

卷首

一任临观请创立兵营公移

分守浙江宁绍台等处地方参将署都指挥佥事戚继光呈为处练陆兵以便图报事窃照卑职一介武夫叨承祖荫驱驰北塞艰苦数年是以犬马衷诚谬蒙剡荐方面再迁涓埃未効尸位之惭徒极俯仰再叨前职水陆兼司陆战尤切但情俗异宜只得勉奋至于身先士卒临敌忘身职虽武愚少所素讲又况世荷豢养之恩正犬马効力之日且进有荫赠之荣退有典刑之及岂敢偷生但设使本职统有节制敢战之兵经练素孚之卒一鼓齐进血战抵敌我虽创艾贼亦破胆如此则设有不虞实所甘心愿膏草野以图补报惟恐即今既无堪战练制之士若不呈明预处教训必待有事仍如目前流寄杂兵以塞燃眉之责兵将睽违虚声冗众士心未附军令不知及或借取福广船内水兵驱之陆战数里以前望贼奔溃闻风破胆虽有武勇数人并为遮拥而使本职孤身赴敌効死职分更于地方何益殊增贼势猖狂以贻羞笑本职承命以来旦夕兢惕兴思及此无任忧惶况两浙数年军书警报并无一日之停武官兵卒俱涉经年之战纵有练兵之志亦无可乘之时幸今大冦就戮万里廓清本职何缘遭逢此暇微隙为备但去来年风汛仅有三二月之日尤该将官惜力分阴之际再照水陆之兵险易不同战鬬之间利害尤别其水战固为不易至于陆战锋刄既合身手相接彼死则此生势不俱存

卷十七·守哨篇第十七

一为军务事照得卫所烽堠为边防第一要务近来该管陆路官员多不晓此每遇考选是任便为闲散之局甚至废弃职守或台堠不修或器械不整如军士偷安略无惩究寇犯地方则烽火之号不传船只在海则声息之警不报万一失事甘受参提殊不知惩沸汤者吹冷齑伤弓之鸟惊曲木自能省此便当寒心岂可玩岁愒日甘蹈如前及查松门桃渚卫所原设烽堠有远在外海而军士藉此偷安如狮子望火楼等处是也有置于内地而遇警瞭望不及若盘马乌沙浦等堠是也已曾旧有行令堠军于近海去处照依渔户搭盖橧架一般上则用草苫为一厂各置守是攻之策自古名将必先斥堠但此等事不过卫所之行移非教战士之技不能编次诸篇之间故为附卷守瞭器具每堠每日轮军三名遇有贼船出没昼则卓大白旗一面夜则放炮起火在堠军余接警传报如在外海远堠每每密切差人查闸此时地方广阔未经核实而奉行者十无一二即今风汛正临海洋贼船叵测内地安危居民趋避兵机预备城池警守均当责在一堠之司一堠失报则地方贻害万万矣为今之计除行取各卫所管堠官军前来本职面授烽火方略形式号令使各遵守外所有条列报警事宜拟合申饬通行为此牌仰本官照牌事理即将后开条约事件备录每墩一本付军读诵背熟其条内事宜平日务各件件备完停当随坏随用者随补随完遇有警迹务要依后条欵举放传报敢有一件不完一军不到查问得出定照军法连坐决不轻贷先将各堠旗军备完件数该管官具结缴来查考以凭或时委官或本职自坐小网船沿途暗往亲验其给过牌内条欵陆路官先行读背痛熟面教各堠军名名读诵背记痛熟限一月外以凭本职调来或到墩考背生一句打一棍不恕

卷十八·治水兵篇第十八

一兵船束伍法

每福船一只捕盗一名舵工二名缭手二名扳招一名上斗一名椗手二名上用甲长五名每甲兵十名

第一甲佛狼机甲长专管放佛狼机贼近管放火砖烟罐等器

---

① 〔明〕戚继光撰。

第二甲鸟铳甲长专管放鸟铳贼近攻打

第三甲标枪杂艺甲长贼远照管船只摇橹贼近发枪刀石药等项

第四甲标枪杂艺甲长贼远照管船只摇橹贼近发枪刀石药等项

第五甲火弩甲长以一半打弩以一半放火箭贼近从便攻打

以上如与贼逼近船边一时遇巧不拘何人用何器但能奋勇当锋用火药火器成功用刀枪战杀有功各为首者俱以破格奇功论

每甲长一名管兵十名甲长小旗一面照方色今以见在船分之福船二只海沧船一只艟艡船二只为一哨立一哨官左右二哨官为一营立一领兵官以松门关分右后二营海门关分前左二营各以指挥一员统领其船上大旗则俱用黑布仍用白布做一大字在旗通写作台字各照方色制以号带甲长旗各照号带方色

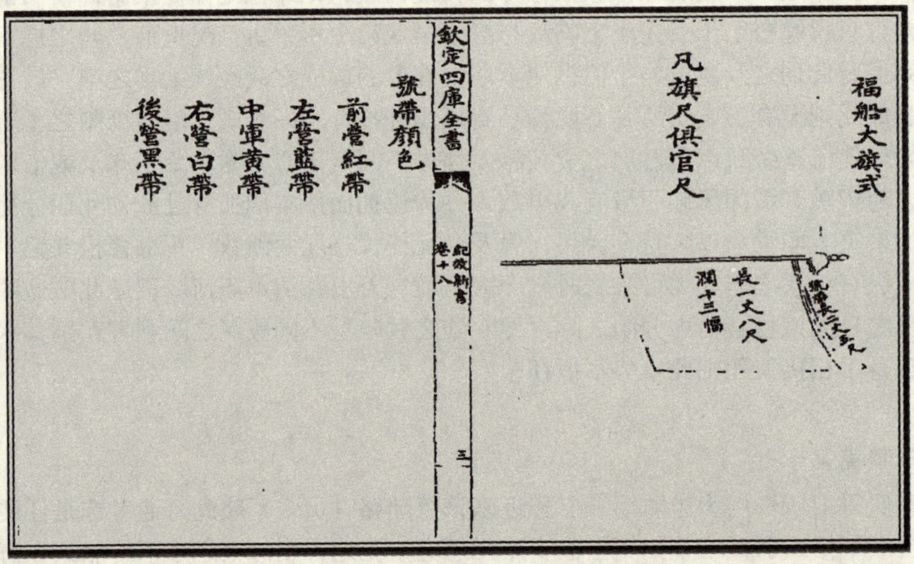

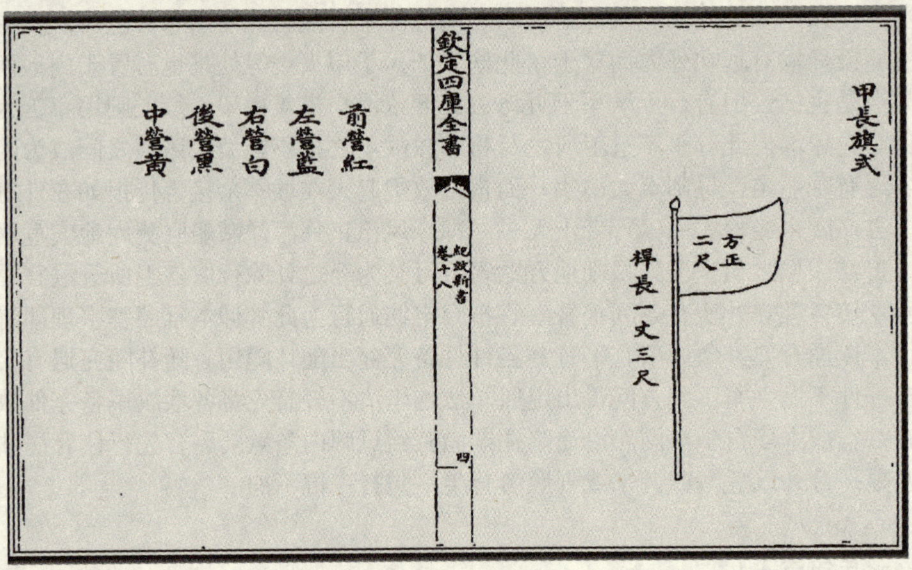

每船五方旗一副

前营

红旗红边一面蓝旗红边一面白旗红边一面黑旗红边一面黄旗红边一面

左营

红旗蓝边一面蓝旗蓝边一面白旗蓝边一面黑旗蓝边一面黄旗蓝边一面

右营

红旗白边一面蓝旗白边一面白旗白边一面黑旗白边一面黄旗白边一面

后营

红旗黑边一面蓝旗黑边一面白旗黑边一面黑旗黑边一面黄旗黑边一面

中军

红旗黄边一面蓝旗黄边一面白旗黄边一面黑旗黄边一面黄旗黄边一面

兵夫列船式

平时在船四面摆五甲总合为一大哨于船四面各甲各器长短相间分方面外而立如遇打贼随贼所在之面併力动手无贼之面亦留每面二人防看其船头用铳一架第一甲拨兵四名专管船头闸板下第二甲拨兵四名专管两水仓门

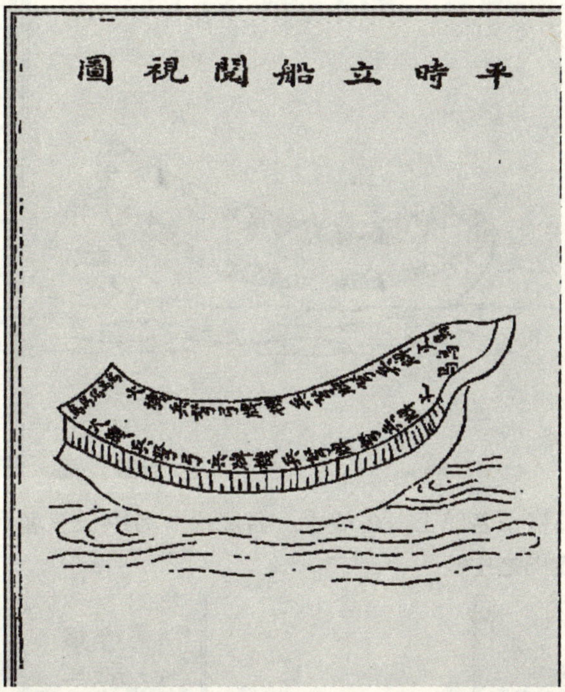

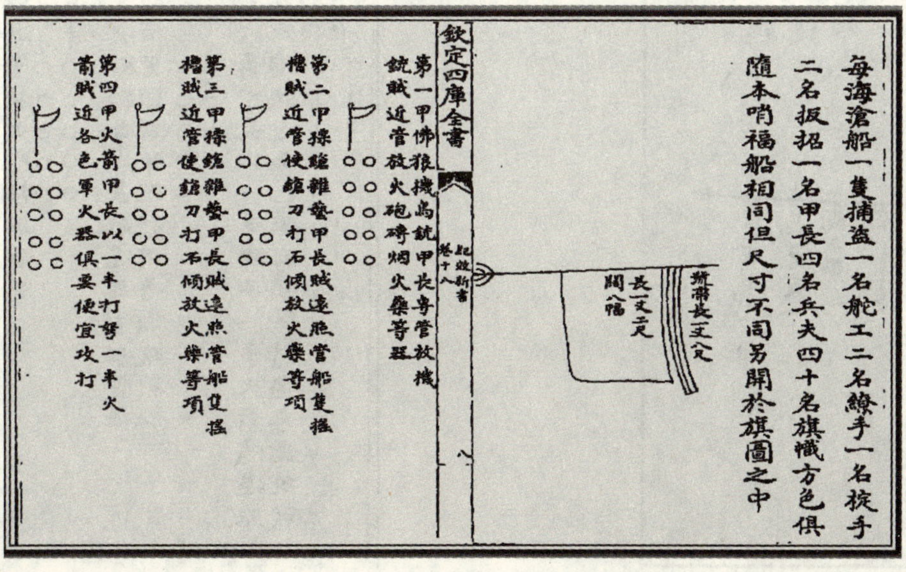

以上如与贼逼近船边一时遇巧不拘何人用何器但能奋勇当锋用火药火器成功用枪刀战杀有功者俱以破格奇功论

每甲长一名管兵十名甲长小旗一面方色同大船兵夫列船式

平时在船四面摆四甲总合为一大哨于船四面各甲各器长短相间分方面外而立如遇打贼随贼所在之面併力动手无贼之面亦留每面二人防看其船头用铳一架第一甲拨兵四名专管船头闸板下第二甲拨兵四名专管两水仓门

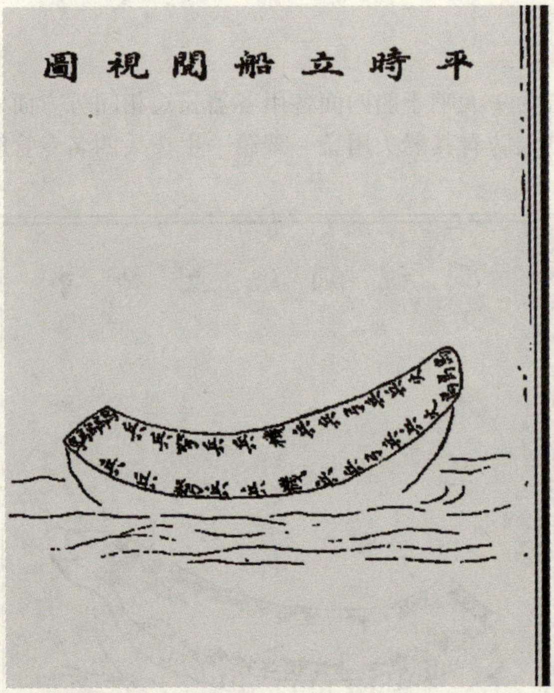

艟艑一只即大苍山船也捕盗一名舵工一名椗手一名缭手一名甲长三名兵夫三十名旗帜方色俱随本哨福船相同但尺寸不同另开于旗图之中

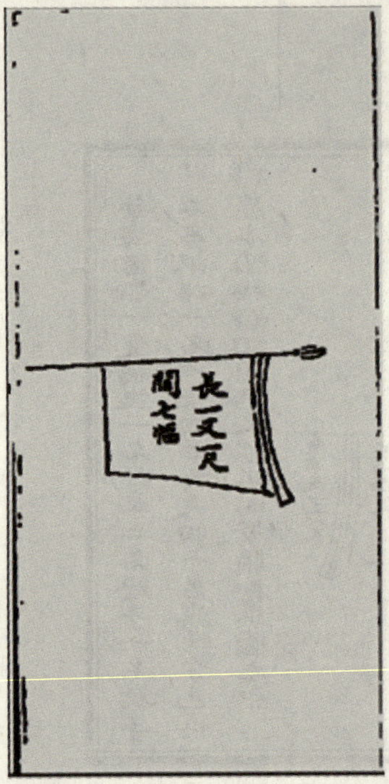

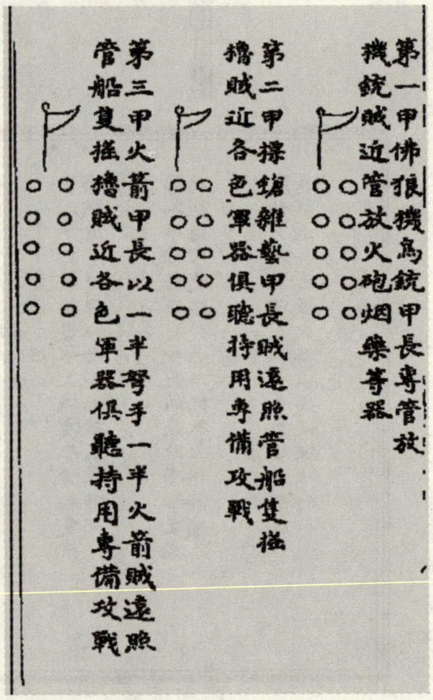

兵夫列船式

平时在船四面摆三甲总合为一大哨于船四面各甲各器长短相间分方面外而立如遇打贼随所在之面併力动手无贼之面亦留每面二人防看

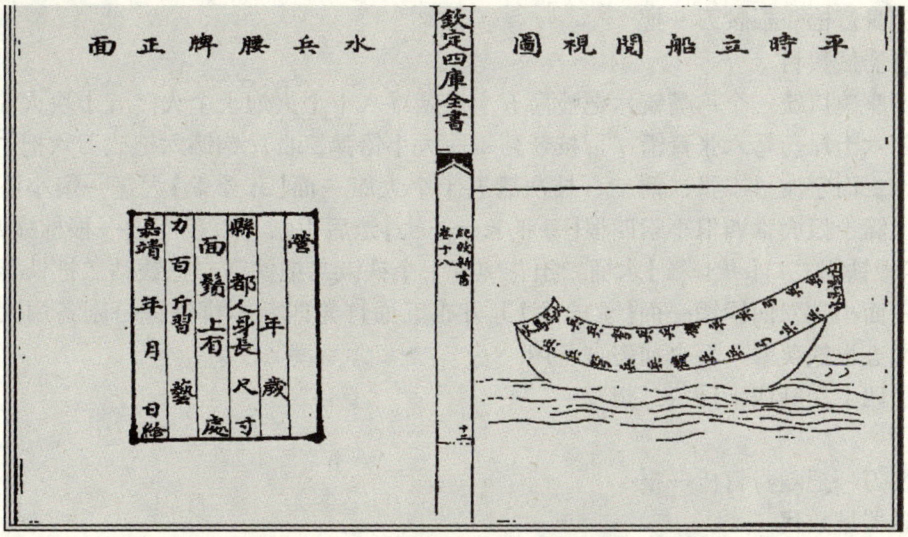

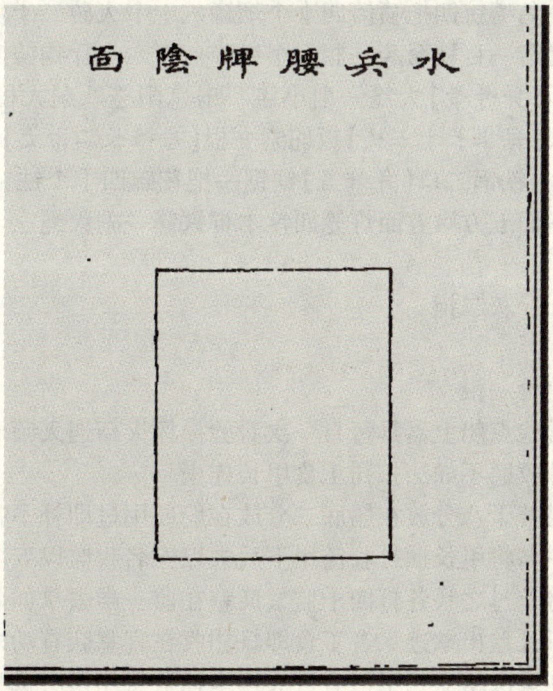

平居号令禁约

福船应备器械数目

大发贡一门大佛狼机六座碗口铳三个喷筒六十个鸟嘴铳十把烟罐一百个弩箭五百枝药弩十张粗火药四百斤鸟铳火药一百斤弩药一瓶大小铅弹三百斤火箭三百枝火砖一百块火炮二十个钩镰十把砍刀十把过船钉枪二十根标枪一百枝藤牌二十面宁波弓五张鐡箭三百枝灰罐一百个大旗一面【弁号带】大篷一扇小篷一扇大橹二张舵二门椗四门大索六根小索四根【每根长十八丈】扳舵索一根缭后手索二根椗繳四根【每根长二十丈】绞椗索四根铁锅四口【并灶盖】花碗八十个铁锹四把铁锯四把鐡钻四把铁凿四把铁斧四把薄刀二把铜锣一面【重五斤】大更鼓一面小鼓四面大桅旗一顶正方旗五顶水桶四担【并擦梁】灯笼十盏木梆铁铎一副备用大小松杉木十株火绳六十根绳十根鐡蒺藜一千个

捕盗自备用

钉四十斤油五十斤麻六十斤灰三担

各兵自备用

篾盔一顶随身钉枪一根腰刀一把

海沧船应备器械数目

大佛狼机四座碗口铳三个鸟嘴铳六把喷筒五十个烟罐八十个火炮十个火砖五十块火箭二百枝粗火药二百斤鸟铳火药六十斤药弩六张弩箭一百枝弩药一瓶大小铅弹二百斤钩镰六把砍刀六把过船钉枪十根标枪八十枝藤牌十二面宁波弓二张铁箭二百枝灰罐五十个大旗一面【并号带】大篷一扇小篷一扇大橹二根舵二门椗三门挽篙十根大索四根小索四根【每根长十五丈】缭后手索二根扳舵索一根椗繖四根【每根长二十丈】绞椗索四根铁锅二口【并灶盖】水桶二担花碗五十个铁锹二把铁锯二把铁钻二把铁斧二把薄刀一把铁凿二把更鼓一面小鼓二面铜锣一面【重五斤】五方旗五面灯笼四盏木梆铁铎一副备用大小松杉木五株火绳三十六根绳五根铁蒺藜八百个捕盗自备用

钉三十斤油四十斤麻四十斤灰二担

各兵自备用

篾盔一顶腰刀一把随身钉枪一根

苍山船应备器械数目

大佛狼机二座碗口铳三个鸟嘴铳四把喷筒四十个烟罐六十个火砖二十块火箭一百枝粗火药一百五十斤鸟铳火药四十斤药弩四张弩箭一百枝弩药一瓶大小铅弹一百六十斤钩镰四把砍刀四把过船钉枪八根标枪四十枝灰罐三十个大旗一面【并号带】大篷一扇小篷一扇遮阳篷八扇大橹一枝边橹八枝舵二门椗二门竹篙二十根大索四根小索二根【每根长十五丈】扳舵索一根【每根长二十丈】缭后手索二根椗繖二根【每根长二十丈】绞椗索一根篾缆一根铁锅二口【并灶盖】铁锯一把花碗四十个铁钻一把铁斧一把铁凿一把薄刀一把铜锣一面更鼓一面小鼓一面五方旗五面灯笼四盏木梆铁铎一副火绳三十六根备用杉松木五株绳五根

捕盗自备用

钉三十斤油三十斤麻三十斤灰二担

各兵自备用

篾盔一顶腰刀一把随身钉枪一根

一平日各照派定武艺时常检点船上器具每日一次看验损坏火药遇天晴五日一晒收阁干燥避火之处枪刀铁器半月一磨遮蔽风雨一件收磨不如法扣罚工食甲长连坐

一每船斧口石大擂石务足若干八分放在船底二分放在船面用过即补不补者扣工食

一每甲兵六名如有在逃一名将甲长捆打收监甲下兵夫以五名收监以五名赍文分投捉拿获日即以本犯应得工食充赏限三月拿不回将差过之兵各打四十监禁又差在监一半去拿如此轮拿一年不获全甲兵夫俱革其一年工食通扣在船修舱船只凡差出拿逃兵者工食即日扣收在官拿获有功之日给与其逃兵自首免罪拿到者春汛时月发船之期依临阵在逃法示众每甲俱有逃兵连坐捕盗每船俱有逃兵连坐哨官各哨俱有逃兵连坐领兵官依次连坐即行觉举者免罪

一兵逃甲长实时禀捕盗捕盗呈哨官转呈把总呈府注册拘该甲兵夫给文行拿

一每月初一十五补兵即于廿九十四日该管捕盗募兵到船送付哨官带到领兵官验呈把总类验本府验中给与腰牌发总呈道收册发船驾操

一各船捕盗遇夜出哨脚船三板船俱要收藏稳便不许拖带恐遇风急潮滚顿流者

一船兵役取水不便误失者管船兵夫一面治以军法一面扣月粮赔造

一在港每日清晨中军船定营吹打三通放炮三个升太平旗左右前后四营依序安摆各擂鼓鸣金亦升太平旗

一捕舵兵夫上岸买办柴米及神福船具俱赴中军船给筹票刻限时日回销敢有不行禀明私自擅离及该管小甲互相容隐知而不举者一体连治军法

一各船领兵指挥哨官捕舵兵夫风汛时月不许偷安假托事故在岸宿歇虚窃钱粮致误事机者不分贵贱一体军法重治如有警掌行号已毕而未到船已起椗而方来俱系畏避即发保候无功者斩

一各船捕舵小甲兵夫各照安名分长幼尊卑务念同舟共命如父子兄弟相处不许嗜酒在船争打违令喧哗俱以军法连坐然后另行发官问理曲直

一兵与甲长凡事务相推让惟甲长是听甲长平时见捕盗一跪一揖遇中军发放跪听号令

一捕盗见哨官平时皆一撒一跪一揖遇在中军或临敌以军法施行

一哨官见领兵官一跪一揖临敌临操军法施行

一领兵官戎装见把总两跪一揖平时许以冠带临操临阵戎装听令小则径自捆打

一哨官见把总两跪一揖临操叩头捕盗见把总叩头捕盗见领兵官平时两跪一揖临操叩头跪见

一各船官捕兵役各备蓑衣箬笠一副以便遇雨应用毋得抗违

或者曰兵船当在船上操岂有取兵下陆地而操水战之理耶继光曰海舟比江中不同战贼时惟用风力帆樯之功但有舟利帆速者随便劲上以间船之力耳海中风涛潮汐非内地江湖摇橹整次之比也舟中既不能操矣而不取于陆以习之不几于弃之耶或又曰取之操于水寨是矣而又何以陆操继光曰水陆之分可恨正在此逼贼登山将不舍舟步战乎哉或者曰然

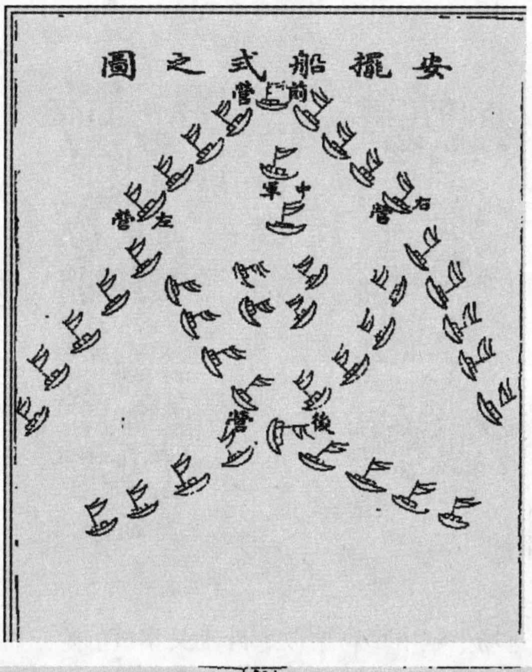

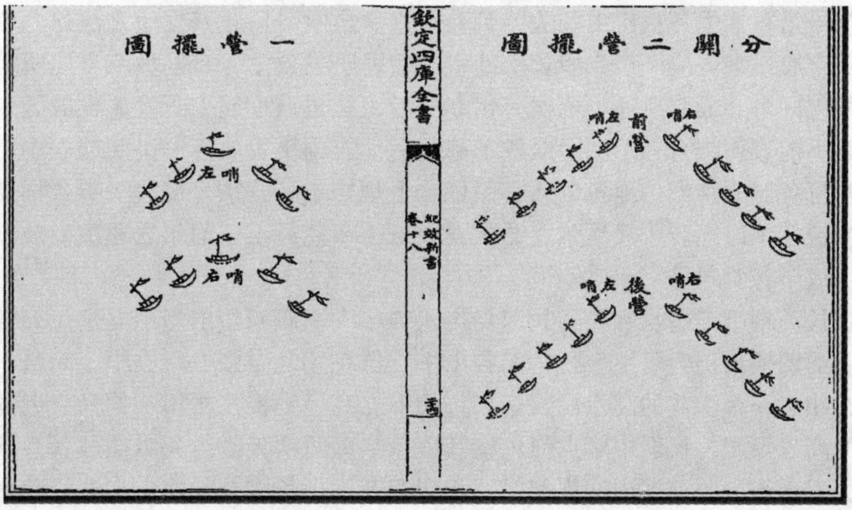

以上摆船之说大端海涛汹涌港有湾曲阔狭当风隐风之不同随港形深浅难拘一定之势此言处宽迴水善之形耳设使狭如羊肠则又当单只一字顺下不可拘方也

一每日日落时分听中军船上吹打三通放炮三个各船一体鸣金擂鼓落旗

一夜暮以朦胧为期中军船发擂三通起更各船齐击竹梆打更者打鼓一次梆响一遍每更用兵二名一名船头远视一名船尾高瞭遇有船过即便鸣锣各船齐备傥水上有黑块夜浮者恐贼人踏水偷椗支更兵夫速以石打一面高叫本船捕兵同看若是别物流入则已若是贼人即便鸣锣打铳各船一体防备违令支更兵夫重治割耳因而失事者斩首常时水寨操习

一每隔夜把总官先擡该操大旗一面于中军船上示兵知之次日早掌号官先于船上五更吹长声喇叭一荡各兵起收拾做饭约中军船炊熟吹第二荡喇叭各兵食饭吹第三荡喇叭各官捕带兵先登岸赴水寨摆立照图

一俟水寨演熟部伍然后照前操法以操兵船俟泊处关港潮平依法操于舟如其关港狭曲风潮不可操大舟者以小船摘甲长每甲摘兵一半用小船三板操其形状之略

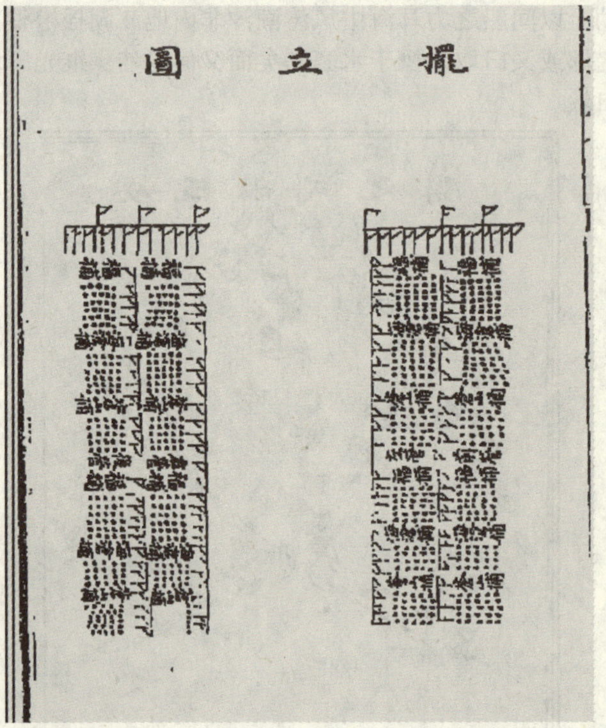

一本总摆清道建五方旗鼓进场坐定中军官禀放炮升旗又禀放静炮三个即放炮三个诸营一时肃静禀掌号笛官旗听发放掌号笛官捕甲各执旗由两边路到台下立定金响号笛止其立定之法每一船捕盗在前甲长旗挨次在后中军官呼官旗过来齐应一声先甲长次捕盗次官跪听发放掌号官发放云官旗听著耳听金鼓眼视旌旗驾船如马见贼争先同舟共命奏凯还师依次分付起立舵工跪过禀称舵工听发放发放云舵工听著一舟之功全莱尔辈稍有歪斜不能直射贼舟者军法示众舵工起此后如有别事发放逐一讲明起立中军分付官旗下地方各应一声鸣金大吹打各照原路回信地各领兵官照依台上规矩于各营掌号发放毕听各捕盗将本船甲兵尽数俱令跪听其先发放扳招手曰船若著浅治尔之罪次发放缭手曰使风不正治尔之罪次发放舵工曰船去不能直射贼舟治尔之罪发放毕各营肃静

一下营中军掌长声喇叭三荡吹哱啰各兵起身再吹哱啰中军旗帜摆出当中立定点鼓各船捕兵依前画港内列船式样由中照前图摆出仍为每甲一行每船各甲平行俱在场之当中一行立毕金响鼓止一面预于场之尽首立左右二的左右相去一百步其的高六尺阔三尺每的下立高桅一根三丈粗不拘又立近的二座于左右的之中相去二十四步的高三尺阔一尺看中军点何色旗其该营兵即听吹天鹅声喇叭擂鼓各兵呐喊一船一船挨次近的一船之兵约去五十步即照前图内阅视摆船图相间摆开为一长圈趋的之中先鸟铳狼机射手照远的打放

火箭向高照远桅放之其佛狼机预先立三架在彼临时止用各船机兵到即打放不必抬行将鸟铳一遍狼机各一个火箭一枝弓箭三发其鸟铳兵即向近的打石佛狼机手每人包火药五两向近的掷火燃之各色火器各放一件其标枪手打标弩手放弩俱中近的为则各照方面攻打石矢各三发鼓少间一船兵即于大前面抄旁而回又擂鼓呐喊又一船到的照前行之又过旁抄回如此俱完则前一船兵复又如环轮转再近的金响鼓止锣响即各于脚下上息乃将前四的四桅俱取立居中一字立之中军掌哱啰各起身擂鼓吹天鹅声呐喊各兵四面向中攻打一番鸟铳不用铳子火箭高放火药标石不必施以其四围远攻使贼不敢出露身体于船之上我可径造而擒之此远势非逼近势也如临敌则自有一船逼近用标石火药掷倾近攻不可预习如此一阵金鸣鼓止摔钹响各收成每甲一行每船为一方立定再摔钹响收照原出在港图次立定放炮三个鸣金大吹打挨次照初出摆营序列回还原札信地立定鸣锣坐地休息各官赴台下禀操毕中军禀比较先列佛狼机六座立一百步的一面竖起红旗各船佛狼机手通赴台下立听唱名打放每人三铳中一者量赏中二者平赏中三者超格重赏不中者打罚如比较陆兵格眼次立八十步的一面竖起红高招各船鸟铳俱集台下照佛狼机试打赏罚次立六十步的一面竖起黄旗各弩手射手火箭手通赴台下每人亦三发亦照铳手行赏罚次立二十步的一面竖起蓝旗各船标枪打石手俱赴台下每人三发亦照铳手行赏罚次立白旗各船刀手钩镰手枪手俱赴台下先每名单看使舞手法身法步法次斩马刀与长枪较次义钯钩镰与长枪较看其遮当何如但能任枪诱哄执立不动目不瞬视候到见肉分枪就使不能遮架亦为第一等若一见枪来远近迎架头摇身倾手动足乱即为生疎且其人无胆或治或革惟公道行之是为下等俱演毕放炮落旗散操各船三板俱来岸下候兵登船归粽每演此一遍则演陆操一遍不拘二项但操一遍歇一日水操每月一五九十三十七二十一二十五二十九日陆操每月三七十一十五十九二十三二十七日其陆操照依本府陆兵新书内止操自一队起以至一官者止不操方营与前一半盖水兵有水操太劳故也其武艺各照所执比较一如官旗调集台下之法

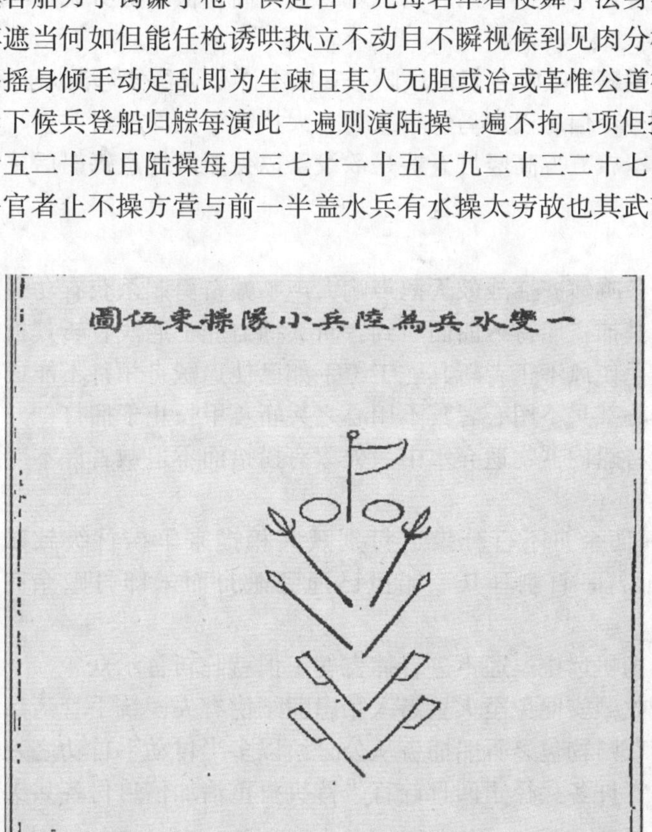
一變水兵為陸兵小隊操束伍圖

一放火砖火炮火球之法须火线燃之将入方可掷下不然掷而灭就不灭贼可反手正当发时反为所害

一火箭只著棚帆当中一点打去常高中则不可救低则易救

一弩弓不可远远则无益徒费矢竭力

一标枪非两船相逼不可用往下打更难准

一打石著人头面方打不可空往船上掷之

一贼船如近我船便倾下火药一二桶少则无用连桶则恐滚掷水中须倾桶倒下一面用一二人用铁锹执炭

火数锨随药掷下火多则必有燃药者或用粗碗一个种火一碗用灰盖之放于桶口掷药之时碗内火同药倾及船一磕而火药相粘必发难救此第一全胜快捷方式妙法智者不能施其巧勇者不能用其力也

发船号令

一隔日先行牌谕各捕兵将以出洋若干日该备鲞米水数目令备完限时点查欠者捆打罚工食凡中军吹长声喇叭一通立起黄旗一面各哨船出洋哨贼如报有警本总即升船厅听炮三个大吹打毕先吹哱啰一荡各船一面起碇掌号笛官捕旗甲俱坐三板赴中军船下两边照营列定掌号官禀称官旗到齐听发放船上叫官旗进来水仓门报门俱赴船面掌号官叫官旗过来以下俱照常时在于水寨操练规矩发放毕各官捕回船亦照寨操一体发放毕中军船擂鼓升行旗吹第二荡哱啰响各船起篷第三荡哱啰依次开船夜洋行使首尾相接鴈行而进不许太相远离䑸哨一船违令捕盗之罪二船违令哨官之罪四船违令领兵官之罪中军畏缩把总之罪其舵工缭手皆加倍重治遇有船漏风水不便者核实免罪

遇夜洋行船

一各船以灯火为号中军船放起火三枝放炮三个悬灯一盏各船以营为辨前营船悬灯二盏平列左营悬灯二盏各桅一盏右营大小桅各悬灯二盏平列后营悬灯二盏一高一低看灯听铳收䑸船到将近船上捕盗先自呼名识认

一遇夜泊船听中军船招䑸喇叭响各船依序随䑸安插不许私求稳便远泊因而疎虞斩首示众哨官连坐

一守夜号令俱同在港号令但每夜加鸟铳手二名点火执铳遇疑即便对放

一各船遇夜有急看中军旗五方高竖灯五盏是欲设疑以见船多之意每船后尾上立灯左右一盏前桅上加灯二盏

临敌号令军法

一中军船战声喇叭响各鸣锣齐擂战鼓天鹅声响大声呐喊奋勇剿杀获有功级各送领兵指挥验实类送中军纪验解报退缩后至者斩其捕盗船行迟曲而后到者斩其捕盗舵工遇浅者斩其扳招手船虽先到而不直射贼船傍边擦过者斩其舵工缭手使风不正者斩其舵工缭手如已使逼贼舟相并不能成功致贼舟复走者斩其捕盗各甲长有能挨报某兵不用心某兵不用心者其不用心之兵斩首甲长止于捆打

一敌人虑我官兵追战将船内器物遗弃水中兵夫敢有捞拾而不追贼者许本船捕甲割耳示众故纵者连坐斩首

一凡已打败贼舟一只而余舟不行分投追打别贼共相攒来争捞首级致贼遁走者各船获级俱止归先打一船之功余船捕盗捆打一百割耳其一船虽已逼到贼舟而未即打败余舟接应会同用力者不在此例

一各船遇敌敢有畏势扬帆远望逗遛不进者捕盗舵工俱就阵斩首示众

一各船放铳须将火药收藏安便免至火星爆入贻患匪细倘有失误铳手管药兵夫一体军法施行

一各船打败倭冦所捞获财物包裹听船捕盗从公分给以多半付动手首功之人余皆均处敢有官捕头目勒分甚至夹打追侵公然放肆者许各兵径于回日赴官告首决打重治加倍追付各兵头目依律治罪其军器则要报官解验不许各兵隐藏

一与贼船对泊船碇繖上用猫竹擘开包裹繖上以防敌人夜窃之患违令碇手捆打

一各船遇警听中军船天鹅声喇叭响各船鸣金鼓一通捕兵大声呐喊以壮军威违令治以军法

一各船遇警捕舵兵夫不许解衣而卧违令察出治以军法

一报警至急起碇不前即使用大猫竹一段计长一二丈缚于碇繖浮水以便班师各自认取违误碇手割耳示众

一各船捕舵兵夫遇泊船山澳无故不许上山闲游恐遇警一时下船不便致有误事若要取水轮直兵夫赴中军船告禀明白方许取水违令上山人拿治不恕

松海岛屿外洋哨船发火号令

一健跳者北至金齿门南至渔西其信地则青珠山茶盘山青门黄茅览

一桃渚者北至牛头门南至圣塘门其信地则獭鳗山白达山米筛门

一海门者北至担门南至三山其信地则担门山三山头

一松门者北至深门南至鹿头其信地则麓头山猢狲尖道士冠山大高城山鹿头山

一隘顽者北至鸡脐南至派爿洋其信地则沙角山灵门山

一楚门者北至邳山南至茅堰山其信地则久爿山老宫前山

一往来巡哨遇有警急各在信地登各相近山上先行举放烟火所在兵船瞭见火光烟焰就行开帆望火前进哨剿联近烽堠实时按放传报南北大兵防截其哨船仍探贼船向往踪迹亲报领哨官以便进上如火报不爽兵船逗遛误事罪坐该营领哨官员若哨船不尽信地止于一处探望或在渔樵船只人内取信或到山放火而原积柴草不足火小不能燎远致失传报误事者该直哨船军甲俱以军法斩首

福船说

夫福船高大如城非人力可驱全仗风势倭舟自来矮小如我之小苍船故福船乘风下压如车碾螳螂斗船力而不斸人力是以每每取胜设使贼船亦如我福船大则吾未见其必济之策也但吃水一丈一二尺惟利大洋不然多胶于浅无风不可使是以贼舟一入里海沿浅而行则福舟为无用矣故又有海沧之设

海沧说

夫海沧稍小福船耳吃水七八尺风小亦可动但其力功皆非福船比设贼舟大而相并我舟非人力十分胆勇死斸不可胜之然二项船皆只可犁沈贼舟而不能捞取首级故又有苍船之设

苍船说

一名艟艞又苍之大者夫苍船最小旧时太平县地方捕鱼者多用之海洋中遇贼战胜遂以著名殊不知彼时各渔人为命负极之势亦如贼之入我地是也今应官役便知爱命然此船小而上高不过五尺就加以木打棚架亦不过五尺贼舟与之相等既势均不能冲犁若使径逼贼舟两艘相联以短兵斸力我兵决非长策多见误事但若贼舟甚小一入里海其我大福海沧不能入必用苍船以追之此船吃水六七尺与贼舟等耳其捞取首级水潮中可以摇驰而快便三色之中又此为利近者改制为艟艞比苍船稍大比海沧更小而无立壁最为得其中制遇倭舟或小或矮皆可施功但水兵人技皆次于陆兵设使将水兵教练遴选亦如陆兵而后登之舟中则比陆战加一舟险其功倍于陆兵必矣司寄者何惮而不为哉

三船利钝说

大端天若风动势顺则沧不如福苍不如沧若风小势逆则福不如沧沧不如苍其开浪网船之类皆可备哨探而不可战者开浪以其头尖故名吃水三四尺四桨一橹其形如飞内可容三五十人不拘风潮顺逆者也又不如八桨船左右十六桨后一橹更为飞迅但坐卧处不冠冕耳网船形似织梭内容二人前后用二人以罩罩之风波大又可拖之涂上且不能覆吃水七八寸耳此可走报或用之里港窄河动以百数每只内用鸟铳二三人蜂集蚁附沿浅沿涂而打之甚妙如贼追逼就可弃走一舟不过一金之费耳

相寇情

小舟数往来者谋议也迟而审顾者疑我也欲进而复退者探我也既退而卒进者袭我也鼓噪而矢石不下者兵器少也却而顾者欲复来也先急而后缓者整备也促鼓而不战者惧我也泊而扬帆者欲出不意也既退而不速者谋也火夜明而呼噪者恐我袭彼也掷缆而即起者欲择其利也火数明而无声者备器也夜泊而趋于泥涘者乡道欲往也促缆而不呼者急欲逝也促缆及流悬灯于途者夜逸而溃也久而不动者偶人也鼓而无韵者伪响也近岸连村而不登劫者怯也不久困请和投降者诈也

谨行泊

我舟在洋出哨追赶贼船天欲昏黄潮时将尽不可贪程一意前往须防今夜自安泊处恐无收岙风至之虞遇龙潭神庙不可放铳吹打呐喊或有惊动起风作浪之失早晚占看日月星云气色飞鸟预知风雨未到晚黑便收岙岩高登四瞭恐隔山先泊贼船而我不防也

浙东潮候

初一初二十三十四寅申长己亥平

初三初四十五十六卯酉长子午平

初五初六十七十八辰戌长丑未平

初七初八十九二十己亥长寅申平

初九初十廿一廿二子午长卯酉平

十一十二廿三廿四丑未长辰戌平

廿五廿六寅申长己亥平

廿七廿八卯酉长子午平

廿九三十辰戌长丑未平

一朝生为潮夕生为汐晦朔弦望潮汐应焉故潮平于地下之中而会于月潮生于寅则汐于申潮生于巳则汐于亥阴阳消长不失其时故曰潮信

定太阳出没以应潮信时刻长短

正九出乙入庚方 二八出兔入鸡场

三七发甲入辛地 四六出寅入犬藏

五月生艮归乾上 仲冬出巽入坤方

惟有十月与十二 出寅入申仔细详

定寅时

正九五更四点彻 二八五更二点歇

三七平光起寅时 四六日出寅无别

五月日高三丈地 十月十二四更二

仲冬才到四更初 此是寅时须切记

行船观日月星云占风涛

一日晕则雨月晕主风何方有阙即此方风来也

一日没臙脂红无雨也有风须看返照日没之前臙脂红在日没之后记之记之

一星光闪烁不定主有风

一夏秋之交大风及有海沙云起谓之风潮名曰飓风此乃飓四方之风有此风必有霖淫大飓同作

一凡风单日起单日止双日起双日止

一凡风起早晚和须防明日再多

一有暴恶之风尽日而没

一防夜起之风必毒

一凡东风急风急云起愈急必雨起雨最难得晴

一凡春风易于传报一日南风必还一日北风虽早有此风向晚必静

一防南风尾北风头南风愈吹愈急北风吹起便大

一春南夏北有风必雨

一云若炮车形起主大风

一云起下散四野满目如烟如雾名曰风花主风起

一云若鱼鳞不雨也风颠

一凡雨阵自西北起者必云黑如泼墨又必起作眉梁阵主先大风雨后雨急易晴

一水际生靛青主有风雨

一秋天云阴若无风则无雨

一海燕忽成群而来主风雨乌肚雨白肚风

一海猪乱起主大风

一夜间听九逍遥鸟叫卜风雨一声风二声雨三声四声断风雨

一鰕笼张得鳣鱼主风水

一水蛇蟠在芦青高处主水高若干涨若干若头望下水即至望上稍慢

一月尽无雨则来月初必有大风雨俗云廿五六若无雨初三四莫行船春有廿四番花信风梅花风打头楝花风打末

逐月风忌

正月忌七八日风乃北风也

二月忌初二北风

三月忌清明北风

五月忌雪至风以正月下雪日为始算至五月乃一百二十日之内主此风

六月十二日忌彭祖风在前后三四日

七八月若有三日南风必有北风报之

九月九日前后三四日内忌九朝风

十月忌初五风在前后三四日内

十一月冬至风

腊月廿三四扫尘风

战船器用说

夫水战于舟火攻为第一筹固然也其火器之属种目最多然可以应急用者甚少何则两船相近立见胜负其诸器或有宜于用而制度繁巧一时仓忙不能如式掷放致屡发而无用或精巧宜用而势不能遍及一舟或重赘而不能发及贼船最不宜者是见行火器安药线在口如若候点入口则发在我手若方燃即掷则掷下又为贼所救又有所谓灰瓶者内用石灰盖舟上惟利滑使人不能立脚一说用鸡鸭卵掷下或掷滑泥者尤可今乃用灰瓶是又涩贼之足而使之立牢也不可不可今屡试屡摘合以众情共爱而数用无异者止有二种一远一近至矣足矣愈淫巧繁多愈无实用记之记之

一旧用火药倾下贼舟此固长策然又别用火器或炭火再倾掷使之发药每每或连桶掷入水中或被贼乘药桶及伊舟以水沃湿亦皆未中肯綮可以必发故复重出此说因以见此法之万分至妙也所谓二种者远则只用飞天喷筒近则只用埋火药桶至易至便万用无差除此之外所谓火箭神机火砖喷筒之类皆远不及此苟具此一种则他种又皆不必用也

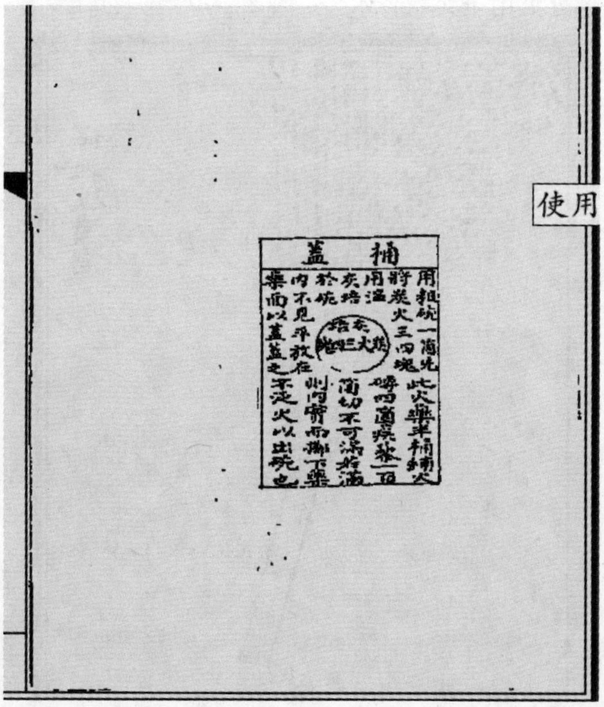

右约贼船在远先将炭火烧红盆盛一处约贼舟相近百十步以火入粗碗灰培再俟贼近三二十步以碗平放在药桶内盖了俟两舟相逼将桶平平掷下至贼船被磕动碗内炭火跌泛而出与药相埋即发时刻不失较之别器克线不燃及线湿放早之病皆可无矣

船碇

走风捉飓事急追贼车关人力起碇迟误备此临急解系繖尾泛之以便回取

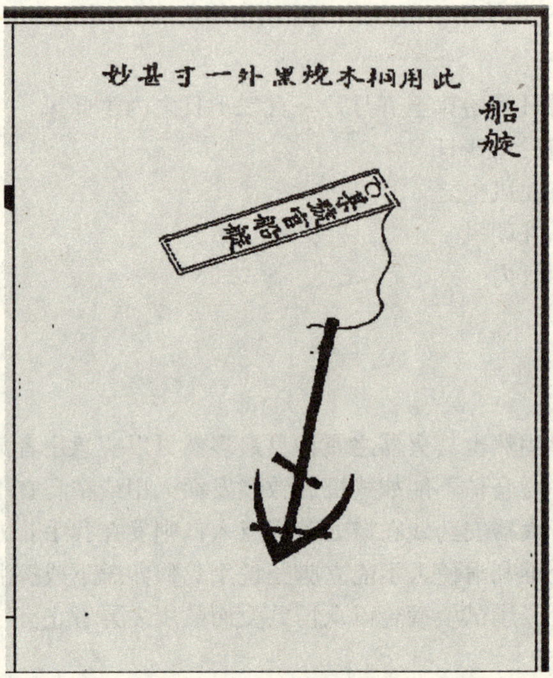

满天烟喷筒

截粗径二寸竹布箍用硝磺砒霜斑毛刚子硇沙胆矾皁角铜绿川椒半夏燕粪烟煤石灰斗兰草草乌水蓼大蒜得法分两制度磁沙玉田沙炒毒系枪竿头顺风燃火则流泪喷涕闭气禁口守城用战船只用飞天喷筒烧帆为第一妙器此又不足用也此乃各处见用于兵船者尔

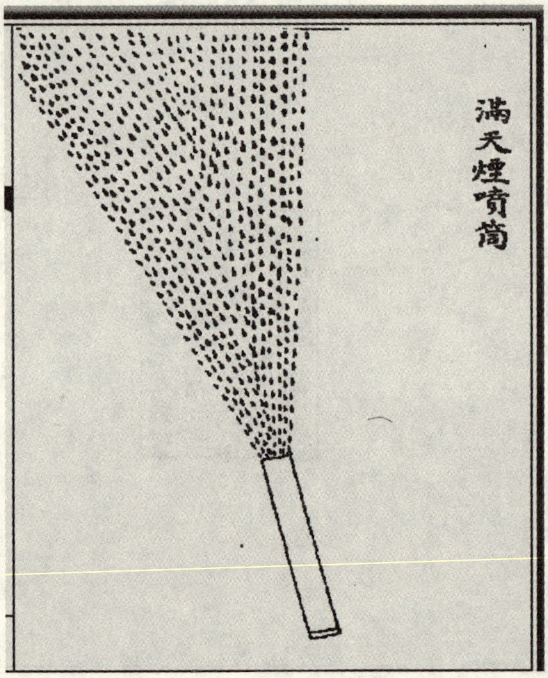

火砖

用地鼠纸筒炮各安药线每五个排为一层上下二节各二层以薄篾横束合洒火药松脂硫黄毒烟用粗纸包裹成砖形外用绵纸包糊以油涂密另于头上开口下竹筒以药线自竹筒穿入

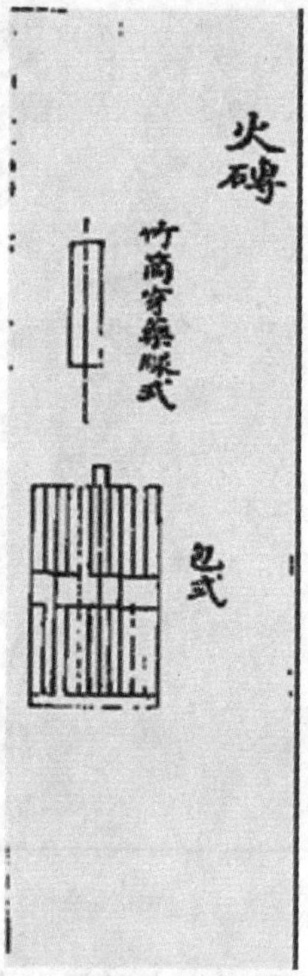

火妖

纸薄拳大内荡松脂入毒火外煮松脂柏油黄蜡燃火抛打烟焰蒺藜戳脚利水战守城俯击短战

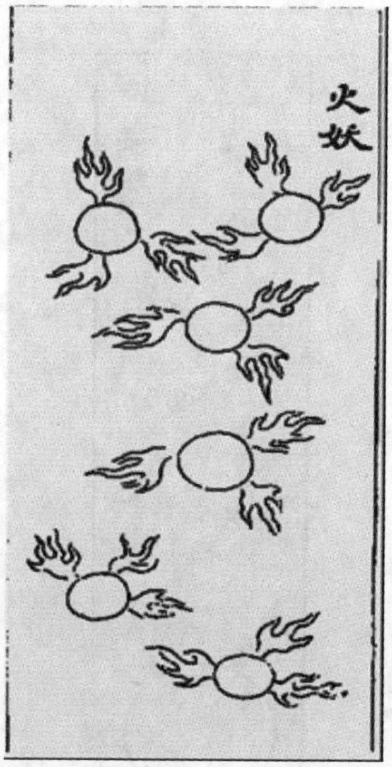

飞天喷筒

硝磺樟脑松脂雄黄砒霜以分两法制打成饼修合筒口饼两边取渠一道用药线拴之下火药一层下饼一个

用送入推紧可高十数丈远三四十步径粘帆上如胶立见帆燃莫救此极妙极妙万方效策

大蜂窠

范大炮纸糊百层间布十层内藏小炮半入毒半入火又间小炮入灰煤地鼠头带火磁沙炒毒铁蒺藜粪汁毒炒包松脂硫黄毒人发角屑等件此一火器战守攻取水陆不可无者夺心眩目惊胆伤人制宜精妙此尤兵船第一火器

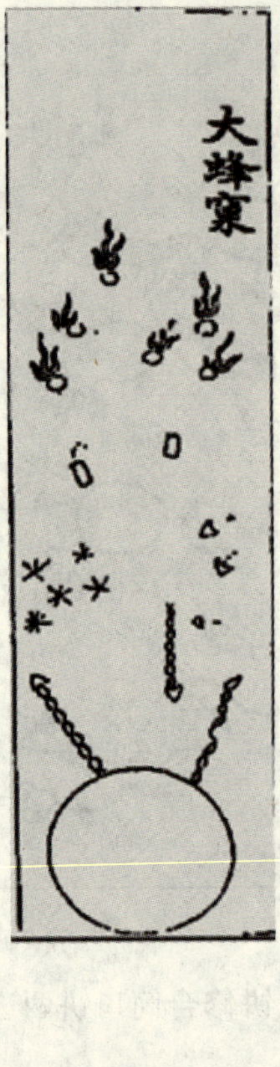

海岛算经[①]

今有望海岛，立两表，齐高三丈，前后相去千步，令后表与前表参相直。从前表却行一百二十三步，人目著地取望岛峰，与表末参合。从后表却行一百二十七步，人目著地取望岛峰，亦与表末参合。问岛高及去表各几何？

答曰：岛高四里五十五步；去表一百二里一百五十步。

术曰：以表高乘表间为实；相多为法，除之。所得加表高，即得岛高。求前表去岛远近者：以前表却行乘表间为实；相多为法。除之，得岛去表数。

今有东南望波口，立两表南、北相去九丈，以索薄地连之。当北表之西却行去表六丈，薄地遥望波口南岸，入索北端四丈二寸。以望北岸，入前所望表里一丈二尺。又却后行去表一十三丈五尺。薄地遥望波口南岸，与南表参合。问波口广几何？

答曰：一里二百步。

术曰：以后去表乘入索，如表相去而一。所得，以前去表减之，余以为法；复以前去表减后去表，余以乘入所望表里为实，实如法而一，得波口广。

今有望清渊，渊下有白石。偃矩岸上，令句高三尺。斜望水岸，入下股四尺五寸。望白石，入下股二尺四寸。又设重矩于上，其间相去四尺。更从句端斜望水岸，入上股四尺。以望白石，入上股二尺二寸。问水深几何？

答曰：一丈二尺。

术曰：置望水上下股相减，余以乘望石上股为上率。又以望石上下股相减，余以乘望水上股为下率。两率相减，余以乘矩间为实；以二差相乘为法。实如法而一，得水深。

又术：列望水上下股及望石上下股，相减，余并为法。以望石下股减望水下股，余以乘矩间为实，实如法而一，得水深。

今有登山望津，津在山南。偃矩山上，令句高一丈二尺。从句端斜望津南岸，入下股二丈三尺一寸。又望津北岸，入前望股里一丈八寸。更登高岩北，却行二十二步，上登五十一步，偃矩山上。更从句端斜望津南岸，入上股二丈二尺。问津广几何？

答曰：二里一百二步。

术曰：以句高乘下股，如上股而一。所得以句高减之，余为法；置北行，以句高乘之，如上股而一。所得以减上登，余以乘入股里为实。实如法而一，即得津广。

---

① 〔晋〕刘徽撰。

墨子

卷一·辞过

古之民,未知为舟车时,重任不移,远道不致,故圣王作为舟车,以便民事。其为舟车也,全固轻利,可以任重致远。其为用,则少而为利多,是以民乐而利之。故法令不急而行,民不劳而上足用,故民归之。

卷九·非儒下

(儒者)又曰:君子循而不作。應之曰:古者羿作弓,杼作甲,奚仲作車,巧垂作舟,然則今之鮑函車匠皆君子也,而羿、杼、奚仲、巧垂皆小人邪?且其所循人必或作之,然則其所循皆小人道也?

卷十三·鲁问

昔者楚人与越人舟战于江,楚人顺流而进,迎流而退,见利而进,见不利则其退难。越人迎流而进,顺流而退,见利而进,见不利则其退速,越人因此若執,亟败楚人。公输子自鲁南游楚,焉始为舟战之器,作为钩强之备,退者钩之,进者强之,量其钩强之长,而制为之兵,楚之兵节,越之兵不节,楚人因此若執,亟败越人。公输子善其巧,以语子墨子曰:我舟战有钩强,不知子之义亦有钩强乎?子墨子曰:我义之钩强,贤于子舟战之钩强。我钩强,我钩之以爱,揣之以恭。弗钩以爱,则不亲;弗揣以恭,则速狎;狎而不亲则速离。故交相爱,交相恭,犹若相利也。今子钩而止人,人亦钩而止子,子强而距人,人亦强而距子,交相钩,交相强,犹若相害也。故我义之钩强,贤子舟战之钩强。

卷十四·备水

并船以为十临,临三十人,人擅弩计四有方,必善以船为轒辒。二十船为一队,选材士有力者三十人共船,亓二十人人擅有方,剑甲鞮瞀,十人人擅苗。先养材士为异舍,食亓父母妻子以为质,视水可决,以临轒辒,决外堤,城上为射机疾佐之。

吕氏春秋

审分览第五·勿躬

大桡作甲子，黔如作虏首，容成作历，羲和作占日，尚仪作占月，后益作占岁，胡曹作衣，夷羿作弓，祝融作市，仪狄作酒，高元作室，虞姁作舟，伯益作井，赤冀作臼，乘雅作驾，寒哀作御，王冰作服牛，史皇作图，巫彭作医，巫咸作筮。此二十官者，圣人之所以治天下也。

审分览第五·知度

绝江者托于船，致远者托于骥，霸王者托于贤。伊尹、吕尚、管夷吾、百里奚，此霸王之船骥也。

恃君览第八·恃君

非滨之东，夷秽之乡，大解、陵鱼、其、鹿野、摇山、扬岛、大人之居，多无君；扬、汉之南，百越之际，敝凯诸、夫风、馀靡之地，缚娄、阳禺、驩兜之国，多无君；氐、羌、呼唐、离水之西，僰人、野人、篇笮之川，舟人、送龙、突人之乡，多无君；雁门之北，鹰隼、所鸷、须窥之国，饕餮、穷奇之地，叔逆之所，儋耳之居，多无君。此四方之无君者也。

恃君览第八·知分

荆有次非者，得宝剑于干遂。还反涉江，至於中流，有两蛟夹绕其船。次非谓舟人曰：子尝见两蛟绕船能两活者乎？船人曰：未之见也。次非攘臂袪衣，拔宝剑曰：此江中之腐肉朽骨也！弃剑以全己，余奚爱焉！於是赴江刺蛟，杀之而复上船。舟中之人皆得活。荆王闻之，仕之执圭。孔子闻之曰：夫善哉！不以腐肉朽骨而弃剑者，其次非之谓乎！

禹南省，方济乎江，黄龙负舟。舟中之人五色无主。禹仰视天而叹曰：吾受命於天，竭力以养人。生，性也；死，命也。余何忧於龙焉？龙俯耳低尾而逝。

艺文类聚[①]

卷七十一·舟车部·舟

易曰。刳木为舟。剡木为楫。舟楫之利。以济不通。

世本曰。共鼓货狄作舟。【共鼓货狄。黄帝二臣。】

尔雅曰。舫。舟也。天子造舟。诸侯维舟。大夫方舟。士特舟。庶人乘柎。【造。比舡为桥也。维。连四舡也。方。并两舡也。特。单舡也。柎。编木以为渡也。】

韵集曰。鹢首。天子舡也。舡。船也。艘。海大舡也。

山海经曰。番禺始为舟。

又曰。有大人之国。坐而削舟。

墨子曰。弃作舟。

广雅曰。舰。大舡也。舫。艕舡也。蒙冲艑舸艞舸舼艇艋。舟也。

释名曰。船。循也。循水而行也。

又曰。舟言周也。船上屋曰庐。象舍也。其上重室曰飞庐。在上故曰飞也。又在其上曰翟室。于中候望。若鸟雀人。【太平御览七百六十八作之。惊视也。】

又曰。船三百斛曰刀。刀。貂也。短也。江南所为名。短而广安。不倾危也。二百斛已下曰艇。其形径艇。一人二人所乘行也。

又曰。外狭而长曰艨冲。以突敌曰船。自关而东。或谓之舟。方舟或谓之航。南楚江湘。凡船大者谓之舸。小舸谓之艖。

说文曰。舫。并船也。

毛诗曰。柏舟。共姜自誓也。卫世子共伯早死。其妻守义。父母欲夺而嫁之。誓而弗许。故作是诗以绝之也。泛彼柏舟。在彼中河。

又曰。二子乘舟。思伋寿也。卫宣公之二子。争相为死。国人伤而思之。而作是诗也。二子乘舟。泛泛其景。愿言思子。中心养养。

又曰。泛泛杨舟。载沉载浮。既见君子。我心则休。

又曰。谁谓河广。曾不容刀。

左传曰。秦伯伐晋。济河焚舟。取王官及郊。晋人不出。遂自茅津济。封肴尸而还。

又曰。先轸朝问秦囚。公曰。夫人请之。吾舍之矣。先轸怒曰。武夫力而拘诸原。妇人暂而免诸国。隳军实而长寇仇。亡无日矣。不顾而唾。公使阳处父追之。及诸河。则在舟中矣。

又曰。齐侯与蔡姬。乘舟于囿。荡公。公惧变色。禁之不可。公怒归之。未之绝也。蔡人嫁之。齐侯以诸侯之师侵蔡。蔡溃。

又曰。吴伐楚。阳丐为令尹。卜战不吉。司马子鱼曰。我得上流。何故不吉。楚故司马令龟。我请改卜。令曰。鲂也以其属死之。楚师继之。尚大克之。吉。战于长岸。子鱼先。楚师继之。大败吴。获其乘舟余皇。

又曰。冬。晋荐饥。使乞籴于秦。秦输粟于晋。自雍及绛相继。命之曰泛舟之役。

又曰。晋楚将战。赵婴齐使其徒。先具舟于河。故败而先济也。

太公六韬曰。殷君喜为酒池。回船牛饮者三千人。

① 〔唐〕欧阳询撰。

又曰。武王伐殷。先出于河。吕尚为后将。以四十七艘船济于河。

周书曰。周成王时。於越献舟。

文字曰。舟浮江海。不为莫乘而沉。君子行道。不为莫知而止。

邓析书曰。同舟涉海。中流遇风。救患若一。所忧同也。

家语曰。舟非水不行。水入则舟没。君非民不治。民犯上则君危。【事具人部鉴戒篇。】

庄子曰。藏舟于壑。藏山于泽。谓之固矣。然则夜半有力者负之而走。昧者不知也。

又曰。水之积也不厚。则负其大舟也无力。覆杯水于坳堂之上。则芥为之舟。置杯焉则胶。水浅而舟大也。

楚辞曰。美要妙兮宜修。沛吾乘兮桂舟。

又曰。桂棹兮兰枻。斲冰兮积雪。

吕氏春秋曰。荆有次非者。得宝剑。涉江至中流。有两蛟夹绕其船。次非拔剑赴江。刺蛟杀之。舟中之人皆活。荆王闻之。仕以执圭。事具军器部剑篇。

又曰。伍员如吴。过于荆。至江上。欲涉。见一丈人刺小船。方将渔。从而请焉。丈人渡之。

淮南子曰。乌号之弓。溪子之弩。不能无弦而射。越舲蜀艇。不能无水而浮。

又曰。汤武圣主也。而不能与越人乘舲舟而浮于江湖。

又曰。楚人有乘船而遇大风者。波至而恐。自投于水。非不贪生而畏死也。惑于死而反忘生也。又曰。龙舟鹢首。浮吹以虞。此游于水也。

又曰。公孙龙在赵时。谓弟子曰。人而无能者。龙弗能与游。有客衣褐带素而见曰。臣能呼。公孙龙顾谓弟子曰。门下故有能呼者。对曰。无。公孙龙曰。与之弟子之籍。后数日。往说燕王。至于河上。而航在水汜。使善呼者呼之而航来。

说苑曰。襄城君始封之日。衣翠衣。带玉剑。履缟舄。立乎流水之上。大夫庄辛过而说之曰。愿把君之手。其可乎。襄城作色不言。庄辛迁延称曰。君独不闻鄂君之遇越人乎。鄂君方泛舟于新波之上。乘青翰之舟。张翠羽之盖。会鼓钟之音。越人拥楫而歌曰。今夕何夕兮。搴州水流。今日何日。得与王子同舟。山有木兮木有枝。心悦君兮君不知。于是鄂君揄袂而拥之。举绣被而覆之。襄城乃奉手进之。

列女传曰。赵简子南击荆。至河津。津吏醉卧。不能渡。简子怒。将杀之。津吏之女。乃持楫而前走曰。妾父闻君王将渡。恐风波之起。水神动骇。故祷祀九江三淮之神。不胜杯杓余沥。醉于此。君命诛之。愿以微躯易父之死。简子将渡。用楫少一人。操楫曰。妾居河济之间。习舟楫之事。愿备员持楫。简子遂与操度。中流奏河激之歌。简子乃聘为夫人。【事具水部津篇。】

郭林宗别传曰。林宗游洛阳。始见河南尹李膺。膺大奇之。遂相友善。于是名震京师。后归乡曲。衣冠诸儒。送至河上。车数千两。林宗唯与李膺同舟而济。众宾望之。以为神仙焉。

抱朴子曰。琼艘瑶楫。无涉川之用。金弧玉弦。无激矢之能。是以介絜而无政事者。非拨乱之器。儒雅而乏治略者。非翼亮之士。

又曰。欲以弊药必规升腾者。何异策蹇驴而欲寻追风。棹蓝舟而欲济大川。

韩子曰。千钧得舡则浮。锱铢失舡则沉。非千钧轻而锱铢重也。有势之与无势也。

孙卿子曰。君者舟也。庶人者水也。水则载舟。水则覆舟。

冲波传曰。孔子使子贡。久而不来。孔子谓弟子占之。遇鼎。皆言无足不来。颜回掩口而笑。子曰。回也哂。谓赐来也。曰。无足者。乘舟而来至矣。清旦朝。子贡朝至。验如颜回之言。

汉书曰。薛广德为御史大夫。秋。上祭宗庙。出东便门。欲御楼船。广德当乘舆车。免冠顿首谏。宜从桥。诏曰。大夫冠。广德曰。陛下不听臣。臣自刎。以血污车轮。上不悦。先驱光禄大夫张猛进曰。臣闻主圣臣直。乘船危。就桥安。圣主不乘危。御史大夫言可听。上曰。晓人不当如是耶。乃从桥。

物理论曰。夫工匠经涉河海。为舸【按集韵。当作舸。】艣以浮大川。皆成乎巧手。出乎圣意。

杨子法言曰。舍舟航而济乎渎者。末矣。舍五经而济乎道者。末矣。乘国者其如乘航乎。航安则民斯安矣。

东观汉记曰。第五伦为会稽守。为事征。百姓攀辕扣马呼曰。舍我何之。第五伦密委去。百姓闻之。乘船追之。交错水中。其得民心如此。

张璠汉记曰。梁冀第池中舡。无故自覆。问掾朱穆。曰。舟所以济渡万物。不施游戏也。而今覆者。天戒将军当济渡万民。不可长念乐游而已。

华阳国志曰。初楚顷襄王时。遣将庄蹻。从沅水伐夜郎。将军至且兰。椓船于岸而步战。既灭夜郎。因留王滇池。以且兰有椓船牂牁处。乃改其名为牂牁。牂牁地多雨潦。俗好巫鬼禁忌。

魏志曰。邓哀王冲。字仓舒。少聪察岐嶷。生五六岁。智意所及。有若成人。孙权曾致象。太祖欲知其斤重。访之群下。咸莫能出其理。冲曰。置象大船之上。而刻其所至。称物以载之。则立可知矣。太祖大悦。即施行。

吴书曰。陆逊破曹休。当还西陵。公卿并会。为逊祖道。上赐逊御船一舫。缯彩舟梁。

王隐晋书曰。顾荣征侍中。见王路塞绝。便乘舡而还。过下邳。遂解舫为单舸。一日一夜。行五六百里。遂得免。

吴志曰。周瑜逆曹公。部将黄盖。取蒙冲斗舰十艘。实以薪草。膏灌其中。裹以帷幙。上建牙旗。同时发火。时风猛火盛。延烧岸上营。曹公军退败。

又曰。吕蒙袭关羽。至寻阳。尽伏精兵于构㘰中。使舡中摇橹作商贾服。昼夜兼行。故羽不闻知。遂到南郡。

又曰董袭讨黄祖。祖横两蒙冲。夹守沔口。以栟榈大绁。系石为矴。袭与陵统。俱为前部。各将敢死百人。人被两铠。乘大舸。突入蒙冲里。身以刀断两绁。蒙冲乃横流。大兵遂进。

又曰。将军贺齐。性奢。所乘船。雕刻丹镂。青盖绛襜。蒙冲斗舰之属。望之若山。

又曰。甘宁厨下儿有过。走投吕蒙。蒙出还宁。宁许蒙不杀。还舡。缚置桑树。自射杀之。敕舡人更增舸缆。解衣卧舡中。蒙怒。欲攻宁。蒙母谏乃止。

晋宫阁记曰。池中有紫宫舟升进舟曜阳舟飞龙舟射猎舟。灵芝池有鸣鹤舟指南舟。合利池有云母舟无极舟。都亭池有常安舟。

杜兰香别传曰。香降张硕。硕既成婚。香便去。绝不来。年余。硕船行。忽见香乘车于山际。硕不胜惊喜。遥往造香。见香悲喜。香亦有悦色。言语顷时。硕欲登其车。其婢举捍之。嶷然山立。硕复欲车前上。车奴攘臂排之。于是遂退。

晋中兴书曰。建兴九【按当作元。】年冬。左将军王敦。遣振威将军周【太平御览七百七十周下有访字。此脱。】广武将军赵诱。受陶侃节度。征蜀贼杜弢。大战。蜀贼以结槔打没侃二十余艘。人皆投水。

义熙起居注曰。卢循新作八槽舰九枚。起四层。高十余丈。

荆州土地记曰。桓宣穆遣人寻庐山。上有一湖。中有败艑。

江表传曰。刘备进驻鄂县之樊口。诸葛亮诣吴未还。备闻曹公军下。恐惧。日遣逻吏于水次候权军。吏望见周瑜船。驰还白备。备曰。何以知非青徐军耶。吏对曰。以船知之。备遣人慰劳瑜。瑜曰。有军任。不得委署。傥能屈威。副其所望。备谓张飞关羽曰。彼欲致我。我今自托于东而不往。非同盟之意也。乃乘单舸往见瑜。问曰。今拒曹公。深为得计。战卒有几。瑜曰。三万人。备曰。恨少。瑜曰。此自足用。豫州但观瑜破之。

沈约宋书曰。垣护之随王玄谟入河。玄谟攻滑台。护之三百舸为前锋。进据右济。右济在滑台西南百二十里。玄谟败退。不暇报护之。及护之间知。而虏悉已牵玄谟水军大艚。连以铁锁三重。欲以绝护之还路。护之中流而下。每至铁锁。辄以长柯斧断之。虏不能禁。唯失一舸。

宋元嘉起居注曰。有司奏。初杨州刺史王弘上会稽。从事韦诣解列。先风闲【太平御览七百七十一作闻。】余姚令何玢之。造作平床一。乘船舴艋一艘。精丽过常。用功兼倍。请免玢今官。诏可其奏。

异苑曰。檀道济。元嘉中。镇寻阳。入伏诛。道济未下少时。有人施罟于柴桑江。收之。得大船。孔凿若新。使匠作舴艋。勿如折斧。【四字太平御览七百七十一作匆斲二字。】工人误截两头。以为不祥。杀三巧手。欲以塞督。匠违约加斲。凶兆先遘矣。

临海记曰。白鹄山有湖。湖中有一石舴艋。

〔诗〕

梁江禄津渚败船诗曰。可爱木兰资。可怜丹桂质。逐浪徒言是。乘风还自失。草蔓艒长埋。沙巨舷难出。陆沉成许去。无复乘流日。

梁王筠咏轻利舡应临汝侯教诗曰。君侯饰轻利。摇荡迈飞云。凌波漾鹢采。映水焕蛟文。电流已冠绝。鸟逝复超群。倏忽方千里。恋兹歧路分。

陈张正见后湖泛舟诗曰。上苑奢行乐。沧池聊薄游。泛荷分兰棹。沉槎触桂舟。残虹收度雨。缺岸上新流。欲知有高趣。长杨送麦秋。

又别韦谅赋得江湖泛别舟诗曰。千里寻阳岸。三翼木兰船。鹢泛青凫后。鸡鸣白鹭前。涵花没浅缆。带叶动深船。不言朝夕水。独自限神仙。

又与钱玄智泛舟诗曰。高门事休沐。朝野恣逢迎。还乘金谷水。俱望洛阳城。舟移津女渡。楫动渭桥横。风高雁已落。雨霁水还清。叶尽桐门净。花秋菊岸明。欲奏江南曲。聊习棹歌行。

〔赋〕

晋棘【初学记二十五。太平御览七百七十作枣。】据船赋曰。嘉圣主之神化。理通微而达幽。棹民氓之隔塞。愍王教之不周。立成器以备用。明垂象以造舟。济渡汲之绝轨。越巨川之玄流。运重固之滞质。虽载沉而必浮。且论器而比象。似君子之淑清。外质朴而无饰。内空虚以受盈。不辞劳而恶动。不偷安以自宁。且其行无辙迹。止无所根。不疾而速。忽若驰奔。

〔赞〕

晋王叔之舟赞曰。涂则骋车。水惟用舟。弱楫轻棹。利涉济求。缅彼渔人。鼓枻清讴。

〔铭〕

后汉李尤舟楫铭曰。舟楫之利。譬犹舆马。载重历远。以济天下。相风视波。穷究川野。安审惧慎。终无不可。

唐国史补[①]

卷上

佛法自西土故海东未之有也天宝末扬州僧鉴真始往倭国大演释教经黑海蛇山其徒号过海和尚

韩晋公滉闻奉天之难以夹练囊缄盛茶末遣健步以进御至发军食常自负米一石登舟大将已下皆运一日之中积载数万斛后大修石头五城召补迎驾子弟亦招物议也

卷下

凡东南郡邑无不通水故天下货利舟檝居多转运使岁运米二百万石输关中皆自通济渠入河而至也江淮篙工不能入黄河蜀之三峡河之三门南越之恶溪南康之赣石皆险绝之所自有本处人为篙工大即汴河也抵峡路峻急故曰朝发白帝莫彻江陵四月五月为尤险时故曰灩滪大如马瞿塘不可下灩滪大如牛瞿塘不可留灩滪大如幞瞿塘不可触扬子钱塘二江者则乘两潮发棹舟船之盛尽于江西编蒲为帆大者或数十幅自白沙沂流而上常待东北风谓之潮信【一本作信风】七月八月有上信三月有鸟信五月有麦信暴风之候有抛车云舟人必祭婆官而事僧伽江湖语云水不载万言大船不过八九千石然则大历贞元间有俞大娘航船最大居者养生送死嫁娶悉在其间开巷为圃操驾之工数百南至江西北至淮南岁一往来其利甚溥此则不啻载万也洪鄂之水居颇多与屋邑殆相半凡大船必为富商所有奏商声乐从婢仆以据柂楼之下其间大隐亦可知矣

南海舶外国船也每岁至安南广州师子国舶最大梯而上下数丈皆积宝货至则本道奏报郡邑为之喧阗有蕃长为主领市舶使籍其名物纳舶脚禁珍异蕃商

有以欺诈入牢狱者舶发之后海路必养白鸽为信舶没则鸽虽数千里亦能归也

舟人言鼠亦有灵舟中群鼠散走旬日必有覆溺之患海上居人时见飞楼如缔构之状甚壮丽者太原以北晨行则烟霭之中睹城阙状如女墙雉堞者皆天官书所说气也

南海人言海风四面而至名曰飓风飓风将至则多虹蜺名曰飓母然三五十年始一见

近代杜邠公自西川除江陵五月下峡官舟千艘不损一只旧语曰五月下峡死而不吊此特邠公之洪福自古未之有也

---

① 〔唐〕李肇撰。

萍洲可谈[1]

卷二

广州市舶司旧制。帅臣漕使领提举市舶事。祖宗时谓之市舶使。福建路泉州。两浙路明州。杭州。皆傍海。亦有市舶司禅。崇宁初。三路各置提举市舶官。三方唯广最盛。官吏或侵渔。则商人就易处。故三方亦叠盛衰.朝廷尝并泉州舶船令就广。商人或不便之。

广州自小海至溽州七百里。溽州有望舶巡检司。谓之一望。稍北又有第二。第三望。过溽州则沧溟矣。商船去时。至溽州少需以诀。然后解去。谓之放洋。还至溽州。则相庆贺。寨兵有酒肉之馈。并防护赴广州。既至。泊船市舶亭下。五洲巡检司差兵监视。谓之编栏。凡舶至。帅漕与市舶监官莅阅其货而征之。谓之抽解。以十分为率。珍珠龙脑凡细色抽一分。玳瑁苏木凡粗色抽三分。抽外官市各有差。然后商人得为己物。象牙重及三十斤并乳香。抽外尽官市。盖粗货也。商人有象牙稍大者。必截为三斤以下。规免官市。凡官市价微。又备他货与之。多折阅。故商人病之。舶至未经抽解。敢私取物货者。虽一毫皆没其余货。科罪有差。故商人莫敢犯。

广州市舶亭枕水有海山楼。正对五洲。其下谓之小海。中流方丈余。舶船取其水。贮以过海。则不坏。逾此丈许取者并汲井水。皆不可贮。久则生虫。不知此何理也。舶船去以十一月。十二月。就北风。来以五月。六月。就南风。船方正若一木斛。非风不能动。其樯植定而帆侧挂。以一头就樯柱如门扇。帆席谓之加突。方言也。海中不唯使顺风。开岸就岸风皆可使。唯风逆则倒退尔。谓之使三面风。逆风尚可用碇石不行。广帅以五月祈风于丰降神。

甲令。海舶大者数百人。小者百余人。以巨商为纲首。副纲首。杂事。市舶司给朱记。许用笞治其徒。有死亡者籍其财。商人言船大人众则敢往。海外多盗贼。且掠非诣其国者。如诣占城。或失路误入真腊。则尽没其舶货。缚北人卖之。云。尔本不来此间。外国虽无商税。而诛求。谓之献送。不论货物多寡。一例责之。故不利小舶也。舶船深阔各数十丈。商人分占贮货。人得数尺许。下以贮物。夜卧其上。货多陶器。大小相套。无少隙地。海中不畏风涛。唯惧靠阁。谓之凑浅。则不复可脱。船忽发漏。既不可入治。令鬼奴持刀絮自外补之。鬼奴善游。入水不瞑。舟师识地理。夜则观星。昼则观日。阴晦观指南针。或以十丈绳钩。取海底泥嗅之。便知所至。海中无雨。凡有雨则近山矣。商人言舶船遇无风时。海水如鉴。舟人捕鱼。用大钩如臂。缚一鸡鹜为饵。使大鱼吞之。随其行半日方困。稍近之。又半日。方可取。忽遇风。则弃。或取得大鱼不可食。剖腹求所吞小鱼可食。一腹不下数十枚。枚数十斤。海大鱼每随船上下。凡投物无不啖。舟人病者忌死于舟中。往往气未绝便卷以重席。投水中。欲其遽沉。用数瓦罐贮水缚席间。才投入。群鱼并席吞去。竟不少沉。有锯鲨长百十丈。鼻骨如锯。遇舶船。横截断之如拉朽尔。舶行海中。忽远视枯木山积。舟师疑此处旧无山。则蛟龙也。乃断发取鱼鳞骨同焚。稍稍投水中。凡此皆危急。多不得脱。商人重番僧。云度海危难祷之。则见于空中。无不获济。至广州饭僧设供。谓之罗汉斋。

北人过海外。是岁不还者。谓之住蕃。诸国人至广州。是岁不归者。谓之住唐。广人举债总一倍。

---

① 〔宋〕朱彧撰。

约舶过回偿。住蕃虽十年不归。息亦不增。富者乘时畜缯帛陶货。加其直与求债者。计息何啻倍蓰。广州官司受理。有利债负。亦市舶使专敕。欲其流通也。

广州蕃坊。海外诸国人聚居。置蕃长一人。管勾蕃坊公事。专切招邀蕃商人贡。用蕃官为之。巾袍履笏如华人。蕃人有罪。诣广州鞫实。送蕃坊行遣。缚之木梯上。以藤杖挞之。自踵至顶。每藤杖三下折大杖一下。盖蕃人不衣裈裤。喜地坐。以杖臂为苦。反不畏杖脊。徒以上罪广州决断。蕃人衣装与华异。饮食与华同。或云其先波巡尝事瞿昙氏。受戒勿食猪肉。至今蕃人但不食猪肉而已。又曰汝必欲食。当自杀自食。意谓使其割己肉自啖。至今蕃人非刃六畜则不食。若鱼鳖则不问生死皆食。其人手指皆带宝石。嵌以金锡。视其贫富。谓之指环子。交址人尤重之。一环直百金。最上者号猫儿眼睛。乃玉石也。光焰动灼。正如活者。究之无他异。不知佩袭之意如何。有摩娑石者。辟药虫毒。以为指环。遇毒则吮之立愈。此固可以卫生。

海南诸国。各有酋长。三佛齐最号大国。有文书。善算。商人云。日月蚀亦预知其时。但华人不晓其书尔。地多檀香。乳香。以为华货。三佛齐舶赍乳香至中国。所在市舶司以香系榷货。抽分之外。尽官市。近岁三佛齐国亦榷檀香。令商就其国主售之。直增数倍。蕃民莫敢私鬻。其政亦有术也。是国正在海南。西至大食尚远。华人诣大食。至三佛齐修船。转易货物。远贾幅凑。故号最盛。

广中富人。多畜鬼奴。绝有力。可负数百斤。言语嗜欲不通。性淳不逃徙。亦谓之野人。色黑如墨。唇红齿白。发鬈而黄。有牝牡。生海外诸山中。食生物。采得时与火食饲之。累日洞泄。谓之换肠。缘此或病死。若不死。即可蓄。久蓄能晓人言。而自不能言。有一种近海野人。入水眼不贬。谓之昆仑奴。

乐府有菩萨蛮。不知何物。在广中见呼蕃妇为菩萨蛮。因识之。

广州蕃坊。见蕃人赌象棋。并无车马之制。只以象牙。犀角。沉檀香数块。于棋局上两两相移。亦自有节度胜败。予以戏事。未尝问也。

余在广州。尝因犒设。蕃人大集府中。蕃长引一三佛齐人来。云善诵孔雀明王经。余思佛书所谓真言者。殊不可晓。意其传讹。喜得为证。因令诵之。其人以两手向背。倚柱而呼。声正如瓶中倾沸汤。更无一声似世传孔雀真言者。余曰其书已经重译。宜其不同。但流俗以此书荐亡者。不知中国鬼神如何晓会。

元佑间。广州蕃坊刘姓人娶宗女。官至左班殿直。刘死。宗女无子。其家争分财产。遣人挝登闻院鼓。朝廷方悟宗女嫁夷部。因禁止。三代须一代有官。乃得取宗女。

京师置都亭驿待辽人。都亭西驿待夏人。同文馆待高丽。怀远驿待南蛮。元丰待高丽人最厚。沿路亭传皆名高丽亭。高丽人泛海而明州。则由二浙溯汴至都下。谓之南路。或至密州。则由京东陆行至京师。谓之东路。二路亭传一新。常由南路。未有由东路者。高丽人便于舟楫。多赍辎重故尔。

高句骊。古箕子之国。虽夷人能文。先公守润。得其使先状云。远离桑域。近次蔗封. 盖取食蔗渐入佳境之义。崇宁中。遣使贺天宁节。表有良月就盈之句。盖谓十月十日。其属辞如此。

高丽人尝在常州。买民间养鸽放之。鸽识家飞去。常人唯恐不售。使还。又托生辰买鸽放生。人家争出鸽。既售。即笼入舟中。去更数日。方生辰。遂载行。反以为得计。

东海神庙在莱州府东门外十五里。下瞰海咫尺。东望芙蓉岛。水约四十里。岛之西水色白。东则色碧。与天接.岛上有神庙。一茅屋。渔者至彼则还。屋中有米数斛。凡渔人阻风。则宿岛上。取米以为粮。得归。便载米偿之。不敢欺一粒。稍北与北蕃界相望。渔人云。天晴时夜见北人举火。度之亦不甚远。一在蓬莱阁西。后枕溟海。

刘鋹好治宫室。欲购怪石。乃令国中以石赎罪。富人犯法者。航海于二浙买石输之。今城西故苑药洲有九石。皆高数丈。号九曜石。

山海经[①]

卷九·海外东经

大人国在其北为人大坐而削船一曰在蹉丘北

卷十·海内南经

瓯居海中【今临海司宁县即东瓯在岐海中也音呕】闽在海中【音旻】其西北有山【闽越即西瓯今建安郡是也亦在岐海中】一曰闽中山在海中

卷十二·海内北经

列姑射在海河洲中【山名也山有神人河洲在海中河水所经者庄子所谓藐姑射之山也】

姑射国在海中属列姑射西南山环之大蟹在海中【盖千里之蟹也】

明组【音祖】邑居海中

蓬莱山在海中【上有仙人宫室皆以金玉为之鸟兽尽白望之如云在渤海中也】

大人之市在海中

卷十三·海内东经

都州在海中一曰郁州【今在东海朐县界世传此山自苍梧从南徙来上皆有南方物也郁音鬱】

琅琊台在渤海间琅琊之东【今琅琊在海边有山嶕峣特起状如高台此即琅琊台也琅琊者越王勾践入霸中国之所都】其北有山一曰在海间

会稽在大楚南岷三江首

卷十四·大荒东经

东海之外大荒之中有山名曰大言日月所出有波谷山者有大人之国【晋永嘉二年有鶖鸟集于始安县南廿里之鶖陂中民周虎张得之木矢贯之铁镞其长六尺有半以箭计之其射者人身应长一丈五六尺也又平州别驾高会语云倭国人尝行遭风吹度大海外见一国人皆长丈余形状似胡盖是长翟别种箭殆将从此国来也外传曰焦侥人长三尺短之至也长者不过十丈数之极也按河图玉版曰从昆仑以北九万里得龙伯国人长三十丈生万八千歲而死从昆仑以东得大秦人长十丈皆衣帛从此以东十万里得佻人国长三十丈五尺从此以东十万里得中秦国人长一丈谷梁传曰长翟身横九亩载其头眉见于轼即长数丈人也秦时大人见临洮身长五丈脚迹六尺準斯以言则此大人之长短未可得限度也】

① 〔晋〕郭璞撰。

有大人之市名曰大人之堂【亦山名形状如堂室耳大人时集会其上作市肆也】

东海之渚中【音岛】有神人面鸟身珥两黄蛇践两黄蛇【以蛇贯耳】名曰禺虢黄帝生禺虢禺虢生禺京【即禺疆也】禺京处北海禺虢处东海是惟海神【言分治一海而为神也虢一本作号】

卷十五·大荒南经

有国曰颛顼……有人名曰张弘在海上捕鱼海中有张弘之国【或曰即奇肱人疑非】食鱼使四鸟有人焉鸟喙有翼方捕鱼于海

卷十八·海内经

东海之内北海之隅有国名曰朝鲜天毒其人水居【朝鲜今乐浪郡也天毒即天竺国贵道德有文书金银钱货浮屠出此国中也晋大兴四年天竺胡王献珍宝】偎人爱之【偎亦爱也音隐隈反】

海内十洲记[1]

祖洲在东海
瀛洲在东海
玄洲在北海
炎洲在南海
长洲在南海
元洲在北海
流洲在西海
生洲在东海
凤麟洲在西海
聚窟洲在西海

汉武帝既闻王母说八方巨海之中有祖洲瀛洲玄洲炎洲长洲元洲流洲生洲凤麟洲聚窟洲有此十洲乃人迹所稀绝处

祖洲近在东海之中地方五百里去西岸七万里上有不死之草草形如菰苗长三四尺人已死三日者以草覆之皆当时活也服之令人长生昔秦始皇大苑中多枉死者横道有鸟如乌状衔此草覆死人面当时起坐而自活也有司闻奏始皇遣使者赍草以问北郭鬼谷先生鬼谷先生云此草是东海祖洲上有不死之草生琼田中或名为养神芝其叶似菰苗丛生一株可活一人始皇于是慨然言曰可采得否乃使使者徐福发童男童女五百人率摄楼船等入海寻祖洲遂不返福道士也字君房后亦得道云

瀛洲在东海中地方四千里大抵是对会稽去西岸七十万里

玄洲在北海之中戌亥之地方七千二百里去南岸三十六万里

炎洲在南海中地方二千里去北岸九万里

长洲一名青丘在南海辰巳之地地方各五千里去岸二十五万里

元洲在北海中地方三千里去南岸十万里

流洲在西海中地方三千里去东岸十九万里

生洲在东海丑寅之间接蓬莱十七万里地方二千五百里去西岸二十三万里

凤麟洲在西海之中央地方一千五百里洲四面有弱水绕之鸿毛不浮不可越也……如此胶之所出从鳳麟

---

① 旧本题汉东方朔撰。

洲来剑之所出必从流洲来并是西海中所有也

聚窟洲在西海中申未之地地方三千里北接昆仑二二十六万里去东岸二十四万里

沧海岛在北海中地方三千里去岸二十一万里海四面绕岛各广五千里水皆苍色仙人谓之沧海也

方丈洲在东海中心西南东北岸正等方丈方面各五千里……泉上有九源丈人宫主领天下水神及龙蛇巨鲸阴精水兽之辈

扶桑在东海之东岸岸直陆行登岸一万里东复有碧海海广狭浩汗与东海等水既不咸苦正作碧色甘香味美扶桑在碧海之中地方万里

蓬丘蓬莱山是也对东海之东北岸周回五千里外别有圆海绕山圆海水正黑而谓之冥海也无风而洪波百丈不可得往来上有九老丈人九天眞王宫盖太上眞人所居唯飞仙有能到其处耳

昆仑号曰昆崚在西海之戌地北海之亥地去岸十三万里

搜神记[1]

卷四

宋时弘农冯夷华阴潼乡堤首人也以八月上庚日渡河溺死天帝署为河伯又五行书曰河伯以庚辰日死不可治船远行溺没不返

南州人有遣吏献犀簪于孙权者舟过宫亭庙而乞灵焉神忽下教曰须汝犀簪吏惶遽不敢应俄而犀簪已前列矣神复下教曰俟汝至石头城返汝簪吏不得已遂行自分失簪且得死罪比达石头忽有大鲤鱼长三尺跃入舟剖之得簪

卷十

会稽谢奉与永嘉太守郭伯猷善谢忽梦郭与人于浙江上争樗蒱钱因为水神所责堕水而死已

① 〔晋〕干宝撰。

太平广记[①]

卷四·神仙四·鬼谷先生

秦皇时大宛中多枉死者横道有鸟衔草以覆死人面遂活有司上闻始皇遣使赍草以问先生先生曰巨海之中有十洲曰祖洲瀛洲玄洲炎洲长洲元洲流洲光生洲凤麟洲聚窟洲此草是祖洲不死草也生在琼田中亦名養神芝其叶似菇不丛生一株可活千人耳【出仙传拾遗】

卷四·神仙四·徐福

徐福字君房不知何许人也秦始皇时大宛中多枉死者横道数有乌衔草覆死人面皆登时活有司奏闻始皇始皇使使者赍此草以问北郭鬼谷先生云是东海中祖洲上不死之草生琼田中一名养神芝其叶似菇不丛生一株可活千人始皇于是谓可索得因遣福及童男童女各三千人乘楼船入海寻祖洲不返后不知所之逮沈羲得道黄老遣福为使者乘白虎车度世君司马生乘龙车侍郎薄延之乘白鹿车俱来迎羲而去由是后人知福得道矣又唐开元中有士人患半身枯黑御医张尚容等不能知其人聚族言曰形体如是宁可久耶闻大海中有神仙正当求仙方可愈此疾宗族留之不可因与侍者赍粮至登州大海侧遇空舟乃赍所携挂帆随风可行十余日近一孤岛岛上有数百人如朝谒状须臾至岸岸侧有妇人洗药因问彼皆何者妇人指云中心床坐须鬓白者徐君也又问徐君是谁妇人云君知秦始皇时徐福耶曰知之此则是也顷之众各散去某遂登岸致谒具语始末求其医理徐君曰汝之疾遇我即生初以美饭哺之器物皆奇小某嫌其薄君云能尽此为再餐也但恐不尽尔某连啖之如数瓯物致饱而饮亦以一小器盛酒饮之致醉翌日以黑药数丸令食食讫痢黑汁数升其疾乃愈某求住奉事徐君云尔有禄位未宜即留当以东风相送无愁归路遥也复与黄药一袋云此药善治一切病还遇病者可以刀圭饮之某还数日至登州以药奏闻时玄宗令有疾者服之皆愈【出仙传拾遗及广异记】

卷四·神仙四·王母使者

汉武帝天汉三年帝巡东海祠恒山王母遣使献灵胶四两吉光毛裘武帝以付外库不知胶裘二物之妙也以为西国虽远而贡者不奇使者未遣之帝幸华林苑射虎兕弩弦断使者时随驾因上言请以胶一分以口濡其胶以续弩弦帝惊曰此异物也乃使武士数人对牵引之终日不脱胜未续时也胶青色如碧玉吉光毛裘黄白盖神马之类裘入水终日不沈入火不焦帝悟厚赂使者而遣去集弦胶出自凤麟洲洲在西海中地面正方皆一千五百里四面皆弱水繞之上多凤麟数万为群煮凤喙及麟角合煎作胶名之集弦胶一名连金泥弓弩已断之弦刀剑已断之鐵以胶连续终不脱也【出仙传拾遗】

卷十四·神仙十四·许真君

许真君名逊字敬之本汝南人也祖琰父肃世慕至道东晋尚书郎迈散骑常侍护军长史穆皆真君之族子也真君弱冠师大洞君吴猛传三清法要乡举孝廉拜蜀旌阳令寻以晋室棼乱弃官东归因与吴君同游江左会王敦作乱真君乃假为符竹求谒于敦盖将欲止敦之暴以存晋室也一日真君与郭璞同候于敦敦蓄怒以见之谓真君曰孤昨得一梦拟请先生圆之可乎真君曰请大将军具述敦曰孤梦将一木上破其天孤禅帝位果十全乎许君曰此梦固非得吉敦曰请问其说吴君曰木上破天是未字也明公未可妄动晋祚固未衰耳王敦怒因令郭璞筮之卦成景纯曰无成又问其寿璞曰明公若起事祸将不久若住武昌寿不可测敦大怒又问曰卿寿几何璞曰余寿尽今

① 〔宋〕李昉等编。

日敦怒令武士执璞出将赴刑焉是时真君方与敦饮酒许君掷杯梁上飞遶梁间敦等举目看杯许君坐中隐身于是南出晋关抵庐江口因召船师载往钟陵是时船师曰我虽有此船且无人力乘驾无由载君真君曰汝但以船载我我当自与行船仍谓船师曰汝宜入船闭门深隐若闻船行疾速不得辄有潜窥于是腾舟离水凌空入云真君谈论端坐顷刻之间已抵庐山金阙洞之西北紫霄峰顶真君意欲暂过洞中龙行既抵其船拽拨林木戛刺响骇其声异常舟师不免偷目潜窥真龙知人见之峰顶委舟而去真君谓船师曰汝违吾教惊触真龙委弃此船万仞峰顶吾缘贪与众真除荡妖害暂须离此游涉江湖汝既失船徒返人世汝可隐此紫霄峰上游览匡庐示之以服饵灵草之门指之以遁迹地仙之术由是舟师之船底遗迹尚存……【出神仙传】

卷十八·神仙十八·元藏几

处士元藏几自言后魏清河孝王之孙也隋炀帝时官任奉信郎大业九年为过海使判官无何风浪坏船黑雾四合同济者皆不免而藏几独为破木所载殆经半月忽达于洲岛间洲人问其从来则瞀然具以事告洲人曰此沧洲去中国已数万里乃出菖蒲花桃花酒饮之而神气清爽其洲方千里花木常如二月地土宜五谷人多不死出凤凰孔雀灵牛神马之属更产分蒂瓜长二尺其色如椹二颗二蒂有碧枣丹栗皆大如梨其洲人多衣缝掖衣戴远游冠与之话中国事则历历如在目前所居或金阙银台玉楼紫阁奏箫韶之乐饮香露之醑洲上有久视之山山下出澄水泉其泉阔一百步亦谓之流渠虽投之金石终不沉没故洲人以瓦铁为船舫更有金池方十数里水石泥沙皆如金色其中有四足鱼【今刑部卢员外寻云金义岭有池如盆其中有鱼皆四足】又有金莲花洲人研之如泥以间彩绘光辉焕烂与真无异但不能拒火而已更有金茎花如蝶每微风至则摇荡如飞妇人竞采之以为首饰且有语曰不戴金茎花不得在仙家更以强木造船其上多饰珠玉以为游戏强木不沈木也方一尺重八百斤巨石缒之终不没藏几淹留既久忽念中国洲人遂制凌风舸以送焉激水如箭不旬即达于东莱问其国乃皇唐也询其年号即贞元也访其乡里榛芜也追其子孙疏属也有隋大业元年至贞元年末已二百年矣有二鸟大类黄鹂每翔翥空中藏几呼之即至或令衔珠或令受人语乃谓之转言鸟出沧洲也藏几工诗好酒混俗无拘检十数年间遍游江表人莫之知而赵归真常与藏几弟子九华道士叶通微相遇求得其实归真以藏几之异备奏上上令谒者赍手诏急征及至中路忽然亡去谒者惶恐即上疏具言其故上览疏咨嗟曰朕不如明皇帝以降异人后有人见藏几泛小舟于海上至今江表道流大传其事焉【出杜阳杂编】

卷十九·神仙十九·韩滉

唐宰相韩滉廉问浙西颇强悍自负常有不轨之志一旦有商客李顺泊船于京口堰下夜深碇断漂船不知所止及明泊一山下风波稍定上岸寻求微有鸟径行五六里见一人乌巾岸帻古服与常有异相引登山诣一宫阙台阁华丽迨非人间入门数重庭除甚广望殿遥拜有人自帘中出语之曰欲寓金陵韩公一书无讶相劳也则出书一函拜而受之赞者引出门送至舟所因问赞者曰此为何处也恐韩公诘问又是何人致书荅曰此东海广桑山也是鲁国宣父仲尼得道为真官理于此山韩公即仲由也性强自恃夫子恐其掇刑网致书以谕之言讫别去李顺却还舟中有一使者戒舟中人曰安坐勿惊惧不得顾船外逡巡则达旧所若违此戒必致倾覆舟中人皆如其言不敢顾视舟行如飞顷之复在京口堰下不知所行几千万里也既而诣衙投所得之书韩公发函视之古文九字皆科斗之书了不可识诘问其由深以为异拘絷李顺以为妖妄欲加严刑复博访能篆籀之人数辈皆不能辨有一客庞眉古服自诣宾位言善识古文韩公见以书示之客捧书于顶再拜贺曰此孔宣父之书乃夏禹科斗文也文曰告韩滉谨臣节勿妄动公异礼加敬客出门不知所止韩惨然默坐良久了然自忆广桑之事以为非远厚礼遣谢李顺自是恭默谦谨克保终始焉【出神仙感遇传】

卷二十一·神仙二十一·司马承祯

又蜀女真谢自然泛海将诣蓬莱求师船为风飘到一山见道人指言天台山司马承祯名在丹台身居赤城此真良师也蓬莱隔弱水三十万里非舟楫可行非飞仙无以到自然乃回求承祯受度后白日上升而去……【出续

仙传】

卷二十三·神仙二十三·冯俊

唐贞元初广陵人冯俊以佣工资生多力而愚直故易售常遇一道士于市买药置一囊重百余斤募能独负者当倍酬其直俊乃请行至六合约酬一千文至彼取资俊乃归告其妻而后从之道士云从我行不必直至六合今欲从水路往彼得舟且随我舟行亦不减汝直俊从之遂入小舟舟人与俊并道士共载出江口数里道士曰无风上水不可至吾施小术令二人皆伏舟中道士独在船上引帆持檝二人在舟中闻风浪声度其船如在空中惧不敢动数食顷遂令开船召出至一处平湖渺然前对山岭重迭舟人久之方悟乃是南湖庐山下星子湾也道士上岸令俊负药船人即付船价舟人敬惧不受道士曰知汝是浔阳人要当时至以此便相假岂为辞耶舟人遂拜受之而去实江州人也……【出原化记】

卷二十五·神仙二十五·元柳二公

元和初有元彻柳实者居于衡山二公俱有从父为官浙右李庶人连累各窜于驩爱州二公共结行李而往省焉至于廉州合浦县登舟而欲越海将抵交趾舣舟于合浦岸夜有村人飨神箫鼓喧哗舟人与二公仆吏齐往看焉夜将午俄飓风欻起断缆漂舟入于大海莫知所适罥长鲸之鬐抢巨鳌之背浪浮雪峤日涌火轮触蛟室而梭停撞蜃楼而瓦解摆簸数四几欲倾沉然后抵孤岛而风止二公愁闷而陟焉见天王尊像莹然于岭所有金炉香烬而别无一物二公周览之次忽睹海面上有巨兽出首四顾若有察听牙森剑戟目闪电光良久而没逡巡复有紫云自海面涌出漫衍数百步中有五色大芙蓉高百余尺叶叶而绽内有帐幄若绣绮错杂耀夺人眼又见虹桥忽展直抵于岛上俄有双鬟侍女捧玉合持金炉自莲叶而来天尊所易其残烬炷以异香二公见之前告叩头辞理哀酸求返人世双鬟不答二公请益良久女曰子是何人而遽至此二公具以实白之女曰少顷有玉虚尊师当降此岛与南溟夫人会约子但坚请之将有所遂言讫有道士乘白鹿驭彩霞直降于岛上二公并拜而泣告尊师悯之曰子可随此女而谒南溟夫人当有归期可无碍矣……【出续仙传】

卷二十六·神仙二十六·叶法善

又一说云显庆中法善奉命修黄箓斋于天台山道由广陵明晨将济瓜州是日江干渡人舣舟而候时方春暮浦溆晴暖忽有黄白二叟相谓曰乘间可以围碁为适乎即向空召冥儿俄有丱童擘波而出衣无沾湿一叟曰挈棋局与席偕来须臾丱童如命设席沙上对坐约曰赌胜者食明日北来道士因大笑而下子良久白衣叟曰卿北矣幸无以味美见侵也旷望逡巡徐步凌波远远而没舟人知其将害法善也惶惑不宁及旦则有内官驰马前至督备舟檝舟人则以昨日之所见具列焉内官惊骇不悦法善寻续而来内官复以舟人之辞以启法善法善微哂曰有是乎幸无挂意时法善符术神验贤愚共知然内官洎舟人从行之辈忧轸靡遑法善知之而促解缆发岸咫尺而暴风狂浪天日昏晦舟中之人相顾失色法善徐谓侍者曰取我黑符投之鹢首既投而波流静谧有顷既济法善顾舟人曰尔可广召宗侣沿流十里之间或芦洲葭渚有巨鳞在焉尔可取之当大获其资矣舟人承教不数里果有白鱼长百尺许周三十余围僵暴沙上就而视脑有穴嵌然流膏舟人因脔割载归左近村闾食鱼累月【出集异记及仙传拾遗】

卷二十七·神仙二十七·唐若山

唐若山鲁郡人也唐先天中历官尚书郎连典剧郡开元中出为润州颇有惠政远近称之若山尝好长生之道弟若水为衡岳道士得胎元谷神之要尝征入内殿寻恳求归山诏许之若山素好方术所至之处必会炉鼎之客虽术用无取者皆礼而接之家财迨尽俸禄所入未尝有余金石所费不知纪极晚岁尤笃志焉润之府库官钱亦以市药宾佐骨肉每加切谏若山俱不听纳一日有老叟形容羸瘠状貌枯槁诣款谒自言有长生之道见者皆笑其衰迈若山见之尽礼加敬留止月余所论皆非丹石之要若山博采方诀歌诵图记无不研究问叟所长皆蔑如也复好肥

鲜美酒珍馔品膳虽瘦削老叟而所食敌三四人若山敬奉承事曾无倦色一夕从容谓若山曰君家百口所给常若不足贵为方伯力尚多缺一旦居闲何以为赡况帑藏钱帛颇有侵用诚为君忧之若山惊曰某理此且久将有交代亦常为忧而计无所出若缘此受谴固所甘心但虑一家有冻馁之苦耳叟曰无多虑也促命酒连举数杯若山饮酒素少是日亦挹三四爵殊不觉醉心甚异之是夜月甚明朗徐步庭下良久谓若山曰可命一仆运铛釜铁器辈数事于药室间使仆布席垒炉曰鼎铛之属为二聚炽炭加之烘然如窑不可向视叟于腰间解小瓠出二丹丸各投其一阖扉而出谓若山曰子有道骨法当度世加以笃尚正直性无忿恚仙家尤重此行吾太上真人也游观人间以度有心之士悯子勤志故来相度耳吾所化黄白之物一以留遗子孙旁济贫乏一以支纳帑藏无贻后忧便可命棹游江为去世之计翌日相待于中流也言讫失其所在若山凌晨开阅所化之物烂然照屋复扃闭之即与宾客三五人整棹浮江将游金山寺既及中流江雾晦冥咫尺不辨若山独见老叟棹渔舟直抵舫侧揖若山入渔舟中超然而去久之风波稍定昏雾开霁已失若山矣郡中几案间得若山诀别之书指挥家事又得遗表因以奏闻其大旨以世禄暂荣浮生难保惟登真脱屣可以后天为期昔范丞相泛舟五湖是知其主不堪同乐也张留侯去师四皓是畏其主不可久存也二子之去与臣不同臣运属休明累叨荣爵早悟升沉之理深知止足之规栖心玄关偶得丹诀黄金可作信淮王之昔言白日可延察真经之妙用既得之矣余复何求是用挥手红尘腾神碧海扶桑在望蓬岛非遥遐瞻帝阍不胜犬马恋主之至唐玄宗省表异之遽命优恤其家促召唐若水与内臣赍诏于江表海滨寻访杳无音尘矣其后二十年有若山旧吏自浙西奉使淮南于鱼市中见若山鬻鱼于肆混同常人睨其吏而延之入陋巷中萦回数百步乃及华第止吏与食哀其久贫命市铁二十梃明日复与相遇已化金矣尽以遗之吏姓刘今刘子孙世居金陵亦有修道者又相国李绅字公垂常习业于华山山斋粮尽徒步出谷求粮于远方迨暮方还忽暴雨至避于巨岩之下雨之所沾若浼焉既及岩下见一道士舣舟于石上一村童拥楫而立与之揖道士笑曰公垂在此耶言语若深交而素未相识因问绅曰颇知唐若山乎对曰常览国史见若山得道之事每景仰焉道士曰余即若山也将游蓬莱偶值江雾维舟于此与公垂曩昔之分得暂相遇讵忘之耶乃携绅登舟江雾已霁山峰如昼月光皎然其舟凌空泛泛而行俄顷已达蓬岛金楼玉堂森列天表神仙数人皆旧友也将留连之中有一人曰公垂方欲佐国理务数毕乃还耳绅亦务经济之志未欲栖止众仙复命若山送归华山后果入相连秉旌钺去世之后亦将复登仙品矣【出仙传拾遗】

卷三十四·神仙三十四·崔炜

俄闻蒲涧寺钟声遂抵寺僧人以早糜见饷遂归广州崔子先有舍税居至日往舍询之曰已三年矣主人谓崔炜曰子何所适而三秋不返炜不实告开其户尘榻俨然颇怀凄怆问刺史则徐绅果死而赵昌替矣乃抵波斯邸潜鬻是珠有老胡人一见遂匍匐礼手曰郎君的入南越王赵佗墓中来不然者不合得斯宝盖赵佗以珠为殉故也崔子乃具实告方知皇帝是赵佗佗亦曾称南越武帝故耳遂具十万缗易之崔子诘胡人曰何以辨之曰我大食国宝阳燧珠也昔汉初赵佗使异人梯山航海盗归番禺今仅千载矣我国有能玄象者言来岁国宝当归故我王召我具大舶重资抵番禺而搜索今日果有所获矣遂出玉液而洗之光鉴一室胡人遽泛舶归大食去炜得金遂具家产然访羊城使者竟无影响【出传奇】

卷三十九·神仙三十九·慈心仙人

唐广德二年临海县贼袁晁寇永嘉其船遇风东漂数千里遥望一山青翠森然有城壁五色照曜回舵就泊见精舍琉璃为瓦玳瑁为墙既入房廊寂不见人房中唯有胡猱子二十余枚器物悉是黄金无诸杂类又有衾茵亦甚炳焕多是异蜀重锦又有金城一所余碎金成堆不可胜数贼等观不见人乃竞取物忽见妇人从金城出可长六尺身衣锦绣上服紫绡裙谓贼曰汝非袁晁党耶何得至此此器物须尔何与辄敢取之向见猱子汝谓此为狗乎非也是龙耳汝等所将之物吾诚不惜但恐诸龙蓄怒前引汝船死在须臾耳宜速还之贼等列拜各送物归本处因问此是何处妇人曰此是镜湖山慈心仙人修道处汝等无故与袁晁作贼不出十日当有大祸宜深慎之贼党因乞便风还海岸妇人回头处分寻而风起群贼拜别因便扬帆数日至临海船上沙途不得下为官军格死唯妇人六七人获

存浙东押衙谢诠之配得一婢名曲叶亲说其事【出广异记】

卷四十四·神仙四十四·萧洞玄

至贞元中洞玄自浙东抵扬州至庱亭埭维舟于逆旅主人于时舳舻万艘隘于河次堰开争路上下众船相轧者移时舟人尽力挤之见一人船顿蹙其右臂且折观者为之寒栗其人颜色不变亦无呻吟之声徐归船中饮食自若……【出河东记】

卷四十六·神仙四十六·白幽求

白幽求唐贞元十一年秀才白幽求频年下第其年失志后乃从新罗王子过海于大谢公岛夜遭风与徒侣数十人为风所飘南驰两日两夜不知几千万里风稍定徐行见有山林乃整棹望之及前到山高万仞南面半腹有城壁台阁门宇甚壮丽维舟而升至城一二里皆龙虎列坐于道两边见幽求乃耽耽而视幽求幽求进路甚恐惧欲求从者失声彷徨次于大树枝为风相磨如人言诵诗声幽求谛听之乃曰玉幢亘碧虚此乃真人居徘徊仍未进邪省犹难除幽求犹疑未敢前俄有朱衣人自城门而出传敕曰西岳真君来游诸龙虎皆俯伏曰未到幽求因趋走前见朱衣人不顾而入幽求进退不得左右诸龙虎时时目幽求盘旋次门中数十人出龙虎奔走人皆乘之下山幽求亦随之至维舟处诸骑龙虎人皆履海面而行须臾没于远碧中幽求未知所适舟中具馔次忽见从西旗节队伍仅千人鸾鹤青鸟飞引于路骑龙控虎乘龟乘鱼有乘朱须马人衣紫云日月衣上张翠盖如风而至幽求但俯伏而已乃入城门幽求又随觇之诸龙虎等依前列位与树木花药鸟雀等皆应节盘回如舞幽求身亦不觉足之蹈之食顷朱衣人持一牒出谓龙虎曰使水府真君龙虎未前朱衣人乃顾幽求授牒幽求未知所适朱衣曰使水府以手指之幽求随指而身如乘风下山入海底虽入水而不知为水朦胧如日中行亦有树木花卉触之珊珊然有声须臾至一城宫室甚伟门人惊顾俯伏于路俄而有数十人皆龙头鳞身执旗杖引幽求入水府真君于殿下北面授符牒拜起乃出门已有龙虎骑从俨然遂行瞬息到旧所幽求至门又不敢入虽未食亦不觉馁少顷有觅水府使者幽求应唯而入殿前拜引于西廊下接诸使下坐饭食非人间之味徐问诸使中此何处也对曰诸真君游春台也主人是东岳真君春夏秋冬各有位各在诸方主人亦各随地分也其殿东廊下列玉女数百人奏乐白鹤孔雀皆举翅动足更应弦歌日晚乃出殿于山东西为迎月殿又有一宫观望日至申时明月出矣诸真君各为迎月诗其一真君诗曰日落烟水黯骊珠色岂昏寒光射万里霜缟遍千门又一真君诗曰玉魄东方开嫦娥逐影来洗心兼涤目光影游春台又一真君诗曰清波滔碧乌天藏黯黮连二仪不辨处忽吐清光圆又一真君诗曰乌沉海西岸蟾吐天东头忘下句其余诗并忘之矣赋诗罢一真君乃命夜戏须臾童儿玉女三十余人或坐空虚或行海面笙箫众乐更唱迭和有唱步虚歌者数十百辈幽求记其一焉词曰凤凰三十六碧天高太清元君夫人蹋云语冷风飒飒吹鹅笙至四更有绯衣人走入鞠躬屈膝白天欲曙唯而趋出诸君命驾各辞次日昨朱衣人屈膝言曰白幽求已充水府使有劳绩诸真君议曰便与游春台洒扫幽求恓惶拜乞却归故乡一真君曰卿在何处对曰在秦中又曰汝归乡何恋恋也幽求未答又曰使随吾来朱衣人指随西岳真君诸真君亦各下山并自有龙虎鸾凤朱须马龟鱼旛节羽旄等每真君有千余人履海面而行幽求亦操舟随西岳真君后自有便风迅速如电平明至一岛见真君上飞而去幽求舟为所限乃离舟上岛目送真君犹见旗节隐隐而渐没幽求方悔恨恸哭而迢遆上岛行乃望有人烟渐前就问云是明州又却喜归旧国幽求自是休粮常服茯苓好游山水多在五岳永绝宦情矣【出博异志】

卷四十七·神仙四十七·唐宪宗皇帝

唐宪宗好神仙不死之术元和五年内给事张惟则自新罗国回云于海中泊山岛间忽闻鸡犬鸣吠似有烟火遂乘月闲步约及一二里则见花木楼台殿阁金户银关其中有数公子戴章甫冠衣紫霞衣吟啸自若惟则知其异遂请谒公子曰汝何所从来惟则具言其故公子曰唐皇帝乃吾友也当汝旋去愿为传语俄而命一青衣捧出金龟印以授惟则乃置之于宝匣复谓惟则曰致意皇帝惟则遂持之还舟中回顾旧路悉无踪迹金龟印长五寸上负黄金玉印面方一寸八分其篆曰凤芝龙木受命无疆惟则至京师即具以事上进宪宗曰朕前生岂非仙人乎及览金

龟印叹异良久但不能谕其文耳因缄以紫泥玉锁置于帐内其后往往见五色光可长丈余是月寝殿前连理树上生灵芝二株宛如龙凤宪宗因叹曰凤芝龙木宁非此兆乎

时又有处士伊祁玄解缜发童颜气息香洁常乘一黄牝马才三尺高不啖刍粟但饮醇酎不施缰辔惟以青毡籍其背常游历青兖间若与人款曲话千百年事皆如目击帝知其异人遂令密诏入宫内馆于九华之室设紫茭之席饮龙膏之酒……玄解将还东海亟请于帝未许之遇宫中刻木作海上三山丝绘华丽间以珠玉帝元日与玄解观之帝指蓬莱曰若非上仙朕无由得及是境玄解笑曰三岛咫尺谁曰难及臣虽无能试为陛下一游以探物象妍丑即踊体于空中渐觉微小俄而入于金银阙内左侧连声呼之竟不复有所见帝追思叹恨近成羸疹因号其山为藏真岛每诘旦于岛前焚凤脑香以崇礼敬后旬日青州奏云玄解乘黄牝马过海矣

卷五十三·神仙五十三·金可记

金可记新罗人也宾贡进士性沉静好道不尚华侈或服气炼形自以为乐博学强记属文清丽美姿容举动言谈迥有中华之风俄擢第隐于终南山子午谷葺居怀隐逸之趣手植奇花异果极多常焚香静坐若有思念又诵道德及诸仙经不辍后三年思归本国航海而去复来衣道服却入终南

卷六十·女仙五·樊夫人

后至唐贞元中湘潭有一媪不云姓字但称湘媪……媪貌甚闲暇不喜人之多相识忽告乡人曰吾欲往洞庭救百余人性命谁有心为我设船一只一两日可同观之有里人张拱家富请具舟檝自驾而送之欲至洞庭前一日有大风涛蹙一巨舟没于君山岛上而碎载数十家近百余人然不至损未有舟檝来救各星居于岛上忽有一白鼍长丈余游于沙上数十人拦之挝杀分食其肉明日有城如雪围绕岛上人家莫能辨其城渐窄狭束岛上人忙怖号叫囊橐皆为齑粉束其人为簇其广不三数丈又不可攀援势已紧急岳阳之人亦遥睹雪城莫能晓也时媪舟已至岸媪遂登岛攘剑步罡噀水飞剑而刺之白城一声如霹雳城遂崩乃一大白鼍长十余丈蜿蜒而毙剑裂其胸遂救百余人之性命不然顷刻即拘束为血肉矣岛上之人咸号泣礼谢命拱之舟返湘潭拱不忍便去忽有道士与媪相遇曰樊姑尔许时何处来甚相慰悦拱诘之道士曰刘纲真君之妻樊夫人也后人方知媪即樊夫人也拱遂归湘潭后媪与逍遥一时返真【出女仙传】

卷八十一·异人一·梁四公

明年冬扶南大舶从西天竺国来卖碧玻璃镜面广一尺五寸重四十斤内外皎洁置五色物于其上向明视之不见其质问其价约钱百万贯文帝令有司算之倾府库偿之不足其商人言此色界天王有福乐事天澍大雨众宝如山纳之山藏取之难得以大兽肉投之藏中肉烂粘宝一鸟衔出即此宝焉举国不识无敢酬其价者以示杰公公曰上界之宝信矣昔波罗尼斯国王有大福得获二宝镜镜光所照大者三十里小者十里至玄孙福尽天火烧宫大镜光明能御灾火不至焚热小镜光微为火所害虽光彩昧暗尚能辟诸毒物方圆百步盖此镜也时王卖得金二千余斤遂入商人之手后王福薄失其大宝收夺此镜却入王宫此王十世孙失道国人将谋害之此镜又出当是大臣所得其应入于商贾其价千金倾竭府库不足也因命杰公与之论镜由是信伏更问此是瑞宝王令货卖即应大秦波罗奈国失罗国诸大国王大臣所取汝辈胡客何由得之必是盗窃至此耳胡客逡巡未对俄而其国遣使追访至梁云其镜为盗所窃果如其言……【出梁四公记】

卷八十二·异人二·陆法和

陆法和隐于江陵百里洲衣食居处与沙门同自号居士不至城郭容色常定人莫测也侯景始降于梁法和谓南郡朱元英曰贫道应共檀越击侯景为国立效元英问击之何也法和曰正自如此及景渡江法和时在清溪山元英往问之曰侯景今图城其事云何法和曰宜待熟时不撩自落檀越但待侯景熟何劳问也因问克不乃曰亦克亦不克景遣将任约众号五万伐湘东王于江陵兵将逼法和乃出诣湘东云自有兵书乞征任约召诸蛮弟子八百人

在江津二日便发王遣胡僧祐领千余人与之同行法和登舰大笑曰无量兵马江陵多神祠人俗常所祈祷自法和军出无复一验人以为诸神皆从行故也至赤沙湖与任约相对法和乘轻舟不介胄沿流而下去约军一里乃远谓将士曰观彼龙睡不动吾军之龙甚自踊跃即攻之纵火舫于前而逆风不便法和执白羽扇以麾风风势即反约众皆见梁兵步于水上于是大溃皆投水约逃窜不知所之

卷九十・异僧四・杯渡

杯渡者不知姓名常乘木杯渡水因而为号初在冀州不修细行神力卓越世莫测其由尝于北方寄宿一家家有一金像渡窃而将去家主觉而追之见渡徐行走马逐之不及至于孟津河浮木杯于水凭之渡河不假风棹轻疾如飞俄而渡岸达于京师见时可年四十许带索褴缕殆不蔽身言语出没喜怒不均或剖冰扣冻而洗浴或著履上山或徒行入市唯荷一芦圌子更无余物尝往延贤寺法意道人处意以别房待之后欲往瓜步江于江侧就航人告渡不肯载之复累足杯中顾眄言咏杯自然流直渡北岸向广陵遇村舍李家八关斋先不相识乃直入斋堂而坐置圌于中庭众以其形陋无恭敬之心李见芦圌当道欲移置墙边数人举不能动渡食竟提之而去笑曰四天王李家于时有一竖子窥其圌中有四小儿并长数寸面目端正衣裳鲜洁于是追觅不知所在后三日乃见在西界蒙龙树下坐李礼拜请还家日日供养渡不甚持斋饮酒啖肉至于辛脍与俗不殊百姓奉上或受不受沛国刘兴伯为兖州刺史遣使要之负圌而来兴伯使人举视十余人不胜伯自看唯见一败衲及一木杯后李家复得二十余日清旦忽云欲得一袈裟中时令办李即经营至中未成渡云蹔出至暝不返合境闻有异香疑之为怪处处觅渡乃见在北岩下敷败袈裟于地卧之而死头前脚后皆生莲华极鲜香一夕而萎邑共殡葬之后日有人从北来云见渡负芦圌行向彭城乃共开棺唯见败衣既至彭城遇有白衣黄欣深信佛法见渡礼拜请还家至贫但有麦饭而已渡食之怡然自得半年忽语欣云可觅芦圌三十六枚吾须用之答云此间止可有十枚贫无以买恐不尽办渡曰汝但检觅宅中应有欣即穷检果得三十六枚列之庭中虽有其数亦多破败命欣次第熟视皆已新完渡密封之因语欣令开乃见钱帛皆满可堪百许万识者谓杯渡分身他土所得嚫施回以施欣欣受之皆为功德经一年许渡辞出欣为办粮食明晨见粮食皆存不知渡所在经一月许复至京师时潮沟有朱文殊者少奉佛法渡多来其家文殊谓渡云弟子脱舍身没后愿见救济脱在好处愿为法侣渡不答文殊喜佛法默默已为许矣后东游入吴郡路见钓鱼师因就乞鱼鱼师施一餧者渡手弄反复还投水游活而去又见网师更从乞鱼网师瞋骂不与渡乃拾取两石子掷水中俄而有两水牛斗其网中网碎败不复见牛渡亦已隐行至松江乃仰盖于水中乘而渡岸经涉会稽剡县登天台山数月而反京师少时游止无定请召或往不往时南州有陈家颇有衣食渡往其家甚见迎奉闻都下复有一杯渡陈父子五人咸不信故下乡看之果于其家杯渡形相一种陈设一合蜜姜及刀子陆香等伺渡渡即食蜜姜都尽余物宛在膝前其父子五人恐是其家杯渡即留二弟停都守视余三人还家见杯渡如旧膝前亦有香刀子等但不噉蜜姜为异尔乃语陈云刀子钝可为磨之二弟还都云杯渡已移灵鹫寺其家忽求黄纸两幅作书不成字合同其背陈问上人作何券书渡不答竟莫测其然时吴部民朱灵期使高丽还值风舶飘经九日至一洲边洲上有山山甚高大入山采薪见有人于路灵期乃将数人随路告乞行十余里闻磬声香烟于是共称佛礼拜须臾见一寺甚光丽多是七宝庄严又见十余石人乃共礼拜还反行少许闻唱道声还往更看犹是石人灵期等相谓此是圣僧吾等罪人不能得见因共竭诚懺悔更往乃见真人为期等设食食味是菜而香美不同众食竟共叩头礼拜乞速还至乡有一僧云此间去都乃二十余万里但令至心不忧不速也因问期云识杯渡道人不答言甚识因指北壁有一壶挂锡杖及钵云此是杯渡住处今因君以钵与之并作书著函中别有一青竹杖谓期言但掷此杖置舫前水中闭目静坐不假劳力必令速至于是辞别令一沙弥送至门上语曰此道去行七里至船不须从先路去也如言西转行七里许至船即具如所示唯闻舫从山顶树木上过都不见水经三日至石头淮而住亦不复见竹杖所在舫入淮至朱雀乃见杯渡骑大航栏以捶捶之曰马何不行观者甚多灵期等在舫遥礼之渡乃自下舫取书并钵开书视之字无人识者渡大笑曰使我还耶取钵掷云中还接之曰我不见此钵四千年矣渡多在延贤寺法意处时世以此钵异物竞往观之一说云灵期舫漂至一穷山遇见一僧来云是渡弟子昔持师钵而死冶城寺今因君以钵还师但令一人擎钵舫前自安稳至也期如所教果获全济至南州杯渡期当骑兰之日尔日早出至晚不还陈氏明但见门扇上有青书六字云福径门灵人降字劲可识其家杯渡遂绝迹矣都下杯渡往来山邑多行神呪时庾常婢偷物而叛四追不擒乃问渡云已

死在城江边空冢中往看果如所言孔宁子时以黄门侍郎在家患痢遣信请渡呪竟云难差见有四鬼皆被伤截宁子泣曰昔孙恩作乱家为军人所破二亲及叔皆被痛酷宁子果死又有齐谐妻胡母氏病众治不愈被请僧设斋坐有僧劝迎杯渡渡既至一呪病者即愈齐谐伏事为师因为作传记其从来神异不可备记元嘉三年九月辞谐入东留一万钱物寄谐请为营斋于是别去行至赤山湖患痢而死谐即为营斋并接尸还葬建康覆舟山至四年有五兴邵信者甚奉法遇伤寒病无人敢看乃悲泣念观音忽见一僧来云是杯渡弟子语云莫忧家师寻来相看答云渡久已死何容得来道人云来复何难便衣带头出一合许散与服之病即差又有杜僧哀者住在南冈下昔经伏事杯渡儿病甚笃乃思念恨不得渡与念神咒明日忽见渡来言语如常即为咒病者便愈至五年三月渡复来齐谐家吕道惠闻而怛之杜天期水丘熙等并见皆大惊即起礼拜渡语众人言年当大凶可勤修福业法意道人甚有德可往就之修立故寺以禳灾祸也须臾门上有一僧唤渡便辞去云贫道当向交广之间不复来也齐谐等拜送殷勤于是绝迹顷世亦言时有见者【出高僧传】

卷九十·异僧四·释宝志

会稽临海寺有大得常闻扬州都下有志公语言颠狂放纵自在僧云必是狐狸之魅也愿向都下觅猎犬以逐之于是轻船入海趋浦口欲西上忽大风所飘意谓东南六七日始到一岛中望见金装浮图千云秀出遂寻径而往至一寺院宇精丽花卉芳菲有五六僧皆可年三十美容色并著员绯袈裟倚杖于门树下言语僧云欲向都下为风飘荡不知上人此处何州国今四望环海恐本乡不可复见答曰必欲向扬州实时便到今附书到钟山寺西行南头第二房觅黄头付之僧因闭目坐船风声定开眼如言奄至西岸入数十里至都径往钟山寺访问都无有黄头者僧具说委曲报云西行南头第二房乃风病道人志公虽言配在此寺在都下聚药处百日不一度来房空无人也问答之间不觉志公已在寺厨上乘醉索食……【出高僧传及洛阳伽蓝记】

卷九十七·异僧十一·金刚仙

唐开成中有僧金刚仙者西域人也居于清远峡山寺能梵音弹舌摇锡而咒物物无不应善囚拘鬼魅束缚蛟螭动锡杖一声召雷立震是日峡山寺有李朴者持斧剪巨木刳而为舟忽登山见一盘石上有穴睹一大蜘蛛足广尺余四蛇嚙卉窒其穴而去俄闻林木有声暴猛吼骤工人惧而缘木伺之果睹九首之虺长可数十丈屈曲蹙怒环其蛛穴东西其首俄而跃西之首吸穴之卉团而飞去颖脱俱尽后回东之首大划其目大呀其口吸其蜘蛛蜘蛛驰出以足擒穴之口翘屈毒丹然若火峻虺之咽喉去虺之目虺懵然而复苏举首又吸之蛛不见更毒虺虺遂倒于石而殒蛛跃出缘虺之腹咀内齿折二头俱出丝而囊之跃入穴去朴讶之返峡山寺语金刚仙仙乃祈朴验穴振环杖而咒之蛛即出于僧前俨若神听及引锡触之蛛乃殂于穴侧及夜金刚仙梦见老人捧匹帛而前曰我即蛛也复能织耳礼金刚仙曰愿为福田之衣语毕遂亡僧觉布已在侧精妙奇巧非世茧丝之所能制也僧乃制而为衣尘垢不触后数年僧往番禺泛舶归天竺乃于峡山金锁潭畔摇锡大呼而咒水俄而水辟见底矣以澡瓶张之有一泥鳅鱼可长三寸许跃入瓶中语众僧曰此龙矣吾将至海门以药煮为膏涂足则渡海若履坦途是夜有白衣叟挈转关榼诣寺家人傅经曰知金刚仙好酒此榼一边美酝一边毒醪其榼即晋帝曾用酖牛将军者也今有黄金百两奉公为持此酒毒其僧也是僧无何取吾子欲为膏恨伊之深痛贯骨髓但无计而奈何傅经喜爱金与酒得转关之法诣金刚仙仙持杯向口次忽有青衣小儿跃出就手覆之曰酒是龙所将来而毒师耳僧大骇诘傅经遂不敢隐僧乃问小儿曰尔何人而相救耶小儿曰吾昔日之蛛也今已离其恶业而托生为人七稔矣吾之魂稍灵于常人知师有难故飞魂奉救言讫而没众僧怜之共礼金刚仙求舍其龙子僧不得已而纵之后仙果泛舶归天竺矣【出传奇】

卷一百一·释证三·马子云

泾县尉马子云为人数奇以孝廉三任为泾县尉皆数月丁忧而去在官日充本郡租纲赴京途由淮水遇风船溺凡沉官米万斛由是大被拘系子云在系乃专心念佛凡经五年后遇赦得出因逃于南陵山寺中常一食斋天宝十年卒于泾县……【出纪闻】

卷一百三·报应二·白仁晢

唐白仁晢龙朔中为虢州朱阳尉差运米辽东过海遇风四望昏黑仁晢忧惧急念金刚经得三百遍忽如梦寐见一梵僧谓曰汝念真经故来救汝须臾风定八十余人俱济【出报应记】

卷一百三·报应二·王令望

唐王令望少持金刚经还邛州临溪路极险阻忽遇猛兽振怖非常急念真经猛兽熟视曳尾而去流涎满地曾任安州判司过扬子江夜风暴起租船数百艘相接尽没唯令望船独全……【出报应记】

卷一百四·报应三·陈利宾

陈利宾者会稽人弱冠明经擢第善属文诗尤为时重释褐长城尉少诵金刚经每至厄难多获其助开元中宾自会稽江行之东阳会天久雨江水弥漫宾与其徒二十余船同发乘风挂帆须臾天色昧暗风势益壮至界石窦上水决阏众流而下波涛冲击势不得泊其前辈二十余舟皆至窦口而败舟人惧利宾忙遽诵金刚经至滦流所忽有一物状如赤龙横出扶舟因得上议者为诵经之功【出广异记】

卷一百五·报应四·李惟燕

建德县令李惟燕少持金刚经唐天宝末惟燕为余姚郡参军秩满北归过五丈店属上虞江埭塘破水竭时中夜晦暝四回无人此路旧多劫盗惟燕舟中有吴绫数百匹惧为贼所取因持一剑至舡前诵经三更后见堤上两炬火自远而至惟燕疑是村人卫已火去船百步便却复回心颇异之愈益厉声诵经亦窃自思云火之所为得非金刚经力乎时塘水竭而塘外水满惟燕便心念塘破当得水助半夕之后忽闻船头有流水声惊云塘阔数丈何由得破久之稍觉船浮及明河水已满对船所一孔大数尺乃知诵金刚经之助云惟燕弟惟玉见任虔州别驾见其兄诵经有功因效之后泛舟出峡水急橹折船将欲败乃力念经忽见一橹随流而下遂获济……【出广异记】

卷一百七·报应六·康仲戚

康仲戚唐元和十一年往海东数岁不归其母唯一子日久忆念有僧乞食母具语之僧曰但持金刚经儿疾回矣母不识字令写得经乃凿屋柱以陷之加漆其上晨暮敬礼一夕雷霆大震拔此柱去月余儿果还以锦囊盛巨木以至家入拜跪母母问之仲戚曰海中遇风舟破坠水忽有雷震投此木于波上某因就浮之得至岸某命是其所与敢不尊敬母惊曰必吾藏经之柱即破柱得经母子常同诵念【出报应记】

卷一百十·报应九·竺法纯

晋沙门竺法纯山阴显义寺主也元兴中起寺买材路经湖道材主是妇人与同船俱行既入湖日暮暴风波浪如山船小水入又与妇人俱行命在瞬息乃一心诵观世音经时既入夜行旅已绝俄有大船流至纯即乘度之而此小船应时沦没大舟随波鼓荡俄得达岸也【出法苑珠林】

卷一百十一·报应十·竺惠庆

宋沙门竺惠庆广陵人也经行修明元嘉十二年荆扬大水惠庆将入庐山船至江而暴风忽起同旅已得依浦唯惠庆舫飘扬中江风疾浪涌唯待沦覆惠庆正心端意诵观世音经洲际之人望见其舫迎飙截流如有数十人牵挽之者径到其岸一舫全济【出法苑珠林】

卷一百二十六·报应二十五·邢璹

唐邢璹之使新罗也还归泊于炭山遇贾客百余人载数船物皆珍翠沈香象犀之属直数千万璹因其无备尽

杀之投于海中而取其物至京惧人知也则表进之敕还赐璹璹恣用之后子繂与王鉷谋反邢氏遂亡亦其报也

卷一百四十六・定数一・崔元综

崔元综则天朝为宰相令史奚三儿云公从今六十日内当流南海六年三度合死然竟不死从此后发初更作官职后还于旧处坐寿将百岁终以馁死经六十日果得罪流于南海之南经数年血痢百日至困而不死会赦得归乘船渡海遇浪漂没同船人并死崔公独抱一板随波上下漂泊至一海渚入丛苇中板上一长钉刺脊上深入数寸其钉板压之在泥水中昼夜忍痛呻吟而已忽遇一船人来此渚中闻其呻吟哀而救之扶引上船与踏血拔钉良久乃活问其姓名云是旧宰相众人哀之济以粮食随路求乞于船上卧见一官人著碧是其宰相时令史唤与语又济以粮食得至京师六年之后收录乃还……【出定命录】

卷一百五十二・定数七・郑德璘

贞元中湘潭尉郑德璘家居长沙有亲表居江夏每岁一往省焉中间涉洞庭历湘潭多遇老叟棹舟而鬻菱芡虽白发而有少容德璘与语多及玄解诘曰舟无糗粮何以为食叟曰菱芡耳德璘好酒长挈松醪春过江夏遇叟无不饮之叟饮亦不甚媿荷德璘抵江夏将返长沙驻舟于黄鹤楼下傍有鹾贾韦生者乘巨舟亦抵于湘潭其夜与邻舟告别饮酒韦生有女居于舟之柁橹邻女亦来访别二女同处笑语夜将半闻江中有秀才吟诗曰物触轻舟心自知风恬浪静月光微夜深江上解愁思拾得红蕖香惹衣邻舟女善笔札因睹韦氏妆奁中有红笺一幅取而题所闻之句亦吟哦良久然莫晓谁人所制也及旦东西而去

德璘舟与韦氏舟同离鄂渚信宿及暮又同宿至洞庭之畔与韦生舟楫颇以相近韦氏美而艳琼英腻云莲蘂莹波露濯蕣姿月鲜珠彩于水窗中垂钩德璘因窥见之甚悦遂以红绡一尺上题诗曰纤手垂钩对水窗红蕖秋色艳长江既能解佩投交甫更有明珠乞一双强以红绡惹其钩女因收得吟翫久之然虽讽读即不能晓其义女不工刀札又耻无所报遂以钩丝而投夜来邻舟女所题红笺者德璘谓女所制疑思颇悦喜畅可知然莫晓诗之意义亦无计遂其欵曲由是女以所得红绡系臂自爱惜之明月清风韦舟遽张帆而去风势将紧波涛恐人德璘小舟不敢同越然意殊恨恨

将暮有渔人语德璘曰向者贾客巨舟已全家殁于洞庭耳德璘大骇神思恍惚悲惋久之不能排抑将夜为吊江姝诗二首曰湖面狂风且莫吹浪花初绽月光微沉潜暗想横波泪得共鲛人相对垂又曰洞庭风软荻花秋新没青蛾细浪愁泪滴白苹君不见月明江上有轻鸥诗成酹而投之精贯神只至诚感应遂感水神持诣水府府君览之召溺者数辈曰谁是郑生所爱而韦氏亦不能晓其来由有主者搜臂见红绡而语府君曰德璘异日是吾邑之明宰况曩有义相及不可不曲活尔命因召主者携韦氏送郑生韦氏视府君乃一老叟也逐主者疾趋而无所碍道将尽睹一大池碧水汪然遂为主者推堕其中或沉或浮亦甚困苦时已三更德璘未寝但吟红笺之诗悲而益苦忽觉有物触舟然舟人已寝德璘遂秉炬照之见衣服彩绣似是人物惊而拯之乃韦氏也系臂红绡尚在德璘喜骤良久女苏息及晓方能言乃说府君感君而活我命德璘曰府君何人也终不省悟遂纳为室感其异也将归长沙

后三年德璘常调选欲谋醴陵令韦氏曰不过作巴陵耳德璘曰子何以知韦氏曰向者水府君言是吾邑之明宰洞庭乃属巴陵此可验矣德璘志之选果得巴陵令及至巴陵县使人迎韦氏舟楫至洞庭侧值逆风不进德璘使佣篙工者五人而迎之内一老叟挽舟若不为意韦氏怒而唾之叟回顾曰我昔水府活汝性命不以为德今反生怒韦氏乃悟恐悸召叟登舟拜而进酒果叩头曰吾之父母当在水府可省观否曰可须臾舟楫似没于波然无所苦俄到往时之水府大小倚舟号恸访其父母父母居止俨然第舍与人世无异韦氏询其所须父母曰所溺之物皆能至此但无火化所食唯菱芡耳持白金器数事而遗女曰吾此无用处可以赠尔不得久停促其相别韦氏遂哀恸别其父母叟以笔大书韦氏巾曰昔日江头菱芡人蒙君数饮松醪春活君家室以为报珍重长沙郑德璘书讫叟遂为仆侍数百辈自舟迎归府舍俄顷舟却出于湖畔一舟之人咸有所睹德璘详诗意方悟水府老叟乃昔日鬻菱芡者

岁余有秀才崔希周投诗卷于德璘内有江上夜拾得芙蓉诗即韦氏所投德璘红笺诗也德璘疑诗乃诘希周对曰数年前泊轻舟于鄂渚江上月明时当未寝有微物触舟芳馨袭鼻取而视之乃一束芙蓉也因而制诗既成讽

咏良久敢以实对德璘叹曰命也然后更不敢越洞庭德璘官至刺史【出德璘传】

卷一百五十八·定数十三·成汭

唐天佑中淮师围武昌杜洪中令乞师于梁王梁与荆方睦乃讽成中令汭帅兵援之汭欲往亲征乃力造巨舰一艘三年而成号曰和州载舰上列厅宇洎司局有若衙府之制又有齐山截海之名其余华壮即可知也饰非拒谏断自其意幕寮俛仰不措一辞唯孔目吏杨厚赞成之舟次破军山下为吴师縱燎而焚之汭竟溺死兵士溃散……【出北梦琐言】

卷一百六十一·感应一·管宁

管宁死辽东三十七年归柩而阻海风同行数十船俱没惟宁船望见火光投之得岛屿及上岸无火亦无人玄晏先生以为积善之感【出独异志】

卷一百六十五·廉俭·陆绩

吴陆绩为郁林郡守罢秩泛海而归不载宝货舟轻用巨石重之人号郁林石【出传载】

卷一百六十九·知人一·杨素

封德彝之少也仆射杨素见而奇之遂妻以侄女常抚座曰封郎必居此坐后讨辽东封公船没众皆谓死杨素曰封郎当得仆射此必未死使人求之公抱得一板没于大海中力尽欲放之忽忆杨公之言复勉力持之胸前为板所摩系肉破至骨众接救得之后果官至仆射【出定命录】

卷一百七十七·器量二·归崇敬

归崇敬累转膳部郎中充新罗册立使至海中流波涛迅急舟船坏漏众咸惊骇舟人请以小艇载崇敬曰舟人凡数十百我岂独济逡巡波涛稍息举舟竟免为害【出谈宾录】

卷二百一·才名·潘彦

咸亨中贝州潘彦好双陆每有所诣局不离身曾泛海遇风船破彦右手挟一板左手抱双陆局口衔双陆骰子二日一夜至岸两手见骨局终不舍骰子亦在口【出朝野佥载】

卷二百四·乐二·李謩

李舟好事尝得村舍烟竹截为笛坚如铁石以遗李謩謩吹笛天下第一月夜泛江与同舟人吹寥亮逸发俄有客于岸呼舟请载既至请笛而吹甚为精妙山石可裂謩平生未尝见及入破呼吸盘擗应指粉碎客散不知所之舟人著记疑其蛟龙也謩尝秋夜吹笛于瓜洲檝载甚隘初发调群动皆息及数奏微风飒然立至有顷舟人贾客有怨叹悲泣之声【出国史补】

卷二百二十一·相一·袁天纲

天纲有子客师传其父业所言亦验……客师尝与一书生同过江登舟遍视舟中人颜色谓同侣曰不可速也遂相引登岸私语曰吾见舟中数十人皆鼻下黑气大厄不久岂可知而从之但少留舟未发间忽见一丈夫神色高朗跛一足负担驱驴登舟客师见此人乃谓侣曰可以行矣贵人在内吾侪无忧矣登舟而发至中流风涛忽起危惧虽甚终济焉询驱驴丈夫乃是娄师德也后位至纳言焉【出定命录】

卷二百二十一·相一·张冏藏

刘仁轨尉氏人年七八岁时冏藏过其门见焉谓其父母曰此童子骨法甚奇当有贵禄宜保养教诲之……后从给事中出为青州刺史知海运遭风失船被河间公李义府譖之差御史袁异式推之大理断死特敕免死除名于辽东効力入为大司宪竟位至左仆射……【出定命录】

卷二百三十·器玩二·王度

大业十年度弟绩自六合丞弃官归又将遍游山水以为长往之策……游江南将渡广陵扬子江忽暗云覆水黑风波涌舟子失容虑有覆没绩携镜上舟照江中数步明朗彻底风云四敛波涛遂息须臾之间达济天堑跻摄山曲芳岭或攀绝顶或入深洞逢其群鸟环人而噪数熊当路而蹲以镜挥之熊鸟奔骇是时利涉浙江遇潮出海涛声振吼数百里而闻舟人曰涛既近未可渡南若不回舟吾辈必葬鱼腹绩出镜照江波不进屹如云立四面江水豁开五十余步水渐清浅鼋鼍散走举帆翩翩直入南浦然后却视涛波洪涌高数十丈而至所渡之所也……【出异闻集】

卷二百四十三·治生·李邕

唐江夏李邕之为海州也日本国使至海州凡五百人载国信有十船珍货数百万邕见之舍于馆厚给所须禁其出入夜中尽取所载而沉其船既明讽所馆人白云昨夜海潮大至日本国船尽漂失不知所在于是以其事奏之敕下邕令造船十艘善水者五百人送日本使至其国邕既具舟及水工使者未发水工辞邕邕曰日本路遥海中风浪安能却返前路任汝便宜从事送人喜行数日知其无备夜尽杀之遂归……【出纪闻】

卷二百六十·嗤鄙三·独孤守忠

唐杭州参军独孤守忠领租船赴都夜半急追集船人更无他语乃曰逆风必不得张帆众大哂焉【出朝野佥载】

卷二百六十八·酷暴二·杨务廉

唐杨务廉孝和时造长宁安乐宅仓库成特授将作大匠坐赃数千万免官又上章奏开陕州三门凿山烧石岩侧施栈道牵船河流湍急所顾夫并未与价直苟牵绳一断栈梁一绝则朴杀数十人取顾夫钱籴米充数即注夫逃走下本贯禁父母妻子其牵船夫皆令系二鈲于胸皆落栈著石百无一存道路悲号声动山谷皆称杨务廉为人妖天生此妖以破残百姓【出朝野佥载】

卷二百六十九·酷暴三·韦公干

崖州东南四十里至琼山郡太守统兵五百人兼儋崖振万安五郡招讨使凡五郡租赋一供于招讨使四郡之隶于琼琼隶广海中五州岁赋廉使不得有一缗悉以给琼军用军食仍仰给于北海诸郡每广州易帅仍赐钱五十万以犒饫琼守虽海渚岁得金钱南边经略使不能及郡守韦公干者贪而且酷掠良家子为臧获如驱犬豕有女奴四百人执业者大半有织花缣文纱者有伸角为器者有镕锻金银者有攻珍木为什具者其家如市日考月课唯恐不程公干前为爱州刺史境有马援铜柱公干摧镕货与贾胡土人不知伏波所铸且谓神物哭曰使君果坏是吾属为海神所杀矣公干不听百姓奔诉于都护韩约约遗书责辱之乃止既牧琼多乌文呿陀皆奇木也公干驱木工沿海采伐至有不中程以斤自刃者前一岁公干以韩约婿受代命二大舟一实乌文器杂以银一实呿陁器杂以金浮海东去且令健卒护行将抵广木既坚密金且重未数百里二舟俱覆不知几万万也书曰货悖而入亦悖而出公干不道残人以得货竭夷獠之膏血以自厚徒秽其名曾不得少有其利阴祸阴匿苟脱人诛将鬼得诛也【出投荒杂录】

卷二百七十·妇人一·符凤妻

玉英唐时符凤妻也尤姝美凤以罪徙儋州至南海为獠贼所杀胁玉英私之对曰一妇人不足以事众男子请推一长者贼然之乃请更衣有顷盛服立于舟上骂曰受贼辱不如死遂自沉于海

卷二百八十·梦五·炀帝

武德四年东都平后观文殿宝厨新书八千许卷将载还京师上官魏梦见炀帝大叱云何因辄将我书向京师于时大府卿宋遵贵监运东都调度乃于陕州下书著大船中欲载往京师于河值风覆没一卷无遗……【出大业拾遗】

卷二百八十六·幻术三·陈武振

唐振州民陈武振者家累万金为海中大豪犀象玳瑁仓库数百先是西域贾漂舶溺至者因而有焉海中人善咒术俗谓得牟法凡贾船经海路与海中五郡绝远不幸风漂失路入振州境内振民即登山披发以咒咀起风扬波舶不能去必漂于所咒之地而止武振由是而富招讨使韦公干以兄事武振武振犀象入公干之室亦竭矣【出投荒杂录】

卷二百八十七·幻术四·蜀都妇人

元和子尝因暇日出蜀郡东郭门见二人踞坐江岸排治舟舰方怒篙棹者且呼且叫忽有妇人衣布襦拜于前有所乞焉其人盛怒且叱之久而不去将加殴击妇人乃去傍江岸伫立四顾久之以手推腰引步直视二客船其船即似有物牵拽飘然而逝直抵大岸应时粉碎财货悉皆溺于水二人大骇疑妇人所为欲擒之已亡去矣【出野人间话】

卷二百九十二·神二·张璞

张璞字公直不知何许人也为吴郡太守征还道由庐山子女观于祠室婢使指像人以戏曰以此配汝其夜璞妻梦庐君致聘曰鄙男不肖感垂采择用致微意妻觉怪之婢言其情于是妻惧催璞速发中流舟不为行阖船震恐乃皆投物于水船犹不行或曰投女则船为进皆曰神意已可知也以一女而灭一门奈何璞曰吾不忍见之乃上飞庐卧使妻沈女于水妻因以璞亡兄孤女代之置席水中女坐其上船乃得去既璞见女之在也怒曰吾何面目于当世也乃复投已女及得渡遥见二女在下有吏立于岸侧曰吾庐君主簿也庐君谢君知鬼神非匹又敬君之义故悉还二女问女言但见好屋吏卒不觉在水中也【出搜神记】

卷二百九十二·神二·丁氏妇

淮南全椒县有丁新妇者本丹阳丁氏女年十六适全椒谢家其姑严酷使役有程不如限者仍便笞捶不可堪九月七日自经死遂有灵响闻于民间发言于巫祝曰念人家妇女作息不倦使避九月七日勿用作见形著缥衣戴青盖从一婢至牛渚津求渡有两男子共乘船捕鱼仍呼求载两男子笑共调弄之言听我为妇言当相渡也丁妪曰谓汝是佳人而无所知汝是人当使汝入泥死是鬼使汝入水便却入草中须臾有一老翁乘船载苇妪从索渡翁曰船上无装岂可露渡恐不中载耳妪言无苦翁因出苇半许安处不著船中径渡之至南岸临去语翁曰吾是鬼神非人也自能得过然宜使民间粗相闻知翁之厚意出苇相渡深有惭感当有以相谢者翁速还去必有所见亦当有所得也翁曰愧燥湿不至何敢蒙谢翁还西岸见两少男子覆水中进前数里有鱼千数跳跃水边风吹置岸上翁遂弃苇载鱼以归于是丁妪遂还丹阳江南人皆呼为丁姑九月七日不用作事咸以为息日也今所在祠之【出搜神记】

卷二百九十三·神三·葛祚

葛祚吴时衡阳太守郡境有大槎横水能为妖怪百姓为立庙行旅祷祀槎乃沈没不者槎浮则船为之破坏祚将去官乃大具斤斧将去民累明日当至其夜闻江中㕬㕬有人声往视槎移去沿流下数里驻湾中自此行者无复沈覆之患衡阳人为祚立碑曰正德祈禳神木为移也【出幽明怪录】

卷二百九十三·神三·陈敏

陈敏孙皓之世为江夏太守自建业述职闻宫亭庙神灵枉帆过之乞在任安稳当上银杖一枝限既满作杖插竹为干以银度之寻征为散骑常侍还到江口后宫亭送杖讫即进路日晚降神巫宣教曰陈敏许我银杖今以度银杖见与使投水中当送以还之欺蔑之罪不可容也乃置杖浮水上从流而北其疾如飞径到敏船前徘徊不去敏惧取之遣小吏到庙逊谢小吏既发惊风卒至涌浪滔天敏舟倾唯小吏四人独在【出神鬼传】

卷二百九十三·神三·胡母班

胡母班曾至太山之侧忽于树间逢一绛衣驺呼班云太山府君召母班惊愕逡巡未答复有一驺出呼之遂随行数十步驺请母班暂瞑少顷便见宫室威仪甚严母班乃入阁拜谒主为设食语母班曰欲见君无他欲附书与女婿耳母班问女郎何在曰女为河伯妇母班曰辄当奉书不知何缘得达答曰今适河中流便扣舟呼青衣当自有取书者母班乃辞出昔驺复令闭目有顷忽如故道遂西行如神言而呼青衣须臾果有一女仆出取书而没少顷复出云河伯欲暂见君婢亦请瞑目遂拜谒河伯河伯乃大设酒食词旨殷勤临别谓母班曰感君远为致书无物相奉于是命左右取吾青丝履来以贻母班母班出瞑然忽得还舟遂于长安经年而还……【出搜神记】

卷二百九十五·神五·卢循

义熙四年卢循在广州阴规逆谋潜遣人到南康庙祈请既奠牲奏鼓使者独见一人武冠朱衣中筵而坐曰卢征虏若起事至此当以水相送六年春循遂率众直造长沙遣徐道覆逾岭至南康装舰十二艟楼十余丈舟装始办大雨一日一夜水起四丈道覆凌波而下与循会巴陵至都而循战败不意神速其诛洪潦之降使之自送也【出述异记】

卷二百九十六·神六·萧岳

齐明帝建武中有书生萧岳自毗陵至延陵季子庙前泊舟望月忽有一女子年十六七从三四侍女貌皆绝世以橘掷岳怀中岳心异之乃问其姓名云葛氏岳因请舟中命酒与歌宴及晓请去岳甚怅然岳登舟望之见庙前有五六女相迎笑一时入庙岳异之及明乃整衣冠至延陵庙中见东壁上书第三座之女细观之而笑果昨夜宿之女也及左右侍女亦所从也画壁题云东海姑之神【出八朝穷怪录】

卷三百·神十·王昌龄

开元中琅邪王昌龄自吴抵京国舟行至马当山属风便而舟人云贵识至此皆令谒庙昌龄不能驻亦先有祷神之备见舟人言乃命使赍酒脯纸马献于庙及草履上于夫人题诗云青骢一匹昆仑牵奏上大王不取钱直为猛风波滚骤莫怪昌龄不下船读毕而过当市草履时兼市金错刀一副贮在履内至祷神时忘取之误并将往昌龄至前程求错刀子方知其误又行数里忽有赤鲤鱼可长三尺跃入昌龄舟中呼使者烹之既剖腹得金错刀宛是误送庙中者【出博异记】

卷三百三·神十三·崔圆

天宝末崔圆在益州暮春上巳与宾客将校数十百人具舟楫游于江都人纵观如堵是日风色恬和波流静谧

初宴作乐宾从肃如忽闻下流十数里丝竹竞奏笑语喧然风水薄近如咫尺须臾渐近楼船百艘塞江而至皆以锦绣为帆金玉饰舟旄纛盖伞旌旗戈戟缤纷照耀中有朱紫十数人绮罗妓女几百许饮酒奏乐方酣他舟则列从官武士五六千人持兵戒严溯沿中流良久而过圆即令访问随行数里近舟舟中方言曰天子将幸巴剑蜀中诸望神祇迁移避驾幸无深怪圆骇愕因罢会时朝廷无事自此先为其备明岁南狩圆应卒无阙矣【出集异记】

卷三百八·神十八·柳澥

柳澥少贫游岭表广州节度使孔戣遇之甚厚赠百余金谕令西上遂与秀才严烛曾黯数人同舟北归至阳朔县南六十里方博于舟中忽推去博局起离席以手接一物初视之若有人投刺者即急命衫带泊舟而下立于沙岸拱揖而言曰澥幸得与诸君同事符命虽至当须到桂州然议行李君宜前路相候曾严见澥之所为不觉懔然亦皆肸蠁如有所睹澥即却入舟中偃卧吁嗟良久谓二友曰仆已受泰山主簿向者车乘吏从毕至已与约至桂州矣自是无复笑言亦无疾但每至夜泊之处则必箕踞而坐指挥处分皆非生者所为阳朔去州尚三日程其五十滩常须舟人尽力乃过至是一宿而至澥常见二紫衣具军容执锤驱百余卒在水中推挽其舟澥至桂州修家书才毕而卒时唐元和十四年八月也【出河东记】

卷三百一十二·神二十二·李峣

唐乾宁中刘昌美为夔州刺史属夏潦峡涨湍险里俗云滟滪大如马瞿塘不可下于是行旅辍棹以候之学士李峣挈家自蜀沿流将之江陵昌美以水势正恶止之峣匆遽而行俄而舟覆一家溺死焉唯乳妪一人隔夜为骇浪推送江岸而苏先是永安盐灶户陈小奴棹空船下瞿塘见崖下有一人裹四缝帽著窄白衫青裤执铁蒺藜问峣行程自云迎候乃乳妪既苏亦言于刺史云李学士至一官署上事朱门白壁寮吏参贺又闻云此行无乳妪名遂送出水【出北梦琐言】

卷三百一十三·神二十三·王审知

福州海口黄碕岸横石巉峭常为舟楫之患王审知为福建观察使思欲制置惮于役力乾宁中因梦金甲神自称吴安王许助开凿及觉言于宾寮因命判官刘山甫往设祭祭未终海内狞怪俱见山甫憩于僧院凭高观之风雷暴兴见一物非鱼非龙鳞黄须赤凡三日风雷乃霁已别开一港甚便行旅驿表以闻赐号甘棠港闽从事刘山甫乃中朝旧族也著金溪闲谈十二卷具载其事【出北梦琐言】

卷三百一十四·神二十四·朱廷禹

江南内臣朱廷禹言其所亲泛海遇风舟将覆者数矣海师云此海神有所求可即取舟中所载弃之水中物将尽有一黄衣妇人容色绝世乘舟而来四青衣卒刺船皆朱发豕牙貌甚可畏妇人竟上船问有好发髢可以见与其人忙怖不复记但云物已尽矣妇人云在船后挂壁篋中如言而得之船屋上有脯腊妇人取以食四卒视其手鸟爪也持髢而去舟乃达……【出稽神录】

卷三百一十四·神二十四·朱元吉

乌江县令朱元吉言其所知泛舟至采石遇风同行者数舟皆没某既溺不复见水道路如人间其人驱之东行可在东岸山下有大府署门外堆坏船板木如丘陵复有人运诸溺者财物入库中甚众入门堂上有官人徧召溺者阅籍审之至某独曰此人不合来可令送出吏即引去复至舟所舟中财物亦皆还之恍然不自知出水已在西岸沙上矣举船俨然亦无沾湿【出稽神录】

卷三百一十八·鬼三·赵伯伦

秣陵人赵伯伦曾往襄阳船人以猪豕为祷及祭但豘肩而已尔夕伦等梦见一翁一姥鬓首苍素皆著布衣手

持桡楫怒之明发辄触沙冲石皆非人力所禁更施厚馔即获流通【出幽明录】

卷三百二十·鬼五·索逊

升平中徐州刺史索逊乘船往晋陵会暗发回河行数里有人寄索载云我家在韩冢脚痛不能行寄君船去四更舟至韩冢此人便去逊二人牵船过一渡施力殊不便骂此人曰我数里载汝来径去不与人牵船欲与痛手此人便还与牵不觉用力而得渡此人便径入诸冢间逊疑非人使窃寻看此人经冢间便不复见须臾复出至一冢呼曰载公有出者应此人说我向载人船来不为共牵奴便欲打我今当往报之欲暂借甘罗来载公曰坏我甘罗不可得此人曰无所苦我试之耳逊闻此即还船须臾岸上有物来赤如百斛篙长二丈许径来向船逊便大呼奴载我船不与我牵不得痛手方便载公甘罗今欲击我今日要当打坏奴甘罗忽然失却于是遂进【出续搜神记】

卷三百二十二·鬼七·曹公船

濡须口有大船船覆在水中水小时便出见长老云是曹公船常有渔人夜宿其旁以船系之但闻竽笛弦歌之音又香气非常渔人始得眠梦人驱遣云勿近官妓传云曹公载妓船覆于此至今在焉【出广古今五行记】

卷三百二十二·鬼七·陈皋

平原陈皋于义熙中从广陵樊梁后乘船出忽有一赤鬼长可丈许首戴绛冠形如鹿角就皋求载倏尔上船皋素能禁气因歌俗家南地之曲鬼乃吐舌张眼以杖竿掷之即四散成火照于野皋无几而死【出灵鬼志】

卷三百三十八·鬼二十三·王垂

太原王垂与范阳卢收友善唐大历初尝乘舟于淮浙往来至石门驿旁见一妇人于树下容色殊丽衣服甚华负一锦囊王卢相谓曰妇人独息妇囊可图耳乃弥棹伺之妇人果问曰船何适可容寄载否妾夫病在嘉兴今欲省之足痛不能去二人曰虚舟且便可寄尔妇人携囊而上居船之首又徐挑之妇人正容曰暂附何得不正耶二人色怍垂善鼓琴以琴悦之妇人美艷粲然二人振荡乃曰娘子固善琴耶妇人曰少所习王生拱琴以授乃抚轸泛弄泠然王生曰未尝闻之有以见文君之诚心矣妇人笑曰委相之深沉也遂稍亲合其谈谐恵辨不可言相视感悦是夕与垂偶会船前收稍被隔碍而深叹慕夜深收窃探囊中物视之满囊髑髅耳收大骇知是鬼矣而无因达于垂听其私狎甚缱绻既而天明妇人有故暂下收告垂垂大慑曰计将安出收曰宜伏篑下如其言须臾妇人来问王生安在收绐之曰适上岸矣妇人甚剧委收而追垂望之稍远乃弃于岸并棹倍行数十里外不见来夜藏船处闹半夜后妇人至直入船拽垂头妇人四面有眼腥秽甚啮咬垂垂困二人大呼众船皆助遂失妇人明日得纸梳于席上垂数月而卒【出通幽记】

卷三百五十三·鬼三十八·青州客

朱梁时青州有贾客泛海遇风飘至一处远望有山川城郭海师曰自顷遭风者未尝至此吾闻鬼国在是得非此邪顷之舟至岸因登岸向城而去其庐舍田亩不殊中国见人皆揖之而人皆不见已至城有守门者揖之亦不应入城屋室人物甚殷遂至王宫正值大宴群臣侍宴者数十其衣冠器用丝竹陈设之类多类中国客因升殿俯逼王坐以窥之俄而王有疾左右扶还亟召巫者视之巫曰有阳地人至此阳气逼人故王病其人偶来尔无心为祟以饮食车马谢遣之可矣即具酒食设座于别室巫及其群臣皆来祀祝客据按而食俄有仆夫驭马而至客亦乘马而归至岸登舟国人竟不见已复遇便风得归时贺德俭为青州节度与魏博节度杨师厚有亲因遣此客使魏具为师厚言之魏人范宣古亲闻其事为余言【出稽神录】

卷三百五十四·鬼三十九·徐彦成

军吏徐彦成恒业市木丁亥岁往信州汭口场无木可市泊舟久之一日晚有少年从二仆往来岸侧状若访人

而不遇者彦成因延入舟中为设酒食宾敬之少年甚愧焉将去谢曰吾家近此数里别业中君旦日能辱顾乎徐彦成许诺明日乃往行里余有仆马来迎奄至一大宅门馆甚盛少年出延客酒膳丰备从容久之彦成因言住此久无木可市少年曰吾有木在山中明当令出也居一二日果有材木大至良而价廉市易既毕往辞少年少年复出大杉板四枚曰向之木吾所卖今以此赠君至吴当获菩提彦成回始至秦淮会吴师殂纳杉板为棺以为材之尤异者获钱数十万彦成大市珍玩复往汭口以酬少年少年复与交市如是三往颇获其利间一岁复诣之村落如故了无所见访其里中竟无能知者【出稽神录】

卷三百五十五·鬼四十·广陵贾人

广陵有贾人以柏木造床凡什器百余事制作甚精其费已二十万载之建康卖以求利晚至瓜步微有风起因泊山下顷之有巨舟其中空惟篙工三人乘之亦泊于其侧贾人疑之相与议此必群盗也将伺夜而劫我前浦既远风又益急逃避无所夜即相与登岸深林中以避之俄而风雨雷电蒙覆舟所岸上则星月了然食顷雨止云散见巨舟稍稍前去乃敢归舟中所载柏木什器都不复见余物皆在巨舟犹在东岸有人呼曰尔无恨当还尔价贾人所载既失复归广陵至家已有人送钱三十万置之而去问其人即泊瓜步之明日也【出稽神录】

卷三百七十四·灵异·钓台石

大业七年二月初造钓台之时多运石者将船兵丁困弊于役嗟叹之声闻于道路时运石者将船至江东岸山下取石累构为钓台之基忽有大石如牛十余自山顶飞下直入船内如人安置船无伤损【出大业拾遗】

卷三百七十四·灵异·胡氏子

洪州胡氏子亡其名胡本家贫有子五人其最小者气状殊伟此子既生家稍充给农桑营赡力渐丰足乡里咸异之其家令此子主船载麦溯流诣州市未至间江岸险绝牵路不通截江而渡船势抵岸力不制沙摧岸崩穴中得钱数百万乃弃麦载钱而归由是其家益富市置仆马营饰服装咸言此子有福……【出录异记】

卷三百八十二·再生八·支法衡

晋沙门支法衡得病旬日亡经三日而苏说死时有人将去见如官曹舍者数处不肯受之俄见有铁轮轮上有爪从西转来无持引者而转驶如风有一吏呼罪人当轮立轮转来轹之翻还如此数人碎烂吏呼衡道人来当轮立衡恐怖自责悔不精进今当此轮乎语毕吏谓衡曰道人可去于是仰首见天有孔不觉倏尔上升以头穿中两手抟两边四向顾视见七宝官船及诸天人衡甚踊跃不能得上疲而复下所将衡去人笑曰见何物不能上乎乃以衡付船官船官行船使为舵工衡曰我不能持舵强之有船数百皆随衡后衡不晓捉舵跄沙洲上吏司推衡以法应斩引衡上岸雷鼓将斩忽有五色二龙推船还浮吏乃原之衡大恐惧望见西北有讲堂上有沙门甚众闻经呗之声衡遽走趣之堂有十二阶始蹑一阶见亡师法柱踞胡床坐见衡曰我弟子也何以而来因起临阶以手巾打衡面曰莫来衡甚欲上复举步登阶柱复推令下至三乃上见平地有一井深三四丈砖无隙际衡心念言此井自然井边有人谓曰不自然者何得成井虽见法柱故倚望之谓衡可复道还去狗不啮汝衡还水边亦不见向来船也衡渴欲饮水乃堕水中因便得苏……【出冥祥记】

卷三百九十八·石·古铁铧

天宝中玄宗以三门河道险厄漕转艰阻乃令旁北山凿石为月河以避湍急名曰天宝河岁省运夫五十余万又无覆溺淹滞之患天下称之其河东西径直长五里余阔四五丈深二丈三丈至五六丈皆凿坚石匠人于坚石之下得古铁铧长三尺余上有平陆两字皆篆文也玄宗异之藏于内库遂命改河北县为平陆县旌其事也【出开天传信记】

卷三百九十九·水·渝州滩

渝州城滩在州西南三十里江津县东北沿流八十里岷江水中波浪沸腾乍停乍发多覆舟之患古老传昔有仙居和来为巴州刺史过此滩舟翻溺水而死和女与兄图行女有两儿方稚齿乃分金珠作二锦囊缨致儿颈然后乘船至父没处叫声投水凡六日与兄梦云二十一日与父俱出兄令人守之至期果然俱浮江水而出今碑在城滩侧【出渝州图经】

卷四百二·宝三·径寸珠

近世有波斯胡人至扶风逆旅见方石在主人门外盘桓数日主人问其故胡云我欲石捣帛因以钱二千求买主人得钱甚悦以石与之胡载石出对众剖得径寸珠一枚以刀破臂腋藏其内便还本国随船泛海行十余日船忽欲没舟人知是海神求宝乃遍索之无宝与神因欲溺胡胡惧剖腋取珠舟人咒云若求此珠当有所领海神便出一手甚大多毛捧珠而去【出广异记】

卷四百二·宝三·李勉

司徒李勉开元初作尉浚仪秩满沿汴将游广陵行及睢阳忽有波斯胡老疾杖策诣勉曰异乡子抱恙甚殆思归江都知公长者愿托仁荫皆异不劳而获护焉勉哀之因命登舻仍给饘粥胡人极怀惭愧因曰我本王贵种也商贩于此已逾二十年家有三子计必有求吾来者不日舟止泗上其人疾亟因屏人告勉曰吾国内顷亡传国宝珠募能获者世家公相吾衒其鉴而贪其位因是去乡而来寻近已得之将归即富贵矣其珠价当百万吾惧怀宝越乡因剖肉而藏焉不幸遇疾今将死矣感公恩义敬以相奉即抽刀决股珠出而绝勉遂资其衣衾瘗于淮上掩坎之际因密以珠含之而去即抵维扬寓目旗亭忽与群胡左右依随因得言语相接傍有胡雏质貌肖逝者勉即询访果与逝者所叙契会勉即究问事迹乃亡胡之子告瘗其所胡雏号泣发墓取而去【出集异记】

卷四百二·宝三·鬻饼胡

有举人在京城邻居有鬻饼胡无妻数年胡忽然病生存问之遗以汤药既而不愈临死告曰某在本国时大富因乱遂逃至此本与一乡人约来相取故久于此不能别适遇君哀念无以奉答其左臂中有珠宝惜多年今死无用矣特此奉赠死后乞为殡瘗郎君得此亦无用处今人亦无别者但知市肆之间有西国胡客至者即以问之当大得价生许之既死破其左臂果得一珠大如弹丸不甚光泽生为营葬讫将出市无人问者已经三岁忽闻新有胡客到城因以珠市之胡见大惊曰郎君何得此宝珠此非近所有请问得处生因说之胡乃泣曰此是某乡人也本约同问此物来时海上遇风流转数国故僁五六年到此方欲追寻不意已死遂求买之生见珠不甚珍但索五十万耳胡依价酬之生诘其所用之处胡云汉人得法取珠于海上以油一石煎二斗其则削以身入海不濡龙神所畏可以取宝一六度也【出原化记】

卷四百三·宝四·珊瑚

汉宫积草池中有珊瑚高一丈二尺一本三柯上有四百六十三条是南越王赵佗所献号曰烽火树夜有光常欲然【出西京杂记】

又郁林郡有珊瑚市海客市珊瑚处也珊瑚碧色一株株数十枝枝间无叶大者高五六尺尤小者尺余蛟人云海上有珊瑚宫汉元封二年郁林郡献珊瑚妇人帝命植于殿前谓之女珊瑚忽柯叶甚茂至灵帝时树死咸以为汉室将衰之征也【出述异记】

又廸箖国海去都城二千里有飞桥渡海而西至且兰国自且兰有积石积石南有大海海中珊瑚生于水底大船载铁网下海中初生之时渐渐似菌经一年挺出网目间变作黄色支格交错高者三尺大者丈余三年色青似铁抄发其根于舶上为绞车举铁网而出之故名其所为珊瑚州久而不采却蠧烂糜朽【出洽闻记】

卷四百二十·龙三·陶岘

陶岘者彭泽令孙也开元中家于昆山富有田业择家人不欺能守事者悉付之家事身则泛游于江湖遍行天下往往数载不归见其子孙成人皆不辩其名字也岘之文学可以经济自谓疏脱不谋仕宦有知生者通于八音命陶人为甓潜记岁时取其声不失其验尝撰集乐录八章以定音之得失自制三舟备极工巧一舟自载一舟置宾一舟贮饮馔客有前进士孟彦深进士孟云卿布衣焦遂各置仆妾共载而岘有夕乐一部常奏清商曲逢其山泉则穷其境物乘兴春行岘且名闻朝廷又值天下无事经过郡邑无不招延岘拒之曰某麋鹿闲人非王公上客亦有未招而诣者系水仙之为人江山之可驻耳吴越之土号为水仙曾有亲戚为南海守因访韶石而往省焉郡守喜其远来赠钱百万及遇古剑长二尺许又玉环径四寸及海船昆仑奴名摩诃善游水而勇捷遂悉以钱而贯之曰吾家至宝也乃回棹下白芷入湘江每遇水色可爱则遗剑环于水命摩诃取之以为戏乐如是数岁因渡巢湖亦投剑环而令取之摩诃才入获剑环而便出曰为毒蛇所啮遽刃去一指乃能得免焦遂曰摩诃所伤得非阴灵怒乎犀烛下照果为所仇盖水府不欲人窥也岘曰敬奉喻然某常慕谢康乐之为人云终当乐死山水但徇所好莫知其他且栖迟逆旅之中载于大块之上居布素之贱擅贵游之欢浪迹怡情仅三十载固亦分也不得升玉墀见天子施功惠养逞志平生亦其分也乃命移舟曰要须一到襄阳山便归吴郡也行次西塞山维舟吉祥佛舍见江水黑而不流曰此必有怪物乃投剑环命摩诃下取见汨没波际久而方出气力危绝殆不任持曰剑环不可取也有龙高二丈许而剑环置前某引手将取龙辄怒目岘曰汝与剑环吾之三宝今者二物既亡尔将安用必须为吾力争之也摩诃不得已被发大呼目眦流血穷泉一入不复还也久之见摩诃支体磔裂污于水上如有示于岘也岘流涕水滨乃命回棹因赋诗自叙不复议游江湖矣诗曰匡庐旧业自有主吴越新居安此生白发数茎归未得青山一望计还程鹤翻枫叶夕阳动鹭立芦花秋水明从此舍舟何所诣酒旗歌扇正相迎【出甘泽谣】

卷四百二十二·龙五·许汉阳

许汉阳本汝南人也贞元中舟行于洪饶间日暮江波急寻小浦路入不觉行三四里到一湖中虽广而水才三二尺又北行一里许见湖岸竹树森茂乃投以泊舟渐近见亭宇甚盛有二青衣双鬟方鸦素面如玉迎舟而笑汉阳讶之而调以游词又大笑复走入宅汉阳束带上岸投谒未行三数步青衣延入宅内厅揖坐云女郎易服次须臾青衣命汉阳入中门见满庭皆大池池中荷芰芬芳四岸斐如碧玉作两道虹桥以通南北……挥霍次一青衣曰郎可归舟矣汉阳乃起诸女郎曰忻此旅泊接奉不得郑重耳恨恨而别归舟忽大风云色陡暗寸步黯黑至平明观夜来饮所乃空林树而已汉阳解缆行至昨晚濡口江岸人家见十数人似有非常因泊舟而讯人曰江口溺杀四人至二更后却捞出三人已卒其一人虽似死而未甚有巫女以杨柳水洒拂禁咒久之能言曰昨夜水龙王诸女及姨姊妹六七人归过洞庭宵宴于此取我辈四人作酒掾客少不多饮所以我却得来汉阳异之乃问曰客者谓谁曰一措大耳不记姓名又云青衣言诸小娘子苦爱人间文字不可得常欲请一措大文字而无由又问今在何处已发舟也汉阳乃念昨宵之事及感怀之什皆可验也汉阳黙然而归舟觉腹中不安乃吐出鲜血数升知悉以人血为酒尔三日方平【出博异志】

卷四百二十三·龙六·元义方

元义方使新罗发鸡林州遇海岛中有泉舟人皆汲饮之忽有小蛇自泉中出海师遽曰龙怒遂发未数里风云雷电皆至三日三夜不绝及雨霁见远岸城邑乃莱州【出国史补】

卷四百五十七·蛇二·张骑士

张骑士者自云幼时随英公李绩渡海遇风十余日不知行几万里风静不波忽见二物黑色头状类蛇大如巨船其长望而不极须臾至船所皆以头绕船横推其疾如风舟人惶惧不知所抗已分为所啖食唯念佛求速死耳久之到一山破船如积各自念云彼人皆为此物所食须臾风势甚急顾视船后复有三蛇追逐亦至意如争食之状二蛇放船回与三蛇斗于沙上各相蜿蟺于孤岛焉舟人因是乘风举帆遂得免难后数日复至一山遥见烟火谓是人

境落帆登岸与二人同行门户甚大遂前款关有人长数丈通身生白毛出见二人食之一人遽走至船所才上船未及开白毛之士走来牵缆船人人各执弓刀斫射之累挥数刀然后见释离岸一里许岸上已有数十头戟手大呼因又随风飘帆五六日遥见海岛泊舟问人云是清远县界属南海【出广异记】

卷四百六十三·禽鸟四·漱金鸟

魏时昆明国贡漱金鸟国人云其地去然州九千里出此鸟形如雀色黄毛羽柔密常翾翔海上罗者得之以为至祥闻大魏之德被于荒远乃越山航海来献大国……【出拾遗录】

卷四百六十四·水族一·南海大蟹

近世有波斯常云乘船泛海往天竺国者已六七度其最后舶漂入大海不知几千里至一海岛岛中见胡人衣草叶惧而问之胡云昔与同行侣数十人漂没唯已随流得至于此因尔采木实草根食之得以不死其众哀焉遂舶载之胡乃说岛上大山悉是车渠玛瑙玻璃等诸宝不可胜数舟人莫不弃已贱货取之既满船胡令速发山神若至必当怀惜于是随风挂帆行可四十余里遥见峰上有赤物如蛇形久之渐大胡曰此山神惜宝来逐我也为之奈何舟人莫不战惧俄见两山从海中出高数百丈胡喜曰此两山者大蟹螯也其蟹常好与山神斗神多不胜甚惧之今其螯出无忧矣大蛇寻至蟹许盘斗良久蟹夹蛇头死于水上如连山船人因是得济也【出广异记】

卷四百六十四·水族一·海鳅

海鳅鱼即海上最伟者也小者亦千余尺吞舟之说固非谬矣每岁广州常发铜船过南安货易北人有偶求此行往复一年便成斑白云路经调黎【地名海心有山阻东海涛险而急亦黄河之三门也】深阔处又见十余山或出或没初甚讶之篙工曰非山岛鳅鱼背也果见双目闪烁鬐须若簸米箕危沮之际日中忽雨霡舟子曰此鳅鱼喷气水散于空风势吹来若雨耳及近鱼即鼓船而噪倏尔而没去【鱼畏鼓物类相伏耳】交趾回乃舍舟取雷州缘岸而归不惮苦辛盖避海鳅之难也乃静思曰设使老鳅瞋目张喙我舟若一叶之坠眢井耳宁得不为人皓首乎【出岭表录异】

卷四百六十五·水族二·海虾

刘恂者曾登海舶入舵楼忽见窗板悬二巨虾壳头尾钳足具全各七八尺……【出岭表录异】

卷四百六十六·水族三·东海人

昔人有游东海者既而风恶船破补治不能制随风浪莫知所之一日一夜得一孤洲共侣欢然下石植缆登洲煮食食未熟而洲没在船者砍断其缆船复漂荡向者孤洲乃大鱼也吸波吐浪去疾如风在洲上死者十余人【出西京杂记】

卷四百六十六·水族三·行海人

昔有人行海得洲木甚茂乃维舟登岸爨于水傍半炊而林没于水遽断其缆乃得去详视之大蟹也【出异物志】

卷四百六十六·水族三·裴伷

唐裴伷开元七年都督广州仲秋夜漏未艾忽然天晓星月皆没而禽鸟飞鸣矣举郡惊异之未能谕……数月之后有商舶自远南至因谓郡人云我八月十一日夜舟行忽遇巨鳌出海举首北向而双目若日照耀千里毫末皆见久之复没夜色依然征其时则裴公集宾寮之夕也【出集异记】

卷四百七十・水族七・刘成

宣城郡当涂民有刘成者李晖者俱不识农事尝用巨舫载鱼蟹鬻于吴越间唐天宝十三年春三月皆自新安江载往丹阳郡行至下查浦去宣城四十里会天暮泊舟二人俱登陆时李晖往浦岸村舍中独刘成在江上四顾云岛閴无人迹忽闻舫中有连呼阿弥陀佛者声甚厉成惊而视之见一大鱼自舫中振须摇首人声而呼阿弥陀佛焉成且惧且悚毛发尽劲即匿身芦中以伺之俄而舫中万鱼俱跳跃呼佛声动地成大恐遽登舫尽投群鱼于江中……【出宣室志】

卷四百七十一・水族八・渔人

近有渔人泊舟马当山下月明风恬见一大鼋出水直上山顶引首四望顷之江水中涌出一彩舟有十余人会饮酒妓乐陈设甚盛献酬久之上流有巨舰来下橹声振于坐中彩舟乃没前之鼋亦下未及水忽死于岸侧意者水神使此鼋为候望而不知巨舰之来故殛之【出稽神录】

卷四百八十・蛮夷一・然丘

成王六年然丘之国献比翅鸟雌雄各一以玉为樊其国使者皆拳头爹鼻衣云霞之布如今霞布也经历百余国方至京师越铁岘泛沸海有蛇州蜂岑铁岘峭厉车轮各金刚为辋比至京师皆讹说几尽沸海皆涌起如剪鱼也鱼鳖皮骨坚强如石可以为铠泛沸海之时以铜薄舟底龙蛇蛟不得近也经蛇州度则豹皮为屋于屋内推车经蜂岑燃胡苏之木末以此木烟能杀百虫经途五十余年乃至洛邑成王封太山禅社首使发其国之时人并童稚乃至京师鬓发皆白及还至然丘容貌还复壮比翼鸟多力状似鹊衔南海之舟泥巢昆岑之玄木而至其中遇圣则来翔集以表周公辅圣之神力也【出王子年拾遗记】

卷四百八十・蛮夷一・吴明国

贞元八年吴明国贡常燃鼎鸾蜂蜜云其国去东海数万里经挹娄沃沮等国其土宜五谷多珍玉礼乐仁义无剽劫人寿二百岁俗尚神仙术一岁之内乘云驾鹤者往往有之常望黄气如车盖知中国土德王遂愿贡奉常燃鼎量容三斗光洁似玉其色紫每修饮馔不炽火而俄顷自熟香洁异于常等久而食之令人返老为少百疾不生也鸾蜂蜜云其蜂之声有如鸾凤而身被五彩大者可重十余斤为窠于深岩峻岭间大者占地二三亩国人采其蜜不逾三二合如过度即有风雷之异若螫人生疮以石上菖蒲根傅之即愈其色碧贮之于白玉碗表里莹彻如碧琉璃久食令人长寿颜如童子发白者应时而黑逮及沉疴眇跛无不疗焉【出杜阳杂编】

卷四百八十・蛮夷一・沃沮

毋丘俭遣王倾追高丽王宫尽沃沮东东界问其耆老海东有人不耆老言国人尝乘船捕鱼遭风见吹数十日东得一岛上有人言语不相晓其俗尝以七月取童女沉海又言有一国亦在海中纯女无男

又说得一布衣从海中浮出其身如中人衣其两袖长二尺又得一破船随浪出在海岸边有一人项中复有面生就之与语不相通不食而死其地皆在沃沮东大海中【出博物志】

卷四百八十一・蛮夷二・新罗

新罗国东南与日本邻东与长人国接长人身三丈锯牙钩爪不火食逐禽兽而食之时亦食人裸其躯黑毛覆之其境限以连山数千里中有山峡固以铁门谓之铁關常使弓弩数千守之由是不过【出纪闻】

又新罗国有第一贵族金哥其远祖名旁㐌有弟一人甚有家财其兄旁㐌因分居乞衣食国人有与其隙地一亩乃求蚕谷种于弟弟蒸而与之旁㐌不知也至蚕時止一生焉日长寸余居旬大如牛食数树叶不足其弟知之伺间杀其蚕经日四方百里内蚕悉飞集其家国人谓之巨蚕意其蚕之王也四邻共缫之不供谷唯一茎植焉其穗长尺余旁㐌常守之忽为鸟所折衔去旁㐌逐之上山五六里鸟入一石罅日没径黑旁㐌因止石侧至夜半月明见群

小儿赤衣共戏一小儿曰汝要何物一曰要酒小儿出一金锥子击石酒及樽悉具一曰要食又击之饼饵羹炙罗于石上良久饮食而久以金锥插于石罅旁㐌大喜取其锥而还所欲随击而办因是富侔国力常以珠玑赡其弟弟云我或如兄得金锥也旁㐌知其愚谕之不及乃如其言弟蚕之止得一金如常者谷种之复一茎植焉将熟亦为鸟所衔其弟大悦随之入山至鸟入处遇群鬼怒曰是窃余锥者乃执之谓曰尔欲为我筑糖三版乎尔欲鼻长一丈乎其弟请筑糖三版三日饥困不成求哀于鬼鬼乃拔其鼻鼻如象而归国人怪而聚观之惭恚而卒其后子孙戏锥求狼粪因雷震锥失所在【出酉阳杂俎】

又登州贾者马行馀转海拟取昆山路适桐庐时遇西风而吹到新罗国新罗国君闻行馀中国而至接以宾礼乃曰吾虽夷狄之邦岁有习儒者举于天阙登第荣归吾必禄之甚厚乃知孔子之道被于华夏乎因与行馀论及经籍行馀避位曰庸陋贾竖长养虽在中华但闻土地所宜不读诗书之义熟诗书明礼义者其唯士大夫乎非小人之事也乃辞之新罗君讶曰吾以中国之人尽闻典教不谓尚有无知之俗欤行馀还至乡井自惭以贪吝衣食愚昧不知学道为夷狄所嗤况哲英乎【出云溪友议】

又天宝初使赞善大夫魏曜使新罗策立幼主曜年老深惮之有客曾到新罗因访其行路客曰永徽中新罗日本皆通好遣使兼报之使人既达新罗将赴日本国海中遇风波涛大起数十日不止随波漂流不知所届忽风止波静至海岸边日方欲暮时同志数船乃维舟登岸约百有余人岸高二三十丈望见屋宇争往趋之有长人出长二丈身具衣服言语不通见唐人至大喜于是遮拥令入宅中以石填门而皆出去俄有种类百余相随而到乃简阅唐人肤体肥充者得五十余人尽烹之相与食啖兼出醇酒同为宴乐夜深皆醉诸人因得至诸院后院有妇人三十人皆前后风漂为所掳者自言男子尽被食之唯留妇人使造衣服汝等今乘其醉何为不去吾请道焉众悦妇人出其练缕数百匹负之然后取刀尽断醉者首乃行至海岸岸高昏黑不可下皆以帛系身自缒而下诸人更相缒下至水滨皆得入船及天曙船发闻山头叫声顾来处已有千余矣络绎下山须臾至岸既不及船虓吼振腾使者及妇人并得还【出纪闻】

又近有海客往新罗次至一岛上满地悉是黑漆匙箸其处多大木客仰窥匙箸乃木之花与须也因拾百余双还用之肥不能使偶取搅茶随搅随消焉【出酉阳杂俎】

又六军使西门思恭常衔命使于新罗风水不便累月漂泛于沧溟罔知边际忽南抵一岸亦有田畴物景遂登陆四望俄有一大人身长五六丈衣裾差异声如震雷下顾西门有如惊叹于时以五指撮而提行百余里入一岩洞间见其长幼群聚递相呼集竞来看玩言语莫能辨皆有欢喜之容如获异物遂掘一坑而置之亦来看守之信宿之后遂攀缘跃出其坑径寻旧路而窜才跳入船大人已逐而及之矣便以巨手攀其船舷于是挥剑断下三指指粗于今槌帛棒大人失指而退遂解缆舟中水尽粮竭经月无食以身上衣服啮而啖之后得达北岸遂进其三指漆而藏于内库洎拜主军宁以金玉遗人平生不以饮馔食客为省其绝粮之难也【出玉堂闲话】

卷四百八十二・蛮夷三・顿逊

顿逊国梁武朝时贡方物其国在海岛上地方千里属扶南北三千里其俗人死后鸟葬将死亲宾歌舞送于郭外有鸟如鹅而色红飞来万万家人避之鸟啄肉尽乃去即烧骨而沉海中也【出穷神秘苑】

卷四百八十二・蛮夷三・堕婆登国

堕婆登国在林邑东南接诃陵西接述黎种稻每月一熟有文字书于贝多叶死者口实以金缸贯于四支然后加以婆律膏及檀沉龙脑积薪燔之【出神异经】

卷四百八十二・蛮夷三・诃陵国

诃陵在真腊国之南南海洲中东婆利西堕婆北大海竖木为城造大屋重阁以棕皮覆之以象牙为床以柳花为酒饮之亦醉以手撮食有毒与常人居止宿处即令身上生疮与之交会即死若旋夜沾著草木即枯俗以椰树为酒味甘饮之亦醉【出神异录】

卷四百八十二·蛮夷三·真腊国

真腊国在驩州南五百里其俗有客设槟榔龙脑香蛤屑等以为赏宴其酒比之淫秽私房与妻共饮对尊者避之又行房不欲令人见此俗与中国同国人不著衣服见衣服者共笑之俗无盐铁以竹弩射虫鸟【出朝野佥载】

卷四百八十二·蛮夷三·留仇国

炀帝令朱宽征留仇【即后流虬】国还获男女口千余人并杂物产与中国多不同缉木皮为布甚细白幅阔三尺二三寸亦有细斑布幅阔一尺许又得金荆榴数十斤木色如真金密致而文彩盘蹙有如美锦甚香极精可以为枕及案面虽沉檀不能及彼土无铁朱宽还至南海郡留仇中男夫壮者多加以铁钳锁恐其道逃叛还至江都将见为解脱之皆手把钳叩头惜脱甚于中土贵金人形短小似昆仑【出朝野佥载】

卷四百八十二·蛮夷三·拨拔力国

拨拔力国在西南海中略不识五谷食肉而已常针牛畜脉取血和乳生饮无衣唯腰下用羊皮掩之其妇人洁白端正国人自掠卖与外国商人其价数倍土地唯有象牙及阿末看波斯商人欲入此国团集数千人赍绁布没老幼共刺血立誓乃市其物自古不属外国战用象牙排野牛角稍衣甲弓矢之器步兵二十万大食频讨袭之【出酉阳杂俎】

卷四百八十三·蛮夷四·狗国

陵州刺史周遇不茹荤血尝语刘恂云顷年自青杜之海归闽遭恶风飘五日夜不知行几千里也凡历六国第一狗国同船有新罗云是狗国逡巡果见如人裸形抱狗而出见船惊走又经毛人国形小皆被发面身有毛蔽如狖又到野叉国船抵暗石而损遂般人物上岸伺潮落阁船而修之初不知在此国有数人同入深林采野蔬忽为野叉所逐一人被擒余人惊走回顾见数辈野叉同食所得之人同舟者惊怖无计顷刻有百余野叉皆赤发裸形呀口怒目而至有执木枪者有雌而挟子者篙工贾客五十余人遂齐将弓弩枪剑以敌之果射倒二野叉即舁拽明啸而遁既去遂伐木下寨以防再来野叉畏弩亦不复至驻两日修船方毕随风而逝又经大人国其人悉长大而野见船上鼓噪即惊走不出又经流虬国其国人幺幺一概皆服麻布而有礼竞将食物求易钉铁新罗客亦半译其语遣客速过言此国遇华人飘泛至者虑有灾祸既而又行经小人国其人裸形小如五六岁儿船人食尽遂相率寻其巢穴俄顷果见捕得三四十枚以归烹而充食后行两日遇一洲岛而取水忽有群山羊见人但耸视都不惊避既肥且伟初疑岛上有人牧养而又绝无人踪捕之仅获百口皆食之【出岭表录异】

卷四百八十三·蛮夷四·南海人

南海男子女人皆缜发每沐以灰投流水中就水以沐以彘膏其发至五六月稻禾熟民尽髡鬻于市既髡复取彘膏涂来岁五六月又可鬻【出南海异事】

南海解牛多女人谓之屠婆屠娘皆缚牛于大木执刀以数罪某时牵若耕不得前某時乘若渡水不时行今何免死耶以策举颈挥刀斩之【出南海异事】

南海贫民妻方孕则诣富室指腹以卖之俗谓指腹卖或已子未胜衣邻之子稍可卖往贷取以鬻折杖以识其短长俟已子长与杖等即偿贷者鬻男女如粪壤父子两不戚戚【出南海异事】

卷四百九十九·杂录·郭使君

江陵有郭七郎者其家资产甚殷乃楚城富民之首江淮河朔间悉有贾客仗其货买易往来者乾符初年有一贾者在京都久无音信郭氏子自往访之既相遇尽获所有仅五六万缗生耽悦烟花迷于饮博三数年后用过太半是时唐李朝政多邪生乃输数百万于鬻爵者门以白丁易得横州刺史遂决还乡时渚宫新罹王仙芝寇盗里间人物与昔日殊生归旧居都无舍宇访其骨肉数日方知弟妹遇兵乱已亡独母与一二奴婢处于数间茅舍之下囊橐

荡空旦夕以纫针为业生之行李间犹有二三千缗缘兹复得苏息乃佣舟与母赴秩过长沙入湘江次永州北江壖有佛寺名兜率是夕宿于斯结缆于大槠树下夜半忽大风雨波翻岸崩树卧枕舟舟不胜而沉生与一稍工拽舟登岸仅以获免其余婢仆生计悉漂于怒浪迟明投于僧室母氏以惊得疾数日而殒生憧惶驰往零陵告州牧州牧为之殡葬且复赠遗之既丁忧遂寓居永郡孤且贫又无亲识日夕厄于冻馁生少小素涉于江湖颇熟风水间事遂与往来舟船执梢以求衣食永州市人呼为捉梢郭使君自是状貌异昔共篙工之党无别矣【出南楚新闻】

夷坚志①

甲卷十·海王三

甲志载泉州海客遇岛上妇人事今山阳海王三者亦似之王之父转贾泉南航巨浸为风涛破舟同载数十人俱溺王得一板自托任其簸荡到一岛屿遂陟岸行山涧异花幽木珍禽怪兽多中土所未识而风气和柔不类蛮峤所至空旷无居人王憩于大木之下莫知所留忽见一女子至问曰汝是甚处人如何到此王以舟行遭溺告女曰然则随我去女容状颇秀美发长委地不梳掠语言可通晓举体无丝缕朴樕蔽形王不能测其为人邪为异物耶默念业已堕它境一身无归亦将毕命豺虎死可立待不若姑听之乃从而下山抵一洞深杳洁邃晃耀常如正昼盖其所处但不设庖爨女留与同居朝暮饲以果实戒使勿妄出王虽无衣衾可换易幸其地不甚觉寒暑故亦可度岁余生一子迨及周晬女采菓未还王信步往水涯适有客舟避风于岸隩认其人皆旧识也急入洞抱儿至径登之女继来度不可及呼王姓名而骂之极口悲啼扑地气几绝王从篷底举手谢之亦为掩泪此舟已张帆乃得归楚儿既长楚人目为海王三绍兴间犹存

乙卷一·王彦太家

临安人王彦太家甚富有华屋颐指如意忽议航南海营舶货舟楫既具而以妻方氏妙年美色不忍轻相舍久之始决行历岁弗反音书断绝

丁卷一·南康神惠庙碑

大观三年秋长乐陆端蕴自太常少卿坐议原庙不合谪为虔州瑞金令其弟端藻在京局亦屏去得武夷冲佑观随之官是岁九月戊子夜梦舣舟江皋登北岸见堂崇深一丈殿上衣冠甚美前揖曰吾顺济王也子何以至此然吾祠宇子当为吾记仍书之藻逡巡谢曰欲作记须刻石此无碑材欲书则字画不工且名字湮微不足为重乃以中朝达官某人言曰王其委之王色庄声厉曰谁谓南康而乏碑材谁为达官吾不知也但记而书之勿辞藻拱手曰敢不敬奉命王色定延之以入修廊曲槛花木掩映若画图然久之语曰吾今循行子亦归矣当以顺风奉送又曰风之逆顺亦非可私特世人弗之知耳俄有武夫磬折庭下王顾曰今日风色何如对曰顺风也王笑视藻曰可去矣相与行至林麓间而别王登车车制绝异藻请其名王曰禹乘四载以治洪水此其一也即与徒御去如云烟藻矍然而觉十一月罢祠入京调南安军南康丞复归瑞金政和元年八月至官二年二月甲辰夜梦中恍惚若见王者后数日邑民来告蜿蜒之物见于桥者三日矣请各献地创为神惠建庙以奉王灵三月甲子相地越十日甲戌神见于祠所于是庙成藻念昔岁之梦王云南康盖今莅官之处其所建立乃江之北岸也遂为作记以八月丙子立石于庙中石刓敝不耐久淳熙十三年知县李秩重刻之今见存

丁卷一·三赵失舟

江都总管赵士岈说淳熙十二年宗室中有叔侄三人自临安调选归其所居同邑当四五月之交共买小舟经吴兴过溪中一滩日午风大作天色晦瞑若有物执其柁实时沦覆幸水浅得不溺死既达岸茫不知为计俄一笼漂至前视之则叔诰命袍鞾之属虽遭渰浸略不污湿叔甚喜二侄泣曰叔已无所忧奈我等何继又一笼漂至二侄文书在焉日已暮投宿村舍侵晨徒步而出见田父荷鉏治地望其仓皇愁窘问之告以故父曰何不往问赵法师可知底蕴且语其居处遂行访之亦宗室素相善者赵历扣曲折云彼处乃小小川渎何能壊舟船必有异吾行制鬼神术

① ［宋］洪迈撰。

当相为考召立可见矣作法才毕鬼物已盈满其家其为首者盖向所遇田父也赵责数之仍索舟中物一一皆在悉为此鬼家属服用若都城所谓冠珥首饰则妇女掩为已有状具赵骂曰汝既溺人舟又窃取所赍安得逃罪欲行绳治对曰某忝为当界土地前此数日被城隍司公牒指名覆此舟诸物皆据牒交领惟三人诰命及制书非籍中所载旋送还之矣牒见存可以验视赵取而阅之竟无以罪之于是释使去

丁卷一·海山异竹

温州巨商张愿世为海贾往来数十年未尝失时绍兴七年因涉大洋遭风漂其船不知所届经五六日得一山修竹戛云弥望极目乃登岸伐十竿拟为篙棹之用方毕事见白衣翁云此是何世非汝所当留宜急回不可缓也船人拱手曰某辈已迷失路将葬鱼腹仙翁幸教如何可达乡闾翁指东南方果得善还十竹已杂用其九临抵岸有倭客及昆仑奴望桅樯拊膺大呼可惜者不绝口既泊缆众凝睇船内见一竹尚存争欲辍买曰吾不论价愿度其意必欲得试需二千缗众齐声答曰好即就近取钱以偿愿曰此至宝也我适相戏耳非五千缗勿复议昆仑尤喜如其数辇钱授之而后立约约定愿问之曰此竹既交易不可翻悔然我实不识为是何宝物而汝曹竞欲售如此盍为我言之对曰此乃宝伽山聚宝竹每立竿于巨浸中则诸宝不采而聚吾毕世船游视鲸波滔天如平地然但知竹名未尝获睹也虽累千万价亦所不惜愿始嗟叹而付之

丁卷四·张四海蛳

临安荐桥门外太平桥北细民张四者世以鬻海蛳为业每浙东舟到必买而寘于家

丁卷五·海口镇鳜鱼

汪茂通榷监福州福清海口镇税一夕津吏报有海船一只经过岸下所载惟鳜鱼一尾客人贪行市不可滞留乞便为检放汪知其为大鱼语之曰候收税毕为我买其头吏曰恐太多无发泄处乃令只买双颊腮肉亦以多为言于是但市其半少焉四兵牵负而至其重七八十斤汪举室恣食之又以其余作脯饷县僚略计此鳜无虑数千斤

丁卷七·张元善水厄

处州并海虽旁流支港皆深阔往来舟船常有惊涛骇浪之害村岸有老叟梦一士人在水中抱青龙长可丈余且甚惧临门呼曰厚报叟曰此不难也引手拨龙龙去士得登岸觉而异焉以语其子明日正午飓风大作暴潮如山而至一小舟破于波间有人溺水持大青竹竿连呼救人叟出观之宛如梦所见者急棹渔艇往救之已昏昏不能言叟唤童儿策迎以归寘于室为燃火燎衣具饮食良久乃苏云吾为张体仁建州浦城人也因永嘉经由不虞遭此变非叟仁心则既葬鱼腹矣留旬日乃能复常拜谢而去叟亦不以所梦告张后登第仕宦通显遣人访叟家致钱帛为饷旋复本姓曰詹仍字符善位九卿帅闽部前程固未艾也

丁卷七·芜湖龙祠

绍熙五年春江西安抚司将官林应趾部豫章米纲往金陵抵芜湖内一舟最大所载千斛中夜忽漏作水如涌舟中之人惶窘无计林具衣冠谒龙祠拜祷曰应趾以贫为此役今若是将大有损失何力以偿势须徙出又非仓卒可办舟有七仓辄用甲乙次叙书七阄以卜所向愿大神威灵曲垂昭告遂得第三阄水及舟运而漏自止于是安寝至旦后三日晚至采石舟复漏乃集纲众如神告之证空第三仓见底板正脱一节一小鱼当漏处帖帖如遮护然已腐矣盖前者漏止正以鱼故神之赐佑大矣哉

戊卷一·浮曦妃祠

绍熙三年福州人郑立之自番禺泛海还乡舟次莆田境浮曦湾未及出港或人来告有贼船六只在近洋盍谋脱计于是舟师诣崇福夫人庙求救护得三吉珓虽喜其必无虞然迟回不决聚而议曰我众力单寡不宜以白昼显

行迎祸且安知告者非贼候逻之党乎勿堕其计中不若侵晓打发出其不意庶或可免况神妃许我邪皆曰善迨至港果有六船翔集洪波间其二已逼近舟人窘迫但遥瞻神祠致祷相与被甲发矢射之矢几尽贼轴铲已接一寇持长叉将跳入忽烟雾勃起风雨欻至惊涛驾山对面不相覩识全如深夜既而开霁帖然贼船悉向东南去望之绝小立之所乘者亦漂往数十里外了无它恐盖神之赐也其灵异如此夫人今进为妃云

戊卷一・陈公任

陈公任者福州长乐县巨商也淳熙元年正月一日其妾梦三人入门其二衣绿袍持牍大书于壁间曰陈公任今年四月初七日主恶死妾识字能读明旦告其侣曰夜来梦极不祥相与视壁上字一无所有皆匿讳不敢说久之众商张世显何仲立仲济十余辈订云福清东墙莫少俞治船欲以四月往浙江可共买布同发如期而行至州界鴬鹰港夜可二鼓舟师报船无故自拆世显遽拥衾出是时碇泊处去岸犹丈许觉如有人拥其辈至岸余人相继腾上惟公任仲立留恋货财未肯舍顷之舟沉而縴出水面二人急抱縴逐浪上下哀呼求救不可忍闻腹为縴所摇几至于裂竟堕死波中正

戊卷二・海船猴

广州海山楼下客商舶船养一猴甚驯育之既久与人无间商妇生婴儿已三四岁猴每抱持之习以为常家人亦视之不问一日商登岸妇在寝猴辄挟儿直升桅樯之颠其高数丈满船人皆惊慑而猝不可取但铺设帆席帷幕四环于下以防坠水遣篙师扳援而上将至矣猴遽放手儿遂坠下板上碎首死商杀猴沈诸海中痛恨无及矣相州人张正叔时避地在彼亲见之予亦记小说中有猴効人浴儿而举置汤镬内既云异类自不应狎之如人也

戊卷二・淡水渔人

元善与尝监惠州淡水监场场在海滨在近居民数百户皆渔人也见其捕取海物至艰苦云鳆鱼只有一边殼以自蔽渔者挐舟至其所产处以麻绳系腰缚一头于柁尾然后没水或至深入五六十丈如出其不觉皆可拾取或知人且至则粘著石上牢不可拔虽椎击至碎亦然案后汉书伏隆传张步献鳆鱼郭璞注三苍曰鳆似蛤偏著石广志曰鳆有殼一面附石细孔杂杂或七或九与此说同若江瑶淡菜之属取之甚易迨欲出水则循绳扳缘足蹑以升或久而不出而有泡沫堆突起于水面者妻子在舟中见其状皆抚膺恸哭盖已为大鱼衔去矣遭此者常常有之

戊卷四・蔡通判

淳熙元年嘉兴蔡摅承议赴蕲州黄梅知县泛舟大江过蕲口宿是夜大风拔木舟碎于巨浪唯底板存蔡适在其上抱持浮漾意以为家人尽溺死矣待旦风小定视之则皆跧聚板上不失一人囊箧仆从悉没一小箧贮出身勅诏独得全旋唤渔舟载到南岸居人见其至争来慰劳云昨夜风雷黑暗中闻神声言且救取蔡通判一家官人岂非蔡公乎蔡为人质重廉恪乡里称其贤故遭罹大难而蒙神力以免其后秩满果调泰州通判

戊卷九・海盐巨鳅

绍兴二十年四月秀州海盐县并海之民未晚将趋县忽闻海中歌讴之声讙沸盈耳惊而东望遥覩大舟从洋波间来皆竚立凝俟稍近见大虾数十枚各长丈许策翼两傍随之而进顷刻抵岸则元非舟舻群虾亦散但一巨鳅困阁沙上时时扬鬐拨刺巍然而高殆与县鼓楼等长百丈不啻额上有窍径尺其中空倾邑传闻争来聚观接踵于道以为怪物不敢辄犯经日始有架梯蹑其背者久而知无他异竞脔其肉又两日尚能掉尾转动遭压死者十人或疑为谪龙虽得肉弗敢食一无赖子先煮尝之云极珍美于是厥价斗贵至持入州城每斤为钱二百涉旬乃尽吾乡祝次骞时为县宰命取其目睛大如桃光采可鉴俨然双明珠也凡数日水滴尽而枯颔骨长二丈五尺县后溪阔二丈祝遣人舆致用以为梁每脊一节堪作臼捣米祝之宗人在彼携数臼以归至今犹存识者谓鳅居京渊中必尝为人害故神明诛之云祝长子东老时年十一岁亲见之甲志所书漳浦崇照场大鱼正此类也

博物志[①]

卷一

南越之国与楚为邻五岭已前至于南海负海之邦交趾之土谓之南裔

吴左洞庭右彭蠡后滨长江南至豫章水戒险阻之国也

东越通海处南北尾闾之间三江流入南海通东瓯山高海深险绝之国也

卷一·地

考灵曜曰地有四游冬至地上北而西三万里夏至地下南而东三万里春秋二分其中矣地常动不止譬如人在舟而坐舟行而人不觉七戎六蛮九夷八狄经总而言之谓之四海言皆近海海之言晦昏无所睹也

卷一·水

南海短狄未及西南夷以穷携家渡南海至交趾者不绝也

史记封禅书云威宣燕昭违人乘舟入海有蓬莱方丈瀛州三神山神人所集欲采仙药盖言先有至之者其鸟兽皆白金银为宫阙悉在渤海中去人不远

卷二·外国

秦始皇二十六年有大人十二见于临洮长五丈足迹六尺东海之外大荒之中有大人国僬侥氏长三丈时含神雾

有一国亦在海中纯女无男又说得一布衣从海浮出其身如中国人衣两袖长二丈又得一破船随波出在海岸边有一人项中复有面生得与语不相通不食而死其地皆在沃沮东大海中

南海外有鲛人水居如鱼不废织绩其眼能泣珠呕丝之埜其女子端跪据树而呕丝北海外也

毌丘俭遣王颁追高句丽王宫尽沃沮东界问其耆老言国人常乘船捕鱼遭风吹数十日东得一岛上有人言语不相晓其俗常以七夕取童女沈海

交州夷名曰俚子俚子弓长数尺箭长尺余以燋铜为镝涂毒药于镝锋中人即死不时敛藏即腹胀沸烂须臾肌肉都尽唯骨耳其俗誓不以此药法语人治之饮妇人月水及粪汁时有差者唯射猪犬则无恙

① 〔晋〕张华撰。

述异记[1]

卷上

扬州有蚍市市人鬻珠玉而杂货鲛布鲛人即泉先也又名泉客

南海出鲛绡纱泉先潜织一名龙纱其价百余金以为服入水不濡

南海有龙绡宫泉先织绡之处绡有白如霜者郁林郡有珊瑚市海先市珊瑚树碧色生海底一株十枝枝间无叶大者高五六尺至小者尺余蛟人云海上有珊瑚宫汉元封二年郁林郡献瑞珊瑚

光武时南海献珊瑚妇人帝命植于殿前谓之女珊瑚一旦柯叶甚茂至灵帝时树死咸以谓汉室将亡之征也

凡珠有龙珠龙所吐者蚍珠蚍所吐者南海俗谚云蚍珠千枚不及玫瑰亦蚍珠贱也【玫瑰亦是美珠也】越人谚云种千亩木奴不如一龙珠

越俗以珠为上宝生女谓之珠娘生男谓之珠儿吴越间俗说明珠一斛贵如玉者合浦有珠市

昔炎帝女溺死东海中化为精卫其名自呼每衔西山木石填

东海偶海燕而生子生雌状如精卫生雄如海燕今东海精卫誓水处曾溺于此川誓不饮其水一名鸟誓一名冤禽又名志鸟俗呼帝女雀

东海岛龙川穆天子养八骏处也岛中有草名龙刍马食之一日千里古语云一株龙刍化为龙驹

陶唐之世越常国献千岁神龟方三尺余背上有文科斗书记开辟已来帝命録之谓之龟歷伏滔述帝功德铭曰胡书龟歷之文

吴王夫差筑姑苏之台三年乃成周旋诘屈横亘五里崇饰土木殚耗人力宫妓数千人上别立春宵宫为长夜之饮造千石酒钟夫差作天池池中造青龙舟舟中盛陈妓乐日与西施为水嬉吴王于宫中作海灵馆馆娃阁铜沟玉槛宫之楹槛皆珠玉饰之

洞庭湖中有钓洲昔范蠡乘扁舟至此遇风止钓于洲上刻石记焉有一陂陂中有范蠡鱼昔范蠡钓得大鱼烹食之小者放于陂中陂边有范蠡石床石砚钴鉾范蠡宅在湖中多桑纻英果有海杏大如拳苦菜甘柚林石壁上凿兵书十篇菰葑川皆范蠡手植之定陶有范蠡千斛鱼陂木桃园酸枣林梧桐宫在句容县传云吴别馆有楸梧成林焉梧子可食古乐府云梧宫秋吴王愁是也

炎洲在南海中上有风生兽似豹青色大如狸网取之积薪数车烧之不燃铁锤锻头数十下乃死以口向风须臾便活以石上菖蒲塞鼻即真死取其脑和菊花服之可寿五百岁

秦始皇作石桥于海上欲过海观日出处有神人驱石去不速神人鞭之皆流血今石桥其色犹赤

汉成帝尝与赵飞燕游太液池以沙棠木为舟其木出昆仑山人食其实入水不溺诗曰安得沙棠木刳以为舟船

伺潮鸡潮水上则鸣孙绰望海赋曰石鸡清响而应潮是也

---

① 〔梁〕任昉撰。

邓通以棹船为黄头郎曰土胜水其色黄故刺船郎皆著黄帽

卷下

关中有金鱼神云周平二年十旬不雨遣祭天神俄而生涌泉金鱼跃出而雨降

南海山出千步香佩之香闻于千步也今海嵎有千步草是其种也叶似杜若而红碧间杂贡籍曰南郡贡千步香

日南有香市商人交易诸香处

汉雍仲子进南海香物拜为涪阳尉时谓之香尉

日南有千亩林名香出其中

香洲在朱崖郡洲中出诸异香往往不知名焉千年松香闻于十里亦谓之十里香

杏园洲在南海中洲中多杏海上人云仙人种杏处汉时尝有人舟行遇风泊此洲五六日食杏故免死云洲中别有冬杏

木兰川在浔阳江中多木兰树昔吴王阖闾植木兰于此用构宫殿也七里洲中有鲁班刻木兰为舟舟至今在洲中诗家云木兰舟出于此

今乌江长亭亭下有驻马塘即当时乌江亭长舣舟待项羽处

东海有牛鱼其形如牛海人采捕剥其皮悬之潮水至则尾起潮水落则尾伏

儋耳郡明山有二石如人形云昔有兄弟二人向海捕鱼因化为石因号兄弟石

酉阳杂组[①]

卷三・贝编

国初僧玄奘往五印取经西域敬之成式见倭国僧金刚三昧言尝至中天寺中多画玄奘麻屩及匙筯以彩云乘之盖西域所无者每至斋日辄膜拜焉

卷四・境异

拨拔力国在西南海中不食五谷食肉而已常针牛畜脉取血和乳生食无衣服唯腰下用羊皮掩之其妇人洁白端正国人自掠卖与外国商人其价数倍土地唯有象牙及阿末香波斯商人欲入此国团集数千人赍绁布没老幼共刺血立誓乃市其物自古不属外国战用象牙排野牛角为矟衣甲弓矢之器步兵二十万大食频讨袭之

马伏波有余兵十家不返居寿洽县自相婚姻有二百户以其流寓号马留衣食与华同山川移易铜柱入海以此民为识耳亦曰马留

王子年拾遗言晋武时因墀国使言东方有解形之民能使头飞南海左手飞东山右手飞西泽至暮头还肩上两手遇疾风飘于海水外

近有海客往新罗吹至一岛上满山悉是黑漆匙筯其处多大木客仰窥匙筯乃木之花与须也因拾百余双还用之肥不能使后偶取搅茶随搅而消焉

卷十・物异

豫章船昆明池汉时有豫章船一艘载一千人

石人菜子国海上有石人长一丈五尺大十围昔秦始皇遣此石人追劳山不得遂立于此

大定初有士人随新罗使风吹至一处人皆长须语与唐言通号长须国人物茂盛栋宇衣冠稍异中国地曰扶桑洲其署官品有王长戢波目役岛逻等号士人历谒数处其国皆敬之忽一日有车马数十言大

卷十七・广动植之二・鳞介篇

龙头上有一物如博山形名尺木龙无尺木不能升天井鱼井鱼脑有穴每翕水辄于脑穴蹙出如飞泉散落海中舟人竞以空器贮之海水咸苦经鱼脑穴出反淡如泉水焉成式见梵僧菩提胜说

异鱼东海渔人言近获鱼长五六尺肠胃成胡鹿刀槊之状或号秦皇鱼

乌贼旧说名河伯度【一曰从】事小吏遇大鱼辄放墨方数尺以混其身江东人或取墨书契以脱人财物书迹如淡墨逾年字消唯空纸耳海人言昔秦皇东游弃算袋于海化为此鱼形如算袋两带极长一说乌贼有矴遇风

① 〔唐〕段成式撰。

则蚪前一须下矸

鲎雌常负雄而行渔者必得其双南人列肆卖之雄者少肉旧说过海辄相负于背高尺余如帆乘风游行今鲎
殼上有一物高七八寸如石珊瑚俗呼为鲎帆成式荆州尝得一枚至今闽岭重鲎子酱鲎十二足殼可为冠次于白
角南人取其尾为小如意也

蟹八月腹中有芒芒真稻芒也长寸许向东输与海神未输不可食

系臂如龟入海捕之人必先祭又陈所取之数则自出因取之若不信则风波覆船

异虫温会在江州与宾客看打鱼渔子一人忽上岸狂走温问之但反手指背不能语渔者色黑细视之有物如
黄叶大尺余眼遍其上啮不可取温令烧之落每对一眼底有觜如钉渔子出血数升而死莫有识者

《酉阳杂俎续集》卷三·支诺皋下

武宗之元年戎州水涨浮木塞江刺史赵士宗召水军接木约获百余段公署卑小地窄不复用因并修开元寺

宋高僧传[①]

卷一·译经篇第一之一·唐洛阳广福寺金刚智传

释跋日罗菩提华言金刚智南印度摩赖耶国人也华言光明其国境近观音宫殿补陀落伽山父婆罗门善五明论为建支王师智生数岁日诵万言目览心传终身无忘年十六开悟佛理不乐习尼揵子诸论乃削染出家盖宿植之力也后随师往中印度那烂陀寺学修多罗阿毗达磨等洎登戒法遍听十八部律

又诣西印度学小乘诸论及瑜伽三密陀罗尼门十余年全通三藏次复游师子国登楞伽山东行佛誓裸人等二十余国闻脂那佛法崇盛泛舶而来以多难故累岁方至开元己未岁达于广府

卷一·译经篇第一之一·唐京兆大兴善寺不空传【慧朗】

释不空梵名阿目佉跋折罗华言不空金刚止行二字略也本北天竺婆罗门族……师梦京城诸寺佛菩萨像皆东行寐寤乃知空是真法器遂允所求授与五部灌顶护摩阿阇梨法及毗卢遮那经苏悉地轨则等尽传付之厥后师往洛阳随侍之际遇其示灭即开元二十年矣影堂既成追谥已毕曾奉遗旨令往五天并师子国遂议遐征初至南海郡采访使刘巨邻恳请灌顶乃于法性寺相次度人百千万众空自对本尊祈请旬日感文殊现身及将登舟采访使召诫番禺界蕃客大首领伊习宾等曰今三藏往南天竺师子国宜约束船主好将三藏并弟子含光慧晉等三七人国信等达彼无令疏失二十九年十二月附昆仑舶离南海至诃陵国界遇大黑风众商惶怖各作本国法禳之无验皆膜拜求哀乞加救护慧晉等亦恸哭空曰吾今有法汝等勿忧遂右手执五股菩提心杵左手持般若佛母经夹作法诵大随求一遍即时风偃海澄又遇大鲸出水喷浪若山甚于前患众商甘心委命空同前作法令慧晉诵娑竭龙王经逡巡众难俱息既达师子国王遣使迎之将入城步骑羽卫骈罗衢路王见空礼足请住宫中七日供养

卷二·译经篇第一之二·唐洛京圣善寺善无畏传【达摩掬多】

释善无畏本中印度人也释迦如来季父甘露饭王之后梵名戍婆揭罗僧诃华言净师子义翻为善无畏一云输波迦罗此名无畏亦义翻也其先自中天竺因国难分王乌荼父曰佛手王以畏生有神姿宿赍德艺故历试焉十岁统戎十三嗣位得军民之情昆弟嫉能称兵构乱阋墙斯甚薄伐临戎流矢及身掉轮伤顶天伦既败军法宜诛大义灭亲忍而曲赦乃抆泪白母及告群臣曰向者亲征恩已断矣今欲让国全其义焉因致位于兄固求入道母哀许之密与传国宝珠犹诸侯之分器也南至海滨遇殊胜招提得法华三昧聚沙为塔仅一万所黑蛇伤指而无退息复寄身商船往游诸国密修禅诵口放白光无风三日舟行万里属商人遇盗危于并命畏恤其徒侣默讽真言七俱胝尊全现身相群盗果为他寇所歼寇乃露罪归依指踪夷险

卷二·译经篇第一之二·唐洛京智慧传

释智慧者梵名般剌若也姓憍答摩氏北天竺迦毕试国人……常闻支那大国文殊在中锡指东方誓传佛教乃泛海东迈垂至广州风飘却返抵执师子国之东又集资粮重修巨舶遍历南海诸国二十二年再近番禺风涛遽作舶破人没唯慧存焉夜至五更其风方止所赍经论莫知所之及登海壖其夹策已在岸矣于白抄内大竹筒中得之宛为鬼物扶持而到乃叹曰此大乘理趣等经想支那人根熟矣遂东北行半月达广州即德宗建中初也属帝违难奉天贞元二年始届京辇

① 〔宋〕释赞宁撰。

卷二·译经篇第一之二·唐波凌国智贤传【会宁】

释若那跋陀罗华言智贤南海波凌【亦曰诃凌】国人也善三藏学麟德年中有成都沙门会宁欲往天竺观礼圣迹泛舶西游路经波凌遂与智贤同译涅槃后分二卷此于阿笈摩经内译出说世尊焚棺收设利罗等事与大涅槃颇不相涉译毕寄经达交州宁方之西域至仪凤年初交州都督梁难敌遣使同会宁弟子运期奉表进经入京三年戊寅大慈恩寺沙门灵会于东宫启请施行运期奉侍其师因心莫比师令赍经行化故无暇影随往西域也

卷四·义解篇第二之一·唐新罗国顺璟传

释顺璟者浪郡人也本土之氏族东夷之家系故难详练其重译学声教盖出天然况乎因明之学奘师精研付受华僧尚未多达璟之克通非其宿殖之力自何而至于是钦传得奘师真唯识量乃立决定相违不定量于乾封年中因使臣入贡附至

卷四·义解篇第二之一·唐新罗国义湘传

释义湘俗姓朴鸡林府人也生且英奇长而出离逍遥入道性分天然年临弱冠闻唐土教宗鼎盛与元晓法师同志西游行至本国海门唐州界计求巨舰将越沧波倏于中涂遭其苦雨遂依道旁土龛间隐身所以避飘湿焉迨乎明旦相视乃古坟骸骨旁也天犹霢霂地且泥涂尺寸难前逗留不进又寄埏甓之中夜之未央俄有鬼物为怪晓公叹曰前之寓宿谓土龛而且安此夜留宵托鬼乡而多祟则知心生故种种法生心灭故龛坟不二又三界唯心万法唯识心外无法胡用别求我不入唐却携囊返国湘乃只影孤征誓死无退以总章二年附商船达登州岸分卫到一信士家见湘容色挺拔留连门下既久有少女丽服靓妆名曰善妙巧媚海之湘之心石不可转也女调不见答顿发道心于前矢大愿言生生世世归命和尚习学大乘成就大事弟子必为檀越供给资缘湘乃径趋长安终南山智俨三藏所综习华严经时康藏国师为同学也所谓知微知章有伦有要德瓶云满藏海嬉游乃议回程传法开诱复至文登旧檀越家谢其数稔供施便慕商船逡巡解缆其女善妙预为湘办集法服并诸什器可盈箧笥运临海岸湘船已远其女咒之曰我本实心供养法师愿是衣箧跳入前船言讫投箧于骇浪有顷疾风吹之若鸿毛耳遥望径跳入船矣其女复誓之我愿是身化为大龙扶翼舳舻到国传法于是攘袂投身于海将知愿力难屈至诚感神果然伸形夭矫或跃蜿蜒其舟底宁达于彼岸湘入国之后遍历山川

卷四·义解篇第二之一·唐新罗国黄龙寺元晓传【大安】

释元晓姓薛氏东海湘州人也……时国王置百座仁王经大会遍搜硕德本州以名望举进之诸德恶其为人谮王不纳居无何王之夫人脑婴痈肿医工绝验王及王子臣属祷请山川灵祠无所不至有巫觋言曰苟遣人往他国求药是疾方瘳王乃发使泛海入唐募其医术溟涨之中忽见一翁由波涛跃出登舟邀使人入海睹宫殿严丽见龙王王名钤海谓使者曰汝国夫人是青帝第三女也我宫中先有金刚三昧经乃二觉圆通示菩萨行也今托仗夫人之病为增上缘欲附此经出彼国流布耳于是将三十来纸重沓散经付授使人复曰此经渡海中恐罹魔事王令持刀裂使人腨肠而内于中用蜡纸缠縢以药傅之其腨如故龙王言可令大安圣者铨次缀缝请元晓法师造疏讲释之夫人疾愈无疑假使雪山阿伽陀药力亦不过是龙王送出海面遂登舟归国时王闻而叹欢喜

卷十四·明律篇第四之一·唐扬州大云寺鉴真传

释鉴真姓淳于氏广陵江阳县人也总丱俊明器度宏博能典谒矣随父入大云寺见佛像感动夙心因白父求出家父奇其志许焉登便就智满禅师循其奖训属天后长安元年诏于天下度僧乃为息慈配住本寺后改为龙兴殆中宗孝和帝神龙元年从道岸律师受菩萨戒景龙元年诣长安至二年三月二十八日于实际寺依荆州恒景律师边得戒虽新发意有老成风观光两京名师陶诱三藏教法数稔该通动必研几曾无矜伐言旋淮海以戒律化诱郁为一方宗首冰池印月适足清明貌座扬音良多响答时日本国有沙门荣睿普照等东来募法用补缺然于开元年中达于扬州爰来请问礼真足曰我国在海之中不知距齐州几千万里虽有法而无传法人譬犹终夜有求于幽

室非烛何见乎愿师可能辍此方之利乐为海东之导师乎真观其所以察其翘勤乃问之曰昔闻南岳思禅师生彼为国王兴隆佛法是乎又闻彼国长屋曾造千袈裟来施中华名德复于衣缘绣偈云山川异域风月同天寄诸佛子共结来缘以此思之诚是佛法有缘之地也默许行焉所言长屋者则相国也真乃慕比丘思托等一十四人买舟自广陵赍经律法离岸乃天宝二载六月也至越州浦止署风山真夜梦甚灵异才出洋遇恶风涛舟人顾其垂没有投弃栈香木者闻空中声云勿弃投时见舳舻各有神将介甲操仗焉寻时风定俄漂入蛇海其蛇长三丈余色若锦文后入鱼海鱼长尺余飞满空中次一洋纯见飞鸟集于舟背压之几没洎出鸟海乏水俄泊一岛池且泓澄人饮甘美相次达于日本其国王欢喜迎入城大寺安止初于卢遮那殿前立坛为国王授菩萨戒次夫人王子等然后教本土有德沙门足满十员度沙弥澄修等四百人用白四羯磨法也又有王子一品亲田舍宅造寺号招提施水田一百顷自是已来长敷律藏受教者多彼国号大和尚传戒律之始祖也以日本天平宝字七年癸卯岁五月五日无疾辞众坐亡身不倾坏乃唐代宗广德元年矣春秋七十七至今其身不施苎漆国王贵人信士时将宝香涂之僧思托著东征传详述焉

卷十八·感通篇第六之一·陈新罗国玄光传

释玄光者海东熊州人也少而颖悟顿厌俗尘决求名师专修梵行迨夫成长愿越沧溟求中土禅法于是观光陈国利往衡山见思大和尚开物成化神解相参思师察其所由密授法华安乐行门光利若神锥无坚不犯新犹劫贝有染皆鲜禀而奉行勤而罔忒俄证法华三昧请求印可思为证之汝之所证真实不虚善护念之令法增长汝还本土施设善权好负螟蛉皆成蜾蠃光礼而垂泣自尔返锡江南属本国舟舰附载离岸时则彩云乱目雅乐沸空绛节霓旌传呼而至空中声云天帝召海东玄光禅师光拱手避让唯见青衣前导少选入宫城且非人间官府羽卫之设也无非鳞介参杂鬼神或曰今日天帝降龙王宫请师说亲证法门吾曹水府蒙师利益既登宝殿次陟高台如问而谈略经七日然后王躬送别其船泛洋不进光复登船船人谓经半日而已光归熊州翁山卓锡结茅乃成梵刹同声相应得法者蛰户爰开乐小回心慕膻者蝗连倏至

卷十九·感通篇第六之二·唐成都净众寺无相传【智诜禅师】

释无相本新罗国人也是彼土王第三子于本国正朔年月生于群南寺落发登戒以开元十六年泛东溟至于中国到京

卷十九·感通篇第六之二·唐扬州西灵塔寺怀信传

释怀信者居处广陵别无奇迹会昌三年癸亥岁武宗为赵归真排毁释门将欲堙灭教法有淮南词客刘隐之薄游四明旅泊之宵梦中如泛海焉回顾见塔一所东度见是淮南西灵寺塔其塔峻峙制度校胡太后永宁塔少分耳其塔第三层见信凭栏与隐之交谈且曰暂送塔过东海旬日而还数日隐之归扬州即往谒信信曰记得海上相见时否隐之了然省悟后数日天火焚塔俱尽白雨倾澍傍有草堂一无所损由是观之东海人见永宁塔不谬矣

卷二十三·遗身篇第七·晋天台山平田寺道育传

释道育新罗国人也本国姓氏未所详练自唐景福壬子岁来游于天台迟回而挂锡于平田寺众堂中慈爱接物然终不舍岛夷

卷二十三·遗身篇第七·晋凤翔府法门寺志通传

释志通俗姓张氏右扶风著姓家之子也早知遣世克务净门选礼名师登于上品诸方讲肆遍略留心后唐之季兵革相寻自此驾已东巡薄游洛下遇缚日啰三藏行瑜伽教法通礼事之乃欲陟天台罗浮遂辞三藏曰吾此求翻译属中原多事子议南征奈何路梗何通曰泛天堑其如我何三藏曰苟去吴会间可付之梵夹或缘会传译通曰已闻命矣以天福四年己亥岁天王锡命于吴越遂附海舰达浙中时文穆王钱氏奉朝廷之故具威仪乐部迎通入府庭供养

卷二十七·兴福篇第九之二·唐京兆大兴善寺含光传

释含光不知何许人也幼觉嚣尘驰求简静开元中见不空三藏颇高时望乃依附焉及不空劫回西域光亦影随匪惮艰危思寻圣迹去时泛舶海中遇巨鱼望舟有吞噬之意两遭黑风天吴异物之怪既从恬静俄抵师子国属尊贤阿阇梨建大悲胎藏坛许光并慧䂮同受五部灌顶法天宝六载回京

卷二十八·兴福篇第九之三·宋钱塘永明寺延寿传

释延寿姓王本钱塘人也……汉南国王钱氏最所钦尚请寿行方等忏赎物类放生泛爱慈柔或非理相干颜貌不动诵法华计一万三千许部多励信人营造塔像自无贮畜雅好诗道著万善同归宗镜等录数千万言高丽国王览其录遣使遗金线织成袈裟紫水精数珠金澡罐等

卷二十九·杂科声德篇第十之一·唐洛阳罔极寺慧日传【真法师】

释慧日俗姓辛氏东莱人也中宗朝得度及登具足后遇义净三藏造一乘之极躬诣竺干心恒羡慕日遂誓游西域始者泛舶渡海自经三载东南海中诸国昆仑佛誓师子洲等经过略遍乃达天竺礼谒圣迹寻求梵本访善知识一十三年咨禀法训思欲利人振锡还乡独影孤征雪岭胡乡又涉四载既经多苦深厌阎浮何国何方有乐无苦何法何行能速见佛

续修四库全书

续编绥寇纪略[1]

卷一·蜀川沸

顺治二年乙酉曾英引兵至重庆一时蠭起之众皆归之众至数万船千艘难民相依者又数万人泊于涂山一岸重庆屹然成重镇

（顺治四年）九月大兵进攻忠州水陆俱下朱容藩使李占春余大海以舟师拒战往来如飞我兵不习水战又风雨大作山岸泥滑骑不得骋占春大海更以步兵促之我兵不利楚舟千余委弃辎粮器械无算遂自达州小路退入保宁别将又与侯天锡李正开战于泸州我师亦败遂陷马湖

卷二·滇黔窜

（顺治三年十一月）二日至重庆江北屯驻曾英见贼势单弱心颇易之移营江南岸城边及出奇门南郑坪等处众贼但下马偃卧英视之将谓非饥死则走死耳文秀素习水战能下水疾驰如履平地顷刻可达数里遥望隔江重庆城内人烟辐辏市肆如常曾兵纵饮为乐绝无戒严警备之意遂与可望等谋曰我兵深入断炊十日矣与其饥死无闻不若冒死决战我若渡江得取一舟便有生路可望等共以为然文秀乃手挟弓矢口衔利刃疾走入江部下随之者数人径至朝天门与波俱没英兵之在舟中者望见大笑以为贼自送死也须臾泅至英兵船尾跃入舱中乱杀数人舟兵仓猝不备无举刃相向者惟争投赴水文秀等六人悉举舟中所有而弃之江掠舟而去及登北岸可望罗拜称庆即令贼众百余人衣甲持械绕江上下冲突转战曾兵望风而靡英见势急亲督左右率舟师围贼手持画弓立桅后发矢反为贼将王自奇所射应弦而倒英堕江死曾兵大溃贼将既得志更掠数舟回至北岸尽渡群贼扬帆往来如入无人之境

卷三·争挟主

初杜允和闻王师过岭即同三司江槱等登海舶俟敌至即遁月余不至复入城为守御计

（顺治七年五月）时永历君舟居严起恒制一牌坊额曰水殿送上御舟

（顺治七年）十一月朔王师进克广州允和航海去

卷四·缅甸散

（顺治十五年二月）时三桂屯汉中由沔县戴安宁羌至朝天驿顺流而下三月四日抵保宁集舟舰载军糈以重庆水陆交衢请增兵五千以程廷俊为重庆总兵七日过南部西充十四日至合州州有江自阳平合瞿河而下江面甚阔水势汹涌王师跨马而渡重庆总兵杜子香望风奔溃王师遂由铜梁璧山进发四月三日克重庆

（顺治十八年三月）五月天炎定国亦利息兵阵获缅将如国老等亦善待之仍遣使告缅王俾送驾出不听

---

① 〔清〕叶梦珠辑。据清末铅印《申报馆丛书余集》本。

定国决策渡江及探洞邬无船乃遣都督黄某丁仰柳带兵屯阿瓦上流造船缅人闻船工将竣大发兵与定国战而别遣兵捣船厂黄丁弃船走永昌缅人焚船而去大队与定国战有又大败退入新城云战不利只宜坚守定国闻黄丁失守船俱被焚遂发兵四出扫粮为围困计凡三月粒米不入

靖海志①

卷一

丁卯【明熹宗天启七年】

六月海寇郑芝龙等犯闽山铜山中左等处芝龙泉州南安县石井巡司人也或曰漳州府之漳镇人芝龙父绍祖为泉州库吏蔡善继为泉州知府府治后街与库隔一街相望芝龙时十岁戏投石子误中善继额善继擒治之见其姿容秀丽笑曰法当贵而封遂释之不数年芝龙为父所怒持棍逐之芝龙大恐与其弟芝虎奔海上船乃恳叵商携往海外芝龙姣媚妩顺音律樗蒲靡不精好同抵日本日就岛主宴饮歌舞时主室有文君悦之乃日本长崎王之族女即赐姓成功生母也再一年前舰复至乃附归所娶所生姑留日本至中途为海盗劫夺芝龙只身随舰货作千金分与主寨之首领颜振泉海有十寨寨各为王芝龙之主又主中主也停半年主有疾疾且死九主为之疗祭芝龙乃泣而求其主曰明日祭后必会饮意欲求众力为我放一洋获之有无多寡系我之命时缓言恳之主如言众情允乐劫得四船货物皆自暹罗来每艘分其半九主重信义尽畀之富逾十主矣海中以富为尊主亦就殂芝龙升为十寨中之一时则通家耗辇金还家置苏杭两京细软宝玩兴贩琉球外国等物沿海州县抢掠一空官兵莫能抗始议招抚以蔡善继尝有恩于芝龙因量移泉州道以书之芝龙感恩为约降及受降之日善继坐戟门令芝龙兄弟囚首自缚请命芝龙素德善继屈意下之而芝虎一军皆哗竟叛去天启六年丙寅春遂据海岛截商粟闽中洊饥望海米不至于是求食者多往归之

七月劫商民船势浸大其党谋攻广东海丰嵌头村以为穴

十二月芝龙乃入闽泊于漳浦之白镇巡抚朱一冯遣都司洪先春率舟师击之而以把总许心素陈文廉为策应鏖战一日胜负未决会海潮夜生心素文廉船漂泊失道贼暗度上山诈为乡兵出先春后先春腹背受敌遂大败身被数刃然芝龙故有求抚之意欲微达于我兵乃舍先春不追获卢游击不杀又自旧镇进至中左所总兵俞咨皋战败纵之归中左人开城门求不杀芝龙约束麾下竟不侵扰警报至泉州知府王猷知其详乃曰芝龙不追不杀不焚掠似有归命之意今剿难猝灭抚或可行不若遣人往谕退舟海外仍许立功赎罪有功之日优以爵秩兴泉道邓良知从之遣人谕意

戊辰【怀宗崇祯元年】

春正月工科给事中颜继祖劾福建总兵俞咨皋下狱初巡抚朱钦相招抚海寇杨六杨七等芝龙求返内地杨六给其金不为通遂流劫海上继祖上言海盗郑芝龙生长于泉聚徒数万劫富施贫民不畏官而畏盗总兵俞咨皋招抚之议实饱贼囊旧抚朱钦相听其收海盗杨六杨七以为用夫抚寇之后必散于原籍而咨皋招之海即置之海今日受抚明日为寇昨岁中左所之变杨六杨七杳然无踪咨皋始缩舌无辞故闽帅不可不去也疏入逮咨皋下于理

三月禁漳泉人贩海芝龙纵掠福建浙江海上六月议招海寇郑芝龙

九月郑芝龙降于巡抚熊文灿工科给事中颜继祖言芝龙既降当责其报效从之

己巳【崇祯二年】

春二月海寇李魁奇伏诛魁奇本郑芝龙同党芝龙忌之击斩粤中夏四月广东副总兵陈廷对约郑芝龙剿盗芝龙战不利归闽不数日寇大至犯中左所近港芝龙又败寇夜薄中左所

---

① 〔清〕彭孙贻撰;〔清〕李延罡补。据清抄本。

辛未【崇祯四年】

春正月上召廷臣及各省监司于平台问福建布政使吴阳陆之祺海寇备御若何阳曰海寇与陆寇不同故权抚之但官兵狃抚为安贼又因抚益恣致数年未息上曰前抚李魁奇又何杀之阳曰魁奇非芝龙比即抚终不为我用今钟斌虽抚亦反侧不可保也上问计将安出之祺曰海上官兵肯出死力有司团练乡兵多设火器以守为战剿之不难上问巡抚熊文灿阳曰文灿才胆俱优但视贼太易故前有吉了之败之祺曰钟斌与郑芝龙势不两立七月间斌扰福州抚臣计诱往泉州前闻抚臣同芝龙讨贼僇其兄贼遁去问广东布政使陆问礼对曰广东海寇俱自福建至舟大而多火器兵船难近但守海门勿令登陆则不为害

壬申【崇祯五年】

冬十一月海盗刘香老犯福建小埕游击郑芝龙击走之

癸酉【崇祯六年】

夏六月海盗刘香老犯长乐

甲戌【崇祯七年】

夏四月海盗刘香老犯海丰

十二月总督两广熊文灿奏道将信贼自陷时文灿令守道洪云蒸巡道康承祖参将夏之本张一杰往潮州海角之道山调集猺獞蛮黎与土汉诸军入海招降刘香老不三日香老诈降两道两将皆被执入海上以贼渠受抚自当听其输诚岂有登舟往抚之理弛备长寇尚称未知督臣节制何事命巡按御史确核以闻已令文灿戴罪自效

乙亥【崇祯八年】

夏四月福建游击郑芝龙合粤兵击刘香老于田尾远洋初刘香老蹈芝龙故辙仍为海边患芝龙知其技力窘乏视风色之东西潮头之上下穷逼追击几无泊处香老恨已甚访芝龙之在漳镇选遣心膂直捣芝龙之室或杀或擒期了局以杜后患芝龙先知之假欢曰我自就抚以来为贪官污吏束缚正欲仍来入伙今众义来邀喜不可说即遣家眷行李登所来之船并锅铁器械海中所需必欲取之市者无不席卷芝龙曰室中酒肉甚多何不畅饮啖空而去速令治具取精腆丰美者恣为饱啖后则数拳高歌更为碗酒块肉极量忘怀海中来党至醉极酩酊矣醉而酩酊者腰刀快斧咸挂于壁或眠或坐笑谑罔顾芝龙阴伏兵于屋上忽鸣锣一声皆明盔明甲奋勇从屋跳下海中之党或醉卧未起或解甲高歌皆砍杀无遗芝龙仍命舟中取上家口解脱来人衣甲家丁披挂驾彼来船芝龙挺立桅下开船下海刘香老遥望本船与驾船服饰稍别再睨船前独立果系芝龙大喜呼曰来矣芝龙拱手而应曰来矣立跃上岸乘其不备举刀乱砍香老见势蹙胁兵备道洪云蒸出船止兵云蒸大呼曰我矢死报国亟击勿失遂遇害香老举火自焚死精锐皆尽康承祖以老疾卒于海夏之木张一杰脱归

八月香老家属六十余人部属十余人至黄华降于温处参军

庚辰【崇祯十三年】

秋八月加福建参将郑芝龙署总兵芝龙既俘刘香老卷其资蓄复来漳镇其八主皆为芝龙劲旅从此海氛颇息通贩洋货内客外商皆用郑氏旗号无儆无虞商贾有廿倍之利芝龙尽以海利交通朝贵寖以大显

癸未【崇祯十六年】

冬十一月设南赣兵三千以副总兵郑鸿逵统之

甲申【崇祯十七年三月北京陷崇祯亡世祖章皇帝顺治元年福王即位南京】

春正月兵科给事中曾应遴荐副总兵郑鸿逵缓急可用诏益南赣兵三千命鸿逵镇守

五月十五日诚意伯刘孔昭司礼监韩赞周等立福王即位南京改元宏光兵部尚书史可法请督师江北凤阳总督马士英入专国政封福建总兵官郑芝龙为南安伯赐蟒衣

乙酉【大清顺治二年宏光元年五月南京破宏光亡闰六月唐王即位福州改元隆武】

封郑鸿逵靖虏伯左良玉下武昌破九江安庆至池州时阮大铖黄蜚屯板子矶郑彩屯三山峡黄得功屯芜湖阮大铖筑垒板子矶小山上造二浮桥达北岸诸军俱舣舟矶下天大雾郑彩溯江而上劫左营夺其舟数十艘于紫沙洲梅根转战而前黄蜚嫉其功拦江不听彩艘下左兵追之炮击彩舟伤百余人杀四将领彩讼之朝蜚亦以彩越汛地邀功致败互相讦奏朝命大铖两平之大清兵既破杨州沿江窥渡郑鸿逵率水师御之京口大清兵编筏张灯向镇江而别由老鹳河渡

五月大清兵开闸放舟蔽江而南郑鸿逵郑彩见之扬帆东遁大清兵渡江福王走至芜湖为降将刘良佐擒解豫王郑鸿逵郑彩守镇江拥舟师不战走还闽至浙于江口逢唐王鸿逵奉之至福州福建巡抚张肯堂巡按御史吴春枝礼部尚书黄道周南安伯郑芝龙等会议监国鸿逵固请正位以闰六月十五日即位改元隆武起曾樱何吾驺等入阁办事晋封芝龙为平虏侯寻封平国公鸿逵为定虏侯寻封定国公芝豹为澄济伯郑彩为永胜伯赐芝龙长子森国姓名成功封忠孝伯赐姓以天启甲子年七月十五日生于日本母颜氏出也芝龙后遣人将母子取回又封芝龙部将施天福为武毅伯洪旭为忠振伯林习山忠定伯张进忠匡伯陈辉忠靖伯鸿逵部将陈豹为忠勇侯林察为辅明侯

八月隆武诏至粤西有靖江王称监国不奉诏总制丁魁楚巡抚瞿式耜擒送至闽斩之

十月芝龙集廷臣议战守宜自仙霞关外当守者共一百余处其战兵以元年冬操练二年春出关一支出浙东一支出江右略计兵共二十万合八闽两粤饷计之不支一年郑芝龙遣给事中梁应奇往督因恭迟误者数十人俱奉旨提问然迟疑未有提至者潮州知府杨球欲入朝闻旨遂止粤界不敢入芝龙又令抚按以下皆捐俸助饷官助之外有绅助绅助之外有大户助又借征次年钱粮又搜括府县库积存银厘毫皆解不足又鬻官爵部司价银三百两后减至百两武劄仅数十两或数两娼优厮隶尽列衣冠但无俸无衙门空衔而已然借此倩轩盖雇仆役拜谒官府鞭挞邻里甚至府县莅讼两造皆称官职立语不跪互殴于庭而莫可制郑芝龙所招关门兵不过数百疲癃廷臣请出关者章满公交车隆武每欲躬履行闲而芝龙但以缺饷为辞

十月隆武未有嗣芝龙令子郑森入侍隆武意有所向先赐国姓改名成功成功辄先得以告芝龙由是廷无敢异同者芝龙鸿逵自恃有爰立功骄蹇无礼唐王尝赐宴大臣芝龙以侯爵位辅臣上大学士黄道周引祖制武臣无班文臣右者固争之遂首道周芝龙怏怏不悦诸生有佞芝龙者上书言道周迂腐非宰相才唐王怒敕督学御史杖之芝龙又荐其门下士朱作楫为吏科给事中叶正发为户部主事皆不允以是益怀怨望唐王行郊天礼于南郊二郑皆称疾不出户部尚书何楷劾奏郊天大典芝龙鸿逵不出陪祭无人臣礼当正其罪唐王赏楷有风裁即日令掌都御史事已而鸿逵挥扇殿上楷呵止之二郑益怒楷知不为所容亟请告唐王欲曲全之允其回籍俟再召楷至中途盗截其一耳以去抵家未久死盖芝龙令部曲杨耿害之也兵科给事中刘中藻亦以忤郑氏去有密告芝龙揽权者隆武辄责芝龙芝龙怒佯欲谢事隆武心知芝龙不可恃无以制之因复固留曰此非朕意乃某人言也芝龙潜中伤之于是左右无一同心矣廷臣屡请命芝龙出关芝龙亦知不出关无以服众心因分兵为二声言万人实不满千以郑鸿逵为大元帅出浙东郑彩为副元帅出江西隆武仿淮阴故事筑坛郊拜而送之二帅既出关疏称饷不行逗遛月余隆武下诏切责曰倘畏缩不前自有国法在二帅不得已踰关行四五百里仍疏言饷绝留住如故大学士黄道周愤师不前因请以募兵江西以江西多其门生子弟也隆武命芝龙与之资芝龙不予一钱隆武给空札百函为行资道周以劄联络忠义纠合乡勇得九千人驻广信与杨廷麟万元吉相应出兵金衢前后斩级数百适衢抚与议不合忌其师屯境上密疏其短道周不知也继而请兵请饷绝不一应及知其由遂决意长驱深入婺源出徽婺源令其门人也北帅张天禄执令妻子命令设计诱道周至明堂里执之并从军主事赵士超中书毛元冰蔡时培赖叔儒

俱送南京不屈见杀时阁臣蒋德璟自请行关相机督战隆武许之比至则疲兵弱卒朽甲钝戈无一可为因叹息告病去郑遵谦起兵江上与张国维陈函辉熊汝霖等迎鲁王于台州监国驻绍兴遣都督陈谦奉书至闽久住衢州持两端云鲁王已封芝龙靖卤侯欲以此邀封于唐王唐王敕芝龙取其侯印为验谦赍印唐王即召入关启函称皇叔父不称陛下隆武大怒御史钱邦芑劾其久住三衢徘徊闽浙之界自以举足左右足为重轻因欲要取侯封以闽要浙以浙要闽祗恃构斗之谋敢行挟制之术又历数其在衢奸淫不法状遂下之狱谦武进人乙酉春赍宏光诏封芝龙南安伯比读券误书安南谦谓芝龙曰南安仅一邑安南则兼两广请留券易诏厚赠而别及半途而南京变谦遂留闽芝龙德之故力为申救行贿五千金于邦芑请免谦死邦芑惧以闻于唐王遂决意杀之即命邦芑鉴刑芝龙闻之过市命且停刑亟入朝见唐王请以官赎谦死唐王密敕行刑故与芝龙久语慰劳之过期芝龙出而谦已斩矣芝龙伏尸出极哀以千金厚殓之从此益怀异志先是芝龙鸿逵已密遣人通内院洪承畴御史黄熙允及闻钱唐信息因疏称海寇狎至今三关饷取之臣臣取之海无海则无家非遄征不可拜表即行隆武手敕留之曰先生稍迟朕与先生同行使奉敕至河而芝龙飞帆已过延平矣芝龙既去守关将施福声言缺饷尽撤兵还海仙霞岭二百里间空无一兵惟所遣守关主事及内臣数员侦探兵信以闻耳

丙戌【顺治三年隆武二年】

二月江楚迎驾疏相继而至唐王遂决意幸赣与湖南为声援芝龙欲挟君以自重固请回天兴命军民数万人遮道号呼拥驾不得行乃驻跸延平芝龙初以海寇受抚虽晋爵五等与地方有司不相统属闽士大夫辄呼之为贼绝不与通及拥戴唐王即位芝龙位益尊权益重全闽兵马钱粮皆领于芝龙兄弟是芝龙以虚名奉君而君以全闽予芝龙也故芝龙不肯听唐王出关思长有闽也

三月大清贝勒王驻兵钱唐北岸五月江上师溃六月初一日大清兵渡江江潮不至方国安马士英欲献监国为投降计遣人守监国守者忽病乃得脱遂上海船遁入舟山督师张国维兴国公王之仁兵部侍郎陈函辉大学士朱大典俱死之方逢年方国安及刑部尚书苏壮俱薙发投诚马士英阮大铖犹拥残兵数千请入闽隆武以其罪大不许士英前后七疏自理有李蘧者士英私人也与唐王有旧密疏言士英有治兵才与阮大铖皆宜在使过之列唐王特允士英以青衣视事戴罪立功但无钱粮兵马专任士英计穷逃至天台山寺为僧为大兵搜获阮大铖迎降贝勒俱令随内府办事大兵过顺昌获龙扛搜之得马士英阮大铖方国安父子及方逢年连名请驾出关为内应疏在已降后大铖方游山闻信知不免自投崖死仍命戮尸士英等四人俱斩于延平城下家眷百余口悉给赐兵丁时杉关守将陈秀陈曦投降而仙霞岭无一守兵寂如也大兵过延平而东时隆武定计入赣已至汀州见兵未至因停一日晒龙凤衣忽有数十骑叩城曰我扈跸兵也门者纳之陈谦之子追至直入行宫遂及于难

九月大兵入泉州德化知县陈光晋迎降既而汀漳皆陷惟郑芝龙退保安平军容烜赫战舰齐备炮声不绝响振天地楼船尚五百艘因前通洪承畴信未得达故不敢迎降乃使人言其撤兵不守以待大兵之至有功当得大用贝勒知前绅郭必昌与芝龙有旧因遣招之芝龙曰我非不欲忠于大清恐以立唐王为罪耳会大清固山兵逼安平芝龙怒曰既招我何相逼也贝勒闻之乃切责固山令离安平三十里驻军别遣内员二人持书至安平书略曰吾所以重将军者以将军能拥立也人臣事主苟有可为必竭其力力尽不胜天则投明而事乘时建功此豪杰事也若将军不辅立吾何以用将军哉且两粤未平命铸闽粤总督印以相待吾欲见将军者欲商地方人材及取两广事宜也芝龙得书大悦劫众议降诸将多不欲有周鹤芝者以死谏不听其弟鸿逵芝虎皆劝芝龙入海曰鱼不可脱于渊芝龙不从其子成功涕泣力谏芝龙不听于十一月十五日至福州朝见贝勒握手甚欢折箭为誓芝龙益喜命酒痛饮赂遗不可胜计饮至三日夜半忽拔营起遂挟之北去至京封同安侯闽事略定贝勒将归邀芝龙送之贝勒过芝龙舟每进一食必加赞叹见一人必加褒奖信宿乃去芝龙过舟报谒贝勒疑之曰我所用人粗悍卤莽何足当公意命悉取芝龙舟中庖厨仆从来供饮食侍左右芝龙乃大喜不知堕其术中也留信宿已出关乃谓芝龙曰公功高同我入京一见天子何如芝龙以未宿戒辞曰公之左右仆从悉在此矣岂忧无行李费命取二万金置舟中令从行者五百人皆拘置别营不可相见对面作家书数行但称本朝恩德嘱其家世世无忘已又曰北上面君是我本愿但子弟拥兵海上素非驯良脱有不测我且奈何贝勒曰即有之无与公事且亦非吾虑所及也芝龙既降其家人以为可免暴掠遂不设备贝勒至安平乱兵大肆淫掠成功母亦被淫自缢死成功大愤剖其母腹出肠涤秽重纳之以殓发丧

后遂起兵

丁亥【顺治四年隆武亡是岁桂王即位于肇庆改元永历】

初芝龙撤兵密谕成功欲与俱见贝勒成功不从鸿逵阴令逸去至是率所部入海芝豹独奉母居安平镇郑彩率舟师至舟山迎监国鲁王南下鲁王封郑彩为建威侯寻晋建国公其弟郑联为定远伯寻晋侯郑彩及阁部熊汝霖进取福宁州诸县响应遂入兴化府熊阁部鼓舞义兵诸起义者皆来给劄兵至数万然多乌合郑彩谓夺其权虽与之结婚忌之乘夜遣兵攻其舟并全家杀之于是义兵愤怨解体时义兵所在蜂起汀邵并乱据建宁闽邮为阻是夏中朝命三大人陈锦佟国器李率泰督兵至破建宁屠之所失州县尽复郑彩至海坛复为乡兵所败遂同鲁王至厦门时郑联亦纠合浦南桥义兵杨重等攻入漳浦县以洪有祯为县令未几县破有祯被执不屈遂咼郑联率义兵攻海澄县然见敌骑即走争舟堕水死者甚众平和县曾庆等与诏安等处义兵立德化王慈烨据将军寨陷大田攻顺义将乐然皆为大兵所败

初隆武之亡也旧相苏观生何吾驺俱遁回广东与布政使顾元镜于十一月立唐王弟聿　监国改元绍武十二月大清总兵李成栋率兵袭广成副将杜永和获绍武并周王益王辽王尽斩之苏观生从死吾驺元镜皆降福建既陷两广总制丁魁楚与广西巡抚瞿式耜会议监国式耜首为言永明王贤且为神宗嫡孙应立王讳由榔桂王之子初封衡阳以寇乱徙梧州会桂王薨王以衰绖于十月十四日监国改元永历以肇庆府署为行宫丁魁楚吕大器为大学士式耜以吏部侍郎兼阁学掌铨事封总兵陈邦傅为思恩侯寻晋庆国公后广西破设诚率兵追永历为李定国所擒父子俱死时成功往南澳募兵而兵将战舰百无一备闻永明王自立粤西遥奉永历年号称招讨大将军罪臣以众三百人泊于厦门之鼓浪屿训练即今中左所也浯州者金门也委黄恺于安平镇措饷芝龙旧将咸归心焉

七月成功以洪政陈辉为左右先锋杨才张进为亲丁镇郭泰余宽为左右镇林习山为楼船镇入寇海澄扎营祖山头数日援兵至洪政中流矢与监军杨期潢俱被杀不克而还八月与郑鸿逵合兵围泉州列营桃花山大清提督赵国佐率数百骑冲之张进杨才逆战鸿逵遣林顺等夹击大胜之别遣水兵破溜石炮城我参将解应龙死之军声大振泉绅郭必昌之子显欲内应国佐杀之灭其家九月我副将王进自漳来援成功解围走

戊子【顺治五年永历二年】

闰三月成功攻同安守将廉郎知县张效龄遁遂入之复寇泉州

七月陈锦佟国器李率泰援之成功乃退大兵屠同安郑氏镇将邱晋林壮猷知县叶翼云教谕陈鼎咸被杀凡死者五万余人同安血流沟瀸应焉【先是同之诸生陈姓绰号泥鳅自省回至罗汉山中所称生阎罗者授以片纸云泥鳅死半途同安血流沟嘉禾断人种安平成平埔陈生果至小盈岭而死是后凡获满兵辄断掌放回以应之然后来安海城竟毁拆而厦门竟迁空无人历一纪云】是岁大饥成功及建国公郑彩各发兵民船至高州籴米高州为思恩侯陈邦傅所辖成功船免饷余照丈尺征饷船有千余多是民船斗米闽中近千钱也时成功将士分驻各岛监国鲁王别将平夷侯周崔芝闽安侯周瑞定西伯张名振总兵阮美等守舟山之沙埕郑彩郑联等守厦门金门郑鸿逵守安平之白沙使其将陈豹守南澳成功泊厦门以亲丁三百人遣其叔锦衣尉郑芝鹏护家眷使张进守铜山所太子太师郑香守海澄港之石尾有众数千人后为大兵所败二子郑广郑海死焉然粮饷缺乏取之民间而郑彩营将章云京等扰民犹甚郑鸿逵遂率舟师至潮州随地取饷

己丑【顺治六年永历三年】

广东提督李成栋反叛迎永历于是永历有诏使至以为恢复在即诏各勋镇考试诸生赴广省入场成功遂考送生员叶后诏洪初辟等十数人令黄志高赍疏赴广舟至潮阳遭风飘坏余人不得达独黄志高至粤诏以志高为兵部职方司主事使监成功军命以舟师直取南都其后成功入寇长江承此诏旨也诏使并赍秦王孙可望告示一张其文云秦王告谕天下中间叙湖广敬谨王四川杀八固山之捷入滇擒逆黔父子云云又檄文一册中有云恢复

两京者准封为公一省者封为侯四府以上者封为伯今有无尺寸之功而擅封五等之爵云云又定西王李定国告示一张其文云西宁王奉秦王令旨中间叙破广西定南王孔有德焚死之捷云云

三月成功遣施琅杨才黄廷何宸枢等寇漳浦副将王起俸密赴纳款谋泄弃家由龟镇至铜山投见成功授伪都督同知挂统练军门印令管北标将十月成功舟进云霄港由白塔登岸分道并进云霄守将张国柱迎战为左先锋下伪副将施显所杀遂攻城中军姚国泰拒守城陷国泰重伤成功获之令医调治送军前效用进抵诏安扎营龙峰磁灶等处令中冲镇何震枢左冲镇黄廷右冲镇林习山等守盘陀岭以遏漳援漳镇王邦俊副将王之刚调集各州县守兵合攻盘陀岭是日大雾海师咫尺不辨何宸枢及其弟中军宸梅俱战死

十一月成功解诏安围督兵由分水关入潮州扼黄岗时潮属多土豪拥据三河坝有吴六奇黄岗有黄海如南洋有许龙澄海有杨广海山有朱尧潮阳有张礼碣石有苏利时武毅伯施天福来见成功黄海如亦至海如说成功取潮阳县资其富饶且近海口有海门所达濠埔可以抛泊海艘通运粮米但须由南洋鲎澳逆达濠埔方可至县恐许龙张礼为梗尔成功遂令移兵南洋许龙逆战败走汉阳旧时陈斌来归伪授后劲镇杨广朱尧唐玉各迎降遂移兵鲎澳张礼拒命立破其达濠霞美二寨进攻青林寨张礼乞降准其归命遣援剿右镇黄山督诸军往靖海卫并巡下惠来县以中军汪汇之理县事正兵营卢爵守城黄山等回攻南山寨破之成功遂移兵入揭阳会郑鸿逵并带张礼往见成功忽夜沈之水成功甚悔之

庚寅【顺治七年永历四年】

先是大清兵破湘潭何腾蛟死之破南昌金声垣死之

二月破信丰李成栋殁于阵永历皆追赠王爵拉泪亲祭及报南雄不守遂移德庆抵梧州榕江兵溃桂林陷瞿式耜张同敞俱死之

三月成功入潮阳知县常翼风率父老郊迎成功令三镇洪旭驻镇征输转运杨才攻破平和寨屠之陈斌克狮头寨寨首黄亮采请降许之右先锋杨才病故以正总班林勇为右先锋后征苏利阵亡以甘辉管亲丁镇黄廷管右先锋镇施显管援剿左镇以监督王秀奇为戎镇旗管亲随兵以林胜为中协陈瑞为右协

四月成功移师揭阳鸿逵言新墟寨负固不服合兵攻之用龙熕击其城遂乞降【门辟海中放光郑鸿逵令人没水捞起得大铳夹两龙为耳用船车出之号龙耳熕所击无不摧破后刘国轩用以攻泉城火引不发鞭之口遂裂城竟不破】守潮州新泰伯郝尚久率步骑数千来援成功挥诸将迎击陈斌跃马入阵擒我中军陈禄诸军继进斩首数千尚久仅以身免

五月诏安九甲义将万礼等来附施琅所招也

六月引兵攻苏利不克利据碣石卫叛复平南王发兵攻杀之成功谕诸将议攻潮州陈斌进曰潮郡东南环溪通漳大路只一浮桥必须断桥以绝援兵然后移札西南攻围之十全必克成功从之初一交战尚久大败浮桥并石桥一齐焚毁随移师攻城三面围之尚久闭城不出遣人乞援于漳郝文兴来援许龙渡之入城尚久削发归我朝城守益坚成功久攻不下又天暑士卒多病乃解围退屯潮阳黄亮采等复叛攻袭行营甘辉逆击斩其父子始散去郑彩郑联屯厦门与芝鹏有隙成功用施琅之策以米千石饷郑联欲袭取之郑彩曰是毒药也宜全军出避联不从联建生祠于万石岩十五夜宴辖下诸将二鼓后成功将至尽收其战舰兵卒其将陈俸蓝衍吴豪等皆归成功成功拨亲随兵守其衙后月余芝鹏说成功置酒万石岩夜归伏甲于路杀之时郑彩以舟师百余艘逃于广东南海之间成功遣人往请回岛不遇而还其部将杨朝栋王胜杨权蔡新等来见成功以朝栋为义武营王胜等管水师旧将蓝登来见授援剿后镇彩飘泊数载士卒星散成功以书招之遂回后病死于岛山寇攻陷惠来县知县汪汇之守将卢爵俱死之三镇洪旭报潮阳山阳复起不复追征成功以闽安侯周瑞为水师右军挂印黄大振为援剿前镇命郑芝鹏镇守厦门既引何德管水师蓝登管陆师

十一月成功至潮阳提塘黄文自广至报请成功入援我平南王尚可喜靖南王耿继茂率满汉数万下广州粤西望成功南下会兵甚切闰十一月成功传令各镇齐备船只南下勤王时陈斌与施琅相抗不睦带兵而遁后据潮州归命黄海如在达濠浦欲逃成功令林习山致之死

十二月守将杜永和奔琼州王师下广成功扼揭阳与郑鸿逵议往接之

辛卯【顺治八年永历五年】

正月成功至南澳施琅进曰勤王臣子职分但琅昨夜一梦似大不祥乞藩主思之成功默然遂令将左先锋印并战士委副将苏茂管辖郑鸿逵送萧拱宸沈奇等赴军前効用成功以拱宸为中冲镇沈奇为护卫右镇随师南下郑鸿逵同洪旭施琅带陈埙郑文星等回岛

二月成功至白沙河飓风大作各船飘至盐州港成功正副坐船风大不得泊坐帆溜下几覆数次天明方霁后升管中军船蔡进福为水师内司镇管副中军船施举为水师后镇

三月成功至大星所杀退惠州援兵遂攻城下之我闽抚张学圣急调提督马得功集同安县十八堡刘五店各处民兵及船攻厦门伪守将郑芝鹏乘舟遁禁城中居民不许搬移得功数十骑下船飘至五次始登岸无有御之者守高崎水师镇阮引不战而走城中百姓哭声振天成功董夫人仓皇抱木主至海口不得船厦门港居民林礼乐始于舟中负登小舟至芝鹏大船其夜乱兵焚毁庐舍火光竟天前文渊阁大学士吏部尚书曾樱在城中家人请掖之出城樱曰此一片清静地正我死所去将何之是夜自缢于所居楼上时为二月十三日越三日公之门人阮旻锡入城寻母遇公邻居蓝姓者在西门外询之蓝曰公不肯出城是晚某进粥一盂公不食及晓再候之公已自尽矣无人可收殓也时已昏黑不得入城是锡往寻僧文台又至东岳庙寻公之门人陈泰共议天未明文台以僧龛同陈泰抬公尸至曾厝湾下船付其家人乡绅宪副王公忠孝以寿棺贮之司马卢若腾副阮沈佺期枢部诸葛倬等皆视殓后兵部主事刘玉龙疏陈辅臣从容就义事永历下诏曰曾樱身死纲常允宜优恤追赠光禄大夫上柱国太师谥文忠赐祭葬荫一子中书科舍人一子锦衣卫百户世袭其门人知县陈泰冒险负尸积劳殒殁著赠鸿胪寺少卿

三月初一日大清巡抚张学圣同兴泉道黄澍渡海见岛屿孤悬波涛环绕惊为绝地争先引回令知县张效龄安抚居民初四日马得功行牌于各乡安民意欲据守初八日会郑鸿逵舟师至截港围之命镇将杨抒素登圆筜港与战有胜负副将吴敦战死施琅率陈埙郑文星百余人登厦门港与战大败之几获得功于是得功求过海巡抚张学圣遣人至安平乞和于郑芝龙之母嘱鸿逵以船送马得功步骑三百及余兵尽回先是鸿逵遣都督郑德翼将周全斌等至大星所报称马得功攻岛请成功回师成功于四月初一日到浯屿得功已渡海二日矣成功怒甚不许亲戚与鸿逵相见鸿逵移屯白沙初十日成功驻厦门港议失守功罪先赏施琅花红银二百两陈埙一百两斩郑芝鹏阮引等以徇何德捆责蓝登免罪军士皆踊跃欢呼锐气百倍以将士家在岛上遭郑阮等抢掠得泄其忿故耳成功命忠振伯洪旭管理中左参军潘庚钟追各绅士助饷潘加派各户搜掠一空诏安平和二县复降于郑氏定西侯张名振平彝侯周崔芝英义伯阮骏等自舟山至成功各授水师镇海澄守将郝文兴密约纳款

卷二

壬辰【顺治九年永历六年】

正月初二日成功督师至海澄港潮水大涨直至中权关下郝文兴开城率将士出降授前锋镇挂印以参军黄维璟知县事

初十日成功进兵江东遣各镇攻长泰县至溪西击败漳州援兵廿三日援兵再至复败之

二月初二日游兵营吴世珍奋勇登城被炮烧死成功令火器营何明筑地道用地雷以击之城

三月初四日大清总督陈锦督步骑数万来援长泰扎营同安初十日早地雷发不及城而止陈锦按兵不进是日遂移兵扎江东初十日陈锦安营于牛蹄山相去五里十三日亲率诸军出战成功命诸将击之锦大败弃营盘而走全军俱覆丧失衣甲马匹辎重不可胜计遂奔回扎营同安城外后为家丁库成栋所刺降于成功成功赏之以其弑主阴令杀之我长泰县守将杨青弃城走成功以参军冯澄世知县事以甘辉为中提督黄廷为前提督黄山为后提督

四月进围漳城成功扎营南院

五月大清浙镇马进宝【号金衢马】率兵援漳屯东门同王邦彦分道出战兵败还城遂婴城固守不敢出成功围之数月不下以张名振管地方事升协将万礼为前冲镇副将陈朝为后冲镇成功移师金门后浦扎营操练施琅全在南澳兵付苏茂代将意回日必复任成功既不与遂请为僧成功谕令再募兵许授前锋镇施琅偶有亲兵曾

德逃亡成功拔为亲随琅擒回立斩之成功怒而不发二十日传令诸将在船听令出军阴令右先锋黄廷执施琅交忠定伯林习山囚于船中令副将吴芳看守琅家人著人诈称成功令箭取回审究吴芳即同登岸至草湾琅将吴芳及押人打倒脱走逃匿山穴中两昼夜投苏茂茂密以小舟渡海依澄霁伯郑芝豹成功怒欲斩林习山未果杀吴芳妻子令芳追寻二十一日杀施琅之父及其弟施显以戎旗中协林胜为援剿左镇二十二日成功督兵入漳州境二十七日大破漳镇王邦俊之兵于磁灶六月回师旧将黄兴来降授中权镇黄梧来降授副将以监督陈六御为北镇管骑兵

五月福建集舟师数百艘进攻厦门成功令陈陈辉督水师御之战于崇武所闽兵大败弃船登岸而走

九月成功督师入漳浦境漳镇王邦俊来后复大破之追至龙井降其部下数百人而还李长病笃以黄昌为戎旗亲随营大清固山金励统浙直满汉兵万余人入闽来援至泉州驻扎养马二十六日成功解围退扎古县据险以待固山由长泰入漳

十月初三日固山率满骑冲营是早西北风盛发火箭火炮被风打回对面咫尺不见满兵乘烟冲突海师溃散成功退扎海澄后提督黄山礼武镇陈俸右先镇廖敬亲丁镇郭廷护卫右镇洪承宠皆战殁

十一月大清提督杨名高自福州率步骑入漳应援成功逆之于小盈岭大破之追至马厝港名高仅以身免成功以骑兵营杨祖有功挂印升营为镇

十二月旧将陈尧策先投大清同我将协守漳浦至是献城纳降成功以为护卫前镇照旧镇守以参军林其昌知县事议筑镇门象鼻山截溪流不得入海欲以灌城而奔流迅急堤不得合费工甚巨罢之成功不攻城筑长围困之使其粮尽自降而城中兵尽括乡绅富户及百姓粟食之粟尽民相枕藉饿死杀人为食有父食子兄食弟妻食夫至于妇人群聚杀男子分食之者毋论鼠雀至树根木叶水萍牛羊马皮之属尽食之稀粥一碗直四金自四月至十月城中死者十七八后大清署守道周亮工收髑髅凡七十三万有奇焚埋于东门外名曰同归所筑万善庵其上勒石记之城外死者骨骸无数不与焉

癸巳【顺治十年永历七年】

三月成功驻厦门遣前军定西侯张名振等率水师寇浙直州县并遣忠靖伯陈辉等一齐进入长江四月金固山调集水陆官兵船只欲攻海澄成功即遣水师左军林察右军周瑞后军周崔芝阮骏黄大振等前往堵截后遇飓风林察漂入兴化港被获至郑贾来议抚始放回

二十八日金固山扎营祖山头

五月初一日成功至海澄调兵守御以前锋镇郝文兴戎旗镇王秀奇护卫前镇陈尧策守镇远寨前冲镇万礼守镇远寨外以前提督黄廷中提督甘辉守关帝庙前木栅连接镇远寨成功驻扎天妃宫亲行督战

初四日金固山率马步数万扎营天妃宫前巨炮火箭并发昼夜不绝木栅烧坏海兵多死伤山积

初五日后劲镇陈魁后冲镇叶章各率精勇数百合力击之遇炮铳齐发叶章被炮打死陈魁打伤右足成功令收兵固守以周全斌管后冲镇杨正管后劲镇大清兵连攻两昼夜海兵营垒随筑随坏成功率诸将登敌台观望张盖而坐满兵见之炮矢齐发甘辉翼成功下台座位随击碎矣镇远寨边新筑籧篨崩坏如平地军士无可站立成功令神器镇何明率洪善掘地河沟边夜埋火药无数药心相续候令而发初六日黄昏满兵炮铳并放连夜不绝至五鼓火药尽放空炮以向城头叠绿旗兵二叠满兵填濠攀栅而上兵皆重铠刃不能伤城上俱持大斧击之皆堕地外兵乘其尸而登三叠满将蜂拥齐进锐不可当天色渐明满兵过河已大半成功遂暗发地炮烟焰蔽天过河者尽被炮击死其未过河者甘辉截击之擒斩无算金固山夜遁

十二日成功回厦门大犒将士论功行赏以忠孝伯印付甘辉辉不敢受以擅离海澄城杀知县黄维璟及不用命军士二人

三月差监督池士绅以蜡丸赍帛疏由陆路诣广叙方曲破总镇王邦俊小盈岭破提督杨名高江东桥歼总督部院陈锦海澄败固山金励之功永历遣兵主事事万年英赍敕晋成功为漳国公封延平王成功拜表辞让差监督张自新同万兵部由水路诣广回奏以海澄战功请封各镇封爵后永历以帛诏封甘辉为崇明伯黄廷为永安伯黄礼为建安伯郝文兴为祥符伯王秀奇为庆都伯参军冯澄世为太仆寺卿兼都察院右佥都御史

四月筑海澄城所属地方每家各出民夫一名城高二丈余旧有五都土城连而为一皆用灰石砌成并筑短墙安大小铳三千余号周围环以港水巨濠茫茫外通舟楫内积军器粮草据漳州之咽喉与厦金二门相为表里以为长守计命冯澄世督其工六月成功以金固山回京遂督舟师南下进攻鸥汀坝鸥汀在潮州港口其民强悍有船百余只加十八桨水上如飞遇大船以绳绊其柁牵之入港小船即攻杀之海舟至潮者被其劫掠杀害甚多成功至攻其城杨广亦以兵来会城厚而坚自辰至午攻打不下成功被飞弹微伤足踝遂退兵次日至华平贵屿寨人纳谷遂抽兵下船时李定国遣人致书其书曰西宁王致书国姓大将军麾下言当戮力同心约以舟师直取江南也同安侯郑芝龙在京遣家人李德称有诏封成功为海澄公劝其息民就抚

八月成功回厦门

九月大清兵攻潮州郝尚久求救成功遣陈六御率兵援之尚久疑不敢开城纳兵未几城破尚久死六御引兵还

甲午【顺治十一年永历八年】

二月同安侯郑芝龙复遣李德同郑贾二使赍海澄公敕印招抚成功成功至安平镇大宴二使辞以兵多将广无地安插不受敕二使回京复命乃就福兴泉漳措饷派富户追纳诸差官俱至各府县城外屯扎但不入城耳计所追凡四百余万

三月定西侯张名振忠靖伯陈辉师入长江夺战船百余艘入天津卫焚夺粮船百余艘名振直至金山致祭烈皇帝而回金陵闻风震动

四月执援剿前镇黄大振绞杀之大振莆田人为黄斌卿旧将降于成功至是在兴化措饷召募至数千人多不法有蜚语成功乃杀之

五月常寿宁报饷镇黄恺逆派横行山海等饷多征少解计十余万查实有据成功以其众怒遂杀之籍其家

九月中朝遣内院学士叶成格理事官阿山同成功弟内侍下渡舍荫舍赍四府安插兵众敕至

十九日李德周继武先到厦门成功知先削发后受诏只令周继武特启往请

二十四日叶成格阿山遣使到泉

十月成功发渡舍四泉复二使约至安平镇开读言先受诏而后削发十七日二使到成功设供帐于报恩寺二使只就布棚安诏敕成功不肯受诏二十日二使回泉

二十九日二使促渡舍荫舍并颜夫人回京复命抚事不成遂置郑芝龙于高墙戍郑芝豹于宁古塔成功遣抚明侯林察闽安侯周瑞督水师戎旗镇王秀奇左先锋镇苏茂统陆师率五镇营兵战舰百余艘南下差效用官林云璇奉表诣广并持书约西宁王同时大举

十一月漳州千总刘国轩同魏标朴世用以总镇张世耀新任兵将未协遣人约期献城归降成功遣洪旭甘辉林胜戴捷等于十二月初一夜直至南门挂云梯国轩令人牵引而上张世耀仓卒不知所为乃降知府房星烨理刑王元衡知县周琼等俱降洪旭入城安辑初四日成功抵漳以刘国轩为护卫后镇魏标为火武营朴世用为水武营张世耀军前任用委戴捷镇守长泰县守将杨青来降诸属县皆下成功遣诸将徇泉州诸属县皆下之惟府城为副将韩尚亮坚守

乙未【顺治十二年永历九年】

正月初五日成功寇仙游下之焚杀甚惨明兵部尚书唐显悦之子乃成功姻家世子经之外父也亦死焉

二月成功设六官以潘庚宗为吏官洪旭为户官郑擎柱为礼官张光启为兵官程璠为刑官冯澄世为工官设协理各一员左右都事各二员以常寿宁为察言司掌六卿印邓会张一彬为正副审理设储贤馆以前所试诸生洪初辟杨经阮旻锡陈昌言陈鹏羽杨芳叶儒羽吕鼎陈继明林复明及荐举薛联桂邓愈等充之设育胄馆以死事诸将及侯伯子弟林平林维荣充之成功改中左所为思明州以薛联桂知州事

四月成功以郝文兴为左提督万理为后提督王秀奇为改右提督林胜代为戎旗镇黄昌为援剿左镇黄梧为

前冲镇筑丙州新城

五月总督南下林察周瑞王秀奇苏茂等班师回称西宁王李定国战败退入梧州应援不及成功怒甚降责有差成功委户官洪旭任水师右军以吏官潘钟庚兼管户官加都管吴慎为协理佐之成功以抚局不就分兵与张名振陈辉等会师入长江捣其心腹以水师右军洪旭为总督以原北镇陈六御为五军戎政总制六师率兵北上中朝遣庶子王统率满汉军三万入闽先拨前锋满骑到福省成功尽抽福兴泉之兵回漳各属县城悉夷之为平地成功以储贤育胄二馆诸生监纪诸镇营每月纪其功罪汇册上报设领兵中军一员临阵督战以候缺将为之又设饷司一员后以监纪兼之

六月成功堕漳州城及各属县成功合诸镇兵于漳之南门外莲花埔合操亲自教演月终乃出兵

七月成功以中提督甘辉为正总督右提督王秀奇为副总督率二十余镇北上与忠振伯洪旭总制陈六御相机而行以前提督黄廷为正总督后提督万礼为副总督率二十余镇南下

八月前提督黄廷等入揭阳港扎营桃花山我朝镇刘伯禄率兵来援黄廷逆战破走之擒其中军斩级无算

二十六日刘伯禄复合吴六奇及惠州之兵及营鹰嘴埔左戎镇林胜挥兵渡濠直砍木栅攻破其营擒其副将诸镇兵乘势追杀遂入揭阳城忠勇侯陈豹自南澳以兵来会运火铳筑土山攻之我守将知县弃城遁去并取普宁县追派各乡寨纳饷中提督甘辉等北上阻风就于温台二府打粮台州总镇马信欲降洪旭遣人招之风顺遂进发舟山未果

九月左提督祥符伯赦文兴病故成功亲临祭奠厚恤其家庶子王至福州调集绿旗马步兵共进成功令思明州居民搬移过海将士眷口搬住金门镇海等处空岛以待庶子王至泉州驻扎东岳

十月成功调回戎旗镇林胜守思明州甘辉洪旭等至舟山由涔江口登岸守兵迎战败走遂进兵攻城总制陈六御遣监督李化龙入城招降我镇守副将巴臣功等遂开诚投顺张名振等出自长江来会我定关守将张鸿德弃家来附后授前锋镇

十一月成功差监督李长至舟山调兵北上师回以总制陈六御督定西侯张名振英义伯阮骏等镇守舟山委林胜镇守海澄县王元士知县事林其昌失入人罪革职

十二月甘辉引巴臣功等入见成功即授骁骑镇改名臣兴洪旭入台州港马信弃城带兵马妻子来归成功即授中权镇挂定北将军印

丙申【顺治十三年永历十年】

正月我平南王尚可喜拨骑兵同潮镇刘伯禄恢复揭阳离城西二十里扎营成功右先锋苏茂统五镇守西门隔港据桥桥外即平埔时平南兵先以数百骑挑战镇兵追之即走是日援剿右镇黄胜殿兵镇林文灿左镇黄梧在埔上操兵平南兵大至苏茂欲出兵迎战金武营郭遂第谏以为桥狭难于退兵不听及战大败惟遂第兵先过桥无一伤余皆自相蹂践挤桥渡港黄胜林文灿皆死于桥下甲士死者凡五千余人大兵过桥折毁营盘直至城下前提督黄廷在东门出兵接战我兵乃退报至成功命五军总制张英再督戎旗镇下潮大兵截港而营难于攻而各土堡皆坚守不纳谷

二月成功差兵官张光启入揭阳察战败情形调苏茂杜辉黄梧等回思明州令黄廷林胜及各镇下广采听永历信息

三月前军定西侯张名振于正月病故令陈六御兼管前军事令水师前镇阮骏专守山舟阮骏报定关造船五百只欲攻舟山请拨兵防护成功遣马信张鸿德督师北上协防

四月我庶子王调各澳船只令泉州城守韩尚亮统众出泉州港成功令诸镇出围头外迎击援剿左镇王明以铳击之忽沈尚亮船一只信武营陈泽等乘势追赶忽飓风大作诸镇舟收泊围头尚亮舟被风压下有飘入围头被获者有漂入青屿金门登岸乞降者有飘至外洋至广海者得收回泉港者不满十只由是不敢渡海

五月黄廷等至碣石卫兵士无粮逃亡皆尽遂回师

六月成功至思明州议揭阳丧师罪斩左先锋苏茂杜辉捆责黄梧记责仍旧管事图功自赎以周全斌为左先锋镇全武营郭遂第改名华栋为后冲镇拨黄梧守海澄县

二十二日黄梧同副将苏明据海澄降于我黄梧在揭阳亡其铁甲兵二百余名窘于赔补而厦门住屋又为郑鸿逵所取故得揭眷而走苏明乃苏茂堂弟世祖封黄梧为海澄公镇潭州苏明授精奇呢哈番召至京为内大臣后黄梧请发郑氏祖坟株求郑氏宗党陷没五大商漳泉之民大遭其毒成功令甘辉林胜洪旭等率各镇兵攻复海澄县大兵已入城惟五都土城为副将林明领兵康熊所守遂搬米粟兵器下船计海澄城所贮贮粮二十五万余石军器炮铳及各将领私蓄无算拔林明为右戎镇旗拔康熊为左戎旗镇领兵为中军逮兵官张光启兵都事黄璋下狱以其附同黄梧瞒借杨琦衣甲军器应点之罪又惊挟之致变故也以黄元华栋守铜山时镇将杨琦钟守陈鹏等多不发为各监纪所揭被责甘辉上言以为文武不和乃听诸监纪留用

七月成功遣中提督甘辉林胜周全斌杨祖等十五镇兵北上甘辉等遂入闽安镇至福省南台桥登岸扎营成功谍知省城无兵令取福州而差船失柁谕帖不至甘辉遂掠南台潭尾等处

八月庶子王抽兵赴福州成功以前提督黄廷镇思明州赦张光启黄璋戴罪管事躬率右戎旗镇林明等至福州视师是月浙江定关水军攻舟山陈六御阮骏二船争先奋击大兵诱之深入水急船不得回炮矢如雨俱赴海自焚而死余船奔散大兵入舟山迁徙居民拆毁城郭张鸿德亦战没

九月初三日成功至闽安镇相度地势令冯澄世筑寨城镇守罗星塔亦筑土城镇守成功驾出驻壶江定海凤埔等处中权镇黄信自北回陈说舟山之事成功令优恤陈六御阮骏二家六御陈谦子也成功取连江县守之

十月成功驻三都初六日庶子王发兵攻铜山后冲镇华栋护卫右镇黄元合兵击击之庶子王败走成功以右提督王秀奇总督五军戎务中权镇马信管右提督事

十二月成功督师取罗源宁德等县报入省庶子王遂拨满州梅勒章京柯格商巴都柯如良等带兵甲绿旗兵数千赴援时同安侯郑芝龙差谢表小八等力说就抚李率泰亦遣人来劝退兵以就抚局成功令诸镇兵皆退甘辉断后至护国岭甘辉令抽兵过桥至岭下列阵马信已拨兵下船顾谓甘辉曰吾闻公善战今日亲视公退此一阵也满洲先锋数百骑追至见阵整不敢逼甘辉再令抽兵度岭亲督数十人在后柯格商至甘辉挥兵欲蹙之别将劝止甘辉曰此易取耳当尽歼之格商至岭下身自下马诸骑将皆步行上岭箭如雨发路狭兵不能成行甘辉挥刃大呼从高趋下海兵殊死斗满兵四奔柯格商中数刃犹力战诸兵乱砍之马信令断其首埋于田中余者杀死甚众甘辉即下令收兵还营而别镇追者为满骑所杀退是役也柯格商最骁勇而巴都柯如良等皆善战及败后满兵为之夺气于是抚事不成

丁酉【顺治十四年永历十一年】

正月成功驻三都

二月总制张英后提督万礼等督舟师至温州议攻金乡卫我守将瞿永寿献城降遂取粮而回

三月成功令万礼督正兵镇朝英左冲镇洪善右冲镇杨朝栋等轮守万安镇罗星塔等处成功亲率诸镇北上至镇下澳阻风遂回思明州初八日定国公郑鸿逵卒于金门所

四月遣水师后镇施举同李顺往浙江等处招集松门一带渔民以为进长江向导施举至定关遭风坐船流入港内大兵攻之陷没

五月六察常寿宁密启户官郑泰乾没洋船银一万查皆失实泰言此人必系奸细往往离间籓下左右用事之人不可信用又闻其受贿形状成功大怒念其嵩江世胄一家四十余口起义被杀兼年老免刑幽置而死

六月台湾红夷酋长揆一遣通事何斌送外国宝物来求通商愿年输饷五千两箭柸十万枝硫黄一千担许之

七月成功兴师北上委忠振伯洪旭督水陆四镇兵防守思明州初十日传令在船开驾督戎旗等镇进扎兴化黄石分遣中提督甘辉进扎涵头取粮三日遂抽进狼琦亲往闽定镇令前提督黄廷镇守廷言闽安镇不可守成功令守一月以护卫前镇陈斌守罗星塔

八月十二日成功入海门港乘风直进黄岩县我守将王戎战败以城降十八日成功进攻台州府令马信遣兵招降二十六日我总镇李必出城降知县齐维藩临海县知县黎献詹俱降

九月太平县天台县守将俱降初八日成功遣万礼攻海门卫初九日成功亲阅地势颇险令监督宋继宁入城招谕我守将张捷出降前所守将刘崇贤亦降永眷义师林忠袭破永福县我总督李率泰发兵进援檄海澄公黄梧

兵未至疑之尽拨其辖下兵分入八旗黄梧大悔李率泰调集漳泉水稍庶子王拨披甲下船围罗星塔调集民夫自鼓山开路达镇城十四日满兵水陆齐攻成功前提督右镇余程守项寨战死遂失闽安镇护卫前镇陈斌神器镇卢谦守罗星塔被围无援时施琅归命为同安城守在总督军前使人招降陈斌麾下兵皆欲降斌遂降后说李率泰尽杀之南台桥凡五百余人成功恐闽安镇有失拨兵赴援遂弃台州率师南下已无及矣遂以五军陈尧策督数镇守狼崎地方

二十六日成功回思明州

二十八日成功督师南下

十一月初一日至南澳忠勇侯陈豹言惠潮破败之余得其城无用鸥汀坝小寨令数镇攻之可克左戎镇林胜愿自领兵攻寨从之拨各提镇于潮揭取粮成功回思明州提督黄廷林胜等攻破鸥汀坝时天旱濠干兵至城下用人字牌遮身以锹镢凿掘城墙列大熕齐发崩之而入男女无少长皆屠之壮士数百人走免其地遂空永历遣彰平伯周金汤太监刘国柱航海至闽进成功为延平王晋封潮王成功欲破金陵然后称王固辞不受文书告示只称令旨而已后金汤复命云南已破死于广海前监国鲁王科臣徐孚远附海船至交趾欲假道归永历交趾王欲其以臣礼朝见孚远不肯登岸而回成功遂禁商船不许往广南贸易

戊戌【顺治十五年永历十二年是岁永历亡海上犹称其年号】

正月成功驻思明州

二月成功调集各提镇挑选勇健者拨入亲军

三月成功筑演武亭于厦门港练兵以石狮重五百斤者为最力能挺起者拨入武卫虎卫亲军皆配云南斩马刀弓箭戴铁面穿铁臂铁裙用锁锁定使不得脱时谓之铁人拔陈魁陈鹏为左右虎卫镇成功令左武卫林胜合左右虎卫之兵南下攻许龙港水忽涨舟师直入许龙率众而逃护其辎重米粟船只焚其巢穴我海澄守将刘进忠等率兵献城迎降后冲镇华栋病故以刘进忠管镇事华栋即金璲弟兴化府诸生也举义其母尚系府狱故改名后成功以千金赎出之仍恤其子

五月以前提督黄廷防守思明州与兵官洪旭同商机务户官郑泰给发兵饷余诸提镇俱从行甲士五万习流五万习马五千戈船八千铁人八千伏兵凡十余万舟数千艘

六月初七日师至平阳县我守将车任暹献城降

十三日瑞安县守将艾诚祥降成功铁骑镇巴臣兴病故以黑云祥管镇事

十六日成功至温州我镇将坚守不出成功议取粮足饷收兵下船

七月初二日成功开驾抵舟山问引港官李顺水程顺曰舟山至洋山西南风一日便到其山皆羊无人住有大王庙甚灵海中有蒙瞽二龙泊船不可金鼓献纸恐其惊动翻覆不安成功不信初九日午刻到羊山候綜初十日各提镇来见放炮鸣锣不移时风起浪涌迅电闪电对面昏黑不相见但闻呼救之声管船都陈德与太监张忠等跪求成功上栅拜天拜甫毕风雨方息波浪稍恬覆舟五十余号溺死数千人成功大中军船打破失六妃嫔及幼子三人亦溺焉死者凡二百三十一人十四日成功以兵船军器损失回至舟山议向温台各港取粮

九月初十日成功至象山县知县徐某遣生员父老送牛酒犒师并其禀启成功遂传令不攻时北兵惊怕风浪多逃去有报援剿右镇贺世明等船头桅俱扮红又讹传欲叛去并北将尽失之语成功遂撤贺世明镇任并令张五军谕水武营卜世用火武营魏标中权镇李必奇兵镇张魁等解职惟北镇姚国泰补援剿右镇贺世明愤激气死以总理监营翁天佑署左提督隶其兵

十月初二日成功至台州港后冲镇刘进忠走入海门所成功令弃城而走以水武营黄招管后冲镇

二十二日成功至磐石卫守将不降下令攻城

十一月初七日城破擒斩无数

十二日成功分各提镇就汛地养兵

十二月成功驾驻沙关是岁大清兵破云南永历亡先是秦王孙可望出湖南与经略洪承畴对垒永历驻安龙所西宁王李定国奉之以入云南一路无阻遂将孙可望家眷送之军中还之途中辎重又被劫掠可望穷愤遂投诚

至京世祖优待之封义王其死也亲吊之平西王吴三桂与内院洪承畴遂攻入云南李定国护永历至缅甸病死吴三桂追之缅人惧献永历疏闻筑台绞死是日天地昏暗有白龙升天之异观者莫不伤感而明祚至是终矣

卷三

己亥【顺治十六年】

正月成功驻沙关

二月成功到磐石卫

三月成功催各提镇限本月二十五日到磐石听令

四月二十八日成功率将士齐到定关二十九日入宁波港

五月初一日成功抽兵下船

初四日至舟山烈港

十七日成功至羊山诸将请先取崇明以为老营成功不许

十八日成功至崇明

十九日成功差监纪刘澄密书通江南提督马进贤

六月十四日成功合张煌言诸军至焦山

十六日辰时成功集诸将议曰瓜镇为金陵门户宜先破之成功进兵攻瓜州我操江都御史朱衣佐率游击左云龙领满汉兵数千扎营城外迎敌成功乃令右提督马信前锋镇余新进夺谭家洲督左右武卫居中中提督居左左提督居右后提督抄瓜州之后两阵相对隔一小港铳矢交击成功令材官张亮督善泅水者荡舟斩断滚江龙挥兵大进满兵列火铳守岸左冲镇周全斌挥兵下水直渡小港水深铁重兵从水底行没顶多溺死突上岸守兵不意海兵至惊骇全斌直冲其阵左云龙及右协杨富率兵会战背而军战未合云龙已阵斩十余人全斌率兵直抵城下诸军直逼而进满兵退入城城正兵镇韩英乘势夺梯奋力先登左先锋杨祖继进城遂破巳时遂克瓜州左云龙阵殁朱衣佐被擒斩首数千是日右提督马信攻夺谭家洲大炮张兵官罗蕴章等攻满洲木城三座木城用大杉木板钉平竖栅内容兵五百人火炮四十门火药火罐不计其数从上流压下船过之立碎至是歼焉成功以全斌轻渡港失兵多欲斩之诸将跪请乃许戴罪立功朱衣佐至镇江乞归养亲成功赐路费遣之以援剿后镇刘猷镇守瓜州监纪柯平督理江防管州事委张兵部杨戎政督水师入芜湖牵其战船直逼金陵以分其势

十九日成功督师进泊镇江南岸七里港

二十日登岸扎营时我提督管效忠以步兵驻守银山海师扎于银山对面山上相距只隔一港满洲骑兵惊移大路扎营留绿旗兵数百守银山成功于二十二日二更移营到银山下寅时传令登山开队以银山迫府治先争地夜引兵夺之迟明大军分五路三叠压垒而军海师日逼镇江告急副将高谦守镇江江南总督郎廷佐檄吴淞提督马逢知以兵赴援满帅哈哈木发满兵一千援镇江逢知将骑兵三千至丹阳闻成功兵盛返旆淞江三檄不至副将高谦将兵二千惧不敢战援剿林副将将闽兵二百五十人跳荡敢战海师益逼林副将曰我辈赴援至此闭城不战何以拒敌请以所部为诸军先开西门出战高谦以兵继之闽将挥兵奋勇陷阵入海师营击杀数百人成功亲督右武卫周全斌左虎卫陈魁等四面围之周全斌直冲其锋以长绳介阵后曰兵退至绳者斩于是奋勇争先满兵披靡诸将继之林副将血战部曲杀伤过半仅余七十余人决围出高谦不战而走时西门道狭止容一人一骑且沟港甚多自相蹂践死者不计其数后军阻于道狭不能进故败退入城明日合满汉兵复战汉兵居前鸟枪弓矢待敌海师火器先发铳鸣我师皆伏地声毕皆起海师发火筒烟眯目不得开烟过海师已短兵接鸟枪弓矢不得施刀击藤盔牌皆不入大败走海人逐之尽奔入城提督管效忠将披甲八百援京口欲与成功战将士皆退缩不战效忠曰战而胜一军尽为忠义若不胜我乞援走江宁不复入此城矣将士复不应效忠单骑入海师阵血染甲裳而还我师见气壮亦开营出战有旗将奋勇入阵军士见红旗气百倍须臾旗仆海师乘之我师大败一军尽覆仅余数十骑走江宁海师进逼城总镇高谦大集绅士问战守相顾皆默然一武生起曰海师势大将军当为一郡生灵计谦曰提督管公期坚守二日提师必至踰二日不至当如诸生言武生群哗曰瓜州且立破焉能二日待高谦推案仆绅士失色谦脱

帽掷地痛哭曰我子已登武科驻云闲事急不复能相顾请从诸君以纾祸乎高谦率知府戴可进遂通款成功大喜送文武各官红袍冠带各一袭犒师白金三千两罗列于案藉以红罽鼓吹畀入城士民夹道观各官遂冠带父老耆宿高巾宽衣大袖满江市且夜张乐歌舞衣工缎肆顿增价浙中昂邦阴遣人持数百金买缎匹于京口潜通款成功周全斌身带重伤成功令镇守镇江以工官冯澄世为常镇道兵都事李允为知府以监纪林若霖为司理时诸州县多来降太平府守将刘世贤献城降芜河一路俱送款庐凤以上望风归附成功议取金陵中提督甘辉进曰断瓜州则山东之师不下据北固则则两浙之势不通但坐镇此南都可不劳而定也或请从陆路进兵以为破竹之势一鼓可下或攻取外城州郡以绝援兵则城孤亦难守若水路恐风信稽迟则援兵四集江上又难冲锋矣诸将多以天时炎热久雨沟河难通成功因此不听遂由水路进发

七月初四日成功督诸军下船初七日成功至观音门初八日令左镇冲黄安总督水师守三汊河口十二日成功命前锋镇余新中冲镇萧拱辰北狮子山堵御仪凤门左提督翁天佑为应援中提督甘辉后提督万礼左先锋杨祖俱离前锋镇之第二大桥头山上屯扎右提督马信宣毅后镇吴豪扎旱西门成功督左武卫林胜左虎卫陈魁右虎卫陈鹏五军张英屯扎岳庙山甘辉以守御既固恐难猝拔为谏成功不听时宁国府池州府和州滁州等州县俱降杭州及江西九江等处俱有密谋通款者成功遣监督高绵祖礼都事蔡政往苏淞通好提督马进宝约其同时会师马信赍书于崇明总镇梁化凤许纳约下金陵后即纳版图江南提督管效忠调集各府兵将齐备讲欲衡营成功舟师营江上战士登陆逼城为营因山树栅环金川神策仪凤三门城中震恐文武将吏皆怀二三唯哈哈满州木总督郎廷佐提督管效忠坚持战守飞章告急成功逼城大造望楼冲车罗将军自广班师至明爱达里自浙至援师渐集江上见成功兵盛不敢战廷佐檄调崇明总镇梁化凤入援化凤将步骑各三千至江宁哈哈木令屯江上见梁兵战马雄壮令兵夺之梁兵汹汹思叛管效忠言于哈哈木曰江广援师既败外援已断唯化凤一军远赴危城谓必有以慰劳之奈何夺其战骑乎军心苟变为祸弥速矣速犒之归其马哈哈木即命效忠劳化凤军归其马开城纳江上兵成功屯岳庙山上军容甚盛廷佐集满汉诸将议出战满兵惧诿候旨进兵化凤曰必待命而战贼已逼城人心一变大事去矣廷佐乃严整部伍刻期待战

十七日甘辉请成功速攻城恐援兵日至师老无功成功定于二十二日安炮进攻

二十一日成功营将关尚贤犯令当斩夜亡抵金川门缒而入尽以营中虚实告城中曰营中令双日尽解甲明日又成功生日诸将上寿必置酒若欲破敌不出此日营中地雷伏弩大炮长枪随鹿角以密布无隙可入必从中而起出不意始可败之郎廷佐集诸将谋曰成功营抱三门中央神策门自明初塞之近三百年凿之出兵直捣中坚彼自溃矣昧爽穴神策门去其土石梁化凤以所部五千人为前锋关尚贤导之升屋踰垣直入前锋余新营新兵不及甲而战举火焚营火器迸发伤一二百人化凤兵大呼奋击营中大乱生擒余新萧拱辰泅水而逃全军覆没后提督万礼扎于桥外救应不及满兵见汉兵胜其气亦倍遂蜂拥出城外扎营

二十二日晚甘辉林胜以金陵守御既固恐难猝拔劝成功收兵回至观音山成功欲再决一战令杨祖姚国泰杨正蓝衍等扎于山上甘辉张英等伏于山中林胜陈魁等列于山下成功督陈鹏万禄等扎观音门为声援万礼万义等堵御大桥头大路马信吴豪韩英由水路摄其后黄安专督水师防江

二十三日满汉兵大队抄出山后直冲左先锋杨祖之营杨祖兵尽藤牌就地滚杀化凤用枣木大棍概以棒之执牌者乱倒于地弃甲曳兵而走时成功传令无令不许轻战而山上山下又隔远不相联属我兵矢发如雨杨祖众寡不能当而走蓝衍战没成功遣陈鹏万禄往援山高不得上满兵从山后出其背前后夹攻甘辉张英等在山上被围力战不得出张英阵亡甘辉且战且走至江擒焉林胜陈魁在山下战败全军俱没万礼等在大桥头满汉兵首尾合围万礼东西驰突不得出亦被擒焉万义泅水而逃成功见大势已去扶创收兵下船顺流返京口满汉水师舣集共追成功成功挥黄安火炮御之击沉数艘渡载诸眷姬及诸残兵出港成功查失将领中提督甘辉后提督万礼五军张英亲军林胜陈魁镇将蓝衍魏标朴世用副将洪复并户官潘庚钟仪卫吴赐等数十人后甘辉等解至金陵总督固山会审万礼余新皆跪甘辉以足蹴之曰痴汉尚欲求生乎大骂不屈俱被杀海师之入长江也大江南北无不争先献册上印南及徽宁西及九江俱遥通款禁中闻风思动两浙人心摇摇将吏坐观向背满兵望风退缩不敢争锋江南巡抚弃句容走丹阳筑堰自守报至北京举朝惊骇诸王固山议出师逡巡莫敢任当宁决计亲征召前海澄降将苏明问之对曰海兵不能持久不数日当有捷音后三日而江宁捷报至乃罢

二十四日成功至京口察战士痍伤者疗治之分派各镇补缺管辖令五军都督忠明伯周全斌将甲士五千人镇江列营待战追者不敢逼

二十八日诸将领俱各下船驾入长江成功徐发镇江所寄家口载舟中高谦及诸武生主款者尽携家口从之将发大掠城中乃行载粮数十万石出焦山口张煌言将舟师屯巢湖身率亲信数百人登陆招抚各邑闻成功败舟师全军东下乘风顺流过三山无敢撄其锋者遂出镇江口煌言间道走山中宵行倍道自广德趋独松关渡余杭至台州下海

八月初一日成功率师回至狼山上沙

初四日成功泊吴淞港遣蔡政往见马进宝入京议抚

初八日成功至崇明以作老营先是梁化凤以海人连败出海必攻崇明以抒愤连夜提师返崇明

十一日海师攻围甚急城崩数丈适梁化凤兵至内外夹攻海师大败正兵镇韩英监督王起凤云梯登城俱被炮伤死成功欲令诸将再攻周全斌曰城小而坚难以骤拔得之亦无用适马进宝差中军同蔡政来劝退师以待奏请看抚局成否成功从之仍遣蔡政往京

十八日成功回师至浙江以杨富管正兵镇分派各提镇就温台舟山各港口屯扎操练仍拨数镇屯扎秦屿三都兴化南日沿海地方

九月初三日成功令开船初七日至思明州十月援剿后镇刘猷屯温州深入内地取饷被诱战没十二月蔡政自京回云抚事不成系同安侯郑芝龙于狱并逮马进宝到京问罪遣满洲将军达素带披甲万余前来剿海并令三省水师会剿

庚子【顺治十七年】

正月二十一日报满洲统兵将军达素头站兵至福州

二月成功调回南下诸提镇候拨防守

三月将军达素到泉州催促船只配兵成功调回南下各兵分派屯扎

四月初三日成功改右提督马信为提督军骁骑镇传令各提督将士眷口搬住金门所委英兵镇陈瑞保护同户官郑泰一同管辖

初四日遣中卫镇萧拱宸等泊崇武堵御泉港委辅明侯林察为水师总督共商机宜派援剿右镇林顺礼武镇林福防守海门派右武卫周全斌骁骑镇马信防泊裂屿尾派游兵镇胡靖殿兵镇陈璋为陆师守高崎等处援剿后镇张志为水师抛泊高崎应援拨林福防守倒流寨

二十六日泉州官船二百余号驾到祥芝澳陆师山上扎营放炮水师依山边而行遂进至围头成功令林察萧拱宸等泊刘五店遏止围头官船不得入同安港会合命行户官郑泰将前派守围头兵丁船只一尽防守金门抛泊城保角以防广海许龙等船成功拨右虎卫陈鹏守五道高崎东一带拨援剿前镇戴捷守高崎寨殿兵镇陈璋前冲镇刘俊智武镇颜望忠防守蜥保寨并赤山坪游兵镇胡靖防守东渡察仍委戎政王秀奇总督高崎等处协理戎政杨朝栋总督东渡等处临期商酌调遣成功令神武营康邦彦扎崎尾兼管神前一带拨宣毅后镇吴豪后冲镇黄昭援剿后镇张志并陈广吴裕水师应援高崎五道等处堵截邀击

五月初一日成功驻演武亭拨忠靖伯陈辉同安侯周瑞援剿右镇下杨元标铳船前提督下方左营等船泊海澄港以截漳州大队水师成功亲督前提督黄廷右武卫周全斌援剿左镇黄昌右镇林顺正兵镇杨富等屯海门准备迎敌

初八日漳州港中先造大船一百号配满兵总督李率泰海澄公黄梧督之出海澄港同安港收拾小船将军达素同同安总镇施琅以小船配满兵横渡高崎俱下船约初十日进发

初十日早成功令五军陈尧策传令陈辉等碇海中流不许起柁欲待漳州船出而乘其后倏忽间官船乘风蔽江而下以数船攻一船用铁链牵住炮矢齐发梯而登陈尧策周瑞一船及方左营一船皆被烧死陈辉一船官兵蜂拥而上辉走入官舱发火药从下冲上船艉飞裂官兵在船上俱死其船未沉为海兵夺回陈辉得活时成功坐熕船继令何义督之而下八桨船往来督战时官船乘风直追海船渐渐退缩直压至厦门港日将午南风乍发海潮渐长

黄廷周全斌等奋力迎击同正副龙熕两船破艅而入龙熕受大弹子一丸重十余觔小弹子一斗副龙熕照样新铸者各以一船专载之龙熕所及船中人顷刻间不见形影遂夺满先锋昂邦章京红眼二船出擒侍卫一二等虾十余员并乌沙一船黄廷擒梅勒耿胜一船户官郑泰自金门率鸟船五十号乘势冲入宣毅镇黄元从鼓浪屿后冲出夹攻炮声如雷隐隐不绝火烟迷江咫尺不辨共擒官船十三号又追满先锋三船至圭屿满先锋弃船登岸马信招之降夜溺杀之惟留红带梅勒士心秀并随身披甲三人是日辰时达将军总督满汉兵船至牟尼屿从赤山坪登岸殿兵镇陈璋挥兵于水中逆战兵少渐不支守高崎右虎卫陈鹏密通我同安总镇施琅谋为内应其副将陈蟒璋之侄也见势急欲出兵救援陈鹏止之不许成功总督王奇秀速令陈蟒赴之满兵见金龙甲兵至以为迎己也及下水砍杀始慌乱而前协万宏领兵林雄领旗协刘雄继至合击前冲镇刘俊亦从东冲出协力拒敌俄而水师吴豪赶至满船向前迎敌诸水师分路冲下击沉数只满兵先登岸者被杀及溺水不计其数生擒吕马喇及彼甲三百余之皆断手掌放回达素率全师回省数日尸浮海岸万余长发者十二三短发者十七八成功磔陈鹏杀其家属以陈蟒为虎卫右镇何义为虎卫左镇

六月成功驻金门后埔令思明州将士兵丁眷口移住金门百姓搬移过海听其自便拨诸提镇分扎汛地取粮

七月成功命兵官张光启往倭国借兵以船载黄蘖寺僧隐元及其徒五十众时倭人敦请隐元故载与俱往成功书与倭国王而不及上将军主国政者故倭人兵不发

九月诸兵民家眷俱回思明州

十月中朝调达素回京问罪达素在福州闻之吞金而死满兵回京水师船只俱调入港阁岸监国鲁王殂于金门所

辛丑【顺治十八年正月世祖晏驾圣祖即位改明年元为康熙】

正月成功议取台湾台湾者在东南海中东倚山西薄海北界鸡笼城与福州相峙南则河沙矶小琉球近焉周袤三千里与土蕃杂处万山环抱中有膏腴平地数百里当数县故无君长饶布粟桑麻百物互相贸易山多金银无所用人民饶乐不知甲兵战斗山口百里皆危礁两山夹水如永巷潮长舟轻始可入天启年间郑芝龙与群盗出没其地后为欧罗巴红夷所占于港口筑城与中国日本广南贸易海边贫民流寓者种蔗煮糖为业殆数千户时红夷亦恐郑氏动兵及庚子春先遣通事何斌及其酋长同来议贡何斌密进地图盛言台湾富饶为四省要害且言可取状成功陈兵自关南关至院东依山布阵凡十余里甲兵数万周全斌统辖戎旗兵七千皆衣金龙甲军威甚盛夷人震慑成功欲进兵诸将虽不敢违俱有难色宣毅后镇吴豪曾到其地力言港浅大船难进且水土不服多瘴疠成功不从惟协理戎政杨朝栋偈言可取成功纳之

二月成功驻兵金门整理船只以兵官洪旭前提督黄廷居守思明州户官郑泰居守金门所

三月初一日祭江成功督文武官亲军武卫周全斌何义陈蟒提督马信镇将杨祖萧拱宸黄昭陈泽吴豪林福张志等作首程先行令守彭湖游击洪暄引港各船俱驾到料罗湾听令开驾

二十二日午时成功自料罗放洋

二十四日各船齐到澎湖分各屿驻扎成功扎营内屿

二十七日开船到甘吉屿阻风而回

三十日晚风雨未息成功以行粮已尽传令一更后开驾三更后晴霁风顺

四月初一日天明成功至台湾外沙线各船络绎俱至到鹿耳门线外此港甚浅沙坛重叠海道纡折仅容数武大船从无出入故夷人不甚防备是日水涨丈余成功令小船由鹿耳门登岸午后大小战船齐进泊水寮港登岸扎营令陈泽督虎卫将坐铳船扎营耳门牵制红夷甲板船并防北线尾守赤嵌城夷长猫鸡实叮发炮死击营垒并焚马厩仓粟成功恐焚及赤嵌卫令杨朝栋督张志统兵防御

初三日陈泽扎营北线尾守台湾城夷长揆一见海师未齐遣头目拔鬼仔率鸟铳兵数百直前邀击陈泽迎战一鼓歼之拔鬼仔战死余夷退走

初四日赤嵌城夷长猫鸡实叮以孤城救之成功遣杨朝栋招谕之遂率夷人三百余人出降成功令赤嵌夷招夷长揆一等来降不从时夷人尚有甲板船在港令陈泽陈广等攻之沉其一只焚其一只走回一只

初四日成功督师移扎七昆身以逼之筑土台架炮攻台湾城揆一等于附城铳城齐放大铳顷刻上台崩坏海兵退回夷人出城夺炮马信刘国轩率弓箭手射之乃退成功遂令赤嵌降夷架铳击其铳城崩之派马信等扎台湾卫固守不攻俟其自降成功又使人告之曰此地乃先人故物今我所欲得者地耳余悉以归尔红夷乃降成功派各镇分扎汛地屯垦

五月初二日二程黄安刘俊颜望忠陈瑞胡靖陈璋等到台湾成功集文武各官审宣毅后镇吴豪抢夺民财兼匿米粟斩之右虎卫陈蟒同罪革职捆责以黄安管右虎卫成功既得台湾制律法兴学校改台湾为伪安平镇赤嵌城为伪承天府委杨朝栋为府尹一为天兴县委庄文烈知县事一为万年县委祝敬知县事

六月十六日铜山守将蔡禄郭义抢掠居民胁忠匡伯张进投诚进诈许置酒请会欲发火药与之俱焚蔡郭知之不赴张进遂纵火自焚初后提督万礼密约海澄公黄梧欲据思明州投诚后随攻南兵被获而死已祀忠臣祠矣事泄成功撤其木主蔡郭是其党也故惧而叛大兵入铜山城兵官洪旭会忠勇侯陈豹统水师追之蔡郭同大兵退走报至成功拔总监营翁天佑镇守而厚恤张进之家

七月红夷会甲板船至成功调右武卫前协裴德协守台湾张志黄志等激变大肚社土蕃杨祖与战中标枪死土蕃围张志营黄安陈瑞等击走之

八月红夷率甲板船来攻成功令陈泽同戎旗左右协水师击败之获甲板二只小艇三只自是甲板退入台湾港不敢复出朝命户部尚书苏纳海至闽迁海迁居民之内地离海三十里村社田宅悉皆焚弃先是达素兵至成功令思明州撤空其北人来降者家眷乘隙皆渡海逃去成功右提督王秀奇亦逃回江南埋名不出而原任漳州知府房星晔者为索国舅门客遂逃入京使其弟候补通判房星曜上言以为海兵皆从海边取饷使空其地而徙其人寸版不许下海则彼无食而兵自散矣遂从其策升房星曜为道员病死无嗣至是上自辽东下至广东皆迁徙筑短墙为界碑发兵戍守出界者死百姓失业流离死亡者以亿万计苏纳海归荐同安总镇施琅为水师提督移镇海澄

十月同安侯郑芝龙为其家人尹大器出首通海时今上亲即位四辅苏克萨哈与芝龙有隙以初三日日磔芝龙于菜市杀其子孙家属凡十一人囚郑芝豹于京师锢守之报至台湾成功叱为妄传然中夜悲号居常郁悒

十二月守台湾城夷长揆一等乞以城归成功而搬其辎重货物下船率余夷五百余众驾甲版远去成功遂有台湾改名东宁成功以各社田土分与水陆诸提镇而各令搬其家眷至东都居住兵丁俱令屯垦初至水土不服瘴疠大作病者十之七八死者甚众加以用法严峻果于诛杀府尹杨朝栋以其用小斗散粮杀其一家又杀万年县令祝敬家属发配于是人心惶惧诸将解体

壬寅【康熙元年海上称永历十六年】

正月成功严谕搬眷郑泰洪旭黄廷等皆不欲行于是不发一船至台湾而差船来调监纪洪初辟等十人分管番社皆留住不遣岛上音信隔绝

三月成功令周全斌调铜山思明州兵攻南澳欲擒陈豹豹短小精悍号三尺陈守南澳近二十年许龙苏利皆畏之但骄傲专恣数违藩令兵至仓猝率众搬眷下船不敢十分迎敌扬帆入广东投诚朝命封为慕义伯未几病盲而死

四月成功先有宠妾董夫人在思明州长子经乱之生子子生报台湾成功大喜高宴累日问所自出皆云不知既而微知之大怒命工官杨都事赍令箭到思明州欲杀董夫人及长子经并左右五人首洪旭经妻父也黄廷与洪旭密谋国姓以盛怒命杀其子国姓无他子倘后而中变喜怒不可知不若姑缓之须后命遂杀杨都事不奉令又讹传周全斌奉密谕欲杀诸将十余人于是人人自危洪旭等候周全斌船回厦门港即执而拘之黄廷劝郑泰杀全斌全斌求救于黄夫人洪旭亦依违乃得免

五月初八日成功病卒于台湾遗命子经不肖不堪负荷文武各官俾辅幼弟为台湾主提督马信镇将黄昭等宣遗命以其弟郑世袭护理大将军印未几马信黄安皆物故世袭以黄昭萧拱宸为腹心拔刘国轩管镇事谋自立报至思明州郑泰洪旭黄廷工官马澄世参军蔡马雷等皆不从立郑经为嗣封世子发丧即位时靖南王耿继茂移镇福建与总督李率泰遣中军王明赏功李有功至思明州议抚郑泰等议照朝鲜例冠带不薙发复耿李使疏请而泰遣中军官杨来嘉同入京待命后不报释杨来嘉回

八月京中差户部郎中赍岱兵部郎中金世德入闽安城招抚凡海中文武官投诚者依例照品级升降补用

十月洪旭郑泰等以兵千余人配船送郑世子入台湾郑经以周全斌为五军督冯锡范为侍卫【澄世之子】陈永华为咨议参军至澎湖世袭将李思忠乘船至台湾知诸将有谋逃回郑经随即防御因乘风入鹿耳门登岸全斌令连夜伐木为寨扎营次早黄昭萧拱宸谋奉世袭拒经值大雾昼暝咫尺不相见诸将多迷误失期惟黄昭兵先至攻其前周全斌独拒之刘国轩督兵力战破营而入郑经兵却挤而前黄昭攀木而登为流矢所中堕下全斌令斩其首大呼示众军士皆迎降大雾忽晴日已向午钟宇等至皆反戈而迎郑经入安平镇请世袭至待之如初世袭委罪于其仆蔡云云自缢郑经收萧拱宸李应清曹从龙等斩之余皆不问诸将营兵拨守汛地如故

十一月郑经率周全斌等同其叔世袭回思明州后世袭入京归命授精奇尼哈番颜夫人郑芝豹自戍所发回准在京同住

癸卯【康熙二年】

正月郑经驻思明州时洪旭守思明州郑泰守金门黄廷守铜山郑经得郑泰与黄昭往来书欲袭取之郑泰不自安称病不出张煌言党伪靖波将军阮美率文武各官诣温州投诚浙督赵廷臣以闻

三月郑经命周全斌督战入海澄港取粮欲袭金门见其有备乃止

四月参将陈永华谋以郑经将回东宁而请郑泰为居守户官统辖诸镇资其饷给兵铸居守户官印遣协理吴慎赍至金门泰遣其弟鸣骏入谢郑经慰谕之见陈永华与鸣骏情好甚密鸣骏回永华力劝其行泰遂于六月初六日带兵船并饷银十万至思明州是晚入城赴席郑经以其前通书黄昭面质之遂交与洪旭监留周全斌率兵并其船独蔡璋一船得脱天未明至金门鸣骏仓猝与泰之子缵绪率诸将及兵丁眷口下船入泉州港向总督李率泰投诚船凡二百余号兵八千余全斌等追之不及后京中封鸣骏为遵义侯缵绪为慕恩伯文武官吏班赏叙用有差

初十日郑泰见其子弟家眷兵众皆入泉州港遂自缢而死

七月郑经以黄而辉为思明州知州黄廷之子也苏利反叛二十七日朝命兵部侍郎硕图郎中沙海正黄旗副都统木克必兔刑部郎中希福往广东征苏利广东总督卢崇俊奏报

八月十二日兵至南塘苏利亲领万众迎敌平南王尚可喜合兵击之贼始溃散将军提督督阵贼尸满野官兵驰围碣石贼夜开门潜遁我兵抢门而入提督兵丁李起鸿阵斩苏利验明投诚员役认项项项有疙疸是实臣捐银三百两马一匹袍帽缎匹赏之以示鼓励苏利家口先期出城下海遁去黄廷自铜山入见郑经慰谕之海自中郑鸣骏入泉州人心解体镇将多叛右武卫杨富左武卫何义精忠伯陈辉等文官参军蔡鸣雷礼官都事陈彭等皆先后投诚

九月荷兰国王纠集甲版船十六只番兵数千会靖南王耿继茂总督李率泰约共攻两岛候事定之日欲求浯屿筑城贸易如广东香山澳例【后准纳贡互市】李率泰遂议平岛

十月调齐水陆官兵陆路提督马得功督郑鸣骏以船数百号出泉州港水师提督施琅同海澄公黄梧出海澄港靖南王耿继茂同荷兰国王扎营于同安港之刘五店至期下船渡海守高崎正兵镇陈升先约降尚可喜奏十月二十二日蛋贼李荣周玉称奉永历敕印号恢粤将军直犯广东省城臣随同抚提二臣调令现在船只前往击贼周李二贼扬帆遁走炮船追袭八十里至鱼珠缆尾海面贼援已至与兵船对敌地多沙浅贼乘上风顺水烧哨船三炮船十及水师舟一暮夜收兵二十三四日贼船东西抢掠二十五日贼攻顺德县南门捆知县王允下船贼悬张伪示沿海乡村为其造船二十八日臣据镇臣张国勋报会同密遣摆牙喇参领刘国轩统马步兵一千协镇将军标下甲兵五十提督甲兵五十八擒烧村寨船只臣密谕镇臣张国勋班际盛统领战船水陆并进三十日周李二贼率船一百二十三迎敌镇臣张国勋参领刘文焕两镇各营游击薛成亮等提标游击苗英等统头敌战船直前冲杀左翼镇臣班际盛协镇将军左镇王运昌水师游击张友才参将刘光宗提督守备文自炳等统二敌战船钞出夹攻自午至申飞跳贼船擒斩贼众抛掷火罐焚烧贼船各贼踉跄落水马兵往烧村寨从大石海旁邀击奔岸之贼尽歼焉刘文焕生擒伪恢粤将军周玉夺回扭锁知县王允本标官兵生擒伪军师林辅并周玉母梁氏各标共擒贼二百七十人获贼大船二十四快船二十八铁盔甲绵甲七百四十一大炮班鸠子母三眼百子鸟枪四百六十九虎义大刀枪藤牌一千九百一十六火药五十坛烧贼船六十四斩首二千六百三十七遁去三十余舟刘国保统步骑至市桥陆路

贼放炮对敌炮伤甲兵马匹我兵奋力追剿贼逃至河边潮田泥淖步骑难前斩首二百三十四级焚烧已未成大小船只一百三十一随收兵大石海旁见水师方与对敌夹攻逃岸之贼尽行剿杀粤东环围皆水兵船不过七千陆兵盈万势难飞渡逆首李荣夜遁必将纠合复来逆船尚多未可轻视伏乞亟造战船以收缓急之用靖南王耿继茂统陆兵趋浔尾总督李率泰统陆兵次嵩屿提督马得功统泉州各标水师自围头进提督施琅统漳澄各标水师自海门进十月初二日继茂先发旗下都统王大用纛章京夏有功等将步骑自泉州发别遣驻防漳州左翼总兵徐成功右副都统江元勋等自漳州发初五日两军俱次浔尾对厦门高崎郑经率黄廷周全斌等立营对海荷兰国船高而且大一船有大小炮铳千余号横集中流为耿王李总督藩蔽贼望见我师驾游奕数十艘炮击我营营中亦发大炮击贼舟初六日午时郑经周全斌统大艅往来转战炮攻我营我兵发炮相持初六日晚贼精锐千余乘夜潜渡登陆直逼游击史定国营火器弓矢并发向营盘垛口枪刀砍刺定国带甲兵杀出营门都统王大用督兵策应刀箭砍射炮伤落水贼无数夺盔甲十一副火筒喷筒二十余贼败奔舟走经艅引去余舟仍扎高崎岛山立营靖南王耿继茂督发泉州闽安水师及藩旗都司陈一明将甲兵六百又投诚同安伯郑鸣骏忠靖伯陈辉标下总兵杨富水师数十艘出海听马得功调度十二日俱次浔尾李率泰屯漳州遣漳澄水师兼陆路官兵亦于十二日同海澄公黄梧中路总兵王之鼎俱驰至嵩屿海口海舟供撤回厦门止以数十舟游徼海而靖南王耿继茂大集兵丁快船及同安水师大小战船总督李率泰别遣一军夺鼓浪屿屯扎架炮整兵渡海刻期二十一日水陆四路官兵齐攻厦门飞檄围头水师二十一日子时开洋至厦门白石头会师十八日夹版船八艘先泊金门外港十九日马得功亲统各路水师大小四百艘夹版船七只径至金门乌沙头伪提督黄廷等挥巨艅百余迎战我兵首尾相应协力攻打海兵大败郑鸣骏陈辉陈一明等犁沉贼舟三夺获大舟二斩首三百生擒四十余炮伤溺死无算杨富炮击伪总兵谢福船折其桅过船杀贼二百人生擒十八人闽安水师游击郑洪中军守备孔应贤获鸟船一赶缯船二水底艍二杀贼八十余余皆跳水死二十日晨郑经率周全斌黄廷等亲督巨舰蜂涌挑战马得功挥夹版船扬帆出御大炮叠发打碎贼舟数艘是日炮声如擂鼓从辰至酉相续不绝不啻如雷声霹雳郑经见夷船多炮众寡不敌乘潮渐渐退出浯屿屯厦门港周全斌等十三号船在后迫于潮长不得出遂直绕我船之后冲大艅而入荷兰国兵炮矢齐发无一中者马得功坐鸣骏中军船全斌误以为鸣骏也直前攻之黄廷中军将吴朝宰郑经亲军将萧乘龙前后夹攻挥兵过船得功亲随铁甲精兵三百人皆被杀下水得功顿足自投水而死再攻杨富一船焚之杨富投水遇小艇救之得免所遇之船多被攻没我兵大小战船齐起碇扬帆竭力应援死战打伤贼船数艘全斌不知马得功之死也乃引去耿继茂屯浔尾虑贼尾我之后突犯浔尾令游击范维杰以千人扼高崎海口副将李之珍以千人扼浔尾海口两岸俱设大炮大营仍扎浔尾嵩屿继茂令王大用徐成功夏有功江元勋等同摆牙喇参领徐文耀王蟒汉参领马九玉阿达哈哈番张元德田养民拜塔喇布勒哈番王梅噶卜什章京朱怀德吴效忠副将马化麒游击郭文可史定国牛虎等统摆牙喇蒙古步骑官兵四千及同安总兵黄翼与杨富副将辛球等衔枚夜渡李率泰亦发标下游击谢四海澄公标下副将吴淑游击戴亮总兵蔡禄郭义等合营夜渡两路官兵同登郑经不能拒二十一日寅时直捣厦门中安山长驱度岭向城下荷兰出海王统夹版船抵大担扼海而率泰令提督施琅统督标参将徐登第公标总兵魏茂会合蔡禄郭义柯义林祖等并进继茂发同安水师总兵杜永和俱出鼓浪屿率泰选轻捷炮船五十为前锋发炮击贼贼屯教场分布抵敌忽见步骑大兵蔽岭下惊溃奔舟不及者窜伏山峒我师环布海岸策应舟师击贼郑经披靡退屯浯屿我师以炮火击之经船退泊浯屿之外尚有大船七八百小者亡算耿继茂发藩标督标并延建邵三府兵焚剿山峒余寇复令提督施琅领漳泉两路水师同郑鸣骏陈辉杨富等会合夹版船二十四日直抵浯屿贼乘船宵遁黄廷议欲再数日日周全斌以为船多被夷炮打坏不如退屯铜山南屿遂弃厦门金门两岛而去先是李总督出示准岛中百姓入界思明州知州黄而辉启郑经准岛民渡海下令三日而陈永华复启郑经禁之至是大兵入岛尽将厦门金门城垣房屋焚毁遗民尚数十万多遭兵及男妇系累童稚成群若驱犬羊连日不绝而投诚兵所至搜掠财物发掘冢墓至剖建国公郑彩之棺而残其尸堕城焚屋斩艾树木遂空其地而嘉禾断人种之谶应焉

十二月兵部差郎中纪振疆笔帖式布兰颂赏福建将士靖南王耿继茂奏郑成功在台湾因其子郑经拥兵抗拒骤发颠狂于五月初八日咬齿身死郑经在铜山人心离散营镇多叛而厦门金门之旧将残兵官员绅士无船可泛海者或投诚或逃遁流离失所死亡殆尽矣

甲辰【康熙三年】

正月十三日兵部奉上谕郑芝豹母在福建投诚尔即部传谕芝豹念豹母投诚宽其罪即行释放安插归旗居住郑经驻铜山诸军乏粮周全斌欲袭洪旭而并其船洪旭亦防之值海风大作船各飘开全斌遂率其众入漳投诚后封承恩伯而洪旭以杜辉守南澳辉亦掠其辎重投诚

二月授海岛投诚将士阮美郑绳安左都督邓嘉玉阮骅右都督焦华岳都督同知林鸾陈大兴杜卿王鼎勋高捷李隆陈志义阮复曾林朝褒张太都督佥事福宁总兵吴万福报伪逆阮春雷据长腰东蚶外岛阻海为巢浙寇张煌言近复与之合艅福宁向无水师艰于航海臣万福招抚伪镇林国梁等兵丁船只我兵借以利济一时水陆并进分头来剿禽斩贼将焚其巢穴积年负固之气殄灭无遗煌言春雷仅以身免阵擒伪将阮定江春王尊等解赴军前正法靖南王耿继茂疏报大捷奉旨阮春雷张煌言窃据长腰东蚶等岛合艅狂逆官兵奋勇擒斩贼将夺获船只焚毁贼巢伪镇林国梁斩煌言弟张嘉言杀兵夺船带领家口投诚身虽负伤奋勇自效以所带兵船同官兵捣贼巢穴克奏肤功深可嘉尚与寻常投诚不同著从优议叙

三月郑经同冯锡范陈永华等率余众回东宁工官冯澄世一船为其家丁所迫自投海中死洪旭以二十舟候黄廷同行时黄廷部下兵将多不欲行议欲使其子而辉壻吴朝宰率众投诚而自己带家眷与洪旭往东宁适黄梧遣陈克竣来招降黄廷遂入漳投诚后封慕义伯洪旭独往东宁

七月宁波水师左路协镇常塘报本月投诚效用将孙惟法等于普陀山先遣兵丁扮作僧人擒获伪兵部张煌言银印一颗铜印九颗并伴当人等二十六日差官二十员护送到省二十七日部院赵廷臣于公衙门见煌言问屡屡相请归顺因何不从煌言答我已立意出家为僧不愿再用今被擒惹万民笑骂惟求速死部院言既系谋臣我朝必有重用既立意为僧何不先缴敕印煌言不答九月煌言不食病不死在杭日赋诗见志并赋满江红等词人多传诵之初七日奉旨腰斩煌言于市煌言角巾朱履葛袍从容就僇投诚将士请收葬煌言赵廷臣不许子张奇观镇海大将军刘之源收为养子年十余岁亦奉旨见杀

七月十九日内大臣会议以福建水师提督施琅为靖海大将军以承恩伯周全斌为副同慕伯仁陈辉等合营往剿台湾差内院他赤哈哈番奈松尼兵部笔帖式敖恺赍敕谕一道银印一颗往福建商议军机靖南王耿继茂奏荷兰出海王于八月十六日带番船十只番兵一千抵闽安镇外臣等会同延请至公衙门优礼款待约定九月二十边开驾至围头取齐于十月初旬往澎湖攻打贼巢候风便进取台湾理合奏闻

乙巳【康熙四年】

四月靖海将军施琅等出洋未至澎湖沟飓风大作各船飘散不能相顾皆引还未几召施琅入京加伯衔为内大臣归旗其余降将亦多以协镇副参游守补用

丙午【康熙五年】

丁未【康熙六年】

部议分拨海上投诚兵移驻外省先拨慕义伯黄廷驻河南邓州随召承恩伯周全斌入京遵义侯郑鸣骏病故其子缵成袭侯慕恩伯郑缵绪病故其子修典袭伯皆召入京归旗其标下兵及别镇兵各给行粮分驻于浙江江南江西湖广河南山东山西四川诸省屯垦荒田给其牛种免其六年租税将领或督垦或拨在督抚提镇等衙门効劳文官赴部候补

戊申【康熙七年】

己酉【康熙八年】

郑经在东宁以陈永华理国政冯锡范管侍卫刘国轩管镇兵忠振伯洪旭病故其子洪磊及永华之侄陈绳武

等皆任用郑经改天兴万年二县为州置凤山诸罗二县课耕种通鱼盐安抚土蕃贸易外国向之惮行者今喜为乐土焉浙江投诚将都督佥事孔元璋请往台湾招抚朝议遣兵部尚书明珠侍郎蔡毓荣至泉州议款明珠遣加卿衔兴化府知府慕天颜与孔元璋同渡海至台湾往议郑经宴犒甚盛请通市封贡如高丽冠带不薙发遣柯平叶亨到泉州同议明珠留其使不遣再遣天颜入台湾申前命必薙发如内郡经怒折辱使臣困苦之以留使为辞将发兵扰闽地明珠命归其使款议遂绝而数年之间海上亦相安无事

卷四

庚戌【康熙九年】

辛亥【康熙十年】

壬子【康熙十一年】

癸丑【康熙十二年】

十一月平西王吴三桂据云南四川贵州以叛遂陷湖南岳州诸郡县称大周元年初平南王尚可喜疏请归老辽东而留其子安达公之信袭镇广东朝议许之并令举家归旗平西靖南相继疏请俱报可至是平西反乃命平南靖南仍留驻镇时耿继茂已死耿精忠袭王三王交通逆命虽复停留而反谋益决

甲寅【康熙十三年】

三月十五日耿精忠据福建传各官入府议事伏甲执总督范承谟巡抚刘秉政以叛知府王之仪建宁同知喻三畏走出被杀范承谟被拘以刘秉政为伪统制使乡宦萧震为伪布政司自称总统兵马上将军移檄各府州县俱望风而降

十九日耿精忠檄至泉州提督王进功是夜纵诸将焚烧南街西街谯楼杀掠到晚绅庶无遗传檄各属县皆降兴化镇马惟兴劫兴化守备郭维藩劫惠安独同安城守张学尧晋江水师营李尚文所部无犯耿精忠再遣通事黄镛至台湾初耿精忠将拒命遣镛通郑经请师为声援至是又遣镛见郑经请以舟师由海上出江南而已统陆师出浙江镛回言海上船不满百兵不满万精忠始轻之耿精忠以黄梧为伪平和公梧病疽受印不数日疽坏而死其子黄芳度袭封管其兵驻漳海道陈启泰党于范承谟与精忠有隙闻变先杀家属十余人乃自缢陈为官则甚贪于死则甚烈漳浦镇刘炎海澄镇赵得胜俱降耿福宁镇吴万福贪刻失将士心谋拒耿众不从耿精忠遣伪都尉曾养性督兵至万福出降养性诱杀之并其兵遂乘胜长驱至平阳总镇蔡朝佐降温处二府望风皆下

四月潮州总镇刘进忠降耿密诣师耿令刘炎率兵会之夜攻同城续顺公沈瑞并其兵精忠召王进功至福州留之征其兵郑经遣协理礼官柯平至福州报命时耿声势已振谩应曰郑世藩来甚善但兵多饷少各分地自战可也由是兵端遂起郑经亲军侍卫冯锡范镇将刘国轩率舟师数十兵数千先至厦门耿精忠檄诸路兵出关黄芳度遣黄翼领兵十人应命赵得胜不从与冯锡范阴约以海澄归命于郑经随将兵进取同安王进功之入福州也耿精调张学尧尧镇泉州以化尚兰代守同安郑经兵至尚兰迎降获学尧家眷学尧闻变趋回施福引之俱降郑经

五月郑经至思明州以赵得胜为左提督封兴明伯张学尧为左先锋镇化尚兰为仁武镇遣人至精忠处议拨地方安插船只兵丁精忠不答又禁买竹木麻绳修船等物遂成仇隙至是耿精忠闻同安之失乃遣王进率步卒千人入镇泉州【王进号王老虎原任漳州副将】时提督五营兵将不肯应调王进至与城守赖玉相结纳用提标守备戴国用为爪牙勒王进功家眷入省耿精忠复遣兵接应兵将至进功之子藩锡与其属杨青等议先发以制之

六月初一日王藩锡以提督夫人之命召诸将议事诱赖玉戴国用李尚文等执之率兵攻王进进走登涂门楼意气自若提标兵散而无统帅相持至晚不决进恐海船至更深整队出城西去

初三日藩锡等杀赖玉分其尸

初四日绞杀戴国用释李尚文迎郑经入城郑经以藩锡为指挥使暂理提督军务黄芳度袭杀漳州城守刘豹豹耿氏所署也郑经遣人谕之芳度遂降封德化公授前提督漳属钱粮听其征给芳度终不自安遣人间道赍密疏入京

七月平南王尚可喜遣兵围刘进忠于潮州耿精忠不能救进忠纳款于海上郑经遣援剿镇金汉臣率舟师援之以进忠为右提督封定虏伯

九月耿精忠以步骑二万遣漳浦新降总兵刘炎同王进攻泉州鼓行至惠安肆行焚掠郑经命刘国轩督诸镇并统五营兵御之对垒逾旬进退屯枫亭列营二十余里

十月国轩兵至涂岭严阵会战王进见前阵皆新募之兵直前奋击之兵皆惧法死战国轩令许耀分兵袭其后焚其营垒进兵大败国轩追至兴化城外三日夜而还

十一月伪周吴三桂遣礼曹钱点聘于海值郑耿交恶回报复遣礼曹员外周文骥至海和解刘炎在漳浦不降郑经密请援于耿逆耿遣兵会之至平和郑经征黄芳度击走之耿逆复遣其亲军都尉徐鸿弼从间道入漳浦郑经以冯锡范赵得胜督诸军攻之徐鸿弼刘炎会云霄镇刘成龙合兵迎战于罗山岭右虎卫何佑挥兵击之鸿弼等大败走回城冯锡范以红夷大炮击入城中刘炎等大惧同鸿弼成龙俱出降

十二月赵得胜督诸军援潮州与平南王兵战于黄冈大破走之潮围始解初进忠被围金汉臣一军歼焉进忠极力守御将及半载至是广兵烧营而遁郑经分设六官名曰协理洪磊为吏官杨英为户官郑斌为礼官柯平为刑官杨炎为工官兵官缺置六科都事都吏察言司承宣司宾客司等陈永华为总制留守兼管勇卫冯锡范为侍卫【二卫皆亲军】薛进思为左武卫刘国轩为右武卫何佑为左虎卫以施福为五军其左右先锋及诸镇营皆听五提督调遣凡文武事宜皆赞画参军陈绳武侍卫冯锡范主之初郑经之来思明州也兵粮取给于东宁洪磊承其父洪旭遗命助饷银十万两至是兵众饷多转运不给乃以六官督比绅士富民以充之以郑省英为宣慰使总理各府州县钱粮百姓年十六以上六十以下每人月纳银五分名曰毛丁船计大尺纳税名曰梁头特设各府盐司分管盐场以给兵食

乙卯【康熙十四年】

正月耿贼遣张文韬至郑贺正议和送船五只郑经遣礼官郑斌报之约以枫亭为界自是郑耿交好

二月永春马跳峰寨民吕华不服郑氏征派薛进思围之三月月不下知县郑时英谕之出降钉杀之家族发淡水充军续顺公沈瑞驻饶平刘进忠攻之不克广兵来援何佑遇之于百子桥破走之瑞出降改封怀安侯流洪经略承畴胞侄士昌天恩天伦及眷口于东宁之狼峤从公论也流前进士杨明琅及眷口于狼峤以其过崇祯帝梓宫不下马又修南安县志以海上为海寇也后皆死于流所知南安县事刘佑有云洪经略未必尽是郑国姓未必尽非郑经悦其言召之已逃回籍矣

五月刘进忠请海师南下郑经许之初六日郑经入海澄遣郑斌入漳慰谕黄芳度或束兵入见或统兵随征芳度终不受命密调回黄翼出关之兵耿逆移檄召之亦以疾辞郑经遂定之计之计刘国轩率诸镇兵至潮与进忠规取属县之未附者安达公尚之信悉力守御相持日久粮乏兵病之信调兵十余万尽锐来攻国轩自新墟寨一日一夜退至鲎母山以余粮露载车上宣慰使洪磊悬金以赏有功军心始定进忠与国轩议曰之信大兵必从小路而来出我不意须得劲将当之惟吴佑可任然不可言其故恐其心怯子可严阵以待而余将骑兵背城以为应援国轩从之是夜见敌营从大路火光照耀进忠发大炮击之见火光不动进忠曰是空营也我兵可安寝以待次日之信率兵从小路而来何佑见大队突至欲退不可冒死直前奋勇击之无不以一当百之信大败走国轩等穷日夜追之杀死不计其数是役也佑以饥卒数千破敌兵数万由是何佑之名大振粤东佑别号何锥子

六月郑经自海澄移檄万松关黄芳度令其下俱薙发率兵拒守不降遣其兄芳泰突围入粤请援郑经进攻不利援剿后镇万宏云梯登城中炮死郑经乃筑长围以困之调何佑从潮州先攻平和县守将赖升降诸属县皆下

十月海澄公标将吴淑以漳州降于郑经初淑投诚属公标黄梧待之厚将死呼淑托曰吾儿年少君可保全之及城被围日久淑谓其弟潜曰我本郑氏降将公虽待我厚我负罪于先藩实深今世藩待我眷族恩尤加重岂可反图逆命遂以初六日开城出降郑经兵入芳度仓皇投开元寺井而死获其将黄翼蔡龙朱武张济戴麟陈骥黄瑄等皆斩之没其家剖黄梧棺戮尸斩首并芳度首揭以徇众有议发梧祖茔者郑经曰罪止其身与先死者何预不许后朝命赠芳度为忠勇王时芳泰往粤求援会其兄芳世由汀州至永定亦以是日破永定县闻漳州陷乃大掠而遁郑经以吴淑为后提督吴潜为戎旗二镇

十一月郑经令龚淳往日本取回郑泰所寄之银淳乃泰委寄之人并执有收票可据先是两家纷争日本王皆不肯与至是番人皆混开支销银凡四十五万仅得二十六万而回

丙辰【康熙十五年】

正月郑经以右虎卫许耀前冲镇洪羽等率师会在潮诸将攻取广东州郡

二月平南王昏病日甚会伪周师克肇庆韶州等处广州人人自危驻韶诸军闻报烧营而遁刘国轩刘进忠何佑等分南北两路而进碣石镇苗之秀军程乡其妻在汛遣人迎降仍劝之秀纳款郑经许其回镇碣石国轩等水陆并进围惠州攻博罗不下旋下长乐新安龙门等县之信穷蹙遂乞降于三桂三桂封之信为转德公檄让惠州于经之信檄提督严明撤守兵回广遣使馈弓马币帛通好于郑氏郑经乃以国轩镇惠州东莞守将张国勋亦降郑经经以为后劲镇自是郑与吴分界而守

五月耿逆调汀州镇刘应麟兵出关应麟不从密通款于郑经经乃遣吴淑统兵驰书于精忠言欲假道汀州以出江右耿贼遣兵防城应麟惧其图己率所部出掠瑞金石城吴淑兵至应麟与之合兵共攻汀州遂下之郑经以应麟为前提督

七月郑经调刘进忠出师进忠称疾不行进忠自潮州定后来见郑经待之礼意疏略见左右用事者皆录录知不足与有为及取汀州叹为失计至兴宁与诸将不协流言日起遂称病回潮阴为自守之计

九月耿贼师出浙江者为总督李之芳所扼多被摧败朝命遣康亲王提兵乘机入闽耿贼兵出江西者总督蔡毓荣及满洲兵移驻兵合力拒之耿兵大败广信遂失既而弃建昌不守大势已溃又闻汀州已破耿贼益忧内顾诸将遂密谋诈作耿贼投诚献关耿贼闻变大惧收王进范承谟萧震绞杀之欲乘船奔海为都尉徐文耀所胁不得出城遣王进功回泉取救兵密嘱曰我忍死以待也然延建已失不得已于十九日薙发迎康亲王入福州后耿贼入京与徐文耀及诸将领皆伏诛兴化守将马成龙以城降于郑氏郑经令许耀率兵赴之

十月郑经令许耀督诸军进取福州驻师乌龙江许耀骄纵诸将不服饮酒嬉戏不知军事大兵渡江有议于半渡击之不听既登岸仓皇出战前锋死斗不能分兵救援及少却又不殿后引兵先走委弃辎重器械不可胜计郑经乃遣赵得胜何佑屯兴化以代之耿贼檄曾养性等自温州航海回闽朱天贵以舟师降于郑氏其余逃入福州郑经遣奇兵镇黄应邀击之获巨船数十艘

十一月精忠邵武守将杨德献款于吴淑淑入据之始请盟

十二月大兵至邵武吴淑御之时大雪严寒诸军冒雪涉溪拒战皆大冻不能支遂弃邵武退劄汀州大兵进至建宁县薛进思守汀闻之惊惧失措刘应麟愿倾资饷兵困守进思猜疑不从弃城而走应麟奔潮州依刘进忠发愤病死平南王尚可喜于九月病故之信遣使报讣并请其妹奔丧妹沈瑞叔母也郑经许之并遣使吊丧伪周封之信为转德亲王

丁巳【康熙十六年】

正月大兵至兴化时郑军锐气已丧何佑又与赵得胜不睦疑其纳款于我战败不救得胜死之何佑奔回泉州

二月初九日大兵至泉州郑氏守将林定无备城陷标将林孟参宿营卫贵死之林定素与民相安逃于民间削发走免诸军溃散

十九日大兵至漳州郑经仓皇登舟至海澄弃而不守至厦门欲回东宁百姓号哭攀留角宿营吴桂整兵防守众赖以安继而余众稍集乃遣水师防卫分汛而守郑经祭赵得胜亲临哭之斩薛进思【原姓名裴德】许耀捆责耀病痢不数日死何佑吴淑戴罪自效郑经遣诸将家眷搬回东宁王进功沈瑞张学尧等陆续起程刘炎以母老病至外洋勒兵劫船乘风下碣石卫依苗之秀后投诚至京流徙宁古塔

三月郑氏诸将退集思明州时兵饷不给乃分汛南北地方措饷召募以前虎卫林升水师楼船中镇萧琛等驻晋南及定海福宁一带地方以后提督吴淑扬威前镇陈昌戎旗一镇林应奇兵镇黄应等驻同安至揭阳潮阳一带地方漳浦巫者朱寅挟左道诡称朱三太子聚集海上残兵二百余人于十九夜袭泉州攀堞而上鸣鼓扬旗从开元

寺前至西街守兵以为海师复至乃于双门前发一大炮寅乃抽回出城而去人以为神附者日众屡战皆胜蔓延于漳泉属县凡深山穷谷岩寨无所不到派粮以食头裹白布时人谓之白头贼

六月刘进忠拥兵观望郑经遣户官至潮征饷不应买运又闭籴献款于伪周寻归王朝磔死燕市刘国轩在惠州尚之信既归命孤城难守郑经遣水师迎之乃率所部航海而归朝命以黄芳世袭封海澄公授汀漳总镇公标守将黄蓝授海澄总镇芳世请兼水师提督许之芳世至闽骄傲专用北兵人心不附三桂将韩大任据守吉安大兵围之经年无援乃造小舟于城内乘夜以绳引舟截江渡兵溃围走入闽界欲下海有信通于郑氏

十月郑经遣何佑等至南靖小溪收兵吴淑等至长泰扎天成寨以遥应之大任竟以粮尽就闽省投诚【后归旗旋从大兵征噶尔旦冲阵而死】

十二月大兵围吴淑于天成寨朱寅率众来援吴淑乃突围而出康亲王遣漳泉二知府同泉绅黄志美等照朝鲜例与郑氏议和郑经不从亦无报使

戊午【康熙十七年】

正月泉州提标兵巡界驻日湖郑氏水师四营陈升击之大为所败标兵乘胜侵掠东石等处

二月郑经以刘国轩为中提督总督诸军后提督吴淑为副初十日国轩督军至海澄攻玉州我守将刘宗降徇三汊河福浒皆下十八日进取江东桥我守将王重禄吕韬等奔溃遂烧断桥梁以绝漳泉大路漳州援兵至国轩分兵击败之三战三捷军声大振二十三夜取石码获我守将刘符杨朝宗遂军于祖山头以逼海澄我副都统孟安等自潮来援国轩退屯石码筑垣拒守仍分兵屯漳州郭外我提督段应举自泉州来宁海将军喇哈达自福州至平南将军赖哈自潮州来先后应援国轩倏水倏陆我满汉诸军疲于奔命

三月初一日国轩列阵郡东赤岭我兵背城迎战郑氏前虎卫林升一军当其锋杀伤相当朱寅统兵扎天宝山以牵漳兵之势黄芳世击败之寅遁入长泰国轩树栅双桥一带离漳数里满汉诸军会议以一股同黄芳世扎水山头湾腰封一股扎镇门安炮以断其往来水路国轩侦知十一日黎明焚营撤兵漳兵意其遁也少顷举帆直抵水头登岸涉领进城芳世素不知兵又与满将不协吴淑攻之战败坠马遇救得免走入漳城病月余死自水头之败海澄饷道阻绝段应举会绿旗兵及满州将军满兵数万列营祖山头十八日午刻国轩兵至应举挥兵迎敌何佑少却江胜吴淑等绕出祖山头之外国轩督劲卒登山直冲满汉兵满汉兵败走众大溃国轩又以疑兵截漳州大路满汉兵弃辎重自相蹂践奔入海澄国轩连夜令军士凿堑一人一尺引江水环城围之外又凿沟数里沿堤两岸安炮守之由是内外阻绝是月吴三桂以初三日称帝于衡州国号伪周僭元昭武

四月朝命召总督郎廷佐入京以布政司姚启圣代之勒巡抚杨熙致仕以按察司吴兴祚代之调江南提督杨捷代段应举援兵四集屯笔架山以救海澄

五月刘国轩以笔架山南小寨悬崖状如挂灯俗呼灯火寨下临大溪顺流可通海澄问谁可扼守吴淑请行乘夜率兵进寨天明寨栅完备初十日满兵发炮攻击连夜不绝淑令军士穴地藏身无死伤者驰报国轩以为乘夜发炮意不在寨当列别之信至满汉兵齐至振祖山岳岭破林标张凤二营凤战死又进攻林升营国轩援兵至姚启圣之子姚仪统韩大任降兵以牛载土囊填沟至第三重国轩发大炮齐击之死者无数满汉骑兵多填于堑遂退去时京中上谕有能救海澄及城中兵将有能拔围而出者皆重赏奈国轩凿堑通潮围至数重不可复救矣

六月初十日国轩攻海澄陷之段应举穆伯希佛自谥死黄蓝不知所终获孟安马鹿等满汉官三十余员皆释之授衔给俸满兵千余迁之东宁时城中满甲二千马八千余匹绿旗城守兵计二万余围八十三日粮尽杀马而食马尽屑马骨食之死亡及泗水而出者过半闽省震恐诸援兵退守漳郡朱寅下海封为荡虏将军改名蔡明义岁余病死国轩议乘虚攻泉州吴淑分兵下长泰县国轩兵至同安都统雅大里走回泉州擒乡兵总黄朝光斩之与何佑江钦杨德数十骑离队伍先行至泉城循清源山至东岳相视营地城中兵不敢出久之队伍始至扎空营于平地城中兵终不敢出

七月国轩水陆并进江钦攻南安杀守将诸县守兵相继弃城走逐取南门桥铳城载龙熕及大铳数十号攻南门城崩坏四十余丈尽为平地地城内再筑短墙以守我城守马胜等以钉钉装船板铺于地上兵入城无踔足处损伤甚多会天大雨城竟不拔郑兵围泉两月援兵四集将军喇哈达从漳平间道出安溪巡抚吴兴祚同浙江提督石

集由鸽岭出永春提督杨捷由广桥进河市三路会师至南安皆未敢向前将军又调水师林贤黄镐等出闽安镇遥为声援

八月郑氏水师镇总督萧琛守定海林贤等舟师至琛战战船不先期整顿议以舟寡且小欲据上流牵制之水师五镇章元镇欲先发制人率所部十舟进战林贤等击之元镇众寡不敌阻风逐流一军尽没被擒入福省杀之萧琛不防备遇敌大溃退泊海山遂妄报福州水师大至郑经遂令刘国轩退兵以守思明国轩于二十四日退兵下船隔三日城中兵始敢出郑经召回萧琛斩之以援剿左镇陈谅后镇陈起明督朱天贵等水师防御北船伪周主吴三桂病死衡州孙世璠僭立其侄应奇守岳州骄而贪大兵攻之弃岳州遁回于是湖南云贵皆不守遂亡

九月刘国轩入江东桥至长泰满汉兵遇之皆披靡乘胜长驱至耿精忠营冲之马中炮掀国轩坠地有满洲披甲前蒙国轩释放遇之以己骑授国轩始走免满洲主将询知怒而杀之国轩出江东守三汊河列营观音山与满汉诸军营垒相望

十月时郑氏漳泉县属尽弃惟据守海澄姚启圣等难于复命乃遣人至海议息兵安民意欲得海澄也郑经竟不从

十二月再议迁界甲寅之变闽省迁民悉复故土丙辰八闽已复康亲土疏请迁界累民罢之至是督抚请再迁从之

己未【康熙十八年】

正月时虽设界而海汛往来内地派粮如故朝议上自福宁下及诏安三十里量地险要筑小寨屯守兵限以界墙由是濒海数千里无复人烟先是郑氏谕思明州每月每户输米一斗自二月起每户再加一斗刘国轩请停文武官俸自出粮饷兵三月从之

三月姚启圣以果堂寨迫近江东桥欲发兵守之国轩侦知同吴淑发兵入据其寨漳兵至击走之郑经自定海失守以朱天贵守海坛陈谅为水师提督于廿九日早各船乘南风汛发进泊定海福州集船百余号由五鹿门而出陈起明朱天贵率熕船冲艅而入击破十余船获大鸟船一只值大风暴起福船收入五鹿门海船收泊海坛

四月陈永华启请元子克臧为监国时年十六号曰监国世孙

六月郑经命郑时英驻东石督饷时禁界盐贵居人多私来东石贩盐时英献策欲掘沿海盐埕则利尽归于海郑经乃檄林升令杨忠率兵往浔尾掘南北场盐埕忠至深沪舍舟登岸发掘两日夜兵不就船竿头守将密请泉城大队兵至四面合攻忠力战不支中炮没于海余众死伤逃亡过半界禁既严私贩亦绝

七月国轩筑浔尾寨一夜而成同安守将兵至击走之复筑汭洲城由是同港八浆船不敢出朝命以万正色为福建水师提督正色晋江人归诚授恭军以四川朝天关之功升岳州水师总镇湖南平遂擢是任

八月初耿逆之变漳浦人江机与一豹豹同时聚众于江右依耿逆及大兵克复江西招降不从攻之不从克据皇禁山攻掠村社至是送款于海郑经授为征夷将军卒众入闽建宁守将刘起龙御之阵伤败回而死机足跛号拐子一豹青年勇壮后投诚俱流宁古塔

九月右武卫林升汛守东石取给军饷及杨忠败死林升调兵随征仅以散卒二百余人委施廷陈申守寨时有叛卒入泉城报知城中发满步数千于廿五日四面环攻施廷被创陈申战死寨破兵民赴海死者无数我朝仍筑三寨犄角以守

十月国轩离漳城五里而军时援漳满汉兵共十余万国轩兵只有万余营垒咫尺相望指择自如诸军畏之如虎国轩以果堂扼要重地初八日率兵就果堂复版尾地方再筑一寨初九日工未就满汉将军提督集兵数万齐至铳不可当国轩与吴淑何佑林升江钦【改江胜】兵不满二千奋勇死斗自午至申冲击数叠国轩戒依寨且战且守每次发炮无不披靡阵斩章京巴石儿等其余带伤而遁者以数千计自是夺气兵不敢出国轩时纵卒数百人皆持鹿铳间以鸟枪渡河冲击自登土阜据胡床张盖而观之满汉兵遇之无不摧破皆坚壁自守不暇又善用间谍敌人情形纤悉必知时谓之刘怪子姚启圣遣人至海上议息兵又说国轩使罢兵就抚国轩巽词以谢启圣又设修来馆悬重赏台湾文武兵将来者次第俱赏银有差降者日数百人时诸军缺粮国轩一切不禁头领与兵丁长发与短发往来循环而国轩兵额亦不缺

十一月吴淑守版尾寨大兵筑垒环攻炮声日夜不绝淑处之晏如身被伤复染病不以为意时值阴雨新筑垒垣多坏挥左右避之自踞床而卧初八夜二更墙崩压死畀至思明郑经亲临哭之以其次子吴天驷为建威右镇统其兵

十二月姚启圣吴兴祚大集舟师攻厦门题请浙粤水师克期协攻郑经调各洋船私船配兵北上以右武卫林升为总督左虎卫江胜楼船右镇朱天贵为左右副总督率诸军御之

庚申【康熙十九年】

正月水帅提督万正色及总兵林贤陈贤黄镐杨嘉瑞督舟师出闽安镇巡抚吴兴祚率兵沿海援之林升分船三十号守海坛自统船六十号退泊泉州臭涂湾

二月万提督至海坛海船俱退至泉州迎敌万提督至围头朱天贵以七舟冲其䑸所向无前偶海风大作万提督乘风收各船入泉州港而沿海岸上安炮陆师防守郑氏各船无所取水乃退至金门郑经所亲幸施福密通姚提督欲为内应使授降兵数百人挈眷来归乘机欲举事国轩谍知启郑经收杀并及施齐【福即施亥齐施将军琅长子】郑经议欲拨国轩兵三万配小船直入泉州港攻万提督使人持令箭抽兵时兵已乏粮尽皆溃散国轩禁不能止守海澄陈昌以城投诚国轩至厦门知势不可为收拾余众下船百姓遮道跪留

二十六日兵变掳掠百姓郑经焚演武亭行营尽率将士登舟协理五军吴桂收散卒据厦门以待大兵二十八日万提督兵入思明州

二十九日郑经至澎湖朱天贵舟泊铜山姚总督招之遂投诚

三月十二日郑经回至东宁

五月东宁地有声如驴鸣半路店雨雹大如鸡子

六月郑氏总制陈永华昼坐见有衣冠甚伟者自称行灾使者欲借其衙署约住三月然后去永华设席张乐燕之与之谭甚久余人不见也即封衙署借之伪承天府猪生子四耳三目前二足向上郑氏令曰十甲出丁壮一名

七月陈永华病故

十月刘国轩营中猪生子兽身人面

十一月白气长数丈见于西方

辛酉【康熙二十年】

正月二十八日丑时郑经卒于台湾伪承天府行台三十日冯锡范刘国轩调兵驻台湾伪承天府会六官议立嗣经母董太妃与诸公子收监国印克臧不肯与拥兵自卫群议以克臧乃乳母抱养之子非郑氏出遂缢杀之妻陈氏永华之女亦自尽

二月初一日董太妃率世子克塽登位时年十二岁锡范之婿百官朝贺毕太妃起出位谕所以诛监国故以世子付托冯刘等俾竭力匡扶涕泪沾襟众心大慰董太妃以冯锡范为忠诚伯刘国轩晋为武平侯【初以海澄功封武平伯至是封侯】大赦国中以经第三子聪为辅政公领护卫

三月以经第五子智为右武骧将军募兵

四月以经第三子明为左武骧将军募兵台湾伪承天府火灾

五月总督姚巡抚吴陆提诸水提万题为报明事本年四月二十二日据举人黄金从呈缴伪官傅为霖密禀内开伪藩于正月廿八日病故三十日缢死其监国长子钦舍二月初一日立泰舍叔侄相猜文武解体主幼国疑时不可失等情到臣等又据龙溪县送到伪官廖康芳禀称相同俱与臣等密探相符此乃天亡之时但台湾孤悬海外统师远剿时地难测非臣等所敢擅定会同其题请旨密示臣等遵奉施行

六月十六日董太妃卒时协理刑官柯平已病故陈绳武闲住国事锡范主之兵事国轩主之

八月二十八日中军营火

九月初三日涂轻庭火

十月宾客司傅为霖通款事发逃亡廿八日获之

十一月初一日诛傅为霖及同谋宣毅左镇高寿都吏陈典威尽杀其子弟续顺公沈瑞令自缢家属入官发配【礼官斌之女】总督姚上疏请攻台湾力荐内大臣伯施琅可任水师提督万言台湾难攻且不必攻朝命召见施琅仍以靖海将军充水师提督改万正色为陆师提督代诸迈

壬戌【康熙二十一年】

正月施将军出京至闽于厦门各处调兵整船刘国轩以铳船十九号战船六十余号兵六千人拨诸将守澎湖身往来督战五月姚总督率官兵至铜山候风刘国轩至澎湖台湾列兵守各港澳

六月姚总督官兵回汛

七月刘国轩归自澎湖安平镇火施将军题请专征奉旨相机进取

十月岁饥

十一月国轩赴澎湖

十二月台湾伪承天府火灾沿烧一千六百余家米价腾贵民不堪命国轩归自澎湖

癸亥【康熙二十二年台湾称永历三十七年】

正月冯锡范备兵鹿耳门

二月米价大贵人民饥死甚多

五月刘国轩率师至澎湖

六月十四日施将军自铜山开船大小五百余号姚总督拨陆兵三千随征

十五日到八罩

十六日进攻澎湖国轩列炮架巨舰各数十以待诸将士皆望而逡巡惟提标游击蓝理曾成张胜正黄旗侍卫吴启爵同安游击赵邦诚海坛游击许吴铜山游击阮钦为以七船冒险深入鏖战国轩分两翼海艘齐出四面合围我师施将军琅恐数船有失自将坐驾冲入内外夹攻敌稍却施将军遂同七船随流而出时天色将晚遂于西屿头洋中抛泊

十八日早次于八罩以收诸军国轩闻而喜曰谁谓施琅能军天时地利莫之能识诸军但饮酒以坐观其败尔遂不设备盖澎湖自六月数起台飓无三日晴风而近澎诸岛下有老古石嵯岈若铁树刚利无比凡泊舟下扎遇风起立刻而覆乘船者莫不危之然停泊数日浪静风恬亦天幸也

十八日移至虎井施将军泊小舟于内外堑峙间密觇形势于是再申军令严明赏罚令总兵陈蟒等领船五十号从东畔峙内直入四角山又令总兵董义等领船五十号从西畔峙堑直入牛心湾以为疑兵示以若欲登岸者将军身率诸镇将部署大鸟船五十六号居中分为八股排入余船以次而进以为后援指画既定俟风而举

二十二日巳刻南风大发南流涌起遂下令扬帆联进风利舟快瞬息飞驶居上流上风之势压攻挤击无不一当百人有火器火船乘风纵发烟焰弥天大小海舟二百余艘烧毁殆尽国轩见势蹙难支遂乘小舟从北门孔道逸去而全军覆没矣是役也惟前锋林贤朱天贵二船初入湾澳天贵倏中炮而死林贤被伤两箭余诸军皆无恙国轩败回群情汹汹魂魄俱夺惟有束手待毙而已于是施将军驻师澎湖休劳士卒收拾船只为进取台湾之计下令戮一降卒抵死诸岛投戈者数千人皆厚恤之有欲归见父母妻子者令小船送之降卒相谓曰军门恩泽及我骨肉矣死难报也归共传述之台湾兵民莫不解体归心惟恐王师之不早来也世子克塽与锡范国轩泣相谓曰民心既散谁与死守浮海而逃又无生计惟有求抚之著耳于是遣遣郑平英林惟荣曾蜚朱绍熙赍乞抚书表于闰六月初八日至军前且求听居台湾将军曰削发登岸煌煌明旨也何敢不遵且若辈不亲到军门而遣人代赍书表诈也为缓兵计耳复令曾蜚朱绍熙回谕之

七月十五日世子复遣冯锡珪陈梦炜刘国昌冯锡范韩同曾蜚朱绍熙再至军前一遵严令焉故明宁靖王术桂衮冕拜告祖宗从容投缳死施将军令侍卫吴启爵及笔帖式常在同冯锡范等前往台湾宣布德意且密察台湾

虚实情形吴启爵于七月十九夜再至安平镇翌日见世子克塽谓之曰足下远居岛屿原与三王不同【三王谓吴与耿尚也】三王国家叛臣也罪在不赀足下三世仗义于海澨亦人之所难也今若向化归德使海宇廓清朝廷必有格外殊恩当不失爵禄也克塽曰侍君惠及宗祏敢不唯命是听启爵见国轩曰澎湖之役天也非人也君虽挫衄以归而雄迈之风不衰岛上英杰惟君一人耳然所谓英杰者在识时务今大师临门或战或降决之一心足矣何必迁延观望致误大计乎国轩曰天威远震波臣革面谁敢复有贰心侍君但安坐以待必得契约以报军门也盖台湾世子年幼内政冯锡范主之外政刘国轩主之锡范庸懦竖子进退无据故相持未决焉侍卫复谓国轩曰筑舍之谋终无成日君但令兵民遵制薙发则大事可定矣国轩曰谨奉教遂下令兵民薙发锡范亦遂与世子遵缴册印而举国归降焉侍卫回报将军将军喜曰不待劳师而倾国输诚朝廷之福也即令侍卫驰驿入奏并缴归诚册印

九月初一日侍卫至京朝廷召见特加慰劳因问澎湖克捷事情侍卫披图指画备言渡海艰难蓝理等冒险进攻凡两举而后得之人言诸将士竭力用命摧锋血战之苦朝廷为之挥泪因谕部臣曰闽师远出海疆冒险剿寇非滇黔陆地可比论功再加一等朝廷又问台湾事对曰臣至其地视伪幼主未谙事国事尽委施冯锡范刘国轩锡范懦而无断低徊犹豫其实无能为也刘国轩倾心归命挟以必从之势故臣得毕事而归又问台湾形势侍卫条对甚悉问提督重兵入险得无有虑否对曰台湾兵既败之后莫与共命者但恐提督后至【中阙】南路为凤山县北路为诸罗县建置既定经画事竣

十月初六日世子克塽冯锡范刘国轩何佑等并眷口登舟

十一月初六日至泉州初七日往福省进京

十二月总督姚启圣病死克塽至京封为汉军公弟克举准开牛录叔郑聪等俱以三品五品官食俸随旗冯锡范刘国轩俱封伯国轩随补天津卫总兵其子准开牛录郑氏自丁亥年起至癸亥年亡共三世共三十七年

台湾郑氏始末[①]

卷一

台湾悬大海中，北界彰化之鸡笼城【在县极北海中】，南界凤山之砂马矶【县东南二百三十里】，纵轮近三千里，东背山，西面澎湖【岛，在台湾县西五十里海中，台湾废城在今县西南】。旧称澎湖之东为毗舍邪国，或曰昆舍那国，袒果睢于，习镖弩。宋淳熙间，尝有酋众肆掠泉之水澳【寨，即永宁卫】、围头【镇，在晋江县南一百里】等处。明嘉靖间，都督俞大猷尝迫海寇林道乾于澎湖。道乾穷入台，不乐其土，恣杀番众，以血膏艇，弃之占城。而台地之辟，实自郑芝龙父子。

芝龙，南安人。父绍祖，为泉州府胥。芝龙尝儿戏，掷瓦墙外，误中知府蔡善继冠，折左翼，趣执，既至，奇其状而纵之。长益矫不羁。道广东香山澳，傅市舶之日本。艳翁氏女，年十七，昵焉不反。

会海澄亡命颜思齐为甲螺，盖彼夷所立之统华人者也，丰积好施贷，与晋江贩者杨天生善。天生谓："日本达闽、粤、辽、句骊，得之可以自大"。转鸠洪升、陈德、张宏、陈勋等二十八人，长思齐，而芝龙年少为之殿。日本故于海隘置炮台，列卒更戍。因谋间不意，胁杀戍者，还炮车内向，发徒众纵火板屋，乘昏夜袭取要害，分奇席卷。隐祈天地盟，约定天启四年夏六月将发。

翁氏妇梦巨鱼触膺，生子，男也，众往贺，因诫芝龙勿疏秘于妇人。曰："何至是？是非夫矣"！而同盟李英已醉，不谨，妻倭女王氏觉告，而翁氏父翼皇先奔告芝龙曰："殆已！王兵将至"！乃速思齐等驶大艇乘风遁。已脱，凡艇十三。思齐欲之舟山【今定海县】，陈德谓："密迩乡土，各归耳，难有固志，不若风利驶台湾便"。佥曰："善"。八昼夜乃至，计抚土番，立寮寨，以时出猎海上。时绍祖已先死，其群从子姓归者踵接。

而思齐以五年秋九月猎诸罗山反，病死。咸荐于皇天后土，卜以磁质杯二，曰："邦伯不禄，莫长莫君，天庶新造，赉一人以乂受佑那哉，则一俛一卬而无小损者从"。祝已，乃次年掷杯。众罔协，末至芝龙，允如祝。众噩曰："盍再"！乃数十试，皆俛卬协且完。众讙曰："天与之！众庇之矣"！柬六年春正月旬有八日受终，芝龙固辞乃就。令曰："戋戋惧不胜，敦颜驾兹，弗政曷俾？孰纲纪黜赏惟平，孰斤农食居者行者咸赖，孰司工肆庀庐舰甲兵惟良，孰修律度书识别旗表惟察，孰肄战陈进止坐作攻守惟备，敦典祭宾、饰辞令、盛声容、豫占候、巽条故咸周，孰安上下、徕豪俊、塱邪譋、纳规诲克均无隐。其柬十八人任仔耒予以符旬有八日之应。上帝享予咸休，其或不享咸刘，咸其戒哉！命不贰柬！不以实受而偾不济者差罚勿赦。柬而身觉不任者让免"。芝龙乳字一官，至是更焉。更其弟芝虎、芝豹、芝鹏、芝燕，余十三人皆以芝叙。

二月，以杨天生、洪升参军事，杨经、李英总饟军，陈勋、林翼督造战舰，陈德、张宏为监军。芝龙帅艇十【艇各军士六十】、侦事舰二【舰各二十五人】，储一月粮，于三月犯金门【即浯洲屿，同安县东南五十里海中】，又犯厦门【即嘉禾屿，同安县西南五十里海中】。夏四月，犯广东靖海【在潮之惠来县东少南六十里】、甲子【旧在惠之海丰县东南一百五十里，今陆丰县东南一百里】二所。所设指挥千百户辖军士，无御寇者，徒驰羽檄报寇孰锋盛不可当，当事悚慑上闻。或以蔡善继尝善芝龙，说巡抚为招安计，即起善继泉州巡海道，持抚臣朱钦相檄，遣旗鼓黄昌奇入海。芝龙方焬涤战艇于湄州【在莆田县东南九十里海中】，稔昌奇故亦泉府胥，与绍祖善，重不忍违善继意，允就抚。而陈德等皆不欲，乃别六艇遣还台湾傒后命。而自与群从统十二艇、众八百余人，入泉州港谒蔡。会钦相疾，月余不报。芝虎因说曰："抚臣意不测，速去之便"。芝龙犹豫，且重负蔡。虎又曰："书生耳弇事体，不速将及"！即夕驾汐出泊围头外湾。部群从厉兵攻海丰，下之，又攻嵌头【莆田县东六十里】。又连破甲子、靖海二所。

① 〔清〕沈云撰。据台湾省文献委员会1995年版。

七年春正月,还泊漳浦之旧镇【县东南】。巡抚朱一冯檄都司洪先春等会战于将军澳【县东南】。先春还旧镇。芝龙屯六鳌外屿【县东南七十里】,侦先春檄调镇海【卫城,在县东北一百里】、悬钟【铜山西南,诏安县东南四十里】、铜山【陆鳌西南,诏安县东八十里】、六鳌【镇海西南】各卫所军士,兼募沿海乡勇。芝豹夜率二百人,持海丰所获乡勇旗帜,乘岸杂乡勇中以待。越日,先春出港口战,芝虎不胜。芝豹起岸上夹击之,先春大败,遁金门。一冯即令金门游击卢毓英会剿。芝龙令群季佯为商舶并小艇,唱渔歌,分伏岛屿间,而自领数艇迎战。毓英少之。芝龙复佯败。毓英驶进,伏出,弓弩齐发,遂擒毓英。芝龙以礼遣还,属道向者就抚意。毓英还厦门,谒都督俞咨皋,言芝庞可抚状。咨皋者,大猷子也,怒责毓英。毓英至泉,复以可抚状告知府王猷。猷心是之。而咨皋已至一冯所,罪毓英失机,系狱。更檄千户马胜、百户杨世爵击芝龙,至将军澳中伏皆死。咨皋又檄副总兵陈希范遏战于杏仔,又败,洪应斗、张选举没焉。咨皋大惭,调闽安【镇,在县东四十里】、兴化、永宁【卫城,在晋江县东南六十里】、铜山、六鳌、悬钟、镇海、金门诸将会议中左所【即厦门】。芝龙侦诸将惟王飞熊、林盛、李梦斗精水战,余子碌碌不足数,乃分十艇为前锋,分八艇出青水沟,约日中由东碇会,分四艇左右翼,而自帅中军六艇策应,夜先发。及旦,遇咨皋军。芝虎鼓前锋压之,战林盛、李梦斗,至日中不决。芝龙乘间横击。而东碇艇新军奋起,咨皋急麾分敌,而诸将误谓退师,遂大乱。芝龙纵击。军将溺失无算,咨皋遁入厦门,遽令指挥傅珪统十五艇抵御南山。芝龙至,又大败之。咨皋遁三汊河【在旧镇东北、龙溪县东南】。先是朱钦相抚海寇杨六、杨七,咨皋实主其议。及中左之战,皆率众先遁。漳州工科给事中颜继祖劾咨皋、希范,逮问。

崇祯元年,王猷复以抚议说巡抚熊文灿。文灿下巡道邓良知议。问谁可使芝龙者,猷以毓英对。即白文灿,自狱中释之使往。方是时杨六、杨七叛乌洋,刘香老扰惠、潮、南澳【在诏安县西南百余里、饶平县东南一百六十里海中,有三城,去悬钟澳口三十余里】,褚彩老劫沿海,李魁奇攻掠澎湖、辽罗等处,最横。魁奇,惠安渔人,能竟日行水中。初聚众澎湖,候劫吕宋国船。陈德等回台湾,闻芝龙受抚不决,以众来会,至澎湖,为魁奇所劫,德及杨天生等皆死,免归台湾者惟李英与通事何斌。芝龙闻之,大恚。秋九月,毓英说芝龙降,遍赂当事,皆喜。遂诈以义士郑芝龙收复郑一官奏闻【一官,芝龙乳名,详见前】,官为防海游击,复卢毓英监其军。芝龙曰:“世无君子,天下皆可货取耳!陈平之间项也,黄金胜百战矣”。

二年夏四月,芝龙攻杀魁奇于辽罗,取其首祭陈德等,尽降其众。六月,遂斩杨六、杨七于浯洲港【即金门】。秋八月,褚彩老寇闽安,芝龙追灭之于南日【山,在兴化府城东百里大海中】。

三年夏五月,遣弟芝燕往日本迎归翁氏及所生子,而倭妇先未有入中地者,不许。芝龙命统战舰数十逼竟上,乃以所生子先归,年七岁,芝龙喜其貌伟,名之曰森,字曰大木。能读书,稍长,通春秋左氏传及孙吴兵法,喜击剑驰射。时时东向咨嗟念母氏。诸昆弟或有侮之者,独叔父鸿逵深器焉。事诸母赵氏,无间。年十五,补南安县学生。

香老寇小埕【寨,在连江县东百二十里,南接南日山,为连江门户】,芝龙击之,遁,再寇长乐及海丰。当事以抚芝龙故事遣惠潮分守道洪云蒸、巡道康承祖、参将夏之木、张一杰入海招香老,需重赂,皆被执。

八年春三月,两广总督熊文灿、福建巡抚邹惟琏檄芝龙讨之。香老时屯甲子,胁云蒸同舟距师。夏四月,遇于田尾洋【当即田尾澳之外洋,澳在碣石卫西门外,可泊】,出云蒸以撼芝龙。云蒸大呼曰:“当事非夫,我则死,急击勿失”!香老怒刃之,遁。是夜芝龙泊赤澳【即赤屿,近南澳】,计香老必乘潮至,令芝虎、芝豹伏众舰前澳【当即钱澳,在潮阳县东南二十里,碣石在甲子西,甲子东为钱澳,又东为赤澳,赤澳近柘林】,浮水寄碇。已而果至,大战至日中。芝虎手盾口利刃援登樯巅,近香老大艇,跃而过,搏将刃之,左队舰未之见也,然炮击大艇,虎与香老俱焚死。芝龙尽俘其众还。承祖、之木、一杰求芝虎尸,五日不得,大恸,徒招以祭。

十二年夏六月,荷兰国将郎毕吉里哥连犯闽、浙,所至莫御,号曰红夷军。夷精机巧,用火器多奇中,乘巨舰曰夹板,坚质密护,铳炮矢石无所施,故我军卬攻多败失。芝龙奉檄,令芝豹柬善泅水军,要瓠箭,乘小艇,实茅薪、神烟、炮石、神沙、毒火,而艇之首腋锭狼牙锐钉,相风水埶驶抵彼舰,不可拔,然火,浮水逸。因是焚其五舰,余遁去。或表芝龙累多前虏于朝,且善制敌,乃进总兵,再进福建都督。鸿逵授副总兵,镇南安、赣州。

荷兰国王之弟曰揆一王，因郎毕吉里哥败归，请再举，不许。请中占一岛地以通往来，伺间隙，乃许。揆一王略地至台湾，遇何斌，喜甚，命为甲螺。度形胜，筑城于七鲲身【山，在凤山县西北，自打鼓山穿田过港逶迤六十余里，平地中结为七峰，如鲲鱼鼓浪，故名】之首，曰台湾，城外列炮台，更筑小城于对岸，曰赤嵌城【属台湾县】。

十七年春三月，京师陷。夏五月，福王立于南京，以明年为弘光元年。封芝龙南安伯，镇福建，鸿逵靖卤伯，充总兵官守镇江，芝豹、彩并充水师副将。芝龙遣兵卫南京。子森入太学，说钱谦益以知人善任、招携怀远、练武备、足粮贮、决壅蔽、埽门户。曰："少更事，知之易，行之难"！曰："行之在公等。度不能行则去，能不我用亦去，此岂贪禄位、徒事粉饰地邪？能将将，伊、吕一人，能将兵，虎贲三千足矣。不能，多益扰，衽席间皆流寇也"！谦益心畏而谢之。

大清顺治二年夏四月，大军自归德道泗逾淮，克扬州，获史可法，不屈死。五月，鸿逵以水师守瓜州，曹总兵守仪征，距大军北岸三日。大军分舟潜由运河达南岸，陈于江之西，距瓜州十五里絓鸿逵，而别以舟师夜济。未至南京，福王先率马士英及众阉潜遁。既至，大学士王铎、礼部尚书钱谦益并忻城伯、魏国公等一百五十六大员、马步兵二十三万八千三百迎降。大军自徐州进者，败刘泽清、高佑于宿迁，进清河，又败泽清、马化豹等于淮、黄、清三河口，入淮安界，降范鸣珂，进次清江，泽清、田仰遁走，柏水馥率兵出降，遂克淮安，凤阳、庐州望风降，福王遁太平。六月，复走芜湖，黄得功战死，田雄、马得功缚王及妃以献。十总兵并率众降。鸿逵自镇江奔杭州。潞王监国三日，出降。绍兴淮王渡江降。系周王眷属于湖州。总兵王之仁率兵二千五百人降。捡桂阳王于和州。

鸿逵奉唐王入福州，改元隆武，闰六月丁未日【二十七日】也。芝龙、鸿逵晋伯为侯，芝豹、澄济伯，彩、永胜伯。郑森赐姓朱、名成功，提督禁旅，以驸马、都尉礼从事。黄道周为大学士，苏观生、张肯堂、吴春枝为尚书、侍郎。开储贤馆，定十二科取士。芝龙议自仙霞关外当守者百余处所【仙霞岭在衢州府江山县南一百里，南去浦城一百二十里，有关】，先为不可败以规进取，又议以明年春出关。计战兵二十余万，统闽、粤正供，不足一年之食，馕绌，人无固志，虚名假义，不可以空腹争也。时新进者希树功以驾郑氏，文大臣亦疾郑氏之擅，讽隆武趋出关，图恢复。芝龙对曰："战、危事，非策万全不可"。会宴大臣，芝龙意侯爵可位文臣上，道周曰："祖制，武臣无右"。芝龙谢不敏，让居下，而环睹皆郑氏宿将，不平甚，芝龙目止之。终宴，诸生疏言："道周等迂阔无能"。隆武敕督学御史遍挟之。芝龙、鸿逵数援引亲旧，不听用，意鞅鞅若失。尚书何楷劾芝龙引疾不陪祀南郊，无人臣礼，隆武奖楷好风裁，令掌都察院事。鸿逵偶摇扇殿上，楷面呵之。

秋九月，大军克徽州，右佥都御史金声死之。冬十月，道周统兵至婺原，溃。婺原令、道周之门人也，给为内应，信之，至明堂里，为大军张天禄所执，死，盖洪经略教也。何吾驺、曾樱并为大学士。隆武择日亲征，命芝龙、曾樱留守，鸿逵御营左先锋，出浙江，彩右先锋，出江西。为坛西郊，行推毂礼。鸿逵出城，马仆地。隆武方秉钺誓师，风暴起，旗靡，天帝及高皇帝前烛灭，三军土色。十二月甲申【初六日】启行，丙午【二十八日】驻建宁。

三年春，贝勒博洛、固山额真公图赖征福建、浙江，洪承畴经略如故。隆武惧，将出汀入赣，引湖南何腾蛟为援，芝龙谏止，驻延平。封成功为忠孝伯。潞安王、瑞昌王以众二万入江宁【南都改府】，不克。闯贼李自成伪总兵马进忠、王进才自岳州叛，奔何腾蛟。隆武封腾蛟定兴侯。腾蛟率众围荆州，贝勒勒克德浑驰破之，降自成弟李孜、伪磁侯田见秀等马步兵五千余人，获玉玺一，隆武赐李锦名李赤心【贼号一只虎】、自成妻弟名高必正，及进忠、进才、郝永忠【原名摇旗】、张光翠、袁应第、牛万才、张光璧等十余营皆隶腾蛟，受节制。承畴大索潜山、太湖间，杀樊山王朱常𤊨及石应琏等。

三月辛未【二十四日】，大军破吉安。初，汀、邵间有大帽【山名】洞蛮，永宁王诱之同据抚州，博洛分军围抚。时彩军屯广信，永宁请救，遣张家玉以三营往，围解。已而大军复合。夏四月，彩闻博洛道衢州，将至，遂弃广信入关【岑阳关，在上饶县东南一百二十里，东去浦城县二渡关三十里，界广丰、崇安之间，二渡关在浦城县西北一百十里】。抚州破,永宁死,彩削爵,待罪江西。督师万元吉自吉安退守张家渡,又退守皂口。监纪程亮以新威营援师二百人下守绵津滩。壬午【初六日】新威营溃,元吉奔赣,赣督师,苏观生也。丁亥【十一日】,粤遣副将吴之蕃、游击张国祚以兵五千人援赣。庚寅【十四日】,博洛军至,观生退守南康。是时滇、粤先后援赣者累数万,士望北军皆股栗,莫敢一战。乙巳【二十九日】,阁部杨廷麟厉各营兵尚四万余人,刘广胤自宁都募二千人亦至,皆先后溃。五月丙午朔,广胤被执。博洛军抵浙,江水涸,经渡数十骑,而列戍惊溃,走死不暇矣。监国鲁王由绍兴遁舟山,肃卤伯黄斌卿不纳。会郑彩至,奉之入闽。六月,鸿逵自浙还浦城。隆武疾彩奉鲁王,并削鸿逵封爵。先是,鲁以都督陈谦使隆武,御史钱邦芑以谦与芝龙有旧,虑他变,请杀之。芝龙亟请解官贷谦死。隆武故留芝龙语,及出,谦殊死矣。

晋江人黄熙允故厚芝龙,以洪承畴举为福建招讨使,又谓贝勒曰:"唐藩弱,离郑氏,乃匹夫耳,不如给以三省王芝龙,使内附"。乃多为间书投芝龙。秋七月己巳【二十五日】,隆武由关上主事所搜获劝郑氏迎降书二百余缄,承畴又伪为芝龙允献隆武、彩谳鲁王书泄之隆武左右。郑氏因人人自危。隆武亦恶其不遐弃也,日思远郑氏为全身策,成功因以母疾辞还安平【镇,在晋江县西南六十里】。守关将施天福等知有内变,皆撤兵先后去。

八月,大军破仙霞关,获阁部黄鸣峻等。进破浦城,杀杨廷清、李喧等,遂下建宁、延平等府。庚子【二十七日】,隆武奔汀州,追骑及之,死。芝龙时守泉州,与芝豹筹饟。贝勒兵卒至,众溃。翁氏妇初由日本至,死焉。芝龙退保安平。贝勒使郭必昌招芝龙曰:"我出师平闽、浙,数月间悉底就功,负一隅何恃?速来,铸两粤总督印待足下!缓须臾,无及"。芝龙遂劫众奉表出降。成功叩马谏曰:"海内思汉官威仪,出于其性,无贤愚耻作苍头奴。李、张二贼穷蹙,不日死。崛起巢穴半书生,又所向无所得食,故忽起忽灭,若云掣电。明宗室无伯升昆仲才,不足奉。隆武孰既孤,大抵走死,愿大人勿虞。北人性习与人殊,诈利反复不可信。大人设险以守,观衅而动,逸则进,劳则退,天不厌明,择可立而立之,否则,终老海滨,差可自快"。弗听。鸿逵谏曰:"兄位极人臣,带甲数十万,舳舻蔽海,粮积齐山,以此号召天下,何所不可?委身而事,自比琉球奉正朔可矣。且三省王爵顿易两广总督,伪立破。兄以此辞,不然必悔"!又弗听。成功泣曰:"鱼不可脱于渊也,大人三思"。芝龙拂衣起,去。成功遁归金门【海,自泉江口西南至金门百余里,金门西至厦门百里,厦门西南至南澳四百余里】。贝勒遂挟芝龙北去。

冬十月,大军破赣州,杨廷麟、万元吉投水死。初,隆武封第四弟聿鐭为唐王,隆武死,乃浮海至粤。瞿式耜等已奉桂王【由榔】监国肇庆,苏观生从赣入广,与何吾驺等立唐王广州,改元绍武。十一月,大军破广州,王及观生自缢死,吾驺等降。彩由厦门奉鲁王次长垣,改明年鲁监国二年。成功自仍隆武旧朔。肇庆踰年改元永历,海上遂有三朔。

卷二

四年春正月,成功令鸿逵镇金门,芝豹、芝鹏守安平,而自率舟师泊鼓浪屿【同安县西南六十里、厦门西北,多大石】。鲁王以进取福宁、兴化功,晋彩为建国公、熊汝霖为相、彩季弟斌镇南伯,杨耿、郑联以兵会长垣,封耿同安伯、联定远伯。辛未【二十九日】,周崔芝复海口。

二月壬申朔,克海澄【漳州府东南五十里】,破九都【堡,在海澄西】。成功令其叔父香守海澄石尾港。癸酉【初二日】,攻漳平,不利。甲戌【初三日】,福抚佟养甭遣副将邹必科等援海澄,而自率师攻海坛【长乐县东南七十里海中,西南至泉江口二百八十里】。丙子【初五日】,彩克漳浦。越五日辛巳【初十日】,郧西王朱常彪复建宁,其国师王祁复邵武。辛卯【二十日】,彩攻福州,必科等来援,相拒月余,不克。

夏四月,佟抚遣兵破海口,崔芝退保火烧岙。

六月,彩攻漳州,不克。秋七月,鲁王亲率彩等攻福州,不克。

八月,成功会鸿逵于泉州桃花山【晋江县东南三十里】,沈佺期等起兵应之,泉州提督赵国佐以兵二千迎战。成功与鸿逵出奇兵夹攻,大败之,遂围泉州,而分伏于中途,袭杀溜石寨参将解应龙,拔其寨。八月丙戌【十八日】,彩乘间取连江。

九月己亥【初二日】，漳州副将王进率骑兵五百、步兵千来援，声言潮州兵数万即至。成功曰："彼出一旅扼五陵【在大盈堡东、安平西北】而攻安平，则腹背受敌矣"，乃分兵守莿园，而自营五陵以待。进果至大盈【南安县西南五十里】，知有备，而间道出南安，突泉州围。鸿逵遣洪政迎战，败，鸿逵遁金门，成功退保安平。前浙江巡抚卢若腾、进士叶翼云、举人陈鼎、海澄人甘辉、南安人施郎与弟显贵及邱缙、林壮猷、金裕先后傅成功。

冬十月，鲁王连下长乐、永福、闽清、罗源、宁德，其大学士刘中藻别以兵下福宁州。十二月，鲁遣陈世亨复安固，不克，林垐、林汝翥攻福清，兵败皆死。

五年春正月，兴化分守道彭遇飖以城降鲁。二月，江西总兵金声桓遣郭天才援闽，养肅慢遇之，天才降鲁，封忠勤伯。

三月，成功率甘辉攻同安，守将折光秋弃城走，遂授叶翼云知县、陈鼎教谕。桂王使辅明侯林察谕成功，遂改永历纪年，还使称贺。以缙等三人守同安，而自整舟师趋铜山援粤。

金声桓及王得仁用隆武年号，攻陷南昌等府，逆流攻赣。赣帅高进库，故兴平伯杰兄子也，求援于粤。李成栋与布政袁彭年胁佟养甲奉永历，令民解辫。会声桓并奉表至桂，诏封声桓豫国公、得仁建武侯。命吴贞毓以吏部侍郎使成栋所。

浙闽总督陈锦瞯成功兵出，遣师分攻兴化、莆田、永福、长乐、建宁等，所至皆克，凡鲁先后复三府、一州、二十七县，至是仅保宁德、福安二城，郧西王以下死者无算。

夏五月，大军破声桓，复九江、饶州等府。

六月，彩纠李长蛟、王国用、陈泰钟万余人分道攻建宁，遣联等率散卒藏皂衣白旗分伏各城，约期内应。秋七月丁卯【初四日】，遣陈凤、蓝衍、吴豪各以劲卒二百人乘夜突门，杨栋、黄胜率舟师夺海口，约同夜进烧漳州江东桥栅，袭破长泰、海澄、龙溪，遂攻同安、安溪、福宁，守者皇遽，皆下。

八月，靖南将军陈泰率大军屠同安，翼云等皆死，进克长乐、连江。陈泰等自战彩、联，而别遣李率泰等分攻各城。彩等众寡不敌，遁出海口。大军遂入兴化，杀守者顾世臣等。

永历至肇庆，成栋迎百里外，储黄金千两、白金十万，缯币称是，备篚颁好予，永历大喜，政无巨细，关成栋而后受成焉。

声桓、得仁围赣，三月不克。南赣抚刘武元间师绝其饟，乃解。

冬十月，永历诏封成功威远侯。辛丑【初十日】，诏养甲代祭兴陵【端王后】，而密令李元允磔之江中，以贰故。

十二月，惠国公成栋出南安攻赣，败，单骑遁。

六年春正月，大军破南昌，声桓、得仁皆死。三月，大军至南安，而别将分破南康，克信丰，连下抚州、建昌，成栋溺水死。

初，腾蛟开府于长沙之湘潭，是月，湖南北十三镇先后破，湘潭不守，腾蛟死大步桥下。永历遣告急于成功，遂遣施郎、杨才、黄廷、柯宸枢攻漳浦，守将王起凤降，遂下云霄【在漳浦南六十里】，杀其守将裴国柱，传檄浙、粤、江西。

王翊起四明【山，即天台中大兰山】，众万余人，攻上虞，破之，萧山石仲房、会稽王化龙、陈天枢、台州俞国望、金汤、奉化吴奎明、袁应彪、平冈张煌言、上虞李长祥皆应。翊遂东徇奉化，猝遇大军，奎明尝之，遁。翊迎战于河泊所，大败之。

是月，大军克宁德。夏四月，遂克福安，刘中藻吞金死，鲁将同时死者董世南等数百人。王自沙埕徙南田，遣张名振复建跳所。施郎等进克诏安，获其守将姚国泰，进屯分水关【在诏安东南二十五里】，分遣黄廷、洪政守罗山岭，宸枢守盘陀岭【漳浦西南三十里】。以书招潮州总兵郝尚久，不从。

五月，鲁告急于舟山黄斌卿，不应。又使使四明，拜翊河南道御史，六月，又拜右佥都御史。会稽人严我公为鲁招顾虎臣及长兴柏襄甫，皆以众降。

永历遣胡执恭以侯爵往封孙可望、李定国、刘文秀、艾能奇，已诛张献忠之四将也。执恭即矫诏封可望为秦王,秋七月诏封成功延平王,固辞不受,乃改封广平公。又封李过【即一只虎】为兴国公、高必正郧国公。朱由植率众攻南赣,不克,死,刘治国等九人自广东分三路进攻南赣,亦不克,死:是皆成功檄奉永历者也。

八月,成功遣陈斌进破逵濠【寨,在潮阳县东三十五里】、霞美二寨,降其守将张礼。又令黄山从海靖所破惠来县,以汪汇为知县、正兵镇卢爵守之。

九月,张名振、阮进共杀斌卿,迎鲁王。冬十月丁亥【初二日】,自建跳所徙舟山。

山西虞允、陕西王国贤等皆遥奉永历年号,攻下蒲州及临晋、河津等府县,旋皆失陷。

大军既克湘潭,遂破永兴,获总兵尹举智等,李过【一名锦,又名赤心】弃辰州遁。又击王进才、马进忠于宝庆。又破光山伯刘礼仁等十营于红江。又破衡州,进破胡一靖六营于全州。

彩、联等自舟山还,乘间克复兴化,斩其推官黎树声。

十二月,焦琏分兵攻全州,不克。大军乘胜克道州、永州、常宁、沅州,进克乌撒城及文考洞,阎部杨鳌等皆死。宜尔都齐等大败郝永忠于黎平,遂破之。

七年春正月,大军克南雄。永历自肇庆奔梧州,李元允留守肇庆。成功克潮阳【县,在潮南一百四十里,西南至惠来县百六十里】,知县常翼风降。征饟和平,不允,遣杨才攻破其寨,才暴卒,而以林勇代摄其众。三月,遣施郎招万礼于诏安九甲。夏四月,礼率众降。五月,檄高必正等援梧州。

六月,成功围潮州,总兵王邦俊拒守,陈斌断广济桥【在城东,跨韩江上,广二丈、长一百八十丈】,战其将郝尚人。尚久却,乞援于漳州王进。进攻罗山,廷、政败走。进攻盘陀,宸枢坚壁守,进以骑兵诱战,而别由间道出云霄夹击,宸枢死。成功大惊,乃解围退潮阳。

时彩、联方据厦门。秋八月,成功令施郎分兵伏诸岛,而自设宴虎坑岩邀联,联至半山塘,伏起杀联,成功佯恸,购千金告杀联者。分兵护彩。已而其将陈凤、蓝衍、吴豪、杨栋、黄胜各以其众来附,并旧将蓝登,皆授原职。遣洪政持书招彩,彩竟全师付政,成功大说。

九月,定南王孔有德军至桂林,诸将望风遁,瞿式耜等不屈死,靖南王耿仲明至吉安自尽。平南王尚可喜自攻肇庆等府,而碣石守将苏利间道急破惠来【在碣石东】,卢爵、汪汇皆死。成功命辅明侯林察将左军、闽安侯周瑞将右军、定西侯张名振将前军、平夷侯周崔芝将后军,自将中军,冯澄世、潘庚钟将游骑策变,别遣阁部揭重熙、总兵李安民、荡卤伯洪国玉分攻邵武等处,令洪政约束南澳、铜山诸岛,掠诏安、饶平、择日进取。会永历告急自广西至,速成功道虎门入【虎头山在东莞县西南五十五里大海中,有大虎、小虎二山,名虎头门,外夷入贡及出师要道】。冬十月,以黄大振守海坛,阮引、蓝登佐芝鹏守厦门,而自帅五将军之兵抵潮阳,闻广州已破,永历奔浔州,陈邦傅叛劫从官,溺死者董英、许玉凤、潘骏观三人。而施郎与陈斌隙,又告潮人黄海如将叛去,乃阴遣林习山袭杀海如,摄其众,遂攻潮州,未下。闻重熙等攻邵武,战失利,尽焉。川湖督罗绣锦等各遣大兵助可喜。十一月,福建巡抚张学圣亦分兵击要害。十二月,兵解潮州。

八年春正月,退屯南澳【万历四年筑城,三里左右有湾曰白沙湾】,以萧拱宸为中冲镇守青屿【在南澳北】,会洪政、施郎、陈埙、郑文星潜军还守厦门。二月,次白沙湖【惠来县西南】,抵天星所,败惠州援兵,复惠来城,分兵守之。闻学圣遣总兵马得功夺厦门,阮引、蓝登惧不敌,遁。芝鹏挟珍宝弃城走。成功妻董氏跳海滨,仅以舟免。而施郎等出不意,截战得功于员通港,得功蹙走鸿逵所,旧相得也,遂纵去。及成功至,则去已五日矣。由是,与鸿逵隙。

夏四月,改厦门为思明州,以郑擎柱为知州,出隆武所赐尚方剑斩芝鹏,贬引、登秩,而重赉施郎、陈埙等。鸿逵谢归命。洪旭镇思明,族兄泰镇金门,芝豹、施天福镇安平,张进镇铜山,陈霸镇南澳,距南洋许龙、碣石苏利,而自屯金门后浦。

永历使宦者刘九皋报孔有德已先后克桂、平、梧、柳四府地,靖江王并世子文武臣四百七十三人皆没,上自浔州徙南宁、三宫徙田州,湖南牛万才率总兵以下官八十三员、兵七千七百降北。

是月,成功以施郎有犯,囚诸舟中,脱去,成功怒杀其父大宣及弟显贵。郎间行诣苏茂,茂令之安平芝豹所。成功捕之急,郎遂降北,更名琅。成功悔曰:“自此不复安食矣”!

五月，成功帅九将军之兵攻漳浦，道南溪【在县南六鳌所西北】登岸，副将王进迎战不利，入城坚守，环攻之不下。六月，还思明。

尚可喜连克雷、廉、潮、惠诸府地。

秋七月，平和人黄梧来附，授副将，以陈六御为北镇，领骑兵。

九月，复攻漳浦，败王进于马口【寨，在县东北】。提督杨名高统兴、泉诸镇兵入援。成功亲勒六军，蓝衍、杜辉当前，甘辉、余新督中以继，苏茂、郭义伏小盈岭左，杨祖、蔡禄伏小盈岭右，陈魁、黄梧弥缝左右翼，成功凭高示进退。引名高步骑战岭下，兵交伏发，名高突陈遁。泉州、漳浦守将杨芝德、陈尧策以城降，并授总兵，以林其昌守知县。

冬十月，永历徙新宁。陈锦遣兵破舟山，鲁王遁，尚书李向中、将军刘世勋以下死者数十人。

十二月，成功遣乞饟日本，以足军实。阮骏自舟山来归。

九年春正月，海澄守将郝文兴迎成功入，遂授文兴前冲镇，以黄维璟为知县。张名振、沈宸荃、张煌言扈鲁王至金门，宸荃舣舟南日山，风裂维掣去，失所之。

永历徙广南，孙可望遣总兵王爱秀迎至安隆所，改名安龙府。

周全斌，同安人，以三策干成功曰："大将军志在勤王，当以计间孔、尚、吴使反正，檄孙可望、李定国分兵川、楚，连师闽、粤。一道湖北，径取南郑，窥洛阳，拊其背，一由巴蜀捣关中，封函谷，扼其项，一浮长江，画南都，遏其饟以虚其腹：此上策也。会孙、李师分克楚、粤、巴蜀，由黄梅分克太湖、潜山、德化、建昌，一趋南赣、一趋合肥，粤师由南雄会闽师、浙师左右之，而又分南赣之师道浙、浮江，分下大江南北，而下楚、蜀之米以苏闽、浙不时之需：此中策也。若夫栖兵各岛，以间蚕食浙、粤沿海诸郡邑，陆取南赣、汀、邵，观衅乘便：此下策也"。成功大说，授房宿镇参军事。遂密表于永历，会孙、李进取，侦孔、尚易防之闽而捭合之。而自遣诸将从江东【驿，在龙溪东四十里，至长泰三十里】攻长泰，战王进溪西【龙津西溪】，败之。二月，城未下，而总督陈锦援兵大集。成功屯柳营江东【江东驿水始出峡处】，锦屯牛蹄山，距五里。

三月，锦众来薄。苏茂、林胜逆战，杜辉、吴豪横截其腋，大败之，退同安凤尾山【大凤山在县北三十里，形如凤翅，此其支阜】，其奴库成栋受杖，怨锦，夜刭其首来奔，长泰守将李青弃城走。遂以冯澄世为知县，斩成栋以徇，曰："此杀主以求利者"。

夏四月，以黄廷为前提督、黄山为后提督，围漳州。永历将陈邦传杀焦琏以浔州降，凡思南、庆横等二十二府州县皆没。闽抚调金衢镇总兵马逢知援漳，甘辉请曰："锦丧，众汹惧，逢知远来，急击勿失"。不听。逢知既入，而复围之，数日，逢知出战，士皆却后不能军。王进以师援，败遁。巡抚宜永贵潜师攻厦门，陈辉击之，遁。

五月，孙可望分道出师，李定国下楚，冯双礼副之，刘文秀下蜀，王复臣副之。

六月壬寅【初二日】，定国军武冈，双礼军宝庆，略沅靖皆捷，孰可乘胜南下，而虞有德之蹑其后也，分武冈军出新宁、宝庆军出祁阳，合趋全州，别遣西胜营张胜、铁骑右营郭有名道西延大埠取严关。严关者，所由入桂林要隘也。双礼统前军都督高存恩、铁骑前营王会、武安营陈国能、天威营高文贵、坐营靳统武，合兵八万先进，抵驿湖，斩有德骑将李四，降其骑卒万余，遂薄全州。定国统右军都督王之邦、金吾营刘之讲、左协营吴子圣、武英营廖鱼、标奇左营卜宁，合兵十万继进，未至，全州下，定国令急过全州趋关双。礼既下全州，亦分军会。后有德闻驿湖败，急遣精卒数万援全，不及，遂急趋关，则张胜、郭有名已营关上，诸军皆会战关下。定国驱象陈冲之，却苍头铁骑，持重兵奋突，遂大败之。又追败之大榕江。有德急入桂林，闭城守。诸军围之三日，守陴皆溃。有德投火焚死。俘其子庭训及叛将陈邦傅及其子陈师禹。

秋七月，敬谨亲王尼堪统大军进取宝庆，而黔将白文选已先克辰常，杀总兵徐永兴以下，死者无算。壬申【初三日】，尼堪入衡州，精骑十万，分将援辰州。定国遣张虎助文选，而多张疑兵于河上，若为坚壁不出者。壁门左右弇坑阱，帷濠于边缘，以游骑伏奇兵间道，绕其后，夜火象奔冲其坚，迫之河上，精骑尽覆。

文秀入蜀，初克重庆、叙州、嘉定诸府州。吴三桂亲兵逆战，寡敌辄奔，文秀诸将多易之。既克成都，兵益骄，弛不设备。三桂简精卒攻破，降其众，乘胜复嘉定，杀总兵龙名扬，遂拔重庆，杀总兵李廷明。

九月,定南将军阿尔津、都统马喇希征广东。冬十月,尚可喜、耿继茂兵克钦、灵诸州。平西王朱聿率侯伯总兵李元允、张月、周朝、袁胜等降。元允至广州,不屈死。尚可喜分兵克梧州。

成功之围漳州者凡七月,援绝粮竭,死者七十余万人。固山金砺会总督刘清泰统大兵救漳。成功攻益急,令周全斌御援兵于龙江之东【城东四十里】。将战,闻砺已潜渡长泰出江东,大惊,成功解围,屯古县黄山,率陈凤等迎砺,战不利,成功退屯海澄,以郝文兴、王秀奇守之,还思明州。

永历封定国西宁郡王、双礼兴国侯。三桂破复臣军于保宁城下,复臣与其将张先璧皆死。十二月,江西巡抚蔡士英克安福、永新。阿尔津、马喇希移征湖广。

卷三

十年春正月,鲁王在金门,去监国号,成功为树宗人府正旗,月归刍米。三月,遣张名振、陈辉率兵北上。

定远大将军贝勒屯齐统兵会阿尔津、韩岱、宜尔德等环攻永州,定国遁去。丙子【初十日】,进克宝庆,辛巳【十五日】,进宿岔口。

初,可望忌定国功高,既封复悔,谗人从欲祸之,故遁去。可望尽收前所复长沙等府县官印,思易置,乃皆弃城走。南宁镇朱养恩等数言宜招定国,不听。壬午【十六日】,可望统军自靖州会冯双礼、白文选、马进忠合拒大兵,岱等出奇连败之。可望军不能成列,乃乘莫遁入峒口。

夏四月,金砺、刘清泰分兵出福、泉二港会攻海澄,成功遣林察、周瑞防海坛【近福港】、湄州【近泉港】,而自屯海澄,王秀奇、郝文兴、陈尧策守镇远寨,甘辉、万礼为援。五月,察先遭风被执。及接战,砺骑数万不胜,陈魁出奇薄敌营,遇伏,创甚,以甘辉救得免。后冲镇叶章战死,以周全斌代章,杨正摄魁军,复振,城亦旋裂旋筑。

砺每攻,辄为镇远寨所挠,亟击不能下。成功令火器镇何明隧濠下空,中实神药火物,勒敢死士持利斧待斫,凡砺兵渡濠先登皆遇斫,后者火发多毙。砺杂散卒遁漳州。秋七月,攻鸥汀寨【澄海县西二十里】,斗陈铁虎,不利,师还。八月,永历改封成功漳国公。九月,郝尚久奉永历朔,据潮州,为尚可喜所困,乞援师。成功军至,则耿继茂已破潮三日,遂令甘辉等下揭阳以济军食。

十一年春正月,命将扈鲁王谒永历,不达,还驻南澳。永历改云南为云兴府、辰州为沅兴、沅州为黔兴,起刘文秀为大招讨,督诸军东伐。

二月,中朝使赍海澄公敕印招成功,成功辞曰:"士卒散多,无土可著,愿还上敕印便"。

初,清泰奉密谕察奏,既至,彼称厦门左右故郑氏地,非他僭窃者比,抚臣张学圣、道臣黄澍、镇臣马得功垂涎金穴,乘成功他出,潜师袭取,悉其家资,致郑逆修怨索偿,海疆沦陷。命褫三人及革按臣王应元职,解京严讯。都人士又藉藉道芝龙初居泉之东石,有李习者商贩日本,致累巨万,无子,子芝龙,又为取日本长崎王族女,多载珍奇还东石,富甲八闽,第宅纵横数十里,每出游,从人数百,衣服丽都若一,莫辨畴孰芝龙者。崇祯中受抚于巡抚沈犹龙,进珊瑚高尺余,饰珠龙金碗,为犹龙母寿,犹龙叹啧啧,则复进一树,如前高。制生犀,黄金为甲。因得结海内魁桀及世家纨绔子云。

是月,成功遣诸将分攻兴化、漳、泉、福州。三月,亲整舟师攻略崇明、靖江、泰兴,俘战舰数百、械数千,遂耀武于金山,遥祭孝陵而还。

时尚可喜专镇广东、耿继茂移驻桂林。定国克复高明,围新会,未下。都统朱玛喇会可喜大军往援。

夏四月,成功命泉人戴捷为援剿前镇,统三千水师援定国,攻潮州,破之,以定海李孟弢守知府,防潮阳、惠来。

六月,中朝封芝龙同安侯,遥封鸿逵奉化伯。芝豹就抚,官左都督。遣使偕芝龙季子渡赍惠、潮、漳、泉四府备安插兵将敕印抚成功,使者见成功,戒严令先薙发后接诏,成功疑绐己也,论数日不决。使还,成功复书其父曰:"曩岁戊子【顺治五年】,王裕使上,闻父被围,后遂不通一介,惧滋累耳。岁壬辰【顺治九年】,周继武持书来,不信。先因道路传闻,卒遭不讳,故遣李德走探动静。至于和议,实非本心。自古忠孝不两全、成败不并立,成功何人,顾能兼是。新朝徒以孙可望、李定国、成功三人力扶王室,往来驰骤于滇、黔、楚、蜀、闽、粤、赣、浙、淮、凤、苏、松间,犄角埶成,卒难力服,乃以孔、尚、耿分藩驻防,与三桂为之竭力。而陈锦授首于东、有德陨身于西,彼复此陷,旋得旋失。计以海澄公四府地相饵,折鼎足之埶,孤孙、李之援。成功方宴使者报恩寺,礼待极隆,而使者哨骑四出,张皇山谷,委诏书于草莽,徒晓晓于先薙发、后接诏,甚无谓也。天下岂有未称臣、轻薙发者?然诺在布衣,往往出肺肝相示,况成功不为利动、不为害怵,磊落作事闻天下,一旦苟且暧昧,不特不见重于新朝,亦且贻笑于后世矣。父寄新朝,所谓中流失船,一瓠千金,其得延今日者幸也。不幸,成功亦唯是缟素复仇,以结忠孝之局,他何言哉!书欲不复,黄六表痛哭极陈,必得一言以为信,用详所以,伏维自重"!

秋九月,可喜再破定国军,新会围解。成功大练舟师,备进取。

冬十月,漳州守将刘国轩、朴世用等以城降,官国轩护卫后镇、魏其志火武镇、世用木武镇、张世辉监督知府、房星华龙溪知县,周琼等如故。

十一月,发水陆师十万应定国,漳属十县、泉属七县先后皆降,以南靖知县李奇生为同知、漳浦知县范进为通判,余守原官如故。

十二月,遣甘辉取仙游。定远大将军世子济度统大兵至。

是岁,可望出按沅靖诸营,由平越道屯天柱。

十二年春正月,辉使陈谦攻仙游,知县陈有虞守不下,洪善穴地实火器裂其城百余丈,遂破,有虞死。

永历封定国晋王、文秀蜀王,遣宦者刘玉泛海来告可望与定国不和,可望杀大学士吴贞毓以下十八人。

二月,成功置吏、户、礼、兵、刑、工六官,令思明知州邓会领储贤、育才二馆,取士黄带臣、洪初辟等四十人。

三月,应定国师失利还,潮州陷。

夏四月,筑丙洲新城【同安县南四十里,城周四里】。释林察罪为总督,与周瑞帅舟师勤王,破潮州,复之。闻继茂、可喜击斩总兵廖笃增于玉版泉、追败定国于兴业【县名】,分兵克梧州,又连败之于横州等处,遂分兵攻下高、雷、廉三府三州十八县,定国遁南宁【府名】,横州等二州四县皆陷。察次虎门不敢进。成功责察观望,命戴罪立功。益以前提督黄廷为帅、万礼为副,率二十镇水陆师赴粤。命定西侯张名振为帅、陈辉为副,统二十四镇入长江前进。洪旭为水师右军、陈六御为五军戎政监其军。中提督甘辉为总督,王秀奇为副,率二十镇继进为援。戈甲耀日,钲鼓阗江。

夏五月,都统石廷柱统大军为镇海将军驻防京口,定远大将军世子统大军乘虚攻击,总督刘清泰分兵防要害。遣使赍书招成功,且言大兵云集,后将无及。成功笑不应,厚其使而遣之。

甘辉会洪旭舟山乘岑江口【即岑港,在舟山所西北】,守将巴臣功【即副将杞成功】坚壁不战。黄廷入揭阳港【俗名牛田洋,在澄海西南四十五里】,屯桃花山,潮州总兵刘伯禄驻鹰嘴埔,亦坚壁不出。林胜夜囊土填濠,进破其垒,伯禄遁,揭阳、普宁【两县相去七十里】、海澄皆下,毁普宁城以峻揭阳。

六月,芝龙圈禁高墙、芝豹戍宁古塔。

都统伊尔德为宁海大将军统满、汉兵抵舟山。

永历将军卢明臣、冯双礼分攻岳州、武昌,刘文秀攻常德。宁南靖寇大将军陈泰及护军统领苏克萨哈分徼,大败之,明臣赴水死,双礼、文秀遁。泰穷追文秀,为定国援军所败,陈泰死,都统阿尔津代为宁南靖寇大将军,偕都统卓罗驻防荆州,都统祖泽润分防长沙。

成功令兄泰移安平辎重于金门,徙泉属士民渡金、厦,空府藏,堕漳府惠安、同安诸县城,使张英筑沿边炮台,益战舰,从澄世计:北兵利陆战、不利水战故也。郝文兴守海澄,以林其昌为知县,遣英义伯阮骏、总制陈雪之会名振守舟山乌洋。遣李化龙招臣功,臣功降,授铁骑镇,改名臣兴。洪旭、甘辉还次台州港,总兵马信以城降,授中权镇,为征卤将军。秋九月,文兴卒,令王秀奇守海澄。冬十月,名振军次定海关【在镇海县南门外】,降其守将张鸿德,授前锋镇。

十二月,世子军至泉,因成功退守两岛,复遣招抚,不报。

十三年春正月，可喜遣刘伯禄、徐有功克揭阳、普宁，次揭阳城西，为定远军犄角。黄梧诸镇军屯埔上，苏茂欲先迎敌，郭遂第止之曰："列队过桥，胜则可，却则难退"。梧曰："战无不胜，何退为"？茂遂逆战，有功、伯禄夹击，大败之，黄胜、林文灿皆死。黄廷急引军转攻伯禄营，伯禄反救。遂第乃以一军免，诸镇皆没。浙闽总督屯泰分兵攻舟山、台州。

二月，马信率降将冯用、张洪德谒成功。

永历在安龙，可望谋劫驾出降，定国举兵败可望，奉驾驻云南，改滇都。

成功令五军总制张英督杜辉、林胜佐廷御伯禄军。

三月，名振卒，以陈雪之代。遣马信、洪德助骏守舟山，堵屯泰军。伯禄绝港为营，徼各乡之济廷食者。

耿继茂攻定国于南宁，禽辅晟伯李先芳、斩参将杜纪等，定国奔隆安。

夏四月，定远军战舰已具，使韩尚亮为前锋，檄诸军会战。成功令林顺等七镇屯围头、陈魁等四镇泊辽罗，泰率舟师为应，万礼等五镇分据高崎、浔尾【皆在海澄县西海】、圭屿【县东北】及海澄诸港，洪天佑、张煌言巡厦门。尚亮出泉州港，顺率火轮舟逆之，陈济、王明伏走舸，凿其楼船，沉溺十数。尚亮却，大军集围头。顺以铁面军据上风扬灰，火弩齐发，大败之。抵暮，风雨大作，满、汉兵播荡不能支。既昏，雨止，风愈暴，北舰不能寄碇，漂失过半。成功令在厦门俘获者，断其掌纵还。先是，有"嘉禾断人种"之谣，"嘉禾"即"厦门"，闽呼"掌"与"种"似，故厌之。或说世子曰："金门白沙寨为鸿逵栖隐地，出不意攻之，可得也。金门得，则厦门孤矣"。从之。遣王进功潜军驶往。洪旭逆击，顺率八镇军助之，进功溃，遁泉州港。

五月，廷军乏食，趋碣石攻苏利，利又坚拒不下，遂还。

六月，成功以苏茂轻进覆军，斩之，罚黄梧输铠甲五百，代王秀奇守海澄，王元吉为知县，周全斌为左先锋镇，郭遂第为后冲镇，改名华栋，以忠勇侯陈善守思明州。

初，施郎之去也，茂纵之，至是斩茂。诸将以茂功多，有后言，成功乃赡茂妻子，为文以祭，引诸葛忠武斩马谡以自解。梧心犹不自安，遂劫副将郑纯及茂弟明、知县元吉，杀总兵华栋，歼其部众，以海澄降。协将康雄不从，断其手，得坠城出。世子奏梧为海澄公，梧荐施琅为总兵。苏明有母在成功所，成功亦不诛也。康雄、张协请速援五都土城，则大兵毕至海澄，甘辉等议土城已不可守，令康雄、林明保辎重还海门【山，在海澄东北】。成功擢雄左戎旗镇、明右戎旗镇。

秋七月，遣黄元佐张进协守铜山【在古雷寨隔海之西，古雷在漳浦县东南五十里】。时以福州无重兵，计潜军闽安，袭福州。遂令甘辉、万礼统杜辉等十五镇北次湄州，命戴捷为向道，黄廷守厦门，洪旭佐兄泰守金门，陈辉统战舰二十泊南山、圭屿。辛亥【初五日】，亲帅王秀奇等夺闽安，斩守将胡希孔，生擒百七十余人，遂入南台【亦曰钓台山，在闽县南九里，去建江百步】，夺桥【万寿桥，在府南，跨南台江上，长三百余丈】。乙卯【初九日】，战桥北，再胜。丙辰【初十日】，战于教场，禽延平参将张礼，夺战马二十五匹，遂围福州。分兵东守乌龙江【即陶江】，遏漳、泉援师，北守连江岭，遏温、台援师，西绝洪塘水口【府西十里，与陶江通】，以断延、建馈运，惟南面近水，不为备，筑炮台与乌楼对冲艨艟城。巡抚宜永贵急出原任布政周亮工、副将王进于狱中，问计，亮工谓："敌防疏东南，当遣田胜、李武伏军西南，遣王进潜师出鼓山后【闽县东三十里】，转六通桥，径攻南台，破敌必矣"。

八月己卯【初四日】，成功分将克连江【府东北九十五里】，而进军来袭，众疑大兵毕至，惊溃，成功不能禁，退屯闽安。定远军侦成功出，命马得功道云霄八尺门【在云霄城南、铜山城北】攻铜山，为黄元所败走。伊尔德败总兵王长树、毛光佑、沈尔序等于大兰山，杀之，连攻定海，败阮思等于衡水洋口。辛丑【二十六日】，遂连破陈雪之等于舟山，英义伯阮骏、陈六御、张洪德等皆蹈海死。

九月，阿尔津破永历将姚黄于彝陵之蛇退山。冬十月，遂破辰州土司彭宏澍，籍所属三州六司三百八十洞户口降。

成功礼官陈宝钥逃泉州纳降，以黄开泰为礼官。以同安死难教谕陈鼎子永华有经济才，命为参军。

十二月，攻罗源【西南至连江一百里】、宁德【西南至罗源一百里】，定远遣阿格商、巴都来援，成功回思明州，甘辉殿。阿格商追至护国岭，辉使韩英、刘巧伏兵西北山谷中、黄昭伏桥东北，魏其志、陈谦逆敌，佯败,过桥,伏起,斩阿格商。甘辉还战巴都,尽获辎重以还。

是岁,芝龙复遣使劝降,复书有曰:"天下岂有无父之人哉!然窃私筹父之祸福安危熟矣。使者重来,良非得已。成功死罪,更复何言!乃所以强忍须臾不即轻身一掷者,徒南望吾君,云天万里,北思吾父,喘息重圜:恐一朝落机阱、饱虎狼,为妇孺之所窃笑,负君父重恩靡有既极耳!若论创业明君招携怀远,则有道矣。汉光武推诚以待窦融,唐太宗于尉迟敬德,朝为敌仇,暮即心腹,宋太祖时,吴越王钱俶全家入朝,两月遣还,群臣乞留章疏封固赐之,岂不诚恢宏大度,能鼓舞豪桀不自已,效章章若斯?必谓以德服天下,唯唐虞、三代独然,与今当事者喜以诈力相尚,有初鲜终,此成功不幸中之于先而决之于豫者,非谓世浇必不古若,亦其性习疑殊也。父长者,不乐以不肖之心测当世,乃今若此,当亦稍稍自悔矣。天实为之,嗟何及矣!世子王、将军、都统、总督、巡抚四集褊壤将三载,劳苦功高。一弄兵于白沙,战舰荡没,再弄兵于铜山,士卒奔溃,舟、台先失,四将来降【巴臣功、马信、冯用、张洪德】,希孔、格商,先后授首。乃一裨将黄梧叛献海澄,遽封公爵,供成功指挥若梧者累计亿千,恐尽天下不足封。其以是为能,诈邪否邪?前者库成栋弑锦首来献,成功即斩之徇,为叛臣贼子戒。窃谓天讨无私,天不变,道亦不变,而顾反之以为教,是诱天下以叛也,诚不知当事者自居何等?且甚危乎其为上矣!本之不持,末焉是议?为天下别顺逆,斤斤以薙发为辞,无论古来圣帝明王未有髡完为教忠孝者,即如姜瓖、金声桓辈,孰非薙发称顺而叛不旋踵,殆深奉其教然与?教叛膺上赏,果以叛为顺与非与?夫彼既从其所好所令矣,而又从而诛之,示天下为争此区区一片土,抑何教之未明、量之不广也?漳、泉、潮、惠悬海隅,诚以畀我,完我君臣父子得保一区,如殷巢伯、周箕子休养生息于其间,彼无此侵,此无彼畔,使中朝永永无南顾忧,成功纵不足见高皇帝于地下,然而涂炭生民,岁月无已,当亦君父之所不忍出此,况乎成败不可必、天命不可知也!誓日指心,有言不再,中肠委折,拜使黯然"。

丁酉【二十四日】,火药局灾。

十四年春正月,永历自滇都以玺书来问,且告议开缅甸为省,以元江土府为总督,不果。

定远军分防泉州,大营高济、乌龙江、惠安、卫套、俣官、闽安诸隘。

成功督舟师北上,次三都。

二月,攻温州金乡卫【平阳县南七十里】,守将翟永寿降。

三月,使万礼、韩英守闽安罗星壔寨【闽县东】。成功师出镇下澳,遇风还。定国公鸿逵卒于金门,诸镇戒严。

夏四月,都统宗室罗托驻防荆州、都统伯佟六十驻长沙。成功使杨廷世、刘九皋请秦王、晋王修好,会师进取。使施举、李顺往浙江,遇定海关军,战死。

秋七月,成功舟师出兴化,陈斌、卢谦、余程守闽安。八月,抵海门,攻黄岩,守将王戎执知县刘登龙降。进围台州,巡道蔡琼枝、副将李必、知府齐维番、临海知县黎岳以城降。九月,天台、太平诸县降,令宗维宁说海门卫【台州府东九十里】守将张捷与前所【卫,城北七里】守将刘崇贤,皆降。而都统屠泰会总督李率泰兵破闽安,余程战死,斌、谦率众出降,亦死。成功遣陈尧策守狼崎【山,在闽县东】,而自回厦门防御。

冬十月,可望攻定国军不胜,遂率妻子及标下总兵、都督等降北,初封义王。遂以洪承畴统军会罗托等由湖广进讨定国:吴三桂会都统侯黑尔根、侍卫李国翰由四川进,都统卓布泰会提督线国安、富喀莽吉图等由广西进,都统济席哈等随罗托由湖南进。

十一月,成功师至南澳,攻鸥汀坝寨,屠之。屠泰以舟山不可守,迁民渡内地,迫之海水之间,溺死无算,遂空其地。成功复分兵屯守招抚。

十二月,永历使漳平伯周金汤偕廷世、九皋赍诏至思明州,封成功延平王、泰加少傅,赐尚方剑,便宜行事,王秀奇祥符伯、马信建威伯、甘辉崇明伯、黄廷永安伯、万礼建安伯、陈辉忠靖伯、洪旭忠振伯,余侯伯印数十付成功颁锡。成功率诸将拜受,遂进谢表并会师江南疏,使参军徐孚远随金汤复命。乃设长史、审理、典宝、典仗、典仪、典膳诸官,以王府礼从事。

卷四

十五年春正月,多罗信郡王多尼会平郡王罗可铎、贝勒尚善、杜兰、都统伊尔德、阿尔津、巴思汉卓罗等统兵进取云南。

二月,延平简勇士力胜五百斤者为亲军。使工官冯澄世造铁甲胄,试以箭,不入,又造铁面,绘如神鬼。每士一人,副二人,执斤斫马足,有进无退,号曰"铁人"。以左虎卫陈魁统之。

三月,右虎卫陈鹏败许龙于南洋,俘其众。

定国将阎维龙、曹延生攻克广西横州。

夏四月,李国翰徼定国军于全州。三桂遣兵克重庆。

成功遣杨廷世诣永历告师期。以薛联桂为思明知州,杨来嘉佐黄廷、洪旭佐泰,分镇金、厦,邓会督粮饟。

五月,以中提督甘辉统前军、右提督马信统中军、后提督万礼统后军,成功自统大军,凡水师五万、骑射五万、步击五万、游军策应万、铁面军万、猛将数千、战艇数千北上。澄海游击刘进忠率众以城降,授进忠后卫镇。

永历宝康侯贺九仪遣将曹友攻宾州,不克。罗托等略下沅靖,进克平越、镇远,卓布泰略下南丹、那地、抚宁各土司,进克独山,三桂等自重庆分击定国、文秀军,连败至水西,皆遁,遂克遵义,别将克开州。

六月,延平军攻降平阳守将车任暹、瑞安守将艾诚祥,进攻温州,不下。

秋七月,抵洋山。山故有龙祠,过舶必以生羊祭,毕即纵之山上,日久孳乳,群队满山。延平军士竞逐之,成功又不致祭,天朗波平,怪风卒至,战舰自相枞击,义阳王及成功三子睿、裕、温、甲士数千人,皆溺。既祷乃息。遂还舟山,葺战舰。

八月,永历仁寿侯谭诣等攻重庆。

九月,象山知县徐福率父老迎降延平。时有言北将谋叛者,成功罢贺世明,以姚国泰代,又遣张英谕朴世用、魏其志、李必、张魁悉解兵权为监督,世用愤死。刘进忠因不自安,冬十月率众奔黄岩海门卫纳降,周全斌追至海门围之,进忠突围走,全斌不追,遂据其城。十一月,破盘石卫【乐清县西南五十里】,令诸提镇就汛休养。十二月,屯沙关筹饟【乐清县东有白沙岭,岭东有关,即此】。

承畴遣攻水西,宣慰司安坤降。定国、文秀入贵州。都统明安达礼、俄罗塞臣、赛音达礼、护军统领席伯臣、车尔布等各统大兵会承畴,分札贵州防御。大将军多尼会吴三桂、卓布泰于平越之杨老堡,分三道进攻云南。多尼自桂阳入,斩刘将军于安庄。巩昌王白文选遣将焚盘江铁锁桥,尼堪军作浮桥以济。文选拒战松岭卫,不胜。三桂自遵义入,攻七星关,文选屯兵坚守,不下。乃转水西苗猓界,间道度关袭其后,克之,遂进乌撒。卓布泰自都匀入,抵盘江之罗颜渡口,文选遣将李成爵扼险,沈其船。定国亦率兵来援,屯双河口山顶。而卓布泰军从下流十里取所沈船,乘夜潜渡,袭斩成爵于梁瑞津。遂会诸军四合,张左右翼,夺击定国。定国退守陆格树寨,坚拒。诸军以火器围击,再战再截。定国兵不满千,转战四十余里,左右冲突。大军累万围数十重,而火器热不可执,戈刃交前,百不当一。定国鼓锐奔之,所向腾践披靡,莫敢仰视,遂冲重坚,奔据铁锁桥,则已先焚不可据,乃从普安间道入云南。三道大军,俱迫滇都。定国、文选扈永历奔永昌。

初,孚远取道交趾入安龙,交趾要以臣礼,不可,阻不得前,返厦门。后孚远隐吴六奇所,得全发死,其子归柩松江,未葬,子亦死。

十六年春,仁寿侯谭诣攻杀其兄谭文,胁新津侯谭宏降北。封宏慕义侯、诣向化侯,分平西王驻云南、平南王驻粤东、靖南王驻四川。

二月,延平还盘石卫调兵。

闰三月癸亥【初三日】,三桂、卓布泰等攻永昌。壬申【十二日】,定国扈永历奔腾越。三桂等渡泸江,定国与忠勇伯窦名望伏磨盘山左右,侦三桂骑至,突出截击,几斩三桂。大军还战,获遁免,而卓布泰八队合围,名望战死,定国突围走石门,扈永历过南甸。追至,定国遣马雄飞、邬昌琦护卤簿先趋孟村,而身自断后。又追及，定国扈入三宣六慰，斩孔廷训【有德子】，以谋劫降故。

夏四月辛丑【十一日】，由蛮漠迁河口，水陆分进，文臣舟从者六百余人、武臣陆从者九百余人，马亦如之。戊申【十八日】，舟次井梗，定国遣文选率兵迎驾往哑哇城，为缅人所阻，不为达。时距驻跸处五十余里，文臣侍从皆畏缅人莫敢通。文选既拔营去，庚戌【二十日】舟次沙河口，陆行者至蕴哇对河，距城五六里屯息。缅人疑为变，集众战斗，朱蕴金、姜承德等死者大半，余亦溃散。

延平军抵崇明，总兵梁化凤坚守不下，乘风趋瓜州，遣监纪刘澄约提督马逢知为应。令马信、黄安、蔡文、黄昭、蓝衍率锐师居前，周全斌居中，甘辉居左，洪天佑居右，万礼居后，罗蕴章参伍策变，张煌言奉檄传谕。

五月辛酉朔，缅王具龙舟鼓乐迎永历，宿卫仅百余人，遂止不出，定国书三十余上，为大学士马吉翔、司礼监李国泰所阻，不报。

六月辛卯【初二日】，延平军抵焦山，斩巡江营都司罗明升于谈家洲【丹徒县西北六里，有沙洲横列江中】，以蔡文守焦山【丹徒县东九里】。令材官张亮率善泅者斩滚龙锁，前军先登，亮围瓜州【江都县南四十里】，江防同知徐腾鲸遁，陈泽追斩游击左云龙于大来桥，生擒操江朱衣祚。成功曰："此腐儒也，纵之"。蕴章督军士焚木浮营三寨，俘斩数千，以刘猷守瓜州、柯平理江防事。庚子【十一日】，遂泊镇江南岸，前军屯银山下【府西二里】。守将遥见铁人，骇甚，反走，乘之，遂破其栅。副将高谦出援，全斌为圆陈持盾外向，射之不动，火器冲其中，忽中分若衢，而左右角锐进，裹而截击之，奔殪不相顾。谦逃入城。全斌遂夺门入。谦与知府戴可进等十四员、兵众数万皆降。成功以谦为破卤将军、冯澄世为常镇道、李征为知府、林若霖为理刑。丁未【十八日】，荆州卫粮官来降，擢其首为卫指挥使，余量授千百户。太平府守将刘世贤遣使迎降，加世贤镇南将军。己酉【二十日】，略取江浦，遣罗蕴章分兵守镇江。芜湖以降书至，遣张煌言守芜湖、韩镛守江浦。仪真吏民迎降，持牛酒。扬州文武弃城逃，吏民来请，遂遣将分守劳民。

冯澄世、潘庚钟说成功缓取南京，先设扬、淮、瓜镇重兵，以断南北饟道，扼各路要害，以绝外援，遣使定国会师，则南京可不劳而定也。成功曰："定国遁走无处所，且万里援师不足恃。大兵分防各省，皆数十万。永历诸将削平，大兵凯旋在即。我分兵以守，孰弱不足当，庶神速取南京，得形胜、守要害，传檄天下反正勤王，定国等不召自至。南都未得，譬诸堂奥空虚，何淮、扬门户之有"？遂使周全斌、高谦益兵守镇江京口，杨朝栋招抚江南，袁起震、徐春招抚江北。有陈文达者，统战舰二百余艘来归，授指挥乡道使。时延平声势大振，旬日之间，江南北相率迎降：府若太平、宁国、池、徽，州若广德、无为、滁、和，县若当涂、繁昌、宣城、宁国、泾、黟、南陵、太平、旌德、贵池、铜陵、东流、建德、石埭、青阳、含山、舒城、巢、沛、庐江、高淳、溧阳、建平、句容，分将抚安，若虞不给。常、镇、淮、徐望风引降，文武弃城奔走者络绎不绝。而内大臣达索为安南将军，会都统索洪、护军统领赖塔等统大兵二十万来援。

成功遂进取南京，至观音门【江宁外郭，北面三门，最西曰观音】，令黄安总督水师泊三汊河口【三新河口，近草鞋夹通口】。成功由仪凤门登岸【西出从北第一门，在三汊河口东北】，率诸将观钟山形势，祭太祖列宗而还【钟山在府治东北十五里】。令甘辉、余新屯狮子山【府西北二十里，亦名庐龙山】，万礼、杨祖屯桥山上，洪天佑为援，马信、郭义、黄昭、萧拱宸屯汉西门，陈魁、陈鹏、蓝衍、蔡禄屯东南隅，结水寨，刘巧、杨正、戴捷、刘国轩屯西北隅，环山为营，而自帅张英、陈尧策、王秀奇、林习山等屯岳庙山，与诸镇营垒云连势结，首尾相迎。

巡抚蒋国柱率将士数千骑薄营，余新徼之，大败，单骑遁，复为游卒所擒，见成功，呼万岁，怜而纵之。郎廷佐、管效忠等方议降未决，会崇明梁化凤及参将张国俊、游击徐登第等各率水陆兵数千间道至。国柱、衣祚依化凤，突围至城下，缒而入，与总督廷佐巡城雉，东北隅敌营少备，闻大兵旦夕将至，议出奇夹击。衣祚曰："是有门曰神策【在太平之西、金川之东，是年因胜成功于此，改名得胜】"，化凤大喜。

秋七月，贵州凯旋，副都统噶褚哈、马尔赛等由荆州浮江赴援。陈魁等逆战，大败之。壬戌【初三日】，都统刘之源统水师数万与噶褚哈等合击魁、鹏等众，蓝衍、蔡禄撒油豆敌舰上，而众以矛搠乘之，溺毙过半，水为之塞。甲子【初五日】，都统哈哈木等统水陆师会战，余新、洪天佑分兵拒击，张英、林胜督铁人截攻。

陆路北师见矢刃不能伤,而斫足竞前莫却,骇避入壁,水师又为天佑等所败。

延平屡胜,兵益骄,诸将争功互相讦。成功令:"非有令擅自进取者不为功,越营争胜者功叙本营,他营非危急不得相救"。庚钟谏曰:"将士奋勇贪功,勿苛责以挫其锋。且敌兵已数十万朝夕益至,吾军止有此数,非连营速战、乘胜合攻不可。都城久围不下,或有他虞。诸城降纳不足守,胜则速来,败亦速去。为今日计,不如发令诸镇并力,水师争先取胜,以吾所长、攻彼所短,果能尽覆其水路诸军,歼其渠帅,横江寒隘,则陆路军亦胆落神飞,而后乘锐并力,靡不济矣"。不听。

庚午【十一日】,达索等大兵继至,分兵会战水营,而分陆路兵渡江攻击。延平诸镇各自为战,势已不支,且北兵蜂集云奔,见胜则进,小败即退,朝夕更代,以逸击劳、以饱击饥、以多击少。如是者旬有五日,延平士卒日疲、器械日敝,气衰粮匮,累败欲崩。庚钟曰:"势急矣! 速令并力自全,相机退守,以图再举"。又不听。

甲申【二十五日】夜,化凤等率精骑穴城出,攻余新营,北军夹之,遂擒新,尽俘其众。连攻拱宸等营,连破之。及万礼等奉令来援,而化凤已入城去。甘辉及庚钟谏成功退屯观音门,连营合阵,不必待令,争相救护,又不听。

乙酉【二十六日】,达索统大兵围击甘辉、张英,索洪围击林胜、陈魁,哈哈木等分取姚国泰、杨祖、蓝衍、杨正,而水师诸镇为刘之源大兵所围,桥山寨为赖塔等所围,西北刘国轩诸营为噶褚哈大兵围守,岳庙山诸屯又为马尔赛、张国俊、徐登第据隘环攻。成功张黄盖山上,望大兵无不以三围一、以十并二,神器雷轰,矢石雨注。方急遽不可为计,而郎廷佐、梁化凤各选精骑表里合击,锋锐不可当。乃令庚钟代盖下指挥,自趋江下整舟师合战,而被所焚溺已五百余舰,触折渗损无计算,急帅周全斌、刘猷、杨富冒矢石冲坚力战,拔诸将出排沙屿。瓜镇已破,前降诸府县守者多亡失。潘庚钟、万礼、张英、林胜、陈魁、蓝衍、李必、魏其志力战死军中,甘辉、余新被擒亦死,收残卒亡归者什不二三。成功大恸曰:"悔不用诸将军言,败弃若是"! 欲自刭以谢死者,全斌及诸将泣谏乃止。遂缟素哭祭,悲号咽江,躬巡吊恤,抚创痍,遣使奉表永历,请贬王爵。

八月,次吴淞港,遣蔡政赍书马逢知所。都统刘之源为镇海大将军,驻镇江。

庆阳王冯双礼兵败,走四川,德安侯狄三品执之北降,授三品抒诚侯。济安伯朱养恩等以嘉定州降北。巡抚高民瞻兵克成都。

成功攻崇明,梁化凤以炮击死正兵镇韩英、监督王起凤等,遂退。九月,师还思明。前使永历者道阻反命,诸将请仍王号。

冬十月,刘猷往温州征饟,遇北军战没。时安南将军达索等移兵福建,由温州进。

十七年春正月,遂抵福州。三桂等败定国军于普洱,奏称:"滇南负固有年,一朝戡定,独永历在缅,李定国、白文选分屯三宣六慰等处,窥我边防,患在门户,号召诸蛮,患在肘腋,投诚生心,患在腠理,请大举入缅,以靖根株"。

三月,安南军抵泉州,会总督李率泰、提督马得功、海澄公黄梧、总兵施琅,调宁波、温、台各水师,檄广东碣石总兵苏利、南洋总兵许龙、饶平总兵吴六奇,合兵会剿。率泰遣盗持孔雀胆赂成功庖人张德,伺成功宴诸将毒之。德以付亨人王回,回告其父,父曰:"事主而毒之,不忠孰甚"! 遽挈回持胆报成功。遂捕德磔之,而厚锡回父以奖其忠。

改右提督马信为提督骁骑亲军,与忠正伯林习山守笠屿【即列屿,在同安东南八十里,介厦、金门之中,周二十里】。辅明侯林察总督水师,与中冲镇萧拱宸屯崇武【所,在惠安东南、泉州东】,御泉州兵。

夏四月,安南进泊围头,即令察等屯刘五店【在同安东】,少傅泰与护卫左镇黄安守金门城仔角,五军戎政王秀奇督右虎卫陈鹏、殿兵镇陈璋守五通、高崎【五通岭在同安东南七十里,高崎在五通之西、鼓浪之东、厦门之北、杂浦屿之东南,多大石】。前冲镇刘巧、后冲镇黄昭、左冲镇郭义、援剿前镇林明屯同安港,逆战。闽安侯周瑞、忠靖伯陈辉、护卫右镇郑仁、援剿右镇林顺泊南山麓,遏海澄兵。前提督黄廷、右武卫周全斌统蒙冲二十,载火物而帷之,伏后间发。英兵镇陈瑞护王侯伯以下细小过笠屿、金门,而空厦岛。成功督五府陈尧策等于鼓浪屿【厦门西北、海澄东北】指挥号令。忠振伯洪旭屯镇海旗尾,往来策应【即岐岛大武口,高千仞,屹立海上,其南十里为镇海卫,在厦门西南,大武山在厦门南对岸上】。癸丑【二十九日】夜,陈鹏约率泰兵出高崎,当迎应,飞渡厦门,率泰喜诺。

五月乙卯朔,梧潜师出海门。成功遣尧策约各镇闻炮起椗。尧策到周瑞船,而海门师大至,不及他去。炮击瑞船,尧策与瑞俱死。陈辉督众鏖战,负重创。索洪进同安港【海门在鼓浪西,同安港在海澄东】,赖塔鼓温、台水师攻高崎,率泰前进应鹏,达索、施琅统大军继至。成功手旗剑问左右:"流平否"?曰:"平矣"。曰:"平则潮转风随"。令发炮,火艇雍上流,压大军。两岸辘轳竞转,竹緪贯沈树大起。鹏约亲军争登岸应敌,而副将陈蟒性直不可通,故大呼发炮击敌。陈璋奋军钩远斧,近掷瓜炮,敌军蹂践蹈淤淖。鹏愕然计左,则亦麾众助战,率泰落水逃免。达索战舰絓锐枝,半皆沈覆,施琅以小舸援达索间道遁。成功令何义代己,而自乘飞艇督诸镇合战索洪。泰帅水师镇蔡叶吉由浯屿进发,截温、台斗舰。黄廷等纵火于鼓浪屿后,夹攻赖塔,风起潮涌,烟焰漫天。马信督神弩军围梧,全斌复以竹罂洋炮横击之,梧兵尽覆。索洪、赖塔皆弃军逃窜,北军奔殪,焚溺死者以亿万计,水为不流。成功知鹏有变,密遣洪旭往劳,伏勇士焉。鹏喜未泄,与旭饮欢甚,引鹏送江浒,勇士突起缚鹏,部众大哗,得陈璋、程应璠晓之乃定。成功责鹏交通状伏罪,遂磔以徇。时吴六奇遣将马嵩至潮,为刺客所杀。许龙、苏利闻大军已败,退还。逃帅达索等皆以马得功军获全,得功屯黄崎【惠安东北】不进故也。成功厚恤周瑞等,折陈莽右虎卫、何仪左虎卫、陈璋宣毅左镇。俘获军实,分赉诸将士,举之数月不尽。

六月,尚书车克纳、都统索浑统大军会福州。

秋七月,耿继茂移驻福建。都统宗室罗托为安南将军,会大将军达索等相机进剿。

成功使张光启如日本乞师。

八月,议弃舟山地,明安达礼率满兵还京。内大臣爱星阿为定西将军,征李定国。

九月,李率泰奏迁同安之排头、海澄之方田沿海居民八十八堡入内地安插。成功因议取台湾,招沿海之不愿内徙者屯田其中,以益军储。

冬十月,鲁王卒,成功与兵部侍郎王忠孝礼葬之金门后浦。

十一月,光启使还,言日本上将军不允发兵,助铜熕、鹿铳、倭刀为备。

十八年春正月,成功集诸将议曰:"吾闻台湾北自鸡笼、南至琅峤千里而遥,东自多罗满、西至王城千里而近。风便,自鸡笼、淡水趋福州港口,五更可达,自台湾港至澎湖屿,四更可达【海道不可以里计,舟人分一昼夜为十更,故以更计道远近】。澎湖至金门,七更可达。东北至日本,七十更可达,南至吕宋,六十更可达。中多大溪,流入海,水澹,曰"澹水洋"。鸡笼名东番,亦名北港。有数十社,社大者户数千、社小户数百。俗习走,过奔马。土宜五谷,竹数拱,长十余丈。其镖鎗竹铁簇,试鹿虎辄中。后避倭难,稍稍居山后。我太师初辟台湾,事耕植、通商贩,密迩漳、泉,地广而腴。至今为红夷所据,屹然一大部落。我将复之,以裕两岛,进可战、退可守。况兹迁民,播弃失业者多,招之以耕以战,兵食两足,良计之得也"。已而台湾甲螺何斌持地图来献。遂檄南澳陈霸备许龙、苏利,参军蔡叶吉佐少傅泰守金门,郭义、蔡禄往铜山协张进防御,洪天佑、陈辉、杨富、杨来嘉、何义守南日、湄州、崇武、围头,防护金门【金门东北至围头,又东北至崇武,又东北至湄州,又东北至南日】,洪旭、黄廷、王秀奇、杜辉、林顺、陈永华及其兄子绳武、冯澄世之子锡范等佐世子经守厦门。而自率弟袭及马信、周全斌、萧拱宸、黄昭等数十镇东征。

二月,次彭湖,巡视三十六屿【彭湖岛在台湾县西大海中,西与金门相望,东至府城五十里,三十六屿泛若水中之岛,其最大而居中者曰大山屿,纵横三十余里】,分将守之,曰:"此台湾门户是矣。诸将军唯寡人鹢首是向,勿以红夷炮为疑"。抵鹿耳门,成功曰:"此古所谓落漈与"【漈者,水趋下不回也】?使测水,深丈余,额手谢曰:"天兴我也"!潜军循图委折至赤嵌城登岸。斌曰:"速据仓廒,乃以兵进,不然,遽则毁矣"。从之。守赤嵌城酋长苗难实丁遣何机走鲲身请援。成功令诸将持神器傅城,遣通事吴迈说曰:"不速降,皆灰烬矣"。苗难实丁惧,以众降,成功厚赂之,令说揆一王曰:"台湾吾故物,久假当归"。而揆一王已遣酋长英黎三来御,道遇何机,机谓『唐兵实由天下,非倾国以赴不可"。还请济师。成功因得整军速进,径抵台湾。令黄昭伏鯤身尾,杨祥绕出鯤身之左,击其虚而夺之,萧拱宸以水师截其夹板,皆伏以待。全斌速伐大竹,环布革若城,多张旗帜,钲鼓飞卒噪诱而内阱坎焉。盖红夷专恃火炮鎗铳,无他长。登高遥望,发大炮轰击,城则偃而复起,屡击屡起,遂尽挟鎗铳喷弩前趋奋击。杨祥自后突起,昭三面蹙之,红夷军全覆坑陷中。而成功速兵夺门,火器奔下,不获前,士卒伤,乃退于七鯤身,垒土石环濠以自卫。

是月,白文选密遣缅人赍表永历,议要缅王送驾出,已作浮桥,距行在六十里,将渡,以马吉翔、李国泰挠阻不果行。

夏五月,改赤嵌城为承天府,杨朝栋为府尹,置天兴【在今台湾县东四十里】、万年【县东南二十里】二县,以祝敬、庄文烈为知县。黄安、颜望忠等率师继进,授安为右虎卫,招沿海居民之不愿内徙者数十万人东渡,以实台地。

初,黄梧艳沿海多富商大贾,劝率泰奏迁海澄内地,民皆破产,哀号自尽。至是为成功所招,梧由是吞噬莫遂,大怨成功,与施琅计间成功守将。

铜山北自金石接浯屿、南自梅岭达广东、西南接元钟所,较诸守者为最要。郭义、蔡禄初约万礼为兄弟,及礼死江南之役,还祀忠臣庙中,首甘辉、次礼,复核礼实逃军后溺死,遂撤不祀,因怀不平。

六月,禄遣将陈华、罗栋扬言南洋许龙兵将至,分据要害劫忠匡伯张进欲俱降梧,进佯诺,密与吕簇图义、禄不获,进自焚死。世子经闻变,遣黄廷、洪天佑、陈霸合讨,义、禄遂大掠城中,与察言司薛联桂等由八尺门纳降。达索等统大兵至,则洪天佑、黄元益兵守铜山,不敢进。又恐成功自彭湖夺福州,乃还。梧以招抚都督万仪、万禄等奏入,而急与尚书苏海纳劫掠沿海居民,涂炭殆尽。

秋七月,土番阿得苟攘聚众欲救红夷,杨祖与战,败死。成功令黄安、陈瑞设伏诱斩之,躬巡田野,慰抚诸社寨酋长及新迁居民,令皆桉堵乐业。益缮甲兵,坚城守。揆一王自是闭城坚拒,无所得食。

八月,梧会苏海纳统兵间道毁郑氏祖墓,盛其尸置狱中,而芝龙及子世恩、世荫等以冬十月无少长皆弃柴市。

十一月,成功令陈广等焚红夷夹板,黄安率众自鯤身合攻,揆一王势蹙,遣通事李仲说曰:"此去荷兰远,不可久驻"。约自仓库外金玉珠宝悉载归,迟将莫及,揆一王与诸酋长如约还荷兰。成功祭告天地山川,置社稷、宗庙、学校,改台湾为东都【今县西南有废城】,城曰安平。

是月,三桂、爱星阿会师木邦。晋王李定国奔景线,巩昌王白文选遁据锡波江。大军造筏将渡,文选复奔茶山,为总兵马宁等连败,至孟养,文选降,封承恩公。三桂、爱星阿进攻缅城。

十二月戊申【初三日】,缅人请移跸,皇太后、皇后、皇太子同行,夜渡河。三桂等遂执永历【由榔】,杀华亭侯王维恭等一百余人。越年,定国在景线病死。

成功杀朝栋及敬,为刻减兵粮故。以郑省英为府尹,令黄安城守抚众、周全斌总督承天府南北路。分地开垦,围生牛而教之耕。乡仍曰社。田仍二十五戈为一甲,三年然后定赋,限沟渠,时畜泄,毋听民兼并买卖。察举孝弟力田及有奇才异能者试用。诸将以时简肄武备,严守望,缉奸宄如律。

卷五

康熙元年春正月,成功闻冢兆惨发、父被族诛,擗踊大哭,帅诸将以下皆缟素。

二月,命洪初辟等分理社事。成功切齿梧等,未及报,病肝急。或告南澳陈霸有贰心,即遣全斌往击。霸闻之曰:"辨无及矣。中梧等奸计不自察,卒以兵逼,如是而往,众畔亲离无日矣!岂掘冢之应堕地若斯?虽然,霸不忍为梧用也"。乃率诸将遁粤东去。全斌获其子士鳌,复命以杜辉代守南澳。

夏四月,兵部司务林英奔告缅事,诸将请更朔号,成功曰:"不可!传闻异辞,审而后发丧,择立宗室之贤者,乃改元朔"。诸将以为然。

初,世子经取尚书唐显悦女孙为妇,不相得,私于其弟之乳媪陈氏,生男,诡谓侍妾出者告成功。诸王及邑之大夫皆贺,而显悦责成功书谓:"礼有八母,乳母居一,世子与狎,当何罪"?成功暴怒,即令都司黄毓与少傅泰斩经及陈媪及所生男,并斩夫人董氏,以理内不职也。诸将大骇莫敢谏,少傅与毓议杀陈媪及所生男，而诸王以下合表为夫人、世子请，遂以两级付毓报成功。成功愈怒，解所佩剑促毓诣少傅。少傅令遂见经，经拘毓与众议未决，而参军蔡鸣雷在台行多不法，恐见诛，奔愬经所，已密谕全斌等将至矣，令必尽诛乃已。洪旭曰："世子不可以拒父、诸将不可以拒君，唯少傅兄可以拒弟"。遂告少傅趋林顺统舟师守大担【屿，在厦门前、同安县东南八十里】。会全斌征陈霸还，黄廷劝世子出不意执之，使黄昌摄其军。成功闻诸将拒命，愤甚，遣洪有鼎驰谕全斌。有鼎至铜山，闻全斌被执，不敢前。

五月癸酉朔，成功病，强掖黄安登将台，望彭湖，有船东至否？安曰："无之。梧、琅奸计，北既赤族，又将灭是。中冓事隐，安见显悦非为梧卖者？愿王勿疑，疑则左右皆义、禄、霸等。父子至亲且若是，他更何以自处"？成功益忿怒，狂走。越八日庚辰【初八日】，啮指而卒，年三十有九。弟袭与黄安、马信遣人奔赴金、厦，信恸哭不绝死。众将请袭权政为镇抚计，而蔡云、李应清、曹从龙、张骥谋遂奉袭，告黄安，安持不可。又说黄昭，握重兵拥戴，昭诺，遂与萧拱宸合谋拒经。而袭弟成赐潜军往厦门，道遇许龙兵被执。继茂、率泰遣使招经，经请比朝鲜行事。

秋八月，使再来，令先缴所陷州县印，即为奏请。经与泰等议曰："先王甫荒东土，不幸即世，内靡有定，其何外侮之能膺？惧而受抚，则无以见吾先王，不受又左右无以应敌，不如姑受令焉以缓须臾"，乃使杨来嘉上州县印十五。率泰遂送来嘉北上，且扬言郑泰、洪旭、黄廷等将密献两岛入奏，以间经心。经竟以两岛属少傅，加全斌为五军都督，率以东征。

冬十月，抵彭湖，先遣郑斌至安平告谕，诸将面视莫敢言。独黄昭等拒命，遂进师西屿【彭湖三十六屿之正西屿】。昭率兵守寮港、曹从龙守安平炮台、萧拱宸守洲仔尾，张骥自鹿耳门、蔡云、李应清自赤嵌城合兵拒战。全斌说经乘大雾登岸，背水列陈。骥等闻水声人语，呼噪纵击。经军却，全斌呼曰："却则溺矣"！诸将奋死前战，溃骥陈，而昭等合师来援，昭先中流矢死，众乱反走，遂乘胜进。日中雾散，全斌持旆周呼曰："世子至矣"！黄安率诸将倒戈来迎。经免胄吁众出，矢言令郑斌劳袭，至则待之如初，斩拱宸等五人，余不问。偶于黄昭营中得少傅泰与昭书，令奉袭拒经，而自据金厦云，经秘之，初不意为继茂等反间也。

十一月，经与全斌巡南北路。

十二月，来嘉还思明，洪旭令仍守崇武，遣使告经。

二年春正月，经使颜望忠守安平、黄安督承天府南北路，而自率全斌等还思明，即王位，称永历十有七年。诸将皆贺，少傅泰称疾不至，遣郑斌视疾还，或言来嘉北使还，与少傅往来密甚。

三月，王铁佛等攻延、建，率泰会梧等往剿，而梧将有以海澄来献者，经密令诸将整师，泰疑为图己也，载妻孥出泊港口。或劝泰出降，泰曰："先太师误矣，泰岂再误"！已而知海澄有备，经不果行。经与全斌谋，铸金厦总制印，遣郑斌、吴慎赍赴泰所，"言经已决意东行，两岛唯伯父总制"。泰喜受命，然未敢躬往称谢。其弟鸣骏谓曰："骨肉至亲，土地重寄，又何疑焉"。泰意稍解。

夏六月，经使刘国轩护辎重东渡，鸣骏力劝泰见经，经与之语及成功，相持恸哭，且谆属经理两岛事。越日，置酒邀泰，酒半，经掷杯，左右缚泰出，与昭书示之，泰急切不能自明，遂缢杀之，遣全斌籍其家。鸣骏及泰子缵绪、陈辉、杨富、何义、杨来嘉、蔡鸣雷等文武四百余员、海舰二百余艘、士卒数万奔泉州纳降，封鸣骏遵义侯、缵绪慕恩伯，余各授职有差。

秋七月，荷兰揆一王遣通事李瑞乞师于继茂、率泰攻两岛，复台湾故地，乃集众议，或曰："红毛古不通上国。万历间尝驾大舰、携巨炮，薄香山澳，求互市不得。海澄奸民李锦引据漳南彭湖屿，侵夺台湾地，筑室耕田其中。天启初，掠渔舟六百余艘役华人运土石筑城。寻犯厦门，泊舟风柜仔，出没浯屿、白坑、东椗、莆头、古雷、洪屿、沙洲、甲洲间。海寇李旦等复为之助，海警戒严。崇祯中，为郑芝龙所破，不敢窥内地者数年。十年，驾大舶由虎跳门薄广州，主奸民李叶荣交通总兵陈谦为居停出入，为兵科凌义渠所劾坐逮讯，奸民知事不成，复引番人据台湾，郑氏夺复故土。而今引红毛克郑氏，若据台湾要互市，以间寇掠闽、粤间，谁复承其咎也"？率泰曰："谁复为百年计，功罪目前事耳。吾闻红夷去中国绝远，其巨舟长三十丈、广六丈、厚二尺余，树五桅，后为三层楼，旁设小窗置铜炮，桅下置二丈巨铁炮，发之可洞裂石城，震数十里，世传红夷炮即其制也。柁后置照海镜,径数尺,能照数百里。其人悉奉天主教,所役使名乌鬼,入水不沈,走海面若平地。然以舟大难转,其人又不善战,故再为郑氏所败。今若资其所长,先进以挫其锐,继以新降将士,俾力战以树功,而我以大兵承其敝,蔑不济矣"。乃允揆一王为前锋,使提督马得功督降将卒数万继进。经遣全斌督林维等分御诸隘,陈升守高崎、黄廷道南山、林顺道辽罗策应。经自率洪旭、王秀奇等屯大担、笠屿。

冬十月,全斌分诸将引战红毛巨艇于沙浅处,焚之过半焉。得功来援,溺水死。林维等追敌及海门,为琅将守备汪明等所徼,战死。继茂帅总兵王进功等截战于云霄镇,全斌败却,闻陈升已降梧、高崎失守,众益溃败。琅统大兵击廷等,不利,复会红夷夹板,以大炮轰击,廷军大败。琅遂乘胜夺厦门。顺等闻升已降,不敢出战。琅、梧合兵进击,斩千余级,遂取浯屿、金门,堕城郭、俘宝玉。继茂遣人至铜山招经,又遣人告洪旭等:有执经献者当封爵比海澄公守泉州。旭谓经曰:"势急东渡,否则变生肘腋奈之何"!经乃遣心腹护孥属先行,且谕众文武:其不顾东迁者听。

十二月,蜀中晋王朱宗荡及郝摇旗等皆败。继茂遣将克长腰、东蚶二岛,永历兵部尚书阮春雷、左侍郎张煌言仅以身免。

三年春正月,琅遣招林顺,举众降。二月,南澳守将杜辉率众赴揭阳港纳降。宁靖王、泸溪王、鲁世子、巴东王诸宗臣及故臣王忠孝、辜朝荐、沈佺期、郭贞一、卢若腾、李茂春等从经东渡。冯澄世舟至东椗,为其仆所杀。若腾卒于彭湖,经自往祭。以洪旭言,于彭湖姥祖宫左右分营立垒,中置炮台,令薛进思、戴捷、林升守之,四阅月而代。

三月甲子【初二日】,周全斌质其子于李率泰而自率将士数万从镇海卫纳降。丁卯【初五日】,率泰会继茂、王进功、黄梧统兵至厦门,都督将军翁求多率将士六万降。丙子【十四日】,夜半渡海,进拔铜山,降永安侯黄廷、都督余宽以下及兵民三万余口。遂尽驱沿海居民入内地,筑墙为界,纵军士大淫掠,杀人山积,海水殷然。

夏四月,经改东都为东宁,升天兴、万年县为州,设彭湖及南北路安抚使,诸将分守土地。庶事悉委陈永华,崇尚儒雅,与民休息,而两岛远近弃兵民众凡四五十万。

秋七月,福建提督水师总兵官施琅为靖海将军,进攻台湾,遇飓风还。

八月,浙督赵廷臣遣将由悬山、花岙乘渔艇入小港,绕山后突入账房擒煌言及其党众,得视师兵部银方印一、关防九。

七年春,明珠、蔡毓荣与李率泰俱至漳州,使兴化府知府慕天颜持书招抚,经仍以自比朝鲜为请。遣柯平、叶亨入奏,不报。

十年夏,耿继茂子和硕额驸耿精忠袭爵为靖南王。

十二年春,平南王尚可喜疏请归老辽东。秋七月,平西王吴三桂、靖南王耿精忠并疏请撤藩。八月,尚书梁清标等分往云南、广东、福建经理撤藩事宜。十一月丙戌【二十一日】,三桂拘经理侍郎折尔肯等,杀云南巡抚朱国治,自称"天下都招讨兵马大元帅",以明年甲寅为周王元年。总督甘文焜自杀,贵州巡抚曹申吉、提督李本深以下皆应。乃停撤平南、靖南二藩,梁清标、陈一炳召还。削三桂爵。十二月甲子【二十九日】,偏沅巡抚卢震弃长沙逃,沅州总兵崔世录被执。

十三年春正月,四川巡抚罗森、提督郑蛟麟、总兵谭宏、吴之茂以四川降。二月,常德总兵杨宝应、知府翁应兆、长沙副将黄正卿及澧州守将并以城降。广西将军孙延龄杀都统王永年、副都统孟一茂等,执巡抚马雄镇以叛。

三月,耿精忠以福建反,总督范承谟死,巡抚刘秉政降。约经统舟师径取南京,与三桂为鼎峙,经告藉漳、泉地以慕军士,精忠不许。郧阳副将洪福以所部叛,襄阳总兵杨来嘉据谷城叛,并遣使告经:仍用永历正朔。

夏四月,湖北总兵蔡禄谋以兵应来嘉,不克,诛死。潮州总兵刘进忠以城降。精忠与续顺公沈瑞兵巷战,大败之,遂引兵据守。三桂子应熊、孙世霖诛死。延龄削职、精忠削爵。

经遣冯锡范、刘国轩帅师徇漳、泉属县。

五月，经至厦门，同安知县邓世茂来迎。海澄总兵赵得胜、同安副将张学尧、游击花尚兰皆叛精忠来降，授得胜左提督兴明伯、学尧侍卫将军。泉州兵逐精忠守将王进、杀总兵赖玉来降。是月，平阳兵执总兵蔡朝佐，与精忠将曾养性合围瑞安。

六月，总兵祖宏勋以温州叛，罗清、黄岩、太平诸营相继叛。延龄寇柳州。精忠遣李连、李泰攻建昌、杉关。柯升叛广信以应精忠。

甲辰【十一日】，经入泉州，以前提督王进功子藩锡为指挥使、何可化为提刑道、王者都仍守知府事。郎中周襄绪等招谕精忠，而尚可喜攻进忠潮州甚急。精忠将李云龙、张雄攻常山、开化，为金华副将牟大寅所败，雄死。乙卯【二十二日】，进忠称臣求援，经授进忠右提督定卤伯，遣陈天佑、金汉臣救潮，驻军南门外凤皇洲【一名老鸦洲】，可喜出不意来攻，天佑等俱战没。

秋七月，南瑞总兵杨富叛应精忠，事觉伏诛。精忠遣将克石城，遂攻宁都，为游击周球所败。进忠遣将据程乡县，旋为官兵所破。精忠将阎标攻金华，为将军喇哈达所斩。精忠合兵围衢州。八月，又分攻处州、金华、龙游、仙居、诸暨、新昌、宁海、象山、余姚、遂安、嵊县。进忠将刘斌克据普宁。海澄公黄梧率子芳度降精忠，已而复叛，杀其将刘豹等三人，固守漳城。黄岩总兵阿尔泰降精忠。三桂兵陷徽州、祁门、歙县。可喜遣人招进忠，不受，斩进忠副将陈琏等。

九月，精忠将王进攻泉州，经遣国轩大败进于陈潼关【仙游县南，接惠安界】、白水驲【惠安北五十里】，乘胜偪兴化，别以冯锡范、赵得胜为左右提督攻漳浦，降其总兵刘炎，授前锋镇定卤将军。精忠惧，使张文韬诣泉州请和，以枫亭为界【仙游东南五十里，东北去府城六十里、东南去惠安五十里】，许之。来嘉兵攻南漳，败。三桂兵攻袁州。精忠兵据建昌。广西提督马雄、总兵郭义隆降三桂。

冬十月，进忠乞援，国轩分兵营新墟，与可喜相持，潮州围解。

十一月，三桂兵守七盘、朝天诸关，官兵饟绝，退屯广元。来嘉克陷竹溪中锋寨。

十二月癸巳【初四日】，陕西提督王辅臣兵叛宁羌，经略英洛遇害，大将军贝勒董额退保汉中。延龄兵攻怀集、钦州。给事中苏拜往招辅臣。

十四年春正月，精忠将黎化中与三桂兵合攻连州。乙酉【二十六日】，兴安兵变，杀总兵王怀忠。三桂兵据广元、朝天诸关。鄂泰统盛京大兵防守太原。精忠将沙有祥据桃花岭，克处州。辅臣兵陷兰州，巡抚花善奔凉州。

二月，经遣何佑攻饶平，获续顺公沈瑞归，授怀安侯。

三月，来嘉攻南漳，为总兵刘成龙所败。毕力克图统大兵拒辅臣于大同，辅臣兵连陷定边、花马池。察哈尔布尔尼以兵叛。佟国纲统大兵镇宣府。

夏四月，国轩入潮州，使何佑奋击可喜，而自帅骁骑继进，大败可喜于鲎头山，追奔四十余里，斩级二万。因是潮南诸县皆闻风纳降，军声大振。

初，黄梧降精忠，封平湖公，而遣黄蓝北使，梧忽见厉击头，生疡死。芳度袭公，恐精忠诛，又降于经，封前提督德化公。至是闻又有贰志，经乃自将南征，将道漳州袭执之，芳度不纳，遣弟芳泰走广东乞援，亦以其多反侧莫应。

来嘉与洪福合攻南漳，陷谷城。辅臣兵陷延安、绥德。

冬十月，辅臣与大兵战固原，杀副将太必图，提督陈福逃灵州。马雄等攻陷高、雷、廉、琼等处。

十一月，芳度将吴淑与其弟潜以城降，经入，芳度投开元寺【府治西北】东井中，不死，出而斩之。斲梧棺支解其尸，夷黄氏无少长皆死，授淑后提督平卤将军、潜戎旗一镇、许赞提学、叶亨知府，守兴泉道。以陈启泰拒精忠死，故礼葬之。

十二月，宁夏兵变，陈福死。

十五年春正月，以毕力克图镇宁夏。康亲王大兵将至，精忠将邱飞龙等一百五十余员就抚。

经遣刘国轩、刘进忠由普宁南路、蔡文、许贵由大埔、程乡北路会攻惠州。三桂兵会攻广州、肇庆。

二月,碣石总兵苗之秀降,经授宣毅前镇灭卤将军。

三月,尚之信守其父可喜降三桂。镇南将军舒恕等引还。副都统莽依图自肇庆突围走。总督金光祖、巡抚佟养巨、陈洪明、提督严自明、副将王启秀等降三桂。三桂使之信与经通和。经使国轩守惠州、进忠守潮州。薛进思、吴淑统五将军会攻江西,道汀州,袭降精忠将刘应麟,以为前提督奉明伯,遂略下会昌、瑞金诸县。精忠将冯公辅等陷宣平。夏五月,党哈里击走之。

六月,图海招王辅臣,降,假靖寇将军,立功赎罪。

精忠将耿继善及建昌、新城诸守者皆烧营遁。康亲王知精忠为经所偪,遂檄诸将乘机速进。

秋八月,都统赖塔等败精忠将马九玉等于衢州,复江山。九月,胡图等会击,又连败之,复常山。赖塔、马哈达等进攻仙霞关,降其将金应虎,遂复浦城。精忠杀范承谟。赖塔、纪尔他布等克建阳,连克建宁。精忠将王进功、郭炳兴降经,授进功中提督匡明伯,令炳兴守长泰。

冬十月,令许耀袭取兴化,以乌龙江为界,马成龙、朱云龙、朱天贵俱降,授成龙援剿左提督靖卤伯、云龙楼船中镇、天贵水师一镇。

康亲王师抵延平,精忠将耿继善以城降。精忠遣子显祚纳印迎王师至福州,精忠率诸文武降,还精忠爵如故,率所部从征自效,遂复温州、处州。

十一月,副都统雅泰、总兵许贞败耿继善于南丰。

经遣许耀袭福州,为都统喇哈达等所败。王师抵乌龙江,或劝耀扼将军山勿使得渡,不听,又请乘半渡击之,不听。既渡,耿兵在前、满兵在后,并力击耀,耀众大溃。经令何佑、赵得胜拒守兴化。时吴淑方由汀州进取邵武。

十二月,耿继善弃城走,守将杨德降,授后劲镇。淑兵进攻延平,为副都统穆赫林所败,守将彭世勋以城降北。天大雨雪,淑兵利跣足疾走,因是败溃思归,淑遂弃邵武不守。薛进思在汀州,将弃城走,刘应麟固留且决一战,不听。应麟乃自杀其妾,率妻子奔潮州。

是月,三桂杀孙延龄,以其众隶线国安。尚之信遣人诣简亲王营乞降,立功自效。舒恕等击败严自明等于南康。

卷六

十六年春正月,大军抵兴化城下。佑中敌间,疑得胜有贰,使先当敌,战败,佑不敢援。得胜叹曰:“与若共,不亡何待”!乃挽强射数人以死。佑率败军遁还,大军遂入兴化,分下汀州、建宁、泰宁、长汀、宁化、清宁、归化、连江、会昌、新城。

二月,林惟仁守周公源口,亦弃营遁。大军攻泉州,守将皆遁。大军攻经新泉,经以诸将皆中间计,无固志,遂弃漳州及海澄等十县,遁入厦门。

三月,王移师潮州,以莽依图为镇南将军会剿粤东,使姚启圣说刘进忠、苗之秀并以原官从征。进忠曰:“我率诸镇皆总兵,今与若敌,其何以率”?寻以伯爵授进忠讨逆将军,进忠遂遣谕惠州陈琏。

夏四月,莽依图师至南安,严自明以城降,遂克南雄,抵韶州,傅宏烈迎降,授宏烈广东巡抚。

五月,尚之信以广东降。

六月,祖泽清以高、雷、廉降,进忠以潮州降。尚可喜卒于军,以子之信袭封平南亲王。授宏烈抚蛮威烈将军。

经会文武议弃乌龙江、汀州、邵武罪,诛薛进思、许耀,黜进思兄子常霖,而以全军畀国轩总统,分遣镇将守东石、深沪、日湖、丙州诸澳。

秋七月,国轩自惠州攻东莞,将趋广州,之信会大兵围击,大败之,遂克惠州,降琏。有白头贼蔡寅者,自称朱三太子,常率众出没南安、同安间为经声援。

八月,三桂分兵攻韶州、桂林。

经遣吴俶会寅据长泰天成寨【县东南三十余里】。九月,提督段应举夜潜军袭破之。

冬十月，启圣至厦门，招经受册封、奉正朔、称臣纳贡、通商贩比岛夷例，经以箕子未尝奉周朔辞。乃移诸降将东渡，刘炎不愿东徙，听自就抚去。

十二月，遣国轩袭泉州，为副都统杨凤翔、提督段应举所邀，不克。寅应三桂攻钦州，为游击刘士贵败，遁还。韩大任据万安之梁口，应三桂。

十七年春正月，舒恕等追败之于鸬鹚寨，大任遁汀州，二月，率所部降。

国轩潜军袭玉洲【漳州东四十里】、三汊河【南溪、九龙江会合之所】、福河【府东南四十五里】、下浒诸堡，皆下，进取石马【镇，在海澄北十五里】，断江东桥【即虎渡桥，跨柳营江上】。经自将攻泉州为应。黄芳世等御国轩，参将朱起龙等御经。经佯败，坚壁守，而分兵西趋合击芳世，大败之，遂取平和、漳平。金光祖自浔进兵，莽依图自平乐接战，为三桂兵所败。

三月，祖泽清闻大兵失利，复叛降三桂。

副都统孟安、副将杨壮猷统骁骑援石马。国轩与战，却。经遣将杨宁会蔡寅屯天宝山，而自督诸将急攻泉州。安等还兵围天宝，力战，宁中流矢死，寅遂退壁不出。

闰三月，芳世复会兵围寅，寅军乏食，夜突围遁。安等复偪沿海界外居民徙内地，申海禁接济交通。寅乘间招集得数千人，攻安溪。时侍讲学士李光地以忧居，练乡兵，与知县李钰计破寅。寅蹙降经，授前锋镇。

三桂将林兴珠诣安亲王军降，封列侯、授建义将军。

芳世会副都统穆赫林攻平和，国轩迎击。经遣寅伏湾腰树而自率奇兵焚其营。国轩乘之，芳世大溃，杂败卒遁，穆赫林遇伏，大惊，三合围取无免者。经故纵穆赫林五骑亡去，乘胜进取潮州。都统雅塔里统大军来援。

夏四月，袁本秀据庆阳应三桂。泽清攻电白，败，将军额楚又连败之，克高州。与之信战，不利，遂弃高州。本秀为大将军图海所败，死。

五月，总兵马三奇攻经潮州，段应举营祖山头攻国轩，前锋统领希福及穆赫林大军营海门，左右总兵黄蓝统重兵驻海澄饟军为声援。国轩遣羸兵尝应举，而别帅步卒赍火器袭山后，应举军伤火石死者过半，诸军皆遁。守海澄告急，请益兵，将军赖塔帅师赴援。经会国轩并力围海澄，夜掘濠堑数重，通潮水以阻援兵、绝饟道，遣数百人多燃火执帜、伪为援兵至者，蓝等统大兵出战，左右伏起横击，而遥望燃火皆灭，以为援兵尽覆，众大惊，争拥践入城。国轩密遣勇士褫敌衣帜，杂逃军进，焚其刍粮积贮，火光达旦。

六月辛未【初二日】，赖塔大军欲乘尸填濠以渡，经鼓诸将乘半济掩击，又大败之，赖塔遁还泉州。壬辰【二十三日】，海澄破，穆赫林、应举自缢。

三桂兵克永兴，都统伯宜理布、护军统领哈克山皆死，遂据河外营。

尚之信移镇潮州，总兵班绍明、宋思征益兵守泉州。

三桂兵又败硕岱于郴州。

经既克海澄，遣祭穆赫林等，收其众三万余人。入海官军死者十余万人，溃者且数十万。遣吴淑等乘势取长泰。经自将围漳州，不克，遂遣国轩攻同安，而自撤围取南安、惠安。

秋七月，国轩遇守将王应奎、副将冯昭京拒战，大败之。副都统雅塔里统大军来援，多火器。国轩营软壁，周外深濠阱，若为久计。每挑战，佯败辄走，大军径前奋击，而国轩反在大营后鼓噪驰击，已禽应奎、走昭京，雅塔里急退不得，前队落濠阱，倒戈自乱不能军，乃以数十骑遁，兵仗辎重尽没。南安、惠安闻风皆降。纪尔他布、石调声来援，国轩伏兵徼之，又大溃，副都统岳尔多、马思文路遇经将陈谅截战，亦失利遁。纪尔他布等退保兴化。国轩使人断洛阳桥【泉州东北二十里，跨洛阳江上】。会经将吴正玺围泉州，岳尔多等复率兵来援，坚壁不战。时提督侯袭爵、总兵马三奇守潮州，遣兵来援。总督姚启圣遣总兵林贤潜军攻克平和。

八月，贤败楼中镇萧琛于定海【所，在连江东北八十里】，经遣陈谅拒贤。辛未【初三日】，三桂病中风噎鬲，有犬登其案而坐，病甚，口不能张，手书"永明"字。庚辰【十二日】，下痢。乙酉【十七日】，死。马宝、胡国柱立其孙世璠。

九月,贤兵进攻同安,巡抚吴兴祚帅标兵赴援,攻复永春、德化。启圣会平南将军赖塔督大兵进攻国轩。国轩攻泉益急,而萧琛遣人驰报将军喇达哩、提督杨捷统满汉兵、兴祚帅闽安水师并至,众将士益惧。国轩恐内变,遂断南门二桥遏追兵,全军道南安金鸡桥、雪岭抵同安,知琛妄报,以告经,遂斩琛,流其妻子于淡水。启圣等遂入泉州。兴祚募水师遣贤统以出海。经遣蔡冲琱御之赤澳,大战,却之。兴祚因请仍置水师提督以备水战。大兵遂克同安。启圣以多金赂国轩左右廖琠等令为之间,而自督捷等会赖塔围国轩于蜈蚣山,大战,败之,斩四千余级。国轩退据长泰、江东、窥漳州。

冬十月,启圣伏卒深箐,中设营垒,躬帅捷等挑战,三战三却,国轩尽锐前进,夺取其营,捷等佯遁。国轩方据营安抚,夜半伏卒突起,启圣、捷还军掩击,国轩军大乱,遂乘马浮水遁。镇将吴正玺等战死,廖琠等及众一万二千余人皆降,大军入长泰。国轩既去江东寨,退保三汊河、观音山诸处。

十一月,启圣修江东杉桥,开修来馆以招降者,与兴祚日出金币、纵间使,归则隆礼甘言,立请封授无吝色。至十八年春正月,凡招抚蔡冲琱等及军士一万五千余人。援剿左镇陈谅袭破官兵于定海。甲寅【十八日】,国轩攻长泰,副都统纪尔他布会兴祚夹击,大败之。

三月,侯袭爵败杨金日等于山头仔。喇达哩破东石寨,陈深战死。

夏四月,国轩屯玉洲,吴淑屯萧井寨相犄角。丁丑【十三日】夜,大雷雨,淑为寨墙压死,国轩驰往恸哭曰:"是又断吾一臂矣"!

五月,国轩攻江东桥,将军赖塔统大兵迎战,转战及潦洼处,国轩豫布竹签、铁蒺藜泥淖中,而长兵钩距,环偪推引,北兵人马颠蹶不支,俘斩万余。兴祚遣将陈亥来援,国轩乘胜连大败之,降亥及其众八千余人,而不省其诈也。及暮,启圣遣总兵王英统轻骑五千援,至时,经方闻捷,大喜。行人司傅霖谏经:"夜半子时,癸亥晦,刘将军营离方已巳,敌乘贪狼,将有大败,速遣黑衣军三千由乾方进援,缓且无及"!从之。经既遣吴潜、江胜前进,而降亥之捷再告。霖曰:"殆矣!亥佯降,将及其名之时而内变也!速济师为援而后可"。施凤曰:"刘将军不胜则降速,胜则降迟,不始终为郑氏也"。霖曰:"救败如救焚,王速出令。霖请以全属任将军无他"。经乃分四将各帅精骑伏要害遄进。陈亥请国轩,愿以所部当先自效,许之。临敌力战,斩数十级,奔之,尽获其辎重,还置营后。又使告捷于经。霖曰:"癸亥,坤五也,是于象为火,有大车以载火器也。焚如弃如死如,急使者还报无及矣"!夜半更食将毕,火发营后,毒焰冲士卒若醉。国轩急令将士持鉼缶伏面,各厉兵速骑。而亥所部卒奋起,英遏营,矢石雨注,众大惊窜。国轩帅诸将突围,莫可出。忽西北角　噪震击,益惶急,以为官军重集也,则潜、胜皂旗、黑盾、倭刀、背强弩三千人至矣。亥众向之,皆披靡。国轩遂激众奋勇鏖战,竟斩亥头,溃西北出,潜、胜断后。赖塔追奔十数里,遇王隆、曾瑞等伏兵,遁还。英收亥散卒并所部得万余人,追潜、胜截战,遇江机援兵横击,国轩还救,围英,大败之,英突围遁。散卒复集,得三千余人,奔溃饥敝。将曙,小休,而邱辉阑击,不得退,乃与亲军数骑间道遁去,所部皆没。启圣、兴祚益纵赂广间,略诱经、国轩左右。

十九年春正月,祖泽清及子良楩伏诛。

二月,杨来嘉乞降。启圣会水师提督万正色出闽安、兴祚会宁海将军喇咯达、总兵王英等自同安分三路并进。经分命诸镇将防御,人莫有斗心。乙丑【初五日】,国轩率三镇拒海坛,正色麾众大破之,国轩力整营垒为自守计。癸酉【十三日】,启圣会平南将军赖塔统水陆军七道并进,守将皆闻风纳款。丙子【十六日】,水师将军朱天贵自海坛遁还,劝经速渡台湾为上策。丁丑【十七日】,国轩遂弃海坛,与苏堪、陈昌分守玉洲、石马、海澄,天贵守平海屿,经与施凤守铜山,左武卫林升等分守湄州、南日、平山、崇武诸屿,江机等分守金、厦左右十九寨。戊寅【十八日】,平南军径取铜山。凤等思内应,执经以献。凤故经所最亲信者,傅霖密告经,经急执凤等诛之。然顾左右皆莫测,遂弃铜山,遁厦门,诸将降去。同日,启圣抵海澄,堪、昌皆开门纳降。国轩遁厦门见经,相持恸哭,出启圣、兴祚招书先后数十道,曰:"诸将皆如是,奈何"!庚辰【二十日】,康亲王帅玉洲等降将为先道,进取金门、厦门。平南军还屯潮州。辛巳【二十一日】,正色破天贵于平海屿,宁海军分克南日、湄州、崇武诸屿。壬午【二十二日】,经率诸心腹乘舰东渡,尽以两岛委国轩、天贵。甲申【二十四日】,王师克云霄,英等破海门。

三月庚寅朔,启圣督总兵赵得寿、黄大来会平南军分攻湾腰山、观音山、展旗等十九寨,皆破。己亥【初十日】,兴祚督王英等会宁海军进攻厦门,五营将军江机等争先迎降,国轩手刃数人不能止,仅与天贵等出战,士卒不用命,天贵负重创先遁。启圣会诸军竞进,众益溃叛。国轩夜弃厦门,退泊辽罗,文武千余员、水陆兵数万出降。大军遂取金门,俘获无算。启圣、兴祚并叙功予世职:启圣加太子少保、兴祚擢两广总督。

夏五月,天贵穷蹙乞降,启圣待之有加礼,表为浙江平阳镇总兵。复遣人持书币招国轩。谢使者曰:“善报熙止,努力事事,勿复以国轩为念。海水若涸,我心则降。士为知己者死,国轩受延平两世信任,无有贰参。且天下多才,何伋伋于二姓臣是贵?若天不殄明,延平再振,国轩敢不束矢操戈,追随熙止以畜嘉贶也”。

六月,东渡见经,经惘惘病若失,政无巨细委冯锡范。锡范,澄世子也。经初娶唐氏,妒悍无子,妾林氏生男克臧,唐嫉谓非经出,欲害之,经乃秘之他所。他妾再生男,则又告,显悦以为私乳媪所生,遂构大难,几灭族,实则夕御更迭,虽经与董夫人莫察也。克臧娶陈永华女,台湾新辟,倚永华综览,上下晏如。经既西渡,克臧监国,性精毅,诸将严惮似成功,永华时以宽济之,十数年生养恬谧,经得以无东顾忧。唐氏死,经再娶锡范女,生子克塽。两岛既失,经东归忧愤,遇事辄暴怒少可似成功。当日老成,若永华等皆物故。锡范因柔佞取媚,遂窃柄政,擅威福。经病迷眊,益构煽帷幄间,肺腑大臣皆侧目。国轩知事不可为,经又无能与语,他多新进,难深结,徒日与左虎卫何佑、行人傅霖辈相向叹恨而已。

二十年春正月,经病卒。时成功子聪等九人、孙克弟克臧举等十人,克塽年十三,最幼。锡范构诸将及聪等畏克臧严,以克塽幼懦易与,遂白董夫人:“克臧非经出”,驰收监国印,执幽别室,夜拉杀之,妻陈氏自缢死。遂立克塽,称永历三十有五年。董夫人忧恚成疾,夏六月卒。锡范封忠诚伯,摄行政事,畏国轩,封武平侯,晋镇国公。何佑谋杀锡范,不得间,诸将各怀异志。启圣因遣使吊丧,阴以多金赂左右,使为间。而密陈规取台湾事,复施琅为水师提督,以计诱行人傅霖杀之,以忠谋郑氏故也。

秋七月,改万正色为陆路提督,会琅及将军、总督等进取彭湖及浯屿,遇国轩大战,正色军先败遁去。吴潜追至嵩屿【海澄东北】,又败之。国轩窘琅于嘉禾,几获琅。而启圣先在丹霞降建威后镇朱友,使向导前进援琅,琅得跳海门。启圣复为琅陈请,使守水师如故。

冬十一月,大军平云南,吴世璠自杀,戮其尸传首京师,降其将方光琛等。

二十一年春正月,分三桂骸骨于各省,枭世璠首级。耿精忠、刘进忠、徐文耀、王世瑜、白显忠、江元勋、曾养性、王振邦、蒋得　凌迟枭示,巴养元等五人斩枭示,夏国相等凌迟,精忠子显祚、黄国瑞、林芳孙、廖庭云、李似桂、夏季旺、吕应斗、武灏、司定猷、沈伟、郭景汾、罗万里、祖宏勋、陈仪、陈斌、吕八及提督李本深、其孙象乾、象坤、其弟子济祥、济民、张国柱、高起隆斩决,余交内务府入旗。

启圣督水陆军出定海所,风逆回厦门。与琅计进取,琅曰:“海洋呼吸须时,攻台湾宜候寒暑均平,西南风便而后可。此专责琅,奉公指挥足矣。公先伐谋,俾其携贰,琅承命一举扫荡力耳,何烦过计”。

夏六月,国轩大修战舰,缮甲兵。锡范笑曰:“吴、耿、尚三王皆靡,延平乃赖公独存”。国轩曰:“东宁地什汤、武,沃壤宜耕,谷蔬果实,少歉多丰,又有糖盐竹木之饶。交市商舶,鹿麝、珍禽、名材、异卉、皮甲、铜铁,不可胜用,练卒百万,缮舰数千,铳炮、神器、硝磺、怪药,不待他求。环海依山,天限莫人。见利则略地进取,沿海皆通,无利则坚守力农,人人自给。幸投天隙,以图霸王,举天下无足抗耳。若夫天命靡常,人心鲜固,内忧外患交讧洊乘,则桀、纣富有四海,亡可翘足待也”!

冬十月,国轩屯彭湖,筑炮城十余所,扼诸险隘。

二十二年春三月,何佑城淡水,时启圣谋自北来袭,故备之。

夏五月,琅统舟师集厦门,总兵朱天贵、林贤泊铜山。六月壬午【十一日】,琅会诸军夺猫屿、花屿。丙戌【十五日】,屯八罩屿。启圣驻厦门督饟。国轩在彭湖分左武卫林升等守鸡笼屿,吴潜援八罩不克,死。丁亥【十六日】,先锋游击蓝理以鸟船先进,国轩奋击,尽没其船,禽理,遂击琅楼船,亲搏战,射琅,中其一目。左冲镇杨德纵琅,遂遁。天贵以火器锐奔国轩,鏖战良久,天贵中流矢伤腕,乃遁。戊子【十七日】,琅退屯八罩。国轩帅陈启明、王隆、曾瑞、江胜分屯虎井【在八罩西,八罩在彭湖大山屿南】、桶盘二屿【鸡笼在大山屿西、西屿南,桶盘在西屿西】,而自将攻琅,与贤等力战,自辰至午,国轩负重创退。琅遂麾诸军夜进,乘风焚杀。己丑【十八日】,二屿尽失。庚寅【二十日】旦,琅遣人持书来招,且视疾,国轩报曰:"尊侯仕明游击,亡归延平,复主逋逃,臣事三姓,此足下智若转圜,勇于舍旧,捷出寻常万万,猥欲策驽末步骥尘,殷殷意厚,敢不拜嘉。国轩老矣,君存与存,君亡与亡,若一旦背而他之,卒然反噬,虽犬马有不忍为,而谓国轩不犬马若也?诘朝相遇,不尽欲言"。辛卯【二十一日】,琅持书币招锡范及诸守将。壬辰【二十二日】,启圣使者又至,诸将皆不欲战。国轩曰:"以功,则三桂莫大,然以撤藩窘死,他皆歼殄,唯琅与天贵 存,假以毒我。海氛朝以靖,两人夕以诛耳。且两军杀掠相当,胜败未卜,何馁然即欲投烬若斯?愿共诸将军决一死战,以定去就何如"?皆曰:"唯命"。癸巳【二十三日】,琅遣战舰百余分取鸡笼屿、四角山、牛心湾,而自将大舰五十六居中、八十舰居后,径攻彭湖。国轩悉众逆战,乘西北风大起,击沈其大舰数十,天贵中炮死。日午,风反南,琅大呼锐进,贤继合攻,波涛沸天,士皆股栗。国轩疾战不支,诸将莫进。琅会诸军围击,气益厉。国轩大败,乘走舸从吼门遁,杨德先以部众降,陈启明等四十七镇将皆死,彭湖遂破。旬日间,凡丧偏裨三百七十余人、士卒一万五千余人、战舰二百余艘,军械辎重无算。琅给降卒衣冠、廪饩,还招台湾人众。

锡范首倡议降。国轩与明宗室王等力不能沮。琅方书咨圣,以台湾水道纡回,且炎酷,士卒不耐,计俟八月后乘北风行,启圣谓乘胜进击,可旦夕下,遂赍功赏银一万两,增火器弓弩甚具,趣琅进兵。兵未发,而锡范先遣郑平英等约以秋七月甲申望日诣降。宁靖王术桂,自以明宗室义不可辱,举王印授克塽,具冠服,拜天地二祖列宗,率妾袁氏、王氏、秀姑、荷姐、梅姐皆死。锡范、陈梦炜赍降表册印,籍土地府库军实以献。

八月庚戌【十一日】,琅自彭湖进发。壬子【十三日】,入鹿耳门,抵台湾,晓谕安抚,颁赦诏。克塽率聪等六人、克举等八人、诸公侯伯以下,尽以其属归京师。其降卒愿归农家听。琅封靖海侯。

明年,设台湾巡道一,知府一,知县三,台湾、凤山、诸罗总兵副将各一,兵八千,彭湖副将一,兵二千。

克塽至京,隶汉军、封公爵,国轩顺清侯、天津卫总兵,锡范顺清伯,何佑梧州副将,余各封赏有差。

后六年,以成功受封明室,非他僭窃比,令与其子经之丧归葬南安。

郑氏自芝龙至克塽,凡四世。台湾自成功建国至归入版图,凡二十三年。

闲亭子曰:世言郑氏之先,遇异人指一葬地,名"五马渡江",又传万历中雷震一石,有"草鸡夜鸣,长耳大尾"凡五十六言,以为郑氏兴亡之谶。辞甚俚鄙,疑好事者所为,余故不载。夫芝龙起于海角,糜烂东南,受抚之后,翦除群盗,其功有足录者。逮援立唐藩,拥兵骄恣,首鼠两端,王师甫临,反颜归命,为臣不忠,终被诛僇,固其宜也。成功生有异征,虽桀犬吠尧,而翊戴明室至死不贰,易所称干父之蛊者,岂其人乎?瓜州之役,向使胜国有人,出洞庭、下江南,首尾相应,岂易仆灭?即不然,而坐据淮、扬,分兵略地,南北之势忽焉中断,事犹未可知也。天命有在,既非知力所能争,旋师海外,肇启东土,辟番夷为郡县,易鳞介为衣裳,劝学屯田,规模宏远,求诸史册,几难数觏。昔项羽以盖世雄才,战无不胜,垓下一战,遂至灰灭,以成功方之,殆未知孰为优劣矣。子经下士礼贤,恂恂儒雅,而衅出衽席、变起萧墙,得国之始亦已多故,况复轻信间谍,自残股肱,以致两岛沦没,人心瓦解。值耿藩构乱,略有数郡,爰及末年,得不偿失,延平之业衰焉。克塽童稚,政在外戚,嗣位未几,遂为俘虏。昔红夷有众一旅据守安平,攻围期年犹不能克,今彭湖虽破,全台南北固无恙也。而旬日之间,国祚倾覆,传曰"天之弃商久矣,君将兴之,弗可赦也已",其是之谓乎!

本卷系交通部交通应用基础研究项目成果

中国航海史基础文献汇编

(第三卷·杂史卷)

(2)

中国航海史基础文献汇编编辑委员会
大连海事大学中国航海史基础文献研究项目组 编

主编 孙光圻 副主编 刘义杰

海洋出版社

2012年·北京

图书在版编目(CIP)数据

中国航海史基础文献汇编.第3卷,杂史卷/孙光圻主编.—北京:海洋出版社,2011.9.

ISBN 987-7-5027-8054-8

Ⅰ.①中… Ⅱ.①孙… Ⅲ.①航海—交通运输史—文献—汇编—中国 Ⅳ.①F552.9

中国版本图书馆CIP数据核字(2011)第128845号

责任编辑:刘义杰
责任印制:赵麟书
海洋出版社 出版发行
http://www.oceanpress.com.cn
(北京市海淀区大慧寺路8号 邮编:100081)
中煤涿州制图印刷厂北京分厂印刷 新华书店发行所经销
2012年4月第1版 2012年4月北京第1次印刷
开本:880mm×1230mm 1/16 印张:372
字数:10620千字 印数:1～1000册
定价:980.00元
发行部:62147016 邮购部:68038093 总编室:62114335

靖海纪事[1]

卷上

召公席拜尚父鹰扬麦提王旅聿靖海疆归黔黎于故土开郡邑于遐荒茅封宠锡秬鬯馨香伏波矍铄充国康强肃宗臣之遗像享庙食于无疆愧乏龙门史笔特貌麟阁容光两岛八闽皆诵德千秋万禩永流芳赐进士出身奉政大夫左春坊左庶子掌坊事兼翰林院侍读年姻家侄陈迁鹤顿首拜赞

卷上·襄壮公传

公讳琅字尊侯琢公其号族世里居别见先代谱牒不具志父达一赠公举丈夫子三公其仲也将诞母太夫人洪有神授宝光之梦觉而异之遂生公少倜傥气骨不类恒儿乡荐绅庄公际昌一见大惊异里有神宇曰定光庵公垂髫诣神稽首彷佛见神灵随之拜起公亦默以自异既而赠公遭外衅家落公年未及冠学书未成弃而学剑从其师习战阵击刺诸技于兵法无不兼精遂智勇为万人敌明季有主兵者募壮士置巨铁鼎中庭重不下千斤集健卒数千辈莫有举者公熟视曰无难耳奋袂一挈行数十武徐置容色无纤毫改主兵者骇曰神力也署为千夫长任事未久度其不足与大有为因辞归而以其弟显公代当是时有武毅伯福者公族父也为帅府将中军以公名扬于帅因援以为副委之兵柄毫不为牵掣会泉郡山寇四起当事稔公能命率师剿捕挥戈一指贼亡魂溃散后先廓清山寨三百余所活民命不胜计观察曾公樱伟其功殊钦礼焉比漳寇叶绩徐晃辈凭陵都邑毒焰张甚公奉檄进讨绩素猛鸷号莫敌公接战挥大刀断其颈贼众惊溃遂擒徐晃降其众千余当事上其功拜游击将军后复追贼入潮阳草薙禽狝锋锐莫敢撄所招降桀魁数十辈后多有致高官领节钺者

崇祯甲申明祚覆于闯贼旋值兴朝鼎革弘光建号江以南以公将略素著由参戎晋副总兵越丙戌隆武从闽中建号擢公佥都督任左冲锋当是时王师未南下闽关以外寇氛殊充斥公奋力剿讨多以功为同辈所忌尝统偏师入贼巢而忌者后军不继虽势极仓皇公故示镇定薄暮迫贼垒而营贼畏惮未敢犯因乘夜从间道旋师迷失途彷徨榛莽中有群虎随军行止委蛇导引得达于大道与诸军合其灵异类若此公知势不可为乃率众奔驰自南雄抵潮郡适潮将郝尚久者粤帅辖也阳犒师牛酒而包藏祸心召诸部阴为图公公侦知其事急拔众走饶平踞守阅月突围出且战且行连日夜间关险阻从弟肇琏肇序皆随殁军中而先是在潮阳所招降战士多散处村落闻公至皆迎拜拥护以行遂集劲卒得八百人至黄岗镇暂憩焉当是时闽事既败永历犹建号粤中郑成功托故明藩封栖海上素悉公英名欲倚以为重遮入海礼遇初甚渥凡军事必咨商及有告以公尝梦为北斗第七星者郑心忌之会以粮匮议剽刮粤中公正言以阻有标弁得罪恃郑氏亲昵逃于郑所公申军法擒斩之复撄其怒遂执公禁舟中并分禁赠公及家属公弟显时统兵惠潮间闻信驰归亦被执焉时守公舟者为抄习山帐下林故与公善且敬事公因嘱其善待会有以危状白公览毕徉哂曰此易与耳守者询以故公曰藩欲吾输金二千吾业有千余再告贷数百则足矣守者信为然薄暮则令守卒二十余人随往借贷行渐至寥旷所公故坐不行守者疑环而前执公起仆数卒提守者挥击皆辟易遂脱身夜二鼓郑氏果遣人欲害公见已遁归报乃环岛遍索而公实匿石穴中已五日无从得食潜行山谷间遇田夫问道诘以旅行不当太早尔何为者稍近物色之则错愕长跪曰尔非施公乎本藩悬赏格购公急犹在此乎欷歔泣下因留公至家告其母烹伏鸡炊粥以献其人贫而孝公义之匿数日谋他适潜引十余里拜泣曰公行矣誓为公死勿敢泄以故公得乘夜潜达于苏茂所焉茂故公部将时为郑氏左先锋为人磊落抱义气见公悲且喜匿之寝室旦日置酒召公诸旧将则有郑文星张猷杨文林照与其弟福等毕会酒既酣谈及公茂故责诸将不实力搜索诸将愤憾之越日复召饮怒责如初猷照愤不自胜投匕箸起曰若为公心腹背义若此吾曹何面目与

[1] 〔清〕施琅撰。据清康熙刻本。

俱生文及文星解而翼之出令居外曰待吾入探其情入执茂手曰君今日情事岂别有机关乎茂察其真诚乃曰君辈共仗义是吾心也遂实告以公今在是则与入寝室拥抱而泣皆曰势急矣谋脱公计而郑氏已踪迹至茂家搜甚悉茂匿公床被中茂妻坐其前故搴帏示之搜者视无有乃去是夜舣舟以所亲劲卒翼公扬帆北渡郑氏侦知召讯茂披陈大义一无所隐郑阳奖而释之后终以脱公故杀茂时武毅伯福已归本朝驻安平闻公信潜驾舟相待得入内地此天之所以玉成豪杰不使泯没而为本朝建奇功者也郑氏闻公脱身顿足曰唉吾不幸结此祸胎贻将来一大患盖知之矣当公匿山中时有欲掖公弟显脱者显曰吾去则索吾兄必更急且虑并及双亲尔曹速为吾兄计勿以吾为念及闻公脱则悲歌慷慨仰天自奋曰吾旦暮虑父子兄弟俱死无为耳今兄得生胜吾生十倍复何憾哉显英勇名与公并尝鞭马疾驰遇栅隘手扼其上枋足夹马马不能前提戈纵横敌阵中无不披靡者其孝友根自天性虽被禁无怨言从赠公遇害神色不挠称当世烈丈夫云其事迹具有可考

迨顺治八年辛卯公驻安平方枕戈谋复仇值当事有异议撤安平兵公乃仗剑之粤中从封疆巨帅平定高琼雷廉诸州再克潮阳复假归泉郡投闲无事常与泉中贤士大夫交杨公锡璜者胜国遗簪也重公才望为忘年友常见公独居深念郁郁不得志慰之曰公非常人也何患不雪仇建勋挂侯印肘后吾子孙犹世世席公庇也

岁丙申海氛洊炽定远大将军以公宿望习海上情形命为前部扬旗出乌龙江口而贼屯尽解制府李公率泰剡公劳绩于朝授副总兵遂领前锋薄闽安镇星罗塔诸城兵到处无不克者旋移驻同安与厦门贼垒相对公运方略无不克者旋移驻同安与鹭门敌垒相对公运方略捍御前后禽其骁将十数辈所招降万人贼由是气夺而濒海获稍安焉既而朝旨命大司马苏公纳海躧定边界见公战守机宜有古大将方法列疏入告特旨晋佥都督总同安兵

康熙元年壬寅擢提督福建水师自兹秉钺专阃而公始大展骥足矣越年上遣兵曹郎党公古里察闽疆形势公为密陈金厦诸岛可取状比归奏闻天子可其策复命古里就公询机宜遂卜期进兵时北帅出金沙遇敌失利制臣持重檄公暂止者再公业有成策鼓将士乘风波直薄金厦铜山诸岛连战克之敌帅仓皇不相顾弃巢穴遁归台湾其文武诸伪职领楼船接踵归诚者万八千余众册功授右都督明年挂靖海将军印统诸镇征剿台湾往往为飓风所阻以故暂停止既而公复密陈边患宜靖一疏急欲为扫平台湾计上览疏召诣阙面陈所见时戊申三月也公至京朝议循于招抚撤水师提督授公内大臣晋爵伯从兹周旋禁近尝于朝退休间翻阅历代二十一史鉴古今成败及名臣言行可法者一一具志诸胸中一时贤公卿习与交游皆啧啧称道有郄谷儒将风

计近光十有余载会闽省以逆藩煽乱故海氛乘之复炽东南亿万户渔盐耕织咸失业天子恻然念之爰集诸廷臣询剿取台湾方略咸谓海波不测度无奇策可制胜皆逡巡谢不任天子念壮猷硕画无出公右者敕备宴内廷召公计事公从容拜稽首具陈海上肆毒几六十年夫十日十二子相对数穷六十其将复平今卜之天时揆之人事郑氏气势决不能再延且臣料其一二巨帅虽号桀骜以臣视之直狐鼠耳当非臣敌也因度已度彼指掌条奏甚悉上大悦晋公太子少保复畀之节钺命提督全闽水师将辞朝上临轩劳之曰平海之议惟汝予同愿努力无替朕命

公至军练兵整船以需大举适舟师泊平海其地斥卤卫城旧惟一井涸已多年军中艰于得水公焚香就井拜祷甘泉立涌足供万灶炊因题石以纪曰师泉志异也当是时议欲乘南风直捣澎湖先扼其咽喉而同事者多枘鉴以故公密奏特奉专征俞旨而诸镇臣吴公英林公贤朱公天贵陈公龙杨公嘉瑞陈公昌皆以所部兵属焉

遂于癸亥六月克日进师议者谓盛暑不利征战公曰毋惮暑兵法不曰出不意攻无备乎师出未及战先聚米作地势示诸将曰如此入港如此泊船如此进战不用命者无赦诸将皆曰谨受令当是时敌已据要地为壁大集舟师于鸡笼山左公察其堵御甚坚故羸师以张之示无能为敌果撤兵守公遂扬帆入诸军陆续毕进忽飓风大作波涛汹涌昏雾塞天地军中大恐公再拜望空祷告须臾雷声震风定雾收视海波恬如也遂散金犒士卒而誓之曰不灭台湾有如此水即率所部舟师协力向前而先是公虑风波摇撼中诸将校首先破敌者宜辨列姓名大书舟篷望进退以别赏罚以故临敌踊跃争先奋死力冲击贼舟所焚溺不胜计适南潮正发前锋舳舻压疾流迫近敌垒遭重围几殆公亲驾楼船往援贼望见旌麾皆环迫钩舟接战公伤眼血流被面诸将校之当前锋者皆裹伤奋击殊死战不可撼而公第六子世骠犹子世騄冒矢石赴援诸军继至夹攻贼遂溃会天晚暂泊舟西屿乃复严条申令行赏罚别功罪将卒益鼓励于是驾小舟亲察澎湖形势设疑兵布置诸所乃分战舰为八股作三叠前后左右有法公居中调度诸将听号令为进止遂联䑸进迫贼巢贼舟大小数百四出迎敌炮矢纷纷两集烟焰蔽天咫尺莫辨我师奋力

致命呼声震天地无不一当十百当千自辰至申鏖战几尽晷贼焚杀死亡殆尽浮尸蔽海波面皆为之赤贼帅势穷夺小舟遁去遂平三十六岛是役也自铜山发师至战克澎湖凡七日焚杀贼将四百余辈贼兵万二千有奇降贼将百六十有五贼兵四千八百五十有奇获楼橹甲杖器械不计而贼之精锐全覆没矣

澎湖既清居民多惊窜公急令招徕戒诸军无秋毫犯或谓郑氏有仇于公今败残之余譬犹釜鱼笼鸟何不急扑灭以雪前恨公曰噫吾为国为民耳岂沾沾私怨为若能衔璧来归当力疏奏赦其罪毋苦我父老子弟幸矣于是悉放所获卒归台湾带伤者济以医药而口粮给之敌众闻之皆私相告曰公仁人也莫不感泣愿内向郑氏既穷窘无可奈何而又觇公无屠戮意乃赍表诣军门乞降公疏请报可遂于八月统师入台湾市肆不惊耕耘如故士民壶浆箪食以迎皆遮道泣数行下谓我等见公如见父母但恨晚耳即殊方雕题诸众向不屈于敌者皆重译来归愿奉本朝制度而前此内地军民获于岛上者皆仆婢蓄之公悉按其籍遣归之几有明宗室王子避地海外者初不为礼公疏奏释归俾安置各得所焉当露布捷时适际中秋令节上览奏大喜悦即解锡所御龙袍复奖以宸章谓其忠勇性成韬钤威裕勇夺其气诚致其归所以褒宠公者良至遂加授靖海将军爵通侯世其袭

台湾既归版图上从公请置为郡分县治三议者以其地沃饶赋宜厚公曰海邦新造正宜轻税敛以示国恩奈何重征求以滋反侧力疏陈恳请裁减赋额十之四上嘉纳之已复奉朝旨遣枢臣入闽议徙新附弁员驻外省公洞悉利害抗疏入告请就本省安置一力担当绝不以市恩避众谤乐安土者颂德焉盖公平时熟览陆宣公奏议讽诵不释手凡先后入告诸疏皆公以真肺腑呈于笔札原不假记室为捉刀以故言言剀切悉动天听大率从宣公奏议中来云戊辰朝京师上命宗室侍卫额驸礼部诸大臣设供帐三迎途次因陛见畅春苑复召对乾清宫温旨慰劳问地方得失甚悉公拜手摅诚以对上命词臣徐嘉炎橐笔记主臣投合盛事盖异数也辞阙还署数年癸酉复赴京朝见公春秋七十余上顾其步履稍艰敕侍臣扶掖拜起赐坐奏对因奏老臣力既衰不堪重任愿赐解职依阙下上温喻再三谓朕用汝心非用汝力勉为朕锁钥天南后二十年许卿再观耳公拜恩复还职越三载遂得病薨于官署年七十有六时康熙丙子三月二十一日也遗疏荐贤语不及私上闻嗟悼久之诏赠太子少傅谥襄壮命礼臣从优议恤锡恩纶祭葬者三闽中绅士军民闻公薨皆巷哭失声群立祠岁时祀之尊奉为明神有所祷辄应云

公容貌魁伟沉毅有谋略用兵务持重计出万全不株株摹古人兵法而出奇动与之合至于临大敌决大疑守之坚定众咻不摇故战无不克而终立盖世奇勋常著五花阵法指授诸将多能演习从公部曲起家至方面大帅者指不仅一二屈平居嘉宾客常张筵礼接士大夫促膝谈书史论古人事当否亹亹不倦雅重儒学捐千金崇修文庙为士望所归性好音乐至晚年尤甚尝集诸词客制新声谱之乐府饶有东山逸趣其待桑梓甚有恩凡关民间利弊必咨当道兴革之遇岁凶即籴谷邻境以济民食郡有双石桥跨江横建便车徒来往遭寇氛焚毁几尽公捐俸鼎新而利涉有赖焉至天性孝友事赠公与太夫人定省罔攸懈抚其犹子韬爱尤笃曰吾弟骨血惟此耳吾忍以己子加吾犹子乎于公暇拓建大小宗祠展亲之事以次修举而先是任同安值濒海播迁不惮多费橐金构庐舍给斧资以安诸子姓之失所者方之范文正之置义田其意岂异耶公有子八曰世骙候授部郎早殁曰世纶以廉名第一达主知现任京兆尹曰世驑候授部郎亦早世曰世骥官廉州守历任皆有政声曰世駥特旨留闽以贰守注职铨曹耽文章诗翰曰世骠娴将略有父风历建勋绩特简提粤东兵曰世骅吏才敏练现佐润州郡曰世范以父命袭侯爵侍廷阙诸孙数十人皆彬彬以文名武略世其家公尝语人曰国恩深重吾老矣恨无以报所愿儿曹各努力为朝廷效尺寸勋劳图报称于万一耳今有子若孙象贤若此绳公绪慰公志也且以见仁人之宜有后云德馨曰余观古大帅秉钺登坛建不世奇功万里而取封侯者历代有之若公生于斯帅于斯树勋锡爵于斯后先数十载皆不出吾闽中岂不卓卓称仅事哉说者以公为闽中川岳降神特庇吾桑梓使诸族姓均蒙其休焉非虚言也余生也晚不及见公少壮时事而得诸宗亲父老所传闻盖什有八九矣因笔之以垂家乘焉

乡进士福建台湾府儒学教授叔德馨谨撰

卷上·御敕宸章及平海奏疏总录小引

盖闻如纶如綍王言所以宠赉群工嘉谟嘉猷臣衷所以入告我后惟国史之必书宜家乘之备载我先襄壮公受任靖海其进取报捷屡形章奏迨褒崇锡爵迭见恩纶兹修族谱悉当记录顾诰敕宜冠简端而奏疏应列卷后但劳臣宣力岁月具有后先圣主酬勋宠班亦分次序是以依春秋编年之例不无错综仿史汉列传之修并存始末庶

后之孙子溯先烈颂圣恩易于敬观不至或紊云

康熙四十八年己丑仲夏吉旦五男世騋谨书

卷上·边患宜靖疏

提督福建全省水师总兵官右都督臣施琅谨题为边患宜靖逆贼难容谨陈荡平机宜以效忠悃以奠永安事窃照郑贼负嵎海上久阻声教致干剿讨遁窜台湾绝岛恃险负固虽戢翼敛迹未敢突犯而蜂虿有毒沿边将为不宁堂堂天朝万国宾服岂容此余灰以滋蔓患日朝廷广开洪仁遣官招徕德至宽大兹总兵孔元章招抚回归只称有的确公移臣密询押船官林功勋渡载孔元章往台湾探贼中情形未必有归诚实意使果倾心向化则海靖边宁无庸计论今使命两次到彼并无的当伪员同来输诚惟听口传岂可凭信倘复顽梗如故似难中止臣荷恩深重与贼仇不共戴视此逆贼跳梁能无扼腕虽躬履险阻身历波涛亦必灭此朝食伏思贼党盘踞台湾沃野千里粮食匪缺上通日本下达吕宋广南等处火药军器之需布帛服用之物贸易备具兼彼处林木丛深堪于采造舟楫以致穷岛一隅有烦南顾为今之计顺则抚之逆则剿之若恣其生聚教训恐养痈为患且此时经制船只尚堪远驾过洋舵梢见有可选迟之数年船只久坏再造则损内帑之金舵梢拨散召募安得惯洋之人万一蠢动属费驱除以臣愚见不如乘便进取以杜后患夫兴师所难在于招兵措饷制器造船今欲大举所不庸计虑者闽省水师官兵共一万有奇经制陆师及投诚闲旷官兵为数不少皆为防海而多设也就水师中选拨精锐者可得六七千海澄公臣黄梧标下惯海并壮练者可择选二千有奇尚投诚乘未拨散内多有惯海舵梢及精锐者可择选数千此数若未敷足用就与陆师中酌选凑共二万便可合为劲旅兵在精不在多也闽省全辖大小戈船共二百只选拨一百七十只小快哨一百只选拨七十只其余留为防汛及运载粮糈传报往来军情之用应再造大水艍船十余只以充前锋另造渡马船二十余只便于配载计此新造三十余只之船为费不多其经制大小戈船见在题请例应大修伏乞敕部给此应修银两发付修葺不用溢额增加舟楫业已坚牢将豫备之兵粮船器充东征之战胜攻取无烦征召不事荡费戮力讨平海甸永清诚长便之举也惟是航海远征后先抵岸各兵凑集非亲经训练临时难以信恃兵额既定分拨八千为水在船以接战一万二千为陆登岸以进取臣将此二万之师分为水陆躬督操练加之数月将得兵心兵知将意方可渡海远征至于选任将领畴堪前矛畴堪后劲必其经历战攻身先士卒夙有成効者乃堪委任臣于闽中经制及投诚将领稔知有素另俟命下之日会议选拨定数具册报闻臣矢志报国敢遗余力第思任维艰而责綦重伏乞皇上赐臣稍以便宜得于军中申严号令庶肤功克奏又当密敕藩督抚提诸臣会商妥确催督修造战船备足粮饷选调官兵付臣整练完备相机进取居者行者各尽其力则动出万全前次东征两阻风涛之险逆贼虽未扑灭人谋亦未允臧投诚官兵眷口多在彼处新附人心参差未一鸠乌合之众以事敻海之表其未至误公者诚赖国家之福臣奉有成命勉应击楫固逆知其难也今臣思选拨将士修葺船只操练习熟纪律严明成算在胸故敢虑胜而动盖澎湖为台湾四达之咽喉外卫之藩屏先取澎湖胜势已居其半是役也当剿抚并用舟师进发若据澎岛以扼其吭大兵压近贼胆必寒遣员先宣朝廷德意如大憝势穷革心归命抑党羽离叛望风趋附则善为渡过安插可不劳而定倘执迷不悔甘自殄绝乃提师进发次第攻克端可鼓收全局矣但远征外岛风信靡常当假以岁月不可限以定期臣整备舟师枕戈待时或急遽以掩袭或慎重以制胜奏捷迟速虽难豫定然满腔血诚贼一日未灭臣一日未安筹度时势定当扫余氛而拯黎元义不以贼遗君父且数年以来沿边江浙闽粤多设水陆官兵布置钱粮动费倍增皆为残孽未靖之故如台湾一平防兵亦可裁减地方益广岁赋可增民生得宁边疆永安诚一时之劳万世之逸也若以臣言可采伏乞皇上敕部议覆施行

康熙六年十一月二十四日题康熙七年正月初十日奉旨渡海进剿台湾逆贼关系重大不便遥定著提督施琅作速来京面行奏明所见以便定夺其施琅之缺著施琅自行择人暂令代管兵部知道

附录八闽绅士公刊原评

穷兵黩武固非福世之图而纵乱养奸亦非安邦之策公权彼之顺逆而剿抚之道两用之以不测真俊杰者定识时务也嗣后进征绥靖不庭知以逆则剿朝廷之决策于公也明甚赤羽白羽已马足折树而鞭可断流况公抱九

天九地之奇安在不收七纵七擒之绩哉日出之邦自古车马弗通也公揆时度务陈师鞠旅而海外来琛越裳献雉非常之业风声赫焉乃中流未尝击楫而公已坐操胜算矣则神智岂非天授若夫砥柱南天金汤海国广布帝威宏沛皇仁则尤远轶乎珠崖铜柱镂姓字而纪元勋者也从兹律调玉烛瑞应金瓯天下万世莫不拜公之赐云

卷上·尽陈所见疏

福建提督全省水师总兵官右都督臣施琅谨题为迎旨尽陈所见缘系克取海上情形面奏难尽谨详沥披陈仰祈睿鉴事窃照郑成功倡乱二十有年恃海岛为险蔓延鸱张荼毒生灵故当时不得不从权拆地绝其派取之路嗣而皇上广开德意招徕抚绥渐散其党郑成功疑惧乃遁台湾以为兔窟又幸天心厌乱遂促其亡康熙元年间兵部郎中党古里往闽公干臣备将逆岛可取之势面悉代奏复上疏密陈荷蒙俞旨仰藉天威数岛果一鼓而平逆孽郑经逃窜台湾负嵎恃固去岁朝廷遣官前往招抚未见实意归诚从来顺抚逆剿大关国体岂容顽抗而止伏思天下一统胡为一郑经残盘踞绝岛而折五省边海地方画为界外以避其患自古帝王致治得一土则守一土安可以既得之封疆而复割弃况东南膏腴田园及所产渔盐最为财赋之薮可资中国之润不可以西北长城塞外风土为比倘不讨平台湾匪特赋税缺减民困日蹙即防边若永为定制钱粮动费加倍输外省有限之饷年年协济兵食何所底止又使边防持久万一有惧罪弁兵及冒死穷民以为逃逋之窟遗害叵测似非长久之计且郑成功其子有十迟之数年长成群强假有一二机觉才能收拾党类结连外国联络土番耕民羽翼复张终为后患而我边各省水师虽布设周密然臣观之亦只区守汛口若使之出海征剿择其精锐习熟将兵实亦无几况后来惯者老练者往何可恃御臣蒙皇上逾格擢用荷恩深重分应图贼以尽厥职每细询各投诚之人及阵获一二贼伙备悉贼中情形审度可破之势故敢具疏密奏蒙旨宣召微臣进京面奏谨将台湾剿抚可平机宜为我皇上陈之查自故明时原住澎湖百姓有五六千人原住台湾者有二三万俱系耕渔为生至顺治十八年郑成功亲带去水陆伪官兵并眷口共计三万有奇为伍操戈者不满二万又康熙三年间郑经复带去伪官兵并眷口约有六七千为伍操戈者不过四千此数年彼处不服水上病故及伤亡者五六千历年过来窥犯被我水师擒杀亦有数千陆续前来投诚者计有数百今虽称三十余镇多系新拔俱非夙练之才或管五六百者或管二三百者不等为伍贼兵计算不满二万之众船只大小不上二百号分为南北二路垦耕而食上下相去千有余里郑经承父余业智勇无备战争匪长其各伪镇亦皆碌碌之流又且不相浃协贼众散处耕凿自给失于操练终属参差不齐内中无家眷者十有五六岂甘作一世鳏独宁无故土之思但贼多系闽地之人其间纵使有心投诚者既无陆路可通又乏舟楫可渡故不得不相依为命郑经得驭数万之众非有威德制服实赖汪洋大海为之禁锢如专一意差官往招则操纵之权在乎郑经一人恐无率众归诚之日若用大师压境则去就之机在乎贼众郑经安能自主是为因剿寓抚之法大师进剿先取澎湖以扼其吭则形势可见声息可通其利在我仍先遣干员往宣朝廷德意若郑经迫之势穷向化便可收全绩倘顽梗不悔俟风信调顺即率舟师联䑸直抵台湾抛泊港口以牵制之发轻快船只往南路打狗港口一股往北路蚊港海翁窟港口或用招诱或图袭取使其首尾不得相顾自相疑惑疑则其中有变贼若分则力薄合则势蹙那时用正用奇随机调度登岸次第攻击臣知己知彼料敌颇审率节制之师贾勇用命可取万全之胜倘贼踞城固守则先清剿其村落党羽抚辑其各社土番窄狭孤城仅容二千余众用得胜之兵而攻无援之城使不即破将有垓下之变贼可计日而平矣夫

兴师惟虑募兵措饷今沿边防守经制及驻札投诚闲旷官兵皆为台湾而设听臣会同藩公督伯提诸臣挑选调拨惯海者拨为舵梢惯战者练为战兵择其精锐有根脚者方可用充征旅无事征募动费之烦此等兵饷征亦用守亦用与其束手坐食于本汛孰若简练东征于行间至修整船只就于应给大修银两领修可无额外动支船未勾用则浙粤二省水师亦为防海设立均可选用仍行该省督提选配官兵各举总兵一员领驾协剿然远征绝岛所调浙粤二省船只每船须用惯熟澎湖台湾港路舵梢数人就于福建投诚官兵内挑选分配如投诚兵中选配不足则将投诚兵查其老弱者汰退别募惯洋之人顶补粮额因此见在船兵额给粮饷不须分外加增无烦夫役挽输安配定妥等候风期毋论时日风信可渡立即长驱利便之举诚莫过于此者兹既调用浙粤二省船只则臣前疏请造水艍船十余只渡马船二十余只二项俱就于二省中船只改修应用可省新造之费但水路行兵出海水深利用大船进港水浅利用小哨今当新造小快哨一百只以为载兵进港及差拨哨探之用又当新造小八桨二百只每大船各配一只到台湾临敌登岸之时可以盘载官兵蜂拥而上其小快哨每只新造只用价银四十两小八桨每只新造只

用价银一十五两二项共该用银七千两为费不多若台湾一平则边疆宁靖防兵可减百姓得享升平国家获增饷税沿边文武将吏得安心供职可无意外罪累臣前疏故曰一时之劳万世之逸也臣荷国厚恩职任闽疆水师平贼报称分所宜然且目击边民之困心切父弟之仇故靡刻不以灭贼为念少尽臣子之职然航海远征调兵遣将乃关国家大事出在皇上睿裁其余兴师应行事宜臣前疏已经奏明缘系尽陈平海事理字多逾格贴黄难尽仰祈睿鉴俯赐全览施行

康熙七年四月日

附录八闽绅士公刊原评

台湾剿抚之说纷纷数岁未决也圣主日夜忧劳政以此耳公早知圣世于羽难戢负固之凶不得不藉彤弓旅矢广布天朝露雷用是招携怀远焉顾险阻为守胜之实难朝廷非无忧国奉公之臣而计划无复之也公操妙算则有因剿寓抚先据澎湖之策百万胸藏妖氛已在目中何待聚米指陈哉圣听惟聪特简元老四海欣欣庆得人矣自兹下滦上雾伐鼓渊渊气蒸鸢飞谁无恻然公戮力王室荡平念般虽天地震惧神鬼泣血公不以神龙负舟而色变也天开景运而地分南北公履险如彝克展韬略辟疆宇增版图航送云风知天心之特眷旆压鲸鲵瞻海波之俱静帷幄决胜万里立功熟读奏疏如握左券周颢之杀贼取金彦博之请平贝乱其料功不爽与公可树三杰也至其贰而讨之服而抚之百姓望公如望父母焉则又以兵戢乱以德安民之为也戢乱勇也安民仁也能以兵以德者智也传曰至诚如神公其天下之至诚乎

卷上·厦门祭江祝文

钦惟尊神总纳百川包括万汇天池著象巨灵攸宰祇奉皇威伐彼有罪利济安澜丕赫军垒翳惟徂征发江之濒顺兹长道舳舻星陈霞明组练戈甲嶙峋扬旌海外天讨克伸乃奋厥武阚如虓虎除残去暴逆剿顺抚誓禁妄杀整军束伍焚香吁天百神是主肆靖丑孽是用剿绝擒渠献馘荡巢扫穴川后波恬觋赖灵哲虔申荐告孔惠怿悦谨告

康熙二十年十一月十六日

卷上·密陈专征疏

太子少保提督福建水师总兵官右都督伯臣施琅谨题为密陈航剿海务机宜以收完全事窃照臣驽骀庸才谬荷皇上特恩起用以臣深知水性贼情专畀进剿海逆之责臣思滇黔弄兵悉皆底定惟有台湾四十余年残孽逋诛未歼至厪圣怀臣敢不殚心筹画灭此朝食夕受事以来练兵整船靡敢刻懈业已就绪然用兵之法不得不熟审详慎即古者行兵多用奇计声东击西兵不厌诈非可直道而行去冬具疏展限请以今年三四月轻北风进兵盖为郑逆奸细颇多使贼知我舟师必用北风而进然后出其不意而收之臣在在密用间谍乱其党羽自相猜忌自去年逆艘纠集澎湖欲抗我师据险以逸待劳设我舟师到彼必由过澎湖西屿头然后转帆向东北而进正值春夏之交东北风为多我船尽是顶风顶流断难逆进贼已先站立外堑内堑接连娘妈宫俱居我上风上流御敌其势难以冲击取胜故不可不虑及此也所以前议轻比风之候犹恐未能万全且水道行兵专赖风信潮水非比陆路任意驰驱可以计定进止臣日夜磨心熟筹莫如就夏至南风成信连旬盛发从铜山开驾顺风坐浪船得联综齐行兵无晕眩之患深有得于天时地利人和之全备逆贼纵有狡谋斯时反居下风下流贼进不得战退不能守澎湖一得更知贼势虚实直取台湾便可克奏肤功倘逆孽退守台湾死据要口我师暂屯澎湖扼其吭拊其背逼近窠穴使其不战自溃内谋自应不然俟至十月乘小阳春时候大举进剿立见荡平此乃料敌制胜所当详细一一披陈者也

然臣切有请者督臣姚启圣调兵制器奖励士卒精敏整暇咄嗟立办捐造船只无所不备矢志灭贼国尔忘身坚图报称非臣所能力止惟是生长北方虽有经纬全才汪洋巨浪之中恐非所长矧抚臣吴兴祚见在升任即有新抚臣初到视事恐未识闽疆情形臣之鳃鳃谓督臣宜驻厦门居中节制别有调遣臣得端统前进行间将士知有督臣后趱粮运策应则粮无匮乏之患兵有争先之勇壮志胜于数万甲兵今若与臣偕行征粮何以催趱封疆何有仰

赖安内攘外非督臣断难弹压缓急臣故密疏入告使督臣闻知必以臣阻其满腔忠荩仰冀皇上密行温谕督臣免其躬亲偕行

今臣同督臣操练水陆精锐官兵充足三万分配战舰尽可破贼但臣仅掌有水师提督印信未奉有征剿台湾之敕谕伏望迅赐颁发以副转睫师期俾得申严号令用以节制调度所有督臣题定功罪赏格赐臣循例而行则大小将士咸皆凛遵至于师中参酌见有同安总兵官臣吴英智勇兼优竭忠自许可以为臣之副尤望恩嘉奖励又有兴化总兵官臣林承金门总兵官臣陈龙平阳总兵官臣朱天贵海坛总兵官臣林贤留闽候补总兵官臣陈昌江东副将臣詹六奇随征左都督臣李日煌等俱堪冲风破浪勇敢克敌共勷捣窠藉我皇上天威丕著丑类游魂何难殄殲航剿灭贼关系臣之一身承当责任何等綦重以故凡贼之形势风之顺逆事之区画亟当十分详审以图万全况出汪洋大海之外匪敢轻举妄动苟且从事致负眷顾之隆臣当会商将军合词具题而将军海务情形非所谙晓又恐奸细窥探泄漏是以自将战略师期密疏上闻仰听睿鉴

康熙二十一年三月初一日

附录八闽绅士公刊原评

古大将出师未有贰其权而可以有成者也所以王者遣将亲执绥而命之曰阃以内寡人制之阃以外将军制之盖明乎将之权不可以或分也唐裴晋公讨吴元济宪宗委以都督外军事予以便宜故雪夜深入遂以平蔡宋曹武惠讨李煜太祖命之曰江南之事一以委卿故武惠得以尽抒其秘略遂定江南是二君者皆以专任克济大功往事已明验矣将军疏恳专征非欲擅权不过上以报朝廷而下活我闽人也若使出一师整一旅而疑者在前挠者在后不知何日得以成荡平之绩也今捧读密疏数言忠诚恳切料敌成算确确如神宜乎朝廷之允其请也且兵不厌诈公疏中声东击西之说非深语水务精熟机宜者乌能辨此而用兵尤贵善于用人公推诚布公汲引奇才为贰为副皆称厥职此其闳达大度固已过人远矣师出万全实基于此论者谓唐九节度之师安得如公而用之而唐业复振矣谅哉谅哉

卷上·决计进剿疏

太子少保提督福建水师总兵官右都督伯臣施琅谨题为欲净海逆根株全在严旨决计进剿以收实效事窃惟我皇上御极以来宇宙廓清无思不服惟郑逆抗拒颜行深费皇上宵旰南顾之忧臣兹复荷圣恩起用非重臣以水师提督之任实用臣进平台湾之逆患兼面奉天语温谕谆谆剿灭台湾以免生灵涂炭何等严切故衔命以来兼程疾趋即于去岁十月初六日抵厦门视事点验船兵全无头绪焉敢妄举进剿时欲具疏入告恐伤寅恭和衷故日以继夜废忘寝食一面整船一面练兵兼工制造器械躬亲挑选整搠至今年四月终方称船坚兵练事事全备移请宁海将军臣喇哈达侍郎臣吴努春到厦门看阅此时将士摩拳擦掌人人思奋将军二臣交口称赞不已

臣即于五月初五日会同督臣姚启圣统率舟师开驾至铜山以俟夏至后南风成信联䑸进发弟督臣以五月初一日准部咨进剿海贼关系重大之旨随转意不前而三军侧听一尽解体臣自初七日起日与督臣决计进取力争十余天至十六日将军二臣抵铜山到臣营所臣面恳将军转劝督臣乘南风进剿无不摧枯拉朽之势奈督臣终执旨意以督提同心合意为辞臣故不便违抗姑听督臣主疏展期实非臣之本意此二将军臣亲到铜山所目击而共悉臣衷也本月初九日承准兵部札付内开宁海将军喇哈达等疏称总督提督称南风不如北风臣深为骇异切思臣当日在铜与将军二臣并无言及南风不如北风之语日与督臣争执南风进剿不惟三军皆悉其情即通省士庶亦皆俱晓且督臣日遣各总兵海道劝臣权依督臣之议今将军二臣具疏竟不分晰明白一笔混入章疏陷臣推托不前若非皇上宽置不究则臣先后疏章自相矛盾欺诳君父罪当万死矣夫南风之信风轻浪平将士无晕眩之患且居上风上流势如破竹岂不一鼓而收全胜臣见督臣坚意难以挽回故聊遣赶缯快船二十三只令随征总兵臣董义投诚总兵臣曾成提标署左营游击事臣阮钦为并各镇营千把等官领驾前往澎湖瞭探贼息据其回称义等奉令遵于六月初四日午刻从古雷洲开船至初五日未时到澎湖猫屿时各船未便轻进湾泊花屿前至于初六日黎明率各船由虎井过狮屿头瞭见刘国轩贼艘尽䑸俱泊娘妈宫贼见我船大船概起头帆小船尽起大帆贼遂

出赶缯二十余只驾出西屿头又有八罩贼船十余只由南面而来我船恐众寡不敌本日未时传炮收回各船归艅于初七日到大境初八日到厦门港归汛等情据此则此行遣发巡哨船只来去无阻见有明据矣若决乘南风进取岂不可见成效乎业将瞭探情由遂已咨报将军二臣并督臣知照在案乃坐塘笔帖式谭木哈图具题大兵水面度日逆贼窥望空隙之疏殊非真知灼见为证臣全不解其故然臣生长滨海总角从戎风波险阻素所履历且荷简命前任水师提督阅历至今岂有海面形势风信水性犹不畅熟胸中而笔帖式乃更识于臣乎盖贼中情形臣有屡得旧时部曲密寄通报称台湾人心惶惑无定兼以刘国轩恃威妄杀稍有隙缝全家屠戮人人思危芒刺在背间有向义内应奈隔绝汪洋难以朝呼夕应岂敢公然谋举此端便是可破可剿之机又此六月二十八日据守口兵丁递送澎湖长发贼柳胜林斗二人赴臣军前投诚询据柳胜等供称原坐杉板头船过来投诚澎湖新旧熕船鸟船赶缯双帆艍各船共有百一二十只刘国轩林升江钦等共计贼众六千余内有家眷旧贼约二千名其余俱系无眷口新附之众私相偶语提督不嗜杀人只等大军到便瓦解归顺有伪萧一镇下将领谋议候出娘妈宫操船乘势驾舟过来投诚被其知觉登杀头目九人因探闻我兵船自铜山撤回归汛被故调贼二千余名回台湾耕种以作粮食今只留贼四千名在澎湖配船防守等语据此则贼中虚实又已得其详矣

且臣更以贼中之情形言之昔之伪镇营蚁附胁从皆受郑成功郑锦父子结恩旧人笼络相依今刘国轩暴戾操权动辄杀戮以威制人谁肯甘为几肉是我舟师未到澎湖权犹在刘国轩一人之主持我舟师若抵澎湖势难遏各伪镇伪卒之变乱则踞守澎湖逆贼纵有万余内多思叛驱万贼万心之众以抗我精练勇往之师何足比数虽刘国轩轻命死敌于人心猜忌之际靡不自溃则可破可剿之机又无如于是今我皇上若以俟有可破可剿之机温旨下颁则汪洋巨浸之中谁肯効命七尺之躯而殚力三窟之险势必藉旨意为居奇迁延岁月虚糜浩费所谓筑舍道傍三年不成是贼终无可破可剿之日矣矧夫按兵不动善以抚谕刘国轩沐猴鸱张操纵自如志得意满断无输诚向化之念其中有伪镇营贼众有心归正而迩来台湾各港禁锢严密一船不许出港虽有谋叛隐情亦难通报故非联艅进发疾行扑击安有自甘献俘坐待贼亡竟在何时

在督臣灭贼之念实切惜乎生长北方水性海务非其所长登舟之际混心呕吐身体维艰所以前疏恳留督臣居中调度盖为此也中有一二视此畏途未免低徊以致督臣疑惑不决臣虽庸愚料敌颇效前于康熙二年间海逆猖獗皇上特差兵部郎中党古里到闽问臣机宜当即决意进攻厦门时督臣李率泰亦以臣过于担当然两岛竟为臣克平旋于康熙六年十一月为边患宜靖逆贼难容等事具题未奉俞旨乃使逆孽于甲寅年有燎原之变郑锦虽死留此余党负踞绝岛臣丁年六十有二血气未衰尚堪报称今不使臣乘机扑灭再加数年将老无能为后恐更无担当之臣敢肩渡海灭贼之任是以臣鳃鳃必灭此朝食惟是台湾残孽未殲故滋设许多镇营官兵糜费钱粮贻累民生未苏况所设水师镇营原为航海捣巢之用今就中挑选精兵二万有奇大小战船三百号尽堪破贼可以无用陆师党相牵制卒难成功若陆师之中间有勇敢効忠熟练海务能将容臣调选一二以为臂指共勷大举之需伏思臣累受国恩奉召进京即宠擢内大臣之列豢養十余载今复谬荷起用寸功未效又叨更晋宫衔特赐御膳全榻亘古臣子未有受君恩如是也即赴汤蹈火臣志所不辞倘荷皇上信臣愚忠独任臣以讨贼令督抚二臣催趱粮饷接应俾臣整搠官兵时常在海操演勿限时日风利可行臣即督发进取出其不意攻其无备何难一鼓而下事若不效治臣之罪臣朴质武夫一片图报微诚惟知钦遵天语煌煌责臣必破台湾克奏肤功臣以君命为重故当克尽臣职不禁烦琐激切沥陈断无浮言饰辞冒昧于君父之前伏乞皇上睿鉴俯将臣疏留中大赐干断决策严旨速命事必见效民生幸甚封疆幸甚缘系密陈欲净海逆根株事理字多逾格贴黄难尽伏乞宽恩全览施行为此具本谨密题请旨

康熙二十一年七月十三日

附录八闽绅士公刊原评

昔人有言疑者事之败也断者事之成也况进剿之事而可以不断乎黄帝有日中之箴寻斧柯成江河盖兢兢乎其言之也公决计进剿持议者谓南风不如北风是未悉风信也又谓大兵水面度日逆贼窥望空隙则是以謡啄陷公也又有谓俟贼输诚自来归顺是又迁延岁月虚糜粮饷之积弊也而公皆不顾公锐意攻讨百折不回真可谓见之明而筹之熟矣古所云立功惟断乃成读公此疏始终贵断虽群议沸腾其能夺公之志乎否

卷上·舟师北上疏

太子少保提督福建水师总兵官右都督伯臣施琅谨题为恭报舟师北上平海俟风进发事窃惟臣以谫劣庸材谬荷圣明特知任用诚以海逆梗化多年欲灭贼而用臣臣非灭贼不足以报皇上之殊恩也缘五月间会疏展期之后臣朝夕训练整搠周备即于九月初一日统率臣标五营官兵船只就厦门开驾至泉州海口臭涂寄泊操演一面咨檄各镇营官兵船只并移调联络赶缯船二十只迅赴合䑸虑恐舟师航海远征沿边汛地疎防乃咨督臣檄调陆路官兵协防金厦铜三岛十月二十日承准兵部密札为欲净海逆等事内开该臣等会议总督姚启圣停其进剿提督施琅如无机会仍操演兵丁若有可进机会统伊所派船兵相机进取台湾可也等因奉旨依议进剿海逆关系紧要著该督抚等同心协力催趱粮饷勿致迟误前姚启圣具题功罪定例交与施琅遵行密札到臣承准此臣钦遵俞旨自应竭图报称又于十月二十八日承准兵部密札为禀报事内开该议政王等会覆福督姚启圣题前事等因查贼寇若能诚心改恶削发归诚督抚等公同详确发往招抚若贼知我大兵进剿故智差员冀图缓兵该督抚提等亦行详确若有可行机会提督施琅等应遵前旨统伊所派船兵毋失机会而行可也奉旨依议密札到臣承准此仰见我皇上宸聪睿察洞灼狡贼之伎俩势穷

臣舟师北上于十一月初三日抵兴化平海卫湾因带领舟师不敢擅离抵省随咨移督抚二臣订约会议剿抚事宜准督臣咨覆内开剿抚大事贼之果否诚心投诚本部院难以逆料未便遽行遣官往抚等因又准抚臣咨开台湾贼寇虚实情形病人昏迷不敢悬揣妄拟祈订商督部院硕画详确等因各到臣准此是遣抚既不敢逆料悬揣则进剿所当决计而行者也臣伏思若待可行机会必当进剿澎湖若不至澎湖断无可破可剿之机兹四镇总兵官臣林贤陈龙黄镐杨嘉瑞署兴化镇总兵官臣陈昌带领官兵船只及各协营船兵于十一月中旬后俱已陆续齐到矣臣移取出征粮饷督臣二次解到银九万两可以足给官兵本年九十十一三个月之俸饷仍移请预备赏功银二万五千两随带军前以俟赏赉破敌有功官兵之用总计带领官兵二万一千有奇配驾大鸟船七十只赶缯船一百零三只双帆艍船六十五只自到平海给发官兵银米以资足食凡海逆之情形与破贼之计算臣筹之颇熟可无廑宸衷惟风信则不敢逆料当慎待天时晴霁十分利便极出万全方敢统率进发此番拟在平海开洋船只乃系坐子向午顺风坐浪直抵澎湖占据上风上流为制胜之要著也臣更咨会督臣俟臣进兵之后即前往驻札厦门居中调度策应粮饷督臣虽疮疾未愈而办贼之心尤切必欲扶病趋公此臣得赖以弹压策应而可无不给之虞矣缘系恭报舟师俟风进发事理贴黄难尽伏乞皇上睿鉴全览施行为此具本谨密题知

康熙二十一年十一月二十五日

附录八闽绅士公刊原评

读公此疏益信公之智勇超出于古今人万万矣军志曰剿不易抚尤不易惟能剿而后能抚是时中外诸当事意在抚而剿其后也公意独在剿而抚其后也以故自受事后断以剿为主壬戌冬爰出师首札平海盖取乎扫平海氛之义也船只坐子向午候风信直抵澎湖最为顺便乃公仍不肯自专咨请督抚二公商抚局何如二公果不能决公曰抚局不能决则剿局可行此公本意也公之剿局久熟于胸中到此则利有攸往矣且澎湖为台湾之门户敌恃此负固久矣得澎湖则台湾可不劳而定也公之神算盖在于此既而果如所料时莫不服公之智而叹公之勇智勇兼全虽古今名将岂能有过于公也哉

卷上·师泉井记

今上御极之二十一载壬戌孟冬予以奉命统率舟师徂征台湾貔虎之校犀甲之士简阅而从者三万有余众驻集平海之湾俟长风破巨浪以靖扫鲛窟爰际天时旸亢泉流殚竭军中取汲之道遥遥难致而平湾故迁徙之壤介在海陬昔之井廛尽成堙废始得一井于天妃宫庙之前距海不盈数十武渍卤浸润厥味咸苦其始未达深源其流亦复易罄询诸士人咸称是井曩仅可供百家之需至隆冬泽慼水涸用益不赡允若兹是三军之士所藉以朝饔夕飧者果奚恃欤予乃殚抒诚悃祈吁神聪拜祷之余不崇朝而泉流斯溢味转甘和绠汲挹取之声昼夜靡间歕涌滋溉略不显其亏盈之迹凡三万之众咸资饮沃而无呼癸之虑焉自非灵光幽赞佐佑戎师歼殄妖氛翼卫王室未

有弘闸嘉祥湛泽汪濊若斯之渥者也因镌石纪异名曰师泉昭神贶也在易地中有水曰师师之行于天下犹水之行于地中既著容民蓄众之义必协行险而顺之德是知师以众正乃克副大君讨贰抚顺怀柔万邦之命而扬旌海外发轫涯涘神异初彰閭惠覃布诞惟圣天子赫濯之威以致百灵效顺山海征祥亶其然乎昔贰师剑刺大宛之山而流水溢出耿恭拜祷疏勒之井而清泉奔涌并能拯军士于渴乏著万里之奇功乃今井养不穷三军获福予之不敏其曷以答兹鸿嘉之赐哉是用勒之贞珉以志不朽云

康熙二十一年十一月

附录八闽绅士公刊原评

井者养也惟公之德实足养人钺斧之下雨露津津盖巨骨之魂消而頳魴之气伸人谓兵主杀井主养抑知非杀至顽民何以生非拯其生民何以养故楼船遥指鬼神护焉惟彼海若实鉴其诚乃能化枯而润易咸而甘凡我三军无忧于朝饔而夕飧不然者以海滨之地烈阳之天渴者何以饮饥者何以食师泉一志奇于燕然远矣

卷上·海逆形势疏

太子少保提督福建水师总兵官右都督伯臣施琅谨题为海逆形势将灭不宜少宽自解贼危事窃惟臣奉命专征调集舟师俟机进发总期必灭此贼而后已兹正月十六日准督臣姚启圣送到会题疏稿为第二本为选将挑船安顿上风等事内开选其善识水性勇往敢战者挑赶缯六十号占踞上风湾泊出其不意直鼓奋击俾其惊疑莫定则洋贩无资糗粮不给一二年间剿抚皆宜等因到臣臣阅之不解其意督臣凡所会同章疏未尝移稿议定先已列名入告后送画题故臣不得不沥陈之缘照台湾逆孽情势臣筹度之甚悉自去年出海至十一月杪各官兵船只方得齐集平海卫澳取给粮饷仅领至十二月止惟官兵渡海应得俸饷必预备随带臣在平海舟师时驾出洋操演若风可进即直取澎湖若风未便则仍复收回故于十二月二十三日出洋忽转东风乃止二十七日开驾至青水墘风轻又转东南顶头再收平海虽未及直抵使官兵屡涉汪洋之中冲风颠浪愈练惯熟贼闻知亦自惊惶不暇盖大䑸之船必藉风势顺利自可直捣贼境始克成功若风势未顺尤恐零星不齐何能协力扑剿兹于正月初七日据臣标署右营中军守备黄复谦报称初二夜有原伪将刘秉忠等在澎湖挈眷八十二名口驾双帆艍船一只前来厦门投诚等情据此随于正月十一日准同安镇臣吴英咨送刘秉忠等到臣询问据供去年五月间刘国轩知我师往铜山乘南风进发甚然惊惧莫措后侦知撤回归汛刘国轩乃放心自回台湾料理要口将大小贼艘百号贼众七千余名交伪镇将林升江钦陈谅等现在澎湖扼守贼中人人思危多有离叛之心口供在案臣于本日随将刘秉忠洪贵二名转送督抚二臣查讯去后今督臣疏称贼欲改炮船为洋贩散众为耕种请挑赶缯船六十只南北湾泊一二年间自然困疲剿抚皆宜臣实不解督臣如此主持不定似非善策臣今日水师齐集在海操演以制贼譬若有人焉扼其吭气将垂绝一为之稍松则其气舒而复起矧以六十船之南北湾泊北风平海可湾南风则将军澳林景屿岂可湾泊之处乎臣之操演所以俟机俟风进发又以屡奉温旨进剿海逆关系重大臣所统官兵二万有奇大小战船二百余号责任匪轻大䑸舟师渡海宜慎不得不筹出万全岂敢轻举妄动又水师在海操演皆出本分行坐均各给粮船兵又无额外添设之费总惟以贼一日未灭臣一日未敢偷安且此贼伎俩臣熟筹深算力任剿灭矢志不移宁敢有词组虚饰于君父之前而督臣止欲仗赶缯船六十只可为困敝贼势诚恐一二年后复张声势其费力尤甚臣素知海逆始终虚实初时犹然疥癣皆因彼时当道泛忽姑息不亟攻治养成痈疽溃坏负抗四十余载荼毒数省致烦圣虑屡动大兵征讨糜饷不计今若再一宽纵又蹈前辙故臣惟俟风信之便顺必无不破之逆贼断不复遗此贼以廑宸衷缘系密题海逆形势事理贴黄难尽伏乞皇上全览干断敕部议覆施行为此具本谨密题请旨

康熙二十二年正月二十一日

附录八闽绅士公刊原评

尝阅古大将督师破敌未有不筹成算于胸中而出以济之者也公自陈操演水师二万有奇大小战船二百余号只俟风信便顺必无不破之逆贼读此数语知公之意固已系贼颈于舳舻之前矣又何烦议抚议困之纷纷过计

哉而当事又议以赶缯船六十只湾泊南北湾占踞上风出其不意直鼓奋击俾其惊疑莫定则洋贩无资糗粮不给一二年后剿抚皆宜公以六十船之南北湾泊北风平海可湾南风则将军澳林景屿岂可湾泊乎在当事尚未深知水务故有此议公则生长海滨深知水性总角从戎久在行间其进取之机宜蚤已了然于掌上故独断不疑终始如一诚以贼一日未灭即一日未敢偷安者也昔祖伯子渡江击楫中流慨然有澄清中原之志公誓志破贼不効则愿自定罪此与祖生击楫之意岂异耶

卷上·海逆日蹙疏

太子少保提督福建水师总兵官右都督伯臣施琅谨题为海逆有日蹙之势航剿有可破之机密陈情形仰祈睿鉴事窃惟臣奉命征讨台湾康熙二十年十月初六日抵任以来一面整搠船兵相机捣窠并遣心腹三四人渐次密往台湾澎湖贼中通达臣之旧部在彼现为镇营管兵令其就中谋叛取事自去年亦有通信数次俟大兵临境之时方敢内乱倒戈迎降者众至今年正月初二日有伪副将刘秉忠等坐双帆艍船一只带眷八十二名口在澎湖前来投诚正月二十二日伪总理李瑞等夺民船一只带兵共二十一名亦自澎湖前来投诚三月十一日有伪兵许福等十四名驾小船一只自台湾猴树港过来投诚带有臣前所差之人要紧密禀潜通内有叛乱相应消息并称彼处米贵每担价银五六两七社土番倡反形势甚蹙人人思危此乃天心厌乱明矣臣前差之人尚在台湾谋结党类以待内应其许福等臣只移明督抚前来投诚之词不敢言真恐泄事机将人见收军中养活又三月十六日有伪民许六吴阿三等夺渔船一只在澎湖带眷共一十九名口前来投诚四月初三日有海贼郑才等一十八名于四月初一日从淡水港夺破柴民船一只前来投诚是此贼中今日之形势灭在旦夕虽刘国轩复差伪目黄学林珩再来言抚致书一封求见于臣臣却之不见令其自赴督臣辕门主议以幺么一海贼非可视为敌国我以彼为输诚彼直以我为和议徒亵国体藉此妄称祇安贼心臣惟祇遵奉命捣窠灭逆为念议抚之事臣不敢预及今臣在水陆官兵中挑选二万有奇操练有日可称精熟足以破贼攻澎湖宜用水兵破台湾则当用陆兵也但粮饷最宜预备给足以鼓士忾乘夏至南风成信当即进发捣窠盖北风刚硬骤发骤息靡常不准难以逆料南风柔和波浪颇恬故用南风破贼甚为稳当臣大艅舟师航海责任綦重自当相机度势期出万全以仰慰皇上宵旰之怀臣每自思维膺军旅之任者必虚张贼之声势乃表见已之大功臣愚性戆直荷皇上面谕谆谆从不敢一字妆饰自干欺诳缘系密陈海逆可破之机其中所有来禀关系机密只略陈其概贴黄难尽伏乞皇上睿鉴全览留中勿发恐剿抚之议不相入或有漏泄以害成也为此具本谨密题知

康熙二十二年四月十六日

附录八闽绅士公刊原评

凡公每疏中皆发出大议论可师可法而为天下后世所瞻仰者也若此疏为用抚则彼辈欲与我并敌是长寇志而堕军实也夫以彼窃发荒岛不过鹰眼未化耳乃与我国家抗衡不惟有伤国体抑何其夜郎自大耶公是以决意议剿而抚局不与焉且其先通旧部从中作事至慎至密而侦察台湾日蹙之势谷价沸腾粮饷匮乏人心思变望大师即抵城下倒戈相向绝无异心此时速图进取犁庭扫穴以收荡平之效诚易易耳且公之区画机宜具有成算若攻澎湖则用水师取台湾则用陆师皆非悍然妄动者此其所以战无不捷攻无不克而动出万全者也于以固万年大一统之业从兹定矣蒸民之诗曰保兹天子生仲山甫公真其人也

卷上·飞报大捷疏

太子少保提督福建水师总兵官右都督伯臣施琅谨题为飞报舟师渡海克取澎湖大捷事窃照臣自去年六月同督臣姚启圣在铜山停师回汛刘国轩侦知自回台湾留拨伪镇营等船兵扼守澎湖不时来往调度今年四五月知臣乘南风决计进剿就台湾贼伙选拨精壮敢死者及抽调草地佃丁民兵将洋船改为战船凡各伪文武等官所有私船尽行修整吊集来澎湖大小炮船鸟船赶缯船洋船双帆艍船合计二百余号贼伙二万余众仍将伪镇营等官兵各眷口监羁台湾红毛城赤嵌二城坚其死战刘国轩亲统倾巢复来澎湖将娘妈宫屿头上下添筑炮城二

座风柜尾炮城一座四角山炮城一座鸡笼山炮城一座东西嶕内一列炮台四座西面内外堑西屿头一列炮台四座牛心湾山头顶炮台一座凡沿海之处小船可以登岸者尽行筑造短墙安置腰铳环绕二十余里分遣贼众死守星罗碁布坚如铁桶

臣总统镇营舟师将各大小战船风蓬上大书将弁姓名以便观看备知进退先后分别赏罚于六月十四日辰时由铜山开驾进发十五日申时到猫屿花屿有守汛贼哨数十余只见臣舟师将到即奔回澎湖时值天晚将船只湾泊八罩水堰湾遣官坐小哨到将军澳南大屿等岛安抚岛民十六日早进攻澎湖逆贼排列船只迎敌臣标署右营游击蓝理等官兵配坐鸟船一只署后营游击曾成等官兵配坐鸟船一只署左营游击张胜等官兵配坐鸟船一只二等侍卫吴启爵等官兵配坐鸟船一只同安城守右营游击赵邦试等官兵配坐鸟船一只海坛镇标中营游击许英等官兵配坐鸟船一只铜山镇标右营游击阮钦为等官兵配坐鸟船一只此数船首先冲锋破敌直入贼䑸攻杀贼炮船二只赶缯船六只贼伙斩杀殆尽其船放火烧毁又用炮火攻击立刻沉坏贼鸟船一只赶缯船二只副锋臣标右营千总邓高匀配水陆等官兵坐鸟船一只臣标署右营守备方却等官兵配坐鸟船一只金门镇标中营游击许应麟等官兵配坐鸟船一只金门镇标右营守备林芳等官兵配坐鸟船一只臣标随标功加守备李光琅等官兵配坐鸟船一只用炮火攻击打沉贼鸟船一只赶缯船二只贼伙溺死殆尽时值南潮正发前锋数船被流逼近炮城贼艘复合齐出包围臣恐数船侵入难出自将坐驾船直冲入贼䑸杀退兴化镇臣吴英继后夹攻焚杀伪扬威将军援剿左镇沈诚统辖前锋镇姚朝玉义武镇陈侃戎旗五镇陈时两其伪协将弁大小贼目计有七十余员不知姓名难以开报伪水师总督林升中箭三枝中鹿铳二门左褪被大炮打折立即载回台湾必死无活贼众焚杀溺死计有二千余众遂救出数船臣右眼被铳击伤眼睛未坏因天色将晚收出西屿头洋中抛泊十七日早将全䑸舟师复收八罩水堰湾泊严申军令查定功罪赏罚官兵十八日进取虎井桶盘屿十九日臣坐小赶缯船往澎湖内外堑嶕内细观形势二十二十一两日故用老弱骄兵之计用赶缯双帆艍船分二股假攻嶕内内外堑以分贼势

臣于二十二日再申军令分股进发遣臣标随征都督陈蟒魏明副将郑元堂领赶缯双帆艍船共五十只为一股从东畔嶕内直入鸡笼屿四角山为奇兵夹攻又遣臣标随征总兵董义康玉外委守备洪天锡领赶缯双帆艍船共五十只为一股从西畔内堑直入牛心湾作疑兵牵制将大鸟船五十六只居中分为八股每股七只各作三迭臣居中为一股兴化镇臣吴英领一股居左平阳镇臣朱天贵臣标前营游击何应元合领一股居右金门镇臣陈龙领一股在次左臣标署中营参将罗士鉁署右营游击蓝理署后营游击曾成合领一股在次右之右署铜山镇臣陈昌领一股在次左之左海坛镇臣林贤领一股在末右厦门镇臣杨嘉瑞领一股在末左尚船八十余只留为后援臣督率严阵指挥直向娘妈宫扑剿贼各处炮城及迎敌炮船鸟船赶缯大小各船四面齐出迎敌每贼炮船安红衣大铜炮一位重三四千斤在船头两边安发熕二十余门不等鹿铳一二百门不等炮火矢石交攻有如雨点烟焰蔽天咫尺莫辨首冲破敌陷阵乃末右一股海坛镇臣林贤等官兵配坐大鸟船一只右股平阳镇臣朱天贵臣标前营游击何应元等官兵配坐大鸟船一只末右海坛镇标左营游击吴辉等官兵配坐大鸟船一只右股臣标千总蔡琦凤匀配水陆等官兵坐大鸟船一只末右海坛镇标右营守备林正春等官兵配坐大鸟船一只副锋右股臣标前营千总林鹏匀配水陆等官兵配坐大鸟船一只末右海坛镇标右营游击江新匀配水陆等官兵坐大鸟船一只右股署围头营游击陈义匀配水陆等官兵坐大鸟船一只右股署平海营游击郑桂匀配水陆等官兵坐大鸟船一只末右海坛镇标中营游击许英等官兵坐大鸟船一只前锋次右之右臣标署中营参将罗士鉁等官兵坐大鸟船一只署后营游击曾成等官兵坐大鸟船一只署右营游击蓝理等官兵坐大鸟船一只中营千总林显达匀配水陆等官兵坐大鸟船一只左营千总胡泮匀配水陆等官兵坐大鸟船一只署后营中军守备戴名芳匀配督标副将林宝等官兵坐大鸟船一只前锋臣中股随征左都督何义等官兵坐大鸟船一只侍卫吴启爵等官兵坐大鸟船一只随征游击施世騄随征外委守备李廷彪施肇勋施肇瓒等官兵坐大赶缯鸟船一只随征外委游击施应元随征外委守备陈王路随征千总施超等官兵坐大赶缯鸟船一只随征副将黄昌都司黄勇外委守备施世　等官兵坐大赶缯鸟船一只随征参将许克济陈远致游击方凤外委守备施世骧等官兵坐大赶缯鸟船一只随征副将汤一贵参将郑云外委守备施世忠等官兵坐大赶缯船一只随征参将谢英游击廖程外委守备施世骠等官兵坐大赶缯鸟船一只随征副将林应外委守备施辅李寅等官兵坐大赶缯鸟船一只前锋左股兴化镇臣吴英同安城守右营游击赵邦试匀配水陆等官兵坐大鸟船一只署浯屿营游击王朝俊匀配水陆等官兵坐大鸟船一只闽安协副将蒋懋勋匀

配水陆等官兵坐大鸟船一只海澄城守副将林葵匀配水陆等官兵坐大鸟船一只烽火营游击王祚昌匀配水陆等官兵坐大鸟船一只江东协副将詹六奇匀配水陆等官兵坐大鸟船一只署平海陆营游击李全信匀配水陆等官兵坐大鸟船一只海澄城守左营游击卓策匀配水陆等官兵坐大鸟船一只前锋次左之左铜山镇右营游击阮钦为匀配水陆等官兵坐大鸟船一只左营游击曾春匀配水陆等官兵坐大鸟船一只前锋次左金门镇臣陈龙等官兵坐大鸟船一只金门镇标中营游击许应麟匀配水陆等官兵坐大鸟船一只金门镇标左营游击曾荣匀配水陆等官兵坐大鸟船一只前锋末左厦门镇标右营游击陈兰匀配水陆等官兵坐大鸟船一只厦门镇标左营游击朱明匀配水陆等官兵坐大鸟船一只厦门镇臣杨嘉瑞等官兵配坐大鸟船一只署铜山镇臣陈昌等官兵配坐大鸟船一只带领船八十余只居为后援其分遣东西二股官兵船只继进夹击互攻自辰至申我师奋不顾身抵死戮力击杀贼被我师用火桶火罐焚毁大炮船十八只击沉大炮船八只焚毁大鸟船三十六只赶缯船六十七只洋船改战船五只又被我师火船乘风烧毁鸟船一只赶缯船二只逆贼并力死斗势穷难支用火药藏于船舱发冲心炮自焚炮船九只鸟船一十三只贼惊危势急跳水得获鸟船二只赶缯船八只双帆艍船二十五只焚者焚杀者杀

伪征北将军曾瑞定北将军王顺水师副总督左虎卫江钦统领右先锋陈谅戎旗二镇吴潜援剿右镇郑仁援剿后镇陈启明宣毅左镇丘辉护卫镇黄联后劲镇刘明折冲左镇林顺斗宿镇施廷亲军水师三镇薛衡水师一镇萧武水师二镇陈政水师四镇陈立中提督中镇洪邦柱中提督右镇尤俊中提督后镇杨文柄中提督亲随一镇陈士勋左龙骧中协黄国助右龙骧左协庄用侍卫中镇黄德侍卫右协蔡智侍卫骁翊协蔡添侍卫领旗协林亮侍卫左总辖毛兴勇卫中协张显勇卫左协林德勇卫右协陈士勋勇卫前协曾遂中提督领兵协吴略中提督左协林德中提督前协曾瑞中提督领旗协吴福中提督前锋协陈升中提督总理协陈国俊右武卫右协吴逊右武卫随征二营梁麟水师二镇前锋副将李富水师二镇左营副将张钦水师三镇左营副将许端水师三镇右营副将林耀援剿右镇右营廖义援剿前镇前锋营庄超折冲镇左营陈勇左提督后镇左营王受等四十七员其余伪协营领兵监督翼将正副总班总理监营候缺将小头目焚杀溺死约计三百余员不知姓名难以开报焚杀自焚跳水溺死贼伙约计一万二千有奇尸浮满海总兵朱天贵被炮穿胁立死游击赵邦试亦被炮击脑立死总兵林贤被箭轻伤左臂总兵吴英被鹿铳轻伤右耳朵贼止剩有小炮船三只小鸟船二只赶缯船十一只双帆艍船十五只脱出北面吼门遁走讯知刘国轩乘小快船亦从吼门而逃时值黄昏难以追杀

在山伪将军果毅中镇杨德游兵镇陈明果毅后镇吴禄中提督前镇黄球壁宿镇杨章侍卫后镇颜国祥中提督中协副总兵张显骁翊营副将洪良佐统领右先锋领兵副总兵李锡右先锋营副总兵黄显右虎卫领兵副总兵江高果毅镇下左营林新左虎随征营副将黄豹左虎副将江篇游兵镇中营周烈前营副将刘隆果毅后镇右营副将林守旗鼓中军严泽亲随营正总班阮恢中提督下副将李芳管理大炮副将林武前镇下随征副将汤兴前镇下左营副将蔡穆戎旗二镇右营副将吴升果毅中镇正领兵副将曾胜中营副将杨杰左营副将吴振右营副将陈李随征营副将黄桂前锋营副将张仕春参将杨彬伪提督后镇领兵中军徐其昌果毅后镇左营林和左翼将廖冬神威营林启后镇左营杨壮壁宿镇随征参将洪存光候缺亲随营参将王建游兵镇亲随标参将郑泗随标参将何正前镇正领班参将林兴冲锋正总班参将黄義左虎卫正领游击林尾副领都司丘升壁宿镇旗鼓正中军游击林朝晖宣毅左镇左营丘睿果毅中镇下游击王寿吴旋赖淑郑应一正领游击黄寿二正领游击林明三正领游击林畅陈贤王招四正领游击陈胜游兵镇中营游击陈恕前营游击薛舅随标营游击施辰果毅后镇领兵洪升坐营中军刘斌翼将杨胜亲随营将徐秋随征营将曾春游击郑先庚前镇随征游击颜潜左翼游击孟乔左副领游击方胜右副领游击林盛掌标游击陈奕小监营游击戴耀左副总班都司黄升右副总班都司黄义侍卫监营林仕领旗营陈寅旗鼓中军林赞果毅中镇下都司郑辛王友顺何荣黄桂李升吴麟管炮都司陈凤壁宿镇下正总理候缺都司林英杨劝宣令守备林玉监营守备陈和副总班守备林麟副总班守备杨瑞周明黄登中提督下二领林辉明三领梁三老果毅中镇下守备沈云隆许福柯伟陈仕陈定郑兴陈銮林长陈德完蔡兴洪禄林凤林甫陈万蒋凤谢吉康顺张福王麟曾良陈月陈尾游兵镇中营守备李忠前营守备朱义随标营守备黄二林彩许五林泰管炮守备林换李受前镇下守备吴传胡哲龚耀陈新提督后镇冲锋总班陈斌候缺亲随营王飞龙正总班曾道兴副总班欧兴都司高升陈进果毅后镇下司总陈贵杨美陈桂总班周虎中提督下司总林爱都司林三侍卫下副领陈祺游兵镇下亲标营千总胡进黄琏随征千总李四朱都王雄果毅后镇下都司杨龙蔡珀监营林龙壁宿镇下都司刘明许佐总班

程雄赵和红旗官沈冬陈胜果毅后镇下都司谢里蔡明正总班洪忠柳赐正总理黄三副总理许攀随征正总班张猛红旗官许卯何煌陈胜董兴总司黄贵等共一百六十五员带贼众四千八百五十三名倒戈投降臣仰体皇上好生之德有其自新俱已发令剃头伪镇营赏以袍帽贼众给以银米用彰我朝廷不嗜杀鸿恩以策后效

是役也逆贼盘踞海岛四十余载荼毒生灵蹂躏版图致廑皇上宵旰之忧臣体圣衷誓必灭此净尽故虽带伤负创贾督扑剿舟师自十四日深入汪洋巨浸之中水天相连稽古以来六月时序澎湖无五日和风即骤起飓台怒涛山高变幻莫测三军命悬悉听之天今抵澎旬余日海不扬波俾臣得以调度七日夜破贼克捷且二十二日进师午刻潮涨多四尺莫非上天垂佑皇上弥天之福故使扼守澎湖巨魁巨镇精锐逆贼巨舰不数日而全军覆没虽各镇将弁目士卒戮力用命实赖皇上天威丕振督臣姚启圣捐造船只捐养水兵与臣共勷大举仍又亲来厦门弹压殚心催趱粮饷挽运不匮加以厚资犒赏将弁三军莫不激励思奋今日克取澎湖之大捷皆督臣赏赉鼓舞之功乃有此成効也拟即乘胜进剿但台湾港道纡回南风狂涌深浅莫辩似应少待八月或十月利在北风进取万全倘有机会可破臣立即进师三军关系綦重尤当倍加慎毖不敢轻举妄动澎湖为台湾咽喉今澎湖既已克取台湾残贼必自惊溃胆落可以相机扫荡矣但二穴克扫之后或去或留臣不敢自专合请皇上睿夺或遴差内大臣一员来闽与督臣商酌主裁或谕令督抚二臣会议定夺俾臣得以遵行

更有请者臣奉有钦颁功罪格例赏罚期必严明行间将士首先冲锋破敌自当题叙如逡巡不前法岂容宽必宜分别依格究处惟赏功一项臣前题明暂取二万五千两布政司才发一万六千两尚少九千两此番官兵用命血战者多必须从优奖励仰候银两遵照格例赏赉又见在进剿台湾尤切需赏功银两以昭信赏用鼓士忾臣惟有矢志捐躯竭图杀贼至赏功之需臣委实贫乏无可捐助应用所当仰给公帑伏祈皇上敕部移咨督臣迅行酌给如投诚官兵中有自愿归农者臣查其原籍即行该府县安插老弱者亦在点汰若欲入伍者粮饷在所必需应动何项钱粮并乞敕部咨会督臣拨给策应使投诚之众各得其所而无流离之叹台湾逆孽势必望风归附荡平之后仍遵前旨裁汰此十六二十二等日水陆官兵攻杀贼众死亡者计三百二十九员名带伤者计一千八百余员名悉被炮火攻击以致伤亡甚多臣将被伤官兵按其轻重一等伤每名给银三两二等伤每名给银二两三等伤每名给银一两以资药费死亡者酌给银两以济棺殓此项银两臣暂为挪应容备造发给数目细册送部稽核发给还项至于格外优恤出自皇仁其重伤官兵不能荷戈者臣俱已拨船载回厦门延医调治其所少兵额另容督臣就于陆师挑选前来补足精兵实数时常操演克期合䑸进发至于分派冲锋副锋镇营将弁配坐鸟船赶缯船鸟船每船或配大小将弁闲员及外委弁员二三十员不等赶缯船每船或配十员八员不等又如镇将所领一股每股鸟船七只其中分配水陆将弁甚多今止开一船上帆号姓名先行题报所有分配各船上将弁首先跳船焚船者尚多其人疏内未得逐一概列合并题报容臣荡平台湾奏凯之日拟定功罪胪列在事文武官兵员名备造清册开报请叙其投诚伪镇营缴到伪关防牌札与夫得获船只大炮甲器旗帜等项查所获红衣大铜炮十二位每位重有四五千斤炮子大者二十二三斤中者十七八斤次者十四五斤鉎铁大炮二位每位重七千余斤用炮子三十余斤尚焚毁炮船所配之炮俱已沉落在海现在寻捞其余大小发杠炮火甲器等物容查明一并造册缴部以听查察缘系克取澎湖备陈官兵血战情形字多逾格贴黄难尽伏乞皇上宽恩全览施行为此具本谨密请旨

康熙十二年六月二十六日

附录八闽绅士公刊原评

凡入告之辞贵详悉又贵畅达贵真实而又贵明净此古今奏疏所以独推宣公也公此疏诚无遗憾矣初陈敌势之猖獗我师攻取之情形公素谙水战固已弄敌人于掌上而目中蚤不见敌矣至若左设奇兵右设疑兵中间分为八股公居中指挥调度此等阵法虽昔人八门六花之变化无以加此是故我师再出而敌人一败涂地焚舟溺水不可以计数而公露布已达帝廷矣疏中请优赏功绩而阵亡士卒以及带伤者尤加惠恤传之所谓仁将者是耶非耶后幅力表总督姚公共勷大举谓澎湖之捷皆督臣赏赉鼓舞之功乃有此成效也岂非功不欲自己居者耶公固善让功惟善让功乃克居功公之所为比之汾阳口不言功殆为过之阅此疏始终颠末累累几万言既详悉又畅达既真实又明净宣公以下莫能加焉公洵文武全才哉闽人即秃毫赞述又何能揄扬公之万一哉

卷下·晓谕澎湖安民示

太子少保提督福建水师总兵官右都督伯施为晓谕事照得澎湖各岛地属荒区民实穷苦兼之逆贼蹂躏多年今幸大师荡平此日王土王民悉隶版图宜加轸恤以培生机合就示谕为此示仰该地方居民人等知悉尔等既脱邪氛咸登乐土各宜安意生业耕渔是事本提督悯念疲瘵之余当为蠲三年徭税差役遂其培养也特示

康熙二十二年闰六月初四日

卷下·祭澎湖后土文

圣代隆兴皇图恢廓海瀣山陬率土经略蕞兹澎岛鲸氛是托恃险负嵎相传济恶四十余载亿兆斯虐户口零丁乡村寂寞云胡天厌丧败莫度渠魁尽歼兔脱胆落地土人民今已非昨朝廷版籍山川丘壑以佃以渔以耕以获惟神之灵辟疆弥扩永赖奠安黔庶熙若斋必致虔清酺一酌谨告

康熙二十二年七月

卷下·祭阵亡将士文

呜呼人孰无死得所流芳丹青汗青白骨犹香鸱夷马革不愧昂藏泰山鸿毛悬绝堪量嗟诸将士干莫辉铓矢志奏肤委身是偿姓名大书篷挂高樯逆孽惴慑螳臂车当舰艘纵击炮矢飞蝗迷昧烟熖地黑天黄死生此决勋誉斯扬共奋不顾各逞其强鲸鲵嚼铁乌号孔张斩将焚舟敌势仓惶披靡败遁魁渠灭亡无何祝融奄忽殒伤非不能战锋镝所创嗟诸将士塡膺萦肠桓赳方壮时命匪常或分南比或同梓桑某忝统率悼痛难忘呜呼孰无妻儿在室亦有椿萱在堂念尔捐躯沧海漂泊落荒英魂渺渺浩魄茫茫遗骸无归犹晨夕倚闾之是望呜呼痛哉为尔涕泗而汪汪惟逆既窜巢穴必戕旌旗一麾谁复颉颃驰捷帝阙备叙疏章身殁名显宠锡后昌尔诸士卒优恤咸庆魂兮安妥各归故乡荡平凯奏超度建场临流哭奠酾酒盈觞灵其有知来尝尚飨

康熙二十二年七月

卷下·赍书求抚疏

太子少保提督福建水师总兵官右都督伯臣施琅谨题为伪藩端差赍书求抚据情具题仰请睿鉴事窃照臣奉命专征整搠舟师于六月十六至二十二日在澎湖连日与贼鏖战炮火两点仰赖皇上威灵官兵用命渠镇贼伙俱被焚杀殆尽遂克取澎湖三十六岛业于六月二十六日缮疏恭报外拟乘胜长驱捣台湾直如摧拉惟大小战舰被炮打损破坏甚多臣姑将其次号之船可以补葺者载送炮伤官兵回厦门调治将船整固令其顺载柴米火药弓矢前来澎湖以给兵需至打坏鸟船见泊澎湖即当用工修葺所需木料油灰钉铁棕麻等料匠作各项为数不少刻在要需诚难稍缓臣治师远岛只恐呼应不灵随于闰六月初三初六等日移咨督臣亟行采备仍办八桨船料一百只一并檄委漳州海防同知王锡九等官督运解到澎湖以应整葺制造用济我舟师到台湾穿浅入港渡载官兵登岸之用至于臣标水陆镇营被炮伤死官兵三百余员名炮伤一千八百余员名阵伤之兵虽给资药治未能痊可荷戈臣计当进剿台湾之时宜留大鸟船二十只赶缯双帆艍船三十只共五十只应用水陆官兵四千员名留守屯札澎湖以为两头声援策应然新附投诚兵众未便遽用征兵名额不足御剿难以乏人业并移咨督臣选调精壮陆师官兵四千员名前来补用听令调遣去后臣虽殚力疾呼尤虑汪洋风涛远隔实为独力难支惟分拨船兵在于八罩将军澳南大屿东西甘吉龙门港吼门吉贝屿等岛倍加巡瞭以抑其吭

乃残孽败遁之余见臣水陆等官兵逼临门庭安插投诚抚绥地方民人乐业鸡犬不惊台湾兵民闻风俱各解体此闰六月初八日伪藩郑克塽巨魁刘国轩差伪礼官郑平英伪宾客司林惟荣伪员曾蜚朱绍熙等赍具降表一道并与臣书二封另致督臣书二封驾赶缯双帆艍船二只到澎湖臣军前纳款请降待命惟冯锡范与郑克塽欲求原居台湾承祀祖先照管物业恳臣指示臣思此议未妥若在未进师扑剿之时逆孽蚤遣求降当为题请今澎湖既得穷逼之际始差郑平英等前来求抚明系诡谲缓兵之计难以遽信臣车征止宜主剿不宜议抚之事将郑平英林惟荣二员并带书二封咨送督臣看守候旨定夺查郑克塽年尚幼稚未谙大体操纵指挥权皆出于刘国轩冯锡范

二人兹特令曾蜚朱绍熙回台湾传谕若果真心投诚必须刘国轩冯锡范来臣军前面降将人民土地悉入版图其伪官兵遵制削发移入内地听遵朝廷安辑若伪藩等悉如臣言臣当体皇上好生之德以拯数十万之生灵具疏题请我皇上赦其前罪畀之新恩敕行督抚二臣抚绥安插臣因船只被炮击坏故暂在整葺未得乘胜捣剿其所要需船料匠作解应一到即昼夜兼工整造若船只修备风信稍利残孽若不从臣之议即督师进发当斯刘国轩一战败遁魂落胆丧台湾人民风鹤草木皆兵之际无难殲灭净尽根株以慰宸衷谨将伪藩郑克塽原具降表及郑克塽刘国轩致臣原书进上御览恭听睿裁迅赐敕旨其郑克塽所致臣书茫然折阅乃臣之罪缘系恭报伪藩求抚事理贴黄难尽伏乞皇上全览施行为此具本谨密题请旨

康熙二十二年闰六月十一日

附录八闽绅士公刊原评

军志曰惟能剿者能抚盖我具能剿之猷略而又具必剿之气势然后可不战而屈人兵彼区区小仁终何济于大事乎夫台湾为郑氏窃据三世爪牙羽翼遍列左右虽澎湖一战事势穷蹙纳款请降此其兵力亦可知矣而反测未安易于为变若不迁入内地畏难苟安保无有意外之患耶公具疏题请以树德莫如滋去疾莫如尽令刘国轩冯锡范诣军前面降令人民土地悉入版图令伪官兵遵制削发悉听朝廷安辑何虑周而见远也昔项羽困于敖仓高祖亦欲罢兵归国独留侯不可曰此天亡也急击勿失帝从其言而项氏果灭公以抚为剿以剿为抚不为一时权宜之计卒之伪藩衔璧来归处置得宜恩威并著一一如公疏中所陈体皇上好生之意而图国家数十世之安者岂其微哉

卷下·安抚输诚示

太子少保提督福建水师总兵官右都督伯施为安抚输诚文武官员兵民以广皇恩事照得圣朝定鼎以来法素从宽恩恒惟原抚顺剿逆区宇咸宁台湾未靖本提督奉旨专征盖欲拯绝岛之生灵俾海疆于奠安兹伪延平王及武平侯等识天意之有在乐皇仁之无偏见遣协理兵工二官副使二员赍具表章敕印前来归命土地人民悉入版图本提督体朝廷好生之德念至诚求抚之心现在题请仰邀浩荡洪慈安辑咸宜合就晓谕为此示仰台湾地方官兵士庶人等知悉示到各官兵立即削发本提督克日亲临安插军纪素严秋毫无犯今既革心归顺官则不失爵秩之畀民则皆获绥辑之安兵丁入伍归农听从其便各自安意乐业无事彷徨惊心俞旨下颁新恩遍及本提督言出金石决不尔负须至示者

康熙二十二年七月十六日

卷下·台湾就抚疏

太子少保提督福建水师总兵官右都督伯臣施琅谨题为恭报台湾就抚事宜仰祈睿鉴事窃照澎湖克捷海逆已失其险康熙二十二年闰六月初八日伪藩郑克塽渠魁刘国轩差伪官郑平英林惟荣曾蜚朱绍熙等赍送降表并书来澎湖军前求抚臣虑其诡谲缓兵难以遽信遂令曾蜚朱绍熙回台湾传谕若果真心投诚必须刘国轩冯锡范来臣军前面降将民人士地悉入版图其伪官兵遵制削发移入内地悉听朝廷安辑若伪藩等悉如臣言当体皇上好生之德以拯数十万之生灵题请赦其前罪抚绥安插业于闰六月十一日将降表并书具疏进上御览在案兹七月十五日郑克塽复差伪兵官冯锡珪伪工官陈梦炜刘国轩遣胞弟伪副使刘国昌冯锡范遣胞弟伪副使冯锡韩同曾蜚朱绍熙赍送降本稿前来澎湖军前回话一一依臣前言其防守南北淡水伪左武将军何佑伪左先锋李茂等所带贼众今俱召回台湾南北淡水已无防守矣何佑等差赍密禀到臣纳款是台湾南北地方俱已效顺复据曾蜚等禀称郑克塽刘国轩及兵民人等咸恳臣发给告示张谕削发俾得遵依蚤发一日则兵民蚤获一日之安臣因仰体浩荡洪慈服舍来安乃敢给示抚绥矧郑逆自来远阻声教未被圣化非如吴耿诸逆受恩背叛者比谅荷皇上广开面网赦其前愆俾沾德意即将刘国昌冯锡韩见留军前随于十六日遣侍卫吴启爵六品笔帖式常在同冯锡珪陈梦炜曾蜚朱绍熙带安插告示五张先往台湾晓谕看验各伪官兵百姓人等削发令其催赍伪藩郑克塽

及刘国轩冯锡范等敕印并缮誊降本前来交缴以便臣代为赍进则此事似可勾当也臣俟各船修葺齐备一面统率船兵亲抵台湾看其形势暂行安辑其所议造八桨船只及再调陆师官兵已咨移督臣停止矣第查台湾土地千余里户口数十万地在复海之表或去或留伪官兵户口繁多当作何安辑事关重大所当亟请皇上迅赐睿裁敕差才能户兵二部迅速前来会同督抚主裁料理安置得宜毕此大事俾臣得即勾当班师从此金瓯永固玉烛常调可无廑南顾矣此番澎湖克捷台湾就抚实赖我皇上洪福齐天威灵远暨乃克见成效但臣卤莽武夫性质愚戆直道行事不肯遗贼以为君父忧荷蒙皇上豢养之恩特知之遇无足报称誓必扫靖海氛少效涓埃耳今年逾六十筋力衰迈难胜封疆重任且孤忠独立既不肯苟合又不能弥缝征剿台湾之举乃面奉谆谆温谕屡次俞旨专征是以臣竭效死力坚不阿徇务期荡平极知深拂人意灾必逮身兹贼岛既平臣职已尽若蚤不引退将来必为祸阶伏乞皇上恩赐召臣回京俾得时观天颜臣所深愿也谨将伪藩抄来疏稿恭进御览缘系恭报台湾就抚事宜贴黄难尽伏乞皇上全览干断迅赐敕旨施行为此具本谨密题请旨

康熙二十二年七月二十四日

附录八闽绅士公刊原评

从来敌势穷迫多藉投诚以为缓兵之计今台湾就抚公独令其亲来面降一面请旨一面发示令其遵制削发以示无外殆所云阃以外将军制之非欤且以其远阻声教非欤吴耿诸逆受恩背叛者比真卓识也真公论也降表既来即咨移督院停造八桨并停调陆兵可谓省国费而纾民力者矣至于请召还京非徒忧谗虑患实有古大臣功成身退之学问焉雅歌仲山甫之明且哲史称张子房之托辟谷公于此思过半矣但以四十年难靖之海疆一旦削平此皆公之智略过人声灵远播若使还朝安知反侧子辈不复生异志耶昔明祖以沐氏定云南遂世袭永镇故终三百年无他患者诚余威足以慑服之也公锁钥闽南海国波静闽人之得以安枕无虞者皆公之赐也公何可须臾离闽哉果遂其引退之志其若社稷苍生何宜乎朝廷之永留我公也

卷下·赍缴册印疏

太子少保提督福建水师总兵官右都督伯臣施琅谨题为恭报台湾兵民削发伪藩赍缴册印事缘照伪藩郑克塽差伪兵官冯锡珪伪工官陈梦炜刘国轩遣胞弟副使刘国昌冯锡范遣胞弟副使冯锡韩赍具降本稿到澎湖军前一一悉听臣言臣察其真诚向化于本年七月十六日差侍卫吴启爵笔帖式常在前往台湾看验伪官兵削发业将情由并伪藩降本稿于七月二十四日具题缴报外此番伪藩差官求抚盖因澎湖失险故革心归诚臣就近差遣看验剃发无非毕此剿抚大事乃吴启爵等于七月十九日到台湾而督臣亦差候选同知林升抚臣差官头郑瑞生游击孙熙驾船二只于二十日到台湾并无到澎湖知会枉道直去台湾恳其就抚是均军国之事故作两途岐视毋乃有轻国体而贻笑于逆众者乎且臣于闰六月二十一日因伪官郑平英林惟荣到处张盖乘轿自尊无忌咨移督臣有摇尾乞怜袒肉求降等语督臣所差之员将此公移并督臣自题疏稿抄送台湾与伪藩等看阅致使贼众危疑抱恨于臣其台湾地方形势兵民削发安辑事宜应去应留头绪多端不便繁入疏章吴启爵常在亲履其地俱悉其情兹端差二员赴阙披陈面奏本月二十七日伪藩郑克塽复差冯锡珪陈梦炜同吴启爵常在赍具降本一道及缴延平王册一副印一颗辅政公郑聪印一颗武平侯刘国轩印一颗忠诚伯冯锡范印一颗左武卫将军何佑印一颗伪藩郑克塽拟将所缴到印册令伪副使刘国昌亲赍进京臣即令同吴启爵等一齐登程其冯锡韩适值抱病不得就道臣留在军前因见督臣如此争执是以将郑克塽奏本一封册一副伪印五颗发交吴启爵常在送赴督臣衙门听其主稿具题赍缴去后倘督臣不为代缴臣一面嘱令吴启爵等即行赍进臣当即亲临台湾先将要紧之人载入内地安插但伪官兵人民户口繁多仰祈皇上迅差户兵二部前来主裁料理得宜臣奉命专征剿抚之事俱已勾当仰候俞旨以便班师其安插事宜悉交督臣自行料理郑克塽尚有招讨大将军印一颗据称有户口兵马各项册籍俱未攒造因暂留用候缴合将伪藩郑克塽所具兵民削发奏本一道缴进御览其郑克塽刘国轩冯锡范何佑等及文武大小各伪官俱在候旨削发缘系伪藩缴印事理贴黄难尽伏乞皇上俯赐全览并祈敕旨施行

康熙二十二年七月二十九日

附录八闽绅士公刊原评

凡敌人之真诚向化者必我之威望足以服人智略可以制胜然后动出万全而言无不听也公先克澎湖威震要荒恤其被伤兵卒予以医药载其生还此其恩威已遍洽于台湾故削发缴印册赍降本一事不敢或抗诚其先声有以夺之也乃公仍差员同伪官缴送督台请其主稿其与一等专权自恣者不亦大相径庭哉昔裴晋公入蔡州示以上下之分韩文公谕廷凑晓以祸福之理夫二公之威望古今推服而一段严气正性使敌人不敢复萌异志者诚其所以处之之道得也公收缴伪藩及伪侯伯印册此诚数十年来所不能得之物亦数十年来所不能为之事一旦尽输于公而且一一请命于督院真有得于古人口不言功之大意也抑亦国家体统之所在有不容以或失者乎唐臣有言国家有大体统然后有大勋名其公之谓欤

卷下·祭鹿耳门水神文

惟沧波之浩荡渺难测其所之何重关之据险俨要隘乎天池既迤逦以纡折复迅激而奔驰拟鹿耳兮岩浚若砥柱兮标奇滟滪无以喻斯流之湍急天堑奚以轶扃键于藩维某忝专戎于兹域端藉舟航以指麾钦神功于有赫仰幽赞而匡维愿济涉乎无阻俾往复咸底于平彝伏望鉴此救民汤火之诚惘彰斯圣皇赫濯之灵威风涛于焉恬息惊波为之奠绥士马攸利黎庶靡危虔陈菲献亶锡崇祺谨告

康熙二十二年八月日

卷下·报入台湾疏

太子少保提督福建水师总兵官右都督伯臣施琅谨题为恭报微臣先抵台湾安辑仰祈睿鉴事窃惟澎湖克捷台湾求抚兵民俱已削发臣业经前后具疏赍缴伪藩郑克塽降表进上御览应当候旨钦遵奉行兼以出征官兵所需粮饷督臣即于六月十一日回省悉皆臣拨船过洋来往载运发给今各镇营官兵秋季饷银役过四十余日尚未运到故未得前去台湾如督标所拨付朱天贵管坐赶缯双帆艍船于六月二十二日夜内朱兴即带一十三只径不请令私自逃回尚五十一只配载官兵二千二百五十六名督臣于闰六月十二日差参将洪范传宣杨俊功赍咨文到澎湖守候尽行召回矣兹本月初八日伪藩郑克塽修书差伪副使何仕隆同曾蜚赍送前来伪武平侯刘国轩伪忠诚伯冯锡范各致书一封到澎湖臣军前称说台湾兵民数十万恐人心危疑不一事久生端请臣速去安辑臣即会商行间各镇臣酌派兵船留守澎湖以为接运粮糈之用臣统率水陆官兵船只拟于十一日开驾前抵台湾弹压暂行安辑将要紧之人先即载入内地仍移咨督抚或亲临安插或酌委有司前来料理以仰候敕差户兵部臣到时与督抚二臣商酌安插得宜臣到台湾察阅土地人民情形另疏题报更有请者臣右眼自六月十六日冲击贼艅被铳打伤医治至今两月有余犹昏昧未明勉强在军调度剿抚之事勾当臣职已尽伏乞俞旨准臣班师回汛调治俯赐睿裁施行为此具本谨密题请旨

康熙二十二年八月初九日

附录八闽绅士公刊原评

台湾当新败之后人心危疑加以遵制削发伪藩威令不行将卒亦不用命日望公节钺驻临与之更始实有甚于望岁也公慨然选拨船只克期进发要紧伪官载入内地被获难民悉给口粮给船只载归遇险要则设防汛设镇营星罗棋布深合机宜毫发无憾仍抚其民人按其图籍使台民晓然知朝廷宽大之恩且以知我公生全之德慰云霓而望来苏彼间始知有更生之乐矣迄今鸡犬桑麻熙熙安堵设官分治无异内地礼乐教化从此而生聚之而教诲之居然一大都会也若使当日迟留不进首鼠两端万一变生叵测又不知费几多经营耶公之先见硕画实迥出古人万万也

卷下·舟师抵台湾

太子少保提督福建水师总兵官右都督伯臣施琅谨题为恭报舟师已抵台湾投诚官兵亟需粮饷仰乞敕旨

应给事缘照臣总统水陆官兵船只于本年八月十一日自澎湖开驾进发业已题报在案其澎湖地方臣酌拨水陆官兵三千员名大小船三十余只留守山海防御臣于本月十三日到台湾鹿耳门伪藩郑克塽遣小船前来接引入港伪侯刘国轩伪伯冯锡范率领各伪文武官员到军前迎接悉于本月十八日削发臣逐一分发袍帽外套靴全副其各乡社百姓以及土番壶浆迎师接踵而至臣宣布皇仁酌量给赏银牌袍帽靴烟布匹咸皆欣欢踊跃其故明监国鲁王世子朱桓呈缴金册一副同泸溪王朱慈爌巴东王朱江乐安王朱浚舒城王朱镐奉新王朱熺奉南王朱逵益王宗室朱镐等亦赴军前投见询称宁靖王朱术桂闻大师克取澎湖即全家自缢而死臣就朱慈爌等追取各原受册印据称流落多年贫窘销用见各住草地耕种度活兹朱桓等宗室数人应载入内地移交督抚听其主裁安插惟臣舟师今抵台湾细阅港道纡回地势窄狭波涛湍急可谓至险至固臣虽用兵颇能筹度但至此观看周详若非皇上威灵远震似未易可以力斗取胜之地顾输诚向化之举在各伪文武官员各怀疑畏独伪侯刘国轩决意倾心以生死听命于朝廷免贻害生灵此其人毅然慷慨见机力主归命遂使我师不用战攻而得全国其功亦不少倘荷皇上宽恩授以爵秩当有可见效之才也又阅土地肥饶出产五谷沃野千里人民土番杂处甚为稠密应去应留臣经具疏题请未奉敕旨仰冀迅赐睿夺俾得钦遵奉行更有请者台湾伪官兵听其归农者甚多而入伍者不少当即暂给粮食以安新附之心若承交接管此项粮饷何从以应臣于本年八月初九日承准兵部札付覆奉俞旨其愿入伍投诚兵丁著即补经制缺额数内钦遵在案第查此时缺额零星查补无几再四筹维闽粤江浙四省溢设营兵盖因台湾负抗飘突靡常故增添堵御今台湾既平海外可以无患请就福建内地陆营先行酌量裁撤将所裁溢额之粮饷而暂给投诚之兵需可无外费公帑亦移缓就急一时权宜策应之计也臣一面题请一面挪拨发给俟凯旋之后应撤应留以听部议定夺臣见今屯师台湾船只来往越过两重海洋水途辽远值兹秋冬北风盛发阻滞难行动经匝月不等非比春夏可以计期而至伏乞皇上睿鉴迅敕部议或如臣所议裁汰或应就何项措给敕下督抚著令作速遵行以应发给投诚兵需庶免悬待矣兹在台湾如鹿耳门大港隙仔港马沙港蚊港打狗港上下淡水等处俱已调拨船兵分布守御臣带水陆镇营官兵一半登岸驻札一半在船至伪藩郑克塽伪侯伯刘国轩冯锡范等及各眷口应即一并载入内地缘此时风劲浪狂舟楫难行容俟九月杪风浪稍平即拨载移送督抚安插所有伪官印札兵民户口等项繁多一时汇造未得就绪俟其造明交缴到臣即具疏赍进缘系恭报舟师已抵台湾事理贴黄难尽伏乞皇上俯赐全览施行为此具本谨密题请旨

康熙二十二年八月十九日

附录八闽绅士公刊原评

自古地方新定必得长才远驭之略区画裁制方能就绪公初入台湾新附官民头绪多端伪藩侯伯等各等应接赏赉有差一毫无缺至若社民土番壶浆迎师络绎而至酌量给赏咸使欢欣一若出其素所料理而为之者其明裔宗室流落多年至于销金印以为朝夕之计耕种度活尤堪怜悯公下车即载入内地移送督抚院安插优恤胜国之恩可谓周且至矣其刘国轩决意倾心以生死听命于朝廷不忍贻害数十万百姓公不没其忠勇之诚慈祥之意据实题报深有得于古大将爱才之雅量若夫处置新附入伍之众权宜挪给粮精无使怨望俾不至于呼庚呼癸者公之经济宏猷于此窥一斑矣他日事竣班师诸务得宜秋毫无取军民畏其威而服其廉曹武惠之匀当江南公事回止存图籍衣衾公何多让焉

卷下·谕台湾安民生示

为重申晓谕以安民生事照得本提督统师亲临台湾官兵云集号令霜严念上地既入版图则人民皆属赤子保乂抚绥倍常加意官兵不许占住民居弁目不许包瞨乡社樵苏采捕载运米谷蔬菜出入港湾均听民便农商工贾经营市肆乡村骚扰强买各严差巡糖蔗民间物业严禁兵丁混折至于本地之跳梁伏莽夜聚晓散访闻皆系台湾新附之将不严约束故纵官兵剽劫经本提督一面发示招徕解散恐不効顺复一面行伪武平侯遣发掺捕法处该管将弁故纵之罪凡有妨于民生者靡不禁戢备至惟恐尔民未悉本提督惓惓至意自疑新附犹怀惊惶矧此大师甫临之际将及五谷秋成之时若不安心必致失业合再申谕为此示仰各地方官兵百姓土番人等知悉本提督

素性爱民今日统师至此务在安戢尔民而登衽席随征官兵粮饷船只载运足给兵食有余镇营日用蔬菜市肆买办照依民价无亏断不许藉称官办应用一丝一毫侵取民间兹地方初定赋税固宜尽蠲惟查官佃田产牛种原出业主备给今岁应纳租谷十分酌减其四准赴州官输纳六分以供伪延平王税课其一切保务叠派什项差徭尽行蠲免台湾去留业经题请候旨或台湾议留本提督轸念海外荒区非比内地乐土年纳正供当为从轻酌定具题其官兵人民去住听从其便各宜乐业无事惊心收成在迩农务毋荒贸易如常垄登有禁官兵违犯法在必行人民安生事勿自缓须至示者

康熙二十二年八月二十日

卷下·严禁犒师示

为严禁犒师以安民生事照得本提督奉命进取台湾所统王师原为拯民非以扰民故到处秋毫无犯务使民不知兵诚恐乡社保甲沿袭故套各自派办劳军之费致扰民生合就严禁为此示仰各乡社保甲长居民人等知悉本提督居心如水视民如伤提师至此政期绥安痛诚烦扰如有该乡社各保甲长敢藉端派办犒劳之费者许即指禀定行严拿重究不贷特示

康熙二十二年八月二十九日

卷下·祭台湾山川后土文

窃以渊献仲秋东溟维舟原隰相望陟彼崇丘田畴郁其联属黔庶于焉止休蔽长天之巨艘扬旌旆之悠悠奉皇威以远济统水兕乎貔貅既克澎湖于重险爰跻台湾而周流维山川之岩浚兮羌连樯以难进仰神功之浩大兮御艨艟其飞迅封内则载于祀典兮殊方遡夐古而莫讯诞后土之载物兮控东隅以静镇比神岳而孕灵兮应安贞以益崇夫明信某菲薄之凉德兮仗天讨以翼翼拯斯民于涂炭兮启绝岛之异域慨杼柚之空竭兮嗟旱潦夫稼穑吁灵贶之昭格兮锡福祉于遐国水土平衍不匮于民用兮俾遗黎徧得沾乎丰殖驱螟螣与蟊贼兮庶无侵于狐蜮繄统师其申严纪律兮秉铁钺以专征遏兵戎于衽席之上兮欣耈稚壶浆之远迎誓不杀以凛犯于秋毫兮体皇仁而用兵抚兹土以安民辑众兮祈士马乎宁平亶笃祜此征人兮愿氛沴波涛之弗惊幅员既入舆图兮版籍已登庙堂宁徒白雉楛矢之远贡兮颂海波之不扬化穷发以渐被兮熙帝载于无疆酬椒醑与桂酒兮融肸蠁而弥臧谨告

康熙二十二年九月初三日

卷下·御制褒章

海氛之不靖艅艎出没波涛震惊滨海居民鱼盐蚕织耕获之利咸失其业朕心恒悯恻焉迩者滇黔陇蜀湖湘百粤悉皆底定敉宁蕞尔台湾险阻负固尔施琅衔命徂征决策进取楼船所指将士一心遂克岛门迫其营窟勇以夺其气诚以致其归捷书到阙时值中秋对此佳辰欣闻凯奏念瀛壖赤子获登衽席用纾南顾之忧惟尔丕绩即解是日所御之衣驰赐载褒以诗岛屿全军入沧溟一战收降帆来蜃市露布彻龙楼上将能宣力奇功本伐谋伏波名共美南纪尽安流

康熙二十二年九月初九日御笔

卷下·上谕兵部

兵部为钦奉上谕事康熙二十二年九月初十日奉上谕谕吏兵二部向来海寇窜踞台湾出没岛屿窥伺内地扰害生民虽屡经剿抚余孽犹存沿海地方烽烟时警迩者滇黔底定逆贼削平惟海外一隅尚梗王化爰以进剿方略咨询廷议咸谓海洋险远风涛莫测长驱制胜难计万全朕念海氛不靖则沿海兵民弗获休息特简施琅为福建水师提督前往相度机宜整兵征进该提督忠勇性成韬钤夙裕兼能洞悉海外形势力任克期可奏荡平遂训练水师整顿战舰扬帆冒险直抵澎湖鏖战力攻大败贼众克取要地立奏肤功余众溃遁台湾慑服兵威乞降请命已经纳土登岸听候安插自明朝以来逋诛贼寇始克殄除濒海远疆自兹宁谧此皆该提督矢忠报国大展壮猷筹划周

详布置允当建兹伟伐宜霈殊恩施琅著加授靖海将军封靖海侯世袭罔替以示酬庸前进剿云南官员曾各加一级兵丁赏赉一次顷因该提督所统官兵出海进剿勤劳堪念已经照云南例加级赏赉复思官兵远抵海疆冒险剿寇非滇黔陆地用兵可比在事官员著再各加一级兵丁再赏一次以示特加优渥至意尔二部即遵谕行特谕

卷下·封侯制诰

奉天承运皇帝制曰朕惟尚德崇功国家之大典输忠尽职臣子之常经古圣帝明王戡乱以武致治以文朕钦承往制甄进贤能特设文武勋阶以彰激劝受兹任者必忠以立身仁以抚众智以察微防奸御侮机无暇时能此则荣及前人福延后嗣而身家永康矣敬之勿怠尔施琅先任水师提督时同总督李率泰总统水师官兵进剿海贼克取厦门金门铜山等岛著有劳绩海寇窜踞台湾出没岛屿窥伺内地扰害生民虽屡经剿抚余孽犹存烽烟时警向者滇黔底定逆贼削平惟海外一隅尚梗王化应行剪灭永奠海疆爰以进剿方略咨询廷议咸谓海洋险远风涛莫测长驱制胜难计万全朕念海氛不靖则沿海一带地方民鲜干止之乐兵有征调之繁计切安全用彰天讨以尔忠勇性成韬钤夙裕兼能洞悉海外形势特简为福建水师提督前往相度机宜整兵征进尔克承简命力任克期可奏荡平遂训练水师整顿战舰扬帆冒险克取花屿猫屿草屿八罩将军湾南大屿东西吉直抵澎湖克取虎井桶盘屿西屿头牛心湾内外堑嶈内鸡笼屿四角山风柜尾娘妈宫案山仔红毛城林投仔暗澚竹竿湾龙门港龟壁港赤嵌屿小门屿吉贝屿马鞍屿吼门雁靖屿中墩屿蜞仔屿北山屿乌屿香炉屿大小烈屿等三十六岛鏖战力攻大败贼众杀贼一万四千余名招抚伪将军果毅中镇杨德等一百六十五员贼众四千八百余名因克取澎湖等要地余众溃遁台湾慑服兵威郑克塽乞降请命纳土归诚自明朝以来逋诛积寇始克殄除海外遐陬历代未隶疆索自兹初辟悉入版图此皆尔矢心报国大展壮猷筹划周详布置允当建兹伟伐宜沛殊恩封尔为靖海侯世袭罔替

康熙二十二年九月初十日

卷下·班师过澎祭阵亡官兵文

惟渊献之季夏统劲旅乎舟航耀绛天之朱旆拥兕虎于戎行瞩波澜以迅激奠于炎其奚方鬣渠寇之不逞奋螳臂乎殳斨恣轰雷于巨礮矢石共烟熖以飞扬咨将士之贾勇冒锋镝以罹伤身膏芙蓉之刃骨沉大壑之乡咸各矢忠报国誓死勤王风云为之黯惨日月掩其光芒家室悲痛凄断肝肠余忝军麾于率领肃纪律更张抗士争先兮破敌哀猛壮于国殇兹当台湾底定凯奏庙堂舟师旋旆以西指不禁雪泪之千行凡厥将弁力当奏请优恤恩逮妻孥其余各镇营之士伍遘此荼毒魂　其无依即图创建厉坛春秋供其祭祀务令尔等咸有血食之享勿致贻悲若敖以慰此九泉之彷徨是用披诚虔祭尚其歆格尚飨

康熙二十二年十一月二十五日

卷下·恭陈台湾弃留疏

太子少保靖海将军靖海侯兼管福建水师提督事务臣施琅谨题为恭陈台湾弃留之利害仰祈睿裁事窃照台湾地方北连吴会南接粤峤延袤数千里山川峻峭港道纡回乃江浙闽粤四省之左护隔离澎湖一大洋水道三更余遥查明季设水澎标于金门所出汛至澎湖而止水道亦有七更余遥台湾一地原属化外土番杂处未入版图也然其时中国之民潜至生聚于其间者已不下万人郑芝龙为海寇时以为巢穴及崇祯元年郑芝龙就抚将此地税与红毛为互市之所红毛遂联络土番招纳内地人民成一海外之国渐作边患至顺治十八年为海逆郑成功所攻破盘踞其地纠集亡命挟诱土番荼毒海疆窥伺南北侵犯江浙传及其孙克塽六十余年无时不仰厪宸衷日奉旨征计亲历其地备见野沃土膏物产利溥耕桑并耦鱼盐滋生满山皆属茂树遍处俱植修竹硫磺水藤糖蔗鹿皮以及一切日用之需无所不有向之所少者布帛耳兹则木棉盛出经织不乏且舟帆四达丝缕踵至饬禁虽严终难杜绝实肥饶之区险阻之域逆孽乃一旦凛天威怀圣德纳土归命此诚天以未辟之方舆资皇上东南之保障永绝边海之祸患岂人力所能致夫地既入版图土番人民均属赤子善后之计尤宜周详此地若弃为荒陬复置度外则今台湾人居稠密户口繁息农工商贾各遂其生一行徙弃安土重迁失业流离殊费经营实非长策况以有限之船

渡无限之民非阅数年难以报竣使渡载不尽苟且塞责则该地之深山穷谷窜伏潜匿者实繁有徒和同土番从而啸聚假以内地之逃军闪民急则走险纠党为祟造舟制器剽掠滨海此所谓藉寇兵而赍盗粮固昭然较著者甚至此地原为红毛住处无时不在涎贪亦必乘隙以图一为红毛所有则彼性狡黠所到之处善能鼓惑人心重以夹板船只精壮坚大从来乃海外所不敌未有土地可以托足尚无伎俩若以此既得数千里之膏腴复付依泊必合党伙窃窥边场迫近门庭此乃种祸后来沿海诸省断难晏然无虞至时复勤师远征两涉大洋波涛不测恐未易再建成效如仅守澎湖而弃台湾则澎湖孤悬汪洋之中土地单薄界于台湾远隔金厦岂不受制于彼而能一朝居哉是守台湾则所以固澎湖台湾澎湖一守兼之沿边水师汛防严密各相犄角声气关通应援易及可以宁息况昔日郑逆所以得负抗逋诛者以台湾为老窠以澎湖为门户四通八达游移肆虐任其所之我之舟师往来有阻今地方既为我得在在官兵星罗碁布风期顺利片帆可至虽有奸萌不敢复发臣业与部臣苏拜抚臣金鋐等会议之中部臣抚臣未履其地去留未敢进决臣阅历周详不敢遽议轻弃者也

伏思皇上建极以来仁风遐扬威声远播四海宾贡万国咸宁日月所照霜露所队凡有血气莫不臣服以斯方拓之土奚难设守以为东南数省之籓篱且海氛既靖内地溢设之官兵尽可陆续汰减以之分防台湾澎湖两处台湾设总兵一员水师副将一员陆师参将二员兵八千名澎湖设水师副将一员兵二千名通共计兵一万名足以固守又无添兵增饷之费其防守总兵副参游等官定以三年或二年转升内地无致久任永为成例在我皇上优爵重禄推心置腹大小将弁谁不勉励竭忠然当此地方初辟该地正赋杂饷殊宜蠲豁见在一万之兵食权行全给三年后开征可以佐需抑亦寓兵于农亦能济用可以减省无庸尽资内地之转输也盖筹天下之形势必求万全台湾一地虽属外岛实关四省之要害勿谓彼中耕种尤能少资兵食固当议留即为不毛荒壤必藉内地挽运亦断断乎其不可弃惟去留之际利害攸系恐有知而不言如我朝兵力比于前代何等强盛当时封疆大臣无经国远猷矢志图贼狃于目前苟安为计划迁五省边地以避寇患致贼势愈炽而民生颠沛往事不臧祸延及今重遗朝廷宵旰之忧臣仰荷洪恩天高地厚行年六十有余衰老浮生频虞报称末由熟审该地形势而不敢不言盖臣今日知而不言至于后来万或滋蔓难图窃恐皇上责臣以缄默之罪臣又焉所自逭故当此地方削平定计去留莫敢担承臣思弃之必酿成大祸留之诚永固边圉会议之际臣虽谆谆极道难尽其词在部臣抚臣等耳目未经又不能尽悉其概是以臣于会议具疏之外不避冒渎以其利害自行详细披陈但事关朝廷封疆重大弃留出自干断外台湾地图一张附马塘递进御览缘系条议台湾去留事宜贴黄难尽伏乞皇上睿鉴全览施行

康熙二十二年十二月二十二日

附录八闽绅士公刊原评

台湾削平之后持议者莫不曰此一块荒壤无用之地耳去之可也汉刘安谏伐闽疏曰得其地不足以耕得其人不足以臣即此之谓矣殊不知此岛北连三吴南接两粤实江浙闽粤之左护弃之则红毛巢穴于其中勾连匪类久而生变此其为害匪细故也公身历其地熟识情形特疏恳留条陈详悉为沿海计万全为朝廷图治安诚深且远也而所最快心者以当时封疆大臣无经国远猷矢志图贼狃于目前苟安为计划迁五省边地以避寇患致贼势愈炽民生颠沛往事不臧延祸及今重贻朝廷宵旰之忧此公之所以叹息痛恨于当日者也今台湾澎湖文武官僚建设分治区画咸宜鸡犬桑麻境内乂安是皆公日夜焦劳深思远虑而为此久安长治之至计者也边海长城天南锁钥非公其孰当此者乎

卷下·移动不如安静疏

太子少保靖海将军靖海侯兼管福建水师提督事务臣施琅谨题为移动不如安静仰乞俞旨以广皇仁事窃照台湾自郑逆盘踞数十余年以为老窠招集亡命扰动数省故从前投诚官兵虑有反侧皆安插外省所以解散而消弭之也臣奉旨总统进征剿抚并用台湾归附臣亲履该地伪官给以俸伪卒给以饷且将其兵将渐次分离并无一兵复听管束仍一面派拨船只将各官陆续载入内地查系外省者分发外省各府县原籍安插系本省者即交各府县原籍安插仍取其地邻保结存查其伪卒愿归农者则听其归农愿逐伍者则暂拨在从征各镇营逐伍其所给

粮皆从省约不过使之各怀新恩离散党与未尝敢效从前之冒给粮饷又伪镇弁之现入内地者自本年正月起之俸已行停给其尚在台湾伪官卒约计只三千余员名其月饷自三月起亦行住支伪文官则从无分给今奉有安插附近各省之旨臣敢不钦遵在部臣苏拜欲令移驻畿辅山东山西河南诸省臣思自康熙十三年以后投诚各官概荷隆恩免其迁徙今台湾各伪官蒙我皇上赦其前愆莫不仰戴浩荡鼓舞于光天化日之下毫无怀贰若一行移驻其间有眷口者不少无眷口者亦多远涉长途不堪艰瘁逃匿生患所不能无况地方人民久困荼毒方谓海氛削平凋残少苏今欲将各伪官眷口移驻外省沿途搬运百姓有策应人夫之苦经过郡县官吏有备给口粮之费所到地方有动拨民房之扰开垦耕作有应给牛种农具之资又是一番苦累以臣叨蒙国恩夙膺同安城守副将以及升转水师提督十有数载见从前投诚各官之移驻各省现在存留寥寥无几不过冒费金钱重烦百姓耳今天下大定人心已安海外沾化革面倾诚率土之滨莫非王臣不若广开仁恩将此项伪官俯就福建本省安插尤见皇上推心置腹使各遂其生省人夫之搬运口粮之应给民房田舍之动扰牛种农具之冒破且无长途逃匿之患所谓移动不如安静之为得也臣自入闽以来即遣心腹之人密往台湾澎湖贼中道达臣之旧时部曲现为职官者从中潜谋取事遂有伪镇营何佑等谋结党类以待内应臣业有题报但恐漏泄未敢直指姓名则当台湾未平之时臣已知其人心解体而无固志岂今日郑克塽等纳士归附并其亲族与刘国轩冯锡范等皆遵旨进京明宗室朱桓等移就山东河南安插是台湾之窠穴已破根株已尽可保其永无后患其余各伪官人员皆无关系又何须移驻以滋民扰且费公帑乎在部臣苏拜抚臣金鋐未悉其详不敢置议臣备知其倾心向化已无他念且思我皇上知臣之深信臣之笃感激思奋虽在迈年一意专征今地方既拓事无大小必求允当且臣衰老余生倘蒙睿恩以海宇既靖边封无虞准臣入侍犹可不与乃现膺重寄欲计长治不得不据实入告仰冀俞旨臣极知此疏一题必启群议以臣市恩但臣思此番投诚与其移而复动数省之烦难曷若安之可永保其无事在他人知而未必敢言在臣深悉利害势难缄默始终竭忠尽诚誓答洪恩所以不避嫌疑冒昧上陈缘系密题移驻伪官事理字多逾格贴黄难尽伏乞皇上俯赐全览干断施行康熙二十三年三月初一日

附录八闽绅士公刊原评

闽省当凋残之后兵马往来邮亭络绎粟米力役民之疲于奔命者非一日矣兹幸台湾削平逆艘绝迹诚与民休息之时也乃伪官弁眷日议移驻外省沿途夫役之迎送过宿行粮之支给不惟闽省受供应之苦即经往省会关津亦难逃扰派之烦民生之大患莫有过于此也公洞见利害独疏入告一力担当不顾诸当事之非议请令本省安插各还原籍民生免供亿力役之劳而投诚诸将士得以还首丘而保坟墓永无出疆之惨而遂获更生之庆是皆公之恺悌为怀痌瘝乃心故其轸念民艰而推心置腹于反侧子盖若此之殷且至也阴隲齐天德垂万禩岂虚语哉

卷下·中元祭阵亡官兵文

阏逢纪岁金祇御时凉飚浏浰白露沾滋感四序之迁易怀故垒乎殇师操吴戈兮犀甲冲矢石兮海涯奋先登以贾勇誓焚舰而搴旗遂乃触轰焰于飞陨罹锋镝而伤彝痛形体之沦丧冀魂魄之来兹风云凄其悲惋波涛咽其流澌余忝军麾于率领肃纪律以控持届中元之令节值兰盆之会期念将士之殚力悼幽冥之凶危罗肴蒸以奠享陈酏醴于盈卮特端员而虔祭抒诚悃于水湄灵之游兮髣髴惟歆饫兮攸宜尚飨

康熙二十三年七月十五日

卷下·壤地初辟疏

太子少保靖海将军靖海侯兼管福建水师提督事务臣施琅谨题为壤地初辟乞沛皇仁以弘治化事窃照臣准兵部密咨为谨陈善后末议以赞一统无外之宏规事内开覆奉俞旨台湾应得钱粮数目若干白糖鹿皮可否兴贩著部臣苏拜及督抚提再议该臣钦遵于本年七月十六日就厦门登舟乘南风而赴省城会议浃月未得适合臣思漳泉为下游地方兼见在渡载安设台湾文武官员兵丁及班回征师臣与提臣万正色不便皆久住省城姑于八月十九日乘北风由舟先回厦门料理其台湾应得钱粮数目及白糖鹿皮可否兴贩之处部臣及督抚二臣复议明

白至九月初八日移送会题疏稿与臣画题矣然臣更有不得不披陈者盖台湾沃野千里则壤成赋因地为粮宜称富足但地僻汪洋之中化阻声教之外弥山遍谷多属土番虽知怀服习性未驯射猎是事征供无几所安于耕桑可得按户而问赋者皆中国之人于数十年前生聚乎其间及郑逆拥众盘踞兵即为农农即为兵兼沿海数省之地方人民有为其所掠而去者有趋而附者非刁于渔则与为佃自臣去岁奉旨荡平伪藩伪文武官员丁卒与各省难民相率还籍近有其半人去业荒势所必有今部臣苏拜等所议钱粮数目较伪藩郑克塽所报之额相去不远在郑逆当日僭称一国自为一国之用度因其人地取其饷赋未免重科兹部臣等奉有再议之旨不得不以此数目议覆臣窃见此地自天地开辟以来未入版图今其人民既归天朝均属赤子以我皇上视民如伤率土咸被伏乞沛以格外之泽减以应需之赋则恩出自皇上不在臣下使海外诸国向闻天威而慑服兹轻赋薄敛益慕圣德而引领如以会议既定当按数而征在道府县责成所系必奉行催科兼以郑逆向时所征者乃时银我之所定者乃纹银纹之与时更有加等兹刘国轩冯锡范见在京师乞敕部就近讯询而知彼夫遐陬初化之人非孝子顺孙万或以繁重为苦输将不前保无酿成地方之祸阶乎至时动辄为费更甚何惜减此一二万之钱粮哉

且臣前之所以议守此土者非以因其地而可以加赋也盖熟察该地属在东南险远海外之区关系数省地方安危既设官分治拨兵汛防则善后之计宜加周详今所调守兵一万乃就闽省经制水陆兵丁六万五千七百五十名数内抽调前去兵无广额饷无加增就此议定钱粮数目蠲减于寇虐之后使有司得以仰体皇上德意留心安集抚绥俾四民乐业亿兆欢戴至数年后人户盛繁田畴悉易赋税自尔充溢斯时有增无减岂待按数而征哉至于兴贩东洋白糖一项岁定二万石不足之数听其在本省之内采买夫本省之去台湾已隔两重汪洋以台湾所产白糖配台湾兴贩船数固为安便若就本省凑买白糖涉重洋而至台湾方兴贩东洋则今四方荡定六合为一在台湾可以兴贩东洋何本省而不可兴贩必藉台湾之名买白糖赴彼兴贩此皆部臣苏拜等虑彼中之钱粮不敷婉为筹度凑足良法可知台湾钱粮一时未能裕足故也然在部臣及督抚二臣未至其地不知该地情形虽留心区画难以曲尽以臣躬亲履历其于民风土俗安危利害无不详悉天下事言之于已然之后不若言之于未然之前臣荷恩深重知无不言言无不尽如今不言至于后来或有祸患咎臣以缄默之罪臣又安所自逭况臣叨有会议之旨故不得不以披陈缘系密题台湾钱粮事理贴黄难尽伏乞皇上俯赐全览敕部议覆施行

康熙二十三年九月二十九日

附录八闽绅士公刊原评

台湾原海外一荒岛耳土蕃往来自为贸易日以射猎为生概无正供赋税洎郑逆据而有之带集兵民始得分土种植通商贸贩因而设社追征盖就其一隅之产以供百万之费政繁赋重民心已思变久矣今既归降如出水火各省难民相率还籍投诚家众移送归家较之前时民数已减其半矣今若赋役稍轻从此而生聚而教诲安在不可为乐土耶苟仍为重征繁赋民不堪命或生异心亦未可知也公疏中谆谆恳切指画详明盖深悉利害于胸中而不觉发而为忠荩之词非徒铺张时务以塞一日之责者也至若兴贩白糖不便本省采买之义尤确确可从而台民免远涉之劳真防患未然之至计也公无事不为民生陈疾苦无日不为地方计安危即此疏已见其大端矣

卷下·海疆底定疏

太子少保靖海将军靖海侯兼管福建水师提督事务臣施琅谨密题为海疆底定更宜加慎以垂永安事臣闻虑事必计其久远防患在图于未然我皇上深念海宇既靖生灵涂炭多年故大开四省海禁特设关差定税听商民贸捕群生感霈泽之均沾国家获泉流之至计浩荡洪慈实冠历代帝王之丕谟顾臣思前因海禁森严提防易于画一兹海禁既展沿海内外多造船只飘洋贸易捕采纷纷往来难以计算水师汛防无从稽察窃见在昔明朝滨海奸徒出没纠艅肆害延至我朝定鼎四十余年江浙闽粤数省民靡有宁今德威远播四海归心惟南之柬埔寨尚有伪镇杨彦廸下余孽黄进聚艘百余号北之浙江乌洋尚有房锡鹏残党及抚而复叛之刘会集艘数十只游移海洋迩来贸易船只给有关臣照票而往采捕船只给有道府县由单而出丛杂无统兼数省内地积年贫穷游手奸宄罔作者实繁有徒莫从施巧乘此开海公行出入汛口若严于盘查则以抗旨难阻之罪相加如此行走不由向问恐至海

外诱结党类蓄毒酿祸水师将弁必坐听其罪况见准浙江抚臣赵士麟咨称闽省有等渔船越境荼毒渔民亟宜禁止等语臣以为展禁开海固以恤民裕课尤须审弊立规以垂永久如今贩洋贸易船只无分大小络绎而发只数繁多赀本有限饷税无几不惟取厌外域轻慢我非大国之风且藉公行私多载人民深有可虑如近者臣在省会议据中军参将张旺报称船户刘仕明赶缯船一只给关票出口往吕宋经纪其船甚小所载货无多附搭人数共一百三十三名臣据报时即行查而该船已开去矣一船如此余概可知此时内地人民奸徒贫乏不少弗为设法立规节次搭载而往恐内地渐见日稀夫以台湾难民尚荷皇上德意移入内地安插今内地之人反听其相引而之外国殊非善固邦本之法窃观外国所来进贡之船人数来往有限岂肯遗留一人在我中土更考历代以来备防外国甚为严密今虽与其贸易亦须有制不可过纵以臣愚见此飘洋贸易一项当行之督抚提各将通省之内凡可兴贩外国各港门议定上大洋船只数听官民之有根脚身家不至生奸者或一人自造一船或数人合造一船听四方客商货物附搭庶人数少而赀本多饷税有征稽查尤易至于外国见我制度有方行法慎密自生畏服而遏机端其欲赴南北各省贸易并采捕渔船亦行督抚提作何设法画定互察牵制良规以杜泛逸海外滋奸则民可以遂其生国可以佐其用祸患无自而萌疆圉永以宁谧诚为图治长久之至计故安不忘危利当思害苟视为已安已治无事防范窃恐前此海疆之患复见不远矧兼水师船只刻限三年小修五年大修自征剿及渡载投诚伪官兵眷口难民之后多属朽坏搁泊少当于用穷弁不能拮据整葺请修犹迟时日而沿海新造贸捕之船皆轻快牢固炮械全备倍于水师战舰倘或奸徒窃发藉其舟楫攘其赀本恐至蔓延盖天下东南之形势在海而不在陆陆地之为患也有形易于消弭海外之藏奸也莫测当思杜渐更以台湾澎湖新辟远隔汪洋设有藏机叵测生心突犯虽有镇营官兵汛守间或阻截往来声息难通为患抑又不可言矣至时必有以禁止贸捕之议复行宁惟负我皇上子养亿兆之德意将东南环海地方不又仰廑宸衷顾虑哉盖自我朝御极以来凡有梗化精骑一到率土咸服独此海氛积年负抗调发劳费动关亿万未获削平乃干断航剿甫尔荡定而四省开海船只出入无禁思患预防不可一日废弛臣谬膺职任在闽言闽当此未然深知情弊鳃鳃上陈使臣年力方壮皇上不以臣为驽骀尚可竭蹷绸缪惟年已六十有五衰老渐及意在乞休祗荷恩深重思皇上有千万世之洪基臣子孙有千万世之爵禄故不能缄默而言人之所不敢言者如果刍荛可采伏乞皇上睿鉴敕部议覆缘系备陈海疆宜慎事理贴黄难尽仰祈俯赐全览施行

康熙二十四年三月十三日

卷下·收用人才疏

太子少保靖海将军靖海侯兼管福建水师提督事务臣施琅谨密题为收拾遗弃有用人材以彰全恩事窃惟我朝定鼎以来凡属投诚荷恩录用在在竭忠或膺提镇或授副参游守千把等官殊典过优近准部咨康熙十三年以后凡投诚功加未至八等者追札归农奉旨钦遵在案此就功分别用舍亦慎名器之要端然此等不无抱抑之叹盖用人之道用之不可以拘例弃之尤不可以骤促臣思闽省投诚有系康熙十三年以前在外省垦荒为题调从征效力者有康熙十三年以后在本省効劳见补经制游守千把员缺内有著绩者至于台湾新附人员亦有勇敢历练者一旦弃置之未免屈其已効之力而辜其归命之心以臣愚见不若洪开格外隆恩敕下督抚提将新旧投诚各官见在闽省者亲行考验其中果老弱病废无一技之长原系有经任游守千把者准其原品致仕未经任事者听其原籍安插归农果系年力精壮胆气舅敢历练战斗者酌定衔札量给俸饷令随督抚提标下効劳许以遇缺保题一二补用此中名数旧者如垦荒题调及本省効劳见补经制员缺航剿効力者验选不过数十员计朝廷之动给无几盖前海疆未靖年年调发飞挽费用不计今四方式宁各省溢额官兵概经裁汰俸饷从此减省一年之中何惜一二万金以养有用之人使新旧投诚老弱者遂安处之荣精锐者有功名之用若以功名未至八等循例而弃之已至八等循例而用之是循资格以待人臣伏见未至八等者其才略未必皆逊于已至八等者之员已至八等者其才略未必能胜于未至八等者之员惟择其精练勇敢者而蓄之则凡巨擘者得遂其愿効之怀自壮而老老而死安心于覆帱彼懦弱无长者亦恬然而自安不宁惟是见今裁兵之际更多游手游食穷窘无藉之辈负戴营生非其素志不能尽保其无异念视此巨擘者皆为我罗而养之则若辈之碌碌因人成事者终无足有为即为亦无济此实笼络人材罗其尤而众心自戢者也且夫朝廷尚三年一试武场不过欲广搜天下人材然所合中式虽弓马略谙而未历戎伍未经战攻何若此等之赳赳武夫惯精于疆场用之较有实効也昔汉祖当天下既定犹思壮士以守四方此深鉴用舍

之得失兹万国献琛群黎遍德各省亦有投诚不同而臣在闽只惟言闽特举此投诚之用舍盖措置得宜其于国家未必无少裨也况乎郑克塽见蒙优加公爵冯锡范刘国轩见授伯爵国轩更叨天津总兵之任皇上之推心垂仁诚冠于万古帝王又谁不倾心仰答者乎臣为封疆筹奠安至计非敢为投诚人员市私恩如臣言可采伏乞睿鉴敕部议覆施行

康熙二十四年三月十三日

卷下・君恩深重疏

太子少保靖海将军靖海侯兼管福建水师提督事务臣施琅谨奏为君恩深重臣职未酬今将永辞圣世伏枕谢恩仰祈睿鉴事切臣以猥劣庸材谬膺宠眷自同安副将历任总兵旋升福建水师提督加为靖海将军康熙六年内奉旨进京荷蒙皇恩授为内大臣伯豢养十余年二十年内复蒙特简为福建水师提督专征台湾荡平之后随蒙圣恩授为靖海将军封靖海侯世袭罔替海疆重任时兢蚊负两次陛见臣自惟年老面请乞休蒙温旨慰谕命臣旋任勉供衰残意谓一日在世可竭一日之効讵知本年二月初旬陡染痰壅气喘之症医药至今未见有效中心思惟受洪恩之罔极恐报称之无从不揣愚昧冀邀睿鉴臣蒙恩封为靖海侯世袭罔替臣亲生八男长男出继及三男俱已蚤丧五男世駷七男世骅皆随臣在任次男世纶现任江南江宁府知府四男世骥现任浙江严州府同知臣死之后乞恩准赴闽尽丧所有侯爵臣拟以第八男施世范承袭俾其代臣报効仰答涓埃又臣生长福建愿乞骸骨俯赐臣男等就梓里择地安葬而臣之祖先坟墓俱在泉属本乡臣请以第五男世駷在闽岁时祭祀照管伏乞皇上广孝治之仁垂怜恩准臣既不能延喘竭报犹幸第六男世骠任山东济南城守参将功侄世騄任张家口副将现随圣驾効力辇毂之下代臣竭未尽之心俾臣死得瞑目伏思闽疆滨海重地而厦门又最要紧且臣衙门更有统辖台澎之责弹压之寄出自宸衷简在苐臣愚见如现任江南提督臣张旺历任闽海边疆臣稔知其人忠勤练达熟识闽海情形若以之调补福建水师提督必克胜任伏乞皇上睿裁至于南湾镇臣杨嘉瑞浙江定海镇臣蓝理广东碣石镇臣曾成四川建昌镇臣施应元俱经仝臣征剿澎台谋勇兼优戮力血战海坛镇臣杨元弼台湾镇臣王国兴广东潮州镇臣薛受益均才猷夙著调度有方臣标副将方冰左营游击陈敬右营游击傅春秀前营游击林显达中营中军守备梁爱后营中军守备刘春均勤慎耒防恪供厥职功加左都督施韬施肇瓒刘沛吴虎张应韩瑞董义丘建林应俱系随臣航剿澎台著劳内施肇瓒刘沛吴虎张应经臣保题注册候推游击其施韬韩瑞董义丘建林应五员亦经保题部覆以系十三年以后投诚停其录用在案此数员皆系从征効力之人臣不敢泯灭其功仰冀皇上简拔先用更臣当进征台澎时有捐造盔甲器械内除澎湖攻战阵失及年久坏烂不堪用外尚有存剩盔甲器械发交臣标五营将备收贮理合一并声明臣今黄壤非遥丹心未泯一线微息满腔哀鸣贴黄难尽伏乞皇上宽宥全览敕部议覆施行

康熙三十五年三月二十二日

卷下・赠宫傅制诰

奉天承运皇帝制曰人臣奏开阃之勋谋猷克壮国家锡报功之典品秩加崇惟懋绩树乎师中斯宠命荣于身后尔原任太子少保靖海将军靖海侯福建水师提督施琅夙谙兵事久历军行壮岁从戎即著干城之望岩疆分镇聿推保障之才洎乎受律中朝建麾全闽兵民藉以绥辑而斥堠无惊将士乐其拊循而简稽有法念兹劳绩奄尔沦徂宜沛殊恩俾加显秩兹赠尔太子少傅光禄大夫于戏抒诚报国式膺三命之荣班爵酬庸用慰九原之志尚承渥泽永贲泉垆

康熙三十六年三月十六日

卷下・敕建碑文

太子少保靖海将军靖海侯右都督管福建水师提督事加赠太子少傅谥襄壮施琅碑文朕惟国家有戡乱宁民之略必有协谋宣力之臣用能殚布天威廓清海宇绩既书于册府宠亦集于私门堂陛之谊常通始终之礼攸渥

弘兹异数以劝有功尔施琅材略夙优忠诚丕著自分阃同安从征用命每当调遣辄冠军锋寻总水师屡陈进取厦门之克尔与有劳召列环卫之班晋锡躬圭之爵暨朕削平僭逆底定多方蠢兹海氛阻远负固欲声厥罪以救边氓谘诹在廷谓难剪灭惟尔独抒忠悃力赞成谋聚米堪图指掌可述朕心益断命尔徂征尔能上度天时下揆地势更行间谍收合人心排群帅以密陈乘南风而破浪六月于迈一鼓而平四十余年之巨孽悉除三十六岛之残黎皆悦戢兵而惟宣德意受降而不复私仇调度周详朕深嘉叹尝赋诗以当劳还之宠解衣以弘挟纩之恩世爵尔侯董戎如故既而入观训以温言仍赴军中委任不替尔能祗遵朕训保有令名何不遐年朕心轸悼泽加身后悉准来章赠恤从优谥曰襄壮呜呼赐尔丧之反葬永增耀于乡邦嘉尔子之多才更推恩于部曲情惟念旧义不忘劳勒之贞珉垂休无斁

康熙三十七年八月十二日立

卷下·谕祭第一次

康熙三十七年九月十一日皇帝遣福建分守兴泉道布政使司参议加四级王之麟谕祭太子少保靖海将军靖海侯右都督管福建水师提督事加赠太子少傅谥襄壮施琅之灵曰朕惟宣力岩疆臣子奉公之大谊推恩良翰国家恤下之弘仁勋庸懋著于生前宠泽宜加于身后爰稽宪典式备哀荣尔施琅忠勇性成韬钤夙裕早以副将分阃同安旋总八闽之水师爰任将军之重寄入授躬圭之爵近膺环卫之班当夫三逆荡平海氛未靖朕欲声罪致讨以宁远人盈庭之集议多疑惟尔能摅忱力赞盖以灭贼自效即谓克期可平孚于朕心再膺节钺行间抗疏争六月以兴师上将伐谋鼓南风而破浪澎湖功最贼巢早断其咽喉台湾势穷渠党毕输其图籍扫数十年不庭之巨寇扩数千里未辟之遐封答尔成劳酬以异数侯封大启及尔子孙幕府仍开肃我闽峤宜绥茀禄以服宠休兹闻溘亡曷胜叹悼呜呼垂勋海外永澄万里之波赐窆故乡用慰九原之魄聿颁祭醊灵其敬承

卷下·谕祭第二次

康熙三十七年九月十四日皇帝遣福建分守兴泉道布政使司参议加四级王之麟谕祭太子少保靖海将军靖海侯右都督管福建水师提督事加赠太子少傅谥襄壮施琅之灵曰勋垂专间弥怀将略之优礼重恤终倍著国恩之厚椒馨再锡泉壤逾尤尔施琅果毅有谋次碓善断遵适准以扬威域外拓土开疆荷恩而受钺海滨疏封锡爵方于城之是寄遽麾节之长辞睠念前劳良深轸悼洊颁异渥聿备彝章庶格灵筵钦承宠命

卷下·谕祭第三次

康熙三十七年九月十六日皇帝遣福建分守兴泉道布政使司参议加四级王之麟谕祭太子少保靖海将军靖海侯右都督管福建水师提督事加赠太子少傅谥襄壮施琅之灵曰阃帅成劳早茂膺夫爵命皇家恤典尤倍渥于勋臣奠醊屡宜恩施洊被尔施浪材武性成谋猷夙裕功收万里而外爵居五等之间上将权隆控大洋而膺节钺南邦寄重开炎徼以作屏垣遗疏忽闻朕心轸悼降恩纶而三锡视故事以有加灵其祇承光于奕禩

筹办夷务始末[①]

道光卷一

道光十六年丙申四月己卯。太常寺少卿许乃济奏。鸦片烟本属药材。其性能提神止泄辟瘴。见明李时珍本草纲目。谓之阿芙蓉。惟吸食既久。则食必应时。谓之上瘾。废时失业。相依为命。甚者气弱中乾。面灰齿黑。明知其害而不能已。诚不可不严加厉禁以杜恶习也。查鸦片之类有三。一曰公班皮。黑色。亦谓之乌土。出明雅喇。一曰白皮。出孟买。一曰红皮。出曼达吞喇萨。皆英吉利属国。乾隆以前海关则例列入药材项下。每百斤税银三两。又分头银二两四钱五分。其后始有例禁。嘉庆初年。食鸦片者罪止枷杖。今递加至徒流绞监候各重典。而食者愈众。几遍天下。乾隆以前。鸦片入关纳税后。交付洋行兑换茶叶等货。今以功令森严。不敢公然易货。皆用银私售。嘉庆年间。每岁约来数百箱。近竟多至二万余箱。每箱百斤。乌土为上。每箱约价洋银八百圆。白皮次之。约价六百圆。红皮又次之。约价四百圆。岁售银一千数百万圆。每圆以库平七钱计算。岁耗银总在一千万两以上。夷商向携洋银至中国购货。沿海各省民用颇资其利。近则夷商有私售鸦片价值。无庸挟赀。由是洋银有出而无入矣。

国家承平垂二百年。休养生息。财帛充牣。我皇上躬行节俭为天下先。宜乎黄金与土同价矣。然向来纹银每两易制钱千文上下。比岁每两易钱至千二三百文。银价有增无减。非银有偷漏而何。以中原易尽之藏。填海外无穷之壑。日增月益。贻害将不忍言。或欲绝夷人之互市。为拔本塞源之说。在天朝原不惜捐此百余万两之税饷。然西洋诸国通市舶者千有余年。贩鸦片者止英吉利耳。不能因绝英吉利。并诸国而绝之。濒海数十万众恃通商为生计者。又将何以置之。且夷舶在大洋外。随地可以择岛为廛。内洋商船皆得而至。又乌从而绝之。比岁夷舶周历闽浙江南山东天津奉天各海口。其意即在销售鸦片。虽经各地方官当时驱逐。然闻私售之数亦已不少。是虽绝粤海之互市。而不能止私货之不来。或谓有司官查禁不力。致令鸦片来者日多。然法令者。胥役棍徒之所藉以为利。法愈峻。则胥役之贿赂愈丰。棍徒之计谋愈巧。道光元年。两广督臣阮元严办澳门囤户叶恒树。夷商无可讬足。因自贩于零丁洋。其地在蛟门以外。水路四通。有大舶七八只终岁停泊。收贮鸦片。谓之趸船。有省城包买户。谓之窑口。由窑口兑价银于夷馆。由夷馆给票单至趸船取货。有来往护艇。名曰快蟹。亦曰扒龙。炮械毕具。亡命数十辈。运桨如飞。所过关卡均有重贿。遇兵役巡船向捕。辄敢抗拒。互致杀伤。前督臣卢坤调派水师副将秦裕昌香山知县田溥等。拿获梁显业贩卖鸦片船只。起出烟泥一万四千余斤。格杀生擒者共数十人。并按治窑口匪犯姚九欧宽等。籍产入官。查办非不认真。而此风终未能戢。盖凡民之畏法不如其骛利。鬼蜮伎俩。法令实有时而穷。更有内地匪徒。冒充官差。以搜查鸦片为名。乘机抢劫。臣前在广东署臬司任内。报案纷纷。栽赃讹诈之案。尤所在多有。此等流弊。皆起自严禁以后。究之食鸦片者。率皆游惰无志不足重轻之辈。亦有年逾耆艾而食此者。不尽促人寿命。海内生齿日众。断无减耗户口之虞。而岁竭中国之脂膏。则不可不大为之防。早为之计。今闭关不可。徒法不行。计惟仍用旧例。准令夷商将鸦片照药材纳税。入关交行后。只准以货易货。不得用银购买。夷人纳税之费。轻于行贿。在彼亦必乐从。洋银应照纹银一体禁其出洋。有犯被获者。鸦片销毁。银两充赏。至文武员弁士子兵丁等。或效职从公。或储材备用。不得任令沾染恶习。致蹈废时失业之愆。惟用法过严。转致互相容隐。如官员士子兵丁私食者。应请立予斥革。免其罪名。宽之正所以严之也。该管上司及保结统辖官。有知而故纵者。仍分别查议。其民间贩卖吸食者。一概勿论。或疑弛禁于政体有关。不知觞酒衽席。皆可戕生。附子乌

① 〔清〕文庆等纂辑。据上海古籍出版社 2007 年版。

头。非无毒性。从古未有一一禁之者。且弛禁仅属愚贱无职事之流。若官员士子兵丁。仍不在此数。似无伤于政体。而以货易货。每年可省中原千余万金之偷漏。孰得孰失。其事了然。倘复瞻顾迟回。徒徇虚体。窃恐鸦片终难禁绝。必待日久民穷财匮而始转计。则已悔不可追。伏乞皇上密饬粤省督抚及海关监督确查以上各情节。如果属实。速议变通办理。庶足以杜漏卮而裕国计。

九月壬午两广总督邓廷桢广东巡抚祁𡊮粤海关监督文祥奏。窃臣等于道光十六年五月十九日。承准军机大臣字寄。四月二十九日。奉上谕。据太常寺少卿许乃济奏。鸦片烟例禁愈严。流弊愈大。近年以来。夷商不敢公然易货。皆用银私售。每岁计耗内地银一千万两之多。请变通办理。仍准其以货易货等语。著邓廷桢等会议具奏等因钦此。仰见我皇上轸念民生勤求利弊之至意。臣等伏思立制贵乎因时。为政先宜除弊。若除弊而弊益甚。则不得不筹变通。窃惟鸦片一物。来自外夷。流入中国。历有年所。雍正乾隆年间。载在海关则例。列入药材项下。原无禁止贩卖吸食之例。迨嘉庆四年。前督臣觉罗吉庆议。以外夷之泥土。易中国之货银。殊为可惜。且恐内地人民辗转传食。废时失业。奏请不许贩卖。犯者拟罪。递加至徒流缳首。立法不为不严。无如民之畏法。不如其骛利。自奉禁以后。奸徒狡焉思逞。日渐增多。或趸船揽贮于外洋。或窑口。潜藏于内地。或快蟹扒龙等艇。飞棹走私。或棍徒藉口搜查。肆意讹抢。其初本寻常之物。市井吸食。无所顾忌。值亦甚廉。今则禁令愈严。私贩愈巧。每年所耗内地银两。为数愈益不赀。臣等细核原奏。胪陈时弊。均属实在情形。所请弛禁变通办理。仍循旧制征税。系为因时制宜起见。似应请旨准照原奏。嗣后如有外夷贸易带有鸦片。准令该夷商入关报税。仍照乾隆以前海关则例定额征收。并同别项呢羽等货一体交与洋行。只准以货易货。不得用银私售。由此实力遵行。递年可免中国千万余金之漏卮。洵属清源截流之急务。而税额轻于行贿。偷越之弊不戢自消。兴贩等诸常货。诈扰之风不禁自绝。闾阎省无穷之讼狱。即犴狴少若干之罪囚。况官员士子兵丁。仍限以制。不准吸食。犯者立予斥革。其民间贩卖吸食者。一概勿论。使知耽嗜者皆暴弃自甘之辈。不齿于衣冠文物之中。愧悔既生。湔除自力。诚如原奏。亦无伤于政体。如蒙俞允弛禁通行。实于国计民生。均有裨益。惟立法之初。诸须筹计万全。而禁止纹银出洋一节。尤关紧要。若章程稍未周妥。则不数年而流弊又滋。殊非经久之道。臣等公同商榷。谨拟章程九条。另缮清单。恭呈御览。

一以货易货。应计全数抵算。不准影射也。查鸦片驰禁。原为杜绝私售匮财起见。必将夷船鸦片。责成保商协同总商。核定该价若干。衡量内地之货。该价若干。银数相等。彼此以货全数抵易。不得用银购买。查天朝出产。贵重适用货物。多于外夷数倍。以货抵货。有赢无绌。若偶遇所来鸦片过多。所需内地之货较少。不敷抵算。而夷船即须回帆。则由保商先行收税代纳。其鸦片除易货外。余俱起贮该行。该保商眼同夷商核明所存确数。具报监督衙门立案。随时代销。销竣仍与承卖鸦片之商。同禀销案。将来夷商来粤。仍照数以货抵还。不准借找价之名。私行找给银两。仍责成殷实总商。严加稽察。于夷船出口时。总保各商加具并无夹带纹银切结。呈送查考。如有用银私买。或找给价银者。即据实禀出。从重究惩。并将鸦片入官变价。已经转卖者。追价入官。如总保各商通同徇隐。一并究惩。

一水师巡船。及各关口员役。宜责令专在隘口稽查。不准出洋藉词滋扰也。鸦片虽经弛禁。而商民趋利若骛。诚恐仍向夷商私相交易。则纹银偷漏。仍所不免。应责令水师巡船。及各关口员役。实力稽查。遇有私银出口。即行拿解究办。所获银两船只。全数充赏。以示鼓励。而杜偷越。但纹银出洋。既有从出之地。亦有必出之途。从出之地。则在附近洋行。必出之途。则在出口要隘。止须认真查察。不虑其飞渡外洋。若一经出海。则散漫无稽。兵役匪徒藉口巡缉。不但不能扼要。且恐滋生事端。仍应严行饬禁。

一洋银应照旧章仍准带回三成。并先确查来银数目。以杜欺隐也。查夷船向多载运洋银来粤。以备易货找价。及回帆水脚之需。如进口货多。出口货少。其洋银即有余剩。势不能禁其带回。溯查嘉庆二十三年。前粤海关监督臣阿尔邦阿因夷人带回洋银。并无限制。咨经前督臣阮元议。以准其带回三成。余听借给别夷办货输税。迄今循行无异。兹鸦片来船。或因载运无多挟赀以图易货找价者。亦所不免。

似应仍照旧章办理。惟夷船带来洋银为数多寡不等。如剩银十万圆。自应准其将三万圆带回。若剩银至二十万圆。即须示以限制。应请嗣后夷船带来洋银余剩至十万圆者。准其带回三成。如至二十万圆以上。无论鸦片及别项货物船只。均准令带回五万圆为止。不得再溢此数。仍先于该夷船进口报验时。责成保商查明来银确数登记。以为将来除用核存按成给带之准。并责成总商保商一体实力稽察。倘吏胥人等虚查捏报。严拿惩办。总保各商徇隐舞弊。一并究惩。

一鸦片应与别项洋货。一例交易。不必设局专办也。查货殖之道。操赢制余。各有其术。人弃我取。见亦不同。势难合众情而一之。今鸦片既循旧制。准其入口交易。即属药材。与他货无异。若设立专局经理。恐易启垄断居奇之渐。宜听夷人择行自报保商。报验输税。毋庸另设公局。庶奸徒不得把持牟利。于夷洋两商均有裨益。

一额税宜遵旧制。不必加增。并严禁需索陋规也。查粤海关则例。鸦片每百斤征正税银三两。加一火耗银三钱。仍照奏定归公规例。加收担头分头等银八分六厘。虽鸦片有乌土白皮红皮之分。贵贱不同。而按斤纳税。则统归一致。诚以税重。则必避税而走私。税轻。则不肯走私以冒险。而额有一定。胥吏亦免上下其手。前人立法具有深意。今应仍照旧额输税。不必增添。但恐弛禁之初。胥吏夤缘为奸。藉词索取陋规。则税轻而陋规转致倍蓰。既失怀柔远人之意。且必以入口为畏途。仍以走私为得计。应严行出示晓谕。正税之外。不准丝毫需索。违者照蠹役诈赃例究惩。

一价值不必预定也。查货殖之道。贱之征贵。贵之征贱。理有固然。故价值之低昂。视乎物力之赢绌。与销售之畅滞。本不能限以定数。今鸦片弛禁之初。骤令贵买贱卖。势所难行。且人情贵贵物而贱贱物。严禁鸦片之时。居奇者每得肆其奸。一经弛禁流通。则是寻常药材。行囊之宝而祕之者。行且弃之如遗。价必日减日贱。若预为定价。转致将来窒阂难行。所有价值。应听其长落随时。毋庸预定。

一内地各省海船运销鸦片。应由粤海关印给执照也。查向办贸易章程。无论何省海船置买洋货。一律赴粤海大关请给印照。详注货物数目。不准私买。并咨明各省通行查照。于各海口严行稽查。如有海船运回外洋货物。查无海关印照。即属私货。照例究办。船货入官。立法最为周备。今鸦片既经弛禁。商人承受运销。与洋货无异。应查照旧章。凡内地各海船承买鸦片。亦投明洋商。以货易货。赴海关请领印照行运。即由海关移咨各该省查照。庶粤省及各省海口。均有稽考。可杜内地海船。在外洋向各夷船私买私卖。偷漏银两之弊。

……

道光十七年丁酉正月丙申。两广总督邓廷桢奏。窃查粤东准予外夷各国通商以来。惟英吉利国生理较大。向经该国设有公司。派令大二三四班。来粤经理贸易。其公司夷船。每年于七八月间。陆续来粤。兑换货物。至十二月及次年正二月内。出口回国。该大班夷商人等。于公司夷船出口完竣之后。请牌前往澳门居住。俟七八月间。该国货船至粤。该大班人等复请牌赴省料理。此从前历办章程也。嗣因公司散局。大班不来。乏人总摄其事。经前督臣卢坤奏奉谕旨。即饬洋商令该散商等寄信回国。另派大班前来。管理贸易事宜。以符旧制等因。钦此。钦遵饬行在案。兹臣于本年十一月内。接据英夷义律由澳门传禀内称。准本国公书。特派远职来粤。总管本国商贾水梢。现在商船进口。聚集省城黄埔等处。商梢人等。多有未悉天朝法度。诚恐滋事。禀乞准其赴省管理等情。臣以该夷禀内叙称远职。似系夷目之称。并非大班名目。该夷现居该国何职。来粤是否仅止管束商梢。并不经理贸易。有无该国文凭。均未据详晰声明。当即委员带领洋商。驰赴澳门。会同该管文武确查去后。旋据该委员等禀称。遵饬带去洋商。向该夷义律逐一查问。据称义律即尊臣。系英吉利国四等职。于道光十四年秋间。附搭巡船到澳。经引水具报有案。该夷住澳两载。承办英吉利商船回国船牌签字。现因公司未复。并无大班。奉该国王命一等大臣信知。派伊管理商贾水梢。不管贸易。并有文凭。饬令在省领事。若有商梢滋事不法。惟伊是问等语。并查明该夷义律携有一妻一子。随从四人。访之住澳洋夷及各国夷商。佥称义律人极安静。并无别故等情。禀覆前来。臣查英吉利国公司散局后。大班不来。近年夷商回国船牌签字。系该夷义律住澳管理。尚称安分。现值该国来船络绎。商船人等实繁有徒。亟资钤束以期绥静。今该夷既领有该国公书文凭。派令经管商梢事务。虽核与向派大班不符。但名异实同。总之以夷驭夷。不许别有干预。似可量为变通。查照从前大班来粤章程。准其至省照料。臣现已谕令该夷暂居澳门。听候据情入奏。如蒙恩准。臣再行咨会粤海关监督给领红牌进省。以后住澳住省。并照旧章以时往来。不准逾期逗留。致开盘踞之渐。臣仍严饬该管文武。及洋商等。随时认真访察。倘该夷越分妄为。或有勾结汉奸。营私骫法。立即驱逐回国。以绝弊源。

谕军机大臣等。据邓廷桢奏称。英吉利国公司散局以后。大班不来。上年十一月内。该国特派远职来粤。总管本国前来贸易之商贾水手等语。该国来船络绎。自应钤东得人。以期绥静。今该夷既有公书文凭。派令经管商梢事务。虽与向派大班名目不同。其为钤束则一。著准其依照从前大班来粤章程。至省照料。并饬令粤海关监督给领红牌进省。以后住澳住省。一切循照旧章。不准逾期逗留。致开盘踞之渐。该督等正可藉此责成该夷。小心弹压。不准干预滋事。仍应密饬该管文武及洋商等。随时认真访察。倘该夷越分妄为。或有勾结汉奸。营私骫法情事。立即驱逐回国。以绝弊源。

六月丁巳。礼科给事中黎攀镠奏。臣惟沿海各省口岸。私运纹银出洋。实属近来锢弊。而粤东为尤甚。盖缘该省为夷船聚集之地。其偷漏为较便。其防范亦为较难。现经两广督臣派委员弁。拿获出洋纹银两起。均经奏请奖励在案。惟是近年夷情贪诈异常。奸民又复趋利若骛。情变百出。虽偶有破案。而奸徒敢于走险。终不免有疏脱之时。臣愚以为救弊之道。欲塞其流。当清其源。源之不清。则其流终不可塞。欲清纹银出洋之源。则必以禁止外夷趸船为第一要著。缘每年各国货船到粤。均在黄埔停泊。其地系属内河。且必经行商出具甘结。始能进口。稽查较易。惟英吉利国有趸船十余只。自道光元年起。每年四五月即入急水门。九月后仍回零丁洋。至道光十三年。该夷探知金星门水面较稳。遂由急水门改泊金星门。由是鸦片之入口。纹银之出口。皆恃趸船为逋逃渊薮。该处海口与香山县最近。匪徒快蟹。朝发夕至。兼之各处港汊可以偷越者甚多。臣故谓趸船不去。则纹银终难禁其出洋者。此也。惟思西洋各国夷船。均系一年一至。互市后便各回帆。即道光元年以前。该国亦未闻私设趸船。何以近年来独任其终岁在洋面停泊。总由该督抚因循畏葸。务为宽大。以致酿成积重之势。应责成该省督抚。严饬洋商。传谕该国坐地夷人。恪遵功令。剀切开导。勒令寄泊趸船尽行归国。无许托故逗留。如果趸船净绝。则奸民虽欲与之勾通。而该国远隔重洋。虽有快蟹。不能飞渡。仍选择勤干廉正之武职大员。专驻海口。督率将弁加意巡防。严为堵缉。则积弊自可渐清。至向来纹银出洋。每次多者数十万两。少者亦数万两。断非三五匪徒所能筹办。其中必有奸商包揽。现在该省查获永昌洋货铺走私一案。此案铺户外假贩买货物为名。阴实以走私为业。即与窑口无异。凡纹银出洋。总由窑口包兑包送。该奸商惟利是图。罔顾法纪。实堪痛恨。应令该督抚明查暗访。穷其巢穴所在。悉数按治。一经破案。即将家产查抄入官。以昭炯戒。凡此皆弊源所在。必应及时办理。以期力挽颓风。

戊午。谕军机大臣等。前因沿海各口岸纹银出洋。于国计民生大有关系。叠经降旨。令各省督抚认真查办矣。本日复据给事中黎攀镠奏称。英吉利国有趸船十余只。自道光元年起。即入急水门。至十三年。遂由急水门改泊金星门。鸦片之入口。纹银之出口。恃有趸船为逋逃渊薮。匪徒快蟹。朝发夕至。各处港汊可以偷越。又窑口奸商。包兑包送。该省洋货铺户。外假贩买货物为名。阴以走私为业。即与窑口无异等语。外夷船只停泊。自有定所。何以道光元年以前。未闻私设趸船。近年则任其终岁在洋停泊。以致奸民与之勾通。任其偷漏。著责成该督等。严饬洋商。传谕该国坐地夷人。勒令寄泊趸船。尽行归国。无许托故逗留。并确查窑口巢穴所在。悉数按治。毋稍姑息。以塞弊源而挽颓风。原折著钞给阅看。将此谕知邓廷桢祁顷。并传谕文祥知之。

七月丙申。闽浙总督钟祥福建巡抚魏元烺福州副都统张仙保福建水师提督陈化成奏。窃查英吉利夷情诡谲。前于道光十五年。由海面游奕到闽。致动枪炮驱逐。臣等预事防维。叠经谕饬沿海文武。凡遇夷船进口。总须晓以理法。示以兵威。立即押逐远去。不容玩抗。亦无许各该文武稍有轻躁畏葸。致滋贻误。本年五月二十七日。有夹板夷船一只。仍与从前各年所来之船无异。在于闽安镇外五虎外洋飘驶。经闽安护副将周廷祥等拦阻。该船即行停泊。另将拴带小船三只。拨令夷官夷丁并水手人等。二船计共三十六名。入口投禀。该护副将等见其船小人少。情形恭顺。未用枪炮阻御。派令哨船跟同进口。于五月二十八日。行至福州府闽县头墩海面停住。臣等闻信。即经派委文武。酌带水陆各兵。前往豫备查逐。经督标中军副将博勒恭武福州府知府戴嘉谷等。连夜驶至港口南台。派弁兵前往夷船查询。该夷称有难夷飘流至闽。请交给带回归国。该副将等将夷带至近岸庙内。询据带有禀帖一封。欲呈总督批示。该副将掷发不收。再三恳请。该将该守拆看禀词恭顺接收。臣钟祥与抚臣暨副都统等查看夷禀。系为上年七月。有漳浦县收获海面遭风难夷。禀请将难夷交给自带回国等情。臣等查海面难夷。应行照例译讯。护送赴粤。转令回国。夷情狡谲。是否该国被难之人。均难查考。本不准径行交给带回。所有该夷禀请带回之处。自应照例驳饬。至夷禀内叙述。该难夷同船犯有命案之事。现经吕宋缉办。是否虚实。臣等更不便稍为置议。当将该夷禀内并未指出难夷姓名。暨译讯难夷。亦未供系该国之人。明白谕示。俾知不能任其欺混。仍将闽省海口。暨迤北各省均不准该夷停泊之处。明白谕饬。俾不敢藉禀为词。混思游奕。臣钟祥仍饬效力世袭男爵邱联恩奉持令箭。饬催各官一俟示谕到时。即刻饬令该小船赶归大船。一齐起碇。不准片刻停留。该夷船于五月三十日接到传谕。即刻遵照启行。开往东南大洋而去。并无停留违抗。该夷原禀。经各文武遵照臣等谕饬交还收领。而该夷临行之时。又复暗置庙内桌下。应俟解送难夷案完销毁。臣等仍饬沿海水师跟押。不准回棹北向。查询该夹板夷船一只。拴带小船四只。安设铜炮十数位。夷官随从各数名。水手人等共数十名。为首夷官名肱。经文武各官拘住空庙。不令乘间售卖物件。其两日所需饭食。由官赏给。不准与民交易。一切尚均严肃。

谕军机大臣等。据钟祥等奏称。英吉利国夷官名肱。以小船三只入口投禀。请将遭风难夷。交给带回。经该督等明白谕示。饬令赶归大船。一齐起碇。不准片刻停留。该船开往东南大洋而去。并无违抗等语。所办甚是。英吉利夷情诡谲。胆敢拨用小船。进口递禀。以请给难夷为词。虽情形恭顺。一经谕饬。遵照启行。而临行复将原禀暗置庙内桌下。其鬼蜮伎俩。已可概见。难保其日后不再生希冀。该督等惟当严饬沿海文武员弁。随时认真查察。设该夷船复有似此藉词入口者。倘竟不服驱逐。即当慑以兵威。俾知天朝例禁綦严。不容抗玩。即或外托恭顺。卑词恳求。亦当以理拒之。不得稍有迁就。致酿事端。是为至要。

九月戊戌。两广总督邓廷桢广东巡抚祁𡎴粤海关监督文祥奏。窃臣于七月初三日。承准军机大臣字寄。道光十七年六月十二日。奉上谕。据给事中黎攀镠奏称英吉利国有趸船十余只。自道光元年起。即入急水门。至十三年。遂由急水门改泊金星门。鸦片之入口。纹银之出口。恃有趸船为逋逃渊薮。又窑口奸商。包兑包送。该省洋货铺户。外假贩买为名。阴以走私为业。即与窑口无异等语。外夷船只停泊。自有定所。何以道光元年以前。未闻私设趸船。近年则任其终岁在洋停泊。以致奸民勾通。任其偷漏。著责成该督等。严饬洋商。传谕该国坐地夷人。勒令寄泊趸船尽行归国。并确查窑口巢穴所在。悉数按治等因。钦此。仰见圣主厘剔弊源之至意。臣等伏查鸦片烟土。本为外夷药材。初与洋货同载税册。迨后严申厉禁。贩卖买食。定有治罪专条。而夷运未能遏绝。驯至毒流远迩。耗竭纹银。实为中国之患。从前英吉利与各国货船抵粤。皆寄碇于零丁等处洋面。以待引水入口。并无趸船之名。嗣有将船囤贮鸦片洋货。冀图乘间走私者。人遂以趸船目之。大率英吉利港脚米利坚三处之船居多。历经随时驱逐。往往去而复来。近年藉词避风。货船趸船遂于每年南风将旺之时。驶入金星门内洋停泊。民夷勾结。弊窦愈滋。臣邓廷桢于道光十五年腊底到任后。经臣祁𡎴告悉情形。会同筹议堵禁。十六年九月中旬。业已全数退出。因恐其仍萌故智。复于上年冬间。先行传谕洋商。并于金星门一带出示严禁。本年春间。咨会水师提督臣关天培派调巡洋舟师。及该管香山协县。在于金星门内实力防范堵截。仍先事密备大船。预为火攻之计。俾其闻风知惧。自严禁之后。至今金星门并无片帆驶至。现拟于今冬明春。仍守成规办理。此臣等实力堵拿。暨金星门夷船绝迹之实在情形也。兹复奉谕旨饬令开行。臣等当即钦遵。谕饬洋行总商伍绍荣等。剀切传谕英吉利国领事夷人义律。以趸船久泊各洋。既犯天朝之禁令。复违该国之教条。大皇帝恩流中外。仁洽寰瀛。欲除内匪之勾通。必杜奸夷之煽诱。方今圣谕严明。必当认真查办。该领事务即钦遵谕旨。将零丁等处洋面寄泊趸船。概行遣令回国。毋许仍前寄泊逗留。嗣后除贸易正项货物商船外。所有一切违禁货物。如鸦片烟土之类。俱不准贩运重来。况查粤东港口。天朝恩准通商。销货置货。实为海内港口之冠。各国夷商远涉重洋。自应专守正经贸易。若违禁牟利。任意逗留。大皇帝震叠怀柔。兼施并用。必致自绝通商之路。该领事人尚晓事。自必预虑及此。慎勿坐令趸船负固抗违法令等语。并饬该总商。一俟各趸船开行回国。即行禀报查考。如敢迁延。臣等再当相度机宜。酌量办理。至趸船之日久淹留。使无窑口走私诸匪。以济其奸。亦安能恣为鬼蜮。先经臣等于上年专委署督标中军副将韩肇庆。拣派守备戴文彪千总蒋大彪伦朝光。督令会同委员试用知县蒋立昂。候补经历彭邦晦。广购眼线。先后拿获贩运纹银开设快蟹艇馆。及铺户游民走私各案七起。现在快蟹一项。业已尽净。但此外虾笱掩风等艇。驾驶亦称迅捷。且有各项民船。潜于海口接载私货。现又连赃续获鸦片匪犯岑正兴等一起。即系香山渡船。是走私匪艇。名目尚多。实与窑口奸徒。均属难容恣肆。现已飞饬各该管道府标镇协营。严督所属文武舟师。一体巡缉。并责成该副将韩肇庆。会督原派委员。随处明查暗访。有犯即拿。惟纹银之出。鸦片之入。洋货之偷越漏税。其交易多在趸船。穷源溯流。是零丁等处洋面。尤为扼要之所。该管之香山协大鹏营。及水师提标左营台汛。星罗棋布。舟师梭织游巡。诚能实力查拿。纵不能弭趸船之来踪。亦何难断匪艇之去路。查虎门逼近沙角。实为出入咽喉。是以特设水师提督。在于该处驻劄。统辖全洋。事权既专。责任綦重。臣等现经咨会提臣关天培探索弊端。破除积习。就近督饬该协营将备。率令汛弁舟师。无分两夜。加劲巡查禁沮。无论内地何项艇只。不许拢近趸船。亦不许无故在洋游奕。一遇走私匪艇。奋勇兜擒。解省严究。其窑口巢穴所在。密速掩捕查抄。尽法惩办。如该协营在事人员等。及各属文武各员弁。玩不用命。致有纵漏。别经发觉。或被委员拿解。即究明本犯开窑何处。何日出洋。经由何县营辖境内。立将不行查拿之所管所巡员弁兵役。分别参劾治罪。傥有得规包庇。受贿卖放。甚或比匪反为之用。俱照本犯罪名加等问拟。仍计赃从重论。以昭炯戒。失察之本管上司。参处示儆。其有实在出力员弁。能将窑口走私各匪。源源报获。或拿获赃重大案一起。除纹银货物全数充赏外。亦即据实保奏。请旨量加鼓励。似此信赏必罚。使之畏罪图功。庶可渐收成效。如有关口丁役。勾串扶同。即由臣文祥拿解重惩。不敢稍涉瞻徇。又粤洋四通八达。该趸船设因防逐较严。改由他途驾驶。非独惠潮一带洋面。恐其潜往。且难保不乘风径入闽洋。则其为患。易地皆然。不可不兼为筹虑。臣现已严饬惠潮各营。常川巡防驱逐。毋得片刻容留。并飞咨闽浙督抚臣饬属交相堵逐。用昭周密。

谕内阁。邓廷桢等奏。谕逐趸船。并筹窑口走私章程一折。粤省纹银出洋。必当弭趸船之来踪。断匪艇之去路。现据该督等咨会提督关天培。破除积习。督饬所属认真巡查禁沮。无论内地何项艇只。不许拢近趸船。亦不许无故在洋游奕。一遇走私匪艇。奋勇兜擒。解省严究。其窑口巢穴所在。密速掩捕查抄。尽法惩办。如在事人等玩不用命。致有纵漏。一经发觉。即究明开窑出洋经由处所。将该员弁兵役分别参劾治罪。傥敢得规包庇。受贿卖放。甚或比匪反为之用。俱照本犯罪名加等从重问拟。以昭炯戒。失察各上司一并参处示儆。其有实在出力员弁。能源源报获。或拿赃重大案。亦即据实保奏。量加鼓励。如有关口丁役勾串扶同。著即拿解重惩。无许稍涉瞻徇。至粤洋四通八达。该趸船设因防逐较严。改由他途驾驶。不独惠潮一带洋面恐其潜往。且难保不乘风径入闽洋。著该督等严饬惠潮各营。常川巡防驱逐。毋许片刻容留。并著闽浙总督福建巡抚饬属一体堵逐。毋稍疏纵。

谕军机大臣等。邓廷桢等奏。谕逐趸船。并筹拿办窑口走私章程一折。据奏英吉利等国趸船货船。

近年藉词避风。驶入内洋。现已谕饬洋商。传谕该国领事。将零丁等处洋面寄泊趸船。概行遣令回国。毋许仍前寄泊逗留。并饬总商等。俟趸船开行回国。即行禀报查考。其快蟹一项。业已尽净。而走私匪船名目尚多。实与窑口奸徒。均属难容恣肆。已饬道府标镇协营。严督所属巡逻查缉等语。夷船停泊内洋。勾结偷漏。为粤省之积弊。该督等谕饬以后。该夷领事是否遵奉。现在趸船曾否开行。务须确实查明。令其全数回国。无稍逗留。如敢将就了事。日后经朕访闻。或被人纠参。朕惟该督等是问。至各项走私船只。尤须设法严拿。期于根株净绝。亦不得因偶有获案。遂谓驱除已尽。仍贻弊窦也。将此谕知邓廷桢祁𡎴。并传谕文祥知之。

道光卷二

道光十八年戊戌。正月庚辰。两广总督邓廷桢广东巡抚祁𡎴粤海关监督文祥奏。臣等承准军机大臣字寄。十七年九月二十三日。奉上谕。邓廷桢等奏。谕逐趸船并筹议拿办窑口走私章程一折。现在趸船曾否开行。务须确实查明。令其全数回国。毋稍逗留。如敢将就了事。日后经朕访闻。或被人纠参。朕惟该督等是问。至各项走私船只。尤须设法严拿。期于根株净绝等因。钦此。臣等详核洋名图册。中外诸洋。以老万山为界。老万山以外。汪洋无际。是为黑水夷洋。非中土所辖。老万山以内。如零丁九洲等处洋面。是为外洋。系属粤东辖境。其逼近内地州县者。方为内洋。如金星门其一也。道光十年以后。停泊外洋夷船。往往于四五月间。以避风为名。驶入金星门寄碇。至八九月间。北风将旺。仍即移至零丁等洋停泊。自上年冬间。臣邓廷桢与臣祁𡎴剀切禁谕。并于金星门安设炮位。调集兵船。极力防堵。本年即无夷船驶入。而停泊零丁等洋如故。从前趸船停泊外洋。巡洋员弁皆称往来不定。无有言其确数者。臣等于上年通饬水师巡船查明数目。并有无来去缘由。按旬具报。始据查明久住之船实二十五只。以英吉利所属之港脚为多。此外则米利坚。佛兰西。荷兰。小吕宋。连国。各有三四只。及一二只不等。即间有或去或来者。大率不踰此数。本年自钦遵谕旨严饬洋商及领事义律。遣令回国以后。惟八月间经巡洋守备具报。荷兰国力爹臣船一只。起碇驶出老万山夷洋而去。其余各船挂帆起碇。东徙西移。然总未驶出老万山以外。察其情形。虽不敢抗违。亦不免观望。总缘事非一年。船非一国。鸦片虽干例禁。而在彼亦系重赀。奸夷惟利是图。不肯弃货于地。无非辗转腾那。以冀苟延时日。又经严饬总商伍绍荣等。勒限谕遣去后。旋据禀覆。该领事义律仍不能切实登答。询之各国夷商。佥以趸船非伊等所置力难相逐等情。是其彼此诿卸。仍复意在逗留。臣等伏查向例。夷人遇有抗违之事。即应封舱示惩。似此罔利心坚。迟疑不决。自应将买卖暂行停止。以绝其希冀之心。惟通商国数甚多。趸船仅止数国。仍应确查以分泾渭。俾免良夷向隅。现经谕饬该总商等。速将向来通商共有若干国。其有趸船之国。实在共有若干。详查禀覆。以凭分别核办。仍令剀切再向在省夷商。谕以此案叠奉大皇帝严旨。万不容稍涉诿延。置身事外。如再听其迁延观望。定即封舱停止买卖。各国以贸易为生。众商载货前来。易货回国。断不肯轻掷赀本。守候误时。且内地大黄茶叶瓷器湖丝。为各国必需之物。溯查嘉庆十三年。及道光九年十四年内。因夷人滋事封舱。旋据吁请开复。此各国不能不仰息中华。前事有可睹者。今以封舱惕之。或不致任听趸船固执。自误营生。如果翻然警悟。陆续开行。自可照旧相安。毋庸另计。设敢始终违抗。惟有随时相机办理。臣等现复咨会水师提臣关天培一体督饬巡洋舟师。设法妥为驱逐。务须察其动静之势。申以震叠之威。固不许以怠玩误公。尤不得以卤莽肇衅。庶期于事有裨。伏思趸船寄泊外洋。日用所需。全资内地。向有濒海匪徒。常以小艇装载食物器具。冒作渔船。潜往售卖。名为办艇。奸夷赖此接济可以久居。诚能断此接济之途。或可渐收廓清之效。臣等前已严拿窑口走私各匪犯。俾免纹银出洋。鸦片入口。现又督饬堵捕办艇。毋许往来洋面。杜其接济。该夷无可觊觎。又无可倚赖。事穷则变。势所必然。似亦截流清源之法。现已据大鹏营暨香山协县先后禀报。拿获办艇四起。匪犯二十八名。起有杂货等物。均经提省从严审究。其纹银鸦片两项。除前经拿获大伙匪犯刘赐林陈亚二丁亚三等各案外。计自本年春间起。至十一月下旬止。陆续报获共三十起。匪犯一百四十四名。纹银八千六百六十一两零。番银三千二十七两零。鸦片烟泥三千八百四十二斤。当将各犯分别饬发审办。银两充赏。烟泥烧毁。究出窑口所在。亦经查封饬缉在案。窃计臣等极力拿办。已及一年。固不敢谓竟有成效。然以省城现在情形而论。纹银价值甚贱。而奸民向夷船购买鸦片。从前每个价值洋钱三十余圆者。近止须十六十八圆不等。且起获私运银两。多有洋银在内。似亦纹银出海较难。夷人减价贱售。兼收洋银之明证。如此坚以持之。久而勿懈。总以截获纹银堵拿办艇为第一要义。似于阜财除弊之道。未为无益。朱批依议认真办理。

闰四月辛巳。鸿胪寺卿黄爵滋奏。臣惟皇上宵衣旰食。所以为天下万世计者。至勤至切。而国用未充。民生罕裕。情势积渐。一岁非一岁之比。其故何在。考诸纯庙之世。筹边之需几何。巡幸之费几何。修造之用又几何。而上下充盈。号称极当。至嘉庆以来。犹征丰裕。士大夫家以及巨商大贾。奢靡成习。较之目前不啻霄壤。岂愈奢则愈丰。愈俭则愈啬耶。臣窃见近来银价递增。每银一两。易制钱一千六百有零。非耗银于内地。实漏银于外夷也。盖自鸦片流入中国。我仁宗睿皇帝知其必有害也。特设明禁。然当时臣工亦不料其流毒至于此极。使早知其若此。必有严刑重法。遏于将萌。查例载。凡夷船到广。必先取具洋商保结。保其必无夹带鸦片。然后准其入口。尔时虽有保结。视为具文。夹带断不能免。故道光三年以前。每岁漏银数百万两。其初不过纨袴子弟。习为浮靡。尚知敛戢。嗣后上自官府搢绅。下至工商优隶。以及妇女僧尼道士。随在吸食。置买烟具。为市日中。盛京等处为我朝根本重地。近亦渐染成风。外洋来烟渐多。另有趸船载烟不进虎门海口。停泊零丁洋中之老万山大屿山等处。粤省奸商。勾通巡海兵弁。用扒龙快蟹等船运银出洋。运烟入口。故自道光三年至十一年。岁漏银一千七八百万两。自十一年至十四年。岁漏银二千余万两。自十四年至今。渐漏至三千万两之多。此外福建江浙山东天津各海口。合之亦数千万两。以中国有用之财。填海外无穷之壑。易此害人之物。渐成病国之忧。日复一日。年复一年。臣不知伊于胡底。各省州县地丁漕粮。征钱为多。及办奏销。皆以钱易银。折耗太苦。故前此多有盈余。今则无不赔垫。各省盐商卖盐俱系钱文。交课尽归银两。昔则争为利薮。今则视为畏途。若再三数年间。银价愈贵。奏销如何能办。税课如何能清。设有不测之用。又如何能支。臣每念及此。辗转不寐。今天下皆知漏卮在鸦片。所以塞之之法。亦纷纷讲求。或谓严查海口。杜其出入之路。固也。无如稽查员弁。未必悉皆公正。每岁既有数千余万之交易。分润毫厘。亦不下数百万两。利之所在。谁肯认真办理。偶有所获。已属寥寥。况沿海万余里。随在皆可出入。此不能塞漏卮者。一也。或曰禁止通商。拔其贻害之本。似也。不知洋夷载入呢羽钟表。与所载出茶叶大黄湖丝。通计交易不足千万两。其中沾润利息。不过数百万两。尚系以货易货。较之鸦片之利。不敌数十分之一。故夷人之著意。不在彼而在此。今虽割弃粤海关税。不准通商。而烟船本不进口。停泊大洋。居为奇货。内地食烟之人。刻不可缓。自有奸人搬运。故难防者不在夷商而在奸民。此不能塞漏卮者。二也。或曰查拿兴贩。严治烟馆。虽不能清其源。亦庶可遏其流。不知自定例以来。兴贩鸦片者发边远充军。开设烟馆者照左道惑人引诱良家子弟例。罪至绞候。今天下兴贩者不知几何。开设烟馆者不知几何。而各省办此案者绝少。盖缘粤省总办鸦片之人。广设窑口。自广东以至各省。沿途关口。声势联络。各省贩烟之人。其资本重者。窑口沿途包送。关津胥吏容隐放行。转于往来客商藉查烟为名。恣意留难勒索。其各府州县开设烟馆者。类皆奸猾吏役兵丁。勾结故家大族不肖子弟。素有声势。于重门深巷之中。聚众吸食。地方官之幕友家丁。半溺于此。未有不庇其同好。此不能塞漏卮者。三也。……

丙申。江南道御史周顼奏。伏查近年来鸦片充斥。纹银出洋。叠经奉旨查禁在案。臣愚以为漏卮之出无已。固宜严刑峻法。以杜塞于将来。而元气之亏已多。尤当扼要审机。以复还其既往。查外夷于内地茶叶大黄。数月不食。有瞽目塞肠之患。甚至不能聊生。视鸦片之可用药解除。其为害之轻重悬殊也。内地人民不尽食鸦片。而茶叶大黄为外夷尽人所必需。其取用之多寡又悬殊也。乃外夷以无用害人之物。尚能遥执中国之利权。岂中国以有用益人之物。而不能转移外洋之银币。未尝揣度情势。辄藉口于积重难返。使中国失制用生财之道。是诚计虑未周。以致防维不立也。应请旨敕下沿海各督抚悉心熟计。于外夷置买茶叶大黄。酌定价值。只准以银交易。不准以鸦片暨奇巧洋货抵交。至各省出产茶叶大黄地方。应如何稽查转运。设立票据。归沿海地方官员兼管。一并妥议章程。奏明办理。无滋流弊。倘有内地奸民私贩出洋。减价售卖。亦应严立科条。俾知警惧。如此设法办理。既绝纹银偷漏之弊。而外夷之巧诈不萌。复持财货转移之权。而中国之元气可复矣。再查丝斤出洋。例有明禁。而外夷无此不能织造羽毛大呢等货。历年私行交易。久无稽核。亦应明定例价。与茶叶大黄一律办理。于理财之道尤为赅备。

谕军机大臣等。有人奏内地人民不尽皆食鸦片。而茶叶大黄为外夷尽人必需之物。请酌定价值。只准以纹银交易。不准以鸦片及洋货抵交等语。自鸦片流毒中国。纹银出洋之数。逐年加增。以致银贵钱贱。地丁漕粮盐课因而交困。若不及早防维。力图筹复。将以中国有用之财。填海外无穷之壑。于国计民生大有关系。所奏似属可行。著邓廷桢怡良会同豫堃。揣时度势。密计熟筹。于复还财用之中。隐寓震慑外夷之意。其各省出产茶叶大黄地方。应如何稽查转运。设立票据。归沿海地方官员兼管。及丝斤出洋一律办理之处。著即悉心筹画。妥议章程具奏。不得任听属员。率以积重难返为词。一味因循沮挠不办。原折著钞给阅看。将此谕知邓廷桢怡良。并传谕豫堃知之。

(五月)壬戌。黑龙江将军哈丰阿奏。伏思中国银价递增。实由漏银出洋之弊。诚有如黄爵滋所奏者。奴才筹思洋船出入。责成沿海武职大员。遴委副参等官。严巡海口。访拿扒龙快蟹。盘查夷船。如有夹带鸦片烟者。立即逐出外洋。不准入口。其交易夷船商贾。责成督抚。专派道府大员随时稽查。某商置买夷船何项货物。价银若干。每若干银作为一包。黏贴印花。发给出洋包数执照。夷船出口。仍令巡海副参等官盘查。验照放行。如有不符。立即禀报。该督抚提集商人审讯。必得偷买违禁之货。倘有疏漏。致被发觉。将该省稽察文员。及巡海武职。从重治罪。如有贿纵。则加以查抄。如此办理。庶几漏银之弊。渐可剔除。……

道光卷三

道光十八年戊戌。六月乙亥。护理湖北巡抚张岳崧奏。臣查黄爵滋原奏。鸦片之入中国。每岁各海口耗银数千万两。以天下有用之财。填海外无穷之壑。欲禁其害。必须加重罪名。其意严吸食之罪。自不致兴贩之多。限一年之期。使宽以求生之路。揆诸尚书怙终贼刑之训。左传火烈民畏之言。非此不足以警惕愚顽。扫除恶俗。果能使一年之内。有怵惕改悔之心。则一年之外。自不致有繁刑黩法之弊。惟奉行能否尽善。日久能否不弛。威替者固无可畏之威。而法尽者更无可继之法。有不能不虑及者。良以慎刑明罚。必审其轻重之宜。彰信兆民。当究其推行之道。查吸食鸦片之例。罪止杖徒。开馆售卖者。罪始论绞。原以吸食者害仅其身。开馆者害延于众。例意极为明允。今如重吸食之罪。至于论辟。则兴贩开馆者。罪无可加。至一年之限。原冀其畏法知戒。然戒者十之八九。尚属可行。傥戒者十仅二三。彼冥顽之徒。未必不苟延观望。至一年限满。如法则诛不胜诛。不如法则令反其令。于治体似觉有妨。而中外无以示信。臣愚以为国家因时制宜。原有穷变通久之道。如或变而窒碍。似宜酌而守中。或原例法轻易犯。不足示儆。可否将罪名酌从加重。查鸦片之害。与邪教惑人。事异而情同。请将吸食者比照各教会名目收藏经卷例。拟边远充军。兴贩者。比照拜师传徒例。拟发乌鲁木齐。开馆者。仍照邪教惑众律。拟绞候。巡弁兵役贿纵者。从重拟情实。文武官得赃者。厥罪维均。失察者。褫职议处。如此。庶轻重有伦。咸知儆畏。其禁戒之方。臣尝拟论四条。中有逐日递减之法。既不费财。亦不至因瘾伤生。试之多有效验。似尚简便易行。至于修内禁者。当以严吸食为先。御外来者。仍以严海口为要。原奏以鸦片利重。弁兵差役趋利若鹜。查察为难。然兵役由官管束。如法令先不能行。即吸食亦难查拿。或谓海口纷歧。巡查未易。然盘踞必有其地。接送必有其人。如果实力奉行。自不致因循养恶。且夫查禁之严于各省者。随地异宜。因俗设禁。不能强同。臣谨就广东售卖最盛之地陈之。即广东一省。今昔异势。内外殊形。难以拘执。臣谨就现在外洋形势之要陈之。查广东十余年来。盘踞售卖鸦片者。为查顿颠地二夷。银送夷馆。给与夷单。谓之写书。总办转售者谓之窑口。现在情形。亦复无异。此虽近在省垣。但人烟稠密。踪迹诡秘。反难查拿。至于外洋虽宽。必有进口处所。往年多售于澳门。自前督臣阮元拿获囤户叶恒树严办后。乃移售黄埔。迩来查拿加严。复移于新安县境之零丁洋。该洋由澳门远望可见。凡夷船之带鸦片烟者。港脚为多。英吉利则十之二三。其船来粤。过老万山至零丁洋。每用另船剥载。名曰鸦片趸。剥载后夷船始行入口。以辟盘查。并有将凡重税货物剥卸偷漏者。至鸦片趸终年停泊。而内地匪徒为之护送者。曰快蟹船。亦名扒龙。其船中水手。众至数十人。往来如飞。兼备炮械。又有为趸船接济米粮牛羊等物俾可久泊者。为内地之渔船。臣愚以为查拿之要。尤在乎此。应请旨严敕督抚及海关监督。凡夷船到粤。即催促进口。毋许在外洋停留剥载以杜偷越。违者不准开舱售货。亦不准置货归国。彼必畏惧。至鸦片趸每有数船终年泊零丁洋者。严查所带何货。因何久泊。驱逐开行。傥藉辞风色不顺。仍复逗留者。尤当设法查禁。查虎门为水师米艇住泊之所。距零丁洋不远。米艇本有巡洋之例。请旨敕督抚及水师提督。查看夷趸多寡。每趸船拨米艇二三号。慎选参游以上大员之公正稳练者。分船管驾。并派同通以上贤员一同巡查。不时抽换。在于夷趸左近。犄角联络以牵制之。彼开亦开。彼泊亦泊。米艇各带小船。或即捕获之快蟹船。拨派精兵。驾驶于趸船之前后左右。书夜梭巡。遇有快蟹及渔船来往。即四面兜捕。如敢抗拒。准开炮轰击。获犯交地方官严办。捕获多者。奏明将官弁兵役优叙厚赏。不能捕获及贿纵者。从严科罪。如此信实必罚。严绝护送接济。彼夷趸不能售其奸。久将自去。如已远扬。仍防复至。前年曾有夷船游奕闽浙江南各省洋面者。即是此船。故应严为设防。毋令窜入。至快蟹船并无别用。徒为盗资。当严拿禁。其渔船应行编号。稽察出人。均查禁所宜亟讲者。臣查前督臣卢坤选派副将秦裕昌等。拿获梁显业贩卖船。起出鸦片土万余斤。格杀生擒者数十人。并按治窑口姚九欧宽等。籍产入官。此风稍戢。诚能常如此认真办理。查于停泊之夷趸。则洋面有扼要之方。严于接护之内匪。则奸夷无串通之路。鸦片既止。其他偷漏可以胥绝。而关税益充。海口既严。不但银币不患漏卮。即洋氛永靖。禁吸食者递增罪名。不滋流弊。严巡逻者坚明约东。毋托空言。内外交修。本末兼备。或于国计民生稍有裨益。

丙子。吉林将军祥康奏……窃思禁绝吸食鸦片。其要在变通旧法。申明定例。实力奉行。其法有二。首在力绝来源。各省近洋守口弁兵。向在本省拨派。兵系土著。员弁亦多。久住本省。易于联络贿通。且近洋各省弁兵。鲜有不吸食鸦片者。既利其烟。复贪其贿。则巡查奉为虚文。断绝非其所愿。是以在官查禁之人。即为包庇偷漏之。人此欲断绝鸦片。犹之以油泼火。势不能熄。应请变通防守旧章。于夷船未到之先。有海口各省督抚。调取无海口邻省弁兵。赴洋守口。并调取武职大员一二员。总司督查。以专责成。每年换防一次。岁以为常。概不用本省弁兵。去其吸烟熟手。则奸匪勾结为难。且易于剔除积弊。虽他省亦有渐染吸烟之习。不过浮华子弟。以及游荡匪徒。而弁兵吸烟者究少。于拨派之际。责成该上司逐加详查。其有无烟瘾。不难立辨。该弁兵既不吸烟。无所迴护。且换防弁兵初到海口。烟匪亦难贿通。必能实力查拿。并饬于零丁洋中禁止夷船停泊。其扒龙快蟹等船。尽行查拿。以杜偷运。如守口弁兵。有勾通夷船。及境内烟匪包庇偷漏。无论烟斤多寡。即比照境内奸细走透消息不分首从皆斩律。量减问绞。计赃重者。以枉法从重论。正法之日。在于该汛口枭示。督查武职大员仅止失察者。交部严议。若知情故纵。与弁兵同罪。海关家丁胥役有犯。照守口弁兵一律问罪。海关监督亦照督查武职大员分别失察故纵议办。其能拿获烟斤者。系官送部引见以应升之缺尽先升用。系兵丁以应得之缺尽先拔补。仍分别赏给翎顶以示优奖。如此变通设法。则鸦片之来源可塞。吸食者无从购觅。此力绝来源之一法也……

(己卯)陕西巡抚富呢扬阿奏……查夷船载运烟土。至广东黄埔老万山二处停泊。内地奸商分设窑口接运。其大宗由海运至福建浙江江南山东天津关东各海口。而各海口又各有专司收囤转贩之户。其由内河兴贩至南北各省。盈箱累笥。载以舟车。实繁有徒。即以陕西而论。其自河南山东来者。入潼关。并同州府属之太庆关。自湖北来者。入商州之龙驹寨。及兴安府属洵阳县之蜀河。又零星分聚于各府州县。大抵他省亦多有入境之处。是兴贩者确有来踪。不难稽查。而开馆者则咸在通都大邑。更不能掩人耳目。如果各省大吏督率僚属认真查缉。何至不可遏绝。臣以为既加各犯之罪名。更须严各官之处分。应请敕下吏兵二部。将各海口并各省关口及地方文武照旧例分别失察故纵。再行严定处分……

己丑。河南巡抚桂良奏。臣查鸦片烟流入中土。其初不过沾染海隅。近则上自官绅士夫。下逮商贾工役。效尤吸食。相习成风。终日沉酣。废时失业。若不于此时严行禁遏。势将胥天下之编氓丁壮。尽为委靡不振之徒。野有游民。国无劲旅。是漏银出洋。已属无穷之患。而戕贼生灵。其害尤巨也。黄爵滋所请予限一年有犯论死。实为切中时弊。钦惟我皇上深恩厚泽。薄海涵濡。原不欲此等玩法小民。遽尔加之重辟。然法轻易犯。火烈民畏。有非常之害者。必以非常之刑治之。今天下沉迷鸦片烟者多矣。非严刑峻法。无以挽此颓风。果能如黄爵滋所奏。核定科条。通颁晓谕。在已食者。或不能保其一时净尽。而未食者。断可信其必无自投法网也。况宽限一年。予以自新之路。处死于一年之后。而定例于一年之先。民虽至愚。怵于限外之必死。未有不震惊惕厉。痛自改悔者。是名为杀之。而实以生之。书曰。若乐弗瞑眩。厥疾弗瘳。此寓仁于法。以杀为生。实今日急则治标之要乐也。原奏筹国卫民。力除积害。已属周备。无可赘议。惟就臣管见所及。为原奏所无者。酌议十条。恭候圣裁。

一夷船到粤。应令澳门同知查明验放以专责成也。查夷船外洋行驶。操纵自如。一至广东内洋。沙水深浅莫测。全赖澳门同知衙门人役带领。方能进口。名为引水。夷船若无引水。断不敢进内贸易。应请嗣后外夷货船行抵粤东内洋。即由澳门同知亲往查明。船内系何货物。如无夹带鸦片烟土。始准引水带领进口。如引水不待本官查验。私自带进。或澳门同知不加约束。任其私带。分别革职治罪。

一纹银出洋。鸦片进口。应责成水师营大小官弁认真巡拿也。查向来水师官兵。专司巡缉海洋盗贼。于夷船货物交易。从不过问。今既申严禁令。凡奸民向夷船剥运鸦片。及私载纹银出洋。均难逃水师官兵耳目。应请敕下水师提镇大员。分段派拨官兵。认真巡察。如能于该管境内拿获纹银鸦片。即将巡拿出力员弁。随案奏请恩施。兵丁从优奖赏。倘失于觉察。或知情贿纵。别经发觉。查明经由何处。将该处官兵分别严议治罪。

一粤东广货挑担。应严行禁绝也。查粤东洋呢羽毛等类。各省均有商人贩运。原不藉肩挑担负。今粤省广货挑担不下数千人。分出各省。名为零卖呢羽。而实则皆系兴贩鸦片之徒。结队成群。到处货卖。地方官视为惯常。不加查诘。而若辈阴以售其烟土。应请敕下各省督抚转饬地方官。将境内广货挑担。概行逐令回籍。不许再行出省挑卖。倘经此次示禁之后。粤省行店仍以货物发给挑卖。即将该行店封禁入官。庶兴贩烟土亦可杜绝矣。

一粤东快蟹船只。宜先行裁汰也。查粤东海口。向有艇船。不用篷橹。健儿数十辈。各持本桨。行驶如飞。原系奸民护送违禁货物。名为快蟹。后粤省因此船行走轻便。明知带有禁物。不能追拿。因即仿照其式。自行制造。亦名快蟹船。当时原为追捕匪船而设。乃制造之时。并不分别官私。又不将匪船禁革。以致官私船只式样相同。愈滋淆混。且闻设立官船以来。拿获匪徒禁物。甚属寥寥。更恐假公济私。或竟包送纹银鸦片。藉官船为护符。贻害于地方者更大。臣思沿海设有炮台营汛。到处又有巡船。节节均可兜拿。本无待快蟹船趱逐。应请将官设快蟹船先行裁汰。并严禁沿海各处。不许有快蟹名目。将旧日快蟹船概行拆毁。倘有不遵。复敢以快蟹船在海面游奕。许舟师严拿治罪。则包送之弊可以绝矣。

一洋船夹带鸦片烟进口。及奸民兴贩烟膏。开设烟馆。失察之各关监督。及汛口地方文武各官处分。应一律加严也。查定例。鸦片烟进口。及煎膏开馆。文职地方官及巡查海口委员失于觉察。一百斤以上。罚俸一年。一千斤以上。降一级留任。五千斤以上。降一级调用。原例仅止地方文职查口委员。而于各关监督失察过关。未经议及。臣思鸦片烟过关进口。原许兵役搜查。何致漫不经心。任其夹带。

即兴贩烟膏。开设烟馆。亦无难就地查拿。乃现在流毒愈炽。惩办甚少。未始非处分过轻。易于玩忽。今吸食鸦片烟者。既拟重辟。所有各省失察过关之监督。进口之员弁。以及经由之地方文武各官。处分均应一律加严。俾此后获到烟犯。即可追究经由踪迹。据实参处。

一粤东沿海炮台。宜遴派文武大员不时巡查也。查海疆炮台。本为御暴而设。袛以海洋平静。守台兵丁一无所事。风闻各处炮台守兵。竟有勾通沿海奸民窝藏违禁之物。如夷船之鸦片一时不能进口。往往寄顿于炮台左近。该兵丁与奸民探知官兵巡缉稍疏。陆续载运。而巡洋官兵因系本境炮台。从不过问。应请敕下粤省督抚。遴派公正道府大员。不时巡察。如有前项情弊。即将守台兵丁。照通贼例论斩。枭示海疆。以昭炯戒。

一严禁纹银出洋。应先于内地节节稽查也。查各省商贾运银至外省置货。或货物销售后。运银回籍。少则数万两。多则数十万两。来踪去路。本属分明。惟兴贩鸦片烟土。踪迹殊为诡秘。然烟土卖毕之后。其银不能不送出口。与其杜绝于海口。不如稽查于内地。臣拟各省商贾起运银两之时。先将何项货银。运往何省。行走何路。赴地方官详细报明。该地方官即填给印照。发交收执。沿途关津验照放行。一面详明本省督抚衙门。分咨沿途关口。及所往省分。彼此查察。如果银数路径。与原报相符。各衙门胥吏毋许稍有留难阻滞。傥银数中途参差。或行走省分。与原报舛错。或所运银两。并无票照。许所在官司截留报究。如查系贩烟银两。即将本人按例治罪。银两全数入官。如此层层查察。俾卖烟之徒。念银两难以出口。自不敢肆意兴贩矣。并请旨敕下各直省及关津监督。一体稽查办理。以免疏漏。傥地方官失于查察。任令商贾无照起运。或经过关津。勒索留难。一经发觉。分别议处。

一粤东零丁洋趸船。应及早查办也。臣闻广东海洋蛟门之外。即零丁洋。其地水路四通。向有大船六七只。终岁停泊。谓之趸船。凡夷船所载鸦片烟土。自行夹带进口者。固属有之。而其半则以三板剥赴趸船寄顿。通事送单于窑口。窑口敛银于贩客。而贩客又由银号兑价于坐地夷商。该夷商给予票单。持至趸船取土。是零丁洋趸船。实为藏垢纳汙之所。若不及早查办。诚恐奸匪与外夷勾结。滋生事端。相应请旨密敕水师提镇大员。查明该处趸船。如系本省商渔船只。即严行围捕。送交督抚审明治罪。若系外洋夷船。亦即严行驱逐。不得藉口风色。任意逗留。仍将船内窝藏违禁货物尽数查起入官。如能审出送单之通事。敛银之窑口。兑价之银号。给单之夷商。一律从严惩办。则窝顿包买护送之风。或可由此渐息矣。

一拿获出洋纹银。宜核实充赏也。查纹银出洋。一经拿获。例有充赏之文。无如拿获到官。承拿者不能即时请赏。及至正犯审定。发给赏银。而承审各衙门。吏胥无不层层侵蚀。承拿者即使到手。亦属无几。以致明知透漏风声。不肯出力拿办。亟应核实充赏。以昭激劝。应请嗣后拿获出洋纹银。即就近送交所在有司衙门。查明系同伙合拿者。将所获银两按股均分。毋许稍有偏畸。若系一人访获。纠众会拿。则访获者赏给五成。伙拿者公分五成。不必俟正犯定案。即由地方官分赏。其有官兵一同拿获者。该管官亦一体分赏。仍奏请量予奖励。如此则官兵得赏。重于贿纵。自必各思效命。即事外军民。亦无不勇跃争先矣。

一夷船出口。应严禁携带洋银以杜弊窦也。查纹银出洋。例有明禁。而洋银则不在应禁之列。诚以洋银本属产自外夷。故任其携带。向不知禁。现当杜绝纹银出洋之时。傥内地奸民。摹造洋板。销化白银。仿铸洋钱。运交夷船出口。则仍与纹银出洋无异。自应一律禁止。以免弊端。应请嗣后外夷洋银一经入口。不许携带回国。则若辈无所用其伎俩矣。

庚寅。江西巡抚裕泰奏。伏查鸦片流毒。蔓延天下。最为害于民生。而纹银出洋。更有妨于国计。所关实非浅鲜。黄爵滋原奏内称。耗银之多。由于贩烟之盛。贩烟之盛。由于食烟之众。无吸食。自无兴贩。无兴贩。则外夷之烟不来。今欲加重罪名。必先重治吸食。请给一年期限戒烟。若一年以后仍然吸食。是不奉法之乱民。查出处死等语。自因习染已深。湔除不易。非严刑峻法。不足以挽颓风。是亦仰副圣主辟以止辟之意。惟是用刑必期适当。除弊务塞来源。从前买食鸦片烟。仅照违制律拟以枷杖。

谓其害已而非损人也。嗣于道光十一年。经刑部议准。若不能指出贩卖之人者。从重问拟杖徒。已属由轻加重。至若烟馆则有缳首之条。兴贩亦抵充军之罪。他如种卖煎熬。与夫买土熬烟。以及容留熬烟之船户房主等犯。亦各有治罪专条。定例已至详且备矣。自古治法尤赖治人。如果查照科条。实力查禁。有犯必惩。虽未净绝根株。或亦稍资儆戒。若不认真惩办。则立法虽严。终属有名无实。亦复何所裨益。所谓徒法不能以自行也。方今鸦片之患。在海口透漏。奸商接引。来者日多。食者日众。似当先杜其出入之路。使贩者无从讬足。则食者不禁自绝。况接引者查拿较易。吸食者防禁犹难。若如原奏所云。予限一年。若不悛改。即将食烟之人置之重典。而于接引透漏之奸民。转未议及。未免严其轻而宽其重。舍其易而就其难。于情法似有未协。臣查近年食烟之辈。几至无处无之。今若予限戒止。谓其悉能革面洗心。依限悛改。实难确有把握。傥一年限满。依然吸食。而鸦片之入。纹银之出。仍复如是。则诛之不胜其诛。又将如何办理。夫朝廷法制。要在令出必行。且律法轻重。各有等差。必须揆诸天理。准之人情。以合乎钦恤明允之意。方为一成不易之道。所奏窃恐窒碍难行。臣查鸦片烟土。本为外夷药料。迨后严申禁令。而运贩未能遏绝。奸商之趋利。若水之就下。是以吸食愈多。贩运愈巧。其耗损内地纹银。为数愈益不赀。是外夷之透漏走私。皆内地奸民有以成之也。臣谓欲杜外夷之透私。必先绝内地之接引。惟若辈形迹诡秘。变幻百出。凡海洋一带水师弁兵。莫不为之包庇贿纵。推而至于关津吏胥。以及渔船渡船。随在皆可寄顿。巧为透漏。且沿海万余里。汊港纷歧。路途可通。比比皆是。从前夷船到粤。皆寄泊于零丁等处洋面。以待入口。近闻间有驶入金星门停泊者。是其逼近内地。更属显而易见。至其寄泊外洋时。多有濒海匪徒。以小艇藉装载食物为名。接济奸夷。往来洋面。谓之办艇。尤不可不严行堵拿。设法查禁。总之欲杜银烟之出入。必先自接济之奸民始。欲绝奸民之接济。必先自沿海之弁兵始。此非严立科条。峻其刑诛。恐不足以禁之也。谨就臣管见所及。酌议章程四条。敬为我皇上陈之。

一接引外夷之奸徒。应严定治罪专条。从重拟办也。查外夷货船夹带鸦片。自知事属违禁。原不敢公然入口。若无内地奸民勾引接运。则鸦片无从售销。乃自有奸徒运银出洋。为之接引。夷人遂得肆其所欲。视为利薮。近则多用趸船载烟。寄泊粤省零丁等处洋面。内地奸民勾通巡海弁兵。用快蟹船拖风等艇。运银出洋。载烟入口辗转贩运。并有各项民船及渡船渔艇。潜于海口。接载私运。其弊有不可胜言者。此外他省海口。亦多透漏。是鸦片之流入内地。接运之奸徒。实为罪魁恶首。较之开馆诱食者。情节尤重。乃定例内只有开馆者绞候。兴贩与种植者充军。买食者枷杖加徒。而于接济外夷运烟入口之犯。并无治罪专条。近年有犯。不过仅照纹银出洋。并收买违禁货物等例。分别问以军徒。实属情浮于法。查例载。将米谷豆麦杂粮偷运外洋接济奸匪者。拟绞立决。此等不法奸徒。接济外夷。将纹银贩运出洋。鸦片私运入口。病国害民。其情与运粮出洋济匪者无异。若不严定科条。置之重典。何以昭炯戒而戢奸萌。应请嗣后凡拿获运银出洋贩烟入口之犯。即照将米谷豆麦偷运外洋接济奸匪例。拟绞立决。庶情法两得其平。于防禁之道。或可稍有裨益。

一沿海水师营汛各弁兵有包庇贿纵者。应从实究办也。国家设立营伍。原所以捍卫民生。当此太平无事之时。惟操练巡防。查缉奸匪。为营弁兵丁之本务。如果实力巡防。认真查缉。则纹银之出。鸦片之入。何至透漏交通。日甚一日。其为贿纵包庇。不拿不办。情弊已属显然。应请嗣后凡有拿获奸徒出洋接济之案。务先根究出口进口之处。系何汛弁兵得规庇纵。审明如有前项情弊。不计赃。俱与本犯同罪至死不准减等。其经由营汛口岸各地方。不行查拿之员弁兵役。分别参革从重治罪。失察之该管上司。严行参处。其有实在出力员弁。能将各匪查拿报获者。除免其从前失察处分。并将银货充赏外。即照获盗例据实保奏。请旨破格升用。如此分别惩劝。信赏必罚。或不致再有疏纵。仍责成水师提督。就近督率各协营实力查办。以照严密。

一海洋各项出入船只。应申明旧例。实力奉行也。查例载。船只出洋。十船编为一甲。取具连环保结。一船为匪。余船并坐。出口时。必于汛口挂号。船照送官验明。盖印放行。入口时亦如之。又凡商渔船只。分别书刻字样。舵工水手人等。俱各给予腰牌。刊明姓名年貌籍贯。如船无字号。人有可疑。

即严加究治。其渔船出洋不许装载米酒。进口不许装载货物。违者严加治罪。又沿海一应采捕及内河通海之各色小船。地方官取具澳甲邻右甘结。一体印烙编号给票查验。如有偷越出口者。俱照例治罪。甲邻不行呈报。一体连坐。又洋船挂验出口之时。该汛弁详细验明。各汛押送。如船户有违禁揽载偷渡者。即严行究拟。又沿海采捕出洋船只。务将本船作何生业。于照内详细填注。俟到口岸。稽查官弁将货物核对。若与照内不符。即时盘诘。移交地方官审鞫。又出洋渔船。将船主开填入照。并将船甲字号。大书深刻于桅篷船旁。出口时。责成守口员弁。将该船前往何处。作何生业。并在船舵水年貌姓名籍贯。逐一查填照后。钤盖印戳。照登号簿。遇有一船为匪。按簿查缉。傥文武员弁查填不实。均交部分别议处各等语。是立法何等周密。防微杜渐。洵宜遵守。如果实力奉行。则奸匪从何透漏。无如地方官日久玩生。虚应故事。遂致银烟出人。流弊日滋。应请申明旧例。严行饬禁。认真查拿。傥奉行不力。均交部严加议处。惟海洋辽阔。四通八达。查缉较严。诚恐此拿彼窜。并请敕下沿海各省督抚暨将军府尹。一体饬属交相堵截。协力防缉。用昭严密。

一地方文各官不拿不办。其失察处分。应从严定议也……

道光卷四

(道光十八年戊戌七月)乙卯。云南巡抚颜伯焘奏……查鸦片来路。必由海口。夷船一到。应由官按船查验。以杜夹带之弊。认真查验。实力稽防。绝兵役之勾通。杜奸民之搬运。纵有来烟。何能入口。应请敕下管理海口各大吏查核向办章程。参以现在情形。将应如何稽查防范之处。逐一妥筹。详定规条。奏明办理。如此力为禁塞。俾内地商民既不能运烟入口。又岂能运银出洋。数年后夷人无利可图。当不复来。外烟一断。则内地之烟自绝。至于关津出入。则严查之。来往兴贩。则痛惩之。私种煎熬。则穷搜而重治之。开馆者无难设法擒拿。制具者无难遇案根究。既使烟之来源净绝。复令烟之去路肃清。久而久之。彼吸食者购买无从。亦必不诛而自绝……

己未。协办大学士云贵总督伊里布奏。臣查黄爵滋原奏。系因近来银价递增。由外洋鸦片流入中国。每岁漏银甚多。请严治吸烟。给限断绝。固系严禁令而裕民生。以免耗财海外。惟是鸦片流毒已久。始由海洋奸商贩入。远近运销。继因内地仿种煎熬。私行售卖。前后增定成例。于贩烟食烟之罪。分别等差。已属详备……而吸食之人。仍不能禁绝者。则其故不在烟馆。亦不在兴贩。而实在广东之窑口。此则法无可贷者矣。闻夷人交易烟土。皆不在内洋而在窑口。即黄爵滋折中所指之零丁洋及大屿山老万山各地面。缘夷船之来。人地生疏。非有熟悉情形者。为之羽翼而引导之。必不肯以数十万金之物。轻易付人。彼开窑口者。即为夷船之羽翼而引导之者也。擅其利者。不过数十家。其资本多则百余万。少亦不下数万。至数十万。久与夷人习熟。因此招人兴贩。接济烟馆。不知几百家。受其害者不知几千万人。即治以死罪。固不为过。加之外通夷人。内耗国用。即从私开烟馆绞候例上。加以绞决。亦不至法重于情。似较之专严吸食者。尤得要领。若果定为宪令。法立即行。亦不必宽以一年。转致缓而生懈。查窑口之设。断非一身一家所能办。必合数家或数十家之力而成之。其中固皆瞀不畏死之徒。亦岂无稍知顾忌者。彼闻有立置重典之令。其凶悍者未必不为顾忌者所牵制而游移。且夷船停泊近洋。不能持久。每岁入口出口。皆有定期。稍迟则风期不利。是以不肯迁延。惟于洋船将到之时。聚精会神。加紧严拿。以误其交易之期。能使一岁不售。则明岁之来必少。三两岁不售。将不禁而自息矣。至于凡有窑口处所。衙门书役以及土豪地棍。皆沾其利。为之护持。必须悬立重赏。购求密线。或诈为事外之人以侦之。或设为售买之主以招之。闻广东于道光三年有拿获窑口叶恒树一案。道光八年又有拿获窑口潘亚太一案。可见认真搜拿。破案并不为难。彼时因无开设窑口专条。不过照例完案。此后遂未闻有续获者。夫既宽之于前。又纵之于后。无怪乎奸民之日肆。而流毒之日深也。至禁绝之法。绝出口之银。与绝入口之烟。其事皆不可偏废。洋船入口。皆在广东。其开窑口之人。多系广州府属东莞香山新会各县奸民。其总汇多在虎门澳门黄埔一带。其散布多在肇庆府属之高要县利广墟。并潮州府属之澄海县菴埠一带。查广东水师提督即驻劄虎门。所属沿海巡船梭织。如果认真查缉。鬼蜮岂能潜踪。乃今日查缉之船。反有坐地分赃。及为匪徒包送者。然则此事不得不责成水师提督。水师提督得其人。而功已过半矣。至福建浙江江苏天津各海口。亦间有洋船阑入。莫善于严断其贸易之路。使之归并广东。否则分饬各该处督抚。另立章程。将有无窑口之处。严行查禁……

丙寅。广州将军德克金布两广总督邓廷桢广东巡抚怡良奏。窃查广东省准与外夷各国通商贸易。垂二百年。道光十四年间。因英吉利公私散局。大班不来。散商漫无约束。经前督臣卢坤饬令洋商。传谕该国夷商信知该国王仍派大班前来。以资经理。嗣臣邓廷桢到任。于十六年十二月据该国遣令夷人义律到粤领事。当经查明奏奉谕旨允准在案。至今将及两年。该领事义律有事则来省禀办。无事则下澳居住。尚能循分办事。不敢妄为。兹于本年五月二十四日。据澳门同知胡承光及各营县禀报。五月二十一日。有英吉利国美连巡船一只。并护行担孖吐巡船一只。驶至铜鼓外洋抛泊。当查美连船载有该国夷目马他伦一名。称系来粤稽查贸易事务。带有番妇女婢共三口。番梢五百名。担孖吐船带有番梢八十名。各等情。并准水师提督臣关天培咨同前由。臣邓廷桢以该国既有领事义律在粤经管贸易。何以该夷目马他伦复来查办。情殊叵测。当即分别咨行。严饬各炮台舟师认真戒备巡防。一面催令作速开行回国。勿任逗留。又先后接据文武禀报。该夷目马他伦于是月二十七日。率领番妇女婢驾坐三板船只。前往澳门。该领事义律夷馆居住。六月初四日。又独自转回铜鼓洋面。原船眷口仍留在澳。义律亦已由澳进省。臣邓廷桢即饬洋行原商伍敦元卢文蔚往向义律查询缘由。据义律声称。马他伦系属该国官目。来粤稽查贸易。令伊进省代其呈递事件。恳求免写禀字。并称以后有事必须官往传谕。不令洋商经手。诘其代呈何事。并不明言。义律随于初九日。遣令夷人。在城门外投递封面并无禀字之夷信一封。因其有违定制。当将原封掷还。臣邓廷桢伏思中外之防。首重体制。定例贸易事件。均由洋商转禀。不准投递书函。亦从无派官传谕之事。该领事忽求免用禀字。有事又欲派官传谕。诘其为马他伦代呈何事。一味含糊。竟赴城外投递并无禀字信函。谬妄已极。在臣一字之更。何关轻重。惟若听平行于疆吏。即居然敌体于天朝。体制攸存。岂容迁就。随又遣该原商伍敦元等。向义律谕以中外限制綦严。不得擅图更易。马他伦既系夷官。尤不得久留粤海。该领事即应传谕回帆。毋稍观望。义律遂于十一日下船而去。旋准水师提督臣函称。英夷美连等船二只抛泊铜鼓洋面。今又有从前来粤送信于闰四月内已去之英吉利庇力巡船一只。仍带原验之番梢一百二十名。复行转回。驶拢美连等船一同寄碇。该三船于十三日戌刻。自铜鼓向北开行。驶至穿鼻洋面停泊测水。提臣当派署水师提标参将事副将李贤。署水师提标守备周国英。带兵驰赴威远横档各炮台。协同原派弁兵安排堵截。并即亲赴海口督办等因。臣等以该夷船既未退回。转向内驶。英夷律劳卑前车可鉴。难保其不意图入口。必应从严堵逐。查虎门各炮台。前经增修巩固。分安八千斤及七千斤以下新旧各炮。共二百四十六位。内威远横档镇远三台。共安大中各炮一百二十位。对峙水滨。势成犄角。尤为扼要。提臣现复派员协防。并亲往督办。足资捍卫。所有虎门以内进省水路。如扼要之黄埔中流沙乌涌大黄窖。以及两岸陆路各要隘。经臣德克金布臣邓廷桢先事筹备。适臣怡良到任。复会同悉心熟商。密派员弁带兵分投布置。镇静防范。其路通省河港汊各处。派拨巡船。昼夜梭巡稽察。以防奸夷附载小船偷越入省。至澳门为西洋夷世守重地。且马他伦眷口留居其间。亦札派香山协县驰往。协同澳门同知并力驻守。并密谕西洋夷毋为英夷所惑。一体加意防护。以期有备无患。至十五日。马他伦遣夷人三名径赴海口水师提督臣坐船。声称该夷目令义律在省投递书信。总督未收。求提臣代为呈达。提臣当以马他伦不遵体制。妄冀与天朝疆吏平行。大属狂悖。况夷官又岂能越至内地稽察事务。方今舟师云集。务即赶紧回国。免干严逐等语。将该夷等拒绝转回。并恐传语错误。复委副将李贤署守备卢大钺同赴该夷船。以前言向马他伦严切开谕。晓以利害。始据马他伦回称。远人未谙天朝定例。是以冒昧有求。今既蒙明白指示。前信已可不投。便当取眷驶去。惟刻下风色不顺。尚须候风开行等语。该三船随于十七日开出铜鼓外洋抛泊。二十日。马他伦仍坐三板小船只身赴澳。与其眷口同住。意尚安静。准水师提臣节次函会。并据各文武先后禀报前来。查马他伦以一外夷官目。敢于传书抗礼。图变旧章。桀骜殊甚。迨经臣邓廷桢与水师提臣关天培叠以严词谕逐。内外戒备维严。该夷目无所施其伎俩。始称候风驶回。将船开泊铜鼓洋面。伊仍往澳居住。查通商各国。俱系西南外夷。其船来须南风。去须北风。向本如此。现在甫交秋令。南风犹盛。据称尚须守候顺风开行。似非支饰。惟迹其犬羊之性。究未可以恒情测度。该夷目是否实系居澳候风。携眷回船返国。抑竟别有诡谋。臣等未敢稍涉大意。现仍飞咨水师提臣一体严饬在事文武。时刻加意巡防。切勿松劲。致有疏虞。一俟北风迅发。催令即日驶回。傥敢抗违。更肆鸱张。即当由驿具奏。照例停止该国买卖。认真严行驱逐。

谕军机大臣等。据邓廷桢等奏。英吉利国巡船驶泊外洋。现在密为防范。谕逐回国。候风开行一折。所见是。前因英吉利公司散局。大班不来。曾经谕令循照旧章。仍派大班前来。以资经理。行之将及两年。何以该国忽有夷船驶入内地。并求呈递事件。免用禀字。又欲派官传谕。种种妄渎。现经该督等将原呈掷还。并密派文武员弁加意防范。但该夷等犬羊性成。难以恒情测度。据称守候风信。届期开行回国。此数十日内羁留内地。仍当不时侦察。勿得疏懈。时届北风。即饬令迅回本国。不可任其北驶。或竟藉端停留。自当加以兵威。严行驱逐。并停止该国买卖。用昭惩创。著邓延桢等酌量相机筹办。总宜外示静镇。内谨修防。以戢夷匪而靖闾阎。

丁卯。江苏巡抚陈銮奏。伏查鸦片烟流毒日深。既耗民财。即伤国本。兹黄爵滋以漏卮无底。国计攸关。请定吸食死罪。以冀振聋启聩。使内地无吸食之人。外洋即无兴贩之匪。而复宽以一年期限。俾令渐就自新。刑期无刑。意至善也。然臣愚以为圣朝制治。事期可行可久。而截流必先清源。即用刑之法。亦应由轻及重。且民为邦本。凡律所应诛之犯。尚须准情援例。得邀法外之仁。今欲清鸦片之流毒。必先严绝来源。然后儆劝愚顽。令其自惜生命。定以分限。科罪之条。由轻而重。使天下人民。咸仰皇上衡情立法。并非不教而诛。查鸦片烟土来自外夷。其趸聚本在粤省之香山黄埔各窑口。内地奸匪先赴该处议定价值。以银易土。陋规累万。今则夷船不进虎门。只于老万山大屿山等处寄碇。而粤省奸商勾通巡船。运银出洋。用扒龙快蟹等船。来往护送。包运进口。然后分销内地。其行踪固极诡祕。亦难保无不肖兵役。贪图重贿。容隐包庇。若果实力搜拿。断无有数千万之银土常川往来。而绝无觉察者。自应首严运银出洋贩土进口之罪。则来源先清。流弊可不禁而绝。伏查例载。凡沿海奸豪势要。将违禁货物下海。前往番国买卖。正法比照谋叛已行律处斩枭示等语。奸徒运银出洋。易土图利。勾结外夷。以致毒流中土。此系有心害国之犯。应请嗣后获有此等首犯。审明后即恭请王命处斩。传首海口悬示。以昭炯戒。从犯船户。概拟绞候。房屋籍没入官。沿海地方文武员弁有能缉获通夷首匪。即予保升。傥审有从前失察之案。以功补过。概予宽免处分。所获银两船只。尽行分别赏给。如文武员弁泄视玩忽。一经邻境拿获。以滋职严参。兵役人等得贿纵庇。尽法惩治……

八月庚午。福建巡抚魏元烺奏。伏思天地之生财有限。国家之经费有常。今鸦片流入内地。病国病民。其害不可胜道……臣谨酌议数条。为我皇上陈之。

一严惩起意出本及受雇贩卖之罪。以绝根株也。夷船停泊大洋。奸民运银买烟。每次多则万余两。少亦数千两。此非贫民所能措备。皆由殷实奸民为之凑集。雇募无赖棍徒。勾结夷船。买回散卖。受雇之人。图得重利。无不忻然乐从。虽被获到官。仍利其暗中资助。从未供及牵连。而出本之奸徒。坐享其利。置身事外。以致海滨之人。相率效尤。应请嗣后拿获受雇勾结夷船大伙贩卖之犯。一体斩决枭示……

一严办沿海包运匪犯以杜来源也。查沿海地方。包运鸦片。无论舟行陆运。匪徒倚恃人众。肆无忌惮。地方官虑酿事端。往往姑容。应请嗣后拿获包运烟土之犯。问发新疆给官兵为奴。如有拒捕等情。准地方文武开枪放炮。照罪人拒捕格杀之例勿论。

一严定开馆兴贩各罪以禁诱食也。内地开设烟馆。以及兴贩鸦片之犯。与在洋勾结夷船大伙贩卖者。情节有间。拟罪亦应区别。应请嗣后开设烟馆引诱良家子弟者。拟绞立决。兴贩鸦片计赃在五百两以上者。拟绞监候。不及此数。发极边足四千里。为从各减一等。船户地保邻右知情不首。减为从一等。如书役兵丁伙同开设兴贩。或包庇故纵。其罪至立决者。无可复加。如应监候者加拟立决。应充军者发遣新疆为奴。应杖徒者发极边充军。

……

一水师巡缉。宜分别勤惰以昭劝惩也。内洋及内地贩卖鸦片之犯。责成陆路文武访拿。至奸民之在外洋。勾结夷船大伙贩卖。惟水师为专责。应请嗣后水师弁兵如有得规故纵。即照本案首犯治罪。提镇各降一级调用。提镇以下该管各官。一并革职。如有举发。免其议处。失察者该管将弁革职各上司分别议处。如有拿获本辖洋面大伙贩卖二起。或拿获邻境一起。准督抚奏请升转。仍将所获财物赏给。并将该管上司分别议叙。如在大洋风浪靡定。不能擒拿。准将勾结匪船用枪炮击沉。以除其害。

……

庚寅。两广总督邓廷桢广东巡抚怡良粤海关监督豫堃奏。窃臣等承准军机大臣字寄。闰四月二十五日。奉上谕。有人奏内地人民不尽皆食鸦片。而茶叶大黄为外夷必需之物。请酌定价值。只准以纹银交易。不准以鸦片及洋货抵交等语。著邓廷桢怡良会同豫堃揣时度势。密计熟筹。于复还财用之中。隐寓震慑外夷之意。其各省出产茶叶大黄地方。应如何稽查转运。设立票据。归沿海地方官员兼管。及丝斤出洋一律办理之处。著即悉心筹画。妥议章程具奏等因。钦此。臣等钦遵。当将原奏公同阅看。密计熟筹。往返商酌。至再至三。无如揣势衡情。求端讯末。核之原奏。实有窒碍难行之处。不敢不为我皇上密陈之。伏思纹银之去。由于鸦片之来。则欲图纹银之归源。固当立法于茶叶大黄湖丝之去路。惟查通商外夷。约有十余国。内惟英夷所属之港脚。暨米利坚吕宋连国四处。向有趸船停泊外海。此外诸国。并不囤贩鸦片。即此四国之良夷。亦有安分贸易。不肯营私者。其与洋商交易。向俱以大呢羽毛等物相抵。亦从无以鸦片易货之事。今因港脚诸国偷漏纹银。欲令其以纹银购买茶叶大黄诸物。而此外各国。剔而除之则两歧。概而同之则无别。此窒碍者一也。港脚诸国。诚以鸦片偷漏纹银矣。然其偷漏之道。如鼠窃然。非公然在内地售卖也。今欲令其以纹银购置茶叶等货。姑无论奸夷必以外国不产纹银藉词诿卸。即使茶黄能制死命。天朝令甲既立。该夷不得不遵。而奸夷诡计多端。或以带来番银在内地易换纹银。交商置货。或在彼国将番饼镕成大锭。充作纹银。窃恐泾渭混淆。有名无实。且向之偷漏纹银。乃营私耳。今令其以纹银购买茶叶。则彼于入口之时。呈报带来纹银若干万两。出口之时。声称置货之外。余剩纹银若干万两。仿照准带洋银三成回国之例。将纹银带回本国。是从前纹银出洋。犹系取巧。此后纹银出洋。竟属公行矣。计议稍疏。流弊滋甚。此其窒碍者二也。又查向来外夷入口之货。五十余种。内地出口之货。二十余种。以茶黄湖丝为大宗。每年出洋茶叶。自四千万至五千万斤。湖丝自六七十万至一百余万斤。大黄自十万至十余万斤不等。核其价值。实已居其大半。今剔出茶叶大黄丝斤三项。令其以纹银购买。则其余内地之货。与入口之货。不敷抵兑。而夷人余剩之货。将无所归。此时为裕财除害起见。原不必为夷人思虑。但通商互市。天朝令典煌煌。岂容外夷有所藉口。此其窒碍者三也。又查茶叶产自闽皖江西。湖丝产自浙江。大黄产自川陕。价值高低。向俱随时长落。今若酌定价值。自应从其较贵之价定为数条。惟此法施之夷人。则购买与否。听其自便。无足计较。而施之内地。茶丝各商。则出产之区。丰歉不一。转运之路。旱劳不齐。成本重轻。因之倍蓰。若果官定之价。可以获利。诚为商贾所乐从。设若偶值歉收。价贵之年。官定之价不敷成本。不卖则货物霉浥。欲卖则血本大亏。势类触藩。所伤匪细。此其窒碍者四也。至若茶叶大黄。产有自别省。率皆踰岭而至。并非航海而来。沿海官员无凭兼管。其自本地贩运至粤。关津榷税。层递稽查。若再由出产地方。设立票据。窃恐徒为不肖官吏增益陋规。而商贾转多扰累。此其窒碍者五也。复查洋商每年呈报出口入口货物。核计价值。大率出口之货。多于入口之货。除彼此以货易货外。递年夷商尚须找给洋商番银二三百万两。至四五百万两不等。核之税册相符。所找虽系洋银。而广东市价。每洋银百两。约补纹银之色。或三四两。或五六两。是洋银百两。尚可抵纹银九十三四五六两不等。臣等愚昧之见。与其虚悬新令。徒求复还纹银之名。不如率由旧章。总收岁找番银之实。谕内阁。前据御史周项奏。请酌定茶叶大黄价值。只准外夷以纹银交易。并湖丝出洋一律办理一折。当降旨令邓廷桢怡良会同粤海关监督豫堃熟筹妥议具奏。兹据该督等奏称。查通商外夷约有十余国。若令以纹银购买茶叶大黄。则彼转得藉词于置货之外。余剩银两携带出口。是纹银出洋。从前犹属巧取。此后竟属公行。并查向来出口之货。茶叶大黄丝斤。核计价值。居其大半。今以银购买。则其余内地之货。与入口之货。不敷抵兑。夷人余剩之货。将无所归。至于酌定价值。则出产之区。转运之路。亦有不齐。若官为定价。偶值歉收。价贵之年。必至官价不敷。商本亏折。若由出产地方出立票据。恐徒为不肖官吏增益陋规。商贾转多扰累。种种窒碍难行。所有该御史原奏。著毋庸议。

道光卷五

(道光十八年戊戌九月)壬戌。两广总督邓廷桢奏。窃臣承准军机大臣字寄。七月二十七日。奉上谕。据邓廷桢等奏。英吉利国巡船。驶泊外洋。现在密为防范。谕逐回国。候风开行一折。所见是。但该夷等犬羊性成。难以恒情测度。此数十日羁留内地。仍当不时侦察。毋得疏懈。时届北风。即饬令迅回本国。不可任其北驶。总宜外示静镇。内谨修防。等因。钦此。臣等遵查此次英夷马他伦。驾坐美连巡船来粤。抛泊铜鼓洋面。寄眷澳门。希图干预商务。经臣邓廷桢。与水师提臣关天培。叠以严词谕逐。一面于各炮台及口内各要隘。密为布置防范。以昭慎重。嗣该夷马他伦。遵谕赴澳接眷。适与其妻一同患病。迨其妻物故葬澳后。即挈其女婢回船。经提臣派署守备卢大钺严催。据该夷拍心指天。以得风即去回覆。情形甚为恭顺。续经臣等附片奏闻在案。兹于八月十五日后。连日北风迅发。旋准提臣咨称。本月十七日寅刻。英夷美莲船。及护行之担孖吐船。均乘风起碇开行。当经香山协副将惠昌耀。饬据把总苏起凤。管驾快艇。跟踪尾探。该二船已向老万山外洋之南。扬帆远去。杳无踪影等因。并据该副将惠昌耀。暨各该管文武。禀同前由。覆查无异。臣等伏思夷情叵测。该夷马他伦虽已回帆。是否去不复来。殊难臆度。除仍檄行水师各将备。严督巡洋舟师。始终加意防范。毋稍疏懈。凡遇各国并非贸易货船驶来。即行禀报。认真驱逐。不准停留外洋。以免事端而重海防。

十一月。癸丑。谕内阁。湖广总督兼兵部尚书衔林则徐。著颁给钦差大臣关防。驰驿前往广东。查办海口事件。所有该省水师。兼归节制。

十二月。癸未。两广总督邓廷桢奏。窃查粤东通商以来。番舶络绎。久之奸夷骫法。驯至鸦片之毒。流遍海隅。是华民之吸烟。由于土匪之贩运。而贩运实来自夷船。从流溯源。非于夷船寄泊之所。严加堵截。杜其勾串。势难有功。臣受事几及三年。办理毫无成效。以致上劳宸廑。叠蒙指授机宜。感悚无地。现计所获私开窑口。及兴贩鸦片匪徒。除节次专折奏办外。经弋获一百四十一起。人犯三百四十五名。民间遵示。依方戒食。亦据首缴烟枪一万一百五十八枚。群情似稍警动。但弊源未除。犹之设防断流。终虞溃决之患。臣受恩深重。敢不竭尽心力。通计熟筹。冀图报称。查各国货船抵粤。皆循例报验入口。开舱起货交易。其日久寄碇零丁外洋者。即属营私夷船。外间以趸船目之。盖零丁与老万山以外夷洋毗连。是以逐去复来。难期绝迹。嗣且假避风之名。连樯驶入金星门内洋抛泊。恣意为奸。臣于到任后。即经设法驱逐。两年以来。不敢驶入。然仍寄泊零丁洋。或十余只。或二十余只。每觇风势顺逆。于零丁附近之九洲鸡颈潭仔尖沙背等处洋面。徙泊靡常。该管官巡防虽密。而各洋灏瀚无际。顾此失彼。内匪即从而偷贩。此鸦片之所由滋蔓也。臣反覆筹度。谨拟派员驻洋守堵之法。如该夷船现泊何洋。即于该洋沙线必经之路。将师船联帮堵截。无论内地大小何项船只。一经驶近夷船。即行并力追拿。无许接装鸦片。傥敢逞凶拒捕。许开枪炮轰击。格杀勿论。庶奸民不能勾通购买。而趸船亦无厚利可图。持之既坚。当亦废然思返。查零丁等洋。乃水师提标左营。香山协。大鹏营所辖之地。应请调集水师提标船二只。香山协师船二只。大鹏营师船二只。各随带哨船二只。均配足弁兵炮械。第一月派水师提标左营游击管领。以香山协大鹏营守备各一员副之。第二月派香山协副将管领。以水师提标左营大鹏营守备各一员副之。第三月派大鹏营大参将管领。以香山协水师提标前营守备各一员副之。轮流堵拿。周而复始。仍严饬各该将备等。务当实力奉行。设有堵截不力。及徇纵情弊。即行从严参处。至水师提督统辖全洋。弭盗缉私。皆其专责。驻劄虎门地方。滨临海口。与零丁各洋。声息相通。所有守堵事宜。或稽查各官勤惰。或调度时有变通。应即由提臣关天培。就近认真督办。俾归妥协。又零丁各洋以东。为惠潮一带洋面。从前时有夷船。藉称遭风漂往。屡经驱逐回帆。今当查办吃紧之时。在夷情诡谲。既难保其不择地图迁。亟应早为防范。而惠潮二府属滨海著名口岸。奸民开设窑口。囤贩烟泥。尤应一体严饬购捕。以免烟贩勾引夷船往泊。致遂其凭穴为祟之私。臣现在会同广东抚臣怡良。筹议水陆交严章程。檄令南澳碣石二镇。乘坐师船。亲督属营将备。巡洋舟师。并给带通事引水驰。赴该二镇所辖交界洋面驻泊。遇有夷船驶至。立加谕逐。毋许片刻逗留。如有匪艇拢向勾结。亦即奋迅兜拿。格杀勿论。其陆路各口岸。人烟稠密。良莠杂处。以潮州府澄海县属之汕头。潮阳县属之达濠为最。现饬潮州镇。惠潮嘉道。暨潮州府。会同在于各该县适中之地。轮流驻劄督拿。并督阖郡文武。各于辖境口岸。分投严密躧缉。有私务破。遇匪即擒。各港口旧设卡巡。凡渔船蜑艇出入。责令确加查验。惠州府属口岸。由该府即于郡城会同陆路提督。严饬各营县。查照一律办理。似此文武各尽其力。水陆分任其劳。守零丁以清其源。堵惠潮以竟其委。傥有意存推诿。贻误事机。臣即当随时指名奏参。以为玩不用命者戒。

(道光十九年己亥正月)甲子。两广总督邓廷桢。广东巡抚怡良奏。查前给事中许球原奏。内开之坐地夷人。除骂骨治并无其人外。查顿。颠地。单拿。挖文轩。尔士化。林治。打打罢。葛吾。八名。均以贸易来粤。住省久暂不一。因查无作奸确据。分别各该夷事务繁简。取具限状。谕令依期下澳回帆。当经附片覆奏在案。嗣据总商伍绍荣等。先后禀报。挖文干。尔士化。林治。葛吾四名。已由省下澳。附搭便船回国。颠地。单拿。打打罢。三名。商务未竣。请下澳居住。或暂赴省清理。不敢无故逗留。惟查顿一名。以其货船络绎。又住省年久。帐项繁多。求展归期。俾便留省照料。臣邓廷桢以该夷查顿。既不回帆。又不下澳。虽其贸易较多。岂容玩视奏案。独任久踞省垣。节经严加驱逐。并与臣怡良。谕以该夷纵有帐项未收。尽可议分年限。由该国熟船陆续带还归款。无虞亏折。天朝法度森严。傥始终昧于进退。藉端再涉迁延。定即从严拿究去后。兹于十二月十五日。据总商伍绍荣等禀称。港脚夷商查顿。因贸易帐项诸务。布置清厘。业于本月十二日。请牌下澳。附搭港脚吷船回国。查吷船亦已于本月十一日。请牌出口。该夷查顿。月底定可开行等情。臣等覆查无异。除再饬总商查明该夷开行回国日期。禀报查核外。谨合词恭折具奏。

谕军机大臣等。本日据邓廷桢怡良奏称。谕逐港脚夷商查顿。现在下澳附船回国等语。该夷查顿来粤贸易多年。所有趸船鸦片。多半系其经营。实为奸夷渠魁。现因稽查严密。恐惧图归。虽据该督等奏称。该夷请牌下澳。于腊月底定可开行。但该夷盘踞既久。党羽必多。现在各趸船。尚未回帆。其所存烟泥。岂肯即行抛弃。难保不别肆诡谋。著林则徐严密访查。该夷查顿是否实已下澳。开行。确于何日起碇。如尚在逗留。即著严行驱逐。据实覆奏。务使奸夷尽去。痼弊悉除。方为不负委任。

谕军机大臣等。据邓廷桢等奏。通谕各国夷商。湔除旧汙。并缮录谕稿进呈。朕详加披阅。措词正大。所见亦属周到。现在外洋抛泊各趸船。是否尽数回国。其并非趸船。又非进口货船。往来各洋寄碇者。能否绝迹。著林则徐会同该督等。严饬水师各镇协营。调集师船。在各洋面联帮追捕。毋任再有偷漏。其窑口烟馆各犯。并著通饬各属。搜拿净尽。以绝根株。其茶叶大黄。果否为该夷所必需。傥欲断绝。是否堪以禁止。不致偷越之处。并著悉心访察。据实具奏。至林则徐面奏请颁发各国檄谕。著仍遵前旨。与邓廷桢商酌。妥拟底稿具奏。经朕披览。再行颁发。

通谕各国夷商稿

照得天朝准予各国通商以来。垂二百年。深仁厚泽。美利无疆。而内地茶叶大黄二项。为尔外夷必需之物。生死所关。尔等岂不自知。是天朝本不必通市。而尔各国能一日不通市否。乃数十年来。忽以鸦片一项。视为专利要术。络绎运贮趸船。致汉奸勾通贩运。愚氓嗜食。习为故常。滋蔓海壖。透漏各省。论者以为尔等欲图匮中国之财。倾华民之命。姑无论天朝五金并产。宝藏充盈。岂此区区所能匮乏。即尔挟此邪物而来。亦止意欲图财。中国之民。与尔何仇。而欲害其命耶。总因利欲薰心。以致肆无忌惮。须知物极必反。则天朝一旦震怒。杜绝鸦片之来。严断茶黄之去。亦法之所必有。事之所当至。尔等不可不虑及也。从前节经谕逐。本督院抚院复三令五申。乃竟惟利是图。衰如充耳。且以来广贸易。均属良夷为词。讵知近来三板夹带入口者。叠经破获。鬼蜮之情。业已败露。尚得谓为良夷各务正业者耶。方今大皇帝痛恨恶习。刻意湔除。内则谕令廷臣。严议科条。外则切责疆吏。严行惩治。乾网独断。志在必行。本督院抚院已钦遵谕旨。严饬水师各镇协营。调集师船。配足炮械。在于中东西三路各洋面。节节联帮守堵。追捕偷贩匪艇。驱逐游奕夷船。并檄陆路各镇道府。督属搜拿窑口烟馆。及贩卖吸食各犯。水陆并治。首尾交严。业据先后报获数百余起。彼积惯营私。瞀不畏死之徒。均经严审按办。如前经正法之郭亚平何老近等。是其明证。其余论罪有差。因之群情大为警动。戒食首缴烟枪者。以数万计。其畏法自行弃置烟土烟具。暨奸徒废业远逃者尤多。此系广东现办章程。及现在民情之可见者。特琐琐告尔等知道。尔等试思此何等时候。此何等政令。还能有所希冀否。能有所迁延否。且中国民人有犯。即行立置重刑。尔等明目张胆。恣意为奸。又岂能曲从宽宥。必当一体按法惩办。以示天威。尔等梯航远涉。原图将本求利。何苦因利亡身。刻下民皆戒食。匪尽潜踪。官既执法维严。民亦畏刑恪守。不特销售路绝。抑且无利可求。中国民人。多因此物丧身。率皆视如仇恶。弃诸道路。直以粪土视之矣。果复何所希冀。罔有悛心耶。合亟剀切谕饬。谕到该夷商立即湔除旧汙。将外洋抛泊各趸船。尽数速遣回国。其非趸船。又非进口货船。亦不得往来各洋。任情寄碇。务安贸易正业。同享乐利宏休。如始终执迷不悟。尚存觊觎之念。则是尔等自外生成。本督远抚院亦不值频烦心力。常川堵截。查拿。惟有奏请封港。将贸易永行停止。封港之后。无论有无鸦片。内地茶叶大黄。禁不出洋。已能立制诸夷之命。查各该国王。恭顺有素。而治夷法度綦严。设因断绝茶黄。追究所自。则尔等纵漏天朝法网。恐亦难逃本国之法也。敬而听之。毋贻后悔。特谕。朱批。正大周到。

道光卷六

道光十九年。己亥。二月。丁卯。两广总督邓廷桢奏。窃臣会同广东巡抚怡良。遵旨查办鸦片。以为截流必应穷源。特议守堵之法。派饬该管水师各协营将备。调集师船。按月轮流。在于中路零丁各外洋。夷船寄碇处所。认真堵截查拿。期免汉奸接济。并因近日以来。间有夹板夷船。藉称被风。驶泊南澳洋面。现经中路设法堵截。恐其意在东趋。又经会筹水陆交严章程。饬行惠潮道府。并水陆各镇。实力办理。当经恭折奏明在案。兹据南澳镇总兵沈镇邦禀称。东路镇辖各洋。本非夷船经由之路。向来随到随逐。并无停留。比因中路守堵綦严。先后有夷船八只。驶来抛泊。当遵亲督将弁舟师。逐去三船。余仍迁延观望。诚恐兵力单薄。不足以壮声威。复调集澄海达濠师船。将该五船围绕防范。并遣通事。谕以如再逗留。定行开炮轰击。各该船夷人。心生畏惧。即于十二月初六日。同时开行。齐向东南外洋驶去。跟踪瞭望。杳无帆影。实已远扬等情。臣伏查南澳洋面。向称肃清。今忽驶泊夷船八只之多。无论来自何处。其为意图销私无疑。苟非大加振作。则前者不去。后必续来。东路一隅。又将为狡免之窟。该镇沈镇邦。自奉檄以后。即能慑以兵威。全数驱逐出境。办理尚合机宜。惟各路现虽查办严紧。而夷情叵测。其所装运烟泥。断不肯轻弃于地。必将恣为鬼蜮。求售其奸而后已。当此稍为得手。益应奋勉图功。庶奸贩既绝其勾通。夷船即无所希冀。前既废然而返。后当不复再来。现在通事引水。经该镇留于澳洋。师船亦未撤退。潮州镇及该道府等。仍择隘轮驻督拿。分饬破除畛域。遇船即驱。有犯即捕。务使速净根株。毋留余孽。

谕内阁。邓廷桢奏。粤洋东路夷船。驱逐尽净一折。南澳洋面本非夷船经由之路。近因中路零丁各外洋。夷船寄碇之处。守堵綦严。先后有夷船八只。驶来抛泊。现经该镇总兵。亲督将弁舟师。逐去三只。余仍迁延观望。复经调集师船。将该五船围绕防范。并谕以如再逗留。定行开炮轰击。各该船已向东南外洋驶去。办理尚合机宜。惟念夷情叵测。显因中路巡防严密。改向东路驶行。其为意图销私。已可概见。仍著该督等督饬该镇道府等。各于要隘处所。轮班堵拿。遇船即驱。有犯即捕。务使根株净尽。断不准稍留余蘖。致遂其此拿彼窜之私。至该夷匪等趋利若骛。现在装运烟泥。又何肯因查拿紧急。甘心抛弃。势必逞其鬼蜮伎俩。如各海口防范稍疏。即行驶往销售。著沿海各直省督抚等。通饬所属文武。务当不分畛域。协力同心。认真防缉。遇有该夷船抛泊该处海口。即行随到随逐。勿令片刻停留。庶奸贩既绝其勾通。夷匪亦无所希冀。

壬午。两广总督邓廷桢。广东巡抚怡良奏。窃臣邓廷桢。于道光十六年三月。与升任广东抚臣祁𡎴。水师提臣关天培。遵旨会议海口操练章程。并防夷经费事宜。奏奉上谕。所议俱妥。要在实力行之。切勿日久生懈等因。钦此。计臣邓廷桢自十六年起。每岁秋操。亲往虎门。会同提臣关天培。认真校阅。均经奏报在案。查虎门为粤海中路咽喉。通商番舶络绎。夷情叵测。良莠难分。有备无患。预谋为善。是以臣邓廷桢。每与提臣涉海登山。周览形势。凡顾要处所。炮台星罗棋布。武备整肃精严。固已层节防闲。足资控制。第海面宽深。潮流湍急。若不豫筹阻截良方。似尚难言周密。因日夕筹思。拟于横档山前。海面较狭之处。创造粗大铁鍊。安根两岸。铁鍊之下。承以木排。木排两端。紧以铁锚椶缆。有事即横截中流。无用则分陈海畔。如门开阖。无碍行船。惟事关创始。策画宜周。随于上年五月。函商提臣关天培。覆称横档海面较狭。必须创造排鍊二道。中隔九十丈。分两层安设。实得扼吭之势。并应于威远炮台迆西。添建六十丈平面大炮台一座。安放大炮六十位。以壮声威。缘该处海面为两山所束。宽止三百余丈。一遇顺同长潮。夷船迅如奔马。诚使之来路多防。去途易梗。则其胆先落。有计安施。况贸易夷船。内泊黄埔。私弊丛生。果能设此重关。不独堪御外侮。兼可慑服内奸。思患预防。一举两得等语。臣等即札饬司道。将议设排炼等项。委员估办去后。随据逐加确估。所有创造木排铁炼二道。铁锚椶、缆二百七十副。大划船四只。并铁炼两岸安根。及看守排炼兵房三十二间。又添建大炮台一座。面阔六十丈。并守台兵房旗帜等项。又添铸大炮六十位。连炮架炮罩。随炮一切器具。共估需银八万六千两。此项经费。先据洋行众商伍绍荣等情愿捐银十万两。以供要需。当饬藩司兑收贮库。咨会提臣关天培。在于虎门近地。分设木厂铁石厂石厂缆厂。遴委副将李贤。同知刘开域。总司其事。派令直隶州如州余保纯。候补知县张大绪。守备王鹏年。卢大钺等。随时领项。分头购料监工。并经提臣就近指示规模。遵照赶办。至添建炮台。安炮六十位。需兵九十名。应于通省水师各营。酌拨枪炮步兵三十名。陆路各营。酌拨枪守兵六十名。在台防守掌放。仍拟抽拨永靖营千总一员。并于水师提标中营步兵内。添拨额外二员。以资管领而专责成。其专管排炼。应添设把总二员。兵丁一百二十名。先期操练精熟。每岁于五月半前。整备安排。霜降节后。撤排归坞。重关既设。临事仍加派兵船火船。停泊上流。外夷虽极冥顽。谅不肯自投陷阱。即犬羊之怯。愍不畏死。有如十四年夷目律劳卑。及上年马他伦。妄图进口情事。我则以逸待劳。迨其闯入彀中。欲进则排炼羁绊。思退则风水不容。而各台大炮。连环轰击。火船下压。兵船继之。夷船纵坚如铁石。要亦顿成灰烬。加以坚持罔懈。历久不渝。边衅定可潜消。海疆堪期永固。此臣等与提臣关天培。相机筹度。议增排炼炮台之原委也。上年十月。已准提臣关天培委员。将先札成木排炼成铁炼各数具。运赴省河。经臣等率同司道。逐一阅验。木排札箍坚固。铁炼锻淬精纯。据该委员禀称。新建炮台石料。现已运到六成。台根积土。亦经起除净尽。底石已砌三层等语。核与提臣咨会相符。因饬催原派文武各员弁。务于本年三月内。将排炼炮台一律赶造齐全。其新铸炮位。业已购觅妥匠。讲求火候。现在春融。即可如法制造。排炼兵丁。经提臣关天培。饬属招募善泅水者。一百二十名。演习启闭。以期临时得力。再此项工程。系洋商捐办。请免报销。又排炼等项。逐年修费。添设排炼官兵月饷。并排炼炮台各兵丁。六七八九四个月。增给口粮。春秋二操军火赏号。约共岁需银八千三百余两。查商捐银十万两内。除动支防范夷目马他仑经费银一万二百三十八两零。此项工程。八万六千两外。仅存银三千七百六十余两。尚不敷一岁之需。容臣等另行筹款奏办。

谕军机大臣等。据邓廷桢等奏。筹议虎门海口。创造木排铁炼。并添置炮台炮位。分别绘图贴说。开单呈览一折。虎门海口。为粤海中路咽候。通商番舶。络绎往来。现在筹议海口章程。自应妥为布置。以密巡防。据该督等奏称。涉海登山。周览形势。请于横档山前海面较狭之处。创设铁炼木排。并于威远炮台迆西。添建大炮台一座。安放大炮六十位。以壮声威。所有估需各项银八万六千两。既系洋商伍绍荣等情愿捐办。著免其造册报销。该督等即饬催原派文武各员。务于本年三月内。将排炼炮台。一律赶造完竣。并将新添炮位。如法制造。其泅水兵丁。由该提督关天培。如数饬募。随时演习。以期得力。至排炼等项。每年修费。及添设排炼官兵月饷。并排炼炮台各兵丁四个月增给口粮。春秋二操军火赏号。共岁需银八千三百余两。除商捐存银三千七百六十余两外。尚不敷一岁之需。著该督等另行筹款奏明办理。余依议。

又谕。据邓廷桢等奏。筹议虎门海口。创造木排铁炼。添置炮台炮位一折。已降旨允准。虎门海口。为粤海中路咽喉。现当筹议海口章程。自宜妥为布置。以密巡防。该督等所请于海面安设木排铁炼。以羁绊夷船。并添设炮台。添制炮位之处。是否有益。著林则徐详细查察情形。据实具奏。原折著钞给阅看。

邓廷桢又奏。窃臣前以鸦片烟土。贩自外夷趸船。必清其源。然后其流可绝。是以严拿窑口烟馆。并贩卖吸食匪徒外。仍筹议轮派水师将备。按月驻洋守堵之法。调集舟师。在于趸船抛泊之零丁各洋面。联帮堵截查捕。无论内地何项船只。毋许拢近趸船。以冀断其销售接济之路。庶奸夷无利可图。或当废然思返。一面翻译檄文。刊成谕帖。散给各国夷人。晓以利害祸福。饬将趸船尽数遣还。各安贸易正业。并促令住省年久之港脚夷查顿。于上年十二月附船回国。均经具奏在案。查驻洋守堵。以去腊为第一月。经臣檄饬轮派之将备。将堵截情形。及趸船作何动静。五日禀报一次。以凭核办。本年正月。轮值香山协副将惠昌燿。管带备弁舟师赴堵。兹据该副将。暨署澳门同知蒋立昂。先后禀称。零丁各洋。分泊趸船处所。因堵拿严紧。并无民船在彼游奕窥伺。趸船内有港脚基船。及弯士船。各一只。于上年十二月二十八日午刻。由鸡头洋面。一同起碇。向老万山外夷洋。张帆驶去。实已远扬。其尖沙觜洋面。查尚泊船十六只。零丁九洲三角潭仔等洋。共泊船六只。综计尚有二十二只。内港脚也顿船一只。亦经整理桅帆。似有开行之意。现在乘机堵逐。不敢松劲等情。并准水师提督臣关天培。粤海关监督臣豫堃。查明咨会无异。伏查粤洋趸船。经臣前于十七年八月。驱去荷兰国刀爹臣船一只。尚存二十四只。是年奏办趸船折内。业已据实声明。今于该夷查顿回国之后。又复驶去二船。且有整帆欲遁者。虽夷情叵测。难保存者不无观望。去者希冀复来。而大局实已警动。当此办理差为得手之时。其机断不可失。亟应妥速防维。且谕且逐。绝其徘徊之念。坚其悔祸之心。使得衔尾开行。肃清洋面。以冀仰副圣主绥靖海疆。湔除锢弊之至意。

谕军机大臣等。据邓廷桢奏。外洋鸦片趸船。屡经派员堵截驱逐。内有港脚基船。又弯士船。各一只。于上年十二月起碇驶去。业已远扬。其尖沙觜等处洋面。现尚泊船二十二只。内港脚也顿船一只。亦经整理桅帆。似有开行之意等语。此次谕逐夷船。既有可乘之机。著该督务即妥速防维。一力整顿。使现泊各船。衔尾开行。毋任稍有观望。总期洋面肃清。奸宄绝迹。以副委任。

丙戌。钦差大臣湖广总督林则徐奏。窃臣上年冬间进京陛见。于十一月十五日。钦奉谕旨。著颁给钦差大臣关防。驰驿前往广东。查办海口事件。所有该省水师。兼归节制等因。钦此。臣当即在京请训。叠聆恩谕。备极周详。蒙委任之逾恒。弥深感奋。念责成之重大。倍切悚惶。陛辞后。于二十三日出京。经由直隶山东安徽。皆无停滞。惟江西途次。连遇大雪。间有未能趱行之处。旋即加紧前进。以速补迟。兹于正月二十五日。行抵广东省城。与督臣邓廷桢。抚臣怡良等。会晤。当据告知节次拿获鸦片烟贩。水陆交严。群情颇为警动。迨闻特派查办之旨。声威所被。震慑民夷。是以驻省年久之夷商查顿。于十二月十二日。请牌下澳。附搭港脚央船国。其零丁洋趸船。内有港脚基船。及弯士船。二只。亦于十二月二十八日回去。今年正月二十日。又有港脚威臣及也顿等船。米利坚国架厘音及士架等船。连国都士船。小吕宋船。共十四只。起碇开行。二十一日。又有港脚赞臣等船。米利坚国麻刀等船。共四只。与前船一同驶去。旋据探报。抛泊了洲洋面。该处为夷船回国必经之路。现仍严行探逐。业经先后具奏等语。臣复细加查访。均属相符。惟思夷情诡谲异常。现有鸦片在船。未必遽甘回国。果否计穷思遁。抑系择地图迁。均未可定。第既经开动。其为畏惮可知。急应宣示天威。乘势尽行驱逐。以为清源之计。除饬外海水师。确查飞禀。相机会办外。至臣先于途次。承准军机大臣字寄。上年十二月十六日。奉上谕。本日据邓廷桢奏。筹调师船将备。联帮驻泊洋面。堵截民夷售私一折。著林则徐驰抵广东后。即将各该处情形。悉心体察。所有折内所议。驻洋守堵各事宜。会同邓廷桢通计熟筹。务臻妥善。核实办理等因。钦此。臣查阅折内所议。分派兵哨各船。在零丁洋一带。按月轮流堵截。无论内地何项船只。驶近夷船。概行追击。傥敢逞凶拒捕。格杀勿论。其东路惠潮等属洋面口岸。一体巡防。似此棋布星罗。已足以昭严密。惟现在夷趸既经移动。自须到处跟踪。即使该趸船驶出老万山。犹恐内海匪船。潜赴外洋勾结。是杜绝售私之劲。实属刻不容松。臣甫经到省。于各处岛澳口门。尚未亲历。现在检阅图志。先与督抚臣在省互相讲求。拟于旬日之间。出赴中路之虎门澳门等处。与水师提臣关天培。乘船周览。以便相机度势。通计熟筹。俟趸船驱除应手之后。再往东路。察看机宜。随时会同邓廷桢等核实办理。总期拔本塞源。力迴锢习。以仰副圣主澄清海澨。绥戢生民之至意。

谕军机大臣等。林则徐奏。体察洋面堵截情形一折。广东海口。为各夷船出入经由要道。自应水陆交严。以除锢弊。兹据奏称现在夷趸既经移动。自须到处跟踪。即使该趸船驶出老万山。犹恐内海匪船。前赴外洋勾结等语。著林则徐即亲赴虎门澳门等处。相机度势。通计熟筹。务使外海夷船。不得驶进口门。妄生觊觎。内地匪船。不敢潜赴外洋。私行勾结。严密巡防。尽除锢弊。方为妥善。俟中路办竣。再往东路。察看机宜。核实办理。该大臣系特简前往查办大员。务须悉心筹议。从容办理。不必急于蒇事。要期除恶净尽。方为不负委任。

三月乙卯。钦差大臣两江总督林则徐。两广总督邓廷桢。广东巡抚怡良奏。窃照鸦片来自外洋。毒流中国。蔓延既久。几于莫可挽迴。幸蒙我皇上涣号大宣。乾网独断。力除锢弊。法在必行。且荷特颁钦差大臣关防。派臣林则徐来粤查办。仰赖谕旨严明。德威震叠。不独禁令行于内地。且使风声播及重洋。复蒙谕令臣邓廷桢等。益矢奋勤。尽泯畛域。下怀钦感。倍思并力驱除。在臣林则徐未到之先。已将窑口烟馆兴贩吸食各犯。拿获数百起。分别惩办。又派令各师船轮流守堵。水陆交严。并将东路夷船。及住省奸夷。先后驱逐。节经奏蒙圣鉴。臣林则徐于正月二十五日到省。亦将筹办大概情形。先行具奏在案。维时在洋趸船二十二只。已陆续起碇开行。作为欲归之势。若但以逐回夷界为了事。原属不难。惟臣等密计熟商。窃以此次特遣查办。务在永杜来源。不敢仅顾目前。因循塞责。查夷情本皆诡谲。而贩卖鸦片者。更为奸猾之尤。此次开有钦差到省。料知必将该夷趸船。发令驱逐。故特先行开动。离却向来所泊之零丁等洋。以明其不敢违抗。其实每船内贮存鸦片。开俱不下千箱。因上年以来。各海口处处严防。难于发卖。而其奸谋诡计。仍思乘间觅售。非特不肯抛弃大洋。亦必不肯带回本国。即使逐出老万山以外。不过暂避一时。而不久复来。终非了局。且内海匪船。亦难保不潜赴外洋。勾结售买。必须将其趸船鸦片。销除尽净。乃为杜绝病源。但洪涛巨浪之中。未能确有把握。因思趸船之存贮。虽在大洋。而贩卖之奸夷。多在省馆。虽不必遽绳以法。要不可不喻以理而怵以威。臣林则徐当譔谕帖。责令众夷人将趸船所有烟土。尽行缴官。许以奏恳大皇帝天恩。免治既往之罪。并酌请赏犒。以奖其悔惧之心。嗣后不许再将鸦片带来内地。犯者照天朝新例治罪。货物没官等语。与臣邓廷桢。怡良。酌商定稿。即于二月初四日。公同坐堂。传讯洋商。将谕帖发给。令其赍赴夷馆。带同通事。以夷语解译晓谕。立限禀覆。一面密派兵役。暗设防维。查各国卖买。以英吉利为较大。该国自公司散局以后。于道光十六年。派有四等职夷人义律。到澳门。经管商梢。谓之领事。臣等发谕之后。各国则皆观望于英夷。而英夷又皆推诿于义律。其中有通晓汉语之夷人担等四名。经司道暨广州府等。传至公所。面加晓谕。因该夷担等回禀之言。尚为恭顺。当即赏给红紬二疋。黄酒二坛。著令开导众夷。速缴鸦片。未据即行禀覆。至二月初十日。义律由澳门进省。其时奸夷颠地等。希图乘夜脱逃。经臣等查知截回。谕责义律以不能约束之非。并照历届夷人违抗。即行封舱之案。移咨粤海关监督臣豫堃。将各夷住泊黄埔之货船。暂行封舱。停其贸易。又夷馆之买办工人。每为夷人潜通信息。亦令暂行撤退。并将前派暗防之兵役。酌量加添。凡远近要隘之区。俱令明为防守。不许夷人出入往来。仍密谕弁兵。不得轻举肇衅。在臣等以静制动。意在不恶而严。而诸夷怀德畏威。均已不寒而慄。自严密防守之后。省城夷馆。与黄埔澳门及洋面趸船。信息绝不相通。该夷等疑虑惊惶。自言愧悔。臣林则徐又复叠加示谕。劝戒兼施。即于二月十三日。据该领事义律禀覆。情愿呈缴鸦片。维时距撤退买办之期。业已五日。夷馆食物。渐形窘乏。臣等当即赏给牲畜等物二百数十件。复向查取鸦片确数。经义律向各夷人名下。反覆追究。旋据呈明共有二万二百八十三箱。查向来拿获鸦片。如系外夷原箱。每一箱计装整土四十个。每个约重三斤。每箱应重一百二十斤。即至日久收乾。每箱亦约在百斤以外。以现在报缴箱数核之。总不下二百数十万斤。若经奸贩转售。则流毒何所不至。今设法令其全缴。不动兵刑。无非仰仗天威。自然畏服。当即谕令驶赴虎门。以凭收缴。除商明留臣怡良。在省弹压防范外。臣林则徐。臣邓廷桢。均于二十八日同抵虎门。水师提督臣关天培。本在虎门驻劄。凡防范夷船。查拿售私之事。皆先与臣等随时商搉。务合机宜。自收缴之谕既颁。尤资严密防堵。兹趸船二十二只。陆续驶至虎门口外。关天培当即督率将领。分带提标各营兵船。排列弹压。并先期调到碣石镇总兵黄贵。署阳江镇总兵杨登俊。各带该标兵船。分排口门内外。声威极壮。粤海关监督臣豫堃。亦驻虎门税口。照料稽查。臣等亲率候补知府南雄直隶州知州余保纯。署广州府同知佛冈同知刘开域。候补通判李敦业乐昌县知县吴思树。暨副将李贤。守备卢大钺。分派文武大小委员。随收随验。随运随贮。惟为数甚多。一趸船所载之箱。即须数十只剥船。始敷盘运。而自口外运至口内。堆贮之处。又隔数十里。若日期过促。草率收缴。恐又别滋弊端。臣邓廷桢。拟收至两三日后。先回省署办公。臣林则徐。自当常驻海口。会同提臣关天培。详细验收。经理一切。容俟收缴完竣。查明实在箱数。与该夷领事所禀。有无参差。再行恭折奏报。并取具各夷人永不夹带切结存案。以断根株……

林则徐等又奏。臣等先后承准军机大臣字寄。道光十九年正月初九日。奉上谕。本日据邓廷桢怡良片奏。查办粤省鸦片烟情形。林则徐计应早晚到粤。该督等仍遵前旨。协力同心。尽泯畛域。勉之又勉。以副委任。至林则徐前此面奏。请颁发檄谕。晓示外夷。著与邓廷桢酌商。是否可行。傥必须颁发。著即妥议底稿具奏。经朕披览。再行檄发等因。钦此。又正月二十七日。奉上谕。据邓廷桢等奏。通谕各国夷商。湔除旧汙。并缮录谕稿进呈。现在外洋抛泊各趸船。是否尽数回国。其并非趸船。又非进口货船。往来各洋寄碇者。能否绝迹。著林则徐会同该督等。严饬水师各镇协营。调集师船。在各洋面联帮追捕。毋任再有偷漏。其窑口烟馆各犯。并著通饬各属。搜拿净尽。以绝根株。其茶叶大黄。果否为该夷所必需。傥欲断绝。是否堪以禁止。不至偷越之处。并著悉心访察。据实具奏等因。钦此。查外洋抛泊趸船。已据遵谕呈缴烟土。现经臣等恭折具奏。其并非趸船。又非进口货船。往来各洋寄碇者。以东路南澳镇属洋面为较多。先经臣邓廷桢。檄饬该镇。会同潮州道府。设法防堵。业将停泊夹板夷船八只。驱逐开行。于上年十二月二十七日奏明在案。今春以来。复据该镇先后禀报。偶有夷船。驶至长山尾大金门等洋游奕。亦经实力驱逐。驶出夷洋。此等夷船。闻知烟土尽数缴官。无所希冀。似可不致再来。臣等仍檄饬该镇。联帮堵截。以绝觊觎。并饬潮州道府。严查海口。以杜偷漏。期于一律肃清……

辛酉。浙江道监察御史邓瀛奏。窃惟鸦片之害。蔓延直省。今皇威远震。夷人畏罪自首。将所携烟土尽数呈缴。至二万二百八十三箱之多。大害迅除。臣民庆幸。其所获烟土。据该大臣等。奏请解京核验。奉旨允准。盖因为数甚多。向所未闻。恐中外未能深信。自应全数解京。俾薄海臣民。共睹情形。警目洗心。革除锢习。第其中亦有繁累滋弊之处。不可不为虑及。盖广东距京。程途辽远。过剥甚多。广东江西安徽陆路。多用抬夫。每箱用夫二人。计须四万余人。广东江西水路。须用船只。其船稍大者。不過装百余箱。计须封雇民船百余号。用水手一二千人。安徽以北。俱用车载。每车装十余箱。计须大车千余辆。用民夫千余人。骡马五六千头。即由江西水路。径向长江。转入运河行走。亦抵运解铜铅船数起之多。此项舟车民夫。诚恐沿途地方。一时骤难雇备。即分数起押解。可无短绌。而经费之多。终不能减。若令官民筹办供应。不免赔累劳扰。若尽报部核销。则不值以国家有用之财。縻之于无用之物。又此物最易偷换。近来各省多有假造烟土。其价仅值洋土十分之一。而形色逼真。虽积惯吸食者。莫能辨别。虽在彼起解。到京核验。皆有大员监视。而长途迟滞。日经民夫千万人之手。委官数人。耳目安能周防。即到京后。钦派大臣查验。亦只能核其多寡。无由辩其真伪。弊窦之生。何所不至。且林则徐。邓廷桢。怡良。豫堃。关天培。皆系皇上委任责成之人。当不敢扶同欺饰。自取罪戾。可否敕令该大臣将起获烟土。毋庸解京。收缴完竣。即在该处督率员弁。公同查核。目击销毁。以省解运之烦。而早除一日。即可免一日之患。且使沿海居民。及夷人等。眼见销毁情形。咸晓然于圣天子除恶务尽之至意。益当震慑畏服。不敢复萌故智矣。

四月。庚辰。钦差大臣两江总督林则徐。两广总督邓廷桢。广东水师提督关天培奏。臣林则徐抵粤以后。与臣邓廷桢。暨抚臣怡良。公同商酌。责令夷人将趸船烟土。悉数呈缴。旋据英吉利国领事义律。禀明。愿将各船鸦片二万二百八十三箱。陆续驶至虎门呈缴。臣林则徐。臣邓廷桢。即于二月二十八日驶抵虎门。会同臣关天培。督率收缴。业于二月二十九日恭折驰奏在案。惟收缴烟土。须将剥船拢近趸船。方能盘运。而剥船与趸船。高下悬殊。登降已形费力。迨起至一半之后。趸船水迹浮高。须防风浪。又必下石压舱。且潮汐时有往来。风信兼多顺逆。一遇风潮相薄。剥船不能驶傍夷船。即勉强拢近。而两相撞击。损坏堪虞。不得不暂为停止。时当三月。风暴正多。竟不免有终日坐守之事。臣等同驻海口。时刻督催。得起即起。不任延缓。兹自二月二十九日收起。截至三月二十日。计已收缴鸦片一万五千八百八十九箱。又一千五百四十七口袋。核之义律原报数目。已逾十分之八。惟近数日来。察看后船烟土。较诸在先收缴之船。所载渐少。虽一时未即收完。而核计大数。恐其或有短欠。当又派员持谕。前赴省城夷楼。向领事义律。严加诘责。即据禀覆。伊所报数目。系在省楼核算帐据。而各船装载鸦片。间有驶往沿海地方。如潮州南澳等处者。远职再行催回。不论现泊何方。半月内想可催到。定必如数尽缴等语。察其情词。似非虚诳。当即准限半月。责令迅速往催。臣等伏思东路南澳地方。屡有夷船驶至。自上年驱逐净尽之后。今春仍间有数船。至长山尾等洋游奕。虽经该镇随时驱逐。而夷船旋去旋来。是否中路分销。抑系外洋另股。悉心访察。冀得端倪。惟夷人既不肯输情。众口亦茫无确据。正思中路呈缴事竣。再行查办南澳一隅。以冀断绝根株。今义律于无心中自行吐露。是中东两路。实属一气相生。其趸船虽在零丁等洋。而三板等船。分载烟土。由外洋驶往南澳觅售。诚为事所必有。既经逐层澈究。正当乘此机关。责成该领事。将分往南澳各船。一概招回。悉数呈缴。不但原报二万余箱之内。不准短少一箱。如此外尚有多余。亦必尽数收缴。期于一律净尽。

林则徐又奏。承准军机大臣字寄。道光十九年正月二十七日。奉上谕。本日据邓廷桢怡良奏称。谕逐港脚夷商查顿。现在下澳附船回国等语。该夷盘踞既久。党羽必多。现在各趸船尚未回帆。其所存烟泥。岂肯即行抛弃。难保不别肆诡谋。著林则徐严密访查。该夷查顿是否实已下澳开行。约于何日起碇。如尚在逗留。即著严行驱逐。据实覆奏等因。钦此。臣查该夷查顿。于上年十二月请牌下澳。附船回国。业经臣于奏报到粤折内。声叙在案。兹复钦奉谕旨。著臣严密访查。当即钦遵。密咨粤海关监督臣豫堃。谕饬洋商伍绍荣等。确切查禀。并札澳门同知。转谕在澳之西洋夷目委黎多。查明查顿实系何日自省到澳。附搭何船。于何日由澳开行回国。据实禀覆。一面暗遣妥人。改装前赴澳门。密加察访去后。兹准豫堃咨。据署澳门同知蒋立昂转据委黎多禀覆。查顿于上年十二月十三日。由省到澳。即于十六日由澳附搭港脚央船。开行回国。又据洋商伍绍荣等。禀同前情。与臣遣人赴澳密查。均属相符。是查顿实已于上年十二月间。搭船回国。并未逗留。毫无疑义……

谕军机大臣等。本日据林则徐等奏。收缴夷船鸦片。乘势清理东路等语。粤洋趸船。存贮鸦片二万二百八十三箱。前经林则徐等。谕令驶至虎门陆续呈缴。兹据奏称。剥船与趸船高下悬殊。烟土起至一半。趸船水迹浮高。风信靡定。不免终日坐守。现在所缴鸦片。核之原报数目。已逾十分之八。又称东路南澳地方。间有数船至长山尾等洋游奕。虽经该镇随时驱逐。而旋去旋来。是中东两路。实属一气相生。其三板等船。分载烟土。驶往南澳。亦不可不乘此机关。一概招回。悉数呈缴。著林则徐等。悉心筹画。相机妥办。不但原报二万余箱之内。不准稍有短少。如此外尚有多余。亦应尽数收缴。总其一律净尽。毋留余蘖……

甲午。钦差大臣两江总督林则徐。两广总督邓廷桢广东水师提督关天培奏。英吉利等国夷人。呈缴趸船鸦片。经臣等会折驰奏。追收逾十分之八。即乘势清理东路。亦经续行奏明在案。臣等查粤省东路。南澳一带。系与福建漳州府属洋面毗连。该处夷船。自上年驱逐开行之后。今春又据禀报。有数只驶至长山尾等洋游奕。而福建之布袋等洋。近在其北。闻亦有夷船旋去旋来。缘两省交界之间。逐于粤则窜于闽。逐于闽又窜于粤。无非因载有鸦片。随处觅售。兹粤省中路趸船。收缴烟土。办理既能应手。且究明中东两路。实属一气相生。亟应由中路而及东路。并由粤洋而及闽洋。务使两省海面。一体肃清。不敢稍分畛域。当经臣等谆谕英吉利国领事义律。缮写夷信。多拨三板小船。分赴东路各洋。无论粤界闽界。但有夷船寄泊。即催令驶回虎门。与各趸船同缴烟土。仍严檄南澳镇。率领师船。在洋堵逐。并带有通事。传谕夷人缴烟。其内港各口。责令潮州镇道府县。严禁蜑艇出洋。以断夷船接济。一面飞信知会闽省督抚臣。饬属照办。使两省声势。互相联络。实力防堵。水陆交严。夷船既不能将鸦片销售。又不能有水米接济。势难久泊。复经该领事义律。催令一体呈缴。即据禀报陆续来至虎门。查有佛兰士船。卑力治船。鸡船。皆称从南澳驶来。共缴鸦片一千六十七箱。又五百十一袋。复有列船。治蔑时船。罗麻打士船。皆称从福建驶来。共缴鸦片二千四百四箱。又五十七袋。此数船原不在中路零丁等洋趸船之内。每由外洋潜行窜越。踪迹靡常。今亦招至虎门。与趸船一体呈缴。截至四月初六日收清。合计前后所收夷人鸦片。共一万九千一百八十七箱。又二千一百一十九袋。核之义律原禀。应缴二万二百八十三箱之数。更溢收一千袋有零。据该领事等佥称委系尽数缴官。不敢丝毫余剩。臣等于督收之际。节经饬令委员。每起尽一船。即将各层底逐一查验。不任稍有留遗。此次收缴全清。夷人成本千余万金。已成虚掷。谅不敢更寻覆辙。惟现值南风司令。各国本年贸易夷船。正应陆续到粤。计自彼国开船。尚在数月以前。未必遽知天朝如此严禁。其历年夹带鸦片。本已习为故常。此次来船。恐亦难免。惟一时未便即寘于法。仍须责令一并缴官。臣等现又严谕该领事义律。将新来载货夷船。随到随查。如无鸦片。即具保结请验。傥有夹带。即行首缴免罪。如敢朦混隐瞒。查出不许开舱。驱逐回国。经奉到部行新例之后。即当拟具檄谕底稿。恭呈御览。照会该国。明示限期。如届期再有带来。应遵照大清律例所载。化外人有犯。并依律科断之语。与华民同照新例一体治罪。货物没官。始可杜其尝试之念。臣等又思华夷虽有分界。而海道处处可通。即如闽省各洋。南与粤界相连。北即距粤甚远。是否尚有夷船在彼游奕。粤省无从知悉。除再飞移闽省督抚臣。一并乘机查办外。尚恐夹带鸦片之奸夷。虑及到粤勒缴。或从外洋径窜迤北各省。寄碇售私。前数年本已有此情形。此后尤不能不虑。应请敕下沿海各省。一体严查。时加防范。若收缴之令。随在得行。即窜越之迹。亦永远可杜矣。

林则徐又奏。臣于三月初七日。至虎门舟次。承准军机大臣字寄。二月十六日。奉上谕。邓廷桢等奏。筹议虎门海口。创造木排铁炼。添置炮台炮位一折。虎门海口。为粤海中路咽喉。该督等所请。于海面安设木排铁炼。以羁绊夷船。并添设炮台。添制炮位之处。是否有益。著林则徐详细查察情形。据实具奏等因。钦此。伏查粤东中路海口。以虎门为咽喉。臣此次亲至该处。督收夷人鸦片。即住在水师艇。寄碇海中。四面形势。皆可瞭望。当经留心相度。窃见重重门户。实属险要天成。自零丁大洋。过龙穴而北。两山斜峙。东曰沙角。西曰大角。由此以入内洋。是第一重门户也。进口七里。有一山屹立中央。名曰横档。其前有一巨石。俗名饭箩排。又其前小山一座。曰下横档。海道至此。分为二支。其右一支多有暗沙。左一支以武山为。武山亦谓之南山。山前水深。洋船出入。皆由于此。此第二重门户也。由横档再进五里。则为大虎山。其西为小虎山。再西则狮子洋。即由黄埔进省之路。是大小虎山。乃第三重门户也。此外如蕉门。芦湾山。三门口。新涌口等处。港汊旁出。岛屿周迴。尚非夷船出入要津。姑不具论。以炮台言之。先有横档南山两处。均系康熙五十六年所建。形势稍狭。嘉庆五年。于沙角添建炮台一座。二十年。复就横档炮台。加筑月台一座。又南山炮台之西北。添建镇远炮台一座。各安炮四十位。二十三年。又于大虎山建炮台一座。安炮三十二位。道光十年。大角山又添炮台一座。安炮十六位。迨十四年冬间。提臣关天培到粤。适在驱逐夷人律劳卑出口之后。与前督臣卢坤商议。以大角沙角两炮台。中隔海面一千数百丈之远。两边炮火均恐不能得力。只宜作为望台。遇有应行防堵之时。放炮报信。其南山镇远。与横档三处炮台。形如品字。中隔水面三百余丈。炮火可期得力。惟南山炮台。地势遇高。炮子易于冒过船顶。其余原建墙垛。亦俱单薄。于道光十五年。会折奏准。将南山炮台前面。环筑月台。名为威远。又将镇远横档大虎各炮台。加筑坚厚。添铸七八千斤大炮。分别安配。并于横档背面山麓。及对岸芦湾山脚。续添永安巩固炮台两座。安炮四十位二十位不等。此十五年以前。陆续添造炮台之原委也。维时提臣关天培。即欲于横档山前海面较狭之处。创造粗大铁炼。安根两岸。铁炼之下。承以木排。两端紧以锚缆。有事则横截中流。无事即分看披海畔。如门开阖。防堵益严。以经费未充。未及办理。邓廷桢到后。正与关天培商议筹办。旋于十八年夏间。有英吉利国夷目马他伦巡船三只。窥探虎门。见海口布置森严。畏惧窜去。复经邓廷桢。与关天培。钦遵谕旨。倍谨修防。以铁炼木排。实为阻挡夷船要具。察看威远镇远横档各炮台之间。海面较狭。安设排炼两道。足资堵截。惟威远镇远两炮台。虽同在武山脚下。而相距尚有里余。排炼既截中流。炮位尤宜联络。故又于威远镇远中间。添建大炮台一座。安放大炮六十位。以护排炼而壮声威。此邓廷桢等现在奏办之情形也。兹钦奉谕旨。令臣详细查察。当又移舟至武山横档一带。流览登眺。此处本系第二重门户。最见紧严。其海面自西北量至东南。横宽二百七十余丈。至三百三十余丈不等。所有铁炼两道。西北皆安根于武山脚下。其东南则第一道安根于饭萝排之巨石。第二道安根于横档山脚。俱各凿深石槽。以八千斤废炮。横安槽底。炮身外加铁箍四道。上扣铁炼四条。由四而并为二。由二而并为一。中间钮合两头。贯以大铁炼八条。用大铁锁接扣两边。以便开阖。其木排则以大木截齐。各长四丈五尺。合四根为一小排。穿以横木二道。又以四小排联成一大排。量宽一丈六尺余寸。面底又各夹以横木六道。箝用大小铁箍三十口。第一道。安大排三十六排。大炼三百九丈零。第二道。安大排四十四排。大炼三百七十二丈。两道排炼。相去约九十丈。共配铁锚椤缆二百四十副。并设划船四只。水兵一百二十名。管以把总二员。无事则中间常开。以通出入。如须防堵。则关闭甚速。察看木排。箍札坚固。铁炼锻淬精融。开阖亦俱得法。其新建炮台。俯临两道排炼。正成扼吭之势。平宽六十三丈。高一丈四尺五寸。台墙上下。横纵砌石。墙垛炮洞。则用三合土筑成。安炮六十位。后围石墙九十丈。高出山顶。除兵房望楼官厅。军装火药两库。尚未竣工外。其余均属完整。演试铜铁大炮。炮子均能远及对岸山根。设有不应进口夷船。妄圆闯入。虽遇顺风潮勇。驾驶如飞。一到排炼之前。势难绕越。即谓夷船坚厚。竟能将铁炼冲开。而越过一层。尚有一层阻挡。就令都能闯断。亦已羁绊多时。各台炮火连轰。岂有不成灰烬之理。似此重重布置。均极森严。闻黄埔及十三行出入夷人。行舟过。此皆懔然生严惮心。于海防实属有益。惟排炼日被咸水泡浸。加以潮汐荡摇。即木大铁坚。亦自不能无损。若有寸铁脱扣。一木离箍。立刻即须修复。总使联成整片。百密不任一疏。设或迁就耽延。则寸节偶乖。即全局为之松劲。查提臣关天培。于排炼一事。久已殚精竭虑。寝食以之。而炮台工程。亦时时躬亲督造。此后岁修事宜。均须由关天培立定章程。使将备弁兵。皆谙成法。加以时常操演精熟。则海防长臻巩固。边衅永可潜消。堪以仰慰圣主廑念瀛壖之至意。

道光卷七

(道光十九年。己亥。五月。壬戌)林则徐邓廷桢又奏。臣等察访夷情。因知外国商船。来粤贸易者。必先在该国请领牌照。经过夷埠。俱须验明。并于开船之时。颁给禁约条款。不许在中华滋生事端。酌限往返程期。如未领牌照。擅自行船。查出即治其罪。船亦充公。是外夷禁令森严。并非纵其所如。漫不加察。而商船载来货物。动值数十万金。彼既爱惜重资。自必懔遵法度。故货船到粤。必皆报关候验。纳税投行。虽近年以来。每有夷商夹带鸦片情弊。要亦先向趸船寄顿。始敢驶进黄埔。断无驾驶重船。东奔西窜之理。惟因获利太厚。贩运愈多。各国虽间有之。而以港脚一处为尤甚。港脚地名曰孟雅剌。曰孟买。曰达剌萨。皆为英吉利所属之港口。即华言所谓马头也。距英吉利本国。尚有两月路程。而其来至内地。则比英夷为近。奸夷利欲熏心。罔顾厉禁。往往由外洋乘风窜驶。越过广东中路。直趋东路之南澳。以达闽浙各洋。来去频仍。便成熟地。在天朝弥纶广大。无不遍示怀柔。即其所不应至之处。违禁频来。亦惟自谨修防。其究至于驱逐而止。奸夷习知其故。相率效尤。沿海文武员弁。不谙夷情。震于英吉利之名。而实不知其来历。遇有夷船驶至。不过循例催行。如其任催罔应。亦即莫敢谁何。甚有桀骜夷船。胆敢以枪炮相恐吓。而官船因未奉有明文。转不便擅用火器。臣等近日访闻。乃知此等奸夷。并未领照经商。而敢偷渡越窜。若被该国查出。在夷法亦必处以重刑。况天朝禁令森严。岂有转以内地各洋。为其逋逃薮之理。且如内地奸民。出海潜赴夷洋滋事。揆诸国法。正宜按例治罪。傥在外已被夷人戕害。适足蔽辜。岂尚听其鸣冤。许为报复乎。以此对观互证。度势揆情。愈知越窜夷船。不必空言驱逐。惟有严行惩办。乃可震慑其心。而亦并无后患也。总之有牌照而行中路者。则为经商之船。无牌照而窜东西各路者。即为偷渡之船。经商之船。尚须区分良莠。偷渡之船。明系有莠无良。枪击炮轰。皆其自取。似不为过。且此等越窜船只。小者为三板夷划。大者亦不过只桅夹板。迥非货船趸船高大坚厚之比。即船内炮械。亦极有限。甚至安假炮于船旁。画炮眼于舱板。只以虚张声势。师船果能奋勇剿除。何患不能相敌。即云夷人乃亡命之徒。官兵不值与之对仗。亦尚有便利之法。可操胜算。只须雇募沿海之善泅者。多驾拖船。满载草薪。备带火器。分为数队。占住上风。漏夜乘流纵放。即或前队未能得手。后队络绎复来。夷船中触处皆引火之具。未有不可以焦烂者。此令一行。不待实有其事。而奸夷先已胆落。似亦慑服之一法也。

谕军机大臣等。林则徐等奏。请将偷渡夷船。严行惩办等语。外国商船。来粤贸易。必在该国请领牌照。颁给禁约。方许驶入内洋。乃近年英吉利港脚地方奸夷。并未领照经商。往往偷渡越窜。并因中国员弁。遇有违禁来洋船只。不过驱逐而止。胆敢虚张声势。以枪炮相恐吓。似此违禁藐法。甚属可恶。该大臣等奏请遇有此等越窜船只。即令师船奋勇剿除。及雇募善泅。驾船载草。备带火器。占住上风。漏夜乘流纵放之处。著林则徐。邓廷桢。体察情形。相机筹办。务使奸夷闻风慑服。亦不至骤开边衅。方为妥善。

六月。辛未。江南道监察御史骆秉章奏。鸦片流毒内地。奉旨严敕中外。认真查拿。夷人畏慑天威。将烟土尽数呈缴。现奉上谕。颁行新定章程。雷厉风行。从此积弊胥除。可无漏卮之患。其中禁绝夷人弊混。及汉奸勾通之处。有应密为防范者。臣谨就见闻所及。敬为皇上陈之。

一慎选洋商以专责成也。内地与夷人互市。设立商人。原为杜弊防奸起见。诚以洋商日与夷人交接。情伪无不周知。乃闻近来招募试办之商。身家素非殷实。承充之后。即借资夷人。始能营运。是以勾串逢迎。无所不至。在夷人贪利是其本怀。而洋商复极力奉承。遂日长期骄恣之心。因以逞其狡诈之术。近日夷情之坏。实由于此。且查夷船入口。必由洋商出具并无携带违禁货物甘结。方准开舱。何以近年以来。鸦片充斥。几于遍地皆然。而洋商并未一为举发。其中掩饰情弊。咎实难辞。如从前严兴泰行。则滥保夷船。上年在潘人和行。搜获鸦片。皆试办之商。玩法实据。当此严禁鸦片之时。查核洋商。最为紧要关键。应请敕下两广总督。及粤海关监督。严密访查。如各商中有销售禁物者。即行斥革惩办。并请嗣后新商呈充。务须遵照定例。责令总散各商。联名保结。非身家殷实。居心诚笃者。不准充当。仍责令各商互为稽查。傥有售私走漏等弊。不行禀究者。除将本商治罪外。联保之商。一并严办。庶洋商皆知儆畏。而夷人亦有防闲矣。

一严禁孖毡以防勾串也。凡土人晓习夷语。夷人买卖。从中为之说合者。名曰孖毡。其始不过受雇在洋行。藉作经纪。近有孖毡。自出赀本。与夷人交易。货物出口。则搭洋行代为输税。而洋行亦利其抽分。名曰搭报。此中良莠不一。遂有串合夷人。违禁售私等弊。更有卑鄙棍徒。名曰孖毡。实系汉奸。朝夕出入夷楼。所有售卖鸦片。及过付银两。皆其勾串。如陈老眷。无鼻泳。皆系著名孖毡。闻均破案逃匿。应请敕下地方官严拿究办。以示惩儆。嗣后孖毡在行经纪者。必须该商出具保结。报明粤海关监督。随时稽查。如有售私等弊。将出结之商。一同治罪。如洋行受雇之人。一概不许出入夷馆。至出口入口货物。必由洋商自行经理。不准有搭报名目。如此事有责成。则稽察易周。而汉奸无所售其技矣。

一严禁夷人久住省馆。以绝弊源也。查定例。夷商销货归本后。令其依期随原船归国。不得在澳逗留。即有行欠未清。止准酌留司事一二名。住冬清厘。如行欠既清。各司事犹复逗留。或限期已届。夷欠尚未清结。查明分别惩究等语。立法极为周密。近来查顿及颠地等夷。已历二十余年。在省城夷馆居住。包揽各夷鸦片。在省售卖。且延请土人。教习汉书汉语。凡内地衙署举动。豫行探听。把持洋务。所有售私偷漏等弊。皆其主谋。实为奸夷渠魁。应请敕下粤省总督。及粤海关监督。迅为驱逐回国。不论在省在澳。均不准其逗留。并嗣后凡夷船到澳。遵照定例。务使依期归国。庶夷人不敢任意逗留。不至滋生弊端矣。

一三板夷船。禁止停泊省河。以防偷运也。查夷船到粤。向来皆停泊黄埔。搬运货物。及夷人来往。皆用本地瓜艇。固以杜夹带之弊。亦使经过关口。易于稽查。近来夷人制造三板夷船。以铜片镶裹船底。深舱巨柁。樯帆交织。驾驶如飞。每船可载货物二三万斤。日在省河游奕。无人过问。闻从前律劳卑滋事。装载炮位进省。皆用此项船只。此外夹带鸦片。偷漏纹银。不知凡几。请嗣后三板夷船。凡有樯帆。可以运载货物者。一概驱逐。不准在省河停泊。则出入可以查核。庶可杜走私之弊矣。

一内地洋银。应与纹银一律严禁出洋。以杜影射也。查向来洋商呈报。每年与夷人交易。除以货易货外。夷人应找给内地银两尚多。是以从前夷船到粤。货物之外。另携新板洋银。以便找给货价。乃近来夷人止带禁物。并无另带洋银。及其出洋之时。不拘纹银。任意携带而去。近年粤中纹银。不见有余。即洋银亦日形短少。查洋银一项。内地行使已久。且皆以内地货物易之。虽名曰洋银。实则内地之银矣。傥偷漏过多。则民财亦竭。不得谓纹银出洋为消耗。而洋银出洋非消耗也。更闻近日查禁严密。汉奸教诱夷人。设有代带之法。讬名某年某夷人寄存银若干。今付某夷带回。串通书吏。预先立案。临期满载而归。无复查问。出洋之银弊端实在于此。应请敕下粤海关监督。按年查核出口入口货价。除以货易货外。将内地与夷人应找给之数。相为比较。固不准其违例携带。并不准有代带名目。以免朦混。违者将付银之商。重治其罪。如此严为禁止。则偷漏可绝矣。凡此数端。皆洋务积弊。习为固然。若不及早严禁。则日甚一日。走漏之弊。难以尽绝根株。请旨敕令广东督抚。及粤海关监督。妥议章程。认真查办。务使无弊不剔。有犯必惩。则狡猾之徒皆知惧。而鬼蜮之术无所施。其源既塞。其流自清矣。

谕军机大臣等。据御史骆秉章奏。请整饬洋务。以绝弊端一折。所有慎选洋商。严禁孖毡。并夷人久住省馆。三板夷船停泊省河。及内地洋银应与纹银一律严禁出洋之处。著林则徐。邓廷桢。怡良。并传谕豫堃。一体妥议章程具奏。原折著钞给阅看。

(壬午)林则徐。邓廷桢。怡良。又奏。臣等前奏收缴夷船鸦片。钦奉谕旨。各国夷商。业经遵缴烟土。自应加恩准予照常互市。以示怀柔等因。钦此。臣等当即恭录咨会粤海关监督臣豫堃。一体钦遵办理。惟因外国新来货船。开行在数月之前。恐尚未知严禁。仍带烟土。且查向来积弊。夷商所带之土。皆于到后卸在零等洋之趸船。然后进口。是以未进口以前。应先设法稽查。以杜私卸。臣等会饬署澳门同知蒋立昂。暨香山协副将惠昌燿等。查照粮船勾水之法。将新到各货船吃水尺寸。先用丈桿。自水面量至舱面。注明印单。黏于夷船船舱。以为记认。仍造册报明。以俟进口时覆验水迹。有无浮高。即可辨其有无私卸。复咨会粤海关监督。亲至黄埔。将货船逐一盘验。如有夹带。自必不能藏掩。随有米利坚国之勿架剌船。廉文船。经船。美剌船。边文船。赞文船。弁逊船。山顿船。了者船。共九只。贩运洋米棉花洋布黑铅等货。均于量明水志之后。进口查验。俱无夹带鸦片。并有带来买货洋钱十五万数千圆。据通事等称。夷船携带洋钱。近年颇为罕见。尤可为不卖鸦片之明证。此外有米利坚国之既列一船。英吉利所属港脚之波扶一船。于勾水之后。不敢进口。旋即驶向老万山外。径行回国。其为带有鸦片。无从觅售。又恐覆验水痕。不能卸载。是以潜逃回去。情事显然。但既未流毒中华。即不便穷追肇衅。此新来货船之情形也。其原泊黄埔夷船。满载内地货物出口者。计港脚则有花地申等十五船。米利坚国则有万基云等八船。共船二十三只。亦皆先后乘风驶出老万山。此又内地货物。照常通往外国之情形也。至已经缴清烟土之趸船。自应驱逐回国。臣等于收土后。传谕领事义律。早为遣回。兹查港脚之威利船。赞臣船。舟地剌船。这非厘船。勃船。米利坚之阿巴船。小吕宋之科船。共七只。已先后驶出老万山回国。其余有候修船者。有候带货压载者。并有其船业已破烂。难以回国。拟拆卖与人者。臣等分别覆查。尚皆实情。仍分饬师船。严加防范。并不时查催驱逐外。现在洋面澳门。均属安静。

辛卯。两广总督邓廷桢。广东巡抚怡良。广东水师提督关天培。奏臣等前因海防为方今急务。公同筹议。在于中路横档山前。海面较狭之处。创造木排铁炼二道。并于威远炮台迤西。添置炮台炮位。以期周防番船。巩固海疆。于本年三月内。经臣邓廷桢。臣怡良。会同臣关天培。暨陆路提臣郭继昌。粤海关监督臣豫堃。绘图开单。奏奉上谕。据邓廷桢等奏。筹议虎门海口。创造木排铁炼。添置炮台炮位。分别绘图贴说。开单呈览一折。虎门海口。为粤海中路咽喉。通商番船。络绎往来。现在筹议海口章程。自应妥为布置。以密巡防。据该督等奏称。涉海登山。周览形势。请于横档山前。海面较狭之处。创设铁炼木排。并于威远炮台迤西。添建大炮台一座。安放大炮六十位。以壮声威。该督等即饬催原派文武各员。务于本年三月内。将排炼炮台。一律赶造完竣。并将新添炮位。如法制造。其泅水兵丁。由该提督关天培。如数饬募。随时演习。以期得力等因。钦此。当经臣邓廷桢。臣怡良。钦遵分别咨行去后。至四月二十七日。据该委员等。将排炼炮台炮位。以及官厅兵房药局等项工程。一律赶造完竣。具禀报验前来。臣等即于五月十二日。亲偕臣关天培。乘舟前往。详加察看。该处横档海面。自西北量至东南。二百七十三丈。至三百二十八丈不等。所有铁炼两道。西北皆安根于武山脚下。其东南。则第一道安根于饭箩排之巨石。第二道安根于横档山脚。俱各凿深石槽。以八千斤废炮。横安槽底。炮身加大铁箍四道。上扣铁炼四条。又用二炼并四为二。再用大铁圈一个。联合为一。中贯大铁炼八条。用铁锁接扣。以便开阖。石槽内外。用石灰坚筑封固。其木排。则以大木截齐。各长四丈五尺。合四根为一小排。穿以横木二道。又以四小排联成一大排。量宽一丈六尺余寸。面底又各夹以横木六道。箍以大小铁箍三十道。铁炼则每圈用炼净熟铁五斤。造成鹅卵式大圈一个。长四寸七分。阔二寸八分。连环套接成炼。第一道海面较窄。安大排三十六排。大炼三百九丈九尺四寸。第二道海面稍宽。安大排四十四排。大炼三百七十二丈。每排向内一端。安椗缆铁锚一副。向外一端倍之。共配椗缆铁锚二百四十副。每隔两排。仍留空五丈。以疏水势。计两道排炼。相去约九十丈。重关巩固。拦截紧严。其添设排炼把总二员。水兵一百二十名。先经臣关天培。拔募齐全。严督操练。随饬令各水兵。分驾新造划船四只。临流将各排炼按法启闭。尚称便捷。堪期得力。又武山之麓。新建清远大炮台一座。距威远炮台仅五丈五尺。由山根石基正中建造。直长十一丈五尺。敌台正面。平宽六十三丈。连地盘俱用高厚宽阔青石。纵横密砌。间层垒叠。台外临水处。除根脚砌石不计外。出水仍高八尺。台面镶宽二丈五尺。中用土石填实。面铺石板。另用三合土筑成垛墙。均高六尺五寸。厚五尺。连石墙共高一丈四尺五寸。垛墙共开炮洞六十个。已安大炮六十位。其台包角石墙。东长九丈五尺。西长七丈三尺。俱至山根止。外高一丈六尺。内高六尺。后围自山根直至山颠。满砌石墙。共长九十一丈。均高一丈二尺。厚二尺。东西城楼二座。每座高一丈四尺。宽深皆一丈三寸。青专结砌。其下石砌拱洞城门二座。各高九尺二寸。宽五尺五寸。深一丈七尺六寸。包铁城门各二扇。查验现安新铸各炮位。鍜炼俱属精融。原议抽拨守台掌炮千总一员。添拔额外二员。枪炮兵丁九十名。先经拨补足数。饬令演放各炮。手法皆熟。炮子均能远及对岸山根。查该台与威远镇远二台。一气相连。与横档一台。两边对峙。为粤洋第二重门户。而永安巩固两台。亦附近环绕其间。又前则沙角大角两台在焉。为第一重门户。后则大虎山炮台在焉。为第三重门户。星罗棋布。声势联络。险要天成。且该台俯临两道排炼。尤成扼吭之势。足资防御。此外新造排炼官厅二座。每座三间。拱篷二座。兵房二十六间。炮台官厅一座五间。拱篷一座。兵房二十五间。药局二间。神庙三间。俱用青砖结砌。高深坚固。此臣邓廷桢。会同臣关天培。察看各工程。并启闭排炼。演放炮位之实在情形也……

谕内阁。邓廷桢等奏。粤洋创造防夷排炼。并添建炮台工竣一折。广东横档海面。创设木排铁炼。并添建炮台炮位。据奏称。现已一律完竣。悉臻巩固。惟立法必须永久。经始即应图终。此项排炼炮台。若不勤加查验。必至日久失修。全功尽弃。著责成关天培。随时实力稽查。过有朽坏。立即赶紧督修。并严饬各兵丁。加意周防。不得以现处无事之时。稍任因循懈忽。并著邓廷桢于阅兵之便。亲加查看。或一二年间就近往查一次。总期工归永固。患弭未形。以靖海疆而严武备……

七月。壬子。钦差大臣两江总督林则徐。两广总督邓廷桢。广东巡抚怡良奏。臣林则徐。上年在京陛见。面奏禁止鸦片一事。拟颁发檄谕。晓示外夷。容俟到粤。与督臣邓廷桢等酌商。奏请训示。迨到粤之后。节次钦奉上谕。著与邓廷桢商酌。妥拟底稿具奏。经朕披览。再行颁发等因。钦此。维时臣等谕令在粤之英吉利国领事义律。及住省夷人。呈缴趸船鸦片。办理正属应手。因思外国重洋遥隔。尚可暂缓檄行。当将就近谕夷缘由。合词附片覆奏。奉上谕。英吉利现有在粤领事。及住省夷人。经该大臣等就近谕知。办理应手。所有檄谕该国之处。亦著暂缓颁行。统俟颁行新例时。于善后章程内。另行详细筹议。仍遵前旨。拟稿进呈。再行颁发等因。钦此。仰见圣主因时制宜。周详指示之至意。兹新例业已颁到。所有内地兴贩吸食。并夷人夹带鸦片各罪名。均经议定。因查粤省成案。凡钦奉谕旨。事涉外夷者。大都由督抚臣联衔照会该国王。钦遵办理。此次既颁新例。自应宣示重洋。咸使怀德畏威。迁善远罪。所有檄谕外国之稿。应先酌拟进呈。惟查各国夷船。来至粤东者。如西洋夷人。久住澳门。几成土著。自可就近给谕。勿庸远寄出洋。其佛兰西。荷兰。大小吕宋。双鹰。单鹰。连国。瑞国。近年买卖较稀。惟英吉利之船最多。米利坚次之。但米利坚并无国主。只分置二十四处头人。碍难遍行传檄。英吉利国现系女主。年纪亦轻。然闻号令系其所出。则该国似宜先颁檄谕。臣等不揣闇陋。谨会同商拟底稿。另折恭录进呈。伏祈圣鉴折衷。俾有体要。敬候钦定发回之后。再议颁发。其余各国。俱先谕知在粤夷目夷商。傥该夷目等禀请移知其国主。然后奏明酌发。

林则徐等又奏。臣等准刑部咨。通行夷人治罪专条。内开一夷人带有鸦片烟入口图卖者。为首照开设窑口例斩立决。为从同谋者纹立决等语。在衡情定议之意。以入口二字为关键。原因海洋辽阔。口以外直达夷洋。口以内始为内地。划清界阯。本极分明。惟核诸粤省贸易章程。尚有不得不防其影射之处。缘广东中路通商。向以船进虎门。乃为入口。番船初到之时。先于虎门口外寄碇。如担杆山。铜鼓洋。大屿山。零丁洋。尖沙觜。仰船洲。琵琶洲。上下磨刀。沙湾。石笱。九洲。沙沥。潭仔。鸡颈等洋。皆向准夷船寄泊之所。此等洋面。虽皆在老万山以内。而老万山并无口门。无从稽察。是以定例。夷船必雇引水小船。报明引入虎门口内。停泊黄埔。始得开舱验货。按则纳税。报行互市。其在虎门以外。寄泊中路各洋者。皆未入口之船也。而私售鸦片之弊。正在于此。盖由中路而东而北。则历潮州南澳。以达闽浙北洋。凡宁波上海山东天津奉天之商船。皆所通行。由中路而西。则本省之高廉雷琼。船只往来。亦络绎不绝。所有各路兴贩鸦片。多在洋面舟次。与夷人交易。搬运过船。即在口内议买。亦须赴口外运货。此内地快蟹拖风等艇。所以乘间出没。而夷人囤贮鸦片之趸船。常泊零丁等洋。职是故也。口内夹带鸦片者。无非民船。向来拿获之案。历历可据。若夷船夹带入口。虽亦难保必无。然经总散各洋商。逐层保结。又于入口之后。即行开舱起货。立见底蕴。故夷人所带鸦片。每先卸于口外趸船。然后入口。今若以是为界。彼正得以藉口趋避。难保不于虎门口外。再设趸船。恐办理又形棘手。且英国领事义律。于缴烟完竣之后。曾据具禀。恳求在澳门装货。臣等以其显违定例。批驳不准。该领事尚怀观望。是以近日他国之船进黄埔者。已有十四只。而英吉利所属港脚之船。尚停虎门口外之尖沙觜一带。支饰迁延。臣等惟饬师船。严密防范。一面谕各夷船。如无鸦片。即应入口报验。有鸦片而首缴净尽者。亦准入口。若自揣不敢报验。即日扬帆回国。亦尚可免穷追。傥敢透漏私售。万难曲宥。此时该夷正在惮于入口。故口外之弊。比口内尤当严防。可否仰恳圣裁。将新例入口字样。酌易为来内地等字。稍示浑涵。俾无可以藉口之处。恭候命下只遵。

道光卷八

道光十九年。己亥。八月。庚辰。钦差大臣两江总督林则徐。两广总督邓廷桢奏。窃臣林则徐奉命来粤。与臣邓廷桢等宣示天威。夷人咸知震慑。前经收缴趸船鸦片二万余箱。维时英吉利国领事义律。在省城夷馆。自行查数报缴。前后连具十余禀。情词均甚恭顺。臣等于批谕之中。时加称奖。该领事亦自以为荣。颇形勇跃。计缴清烟土。较原禀溢出尚多。论者以为英夷平日桀骜性成。今乃倒箧倾筐。帖然驯伏。是千万之重赀尽掷。即百年之痼疾可除。而臣等熟计深筹。尤以本年来船夹带为虑。盖该国远在数万里外。当其开船之日。尚未知天朝新例。如此森严。既已潜带而来。必思顾其成本。而中国力除巨患。正当于得手之际。拔尽根株。岂得将新船转予放松。致使前功尽弃。是以臣等请定治罪专条。并立限期首缴。仰荷圣明俞允。敕定新例颁行。其新例未到之先。各国货船。即已陆续到粤。当令洋商通事。谕知现办章程。内无鸦片者。进口报验。有鸦片而自首全行呈缴者。准予奏请免罪。并许验明进口。若自揣不敢报验。即日扬帆回国。亦免穷追。使各国夷商。得以早定主见。迨颁到新例。又复传谕周知。截至七月初八日。进口报验夷船。共一十七支。经粤海关监督臣豫堃验明。均无鸦片。准其开舱贸易。不进口而回国者。亦有三只。其中即有鸦片。当不至毒流内地。惟英吉利所属港脚货船到时。本已即拟进口。旋被义律阻止。停泊虎门口外之尖沙觜一带。缘义律为该国领事。该国主给与权柄。得以约束众夷。先前缴土之时。力能号召南澳福建等处之船。悉行驶回虎门。一体呈缴。迨缴完后。义律禀辞下澳。尚据递具一禀。言违禁犯卖一弊。误及正经贸易。贻累人之家业。其害甚重。极須设法早除此弊于长久。如准委员来澳。会同妥议章程。其违禁犯卖之弊。可冀常远除绝等语。臣等以为真心除弊。大加批奖。并会委佛山同知刘开域。赴澳与之核议。且将奏准颁赏之茶叶一十六百四十箱。发往给赏。以便空趸迅速回帆。讵刘开域未到之先。义律于四月二十四日。续递一禀。言本国船只进埔。须候奉到本主批谕。方可明白转饬。或蒙格外施恩。全在澳门装货。感戴靡既等语。臣等接阅之下。均相诧异。始知前禀章程一语。乃系别蓄诡谋。盖澳门孤峙海隅。实可周通内地。向惟西洋夷人。准设贸易额船二十五只。起卸货物。不纳关税。自明代而已然。英夷惟利是图。久深艳羡。故于缴土之后。希图破例效尤。此端一开。则粤海关几同虚设。且溯查嘉庆年间。鸦片之浸淫流毒。皆由澳门囤聚发贩。年盛一年。道光二年。叶恒树犯案。始将澳门囤所撤散。其后变为趸船。今趸船之积土甫除。若澳门之囤所又起。何异驱虎进狼。故不得不决绝批驳。且货船皆从该国给予牌照。令赴内地经商。岂有已经到粤。始候该国王批谕之理。亦于禀内指破其谎。义律诡计不行。阍然消沮。委员刘开域到澳。伊遂不理。问其定何章程。据称不准在澳装货。便无章程可议。即传领茶叶。亦不敢领。臣等以此项奏准给赏。原系出于格外。既无福承受。即不值给发。此后凡有批谕。伊皆不肯接收。在犬羊之性无常。原不必与之计较。然有不可听其观望者。如缴清烟土之空趸。尚有一半未行。奉旨驱逐之奸夷。亦有数名未去。不能因其不接谕帖。转任逗留。故仍委员赴澳严催。并饬令西洋夷目。协同撵逐。至该国货船。陆续来粤。计至此时已有三十二只之多。该夷商满载而来。将本求利。无不早图进口。开舱贸易。乃被义律一人把持阻挠。俱在尖沙觜一带聚泊。广东天气炎热。各船中如洋米洋布棉花等货。难免潮湿霉烂。业已怨怼同声。臣等令洋商通事。赍谕分赴各船。剀切开导。催令进口。咸称义律系伊国领事。不得不惟令是从。而其中潜带鸦片之奸夷。既不甘呈缴。又不愿空回。则正乐于迁延。冀以私售禁物。现因各口查缉严紧。整箱烟土。不能运入内洋。而蜑艇渔舟。与番舶每相贴近。乘间买其零土。以图转售获利者。节经文武拿获。已据确切供明。且查夷人私放三板。装载鸦片。潜赴偏僻口门。以木片为招帖。写明鸦片一个。洋银几圆字样。随潮流入口内。以贱价诱人售买。是义律之勒令夷船。聚泊口外。仍为图卖新来鸦片。恐被进口搜查起见。夷情诡谲。如见肺肝。即无别滋事端。亦不得容其于附近口门。占为巢穴。况夷人酗酒打降。习以为常。五月二十七日。尖沙村中。有民人林维喜。被夷人酒醉行凶。棍殴毙命。经新安县梁星源。验明顶心及左乳下。各受木棍重伤。讯据见证乡邻。佥称系英吉利国船上夷人所殴。众供甚为确凿。谕令义律交出凶夷。照例办理。将及两月。延不肯交。臣等给予谕函。亦竟始终不接。窃思人命至重。若因英夷而废法律。则不但无以驭他国。更何以治华民。义律肆意抗违。断非该国王令其如此。安可听其狂悖。而置命案于不办。任奸宄以营私。坏法养痈。臣等实所不敢。恭查嘉庆十三年。英国兵头都路厘等。在澳门违犯禁令。钦奉谕旨。即实力禁绝柴米。不准买办食物等因。钦此。此时义律与各奸夷。均住澳门。前以装货为词。显有占据之意。今更种种顽抗。自应遵照嘉庆十三年之例。禁绝英夷柴米食物。撤其买办工人。臣等于七月初八日。驻扎香山县城。勒兵分布各处要口。俾知儆畏。仍晓谕在澳华民。及西洋各国夷人。以此举专为英夷违犯。不得不治以威。与别国均无干涉。毋庸惊扰。且查例载。夷商销货后。不得在澳逗留等语。今该夷既不进口贸易。是不销货即不当住澳。应与奉逐各奸夷。均照例不准羁留。臣等谕饬之后。澳内西洋夷目。亦即遵谕一同驱逐。自七月初九至十九日。一旬之内。义律率其家眷。暨奉逐未去之奸夷央顿等。并散住澳内英夷。共五十七家。悉行迁避出澳。寄住尖沙觜货船。及潭仔空趸船上。据署澳门同知蒋立昂。香山协副将惠昌燿等禀称。该夷窃蹙仓皇。已觉十分惊惧等语。臣等察其平日饮食居处。华靡相夸。今寄住各船。显有抑郁难堪之状。又经禁卖食物。虽其船内糗粮不乏。而所嗜之肥浓燔炙。日久必缺于供。且洋面不得淡水。须于山涧汲泉。若汲道俱断。此一端即足以制其命。彼贸易断不肯歇手。众夷正不得齐心。要令就我范围。似已确有把握。惟倔强之性。未尝稍受折磨。此番控驭周防。尚不免稍需时日。而欲永杜鸦片之害。实以此吃紧机关。未便稍涉游移。复贻后患。查潭仔与澳门相近。而尖沙觜则与虎门相近。臣等酌商调度。拟往来于香山虎门之间。或合或分。自当随时妥办。既不敢冒昧以偾事。亦不敢示弱以长骄。必俟交出凶夷。扫净烟土。货船进埔报验。空趸悉数开行。一切恪遵法度。然后给还买办工人。仍准住行住澳。凡在粤东士庶。既知夷人习为虚憍。并知臣等慎密修防。沿海闾阎。现俱十分安谧。堪以仰慰圣怀。

(九月丁酉)钦差大臣两江总督林则徐。两广督邓廷桢。广东水师提督关天培奏。窃照英吉利国领事义律。前因求在澳门装货不准。辄将该国新来货船。沮留尖沙觜洋面。图卖鸦片。并主令奸夷空趸。任意逗留。又命案抗不交凶。给谕亦不接受。是以臣等断其接济。并勒兵分路严防。义律与住澳各英夷。悉行迁避出澳。经臣等于七月二十四日。会折具奏在案。嗣知被逐奸夷。多住尖沙觜船上。臣林则徐。臣邓廷桢。当即移驻虎门。就近调度。臣林则徐。自七月以来。常在沙角洋次。督领本标师船。与调到之阳江碣石两镇舟师。排日分合操练。以振军威。并加派弁兵。协防排炼。添雇水勇。装配火船。

以备随时调遣。旋据探报。义律将该国货船中。挑出船身较大之得忌剌士等船两只。及屡逐未去之空趸数只。一并凑集炮械。假扮兵船。又有自夷埠新来之兵船一只。番梢炮械较多。抛泊各夷船之前。恃为保护。臣等于各路水陆要口。虽已严密布置。不使一处空虚。仍谆谕领兵员弁。不得轻举肇衅。原冀义律早知悔悟。果能交凶缴土。将货船陆续进关。即可撤去兵防。照常贸易。讵七月二十九日。接据大鹏营参将赖恩爵禀称。该将带领师船三只。在九龙山口岸。查禁接济。防护炮台。该处距尖沙觜约二十余里。七月二十七日午刻。义律忽带大小夷船五只赴彼。先遣一只。拢上师船递禀。求为买食。该将正遣弁兵传谕开导间。夷人出其不意。将五船炮火。一齐点放。有记名外委之兵丁欧仕乾。弯身料理军械。猝不及防。被炮子打穿胁下殒命。该将赖恩爵。见其来势凶猛。亟挥令各船。及炮台弁兵。施放大炮对敌。击翻双桅夷船一只。在旋涡中滚转。夷人纷纷落水。各船始退。少顷。该夷来船。更倍于前。复有大船拦截鲤鱼门。炮弹蜂集。我兵用网纱等物。设法闪避。一面奋力对击。瞭见该夷兵船驶来帮助。该将弁等。忿激之下。奋不顾身。连放大炮。轰毙夷人多名。一时看不清楚。但见夷人急放三板。下海捞救。时有兵丁陈瑞龙一名。手举鸟枪。毙一夷人。被回炮打伤阵亡。迨至戌刻。夷船始遁回尖沙觜。计是日接仗五时之久。我兵伤毙者二名。其受伤重者二名。轻者四名。皆可医治。师船间有渗漏。桅篷亦有损伤。均即赶修完整。嗣据新安县知县梁星源等禀报。查夷人捞起尸首。就近掩埋者。已有十七具。又渔舟叠见夷尸随潮漂淌。捞获夷帽数顶。并查知假扮兵船之船主得忌剌士。手腕被炮打断。此外夷人受伤者。尤不胜计。自此次对仗以后。巡洋舟师。均恨奸夷先来寻衅。巡缉愈严。八月初五日寅刻。守备黄琮等率领兵勇。在潭仔洋面。侦见虾笱小艇。靠拢夷船一只。带同引水。认明系屡逐未去之丹时那趸船。知又潜卖鸦片。当即上前查拿。该趸船水手数人。即先跳入小艇。飞桨逃窜。其在船之人。正欲开炮。经黄琮等先掷火斗火罐。船中火发。众夷始行走出。除凫水登岸外。获解伙长工人二名。现饬审究。该丹时那趸船。亦即被火烧毁。并无伤人。各据禀报前来。臣等查英夷欺弱畏强。是其本性。向来师船未与接仗。只系不欲衅自我开。而彼转轻视舟师。以为力不能敌。此次乘人不觉。胆敢先行开炮。伤害官兵。一经奋力交攻。我兵以少胜多。足使奸夷胆落。即空趸屡驱不去。故智复萌。一炬成灰。亦可惩一儆百。正在察看该夷动静。以筹操纵机宜。兹八月初九日。接据署澳门同知蒋立昂等禀称。初七日。义律潜至澳门。该同知等闻信正欲驱逐。旋据西洋夷目。代递义律说帖一纸。内写英吉利国领事义律敬字。上澳门军民府大老爷清鉴。义律在澳有年。每奉大宪扎行办事。无不认真办理。而此次岂有别心乎。盖义律所求者。惟欲承平。各相温和而已。谨此奉知等语。并据西洋夷目。以义律恳求伊等。代为转圜。欲请该同知订期。与该夷目面商会议。明定章程。义律仍已回船。不敢留澳等情。臣等核其帖内。虽无狂悖语句。第自谓认真办事。而竟潜卖鸦片。庇匿凶夷。自谓岂有别心。而以索食为名。先行开炮。是其言又安可遽信。然既经此番摧挫。其懔畏之状。亦已情见乎词。在臣等所责其遵令而行者。不过缴土交凶。货船进口等事。并非苛以所难。究竟西洋夷目所请。代为禀商之处。是否即能将此数事遵照办理。抑或另有干求。臣等已批饬澳门同知蒋立昂。于会议后。缕悉禀陈。以凭核办。此后义律果能恪循法度。不越范围。自当布宣皇仁。宽其既往。若万不得已。仍须制以兵威。臣等亦已密定机宜。蓄养精锐。于山海形胜。逐一详细讲求。且察看水陆官兵。似亦皆能用命。总期上足以崇国体。下足以慑夷情。不敢稍畏一日之难。致贻百年之患。以副圣主恩威并济。中外兼绥之至意。

乙卯。钦差大臣两江总督林则徐。两广总督邓廷桢奏。窃臣等前因英夷种种违玩。照例断其接济。不许住澳。该夷旋向九龙师船觅食。先行开炮。我军奋力回击。大挫夷锋。复将逗留卖烟之趸船烧毁一只。该夷领事义律。急向澳门同知递字恳求。并讬西洋夷目代为转圜。臣等当将相机剿抚缘由。于八月十一日恭折奏闻在案。臣等复思义律所递之字。似知悔罪输诚。然仅讬诸空言。尚未见于实事。保非暂作缓兵之计。别生谲诈之谋。益当整肃军威。严防静镇。一面仍给谕帖。责令呈缴新烟。勒交凶手。并将缴出烟土之空趸。奉旨驱逐之奸夷。速饬全行回国。即令署澳门同知蒋立昂。传谕去后。兹叠据蒋立昂禀覆。八月十五日。义律送给回信。内称接到军民府来文。转发大人传谕条款。领事极欲钦遵圣旨。

将违禁之鸦片。全行除绝。自应即赴澳门叙论。以凭贵宪禀覆等语。十七日。义律至澳门。与西洋夷目。同见蒋立昂。复经该署同知。将臣等谕内各条。严切面谕。据通事传译。义律口称。前因冒犯严威。叠奉谕饬。业已悔悟。欲求转乞宪恩。情词极为恭谨。诘以奉谕条款。如何遵办。义律答称。未敢自行禀覆。仍具说帖。求为转禀。随将说帖呈出。已据逐款登覆。蒋立昂因见所覆尚有未协。面为驳饬。复据义律添写一纸。统求蒋立昂先行请示。蒋立昂即将原件禀送。并请核示前来。臣等查阅所覆各条。文义不甚通畅。而核其大意。尚属遵谕奉法。不敢抗违。如谕缴鸦片一节。据其登覆。意以该国有带鸦片之船。先已令其回去。现泊尖沙觜各船。俱请官宪搜查。若有鸦片。即将货物尽行没官。嗣后在粤贸易夷人。与随时来到之船。不论船主商人。佣工伙计。俱令逐名出结。由义律加具印结。方准贸易。未出结者。不准开舱。永远照此办理。如不认真。必致自取咎戾等情。臣等查英夷货船。聚泊尖沙觜。不即进口。原为图卖新烟起见。且节次拿获卖烟奸民。已据供认在夷船零买。确有明证。是其所称并无烟土之说。实不可信。若不切实查办。何能尽绝根株。臣等忿激之余。已先与水师提臣密为布置。将柴草火药。装配多船。拟将带烟不缴之船。尽予烧毁。以除其害。然究以未分皁白。不忍玉石俱焚。继又再四熟商。计惟临以重兵。逐船搜检。庶可分良莠而示劝惩。今该夷自愿请搜。察其情词。似极切实。臣等复又多方访察。盖该夷因见臣等坚持数月。料已无希图。遂将新到之烟。陆续带回夷埠。是以前有夷船三只。先后驶回。近日复有三板夷划。纷纷开去。且拿获出海买烟奸民彭亚开等。訊据供称。伊于八月初旬。带银前往向买。即据夷船回覆。现无鸦片。伊即放空回来等语。是现在夷船。已无烟土。似非虚诳。惟已去之土。固可不必穷追。而现泊之船。必须逐号搜查。以昭核实。臣等现又谕令义律。将尖沙觜所泊英国货船。按其到粤先后。挨次亲验。其货物尽行搬至剥船。逐件搜查。果无夹带鸦片。即先押送入口。本船搬空之后。再行备细查明。如此则耳目昭彰。自无影射掩藏之弊。并恐载烟回去夷船。利心不死。或竟潜赴东西两路。冀图分销。臣等现又飞饬沿海营汛。准备师船。严密防范。并由中路抽拨兵勇。跟踪躧缉。如有此等夷船驶至。即行开炮夹击。务使遣蘖肃清……

十月。丙寅。署闽浙总督魏元烺。福建巡抚吴文镕奏。接准钦差大臣林则徐。两广督臣邓廷桢会咨。以闽粤洋面相连。夷船此拿彼窜。必须两省一体从严堵逐等因前来。查闽洋界接粤东。夷船之来。崇朝可至。现在沿海舟师。星罗棋布。防堵甚严。夷人虽嗜利性成。未必不顾身命。当官兵追逐之时。如其不知远遁。竟敢公然抗拒。自不能不示以天威。使其闻风震慑……

甲申。钦差大臣两江总督林则徐。两广总督邓廷桢奏。臣等前因英夷义律。沮挡该国货船。庇匿致命凶手。并逗留空趸奸夷。当经示以兵威。断其接济。该夷计穷力绌。随即悔罪投诚。所有节次传谕情形。历经奏闻在案。嗣于九月初九日。承准军机大臣字寄。奉上谕著林则徐等。趁此警动之际。力除弊窦。所有该国大小船只。游奕洋面。迹有可疑者。均著驱逐出境等因。钦此。臣等遵查英国夷船。应行驱逐出境者。莫先于趸船。自四月间烟土缴清。即经严催回国。虽当时已开七只。而其余尚在迁延。总因该船前泊零丁。囤贮鸦片。比之揽载他货。获利倍蓰。是以观望徘徊。冀俟烟禁稍弛。复还故业。迨八月间。巡洋舟师。将丹时那趸船烧毁之后。该夷始觉惊慌。不敢再图久泊。除威臣利是二船。已卖与米利坚夷人。改装货物。又士卒弗兰士二船。查已破烂。零星拆卖外。计驶出老万山回国空船。共二十三只。复查本年春间。臣邓廷桢奏明零丁洋面趸船。本系二十二只。今逐回并烧毁拆卖之船。合而计之。转多于前奏之数。盖因收缴烟土时。曾经义律将窜往南澳福建各洋船只。陆续招回。此等载烟夷船。亦应与趸船一同驱逐故也……

谕军机大臣等。林则徐等奏。英国趸船。现已尽行驱逐。并饬取切结情形一折。览奏均悉。据称该夷驶出老万山回国空船。二十三只。奸夷十六名。均经驱逐净尽。并遵示取具切结等语。该夷等经此查办惩创之后。自必畏服。惟大船六只。小船十余只。潜回夷埠。距粤不过半月海程。恐日后私运入口。

不可不严密防范。至华伦兵船。来自夷埠。虽名为护货。亦难保无叵测情形。前次犯案凶夷。既不交出听审。又不能究出正凶。狡鷙可恶。著林则徐。邓廷桢。派委妥员。巡查各隘口。如夷埠船只。潜载烟土溷入。即行查拿惩办。其护货兵船。果否安静。并饬令将欧毙林姓凶夷交出。无得藉词逗留。傥有一事不遵。即当权变示威。为一劳永逸之计。至该夷恐兵役搜查栽赃。虽系过虑。亦不可不防其渐。著邓廷桢严饬该管文武员弁。剀切训谕。如有栽赃等情。一经查出。定当从重治罪。务使兵役畏法。夷商知恩。是为至要。若约束不严。稍滋毙混。外夷转得藉口。尚复成何事体。懔之。

十一月。庚子。钦差大臣两江总督林则徐。两广总督邓廷桢奏。窃臣等以夷情反覆靡常。虽已具禀乞恩。仍将夷埠兵船。暗招来粤。名为护货。恐有奸谋。业于前折奏明。静则严防。动则进剿。不敢稍示柔弱。旋于九月二十八日。由驿递到回折。伏读朱批。朕不虑卿等孟浪。但诫卿等不可畏葸。先威后德。控制之良法也。相机悉心筹度。勉之慎之等因。钦此。旋奉上谕。当此得势之后。断不可稍形畏葸。示以柔弱。虽据该夷领事义律。浼西洋夷目。恳求转圜。但该夷等诡诈性成。外示恐惧。内存叵测。不可不防。著林则徐等。相度机宜。悉心筹画。如果该夷等畏罪输诚。不妨先威后德。傥仍形桀骜。或佯为畏惧。而暗布戈矛。是该夷自外生成。有心寻衅。既已大张挞伐。何难再示兵威。林则徐经朕谆谕。谅必计出万全。一劳永逸。断不致轻率偾事。亦不致畏葸无能也等因。钦此。仰见我皇上先几洞烛。训示严明。臣等服膺铭佩。遵守弥虔。现在提臣关天培。督率舟师。常驻沙角炮台。巡防弹压。间赴穿鼻洋面。来往稽查。近日各国货船。络绎具结。俱经验明。带进黄埔。英国货船中。首先遵结者。曰弯喇。亦已进埔贸易。其次遵结者。曰当郎。于九月二十八日。正报入口。讵有该国兵船二只。于午刻驶至穿鼻洋。其一即七月内向九龙滋扰之士密。其一则近来新到之华伦。硬将已具结之当郎货船。追令折回。不得进口。提臣关天培闻而诧异。正在责究间。士密一船。辄先开放大炮。前来攻击。关天培亟令本船弁兵。开炮回击。并挥令后船。协力进攻。该提督亲身挺立桅前。自拔腰刀。执持督阵。厉声喝称敢退后者立斩。适有夷船炮子。飞过桅边。剥落桅本一片。由该提督手面擦过。皮破见红。关天培奋不顾身。仍复执刀屹立。又取银锭先置案上。有击中夷船一炮者。立刻赏银两锭。其本船所载三千斤铜炮。最称得力。首先打中士密船头。查夷船制度。与内地不同。其为全船主宰者。转不在船尾而在船头。粤人呼为头鼻。船身转动。得此乃灵。其风帆节节加高。帆索纷如蛛网。皆击结于头鼻之上。是日士密船头。拨鼻拉索者。约有数十夷人。关天培督令弁兵。对准连轰数炮。将其头鼻打断。船头之人。纷纷滚跌入海。又奏升水师提标左营游击麦廷章。督率弁兵。连轰两炮。击破该船后楼。夷人亦随炮落海。左右舱口。间有打穿。华伦船不甚向前。未致受创。接仗约有一时之久。士密船上。帆斜旗落。且御且逃。华伦船亦随同遁去。我兵本欲追蹑。无如师船下旁灰路。多被夷炮击开。内有三船。渐见进水。势难远驶。而夷船受伤。只在舱面。其船旁船底。皆整株番木所为。且全用铜包。虽炮击亦不能遽透。是以不值追剿。收军之后。经附近渔艇。捞获夷帽二十一顶。内两顶。据通事认系夷官所戴。并获夷履等件。其随潮漂泊者。尚不可以数计。我师员弁。虽有受伤。并无阵亡。惟各船兵丁。除中炮致毙九名。有提标左营二号米艇。适被炮火落在火药舱内。登时燃起。烧毙兵丁六名。继亦扑灭。又有烧伤之额外黄凤腾。与受伤各弁兵。俱饬妥为医治。此次士密等船。前来寻衅。因前在九龙被击。意图报复。而实则由于义律。与图卖鸦片之奸夷。暗中指使。臣等访知义律于该国烟土。卖出一箱。有抽分洋银数十圆。私邀夷埠兵船前来。以张声势。每次送给劳金。数至巨万。到粤后。全船伙食。皆从各货船凑银供给。无非恃其船坚炮利。以悍济贪。臣等并力坚持。总不受其恫喝。所定具结之令。虽据义律勉强遵依。但不肯缮写人即正法字样。而九月间。复有该国夷商数人。至澳门集议。又谓义律但虑人之正法。而各商又虑货之缴官。反覆刁难。迄无定议。所喜该国犹有良夷。如弯喇当郎二船。屡谕之余。颇知感悟。甫与化国夷商。一体遵式具结。臣等加意优奖。冀为众夷之倡。而义律与该国奸夷。恐此结具后。鸦片绝不能来。遂痛憾该二船之首先遵具。怂慂士密等兵船。与之寻衅生事。因湾剌已进口内。无可如何。探知当郎入口之时。赶来追捉。适我师在口外弹压。辄敢开炮来攻。是滋扰虽系夷兵。而播弄实由义律。诚如圣谕佯为畏惧。暗布戈矛。自外生成。不得不大张挞伐。经提臣关天培统师攻击。虽已逃窜不遑。究以师船木料不坚。未便穷追远蹑。则仍须扼其要害。务使可守可攻。查该夷船所泊之尖沙嘴洋面。群山环抱。浪静风恬。奸夷久聚其间。不惟藏垢纳污。且等负嵎纵壑。若任其据为巢穴。贻患何可胜言。臣等自严断接济以来。已于尖沙嘴一带。择要扎营。时加防范。本意只欲其畏威奉德。仍听贸易如常。原不忍遽行轰击。而乃抗不具结。匿不交凶。迨兵船由穿鼻被创逃回。仍在该处停桅修理。实难容其负固。又奚恤其覆巢。节据派防各文武禀称。尖沙嘴迤北。有山梁一座。名曰官涌。恰当夷船脊背之上。俯攻最为得力。当即饬令固垒深沟相机剿办。夷船见山上动作。不能安居。乃纠众屡放三板。持械上坡窥探。即经驻劄该处之增城营参将陈连升。护理水师提标后营游击之守备伍通标等。派兵截拿。打伤夷人二名。夺枪一桿。余众滚岩逃走。遗落夷帽数顶。九月二十九日。夷船排列海面。齐向官涌营盘开炮。仰攻数次。我军扎营得势。炮子不能横穿。仅从高处坠下。计拾获大炮子十余个。重七八斤至十二斤不等。官兵放炮回击。即闻夷船齐声喊叫。究竟轰毙几人。因黑夜未能查数。十月初三日。该夷大船。在正面开炮。而小船抄赴旁面。乘潮扑岸。有百余人抢上山冈。齐放鸟枪。仅伤两兵手足。被增城右营把总刘明辉等。率兵迎截。砍伤打伤数十名。夷人披靡而散。帽履刀鞘。遗落无数。次日望见沙滩地上。掩埋夷尸多具。初四日。夷船又至官涌稍东之胡椒角。开炮探试。经驻守之陆路提标后营游击德连。将大炮抬炮。一齐回击。受伤而走。臣等节据禀报。知该处叠被滋扰。势难歇手。当又添调官兵二百名。派原任游击马辰。暨署守备周国英。把总黄者华。带往会剿。复思该处既占地利。必须添安大炮数位。方可致远攻坚。复与提臣挑拨得力大炮六门。解往以资轰击。并派熟悉情形之候补知府南雄直隶州知州余保纯。带同候补县丞张起鹍。驰往会同新安县知县梁星源。相度山梁形势。妥为布置。复札驻守九龙之参将赖恩爵。都司洪名香。驻守宋王台之参将张斌。就近督带兵械。移至官涌。并力夹击。兹据会禀。十月初六日。该文武等均在官涌营盘。会同商定。诸将领各认山梁。安设炮位。分为五路进攻。陈连升。伍通标。张斌。各为一路。赖恩爵。及马辰。周国英。黄者华。为一路。德连。洪名香。为一路。该县梁星源。管带乡勇。前后策应。晡时。夷人在该船桅上。窥见营盘安炮。即各赶装炮弹。至起更时。连放数炮打来。我军五路大炮。重叠发击。遥闻撞破船舱之声。不绝于耳。该夷初犹开炮抵拒。迨一两时后。只听伊亚叫喊。竟无回击之暇。各船灯火。一齐灭熄。弃碇潜逃。初七日天明瞭望。约已逃去其半。有双桅三板一只。在洋面半沉半浮。余船十余只。退远停泊。所有篷扇桅樯绳索桢具。大都狼籍不堪。该文武等。因夷船尚未全去。正在查探间。即据引水等报称。查有原扮兵船。在九龙被炮打断手腕之得忌剌士。及访明林维喜命案。系伊水手逞凶之多利两船。尚欲潜图报复。该将领等。因相密约。故作虚寂之状。待其前来窥伺。正可痛剿。果于初八日晡时。多利与得忌剌士两船。潜移向内。渐近官涌。后船十余只。相随行驶。我军一经瞭见。仍分起赶赴五路山梁。约计炮力可到。即齐放大炮。注定头船攻击。恰有两炮连打多利船舱。击倒数人。且多落海漂去者。其在旁探水之夷划一只。亦被击翻。后船惊见。即先折退。而多利一船。尤极仓遑遁去。计官涌一处。旬日之内。大小接仗六次。俱系全胜。惟初八日晚间。有大鹏营一千斤大炮。放至第四出。铁热火猛。偶一炸裂。致毙顺德协兵丁二名。除与穿鼻洋面阵亡兵丁。及受伤兵内如有续故者。一体咨部请卹外。现据新安县营禀。据引水探报。士密华伦兵船。义律三板。暨英夷未进口大小各船。自尖沙嘴逃出后。各于龙波笏洲亦赤沥角长沙湾等处外洋。四散寄泊。查粤省中路各洋。为汉夷通商总道。难可暂许泊舟。亦须察看形势。随时制驭。即如道光十四五年间。夷船藉称避风。辄泊金星门。该处地属内洋。不得任其逼处。臣邓廷桢严行驱逐。至今不敢进窥。年来改泊尖沙嘴。只于入口之先。出口之后。暂作停留。尚无妨碍。今岁占泊日久。俨有负固之形。始则抗违。继则猖獗。是驱逐由其自取。并非衅自我开。此次剿办之余。于澳门既不能陆居。于尖沙又不能水处。苟知悔悟。尽许回头。若义律与士密等。尚以报复为心。则坚垒固军。静以待之。亦自确有把握。不敢轻率畏葸。致失机宜。至贸易一事。该国之国计民生。皆击于此。断不肯决然舍去。若果英夷惮于具结。竟皆歇业不来。正米利坚等国之人。所祷祀而求。冀得多收此利者。与其开门揖盗。何如去莠安良。而良莠之所以分。即以生死甘结为

明降谕旨。凡有夹带鸦片夷船。无论何国。不准通商。俾中外臣民。咸晓然于圣意所在。务绝鸦片来源。力除锢习。区区关税。固不难悉予豁除也。关既封矣。然使海禁不严。则关犹不封也。臣闻沿海各省洋面。盗贼未尽肃清。而广东向有一种快蟹船。专务走私。当华夷通商之日。该匪等尚敢肆行无忌。近闻查拿鸦片严紧。亡命之徒。率皆驾驶快蟹船。出洋枪劫客商。私载米面。接济奸夷。若不亟为剿灭。则该匪等将为奸夷所诱。悉听其用。酿成大患。应请旨饬下广东。福建。浙江。江苏。山东。奉天。各督抚将军提督。严饬舟师。务先将海盗剿捕尽绝。一面拣派镇道大员。严查海口。除口内往来船只不禁外。其余大小民船。概令不准出海。即素以捕渔为生者。亦止许在附近海内捕取。傥查有藉名影射。私行接济夷船者。立拿正法。其弁兵得规包庇者。一体治罪。再查明沿海各山。有淡水可取之处。专派弁兵把守。不准夷船往汲。其近海村莊居民。令各团练乡勇自为防守。凡有夷人上岸。即行攻击。有私通者。严治其罪。不独广东一省宜然。凡沿海各省。俱宜如此严密。则该夷接济之路既绝。樵汲又且不通。亦应悔罪而俯首听命矣。傥犹观望不服。敢于抗拒。彼所恃者。以其船身高大坚厚。炮火迅利。习惯重洋。我舟师远出剿捕。恐不得力耳。不知该夷狡诈桀骜。平素藐视官法。不遵约束。粤省兵民。久已志切同仇。人人欲得而甘心之。只因历任督抚。虑开边衅。严禁兵民。不准与较。遂隐忍以至今日。臣愚以为我主彼客。我船彼船。不必令舟师远出。与之对仗。该夷既绝通商。又鲜接济。势不能久泊外洋。将必仍入内洋游奕窥探。我更以舟师诱之使入。豫为召募能泅水而有胆力者数百人。使之夜间分队潜往。直上其船。乘其不备。痛加剿杀。或豫设火船数百只。亦令善泅水者。驾以乘风纵放。而以舟师继之。并先示谕兵民等。有能擒获夷船者。即将该船货物。全数给赏。则无不勇跃争先。彼奸夷亦何所恃而不恐乎。可否请旨饬下钦差大臣。广东督抚。相机而行。设法剿办。该夷人当未有不惧而求我者也。然后察其果能诚心悔罪。再行奏恳天恩。准其通商互市。仍将大黄茶叶等货。定为限制。无许逾额多运。以为箝制之法。傥再有夹带鸦片。潜入内地。即一面照新例惩办。一面仍禁绝互市。庶以杜其觊觎之私。而永清积弊之源也。

曾望颜又奏。再查寄居香山县属澳门之西洋夷人。已二百余年。世受天朝抚绥。该夷止以贸易为生。别无产业。若因禁绝英吉利等国互市。并不准其通商。诚恐该夷无以为生。非所以示体恤。若漫无限制。又难保其不为奸夷贩运。应请自今以后。所有澳夷互市货物。亦定以限制。不准逾额。如查该夷现有与各外夷私运接济情弊。立将澳门商民撤退。概不准其互市。臣再思将来善后事宜。英吉利等国夷人。果其悔罪输诚。并责令该澳夷为之保结。傥仍有夹带鸦片而来者。除将奸夷照例治罪。不准互市外。并将该澳夷禁绝贸易。驱逐回国。如此严定章程。该澳夷室家妻子。久居内地。未有不自顾惜而敢于违抗者也。

甲申。陕西道监察御史杜彦士奏。窃维治期协力。原无畛域之区分。而威震外夷。尤贵办理之画一。彼英吉利夷船。携带鸦片烟土。在闽省海口销售。已非一日。向来地方官一味隐忍。听其逗留。现当广东查办吃紧之日。天威远播。法在必行。闽省系接坏之区。有必当一体严办。不可稍事姑容者。臣去秋八月。因省亲请假回籍。即闻漳泉各处。有夷船往来寄泊。本年二月间。经过海口地方。见晋江水宁乡有夷船四只。深沪乡有夷船三只。其余各处海口。臣未能周历。大约所在多有。其船坚大。八面受风。土人用千里镜照之。见器械森列。枪炮俱备。屡经该水师提镇。到处察看。好言劝谕使去。奈夷情狡诈。将船开至偏僻地面。俟该提镇回署。仍旧出来。至八月中国。臣自原籍起程。尚闻各处夷船停泊如故。此夷船寄泊漳泉海口之实在情形也。夷船所以停泊无忌者。由于水师员弁。收受陋规。每船得洋银四百圆六百圆不等。船上烟土。皆营弁包庇贩卖。如水师把总林和国。包送鸦片。枪伤岸民。是其明证。更有一种奸民。与营弁通同一气。接济水米。多方献媚。无所不为。每日包送妓女到船。恣其娱乐。如代理晋江县知县顾堉。于通夷犯妇吴勤娘。被拿到案。不能根究逸犯施金等下落。经该督抚奏参在案。该犯施金等尚未弋获。亦其明证。现今沿海地面。风俗日坏。土娼日多。皆由于此。闻夏间夷船在衙口地方。戏用金钱。散布地上。有附近妇女拾取金钱。被该夷拿获数人。在船上轮流奸宿。有羞忿自尽者。有登时丧命者。该处民人。恐彰其丑。又恐地方官办以通夷之罪。匿不呈报。又惠安太坠山下。废塚十余堆。被夷人发掘。头骨均被取去。乡人袖手不敢与抗。该地方官亦竟若罔闻。至鸦片之不能断绝。更无论矣。以泉州言之。如衙口施姓。深沪陈姓。陈埭丁姓。素皆恃鸦片为生业。夷船一到彼处。则盈千累万。交水师哨船。代为交易。其运送各处销售。或由惠安洛阳陈三坝晋江河市等处。送至仙游地面发卖。或由南安埔头小罗溪等处。送至永春尤溪交界地面。再用大船。载至延建地方销卖。建溪船户。多系南安人。搬运既便。兴贩尤多。风闻泉州烟土。每块值银五六圆。建宁则每块值银十六七圆。小民贪利。瞀不畏死。获利愈多。趋之愈众。究其病根。则皆由夷船之停泊销售。以至于至。故夷船不遂。而欲绝鸦片之根株。不可得也。臣愚以为除害当清其源。用法不可有二。现在广东查办夷船。以期鸦片净尽。福建尤当设法驱除。一体办理。盖广东之与福建。犹辅车之相依也。鸦片之流毒。最甚广东。次之莫如福建。夷船之停泊。在广东则藉口通商。在福建则无辞可解。况广东夷船所贩卖者。尚有鐘表呢羽等件。鸦片系夹带之货。福建夷船并无他货。只有鸦片一物。其情更为可恶。今当广东查办吃紧。若福建沿海地方。不能一体办理。致夷船任意寄泊。是为渊驱鱼。为业驱爵。凡广东所不容者。得转趋于福建。福建之夷船日多。则鸦片仍不能断绝。纹银仍不能不出洋。且由福建而上。如浙江江南山东天津各处海口。皆夷船可到之处。防备尤恐其不周。而臣更不能无虑者。漳泉沿海奸民。平日勾通夷船者。今多在船同事。习其教法。依其装饰。彼盖料为商船。则官得以稽查。在夷船。则官不便严究。奸商与夷人合伙。更复何所顾忌。臣风闻道光十七年间。署泉州府沈汝瀚。索取晋江衙口乡鸦片陋规八百余圆。该处土棍施叔宝。以陋规经前任取去。不肯再缴。该署府即以该犯窝卖鸦片。详禀会拿。该犯闻风远扬。缉捕无获。该督抚竟置不问。旋将沈汝瀚委署台湾道缺。今闻施叔宝在夷船上。为夷人心腹主张。一切指示机宜。沿海之人。无不周知。恐此外奸民。似此逃匿夷船者。尚复不少。若不设法盘查。严行驱逐。则漳泉地方。盗贼充斥。一经破案闻拿。皆得依夷船为逋逃之薮。其流弊更有不可胜言者。今闽省督抚提镇。所以徘徊观望者。不过曰虑开边衅耳。不知我国家赫声濯灵。天威所震。无远不周。广东夷船。多至数十余只。一经查办。无不望风披靡。福建夷船。通计不过十余只。又何难设法驱逐。况广东澳门。现经断绝英夷交易。福建海口。更非该夷船所宜到之处。斯即大加惩办。在我固无伤忠厚。在彼亦复有何辞。臣度之理势。按诸国法。筹其利害。窃以为夷船之在闽省者。不可不一体严行查办也。伏祈圣心独断。饬下该省督抚提镇。同心协力。大振声威。一面查拿各海口奸民。从重惩办。一面督饬舟师。向夷船严行盘诘。所有内地奸民。逃匿船上者。尽行交出。以便治罪。各船所载鸦片烟土。准其自首呈缴。即日开船出洋。并令该夷出具甘结。嗣后不敢偷越闽省海口。倘有携带禁物。违例复来者。货尽没官。人即正法。其沿海一带地方。应如何添设兵弁。严密巡防之处。该督抚提镇。妥议章程。认真办理。总期巡逻周密。夷船不得阑人。汉奸无从勾串。庶沿海可期清静。鸦片亦绝根株矣。

杜彦士又奏。再臣思夷船停泊。多在漳泉海口。漳泉离省。或五六百里。或八九百里。较之广东澳门。密迩省城。该省督抚。得以常川察看者。情形迥别。呼应较难。近来夷船。所以往来停泊。毫无顾忌者。实由海口离省太远。地方官一味掩饰。该督抚受其欺朦。苟且偷安。已为夷人窥破。故至于此。今欲断绝鸦片。查办夷船。必须实心任事大员。亲往弹压。方足以穷弊窦而振声威。查通省政务。有总督在省综理一切。兼藩臬两司相助为治。办理已自裕如。臣愚以为巡抚事务较简。可否饬下该抚暂行驻劄泉州。漳泉接壤。声势相连。各处海口情形。该抚得以时常察看。相机办理。地方文武各员。不敢因循朦混。仍蹈故习。水陆营兵听其调遣。督率有方。众志自奋。不特沿海奸民。闻风敛迹。且该夷船亦必倍加悚动。谅不难尽数驱逐。净绝根株也。

杜彦士又奏。再臣闻九月二十七日。同安塔仔脚地方。有夷船四只。停泊多日。该水师提督巡洋。由该处经过。因船上大炮久未施放。令兵丁先行演试。该夷船一闻炮声。登时大炮齐发。兵丁受伤甚众。该提督见水中攻击。难期得力。内地之炮。不能及远。舍舟从山上放炮。乘高击逐。自午至申。夷船始行开散。现闻该夷船尚泊附近海口。未经出洋。夷情狡诈。既敢开炮对敌。势在不能姑容。应请严饬该督抚提镇。振刷精神。设法击逐。断不可因循畏葸。坐失机宜。

乙酉。谕军机大臣等。御史杜彦士奏。风闻福建同安县塔仔脚地方。有夷船四只。停泊多日。该水师提督巡洋经过该处。演放船上大炮。该夷船一闻炮声。登时齐发大炮。兵丁受伤甚众。该提督舍舟上山。开炮乘高击逐。自午至申。夷船始行开散。现闻该夷船尚在附近海口停泊等语。夷情狡诈。胆敢抗拒官兵。轰击受伤。如果属实。岂可畏葸养奸。致贻后害。著吴文镕查明据实其奏。并查该夷船如尚泊海口。即饬水师员弁。相机击逐。勿令逗留滋事。是为至要。

戊子。两广总督林则徐。新调闽浙总督邓廷桢奏。窃臣等于十一月二十九日。承准军机大臣字寄。奉上谕。林则徐等奏。轰击夷船情形一折。览奏均悉。英吉利国夷人自议禁烟之后。反覆无常。前次胆敢先放大炮。彼时虽加惩创。未即绝其贸易。已不足以示威。此次士密夷船。复敢首先开放大炮。又于官涌地方。占据巢穴。接仗六次。我兵连获胜仗。并将尖沙觜夷船。全数逐出外洋。该夷心怀叵测。已可概见。即使此时出具甘结。亦难保无反覆情事。若屡次抗拒。仍唯通商。殊属不成事体。至区区税银。何足计论。我朝抚绥外夷。恩泽极厚。该夷等不知感戴。反肆鸱张。是彼曲我直。中外咸知。自外生成。尚何足惜。著林则徐等。酌量情形。即将英吉利国贸易停止。所有该国船只。尽行驱逐出口。不必取具甘结。其殴毙华民凶犯。亦不值令其交出。当郎一船。无庸查明下落。并著出示晓谕各国。列其罪状。宣布各夷。俾知英夷自绝天朝。与尔各国无与。尔各国照常恭顺。仍准通商。傥敢包庇英夷。潜带入口。一经查出。从重治罪。其沿海各隘口。并距夷埠不远之各海岛。著林则徐等相度机宜。密派员弁兵丁。严加防护。毋稍疏懈等因。钦此。仰见我皇上乾网独断。震叠诸番。训示严明。俾有遵率。当即恭录谕旨。咨会提臣关天培。钦遵办理。伏查英夷自呈缴烟土以后。种种违玩。反覆无常。总因卖烟奸夷。冀留后路。若使稍为宽假。适足堕其诡谋。是以商同定议。钦遵前奉谕旨。自十一月初一日起。停止该国贸易。业于十一月初九日具奏在案。嗣于十一日。该夷义律。遣人前赴沙角炮台。向提臣呈递夷禀一件。由提臣咨会前来。臣等公同拆阅。内称实心欲求承平。无不肃敬天朝律例。又称兹时所求。惟欲仍作正经贸易。凡事欲遵大清律例等语。虽欲明其奉法。究系一片空言。臣等度其此次具禀恳求。仍不过如八月间伪作输诚伎俩。当以现今奏明封港。不与尔国交易。皆由尔之自取。并非天朝无故绝人。尔不悔悟于前。此时恳求已晚等语。严切批示。仍咨会提臣。饬令提标中军。遣令引水传谕去后。复思英夷货物。久贮在船。易于坏烂。今闻停止贸易。窃恐影射图销。而各国夷商。利其运脚抽分。难保不为私行夹带。又经严谕洋商。传知各国夷人。不准代为转运进口。并责成洋商。将进口货物。详细辨认。如敢扶同含混。即行加重治罪。迄今二十余日。该夷巡船货物。停泊长沙湾等处外洋。虽风浪靡常。仍迁延未去。此封港一月以来之实在情形也。兹复祇奉训言。当钦遵出示晓谕。胪其罪状。宣布各夷。俾知圣明用惠用威。惟其自取。既以绝奸夷之望。亦以安良贾之心。至于该国货船。停泊外洋。本未进口。兹闻天威震怒。自当警懔回帆。惟奸夷之夹私者。固仍冀售私。即良夷之载货者。亦未肯弃货。徘徊观望。势所必然。谅非空言所能谕遣。臣再三计议。惟有严查影射。以绝其销货之心。广缉奸徒。以断其售私之路。先之以文告。继之以兵威。使其计无复之。必将穷而思返。若敢始终留恋。即何惜捣穴焚巢。惟外洋辽阔异常。仍不得不审度机宜。加以慎重。此又臣等悉心筹议之梗概也。抑臣等更有请者。粤东准通贸易之时。载烟夷船。尚且游奕各洋。分投图卖。而且售私牟利之心。未必即能尽泯。窃恐改装舺板。由黑水夷洋。越赴各路。潜图销售。除粤省东西两路。业经饬行沿海镇协营。并力巡查。州县文员。严防口岸。以杜偷运外。其沿海各省。应请饬下各该省督抚。一体严行防堵。以绝去路。

谕军机大臣等。本日据林则徐等奏。断绝英夷一折。览奏均悉。该奸夷反覆无常。早已洞见。曾经降旨饬令绝其贸易。一概驱逐出口。现据奏称该夷具禀乞恩。业经严行批驳。所办甚是。惟夷商货物。意在销售。尤冀夹带烟土。影射作奸。现已列其罪状。宣布各夷。该夷智穷力竭。难保不将达禁货物。分寄各国夷商。转为洒带。是名为禁绝。流弊愈滋。著林则徐等。派委文武各员。仍遵前旨。散布各隘口。严查影射。缉拿奸徒。绝其销货之心。断其售私之路。是为至要。林则徐已实授两广总督。文武皆所统属。责无旁贷。傥查拿不能净绝根株。惟林则徐是问。所有沿海各直省督抚。已降旨饬令严密防堵。不留去路矣。

又谕本日据林则徐等奏。英夷自封港后。具禀乞恩。业经严行批驳。驱逐出口等语。该夷反覆无常。冀图售其奸计。该督等已列其罪状。宣布各夷。该夷智穷力竭。难保不将违禁货物。分寄各国夷商。转为销售。现在粤省东西两路。已责成林则徐等。派委妥员。散布各隘口。认真查拿。此外沿海各省。亦应一体严密防范。绝其去路。著盛京将军。直隶。山东。两江。江苏。闽浙。福建。浙江。各督抚。各饬所属。认真稽查。傥窜入各口。即实力驱逐净尽。以杜来源而清积弊。

道光二十年。庚子。正月。己酉。两广总督林则徐。新调闽浙总督邓廷桢。广东巡抚怡良。粤海关监督豫堃奏。臣等承准军机大臣字寄。钦奉上谕。御史骆秉章奏。请整饬洋务以绝弊端一折。所有慎选洋商。严禁孖氈。并夷人久住省馆。三板夷船停泊省河。及内地洋银应与纹银一律严禁出洋之处。著林则徐。邓廷桢。怡良。并传谕豫堃。一体妥议章程具奏。钦此。臣等谨将原折公同阅看。所列五条。皆夷人与汉奸勾通弊混之事。虽系从前积习。近时业已革除。仍恐旧弊复滋。整顿倍宜严紧。谨将办过情形。及现在立定章程。逐条分晰。敬为我皇上陈之。

一原折慎选洋商以专责成一条。内称试办之商。素非殷实。每向夷人借资营运。嗣后呈充新商。务须总散各商。联保互查等语。臣等溯查嘉庆十八年。前任粤海关监督德庆。奏准设立总商。综理行务。嗣后选承新商。责令总散各商。联名保结。择其身家殷实。居心诚笃者。方准承充。立法本为周密。惟因从前洋行十三家。渐有倒歇。至道光九年。仅存怡和等七行。前任监督延隆。奏请变通招募新商。准其试办一二年。即令一二商具保承充。将各商联保之法停止。此后虽复十三行旧观。而流品不无混杂。纵不至径向夷人借本营运。而纠伙朋充之弊。实所难免。是以臣邓廷桢。于十七年八月内。察看情形。会同前任监督文祥。奏请将试办之法革除。仍复总散各商联保旧制。除遇十三行内有歇业者。准其联保承充外。不得无故添设一商。是原折所指一二年试办。及一二商保充之弊。系在十七年以前。自奏准改立章程。即无借资朋充等弊。且彼时拿获走私匪犯梁亚奇等案内。起有洋商罗福泰请讬书信。臣邓廷桢。当将罗福泰革商办罪。并因信内牵涉守备罗晓风。亦将守备革职示儆在案。今御史折内所指之严兴泰。亦即从前试办之商。其斥革监追。系因拖欠饷项。尚非有滥保夷船情事。又于十八年十月内。拿获带送夷信。运贩烟土之刘亚英等。讯系在义和夷行内充当管店。当问拟军罪。咨部核覆。亦非在潘人和行内搜获鸦片。现在禁断夷人夹带烟土。新例愈严。所有各洋行轮流保办。尤必严切责成。如有夹带分毫。不独该夷商照新例惩办。并保办之洋商。亦干斥革治罪。英吉利夷船不敢进口。职是之故。臣等仍时刻访查。如洋商中尚有朋充负欠。不能诚笃殷实者。一经察出。轻则革退。重则办罪。总须有犯即惩。庶几咸知畏惧矣。

一原折严禁孖氈以防勾串一条。内称孖氈自出赀本。与夷人交易。货物出口。则搭洋行代为输税。名曰搭报。遂有违禁售私。并出入夷楼。过付银两等弊。臣等查夷语有孖氈名目。音同马占。即华言所谓卖买人也。不独洋商工伙。该夷以此相称。即一应交易货物者流。该夷均呼为孖氈。而汉奸即在其内。盖粤洋通商年久。内地民人。多与夷人相习。以致暗地勾通。臣等自查办夷务以来。责令各洋行。将所用司事管店人等。按月造具清册。送官查考。本年五月内。访有安昌行司事罗老本。及其子罗坤。在该行另立祥记字号。于五六月间。两次将茶叶搭附该行。赴关报税。交便单渡船。载往澳门。卖与西洋夷人。当将罗坤拿获提究。并安昌行商容有光。渡夫叶保昌。叶永利。讯明虽系已经纳税。但借名搭报。究属不合。将罗坤拟以枷杖。容有光革退商名。叶永利渡船裁革。严饬各商嗣。后不得容隐司事搭报。致干究办。至各夷馆所用工人。以及看门人等。均责成买办保雇。其买办责成通事保充。而通事又责成洋商选择。令其逐层担保。仍由府县查验。给牌承充。如查有营私舞弊。悉惟担保之人是问。如此严加钤束。谅不致因缘为奸。此外私赴夷船。代为经手买卖。或私充买办。接济食物各犯。均饬地方文武。随时拿究。前于十六年。缉拿捐职千总之孖氈冯清。即冯亚求。讯拟军罪。本年叠获通夷各匪犯。内有情罪重大。如黄添花。邓三娣。彭亚开。钟亚二。四犯。臣等于驻劄虎门时。先后审明。恭请王命正法。其余各案。发司督饬府县。分别照例详办。节经具奏在案。至原折所指之陈老眷。无鼻泳。二名。臣林则徐甫入粤境之时。开单札饬访拿。该犯先已远扬。当经南海县将其所开杂货店铺。查抄封闭。现仍悬赏购缉。务获究办。惟孖氈并无定数。沿海渔民蜑户。动辄贪利忘生。惟有力拿严惩。不敢姑息养奸。以冀令行禁止。

一原折严禁夷人久住省馆。以绝弊源一条。内称查顿。颠地等夷。多年在省城夷馆居住。潜行探听。应请速为驱逐等语。臣等查定例。夷商于销货归本后。即应随原船回国。自查顿颠地。盘踞省垣。把持洋务。百弊丛生。实为罪魁恶首。先经臣邓廷桢。严行驱逐。该夷查顿。已于十八年冬间回国。其颠地。及卖烟奸夷化林治等十六名。又经臣林则徐等。于本年勒缴烟土后。尽数驱逐回国。现在停止英国贸易。所有英夷。并不准一名住省。其米利坚等各国。正经贸易良夷。亦勒令遵照定例。于销货后依期回国。即间有行欠未清。止准酌留一二夷人。住冬清厘。并于省馆周围地段。安设栅栏。防闲出入。不准与内地民人。私相交接。凡进省出省各国夷人。俱令委员逐日按名点验。造册缴查。均不容其任意逗留。致滋弊混。

一原折禁止夷船停泊省河以防偷漏一条。内称夷人制造三板。驾驶如飞。每船可载货物二三万斤。从前律劳卑装载炮位进省。即用此项船只。应一概驱逐等语。臣等查夷船停泊黄埔。向用西瓜扁艇。剥货入省。而夷人往来省埔。所坐三板。或系有舱。或系无舱。船身本小。不能载货二三万斤之多。从前律劳卑系用大船入埔。而省河防堵极严。遂致惊吓破胆。出口即死。并无将三板运炮驶入之事。臣邓廷桢前因三板来往。向无定额。易滋影射。于十八年十一月内。设立编号顺字三板七只。载运夷人往来省澳。此外运货各项三板。均不许驶入省河。现因停止英夷贸易。恐其冒混进省。议将顺字三板。一并裁撤。另由粤海关发给米利坚等国护照二张。凡各国夷人进省。及寄信往来。均令另雇民艇。持照赴各炮台隘口。验明方准内驶。是夷人三板。既不准入省河。自不至有夹带走私之弊。

一原折内地洋银。与纹银一律严禁出洋一条。内称近来夷人。止带禁物。并无另带洋银。及其出洋。不拘纹银洋银。任意携带。并讬名某年某夷寄存。临期载归。此后应不准违例携带。并不准有代带名目等语。臣等查纹银出洋。经递年遇案严办之后。沿海奸徒。较前大为敛迹。至夷商买货余剩洋银。仍行携带回洋。向无限制。自嘉庆二十三年。前督臣阮元。酌议夷人带来洋银置货所剩。量准带回三成。历年以来。遂循其旧。曾于奏案内节次声明。但既有准其带回三成旧章。即难保无影射代带情弊。现在臣等会同责令洋商。核明夷人带来洋银之数。务令以银准货。不使余剩带回。查本年夷船。载运入口洋银。已经查验者。有二百七十三万二千九百余圆。其未验者。尚不在此数之内。是此时外来洋银。实见旺盛。而广东省城。市上纹银价值。每两较前省兑大钱百余文至二百文不等。似系禁止鸦片之成效。第夷情变幻多端。仍须严督洋商。于夷船出口时。切实查验。以杜弊混。

林则徐又奏。臣正在缮折间。承准军机大臣字寄。十二月初二日。奉上谕。本日据林则徐等奏。察看英夷反覆情形一折。览奏均悉。该夷反覆无常。早已洞见。现当严禁鸦片。岂容该奸夷阳奉阴违。希图影射。著林则徐仍遵前旨。凡系英吉利夷船。一概驱逐出境。不准逗留。惟各国恭顺。照常通商。难保该夷不潜行偷漏。溷入他国。私带烟土。妄冀销售。即大黄茶叶。亦恐他国加倍购买。转相付给。是名为禁止英国贸易。而流弊滋多。殊非核实办理之道。著林则徐即将种种弊窦。筹画堵塞。其当郎一船。毋许招令入口。以归画一等因。钦此。仰见圣主训诲严明。核实杜弊之至意。查粤省通商事务。他国仍系照常。诚难保英夷不将私带烟土。混入各国。亦难保各国不将大黄茶叶。付给英夷。臣于十一月封港之后。即与邓廷桢。豫堃。严饬洋商。既各国夷商。将先后进口之船。系属何国何名。货物是否原装。有何辨认之处。逐层结报。务得确凭。再行盘查核验。其出口货船。则按梁头丈尺。应载若干。不许逾额多载。如有弊混。即将货船没官。惟驶赴夷洋以后。势难穷其所往。正切踌躇。兹蒙训谕谆谆。更当趁此警动之机。务将种种弊窦。筹画堵塞。不敢稍任影射。现据澳门文武探报。英吉利国王。另遣夷官义士登顿来粤。系因该国领事义律。所为不合。是以换人经理等情。臣查该国距内地七万里。来船到粤。总在丰年以上。当该国王另遣夷官前来之时。尚不知内地断其贸易。现既钦遵谕旨。不准通商。即使另换夷官。亦惟坚为拒绝。凡水陆险要之地。皆当倍整军威。而口门出入之船。更必严行稽察。务使该夷悉绝逗留之念。潜消叵测之情。庶几弊去害除。以副委任。

丁巳。大学士穆彰阿等奏。道光二十年正月十八日。两广总督林则徐等。议覆御史骆秉章条陈整饬洋务一折。奉朱批。军机大臣速议具奏。钦此。仰见皇上慎重海防。厘剔弊窦至意。窃惟国家设立海关以来。外夷各商。云集辐辏。原于准其贸易之中。默寓怀柔之意。近来夷情狡狯。与汉奸私相勾结。驯至鸦片入口。纹银出洋。百弊丛生。致烦查办。此非制之未备。法之不密也。盖招徕之道。得其情而后可以服其心。制驭之方。峻其防而后可以祛其弊。未有内治不严。而能使外夷畏威奉法者也。臣等谨将该督等议覆该御史原奏各条。并立定章程之处。逐款核议。恭呈御览。伏候钦定。

一该督等议覆御史原奏。慎选洋商以专责成一条。内称原折所指试办保充之弊。均在道光十七年以前。自奏改章程。仍复总散各商联保旧制等语。臣等查洋商与夷人交接。传宣言语。道达夷情。实为御夷紧要关键。据该督等查明现充各洋商。尚无借资营运。及纠伙朋充诸弊。其作奸犯科者。均已陆续惩办。近来禁断夷人夹带烟土。新例愈严。所有各洋行轮流保办。尤须严切责成。傥有夹带分毫。不独该夷商照新例惩治。并保办之洋商。亦于斥革治罪。应请照该督等所议。随时留心访查。如洋商中尚有朋充负欠。不能诚笃殷实者。一经察出。轻则革退。重则治罪。务使咸知畏法奉公。而夷情亦可藉以慑服矣。

一该督等议覆该御史原奏。严禁孖毡以防勾串一条。内称夷语孖毡名月。音同马占。即华言买卖人也。而汉奸即在其中。现经叠获通夷各匪犯。分别惩办等语。臣等查粤洋通商年久。内地民人。与夷人相习。昌地勾串。在所不免。现在查办夷务。尤以缉拿汉奸为要。应请如该督等所议。各洋行所用司事管店人等。按月造具清册。送官查考。各夷馆所用工人看门人等。均责成买办保雇。其买办责成通事保充。而通事又责成洋商选择。仍由府县查验。给牌承充。如查有营私舞弊。惟担保之人是问。此外私赴夷船。代为经手买卖。或私充买办。接济食物各犯。并沿海渔民蜑户。贪利忘生之徒。均责成地方文武各官严行拿究。至该御史原折所指之著名孖毡老眷。无鼻泳等二名。久已远扬。应由该督等悬赏购缉。务获究办。

一该督等议覆该御史原奏。严禁夷人久住省馆以绝弊源一条。内称查顿颠地等夷。业经尽数驱逐回国等语。臣等查定例。夷商于销货归本后。即随原船回国。立法至为严密。自查顿颠地等夷。盘踞省馆。把持洋务。实为罪魁恶首。据该督等查明。查顿已于十八年冬间。被驱回国。其颠地及卖烟奸夷化林治等十六名。亦于上年勒缴烟土后。尽数驱逐回国。现在停止英夷贸易。并不准该国夷人复行住省。至米利坚等各国良夷。应请照该督等所议。各国夷人来粤贸易者。务令遵照定例。于销货归本后。依限回国。即间有行欠未清。亦止准酌留一二夷人。住冬清厘。并于省馆周围地段。安设栅栏。防闲出入。不准与内地民人私相交接。其进省出省。俱令委员按名点验。造册缴查。不得容其任意逗留。致滋流弊。

一该督等议覆该御史原奏。禁止夷船停泊省河。以防偷漏一条。内称夷船到粤。停泊黄埔。向用西瓜扁艇。剥货入省。其各项运货三板。均不许驶入省河等语。臣等查夹带走私等弊。全藉船只运送。本地瓜艇。稽查尚易。若夷船停泊省河。防范尤难。据该督等查明各夷商往来省埔。所乘三板。船身本小。不能多载货物。先因三板向无定额。易滋影射。于十八年十一月间。设立编号顺字三板七只。载运夷人。往来省澳。现因停止英夷贸易。恐其冒混进省。已将顺字三板一并裁撤。所有米利坚等国。需用船只。应请照该督等所议。由粤海关发给护照二张。凡各国夷人进省。及寄信往来。均令另雇民艇。持照赴各炮台隘口验明。方准内驶。其夷人三板。概不准停泊省河。以昭限制。

一该督等议覆该御史原奏。内地洋银。与纹银一律严禁出洋一条。内称纹银出洋。经节次查办之后。较前大为敛迹。至各夷商置货余剩洋银。现拟不准带回等语。臣等查纹银出洋。大干例禁。而洋银则否。实则闽粤人之视洋银。即与内地纹银无异。应请照该督等所议。责令洋商。核明夷人带来洋银之数。务令以银准货。不使余剩带回。仍严督各洋商。于夷船出口时。切实查验。以杜弊混。以上各条。臣等公同参酌。或变通旧例。或循守成规。通商所以裕民。贵兴利而除弊。抚近即以柔远。在因时而制宜。务当行之以实。持之以恒。则夷情无不悦服。而涨防自就肃清矣。奉旨。依议。

道光卷一〇

道光二十年。庚子。三月。丙申。兼署闽浙总督福建巡抚吴文镕奏。臣于本年正月十二日。承准军机大臣字寄。道光十九年。十二月。二十三日。奉上谕。御史杜彦士奏。风闻福建同安县塔仔脚地方。有夷船四只。停泊多日。该水师提督巡洋。经过该处。演放船上大炮。该夷船一闻炮声。登时各发大炮。受伤甚众。该提督舍舟上山。开炮乘高击逐。自午至申。夷船始行开散。现闻该夷船尚在附近海口停泊等语。著吴文镕查明据实具奏等因。钦此。查上年十月间。准金门镇总兵窦振彪咨称。十月初二日。探有夷船一只。抛泊大坠洋面。当即督令舟师押遂。居然不理。即经整饬炮火。环绕攻击。该夷船被击狼钡。即向外洋逃走。又于十月十八日。探有夷船三只。泊在梅林洋面。该镇随会同水师提督陈化成。督带舟师驻逐。该夷船仍然抛泊。即令各船整备炮火。连环轰击。该夷船一面挂帆。一面用炮抵敌。随拒随走。自辰至午。炮火络绎不绝。该夷船立向外洋逃驶。各兵船极力尾追不及。始行收回。查点各船。帆索桢具。均有微损。惟水师提标金安泰。新瑞泰。二船。均有被炮子穿入船身者。幸未伤人。金门右营汤字五号船。兵丁黄士达。被炮子打伤右膝。周文显。被炮子打伤右腿。受伤较重。又海壇左营永字三号船。兵丁杨得福。被铅子打伤左额角。丁华明被火药烧伤右手。受伤尚轻。并炸开四百斤炮一门等情。臣与前督臣桂良。当以该夷船潜来游奕。无非图销鸦片。迨经舟师押逐。胆敢抗拒。伤及兵丁。实属桀骜藐法。亟应严行剿逐。以示惩创。惟该镇所禀各情。有无未尽。现在各口门。究竟有无夷船潜匿。即经会同密饬兴泉永道刘耀椿查覆。并委督署巡捕王江。前往确查核办。嗣经该道等先后禀覆。与该镇所禀相同。并据该镇续报。兵丁黄士达。于十一月二十五日。因伤毙命。其周文显。杨得福。丁华明。伤均平复。又据禀报。十二月初六十六等日。探有夷船一只。复来游奕。即时督率师船。轰击追逐。该夷船立即驾逃等情。查该兵黄士达。因公捐躯。情殊可悯。当照例咨部请卹。以昭激劝。臣与前督臣桂良。正在缮折奏报间。钦奉谕旨饬查。臣查闽省洋面。向不准番船往来。近年因奸夷图销鸦片。往往潜驶人境。现当粤省严行查办。闽省洋面毗连。尤须加意防范。节经臣与前督臣桂良。咨行水陆提镇诸臣。严密防堵。并将各兵船调集扼要处所。首尾相应。以壮军威。兹上年十月间。该夷船经舟师大加奋击。虽兵丁伤毙□名。而该夷船情形。极为狼狈。嗣后虽屡次潜来。而一经击逐。即畏惧远遁。其伎俩已可概见。惟当此吃紧之时。附近各海口。虽不敢公然停泊。难保不由外洋倏忽阑入。臣现仍严切咨行提镇道府厅县营汛。严密防御。一经瞭有夷船。即行相机击逐。勿使逗留。一面侦拿通夷奸民。悉获究办。免致勾结觊觎。总期洋面肃清。烟毒屏绝。仰副圣主慎重海防。保卫民生之至意。

吴文镕又奏。查夷船自节次轰逐之后。仍敢窜至游奕。其意总在勾结汉奸。销运鸦片。是欲杜夷踪。在严察奸民。私行出洋。勾通接济。惟泉漳二府。滨海之区。地势散漫。港汊纷歧。而泉州所属晋江惠安二县为尤甚。无名小口。多至数十处。防范稍疏。即难保不乘间偷越。臣现特饬兴泉永道刘耀椿。于泉属各县扼要隘口。设法防缉。并咨陆路提臣余步云。派兵二百名。酌遣明干备弁数员。暨遴委候补知县二员。檄交该道。相机布置。严密防堵侦拿。一面仍咨水师提臣。督率兵船。在洋巡察。遇有夷船窜人。即行攻逐。毋许松劲。总期水陆交严。以收实效。

谕军机大臣等。据吴文镕奏。遵旨查明洋面夷船。轰击逃散一折。并另片奏。现在办理情形等语。福建大坠梅林等洋面。于上年十月间。有夷船停泊。经该提督带领水师驱逐。用炮火攻击。该夷船胆敢抵拒。致伤兵丁。不法已极。现虽据该署督查明夷船自轰击之后。即已畏惧远遁。而夷情狡诈。难保不由外洋阑入。断不容稍为懈弛。以致养奸贻害。著邓廷桢。吴文镕。即饬所属文武员弁。严密防御。一经瞭有夷船。迅速相机击逐。勿使逗留。至欲杜夷踪。必先严察奸民勾结销运之弊。闽省漳泉二府。滨海地方。港汊纷歧。晋江惠安二县。尤多小口。防范更宜周密。著照吴文镕所奏。相机布置。严密防堵侦拿。仍著水师提督。带领兵船。巡历洋面。遇有夷船窜入。即行攻逐。总期水陆交严。声势联络。俾洋面肃清。烟毒屏绝。勿负委任。是为至要。将此谕令邓廷桢。吴文镕。并谕祁寯藻。黄爵滋。知之。

丁酉。两广总督林则徐。广东巡抚怡良奏。臣等前奉谕旨。断绝英吉利贸易。将该国船只。尽行驱逐出口。当经钦遵办理。并列其罪状。宣布各夷。复严禁他国夷人。不许私代英夷带运货物。即他国货船出入。盘查搜验。亦皆加倍从严。业经节次奏蒙圣鉴在案。查英夷货船。自驱出外洋之后。节据引水人等。查报陆续驶出老万山外者。约有十余只。而观望留连。不肯舍去者。尚复不少。并有新从彼国来粤。已遇老万山。始知封港。不准进口。只在外洋徘徊寄泊者。臣等既将该夷乞恩之禀。严行批驳。复令赍给批禀之通事引水等。严切传谕。以此次封港。系钦奉大皇帝特颁谕旨。因该夷抗违法度。不许在粤通商。断难希图影射。若不作速回帆。设遇风火不测。皆尔等自作之孽。虽悔何追。惟该夷贪狡性成。带私者固思乘间觅售。即载货者亦岂甘心抛地。而义律虚憍素著。未曾受此折磨。今断其贸易。布其罪状。伊既全无颜面。势必别蓄诡谋。于是海上传闻。谣言不一。有谓英夷会集各埠兵船。同来滋扰者。有谓来船一二只。满载炮火。将逗留之货船。尽扮兵船者。有谓该夷去秋求准通商。已将新烟载回夷埠。今贸易既断。转无顾忌。奸夷载去别货。仍将鸦片换来。设计诱人玩法者。臣等窃思前两说本系恫喝。固不足信。而自去年责令缴烟以后。各处海口。早已戒备不虞。况此时既绝其通商。岂可不防其叵测。无论该夷有无兵船续至。即现在之士密华俞两船未去。度其顽抗之意。妄夸炮利船坚。各夷船恃为护符。谓可沮我师之驱逐。臣等若令师船整队而出。远赴外洋。并力严驱。非不足以操胜算。第洪涛巨浪。风信靡常。即使将夷船尽数击沉。亦只寻常之事。而师船既经远涉。不能顷刻收回。设有一二疏虞。转为不值。仍不如以守为战。以逸待劳之百无一失也。惟后一说以为贸易既断。转无顾忌。传闻货去烟来。如果蓄此奸谋。倍当防其流毒。盖粤洋渔船蜑艇之多。几不可以数计。其人贪利亡命。无不远赴外洋。而奸夷加意招徕。啖以倍蓰之利。即一蔬一薪。亦皆厚给其值。并以鸦片与之兑换。使之两获其利。利愈重则命愈轻。故夷船寄碇虽遥。而冒险犯法以趋之者。闻已环集。此又断其贸易之后。更出一种私弊。不可不亟亟剿除者。臣等再四思维。惟有以奸治奸。以毒攻毒。即与提臣关天培密商。将平时所装大小火船。即雇渔蜑各户。教以如何驾驶。如何点放。每船领以一二兵弁。余皆雇用此等民人。以为水勇。先赴各洋岛澳。分投埋伏。候至夜深。察看风潮皆顺。即令一齐放出。乘势火攻。将此等环护夷船各匪船。随烧随拿。许以烧得一船。即给一船之赏。如能延烧夷船。倍加重赏。此臣等筹画之办法也。兹据关天培函称。正月二十七日丑刻。原任游击马辰。带水勇四十名。由东涌上下濠前进。加都司衔之守备卢大钺。带水勇头目卢麟等。由屯门前进。以都司用之守备黄琮。由后海青山前进。把总杨雄超。带水勇四十名。与千总王应凤。外委朱镇邦。余兴邦。黄文祥。区镇江。各由长沙湾前进。将近夷船寄碇之处。出其不意。一齐发火。复将喷筒火罐。乘风抛掷。烧毁屠牛换土之大海船一只。买运烟土之艚船一只。大买办艇一只。大扒艇一只。虾笱办艇三只。杂货料仔艇一只。卖果子糕饼之扁艇十五只。又将夷船高头三板。前后延烧。该夷驾驶逃开。扑救渐熄。未经沉没。又烧毁海中沙滩所搭篷寮六处。所有通夷各奸民。除在船毁毙。及凫水脱逃淹毙。不计其数外。生擒身穿夷裤。脚穿夷鞋之匪犯黄添幅。及接济匪犯陈水生。乔亚先。林亚长。钟亚受。刘亚五。袁亚二。巫亚二。梁得胜。林亚得。共十名。派委备弁。管解来省审等情。臣等查此次烧毁运土及济夷匪船。大小共二十三只。篷寮六处。除烧毙淹毙各犯外。生擒十名。不惟足慑汉奸之心。亦可以寒英夷之胆。现将解到各犯。严审重办。以示儆戒。出力之弁兵水勇。由臣等分别超拔奖赏。以昭激劝。并饬时加查探。如夷船尚未远扬。匪船旋又趋附。仍当相度潮信风势。再行会合焚烧。缘奸民贪利忘生。惩创不得不重。而奸夷诱人玩法。拒绝亦不得不严。至别国出入夷船。均遵禁令。出具不敢夹带鸦片。并添具不敢暗代英夷运货切结。臣等仍多派妥乾员弁。于各口加倍严查。总期杜弊清源。以仰副圣主训谕谆谆之至意。朱批。所办好。

谕军机大臣等。本日据林则徐等奏。英夷被逐逗留。现将匪船烧毁。拿获汉奸惩办一折。所办甚好。英夷诪张为幻。诡计百出。其虚声恫喝。实不足信。若令师船整队。远赴外洋。冒险冲渡。转为不值。不如以守为战。以逸代劳。该督等所见甚是。至贸易断绝。无所顾忌。奸夷载回别货。将夷埠所存烟土换来。设计诱人。玩法牟利。实难保其必无。现经该督等督饬武弁。装驾火船。由长沙湾前进。将近夷船寄碇之处。骤用火攻。烧毁匪船二十余只。并拿获汉奸等十名。经此次惩创。足以制英夷而慑汉奸。著将所获各犯。严讯定拟具奏。并著于各犯口供内。追究伙党。悉数破案。从严惩办。以儆其余。总之该夷自外生成。既已断绝贸易。便应防其叵测之心。业经示以兵威。尤当处以严峻之法。嗣后如探有匪船在近口游奕。即著循照前办章程。尽力痛击。不留余蘖。该夷等无险可据。又无人接济。智穷势促。害自祛矣。又该督另片奏。浙江黄岩镇总兵张成龙。为水师出色之员。如果胜南澳总兵之任。即行奏请与惠昌耀对调。余著照所议办理。

戊申。兼署闽浙总督福建巡抚吴文镕奏。夷船屡来闽洋游奕。上年冬间。经舟师叠次轰击。臣已将先后情形。遵旨据实覆奏在案。兹本年二月初十日。续据金门镇窦振彪报称。正月初八十三等日。有夷船一只。在梅林大队洋面游奕。经哨船驱逐。即行开驶远去。二月初四日。有夷船一只。复来梅林洋面。哨船拦截攻逐。该夷船胆敢开炮回拒。师船炮火联络。击断夷船帆索。旋驶向外洋逃逸。兵丁陈逢恩一名。亦被击落海淹毙。臣当即严切查行水师提臣。暨该道府。确切查明核办。

谕军机大臣等。据吴文镕奏。本年正二月间。有夷船一只。在梅林洋面游奕。经哨船拦截攻逐。胆敢开炮回拒。致毙兵丁一名。现已驶逸外洋等语。闽省海口。向不准夷船驶进。此次该夷船。屡在梅林等洋面游奕。是否因粤东查办严紧。改从闽海进口。希图销售鸦片。抑系闽省向来海禁废弛。常有此等夷船驶进。著邓廷桢确切查明。据实具奏。至该夷被兵驱逐。竟敢拒捕伤兵。现虽驶向外洋。难保不复萌觊觎。著邓廷桢督饬水师员弁。慎密防堵。如查有汉奸接济。弁兵纵放情事。著即从重惩办。无稍姑容。

己酉。钦差兵部尚书祁寯藻。刑部右侍郎黄爵滋。闽浙总督邓廷桢奏。窃臣等查阅御史杜彦士原奏。内称夷船停泊。多在漳泉海口。漳泉离省太远。呼应较难。今欲断绝鸦片。查办夷船。必须大员弹压。方足以穷弊窦而振声威。可否敕下该抚。暂行驻扎泉州。相机办理等语。臣邓廷桢前准军机大臣字寄。奉上谕。杜彦士奏。请将福建巡抚。暂行驻扎泉州。以资弹压。并著该督察看情形。是否可行。抑或以该督暂行驻劄之处。据实具奏等因。饮此。伏查闽省海口现在情形。漳泉一带。实为夷船出没之区。据近年各属禀报。有在五虎门。乌嘴尾。塔仔脚等处外洋游奕者。有在大坠。梅林。深沪。衙口。獭窟。布袋澳。各洋面停泊者。自一二只至七八只不等。虽经随时驱逐。而条去条来。毫无顾忌。上年十月及本年二月。大坠梅林洋面。叠有开炮拒毙兵丁之案。其通夷及贩烟奸民。除漳州府拿获卢月得等一案。此外甚属寥寥。臣等访察其故。实因督抚均驻省垣。计距漳泉几及千里。文移往返。动辄经旬。声息既遥。奉行遂懈。水师弁兵之怯懦。地方营县之因循。或知而不报。或报而失实。弥缝规避。徇庇玩延。其弊悉由于此。今欲内外兼治。水陆交严。自非大吏亲临。认真督办。难收实功……

丁巳。两广总督林则徐奏。查此次英吉利夷船。逗留外洋。常防火船潜往焚烧。夷情实形惊慑。近日复据澳门文武禀据引水探报。英夷士吉一船。威里时一船。均因被逐。已出老万山回国。惟又有壳士一船。车厘时一船。先经驶赴老万山之黄茅洋。本欲回国。乃寄碇一日。旋又折至九洲洋游奕。传闻该国有大号兵船。将次到粤等情。臣等思此等传闻。无论虚实。总当于粤洋各要口。加意严防。该夷即有多船。谅亦无所施其伎俩。第各处添防之水陆兵弁。诚恐日久懈生。臣等惟有严加檄行。并密遣妥实员弁。分往稽查。如防兵有敢怠惰偷安。立即严惩示儆。

四月。乙亥。钦差兵部尚书祁寯藻。刑部右侍郎黄爵滋。闽浙总督邓廷桢奏。臣等查阅御史杜彦士原奏。内称鸦片之流毒。最甚广东。次之莫如福建。夷船停泊。在广东则藉口通商。在福建则无辞可解。今当广东查办吃紧之日。若福建不能一体办理。致夷船任意寄泊。是为渊驱鱼。为业驱爵。凡广东所不容者。将转趋于福建。则鸦片仍不能断绝。纹银仍不能不出洋。漳泉沿海奸民。平日勾通夷船者。今多在船同事。奸商与夷人合伙。更复何所顾忌。伏祈饬下该省督抚提镇。一面查拿海口奸民。从重惩办。一面向夷船严加盘诘。奸民逃匿船上者。交出治罪。所带鸦片烟土。准其自首呈缴。即日开船出洋。并令该夷出具甘结。嗣后不敢偷越闽省海口。傥有携带禁物。违例复来者。货尽入官。人即正法。其沿海地方。应如何添设弁兵。严密巡防之处。妥议章程。认真办理等语。臣等查闽省各属具报。夹板夷船。在闽洋游奕者。自嘉庆十九年为始。其初每年或仅止一二次。或数次。或全年竟无游奕。迨近年以来。或十数次。或二三十次。以及数十次不等。其游奕寄泊地方。始则南澳铜山厦门台湾等处洋面。继则闽安海壇福宁烽火等处洋面。今则多在铜山营辖之布袋澳悬钟。及金门营辖之梅林深沪衙口大坠围头等处洋面。均经各该营舟师随时禀报驱逐。而该夷船此逐彼窜。去而复来。总不离梅林等处。夷船所以飘泊无忌者。盖由沿海奸民。其初系自用小船。径赴澳门夷船。贩买烟土。转运隔省作奸。事本周折。且常有匪徒在洋伺劫。更属利害相牵。故尚不致十分充斥。迨后泉郡奸民。串通诏安奸民。勾结夹板夷船。专载烟土。直入闽洋。奸民以夷船为狡窟。无盗贼抢劫之虞。夷船以奸民为地主。有水米接济之利。于是夷船日多。烟贩愈炽。自道光十二年后。通夷奸贩。拿获惩办者。仅止王略施猴等数案。水师员弁。不能实力巡缉。又且为之包庇。如该御史所指。收受夷船陋规。包送鸦片。现经正法之把总林和国。是其明证。其实林和国之银。非得之于夷船。乃得之于汉奸也。汉奸一日不除。则夷船一日不绝。是严办汉奸。实为此时第一要著。

臣等查海口各处地面。除该御史所指。衙口施姓。深沪陈姓。陈埭丁姓外。如晋江县之东垵。狮头。西岑。西边。溪边。水头。连埭。岑兜。永凝。高厝等乡。惠安县之獭窟。埕边。下垵。芸头。白埼等乡。均属大姓。多以通夷贩烟为业。其奸首之最著者。除该御史所指。逸犯施叔宝施金外。臣邓廷桢昨自漳泉一带来省。留心访问。人数甚多。到省后。与抚臣吴文镕互相密证。或旧案逸犯。或现今访拿。多系晋江惠安所属。或坐荘销售。或出洋包运。现饬一体设法严拿。期于必获。即可从此根究水师员弁。如何收受陋规。如何代为交易。彻底惩办。漳州。诏安。向有绿头尖船。赴粤买货。夹带烟土。径由大海扬帆。转运沿海各省售买。其在本处内港。陆路贩运者。则由广东饶平县之柘林。黄冈。及澄海县之汕头。此三处均私法诏安接壤。为水陆马头。即鸦片囤积之所。诏安奸民。辗转运贩。透入省城。惟龙溪之石码。并海澄城乡各处。因离厦门较近。而与诏安较远。其烟土多系买自厦门。泉州。晋惠。二县。本有商渔船只。在沿海各省贸易。多系挂验出口后。自向夷船贩买。扬帆径去。其由本处入口。运送各处销售者。如该御史所指。或由惠安。洛阳。陈三坝。晋江。河市等处。送至仙游地面发卖。或由南安。埔头。小罗溪等处。送至永春尤溪交界地面。再由大船载至延建地方销卖。建溪船户。多系南安人。搬运既便。兴贩尤多。系属实在情形。且查上游各府。如浦城之枫岭营。福鼎之分水关。寿宁之西溪。南洋。托溪。杨梅衕等处。直通浙江崇安之分水岑两关。光泽之杉关。长汀之古城隘。王祝岭。观音岭。鸡笼隘。大乾隘。宁化之上寨等处。直通江西。为烟贩往来必由之路。水陆营弁。多由本地兵丁拔补。囤户贩徒。与之熟习。平时徇情庇护。得利分肥。种种弊端。皆由于此。加以地方书差。关津丁役。勾结串通。以伙党营私之人。为发奸摘伏之举。无怪奸民有所恃而不恐。查拿破案者。

百无一二。应由督抚提镇。会同察看。查明千总把总外委各弁。有在本地当差者。量为调拨。仍随时严密察访。并严饬各属州县。查有营弁差役勾通情弊。立即禀究。无许徇隐。其关津丁役人等。系福州将军专管。应由该将军严密稽查。认真究办。仍由臬司定案时。查明案犯经过地方关津。有无贿纵。切实根究。以清弊源。其该御史所称沿海一带地方。应如何添设弁兵之处。臣等查海防专汛。责在陆路。固应添拨弁兵。以重巡防。其洋面机宜。责在水师。尤应添派兵船。以资剿捕。现据陆路提督臣余步云咨称。海口紧要各处。业经拨派弁兵。分驻添防。又据署水师提督臣程恩高。咨请添派兵船。分作二帮。一由金门镇总兵管带。在北洋崇武獭窟大坠一带。梭巡堵御。一由该署提督管带。在南洋梅林衙口深沪等处拦截。往来巡探。随时认真办理。所议均尚周妥。至夷船本不应来闽。与粤省例得通商者不同。若如该御史所称。责令呈缴烟土。出具甘结。便是许其停泊。即令该夷船遵谕缴土具结。岂能听其载货违例来闽。至向夷船盘诘奸民。令其交出治罪。奸民既习其教法。依其装饰。逃匿夷船。其姓名又何不可假捏。无论不能指名盘诘。即使访察明确。夷船赖其接济。岂肯容易交出。且转使夷匪藉口迁延。是欲驱之而反招之也。为今之计。惟有一见夷船窜至。水师各兵船。则奋力攻击。陆路弁兵。则严谨把守口岸。禁绝奸民出海。水陆交严。坚持不懈。臣邓廷桢。现经会同抚臣吴文镕。分别移咨提镇。并饬该委办各道府。一经得信。即董率舟师环击。如其整逼近岸边。督令炮台协力夹攻。不许再以驱逐为辞。空言延宕。总之夷船由汉奸勾引而来。治人必先治已。内密然后外严。此臣等再四筹度。于查办夷船吃紧之时。思一永杜夷船来闽之策。必以严办汉奸为首务也。

祁寯藻等又奏。再控制海口之法。最重炮台。现在闽海洋面。夷船时来游奕。奸民贩烟之艇。出入无时。议者谓宜添建炮台。增兵防守。诚为要务。臣邓廷桢自粤来闽。经过海口。见旧设炮台。大者不过周围十余丈。安炮不过四位六位。重不过千斤。夫以海面之汪洋。而临之以弹丸黑子。即建至数十座。恐亦不足以资震慑而备环攻。且闽洋无内港可守。炮台必须建于海边。海滩沙性浮松。炮台根脚不固。难以经久。置之坚实之地。则去海较远。炮火之力。更不能及。是添建炮台。徒糜工费。无济实用。臣等筹议变通之法。莫如易炮台为炮墩。其法用麻布袋。每个长四五尺。径尺余。实以沙土。层层堆积。高低自五层以至十余层。厚薄自两层以至三四层。长短自十余丈以至百余丈。相地势之远近。广狭斟酌为之。沙墩之外。用旧小渔船侧竖。船底向海。船舱向内。紧贴沙袋。牢固拴缚。以为沙囊保护。炮位安于墩内。炮口出于船外。其两船夹缝处所,即是天然炮洞。我兵在内描准施放。可以克敌。而全身藏于墩内。敌人炮子。不能致伤。又船底久在海中。泥苔渍滑。弹小则擦过。惟炮弹大者。可以打通。而沙性最柔。非如砖石可以摧裂。弹子打穿船底。遇沙即止。不能穿过。极为稳固。且炮墩设于滩上。可远可近。可高可低。沙土取之海滩。以兵五百名。肩沙囊五百。顷刻可成。堆成之后。以五人管一炮。兵五百名。可管炮百门。即抽出守墩瞭望一二百名。亦可放炮数十门。何处冲要。即移置何处。亦易为力。所需购者。止布袋渔船。筹款亦大可节省。现已由臣邓廷桢。函致陆路提督臣余步云。赶紧如法办理。以期防守得力。再臣邓廷桢前奏明。在粤购得夷炮十四门。由海道运赴闽省。现已运到厦门。饬交兴泉永道。存贮备用。

谕军机大臣等。祁寯藻等奏。确查闽省海口烟贩情形。并筹办水陆巡防事宜一折。据称闽省各属。具报夹板夷船。多在铜山营辖之布袋澳悬钟。及金门营辖之梅林深沪衙口大坠围头等处洋面游奕。内地奸民。勾结贩烟。为之接济。经该督等访闻晋江惠安等县所属之施姓等犯。或坐莊销售。或泛洋包运。现在设法严拿。期于必获。至海防专汛。责在陆路。据提督余步云。业经拨派弁兵。赴紧要海口。分驻添防。洋面机宜。责在水师。亦据署提督程恩高。添派兵船。分作二帮。一由金门镇管带。在北洋一带梭巡堵御。一由该署提督管带。在南洋梅林等处拦截巡探。相机办理。其关津丁役人等。系福州将军专管。应由该将军严密稽查。认真究办。仍由该臬司定案时。查明案犯经过地方关津。有无贿纵。切实根究。以清弊源等语。海防之要。首在严办汉奸。汉奸一日不除。则夷船一日不绝。务须一力严拿。不除不已。该督等即当严饬文武各员弁。一见夷船窜至。水师各兵船。则奋力追拿。如敢拒捕。即行开炮轰击。毋得稍有疏纵。陆路则严谨把守海岸。禁止奸民出海踪迹。水陆交严。坚持勿懈。总宜猛以济宽。禁绝根株为要。又另片奏。控制海口之法。最重炮台。现在筹议变通。莫如易炮台为炮墩。较为稳妥。又出口商船。责成该厅州县。于给照时。亲诣稽查。渔船责成该管地方官。指定埠头。编立字号。责令澳甲。按日稽查。如有出海驶近夷船者。即著官兵并力围拿。果能人船并获。即将烟土解官烧毁。船只衣物等项。全行赏给。至汉奸巢穴。既经访得数十乡社。确有主名。尽力擒拿等语。俱著照所议办理。

邓廷桢又奏。窃臣于二月间。自粤赴闽。途次接见署水师提督臣程恩高。以夷船阑入闽洋。专为售卖烟土起见。必当并力攻击。使其不敢留恋。抵任后复咨行水陆提镇道府厅营。实力巡防。认真攻击去后。旋于三月十七日。准署水师提督臣程恩高咨呈。三月初九日酉刻。据探弁报称。有三桅夷船三只。两桅夷船一只。由东南外洋。驶至梅林澳寄泊。当即督率舟师。星夜驰往。于初十日戌刻。驶至梅林洋面。时因微雾。未便开炮攻击。遂率各兵船把住澳口。堵截窜逃之路。十一日黎明雾开。见有夷船三只。一字排列。随即策励将士。围绕进攻。夷船回炮抗拒。该署提督与各将备放炮攻打。自卯至巳。各兵船炮火络绎不绝。其沿海各处炮台。亦经陆路提臣余步云。豫派游击郭仁布。向思璜。督领弁兵。接连开炮。该提督所驾战船。折戗灵便。逼近夷船。目击本船与各师船。及炮台所放炮子。击中夷船甚多。打坏夷船帆索各项物件不少。该夷当即挂帆起碇。且拒且逃。其外洋尚有两桅夷船二只。驶来接应。亦同该三桅夷船三只。向东南外洋窜逸。各兵船蹑踪追击。至石圳外洋。署提标右营守备林建猷。左营外委杨肇基。左营游击沉河清。驾船奋勇直前。追近夷船。前营兵丁叶国能。瞥见夷船上有夷人。正在手持木棍。洗炮舂药。该兵即用鸟枪仰击。该夷人登时仆倒。遗落木棍一枝下海。经沉河清兵船捞获。该兵叶国能。亦被夷人回枪毙命。该提督复同各兵船。直追至晚。遥望不见夷船帆影。方始收回。查点各兵船帆索槓具。间有微损。当将击毙兵丁叶国能赏银收埋。其余各弁兵。均未受伤。拾获炮棍。一并解验等情。并据陆路提臣余步云。暨在事文武咨禀相同。嗣于二十一日。复据程恩高咨报。十四日。哨船探报。有夷船四只。先后来至獭窟洋面。因北风猛烈。难以抛泊。被风压至大坠洋面。该提督闻信。逆风戗驶。于十六日行到该处。各夷船已于十五日申刻。暨十六日黎明。先后驶去。该提督仍复穷追。隐约望见夷船。在黑水深洋。乘风南窜等语。臣查此次夷船驶入闽洋。尚未进口。即经水陆提臣。督率将领弁兵。两路夹攻。击毙夷匪。毁其篷索。穷追远遁。办理较为认真。将士亦尚用命。臣现仍咨行水陆提臣镇将道府厅营。督率炮台舟师将弁。严密巡防。一经探有夷船踪迹。即速奋勇轰击。不准稍有滞留。一面严拿勾结内奸。尽法惩办。至兵丁叶国能。击毙夷人。被伤殒命。情殊可悯。先经批饬优加卹赏。并当照例咨部请卹。以昭激劝。

乙酉。两广总督林则徐。广东巡抚怡良。水师提督关天培。陆路提督郭继昌。粤海关监督豫堃奏。窃臣等承准军机大臣字寄。道光十九年。十二月。十一日。奉上谕。本日据曾望颜奏。夷情反覆。请封禁关海。设法剿办。以清弊源一折。又另片奏。澳夷互市货物。亦请定以限制等语。著林则徐等。悉心妥议具奏等因。钦此。查原奏以制夷要策。首在封关。无论何国夷船。概不准其互市。而禁绝茶叶大黄。有以制伏其命。封关之后。海禁宜严。应饬舟师将海盗剿捕尽绝。又禁大小民船。概不准其出海。复募善泅之人。使驾火船。乘风纵放。而以舟师继之。能擒夷船。即将货物全行给赏。该夷未有不畏惧求我者。察其果能诚心悔罪。再行奏恳天恩。准其互市。仍将大黄茶叶。毋许逾额多运。以为箝制之法。所论甚切。所筹亦甚周。臣等查粤东二百年来。准令诸夷互市。系推恩外服。普示怀柔。并非内地赖其食用之资。更非关榷利其抽分之税。况自上冬断绝英夷贸易以来。叠奉谕旨。区区税银。何足计论。大哉谟训。中外同钦。臣等有所秉承。更可遵循办理。绝无所用其瞻顾。即将各国在粤贸易。一律停止。亦并不难。惟是细察情形。有尚须从长计议者。窃以封关禁海之策。一以绝诸夷之生计。一以杜鸦片之来源。虽若确有把握。然专断一国贸易。与概断各国贸易。揆理度势。迥不相同。盖鸦片出产之地。皆在英吉利国所辖地方。从前例禁宽时。原不止英夷贩烟来粤。即别国夷船。亦多以此为利。而自上年缴消趸船烟土以后。业经奏奉恩旨。概免治罪。即未便追究前非。此后别国货船。莫不遵具切结。层层查验。并无夹带鸦片。乃准进口开舱。惟英吉利货船。聚泊尖沙嘴。不遵法度。是以将其驱逐。不准通商。今若忽立新章。将现未犯法之各国夷船。与英吉利一同拒绝。未免不分良莠。事出无名。设诸夷禀问何辜。臣等碍难批示。且查英吉利在外国最称强悍。诸夷中惟米利坚及佛兰西。尚足与之抗衡。然亦忌且惮之。其他若荷兰。大小吕宋。连国。瑞国。单鹰。双鹰。甚波立等国。到粤贸易者。多仰英夷鼻息。自英夷贸易断后。他国颇皆欣欣向荣。盖逐利者喜彼绌而此赢。怀忿者谓此荣而彼辱。此中控驭之法。似可以夷治夷。使其相间相睽。以彼此之离心。各输忱而内向。若概与之绝。则觖望之后。转易联成一气。勾结图私。且封关云者。为断鸦片也。若鸦片果因封关而断。亦何惮而不为。惟是大海茫茫。四通八达。鸦片断与不断。转不在乎关之封与不封。即如上冬以来。已不准英夷贸易。而臣等今春查访外洋信息。知其将货物载回夷埠。转将烟土换至粤洋。并闻奸夷口出狂言。谓关以内法度虽严。关以外汪洋无际。通商则受管束而不能违。禁不通商。则不管束而正好卖烟。此种贪狡之心。实堪令人发指。是以臣等近日更不得不于各海口倍加严拿。有一日而船烟并获数起者。可见英夷货去烟来之言。转非虚捏。不然。以外洋风浪之恶。而英船仍不肯尽行开去。果何所图。若如原奏所云。大小民船。概不准其出海。则又不能。缘广东民人。以海面为生。尤倍于陆地。故有渔七耕三之说。又有三山六海之谣。若一概不准出洋。其势即不可以终日。至谓捕鱼者止许在附近海内。此说虽亦近情。然既许出洋。则远近几难自定。又孰能于海面阻之。即使责令水师查禁。而昼伏夜动。东拿西逃。亦莫可如何之事。臣林则徐上年刊立章程。责令口岸澳甲。编列船号。责以五船互保。又令于风帆两面。及船身两旁。悉用大字书写姓名。以及里居牌保。惟船数至于无算。至今尚未编完。继又通行沿海县营。如有夷船窜至该辖。无论内洋外洋。均将附近各船。暂禁出口。必俟夷船远遁。始许口内开船。其平时出入渔舟。逐一验查。只许带一日之粮。不得多携食物。若银两洋钱。尤不许随带出口。庶少接济购买之弊。至大黄茶叶二物。固属外夷要需。惟臣等历查向来大黄出口。多者不过一千担。缘每人所用无几。随身皆可收藏。且尚非必不可无之物。不值为之厉禁。惟茶叶历年所销。自三十余万担。至五十余万担不等。现在议立公所。酌中定制。不许各夷逾额多运。即为箝制之方。然第一要义。尤在沿海各口。查拿偷漏。若中路封关。操之过蹙。而东西各路。得以偷贩出洋。则正税徒亏。而漏卮依然莫塞。是以制驭之道。惟贵平允不偏。始不至转生他弊。若谓他国买回之后。难保不转卖夷人。此即内地行铺互售。尚难家至目见。而况其在域外乎。要知英夷平日。广收厚积。本有长袖善舞之名。其分卖他夷。独牟余利。乃该夷之惯技。今断绝贸易之后。即使从他夷转售一二。忍垢蒙耻。已觉难堪。惟操纵有方。备防无弊。则原奏所谓该夷当畏惧而求我者。将于是乎在矣。至于备火船。练乡勇。募善泅之人等事。则臣等自上年至今。皆经筹商办理。惟待相机而动。即各山淡水。上年本已派弁守之。始则夷船以布帆兜接雨水。几于不能救渴。继而觅诸山麓。随处汲取不穷。则已守不胜守。似毋庸议。总之驭夷宜刚柔互用。不必视之太重。亦未便视之太轻。与其泾渭不分。转致无所忌惮。曷若薰莸有别。俾皆就我范围。而且用诸国以并拒英夷。则有如踣鹿。若因英夷而并绝诸国。则不啻驱鱼。此际机宜。不敢不慎。况所杜绝者。惟在鸦片。即原奏亦云。凡有夹带鸦片夷船。无论何国。不准通商。则不带鸦片者。仍皆准予通商。亦已明甚。彼各国夷人。原难保其始终不带。果查出夹带。应即治以新例。不但绝其经商。如其无之。自不在峻拒之列也。又另片请将澳门西洋贸易。定以限制。查上年臣林则徐。先已会同前督臣邓廷桢。暨臣豫堃。节次商议及之。嗣经核定章程。谕令澳门同知。转饬西洋夷目遵照。即如茶叶一项。每岁连箱准给五十万斤。仍以三年通融并计。以示酌中之道。其他分条列款。该夷均已遵行。本年正月。澳内容留英夷。即暂停西洋贸易。迨其将英夷驱出。仍即准令开关。亦与原奏请议章程。不谋而合。至所请责令澳夷代英夷保结一节。现既不准英夷贸易。自可毋庸置议。谕军机大臣等。林则徐等覆奏。曾望颜条陈一折。览奏均悉。俱著照所议办理。夷情狡狯异常。总不外牟利之一途。惟在彼之仗俩。百出不穷。而在我之控制。总宜坚定。恭顺者自未便与抗违者一同拒绝。以致良莠不分。现据该督等体察情形。相机妥办。断绝鸦片。实为扼要首图。前次大经惩创。该夷等万不敢明目张胆。运送入口。而私贩潜藏。夹带囤积。种种弊窦。在所难免。该督等务当水陆交严。趁此可乘之机。永将来源杜绝。至汉奸接济淡水。或代为包庇。运送烟土。尤应严密查办。毋稍疏懈。每岁出口大黄茶叶。既据该督等奏称。三年通融并计。示以酌中之道。仍当严查偷漏。毋令有名无实。将此谕知林则徐。怡良。关天培。郭继昌。并传谕豫堃知之。

林则徐等又奏。查广东水师大鹏营所辖洋面。延袤四百余里。为夷船经由寄泊之区。其尖沙觜一带。东北负山。西则有急水门。鸡踏门。东则有鲤鱼门。佛堂门。而大屿巨岛。又即在其西南。四面环山。藏风聚气。波恬浪静。水势宽深。英夷船只。久欲依为巢穴。而就粤省海道而论。则凡东赴惠潮。北往闽浙之船。均不能不由该处经过。万一中途梗沮。则为患匪轻。上年因英吉利桀骜不驯。抗违禁令。经臣等与前督臣邓廷桢。调集官兵。在尖洮嘴迆北之官涌等处山梁。扎营安炮。分为五路。痛加剿击。该夷兵船二只。货船数十只。始皆连夜遁去。但恐兵撤之后。仍复联樯聚泊。势若负嵎。必须扼要设防。方足以资控制。随饬候补知府余保纯。署大鹏营参将赖恩爵。新安县知县梁星源。会同周历履勘。旋据该员等禀称。尖沙觜山麓。有石脚一段。其形方长。直对夷船向来聚泊之所。又官涌偏南一山。前有石排一段。天生磐固。正对夷船南洋来路。若两处各建炮台一座。声势既相联络。而控制亦极得宜等语。当经饬令将两台高宽丈尺。及开筑地平。并建造墙垛炮洞。弁署兵房。神庙望楼。药局马路。一切工料价值。核实确估。据该员等呈送图说清折。臣等逐一核算。并委员详细勘实。计尖沙觜炮台。估需工料银一万七千九百五十一两零。官涌炮台。估需工料银一万四千四十六两零。窃思此项工程。系属防夷要务。断不可缓……

五月。庚子。两广总督林则徐。广东巡抚怡良。粤海关监督豫堃奏。自上年正月间。臣林则徐。衔命至粤。与调任督臣邓廷桢。暨臣怡良。商办海口事件。年余以来。所有控制外服。查缉内奸。一切机宜。悉荷圣谟指授。俾臣等秉承有自。感刻难名。迨断绝英吉利贸易。尤赖乾断严明。足使夷情震慑。虽该夷尚复强颜延喘。飘泊外洋。诡计诪张。虚声恫喝。而臣等遵奉谕旨。既允其以逸待劳之议。更示以应防叵测之心。守险攻瑕。皆得随机应变。查英夷所传续到兵船之信。兹于士密华仑两船外。复来都鲁壹兵船一只。其夷官名为赞卒治厘。虽据引水探报。该船有大炮四十余门。夷兵三百余名。而在外洋寄碇数旬。毫无动静。自系探闻我师布置严密之故。惟防堵固有把握。而守望并无定期。各口水陆官兵。不能遽撤。即各处口粮兵费。皆宜豫筹。且自上年查办至今。所费本已不少。始则谕令夷人。将趸船烟土。尽行呈缴。而英国领事义律。欲带颠地潜逃。当经官兵截回。于是水路排舟。陆路设卡。自省河至虎门。不使有空虚之处。然后该夷禀缴鸦片。悔罪投诚。而所缴趸船烟土。即于粤省销毁。浃月始经蒇事。其间一切费用。力加撙节。在事者莫不共见共闻。厥后义律禀请在澳卸货不准。因而阻挡该国货船进口。并主令奸夷空趸逗留。七月间逐出澳门。断其接济。凡各处紧要隘口。无不添派防兵。讵义律胆敢鸱张。公然抗敌。我军于九龙山穿鼻洋。叠次轰击之后。复于尖沙觜攻击六次。伤毙英夷无数。自此该国各船。窜赴长沙湾一带外洋。不敢妄动。所需用度。尚无虚糜。惟国家经费有常。何敢擅行渎请……

己酉。闽浙总督邓廷桢奏。臣于本年四月初六日。承准军机大臣字寄。奉上谕。据吴文镕奏。本年正二月间。有夷船一只。在梅林洋面游奕。经哨船拦截攻逐。胆敢开炮回拒。致毙兵丁一名。现已驶逸外洋等语。闽浙海口。向不准夷船驶进。此次该夷船屡在梅林等洋面游奕。是否因粤东查办严紧。改从闽海进口。希图销售鸦片。抑系闽省向来海禁废弛。常有此等夷船驶进。著邓廷桢等确切查明。据实具奏。至该夷被兵驱逐。竟敢拒捕伤兵。现虽驶向外洋。难保不复萌觊觎。著邓廷桢督饬水师员弁。慎密堵防。如查有汉奸接济。弁兵纵放情事。著即从重惩办。无稍姑容。钦此。查闽省洋面。西南自南澳镇左营起。为粤海入闽门户。东北至烽火门营止。为闽海入浙门户。中间历铜山一营。水师提标各营。金门海坛福宁三镇。闽安一协。袤延二千五百余里。率皆汪洋一片。仅有滨海澳屿。并无设险口门。与粤东澳门虎门等处有口可进者迥异。向来不准外夷贸易。是以亦无夷船停泊马头。此闽省海洋之情形也。溯查嘉庆十九年以前。从无夷船在洋游奕之事。迨后鸦片渐行。每年间有一二只来至闽洋。或一二三四次不等。近年逐渐增多。每年或十余次。或二三十次。其船出没靡常。自一二只至三四只不等。其游奕处所。始则南澳铜山厦门台湾等洋。继则闽安海壇福宁烽火等处。今则多在铜山营辖之布袋悬钟。及金门辖之梅林深沪衙口大坠围头等处。或远在黑水夷洋。或近在沿海澳外。乘间抵隙。条去条来。即无定期。亦无定所。此夷船久已在闽游奕之情形也。至夷船来闽之由。始因漳泉奸民。自用船只。前赴粤洋。向夷船购买鸦片。继则往来熟悉。遂勾串夷船来闽销售。夷人以汉奸为内线。汉奸以夷船为利源。当其初至之时。文武员弁。不知底里。辄听夷人以在洋遭风。及恳求通市诡词。率行具禀。节经前任督抚批饬防范驱逐。而迁延观望。待至数日后。夷船开去。遂以一禀了事。嗣后踪迹渐著。寄泊渐多。共见共闻。不得不据实禀报。而庸懦者不敢攻击番舶。阳居持重之名。贪黩者甚且包庇汉奸。阴享分肥之实。以至势成积重。窥伺频仍。奸民固属罪魁。水师亦多泄视。此又夷船所以公然驶至之原委也。迨上年严禁鸦片。皇上天威震叠。督抚董责加严。始有攻击夷船之举。上年十月初二十八。十二月初六十六。本年二月初四等日。节经调任水师提督陈化成。金门镇总兵窦振彪。督率战哨各船。开炮轰击。该夷船先后逃逸。经抚臣吴文镕。两次具奏。臣到任后。据署水师提督程恩高驰报。三月初九日。有夷船四只。在于梅林寄泊。经该署提督于初十日围绕进攻。打坏夷船篷索桢具。并击仆夷人一名。捞获洗炮木棍一只。该夷船向外洋窜逸等情。经臣于三月一十七日具奏在案。此又去冬今春。水师攻击夷船之实在情形也。总之番舶之频来。专为图销鸦片。而腹内之受病。全在勾引奸民。臣到任后。即与抚臣吴文镕。筹议章程。以外洋攻逐夷船。堵拿奸民船只。责之水师。岸上开炮夹攻。查缉屯贩匪徒。责之陆路。咨行水陆提臣督率办理。其人员。则分派兴泉永道刘耀椿。汀漳龙道李昭美。为督办。永州府尚开模。署漳州府知府王衍庆。为帮办。督率该管厅县。协力稽查。并分拨文武委员。听候两道调遣。现在陆路提臣余步云专派署中军参将武攀凤。会同兴泉永道。侦缉奸民。游击向思璜。郭仁布。专驻梅林下堎等处。并拨运四五千斤大炮数门。在沿海筑墩安设。遇有夷船戗驶近岸。即与水师哨船。两下夹击。兼缉出海贩烟民船。布置极为周密。至水师一路。则新任提臣陈阶平。业已到任。即日出洋督巡。适臣前在广东所购炮位。亦由海船运到。经前署提督臣程恩高。分配师船施放。可期得力。臣与抚臣惟有严行督饬在事文武。同心协力。外攘内侦。夷船则不准停留。汉奸则不容疏纵。仍明察暗访。如有兵弁得规包庇。立即遵旨从重惩办。臣一俟会同钦差查办事竣。即驰赴泉州。亲督料理。并查办漳属之南澳铜山等洋面。以冀仰副圣主廑念海疆。力除锢弊之至意。

谕军机大臣等。邓廷桢覆奏。查办夷船在洋游奕一折。览奏均悉。此种夷船。始因漳泉奸民。自用船只赴购买鸦片。继则往来熟悉。勾串汉奸以为内线。牟利售私总因该地方官庸懦养奸。贪黩包庇。以致鸦片充斥。积重难返。现经该督饬令水师提督等。开炮轰击。先后逃逸。已足震慑奸夷之胆。惟该夷等嗜利藐法。洋面行走熟悉。难保不复萌故智。多方勾引奸民。再图尝试。著邓廷桢即照筹议章程。水陆交严。毋稍松懈。一面出示晓谕该夷。现在禁绝鸦片。洋面毗连内地。非该夷等船只游奕之所。目当遵懔王章。驶回本国。如抗拒不服。即开炮轰击。其由粤所运炮位。正可妥为安置。以壮声威。傥有汉奸仍前勾串作弊。立即严拿惩办。并于闽粤交界地方。多派文武员弁。梭织巡查。毋任走漏。俟派查各案完竣。该督即亲赴泉州一带。兼查明漳州所属洋面。有无夷船踪迹。认真设法防堵驱逐。以期弊端永绝。洋面肃清。是为至要。

道光卷一一

道光二十年。庚子。六月。辛酉。闽浙总督邓廷桢。福建巡抚吴文镕奏。窃维夷船来至闽洋。图销鸦片。奸民勾通贩运。如蚁附膻。事非一年。害几遍地。仰蒙宸衷独断。刻意湔除。臣吴文镕。自上年受任闽疆。会同各前督臣。严加督饬。去冬今春。始经调任水师提督陈化成。金门镇总兵窦振彪。统率师船。开炮攻击。本年二月间。臣邓廷桢自粤移闽。道经漳泉等属。接见水陆提镇道府。告以夷人之无能为。而我师之大可用。又沿途访察奸匪。得有主名。到省后。面商臣吴文镕酌定章程。派委兴泉永道刘耀椿。汀漳龙道李昭美。分投督办。并咨行水陆提镇。分别外洋内港。各专责成。适钦差尚书祁寯藻。侍郎黄爵滋。奉命来闽。查办海口事件。开陈利病。宣布德威。在事文武各员。咸晓然于圣主意旨所向。如除蔓草。不尽不休。或密设巡防。或明陈师旅。群情震竦。渐觉奋兴。先于三月间。经前署水师提督程恩高。在梅林洋面。攻击夷船。致毙夷人。由臣邓廷桢奏奉恩旨。特予甄叙在案。兹于五月初一日。据兴泉永道刘耀椿禀称。该道因金山铜山交界地方。为夷船来泉要路。于此设伏。该夷必不堤防。随密饬厦门同知顾教忠。捐廉募水勇三百八十名。分配民船十二只。委令水师提标左营守备杨靖江。督带出洋缉捕。于四月二十一日。驶至穿山洋面。遇有夷船一只。在彼寄碇。该备出其不意。挥令外委李茂松。督饬水勇各船。一齐驶近。兵丁抛掷火罐。打入夷船。水勇等亦掷火开枪。连环并击。夷人受伤无算。落水死者三人。仓猝之间。夷船不及开炮。惟乱掷铁弹打来。复经该备饬令水勇。将夷船后梢。用钩搭住。水勇头目陈育。手执藤牌。首先跃上夷船。随而登者二十余人。抢得铜炮一门。炮盖一个。夷人执标乱刺。我军开枪回击。又中八人。落水而死。适南风大作。夷人斫断船缆。乘风驶逃。兵勇恐其去远。亦即跳入海中。凫水回船。在海面钩起夷帽一顶。铁标四枝。并于本船上拾得大小铁弹四十五个。维时署铜山营参将陈显生。率师赶至。会合穷追。夷船且拒且逃。驶入深水大洋。我军始行收回。查点水勇。伤毙八人。业经按名恤赏等情。并据将夷帽铁标铜炮弹子解送前来。经臣等亲验属实。又于五月初四日。据署铜山营参将陈显生禀称。四月二十日。驾带兵船。在洋督捕。见有夷船一只。窜至虎屿洋面。开放杉板小船。内坐夷人数名。似欲上岸。该将随令各船弁兵。迎头施放枪炮。将杉板击沉。夷人全行落水。惟有黑夷二名。泅水近岸。经古雷汛额外外委郭德长。督兵拿获。搜出小刀一把。该将仍复督率舟师。追击夷船。直至东南外洋。始行收回等情。并据漳浦县禀报相同。经臣等饬同委员。迎提来省。臣邓廷桢。带有广东通事。督饬译讯。据供一名爽果。一名暗麻纳。又据同供系阿没西国人。受雇在英夷拉士担治加圭治船上充当水手。船上黑白夷人。四十余名。船内装有鸦片。不知箱数。本年四月初间。由广东开船。来至福建一路。见有小船驶近夷船。即被师船开炮攻打。因此船上鸦片。无人来买。后来驶到崇武洋面。遇有师船二十余只。开炮攻打。夷船不敢乱泊。就驶回不知名洋面寄碇。小夷乘坐杉板。欲行上岸洗衣。即被拿获等语。又于五月初三。接据陆路提臣余步云来函。并兴泉永道刘耀椿禀称。委员署福州协都司周光碧。雇募水勇二百余名。配驾民船。出洋诱捕。于四月二十六夜。在围头洋面。截获通夷匪船一只。人犯十一名。起获烟土二千余两。现在发县讯供。已究出施郭施掌二名。系属通夷匪犯等情。查以上三事。均在旬日之间。似水陆文武各员。皆有轩鼚鼓舞之意。自当乘此机缄。益加奋迅。臣等惟有申明赏罚。策励群材。同心合力。外攘内侦。以冀稍副皇上拔本塞源。除恶保民之至意。

丁丑。两广总督林则徐。广东巡抚怡良。奏臣等前次附片具奏英夷逗留外洋。常惧火船焚烧。并传闻该国有大号兵船将至。加意严防各缘由。钦奉朱批无论虚实。总当不事张皇。严密防范。以逸待劳。主客之势自判。彼何能为也。勉之。钦此。仰见皇上运筹决胜。洞烛夷情。臣等跪诵服膺。莫名钦感。伏查英夷近日来船。所配兵械较多。实仍载运鸦片。探系该国孟阿拉等处夷埠。闻知内地办烟严紧。销路日稀。而夷埠新旧烟土。存积累累。不肯轻弃。是以减跌价值。用三桅大船满载而来。而奸夷遂藉以扬言恫喝。冀可准其贸易之求。迨见臣等拒之益坚。不为所动。其到粤之士密华伦都鲁壹兵船三只。并现在续到之各巴士兵船一只。亦只在外洋往来游奕。此东彼西。总无定处。日则暗放三板。分运烟土。引诱奸民。零星贱卖。夜则抛锚寄碇。并招集办艇环护。支更瞭望。以防我兵火攻。此外别无动静。诚如圣谕实无能为。惟思峻拒英夷。原为断绝鸦片。乃奸夷仍私在外洋售卖。即奸民必贩至内地行销。积弊何日能清。且该夷诡计百出。竟不惮亏本以诱愚民。查近日公班大土一个。仅卖洋银五六圆。较之前年秋冬。价减十分之七。并讯据先后获到烟犯。供称有鹅鸭一只。换得公班土一个者。并有买过一二次。即可向夷人赊烟者。在彼总欲愚弄汉奸。阻挠禁令。实属可恶之极。臣等于前次烧毁接济匪船二十三只之后。仍严饬水陆文武。力拿通夷匪犯。并设法惩创奸夷。先于四月间。接据新安县知县梁星源禀报。会同营弁。在小濠海边。续烧办艇四只。篷寮五间。又获夷船上厨工梁亚次等六名。除与所获潜买烟土各犯。并案审办外。一面函商水师提臣关天培。以夷船最畏焚烧。仍惟以所畏者设法制之。随经关天培。委令副将李贤。都司马辰。守备黄琮。卢大钺。林大光。选带能事把总潘永蓁。杨雄超。廖镇邦。记委卢麟等分带兵勇四百余名。暗伏岛澳。并多雇素谙夷语线民。假装济夷办艇。作为内应。仍于各隘口。分派弁兵防堵。五月初九日。乘夜半月明时候。将大队火船。移近磨刀外洋。夷船聚泊处所。占住上风。出其不意。火船闯进焚烧。各线民亦于假装办艇内。同时纵火。有巴厘夷船上身穿白衣英夷。持械跳出。经记委卢麟。挥令水勇方亚早等。奋力杀毙四人。其余夷众。连船全行烧毁。各将备督率把总潘永蓁。杨雄超等。乘夷船乱奔之际。将火箭火罐喷筒等物。纷纷抛掷。又将载有烟箱之夷船。烧毁一只。另有夷船一只。桅帆著火。弃碇驾逃。经夷众将火扑救。先后延烧大小办艇十一只。又烧毁近岸篷寮九座。其冲突窜逃各夷船。彼此撞碰。叫喊不绝。夷人带伤跳水。烧毙溺毙。及被烟毒迷毙者。不计其数。我兵并无被害。惟于杀毙巴厘船上夷人时。有水勇二名。被夷剑斫伤手膀。尚不甚重。该将备等于火发后。分投截拿逸艇。适有罟船一只。慌忙奔窜。当将人船并获。其船内有烟盒烟枪。及各种烟具。一并起出。又有弃艇逃赴篷寮。及由篷寮复逃之犯。亦俱拿获。计先后获犯姜亚连等十三名。现在行提严审办理。此次英夷猝遭焚剿。伤毙已多。而都鲁壹船上。带兵之夷官赞卒治厘。亦在该船病毙。并查悉夷兵吸水受毒。患病者甚众。似此频经受创。当亦共知天朝重地。非幺麽异类。所可玩法偷生。如再抗不回帆。抑别滋奸计。臣等仍惟恪遵批谕。不事张皇。明则以逸待劳。倍森严而镇静。暗则相机而动。期震詟其贪顽。一切机谋。密之又密。以仰副圣主训诲谆谆之至意。至英夷未销货物。恐其私行寄顿影射进口。节经臣等会同粤海关监督臣豫堃。逐一严查。即他国货船中。稍有形迹可疑者。如米利坚国之必士篾一船。吕宋国之勿顿一船。因查阅该国船牌货单。译出汉文。与现船货物。未尽符合。立即逐出。不准进口。嗣后尤当时加厘剔。务使各国夷人。咸知法度严明。不敢希图朦混。以肃海禁而绝诡谋。

庚辰。浙江巡抚乌尔恭额奏。窃臣于本年六月初七日酉刻。据宁波府鄞县知县舒恭受。以六月初四日辰刻。访有夷船多只。在象山洋面游奕。申刻。又闻有大夷船两只。小夷船两只。从深水洋。驶入定海县洋面。经提臣祝廷彪。带领将弁。出洋堵御。并经宁绍台道李绍昉。会同水师。驰赴镇海口防堵等情。臣以事关重大。必须亲往督办。当于初八日。由省起程。乘夜渡江。于萧山境内舟次。即接提臣祝廷彪函称。定海洋面。有大小夷船二十余只游奕。臣不胜焦急。星夜趱行。至初九日未刻。在会稽境内舟次。接准定海镇臣张朝发来咨。在洋见有大小夹板夷船二十六只。随即整顿炮械堵逐。无如夷船行驶如飞。至旗头洋面。分作两帮。一帮窜入定港。一帮向西驶去。镇臣张朝发。即驶回定港防堵。一面饬令署中军游击罗建功。会同署定海县姚怀祥。带领兵役。在于城厢内外。及口岸炮台。整列队伍。严密防范。并函送夷人所递夷书一纸到臣。又接提臣祝廷彪。先后咨函。闻初七日午刻。镇臣张朝发。在船与该夷接战。未能取胜。夷人俱已上岸。约有三四千人。围攻城池。镇臣已进城保守。提臣祝廷彪。以该夷势甚猖獗。必须大兵。方资攻剿。先调署镇海营参将胡得耀。提标石营游击周士法。带领水师兵三百名。前赴定海。随同镇臣防护。尚有提标兵五百名。预备拨往。现又飞调内地之湖州。金华协兵各四百名。严州协兵三百名。绍兴协。及处州。衢州镇标兵各八百名。速赴镇海。以资调拨。再闻夷船最畏火攻。有新任黄岩镇标中军游击林亮光。熟悉火攻之法。现留镇海听候差遣。并饬鄞县镇海县。各备火攻船四十只候用等因。臣阅看夷书。词甚狂悖。镇臣张朝发。何以遽准递收。夷船在洋游奕。既经带兵防堵。何以任其登岸。均应严查奏办。惟定海县孤悬海外。被围甚急。亟须添拨水师。驰往援救。方可无虞。而另帮西驶之夷船。难保其不窥伺宁波镇海。所关甚巨。尤须加兵严防。臣已飞咨提臣祝廷彪。妥为调度。刻速筹办……

壬午。谕军机大臣等。昨据乌尔恭额奏。英夷致书定海镇总兵。肆其狂悖。并登岸滋事一折。英夷售烟图利。经广东省奏明。断其贸易。早料其分窜各路。肆行扰害。是以叠降谕旨。饬令有海口各省督抚。严密防维。有备无患。乃该夷于本月初间。带领船只。在浙江象山洋面游奕。复有大小夷船。从深水洋。驶入定海县洋面。致书总兵。语言狂悖。若使该省巡抚提督。先事豫防。该夷等亦不过稍逞小技。恫疑虚喝。迨至计穷势蹙。自必返棹入洋。无所希冀。乃乌尔恭额等。事前既无准备。临事复觉张皇。以致该夷船驶至定海县。纵令三四千人。登岸滋扰。似此武备废弛。深堪痛恨。已将该抚等。先行严议。并调福建提督余步云。驰往会剿。

(甲申)谕军机大臣等。本日据乌尔恭额等由驿驰奏。定海县城。被英夷攻破。该抚等现驻镇海县防堵。瞭见夷船多只。在笠山以外。往来游奕。距镇海不过十有余里。现在镇海官兵。止有二千余名。应俟大兵云集。合谋攻击等语。著邓廷桢选派闽省大员。带领舟师。星飞赴浙。无论夷船在于何处。即会同浙江水师。合兵会剿。以期一鼓成擒。

又谕本日据乌尔恭额等由驿驰奏。定海县城。被英夷攻破。该抚等现驻镇海县防堵。瞭见夷船多只。在笠山以外。往来游奕。镇海官兵。止有二千余名。应俟兵集攻击等语。著伊里布遴派带兵大员。拣选水师数千。豫备调遣。江浙相距较近。浙省倘有警报。该督一面奏闻。一面派兵迅速驰往应援。毋稍延误。至江浙交界洋面。尤须督饬水师。认真防堵。毋令窜入。

七月。壬辰。两广总督林则徐奏。英吉利夷船逗留外洋。臣等叠饬各将弁。带领兵勇火船。设法焚剿。于五月初九日。乘夜纵火。烧毁夷船三只。业经会折奏闻在案。查该夷目自贸易断后。每扬言兵船多只。即日到粤。臣等不为所动。而仍密为之防。除上年所到之士密华仑两船。与近时续到之都鲁壹谷巴士两船。在外洋游奕情形。先已查明具奏外。兹据澳门文武禀。据引水探报。五月二十二日。望见九洲外洋。来有兵船二只。一系大船。有炮三层。约七八十门。其一较小。有炮一层。二十三日。陆续又来兵船七只。均不甚大。炮位亦只一层。又先后来有车轮船三只。以火焰激动机轴。驾驶较捷。此项夷船。前曾到过粤洋。专为巡风送信。兹与各兵船。或泊九洲。或赴磨刀。或赴三角外洋。东停西窜。皆未敢驶近口门。臣等查中路要口。以虎门为最。次即澳门。又次即尖沙觜一带。其余外海内洋相通之处。虽不可胜数。然多系浅水暗礁。只足以行内地之船。该夷无船不能飞越。所有虎门各炮台。先已添建增修。与海面所设两层排练。相为表里。犹恐各台旧安炮位。未尽得力。复设法密购西洋大铜炮。及他夷精制之生铁大炮。自五千斤至八九千斤不等。务使利于远攻。现在该处各炮台。计有大炮三百余位。其在船在岸兵勇。随时分拨。共有三千余名。至澳门地方。自奏委高廉道易中孚。与奏留升任之香山协惠昌耀。会同防范。先后派驻兵勇。亦有一千三百余名。又尖沙觜一带。新建炮台两座。业已赶办完工。并设法购办大炮五十六位。分别安设。其附近山梁。驻兵共有八百余名。此外各小口及内河水陆要隘。亦皆添兵多名。协同防堵。声势已皆联络。布置并不张皇。现在该夷兵船。亦只飘泊外洋。别无动静。即使此后渐图窥伺。而处处皆有准备。不致疏虞。此时商旅居民。极为安谧。即他国在澳夷人。亦皆贸易如常。而臣等密察周防。总不容一刻稍懈。且随处侦拿接济。严断汉奸。务令尽绝勾通。俾其坐困。第恐在粤无可乘之隙。该处夷船趁此南风盛发。辄由深水外洋。扬帆窜越。臣等现已飞咨闽浙江苏山东直隶各省。饬属严查海口。协力筹防。以冀仰纾宸念。

癸巳。浙江乍浦副都统长喜奏。窃照英逆窜入浙洋。历准浙江抚臣乌尔恭额来咨。该夷致书悖逆。并攻陷定海县城。直逼镇海要口各等情。伏思乍浦滨临大海。接近外洋。为浙省之门户。势与镇海并重。随迭经檄饬署乍浦营参将王国渠。整备船械。带领舟师。在洋严密瞭探。一有夷船踪影。即行飞禀。一面仍行堵逐。并饬传旗营协领佐领等官。拣选精壮兵八百名。妥备枪炮器械。分驻西山嘴炮台天后宫二处堵御。遽于六月二十四日午刻。据防海官兵禀报。见有夷船一只。在乍浦洋面游奕。奴才随即亲赴海口西山嘴天后宫一带。率兵堵御。不意该夷匪竟敢肆其猖獗。直逼天后宫海口汛。奴才即令施放枪炮堵逐。乃夷匪毫不畏惧。竟敢抵敌。自未至酉。互相轰击。满录各兵内。被炮击毙带伤者十余名。迨至戌刻。该夷船稍停轰击。将船略为驶远。奴才仍驻劄西山嘴炮台。督饬满绿官兵堵御驱逐。

谕军机大臣等。本日据长喜由驿驰奏。夷船直逼乍浦海口情形一折。览奏均悉。此次夷船虽只一只。难保不陆续而至。现已谕知奇明保遴派弁兵。星夜策应。仍著该副都统督饬满洲绿营官兵。在海口悉力防堵。相机筹办。所有此次伤毙各兵。著即查明具奏。

又谕本日据长喜驰奏。夷船直逼乍浦海口。该副都统率兵堵御。互相轰击。满洲绿营各兵。伤毙十余名。逆船略为驶远等语。现在夷船虽只一只。难保不陆续而至。乍浦兵力单少。亟须拨兵赴援。惟现在杭州省城。不可无大员弹压。著奇明保遴委腭弁。选派兵丁。星夜赴乍浦海口接应。相机堵逐。毋稍延误。

杭州将军奇明保。副都统恒兴奏。窃照英吉利夷船。窜入浙洋。抚臣乌尔恭额。于六月初八日。由省驰赴宁波查办。伏思杭州驻防满营。虽非水师。不能不豫筹以期有备。随即会同奴才恒兴。密派满营精壮官兵五百余员名。饬令协领等官。备齐军装器械。听候调用。并经奴才奇明保。飞咨乍浦副都统长喜。督率水师参将。暨该处文武地方官。整理船械。加添官兵防守。仍须远为瞭探。一有夷船到口。务即实力截逐出境。并一面飞报奴才查夺在案。十一日接准抚臣移知文内。先后接据提臣祝廷彪咨函。以定海洋面大小夷船二十余只。并有夷书。情词悖逆。镇臣张朝发。接战未能取胜。夷匪上岸围攻县城等因。十七日又准抚臣移知。定海城已失陷。现在严守镇海口门。提臣业经调拨附近镇协水师兵各数百名。兵力一经厚集。抚臣提臣等自必会合熟筹。即可痛加剿逐。因思杭州省城东面清泰等门。近临钱塘江岸。江水南来北流。至银山门之东北。转而向东。由凤凰山鳖子门。下注于海。两岸涨沙。时坍时长。平日止通小船。遇有潮汛微大。船只亦可乘潮而入。该夷匪既有大小船只。攻破定海。其鳖子门通江水路。尤属紧要。业经奴才等商同藩臬两司。派出文武妥员。往查得水面较窄。枪炮易施之潮神庙地方。及咽喉要路。可以屯兵数百名。公同议定。安设满兵二百名。绿营兵二百名。专派协佐千把等官。分拨管带。应用枪炮一切利器。各令多为妥备。日夜防堵。一百飞札潮神庙以东之海宁州知州。远为瞭探。得有夷船信息。星夜飞禀。仍加派满营幹兵。一体远探。以便准备。该州属境。并有巡道拨添防汛弁兵三百余名。于凤凰山暨州城一带扼要处所。协同本汛防守。奴才等仍于城上添设帐房堆拨。派兵巡防。其十城门亦一律增加官兵军械。均令严加稽查。奴才等不时督率协领等官。分头查察。仍另拨鸟枪前锋兵三百名。齐集公所听候。傥有夷船确信。即便带往潮神庙一带策应。

谕军机大臣等。奇明保等奏。豫筹防堵情形一折。据奏杭州鳖子门。为通江水路。尤属紧要。该将军等于水面较窄。枪炮易施之潮神庙地方。屯兵防守等语。览奏已悉。英夷沿海滋扰。所恃船身坚大。枪炮便利。我兵水战骤难制胜。不若诱之登陆。可期聚而歼旃。但非确有成算。断不可轻举妄动。著该将军等悉心商酌。妥密调度。总须计出万全。谋定后动。一有夷船消息。审机度势。妥为筹办。又片奏搜查汉奸等语。前已有旨。通谕沿海将军督抚等。严拿究办。著该将军等恪遵前旨。密速查拿。本日又据长喜驰奏。夷船直逼乍浦海口。该副都统率兵堵御。互相轰击。伤毙兵丁十余名等语。该处夷船。现在虽只一只。难保不陆续而至。乍浦兵力较单。亟须拨兵赴援。该将军现在省城防守。不可轻动。著即遴委将弁。选派兵丁。星夜赴乍浦海口接应。相机堵逐。毋稍延误。

甲午。两广总督林则徐。广东巡抚怡良奏。英吉利来粤兵船。除上年年到之士密华伦两船。及本年续到都鲁壹谷巴士两船。先经随时奏报。嗣于五月二十二三等日。又到大小兵船九只。车轮船三只。游奕外洋。东停西窜。臣等示以镇静。而仍严密周防。于水陆各要隘。加炮添兵。处处准备。并严拿接济。杜绝勾通。复将筹办情形。于五月二十五日。附片奏闻在案。兹查近日该英夷。又先后到有大小兵船十只。车轮船二只。仍止散泊外洋。别无动静。惟扬言不先寻衅。谅欲懈我军心。旋于海滩上插一木牌。写有汉字说帖。妄称内地船只。不准出入粤省门口。俟英国通商。再行无阻。又称鱼艇日间出入。不为拦截。各邑乡里商船。可赴英国泊船之处贸易等语。查英夷中有马里逊。能书汉字。上年一切夷禀。皆出伊手。此次说帖。谅即该夷人所写。揣其鬼蜮伎俩。一则希图挟制通商。一则招引奸徒兴贩。与其所称不先寻衅之言。又大相刺谬。当经函嘱提臣关天培。如果该英夷胆敢拦阻行舟。即当示以兵威。又查该夷说帖内。有国王命伊前往中国海境。据实奏明之语。而先来之谷巴士一船。及后到之布林麻等船八只。车轮船三只。又据引水禀报。于五月底及六月初间。先后驶出老万山东向扬帆而去。瞭望无踪。饬据洋商伍绍荣等。转呈米利坚夷禀。译出汉字。内称听说英夷兵船。系赴浙江江苏。又有人说往天津等情。臣等复查夷情诡谲。凡事矫饰虚张。固难凭准。而现值南风盛发。外洋茫无界限。亦无从遏止前行。如其驶至浙江舟山。或江苏上海等处。该二省已叠接粤省咨文。自皆有备。不致疏虞……

谕寄论直隶总督琦善。本日据林则徐等奏。粤海英夷兵船。传言有往天津之说。如系恳求贸易。恳恩优礼等语。天津通海各口。前据该督具奏严密防范。果有夷船驶入。自可有备无虞。惟夷船叵测。诡计多端。倘驶至天津。求通贸易。如果情词恭顺。该督当告以天朝制度。向在广东互市。天津从无办过成案。此处不准通夷。断不能据情转奏。以杜其觊觎之私。傥有桀惊情形。即统率弁兵。相机剿办。

杭州将军奇明保奏。窃照浙江宁波府洋面。既有大小夷船。在彼游奕。定海县又被夷匪攻破。奴才先后接准抚臣乌尔恭额行知。当经商同副都统恒兴。选派精壮官兵五百余员名。整齐军械。以备调用。并以杭州省城东面。近临钱塘江岸。其东北之鳖子门海口。有通江水路。夷匪既有大小船只。难保不乘潮窜。入复经奴才就近商同藩臬两司。于入口要路潮神庙地方。要设满营官兵二百余员名。绿营官兵二百余员名。多备枪炮利器。日夜防堵。仍于城上加添帐房堆拨。各城门一律多派官兵。各带器械。加意防守。并节次飞咨乍浦副都统长喜。加意捍御各情形。曾于六月十九日。会同副都统恒兴合词奏报。后于六月二十六日子刻。忽接副都统长喜飞咨。望见夷船一只。在该处洋面游奕。奴才飞覆严加堵御。一面派委协领等驰往查看。本日申刻。又接长喜飞报。因令放炮堵逐。乃被夷匪用炮击伤满营绿营兵丁。现因乍浦兵力单少。行文奴才暨邻境各督抚。拨兵赴援。业已由驿驰奏等因前来。查奴才前同恒兴所派官兵五百余员名。内除屯扎潮神庙官兵二百余员名。并城内选备策应官兵三百余员名。城上原设堆拨。加添帐房堆拨。十城门加增值班官兵。及满城各门看守一切仓库。共用官兵已不下一千一百余员名。是内而守城。外而堵匪。在在均关紧要。今万不得已。选派官兵二百余员名。委令协领等管带。随同奴才前往。会同长喜设法剿办。奴才伏思该夷匪既敢攻陷定海城池。复敢窜入乍浦。用炮攻击。情堪发指。现虽贼船仅来一只。难保不仍有踵至者。若非厚集官兵。痛加剿除。将何以振天威而快人心。可否就近调拨闽省水师官兵炮船。以备内外夹攻之处。恭候圣裁。

闽浙总督邓廷桢奏。臣于六月初九日。接据兴泉永道刘耀椿禀报。初四日。有夷船一只。驶至厦门。初五日。开放杉板。口称求和。我兵不令上岸。开枪向击。夷人即将杉板驶回。开炮抗拒。该道与水师提镇。赶回厦门等情。臣闻报后。即定于十一日出省。亲往督办。兼程前进。途次先据厦门文武驰报。该夷船于初五日。驶近厦港。维时提镇道员尚未赶到。经该文武等并办攻拒。夷船即日逃窜。我兵亦有伤亡等语。臣恐该员等讳饰夸张。当飞饬该道刘耀椿。确切查明具禀去后。臣一面仍行前进。于十三日行抵兴化府。接据刘耀椿禀称。该道与水师提镇。于初七八等日。先后驰回厦门。查得六月初四日。有英夷兵船一只。由清屿洋阑入屿仔尾海面。经署厦门同知蔡观龙。护水师提标中军参将事守备陈胜元。同往查看。该船悬挂白旗。并无动静。该员等一面禀请提督暨该道回厦。一面安设兵勇炮械。豫备攻击。该管同安县胡国荣。亦闻信赶到。初五日辰刻。夷船开放杉板一只。内载三十余人。冲过对岸。船头一人。口操官音。称欲求和。语多狂悖。该文武等并力斥阻。不许上岸。该兵船换挂红旗。声言开炮。当有署水师中营守备陈光福。施放一箭。射中能作官音夷人。仰跌船内。兵丁连放鸟枪。击中夷人二名落海。该兵船复放杉板一只。内载十余人。前来帮护。直扑炮台。经护参将陈胜元。手执长矛。刺中白夷一人身死。哨船及岸上弁兵。枪炮联络。中伤夷人。多寡不能籍记。各该杉板船。始行驶傍大船。转帆窜逸。经兵勇等抢获夷灯一具。打马油一桶。油浸麻绒一袋。当接仗时。夷船亦炮火不绝。其势甚猛。自辰至未。相持已逾三时。查点弁兵。被炮击毙九名。受有微伤者十四名。炮台兵房。击破数处。滨海民房。亦间有震损。此初五日攻击夷船之实在情形也……

(丙申)闽浙总督邓廷桢奏。窃臣先于六月十五日。接据诏安营游击李飞锦禀称。五月二十九日。有英夷火轮船一只。由南澳外洋。驶向东北而去。并钞录广东澳门文武禀稿。内称五月十七日。据西洋夷目。遣番通向该处文武禀称。英夷有兵船四十只。于四月十九日。自新奇坡开行来粤。约一二日可到。大兵头所驾兵船。约迟数日。始为开行等语。臣当以英夷兵船。如果有四十只之多。其意甚为桀骜。虽据称来至粤东。而现当南风司令之时。窃恐其分赴闽浙各洋滋扰。且厦门已有夷兵船一只前来窥伺。是西洋夷日所禀。信而有征。当即严饬闽省各镇协营。加意防范。并飞咨浙江提标。一体巡防去后。兹于六月二十日辰刻。连接浙江定海镇总兵张朝发禀报。六月初二日。有英夷火轮船二只。大小兵船二十四只。在于镇辖之南韭山东西柱外洋行驶。经该镇统带兵船。配足炮火。出洋防堵。初三日。南风盛发。该夷船驾驶如飞。至旗头洋面。分作两帮。一帮窜入定港。一帮由猫港横水洋向西行驶。恐其窜入镇关。该镇因定海孤悬海外。恐有疏虞。只得驶回定港。严守炮台港口。至西行一帮。势难兼顾。就近函商提督。派兵防范镇海。并请飞调黄岩温州两镇。督带兵船。飞驶前来。会同堵逐等情。同日并接据浙江提臣祝廷彪函致前来。伏查定海一镇。孤悬海外。距镇海口门二百余里。此时突有兵船驶至。自应厚集兵力。以资声援。其分去一帮。非近赴宁波。即远窥乍浦。当即飞咨提臣亲赴镇海。相机调度。一面飞调黄岩温州两镇。统率本辖舟师。前赴定海。协同张朝发防守堵逐。伏念英夷此次越赴浙洋。其心尤为叵测。且来船四十只。除浙洋二十四只外。尚有十余只。未知下落。是否停泊粤洋。抑系分赴沿海各省。应请旨饬下奉天。直隶。山东。江南。广东等省督抚。一体防范。至闽洋紧要之区。以厦门台湾为最。而台湾尤为该夷歆羡之地。不可不大为之防。臣前闻粤中探报。既已飞饬台湾镇道。及澎湖等协营。准备周防。严守口岸。勿使稍有疏虞。其厦门一岛。连日会同水陆提臣。并兴泉永道。督饬厅营。添备炮火。加意周防。以杜其复来滋扰。

道光卷一二

(道光二十年庚子七月)己亥。杭州将军奇明保乍浦副都统长喜奏。窃照乍浦洋面。因来夷船一只。于六月二十六日。子刻。申刻。先后接准奴才长喜飞报。以夷船逼近炮台。互相开炮。致伤我兵。乍浦兵力单少。行文奴才奇明保。暨邻境督抚。拨兵赴援等因。奴才即由杭州备防兵内。选拨二百名。令协领等官管带前往。奴才于二十七日拜折后。随亦星夜登舟。行抵嘉兴府地方。得有该夷船于二十五日已经驶回之信。三十日。赶至乍浦。齐集官兵。次日黎明上岸。接晤奴才长喜。暨杭嘉湖道宋国经。问悉一切情形。知是日贼船渐近。我炮亦甚得力。将贼击退出洋。差探无踪。奴才等随即同至西山嘴炮台。及天后宫海汛一带。冲要处所。逐加履勘。后筹议战守。以期豫有成算。免至临时周章。因知匪船进退。均赖风潮。断不敢片刻停留。恐致阻浅。所恃者贼船便捷。炮能及远。其能事止于如此。惟是乍浦海面辽阔。采旗门东南。一望汪洋。现今兵力。虽一时不能厚集。总宜设法堵御。以固人心。看得炮台并天后宫。一带海汛扼要地方。现经该巡道宋国经。设有夹杂棉絮泥土麻袋。宛如城头垛墙。奴才等令其加高培厚。既可以抵当贼炮。墙堆左右。并可安设炮位。而鸟枪兵丁。又可藉以藏身。待其船只较近。枪炮齐发。虽不能立时全行剿灭。亦使贼夷破胆……

甲辰。钦差兵部尚书祁寯藻。刑部右侍郎黄爵滋。闽浙总督邓廷桢。福建巡抚吴文镕奏……现在浙洋共泊夷船三十余只。闻粤洋亦尚有八九只。兼之近日海上。传闻该夷勒令所辖夷埠。代备兵船。意图大举。语虽无据。而犬羊之性。稍胜则骄。亦未可尽指为恫喝之词。置之不论不议之列。以刻下情形而论。定海亟须攻剿。而南北各省沿海防御之策。宜通筹熟计。俾无贻患。查各省水师战船。均为捕盗缉奸而设。其最大之船。面宽仅二丈余。安炮不过十门。夷船大者。载炮竟有数十门之多。彼此相较。我船用之于缉捕则有余。用之于攻夷则不足。此实在情形也。沿海要口甚多。语守固以炮台为要。而近口洋面。有炮力不能及之处。必用大船大炮。相机轰击。扼其中流。然后炮台得力。语战则全资船炮。济以兵勇。尤须声势壮盛。众寡相敌。始出万全即令定海可以设计克攻。然以小船击大船。难保不无伤损。究非长策。且夷逆奸诡贪很。欺弱畏强。是其本性。若不到处被创。岂肯曳尾远逃。此造船铸炮。二者费帑需时。计似迂缓。实海防长久最要之策也。臣等现就广东福建浙江三省计之。亟须添造大船六十只。每船可载大小炮位三四十门。其炮位只广东尚属数用。闽浙除现存外。应添铸大炮八千斤至四千斤者。约须二百门。分配应用。至江苏山东直隶奉天各省。应添船炮之处。亦应一律筹议。船质既大。桅舵尤为难购。每船约须费五万两。方能工坚料固。断不容稍为刻灭。以致有名无实。其炮大小牵算。每门约须银三四五百两不等。通计船炮工费。约须银数百万两。臣等亦熟知国家经费有常。岂敢轻言添置。惟当此逆夷猖獗之际。思卫民弭患之方。讵可苟且补苴。致他日转增糜费……

(丁未)邓廷桢又奏。再查浙江抚臣提臣原奏内称。全仗水师冲锋破阵。断须力敌势均。大队转战。方使匪胆破落等语。固属堂堂正正之论。然力实有不能敌。势实有不能均者。请为皇上密陈之。夷船以全条番木。用大铜钉合而成之。内外夹以厚板。船旁船底。包以铜片。其大者。可安炮三层。而船身不虞震裂。其炮洞安于舱底。夷兵在舱内施放。藏身既固。运转亦灵。内地师船。广东名为来艇。船身较大。福建名为同安梭船。以集成字号为极大。然皆不敌夷船十分之五。向以杉板为之。惟桅柁木较坚致。船之大者。配炮不过八门。重不过二千余斤。若再加多。则船身吃重。恐其震损。且炮位安于舱面。炮兵无所障蔽。易于受亏。此向来造船部定则例如此。其病不尽在偷工减料。是所谓势不均而力不敌者。非兵之势不敌。而船炮之力实不相敌也。至闽省师船。姑无论断不可敌。即使勉强调用。而兵至二千。须用战船十只。联艅北驶。夷船停泊定海。哨探必严。万一被其瞭见。迎头截击。仓猝之际。更无把握。内地舟师。岂可于洪波骇浪之中。轻于一掷。致令再有挫衄。臣愚昧之见。此时逆焰方张。断不值与之决胜于海上。计惟先固口岸。务保无虞。再行察看形胜。如有间道可达舟山。则合水陆大兵。乘北风正旺之时。直趋定海。乘其不备。收复县城。得其山上所有之炮。我兵据险为固。然后徐图攻击夷船之策。此外凡有可以智取之处。尽力图维。以期千虑一得。现已行抵延平。计二十内外。可至镇海。容与抚臣提臣密计熟筹。不敢徼幸万一。

(庚戌)大英国主。钦命管理通外事务大臣巴麦尊。敬此照会大清国皇帝钦命宰相。兹因官宪扰害本国住在中国之民人。及该官宪亵渎大英国家威仪。是以大英国主。调派水陆军师。前往中国海境。求讨皇帝昭雪伸冤……

一大英国家。决要担保将来妥当。按照两国历久相通之理。使凡有英国民人。赴到中国经商。傥务正经贸易。不得再遭强迫吃亏。又欲免或京师之上宪。或有天下口岸之地方官。不得擅自恃势。累即在中国经商之英国商民。因此各缘故。大英国家催讨在大清国沿海地方。将岛地割让与大英国家。永远主持。致为大英民人居处贸易之市。以免其身子磨难。而保其赀货妥当。所割让之岛。广大形势之便。或止一岛。或数岛。皆照大英奉全权公使所拟也……

夫大清大英两国。相离遥远。事体最为紧要。大英国家。不能听候得知大清国家。如何回覆所计各款。如俟候英国接到覆文。而所称竟或不足肃照大英国家之威仪大体。则迁延须办之法。是以大英国定议。即行调派水陆军师。赴到大清国海境。加力追讨。辩明情形。使御政知悉。大英国以此情最为紧要事体。不容迁延。更兼大英国家。要令京师上宪。触目惊心。知悉大英国家。以此事情为紧要。务须善妥速即定事。故该统水陆之师。已经奉命。一经驶到大清国海境。即行固围坚封大清广大之港口。将所逢中国之各船只。拦截拘留持守。且命占据大清国属辖之便当地方。为英国军师所镇守之地。迨各事成就完竣。全足大英国之意矣。因官宪肆行迫胁大英官民人等。大英国所行。与大清国结衅相战。不独合义理。乃不得不然而行。且大清国未善妥昭雪定事。仍必相战不息矣。夫英国欲惜光阴。要给大清国便易。及早办事。遂赐水师提督。及该领事全权。斟酌定议。并已训谕各情。饬令前往直隶内海。近就京都内阁之白河口。第因上年在粤凌辱本国领事。现当未相结。具约安堵。英国民人。在中国妥当尊重居住。即大英国家。难容本国官员置身于官宪之管下。故此本大臣必请大清国家。赐令特派钦命之大臣。前往统帅船上。与大英国奉全权之公使。及此事商量。如到师船。自必全行恭敬迎接。厚礼优待。视为钦命差委大臣也。夫大清官宪。忘义强办。所以派此军师。赴到大清海境。故此本大臣声明所有缘此之使费。大英国家催讨。务要大清国家抵偿也。本大臣特此陈明晰诉情节。启大清宰相。并将大英国受冤屈之缘由。及大英国家所催讨赔还之各款。并所谕饬将帅始行办法各情。一一述明。并未得稍隐矣。仰思皇帝睿智秉公之风。声名扬于世界四方。可冀大清国家。查鉴前来催讨各款。系属公道。果系大英国家所慕望也……

道光卷一三

(道光二十年庚子七月壬子)林则徐。怡良。又奏。英夷兵船。先后到粤。内有数船。复出老万山。俱经臣等将来去情形。随时奏报……兹查六月初十日前后。该英夷兵船。内有七只及车轮船二只。又陆续开出老万山。扬帆远去。而日内据报复到有兵船三只。统计现在共有夷船十只。虽仍散泊外洋。而间有一二船。乘潮驶至相距虎门五十余里之校椅沙一带。遇见内地出入之盐船商船。即潜遣三板拢近。探询官兵消息。迨内地各船驶近口门。则又不敢追问。盖夷船所恃。专在外洋空旷之处。其船尚可转掉自如。若使竟进口内。直是鱼游釜底。立可就擒。剿办正有把握。而彼亦揣摩已久。深悉情形。不敢冒死轻入。每日东飘西泊。莫定行踪。夜更游奕不停。深恐我兵复用火船。潜往烧毁。揣其狡狯伎俩。无非挟制通商。势不得不示以兵威。此时水陆各要隘。悉已周防。一切制胜机宜。均与水师提臣关天培。密为商定。因现值南风盛发。师船出口。系向南行。尚须加意慎重。一得可乘之隙。即当整队放出外洋。大张挞伐。臣等相机筹办。总求计出万全。不许将备弁兵籍口迁延。亦不敢任其孟浪。至民间习见夷情虚矫。仍俱静谧如常。堪以仰纾宸注。

(乙卯)谕军机大臣等。本日据琦善奏。夷船现已他往。并派员探问情形一折。所奏详细。披览俱悉。该夷狡狯异常。此时起碇他往。难保不赴山海关及奉天省等处。昨已降旨饬令耆英裕泰等。严密防范。并谕令设法堵御。不准与之接仗。谅无他虞。惟该夷意图贸易。又恐货物霉变。难以回国。正可乘其贪恋之私。藉用羁縻之法。著琦善照旧严密防范。毋稍疏懈。一俟该夷回棹。仍遵前旨。随机应变。详细开导。总须折服其心。办理方为得手也。

丙辰。闽浙总督邓廷桢奏。窃臣于本年七月初九日。承准军机大臣字寄。钦奉上谕。本日据乌尔恭额等奏。定海县城。被英夷攻破。该抚等。现驻镇海县防堵。瞭见夷船多只。在笠山以外。往来游奕。距镇海不逾十有余里。现在镇海官兵。止有二千余名。应俟大兵云集。合谋攻击等语。著邓廷桢选派闽省大员。带领舟师。星飞赴浙。无论夷船在于何处。即会同浙江水师。合兵会剿等因。钦此。伏查浙省兵丁单弱。必须设法协济。臣前经委募水勇一千名。或八百名。并调闽省陆路官兵五百名。赴浙调遣。奏闻在案。兹据马巷通判俞益禀报。已募得水勇八百名。由晋江县罗镛雇船。交臣派委之安平守备陈景岚管带。径由闽洋赴浙。以后尚当续募拨往等情。至臣所调建宁镇兵丁五百名。亦檄令由建宁前赴镇海。兹提臣余步云于七月十四日。由泉州兼程至省。即日取道福宁。由浙之温州入境。路途较捷。计余步云抵浙时。闽省两路兵勇。均可先后到齐。听候调遣。臣仍当饬催委员。再行招募水勇。接续拨往。以资接济。再泉州地方紧要。提臣余步云。赴浙剿办逆夷。往返有需时日。兹臣与余步云面商。查有建宁镇总兵曾大观。历练老成。前经署理提督篆务。堪以饬委代办。臣于拜折后。即赴泉州督防海口。

谕军机大臣等。本日。据邓廷桢奏。提督统兵。赴浙剿办一折。览奏已悉。前有旨。令该督驰赴泉州。巡防海口。并因台湾澎湖地方紧要。谕令招募练勇。训习防堵。计该督此时。业已行抵泉州备防矣。此次英夷沿海游奕。倚恃船坚炮利。厦门虽获有胜仗。仍须持重谨慎。著邓廷桢。统率将弁。认真巡防。遇有夷船驶至。不值在海洋接仗。傥敢进口登岸。即著合击痛剿。或该夷人呈递说帖。并无桀骜情形。即派员接收。将原递之件。由驿驰奏。其澎湖备防事宜。著遵照前旨。妥为布置。

钦差大臣协办大学士两江总督伊里布奏……伏查英逆占据定海情形。奴才前曾专弁至浙访查。并据各属先后探报。定海城内。虽有夷匪占住。而其船只大半聚于港口。余则分泊各要隘。据险拒守。又另遣数船。在各洋面。往来游奕窥探。并于我师进剿必应经由之各岛屿。安设炮位。守以夷兵。以为拦截之计。是其所以抗拒我师者。已无一不备。我师果能分为两路。一焚其在港之舟。一歼其在城之众。诚为胜算。然须有间可入。方能分路进兵。奴才抵浙后。即当相度机宜。熟筹良策。或多设疑兵。以分其众。或阴遣间谍。以败其谋。或先攻其分据之区。以孤其声势。或直捣其屯聚之处。以溃其腹心。务求计出万全。不敢稍从轻率。惟是海中决战。全恃船只。奴才素知该夷船极坚大。故一闻警信。即在苏省。饬属封备商船数十只。以俟临时雇用。现闻浙省亦雇商船。奴才至浙。详加察看。各商船堪以应敌。自不必另行造船。致稽时日。傥或尚难合用。亦不得不赶紧添造数只。俾资攻击……

(道光二十年庚子)八月。庚申。盛京将军耆英奏……伏查奉天洋面。惟旅顺口所属海洋内之城隍岛。铁山。最关紧要。现已严加防堵。至海口内旅顺口。虽向不停泊商船。而南来航海各船。未有不由该口洋面之铁山经过。是该口为奉天洋面第一要隘。故额设水师营官兵。以期防守。现在熊岳副都统祥厚。自四月内前往驻扎。其调拨战船。故洋巡哨。安设卡伦。拣派瞭望官兵。均属得宜。足资防堵。其余金州等处海口。奴才体察情形。安设炮位。酌分三路。由省拣派明干协领等官。饬令会同该旗民地方等官。严加防御之处。业于七月十六日。恭折奏请圣鉴在案。再查各口商船。除牛荘所属没沟营。田荘台两处。系属河口。向来杉木船可以驾驶直入。其鸟船较大。因难进口。即不停泊。又金州所属貔子窝。盖州所属连云岛。复州所属娘娘宫。岫严所属大孤山。锦州所属天轿厂。宁远所属钓鱼台等处海口。因傍岸水浅。无论杉木鸟船。均须去岸二三十里外停泊。所有货物。皆以小船往来拨运。实无港汊可进大船。但各处海口。均关紧要。诚如圣谕。盛京为根本重地。今当海疆不靖。奴才惟有竭尽心力。认真设法堵御。以期仰副我皇上有备无患之至意。

辛酉。盛京将军耆英盛京户部侍郎兼管奉天府府尹惟勤。奉天府府尹呈麟奏。窃夷匪在浙滋事。奴才等钦遵谕旨。叠经严饬旗民地方官。一体防堵。兹于七月二十八日。据派往复州委员骁骑校吉尔哈布。星驰回省面禀。七月。二十四日。戌刻。在该城海口。见有来船二只。在八岔沟外洋游奕。因天色已晚。相去太远。未能辨认真确。至二十五日。清晨瞭望。委系夷船二只。白色桅篷。船身较大。在二三十里外洋面游奕等语。并据复州城守尉宗室荣桂。知州鲍观堂。亦飞禀前来。查该夷船胆敢潜入奉天洋面。恐其船只尚不止此数。若防范稍疏。难保不乘虚而入。奴才耆英。先期于省城官兵内。挑选精壮兵一千名。今既据报夷船在复州洋面游奕。奴才耆英。自应先行带领官兵四百名。兼程前往复州一带地方。亲身督防。相机办理。其余官兵六百名。随后分为两队。拣派协领等带领。前往各要隘口岸。分头堵防。务使处处有备。以壮声威。俾令该夷匪闻风知畏。不敢登岸滋扰。

(癸亥)谕军机大臣等。本日。据邓廷桢由驿驰奏。留闽防堵情形一折。览奏均悉。该夷船往来游奕。桅挂红旗。踪迹诡秘。难保无奸民暗为勾引。著邓廷桢仍遵前旨。严密防范。不必在洋与之接仗。我兵外示镇静。以逸待劳。如果登岸。再行剿除。毋庸汲汲图功。恐有挫失。是为至要……

甲子。山东巡抚托浑布奏。窃臣前闻英夷匪船。由东省外洋北驶。于本月十四日。自省起程。驰赴登州府督防。途次。又据登莱道禀报。续有夷船北驶。臣于二十二日。驰抵登州府。查自本月初九初十等日。探见夷船八只乘风北驶之后。惟二十四五等日。见有夷船一只。自北折回。在东省鼍矶岛外洋游奕。此外并无续来船只。现在洋面平静。登州府城。先经登莱道王镇。督同该府县等。劝谕绅民。集资捐输。缮修城垣。募雇乡勇。并经护登州镇梁胜灏。就本标弁兵。分派防守。沿海居民初闻夷船经过。不无惊惧。及闻臣带兵亲临。咸知守陴有备。安堵如常。惟北去夷船七只。探无踪迹。其抵天津后。如何堵御。尚未准直隶督。臣咨会。而东省海疆辽阔。各口岸四通八达。内无涨沙拦阻。外无险要可守。夷船处处可以阑入。臣既虑南船续来。复虑北船折回东境肆扰。抵登后。即会督镇道。相度形势。择要设防。查沿海各属最要者。惟登属之荣成县。三面环海。直达外洋。县城距海仅止十余里。为东洋第一冲要。先经臣扎饬署文登营副将瑞福。酌带本营兵丁二百名。并由护镇臣梁胜灏。拨调青州。寿乐。两营兵二百名。驻劄防守。兹臣带到省标左右两营兵四百名。即派署臣标右营游击三星保。管领。驰赴荣成县。会同瑞福。与前到各兵。协力防守。次要之地。即系登州府城。近逼海口。其水城即傍海为垣。近城之田横寨地形高险。居高临下。窥见府城虚实。尤须添兵分防。除镇标。登中。登右。各营。存城兵丁外。又将臣带到济南府城守营兵一百名。临清。高唐。兖中。兖右。四营兵五百六十名。留于登郡。与镇标各兵。分布水陆两城。及近城扼要之田横寨。城外之天桥西山各口。分营驻扎。以壮声势。又其次要。则文登县之威海卫。福山县之之罘岛。及腰州之淮子口等处。均为夷船可以阑入之地。现派武定营兵一百二十名。饬署该营游击娄世堃。带领。驻守威海卫。派德州营兵一百名。饬该营守备哈兴隆。带领。驻守之罘口。派东昌营兵一百二十名。饬该营千总金廷选。带领。驻守淮子口。使与腰州协本营兵丁。俱由该协副将德建。统驭。并派委梁山营都司李明祥。随同协守。其余距海较远州县。均饬各就本汛兵丁。并饬该地方官募雇乡勇。协力巡防。务使沿海各口岸。处处皆有准备。至各属招募沿海壮勇。先经臣严札谆饬。实力筹办。现查登州府城。已雇壮勇五百名。附近府城之黄县。亦募雇五百名。臣自黄县至登。沿途察看各壮勇。年力尚属强健。枪矛亦俱整齐。此外各属。亦据报陆续募雇。约计兵丁壮勇不下四五千名。分布沿海要隘。似觉声势雄壮。足资捍御。

谕军机大臣等。据托浑布奏。现抵登州府防堵情形一折。又另片奏夷船一只。在鼍矶岛外洋游奕。并驾小船向岛民乞买淡水牛只等情。览奏均悉。现在该夷船既向西北大洋驶去。难保其不折回。且恐复有南来船只。山东省各口岸。内无涨沙拦阻。外无险要可守。处处可以阑入。该抚已会督该镇道。分兵择要防守。布置尚为周密。设或夷船再至。竟有桀骜情形。断不准在海洋与之接仗。盖该夷所恃者船炮。若舍舟登陆。则其技立穷。不妨偃旗息鼓。诱之登陆。督率兵勇。聚而歼旃。该抚务当相度机宜。持以谨慎。是为至要。

道光卷一四

道光二十年。庚子。八月。丁卯。盛京将军耆英奏。窃照七月二十八日。据报夷船二只。驶至复州洋面停泊。奴才一面具奏。一面带领头起官兵。驰往筹办。于八月初二日。海城县途次。接据复州城守尉宗室荣桂。知州鲍观堂等报称。七月。二十九日。该处又续到夷船一只。与前到之夷船二只。一处停泊。奴才接阅来禀。随严饬带兵协领等。督兵连夜兼程前进。又于是日酉记得。接据该城守尉知县禀报。七月。二十九日。所到夷船一只。即于是日午后起碇开行。其先在八岔沟停泊之夷船二只。亦于未申之间开行。均经北驶等情。飞禀前来。奴才查奉天所属海疆辽阔。沿海紧要口岸甚多。今该夷船形踪鬼蜮。出没无常。虽大船不能拢岸。但各有随带脚船。是防堵事宜。万不可稍形疏懈。今调拨省城官兵千名。不敢遽行全撤。除将二起三起官兵。饬令暂行回省。听候调拨外。奴才仍带领头起官兵四百名。驰赴复州一带海口。悉心体察。如有不敷防堵之处。将所带之兵。分拨酌留。以资防守。

两广总督林则徐奏。查英夷先后来粤兵船。上年秋间。有士密。华伦。两只。本年春间。有都鲁壹船一只。自五月至六月中旬。又有谷巴士等船二十三只。除陆续据报驶出老万山外。在粤洋者。尚有十只。又送信之车轮船。自五月以后共来五只。旋于六月初旬。全出老万山外。均经臣等于五月二十五日。及六月初五。二十一。等日。节次具奏在案。嗣于六月下旬。又报驶去兵船五只。续到二只。现在共存七只。其上年九月。在穿鼻洋与官兵接仗之士密一船。亦在驶去之内。臣等以英夷兵船既经来粤。即因防范严密。不敢进口滋事。亦未必遽肯回国。何以其中有二十一只。先后驶出老万山。恐系越窜各洋。乘虚滋扰。不特本省水陆文武。刻须谆饬严防。并沿海各省。亦叠经飞咨防备去后。兹于七月初六日。准浙江抚臣乌尔恭额来咨。六月初间。英夷兵船窜至浙洋。定海失守。闻之不胜发指。因查六月初间。粤洋开去之英夷兵船。仅止九只。而浙洋彼时。已到三十一只之多。大抵径从该国黑水洋。乘风北驶。乃敢聚于定海。妄逞鸱张。明因该处孤悬海中。希图据为巢穴。是必预相纠约。早蓄逆谋。臣等六月初五日。奏片内所陈。闻有欲赴浙江舟山之语。竟非虚传。实属罪恶滔天。亟宜痛加剿办。惟思闽粤等省。四面环海之地。与定海形势相似者。不一而足。逆夷既谋窥伺。难免各处垂涎。此时粤省各岛澳。随在设防。密益加密。第彼之所恃。只在炮利船坚。若赴大洋与之交锋。总应相度机宜。须得确有把握。方无虚发。一至岸上。则该夷无他技能。且其浑身裹缠。腰腿僵硬。一仆不能复起。不独一兵可以手刃数夷。即乡井平民。亦尽足以制其死命。况夷人异言异服。眼鼻毛发。皆与华人迥殊。吾民协力齐心。歼除非种。断不至于误杀。但恐啸聚日久。彼即结汉奸为护符。筑炮台为障卫。剿办不免费手。此时定海县城甫被占据。即使城中人户仓卒逃亡。而该县周围二百余里。各村居民总不下十余万众。夷匪既在岸上。要令人人得而诛之。不论军民人等能杀夷人者。均按所献首级。给予极重赏格。似此风声一树。不瞬息间。可使靡有孑遗。其人既已尽诛。则其船炮皆为我有。是破格给赏。所费不为虚縻。似亦敌忾同仇之一道。

谕军机大臣等。本日。据伊里布驰奏。抵浙筹办情形一折。览奏俱悉。英夷占据定海洋面。分船游奕。踪迹诡秘。该大臣务须加意防堵。仍时密派得力之人。分投侦探。该夷所恃全在船坚炮利。一经登陆。其技立穷。该大臣总当镇静持重。不可在海洋与之接仗。如敢登岸。即行痛剿。傥探得该夷船只驶出外洋。即可不必穷追。所有定海县民应行抚卹。及文武员弁应派委署理之处。著该大臣妥为办理。至所奏调派寿春镇兵来浙协力堵御。并请调闽粤水师会剿之处。著候旨施行。

癸酉。福建陆路提督余步云奏。窃奴才钦奉恩命带兵赴浙。剿办逆夷……适钦差大臣伊里布。先行到郡。筹度机宜。奴才进见后。即星夜驰赴镇海县城附近之招宝山。会同提臣祝廷彪等。查看情形。窃见该处口门。虽不甚宽。而水势甚深。巨舟易人。现在已于深水处。载石坠船。浅处通插木桩。陆路扼要。支搭帐房。安兵防守。提臣祝廷彪在彼驻防。前任浙江抚臣乌尔恭额亦往来巡查。可期周密。惟定海一县。孤悬海外。瞭望不及。据称英夷船只。多聚于定海。其余分布蛟门等处洋面。以阻我兵进剿之路。细查浙省现在调到水陆兵。不过八千余名。其中水师仅有三千余名。督臣邓廷桢所调之建宁兵五百名。现虽陆续到浙。惟系陆路兵丁。难以出洋。其泉州文员所募之水勇一千名。令由海道乘舟前来。未据报到。奴才业已飞查沿海厅县。严行饬催。谅即日可以到浙。然水勇究与兵丁不同。恐难得力。是浙省现在水师。实形单薄。此外虽有锉差大臣选备之江南苏松等标水师二千名。可以饬调。然此时尚未前来。又所请敕下闽广。各派水师二千。统以大员。来浙相机进剿。亦尚未接奉批回。奴才惟有殚思竭虑。商同在事文武。查探逆夷。作何狙诈情形。一俟各兵到齐。如有一隙可乘。必当与钦差大臣。密商良策。慎加剿办。固不敢稍涉冒昧。亦断不敢观望迁延。

甲戌。署两江总督江苏巡抚裕谦奏。窃臣奉旨兼署两江总督。于昆山舟次。接昭钦差大臣伊里布。将防堵应援事宜。面加商定后。各自开行。七月。十九日。在青浦。远次据报有夷船。来宝山洋面游奕情事。当即加紧遄行。二十日。至宝山县城。询悉十七日。有大夷船三只。在洋游奕。内有一只。阑入内洋。经提臣陈化成。督率将备弁兵。开炮轰击。及其船尾。该夷船随各转帆开放两炮。不能及我塘岸。一同驶向东南深水大洋而去。须臾不见影踪。提臣陈化成。因该夷船旋来旋去。情甚诡谲。时已傍晚。未经穷追。洵属老成持重之见。臣连日周历海塘。察看形势。宝山县城外东北有土塘。环抱塘外。即属大海。东南为吴淞黄浦二江。交会入海之口。即所谓吴淞海口是也。凡海舶之贸易者。必从此口出入。海口之东北。即系崇明。天晴注视。约略可辨。宝山之守固。则内可保障全省。外可控制崇明。实为第一要地。提臣陈化成。不避风雨暑热。住宿单布帐房。与士卒同甘苦。已将五旬。号令亦极严明。现在各处调防官兵。业已到齐。臣按营查验。兵情俱极勇跃整齐。恪遵纪律。演放炮位。已能致远。现已分别最要次要。派定段落。无事则划地而守。以免趋避生事。一有夷船踪迹。责成瞭望处。施放信炮为号。上下各段。互相接应。陆兵则预备枪炮。水队则整理火具。哨探渔船。诱使入浅。然后水陆夹攻。炮火并发。务期计出万全。歼此丑类。以仰副圣主绥靖海疆之至意。

谕军机大臣等。据琦善驰奏。夷船又复他往一折。览奏均悉。英夷来至天津。坚以乞恩为词。当降旨令督再向明白晓谕。该夷并不静候。辄又起碇他往。诡诈之情。殊为叵测。该督业于天津城外风神庙等处。并于宁河县属之北塘海口。分拨防守。著督饬弁兵。加谨防维。如该夷船复行驶至。著仍遵前奉谕旨。明白宣谕。傥该夷桀骜不驯。亦不值与之在洋接仗。如敢进口登岸肆行强横。即行开枪开炮痛剿。该督惟当随机应变。妥为办理。

(丙子)裕谦陈化成又奏……伏查江苏沿海地方。绵长一千数百里。处处均关紧要而崇明一县。孤悬海外。宝山城池。滨临海口。上海则海船聚集。尤为吃重。督臣伊里布。先后檄调各兵。总计虽有一万九百名。惟前次钦奉谕旨。预备水师兵二千名。赴浙应援。应行拨抵。现在又准钦差大臣伊里布咨。令将前调寿春镇标兵一千二百名。即令该镇王锡朋。统带赴浙。实止调防兵七千七百名。分防各处口岸。似不可少。即如七月二十七日。夷船突至海门厅之糖鲈沙洋面。若非先事预防。恐难即时击退。且该夷占据定海。已及两月。粮米必将匮乏。难保其不四出抢掠。更恐合师会剿之后。穷促狼奔。以图一逞。就目前情形而论。江苏之防守。更应加严。所有前调各兵。自应暂缓撤退。庶臣等得以相机妥办。至该夷船如再来游亦。臣等自当钦遵谕旨。察其来意。分别办理。断不敢稍涉轻躁。亦不敢稍任疏虞。以仰副圣主畀任海疆之至意。

裕谦又奏。再御夷之法。全恃炮击火攻。原无需厚集兵力。惟江苏营伍。废弛已久。臣在苏数年。从未闻有讲求训练一语。各营将备。相率因循。水师尤甚。是以上年十二月。臣甫蒙恩命。补授巡抚。即有整顿营伍之请。浙江近在邻省。大抵相同。即如定海县城。六月初八日被围。旋即失陷。并非夷人之强。实由我兵太弱也。且我兵即弱。若果战而不胜。尚属可恕。乃竟不战不守。纷纷溃散。各顾身家。城池既失。而将备弁兵。无一伤亡之人。实从来未有之事。负恩昧良。莫此为甚。深堪发指。江苏与浙江接壤。一闻警报。讹言四起。兵民无不惊惶。且海口甚多。头头是道。亦属可虑。臣与督臣伊里布。持以静镇。遴派文武。调拨弁兵。分布各口。协同防堵。人心稍定。因上海宝山。尤为扼要之地。驻兵较多。然非此不足以壮民之胆。且非此不足以壮兵之胆也。况上海为海舶聚集之所。其大小东门外。所有行栈。及一切生理。闽广之漳。泉。惠。潮。嘉。应。五府州人。十居六七。而停泊商船。接缆联艅。又均在黄浦一带。凡船中舵水。与岸上游民。无不痛痒相关。联为一气。又有杉板小船。往来浦口。名则藉称摆渡。其实偷运烟土。讹索客商。出没无常。无恶不作。此等舵水游匪。约计不下数千。悉皆凶悍性成。亡命嗜利。与本地商民。各分气类。近年以来。因搜拿烟土严紧。失其利薮。更不免心存怨望。设一旦吴淞口外。果有夷船阑入。该匪等难保不乘机而动。蹂躏地方。若将该匪等。全行收充乡勇。不特聚此数千匪类。约束不易。如无重兵以制之。仍不足以资弹压。若一概驱逐出境。该匪等无家可归。必将为逆夷所用更无异资寇以兵。是以止有慑以兵威。明则防逆。暗则防匪。攘外即所以安内。因时因地。不得不然也……

谕军机大臣等。据裕谦等奏。夷船在洋游奕。遵旨相机防堵。并请暂缓撤退前调兵丁各一折。览奏均悉。夷船驶至江苏海门厅。糖鲈沙洋面。遥放枪炮。经防堵把总毛正和等督饬兵勇。开放枪炮。登时击退。现仍在崇缺铜沙等处极东外洋。往来游奕。该夷诡诈性成。非探我虚实。诱我追逐。即系欲图抢掠。此等游奕夷船。不值令舟师追击。该署督等。惟当以逸待劳。督饬防堵及地方文武各员。留心瞭探。严加守御。傥驶入内洋。竟敢入口登岸。即著开枪开炮。相机痛剿。至崇明一县。孤悬海外。宝山城池。滨临海口。上海县海为舶聚集之所。防守均关紧要。现调防兵。著准其暂缓撤退。该署督等。仍当随时严密防堵。相机妥办……

闽浙总督邓廷桢奏。窃照六月初五日。有英夷兵船一只。窥伺厦门。当经官兵击退。即日驶去。经臣邓廷桢奏奉恩旨在案。自是四十余日。厦门并无夷船往来。提臣陈阶平先于六月初五日。在永凝洋次。得闻厦门警报。即与兴泉永道刘耀桩。先后驰回。时值夷船已去。即赶紧会同相度形势。布置攻守事宜。缘厦门滨临大洋。无险可扼。虽有青屿大担小担等门名目。率皆孤悬海外。路阔水深。番舶乘潮。即可直达厦岸。其岸上惟中半有山。山后石寨一座。为提督驻劄之地。所有道员同知衙署。皆在寨外。别无城池。经提臣暨道员刘耀椿查明。臣与钦差尚书祁寯藻等。奏准堆积沙囊。筑作炮墩之法。于沿海一带。及对岸之屿仔尾。鼓浪屿等处。安设大炮二百六十八门。并经臣檄调陆路之漳州。同安。兴化。延平。各镇协营兵丁。来厦协同防守。布置粗有规模。兹于七月二十四日。戌刻。有三桅夷船一只。二桅夷船一只。在青屿门外游奕……臣督饬署中军参将孙云鸿等。派拨水师兵八百五十名。大炮台之东。至头巾礁。分派同安。漳州兴化兵共六百名。大炮台之西。至风神庙。派拨延平兵二百名。各带枪炮。以防奸夷上岸滋扰……二十五日。卯辰之间。该夷船悬挂红旗。驶进青屿。直趋水操台。守口师船并力拦阻。该夷船即行开炮。经题补南澳左营游击署水师前营游击任经猷闽安左营都司张然等。饬令舟师开炮。白石头汛。亦开炮夹击。该夷船且拒且进。安海汛守备鲁思仁。督兵开放二炮。连中夷船。内有一炮。打入该夷船内。突起火烟。料系适中火药所致。任经猷见我军得势。奋不顾身。挥令坐船猛力逼进。用炮打中该夷船头。讵夷船还放一炮。适伤任经猷左胁。维时各师船亦皆连环攻击。该处距水操台。约在二十里内外。提臣存有亲自监造加工火药。其力极猛。即亲督署中军参将孙云鸿等。相度远近。传令开炮。叠中夷船舵尾。并击碎其杉板一只。该夷船力不能支。始行退出厦港。仍泊青屿以内。二十六日。巳刻。该夷又驶向水操台开炮。我师当即回击。叠中其船。夷船且拒且进。其势甚锐。副将灵德。在于大炮台。遥见夷船与三千余斤之铜炮口适相对。即会同叶长春。饬令开炮。正中夷船。连放四出。打中二次。鼓浪屿亦开炮应接。该船见各处炮发。旋即退出……至二十七日。巳时。该夷船放下杉板三只。驶至曾厝坡一带。尾追进口商船。从南太武山边进驶。该道即商令胡国荣。陈荣试陈荣植等。饬所募新到水勇。乘驾划龙船四只。加桨追赶。该三桅夷船。远远开炮。向屿仔尾打来。经提臣派令专守该处这游击谢国标。饬令开放三炮。划龙船适将杉板追及。逼进屿仔尾山后小港。该杉板开放一炮。中伤水勇二名。划龙船亦即开炮。击中夷人五名。跌倒在船。旋即逸去。被追商船。因而得脱……

谕军机大臣等。本日。据邓廷桢驰奏。英夷兵船。连日来至厦门滋扰。官兵并力攻退一折。已明降谕旨。令该督酌保员弁。并查明阵亡官兵。交部议卹矣。英夷此番举动。有异寻常。浙洋逆匪。既未歼除。粤海兵船。又未退去。海岸周防。实关紧要。著该督严饬各该员弁。认真防范。严密稽查。不可因夷船退去。稍有疏懈。总当有备无患。以逸待劳。是为至要。

盛京将军耆英。副都统祥厚奏。复州洋面。于七月二十四日。有夷船二只停泊。又于是月二十九日。续到夷船一只。旋即全行拔锚北驶。经奴才耆英。于八月初四日。盖州途次。由驿恭折奏闻在案。奴才耆英。仍带领头起官兵。趱程前进。于八月初五日。驰抵复州。奴才祥厚。已由旅顺口先于八月初一日。驰抵复州。随会同悉心商酌。所有前在八岔沟外洋停泊之夷船。虽经驶往。惟夷性诡谲。难保不去而复返。是复州海口。必须严兵防守。以昭慎重。奴才等拟将由省带来官兵四百名内。酌留三百名。饬交领兵之协领乌尔滚珍。驻扎堵缉。复查旅顺口有水师营官兵六百名。水手百名。战船十只。足资巡哨守卫。惟金州大小海口十七处。兵额七百零八名。分拨瞭望守卡。及堵御差使。不敷拨派。奴才等公同酌拟。就近将熊岳兵。调拨二百名。令其前赴金州。交该城城守尉。酌拨分防。又查盖州属之连云岛海口。据中路委员协领阿尔琫铠禀称。该口水深宽敞。南来大船。均可进口。虽现已设法堵御。但兵额仅止三百八十五名。不足以资防堵。奴才等拟将由省带来前锋马队兵百名内。先行酌拨六十名。饬令前往盖州防守。奴才等伏思盖州为奉天南路适中之地。今既据该委员禀称。连云岛最为紧要。奴才等随将省城备调之二起官兵三百名。飞饬提调。令其驻扎盖州。再奴才等连日率同协领恒升。绰勤豁伦。乌尔滚珍。审度复州娘娘宫海口以北地势。将酌留官兵三百名。协领等官六员。妥为分布安设。并择高阜山岭六处。分置官兵。协同民壮。昼夜轮流瞭望。一经望有夷船在洋游奕。饬其遵照号令。迅速驰报。俾知夷人趋向。至复州所属海洋内常兴岛。已札饬复州知州鲍观堂。酌派民壮三百名。在岛内常川巡查。以严防守。惟思便于水者必不利于陆。如该夷匪胆敢登岸蹂躏。我兵并力剿除可期一鼓成擒。断不容其肆意滋扰。

耆英。祥厚。又奏。再奴才等驰抵复州后。于八月初八日。率同协领等渡海。查勘得七月二十四日。夷船停泊处所。系在复州所属洋面之常兴岛塔山以南外洋抛锚。去八岔沟二三十里。去复州娘娘宫海口七八十里。该岛长六七十里。宽三四十里。四面环海其间八岔沟。桶子沟。蚊子嘴。十余处。皆常兴岛村名。岛内搭山。台子山。大孤山。高脑子山。均极高耸。村落零星。询据岛内村民。前次先到夷船二只。及续到夷船一只。均在塔山南外洋停泊。夷船各随有脚艇。曾在常兴岛之八岔山沟。汲取泉水。并向居民。以洋钱易换牛只鸡鸭。实无滋扰等语。当将洋钱呈验属实。是该夷人尚无桀骜情状。如该夷船再行潜来。奴才等自应查看情形。仰体皇仁。妥为抚驭……

戊寅。钦差大臣协办大学士两江总督伊里布奏……伏查英夷船坚炮利。我师若专在洋面决战。原非知已知彼之算。奴才前在江省。筹办防堵。所调各兵。多系陆路。迨来浙。又即调寿春镇兵丁。均系预为陆战之备。固不专以海中接战。为克复之谋。特以水师亦须先壮声势。使该夷备我于水。而不备我于陆。我却以陆路强兵。直捣其虚。袭取城邑。然后相机收复。为一劳永逸之策。此奴才所以斤斤以闽广会剿为请。而叠次上陈者也……

己卯。大学士直隶总督琦善奏。窃臣自前次续奉谕旨。著再向英夷明白晓谕。当经臣将该夷船又复他往。并山海关洋面。见有二船踪迹。恭折奏闻。钦奉上谕。如该夷船复行驶至。仍遵前旨。明白宣谕。傥敢进口登岸。肆行强横。即开枪炮痛剿。随机应变。妥为办理。钦此。因思该夷船坚炮利。长于水战。故不肯轻易上岸。自蹈危机。业经臣前奏陈明。现在天津宁河等处海口。先已调拨重兵。安设多炮。又经设有木筏下击铁练重锚。以杜冲越。复于新旧炮台处所。存备鱼网棉被等项。先行浸湿。悬挂遮护。原不难于痛剿。无如该夷总不进口。而近时山东洋面。叠次望见夷船。或自南来。或由北往。均在直隶各船之外。是该夷行踪叵测。必系往来通信。延之日久。势必南北滋扰。天津拱卫神京。已属扼要之区。且近接盛京。尤为根本重地。欲求处处决胜。时时常胜。臣实不免隐存意外之虞。即如江浙等省。所恃为外卫者。原止长江大海。今海道已被该夷随处游奕。长江又所在可通。是险要已为该夷所据。水师转不能入海穷追。且本年即经击退。明岁仍可复来。边衅一开。兵结莫释……

谕军机大臣等……前因英夷在天津海口。投递呈词。甚觉恭顺。吁恳恩施。当饬令琦善剀切晓谕。不准滋扰。只许赴粤叩关。如果出于至诚。该大臣等。自能代为转奏乞恩。兹据琦善奏称。该夷听受训谕。业经全行起碇南旋。并禀称沿海各处。如不先开枪炮。亦不敢生事端。傥被攻击。势难已于回手。定海之兵。亦可先撤一半等语。该夷前此猖獗。虽属有激而成。殊堪发指。必应痛剿示威。现在福建之泉州府。浙江之乍浦。江苏之宝山。崇明各洋面。均经前后轰击夷船。大挫其锋。该夷既肯赴粤乞恩。自不值穷于所往。本日已降旨。派琦善作为钦差大臣。驰驿前赴广东。查办事件……如有该夷船只经过。或停泊外洋。不必开放枪炮。但以守御为重。勿以攻击为先。其应布置严密之处。仍不可稍形松懈。是为至要……

庚辰。两广总督林则徐。广东巡抚怡良奏。窃照英吉利兵船。陆续到粤。去住靡常。截至本年六月下旬。尚存七只。业将往来船数。并周密防堵情形。随时奏闻在案。该英夷自上年断其贸易以来。日播浮言。或称即有多船踵至。或称拦截内地行舟。无非挟制通商。图销鸦片。臣等恪遵叠奉批谕。不事张皇。而各口防兵。倍加严整。彼见拒之甚力。无隙可乘故来者既随到随开。即存者亦旋停旋驶。是先前犹未寻衅。尚可使之自困。不值海上交锋。今则已在浙洋。妄肆鸱张。罪大恶极。自知上干天朝震怒。难望仍准通商。在粤夷船遂亦渐形猖獗。竟将海运盐船。先后掳去十四只。甚至枪毙民船舵工盛全福一名。并伤水手杜亚发一名。华民愤切同仇。指引弁兵。在洋拿获白夷士担顿一名。黑夷斩利。及乞士两名。解官究办。该英夷又信托在澳西夷。代求释放。并称如不允准。即欲进澳滋扰。藉端恫喝。情实难容。虽现在英夷兵船七只内。又向老万山外驶去一船。其火轮船去而复回者。亦止一只。惟该国尚有载货带烟各船。约二十余只。同泊在洋。其船亦有炮械。难保不串谋生事。急应痛予剿除。前经陆续调集各营大号米艇二十只。并雇募红单船二十只。拖风船二十六只。于选配兵丁之外。复募挑壮勇千余名。制配炮火器械。遴委将备管带。先于内洋逐日督操。以备战攻之用。又前后购备火船二十余只。均交水师提臣关天培。分派各将备。随带应用。臣林则徐。拟于本月二十日。带印登舟。赴离省八十里之狮子洋。将所练各兵勇。亲加校阅。如技术均已精熟。即择日整队。令其全出大洋。并力剿办。臣林则徐亦赴虎门驻劄。与提臣就近筹商。随时调度……

林则徐又奏。再臣等因粤洋现有英船。自必常通浙信。是以屡经设法。密探定海情形。偶有觅得夷信。译出汉文。知此次领兵攻定海城者。名曰布林麻。其统兵之夷目一人。名曰加至义律。系东印度水师督。所坐夷船最大。名曰麦尔威厘。有炮七十四门。该船进定海港口时。碰于大礁之上。底穿一孔。入水甚深。几于沉没。又有带兵夷官。职分颇大之可兰打。被我师打死。现在英夷甚望定海居民。回至该处。与之同住。而民人屡招不至。所出章程。亦无人肯信。沿海渔船。悉皆避去。各夷船本系随带鸦片。售作资粮。今已火食无多。转瞬风色将转。均甚愁急等情。是其伎俩之穷。已可概见。臣等窃思粤省民人。患其与夷相习。而此时浙省之民。转欲其习于夷。而后便于行事。若如夷信所言。火食无多。又恐风色将转。是正有可乘之机。与其交锋于海洋。未必即有把握。莫若诱擒于陆地。逆夷更无能为。或将兵勇扮作乡民。或将乡民练为壮勇。陆续回至该处。诈为见招而返。愿与久居。一经聚有多人。约期动手。杀之将如鸡狗。行见异种无遗。惟机缄不可泄露。现闻该夷中有吉士立一名。伪为定海县官。其人能为华言。更须防其诡计。臣等已具密函。飞致浙江抚臣乌尔恭额。斟酌办理。

道光卷一五

(道光二十年庚子八月辛巳)署两江总督。江苏巡抚裕谦。江南提督陈化成奏。窃臣等钦奉上谕。夷船游奕。必须探明船只多寡。并密派干员。察其来意。如该夷只驾小舟。求递字帖。务须饬令委员。就近接收。由驿驰奏呈览等因。钦此。兹于八月十四日。有大夷船五只。驶至川沙厅三尖角洋面寄碇。夜间突有小船二只。驶近吴淞海口。经川沙营外委顾振龙。带同兵勇。拦截盘诘。一船即行驶去。追获一船。内有九人。并掺出夷书一封。面有江南提督开拆字样。臣等公同拆阅。系央恳提督。转呈宰相大臣字帖二封。一系楷书。文理不通。一系夷书。不成字体。又刻板书一本。告示二纸。随督同苏松太道王玥。询据投递字帖之人。名黄茂正。郑三合。林财。郑朴。李源祥。朱古。黄锥。张熊。吴明晖。俱系广东澄海县人。从广东贩运糖货。前来上海。投行发卖。于六月二十九日。在广东开船。由外洋行驶。并未经过舟山。亦未遇见夷船。八月十四日晚。驶进三尖角洋面。始见夷船。将其船只牵住。逼令驾坐自已三板小船。夷船上亦放三板船一只。带令进口。因见防守严密。兵勇拦截盘诘。即将夷书等件。掷在伊船。转帆东去。现在船货截留。要等回信。方得放回等语。究诘不移。似无遁饰。臣等查该夷船既系呈递字帖。自应遵旨接收。当将郑三合等七名。饬令宝山县小心收管。黄茂正吴明晖等二名。令其仍坐原船。传谕该夷。业将字帖进呈。听候大皇帝谕旨遵行。但夷情诡谲。现当秋潮旺涨之时。难保其不再行逼令该商船。指引线沙。随潮阑入。臣等惟有督饬防堵文武各官。小心防守。相机办理。断不敢稍有懈忽。

盛京将军耆英。副都统祥厚奏。道光二十年八月十一日。准军机大臣字寄。道光二十年八月初四日。奉上谕。耆英等奏。夷船潜入奉天洋面游奕。带兵督防一折。览奏均悉。此次夷船。驶至奉天。如情词恭顺。另派小船。投递禀揭等件。该将军不必遽开枪炮。仍遵前旨。派员接收。将原件由驿驰奏。傥有桀骜情形。断不准在海洋与之接仗。盖该夷之所长在船炮。至舍舟登陆。则一无所能。正不妨偃旗息鼓。诱之登岸。督率弁兵。奋击痛剿。使聚而歼旃。乃为上策。该将军务当谨慎持重。相机妥办等因。钦此。伏查八月初九日。夷船一只。在常兴岛塔山以南外洋停泊。后即潜赴八岔沟。汲取泉水。因值秋令。泉水渐涸。未能汲取。乃在外洋停泊四日。即于八月十三日拔锚西驶。当夷船未拔锚以前。奴才等伏兵岛内。密遣村民。以售卖牛羊为名。设法诱引。该夷诡诈异常。来者不过三五名。其余不肯弃舟登陆。该夷所恃者不过船炮。迨经登陆。易于成擒。但此次夷船业经西驶。如再有潜来者。奴才等仍当设法诱引。若能得有数百名登陆入岛。奴才等当率领官兵。奋击痛剿。以彰国法。复查常兴岛南面。滨临外洋。大船可以停泊。北面逼近娘娘宫海口。东西两面。滩薄水浅。大船不能寄碇。该夷船在南面外洋停泊。北面不能深入。今奴才等驻扎海口。每日操练官兵。讲求水师。惟期剿除逆夷。以靖海疆。仍随时体察情形。如复州海洋安静。夷船不行潜来。奴才祥厚。现在该处驻扎。奴才耆英。即可就近前赴金州旅顺口一带。履勘筹办。一俟查勘毕。奴才耆英仍驰回复州驻扎。相机办理。朱批。览奏俱悉。

(甲申)谕军机大臣等。本日据琦善奏。英夷船只。遵旨起碇南旋等语。该夷船起碇南旋。必由山东海洋经过。著托浑布派员侦探。如有该夷船经由该省洋面。即将船只数目。经过情形。逐一查明。迅速由驿驰奏。仍著遵照前旨。谨守要隘。毋稍疏懈。

辛卯。山东巡抚托浑布奏。窃照英夷船只。七月间。先后由东省外洋。北赴直隶天津海口。均经臣节次具奏在案。兹于八月二十二三等日。据巡洋员弁探报。先后有夷船八只。自北折回。其三只由外洋南驶。其余大小夷船五只。驶至鼍矶岛外洋长山岛迤北游奕。正在委员饬查间该夷六人驾杉板小脚船一只。驶至登州府水城附近口岸。托渔船代呈字条。求居民卖给食物。经臣委员查问。据称伊等在天津已奉有恩旨。由津起碇回南。听候钦差查办。因船内人多。口粮不敷。求买食物。词甚恭顺。臣因该夷既无桀骜情形。钦遵前奉谕旨。妥为抚驭。不开枪炮。惟不准其傍岸。与民人私相交易。当即委员赴该夷领事人义律坐船传谕。饬令安静候示。并戒以既遵旨南还。沿途不许别有滋扰。该夷俯首听命。甚为感激。臣一面发价饬县购买牛羊菜蔬等物。酌量赏给。该夷人当欲呈缴价值。臣传谕委员。不令收受。是日申刻。护登州镇臣梁胜灏。署登州府知府英桂等。在沿海各口岸巡防。瞭见驶近内洋口岸各船。遍插五色旌旗。鼓乐大作。夷众数百人。一齐出舱。向岸罗拜。旋即开帆南驶。一时文武官弁。及军吏士民。万目环观。咸谓夷人如此恭顺。实出意料之外。同声欣忭。欢惬非常。查前准直隶督臣咨会。天津共有夷船八只。核与现在南驶船数相符。

钦差大臣协办大学士两江总督伊里布奏……伏查英夷熟习海洋。长于水战。自六月间。占据定海以后。即在县城暨各要隘。分头防守。奴才前次细加揣度。非水陆夹攻。难以制胜。而江浙水师。不能如闽广之精练。故奴才以该二省合师会剿。屡次渎请。福建提臣余步云。在途次探访情形。亦以此议上陈……奴才前与余步云悉心商酌。以闽广既难协助。自应另行筹画。即经委员密往定海。招集潜避兵丁。并饬宁波府等。雇募水勇。以抵应用水师之数。旬日以来。定海镇兵丁。渐已陆续投回。水勇亦有应募之人。如果将各兵全数招齐。水勇源源募集。亦足以资遣用。至寿春镇兵一千二百名。奴才于抵浙之时。即经备文饬调。业据该镇王锡朋。统兵到浙。奴才派令与浙省各兵。协同堵御。现在直隶省如何办理。奴才尚未得有消息。浙省惟当从严守卫。如该夷或敢闯入内地。即令陆路各兵。奋力击退。将来进剿之时。亦当航海前往定海。登陆设法攻击。其水师不过令其出洋。虚作声势。以为牵制该夷之策。所有江浙两省前备各兵。以及现在招募之兵勇。可以将就敷用。闽广水师。应请毋庸调拨。以省繁费。伊里布又奏。再本月二十等日。有大小夷船数只。驶入慈谿余姚境内。直逼海岸。经宁波府知府灯廷彩。署理余姚县知县汪仲洋。会督文武。及兵勇人等。先后将夷舟击沉。拿获夷匪二十余名。奴才现已饬令解营研讯。

(乙未)署两江总督。江苏巡抚裕谦。署江苏巡抚。江苏布政使邵甲名。江南提督陈化成奏。窃照夷匪不靖。窃据定海。已蒙简派钦差大臣。赴浙会剿。各省沿海口岸。亦皆节节防堵。该逆计穷食尽。剿灭之期。应在指顾。急宜预筹善后之策。以为一劳永逸之计。臣等伙思该逆所恃者。船坚炮大。布帆轻便。能于深水外洋。抛泊寄碇。伺我之间。疾驶而至。与其击之于汪洋大海。俾得用其所长。莫若击之于沿边口岸。便其不敢阑入。而击之之法。添兵不如添炮。但其炮必得致远过彼。方能制胜。查江苏省沿海地方。绵长一千数百里。口岸林立。而现在安设可用炮位。最大者重四千五百斤。仅止二位。余自三十斤至数百斤不等。尚不足以资抵御。臣等体察情形。审度夷情。拟添铸自三千斤起至八千斤止大炮数十位。分口排列。大炮击其高而远者。小炮击其低而近者。口岸之防守既严。奸徒之接济自绝。该逆夷欲进无门。久伺无食。自必无计可施。潜踪海角矣……

戊戌。盛京将军耆英奏。八月二十一日。据常兴岛瞭望官兵等报称。外洋西南。约有六七十里。望有大船五只。向北行驶。因北风极大。复向南折回。嗣据水师营巡哨官兵报称。二十二日。在铁山外洋。见有夷船二只。向东行驶。二十三日申刻。复据金州守探委员丰伸。及城守尉宝山知县成章瓒等禀称。二十三日丑刻。有夷船二只。在小平岛西口停泊等因。各飞禀前来。奴才正拟前往金州旅顺口一带查勘。复因报有夷船在金州海口停泊。随于二十四日。由复州海口起程。二十五日。驶抵金州。该尉县均在海口驻劄。奴才当令随带之协领恒升。绰勒豁伦。佐领特朴钦。先行前往海口。查探夷船情形。并谕令看其动静。设法羁縻。或剿或抚。再行相机核办。是日亥刻。该协领等驰回。禀称。职等于酉初驰抵青泥洼海口。见有夷船二只。在青泥洼棒槌岛适中外洋抛锚。夷人脚船。近依大船。并未往来游奕。似难羁縻。且该海口距金州城。约有四五十里。时已将暮。随即驰回等语。迨至二十六日已刻。城守尉宝山知县成章瓒禀见。据称职等均在海口带兵昼夜防堵。本月二十三日。夷船二只。驶至小平岛停泊。有夷人五六名。驾驶脚船旁岸。向岛内居民。欲买牛羊鸡鸭食物。适守汛骁骑校武什杭阿。改装杂于村民之内。向夷人询问。来船是否贸易。抑因何事驶到此处。有夷人一名。自称通事。答称系由天津驶来。并非贸易。不过到此置办食物。当经骁骑校武什杭阿告知。岛内村屯甚少。住户不多。并无牛羊。如用鸡鸭。代为寻找。夷人即求其代买。伊随口应诺。夷人始散。二十四五两日。夷船复驶至和尚岛。红土崖棒槌岛。青泥洼三山岛等处。或游奕。或停泊。形踪无定。忽远忽近。并驾驶脚船。在各口内外。用线系铅坠。试水浅深。二十五日申刻。在青泥洼棒槌岛适中外洋抛锚。二十六日卯刻。乘风开帆。向东南放洋。究竟驶往何处。职等亦不能拟料等语。奴才查该夷船在金州海口停泊。胆敢以铅坠试水。逆谋叵测。实堪发指。至夷人内有能通语言者。名为通事。未必不是汉奸。是各处海防。更须倍加严密。以资捍卫。至金州所属大小海口十七处。除水浅滩薄。大船不能拢入口内者九处。业经城守尉知县。分拨官兵民役。多则十名。少则五名。饬令小心防守。留神瞭望外。其余小平岛。羊头洼。青泥洼。和尚岛。红土崖。大孤山。双岛。龙王塘等八处海口。均关紧要。奴才连日带同协领城守尉等。亲往查勘。详细审度。该海口非老水贴岸。即距城较近。均应严加防守。方昭慎重。除原派官兵民役外。又于每处加倍拨派兵役十数名。并于扼要之处。安设炮位。责成尉县。常川梭织巡查。不准稍有疏懈。再金州各海口。现在分拨官兵四百名。民役一百五十四名。乡勇一千五百三十三名。统计兵役乡勇。共二千八十七名。声势尚属联络。奴才复将所调熊岳官兵二百名。酌分两营。于金州城南。距红土崖海口八里之丁国寨地方驻扎。以为各处应援。惟查金州海洋岛屿。有十六处之多。断难分兵防守。经奴才逐岛出示。剀切晓谕。所有牛羊。不准在切近海岸牧放。以免争端。居民人等。各宜自固藩篱。尤不可贪利被诱。若受夷人笼络。坠其术中。将来贻害身家。良非浅鲜。现在派兵在海口要隘防堵。原期卫民。尔等万毋惊惧。仍须各安本业等因。出示去后。并密谕尉县。令其留心访查。如乡愚内有贪利被诱者。即行查拿究办。万不可轻纵。奴才于金州查勘布置后。随取道前赴旅顺口水师营等处。详勘该营水阵规模。尚属整齐。战船亦属坚固。官兵枪箭。多有准头。旧建炮台三处。皆在山巅以上。今经协领德特贺。于临岸新建炮台一座。亦属扼要。惟战船十只内。大者不过八丈。除守口巡哨。缉拿海洋盗贼。是其专责。若驱之攻击夷船。恐难制胜……

己亥。钦差大臣协办大学士两江总督伊里布奏。窃本年。八月二十等日。夷船驶入慈谿余姚等县内洋。直逼海岸。经该府县等。分头剿击。擒获夷匪多名。奴才接据禀报。已于二十六日。附片奏明在案。查此案先于八月十九日夜。据宁波府知府邓廷彩。面禀。探有夷船数只。驶入慈谿县观海卫洋面寄碇。奴才以该处系腹里内洋。近接绍兴府属之余姚等县。该夷既在彼停船。其心叵测。诚恐阑入内地。当令随营效力之已革巡抚乌尔恭额。会同狼山镇总兵谢朝恩。寿春镇总兵王锡朋。分饬文武员弁驰往。相机堵御。旋据该府暨署余姚县知县汪仲洋。先后禀报。该府邓廷彩。会同江苏候补知府黄冕等。并带捐资团练乡勇之绅士叶仁等。星驰前往。于二十日行抵该处。慈谿县知县蒋锡孙。亦闻信赶至。该府等见五桅夷船一只。在洋停泊。其杉板船二只。业已驶岸旁。夷众蜂拥登岸。遂督兵勇奋力迎击。当用长矛。戳毙夷匪七人。生擒白夷四名。其余各夷登舟逃逸。五桅夷船驶拢应援。开炮轰击。因正值大风。该舟簸荡不定。施炮无准。遂带同各船。转舵西驶。时余姚县知县汪仲洋。在利济塘地方防堵。令巡船两只。出洋哨探。并以该处塘边。均属软沙。夷船若驶入沙涂。势必陷住。谕令如与夷舟相遇。即设法诱令近塘。以便攻剿。是晚。夷舟由慈谿驶至。见巡船配兵稀少。即向追逐。巡船当往塘边逃避。夷众不识地利。仍向尾追。直至软沙之上。船果被陷。该夷先尚施放枪炮。至二十一日早。该船愈陷愈深。各夷张皇失措。该员弁等即督兵勇。驾坐小船。驶近其旁。跃入舱内。生擒夷匪二十二名。内二名因伤重。旋即身死。余夷或跳至杉板船逃窜。或落海淹毙。又在船内起获铜炮二门。其余各炮。因船没水中。未经起出等情。奴才当饬将所获各夷。解营审讯。并令余姚县设法查起陷没夷船。旋又据上虞县知县龙泽澥。会稽县知县许发和。禀称。据巡洋兵役。探有夷船。先彼在慈谿余姚接战。龙泽澥。督同俸满调验卸事之梁湖巡检张用锡。代理梁湖巡检马国炳。在本境之踏浦港防堵。许发和。会督把总倪湧。曹娥司巡检李澍。在本境之沥海所防堵。该两处近在咫尺。声息相通。二十三日辰刻。见夷船二只由东驶至。该县等与各员弁。分督兵勇。开炮抵御。一船当时逃窜。一船被溜水所逼。直入内港。经兵勇用枪炮击毙十余人。倪湧。即带兵勇。跳入夷舟。拿获夷匪四名。夷妇一口。并将该船及军械船具。一并获住等情。兹据陆续解营。委员研讯。内余姚县所获之　治爹利。在英吉利国官职较大。系属头目。其余或系该国弁兵。或系工人水手。据煦治爹利。供称该国大帮船只。多聚定海。各头目又分坐兵船。在浙江江南各洋面游奕。窥探伺隙。抢掠牛羊。八月十九日。伊乘坐大船。并带杉板船二只。驶至慈谿洋面寄碇。次日令各夷分驾杉板登岸。被官兵生擒戳毙多名。伊救援无及。驶至余姚。又被巡船诱入沙涂。船身陷住。以致就擒至上虞会稽拿获之的吉利是等男妇五名。系由余姚逃往等语。质之各夷。供亦相同。并提另获之夷目晏士打剌打厘等指认。据称煦治爹利。系头目属实。伏查该夷自定海被陷之后。时在各洋面游奕窥探。此次又窜入内洋。直逼塘岸。希图滋扰。实属肆无忌惮。该文武员弁。督率兵勇。或以力擒。或以计取。生获夷匪多名。并获船只炮械等物。洵足振国威而寒夷胆。使其知所儆惧。查办更易为力……

道光卷一六

(道光二十年庚子九月)戊申。谕军机大臣等。耆英奏。酌核撤留防守官兵一折。据奏金州海口多系老水贴岸。严寒不冻。商船进口较多。自应严为防范。著该将军遴选精细员弁常川在彼瞭望。探有夷船踪迹。即行禀报。调遣备御。此次酌留官兵著即撤回。现在琦善驰赴广东查办夷务。如定海夷船。全数撤退。届时自当谕知也。

署两江总督裕谦等奏。窃查八月三十日。有大夷船三只。驶至崇明县隔海之长安沙洋面。突驾三板小船五只。共有夷匪百余名登岸。开放枪炮。轰毙乡勇二名。致伤兵勇各一名。抢掠海滩牧放牲畜。经防堵员弁。督率兵勇。协力抵御。击毙夷匪四名。受伤落海者十余名。夺获三板夷船一只。并夷枪夷刀夷鞋等件。该夷匪始逃回大船。乘风驶去。又据探报九月初一日。佘山外洋。有大小夷船六只。由北往南。并未停泊。臣等查佘山外。经过船只。自系由直隶折回。是以并不停泊窥伺。其八月三十日在长安沙滋事之船。似尚未知恩准赴粤叩关之信。臣等惟有督饬将备兵勇。加意严防。以免疏虞。

甲寅。钦差大臣协办大学士两江总督伊里布奏。窃奴才前于九月十二日。钦奉上谕。宁波府属拿获夷匪二十余名。著俟有商船赴粤之便。解赴广东。交琦善办理等因。钦此。其时适接夷目懿律来文。当经恭录谕旨。并以该夷果能全撤兵船。交还定海。奴才当奏乞恩施。将各夷在浙释放。如仅撤兵一半。即遵旨解粤办理等情。行文知照。并于十四日恭折奏明在案。兹于十八日。复接夷目懿律来文。虽其词语仍属恭顺。但文内并不言及交还定海之事。亦不吁请将各夷释放。止称奴才曾否蒙皇上饬令戢兵等语。察其词意之间。似恐奴才于该夷退兵之后。复行出师袭击。是以殷殷前后两次致询。奴才现将八月二十九日。所奉不得向该夷攻击之圣谕。明白宣示。谕令安心赴粤。并询以何日起碇。以便奴才奏请撤兵。使其毫无疑虑。以免久事迁延。惟该夷性情狡诈。变幻多端。此次来文。其大致虽属如此。究竟有无他意。殊难揣测。

谕军机大臣等。本日据伊里布驰奏。续接夷书。并催令起碇一折。此次英夷照会。询问戢兵。经该大臣将所奉不得攻击谕旨。明白宣示。谕令安心赴粤。并催令起碇等语。所谕甚是。前有旨。谕该大臣。将所获夷人妥为收管。无庸解赴广东。俟该夷撤兵归地后。全数给还。此次夷书并未言及交还定海之事。亦不吁请释放各夷。情殊叵测。著伊里布察看情形。相机妥办。并谕以琦善业经奉旨前赴广东。总宜剀切开导。去其惊疑。令其退出定海。前往广东听候琦善查办。仍妥为布置。防其狡诈。谅该大臣必能仰体朕心也。

乙卯。已革闽浙总督邓廷桢。福建巡抚吴文镕……嗣因逆夷攻陷定海。闽洋已觉腹背受敌。七月二十五六等日。该逆夷兵船。复敢来至厦门。开炮相向。虽经官兵击退。而沿海要隘。尤宜刻刻戒严。无如闽省海疆。袤延二千里。其孤悬海中。如厦门台澎。固属最为险要。其次如铜山金门海坛等处。亦皆四面环海。无城可守。至滨海各县。口岸林立。潮涨沙平。一帆直达之处。不一而足。月来增拨戍兵。安设炮墩。建筑土碉。埋置钉板。随地随时。分投布置。惟多一处缮治。即增一番费用。分之则尚形支绌。而合之已不免浩繁。且雇募水勇。租赁渔船。计日授值。积累有加。前此筹动库款十万两。已将次支完。臣等手画心营。力图节省。而当兹逆夷猖獗之际。又未敢稍为拘泥。致误事机。再四思维。惟有据实吁求皇上天恩。准于闽省藩库。暨盐道库。筹拨正款银十五万两。随时酌给。以应军需。臣等惟有督率各该管道府。核实撙节支用。断不敢稍任虚縻。致滋冒滥。

谕内阁。邓廷桢。吴文镕奏。请防堵经费一折。闽省为海疆重地。训练兵勇。稽查要隘。原不因英夷船只。往来游奕始行防守。至于英夷占据定海。实因前抚臣未受该夷诉冤呈词。以致激成事端。现在该夷仅只困守。并未敢四出滋扰。邓廷桢等所称腹背受敌。未知所受何敌。该夷因闽浙疆臣。未能代为呈诉冤抑。始赴天津投递呈词。颇觉恭顺。现在特派大臣赴大臣赴粤查办。不日即可戢兵。邓廷桢等所称该夷猖獗。不知在何处猖獗。总因该革员等种种办理不善。遂费周章。著吴文镕即将本省各镇弁兵。照常认真训练。坚守海口。所需支发钱粮。著斟酌筹画。裁汰浮縻。其应用款项。随时奏闻。所有该省雇募水勇。租赁渔船。著酌量裁撤。以节浮费而昭核实。

(丙辰)林则徐又奏。再臣林则徐。渥受厚恩。天良难昧。每念一身之获咎犹小。而国体之攸关甚大。不敢不以见闻所及。敬为圣主陈之。查此次英逆所憾在粤省。而滋扰乃在浙省。难变动若生于意外。而穷蹙正在于意中。盖逆夷所不肯灰心者。以鸦片获利之重。每岁易换纹银出洋。多至数千万两。若在粤得以复兴旧业。何必远赴浙洋。现闻其于定海一带。大张招帖。每鸦片一斤。只卖洋钱一圆。是即在该国孟阿拉等处出产之区。尚且不敷成本。其所以甘心亏折。急于觅销者。或云以给雇资。或云以充食用。并闻其在夷洋各埠。赁船雇兵而来。费用之繁。日以数万金计。即炮子火药。亦不能日久支持。穷蹙之形。已可概见。又夷人向来过冬。以毡为暖。不著皮衣。盖其素性然也。浙省地寒。势必不能忍受。现有夷信到粤。已言定海阴湿之气。病死者甚多。大抵朔风戒严。自然舍去舟山。扬帆南窜。而各国夷商之在粤者。自六月以来。贸易为英夷所阻。亦各气愤不平。均欲由该国派来兵船。与之讲理。是该逆现有进退维谷之势。能不内怯于心。惟其虚憍性成。愈穷蹙时。愈欲显其桀骜。试其恫喝。甚且别生秘计。冀得阴售其奸。如一切皆不得行。仍必帖然俛伏。臣前次屡经体验。故悉其情。即此时不值与之海上交锋。而第固守藩篱。亦足使之坐困也。夫自古顽苗逆命。初无损于尧舜之朝。我皇上以尧舜之治治中外。知鸦片之为害。甚于洪水猛兽。即尧舜在今日。亦不能不为驱除。圣人执法惩奸。实为天下万世计。而天下万世之人。亦断无以鸦片为不必禁之理。若谓夷兵之来。系由禁烟而起。则彼之以鸦片入内地。早已包藏祸心。发之于此时。与发之于异日。其轻重当必有辨矣。臣愚以为鸦片之流毒于内地。犹痈疽之流毒于人身也。痈疽生则以渐而成脓。鸦片来则以渐而致寇。原属意计中事。若在数十年前查办。其时吸者尚少。禁令易行。犹如未经成脓之痈。内毒或可解散。今则毒流已久。譬诸痈疽作痛。不得不亟为拔脓。而逆夷滋扰浙洋。即与溃脓无异。然惟脓溃而后疾去。果其如法医治。托里扶元。待至脓尽之时。自然结痂收口。若因肿痛而别筹消散。万一毒邪内伏。诚恐患在养痈矣。溯自查禁鸦片以来。幸赖乾断严明。天威震叠。趸船二万余箱之缴。系英夷领事义律。自行递禀求收。现有汉夷字原禀可查。并有夷纸印封可验。继而在虎门毁化烟土。先期出示。准令夷人观看。维时来观之夷人。有联为夷文数千言以纪其事者。大意谓天朝法令。足服人心。今夷书具载其文。谅外域尽能传诵。迨后各国来船。遵具切结。写明如有夹带鸦片。人即正法。船货没官。亦以汉夷字合为一纸。自具结之后。查验他国夷船。皆已绝无鸦片。惟英夷不遵法度。且肆鸱张。是以前次特奉谕旨。断其贸易。然未有浙洋之事。或尚可以仰恳恩施。今既攻占城池。戕害文武。逆情显著。中外咸闻。非惟难许通商。自当以威服叛。第恐议者以为内地船炮。非外夷之敌手。与其旷日持久。何如设法羁縻。抑知夷性无厌。得一步又进一步。若使威不能克。即恐患无已时。且他国效尤。更不可不虑。臣之愚昧。务思上崇国体。下慑夷情。实不敢稍存游移之见也。即以船炮而言。本为防海必需之物。虽一时难以猝办。而为长久计。亦不得不先事筹维。且广东利在通商。自道光元年至今。粤海关已征银三千余万两。收其利者。必须豫防其害。若前此以关税十分之一。制炮造船。则制夷已可裕如。何至尚形棘手。臣节次伏读谕旨。以税银何足计较。仰见圣主内本外末。不言有无。诚足昭垂奕禩。但粤东关税。既比他省丰饶。则以通夷之银。量为防夷之用。从此制炮必求极利。造船必求极坚。似经费可以酌筹。即裨益实非浅鲜矣。臣于夷务办理不善。正在奏请治罪。何敢更献刍荛。然苟有裨国家。虽顶踵捐縻。亦不敢自惜。傥格外天恩。宽其一线。或令带罪前赴浙省。随营效力。以赎前愆。臣必当殚竭血诚。以图克复。至粤省各处口隘。防堵加严。察看现在情形。逆夷似无可乘之隙。藉堪仰慰宸怀。

十月。已未。署两江总督江苏巡抚裕谦。署江苏巡抚苏州布政使邵甲名。江南提督陈化成奏……臣等查前据探报佘山外洋。有大小夷船六只。由北往南。扬帆径过。今查核山东抚臣托浑布原奏。计其由东开行日期。则九月初一日。在佘山外洋经过夷船。即系此起。已无疑义。江苏洋面。自九月初三日以后。并无游奕停泊之船。所有前调防守官兵。自应钦遵谕旨。酌量所防口岸。及各该营所辖地方。是否险要。均匀抽拨。分别撤留。以资戍守。臣等现已将防守南汇。奉贤。华亭。吴江。京口等营县之提标。及扬州营兵各三百名。督标。苏州抚标。暨江宁城守游兵等四营兵。各二百名。芜采。泗州。二营兵。各一百名。淮安营兵一百五十名。常州营兵三十名。先行撤退。其防守上海官兵。先撤河标兵六百名。徐州镇标兵四百名。防守宝山官兵。先撤漕标兵二百名。以上共撤兵三千九百八十名。分起回营归伍。连先经撤退九江镇标兵一千名。又调赴浙江之寿春镇标兵一千二百名。统计撤兵五千一百八十名。各处所雇水陆乡勇。亦即妥为遣散。现在宝山县。尚有防兵一千六百名。上海。崇明二县。各有防兵一千名。川沙。海门。通州。金山。镇洋。常熟等厅州县。各有防兵。自一百五十名。至五百名不等。足资守御。一俟探得浙省确信。将预备赴浙调遣之水师兵二千名。撤退归伍后。即可接续抽撤。仍由臣裕谦。臣陈化成。督率将备。将留防兵丁。分别水陆。勤加训练。冀成劲旅而壮声威。其已经撤防之南汇等县。责成地方文武。督率巡防。仍传谕沿海居民。协力同心。守望相助。以为有备无患之计。

裕谦。陈化成。又奏。再臣等承准军机大臣字寄。道光二十年。八月二十四日。奉上谕。裕谦等由驿驰奏。夷船驶进内洋。逼令商船呈递字帖一折。览奏均悉。天津夷船。起碇回粤。听候钦差查办。业经降旨。由五百里谕知伊里布。暨沿海督抚。一体遵照矣。现在川沙厅洋面。既有夷船寄碇。该署督等仍当认真防范。不可稍形松懈等因。钦此。臣等查川沙厅洋面寄碇夷船。已陆续驶去。数日以来。江苏洋面。并无夷船踪迹。其出口商船。连樯行驶。亦均安静。臣等惟有钦遵训谕。督率将弁。认真防范。断不敢因夷船已去。稍形松懈。

署直隶总督讷尔经额奏。窃查天津大沽海口。南北两岸。为郡城门户。实为神京唇齿。其迤北四十里北塘汛。系顺天府东路厅所属宁河县地方。该处海口。向有沙埂阻挡。大船不能进口。今则河宽水深。沙埂不能显露。再加潮汐较大之时。船身宽至二丈者。足可直入。一达蓟州。一达天津。亦属扼要之所。臣连日督同镇道。详加履勘。天津海口。南北两岸。旧设砖炮台二座。近年河岸淤宽。距水较远。难期得力。北塘汛旧有炮台二座。建自明初。久已倾圮。台基距水不远。应仍照依旧基补筑。今拟于大沽海口南岸。添造上砖下石炮台二座。北岸添造上砖下石炮台一座……讷尔经额又奏。再臣于九月二十日。行抵天津大沽海口。连日遣弁。驾船出洋瞭望。暨远赴山东洋面哨探。并无夷船踪迹。时逾霜降。距冻河之期不远。现在仅有闽广商船回棹。已无北来之船。但防范不可不严。所有前调弁兵四百余名。臣仍令天津镇陈金绶。督率分驻海口。并留臣标后营游击罗应鳌。协同巡防。傥有夷船折回。投递夷书。即一面接收。好言驾驭。不得擅开枪炮。一面飞禀臣知。驰赴海口。相机妥办。俟河道结冻后。每座炮台。仍留兵五十名。巡查防守。其余弁兵。再行撤回归伍。

(辛未)掌陕西道监察御史曹履泰奏。窃惟此次英夷攻陷定海后。旋来天津递禀……今定海兵船。

并未撤回。臣尚不无过计。且恐该夷所求。实有未可俯允者。不揣冒昧。敬为皇上陈之。

……

一定海夷船。应不许其近岸也。现在粤东已有钦差前往查办。该夷定海兵船。即未撤回。亦应停泊口外。听候信息。不得肆行近岸。希图抢掠。应请敕下伊里布。出示晓谕。并豫为知会该夷。如该夷等安静在洋。而防守兵弁。辄行施放枪炮。滋生事端。自当将该弁兵严行治罪。如该夷不奉约束。或乘驾大船。或率领多人。无论驶近何处口岸。许把守弁兵。即行开炮轰击。盖该夷现在听候查办。即有恳求之事。亦只准其乘坐小船。令一二人前来递禀。方可接收。傥船大人多。突然近岸。此其包藏祸心。未可测度。若待彼施放枪炮。然后回手。设我兵先已受伤。又将何以御敌。且恐乘势上岸。致令居民惊扰。是必先为晓示。俾该夷不能四出游奕。如有不遵。亦不得藉口于我之先行动手。而我师奉有规约。其于洋面。固不敢轻进邀功。若其所守要隘。设遇缓急。亦得有所施展。奋力攻击。不致坐误机宜矣。

一制夷之道。无庸造船。止须造炮也。盖英夷之所习者水。所恃者船。我本不必以船往攻。若其近岸。我固不难以炮制胜。故船可不造。而炮则不可不造也。况彼之炮在船。而我之炮在岸。以船攻岸。自下而上。其势难。以岸攻船。自上而下。其势易。故同一炮。而以我岸上之炮。制彼船中之炮。实可占一上风。惟现在沿海旧存炮位。不甚得力。请敕下各该省督抚。察看情形。应如何添设之处。早为筹备。所有经费。其有情愿报效者。准其照捐输城垣等工之例。分别鼓励。务于今冬明春。赶紧铸成。若如此布置。粤议已成。此项炮位。固可备而不用。万一梗议。不将定海兵船撤去。该夷见我处处有备。则知一经近岸。但有吃亏而无便宜。即仍占据海中。亦徒为自窘之计。而不足以窘我。自不得不就我范围。不独此时易为查办。即将来亦可永无后患矣。

福州将军保昌护理闽浙总督吴文镕奏。窃臣等于本年九月十七日。承准军机大臣字寄。九月初四日。钦奉上谕。据保昌等奏。闽省团练水勇。并澎湖地方。报招募练勇。防堵夷船各折片。览奏均悉。英夷船只。前由天津起碇。本日据托浑布奏。折回各船。查系南旋。听候钦差大臣查办等语。福建省现在团练水勇。是否应撤应留。著保昌吴文镕。酌量实在情形。妥为办理。其澎湖等处。现议招募练勇。亦著酌量去留妥办。至募赴浙江水勇八百名。现经登陆启行。如果接有浙省毋需调遣之信。亦著即行由陆路撤回。以节糜费等因。钦此……惟查闽省地居粤浙之中。形势较为吃重。现在定海夷船。尚未撤退。而闽洋夷船。或一二只。或三五只。南北游奕。不时寄碇抛泊。有一二日即起碇驶去者。有此去彼来。经旬寄碇者。踪迹靡常。不得不时切戒心。臣等体察情形。其应撤应留之处。必须分别次第办理。所有次要各口岸。雇募之水勇乡勇等。应即饬令遣散。外营拨戍之兵。亦当以次撤回。仍令该地方文武。督率兵役。加意巡防。不得松懈。其最要如漳属之漳浦。诏安。泉属之晋江。惠安等处。尚须酌留戍兵。至厦门一处。孤悬海外。为商船聚集之所。夷人所号为马头者。尤属险要之区。该处设防兵勇。本较他处为多。此时仍未便一律撤防。或致有仓卒之虞。现已移行水师提督臣陈阶平。兴泉永道刘耀椿。就近察核。将备攻之水勇。先行裁撤。其在岸雇募之壮勇。亦可酌减。其各营拨戍之兵。仍请暂留防守。俟定海夷船。及闽洋游奕之夷船。全行南驶。再行撤退。以昭慎重。至澎湖地方。招募练勇。应否撤去。已饬令该厅协就近察核妥办。其闽省募赴浙江水勇八百名。顷于二十六日。准钦差大臣伊里布咨称。浙省现在只须防堵。毋庸调遣。饬查该水勇等。如已抵宁波。即令起程回闽等因。臣等当即飞檄饬知。遵照办理。

(癸酉)已革闽浙总督邓廷桢。福建巡抚吴文镕奏。窃臣等具奏哨船攻击番舶。生擒黑夷。拿获汉奸一折。接奉朱批。所办认真可嘉。另有旨。钦此。同日奉到上谕。夷匪来至闽洋。图销鸦片。勾通贩运。经邓廷桢等。督饬员弁。分路攻击。夷人受伤落水无算。生擒黑夷二名。并截获通夷匪船。人烟并获。所办认真可嘉。所有在事文武员弁。著邓廷桢等。择其尤为出力者。酌保数员。候朕施恩等因。钦此。伏查此次攻击夷船。系厦门同知顾教忠。捐廉雇募水勇三百八十名。分配民船十二只。交水师提标左营守备杨靖江。外委李茂松。督率兵勇。连环攻击。夷人受伤无算。落水死者十一人。经水勇头目陈商。首先跃上夷船。抢得铜炮炮盖等件。又护铜山营参将。闽安协右营都司陈显生。古雷汛额外外委郭德长。将夷杉板击沉。夷人全行落水。拿获黑夷二名。又署福州协都司。浙江衢州镇守备周光碧。带领马巷通判俞益所募水勇。配驾民船。出洋诱捕。截获通夷匪船一只。人犯十一名。烟土二千余两。以上各员弁。均属尤为出力。

已革两广总督林则徐奏。臣承准五百里廷寄。道光二十年八月二十二日奉上谕。本日已降旨派琦善作为钦差大臣。驰驿前赴广东。查办事件。该大臣到粤后。自能办理妥协。但恐沿海各督抚。不知现在情形。特此由五百里飞示。一体遵照。各守要隘。认真防范。如有该夷船只经过。或停泊外洋。不必开放枪炮。但以守御为重。勿以攻击为先。其应布置严密之处。仍不可稍形松懈。是为至要等因。钦此。臣谨即恭录。移行水陆各提镇。暨防守要隘各文武。一体钦遵。认真防范。如见有夷船。不必开放枪炮去后。旋又承准廷寄。八月二十三日奉上谕。据林则徐等奏。因在粤夷船。渐形猖獗。择日出洋剿办等语。夷人习熟水战。该督折内。既称不值与海上交锋。何以此次又欲出洋剿办。前后自相矛盾。显因夷兵滋扰福建浙江。又北驶至天津。恐以粤东办理不善。归咎于该督。故作此举。先占地步。所谓欲盖弥彰。可称愦兵也。且即欲举动。亦应由驿驰奏。听候谕旨。乃折差直至本日方行递到。殊属不晓事体。著传旨严行申饬。现在如已出兵攻剿。著即将接仗情形。迅速驰奏。该督仍当持以慎重。毋涉轻躁。至海口防御。不可不加严密。并著密饬在澳各员。不动声色。加意防范。是为至要等因。钦此。臣跪诵再三。懔惧悚惶。倍难名状。伏查粤洋自上年以来。水陆官兵。与英夷接获胜仗。已有数次。如上年七月之九龙洋面。九月之穿鼻洋面。十月之尖沙觜洋面。皆因该夷先经开炮。我师始行回攻。所有节次详细情形。叠经臣等奏蒙圣鉴在案。嗣钦奉谕旨。断绝英夷贸易。而英船仍在外洋。观望逗留。臣以师船若远出驱逐。恐外洋或有疏虞。不如以守为战。以逸待劳。为计之得。且彼时该夷不过迁延未去。尚无猖獗情形。因而奏请不与海上交锋。欲令穷而自返。迨七月间。始闻该夷有攻占定海县城之事。是则逆情显著。凡有血气。靡不愤切同仇。维时臣所添雇之拖风红单等船。炮械军火。适已备齐。而所团练之水勇。技术亦渐熟于前。冀足以助舟师声势。此臣于七月内赴狮子洋校阅。即往虎门酌遣兵勇。出洋剿办之情形也。嗣在虎门接据防澳各文武禀报。七月二十二日。英夷华伦等船。由九洲驶近关闸开炮。我军水陆夹击。将夷船前后桅柁打伤。并击沉三板数只。炮毙夷目夷兵多名。正在查核具奏间。复据禀报师船。在零丁之北。及 石赤湾一带洋面。击败架历等夷船。随潮南窜。即经捞获夷帽夷鞋。并夷船桢棍等物。又查出夷人在磨刀山根。瘗埋夷尸十余具。此出兵以后接仗之情形也。惟因两次水陆攻击。只系小挫其锋。尚未大获胜仗。未敢由驿驰奏。兹蒙圣明训饬。实不胜愧悔惶悚之至。现在各要隘。均仍严密布置。澳门一带。亦皆静谧如常。

壬午。杭州将军奇明保奏。查六月间。乍浦海口。因有夷船一只。虽经击退。犹恐续行滋扰。曾经选派杭州官兵二百余员名。令协领管带。随同奴才驰往应援。嗣奉上谕。令奴才仍回杭州。防守省城。派副都统恒兴前往。会同副都统长喜妥办等因。钦此。此后乍浦海面肃清。今夷情又已恭顺。只宜加紧防范。乍浦驻防满兵。以及水师。有副都统长喜督率。足资守御。杭州副都统恒兴。似应且令回任。至于前此赴援官兵二百余员名。应否一并撤回杭州。或应暂缓。奴才未敢擅便。其防堵由海入江水路。潮神庙一带屯戍之满营绿旗官兵。可否听候镇海撤兵之信。一律撤回归伍。

谕内阁。奇明保奏。乍浦赴援官兵。可否撤归杭州本营一折。浙江乍浦海面。现无夷船滋扰。该处驻防各兵。足资守御。所有前调杭州官兵二百余员名。著即撤回归伍。副都统恒兴。著回省城本任。毋庸在彼防守。潮神庙一带屯戍之满洲营绿旗官兵。亦著一律撤回。

道光卷一七

(道光二十年庚子十一月丁亥)钦差大臣协办大学士两江总督伊里布奏。窃夷目懿律。前次呈递夷书。拟于本月十六十八等日。起程赴粤。当经奴才恭折具奏。一面给与回文。询以义律马礼逊诸夷。是否偕往。留在定海者。又属何人。令其逐细具覆。旋于十五日。接据懿律覆称。该夷定于十九日。与义律马礼逊等。率兵三千人。乘坐大战舰三只。余船数只。至粤听候查办。将头目胞诅。及布尔利。留在定海。日后倘有查询之事。即恳向胞诅关会。又向差弁声称。伊此次赴粤。须奴才给与文书。向琦善咨明。以便伊前往投到等语。奴才查该夷所请给咨赴粤之处。正其驯顺畏服之意。自应准行。当即缮发给文。令其带往投递。一面由陆飞咨琦善知照。旋又差弁前往探明懿律等。实于十九日早。带领兵船八只起碇。由外洋而去。奴才伏查该夷在浙之船。共计四十余只。内兵船商船各半。其在浙久驻者。止有三十余只。余船则时在闽粤等省。往还去来无定。该夷前已撤去六只。今又续撤八只。是在浙久驻之船。所撤已及一半。且以人数核计。该夷抵浙之初。共有七千余人。后因水土不服。疫疠大作。病毙者约数百余人。统计在浙之兵。不过六千余人。今又撤去三千。与一半之说。亦相符合。该夷航海前往。约计五六日。即可抵粤。其时琦善亦已抵彼。正可相机查办。至该夷兵船。既已撤去一半。所有浙江防兵。自应酌量裁撤。除奴才前调寿春镇兵一千二百余名。应即全数撤退。令该镇王锡朋。带领回镇。又福建提臣余步云。所带之福宁镇兵五百余名。亦即全撤外。其本省官兵。调至镇海等处防堵者。共计七千九百余名。奴才与余步云。及浙江提臣祝廷彪。逐加筹画。酌留各营精锐兵三千五百余名。连镇海营额设兵九百余名。陆续招回定海镇兵一千余名。统计兵五千四百余名。以口岸之大小。分驻兵之多寡。业已足资防守。余兵四千四百余名。及调赴乍浦防堵之嘉湖等协兵七百名。亦一并陆续撤退。以节縻费。又宁波乍浦等处。商船苍萃之区。其沿海贫民。又多以采捕为业。舵工水手渔户人等。实繁有徒。自六月间封港以来。迄今五月有余。商渔失业。生计维艰。现在夷船虽未全退。惟该夷前次来文。声明不敢向商渔滋扰。其言甚为切实。不致爽约。自应即行开港。俾令各谋生业。仍饬各海口员弁。认真盘诘。不准将异言异服之人。夹带进内。以免疏虞而杜他衅。

(癸巳)钦差大臣协办大学士两江总督伊里布奏……该夷船只。现在蚁聚定海。其前在定海等要口占据之船。业已退去。即间有数只。在象山石浦等处游奕。亦因购觅食物。汲取淡水。时来时往。并不久停。奴才缮发之告示。系发至曾经获解夷匪之各嶴张贴。他处并无示谕。其该夷五桅大船。前于八月间。在慈谿县观海卫洋面。被兵勇击退之后。复驶至余姚县境内。追逐巡船。被巡船诱至软沙之上。旋即陷入水中。兵勇跃入其舱。仅获夷匪二十二名。铜炮二位。其余炮械等物。因船已陷没。兵勇不能久留。未经起获。奴才接据禀报。因思船只可以配驾。即令该县设法打捞。讵船身重笨。愈陷愈深。四面游沙。奔注舱内。竭数百人之力。不能起出。奴才已饬该县停止打捞。俾免虚费工力其所获夷炮。仅重五百余斤。点放止及一里之内。饬在海口安设。以为堵御之用。至御史曹履泰。所陈筹备之策。奴才详加参酌。其所称夷船不许近岸。应出示晓谕。并豫为知会该夷。如该夷乘驾大船。率领多人。驶近口岸。把守弁兵。即开炮轰击等语。系豫杜该夷诡诈之意。惟查该夷历次在浙。投递禀词。止驾火轮船一只。在口外停泊。听候弁兵前往接收。并未傍岸。现已听受训谕。赴粤叩关。其情极为恭顺。此时若重申约束。谕以近岸即须攻击。恐夷众妄生疑畏。适肇衅端。至出示晓谕。亦恐弁兵人等。不察虚实。混行轰击。邀功生事。奴才惟有会同提臣。督饬镇将。凡遇夷船驶至。即行体察情形。相机妥办。

(道光二十年庚子十一月)戊戌。暂护两广总督广东巡抚怡良奏……十月二十日。接到提臣函开。撤回阳江中米艇三只。于十六日夜。乘退潮开行。由龙穴之西。直赴横门。不料阳右六号中米艇。行过浅滩。适潮水将次退尽。不能行动。其阳左四号。硇洲三号。两船。业已乘风远去。该弁兵不得已。守候潮长船浮。再行前进。距候至十七日黎明。即有有桅夷船三板七八只。每船约有五六十人。蜂拥赶来。该弁兵等见其来意不善。即声言此系奉撤回营师船。有令不开枪炮。尔等不可滋事。该夷船驶至将近。即对船开炮轰击。夷众即纷纷上船。将弁兵追赶落水。船内各兵。尚在争持之际。适值潮涨。该夷等即连船掳劫。提标中军参将李贤。远闻炮声。登山瞭望真切。即督率各师船。开帆起碇。赶往援救。迎潮行近龙穴洋面。瞭见零丁矾石原泊夷兵船三只。已经乘潮赶来。同各三板。将阳右六号师船。拖带向南直驶。该参将固奉文行走。不敢追出外洋接仗。只得仍将各船收回。禀候核办等由。臣接阅之下。不胜骇异。该夷在粤肆扰。业近年余。既逞狼贪之性。复肆豕突之凶……乃士密夷巡船。于十六日。在挂碇洋面。截去福建艚船一只。驶出石栏门。向东南驾驶。据澳门同知饬引水跟探。尚未禀报。复据盐运司。转据商人呈报。盐船在洋。被英夷先后截去八只。近据水手逃回。报知如此情形。又复渐形猖獗。兹于十七日。又掳去阳江右营六号米艇一只。除落水凫归之外委何卓然。并兵二十一名外。尚有兵丁三十名。不知下落。现饬沿海访寻。再行核办。臣思英夷顽梗居心。勾结内地居民。阴刺时事。所作所为。往往不遵法度。年来更形傲慢。其于事理有不可行者。则托为言语不通。文饰其罪。甚至称兵犯顺。夺据地方……

谕军机大臣等。本日据怡良奏。撤防师船归营。猝被英夷在洋轰击。夺去米艇兵丁一折。览奏之下。不胜骇异。该夷性原诡谲。惟在天津。业经约定前赴粤省。静候查办。并有沿海各处如不开炮。渠亦断不滋扰等语。且据怡良奏称。该夷于天津情形。火轮船已为传说。是该夷不得委为不知。何以遽行开炮。琦善此时谅已抵粤。著传谕该夷。天朝抚驭夷人。从不失信。既已相约戢兵。且专派钦差大臣前往查办。代为昭雪。何以于撤防兵船。猝加轰击。如此反覆。是诚何心。著琦善一面详加诘问。并向该夷要回掳去兵丁船只。一面严饬文武员弁。密加防范。毋许夷船驶入内洋。是为至要。怡良原折。著钞给阅看。

(辛丑)福建提督余步云奏。窃奴才于本年七月初八日。钦奉谕旨。带兵前赴浙江。剿办夷匪。自八月初三日。驰抵宁波之后。查看海口情形。并探访英夷消息。将堵御攻剿各事。逐一严密措置。嗣该夷至天津投递禀词。荷蒙恩施格外。准予查办。伊里布仰秉圣谟。叠次向该夷剀切晓谕。奴才仍一面会督文武。专力守御。现于十月十九等日。叠据禀报。该夷船只陆续开去一半。前赴广东。听候查办。所有前调安徽福建各省官兵。及浙江本省防兵。业已分别裁撤。其镇海等处。尚有兵五千余名。以备守卫。就现在情形而论。奴才虽无承办紧要事件。惟定海夷船。究竟未全行撤去。奴才受恩深重。若遽行带兵回闽。抚衷循省。实属无以自安。相应仰毙天恩。准暂留浙江。随同伊里布。在海口严密防堵。俟夷船全退。定海收复。再行驰回本任。

谕军机大臣等。余步云奏。请留浙江随同防堵一折。所请甚是。现在定海夷船。尚未全行撤去。该提督虽无承办要件。而海口仍须防堵。著俟夷船全撤。定海收复后。与钦差大臣伊里布。一同奏明。再回本任。

甲辰。钦差兵部尚书祁寯藻。刑部侍郎黄爵滋奏。窃臣等于十月初八日。驰抵厦门。查明六月间攻击夷船等情。于十四日恭折奏闻在案。兹于十一月初一日。行抵建阳县之油源塘。承准军机大臣字寄。十月十七日奉上谕。前曾降旨著祁寯藻等。于浙江审案完竣后。驰赴厦门。密查本年六月间。攻击夷船情形。据实具奏。本日又据邓廷桢等。将七月间攻击番舶。擒获黑夷汉奸之出力员弁。奏请鼓励。该尚书等此时计已行抵厦门。著将此案攻击情形。并此次所保各员弁。是否核实。一并访查明确。据实覆奏等因。钦此。兹查该前督臣邓廷桢。抚臣吴文镕所奏。攻击番舶。生擒黑夷。并在洋拿获购土汉奸一折。系属汇案具奏。其攻击番舶一案。系兴泉永道刘耀椿。因金门铜山交界一带。为泉州洋面来路。于本年三月间。密饬厦防同知顾教忠。雇募水勇三百八十余名。并雇备大小商渔船十一只。委令水师提标左营守备杨靖江带领。放至金门铜山洋面。上下梭巡。四月二十一日卯时。在宫仔前穿山洋面。见有大夹板船一只。在彼寄碇。知系贩烟夷船。督饬水勇各船。并力驱逐。夷船开炮打来。我众奋勇。一齐抛掷火礶。开枪环击。维时夷船已被拢逼。不及复行开炮。惟乱掷铁弹抵拒。水勇头目陈育。手执籐牌。首先跃过夷船。随有二十余人。蜂拥而上。占其后稍。夷人执镖乱刺。我众开枪。并用彼镖回掷。夷人先后伤毙十一人。水勇亦伤毙八名。时值南风骤起。夷人砍断船缆逃驶。水勇亦即跳入海中。凫水回船。计夺获夷船铜炮一门。炮盖一个。并于我船上拾得大小铁弹四十五个。海面钩得夷帽一顶。铁镖四枝。此杨靖江攻击番船之实在情形也。其拿获黑夷一案。系四月二十日。虎屿洋面。有夷船一只游奕。并有夷人数名。驾坐杉板船一只。直驶内港。维时署铜山营参将陈显生。管带兵船。在彼巡缉。见该夷似欲上岸。督令各船弁兵。施放枪炮。迎前轰击。将杉板船击沉。忽有黑夷二人。凫水逃近岸边。被外委郭德长带兵拿获。其虎屿游奕夷船。被该署参将追至外洋远窜。随将黑夷二人解省。此陈显生等擒获黑夷之实在情形也。至署福州协都司周光碧。系浙江衢州镇守备。经前督臣邓廷桢。调至闽省。派往泉州海口一带。查拿烟贩汉奸。其带领水勇。侦获通夷匪船一只。人犯十一名。烟二千余两。查系四月二十六日夜间。在围头洋面之案。以上各情节。臣等夏间在闽省时。除据各员弁禀报外。并于因公接见官弁时。随时询问。俱无异词。其获解铜炮炮盖炮子铁镖夷帽等件。并拿获之黑夷爽果暗麻纳二名。均经送到臣等行馆。公同验看。兹复于赴厦时。沿途察访。并查知顾教忠。俞益。二员。捐赀雇募水勇名数。均属众见共闻。确有可据。该督抚所保各员弁。核阅原奏。与臣等查访相符。尚无不实。

祁寯藻黄爵滋又奏。再厦门七月内防堵夷船一案。系在臣等前次起程之后。此次来厦。亦经向该处乡民弁兵。及绅士人等。一并查询。知夷船系于七月二十四日晚间来至青屿外洋。当经提臣陈阶平。兴泉永道刘耀椿。督率文武员弁。暨各绅士等。连夜分布兵勇。各处防守。二十五日辰刻。三桅两桅夷船各一只。驶入青屿口内。向水操台开炮。直冲内港。经游击任经猷。都司张然等。带驾兵船十余只。开炮堵击。安海汛守备鲁思仁连开二炮。打中夷船火药处所。烟焰突起。岸上山顶民人望见。一齐鼓掌称快。署中军参将孙云鸿等。亦开炮击碎杉板船一只。该夷始行退泊青屿门内。二十六日巳刻。夷船复驶向水操台开炮。直打到大炮台。副将灵德。叶长春等。在大炮台向东南施放铜炮。连中夷船。将其帆索烧毁。鼓浪屿官兵。亦开炮轰击。夷船不能冲过。旋即拨转退去。仍泊口内。二十七日巳刻。夷船复放杉板三只。追一商船。势甚危迫。经同安县胡国荣。并乡绅陈荣试。陈荣植等。饬令水勇驾划龙船尽力追逐。开炮击中夷人五名。倒跌船上。南岸屿仔尾官兵。亦开炮夹击。该夷船随即逸至青屿停泊。计三日内兵丁伤毙六名。游击任经猷。因奋力堵击。被炮殒命。居民均无伤损。该夷除被划龙船炮中五名外。其余被击落海者。查无确数。迨二十九日晚间。夷船始扬帆而去。其夷书一件。系于去后交渔船带呈等情。核与该提督巡道向臣等面述情形。大略相同。查厦门两次被夷船滋扰。其六月间骤经接仗。民情不无惊惶。至七月内沙墩炮位。布置已具。夷船虽连驶入内港。而人心恃有准备。均各镇静。

己酉。户科掌印给事中朱成烈奏。相传英夷尝侵安南。安南人造轧船长仅三丈。船高于水仅一尺。两头尖锐。头可为尾。尾可为头。船用二十四楫。鼓楫进退。矫若游龙。两头架红衣炮。以击夷船近水处。其船即沉。夷大败。至今望见安南轧船。即落胆而去。臣尝详推其理。盖以英夷船大如山。其炮必与船平。不能下击。下击则入水中。即使船之两旁。安置炮眼。亦必出水在八九尺以上。否则海波注之。轧船出水仅一尺。为彼炮之所不及。而得专力以击其船底。故获全胜。可否饬下两广督抚。照样制造。以备攻剿。

谕军机大臣等。有人奏。海防事宜。称有安南轧船。最利攻击等语。广西近接安南。有无此项船只。是否足资海防。内地可以仿照制造之处。著梁章钜查明具奏。

壬子。署京口副都统海龄奏。奴才前至京口时。适值署理两江总督裕谦。前赴扬州。舟泊江口。奴才与其会晤。询问吴淞一带海口情形。据称所有吴淞。狼山。福山。江苏。紧要之处。该署督俱经严紧防范等语。奴才复亲身查看沿江一带。距城六十里之圌山。诚为京口要隘。凡自南往北之船。必由此处经过。奴才饬令瓜洲水师副将李澄等。安设炮位。派委妥员。带领兵丁。时加巡防。其圌山迤北。则焦山。象山。虽属紧要。第焦山迤东。近年沙淤水浅。即本处熟悉水性之船。往往有搁浅者。外夷之船。谅难前进。奴才仍饬令该营汛用心巡防。不可稍有疏懈。且勘各处离城不远。傥有警奴才即当就近带领旗营官兵。相机办理。

钦差兵部尚书祁寯藻。刑部侍郎黄爵滋奏……臣等查闽省洋面。近年以来。夷船游奕停泊。沿海奸民。勾通接济。贩买烟土。利之所在。日引日多。漳泉两郡洋面。处处有之。而泉州之大坠山一带。尤为夷船往来最熟之地。盖大坠山。有泉可以取水。附近各乡。烟贩尤多。历经各督抚严饬查拿。而夷匪汉奸。视为利薮。营汛差役。倚为奇货。是以禁令虽严。总未绝迹。臣等十月十四日。自厦门还泉州。面询署知府沈汝瀚。据称十月初间。大坠洋面。陆续有夷船寄泊。前后共九只。此去彼来。踪迹靡定。至十三日剩有五只。十五日臣等过惠安县。询据署知县雷仑禀称。现剩三只。旋闻驶去。此泉州洋面夷船停泊之实情也。至臣等遵查厦门接仗情形折内。附片陈明。自七月后。夷船并未驶入口内。系专就厦门内港接仗而言。其厦洋口外夷船。是否再来。臣等查阅海口时。曾面询兴泉永道刘耀椿。及副将灵德等。据称十月初四日。大担口外。望见有夷船二只。经过停泊。彼时正查点炮台兵丁。密为设备。因其并未驶入口内。谨遵谕旨。未经开炮。至次日该船驶去等语。此厦门口外夷船停泊之实情也……

谕军机大臣等。本日据祁寯藻。黄爵滋奏。洋面夷船停泊情形。据查泉州之大坠山一带。尤为夷船往来最熟之地。烟贩甚多。禁令虽严。总未绝迹。该尚书等十月间。在泉州厦门等处。询知夷船往来。踪迹靡定。自厦门滋扰之后。提督巡道折回防守。不能专力泉州要隘。以致夷船任意游奕等语。现在琦善赴粤查办。尚未奏报情形。该夷诡诈多端。情殊叵测。著吴文镕督饬将弁。认真巡防各口。毋得稍形松懈。是为至要。

谕军机大臣等。本日据伊里布奏。历探夷情一折。又另片密陈。览奏均悉。英夷诡谲异常。朝夕反覆。早在意计之中。朕前次准令琦善赴粤查办。盖欲因势利导。示以羁縻。及早戢兵。原系为斯民谋久安长治之策。该夷贪很性成。蹂躏地方。挟定海以求澳门。稍不如意。便生觊觎。澳门定海。均为海疆要区。安可听其贸易。此朕深虑熟筹。早有定见者也。现在琦善想已到粤。如该夷听受训谕。则退还定海。无俟劳师。实为上策。傥竟不遵约束。种种逞刁。则琦善必据实奏闻。另筹办法。统俟粤省奏到。再示机宜。各路调兵。现已陆续归伍。而本地营兵。为数不少。分隘散布。巡察防堵。全在加意整饬。毋稍疏虞。该大臣片奏铸炮六十余位。正可于闲时操演有准。以期得力。傥粤省查办不能妥协。或该夷意在寻衅。其势万不能已。彼时应调何处弁兵。著伊里布一面檄调。一面奏闻。该大臣尤当先事绸缪。计出万全。是为至要。傥筹办疏懈。将来有误机宜。朕惟伊里布是问。恐不能当此重咎也……

癸丑。掌广西道监察御史蔡家玕奏。本年英夷滋事。定海失守。皆因浙省大吏。办理失宜。罪所难逃。我皇上德大如天。包容海表。以和为贵。不怒而威。虽古来阶舞苗格。不是过也。然使英夷果能恬退自安。始终恭顺。岂独仰圣天子之神武哉。实苍生之福。而群臣之愿也。今者英夷坚居定海。地不我归。又闻添筑炮台。高培城郭。其居心可想见矣。臣闻能守而后可战。能战而后可和。战固不足恃。而守固不可疏。处外夷以和。而不兼之以守。其果足恃乎。英夷耐热而不耐寒。当此隆冬。自然安息。正宜际其安息。思患预防。迨来年春夏之交。整顿齐备。彼虽不顺。而我有以御之。夫以海疆万余里之遥。处处严防。其势固有所不及。臣谓各处可照常谨守。惟粤省为英夷出入门户。最关紧要。必须添兵设备。然后可保无虞。夷船甚大而我船小。小固不可以敌大。而惟多则可以制少。若能于战船之外。多造船只。广储火具。精添器械。慎选兵丁。军令森严。安排海口。虽按兵不动。而天威已振矣。总之柔远之道。于小邦则使其怀德。大邦则使其畏威。今外夷惟英夷为最大。我既抚之以德。而又示之以威。岂特足以服其心。并足以丧其胆也。

丙辰。蔡家玕又奏……盖英夷之所恃者其船大。其炮猛。人必以是为难制。而不知我正幸其船之大也。船大则驾驶不灵。非风不行矣。更不畏其炮之猛也。炮猛则不能近击。不能低放矣。傥我以战船与之对敌。则彼之炮得力。而我必受其伤。我惟以船之小且多者以分其势。使之应接不暇。炮猛而无所用。船大而不能移。则彼失所恃。而我操胜算矣。臣深思而得数计。详细言之。当夷船之望洋而来也。我用小船二三百只。每只止用数人。四围拥进。彼见四面皆船。欲放炮而无从下手。即放矣。而我船行走无定。必无准头。岂能伤我。迨我船与夷船紧接。彼更无能为力。盖其船大。则其船沿必高。炮即不能下放。其刀戟亦不能下施。当此之时。我船齐放鸟枪火箭火毬之类。夷船火起。我船四散。立见其船烧毁。况我既以小船围其大船。彼即有大船从旁欲救者。亦无法可救。何也。彼欲放炮击我小船。我之小船伤者有限。而彼被围之大船之全轰矣。此一计也。又有将火船紧烧之法。我小船之内。杂火船十余只。其法用干柴堆于船内。又用桐油将草把浸透。杂入柴中。再藏火药在内。其船两头均安铁炼。约数尺长。炼上置大钉一二枚。约尺许长。锋利且坚。当紧接夷船之时。将三五火船。钉住夷船之沿。即行放火。而众船皆散。一时夷船。及火船片板无存。此二计也。广东有名海鬼者。其居水无异于陆地。此等皆干法潜逃之犯。皇上若下宽诏。准其投军效力。将功折罪。事成犹有重赏。只须招集数百人。各给以斧凿利器。遇夷船一至。令其潜入水内。将其船底凿破。夷船束手无策。立时沉溺。此三计也……

道光卷一八

(道光二十年庚子十二月戊午)谕军机大臣等。本日。据琦善驰奏。英夷回粤情形一折。览奏均悉。英夷此次自浙旋回。词气既形傲慢。难保不别怀诡计。该大臣以水师参将出名。代撰发给夷人文稿。仍于虎门妥为密防。所办尚属妥协。惟夷情叵测。包藏祸心。已非一日。彼欲肆无厌之求。我当有不虞之备。著琦善详加体察。密行侦探。一面与该夷目善议戢兵。一面整饬营伍。遴选将弁枪炮务须得力。船只必堪驶驾。妥为布置。毋少疏虞。如该夷实系恭顺。退还定海之外。别无非礼之请。自可仍遵前旨查办。傥敢肆鸱张。始终桀骜。有必须剿办之势。著即一面奏闻。一面相机办理。总之夷情不可信。事机不可失……

(癸亥)又谕军机大臣等。给事中朱成烈奏。相传英夷侵安南。安南人造轧船。长仅三丈。船高于水仅一尺。两头尖锐。头可为尾。船用二十四楫。鼓楫进退。两头架红衣以击夷船。英夷大败。至今望见安南轧船。即落胆而去等语。著琦善详细采访。有无此项船只。如有可采。即著照式仿造。以备攻剿之用。原折著钞给阅看。

谕军机大臣等。本日据琦善奏。查明粤省夷务情形。逐条详覆。览奏均悉。又奏夷情日渐迫切。现在筹办一折。该夷反覆诪张。难以理谕。匪特澳门等处紧要隘口。不能准其贸易。即沿海各口岸。何处非海疆重地。今该夷挟定海为要求之具。种种鸱张。殊为可恶。况所索烟价。即令允给五百万圆。而日后需索无已。逐渐增添。必至所求无厌。若不乘机痛剿。何以示国威而除后患。琦善现署总督。两广陆路水师。皆其统辖。均可随时调拨。第念该省陆路兵丁。未必尽能得力。现已降旨。饬令湖南。贵州。两省。各备兵丁一千名。四川省备兵二千名。听候调遣。著琦善一面与之论说。多方羁绊。一面妥为豫备。如该夷桀骜难驯。即乘机攻剿。毋得示弱。需用兵丁。著一面飞调。一面奏闻。该夷既有陆路兵丁名色。著琦善督饬阖省水陆将备。认真防范。以逸待劳。傥事有变更。即奋勇攻击。以慑夷胆。并飞咨伊里布。一体准备剿办。

又谕。本日据琦善奏。查探夷情。渐形迫切。现在筹办。该夷兵船日增。驶近虎门。内有打央鬼船二只。访系该夷陆路兵丁名色。此系向来所无。其设心已可概见等语。从前命琦善查办。原系朕慎重用兵之至意。今闻该夷到粤后。更形骄傲。且所愿甚奢。非仁义所能感格。其势不得不加征剿。以示创惩。除由六百里谕令琦善。暂事羁縻。再行随时将情形驰奏外。著沿海各将军督抚等。仍遵前旨。加意操练。以期有备无患。各省滨海地方。港汊纷歧。著各酌量形势。分拨防兵。严密布置。毋得稍有疏虞。自干重咎。

(丙寅)谕军机大臣等。据御史石景芬奏。剿办英夷机宜一折。前据琦善奏。英夷自浙回粤。情词傲慢。已降旨令沿海各省。严密防范。并将得力将弁。应用枪炮。豫为筹备。兹又据该御史奏请。合江浙两省兵力。乘其骄惰。出其不意。机会可乘。时不可失等语。逆夷包藏祸心。占据定海。江浙沿海隘口。必应慎密防备。著伊里布裕谦。按照折内所指各海口。悉心筹画。何处必须防守。何处可以进剿。先事豫筹。密为布置。并遴选将弁。准备枪炮。一俟广东咨照实在情形。即行相机堵剿。兵贵神速。计必万全。务须一鼓作气。聚而歼旃。傥事前不知筹度。临时坐失机宜。朕惟伊里布裕谦是问。恐不能当此重咎也……

(戊辰)钦差大臣协办大学士两江总督伊里布奏。窃查夷目懿律。于十月十九日。分船赴粤。迄今一月有余。奴才因该夷船只便捷。由粤至浙。极为迅速。粤省如何查办。留浙夷人。必先得信。是以屡经遣弁。赴定海密探。以觇其有无去志。该夷目懿律等赴粤之后。防守渐形疏懈。任听弁兵人等。在城内出入。并未盘诘阻止。其原在道头一带。安设之炮位枪械。皆纷纷搬运下船。已有去浙之意。至十一月。二十日。忽有夷船两只。自粤回定。该夷复将船内炮械。运至岸上排列。操演兵技。制造军器。并在城内各处。严行防守。又出示谕禁定民。不得容留内地兵役。数日之间。情形互异……

谕军机大臣等。本日据伊里布奏。接准广东来信。相机筹办一折。又另片奏。现在密加守御等语。览奏均悉。该夷目懿律。形踪诡秘。夷船来往无定。该大臣既探明夷船自粤回浙后。情形与前不同。并将船内炮械。运岸排列。是该夷因在粤所求无厌。不能遂其所欲。故为此挟制伎俩。灼然可见。该大臣将前拟撤退尚未起程各兵。仍留浙省。所见甚是。如该夷并无滋扰情事。仍著严密防范。勿任窥伺。傥接到广东知会。该夷业已猖獗。必须用兵。著遵前旨。迅即督令将弁。分路进剿。如该夷在浙。业已蠢动。滋扰各要隘。亦著统兵并力会剿。毋稍迁延。伊里布驻浙数月。谅于进兵路径及何处可以战守。一切情形。均已熟悉。所需枪炮船只。自必豫为储备。著仍遵前旨熟筹妥办。勿令坐失机宜。是为至要。至懿律是否潜回浙省。亦须探访的确具奏。

(庚午)钦差大臣大学士署两广总督琦善奏……业有兵船二十余只。驶近虎门。相距不过十里。一不遂欲。势即猖狂。奴才先访得该夷求请地方。其所垂涎者。一系粤省之大屿山。一系海岛。名为香港。均在老万山以内。距澳门不远。伏查大屿山。袤延数百里。地居险要。早经建筑炮台。设有守备。即香港亦宽至七八十里。环处众山之中。可避风涛。如或给予。必致屯兵聚粮。建台设炮。久之必觊觎广东。流弊不可胜言。既据该夷改请添给贸易马头。较之给予地方。似为得体。惟不能准其两处。奴才随备文照覆该夷。允为代恳天恩。于粤省之外。再准通商一处。仍告以只准与行户互市。不得上岸与居民交结……奴才伏查该夷之意。全在要求。设定海未被占据。并不知我戢兵之说。或尚可以利诱。今则悉被探知。故一启口而即言打仗。此时若竟与交锋。无论船炮既不相敌。兵心亦多畏葸。先经奴才附片密陈。近又函询水师提督臣关天培。据称如来船尚少。犹可力争。多则实无把握。而该夷现泊近虎门之大小兵船火轮船。共计已有二十余只。其散泊外洋者。尚复不少。且汉奸遍野。据义律向委员告知。不但该夷兵目。愿战者多。并有内地奸徒。串嘱打仗。故该夷之虚实。我则无由而知。而此间之动静。无时不窥探通报。似此情形。与之交仗。是适遂奸徒之计……随经再四思维。查浙江。江苏。俱为出产丝绵茶叶之所。自难准令该夷前往贸易。惟福建迤南有厦门。其省城又设有闽海关。向有琉球国夷人。在彼通商。历久恭顺。并准其在该处居住。今英吉利夷人。虽非琉球恭顺可比。而圣人中外一家。且系仅止通商。非如前之求请给予可比。其相距台湾城。尚有一百余里之遥。但能驾驭得宜。亦无虑其遽尔由海登陆。再。现在适接护理闽浙督臣吴文镕来函。述及此时闽洋夷船。时有往来游奕。其泉州府属之大坠洋面。又有夷船三五只。此来彼往。常川寄碇。是即不允所求。亦难保不私擅潜往。而汉奸所在皆有。仍可交易。仍费筹防。且筹防犹恐难于周密。似不若明定章程。尚可从长计议。奴才拟请于广州之外。再就福建之厦门福州两处。准令通商。冀得籍以羁縻……

琦善又奏……奴才伏查夷情诡诈多端。其前在浙江时。窃恐回粤后。彼处致被我军攻击。是以再四向钦差两江总督臣伊里布探询。曾否奉有戢兵谕旨。追经探得实情。该夷将得力兵船。尽带来粤。原以备此间猖獗之用。现在该夷大小兵船火轮船。抛泊距虎门不及十里之穿鼻洋者。共计二十余只之多。业经奴才将该夷现在桀骜情形。及筹办缘由。另折具奏。是其处心积虑。已可概见。

又谕。本日。据琦善驰奏。英夷要求过甚。现在筹办情形一折。前因逆夷到粤桀骜。叠降谕旨。令讷尔经额。于天津海口。严密防范。现在求请不遂。势渐猖狂。难保不分投窜扰。天津密迩京畿。尤宜慎重防堵。著该署督。迅即亲赴天津。妥为筹办。该处现只总兵陈金绶一人。著该署督于总兵副将内。酌派一员。前往驻扎要隘。协同防御。惟添铸炮位。尚须春暖开工。已有旨于京师运往三十余尊。令置天津宁海等处。以备安设堵御。该署督即行豫备车辆。沿途接运。傥该逆夷船只。复敢驶至天津等处。逼近口岸。即开放枪炮。痛加轰击。如再来投递夷书。一概拒绝。不准接收。该署督务当严饬员弁等。加意备防。所有应调兵弁。著即酌量调拨。妥为布置。仍须计出万全。毋稍冒昧。俟布置停当后。再行回省办事。

又谕现当剿英夷吃紧之时。复州地方紧要。新任城守尉扬桑阿。是否胜任。著耆英于该员到任时。切实察看。如不胜任。即于各城遴选得力之员。奏请调补。再。本日降旨。令于吉林挑选熟精鸟枪之兵丁五百名。豫备调遣。傥有夷船驶至奉天。著一面奏闻。一面即行调拨。以备攻剿。

刘韵珂又奏。再臣抵任后。即与在省司道。公同筹议。以该夷船坚炮利。若在洋面接仗。是以我所短。就彼所长。总以勘择要口。修筑炮台。制造巨炮。严密防守。为第一要策。正在查办间。接准钦差大臣伊里布。将御史曹履泰奏。制夷之道。毋庸造船。止须造炮一条钞到。臣详细查阅。该御史所奏。洵属确当不易。当即分饬沿海道府。会营亲历所属海口。逐加察勘。何处应行设防。有无旧存炮位。尚堪应用。应否添铸巨炮。并添筹之炮。究须若干斤重。一并查明。迅速禀复去后。旋准钦差大臣伊里布咨会。附片奏明。宁波镇海等处。口岸纷歧。必须多制炮位。以资分布等因。并饬省局司道委员。赴苏购买铁斤。将前在省城铸炮工匠吴通海等。调赴镇海。委员监造。是伊里布所铸之炮。系专为防卫宁波镇海各口而设。并无分拨各府应用之炮。查杭。嘉。绍。台。温。各府。均有滨海口岸。当此粤议未定之时。自应一律筹备。择要设防。即使粤议既定之后。亦可一律控制。有恃无恐。惟铁斤既须赴苏购买。匠工又须别处觅佣。若俟奏奉谕旨后。再行购觅。更恐赶制不及。臣一面札饬藩臬两司。迅速委员购买。转饬杭州府。觅雇工匠。一面札催前委各道府。作速勘报。俟勘报到日。再确加查核。将旧存炮位堪用者。仍留备用。以节糜费。或应添铸若干。或应修台几座。总期于来岁春间。次第完竣。

谕内阁。刘韵珂奏。请添铸炮位。以资分布等语。浙江杭嘉绍台温各府。均有滨海口岸。现当海防紧要之时。所有应用炮位。自应一律筹办。著照该抚所议。即行购料集工。赶办制造。以期速行完竣。

刘韵珂又奏……臣前虽校阅武闱。仍随时差探夷情。有报称定洋夷船二十七八只者。有云三十二三只者。盖因其停泊不在一处。游奕并无定所。是以探报亦多寡参差。其在定城内外之白夷。则伪谕民人。意图笼络。而黑夷仍不免有滋扰情事。逃避宁波府城难民。自抚恤以来。均属安静。堪以仰慰圣廑……

谕军机大臣等。本日。据刘韵珂奏。遵赴镇海。确查夷情等语。现在粤中夷情。据琦善奏到。益形桀骜。已饬令沿海各将军督抚。加意防范。豫备攻剿矣。浙江省城紧要。所有定海应行筹办事宜。著刘韵珂。与伊里布。会同商妥后。即行折回省城。饬令文武员弁。严加防守。如该夷再来投递禀词。一概拒绝。不准接收。或有夷船驶近口岸。即行开放枪炮。痛加轰击。固不可稍涉冒昧。尤不可或形畏葸。总期有备无患。足可制胜。是为至要。

（辛未）户科给事中万启心奏。顷英夷投书呈诉。词尚恭顺。皇上特遣大臣赴粤。查办通商。圣德涵容。如天如地。该夷具有人性。理应如何感服。乃近日风闻浙洋渐肆淫掳。粤洋抢夺兵船。桀骜已露。叵测堪虞。臣前奏谓夷人所诉林邓各情。如果查办一依约束。则前督办理。自系过当。若阴持两端。多生狡诈。则明系反间。去其所畏。今之所闻。殆不止于阴持两端。多生狡诈而已。其所呈诉。皆非实情。其为反间之计明甚。林邓办理粤事。已经两载。迄无成效。转致纷纭。皇上予以重谴。原属罪所应得。但当有事之际。亟需任事之材。臣访问粤人。及士大夫有识者。皆谓两人在粤。熟悉夷情。加以屡次防守夷船。颇殚智虑。幸免疏虞。深为该夷所指畏。其恭顺各夷。亦能驱遣效命。林则徐任事实心。两年以来。须发尽白。粤人闻其去任。或至恸哭。臣谓两人若蒙赦过。必可图功。若乘该夷反覆傲慢。明降谕旨。大彰天讨。起复两人。令其专办战守。或该夷愧悔。别无要求。仍令琦善妥办。不必深与计较。万一必须用兵。两人驾轻就熟。似非中外诸臣所及。臣不揣冒昧。是否有当。伏乞圣明密赐裁察。

道光卷一九

（道光二十年庚子十二月丙子）谕军机大臣等。本日据琦善奏。筹办英夷情形一折。览奏均悉。前两次由六百里谕知一切。谅已钦遵办理。该大臣一面备文令该夷听候照覆。一面酌调各兵。分别密防。甚有识见。与朕意相合。该夷反覆鸱张。即令暂时恭顺。亦不可恃。惟有大加惩创。方可以褫夷魄而绝后患。著琦善仍遵前旨。厚集兵力。用张天讨。现在湖南。四川。贵州。各兵。想已陆续抵粤。即可分布要隘。乘机痛剿。不留余孽。至淡水食物。必应断绝。该夷无可接济。不能久持。自己不战而溃。该大臣奏称华夷私相授受。似难骤禁。著设法防范。但有可以禁止之处。即行筹画办理。朕不为遥制。切勿畏难苟安。致失机宜……

丁丑。山海关副都统扎拉芬泰奏……奴才伏查山海关畿辅要地。距老龙头八里。秦王岛三十里之遥。口岸林立。一帆可达。虽有瞭防官兵十名二十名不等。止以传报消息。设英夷扰近口岸。仓猝之际。该官兵寡不敌众。焉能抵敌。奴才筹酌至再。先于满营拣派佐领防校四员。鸟枪兵六十名。分布老龙头。秦王岛。两海口要隘。留意侦察。瞭见夷船踪影。一面驰报消息。一面严密防范。奴才驻劄镇城。如有急报。即驰赴海口。亲督官兵。相机妥办。仍于官兵内先行挑备枪箭兵三百名。并红衣无敌子母等炮二十三位。火药等件。以待攻剿。

谕军机大臣等。扎拉芬泰奏。派兵分布海口防范一折。据奏拣派官兵于老龙头泰王岛海口要隘。侦察巡防。并豫备兵丁炮药等件。览奏均悉。逆夷情形桀骜。沿海各口。均须严密防范。山海关老龙头等处。关系紧要。著该副都统督率官兵。随时哨探。加意巡防。如瞭见夷船踪影。应行开放枪炮。必度其地势。远近足以相及。方行轰击。无任混行施放。虚糜火药。如其进口登岸。即可奋力歼除。并著遴选将弁。预备枪炮。总期有备无患。毋致临时周章。是为至要。

戊寅。盛京将军耆英。副都统奕兴。刑部侍郎栢葰。奉天府府尹呈麟奏……仰见皇上慎重海疆。思患预防之至意。奴才等悉心筹议。窃谓该夷素具诡谲之性。已露桀骜之形。断不敢因其远在浙粤。辄思苟且偷安。现当海口封冻之际。正宜先为筹备。其有必须临期调遣者。亦不敢稍涉张皇。伏查奉天所属海口。分西南两路。拟将两路各海口。责成锦州熊岳副都统督率稽察。并札饬旗民地方官。各带本处兵役练勇。防堵本处海口。奴才等仍随时体察情形。如必须亲往之时。立即亲往督办。傥本处兵力较单。应调别城官兵协防者。亦即酌量饬调。至兵勇所用战具。总以火器为先。鸟枪虽便捷。其力不能致远。则炮位尤所当急。今冬复酌拨九尺七八尺五节炮九门。分运西南两路各海口。安设备用。以资捍卫。至奉天海疆所属。孤悬海外。岛屿共有六十余处。势难分兵防守。应令各该旗民地方官。随时剀切晓谕岛屿居民。务当各固藩篱。虽兵力所不能兼顾者。亦不准稍涉疏忽。奴才等惟有慎之又慎。精复求精。以期仰副圣主训谕谆谆之至意。谨将现在应办事宜。另缮条款清单。恭呈御览。

一各城旗兵。向系春秋二季操练。现当海防吃紧之际。未便仍循常例。所有省城及各城兵丁。即札饬该管官等。勤习枪箭。试放炮位。以期娴熟有准。遇有缓急。足资调遣。

一坚甲利兵。最为武备要务。八旗原有军装器械。历年久远。未必尽皆坚利。现在逐一查验认真修理。不徒求饰外观。总期兵归实用。

一团练乡勇。在精而不在多。今各海口所募乡勇。每百名设总头目一人。副头目二人。责令约束教演。该管各官。仍随时亲为操练。其所需鸟枪长枪顺刀挠钩等项器械。官为制给。事竣收回贮库。

一火药铅子。为演习枪炮所必需。责成该旗民地方官。就近采办。经委员秤验后。方准按日动用。造册呈报。

一凡海口扼要处所。必须深挖壕堑。增置高垒。以避矢石。至海口房舍多少不等。所有防海兵勇。即或不能尽住海口。亦不得离海过远。平时总须一呼即至。有警即寸步不离。方足以重守御。

一往来文报。必须迅速。西路海口。切近驿路。所有海防文报。俱可附驿驰递。至紧要文报。限行时刻。如有任意迟延者。即咨行盛京兵部。将该驿丞严行参办。南路海口。不通驿递。饬令该地方官。每六十里设立台站一处。马匹草豆。均令宽为预备。凡应递文报。不准稍迟。以重机务。

一各海口水面。必须声息相通。饬令该旗民地方官。各按海口大小。酌量雇备船只。将所雇船只字号。船户姓名。造册呈报。以备差遣侦探应用。

一海口附近居民。责成该旗民地方官。认真访察。毋为夷匪抢掠。尤当慎防其潜通夷匪。私为接应。遇有面生可疑之人。更宜加意盘诘。傥系通夷汉奸。立即严拿究办。

一夷匪赴各岛取用淡水。以口袋承接瀑布。灌注到船。百丈可通。顷刻盈舱。饬令该地方官。亲赴各岛。将瀑布流泉。或散其脉络。或截令中断。或使之伏流。勿使夷匪得灌注之便。其岛内井眼。亦先运石堆于井旁。遇有夷匪前来取水。即将石块填塞井眼。俾无水可取以制其命。

一夷匪食物。首重牛羊。所有附近海滨地方。概不准牧放成群牛羊。以启夷匪觊觎之心。其海外岛屿居民。有牛羊之家。尤当令其早为收拾净尽。勿慢藏以诲盗。

一凡岛屿有产柴薪处所。除本处居民日用所需。听其酌留外。其近在海岸所生柴薪。概令砍伐焚烧。勿使留遗。以资夷匪取用。

一奉天为产粮之区。而各省亦多仰给奉天。未便停止商贩。以碍民食。惟现当海防吃紧之际。不容不严密稽察。饬令各海口地方官。验明该商原领照票。核对相符。方准其装载粮食。仍将所运粮食数目。及出洋日期。知会该原籍地方官。查收移覆。互相稽察。以杜接济夷匪之弊。

朱批。无一条不中机宜。甚属可嘉。勉力防守。

谕军机大臣等。耆英等奏。预筹海防事宜一折。据奏西南两路。责成锦州熊岳副都统。督率稽察。

并酌备枪炮。晓谕岛民。又单开事宜十二条。甚合机宜。可嘉之至。均著照所议办理。惟枪炮施放。必期有准。著该将军严饬海口弁兵。遇有夷船驶至。度其地势远近。足以相及。方许合力轰击。傥该夷进口登岸。即著堵截痛剿。务使一鼓歼除。其各岛大小不一。或可归并迁移之处。著酌量筹办。总须严断接济夷船。是为至要……

(己卯)谕军机大臣等。本日据讷尔经额奏。遵旨调兵防守要隘等语。著该署督。即协同山海关副都统扎拉芬泰。相度地方情形。于山海关各要隘。预为布置。随时哨探。加意巡防。如瞭见夷船踪影。应行开放枪炮。必度其地势远近。足以相及。方行轰击。此次所拨八旗炮位。应已陆续运到。著督同总兵石生玉。陈金绶。酌量要隘。妥为安设。拣派弁兵。随同炮甲学习。演放有准。以期得力。古北口地方。亦属紧要……

庚辰。署两江总督江苏巡抚裕谦奏。窃臣接据沿海各营县禀报。江苏洋面。近虽安静。而查探定海夷船。时有往来。且在定海地方。操演兵技。情有可疑。正在探访间。接准钦差大臣伊里布咨会。夷目懿律。在广东省托言回国。将会议事件。诿之义律。而义律言词强横。又欲在宁波贸易。十一月二十日。有夷船两只。自粤回定。将已经搬运下船之炮械。仍行运至岸上。操兵制械。设守甚严。恐懿律潜回定海。藉图占据。咨行一体密防等因。核与江苏营县所禀相符。臣查义律不过该国一贸易领事之人。与中国洋行相等。何能议事。懿律曾否潜回。虽不可必。而似此种种可恶可疑。自应严益加严。密为预备。且该夷占据定海。已迩半年。游奕各洋。亦将周遍。沿海之险要。虽未必能得其详备。而沿海之奸民。实难保无被其诱胁。设有反覆。则以熟悉路径之汉奸。导引狡诈之夷人。其情殊不可测。江苏洋面。与定海毗连。崇明既孤悬海外。上海为通商马头。宝山又为出入门户。在在皆关紧要。不敢因冬令水涸。有天险可恃。该夷现亦并未蠢动。稍行松懈。查防守宝山之奇兵营兵。甫经撤退。未便再令折回。以致仆仆道途。张皇惊扰。臣业已飞咨提臣陈化成。酌量情形。妥为办理。一面将江宁将军臣佈勒亨。在江宁满营城内。搀获二千五百斤大炮三位。又苏州省城。查出四千余斤大炮一位。一并拨解吴淞海口。择要安设。仍先饬委候补知府黄冕。兼程前往宝山。随同提臣经理弹压。以为固守海口。控制崇明之计。臣仍确探粤浙两省情形。或往苏州。或赴上海宝山。相机办理。惟上海地方。尚有徐州镇标官兵七百名。现系护理徐州镇总兵事参将继伦管带。恐不足以资弹压。可否请旨敕下新任徐州镇总兵王志元。迅速前来。以专责成而昭慎重。

谕内阁。新任江南徐州镇总兵王志元。无论行抵何处。著即驰驿速赴新任。

(辛巳)裕谦又奏……臣查夷性贪诈。得步思进步。定海一日不复。即沿海地方一日不能解严。其防堵之法。必须先据地利。尤须防其大炮。江苏之最为险要者。莫如崇明。宝山。上海三处。而洋面地势。皆系平行散漫。无险可据。惟崇明城外。旧有土城一道。土城之外。又有濠沟。宝山县沿海皆有海塘。海塘之内。又有顺塘河一道。因年久失于修濬。崇明之土城。既多残缺。濠沟业已壅塞。宝山之顺塘河。亦间段浅阻。臣前已严饬地方官。乘此农隙之时。赶紧集夫。将崇明之濠沟。宝山之顺塘河。挑濬深通。即以挑出之土。修筑土城。加高海塘。既可藏兵避炮。成居高临下之势。又可以通水利。现又专委经理宝山上海防堵事宜之候补知府黄冕。经理崇明防堵事宜之丹徒县知县王德茂。会同地方官。迅速办理。务期于春前。一律挑筑深固。其上海一处。只有于吴淞海口。多安炮位。严行把守。并弹压口内闽广水手。使之为我所用。别无险要可据。臣仍确探定海情形。设有变更。即驰往督办。断不敢稍有松懈。

谕军机大臣等。昨据裕谦奏。夷情诡诈。现为豫备一折。据奏江苏洋面。毗连定海。崇明既孤悬海外。上海为通商马头。宝山为出入门户。该署督现将炮位拨解海口。择要安设。并派员固守海口。控制崇明。仍确探广东浙江情形。或往苏州。或赴上海宝山。相机妥办。著照议妥为办理……

道光卷二〇

(道光二十一年辛丑正月己丑)琦善又奏。窃奴才于本日辰刻。将备文照覆英夷。及该夷船业已张挂红旗等情。恭折具奏后。随续接水师提臣关天培飞报。英夷各船。于十五日早间起碇。分股直扑虎门外。沙角。大角。两炮台。炮火联络。折戗环攻。自辰至未。约计夷船共开有千余炮。我军奋力回击。直至未刻。远见夷人有落海者。适值潮退。该夷船始停炮火。现泊沙角。大角。夹间中流。彼此相持。大约次早潮长。必仍开仗。又有火轮船四只。直扑师船。我兵亦即回攻。无分胜负。该火轮船仍驶去。回泊该夷船边各等语。伏查奴才自到粤后。叠次与该夷回文。均系温言劝谕。即其所求各款。虽未能饱其无厌之欲心。然亦逐节饶有见许。乃该夷此次。于十四日递到夷书。不候回文。辄于十五日早间直扑炮台。其桀骜强横。一至于此。议者犹谓固守藩篱。即足使之自困。或但许通商。即可就我范围。其言是否足采。难逃圣明洞鉴。现在该夷既敢先肆滋扰。则衅自彼开。已属无可藉口。所有前件回文。自不应再行发给。查沙角炮台。孤悬海外。前恐兵力较单。业经添拨抚标兵二百名。驻扎东莞之陆路提标兵二百名。预备防守。惟大角炮台。近接南沙山一带。诚恐该夷绕越山后。奔窜前进。现已飞询水师提臣。查明。如应需添兵。即就距该处较近地方。指定营分移覆饬调。一面嘱令赶紧多备薪米火药铁弹等项。总期足敷数月之用。以便拒守。其虎门系提督驻守处所。并有奴才派往协防之潮州镇总兵李廷钰。足资商办。至距省六十里之乌涌口。前已调集舟师。于傍岸安安营筑垒。并又填石沉船。札立木筏以堵窜越。业于本月初四日具折奏报。现经署督标中军副将祺寿。永靖营都司翟士亮等。督办完竣。惟省城贴近城墙。均系居民房屋。碍难开炮。余亦四面皆河。无可安营之地。现亦就水中旧有炮台。增兵防守。其有滩面者。亦一律安营。俾资水陆兼防……

谕军机大臣等。昨据琦善驰奏。英夷现在情形一折。逆夷日肆猖獗。必应痛加剿洗。该大臣接奉屡次六百里谕旨。所有本省官兵。自已早经调齐布置。湖南各省官兵。正月内亦可陆续到粤。著遵照前旨。奋力剿办。本日又据琦善驰奏。逆夷不候回文。直扑炮台一折。据奏逆夷于十五日早间起碇。分队直扑虎门外。沙角。大角。两炮台。又有火轮船四只。直扑师船。我兵奋力回击。无分胜负等语。逆夷要求不遂。朕早料其必须剿办。此次衅自彼开。尤属无可藉口。所奏拒守虎门。及于乌涌口堵御。并增兵防守水中炮台等情。均照所议妥为办理。沿海各处。本日已由六百里分谕防守矣。又另片奏办理棘手情形。现在事势。惟有一力剿除。有何棘手之处。惟在该大臣相机筹办。俾逆夷早日授首。以伸天讨而建殊勳。即此后逆夷穷蹙乞命。断不能再邀恩宥。该大臣亦不准代为奏请也。此次该夷受伤落海者。约有若干。内地官兵有无受伤之处。著一并确查具奏。

署两江总督裕谦奏……臣查西洋诸国。惟利是视。但知贸易。无他技能。英吉利本系西洋微贱之国。为各国所役使。迨至国初。始渐强富。恃其诈力。将各国贸易马头。逐渐占据。抽收各国货税。以养兵卒。然其为治。仍以资本之多寡。营运之善否。技术之巧拙。以为进身之阶。升迁之途。并无礼乐刑政。亦不争城略地。自在广东通商以来。因见欧罗巴等国。有澳门马头。凡有货物。皆运贮澳门。俟内地行商。前往交易。其往来关税。皆行商完纳。与欧罗巴等国无涉。若该国货船。则停泊黄埔。自行纳税。既羡欧罗巴等国之得免关税。又耻出欧罗巴等国之下。垂涎澳门。定海。厦门。等处。欲图效尤。已非一日。请在内地设立马头。亦非一次。今则藉口于断其贸易。乘我不备。占据定海。以遂其初志。傥不早为收复。则该夷贪诈性成。得步进步。又将顾而之他。是以臣前有乘此天时地利人和。浙江必应速战。收复定海之议。今该御史所请合力攻剿。洵为破的之论。而所称修造战船。买雇民船。与之水战。臣窃以为尚非万全之策。盖彼之船。宽有三四五丈不等。长有二三四十丈不等。厚有尺余。较我兵船。及闽广大号商船。均大至倍蓰。此不可恃者一也。彼之船布篷铁锚。机关便利。在大洋之中。行止甚速。随处可以寄泊。我之船箬篷木碇。在大洋必须择地而泊。此不可恃者二也。若欲易造船只。不特旷日持久。缓不济急。且无此等木料。此等机巧。即使船能造成。而乏驾驶此等大船之人。此不可恃者三也。该夷终年在船。与海相习。其占据定海。又逾半年。附近之形势沙礁。皆已熟悉。我之兵船。向皆画地而巡。即商民船只。亦俱各有一定贸易口岸。迁地弗良。此不可恃者四也。彼之炮安于船内。兵亦藏于船内。我施枪炮。彼有遮护。我之炮设于船头。兵皆立于船上。彼施枪炮。我无遮护。此不可恃者五也。有此五不可恃。不得不筹舍水就陆之策。以我之可恃。攻彼之不可恃。如臣前奏所云。四无可虑。六不可缓者是也。迨定海既复。沿海各省。再用御史蔡家玕所陈克制之法以制之。该夷进退失据。水米无资。未有不穷蹙乞命者……

谕军机大臣等。裕谦奏战守机宜一折。据奏收复定海。宜潜师暗渡。守据险要。出奇捣击。沿海各省。宜坚守口岸。多用小船。豫备火攻。断其接济等情。已有旨由六百里谕知伊里布矣。本日据琦善驰奏。英夷不候回文。兵船直扑虎门炮台。业经降旨令其相机剿办。并谕知伊里布攻复定海。及沿海各处。一体备防。江苏逼近浙江。所奏调集官兵。选派将备。亲自带赴上海。宝山。会同提督相机办理。

又谕。本日据琦善驰奏。英夷现在情形一折。逆夷日肆猖獗。胆敢直扑虎门。轰击炮台。计惟痛加剿洗。前有旨谕令伊里布。不必俟广东照会。将自粤回浙夷船。及留屯定海逆夷。相机剿办。该大臣接奉后。自必钦遵办理。现在镇海防兵。将近万人。兵力不为不厚。前谕招募水勇。计已赶紧妥办。现当北风司令之时。该大臣务当一鼓作气。乘时进发。或潜师暗渡。或据险出奇。相机制胜。克复定海。以夺该夷所恃。万勿观望。坐失机宜。本日又据裕谦奏陈战守机宜。已有旨谕令拣选或提督或总兵一员。酌拨兵弁一二千名。预备赴浙接应。如必须调遣。该大臣即一面檄调。一面奏闻。总之兵贵神速。趁此时相机进剿。使之不能首尾相顾。是为至要。该大臣公忠体国。谅能勉副朕望也。琦善折片。裕谦折。均著钞给阅看。

庚寅。钦差大臣协办大学士两江总督伊里布。浙江巡抚刘韵珂奏。窃英夷在粤强横。设经被挫。必又来浙滋扰。防堵之法。不惮精详。浙省自该夷占据定海以后。即经饬令各地方官。在海口堆贮沙袋。筑砌土堡。藉资堵御。臣伊里布。因恐有应行整顿添建之处。又经委员驰往勘办。并于附奏历次查办缘由折内。逐细陈明在案。至镇海县为全浙门户。而招宝。金鸡。两山隔港对峙。又为镇海藩篱。险要本属天成。布置尤须严密。查招宝山旧有威远城一座。由来已久。现已屯兵列炮。惟城在山巅。高出海面百丈。傥夷船驶近。我兵之炮。凭高下击。尚恐不甚得力。臣等会同勘视。拟于山下南首海涂之上。排钉木桩。中留空隙。用竹篓盛贮碎石。垒砌为基。上堆沙袋一道。安置炮位。如遇夷船驶近口门。用炮轰击。无难却退……

伊里布又奏……奴才以定海为该夷所占。如有隙可乘。亦应相机收复。又经奏请饬调皖楚等省劲兵。来浙遣用在案。是奴才任事以来。无日不作出师之想。特以浙省承平日久。民不知兵。兵不知战。先宜固守疆圉。方可密图攻击。而攻击之策。仍应遵奉训谕。不于深水大洋与之接仗。奴才与提臣余步云。再四筹商。惟有从间道潜师袭取。方能有济。查夷船多在县城南面之道头地方停泊。其东西北三面。群山环绕。若翁山。双髻山。鼓吹山。沈家门山。碇 隘。岑港山。螺峰寨。统称舟山。皆系通达县城之陆路。现惟岑港沈家门二处。有夷船泊守游巡。此外均属有路可寻。至舟山隔海之山。腹背相裹。各嶴皆在层山层海之中。山则极其高大。海则均属港汊。夷船不能驶入。惟渔艇可以往来。现在密为侦探。海面何处可以潜渡。间道何处可以直入。又嶴民恨夷切骨。志切同仇。其义勇可用者若干人。粮饷可拨者若干家。柴草可购者若干船。亦皆密为部署。一俟炮位铸全。大兵齐集。即挑选精兵。统以胆识俱备之将。但用渔船扮作嶴民。出其不意。驶入山嶴。分为两队。一队由北登陆潜进。一队用小舟装载柴薪。由僻港转至道头。纵火齐发。夷船之在道头东南者。一经被爇。则西南各船。起碇需时。可以连樯烧毁。而道头之火既起。城内之夷必惊。我由北登陆潜进之兵。从山上压下。奋勇截杀。亦可尽歼其众。其县城之南。仍调派大兵于隔海施放枪炮。虚张声势。则道头以外之夷船。势当惊窜。不能复顾县城。定海即可收复……

辛卯。钦差大臣大学士署两广总督琦善奏。窃奴才前奏。英夷不候回文。直击炮台师船。尚在彼此相持。无分胜负。系据水师提臣关天培函报驰奏。旋又接准该提臣函称。该夷即于本月十五日。复驶来大小兵船二十余只。分攻沙角大角两炮台。炮火较前倍增。直至申时方息。随查得大角炮台。前面灰沙炮墙。已被打倒数段。山后围墙。亦被打坍数处。又打断炮耳六位。火药局被炮打穿。火药轰发。药局被烧。并延烧兵房十四间。打倒兵房三间。该夷又另拨夷兵汉奸约数百名。由大角山后。缘山而上。从墙缺处。打进炮台。经陆路官兵。打死夷人汉奸十数名。无如众寡不敌。守台千总黎志安。身受多伤。因恐炮位被其搬去。当督台兵。将好炮十四位。推落海内。负伤打出。众夷亦均回船。仅存破烂空台。此大角炮台之大略也。又沙角炮台。于被攻之际。该夷另拨黑夷一千余名。汉奸数百名。由穿鼻湾登岸。兵船则攻打台面。黑夷即抄山后攻夺。陆路营盘。被飞炮落火。延烧各兵草棚。接仗一时之久。我兵两面受敌。遂致不支。副将陈连升。守台千总张清龄。俱已阵亡。守备程步韩。受伤亦重。兵丁死伤过半。炮台遂为夷目义律所夺。此沙角炮台之大略也。又守口师船十只。先经该夷开放火轮船四只。于是日巳刻进攻。已被我师击退。互有受伤。该火轮船。复纠约大小三板船数十只。续来攻击。其三板船中。全用鸟枪火箭火礶等械。其火轮船。均用空心飞炮。铁弹打落船中。即行炸裂。子内藏有火药。炸散焚烧。致我官弁兵丁。有被枪炮击毙者。有被火烧死烧伤者。船只亦有被烧毁者。又前雇拖船十二只。现被抢去二只。其余尚未查明。此师船拖船之大概情形也。据该提督臣声请奏参。从重治罪。又请将该夷前次来文。仍从权再行照覆。藉作缓兵之计。庶可量为布置等语。奴才伏查此间水师。兵械技艺。废驰已久。该夷现在所用飞炮。子内藏放火药。所至炸裂焚烧。不独为我军所无。亦该夷兵械中向所未见。经此次猖獗之后。我师势必益形气馁。为今之计。总须先行设法。止住夷兵。俾得再行筹办。而该夷前日来文内。本有战后再商之说。奴才正以该夷如果续有所请。其来文接收与否。颇觉两难。若如该提督所称。将前日夷书。仍行从权照覆。而今此情形。已与前日不同。该夷既不候照覆。此间更不值覆伊前日之文。惟思该夷前日投具夷书后。总应听候回文。何必辄先滋扰。不若藉此作为诘问之词。令其将是何意见。再行登覆。庶此后该夷续有来文。系其禀覆文书。既于国体无伤。或仍得设法羁縻。奴才甫经备文饬发去后。续准提督臣函称。十六日辰刻。该夷将掳去营兵何以魁。放回。交其带致该提督夷书一件。经提督臣答覆后。该夷随又递一书。列明请求各款。声称听候于三日内照覆各等情。奴才随代提督臣拟具覆夷文稿。寄交缮发。告以奴才业经行文诘询。俟该夷登覆再办。现尚未据回报。至提督臣关天培。身膺水师统辖。督率无方。据请奏参从重治罪。相应据情具奏。听候谕旨。奴才钦奉简派。来此查办夷务。虽正在筹办之际。该夷不候回文。辄先肆扰。大角沙角两炮台。亦本系孤悬海外。然不能驾驭帖服。致令占夺炮台。戕伤兵弁。实深惶惧。相应请旨将奴才交部议处。

又谕……兹据琦善驰奏。该逆夷于上年十二月十五日。纠约汉奸。乘坐多船。直逼虎门洋面。开炮轰击。伤我官兵。并将大角炮台攻破。沙角炮台占据。是其逆天悖理。性等犬羊。实覆载所难容。亦神人所共愤。惟有痛加剿洗聚而歼旃。方足以彰天讨而慰民望。现在所调各省劲兵。计可赶到。著伊里布克日进兵。收复定海。以苏吾民之困。并著琦善激励士卒。奋勇直前。务使逆夷授首。槛逆京师。尽法惩治。其该夷之丑类。从逆之汉奸。尤当设法擒拿。尽杀乃止。至沿海各省洋面。叠经降旨。严密防范。著各将军督抚等。加意巡查。来则攻击。并晓谕官民人等。人思敌忾。志切同仇。迅奏肤功。共膺上赏。朕实有厚望焉。将此通谕中外知之。

甲午。钦差大臣大学士署两广总督琦善奏。窃奴才于本月十八日。将英夷攻占大角沙角两炮台。戕杀官兵等情。恭折驰奏后。随连日详查该夷进兵情形。向共知其仅专于水战。今讵料其并设有陆兵。计该夷水战之具。船只则大小悉备。火器则远近兼施。更有所谓飞炮者。子内藏放火药。所至炸裂焚烧。又有炮内尽属铁片。击于桅顶。高出炮台之上。能使射入台中。一经散放。约及数十丈广远。而台内台外。同时被焚。他如火枪火箭火罐火毯之类。亦皆远且准。而为我师之所不及。且兵船非货船之比。吃水本浅。其小兵船火轮船。更不过数尺之水。即足以资浮送。行捷如飞。路径循熟。随处窜越。前督臣林则徐。曾备有灌注桐油之草船。以备火攻。乃前日交仗之时。经守备卢大钺。开放火船。迎头焚烧。夷船未被烧毁。火船已成灰烬。卢大钺亦经受伤。查该夷进攻之始。止用中小兵船数只。排列多炮。鱼贯而入。联环施放。力量极猛。击中石墙。即致碎裂飞散。我军势不得不竭力回击。而该夷无论受伤与否。一面暂先却退。一面易船复进。旋击旋退。旋去旋来。循环数次。其船可易。而炮台不能易。其炮位则各船皆有。而我军止有台内安设之炮。不但无可更换。亦断不及更换。且从前所铸之炮。甚不精良。现就有断折者观之。其铁质内土且未净。遑问其他。故连放数次后。炮已发热。而该夷待我军兵力疲乏。炮将炸裂之时。其大号兵船。蜂拥前进。逞志欲为。此其水战之情形也……

丙申。江南道监察御史黎光曙奏。窃闻攻海寇者。以御炮为先。御炮以沙墩土垒为要。去年福建之厦门。浙江之乍浦。用之业有成效。沙墩之法。用麻布口袋盛沙。一兵负一袋。千兵则负千袋。顷刻可堆成大墩。两墩对立。中置炮位。又横安一墩。为品字形。以防彼炮之冲击。兵勇躲在墩后。万无一失。臣闻夷船拢近厦门时。施放大炮。其炮子洞入沙墩。二尺有奇。至乍浦放炮。其炮子洞入沙墩。一尺有奇。而墩俱巍然无恙。俟彼炮放过。我即可以乘隙攻彼也。土垒之法。掘土上堆。则下自然成濠。兵勇藏身濠中。其布置亦略如沙墩。务须令土常湿。则炮子遇之而陷。是二法者。皆以柔克刚之义。简易可行。而兵勇胆气。由此而长……

谕军机大臣等。御史黎光曙奏。速筹天津海防一折。攻寇之法。御炮为先。其法用麻布口袋盛沙。每兵各负一袋。堆成两墩。横安一墩。成品字形。兵勇躲在墩后。土垒之法。布置亦略如沙墩。务须令土常湿。炮子遇之而陷。闻上年厦门乍浦二役。用之业有成效。该夷施放大炮。炮子洞入沙墩。仅止一二尺有奇。果如所奏。是沙墩土垒。实为御炮良法。但使堆筑得宜。厚至四五尺。便可捍卫兵勇。令人胆壮。俟该夷势穷力竭。再令我军施放大炮。彼必披靡逃溃。著该署督督率兵勇。照式堆砌……

道光卷二一

(道光二十一年辛丑正月丁酉)吏部尚书奕经奏……查奉天地面。西南环海。旅顺水师营。独当其冲。面前南北隍城二岛。距该处水面一百八十里。奉天山东两省。分辖会哨。此二岛北与旅顺铁山对峙。南与登州庙岛对峙。凡商船往来天津等处。必由诸岛左右经过。实为南来海路要隘。即夷船驶至。亦必先入旅顺隍城诸岛。然后西至直隶天津各口。北至奉天锦州各口。该处若预为把守。安设炮位。添驾船只。两省声势联络。巡逻哨探。迎击邀归。该夷断难阑入。设有汉奸勾引。彼必疑其诱入罗网。不敢相从。是严守旅顺隍城各口。最为东北海防。第一要策。查盛京内外各城。共贮炮五百余位。如将其中大而有准者。选择数位。运往旅顺各口。相度形势。或筑台安设。或用船驾放。其迤南隍城各岛要地。亦应由山东巡抚。选运大炮。一体安置。设有夷船驶至。两面轰击。可期得力。查旅顺水师。额设官仅十五员。领催兵丁六百名。水手一百名。即调到各城官兵。止能守岸。而往来洋面巡防。必须添募水勇。方能敷用。至旅顺迤东。如貔子窝各海口。虽不如旅顺西面各处紧要。亦须盘诘奸细。严为防备。惟各卡伦兵数无多。自应招练水勇乡勇。协济巡防。再旅顺东南一带。大小岛屿。其中尽有可以停泊夷船。且恐伏藏汉奸。接济水来。亟应预为稽查防范。请敕下盛京将军。奉天府尹。山东巡抚。各相机妥办。仍将如何办理之处。各绘图贴说具奏。

庚子。山海关副都统扎拉芬泰奏。窃奴才节奉谕旨。操练枪炮。妥备攻剿。因秦王岛距山海关三十余里之遥。有鞭长莫及之势。遴委协领塔清安。统领官兵。加意防守。并派佐领智广。昼夜哨探。兹于本年正月。十一日。亥刻。接据秦王岛带兵协领塔清安文报。十一日。巳刻。哨探佐领智广。瞭见夷船一只。桅篷看不真切。当饬该佐领。率同前锋。前往海岛金山嘴一带。哨探虚实。旋经声称。金山嘴实有大夷船一只。在洋游奕。向东南驶去等情。呈报前来。伏思夷情叵测。逆料不及。而秦王岛水路。直达老龙头。切近山海关镇城。山海关拱卫京师。著名要地。弹压尤关吃紧。当即拣派佐领防校四员。带同挑备鸟枪弓箭弁兵一百名。驰赴秦王岛。交与协领塔清安调度。先后合兵二百余员名。奴才驰赴秦王岛。与协领塔清安商榷。昼夜瞭探。如有逆夷船来。必须见其登岸。度量开放枪炮。足以相及。方可攻击制胜。再督伏兵齐出。万不得稍形畏葸。惟老龙头逼近镇城。诚恐逆夷乘虚而入。复遴委协领阿彰阿。带同挑备弓箭弁兵五十名。会同防堵官兵二百余员名。昼夜侦察。奴才仍回镇城。亲督关隘官兵。侦缉汉奸。以防内患。如秦王岛。老龙头。两海口。夷船驶至。奴才刻即驰往。相机攻剿。但山海关满营官二十四员。兵八百名。现已分派海口四百六十余员名。镇城只有兵三百余名。实不敷调拨。奴才先行札调喜冷二口。鸟枪兵一百名。以为策应攻剿之用。

又谕。本日。据扎拉芬泰驰奏。山海关秦王岛。有夷船游奕。当经派兵哨探。据报有大船一只。向东南驶去等语。山海关洋面。与奉天山东。尤为切近。彼处既有夷船踪迹。恐奉天山东两省。亦不免有窥伺。著耆英。托浑布。各饬将弁兵丁。勤加哨探。严行防守。傥有夷船阑近海口。即便诱之登陆。聚而歼旃。最为上策。若甫经瞭见。遽开枪炮。转恐未能及远。徒糜火药。而逆夷仍复远扬。未足以示惩创也。

辛丑。钦差大臣协办大学士两江总督伊里布奏……查奴才自抵浙江。探悉夷船。分泊定海城外道头等处。其众半存船内。半住城中。计非水陆夹攻。无由制胜。即经恭折奏明。一面密探镇海何处可以出师。定海何处可以屯兵。何处可以进剿。以期潜师暗渡。伺间用奇。并将何策可克复城池。何策可驱除丑类。与提镇及在事文武。详细熟筹。俾不致冒昧兴师。轻于一掷。今裕谦所称。遣兵乘夜渡海。分守险要。声东击西等语。即奴才前次所陈袭之之策。而屯兵岑港之说。则系奴才从前本欲举行。因改议招抚。复又中止之事。是裕谦陈奏机宜。与奴才大略相同。惟岑港现有夷船泊守。非复昔日情形。而白嶴。采和嶴。童嶴。橄榄嶴。马嶴。晓峰岭。虽在县城之后。但或则中隔港汊。或则地非偏僻。均非实在间道。我兵登陆袭击。须由翁山。双髻山。等处而进。奴才前已逐细陈明。裕谦所探。尚有未确。至于制胜之谋。固在陆战。然止击之于陆。而不击之于水。尚难全胜。盖该夷性最狡猾。明知陆战非其所长。故其船只紧傍县城之外。不敢远离。我若仅从陆路攻剿。彼必蚁附登舟。开炮轰击。我兵即难免受亏。纵能克城。亦难守御。故水陆两路。必须同时并举。使其首尾不能相顾。方可得手。奴才前折。所以有分兵两队。一从陆路潜进。由山上压下。歼戮其众。一用小舟密载柴草。自僻港转至道头。焚其船只之议也。惟奴才现在两接广东钦差大臣琦善来咨。该夷于上年十二月十五日。攻击该省沙角大角两炮台。已一被占夺。一被攻破。其情极为猖獗。浙省夷船尚有二十余只。势非单弱。我兵非确有把握。不宜轻进。庶免挫衄损威。江浙两省。沿海之区。亦不至即被騒扰。奴才现又严催炮位。并添造二十四桨快船。雇备商舟渔艇。招募熟识海性水勇。逐一赶紧办理。俟大兵齐集。即当体察情形。潜师航海。设法进剿。断不敢稍涉稽迟。亦不敢轻于尝试。以致有负委寄。

山海关副都统扎拉芬泰奏。窃奴才前因秦王岛。于本月十一日。巳刻。瞭见夷船一只。在洋游奕。复向东南驶去缘由。恭折奏闻在案。又于十三日。丑刻。据秦王岛。带兵协领文报。十二日。辰刻。瞭见夷船三只。在洋游奕。又有桅篷大船一只。停泊洋面。旋于未刻。向东南驶去。其大船一只。酉刻。向南驶去。等情前来。奴才接阅之下。殊深诧异。查十一日。曾瞭见夷船在洋游奕。即向东南驶去。今夷船四只。或停泊。或游奕。仍驶往东南。瞭不见踪。必须跟踪哨探。方可核实奏办。但山海关满营。向无师船。临榆地方。又无商船可觅。因思天津系商船聚集之地。原可雇觅哨探。以得确情。惟夷情狡诈。设若停泊拦江沙外。尚恐不止此数。而防堵官兵。似觉单薄。必须厚集兵力。会合攻剿。以壮军威。奴才所属四处官兵。五百五十余员名。先已札调鸟枪兵一百名。接应攻剿。下余官兵四百五十余员名。均系驻守四处关口要隘。未便再行调拨。第直隶绿营官兵。设遇征调。悉听直隶总督提督调遣。诚恐逆夷仓猝拢近海口。登岸滋扰。我官兵寡不敌众。合无仰恳天恩。敕下直隶总督。迅急雇觅商船。调拨官兵。前来山海关。会合攻剿。扎拉芬泰又奏。再。奴才正在具奏间。十三日。申刻。又据秦王岛带兵协领塔清案文报。十三日。午刻。瞭见夷船二只。在洋游奕。离岸甚远。未刻。仍在洋面游奕等语。奴才伏思秦王岛洋面。船只忽来忽去。游奕三日之久。并未见有动静。且夷诡谲。又有陆路兵丁名色。不无汉奸潜踪镇城内外。暗探虚实。接引情事。奴才现驻镇城弹压。一面将存城官兵三百余员名。分布镇城各门。及关口要隘。妥为防护。一面密派骁骑校乌尔根岱。率兵数名。改装易服。不露声色。在于街巷市集各地方。慎密访查。一遇语音形迹可疑者。刻即拿获。讯究来由。可得船夷之多寡。驶来之底细。尤恐逆夷潜由无名海口。登岸滋扰。奴才一面具奏。一面飞咨盛京将军。直隶总督。刻即添派官兵。在于沿海各地方。慎密防御。

谕军机大臣等。昨据扎拉芬泰奏。秦王岛洋面。有夷船游奕。已有旨派哈哴阿。驰往查办。并谕令讷尔经额。迅派兵丁。拨给火药。以资捍卫。本日。复据驰奏。秦王岛洋面。续有夷船四只。或停泊。或游奕。仍驶往东南等语。著扎拉芬泰遵奉前旨。加意严防。如该夷船复行驶至。著即会同哈哴阿。并现调兵弁。俟其船相距远近足以相及。方可施放枪炮。或诱之登陆。便可奋力痛剿。仍随时巡哨侦探。毋稍疏虞。至近关一带。无名小海口。尤须密为布置。仍随时随地。相度机宜。严密防御。

(壬寅)闽浙总督颜伯焘。浙江巡抚刘韵珂奏。窃臣颜伯焘。于上年除夕。经由江苏常州。会晤署两江督臣裕谦。备细询问江苏现在防堵情形。据督臣裕谦面述。半年以来。悉心经画。一切调遣制造防剿制胜各事宜。在在均已周密。确有把握。江苏海口。似可无庸过虑。臣颜伯焘。复一路探访定海夷情。查今夷船二十余只。分泊定海道头。岑港。沈家门。三处。较前尚未加增。亦未露蠢动形迹。但各处奸民。时有私赴夷船潜通贸易者。臣颜伯焘。正月初四日。行抵浙江省城。抚臣刘韵珂。适于除夕旋自镇海。觌面缕述。与臣颜伯焘。沿途所访。大略相同。臣等伏查定城失守。我兵隔海相望。半年之久。未尝一天相加。该夷初计。阳为恭顺。远赴天津。呈递诉词。逆料重臣自北而南。查办需时。藉此开河修屋。筑台列寨。已据山川之险。且分艅赴粤。复敢逞其狡诈。妄肆要求。以致浙省重议守防。转形失计。臣等愚昧之见。窃谓赴粤之夷。既已负固反覆。则在浙丑类。势必鬼蜮愈增。定海虽为外洋。实同腹地。该夷自去岁六月以来。公然安居吾宇。进亦可战。退亦可守。倘复再事迁延。汉奸附和日众。则各嶴嗜利之辈。必致煽惑益多。是定海一日不复。其为心腹之患。有不可胜言者。臣刘韵珂抵任后。思患预防。首先密饬地方各官。并密委妥员。潜赴各嶴。设法安抚。窃幸民心固结。向义可嘉。当将应行添防各条。商会钦差大臣伊里布。广为综核。目下相度筹办。已剀切劝谕彼处各县绅士。分造小船。预备火攻之用。并谕该绅士等。潜觅渡兵间道。密为向应。并饬委员赶铸铜炮。以为必胜之计。惟是战守固应夙备。而调遣尤宜得人。臣刘韵珂。身为浙省巡抚。政务殷烦。势难专顾防堵。即日炮船齐备。大兵云集。臣伊里布。纵能振发有方。而襄赞商筹。究形寡助。查已革两广督臣林则徐。已革闽浙督臣邓廷桢。臣等均素知其有体有用。其心思才力。臣等抚衷自揣。深愧不如。且又为该夷所畏忌。而屡欲中伤者。该臣等虽前此办理未协。第既蒙严谴。更难置身事外。臣等再四熟商。用功不如用过。合无仰恳皇上天恩。准予戴罪自赎。饬令迅速驰驿赴浙。林则徐驻扎镇海。邓廷桢驻扎宁波。会同伊里布。筹办一应攻剿事宜。并乞逾格鸿慈。一体假以事权。令得陈奏。乃为有裨。如该二臣不知奋勉图功。即请治臣等以妄举之罪。

甲辰。盛京将军耆英奏……盛京为根本重地。武备尤所宜先。奴才自仰蒙简畀以来。即勤加操演。勖以忠义。该兵丁等。尚知奋勉。施放枪箭。亦颇有准。一闻征调。无不奋勇争先。力图自效。复查沿边。向有苏拉阿巴。每年跟随官兵出围。捕打熊虎。枪无虚发。较之乡勇尤为得力。现经选调苏拉阿巴六百名。分拨各海口。随同官兵防堵。并教演乡勇。施放鸟枪。可期收臂指之效。奴才仍随时体察情形。如应亲往督办之时。立即星驰前往。断不敢坐失机宜。复查奉天所属各海口。水势深浅不一。必须节节远探。方不致有误准备。其夷船停泊外洋。固非枪箭所能及。傥敢分驾杉板小船。蚁附登岸。先行督率官兵。苏拉阿巴。及乡勇等。枪箭齐发。痛加剿洗。如哨探夷船联樯北驶。势欲猖獗。即调集吉林官兵。合力攻击。不难立制其命。总期一鼓歼除。以振国威而慑夷胆。

(乙巳)谕军机大臣等。本日。据伊里布奏。浙省宜暂缓进兵一折。览奏愤懑。现已降旨。饬令裕谦前来。会同余步云。专办攻剿事宜。裕谦到浙后。即将钦差大臣关防面交只领。伊里布。即星夜回两江总督本任。会同提督陈化成。并督饬地方文武各员。认真防堵江苏各海口。毋许夷船驶入。如有夷船在各海口游奕。即著并力攻击。勿再迁延。傥有贻误。恐该督不能当此重咎也。

谕军机大臣等。据吴文镕奏。严饬海口。豫备攻守情形一折。著照所议。迅速妥为办理。澎湖等处地方。尤为紧要。务须会同提督陈阶平。加意防守。至所奏筹拨经费等语。著准其于福建藩库拨银二十万两。并著该部于福建较近省分。指拨银二十万两。迅即解赴闽省。以资接济。其沿海要口。炮位不敷分拨。著即添铸大炮。以备轰击。所需工料银两。准其即在此次所拨经费内。支给应用。

广东巡抚兼理粤海关事务怡良奏。查海关税课。每年应征正额盈余。共银八十九万九千余两。以夷税为大宗。每年所到夷船。不及往年十分之二。盖由英夷及港脚之船。既经停其贸易。而各国之船。又为英夷拦阻。不能进口。是以六月后。正当征输畅旺之时。转致短绌。不独与各前任多寡悬殊。即较之豫堃前两年经征各数。亦复减少过半。

谕军机大臣等。怡良奏。接办粤海关务税课短绌一折。据称粤海税课。以夷税为大宗。本年所到夷船。不及往年十分之二。因各国之船。为英夷拦阻。不能进口。是以六月后。正当征输畅旺之时。转致短绌等语。广东例准各夷通商。其恭顺各国。自仍照常贸易。英夷强悍桀骜。阻挠各国生计。各该国岂肯甘心失利。著奕山。隆文。祁𡎴。于先后抵粤时。查明各该国情形。果否怨恨英夷阻挠生计。抑稍有触望于天朝。未能招徕抚绥。以致向隅失业。据实具奏。

道光卷二二

(道光二十一年辛丑正月)己酉。盛京将军耆英奏。道光二十一年。正月十五日。承准军机大臣字寄。正月。十一日。奉上谕。本日。据奕经奏。查奉天地面。西南环海。旅顺水师营。独当其冲。面前南北隍城二岛。为奉天山东两省分辖。凡船只往来天津等处。必由左右经过。实为南来海路要隘。请豫为把守。安设炮位。添驾船只。使两省声势联络。巡逻探哨。并旅顺水师官兵额设无多。必须添募水勇。方能敷用。其貔子窝各海口。亦须招练乡勇。协济巡防。至旅顺东南一带小岛。其中有可停泊夷船藏伏汉奸之处。亦宜豫为稽查等语。现在广东。浙江。已兴师征剿逆夷。叠经申谕沿海各将军督抚等。严加防御。天津为近京重地。尤宜整饬兵防。有备无患。旅顺隍城诸岛。既为南来海路要隘。是严守各口。即足以断夷船来路。著耆英于盛京存贮炮位内。择其大而有准者。运往旅顺各口。相度形势。或筑台安设。或用船驾放。其迤南隍城各岛要地。著托浑布选运大炮。一体安置。设有夷船驶至。两面轰击。可期得力。该将军巡抚等。务各相度机宜。迅速妥办。仍将如何办理之处。各绘图贴说具奏。原折著钞给阅看等因。钦此。奴才伏查南北隍城两岛。皆隶山东界内。非奉天所属之岛。可否建立炮台。安设炮位。应听山东巡抚。悉心酌拟。复查北隍城岛。去诱顺口。共一百八十里。适中分界。南九十里。隶山东管辖。北九十里。隶奉天管辖。奕经所奏南北隍城二岛。系奉天东两省分辖之处。核与中枢政考则例内载分界之处。似属不符。再查旅顺水师营兵额。原属不多。虽曰独当其冲。其实居海洋幽僻之地。诸山环绕。海洋以外。竟难窥伺。奴才原以奉天旅顺。为各海口扼要之区。迨经上年秋令。亲历其地。始悉旅顺情形。查旅顺水师营。自康熙五十三年。经固山贝子苏诺等。奏请设立。其寻常水操。系在该口海面演习。若遇大操。该口水浅。即在金州属柳树屯海口试演。是奉天水师营。虽在旅顺口建立。而扼要之处。尤有甚于此口者。至添募水勇。不独旅顺一处。凡奉天所属海口。均应一体设法雇觅。奴才早经密札各海口旗民地方官。将海上习水之人。并能在水底捞获海参者。均令按名雇备。临事驱使。复查奉天通省。所存炮位。外城原属无多。惟省垣及锦州所存之炮。共有七十二尊。锦州所存之炮。长不过三四尺。西路海口。亦关紧要。是以奴才于上年十一月内。将省内所存七八尺五节大炮。运送三尊。交道庆在天桥厂。钓鱼台。两海口。相度安设。并上年秋令。将省中所存之四尺五节炮。奏明运送南路各海口。共十一尊。又于上年十一月。及本年正月。将省中所存一丈一尺。并七八九尺大炮八尊。陆续运送南路。交祥厚相度安设。并酌拨水师营炮手。分往各海口教演。现在省垣八门。所存大炮八尊外。奴才衙门炮库。仅存一丈三尺炮一尊。酌留镇库。未便外运。又查奉天所属海疆。绵亘千余里。大小岛屿数十余处。藏奸处所。在所不免。但岛屿过多。未便分兵驻扎防守。节经剀切晓岛民。务须各固藩离。并责成该管旗民地方官。随时查察。

(庚戌)谕军机大臣等。寄谕靖逆将军奕山。参赞大臣隆文。杨芳。本日。据伊里布驰奏。粤省夷务。查办完竣。现饬缴还定海一折。逆夷在粤猖獗。必得声罪致讨。聚而歼旃。方足以伸国法。此时虽有缴还之说。难保非逆夷诡计。奕山等。经朕命往督办。惟当一意进剿。无论该夷是否缴还定海。总须一鼓作气。设法擒渠。断不可为其所惑。致误机宜。且香地方。岂容给与逆夷泊舟寄住。务当极力驱逐。毋为所据。即使该夷将来畏罪缴还香港。亦俟届时奏明请旨。此时惟有整我师旅。悉数歼除。是为至要……

(辛亥)大英钦奉全权善定事宜公使大臣驻中华领事义。为照会事。照得接据贵大臣爵阁部堂二十六日来文。均已阅悉。现在事事既已说定。本公使大臣。全赖贵大臣爵阁部堂诚信。知必如议。于二十一年正月初旬以内。就行开港贸易。兹备公文。咨会伯统帅。请即让还沙角大角等处。所有兵船军师。撤退九龙所近之香港岛地驻劄。并请将日前所获贵国舟师等船。一俟贵大臣爵阁部堂派弁赴铜鼓洋面接收。即行缴还可也。夫思此际人心尚有未安之处。请贵大臣爵阁部堂。即便出示晓谕众民。以两国难端诸事。现在善定。彼此和好。友交可期常远。凡有文武官弁士民人等。与英民。及诸外国人民。通交往来。俱应以友礼相待。方为顺理。各得相安之道。本公使大臣。今蒙贵大臣爵阁部堂以佛兰西国人单亚泥等。一释放。一鸣谢。感恩不胜。为此照会。须至照会者。朱批。朕断不似汝之甘受逆夷欺侮戏弄。迷而不返。胆敢朕谕旨。仍然接递逆书。代逆恳求。实出情理之外。是何肺腑。无能不堪之至。汝被人恐吓。甘为此遗臭万年之举。今又摘举数端。恐吓于朕。朕不惧焉。

署两江总督裕谦奏。窃查定海。据七省洋面适中腹地。为江浙两省门户。逆夷盘踞不退。则七省不得解严。而江浙二省。尤不得安枕。是以臣前奏。有六不可缓之议。近日。据署两广总督琦善移咨。知英夷在粤猖獗。攻据炮台。是此时该夷大号兵船。正在粤省与官兵相持。其定海防守尚弛。诚如前奉上谕。此时当察其骄惰。出其不意。为不可探失之机会。且蠢尔逆夷。尚能察我议抚疏防之时。突然开炮。攻我不备。而我官兵转不能乘定海夷船较少之时。及时捣袭乎。臣探访定海夷船。现只有二十余只。其大队已于去冬赴粤。城内居住夷兵。亦不过千余人。且将城北角锁山墙垣。掘去数丈。豫留走路。明系畏我兵攻剿。为弃城登舟之计。前此城外各嶴。均无防守。自十月以后。岑港沈嶴两处。渐有夷兵巡瞭。而我岑港司巡检赵廷诏。仍在该处汛地之岱山。督率乡民。团练固守。并未迁回内地。夷人至今不能夺据。查岱山与舟山。接近咫尺。该处既无夷逆。尽可屯伏官兵。又岑港沈嶴两处外。尚有白泉橄榄各嶴。在舟山之背。可以绕渡登岸。翻山入城。更为捷便。自夷船滋事以来。浙洋渔船。仍复日日行驶。夷船不能拦截。难民数万。兵役数千。往来如常。毫无阻滞。此时若以大号兵船径渡则难。若以小舟改装潜渡甚易。雾夜晦冥。何时不可对渡。此定海洋面。并未尽被夷逆占据之情形也。定海城垣低矮。本易进攻。其夷目皆分居总兵知州衙门。及城隍庙祖印寺。并沈姓民房等处。无难聚而歼洗。即使该夷暂时固守。而我既登岸。则城外皆为我有。各嶴与城中隔山岭。该夷船炮。尽失其所长。不能翻山关我于嶴中。而我兵能声东击西。更番迭出。扰该夷于城之内外。使之昼夜不得休息。必有弃城窜遁之势。夷船聚泊定海城外之道头港。本地渔船。及卖菜小船。出入其旁。夷船看惯。并不防禁。傥进兵攻城之时。一面用小船。暗藏火礶火箭。潜泊港内。乘风纵火。夷船下碇。铁锚甚重。非逾时不能开动。必可一炬灰烬。迥异大洋孟浪驰逐。此克复定海。必须潜渡登岸之情形也。即使该夷弃城登船后。仍回炮轰击。而我兵扎营。不在城中而在嶴内。隔以山岭。岂该夷炮所能及。以主待客。以逸待劳。以饱待饥。安能与我持久。若以我兵民。据我内地。虑不能守。岂该夷远隔重洋。孤军深入。转能守乎。是我兵但渡舟山。断无不能克复之理。城池一复。夷锋大挫。进退无据。断无复敢桀骜猖獗之理。此定海不惟能克。而且能守之情形也。夫事机愈早则愈易。愈迟则愈难。该夷前仅困守一城者。今且渐及各嶴。此时办理。已不若十月以前之易。若不及今克复。延至夏间。南风司令。不特粤洋夷船。乘风驶浙。且孟甲剌。万打拉沙等处夷船。更难保不接踵而来。势必增守各嶴。尽据险要。克复必更难于今日。况彼时风顺潮涨。该夷必更酌分夷船数只。游奕于沿海各省。朝东暮西。乘间滋扰。则自江苏。以迄山东。直隶。盛京。必皆为所牵制。在该夷不过分其余力。各省则皆须以全力待之。在该夷可时去时来。各省则皆须日夜防之。旷日持久。老师縻饷。海洋何日得靖。商民何日得安。是定海为必当克复之地。当此时尚有可克复之机。溯查我朝二百年来。凡贼据台湾。从无官兵但守厦门。不渡海登岸。而能克敌之事。亦无官兵既渡海登岸。而仍不能克敌之事。即如施琅入鹿耳门。而郑氏降。施世骠。篮廷珍。抵府城。而朱一贵歼。福康安。海兰察。入诸罗。而林爽文俘。李长庚入鹿港。而蔡牵遁。台湾洋面二三十里。其鹿耳门鹿港等处。又皆险礁难入。较之定海一潮可到。随处可登者。其难易不啻霄壤。又查国初取舟山时。系总督陈锦。总兵田雄等。乘大雾渡海登岸。遂破其城。彼时伪明鲁王舟师数万。且各嶴民人。均其所有。较之今日各嶴皆我赤子。一呼百应者。其难易亦不啻霄壤。用兵之道。全在出其不意。攻其不备。诚如圣谕。兵贵神速。不可坐失事机。现在该夷全力注粤。未暇逆风驶浙。而定海夷兵。见浙省半载按兵不动。亦骄惰不甚设备。是前此之示弱。正可为今出奇掩袭之地。惟是钦差大臣伊里布。现调湖南镇筸官兵。程途遥远。到浙需二三月之久。未免缓不济急。若各兵齐集以后。仍守候造船铸炮。不但洋面驰逐。无可把握。而该夷占据愈久。防备愈增。诚恐坐失机宜。查江南徐州寿春兵。及浙江处州兵。皆骁健可用。总兵郑国鸿。王锡朋。谢朝恩。亦皆老成勇敢。奋发有为。现在伊里布。已调寿春兵一千二百名。合原存镇海之府州各兵。已有精锐数千。此外尚有浙省提镇各标兵数千。防剿均已足用。况潜师捣袭之兵。止于调度得宜。赏罚必信。在精不在多。诚能出其不意。该夷不辨我军虚实。且有定海乡勇兵役。可助声势。数千可当数万之用。临时以劲兵半攻城内之贼。半攻城外之贼。并备游兵。相机策应。必可一举克复。且登岸后。尤易陆续渡兵。即镇筸续到劲旅。仍可留为后应。可否仰恳天恩。密饬伊里布。乘此夷船扰粤之时。不动声色。密令沿海各口。豫备渔船。并先令定海原额标兵。及差役难民。陆续回至舟山。先将军装器械。潜带渡海。埋伏各嶴。向导接应。而后官兵克期分路。改装易服。登舟潜渡。或先据岱山。或绕登白泉橄榄各嶴。我兵一登陆岸。不但岑港。沈嶴。两处星散夷兵。可以先行剿洗。即城内逆夷。及道头港内。停泊夷船。亦不难设法攻剿。立制其命。从此言剿。则剿之权在我。言抚。则抚之权在我。操纵在手。变化从心。庶足以彰天威而泄民愤。总之。逆夷包藏叵测。狡谲万端。在粤省。始则讲款以懈我堤防。及攻据炮台后。又复投书以缓我应援。此时定海夷船不多。若更迁延观望。必又堕其奸计。养痈贻患。所关匪细。朱批。已有旨命汝驰往镇海。接受钦差大臣关防矣。正可相时而动。克成大功。用膺懋赏。朕惟伫望捷音耳。慎勉行之。

(癸丑)盛京将军耆英奏……奴才伏查先准山海关副扎拉芬泰。将驶到夷船情形飞咨。一体严防。当即知照锦州熊岳两副都统。及沿海旗民地方官。一体瞭望。实力严防。并拣派佐领哈丰阿。驰往山海关哨探。顺道查看西路一带海口。防守情形。饬令据实禀报。惟检阅山海关来咨。该处瞭望官弁。报称夷船驶往东南。或潜赴山东。抑或附近岛屿停泊。均未可定。但关外气候较寒。各海口现在封冻。无论何项船只。均不能拢岸停泊。沿海瞭望官兵。亦未报见夷船踪迹. 何以遂行在山海关洋面游奕。奴才已星飞严饬沿海地方官。实力巡探。不准稍形疏忽。至金州。复州。盖州。牛庄。岫岩等海口。奴才早经拣派协领佐领各一员。饬令前往。协同旗民地方官。带领兵炮乡勇。勤加操练。随时哨探。严行防守。傥有夷船阑近海口。不得孟浪从事。亦不得坐失机宜。必须度量远近。如炮力可及。即行施放轰击。或设法诱之登陆。务期一鼓剿洗。以昭惩创。

甲寅。漕运总督朱树奏。窃查臣标所属盐城东海二营。均系内河水师营头。盐城营。管海口二处。东海营。管海口六处。海州乃陆路营头。亦管海口二处。系水陆兼防。上年夏间。浙江海洋不靖。彼时臣已督运北上。由河臣麟庆。饰委该管道员。亲往巡查。各口皆添兵防堵。逮臣督运旋回。逆夷已赴粤。听候查办。各防兵均奉文撤回。只留额巡兵丁。照常巡缉。现虽逆夷不顺。尚在粤东。而臣标所属海口。亦不可不加意严防。固无须如上年夷船游奕江境之时。一体添兵。惟有严饬各该营。于额巡兵丁之外。增添数目。各在海口处所。实力巡防。仍派千把总等。按五日前往巡查一次。派都守等。十余日前往巡查一次。每次即在彼施放枪炮。瞭望海外情形。其未赴防之兵。责令认真演习枪炮。操练技艺。傥海口稍有夷船踪迹。先由该将官等带兵前往。飞禀臣知。臣即亲往防堵。现值春融。南风渐多。臣已委淮海道赵廷熙。护淮扬道沈鹏。亲往稽查。以期妥协。

谕军机大臣等。本日。据朱树奏。盐城营。及海州陆路营。各管有海口二处。东海营。有海口六处。现于额巡兵丁之外。增添数目。实力巡防等语。该二营本系漕督所属。自应督饬兵弁。认真巡查。惟伊里布统辖两江。凡各海口地方。均须豫为布置。严密稽察。毋令逆夷阑入。转瞬南风司令。难保该夷船不沿边滋扰。著伊里布。会同朱树。督率将弁兵丁。分布要隘。梭织哨探。见有夷船踪迹。度其相距远近。足以相及。即行开放枪炮。并力攻击。若夷船毫无踪影。每日施放枪炮。空糜火药。成何事体。经此训谕之后。傥防堵不力。将来有夷匪窜人。惟伊里布等是问。恐不能当此重咎也。懔之。

(乙卯)广西巡抚梁章巨奏……臣查安南即越南。与广东广西两省。均属接壤。在广东。则钦州一带海面相连。向不通贡道。在广西。则一切文报。及贡使往返。俱由陆路。而海路不能相通。所称轧船。自系海面之船。广西无由得见。当于接奉谕旨后。即飞饬紧接越南之太平府龙州厅。确切查明。而中外水陆相距甚远。恐亦未能悉其规制。惟臣近日亦熟闻广东人言。越南轧船。于破敌甚利。并记得阅过近人说部二种。一载嘉庆十三年。秋冬之间。英吉利欲夺越南东京马头。驾长大船以入。越南得信。令渔艇商船。先行藏匿。英船入港。数百里无阻。直至东京下碇。不见一人。入夜忽有小艇无数围拢。上装火药干柴。英船发炮轰击。小艇火益炽。大船之人尽烂。又一载红毛常屡侵越南。越南人创为小舟。名曰轧船。长仅三丈。船旁出水面一尺。两头尖锐。颇似闽浙端午竞渡之船。每船二十四人。操概飞行水面。快若游龙。进退如意。每船首尾。各驾红衣大炮。附水施放。攻其船底。底破即沉。虽有技巧。无所施设。于是大败。至今红毛船过安南海面。见轧船出。即胆落而去。以此两说观之。轧船之利于海防。已可概见。近闻林则徐。在广督任内。业已仿照其法。制船数只。本欲多造。以经费无措而止。是轧船之制。似广东已得其详。伏乞敕下广东督抚。及水师提镇。查照办理。窃闻近日英吉利在广东洋面。轰击兵船。非理要索。人人发指。夫犬羊之性。即使貌为恭顺。已断不可轻信。况现在逆迹昭彰。自应多方筹防。尽力剿逐。轧船之利。特其一端。惟或虑轧船之制太小。不足以敌外夷高大之船。然果仿造得法。又何难稍扩而大之。且战船不在高大。而在轻便。夷船所利在炮。然但能仰击平击。且利于击远。近击即不得势。而俯击更不得力。若果得有如轧船者百十只。蚁附其旁。专击船底。必可以收火攻围攻之效。正不必如今日议海防者。必待另造高大之船也。

谕军机大臣等。前据给事中朱成烈奏。安南轧船。足资海防。当降旨。交梁章巨查奏。兹据奏称。轧船实利海防。英夷见即胆落。林则徐在任时。仿照制造数只等语。逆夷所恃船坚炮利。惟能仰击平击。不能近击俯击。轧船专击船底。可备火攻之策。广东既曾仿照制造。是轧船之制已得其详。著奕山。隆文。杨芳。祁埙。于到粤后。访察情形。如果利于攻击。应即多为制造。以期利用。至如何多方筹备尽力剿逐之处。总须商酌周妥。是为至要。梁章巨原折。著钞给阅看。

(二月庚申)谕军机大臣等。本日。据裕谦驰奏。夷情叵测。寿春镇标官兵。仍饬前进一折。逆夷反覆无常。缴还定海之说。本不足信。现因伊里布无能。惟琦善之言是听。以致迁延误事。业经降旨交部严议矣。裕谦经朕特简。前往督办。务即设法进兵。歼除丑类。定海即使缴出。官兵因之伤亡。人民受其荼毒。思之实堪痛恨。岂可复为所惑。至香港一层。系琦善代逆恳求。朕断不准其通商。该大臣惟当一意剿办。务使片帆不返。毋得存一通商之见。稍事游移……

道光卷二三

(道光二十一年辛丑二月辛酉)广东巡抚怡良奏。窃臣于道光二十一年。正月初六日。两次钦奉谕旨。遵将豫备情形。由驿奏闻在案。嗣据署大鹏协副将赖恩爵禀称。英逆投递该副将照会文一角。系收受香港地方。令内地撤回营汛等情。照钞具禀到臣。接阅之下。不胜骇异。窃惟我国家抚有寰区。无远弗届。薄海内外。悉子悉臣。即至重译来廷。亦无不怀柔绥服。乃英夷义律等。妄肆鸱张。已忘名分。况复胆思狡启。指称钦差大臣琦善。与之说定让给。实为骇人听闻。该大臣到粤如何办理。虽未经知会到臣。然以事理度之。亦万无让给土地人民。听其主掌。如该逆所称已有文据这理。既无从悉其真伪。徬徨夙夜。心急如焚。前闻民间传说英夷。即在香港地方贴有伪示。逼令该处民人归顺彼国各语。方谓传闻未确。故惑人心。兹据水师提臣。转据副将赖恩爵。禀钞伪示移咨前来。则是该夷竟以香港视为已有。要害之地。为其所据。相去虎门甚近。片帆可至。沿海之新安。东莞。香山。顺德。以及省城各处。势非刻刻戒备不可。嗣后内地犯法之徒。必至以此为藏匿之所。是地方既因之不靖。而法律亦有所不行。更恐犬羊之性。反覆靡常。一有要求不遂之事。必仍以非礼相向。虽欲追悔。其何能及。且大西洋自前明寄居香山县属之澳门。相沿已久。所有在粤华夷。均归同知县丞管辖。议者犹以为非计。今该逆夷竟欲将天朝土地人民。据为已有。更恐致滋后患。伏思宸谟广运。圣虑周详。定能烛照靡遗。不使奸宄得以遂志。何待愚昧为之过计。但臣忽闻海疆要地。外夷竟思主掌。并敢以天朝百姓。称为英国子民。臣实不胜愤恨。第一切驾驭机宜。无从悉其颠末。惟于上年十二月。二十八日。钦奉谕旨。调集兵丁。豫备进剿。兼令琦善。督同林则徐。邓廷桢。妥为办理。始经宣示。臣等晤见琦善。亦均悉心商请。添募壮勇。以壮声威。固守虎门炮台。防堵入省要隘。惟用兵之道。全在识定心坚。若再稍涉游移。逆夷窥伺多端。实有措手不及之虑。现既有夷文。并据禀钞伪示。不敢缄默。

谕内阁。前因英逆日肆猖獗。降旨令琦善等。严密防范。如有必须攻剿之处。不可迁延误事。嗣因该逆攻占炮台。特将琦善交部严议。仍谕令奋力剿除。以图补救。乃琦善到粤以后。甘受逆夷播弄。节经谆切诰戒。迷而不返。自称专办夷务。不令阿精阿。怡良等与闻。叠次奏报情形。非系开脱逆情。即属代求恩宥。于一切防守剿堵事宜。置之不问。并因该逆有缴还定海之言。辄将义律呈递伊里布文件。及该夷目给与留浙头目夷信。代为由驿递交伊里布。以致伊里布听信顺从。迁延观望。本日。据怡良驰奏。英逆投递逆词。并在香港地方出有伪示一折。香港地方紧要。前经琦善奏明。如或给予。必至屯兵聚粮。建台设炮。久之觊觎广东。流弊不可胜言。旋又奏请准其广东通商。并给香港地方。泊舟寄居。前后自相矛盾。已出情理之外。况此事并未奉旨允行。何以该督即令逆夷公然占据。现据怡良奏报。英逆盘踞香港。称系琦善说定让给。已有文据。并伪发告示。称该处百姓为英国子民。览奏殊堪痛恨。朕君临天下。尺土一民。莫非国家所有。琦善擅与香港。擅准通商。胆敢乞朕恩施格外。是直代逆乞恩。且伊被人恐吓。奏报粤省情形。妄称地利无要可扼。军械无利可恃。兵力不固。民情不坚。摘举数端。危言要挟。更不知是何肺腑。如此辜恩误国。实属丧尽天良。琦善著即革职锁拿。派副都统英隆。并著怡良。拣派同知知州一员。一同押解来京。严行讯问。所有琦善家产。即行查抄入官。

(甲子)谕军机大臣等。本日。据赛尚阿奏。查办北塘至山海关一带炮台事宜一折。据查宁河北塘。及丰润。滦州。乐亭。昌黎。抚宁。临榆等各洲县海口。或应增筑炮台。或应添设土垒。或应停办砖石。或应拆去旧台。均经该尚书。督同该地方文武各员。相度机宜。虚衷商定。著讷尔经额。迅速檄饬承办工员。分别赶办。山永协副将兴泰。遵化营游击刘正。均系随同赛尚阿。周历查看。著该督即派该二员。并拣派地方官一员。同赴海口。往来指拨督办。以期工归实济。至安设沙墩土垒。并于炮台前筑坝挖濠。既足御炮拦潮。亦堪伏兵陷贼。惟炮手枪兵。尚宜精熟。著讷尔经额。督饬该管营弁。勤加训练。以期得力。余著照所议办理。原折钞给阅看。

(乙丑)谕军机大臣等。本日。据奕山等奏。接奉廷寄。遵旨筹办一折。所奏俱悉。该将军等业已先发告示。晓谕广东文武官员。治备战具。严加防守。计杨芳早已抵粤。必应遵旨妥行堵剿。至于安南轧船。既据该将军等。查访形式。俟抵粤后赶紧仿造。如该省业已制造。即著派员演驾。藉资得力。并召募水勇。务当一鼓作气。督兵进剿。断不可稍存一通商之意。致滋游移。至于临时相度机宜。应如何进兵得手之处。该将军等随机应变。必能筹画万全。出奇制胜。并著出示晓谕该弁兵水勇等。如果击获夷船。即将该船货物。悉数充赏。以励众心……

(丁卯)谕军机大臣等。据伊里布驰奏。遣将带兵收取定海。并密筹攻剿一折。英逆日肆猖獗。前已有旨。令裕谦赴浙痛剿。现据伊里布奏称。该夷自愿将定海呈缴。其所请在浙销货一层。业经严行拒绝。所请先释被获各夷一层。亦经坚持不准。兹择于二月初四日。人地两交等语。所奏是否确实。著裕谦到浙后。将伊里布现办情形。确切查明。据实具奏。断不可随同附和。代人受过。致干咎戾。该逆居心诡诈。难以理测。必应随时防范。方不堕其奸计。到浙后。相机妥办。如该夷系诡言缴地。仍复负嵎。即行督率将弁。及埋伏乡勇。同时并举。尽力攻击。务令片帆不返。以张国威。即使该夷果将定海缴还。亦当妥办善后事宜。加意严行防守。其近海各口岸。亦著严加守卫。毋稍疏虞。伊里布原折。发给阅看。即由该大臣发交只领。

(戊辰)谕军机大臣等。据赛尚阿等奏。酌议秦王岛石河口安炮移营一折。秦王岛等处海口。形势险要。业据该尚书等。相度地形。分别办理。至澄海楼等处。应设台安炮。据该尚书等。查明现在满洲营绿营可用炮位。不敷分设。著讷尔经额。即派委妥员。将新铸铜炮。酌拨五六位。运送山海关。以资防守。

己巳。协办大学士两江总督伊里布奏。窃奴才前因夷目胞诅呈报。于二月初四日。缴还定海。恳请释放夷俘。当即饬委总兵郑国鸿。王锡朋。葛云飞。统领官兵三千名。驰往收取。并将前获各夷。交给带往。饬俟收复城池之后。遵旨遣释。傥该夷中怀诡诈。无意交城。即在阵前将该夷囚等正法。督率弁兵。及豫伏之乡勇。尽力攻击。以期克复。业将办理缘由。恭折驰奏在案。兹于初五日。据差弁先行驰回面禀。我兵于初四日午刻。齐抵定海。该夷半在城内。半在船中。见我兵到彼。胞诅即缴还城池。城内各夷。立即纷纷退出。我兵整众入城。登陴看守。并将城外道头地方。该夷所盖草房。全行拆毁。郑国鸿等。传宣恩谕。将夷俘晏士打剌打厘等。释令领回。并饬赶紧起碇。胞诅等免冠服礼。声称伊等将城池缴献后。即于初五日。全数撤退等语。随即率众登舟。旋又据郑国鸿等。禀报前由。声明夷船业于初五日。陆续起碇。扬帆南去。惟内有三桅夷船一只。驶至蟹峙港地方。失风搁浅。另有夷船二只。在傍救护。该镇等遣弁饬催。该夷称俟潮长。即行开去等情前来。奴才伏查该夷已将城池缴纳。大帮船只。多已远去。其搁浅及救护之船。必不在此逗留。现已批令查明该船何时开驶。另行飞禀。惟定海既经收复。应即设官驻兵。严加守卫。奴才已札饬郑国鸿等。即带所统各兵。在县城及紧要各口岸。分营驻守。并委前往经管粮台之石浦同知舒恭受。暂署该县印务。所有一切善后事宜。俟钦差大臣江苏抚臣裕谦到任。察看情形。会同浙江抚臣刘韵珂。查核办理。至奴才前次奏调之皖楚等省官兵四千名。内安徽寿春镇兵一千二百名。业已陆续抵浙。现在仰蒙我皇上简派元戎。赴粤剿办。诚恐该夷被剿窜突。复至浙省滋扰。防范仍须严密。定海甫经收复。防备未修。尤须格外谨严。寿春镇兵。素称精锐。应请暂行留防。由裕谦探明粤省情形。连本省调防各兵。分别裁撤……

谕军机大臣等。本日。据伊里布驰奏。收复定海一折。又据琦善驰奏。查明香港地势。及现在筹办情形一折。英逆在粤。日肆猖獗。攻击炮台。戕我官兵。占据香港。擅出伪示。种种不法。殊堪发指。前有旨。令杨芳先行赴粤会防。并令奕山等兼程前进。计已接奉遵办。该将军等到粤后。务即会集各路官兵。一意进剿。歼除丑类。设法擒渠。必使该逆等片帆不返。方足以彰天讨。不可存一通商之见。稍涉游移。更不可因有缴地之事。少加宽纵。谅该将军等。身膺重寄。自必志切同仇。伫盼捷音。毋负委任。至琦善前奏。香港地方。宽至七八十里。如或给予。必至屯兵聚粮。建台设炮。久之觊觎广东。流弊不可胜言。兹又据奏。香港孤悬海外。离省较远等语。前后情词。自相矛盾。显系不实。著奕山。隆文。杨芳。祁𡎴。确切查明。据实具奏。即使香港并非险要。亦必设法赶紧收回。断不准给予该夷。致滋后患……

道光卷二四

(道光二十一年辛丑二月壬申)谕军机大臣等。寄谕广州将军阿精阿。兼署两广总督广东巡抚怡良。水师提督关天培。陆路提督郭继昌。本日。琦善奏称。逆夷闻大兵将集。意图滋扰一折。该夷现闻内地调兵。四出窥探。并有兵船数只。垒至下横档山后探水。显露诡谋。惟此时兵未到齐。尚觉单弱。该将军等。务当督饬该省兵弁。及陆续到粤兵丁。分布要隘。协力堵御。毋稍疏虞。一俟靖逆将军。及参赞大臣等到后。自应一鼓作气。带兵进剿。以靖余氛。琦善原折。著发给阅看。

癸酉。钦差大臣江苏巡抚裕谦奏。窃奴才奉命赴浙。剿办逆夷。当将由上海起程日期。并夷俘晏士打剌打厘等。暂缓释放。寿春镇标官兵。仍饬前进缘由。先后奏报在案。奴才于二月初七日。驰抵镇海军营。钦遵传旨。接受钦差大臣关防。并将谕旨一道。批折二件。一并亲交伊里布只领。并准伊里布咨会。二月初三日。派令总兵郑国鸿。王锡朋。葛云飞。带兵三千名。横渡定海。于初四日登岸。即据该夷目缴纳城池。当将晏士打剌打厘释放。该夷目于初五日。率众登舟。起碇南去。惟蟹峙港洋面。因遭风搁浅。尚有三船未去。湖广省兵。及奉简派之韩振先。琦忠。二员。业已咨行退回。前调江苏兵二千。亦应停止等因。奴才伏查现在定海虽据缴回。而蟹峙港洋面。既有未去夷船。即所称已经南去者。查探亦未驶离浙境。连日西北风大作。该夷顺风扬帆。瞬息可以千里。而迟迟其行。已属叵测。且查接管卷内。有广东抚臣怡良咨会。该夷竟敢将我香港之土地人民。视为己有。照会我副将赖恩爵。撤回营汛。示谕我香港居民。任彼主掌。甚且欲改法度。收税钞。种种狂悖。令人眥裂发指。且由定海驶去之夷船。尚在观望。难保其不复折回定海。当此残破之余。子女资财。炮位军械。不为掳去。即被残毁。

为今之计。惟有一面抚恤难民。以收人心。一面择要设守。以固我围。然后妥议经久之计。奴才已飞调现驻宁波府城。办理军需局务之浙江臬司周开麒。并江苏候补知府黄冕。会督宁波府知府邓廷彩。酌带委员银两。星夜渡海。会同总兵郑国鸿等。并署定海县知县舒恭受。勘明地势情形。妥议安抚设守章程。总以不令一夫失所。一隙可乘为主。惟定海现无炮位。而镇海一带。安设之炮。亦属无多。且乏大炮。用以防堵。犹恐不足。其新铸之大炮。尚未成功。只可在于沿海安设炮位内。酌量抽拨。先行解往。其观望未去之夷船。亦已严饬沿海水陆文武各员。慎密防范。杜绝接济。务使无利可图。有威可畏。惟内多应与抚臣刘韵珂。商办事件。若仅函商咨询。恐有辞不达意之处。奴才业经咨会抚臣。即日前来。面加商推定见。再行亲赴定海。相机办理。至寿春镇兵一千二百名。徐州镇兵一千名。江宁驻防八旗兵三百名。皆系拣选精练之卒。应俟广东省定局后。再行撤退。

谕军机大臣等。本日。裕谦奏。驰抵镇海。接受关防。筹办情形一折。办理尚属周妥。定海既无炮位。著照所议。迅于沿海地方。酌量抽拨。先行解往。以资抵御。所有浅搁夷船三只。著即派委将弁。或用炮击沉。或围困剿戮。以绝其观望之心。其未经驶出浙境各船。傥能诱入内地。突出伏兵。痛加攻击。亦可稍示惩创……

丁丑。安徽巡抚程楙采奏……臣尤虑英夷现集粤东。一被我师痛创。未必俯首居巢。又将伺隙四出。若令沿海逐加防范。则縻饷滋多。似应择险扼其要冲。使夷船首尾不能相顾。查福建厦门。与台湾对峙。中有澎湖。可否于此畧厚驻重兵。多集水勇。与厦门遥为声势。安设数千斤炮位。令勇士不时哨探。瞭见夷船经过。即行对面轰击。庶足以寒其胆而戢其奸。不敢复窥江浙。一面申严海禁。务使硝磺薪米。及淡水等物。涓滴不得出洋。俟该夷穷蹙乞怜。仍请暂缓一二年。再降恩谕。准其互市通商。尤属一劳永逸。

谕军机大臣等。据程楙采奏。福建厦门。与台湾对峙。中有澎湖。应行厚驻重兵。多集水勇。安设炮位。严断接济等语。现在广东命将出师。声罪致讨。逆夷一经痛创。难保不分头窜突。自应择险扼要。使其首尾不能相顾。惟由广东至福建澎湖。是否系必由之路。著颜伯焘。吴文镕。陈阶平体察该处地方情形。密饬员弁预为准备。傥有夷船窜入。立即督率兵勇。痛加剿洗。务令片帆不返。以靖海疆。该督等总当先事豫筹。期于有备无患。无致临事周章。是为至要。

戊寅。已革大学士琦善。广州将军阿精阿。兼署两广总督广东巡抚怡良。汉军副都统英隆奏……接据提督关天培。连函报称。初三初四两日。英夷之火轮船。随带三板多只。叠进三门口内。冲撞篺桩。施放火箭。将附近官厂民房。肆行烧毁。先经兵勇抵拒。该船急遽退出。火亦扑息。至第二次复来滋扰。适贵州总兵段永福。带兵一千名。至彼扎营。逆船旋即回棹。臣等闻信之下。飞饬各处将弁兵丁。竭力守御。并驰檄前途。迎催各省官兵。旋据差往虎门探信之武弁。先后驰回面禀。初五日。夷兵船十八只。带同该夷各三板。将四面环水之横档。永安。相连两炮台。周遭围绕。火轮船忽往忽来。见各台上防守紧严。尚未动手。初六日昧爽。南风盛发。该逆即占住上风。叠放大炮。攻击横档。永安。两炮台。又分出兵船火轮船。堵截别台赴援之水道。经派防横档永安之肇庆协副将庆宇。题升督标中军副将达邦阿。香山协水师副将刘大忠。督率兵弁。尽力开炮抵御。巳午之间。逆夷兵船。稍为退避。旋见潮长。夷船仍复蜂拥而至。抵死齐攻。直至酉刻。该台炮声渐微。想系官兵力竭。远见逆夷兵船拢岸。夷兵纷纷上山。恐横档。永安。相连两炮台。已被占夺。其靠西之巩固炮台。靠东之威远靖远镇远三台。仍被夷船围攻未解。文报不能相通。不知能否保全。亟回禀报等情。臣等听闻之下。不胜发指。查探弁所禀情形。虽未接有提督以下文禀。第各台被围。均在紧急之际。即有文禀。亦不能差递来省。其备细实情。尚须确查。始能尽悉。惟虎门炮台。既已失守。则夷船窥伺省会。即在意中。且虎门之横档等炮台六座。向止例设防兵。自上年至今。叠次加添。并于各后山。增雇兵勇协防。统计八千余名之多。惟因地势孤悬。夷炮迅猛。以致尚有失守。内河港汊丛杂。比之防护虎门。更关紧要。查内河由狮子洋而入。其近狮子洋者。以乌涌为扼要。近省城者。以猎德。及二沙尾。大黄窖等处为扼要。乌涌一带。已经臣琦善奏明将湖南先到兵一千名。咨明署该省提督祥福带往驻防。其猎德。二沙尾。大黄窖等处。均有原筑炮台。近年叠加修整。添置炮位。并于要隘处所水面。安设木簰。水底杂钉木桩。无事之时。留口门以通民船。亦经臣琦善。臣怡良。将豫备缘由。先后奏闻在案。兹复会同履勘。咸思密益加密。且虎门藩篱既失。则内河更不可疏虞。即先前以为次要之处。今亦应列为首要。当又勘得乌涌迆西。由长洲冈至黄埔。深井之间。有海心冈一处。又折而西。复有白泥冲要隘。均属入省汊路。该夷大船虽不能驶越。而火轮三板等船。竟可向彼潜行。避开重兵驻处。故亦不得不倍加防堵。兹复于覆勘各处。无兵者增设。兵少者添多。并宽购木石等物。填塞河道。除邻委将领。分驻督防外。其最要之乌涌一带。臣琦善即驰往驻扎。随时调度。臣怡良亦即往二沙尾。猎德。一带驻扎。臣英隆带领满兵。往大黄窖驻扎。并邓廷桢。林则徐。亦随同臣等所驻之处。协力筹防。臣阿精阿。先既周历会勘。兹臣英隆。带兵堵御。省垣重地。未便空虚。已商明留臣阿精阿。在城督同司道。严密防范。至横档永安炮台失守。臣琦善。咎实难辞。相应请旨将臣琦善从重治罪。

琦善等又奏。臣等正在封折间。复据差往虎门之弁。驰回面禀。初六日晚间。靖远。镇远。威远。暨巩固炮台。亦俱失守。提督关天培。不知下落。臣等闻之。不胜愤恨。并闻该逆夷兵船五只。火轮船三只。直进内河。沿途攻打。已至乌涌。查乌涌离省。仅六十里。该处派有湖南兵一千名。督标兵五百名。业已开炮对垒。过此则附近省城之二沙尾。最为紧要。先经驻扎抚标兵三百名。适江西兵。于本日先到一千名。亦即派往堵御。臣琦善于拜折后。即赴该处。督率防守。

谕军机大臣等。本日。据琦善等驰奏。逆夷大肆猖獗。炮台据报失守一折。据奏。该逆于本月初三初四等日。驶驾火轮船。随带杉板多只。叠进三门口内。冲撞簰桩。施放火箭。经副将庆宇等。督兵抵御。至初六日。酉刻。逆夷拢岸上山。横档永安炮台。恐被占夺等情。又另片奏。靖远。镇远。威远。巩固炮台。据禀亦俱失守。提督关天培。不知下落等语。览奏实堪痛恨。该省海口。港汊繁多。保无有分路带兵之事。故特添派齐慎为参赞大臣。迅即赴粤会剿。并谕知梁章巨。选派广西兵二千名。迅赴广东。听候调遣。其前遣赴浙之湖广兵二千八百名。已谕知裕泰。钱宝琛。令其改道入粤矣。现在广东省城。情形吃重。奕山等接奉此旨。著即星夜遄行。兼程赴粤。会督各路精兵。相机剿办。毋稍迟延误事。以副委任。琦善等折片。著钞给阅看。

辛巳。钦差大臣江苏巡抚裕谦奏。窃照英夷于缴回定海后。尚有夷船三只。在蟖峙港洋面。搁浅未去。其余各船。亦复逗留浙洋。当经奴才据实奏明在案。旋查蟖峙港。与定海虽隔一山。而离定海县城外之道头地方。仅止水程五六里。且在山上支搭帐房。是名为起碇南去。实则仍在定海。当即严饬定海镇总兵葛云飞。并沿海水师各镇。会督文武各官。严密防范。杜绝勾接。并察其意向。禀候查办去后。即据葛云飞禀。查探该夷船有一只搁浅。两只在彼剥载救护。至初七日辰刻。潮长浮动。山上帐房。随即折去。初八日辰时。全数开行。定海港中已无夷船。又据象山营县禀报。于二月初五日。巳时起至酉时止。有夷船十八只。陆续由北驶至。内九只先后往南驶去。尚有九只。停泊西屿外洋。至初七日巳时。南去六只。由碇齿港。向北驶去一只。仍有二只。停泊西屿外洋等情。奴才伏查该夷船迁延不去。已属叵测。且初七日。复有折回北驶之船。更多诡谲。其由碇齿港向北。仍系往定海及乍浦江苏之海道。既未据定海镇报有折回之船。亦未据迆北营县。报有夷船经过。该夷船自定海前往广东。必由黄岩。温州。二镇所属洋面经过。屡经奴才严檄飞查。迄无只字禀覆。奴才现又飞饬沿海营县。并咨会江苏省。留心查探。加意防范。该夷船如敢近岸窥伺。或勾引汉奸。买卖接济。即系不遵天朝法度。有意寻衅。约计炮力能力。开炮轰击。傥竟抗拒。奴才即当会同提臣余步云。督率镇将弁兵。痛加剿洗。以彰国威而泄民忿……

壬午。已革大学士琦善。广州将军阿精阿。兼署两广总督广东巡抚怡良。汉军副都统英隆奏……旋据署水师提标参将李贤禀报。提臣关天培。及香山协副将刘大忠。游击麦廷章。同时在台阵亡。臣等不胜愤恨。查虎门既失。则乌涌即为前敌。最关紧要。先经臣琦善。调派已到之署湖南提臣祥福。带湖南兵九百名。同本省兵七百名。驻扎防堵。臣琦善正在起身赴彼督剿。即据禀报。二月初七日。逆夷兵船。直攻卡座。施放飞炮火箭。打入营盘。各官兵奋力抵敌。枪炮致毙逆夷。约数百名。无如逆夷火器甚烈。四面焚烧。署湖南提督祥福。暨游击沈占鳌。守备洪达科。俱已阵亡。其余尚未知下落。其乌涌。并虎门。伤亡兵丁。亦因夷船阻隔。未能遽知确数。自是之后。逆夷猖獗愈甚。竟将兵船火轮船。联络多只。乘潮驶至。距省不过三十里之二沙尾地方。虽饬沿途将弁。竭力抵御。惟逆焰正极凶很。恐即近逼省城。臣等愤激之下。誓不与此逆同生。惟有会同前督臣邓廷桢。林则徐。督率文武。戮力同心。坚拒固守。闻参赞臣杨芳。已入粤境。即委员飞往迎催。即日至省。妥商剿办。

又谕。据琦善等驰奏。逆夷直进内洋。攻破乌涌。离省仅三十里。已降旨饬杨芳等。分兵固守矣。逆夷大肆猖獗。连伤我提镇大员。可恨之至。必当尽数剿洗。著奕山等。无分昼夜。兼程前进。途次如遇调赴粤省兵将。即著带同前往。并著查探逆夷进兵路径。如可密遣兵弁。截其去路。使之首尾不能相顾。奋力歼剿。方能制胜。所有续调各省未到兵丁。著即星夜严催。迅速抵粤会剿。是为至要。琦善等折。著钞给阅看。

又谕。据裕谦奏。浙江象山县营禀报。于二月初五日。有未经驶出浙境之夷船十八只。陆续由北驶至。内九只。先后往南驶去等语。夷船由浙入粤。必由黄岩。温州。二镇所属洋面经过。据裕谦奏。屡查未见禀覆。恐所称南驶之船。难保不窜入闽境。颜伯焘。陈阶平。现俱驻扎泉州。防堵厦门等处要隘。著仍遵前旨。严密巡查。如有夷船滋扰。即著并力攻击。以示惩创。其有应堵各港汊。并著颜伯焘等。分饬将弁。认真堵御。毋稍疏虞。是为至要。

(甲申)钦差大臣江苏巡抚裕谦奏。窃照定海夷船。于二月初五日。起碇后。至初七日巳时。由象山县洋面南去十五只。尚有二只。停泊象山县之西屿外洋。又有一只。从碇齿港往北行驶。其在蠏峙港搁浅。并救护之夷船三只。甫于初八日辰时。先后开行。当经奴才将筹办堵剿缘由。恭折奏报在案。兹据象山营县先后禀报。停泊西屿外洋之夷船二只。于初七日酉时。开行南去。初九日巳时。又有夷船四只。后带有杉板船一只。由东屿外洋。自北往南驶去。又据象山县池南之定海营县禀报。自初六日巳时起。至初九日酉时。共有夷船二十二只。先后从潭头山外洋。往东南驶去。并未停泊等情。奴才查前泊定海夷船。连搁浅后开者。共止二十一只。今象山定海营县禀报。南去之船。计有二十二只。数目已不相符。并有进口渔船。据称现有夷船二十只。在离定海约二百余里之极东深水外洋。又闻尚有二只。已往北驶。虽未据北路营县。报有夷船入境。而营县之探报。每不若渔船之迅速准确。且该逆之缴还定海。系因琦善擅给香港马头。即日通商。不啻以羊易牛。又闻我皇上屡饬浙省进兵。克复定海。并简派奴才前来攻剿。明知寡不敌众。弱不敌强。喜惧交并。徜徉而去。盖犹恃琦善为泰山之靠也。今奉严旨。将琦善革职拿问。大张挞伐。不准通商。该逆进退失据。势必窜回定海。早蒙圣明指示。是定海之设守。为目前之要务……奴才前奏。请于道头地方。建筑土城。并修理城垣炮台。既不能刻期竣事。即雇募水勇。暗伏山岛。截其逼近定海之路。亦必得于三四月间。俟闽省渔船来浙之时。雇募备用。方能得力。均属缓不济急。计惟有安设力能致远十余里之七八千斤大炮。夷船一经抵岸。即行开炮轰击。则彼炮尚未及我城。而我炮已先及彼船。庶足以慑逆夷之胆。而壮我兵民之气。彼怯我壮。自能百战百胜……

道光卷二五

（道光二十一年辛丑三月）己丑。闽浙总督颜伯焘奏……臣蒙恩简授闽浙总督。于正月二十六日接篆。当将地方紧要事件。与抚臣吴文镕熟商后。随即起程前赴厦门。督办防剿逆夷一事。臣于二月初十日抵厦。连日亲赴各海口。察看情形。查得厦门一岛。孤悬闽南。远控台澎。近接金门。又为泉漳屏障。与粤东毗连。洋面四通八达。实为全闽咽喉门户。西南北三面。皆属内港。东则三十里外。即系外洋。大小诸屿。参差屹立。上年六七月间。逆夷两次窜扰。皆由东南之青屿口出入。青屿在峿屿之内。入口船只。必先经由北岸之白石头。安海。二汛。迆西为水操台。头巾礁。小大炮台。皆为首冲。再西。则鲁班庙。文汛口。沙坡尾。虎头山。均为次要。水操台对岸。为屿仔尾屿。仔尾之西。横亘海中。与虎头山遥对者。为鼓浪屿。登屿。则全厦瞭如指掌。以上各处。共安大小炮二百七十九门。水陆兵二千七百九十九名。傥有夷船窜至。峿屿及大炮台等处截击之。屿仔尾夹击之。鲁班庙等处斜击之。鼓浪屿迎击之。其自白石头至沙坡尾一带。俱为平地冲要。障蔽不严。兵心不壮。原设沙囊。久则腐散。上年。经兴泉永道刘耀椿。倡建石壁。高一丈。厚八尺。长五百丈。每五丈留一炮洞。东置炮门。壁后各建兵房。棲止有所。惟外向滨海之处。大船不能驶近。是以上年未议设防。自广东大角沙角炮台。猝被逆夷攻夺。皆有汉奸登岸。万一生心厦岛。诚恐故智复萌。情形既今昔不同。防剿宜水陆兼备。所有安海汛迆东之曾厝垵。白石头。迆东而北之河厝乡。皆有沙坡可上。厦北之五通汛。则由金门可以径达。厦西之高崎汛。杉板亦可驶入。以上各处。不可空虚。共安设炮百门。兵一千四百一十名。高崎汛。又派哨船十只。兵三百名。拦截港面。此外各处。有水勇练勇。共九千二百七十四名。并听调遣。是乃全厦备御之大概也……

（壬辰）兼护两广总督广东巡抚怡良。广州将军阿精阿奏。窃前署督臣琦善。会同臣等。前将虎门炮台暨乌涌失守各情。由驿奏闻在案。兹该逆夷于十三日。将兵船火轮船。联结多只。乘潮迅驶至二沙尾地方。因该处水势。较外洋稍浅。臣等先于此处凿船沉石。密钉暗桩。设立木排。严为防堵。该夷船未敢即时驶进。一面实力筹办守城各事宜。并雇募壮勇。分拨带领。经前署督臣琦善。派总兵长春。管带江西兵丁。驻扎河干。与林则徐。邓廷桢。防守外城。臣阿精阿。臣怡良。分守内城。彼此互相援应。其内城之东北两面。与二沙尾陆路相通。饬令总兵段永福。管带贵州兵丁。与广东陆路提标弁兵。在彼防堵。以防夷匪登陆。十三日。臣杨芳。接到逆夷肆逞之信。星驰抵省。到后。周览形势。即饬局购备竹木排桐油棉花草船等物。以备相机攻剿。省河等处。虽与外海不同。而支流汊港。路路可通。且河面宽大。动辄数十百丈。一时难以得手。四川。湖北。各路檄调之兵。尚无到省之信。兵力尚嫌单薄。先经前署督臣琦善。札调广西梧州协副将周枋。并梧州协兵三百名。帮守乌涌。该将先行到省。饬赴乌涌协防。接仗阵亡。其后到之兵丁三百名。即留备守城。又前调罗定阳春等营兵九百名。分守城外。查省城外层虽形单薄。经有官兵分布。并于城外堆积沙袋。以御炮弹。尚可捍卫。城厢内外各巷。添置水缸水桶。以防火箭射入。至内城。则城垣高厚。地势居高临下。足资固守……

丙申。参赞大臣杨芳奏。窃奴才抵粤后。叠将布置机宜。于二月十四。二十等日。两次具奏在案。查逆夷兵船。自闯过乌涌。即于二沙尾。大黄窖。两路。分投游奕。欲进省河。经奴才察看大黄窖退后五里之凤凰冈。系属顶冲要隘。约可容兵千名。阻截入省河道。是以奏明。派令南赣镇总兵长春。带江西兵一千名。掘濠挖坑。安营驻守。其余一千名。由省河北岸。渡赴南岸。饬派参将刘乾忠。游击崔开泰等带领。分段埋伏。以资策应。连日与广州将军臣阿精阿。并署督臣怡良。暨原任督臣林则徐。邓廷桢。及各司道。督饬署广州府知府余保纯等。筹运炮位。赶堆沙袋。张挂牛皮。以挡炮弹。并赶札竹筏木排。拦截水道。一面指示安义镇总兵段永福。带领贵州官兵。扼定北岸陆路。于小北门外扎营。复于东盛寺等处。分设伏兵。一切布置。甫于二月二十三日。稍经就绪。果于二十四日未刻。即有逆夷。乘驾大兵船二只。火轮船一只。三板船十数只。冲过大黄窖废营。直欲闯进省河。将拦河竹排。用炮轰打。并炮击营垒。断树掀囊。飞砂四起。总兵长春。力督参将谭恩。及都守等官。率兵开炮抵敌。时有炮子飞过。长春右眼角。擦伤右颧。皮破血出。其随身之把总毕开琥。被炮打死。并伤毙左右随兵四名。长春激励士卒。奋不顾身。叠开大炮百余出。先击沉逆夷三板船一只。夷众尽行落水。又有逆夷三板船一只。被炮打穿入水。其夷众竭力鼓枻。力挽出水。我师再击一炮。人船俱没。其大兵船木料坚厚。虽未能即时打穿。已将大桅一枝击断。逆夷均皆仓皇。即将各船退出。查该逆大肆猖獗以来。恃其船坚炮大。于奴才未到之先。虎门内外各炮台卡座。节次失守。今复攻扑凤凰冈营垒。欲进省河。被我师打沉三板船两只。并击断大船中桅。致毙夷匪多名。始行畏惧退走。不敢遽进省河。已可稍定民心。惟该逆夷后船尚多。恐仍分路驶入。以图夹攻。奴才惟有鼓励各镇将。扼要分投。竭力堵截。第一时兵力尚未甚厚。仍飞檄迎催各路。迅驰来粤。俾资调遣。又据香山县知县吴思树禀报。二月二十一日。逆船驶入芙蓉沙。闯至距县数里之马头。欲图攻城。该县会营抵御。即飞禀带兵驻扎县辖前山之南韶镇总兵马殿甲。高廉道易中孚。分带兵勇赴援。是晚。该逆船始行退出。奴才与怡良商明。此时首以保护省城为亟。该处香山前山。只得责令原驻镇道。督饬员弁兵勇。尽力剿堵。毋失机宜。

(庚子)钦差大臣江苏巡抚裕谦奏。窃奴才承准军机大臣字寄。道光二十一年。二月。十八日。奉上谕。浅搁夷船三只。著即派委员弁。或用炮击沉。或围困剿戮。以绝其观望之心。其未经驶出浙境各船。傥能诱入内地。突出伏兵。痛加攻击。亦可稍示惩创。其善后各事宜。著即责成裕谦驻扎定海。督同文武员弁。体察居民及地方情形。悉心妥办。瞭见夷船有回帆踪影。即并力轰击。或绕绝其去路。聚而歼旃。毋误机宜等因。钦此。奴才伏查浅搁夷船三只。于奴才接印之次日。开行南去。其未驶出境之船。亦已查无踪迹。至修复定海县城垣。添筑土城。赶铸炮位。抚卹难民各事宜。均经奴才逐一筹议。先后具奏在案。奴才前奏。六横青龙等处洋面。共有夷船四只。游奕寄碇。嗣又遣弁查探。止剩一只。于二月二十八日。诱擒白夷一名。杀伤逆夷三名。并夺获夷枪铅子皮袋等物。讯明白夷名畏林示得。系英吉利派令管驾船只。运送粮食。前来定海接济。上年八月。自该国开船。在洋经行半年有余。始到浙洋。并未遇见南去夷船。因不见兵船。欲行探问。致被擒获。不知有无续来兵船等情。奴才查上年。拿获夷囚三十余名。不但不加诛戮。且用酒肉养赡。并派中国之人服侍。其夷妇一口。又另派中国老妇二人服侍。浙省士民。无不忿恨不平。今既擒获逆夷。自应即行正法。奴才于讯明后。会同提臣余步云。派委翼长狼山镇总兵谢朝恩。齐持令箭。将该逆夷绑出营门。凌迟处死。枭首示众。以作士气而快人心。仍悬立赏格。晓谕兵民。同心协力。设法诱拿。俾该逆夷闻风惊惧。不敢往来无忌。如入无人之境。其诱擒夷匪之弁兵。由奴才存记。俟有续立功绩。并计请奖。奴才现将镇海应办事件。会商提臣。逐一布置妥协。于三月初六日。登舟放洋。东渡定海。容俟到彼查看情形。再行分别请旨遵行。

裕谦又奏。再定海虽孤悬海外。而自镇海前往。海道处处可通。近或数十里。远亦不过一百余里。皆系依山傍岛而行。趁潮往来。片帆可达。并不涉历大海。自周讫惰。封建郡县之名目。虽各不同。而要皆属于今之镇海。唐开元间。始立县治。以后或废或兴。无不视镇海之兴废。以为兴废。盖定海无后援。全恃镇海为之控制。而镇海一县。雄踞海滨。南援象山石浦。北应兹谿余姚。为宁波府之门户。而宁波府又为浙东之门户。镇海之守固。则外可扼定海之吭。内可保障浙东之全境。即如上年。定海失陷后。夷船直逼镇海。该县及象山。石浦。慈谿。余姚。并宁波府。居民闻风惊畏。纷纷迁徙。迨前浙江抚臣乌尔恭额。前提臣祝廷彪。统领重兵。驻扎镇海。民心始定。该逆夷亦不敢再肆鸱张。是其明证。奴才若驻扎定海。止能保守一隅。不能顾及全局。一切调度呼应。皆不能灵。设被该逆探知其故。豕突镇海。则全浙骚动。而定海兵民。亦必张皇失措。于大局殊有关系。奴才拟将定海善后。筹度定见。仍回驻镇海军营。则彼此皆有恃无恐。以期确有把握。至该逆所恃。惟船坚炮大。若与之海洋接仗。该逆转得用其所长。是以奴才前奏有五不可恃之议。浙江水师废弛。与江苏相等。名曰水师。实皆不谙水性。每届水操。辄将战船抛锚泊定。然后在船演放枪炮。与陆路无异。按季巡洋。则虚应故事。并不前往。去年。奴才在宝山防堵。督令水师。在吴淞口外操演。竟有眩晕呕吐者。深堪痛恨。现在浙江既无大船。并无大炮。即有大船。亦无善于驾驶之人。出洋击逐。实非万全之策。奴才惟有坚持定见。以御为剿以守为攻。杜绝接济。严防要隘。该夷船傥敢驶近口岸。度量炮力能及。即开炮轰击。或诱令登岸。更可大加剿洗。断不敢轻躁贪功。致堕奸夷诡计。

参赞大臣杨芳奏。窃照英吉利逆夷。于二月二十四日。乘驾兵船。及火轮三板等船。欲进省河。经凤凰冈官兵。奋力击退。当即驰奏在案。是日。有米利坚国领事多利那。因该国货船。并不在禁止通商之列。先经琦善批准。带进黄浦贸易。适值英夷攻打虎门。被阻不得入口。闻凤凰冈官兵击退逆船。向营盘禀诉。据总兵长春。报知前来。奴才当饬署广州府知府余保纯。带同通事译讯。据多利那称。英夷既被击退。自不敢再有他求。惟念称兵犯顺。系英国兵头所作之孽。其带货商船。并未敢随同滋事。而因此阻滞年余。不得贸易。在该商为其本国兵头所累。原不足惜。而我米利坚等国。向来恭顺。不敢私卖禁物。蒙大皇帝恩准照常贸易。极为感激。乃到粤经年。被英国牵累。不能进埔开舱。以致货物霉烂。赀本亏耗。谅蒙天朝怜悯。现查英国夷商。情亦急迫。可否于此次击退兵船之后。姑准其商船一体贸易。庶各国不被英国妒恨。免致阻挡牵留。而英国货船在埔。其兵船即有所顾忌。而不敢滋事。似亦制服之一法等语。奴才当经传谕。以该夷所言。虽亦近理。殊不知英夷肆逆逞凶。罪恶重大。实自绝于天朝。今蒙大皇帝命将出师。特申天讨。即谓夷商并无助逆。究系英国之人。又安敢以通商为请。正词回覆去后。是日逆船虽无动静。而探知退泊未远。奴才料其早晚又必来扰。戒备益严。惟省城所存炮位。本不能如虎门之大。虎门炮台既失。炮亦随之。且外海师船在虎门者。均被逆夷烧毁。别营舟师。刻难调集。虽有内河巡船。及招募水勇决艇。只能防而不能攻。奴才与兼署督臣怡良等正极焦切。适于二十六日巳刻。长潮之际。南风大起。该逆大小兵船。添至七只。火轮船三只。三板船二十余只。果皆乘风拥至。其时凤凰冈等处营盘。各放枪炮。击毙夷兵不少。而逆船恃其坚厚。且行且拒。冒死闯入省河。飞炮火箭。施放无数。幸各城上下内外。已将官兵壮勇。排列如山。不令稍有空隙。且奴才等先经示谕军民。以防御英夷。与他寇不同。其炮弹能于远处裂开。以烧房屋。而火箭又著物即燃。此时保卫城垣。首须扑除火患。是以于列队兵勇之外。复逐段多添扑火兵丁。使房屋不烧。人心即定。虽是日逆船炮箭。施放不绝。而省城内外。周密巡防。并无一处失火。该逆见守城如此严紧。立即移窜空旷之白鹤滩中心。暂行下碇。不敢逼近城垣。亦不敢复放炮箭第仍虞其堵截上下游各船。则省中一切日用。以及军火所需。皆不无棘手。正在分筹剿逐间。复据洋商伍怡和等。以各国领事夷商。于英逆带兵之人。无不交口斥詈。该兵船因见城上岸上。均各森严。亦即畏惧而退。二十七八九等日。兵船及火轮船三板船。均已陆续开离省河。惟各国夷人在粤。均望承平。谓英夷既经缴还定海。不敢更有他求。惟贸易一事。系天朝二百年来。稠叠恩施。不得不代恳法外施仁。仍循旧制。并呈出义律等。所立笔据。有不讨别情。惟求即准照常贸易。如带违禁之货。即将船货入官字样。是其前次要求奸计。此时无可复施。惟奴才奉命督兵。只知军务为亟。断不因各国连番环请。稍懈军心。即其笔据之言。奴才虽经寓目。仍□无睹。第既有此情形。理应据实入告。至其所云贸易夷人。并未随同滋事。货船入口。正可制服夷兵等语。奴才暗访明查。似非诞妄。而就兵机而论。亦有时以纵为擒。与其峻拒群夷。恐致一同觖望。或先从权制驭……

谕军机大臣等。本日。据杨芳驰奏。逆船驶进省河。旋即退出一折。此次该逆大小兵船七只。火轮船三只。三板船二十余只。闯入省河。施放炮箭。因省城内外。周密巡防。窜出白鹤滩中心下碇。旋即开离省河等语。所办尚好。据奏。米利坚领事禀称。到粤经年。被英逆牵累。不能开舱。并英国带货商船。请准一体贸易。并据洋商呈出义律笔据。代恳通商等情。此系该逆奸谋。懈我军心。惟现在大兵未集。不敷调遣。著杨芳设法羁縻。俾不得远遁外洋。致将来攻剿费手。其现在如何从权制驭之处。朕亦不为遥制。奕山。隆文。计已抵粤。著即妥筹密商。一俟续调官兵炮位。足敷剿办。水勇快艇。足资遣用。著仍遵前旨。断其后路。四面兜擒。克复香港。以副委任。

道光卷二六

(道光二十一年辛丑三月癸卯)户科掌印给事中朱成烈奏。窃查逆夷不知陆战。我陆兵与彼相接。是谓以众制寡。以能制其所不能。即彼水战所恃者。亦不过船大而坚。帆捷而巧。炮大而准耳。一切战法。俱不能精。其船帆能用逆风旁风。独顺风不甚利。无风益不能行。且彼船高。置炮亦高。能上击平击而不能下击。虽有汉奸为之羽翼。亦可智取也。我军果能夺其所长。击其所短。斯可聚而歼之矣。谨仿战策。约举数条。为我皇上敬陈之。

一广东省河两岸。厚筑土堤。宽挑土濠。以备逆夷再至。殪其全军也。堤以避炮。彼如开炮。则为土所埋。濠以伏兵。彼如过堤。则伏兵齐起。立即斩擒。再于堤中作函洞以为炮眼。于洞旁一丈之远。穿堤置长竹筩。作为眼目。以瞰夷船。初来放过。待其大来。两岸一齐开炮。使彼左右不能兼顾。河之上流。多集已旧小船。载引火之物。令水勇在水中奋力推下。以烧其前面。彼抵前则不及抵左右。抵左右则不及抵前。我军有一面得手。该逆已成灰烬矣。或谓函洞未免费工。即于堤上牢置炮架。点炮之人。执牛革穅囊以避彼之炮子。此以柔制刚之法。亦可得胜。臣愚窃谓宜两用之。二月二十四日省河之战。总兵长春。英勇过人。若有护身之具。必不致炮伤其颧。再闻省河不甚宽广。夷船在河中流。不惟两岸开炮可及。即强弩火箭。亦可射到。该夷胆敢至此。可见并不知兵。自寻覆败。不难克期收复虎门也。

一将逆夷逐出虎门。如敢仍踞内洋。彼之大船。我以小船击之。彼之小船。我以大船击之。可期必胜也。盖彼大船开炮。不便俯击。我之小船。高不过一二尺。彼炮已在六七尺以上飞过。我船逼近。可以任所攻击。或谓小船距彼将近。彼有联环枪可以俯击。然此枪击出。至远不过百余步。我之小船。在二三百步之外。用可击五六里之炮。击之断无不胜之理。此以散制整之法也。又大炮用于小船。须防其坐。按成法。有以米囊抵于炮后。竟不坐者。是可用也。彼之小船。亦载可击五六里之大炮。我之大船。原不甚高。炮可俯击。若用可击十余里之炮。于七八里之外击之。彼断不能至前。且多伤毙。此以远制近之法也。或疑大小船相错。不能分别击之。然以峰拥小船既多。以前一半分击其小。以后一半直趋其大。小既围其小矣。待我大船将近。一闻号令。即已闪出前面。我大船直前压之矣。迨至逐出内洋之后。我军攻剿之法。百出不穷。逆夷安得不授首哉。

一逆夷退出外洋。如敢再入内洋。可设法制其大船也。查逆夷船大如山。吃水一丈有余。大洋水深。可以纵横如意。若至内洋。则水不尽深。浅处或至胶舟。并可于水底特设重险。待其来。以小舟开炮诱之。诱至浅处险处。彼船不得动。安得不任我攻围。且闻夷船不能左右同时开炮。左右同开则船覆。我兵分左右。以火炮齐攻。必有一面得力。凡与水战。皆宜确用此法。且彼乘潮方入内洋。我兵先分起与之游战。或竟坚避不出。迨潮退然后奋勇丛击。必能大捷。宋将岳飞。在洞庭破杨太轮船。以小船诱至浅水。因而制之。今若变通其法。则彼之船不足恃矣。

一无风之日。可以出洋攻击也。彼之船大。必须使帆。无风必下碇。我兵伺其下碇。以多桨小船。四围绕攻。专击其船之近水处。数击则破。破则沉矣。若彼小船在前拦战。我军即用前法。以前后分击其小大。盖彼小船无多。我以二只战彼一只。即已立夺其魄。粤省连年用兵。岂无数百只小船。且渔船亦可雇用。又彼大船为我小船所牵。我之大船。正可直趋彼之小船。我之小船。并可替出击彼大船也。又有用木筏取胜者。查木筏整木平底。既不可翻。又不可沉。较诸船尤低。可以避炮。其制。前后两筏。以钩环联而为一。多设水轮木桨。使之进退迅速。前筏多用狼牙大钉。钉于筏头。上载火具。钉入贼船。纵火烧贼。我兵俱登后筏。摘环前进。用炮击贼。可获全胜。金败宋将韩世忠。以无风破之。今用其法。则彼之帆不足恃矣。

一顺风我之所利。可出奇制胜也。一法。用敝旧大船。内载柴草。扬帆在前。以为障蔽。以牛革絮被两三层。撑出船头数尺。以防其炮。上用数水勇。及善没舵工。专管使船。各执牛革以避炮。后用多桨小船。载精兵火器随之。彼击大船。则小船急进。大船一遇彼炮即燃。燃则乘风已抵彼船矣。彼恐延烧。不及顾我之小船。小船乘机剿之。为彼炮之所不及击。则彼之炮亦不足恃矣。再用广东人所造鸳鸯炮子。以烧其帆。该逆尚有孑遗哉。闻此项炮子。曾破水盗张保。著有成效。沿海各省。正宜如式置造。以为烧贼之具。

一彼乘夜或来偷营。多用无底空船。以小船夹左右继其后。可以决胜也。月黑之夜。以此项船只。用牛革絮被。裹于船头。多置旗帜草人。静停待之。彼如直前登我空船。则没于海洛因。彼用炮击。则可遮蔽后之小船。后之小船。待其开炮。齐前击之。彼必失措。或竟以此船乘夜剿贼。亦可使之惶惑无主。宋将张贵。曾用此法以误敌。敌人溺死者万余。今诚偶一用之。彼之船与炮。均不足恃矣。

一募水勇以间汉奸。必能成功也。盖水勇皆渔户水盗等类。惟利是逐。强悍轻生。又能衽席海涛。出没自若。我诚榜示水勇。有能沉一夷船者。赏银若干。斩一白夷黑夷者。赏银若干。生擒一汉奸者。赏银若干。则必奋勇图之矣。即以所擒汉奸。放归用间。以间众奸。令各斩夷来献。不但必赦其罪。且与水勇一律重赏。必多转而内向者。一汉奸杀贼投首。众汉奸皆为夷所疑。则逆夷之羽翼翦矣。盖至我兵屡创逆夷之后。汉奸亦应知逆夷终灭。不复为彼用矣。

一广南破夷之法。亦有可用也。闻夷船失风。误入广南。广南人遣善没者入于水。以铁炼钉其船底。即以舟掣之。使搁于浅水。焚其船而取其辎重。该夷至今在大洋行走。以见广南山为戒。见则斩舵工有常刑。其伎俩可知矣。昔郑成功。曾言该夷惟习枪炮。攻战之理皆谬。盖信然也。又宋将韩世忠。与金水战。以钩系炼。飞掷金船。钩住曳之。每曳必沉。今以此法制彼三板沙板等船。尤易为力。彼之大船。益无护卫矣。

以上数条。多主火攻。逆夷并无他长。且畏火攻。我诚扼其所短。多方以误之。必成擒矣。至于开炮迟速。所争只在转瞬之间。全在点炮兵将。眼明手快。胆量过人。方能制胜。则恃统兵之将。委用得人矣。

丁未。两江总督伊里布奏。窃查江苏省洋面绵长。海口纷歧。崇明孤悬海外。更为吃重。自上年逆夷不靖。熟筹堵御之方。该处设有重兵。总兵田松林。独当一面。尚能巩固海防。此外则宝山县之吴淞江口。紧接大洋。上海县之黄浦江口。毗连吴淞。该二处防堵事宜。均关紧要。臣于回任两江后。即由上海驰赴宝山。途中周历巡查。各弁兵分防地段。队伍整齐。声势联络。沿海师船渔艇。驻守口门。随时出入巡探。不致稍有疏懈。其吴淞江口东西炮台。及宝山之东门塘岸。均经安设大炮。多备火药。如有夷船进口。足资抵御。提臣陈化成。亲驻帐房。与士卒同甘苦。气势尤为振作。惟吴淞两岸。兵力尚嫌单薄。虽经前护督臣程矞采。将挑备太湖营兵三百名。提标营兵二百名。添驻东西炮台。而江东炮台。远接高家嘴洋面。人烟寥寂。必须岸上多宿防兵。方可遥为掎角。又宝山城外小沙背。石洞。张家桥等处。地势空阔。滨临外洋。上年曾调漕标官兵。分驻防堵。业经撤回。其上海县东沟地方。为上。宝。川沙。三厅县交界临江扼要之区。江岸村庄。鳞次而居。此时均应派防。以杜逆夷登岸剽掠……

谕军机大臣等。伊里布奏。熟筹沿海情形。分别添兵备防一折。江苏省洋面绵长。海口纷歧。经该督周历巡查。扼要派防。并添调兵弁驻守。著照所议相机妥办。该督现回上海。策应弹压。仍著随时亲赴宝山一带。会督提镇。妥为防范。沿海各要地。亦著严饬各县营。同派防官兵。竭力巡防。毋稍疏懈。至该省海防紧要。铸炮不容稍迟。既由苏州省局拨解□铜十二万斤。即应赶紧开铸。著即动款迅速妥办。毋误事机。又另折奏。沿海通商各港口。酌拟一律封闭等语。江苏洋面现无夷船。遽将港口封闭。商贩未免向隅。惟是汉奸之透漏消息。接济米粮硝磺等物。亦不可不严密防范。著严饬该管司道等。于商渔船只出入之时。实力稽查。无稍疏懈。亦无滋骚扰。是为至要。所有该省沿海各港。此时著无庸封闭。

伊里布又奏……臣查漕标所辖之盐城东海二营。均有海口。非重沙叠护。即水浅沙胶。惟海州赣榆地方。东北二面临海。有鹰游山。与孙家山北外洋。可直抵海州城外二十余里之临洪口地方。但该处湖涨之时。水深二三丈不等。逆夷船身笨重。吃水较多。不能驶近。此处既由漕臣朱树。严饬各该营于额巡兵丁外。增添数目。在海口实力巡防。足资备御。臣回任后。复谆饬各该文武加意防范。现在沿海布置情形。业经另折奏陈。并钦遵谕旨。遇有夷船踪迹。必须相度远近。炮力足以相及。方许开放轰击。断不准空糜火药。自为惊扰。亦不容稍涉大意。致有疏虞。

戊申。参赞大臣杨芳。广州将军阿精阿。广东巡抚怡良奏……查该逆自二月十六日。闯进省河。旋即退出。旬日以来。并无动静。随据米利坚等国。向准贸易商船。陆续驶进黄埔。由洋商按日具报。查该夷等货船。先被英夷阻遏。以致货多损坏。现既陆续进埔。乘时贸易。无不欢忻鼓舞。共戴皇仁。即英逆各商。亦无不在旁歆羡。奴才等察看该逆现在情形。似因大兵云集。省城防守加严。不敢骤然滋事。并因前此米利坚代求通商。既经奴才等代为陈奏。不无希冀之心。所以旬日间一无动静。惟逆夷诡计多端。水陆藩篱。先已被其闯破。一时未能修复。难保不乘隙复来。防守之严。须此逆船在省河时。密益加密。省外东南一带州县。多系沿海。处处皆须防护。节经奴才等。札饬各营县。多雇壮勇。并于各要隘。凿船沉石。密钉暗桩。预为拦截。共资保护……

谕军机大臣等。本日据杨芳驰奏。英逆退出省河。遵旨力筹堵御一折。据奏米利坚等国。向准贸易商船。驶进黄埔。乘时贸易等语。逆夷滋扰。与米利坚等国无涉。原可准予通商。惟该大臣前奏。有米利坚等国禀称英国夷商。情亦急迫。可否一体贸易。俾兵船有所顾忌等语。英夷商船。虽未随同助逆。总系逆英之人。断不准其通商。此次各国贸易。如有代逆销售朦混影射等弊。即著严行查办。万不可稍存迁就之见。致逆夷得遂通商之欲。计奕山。隆文。祁𡎴。当已先后进省。各处调兵。亦必陆续抵粤。该将军等一面防守省城。一面相机剿办。所奏逆夷退出省河。是否仍在虎门以内。彼既深入重地。但能断其后路。不难聚而歼旃。著仍遵前旨雇募水勇。准备船炮。奋力合剿。朕拭目以俟捷音之至也……

(庚戌)钦差大臣江苏巡抚裕谦奏。窃奴才承准军机大臣字寄。道光二十一年。二月。二十七日。奉上谕。据海龄奏。请将沿海通商各马头港口。严密查察。暂为一律封闭等语。著该大臣等体察目前情形。是否可行。悉心妥议具奏。海龄折著钞给阅看等因。钦此。奴才伏查滨海之区。地多斥卤。民无恒产。而性习于海。有力者贸易于南北两洋。货物因之流通。小民藉资生计。无方者以船为家。以渔为业。出没于惊涛骇浪之中。冀有所获。以易升合。即就江浙两省而论。此等仰食于海者。已不下十数万人。其因贸易以沾润泽者。竟难数计。闽广两省。斥卤更甚。贸易更广。人数之多。可以类推。一经封港。有力者虽可支持。市廛业已萧索。无力者顿失所天。必将流而为盗。且闻上年定海失陷以后。渔户人等因碍其采捕之路。无不同仇共愤。现署定海县事之石浦同知舒恭受。在鄞县任内。一呼而集者数百艘。欲图恢复。因军令不准。遂皆解散。然亦并无接济之事。至九月以后。该逆始驾杉板小船。在浙东沿海一带。采买牲畜。购觅淡水。小民虽贪其利。仍不敢与之交易。嗣见官尚送给牛羊食物。遂亦交接无忌。迨抚臣刘韵珂到任。严行申禁。始稍敛迹。是接济逆夷者。系沿海愚民。且系导之使然。并非商渔船只。盖商船之身家殷实。一船可值数千金。多者数万金。地方官发给印照。其来有自。其去有所。沿海之官兵差役。无不耳而目之。设有接济。断难掩瞒。藉端勒诈。势所必至。所得不偿所失。是以多知自好。渔船虽无身家。而朝出晚归。例有一定口岸。出入皆有稽查之人。船身窄小。有无夹带。更不难一望而知。况上年在乍浦洋面。帮同官兵击退夷船者。商船也。江浙两省。雇备渡载征兵者。商船也。查探夷情。救护定海难民者。渔船也。豫备火攻。追逐夷船者。渔船也。现在之往来定海。济渡官兵粮饷者。亦皆渔船。是商渔船只。皆为我所必用。断无用其船而不准谋生之理。即有不法商渔。勾通接济。必停泊于人迹不到之偏僻海汊。断不敢出入于众目昭彰之通商正口。是封港之议。徒有碍于安分商渔。而于杜绝接济之法。仍未得其要领。再查渔户冒险采捕。终岁勤动。仅能糊口。竟有终其身未见洋银一圆者。其接济夷匪。亦不过贪获厚利。而其所得究属有限。若能许以重赏。激劝而用之。断不肯舍无穷之富贵。而冒死接济。以求有限之钱财。奴才于到浙后。悬立赏格。劝谕诸色人等。同心杀贼。如有透漏接济者。即以通贼论斩。并将上年擒解逆夷伪官晏士打剌打厘之民人包祖才等。正身查出。从优奖赏。月余以来。民情孚洽。踊跃奋兴。竟有纠集多人。或以购买烟土为由。或以捕鱼为名。潜伏于山陬海澨。以待逆夷之来。设法擒击。以邀重赏者。官兵亦因之而愧奋。咸思敌忾。当此用人用船之际。所有该副都统奏请封港之处。应毋庸议……

裕谦又奏。奴才于三月初六日。由招宝山渡海。适值风潮平顺。不逾两时。即抵定海马头。连日周历查看。该县境在镇海乍浦之东。石浦象山之北。屹立洋面。纵横三百余里。东西北皆层峦叠嶂。山脚沿海。均有浅滩。小船处处可以登岸。惟池东之沈家门。池西之岑港。两处水势较深。可容一二大船。然皆距城在五六十里之外。中隔崇山峻岭。是我步卒最易见长之地。已于该处各置陆兵防守。可保无虞。该县城池。三面负山。半束锁山于内。前有稻桶山。接连东岳山。为之屏障。左右有晓峰青垒诸山辅翼。形势最为扼要。虽南面一二里即临大海。有吉祥竹山大渠三口。为外洋进港之门户。港内洋面宽广。水深十数丈。逆夷大船。皆可寄碇。攻我城池。然该逆炮力虽能及城。而不能洞城。上年该逆乘其无备。前来豕突。设我镇将弁兵。固守城池。不纷纷携眷内渡。该逆何敢登陆攻城。遽遭失陷。盖定海非不可守之城。乃无守城之人所致也。言念及此。不胜愤恨。奴才现经督同臬司周开麒。总兵王锡朋。郑国鸿。葛云飞。及江浙文武各员。虚衷采访。相度形势。拟于东岳山巅筑炮城一座。周围一百三十一丈。南面接筑月城一座。计二十一丈。又自青垒山至竹山脚。横筑土城一道。共长一千四百余丈。又晓峰岭。青垒山。无样山。锁山。各置瞭台兵房。择要安设炮位。或背山立营。或倚城捍卫。声势均已联络。首尾皆能策应。设使逆夷在粤败挫。再来尝试。希图一逞。则我炮皆能及彼。彼炮不能及我。寓守于战。允为以逸待劳之计……

裕谦又奏……伏查议战先须议守。江苏地方。以吴淞海口及崇明宝山三处。最为险要。崇明地方。有苏松镇总兵田松林。统领该标官兵三千余名。驻扎巡防。兵力已不为单。又经拨添炮位。足以壮其声势……其吴淞海口。居民无多。专藉兵力炮力。调防该处之提标兵丁。虽不为强。而安设炮位既多。又有沿海土塘。可以藏兵避炮。我兵立身不败之地。胆气自壮。提臣陈化成。老成勇健。谙悉夷情。自上年六月迄今。住宿单布帐房。与兵无异。昼夜弗离。即使该夷豕突而来。内港河道曲折。暗沙缕结。止能鱼贯而入。不能并帮疾驶。且其来也。必用杉板小船。探水引路。即如上年七八月间。该逆屡次用杉板船突入口门。测量水势。皆为提臣陈化成开炮击退。以后即不敢窥伺。是其明证。此后潮汐日旺。南风将至。正是未雨绸缪之际。奴才业已咨会两江督臣伊里布。署江苏抚臣程矞采。雇募川沙厅之小渔船俗。名海燕子者。暗藏水勇。携带抬炮。许以重赏。潜伏口门之外。专击其杉板小船。并诱其大船行入暗沙。使之搁浅。相机攻剿。或乘黑夜纵火焚烧。不独吴淞海口。可保无虞。即宝山亦可恃之无恐。盖宝山之离吴淞海口。仅止数里。彼此可以互相策应。其城虽属滨海。而外有浅滩。上有陡立之海塘。非用杉板船剥载。不能登岸。海中既有渔船追逐。岸上又用枪炮轰击。该逆似无能为……

裕谦又奏。再查康熙年间。曾暂准红毛夷船在定海通商。久经停止。而该县之南马头。俗尚呼为红毛道头。附近并有夷馆基址。奴才抵定海后。留心采访。自道光十二年以来。每至夏秋。辄有夷船驶入浙江洋面。因该道头地方。多有闽人寄寓。暗销鸦片烟土。并接济淡水牲畜。是以距定海一二百里之青龙港。东西硅等处洋面。竟为该逆熟游寄碇之所。奴才现在修筑土城。已将红毛道头及夷馆基址。全行拆毁。并将该处民房迁徙城内。酌留两门出入。昼启宵闭。一如内城之制。使土城以外。一无所有。以绝逆夷觊觎之念。而断内地接济之源。定海本非商贾辏集之所。居民多以耕渔为业。别无他项贸迁。于守御既便。于民间亦无不便。

壬子。参赞大臣杨芳。广东巡抚怡良奏……伏查米利坚货船。本准通商。因上年英夷滋事。被其阻遏。半载有余。本月初九日。奏报该国货船。照常进埔贸易。米夷久滞之货。一旦通商。无不欢欣鼓舞。感戴皇仁。英国夷商。亦皆从旁歆羡。是其志在通商。已可概见。故自具奏后。英夷尚属安静。不致再行肆扰。昨据米利坚弗兰西等国代求。以港脚虽系英夷所属。但距英国二万余里。并未随同滋事。此时各国货船。俱已进口。而并未滋事之港脚。似不便再令向隅。以示区别。即义律向米利坚领事称述。亦言英国称兵之事。与港脚各商无涉。所有英国祖家货船。情愿听候谕旨。不敢遽行进口。惟港脚无辜受累。致阻其货。渠实对他不住。嘱其代请随同开舱贸易等语。查港脚为英吉利所属。先经奏明一并封港在案。今既查明港脚夷商。并未附和滋事。则当于顺逆之中。权其变通之道。且据洋商查报。港脚货船内有洋米九船。计米约三万余石。粤东山海交错。产谷无多。向资西米洋米接济。兹港脚夷商。既仍载米而来。是其并非包藏祸心。亦尚可信。且与民食实有裨益。藉可安抚民人。似应准令港脚货船。一并开舱。以广圣主柔远之仁。兼以去英国附和之势。

杨芳。怡良又奏……旬日以来。英夷所以安静者。其意实恋通商。兹据米利坚等国。坚代港脚恳求。而英夷之祖家船。仍不得进口。似尚有畏罪服输之意。且米利坚等国。与港脚夷商。平日货物交通。彼此互相揽带。势难逐船厘剔。与其暗被朦混。何如明示恩施。商情既以相安。兵船即不能妄肆。惟窥英夷现在情形。一因探闻靖逆将军督催后路大兵。源源而来。一因探闻奴才杨芳于二月十九日。奏请改水师为陆路。牢固藩篱。独不准该逆通商。是以情急。先挟船炮之长。拼死闯入省河。果能攻破城垣。则全省为彼所有。不事干求。后见镇定守御。无所施其伎俩。因而求他夷转恳。不求别情。较之琦善前辙。要求赏地情形。似有区别。以目前局势而论。似宜先准贸易。暂作羁縻。以便从容布置。可期计出万全矣。朱批。若贸易了事。又何必将帅兵卒。如此征调。又何必逮问琦善。所见甚差。即有旨谕。

谕内阁。前因英逆大肆猖獗。伤我提镇大员。叠经降旨。命杨芳先行会同怡良等领兵攻剿。以申天讨而快人心。今据杨芳等奏。各省调兵到粤。已有八千余名之多。尚不及时进剿。迁延观望。甚至仍请准令英夷所属之港脚商船。在粤贸易。是有意阻挠。怠慢军心。殊出情理之外。杨芳。怡良。著先行交部严加议处。

甲寅。谕军机大臣等。现在山海关各海口。办理炮台事竣。所有秦王岛石河口各卡。驻扎满洲营兵丁。著即调回本营。勤加操练。其所调冷口喜峰口二处防守兵丁。并著撤回归伍。至秦王岛澄海楼二处安设炮位。仍著富勒敦泰酌派弁兵。在彼常川瞭望。以免疏虞。

道光卷二七

道光二十一年。辛丑。闰三月。乙卯。钦差大臣江苏巡抚裕谦奏。窃奴才前于三月十五日。在定海军营拜折后。即登舟内渡。回至镇海军营沿途察看。商渔乐业。各处戍守。均极严整。镇海兵情踊跃。民气恬熙。连日以来。确探附近洋面。并无夷船帆影。而山陬海澨。潜伏居民渔户。以待邀截夷船者。仍复不少。就此情形而论。该逆似不敢前来侵犯。自寻死路。惟屡得广东来文。二月二十四日。我兵击沉夷船。伤毙夷逆后。二十六日。仍敢窜入近省洋面。因见防守严密。不战而退。种种诡谲情形。实属叵测。现在靖逆将军奕山等想已到粤。一经开仗。该逆于败窜之余。必将联聚大帮。前来定海以图一逞。奴才不敢因定海土城炮城将次完竣。扼要地方亦已设守。稍存大意。商之提臣余步云。将已经铸成三千斤铜炮十七位内。拨出十位。又一千斤铜炮二十位内。拨出十位。先后解赴定海。交该镇总兵葛云飞。择要安设。余留镇海防堵。又将奴才带来河南抬炮拨出一百杆。解交寿春镇总兵王锡朋。逐日教令操演。其原调该标兵一千二百名。均称勇健。除伊里布先已调赴定海兵四百名外。尚有八百名。奴才亦已一并陆续调往。统计定海现有兵五千六百余名。大小新旧炮七十位。前经奴才派往筹办善后之江苏候补知府黄冕。勇敢精细。与官兵民勇。同甘共苦。亦能调和诸将。使无彼我之分。又有署定海县事之石浦同知舒恭受。素得民心。能用民力。内地之策应兵勇船只。亦皆齐备。水路山路。均查探熟悉。即使该逆大帮豕突而来。似亦确有把握。不难剿洗。以仰副圣主肃清海寓之至意。

(丁巳)山东巡抚托浑布奏。窃臣前因登州府现办防剿。诸事必须臣亲往稽查布置。于本月初九日自省起程。兹于十六日驰抵登州。连日接见镇道府县。备询现办情形。查登州府城。傍海为垣。依山为郭。冲临大洋。为战守扼要根本。城东北之抹直口。太平湾。沿海一带。沙滩环曲数十里。并无高阜。城西北之丹崖山。陡插入海。城西之天桥口。海潮入城。为水师战船停泊之所。因名水城。北对长山岛。四围七十余里。洋面平敞。水城之西。别起一峰。名田横寨。此寨之西南。则为西山口。斜对外洋庙岛。黑山等岛。再四则为板石崖。黑峰台。地形高峻。山岭起伏。贼船在洋。则可以炮火轰击城垣。贼匪登山。则居高临下。可以俯瞰郡城虚实。其形势之险峻。实较各省滨海郡县。尤为冲要。臣于上年冬间。曾虑夷情反覆。郡城危险。访求避炮之法。为固守之计。知麻袋装沙。排筑沙堤。沙性柔滑。夷炮不能击透。即经豫饬省西各属购买麻袋。陆续运登。一面札行登莱青道王镇。登州府知府诸镇等。相度地形。集夫兴办。该道府等以近城筑沙。止能护及城垣。移至海滩。则沿海之营盘炮台教场。及附近之民田庐舍坟茔。悉资障卫……

托浑布又奏。窃臣前准军机大臣字寄。奉上谕。据奕经奏。奉天旅顺水师营。面前南北隍城二岛。为奉天山东两省分辖。凡船只往来天津等处。必由左右经过。实为南来海路要隘。请豫为把守等语。天津为近畿征地。旅顺隍城诸岛。既为南来海路要隘。是严守各口。即足以断夷船来路。著耆英于盛京存贮炮位内。择其大而有准者。运往旅顺各口。相度形势。或筑台安设。或用船驾驭。其迤南隍城各岛要地。著托浑布选运大炮。一体安置。设有夷船驶至。两面轰击。可期得力。该将军巡抚等。务各相度机宜。迅速妥办。仍将如何办理之处。各绘图贴说具奏等因。钦此。伏查南北隍城二岛。在东省登州府城东北。距城二百四十里。两岛毗连。遥望如一。故向来但称隍城岛。并无南北之分。岛之东北。计海程一百八十里。系奉天旅顺口铁山。此一百八十里之内。为南来商船赴直隶天津及奉天锦州等处经由海道。中枢政考内载。隍城岛与盛京之铁山。中间相隔一百八十里。其中并无泊船之所。自铁山起。九十里之内。令盛京官兵巡哨。自隍城岛起。九十里之内。令山东官兵巡哨。此两省分辖之界。即原折所称南来海路之要隘也。臣以该处洋面辽阔。且中枢政考指明中间并无泊船之处。似属大洋孤绝之地。无险可扼。岛上安设炮位。能否轰击夷船。必须详晰确勘。当经札委登莱青道王镇。登中营游击塔清阿。水师营游击陈振疆。前往查勘。嗣据查明情形。悉心参酌。隍城两岛。各周围二三百里。孤峰高耸。乱石嵯峨。北岛间有零星渔户。南岛并无居民。该道等于履勘时至北岛顶上最高之处。四面瞭望。浩无际涯。问奉天铁山所在。土人指点北洋。隐约中若有山形。海气微升。即渺无所见。北望数十里。有商船经过。如凫如鹜。浮游海面。水溜势急。倏忽不见。雨峰对峙。遥望既不分明。商船来往。多在近岛数十里之内。岛上俯瞰。尚未真切。则夷船由大洋窜驶。不能一一瞭见。更可意度而知。两省各于山岛安设大炮。遇有夷船驶过。两面夹攻。度计炮力所及。南北止于二三十里。其中间之百余十里洋面。断非炮力所能邀截。惟岛上有兵有炮。亦足以慑晴天则壮军威。臣现已由登州府城酌拨大小炮数位。派弁兵数十名。饬赴该岛常川驻守。至驾船巡探。本系向办旧章。自海口戒严。臣虑水师兵力单弱。即饬添雇渔筏。多募水勇。协同官兵。节节巡防。现准盛京将军直隶督臣咨会。亦于各海口严兵防御。三省声势。已极联络。惟有随时咨会。互相策应。如遇夷船驶近。或以炮轰击。或设计诱擒。南近则南攻。北近则北攻。又将各处沿海口岸。及有民居岛屿。分兵巡防。杜其薪水接济。使逆夷近无所窥。退有乏食之虞。似足以固藩篱而制贼命。

谕军机大臣等。托浑布奏。勘明隍城岛情形一折。据奏添雇渔筏。多募水勇。协同官兵。节节巡防。与盛京直隶各海口。声势联络。互相策应等情。所议尚属周妥。均著照议办理。惟所奏山岛安设大炮。遇有夷船驶过。两面夹攻。度计炮力所及。止于二三十里。中间百数十里洋面。断非两面炮力。所能邀截。现已酌拨大小炮数位。派弁兵数十名。饬赴该岛驻守等语。该处山岛。既系孤峰高耸。遇有夷船驶近。炮力不能遽及。又无策应。设被逆夷将山岛占据。得毋借寇兵而赍盗粮耶。此一条。著托浑布再行斟酌妥议具奏。

壬戌。湖广总督裕泰奏……臣愚窃闻广东省河。港汊纷歧。逆船东西可至。现在靖逆将军等。似须屯在佛山以上。或清远三水。两县之间。与省城佛山。犄角相维。俾后路军声联络。逆船不敢出没西路。分我兵力。即佛山粮台。亦可藉资保护。较为持重。且汉奸侦伺多方。消息易透。今大营不使逼近逆船。调遣官兵。风声稍远。亦于设伏出奇更昭慎密。再该逆惯习风涛。长于水战。恣横大海。剿捕綦难。兹者深入省河。距虎门海口一百余里。所谓投机之会。正在斯时。但该逆万里兴戎。自以速战为得。而我之大兵远至。又以养锐为先。现闻该逆到处掠食。则其粮乏可知。坚壁清野。守御加严。使其师老食尽。或间道抄伏。绝其归路。或水陆兜剿。夹用火攻。筹策出以万全。自不难立制其命矣。

又谕。据裕泰奏称。粤省将军参赞大营。须屯建佛山以上。或清远。三水。两县之间。与省城佛山。犄角相维。俾后路军声联络。逆船不敢出没西路。分我兵力。即佛山粮台。亦可藉资保护。该夷深入省河。距虎门海口已一百余里。现闻该逆掠食。粮乏可知。暂时坚壁清野。使其师老食尽。或间道抄伏。绝其归路。或水陆兜剿。夹用火攻。不难立制其命等语。广东现在情形。自以保护省城。设法攻剿。为第一要务……

参赞大臣杨芳奏。现在汉奸渐次解散。逆船亦退出省河。除大黄窖停泊逆船大小十数只外。据虎门。香山。澳门。等处禀报。沙角泊有三桅大兵船一只。两桅大三板船一只。横档泊有三桅大兵船一只。永安泊有三桅大兵船三只。麻涌泊有两桅大兵船一只。大蠔头泊有三桅大兵船一只。黄浦尾泊有三桅大兵船三只。深井泊有三桅大兵船一只各等因。该逆分泊无常。辗转迟留。无非希冀与米利坚各国。一例邀恩。于急切待命之余。尚存游移窥伺之迹。奴才仍恐危城甫经镇定。民心未释忧疑。因先刻发告示。晓谕民居照常生理。一面严饬沿海各州县营汛。实力防堵。使该夷知我有备。以寒其胆。所有堵剿事宜。随机妥办……

乙丑。闽浙总督颜伯焘。福建巡抚吴文镕奏……至闽省内地之福州。兴。泉。漳。福。五府。均系滨海。而台澎更隔重洋。险要林立。非如江浙等省有数十里之沙滩。方能到岸者比。近惟台湾之鹿耳门。报有沙淤。而附近之四草湖。又已宽深。是亦此涨彼坍之理。各属测量情形。历有案据。当其潮涨水深之时。大小船只。无不可以进口。即潮退水落。逆夷小船。固不敢久离大船。然亦无处不可入港滋扰。顾我军大船破其小船。正无难制其死命耳。是各处防范。不能不豫为之备。其紧要地方。或雇募以补兵丁之未充。或团练以济兵力所不及。雇募者官为给资。团练者自食其力。其素称礁浅。及荒山野岸。虽可视为缓图。然亦不能弛备。即以厦门而论。纵横三十里。南路水深港阔。逆夷大船。直可驶至腹内马头。其北路西路。虽不能入。杉板则处处可通。东路直接大洋。更宜严为防御。以守全厦门户。以固全闽锁钥。臣颜伯焘泛海登山。目睹情形。是以久驻于此。躬为督办……

颜伯焘又奏……伏查臣驻厦月余。已将添设兵勇安置炮位各事。部署周密。因炮尚不敷。现即在厦赶紧另铸。臣复躬率文武。泛海东行四十里。至浯屿。勘得该屿外控重洋。内即青屿。大担。小担。诸岛。参差屹立。西入内港。方为厦门。是浯屿又为厦门咽喉门户。欲守厦门。必先守浯屿。欲守浯屿。必并守大担小担各该处。亟须建盖石堡。应移游击一营。重镇浯屿。分守青屿。小担。大担。贼船若于浯屿之北冲犯。则浯屿与青屿。互以大炮击之。若与青屿之北冲犯。则青屿与小担互击之。若于小担之北冲犯。则小担与大担互击之。其浯屿之南。大担之北。皆近大山。贼之杉板。亦可闯入。山之南岸北岸。又可与浯屿。大担。互击之。且浯屿。青屿。小担。大担。各岛。均宜分泊大小船只。以备策应。各岛开炮。则大船亦开炮迎击。小船分驶焚攻。傥能仰仗天威。将士用命。贼船安能进入浯屿一步。而厦门稳如磐石。贼即未至。已行覆没。而我军乘胜以大小船只分驶尾追。贼必不能喘息。又安从得受接济。妄冀复燃。然闽省之力。只能追至粤浙交界而止。此臣现在督办之情形也……

(丙寅)山东巡抚托浑布奏。窃臣前经奏明饬调臣标及三镇官兵。赴登州及荣成等县。择要协防。其沿海口岸。陆营弁兵。不敷拨守之处。责成各地方官。团练乡勇。以资防卫。洋面辽阔。水师弁兵不敷巡哨之处。札行该地方官。募雇水勇渔筏。以资分段协巡……

(丁卯)钦差大臣江苏巡抚裕谦奏。窃照京口副都统海龄奏。请将沿海港口。暂为封闭一折。钦奉谕旨。饬令奴才等查议具奏。当经奴才体察情形。议请毋庸封港。浙江抚臣刘韵珂。与奴才意见相同。先后具折覆奏在案。嗣准两江督臣伊里布。钞折咨会。江苏省业已封港。又经奴才以港不可封咨商变通去后。未准咨覆。兹复探闻伊里布。买备沙船。装载石块。为填塞吴松海口之计。在伊里布必以为老成谨慎之谋。而就江苏形势而论。一经填塞。其患有不可胜言者。盖吴淞海口。港道宽深。潮汐奔腾。势甚溜急。若以船载石。沉之水底。水性遇坚即激。激则沙泥浮动。切近沉船处所。必至深涡。不待数日。其船即卸入深涡。再激再卸。纵使十分坚固之船。亦已漂散不知去向。即如上年浙江镇海关口。曾经载石沉船。久无踪迹。是其明证。然此犹不过虚糜经费。示弱外夷。并无大患也。最可虞者。吴淞海口。为太湖之尾闾。汇江苏之苏。松。常。大。浙江之杭。嘉。湖。六府一州之水。以达于海。故必吴淞海口通畅。而后震泽始能底定。与他省海口不同。即与江苏省别处海口亦异。惟该处潮汐。系挟沙而来。是以口门内外。条沙缕结。夷船之不敢并帮行驶。骤然闯入者在此。苏松等府十年九潦者亦在此。近年以来。因海口尚通。不致十分为害。每年仍有蠲缓之处。设使沉船之后。水与船并不抟激翻腾。沙即因之淤垫。则口门浅阻。水不畅行。必将氾滥于田间。东南财赋之区。窃恐几成泽国。再议挑浚。即糜帑数百万。亦难为力……

道光卷二八

道光二十一年。辛丑。闰三月。乙亥。靖逆将军奕山。参赞大臣隆文。杨芳。两广总督祁𡎴奏……再查香港地方。岛屿里数。据署大鹏协副将赖恩爵禀称。遵查香港距新安一百六十里。离城四百四十余里。该处与赤柱。红香炉。裙带路。各处。互相毗连。形如鼎足。共为一大岛。周围约一百四十余里。裙带路与尖沙觜。两相对峙。若就香港鼎形一足而论。周围共约三十余里。铺户十二间。居民约七十余家。面海背山。殊非泊船要澳。只缘毗连裙带路等山。故前次该夷以借香港为名。恳请寄居。其实欲据裙带路与红香炉两处等语。详核所禀。自属实在情形。是琦善前奏香港周围约七八十里。或系专指一岛而言。今该夷尚有住泊尖沙觜者。搭盖棚寮五六间。均有夷人在彼住宿。又于山下开架帐房二顶。共有夷人三四十名。查尖沙觜与香港对峙。中隔一海。该处藏风聚气。可以停泊。该夷等在彼游移住泊。未必不垂涎于此。奴才等当与臣祁𡎴会商。严饬署水师提督。督率副将。仍不时密加侦探。随时禀报……

奕山。隆文。祁𡎴。又奏。窃奴才等未出京之先。承准军机大臣字寄。道光二十一年。正月。十九日。奉上谕。恰良奏。接办粤海关务税课短绌一折。据称粤海税课。以夷税为大宗。本年所到夷船。不及十分之二。因各国之船。为英夷拦阻。不能进口。是以六月后正当征输畅旺之时。转致短绌等语。广东例准各国通商。其恭顺各国。自仍照常贸易。英夷强悍桀骜。阻挠各国生计。各国岂肯甘心失利。著奕山。隆文。祁埙。于先后抵粤时。查明各国情形。果否怨恨英夷阻挠生计。抑稍有觖望于天朝。未能招徕抚绥。以致向隅失业。据实具奏。钦此。仰见我皇上怀柔远人。体恤备至。奴才等驰抵粤省。连日密加查访。并咨据抚臣怡良。将现在进口各国贸易商船数目。查明咨照核办前来。奴才等详加查核。缘粤海关务旧章。例准通商各国。除居住澳门之小西洋夷人货船。向在澳门卸货外。其余米利坚。弗兰西。荷兰国。大小吕宋国。甚波立国。连国。瑞国。单鹰国。双鹰国。英吉利国。并港脚各国货船。向例应进黄埔。查验开舱。各该国距粤。程途远近不同。每年来船数目。约在一百余只二百只不等。自二十年三月二十六日起。截至六月初二日止。只到有米利坚国。吕宋国。货船十九只。自是之后。并无货船进口。盖因英夷犯顺。兵船来泊粤洋。所有各国贸易商船。均被英夷阻挠。不得进口。英夷强悍桀骜。各该国力不能制。无不同深怨恨。至本年二月初六日。英夷闯入虎门。攻破乌涌卡座。夷船直达黄埔。是以向准通商之米利坚国。弗兰西国。及港脚货船共四十二只。始得随后进口。代英夷恳求通商。经奴才杨芳。会同抚臣怡良。体察情形。奏明仍准恭顺各国。照旧通商。该夷人等无不欣戴皇仁并不敢觖望于天朝。传讯各通事所禀。亦俱相符。现在虽经开舱。而殷实客商。均经迁避。交易者甚属寥寥。奴才等现已出示晓谕。令其速归。各安生业。与恭顺各国。照常贸易。无须惊疑。日来渐次归业。民情少觉安帖。

谕军机大臣等。奕山等奏。官兵渐次到粤。分守要隘一折。览奏均悉。粤东民情浮动。经该将军等妥为布置。众志成城。守者有坚定之心。战者必有奋勇之气。现在所调各路官兵。谅已陆续到齐。雇募水勇。并备办快蟹等船。亦应次第齐备。该将军等务当谋勇兼施。分路兜剿。毋令该夷闻风远窜。惟所奏由广西购办大木。韶州。肇庆。二府置造小木排。并提催江西。广西。炮位。尤当严密催办。以应要需。该处汉奸既多。所有商办一切机宜。自应加意慎密。毋稍漏泄风声。另折奏。查明香港地方情形。内地尺土。皆关紧要。岂容逆夷涸迹。所有前经该夷占据之香港。并现在寄泊之尖沙觜等处地方。均著该将军等于进剿得手后。全将该夷驱逐。各地尽行收回……

壬午。山东巡抚托浑布奏。窃照东省登。莱。青。三府所辖洋面。各有岛屿。见于志乘者。八十四岛。其中地脉枯绝。形势危险。人迹未能遽至者。五十二岛。有井泉柴薪。有田园庐舍者。三十二岛。臣前虑夷船北驶。有民居各岛。设被逆夷占据。贼必胁我民人。为彼乡导。掳我畜产。继彼资粮。是我失地利。转使逆夷进退有据。必须通盘筹计。或迁或守。先事豫防。以免临时失误。当经奏明劄饬该管道府。分派妥员。会同各地方官。以编查保甲为名。先将各岛户口庐井。及地势宽狭。海岸远近。分晰查勘。一面由臣摘叙简明告示。遍行剀切晓谕。如夷船驶近各岛。居民有敢给予一粒之粮。一勺之水。即照私通逆犯律枭首海岸示众。嗣据陆续查明。造册绘图。由该道府等汇核禀覆……

托浑布又奏……伏查南北隍城二岛。形势浅窄。南岛并无居民。北岛间有零星渔户二十余家。其地硗薄。不产粮食。井泉绝少。本无须于设守。前奉谕旨安设炮位。臣以岛外洋面。为南船赴直隶天津要路。故酌拨兵炮。以壮声势。今蒙圣明指示。臣详加斟酌。该处安设兵炮。既不能邀截夷船。而孤军无援。势实堪虞。且户少易迁。荒岛无虞贼占。已汇入防岛折内。统议临时酌徙。以省兵力。

托浑布又奏。再臣前将登州府城海滩。堆筑避炮沙堤。绘图贴说。附片补行奏呈御览。钦奉朱批。图留中。惟山上所设之炮。是否得力。其详酌之。钦此。又承准军机大臣字寄。奉上谕。托浑布奏。较阅兵勇。试验炮位一折。所议尚属周妥。著即照议办理。惟据补行绘图呈览。朕详加披阅。该处山皮。高低不一。离海道路。远近亦异。且洋面宽广。水势自各不同。必当勘度地形。分别最要次要。酌量安设兵炮。备防抵御。方能得力。若于不甚险要之处。按段排列。转同虚设。该抚现驻登州。著再体察形势。是否得力。详酌妥办为要。钦此。查东省海道绵长。无险可扼。而登州府近城洋面。形势宽敞。尤为全洋冲要。就中再分别最要次要。则府城迆东之太平湾起。西至天桥口止。皆系深水大洋。十里内夷船即可停泊。三板小船。处处可以拢岸。实为最要。由天桥口迆西至田横寨一带。十里外即系深水大洋。夷船亦可停泊。是为次要。又由田横寨迆西至西山口及黑峰台一带。近岸水势较浅。十五六里以外亦系大洋。夷船可到。其三板船直可傍岸。亦为次要。而其实东西相距。近在十里内外。均须严兵设守。现在按段扎营。声势联络。委无虚设之处。至山上设炮。如城西之田横寨。紧接水城。蓬莱阁居高临下。可以俯瞰府城虚实。为近城要地。故前代曾于该处设立营寨。现在尚有遗址。兹臣复会督镇道详细相度情形。该处安营设炮。实为扼守要隘。以壮海岸各营声势。惟山顶稍高。将现设各炮。移置山腰之下。更为得力。其最西之板石崖。黑峰台。山峰不高。紧临海面。必应安设炮位。方足以杜贼船近岸滋扰。

(四月辛卯)靖逆将军奕山。参赞大臣隆文。杨芳。两广总督祁𡎴奏……奴才奕山。隆文。臣祁𡎴。出都时。荷蒙皇上面授机宜。又屡经申谕。天恩高厚。时切同仇。到粤之后。与参赞杨芳。抚臣怡良。将军阿精阿。协力筹度。催调韶州广西两路木排炮位。并明定赏格。分遣精细差弁。赴东莞。顺德。香山。一带。招觅水勇。预备火器。购买船只。选定各营勇锐兵弁五千余名。定于闰三月二十日后。月黑顺潮。水陆夹击内外夷船。以便收复各处炮台。讵意自初七日后。大雨滂沱。昼夜不止。西北两河。同时盛涨。山逼溜急。浩瀚异常。加以风飓时作。后到湖北绿营兵船。被浪击碎。幸近岸得全。所运木排。多被冲散。直至十六七两日。广西木排。始放到佛山。韶州木排。尚未敢过峡。近省内外河水。深四五丈五六丈不等。夷船自二月二十六日闯进省河之后。大黄窖。二沙尾。近省南北二要隘。早经该逆据守。自黄埔。乌涌。直至虎门。沿路炮台。皆为分占。又自外河探水。至佛山南之五汊河花地口外。白鹅潭亦有逆船停泊。盖缘佛山为粮运聚会之所。而编札木排。铸造炮位。皆在其地。恐其断截运道。前派总兵文哲珲。带广西兵二千名。在彼防守。而花地为佛山入省之咽喉。更为可虑。奴才等恐河道梗塞。连日于城外附近。购求屋材。另为赶造。以备急用。逆夷骄悍已极。既虑其猝攻。又恐其远遁。各路所觅水勇。到者不满千人。其香山一路。又须绕出外河。以为抄截大黄窖夷船之用。据报所觅犹未足额。奴才等前在途次。移咨闽浙总督。招募水勇一千名。亦尚未到粤。而广州附城俱系陂塘。陆路依山下营。暂为驻扎。因河汊阻隔。又恐不能联络声势。未便调拨远出。况攻夷只仗火攻。而火攻非顺水顺潮。天气晴燥。不能得力。目下柴草淋湿。器勇未备。攻不可恃。奴才等十分焦灼。准有严守城垣。安辑居民。厚赏勇敢之士。改装四出。潜入其巢。谋斩渠酋。以寒逆胆。俟阴雨开霁。即行内外进剿。仰慰圣廑。

谕军机大臣等。本日奕山等驰奏。山水盛涨。省河漫滩一折。据奏选定兵弁。定期进剿。适值大雨滂沱。河水盛涨。不能克期分剿。逆夷闯进省河之后。近省要隘。已被据守。炮台亦皆分占。现在器勇未备。攻不可恃等语。览奏均悉。攻剿逆夷。自须计出万全。谋勇兼施。该将军等。务当慎密运筹。催集炮械。募调水勇。一俟兵械齐集。即行相机进剿。一鼓歼擒。以伸天讨。固须谋定后战。亦不可坐失机宜。是为至要……

道光卷三〇

(道光二十一年辛丑六月)甲午。谕军机大臣等。寄谕钦差大臣两江总督裕谦。闽浙总督颜伯焘。福建巡抚刘鸿翱。浙江巡抚刘韵珂。现在粤东夷船业经退出虎门。情形恭顺。已降旨准令该夷循照旧章。在该省通商。并令其出具永不售卖鸦片烟土甘结。该夷等自不敢再在粤东夹带销售。惟闽浙两省。口岸甚多。该夷惟利是图。难保不勾结沿海奸民。潜行偷售。即如闽省夷船。私销货物。向俱视为泛常。趁此清厘之时。尤宜力加堵截。以除积弊。著该大臣等督饬所属文武员弁。随时侦探。加意巡查。遇有夷船在洋游奕。即密为防范。不准其潜近口岸。稍有偷售。并严查内地奸民。私驾小船出洋。勾串贩运。别滋事端。如仍有此等奸民。与之交接贩卖。一经拿获。即照新定章程。尽法惩治。不准稍有疏纵。以除积弊而靖海疆。

(丁酉)两广总督祁𡎴。广东巡抚怡良奏……兹奉谕旨饬查。臣等谨查香港全岛。东西绵亘起伏。共一百四十余里。统名香港。就中分析。则香港地方。在岛之西南。由香港而西而北而稍东为裙带路。再东为红香炉。由香港而东为赤柱。地名虽分。其实诸峰均相钩连。香港全岛。北通海面。往西约三十里为尖沙觜。往东约五十里为九龙山。均属新安县地界。现据署大鹏协副将赖恩爵禀称。该夷前求香港。与之寄居。意不重在香港而重在裙带路与红香炉。名则借求香港。实则欲占全岛。所开之路。系由裙带路开起。察其情形。似欲开至香港。复由香港开至赤柱。又署新安县知县彭邦晦禀称。该夷船陆续驶赴裙带路抛泊。声称系奉前任总督琦善允准。给与居住。至沙沙嘴与裙带路相对。为夷船聚泊之所。十九年间。曾经前任总督林则徐。奏请设立两台。一在尖沙觜。台名惩膺。一在尖沙觜附近之官涌。台名临冲。派拨兵炮。以资控制。嗣因琦善以该二台海外孤悬。不足御侮。而新安地方紧要。饬令将兵炮撤回县城防守。旋被英夷潜据。现将临冲台内兵房折卸。台基轰裂。其惩膺炮台。仍复占据各等语。又据署水师提臣何岳钟。署大鹏协副将赖恩爵。节次咨禀。英夷先后在裙带路赤柱各处。张贴伪示。并有伪知县名目。其伪示以缉盗禁赌为名。阳为约束。阴示招徕。无非欲内地商民前往该处。与之贸易。而内地安分商民。均以其非我族类。不愿与之来往。惟愍不畏法之汉奸。间与勾通。希图获利。现已札饬严密查拿。其余情形。经臣等密加查访。均与禀报相符。至前署督臣琦善。是否给与全岛。抑止给与一隅。并无明文。惟检查案卷内有副将赖恩爵禀报一件。内称英夷遣夷目呈送书帖。并称香港等处。已蒙钦差大臣准伊等驻扎。请将各汛弁兵撤回等语。又查琦善任内所出示文有该夷既准贸易。复求寄居。既准寄居。复求全岛之语。臣等愚昧之见。窃意琦善原只许以一隅。俾得寄居。而夷情无厌。遂藉此要求全岛。似系实在情形……

(己亥)讷尔经额。又奏。臣窃思英夷滋扰沿海各省。调兵设防。该夷自不敢轻为尝试。惟夷情叵测。此时虽就羁縻。而将来藉端反侧。仍难保其必无。若来去无常。乘间肆扰。动需国用。不可不筹及经久备防之计。查英夷所恃。惟炮与船。非兵力所能攻堵。虽有劲旅。亦只可为陆路防剿审量情形。欲使其船不足恃。而炮不及施。计惟在我之炮多。亦惟在我之炮大。以炮击船。不烦兵力。则防兵虽减。而仓猝有警。足可以守。现在海口炮位。大者六七千斤。该夷之火轮船暨杉板船。足可轰击。惟其能载大炮之兵船。木料坚实。厚及尺余。或谓外面皆用铜叶包裹。以故敢于冲突。查大沽海口。有拦江沙之险。大号夷船。本不能进。然潮汐盛旺之时。拦江沙上。水高可及二丈。该夷诡诈多端。上年至此。处处量水。早经测知水势。若将大船略为改制收小。即可乘潮阑入。必须炮力威猛。方能摧破其船。臣筹虑至再。特铸万斤铜炮四尊。八千斤铜炮四尊。专为轰击大船之具。现在铸就三尊。体质浑厚。器势雄伟。其余亦即陆续告成。该夷炮即极大。想载入船中。亦不能大至万斤。纵使驶进海河。彼炮未能及岸。我炮先及彼船。庶几有恃无恐。不致动辄远调官兵。多縻粮饷。似海口经久备防之计。当不过此。

辛丑。钦差大臣两江总督裕谦奏。窃奴才于六月初二日。在镇海军营拜折后。即于是日起程。先至乍浦察看形势。该处西山觜炮台。突出海外。与海宁州之庙山寨。自北至西。遥相对峙。中隔洋面。约计百数十里。沿岸或塘或山。绵延起伏。形如新月。旧有港口可通舟楫。元末因御倭填塞。明初筑乍浦城于西山觜之西北。控据海岸。翼蔽金山。与江苏省相为唇齿。登高南望。宁波绍兴诸山。隐隐在目。实为西浙之咽喉。东吴之门户。乍浦城外。即系海塘。塘外有沙滩。二三四五里不等。滩外又有浅水数里。凡有重大货船。皆泊于浅水之外。用小船乘潮剥载登岸。夷船自南驶来。虽不能近岸。而用炮轰击。可以及城。南门外之天后宫汛。适当其冲。西山嘴原有炮台一座。实为扼险要隘。现于该处又添建炮台一座。并将天后宫汛一带海塘加宽。塘上堆砌土墩。形如栉比。中安炮位。后藏兵勇。派委湖州协副将陈述祖。会同署嘉兴协副将李渐磐。乍浦营参将郑宗凯。太湖营游击洪应逵。统领防兵八百六十余名。乡勇三百十余名。铜铁大炮三十位。又乍浦旗营值卡官兵一百七十二员名。董事韩印海。邓岳祥。陈佩涟等,捐资雇募巡船十二只。水勇一百二十名。义勇二百四十名。沿海巡探。乍浦副都统长喜。杭嘉湖道宋国经。亲督操防。声势极为联络。奴才查阅该兵勇等。器械锋利。技艺精熟。洵称有备无患。长喜。又挑选八旗备战官兵八百名。董事韩印海等。又将乍浦马头挑夫一千二百名。预为雇定。无事则任其力作。有警即作为乡勇。齐心杀贼。由该董事等捐给口食。此举非特可以攘外。更足安内。尤为要著。奴才就乍浦之情形而论。防剿似已均有可恃。询之长喜。宋国经。亦称确有把握。又海宁州之尖山地方。亦称险要。惟查该处与庙山寨相连。海外急溜。且有活沙。消长不定。可谓天险。先经宋国经禀商抚臣刘韵珂。自海宁州城起。越海盐县而至乍浦。节节安兵设炮。实力巡防。可保无虞……

辛亥。靖逆将军奕山。参赞大臣齐慎。两广总督祁𡊮。广东巡抚怡良奏。英夷自恩准通商之后。因大兵未退。心怀疑惧。又官绅各处填寨河道。勘修炮台。英夷货船。时或驶至黄埔。旋回泊裙带路。声言欲在彼处交易。不愿来省。当派委广州府知府余保纯。遴选明白通事。前往开导。晓以中华诚信待人。断不加害。上违大皇帝曲赐矜全之恩。饬令传谕去后。尚未禀复。兹据水师提督吴建勋。大鹏协副将赖恩爵。新安县知县彭邦晦。前后禀称。六月初四日寅刻。海面飓风陡发。踰辰愈加猛烈。海涛山立。大雨倾盆。日夜不息。各处差探夷情兵丁民情。回称查得是日。尖沙嘴所泊大小夷兵船。被风打坏三只。货船三只。漂泊石塘嘴搁坏。沉失洋银三十余万。又漂出大洋汉奸大小划艇四十余只。不知去向。并击碎夷匪二桅大三板十余只。其未被漂失者。尚存大小四十余只。而桅舵樌椇。均已损坏。内有八只。全行砍去桅木。其接济裙带路等处匪徒各艇。沉溺殆尽。淹毙汉奸夷匪。不能数计。凡先后续到之夷兵船。于本月初三日。在尖沙嘴之惩膺炮台前。开架帐房二十五顶。登岸居住。所有帐房。并裙带路大小寮篷。悉被吹卷无存。仅余装贮棉花擅香者五间。未经全坏。所筑马头二条。坍为平地。所锄之路。所造之屋。亦并拆毁扫荡一空。浮尸满海。随波上下。夷目仅义律一名。逃至澳门。余者尚未有下落等语。奴才等闻报之下。人人称快……

壬子。盛京将军耆英奏……奉天南临海滨。绵亘千余里。虽水势有深浅之不同。距洋有远近之各殊。大船固不能尽抵口岸。而杉板小船。则均能到。在在皆关紧要。当夷匪猖獗之时。不能不严设兵卫。多方防堵。今该夷自大受惩创以后。既知敛戢。退出虎门。势不敢远来北洋。奴才与在事各员。悉心体察。所属各海口。南路之金州复州。最关紧要。所派官兵乡勇台马。未敢遽议裁撤。似应仍行严密防守。其熊岳。盖州。岫岩。凤凰庄。锦州。小凌河。宁远。中前。中后。各海口。均非金州比。所有派往各委员官兵乡勇。应请概行撤回……

道光卷三一

(道光二十一年辛丑七月)己未。浙江巡抚刘韵珂奏……伏查浙省自本年二月间。收复定海之后。各洋时有出没夷船。而宁海这大佛头外洋。自闰三月至今。或一二只。或三四只。时减时增。终未绝迹。前于本月十四十七等两日。准靖逆将军奕山。两广督臣祁𡊮等来咨。以夷船于退出虎门后。仍扬言赴浙报复。咨请防范等因。业经臣咨行提镇。及守口文武。加意巡防在案。查该逆夷欲赴浙报复。四月间即有此谣。迄今数月。并无兵船来浙。即此次该夷在粤扬言。该省系五月间所闻。距今已将一月。仍无大帮夷船。窜入浙境。或系汉奸煽惑。或系该夷虚声恫喝。均未可定。惟夷性犬羊。反复是其惯技。既有赴浙报复之言。情殊叵测。虽节已交秋。南风尚盛。又值秋汛潮旺之际。必须严加防御。有备无患。查浙省调防官兵。统共一万五千余名。计数虽若众多。然除去定海镇海戍守之兵。所余不过四五千名。以此数分置沿海六府。道里遥远。口岸纷歧。尚不免有单弱之处。是以各处俱添雇乡勇水勇。以助兵力。今若骤将防兵裁撤。设该夷联樯而来。当此风顺潮盛。不数日即可抵浙。彼时续行调兵堵剿。诚恐缓不济急。臣再四思维。浙省各兵。似应暂缓裁撤。仍咨粤东确探夷情。如果实已驯顺。并无来浙之意。即行迅速咨覆。再将防兵酲撤退。庶海疆重地。不致或有疏虞。较为万全。

刘韵珂又奏。昨准钦差大臣裕谦来咨。因接粤省咨会。该夷欲来浙滋扰。拟于本月二十九日。带领旗兵。及徐州官兵。自嘉兴起程来镇。豫筹防剿。臣查浙省海口。镇海固为冲要之区。实则平湖之乍浦。海宁之尖山。亦无异于镇海。上年乍浦曾有夷船窜扰。尖山亦有该夷杉板船阑入窥探。经前抚提诸臣饬调各营官兵。赴乍浦防守。本年正月间。臣又准在尖山。塔山。建筑炮台。拨置炮位。派兵戍守。现又委令另补知府王寿昌等。督同海宁州。添雇壮勇。以为陆战之备。惟兵力究不能如镇海之厚。且该二处皆切近省垣。尖山距省尤为密迩。而且口门宽阔。内达钱塘大江。无险可扼。较乍浦情形更为紧要。臣于闰三月奉命来镇。距省寫远。每闻逆夷有赴浙之谣。念及尖山。辄为寝馈难安。因驻守镇海军营。不敢擅离。今裕谦既经来镇。则军营已有统率。无庸臣聚守一处。而附近省城一带。自未便控制乏人。臣拟俟裕谦到日。面商一切。驰返省垣。将尖山守御事宜。再为筹画。仍就近督察乍浦海防。并将署中应办事件。兼为筹顾。以期防堵机宜。与地方公事。两无贻误。仰副圣主绥靖疆围至意。

(戊辰)谕军机大臣等。奕山等奏。夷船出洋北驶。及晓谕情形一折。据称新来英夷领事朴鼎查。开船出洋北驶。留副领事马恭。在澳门守候回文。该夷请讨马头之心。念念不忘。现已谕以贸易处所。向在粤东黄埔。其他处港口。并无洋商通事。亦无海关经理。断不能令外夷四路营贩等语。该夷贪得无厌。诡诈百出。现在朴鼎查出洋北驶。无论其果否系义律嫁祸。抑系藉端寻衅。甚或该逆另有奸谋。总当加意守卫。以备不虞。省垣存留征兵万余。不为单薄。该将军等仍当于沿海州县村庄。团练义勇水勇。设法广为招募。俾绅士等群相鼓舞。激励将心。遇有紧急。自能得力。炮火器械。尤当豫为筹备。扼要防守。毋稍疏虞。至粤东为海疆要地。各夷通商。相沿已久。俱有一定口岸。岂容英夷妄求马头。别滋流弊。傥该夷递呈迄恩。妄生希冀。该将军等断不准允为代奏。所有粤省绅商捐资输纳。惟当谕以尔等既知急公报效。莫若团练乡勇。保护地方。为国家出力。如果同心敌忾。奋勇擒渠。必当加以官职。从重赏赉。不在区区输纳为也。

己卯。钦差大臣两江总督裕谦奏。窃奴才承准军机大臣字寄。道光二十一年七月初一日。奉上谕本日据裕谦驰奏。带兵赴浙防剿。请缓撤江浙防兵一折。前因奕山等。焚击夷船。逆夷退出虎门。降旨令各省酌撤防兵。现在奉天。直隶。山东等省。业已先后奏撤矣。粤省咨会。逆夷赴浙滋扰。既属风闻。从何究其来历。如果逆夷别有思逞。断无先行传播透漏之理。著裕谦仍遵前旨。会同刘韵珂。余步云。体察情形。于镇海。定海。紧要处所。酌量暂留弁兵外。其余调防官兵。即著奏明裁撤归伍。其江苏省防堵官兵。亦著会同程矞采。陈化成。酌议撤回。不必为浮言所惑。以致糜饷劳师。钦此。奴才伏查逆夷赴浙报复之谣。于闰三月间。即已闻之。奴才明知系该逆自揣众怒难犯。伎无可施。造谣恐吓。以冀惰我兵民之气。遂其售私之计。当即不动声色。不准惊惶。密饬镇静防守。历经奏明在案。迨六月间。南风正盛。海潮日旺。正沿海兵民。咸有戒心之时。粤省文报。接踵而来。镇海定海地方。悉属惊弓之鸟。以致讹言四起。草木皆兵。是以奴才一面奏请暂缓撤兵。一面驰赴镇海。藉以镇定人心。而杜逆夷觊觎之渐。旬余以来。浮言已息。民皆安堵。前在定海普陀外洋游奕之夷船二只。业已驶去。现惟定海县之大佛头。象山县之潭头山外洋。各有夷船一二只不等。隐见不定。探知实系货船。蹑之即扬帆远遁。自不值久驻大兵。徒滋糜费。查抚臣刘韵珂。已回省城。奴才遵旨与提臣余步云。和衷商酌。现在情形。止须防守。尤应防其于屡次造谣之后。乘我懈弛。突如其来。综计沿海口岸。加筑土城炮台。安设炮位。已极周密。较上年之毫无把握者。实已迥别。兵在精不在多。文武官员。果能各矢天良。激劝兵民。协力巡防。战固不足。守尚可恃……

庚辰。闽浙总督颜伯焘奏。窃臣于六月二十七日。奉上谕广东夷船退出虎门。调防官兵。著体察情形。酌量裁撤等因。钦此。正在钦遵办理间。探得广东夷情反覆。欲人香港换九龙山地方。并需索多端。意甚叵测。厦门紧要。未敢遽议裁撤。水师提督窦振彪。以广东甫经议抚。现当无事。恐盗踪未灭。仍行出洋巡缉。逾月未归。七月初九日酉刻。该逆突来火轮船兵船数十余只。衔尾闯进青屿口门。当即飞调金门镇江继芸。并饬在事文武。小心防范。又令曾经出洋经商。通晓夷语之陈姓。前往查探。旋于初十日早。据陈姓带回该逆交给照会提臣窦振彪伪文一件。当将原件发交陈姓。欲令掷还。旋因瞭见该逆等船三十四只。起篷进驶。情形殊恶。臣不敢拘泥。随将伪文拆阅。系英夷伪公使朴姓。及伪水师提督巴姓。伪陆路提督郭姓。照会水师提臣窦振彪之件。俱未书名。伪文内称如不议定。照上年天津所讨各件办理。即应交战。并云请将厦门城邑炮台。俱行让给英国军士。暂为据守。待诸事善定。仍行缴还等语。拆阅之下。不胜愤恨。其船行走迅速。业已驶进。当即督同兴泉永道刘耀椿率同在事文武。督令弁兵开炮。并排列水勇。分堵隘口。自白石头汛起。一路连络。开放万斤至数千斤以下大炮数百门。传令对岸之屿仔尾。中路之鼓浪屿。三面兜击。打沉该逆火轮船一只。兵船五只。该逆一面回炮。一面蜂拥而进。并放下。小三板。分路上岸。守护炮台将弁。自护副将凌志等以下。或受重伤。或即殒命。各营兵丁。以及各路水勇。俱多伤亡。维时臣率同兴泉永道刘耀椿。亲自督战。见该逆船以七八只并力攻一炮台。其余先后夹持。旋攻旋进。一台破。又攻一台。凶猛异常。我军连环开炮。受伤兵丁。血肉狼藉。其同队兵丁。犹各装药下子。奋力拒敌。及见将弁内已有伤亡。环视痛哭。仍复竭力回炮。而将领等奋不顾身。其受伤未死者。亦各眥裂发指。催督愈急。壮勇等分布各处。见有三板夷兵上岸。尽力堵御。上而复下者。或三四次。或四五次亦皆斩杀无算。自辰至酉。臣目睹情形。随机饬令刘耀椿。率带印委各员。往来指挥于兵勇炮火之间。各兵勇益加感奋。尽出死力。无如该逆船只过多。其大船约有千余人。中者五六百人。小者亦二三百人。炮愈放愈多。人愈杀愈众。臣与该道刘耀椿。及印委各员。俱怀带印信。分路攻击。臣行寓及各衙署。并无城垣护卫。且俱远在水师提臣石寨之外。均被逆夷炮火飞击延烧。悉为灰烬。该道等见势不能支。向臣同声一哭。誓从臣死。惟臣世受国恩。该道等亦渥承豢养。岂仅一死所能塞责。况厦门为同安县所辖之一岛。港路可通城外。伪文内有城邑让给暂据之语。万一该逆乘此危迫空虚之际。分其三板。装载夷兵。暗袭同安。尤为可虑。且厦门商贾居民男妇。纷纷逃避。节经厦防同知顾教忠。分路护送安插。街巷已属空虚。城内若再有事。人心更属惊恐。当即剀切晓谕。饬令各员随臣退守县城……

谕军机大臣等。昨日曾降旨饬令讷尔经额。赶赴天津防堵。筹备一切。并将颜伯焘原折。发给阅看矣。该夷凶很异常。行踪诡秘。从前议者。皆谓该夷习于水战。若诱之登陆。便无能为。故人人意中。以为只须于海口严防。毋庸计及陆路交战。今福建厦门之役。该夷竟敢有伪称陆路提督名目。是逆夷助恶之具。百计环生。若我兵防伺稍疏。或至令其得手。尚复成何事体。著讷尔经额。于各海口分派重兵。严加堵御。倘逆夷竟敢率众登岸。所有火炮。及一切设伏机宜。务当先事豫筹。操必胜之权。褫奸夷之胆。该夷即使登陆。各处山冈坡陀。未必遽熟路径。我兵出奇制胜。前后剿击。似不难一鼓歼擒。若只恃沿海火炮攻击。而陆路攻剿。毫无准备。迨至逆夷乘势掩人。我兵全无把握岂不自紊纪律。何以操胜算而固军心。著该督调集总兵以下大员。面告一切机宜。并令豫将所铸大炮。一一演试。其各蹙应如何设兵应接。及逆夷登岸。如何四面兜剿。尽杀乃止之处。均著悉心商办。有备无患。陈金绶。近在津门。诸事自必加意筹办。倘总兵副将以下。不敷调遣。即著迅速奏闻。以供驱策。至沿海各州县。必须通行饬知。激励将弁团练乡勇。进可以战。退可以守。稍有疏虞。致令生民受其荼毒。惟讷尔经额是问。再昨所调吉林黑龙江兵二千名。将来若有应调之处。境内一切车马。务要先期预备。以应急需。毋稍迟误。

道光卷三二

(道光二十一年辛丑八月壬午)钦差大臣两江总督裕谦奏。窃奴才前奉谕旨酌撤江浙两省防兵。当经钦遵与余步云商定。将防守浙江之江宁驻防旗兵。及徐州等标兵。共一千九百名。陆续撤退。并咨商程矞采。陈化成。将防守江苏之安徽抚标等营兵。共一千七百名。亦先撤回归伍。于七月十六日。恭折覆奏在案。十七日。据浙江象山宁海等营县禀报。潭头山大佛头等处洋面。夷船或一二只。或三四只。忽南忽北。游奕不定等情。奴才汇核各处报文。约略计之。似有七只。业已陆续增添。情殊叵测。十八日。又接准靖逆将军奕山等咨会。内称逆夷有新到领事朴鼎查。呈送夷书二件。一系知照义律已革领事回国。伊即接办领事。一要善定章程。照去年七月。在天津呈诉各条办理。如广东不能承当。即分船北上。再求宰相商议等语。并有七月初一二即行启碇之信。该将军等已委首府余保纯。前赴开导。而夷性犬羊。难保听从不往。飞咨严防等因。奴才查得步进步。本是逆夷故智。朴鼎查之有无其人。义律之曾否撤回。虽不可信。而反覆情形。业已显露。浙江省及江苏之松太二属洋面。海岛林立。商渔络绎。内有宁波。上海。为洋泊聚集马头。外有定海。崇明。为翼蔽口岸。控制海岛之地。且江苏之吴淞口一带。平衍散漫。全恃海塘设守。并无要隘可扼。与山东直隶奉天等省情形。迥不相同。现在粤省逆夷之反覆。已形诸笔墨。浙洋逆船之游奕。又复有增添。奴才本不敢因奏明撤防在先。稍事拘泥。致滋贻误。而察看兵情踊跃。又皆以戍守年余。未得杀贼立功为恨。所有浙江省防兵。除业已起程之江宁驻防八旗官兵三百名。毋庸截回外。其余各路官兵。应请暂缓起程。并飞咨程矞采。陈化成。查明前撤各兵。如有已经起程者。亦不必截回。其未起身者。一概缓撤。仍确探广东情形。并体察浙江夷船增减。俟过八月十八日海潮盛涨之期。再行酌量。请旨遵行。奴才仍会同刘韵珂。程矞采。余步云。陈化成。督率镇将。激励兵民。静以待动。稍不任稍涉张皇。亦不任稍形疏懈。坚持定见。俟其驶进口岸。聚而歼之。以副委任。

谕军机大臣等。前因夷船突至福建。厦门失守。当经降旨饬令沿海各督抚严加防范矣。兹据裕谦奏。浙江洋面。夷船续有增添。请将各路官兵。暂缓起程等语。所奏甚是。逆夷在闽省滋事。情形凶很。深堪痛恨。浙江与闽省毗连。兵力不可单弱。所有前撤各兵未启程者。著一概缓撤。其已经启程者。亦著概行截回。以资防御。如再不敷。即著该大臣酌量情形。于所辖江西。安徽。二省兵内。一面飞调。一面奏闻。毋稍迟缓。万一夷船驶至。该大臣即督饬镇将。激励兵民。同心敌忾。虽据奏兵情踊跃。皆以未得立功为恨。然不可存轻敌之心。总须谋勇兼备。方为节制之师。该大臣身膺重任。其加意慎勉。以副朕望。至江苏吴淞口一带。地势平衍。并无要隘可扼。尤宜妥为布置。无稍疏虞。是为至要。

甲申。福建巡抚刘鸿翱奏……今厦门倏被逆夷占据。沿海震动。省垣为根本重地。亟宜加倍防守。查城外十里为南台。铺户稠密。接连省垣。南台以下。沿河两岸。各有村庄。省河外为五虎门。至省百余里。港面多系宽深。又有支港可通。恐该逆船顺风乘潮而至。不可不豫为严堵。臣现愢事道等亲往查勘。择其略窄港面。用船石暂为拦堵。使不得进。傥该逆舍船登岸。惟有鼓励将弁。督率兵勇。设伏截杀。以期痛剿除前已奏调延建邵兵二千名外。尚须多募民勇。以助兵力且厦门为漳泉门户。厦门既失。漳泉二府边海各厅县。港道处处可通。他如省南之兴化府属。省东之福宁府属。口岸林立。此外海坛。金门。铜山。南日。南澳。各岛。皆在海中。均应添募兵勇。以备防剿……

刘鸿翱又奏。再逆夷占据厦门。驶船游奕各澳。恐吓勾诱。欲图四出滋扰。急需调集大兵。为堵御恢复之计。惟闽省海口林立。均经分兵防守。无可再调。沿海省分。亦均防堵吃紧。至外省之兵。人地素以相习。望洋气阻。兼之水土不服。易生疾病。多调徒滋糜费。闽省泉漳民气刚强。素习武艺。尚属可用。现经督臣函商。飞饬各府州县。广为招募。作为民兵。优给口粮。重悬赏格。协同堵御。相机进剿。较之远省调遣。可期迅速得力。

(丁亥)谕军机大臣等。据托浑布奏。带兵亲赴登州督防一折。现在英逆突陷厦门。猖獗已甚。如果乘风北驶。必应厚集兵力。痛加剿洗。登州海口留防各兵。虽有一千四五百名。尚觉单薄。所有前次撤回之东昌。临清。高唐。泰安。济宁等营兵七百名。及应行添调兵一百名。即著迅速檄调。该抚即亲赴海口。相度机宜。分兵严守。其陆路应豫为布置之处。亦著筹办。毋稍疏虞……

浙江巡抚刘韵珂奏……兹于七月二十二日。复准福建抚臣刘鸿翱。六百里咨称。英吉利夷船三十余只。窜至厦门之大担洋面滋扰。十四日厦门失守等因。接阅之下。不胜发指。伏查闽浙地属连疆。厦门更为密迩浙省。自闰三月以来。宁海。象山等县外洋。时有夷船二三只。往来游奕。至七月中旬。复增添二三只。诚恐别怀诡计。今大帮夷船。又聚于厦门。更恐分扰浙省各海口。必须严密防守。以期有备无患……至浙省海口数十处。内宁波。乍浦。向为商贾聚集之区。该夷素所觊觎。又海宁州之尖山一口。东通乍浦。西达省城。实为通省扼要之区。去秋曾有该逆杉板船。驶至其地。难保不生心窥伺。现在裕谦统率重兵。驻扎镇海。所有宁波一带口岸。可以兼顾。至乍浦。尖山。离镇海较远。且该二处防兵单弱。而尖山兵数尤单。又其口门宽广。形势实为险要。今逆夷近扰闽洋。亟应从严防护。兼署盐运使杭嘉湖道宋国经。前经臣委令驻防乍浦。六月间因办理鹾务。暂行回省。兹饬该道兼程赴乍。会同调防之湖州协副将陈述祖等。督率兵勇。实力防守。其尖山离省咫尺。即由臣就近督防。以卫根本。第浙省各营。现无可调之兵。而该处巨浸汪洋。潮汐汹涌。亦无可设之险。臣辗转思维。惟有多雇壮勇。豫备陆战。庶以我所长。攻彼所短。可期制胜。臣前在镇海时。已委员前赴尖山一带。密雇壮勇五百名。分头埋伏。兹又饬令该州。再行添雇。复晓谕绅耆。赶紧团练。并于省城一体雇募。其乍浦及此外沿海要口。设兵较少之处。亦饬宽为雇备。无事则用以巡防。有警则率以攻战。庶几缓急足恃。

戊子。靖逆将军奕山。参赞大臣齐慎。两广总督祁𡋓。广东巡抚怡良奏。窃英夷分船北驶。奴才等已于初七日驰奏在案。又据香山新安等处禀称。义律于初七日乘坐兵船。驶出老万山。向南开行。探无下落。又禀称香港洋面。尚有夷兵船十余只。火轮船二只。停泊裙带路。尖沙觜。游奕不定。续又到五十门炮大兵船一只等语。奴才等查英夷屡次求为代恳马头。奴才等拒绝不准。又不听开导。分船北上。名为自行呈诉。而反覆贪狡。已可概见。香港一带。汉奸聚而未散。以夷船为护符。借以走私。而粤省自省河失防之后。炮械船只。皆为焚毁。所余水师巡船。仅可哨探。不能抵御。况尖沙觜路通九龙。毗连内地。新安一带。陆兵单弱。水陆两路。均为吃紧。奴才等与水师提臣吴建勋。商造战船式样。尚未完工。若于此时收复香港。恐致四面受敌。应援无具。且各省官兵。不服水土。加以痢疫。困乏日形。不若撤兵募勇。盖粤东善后。非仓促可以集事。而夷性桀骜。宜随时设备。无论客兵不可久居。傥我集彼散。我散彼集。不但财力耗于无用。而事机亦必坐失。是以奴才等先经拣派绅士余廷槐。黄培芳等。分路前往四乡。鼓励士民。抽丁团练。随又委高廉道易中孚。及候补道西拉本前往覆查。兹据该道等回省禀称。南海番禺两县各乡社。逐村查验。已练有三万六千余名。按名点看。俱年力精壮。器械整齐。分队操演。尚属勇健。并据绅耆等口称。二百年仰沐朝廷深仁厚泽。浃髓沦肌。当此海疆不靖。无不愿效前驱。以报圣主。察其情词。实出义愤。各乡各有章程。如若调用。再行发给口粮。当即分赏银牌银两。无不欢呼踊跃等语。查粤省良民。自遭夷匪焚掠。人人切齿。比户同仇。于斯可见。况沿海中路当贼之冲。香山。新安。新会。东莞等县。自去年以来。深赖官民互卫。一律劝勉。如果民心既固。何患不众志成城。奴才等又恐小民勇于保家。惮于征调。穷乡僻壤。呼唤不灵。现拟一面撤兵。一面募勇。挑选技艺娴习。熟识水性者。分为水陆二队。分给炮火刀矛。雇觅拖风快蟹等船。派委员弁管束。认真训练。无事则护修炮台炮位。以壮声威。有事则分以御敌。再将各乡团练丁壮。分为三成。一成守村。一成守隘。一成赴援。互为表里。截其归路。断其接济。继以火攻。可期得手。以调兵之费。为招练战勇之费。一转移间。可以经久。况贫民输力。富民输饷。取于下而不损。益于上而无穷。为今之计。莫善于此。所有各省官兵。除酌留精锐外。仍照原奏分撤。再现在招练义勇。大炮之外。抬炮尤为利器。粤省正当防御吃紧之时。恐赶造不能足用。拟将凯撤各营之抬炮。择其坚固者。留粤备用。容汇清数目。估给价值。回营另造。在各兵既免携带之劳。而粤勇可藉资抵御之助。

钦差大臣两江总督裕谦奏。窃奴才前因粤省夷情反覆。请将江浙两省拟撤防兵。暂缓起程。于七月二十日恭折具奏在案。旋于二十一二等日。先后接准靖逆将军奕山等咨会。夷船已于初三日起碇。前赴厦门。又接闽浙督臣颜伯焘传知。该逆船已于七月初九日。阑入大担门。又准福建抚臣刘鸿翱咨会。厦门业已失守。两日之间。警报叠来。该逆骄盈至此。难保其不乘势北窜。当即飞饬江浙两省调防镇将。镇静严防。并密谕兵民。现在闽浙督臣颜伯焘。退守同安。调兵收复。该逆傥敢倾巢而来。则闽省捣其后。浙省截其前。进退失据。正是该逆罪恶贯盈。自取歼灭之候。不得稍事惊惶.惟厦门为闽广商船聚焦之区。猝被占据。诚恐劫夺货船。潜载汉奸。混入口岸。乘间滋扰。不可不防。奴才已飞咨江浙抚臣提臣。并饬镇海。宁海。吴淞等营县。凡有闽广商船。止准出口。不准进口。其已经进口停泊之船。委员清查。牌照相符。有行家结保者。任其安分贸易。不准扰累。如有行迹可疑之人。即行拿办又会同浙江提臣余步云。严申军令。誓之于众。如遇夷船驶近口岸。务各按照派防地段。连环轰击。痛加剿洗。不准移动寸步。业经部署妥协。连日接据各处禀报。浙洋夷船。忽隐忽见。日渐增多。现在镇海。定海。交界之青龙港等处洋面。有夷船五只。火轮船一只。宁海县大佛头洋面。有夷船三只。虽未见其动静。而火轮船系该逆兵船之耳目。其情叵测。洋面船只。又可瞬息千里。难以逆料。奴才惟有会同余步云督饬镇将。严兵以待。并多备火攻探报船只。以为策应定海之计。

壬辰。闽浙总督颜伯焘奏。逆夷窜入厦门滋扰。经臣于七月十二日。据实陈明。并将被占口岸。及现办情形。于二十一日。续行具奏在案。查该逆于初十日占据厦门之后。船集来去无定。约计大担门外。直至十三路口。总有四十只内外分泊。经臣饬令兴泉永道刘耀椿等。劝谕中后两路绅民。团练一百三十余乡。声势联络。众志成城。凡有逆夷水陆棲止处所。昼则寻杀无时。夜则乱石向掷。该逆被扰不堪。自知立脚不住。又面谕该道。督饬印委各员等。在马巷招募壮勇万余人。同安新兵三千余人。复备火攻小船千余只。机会既有可图。不容坐失。即于拜折后。飞饬该道妥速办理。旋于二十二日。接该道来禀。二十日接臣札饬。夤夜派令署同安县知县裕禄。会同同安营参将刘大彰。率带巡典各员。及团练绅士护守城池。维时提臣窦振彪。已至同安。与该道再四熟商。督同署延平协副将双保。署水师提标中军参将陈胜元。水师营游击受伤未痊之杨靖江。厦防同知顾教忠。沙县知县祁之釪。候补未入流霍明高。分带新兵五百名。陆提兵四百四十名。马巷壮勇二千名。由刘五店浔尾。两路。兜至厦门各乡。并饬平潭同知志奎准补霞浦县典史章森。在后殿宫接济军粮。署马巷通判候补知县刘铭本。在刘五店接应船只。即以马巷壮勇之未渡者。作为后路应援。正拟廿一夜进剿。适据探报。岸上夷众。闻我兵勇毕集。悉数搬移下船。于二十一日黎明。开去船三十余只。未知何向。声言大队不日复来。留船五只。俟官为给足一千二百万两之银。再行开驶等语。本欲乘势攻击。灭此朝食。以泄众愤。唯思近水市肆。半已被焚。一经交锋。将无余烬。商贾畏战之心。与乡民敢战之情。两不相谋。事在两难。必须斟酌妥办等情。臣思闽省防堵。全力注在厦门。此外惟台湾地大兵多。尚难摇动。他如各处澳口。皆以兵额有限。不能调防。但以本标之兵。派守本标之汛。每处或数百人。或百余人。或数十人。均未能厚集兵力。省城虽有五虎门之险。兵单炮少。亦非万全之计。以臣愚才力所及。施之于厦门。猝遇大帮夷船。犹以船炮未备。势不能支。况在他处。实觉步步堪虞。虽以现在兵勇之力。击此未去之船。极易得手。然必聚而歼之。乃无后患。若既未及使之大创。惧万一掣动全局。该逆最务报复。傥肆其贪残。各处攻打。左支右绌。不堪设想。即使收复厦门。亦须别作营垒。广积粮储。方可据守。若一仍旧贯。贼来仍无可御。查逆夷专与官兵为难。绝不与民为仇一以民众可畏。一以图消货物。臣反覆思维。只可督饬在事文武。劝谕商民。实力团集兵勇。所有各处炮位官兵。暂行撤后数里不与海边交锋。俟其登陆。尽力剿杀。坚壁清野。逆夷既无可掳掠。自不得逞其强暴。如金门海澄。现已行之有效。臣仍集思广益。共图后举。不敢稍执己见。不敢意存推诿。事苟有成。一身利害。皆所不计。

甲午。钦差大臣两江总督裕谦奏。窃奴才前因镇海定海。宁海等县洋面。各有夷船游奕。计共八只。并火轮船一只。其情叵测。当将备御情形。于七月二十六日。恭折具奏在案。奴才旋又遣人查探。定海洋面之夷船。及火轮船。均不知去向。宁海洋面之夷船。已开去二只。尚存一只。镇海洋面。有夷船三只。其余各处洋面。传闻不一。尚未探确。七月二十七日。镇海之盛嶴地方。有夷匪二十余名。驾坐杉板小船。潜行登岸探看。先经防守穿山等处之副将福禧。参将文斌。因离夷船游奕处所不远。且系硬滩。易于渡涉。派拨弁兵。在彼埋伏。该处居民。亦因奴才二月间到浙。即悬有赏格。擒获白夷一名。赏洋银二百圆。黑夷一名。赏洋银一百圆。亦皆图赏戒备。是以于夷匪登岸后。兵民协力奋勇剿击。该夷匪猝不及防。无暇抵拒。生擒白黑夷匪各一名。又击逐受伤落海者数名。余皆逃回大船。将生擒夷匪。派弁押解。内黑夷一名。因被击过重。行至镇海城外殒命。其白夷解送到营。奴才当委江苏候补知府黄冕译讯。据白夷供。名昷里。于二十日前兵头朴鼎查。令伊船同昷罗丁林两船。从广东开行来浙。以消货为名。探听各口防守情形。出入路径。回去报信。因无船向其买货。短少淡水食物。登岸抢掳。致被擒获。朴鼎查已往厦门。不知如何打仗。亦不知其何时来浙。并赴天津与否。火轮船并非同帮等情。奴才查准粤省咨文。有夷船已起碇。由福建。浙江。直赴天津之语。该逆既为探信而来。火轮船系送信之船。既已来而复去。必系已往厦门送信。据供并非同帮。并不知朴鼎查何时来浙。殊不足信。提臣余步云。拟将该逆好为养活。随时讯问敌情。并作别用。奴才当以不斩间谍。虽系行军成法。但该逆已为擒获之人。割去左耳。并受重伤。未必即能养活。且即能养活。而言语不通。情形狡诈。现在译讯供情。真假已不可知。安能备讯敌情。致堕其术。若作别用。适足摇惑军心。广东之失事。由于各怀两端。可为前车之鉴。现在厦门又已失守。断无再持两端之理。且该逆骄盈已极。断不能因不诛此逆。遂不来浙滋扰。亦未必因诛此逆。肆逞更甚。不若诛之以坚众志。奴才又因该逆前在广东。有奴才曾将逆夷剥皮之谣。随即发令饬委翼长狼山镇总兵谢朝恩。宁绍台道鹿泽长将该逆昷里绑出营门。先将两手大指连两臂及肩背之皮筋。剥取一条。留作奴才马鞰。再行凌迟枭示。其黑夷米合勿。亦即戮取首级。剥皮枭示。俾众咸知奴才有剿无他。以杜其首鼠两端之念。察访兵民。无不踊跃称快。所有赏项。奴才已饬粮台查明照格发给。奴才正在缮折间。又据镇海县探报。火轮船又在青龙港洋面游奕。奴才惟有激励兵民。格外谨慎。坚壁以待。该逆果来侵犯。务期痛加剿洗。以伸国威。

谕军机大臣等。裕谦奏。擒斩登岸逆夷一折。览奏均悉。此次所获逆夷。即时正法。以坚众志。甚有定见。惟该夷敢于如此猖獗。总因未加惩创。故沿海滋扰。藉端要求。如能处处痛剿申威。使首尾不及相顾。该夷定帖耳慑服。现在厦门留泊兵船五只。其余三十余只业经开驶。本日据裕谦奏青龙港洋面。又有火轮船游奕。难保非即厦门开放之船。来浙滋扰。著裕谦严饬将弁。分路防堵。傥有夷船拢近。其势足以相及。即著并力轰击。或设伏抄其后路。使无应援。断不可掉以轻心。失之大意。是为至要。提督余步云。从前效力边疆。尚无贻误。于海洋要地。或非所宜。难资得力。该督如于各省提督内。有真知灼见。决其必能杀贼立功。或无论何省总兵各员内。有堪胜海疆重任者。著即据实奏明请旨。候朕酌定。

盛京将军耆英。兵部侍郎道庆。刑部侍郎成刚。奉天府府尹呈麟奏……至奉天海疆。原系北洋。一经北风司令。各口船只。渐次南旋。且每届冬令。除金州属之和尚岛二三处。尚有驶到商船。其余各口。并无船只停泊。是地势天时。原与南洋不同。奴才自上年督办防堵以来。悉心体察情形。分兵置。炮似可无虞疏失。再省城各旗甲兵五千二百余名。自上年七月以来。因防堵要紧。随备选劲旅千名。奴才督率各该协领。时加校阅骑射火器。务使兵知将意。将悉兵情。可期收指臂之效。其余各甲兵。亦交各协领分班教演。倘有应行陆路调防之处。不独现在拣派劲旅一千名。可以一呼即至。即各协领教演甲兵。亦均在省城。易于调拨。且人人思奋。志切同仇忠义相勖。争先奋勉。是奉天海陆各防。洵堪仰慰圣怀。

(丙申)直隶总督讷尔经额奏……臣查浙江既有夷船游奕。难保不分头窜扰。正须刻刻严防。天津大沽海口。前调各兵。现已陆续到防。各处大小海口。可以登岸之处。皆已分派官弁。察看形势险易。酌定安兵多寡。添设巡签马拨。昼夜轮流。往来传报。倘有夷匪登岸。一时声息可通。即行协力防剿……

道光卷三三

(道光二十一年辛丑八月丁酉)钦差大臣两江总督裕谦奏。窃照前据防守镇海县穿山等处之嘉兴协副将福禧。太平营参将文斌等。在盛嶴地方。擒获夷匪晶里等。业经奴才恭折具奏在案奴才以此次夷船之来。系属倏来倏去四处散泊。莫能考其只数。揆厥情形。若非等候大帮。即将肆扰各口。分我兵力。不可不严为之防。盛嶴在镇海县东南。离城一百余里。面海背山。层峦叠嶂。地方甚为僻远。逆夷断不能深入。居民亦属无多。而登山东望。定海山势港道。瞭如指掌。上年六月初间。逆夷初至浙洋时。先行登岸。用千里镜。周围窥探。然后疾驶定海。该逆晶里既为探听消息路径而来。其登岸之故。必因登高瞭望。所供图抢淡水食物。显系诡诈之辞。殊不可信。该处仅止防兵二百名。未免单薄。随经会商提臣余步云。在镇海城外。抽拨宁海营兵一百名。水勇一百名。又派委拣发副将都隆阿。候补知县韦逢田。先后驰往策应。八月初二日清晨。约有逆夷二三百名。驶放杉板小船。在双嶴地方同时登岸。开放枪炮。轰击沿海零星草房。维时防守盛嶴之署提标左营守备黄梦赉。衢州镇标右营把总严殿扬。望见双嶴火起。即踰山扑剿。该逆乘势阑入盛嶴。追黄梦赉等退回。督率兵民奋力剿击。盛嶴草房。已被延烧。太平营参将文斌。得信往援。督饬黄梦赉等。击伤夷匪。不计数目。并夺获夷枪夷铳夷刀等件。该逆夷即逃窜回船。我兵阵亡二名。受伤一名。该逆大船。仍在该处十余里外游奕。此镇海县盛嶴地方。夷匪上岸滋扰。业经登时击退之情形也。又象山县石浦地方。滨临大海。其外虽有山岛遮护。而有铜瓦门。口阔水深。夷船亦可阑入。该处仅有防兵四百名。亦恐不敷。先已会商抚臣刘韵珂。提臣余步云。就近在于象山协标各营。抽派兵一百名。并酌添炮位。饬委拣发副将吉祥。候补知县赖晋。前往协防。八月初三日突有火轮船。夷船。各一只。阑入铜瓦门。当经防守官兵。开炮轰击。该夷船亦放炮拒敌。并探闻铜瓦门之外。尚有夷船四五只。游奕不定。现在署石浦同知李华。会同副将吉祥等。添募乡勇。督率官兵。协力守御。署象山县知县范先达。于得信后。亦已带领乡勇。驰赴援应。兵民固结。军威尚盛。该逆虽不敢登岸滋扰。亦仍相持不去。此象山石浦地方。夷船阑入。现在堵御之情形也……

裕谦又奏。再奴才正在拜折间。接据署石门同知李华等禀报。窜入石浦之夷船。已于初三日酉时击退。

己亥。谕军机大臣等。朕闻英吉利逆夷在浙滋扰。有越南国贸易人声言英夷悖乱天常。称兵犯顺。并云彼国善制船炮。工具迅速。各项火器。精于英吉利所为。若有文檄与之。彼国自能效顺等语。逆夷近日叠肆猖獗。必应设法大加惩创。越南是否素为该逆所最畏。船炮火器。是否能制英夷之命。其愿为效顺之语。果否出于至诚。抑系别有所图。著祁𡋇。梁宝常。确探密查。并于接奉后密行知照广西巡抚周之琦。一体查探。据实具奏。事关重大。毋稍含混。亦慎勿漏泄。是为至要。

闽浙总督颜伯焘奏……自夷船开去三十余只之后。臣分遣员役。各赴高山。用镜瞭望。附近大担东碇一带大洋。帆影不绝。或驶或泊。或三四只。至十余只不等。其在厦门港内。或五六只。或八九只。来往游奕。不敢登岸。有时在鼓浪屿。声言起盖夷楼。必须官为给银。方肯全行开驶。逐日探问。如有文员在厦。即欲呈递夷书。是以饬令顾教忠。暂驻乡间。与陈胜元。察看动静。随时禀报。酌量办理。

浙江巡抚刘韵珂奏……查前准粤省咨会。该逆有修整炮车之事。臣思该逆既在粤修整炮车。难保无登岸滋扰之意。浙省沿海滩涂。可以登陟之处。不一而足。即经严饬守口各文武。无分水陆。一体严防在案。兹查该逆自攻扰厦门以后。浙洋船数渐增。并有火轮船只。忽离忽合。忽东忽西无从测其实数。就各处所禀情形。约略计算。总在十只以外。现又叠据镇海象山等县营。先后禀报。七月二十七日。有夷匪数十人。驾坐杉板小船潜至镇海县之盛嶴地方登岸。图抢淡水食物。经派防穿山等处之副将福禧等。督率兵勇居民剿击。擒白黑夷匪各一名。解送钦差大臣裕谦。讯明正法。至八月初二初三两日。该逆复在盛嶴及象山县之石浦地方。分船滋扰。经各该处防守。分督兵勇。竭力抵御。该逆始行退去。我兵亦有伤亡。除由裕谦就近查明实在情形。具折奏报外。惟该逆在浙。船数尚不甚多。胆敢任意猖狂。分头肆扰。实属憨不畏死。现虽均经击退。诚恐伺隙复来。而堵御之方。惟有多雇乡勇。使人自为战。家自为守。庶可得力。臣已严饬各该县。赶紧添雇。务期多多益善……

谕军机大臣等。本日据刘韵珂奏。逆夷分扰各嶴。业已击退。现在拨兵防堵要口。及筹卫省城一折。览奏均悉。此次逆夷在浙洋盛嶴石浦地方。分船滋扰。虽经该处文武督兵击退。尚未大加惩创。难保不伺隙复来。昨据裕谦奏到。已有旨饬令严加防范。兹复据该抚奏称。逆船现在各洋游奕。诚恐窜入乍浦。亟须豫为筹备……

靖逆将军奕山。参赞大臣齐慎。两广总督祁𡏖。广东巡抚怡良奏……前据水师提臣飞咨。七月二十六日。突有火轮船一只。三桅夷兵船三只。自外洋驶泊横档海面。开驾三板。上横档炮台旧巷。内有夷服汉语者一人。持单一纸。声言填河修台。仍有准备交兵之势。因即纵火将看守兵丁所住篷寮残屋垛墙等拆毁。又据营弁探报。有火轮船兵船五只。驶入大石四沙等处。拦阻填河。将载石小船焚烧七八只。又至附近村中。攫抢食物。经该村民激动公忿。鸣锣聚众赶逐。即行退避……

辛丑。钦差大臣两江总督裕谦奏……奴才查逆夷于占据厦门后。即起碇北来。在浙江洋面。零星游奕。滋扰盛嶴石浦等处。登时击退。业经奴才于八月初六日恭折具奏在案。嗣于初六七八九等日。逆船连樯而来。在象山。定海。镇海。三县洋面停泊。约计共有四十余只。初九日申时。有火轮船一只。带领兵船九只。驶至离镇海县城四五里之黄牛礁洋面停泊。又有十只。已在离镇县一百余里之碕头洋。起碇北来。复行中止。揆厥情形。似将径扑镇海。查镇海县以招宝。金鸡。两山为门户。而金鸡山尤为扼要。奴才已派委翼长狼山镇总兵谢朝恩。江苏候补知府黄冕。统领弁兵。严行防御。其招宝山上。本有游击张从龙等带兵驻扎。提臣余步云。亲统精兵驻于招宝山下之东岳宫。又东岳宫迤西。有拦口埠炮台。径对口门。与金鸡招宝两山。互相犄角。现有衢州镇总兵李廷扬。带兵驻扎。并于两岸密排火攻水勇船只。凡有可以爬越偷渡之处。亦皆分驻兵勇。排挖暗沟。密布蒺藜。防其水陆并进。并据镇县城乡士民。按户出丁。协同守御。奴才督率宁绍台道鹿泽长镇海县知县叶堃。坚守县城。镇静以待。该逆倘敢前来侵犯。即当激励将士。痛加剿洗。以彰天讨。其定海县地方。亦有逆船二十余只。停泊口门之外。经总兵葛云飞。王锡朋。郑国鸿。署知县舒恭受等。设法守御。尚未阑入内港。奴才现饬镇海定海两县。多雇渔船。往来探报。以联声援。惟综计定海镇海两处。调防及本营官兵。不及一万。分段驻守。尚嫌单薄。且该逆分帮来扰。即无策应之兵。奴才已调江宁八旗官兵八百名。寿春镇标官兵一千名。兼程前来镇海。以便调遣。

裕谦又奏。再奴才钦奉上谕逆夷习于水战。向来议者。皆以彼登陆后。即无能为患等因。钦此。仰见皇上洞烛几先。周详指示。跪诵之下。钦服难名。奴才闻厦门失守。由于该逆并聚大帮。连环开炮轰击。弹如雨下即用我炮以击我兵民所致。是以奴才于炮台前后左右。俱挖有暗沟。遍布蒺藜。以杜其冲突。其护炮台兵勇。皆有遮蔽惟逆船四十余只。其中虽间有货船。每船不过数十人。而其兵船。或多至六七百人。少亦三四百人。截长补短。以每船三百人计算。业已逾万。彼可并帮来犯。我则必须扼要分守。彼可数日不来。我则必须时刻防备。已成彼众我寡。彼聚我散。彼逸我劳之势。奴才何敢轻视。况该逆乘潮顺风而来。前船却退。则后船猝不及防。必致两船皆损。是以不得不冒死前进。我兵本皆未历战阵。又各存一炮火难御之见。略有闪避。即堕其计。又该逆则一船一心。且众船一心。我兵则一人一心也。奴才自祖宗以来。效命疆场。世受国恩。兹又奉命专征。既不敢孤负朝廷。亦不敢玷辱祖父。惟有殚竭血诚。身先士卒。激以忠义之气。解其畏葸之心。并躬率文武官弁。誓于神前。城存俱存。以尽臣职。断不肯以退守为词。离却镇海县城一步。尤不肯以保全民命为词接受逆夷片纸。此非奴才敢效匹夫之勇。甘为孤注之投。盖因镇海地方。稍有疏虞。则逆胆愈张。兵心愈怯。沿海一带。必将全行震动。非此不能固结兵心。灭此朝食。更非此不能挽回一年来瞻顾徘徊之积习也。

乙巳。钦差大臣两江总督裕谦奏。窃照逆船并帮来浙。滋扰盛嶴石浦。分扑镇海定海。当经奴才将击退堵剿缘由。先后具奏在案。该逆船于八月十一日。陆续驶近。自镇海之蛟门。至定海之吉祥门。数十里间。横截停泊。计共二十九只。时放三板小船。或驾火轮船。游奕窥伺。尚有十余只。则忽东忽西。隐见不定。八月十二日。据镇海县探报。本日巳时。逆船十四只。望东南行驶。又十五只。四散游奕。察其情形。势将直扑定海。旋闻定海炮声络绎。该夷船亦即于傍晚折回。奴才正深盼望。十三日接据总兵王锡朋。郑国鸿。葛云飞。署定海县知县舒恭受。禀报。十二日未时。有火轮船二只。引带大夷船二只。乘潮阑入竹山门。势甚凶恶。该镇等因夷船炮位。多系安置两旁。即督率管炮弁兵。乘其未进内港。我炮可以迎头拦击。彼炮尚不能及我之时。定海镇总兵葛云飞。在半塘土城。亲自看准苗头。众炮齐发。击断逆船头桅一枝。该逆无暇拒敌。即冒死窜出吉祥门。复绕入大渠门。又经定海镇标左营游击张绍廷。在东港浦土城。督率弁兵。迎头轰击。该逆即时退出。不敢再进。业已并帮寄碇。我兵无一损伤等情。奴才查是日挂帆起碇者。共有二十九船。若非葛云飞。看苗有準。将首先阑入之船。击断头桅。挫其凶焰。又经张绍廷。督率官兵。迎头拦击。势必分口乱窜。长驱直入。以图一逞。该镇等督率有方。各官兵奋勇用命。均属可嘉。当此甫经开仗之时。非重赏不足以鼓舞士气……

浙江巡抚刘韵珂奏。逆夷自攻扰厦门之后。来浙船只渐增。八月初二三两日。该逆在镇海之盛嶴。象山之石浦。分船滋扰。经官兵当时击退。臣已于初九日。由驿恭折奏报。至初五六七等日。各洋又有续至夷船。约计共在三十只内外。复经臣于请拨军需折内陈明在案。兹据各县营禀报。初八九等日。该逆来浙之船。日有增添。约计四十余只。在镇海。定海。象山等县洋面。往来游奕。或行或止等情。臣查该逆早有来浙滋扰之言。今其船连日接樯而来。其处心积虑。必欲在浙一逞。实属险毒已极。深堪痛恨。现在该逆观望不前。显系探我虚实。希图伺隙而动。镇定等处。逆船蚁聚。固应从严戒备。浙西之乍浦。与定海止隔一潮。尖山又与乍浦紧相接壤。该二处口岸宽阔。兵力均弱。尤恐其探悉情形。乘虚窜入。现已分饬各属。劝谕绅耆团练义民。多募乡勇。并亲督省中兵勇。严密准备。该逆傥敢侵犯。即行痛加剿洗。以伸天讨。

盛京将军耆英。刑部侍郎成刚。奉天府尹呈麟奏……至盛京为根本重地。尤当严密防守。自应懔遵圣谕。加意侦探。相机妥办。兹于八月十七日。接准浙江巡抚飞咨。内称准福建咨会。有夷船三十只。向东北外洋开去等因。现据镇海县报有夷船四只。宁海县报有夷船一只。其余由厦门驶向东北外洋船只。是否窜入浙境。抑或潜赴北洋。亟应慎密防堵等因。飞咨前来。奴才耆英。伏查奉天各海口。原设官兵乡勇。足敷防堵。惟在陆路设伏攻剿。尚须酌添官兵……

钦差大臣两江总督裕谦奏。窃奴才于八月十五日。将逆夷于八月十二日。侵犯定海。登时击退。并有夷船二十九只。横截镇定洋面。尚有十余只。隐见不定缘由。恭折具奏。甫经拜发。风潮陡作。镇海县城外。平地水深四五尺。官兵帐房。皆在水中。夷船张帆起碇。势将乘风径进。幸各官兵。先将火药炮位。抢护稍高处所。坚壁不动。该逆无隙可乘。欲前又却。适风转西北。潮随风落。逆船即转帆东驶。直扑定海。旋据镇海县等屡次探报。听闻定海炮声未绝。又有击破之三板船数只。及无篷桅之大夷船。由定海漂出。随风南去惟连日风逆浪大。又为逆船梗阻。不独策应之兵。一时无从东渡。即探报亦不能往返。直至十八日申时。据奴才遣派前赴定海查探弁兵飞报。十三日午时。有夷船十三只。在竹山门外停泊。旋有火轮船三只。三桅船一只。驶进竹山门。经总兵葛云飞等。督兵开炮。击断夷船大桅。当即窜去。十四日连樯驶进。攻打晓峰岭。开放三四百炮。我兵伏于石岩之中。并未受伤。该逆驾驶三板船。由竹山碶登岸。经处州镇总兵郑国鸿。督率弁兵。开放抬炮。击杀夷匪无数。傍晚该逆绕至定海南面。孤悬海中之五奎山。登高瞭望。十五日。即在山上支搭帐房。我兵即在城开炮遥击。打坏帐房五顶。逆夷十数名。十六日。该逆先从吉祥门驶进。攻打东港浦。经我兵连开大炮轰击。该逆不敢驶近。旋即攻打晓峰岭。竹山。二处。至酉时逆夷登岸。被我兵枪炮轰击。死者不计其数。十七日丑时。该逆又驶火轮船进攻。定海镇总兵葛云飞。亲自开炮。击中其船上火药。当即焚烧。片板无存。巳时。该逆分作三路。一由五奎山迎面攻打。一由东面之东港浦。一由西面之晓峰岭进攻。寿春镇总兵王锡朋。首当其锋。督兵开放枪炮。夷匪冒死前进。我兵前队阵亡。后队继进。业将夷匪杀退数次。无如愈杀愈多。我兵所用抬炮。至于红透。不能装打。犹舍命死战。至未时。逆夷约有三四千人。分路登岸。我兵势难抵敌等情。奴才正在调兵策应。并具折奏报间。旋据定海县典史邓钧。带同水勇。救护定海粮台委员同知黄维诰等。并银九千两。定海县印信到营。据称定海县城。已于十七日未刻失守。历诉十二日以后接仗情形。与探报大略相同……

道光卷三四

(道光二十一年辛丑八月)庚戌。江苏巡抚梁章巨奏……遵查江苏洋面。本年来并无夷船游奕。惟夷情狡谲。断不可因其未来。稍疏防范。旋准两江督臣裕谦。以浙洋夷船。日见增添。兵力不敷调遣。飞文咨商。令将派防上海宝山之徐州镇标兵三百名。调赴镇海军营。当经会同提臣陈化成。给发传牌。即日起程赴浙。一面就近抽拨补防。仍察看兵力。如稍单薄。另行会筹调拨。至上海炮局。续铸有四千余斤大铜炮十尊。已解至吴淞。臣亲历各口。妥为安设。即会同提臣照一药二子之法。逐加演放。均能致远有准。吴淞海口东西岸。兵勇枪炮。夹路林立。可期有备无患。至续铸各炮。容俟铸成。再行择要分拨。其余火药炮弹。亦俱制造齐全。不致临时掣肘。臣于布置后。仍回驻上海县城。饬令该县讲求保甲团练之法。以固内圉。现在兵民辑睦。堪以仰慰宸廑。

辛亥。钦差都统哈哴阿奏……伏查山海关石河口岸。东西相距三四十丈。不为不宽。潮长之时。水势亦深七八尺至丈余不等。该逆二号夷船。乘潮可进。由此西去。直接抚宁洋河海口。水道一百余里。陆路二百余里。中间口岸极多。节节俱可登路。奴才等再四筹酌。前设海岸营盘。觉以之防海尚可。以之防陆似欠妥协。奴才拟将前设海岸旗绿营盘。改移海神庙迤北。去海三四里许。择度地势。饬令粮道高树勋。雇觅夫役。由宁海边墙起。斜向西北。直抵石河。约长数里。横筑土垒一道。外刨濠沟。随处暗掘梅花陷坑。内栽竹签。盖席掩土。均令我兵聆悉标记。并按一二里许。择其扼要。安营数座。直达石河以西。不惟控制秦王岛。凡可登岸之处。均可上下应援。并逐段添设马拨。派兵瞭望。一有消息。星飞驰报……

九月。壬子。福州将军保昌。副都统额勒锦。福建巡抚刘鸿翱奏……伏查逆夷自窜厦以后。于七月二十一日开去船三十余只。尚有五六只。或七八只。或十只。盘据厦港孤峙之鼓浪屿。业经督臣颜伯焘将收回厦门口岸情形。具折奏明。惟该夷在鼓浪屿。昼则登岸练兵。夜则下船放炮。虽尚未出滋扰。而厦港一日不靖。海防不能一日不严。省垣为根本重地。诚如圣谕。必应水陆交严。方不致仓猝失事。离省城十里为南台。海船聚泊之所。铺户稠密。如夷船至此。民心已自惶骇。离南台三十里。地名少岐。该处港道窄浅。量宽四十余丈。深六七丈。现饬署福州府知府史致蕃督同委员。购船二十只。载石沉水。大船已不能通。两旁再用石帮镶。潮退石与水平。三板船亦不能入。仍恐潮来。小船从石上窜进。离少岐里许。名林浦。用木排横拦。盖以土泥。该处水势宽缓。底皆沙泥。下碇可期稳固。守此则南台之咽喉已塞。复饬臬司裕康。并留办局务之升任浙江盐运使常大湆。署叔标中军副将徐捷。抚标中军参将保芝琳。前任督标中军副将富尔逊布。福防同知文燦等查勘。自林浦以下。至五虎门中间要隘。一为南北岸。一为金牌长门。皆两山对峙。水深溜急。船石木排。皆不能用。仿照渔户拦港挂网之法。用四方大木架。加以铁爪。系以篾缆。用竹篓盛石。沉于水底。架浮水面。随潮上下。三板船能钩破其底。即大船亦能挂其柁。又乌龙江。有内港可绕入西关外之洪山桥。水不甚深。亦皆用石填塞。以堵小三板窜入之路。……臣等查逆夷虽有伪陆路提督名号。实不能陆战。厦门之失守。大炮皆设口岸。虽能击破其船。彼以多船多炮。攻我炮台。炮台毁。即乘间上岸。用我之炮。打我之兵。我兵无炮与对。遂至死伤溃散。非能陆战也。虽得陆地。总不敢远离其船。彼不于厦门立营。大队一去。即移船于鼓浪屿。此其征也。性又多疑。时虑搁浅。海澄与厦门。一港可通。彼以船探水。见已塞港即退。七月二十一日。夷船退出厦门时。声言二十五日攻五虎门。至期竟驶入东北外洋而去。传说是闻省港已截。此虽谣言。亦非无因。是截港为御夷要务。现在督臣饬谕沿海文武。皆用截港之法。移炮设伏省港。乃臣等专办。逆夷必不敢闯入。即闯入亦有以待之。可保无虞。足释圣廑……

谕军机大臣等。保昌等奏。防守省垣情形一折。据奏收回厦门之后。尚有逆船数只。盘据厦港孤峙之鼓浪屿。省城各处要隘。现已截港设伏。逆船不敢闯入等情。布置尚属周妥。仍著加意严防。无稍疏懈……

癸丑。钦差大臣两江总督裕谦奏。窃奴才于八月十九日。将定海失守缘由具奏后。当即专遣妥人。前赴定海。探明逆夷据守城池口岸。并将夷船二十八只。散泊游奕。意似阻我往来道路。而揆其诡诈。必将来扑镇海。尚有夷船十余只。除焚毁击损外。余俱不知去向。现在镇海守御极严。傥敢前来侵犯。必当激励兵民。制其死命。至该逆习见我沿海兵民。风气柔脆。肆其猖獗若不痛加剿洗。必致蔓延不已。奴才查各营官兵。皆有守土之责。若纷纷征调。不独远近不齐。心力不一。且旷日持久。适足增长逆焰。惟有江南之徐州凤阳颍州三府。民人膂力技艺。素称精熟。又能尚信义。重然诺。可以激而用之。奴才不揣冒昧。已饬熟悉情形之安徽太平府知府舒梦龄。前赴凤颍二府雇觅……

乙卯。杭州将军奇明保。浙江巡抚刘韵珂。杭州副都统恒兴奏。窃臣等前因定海失守。乍浦省垣兵力单弱。于本月二十一日。会折奏请饬调江西湖北两省兵二千名来浙分防在案。嗣于二十七日亥刻。叠接镇海等县营禀报。二十四五等日。夷船三十余只。由定海陆续驶入镇海蛟门。在笠山虎蹲山一带游奕等情。臣等以笠山等处。距镇海县城不过十余里。该逆连艅内驶。显系窥伺镇海。正在奏报间。二十八日酉刻。接据宁波府知府邓廷彩六百里禀报。称该府在郡办理防工。二十六日午刻。惊闻逆夷于是日攻犯镇海。由招宝山口开炮闯入。

(丁巳)谕军机大臣等。本日余步云由六百里奏。宁波郡城空虚。设法捍御一折。昨因镇海失守。该提督退保宁波郡城。傥能捍卫无虞。尚可为浙省障蔽。兹据该提督奏称。炮位无存。兵丁无可调拨。

空虚景象。遥想可知。现在逆夷已在城外量水深浅。必乘虚攻击。该地方乡民等力保孤城。正在危急。著刘韵珂设法救援。惟省城尤为紧要。又恐该夷声东击西。使我不能相顾。是在该抚通盘筹画。择要防守。如宁波已被逆夷滋扰占据。即著该抚传旨。饬令余步云同在省城协力防堵。其绍兴郡县。与宁波毗连。傥有可救援之处。亦著极力设法。分别扼守。总之势能兼顾。务当勉力为之。以副朕望。将此由六百里加紧。谕知刘韵珂。并著谕令余步云知之。

谕军机大臣等。梁章巨奏。遵查夷船踪迹。并添兵防堵陆路一折。据奏江苏洋面。现在并无夷船。惟宝山上海两处县城。不可稍有疏虞。已添兵防堵等语。江苏上海马头。为逆夷所垂涎。必须增添兵力。方可有备无患。现在该抚飞调各标营兵共二千名。于上海宝山两县陆路要隘处所。分别安插。办理均属周妥。至金山县地方。与浙江乍浦海口相连。情形吃重。著准其于添调各营兵内。抽拨三百名。赴该处分驻防堵。该抚仍当随时侦探。严密豫防。勿因夷船现无踪迹。稍存疏懈。

闽浙总督颜伯焘奏……臣各处分遣探听。及登高瞭望。现在厦港夷匪。倏来倏去。总在十只以内。而大小担及东椗外洋一带。或南或北。帆影不绝。又连接浙江石浦等厅县禀报。自七月十三日以后。夷船逐渐增多。有停泊至十九只者。而象山之铜瓦门。又经该逆轰坏土堡。登岸钉毁大炮。烧毁巡船。定海亦有炮毙民人。焚烧民房之事。查厦门夷船。系七月二十一日。开去三十余只。而浙省于二十一日前后。即有夷船停泊滋扰。是在浙在闽。计已不止五六十只。此时厦港留泊之船。及此兵勇初集。锐气方新之始。用全力歼之。无难一鼓成擒。但瞬已北风司令。夷不耐寒。大帮驶回。即在目前。或全数入港报复。或分艅各处攻打。掣动全局。相寻无已。在在可虑。通省海口较多。只可先尽福州泉漳等府。各口。择要设防。一俟兵勇齐备。所调江西援兵到闽。臣即相机而动。将在港夷船。为一扫而空之举。即使该逆务求报复。北风方厉。其至闽亦在来春。有此数月工夫。厦门亟加缮治。绸缪防御。庶可有济。总之逆夷必须集数扑灭。而闽省大势。尤宜图维。所缓不过两三月之间。而办理较有把握。臣与窦振彪。普陀保。及在事文武。再四熟商。意见相同。不敢不据实陈明。仰求训示。

谕军机大臣等。昨已明降谕旨。将颜伯焘降为三品顶带。革职留任。并由五百里谕令该督。会同怡良妥筹剿办矣。本日据该督奏筹办堵御一折。又另片一件。巧言宛转。无非饰其不敢举动之非。现在该夷船大帮去后。所留无几。正当乘机整旅。痛加攻剿。况据奏称水勇乡勇。及调集各处兵丁。共计已有三万余名。较之夷匪。已多数倍。不乘此时激励众心。歼除丑类。尚复何待。著即督率将弁乡勇等。迅速设法攻击。痛加剿灭。使逆夷首尾不能相顾。自必知惧知儆。稍形敛迹……

道光卷三五

（道光二十一年辛丑九月辛酉）杭州将军奇明保。浙江巡抚刘韵珂。杭州敉暑恒兴奏……本月初一日。据宁波府知府邓廷彩。宁丁邵荣。赴舟次禀称。前月二十八日。逆夷火轮船一只。至郡港探量水势。二十九日辰刻。夷船八只。驶近郡城。邓廷彩。与提督鄞县知县等督兵上城守御。因兵数无多。该逆连开大炮轰击。不能抵御。夷众七八百人。一拥入城。邓廷彩跳入西门河中。被船户捞起。载送出城。气息已绝。用姜汤灌救。稍有微息。现在存亡未卜。其余文武各官。不知下落。该家丁路过慈谿。见县城已经空虚等情。臣等查镇海失守。宁波本已势如累卵。前已据实陈明。今于二十九日即行失陷。是浙东又失一座屏蔽。所属之奉化象山二县。更在宁郡东南。均皆滨海。今郡城既失。则该二县俱被隔绝。深为可虑。宁波之西。虽河道较窄。在船不能直入。而三板小船。在在可通。初一日。接慈谿县知县王工曾来禀。有居民纷纷搬避。势难瓦全等语。今该家丁又称路过慈谿。城邑已空。傥该逆或驾三板小船。或由陆路乘虚内犯。恐慈谿以上各县。亦均难保守。即使该逆一时不敢深入。而内地奸民。乘隙抢掠。人数日积日多。更恐所在啸聚。将成内讧。言念及此。不禁胆碎心惊。臣等与司道等通盘筹画。

现在情形。惟有扼要守御。以期保卫绍兴。并断其自绍侵犯省城之路……

京口副都统海龄奏……奴才伏思浙江洋面。毗连江苏洋面。自宝山迤北。崇明孤悬。狼福对峙。为入江门户。查京口大江。乃七省咽喉。东接狼福。仅有六百余里。今大帮夷船。复至浙洋。其势猖獗较甚。一帆可到京口。虽江心间有淤沙。但本年江潮涨旺。今届八月下旬。未见消落。大号夷船。或难驶进。杉板夷船。未敢度其不至。傥夷船窜入江境。势须船只拦江堵截。查京口水师左。右。高资。三营。额设海哨船二十二只。于本年春季调操时。据水师副将呈报届修。至今未见具报开工。现在只有高资营商船八只。奉改海哨船八只。为数无多。不敷应用。如预备拦江堵截。自应多雇民船。而署常镇道张琴。久住扬州。收纳税课。于地方一切事宜。并未筹画。奴才无地方之责。又无经费。碍难办理。查圌山要隘。虽水师设有炮十二位。官兵仅止八十余员名。查东马头要隘。奴才前经奏明派拨旗营官兵炮位防堵。此项官兵。均系自备资斧。轮流防堵。半年以来。尚属奋勉。再京口旗营。额设甲兵一千一百余名。经奴才挑选精壮者八百名训练。半载以来。尚属可用。其水师营弁兵。除经调赴福山刘河一带防堵。及巡江守汛之外。所剩之兵。不过数百名。再查镇江府城垣。因年久失修。前经绅民捐资修理。于道光十八年九月开工。迄今三载。非独倒塌处所。未经修竣。即已修之处。又被雨水冲塌二段。奴才亲往查看。临江北面。倒塌一段。计十二丈余。东面倒塌一段。计五丈余。兹值逆夷在各省洋面。游奕滋扰。迥非平时可比。城郭不完。难资防守。奴才曾经嘱令地方密函赶紧修葺。至今并未修整。奴才身受重寄。悚惕尤深。昼夜焦思。实难措置。仰恳皇上敕下江省督抚。预为筹备船只。拦江堵截。并催令赶紧修整镇郡城垣。庶不致临时缓不济急。

谕军机大臣等。海龄奏。请豫筹防堵一折。江浙洋面毗连。现在逆夷在浙猖獗。江苏海口。必应严密防堵。京口为入江门户。本年江潮涨旺。尤应加意严防。现经海龄派拨旗营官兵炮位。分布要隘。惟水师营弁兵。除调防及守汛外。仅数百名。兵力尚单。著布勒亨。兴伦。于江宁驻防内。酌拨兵弁。协同防堵。

谕军机大臣等。寄谕沿海各省将军督抚。御史殷德泰奏。请招集渔户。团练水勇一折。据称各省沿海一带。率多蜑户渔人。若能招集使为我用。是海疆多一水勇。即逆夷少一汉奸等语。此辈渔户人等。习处海滨。良莠不一。其安分者固可藉资穆侮。而桀骜者亦恐别滋事端。该御史请编队设伍。课其勤惰。与以奖励之处。是否可行。即著体察情形。妥议具奏。

道光卷三六

(道光二十一年辛丑九月壬申)正蓝旗副都统富僧德奏。窃奴才奉旨敕赴山海关会办防堵事宜。于本月十五日到关。当即亲赴石河口。秦王岛。各口岸。履勘设营备逆情形。临视地势扼要。缘山海关石河海口。仅止去城七八里。海面辽阔。凡可登陆之处极多。水势深浅不一。口岸大小不等。洵属畿东要道。务宜严加设御。方保有备无虞。奴才周查哈哴阿改移距海稍远营盘。堆筑土垒。挑挖陷坑战濠。暗营伏兵。联接策应之机。深合防剿之要。复查山海关炮位。本属无多。其近海炮台三座。已拟每台安设铁炮一尊。拨兵看守。相机施放。下余大小炮位。撤安土垒之上。即使逆夷突来。不致受其船急炮利之敌。总以诱其登陆。伏兵四起。兜剿要截。尤属兵家之密计。奴才详加周历。俱属妥协。惟有逐事和商。随时酌办。万不敢固执已见。稍涉疏虞。有负圣主简委之重任。

(癸酉)谕。英夷犯顺滋扰沿海受其荼毒……惟该逆所恃。以定海镇海为巢穴。毫无后顾之虑。我兵恐难得手。如能多备商渔各船。装载炮械柴苇。与舟师暗伏港汊。一闻岸上交战。各路齐出。绕其船后。开炮纵火。彼必一面在岸迎敌。一面回顾彼船。其势既分。其心必乱。我兵乘机进剿。定可大挫其锋。此等船具。用之于洋面攻剿则不足。用之于海口牵制则有余。用之于白昼。则彼易防。用之于夜攻。则彼必扰。著奕经等。广募水勇。驾驶商渔船只。乘机焚击。使夷众惊惧。首尾不能相顾。如此水陆交攻。痛加剿戮。该逆必纷纷逃窜。不战自溃。此亦制敌之胜策也。

浙江巡抚刘韵珂奏。窃照浙江省城。东南两面。环绕钱塘大江。直达海宁州境。以该州尖山一口。为江海交汇之处。尖山近连乍浦。远接定海等洋。船只可由乍浦而至。亦可由定海等洋遵海而来。设令逆夷窥伺。不惟海宁可虞。省城根本重地。尤为可虑。防守不容稍忽。惟尖山口港阔水深。钱塘江更属散漫平衍。水中不能设法堵截。只有派兵募勇。为陆战之策……又臣前此饬调丽水枫岭等营兵二百名。统共兵二千八百余名。臣以沿江一带。驻扎防守。及配驾船只。在江巡缉。最关紧要。分兵一千余名。在城外分段驻防。并雇备大小船二十四只。往来江面。梭织巡查……

谕军机大臣等。据刘韵珂奏。省垣及海宁州守御情形一折。浙江省城。东南两面。环绕钱塘大江。直达海宁州境。以该州尖山一口。为江海交汇之处。尖山近连乍浦。远接定海等洋。逆船可由乍浦而至。亦可由定海等洋遵海而来。防守不容稍忽。该抚因省城兵力稍单。节经劝谕绅士。团集义民沙民二万余人。分插城内城外。驻扎巡守……

又谕。寄谕扬威将军奕经等。据刘韵珂奏。浙江团练义勇沙民。防守省城。日待大兵之至。该将军等起程后。自必迅速前进。以图保护。惟是逆夷踪迹无定。海洋处处可通。即如江苏海口。其为夷船可到者。不止一处。该将军等于入江苏境后。一路探听夷船踪迹。如已扰及江苏海口。即当先其所急。至省城圖为紧要。但该将军等专驻省城。恐又蹈广东故辙。其应于何处驻扎。或分或合。届时相度形势。妥为布置。以资策应。刘韵珂折。著钞给阅看。

乙亥。浙江提督余步云奏。查宁波府属七县。除定。镇。鄞。三县。已失不计外。象山写远。奉化僻处深山。虽有小河。仅容杉板。惟余姚首当其锋。其次慈谿。皆与宁郡一水相通。夷船便于往来。故奴才于退出宁郡之后。即在上虞曹江两处。收集散兵。以遏余姚慈谿之总径……半月以来。惟初六七日。夷船驶进余姚慈谿。探量水势。去后并未出扰。近日江西头二起兵。已到一千。先以五百令该管将弁。带领速往余姚。相机防守。以五百驻守上虞距城十里之中坝。俟江西兵随后到来。再派往慈谿。奴才亦即往来策应……现在各县乡村。尚属安静。探得宁郡夷船。如前停泊。惟纷纷搬运财物上船。又多掳得商民铜钱。兑换洋钱。变买米谷。抢取城外居民牛马。日遣汉奸出探等情。奴才恐其不出滋扰。另有别谋。傥该夷声东击西。岂不转为所愚。特日差可靠弁兵。于乍浦各海口。细心哨探。随时飞报。以免疏虞。

戊寅。浙江巡抚刘韵珂奏。窃浙省自宁波府城失守后。该逆即至慈谿县之丈亭地方探水。旋又驶入余姚县境。因各处探报。或称余姚已失。或称未失。或称失陷之后。逆夷业已退去。纷纷不一。经臣饬令驻劄曹江之前任福建藩司郑祖琛等。就近确查禀报。并于十二日。覆奏筹议提臣余步云。应在曹江驻守折内。陈明圣鉴在案。兹据郑祖琛等禀称。余姚县居民。自宁波失守。纷纷移避。已成空城。九月初六日。有该逆火轮船二只。杉板船多只。由慈谿驶入该县城外。探量水势。城中守兵。本属无几。仅止乡勇数百名。该署县彭松年等。率以守城。兵勇悉皆惊惧。逆夷旋即退去五里外下碇。初七日夷船复驶至城外。各夷登岸。彭松年等复率兵勇抵御。各兵勇从未见过夷人。畏其凶悍。渐各溃散。彭松年等见势不能支。即率未散之兵勇数十人。将库贮饷银八千两。及印信。抢护出城。时逆夷业已一拥而入。彭松年等退至曹江。该司等饬弁往探。知该夷于入城后。登山了望。旋即退出城外。下船驶回宁波……又奉化县方桥地方。于九月初十日。有逆夷杉板船二只。驶入量水。该处距县城四十里。该署县金秀堃闻报。率领兵勇。驰往抵御。夷船业已退回。

道光卷三七

道光二十一年。辛丑。十月。辛巳。谕军机大臣等。盛京。直隶。各海口。前经该将军总督。妥为布置。想已周密。惟思英夷乘船近岸滋扰。船之大小不一。总视水之深浅以为进退。即如镇海宁波等处。该夷皆先用火轮船测量水势。是该夷何项船只。能到海岸。可以测水而知。盛京。直隶。山海关各处。所辖海口甚多。水之深浅不一。该夷兵船最大。其次如杉板火轮等船。何项吃水若干。谅该将军总督。早已谘访得实。著即派委明干妥员。各就海口近岸水势。详细测量。何处深浅。何项船只。可以拢岸。何项船只。只能离岸若干远近。不能直逼口岸。其海潮增长之时。水势深浅。均著一并查明。绘图贴说。据实具奏。又各海口情形不一。或滩或沙。或洲或岛。或居民屋宇。或旷远地面。何处最为险要。应如何设法剿御之处。亦著详细查明附奏。将此各谕令知之。

直隶总督讷尔经额奏……伏思用兵之道。在于先得地势。如直隶近海情形。一概平衍。并无险要。防夷之法。惟有先防海口。使其不能登岸。方操胜算。北塘南北两岸。旧有炮台遗址。传系前明备倭而设。距拦江沙三十余里。外海内河。沙埂隐伏水中。纵横约皆三四里。其河通海门之处。曲折逶迤。非可直达。故闽广洋船。以其难行。不到彼处。本省商船。出入俱插标记。以防搁浅。与定海等处。逼近大海者不同。自炮台外。测量水势。其近拦江沙处约十里之远。河水渐浅。沙滩涨宽。该夷火轮船。非乘潮不能入河。且每日潮长。必历三时始满。潮长足即退。夷船必不敢留。亦非同定海等处。可以鏖战六昼夜之久。实有地利可守。是以前于河内装石沉船。密钉木桩。以及木筏铁锁蒺藜。设伏五层。皆因地设险。以阻制其船。使之不得近岸。若重兵大炮。不于此处固守。令其越过炮台。则水深滩窄。可以连樯直进。一切火器。俱得从容搬运上岸。后路又皆零星村落。不惟无高阜坡陀深林密箐。即小冈树木。亦较稀少。难以设炮藏兵。以为抄袭夹攻地步。地势平旷。必至处处分窜。我兵即须处处防堵。少则不济于事。多则无此兵力。近畿重地。若使尺寸有失。为患匪轻。至北塘铺户居民。共有八千余家。其有力者以海船贩粮为业。穷民则以撑船捕鱼糊口。均系靠海营生。若令他徙。无业可归。其铺户间有客民。亦已在彼多年。安土重迁。且愚民易惑。此时逆夷未来。骤闻此论。必致疑惧。尤恐动摇人心。前经劝谕团练。尚皆感奋乐从。似亦不必令其迁避。以臣体察情形。固守海口。实为切要之计。查北塘南北两岸。炮台分设大炮。专以击河心之船。土坝分设小炮。可以击近滩之船。今复于设伏处所。木筏之上。排列小炮。以为前锋。使夷船未到埋伏之地。即可轰击。其附近炮台之处。亦酌量安设小炮。以防登岸。并于后路新河蛏头沽等处。分兵屯营。以为接应。至该夷用船载炮而来。非同厦门定海。可以近岸排列者比。我有万斤八千斤大炮。连环轰击。必不能令其得手。且河心设伏。即小船亦不能冲突而进。至炮台之上。已垒惟土袋。又有藤牌絮棚。足以避其远来之炮子。炮台之下。土埝土坝。皆所以障蔽岸台。令该夷炮无所逞。自可相势攻剿。如其冒死前进。土坝之内。以及各后路。皆伏有重兵。枪炮齐发。亦足以制其命。总之大沽北塘两处。最为海口扼要。只可于后路筹画接应。不可于前路有意退让。臣是以致力河心。必使夷船不能直冲抵岸。正为此也……

谕军机大臣等。前据裕谦奏。香港尚有夷兵房屋。降旨令奕山等覆奏。兹据奏称。香港地方。逆夷借以挟制。并不久居。现在填塞省河。并不阻挠。业已赶紧兴工。建台铸炮等语。浙江命将出师。一经剿办。难保不窜回广东。复图滋扰。现据奏称。该夷以货船改造兵船。其心叵测。该省炮台炮位。必须及早建铸。方可有备无患……

谕军机大臣等。祁埙等驰奏。遵查越南国人阮得烘。在粤守候追欠。曾于臬司衙门呈称。英夷猖獗。专恃船坚炮利。该国所造之船。颇为坚厚。如中国给该国王文书。即可代造。揆其情词。不过冀恳追欠。现在欠项全清。已经饬令回国。至该国之船炮。果否坚利。尚须查探等语。广东距越南较远。一时难得确据。自系实在情形。著祁𡎴。梁宝常。确加查访。该国船炮火器。是否精于英逆。所有该国王有无至诚效顺之意。逐一设法探询确宝。即行奏闻。事关外夷。诸宜慎密。

(壬午)谕军机大臣等。前因给事中骆秉章奏。临清。德州。及淮安。徐洲等处。为南北通衢。恐有奸宄窥窃。梗塞南粮。当经降旨。著该督抚等。察看要隘。派兵巡查矣。江南瓜洲河口。为南五省漕粮总汇扼要之区。所关匪细。如果下游海口。防堵严密。俾各省漕船照常稳渡。庶京仓无匮乏之虞。著牛鉴通盘筹画。先事豫防。所有通海之狼山镇。崇明等处。及运道必经之瓜洲等口。务使处处有备。毋致临时稍有阻滞。是为至要。

癸未。兼理两广总督。江苏巡抚梁章钜奏。窃臣自七月受篆后。即驰赴上海。接办防堵事宜……查江境沿海之区。多系水田。烂泥窄岸。深港危桥。所在皆是。乡勇生长其间者。熟知地利。若遇夷奸登岸。无难兜截尽歼。且既经团练。则团练之人。共相识认。均知来历。不但可以协防。即宵小匪徒。亦难窃发。既省筹饷之费。又无征调之烦。平时生业自安。遇警猝然可应。古人守望相助。寓兵于农之法。莫善于此。现据川沙厅。太仓州。南汇县。嘉定县。各报团练乡勇。均有六七百名不等。宝山县照向办成例。按亩出夫。计有壮丁五千名。华亭县募有海船四十只。水勇二百名。臣复饬于上海县城扼要之区。练有精壮乡勇二百名。水勇一百名。快船十只。海燕子船四只。其便捷处略如轧船之制。于黄浦江面适中之地。雇备沙船一百二十只。排列堵御。并预装沙石重物。以备凿沉。借资阻滞。至城厢海关一带。商贾云集。游民杂沓。良莠不齐。复谆谕绅耆。挨家团结。已有壮丁四千三百余名。历经派员抽查。均能整饬。现在居民。各安生理。市廛繁庶如前。并无惊疑迁徙之户。足纾圣廑。再臣于八月间。准前督臣裕谦。钞折咨会。以福建厦门失守。浙江洋面夷船日增。应饬吴淞等营县。不准闽广商船进口。当经臣一体飞行遵照。旋据上海。并闽广商民行户。赴臣行馆递呈哀求。以为不准进口。则漂泊重洋。必致人船莫保。情词急迫。正在批候札商间。又接前督臣来咨。谓无论本籍外籍。概不准一船一人进口等语。外间民心惶惶。几至罢市。臣查商船进口。只须严加查验。自足以杜汉奸。原不必因噎废食。如果不准一人一船进口。则该商船各有家口。未免失望惊慌。而各船只颠播外洋。设为夷船所协。是防寇转以资寇。现当防堵吃紧之际。正赖众志成城。自应变通以示体恤。当饬该管道员。严督守口员弁。于各船到口时。先行严查清白。陆续放行。现在商民欢感。与论翕然。情形极为安贴。

谕军械大臣等。本日据梁章钜奏。上海防堵情形一折。江浙地面毗连。现经该抚续调官兵。添设炮位。川沙等各厅州县。均已团练乡勇。雇募渔船。上海扼要处所。练有精壮义勇。并快船。海燕子船。沙船多只。排列堵御。豫备凿沉拦阻。现在商民安堵等语。所办尚属周妥。均著依议办理。其查验商船。陆续放行一节。果系清白商船。自应放令进口。以安商旅而免协从。惟逆夷占据宁波府城。难保不令汉奸四出窥伺。该抚将商船照旧放行。并募雇各项船只。务须查验明确。加意慎防。断不可稍存大意。致有汉奸乘机溷入。是为至要……

戊子。谕内阁。著派僧格林沁。赛尚阿。巴清德。驰驿前赴天津一带。查阅海口。

直隶总督讷尔经额奏。窃臣于本月初二日。承准军机大臣字寄。道光二十一年。十月初一日。奉上谕。讷尔经额奏筹议海口情形一折。据奏北塘南北两岸。业已因地设险。居民可无迁避。后路亦有接应。官兵皆有障蔽。仍著讷尔经额相度地势。慎密防堵。傥该夷竟敢纷纷登岸。又将作何准备。仍当先事豫筹等因。钦此。窃臣往来海口。已及一年。此处情形。无日不悬于心目。凡逆夷进口。如何攻剿。

上岸如何准备。无不集思广益。以筹胜算。并节次奏蒙训示。筹画后路接应。尤不敢仅顾一面。致有疏漏。海河滩岸之上。遍挖陷坑。土埝土坝之内。以及各后路层层伏兵。安设枪炮。皆所以防夷登岸。前于本省。搜检旧存小炮。共得三百斤以下至百余斤者。八百余尊。除分拨沿海各州县三百尊专外。所余五百余尊。皆遵照前奉硃谕。指示机宜。安于后路屯兵处所。大沽。则西沽。新城等处。北塘则新河村。蛏头沽等处。所设兵炮。皆与炮台声势联络。互为策应。细审形势。逆夷驶入内河。大沽头层设伏。系堆架铁锚。北塘系装石沉船。皆重至数十万斤。两旁夹钉粗大木桩。逆船断不能排列冲突。直抵炮台之下。我兵大炮。连环轰击。足以制胜。至设伏之外。两岸一片浅滩。俱系淤泥陷坑。该夷欲舍舟登岸。亦穷于不能立足。且大沽北塘。均系迎面临河。该逆不能用小船绕越后路。即使舍舟登陆。踏泥而进。而各处屯兵。相机开用小炮。并力兜击。炮内装蜂窝炮子。一发可击多人。又只重数百斤。现制四轮小车。每车用乡勇二人牵挽。一兵照应。随方转向。处处可以挽行。较之专设一处。不能挪移者。更为得力。且逆夷登岸。所用不过鸟枪。其及远总不能过一里。而我之小炮。打远二里有余。是其手中火器。未能及我。而我之炮早已及彼。该夷进则无所障蔽。必致全伤于炮。退则急切不能回船。必致慌乱。我兵抬炮鸟枪。一齐历发。趁势攻剿。亦足以制其命……

讷尔经额又奏……臣查直隶海口。大小不一。内河外海。或远或近。多有拦江沙阻限。其夷船由海进口。何项船只。可以驶入。何项船只。不能驶入。但须测量水势深浅。而拦江沙上。水之深浅。又视海潮以为消长。前经查得各海口潮长之时。惟天津之大沽。宁河之北塘。水势较深。平时水深二三尺。潮长七八尺。及丈余不等。夏间海潮极盛之时。又遇东南东北大风。亦止可长至二丈。至该夷大号船只。访查得上年到北夷船。其至大者。吃水二丈七八尺。其高出水面处。亦计二丈有余。即其小号兵船。吃水亦在二丈内外。俱不能进。其余各海口。拦江沙上潮长之时。水深不及大沽等处一半。或四五尺。或六七尺。至大不过一丈。河面窄狭。两旁尽属泥滩。即如丰润县。黑沿子一处。上年逆夷曾用三板小船。乘潮驶入。登岸乞买食物。彼处村民。言其买物之时。刻刻探问潮落信息。恐其不能复出。其大船则在拦江沙外停泊。此其明征。至临揄县之石河口。秦王岛二处。与各海口情形。微有不同。前经查明石河口。距洋面四里。距县城十里。口门外有沙冈三道。其中皆有行船沟槽一道。宽二丈余。水深八九尺不等。潮长之时。增二三四尺不等。冈外渐入深洋。商船乘潮出入。均须先行探明沟坎。立标为志。方能行走。秦王岛。距洋面七里。距县城三十里。内多石滩。外亦有沙冈三道。水势亦止在一丈内外。合查直隶各海口情形。大概如此。均无大船可进之处。臣现复钦遵谕旨。派委明干妥员。会同各该州县地方官。就海口近岸之处。将潮落水势深浅。逐一测量。并将各海口情形。再行详细查明。绘图贴说。确核具奏。

靖逆将军奕山。参赞大臣齐慎。两广总督祁𡎴。署广东巡抚梁宝常奏……奴才等伏查广东设立水师。防海之路有三。惠潮为东路。高廉雷琼为西路。广州为中路。自虎门迤西。广海寨所辖之大澳。盗贼渊薮。帆樯出入。较之东西两路。形势尤为吃重。该参赞杨芳。请将水师改为陆路。自系专为广州中路虎门失守。水师不能得力而言。惟是奴才等体察现在情形。虎门内外炮台。不能不修。各台四面环海。即不能不藉舟师之力。以资悍卫。况广州所属海港。俱连大洋。乘潮内驶。在在可入。水师缉拏盗贼。巡防奸宄。为用实多。不仅如该参赞所云。专为护持海商也。至该参赞所虑省城二沙尾。凤凰冈两处。大船可到。欲于附近河岸靠山之处。修砌营垒。安兵驻扎。殊不知二沙尾等处。均系内河。尚在黄埔以内。虎门扼中路之冲。实为外海藩篱。现在填塞河道。据险设防。系权宜之举。以期由内而外。而经久之谋。必须外户加严。若使尽改为陆。不但自弃天险。而香山。新安等县。声势不能联络。贼艘必至长驱。益无顾忌。果能外户固守。则近省东南二路。即可无虞。总之承平日久。人不习兵。现在炮船各项。以之捕盗则有余。以之御夷则不足。所可变通者。攻守之具。正未便因噎废食。徒涉纷更。奴才等悉心酌议。统俟将来筹办善后。如果水师内有应行变通之处。再当通盘筹画。奏明办理。所有该参赞请改为陆路之处。应毋庸议。

奕山。齐慎。祁𡊮。梁宝常又奏。再香港逆夷。招集汉奸。其著名头目卢亚景。邓亚福。何亚苏。石玉胜。为之勾引煽惑。前经奴才等先后招回黎进福等。一千余名。安置虎门以外。暗听调遣。并派绅士兵弁。前往管带。随时查核。防有间谍混入其中。临战内应。兹又据石玉福。持谕招回伊兄石玉胜等。二百余人。并呈缴大拖船三只。小船一只。情愿立功赎罪前来。奴才等委员点验属实。当即优加奖赏。以固其心。据石玉胜供称。香港湾泊大小兵船货船。有三十余只。篷寮烧后。又修起数十间。并盖有鬼楼等房十余间。近闻省中团练壮勇甚多。奸夷恐夺香港。又招集汉奸数千人。拖风船四十余只。并造平底三板船等语。又据水师提臣申报。九月初十日。有逆夷三桅兵船一只。由沙角横档。向口内驶进。旋据行营探事兵勇禀称。驶进三桅兵船。于十四日夜。湾泊渔珠河面。复有二桅三板船四只。在新造河面。往来游奕。见沿河要隘。安设炮位。壮勇林立。不敢深入。即同三桅兵船。一齐开出洋面而去等情。是逆夷刻刻不忘反噬。而石玉胜之供。前后吻合。洵属可信。奴才等惟有督饬镇将。激励兵勇。水陆严防。一俟河道塞竣。内户巩固。再行驰奏。请旨遵办。

道光卷三八

道光二十一年。辛丑。十月。辛卯。提督衔。福建台湾镇总兵达洪阿。按察使衔。福建台湾道姚莹奏。窃照台湾自上年六月。英夷船至鹿耳门外。马发隙洋面停泊。经臣等督率官兵击走之后。台澎外洋。时有夷船往来。经先后筹备兵勇。防守日益加严。本年八月初一初五等日。据淡水。凤山各属禀报。北路之鸡笼中港。南路之小琉球等外洋。有夷船游奕。当饬守口文武各员。相机防守。倘进口门。即开炮轰击。旋据护台湾水师副将江奕喜。南路参将余跃龙。署凤山县知县白鹤庆禀报。南洋夷船一只。将进口门。见文武兵勇人多。防守严密。立即窜驶北去。又据淡水厅营先后禀报。八月十三日申刻。有夷船在鸡笼口外之鸡笼杙。洋面停泊等情。又经臣等飞饬厅营。会督文武委员义首人等。严防去后。兹于八月二十五日。据艋舺营参将邱镇功。淡水同知曹谨。委驻鸡笼协防澎湖通判范学恒。委巡海口之即用知县王廷干禀报。该夷船于十五日辰刻。移泊进口之万人堆洋面。该员等用千里镜照见一双桅大号夷船。拕带杉板多只。有夷人在桅顶张望。十六日卯刻。该夷船驶进口门。对三沙湾炮台。连发两炮。打坏兵房一间。我兵尚无损伤。该参将邱镇功。督率调防鸡笼之署噶玛兰守备许长明。署艋舺守备欧阳宝等。在二沙湾。将安防大炮。紧对夷船轰击。曹谨。范学恒。王廷干。督同艋舺县丞宓惟慷。在三沙湾炮墩。亦放炮接应。邱镇功。并手放一炮。惟八千斤六千斤大炮有准。立见夷船桅折索断。船即随水退出口外。海涌骤起。冲礁击碎。夷人纷纷落水。死者不计其数。或凫水上岸。或上杉板驶窜。邱镇功。督同署守备许长明。欧阳宝。署千总陈连春。外委尤登和。带兵驾船赶往。生擒黑夷四十三人。又割取格杀黑夷首级四颗。该令王廷干。遣派家丁。随同县丞宓。惟慷。亦驾快船。带领屯丁乡勇。出洋生擒黑夷三十一人。总理谢集成。董事吴助友。及屯弁义首人等。生擒黑夷二十五人。割取首级一颗。该同知曹谨之亲属。郝。芝。带领家丁。生擒黑夷五人。督臣差委来台之候补从九。周晋昭。亦经赶到。帮同出力。当该船击碎时。见一白夷。自行投水。是否头目。打捞无获。其时有署艋舺营沪尾守备。台协千总陈大坤。同委员德化县典史陶荣。在沪尾防守。闻信驶驾巡船截击。在野柳鼻头洋面。见夷人数十。驾杉板一只。向南逃驶。该署守备等。挥令兵勇开炮。将其杉板击沉。夷人落海。该署守备。带同亲丁陈功。陈经邦。义首杜得方等。割取白夷一人首级。生擒黑夷十八人。委员陶荣。生擒黑夷二人。金色黑汛外委林光章。目兵何得和。兵丁李起凤等。均协同出力。又据该同知曹谨。通判范学恒。参将邱镇功。署北协右营游击安定邦。先后禀报。十六日晚。有白夷带领黑夷二十余人。驾杉板一只。在大武仑港外窜驶。该厅遣派役勇。坐船追寻。十七日早。在观音山追及。互相格斗。该署游击。督带兵丁截击。当经官兵役勇。刺死白夷二人落水。生擒黑夷九人。杀毙黑夷十七人。夺获夷炮四门。兵丁谢捷升。同乡勇二人。均各受伤。谢捷升伤重。旋即殒命。十九二十三等日。署守备许长明。县丞宓惟慷。在海滨捞获白夷尸身二具。查验一穿红呢战甲。胸前刺有八卦形。一系寻常夷服。胸前刺莲花形。左右臂腕左右腿。或刺人形。或刺莲花。鸟形。狮形。又劳获夷炮五门。重七八九百斤不等。大小炮子数十粒。铁碇一门。大铁钩一个。署千总陈连春。捞获大夷炮一门。重二千斤。大铁子一粒。樱毬二个。被水火药。不计斤重。又该同知曹谨。通判范学恒。遣派义首。带领壮勇。及宓县丞丁役人等。十七日驾船搜捕。至外洋草舆。有白夷二人。红夷五人。携带图册。在彼藏匿。经役勇等上前围拿。该夷俱被格杀。割取首级带回。搜获夷图一幅。中绘山海形势。册页五十一篇。夷书二本。又夷字十纸。其夷书内亦绘有城池人物。车马形状等语前来。臣等查此次文武义首人等。前后共计斩馘白夷五人。红夷五人。黑夷二十二人。生捦黑夷一百三十三人。同捞获夷炮十门。搜获夷书图册多件。办理尚为出力。方夷船初受炮伤之时。海涌忽起。遂将该夷船冲礁击碎。具见海若效灵。助顺天朝。尤深寅畏。惟该夷船是否即系滋扰厦门之船。抑系另帮。必须解郡查讯。且可根究夷情。台地并无通事。惟有医生宋廷桂。系粤人。通夷语。可以传供。至现获夷人。为数较多。程路穹远。现在委员驰往行提。分起解郡。容俟讯明。恭请王命正法。以彰国威而壮士气。并将夷书图册。恭呈御览。该逆夷经此次受创之后。难保不再集大帮来台。冀图报复。臣等仍严饬各口文武。添派兵勇密防。以免疏虞。再澎湖外洋。亦有夷船游奕。经在籍提督臣王得禄。钦遵谕旨。在彼驻扎。督同文武严密防守。现在尚无滋扰。

谕军机大臣等。据达洪阿等奏。逆夷滋扰台郡。官兵沉船夺械。捦斩夷匪多名一折。览奏嘉悦之至。已明降谕旨。将该镇道等。赏戴花翎。分别议叙矣。此次仅止双桅大船一只。带领杉板多只。来台窥伺。经该总兵等。督率员弁。沉船夺炮。捦斩多名。该夷被歼之后。难保无大队匪船。闯入报复。著达洪阿等。严饬在事文武。添派兵勇。严密防范。不可因获有胜仗。稍存大意。前任提督王得禄。驻扎澎湖。现在台湾地方紧要。该提督威勇素著。熟悉海洋。著即移驻台湾。协同剿办。其澎湖防守事宜。已谕令颜伯焘派员更替矣。又另片奏。现将巡洋舟师收回。填塞各处口门。添铸炮位。团练壮勇。所办均好。即著照议办理。请拨军需银两。已谕知颜伯寿等。迅即拨解……

甲午。江南道监察御史黎光曙奏。天津为畿辅重地。此处防堵。视他处尤为吃紧。当其事者。实需智勇深沉。明于知人。善于用人。而又有群材供其任使。始可以万全无患。其一切事宜。理合慎之又慎。不容稍有疏虞。兹谨就愚虑所及者。胪为八条。敬为我皇上陈之。

一天津抵御之兵。宜分三层布置也。逆夷火炮甚利。若来天津。必俟东南风发。始能入口。以火炮之利。而又乘风力之顺。在彼更为得势。即使我炮可与彼敌。而逆风制之。必不如彼矣。今闻天津炮位。尽设在海口。臣愚以为应分三层。第二层。务使坚于第一层。第三层。务更坚于第二层。所有已设海口之炮。宜择其坚致者。渐次挪至后面。其第一层。则多张空幕。略留数炮。以壮声势。俟至曲狭处。我始用炮左右击之。前定海。镇海。之所以失利者。由于兵阵单薄。未能层层设伏故也。此可为前车之鉴。又天津之西。通州之东。宜择要害处。驻扎劲兵。以防贼兵窜逸。此处之兵。但宜静守。不宜轻动。如此则民心定而军心镇矣。

一近畿海口。宜预备周密也。查天津县属之大沽口外。如宁河县属之北塘口。以及滦州。乐亭。昌黎。抚宁。临榆。丰润等处。皆有海口。请饬顺天府君直隶总督。各绘图呈进。其海口可登之岸。岸上可由之路。务须一一绘出注明。求皇上指示机宜。处处预备。除安设炮位外。或远设弩弓。或暗设地雷。务期有备无患。

……

一天津地方。宜及早招商储备米粮也。臣闻天津食米。全仗奉天接济。奉天米船。由海口入。若至防堵加紧之时。则海汊小口。俱宜设法填塞。使不及早储备米粮。尔时米船不能进口。则人心不安。亦应请旨著该督饬道府县。早为筹备。

谕军机大臣等。据托浑布奏。遵旨添兵设伏等语。山东海丰县城北大沽河。与直隶盐山县狼坨子接壤。该抚先已就近拨兵雇勇。择要防守。兹复添拨武定营兵一百名。添雇乡勇二百名。派委武定府知府陶庆增。会同游击阿麟保。亲往勘度。于该河要隘。遍钉木桩。并于各村庄。掘沟设阱。将所拨兵丁。及雇募乡勇。分段设守。办理尚属妥协。著仍饬该府陶庆增。时往督查。务与直隶狼坨子。驻防官兵。互相巡哨。不分畛域。设遇夷船阑入。彼此知会。协力攻剿。不得以海滩宽漫。无界可分。稍存推诿之见。

又谕。据托浑布奏。遵旨查明海丰县大沽河一道。与直隶盐山县狼坨子接壤。查系荒僻海滩。近口十余里。有拦沙横阻。登岸数十里。并无居民庐舍。情形虽不甚险要。究为两省接壤之区。现在该抚已添兵雇勇。派员分段防守。著僧格林沁等。于查阅海口。行至狼坨子地方时。再加履勘。该抚所奏情形。是否确实。其布置一切。是否可资得力。据实具奏。托浑布折。著钞给阅看。

辛丑。钦差御前大臣僧格林沁。工部尚书赛尚阿。护军统领巴清德。陕西提督胡超奏……奴才等窃维欲严设兵防。必先筹地利。连日与督臣提臣。面行确商。复历次接见该镇道。旁求博采。略悉大概情形。随会同亲诣大沽海口南岸。周历履勘。看得该处口岸。迎面临河。除附近之北塘。暨南至山东。东至山海关。各小口外。别无大船。可以绕越进口歧途。对海遥望。海口约在二三十里以外。外接深洋。内系海口。海口以内。有拦江沙一道。横亘无涯。水面隐约可见。询之该镇道将弁。以至土著乡耆。佥称此沙南抵山东。东抵山海关。横阻海河。早晚潮汐两至。长落之际。水过沙停。渐积渐多。愈多愈实。坚硬如铁。现在沙埂积宽。约三四里不等。潮长水深一二丈。潮落水仅尺余。中间另有沟槽。约宽三十丈。深亦不及三尺。再进有浅沙一道。约宽十余里。潮落水深二尺四五寸。再进为河身。约宽一百丈开外。夏秋水深。冬春水浅。遇有东南东北风作。水势较深。亦不过长至一丈四五尺而止。现复经督臣督同镇道。于拦江沙内十里许水中。暗排木桩。再进二里许。暗沉石船。上堆铁锚。旁加木桩。再进一里许。河身转湾处。连设铁链一道。铁蒺藜一道。再进一里许。设木筏一道。逐层防护。再进为河滩。一片泥淖。不容立足。沿海渔人。过滩网捕。据称须两脚捆缚二尺许长木段。始得躧浅而过。奴才等因委员乘坐小船。携带竹杆绳索。前往丈量测试。旋呈丈尺。与前说微有参差。大致覆核无异。现在河水渐冻。所有水中设伏铁具。亦均暂捞置土坝内安放。以备来春听用。此大沽海口形势之实在情形也。惟形势既审万全。控制尤须得法。查大沽南岸海口。近岸设有了望楼一座。高可六丈。四面通明。派有兵丁。昼夜轮流守望。楼以北连设炮台三座。内新筑二座。各宽十二丈。进深八尺。高一丈六尺。旧设一座。宽九尺。进深六尺。高一丈五尺。河北一座。规模相埒。其最南一座。紧向河湾。中一座紧对河心。北一座紧控河门。河北一座。紧贴河身。建筑均为扼要。台前各护以土。高与台齐。上锐下丰。借柔炮势。距台约十丈内外不等。筑有拦潮坝一层。距坝约五七尺不等。筑有土埝一层。埝外挖有壕沟一道。约宽深各一丈内外。炮台惟河北一座。相距较远。余三座相距均不过里许。大炮台空处。间段筑有土炮台十二座。其炮位自一千斤至万斤者。分设三炮台并河北炮台。自三百斤至八百斤者。分设各土埝。共计炮一百四十四门。因地定数。各炮台分设六门。至九门。十余门。二十余门不等。以备击远。南岸土埝。另设有小铁炮二百门。以备攻近。安炮处所。左右各按城垛口式。以麻袋盛土。纵横高堆。积为土垒。以为放炮兵丁遮护。其河北炮台办法。与南岸相同。现以河冰初结。顺流淌冰。船不得渡。奴才等未及亲往查阅。应俟奴才等南路回旋。彼时计冰冻坚实。再行前往查阅。至其建筑形势。南岸一望可及。可期声势联络。呼应相通。此大沽海口。防堵机宜之实在情形也……

僧格林沁。赛尚阿。巴清德。胡超又奏。再奴才等会同查阅事毕。随于十五。十六。十七等日。会同督臣提臣。并督同该镇道司员章京等。前赴海口炮台。演放炮位。一面饬知该将弁。豫备仿照夷船尺寸船只。作为标准。随据该将弁等禀称。内地船只。大号者较夷船亦少数倍。仿照尺寸。一时不易购求。当选得长两丈余废船一只呈验。奴才等随令于海河距炮台六七里外上流安放。装载柴草。当将炮座对准船只。逐加演试。其过火出炮。均极灵捷。远可抵船。甚或过之。其炮兵中未能对准苗头。致失高低者。亦或间有。计共试过大炮三十二位。演放五十二出。内共正中船身者十八出。其未中各炮飞越过船者。要亦不离船身左右。船上柴苇半击无存。船亦损坏灌水。船身倾侧。合计现在所有新铸旧存炮座。致远摧坚。均甚适用……

壬寅。

谕军机大臣等。前据哈哴阿。富僧德。先后具奏。山海关防堵情形。将炮位安置土垒之上。俟逆夷登陆。施放攻击。业经降旨照议办理矣。现在僧格林沁等。计已到关。著即将该处防堵情形。详细履勘。所办是否周妥。现在海口炮位无多。该逆设或登岸滋扰。必当豫为设伏。或突出攻击。或截其归路。是以前次所调吉林官兵。曾经降旨。不可派在海口防堵。以备陆路接仗冲突之用。该处现办事宜。果否确有把握。傥夷船驶至。能否诱之登陆。设法兜剿。大加惩创。该大臣等。务须详加察看。期于计出万全。如有未尽妥善之处。即著与哈哴阿等。悉心筹议。务求一制胜之策。奏明办理。

又谕。盛京旅顺口。与山东庙岛相对。其间海面相距百数十里。为海船至天津必由之路。若设兵防堵。其势有所难及。朕闻夷船坚固。惟有夜间从后尾轰击。较可得力。傥能雇募海滨善泅之夫。多置小木筏。筏上安设数百斤炮位。令善泅者。伏于筏下。遇有夷船停泊该处洋面。我兵即可乘夜绕至船尾。开炮轰击。如能损其船舵。固可乘机攻剿。否则多方以扰之。亦使知我有备。狐疑而不敢进。即或夷船扬帆经过。有此尾追木筏。该夷不能无后顾之虞。如此设法牵制。虚虚实实。既可张我声势。且令该夷进退趦趄。不致毫无顾忌。是否可行。著耆英。托浑布。相度情形。妥议具奏。将此各谕令知之。

(甲辰)两江总督牛鉴。江苏巡抚梁章钜奏……伏查江省各海口。经臣梁章钜。查勘情形。分别添兵练勇。并于上海。吴淞。最为扼要之处。多列排船。豫备拦阻。臣牛鉴到任后。复驰赴该处。悉心相度。现在商民俱各安堵。堪以仰纾宸注。其进口商船。及雇募各项船只。诚如圣谕。恐有汉奸溷入。查上海各项船只。有南洋北洋之分。北洋沙船。本有官给印照。载明船户水手。年貌姓氏。经过地方。文武验加戳记放行。承管行户。多系举人生监。并有官职身家殷实之人。彼此均能认识。其南洋闽粤各船。亦有行户专管。并各有会馆董事。帮同照料。不能混行出入。现今严饬委验船照之员。认真搜查违禁之物。无根之人。傥形迹稍有可疑。或人数溢于照数。立即传查行户。追求底里。分别究办。并一体取具连环互结。层层稽核以杜奸踪。自九月以来。虽水落潮枯。船数日少。臣等亦不敢稍存大意。仍当督饬严防……

道光卷三九

(道光二十一年辛丑十月乙巳)谕军机大臣等。据耆英奏。遵议海防机宜一折。又另片奏。移贮火药。并拟于明岁春正。亲往南路筹防等语。览奏均悉。奉天各海口。惟金州为最要之区。现当北风司令。逆船虽未敢北驶。一经春融冰泮。即难保其不分窜而来。该逆现今在浙演习陆战阵法。防御之法。必应水陆交严。方为尽善。现在该将军筹画防堵。是否专恃海口安设炮位抵御。万一登岸滋扰。如何层层布置。凭何制胜。当此海疆戒严之时。务须筹画万全。庶足制其死命。著该将军即将现在筹备情形。详细据实具奏。

十一月壬子。钦差御前大臣僧格林沁。尚书赛尚阿。护军统领巴清德。陕西提督胡超奏。窃奴才等于十月十九日。将查阅天津大沽海口。一切情形。恭折覆奏。由大沽差次拜发。奴才等即于次早会同奴才胡超。督率司员章京等起程。一路挨近海滩行走。适因十七十八等日。日夜大雪。东南风陡作。海潮溢上。河岸极其难行。奴才等沿路看得。自大沽海口以南。至狼坨子地方。凡海口四处。其自大沽海口而南一百里。为祁口河。海口近岸。潮长宽百余丈。水深七八尺。潮落宽八九十丈。水深二三尺。此处驻兵二百名。再南五十一里。为赵家沟。海口近岸。潮长宽十余丈。水深五六尺。潮落宽八九丈。水深一二尺。此处驻兵五十名。再南四十二里。为徐家沟。海口近岸。潮长宽十余丈。水深三四尺。潮落宽一二丈。水深不及一尺。此处驻兵五十名。再南二十二里。为狼坨子地方。即山东海丰县之大口河。又名大沽河。海口近岸。潮长宽二三里。水深约三丈。潮落宽一二里。水深二丈余。此处驻兵一百名。狼坨子后路。六十里之羊儿庄。驻兵一百名。又于狼坨子迤北。距徐家沟适中之冯家铺。驻兵五十名。徐家沟迤北。距赵家沟适中纪家铺。驻兵五十名。赵家沟祁口河二处迤北。距大沽之间空处所。马棚口。驻兵五十名。唐距河。驻兵五十名。驴驹河。驻兵一百名。道沟子。驻兵九十名。凡十一处。共驻兵约九百名。奴才等逐处详加查阅。兵各强壮。械亦整齐。抽演枪炮。声势亦尚联络。此直省南一路沿海地势兵防之大略也。奴才等统计自直隶沧洲之祁口河起。至山东海丰县之大口河止。四处海口内。惟大口河海口一处。水较宽深。局较散漫。大小船只。均可驶入。且为直隶。山东。两省接壤之区。系属最要口岸。其祁口河水势。较之各口。亦加宽深。系属次要口岸。然究其支河。大口河一路。不过流至下游九十里之泊头而止。祁口河一路。不过流至下游二十余里之下窪子而止。其余如赵家沟徐家沟。两处海口。暨道沟子。驴驹河。唐距河。马棚口。纪家铺。冯家铺等处。水势益浅。夷船一时不能阑入。奴才等复一路留心察看。所经滨海地方。赤地二百余里。并无市集田园。其沿海居民。距数十里。始得一村。每村不过二三十家。多亦止七八十家。奴才等挨村步入。亲加覆勘。并委随带各员。分投查阅。该居民杂处群居。多系网户。询以事畜衣食。一概仰给于海。网罟而外。家无盖藏。于闽粤江浙。沿海村民情形。丰啬迥异。窃历数逆夷侵犯之所。大率志不在得地。而在得财。此等荒凉处所。未必敢舍舟登陆。轻身涉险。即使震于大沽海口等处重兵。转择幽僻口岸偷渡。是又非百十余兵所能济事……奴才等现就中途查阅情形。公同筹酌。拟将狼坨子地方。原驻兵一百名不动。以壮军声。再于羊儿庄地方。原驻兵一百名外。由沿海撤出驻兵内。拨兵二百名。共三百名。归并驻扎。以实后劲。其应驻羊儿庄之兵弁。拟向距狼坨子四十里之齐家庄移驻。以期彼此呼应便捷。且与山东海丰县关家庄防兵。合成犄角之势。其祁口河。原驻兵二百名。拟酌留兵一百名。南与狼坨子。北与大沽大营首尾相应。再请旨敕下该督。遴派干员。将现在募得狼坨子乡勇二百四十名。祁口乡勇一百六十名。盐山县沿海各堡乡勇八百余名。勤加练习。更足以协同捍卫……

僧格林沁。赛尚阿。巴清德。胡超又奏。本月十五日。奴才等于大沽海口差次。接准军机大臣字寄。道光二十一年。十月十四日。奉上谕。据托浑布奏。遵旨查明海丰县大沽河一道。与直隶盐山县狼坨子接壤。查系荒僻海滩。进口十余里。有拦沙横阻。登岸数十里。并无居民庐舍。情形虽不甚险。要究为两省接壤之区。现在已添兵雇勇。派员分段防守。著僧格林沁等。于查阅海口。行至狼坨子地方时。再加履勘。该抚所奏情形。是否确实。其布置一切。是否可资得力。据实具奏等因。钦此。奴才等于本月二十二日。查至狼坨子地方。即于二十三日。行抵山东海丰县之城子庄。顺至关家庄。并近海一带查阅。查得该两庄附近之大沽河海口。为海丰盐山。两县搭界。其海河之拦江沙。口岸之淤滩。以至潮水长落。河身宽深丈尺。并村垆寥落。民居贫苦各情形。暨水陆层层设伏处所。奴才等亲加覆勘。复逐一询之该守该弁。及附近土人。所称咸与抚臣托浑布原奏无异。惟该处通海内河一道。河口较宽。每遇东风潮长时。有浙江宁波商船。乘潮驶入。贩运山东杂货。即奴才等此番查阅关家庄之时。尚见有宁波三桅商船九只。在河守冻。奴才等因带同司员人等。登船阅看。询悉宁波属民。置买南货。泛海来东。现贩山东枣子回南。因闻浙江不靖。在此候信。以致守冻难行等语。奴才等伏思现在逆夷盘踞宁波一带。不难饰作商船。北来窥伺。傥春融冻解。乘风潮溷迹前来。亦不可不豫筹及此。况该海口为两省接壤。夷船一经阑入。可直可东。似不得以本地河身下游断流。逆料其穷于前进。稍弛防范。至该处一切布置。奴才等查得关家庄。现驻兵一百五十名。系排作前敌。城子庄。驻兵一百名。系排作后援。兵械尚俱整齐。惟合之奴才等所查情形。似兵力稍形单弱。然核计守须旷日。用有常经。且沿海口岸。视此较险者尚多。刻下亦未便轻议添兵。徒资更调……

癸丑。扬威将军奕经。参赞大臣文蔚奏。窃奴才等于常州。苏州。途次。叠接浙江巡抚来咨。及防守曹江等处。提督余步云等禀报。逆夷由陆路至慈谿县之西坝。量地而回。又称余姚县。丈亭地方。河面宽阔。夷人大船能到。必得精兵数千。多设炮位。方可扎营。又称据报胜山对洋。夷船游奕。此时兵力甚单。难以调遣。请添劲将精兵。分投堵剿各等因……旋又接准浙抚咨称。据石浦同知禀报。丁役查探夷船情形。向定海居民。询知该夷于本月十四日前。先已开行数船。闻往上海。天津等因。当与督臣牛鉴面商。逆夷如于十四日以前。驶船北上。计程应已早到。何以上海至今十余日。并未报有夷船往来信息。想系夷人诈言。亦未可定。惟既有此传闻。究宜豫为防备。该督即于二十四日。由苏起程赶赴上海。查看情形。如该处果有夷船滋扰。迅速飞咨……

己未。两江总督牛鉴奏。窃臣于十月初二日抵苏。接印后。即遵旨查看各海口情形。筹画防剿事宜。当经其折奏明在案。兹臣行抵上海县城。查得城东门外。即系黄浦大江。距宝山县五十里。即系吴淞海口。水面约宽七八里。商贾大船。往来辐辏。溯流而上。始抵上海县城。是江南第一扼要之区。全在宝山海口。而上海不过人烟稠密。商船聚集之处。其地紧临大江。城内城外。街市错簇。居舍鳞次。并无用武之地。亦无抵御保守之法。且由上海至江苏省城之娄门。中间二百余里。皆吴淞长江。亦无险阻遮拦之处。较之浙江镇海口门。尤为万分紧要。宝山守。则上海可保。而全省亦赖以安。其次要之口。莫如与浙省乍浦接壤之金山卫。并常熟之福山口。太仓之刘河口。然皆口窄沙积。仅容小船出入。崇明虽孤悬海外。四面均系沙滩。离岸甚远。亦非该夷垂涎之地。至若江阴县之黄沙港等口。虽直达焦山京口。然中隔大江。下有礁石。地段绵长。约有数百余里。处处并有沙线。非长潮不能遽入。通州。海门厅属。积沙成壤。去海稍远。以上各处。皆有防守弁兵。及各该处乡民。自为防范。该逆断不敢乘舟深入。是江南防海要地。不能不聚精会神。全注于宝山之吴淞一口也。臣查该处沿海两岸。均筑有土塘。高约两丈。顶宽一丈七八尺。土塘之上。添筑土牛。形如雉堞。缺口处安设大小炮位。既能御寇。亦可藏身。自外视之。俨如长城一道。西岸形势。尤为吃重。其扼要之处。提臣陈化成。亲督弁兵防守。东岸土塘。长仅数里。沿塘均有浅滩。去深洪甚远。已派兵五百余名。设炮防守。两岸布置。均属周密。惟查派防各兵。止系株守一处。此外并无起伏照应之法。万一贼用炮轰。乘隙豕突。我军略一动摇。虑成瓦解之势。镇海。宁波。是其前鉴。臣连日与提镇将弁。通盘熟筹。拟于两岸适中之地。屯扎大营四处。分为游兵奇兵。务使彼此联络。循环策应。一以防逆贼之登岸。一以壮我军之胆气。傥有退缩。登时军法从事。如能立功。酌量破格优赏。又于沿海较远。树木从杂之处。遍插旌旗。作为疑兵。齐声呐喊。遥为应援。臣又查吴淞口。至上海适中之东沟地方。江面甚窄。屡经委员。测探水势。止有中洪一道。水深约三四尺。旁俱暗沙。水深不过丈余至四五尺不等。万一夷船驶入。必须测量水势。鱼贯而行。现于该处两岸。添设大炮数十尊。兵丁四五百名。挖濠筑台。土装麻袋。堆积高宽。使兵丁潜伏濠内。暗中设炮轰击。并雇觅沙船渔户。或凿沉船只。使之不得直前。或多备柴草硫磺引火之物。蜂拥延烧。以防夷船深入。如此层层设守。节节照应。庶可有备无患……

两江总督牛鉴。江苏巡抚梁章钜奏。窃臣等钦奉谕旨。京口地方紧要。该处满洲绿营官兵。是否足敷防堵。著牛鉴。梁章钜。体察情形。如有应行添拨之处。一面奏闻。一面先行调派。毋误事机等因。钦此。查镇江府之京口地方。大江东去。历焦山。圌山关。鹅鼻嘴诸口。直达江阴县所辖之黄田港口。始接内洋。距海甚远。中间逶迤数百里。处处皆有伏沙。非长潮不能遽入。其黄山之鹅鼻峰。斜插中洪。下有礁石。行舟畏之。焦山一带。江面渐收。中洪更窄。断不敢轻离大舟。乘驾小船。越数百里而驶入京口之理。惟该处既通外洋。自不可不倍加防守。以昭慎重……

谕军机大臣等。牛鉴奏。吴淞海口紧要情形一折。据奏江南第一扼要之区。全在宝山海口。能守宝山。则上海可保。全省皆安。该处沿海两岸。筑有土塘。形如雉堞。现虽派兵防守。并无起伏照应之法。拟于两岸适中。屯扎大营。分设游兵奇兵。以防逆船乘间豕突等语。所见甚是。著即照议办理。其由吴淞口至上海适中之东沟地方。测探水势。中洪约深三四尺。已于两岸添兵添炮。挖濠筑台。并土装麻袋。堆积高宽。伏兵轰击。所办均属周妥。惟凿沉船只一节。逆夷诡谲异常。必不能拦截彼船。若以小木筏多载柴草硫磺引火之物。昏夜四路埋伏。但见夷船。即各路齐出。绕至彼船前后两旁。纵火焚烧。其驾筏渔户。素谙水性。尽可跳入水中。不虑为夷炮所击。庶足以制其死命……

庚申。

谕军机大臣等。前据达洪阿等奏。八月间夷匪闯入台湾。经该总兵等。督兵痛剿。击沉大船。捡获红白黑夷一百余名。当将该镇道分别加恩。仍谕令严加防守。恐其大队报复。并谕颜伯焘。刘鸿翱。饬令王得禄。移驻台湾。协同攻剿。迄今未得续报。朕心实深廑念。台湾远隔重洋。风汛不定。文报或至稽迟。颜伯焘现在厦门。刘鸿翱驻扎省城。该督抚皆有统辖台湾之责。何以八月之事。至今并无奏报。究竟该处现在情形若何。有无夷船续来滋扰。著怡良。颜伯焘。刘鸿翱。迅即探讯明确。随时据实驰奏。毋稍迟延。再前据颜伯焘奏。夷匪由粤入闽。义律亦在其内。现在台湾捡获夷匪有一百余名之多。若隔别详讯。可得实情。著即饬知达洪阿等。详悉究办。将此各谕令知之。

讷尔经额又奏。臣前准军机大臣字寄。道光二十一年。九月初十日。奉上谕。御史殷德泰奏。请招集渔户。团练水勇一折。此辈渔户人等。习处海滨。良莠不一。其安分者。固可借资御侮。而桀骜者。亦恐别滋事端。该御史请编队设伍。课其勤惰。与以奖励之处。是否可行。即著体察情形。妥议具奏。钦此。当即转行道府州县。妥议去后。兹据禀称。各州县沿海村民。皆散居盐城之乡。无地可种。或三四人。或五六人。共驾一船。捕鱼为生。每年春融时出口。小雪前回家。仰事俯畜。胥赖乎是。渔盐蜃蛤之饶。其利较多。冬月无事。女则绩麻。男则织网。以为来岁之需。若令本身受募。编作水勇。则在官人役。即不能自食其力。且官给傭资。仅足糊一人之口。家中大小。势必待哺嗷嗷。更兼捕鱼之人。但于海滨一带。驾船行走。即有粗识水性者。亦不过仅能凫水。不如闽粤泅人技艺之精。招集至再。应募乏人。惟查泺州。宁河。丰润。曾经招募。向于海滨打雁为业之人。可作水勇。每处亦不过三四十名。此辈向在海滨之地。用小木筏。驾设排枪。人即藏于水中。点枪打雁。水性素习。枪亦有准。前据该州县禀报。俱按日发给工食。留为官用。如果逆夷北来。用为水勇。于水中相机暗放火器。攻打夷船。可期得力。但以此为业者。限于无多。现仍饬令各州县设法招募。俾多募一人。可得一人之力等情。具禀前来。臣查海滨渔户。皆系乡民。前经各州县团练乡勇。或千余名。或三五百名不等。愿在海口随营者。给与口食。教演技艺。以资协防。其不愿随营者。即使自卫身家……

钦差大臣怡良奏。窃奴才承准军机大臣字寄。道光二十一年。九月二十三日。奉上谕。前经降旨。派怡良为钦差大臣。驰驿前往福建。会同该督抚等。办理军务。怡良接奉谕旨。谅已迅速起程。此时将抵福建。所有前此厦门失事。颜伯焘既督同文武各员。在彼守御。何以夷船突至。即溃败不支。究竟夷船共来若干只。厦门防兵。共有若干。其接仗情形何若。该处居民。被夷骚扰。是否尽行迁避。该夷既据厦门。何以又舍而赴浙。现在厦门鼓浪屿一带。尚有夷船若干只。并各岛屿有无夷船占据。颜伯焘招募水勇。现已招致若干名。该处文武。曾否募有水勇。如何布置。是否随时操练。足资攻剿。著怡良一并详细查明。据实密奏。断不准令颜伯焘知之。致被欺朦。懔之又懔等因。钦此。伏查闽省沿海府县。随在皆有要隘。而厦门孤悬海外。为海道必经之所。然袤长三十里。乃是海中一岛。并无城池障蔽。而商贾云集于此者。缘四面水皆深广。大船易于停泊。惟西北与同安县属相近。周境虽不甚宽。而中则山径崎岖。南则市廛交错。其青屿。峿屿。大担。小担。屹立大洋。皆在厦门。东西相距四十余里。向未设立炮台。此厦门地方之情形也。督臣颜伯焘。以厦门为闽省要区。是以相度地势。在于前两次窜入之青屿。峿屿。大担。小担。添设炮台。北岸之白石头。安海。水操台等处。共安大小炮二百七十余位。水陆兵二千七百余名。以便分头夹击。其白石头。沙波尾一带。前此原设土囊。历经雨水冲淋。率多腐散。因建石壁五百丈。安炮一百门。壁后各建兵房。以备栖止。复于外乡滨海之会厝坡。河厝乡等处。分设炮百门。兵一千四百余名。以备小船驶入。此外尚有水勇练勇九千余名。分路派拨。惟南面之十三道头。皆系行户。就海植木架屋。无可设兵。余俱逐一布置。随时饬办。此厦门备御之情形也。七月初十日。逆夷驾驶兵船。火轮船。三十四只。从青屿海面。乘潮蜂拥而入。已经击沉数船。适值南风大作。该夷占据上风。乃于炮力不及之处。越进驶近台旁。以四船排列轰击。逾时另换四船。更番叠上。旋进旋攻。在彼潜藏船腹。尽能施放。不必更有准头。但以数十艘连环之炮。攻我在台露处之兵。故将弁兵丁。伤亡枕藉也。各台既破之后。该逆等复分头上岸。居民纷纷逃避。途路纵横。督臣与各官一面督战。一面分护男妇。至僻乡安插。所有壮勇。皆系本地民人。一见街市已空。衙署监仓。以及造未竣工之船。为其所焚。从烟焰中抵御。力不能支。复自朝至暮。无从得食。且前且却。各保其乡。此厦门被攻之情形也。该夷既占厦门之后。未即弃置。风闻搜取各行户帐本。核计以为生意极小。不足取盈。复以北近同安。豫防暗袭。而闽俗复又强悍。地方虽破。而民之散处者仍在各乡。更有肘腋之患。其畏民之心。甚于畏兵。是以据守十日。留数船于鼓浪屿而去。细测奸谋。并非注意是地。特以此牵制闽师。使不他出。故船之来去多少。或四五只。或七八只。并无一定。而在外洋游奕者。复络绎不绝。其余各岛。并未占据。此逆夷攻陷厦门后。又舍而赴浙之情形。也奴才在粤时。即闻闽人在粤贸易者。称述厦门防守甚严。复谓督臣颜伯焘。于此事极为尽力。乃筹之半年。失于一旦。私心万分疑虑。故沿途随意询问。到此后遇事根究。俱无异词。现在督臣颜伯焘。督同文武各员。除雇募陆勇外。已招水勇二千余名。此等皆籍隶同安。马巷等处。虽经习惯风涛。未能谙悉行军。现欲藉以攻剿。非再操练不可。是以饬调水师弁兵。随时教演。然船炮业被毁失大半。急切未能猝办。惟有力筹堵御。一面饬办剿具。相机办理。以期得手。至于火攻一法。督臣亦暗中备有小船数百只。而奴才密询老于出洋之人。以为大洋波浪汹涌。断不能立时拢近大船。且夷船高大。船旁又用铜皮包裹。火船即能驶近。燃烧亦有所难。使其船料不皆坚木。则遇火即焚。尚可抛掷火罐之类。或在港汊逼窄之处。则船身重笨。旋转不便。虽极固亦可设法轰焚。舍是便无把握。所言似属近理……

壬戌。扬威将军奕经。参赞大臣文蔚。两江总督牛鉴。江苏巡抚梁章钜。浙江巡抚刘韵珂奏。窃臣奕经。文蔚于十月初八日。在高邮县途次。承准军机大臣字寄……臣奕经。文蔚。即函致臣牛鉴。从上海来苏。以便询商一切。十月二十日。臣奕经文蔚等。行抵苏州。会晤臣牛鉴。梁章钜。询知江省各海口。节经添兵练勇。雇有各项船只。在吴淞口豫备堵截。凡有出入商船。责成委员督同殷实行户。及各会馆董事。查对船照。按人稽核。倘形迹稍有可疑。或人数溢于照数。立予根追。不任奸民溷迹。臣牛鉴。亲赴吴淞查勘安兵设炮。与提臣陈化成。讲求周密。一面遴委干员。赴福山。刘河。各海口。测查水势。现均沙浅潮枯。防兵尚无弛懈。情形甚为安谧。堪以仰慰圣廑。

癸亥。盛京将军耆英奏……伏查奉天海疆。绵亘千余里。凡可以登岸吃紧之处。节经严饬委员。及该地方官等。督率兵勇。挖壕设伏。实力防范。奴才仍随时拣派亲信之人往察。金州。复州。地方尤属要紧。所有复州城。距娘娘宫海口五十里。距常兴岛以南。约有六七十里。上年夷船。曾在常兴岛以南停泊。奴才于该岛适中长岭子地方。安炮设伏。并于娘娘宫海口以北。远近分拨大小炮位二十二尊。抬枪鸟枪数百杆。专派协领佐领。会同该城守尉。知州等。督率兵勇。严为防御。北可以捍卫州城。南可以控制海口。又奴才前经奏明由省派往劲旅二百名。各带枪箭。派官管领。在州城以南分队驻扎。设伏应援。倘有警报。该州距熊岳城百二十里。熊岳官兵。仍可一呼即至。易于应援。惟查金州海洋。上年夷船。曾经停泊试水。其距城切近之柳树屯。红土崖海口。必须严兵防备。不容稍形疏虞。是以酌拨新旧大小炮三十六尊。抬枪鸟枪数百杆。拣派协领佐领等官。会同该城守尉知县等。督率该城兵勇。凡要隘之处。远近严密设伏。并由省派往劲旅三百名。各带枪箭。派官带领。在州城之左右幽僻处所。分队驻扎。以备应援。其余沿岸各处。或分置兵勇。携带器械枪炮。在暗中防守。或于山岭林木之中。竖立旗帜。以为疑兵之计。并在高阜山冈。安设窝铺。分拨兵勇了望。一有夷船踪影。先行准备。如该逆胆敢舍舟登陆。乃我兵奏功之时。但不可立即兜剿。惟有以守待攻。必须诱其深入。截其归路。层层围困。枪箭齐发。倘枪箭不及。即开联环大炮。定可制其死命。查金州城。距旅顺口水师营百二十里。奴才业经豫先札饬。如有警报。飞即策应。再熊岳副都统祥厚。自上年筹防以来。事事熟悉。人极详慎。颇悉机宜。今年该副都统祥厚。又在金州。复州。驻扎。业已数月。一切调度。均属合宜。并督饬官兵。随时操演枪炮。莫不用心。且经各该城地方官。剀切劝谕。附近旗民人等。无不志切同仇。各有准备。再兵法后路第一紧要。若不计及。即使刀枪林立。雄师万千。不过以壮声势。况转瞬明岁。春融冰泮。该逆一经剿办。计穷力竭之时。定必分窜沿海地方。尤应慎益加慎。是以奴才前经具陈。明岁春正。亲往南路。再行悉心相度。如有应行变通之处。奴才体察情形。斟酌办理。倘兵炮较单。届期将奴才所操劲旅千名。即行调往。并将省城铸存炮位。再行运往数尊。断不敢坐失机宜。自取罪戾。

耆英又奏。十月二十六日。承准军机大臣字寄。十月二十二日。奉上谕。盛京旅顺口。与山东庙岛相对。其间海面相距百数十里。为海舶至天津必由之路。若设兵防堵。其势有所难及。朕闻夷船坚固。惟于夜间从后尾轰击。较可得力。倘能雇募海滨善泅之夫。多置小木筏。筏上安设数百斤炮位。令善泅者。伏于筏下。遇有夷船停泊该处洋面。我兵即可乘夜绕至船尾。开炮轰击。如能损其船舵。固可乘机攻剿。否则多方以扰之。亦使知我有备。狐疑而不敢进。即或夷船扬帆径过。有此尾追木筏。该夷不能无后顾之虞。如此设法牵制。虚虚实实。既可张我声势。且令该夷进退趑趄。不致毫无顾忌。是否可行。著耆英。托浑布。相度情形。妥议具奏。钦此。仰见我皇上指授机宜。无微不至。查夷性多疑。水陆所恃者。炮火而已。海面接仗。断乎不可。若于洋面岛屿之间。处处以疑之。多方以吓之。诚如圣谕。虚虚实实。既可以惊扰。更可以牵制。即使沿海分窜。似亦难施其伎俩。至雇觅泅夫。以小木筏安炮。待彼停泊。攻其船舵。其法至善。惟查奉天沿海一带。善泅之夫甚少。少则无济于事。奴才再四熟思。查奉天水师营。额设水手百名。向来均能驾驶船只。亦有能水者。奴才遴选熟悉海道者四十名。又在水师营额兵内。拣选精壮。熟悉枪炮者四十名。并派水师营佐领骁骑校四名。雇船四十只。令该佐领等。每一员管船十只。将携带军器。以荆条按件编拢。密藏舱内。使人不知其为枪炮。并令官员兵丁水手等。扮作渔人。于明年南风司令之始。厚与赏犒。将船只驾驶奉天所属界内。旅顺口外。铁山以南。隍城岛以北。洋面游奕。平日该官兵等。即可捕鱼售卖。使无一人知觉。如见有夷船停泊。即可藉名卖鱼。探其虚实。待夜深之际。得攻其船。乘机攻剿。如不得攻。将船只四面遥荡。施放枪炮。其声或东或西。或远或近。不及天明。扬帆远避。兵不厌诈。正此谓也。并闻夷人夜间目光昏暗。更宜于深夜扰之。俾逆夷疑惧。进退趑趄。慑其心胆。易于攻剿矣。惟查海舶至天津。必由山东属之鼍矶岛经过。不由奉天所属海洋驾驶。其逆船分窜。原无定踪。自应设法。严为防备。

道光卷四〇

(道光二十一年辛丑十一月)庚午。钦差御前大臣。僧格林沁。尚书赛尚阿。护军统领巴清德奏。窃奴才等于本月初一日拜折后。即折回天津。由浮桥过河。于初三日行抵大沽北岸。随查得大沽北岸。原有旧设炮台一座。距海口较远。于防堵难期得力。其新炮台紧贴河身。建筑正当扼要。奴才等复试演枪炮连环。并阅看速战阵。声势甚属联络。与南岸三炮台。守望可通。其对台海口。水沙丈尺。暨外土坝土埝。均与奴才等前奏南岸情形相同。其现驻将弁员名。兵炮数目。已于前折归并声明在案。自此向东北递进。为宁河县。丰润县。滦州。乐亭县。昌黎县。抚宁县。临榆县各界。即抵山海关口。奴才查得宁河县境内。南岸沿海长四十余里。其北塘海口。距县城九十里。为蓟河入海水道。距海口三十余里。中有拦江沙。土名盖子。横互水中。由沙线向外。水势以次渐深而入海。向内水势以次渐深而入河。现值冬令。沙上平时水深二三尺。潮小加至五六尺。潮大加至七八尺。询之土人。据称遇夏秋水旺之时。潮可一丈。加以东南东北大风。潮可二丈。其中或值大潮而遇顶风。小潮而遇顺风。则大潮可小。小潮可大。所争不过三二尺之间。此海口向有本地商船。乘潮行走。即上年逆夷登岸。前赴黑沿子地方。乞买食物。乘来之三板船。亦由此拦入。他如丰润县属。以至临榆县属各海口。水势情形。大率相仿。岸上自大沽一带。惟北塘村落。逼近河身。居民稠密。其余或间段盐城。或一片淤泥。并无烟户。向北一带。界连丰润。有村庄四处。户口无多。均以捕鱼为业。此外并无洲岛居民。现于北塘南岸。紧对海口东向。驻扎大营。营前设炮台一座。毘连而南为教场。前设炮台一。北岸斜对海口。驻扎营盘。设炮台一。两岸三炮台。地居中权。重资控御。其南两炮台之左右冀。各扎营盘一。保障南岸大营。北岸炮台之北。扎有营盘一。接应北岸大营。且外淀海水盐滩。相连处所。合两岸三炮台之东北东南两角。各另扎有埋伏营盘一。以备上岸兜剿。南路环冲大营。由东而西。迤里扎有小营。以防剿急分窜。又于北塘庄西南之塘儿沽。新河。东北之蛏头沽。避风嘴。营城。董台等处。各安马拨。以备有警急通文报。以上营各有炮。炮各随兵。共设大小铜铁炮一百三十七座。防堵官弁八十五员。兵二千四百八十四名。此奴才等查得宁河县境内海口兵炮之大略也。过此即丰润县界。该县境内沿海长六十余里。有海口二处。距县城各一百八十里。其一涧河。为陡河入海水道。其一黑沿子。并无河口。迤东为黑洋河入海故道。久已淤塞不通。其地距海口四十余里。中有拦江沙。土名白马岗。其沙线水势。以及风汛顺逆。潮水长落情形。均与宁河县海口略同。惟涧河。黑沿子。两处。又各有不同者。缘涧河河口较宽。约略四丈。黑沿子滨临海岸。并无河口。询据附近居民。佥称除本地渔船外。从无商船到此。岸上除黑沿子庄外。只有三处村庄。大率倚海为生。余皆盐城荒滩。泥水草淀。别无洲岛居民。现于涧河以西。紧贴河身。斜对海口。驻扎营盘。设炮台一。共大小炮三十九座。防堵官弁八员。兵二百五十名。黑沿子正对海岸。驻扎营盘。设炮台一。共大小炮三十八座。防堵官弁八员。兵二百五十名。又于正北之黑沿子庄。西北之高家庄。安设马拨。此奴才等查得丰润县境内海口兵炮之大略也。过此即滦州界。该州境内。沿海长一百数十里。有刘家河海口一处。距州城一百三十里。近海处水势散漫。平时浅不盈尺。潮来深不盈丈。其拦江沙河口以西。有河坨一区。以南有河岗一道。平时均高出水面。潮来水深一二三四尺不等。坨岗以西断截处。有沟槽一道。以东断截处。有沟槽一道。各宽约二十余丈。平时水深四五尺。潮来水深一丈五六尺。本地装载数十石粮船只。可以乘潮由沟出入。其装载数百石粮较大船只。不能到口。岸上有大庄窠等四村庄。其村舍寥落。居民贫苦情形。与宁河等县相同。现于刘家河以西。紧贴河身。斜对海口。驻扎营盘。设炮台一。共大小炮四十五座。防堵官弁九员。兵三百名。又于大营以西之边家庄。长坨庄。常家灶。圈里庄等处。各安设马拨。此奴才等查得滦州境内海口兵炮之大略也。过此即乐亭县界。该县境内。沿海长一百二十余里。有海口二处。距县城各五六十里。其一清河口。为本河入海水道。距海二十余里。即干涸无水。其一臭水沟口。为滦州河支流入海水道。潮水长落。河身宽深。均与宁河等县。海口以内情形不甚县殊。口外各有拦江沙三道。清河口之第一道。距河十里内外。第二道二十余里以外。第三道四十余里以外。臭水沟口之第一道。距河口四里内外。第二道七八里以外。第三道十余里以外。平时水浅。不能行船。潮长水深一丈三四尺。本地轻载船只。可以乘潮过沙。重载船只。不能到口。岸上清河口西。有村庄九处。臭水沟口东。有村庄三处。其村舍寥落。居民贫苦情形。均与宁河等县相似。其余村庄。距海较远。此外附近艾家庄。有祥云岛一处。并无居民。余均河坨荒滩。别无洲岛。现于清河口以东。紧贴河身。斜对海口。驻扎营盘。设炮台一。共大小炮三十六座。防堵官弁七员。兵二百名。臭水沟西紧贴河身。斜对海口。驻扎营盘。设炮台一。大小炮三十五座。防堵官弁六员。兵二百名。又于两营相距。并上下界相距适中之古柯庄。郭家庄。祥云岛。克头港。戴家铺。苏家海等处。安设马拨。此奴才等查得乐亭县境内海口兵炮之大略也。过此即昌黎县界。该县境内沿海长一百余里。有海口二处。其一浪窝海口。为滦河入海水道。距县城九十里。其一蒲河海口。为本河入海水道。距县城二十五里。潮水长落。河身宽深。均与宁河等县。海口以内情形不甚县殊。口外之拦江沙三道。相距道里。亦与乐亭县海口沙线无异。沙脉迤 相连。本地轻载船只。可以乘潮过沙。重载不能到口。岸上浪窝口西。有村庄三处。浪窝口东。蒲河口西。有村庄十一处。蒲河口东。有村庄五处。居民较多。亦各网捕为业。此外皆畸零不成村落。余均沙岗漫野。并无洲岛居民。惟蒲河口之西北。周家庄之东南。另有七里海一处。其水直通海河。然形势中流虽甚宽阔。出入两口逼窄。不能容船。且周围重叠沙岗。界断大海。情形亦不十分险要。现于浪窝口以东河湾内。正对海口。驻扎营盘。设炮台一。共大小炮三十座。防堵官弁九员。兵三百名。蒲河口以东。紧贴河身。斜对海口。驻扎营盘。设炮台一。共大小炮二十六座。防堵官五员。兵二百名。又距两营适中之北河岸。团林庄。高坨村等处。安设马拨。此奴才等查得昌黎县境内海口兵炮之大略也。过此即抚宁县界。该县境内。沿海长二十余里。有洋河海口一处。为东河入海水道。距县城四十五里。潮水长落。河身宽深。均与宁河等县。海口以内情形略同。口外之拦江沙三道。南北相距道里。东西相联脉络。亦与昌黎等县无异。重载船只。不能到口。即轻载亦时形浅阻。岸上河口迤西。有村庄七处。河口迤东。有村庄二处。此外皆畸零不成村落。余皆沙岗绵亘。并无洲岛居民。现于洋河口河湾内。正对海口。驻扎营盘。设炮台一。共大小炮二十一座。防堵官弁六员。兵二百名。又于营盘迤西之圈里庄。苏家村等处。安设马拨。此奴才等查得抚宁县海口兵炮之大略也。以上东路。除临榆外。沿海州县六。海口九。营盘二十。共管带将弁一百四十三员。防堵兵丁四千三百八十四名。大小铜钱炮四百七座。抬枪鸟枪刀矛咸备。内炮数有随时酌移者。有甫经解到者。总数稍有不符。兵数现经督臣奏准。通撤三分之一。所有现存兵丁。宁河之北塘口一带。宣化镇总兵官石生玉。统之。丰润之涧河口黑沿子一带。署督标后营游击刘正。统之。湾州至抚宁之刘家河口。清河口。臭水沟口。浪窝口。蒲河口。洋河口等路。山永协副将兴泰。统之。其余河口以东之秦王岛。石河口。二处。属临榆县。归山海关大营统辖。所有该二处海口地势。兵炮机宜。容奴才等另折声明。以清汛界而便圣鉴。统计奴才等查过天津以东海口。自以宁河之北塘口。烟户最多。昌黎之蒲河口。抚宁县之洋河口。村落虽少。而距海甚近。较为险要。然或以江沙拦阻。或以口岸逼隘。且核之各处潮长水势。总在二丈以内。逆夷大船。似难驶入。即使其多用小船。由沙线沟口。乘潮驶入内河。计潮长潮落。仅历三个时辰。其顺流而易于进者。必拦浅而难于退。且时届隆冬。漫滩冰冻。所有沿海现驻防兵。请暂仍其旧。统俟明春体察事机。应减应添。再由督臣核实奏明。请旨办理……

僧格林沁等又奏。窃奴才等于道光二十一年。十月二十六日。由山东海丰县旋抵葛沽途次。承准军机大臣字寄。道光二十一年。十月二十二日。奉上谕。前据哈哴阿。富僧德。先后具奏。山海关防堵情形。业经降旨著照议办理矣。现在僧格林沁等。计已到关。著将该处防堵情形。详细覆勘。该处现办事宜。果否确有把握。傥夷船驶至。能否诱之登陆。设法兜剿。大加惩创。该大臣等。务须详加察看。期于计出万全。如有未尽妥善之处。著即与哈哴阿等。悉心筹议。务求一制胜之策。奏明办理等因。钦此。奴才等随由宁河县北塘海口。沿途查阅。于十二日行抵临榆县界。接晤哈哴阿。悉心讲求。即会同向山海关一路。查得临榆县。沿海海岸长九十余里。有海口二处。一为县西南之秦王岛。距县城三十里。一为县正南之石河口。距城十里。奴才等详加察看。两处海口情形。各有不同。即与大沽北塘两海口情形亦异。如秦王岛。高不计寻丈。屹然挺立。接连海岸。迤里深入海中。东西南三面。海水贴岸。并无滩唇。潮落亦然。近岛水内。乱石如林。或隐或现。其拦江沙三道。上接抚宁。下抵关外。亦无河口。无论大小船只。均难拢岸。岛北虽有宽十余丈港汊一道。系海潮漫溢之水。平时水深三四尺。潮长水深八九尺。向里十余里。水势散漫而止。即使逆夷小船。可以乘潮驶入。游奕时久。势必潮退船停。其地因平时有本地重载粮石大船。沙外住泊。为剥运小船卸载马头。遂以海口目之。若就形势而论。直不得谓之海口。至石河口。为县北诸山山水汇归入海水道。平时水不盈尺。惟大雨后。山水陡发。水势较大。并潮长计之。可至丈余。且向里岸陡河低。潮来不及一里。即形浅阻。现又于河口抛塞砖石。并小船亦难出入。惟河口宽阔。又于流至县南之五六里处所。分作两股。其一股从西北向县北流去。其一股从水关向边墙外泄去。且海口距县城仅有十里。不得不谓之险要。按初设防堵时。秦王岛。石河口。两处。兵炮均设于滨海贴岸。查海岸距头道沙线甚近。沙内水浅。为夷船所不能到。沙外相距过远。又为我炮所不能及。今经该都统哈哴阿。将两海口滨海炮座。向里移设。距海岸四里许。另筑土垒。以冀夷人上岸。陆地施放轰击。所有绿营官兵。现移于石河口分流处所一带。以八小营联为两大营。掎角驻扎。又于大营以东。驻扎满洲营盘。大营以西。驻扎吉林营盘。奴才等随于次日点验兵炮各械。共驻吉林官兵一千二十五员名。阿勒楚喀副都统倭克精额。统之。满营官兵二百二十一员名。山海关协领塔清阿。统之。绿营官兵二千一百六十九员名。开州协副将向荣。统之。共设大小铜铁炮二百二十一座。抬枪鸟枪刀矛咸备。奴才等即先演试安设大炮。食药结实。凡炮子较小者。均用软纸层层糊裹。干后体质极坚。俾大小与炮膛间不容发。以故出炮无不迅疾洪亮。致远摧坚。其埋伏小炮。号旗一挥。就土垒内填然震起。仓猝莫辨方向。其速战阵声势联络。步伐整齐。炮车演习尤精。法以二十人挽运八百斤大炮五座。每炮载之以车。随阵挽拉。行走迅速。与抬枪鸟枪。连环施放。甚属联络。满营鸟枪。绿营抬枪鸟枪。复经奴才等各点出数十名校开。均熟而有准。中靶在七八分以上。吉林兵人尤骁健。队亦整严。其原设兵炮之秦王岛。石河口。滨海处所。各设了望兵十名。按日分班。由大营更换。又于岸北各村。安设马拨。海上但见夷船北驶。即飞报大营。往前攻剿……

僧格林沁等又奏。奴才等查阅北塘炮台时。除演试枪炮刀矛外。据总兵官石生玉。面称该营尚制有火箭。火弹。火砖喷筒等火具。专备攻击夷船之用。奴才等逐项演试。其火箭颇能致远。惟外约箭筒。尺寸甚长。内系药线多条。体笨而用迟。似便于设伏。不便于封垒。火弹之用。未见十分猛烈。内惟火砖喷筒。抛放较灵。甚为适用。微嫌火砖式样。系照常用砌墙之沙板砖。尺寸成造。未免限于体重。抛掷不能甚远。揆之于理。此筹战具。原无定格。莫若改为四五寸见方。则只手平掷。可以轮转而出。或再系以短绳。持绳抛去。同一落船。撞出火焰。当益远而得力。又据该镇面称。并募得本地习水民人二十名。人各小船一只。每人每日支给工食制钱一百五十文。现在操练备用。奴才等随会传集验看。询称均系本地民人。素习水性。打雁为生。每值打雁时。驾船出海。船载三四十斤铁铳二。不用篙桨。人伏水面。推船而行。推至雁聚集处所。或十船五船。一律排齐。胡哨一声。群雁惊起。就中众铳齐发。一发可获雁以百十计。本地因呼之曰雁排子。奴才等即令设立排靶。当场演试。竟能铳无虚发。发无先后。奴才等因思明岁夷船果敢北上。岸上兵炮。亦足壮声威。特虑其住泊海口。不进不退。窥伺我兵。亦不得不豫筹水陆交攻之计。现在天津海口。纵兵力厚集。宜于陆而不宜于舟。奴才等愚昧之见。莫如就此项打雁民人内。广为招集。充作水勇。亦足备现在募兵之用。第招集后。若专恃其铁铳。为力甚小。原不足以制大船。拟以二人管驾一船。以五船联为一排。用三船装载硝矿柴草。船头船尾。牢拴短粗铁练。练头贯以四五寸长钢钉。各带铁锤一柄。用二船装载火砖多块。于天阴月黑时。派定五排十排。甚至数十排百余排。分投暗出。篙桨无闻。直抵夷船附近。先以火砖船扑向该夷船头。尽力抛掷。仓猝之间。全船夷人。自必齐向船头救护。不及瞻顾船尾。趁便以硝矿船紧傍夷船后尾。以钉钉住。点燃火种。即弃硝矿船。由水奔赴火砖船。十人合驾两船。早辨归路。如小船初抵大船时。夷人以刀矛就近击刺。于船底避之。更此退彼进以扰之。迨小船既离大船后。夷人以大炮向远轰击。即翻转小船。就水中避之。更或在船下。或在船傍。此出彼没以疑之。如此设措。在我可收以小克大之功。在敌定受务远略近之患。亦攻剿中之一法。果能得手。焚其巨船数只。夷人纵冥顽不灵。当无不惧而思退。退而求息。斯事机稍易措手。惟小民趋利若惊。是必厚集人力。以鼓其气壮其胆。再重给工食。以立其命。恤其家。俾知幸而成功。身家有秩禄之显。不幸而败事。子孙无冻馁之虞。夫然后用之侦探。用之攻船。但许进不许退。务期图功效命。不得忘义偷生。自无不奉令承教。如此而有不摧之敌。不毁之船。当亦理势所必无也……

谕军机大臣等。据僧格林沁等奏。查阅北塘防守情形。该处现募有习水打雁民人二十名。设立排靶演试。铳无虚发。请广为招集。充作水勇等语。此项打雁民人。既经该大臣等。当场演试。足备募兵之用。著讷尔经额。即照该大臣等所议章程。以二人管驾一船。以五船联为一排。装载硝磺柴草。制备铁练钢钉铁锤等项器具。于今冬无事之时。广为招募。多备船只木筏。勤加练习。以备明春之用。并著遴派参游以上大员。管带弹压。如差委乏人。即著奏明请旨。原片著钞给阅看。

掌广西道御史龚文龄奏。窃惟防夷之法。在乎坚守要害。福州海口。以五虎门为门户。一进口门。金牌实为扼要。重关叠隘。防守紧严。庶以建辅车而固唇齿。臣近闻福州筹办海防。自城厢内外。及台江以下。近郭则处处设兵。而于金牌要害之区。防堵转形松懈。似此藩篱自撤。万一夷匪突入。顺流长驱。诚为足虑。如七月间青屿疏防。厦门随失。是其明验。查金牌江面。虽宽一百余丈。而中多礁浅之处。仅容大船二三只。可以通行。金牌对面。为长门两山。皆可屯兵设炮。据此要害。则锁钥既固。内可以保省垣。外可以保属邑。事半功倍。莫便于此。请旨敕下闽省督臣。悉心筹昼。于金牌长门两处。设营置炮。募该处乡村壮丁有家室者。团练充补。则彼知同仇敌忾。即以自保其身家。忠勇之气。尤为可恃。至兵额难于议增。似可于各营通融裁拨。

辛未。靖逆将军奕山。参赞大臣齐慎。两广总督祁埙。广东巡抚梁宝常奏。窃查广东自虎门失守以后。狮子洋内。不得不以省河为屏蔽。向来大小船只进省。由黄埔分两路而入。东北一路。如猎德二沙尾。南路如沥滘大石等处。均已设法堵塞。将次工竣。续又查出由蕉门入省。另有潭洲。登洲。三山滘。石壁等处。港汊纷歧。诚恐逆夷见他处均已堵塞。转于此处乘潮驶入。潜来掩袭。不可不加意严防。以臻周密。奴才等公同筹画。所有潭洲。登州。二处。已分拨壮勇防御。其石壁河面。现据绅民雷耀廷等。禀请捐赀设立水栅。当即批饬赶办。其三山滘河道。亦经委员填塞。此外如登洲福寿图地方。俱属要隘。或建筑土堡。或添修炮台。均须次第兴办。以期密益加密。其填河之法。先俱用木桩。填以碎石。被潮水冲刷。易于摇动。现复用梅花桩。以竹缆拦挡。加添巨石。可期经久。又据已革总督周天爵。创造大木笼。横长二丈。高丈余。内盛大石块。排成梅花式。在黄埔涌三山等处。间段分置河内。重而且坚。不致阻遏水道。该革员承办一切。极为得法。实于军务有裨。至近日逆夷情形。现据署大鹏协副将赖恩爵。禀称。查明外洋香港。及潭仔洋。并内零丁洋等处。共有英夷兵船十六只。又火轮船一只。往来不定。又据水师提臣报称。时有大三板夷船。在海面四处游奕。系听信汉奸浮言。探闻省河建台塞路。是以拦截石船。不许载运。十月间曾有逆夷三板船。驶至赤沥角海面。将载运石料船只。焚烧四只。撞沉一只。又据澳门同知香山县知县禀报。屡有该逆火轮船。在尖沙觜裙带路。又有三板船。在香山县属挂碇洋面。往来游奕各等情。奴才等伏思逆夷狡诈异常。现以香港为逋逃渊薮。而浙江已蒙命将出师。一经剿办。则该逆大帮夷船。必致窜回广东。再图滋扰。且该逆以货船改作兵船。又另造小快船数十只。其心尤为叵测。奴才等惟有激励兵勇。并上紧填塞省河。赶办炮台炮位。以期有备无患。仰副我皇上慎重海疆之至意。

谕军机大臣等。奕山等奏。填塞省河要隘。并防堵情形一折。据奏猎德等处。均已设法堵塞。将次工竣。续又查出潭洲等处。俱属要隘。均须次第筑堡修台等语。逆英犯顺以来。从未大加惩创。近则大帮逆船。自闽入浙。粤东存船无几。正可乘机剿洗。屡经谕令该将军及时进兵。收复香港。以期少赎罪戾。此次奏报。仍止填塞省河。一切剿办机宜。未提只字。岂朕命将出师。专为堵塞省河而作。岂不贻笑诸夷。况据奏称外洋香港。及潭仔洋。并内零丁洋等处。夷船十六只。又火轮船一只。往来不定。并闻省河建台塞路。胆敢拦截石船。焚烧撞沉。并在香山县属挂碇洋面游奕。桀骜情形。殊堪发指。总缘该将军等。坐拥重兵。一筹莫展。以致逆夷日形猖獗。现在奕经等即日抵浙。一经剿办。难保不窜回广东。再肆滋扰。该将军等。若趁此北风司令。逆船势分之时。相机奋击。使之首尾不能相顾。则浙江剿办。亦可易于蒇功。若复观望迟延。拥兵株守。设使将来大帮逆船。窜回广东。或另扰他处。该将军等。自问当得何罪……

(丁丑)谕军机大臣等。据刘韵珂奏。海口封闭日久。商民失业。请照旧开港。并酌定稽查章程等语。浙江省乍浦等处各海口。商船出入。货物流通。贫民得资糊口。既据该抚奏称。该处舵水人等。屡次吁求开港。自宜俯顺舆情。所有乍浦。及温台等处。商渔船只。均著准其照旧出入。仍责成各地方官。协同守口员弁。实力稽查其令各牙行联环互保。并查验违禁各物。各给腰牌。以免混杂。及渔船责令埠头行户。具结互保各章程。均著照所议办理。惟逆夷诡计多端。海口奸民嗜利。往往为其所用。傥该夷雇觅商船。装载汉奸。令其溷入港内。然后乘机窃发。出我所备之外。又将何以应之。总宜先事密筹。无微不至。勿堕诡计。其江苏上海县海口。前经降旨。准其开港。与浙江事同一律……

戊寅。杭州将军奇明保。浙江巡抚刘韵珂。杭州副都统恒兴奏。窃臣刘韵珂。于本月十七日。接据余姚县知县彭松年。管带乡勇委员。衢州府司狱林朝聘禀称。本月十五日。有逆夷火轮船一只。杉板船三只。自宁波驶至县属之蜀山渡。开放枪炮。该处防守乡勇。不能堵御。逆船直向内闯。于是日申刻。驶至离城三里之东岳宫停泊等情。臣刘韵珂以该逆自占据宁波以后。曾于九月间。闯入余姚城。当时即行退出。以后虽时至慈溪。奉化等县窥探。并未出扰。今驾火轮杉板等船。开放枪炮。直抵该县城外。情殊叵测。县城虽派有兵勇二千余名。在彼守卫。惟人多恇怯。能否抵御。难以豫定。当即飞咨提臣陈阶平。余步云。并饬驻守曹江之前任福建藩司郑祖琛。就近拨兵应援。嗣又接该县等禀报。是日酉刻。该逆又续至火轮杉板及钓船十余只。与前泊各船。一并逼近城垣。有夷匪六七百人。蜂拥登岸。分占凤凰山等处。势甚危急。请即拨兵救护。并据郑祖琛以探闻夷匪共有二千余人。恐县城兵单难御。已在曹江防守乡勇内。酌拨一千一百余名。派员带往策应……

刘韵珂又奏。查浙省各场灶地。多在滨海之区。各卤户在海涂刮淋盐卤。用船只装载。航海运赴各灶售卖。名曰卤船。其煎盐柴薪。亦自海道用船运送。名曰柴船。杭州。嘉兴。宁波。绍兴。各府属。所在多有。而绍兴府属之余姚县。为数尤多。臣刘韵珂前恐卤户人等。被逆夷勾结。引入内地。议将各船封禁。而体察情形。各灶全赖各船装运盐卤柴薪。以为煎盐之需。若经禁绝。灶户无以煎盐。民间恐有淡食之虞。是以未能遽禁。令各场大使。会同地方官。严行稽察。俾免勾通。嗣因该逆时有由钱塘攻犯省垣之谣。必须豫筹攻剿。当饬杭州府协等。将卤船柴船之高大坚固者。酌雇二百余只。并赴海盐太湖等处。雇觅善于泅水之人。作为水手。配坐兵勇。并三四百斤之炮位。在尖山口内排列。以备逆夷阑入。在江截击。又另行多备小船木筏。装贮柴薪引火之物。豫备火攻在案。兹又据慈溪县知县王武曾禀报。探闻该逆因其船只入水甚深。有掳掠卤船。自尖山口外之鳖子门。直入钱塘江。窥伺省城之说。此语虽得自传闻。然逆夷既知卤船可出入钱江。必系汉奸向其告述。现在该夷已据余姚。虽免各船不为所掳。必应豫加防范。臣刘韵珂现饬沿海各属。将卤船全数截留。不准放至余姚等处。如前已放行者。并令设法招回。免为逆夷所掠。其柴船等项。亦一体照办。内高大坚固各船。均雇至钱塘江。为配兵剿夷之用……

已卯。谕军机大臣等。山东登州海口。为北来船只必由之路。叠据托浑布奏报。防守情形。布置已属周妥。惟该处大小岛屿。共有几处。何处居民最多。何处人数寥寥。该逆傥敢扬帆北驶。料必占据海中岛屿一二处。则彼既有巢穴可居。且米粮淡水。取携甚便。不特岛民受其蹂躏。并恐驻足有所。则后顾无虞。其北驶更觉易易。该逆到皆是此等伎俩。此时若处处添兵设炮。既嫌调拨不敷。且亦无此办法。托浑布久驻海口。情形谅已深悉。乘此无事之时。著体察地势。豫为筹画。总使该逆到彼。明知实无可图之利。占据亦属无益。即偶尔寄碇。既无水米接济。并有木筏小船。乘夜牵击。彼必进退趦趄。不敢肆行无忌。较之添设兵炮。更为得力。该抚惟当用智用计。先事豫筹。其如何妥密布置之处。著即定议速行具奏。

道光卷四一

(道光二十一年辛丑十二月)乙酉。盛京将军耆英奏……奴才前将奉天海疆水陆最要之区。如何设法剿御缘由。于十一月初五日奏蒙圣鉴在案。至沿海水势深浅。及何项船只。可以停泊拢岸之处。兹据奴才所派之协领佐领等。会同沿海各旗民地方官。将近岸水势深浅。旁岸村庄居民数目。逐一分晰详查。绘图陆续呈报前来。奴才复率同协领等悉心核计。奉天通省大小海口。共三十九处。岛屿共二十二处。惟金州所属海口内。间有老水贴岸之处。复州所属常兴岛以南。滨临大洋。无论大小船只。皆可逼近口岸。其余海口。非水浅滩薄。即礁石沙线。各项大船。均在大洋三四十里。或八九十里以外。下锚停泊。断难近口。杉板夷船。不拘水势深浅。均可乘潮拢岸。除宁远属之止锚湾菊花岛。长山寺。熊岳之兔儿岛。复州属之松木岛。凤鸣岛。中岛。金州属之骆马山。金厂。大沙河。赞子河。夹心子。碧流河。广禄岛。大长山岛。小长山岛。瓜皮岛。东西蚂蚁岛。壶平岛。猪岛。蟒山岛。三山岛。岫岩属之双山子。鹿岛。大王家岛。小王家岛。石城岛。瘦鹿岛。凤凰城属之窟窿山。小麿岛等处。或孤悬海洲。居民无多。或滩长水浅。四面礁石。沙线环绕。该处居民。均可自固藩篱。遇事即令迁移腹地。毋庸拨兵防守外。其宁远属之钓渔台。锦州属之天桥厂。马蹄沟。牛庄属之没沟营。田庄台。盖州属之连云岛。西套岛。望海寨。熊岳属之沙河口。复州属之八岔沟。蚊子鞘。桶子沟。五湖鞘。金州属之龙王庙。旅顺口。大孤山。貔子窝。石槽。青山台。岫岩属之尖山子。小沙河。达拉腰子。鲍家马头。渼挪河。青堆子。大孤山。红旗沟等处。虽有礁石沙线曲折旋绕。有路可通。杉板夷船。虽不能逼近口岸。尚恐随潮潜入。奴才均经熟筹妥议。或安炮设伏。或分拨兵勇。或责成该旗民地方官。拣派兵役。勤加了望。倘有警报。均可随时应援。以期无误。又查距岸较近之村屯。先经奴才遵旨严饬该旗民人等。务各深挖土壕。高垒土堡。以避炮火而免疏虞。再奴才所派水师营远探官兵。将谘访情形。随时驰报。兹于十一月十五日。远探官兵由浙粤旋省。据称该逆大兵船。形式如梭。长三十五六丈。高阔三丈余。木质坚实。外用铜铁包固。罩以油漆。吃水一丈三四尺。其二号兵船。长二十余丈。高阔一丈八九尺。吃水八九尺。非水深之处。均不能逼近口岸。至火轮船大小不一。吃水一丈余至八九尺不等。杉板夷船。长二三四丈不等。高阔数尺。吃水三四尺等语。查该逆杉板脚船。吃水甚浅。易于随潮驾驶。凡沿海口岸。尤应严加防范。不容稍涉疏失。

丁亥。靖逆将军奕山参赞大臣齐慎两广总督祁𡎴署广东巡抚梁宝常奏……兹奉谕旨严催修理虎门。收复香港等因。查广东省虽现有招募水陆壮勇三万余名。仅能在省河各要隘三十余处。分据把守。未能出洋攻剿。至虎门炮台八座。工程甚钜。非数月不能完工。各台炮位。须八百余尊。方敷安置。现在赶铸。若旷日持久。诚如圣谕。必至老师糜饷。有失机宜。奴才等再四熟商。惟有俟虎门炮台修理后。再行进战。收复香港。此时选兵练勇。讲求实用。或待扬威将军到浙后。奴才等知照会同闽省。暗定兵期。三省同日出师。使逆夷首尾不能兼顾。盖逆夷猖獗正甚。并力于闽浙。则闽浙不能支。并力于广东。则广东不能支。分剪其势。不如合断其援。香港现有夷船十四只。三板数十只。汉奸海盗万余人。不时窥伺。因内河防范甚密。近有逆夷火轮船兵船二只。驶至新安磨刀洋等处游奕。俱为乡勇击退。内河堵塞各口。内地民船。不能闯进。惟闻逆夷制造火滚。欲沉水轰打石桩。奴才等严饬各隘。小心看守。现在省河填塞。渐次完工。先后修建炮台共十余处。约计年内亦可工竣。该逆未敢进省河阻挠。居民尚觉安堵。奴才等惟有竭尽血诚。实力商办。以期上酬高厚。下奠海疆。稍赎前愆于万一。断不敢因循怠惰。坐失机宜。致干重咎。

戊子。钦差户部右侍郎端华奏。窃奴才面奉谕旨。驰驿前往闽省厦门查办事件。于九月初十日陛辞后。率同随带司员户部员外郎穆清阿徐有壬。于十二日启程。十月初七日。行抵浙江省城。即行牌驰赴厦门。十一月初八日。行抵同安县。接见兴泉永道刘耀椿。据称厦门虽已收回。究与克复不同。逆夷未受惩创。未便遽行前往。奴才伏思厦门是否收回。夷船是否停泊何处。非亲到目击。不足以征实据。况厦门既已收回。何难前往。当于十三日。率同随带司员。及该道刘耀椿。同知顾教忠。参将陈胜元。由浔尾渡海。分头查勘。奴才由西北沿海一带。至鼓浪屿对面之新学山地方。查看鼓浪屿岸上。居民房舍丛多。并未见有逆夷出入。鼓浪屿外。偏东南厦港内。见有逆夷三桅船三只。二桅船二只。分散停泊。又有三桅逆船二只。被鼓浪屿山角遮掩。只见旗桅。未见全船。实计逆船七只。停泊厦港。再厦门与鼓浪屿。相隔一水。仅止五六里。岸上居民铺户。均照常生理。商渔船只。亦多往来。尚无阻碍。奴才饬令随带司员。由东北一路。巡视各处村庄。俱皆安堵。并未见有逆夷在岸。惟提督衙署。总督行寓。及关税公所。均已半被烧毁。石壁及炮台。多有击坏情形。该员等并登白鹿洞后山。见有逆夷杉板船二只。在鼓浪屿岸边游奕。询及土人。据称逆夷亦不时绕山巡防。并非驰往他处。奴才等复传唤厦门商民乡保。及生员郑锡禧倪麟书等。隔别讯问。据供七月初九日。逆夷闯至厦港。次早炮声震天。人民惊骇。嗣闻总督在虎头山督战。击破夷船。人心稍安。午饭后南风大振。逆船火箭火炮。轰击如雷。黑烟满海。夷匪乘势各驾小船。蜂拥登岸。居民纷纷逃走。总督于是晚退至石寨。旋即退往同安……再奴才于抵同安后。将应查各卷。逐一调取。并将在厦门接仗之员弁摘传。督同司员隔别讯问。据水操台打仗之署参将陈胜元供称。七月初九日申刻。突有逆夷船数十只。驶到大担。初十日辰刻。该夷船三十四只。一齐起篷。由南太武山迳扑厦港。各处弁兵。开放大炮。并力夹击。先后经水操台。大炮台。鼓浪屿。屿子瓦等汛。打沉火轮船一只。兵船五只。维时南风盛发。逆夷占住上风。蜂拥而至。炮火猛烈。加以火箭垒发。愈打愈急。并放下杉板船多。夷众纷纷向各处四散上岸。我兵分头截杀。伤毙逆夷多人。夷匪退而复进者数次。迨至日暮。夷匪数千。四面围杀……初十日辰刻。夷船陆续驶进。我军自白石头以下。连环开炮。夷船冲过屿子瓦。各处大炮。三面攻打。击沉夷船六只。打死夷人不计其数。该夷一面回炮。一面前进。直至酉刻。总督传令先撤受伤兵丁。后来天渐昏黑。逆夷一齐上岸。越杀越多。兵丁抵敌不住。且战且退。各在后山扎驻……初十日辰刻。夷船起篷。悬挂红旗。由南太武山迳驶进水操台等处。一齐开炮。当即挥令弁兵。开炮百余出。逆船直扑覆鼎等汛。又经连开大炮四百余出。击沉火轮船一只。兵船二只。该逆溺水伤毙甚多。余众跳落杉板小船。将欲登岸。我兵开炮击退。无如逆船众多。彼此连环救护。我兵击退五次。该逆又再来兵船数只。三面夹攻。我兵伤亡甚多。逆夷拼死四面蜂拥登岸……又据跟随督臣督战之守备顾德钦。千总马玉元供称。七月初九日酉刻。逆夷船只停泊青屿门。即时总督。骑马至虎头山。察看情形。传令在事文武。彻夜守御。初十日辰刻。总督在镇南关虎头山一带督战。彼时夷船由南太武山驶进。我兵由白石头安海汛水操台大炮台鼓浪屿等处。开炮轰击。该逆随打随进。我兵共击坏夷船六只。各夷船蜂拥而进。一面放小杉板百余只。欲抢上岸。被我兵开炮打退。伤毙无数。申酉之间。炮子打至虎头山上下。镇南关内外。总督退至石寨。后来石寨后圆通港。又有夷船炮子打进石寨。夷匪又从各处纷纷上岸。总督因该逆伪文内。有让给城邑之语。虑恐县城有失。令顾德钦马玉元传令受伤兵丁。先行撤退。其余弁兵。交总兵江继芸带领杀贼。总督一面谕令刘道顾同知。及委员同知志奎通判俞益知县祁之釪等。随同退回同安。并令刘道顾同知即在湿瓦镏五店把守。总督行至小岭地方。即有飞报前来。闻报护副将凌志。及各将领阵亡甚多。夷匪占去口岸。总督即令马玉元传令收撤残兵。十一日天明后。总督始至县城各等语。以上各供。核对该督原奏大略相符。即奴才沿途访闻。亦并无异词。此奴才查询逆夷侵占口岸。及督臣退守同安之实在情形也……

两江总督牛鉴奏。窃臣承准军机大臣字寄。十月初二日奉上谕。江南瓜洲河口。为南五省漕粮总汇扼要之区。所关匪细。如果下游海口。防堵严密。俾各省漕船。照常稳渡。庶京仓无匮乏之虞。著牛鉴通盘筹画。先事豫防。所有通海之狼山镇崇明等处。及运道必经之瓜洲等口。务使处处有备。无致临时稍有阻滞等因。钦此。臣查瓜洲口坐落扬州府之江都县境。与镇江府丹徒县之京口。南北对峙。大江中横。为南五省漕船。及闽浙江苏文报差使必由之路。洵为咽喉要地。每届重运经临。镇江营参将驻扎京口。京口协副将驻扎瓜州。互相控制。其瓜洲京口以下江面。有京口左右二营游击守备。瓜洲京口以上江面。有奇兵营游击守备。各分地段。带领师船。梭织巡防。又有京口驻防八旗巡江官兵。并高资营兵船。及地方印委各文员。催趱弹压。连樯衔尾进口。此历来防护重运漕船。由大江进瓜洲口之章程也。大江虽与海洋相连。而自瓜洲沿江北岸。须历泰兴靖江等县。而至通州之狼山。又自京口沿江南岸。须历武进江阴等县。而至常熟县之福山。始达于海。其间绵延数百里。望之汪洋无际。其实水浅滩高。礁沙缕结。可以行船之深洪。仅止一线。或南或北。迂回曲折。辨认甚难。又有鹅鼻嵴圌山关雩山焦山象山金山等山。或屹立江中。或隄出江外。或两山夹峙。水流湍急。动辄触损。虽生长江滨之沙渔等船。亦皆视为畏途。为逆夷大船不敢轻覆之地。此瓜洲以下大江之水势礁沙情形也。崇明县则孤悬于狼山福山之外。适当大江之冲。从前江口深通。四面皆可容海舶往来。近数年间。其北面与海门厅交界。洋面突涨暗滩。形同犬牙。并无深洪大溜。惟本地之平底沙船。尚可出入。闻上年八月。夷船曾从大洋。由通州之廖角嵴。驶至崇明北面。与海门交界洋面。因水浅不能径入大江。又从大洋由南汇县之高家嵴。绕崇明之南西二面。而至北面海门交界洋面。与由廖角嵴行驶之船。相去三二十里。彼此不能接应。仍由原路分艕窜去。是由海入江之路。近已止南汇县高家嵴海道一路。可容重大船只。而自高家嵴入江。北面必由崇明县。南面必由南汇川沙宝山太仓镇洋昭文等县洋面。而至常熟之福山。通州之狼山。始得入江。此由海入江之海道情形也。现在自南汇以讫常熟。及崇明县。并通州海门二厅州。沿海一带。共有调防兵丁七千数百名。加以各该本营兵丁。数已逾万。节节安设大炮。亦有数百位。洋面又有雇募之乡勇火攻等船。并有署狼山镇总兵秦攀萼。署福山营游击恒山。据险扼要。把截江海交汇之区。其自福狼二山以上。沿江一带。则有江宁副都统臣兴伦。京口副都统臣海龄。统领驻防八旗官兵。督率江南之江阴杨舍孟河镇江等营。江北之靖江泰兴瓜洲等营。参游都守。及京口水师营游击等。各带弁兵。择要驻扎。水陆交巡。实已星罗棋布。声势联络。气象雄壮。悉臻严密。此瓜洲下游沿江沿海之防堵情形也。臣探闻逆夷虽甚凶狡。汉奸虽甚诡诈。而性多狐疑。得步方思进步。夷匪既不敢远离大船。汉奸亦不敢远离夷匪。若吴淞口及宝山崇明之守固。该逆船断不敢飞越数百里重兵驻守之地。冒险入江。阻我漕运。况江海之水势沙线。性情各别。江船海船之制度器具。亦各异宜。利于海行之船。未必即利江行。且滨江之区。港汊纷歧。亦无陆路可通。就现在情形而论。下游之堵御既严。瓜洲之防护亦密。明年漕运。可以无虞阻滞。但事必有备。方能无患。臣不敢因地利可恃。防守已严。稍存大意。亦不敢因江海相连。张惶惊扰。另召衅端。惟有静以镇之。密以防之。先会同江苏巡抚臣。并咨照有漕各省。严催地方官将新漕迅速征收。赶紧兑开。务于明春潮汛未旺以前。一律趱催进瓜洲口。届期专委常镇道督同扬州镇江二府知府。并严饬镇江扬州等营各水师营兵。小心弹压护送。务使匪徒匿迹。漕运顺利。以仰副圣主思患豫防。训诫谆谆之至意。

(癸巳)奕经文蔚又奏。窃奴才等于十二月初五初六等日。接据参赞大臣特依顺。巡抚刘韵珂。及提督余步云等。先后咨禀。据奉化县知县金秀堃禀报。十一月二十九日申刻。有夷匪火轮船四只。杉板船四五十只。每船约二十余人。装载枪炮。后面尚有大船尾随接应。驶近奉化北渡。该县闻报。飞会营员。一面亲带乡勇驰往。夷船已近小江口。该县追至该处。时已昏夜。夷匪登岸。该县绕道退回。夷人先已入城。兵丁本属寥寥。各村义勇。分散四乡。呼应不及。无计可施。随于大桥地方。跳河自尽。被乡勇民人捞救。伏乞飞赐拨兵救援。再印信已据管印家人抢出。监犯先已提出。另行管押等因前来。奴才等因奉化距宁郡甚近。前据禀报。逆夷现有船只南驶。自系向奉化滋扰。该县守兵无多。所募乡勇义勇。虽有千余名。未必即能得力。余步云调拨救援官兵。尚恐单弱。赶紧札饬该提督。再行添拨官兵。相机合力防堵去后。旋据曹娥江一路来禀。奉化竟已失守。奴才等闻报之下。不胜愤懑……

奕经文蔚又奏。再十二月初七日。又接据奉化县知县金秀堃禀称。该县投河自尽。遇救得生后。随即飞传会同把总汪长清。带领兵勇。协同堵逐。分队入城。绕至衙署背后。枪炮齐发。协力攻击。把总汪长清等带领兵勇。分头赶往小江口。焚烧夷匪船只。众夷匪闻知。恐绝归路。旋即蜂拥出城。开帆远遁……

道光卷四二

(道光二十一年辛丑十二月辛丑)闽浙总督怡良已革闽浙总督颜伯焘福建巡抚刘鸿翱奏。窃臣怡良于抵闽后。会同臣颜伯焘臣刘鸿悉心筹议。并饬沿海州县。确查海口深浅。以夷船能否驶进。分别最要次要。通筹堵御之策。福州为省会重地。虽有五虎门天设之险。而水势深广。难言有恃无备。漳泉兴化台湾等府。无不滨临大海。至海坛金门铜山南澳厦门。则皆孤悬一岛。形势险要。而厦门商贾往来。较他处更为吃重。该逆恃其船坚炮利。任意肆扰。凡有潮汐可通。无不驶往窥伺。得意则为害滋多。失利则扬帆远去。我无可敌之船。相当之炮。与之海上争锋。则来去自如。无从沮遏。计惟诱之登岸。据险设伏。于炮所不及之处。则舍其所长。就其所短。庶几歼厥丑类。因察看各口险要。逐一布置。其水陆标兵。及招募新兵乡勇。均经分派大小海口。密为防堵。于可以登岸处所。挖沟挑濠。购线往诱。并设法使之不疑。期于一经登岸。便可痛剿无遗。无如该逆狡点异常。不肯远离上岸。则在水既无把握。而在陆又不能入我彀中。臣等万分焦灼。百计图维。力求制胜之方。莫若固围之策……

丙午。浙江巡抚刘韵珂奏。窃臣于本月十八日。接据海盐县知县何煦纶禀称。十七日未刻。据县属敕海庙地方防守兵勇禀报。了见双桅夷船四只。小船数十只。驶入乍浦所辖之彩旂门洋面。当即驰往查勘属实。内有一船上冒白烟。似系火轮船。又有一船驶至该县洋面。头南尾北。似系泊潮情形。离海口仅止二十里等情。臣查乍浦密迩定海。上年七月间。曾有夷船一只。驶往窥探。彼此开炮轰击。我兵勇间被伤毙。该逆船只。亦被我击中。始行退去。本年定海失守以后。臣知该逆必前往滋扰。时切隐忧。今该逆果又窜往。其船只视去年为数较多。该处并无险要可遏。且防守之兵勇。未历行阵。殊为可虑。幸扬威将军奕经参赞大臣文蔚。先已将河南兵八百名。调驻嘉兴府城。与该处相距匪遥。现已准将军等咨会。闻报之后。即派兵押送器械。前往策应。且该将军等驻扎嘉兴。一切机宜。更可就近指示。或不致即有疏虞。惟乍浦与海盐县接壤。海盐又与海宁州接壤。海宁州以上。即属省垣。江海相通。瞬息可远。该逆屡有赴省滋扰之谣。今该逆所带小船甚多。又有一船系属南向。或分鲸侵犯。或竟自乍浦直犯省垣。均不可定……

刘韵珂又奏。再正在拜折间。据杭州协副将。转据河庄讯千总等禀报。本月十八日申刻。有逆夷火轮船二只。驶进海宁州尖山口内。旋即退出等情。查火轮船为该逆前导。今突入尖山。显系测量水势。窥探虚实。冀图内犯省垣。除会同参赞大臣特依顺。督率兵勇。昼夜严密防御。并飞咨扬威将军等一体饬防外。合并附片陈明。

谕军机大臣等。本日刘韵珂奏。夷船窜至乍浦洋面。现已飞饬堵御。及另片奏。逆夷火轮船。驶进海宁州尖山口内。旋即退出等语。该逆双桅夷船四只。小船数十只。于本月十七日。驶入乍浦所辖之彩旗门洋面。十八日复有火轮船二只。驶进海宁州尖山口内。显系窥探虚实。冀图内犯。省垣为根本之地。毗连海宁。而海盐又与乍浦接攘。逆船已至乍浦。渐欲内犯。是欲固守内地。必先于扼要口岸。并力防堵。勿令乘势窜入。奕经前已派拨壮勇千余名。在鳖子门堵御。现在又派兵押送器械。前往策应。夷船或不敢内窜。至省城除本处满洲绿营各兵二千名外。又有客兵三千数百名。俱归特依顺刘韵珂统领调遣。加以沙民义勇。人数虽已不少。未必悉为劲旅。当此吃紧之际。自不可分其兵力。致令单薄。特依顺刘韵珂惟当激励兵勇。谕以大义。傥能杀贼立功。必膺重赏。至奕经文蔚。现在因乍浦来有夷船。欲乘虚直捣宁波。自应集思广益。斟酌尽善。然后一鼓前行。计此时各省所调弁兵。应已陆续到齐。务须确有把握。计出万全。战守悉得其宜。奇正皆可制胜。朕日盼捷音之至也……

戊申。提督衔福建台湾镇总兵达洪阿。按察使衔福建台湾道姚莹跪奏。窃照台属淡水之鸡笼口官兵。于本年八月十六日。击沉夷船一只。生擒斩馘夷犯一百六十五人。夺获夷炮图册。提郡审办缘由。业经臣等恭折具奏在案。兹据艋舺营参将邱镇功。淡水同知曹谨禀报。九月初五日辰刻。又有三桅夷船一只。在鸡笼口外停泊。初挂红旗。继换白旗。于是日申刻驶进万人堆。欲放杉板入口等情。臣等以夷情诡诈。观挂红旗。则其意在攻战。何以忽换白旗显系佯为欲和。探听虚实。查该处口内。三面环山。形势颇峻。有险可凭。夷炮猛烈。自当避其所长。当经密饬营县。于山上分藏炮位。如果不能取胜。即照督臣通饬坚壁清野之法。凭险埋伏。待其登山歼捡之。一面将口内居民。暂行迁避去后。兹据艋舺营参将邱镇功。淡水同知曹谨。委驻鸡笼之澎湖通判范学恒先后禀报。添调兵勇。赴鸡笼山上各要隘。暗设炮位。分别埋伏把守。该同知又调精练鸟枪屯丁二百五十名。分驻鸡乱沪尾两口协防。该夷船自初五日酉刻。驶至万人堆。先放杉板二只进口。窥探。声言索还前获夷人。每名愿送洋银百圆。该地居民。咸受约东。不与回答。又见我兵勇不动。迟疑久之。至十三日辰刻。该夷船突进口门。直扑二沙湾炮台。大炮齐发。甚属猛烈。我兵亦即开炮回击。署守备许长明外委伍云升。在三沙湾之鼻头山。见有登岸夷匪。其势甚凶。立即开炮击毙二人。众始退出。惟炮台石壁。被其攻破。二沙湾及三沙湾两处兵勇住房。亦被炮火烧毁。迨至日暮。该兵勇等退守要隘。该同知复添调总理姜秀銮。带领精练鸟枪壮勇一百名。及摆接八芝兰等堡壮勇。亦均到助战。探闻口外龟头洋面。尚有夷船放炮等情。正在批行间。十九日戌刻。复据营厅禀报。十四日早。我处添调兵勇屯丁。俱已到齐。该夷匪见我人众山险。不敢仰攻。已于是日午刻驶逃出口。同口外夷船。窜向外洋北去。风狂浪大。不便追击。查勘炮位。有损坏五门。尚可修复。口内停泊波字二号哨船一只。被火延烧。兵勇亦有受伤数人。尚无损失。拾获夷炮铁子十余枚。重二三十斤不等各等语。臣等查此次夷船。虽因见我兵勇众多。山形险峻。不敢登岸仰攻。驾驶窜去。而报复之心。未必遽息。当更加意严防。

己酉。扬威将军奕经参赞大臣文蔚奏……窃奴才等前次奏明。浙省明岁粮艘减运。即在粮船水手内。招募勇壮。暂可无须调兵。今已募到水手约有千名。即交杭嘉湖道宋国经等。就近管带。豫备调拨。并令先行一面防守乍浦等处。现仍饬委员陆续招募……至渡海钓船。已雇有二百余只。其余内河小船柴船。亦约有二三百只。尚有雇募未齐船只。及赶造火器等件。均于半月内外。即可全备。奴才等临时相机攻剿。务期布置周密。不至顾此失彼。惟逆夷近知大兵将次进剿。故作鸱张之势。不但讹言进攻曹江。内犯省城。又复扬言自广东新添兵船多只。连日船插红旗。在各洋面往来游奕。无非欲为牵制我兵。不及前进之意。本月十八十九等日。据乍浦副都统长喜。及海盐县知县等禀称。本日辰刻。了见逆夷火轮船一只。二桅船一只。由东南大洋驶入乍浦洋面。并随后钓船数十只。现已分带兵勇。实力堵御等情前来。奴才等查前次札派委员。所募水勇一千余名。现均屯伏于乍浦平湖等处。即使夷船登岸。谅能协助乍浦兵勇。合力奋击。并饬该处镇道。及所派委员等。谕以我兵不可排列海岸。直当夷炮。总须在暗中潜伏。俟彼登岸。再于迎面攻击。并从两旁截杀。方能得手。仍恐兵弱势单。复派三等侍卫容照。带领陕西营官兵四百名。前往助剿。并一面飞咨牛鉴。于上海等处。小心堵御。以防逆夷驶入去后。即于二十一日。复接该副都统等报称。英夷火轮船。及双桅夷船。驶进乍浦。见我兵伏列不动。未敢停泊拢岸。惟距口门十数里。往来旋转。直至日暮。齐向东南外洋驶去。了望无踪。兼查明后随钓船数只。即系奴才等委员由岱山各岛雇募船只。现已进岸停泊各等因。奴才等伏查逆夷惟恃水路近便。故敢倏忽去来。情实叵测。现已严饬沿海各路。虽逆夷已去。仍宜小心防守。实力堵御。查浙省东北两面。处处临海。将来大兵进剿。必须三路齐攻。水陆并进。使之在在受敌。始可令其不暇他顾。但该处港汊纷歧。道途狭隘。并多有盘坝换船之处。必须先为宽备船只。搭造浮桥。大兵方可遄行。其省局备办军械锅帐等件。尤须精利妥实。现虽有特依顺刘韵珂。在省城一带。督饬照料。仍恐未能同到。且川陕各兵。即日到齐。渡江后即拟拨赴曹江。换撤该处浙江提标。及江西防守兵丁。并预令各勇壮。潜向各路埋伏。所有弹压调拨。更关紧要。奴才等通盘打算。现在乍浦一带。夷船虽已退去。难保不复来游奕。兵勇船只。既多未齐全。亦未能向定海一路。先行埋伏。驻才奕经暂驻嘉兴。催趱兵勇。按次前进。并为乍浦及上海两处应援。奴才文蔚即于二十五日。督兵前赴省城。调拨一切。奴才奕经一俟大兵到齐。乍浦一带防堵事宜。办理周密。并密将暗伏定海一路船只水勇。调拨停妥。俾令牵制夷船。不敢径扰上海等处。以免再有东顾这虞。亦即趋赴杭州。与特依顺文蔚商酌。或分或合。相度机宜。分路进剿。

道光卷四三

道光二十二年壬寅。正月辛亥。浙江巡抚刘韵珂奏。窃本月十八日。据海盐县禀报。十七日有夷船四只。驶至乍浦洋面。当经臣谆饬各属。严加堵御。一面于十九日恭折驰奏。并因拜折之际。据报该逆火轮船二只。于十八日窜入海宁州之尖山海口。复经附片陈明在案。旋据海宁州禀报。该逆驶进尖山口之船。在十三堡地方对出海中停泊。即于酉末戌初。乘潮退出。向东驶去。并据驻防乍浦之升任定海镇总兵署湖州协副将陈述祖。杭嘉湖道宋国经禀报。十七日辰刻。有夷船二只。后带杉板船钓船多只。驶近乍浦。窥探多时。向夕驶去。旋又向东驶转。掳去在洋停泊之东洋商船内人二名。橘子船内人三名。即扬帆驶向东南。十八日该镇等了见该船在秦驻山停泊。十九日辰巳之间。仍复驶回乍浦。至酉刻直向东南驶去。并准乍浦副都统臣长喜咨同前由。声明十九日了见该逆火轮船。在乍浦洋面。往来探水等情。臣查前此海盐县禀报。据称共有夷船四只。令该逆驶入尖山者两只。驶至乍浦者两只。与海盐所禀数目。虽属相同。但乍浦之船。忽东忽西。按其行踪。似乎尖山之船。即系乍浦之船。但洋面辽阔。岛屿森罗。兼之连日阴雨。烟雾迷茫。各该处所禀。俱系在远处了探情形。究竟该逆自定海驶至之船。是否实有四只。抑止两只。殊难确指其数。该逆于十九日。自乍浦驶向东南。现在乍浦以西各洋面各处。并未禀报续有夷船踪迹。自已退回宁波镇定等处。惟该逆此次东西飘突。且掳去内地船内之人。又在乍洋往来探水。其情叵测。难保无纠约大邦。侵犯乍浦。及深入尖山口内。滋扰海宁省垣之意。防范更应从严。现会同参赞大臣特依顺。及督饬各处在防文武。严密防堵。

丁巳。谕军机大臣等。据福建举人黄蕙田呈进平夷策略。内称逆夷由安海放桅而来。日食干粮。不敢然火。其地黑暗。须半月日始出口。方至息辣。装载粮食而行。过广南境七日而至广东。又逆夷素畏广南。广南人善没水。昔红毛甲板船误入广南湾。该国以小舟数百人。背竹筒携细缕没水。密钉细缕于甲板船底。远桨牵拽。船心浅搁。火焚而取辎重。今红毛甲板以不见广南山为戒等语。逆夷赴粤经由之路。果否有安海息辣等项地名。夷船既须放桅。其地又复黑暗。则路径窄狭。有妨挂碍可知。著祁𡎴等确切查明。据实具奏。

壬戌。两江总督牛鉴奏。窃照逆夷肆扰浙东。叠有警报。臣连接扬威将军函称。克日进兵攻剿。恐该逆窜来上海。已雇有水勇船只。在江浙洋面。以为牵制之计。嘱臣小心防范等因。臣查吴淞海口。株守土塘。虑蹈镇海覆辙。已于东西炮台及东沟地方。分扎四营。作为游兵奇兵。期于彼此接应。业经奏明在案。兹游击陈平川管带河南奉调之兵一千名。已陆续齐集。臣派赴上海宝山两县适中之江湾地方。屯扎大营。以为浙路应援。现在守塘弁丁。经提臣陈化成镇臣王志元督饬操演炮位。昼夜了望。分班防守。颇称严整。臣数月以来。细心体察。该逆之所以屡肆猖獗者。惯以大船巨炮。轰我要隘。使我守炮兵丁。不能站立。然后用杉板小船。渡其亡命黑鬼。豕突登岸。手执洋枪火箭。使我兵不能得手。闽浙失事。职此之由。今臣察勘海口土塘。俨如长城一道。塘上所筑土牛。有似雉堞。其缺口俱安设炮位。臣拟令守塘之兵。贴伏于塘后土坡之上。守炮之兵。贴伏于土牛之后。接应之兵。遥伏于数里之外。彼若用炮乱轰。我只是寂然不动。彼之炮子。断不能及我所伏之兵。俟其炮火将竭。大船渐近。度我炮力可及。审定照星准头。众炮环发。贼必不支。夫逆夷性多狐疑。我军果能示以镇静。彼必不敢公然登岸。万一彼竟豕突而登。此时守塘之兵。与夫接应之兵。侭可放心齐出。盖匪徒既已上岸。彼必不肯乱用炮轰。然后或邀其前。或尾其后。先用虎蹲炮迎击。破其洋枪火箭。次用抬炮鸟枪连环夹攻。自无不胜之理。且逆夷用杉板船渡其黑鬼登岸。不过数十百人而止。我军以数千精锐接仗。亦何难聚而歼之。仰仗皇上天威。断不致有他虑。至上海为闽广商船聚汇之区。吴淞为江海咽喉。不但商船出入。稽查须严。即本省之沙渔等船。亦应小心防范。臣面谕海关道。督饬该管营县。逐加盘验。照票放行。并责成各行伙常川住关。认保取结。已属严密……

(癸亥)两广总督祁𡌌奏……就臣愚昧之见。通盘筹画。省城为全粤根本。省河为省城内户。虎门为省城外户。省河未固。则虎门炮台不能修。虎门炮台未修。则香港不能复。是以自本年七月。逆船分往闽浙各省滋扰之后。即经选派老成官员。及本处绅士。将附近一带河道。填石打桩。酌量堵塞。以阻夷船进省之路。经臣等分次周历查勘。工料尚属坚实。并以逆夷诡计多端。仍不能阻其内犯。故于石桩两岸。择地分建炮台土墙。将补铸及新铸各炮。分拨安置。派定兵勇驻扎。若逆船驶入。为石桩所阻。我兵勇两面开炮攻击。较为得力。兼可守护石桩。此外最要次要各要隘。亦陆续建筑炮台炮墙。分段防守。合计新筑及修复石炮台。及三合土炮台共七处。土台土墙约三十余处。陆路通省各隘口。又复分派兵勇屯扎。似此固守严防。省城大局。似可无虞。至虎门炮台。共计威远靖远镇远。及横档小横档巩固永安大虎沙角大角。共十处。现亦克期兴工……

壬申。扬威将军奕经参赞大臣特依顺奏。窃奴才等前将逆夷情形。节次具奏在案。现在各路勇壮。由奴才等调拨分伏各城内外。俟临期接应官兵。同时剿袭。即就近探视逆夷举动。节据各路来禀。纷纷不一。大约逆夷知大兵已到。中情畏怯。东驶西窜。来去无常。除夷目郭士立仍在郡城居住。朴鼎查时在城内。时在船中。行踪诡秘。不令人知。又定海有夷船开行时。各夷众俱流泪相送。亦不知其何情。三城夷匪。惟宁郡为最多。约有数千。而时常增减。究无确数。每日分队操演。用马驾炮。各处河口。俱有船只把守。金鸡招宝山上。排列大炮。山下一带。排列大船十余只。定海衜头岸口。亦有大船六七只。各船俱挂红旗。各城门楼上。密排大炮。或向里。或向外。复诈称由洋来船。增添夷兵。其意似知我兵已有埋伏。而又未能深得详细。以故各处张贴伪示。声称不许村市地方。藏匿兵勇。仍复遣人各处了望。又时常驾驶小船多只。四出搜罗。如上年滋扰余姚奉化故智。用以诈吓我兵。奴才等所遣勇壮。各处分头潜伏。不令逆夷探知。间有猝与夷探相值。亦即与接仗。现在连接禀报。宁郡之灵桥门外江下地方。及定海西门外。均经斩杀白黑夷匪。彼时因恐逆夷大众知觉。已将尸身掩埋。或投入海中。未能呈验首级。又定海城东。生擒黑夷一名。余姚所属之石山渡。突有夷船四只驶入。当经带领勇壮委员等攻击。杀死夷匪多名。斩取白夷首级一颗。生擒黑夷一名。俱先后解送来营。现将白夷首级。仍令解回曹江悬示。其黑夷二名。暂行押禁待质……

谕军机大臣等。奕经等奏探视逆夷近日情形。并各路勇壮。节次斩获白夷黑夷各缘由一折。所办甚好。据称逆夷知大兵已到。中情畏怯。东驶西窜。来去无常。又时驾小船多只。四出搜罗。诈吓我兵等语。逆夷出没分窜。显系畏怯。现在各路壮勇。斩杀白黑逆夷。并生擒黑夷二名。难保该逆夷等知觉不早作准备。该将军等于进攻一切机宜。务当十分严密。不可稍有漏泄。仍著札饬各该委员。晓谕勇壮人等。各路潜伏。毋许轻动。免致贼情生疑。闻风先遁。该逆现既仓皇无备。趁此机会。分路剿袭。似易得手。朕并非催促进兵。总之行军之道。全在审时度势。固不可冒昧轻进。尤不可坐失事机。谅奕经等必能计出万全。速建大勋。以肤懋赏。朕亦不为遥制也……

癸酉。京口副都统海龄奏……查圌山要隘。原设防堵水师营兵八十名。复经江督牛鉴添拨兵五十名。又经常镇道但明伦于附近圌山地方。团练乡勇三百名。以壮声势。奴才看得瓜洲相距海口不过六百余里。现值东南风司令。渐次潮水涨旺。江中虽有淤沙。而狼福一带。江面辽阔。逆夷大船固难骤至。

而杉板钓船。未敢保其不来。两岸要隘。虽经添派官兵防范。奈炮力未能击及江心。至京口南岸东马头。经奴才派拨官兵炮位防堵。并有江宁副都统兴伦带领官兵协防。堪以堵截陆路。其江中并未设备船只木筏铁练矛缆等件。拦江堵截。不日南粮连樯北上。傥有疏虞。关系甚重。江督牛鉴防堵上海。苏抚程矞采驻扎苏州省城。均关紧要。于长江险扼处所。未能身临查勘情形。实因势难兼顾。且去岁九月间。正在前督不准商船入口之际。经奴才查有糖船多只。泊于京口江面。询由崇明海口而来。曾经咨行苏抚查办。足见狼福海口。并无巡查拦阻。当此漕运之时。诚恐狡逆汉奸。或驾驶杉板钓船。抑或混迹商船。乘隙潜入。在在堪虞。奴才筹思至再。曷敢稍存大意。愚昧之见。仰懇敕下督抚筹酌。责成常镇道招募水勇。雇觅船只。备办木筏等件。会同水师副将。督率弁兵。于鹅鼻觜圌山要隘。相度情形。拦江堵截。可期水陆交严。使逆夷汉奸。闻其声势。不敢窥伺京口江面。庶免贻误。

丙子。闽浙总督怡良福建巡抚刘鸿翱奏……臣怡良因会同抚臣刘鸿翱。带同原办升任浙江运司常大湻。于二十一日从南台下船。将以前筹办之处。逐一履看。查福建省城。距五虎门海口。凡一百六十余里。两岸重山峻峙。形势缭曲。浙江江面上游之水。从省城西北汇注。至洪山桥之上。分而为二。一由洪山桥流入。即出南台大桥者是也。一由洪山桥外东南。流为乌龙江。至峡南峡北。两水合流。从罗星塔北行。至闽安镇。复东南行。至南北岸。分流为二。经金牌之前后。更数十里。而至五虎门。其南为梅花港。此即大洋内外之界。向来浙江天津等船。从五虎门入。广东之船。从梅花港少北之道蕉门入口。是为福州之第一重门户。其次则金牌长门。又其次为闽安镇之南北岸。一路水势深阔。凡有扼要之处。自臣刘鸿翱抵任后。俱已相度地势。设兵安炮。而风潮涨发。迅于激矢。甚有轰击所不能及者。因于距省三十里之少岐地方。就河身稍狭。两岸稍宽。可以屯兵设伏处所。用船载石沉塞。复用大石。四面镶筑成堆。更于浅处钉品字桩。以防潮涨时从旁驶入。两头各设木簰数层。使之挂淤。大号船只。便不能肆行闯入。此实省城最要藩篱也。兹该御史所奏。金牌地方。诚为扼要之所。然与长门相距。水面宽至一百一十余丈。深至十二三丈不等。水势湍急。非风潮正盛。不能遄行。既已驾驶而来。瞥眼即过。况水道由东南而至西北。不得不迎头安炮。然轰击时。尽在下风。必有烟焰迷目之患。且长门从水中直起。就墈之高下。安设大小炮十四位。设兵三百名。益以乡勇练勇。势亦不能拟增。山后即有乡村兵房。军火皆可就近接济。惟金牌山脚。直插水中。并无宽阔处所。就山麓开凿。以建兵房。安炮十七位。设兵二百八十名。业已拥挤之至。况前俯大海。后皆峻岭。此外别无村舍民居。不通陆路。亦非兵家所宜。不过权宜设置。与长门相为犄角。去金牌长门里许。有二小石阜。名为南龟北龟。中系舟行港路。此地海面甚宽。并非处处皆有礁浅。且潮至各增二丈。则暗礁皆在水底。大船便不止二三只可行。且金牌之后。有港路可以越过。虽亦设有兵炮。而穹远不能得力。故臣刘鸿翱再四斟酌。深异金牌限于地势。长门兵难多容。拟于闽安镇之南北岸。用石填浅。两岸设立重兵防守。则水路别无可通之处。闽安近在咫尺。可以策应。陆路亦不患其蹂躏。惟水面宽至一百四十余丈。深至十二三丈不等。水势太宽太深。中流更形剽疾。前经数四筹画。实属人力难施。不能填塞非敢舍要隘于不顾。如该御史所奏防堵转形松懈也。至乌龙江。在少岐拦截之外。上通洪山桥。去西门十里。不可不豫为筹及。虽峡南峡北以内。水势渐浅。而春夏盛涨之际。与平时不同。故于距城二十里之洪塘河中。钉品字木桩四层。中留口门。以防杉板驶入。并于岸傍树林中。暗藏兵炮。既以护桩。复拦入城之陆路。早为豫备。臣等于查勘金牌后。至省城。会同将军臣保昌。率同司道等,复由陆路至洪塘细勘。据土人称说。此河自洪塘以下三十余里。深浅不一。有潮退后不过四五尺者。彼处大船。难以驶进。其言似属可信。臣等以该御史籍隶福州。闻见较确。且关怀桑梓。即以绥靖夷氛。不厌精愈求精。以期严密。故水陆并勘。悉心妥议。与将备等。反覆讲求。要隘皆有准备……

怡良等又奏。臣等承准军机大臣字寄。奉上谕。台湾为闽海要区。此次驶入逆船。该总兵等歼剿。难保无匪船闯入。冀图报复。现据奕山等奏。逆夷有遣人回国。添调兵船于明春滋扰台湾之语。该总兵等接奉前旨后。于一切堵剿机宜。自己先事豫筹妥协。现在情形若何。有无续来滋扰。万一该逆大队复来。该处驻守弁兵。及招募义勇。是否足资抵御。其如何定谋决策。层层布置。可操必胜之权。著达洪阿等。会同王得禄。悉心定议。一并会冲具奏。并著怡良等。密速确探现在情形。据实奏闻等因。钦此。臣等当即恭录二分。一由省港五虎门。一由泉州蚶江。分船配渡。移行台湾镇道。会同王得禄。遵旨悉心定议具奏外。谨将台湾道姚莹。台湾府知府熊一本。会禀札查布置情形。先行奏闻。据禀。台湾。惟噶玛兰之苏湾。淡水厅之鸡笼。沪尾。三口。系大山高耸。中夹口门。可以据险凭高。余皆沿海平沙。一望无际。虽有沉沙暗礁数处。素称天险。而郡城西临大海。城外即水。仅恃安平一镇。横互为冲。然东西不及二里长。与南北二沙。迤逦相连。今守郡城。舍安平更无退步。惟城系土筑。未可言坚。现更用大竹编为夹墙。互数百丈。中实沙土。高有五尺。厚有丈余。藉为我兵避炮之具。复挖长濠。下埋钉桶。以陷登岸之匪。港门内。横列大木数排。上安千斤炮各一门。以为拦截。更架棉包牛皮。中藏勇士。伺敌将近。以炮击之。前以大木数百头。上钉尖锐大欠挠钩。中贯巨籐。以挠其杉板木簰。后用竹筏停泊。傥敌炮破我木簰。则弃炮于水。人登竹筏而退。诱其上岸击之。支港内则钉梅花木桩。以阻其闯突。安平之北。隔港六里为四草。亦砌筑石壁夹墙。七十余丈。内设兵勇炮位。以防敌人占扰。逿四草五里。则鹿耳门废港。用石填塞。更六七里为国赛港。其处水口宽深。以不堪修葺哨船凿沉。堵塞港内。仍设乡勇屯丁。对岸一带。复联集村庄。团练壮丁。设伏以防登岸。安平之南。距炮台七里。为三鲲身。有新开港口。水深丈余。现用大竹篓载石堵塞。守以乡勇。复于对岸。联集村庄练勇。设伏以待。更南六七里为喜树。系小港。地颇荒僻。居民甚杂。尤防草乌贼船阑入。亦联集庄社。团练壮丁。以为伏兵。郡城西面。围木栅七百余丈。中安炮台三座。多设壮勇分守。复募壮勇二千四百名。协同弁兵。分守八门。城内各街。责成绅士铺户。各募壮勇。共二千余人。巡防街栅。稽查奸宄。所属之凤山县。距海口二十里。嘉义。彰化。距海口七十余里。淡水厅。距海口十里。噶玛兰厅。距海口五十余里。情形较缓。惟淡水之沪尾。即八里坌。一水三十里。直进艋舺。彰化之番仔挖。一水三十里。直远鹿港。商货云集之所。杉板可至。他如嘉义之笨港。盐水港。等处。市井虽稠。港道浅狭。并杉板亦不能到。惟有于各海中。择其地有要隘。可以退伏者。将炮勇酌量分拨。半守口门。半为埋伏。诱其入而歼之。傥或地势不便。则量为变通各等语。臣等窃思防守事宜。必须因地布置。姚莹等虽已逐节准备。而粤中有此传言。不可不慎之又慎。惟相距太远。风汛靡常。臣等未便遥制。查去年九十两月。该镇道奏报之件。于十一月间始得内渡。并无夷船在彼。此时相去未久。情形当亦无异。现在设法四处探听。一有确切之信。即行随时驰奏。以慰宸廑。

道光卷四四

(道光二十二年壬寅二月)辛卯。扬威将军奕经参赞大臣文蔚奏……此剿袭宁波。未能得力之实在情形也。至镇邑兵。于同日剿袭。该城内夷匪。尚属无多。大半在船居住。其船只俱围城停泊。都司刘天保。聂廷楷等。带领河南河北勇壮。于五鼓时见该城门楼火起。知系内应。即冲门而入。逆夷旋来迎拒。该勇等奋力向前。当即击杀夷匪数十名。惟镇城夷船最多。原系密令火攻船只。沿河焚烧。作为接应。该都司等带领勇壮。往来喊杀。三次出入城门。时已天明。止见门楼飞火。焚烧三桅大夷船一只。并未见有火攻船只接应。惟恐逆夷截我归路。兼之我兵伤亡亦有数人。即行退出。有副将朱贵各队。从后接应。仍回大营屯扎。此剿袭镇邑未能得力之实在情形也。是夜。又在宁郡城外。焚烧火轮船一只。杉板船三只。烧毙逆夷多名。不知确数。又击断三桅大船头桅一根。并烧去上盖。其时梅墟一带。有镇海夷人。驶驾杉板船数只。乘潮赴宁。复经游击谢天贵等。开炮击坏船只。并击毙逆夷数名。惟火攻船只。系属委员舒恭受。李维镛等承办。奴才等曾札令先期于各小港隐藏。届时撑出。逼近逆夷大船焚烧。何以临期未见举动。连日严密查问。或云穿山一带船只豫备。本地人民瞥见。告知逆夷罗卜丹。该逆带领多人。先将水手驱散。或云各路火攻船只水手舵工。临时多索价值。故未能及时撑出。所说不一。均非确情。容俟查明。分别办理。查此次进兵剿袭两城。兵勇均已攻进。宁郡已得手入城。只因楼高路窄。人人争先。转致拥挤。兵械未能施展。而该逆等手枪火箭。速而且多。较之火炮鸟枪。尤为凶猛。以致力不能支。仍复退出。镇邑则以火攻船只。未及接应。亦复旋进旋退。统计两路。仅止击毙夷匪四百余名。轰烧大小夷船六只。兵丁勇壮。间有伤亡。现在派员查点。其奋勇受伤各弁兵。亦俟奴才等查明。再行详细具奏。

(壬辰)扬威将军奕经。参赞大臣文蔚奏。窃逆夷自正月二十九日。宁波镇海二城。接仗以后。公然不惧。各逆每日领带夷兵。驶驾火轮船。汉奸为之导引。在宁波慈谿地界。数十里内外。各路搜查。凡系曾经住居兵勇。屯驻火药之房屋庙宇。无不用火炮火箭轰击。奴才文蔚大营。屯扎长溪岭头。山岭层叠。接联慈邑。连日将各处兵勇。调拨屯扎。派令管带兵勇之副将朱贵。游击谢天贵。都司刘天保等。在慈邑北门外各山。分营暂屯。以为前路掎角之势。即再行进兵。亦于宁镇两城就近。乃该逆等。于二月初四日午刻。驶驾大夷船二只。杉板船数十只。径进大西坝。又有火轮船二只。亦随带杉板船数十只。驶至丈亭。复由汉奸指引。在祝家渡地方。将前次暗伏勇壮之民房数十间。开炮轰击。全行烧毁。转向东北。驶至距慈邑三里之太平桥停泊。又火轮船一只。即在丈亭地方横阻。以截大隐山兵勇援路。维时副将朱贵等。远闻炮声。旋见有形状如商民数百人。直人慈谿县内。尚谓乡民避炮进城。即虑逆夷攻扑营盘。随即排队豫备迎敌。不意转瞬间。此项商民。忽由北门冲出。脱去外面衣服。手持枪械。始知尽系逆夷装扮。即开枪攻击。轰毙逆夷数十人。我兵并无损伤。勇队亦即向前助攻。颇为得力。其时由太平桥北来大队逆夷。业已扰近。兵勇等人人奋力。复击杀逆夷数十余人。正在相持间。又忽由城根转出假充乡勇之夷人汉奸一队。忽脱去号褂。由东门向营盘横冲。我兵益加奋勇。三面迎拒。不意慈谿山背后。突有无数夷人。爬赴山顶。枪炮齐发。由上冲下。兵勇立脚不住。伤亡数百余人。回视营盘帐房。已被火箭烧毁。枪已击热。铅丸火药。又皆用尽。力不能支。遂各溃散。奴才蔚。本日未刻。接据探报。有大小夷船多只。在大西坝丈亭等处往来。即于岭头了望。遥见夷船来去如飞。火光冲天。炮声不绝。正在差人探视。旋闻慈谿县城。有枪炮之声。时因慈谿山营盘。去长溪岭尚有二十里之遥。赶紧调派都司刘凤翩。带领山西抬炮兵一百名。四川鸟枪兵二百名。迅速前往接应。乃山势湾曲。其前路狭窄处所。已为汉奸暗中焚烧。随令各兵铲除。而勇壮渐已退回。前面拥塞。遂致救应不及。其时天已昏黑。逆夷亦各回船。兵勇纷纷来营。而各山沟数处火起。不知何人所放。并有假扮乡勇难民数百余人。径入长溪岭山口。当即派员前往拦阻。查奴才文蔚所带兵丁。仅止一千余名。除拨守粮台。及本日派去接应兵丁。其留营官兵。为数无多。恐不敷抵御。致有疏虞。即时饬令移营。奴才文蔚甫经下山。未及数里。岭头业已火起。对山又有火箭飞来。帐房什物。大半烧毁。嗣经查明。即系假扮乡勇汉奸之所为。奴才文蔚。于二月初五日亥刻。回至曹江。与奴才奕经。会合一处。查点此次接仗员弁。只有游击谢天贵。凌长星。都司刘天保等。赶到。其副将朱贵等。是否存亡。尚无确耗。统俟将前后两次伤亡。及奋勇出力各将士。详细查明。再行具奏……

道光卷四五

(道光二十二年壬寅二月)己亥。扬威将军奕经。参赞大臣特依顺奏。窃奴才奕经于二月初八日。将慈谿山接仗情形。并曹江以东汉奸充斥。以致官兵失利各缘由。恭折奏报在案。奴才文蔚。当即移驻绍兴。以便控制曹江。就近收敛兵勇。休养士卒。奴才奕经。即于次日前赴海宁尖山。查看该处形势。其地距省仅止一百余里。滨临大海。水面约宽七八十里。一望无际。现在水势渐浅。间有沙痕淤起。询据土人声言。秋冬之间。水涸沙淤。船只易于搁浅。不便往来。若三月以后。桃汛泛涨。沙被水冲。即属无险可恃。奴才奕经详细筹思。尖山一带。水面太宽。炮力难及。即使添兵防守。仍属无益。惟七堡地方。稍为险要。现有总兵博勒恭武。分饬湖北兵。在彼按段防守。尚为周妥。惟地势亦属散漫。现在又无别处兵丁。可以增添协守。只得添设炮位。借资捍御。并查省城为根本重地。银杏埠渡口。紧接城垣。兵力尤不宜单。当将奴才奕经所带河南兵一千名内。酌拨一半。在该处屯扎。与万松岭为掎角之势。其前次派守银杏埠之寿春镇兵二百名。即札令前赴海宁州。交副将岱昌调拨。择要防守……

(庚子)谕军机大臣等。前因粮船水手。人数众多。恐有汉奸溷入。降旨令牛鉴悉心筹画。旋据奏称。汉奸皆系闽广浙江匪类。漕船水手。皆籍隶江苏。山东。直隶。并无闽广浙江匪徒。容俟会同漕臣抚臣。筹议具奏等语。现尚未据该督抚等会议奏到。因念浙省办理军务。不能得手。皆由汉奸充斥。助逆肆凶。是此项匪徒。为害滋甚。不日南漕北上。难保该逆不分遣匪党。溷入水手之中。潜伏附近天津一带。别图滋扰。不可不豫为防范。著朱树谆饬各粮道。转饬总运等官。责成领运千总。各就所管之帮。逐船按照花名清册。自开兑以至沿途。随时点验。某船水手若干名。遇有册内短少。及册外增添之人。立即根究来历。毋稍容隐。其交卸回空时。尤应验明人数。随帮带回。并逐日点卯。毋任一名借故留住天津通州等处。以杜意外之虞。并著麟庆。朱襄。于催趱粮船之便。留心稽查。毋任匪徒溷迹。亦不准水手人等。一名上岸。并知照经过地方各督抚。一体严查。无分畛域。再闻漕船经行处所。皆有短纤。此辈更无册籍可稽。奸匪尤易匿迹。著该督等密饬所属。如何设法严防。妥议章程具奏。务使奸匪无从讬足。而漕行仍不致惊扰。方为妥善。

(辛丑)直隶总督讷尔经额奏……臣前因大沽以南。至山东交界之狼坨子山。计程二百余里。沿海各铺。除祁口河。狼坨子。口岸较大。设有多兵外。余俱安置马拨。酌设弁兵。昼夜传签备警。并派文员。编查渔户姓名。稽其出入。不令外来一人溷迹。其大沽以北。至山海关一带。亦均照此办理。至大沽。北塘。两处炮台。俱系一面临河。原无可以绕至后面之路。而村落棋布。人烟稠密。亦经酌派妥员。分段轮查。其出海大小船只。一体编列字号。所有舵工水手。俱取具实系良民保结备查。总不使该逆得以稍施鬼蜮。此办理各海口之实在情形也……

三月。壬子。靖逆将军奕山。两广总督祁𡊮。广东巡抚梁宝常奏……谨将现在战守规模。敬为我皇上陈之。伏查粤东自入国朝以来。通商设税。外夷从未有犯顺之事。逐年日久。所有炮台船只。渐不讲求。仅以备内海之盗。壮观瞻而已。英夷突然滋扰。非我兵弁畏葸也。实无抵御之具。因而致今猖獗耳。虎门失守。直入内河。省城受困。炮台尽为瓦砾。炮船为其残毁。二百年来之设险。荡然无存。所以奴才等自去年逆夷退出之后。奏明先固根本。水陆设防。以为不可摇夺之计。而造船铸炮。再为进剿之谋。广州城外。旧有军功厂。岁修米艇。无造大兵船之木。去岁四月之战。厂在河南。又为逆夷焚烧。不得已。秋间派委员赴钦州一带采买。据禀洋面不靖。安南木商不肯出海。只好一面各处招商。再拟附近搜求坚实料物。仿照外夷夹板作法。令绅士雇觅巧匠。作大小兵船三四只。以为式样。自去秋动工。至今年正月始竣。放入内河。架炮试演。甚属可用。若得三四十号。便可与逆夷出洋轰击。铸造铜铁大炮。在佛山设立三厂。镕铸搀和。必须倾泻数次。始能去尽粗砂。炮模一用不能再用。而广东十日九两。潮气太盛。炮模稍不干透。经铁汁喷注。热气鼓荡。炮身必起蜂窝。不能打放。自开铸以来。昼夜督催。委员三易。除不堪安放退还之外。其可用者。五百五十余尊。统计绅士报效。及自购夷炮大小九百余尊。仅可敷内河各炮台炮墙船排之用。尚有未安放齐全者。船炮两项。皆攻战第一要件。而仓猝难就。棘手如此。奴才等日夜焦愁。无可如何。目前战守把握。论全局先战而后守。论时势先守而后战。奴才等经营九月。处处求可守。实处处求可战。非徒守。必能战始有以拒之。所以内河之通海者。必水陆联络。防其冲突。或设台于要口。列墙以为掎角。或驻勇于近岸。拨兵以为声援。逆夷屡经窥伺。自除夕至上元。三板各处游奕。见兵勇林立。炮声连接。敛迹而退。此其明验。惟捣巢之计。奴才等寝食不忘。原拟挑选兵勇。驾驭汉奸。克期举事。而逆夷深恐掩袭。年前兵头朴鼎查。自浙驶回香港。添船自固。又用诡计。将他国货船。邀往同泊。惧用火攻。一概房寮。撤去葵笆竹片。仅留瓦覆。意在乘风不能尽燃。又扬言官兵若来攻剿。必定害及同类。为我多树仇隙。借以助彼羽翼。其心可为狡险。是我即得手。未必全复。即令全复。而各国环聚。亦不能守得而旋失。徒长寇心。多残民命。非我之利也。所以奴才等。密饬毋得妄动。致偾事机。况绅商军民。纷纷传布。大半云。广东去年蒙皇上深恩保全。沿海不受兵燹之苦。无不感戴。今大宪若欲进剿。能发不能收。徒累百姓。且富室一逃。人心惶惧。不但所输之饷。无处追缴。而捐纳各生。闻风惊窜。军需不继。反成内哄。外侮不除。内患又作。害不可言。由此观之。事无把握。夫人而知之。奴才等不敢强颜以为可胜也。至于议守。省城可保无虞。西南自登洲潭洲。东北自九龙鹿步。皆星罗棋布。密为豫备。又联络各村团勇。守望相助。傥逆夷闯入。必受大创。惟虎门十处炮台。用土诚难经久。粤中春夏雨多。尤难成立。而用石兴造。匠役惧逆夷进阻。俱不敢承办。经奴才等。与水师提臣吴建勋熟商。据云原筑炮台。出水太高。水道变迁。炮门亦不当紧要。备台既无后路。又不能相救。易于失事。必须先塞横档。西路海道巩固。移炮台于进南之浮洲。使逆船不能绕出横档之后。必由东路而进。然后三远炮台。及横档大虎小虎各台。始能抵御。无兵船护修。必不能坚固如式。若听信招回汉奸海盗包修。定先支帑饷。逆夷驶船阻挠。彼先星散。借口遗失料物。帑饷尽归虚无。更属不值。奴才等思无船既不能修。而无船更难望守。不如赶造战船。然后动工。虽迟时日。可以万全……

奕山等又奏。查佛兰西与英夷。毗连疆界。各为一国。素称强悍。前因争扰地方。构有嫌隙。彼此交兵多年。后经议和。该国亦与广东向来交易。上年十二月间。据称该国新到兵船一只。兵头嗔时尔。土思利。管驾来粤。泊在香港对面尖沙嘴地方。并云。后尚有兵船未到等语。正在密饬查访间。旋据报称。佛蘭西兵头土思利。乘坐小三板来省入馆。当经密饬洋商等。暗为访询。据云。来省意欲面见官府。有禀商事件。不肯明言。带有素晓中华言语之和尚。玉遮伊里打。二人同来。禀称。该国兵头有密商军务。不用通事传话。恳请当面禀陈等情。奴才等以该国向通贸易。素称恭顺。乃英夷兴兵犯顺。扰及海疆。阻挠各国生意。未始不怨恨英夷。今既据禀。请当面密陈军务。正可因势利导。驾驭羁縻。为以夷攻夷之计。当即于奴才奕山等。会查河道。舟至距城十里之半塘地方。传令来见。询其来意。据称。该国感沐天朝厚恩。该国王因闻英夷。与中华构兵。恐该国商船被其扰累。是以遣伊前来保护。并谕令到此从中善为解散。奴才等谕以尔国向称恭顺。大皇帝亦素所深知。英逆如此顽梗不化。肆行强暴。将来尔等各国。必受其害。尔国王既遣尔带兵船前来。果能出力报效。本将军等。必当据实奏明大皇帝。格外优待恩施。据称我们与英夷。虽属敌国。但现在新和。无隙可乘。不能妄动。若无故攻彼。恐别国忿恨。不如息事罢兵。早了此局。方妥。当询以尔有何息事之法。据称。伊愿与英夷讲说。伊若允从。则已。如不允从。即向其借词交兵等语。奴才谕以英逆屡次犯顺。现在侵犯宁波定海等处。致干圣怒。简派扬威将军。各路参赞。带领各省官兵。前往剿办。此时本将军等。如何敢擅准令伊讲说。据称大人们既不敢奏。我先出外洋。与英夷兵头讲说。如有何信息。再来回报。当即酌加赏赉。该兵头及和尚。旋即辞出外洋。又据汛弁探报。逆夷兵头朴鼎查。于上年十二月间。由浙潜回香港。又探得佛兰西兵头到香港。与逆夷兵头。见面二次。旋据香山驻劄县丞张裕。禀称。佛兰西。和尚。玉遮等。面禀。该兵头现有要事。于正月十六日。开船前往吕宋。去看兵船。留话给嗔时尔进省禀覆。二月初五日。嗔时尔。到行。呈递说帖。仍以解和为词。希冀赏给英逆马头。奴才等察其行事。似英逆新与连和。佛夷思于中取利。又思分地。故为之居间。夷情诡谲多端。该兵头虽阳为恭顺。焉知不借探内地虚实。另生事端。虽现在该夷同米利坚各国夷商进省行。照常贸易。而无故求和。不能不疑。遂以好言拒绝。并导以不可助逆。玉石俱焚。若能为中国出力。大皇帝必加恩于尔国等语。除密饬水陆兵勇。严其防范。观其动静外。所有佛蘭西兵头来省情形。不敢壅于上闻。据实附陈。

祁塡等又奏……臣等复思。现在夷务。尚未大定。然欲作经久之计。亦应为先事之谋。英逆肆行猖獗。所恃者船坚炮利。内河水浅浪平。若夷船闯入。侭可用以小胜大之法。临时多雇民间渔料各船应用。即须另行添造快艇小船。亦不难克日告成。且经费亦属有限。至由狮子洋。而外达虎门。及沙角大角等处。海面宽阔。风浪掀簸。非大船不能得力。向来巡洋各项师船。平日止可巡缉盗匪。不能安放重炮。驾出海洋。与夷船对敌。是防御逆夷。必须另造大号战船。以冀制胜。上年夏秋间。在借刑部郎中潘仕成禀商。捐造战船一只。现已造竣。计长十一丈有余。木料甚属坚厚。经靖逆将军。会同臣等。及水师提臣吴建勋。亲往白鹅潭查验。驾驶极为灵便合用。现又购就木料三分。饬令广州府易长华。会同潘仕成。起造三只。如能照此制造战船三四十号。随时演练。无事则分泊各海口以资巡缉。有事则调至虎门。内外可资捍御……

道光卷四六

道光二十二年。壬寅。三月。乙卯。扬威将军奕经。参赞大臣特依顺。文蔚奏……数月以来。熟筹密商。稔知逆夷诡谲异常。浙省道途狭隘。河汊分歧。难于大队攻剿。其水路。则夷船往来迅利。我兵又无大船可以驶驾冲击。是以奴才等。再四筹商。止有外攻内伏。可以夹击取胜……惟查浙省地势。东北俱滨临大海。此内口岸繁多。亦间有沙涂阻隔。大船未能驶近。而两岸统计延袤七百余里。道路绵长。其间洋面相距。或百余里数十里不等。虽逐段派兵防守。夷船若从中间来往。仍属难及。且各段兵力未能甚厚。逆夷豖突而来。我兵从塘岸奔救。亦恐缓不济急。奴才等。愚昧之见。窃以为分兵自守。尚不如以进为守。查川陕官兵。虽甫经稍挫。尚属人人思奋。其阵亡各缺。已由该营余丁内挑补足额。其带伤各弁兵。医治亦渐痊愈。奴才等。严饬该管将弁。将新补兵丁。迅速教练。并派委员。将留营勇壮。归队教演抬炮抬枪。一面密遣妥人。分探各城夷情。并另行踏勘水陆进兵道路。俾逆夷知我兵不日仍行进剿。或加意固守。不能远离巢穴。不然。恐该逆知彼前路无虞。转敢倾巢远出。奴才等。各具天良。何敢以我兵稍挫。少形畏葸。特以沿海各路夷船。处处可到。究须添兵防守。以备不虞……

奕经等又奏。前据拿获汉奸僧人洸正供称。上年九月间。逆夷占据定海。曾遣人回国。别调夷兵一万。约于本年二月初十日到浙等语。现据宁绍台道鹿泽长探报。宁波添有红头夷兵数百名。身穿红衣。头戴红呢白边高帽。并闻驶来夷船四十只。已有三只先到定海。系逆夷马里逊。由广东带来者。现已另饬详细确探。查逆夷性情诡诈。往往易船载入。改换衣装。于洋面往来游奕。诈称添兵。恐吓地方。现在果否新到船只。增添夷人。尚未可信。惟此次探报。与僧人洸正供词。略有相符之处。而近日尖山之白蜡礁。曹江之沥海所。绍兴之三江口。均报有夷船游奕。或果添船。亦未可知。总之夷情狡谲。自宜严密守御。以防意外之虞。

庚午。扬威将军奕经。参赞大臣特依顺。文蔚。浙江巡抚刘韵珂奏。窃臣奕经。文蔚。于进攻宁镇之先。密令各处豫伏勇壮。以备临期接应。正月二十九日接仗。虽一时未能全行得手。而各路仍有勇壮潜伏。兹据镇海县知县同知衔叶堃禀称。从前接奉臣等密谕。并臣刘韵珂札饬。即商同镇海县生员王师真。密造藏药器具。发火机关。演试灵便。另备船具。选择水勇多名。并由各委员协助乡勇。以备进攻。二月二十五日夜间。生员王师真。统领火药船十二只。分作六排。水勇四十余名。由僻港撑至镇海附近夷船处所。时已四更。将头排药船。用长绳从水底系定。乘潮退之时。紧对逆夷大船发火。即将停泊税关衔头之大夷船后尾烧然。是时响声震地。火光烛天。该船夷众惊起。但闻呼号之声。不及解放杉板。纷纷窜入水中。其余夷船闻声。遂各驾大小杉板船。前往扑救。彼时生员王师真。即乘势督催水勇头目。并各散勇。将后队五排药船。重重继进。逆夷见前后左右。皆是我军船只。各杉板即从四面围住。过船搜察火具。触动机关。各船火药。立时并发。烟焰冲天。硫黄药弹。上下飞腾。我船与逆船。搀杂一处。均经然著。逆夷亦莫能辨认。惟闻人声鼎沸。各船遥见如此声势。即时开放枪炮。从两面轰击。彼时该令所带乡勇。并附近暗伏乡勇。在旷僻处所。闻逆夷枪炮之声。亦各发火开枪。作为疑兵应援。逆夷不知虚实。但见各处火焰。又有枪声。疑我军有无数兵勇。其枪炮愈发愈多。复向江面乱击。直至天色将明。各乡勇水勇。随即陆续撤退藏匿。并无一人受伤。至该逆被焚杉板。及焚毙夷匪。因时在深夜。不能确计其数。但是夜火光甚炽。逆夷号呼不绝。约计焚毁之船。烧毙之人。实属不少。惟该逆大船未能全焚。止烧毁后尾并后桅篷舵等物。及上悬之杉板数只。逆等惊扰彻夜。天明即向各处寻觅踪迹。并捉拿沿江渔户民人。追究根底。竟不知兵勇船只。实从何处驶来。现仅止张贴伪示。声言是夜来有火攻船数只。多幸无虞。百姓不必惊慌等语。是其胆怯心惊。故作掩饰之词。已可概见。臣等诚恐该令侈张其辞。禀报未能确实。一面选派兵役。密往该处。向乡勇民人查探。复一面札饬宁绍台道鹿泽长。在曹江就近访查。据实具禀。连日探回。并据该道禀覆。船只人数。亦未能查访的确。其大致均与该令叶堃原禀相符。查镇海县知县同知冲叶堃。接奉臣等札谕。即能商同生员王师真。设法办理药船。乘夜潜往镇海。焚烧逆夷大船后尾桅舵。并焚毁大小杉板船只。烧死夷匪。足使该逆胆慑心惊。实属明干有为……

奕经等又奏……窃奴才等前因所获白黑夷人。供词不一。姓名互异等情。已于二月二十九日。具奏在案。适广东送来通事二名。熟悉夷语。奴才复又添派随带司员。向该夷等连日隔别诘问。据通事译出供词。白夷内并无管粮头目。惟有带兵头目一名干布尔。管下二百余人。此次来浙。统计夷兵水手杂役。约有一万七八千人。并非一国之人。系由各处凑集雇募前来。其最大头目啊佛。统陆路兵将。吧咖。提督水师兵船。仆鼎查。系为钦差。该国中仆鼎查名字最多。去岁在定海被炮轰毙之头目。亦系仆姓。至玛里逊。罗卜丹。郭士立等或能说汉话。或能写汉字。均系聘来通事。每月给有月费。随同啊佛等办事。安突德。亦系带兵头目。现在该逆干布尔等。及各黑夷。均有感悔之意。至夷船现有若干。讯据该逆供称。因系分泊三处。来去无常。且实有增减。实不知其确数。惟据近日探禀。宁郡停泊四只。镇邑停泊八只。定邑及洋面岛嶴。停泊三十二只。其数似较正月间。稍有加增。而货船亦在其内。每船夷匪。除水手杂役不计外。约有二三千人。亦不时来往调动。往往乘夜暗伏舱底。开至外港。次早驶到各城。换衣登岸。即诈言添兵若干。前据探报。有逆夷新来船四十只。并添兵万人之信。现据各处近日探禀。止称逆夷由闽粤来船数只。并未见有添船四十只添兵一万之多并据获到汉奸供称此言闻自逆夷传说。其为借以恐吓人心。已可概见……

丙子。扬威将军奕经。参赞大臣特依顺。文蔚。齐慎奏。窃查定海孤悬海外。现在逆夷占据。恃为巢穴。洋面风潮。既属险恶。逆夷船只。又复坚固。督兵进攻。颇难得力。当因浙江候补批验所大使郑鼎臣。系上年阵亡原任处州镇总兵郑国鸿之子。稍知军事。曾随伊父在定海办理防堵。于该处洋面情形。亦为熟悉。特派该员招集水勇。雇募火攻船只。即委令总司其事。会同营员渡洋。暗伏县城内外并各嶴岛。豫备焚烧攻剿。并札委现驻乍浦督办防堵事宜之杭嘉湖道宋国经。及山西遗缺知府王用宾。经理钱粮。督饬办理。惟海洋风潮无定。难以克期举动。该委员曾屡次禀报。定期进攻。或以风信不顺。或因逆夷豫知。已有防备。皆未能动手。奴才奕经。文蔚。恐该大使等冒昧轻进。连次札知该道宋国经等。转饬各营员委员。如风潮不顺。务须暗伏不动。设有隙可乘。即行布置进剿。亦不得坐失事机。并谕令各水勇内查其柔脆胆怯者。即行撤回。庶免临期误事。而于帑项亦稍可节省。旋由该委员陆续撤退水勇。约有二千余名。均经奴才等派员押令回籍。节次奏明在案。兹于三月初十日。迭据杭嘉湖道宋国经等。转据委员郑鼎臣禀称。三月初四日。督催水勇火攻船。分路放入十六门等处。焚烧大夷船共四只。三板船数十只。击毙逆夷多名。并据军功顶带詹成功。把总吴大升。禀称。在城内埋伏内应。烧毁逆夷房屋。杀毙逆夷数十名。生捡白夷一名。并将夺获夷枪夷刀等件呈缴。奴才等因定海远隔重洋。究竟焚烧夷船若干。有无击毙夷匪。仅据郑鼎臣等禀辞。恐尚有粉饰。难于尽信。复饬宋国经等核实确查。并派令侍卫珠勒亨。容照。带同台州同知陆模。前往乍浦。严密访查。均无异词。据实禀覆。并将夺获及捞取夷衣夷物。被烧篷索船板等件。解送前来。查得委员郑鼎臣。于正月间。带领船勇出洋。逆夷处已有汉奸告知。夷船逐日在各嶴搜捕。并出伪示银两。捉拿该员。所有出洋各船。只得分向偏僻小港潜伏。兼之风潮总未顺利。迟至月余。未敢轻进。嗣将各船渐次聚集鄞县所属大嵩港内停泊。乘隙举动。并豫行通知在定海城内埋伏之军功顶带詹成功等。如望见海面火起。即行接应放火杀夷。至三月初四日。风平潮静。当即暗向各船装载柴草火药等物。先驶至梅山港。黄昏出港。分三路向北前进。适值东南风大作。守备徐槚宝。督率火攻船只。先由十六门地方。分作七排。奋勇放进衜头。该处停泊大夷船三只。逆夷见头排船只拢近。即时开放枪炮。各船同时发火。水勇赶紧换坐小船。或凫水避走。风急潮紧。七排船只。重重继进。内有两排。未能牵挂夷船。随潮驶过。其余俱围住逆船。即时引然。火光烛天。人声鼎沸。逆夷始犹极力扑灭。并用炮四面轰击。继见篷索全然。火势益盛。无处躲避。逆等纷纷跳入三板船逃窜。复值水师效用武举蒋忠清等。管带后路兵勇接应亦到。开枪放炮。迎面攻击。该逆船只惊乱。复自相触沉多只。并有退回仍被焚烧者。东岳宫逆夷。见衜头火起。连放八九炮。声震数里。火攻船被逆炮击沉数只。而夷船大桅。亦被自击。连断两根。该勇等乘势喊杀。逆夷大半落海。只因夜黑潮急。不及捞获。亦有逃脱上岸者。径向东岳宫定海城内奔避。其逃走三板夷船。奔向竹山门。又遇水勇头目袁高荣。带领火攻船。自小渠山驶来。该逆急用鸟枪火箭击射。转将柴草烧燃。风催火猛。烟焰迷天。直向夷船喷烧。逆船逃避不及。又被焚烧多只。至蟒峙港地方。自上年秋间。停泊最大夷船一只。总未移动。是晚。千总韩庆瑞。王廷鳌。并勇壮头目李世茂。带领大号火攻船二十余只。一齐放进。乘风发火。首先烧燃逆跑大桅及篷索等件。烈焰飞腾。在船逆夷。仅止开放四炮。舱板均已引燃。不及解放三板船。各逆多半焦头烂额。势如鼠窜。凫水逃生。转瞬间逆船火药烧燃。声如巨雷。烟焰飞过山顶。即时桅倒船沉。不见踪迹。维时军功项带詹成功。把总吴大升等。在定邑城内。望见东南海面。火焰冲天。枪炮连声不绝。知系火攻船只得手。当约齐埋伏兵勇。先行放火。延烧逆夷房屋。乘其扑救扰乱之时。奋力攻击逆夷。枪炮并施。兵勇奋勇向前。击杀逆夷数十名。生捡白夷一名。并夺获夷刀夷枪等件。时已天明。内伏兵勇人数较单。恐被逆夷看出形踪。嗣后转难藏伏。因止割取首级数颗。仍前分藏各处。豫备再行乘机攻剿。所获白夷。暂藏民人许成明家内。所割首级。亦因夷人守城严密尚未能拿出。其城外埋伏之委员银沆等。亦经放火焚烧沿城房屋。以助声势。但距夷匪较远。未能击杀捡获。至委员郑鼎臣。分饬三路船只发火后。即上螺头门山顶。登高了望。遥见城内火光腾跃。又有枪炮之声。并见五奎山有逆夷屯扎。即分饬弁勇。先行奋力上山攻击。该逆亦开放枪炮迎拒。此地逆夷人数无多。旋即溃散。我兵乘胜追击。复杀死十余人。并夺获夷箱夷刀锡桶衣帽等物数十件。旋有火轮船二只。自北驶来接应各逆。弁勇即时开放迎敌。击破舱板一块。逆船遂于衜头洋面。横亘开炮堵截。天已渐明。势难前进。该营员委员等。渐次撤退。回望各路烟焰浵漫。尚未息止。后遣人顺流捞取烧残夷船桨片船板等物多件。仍回至大嵩港停泊。陆续查点各路弁勇。止十余人带有枪伤。并火箭烧伤。亦有在水中被礁石及船帮碰伤者。并无一人阵亡。统计此次火攻。烧毁大夷船四只。内烧沉一只。三板船烧毁及触沉者。共有数十只。烧毙沉溺。并城内击杀逆夷。约有三四百人。实在数目。未能确查。现在逆夷将各斝停泊之船。聚集一处。不能远驶。四面用横木支撑。搬运木料。修理残毁船只。并驶驾火轮船。向各路搜寻。凡遇柴草堆垛。概行焚毁。船只往来。益加盘诘。处处查问官兵现屯何地。颇有畏我火攻之意。查逆夷自上年侵扰海疆。在海洋水面。从未稍受惩创。今于二月间。镇海衜头焚烧一次。止烧毁大夷船尾。三板船多只。逆夷自相击杀多名。尚未烧沉大船。兹复于定海各洋。焚烧大夷船三只。三板船数十只。并烧沉大夷船一只。城内洋面。复击杀夷匪数百名。逆夷向恃其船只坚固。又以我军并无出海兵船。故敢往来洋面。猖狂无忌。不虞我军竟以小船火攻。

道光卷四七

道光二十二年。壬寅。四月。庚辰。浙江巡抚刘韵珂奏。逆夷自前初四日。与我兵在慈谿接仗以后。或以百余人。或以数十人。执持枪械。在宁波附近各乡。搜查有无埋伏官兵。至二十五六七八等日。该逆火轮等船。在平湖。海盐。海宁。山阴。会稽等州县。所辖洋面。往来游奕。内有一船。直入尖山口内窥探。二十九日。各船始行退去。本月初三日。又有三船。自余姚洋面北驶。现在迪北之海宁等处。并未见其踪迹。或已乘夜潜回。亦未可定。探闻该逆。前在慈谿。与我兵接仗。被我兵击毙之众。甚属不少。该逆俱用船只装回。现又闻宁郡时疫渐作。该逆闻有染疫身死之人。并据侦探兵役。目击有船载病夷十余人。前赴定海之事。惟宁波镇海等处传言该逆自上年九月间。攻陷三城之后。即遣人回国。纠约丑类。现已纠有夷兵一万名。兵船四十只。陆续自粤来浙等语。虽未知其真伪。但逆船自粤省而来。先须由温台两府属洋面经过。再行驶至定海。本年正二月间。温州府属之永嘉。瑞安。乐清。台州府属之太平等县。时见逆船过境。或一只。或二只。均系自南而北。现又据永嘉县禀有逆船五只。由该县洋面北驶。各船载兵载货。及是否来自该逆本国。抑本系在浙之船。去而复返。或系由粤闽两省。转入浙境。无从确查。惟其众时在宁波等处。操演枪炮。又制造木排。蒙以牛皮。在城内小河演习水战。并闻其制有木首竹身假夷人。为进攻时诱我枪炮之用。察其居心。有觊觎省垣之意。臣现已通饬文武。镇静严防。傥该逆拥众内犯。必须细加审视。再行开放枪炮。以免随其奸计。并因尖山以内。暗沙缕结。向惟海盐县黄道关地方。居民之驾船为业者。知其险易。其人名为发潮老大。凡船双出入。均须雇令引带。否则即有搁浅之患。臣与扬威将军奕经。因逆船时至海盐等处游奕。诚恐其探知此事。将发潮老大。裹胁入船。逼令引路。致有疏虞。访查此项发潮老大。不过二百余人。尚属易于安顿。遂先扎饬海盐县。及各委员。全数雇觅来省。派员管带。饬令撑驾巡船。并照水勇之例。日给雇值。并付安家银两。以资养赡。俾逆夷无指引之人。或不致即行阑入。至各场大小卤船。上年冬间。闻该逆有捉掳之谣。经臣奏明封禁。将船只停泊内河。兹据该司道等。查明小号卤船。止能在海边驾驶。并不能直入大洋。是小卤船所驶之处。乃各逆船不到之区。不虞即为掳掠。当此土卤旺起。场灶须用孔迫。自应量为变通。庶不致因噎废食。现已饬令将小船开禁。令其运卤供煎。互相保结。仍责成各场官认真稽查。如有奸匪溷迹。即行严拿究办。

谕军机大臣等。据刘韵珂奏。英逆在宁波等处。制造木排。蒙以牛皮。演习水戏。并闻其制有木首竹身假人。为进兵时诱我枪炮之用等语。该逆诡诈多端。情殊叵测。著沿海各将军督抚。密饬带兵将弁。万一夷船乘夜内犯。必须查探确实。再行开放枪炮。不可堕其奸计。是为至要。将此各谕令知之。

扬威将军奕经。参赞大臣特依顺。文蔚。齐慎奏……查浙省自二月以来。天气放晴五十余日。尖山以内。江海浅涸。不惟旧有淤沙。未经冲刷。且各处又复涨起新沙。连日派员探量查验。均称水势日浅。沙痕浮涨。逆夷大船驶进。必致浅搁。奴才等。仍恐素悉水势之船户。被胁贪利。暗中引进。复将熟悉沙线水手。名为发潮老大者。与抚臣会商。委员设法。拘集到省。日给口粮。不令资为逆用。奴才等。现分拨兵勇。陆续由上虞前进。仍令步步为营。豫备相机进剿。奴才齐慎。已于二十一日。东渡赴绍。先将应分应合之处。会同文蔚。商定。再行具奏……

直隶总督讷尔经额奏。窃奴才前准廷寄。奉上谕。逆夷诡谲异常。往往于接仗之际。扮作乡勇商民难民。使我兵不能辨别。临时脱去号褂。及外面衣服。手持枪械。并力抗拒。殊堪痛恨。浙省如此。他省恐不免施此伎俩。著就所属海口情形。严加堵御。不时侦察。其营中一切衣装号令。务当随时密传。不令夷人汉奸豫行知觉。至天津商船到口之时。必应如何稽察。不致奸民溷入。尤当悉心筹画。毋得稍存大意等因。钦此。臣与提镇等。再四密商。现在逆夷并无北来消息。但须于营盘内严肃纪律。兵勇不得擅出营门。闲人不得擅入营门。其土木工作人等。必应进营者。皆给予腰牌。填注年貌。早发暮收。夜间弁兵传签巡警。由该管将官。随时密传口号。互相问答。至临时。则兵丁向用红边号挂。概行脱去。由臣择其简而易办。显而易见者。密为购置。届时分给兵丁。作为记认。仍复逐日换。不令该逆等袭取混冒。其号令。亦由带兵将领。随时密传。不用雷同口语。庶我兵无论战守。无论昼夜。皆能自相辨识。逆夷汉奸。无由溷入。至往来海口商船。向有一定章程。到口先行查验。查明后方准入口。若实系携带浙省商民难民前来。严诘之下。有无奸谋诡混。当可立辨。如人数无多。不携器械。或于海滩沙淖之中。徒步上岸。盘查辨认。真假亦难混淆。傥人数众多。扮作商民难民。执持器械。黴夜觅隙登陆。其为夷匪汉奸之诡计无疑。自应以枪炮轰击。臣与提臣镇道。熟商定议。密行札饬在防将备地方各官。一体遵照。

癸未提督衔台湾镇总兵达洪阿。按察使衔福建台湾道姚莹奏。道光二十二年。正月二十六日。戌刻。接据彰化县禀报。二十四日。卯刻。有三桅夷船三只。在五义港外洋。向北驶去。臣等查该处与淡水。鹿港。二厅接壤。飞饬该厅县。以夷情诡诈。难保不进口窥伺。懔遵不与海上争锋之旨。惟宜以计诱其搁浅。设伏歼捡去后。兹于二月初三日。接据淡水同知曹谨。鹿港同知魏瀛。委员澎湖通判范学恒。彰化县知县黄开基。护北路副将关桂禀报。该厅县等遵照密札。雇募渔船。假作汉奸。在北路一带港口侦探。三十日卯刻。果有三桅夷船一只。随带杉板四只。在淡彰交界之大安港外洋。欲行入口。该厅县当即会同关桂。及署北路右营游击安定邦等。督率员弁兵勇。驰往堵御。一面在港口迆北之土地公港。分兵埋伏。逆夷见大安港口。兵勇众多。攻扑不进。复追出外洋。经猫雾拣巡检高。春如。及大甲巡检谢。得琛。所募之渔船粤人周。梓等。与夷船上广东汉奸作土音招呼。诱从土地公港驶进。果为暗礁所拦。其船歪侧入水。夷人十分惊慌。该处理伏兵勇齐起。夷船距岸不远。已在水摇簸。不能行驶。关桂。安定邦。督令署守备何必捷。千总何建忠。李青云。把总翁标桂。林飞鹏等。施放火炮。奋力攻击。逆夷危急。不能回炮。延至巳刻。其船遂破。夷人纷纷落水。死者不计其数。或跳上杉板逃窜。复有数十人手持短械。跳上渔船。该厅县将备。同大甲巡检谢得琛。竹堑巡检汪昱。外委萧振辉。李吴魁等。及义首总理兵勇。奋力围击。杀毙白夷一人。红黑夷数十人。生捡白夷十八人。红夷一人。黑夷三十人。广东汉奸五名。夺获夷炮十门。又铁炮一门。鸟枪五杆。腰刀十把。均系镇海营中之物等语前来。臣等查该夷前经惩创。复敢来台滋扰。仰仗天威。计破其舟。溺毙斩馘无数。生捡白红黑夷四十九人。夺获炮械图书。并将通夷汉奸。一同拿获。实足以快人心而彰国法。惟夷情凶狡。两次败衄。必图大帮报复。现督饬文武。鼓励士卒。激劝义首头人壮勇。同心协力。加意严防。一面委前候补同知台湾县知县托克通阿。署北路都司岑廷高。驰往查勘夷船。搜取炮械。行提各犯来郡。讯录供情办理。

谕军机大臣等。达洪阿。姚莹。由五百里驰奏。逆夷复犯台港。破舟歼逆一折……据奏。该逆三桅大船三只。在五叉港外洋向北驶去。仅止击沉一船。其余二只。究竟驶往何处。再此次生捡逆夷数十名。且获广东汉奸五名。正可隔别严鞫。令其据实供吐。逆夷屡次前来台湾。系何人指使。意欲何为。所获白夷十八人。有无得受伪职之头目在内。此次滋扰台湾船只。由何处驶来。现在广东。福建。浙江各洋面口岸。夷船共有若干只。各处船只。分领头目几人。汉奸内。最为该逆信服者几人。其姓名并诡谲踪迹。务当层层分晰。讯取确实供词。与保奏折件。由五百里覆奏。取供之后。除夷头目暂行禁锢。候旨办理外。其余各逆夷。与上年所获一百三十余名。均著即行正法。以抒积忿而快人心。

甲申。提督卫台湾镇总兵达洪阿。按察使衔台湾道姚莹奏……奉上谕御史福珠隆阿奏。请暂留罪夷。以便究讯一折。台湾捡获逆夷多名。据达洪阿等奏称。俟解郡讯明后。即行正法。现在该逆犯等。如果尚未正法。即著刘鸿翱。饬令达洪阿等。按照该御史折内所陈各条。除千里镜一节。毋庸查究外。其余逐层究诘。明白晓谕。务得实情。密筹办理。冀有裨于攻剿机宜等因。钦此。遵查原奏所称应讯各条。俱系案中紧要关键。先经该府厅县。悉心推鞫。所问款目。亦与原奏大略相同。兹于钦奉谕旨之后。臣等复加研讯。据黑夷头目目莉空等供称。伊等驾船三只。同到台洋。均系红毛望结仔咔勝油地方夹板夷船。向属英夷管辖。英夷所辖各岛。每年俱系进纳鸦片烟土。作为贡税。前年中国查禁鸦片。英王不能销售。遂向各岛索要金银。各岛夷亦因鸦片难销。无有金银供应。仍求收纳烟土。英王即于槟榔屿。望结仔。实力等处。雇调兵船七十余只。在孟加刺地方会齐。大船用夷人八九百名。小船五六百名。每名月给番银四五圆。至十余圆不等。又用汉奸五六名。沿途卖货记帐。偷买食用等物。令大头目带领各船至中国与领事义律。恳求通商。因中国严禁如初。即带各船。至广东虎门。浙江舟山。福建厦门等处滋扰。去年不记月分。义律被国王撤回。另换仆鼎查。为领事大头目。随于七八月间。先派三十余船。攻打厦门。又派二十余船。再攻浙江。又派伊等三桅船三只。来台窥伺。不料伊等所驾之三桅船。于八月十二日傍晚。先到鸡乱外洋。其同来二船。不知在何处阻风停泊。伊等于十六日。驶入鸡笼口内。经官兵开炮轰击。伊等用炮回攻。不能得力。被岸上一炮击倒大桅。伊船立时破坏。船上有夷官甲毕丹三人。一名阿呋万。一名吧喇不。一名哝不嗱。见势危急。一人于拜天后跳海。一人刺目。一人同白夷数十人。红夷数十人。黑夷三百余人。及汉奸数人。分驾原带杉板船四只。逃走。因岸上官兵乘船追赶。各夷在杉板船上。投海溺死。及被追兵杀死者。不计其数。伊等俱被生擒。船上所带大小炮三十余门。及火药炮子金银食用等物。俱已散失各等语。此该夷船听从英夷各处滋扰来台被擒之原委也。诘以汉奸姓名里籍。据称。汉奸俱是粤人。从前英夷到广通商最久。汉人与管事白夷。彼此认识。是以此次雇在各船照料。若是面生之人。白夷亦不使用。伊等实不知其姓名。诘以制药造炮。用何物料。该夷等能否造办。据称火药船只。俱在本国及息辛地方制造。炮用铜铸。取其出子便利。伊等但能用药点放。不会造办。诘以硝磺米石。俱由何处偷漏。所需内地何物接济。畏惧中国何项兵法。据供。硝磺米石。俱由息辛孟加刺等处运来。也有各处汉奸接济。船上所带干面粉饼极多。并非必须内地之物。至在中国打仗。最怕搁浅。是以到一海口。必要量水深浅。最怕火攻。是以船上两舷。皆是夹木。舷中一层贮水。以防炮火各等语。臣等复以槟榔屿。望结仔。息辛。孟加刺。实力等处。是否国名。所获图册夷书。是何奸计。向其究问。据称。孟加刺。实力。是英夷属岛。槟榔屿。望结仔。息辛三处。俱是英夷大马头。在噶喇吧一带。遇有顺风。亦须四五个月。方能驶到中国。至所带图册。是沿途各岛。及中国地图。夷书。是管船白夷甲毕丹之物。伊等黑夷俱不识字。莫能解说等供。再三严诘。矢口不移。似未便再事刑求。臣等。查该逆夷等。因天朝不准贩卖鸦片烟土。辄听英夷调派。分至各省滋扰。实属罪大恶极。若如该御史所奏。解省讯办。非惟现乏文武官兵。配船解护过海。且此项黑夷。俱系各岛乌合愚蠢之人。问以秘要夷情。不能明晰。设或洋面夷船闻而截夺。更属不成事体。应否仍照臣等原议。即行在台正法。以彰国宪而快人心。抑如该御史所奏暂缓正法之处。臣等未敢擅便。候旨办理。

谕军机大臣等。本日据达洪阿等驰奏。遵旨严讯夷供一折。上年鸡笼。淡水。海口。生擒夷犯。现经黑夷头目目莉空等。供系红毛望结仔吽蔀油。地方夷船。向属英逆管辖。因中国严禁鸦片。于槟榔屿等处。雇调兵船七十余只。大船用夷人八九百名。小船五六百名。分扰广东福建浙江等处。伊等来台窥伺。被官兵用炮击破船只。将伊等生擒。该逆打仗。最怕搁浅。最怕火攻等语。览奏均悉。据奏称该逆等罪大恶极。若解省讯办。洋面恐有疏虞。仍请在台正法。所见甚是。著即照议办理。再昨据奏报。逆夷复犯台港。经该总兵等生擒白夷十八人。红夷一人。黑夷三十人。汉奸五名。该逆夷中必有洞悉夷情之人。究竟该国地方周围几许。所属国共有若干。其最为强大。不受该国统属者。共有若干。又英吉利至回疆各部。有无旱路可通。平素有无往来。俄罗斯是否接壤。有无贸易相通。此次遣来各伪官。除朴鼎查。系该国王所授。此外各伪职。是否授自国王。抑即由带兵之人派调。著达洪阿等逐层密讯。译取明确供词。据实具奏。毋任讳匿。

扬威将军奕经。参赞大臣文蔚。齐慎奏。窃自二月接仗以后。深知逆夷畏我明剿。更惧我暗攻……顷又探得逆夷。自三月中旬以后。将定海之兵调回镇海。镇海之兵调至宁波。去时匿于舱底。来时站于船头。改装易服。故作添兵之状。又时时往来。切切私语。甚至互相哭泣。而连日探报。复有水陆并进。各处滋扰之谣。其实深恐我兵进攻。姑为牵制。察其诡谲之状。益见窘迫之情。奴才齐慎现已于二十六日。带同员弁。亲赴上虞以东。相机进剿。奴才奕经。现已渡江来绍。派员张应云金石声。督同绅士何士祁杜宝辰等。于三江口一带。添置炮位。安设地雷。挖掘陷坑。总期有备无虞。奴才文蔚。即日带兵。从曹江前进。与奴才齐慎为犄角之势。一面飞咨参赞特依顺。抚臣刘韵珂。将逼近省城之海宁尖山。及省城以西之乍浦。各沿海等处。严密堵防。毋任窜逸。朱批。览奏欣悦。卿等必成大功。朕日盼捷音。伫颁懋赏。

戊子。浙江巡抚刘韵珂奏。窃臣前于三月十五日。将二月初四日以后夷情。附片奏陈圣鉴。拜折之后。续据驻守慈谿县之宁波城守营都司李宗白等探禀。该逆有向宁郡居民。逼索浙省十一府志书。及黄河扬子江地图情事。嗣又闻该逆欲退出宁波。分犯杭州。绍兴。乍浦。上海。崇明等处之谣。并闻该逆已在定海。制有小船多只。夷酋马利逊。亦自粤东带有夷兵夷炮来浙。臣以传闻之词。原难凭信。惟该逆诡计多端。总须从严防范。即经咨行守口各文武。并江省督抚臣。一体严防在案。至二十四五等日。绍兴府之山阴。会稽。上虞等县。了见宝有该逆火轮船。在所辖之三江口。沥海所。夏盖山等处游奕。二十九等日。复据慈谿县等禀报。二十六日。宁郡有夷目一名。率领夷众千余人。携铺盖行李。用鼓乐导送出城。即乘坐内地钓船。开往镇海。二十七日巳刻。郡城所泊夷船六只。全数开行赴镇。现在宁波并无夷船夷匪等情。臣查该逆自上年窃据宁郡之后。虽屡经分船至各处窥探。而仍将郡城据为已有。并未弃而不守。此次忽将停泊各船。全数退赴镇海。殊不可解。是否该逆因宁郡已被搜括空虚。无所系恋。抑或畏兵勇暗袭潜杀。不敢久留。并现在是否在镇屯驻。抑连镇海之船一并退去。尚未接有确耗。惟该逆究未受大创。遽尔退出宁郡。难保不分窜他处。冀图一逞。而省垣及乍浦两处。该逆垂涎已久。尤应防其侵犯。如使该逆由尖山海口闯至省垣。臣当会同参赞大臣特依顺。督率员弁兵勇。奋力堵剿。若乍浦有警。则距省二百余里。臣与特依顺。势难兼顾。且恐其声东击西。别怀奸计。更不便舍根本而顾藩篱。臣现已饬令驻守该处之杭嘉湖道宋国经。会同副都统臣长喜。及扬威将军派防之文武各员。尽心守卫。并因恐该逆北犯江苏。移咨两江督臣牛鉴等。豫为备御。以免疏失。至该逆既经退赴镇海。则宁波府城。自应乘机收复。现准扬威将军来函。已属参赞大臣齐慎。带兵往彼。臣亦札饬宁绍台道鹿泽长等。赶紧前往。抚辑居民。弹压土匪。惟该处为逆夷所残破。缮修守备。非一时所能猝办。设该逆探知我遣兵在彼镇守。复行折回攻犯。诚恐骤难抵御。办理不可不慎。臣现饬该道等。随同齐慎。体察情形。或径进城内。或暂驻城外。相机妥办。并函致扬威将军。转嘱齐慎。诸事慎重。以免为逆夷所误。刘韵珂又奏。再臣正在拜折间。复叠接慈谿县等来禀。镇海停泊夷船。亦于三月二十七八等日。陆续退往定海。镇港现止夷船五只。招宝山上。住有夷匪二三百名。于二十九日。在山开放大炮数十门等情。并据都司李宗白探报与慈谿所禀。情形亦大略相同。惟称镇港夷船。仅止三只。与慈谿所探互异。臣查镇海夷船。向在十只内外。今该县与该都司禀报停船数目。虽属参差不合。然以向来船数核之。业已开去大半。至该逆。在三江口。沥海所。夏盖山等处。游奕之火轮船。现已据报退出。臣查该逆行踪诡秘。其将宁波镇海之船。陆续开往定海。居心尤不可问。现在钦差大臣耆英。与伊里布咸龄等。自绍兴与扬威将军等接晤后。于四月初二日。回至省城。臣惟有遵旨会同该大臣。及参赞大臣特依顺。将省城防守事宜。和衷商榷。务期严益加严。以免疏虞。

又谕。据刘韵珂奏。夷船全数退赴镇海一折。又另片奏。镇海夷船。陆续开往定海等语。据称。前闻逆夷有欲退出宁波。分犯杭州等处之谣。复闻该逆在定海制有小船。夷酋马利逊。亦自粤带有兵炮来浙等语。三月二十四五等日。了有火轮船在绍兴府属之三江口。沥海所。夏盖山等处游奕。二十九等日。忽据慈谿等县禀报。宁波郡夷目一名。率领夷众千余人。携带行李。乘坐钓船。于二十六日。开往镇海。郡城所泊夷船六只。亦于二十七日开行赴镇。并于二十七八等日。陆续退往定海。现在招宝山上。尚住有夷匪二三百名等情。逆夷诡诈异常。忽称添兵自粤来浙分扰。忽又将宁波镇海停泊各船。遽行开驶。情形殊觉叵测。该逆来往船只。必由闽粤各洋经过。有无逆船自粤赴浙。抑或有逆船由浙南驶。经过该二省洋面之处。著奕山。祁𡊉。梁宝常。怡良。刘鸿翱饬属确探。再香港逆夷情形若何。广东有无传闻。该逆国中有无事故一并探明。随时由驿迅速奏报。其广东省虎门以外。及福建省之鼓浪屿。前泊夷船。现在有无移动情形。亦著一并确探具奏。

己丑。扬威将军奕经。参赞大臣文蔚。齐慎奏。窃奴才等前因夷情窘迫。正宜及时进剿。以靖海氛。业已密派将备委员游击高峻。典史王希璧等。带领兵勇。分路进发。一俟有隙可乘。即行内外夹攻等情。恭折奏闻在案。嗣复查得该逆。因委员郑鼎臣等。在定海洋面。焚烧大小夷船多只。杀毙逆夷数百名。不惟定海一路夷情。自相扰乱。即宁镇两城逆夷。惊惶无措。连日三城船只。此来彼往。势如梭织。又加伏勇随处惊扰。自二月以来。先后捡斩沉溺各逆。不下数十百名。众逆益觉穷蹙。无论在船在岸。均属昼夜不安。虽据各路禀报。该逆窘迫。阴有去志。奴才等因逆夷船只。时常往来宁镇之间。犹不敢遽信为实。但逆夷情势已穷。自不得任其扬帆远遁。奴才齐慎。于三月二十六日。带同员弁兵丁。亲赴上虞以东。相机进剿。奴才奕经。文蔚除派令委员。将近海一带口岸。设法防堵。复查得该逆口粮减缺。即行文巡抚。转饬地方官出示。禁买牛羊。令其无从觅食。并就近札催分赴慈余之将备委员。带领兵勇。四面设伏。迅速布置。不得稍有迟误。致逆夷另生诡计。并据奴才齐慎派令防守慈谿之升任游击李宗白。拣发都司定住。署守备费天彪等。酌带弁兵。会同管带川兵之参将张富。已革游击梁有才等。分拨兵勇。前往接应攻取。该逆业已探闻风声。不敢负固久停。即于二十七日。搬运什物。纷纷下船之际。管带官兵之游击高峻。及分带南北勇壮。请升副将托金泰等。已于该逆泊船处所。分路赶到。乘势截击。而逆夷遥见兵勇坌至。四顾慌张。不敢复行迎拒。纷奔上船。沿途遗弃零星物件。亦不及拾取。仅止开炮数声。即时起碇。向镇海仓惶遁去。查逆夷自上年八月间。占据镇海之后。即乘虚夺取宁郡。蹂躏居民。勒索财物。复于各门安设炮位。紧要口岸。均停泊船只。以为经久之计。并倚恃船坚炮利。凡水路可通之余姚。奉化。慈谿等县。无不被其滋扰。迨至大兵进剿。犹复凭陵撑拒。不遽输服。是以奴才等于正二月间。两次接仗之后。深虑其乘势鸱张。因密令兵勇。仍旧分路藏伏。或乘间捡斩。多方惊扰。暂为牵制。即于休养之际。精选士卒。设法暗进。以为攻取之地。该逆计穷智竭。力不能支。遂被大兵逼退。奴才等现已派员前往收复。惟是宁郡距镇邑。仅六十里。一水相连。江面深阔。其间并无要隘可守。逆夷诡谲异常。虽现时逼退。而镇邑未复。尚难保其不乘潮再至。奴才等一面分派委员。相度梅墟蜀山渡等处。河道地势。设法打桩筑坝。俾令逆夷大船不能驶入。以便保守宁郡及慈余两县。拟俟布置稍有头绪。即行会同巡抚。安设官吏。办理善后一切。仍一面分饬管带兵勇各员弁。无须入城。务即乘胜跟踪追袭。相机攻取镇邑。以期迅速克复。

奕经。文蔚。齐慎又奏。再据杭嘉湖道宋国经等禀称。据总司船勇委员郑鼎臣之水勇总目袁高荣禀报。三月二十三日。该总目带领水勇船五只。在洋面方门港操防。突遇逆夷两桅大船。驶放三板船三只。追近扑击。我兵即回船攻剿。水勇袁高友。唐良斗。赵三仁。乐永水。首先跳过逆船。奋勇杀贼。当即砍死夷人二名。复生捡白夷一名。黑夷一名。并夺获杉板船一只。随后大船追至。开放火炮。该水勇袁高友。唐良斗。身带重伤。不及捆缚夷俘。即行杀死。弃尸海中。止将三板船系于船尾。一面迎敌。一面顺风乘潮。驶回大嵩港。归入大帮停泊。并将夺获夷刀木桨铁锚等件。到营呈验。

辛卯。福建道监察御史苏廷魁奏。窃思英夷肆逆。叠犯海疆。骄忿之兵。于理必败。而未即殄灭者。将厚其毒而歼之也。逆兵虽分扰闽浙。逆意则专在广东。广东以虎门为险要。虎门以炮台为防卫。乃自去年虎门失守。炮台至今尚未修筑。推原其故。以虎门近在洋面。兴工修筑。逆夷势所必争。内备未严。仓卒或难制胜。今省城沿海数十里之间。业已扼险设守。声势大振。将军督抚所团练乡勇。志切同仇。可以有恃而不恐。现在粤中传闻。有英夷本国。为孟啊喇攻破等语。缘孟啊喇为夷货聚集之所。经英夷占据。尽收其税。孟啊喇怨之最深。乘虚捣击。是以逆夷兵。船纷纷遁回援救。此等传闻。虽未可遽信。然以英夷之逆状。实为覆载所不容。外顾忘危。内乱自作。理或有之。且即据目前情形而论。台湾浙江屡获胜仗。逆夷兵分力薄。势不能更争虎门及此时若不修筑虎门炮台。英夷于浙江败走之后。势迫途穷。复窥广东。则战守俱无可恃。应请旨饬下将军督抚。选派乡勇。厚集兵力。赶紧修筑虎门炮台。安置炮位。以壮声势而资抵御。则逆夷气沮。而海疆可平矣。抑臣再有请者。英夷贪利好斗。非大加惩创。不足以革其凶顽。虎门炮台既筑。守固则可以议战。查广东形势。省河业已填筑完固。最可虑者。省城东北之陆路。名燕塘墟。群山叠嶂。势若长蛇。山南一带。路径纷歧。贼若乘间而入。离省仅十余里。顷刻可至。其要隘莫过于城东十余里之大沙河。此处宜筑长隄一道。列营守之。贼一登岸。伏兵先焚其舟。使无归路。省城西南地名龟冈。其东岸山峦最多。为贼陆路必由之地。设两三营奇兵。或击其前。或攻其后。使彼首尾不能照应。则水陆皆可制胜。而逆夷成擒矣。应请旨饬下将军督抚。相度形势。妥为布置。使逆夷无隙可乘。而战过俱有可恃。

谕军机大臣等。御史苏廷魁奏。粤海逆夷潜遁。当乘机办善后事宜一折。据称。传闻逆英为孟啊喇攻破。逆夷兵船纷纷遁回。请选派乡勇。厚集兵力。赶紧修筑虎门炮台。安置炮位。以壮声势而资抵御。广东省城。东北陆路。名燕塘墟。若乘间而入。顷刻可至。其要隘莫过于城东之大沙河。宜筑长隄。省城西南地名龟冈。其东岸宜设营兵。使彼首尾不能照应。水陆皆可制胜等语。逆夷恶贯满盈。结怨各国。现在传闻有孟啊喇攻袭之语。著奕山等密查粤省所泊夷船。驶去若干只。夷众传说若何。如果该国有事。逆夷陆续逃遁。该国夷人在粤甚众。总可得其实在底里。或系他国与逆英有争斗之事。或孟啊喇纠集别国。与之为难。均著查访明确。据实速奏。该将军等前奏修复虎门各路炮台。必须由内及外。次第办理。此时该逆如果将船只陆续撤退。留泊广东无几。正可趁此赶紧购料兴工集事。毋稍观望。并著奕山相度机宜。傥可乘该逆窘迫之际。出其不意。明攻暗袭。殄灭无遗。亦足以抒众愤而快人心。至燕塘墟。大沙河。龟冈。为贼陆路所必经。应否筑隄设营。水陆交严之处。著奕山等相度地势。妥筹办理。该御史原奏。著钞给阅看。

又谕。据御史苏廷魁奏。传闻英逆本国。为孟啊喇攻破。缘孟啊喇为夷船聚集之所。英逆占据。尽收其税。孟啊喇怨之最深。乘虚捣击。是以逆夷兵船。纷纷遁回救援等语。逆夷恶贯满盈。上干天怒。现在浙江叠次受创。若复为邻国所袭。则首尾不能相顾。自必势穷力竭。著奕经等趁此夷情窘迫之际。乘机进剿。大彰挞伐。以扬国威。断不可坐失机宜。至福建省洋面鼓浪屿等处。尚有夷船停泊。亦宜及时攻剿。著怡良等相度情形。力加惩创。毋得稍存观望。将此谕令奕经。特依顺。文蔚。齐慎。怡良。刘鸿翱。刘韵珂知之。

壬辰。钦差大臣署杭州将军耆英。参赞大臣特依顺。浙江巡抚刘韵珂奏。窃逆夷于前月二十七日。将在宁郡船只。退赴镇海。臣刘韵珂因该逆早有退出宁波。分犯杭州。绍兴。乍浦。及江省上海等处之谣。知其必至他处侵扰。当经咨行各处。从严防堵。嗣据慈谿县等查探。镇港尚有夷船停泊。招宝山亦仍为该逆所据。其大帮船只。多在镇定之金塘洋面聚泊。至初六日。又据慈谿县禀称。有夷船十七只。驶往北洋。臣等因乍浦。尖山。与江省之上海等处。均在宁波之北。复又移行堵御。迨初七日申刻。初八日申刻。叠接驻守乍浦之杭嘉湖道宋国经申报。有夷船二十余只。停泊江省金山洋面。臣等因该处居江浙两省海洋之中。逆船聚集于此。非南窥乍浦尖山。即北犯江省。复经通饬了探严防去后。兹于初八日酉刻。复接宋国经驰报。初七日午刻。有逆夷火轮船二只。大小夷船二十余只。由乍浦所辖之黄盘山东首洋面而来。未刻。火轮船拖带杉板。自彩旗港驶入西行汛。停泊多时。旋复往来游奕等情前来。臣查该逆退出宁郡。不数日大帮船只。即行北驶。先至江苏洋面。继至乍浦。现在火轮船直入逼近乍浦之西行汛游奕。明系探量水势。意图攻击。该处虽驻有兵勇多名。惟地势散漫平衍。无险可扼。该逆船多至二十余只。凶焰甚炽。其炮火又极猛烈。实恐难以抵御。设有疏虞。则甫复一残破之宁波。转失一完善之乍浦。实属得不偿失。且江浙两省。人心必愈加震动。该逆得步进步。更难保不乘机窥伺杭州省城。及江省上海等处。时势实为迫切。臣等通筹大局。再四熟商。自应仍遵前奉谕旨。暂事羁縻。以作缓兵之计……

谕军机大臣等。本日耆英等奏。逆夷大帮船只。窜至乍浦洋面一折。据称初七日午刻。有逆夷火轮船二只。大小夷船二十余只。由乍浦所辖之黄盘山东首洋面而来。未刻。火轮船拖带杉板船自彩旗港驶入西行汛停泊。旋复往来游奕。已函致副都统长喜。会同扬威将军等派令员弁。督率兵勇。昼夜防守。

并委令伊里布。带员驰往设法羁縻等语。该逆甫经退出宁波。又复驶至乍浦外洋。意图攻击。猖獗可恨。现已由六百里谕令奕经。及牛鉴等。加意防范。相机攻击。耆英。特依顺。刘韵珂等。仍督饬文武员弁。一面严密防维。一面详加体察。如有可乘之隙。务当明攻暗袭。切勿任其披猖。其尖山等处。附近省垣。尤当小心防御。恐该逆声东击西。暗施诡计。不可不严加防范。毋许稍有疏虞。

道光卷四八

（道光二十二年壬寅四月甲午）扬威将军奕经。参赞大臣文蔚。齐慎奏。窃查三月二十七日。宁郡逆夷。因大兵进攻。畏逼窜退。奴才等查明后。派员收复。并拟一面于梅墟等处。钉桩筑坝。一面遣兵追袭。以期迅速克复镇海等情。于初五日具奏在案。奴才等。伏思浙东郡县。大半滨临海洋。如绍兴之三江。沥海等处。温台之玉环。黄岩等处。均与海水相连。但彼处港汊尚属窄小。潮来则水长。潮退则沙现。逆夷大船。似不能连帮驶进。惟宁波府属之镇海县。海水从金鸡招宝两山。奔腾驶入。斜绕宁郡。直达慈余两县。江面深阔。该逆大船。俱可乘潮而进。其间并无阻隔。现在逆夷。因正月间大兵进攻之后。伏勇逐日暗中惊扰。屡被捦杀。兼之绝其口粮。俾令无从觅食。后又探知我兵业已陆续渡江。势将进剿。是以仓皇遁去。即镇海逆夷。亦大半退出。奴才等。因即札令兵勇。乘势跟踪追袭。以便迅速克复镇海。但夷情诡谲。因招宝山与镇城毗连。该逆早于此间修筑山路。俾通来往。山顶旧有威远城一座。逆夷盘踞山头。先行拆取城墙砖石。搬运上山。建筑炮台。安设大炮。内二门向城内。二门向山脚。二门向江面。以防我兵进攻。逆目罗卜丹。带领夷匪千余人。在山驻守。并恐大兵围山。绝其水道。豫运大缸数百只。盛贮淡水。意图居高临下。易与我兵相持。镇关内外。仍停泊大船三只。每日复时至城内。搜察埋伏兵勇。其意似转以两山为海外门户。此地据守既固。我兵自不得越此过海。定海地方。既得久据。且顺流瞬息可仍至宁郡等处。奴才等。探知逆夷此等情形。业已密嘱管带兵勇各员弁。总须四面设伏。相机暗进。不可冒昧失事。惟查海水既由镇关直达慈余。若不豫在宁郡迤西。水势较狭之蜀山渡地方。豫度情形。设法阻其大船出进之路。慈余一带。无险可恃。即难以扎营屯驻大队兵勇。而宁郡仍难保守。至宁郡迤东之梅墟地方。河面亦较为狭窄。为夷船赴宁必由之路。若不豫先设法钉桩筑坝。多建一层藩篱。逆夷大船。无所阻隔。仍可扬帆而来。径达宁郡。两岸窄狭。又无要隘。大队兵勇。既不便于要击。而水面又无大船。亦不能阻截。是宁波之守不固。镇海殊难进攻。奴才等。互相筹商。欲守宁郡。须先使逆船不能进扰慈余。则大兵可以驻扎慈余地方。而为宁郡之声援。欲攻镇海。须先使夷船不能复进宁郡。则大兵可以径赴镇海。而无后顾之虞。现除派委文武员弁。暂于宁郡内外。屯扎兵勇。一面安抚居民外。一面即密派委员张应云。杜宝辰。何士祁。金石声等。前往蜀山渡。及梅墟两处。相度形势。或钉木桩。或筑土坝。设法次第办理。务使逆船有所阻隔。不得复行驶入。大队兵勇。即可以陆续进发。直达镇邑。会合伏勇。分水陆两路。明攻暗袭。奋力进剿。若镇海克复。再于镇关洋面。设法堵截。则内地有险可守。便可专力进攻定海……

奕经。文蔚。齐慎又奏。再查逆夷船只。自由宁郡窜退后。镇海夷船。停泊招宝山脚。仅止三只。其余多驶向洋面。忽南忽北。来去无定。今又据乍浦委员禀报。金山洋面。见有逆夷火轮船。及大小夷船二十余只停泊。并驶进彩旗洋往来游奕。查金山洋面。系在江苏境内。距上海较近。而与乍浦地方连界。现已飞咨两江总督牛鉴。督饬各海口带领兵勇员弁。严密防堵。一面移会参赞大臣特依顺。如闻警报。即行调拨应援。并札饬乍浦文武员弁。加意镇静防御。如夷船驶近。务使受创而去。毋稍疏虞。

谕军机大臣等。奕经等奏。江面钉桩筑坝。阻截夷船。进兵攻取镇海一折。据奏浙洋海水。由镇关直达慈谿余姚。拟于蜀山渡。及海墟地方。相度形势。钉桩筑坝。设法收复镇海。定海等语。览奏已悉。逆目罗卜丹。带领夷匪千余人。在招宝山驻守。镇海夷船停泊三只。意图牵制我兵。得以大帮分扰他处。现在浦已有逆船二十余只。该处毗连江苏。地方紧要。尖山一带。系属省城门户。傥有逆船驶人。关系匪细。该二处兵力。如觉单薄。自应添兵防守。若以全力攻复镇定二城。转至乍浦。尖山。或有疏虞。实属得不偿失。著该将军等一面于曹江。余姚等处。严密防堵。一面速派参赞一人。统带得力弁兵。驰往乍浦。相度机宜。可剿即剿。当守则守。切勿顾此失彼。致堕逆夷诡计……

乙未。

钦差大臣耆英。参赞大臣特依顺。浙江巡抚刘韵珂。杭州副都统恒兴奏。窃臣等。于本月初八日。接据驻守乍浦之杭嘉湖道宋国经驰报。有夷船二十余只。于初七日午刻。自江省之金山洋面。转入乍洋。其火轮船二只。已拖带杉板。在西行汛往来游奕等情。当查该逆早有退出宁波。滋扰他处之语。今大帮船只。突至乍浦。显系包藏祸心。该处地无险要。逆焰又属甚张。诚恐难以抵御。即经委令七品职衔伊里布等。连夜起程。赴彼设法羁縻。一面饬令该道等。镇静防守。将办理缘由。于初九日。缮折驰奏在案。是日。又接乍浦副都统臣长喜等。以该逆船内人数甚多。若同时分头攻扑。防守兵勇。势不能支。咨请派兵策应。臣等因查扬威将军等。所统各兵。均在绍兴府以东。省城兵数本单。万难抽拨。惟续调之陕甘兵二千名内。头起兵一千名。有已经抵省者。有将次抵省者。可以拨往应援。遂不及与扬威将军等咨商。即札饬带兵各官。赶紧前往。至初十日巳刻。已据宋国经驰报。初九日辰刻。该逆将各船在天后宫。西山嘴。唐家湾。独山寨。一带排列。与我兵相持。又据平湖县知县胡培荃禀称。该逆在乍浦海塘外木船上。带去水手二名旋即放回。该逆向该水手声称。欲俟攻陷乍浦后。进攻嘉兴等语。臣等因查该逆于初九日。已与我兵在乍相持。伊里布等。于初八日夜。自省前往。须至初十日。方能到乍。至陕甘兵更难克期而达。其势均属无及。私衷万分焦灼。迨是日酉刻。复接胡培荃。及嘉兴府知府刘荣熙禀报。乍浦业已失陷。十一日辰刻。又接在彼防守之陕西汉中镇总兵德坤。甘肃中卫协副将哈拉吉那等呈报。初九日。逆夷将大小各船。排列阵势。另用杉板船数十只。每船各载数十人。分扑西山嘴。唐家湾等处。其大船亦开放大炮。直向内逼。该镇等。督兵奋勇放炮抵御。毙逆无数。我兵亦多伤亡。讵该逆由灯光山等处登岸。火箭齐发。乍浦城内。复有汉奸接应。亦放火箭。烟焰涨天。各兵不能开目。纷纷溃散。乍城失守。该副将哈拉吉那。被矛戳伤右腿。与该镇德坤。退至平湖等情前来。臣等接阅之下。发指眦裂。愤懑难名。伏查乍浦为浙西保障。犹之定海为浙东藩篱。该逆于上年十二月。本年二月。两次用火轮船。赴彼游奕窥探。其蓄意攻犯。已非一日。因其众占我宁波。镇海。定海。三城。力不能分。得以幸全。今该逆用船数只。兵数百名。据住镇海招宝山要口。将宁波。镇海各船。全数退出。复将定海之船。分出数只。并力攻击乍浦。以致一朝而陷。其居心之险毒。实为可恨。现在乍浦既失。逆氛离省甚。近可以朝发夕至。省中兵力本不如乍浦之众。地势又极绵长辽阔。水陆交通。各兵分段扼守。势甚单弱。且自屡闻败衄。兵心皆已不寒而慄。更难冀其踊跃用命。本年二月以后。尖山口内。涨有沙涂。本可阻遏逆艅。而前数日连遇大雨。涨沙渐被冲失。该逆现又在定海。制有小船多只。浅处俱可行驶。设竟豕突而来。则根本重地。实属可危。至该逆现又有窥伺嘉兴之语。虽未必非惑我军心。但嘉兴额设兵丁。先多调赴乍浦。郡城留兵无几。今乍浦之师。已经溃散。即招回防守。亦恐未必得力。该府为江浙咽喉。设有疏失。则两省中断。文报具不能通。不特浙省势同瓦解。即江省亦为患非轻。又平湖。海盐。二县。距乍浦二十余里。平湖为自乍至嘉兴之路。海盐为自乍至省城之路。现在均无守兵。势皆危迫。臣等。通筹各处情形。不禁恸哭。现在亲督省中将弁。激励士卒。为背城一战之计。其嘉兴府等处。惟有将拨往乍浦之陕甘兵一千名。分别地势之缓急。酌量分往防守。并准扬威将军等。札饬寿春镇尤渤。带河南兵六百名。驰往嘉兴。复准移会饬令候续调广西。河南。兵二千名到浙。亦一并截留。派赴嘉兴一带。借图保卫。惟是逆夷势甚猖獗。而我地广兵稀。实恐无济于事。至臣刘韵珂。职司守土。屡失地方。实属罪无可逭。臣特依顺。奉命防剿。臣耆英。臣恒兴。统辖满营。今旗兵驻防重地失事。均属不能辞咎。仰乞皇上敕部从重治罪。以昭警戒。

又谕。耆英等奏。逆夷攻陷乍浦。现在省城及嘉兴府危急一折。据奏本月初九日。逆夷将大小各船。排列阵势。另用杉板船数十只。分扑西山觜。唐家湾等处。大船开放大炮。直向内逼。复由灯光山等处登岸。火箭齐发。城内汉奸接应。各兵纷纷溃散。乍浦失守等语。现在乍浦业已被陷。逆氛离省甚近。省中兵力单薄。地势绵长。嘉兴府城为江浙咽喉之地。设有疏失。两省文报不通。关系非细。宁波。镇海。俱系残破之城。收复自可从缓。耆英等。拨往嘉兴之陕甘兵一千名。不敷策应。著奕经等。接奉谕旨。酌留参赞一人。在曹娥江一带驻守。杜其窜入绍兴之路。该将军同参赞一人。迅即统得力弁兵。驰往嘉兴驻扎。应援省城。倘该二处处稍有疏虞。惟该将军等是问。懔之。至此次逆夷攻扑乍浦。人数并不甚多。我兵果能人人思奋。勇往直前。何至遽被攻陷。可见官兵并未与夷接战。一见贼船。遂尔纷纷溃散。此皆平日纪律不严所致。思之深堪痛恨。著奕经等。查明是日情形究竟若何。其首先逃散弁兵。著一面即在军营正法。一面据实奏闻。毋得稍存姑息。其江苏防堵事宜。已谕知牛鉴。陈化成。严密办理矣。

又谕。本日据耆英等奏。逆夷攻陷乍浦。势甚猖獗等语。嘉兴近接乍浦。毗连江省。为漕运必经之地。万一稍有梗阻。关系非轻。现在浙江粮艘。已抵浒墅关。著程矞采。严饬该帮弁。催令迅速渡江。其现在尚未渡江者。并著朱树。麟庆。派员前往迎提。仍饬令沿途地方。实力催趱。毋许片刻停留。是为至要。

奕经。文蔚又奏。窃四月初十日。奴才等。接据杭嘉湖道宋国经。及乍浦副都统长喜各禀报。逆夷大帮船只。驶进彩旗门。乍浦兵力单弱。禀请添兵防堵。当由奴才添拨陕西续到官兵。赴乍协防各情形。于十一日具奏在案。嗣于本日午刻。接到嘉兴府知府刘荣熙等禀称。初九日卯刻。该府会同在乍文武。上海塘了望。夷船二十四只。俱由西山觜。唐家湾。驶近西行汛排列。管带兵勇之文武员弁。分扎唐家湾。西行汛。一带堵御。迨至午刻。逆夷开炮百十声。其势甚猛。旋见东南火起。西山觜已有夷人上山。并有居民传闻乍浦业已失守等语。奴才等。十分焦急。但以该府所禀乍浦失守。尚系传闻。绍兴距乍浦四百余里。相隔较远。是否属实。必须确探。一面专人飞探。一面即拟渡江进省。就近调兵救援。旋于申刻。接到总兵德坤。由平湖县飞报。初九日卯刻。有三板船数十只。渡红夷千名。由黄山岭爬岸。该总兵即督饬汉中。西安。甘州。三营官兵接应。讵该逆夷复由常山东面而来。我兵奋不顾身。连击退夷人三次。轰毙红夷多名。我兵亦多受伤。正在相持。夷人大船。连放大炮百有余声。又有红夷数千名。由灯光山四路登岸围住。我兵连环枪炮抵敌。约逾两时。城内城外。四面火起。知乍浦业已失守。我兵势孤难支。于酉刻退至平湖。禀请参办治罪。又据副将哈拉吉那飞报。初九日卯刻。逆夷大船分列唐家湾等处。放出小船分扑。该副将督兵奋力攻击。逆夷大船。复开放大炮。将小船驶至山脚。分头登岸。漫山蔽野而来。不下万人。火箭齐发。加以汉奸豫伏城内。亦有火箭烧灼房间。烟焰蔽空。我兵不能前进。逆夷又将天后宫以西各口攻破。我兵腹背受敌。渐不能支。遂于是日午刻。连城失守……

两江总督牛鉴奏。窃照上海。宝山一带。直接外洋。守塘弁兵。随时了望。数月以来。尚无夷船踪迹。地方甚为妥谧。前于三月二十九日。准扬威将军奕经咨会。逆夷欲退出宁波。往乍浦。上海等处滋扰。旋准浙江抚臣刘韵珂咨称。该逆向宁郡居民。逼索黄河。扬子江地图。二十七日。宁波夷兵夷船。已全行退往镇海。并据金山县营禀报。本月初五日。了望东南外洋。有夷船多只停泊。初八日卯刻。鸣鼓起碇。向西飞驶。连前火轮船。共计二十二只等语。臣查逆夷在浙。未受大创。遽尔退出宁波。难保非聚集兵船。四出以图一逞。江苏金山洋面。与浙江乍浦毗连。据报西驶之二十二船。诚恐其进窥乍浦。江省必应戒严。当饬随时飞速探报。并传知沿海各塘弁兵。加意防守去后。兹于四月初十日。据金山营游击塔明阿禀称。初九日辰刻。乍浦已被逆夷窜入。即时在筱馆墩了见一船。直对金山县城郭停泊等情。飞禀前来。臣接阅之下。不胜心摇发指。伏思逆夷既入乍浦。则后路无虞堵截。必将由尖山汛口。进窥杭州省城。而金山县洋面。复有一船直对停泊。难保该逆夷不分船来江侵犯。其乍浦陆路。直接嘉兴吴江。逼近苏州。尤觉人心震动。然臣揣测夷情。该逆前在宁波。不肯舍其船炮。由陆路而犯绍兴。即不肯由乍浦循陆路而犯嘉兴。吴江。现在抚臣程矞采。驻扎苏州。足资防御……再逆夷向宁郡居民。索取扬子江地图。更恐其由海入江。阴怀叵测。然查由海入江之路。止有南汇高家嘴一处。经历川沙。宝山。太仓。镇洋。昭文。常熟。通州等处洋面。方始行入江阴。达于京口。计程数百里之遥。防兵数千名之多。该逆夷断不敢冒险入江。阻我漕运。臣于上年十一月。缕晰陈蒙圣鉴在案。本年首进漕船。并二进在前各帮。于三月十二日。经河臣麟庆等。全数催放渡黄北上。比上年尚早五日。其在后江浙各帮。因常州城河。及徒阳运河一带。均有浅阻。节经臣与漕臣抚臣。严饬该道府营县。集夫挑捞。备剥起运。现于初三日以后。澍雨连朝。河水骤长一尺。江浙帮船。足资浮送。指日冲尾渡江。可期及早蒇事。江西各帮。亦已报有挽入瓜洲之船。臣仍会同漕抚诸臣。严督催趱。并钦遵谕旨。稽察水手短纤人等。无任奸匪潜行溷迹。近日甚为妥帖。足以仰慰宸廑。臣于拜折后。即驰赴宝山海口。周历巡防。

(丙申)钦差大臣署杭州将军耆英。浙江巡抚刘韵珂。杭州副都统恒兴奏。窃英逆大帮船只。于本月初七日。窜入乍浦。副都统长喜等。以兵勇势不能支。咨请拨兵往援。嗣据续报。乍浦于初九日。已被该逆攻陷。该逆又有自乍浦进攻嘉兴之语。均经臣奕经。耆英等。先后调兵驰往乍浦。嘉兴。平湖等处防御。恭折驰奏在案。兹于十二日卯刻。连接杭嘉湖道宋国经。嘉兴府知府刘荣熙来禀。探得该逆于攻陷乍浦后。将所带杉板船。抬入内河。又捉拿内地各船。拆去圈棚。装载炮位火箭等物。拟于十一二等日。进攻嘉兴等情。臣等查该逆本有攻陷乍浦后。窥伺嘉兴之语。今又在乍整备船只。是其内犯之心。业已显露。查乍浦至平湖县。仅止二十余里。平湖县至嘉兴府。仅止四十余里。瞬息可达。若使嘉兴为该逆所据。则南至杭湖。北至苏州。均不及二百里。四通八达。堵御綦难。为今之计。惟有扼守嘉兴。再行徐图良策……

谕军机大臣等。本日奕经等奏。逆夷欲自内河攻犯嘉兴一折。据称逆夷于攻陷乍浦之后。将所带杉板船抬入内河。又捉拿内地各船。拆去圈棚。装载炮位火箭各物。拟进攻嘉兴等语。嘉兴为浙省腹地。且兴江苏毗连。傥为该逆所据。则南北文报不通。关系重大。此时自以扼守嘉兴为第一要务。镇海。宁波。俱系空城。无庸重兵驻彼。亟应先其所急。将宁镇之兵赶紧撤回。派赴嘉兴等处。以杜逆夷内窜。至内河河道甚窄。回非大洋不能接战可比。即令该逆小船闯入。我兵或两岸互击。或用火攻烧其船只。俟彼离大船既远。或截其后路。使彼首尾不能相顾。当可制其死命……

戊戌。江苏巡抚程矞采奏。据金山营县禀报。探闻逆夷于初九日辰刻。窜入乍浦。火攻南门等处。是日戌刻即行失守。并了见一船。直对金山城郭停泊等情前来。臣接阅之下。不胜眦裂发指……

(庚子)扬威将军奕经。参赞大臣特依顺。浙江巡抚刘韵珂奏。窃逆夷于四月初九日。攻陷乍浦。其平湖。嘉兴。一带情形甚危。当经臣等截拨各兵。驰往堵御。并钦差大臣署杭州将军耆英。七品职衔伊里布等。先后亦驰赴嘉兴。相机办理。兹据防守黄道关尖山口之员弁驰禀。十五日卯刻。了见该逆火轮船一只。杉板船数只。由乍浦驶近尖山口外之凤凰山。洋面游奕。并闻海盐一带。间有炮声。臣等正在分饬严防间。又据各员弁驰禀。十六日寅刻。又见有大夷船三只。带同杉板驶来。亦停泊尖山口外等情。臣等接据之下。焦急无状。查省城滨临钱江。数日以来。阴雨连绵。突于十五日夜。上游山水下注。江水陡涨一丈有余。将临江附近省城之银杏埠炮台炮位。营盘帐房。俱已淹浸。其自海宁至省。绵长一百数十里。向恃沙线为险。今于逆船驶近尖山口之际。而水势陡长丈余。顺流乘潮。竟可直入。且水陆歧杂。处处可通。客兵为数无多。民勇究不足恃。本省满兵。又不能不在城内护守弹压。设该逆竟豕突一逞。防御殊不足恃。且恐居民闻警。自为震动。臣等心悸股慄。迄无良策……

谕军机大臣等。奕经等由六百里驰奏。逆船已至尖山海口。逼近省垣一折。据称该逆火轮杉板各船。驶近尖山口外之凤凰山。洋面游奕。并闻海盐一带。间有炮声等语。该逆于十五日。用火轮杉板船。由乍浦驶近尖山口外。十六日复有大夷船。带同杉板船停泊。其寻衅滋扰。已可概见。著该将军等。督饬城内及沿海将备兵弁。各就所守地方。加意堵御。毋稍疏懈。江苏截留河南兵丁一千名。已由六百里加紧谕令牛鉴等。先行拨赴浙江省城。以资防卫。至杭州省城。现在十分吃重。著奕经等激励将士。设法守御。朕亦不为遥制……

道光卷四九

(道光二十二年壬寅四月乙巳)扬威将军奕经。参赞大臣特依顺。齐慎奏。四月十八日。承准军机大臣字寄。道光二十二年。四月十三日。奉上谕。据御史苏廷魁奏。传闻英逆本国为孟阿喇攻破。缘孟啊喇为夷船聚焦之所。英夷占据。尽收其税。孟啊喇怨之最深。乘虚捣击。是以逆夷兵船。纷纷遁回救援等语。著奕经等。趁此夷情窘迫之际。乘机进剿。大彰挞伐。以扬国威。断不可坐失机宜。钦此。奴才前在绍兴。曾探知此情。但以传闻未真。复差人确探。并札知水陆各路委员兵勇。如逆夷有张皇欲遁情形。即行乘势攻剿。以张挞伐。忽于四月初九日。该逆复以大帮船只。攻陷乍浦。奴才与钦差大臣耆英等商酌。该大臣等先赴嘉兴防堵办理。免致逆夷猖獗内犯。一面即札饬总兵尤渤。带领陕甘。河南官兵。先自嘉兴。进屯平湖。嗣参赞大臣齐慎。带兵赴省。并奴才等由前路札调各兵勇。均已到齐。除派防省城外。复饬参将杨清鹤。先带兵数百名。沿塘前往。赴距乍较近之谈仙岭屯札。各路官兵。次第前进。豫备进剿。兹于二十一日。连接海盐令何煦纶。黄道关委员高振宛等。及翼长尤渤。先后禀报。十八日申刻。逆夷将灯光山上下庙宇。及山湾房屋。并东洋船。放火烧毁。十九日卯刻。逆船开出十四只。至午刻。全行起柁。均驶向东南外洋而去。乍浦内外。并无夷船。又据护定海镇总兵周士法等禀称。镇海招宝山。现添船二只。定海共泊夷船十八只。系由东北驶来。复有杉板船十数只。装载受伤夷人。逆夷尸身。不知确数。分头安置掩埋各等语。查逆夷窜入乍浦之后。复于尖山游奕。探量水势。已有内犯省城之意。所有解送夷俘。现今据报。尚在平湖押禁。乃十九日。该逆大帮船只。忽全行开出外洋。虽逆情诡谲。难保其不分窜他处。而即御史苏廷魁所奏。其为该国有变。势穷鼠窜。似无可疑。而镇定两处。现在仍有夷船。停泊未动。奴才前于逆夷窜退宁郡时。即拨兵勇前进。收复镇海。并札饬黄岩镇张成龙。挑选水师弁兵。沿海相机截剿。复饬账款产。豫募福建同安船只。以备装载兵勇渡洋。设法惊扰。又札饬副将郑宗凯。委员郑鼎臣等。带领火攻船只。乘势焚烧。俾该逆大受惩创。兹据探报。逆夷全已退出乍浦。查知夷势窘迫。现分饬各口岸文武委员。加意严防。复即飞饬各路。仍遵前札。赶紧严密办理。并移会文蔚。即行督饬员弁。迅速相机进攻。以彰天讨。

奕经等又奏。窃奴才等。准军机大臣字寄。道光二十二年。三月二十一日。奉上谕。本日据奕经等奏。广东送来通事二名。熟悉夷语等语。干布尔既属头目。必知该国情形。且现有通事二名。自可细询该国底里等因。钦此。奴才等即督饬司员等。带领通事。将各条逐件。连日讯问。先诘以该国距内地水程若干。其所经遇者几国。据该白夷等供称。自英吉利国城。至内地广东地方。总视风信。遇顺风时。不遇三个月。即至香港。迟则四月五月不等。至迟亦不过六月。即可以到。所过地方。若佛兰机。隐欲罨。土郎。马打剌沙。姑路庇呤马勒格。星加坡。等处。皆英吉利所属。其所经别省何国。均难指名目。或船上淡水乏食。遇有洋面附近之山。即用小船拢岸取水。其地方名目。未能细辨。诘以克食米尔。距该国若干路程。是否有水路可通。向与英吉利有无往来。此次何以相从至浙。其余来浙之孟加喇。大小吕宋。双英国夷众。或系带兵头目私相号召。抑由该国正招之使来。是否裹胁。抑或许以重利。据供克食米尔。即孟加剌地方。孟加剌是其总名。克食米尔。乃孟加剌所属孟加剌。又英吉利所属。英吉利所有大船。到架剌吉打为止。其地有河可通克食米尔。亦有陆路。距架剌吉打。约计千里。复有陆路通噜慎。大吕宋。佛兰机等处。此次来浙之兵。均系该国王所调。只有英吉利人当兵。其吕宋。孟加剌。双英等国之人。不能当兵。所来之各国夷人。乃商船雇工。系该带兵官雇来办事。及充当水手。诘以该女主。年甫二十二岁。何以推为一国之主。有无匹配。有夫何名。系何处人。现居何职。据供该国女主。乃老国王之侄女。国王无子。其侄女赋性聪明。故立为主。名维多利亚。其夫乃英吉利。所属渣马利国王之子。名鼻连士阿喇拔。国人称为法是满。乃该国第一等官职。并不干预国事。复诘以所称钦差提督各名号。是否系女主所授。抑系该头目人等。私立名色。据供钦差提督等名。从未听闻。亦非女主所授。大约皆系私立名色。至诘以该逆在浙鸱张。所有一切调度饷兵。及占据郡县。搜括民财。系何人主持其事。据供一切事件。从前乃占那囉架躝顿调度。自该逆死在定海后。乃占哪哥付调度。其人一向在宁波。厦门。定海等处。占哪哥付。乃马打剌沙之勾运拿官。勾运拿乃陆路之兵头也。诘以义律现已回国。果否确实。回国后做何营谋。有无信息到浙。据供义律系去年即由广东动身回国。其有无音信来浙。该白夷等均未能知。追诘以该国置造鸦片烟土。卖与中国。其意但欲图财。抑或另有诡谋。据供鸦片烟土。乃孟加剌。孟米乡下所出。就深山地方。秘密制造。其本国之人。苟非制造鸦片之辈。俱不准入乡看其制法。盖恐泄露其术。其利或为所夺。英吉利及西洋花旗等国。俱系赴孟加剌。孟米各处。贩入内地。但欲图利。并无诡谋。

谕军机大臣等。奕经等奏。夷船退出乍浦。现在调兵分赴镇海。定海攻剿一折。据奏。镇海招宝山。现添船二只。定海共泊夷船十八只。系由东北驶来等语。前据耆英奏。逆船于十八日。开放二十余只。驶向东南外洋。此次镇海定海。添泊夷船。或即此项船只。惟定海所泊船十八只。由东北驶来。其余乍浦所退船只。驶往何处。著确切查明具奏。所奏拨兵收复镇海。及相机截剿。设法惊扰。并令火船焚烧等情。该将军是否确有把握。如亟攻镇海。安知该夷不一面牵制我兵。一面滋扰他处。看来镇海现已添船。并非欲阻进攻定海之路。实欲潜兵内犯。留镇海作后路应援。若再中彼奸计。则我腹背受敌。又蹈乍浦故辙。不可不慎密防范。至势穷窜归之说。必得确有凭据。方可信之。另片奏。齐慎将前路兵丁。抽拨二千名赴省。所见甚是。所奏遵讯白夷。及该处一切情形。览奏已悉。现在该处一应防剿事宜。责成奕经等妥筹办理。其羁縻一节。已谕令耆英妥为商办。毋庸会衔。将此谕知奕经。特依顺。齐慎。并谕文蔚。知之。

又谕。昨据耆英奏。乍浦夷船于本月十八日。陆续开放二十余只。驶向东南外洋而去等语。逆船忽去忽来。殊为叵测。现在驶往东南外洋。如或经过闽粤各海口。著奕山。祁𡎴。梁宝常。怡良。刘鸿翱。严饬随时哨探。并分遣商渔各船。出洋探望。其英夷船只。有无自北驶回。及自南驶至者。一面严密防堵。一面飞速奏闻。至香港。鼓浪屿。停泊夷船。情形若何。著一并确探具奏。

丙午。两江总督牛鉴奏……臣查金山至乍浦。计程二十七里。松江至金山。七十余里。似属迫近堪虞。然逆夷志在马头。此等皆非必争之地。且均系内塘汊河。不通外海。一遇潮落水退。即形胶浅。该逆以大船为巢穴。断不肯舍其大船。径用三板小船。聚众内犯。致前后不相接应。为我所乘。即如陆路攻战。彼非不惯。仍必于大船可到之塘岸。始行登陆滋扰。若竟舍舟由陆。深入重地。该逆夷亦所不敢。金山之不能直抵松江。犹之吴江震泽。紧接嘉兴地面。该逆不能由嘉兴内河。通吴震而窥苏州省会。其情势正复相同。此时苏垣调拨防兵。有臬司大员驻扎。并闻嘉兴平湖。亦经驻有重兵。人心安定。不致再事惊惶……

牛鉴又奏。窃照逆夷驶入乍浦。江省水陆交防缘由。经臣先后由驿奏闻在案。本月十九日。据提标参将许联镳等禀称。十九日辰刻。见乍浦西南外洋。开出大小夷船二十二只。内火轮船五只。其一船尾挂红旗。开向金山东南至南门外筱馆墩洋面。落篷下碇停泊等情。飞报前来。臣查该逆夷既据乍浦。何以忽又将船驶出外洋。且船尾悬挂红旗。即有打仗之意金山为江省洋面门户。防堵不可不严。当即飞饬堵剿去后。旋据各处探报。该逆夷于十八日闻奉旨赴浙差遣之七品衔伊里布。有带兵到乍浦消息。夷目即将炮械搬运上船。于十九日辰刻。火轮各船。先后开向东南外洋驶去。乍浦已无夷船踪迹等语。二十日又据参将许联镳等禀称。该逆大小船只。排列筱馆墩洋面。该参将等密令在塘弁兵。慎加防范。整备器械。配齐子药。不许先放枪炮。相持半日。至酉初刻。见火轮船直对筱馆墩开放大炮七出。炮子离塘岸二三里之遥。即行落水。该参将等相度炮力。尚不能及夷船。仍不许轻放枪炮。直至酉正以后。该逆船挂篷向东南全数起碇开去各等情。臣查该逆夷退出乍城。又复驶进金山洋面。其各船相持半日。仍即退去者。因见我兵防卫森严。不敢豕突轻进。而所放炮子。离岸二三里之遥。即行落水者。臣查该逆夷施放炮火。以统尺量之。测远镜度之。故能命中有准。此次炮子离岸甚远。即已落水。是其虚为恫喝。并非有意寻衅。已可概见。并据游击邢惟新禀称。宝山黄家湾之东南。离塘岸十余里远鸟船洪深水洋面。有二桅夷船二只。抛碇半日。仍往东南驶去等语。是江南洋面。已无夷船踪迹。而夷情叵测。现既游奕无定。仍难保不去而复来。臣已严饬在防文武。务须加意了探。认真巡防。不准稍存大意。辰下上海宝山一带。民情安堵。苏州平望等处。经臬司崇恩。带兵驻劄。臣与抚臣程矞来。安抚人民。力求镇静。省城内外。亦均静谧如常。足以仰慰宸廑。

牛鉴又奏。正在缮折间。承准军机大臣字寄。四月十四日。奉上谕。本日耆英等奏。逆夷大帮船只。窜至乍浦洋面一折。该逆猖獗异常。甫经退出宁波。又复驶至乍浦外洋。意图扰掠。实属可恨。现在耆英等。极力防堵。并于尖山等处。加意严防。诚恐该逆分艅肆扰。乘势窜入上海各海口。著牛鉴。陈化成。督率文武员弁。认真防范。毋稍疏虞。牛鉴前奏于紧要海口。加筑土塘土牛。以资捍卫。是该督于防守要隘。尚有把握。著即谆嘱将弁兵丁。如有夷船驶至。切勿早开枪炮。俟该逆逼近。并力轰击等因。钦此。伏查数月以来。臣连次发令。总以守炮之兵。贴伏于土牛之后。守塘之兵。贴伏于土塘之后。接应之兵。远伏于数里之外。如果该逆夷。分艅窜入。任彼炮子乱轰。从空飞落。总不许出身张望。仓皇乱走。待其逆船将近。势能相及。再行开炮轰击。仍度我炮力能及二三里者。俟逆船近至一里有余。始准施放。自然命中有准。胜敌必多。兹再承训诲。谨当与提臣陈化成。督率弁兵。认真防范。俾收实效。以舒圣虑。而壮干城。又前钦奉上谕。据刘韵珂奏。英逆在宁波等处。制造木排。蒙以牛皮。演习水战等语。著密饬带兵将弁。万一夷船乘夜内犯。必须查探确实。再行开放枪炮。不可坠其奸计等因。钦此。臣前准浙省咨会。即已通饬在防文武。毋稍堕其奸计。致我炮空施。惟演习水战。不可不防其驶入内河。现将苏松川沙吴淞等营。水师战船十六只。并招募沙缸。提载船。摆江船。海燕子船。大小七十只。派令守备田浩然。管带。分班往来会哨巡梭。又另招巧匠。制水轮船四只。上安炮位。捷速行驶。专派游击刘长。管带。如遇夷船驶入内河。各该船只均堪与之接仗。不致稍有疏虞。

丁未扬威将军奕经。参赞大臣特依顺。文蔚。齐慎奏。窃奴才于逆夷窜退宁郡之后。惟恐该逆势穷分窜。向沿海口岸滋扰。除分饬委员加意防守外。并札饬黄岩镇张成龙。选派水师。就近堵截。嗣据禀报。以选出水师兵五百名。驾船出洋。又札饬副将郑宗凯。委员郑鼎臣等。带领火攻船只。遇便堵截焚烧。俾该逆有所牵制。彼时逆夷。因前次大船被烧。日思报复。探知火攻船只。藏伏大嵩港地方。即拨大船二只。在港口停泊。搜查内地出入船只。该委员等。即伏而不动。嗣军功顶带附生郑煜。李世茂。附生叶鉴等。密探定海逆目丁时仪。不时出城行走。拟即设法掩捡。适于初七日。逆船自港口开向东北驶去。当令勇壮头目詹成功。王运功等。拣派认识丁逆壮勇三十余名。驾船密往掩捕。初八日到螺头门。见有三板船三只。内各有逆夷二三名不等。正拟攻扑。适有逆目三名。乘马带领夷兵多名。由岸傍走来。王运功等。认有丁逆之弟在内。当即放枪击打。该逆等随弃马下船。向前拒敌。乡勇白成位。张永泰。李九畴等。即用火礶抛上。烧燃夷船一只。逆夷窜避落水。王遇功带领乡勇李运�。民人徐如升等数人。将船夺获。救息余火。先行驶回。丁逆随后赶至。挥令夷兵施放火箭鸟枪。乡勇亦放枪抵御。船篷已被火箭烧燃。该兵勇一面扑救。一面格斗。先将丁逆之弟砍倒。立时割获首级。适有报效天文生

李仁治。乘船带勇赶来。协同攻击。水勇沈仁足等。砍毙白夷一名。丁逆急挥两船退去。兵勇追赶不及。仍回大嵩港。查点受伤兵勇。赶紧医治。即将所获首级。船只器械。解赴乍浦呈验。委员郑鼎臣。旋即接到奴才札谕。并由三等侍卫容照。吏部员外郎阿彦达。寄到沾水不熄之四川石油二篓。并秘授以磁罈装放油药。焚烧夷船之法。杭嘉湖道宋国经。亦因乍浦见有夷船。复札令设法进兵。从后路牵制。惟海上风潮无定。难于定期。候至十二日午后。南风大作。副将郑宗凯。游击池建功。派令守备徐槓宝。将火攻船装配七十二只。共计十二排。督同兵勇。分排管带。并料理水勇船两帮。交勇目顾大槐等。会同守备金大勇。韩庆瑞。千总王廷鳌。带领督饬兵勇。陆续前进。三更以后。火攻船先驶至小渠山。适巡夜夷船驶至。头目顾大槐。将火药礶药线点燃。尚未发火。三板夷船坌集放枪。火攻船本无器械。不能抵御。正在退回。适兵勇继至。复将船联齐撑进蟹脐港。从傍绕近该逆大船。先暗放火药坛一联。即时轰破逆夷船头。外委吴大林。守兵张文彪等。随后复攻。火攻船二排。亦挂住大船烧燃。火头立时窜起。势极凶猛。其时韩庆瑞。王廷鳌等。亦带领火攻船驶赴道头。当有逆夷放枪阻截。水勇王天高。奋勇驶进。靠近夷船发火。仍纵过小船。李成魁等。押带火攻船。二十四只。连排继进。即时火焰飞腾。两处逆夷。均因前次放炮。自相轰毙夷人甚多。此次不敢放炮。止在三板船上。放枪拦阻攻击。我兵四面放枪喊杀。火烈风紧。人声鼎沸。小船又多被火攻船只绕住。焚烧逆夷。烧毙沉溺及击毙者。约有三百余人。将至天明。各兵勇船只。仍回退转。旋密差妥人。向蟹脐港道头看视。两桅大船一只。烧去半截。三桅大船三只。两傍烧毁。并烧断大桅两根。绳索俱毁。岸上放有烧坏大三板船四只。现在修理。复有烧残船板三四十块。在浅水中漂流。该弁兵水勇等。夺获大火箭一只。捞取夷帽桨片船板。并夷人救火之水鼓等多件。亦差禀报解赴乍浦呈验。适值该处已被逆夷窜入。不能前进。复折回由宁郡内河到营呈报。督办船勇委员知府王用宾。同知李汝霖。确查属实。于四月二十一日先后具禀前来。查副将郑宗凯。游击池建功。委员郑鼎臣等。前次焚烧夷船多只。复夺获一板船一只。逆夷胆惊心怒。日思报复。此次又能斩杀夷人。夺获三板。并设法烧毁逆夷大船四只。烧沉焚坏大小三板船数十只。击沉溺毙三百余人。俾该逆屡受惩创。实属办理妥协。勇敢可嘉。现将解到三板船。并夷馘夷物。已分别存贮悬示。其此次在事出力人员。容俟确切查明。据实保奏。伏候恩施。

五月。已酉。扬威将军奕经。参赞大臣齐慎奏……查逆夷自上年犯浙以来。通计其掳掠之资。断不足供其兵役万余人之用。而我兵屡次接仗。焚烧俘杀。为数计已过千。该逆有时计穷。即向居民扬言。此来止为通商。不愿打仗。即其连次将被陷兵勇。医治给资。陆续送回。其带来夷书内。亦欲将所俘夷众交换。并不及他。迨此次夷船据乍。伊里布因该逆内犯之信。甚为紧急。特遣弁持书。前往询问。以作缓兵之计。其回书大意。亦似止为通商。不愿打仗。尚无狂悖之词。乃差弁回转嘉兴。该逆不待覆信。复即时扬帆起碇。观其匆匆驶去。似属有因。而连日仍盘踞镇定。游奕海洋。更不知是何诡计。奴才等连日共相讨论。究无能测料其意。此时惟有严饬各口岸文武委员。加意严防。如险要处所。当有添兵之处。即行酌量抽拨。一面察探前路盘踞情形。相机进剿。如刻下该逆果有他故。潜行遁窜。奴才业已密札水陆各路。即跟踪追剿。断不使其全师而去……

两江总督牛鉴奏。承准军机大臣字寄。道光二十二年。四月十七日。奉上谕。本日据耆英等驰奏。逆夷攻陷乍浦一折。据称逆夷退出宁波。早有滋扰他处之语。本月初七日。突有夷船二十余只。自江苏金山洋面。转入乍浦游奕。初九日辰刻。将船只排列阵势。开炮内逼。另有杉板船。分扑西山觜。唐家湾等处。旋由灯光山等处登岸。火箭齐发。乍浦城内。复有汉奸施放火箭接应。以致各兵溃散。乍浦失守等语。乍浦洋面。紧与苏省之金山上海洋面毗连。该逆现在攻陷乍浦。苏省海口地方。即可朝发夕至。且上海商贾辐辏。粤人寄寓者甚众。难保无汉奸溷迹其中。必应豫加防范。免蹈乍浦覆辙。前据牛鉴奏。于吴淞紧要海口。扼要设伏。并添调精兵。防守布置。自已妥密。现当防堵吃紧之时。著牛鉴。陈化成。督率文武员弁。昼夜竭力严防。毋稍疏虞。该逆凶焰虽张。我兵果能纪律严明。有进无退。何至一见贼船。遽尔溃散。并著该督等。剀切申谕。将弁兵勇人等。恪遵纪律。并力守御。其有首先却退者。即以军法从事。一面先行正法。一面奏闻。毋得稍存姑息。致坏大局。是为至要。钦此。伏查克敌在于兵戎。而统带全资将领。如果将领得人。兵气自然刚劲。诚如圣训。该逆凶焰虽张。我兵果能纪律严明。何至一见夷船。遽尔溃散。臣与提臣陈化成。平日晓谕弁兵。谆谆以有进而退为要。此次复经剀切申谕。万一临阵堵御。竟有首先却退者。即当钦遵谕旨。军法从事。一面先行正法。一面奏闻。断不敢稍存姑息。有妨大局。至上海商机辐辏。粤人寄寓诚多。在先通市之时。本与逆夷素相认识。迩年称兵内犯。不必其暗通消息。勾结往来。一经逆船拢岸。如有平时熟识之人。彼其气类相联。即难保不顿生内变。浙东西连次失事。未必不由于此。而先事豫防。又未便过为束缚。致令反侧不安。惟有结之以恩。又复防之于密。庶不虞再蹈覆辙。亦不致先启狡谋。又逆夷行事。虽属诡诈多端。然其志在牟利通商。并非争城略地。故定海。宁波。乍浦等处。为沿海殷阜马头。尚不长思占据。不过负嵎之兽。藉作要求。若嘉兴松江苏州一带。全系内河。中多港汊。彼之大舶。既不能通。傥用三板小船。冒险入犯。则失其船炮之利。即为我兵所乘。是水路内侵之可以无虞也。黑夷汉奸。不免心存掳掠。然必大船可到之塘岸。始籍其声势。登陆抢劫。若离船数十里之遥。前后不能接应。则夷奸不敢轻进。即夷目亦不敢深入。是陆路内侵之可以无虞也。夫以逆夷之船坚炮利。辅之以黑夷汉奸。其陆战之火箭火枪。又兼猛悍。假令率其丑类。乘坐三板。见内河则驶人。遇陆路则长驱。彼其豕突之势。有不可当。诚不得不于内河陆路。加意严防。惟夷目性多畏慎。又不志存疆土。故江省海防。止须扼定吴淞一口。由吴淞而入扬子江。逆夷虽有内犯之言。然相距数百里水程。亦不过虚词恫喝。臣反覆体察。逆夷不犯内河。竟属确有把握。臣之所虑者。内地居民。慑于逆夷之凶横。一闻警报。遽事迁移。内地匪徒。势得乘机抢掠。万一别生事端。所关匪细。此时要务。惟以安顿人心。严查奸宄为主。而查拿奸宄。尤应不动声色。无令兵役藉端滋扰。现在江宁京口等处。远道传闻。不免多所防范。臣已函致该将军都统等。镇静防守。示以整暇。盖设险守隘。在于平时之布置。不在临事之张皇。庶人心有所凭依。而奸宄不致窃发。至于苏州近省各口。本应厚集兵力。以壮声威而资弹压。查河标及徐州营兵。尚可调拨。惟念乍浦失陷后。粮船尚未全数渡黄。若骤闻调兵。江北一带。不免又有惊疑。正在踌躇间。适于二十四日。钦奉六百里谕旨。现在逆夷猖獗。海口必应加意严防。已谕令裕泰等。挑选精兵等因。钦此。荷先几之筹策。实钦感以难名。俟刘允孝到后。即将所带劲兵。会同派拨。以壮声威。惟此次官兵。到江尚需时日。如果乍浦船退。逆夷不复再来。臣体察情形。可以无须堵御。仍当奏请截回。以省饷馈。臣与提臣。惟当督率弁兵。恪遵纪律。并力守御。并责成地方州县。安抚居民。无稍惊扰。总期外海内河。扼要严守。不致顾此失彼。用资保障而慰宸廑。现在吴淞海口。并无夷船游奕。合并陈明。

癸丑。浙江巡抚刘韵珂奏。窃照乍浦夷船二十余只。于本月十八九两日。先后起碇开行。据报向东南驶去。又有数只。开往江苏洋面。臣当饬宁波府知府邓廷彩等。确加查探。有无折回定镇之船。一面恭折奏报。声明俟探明各船驶往何处。另行具奏在案。兹据邓廷彩等禀覆。探得乍浦口外。小羊山洋面。泊夷船二十二只。大树下洋面。泊夷船六只。定海县道头地方。泊夷船十三只。镇海县招宝山下。泊夷船两只。又据鄞县知县王鼎熏另禀。沥港洋面。尚泊有夷船一只。彼此稍觉参差。其余地方船数。均属相符。臣查该逆在浙之船。本在四十只内外。今该府等所探各处船数。在四十三四只之间。与向有之船。不相上下。小羊山离乍浦不远。在彼停泊之船。自系即由乍浦开往。查小羊山为江浙交界之区。可以直至上海等处。且可越江苏而竟至山东天津。即欲转至浙省尖山海口。亦甚便捷。今该逆将各船聚泊于此。情殊叵测。且定海船数尚多。而镇海之二船。亦并不退去。并闻招宝山上。旧有之威远城。该逆重加修筑。复在山上添铺石路。蓄贮淡水。又闻其制造杉板船三十余只。竹排一百余架。察其诡计。恐有据镇海定海为巢穴。分船四出滋扰之意。各省沿海口岸。在在均应戒备。以免侵轶。

谕军机大臣等。前据牛鉴奏。江苏防堵。止须扼定吴淞一口。逆夷不犯内河。确有把握。当即谕知该督等。外严防御。内示抚绥。期于众志成城。闾阎安堵。计此时当已接奉。本日据刘韵珂驰奏。乍浦口外小羊山洋面。泊夷船二十二只。大树下洋面。泊夷船六只。定海县道头地方。泊夷船十三只。镇海县招宝山下。泊夷船两只。沥港洋面。泊有夷船一只。小羊山系江浙交界。可以直至上海。亦可转至尖山海口。逆船聚泊于此。情殊叵测。且又制造杉板船三十只。竹排一百余架。恐有四出滋扰之意等语。江苏海口。自以吴淞为扼要处所。该督前奏。水陆内侵。均可无虞。自系实在情形。惟逆夷诡诈多端。现又制造杉板。添设竹排。安知不于福山。狼山。及扬子江一带。虚作攻犯声势。冀图牵制。一俟该督闻警前往该处。彼转以大帮船只。突攻宝山。上海等处。使我兵彼此不能兼顾。致堕该逆声东击西之计。该督惟当专驻上海。督办攻剿。至福山。狼山。及扬子江一带。备防亦须加严。该督只须酌派得力员弁。将水师战船。并招募沙船水轮等船。管带驶驾。如遇夷船驶入内河。或用火攻。或设法夹击。总应先事豫筹。不可稍存大意。是为至要。将此谕知牛鉴。陈化成。程裔采。知之。

又谕。据刘韵珂奏。乍浦退出夷船。仍在浙洋一折。乍浦口外。小羊山等处。现泊有夷船四十余只。小羊山为江浙交界之区。夷船停泊于此。既可直至江苏上海等处。亦可转至该省尖山海口。逆情殊为叵测。且招宝山地方。现复制造杉板船多只。竹排百余架。显有分船四出滋扰之意。沿海各口岸。必应节节严防。本日已有旨。谕知牛鉴等。加意堵御矣。尖山为浙江省会扼要处所。著刘韵珂督饬员弁。严密防堵。毋稍疏懈。

道光卷五〇

(道光二十二年壬寅五月乙卯)牛鉴又奏。臣正在缮折间。接据派防黄家湾守备严承恩。飞禀。三十日辰刻。了见黄家湾外塘。相距有二十里之遥。有火轮船二只。四桅大夷船一只。白篷小夷船一只。共船四只。向西北行驶。并据川沙厅禀。二十九日酉刻。探役听闻东南六七团洋面。炮声联络。隐隐有船十余号。往北行驶。时值黑暗。不能细探等语。查黄家湾。离东炮台。仅三十余里。地方荒僻。外有嫩滩数里。人多不能立足。该逆如敢舍舟登陆。正堪杀获捡俘。惟既向西北行驶。又在川沙六七团外洋。仍往北行。自系窥伺吴淞。意图滋扰。该处虽有提镇大员。带兵堵御。必须臣亲往调度。以壮声威。兹于五月初一日。拜折后。即由黄浦江乘舟前进。如该逆竟敢豕突而来。立当策励将士。踊跃进攻。若窥川沙之东炮台。臣即当驻高桥督战。若窥吴淞之西炮台。臣即赴宝山督战。傥弁兵稍不用命。并即懔遵谕旨。军法从事。总期克敌制胜。以慰宸廑而资保障。

扬威将军奕经。参赞大臣齐慎奏……伏查逆夷于三月二十七日。退出宁郡。虽我兵不时惊扰。该逆屡被斩获。以致畏逼窜退。奴才等即虑及逆夷占据宁郡。半年之久。防守亦极严密。何一旦全数退出。夷情叵测。或因此地不能安居。转向他处海口滋扰。诚不可不豫为严防。并因浙江省城。及乍浦。江苏。上海。尤为最要之地。当即飞咨江浙督抚。札饬防守乍浦。及各口岸文武员弁。加意守御去后。不意该逆。果如圣谕。将计就计。竟以大帮船只。全力攻犯乍浦。奴才奕经。远在绍兴。至四月初九日。始接乍浦禀报。有夷船游奕。赶紧札饬翼长总兵尤渤。带兵前往。并截留续调到浙之陕西官兵。就近往援。初十日夜间。始闻乍浦官兵接仗。赴援各兵。尚未赶到。旋于十一日未刻。即接平湖县禀报。乍浦业已失守。当查乍浦满汉兵勇。及奴才等特调驻乍防守之陕西劲兵。共有六千余名。似已不为无备。何至逆夷甫来。遽尔失陷。不胜骇异。嗣据各文武员弁禀报。及奴才等密探。均称该逆大小船只。并火轮船。实共二十八只。于初九日早。在西行汛。唐家湾。檀树泉等处。一路横排。其大炮俱系两面排列。大船约长三十余丈。有炮六七十门。小号船只。亦长有二十丈。列炮三四十门。先从大船桅顶开炮数声。各船大炮。即接连同时开放。声如迅雷。势如骤雨。我兵虽即开炮迎敌。击断夷船大桅两根。无如炮位既较彼为少。该逆俱藏伏船内。未能概行轰击。兼之逆船随时掉转。可以两面轮替开炮。其势更属不敌。兵勇业已伤亡甚多。夷兵及汉奸。即乘开炮之时。解放杉板小船。往来梭织。载送夷奸上岸攻扑。我兵奋力在唐家湾。灯光山一带。用抬炮攻退三次。惟该逆杉板船只。屡次往来。夷兵愈添愈众。而汉奸又复偷从独山背后。接引逆夷两路上山……惟现据委员郑鼎臣。由定海禀称。探得乍浦接仗时。损坏夷船一只。共伤夷目四名。死者约数百人。该逆载回定海。一半乘夜在东山头地方掩埋。一半用灰腌尸。装在船内。受伤者六七十人。俱在东岳宫调养。现有十余名。因伤身死。并查该逆自乍浦退出后。据各路探报。又有大船二只。驶向招宝山。数只退回定海。其余大小船约二十余只。均窜赴江苏洋面。现又据探报。镇海之招宝山。停泊夷船二只。逆夷千余名。仍在山顶盘距。定海道头。及各港停泊夷船十六只。内有佛华国船二只。距乍浦二百余里。小羊山洋面。停泊夷船二十五只。又吴淞外洋。停泊六只。外有火轮船三只。忽北忽南。时向各处游驶。共计大小夷船四十余只。其停泊处所。亦间有移动。现又据报温州府泥屿洋面。有夷船游奕。并传闻崇明外洋。亦有炮声。奴才等查夷船既系随处游奕。各路海口。自宜严密防守。奴才等现已于各口岸。酌量添兵。并严饬各文武员弁。加意守御。毋稍疏懈。

丙辰。江苏巡抚程矞采奏……现在乍浦夷船。虽早经退出。而宝山渔勇探报。四月二十九日。小羊山洋面。尚有夷船二十二只。火轮船四只。从东北行驶而来。是其飘泊靡常。行踪无定。必须先于要隘厚集兵力。庶可期大挫其锋。查省城内河。以浙江交界之王江泾。平望镇两处。为苏州门户。近海则以常熟县之福山口。太仓州之刘河口。为省会要津。如该夷豕突而来。均可以登岸滋扰。不能不豫为之防。所有奉调湖北。山西两处官兵。容俟到苏后。臣与督臣熟商。妥为安置。恪遵训示。扼要严防。不令奇零散布。以联声势而壮军威……

程矞采又奏……伏查该逆自退出乍浦后。旋据各属探报。了见南汇外洋。有白篷船二十二只。火轮船四只。自小羊山东北行驶而来。正缮折具奏间。钦奉前因。并据宝山县飞禀。四月三十日。午刻。有夷船三只。停泊川沙黄家湾。直东洋面。其余均泊十六墩相近地方。初一日辰刻。了见火轮船三只。大小白篷船数十只。均向南汇外洋驶去。各等情。查各属所报夷船。数目多寡不一。该逆隐见不常。游奕无定。南汇近接金山。相距乍浦匪遥。是否仍欲至乍滋扰。抑思窜入江苏。以图一逞。其心尤为叵测。上海吴淞等处。早经雇备商渔等船数十只。饬令管驾之兵勇。按期操演。并在沿海一带。往来哨巡。认真了探……

谕军机大臣等。程矞采奏。河南官兵。全数赴浙。现在筹办防堵情形。并查明夷船在江苏外洋游奕各一折。览奏均悉。河南官兵。已全数饬令赴浙。所有平望。王江泾。两处为江浙交界之地。最关紧要。现只有扬州营官兵三百名驻彼。是否足资防御。著与牛鉴会商妥办。至湖北。山西两处官兵。陆续可到。应如何分拨驻扎。亦应豫为筹画。临时方可得力。该逆船只。现在外洋游奕。窥伺吴淞海口。牛鉴已带兵前往防剿。惟逆夷内犯。全恃汉奸为引导。上海距苏州府城稍远。其余各海口。港汊纷歧。在在均关紧要。该督恐难兼顾。著程矞采于省城人烟辐辏之地。认真严密稽查。不使奸匪溷迹。向来贩卖洋货之人。尤易与夷奸熟识。更当留心查察。以防临时作为内应。其余各海口。亦应派委妥员。一律加意防范。勿坠逆夷声东击西奸计。所有乍浦逃散乡勇。并著留心饬属弹压侦察。毋使藉端滋扰。以杜奸宄而靖闾阎。

己未。两江总督牛鉴奏。窃照逆船游奕江境。臣亲往海口督战。于五月初一日。由驿具奏在案。臣拜折后。即于是日未刻登舟。由黄浦江驰至东炮台之高桥镇。始悉夷船三只。已停泊吴淞海口。而川沙南汇。均据报羊山。蕺山。黄家湾之东南。皆有夷船多只。臣于次日辰刻。驰至吴淞塘岸。亲见三桅船一只。火轮船二只。停泊口外。约有六七里之遥。初一日午刻后。曾开放大炮八十余出。探系经行商船。被其拦截。该商船落篷不行。该夷即停泊不发。其仍有驶行者。即放脚船追回。约计被胁商船。已有二十余只之多。臣当即饬令备战各船一百余只。横排口内江面。以防奸细窜入。旋据海口禀获商人。诘系该逆勒买牛只。方肯放回。殊难凭信。该逆倏往倏来。狡马思逞。已非一日。显系留阻商船。盘查路径。因胁集各船。装载奸细。为前驱蓦越之计。臣即出示谕止各商船停泊口外。该夷船退后。再行进口通商。并严饬管带战船之将弁。加倍小心防范。如有谕止不听。擅行进口之船只。即行开炮轰击。毋稍大意。臣查该逆船三只。与强胁之商船二十余只。停泊口外。相持五日。不见动静。而停泊羊山蕺山之十一只。并黄家湾以东之三只。亦未驶来。其诡谲情状。实令人愤懑难堪。自初一至初四日。该逆船共开炮有一百数十余出。我军并未施放一枪一炮。止有镇定埋伏。以待其来……

扬威将军奕经。参赞大臣齐慎奏。窃查逆夷自退出乍浦。大帮船只。多半在江苏洋面。小洋山停泊。招宝山仍泊夷船二只。外有火轮船一只。时常往来。定海衙头及各港停泊十四只。间有移动。惟前报大小羊山地方停泊夷船。已近外洋。浙省并无探船。未能逼近了望。仅据来往商渔船只探报。究恐未能真确。至江苏崇明。川沙一带。前闻泊有夷船。嗣接两江总督牛鉴咨称。江苏洋面。夷船现在向南驶行。而羊山定海。又并未报有续来船只。其是否系南驶北窜。奴才等现复差人密探。尚未回报。惟现据浙江盐运使常大淳呈出有人自福建寄来钞录伪示一纸。奴才等详阅其词。内称战船三十余只。浅水港小船一百二十余只。欲往厦门寄碇。四月间协同厦门船只。前往天津等语。查逆夷声东击西。是其惯技。或该逆尚未再犯厦门。抑或就近驶向台湾。欲图报复。又或添船来浙。故虚作以北驶之谣。俾各处防备稍疏。乘虚一逞。均未可知。逆夷果否自广东起碇。闽粤督臣。是否具奏。亦尚不知真伪。惟该逆现有北窜之谣。所有沿海地方。均宜加意豫防。俾免疏虞。奴才现已飞咨各海疆省分将军督抚。并札饬浙省分守口岸文武员弁。一体严防。相应请旨饬下直隶总督。务先派委妥人。出洋哨探了望。整饬士卒。镇静驻守。豫于海口狭隘紧要处所。设法布置。以期有备无患。奴才仍密差探报。于象山定海一带确探。有无夷船向北驶行。再行具奏。

辛酉。两江总督牛鉴奏。窃臣于五月初五日。具奏逆船停泊情形。于午刻缮折拜发后。即于是日申刻。叠报逆船自南驶来十九只。在东炮台洋面搁浅一只。又于次日卯刻。驶来五只。亦于东炮台洋面搁浅一只。均离塘岸有五六里之遥。我之炮力。不能轰击有准。是以未经开放。臣于初六日午刻。亲往西炮台。会晤提臣陈化成了望。适见该逆火轮船一只。探水。渐近海口。已有五里之远。本欲俟其再近里许。即行轰打。彼见塘岸人多。旋即折回。臣连日周历海塘。悉心考究。其东炮台。并非该逆必争之地。何也。东炮台之塘岸。有浅滩可上者。不过黄家湾。庙港。三颗银杏树等处而已。其黄家湾离炮台尚有三十六里。至庙港两处。离去炮台甚近。然该处深港。云岸甚远。连日该逆船搁浅二只。是其明效。该处防护兵丁。共有一千数百名。设伏策应。足资守御……

谕军机大臣等。牛鉴奏。逆夷连艅驶至海口。尚未开仗情形一折。据奏。逆船自南驶来。共有二十余只。在东炮台洋面搁浅二只。其西炮台一处。海口深港。去台甚近。我兵贴伏塘内。伺其近岸。即用连环大炮轰击。逆夷断难躲闪。由西炮台至宝山县城东门。现已安炮屯兵。由东门至小沙背一带深港。去岸较远。亦已层层设炮。节节埋伏等语。览奏甚慰。逆船二十余只。驶入江省海口。经该督等审势料敌。水陆交严。深得以静制动之法。如此豫备严密。必能迅奏殊熏。朕拭目以待捷音之至也。惟防守虽已周妥。临时仍须谨慎。谅该督等。必能同心协力。计出万全。其东炮台之黄家湾。庙港等处。去岸虽远。傥该逆用小船冒死闯入。亦属可虑。自当先事豫防。该处兵丁一千数百名。是否足资防剿。著该督相机布置。勿致顾此失彼为要。至搁浅船只。现在作何下落。著即查明驰奏。将此谕知牛鉴。并谕陈化成知之。

浙江巡抚刘韵珂奏。窃照乍浦夷船。于前月十九日。全数退出大洋。后经臣饬属探明。该夷船在小羊山等处洋面停泊。当经恭折驰奏。并因小羊山界连江浙。各船可以直达上海等处。亦可越江苏而竟至天津山东。复又飞咨沿海各省。一体防御在案。兹于本月初四五等日。叠准江省督抚臣来咨。该省宝山。川沙。太仓等属洋面。屡有夷船游奕。并有数船逼近吴淞海口。是该逆显有侵犯上海等处之意。而浙省现在传言。又称该逆另有兵船数十只。于四月间在闽省之厦门寄碇。欲与在厦门之船。北犯天津等语。臣查该逆自去秋抵浙以来。时有赴天津上海滋扰之语。今厦门究竟有无寄碇之船。因无从知其虚实。但在浙夷船。先自宁波退赴乍浦。兹又自乍浦退赴江苏。其行踪渐已自南而北。居心实为叵测。天津为畿辅重地。我皇上久已命将派兵。驻守其地。如使该逆竟敢豕突。不难立予歼除。且该逆凶焰虽张。然往来皆以船为巢穴。非其大船可到之处。不敢即行深入。其前在宁波数月。从未内犯曹江。可以概见。天津虽居海澨。而其内则均属陆路。即有河道。亦属浅窄。该逆断不敢内闯。至汉奸阿附逆夷。逆夷难到之处。汉奸亦不敢妄动。是逆夷即使驶至天津。吃重者只在海口内地。仍可无虞……

(壬戌)谕内阁。牛鉴奏。逆船闯入吴淞。提督阵亡。宝山失守一折。逆夷突集船只。攻犯宝山。江南提督陈化成。督率弁兵。在塘堵御。相持七日之久。开炮轰坏夷船三只。伤毙夷匪数十人。该县地本滨海。该逆辄将巨炮安于大船桅上施放。致将土塘轰裂。捍蔽无资。该提督阵亡。该县城旋亦失守。览奏曷胜悼惜。陈化成久历海洋。素昭忠勇。此次临敌。亦极果敢。竟尔捐躯。允宜特沛殊恩。以慰忠荩……

扬威将军奕经。参赞大臣齐慎奏。窃查浙洋地方。招宝山仍泊夷船二只。定海各港。共泊船十五只。其前在羊山游奕船只。并未驶回定洋。又据探报。羊山洋面。现亦未见有船。惟闻五月初一日。江苏宝山洋面。有火轮船四只。带白篷船十余只。在彼开炮数十声。炮弹未及塘岸。即行落水。嗣后相持未动。而外洋隐隐了见大船多只。刻尚未接江苏咨文。奴才等现已密差确探。该逆究系分向何路驶窜。再行具奏……

癸亥。

谕军机大臣等。昨据牛鉴奏。宝山失守情形。系因县城滨海。虽后路层层埋伏。兵勇期于接应。奈逆船叠放炮箭。我兵迫于地势。力不能支。以致失事。推原其故。宝山之兵。但于沿海岸上。开炮轰击。该逆船在水中。或远或近。既难得有准头。且彼桅上之炮。向岸施放。我兵站立不住。一经退后。彼即蜂拥而上。虽有枪炮。不及开放。此宝山不能得力之故也。天津地势。处处有拦江沙。逆船既不能靠岸。则桅上之炮。亦无所施。我兵之后层。去岸较远。又复层层有炮。俟彼登岸。或从后抄出轰击。或张两翼。横截掩杀。逆夷不识路径。可期剿杀净尽。大获胜仗。著讷尔经额。相度形势。先事密筹。其自涧河至山海关一带。沿海已安炮位。现在处处设有后路。若将前路之炮。酌移后路。待逆夷登岸时。点放轰击。当更得力。该督惟当激劝军心。谕以以主逐客以逸待劳之势。庶众志镇定。不致临时仓皇。万不可因宝山失挫之事。妄为传播。致懈士心。是为至要……

靖逆将军奕山。两广总督祁𡎴。广东巡抚梁宝常奏。窃奴才等。接据扬威将军来咨。逆船退出宁郡。恐其纷扰海疆。咨照一体防范。并准浙江抚臣刘韵珂咨称。宁波夷船。全数退赴镇海。其镇海夷船。大半开往定海。咨行防堵前来。奴才等。窃思夷情诡谲异常。其往来船只。经过粤洋。亦属靡定。自上年五月以后。有由该国驶来船只。仅在粤洋游奕。未经东驶者。有甫来粤洋停泊。旋出老万山洋面。驶往闽浙者。又有前往闽浙之船。去而复返。仍泊粤东洋面者。是以奴才等。于本月十六日。奏报夷情折内。当将该逆新到兵船四只。火轮船三只。奏明在案。现复查得该逆湾泊九洲巡船六只。潭仔巡船一只。黄埔夷船一只。尖沙嘴巡船二只。兵船二只。八号火轮船一只。以上共二十只。均系本年二月以前来到之船。分泊各洋面不定。未经东驶。其自三月以后。有由该国新到十四号火轮船一只。泊于三角。而尖沙嘴地方。在香港对面。所泊夷船为最多。三月杪。来泊夷目吐密。管驾中巡船一只。四月初。来泊十号火轮船一只。四月十八日。由该国新到三桅兵船四只。每船夷兵约二三百名不等。四月二十二日。又由该国新到三桅兵船四只。每船约来兵二百余名。约各载马四五十匹不等。又新到中小巡船二只。以上新到尖沙嘴兵船巡船十只。虽探闻有欲行驶往闽浙之信。尚未开行。此现泊粤东洋面。未经东驶之逆船。也又探有六号。九号。十一号。火轮船各一只。咧时巡船一只。吻吨中巡船一只。装兵中巡船一只。自该国驶来尖沙嘴。均于四月十六日以前。陆续起碇。已出老万山东驶。似系驶往闽浙。又有十二号。十三号火轮船各一只。三桅兵船六只。中巡船一只。系四月初旬。甫来尖沙嘴。即于十八。十九等日起碇。由校椅洲西驶。探报似亦系驶往浙江。此外另有兵船一只。哔仑巡船一只。系自上年秋冬间驶出老万山东去。今复于四月中旬驶回。仍泊尖沙嘴。探系由闽浙甫经驶回。此又现在探得由粤洋驶往闽浙。以及前往闽浙。复行驶回。仍泊粤洋之逆船也。以上逆船来往。俱系据澳门同知。并新安香山各县。及大鹏香山各协营。随时禀报。该文武员弁。亦系据该引水之水手。在洋了望。究之大海茫茫。其或赴闽赴浙。亦不能确然指实。即如该逆由浙驶回船只。如仍在粤洋湾泊。尚可探悉。倘竟有外洋驶回本国。亦无从而知。惟现在尖沙嘴地方。既有由该国新到。以及自浙驶回之三桅兵船巡船。较往时实为加多。且该逆火轮船。直到距省四十里之黄埔窥伺。夷情尤为叵测。奴才等自当随时激励兵勇。严加防范。以固省垣而免疏失。至逆船在香港情形。叠据水师提臣。转据大鹏协禀报。尖山嘴之惩膺台。官涌之临冲台。已被该逆拆毁。复于裙带路。赤柱之上湾。中湾。下湾地方。随时修建营盘。兵房鬼楼马头等工。亦时有拆毁。并有前被火焚烧复修者。又于裙带路。灯笼洲两处。修建炮台。安设铜铁大炮三十四位。均有夷目带领夷兵驻守。侦逻甚严。复有汉奸在该处修造草棚铺房。交通买卖。其对面之尖沙嘴。更有兵巡各船运泊。是该逆竟以香港为巢穴。而汉奸亦籍以为逋逃薮。奴才等现虽防守。刻刻不敢忘战。俟有可乘之隙。再当相机妥为办理……

闽浙总督怡良。福建巡抚刘鸿翱奏……臣等查闽省洋面。西与广东南澳右营分界。东至烽火营止。与浙江瑞安协接界。内地出海商船。俱有一定水线。至夷船驾驶。往往直从深水外洋行走。检查。节据两广督臣飞咨。暨南澳镇营禀报。自上年八月。至接奉谕旨之日止。计往东北之船。共二十四只。往东南西南之船。共九只。而与浙江交界之烽火营禀报。只有往东北之船四只。往东南船一只。相去悬殊过甚。总由该逆夷诡诈异常。一举一动。无不狡狯。自必更有捷径疾趋。是以南北两路之船。多少不侔如此。至鼓浪屿夷船。现在又有八只。且时有火轮船驶入。或游奕竟日。或少停即去。臣等日遣兵役。暗暗侦探。复由厦门同知顾教忠。分投密查。所报均属相符。该逆或住船中。或住屿上。尚不肆扰……

道光卷五一

道光二十二年。壬寅。五月。甲子。靖逆将军奕山。两广总督祁𡊮。广东巡抚梁宝常奏……查虎门十处炮台。前经奏明修复之法。必须由内及外。次第兴办。此时逆船若陆续撤退。留泊粤洋无多。原可趁此购料兴工。乘机赶办。无如该逆兵巡各船。在本年二月以后。分泊各处洋面。未经东驶者。已有十六只。其自三月后。至四月二十二日止。陆续驶来兵巡火轮等船。共计三十只。除前报驶往闽浙十五只。其有由闽浙驶回。及欲往闽浙尚未开行者。仍有十五只。均泊于九州。三角。尖沙嘴各洋面。前已奏明在案。现又据该营县续报。四月二十三日。由英国新到三桅兵船二只。中小巡船三只。二十四日。新到中巡船一只。二十五日。又新到最大三桅巡船一只。炮位三层。约炮七十余门。均泊尖沙嘴。是否驶往闽浙。尚未可知。以现在情形而论。统计粤洋留泊逆船。前后尚有三十八只。近来夷船。逐日加增。虎门地接外洋。一经兴工。该逆势必阻挠。于事仍属无济。奴才随时相度机宜。一有可乘之隙。即当趁势赶紧兴修。以壮声威而资抵御……

(乙丑)牛鉴又奏。署游击张蕙。左臂受火箭重伤。于嘉定途次晤臣。面称该逆大兵船。连桅高有数十丈。船身三层。俱有炮眼。不见一人。其火轮等船。亦均不见一人。该游击与提臣陈化成督战时。连用大炮击中火轮船三只后艄。提臣以为可以沉没。阅时竟安然无恙。后又击断大船高桅一段。亦竟无恙。我兵用炮击中大船正身。反将炮子碰回。毙我守炮之兵。提臣见此光景。顿足长叹。自言事不可为。俄而被炮子击中左臂而毙。该游击亦受火箭重伤。并称松江。吴淞。太湖之兵。伤亡最多等语。臣闻此言。痛哭椎胸。自怨自艾。该逆船虽如此凶恶。决不能驶入江口内犯。自恨不能及早将宝山县城搬空。以守吴淞之法。专用全力拒守东沟。或可制其死命。良由臣无才无职。贻误至此。臣虽万死。何足蔽辜。又臣于初八日卯刻。据崇明县令禀报。该逆船有二十余只。在崇明洋面游奕。适署崇明总兵京口副将林明瑞。在太仓州舟中见面。臣饬令赶紧赴任。与现署总兵王士达。协力堵御。并嘱其将大船可到之口岸炮位。作速搬回。于适中扼要之处。厚集兵力。据险死守。该逆不能携其大炮深入。我之枪炮。始可得手。然而该逆志在掳掠。崇明海外穷壤。非其垂涎。福山刘河各口。俱有淤滩。杨子江有六百里之长。始通海洋。沙线曲折。处处可以搁浅。均皆设有重兵。彼若乘木筏小船来犯。尽可聚而歼之。已严饬各营弁。加倍小心防范矣。

扬威将军奕经。参赞大臣特依顺。齐慎奏……现接探报。定海衜头。及岑港。歧头洋面等处。分泊夷船十三只。又据象山禀报。先后由西南洋面。驶过火轮船三只。大小夷船八只。均向东北外洋驶去。又据镇海县禀报。自定海外洋。驶出夷船二十一只。在金塘洋面游奕等情。查夷情叵测。其前犯乍浦船只。现已由浙而北。进逼吴淞海口。该逆既有北赴天津之谣。且又添有夷船多只。驶过浙洋。诚难保其不乘时多南风。连帮北窜。是江苏迆北沿海口岸。均宜从严守御。以期有备无患。再奴才特依顺。现于五月十一日。自嘉兴回省。合并陈明。

谕军机大臣等……现在定海衜头。及岑港。岐头各洋面。既有分泊夷船十三只。又报有火轮船三只。大小夷船八只。向东北外洋驶去。夷船二十一只。在金塘洋面游奕。该逆来往靡常。情形叵测。将军等。务须严密防范。毋少疏虞。或乘此大帮船只前赴苏省之时。设法进剿。多方牵制。当可得手。仍著确探逆船踪迹。随时迅速具奏。将此谕令奕经。特依顺。齐慎知之。

又谕。前经屡次降旨。谕令沿海各将军督抚等。夷船驶入。不得与之海上争锋。致难得力。计惟诱之登陆。我兵分路横击。或从背后抄截。自可制其死命。逆夷两次侵犯台湾。达洪阿等。遵奏前旨。诱令深入。然后剿击。是以得手。本日据牛鉴奏。宝山接仗情形。恨不全力拒守东沟等语。是沿海堵御。不能决胜。后路拒守。实关紧要。已可概见。现据奕经等奏。夷船多只。驶过浙洋。并有北赴天津之谣。难保不乘风北驶。著讷尔经额。禧恩。哈哴阿。托浑布。相度地势。先事豫筹。务将前路兵炮。移置后层。待其舍舟登陆。厚集兵力。聚而歼旃。当可大获胜仗。断不可沿海迎战。再蹈覆辙。是为至要。牛鉴原片。著钞给阅看。至大沽以东。至山海关一带。既难处处添增兵炮。设使该逆于海岸空阔处所。以小船装载逆夷炮位。分路登岸。肆行滋扰。又将何以御之。并著讷尔经额等。先事备防。勿留罅隙。将此各谕令知之。

丁卯。两江总督牛鉴奏。窃臣驻扎崑山。两月以来。据各路探报。初八日。在吴淞接仗时。击沉火轮船一只。又击坏大夷船二只。沉搁沙滩。又击断大夷船中桅一只。仍前驶去。并查得该逆入宝山城后。点明各船轰毙夷人。约有二百数十名之多。驱使本地强壮丁男。为之搬运物件下船。旋即陆续留住。补充毙夷之数。又于十二日巳刻。报到该逆船四只。于十一日午刻。驶近上海县城。夷匪数百人。即从新闸登岸。绕进北门。该县商民。久已迁徙一空。力不能支。即于未刻失守。又于十三日午刻。据寿春镇尤渤。署松江府王绍复禀报。该逆船由浦江驶入城外。炮声不绝。该镇即将所带官兵。出城分扎四队。严阵以待。该守上城督战。见黄浦江面。由东南驶来火轮船二只。杉板船四只。开放大炮五六十声。我兵见其将近东汉口岸。开炮回击。该逆相持至申刻。仍由原路而去。伏查该逆凶狡异常。见我兵队伍整齐。不敢近岸。难保其不纠约多艅。去而复来。臣已飞饬该镇守。严督弁兵。实力堵御。务使计出万全。不使该逆有可乘之隙。至由松江泖湖而进。可以直达苏州盘门外之宝带桥。逼近省城。最为紧要。已饬臬司星夜回省。面商抚臣驰赴宝带桥。蓑衣浜一带。分别堵御。其由上海之新闸。至青浦之黄渡桥。四江口。崑山之三江口。臣已节节设伏。预备减运粮船多只。截其来路。并面饬苏松镇周世荣。在于三江口地方。屯扎营伍。督率防剿。所有刘河福山两海口。臣与抚臣会商堵截。不令一船窜入。现查上海文武员弁。尚无下落。

直隶总督讷尔经额奏……臣谨将筹办事宜。分晰各条。敬为我皇上密陈之。

一该逆如敢北驶。其大船万不能进口。诚如圣谕。必将大船停泊沙外。另用小船驶入。查刻下潮势微弱。至大不及一丈。且夷情狡狯。初到之时。不敢即行深入。必用火轮船。杉板船先行尝试。闻在南省大率如此。臣已与镇将等严约。该船如果驶进。务须以静待动。以逸待劳。度我炮可及彼船。然后联环施放。以重子击其船。以窝蜂子击其人。决不可一见船影。一闻炮声。即行开炮。以致敌船逼近。转有炮热难施之虑。又南北两岸。除河身中流外。均属浅滩北滩长有苇草。该逆诡谲多疑。虚有埋伏。必不驶往。南滩一片空旷。潮来水漫。浅深不办。拟于滩上安设小木桩铁鹿角杈。另于岸上故张旌帜。作为疑兵。令彼扬帆奔赴。遇桩遇杈。皆可刺破其船。而火轮兵船。并可搁浅。是时炮击火攻。两俱得力。此预备逆夷小船驶进抵御之策也。

一大沽南北炮台。乃津郡门户。最为紧要。且多炮罗列。若使炮台被占。则我炮转为彼用。诚如圣谕。断不可不加意严防。臣与镇道熟计。炮之猛烈。惟土可制。前经演试得力。众将众兵之所共见。因于各炮台上。饬堆土垒。横直两层。前一层用直。在各炮之两旁。后一层用横。在各炮之后身。可以避其迎面之炮。而于后层土垒之上。又横以木梁。复盖土垒。联络成棚。外实中空。旁有走路。我兵装药装子。皆有遮护。可以避其高落之炮子。与其火弹火箭。众将众兵。皆知敌炮万不能伤。更觉心定气奋。北塘南北两岸炮台。亦照此一律办妥。查该逆所至披猖。总因炮如雨下。弁兵受伤溃散之故。今如此安置。则兵不畏炮。台自可守。此各处布置避炮守台之策也。

一台既能守。则前路先锋。可以相机取胜。而后路接应。自然益加奋勇。前奏大沽北塘两处炮台。后路接应。皆系镇臣在前。提臣在后。两提臣营盘。与两镇臣营盘。相去不下二十里。臣与该提镇等议定。设有夷船北驶信息。两提臣各酌留兵数百名守营。一面带兵赴援。与镇臣相距。均不过二三里之遥。一则前路之兵。知接应之不远。必能奋力进攻。一则后路之兵。视贼势之如何。可图相机制胜。并于各营分设铜铁炮位。共计五百斤至千余斤者。四十余尊。又一二百斤者。三百余尊。并制有四轮两轮炮车。可以装载推挽。随处接应。又每营分拨竹炮二百尊。是后路层层有炮。均已足敷应用。至炮台所设炮位。大小相间。大者击其河心之船。小者击其傍岸之船。弁兵演练既熟。先后次第。皆有一定章程。且移炮撤后。明示其意。恐转起畏惧之心。不言其故。又恐妄生疑虑。虑请仍循其旧。可保无虞。此临时预备后路接应之策也。

一大沽北塘两处。地势相同。设夷船驶入。我兵抵御之具。其明用者。炮位为先。而以抬枪火箭火弹竹炮弩箭助之。并于河心木筏之上。安设二三千斤炮位。遣水勇隐身点放。足以攻其船底。其暗用者。以大鱼网多张。沉水五六尺。满河皆有。使其兵船遇之而星柁。轮船遇之而缴轮。则彼船进退皆难迅疾。势必张皇失措。我兵攻剿。益见得力。又备有网船百余只。堆积苇草。洒以硝磺桐油。已拣备精细胆壮之人。拟夤夜带领水勇。由海河左右通海之盐沟。绕至夷船后面。相风施放。以为焚烧之计。此各处预备攻剿之策也。

一该逆诡谲多端。各处猖獗。皆系乘虚而入。兼且散布谣言。声东击西。更易误堕术中。臣与在事文武熟商。此间以大沽北塘为最要。其余各小海口次之。设令该逆窥见大沽北塘两处。防范严密。无可得手。另用小船滋扰别处。俟我分兵往应。辄用大帮驶进。此亦不可不防。现已议定狼坨子祁口一带有警。则用南路之兵勇接应。涧河黑沿子一带有警。则用北路之兵勇接应。大沽北塘。屹如山立。不准一兵动移。缘各处小海口。惟三板船可以行走。且多系乘潮方可出入。攻扑较易。万不可舍此顾彼。致涉张皇。并于大沽迤南道沟子之高桥地方盐沟。埋伏乡勇五百名。北塘迤南滩上之盐沟。埋伏陕兵五百名。以备出奇制胜。此临时持重。并设接应之策也。

……

(戊辰)扬威将军奕经。参赞大臣特依顺。齐慎奏……连日据各路禀报。夷船由西南外洋。驶向东北而去者。纷纷不一。现在上海已有夷船二十余只。定海衜头等处停泊及驶出夷船。约四十余只。陆续在金塘。羊山。横水。各洋面。游奕无定。现又据象山县营禀报。自西南外洋驶来四桅三桅二桅等船十六只。亦向东北窜去。大约夷船。总在八十只内外。其形长圆不一。并不似一国之船。但逆船既多分窜。沿海迤北各口岸。均属吃紧。奴才等已飞咨各督抚将军。节节加意防范。至天津海口。为畿辅切近之区。年来一切防堵事宜。节经钦派大臣。审度周详。该督及带兵大臣。定能恪遵训示。布置妥善。设逆夷胆敢窜近。必将自取减亡。惟奴才等到浙半年以来。身历其间。所有该逆伎俩。见闻较为亲切。该督等或未能深悉。谨就所知。胪叙五条。以备防堵之助。敬为我皇上陈之。

一天津货船。皆能直抵关门。逆夷如敢驶近。宜以镇静防守为要。凡系商渔船只。皆宜聚于关内。勿使出入。免致夺我船只。资为夷用。且凡通海港汊。及偏僻小路。均宜派人稽查堵截。毋令一人往来。以断汉奸传送消息。接济粮食。并令府城内外各店铺。连环取保。其庙宇等处。概不许容留闲人。庶不至造作浮言。摇惑人心。

……

程矞采又奏。窃照逆夷于初八日。攻陷宝山县城。即有逆船二只。闯入黄浦江内……又据松江府禀。逆夷于十二日。驶进火轮船二只。杉板船四只。在松江南门外黄浦江内。开炮五六十出。经该署府王绍复。会同寿春镇尤渤。督同弁兵。出城堵御。开炮回击。该逆因见我兵队伍整齐。即于申刻退出……

(己巳)江宁将军德珠布。副都统兴伦奏……今既失陷吴淞。其近海之圌山关。鹅鼻嘴等处。以及沿江各隘。皆变为极险之区。当兹逆夷虽未入江。不但崑山苏州。水旱道路。可虑其侵。而由海通江。有崇明刘河等处。纵谓沙淤水浅。逆夷大船。不能行进。而火轮杉板诸船。并闻有新造竹筏。皆可便行。汛系一水风帆。非同陆地可比。是则京口重地。尤为可虑……

庚午。两江总督牛鉴奏……据镇臣尤渤。会同署松江府禀报。十四日寅刻。该逆又以火轮船二只。二桅大船三只。驶向东汉。似欲上岸接仗。该镇即带兵于适中之地。排成队伍。相持至巳时。逆船连放大炮。我兵均伏在地。随避随前。用炮回击。并用抬炮火枪。更番叠进。该逆船始行怯退。向西南驶去等情。查西南有斜塘口及横罗泾二处大口。斜塘口。可通乍浦。横罗泾口。可通泖湖。顷探泖湖已有夷船驶入。测量水势。臣现飞咨抚臣。暨浙省严密相机剿截。并饬尤渤督率将士。始终奋励。保守松郡。务出万全。臣在崑山。居中调度。所有刘河福山二海口。并关紧要。臣又于刘河口添派兵三百数十名。福山口添派兵四百数十名。与原驻弁兵。协力堵御。以免分窜滋扰。

牛鉴又奏……臣查该逆船坚炮利。其炮置于桅上。所至开放。猛迅异常。炮弹重有七八十斤者。实非内地火器所能抵制。凡火轮船二桅船所能到之处。断不可与之水上交锋。堕其诡计。惟有变通坚壁清野之法。宣谕滨海居民。悉迁入距海十里或二十里之内。我之大炮抬炮鸟枪。亦退设于深港较远七八里之处。肃队严阵以待。陆战除小路津梁。填塞撤断。截其窜入外。其总会及要隘地面。相度形势。酌安兵炮。彼已离船走陆。所携不过火箭洋枪。以我之大炮。轰彼之小船。该逆决不能敌。一经得手。士卒无不心雄胆壮。勇往直前。自可制其死命。此则避彼所长。用我之长。舍我所短。乘彼之短。于目前兵机。最为切要。合无仰恳皇上饬下沿海各省统兵大吏。舍水战而备陆战。激励将士。同心勠力。奋勇直前。逆夷自不能深入内犯。总兵尤渤。两次击退夷船。皆系备之陆路。坚垒以待。是其明证。

谕军机大臣等。牛鉴奏。逆船再犯松江。复经官兵击退一折。据奏十四日寅刻。该逆又以火轮船二只。二桅大船三只。驶向东汉。似欲上岸接仗。寿春镇总兵尤渤。整队相持。逆船连放大炮。我兵均伏在地。随用抬炮火枪。更番垒进。逆船始行怯退驶去等情。览奏已悉。惟泖湖已有夷船驶入。测量水势。是现虽暂退。难保不别有诡谋。仍思一逞。该督惟当竭力防御。不可稍存大意。所收溃散兵丁四千余名。为数不少。尤当剀切激劝。俾人人思奋。志切同仇。毋得稍挫锐气。至苏州城外之宝带桥。系入省要隘。该逆杉板船。可由泖淀诸湖驶入。必应重兵驻守。所派徐州扬州及漕河各营之兵。尚嫌单弱。恐不足资抵御。著该督即于收回各兵内。酌拨前往。协同防堵。当更得力。另片奏。此次逆夷攻陷宝山。一无所得。现在攻犯松江。意在劫掠。叠经尤渤带兵击退。该城自可保全万一。逆夷豕突而来。力难抵御。亦必豫筹转败为功之策。前此宝山上海。一经逆匪入城。势如瓦解。皆未能豫设埋伏之故。著该督酌量地势。傥于松江近城处所。先伏精兵。以备接应。即使我兵不支。逆夷蜂拥入城。恣意掳掠。正可出其不意。挥兵进剿。可期聚而歼旃。惟该逆诡谲异常。尤须慎之又慎。不可稍有漏泄。所奏陆路坚垒一节。已谕知沿海各处。相机办理矣……

道光卷五二

(道光二十二年壬寅五月辛未)两江总督牛鉴奏。窃臣于十六日。将夷船再犯松郡。经总兵尤渤击退。该逆复以杉板等船。驶入泖湖。测量水势。臣飞咨抚臣。暨浙省加意防范缘由。驰奏在案。兹据宝山县令恭寿探报。吴淞逆夷船只。于十五日。全数退出。距城十里之洋面停泊。又据署松江府王绍复禀报。十四日夜间。闻上海城内。夷人鸣号。十五日巳刻。黑白鬼子。全行登船。其火轮大小船只。即时驶出吴淞口外等语。查该夷日前由黄浦两犯松郡。并分艅驶入泖湖。测量水势。是直欲内犯少垣。今忽焉全行退去。虽前在吴淞接仗。曾被击坏夷船四只。轰毙夷匪三四百名。并入犯松郡时。经总兵尤渤连番击退。但究未大受惩创。何以骤然驶去。其情殊为叵测。除一面札饬苏松镇总兵周世荣。同知沈炳垣。带兵前往上海宝山两县。安抚百姓。弹压土匪。查明提臣陈化成尸身。妥为棺敛。一面飞饬崇明。狼山。刘河。福山。各口岸。在防文武。督励弁兵。严密防范。并咨明扬威将军。暨沿海各省大吏。一体严防。

壬申。湖广道御史吕贤基奏。臣窃闻逆夷侵犯海疆。掳掠赀财。皆载回广东香港裙带路地方收贮。现已造楼七八十座。寮厂数千余间。又于灯笼洲造炮台一所。夷兵百余人看守。售卖烟土。肆行无忌。该逆夷自称为官最著者三名。赞逊乜。哩时。蛤等坚。是也。自称为幕客最著者两名。马履逊。匪伦。是也。夷人俱听其指挥。无恶不作。凡新安东路中路。各处渡船小艇。俱到彼处献纳陋规。方准出海。否则劫货留船。其凶横如此。新安绅士乡民。志怀义愤。屡欲烧船杀贼。夺其洋货。绝其火食。而迟迟不敢举动者。以有将军及地方官通商告示故也。且广东汉奸。所在多有。而外托于归命投诚。内娈其怀欺挟诈。曾给翎顶者。惟卢景尤为首恶。其人熟习夷语。来往自如。包庇汉奸船数十只。炮械俱全。替夷运货。而且驶入乡村。抢劫掳掠。无所不至。其余汉奸船只。自立堂名。如联义堂。中心堂之类。不一而足。似此狡恶。为害居民行旅不浅。若非严密查拿。何以诘奸宄而安良善。应请旨饬下将军督抚。查访拿究。实于粤省地方。大有裨益。

谕军机大臣等。有人奏。逆夷掳掠赀财。载回广东香港裙带路收贮。现在该处建造楼房寮厂炮台。

其伪官最著者。为赞逊乜。哩时。蛤等坚。其幕客最著名者。为马履逊。匪伦。各处渡船小艇。均须献纳陋规。方准出海。否则被其劫货留船。又新安士民。屡欲烧船杀贼。因该将军等。出有通商告示。不敢举动。其汉奸曾给翎顶者。惟卢景尤为首恶。其人包庇汉奸船只。炮械俱全。替夷运货。抢掠乡村。其余如联义堂忠心堂。均为汉奸自立名目等语。逆夷占住香港地方。据为巢穴。逼勒陋规。因该将军等。准其通商。以致被害士民。不能报复。又有汉奸助逆包庇。为之羽翼。如果属实。为害匪细。著奕山。祁𡊮。梁宝常。确切查明。据实具奏。毋许稍有隐匿。其助逆之汉奸。既有姓名堂名。不难按名查拿。著奕山等。严密访查。按律惩治。不准畏难姑息。

甲戌。江苏巡抚程矞采奏……查该逆前次在吴淞接仗时。虽经官兵击坏夷船四只。轰毙夷匪数百名。究未大受惩创。况数日之内。连陷二城。复又两至松江。并阑入泖湖。测量水势。何以不旋踵即行全退。现准浙江抚臣咨会。镇海等处。停泊夷船数十只。五月初六日。定海新到夷船二十一只。初九日。又到四十余只。内有夷马数百匹。或云来自天竺。或云佛喃。及吕宋等国。闻往上海天津等处窥伺。并据南汇县禀。五月十五日。夷船四十余只。内火轮船四只。自羊山洋面。往北驶去。又据常熟县禀。十七日。有二桅夷船一只。在于钱泾海面游奕各等情。是其心怀叵测。殊不可问。此时上海商贾。已照常开市。人民迁徙者。亦渐次搬回……

程矞采又奏。臣正在缮折拜发间。接据宝山等处探报。十九日。吴淞口外。又到大小夷船十余只。内有昨已北驶之船。今又驶回。共船四十余只。截留沙船鸟船十余只。每船拉去两人等情。查该逆行踪无定。前次上宝两处。毫无所获。难保非复图进口滋扰。现饬将收集官兵。于宝山罗店一带。及上海之东沟地方。严加守御。其余福山刘河等处。并饬一体严防。即内河港汊。亦俱层层布置周妥……

丙子。扬威将军奕经。参赞大臣特依顺。齐慎奏。窃查英逆船只。前虽半向北驶。滋扰江苏宝山上海等县。而据象山县营陆续禀报。自西南外洋夷船驶来者。先后约有四十余只。均先向定海停泊。其船形式不一。并载有马匹。据报二百匹。或数百匹不等。船中夷人。形状衣服。均各不同。亦有与逆夷少异之处。或称荷兰。天竺等国。或称吕宋。佛兰西等国。英逆俱相待甚恭。并供给食用。是否由英逆纠合前来。只以远隔海洋。差探小船。不能久停确查。尚未探访切实。奴才等。前次亦因镇海定海两处。逆船较少。即密札上虞。慈谿。前路各文武员弁。及郑宗凯。郑鼎臣等。豫备相机暗中剿袭。乃招宝山停泊夷船。虽止二只。而金塘横水各洋面。距招宝山均属甚近。时有夷船十余只。或二十余只。忽南忽北。往来游奕。定海大衜头。盐仓。竹山门。五奎山等处。各夷船间杂停泊。各国货船。亦在其内。均系倏往倏来。转徙无定。是以水陆两路。我兵均未便轻动。致有疏虞。近日又据探报。大衜头有火轮夷船二只。被炮击坏。现在日夜修补。又有小船数只。装载夷人尸首。每五尸一捆。计有七十余捆。自北驶至镇海。乘夜掩埋。又据报自定海开去夷船三十余只。均挂帆北驶。又招宝山外。夷人新到船十七只。亦向东北驶去。其满山洋面。旧停夷船三只。现据象山县营禀报。又皆向外洋驶去。俱不知其何往。除驶出夷船。及在江苏洋面游奕各船外。此时镇定两处。尚泊夷船二十余只。其北驶各船。是否归并江苏洋面。抑系径赴沿海迆北口岸。逆情叵测。实难料度。并查吴淞夷船。于攻陷宝山上海后。连次进犯松江。开放大炮。翼长寿春镇总兵尤渤。带兵拒守。逆夷见我兵队伍整齐。防备严密。旋即却退。而又向西南驶行。意图分窜。奴才等。接据探报。查松江与嘉兴。地界相连。该逆船只。既驶向西南。尤宜预为防范。当即札饬嘉兴防守各员。加意守御去后。兹接两江总督牛鉴咨称。上海宝山。大小夷船。于十五日全行退出黄浦。两城逆夷。亦俱退去。该逆船现驶至吴淞口外。桅挂白旗。在鸟船洪等处停泊等语。奴才等。现已飞咨沿海督抚。一体预防。并严饬分守口岸文武员弁。实力防守。毋稍疏懈……

又谕。天津防堵。现当紧要之时。来往商船。尤宜加倍认真查察。闻向来各处货船到津。多在六七八数月内。闽船到在六月。粤船到在七月。兹闻近数日间。已有粤船多只到津。较往年更早两月。且在闽船之先。粤省商船。与英夷熟识者多。难保无汉奸在内。藉图勾引。此等货船到津之时。应如何派员稽查。令于何处停泊。不可稍涉疏虞。致有勾结情事。亦不可遇事搜求。致安分商民。转滋扰累。著讷尔经额悉心筹议。严密稽查。如有形迹可疑之人。即应切实根究。杜其交通之路。勿生隐患。是为至要。

六月。戊寅。靖逆将军奕山。两广总督祁𡎴。广东巡抚梁宝常奏。窃奴才等。前奉谕旨。英逆来往船只。必由闽粤各洋经过。有无逆船自粤赴浙。抑或有逆船由浙南驶。经过该二省洋面之处。著即探明。随时由驿迅速奏报等因。钦此。当经奴才等。于四月二十七。三十等日。将查探逆船来往情形。叠次奏报在案。查前次奏报。泊在粤洋逆船。除驶往闽浙十三只外。截至四月二十五日止。尚有四十只。嗣据该管营县陆续禀报。四月二十七日。新到装兵船四只。中巡船二只。二十八日。新到装兵船二只。二十九日。又新到装兵船四只。均泊尖沙嘴。另有二号火轮船一只。系上年八月内赴浙。亦于四月二十八日。驶回尖沙嘴。并查出上年十月内。复回三角洋面中巡船一只。理合补报等语。奴才等。查得该逆船续到十四只。合之四月二十五日以前。所泊四十只。共计五十四只。是否由粤东驶。飞饬该管文武员弁。逐细查明禀报去后。兹据各该处续报。除前报驶往闽浙逆船十三只不计外。其自四月二十四日起。至五月初四日止。又有大巡船一只。中巡船六只。小巡船三只。装兵船二十二只。十号火轮船一只。均于四月二十四。二十九。及五月初二。初三。初四等日。自尖沙嘴起碇。驶出老万山东驶。又有由浙驶回尖沙嘴之二号火轮船一只。经夷目吥奠谢。马利逊。二名管驾。该船于五月初六日。出老万山东驶。以上巡航。装兵船。火轮船。共三十四只。陆续出老万山东驶。探系前往闽浙。另有夷目吐密一名。管驾赞卒治厘巡船一只。先据新安县禀报。该船于五月初四日。自校椅洲西驶。探系驶回本国。续据澳门同知禀报。该夷目管驾该巡船。系于五月初六日。出老万山东驶。即与夷目吥奠谢。马利逊。二名。均赴浙洋各等情。奴才等。伏查本年四月十六日以前。逆船由粤东驶者。仅止六只。乃自四月十八日。哗伦巡船。自浙驶回以后。旋于四月十九。二十一。二十四等日。出老万山东驶者八只。自四月二十八日。二号火轮船。自浙驶回以后。旋于四月二十九。五月初二。初三。初四。初六等日。先后出老万山东驶者三十三只。统计该逆兵船。巡船。火轮船。除夷目吐密管驾巡船一只。是否驶回本国。抑系驶赴浙洋。另行确切查明外。其自四月至五月初六止。先后共出老万山东驶者四十七只。且有夷目吥奠谢即朴鼎查及马里逊。二名。即随二号火轮船。跟踪驶往。并探得新到大巡航内。载有番妇番孩一百余名。安置裙带路夷楼居住。其装兵船内。约载夷马二百匹。及炮车等项。揣度该逆情形。或因在浙与大兵接仗。是以哗伦巡船。及二号火轮船。驶回粤洋报信。旋将四月内新到兵巡火轮各船。开驶赴浙。肆其豕突。亦未可定。但夷情叵测。或迳驶往浙省宁波。乍浦。等处。抑或分驶厦门。上海。天津。一带各海口。肆行滋扰。难以逆料。且风闻该逆船。亦有驶往台湾之信。均应加意防堵。以备不虞。除飞咨扬威将军。并沿海将军督抚。一体严加防范外。查现在粤东洋面。自二月以前。到泊各船。截至五月初六日止。共计逆船六十七只。除已起碇东驶者四十八只。计尚存逆船十九只。其二月以前。来泊逆船十六只。仍泊于九洲。三角潭仔。内零丁。尖沙嘴。各洋面。其哗伦巡船一只。十四号火轮船一只。及四月二十二日。新到装兵船一只。据报向咖思兰。及校椅洲等处驾驶。尚未驶出老万山。诚恐该大帮逆船。不久仍由各处。驶回粤洋。奴才等。随时激励兵勇。严密防堵。如有可乘之隙。自当相度机宜。妥速办理。仰慰宸廑。再查逆夷巡船。有大中小三等。专为接仗而设。大巡船。载炮七十余门。中巡船。载炮四十余。小巡船。载炮二十余门。其装兵船。则仅有炮十门。八门。及四门。两门。不等。系为夷兵居住。及装载火食之用。

奕山。祁𡎴。梁宝常。又奏……奴才等。伏查乍浦夷船二十余只。于四月十八日。驶往东南外洋。

如果由广东洋面经过。该营县必有探报。现查四月十八日以后。由浙驶回仅有哔伦巡船一只。及二号火轮船一只。除此再无由浙驶回之船。奴才等。严饬文武员弁。随时哨探。并分遣商渔各船。出洋了望。如该逆船只。有自北驶回。及自南驶至者。再当随时迅速奏报。至现在粤洋。尚有逆船十九只。其停泊香港附近之尖沙嘴者。不过六七只。其余仍在九洲。三角潭仔。内零丁。各洋面。往来游奕不定。并探得该夷自去年冬间至今。在香港裙带路。造有夷楼五十余间居住。将原盖篷寮。尽行拆去。

谕军机大臣等。奕山等奏。查探逆船情形一折。据奏粤东洋面。自二月以前。至五月初六日止。共计逆船六十七只。除起碇东驶者四十八只。尚存逆船十九只。其新到巡船内。载有番妇番孩。裙带路。造有夷楼五十余间。装兵船内。载有马匹炮车等项。览奏均悉。逆夷于香港裙带路地方。公然建造楼房。安置妇孺。显有久据之意。该将军等。相度情形。于能于逆党聚居之处。掩其不备。乘间纵火焚烧。亦足快人心而褫逆魄。惟广东汉奸最多。务须密为布置。悬立重赏。招致义民。断不可稍露风声。致逆夷豫为准备……

闽浙总督怡良。福建巡抚刘鸿翱奏……伏查英夷船只。往来不必皆有定所。往往潜至各处游奕。沿海各营。只就了望所及。据以禀报。亦有帆影模糊。不能辨认者。虽在深水外洋。为此间商渔船所不能到。而伊等日夕来往。其间闻见较易。臣等。先经饬令沿海文武员弁。加意了探。除上次奏报外。嗣于四月二十五日以后。陆续存记。均系从各海汛经过。并未停泊。或有暂时寄碇。旋即开行。是以鼓浪屿所留之船。亦此来彼去。进出无常。多时或至十二三只。少亦有七八只之数。并无滋扰情形。经厦门同知同安县。及各营汛随时探报。亦不能得其实在消息。大约在此之夷。均听在浙逆目号令。据称自浙至此。不过二三日即到。呼吸相通。互为应援。其计阴狡之至。惟有严为防堵。机事慎密。仍遵旨分遣殷实谨愿商渔船只探报。得有确信。即行上闻。

谕军机大臣等。怡良等奏。续查南北驾驶夷船。经过闽洋只数一折。据称英逆船只。往来无定。鼓浪屿所留之船。多时或至十二三只。少亦有七八只之数。大约均听在浙逆夷号令等语。该逆滋扰江浙。聚集逆船多只。倏行退出外洋游奕。闽省呼吸相通。且现有停泊夷船。即难保其不伺隙复行滋扰。著该督等。督饬员弁。严密防范。如有可乘之机。仍酌量妥为剿办。其沿海地方。务当恪遵前旨。申明例禁。认真稽查。毋许内地民人。私与往来。代销货物。慎勿再事纵容。是为至要。嗣后夷船有无增减。仍著分遣商渔船只。随时探报。得有确信。即行据实具奏。

江南河道总督麟庆奏。窃臣准军机大臣字寄。道光二十二年。五月初一日。奉上谕。本日据麟庆奏。查勘海口。昼夜巡防等语。黄河。灌河。射阳湖。海口三处。均关紧要。现在重运漕船。连樯北上。难保逆夷不心存窥伺。更恐内地奸民。潜相勾结。不可不加意严防。著麟庆于漕艘经行各处。严密稽查。并著督饬弁兵。昼夜了探巡防。不可稍疏。遇有情形可疑之汉奸。尤当盘诘严拿。认真究办。其河营各兵丁。务须勤加训练。以壮声威而资弹压等因。钦此。伏查江苏。浙江。江西。湖北。等省漕船。均已渡黄。现在湖南三帮。亦已提催抵坝。即日灌放。连樯北上。逆夷无从窥伺。惟水手短牵。人数众多。恐有奸匪溷迹。前奉谕旨。设法严防。臣即钦遵筹议。饬属加意稽查。专派河标中军副将秦攀萼。在黄河以南。董率弹压。其渡黄重船。饬委前署副将事松江营游击安振国。押送出境。谕令见有形迹可疑之人。立即拿究。至臣标所辖黄河。灌河。射阳湖。海口三处。自英夷滋事两年以来。叠饬该管将弁。带兵巡防。昨准督臣咨会。宝山上海。均已失守。贼氛愈近。查黄灌等海口。外虽有大沙拦护。逆船不敢驶近。而杉板小船。难保不潜来窥伺。防范尤应加严。余饬庙湾。佃湖。二营。上紧巡防了探。并谕河苇各营。将所选河兵。勤加团练。以壮声威而资守助。俟湖南帮船。催过中河。即饬委淮海道赵廷熙。亲往督巡。以期周密。至漕运经行要道。南河以瓜洲江口为门户。而自海入江要隘。则以江阴县鹅鼻嘴为最。惟该处江面甚窄。对岸炮力可及。且下伏礁矶。水路曲折。南岸山势陡峻。有险可凭。迤上则有圌山关。及焦山。象山。层层锁钥。臣于本年二月。赴扬州时。见现署两淮运司前常镇道但明伦。与之详论沿江形势。该司曾周历相度。即言长江虽为天堑。而由海门入江之路。阨险守御。必当以鹅鼻嘴为先。臣复询之卸署狼山镇总兵事河标副将秦攀蕚。所论亦合。兹据该运司。会同常镇道周项。禀请添兵裹粮。前往鹅鼻嘴驻防。极中肯綮。可期得力。至瓜洲江口内河道。属臣管理。其扬州营。向归督标。淮安营。向归漕标。臣惟当督同该管道。随时小心筹防。并严拿汉奸。以冀仰副圣主谆谆训戒至意。

谕军机大臣等。麟庆奏。严防海口。并覆陈漕运经行各处情形一折。南河所辖黄河。灌河。射阳湖。三处海口。该逆杉板小船。既可驶入。自应严加防范。著该河督严饬各营。巡防了探。并将所选河兵。勤加训练。毋任稍有疏懈。俟湖南帮船过竣。即饬委该道亲往督巡。至漕运经行要道。南河以瓜洲江口为门户。而自海入江要隘。则以江阴鹅鼻嘴为最。该处江窄山峻。下有伏礁。若于此处扼险守御。如有逆船驶近。我兵轰击。自可得力。其应如何添兵驻防之处。著牛鉴。麟庆。程矞采。会同商酌。务令足资防守。毋稍大意。其瓜洲江口内河。亦著该督等。督饬所属。小心筹防。遇有形迹可疑汉奸。即行盘诘严拿。以重防守而利漕行。将此各谕令知之。

道光卷五三

道光二十二年。壬寅。六月。乙卯。扬威将军奕经。参赞大臣特依顺奏。窃五月二十三日。承准军机大臣字寄。道光二十二年。五月十七日。奉上谕。奕经等奏。续拨官兵赴苏。并近日夷船情形一折。览奏均悉。现在定海衜头。及岑港。岐头。各洋面。既有分泊夷船十三只。又报有火轮船三只。大小夷船八只。向东北外洋驶去。夷船二十一只。在金塘洋面游奕。该逆往来靡常。情形叵测。该将军等。务须严密防范。毋稍疏虞。或趁此大帮船只前赴苏省之时。设法进剿。多方牵制。当可得手等因。钦此。查五月十四。二十一等日。奴才等。两次将调拨官兵。赴苏应援。并参赞大臣齐慎。带兵暂驻嘉兴之王江泾地方。以资控制。及近日江浙逆船情形。缮折具奏各在案。兹据镇定两处探报。招宝山泊船如故。定海逆船。于十八日。开出九只。由镇海洋面。向北驶行。二十日。招宝山后。复添夷船十余只。在彼寄碇。尚未据报船向何往。其定海衜头。蠏脐港。竹山门等处。现仍泊船十八只等情。伏查镇定逆船。视前为数较少。奴才等。亟思设法剿袭。以为后路牵制。早经札饬水路两路员弁。设法攻取。惟是招宝山。由镇海县陆路可通。该处夷匪不过千人。我兵若以大队取路攻剿。尚易得手。至山根即系大海。该逆泊船处所。距山不及一里。彼如散走登舟。扬帆远去。我兵并无船只。即难追袭。且山后时有逆船十余只。往来游奕。瞬息即至。设我兵守御未备之时。该逆旋驶来大帮船只。开炮攻扑。不免仍有疏虞。而镇海与宁波。海水通达。并无阻隔。尤恐逆夷乘势复来宁郡滋扰。将来大兵收复。又须费手。至兵勇乘夜火攻。逆夷甚为畏惧。自连次被创之后。防范极严。凡各处泊船地方。每夜必用大小三板船。四面巡逻。远近哨探。而我兵乘船火攻。又须乘风顺潮。设法潜往。是以不能豫定。连日仅于暗中。将其在衜头修补火轮船一只。设法沉没。溺毙夷匪二十余人。又两次黑夜乘风潮暗截缆索。漂沉其巡船及三板数只。然此皆系暗中惊扰。究未能使之大受惩创。现在钦奉谕旨。设法进剿。多方牵制。奴才等业已密饬前路水路员弁兵勇。如有可乘之机。即当设法攻取。并严饬分守各海口要隘文武委员等。严密防范。毋稍疏虞。

钦差大臣耆英。署乍浦副都统伊里布。两江总督牛鉴。江苏巡抚程矞采奏……兹臣耆英。臣伊里布。接奉谕旨后。于二十二日。驰赴崑山。会同臣牛鉴。悉心熟商。所有内河纷歧处所。经臣牛鉴。派委妥员勘明。分别沉船钉桩。堵截来路。其崑山县境之三江口。白塔湾。河面虽不甚宽。惟系水路冲途。业将减运废船。排列两旁。豫备土石。中间仅留丈余口门。以便民船往来。俟有警报。即可登时凿沉。两岸仍各有弁兵三四百名。以便埋伏夹击。连日接据宝山县探报。该逆北窜之船四十多只。仍复折回。聚泊吴淞口外。崇明县禀报。夷船多只。在近口开放大炮十余出。仍然驶去。刘河。福山。各口。亦均有夷船游奕。臣等查吴淞之战。虽击坏大船四只。两次滋扰松江。亦经官兵击退该逆并未大受惩创。乃于五月十五日。仓皇退出上海县城。复又将北窜之船折回。停泊吴淞口外。该逆诡谲万端。居心叵测。且恃其船大炮猛。专视我兵力坚厚之处。发很直攻。就现在情形而论。江苏内河支港。业经择要拦截。该逆谅不敢冒险深入。惟现勾结丑类。添船至四十余只之多。又陆续掳截沙船鸟船。在吴淞口演习驾驶。逆党日众。逆焰日张。势将豕突内地矣。臣耆英。臣伊里布。已行文该夷酋。诘责其犯顺之故。原期稍示羁縻。兹接回文。竟不肯戢兵。并有欲攻江宁天津之说。查天津为畿辅重地。大兵聚集。最关紧要。江宁襟江带海。虽有暗礁伏沙。该逆三桅大船。未必即能闯然直入。而火轮杉板等船。吃水较浅。当此夏潮正旺。迥异冬春。万一汉奸导引。驶至扬子江。则南北声援。顿虞阻隔。且我兵当挫衄之后。军械不全。士气不旺。近复分拨各海口。尤嫌力量单薄。朝夕情形不同。殊为可虑。臣等公同商议。现值万分紧迫。亟应妥筹抵御之方……

耆英。伊里布。又奏。奴才等。因上海宝山。先后失陷。势甚危迫。不得不设法办理。是以不揣冒昧。公同商酌。发给会印双衔照会。拣派外委陈志刚。广东通识陈巢等。令其星驰送往。嗣奴才等。于五月二十日。由王江泾赴苏。二十二日。行抵崑山县。会晤督臣牛鉴。询悉夷船停泊情形。及防堵一切事宜。称内河纷歧。已择要堵塞。其距崑山县城三里之白塔湾河道。为松江。太仓。苏州。通衢要路。先派令文武员弁。在彼用废船盛以土石旁塞。中留行路。如有夷船来往。并将中路塞绝。经奴才等。会同督臣牛鉴。前往查勘。办理尚属妥协。奴才等。旋即折回。于二十四日。行抵崑山县属之唯亭汛。适遇外委陈志刚等转回。接据酋目朴鼎查等覆书。当即公同拆阅。该酋目并不将所指相见处所言明。仅以不能戢兵。仍与相战为词。并称贵将军。贵都统。谅念之等语。是该酋目先欲约见处所。又复藉词。不肯戢兵。诡诈狐疑。实堪发指。更有可恨者。该逆在上海。将官仓谷石。支给民食。并张贴伪示。本国与百姓毫无战争。最愿彼此和睦。广开通商之路。但大清官兵。不肯议和。此等鬼蜮伎俩。尤令人愤满胸怀。奴才等。面询外委陈志刚等。佥称十九日。驰抵吴淞口。二十日。即上夷人兵船。面见夷目玛里逊。郭士利。伊等皆称我国兵船已到。且所商之事甚大。恐耆将军。伊中堂。见面。亦不能为我们作主。现在我们。欲先到扬子江。后到天津等语。奴才等复诘询该外委。夷船多寡。据称酋目等。向伊等告知。我们现在兵船有六十三只。经该外委察看吴淞口。五王桥边。排列夷船大小不等。共约五十余只。内有夷人货船二十余只。其兵船极大者。约宽五六丈。长二十五丈。每可载夷人五六百名。其船共计五舱。安大炮七十六座。其次者约宽四丈。长二十丈。舱四层。安大炮四十座。再奴才耆英。伊里布。前因一时愚昧。发给照会。指定地方。约为相见。原期谕以天理人情。面戢战争。乃该夷诡诈百出。藉词畏避。实非奴才等逆料所及。再该逆现在扬言欲赴扬子江天津。伏思天津地方。庙谟指授机宜。严兵防守。且海岸宽广。较之江浙塘岸。似易布置。如该逆胆敢北窜。定可乘势攻击。彰国威而伸天讨……

又谕。耆英等奏。逆船折回吴淞聚泊。现议设法防堵一折。据奏该逆北窜之船四十余只。仍复折回。聚泊吴淞口外。崇明县。及刘河。福山。各口。均有夷船游奕。并有欲犯江宁之说。牛鉴已往扬子江京口。溯流而上。竭力防范。会同德珠布。商办一切。并飞催齐慎至苏。会同耆英。伊里布。程矞采。筹商防守等语。逆夷勾结丑类。添船多只。并掳截沙鸟等船。在吴淞口演习驾驶。意图内犯。江宁襟江带海。虽有暗礁伏沙。大船不能直入。其火轮杉板等船。难保不驶入江内。惟该处江口。究与外海不同。前据牛鉴奏。有水师战船十六只。并招募各船大小七十只。派令田浩然等管带。另制火轮船四只。派刘长清管带。内河可与接仗。不致疏虞等语。此项船只。虽不能敌其大号兵船。若火轮杉板等船。乘潮驶入。酌带炮位。当可与之水战。著牛鉴于入江要隘处所。分布各船。责令管带各员。傥有逆船驶入。可战则战。当守则守。断不可稍有疏虞。致沿江红船渔船。反资贼用。是为至要。其崇明。刘河。福山。各口。均须分兵防守。已有旨谕知奕经等。酌派精兵一二千名接应。交齐慎管带至苏。著俟该参赞到苏后。该督酌量扼要地方。令其驻扎。以资控制。至江省要口甚多。虽经设法填塞。难保该逆不乘间窜入。不可不豫为防范……

讷尔经额又奏。窃臣承准军机大臣字寄。道光二十二年。五月二十八日。奉上谕。天津防堵。现当紧要之时。来往商船。尤宜加倍认真查察等因。钦此。臣查历年闽广商船。须俟夏至以后。东南风司令。始行北驶。如遇节气较早。于五月内。即有进口之船。其粤省商船来津。或在闽船之先。或在闽船之后。向无一定。上年广东惠州商船。即系五月二十外到口。六月初一二日。陆续进口。臣前因逆夷肆逞。恐有汉奸冒充商船水手。来津窥探。于上年暨本年。两次酌定稽查章程。奏蒙圣鉴在案。兹查五月二十九日。有广东潮州府商船三只。驶至拦江沙外停泊。业经飞饬驻守大沽。查验商船出入之委员。天津粮捕通判娄豫。盐山县知县刘煦。会同营员。先赴该商船。逐一查验。诘讯明白。核与印票填注姓名籍贯人数相符。始准驶进拦江沙内。并令闽粤会馆董事。带同在津开设字号行店之人。赴船识认。确系贸易良民。必深信无疑者。即令呈缴携带器械。押令船只。驶进内河。在于紫竹林。黄船坞。停泊。查验货物。照例纳税。催令起卸。赶紧出口。查紫竹林地方。现在驻有臣标防兵六百名。弹压稽查。耳目切近。不致疏虞。并派文武委员。先于河干驻守。往来巡查。不许水手登岸。如果查有形迹可疑。语言支吾者。即行严加根究。断不容奸匪溷迹。致滋隐患。亦不准遇事搜求。扰累良商。

癸未。署盛京将军禧恩奏……伏查奉天海疆绵长。凡可以登岸吃紧之处。节经严饬委员。及该地方官。督率兵勇。固守要隘。严防后路。虚虚实实。以备不虞。而金州。复州。二处海口。尤关紧要。已将原设大小炮位。撤归后路适中扼要之所。妥为安置。密饬该地方官。督率兵勇。设法防守。内可护卫城垣。外可控制海口。并令熊岳。水师营。二处。各选备精兵二百名。相距仅止百二十里。设有警报。可期一呼即至。易于应援。临期再加以省兵。自可足敷应用。傥遇夷船驶至。断不许在海洋与之接仗。必须设法诱之舍舟登陆。我兵以逸待劳。以守待攻。务从背后截其归路。层层围困。枪炮齐开。俾逆夷不得逞其狡狯伎俩……

谕军机大臣等。禧恩奏。严防后路扼要拒守。并筹办军火一折。据称金州。复州。二处海口。最关紧要。已将原设大小炮位。撤归后路适中扼要之所。妥为安置等语。著即照所议妥办。并饬令熊岳。水师营。二处。各备精兵。届期应援。关外尚有黑龙江官兵一千名。如有警报。兵力觉单。著该将军随时酌量。即飞咨哈哴阿。于驻关吉林兵丁内。酌拨三五百名。以资协剿。亦无不可……

(甲申)两江总督牛鉴奏。窃臣前因江省势甚紧迫。该逆有直犯扬子江之信。与臣耆英。臣伊里布。臣程矞采。面晤筹办。并臣亲往江口。相机防范实情。会同驰奏在案。兹臣查江阴县之鹅鼻嘴地方。去县城仅三四里。为长江入海第一扼要门户。山势陡险。江水直趋。傍山而下。满面深洪约有三四十丈之宽。其下游沙线四道。计长一百二十多里。该逆大船。断难飞越。而火轮杉板。尽可窜入。亦必需人导引。现已设法查禁。并于沙线湾曲之处。暗中密钉桩石。截其来路。其鹅鼻嘴。已设有大炮。可以阻其冲突。现饬卸署常州府事之徐家槐。豫备火攻船只。载以芦柴桐油。联以大锁。万一彼敢豕突而上。顺流放下。可资延烧。又札调徐州总兵王志元。带兵七百名。在于陆路设伏。以防其登岸。滋扰江阴县城。俟布置妥协后。臣即驰赴京口焦山一带。相视各要隘。如何设施。并至江宁省城。与将军德珠布会商一切。仍即折回苏州省城。往来查看。臣查该逆自犯顺以来。诡谲百出。就目前光景而论。又与三四月间。迥有不同。何也。该逆自陷定镇而后。尚株守一隅。今则既陷乍浦。又陷上宝。后又分艅窥伺崇明。福山。刘河。并有内犯天津之说矣。该逆在定镇时。大船不过四十余只。近则勾结丑类。所添船只。复倍其数。近据宝山县探报。自吴淞口至黄家湾。共泊七十余只。而四出分扰之船。及停泊于定镇者。又不可计数矣。该逆前此尚不敢侵犯内河。近则造作三板小船。抢夺沙船。掠取衣帽。不计其数。并于吴淞口外二十里之洋面。打造器械。实有乘隙内犯之情形矣……

牛鉴又奏……目下逆夷窥伺长江。屡有夷船游奕探水。除已于最要之江阴鹅鼻嘴。调驻重兵。设法守御外。京口为大江锁钥。刘允孝正抵该处。商令该提督。即暂行留驻京口。以资控制。兹蒙谕令改赴登州。遵即飞咨该提督。迅速带兵赴登防堵。其京口地方紧要。臣查江南提督。已奉旨改派尤渤署理。一面咨催参赞大臣齐慎。迅速前来京口。商办防剿事宜。并札调苏松总兵周世荣。挑选善放炮位之弁兵。星座驰至江阴。听候派拨防守。

谕军机大臣等。据牛鉴奏。京口为大江锁钥。现在逆夷窥伺长江。必须严加防守。已催齐慎迅赴京口等语。昨已有旨。谕令刘允孝仍留江南。署理提督。该督俟齐慎。刘允孝。到后。即将一切防剿事宜。商同妥办。并令齐慎。刘允孝。各择扼要处所。分营驻扎。以资得力。仍当各设后路接应。是为至要。该逆诡谲万端。居心叵测。万一逆船窜入江面。关系匪浅。务当处处严防。设法守御。不可稍有疏虞。是为至要。

乙酉。钦差大臣耆英。参赞大臣齐慎。署乍浦副都统伊里布。江苏巡抚程矞采奏……臣等伏查提臣刘允孝管带湖北官兵。行抵镇江。经督臣牛鉴。以该处为南北各省咽喉。现在吴淞逆船。陆续增添。福山等处地方。又复往来游奕。即经咨会刘允孝。带兵驻扎京口。以为各路声援。兹臣刘允孝奉旨驰赴山东。则京口兵力。较形单弱。且值雨多潮涨之时。江面甚宽。恐炮力不能远及中洪。两岸无从拦截。万一逆夷蓦然闯进。则长江数百里。可以乘风直抵江宁。不特道路梗塞堪虞。即镇江扬州等府菁华之地。亦必群相震动。关系匪轻。现据宝山等县探报。前月二十八日。鸟船洪洋面。夷船二十余只。俱已开向北驶。二十九日未刻。宝山东门海塘外。停泊夷船六只。小沙背。停泊十一只。石洞海塘。亦有船十余只。各船悬挂旗帜。或红或白或黑。颜色不一。该夷并于宝山城外。黏贴伪示。其镇洋县之刘河口。即于二十八日。驶到夷船二十余只。在彼停泊。并有大夷船一只。向北驶去。并据福山营游击恒山等禀。六月初一日。夷船二十余只。在福山口外中洪游奕。内有火轮船一只。向江阴。靖江。洋面行驶各等情。查福山游奕之船。即由刘河驶至。该处为由海达江门户。诚恐溯流而上。不可不加意备防。臣等公同酌商。现由臣齐慎。将管带之四川兵五百名。广西兵三百名。克日驰赴镇江堵御。一俟扬威将军调拨江西官兵到日。再行酌拨江宁省会。以壮兵威。臣耆英。臣伊里布。仍驻苏城。因吴淞停泊夷船。尚有三十余只。前既两犯松郡。难保不去而复来。现在该府地方。有署提臣尤渤。带领官兵。虽亦足敷守卫。如该夷再事豕突。情形紧迫。臣耆英。即当酌带弁兵。驰往策应。至苏城为根本重地。戢奸禁暴。尤不可稍疏。所有漕河等标各官兵。计有二千余名。留驻苏城。藉资防守……

谕军机大臣等。耆英等奏。逆船逼近港口。现在防堵情形一折。览奏均悉。该逆诡谲异常。情殊可恨。天津一带。已防范严密。惟江苏处处港汊。皆可直达内河。防堵不容稍懈。江口为各路汇总。尤宜加意堵截。牛鉴等。带兵分段驻扎。声势联络。当不至再有疏虞。齐慎。刘允孝。前已有旨留于江苏。择要驻扎。协同牛鉴等。办理攻剿事宜。尤渤带兵防卫松江郡城。昨据奕经奏。前后拨兵六千余名。前赴江苏应援。兵力不为不厚。惟在该督等激励将士。同心戮力。应守则守。应剿则剿。该逆自不敢分窜滋扰。断不可稍存畏葸。致懈军心。是为至要……

道光卷五四

道光二十二年。壬寅。六月。丙戌。

谕军机大臣等。逆英犯顺以来。屡肆猖獗。贪黩凶很。难以理喻。惟该逆肇衅。究不外牟利之心。此朕所深知。本日阅耆英等呈递照钞伪示。内有因该逆商船。误伤广东商人三名。故中国不许通商。该国求和。不肯保奏朝廷等语。广东现在通商。未闻该夷有误伤商人之事。且该逆如果真心求和。于通商而外。别无妄求。朕亦何乐而不罢兵。即令仅止求给香港一处。栖止贸易。或该国船只。偶至闽浙口岸。暂时停泊。售卖货物。旋即驶去。虽非旧例。然随时变通。朕岂不思保全沿海生灵。聊为羁縻外夷之术。无如该逆逞凶陷地。屡肆鸱张。既来犯境。即不得不集兵防堵。今观伪示。该逆有悔罪之意。或可乘机开导。著耆英即密派陈志刚等。前往该处。作为已意。谕以大皇帝恩威并用。即如上年在广东讲说时。一面议及通商。一面即攻坏炮台。大皇帝大度包容。并不计较。亦未有因误伤人命。不许尔国通商之事。何以尔国径赴沿海各省。妄行滋扰。占我城池。伤我百姓。须知天道好还。众怒难犯。尔国似此行为。揆之天理人情。顺乎逆乎。亦安能常享贸易之利乎。今汝既有悔罪之意。何不趁此商量。如果能将各船全数退回广东。即刻罢兵。我必奏明大皇帝。将香港一处。赏给尔国。堆积货物。与中国照常贸易。此外沿海省分。如福建浙江海口。或每年约定时候。将货船驶至口岸。我国必派官员代汝照料。不得在此二处羁留。为汝计算。获利甚广。永无猜疑即将此言告知尔国王。亦必欢喜乐从。傥舍此不图。而终年交战有何益处。汝等如以我言为然。亦不必另求派钦差大臣前来。我实可作主。代汝转奏。降旨允行。以为凭据。总之通商二字。我中国并未不准。求和二字。汝国从未提及。今既有此意。我必极力成全。将此情节。上达朝廷。大家同享太平之福。本大臣现授广州将军。不日到粤。将尔国安定一切。广东官员。亦必照此办理。尔国尽可放心也。耆英得有复信后。该夷如何登答。即著据实密奏。断不准走漏消息。致懈军心。傥该逆执迷不悟。妄肆要求。种种挟制。出于情理之外。朕亦惟有一面防堵。一面攻剿而已。将此密谕知之。

谕军机大臣等。德珠布等奏。逆夷欲犯省城。请就近拨兵应援一折。逆船现在逼近江口。江宁省城。防堵紧要。昨据奕经等奏。前后已拨兵六千余名。前赴江苏。并据牛鉴奏称。现将江阴。及京口焦山一带。布置妥协。即至省城与该将军等会商一切。所有江宁省城。应如何添兵防堵之处。本日已谕知牛鉴。与该将军等。妥商筹办。其京口沿江各隘。前已有旨。饬令刘允孝仍回江苏。与齐慎择要分屯。互为声援。该将军等。仍当严饬所带弁兵。实力防守不独省城根本之地。固应慎重。即各汛要隘。亦当一体严密巡防。毋使稍有疏懈。是为至要。

两江总督牛鉴奏。窃臣前因该逆有直犯扬子江之信。当与耆英等面商。臣亲往沿江一带。相机防御。查得大江形势。以江阴之鹅鼻嘴为最要。臣暂驻无锡。居中调度。严饬地方文武。于该处沙线湾曲之处。暗钉桩石。并于鹅鼻嘴安设大炮。阻其冲突。兼豫备火攻船只。以资延烧。复于陆路设伏。防其登岸。于五月二十六日。由驿奏闻在案。连日据宝山县禀报。吴淞口所泊大小夷船七十余只。仅留七只。余俱陆续向西北驶去。又据杨舍营禀报。夷船共有五六十只。驶进福山。兹复据江阴县禀报。初三日傍晚。该夷火轮船二只。已乘潮驶过鹅鼻嘴。其在后各船。约在一二十里之外寄碇等情。臣查鹅鼻嘴。系南岸山嘴。下属深洪。夷船可从此入。是以设炮安兵。加意防堵。近因朔初。系海潮大汛。江水陡长七八尺。该逆火轮船二只。不由嘴下深洪。竟由北岸绕越而过。刻下大小夷船。尚在江中寄碇。自系等候火轮船。探水浅深。以定进止。臣现飞饬督防之常镇道周顼。徐州总兵王志元。水师副将孝顺武等。将备防之火攻船等项。整理周密。相机截击。惟自鹅鼻嘴以上。即为象山。焦山再上即为京口。除已分派员弁。于焦山豫备火器阻截外。京口为江省锁钥。参赞大臣齐慎。本日已带兵七百名。行抵无锡。与臣会晤后。即前赴京口。臣于拜折后。亦即赴京口。会督筹办。一面飞咨扬威将军。将派拨之江西兵二千名。炮位四十尊。星夜兼程。来至京口协防。当此我兵胆怯之后。人心震动之余。情势万分危迫。臣惟有与齐慎。勉竭血诚。多方设法拒守。以仰副圣主付畀封疆之至意。

谕军机大臣等。牛鉴奏。逆船闯入江阴县境。现在相机防御一折。据奏逆船五六十只。驶进福山。其火轮船二只。已乘潮驶过江阴之鹅鼻嘴。大小逆船。均在江中寄碇。等候探水。该督现已分饬镇道。将前备之火攻船。整理周密。相机截击。齐慎。牛鉴。均已赶赴京口等情。览奏均悉。逆夷由海入江。先遣火轮船闯入江阴。即难保无大帮逆船。跟踪内犯。大江形势。究与外海不同。如果逆船驶进。务将备防之火攻等船。相机截剿。一面于京口上下地方。严行防堵。再于鹅鼻嘴下游。沙线湾曲处所。用船装载沙石。填塞要害。断其归路……

盛京将军禧恩奏……奉天沿海地方。千有余里。并有人迹不到之处。势难处处设兵防卫。所可恃者。各海口多有沙线浅滩。明险暗险。大船不能驶至而杉板小船。则在在皆可拢岸。然亦必有汉奸为之导引。方敢舍舟登陆。奉天虽向无汉奸。惟恐该逆主使其旧有汉奸。扮作商人。溷入探道。并恐该逆邀截商渔船只。威胁利诱。为其使用。奴才选派明白晓事委员。会同该地方官。勘明沿海地方。凡有可以通舟之偏僻小口。各就地势。设法堵塞截断。使其无路可通。不能潜行上岸。并严查出入。遇有面生可疑之人。即行盘诘究问。仍将商渔各船。收入口内。勿为逆夷所得。至水师营原有战船。尤应加紧防范。以昭慎重……

丁亥。闽浙总督怡良。福建巡抚刘鸿翱奏。臣等于道光二十二年。五月二十五日。承准军机大臣字寄。五月十一日。奉上谕。本日奕经等奏。风闻闽浙夷船意图会同北窜一折。逆夷诡诈异常。保无故作北驶之谣。为声东击西之计。或欲再犯厦门。或就近驶向台湾。欲图报复。均未可定。著怡良。刘鸿翱确切查探。迅速具奏等因。钦此。查伪示所载。兵船三十余只。浅水港小船一百二十只之谣。三月间即已传说。谓四月间。即至厦门寄碇。今已五月下旬。所传已不确实。以臣等愚昧之见。该夷如此狡猾。设有联艅北窜之议。似可即从外洋驾驶。亦何必多此纡折。或系汉奸有意造作。以冀多雇壮勇。抑系故意传闻。藉惑观听。盖其险狡之端。不一而足。无以证其为虚。即无以证其为实。若遇事张皇。适坠其虚声恫喝之计。若一概置之不论。又虞其乘间窃发惟有恪遵指示。督饬员弁。严行防范。不致稍存大意。以冀不致贻误。现在逆船在鼓浪屿者九只。时有出入。尚无动作。前经饬令厦门同知。并商渔船只。随时确探禀报。一有确切之信。当即迅速驰奏。

怡良。刘鸿翱又奏。再臣等接到两广祁𡎴飞咨。现据中路文武探报。英逆大巡船一只。中巡船六只。小巡船三只。装兵夷船二十只。火轮船一只。共三十一只。均于四月二十四。二十九。及五月初二三等日。先后驶出老万山。扬帆东去恐系驶往闽浙等语。又据浙江巡抚臣刘韵珂钞折咨会。查去秋该逆攻陷定海等处时。其船共计四十余只。嗣虽时有增减。总不离乎此数。今定镇两处之船。至五十三只。而定海县所辖之满山洋面。尚有逆船三只。昨接两江督臣牛鉴咨会。称该逆攻犯宝山。其船共计二十六只。是江浙两省。现共有逆船八十四只。较之去秋船数。增至一倍。前所闻厦门到有夷船之说。竟属确实等语。臣等于五月十四日。覆奏闽洋经过夷船。往北者仅有五只。往南者四只。复查五月十三日至二十五日止。南澳镇报。五月十八十九两日。有二桅夷船二只。驶往东北。二十日有三桅夷船一只。驶往西南。统计四月二十四日以后。北驶之船。仅有七只。而南驶者亦有五只。较之浙洋现有之船。相去悬殊。是该逆从外洋驾驶。不必尽从水线。或即刘韵珂折内所称。借自天竺吕宋。无须经过厦门也。且夷船至广至闽。不过数日即到。乃以币月之久。所报仅有此数。而刘韵珂五月十五日之咨。江浙两省之船。较去年增至一倍。该逆诡诈之端。即此可见。所有接准粤浙两省咨会。理合将实在过关船数。附片具奏。

(戊子)赛尚阿。讷尔经额。又奏……查逆夷肆逞。全恃船多炮多。将船连排横截河面。一面开炮。一面并进。此其长技。臣讷尔经额。上年曾议于河内设伏铁锚之处。两旁密钉木桩。接连数十丈。将河身挤窄。仅留一二船可进之路。使其船不能并到。彼在后之船。如欲开炮。必虑自击前船。如欲下水拔桩搬锚。既非数十人所能为。而以窝蜂子装炮击打。伤贼更多。其前面之船。为两旁木桩所碍。不能冲突。用炮轰击。与立标打准无异。击损一只。方可再进一只。该逆即有船数十只。穷于不能并进。当亦无所施其伎俩。曾于上年九月间。奏蒙圣鉴。近又于中间设伏之木牌上。安炮数尊。暗伏水勇。木牌不虑其炮打。水勇于牌后可以藏身。相机施炮。夷船在木桩之外。足可轰击。即有多贼下船拔桩。并以窝蜂子趁势排打。尤为得力。曾于三月内奏明在案。臣讷尔经额。以夷船稍大者。质必坚厚。必须大炮重子。方可击损。其杉板小船。入则必多。船多则贼多。窝蜂炮子一发有数十枚。用此击之。所伤必众。此以重子击船。以窝蜂子击人之本意。兹蒙垂询。谨遵旨申明……

赛尚阿。讷尔经额。又奏。臣讷尔经额。于五月二十一日。承准军机大臣字寄。五月二十日。奉上谕。奕经等奏。防巢事宜五条。可备采择。兹先钞录原奏。发交讷尔经额阅看。著俟赛尚阿到后。会同相度情形。酌量布置。以臻周密等因。钦此。并将奕经等原折钞寄前来。臣等将原奏内胪陈防堵事宜五条。逐一研究。内天津货船。皆能抵关门一条。查向来闽广商船到津。必先在山东登州府庙岛地方。候潮开行。迨赴大沽海口。由天津镇委弁点收军器。天津道委员查验票照。然后差雇渔船。前往带路。始可避浅入口。实不能直抵关门。现在海防吃紧。臣讷尔经额于僻港小汊。节节派有员弁。明查暗访。不令汉奸溷迹。即本地商船。贩运出海。亦饬令天津道。取具各船主切结。俾各约束其船上舵水人等。勿为该逆所饵。设该逆果有北驶消息。即当严禁出入。以杜漏泄军情。并免抢夺船只。至店铺庙宇。逐日轮查。凡有闲杂人等。立即盘诘根究。叠经出示晓谕。勿许妄造谣言。摇动人心。民情实为安堵。又北方地势宽展。并该逆最畏抬炮一条。查大沽等处扼要安营。及沿海一带。了望传签等事。历经臣讷尔经额具奏在案。至抬炮轻而易举。最为军中利器。各台兵演习。均能及远有准。该逆如敢登岸。足可得力。又建筑土墩。不甚可恃一条。查南省在沿塘近海之处防堵。逆夷桅炮可及土墩。重叠施放。自易坍塌。此间设防之地。既为大船桅炮所不能到。其可以驶入口内之火轮船。杉板船。虽皆有炮。势不能如大船之多。亦不容其切近击放。且炮台之上。所安土垒。前一层用直。在炮之两旁。后一层用横。在炮之后身。可以避其迎面之炮。而于后层土垒之上。又横以木樑。覆盖土垒。联络成棚。外实中空。旁有走路。我兵装药装子。皆有遮护。可以避其高落之炮子。与其火弹火箭。其土垒皆用土袋重叠堆成。临时用水浸湿。不致有击塌之虞。而前面土埝土坝。层层遮护。亦与土城无异。再接仗之时。所有营内帐房一切。可以引火之物。拟令全行撤去。使该逆虽有火箭。亦无能为。又逆夷声东击西。每当枪炮相持之际。彼必多方从背后及两旁。绕出。或冲行阵。或截营盘一条。查大沽北塘等处。均系一面临河。附近并无可以绕至营后路径。炮台各后路。层层安兵。既为炮台接应。即以防其抄袭。亦经臣讷尔经额详细具奏在案。又北方地势既旷。逆夷必以大队攻扑一条。查大沽北塘两处海口。最为吃紧。两岸一片泥滩。并无行路。即使该逆登岸。万不得以大队蜂拥前进。其余各小海口。仅能驶入三板船只。不能装载大队。且经挖有陷坑。重叠多层。大队亦难施展。惟五人鱼贯一排。连环施放鸟枪。颇为该逆长技。现在我兵教演抬抢。亦系连环施放。且夷枪所及。不过数十弓。我兵抬枪。远至二百弓。是夷枪未能及我。而我枪已先及彼。况有马队接应。临时相机冲压。自更得力。至逆夷惯用炸炮。我兵宜以散队进攻一层。臣等现已密饬镇将。晓谕弁兵。临阵之时。多用散队进攻。使其炸炮落于空处。不致伤我兵丁。

己丑。参赞大臣齐慎奏。窃奴才于六月初三日。带领官兵。由苏州起程。前赴镇江。行至无锡。与两江督臣牛鉴会晤。知该逆火轮船二只。已过江阴之鹅鼻嘴。尚有兵船五六十只。随后行驶。奴才当即连夜赶行。于初六日午间。行抵京口。接晤副都统海龄。询问筹防情形。据云业将所有旗兵。派守城垣。是夜督臣牛鉴。亦赶至京口。奴才密与筹商。以京口为江宁门户。漕运咽喉。当用重兵防守。门户既固。则江宁庶可无虞。即苏州浙江。文报亦无阻滞。督臣牛鉴深虑江宁省城紧要。星座赶回防守。奴才随据探报。初七日。逆夷火轮兵船。已过圌山关。距京口数十里。旦夕可至。刻下镇江客兵。除广州将军耆英前留一百名。在苏州稽查汉奸外。奴才仅止带兵七百名。实形单弱。查提督刘允孝所带官兵一千名。不日可到。当即飞行照会。嘱其赶至京口。协同防剿。至扬威将军奕经。所派总兵李錡。带领江西兵二千名。尚无到来确音。又据督臣牛鉴留信。止留五百名防守京口。其余一千五百名。派赴江宁省城等语。惟现在京口情形危急。奴才未敢拘泥。谨将截留官兵缘由。恭折由驿驰奏。

谕军机大臣等。齐慎奏。京口情形危急。请截留官兵协防一折。据奏。初七日。逆夷火轮兵船。已过圌山关。距京口数十里。该大臣仅止带兵七百名。现已知会刘允孝。将所带官兵一千名截留协防等语。刘允孝已于初五日。自王家营折回江苏。计此时已与该大臣会晤。著即照议协同防剿。毋致疏虞。逆夷由海入江。大江以内。浅滩暗礁。随处皆有。该逆冒险深入。地势未必周知。又非海洋可比。著该大臣等。悬立重赏。赶募水勇。雇备小船。暗伏苇洲。豫备乘夜火攻。其江面官设红船。及湖广装货江船。数亦不少。水手素称矫捷。著以重价雇觅。相机调拨。万勿为该逆所得。是在激以忠义。勉以功名。人既尽为我用。地又有险可扼。逆夷深入之时。进易退难。当可制其死命。陆路再妥布兵勇。必能得力。著齐慎。牛鉴刘允孝。赶紧妥办。务期得手。断不可藉口兵单。一味江岸株守。坐视逆船扬帆径入。甚或抢夺官民财物。办理更形棘手也。

又谕。昨据牛鉴奏。逆船闯入江阴县境。降旨令耆英等。竭力防范并晓谕绅民人等。雇备船只。团练义勇。由六百里谕知。计已接奉遵行。本日又据齐慎奏。逆夷火轮兵船。已过圌山关。距京口只数十里。已谕令募船雇勇。赶紧办理矣。因念英夷横行海壖。固恃船坚炮利。且恃外洋路径。四通八达。得以来去自如。若大江则袤延数百里。别无港汊可通大海。是出入只此一条江路。江中处处苇洲林立。尽可埋伏小艇。豫备火攻。加以沿江船户民人。多能泅水。或黹夜凿其船底。坏其浆舵。较海面当易得手。汛逆夷即敢冒险深入。不能不从原路退回。俟其扬帆直趋镇江扬州。江宁。等处。我兵从后路多方拦截。即或该逆偶尔得手。其抢夺财物。自必仍由原路。运至大船。所雇水勇船户。果能将其船只夺获。杀贼立功。即将船上所有之物。尽数赏给。其有能将贼船焚烧者。亦必加以重赏。该逆内犯。全恃小船为爪牙。果能将小船设法歼除。自足夺其所恃。断不可因一时失守。遽尔溃散。总当自鼓锐气。凡有可相机致胜之策。极力筹画。以期转败为功。江苏士习民风。向称醇谨。涵濡教泽。二百余年。当此海疆不靖。自必志切同仇。汛已窥伺沿江。剥肤灾近。必有智勇之士。慕义而起。上为国家杀贼。建立功名。下即自卫身家。免遭荼毒。如果众志成城。群思敌忾。较之各路调集客兵。当更得力。但必有先导之人。方可闻风感奋。该省在籍大员。品望素著。众所推服者。颇不乏人。即或官职稍卑。而谋勇可称。乡评夙洽。亦可效忠倡义。广募乡勇。共襄此举。著牛鉴。程矞采。选择绅耆。谕以理势。俾各号召义徒。自相团练。或捐资置备船械。或协力遥应官兵。因此地利。济以人和。傥能懋著殊勋。朕必施恩格外也。

庚寅。两江总督牛鉴奏。窃臣因逆船闯入江阴县境。当即星座驰赴京口。与参赞大臣齐慎。会商防御事宜……正在布置间。又据探报。该逆火轮船二只。驶至圌山关江面。被守关弁兵。击中其一只。后梢夷匪。落水者数人。当即折回。向南驶去等语。查该逆受此小创。其为纠约大帮。乘此潮大涨盛。一逞凶焰无疑。臣一面严催该道府等。多备火攻料物。一面遣人传播。我军在焦山江口。用火攻船数百只。专等焚烧。以疑其心。查圌山关至京口。不过六十余里。若该逆船三日不来。则我之器具齐备。足资延烧。仰赖皇上天威。则江南全省。或可无虑……

钦差大臣耆英。署乍浦副都统伊里布。江苏巡抚程矞采奏。窃照夷船二十余只。在于福山口外游奕。并有火轮船。向江阴靖江。洋面行驶。恐炮力不能远及中洪。两岸无从拦截。该逆可以乘风直达扬子江。业经臣等于六月初三日。恭折驰奏在案。查由海入江。以江阴县之鹅鼻嘴为第一重门户。该嘴屹立南岸,可以设炮屯兵。其北岸地方。尽系沙滩。潮落则水势浅阻。且该处无险可据。难以设防。是以督臣牛鉴。饬令徐州镇王志元。带兵七百名。同各本汛兵弁。在于鹅鼻嘴。协力防守。一面札饬太仓州知州徐家槐。预备火攻船只。及南岸钉桩堵截各事宜。旋据宝山县禀。吴淞口夷船三十余只。俱已起碇。向西北行驶。探闻欲至江宁。并据刘河。福山。等处探报。夷船均由该境洋面陆续行驶。已有六十余只之多。复经臣等飞饬江阴等县。一体严防。兹据常镇道周项等禀称。初三日了见火轮船二只。业由北岸绕过鹅鼻嘴洋面。正值大汛之期。水涨七八尺。该船顺风直向上游沙线之上。乘潮行驶如飞。该处弁兵。度量炮力难及。未经开放枪炮。后面大帮夷船。相距不过一二十里。因兵力众寡不敌。难以设法堵截等情。臣等接阅之下。不胜愤恨。该逆势既披猖。情尤诡谲。似此险要之鹅鼻嘴。已可乘风乘潮。蓦然闯进。则由此以至圌山。焦山。象山等处。江面渐宽。更可扬帆直达。长江门户。实属一无足恃。正在万分焦急间。又接徐州镇王志元。常镇道周项禀称。该逆火轮船二只。于初三日傍晚。在江阴县上流二十余里之申港停泊。初四日辰刻。回头东下。申刻。在江阴下流八里之黄山港寄碇。其后面船只尚多。不能辨数。又据京口水师游击李澄禀称。初五日辰刻。了望大帮夷船。及火轮船。蜂拥而来。连樯直上。自辰至午。已有三十六只。后面尚见夷艅。该逆如此猖獗。不特江阴对岸之靖江。通州等处。人心震动。即江宁以下之扬州。镇江等府。均属可危。傥该逆竟敢直犯江宁。则根本重地。更觉不堪设想。督臣牛鉴。已驰往镇江。会同参赞大臣齐慎等。督办攻击事宜。该郡驻扎官兵。尚属不少。其江宁省城。已添由浙调回之八旗官兵八百名。又有已到之江西兵三百名。即令星速前往。以资调遣。惟扬州兵力单弱。业已由臣程裔采。飞咨漕臣河臣分拨弁兵。星速前往协防。臣等仍咨会江宁将军等。督率将弁兵丁。认真守御。第该逆船大帮冲突。即使按兵不动。而道路已多梗阻之虞。且难保其不分投掳掠。至吴淞口尚泊有逆船四只。脚船十二只。太仓州禀报。刘河口外。亦有二桅夷船停泊。并时见小船游奕。自是往来接应。其居心殊为叵测。该处逼近黄浦江。恐其再犯松江府。肆行滋扰。并已咨行提镇。严加防范。不任乘虚分窜。以固苏垣。

谕军机大臣等。昨因齐慎奏。逆夷火轮船只。已过圌山关。距京口只有数十里。当降旨令雇船募勇。赶紧办理。并谕耆英。齐慎牛鉴。程裔采刘允孝等。豫备小艇火攻。或该逆船扬帆闯进。我兵从后路设法拦截。并悬立重赏。购募水勇船户。及晓谕绅耆。捐资团练。以期保卫。谅耆英等。接奉此旨。即已相机筹办。兹据耆英。程裔采等奏。逆船闯入江口扼要地方。现在分别防守一折。著遵前旨。竭力筹画防堵。毋稍疏虞。至扬州兵力单弱。本日已降旨令麟庆带兵堵御。断其由江入河之路。以资江北保障。又耆英奏。逆夷每日阅看京报。请饬查拿一折。所有递送京报之人。即系汉奸。可恨可恶。著该大臣严密查拿到案。于审明后。一面即行正法。一面奏闻。又另片奏。自吴淞失守后。所有豫备战船。及招募各船。均已散失。现在战守两难。请饬廷臣速议良策等语。前于初八日有密谕交耆英妥筹办理矣。

又谕。现在逆夷猖獗。有由扬子江直犯江宁之谣。该逆如由内河北驶。必多备小船。由瓜洲进口。直趋扬州。淮安各处。不可不加意严防。此时牛鉴驻守江宁省城。势难兼顾。著责成麟庆。于由江入河扼要处所。严密防堵。毋令连艅直入。如兵力稍单。即赶紧围绕水勇。设法守御。或雇觅小船。装载柴草引火各物。暗伏港汊。乘夜纵火焚烧。使不得扬帆径渡。是为至要。如防堵不严。稍留罅隙。致河面有夷船闯入。惟该河督是问。

辛卯。

谕军机大臣等。逆夷犯顺以来。恃其船坚炮利。横行海上。荼毒生灵。总因内地师船。小大悬殊。不能相敌。是以朕屡降谕旨。饬令将军督抚。但为陆守之计。勿与海上交锋。两载以来。迄无成效。推原其故。由于无巨舰水师。与之接战。其来不可拒。而其去不能追。故一切夹攻埋伏。抄前袭后之法。皆不能用。以致沿海州县。屡经失挫。七省防边。劳师糜饷。言之愤恨。因思逆夷所恃者。中国战船。

不能远涉外洋。与之交战。是以肆行无忌。若福建。浙江。广东等省。各能制造大号战船。多安炮位。度其力量。堪与逆夷海洋接仗。上之足歼丑类。次亦不失为尾追牵制之计。设有如定海。镇海。厦门之事。我陆兵战于前。水师战于后。该逆将无所逃命。沿海州县。庶可安堵无虞。惟是逆艅遍海。此时闻我造船。势必设计阻挠。乘机抢劫。不可不豫为之防。著福建。浙江。广东。各督抚。各就本省情形。详加筹画。密为办理。前据奕山奏。广东曾捐造大船一只。颇能驾驶出洋。可见木料人工。随地皆有。急公好义。正不乏人。嗣后如有捐资制造战船炮位者。该督抚查明保奏。朕必照海疆捐输人员。从优鼓励。惟此项船只。必难克期成造。事先务当密之又密。断不可走漏风声。致有贻误。

又谕。有人奏。破夷之法。先破其船。用巨木捆缚有力。上置引火各物。下系石块。不致漂淌。安置上游。夷船入口。便将捆缚巨木。顺流放下。使之借助水力。急湍激发。冲击逆船。便可破碎。又于木端用各种铁钩。钩住船板。不能立脱。传闻海外之国。曾以此法破英夷。此次逆船。若由江入河。著麟庆即择急流处所。仿照前说。制造巨木。或整或散。顺势直放。如果试验得力。即著购木赶办。俟逆船驶入。即以此法破之。务当悉心筹画。以求有济。

壬辰。江宁将军德珠布。副都统兴伦奏……迨于初五初六等日。连接督抚飞咨。逆艅已连过狼山。福山鹅鼻嘴等隘。即于初十日。又接到京口副都统海龄飞咨。初八日辰刻。夷船数十只。越过圌山关。向东马头而来。在防官兵。开炮轰击。逆船亦开炮轰击。相持自辰至未。始折回圌山关焦山抛泊。诚恐全数大帮来犯。京口仅有旗兵一千六百名。分布四门城头把守。不能换替。其参赞齐慎带来援兵。亦止数百名。匪独难以抵御。而督臣所设军需总局。及驿站。现俱无人。县仓粮储。不敷接济城内民庶。尤虞乏食等因前来。奴才因省城兵单力弱。无兵可拨。当飞咨扬威将军迅速拨兵应援。并咨督抚拨运粮米接济。惟是逆艅。现在已逼京口。而兵力单弱。实难抵御。若泝流而上。则直达江宁。朝发夕至。虽据督臣牛鉴飞咨。署提臣刘允孝将所带湖北兵一千名。由王家营至扬州。折回江宁。无如到省需时。傥逆夷猝至省城。绿营之兵无几。旗营之兵。守城则无以应敌。应敌则无以守城。实属万分危急。兹督臣牛鉴已于初八日抵省。奴才等惟有殚竭愚忱。会同该督尽力防守。

德珠布。兴伦。又奏……由焦山至江宁。江面俱皆深阔。只有近观音门之乌龙山。江面狭窄。可以设伏堵截。奴才等筹派旗绿兵丁千余名。随带大炮。于此处设伏。并雇善泅水手。用小船装载柴薪。伏于其后。查就近之上新河。泊有官民木簰。速为购办。结连驶至乌龙山江面。一有警报。即将簰拦江堵截。逆船一至。必夺拆木簰。伏兵则乘此开炮轰击。后之水手。闻声即驶送柴薪纵火前进合攻。庶可稍挫逆焰。不致直抵城下。奴才等曾面晤藩司。及城守副将。督标中军副将。左营游击。速为办理。俱未遵行。兹晤督臣牛鉴会商。该督竟属茫然。仅云未便办理。惟有静候守城。俟其开炮。再行抵敌开炮等语。伏思省城兵数火药军粮。皆属拮据。而近省只有乌龙山一隘。可以设伏堵截。无奈此策滞不能行。又初十日申刻。准苏抚臣咨称。刘河口所泊夷船六十余只。乘风乘潮。已分艅闯过鹅鼻嘴。傥该逆竟敢直犯江宁。则根本重地。更觉不堪设想等语。奴才等实处万分焦急。不得不缕晰备陈。

谕军机大臣等。本日据德珠布。兴伦奏。逆船聚泊焦山一折。又另片奏。现于乌龙山设伏。并用小船装载柴薪备攻等语。览奏均悉。逆船越过圌山关。向东马头而来。在防官兵。开炮轰击。当即退去。但恐大帮来犯京口。必应严加防御。该处有齐慎。刘允孝。带兵协防。扬威将军拨兵往援。计已到彼。首尾互应。当不致再有疏虞。惟江宁省城为根本重地。士民闻风惊惶。在所不免。著牛鉴。德珠布协力同心。和衷商办。于万难之中。力求保全之策。断不可稍形畏葸。株守省城。辄称人力难施。一筹莫展。至省城绅士。不乏急公好义之人。即百姓亦岂无勇敢慕义者。惟在该将军总督。激励众心。谕以大义。号召团练。以灭寇氛。其军粮一切。所关匪细。断不容稍有缺乏。粮台现在苏州。已有旨谕令耆英。程矞采等。设法转输。源源接济。仍著牛鉴责成江宁江苏两藩司。妥速办理。不准稍形推诿。至火药铅斤。官兵粮饷。为行军要需。岂容缺少。本日已有旨谕令程矞采速筹运济。并拣派精兵。以为声援。至江宁地方。据称江面深阔。惟乌龙山狭窄。可以设伏。德珠布现派兵丁千余名。安炮守御。著即并力防堵。所备柴薪船只。傥能乘机纵火。焚烧逆船。该夷自必远遁。不敢深入。庶省城能保无虞。该将军之功甚伟也

又谕。连日据牛鉴等报。逆夷船只。已入江口。停泊焦山等处。并声言欲犯江宁等语。大江泝流而上。即系安徽连界处所。逆夷大帮船只。虽未必能深入。其杉板小船。尽可乘潮驶进。亟宜加意严防。程楙采此时自已派员带兵驰赴防堵。并将军火器械粮饷。备带足数矣。现闻江宁告警。一切火药粮饷。实不敷用。著程楙采赶紧宽为豫备。运往接济。并挑派精兵赴援。毋少迟延。

道光卷五五

道光二十二年。壬寅。六月。癸巳参赞大臣四川提督齐慎。京口副都统海龄奏。窃奴才齐慎于初八日将京口危急。截留提督刘允孝所带官兵一千名。具奏在案。是日辰刻。奴才海龄据东马头防堵官兵禀报。了见京口江面。有白布帆篷夷船数十只。蜂拥而来。火轮船二只。驶至南岸扑攻。当经佐领果星阿。恒明。带领官兵。开炮轰击。逆夷亦开炮回击。将一带炮房打碎。甲兵受伤者三名。我兵仍伏土墩下。瞭准逆夷船身。开炮连击。致毙逆夷数十人。奴才海龄。亲驻北门城楼。相机调度。并饬协领武忠阿带领京口青州官兵。驰赴接应。奴才齐慎。先已拣派参将张富。游击张章明。王贵等。带领弁兵。在城东北一带。扼要山梁江岸。严阵以待。该逆勾结汉奸。驶驾三板小船。豫伏岸侧。闻火轮船工炮声震动。舍命抢工江岸。我兵各持刀矛。自上压下。刺击落水者多名。奴才齐慎。带领得力弁兵。亲身督战。并恐汉奸到处潜伏。复派随营委员。严密稽查。该逆夷旋击旋进。相持自辰至未。见我两路官兵。炮火聊络。队伍整齐。仍将火轮船折回东北行驶。退往圌山关停泊。初九日午刻。该逆复驶船在焦山江面游奕。适提臣刘允孝带兵渡江前来。该逆夷了见兵数众多。仍即退去。初十日辰刻。复分驾船只。由焦山驶至金山江面。往来游奕。奴才齐慎。一面知会海龄。督率旗兵严守城垣。一面会同刘允孝。督率官兵。各于东北山梁江岸。整齐队伍。开炮轰击。奈是日风大潮长。江面宽阔。炮力不能远及。所有护炮土墩。半被逆夷击伤。守台甲兵。难以蔽身。奴才海龄。因将旗营官兵。调入城内。添布四门。昼夜严加防守。讵逆情诡谲。十一日复驶船至金山。停泊中流。情殊叵测。是日扬威将军奕经。所派九江镇李锜。带领官兵二千名。陆续前来。督臣牛鉴原拟于此项弁兵内酌留五百名。防守京口。兹复准来咨。应留官兵一千名。交奴才齐慎。督率防守。惟查探逆夷。尚有大帮兵船五六十只。相随在后。现在停泊圌山关者。已有三十余只。察看情形。该逆竟有并力直前攻扑之势。奴才等惟有协力同心。激励将士。相机堵剿。以期仰报鸿慈于万一。

钦差大臣耆英。署乍浦副都统伊里布奏。窃照逆船闯过江阴之鹅鼻觜。势甚紧急。当经奴才等于六月初七日。恭折驰奏在案。初九日。接准参赞大臣齐慎来函。据称火轮船已驶至圌山关游奕。距京口仅数十里。势已紧迫。初十日。复接据该参赞大臣来函。初八日午刻。该逆火轮船二只。驶至焦山江面游奕。开炮击毙守台旗兵一名。因不能抵御。遂行退下。该参赞大臣。于江岸整齐队伍。坚壁以待。现在焦山已抛泊火轮船四只。查探尚有大帮夷船五六十只。驶至圌山关一带。旦夕可至京口。危急情形。殊难言状等语。奴才等查京口为南北扼要。文报漕船。必由之路。且指日回空粮艘南下。最为吃紧。督臣牛鉴现回江宁防守。其京口要地。仅参赞大臣齐慎一人驻守。兵单炮少。殊属可虑。奴才等再四熟商。苏城民情。前因宝山上海失守。逼近省垣。不无惊恐。奴才等到后。会同抚臣镇抚。渐就安帖。今长江情形已属危迫。而刘河口外一带。尚有夷船往来游奕。其松江防守。亦属紧要。奴才伊里布。仍驻扎省垣。与抚臣程矞采。妥为防范弹压。奴才耆英。即前赴京口。与齐慎同心协力。共筹攻守之策……

江苏巡抚程矞采奏。逆夷现在吴淞口寄碇之船。昨又据探报。续到大船十八只。共计五十六只。并拦截沙船鸟船二十余只。刘河七丫口等处。亦俱报有夷船来往。其前在福山洋面之船。现有数只驶往江阴一带游奕。一只停泊海口数里之外。前因渔船经过。勒令代递夷书。系向民间索买鸡鸭猪牛等物。乡民虑其登岸滋扰。酌量送给。该夷亦备价转交。旋即开行。并无抢夺伤人情事。惟该夷吴淞船只。现仍陆续增添。江阴等处地方。又复往来停泊。此时雨多潮涨。江面甚宽。岸上无从堵截。虽京口一带。严为防守。第恐夷船闯进。炮力不能远及中洪。则数百里长江。该逆可以扬帆直达。势将逼处金陵。道路不无梗阻。即镇江为商贾辐辏之地。刻已人心动摇。扬州虽不倚江。而距瓜洲仅四十里。连商关榷。均为江省菁华。闻警定形震动。且仪征为捆盐处所。枭徒出没。最易藏奸。尤虑乘机窃发。督臣牛鉴。现已亲往镇江查看。计与署提督臣刘允孝。途次可以接晤。会商防堵事宜。臣已飞饬沿江文武员弁。实力巡防。一面严查奸宄。毋稍疏虞。

谕军机大臣等……京口为镇江各路咽喉。如能并力守住。该逆自不敢深入。耆英到京口时。或该逆业已内犯。即著堵截后路。勿令退出。当可制其死命。即令夷船大帮前来。兵力难支。偶有小挫。亦当于万难之中。力求补救之策。激励士心。勉图后举。或分兵择要设伏。出奇制胜。或以苇船装载引火各物。遣赴焦山一带。焚其后路船只。俾逆夷有所牵制。首尾不能相顾。齐慎。刘允孝素谙兵法。虚虚实实。谋勇兼施。谅不肯以数千官兵。排列江口。作为孤注也。

(甲午)牛鉴又奏。再六月初六日。该逆火轮船二只。在圌山关游奕探水。经守关弁兵击损其一只。夷匪有落水者数人。次日即坌来大船八九只。将炮台击塌。并将兵房烧毁。官员不知下落。又据常镇道禀报。所有臣督饬备办之火攻船只木簰。初八日午刻。该逆火轮船二只。驶近焦山口外。随即点放顺流而下。烟焰腾烈。其一只即退回下流二十余里之外。其一只仍由北岸驶至金山探水回去。是日适值东南风大作。以致未能延烧等语。臣查火攻一法。用之于焦山口门。最为得力。虽经臣严催赶办。无如为时仓猝。且木商逃散。料物不能齐备。遂致接应无继。逆船得以闯入。臣不胜愤恨之至。

谕军机大臣等。牛鉴奏。逆船闯过京口。省城情形危急一折。逆夷船只。已乘大汛越过圌山关。现复由京口扬帆上驶。欲至江宁。该督因其来甚猝。省城兵力单薄。商同婴城固守。著德珠布。兴伦。会同该督。竭力守御。毋稍疏虞。该省城虽高厚。万一该逆以小船拢岸。爬城而入。尤应严密防范。凡可以攀登之城堞。分别派兵拒守。并著相视拢岸处所。驾巨炮于城上向击。著该将军等会商妥办。奕经现已有旨。谕令带领将弁。星速赴援。保卫省垣……

湖广道监察御史吕贤基奏。臣闻英夷滋扰江苏。曾用小船向扬州。镇江。江宁。等处测水深浅。今且沿江游奕。则窥伺省城之意显然。自不可不豫为防堵。查沿江一带。多有护沙横亘。英夷大船。必不敢闯入。惟闻英夷借吕宋浅水船。较杉板更为轻驶。不妨搁浅。此须设法防备者也。大江以北。瓜洲口业已驻兵防守。若江浦之浦口城。下临大江。其最高处有中敌台。俯瞰省城十三门。形势了如指掌。尤为紧要之处。不可不严为防守。此外如六合县之断腰地方。亦宜伏兵邀击。又扬子江之南。有小河口。在句容县界。其河通龙潭。楼霞二处。河身甚窄。两岸多芦苇。可以伏兵。且龙潭以岭为关。可称扼塞。由是陆行至麒麟门。朝阳门。一路支岭重叠。门以内为驻防城。即以驻防兵守之。要惟严守龙潭。而贼无由入省城之北门矣。城之北门曰太平。迤西曰神策。若夷船泝江西上。由黄天荡而来。则观音门。燕子矶。极为险要。当驻兵以备攻击。而最吃紧者。莫如仪凤金川二门。其次莫如定淮。清凉。二门。仪凤门在龙江关上。金川门在其东。令门已闭塞。而城头仍宜防守也。定淮门外有蚵蛂矶。驻兵守之。可以截泝河南上之路。城西南曰三山门。俗谓之水西门。下有水关。通秦淮。其外城为江东门。自赛工桥至江东门。达北河口。然后至大江。则北河口宜守以精兵。而江东桥及赛工桥。亦宜分兵堵御

……

参赞大臣齐慎。京口副都统海龄奏。窃奴才等于十二日辰刻。曾将夷船攻扑京口。我兵连日接仗情形具奏在案。随据探报。业有夷船数只。向西行驶。似是前往江宁。奴才齐慎。一面飞咨督臣牛鉴。先行严密防守。讵知是日午后。东北风大起。奴才等恐逆船乘风内驶。上岸攻城。督率官兵严守城垣江岸。十三日。风更大起。该逆船只蜂拥而来。我兵并无战船。不能迎上水面抵御。且当风大潮长。江面宽阔或十余里。或二十里不等。炮力不能及远。我兵难以得手。该逆将船只一字排列。由甘露寺至金山银山。直达瓜洲河口。奴才等登高了望。细数共有五十六只。并于金山顶上。插有红旗。似欲并力前来攻扑。复据探报。随后尚有夷船行驶。奴才海龄。督率旗兵。严守城垣。奴才齐慎。会同提臣刘允孝。于城外整齐队伍。镇静以待。逆夷如敢豕突上岸。惟有激励将士。相机奋力剿击。以期无负圣主委任之至意。

江宁将军德珠布奏。窃奴才于道光二十二年六月十三日申时。由两江督臣牛鉴。据常镇道周项飞禀。六月十二日卯刻。夷船已将瓜洲口门封堵。只准商船往来。大帮船只。全数进焦山口。已有七八只驶往上流。直逼江省。经镇江绅士颜崇礼只身前往夷船求见。为百万生灵乞免惊扰。夷人郭姓回称。断不惊动百姓。岸上不开炮。我们并不动手。系为伸冤而来等语。刻下运河封闭。土匪乘机抢掳。不可穷究。又了见夷船三只。驶进仪征口。扬州可危各等情。专差持送原禀。给奴才阅看。奴才不禁目裂发指。誓愿拌此余生。以决一战。但省城辽阔。兵力单薄。所调之兵。一名未到。万一疏虞。所关匪细。至该逆堵住瓜洲口门。粮艘不能归次。则天庾正供。在在堪虞。谨将该道原禀。钞录敬呈御览。

常镇通海道周项谨禀。本日卯刻。探听夷船已将瓜洲口门封堵。断绝运道。以为扼吭之计。只听商船往来。又大帮船只。全数进焦山口。辰刻已有六七只。驶往上流。直逼江省。情形危迫。职道前在镇江。所识绅士有颜崇礼。于昨日午刻。只身前往焦山。直上夷船。口称镇扬两处耆民。专来求见。夷人下篷下船招呼。方得接见。据称其人姓郭。自述做过宁波知府。详问来意。该绅直对来为百万生灵乞免惊扰。并呈送小礼物。夷人收受后。送进裹面拆阅。回称断不惊动百姓。只要岸上不开炮。我们并不动手。千万放心。又再三诘问大皇帝意思。主和主战。对以不得知。又问伊中堂因何不来。又给告示一大张。系历数前此相待之非。此来专为伸冤之道有三。一则还烟价。还战费。一则内外臣工用平行礼。一则量割海滨地。作贸易之所。此数大事若行。其余不难等语。职伏思此刻贼势浩大。据我腹心。实已不能转动。若不早图和解。其祸变愈久愈大。不知究极。尚望大人作速详切陈奏。将计就计。犹为便宜。若再因循。天下事将不可为。如颜崇礼所办。不过暂时调停。俾免骚扰。如要大段清楚。惟求大宪详奏。酌定章程。天下幸甚……

(丙申)钦差大臣耆英。驰往镇江府会筹防守。业经臣等恭折驰奏在案。顷据常镇道周项禀称。初十日。逆船大小四只。在于金焦一带停泊。申刻已抵京口江面。尚未开炮。后面大帮船只。亦陆续驶进焦山口门。该逆即将瓜洲江口。用船拦截。系为扼我咽喉起见。并风闻有阻我南北运河伪示。接阅之下不胜发指。查瓜洲在镇江对岸。为南北往来要区。该夷堵塞口门。占据江面。居心实不可问。且文报往来隔绝。粮饷转运维艰凡商贩米货等物。均不能由瓜洲镇江进口。情形万分支绌。偿扬镇两郡。骤被逆锋蹂躏旋即开帆直抵金陵。则省城重地可危。其余沿江沿海地方。亦必闻风震悚。自相扰乱。将见外患未除。而内讧又起。言念及此。尤心如焚。臣等再四思维。现在江宁扬镇等处。危在旦夕。臣伊里布奉命来江。不能不通筹大局。设法保全。已于本日启程。星驰前往镇江。会同钦差大臣耆英。参赞大臣齐慎等。悉心商酌。将该夷暂示羁縻。以为缓寇之计……

谕军机大臣等。据耆英奏。逆夷扼据长江。势甚紧迫一折。据称夷船四十余只。沿江停泊。丹阳新丰镇。为京口江宁后路。现经调派署参将刘长清。安营防守。并派侍卫咸龄等。时往察看。截留解往京口之炮位枪杆。交该参将择要安设。并咨商巡抚。择要分设粮台腰站等语。逆夷船只。沿江停泊。新丰镇为后路要区。必应分兵设炮。俾资应援。著该大臣督饬现派员弁。严密防堵。毋稍疏懈。

又谕。据耆英片奏。探见逆夷登岸。京口情形危迫。又据伊里布奏。驰往京口。会同耆英筹办一折。伊里布現往鎮江。著即會同耆英。妥筹商办。前因该夷恳求三事。一还烟价战费。一用平行礼。一请滨海地作贸易所。已有旨密谕耆英。广东给过银两。烟价碍难再议。战费彼此均有。不能议给。其平行礼可以通融。贸易之所。前已谕知耆英。将香港地方。暂行赏借。并许以闽浙沿海。暂准通市。该逆既来诉冤。经此次推诚晓谕。当可就我范围……

(丁酉)赛尚阿又奏……臣等再四熟筹。该逆虽势焰日张。而由海入江。未必非自投绝路。诚使一意攻剿。实为可乘之机。缘该逆盘踞海上。肆意横行。所恃者海面空阔。无时无风。亦无风不可行驶。遂觉莫与争衡。江路较海逼窄。一顺一逆。风只两面。如遇旁风。虽江船尚须沿岸带牮。该逆船只较大。非遇顺风。岂能飞驶。且沿江支河港汊。随在皆是。我兵择地设伏。或两路夹攻。或一路横冲均可折其凶势。此臣等所以谓该逆自投绝路也所可虑者沿江小船无虑数万只其中或商或渔。甚至盐枭土匪。良莠不齐。若经逆夷啗之以利。挟之以威。诱入彀中。其患较汉奸为尤甚。为令之计。与其听逆夷乘势勾结。莫如自我先事招徕。其招致之法。则在广其路而厚其资。广其路。则枭匪亦可当兵。厚其资虽商贾亦甘效命。是在实心任事之员。先核其船之大小。以定其值之多寡。雇有雇价。买有买价。以若干船只。设一甲掌之。再几倍其数。以总甲掌之。俾如身之使臂。臂之使指。于各船中。多用硝磺苇草。火弹火箭。及一切火攻之具。在逆船之上下游奕。妥为安置。上游得力。则放上游船烧之。下游得力。则放下游船烧之。以速定机。以多取胜。当不难立褫其魄。昔宋臣韩世忠。以巨舰战于长江。屡获胜仗。卒以海船无风。不能行驶。为金兵所败。是其明征。总之逆势虽张。议攻剿于长江。较之海面。确有把握。想刻下沿江防剿诸臣。当已早见及此。妥为筹备。惟值兹灭此朝食之际。臣等苟有所見。曷敢缄默不言。其究竟能否确合沿江机宜。伏乞断自宸衷饬下江苏督抚。暨带兵各大臣。相机办理。

道光卷五六

(道光二十二年壬寅六月己亥)扬威将军奕经。参赞大臣特依顺。文蔚奏……窃查英逆船只。自五月以后。由闽粤驶来。并招集各夷。陆续增添至八十余只之多。现在往北驶向江苏洋面。及福山。焦山。一带滋扰者。共有六十余只。其招宝山。除仍停泊夷船二只外。山后时有大船火轮数只。忽来忽去。山上盘踞夷匪约有千名。其定海地方。由奴才等密派妥员。连次潜往查探。坐据禀报竹山门停泊夷船八只。衜头停泊十二只。嶴峙港停泊二只。其前被沉没之火轮船一只。大桅尚露出水面。该逆每日驾船数只。前往打捞。刻下尚未救起。外有漏坏船数只。停泊近岸。每日雇夫戽水。其间逆船八九只。余俱吕宋船只。闻系英逆纠结而来。定海城中。亦多系此项外夷代为守城等语……奴才等再四筹商。现在逆夷势甚猖獗。其意意欲窜入长江。阻截南北道路。必须设法牵制。此时浙洋逆船较少。诚如圣谕。正宜乘虚进剿。使彼不敢肆意鸱张……

又谕。逆夷闯入大江。镇江失守。江宁扬州等处。防堵宜严。所有江北一带地方。已谕令麟庆带兵堵御。惟瓜洲口为军船回空必由之路。若届时不能前进。水手纤夫。聚集一处。恐滋事端。不可不早为筹及。现在南粮抵通。军船已有陆续回空者。著朱树不必押运北上。无论行抵何处。即行折回。沿途察看情形。除江北各帮。就近可以归次外。所有各省回空军船。著于黄河南北一带。酌量宽阔地方。分帮寄泊。并剀切晓谕。妥为安置。仍随时认真查察。俾无恃众滋弊之事。其如何严密防范之处。著该漕督悉心妥议具奏。

庚子。江南河道总督麟庆奏。窃臣于六月十六日。承准军机大臣字寄。六月十三日。奉上谕。现在逆夷猖獗。有由扬子江直犯江宁之谣等因钦此。伏查南河以瓜洲江口为门户。而自海入江。以江阴县鹅鼻嘴为要隘。臣于初七日奉到谕旨。饬令会商防守。遵即移咨商办。适常镇道禀。逆夷船只。已于初四日驶过该处旋据扬州府江都县等禀称夷船已过圌山。逼近瓜洲。经运司饬将灭运粮船。用竹篓麻袋。实以土石。在内河扼要之三汊河。沉船填塞。特扬州存兵甚少。请即添调协防等因。臣以事关紧急。商之漕臣。各抽拨兵百名往援。旋接督臣咨称。运库有银一百三十万两。请代收存。随经委员解到。臣即饬分贮河库。及淮南府库。并截留前调右营兵五十名防守。以昭慎重。随选弁改装。密赴江口一带。侦探情形。兹据禀查得瓜洲城内。居民迁徙一空。其大小两口。各有三桅夷船停泊。江面有三板夷船游奕。十一日。见有火轮船二只。驶向西南上游而去。当至三汊河查看沉船处所。有江都县知县彭以竺。库大使宋佩纮。在工督办。船已凿沉。两头筑坝。中留小口。可通船以便商旅等语。臣思逆夷猖獗。不可不设法守御。而其法诚如圣谕以纵火为要。是以先曾密派河营参将吕邦治。驰赴下游。会同署江防同知雷体乾。察看通江港汊情形。测探水势深浅。或设法堵塞。或扼要埋伏。如有杉板船闯近内河。即就近用存工料垛。分装小船。乘夜火攻又选派外南营守备黄佩。采办木植。以备扎袋纵火。及歼桩拦截等用。兹又派三江营守备支振业。驰往扬城。收买竹头木屑。杂用柴草。偿遇火轮船到。赶就河势湾曲之处。顺流放下。以滞其轮……

江苏巡抚程矞采奏。窃照逆船四只。于初十日驶至京口江面。在后大帮夷船。亦陆续驶进焦山口门。并将瓜洲江口。用船封固。业经臣于十三日恭折由驿驰奏在案。兹据常镇道周项等禀称。十三日。逆夷将船只排列江边。约有七八十号。十四日辰刻。夷匪自江口登岸。直趋城边。先用大炮轰击。又用云梯越进北门。我兵上前接仗。因势不敌。纷纷溃散。京口副都统海龄。在城内抵御不住。当时遇害。镇江府城即已失守。府县不知下落。参赞齐慎。署提督刘允孝。退至新丰镇。该道保护粮台退守丹阳。适署京口水师副将孝顺武。镇江城守营参将陈庆祥。自江阴赶到。随将沿河要隘。会督地方官堵塞。设兵防守各等情。臣接阅之余。忿恨交集。该逆阅入江南洋面。先已攻陷二城。兹驶入大江。镇郡又已失守。此等猖獗情形。较之在闽浙时更不相同。现在南北咽喉。已经梗阻。偿再乘风西上。则江宁旦夕可危矣……臣现已咨商刘允孝。即将所带官兵。刻日驰赴江宁驻扎。以备不虞。至镇郡滨临徒阳运河。水势浅窄。该逆大船断难深入。而丹阳坏接镇江。偿不加意备防。则杉板小船。亦恐内犯。臣复咨商参赞大臣齐慎。将所带四川广西官兵。在于丹阳以西地方。择要屯扎。

盛京将军禧恩奏……伏思盛京地方。诚为紧要。而所属海口情形。亦各有不同。西路如锦州之天桥厂。虽系最要海口。而滩长水浅。间有礁石。距城六十里。处处可以设法藏兵。现在高桥等处。驻扎吉林黑龙江兵各五百名。切近该处海口。足资声援。又有锦州副都统祁俊。常川驻扎海口。督同委员及地方官等。严密防堵。可以放心。南路则金州。复州。海口最多而最要。二十年秋间。夷船前赴天津。曾到该处洋面游奕。测量水势。更应严加防范。然复州海口。距城五十里。至百余里不等。可以扼要拒守。逆夷傥敢舍舟登陆。则我之伏兵齐发。攻剿尚易得手。能使该逆腹背受敌。惟金州最为近海。老水贴岸。其西南面距城自二三里至十数里不等。在在皆可登陆。逼近城垣。兵力难以施展。只有东北面可以设伏藏兵。为伺便进击地步。奴才前查海口时。亲历其境。所有该处地势情形。均经奴才所目睹。昨已密函谆嘱熊岳副都统祥厚督率旗民地方官及委员等。将我兵炮械军火。及早运至城东北距海较远之处。择要安置。豫备攻剿。兹复钦奉圣谕。据牛鉴陈奏。传述英逆欲以马车马炮。运往天津一带陆路接仗等语。饬令严密妥筹办理。俾马车马炮不能径行登岸。奴才伏查所属各海口。原令乡勇刨挖濠沟。恐尚不能阻隔逆夷车马之行走。遵即严饬所属。查系海口可通陆路紧要之处。俱挖掘濠沟。宽以二丈余。

深以一丈余为度。并于道口排钉木桩。堆砌石块。散布蒺藜。似亦阻之使不能前进之一法。现已飞行各属。一律认真妥办。

谕军机大臣等。禧恩奏。严防海疆。并深挖濠沟。杜绝夷马路径一折。据查锦州复州两处海口。距城较远。惟金州最为近海。其西南面距城。自二三里至十数里不等。在在皆可登陆。逼近城垣。现将炮械军火。运至距海较远之处。并于海口可通陆路地方。挖掘濠沟。排钉木桩。散布蒺藜等语。所办俱属周妥。惟金州老水贴岸。在在皆可登陆。傥能晓谕居民。早为迁徙。既系空城。自可相机设法埋伏。后路又有伏兵剿杀。当更得力。各处马队。现已足数调遣。恐步队兵力尚单。如有警报。著该署将军酌量奏调。或团练义勇以资防剿。朕闻陆路与逆夷接仗。当以大小炮位为先。继以擡炮擡抢。又继以鸟枪。若至短兵相接。必先能御其火枪为要。我兵各执两层籐牌。夹以牛皮。复用水浸透。可以抵御火枪。一手执钩连枪。钩取逆匪足胫。令其颠扑。继以刀矛手砍札。又继以马队冲突。似能得力。著即仿照前说。认真演试。

钦差大臣耆英奏。窃查长江自崇明直达金焦。层层关拦。今一旦为七万里外逆夷所据。是疏防于平时。非贻误于今日。奴才等言念及此。泪随笔坠。夫复何言。六月初十日。奴才闻报大帮逆船闯过鹅鼻嘴。奴才坚定驰往京口应援者。原欲亲至鹅鼻嘴。设法截其归路。以便次第攻剿。讵行抵丹阳县。连接州县禀报。知自江口起。节节停泊夷船。处处要口封闭。奴才闻报之次。几不欲生。至江中苇洲林立。尽可埋伏火攻。并可黄夜凿其船底。坏其桨舵。诚如圣谕。较海面当易得手。惟长江猝然为逆夷扼据。不独商船不能往来。即渔船均亦涣散。一切埋伏。既未能筹尽于事前。迨兵临城下。岂容著手。惟逆焰日炽。傥由京口内犯。则丹阳之新丰镇一带。实关紧要。若由鹅鼻嘴内犯。则江阴。无锡。常州。尤属吃紧。必须节节策应。方期有济。今与参赞大臣齐慎。抚臣程矞采往返咨商。丹阳新丰一带。参赞大臣齐慎。带兵驻扎。以为江宁后路应援。其常州一带。咨商调令升任山东臬司崇恩。带领官兵驻扎。前后策应。奴才耆英。驻扎无锡。控制部署。既可以联络声势。并可以捍卫省垣……

扬威将军奕经奏。窃奴才于六月十六日。复准两江总督牛鉴。钞寄折稿。并咨行奴才率带防浙官兵。迅赴江宁救援等语。伏查逆夷大小船五十余只。现在驶近金山。堵截瓜洲镇江各口。已距江宁省城不远。溯流而上。瞬息可到。奴才十分愤懑焦急。况江浙均为国家疆土。唇齿相依。尤为不敢膜视。但浙省定镇一带。尚泊有逆船二十余只。占据定海招宝两处。奴才遵旨。已札饬前路管带兵勇各员弁。陆续于暗中调拨前进豫备。有隙可乘。即相机攻剿。浙江省城。与江宁省城。同为根本重地。除前后奉旨奏明陆续拨往江省官兵。计有六千八百名外。现在分驻浙江省城。及各海口地方。通计征兵八千八百余名。兵力并不十分充裕。均经奴才指示安插。昼夜防守。不敢再行调动。目下江省情形。固甚为紧急。而浙省防剿。亦不容稍缓。奴才实不敢仅据江督来咨。率行带兵前往。为此据实奏明。伏候谕旨遵行。

(癸卯)江南河道总督麟庆奏……当查夷船入江后。据江都县禀报。初十日停泊瓜洲。经守备曾广楹带兵堵御。该逆夷见即放炮。连伤二兵。居民惊散。十二日。驾杉板船直入瓜口。因三汊河已有官兵防堵。随即折回由闸关。横阻河道。不准民船往来。又据扬州府禀报。初十日。有土匪引夷由外港绕至三江营地方登岸。砍伤额外顾镇海。兵丁张文。抢搬军库。该署守备葛长松。闻信赶往追剿。经兵丁汤文寿。夺获夷刀一把。匪即遁至江边。有小船接应而去等语。臣以该逆夷抢去军装。诚恐有冒充兵丁等情弊。札饬各营县严加防范。近探得夷船仍在大江游奕。瓜仪各口。均有三桅夷船停泊。拦截行人。不容过渡。其驶往江宁之船。作何举动。尚未得确报。扬州淮安一带。则因兵力甚单。民多震恐。臣惟与所属各员。将一切防堵事宜。悉心筹备。外示镇静以固民心……

吏部左侍郎杜受田奏。臣窃见夷氛不靖以来。皇上命将出师。二载于兹。未能挫彼凶焰。扬我威灵。兹逆夷竟敢直入大江。与我兵久持。攻陷城池。骄盈已甚。处处恃火炮之利。以为无敌。而不知以火制胜。亦必将以火取败。乃事理之必然者。夷船坚大。师船不足以御之。惟有火攻一法。乃彼所深畏。是以多方豫备。刻刻堤防。欲用火攻。必令其无所措手。方足制其死命。反覆思维。未获良策。兹见广东生员张焕元防夷书内。有木簰火攻之议。语皆的当。切实可行。其议本系用于海洋。今在江中更易得力。谨钞录恭呈御览……臣窃料京口之地。彼亦未敢久据。必将盘踞焦山之下。以为挟制之谋。必须令受重创而去。不敢复萌窥伺之心。南北咽喉之地。方不致时虞梗塞。从此有所儆惧。悔罪革心。庶为久远之计。

一备木簰。每簰横阔三丈。竖四五丈。用两桅夹竹。浮水有力。簰面开数井。使战急时。可从井入水躲避。或出或入。随时变通。簰前半堆湿草。高四五尺。以缆结之。每束草以竹篾找扎坚实。取其劲而软也。软则受炮。劲不致倾。湿草之外。仍鳞次垒掛湿牛皮为甲。湿草之下。藏二木架。高二尺余。以为炮屋。上以竹筒夹藏草中。以察敌情。其草厚一丈。内三五尺。夹藏油棉胎烂布。仍以湿草铺面。使人不觉。只知藉草以御炮。不知实积草以发火也。草后立人。左右各置炮二尊。中有飞轮。旁列十六桨。尾二橹。头用长铁标五尺余二支。作虾须形。以撞其鬼扒艇及火轮船。并使撞入夷船底中。急不得脱。又用长铁链八丈一条。临战时。每簰相连。六簰为一大连环。三簰为一小连环。每排四十人。后拖蟹艇渔军一只。每蟹艇渔军。设八桨二桡。炮一尊。竹炮木炮数尊。亦以湿牛皮为障。每以一连环围夷船一只。鬼扒艇长约十丈。周回共三十余丈。火轮船略同。即以小连环围之。鬼战船长约二十三丈。周回共七十余丈。即以大连环围之。顺流直抵。不惧炮攻。平排并发。连如长城。法常山率然之势。击首则首向敌直抵。而尾卷围之。尾中间亦然。但围时即挑去上面尺余湿草。发火焰腾。六排并举。虽有水车水鼓等物。无如火气轰烈。再加以每簰各备大喷筒四枝。初发火未大炽。先点喷筒。向夷船喷射。人无踮足之处。及火大作。人跳落蟹艇。发炮夺攻。炮乘火势。瞬息可尽。夷人恃炮。惟此炮无著力处。夷人恃船。惟此船无著力处。恃火箭而不能烧我。恃火轮而不能袭我。夷人善于旁击。而击我者必著我围。夷人善于攻坚。而攻我者必致自困。借水以为力。用火以为攻。步步以为营。多多而益善。此金锁玉连环阵也。

谕军机大臣等。杜受田奏。广东生员张焕元防夷书内。有木簰火攻之议。钞录呈览。著将原片钞给牛鉴。麟庆。程矞采。程楙采。阅看。闻江苏安徽。向多四川湖广。各省木簰停泊。尽可将现有木簰。如式改造装载柴薪引火各物。乘夜顺流放下。逼近贼船。纵火焚烧。即将来贼船驶退。亦可尾追其后。暗用火攻。均可制其死命。惟在该督抚等相度机宜。妥速办理。是为至要。

道光卷五七

(道光二十二年壬寅六月甲辰)扬威将军奕经奏……奴才伏思逆夷恃其船坚炮烈。自二十年滋扰广东。占据定海。继复攻犯厦门。窜入宁波以及宝山等处。穷凶极恶。已属罪不容诛。然尚系沿海窜扰。未敢遽入内地。近日逆焰益张。竟敢连船入江阻截南北水陆。现又窜入镇江府城。并有火轮船驶向江宁游奕。居心叵测。罪恶益深。若不以大兵痛加惩创。仅止分兵守御。诚恐路遥江阔。兵分力单。将来竟有不可收拾之势。盖缘逆船现在江面虽止五十余只。约计人数要不过二万内外。若我兵数目与之相当。似不难奋力攻剿。特是沿江口岸。处处须防。如以官兵二万分守十处。则每处仅止二千。逆船连艅而来。以二千官兵迎击十倍之众。势必不敌。且逆夷明知我兵无船。尽在陆路株守。不能于水面攻击。逆船任意往来游奕。我兵竟莫可如何。现在该逆泊船金山。登高望远。并有汉奸为之指使。何处有兵。何地最要。无不周知。我兵虽亦昼夜在各处了望。但能视其船之所向。悬揣其驶赴何处。即欲分兵往援。又恐另有夷船突来。未敢轻动。况逆船乘风扬帆。虽数百里瞬息可到。我兵拨调接引。陆路则狭窄难行。水路则河狭船小。行走亦复迟滞。彼处之救兵未来。而此处之守兵已溃。其势有必然者。又况镇江失守。逆氛逼近常州。奴才前已接据探报。有汉奸带领逆夷。从内河行驶之信。殊堪痛恨。再江浙民食。全资川米。若镇江为其久据。米船不能南下。人心更不免惊慌。瓜洲口为运河总路。八九月间。粮船即应回空。设至此阻隔不通。不惟明岁南粮。难于挽运。即此项粮艘水手。亦素非安分之徒。久聚一处。难保不滋生事端。现在老河影一带。盐匪已乘势滋闹。若更加以水手滋事。逆夷在外。匪徒在内。傥彼此结联。办理尤难措手。至沿江而上。安徽之安庆。江西之九江。湖北之武昌汉阳。各处府城。均系滨临江岸。若不预先调兵堵截。该逆扬帆西驶。则上游各省。必至处处震动。尤为可虑。奴才日夜踌躇。通盘筹画……

又谕。朕闻江广盐船。最为坚固。于江路素称熟习。多在武昌一带停泊。并有向随铜船行走。豫备入江捞铜之人。号为水摸。能于江底潜伏半日。因思逆夷现在由海入江。肆意猖獗。总缘江防废弛。水师战船。有名无实。以致逆船横行。不能堵截。若果有坚实江船。并募练熟习水性之人。驾驶得法。于沿江一带。或合力迎击。或分路夹攻。当可制其死命。江南现有逆船滋扰。无暇办理。著裕泰于武昌停泊各船内。酌量豫雇坚致盐船。并救生红船三五百只。即于水摸中挑募水性最熟之人。或千名。或数百名。认真练习水战。随时探明安微江苏。如有逆船闯入。即派委妥弁。迅将此项船只。顺流而下。当可大挫其锋。果能试用得力。该督之功甚伟也。

(乙巳)又谕。前有旨。令四川。湖广。购备木料。制造战船。昨复谕令裕泰雇备盐船。挑选水摸。计该督接奉后。自必将应造战舰。遵旨妥办。其盐船水摸等项。就近雇募。尤易为力。现在逆夷由海入江。滋扰江苏。安徽。沿江各处。亟需此项人船。协同剿办。著裕泰遵照昨降谕旨。赶紧雇募练习。探明该二省江面。何处现有逆船。迅即派员驾驶前往。慎勿迟误。是为至要。

靖逆将军奕山。两广总督祁𡎴。广东巡抚梁宝常奏……至现在夷船情形。前次查明截至五月初六日止。除已起碇东驶者四十八只外。实存粤洋十九只。业于五月十四日奏报在案。嗣后据各该营县陆续探报。查有逆目土密巡船一只。及四月内驶到装兵船一只。又由该国新到十五号火轮船。及小巡船各一只。又由浙驶回逆目华仑巡船一只。均于五月十四至二十六等日。驶出老万山东去。似俱系驶往浙洋。现在粤东洋面。自二月以前。来泊逆船十六只。及十四号火轮船一只。又五六月新到中巡船小巡船各一只。均泊于九洲。三角。潭仔。内零丁。尖沙嘴。各处往来游奕。其自东北外洋驶回西南外洋各逆船。叠据南澳镇各营员禀报。除四月内驶回西南外洋逆船七只。所有逆船来往。及在粤洋停泊各数目。谨逐一查明具奏。此后陆续查明。再当随时奏报。至虎门炮台。为全省屏蔽。一日不修复。终属不了之局。奴才等均深焦急。惟办理棘手情形。曾于二月内据实奏明。嗣于四月内。逆船又驶到四十余只。分泊各洋。更未便轻于一试。现查逆船陆续东驶。其留泊粤洋者。仍有十九只。奴才等惟有一面严加防守。一面豫备工料。随时相机筹办。仰副圣主绥靖海疆。慎固封守之至意。

(丙午)参赞大臣四川提督齐慎奏……现据探报二十二日午刻。鬼子从北门鼓吹出城上船。现在镇城并无鬼子。惟城内仍有埋藏铁炮木匣。不知何物等语。奴才当即札饬该知府祥麟。饬令丹阳县知县钱燕桂。会同镇江营参将陈庆祥。带领江南官兵。协同弹压。以免四乡土匪。乘机抢掠。二十四日午间。据差探回报逆夷实在情形。自二十二日上船之后。仍时使令黑白鬼子汉奸。或数十名。或百余名。在城内外到处游巡。约计城内尚有逆夷汉奸二千余名。并见奴才等前在城外扎营地方。均有逆夷在彼驻扎。其兵船自甘露寺起。至金山银山。间断抛泊。共有四十五只。中有二十余只。系从外洋甫经驶入。并闻多有开至仪征三江口一带江面等语。奴才复查该逆夷诡谲异常。二十二日。忽行退出城外。二十三日。城内复有黑白鬼子汉奸多名。倏去倏來。如鬼如蜮。令人难测……

七月。丁未。

谕军机大臣等。盛京旅顺口地方紧要。前经耆英筹议。派令水师雇船四十只。游奕洋面。藉名捕鱼。专探夷人虚实。为乘夜攻剿之计。旋经禧恩奏。所雇船驾驶不稳。无济于用。业经撤散。惟是该处海面辽阔。炮力不足以及远。又无船只为进攻之具。万一逆船驶至。必将据为巢穴。若于此处屯札重兵。安设炮位。恐战守均难得力。仍著该将军酌量情形。或移向后面。庶兵力较厚。转为得用。其沿海居民及海中各岛民人。尽可劝其内徙。断其接济。俾逆夷无可劫掠。复将岛内水井设法填塞。仅留数处。置毒其中。较之分兵防卫。更当有益。其如何斟酌办理之处。著该将军再行悉心筹议具奏。至金州。复州。二处。距山海关较远。前已谕知哈哴阿。设或有警。听候禧恩知会。相机办理矣。

谕军机大臣等。耆英奏。遵办羁縻情形一折。览奏均悉。计此次谕旨到时。伊里布业已前来。自当会同妥商筹办。一切朕亦不为遥制。至两国大臣会议。原欲速成其事。惟夷情叵测。面商一层。尚宜斟酌。该国如果专意通商。只须各派亲信之员。互相传话。亦能商议妥协。现经派委耆英。伊里布。便宜行事。如该夷所商在情理之中。该大臣等尽可允诺。惟当告以彼此商妥奏明。即可施行。不必再有游移。偿反覆开导。该夷仍不受抚。惟有小心守御。相机办理……

戊申。两江总督牛鉴奏。窃臣因该逆船停泊江宁江面。情殊叵测。当遣千总陈柏龄。武举张攀龙。齐臣照会该逆酋文书前往投递。旋于月之二十五日。该弁等回省。齐有该逆酋朴鼎查覆文。情词尚属恭顺。其意极欲结好。总要大皇帝钦命全权大臣。前来商办。即可罢兵等语……

牛鉴又奏。臣前奉谕旨。饬查逆船能将巨炮安设大桅之上。居高击我。其炮子能击若干里。此外杉板火轮船只。是否亦有桅上之炮。再行细询驰奏。又奉饬查该逆从新闸绕进北门。上海遽已失守。究竟该处是否有将弁防御。曾否交锋。文武员弁。作何下落等。因钦此。遵经分别饬查。嗣据在吴淞接仗受伤之署游击张蕙禀称。遵查该逆之大夷船。高与海塘上土垛相平。船旁安设二炮。轰击土塘土垛。均皆塌卸。其大夷船桅上之炮。约击三四里。大桅居中。尚有木斗二三个。伏有夷匪。施放火箭。烧我塘上帐篷。其火轮杉板船上。虽有大炮。不能击于桅上等语。又据署松江府王绍复禀称。上海县城内各官。文有巡道知县县丞主簿典史。武有游击守备千总把总外委等官。县城系于五月十一日失守。查得县丞庆仁。主簿李国璜。先于初四初八等日。委解炮位银两。赴省赴郡公出。巡道巫宜禊。因宝山先于初八日失守。夷船可由黄浦江直驶城下。道库贮有军需银两。及总管粮台所贮饷银军火文卷等项。虑为贼有。于初九日。督率丁役。一并解送松江府城。并以府城一水可通。面商该府添兵固守。十一日折回上海。逆夷已攻破县城。该道随收集溃兵。于陆路堵御。以防内窜。知县刘光斗。典史杨庆恩。守备王嘉谟。千总徐朝栋。俱在县城守御。游击封耀祖。带同千把外委王振邦。洪家声。刘殿华。姚玉成。在距城五里临江之李家厂炮台守御。十一日午刻。逆夷火轮杉板等船。飞驶到厂。该游击等开炮轰击。夷匪连开大炮回击。将炮台打塌。我军复开抬炮鸟枪拒击。该夷枪炮火箭齐发。将卒多有受伤。夷匪即上岸由新闸直趋北门。知县刘光斗。带同兵勇出城迎敌。被枪箭致伤右臂等处。挤入稠众之中。匪众即逼北门。王家谟。徐朝栋。杨庆恩。俱在城上。率众用枪炮抵御。逆夷火箭洋枪齐发。一面爬越城墙进内。放入夷匪。该守备等均各受伤出城。刘光斗。杨庆恩。见城已失。投入江中。刘光斗漂至下游。经渔户捞起。杨庆恩被溺殉节殒命。此饬据查覆夷船安设炮械情形。及上海文武防御交锋伤败失守之情形也。

道光卷五八

(道光二十二年壬寅七月)癸丑。江南河道总督麟庆奏。窃臣前将筹防情形具奏后。即饬淮扬道恩龄。驰往高邮督防。一面选派干弁。改装赴沿江一带侦探。昨弁回据禀行至瓜洲江边。见大小口外。停泊三桅船二只。仪征沙漫洲。礼祀洲。老河影。各泊火轮船一只。江面有夷船游奕。其三桅大船。桅上悬炮。口斜向下。船舱三层。其上层列有炮眼。火轮船之轮。安在中舱偏后两傍。船首列炮三。船尾列炮二。桅上无炮。靠水船帮。列有炮眼。并见三轮船一只。其一轮在前。行驶如飞。又据守备安振业禀称。奉饬登高明寺塔极顶。详细了望。当即会同署江防同知雷体乾。于二十五日登塔。望见金焦两山上下。共泊大小夷船六十余只。瓜洲口及仪征洲上。各有大船三只。并见有火轮船。靠大江南岸驶向下行。又据江都县知县彭以竺禀称。瓜洲口内三汊河地方。共有三口。前经钉桩沉船。尚难堵遏。复觅大树连根带枝。击以铁锚。沉入水底。足资拦御。而水仍流通。其三江口内。亦经仿办……

甲寅。两江总督牛鉴奏。窃臣于六月二十八日。将江宁防守情形。及备文晓谕该夷缘由。缮折驰奏。正在筹办间。讵自二十八日未刻以后。该夷三桅二桅及火轮船。陆续驶入草鞋峡江面寄碇。计有四十余只。查草鞋峡系属支江。先经臣于进口之处。安设木簰。并沉船多只。堵截来路。该夷船尚不能驶进下关。而距仪凤门不过数里。甚形危迫。虽该城门业经提督臣刘允孝。统带重兵驻防。枪炮林立。声威尚壮。该夷尚未开炮攻城。而城头究无得力大炮。可以致远摧坚。不敢谓确有把握。臣十分焦急。当复专弁具文。连日前往夷船。明白晓谕。并告以现奉谕旨。准与通商。已钦派旨英。伊里布。专办此事。谕令静候查办。该夷仍狐疑未决。臣即飞咨副都统伊里布。赶紧来宁。一面另备公文。严加诘责。并恭录所奉恩旨给与阅看。该夷酋朴鼎查等。见事属真实。始据回文照覆。吁请通商。虽察其情词尚无悖谬。而数日之中。屡有反覆。且妄事请求。其情究属叵测。现在副都统伊里布。已于七月初三日驰抵省城。广州将军耆英。亦不日可到。会同相机妥办。务保省垣。以释圣廑。

谕军机大臣等。本日据牛鉴奏。逆夷大帮船只驶至省垣一折。著仍遵前旨。设法羁縻。迅速将此事了结。一切不为遥制。计奉到此次谕旨。耆英亦已到彼。务即剀切晓谕。俾该夷不致疑惑借口。惟既经商议。必应斩钉截铁。事事皆当著实。毋得稍留罅隙。将就目前。及至夷船他驶。又复改换带兵头目。再肆狭制要求。种种诡谋。皆应虑及。豫为杜绝。方称妥善。如能就我范围。自可不烦兵力。万一该逆仍不受抚。不得不大加挞伐。奋力攻剿。该大臣务当妥为筹画。相机办理。本日已由六百里加紧谕知奕经。令其督兵进驻常州一带。耆英等如措办了结。即飞咨奕经。令其知悉。如办理不能得手。更当飞咨奕经。以便带兵速来。内外合剿。毋稍迟误。

丁巳。江南河道总督麟庆奏。查江面夷船。现据报称前月二十七八等日。陆续驶往上游二十余只。内一只四桅船身较大。其余仍在金焦一带游奕。瓜洲。三江口。及仪征停泊之船。均未驶行。并有三板船载炮至瓜洲口内八里铺探水。意在窥伺扬州。寻据江都县知县彭以竺禀。逆夷出有定于七月初三日。由三江口入运河。趋高宝。劝民迁避伪示。臣恐系声东击西。随饬各属严密防守。兹已过期。并无举动。缘逆夷多疑。见有准备。未敢深入。现在扬州三汊河。及三江口内河。先经堵截。其余各港汊。亦皆饬属沉船击树。并饬扬粮扬河二厅。豫备碎石。如果有警。立即抛作品字式。俾阻夷船。而仍不碍水道。顷据淮扬道恩龄禀称。运河东岸。纤隄平坦。恐逆夷舍舟登陆。拟在隄上择要筑作土垒。以备伏兵。已饬酌办……

谕军机大臣等。麟庆奏。调防兵丁。将次到齐。豫筹分拨设局一折。览奏均悉。该逆出有伪示。拟由三江口入运河滋扰。显系声东击西。鬼域伎俩。然不可不防。据称扬州三汊河。及三江口。先经堵截。其余各汊港。亦皆沉船系树。夷船如敢窜入。究竟能否堵御。尚须妥为筹画。不可稍涉大意。运河东岸。纤隄平坦。尤应设法布置。该逆枪炮猛烈。若仅恃土垒以为蔽卫。未必确有把握。仍当相度地势。另筹良法。务臻妥善。至启坝泄水一节。原为胶滞逆船起见。若甫见一二小船游奕。遽行启坝。纵被胶滞。剿杀无多。实为不值。该河督等总当豫为筹画。成竹在胸。傥能将逆夷大船。设法诱入。然后启坝泄水。俾联艅浅搁。进退维艰。再用火攻船筏。围绕焚烧。定可成功。所调山东兵丁。因本境防守紧要。难以调拨。已改调河南兵丁六百名。计日可到。本日又飞调陕甘兵一千名。谕令速赴清江。该河督等。务即分别派拨。总以扼要得力为妥。其高邮宝应等处。若将兵丁分派一二百名。前往防御。未免过形单薄。殊属无益。至木筏业经扎就。所备共有若干。但乘流放下。务当运用有准。过早则无济于事。稍迟又不得力。总要恰当逆船屯泊之际。酌量水势行走迟速。约计火药然著之时。适与逆船相值。乘势火攻。必可制胜。更须严密防维。勿被汉奸乘间暗算。致有他虞。懔之……

(戊午)钦差大臣耆英。乍浦副都统伊里布。两江总督牛鉴奏。窃英夷大小各船八十余只。陆续驶入草鞋峡江面寄碇。臣牛鉴当将钦奉恩旨。允准通商之处。专弁前往告知。臣伊里布。于本月初三日。驰抵省城。寄与照会开导各情。具奏在案。嗣该逆酋叠次覆文。总称臣耆英。臣伊里布。无权不能作主。虽经具文晓谕。坚不醒悟。讵于初五日。忽向臣牛鉴差往之弁张攀龙。声称初六日欲行开仗。该弁向其索取回文。亦不给发。当即驰回禀报。维时已过夜分。臣等焦灼异常。且虑城中闻此消息。人心定必惶惑。更恐城池不能保全。遂公同筹商。总以江宁省会。先保无虞。方为至要。当拣派太仓州知州徐家槐。外委陈志刚。及张禧。持臣等照会。谕以钦差大臣耆将军。日内必到。并推诚布公。复加开导。于初六日天色未明时。令其一同前往。该员弁驰至江边。已见该逆各船张挂红旗。并车皆驾炮。人尽执枪。纷纷上岸。排列阵式。候时前进。该员弁当将照会付给逆酋等阅看。并反覆为之陈说。先尚游疑。后见众夷目公商良久。始鸣炮传令。但见各夷船红旗撤落。岸上夷兵次序回船。逆酋马礼逊等。向告我们英吉利国。吃饭养家。藉与中国通商。岂敢无故得罪中国。今连年兵战。实出万不得已。现蒙大皇帝准与通商。并有大臣可以作主。我们英吉利。亦属情愿听候商议。并令各船一色换挂蓝旗。仍给该员弁等回文。文理全不通顺。其大意则为罢兵和好之事。皇帝既有降谕。特派大臣畀以全权。允照所讨办理。众酋众夷。既得商利。且可回国。实所欣愿。是该逆称兵不息。虽专重通商牟利。其中之阴错阳差。在所不免。是日差去之员弁等旋省。始悉省城大局危而复安。实皆仰承谕旨暂事羁縻之所致。阖城绅商士庶。莫不钦感同深。臣耆英会同齐慎。将后路应行防守之处。妥为布置后。即行起程。于初六日巳刻驰抵省垣。随公同熟商。如果该逆回心向化。就我范围。自可与议通商。筹定大局。然臣等体察情形。该逆夷骄横之性已成。贪婪之心无厌。要求之事。断不能任其需索满慾。臣等惟有竭尽心力。设法办理……

谕军机大臣等。耆英等奏。夷船大帮聚集江面。现拟设法羁縻一折。据奏逆船大小八十余只。驶入江面。声言初六日开仗。经牛鉴等。派令徐家槐。陈志刚。张禧。发给照会。向其开导。该夷目公商良久。鸣炮传令。夷兵次第回船等语。览奏已悉。现在事势紧急。该酋既有不敢得罪中国。情愿听候商议之语。耆英已抵省垣。著与伊里布。牛鉴。公同熟商。如果能就我范围。即可筹定大局。一切不为遥制。前降谕旨甚明。惟据奏骄横之性已成。贪婪之心无厌。所见甚是。必须通盘筹算。永绝祸根。慎毋狃于救急之策。仍堕奸谋。致贻后患。据奏南城仪凤门最关紧要。现在兵炮渐集。著俟佐领塔芬布等回报后。如情词恭顺。再遣职分较大之员。速行定议。傥竟桀骜不驯。难以理谕。现在兵力已集。地险可守。全在该大臣等激励将士。或竟出奇制胜。懋建殊勋。该大臣等之功甚伟也。另片奏。议有成说。该大臣等面见该酋定局等语。逆夷狡谲异常。该大臣等不值以身试验。朕意总以不见面为是。傥议有成言。大局全定。自当昭示大信。消其疑虑。但必俟该夷兵船全数退出。酌定适中地方。约令夷目前来。该大臣等方与面见。切勿轻上夷船。致有意外之变。所请伊里布暂带头品顶翎。及张禧暂戴军功顶带之处。均准如所请行。

耆英。伊里布。牛鉴。又奏。窃臣等于本月初八日。将办理夷务情形。会折驰奏。先于初七日。据该夷将请求各款。开列清单。交委员塔芬布等携回。臣等公同阅看。一系索讨洋钱二千一百万圆。本年先交六百万圆。其余分年带交。一系索讨香港作为马头。并求准往广州。福州。厦门。宁波。上海等处贸易。一系与中国官员。用平行礼。其余虽尚有请求。大抵不出三款之外。并据坚称。若能如其所请。

即当永订和好。不敢再启兵端。不如所请。即行开仗。并往别省滋扰等语。臣等正在会同酌议。拟即明晰照覆。讵料初八日戌刻。该夷因闻讹传。有调寿春兵来省防剿之信。忽换红旗。并于钟山之上。安设大炮。声称定于次早开炮攻城。势甚猖獗。臣等查江宁省城。虽已派拨弁兵。分段防守。惟周围五十余里。兵力不敷。且所调江西。湖北。徐州。各官兵。均曾经挫衄。士气不扬。未敢恃以为固。况钟山逼近省会。该夷登高临下。一经轰击。势必不支。兼之民风柔懦。一闻此信。均各惊慌。即有男妇数万人。赴臣等各衙门。遮道号呼。吁求救命。臣等查该夷自犯顺以来。由粤入闽。历浙入江。屡经命将出师。总未能挫其凶焰。近复大集丑类。兵船多至八十余只。辄敢攻陷京口。横据长江。断我南北冲要。兹复连樯并进。直逼金陵。以致危在旦夕。臣等目睹万分紧急情形。若再事固执。万一危城莫保。臣等死不足惜。所虑三省根本。一有摇动。不惟京口梗塞不通。即安徽。江西。湖北。各省会。该夷均可扬帆直达。并据江都县彭以竺探报。该夷有战若不胜。即遣汉奸偷挖高堰等情。如果属实。祸患尤不可问。臣等伏思该夷所请各条。虽系贪利无厌。而其意不过求赏马头。贸易通商而止。尚非潜蓄异谋。与其兵连祸结。流毒愈深。不若姑允所请。以保江南大局。现已照会该夷。申以盟誓。如果悔祸戢兵。即照所议各条。速为商定。一面奏明乞恩。傥犬羊之性。仍不驯伏。臣等惟有激励将士。婴城固守。成败利钝。非所逆睹。惟念臣等均荷圣恩。畀以重任。不能宣威殄寇。又复胆大擅专。罪难擢数。应请旨将臣等一并从重治罪。

谕军机大臣等。耆英等奏。形势万分危急。姑允所请一折。前有旨谕知耆英等便宜从事。不为遥制。原为保全民命起见。兹据奏称该夷将请求各款。开单索讨。并因传有调兵防剿之信。又复换旗安炮。江南民风柔懦。男妇数万。号呼吁救。已据该大臣等允其所请等语。览奏不胜愤恨。继念江南数百万生灵。一经开仗。安危难保。既经该大臣等权宜应允。朕亦只可以民命为重。惟所称本年先交洋钱六百万圆。从何措给。香港准其赏借。厦门。宁波。上海等处。亦可准其贸易。但只许来往通商。不准久住。据为巢穴。其福州一处。内地系属陆路。且山径丛杂。商旅不便。闽省既有厦门通市。自不得复求福州。著耆英等再行商酌。将福州一处撤去。即万不得已。或于闽省泉州附近。酌与通商。均著妥行定议。惟该夷既称能如所请。不敢再启兵端。现在业经俯允。该夷如何退出长江。各省夷船。如何遣散回国。该大臣等必当切实议定。永杜兵萌。不可稍涉含糊。徒顾目前。仍成不了之局。所请从重治罪之处。著毋庸议。

谕军机大臣等。沿海向备战船。原以为巡哨御侮之需。近来各省多半废弛。不能适用。是以海氛不靖。御寇无资。广东为沿海首要之区。必应先行整顿。前经降旨。谕令该省制造大号战船。自必早为筹画。妥密办理。惟此项战船。无论大小。总以坚固适用为主。并能于中间安设炮位。若仅依向来水师战船修造。仍属有名无实。著该将军等极力讲求。雇觅工匠。迅将各项大小战船。赶紧制造。其式样如何。著先行绘图贴说。驰奏呈览。如木料不能坚实。制造不能如法。将来经朕派员查出。惟奕山等是问。傥一时不克凑集。如有可购买之处。著先行设法购买……

靖逆将军奕山。两广总督祁𡎴。广东巡抚梁宝常奏……伏查该逆自上年二月。占据香港之后。即于毗连之裙带路。修筑石路。搭盖篷寮。复于该处上湾中湾下湾地方。随时修建营盘兵房鬼楼马头篷寮等工。亦间有拆毁。并有时被火焚烧复修者。又于裙带路。灯笼洲。两处。修筑炮台。安设铜铁大炮。派有夷目。带领夷兵驻守……至现在逆船情形。自上次奏报之后。续来粤洋住泊者。又有十六十七号火轮船二只。其在外洋了望。由西南驶往东北洋夷船计四只。由东北洋驶往西南洋夷船计四只。昨据各该营县报称。本月十三日。突有三桅中巡船一只。两桅小巡船二只。驶进沙角海口。当令引水诘问。据称系查看各国货船。在虎门以内。共有几号。又称听闻现修虎门炮台。故来看望等语。该逆驶进横档。往来游奕。于十八日仍复驶回尖沙嘴。三角。各洋面分泊。另有八号十六号火轮船二只。亦于十四日。驶至距城四十里之黄埔游奕。奴才等随傅谕各炮台。如逆船竟敢驶至石坝窥探。即行开炮轰击。该逆船亦即于十五日驶回香港。逆夷种种诡谲情形。可恨之至。奴才等惟有简练兵勇。严密防范……

壬戌。大理寺少卿金应麟奏。窃维逆夷猖獗。皆由水兵选懦无人。以致失事。伏思该夷所恃者舟。前岁粤东由米利坚购得一舟。拆而视之。木甚坚硬。用牛皮裹包五层。加以铜皮铁皮。又各包五六层。其厚约有尺余。方到木质。是以炮子虽巨。虽于击碎。而桅木极坚。顶容多人。可以施炮。颇能及远。以此人多畏之。臣以为此乃中国之绪余耳。昔隋之攻陈。制为拍竿。高五十尺。敌舟近之。无不立碎。夷人特稍变其法。而牛革蒙船。亦参用艨艟之法。无足异也。夫筹议南省。多以四川为根本。川中木贱兵强。较之湖广更为得力。今请川造川舟。楚造楚舟。以运米为名。豫为之计。即使该夷潜遁。亦防江之要策。闽粤等省。亦以弭盗为由。各造船只。以资救应。其造舟之法。应参用彼法而增损之。大足胜小。弱不敌坚。或改或造。悉由所便。如子母舟一项。前长二丈。后长一丈五尺。共三丈五尺。两边有板。腹内空虚。后藏小舟。通连一处。母船舱内尽贮油炮。舱前两腋各有钉钩。敌人迎拒。即钩其舟。舱内纵火。与彼俱焚。伏兵潜匿。开子船归。此宜备也。如联环舟一项。分为两舟。各三之一。中联以环。前载大炮。毒火神烟。舟首壮丽。有倒须钩。后截之旁。备有数桨。兵士逢贼。钉住其舟。顺风纵火。无往不利。前环既解。后舟即回。此宜备也。如楼船一项。船上建楼。共有三重。各列女墙。可置旗帜。弩窗矛穴。炮车擂革。无一不备。安炮之地。檑石铁汁。形如小垒。奔驰车马。亦所甚便。傥逢暴风。安碇勿出。此宜备也。如走舸一项。船舷之上。列以女墙。所用棹夫。皆系精卒。轻如飞鸥。往来甚速。乘人不及。即袭其舟。后多备金鼓。用以号令。此宜备也。如斗舰一项。百二十步。受二千人。以木为城。梲橹四间。上可驰马。首画怪兽。以惧江神。女墙之式。可蔽半身。又各建棚。与女墙齐。后列重墙。亦置战士。上无覆背。左右金鼓。排立水次。用以争战。此宜备也。如海鹘一项。头低尾高。前大后小。如鹘之形。舷上左右。置有浮板。如鹘有翅。用助其船。即逢风涛。亦不倾侧。覆背左右。蒙以牛皮。牙旗金鼓。悉如常法。此宜备也。如游艇一项。并无女墙。舷上设桨。大小长短。各随其便。或用车轮。激水转捩。回军转阵。其疾如风。测候用之。利有攸往。此宜备也。如蒙冲一项。用生牛革。蒙船首背。加以铜片。开制掉空。矢石难攻弩窗矛穴。近敌施之。船不必大。务在捷速。乘人不防。截其归路。此宜备也。如三层船一项。竹未为包。以避矢石。铳眼箭窗。以之击贼。凡上下中。分为三层。首尾暗舱。以通上下。中层之内。刀板钉板。旁设飞桨。来往甚速。遇贼诈败。弃而与之。精兵伏下。待贼登舟。机关一转。贼翻中层。一逢刀钉。无不皆倒。此宜备也。如两头船一项。缚之可转。两头制柁。随风可行。外蒙牛皮。内藏火炮。用以设伏。敌所深畏。此宜备也。如闷头钉船一项。状如板片。并无旁墙。中桅尾柁。人在舱底。柁工在上。亦多掩蔽。水拍船工。不能沉没。其行甚速。北人习之。此宜备也。如皮船一项。生马牛皮。竹木缘之。状如箱形。燥之以火。浮于水上。一船二人。以竿击木。相助而行。此宜备也。凡此制度。变而通之。推而广之。各因其宜。各尽其用。川广之船。足以制江。闽粤之船。可以防海。此有备无患之策也。至于攻取之法。先察风色。夷炮在旁者多。我师止攻头尾。如夷船头南尾北。有北风则攻尾。有南风则攻头。若头东尾西。亦以东风攻头。西风攻尾。既占上风。又避炮火。而驶近夷船头尾。我船又须斜向。船头扑拢。船尾摆开。方可多聚船只。火器亦不致误掷。如夷船头东尾西。我船乘西风攻尾。则近左者船头应向东南。其右者船头应向东北。悉用斜势。则炮火不致打入己舟。余可类推。要在柁工转舵之巧。纯者加赏数倍。误者戮及身家。此不可不先习也。次察潮势。潮顺则得胜。潮回则善避。我军得势。斜击逆船首尾。大约以四角分计。每角拖船不过容四只。其大者不过容三只。即四角合攻。亦不过用十二只。至十六只。攻击夷船一只。无不立毁。此外多船。亦可分击他船。不必聚于一处。致多凌乱。夷船吃水二丈之外。我船不过数尺。自远处绕转。必能占其上风。如攻头则必先打其头鼻。攻尾则必先打其后舱。后舱有玻璃者。夷目所居。火药在焉。破则火药自发。舵乃生铜所包。炮打则断。舵断鼻折。则全船皆无主宰。而拉篷之水手。多在首尾。击之入海。其船亦危。此不可不先习也。继用烧法。瓜艇五十。上装乾草油火。配以火药。十分之二。捆以草绳。盖以葵席。击以铁链。冠以大钉。末极锐利。泅者数人。半身在水。挨桨而行。船身甚低。夷之炮火。所不能及。一经靠拢。钉其木上。以火然之。无有不毁。我船桅上再抛火罐。择用二人。头戴竹盔。胸遮藤牌。击绳于背。腰带双刀。备有火绳。一人头桅。一人二桅。其上之度。额与篷齐。其下每桅又有二人。拉以滑车。豫备火罐。运拉而上。桅顶之人。随时点放。用之不竭。船头喷筒。亦照此用。我师过船。定可大胜。此不可不习也。其余避虚击实之法。夷船长大。吃水甚多。船墙出水。不过二三尺。上甚空虚。枪炮攻之。每至落空。专攻船墙。以低为率。万无所逃。逼近逆船。必有毒烟。甘草红糖。含之立解。夷船搁浅。须用交帆。以我帆樯。交乱其帆。钩篙力挽。彼不能出。石击船首。亦所甚畏。此又不可不习也。夫逆夷自嘉庆年间进贡之时。言语傲慢。到处绘图。其包藏祸心。已非一日。有衅固叛。无衅亦叛。今则犬羊之性。更甚于前。暂事羁縻。讵能久远。卧薪尝胆。肝食无休。桑榆东隅。收功未晚。宽以岁月。持以实心。无惜重赀。无拘文法。蕞尔夷人。有不足平者矣。

谕军机大臣等。前因海疆防御。首重战船。降旨饬令粤省酌筹制造。并将方熊飞原呈钞给阅看。兹复据金应麟奏。请饬多备船只。其造舟之法。如子母舟。连环舟。及楼船。走舸。关舰。海鹘。游艇。蒙冲。并三层船。两头船。闷头钉船。皮船等项。式样不一。著奕山等悉心体访。查明该少卿折内所奏各船。究以何项船只最为得力。即购备坚实木料。赶紧制造。并将拟造船式。绘画贴说具奏。其该省洋商内。如有深悉造船之法。及力能设法购买夷船者。并著文丰留心访察。加以激劝。原折著钞给阅看。将此谕知奕山。祁𡎴。梁宝常。吴建勋。并传谕文丰知之。

道光卷五九

道光二十二年。壬寅。七月癸亥。钦差大臣耆英。两江总督牛鉴。署乍浦副都统伊里布奏。窃奴才等前因英夷猖獗。江宁万分危急。冒死允夷所请。并乞将臣等从重治罪缘由。驰奏在案。彼时实因安危呼吸。稍迟即变。是以权宜从事。暂戢凶锋。以便派委大员。前往妥议。臣等于发给照会后。即委四等侍卫咸龄。署江宁布政使按察使黄恩彤。于初九日乘夜出城。亲赴夷船。向该夷酋明白晓谕。并令议一切章程。即据夷酋马利逊等四人出舱相见。该侍卫等待以至诚。晓以大义。反覆开导。而该夷酋等请求各款。坚执如前。加以驳诘。则负气不服。该侍卫等连日与之详议。始据该夷将通商输税各事宜。粗定条款。迨诘以如果允准。所有兵船。是否即行退出长江。该夷酋等声称。俟各款议定后。先给洋银六百万圆。伊等即将所泊各船。全行退出吴淞口外。江宁京口等处。决不再有阻遏。惟镇海之招宝山。厦门之鼓浪屿。及定海三处。须俟全银付清。方肯退还等语。该侍卫等以为期太久。复据理向争。该夷酋仅允将招宝山先行退出。其余仍执原议。据该侍卫等将诘辩情形。禀经臣等公同熟商。权其利害。均有难以拒绝之处。谨将酌办各条。另缮清单。恭呈御览。再该夷于酌拟条款后。复据禀称。此次和好通商。既蒙皇帝恩准。并赏给马头。不胜欣感。惟万世利赖。在此一举。仍求将条款奏明。皇帝批准。钦加御宝。伊等亦请该国王盖用印信。两国分给。奉为世守。方可永结和好。不致再启兵端。再三吁请。情词迫切。该侍卫等告以中国无此体制。而马礼逊则称伊闻从前分布给各国敕书。均用御宝。务求奏请于所议条款内。钤盖御宝。如不见允。伊等回国后。无以取信国王。必致再有争论。所有前议各条。即可勿庸置议等语。是该夷之意。专以御宝之准用与否。为向背从违。察其隐衷。宝因悔祸厌兵。或恐再有翻悔。欲为一劳永逸。杜绝后患之计。该夷性本多疑。若非示以恩信。易启反测之端。合无仰恳天恩。俯从所请。耆英。伊里布。又奏。再目下事处万难。英夷船只。早出长江一日。早得一日相安。今英夷请于所议条款内。钤盖御宝。如蒙恩准。尚可救燃眉。傥属难行。该夷定必决裂。届期除遵旨飞咨扬威将军奕经。体察情形。或保守苏州。或前来救援。并飞咨扬州。苏州。安徽。湖北。江西等省。一体严防外。查省城附近之钟山。燕子矶。一带险要处所。已为数百名逆夷所据。并安设大炮。一经开仗。势有难支。况城中满绿各营兵丁。及所调征兵。统计不满八千名。兵单炮少。祸在旦夕。傥江宁一有疏虞。

苏州尤关紧要。今奴才耆英。奴才伊里布。虽无守土之责。究在江宁驻扎。是否会同督臣牛鉴。将军德珠布及提镇等。守卫城池。抑或督率丹阳句容后路官兵。择要堵截。以防内窜之处。伏候训示遵行。

江苏巡抚程矞采奏。窃据各处探报。该夷船陆续向西南行驶。其镇江城外停泊之船。逐渐减少。城外夷匪。出入无时。掳捉民人。教演枪炮。并勒令代为砌路。又将城砖拆下。将江口木料。运至教场。有修盖房屋之说。节经咨会参赞齐慎。督臣牛鉴等。加意防范去后。兹复据探报。截至七月初四日止。镇江甘露寺前。原泊船九只。续由西南驶回二只。共计十一只。又江宁自六月二十八起。至初四日止。共到夷船二十五只。均在下关寄椗。尚未蠢动。在后未到船只甚多各等情。查该夷凶狡异常。实堪愤恨。若非大加惩创。不足以伸天讨而快人心。惟迩来逆焰正张。即水勇已多退避。我兵当叠次挫衄之后。尤觉风鹤俱惊……现在江阴鹅鼻嘴。尚泊大夷船两只。刘河一只。吴淞口一只。又佛郎西亚国船一只。其余往来无定之船。据报数目不一。据苏松太道巫宜禊禀。六月二十七日。有三桅火轮船一只。杉板船一只。由吴淞口驶入黄浦江。该道即会同署提右营游击封耀祖。署上海县知县秋家丞。亲自出城。安慰民人。弹压土匪。并遣亲信之人。前往查探。据称宝山民人。因奉官长谕禁。不肯卖给该夷菜物。故欲见官讲理。且欲在上海通商等语。该道因恐夷人登岸蹂躏。即与署县秋家丞。亲诣该船。谕以通商一事。必须大皇帝施恩。容俟详请奏明定夺。至食物不得接济外夷。亦属天朝禁令。非该道等所敢擅专。该夷目唯唯无辞。即于是日申刻将船退去。苏州省城地方。现在尚称安谧。

程矞采又奏。再臣接据苏松太道巫宜禊禀称。六月二十四日。据宝山县民王世勋投称。伊在海塘经过。被佛郎西亚国夷人。勒令送信。伊畏惧不允。该夷用刀吓逼。并称信内别无他事。不过要求帮助天朝。是以赍书投递等语。该道因该夷船既另是一国。且言欲夹帮助。当将来书拆阅。系佛郎西亚国夷目则济勒递书求见。词意极为恭顺。与王世勋所言相符。惟与英夷船只同泊吴松。难保非串同一气。当以我朝功令。非奏明不能与外夷接见之语。谕令回覆。忽于初三日。风闻夷船定欲来至上海。该道恐居民惊扰。不得已坐船前往距城数里地方等候。即于初四日。该夷目带同通事等。乘坐双桅杉板船二只。由黄浦江驶进。该道饬令上船相见。据称伊国与英吉利。并称强盛。两国兵争。几三十年嗣经和好。今该国王闻英夷内犯。恐其占据马头。益加强横。特派兵船二只。前来探听。伊船于上年十月到粤。尚有一只。约今年六月可到。实欲帮助天朝。并非随同英夷打仗。现欲前赴扬子江。先见仆鼎查。然后禀见总督。劝令英夷戢兵。因船只重大。不能行驶。请代雇民船前往等情。该道当以定例非奉正朔之国。前来朝贡。不能擅为雇船。面加申谕。该夷随即回船驶去等情。臣查佛郎西亚国。仅止一只船停泊吴淞口外。系于英夷大帮船只开去镇江之后。始行驶来。据称并不从逆打仗。虽似可信。惟探闻定海地方。前有寄泊该国船二只。与该夷所称。尚有兵船一只。须本年六月始到广东之语不符。则劝令戢兵之说。亦难察其真伪。其代雇民船一节。尤属窒碍难行。至该夷欲面见督臣。本属有干禁令。该道之从权接见。实出于不得不然。现在探闻该夷在于吴淞口外。拦截商船。自是意图乘坐前往。

谕军机大臣等。程矞采奏。现在防守事宜一折。览奏均悉。据称苏州省城地方。尚属安谧。惟逆船除到江宁外。各海口尚有停泊。该抚惟当加意严防。毋得稍形疏忽。至另片奏。佛郎西亚国夷目递书求见。声称欲赴扬子江。劝令英夷戢兵。未知真伪。现既未为雇船。傥该夷自行前往。亦著毋庸禁止。已有旨著耆英。伊里布。酌量办理。

(甲子)湖广总督裕泰奏。窃臣承准军机大臣字寄。道光二十二年。六月二十日。奉上谕逆夷两载以来。流毒闽粤江浙。近复由海入江。扰及京口。总缘各该省武备废弛。水师战船。有名无实。惟广东。福建。浙江。江苏。现在用兵。无暇办理。况制造大船。必资巨木。四川。湖广。向系产木之区。著宝兴。裕泰。广购木料。雇觅工匠。约计每年可得船若干只。如何驶往闽粤江浙等省。妥议章程。先行具奏。一面赶紧制造等因。钦此。窃见川湖制造战船。但可协济江南。于浙江已有不便。至于闽粤。尤多扞格难行。查大江由川历楚。直达江南入海。上流制船。顺流而下。经由内地。无事防维。一抵海门。便可配兵载炮。是以较便。至若浙江即须由江南外洋驶运。现在海道梗阻。拨兵护送。殊觉可虞。而闽粤两省。限隔五岭。与川湖等处。绝无水道可通。亦须由江浙洋面绕越运往。道路愈遥。兵力愈费。且恐于各该省无济实用。盖自昔战舰。惟粤东以铁黎等木制成常坚。闽省取材松杉。匠作精致。皆非他省所及。且以目前闽粤情形而论。海口虽尚戒严。而烽烟较远。似可趁此赶制战船。以备应用。较为得力。况各省分造。则船多而成速。一二处专制。则船少而效迟。复因驶运维艰。更恐诸形窒碍。

谕军机大臣等。前经降旨。著四川。湖广。二省总督。广购木料。雇觅匠工。制造战船。兹据裕泰奏。川湖战船。但可协济江南。未能前赴浙闽等省。请各省分造等语。因思四川更在湖广上游。若成造船只。驾运浙闽等省。尤属未便。著宝兴。裕泰。各于所属地方。购买巨木。赶造战船。以备长江及各湖操练攻剿之用。无须入海。其舵工人等。即各就本地雇募。于江中试演驾驶。务求熟习便利。将来即随船前往。方足以资得力。至入海船只。应由沿海各省制造应用。惟川楚向为产木之区。并著宝兴。裕泰。广购坚实巨木。以备海疆督抚。随时调取。毋稍迟误。

乙丑。两江总督牛鉴奏。窃据苏松太道巫宜禊禀称。六月二十四日。有佛朗西亚国来兵船一只。停泊吴淞口外。其夷目则济勒。于七月初四日。投书求见。该道于城外相见。询其来意。据通事金万全译称。伊国向在广东通商。与天朝最好。今国王闻英夷内犯。特派兵船两只。驶赴中国探听消息。伊船于上年十月抵粤。尚有一只未到。并非英夷纠约而来。若蒙奏明大皇帝。准英夷设一夷官。在京办事。与俄罗斯等国相同。自必心服。现欲前赴扬子江。先见朴鼎查。后见总督大人。劝令英夷戢兵。并说伊船驶赴长江。恐官民指为助战之船。转多疑虑。请代雇民船一二只。即日前往等语。该道论以代为雇船。须俟申详定夺。该夷目回船驶出吴淞口外。禀请示遵前来。当于该道禀内批示。该佛郎西亚国。在广东省黄埔地方。泊船通市。二百年来。洵属与天朝最好。此次因闻英夷内犯中华。欲赴扬子江劝令戢兵。具见恭顺之忱。殊堪嘉尚。惟英夷现在省城。恳请通商。业经会奏乞恩。日内奉到谕旨。该英吉利兵船。即全数退出大江以外。想则济勒闻之。定必欢喜非常。不负其远来劝和之意。至所称奏明大皇帝。准英夷在京设一夷官。与俄罗斯等国相同一节。乾隆五十八年。英吉利国本有此请。因事不可行。高宗纯皇帝特敕谕该国王。止其所请。现在英吉利求恳条约。并无此款。自可毋庸置议。惟则济勒重译远来。闻英吉利戢兵之信。无须再赴扬子江。致劳往返。该道应劝令该夷目早日回航。俾免官民人等。指为助战之船。多所疑虑。则愈见该国与天朝和好之情。该夷目奉使讲解之意等情。一面批饬该道妥为办理。一面缮折具奏间。复据巫宜禊禀称。初八日。该佛郎西亚国夷目。驾坐三板夷船。装有夷人二十余名。跳上王裕隆沙船。声言雇往南京讲和。水手不允。夷人即硬自起碇。飞往北驶。各水手凫水逃走。尚有一人被其带去等情。臣查佛郎西亚国。在前明最为强横。火器中佛郎机一种。即由该国传入中华。近年稍为衰弱。在广东通市纳税。尚称恭谨。此次驾船来江。名为劝英吉利戢兵。诚恐欲乘战争不息之时。该夷目出而讲解。难保非因图见好天朝。冀可藉端要求。实难豫定。然臣探闻英吉利国。雄长海外。诸番皆视为向背。该国効顺天朝。各国无不屏息。故于英夷恳请通商各事。会同钦差大臣耆英等奏乞恩施。原以解内地倒悬之急。并以销诸夷窥伺之萌。今则济勒只带兵船一只。断不敢遽形横恣。而粤东向准通商。亦万不肯舍其生计。轻事贪求。无非希冀存心。姑为尝试。现在既已抢坐沙船来省。惟有俟其到后。仍即委员面见该夷目。以臣批示该道巫宜禊禀内事理。好言开导。劝令即回广东。该夷目当亦无可藉口。而英吉利领事朴鼎查等。仰荷大皇帝逾格天恩。感激出于至诚。现尚泊船江面。无不乐为我用。并当谕令朴鼎查。俟则济勒到宁之日。谆嘱回至吴淞口外。带领兵船归国。不使其逗留日久。别滋事端。仰副我皇上绥靖外藩之至意。

谕军机大臣等。本日牛鉴奏。佛郎西亚国夷目。欲赴江宁。为英吉利劝和息兵一折。览奏均悉。昨已有旨。饬令耆英等妥商酌办。现据奏称。俟其到后。仍即委员面见该夷目。好言开导。著耆英等。于则济勒到时。即告以劝和息兵。具见该国恭顺之意。此时英吉利国。业已与中国和好。永不称兵。该夷目自当速回广东。照常贸易。至英夷在京设立夷官办事一节。从前乾隆年间。既未能行。此时英夷乞恩三条内。亦再不肯提及。而又与该国无干。自不必另生枝节。如此明白晓谕。该夷自必回帆远去。并著遣员谕知朴鼎查。以中国现与尔国和好。详议条款。永绝兵萌。今佛郎西亚国夷目。不避险阻前来。口称为尔国劝和。究竟是何意见。如系真意。尔即与之说明。现已与中国和好。无烦夷目代为陈说。务令则济勒闻之领会。迅速回帆。况则济勒此来。无非欲于中取利。尔当设法劝谕。破其妄念。庶不致令彼搀入偾事也。另片奏。遣弁张攀龙。赴英吉利夷船议事。该小夷目声称。佛郎西亚国如有船到。不难向其讲解。劝令回去等语。种种奸谋。实难窥测。该大臣等惟当相机妥办。切勿堕其术中。是为至要。

丁卯。吏部左侍郎署山东巡抚麟魁奏。承准军机大臣字寄。奉上谕。登州府城东北两面环海。水城傍海为垣。炮力可及。该抚已于海滩。排筑护城沙堤絮被。以御逆炮。究竟能否御之。度量明确具奏。该逆大船能否贴岸。其桅上之炮。是否可以轰至城内。仍著派员测量水势。据宝具奏等因。钦此。臣抵登州后。详晰履勘府城形势。北面水城。虽傍海为垣。逼近江岸。而距岸较近之处。水势尚浅。当于潮长旺之时。派员逐节测量。距岸一里。水深止于二托。逐里渐增。至十二里以外。始深二十二托。约深十余丈。城外东北两段。排筑沙堤。高三丈五尺。屹如长城。沙性软而滑。炮丸所不能遽入。尚堪捍卫。查府城基址高于沙堤。沙堤基址高于海面。臣派委妥员。驾驶海船。往洋面回望。在海面二三里以外。始见城头。五六里外。亦仅见城墙之半。其城北面。女墙垛口较多。天桥口蓬莱阁。檐头形势较高。沙堤不能偏护。前备棉被。恐尚不敷遮盖。现又令登莱青道。饬属再行添置一千条。豫备临时酌量挡护。其余存贮火药库房。亦全用棉被盖护。以防逆炮轰烧。度计该逆桅上之炮。其势必高过沙堤。难保不轰入城内。然桅上可以置炮。必系大号逆船。非数丈之中泓。不能停泊。现测近城水势。十余里以外。仅深十余丈。则该逆大船。必不能贴岸。其桅上之炮。技无所施。即能轰入。已属强弩之末。摧坚无力。至逆夷欲以马车驾炮。陆路接仗。既在陆路。彼之炮力所及。我之抬炮抬枪亦能及彼。再于临时酌核情形。度逆匪可以扑岸之处。多挖濠沟。多设陷阱。似足遏其奔冲。

戊辰。谕军机大臣等。朕闻浙省获一夷奸。系广东人。在彼二十余年。以造船为生。夷船多其所造。与内地造船大不相同。其人现在营中等语。其人既经浙省拿获。是何姓名。修造船只。是否坚实灵巧。能否适用。著奕经。刘韵珂。详细查明。据实具奏。又谕。有人奏。近得一书。名演炮图说。系丁拱辰所著。此人曾在广东铸炮。演试有准。亦晓配合火药之法。著奕山。祁𡍼。查明是否实有丁拱辰其人。现在曾否在粤。所制炮台炮位。果否坚固适用。据实具奏。又闻广东造得火轮船。亦颇适用。著即绘图呈进。并将是否内地匠役制造。每船工价若干。一并详细查明具奏。

谕军机大臣等。禧恩奏。查明旅顺口情形一折。前因旅顺口地方紧要。有旨谕令该署将军酌量情形。筹议具奏。兹据奏称。该处口门狭隘。水势平浅。其岸上皆系荒山旷野。且形如金底。无险可守。逆夷不能据为巢穴。其安炮练兵设伏。以及晓谕岛民内徙。严断接济各情。亦经早饬料理等语。该处口外即属大洋。且登陆后距水师营不达。自应严加守御。著该署将军。仍饬令该协领等。随时侦探。实力防范。不得以该逆大船不能驶进。稍存大意。至山海关屯驻官兵。如有应须调取之处。即著知会哈良阿。相机办理。其豫备渔船攻剿一节。既属无济于用。著毋庸议。

己巳。按察使衔署两淮盐运使但明伦奏。窃臣以瓜洲内之三汊河。地居正冲。为扬州第二重门户。最关紧要。自逆夷占据瓜洲。即饬委员星夜赶用大船大木。堵塞河口。添拨兵勇。分投暗伏。并委员亲赴沿江各洲。劝谕居民团练。外设疑阵。内联声势。严加防禁。惟以逆势鸱张。大兵未集。饬令兵勇非遇夷人内窜。不得冒险轻动。一月以来。时有黑白夷人。各持器械上岸。然仅行至三汊河外之八里铺而止。似未知我兵虚实。有不敢深入之意。嗣闻大帮夷船驶往江宁。仍留大船一只。小船十余只。拦截瓜洲口。其余大船。皆附近金山停泊。臣以夷情叵测。船虽渐少。安知非诱我弛防。冀可内窜。随督同扬州府知府晏曙东。署江防同知雷体乾等。督率兵勇。严密捍御。兹于本月十六日。瓜洲口突添三桅大船一只。即有黑白夷二三百人。摆队上岸。行过八里铺。将近三汊河。经兵勇望见。鸣锣齐起。各洲义勇。亦闻声相应。该夷见兵勇声势甚众。遂回船飞驶出口。停泊南岸。该员等即率领兵勇。移驻瓜洲。当将瓜洲收复。饬查各衙门并未损坏。惟炮击民房数间。烧毁茅房一间。现据耆民于瓦砾中检得该逆炮子二个。一重二十七斤。一重二十五斤。臣仍严饬委员弁兵。小心守御。以防逆夷复来。不得稍有疏懈。一面招徕逃散居民。妥为抚辑。

湖广总督裕泰。湖北巡抚赵炳言奏。遵查楚岸现在停泊盐船。虽有一千数百余只。而其船头尾高耸。形势陡湾。吃水甚深。体质笨滞。非风不行。似难以之御敌。逆夷两载以来。恃其船坚炮烈。恣横无忌。今以内地船只炮械。与之对敌。诚恐难操必胜之权。窃计逆炮虽猛。宜于远而不宜于近。能上击而不能下及。若以渔船小划。散布江面。则非其大炮可及。似当用间出奇。乘其不备。蜂拥而前。聚而击之。或亦制胜之一道。查木簰一项。向系川南等帮木商扎成。至汉转运下游。刻下尚多停泊未运之木。今拟用木扎筏数十座。取其整木。纵横平铺。风不能翻。浪不能沉。每筏以宽二丈长四五丈为率。筏前安设木架。酌定高低。平排如堵。外用牛皮包镶。加以絮被遮蔽于内。以防火炮。仍各用铁索一字排联。横于江面。如遇逆船。既不能越过。兼可顺流冲击。可攻可守。筏内酌派官兵。安设枪炮火箭水笼云梯。及各项器械。每筏各随带渔划小哨船数十只。多募熟识水手。顺流鼓棹。侦探策应。仍选雇民船。但取坚实。不拘名目。加帮稳固。钉以环钩。为连环舟式。可分可合。中载柴草火器。各随筏后。以备焚攻。惟木筏只宜顺水。艰于转侧。不能乘风飞驶。仍当随时侦探。遇有可乘之机。则弃筏登划。飞棹前进。以多为胜。趋避自如。较为得力。至水摸一项。多在四川。而湖北宜昌府属之归州巴东一带亦有之。已飞行宜昌等府。饬令赶紧选雇多名。迅速解省。或令驾驶船筏。往来伺应。或令潜伏水中。坏其船缆。维期相机布置。设法办理。并选派弁兵。练习水战。臣等仍随时激扬士气。待以至诚。以鼓其勇敢忠愤之志。惟扎造木筏。稍需时日。容俟严催赶造。一面探明逆船现在何处。即派委得力员弁管带。驶往策应。

谕军机大臣等。裕泰等奏。盐船难以驾驶。拟赶扎木筏。添雇划船。召募水手。以资攻剿一折。览奏均悉。盐船体质笨重。既属不堪适用。著毋庸议。至所称以渔船小划。散布江面。及拟扎木筏数十座。顺流冲击,筏后选雇民船。装载柴草火器。以备焚攻。其每筏各带渔划等船数十只。遇有可乘之机。则弃筏登划。飞掉前进等语。著照所议办理。现在逆船尚未退出大江。难保不复肆凶悖。有烦攻剿。该省所造木筏。既需时日。必应赶紧严催。其水摸人等。亦著饬令迅速选雇。该督等惟当相度机宜。妥慎办理。总须先期有备。不至临时周章。是为至要。

(壬申)钦差大臣耆英。署乍浦副都统伊里布。两江总督牛鉴奏……查夷酋朴鼎查。先有请臣等出城面见。以坚和好之约。臣等亦知事涉冒险。惟该夷性悍多疑。动辄反覆。若拒绝不往。非惟示以怯懦。尤恐易启猜嫌。当即订于十五日。轻舟减从。先至该夷之火轮船。复经夷目导引。缘梯而上。直至其三桅兵船。该夷酋等率同夷兵。摆队跨刀。作乐奉酒。虽心难揣测。而貌甚恭谨。臣等当向朴鼎查等。谕以兵争之害。通商之利。现蒙大皇帝逾格施恩。自当永结和好。不得再启衅端。该夷酋等踊跃劝忻。似知感戴。旋于十九日。在城外静海寺。行答拜之礼。复固请入城面订和约。臣等以虑惊百姓。向其辞覆。据朴鼎查声称。伊止带随从数人。不带一兵。只求派兵迎护入城。以示两无猜忌等语。词甚谆切。臣因大局将定。不得不俯顺其情。已定于二十一日。选择公所。委员妥为照料。俟入城后议定和约。再行照录呈览外。伏思臣等此次酌办夷务。势出万难。策居最下。但计事之利害。不复顾理之是非。如该夷请求洋银多至二千一百万圆。马头多至五处。臣等虽甚驽下。亦知经费有常。海疆至重。不宜轻有所许。第念寇势方张。据我要害。四肢之患。渐成腹心之疾。若不藉此转机。速为招抚。该夷豕突狼奔。何所不至。且二年以来。合数省兵力。言剿言防。总难得手。此时该夷续到兵船。较前加倍。万一江宁有失。彼得溯江而上。水深岸阔。备分兵单。炮位赶铸不及。胜负之势已可豫料。傥从此南北阻遏。祸患更难枚举。且该夷船坚炮猛。初尚得之传闻。今既亲上其船。目睹其炮。益知非兵力所能制伏。臣等前折所请捐钜费以全大局者。实出于万不得已。至福州贸易一节。侍卫咸龄等前与会议时。已曾以既有厦门。无庸兼及福州。向其争辩。据马礼逊等声称。厦门相距福州。尚有数百里。虽海路可通。伊等贩买茶叶。以福州为最便。务求准予通商等语。兹复委熟悉闽省情形之宁绍台道鹿泽长。再向熟商。该夷等坚执不从。查宁波上海厦门等处。该夷均曾经占据。虽业已退出。而要口俱泊有夷船。傥不允所请。势必复来攻夺。残敝之余。防守尤属不易。定海之既得旋失。是其前车。臣等前折所云。与其任彼占据。孰若归我土地。与之通商者。实已见及如此。而既准贸易。即属马头。举凡设领事。立夷馆。住家眷。势不能遏其所请。其平行虽属末节。于天朝体制。亦大有所损。惟既经曲事羁縻。亦复无暇顾惜。至于善后之难于措手。他国之不免生心。亦所虑及。而害从其轻。事先所急。但得罢兵通商。方可徐图控驭。此又臣等筹之至熟。而不得不出于最下之策者也。再镇江失守时。扬州商民逃散。危在旦夕。经商人颜崇礼。屡至夷船。再三央恳。并由商捐银三十六万两。送给该夷收受。夷船始不北犯。并不关防守之力。现已议明。在于先交之洋银六百万圆内。扣除五十万圆。以抵前数。该夷酋与臣等见面后。即将镇江被虏之兵民十二人。及出差安徽致被拘留之候补知县朱子庚。均行送还。前经掠去之洋铜商船。亦许即释放。臣等具有血气。目睹夷情纵恣。忿激难名。第以利害相权。安危攸击。不得不降气抑心。冒死强忍。以冀事之有成。未敢逞匹夫之勇。致成决制。惟既不能宣威殄寇。又复胆大擅专。罪难擢数。乃蒙皇上天恩。迟加诛谴。臣伊里布。复蒙赏戴头品顶翎。感愧交萦。悚惶無地。朱批。徒增忿恨。念生民之涂炭。抑遏勉从。

八月。戊寅。钦差大臣耆英。署乍浦副都统伊里布。两江总督牛鉴奏。窃臣等亲往夷船。招抚英夷。及所请各款。势难拒绝缘由。业经由驿驰奏在案。道光二十三年。七月二十二日。承准军机大臣字寄。是月十七日。奉上谕。耆英等奏。连日与英夷会议。粗定条约一折。总在该大臣等切实定议。永杜兵萌等因。钦此。查该夷前请入城。共订和约。以示不疑。臣等查其已就驯扰。即定期七月二十一日。派拨兵弁。前往迎护夷酋朴鼎查。带同亲随九人。安静入城。与臣等在公所面议和好。当将前经截留江宁将军德珠布奏折一件。包封交还。并将连日集议各条。撰就和约。缮出汉文。呈递前来。臣等公同阅看。文理未能通畅。而大指尚属明晰。其所列各条。仍不出前请三事之外。并未续有增添。亦无违悖字句。

正在核办间。接奉谕旨。指示周详。夷情向背。均在圣明洞鉴之中。臣等曷胜钦服。当即派委四等侍卫咸龄。署江宁布政使江苏按察使黄恩彤。浙江宁绍台道鹿泽长。石浦同知舒恭寿。前往夷船。宣示恩旨。并将奉旨指出各款。向其明白开导。该夷酋朴鼎查。闻已允准所请。极为感戴。一切解嫌释疑。及修复炮台墩堡各事宜。均敬谨听从。并无异说。

其商欠一节。据称广东洋行。积欠伊国银两甚多。止以洋银三百万圆为断。此外不敢求官为保交。至以后通商各事宜。诚如大皇帝圣谕。事甚琐屑。渠等亦不敢求官为经理。惟在广东贸易以来。深受洋行朘削。以后情愿自投行商交易。按例输税。免致暗被侵渔。渠等既蒙恩准赴各处贸易。必须设立会馆。以为贮货之所。分派领事。以为总办之人。方能约束众商。勿许生事。

又伊国至中国七万余里。远涉重洋。经年方能往返一次。务求准其挈眷同来。免致离散。渠等既得贸易。又有室家。益当感激天朝厚恩。安分输税。并协助官兵。缉捕洋盗。以期报效。

至福州乃武彝茶聚集之所。又设有海关。贩货纳税。系属最便。且其地旧有琉球馆。渠等事同一例。是以吁请施恩。今蒙大皇帝炮饬不准。仍格外加恩。谕以他处相易。惟天津密迩京都。渠等不敢妄有请求。此外滨海之区。贩茶最便。无过福州。且系中国极南之地。与广州情形相等。仍求大皇帝恩准赏给等语。该侍卫等再三开导。固请如前。臣等查夷人通商之所。即属马头。向止广东一处。今既准该夷赴各处贸易。凡该夷运来之呢羽钟表。及中国所产之茶叶丝绵。不能不听其互市成交。而夷货数多。断非旬月所能趸发。若限以泊船久待。漫无归著。彼之转运既滞。我之钤束尤难。似夷馆领事。均难拒其所请。

至向来夷船进口。携带家眷。止准留住夷船。不许寄居会馆。立法本严。窃思夷船之所以难制者。诚以飘忽往来于洪涛巨浪之中。朝东暮西。瞬息千里。是以能为遥患。今若有室庐以居其货。有妻孥以击其心。既挟重赀。又携室家。顾恋滋多。控制较易。况英夷重女轻男。夫制于妇。是俯顺其情。即以暗柔其性。似更不必遇事防闲。

再查武彝茶产自建宁。聚于福州。行于西洋诸国为最远。该夷因贩茶求往福州贸易。尚属实情。考福州形势。与广州同为海疆省会。较诸宁波上海之逼近苏杭者。似尚有轻重之分。若坚拒不准。许易他处。该夷既以天津藉口。诚恐又添枝节。臣等再四熟商。复连日侦探夷情。业经买石压舱。分船探水。为出江归海之计。又行知各兵船。不准拦阻过江船只。并照会臣等。委员至镇江府。弹压土匪。是该夷罢兵就抚。已有实据。似未便坚执一端。致碍大局。当即订于二十四日。面晤朴鼎查。据呈出原定和约四册。请臣等钤用关防。渠亦加用图印。分执为据。以示永无反覆。据该夷酋声称。蒙大皇帝逾格天恩。俯允所请。断不敢久占长江。亦不敢滋扰他处。一俟探明水路。即行退兵等语。察其情词。实属可信。惟是臣等办理夷务。先既擅专轻许。兹复不能力争。罪无可逭。应请旨将臣等一并从重治罪。

再前由吴淞强占沙船。前来讲和之佛郎西带兵夷目则济勒。亦于二十四日。据英夷带同来见。并无所言。似因和议已成。无从置喙。知关圣廑。合并附陈。至奉旨赏给该夷银两。现即陆续交领。约计夷船在八月初十日前后。必可退出大江。不致误粮艘回空之限。俟江面肃清。即当恭折奏报。再朴鼎查等。前请俟和约议定。赏加御宝。以昭信守。钦奉恩旨准行。该夷酋不胜钦感。据称此时兵船尚未即退。不敢遽请御宝。俟退出大江。再请钤用。以昭恭顺等语。系属尊崇敬信之意。俟届期再行妥议奏请。谨将和约另缮清单。恭呈御览。

一嗣后大清大皇帝与英国君主。永存平和。所属华英人民。彼此友睦。各住他国者。必受该国保佑。身家全安。

一自今以后。大皇帝恩准英国人民。带回所属家眷。寄居沿海之广州福州厦门宁波上海等五处港口。贸易通商无碍。英国君主。派设领事管事等官。住该五处城邑。专理商贾事宜。与各该地方官公文往来。令英人按照下条开叙之例。清楚交纳货税钞饷等费。

一因英国商船。远路涉洋。往往有损坏须修补者。自应给予沿海一处。以便修船及存守所用物料。今大皇帝准将香港一岛。给予英国君主。既嗣后世袭主位者。常远主掌。任便立法治理。

一因钦差大臣等。于道光十九年二月间。将英国领事官及民人等。强留粤省。吓以死罪。索出鸦片。以为赎命。今大皇帝准以洋银六百万圆。偿补原价。

一凡英国商民。在粤贸易。向例全归额设行商亦称公行者承办。今大皇帝准其嗣后不必仍照向例。凡有英商等赴各该口贸易者。勿论与何商交易。均听其便。且向例额设行商等内。有累欠英商甚多。无措清还者。今酌定洋银三百万圆。作为商欠之数。由中国官为偿还。

一钦差大臣等。向英国官民人等。不公强办。致须拨发军士。讨求伸理。今酌定水陆军费洋银一千二百万圆。大皇帝准为偿补。惟自道光二十一年六月十五日以后。英国在各城收过银两之数。按数扣除。

一以上酌定银数。共二千一百万圆。此时交银六百万圆。癸卯年六月间。交银三百万圆。十二月间。交银三百万圆。共银六百万圆。甲辰年六月间。交银二百五十万圆。十二月间。交银二百五十万圆。共银五百万圆。乙巳年六月间。交银二百万圆。十二月间。交银二百万圆。共银四百万圆。自壬寅年起。至乙巳年止。四年共交银二千一百万圆。倘按期未能交足。则酌定每年每百圆应加息五圆。

一凡系英国人。无论本国属国军民等。今在中国所管辖各地方被禁者。大皇帝准即释放。

一凡系中国人。前在英人所据之邑居住者。或与英人有来往者。或有跟随及伺候英国官人者。均由大皇帝俯降谕旨。誊录天下。恩准免罪。凡系中国人为英国事被拿监禁者。亦加恩释放。

一前第二条内。言明开关。俾英国商民居住通商之广州等五处。应纳进口出口货税饷费。均宜秉公议定则例。由部颁发晓示。以便英商按例交纳。今又议定。英国货物。自在某港按例纳税后。即准由中国商人。遍运天下。而路所经过。税关不得加重税例。只可照估价则例若干。每两加税不过某分。

一议定英国住中国之总管大员。与中国大臣。无论京内京外者。有文书来往。用照会字样。英国属员。用申陈字样。大臣批覆。用劄行字样。两国属员往来。必当平行照会。若两国商贾上达官宪。不在议内。仍用奏明字样。

一俟奉大皇帝允准。和约各条施行。并以此时准交之六百万圆交清。英国水陆军士。当即退出江宁京口等处江面。并不再行拦阻中国各省商贾贸易。至镇海之招宝山。亦将退让。惟有定海县之舟山海岛。厦门厅之古浪屿小岛。仍归英兵暂为驻守。迨及所议洋银全数交清。而前议各海口均已开关。俾英人通商后。即将驻守二处军士退出。不复占据。

一以上各条。均关议和公约。应俟大臣等分别奏明大皇帝。朱笔批准。及英国君主判定后。即速相交。俾两国分执一册。以昭信守。惟两国相离遥远。是以另缮二册。先由钦差大臣等。及英国公使。盖用关防印。各执一册为据。俾即日按照和约开载之条。施行妥办。

谕军机大臣等。耆英等奏。夷务已定。和约钤用关防一折。并开列各条呈览。该大臣既已从权允许。且折内所称坚欲于福州贸易。并设立会馆。携带家眷等款。均于七月二十六日。所降谕旨内概行允准……

道光卷六〇

(道光二十二年壬寅八月)甲申。江苏巡抚程矞采奏……前次佛郎西亚国夷目则济勒递书求见上海官府。声称欲赴扬子江。劝令英夷戢兵。经臣奏奉谕旨。现既未为雇船。倘该夷自行前往。亦著毋庸禁止等因。钦此。查该国夷目则济勒。前因苏松太道巫宜禊等。不允代雇船只。即于七月初八日。乘坐三板船进口。硬捉本地沙船。载往江宁。兹复据该道巫宜禊禀称。七月十八日。又有佛郎西亚国夷船一只。从南驶至吴淞口外。二十日。即有三板船二只。来至海关。上岸求见该道。与署提右营游击封耀祖。署上海县秋家丞等。一同接晤。该夷目自称系该国提督。名巴日。另有夷官三人。通事二名。大船内尚有差官一人。兵四五百名。本年五月间。由广东至此。因闻英吉利扰害中华。国王遣来探查。恳为代雇船只。前往南京等语。该道谕以该国夷目则济勒。业经前往。似可无庸再去。该夷目不允。时值天晚。风雨交作。并求在关上住宿。该道等不便峻拒。仍即密为防备。讵于二十一日。该夷目等一齐上船。即将沙船一只。强行带去。维时顺风顺潮。不能追赶等情。臣查则济勒前赴江宁。迄今毫无动静。兹该夷目巴日。复强拉沙船前去。其是否与英夷串通一气。殊不可知。已咨行一体认真防范。至吴淞口现泊有英吉利船二只。佛郎西亚国船二只。所有进口商渔各船。该夷等均无拦阻滋扰情事。即鹅鼻嘴等处所泊夷船。亦无夷匪登岸抢掠。扬威将军奕经。于七月二十四日。自王江泾起程。遵奉谕旨。等候耆英等筹办消息。既虑夷情反覆。不能不豫为之防……

己丑。靖逆将军奕山。两广总督祁𡎴。广东巡抚梁宝常奏。窃准军机大臣字寄。六月二十四日。奉上谕。有人奏。英逆纠集天竺。佛南。及吕宋等国夷船数十只。同恶相济。请饬晓谕解散一折。如果各夷可以理谕。即剀切宣示。晓以大义等因。钦此。又二十八日。奉上谕。该省此时防守情形。本省防兵。似已足资调遣。所留各省征兵。仍著陆续撤回等因。钦此。奴才等伏查原奏内声称。镇海等处停泊夷船数十只。五月初六日。定海新到夷船二十一只。初九日。又到夷船四十余只。或云来自天竺。或云佛南及吕宋各夷等语。查奴才等前次奏报逆船折内。自四月至五月初六日止。先后共出老万山驶赴浙洋者。计四十七只。所称镇海定海两处。停泊逆船。自必即系四月内。由粤驶往船只。但从前据该营县探报。均称该船系自英逆本国驶来。并无声明别国之说。兹复细加探访。缘西洋诸国。总名为欧逻巴洲。并无天竺国名目。史载天竺国一名身毒。在月氏东南数千里。其俗重佛法。又闻天竺一名印度。孟牙剌。及客布尔。皆系印度之一隅。客布尔。即前此传闻与英夷打仗之国。孟牙剌。则英夷属国。至佛南国。粤东未闻其名。亦无该国夷人来粤贸易。惟佛兰西。每年有货船一二号到粤。或即系佛兰西。因夷语西字是尾音。以致传写不一。本年春间。佛兰西国兵头真时尔。及土思利。管驾兵船来粤。带有素晓华语之和尚玉遮衣里打二人同来谒见。曾经奴才等将晓谕该夷情形奏明在案。风闻该国与英逆两不相下。现因英逆日强。恐其蚕食。早已整顿兵船。豫为防备。吕宋在粤洋之东南。该国如赴浙江。即由台湾福建一带北驶。原不必由粤洋经过。有无船只助逆。无从而知。闻该国贫而弱。自顾不暇。未必能以兵助逆。且该国商船。向在澳门贸易。亦颇恭顺。惟访闻海外各国。另有一种船只。名为西娑柳。其船上多系黑夷。炮火俱备。往往受雇于各外国。代人打仗。索价数万圆至一二十万圆不等。现在英逆分扰各省。难保非此等船只。受雇在内。该逆插以旗号。即作为伊本国之船。亦未可知。奴才等伏思佛兰西与吕宋各国。素称恭顺。原可以理晓谕。设法解散。惟该国是否与英逆同恶相济。无从得其确据。且该国现无大兵头在粤。仅止小夷商贸易。自未便向其讲说。转失天朝体制。查佛兰西兵头。于春间呈递说帖。本以代英逆讲和为词。嗣因该兵头土思利出洋后。总未再来。奴才等随时体察情形。如果有机可乘。自当因势利导。以靖逆氛而崇国体。至现在逆船情形。自上次奏报之后。由该国续来小巡船一只。装兵火食船一只。又夷目名骨。七十余门炮位大巡船一只。该夷目骨。即管驾大巡船并十七号火轮船一只。及上年十一月内。来泊九洲之中巡船一只。均于七月初三初九等日。出老万山向东行驶。似赴江浙一带。其在外洋了望。由西南驶往东北外洋夷船。计三只。由东北驶回西南外洋夷船。亦计三只。现在香港。尖沙嘴。洋面。尚泊英逆巡火各船四只。港脚货船趸船十五只。三板八只。另有英逆巡火各船十四只。分泊于九洲。潭仔。内零丁。三角。各洋面。至本省防兵。并水陆壮勇。分拨各路要隘三十余处。尚觉不敷守御。所有各省征兵一千六百余名。仍应暂留调遣。以期严密防范。奴才等自当随时相度。俟夷务大定。即当陆续撤回。断不敢虚縻帑饷。仰副圣主慎重军储至意。

丙申。钦差大臣耆英。署乍浦副都统伊里布。两江总督牛鉴奏……臣等查该夷请求各款。虽已定有和约十三条。惟一切善后事宜。尚须明晰妥议。立定章程。尽一办理。方可期一劳永逸。永杜兵端。其奉旨指出各款。尤须宣示该夷。俾知遵照。诚如圣谕。不厌详细。万不可将就目前。草率了事……至通商以后。华民归中国管束。英商归英国自理。华民有罪逃至英馆者。英夷不准庇匿。英商有罪逃入内地者。中国即行交还。均经臣等明定善后章程。该夷亦切实照覆。是该民人等别经犯法。自当仍由该管官照例惩办。该夷断不致藉端阻挠。至各关税银。该夷情愿按照则例。如数输将。惟称粤海关丁书税役。向多陋规。求为查明禁革。其中国商人,按例交纳关税。非该夷所得越俎。该夷于本年六月十五日以后。止有扬州商人。致送漕平银三十五万五千两。折洋银五十万圆。现已议明扣除。此外并未收过银两。再舟山。鼓浪屿。暂住兵船。应俟各口开关。即行退出。不准久为占据一节。前经议及。该夷酋必欲俟银两分年交清。方始退还。现经奉旨饬议。复向开导。该夷总称和约既定。必须坚守。未便遽行更易。至渠等酌留兵船。不过数只。既不侵夺百姓。亦不拦阻商船。均于善后章程内切实议定。不致滋生事端。惟求代为奏明。仍如前约等语。臣等查该夷既以坚守和约为词。若不允所请。转恐藉口反覆。其兵船如何渐次撤退。应俟开关后。由地方官察看夷情。相机妥办。其分年措给银两。臣等悉心筹画。所有癸卯年六月。应给银三百万圆拟于广东洋商欠款内。先行尽数追交。十二月应给洋银三百万圆。拟于各海关税银内拨给。傥有不敷。再于广东福建藩运各库内筹款措交。至甲辰乙巳两年应给之项。届期各海口均已开关。税额议有成数。应俟通盘计算。是否足以相抵。再行筹办。

己亥。江南河道总督麟庆。署太常寺少卿李湘棻奏。探得本月十二日。自江宁退回大夷船七只。十三日。退回大船四只。十四日。退回火轮船二只。大小船二十二只。十五日。退回大船十一只。又据三江营报。十四日申刻。有大船二只。火轮船一只。由圌山关江面内外驶行。酉刻过鳗鱼沙等语。臣等查夷船虽系退动。而镇江尚有停泊。俟大帮埽数开出。则南北江口木桩拦坝。均可疏通……

(九月己酉)钦差大臣耆英。署乍浦副都统伊里布。两江总督牛鉴奏。江宁夷船。前已开去三分之二。经臣等于八月十六日。附片陈明。嗣后每日开行夷船二三四只不等。计截至二十五日止。草鞋峡江面。仍泊夷船十二只。另有佛兰西夷船一只。兹据朴鼎查照会内称。现蒙大皇帝恩准通商。诸事均已议定。拟于二十六日。率同兵船。迅速退出江口等情。旋因搬运压舱石块。耽延二日。即于二十八日早间全数开行。其佛兰西夷船。亦随同驶去。现经臣等委员查明草鞋峡至观音门一带江面。并无夷船停泊。

(壬子)参赞大臣四川提督齐慎奏。江宁停泊夷船十三只。于二十七八日全行开去。现在江宁已无夷船。初一日。京口上下夷船。全数驶出。刻下镇江江面肃清。所有各省兵勇。应行分起凯撤……

道光卷六一

(道光二十二年壬寅九月)己未。钦差大臣耆英。署乍浦副都统伊里布。两江总督牛鉴奏。窃照英夷末帮船只。于前月二十八日。起碇开江。饬委盐法道积喇明阿。浙江参将尚安泰。护送出江。当经会折具奏在案。兹据积喇明阿等禀报。大帮夷船。于九月初三日。全数出江入海。并据沿江各州县禀报。夷船八十五只。均已陆续出江。惟佛郎西船一只。其船较大。且无火轮船带领。是以初八日始行驶出鹅鼻嘴。亦出江入海等情。呈报前来。伏查英夷犯顺。已历三年。此次入据长江。为我心腹之患。七月初五日。该夷船全帮驶至江宁。排列江干。计图一逞。经臣伊里布。臣牛鉴。委令张喜。及武举张攀龙等。冒险赴船。再三与之陈说。省城大局。得免决裂。迨初六日。臣耆英由丹阳驰至。复饬令佐领塔芬布。张喜。陈志刚等。出城设法羁縻。渐期就绪。讵该夷于初八日。忽闻讹传。又行中变。随复换挂红旗。声言初九日即欲开仗。复经臣等饬委四等侍卫咸龄。署江宁布政使按察使黄恩彤。面见该夷。剀切招抚。始得鸮音来革。通市输忱。当此两番危险之时。事已在于呼吸。幸蒙训示招抚事宜。期于必成。臣等遵循办理。大局始定。现大帮夷船。业经出江入海。暂泊吴淞。行将遣散回国……

耆英。伊里布。牛鉴。又奏……臣等访闻佛郎西来粤贸易货船。每年不过二三只。为数甚少。与中国毫无衅隙。不至别滋事端。至其来意若何。屡向夷目马里逊等探问。总称不过察看此事如何完结。并无别情。臣耆英等到粤时。仍行确探有无别情。再行具奏。至英夷船只。止准在五口贸易。不准驶往各处一节。臣等与照会该夷文内。本已指明广州。福州。厦门。宁波。上海。五处。钦奉谕旨。饬令详细写明。以见此外非该夷所应到之处。兹已据英夷文称。除五港口外。中国沿海一带。不准英船驶往。傥有私行驶往者。中国官员。即当以所载货物入官。英官亦无异词等语。揣测夷情。若惟恐中国不信。故自愿罚货入官。以示其决不他往之诚。情词极为切实。臣等仍当申明要约。毋许稍涉朦混。以仰副我皇上思患豫防之至意。

耆英又奏。再前奉谕旨。耆英著仍带钦差大臣关防。驰驿前赴广州将军之任等因。钦此。奴才遵即由嘉兴启程。行抵西安县地方。接奉谕旨。复令奴才折回杭州。嗣由杭州抵苏。七月初六日。又复驰赴江宁。筹办一切事宜。现在夷船退出。长江肃清。前与夷酋朴鼎查面议。所有税饷一切事宜。俟十月内到粤。再行妥议。现在夷船均已入海。陆续驶抵粤东。奴才自当起身前赴广州。筹办税饷事宜……

耆英。伊里布。又奏。伏查该夷以通商为性命。百余年来。粤东开关收税。一切洋行通事书役人等。大抵例外苛索。暗事诛求。该夷此次屡以深受洋行朘削为言。以后自愿投商交易。不肯再由商行之手。故其称兵滋扰。分索马头。虽逞忿由于此日之衅端。而积怨生于累年之掊克。奴才等广为谘访。体察情形。欲鉴既往而杜将来。至五处马头通商事宜。自应会同各该省督抚。妥为筹办。以期永久安堵。诚如圣训。必须于勉从下策之中。力求弭患未然之计。令奴才等再四熟商。拟俟此次奉到谕旨之后。即束装驰赴广东。先将广州通商事宜。会同两广督臣。筹议妥协。其余各省。再行次第办理……

谕军机大臣等。耆英等奏。夷船全数出江入海。并遵旨查覆。及请赴粤东会办税饷各一折。览奏均悉。本日已明降谕旨。将牛鉴革职拿问。两江总督。著耆英补授。伊里布作为钦差大臣。补授广州将军。驰驿速赴新任矣。伊里布接奉此旨。著即带同江苏臬司黄恩彤。四等侍卫咸龄。迅即起程赴粤。办理税饷事宜。该夷既称除五港口外。倘有船只驶往。即以货物入官。情词尚为切实。其嗣后商欠。亦不求官为代还一层。俟伊里布到粤时。再与要约结实。免致日后藉口启衅。佛郎西船。已与英夷船只先后出江。似不致别生事端。亦著伊里布再加确探。有无别情。另行具奏……

戊辰。

谕军机大臣等。寄谕沿海各将军。副都统。总督。巡抚。提镇等。现在英夷就抚。准令通商。各海口仍应加意防范。从前所设水师船只。几同具文。且今昔情形不同。必须因地制宜。量为变通。所有战船大小广狭。及船上所列枪炮器械。应增应减。无庸泥守旧制。不拘何项名色。总以制造精良。临时适用为贵。即如各口岸所安大炮。及屯守兵丁。若令其终年在彼摆列驻扎。断无此办法。必应设法妥筹。期于有济。至临敌之际。炮位兵丁。不可排列前面。后路应如何层层接应。或旁抄夹击。出奇设伏。方可制胜。无论陆路水师。其兵丁应如何遴选技艺。勤加训练。方臻纯熟。船上与岸上施放枪炮。各有机宜。应如何分别讲究。倘仍视为一概相同。临时安能得力。至江海要隘。如何布置。方可扼要固守。种种善后事宜。著各就地势。悉心讲求。妥议章程具奏。将此各谕令知之。

(己巳)靖逆将军奕山。两广总督祁𡊮。广东巡抚梁宝常。奏。八月初六初七等日。有英夷九号。十二号。火轮船各一只回粤。传说在江宁停泊夷船。有业经议抚之信。询悉该船。系于七月二十五日自江宁开行。不过十一二日即抵粤洋。正在查访间。臣祁𡊮等。适接钦差大臣耆英等来咨。以英夷业经议抚。所有被虏夷人。及被诱汉民。一体恳恩释放二款。钦奉谕旨。俱著准其所请等因。钦此。钦遵咨照前来。始知议抚之说。确可凭信。该九号。十二号。火轮船二只。即于八月初九日驶回本国。其八月内由该国新到夷船。计装兵船三桅大巡船。及十八号火轮船。各一只。均停泊尖沙嘴。又有十三号火轮船一只。小巡船一只。中巡船一只。亦于八月二十。及二十六。二十九。等日。由江南先后回粤。其十四号。十六号。火轮船二只。并十二号火轮船一只。即于八月初四。十二。二十四。等日。先后驶出老万山。前赴江浙一带。其在外洋了望。由西南驶往东北外洋夷船计二只。由东北驶回西南外洋夷船计八只。现在香港尖沙嘴洋面。尚泊有该夷各项船一十一只。三板船五只。另有该夷巡船。装兵船。共十一只。分泊于九洲。潭仔。内零丁。三角。各洋面。察看情形。尚为安静。奴才等伏思江南既经议抚。从此即可息兵。惟该夷大帮船只。尚未全数驶回本国。奴才等先将水陆壮勇。酌量裁去四千五百余名。以节糜费。俟随后接得江南来信。如果夷情大定。再体察情形。即将防兵征兵尽撤……

庚午。靖逆将军奕山。两广总督祁𡊮。广东巡抚梁宝常。广东水师提督吴建勋奏。窃臣等叠准军机大臣字寄。奉上谕。嗣后捐赀制造战船炮位者。该督抚查明保奏。朕必照海疆捐输人员。从优鼓励。复据金应麟奏。请饬多备船只。著奕山等悉心体访。查明该少卿折内所奏各项。究以何项船只最为得力。即购备坚实木料。赶紧制造。并将拟造船式。绘图贴说具奏等因。钦此。奴才等伏查该少卿金应麟具奏。各项船只。俱系征诸载籍。所论不为无稽。惟是造船之法。贵因时以通变。尤贵因地以制宜。往往有宜于古而不宜于今。宜于江而不宜于海者。该少卿奏称川广之船。足以制江。闽粤之船。可以防海。原非专指粤东一省而言。而奴才等体察粤东现在情形。自应专于讲求防海御敌之船。以期得力。若如该少卿所称子母舟一项。遇敌即钩其舟。母船纵火。与彼俱焚。伏兵开子船归。连环舟一项。分为两舟。中连以环。遇敌纵火。前环既解。后舟即回。二者但可为焚烧敌船之用。又如走舸轻若飞鸥。海鹘如鹘有翅。游艇则回军转阵。其疾若风。蒙冲则开掣掉空。矢石难破。四者但可为掩袭敌舟之用。至于楼船则建楼三重。可驰车马。斗舰则百二十步。以木为城。但质体笨重。昔人已虑其徙起风暴。人力难制。又如三层船。首尾造暗舱以通上下。中层铺刀板钉板以设机关。两头船两头制柁。遇东风则西驰。遇南风则北驰。以及闷头钉船。状如板片。人在舱底。每多掩蔽。水拍船上。亦不沉没。皮船用生牛马皮。竹木缘之。状如箱形。以竿系木。相辅而行。以上各项船只。式样不一。现在粤东省河内。如快蟹。拖风。及捞缯。八桨。等船。似亦大同小异。然悉心体察。仅可用之于江河港汊。若施之于茫茫大海。则亦未见其尽善也。匪特此也。即如粤东自上年造船以来。绅士许祥光等。捐造船二只。左右设桨六十四枝。捷轻便利。若驶往大洋。又苦于不能荡桨。批验所大使长庆。承造一只。仿照昔人两头船之法。两头制柁。中设两轮以激水。左右设桨三十六枝。以上三船。仅可备内河缉捕之用。广州府知府易长华。承造船一只。较之例造大号米艇。工价加倍。虽可驾驶出洋。但木料板片。未能一律坚致。亦难御敌。惟查上年绅士潘仕成。捐造船一只。仿照夷船作法。木料板片。极其坚实。船底全用铜片包裹。以防虫蛀。现已调拨水师营弁兵驾驶。逐日演放大炮。奴才等亲往白鹅潭。常川督令操练。炮手已臻娴熟。轰击甚为得力。现在潘仕成续又造成新船一只。照旧船加长。工料亦仍旧坚固。尚有未造成二只。与此船同式。督工赶办。约九月内亦可造竣。本年夏间。有米利坚国兵船二只。护送夷货。驶至黄埔。该船夷人告知通事等云。伊外国兵船结实长大。如天朝官员想上船看视。尽管来看等语。惟时南韶连总兵马殿甲。署督粮道西拉本。赴东路一带稽查壮勇。与奴才吴建勋等。登其兵船。该兵头呈献小三板船一只。伊国地理图一册。随优加赏赉。以示怀柔。当即逐细察看。该兵船分上下两层。安设大炮四十余位。均有滑车。演放推挽。极为纯熟。其尤灵变处。中间大桅。及头尾桅。均三截。篷亦如之。设值风暴。即将上截桅棚落下。较之我船桅系整枝。尤觉适用。譬如北风。若行船自南而北。即系顶风。谓之折戗。我船迟笨。戗驶行似俊织。夷船转棚灵便。戗驶略借偏风而行。我船向用木碇棕绳。若遇急流巨浪。下碇不能入地。该夷船纯用铁造。尤为得力。随觅巧匠。照该船形势。制造船样一只。奴才等公同阅看。悉心筹画。逆夷恃其船坚炮利。因我师船。不能远涉外洋。与之交战。是以肆行无忌。监生方熊飞。所称额设战船。例价甚轻。监造者不肯赔累。以致板薄钉稀。难御风浪。系属实在情形。而该少卿所称造舟之法。宽以岁月。持以实心。无惜重资。无拘文法数语。尤属中肯。此时如讲求最为得力之船。必须仿照夷船式样作法。庶堪与该夷对敌。惟最大夷船。炮位三层。可安大炮七十余位。船身长十七八丈。亦觉制造维艰。兹拟就其中等兵船式样。如法制造。并将官绅等造成各项船只。分别绘图贴说。恭呈御览。伏乞训示只遵。至于采办木料。上年委员赴钦州一带购买。据禀洋面不靖。安南木商不肯出海。无从购办。查坚实木料。出产于外洋者居多。现在设法招商采办。并传谕粤海关监督文丰。晓谕洋商购买夷船。兹据该监督呈称。转据洋商禀称。现在黄埔夷船。俱系载货来粤。仍须原船载货回国。未肯出售。候探听进埔之船。如有坚固愿售者。再行设法购买等语。至现在潘仕成造成战船一只。核实估价。计银一万九千两。该监督情愿捐廉陆续发给。无须动用帑项各等情。理合一并奏闻。再查制造战船。既取其工坚料实。断不能吝惜重价。必须先造大号战船三十只。再造小号船三四十只。既可为大船羽翼。又可资洋面缉捕。所费实属不赀。奴才等公商。拟将粤东现届拆造年分例修师船。暂停制造。以冀节省经费。为改造大船之用。惟每年节省。为数无多。容随后筹出款项。再为奏明办理。

谕军机大臣等。奕山等奏制造战船一折。据称快蟹。拖风。捞缯。八桨。等船。仅可用于江河港汊。新造之船。亦止备内河缉捕。难以御敌。惟在籍郎中潘仕成捐造之船。极其坚实。驾驶演放。炮手已臻娴熟。轰击甚为得力。并仿照米利坚国兵船。制造船样一只。现拟酌照英夷中等兵船式样制造。并将年分例修师船暂停。节费为改造大船之用各等语。朕思防海事宜。总以造船制炮为要。各省修造战船。竟同具文。以致临时不能适用。深堪愤恨。此次所造各船。自不至拘守旧日式样。有名无实。据奏停造例修师船。改造战船。所办甚合朕意。均著照议办理。惟海船大炮系属悬放。火药发时。势必向后坐掣。如何得有准头。现据该督等奏。业已娴熟得力。著将如何施放之处。再行详悉具奏。所进图说各五件。著再缮就三分。咨交江苏。福建。浙江。督抚。本日已有旨。谕令各就该省洋面情形。详加履勘。何者合用。奏请制造……

又谕。据奕山等奏。现筹制造战船之法。将官绅等造成各船式样。绘图贴说呈览。朕思天津海口。尤为近畿要地。防海船只。自应豫为筹备。惟此项海船。为巡哨御侮之需。必须因地制宜。方适于用。所有粤省进呈吴建勋等。战船图说各五件。著发交讷尔经额阅看。并详细体察天津等处洋面。于图内所绘战船。何项最为合用。悉心妥议奏闻。候旨交广东制造。运赴天津。傥现呈船式。于天津洋面。均不甚相宜。亦著据实具奏。至此项图说。该督接奉后。即各照缮一分。咨交山东巡抚托浑布。阅看遵办。该督仍将发给图说原本呈缴。

又谕。现在办理善后。广东地方。水师尤为吃重。其将备能否得力。船只如何配用。器械如何制造。以致平日如何巡哨。临敌如何制胜。全在该提督处处留心。方能率属讲求。力加整顿。现任吴建勋。朕不深悉其人。是否于广东洋面。一切操防训练驾驶攻剿事宜。均能谙习。著祁𡊮密加查看。据实具奏。如不能胜任。即于水师人员内。就该督素所深知。实在可靠者。密封具奏。朕为水师得人起见。且该督统辖两省。事务较繁。如果提督得人。即该督亦获收指臂之助。万不可意存迁就。重孤朕望。

(辛未)谕军机大臣等。御史雷以諴奏。豫筹款项及善后事宜一折。据称英夷各国。所需中国货物。以茶叶大黄湖丝为最。该夷前曾不经牙行。向商购买茶叶。载回尽属假造。请于茶叶大黄湖丝出产地方。及经过各关口。聚顿各牙行。实力稽查。酌加税银。现在增给口岸。将来地方如何整顿。兵将如何设备。请饬熟思远虑等语。英夷现已就抚。所有通商章程。善后事宜。前已有旨。令该督妥筹具奏。并将闽浙二省应办事宜。均交该督会办。该御史所奏陆续加增茶叶大黄湖丝税银。以抵所偿该夷之项。所奏不为无见。惟有无苛累及民。能否禁绝走私。并如何整顿口岸。严防要隘之处。著即通盘筹画。悉心妥议。务期操纵在我。足以收利权而杜后患。方为尽善。雷以諴原折。著钞给阅看。

甲戌。钦差大臣伊里布。两江总督耆英奏。窃查外夷通商输税。旧有定章。一切则例案据。俱在粤东。其应行变通兴革各事宜。亦须到粤后。体察实在情形。方能酌办。惟夷情之向背。国课之盈绌。皆系乎此。所关匪细。若过为搜剔。则窒碍难行。傥略事通融。又易滋偷漏。臣等公同商酌。大约税额一循则例。而交易务示公平。凡索取过当杂项。暨一切应行详筹事宜。容伊里布抵粤后。查明斟酌去留。与督臣暨海关监督会商酌议。请旨遵行。此外福州等处。虽与粤东各有不同。惟进口之货。以呢羽钟表洋布等物为大宗。出口之货。以茶叶白糖湖丝等物为大宗。其余懋迁有无。厥类匪一。而粤东既议定章程。自可通行各口。仿照输税。至各处添设马头。既准该夷建立夷馆。携带眷属。自投行商。以示体恤。该夷既渥被恩慈。自不致复萌反侧。其未尽各事宜。仍须随地随时。相机妥办。除上海等处应办事宜。应由臣耆英次第办理。其嗣后商欠。不求官为代还一层。前已与该夷议定。载入条款。俟到粤时。再与要约切实。免致日后藉口。

谕军机大臣等。本日伊里布等驰奏。遵旨会议一折。据奏通商输税。则例案据俱在广东。必须到粤后体察情形。方能酌办。其商欠不求代还一层。已与该夷议定。载入条款各等语。著伊里布于到粤后。察看情形。将税课事宜。妥行定议。固须俯顺夷情。尤须善筹国课。万不可稍存迁就。贻误将来。其商欠一节。再与切实要约。不能官为代还。免致日后藉口。所有应议各事宜。该大臣务当慎之又慎。不准稍留罅隙。庶民夷日久相安。不至另生枝节。方为妥善。

道光卷六二

（道光二十二年壬寅十月）庚辰。

谕军机大臣等。怡良奏。夷目在厦门投递文书。请释台湾俘囚一折。现在英夷业已就抚。所有台湾被获夷人。自可施恩放还。著怡良等。即饬台湾镇道。将前获夷人。委员迅速解赴省城。由该督等派员送至鼓浪屿。交该夷官收领。并取回照备查。至所获夷人。有前经正法者。并著晓谕该夷目。系未经议和以前之事。俾该夷目畏威怀德。不至有所籍口。是为至要。

（己丑）提督衔台湾镇总兵达洪阿。按察使衔台湾道姚莹奏。窃臣遵旨督同道衔知府熊一本。同知仝卜年。及众委员。复提夷俘颠林等。逐层隔别究诘。据供该国王城。地名兰邻。在大地极西北隅海中。其国本甚大。王城东西南北周六十里。后枕大山名哀邻。近兰邻之西海中。一地名埃伦。自王城东南陆行半日许。即海。登舟南行十五昼夜。至蒳爹喇。更南五十昼夜。至急卜碌。转东北行五十昼夜。至望迈。再自望迈东行二十五昼夜。至新地波。其地东北即安南。更东行七昼夜。即至广东。复三昼夜而至浙江。凡一百五十余日。极顺风。一百二三十日夜。亦可至。不顺风。有迟至半年以上者。兰邻外自西北而西南。更转东北。而至广东。海中所属岛二十六处。皆其埠头。多他国地。据为贸易聚焦之所。一曰埃伦。二曰蒳爹喇。三曰急时烟土。四曰那古士哥沙。五曰间拿咑。六曰的赊士。七曰散打连。八曰金山。九曰士娇也。十曰急卜碌。十一曰骂利加时架。十二曰骂哩询。十三曰息赊厘。十四曰士葛打喇。十五曰烟。十六曰望迈。十七曰士唧。十八曰袜打喇沙。十九曰孟呀喇即孟加剌。二十曰磨面。二十一曰槟榔屿。二十二曰骂叻格。二十三曰新地波。二十四曰路士伦。二十五曰班地文。二十六曰幞士爹厘耶。以上诸岛。皆英吉利埠头。设官主之。海中相去或一二千里不等。遥相联络。诸岛左右复有别岛。或自为国。或为贺兰利国埠头。非其所属。亦有不能详者。前供实叻即息辣。同望结系二处。皆贺兰埠头。因贺兰亦有红毛之称。同一贸易。故并雇用。其黑夷非英属也。吽塍油者。黑夷之通称。即华言无来由也。海中诸国。最强大而为英吉利所畏者。一曰米利坚。华人称为花旗。在的赊士之西。二曰佛兰西。皆地土大于英吉利。而船炮如之。亦好贸易。与贺兰黄郝。大西洋。俱在广东通市。颇恭顺佛兰西船少。近年未至。此其海路之情形也。其陆路自兰邻外。并无土地东北东南隔海之国甚多。颠林所知者曰士林国。罗委国叨伦国。颠麦一名黄郝国。什卑厘国。挞地厘国。皆在其东北。土壤相接。北即北海。水厚二三丈。极寒。人不敢往。又有贺兰国。拿打伦国。米莉毡国。佛兰西国。又称勃兰西国。大西洋国。鸦沙尔国。布路沙国。记利时国。埃地利国。大吕宋国的记国。皆在其东南。国亦相接。问以俄罗斯及回部。皆茫然不知。惟隔贺兰黄郝之东。有罗沙国。又东南有北叨思国。似即俄罗斯地。而字有别音也。贺兰黄郝二国。最近英吉利。隔海相距一千二百里。诸国皆不相统属。贺兰颇为英吉利欺凌。每倚佛兰西为援。则与英吉利。固外好而阴忌之。未必听英吉利越其国。而与俄罗斯贸易。此英吉利以东隔海诸国之情形也。其王既为女主。议国之大臣曰马伦侍。其在浙江之统师人。名沙连弥仆鼎喳。其官为比利呢布颠剃衣弥。一切兵船。听其调派。其次主兵官为赞你留。其人名沙有歌哈。即吧噶又主船政官为押米喽。其人名沙外廉巴加。即思哑敕力巴敦时。仆鼎喳系一等官。年得俸银一万圆。以下分等递减。其在厦门者。官为善用勒弥沙。人名时蔑。又称士勿。乃主船政之官。其在广东之香港者。又为马厘士列。即马礼逊。其人名赞臣。武官为善用哈沙。其人名礼也时。皆授自国王。而听命于仆鼎喳。又有甲毕丹。亦主船政。又称急敢。亦授自国王。或有自以官授之。而报命于王者。凡三桅大船。黑夷以六头目管之。一正五副。二桅中船。黑夷头目三人。一正二副。小船黑夷头目二人。一正一副。正头目夷言沙冷。副头目夷言炖仾。此次大小夷船百余只。实在兵船连火轮船七八十只。内多即贸易之舟。配以夷官。改作兵船。其兵皆黑夷。雇自各岛。共约四五万人。每月工资番银二三圆。至十圆不等。至同来兵船。见颠林被获。是否逃回浙江。抑往广东。无从追问。臣伏思逆夷兵船。半即商舟。人众数万。月费工资数十万金。夷酋俸银。夷众口粮军装火药。月费亦数万。船本货本又数百万。计犯顺已逾二年。费亦不下二千万。夷以货财为命。今既闭关。其货不行。所在私售无多。价亦大减。主客异形。逆夷虽富。何能久支。仆鼎喳始冀为义律故智。思得所欲。既不可得。且人船丧失。所耗益多。其情势必绌。饥而求食。乃更扬言兴师大举窃恐其众将离。未必复能久持也。然贼穷必有变计。臣等防守不可不益加严。其余各条。皆如前供。地名人名。翻译殊难。汉人或通其语而不通其文。颠林能作画。乃令图其国所属。及各国形势。惟东北旱路。伊所未至。又回部绝远。故不得其详。汉奸五人中。郑阿二最通夷语。黄舟能汉字。乃使郑阿二传颠林之言。以广东土音翻译出之。间有误者。颠林似亦觉之。而每指正其误。更使律比等观所绘图。点首。察其情形言似可信。谨遵旨将红夷头目颠林。及伙长一律比二吧底时三秤因谏坭。副头目怒文。白夷头目伊些骆。黑夷头目丑满。翻译供词之汉奸黄舟。郑阿二。又前次所获之黑夷头目利空。及合勿力尔共十一名。严行禁锢。候旨办理。设有大帮来台。仍照前奉谕旨。准予相机酌办。以免内变。其后获之红夷胳里等三名。白夷旧锡莫里等十名。黑夷病毙二名外。现存吴炳油等二十七名。同前获病毙外。现存之黑夷沙母等九十九名。共一百三十九名。恭请王命。在郡正法。以振国威。而快人心。并将所绘英夷各国地图考证诸书。进呈御览。

英吉利国又称英机黎。或作膺吃黎氏。通称红毛。因大海极西北隅。四面皆海。其国都名兰邻。北枕大山名哀邻。隔海而南。与贺兰。佛兰西。大吕宋。邻近。相去皆千余里。又有米利坚。在其西南海中。相距约万余里。国皆强大。不相统属。惟大吕宋稍弱。近中国之属岛名小吕宋者。久为英吉利所据。不能争。近七十年。英吉利谓其地少利。吕宋始以金赎回。贺兰亦常为英吉利侵凌。倚佛兰西为援。佛兰西又大于英吉利也。然佛兰西人不善经商。今广东贸易之夷。自大西洋外有英吉利。米利坚。贺兰。黄郝。佛兰西。诸国。惟英吉利船多。年常六七十艘。诸国无公司。独英吉利有之。公司者。其国王自以本钱贸易。故名。诸国至广东。十三行商公建楼屋居之。如容寓。诸夷商去来无定。非如大西洋之常住澳门也。英吉利通商广东。自云二百余年矣。英吉利王城。东西南北周六十里。东南城外。车行半日即海。本国虽不甚大。其人精巧。善制器械。以其强黠。胁制海中小国。皆为属岛。自王城稍西。海中一岛名埃伦。又南为弼爹喇。王城至此。舟行十五昼夜。弼爹喇之西北一岛。名急时烟。又西北为耶古士哥沙。又西南为间拿旳。皆其所辖。弼爹喇之西南隔海一大国。名米利坚。即华言花旗国之北境也。其北至南境。地大于英吉利数倍。船炮如之。英吉利入中国。必由其海面。故畏之。而于米利坚之东。据一小岛。名的赊士。设埠头。又于的赊士隔海相对一高山。名散打连。亦设一埠头。又于散打连之东。名金山。设一埠头。三处相望。其用心之密如此。义律即的赊士人也。自散打连而南。为士娇也。自金山而南。为急卜碌。即海国闻见录所云岬也。盖海中大地。西南一角之尽处。由弼爹喇至急卜碌。舟行转向东北。初为骂利加时架。更东北为骂哩询。又东北为息赊厘。又北为士葛打喇。又北为烟。其东为望迈。自急卜碌至望迈。舟行五十日夜。更自望迈而南为士唧。又东北为袜打喇沙。北为孟呀喇即孟加喇。又东南为磨面。又南为槟榔屿。一名新埠。又东名为骂叻格。即明史所云麻六甲也。前明本满剌加国。为佛郎机所灭。后归贺兰。英吉利有一地在其南。名孟姑伦。与贺兰互易而有之。乃于其地之西。新开槟榔屿。为大埠头。又东为新地波。自急卜碌至此。本皆黑鬼地。而英吉利据之。总称吽朥油。华言无来由是也。自望迈至新地波。舟行二十五日夜。其东北即近安南。更舟行向东。七日夜即广东。明史西洋利玛窦。言其国至中国九万里。英吉利又在其北。海道可知矣。骂哩询之极南。又有路士伦。又东北有班地文。又东北有蝶士爹厘耶。皆英吉利属岛。占自他国。以为聚积贸易之所。谓之埠头。盖华言也。自埃伦至新地波。凡二十六岛。皆设官主之。诸岛在海中。相去或千里。或二三千里。势相联络。其左右复有别岛。或自为国。或为贺兰及他国所属者。尚数十。而以英吉利为最。此其海路之形势也。其陆路自本国外。并无土地。国之东北。隔海而地相连者。为士袜国。罗委国。叻伦国。颠麦国。一名黄郝国。更东为什卑厘国。又东为挞地厘国。其北即北海。极寒。冰厚二三丈。盛夏不解。人无敢往者。其国之东南。隔海而地相连者。最近之东为贺兰国。自此而南为拿打伦国。米莉毡国。佛兰西国。捷罗那国。布度基国。布度基。即华言大西洋国也。广东澳门即大西洋所居。纳税设文官。名加文旳。华谓之番差。武官名知你蔼。华谓之兵头。贺兰之东。迆南为鸦沙尔国。布路沙国。记利时国。埃地利国。大吕宋国。又东为的记国。自西洋以东。如大吕宋。埃地利。记利时。布路沙。至的记诸国。皆沿中海。此其国以东陆路之情形也。问以俄罗斯及回部。其人皆茫然不知。惟言贺兰之东北为罗沙国。又东稍南为北叨思国。与海国闻见录载俄罗斯隔普鲁社即系黄郝贺兰之境相似。乾隆年间俄罗斯女王。即西洋国之女。则其相去当不甚远。特地名字音各别。或即所云罗沙及北叻思也。颠林未至东北诸国。故不能明。然其所绘图。与康熙年中。西洋人南怀仁之坤舆图说。乾隆年中。总兵陈伦炯之海国闻见录形势大略相同。二书皆收入四库中。可以参考。故大学士臣松筠。尝为臣姚莹言。俄罗斯大臣。多西洋人。乾隆五十八年。英吉利贡使玛噶尔言。今俄罗斯之哈屯汗。本大西洋国女。乃前哈屯汗之外孙女也。其表兄袭汗。娶以为妻。然则俄罗斯与大西洋。世为婚姻。英吉利本近大西洋。妇人为王。其俗同。人之状貌又同。则其近可知。俄罗斯人有在京者。传询当得其实。然英吉利既隔海。而俄罗斯尚隔黄郝。贺兰。佛兰西诸国。未必与英吉利交结。故颠林及律比。皆不知之。若回部。则以南怀仁。及陈伦炯之图考之。相去甚远。所隔国尤多矣。至的记之东为巳罗。又东为茂加。又东南为乜加喇。又北为亚巴赊。又东北为烟你士丹。皆乌鬼地。其自的记转南。沿中海而西者。为衣接埠头。为礼卑厘。为埃治也。为都利士埠头。亦皆乌鬼地。正与海国闻见录形势相同。颠林言伊船内。本有四海各国全图。船破失水。不知所在。今据所能记忆者图之。其言或可信也。至其立国。自称一千八百余年。本属无稽。然国俗王死无子。则传位于女。其女有子。俟女死后立之。实已数易其姓。而国人犹以为其王之后。足见夷俗之陋。道光十八年。其国王死。无子。复无女。乃传位于侄女。名役多厘里也。今二十二岁。招夫丙次阿不尔。称为边连士亚弼。犹华言驸马。生一子。今年二岁。异时女王死。即立为国王。边连士亚弼不理国事。大臣则有三大臣在女王左右议决之。其第一者名马伦侍。极贵。次二人不知其名。其国文官少。武职多。大埠头设文官名罗洛坚。如中华督抚。中埠头设文官名沙外廉叨洛坚。如中华知府。小埠头设文官名未士洛云。如中华知县。诸埠头俱有大武官名马凝接。如中华总兵。其余武官不可悉数。此次统兵至定海之统帅。其人名沙连弥仆鼎喳。其官为比利呢布颠剃衣弥。最贵。一切由其调度。各官虽授自国王。有事故则仆鼎喳遣代。其次主兵之官为赞你留。其人名沙有哥哈。即吧噶。又主船政之官为押米嘍。其人名沙外廉巴加。即思亚勑力巴敦时。皆在浙江。其在厦门管船者。官为善用勒弥沙。人名时蔑。又称士勿。在广东香港者。文官为马厘士列。华言马礼逊。其人名赞臣。武官为善用哈沙。其人名礼也时。凡管理贸易及船政官。皆名甲毕丹。即明史所称加必丹末。又称急敦。如华言船主也。船上管黑夷者。头目有正副。正名沙冷。副名炖低。大船一正五副。中船一正二副。小船一正一副。此次至内地夷船。名百余只。其实不过七十余艘。且多贸易之船。配以夷官。非尽兵船也。又火轮亦不过十只。用以急递信息。为诸船导引黑夷皆雇自诸岛。月给工费番银二三圆至七八圆不下数十万。其官自仆鼎喳年给俸银一万圆。以次递减。小者亦数百圆。凡造一船。实数万计。炮械火药。赀用尤多。闭市后洋货不售。有私售者。货价大减。用兵日久。复多丧失。亦自苦之。其女王之出。戴金丝冠。四面缀珠。身衣红色哆啰连长袍。或羽毛为之。胸前系金珠为饰。乘大马。上用平鞍。后有靠背。左右扶手。前后随者。有步有骑。夷人见王不跪。惟免冠。手拔额上毛数茎投地为敬。其国人肌肤皆白。长身猫睛高鼻。类在京之俄罗斯。而发拳黄。故称红毛。亦有肌白而发黑者。不贵也。初奉佛教。后奉天主教。净髭须。其产鸦片烟土者凡三处。一为的记。二为望迈。皆出小土。每块重六七两。惟孟加剌出大土。每块重四十五六两。海外诸国贸易。皆以其所有。易其所无。自洋布。哆啰连。羽毛。红木。紫檀。花梨。水片。龙涎香。海参燕窝丁香油之类数十种。鸦片特其一。而望迈。孟加剌。皆英吉利埠头。故其国货船。此物独多。各国人皆不食。即英吉利亦自不食。惟华人及黑夷多嗜之。凡贸易诸船。皆商贾自为之。王收其税。亦有领国王本钱者。谨据夷囚颠林律比供及图。证以诸书如此。

谕军机大臣等。达洪阿等奏。覆讯夷供分别办理一折。前因英夷就抚。请释俘囚。有旨谕令该总兵等。将台湾所获夷俘。除业经正法外。余即解至省城。由怡良等转交收领。计可先行接奉。本日据奏。覆讯各夷供词。将夷目颠林等分别禁锢正法等语。著该总兵等仍遵前旨。将现在未经正法各夷人。派委员弁。妥速解省。交怡良等。转交该夷目领回。该总兵呈进英吉利地图及图说一件。均已览悉。

(庚寅)直隶总督讷尔经额奏……窃维天津密迩京师。其海防倍重于东南。而与东南各省情形。亦迥不相同。盖山东之庙岛。奉天之旅顺口。遥遥相对。宛若门户。自狼坨子至山海关。袤延千余里。均在门户以内。较大洋水面稍窄。故俗称为海袖。中间并无岛屿。仅有近山海关之清风岛。金山嘴。亦系小岛。至于大沽以南之祁口河。北塘迤北之涧河口等处。稍可寄碇避风。无甚障蔽不似东南洋面。岛屿重叠港汊纷歧。可以设伏藏舟。而各大小口门。又俱有拦江沙为之钤束。船只吃水稍深者。出入即不灵捷。是以从前水师屡裁。臣莅任后。历派文武员弁。出海查勘。窃见北洋形势。不宜水战。而近畿重地。更不可轻于一试。总以贼不敢来。来不能入为上策。故于守则严防口岸。虽尺寸不敢疏虞。于战则兼练水兵。与马步相为表里。自天津郡城。以及沿海一带。先后奏添新兵六千五百名。以资防守而省征调。并于沿海添设墩台营房。烽堠相望。声息相通。而且查商船以杜外奸之溷入。编保甲以绝内匪之萌生。次第经营。已非一日。实于筹防之时。即备善后之事。但就其中酌加损益。妥定章程。俾能简要易行。经久足恃。则视无贼如有贼。各海口固于金汤矣。兹谨析为御外者八条。清内者七条。经费一条。敬为我皇上陈之。

一练兵必兼水陆也。向来天津原有水师。业经两次裁撤。此时若议复设。则须增添总兵以下官员。并建造衙署等事。无论经费浩繁。其究竟能否得力。尚不可知。臣愚以为所贵乎水师者。以其能出入海洋。于水中取胜也。现在沿海各营兵丁。生长水滨。大半皆习水性。若择其善于凫水者。在海河之内。勤加教练。使之由浅而深。由暂而久。其不能者。亦以所制水带。系之腰间。令其演习。久之善水者多。即可编为水队。盖御贼于水中。斗力不如斗智。既有熟娴水艺之兵。或扮商渔以诱之。或乘黄夜以扰之。皆可出奇制胜。其船上柁工诸色人等。均以水兵选充。如此则不必有水师之名。而已收水师之用。斯水陆兼防之道也。

一备船务在适用也。南北省海岸口门。深浅不同。即以大沽海口而论。拦江沙上。大潮水深丈余。小潮水深仅止数尺。如长十余丈。宽二三丈高深二丈以外之船。吃水一丈五六尺者。即不能出入。兹就北洋情形。度其最灵。而北人便于操驾者。莫如本地之商船。查商船乃系自造。工料一切。倍加慎重。较之官船。尤为坚实可用。前署闽浙督臣长龄。因战船笨重。奏准照商船改造。取其灵捷。是即明证。盖水上决胜。但宜以小制大。以多制少。以暗制明。较为得力。今拟用商船。惟取其木料坚厚。驾驶灵便。令彼自洋面见之。仍与寻常商船无异。则我可以施其机谋以操胜算。

一巡哨必须核实也。查每年自开河起。至封河止。分为上下两班巡哨。每班分月轮转。以均劳逸。总以一月一出入为限。南至山东。北至山海关。奉天等处。其船只大小各编字号。出哨回哨日期。俱报天津镇道查核。随时会衔具详。兵丁在洋。准其打网捕鱼。以资调剂。如有洋匪窃发。该兵丁等。或能捡捕。或击破贼般。分别鼓励。傥泊船近洋。不能追探。一经查出。官弁照例严议。兵丁责革。至奉天。山东。两省。原有会哨之例。若直隶一并会哨。则三省连为一气。更形周密。

一侦探不可稍疏也。查上年筹办防堵。曾于大沽设有望楼。沿海各设墩台。安置马拨。以备了望。而通声息。惟大沽望楼。高至六丈有余。风雨剥蚀。绳易松朽。拟每年易绳一次。勿令倾毁。其沿海墩台。相去均不过数里。责成附近营汛。以时了望。如侦有贼船。昼则放炮为号。夜则施火为号。一处发觉。处处传警。百里之间。呼吸可通。庶足以济哨船之穷。　一防兵须练马队也。骑兵冲突。本北人之长技。用于海防。备贼登岸。以为后路兜剿。洵足制胜。惟征调需时。且海滨水土咸涩。满蒙官兵。多有不惯。其势可暂而不可久。况沿海一带。夏秋之间。平旷正道。率多泥淖。车马必须绕路而行。所调客兵。路径不熟。尚难得力。若以本地新兵之骁健者。兼练马队。则其道路之曲折险易。既所熟习。远近抄袭。随处可用。兹拟于新兵六千五百名内。挑选二千名。专练马队。使之专习马上鸟枪。俾得悉成劲旅。沿海之声势既壮。即本省附近有警。皆可征调。并省外调之繁。

一炮兵必有专责也。查两年防堵各处炮台。大小炮位。每炮定以三班。一班五兵。使之演放。设标打准。其精熟者已不乏人。现虽撤防。而前功未可弃。应将熟谙施放取准之弁兵。编为一册。令其分司各处炮位。每月定期演练一次。仍设立标准。每发必中者有赏。庶已能者既可益精。而未能者亦可学习。所有炮罩。炮架。等项器具。俱随各炮。责成该弁兵收管。如有损坏。该管将官查办。徇纵者一并处分。

一防兵之轮班宜定也。查直隶各海口。每年无论节气早晚。约于二月十五前后开河。十月十五前后封河。计自三月起。至九月止。共七个月。若以沿海新旧兵丁。全数巡防。未免涉于张皇。而经费亦难筹画。应即于各营内分起轮流。酌以七百名为一班。每月以一班到防。周而复始。即于操练水陆技艺之中。责以巡防之事。查各海口。以大沽。北塘。山海关。三处为最要。而大沽尤为闽广等省船只出入之所。自应加倍严密。兹拟于大沽海口。添拨兵三百名。北塘添拨兵一百名。山海关添拨兵一百名。其余各小口墩台营房。共添拨兵二百名。均令按班轮防。无分昼夜。以资守望。惟海滨瘠苦之区。所支名粮。不敷日用。其在防者。除支食名粮外。拟每人每日。津贴制钱七十文。以每月七百人计之。一月需制钱一千四百七十串。计七个月。共需制钱一万零二百九十串。其在汛者。仍止支食名粮。如此则巡守严。劳逸均。而费用亦节矣。

一设伏之器具宜存也。自军兴以来。陆续置备军器。火器。建筑炮台。土埝。并设伏之铁锁。铁蒺藜。铁鹿角。木筏。杉条。树株。铁锚。石块。滑杠。绳缆。水缸。鱼网。桐油。苇草等项。皆系两载经营。始能齐备。若已撤防。除炮台土埝各项。另筹岁修。军火器械。另行分处存贮。其余零星物件。酌量变价外。如铁锁。铁蒺藜。铁鹿角。铁锚。木筏。鱼网。之类。或非顷刻可办。或亦不能变价。拟于炮台前后。交营员择地收存。木筏为用最利。纵横平底。风不可翻。水不可沉。上安木架置炮。照贼来路施放。船无不损。海河内之所必需。但扎缚非旦夕可成。而海水咸涩。绳缆易败。封河后又不能不解散另置。拟将原筏通盘改厚。并百余筏为数十筏。每年开河之后。扎缚置水。以备缓急。其封河之先。仍旧解散存贮。交营收管。以上各条。皆所以御外。古人筹海之方。必谓哨贼于远洋。而不常厥居。则彼之趋避无准。击贼于内洋。而不使近岸。则我之藩篱自固。兹拟水陆兼防。实用其意。再查洋禁之严。有宜防于外者。有宜防于内者。而外奸由内伏。内伏不除。则根株不清。谨拟数条于左。

一本地商渔船只。不准偷越外洋也。查天津宁河等处商船。向例只准赴奉贩运粮石。由天津道于臣衙门请领粮照。填给收执。回棹呈缴。不准乘机多贩。私越外洋。其渔船领有渔票。亦不准远越重洋。诚以畿辅海疆。较之东南各省。更宜严密。嗣后天津宁河商船。拟饬天津县遵照定例。查明该商是否殷实土著。及柁水人等。有无匪徒等情。出结报查。其所领赴奉贩粮执照。只准赴奉贩运。如查有私越外洋者。罪其船主。应即咨明江浙各省。如来年开河以后。彼处口岸。有天津宁河船只。前往贸易者。令该地方官查明。执照不符。即禀请移咨本省。除将该船主重治外。以后即不准该船再行出洋贸易。以杜流弊。仍饬天津道督同两县海船户长。于商船归坞后。谕令各船主。将其船只一体编列字号。开具花名清册。送道备查。各船尾标写某字某号。以为识认。渔船无论大小。一律照办。仍取具船主船邻。并无奸匪偷漏夹带等情切结。俟开河之时。天津道赴海口亲查。以昭核实。

一闽广商船停泊处所。宜酌量变通也。查自大沽至天津郡城。陆程约一百余里。水程约二百余里。其间曲折迂回。兼之风潮不常。闽广船大载重。往往从大沽入口。半月方能抵郡。及到郡城停泊。连樯排比。以每船五十人计之。柁水人等。约在一万上下。令夷务甫平。一切宜筹善后。虽该商船并无不法情事。前后奏定章程。已在在严密。而防微杜渐。不厌周详。拟于该船到口。照旧收取炮械。查对票照。封舱放行后。即令在葛沽一带停泊。听候盐政。及天津道查验。货物即由该商自雇小船。拨运到津。投行贸易。本船不必抵郡。如船主客商。有与津郡字号交易事件者。准其赴郡。如此变通办理。则该商船不致以风潮不顺。稽延出入。而郡城肃清。于生计亦无窒碍。即令风鹤有警。外用大沽之兵。内用郡城之兵。势成夹攻。确有把握。再查向来闽广商船到津。天津镇道。会同查验。有无违禁货物。并各委员弁。带同兵役弹压。将来移泊葛沽。该处仅有巡检一员。千总一员。不足以资弹压。应仍由臣并镇道妥派员弁。带同兵役梭巡。镇道不时稽查。

一上海宁波等处商船。宜酌定稽查章程也。查天津所有南货。均由上海宁波船载运。该船柁水。每船不过十余人。且非大帮并来。与闽广商船。六七月同时麇至者有间。但该二处。已准英夷通商。则稽查亦应酌定章程。以昭慎重。拟嗣后上海崇明。宁波。等处沙船。贩货赴津者。应于向例请领票照时。由地方官取具该船领事。并无夹带奸匪甘结。即于票照内钤印处所。用一已取领事某结字样印戳。以便抵津入口时。查验放行。如查有夹带奸匪等情。一面提究领事。一面飞咨该省。查办船主。盖船主均系殷实之家。其领事又系一船柁水信服之人。责成船主领事。是为要领。

一夏秋之间。总兵应仍驻大沽也。查夏间南风司令。海潮日长。侦探巡哨。务宜严密。现议一切船只。只准停泊葛沽。彼处离郡城较远。必资大员弹压。拟自五月始。至八月止。令天津镇总兵。仍驻扎大沽。督饬将备。巡哨侦探。弹压稽查。以昭慎重。

一城乡义勇各局。宜仍其旧以资保卫也。查天津郡城。五方杂处。良莠不齐。其沿海村庄。亦切近水滨。舟楫四通八达。人心无定。两年防堵以来。经臣严切指饬。派委妥员。编查保甲。以清内奸。即于编查之时。邻选各处绅耆。作为董事。晓以自固藩篱。众志成城大义。计郡城关厢内外。原分二十堡。每堡设一义勇局。每局或三四十人。五六十人。不等。均系各卫各堡。不供差使。不支口食。以董事领之。每月官为点验一次。甲堡之人。不得溷入乙堡。俾免淆乱。其自海河南北两岸。至于大沽海口。共立六十局。章程亦如之。是以军书络绎。兵马交业。而汉奸无从溷迹。民间安堵如常。现虽撤防。而此项义局。不费官钱。不妨民业。行之既久。且可以化顽暴而靖闾阎。拟仍循其旧。以符守望相助之义。

一场灶造盐民夫。宜仿保甲之法。仍旧编查也。查沿海盐滩。向为灶户造盐之处。用夫孔多。大半四方傭趁无业之人。藏奸最易。两年以来。经臣与盐臣。督饬运司。委员编查年貌细册。各场俱臻安静。著有成效。拟请嗣后仍饬运司督同委员编查。定为永远章程。庶奸匪不能溷迹。于海防实有裨益。

一大沽地方。宜设海防同知一员。以资弹压也。向来大沽海口。设有海防同知。嗣因裁撤水师。一并裁汰。令拟照旧设立海防同知一员。作为题缺。专司稽查出口入口船只。查验票照。并有无夹带违禁货物等弊。准理兵民客商词讼。照海疆三年俸满本例升转。惟官有定额。未便议增。应于本省简僻同通内。酌裁一缺。其应建衙署。应设吏胥等件。另议。

一经费必应豫筹也。查购备商船。大小总须二十只以外。每年修舱船身。整理桅柁。添补绳缆等物。并津贴弁兵赏需。以及修补炮台。土埝。木筏。望楼。等项。种种需费。拟请于芦网加价银内。酌拨二十五万两。以五万两作为目前购备船只。建造衙署。等项之用。以二十万两发商生息。按月一分计之。每年可得息银二万四千两。约以八千两陆续归本。以一万六千两。作为岁费。撙节支用。如有赢余。统于年终报查。尽数存储天津道库。归入交代。岁积月增。经费渐充。设遇征调。附近营分兵丁口粮。即可于此内拨给。不致动需正款。再天津永平等处。官荒地亩甚多。拟分饬各府州县。妥为清查。招垦纳租。所收租银。亦可作为津贴防费。

以上十六条。如蒙俞允。责成天津镇道。及候补道文康。次第遵办……

(十月己亥)谕军机大臣等。耆英奏。夷船全数驶出。江苏洋面肃清一折。据奏吴淞口外夷船。自九月十四日起。至十月十三日止。全数往南驶出。该酋来文。已由该督备文照覆。不致复生异议等语。览奏均悉。英夷抚局已定。善后事宜。甚关紧要。该省吴淞海口。及福山。狼山。并江阴之鹅鼻嘴。圌山关一带。层层门户。有险可凭。果能严密备防。天堑岂能飞越。此时筹办善后。必应大加整顿。毋庸拘泥旧规。该督现已起程。前赴吴淞口。及沿江一带。察看情形。著即周历各该处。相度地势。熟审机宜。战船不拘大小。务在坚固。炮械不拘名色。务取精良。各处险要口岸。若仅安炮数位。驻兵数名。全无设伏策应之计。恐临事仍难得力。必当设法妥筹。临敌施放炮枪。不可专顾前面。尤须逐层接应。该督甫经简任。责无旁贷。必须力除锢习。勉副委任。一切善后事宜。悉心妥议具奏。务使兵弁均能用命。器械全数适用。平时不忘战备。临事不致张皇。方为尽善。勉之又勉。

道光卷六三

(道光二十二年壬寅十一月)己酉。军机大臣穆彰阿。潘世恩。祁寯藻。赛尚阿。何汝霖。奏。据直隶总督纳尔经额奏。天津善后章程一折。奉朱批。军机大臣等。详细妥议具奏。钦此。臣等复思上年英夷滋扰。扬言欲犯天津。仰蒙皇上圣明。先几指示。严密备防。该夷震慑天威。不敢妄生窥伺。现在抚议已定。奉旨撤防。善后事宜。甚关紧要。该督所称北海形势。不宜水战。近畿重地。更不可轻于一试。总以贼不敢来。来不能入。为上策。诚为切要之论。所有御外八条。清内七条。经费一条。谨就臣等管见所及。悉心筹议。开列于左。

一原奏称练兵必兼水陆。有陆兵防之于岸。不可无水兵防之于海。请就沿海各营兵丁。择其善于凫水者。在海河之内。勤加教练。使之由浅而深。由暂而久。其不能者。亦以所制水带。系之腰间。令其演习。久之善水者多。即可编为水队。其船上舵工。以及阑头。守桅。牵篷。摇橹。抛碇。炊爨。诸色人等。均以水兵选充等语。天津畿辅重地。自应水陆兼防。应如所议办理。仍由该督等。明定操期。酌筹赏需。饬属勤加训练。不时亲往简阅。毋任日久废弛。仍致有名无实。

一原奏称备船务在适用。北方便于操驾者。莫如本地商船。工料一切。较之官造船只。尤为坚实可用。今拟不加彩绘。不用战舰规模。惟取木料坚厚。驾驶灵便。令彼自洋面见之。仍与寻常商船无别等语。臣等复思敌在水中。自必以船制胜。天津海面不宽。潮汐又浅。该督奏称。大船不能得力。拟用商船。诚为因地制宜之策。应即照议办理。惟平时操演。临敌进兵。能否资以为用。应令该督悉心筹议。期于无误操防。足资抵御。其船如何购备。船数若干。并由该督一并妥议具奏。

一原奏称巡哨必须核实。请自每年开河起。至封河止。分为上下两班。分月轮转。以一月一出入为限。南至山东。北至山海关。奉天等处。奉天。山东。两省一并会哨等语。水师巡哨。邻近省分。必应联为一气。应请饬下奉天。山东等省。会同巡哨。以期周密。

一原奏侦探不可稍疏。大沽望楼。高至六丈有余。风雨剥蚀。绳易松朽。拟每年易绳一次。勿令倾毁。其沿海墩台。责成附近营汛。以时了望。如侦有贼船。昼则放炮为号。夜则施火为号。一处发觉。处处传警。以济哨船之穷等语。水陆交严。更形周密。应如所议办理……

一原奏称防兵之轮班宜定。请于各营内分起轮流。酌以七百名为一班。每月以一班到防。周而复始。并于大沽海口。添拨兵三百名。北塘。添拨兵一百名。山海关。添拨兵一百名。其余各小口墩台营房。共添拨兵二百名。均饬令按班轮防。其在防者。除支食名粮外。拟每人每日。津贴制钱七十文。其在汛者。仍只支食名粮等语。系为严巡守。均劳逸。节费用。起见。应如所奏办理。

一原奏称设伏之器具宜存。请除炮台土埝各项。另筹岁修。军火器械。另行分处存贮外。其余如铁锁。铁蒺。铁鹿角。铁锚。木筏。鱼网之类。于炮台前后。交营员择地收存等语。均应如所奏。分别收贮。至大小船只出哨。应配官弁若干员。兵丁若干名。大小炮台分防。应派官弁若干员。兵丁若干名。各汛墩台了望弁兵。应如何轮班。其九月之后。三月之前。船只如何归坞。如何油舱。炮台。墩台。如何轮兵看守。火药。火绳。如何派营收管。仍令该督详晰核议。一原奏称本地商渔船只。不准偷越外洋。请由天津县遵照定例。查明出结报查。其所领赴奉天贩粮执照。只准赴奉天贩运。如查有私越外洋者。罪其船主。应即咨明江浙各省。如来年开河以后。彼处口岸。有天津宁河船只。前往贸易者。令该地方官查明执照不符。即禀请移咨本省。除将该船主重治外。以后即不准该船。再行出洋贸易。以杜流弊。仍饬天津道。督同两县。于商船归坞后。谕令各船主。将其船一体编列字号。开具花名清册。送道备查。俟开河之时。天津道赴海口亲查。以昭核实。仍严禁各衙门胥吏。藉端增添规费。俾免扰累等语。系为豫防汉奸起见。应如所奏。分饬该管道县。实力奉行。

一原奏称闽广商船。停泊处所。请于该船到口。照旧收取炮械。查对票照。封舱放行后。即令在葛沽一带停泊。听候查验。其货物即由该商自雇小船。拨运到津。投行贸易。本船不必抵郡。惟距城稍远。船户之勒掯偷窃。恐有不免。应饬天津道酌定雇价。严禁偷盗。并严究行户低压货价。掯陷货银。先期出示晓谕。仍著该镇道。妥派员弁。带同兵役梭巡。镇道不时稽查等语。系于防微杜渐之中。仍寓体恤远商之意。应如所奏。严禁船户勒掯偷盗。及派委员弁。藉端需索得规。以杜流弊。

一原奏称上海宁波等处商船。宜酌定稽查章程。请移咨江浙两省。此后上海。崇明。宁波。等处沙船。贩货赴津者。应于向例请领票照时。由地方有司。取具该船领事。并无夹带奸匪甘结。即于票照内钤印处所。用一已取甘结字样印戳。以便抵津时。查验放行等语。应如所奏。咨行江浙两省。一体照办。仍严禁书吏。藉端婪索。以杜扰累。

一原奏称夏秋之间。总兵应仍驻大沽。拟自五月始。至八月止。令天津镇总兵。仍驻扎大沽。督饬将备。巡哨侦探。弹压稽查等语。系为弹压停泊葛沽商船起见。应如所奏办理。现奉谕旨。添设总兵一员。其应驻扎何处。应由该督一并核议具奏。一原奏称天津郡城。关厢内外。原分二十堡。每堡设一义勇局。每局或三四十人。五六十人。不等。均系各卫各堡。不供差使。不支口食。以董事领之。每月官为点验一次。其自海河南北两岸。至于大沽海口。共立六十局。章程亦如之。此项义局。行之既久。可以化顽暴而靖闾阎。请仍循其旧等语。应如所奏。晓谕各绅耆。仍照旧章。实力奉行。以敦守望相助之义。

一原奏称场灶作盐民夫。藏奸最易。两年以来。督饬运司。委员编查年貌细册。各场俱臻安静。拟请嗣后仍令运司督同委员编查等语。应如所奏。定为永远章程。俾奸匪不能溷迹。于海防实有裨益。

一原奏称大沽地方。拟照旧设立海防同知一员。作为题缺。专司稽查出口入口船只。以及兵丁强买盗买漏税等弊。准理兵民客商词讼。照海疆三年俸满本例升转。惟官有定额。未便议增。应于本省简僻同知通判内。酌裁一缺等语。该处兵民杂处。本地商渔船只。及各省商船出口入口。自须文员弹压。应如所奏办理。应建衙署。应设吏胥。仍著该督妥议具奏。

……

又谕。前据讷尔经额奏。天津善后章程内。巡哨一条。称每年开河起。至封河止。分为两班。按月轮转。南至山东。北至山海关奉天等处。船只各编字号。出哨回哨日期。报明镇道核详等情。当交军机大臣查核具奏。兹据穆彰阿等奏称。请饬奉天等省。一体会哨等语。奉天。山东。原有会哨之例。现在直隶既有巡哨兵船。则三省洋面。联为一气。于巡查哨探。自可益形周密。著禧恩。托浑布。严饬该兵弁等。酌定日期。会同直隶巡洋弁兵。一体梭查。傥有洋匪窃发。果能于出洋会哨之时。捡捕击获。准予加等鼓励。其有畏怯风涛。仅知泊船近洋。不能驾船远探者。一经查出。即严加惩处。务使稽查得力。洋面肃清。是为至要。其应如何分班轮转。及出哨回哨日期。如何认真稽核之处。并著明定章程。奏明办理。

乙卯。靖逆将军奕山。两广总督祁𡎴。广东巡抚梁宝常奏。窃奴才等承准军机大臣字寄。道光二十二年七月二十二日。奉上谕。有人奏近得一书。名演炮图说。系丁拱辰所著。此人曾在广东铸炮。演试有准。亦晓配合火药之法。著奕山。祁𡎴。查明。据实具奏。又广东造得火轮船。亦颇适用。著即绘图吴进等因。钦此。查丁拱辰。系福建监生。前来军营投效。呈献象限仪一具。测量演炮高低之法。当经奴才等于上年冬月间。亲往燕塘地方。用象限仪测视演放。尚为有准。因该监生颇知急公。曾赏给六品军功顶戴。以示奖励在案。嗣后该监生著有演炮图说一册。系讲求演炮准则。而于配合火药。以及修筑炮台。铸造炮位等事。亦只有论说。未经亲为制造。旋经署督粮道西拉本。将书详加考校。因该监生所论。间有拘执。及自相矛盾之处。逐条另为签出。与之讲究。该监生始为领会。该道复于团练壮勇之时。或在平地低处。或于炮台高处。先立靶于水面。用象限仪测视。演放大炮。往往中靶者多。该道与丁拱辰。互相参酌。择其演炮要法。另拟图说数则。言简义赅。刊刻多张。悬挂炮台。俾人人易晓。现在驻守各台壮勇。俱能深明其法。其台上炮架。一律制造滑车绞架。推挽亦极灵便。除另制象限仪二具。交赍折差弁。带京呈进外。兹将丁拱辰所著原书。及该道西拉本。更订数条各一册。先附报便。咨送军机处。进呈御览。至于火轮船式。曾于本年春间。有绅士潘世荣。雇觅夷匠制造小船一只。放入内河。不甚灵便。缘该船必须机关灵巧。始可适用。内地匠役。往往不谙其法。闻澳门尚有夷匠。颇能制造。而夷人每造一火轮船。工价自数万圆。至十余万圆不等。将来或雇觅夷匠。仿式制造。或购买夷人造成之船。由臣祁𡎴等随时酌量情形。奏明办理。再查本年六月间。绅士潘仕成。独力报效。不惜重资。雇觅米利坚国夷官壬雷斯。在僻静寺观。配合火药。又能制造水雷。据该绅士声称。所制水雷一物。尤为精巧利用。奴才等曾派人在彼学习技艺。俟将来造成后。如果演试有效。该绅士自行派人赍送到京。听候阅验。

祁𡎴又奏。窃照本年九月初十日。据米利坚国夷目加呢。投递文信。其意欲恳求代为奏请施恩。许该国夷商。得与英吉利国夷商。一体贸易。臣当与靖逆将军奕山。抚臣梁宝常。公同商酌。覆令听候钦差大臣到粤。会同查核。再行办理。又于九月十七日。据该国夷人伯理具禀。以伊熟习天文算法。恳求代奏进京效用。臣又会同商酌。以从前在京西洋夷人。业已奉旨遣令回国。现在所请。碍难代奏。传谕洋商。向该夷明白晓谕各在案。臣复查米利坚国夷人。向颇恭顺。现亦无不合情理之言。惟夷情终属诡谲。除该国夷人伯理。恳求代奏效用一事。业经驳饬外。其夷目咖呢。所陈贸易事宜。尚在观望。应候钦差大臣伊里布到粤。会同酌量情形。通盘筹画。确核妥议具奏。

丁巳。山东巡抚托浑布。山东登州镇总兵玉明奏。窃臣等承准军机大臣字寄。奉上谕。现在英夷就抚。准令通商。各海口仍应加意防范。山东登州府。最为该省要隘。种种善后事宜。著托浑布。玉明。详察地势。悉心讲求。妥议章程具奏等因。钦此。又奉上谕。昨据奕山等奏。筹画制造战船之法。并将官绅等造成船只式样。绘图贴说呈览。此项图说各五件。已发交讷尔经额。令照绘一分。咨交山东。著托浑布接到。详细察看山东海口情形。何项船只适用。即行具奏候旨等因。钦此。旋准直隶总督臣讷尔经额。将粤省官绅造船图说。遵旨照绘一分咨送前来。仰蒙圣明指示机宜。无策不备。敢不思患豫防。悉心计议。臣托浑布。当即领遵咨商臣玉明。一面檄行藩臬两司。并登莱青道。饬令各摅所见。分别查议。期于博采众论。筹备无遗。兹据藩司王笃。署臬司王镇。护理登莱青道诸镇。核议具详前来。臣等详加参核。谨就谕旨垂询。并管见所及各条。为我皇上详晰陈之。

一请增水师官兵。以为奉直两省声援也。查东洋据天津上游。为奉天咽喉。登州府城东北隍城岛以外。一百八里洋面。与奉天各半分辖。为南船赴奉直要路。巡防内盗。固以此为先。而备御夷艅。尤以此路为全洋关键……

一请另造水师战船。以资操防也。查直隶督臣咨送粤省造船图说。臣等悉心参核。并向熟谙水师之年老弁兵。详加体访。惟在籍户部员外许祥光。所造战船式样。其规模制度。大略与东省赶缯船相似。

而能安设二千斤以下大炮十五位。排子母炮三十六位。有风驶帆。无风打桨。较为灵捷。非同现在官商各船。一遇逆风。人力难施。且东洋礁石甚多。该船吃水不深。似与东洋合宜。仰恳圣恩敕下两广督臣。委员照此船式。购备坚实木料。代造八只。由粤省水师。派委员弁。驾驶来东……

(戊午)耆英又奏。再臣现接浙江宁绍台道鹿泽长禀报。十月二十五日。有夷船一只。驶至宁波。询系花旗国。即米利坚商船。装载洋布等物。欲求贸易。当经该道等。谕以英夷虽奉谕旨。准其通商。因章程未定。尚未通市。该国向在广东贸易。应仍回广东。向其开导。该夷颇为恭顺。当即整理帆索。于二十七日。起碇开行等情。除飞咨该道留心查探。毋任逗留滋事外。臣现即日可抵上海。傥有前船到境。当督饬文武各官。详查来意。妥为抚驭。

谕军机大臣等。耆英奏。接到闽浙函报。覆奏夷情一折。据奏九月十六日。淡水厅有遭风夷船一只。救起白夷二十五人。十月初一日。又有夷船到台。该道姚莹。传见夷酋。已将五月内将夷俘正法之故。正言晓谕。并将遭风难夷。准予领回。复亲至该酋船上。夷目感恩设誓。执礼甚恭等语。览奏均悉。计朴鼎喳此时已可到闽。著耆英接到闽信后。体察情形。如果始终恭顺。即毋庸议。傥有要求挟制。仍遵前旨相机办理。另片奏。米利坚商船至浙贸易。已据该道鹿泽长。谕回广东。现在启碇开行等情。前据祁𡎴等奏。米利坚在粤。呈请贸易事宜。已有旨谕令伊里布剀切晓谕该夷。仍循旧章办理。傥洋商等有苦累该夷之处。查明禁止。断不准有觊觎设立马头等事。兹该夷既至浙江。难保不至江苏恳求。著该督谆饬所属。详察来意。妥为抚驭。如有要求事件。即告以该国向在广东贸易。由来已久。仍应回至粤省。照旧通商。天朝制度。自有一定。不能少有改变。以示限制为要。

道光卷六四

(道光二十二年乙寅十一月)戊辰。浙江巡抚刘韵珂奏。臣于前月二十九日。据宁绍台道鹿泽长。署宁波府知府舒恭受禀报。二十五日据鄞县探有米利坚国商船一只。由定海驶至郡城外三江口停泊。即经该道等派员前往查询。旋据该船夷商波内。带同通事徐逃进见。声称船内带有洋布等货。求在宁波报税通商。该道等当以米利坚本有粤省一定马头。不能驶赴别处。现在英夷钦奉恩旨准在宁波互市。然因收税章程。未经议定。其船尚在定海停泊守候。该夷无因而至。何得转思报税销货。谕令仍回粤东。不得逗留浙境。该夷等无可置喙。旋即回船。该道又缮写谕帖。令通事转向晓谕。即据波内等禀。覆伊等因在粤东风闻宁波地方。各国俱准通商。是以装载货物前来销卖。兹奉谕饬。伊等不敢抗违。惟求少留数日。俟修整船只。即便开行等情。转禀到臣。当查该道等办理情形。尚属妥协。惟该夷以修船为名。签求少待。尚不免意存观望。且恐内地商民。因其船内带有洋布等物。贪图小利。潜向贸易。致启该夷日后来浙之渐。当经批令该道等严催该夷起碇。并饬禁止商民。毋许向该夷私售货物去后。兹又据该道等以该船已于二十七日。自三江口驶出招宝山。二十八日。复自招宝山驶往定海等情。先后禀报。其曾否开往粤东。尚未接据该道等续禀。臣现仍饬令查探。至英夷在定各船。尚有四十只以外。各夷时驾小船至郡城购买食物。交易公平。并据赴关报税。鹿泽长因章程未定。且见其所买食物无多。税课有限。免其上纳。各夷欢欣鼓舞。益加感戴。情形极为驯顺。足慰宸怀。

谕。军机大臣等。刘韵珂奏。米利坚国商船。求在宁波报税通商。谕令仍回粤东。不得逗留浙境。该夷旋即回船等语。米利坚国。向在粤省通商。本有一定马头。何得驶赴宁波。希图贸易。现在该商船自三江口驶出招宝山。复自招宝山驶往定海。是否业已开往粤东。著该抚委员确查。傥仍希图在浙贸易。务当再行明白晓谕。并严行饬谕内地商民。毋许潜向该夷私售货物。致启日后来浙之渐……

庚午。两江总督耆英奏……而探报定海夷船。尚有四十七只之多。迁延未去。当此空运漕船。尚未全数渡江。重运瞬将接踵而至。诚如训谕。不可不密为防备。漕河巡抚诸臣办理一切。正值吃紧之际。如该酋仍复狡执。有非臣亲往不能商办之处。臣断不敢一面具奏。一面前往。惟有仰恳皇上将两江总督关防。交与何人接署。俾臣放心前往。豫为指示。不至临时请旨。以致缓不济急。总之该夷性疑重利。注意全在贸易。狡谋亦多。此时抚局已成。固不可不防其狡诈。尤不可不示以诚信。是以臣先已出示晓谕滨海地方。如此之筹办善后。系为营伍废弛。变通整顿。并非乘时修明武备。重起兵端。以期破夷疑而解民惑。庶可杜该夷酋之藉词。塞好事者之多口。得以先事筹备。永固金汤。否则筑室道谋。衅端复作。恐有剿抚两无可施之势。

谕。军机大臣等……兹据奏称定海夷船尚有四十余只之多。现虽未露要求挟制情事。不可不密为防备等语。所虑亦是。仍著该督体察情形。如有须亲往之处。即将两江总督关防交程矞采署理。一面奏闻。一面迅即起程赴粤商办一切。据奏抚局已成。固须防其狡诈。尤当示以诚信。业已出示晓谕滨海地方。筹办善后。系为整顿营伍起见。以杜夷酋藉口之处。与朕意合。务须妥筹万全。以副委任。切勿稍涉大意。或致另生枝节也。

十二月。己卯。提督衔福建台湾镇总兵达洪阿。按察使衔福建台湾道姚莹奏。九月二十三日。接据淡水同知曹谨等禀称本月十六日。淡水厅属金色里洋面。有英夷夹板船一只。遭风击碎。会营督属。救起白夷二十五人等语。当经批饬英夷现已受抚。即当妥为抚恤。委员解郡以凭奏明转交厦门去后。兹于九月三十日。据鹿耳门口员报称有前次投书之夹板夷船。复从西北驶来外洋停泊。正饬查问。十月初一日。报称白夷数人。放杉板到口。称奉有闽浙总督文书。求进城投递。臣等查该夷既奉有本省总督文书。自当出见接收。未便准令入城。当经熟商臣达洪阿暂缓出见。臣姚莹先督府厅县及中左右三营游击。在城外公所。传见夷官二人。言督臣文书。尚在本船。先来请示。如准来见。该夷上司官。即于明日上岸面投。臣姚莹许其初二日进见。次日午刻。有该夷官即前来之职比守备新升都司你吠。同夷千把总四人上岸。仍于城外公所传见。该夷皆行免冠礼。询以总督文书安在。当即取出呈阅。乃本年九月十五日督臣怡良给鼓浪屿夷水军统领之文。大略言八月间。接准钦差大臣咨称。被虏夷人。前经奏请释放。所有台湾俘虏。傥尚在台湾羁管。希即飞饬该镇道。将各夷人委解鼓浪屿。径行交领。当经本部堂专弁行文台湾镇道。遵旨办理。因风信靡常。文到迟早不定。计该国差弁赴台时。该处文武未接本部堂公文。不知和好之信。是以不敢擅自接收。候彼中接到文书。自将所留各难民解回厦门交还等因。该夷今赍此文来台以为凭据。并钞呈前次来台赍投原文。亦系求将两次所获夷人。及船货见还之意。词气尚为恭顺。臣姚莹谕以台湾存留夷目九人。已接奉总督来文。委员送厦交还。夷员问前二次共获一百八十九人。何以只存九人。谕以病毙数十人。余皆正法。夷官问为何正法。谕以尔国犯顺。彼此正当交战。焉有不杀之理。因天朝以德怀远。不轻杀戮。自上年八月。及本年正月。俘获夷人。皆羁留久之。及尔国在浙江江南。屡次伤我官员。害我百姓。是以大皇帝震怒。台湾军民。人人愤恨。五月后方遵旨正法。仍留头目九人。已属格外施恩。该夷官语塞。其形益恭。又问近有夷船一只。台洋遭风。系在何处。是何月日。谕以此乃九月十六日。在台湾北路金色里洋面遭风击碎。人皆溺海。地方官救起二十五人。现因尔国受抚。已饬令妥为抚恤。即日委员解郡。禀报督抚。奏明大皇帝然后送厦交还。夷官言若待禀奏。有需时日。可否恩准来船即行领回。臣姚莹以其词顺。许以奉有释放夷人前旨若尔国诚心恭顺。亦可通融办理。该夷见允所请。喜形于色。复免冠顿谢。且称回告本国。亦皆感戴天朝大恩。夷人无以为报。欲求大人一登夷船。俾众夷瞻仰。以伸谢悃。意甚恳挚。臣姚莹伏思自古驭夷。不外恩威信三者。台湾两次捦剿夷众。已足示威。生释夷俘。又已施恩。今若不许所请。彼将谓我恇怯。且不足以示信。泉厦之间。咸谓台湾捦斩其人。夷必报复。上年至今。谣言未已。台民日夕摇动。奸人得以乘间煽惑。现察该夷情词恭顺。且彼国大酋朴鼎喳受抚。夷众日久思归。断无敢行滋事。莫如竟往彼舟。以观所为。一可释外夷之疑怨。二可安台厦之人心。三可杜奸人之煽惑。四可细审其舟之虚实。遂允登舟之请。夷官复请示期。许以后一日往。夷官悦谢而去。还商臣达洪阿亦以为然。当经商定。臣达洪阿若出。不能不以兵从。恐该夷又生疑惧。臣姚莹往。足示怀柔。臣达洪阿坐镇郡城。以存威重。仍委水师副将邱镇功。右营游击吕大升。护左营游击陈连斌。于初四日随同臣姚莹。并台湾府知府熊一本。台防同知仝卜年。修补同知直隶州知州托克通阿。出安平港口。往诣夷舟。不携一兵一械。甫出口。夷遣官偕通事乘杉板来迎。禀称其酋悬彩旗百面。备号炮六鸣。以待登舟。遥望果见五色彩旗。悬挂前后桅索。上下皆满。通事言此乃彼国迎接最尊贵者之礼。非大恭敬。旗不全挂。问号炮何以六鸣。答言先三炮俾众知恭敬天朝。后三炮以敬贵臣。既登舟。夷官五人。皆裹甲佩刀。外加长衣如披风状。整列队伍。鹄立舱面以迎。舱面正中。设臣姚莹公座一位。旁列十数座。以待同官。具茶果。夷官皆亲奉。礼貌极恭。详观其舟。约长二十丈。宽四五丈。两舷各有铜炮八门。炮长仅四尺许。腹围宽约五尺许。炮口围宽二尺许。膛口内外。光净殊甚。进退有机。不以人力。亦用自来火。与鸟枪同。其船三层。中为夷官及白夷所居。下层则黑夷及火药器械杂物。余与颠林供略同。惟两边并无夹层贮水之事。是前次据黑夷头目目利空所言。尚有未尽确者。观毕言归。夷官各持酒一瓯。言此太平酒。夷感天朝恩。自此不敢有异。请以此酒为誓。言毕饮满欢呼。复鸣三炮。送臣姚莹等回舟。并无索取所失船货。察其情状。似已心悦诚服。适初五日。北路委员解送遭风夷人二十五名亦至。讯据头目七多忍占供称伊等系英吉利小商船。载白夷二十余人。黑夷一百数十人。同火轮船一只。前月自舟山撤回广东。驶至台湾洋面遭风。因火轮船上被火。大夷官将伊船上黑夷。尽数叫去救护。船上白夷不谙行驶。以致击碎。幸蒙救起。只求释放回国等语。遂于初六日令厦来夷官写具领状。府县验明。点交付领登舟。仍准该夷官所请。将总督给与原文。同所钞前次来台投文发回。一面照钞存案。臣姚莹复委在台投效之候选从九品张肇銮带同台湾县役。齐具督抚各衙门文禀。即乘其舟。齐往厦门投递。知府熊一本。亦备文移覆鼓浪屿夷官。布告天朝恩德。及此次交还遭风夷人之事。该夷船候风两日。已于初九日辰刻起碇放洋回厦。

乙酉。两江总督耆英奏……臣又体察全局形势。凡夷舶之自南来者。由江浙交界之羊山外洋。望北驶至南汇县之汇头内洋。折而西行。历南汇川沙而至宝山内洋。南驶则入吴淞口以至上海。北驶则历镇洋。太仓。昭文。至常熟之福山。以达于江。其崇明县则孤悬海外。适当长江之冲。东临大洋而对常熟。昭文。太仓。镇洋。宝山。西南迳对吴淞口。南对川沙南汇。北对通州海门。本系四面皆可行舟之地。近年以来。北面海中。条沙缕结。船只至彼。动辄搁浅。仅能容本地沙船出入。夷船不敢冒险往来。而吴淞口外。遂为由海入江必经之路。实苏松一带之内户。而长江之外户。是以吴淞口一失。遂长驱直入。不复可制。此江苏洋面之大略情形也。吴淞口系为黄浦吴淞二江合流入海之处。上海县城东南滨临黄浦江。东北滨临吴淞江。该二江上承苏松常镇杭嘉湖诸山之水。至上海而交汇。来源既长且大。水势宽深。其间湖荡林立。港汊纷歧。舟楫往来。无处不通。就腹里地方而论。吴淞口为上海之门户。上海县又为江南之门户。是以吴淞口一失。则全省震动。守无可守。防不胜防。遂致束手无策。此吴江口内河道之大略情形也。从来议海防者。以出海会哨。毋使入港为上策。循塘拒守。毋使登岸为中策。出水列阵。毋使近城为下策。不得已而守城。即为无策。我朝定制。于崇明地方。设立水师总兵一员。督饬所属各营。出洋会哨。又于吴淞口东西两岸。设立吴淞川沙水师参将二员。守口巡洋。又于江北之通州地方。设立狼山镇总兵一员。与江南之福山营游击对峙于江海之交。又有京口水师副将。专辖长江。海防江防之周密。实超乎上策之上。无如承平日久。营务水务。不堪复问。一闻寇警。不得不舍上策而循塘距守。今彼处心积虑。窥探三年。破我循塘距守之策。甚至城不能守。险不足恃。言念及此。疾首痛心。敢不于无策之中。勉求善策。确查外海内河。额设战船实数。并水师各营原有马匹。酌量变通。俾不敢以无用之船。聊以塞责。亦不敢以有用之马。置之无用之地。然后整饬会哨。豫防后路。层层布置。以冀补牢。臣现偕同提臣即日前赴长江一带鹅鼻嘴等要隘。并分委承办善后事宜之文武各员。前赴松江等处。勘明情形。再与奉旨会办江北防堵之署太常寺少卿李湘棻通盘筹画。或应变通者。或应仍旧者。酌量目前情形。会同抚臣程矞采酌定章程条款。绘图贴说。恭请训示遵办。

谕军机大臣等。耆英奏。查明上海宝山及吴淞口情形一折。览奏均愁。吴淞口外为由海入江必经之路。现在水师废弛。不独巡洋未能得力。即江防亦属无备。思之令人寒心。该督议将外海内河额设战船实数。并水师各营原有马匹。酌量变通。然后整饬会哨以冀补牢。著将履勘各要隘形势。再行通盘筹画。奏明办理。将来制造船只。纵不能与夷船海上争锋。而用以洋面捕盗。并防守长江。必须木植坚实。运用灵捷。方能得力。若拘守旧制。名为修理战船。其实无济于用。又复何所裨益……

(丙戌)祁𡎴梁宝常又奏。道光二十二年。十月十五日。臣等承准军机大臣字寄。九月二十五日。奉上谕奕山等奏制造战船一折。朕思防海事宜。总以造船制炮为要。各省修造战舰。竟同具文。至临时不能适用。深堪愤恨。此次所造各船。自不致拘守旧时式样。有名无实。据奏停造例修师船。改造战船。所办甚合朕意。均著照议办理。惟海船大炮。系属悬放。火药发时。势必向后坐掣。如何得有准头。现据该督等奏业已娴熟得力。著将如何施放之处。再行详悉具奏。据奏潘仕成所捐之船。坚实得力。以后制造船只。即著该员一手经理。断不许令官吏涉手。仍致草率偷减。所需工价。准其官为给发。并不必限以时日。俾得从容监制。务尽所长等因。钦此。臣等遵即传到该员潘仕成。恭宣谕旨。该员感激天恩。自愿垫发银两。交木商购修船料。由该员监工制造。尽心竭力。一船得一船之用。旋据禀称即行先发银十万两。交木商出海。约可购船料十余分等情。臣等查此项经费银两。仍须由官给还……其一切制造事宜。统由潘仕成一手经理。毋许官吏涉手。仍钦遵前奉谕旨。咨商两湖四川督臣。购备造大船坚实木料。俟体察实在可用。即分别咨取。一并发交潘仕成监制。俟造就三十只后。是否足用。再行酌量办理。并另造小号战船三四十只。跟随大船。作为羽翼。常川驾驶操练。将来旧式师船。每年停造之数渐多。即将此项新造之船。陆续补拨各海口。平时分泊。可资巡缉。有事调用。即可以备不虞。似于海防有裨。至前奉谕旨。饬令粤海关监督臣文丰传谕洋商。设法购买夷船。已据洋商伍秉鉴潘正炜。禀称捐买米利坚吕宋夷船各一只。臣等查验木料坚实。尚堪应用。惟船只尚小。且亦略旧。现仍会同文丰督饬洋商。随时妥为察访购办。再船内放炮取准一节。查夷船桅上造有桅盘。用中等木桩镶做。形似半筐。其上可容十余人。桅上所用大炮。系用绳悬拽而起。安置桅盘之上。取准施放。现在此次船只。甫经购觅木料。尚未成造之船。船身系照夷船制造。其桅篷则仍是内地式样。船上止有桅杆。并无桅盘。不能悬放大炮。前奏声明业已娴熟得力。系在潘仕成所造船内。用炮架安置演放轰击。

两江总督耆英。江苏巡抚程矞采。江南提督尤渤奏……臣耆英于十一月十九日。在上海途次。接准两广督臣祁𡎴缮绘图说。咨送前来。当即会同臣尤渤督饬水师镇将。就江苏省江海情形。悉心筹度。意见既各不同。且亦不能确有把握。遂来苏州。与臣程矞采复加筹度。内惟在籍郎中潘仕成。捐造之船。似尚合用。然仍不敢遽定。适浙江提臣李廷钰。迎奉朱批南回。道出苏州。臣等因其籍隶同安。来自广东。熟悉船政水务。向其谘访。据称潘仕成捐造之船。于海防虽堪制胜。似不若闽省之同安梭船。冲风破浪。可以操纵自如。又在籍员外郎许祥光捐造之多桨船只。于江防亦属相宜。惟该提督前曾坐驾多桨船数月。知其不甚灵便。且此船上身既重。吃水过浅。易于攲侧。江省水师。未经历练。恐其胆怯误事。其余三船。于江苏内江外海。均不合用。至同安梭船。其涉历重洋。则可远贩东西两洋。其经行内港。则可直抵宁波上海。实为防海防江。悉称适用之船等语。臣等以洋面有南北之分。以大江为界。江以南为南洋。水深而多暗礁。利用广东之米艇。福建之同安梭。江以北为北洋。水浅而多暗沙。利用江南之沙船。江面情形。与北洋相似。论海防者不一其人。咸以此为定论。业已具有成书。今该提督又称江苏内江外海。均利用同安梭。臣等再四思维。惟有钦遵。训谕。不敢稍存迁就。所有粤省寄到船图。应请暂缓照式兴办。另造同安梭船。以资利用……臣等公同商酌。已嘱该提督李廷钰。于赴任之便。带同沈炳垣等。绕道上海。先行筹款。成造同安梭二只。子船四只。试练于江海之交。如果合用。再行派定只数制造。

谕内阁耆英等奏。变通水师营章程等语。水师弁兵。自以讲求驾驶舟楫。辨识风云沙线。熟习大炮鸟枪为要务。近来员弁缺出。皆以弓箭兵内考拔。以致弁兵皆习弓马而于水务枪炮。均不练习。若不亟子变通。何以洗积习而收实效。该督奏请嗣后水师营将备员弁。专取水务枪炮。即骑射生疏。亦准录用。并将赴部之员。由部阅看鸟枪。如果精熟有准。再准引见之处。著兵部核议具奏。并著妥议简明章程。通行沿海各省。一例照办。以肃军政。

谕军机大臣等。耆英等奏请造同安梭一折。粤省寄到船图。既于江省外海内江。均难得力。自可无庸制造。据奏同安梭船。于该省江海。均资利用。现嘱浙江提督李廷钰。于赴任之便。带同同知沈炳垣等。绕道上海。即就民间船厂匠工木料。先行筹款。成造同安梭船二只。子船四只试练等语。览奏均悉。著即照议办理。俟造成一二只后。即于该省江海之交。先行演试。如果驾驶便利。安设炮位。施放得力。再行派定只数。奏明兴办……

(辛卯)伊里布又奏。再奴才前奉本年十一月十一日上谕。饬将米利坚夷目咖呢禀陈贸易事宜。到粤会同筹议等因。钦此。窃维添设马头。番船同来贸易。前在江宁。夷酋朴鼎查曾有各国前来福建江浙各处通商。中国但肯允准。该酋断不阻止。以求专利。是其意已暗有邀约各国。同来商贩之见。且米利坚船。前在浙江乞求。今又在广东禀求。佛郎西前赴江宁。大约亦意在通商。若我专准英吉利添设马头。他国均不准来同贩。恐其船只衣服。无甚区别。难以辨白。且恐阻止。致生枝节。反使各国以英国藉口。又虑英吉利串通。一同前来商贩。我亦难于阻遏。反使惠出夷酋。而各国德在英国。怨在中国。亦为失算。此事惟俟到粤后。与督抚臣熟筹妥议。并须与夷酋朴鼎喳商定。方可议有定局。会奏请旨遵办。至耆英夹片加税之事。查税口添立闽浙江南各处。则闽省及江浙茶叶丝绸。均不经由内地。内地各关。俱缺此项税纳。斯夷船呢羽钟表。亦皆运赴新设马头。以货兑货。内地各关。兼缺此项税纳。是益在夷人商人之数。即损在官税之数。必须于洋货内货。改设新立关口。酌加税则。以补各内地关口短缺之数。奴才思虑及此。前已行文各内地监督。将例收洋货丝茶。详细造册咨送。以凭抵粤后。商之督抚臣。酌核奏加。期于以赢济绌。较之旧额。或可能如其数。是无加税之名。而亦不至有减税之实也。大黄产自河南一带。仍须行经各内地关口。可遵旧规抽收。无庸复议……

(癸巳)耆英又奏。再臣承准军机大臣字寄。十一月十四日。奉上谕。米利坚商船至浙贸易。已有旨谕令伊里布。剀切晓谕该夷。仍循旧章办理等因。钦此。臣查米利坚商船。于宁波开行后。即赴定海。曾否驶回广东。无从查悉。现在钦奉谕旨。饬令伊里布晓谕该夷。不准觊觎。伊里布自能钦遵妥办。不致另生枝节。臣何敢越俎妄陈。惟臣于七月间。与英夷议抚之时。亦经虑及各夷效尤。曾向英夷诘询。嗣据覆称海外诸国。只准在粤东通商。英国不代求恩。傥大皇帝恩准他国。亦赴闽浙江苏贸易。英国绝无靳惜。各国船只往来香港。亦属无碍等语。惟时与伊里布和衷熟商。拟俟到粤时。察看各夷情形。再行酌定。请旨遵行。今米利坚既赴粤浙两省请通贸易。其中利弊。敢为我皇上陈之。夫利之所在。人必趋之。康熙年间。英夷本已在定海建立马头。因税则繁重。商贩稀少。无利可图。仍赴广东。百余年来。广东省弊绝风清。各夷效顺。从无桀骜不驯之态。只以年久弊生。各夷苦累不堪。心怀怨望。英夷遂首发难端。至于此极。其余各夷。外虽恭顺。内实坐视成败。我能制服英夷。彼即据英夷之利以为已有。设有不然。则彼与英夷气类相投。附而和之。其利仍在。即如英夷犯顺之初。兵船本属无多。迨后日益加增。约计总有一百数十只。该夷远隔重洋数万里。征派调发。谈何容易。谓非与各夷勾通。暗相资助。臣实未敢深信。今英夷既遂所欲。而各夷仍在广东。向隅受累。易地而观。窃恐心有不平。各夷既可资助英夷。英夷何独不可资助各夷。此理势之必然者也。纵使该夷不敢公然犯顺。而附于英夷。潜赴各口贸易。又熟从而觉察之。是英夷竟可市德于各夷。而阴操我国之利柄。各夷不克邀惠于天朝。而维絷英夷之手足。从此夷与夷则相结日深。而夷与我则乖违日甚。一英夷已足为害边疆。况合众夷而使之为一耶。此又不可不审思熟虑者也。若谓力除积弊。咸与维新。各夷即可在粤安分贸易。不致妄生希冀。诚为正本清源之法。但弊根既深。猝难骤拔。更恐将弊薮革除之后。遂视从前之陋规。为例所应得。格外加增。即如福建之厦门马头。本为内地贩洋商船聚泊之所。后因陋费繁重。屡次禁革。乃愈禁则愈甚。遂致洋行歇业。洋贩不通。幸系内地商人。可以仕其所之。不致激成事端。若夷商则例有一定马头。不能逾越尺寸。人有同情。安肯顺受。此又臣清夜思维。不得不鳃鳃过虑者也。臣反复筹思。米利坚等国。若于闽浙江苏。亦欲另立马头。必应正言拒绝。以示限制。或英夷据闽浙江苏之马头为已有。不肯令他国通商。则彼已自启争夺之机。我即可以将计就计。今该夷既肯通融。各夷亦皆乐从。法穷则变。与其谨守旧章。致多棘手。莫若因势利导。一视同仁。如米利坚等国。必欲在闽浙江苏通商。似可准其一并议定税则。任其所之。但不得于闽浙江苏之外。另有觊觎。亦不准在闽浙江苏专设马头。在粤省税额。虽不无短绌。而闽浙江苏等省。则有加增。挹彼注兹。仍于国课无关。且闽浙江苏等省。既准英夷贸易。即增此各夷。似无妨碍。并可将聚焦一处之夷船。散之五处。其势自涣。其情自离。藉以驾驭外夷。未始非计。

谕军机大臣等。耆英奏连次接奉寄谕。酌度夷情。剀切照会一折。现在该夷酋既有议定则例。开关通市之语。是在闽通商。已有成说。其开行赴粤。似非别有诡谋。该督筹办江防。及会商浙省善后事宜。正当吃紧之际。且效力武举张攀龙。既已前往广东。听候伊里布差遣。所有广东现在光景。并各省通市章程。自可由伊里布随时飞咨商确酌办。是伊二人消息常通。正不必同驻广东。始能定议也。著耆英体察情形。傥无必与伊里布面商之处。即著毋庸前往。又另片奏米利坚等国。必欲在闽浙通商。似可准其一并议定税则。为因势利导之计等语。昨已有旨谕令伊里布妥筹定议矣。该督所称不得于闽浙江苏之外。另有觊觎。亦不准在闽浙江苏专设马头。自应于俯顺夷情之中。示以限制。著耆英函商伊里布熟计万全。具奏请旨。至该督筹议江防应办各事宜。著仍遵节次谕旨。会同尤渤详加布置。次第举行。以期有备无患。是为至要。

辛丑。两江总督耆英奏。窃照镇江及上海宝山等处。大略情形。业经臣将查明缘由。先后恭折具奏在案。兹臣会同提臣尤渤。督饬委员。及沿途地方水陆文武各官。由常熟之福山起。循长江南岸西上。周历查勘福山与江北通州之狼山对峙。中间相隔水面八十余里。每当风雨晦冥之际。烟雾弥漫。彼此不能辨认。即施放号炮。声皆随风吹散。不能审听真确。名虽为江实与海洋无异。审度情形。证诸舆论。合称该处若在两岸设防。无益于事。必得厚集舟师。方足以资防御。现在船未造成。兵亦未练。设守非易。此由海入江之福山狼山大略情形也。福山以上。皆系沙洲芦苇。无险可恃。至江阴县之鹅鼻嘴池北江心。有突涨沙洲。名曰刘闻沙。江面至此一束。宽仅八九里。实为长江最要内户。练习水师。本应由浅水而至深水。由长江窄处而至宽处。渐推而至于大海。方冀有成。臣会商提臣将京口现存战船十二只。饬令调署京口协副将汪士逵。拨往鹅鼻嘴。挑配弁兵。严督训练。暂事巡防。至京口协副将本系驻劄江阴县城。定制之初。原有深意。后因藉口催提漕船渡江。遂住瓜洲。历年既久。江阴衙署。无人居住。坍成平地。亟应建复衙署。责令常川驻守。随时督巡。不准移住瓜洲。以符定制而慎江防。此鹅鼻嘴之大略情形也。鹅鼻嘴以上。江面或宽或窄。均非扼要之地。至丹徒县之圌山关。陡出江滨。对江北岸。亦已涨有沙洲。江面至此。又复一束。宽仅五六里。为此江第二重最要内户。圌山之巅。设有炮台兵房。而形势高峻。止可防敌人之踞守山梁。不能击及江中船只。惟池西之二矶头。前于防堵案内。筑有炮台一座。计其高下。尚属合宜。二矶头之西南韩桥汛地方。为京口右营水师守备驻劄之地。兵止一百五十余名。尚形单薄。又无船只。今拟暂扎坚厚木筏。联之可以横截江路。散之与商贩木簰无异。交营备用。俟船只造齐。再行收回。变价还款。此圌山关之大略情形也。圌山关以上。江面曲折。两岸平衍。至焦山则屹立江心。南对镇江府城北门外之象山。江面宽四五里。水深溜急。为船只往来必由之路。北对江都县滩地。江面宽八九里。水浅溜缓。沙线迂回。船只不常行走。象山本有炮台一座。焦山北面。亦于防堵案内。设有炮台。焦山以上。十数里南岸。即系京口。京口之外。稍西为金山。亦系挺峙江中。径对北岸之瓜洲。焦山金山。本多僧舍。承平日久。人但知为游览之所。忘其为险要之地。此焦山金山一带之大略情形也。金山以上。一望尽系洲地。江面亦宽。至江宁之燕子矶。始为省城门户。该处本系著名险要。近因矶外涨出沙滩。其险已失。幸由江入河处所。水面并不甚宽。设守尚易。此燕子矶一带之大略情形也。臣综核形势。防江必先防海。今因海防未备。不得不先议江防。而防江之法。当以训练舟师。巡哨于江海之交。俾无隙可乘为上策。择要设守。使不能深入为下策。若仅株守沿江口岸。或凭城自固。是为无策。现在情形。惟有从下策著手。以冀渐臻上策。容臣会同抚提诸臣。再行和衷熟商。将福山狼山一带。应设战船若干只。派调何营将备弁兵若干员名。如何训练巡哨。自福山狼山以上。迄于燕子矶。江面应分几段。设船几只。如何南北梭巡。鹅鼻嘴圌山关焦山燕子矶等处江岸。应如何添派弁兵。建设炮台。及腹内陆路各要隘。屯兵设兵之处。逐一酌定章程。并将江海形势。水陆扼要处所。另行绘图贴说。缕悉具奏……

耆英李湘棻又奏。窃臣耆英等筹办江北一带善后事宜。兹臣耆英同提臣尤渤行抵扬州。适臣李湘棻亦同日前来。互相印证。大江两岸。虽有南北之分。江面并无彼此之殊。其险要在南不在北。南岸既须设守。北岸必当有以应之。南岸之章程定。北岸即因之而定。盖现在之筹议江防。系防东来之夷艘。非遏南北之冲突。必得陆路则南北合守。水路则上下互应。方为有济。一切情形。业经臣耆英于长江大略情形折内。缕晰声叙在案。至海洋亦以大江为限。江以南至广东。皆为南洋。多暗礁。江以北至盛京。皆为北洋。多暗沙。洋船之畏暗沙。本甚于畏暗礁。而黄河口之五条沙。东向直出。或沉或浮。尤为所畏。盖江苏之北洋。外无藩捍屏山。以缓水势。潮汐之流。比他省为急。若乏西风开避。舟随溜去。靡不损坏。是以海舶之往山东等省者。由浙江等省而来。必至江浙交界之尽山。若由江苏开行。必至崇明直东外洋之佘山。望东驶一日夜。避过五条沙。方敢北向。以山东登州府之成山为准。前年夷船前赴山东直隶。其来也至佘山而不见。其回也至佘山而始见。是其明证。自成山北行。即由登州而至直隶盛京。若转舵而南。则可由山东之靖海等处。而至海州之鹰游门。实为江苏全省之后户。幸鹰游门沙淤水浅。凡遇货船到地。必乘潮涨时。用小船剥载登岸。大船不能迳入。设守尚易。鹰游门以南。即为五条沙。惟本地之小渔船。可以行驶。余船不敢轻历其地。臣等查江苏全省形势。江南之防。江海并重。江北之防。海可稍缓。一切防守章程。容臣等和衷熟筹。酌定条款。另行具奏。

谕军机大臣等。耆英奏查明长江大略情形。先行设法筹备。又会同李湘棻查明江北情形。先行具奏各一折。览奏均悉。江阴县鹅鼻嘴迤北沙州。既为长江最要门户。准其将京口现存战船十二只。拨往鹅鼻嘴。派署副将汪士逵挑配弁兵。严督训练。暂事巡防。其京口协副将。自应仍复旧制。驻守江阴。以资巡防。所有催漕一节。是否尚能兼顾。著查明具奏。丹徒县圌山关迤西之二矶头。筑有炮台。现因汛兵单弱。又无船只。只可暂扎坚厚木筏。横截江路。交营备用。其象山焦山各处。虽间有炮台。但恐造筑未能如法。兹发去演炮图说原本一册。重订演炮图说一册。小铜炮及炮架式样四匣。著耆英只领。悉心核酌。何者可置陆路。何者可安置船上。傥属得用。即不拘铜铁。按式铸造。总以镕炼精熟。施放有准为要。所有福山狼山一带。应设战船若干只。应调何营将备弁兵若干员名。如何训练巡哨。并由江面分段梭巡。以及鹅鼻嘴以上一带江岸陆路设防之处。会同李湘棻孙善宝尤渤等酌定章程。另行具奏。余著照所议办理。

兵部尚书裕诚等奏……臣等窃思外海舟师。迥非陆路可比。若非平日讲求水务。演习技艺。何以收发纵指使之用。是以定例于出洋弁兵。责成该管官留心试看。各验水务缓急。技艺高下。分别等第。本不得专较骑射。即将备千把等官。遇有升迁。亦一体考验各项技艺。以定黜陟。沿海各督抚。原宜慎重海疆。随地随时。认真训练。今该督奏称江省水师各营。并不尽习水务。遇有员弁缺出。皆于弓箭兵内考拔。而不及水兵及大炮鸟枪等兵。水师营伍。因之废弛。核与考拔水师之例。本属不符。自应亟为整顿。水师将备。全在训之于平日。而后验之于临时。应请嗣后沿海省分。考验水师将备弁兵。专以练习枪炮为要务。其一切洋面事宜。或善操驾舟楫。或能缉匪捡贼。或惯遭风涉险。一人能兼数技。与一人专精一技。均于平日逐一考验。分别等第。系弁兵随时存记档案。系将备随时报部注册。遇有弁兵应拔缺出。准其按照等第。核实拣拔。毋庸仿照陆路轮缺之例办理。遇有将备等官缺出。亦准其援照咨部记名之案。于题本内将该员娴习技艺之处。切实声明。如系例应引见之员。该督请由部臣先行阅看鸟枪。如果精熟有准。再准带领引见……

道光卷六五

(道光二十三年癸卯正月)丙辰。浙江巡抚刘韵珂奏……前奉上谕。将广东省官绅造成各船式样图说。饬祁𡎴另备分寄该督抚等。俟粤省寄到后。各就所辖洋面。察看何船适用。足以御敌。或于海道不甚相宜。而于江防亦堪制胜。即著悉心详议具奏。如或于江海形势。俱难得力。亦著据实奏闻等因。钦此。臣于将赴宁波之时。准两广督臣祁𡎴将图说五分。咨送到浙。臣即带往宁波。正欲与水师将弁。互相讲求。适接耆英钞折。咨会以该督亦接有粤省图说。与李廷钰程矞采尤渤等。共加筹度。各船于江省内江外海。均不甚相宜。惟闽省之同安梭船。较为利用。拟先造同安梭船二只。八桨小船四只。试练酌定。臣查浙省洋面情形。与江省大略相等。舵水操舟之技。亦不相上下。粤省现造各船。既不宜于苏。自亦不宜于浙。回省后与李廷钰面加商推。意见相同。李廷钰拟照江省之式。一体制造同安梭并八桨小船。配以同安水勇。以期于人地相宜。臣查海洋用兵。全凭船只。夷人生长海外。贸易中华。既依船为命。并以船为城。其所产木植。坚如铁石。既足供其所用。而其人生性灵巧。于制造之法。驾驶之方。无不各运机心。故其船皆坚大异常。转运便捷。而兵船与火轮船尤甚。当其行驶之时。既为风色潮信所不能限。及其接战之际。并为炮火所不能伤。中国既鲜坚大之材。又无机巧之匠。勉强草创。断不能与夷船等量齐观。况舵水人等。与船素不相习。于一切运棹折戗之术。俱所未谙。即使船与夷船相埒。而人不能运。亦属无济于事。令李廷钰拟造同安梭等船。据云其船亦未能与英夷大船争胜。第以人工物料。与海洋形势度之。浙省惟此船可适于用。虽不能争逐于外洋。尚可牵制于内港。是以再三审量。计及于此。值此防海需船之际。与其务高大之名。而造不适用之船。自不若因地制宜。而造适用之船。臣细绎所论。似李廷钰确有所见。惟伊现拟具折奏请。由闽代制同安梭四十只。八桨船八十只。每同安梭一只。配同安水勇二十五名。八桨船一只。配水勇八名。共配水勇一千六百四十名。专为提标定海等营之用。其乍浦等营。仍拟另行添造。钱塘江内。则拟专造八桨小船。俟提标等船竣事之后。再行接续制造……

刘韵珂又奏。再臣于回省后。复接署定海同知王丕显禀报。现泊定港夷船止二十只。较臣在宁波之时。又减少十余只。惟据署石浦同知黄维诰禀称。本月初六日。有夷船二只驶泊该厅洋面。旋有夷目二人。一名未氏碧。一名得已士。持帖进署求见。该厅与之接晤。未氏碧等求派水手二人。带至福州。及山东之登州。该厅覆以并无此等水手。未氏碧遂即回船等情。臣查福州为许给该夷通商之处。其欲行前往。或系相视地方。今乃欲兼往登州。是何意见。情殊可疑。且查英夷自粤来浙。必由闽洋该省鼓浪屿尚有船只停泊。闽省各洋面。该夷自必熟悉。又该夷于道光二十年。将船只驶赴天津。系由登州经过。其于该处路程。自必认识。何以此次复欲人带领前往。现在定海尚泊有米利坚佛兰西二船。究竟未氏碧等是否系英国夷官。抑系米利坚佛兰西二国之人。殊难揣测。该厅虽向其覆绝。但恐其自行觅人引往。现飞咨闽浙督臣。福建山东各抚臣。饬属了探防范。并咨钦差大臣伊里布。暨两江直隶各督臣。一体查照。

谕军机大臣等。刘韵珂奏查看宁波镇海情形一折。现在停泊定海夷船。约在三十只以外。并有米利坚佛兰西等国货船。亦复逗留在彼。是英夷虽已就抚。防范不可不严。该抚所议练兵造船设险三事。均系当务之急。惟船只须人驶驾。险隘须人堵守。自当次第办理。此时总当以练兵为第一要义。浙省风气柔弱。武备废弛。必当大加振作。力挽颓风。著耆英刘韵珂会同特依顺李廷钰悉心筹画。认真训练。并妥议章程具奏。其造船一节。李廷钰所拟制造同安梭四十只。八桨船八十只。共配水勇一千六百余名。需费既属不赀。是否得力。亦难悬拟。著即照江省之例。先行制造同安梭二只。八桨船四只。酌雇水勇数十名。先在江海演习。如果驾驶得力。再行奏请制办。至镇海防工。著俟李廷钰到任后。覆加察看。如前建各工外。尚有应行添建之处。著即相度筹办。乍浦等处。著特依顺亲往阅看。一并妥筹。仍著该抚等密筹妥办。毋稍疏漏。毋稍张皇为要。另片奏夷人求派水手。请往福州登州等处。登州并无设立马头。夷船不应驶往。未氏碧得已士究系何国夷人。其住泊定海之船。已否开去。著刘刘韵珂确切查明具奏。本日并有旨谕令王笃严密了望。如有夷船驶至。令其折回广东。并谕知耆英伊里布晓谕夷酋矣……

辛酉浙江提督三等伯李廷钰奏。查宁郡上年失守。额存铜铁大炮。均遭残毁。鸟枪军械亦俱散失。现在虽有新制。尚未齐全。合用与否。尚须试验。又历年积存火药。俱被焚毁。新备无多。是否加工如法制造。亦尚须点放试验。至滨海港汊繁多。夷船朝南暮北。奸计百出。处处设防。势难遍及。海洋事务。必藉船只。而浙省提标右营。定海镇标三营。及镇海营额设水师战船。俱遭该夷焚毁。现无一存。即黄岩温州两镇战船。闻皆单薄不堪风浪。是徒有战船之名。并无水师之实。现与抚臣刘韵珂商酌。拟将应行补造额设各项战船。一律改造。加料二千余石同安梭船四十只。其船向为各省海洋之所宜。又滨海人人之所习惯。即有损坏。到处工匠。皆能修造。而驾驶亦不乏人。因地制宜。于此为便。另拟造八桨船八十只。以资大船内海浅水之所不及……

戊辰。署漕运总督李湘棻奏。钦奉上谕。江南通省善后事宜。著交李湘棻会同耆英妥筹办理。钦此。窃思英夷利在通商。业已就我范围。即稍有枝节之词。无非要求妄念。但能相机驾驭。似不致再起衅端。惟米利坚佛兰西均有船在粤在浙。难保无觊觎效尤之意。而大江延袤五省。如不严加备御。设或扬帆直进。必致百姓震惊。盐榷河漕稍有阻滞。实为心腹之患。与沿海滋扰。不能深入内港者不同。在江苏一省而论。防江固要于防海。即合各省海疆而论。其紧要亦莫过于大江。夷人船坚炮利。人与船习。运掉灵敏。内地现在水师。固难与之角胜。即赶造大船大炮。尚须督兵演驾。非一二年不能精熟。以我所短。当彼所长。虽有制胜之具。难操必胜之权。臣愚以为拒之于水。不如拒之于陆。盖夷人船上之炮。大者八千斤。多即不能受载。而我之陆路。可加倍以胜之。臣前在广东访察夷情。英夷久欲夺澳门。而不敢犯澳门者。缘澳门炮台安放大炮。有重至三万余斤者。二十里之外。巨舰遭之。无不糜碎。是以广东善后案内。铸造一万三千斤铜炮十尊。臣亲身监造。安放大黄窖二沙尾二尊。令兵勇演放。受子重七十斤。受药四百八十两。中靶八里之外。火力所至。两岸小船。皆为倾覆。夷人未尝不惧我台上之炮。前之敢于深入者。知我台上无胆勇放炮之人耳。查狼山福山江面。宽至七八十里。炮力不能远击。而鹅鼻嘴圌山关。与江北之刘闻沙。东生洲。江面仅宽五六里七八里不等。若于江岸两面。相度地势筑台。各安放大铜炮十余尊。配以八千斤五千斤大铁炮十余尊。连环开放。选练兵丁。演习精熟。实可断其来路。至守台兵力。必宜厚集。有事则昼夜轮班守望。而后路并宜设伏。以防抄袭。备御完固。一台可敌万人之用。其建置之地。如何扼要。修筑之法。如何坚实。尤须谙练之员。如法讲求。方能有济。查有候选知县马永炽。随臣在粤。练勇修台。最为得力。倘蒙恩准饬令马永炽来江。交督臣及臣差遣。即可先令该员随同江省委办善后道府大员。前往江路要隘。逐处履勘明确。将建筑之费。实需若干。细加估计。臣等再行会奏请旨……

谕军机大臣等。李湘棻奏。筹议江防。添铸炮位。并请饬候选知县马永炽。前赴江苏差遣。估筑炮台各等语。览奏均悉。江苏江面鹅鼻嘴等处。南北相去。仅宽五六里至七八里不等。若能筑台设炮。演习精熟。实堪断其来路。马永炽现在直隶。业经降旨令讷尔经额查明该员。如正在演筑炮台。俟试验后奏闻。如尚未演筑。即著饬令赴苏。交耆英李湘棻差遣矣……

二月甲戌。署福州将军保昌。署闽浙总督刘鸿翱。护理福建巡抚曾望颜奏。窃臣于正月初三日。据闽安营禀报。初二日巳刻。了见有火轮船一只。进泊五虎门内熨斗洋面等情。当饬署督标中军副将庆顺。署水师营参将林建猷。署闽安协副将孙云鸿。前往查询。该夷船系于上年十二月二十八日。在浙江定海开驶来闽。因在黄岐洋面冲礁。撞损尾梢。在此修理。并称定海夷目巴柏架。随后驾坐数船。不日亦可至闽。意欲换坐火轮船。进省探看马头等语。并据交出夷书一封。转递到省。面书照会福州府大老爷安启字样。内有名帖二纸。一系提督巴围览。一系翻译官李太郭。内夷字一纸。不能辨认。另有汉字一纸。语句亦不甚通晓。大意以前此朴鼎查。由闽赴粤。经过五虎时。因风阻不得进口。令欲会晤福州官员。探看马头。臣等查前此朴鼎查自浙来闽。先有钦差大臣伊里布。两江总督耆英咨会之文。今巴柏架等未经各处咨会。何以突来探看马头。惟既经准令通商。自亦不便拒阻。当即饬派员弁往探。续据禀报初五日午刻。有杉板夷船一只。由五虎外洋。驶泊熨斗洋面之火轮船边。据该夷船通事向巡查员弁告称。巴柏架于正月初一日。自浙率带夷船三只。并画图夷船一只。探水夷船一只。于初五日驶至五虎门外白犬洋面寄泊。先遣杉板前来投信。其五船均不能进口。欲借营船。往载巴柏架至五虎门。换坐火轮船进省。至巴柏架系英夷水师提督官名。巴围览系其人名等语。经孙云鸿派弁驾坐兵船。前往面询。巴柏架又不进省。遣其夷守备甲花厘。带领夷官庇剌花。通事郑彩。齐带夷书。率同跟役舵水八名。驾坐杉板小船。来省投递。经署参将林建猷等。驾船护送。于初九日酉刻。同至南台地方。臣等即饬署福州府知府史致蕃。兼署海防同知闽县知县王江。会同署中军副将庆顺。出城面见。令其呈出夷书。该夷弁必欲见一衙门。方肯呈递。随饬将甲花厘等三人。于初十日午刻。带至藩署二门差房内停歇。当据呈出夷书一封。书面及名帖二纸。均系照前开写。内夷字一纸。仍难辨认。汉字一纸。语意亦不甚明晰。大约谓先来之火轮船。逢礁损漏。是以巴柏架不复来省。后有福州官见该国小兵船。时时游玩之语。甚属含糊。当饬闽县知县王江。署侯官县知县陈阡。详诘来意。据该通事转据甲花厘声称。巴柏架因接朴鼎喳照会。令其来闽察看地势。选择马头。本欲亲自至省。因火轮船在洋冲礁撞损。是以不复进口。遣伊赍书前来。顺便查看地方。书内夷字。与汉文一样。并无他语。所云小兵船时时游玩。系指甲花厘等驾坐小船而来。准令游看而言。巴柏架船只。现已驶赴厦门。耽搁一二日。即往广东。令伊俟火轮船修好。亦即赴厦等语。语气尚属恭顺。臣等查福州厦门二处。虽准该夷贸易。而设馆通商诸务。均须俟钦差大臣伊里布等。在粤议定。方可举行。甲花厘等。不过奉其夷目。差遣前来。投递书函。并查看地势情形。并无他事。臣等自可无庸接见。当经赏以酒食。即日回至南台。次早仍坐杉板小船。赴熨斗洋面寄泊之火轮船上。于十四日午刻开驶出口。现据兴泉永道恒昌禀报。本月初九日酉刻。有三桅大夷船一只。进泊厦港。查系夷目巴姓自浙驾来。俟在五虎修理之火轮船开驶到厦。即一同赴粤等语。是巴柏架一船。果已抵厦。该夷此来。尚为驯顺。查询亦无别意。惟其书词含糊。据称来看马头。而通商事宜。现在钦差大臣等。与该夷目朴鼎查。如何定议。未准咨会到闽。巴柏架果否系朴鼎查令伊前来。亦无明文。

谕军机大臣等。伊里布等奏。筹给抚夷银款等语。览奏均悉。现在浙之舟山。闽之鼓浪屿。皆有夷船。若日久停泊。恐生事端。自应照议按年筹款清交为妥。其通商输税事宜。粗定规模。惟该夷目请裁行商。并愿退居香港通市。将来稽查偷漏。输纳税银。已费更张。且饷钞之应增应减。规费之应留应革。该将军务当通盘筹画。持以公平。以顺夷情而裕课额。至米利坚佛啷西各国。现无乞往各口通商之事。傥英夷税务。定有章程后。该二国乞请通商。著伊里布察看情形。随时酌办。一切务臻妥协。以副委任。

(癸未)谕军机大臣等……再台湾港口鸡笼山打狗山二处。沙礁甚险。须用平底船。及熟谙水路者。

方能前进。近闻夷船在厦。勾引奸民。要用平底船一百四十只。难保不别存诡计。著刘鸿翱严密访查。务得确情据实具奏。并著怡良于自台内渡后。严饬该镇道等。于鸡笼山打狗山。及鹿耳门扼要之处。加意防范。严缉海盗奸民。慎勿稍存大意。将此谕知怡良。刘鸿翱。并谕窦振彪。普陀保。知之。

丙戌。署福州将军保昌。署闽浙总督刘鸿翱。护理福建巡抚曾望颜。福建水师提督窦振彪奏。窃照夷酋巴柏架遣人至省投书。旋即回船。先后自省港开往厦港缘由。经臣等恭折驰奏在案。臣刘鸿翱因该夷船既欲驶赴厦港。当即密致窦振彪。暨兴永泉道恒昌俟其船至看其如何行止。臣窦振彪接据差报。初九日酉刻。果有三桅三层炮大夷船一只。收泊鼓浪屿。探系夷酋巴柏架坐船。遂于初十日会同兴永泉道恒昌。亲赴该船相见。次日该夷酋巴柏架。率夷官十数人。前来答拜。内有李太郭者。系派驻厦门管理夷事之官。由定海同帮南下。尚有火轮船一只。在洋损漏。往省港修理。俟该火轮船到厦。即便驶往香港。其李太郭须俟月余。仍回厦门等语。情意甚属款洽。臣保昌等接据署闽安协副将孙云鸿禀报。转据该营护送寄泊火轮船出洋之护都司陈乔柏。自洋回营。禀称十四日午刻。该火轮船临开时。据该夷通事送交书信一封。面写夷字。不能辩认。又船图一纸。内绘双桅夷船二只。注有汉字。一注此船名班得。委员一名奸尔臣。载炮十八尊。一注此船名士打灵。出海名加用治。载炮四尊。又于图内中间注此二船约四五十日。可到此地。船内通事一名等字样。并据该通事口称此二只船若到。惟由五虎门外行驶。画图探水。约四五十日内可到。即将夷信送交。如五十日以外。不见此船。不拘遇见何项夷船到此。亦将此信赍交。留此船图。以为辨认等语。臣等以既准通商。自应将夷书存俟妥交。旋据差探该火轮船一只。亦于十九日午刻。驶到鼓浪屿。并该夷酋巴柏架船只。于二十三二十四日。先后开往广东。现在鼓浪屿尚泊夷船六只等情。臣等查该夷酋船只。此次由浙来闽。遣人至省投书。称系朴鼎查照会巴夷酋来看马头。后复驶往厦港。停泊数日。开往广东。均极静帖。所称朴鼎查照会之言。似属可信。再督臣怡良。奉命渡台。已于正月十四日放洋东渡。

谕军机大臣等。据保昌等奏。夷酋巴柏架船只。开往广东。极为安静等语夷酋巴柏架。乘船收泊鼓浪屿。与宝振彪等相见。并于火轮船出洋时。有该夷通事留下书信。求为代送夷船等情现在该酋船只已开往广东。是其所称系朴鼎查照会。来看马头之说。尚属可信。惟夷船往来无定。此时既准通商。固未便加之拒绝。而藉端生事。亦不可不密为防范……

辛卯。杭州将军特依顺。杭州副都统恒兴。乍浦副都统吴必湆奏……至船只为水师要具。从前战船。制度卑小。工料偷减。本属有名无实。况现已被毁无存。自须另行制造。现在提臣李廷钰拟造同安梭船。应俟造成之后。如能得力。再将乍浦水师营船只接续兴办。以资防御。

道光卷六六

(道光二十三年癸卯三月乙卯)谕军机大臣等。耆英等奏缕陈圌山关等处筹办情形一折。据称圌山关江面。现办木筏五十架。小筏三架。划船二十只。责成游击钱朝举。会同地方官收管。又挑留泅水头目壮勇三十名。交该游击验收。督令教习京口营兵泅水之法。并饬把总李天林等。常川驻劄。守护教演。甚鹅鼻嘴江面。一律配船造筏。仿照圌山关章程办理。仍多方招募泅水壮勇等语。耆英现赴广东。著孙善宝。李湘棻。尤渤。妥为办理……

(四月)庚寅。护理两江总督江苏巡抚孙善宝奏。窃照本年二月初三日。吴淞口外。到有夷船三只。欲赴上海贸易。似系米利坚之船。经该营县谕以税则未定。马头未立。不便先行交易。该夷因修理船上器具。停泊口外。即经臣与督臣耆英。飞饬苏松太道。委员会同地方官。剀切晓谕。令其速赴广东。听候钦差大臣议定税则。再行奏明请旨。嗣于十五日。续来夷船一只。亦似米利坚之船。因延未开行。复经督臣饬委督粮同知沈炳垣驰往。会同营县。明白开导。先后驶去二只。仍泊二只。旋于二十七日。到有英吉利夷船二只。经该营县询系由定海开来。探听广东信息。即于三十日。与前泊之夷船二只。一并驶往外洋。至三月十二日。复有夷船一只。乘风顺潮。由吴淞口驶至上海城外。该营县上船查询。系花旗国。即米利坚之船。由吕宋载货至此贸易。该营县谕以会议税则。尚未奉有明文。该夷允回广东候信。于十六日驶去。兹复据护苏松太道颜以燠禀称。三月二十一日。英吉利火轮船一只。驶至黄浦江。该道正拟会营督县上船查询。次日即有夷目带同通事。来至公寓。据称该国大员。闻有别处之船。在于上海逗留。恐滋事端。现来押令折回舟山等语。并递呈该国驻扎定海之副将胡姓。照会苏松太道来文。当即公同拆阅。与所言大略相同。并无别故。钞录照会。具禀到臣。正在查办间。据宝山营县禀报。该船即于二十三日。开行出洋等情。臣查夷船往来。虽系意在通商。第恐沿海居民。见而疑惧。叠经饬属妥为弹压巡防。毋稍惊扰。前驻定夷酋。恐有夷船在上海滋事。差令夷目押回。具见克敦和好。查阅照会内文义。虽不甚明晰。而情词极为驯顺。所称并无别故。尚属可信。该夷船驶至之日。适前项所到各船。均已开行。是以即行返棹。臣仍饬令该道县等。如有续至之船。一体妥为晓示。令其迅速开行。总俟广东议定税则。奏明请旨遵办。

五月。乙巳。署两江总督壁昌。江苏巡抚孙善宝奏。窃照本年二三月间。夷船驶至吴淞上海等处。欲行贸易。并英夷火轮船。投递苏松太道文书。旋即先后开行。截至三月二十三日。全数出洋缘由。业经恭折具奏在案。惟二月初三日所到之船。迟至二月三十日。始行开去。稽留日久。恐有无知愚民。私相交接。以及别项情弊。当即密行访查。适苏州府督粮同知沈炳垣。因公自上海回苏。经臣孙善宝。向其查询。据将护理苏松太道颜以燠所出告示。录稿呈阅。核其措词。前后含混。易致民人有可藉口。正在查办间。臣等接准钦差大臣耆英。在浙江途次咨开。前因夷船逗留不去。密札沈炳垣查覆。兹据录送苏松太道告示。相应咨请核办等因前来。臣等核与前呈示稿相同。并于四月初九日。据宝山营县具禀。吴淞口外。陆续到有米利坚及英吉利大小船五只。内米利坚船二只。英吉利船三只。其中并有二只于二月间来过。米利坚船声称。载有货物前来。听候通商。英吉利船。称系前来探听开市信息等情。臣等伏查现来夷船。虽有米利坚与英吉利之分。而英夷前有照会苏松太道之文。称为押逐各国船只。何以该国二月开去之船。现又另带一船。同米利坚船只。先后驶至。情形殊属矛盾。臣等现已咨会钦差大臣耆英。照会朴鼎查查明具覆。并饬熟悉夷情之同知沈炳垣。驰赴上海。会同营县。明白开导。总候钦差大臣到粤朴鼎喳议定税则后。方可照章交易。现在守候无益。谕令迅速起碇赴粤。一面确查严禁。毋许内地奸民。潜相勾串。别滋事端。惟是上海通商。事属创始。傥查办稍仍未协。易启民夷藉口之端。现在税则尚未颁行。该护道因二月间所到夷船。欲在口岸购买银物。曾经出示晓谕。示内既以俟颁到税则。再行交易为词。复有乘此货物通行。赶紧转运之语。实属含糊不明。即难免无知愚民。藉口相与交易。此后民夷交涉。事件较多未便稍疏筹画。该护道所出之示。措词既有未协。察看人地即不甚相宜。奏明请旨将护理苏松太道颜以燠撤任。

朱批。撤任不足了事。必当严行查讯。如有别项情弊。即据实严参。惩一儆百。懔之。慎勿姑息。

谕军机大臣等。据壁昌奏。勘明鹅鼻嘴。圌山关。及北固山。一带江面形势。指定设防处所。绘图呈览一折。朕详加披阅。所拟尚属周备。惟江面辽阔。处处可通舟楫。炮城孤峙沙洲。能否足资防御。其鹅鼻嘴等处傍山炮城。是否扼全江之险要。可期声势联络。保障沿江城邑。著壁昌会同孙善宝。尤渤。李湘棻。再行详察形势。妥议具奏。总须层层接应。互为声援。傥只知迎面攻击。而贼众或绕至炮台以后。两面攻我。或弃舟登陆。以分我势。又将何以应之。务当处处虑及。有备无患。方不至临事仓皇。其应需炮位。仍著酌量设局开铸。并照舢板船式。量为变通。先行试造。如果驾驶得力。再行多为制办。余著照所议办理。

署理闽浙总督刘鸿翱奏。窃臣承准军机大臣字寄。二月初十日。奉上谕。有人奏厦门鼓浪屿寄泊夷船。干豫民事等语。如果属实。则夷目干豫民事。藉端勾结。不可不防其渐。著刘鸿翱严密访查。务得确情。据实具奏。并著怡良于自台内渡后。严饬该镇道等于鸡笼山。打狗山。及鹿耳门。扼要之处。加意防范。严缉海盗奸民。慎勿稍存大意等因。钦此。伏查臣自上年十二月。奉命署理闽浙总督。随即驰抵泉州接篆。距厦门止二百一十里。鼓浪屿寄泊夷船。如何动作。得信较速。且水师提臣窦振彪。与兴泉永道恒昌。均驻在彼。随时探报。数月以来。并未闻有干豫民事之信。兹钦奉谕旨。当即密委署泉州府知府沈汝瀚。调补嘉义县知县胡国荣。驰赴同安。厦门。龙溪。南澳。等处确查。兹据该委员等先后回泉禀称。访查上年七月间。有商民扎运竹排。至龙溪县辖之壶屿港口。被水冲散。适英夷驾驶杉板至彼。见而捞取。该杜黄姓。亦驾船拾捞。夷人不依。施放枪炮。致烧毁黄姓草寮一所。住屋二所。黄吴两姓公共神庙一所。又延烧毗连之吴姓住屋九所。旋即乘潮退出。并未伤人。嗣吴姓以事由黄姓争捞起衅。殃及伊等房屋。心怀不甘。控经龙溪县断令黄姓出银四百圆。给吴姓赔修。详府批结。则所称黄姓出银获免之说。系传闻之讹。又先于上年六月十二日。有过往商船。在洋遇盗喊救。英夷杉板数只。追赶盗盘。至海澄县辖麦坑地方。盗匪弃船登岸跑逃。又上年七月十二日。因尾追盗匪放枪。将漳浦县辖欲口等社小船民房烧毁。以上两案。亦均未伤人。当日载米商船。已早向他处贸易。曾否与夷人均分银米。当时未有传闻。无从查询。盖事在英夷未受抚以前。厦门之夷。方思寻衅生事。惟其意所欲为。不容绳以法律。自朴鼎查到厦后。经督臣怡良。将前项情由告知。始嘱留厦之酋。严束夷众。渐就安静。间向居民买取食物。亦系照时价。并无惊扰。即如本年正二月间。夷人或十余人。或二三十人。先后驾驶杉板。至海澄龙溪等县游玩。经该县等谕以该处并不通商。不能任其进城。该夷即便回船。又访查同安西北各乡。向有械斗。离海甚远。为夷杉板所不能到。其离海较近厦门村庄一百数十余处。向无械斗。安有夷人助斗。至夷人在厦。勾引奸民。要用平底船一节。访之绅民。毫无闻见。据兴泉永道厦防同知等佥称。如果夷人就厦制造。数至一百四十只之多。亦断难掩人耳目。查台湾各海口。商贾帆樯云集。只要舵工熟识暗礁浅沙。亦不藉平底船方能驶进。且夷船各带有杉板二三只。与平底船何异。据查并无其事。尚属可信。惟夷性诡谲。虽已受抚。而防闲总不容稍疏。臣怡良于内渡后。即钦遵谕旨。密饬台湾镇道。于鸡笼山等处扼要各口岸。加意防范。并严缉海盗奸民。不得稍涉松懈。其闽广交界之南澳地方。本属瘠土。商旅向不到此。两年来。凡夷船经过。南澳总兵。一报广东。一报福建。据查夷人去年曾因避风。上岸眺望。经渔人喊阻即回。自此之后。该处并未见有夷人上岸。焉有盖馆筑楼。设教场操演。随处肆掠妇女。擅办民事之理。查南澳分隶闽粤。设有建造滋扰之事。广东早已人言藉藉。该委员等亦断不敢代为掩饰。自蹈欺诬之咎。此臣密查之实在情形也。总之英夷甫经就抚。规模初定。必当慎之于始。方克善终将来。粤东饷税议定。开关通商。华夷杂处。一切抚驭防维。益宜筹画尽善。以期相安。臣等惟有督率沿海文武员弁。随时认真稽查。斟酌妥办。以仰副圣主轸念岩疆。抚绥外夷之至意。

谕军机大臣等。刘鸿翱奏。遵旨密查厦门夷船情形一折。览奏已悉。现在该夷甫经受抚。防范不可稍疏。著怡良等密饬沿海文武员弁。于扼要各口岸。加意巡防。其闽广交界之南澳地方。尤当实力稽查。将来粤东饷税章程议定后。福建厦门等处。即须开关通市。华夷杂处。一切抚驭防维。益宜筹画尽善。该督等务当严饬所属。随时认真稽查。以杜奸民勾串之弊。是为至要。

谕军机大臣等。耆英奏中途接受关防。计日可抵广东。并详询广东委员。知夷酋安心静候。极为驯顺。民情靖谧等语。览奏已悉。到省后。自当会同督抚海关。督同黄恩彤。咸龄。妥议饷税章程。务当体察情形。酌中定议。期于国计民生夷情。三者皆有裨益……

己未。

盛京将军禧恩奏。窃奴才于本年四月初二日起程。驰抵各海口。逐一履勘。金州实当海道之冲。自山东至天津。必由该处洋面经过。如和尚岛。大孤山。青泥洼。小平岛。羊头洼。双岛。皆老水贴岸。貔子窝为各省商船停泊之所。即龙王庙。虽滩长水浅。距城仅止二里。与距城十二里之红土崖。皆一帆可达外洋。俱为最要之区。若旅顺口。则近岸水势不深。口门狭隘。是以在该处停泊战船。藉有口岸收束。可资保卫。然出口数里以外。即属大洋。与山东登州府。一水相望。尤为紧要。该处原设水师营。现有兵六百名。以之守营护船。驻防口岸。配搭巡船。尚属敷用。应俟福建新造船只到时。临期察看情形。如果必须酌增甲兵。再行奏明遵办……至熊岳城事务较简。其所辖兔儿岛。海口外深不过二三丈。下有礁石沙线。不利舟行。无关紧要。惟盖州之望海塞。西套。各海口。船只必从此经过。其连云岛海口。则为船只停泊之所。商贾云集。人烟稠密。现已移驻城守尉。而额兵仅止三百八十名。殊觉单薄……至复州所属之娘娘宫。常兴岛。八岔沟。各海口。水深六七丈。近接大洋。亦属紧要。惟距城较远。居民寥落。设遇有警。尚不致有意外之虞。其余各海口。虽不甚紧要。然亦不可稍存大意。已严饬该旗民地方各官。认真讲求团练。俾无事则自顾身家。有事则坚壁海口。俾知大义。众志成城。兵民相维。则后路可期得力。毋得以海口现在无事。稍生懈怠。奴才亲诣各海口。校阅兵勇。枪箭技艺。尚属整齐。惟复州应添鸟枪一百杆。盖州应添鸟枪五十杆。其余器械有不精者。即饬令更换。兵丁有年力就衰。技艺平常者。立予革退。另行挑补。以期一兵得一兵之用。

癸亥。署两江总督壁昌奏。现据护上海道。并宝山县营禀报。吴淞口外。陆续又到有夷船五只。声称载有货物。听候通商等语。当即札饬苏州府同知沈炳垣。驰赴上海。会同营县。妥为办理。兹据禀称。十八日。夷船到上海。先遣夷目二人来见。云有该夷酋黄香诗。其职比中国守备。明日亲来投文等语。次日。该夷酋来面递照会。拆阅仍系定海夷酋胡姓来文。内有前派吴上两口之兵船。以阻英船进扬子江者。不得不撤回。嗣后又不能阻之前往其江也等语。文义不甚明晰。核与前次照会不符。诘以何故。该夷酋诿为不知。询其何日开行。据答一有回文。即行开去。该护道仍照前次覆文。谕令速回定海。俟粤中议定章程。再来贸易。备文照覆。差弁送交。该夷酋黄姓。即于二十二日开行。并由该护道照钞该夷照会及回文。呈送前来。旋据署松江府。及宝山县营禀报。黄姓夷船。已于二十六日。向东南外洋驶去。此外夷船。现在陆续开行各等情。伏查本年两次由定海来吴淞口之夷船。停泊多日。并未有进扬子江之说。向来内地民人。与该夷交易。均系闽广人经手。镇江扬州一带。并无闽广人居住。何以该夷来文。忽有此语。或因前欠照会。既说禁阻彼船。不令进口。此次又说不能阻止。自相矛盾。遂以扬子江为词。谓能禁吴淞口之船。而不能禁扬子江之船。以巧饰其非。亦未可定。现已飞咨钦差大臣耆英。向朴鼎查确切查询移覆。惟该夷既有此语。不可不严加防范。现在鹅鼻嘴。圌山关。等处。虽经臣勘定界址。拟筑炮城。惟估计兴建。尚需时日。现值潮汛渐旺之际。臣甚不放心。当经密饬沿江沿海文武员弁。小心防守。设有夷船驶至。不动声色。明白开导。令其速回。静候议定税则。前往上海交易。无庸在此守候。并严禁内地奸民。潜相勾串。亦毋得致涉张皇。别滋事端。

六月。丙子。山东巡抚梁宝常奏……臣于四月初二日到任。即于四月二十一日。由省起程来登。兹臣驰抵登州。连日亲赴各海口要隘处所。周历履勘。详查岛屿。分测水势。探礁石之险。易考海舶之经由。校阅水师。试验船炮。将前抚臣托浑布原议八条。逐一参核。有原议已周。应即照办者。有就原议量为变通者。有臣思虑所及。别抒管见者。谨分别胪款。为我皇上详晰陈之。

一原议增设水师官兵一条。查登州府东北隍城岛以外。一百八十里洋面。与奉天各半分辖。为南船赴天津要路。其地属水师北汛所辖。该汛分管洋面一千八百里……兹臣体察洋面情形。参以现额水师。必应酌量添设。以重巡防。应请均如前抚臣原奏办理……

一原议另造水师战船。以资操防一条……兹臣试验东省现在战船。诚嫌拙笨。商船又不能多载炮位。且筹备海防。不造战舰。仅雇商船。实非经久之计。臣与登州镇道。及水师员弁。再四熟商。博采众论。旧有战艍各船。弁兵习用已惯。且与北洋相宜。今造新船。长短广狭。似宜愁循旧制。惟船头改尖。船尾改宽。通船板片加厚。船旁大木加粗。先求坚固。以耐风浪。旧船载炮较少。弁兵放炮之处。露身于外。别无遮护。今拟两旁多开炮门。头尾各安千斤大炮一位。两旁安千斤及三五百斤大炮十位。各船舱密排鸟枪台炮及劈山子母等炮多位。仍参用粤船制度。于炮位之上。安设护板。使炮手在下。藉以遮蔽。旧船行动。惟藉风帆。今亦仿粤船大八桨之制。前后酌加八桨。风力不足。亦可藉桨以施人力。稍变前规。无事改作。足收驾轻就熟之效……

一原议慎守炮位。严定操演章程一条。查登州府现存千斤以上。至八千斤大炮七十四位。威远等炮一百五十五位。前抚臣原议于登州府北门内。建设炮局。将海岸新旧大小各炮。尽行收贮。专派登中营游击监管。每年冬令。商船停行之际。将各炮运至海滩。由登州镇臣。传集水陆将升兵丁。按十日一次。轮流施放。其运动之费。修整之资。及常操火药。筹及经费。核实支销。臣查器不用则易坏。兵不练则易弛。各炮制造匪易。自未便常置海滩。听其日久荒废。应请照原议办理……

……

一原议沿海岛屿。临时分别徙守一条。查登莱青三府。沿海各岛。有井水柴薪田园庐舍者。三十二。夷船北驶。皆须防其占岛掠取薪水。为久持之计。且其地多属孤悬海外。防岛更难于防城。前抚臣原办防堵章程。地非冲要。夷船不能遽至者。议令临时塞断上岸道路。团练岛民以自守。其烟户无多。重洋远隔。人力难施者。则令地方官多雇商渔各船。分岛停泊。一有警报。即令岛民挈资内渡。其地通陆路。易于扼守。又为海船收泊口岸。则分兵固守。以杜侵轶……

……

道光卷六七

道光二十三年。癸卯。七月。乙巳。

钦差大臣两江总督耆英奏。窃奴才于行抵粤省后。当将体察夷情。酌筹办理缘由。专折奏报在案。正在检阅例案。悉心核办间。接据夷酋仆鼎查自香港来文。请定期会晤。面定大局。奴才当以此事非与该酋面加商确。终难定局。而于未开市之先。令其来省会商。易启民间疑虑。且香港情形。究竟若何。将来能否杜其走私。亦应亲往察看明白。庶有把握。当于五月二十六日早。带同广东臬司黄恩彤。侍卫咸龄等。由黄埔换船开行。经过狮子。零丁。磨刀。铜鼓。各洋面。约计水程四百余里。是日下午。即抵香港。该夷目率同夷兵。摆队奏乐。跨刀远迎。执礼甚恭。情极驯顺。奴才查看香港。本属荒岛。重峦复岭。孤峙海中。距新安县城一百余里。从前本系洋盗出没之所。绝少居民。只有贫穷渔户数十家。在土名赤柱湾等处。畸零散处。该夷于近年以来。在土名裙带路一带。凿山开道。建盖洋楼一百余所。渐次竣工。并有粤东无业贫民蜑户。在该处搭盖棚寮。贩卖食物。约计夷商不满数百。而内民之贸易及傭力者。已不止数千人。奴才率同黄恩彤等。与朴鼎查接见数次。将通商章程。及输税事例。反覆辩论。大局粗定。奴才当因夷性多疑。事既得有头绪。亟应坚其所约。以免再有反覆。即于二十九日。恭赍钤用御宝和约。发给该酋敬谨只领。并据该酋将该国和约呈进前来。奴才验明收讫后。即于六月初一日。率同黄恩彤等驶回粤省。窃查粤海关进出口货物。百余年来递有变更。即如进口洋货。向多奇巧玩好。而近年则以棉花为第一大宗。出口各货。向重绸缎湖丝。而近年则以茶叶为第一大宗。如此二宗税饷得有加增。则其余无论增减。均于税务之赢绌。不致大有出入。前此伊里布督饬委员。与之往复诘维。而税例不能遽定者。皆由茶棉二项。该夷等不肯听命增税故也。检核粤海关税则。每年应征正税。及盈余银八十九万九千余两。其额外盈余。约收一二十万两。及三四十万两不等。茶叶一项。每年出口约计四五十万担。棉花一项。进口约计五十一万三千余担。旧例茶叶每担以一百斤计算。应征正耗税银。及各项归公规费。共银九钱二分零。及八钱七分零不等。棉花每担亦以百斤计算。应征正耗税银。及各项归公规费。共银二钱一分零。督臣祁埙。督饬黄恩彤等。与夷目议明。茶叶每担以二两为额。棉花每担以三钱为额。较旧例本已有增。奴才复与仆鼎查面商定准。茶叶每担增至二两五钱。较旧例税规计增倍蓰。棉花每担增至四钱。较旧例税规计增几及一倍。茶叶以四十五万担计之。每年约可收税银一百十余万两。棉花以五十一万三千担计之。每年约可收税银二十万五千余两。即此二宗。已足抵粤海关岁入正额盈余之数。且此二宗。均属粗重之物。偷漏易于稽查。征收较有把握。其余各货税。减者固不能无。而增者亦复不少。且有旧例漏未征税。新议增入者。通盘合算。实属有赢无绌。且关税以粤海关为最重。该夷赴各口贸易。不以闽浙江苏等关税例。藉口图减。而欲以粤海为额。通行各口。一体输将。此后商货流通。所加者更难以数计。再该夷各项大宗货物。仍在广州贸易外。惟香港四面环海。舟楫处处可通。现有内地民人。赴彼零星买卖。数年以后。渐集渐多。势必至华夷杂处。与澳门无异。查澳门地方。自前明迄今三百余年。各该夷先后居住。安分贸易。从未为患。内地亦鲜偷漏税饷情事。今香港情形。几与相似。若不明定章程。妥为办理。则走私漏税。百弊丛生。转恐与正税有碍。容奴才与祁𡊮等悉心熟商。酌议办理。再米利坚佛兰西等国。现在亦据请照新定章程办理。容奴才会同督抚诸臣。将章程核定后。与之要约明白。专案办理。

耆英又奏。再税饷章程。虽为贸易条款。实则理财之一端。琐屑纠纷。动多牵制。该夷自释兵就抚之后。因章程未定。贸易未通。外貌虽极恭顺。中心实存骄蹇。所赖通商为该夷养命之源。税例之增减多寡。即关夷情之向背从违。若过为搜剔。则恐致反覆。概示优容。又易滋流弊。且夷目马礼逊久在粤东。于商税利弊。算及锱铢。我方思控制之方。彼已有抵牾之术。不予该夷以小利。恐启争端。不留地方之余利。有碍民生。损上益下。虽为轻国大猷。而当此支用孔繁之际。又不能不先为国计。智者处此。亦有操纵两难之势。伊里布之鞠躬尽瘁。未能一手完结。职是之故。即黄恩彤。咸龄。多方设法。辩论再三。虽已唇焦舌敝。力尽筋疲。终因伊里布出缺之后。该夷观望徘徊。不能定议。向来各国货船。每年六月以后。即陆续来粤。奴才到粤之时。相去货船进口之期。仅止月余。若不迅速办结。阛阓营趁之人。既多顾虑。夷船聚集守候。非急而生变。即游行各口。希冀走私。于大局殊有关系。赶紧督同黄恩彤等。查核卷宗。体察情形。必须消除其观望之心。遏抑其骄蹇之气。方可渐冀就范。因籍该酋请令会晤日期。即示以坦白。令彼驾驶火轮船前来。奴才带同黄恩彤咸龄等。轻装减从。即坐火轮船前往香港。接见该酋仆鼎查。奴才当即宣布皇上恩德。次日亲赴该酋住处。以诚破诈。以气折骄。该酋技无所施。掩然帖服。奴才遂在夷楼居住四日。又经黄恩彤等反复开导。始得头绪……

耆英又奏。再奴才正在缮折间。接据朴鼎查照会。以该国蒙大皇帝恩准通商。业经十月之久。因新例未定。以致众商观望不前。伊里布前于正月间。曾经约期七月初一日。颁行新例。夷商无不闻知。现在税饷已定八九。求速为核明颁发。以便仍如前约。于七月初一日开市等因。奴才查伊里布于抵粤后察看商税情形。不能速定。因夷酋急望开市。恐办理未能周妥。且各国夷船。向年皆于六月内到粤。是以宽为约期。以半年为准。此正月间所以有七月初一日。颁行新例之议也。彼时原期三月内定案具奏。四五两月。可以接准部覆。通行各口。六月内可以粗定办法。约计以七月初一日为期。本属从容不迫。讵伊里布于二月初出缺。以致二三四数月之间。未免停搁。迨奴才到粤接办。一月之内。即定十分之九。原冀税例早定一日。则夷情早安一日。惟与督抚海关诸臣。尚须熟商。方能会折覆奏。并造册咨部。议覆需时。现届七月朔不过半月之期。岂能遽照新例贸易。碍难准行。当即明晰照覆。并令臬司黄恩彤。侍卫咸龄。向现在省城之夷目马礼逊。罗伯聃。麻恭等。面加晓谕。该夷目等仍坚执前约。再三请求。迨将天朝制度。及各口情形。详加辩论。该夷目等复称福州等处。新设马头。诚恐赶办不及。广州近在咫尺。又系通商旧地。一经颁发新例。即可奉行。无虞阻隔。且伊国众商货船停泊外洋者。已有三十余只。均因新例未定。不便进口贸易。不惟久停洋面。台飓堪虞。且船户水手。人数众多。一切汲取淡水。购买食物。甚属苦累。现在众情汹汹。有不遵约束之势。既蒙大皇帝逾格天恩。自必诸加体恤。但求于广州一口。照前约七月初一日通市。免致远商久待受亏等语。黄恩彤等复严加驳斥。而该夷目等抗辩不屈。固请不已。情词极为迫切。奴才查该夷以通商为性命。准其贸易。则恭顺如常。绝其贸易。则骄蹇难制。故自有明至今。羁縻夷人。皆借通商为饵。现在该夷酋等既坚以七月初一日。在广州通市为请。而伊里布生前。又实有成言。即所称商船多只。停泊洋面。观望苦累情形。亦尚非虚捏。若必待会奏条例。奉部议覆后。再准开市。计期约在七月之后。倘此一月内货船驶集日多。均停口外。不惟奸民私贩偷漏必多。且恐夷情或有变更。所关匪细。查现定税则。增者毋庸再与议增。减者亦不能使之不减。通盘合算。实属减者少而增者多。于国课有赢无绌。将来部议。似亦不致驳诘。与其迟行一月。虑生反侧。何如早行一月。俾知感戴。奴才不揣冒昧。衡其轻重。擅自从权。宣布皇仁。准其于七月初一日。进广州口。照新例贸易输税。其一切事宜。咨行粤海关查照赶办。

谕军机大臣等。耆英奏酌定通商输税章程。据奏五月二十六日。带同黄恩彤。咸龄。轻装减从。即坐火轮船。前往香港。接见该酋仆鼎查。已将通商章程。及输税事例。粗定大局。换给和约。该夷酋极为恭顺帖服。即于六月初一日驶回粤省等情。有胆有识。甚属可嘉。其粤海关进出货物。现已议定棉花茶叶税则。约计关课。有赢无绌。因该夷急于通市。即照伊里布前定期限。于七月初一日。先在广州开市。权衡轻重。深合机宜。著即照议办理。惟香港四面环海。舟楫处处可通。现已有内地民人。零星买卖。必须明定章程。以杜走私漏税。并一切未定事宜。著耆英会同祁𡎴。程矞采。文丰。通盘筹画。固须俯顺夷情。尤当慎持国体。永杜弊端。俾各省皆可照办。方为尽善。其米利坚。佛兰西等国。请准照新定章程办理。俟定议后。要约明白。另行办理。

辛亥。杭州将军特依顺。浙江巡抚刘韵珂。提督李廷钰奏……兹特将地势所宜。时事所急。可见诸施行。而期有裨益者。连练兵章程。酌拟二十四条。敬为我皇上陈之。

一提标左营兵丁。应改为外海水师。以重海防也……

一镇海营应改隶提督管辖。以期整饬也……

一石浦地方。应酌添兵丁。并将昌石营都司移驻其地。以资控制也……

一乍浦兵数。应酌量加增。并将该营参将升为副将。以资控扼也……

一海盐县之澉浦地方。应添设外海水师。以资接应也……

一海宁州添设内河水师。以卫根本也……

……

一水师应令以巡缉为操练。以收实效也。查水师技艺。在于辨识风云沙线。折戗船只。施放火器。与陆路情形。回不相同。若常川在内港操演。于实艺转多抛荒。殊属无益。惟有责令实力巡查洋面。捡捕盗贼。则不待操练。而兵技自精……

一水师各镇。应照例出洋统巡。并按期会哨。以期整肃也。查定例水师每季巡洋。以总兵为统巡。又浙江省温州定海两镇。应与福建之福宁镇。江南之崇明镇。本省之黄岩镇会哨。诚以总兵为专间大员。一经出洋。则所属将备。断不敢怠玩从事。而各镇于交界处所会哨。则声势联络。匪类自不致有此拿彼窜之患。法至善也……

一提督应每年亲往沿海各营。校阅兵技。以资频率也……

……

一水师额设战船。应俟同安梭船造成试验后。按营分别安设也……

一钱塘江内。应添设相宜船只。以习水战也……

一水师应召募善于泅水之人。教习各兵。以广兵技也……

一招宝金鸡两山。及乍浦等处。原建各炮台。应照旧修复。并择要添筑。以卫海口也……

一镇海乍浦之后路。均应添筑炮台。并将海宁州凤凰山。原建炮台。移置山下。以昭严密也……

……

一沿海城寨。应择要修复。以备藏伏兵船。分艅抄袭也……

丁巳。钦差大臣两江总督耆英。革职留任两广总督祁𡎴。三品顶带广东巡抚程矞采。粤海关监督文丰奏。窃臣耆英奉命来粤。查办税饷事宜。当将抵粤筹议大略情形。及广州一口。定于七月初一日通市缘由。先后奏报在案。兹复会同臣祁𡎴等督饬委员。将章程科则。往返筹计。酌定通商章程十五条。并查照粤海关原定税则。议增税银之货五十六种。议减税银之货六十四种。原例并未赅载现在查明添出者十三种。此外另有价值靡常之货。品类不一。参用估价定税之法。以归简易。臣等按册勾稽。截长补短。实属有赢无绌。现届六月中旬。各国货船。业已云集。不及听候部覆。除广州一口。已定于七月初一日。查照新定章程。开市贸易。其福州。厦门。宁波。上海。四处。俟部覆到日。再行开关。但广州既经开市。诚恐福州等口。商船闻风驶至。相应请旨敕下部臣迅速议覆。并由部迅咨各该省知照。俾有遵循。已将收税科则。比较赢绌。分造清册。咨呈军械处并户部。其余未尽事宜。容臣等另行妥筹。分别具奏。

耆英。祁𡎴。程矞采。文丰。又奏。窃照广东。福州。厦门。宁波。上海。五关。议定英吉利国出入货物。应完税则。及与该国互市章程。现经臣等另折具奏。伏查稽征关税。既须先筹国计。又当俯顺夷情。现定章程。于国计夷情。似皆有裨。而于粤海一关。办理公事。不免掣肘。但查此后闽浙江苏所收英吉利等西洋各国货税。皆由粤省分出。就粤海一关而论。税数虽难免于稍绌。而统五关计之。彼此互相挹注。必当较往年有赢无绌。臣等督饬臬司黄恩彤。侍卫咸龄。体察情形。悉心筹画。期于粤海关务。不致废弛。税额常能充足。并可杜绝沿海漏卮。藉以整顿内地各关之税务。酌拟九条。敬为我皇上陈之。

一粤海关原定税额。应暂归五口匀摊。以免偏枯也。查粤海关每年应征外洋各国。及内地商船正税。及铜斤水脚。并额定赢余。共银八十九万九千六十四两。向来照数征解之外。尚有额外赢余。每年自一二十万。至三四十万不等。现在既分五口通商。则粤海关出入货物较少。若仍责令照旧征解。势有所难。此后粤海关如有征不足数。应请暂于福州。厦门。宁波。上海。四关所征西洋各国货税内。拨补足数。即由各海关径自报拨。其额外赢余。各归各关。尽收尽解。

一五口征收西洋各国税额。应请试行三年。再行酌定。以归核实也。查西洋各国货税。本为福州。厦门。宁波。上海。四关所无。现在甫准通商。其贸易之衰旺。难以悬拟。税额即难定准。至粤海关将来能否征足旧额。亦不能豫定。应请俟三年后。察看五口每年可征税银各若干。比较准确。再将粤海关原额银八十九万九千六十四两。分款科算。匀归五口。作为定额。如有赢余。仍以额外赢余报拨。

一粤海关杂税款目。应行删除。以归简易也。查粤海关税则。除正税耗羡之外。尚有节次改正归公案内。如官估价一六算三八担匹头总巡口担规。东炮台口黄埔口扁艇号规。及船钞内之进口规出口规日规月规等项杂税。随正征解。今既无分正耗杂款。归作一条编征。综计均尚有赢无绌。所有节次归公案内杂项名目。无论现在已未查明。应请一概删除。免多纠缠。

一平余备贡等款。应归于额外赢余项下开销。以免无著也。查粤海关解部银两。向有每千两加平余银十五两。系按税加收。今既归作一条编征。则此项银两。无从抽取。应请仿照解部饭食等项。在额定赢余项下开销之例。于额外赢余数内。各归各关画解。其本年新奉加增之二十五两。亦照此办理。又每年应解备贡银五万五千两。人参变价约银十万两上下。均由洋商按货抽算。汇缴监督转解内务府。又有放关分头名目。亦由洋商按船按货抽算。每年约银四五万两。径缴粮道衙门。拨充普济堂老人口粮。及汉军孤贫养赡。义渡快船水手工食。恤嫠口粮等项之用。如有赢余。留备部拨。现在英吉利国已议裁洋商。傥其余各国。亦须一体议裁。则前三项银两。亦归无著。应请将每年变价参斤。毋庸饬发。其价银一款。每年以十万两为率。与备贡银五万五千两。一并在各关额外赢余数内画出。视各关征数之多寡。均匀摊解。其放关分头银两。每年于粤海关额外赢余项下。拨银四万两。解交粮道衙门。查照原案。分别支解。设其余各国货税。仍须由洋商经理。应体察情形。另行酌量办理。

一粤海关应酌留羡余。以备公用也。查粤海关每年有应进贡品。及奉文备办物件。连盘费包扎。并经由各关税银等项。计算约需银十数万两。现在羡余均已归入额外赢余项下。而一切均不可少。应请于粤海关额外赢余项下。酌留银十二三万两。以备支用。如有余存。尽数报拨。傥有不足。由福州等各海关于额外赢余内。协济办理。

一四口应补征内地各关湖丝税银。以补不足也。查西洋各国出口货物。向由内地客商。运至广东交易。经过内地各关。皆应纳税。今改为五口通商。则内地商贩。自必各趋近便。恐内地各关税额。致有短绌。内除各项杂货。为数无多。又大宗茶叶一项。已加增税银至倍半有余。大黄一项。已加增税银至两倍有余。足资挹注。毋庸再议。以免藉口外。惟湖丝一项。虽非茶叶棉花可比。但为外国所必需。现于筹议税饷案内。与之再三辩论。始定每百斤完税十两。就正额钱粮而论。业已加增。统各项杂税平余计之。尚较从前每百斤减银一两二钱零。自应饬令内地客商。补完经过各关额税。以藉补苴。嗣后凡内地客商。贩运湖丝。前赴福州。厦门。宁波。上海。四口。与西洋各国交易者。均查明赴粤路程。少过一关。即在卸货关口。补纳一关税数。再准贸易。如有偷漏。照例惩办。与各国商人无涉。其余货物。悉循其旧。海关丁胥人等。傥敢藉口勒索。许各商据实指告。严行提究。

一内地各省贩卖茶叶湖丝绸缎。不准由海载运。以杜影射。也查茶叶湖丝。例本禁止出洋。近因内地各关。勒索过甚。致有内地各商。将行销各省茶叶等货。搭船海运。内地各关税额。日形短绌。实由于此。现定章程。于西洋各国。应完税银。大有加增。与内地流通商货税则。轻重悬殊。易启避重就轻。与洋船私相交易之弊。嗣后除往贩东洋等国进出货税。与本地民间日用各物。仍循其旧外。所有内地各省。行销茶叶湖丝紬缎三项。止准由内地行走。不准涉海。傥有情愿由海贩运者。即照与西洋各国贸易例。一体完税。方准贩运出口。各海关则例内。原有粗茶粗丝土丝等项名目。全行删除。其台湾等处应用茶叶丝斤绸缎。由各该督抚体察情形。另行奏明办理。

一与西洋各国货税无涉之客货。应仍照旧章办理。以免纷更也。查粤闽江浙等省商民。每多出入海口。贩运土产。上至盛京。下至广东。往来贸易。其所运货物。除茶叶湖丝紬缎外。均非西洋各国所需。无虞影射。向来应完税银。本有定章。相安已久。所有五处海关。无论大关小口。一切章程。悉仍其旧。毋庸另议。

一各项浮费。应全行革除。以杜弊端也。查各项浮费。于雍正乾隆年间。改正归公之后。旋又陆续添出。更多于前。即如豆蔻一项。每百斤例征正杂平余等银一两六钱有奇。所加浮费。几增一倍。此外各货之浮费。不知凡几。历年既久。以致夷情不服。啧有烦言。现将浮费全行裁革。如敢再有需索情事。无论官弁兵役。俱照枉法赃参革治罪。惟粤海关差役并无工食。向在进出口货物内。由洋商按货抽给。于乾隆九年。经前任监督奏明。准其存留在案。现在浮费裁撤。未便令各差役枵腹从事。转启藉口勒索之弊。应请查照海关书吏之例。核给工食。由臣祁𡎴等酌定名数银数。另行奏明办理。

耆英。祁𡎴。程矞采。文丰。又奏。再查粤海关税则内。有磺每百斤收税银二钱一条。未经载明是否进口货物。稽考由来。系为进口之倭硫磺而设。其硝斤一项。并无完税明文。惟有洋船压舱之咸沙。可以煎滤成硝。粤东向办章程。饬令硝商收费。缴官给价。今臣等查出各国洋船。每年带有洋硝一项。计数不少。因例无完税明文。该夷商等均在外洋私售。无赖匪徒。即指为违禁货物。查拿生事。臣等伏查硝磺之禁止私贩。系禁其出洋。非禁其进口也。因并与之议定。每硝一担。征税三钱。查照咸沙旧章。官为收买。存贮附近司道库。拨充年额。其价值按时酌定。不准稍有抑勒。亦不准私行售给匪徒。所有广州。福州。厦门。宁波。上海。各口。均一律照办。其出口硝磺。仍应严行查禁。以免偷漏而资军火。

钦差大臣两江总督耆英奏。窃奴才于六月初九日。接准署两江督臣璧昌咨会。五月初三日。奉上谕。璧昌等奏英吉利船二只。先于二月开去。现又另带一船。同米利坚船二只。先后驶至。著即咨会耆英。查明具覆等因。钦此。奴才查此案先于五月十五等日。接准璧昌。及抚臣孙善宝函咨。以夷目胡姓两次照会苏松太道文内。有扬子江长江等字。嘱令奴才即向仆鼎查询明移覆等情。奴才查扬子江本系镇江扬州一带长江之名。夷人误认吴淞口外为扬子江。道光二十年。夷事初起之时。该夷说帖内。即有此语。细核孙善宝等钞寄夷目胡姓两次照会。文义虽不明晰。而其大意。先称拨兵船在吴淞口南长江停泊。禁止该国商船入口。复又称现在时势已异。所有前派阻止商船进扬子江之兵船。不得不行撤回。又不能阻止商船进江。是其所称长江扬子江等字。仍系指吴淞口外而言。署督臣璧昌未知其故。见有扬子江字样。恐其阑入镇江扬州一带。是以原奏有沿江防范之语。奴才当将情形飞致璧昌孙善宝等。静以镇之。一面缮发照会。向仆鼎查严行诘询。奴才来粤筹办税饷。正为和好。其势并未稍异。何以胡姓夷目照会内有异势字样。令其切实照覆去后。旋据覆称。该国商船。先经该酋出示晓谕。不准驶往各口。夷目胡姓办理不善。先已撤回。该夷目于撤回后。又擅发照会。混用异势二字。殊属不当。其实和好办事。并未稍异。乞为原谅等情。奴才察其情词。尚属真切。又经飞咨江省督抚在案。现在通商章程。业已议定。奉到部覆。江苏省即可开市。一经互相交易。则夷情渐熟。疑团渐释。必能相安无事矣。

耆英又奏。再奴才于六月十九日。准福州将军臣保昌咨。承准军机大臣字寄。四月二十一日。奉上谕。保昌奏厦门税务。未便久停。酌拟开关征收一折。现在各省海关税则。尚未据耆英议定。是以浙江江苏各税口。均俟粤省定议后。再行开关征课。该将军所请查税小口。移设新屿之处。著即咨商耆英。俟其咨覆到时。妥筹办理。钦此。奴才伏查厦门。向为内地客商。由海贩运货物。往来各省贸易输税之所。自被兵以后。商贩绝迹。经该将军奏明停征。现在抚议久定。内地商贩。自必往来厦门。贸易如故。必应照旧收税。以裕国课。该将军因恐内地商船。与夷商杂处。滋生事端。又因鼓浪屿原设查税小口。殊多不便。是以函商伊里布。照知仆鼎查。议明将查税小口。移至新屿。以期两不相妨。是所称开关征收。设口稽查者。系征收稽查内地商船之税。与英吉利等国洋货无涉。亦毋庸另议章程。至江苏浙江各税口。稽征内地商船货税。于夷船退出后。早已照旧征输。今厦门应征内地税课。事同一律。即将查税小口移设新屿之处。亦属因地制宜。均应如该将军所奏办理。

(壬戌)军机大臣穆彰阿等奏。内阁钞出耆英等奏议定通商章程收税科则一折。奉朱批。军机大臣会同该部核议速奏。钦此。查原奏内称。将章程科则。筹议酌定。现因货船云集。广州一口。业已查照新定章程。于七月初一日开市贸易。其福州。厦门。宁波。上海。四处。俟部覆到日。再行开关等语。臣等查海关通商。原期于税务商情。两有裨益。其有应税货物。今昔情形不同。应行增减者。亦应量为变通。以期便民裕课。兹查粤海关原定税则。经该大臣等议增税银之货五十六种。议减税银之货六十四种。并原例未载现在添出者十三种。臣等逐加酌核。或增或减。总期于税务有赢无绌。应如所奏。准其按新定税则。照数征收。至广州交易。既于七月初一日通商。其福州。厦门。宁波。上海。四处。亦应准其一体开关。以昭画一。请饬下各该将军督抚于文到之日。即行开关交易。按则征收。报部查核。谨将各海关通商章程十五条。谨缮清单。恭呈御览。

一进出口雇用引水一款。查原单内称议准通商之广州。福州。厦门。宁波。上海。等处。每遇英商货船到口。即令引水带进。俟贸易输税全完。令引水随时带出。至雇募引水工价。各按水程远近平险。议定酌给等语。臣等查商船进出各口。水路既不免生疏。日期又难免阻滞。所称雇用引水。随时带进带出之处。应请准行。至雇募工价。应由英国管事官。按水程酌给。以昭平允。

一口内押船人役一款。查原单内称英商货船到口。一经引水带进后。即由海关派役看押。雇船搭船。均听其便。所需食用。由海关按日给银。不得需索英商丝毫规费。有犯计赃论罪等语。臣等查各关收税。向应严防偷漏。派役巡查。此次英商货船到口。经引水带进后。应由各海关派役看押。但须拣派妥实丁役一二人。以禁走私而免滋扰。其乘坐船只。或雇或搭。皆应听其自便。海关按日给银。令其自备食用。如有需索英商丝毫规费者。应即计赃论罪。严加惩办。

一货船进口报关一款。查原单内称英船到口。限一日之内。赴英国管事官署中。将船牌舱口单报单各件。交与管事官查阅收贮。如有不遵。及投递假单。未奉官准。先行卸货等弊。即分别罚银抄货办理。管事官既得船牌报单等件。即将船载若干。系何货物。行文通知。以凭抽验输税等语。臣等查商船到关。向以报单为凭。其开舱卸货。亦应俟官准开舱之后。以便稽查。此次英国通商。应请商船到口停泊。限一日之内。其船主即赴英国管事官署中。将船牌舱口单报单各件。交与管事官查阅收贮。其有不遵。及假单弊混。或先行开舱卸货者。应即分别罚洋银二百圆。五百圆。以示惩儆。并将擅行卸运之货。一概入官。以杜弊混。至船之大小。所载系何货物。其管事官应于得船牌等件后。即行文逐一声明。通知该口海关。以便抽验明确。准其卸货输税。

一英商与华商交贸一款。查原单内称现经议定英商卸货后。自投商贾交贸。设有诓骗脱逃。及欠价不能归还者。一经控官。即为查追。傥诓骗之犯无踪。及欠债之人身亡。不得执洋行代赔旧例。呈请著赔等语。臣等查此次英商交易。即议裁洋商。其英商卸货后。即应自投商贾。无论与何人交易。应各听从其便。或有因诓骗拖欠。控告到官者。中国官员代为查追。如果诓骗之犯。实系逃匿无踪。欠债之人。实系身亡产绝。应不准其执洋行代赔旧例。再行呈请著赔。

一货船按吨输钞一款。查原单内称英国进口商船。计每吨输银五钱。所有旧例出口进口日月规各项费用。均行停止等语。臣等查英商货船进口。应照船载之盈虚。定税银之多寡。今既议查照船牌。开明载数。按每吨输银五钱。以归简易。其向来纳钞名目。如出口进口日月规等项。应即停止。以免纷扰。

一进出口货纳税一款。查原单内称进口出口货物。按新定则例纳税。此外规费。丝毫不可加增。其英商应纳税银。扫数纳完。由海关给发红单。呈送英国管事官验明。方准发还船牌。令其出口等语。臣等查海关应征各税。既经随时变通。其进口出口货税。或增或减。应令按照新定章程。各海关一体征收。此外各项规费。既经裁彻。即无容丝毫加增。致生弊混。其英船运货进口。及贩货出口。应俟按例输税。扫数全完后。方准由海关给发红单。呈管事官验明。令其出口。

一大关秉公验货一款。查原单内称英商运货进口。贩货出口。先期通报英官。由英官差通事转报海关。以便公同查验。英商眼同料理。其当时无人在场。事后另有告诉者。驳斥不为查办。至海关人役与英商。不准平定其价。即令各商估价抽税。如茶叶一项。令官役及英商各拣出若干箱。先连皮过秤。再除皮计算。即可得实在斤数。傥有理论不明者。管事官通知海关酌办等语。臣等查商船按货征税。须查验的确。然后价税公平。又须先期通报。或当日禀报。以免稽迟弊混。嗣后英商运货进口。即于卸货之日。贩货出口。即于下货之日。先期通报英官。由英官转报海关。公同查验。其英商无人照料。事后告诉者。由英官驳斥不准查办。至税数价值等项。有关役客商不能平定者。或令客商三二人同估。以最高之价为定。或连皮过秤。除皮再秤。以算实在斤数。即可确实征收。不致税数有亏。亦不致商情被累。傥再有理论不明者。管事官通知海关酌办。但须英商于当日禀报。迟则不为准理。海关亦俟秉公核断后。再填税簿。以免更易。

一何时何银输税一款。查原单内称英商钞税。均用洋钱输征。请设立银号数处。代纳税银。以便英商按期交纳洋钱。色有不足。请由该口英官及海关议定。加纳补水等语。臣等查英商进口。必须税钞全完。方准出口。兹请设立银号数处。代为纳税之处。应令各海关务择殷实铺户。免致拖欠。又须发给执照。注明某号代纳英商税银字样。以便稽查。庶各英商按期交纳。不致迟误。其洋钱成色不足。应由该口英官及海关先行议定。某类洋钱。加纳补水若干。以昭平允。

一秤码丈尺一款。查原单内称各口秤码丈尺。均按粤海关向用之式。制造数付。每口每件发交二付。以一付交海关。以一付交英国管事官查收等语。臣等查各关征税。均照秤码丈尺。以便按照轻重长短。计货征收。惟各海关秤货之大秤。兑银之砝码。量物之丈尺。恐未能尽一。嗣后应须照粤海关向用之式。镌刻图印。每口每件发给二付。分交海关及英国管事官查收。凡验货人役。有与英商理论长短轻重者。悉心此为准。以便计货计银。遵例输税。

一剥货小船一款。查原单内称英商自雇小船剥运。不论西瓜扁及各项船艇。其雇价银两若干。听英商与船户自议。不必官为经理。傥有走私漏税情弊。查出将船户照例惩办。小船因剥运货物。诓骗逃走。应严行查拿等语。臣等查英商于卸货下货之时。必须雇船剥运。不论西瓜扁及各项船艇。应听其自雇。亦不必限定何船揽载。其雇价多寡。亦应听英商与船户自议。不必官为经理。至走私漏税等弊。自应实力稽查。照例惩办。傥此等小船。于剥运时有诓骗货物逃走者。中国官即应严行查拿。务使有犯必惩。亦令英国自行防范。加意稽查。庶无后累。

一禁止剥运过船一款。查原单内称英商进口船只。不准互相剥货。其有必须剥过别船者。先须禀请英官及海关委员。查验明确。方准剥运。偿有不先禀明。私行剥运。即将其剥运之货。一概入官等语。臣等查剥货过船。易滋弊端。凡英商船只进口。应禁其互相剥货。至有必须将货剥过别船者。亦应令先将实在情形。禀请英官察夺。并给牌移请海关委员查验明确。方准剥运。傥有私行剥货。不先禀明者。即概行入官。以示惩警。

一设立属员约束水手一款。查原单内称英国货船湾泊处所。分设属员。就近约束。禁止英稍与内地民人争讼。英国水手上岸。派船内伙长。伴同行走。凡船中水手。应用衣食等物。不得阻民傍船买卖等语。臣等查各口内英国货船湾泊处所。应由管事官分设妥差属员一员。就近约束水手人等。先须竭力禁止英稍。不得与内地民人词讼争论。傥遇有此等事件。英国属员。即应竭力设法解释。以安民业而杜争端。若英国水手上岸。属员必须派船内伙长一名。伴同行走。傥有吵闹争论等事。俱惟该伙长是问。至船中水手。应用衣食等物。亦应听小民傍船买卖。内地官员不得拦阻。以便商情。

一英人华民交涉词讼一款。查原单内称英国禀告华民。先赴管事官处投禀。有华民赴英官处控告英人者。管事官均应听诉。其英商欲行投禀海关。应由管事官投递。遇有交涉词讼。管事官即移请华官。公同查明。秉公定断。其英人如何科罪。由英国议定章程法律。发给管事官照办。华民如何科罪。应治以中国之法。均仍照前在江南原定善后条款办理等语。臣等查通商之务。贵于息争。如有英人华民涉讼。英商应先赴管事官处投禀。即著管事官查明是非。勉力劝息。间有华民赴英官处控告英人者。管事官亦应听诉。一例劝息。免致小事酿成大案。如英商欲行投禀海关。均应由管事官投递。禀中如有不合之语。即行驳斥另换。不为代递。傥有交涉词讼。管事官不为劝息者。即移请华官。公同查明其事。既得实情。即为秉公定断。以息讼端。其英人如何科罪。由英国议定章程法律。发给管事官照办。华民如何科罪。即治以中国之法。均应准其仍照江南原定善后条款办理。

一英国官船。口内停泊一款。查原单内称通商五口。每口内停泊英国官船一只。俾管事官等约束水手滋事。其官船钞税等费。均应豁免。至官船进口出口。应先期通报海关。以凭查照等语。臣等查所有通商五口。水手人等。易滋事端。应准其停泊英国官船一只。俾管事官及属员。得以严行约束。惟官船非货船可比。既不载货。又非贸易。其钞税等费。自应豁免。至进口出口之官船。即著管事官先期通报海关。以凭查照。

一英商货船担保一款。查原单内称英国商船。无庸投行认保。即由英官担保等语。臣等查向例英船进口时。即投行认保。所有出入口货税。均由保商代纳。现经裁撤保商。所有进口货船。应即准由英官担保。以专责成。

甲子。山东巡抚梁宝常奏。窃臣接据登州府属之荣成。文登。福山等县禀报。七月初九日。有双桅夷船二只。由荣成县洋面。驶入文登县之刘公岛停泊。初十日。有夷人三名。广东人五名。江西人一名。驾杉板小船上岸。布散知单。明注呢绒杂货。并大小烟土字样。欲与该处商民贸易。商民等因奉示禁。不敢私交。该夷人等见无利可图。旋即回船开驶。十一日。又至福山县之罘岛停泊等情。查英夷就抚通商。议有一定马头。今该夷船忽来东洋。其船内有广东江西等省民人。似系内地奸匪。勾通英夷奸商。越界私贩鸦片烟土。亟应严行饬禁。使其无所获利。庶可永绝觊觎。当即咨行登州镇道。一面督饬沿海文武。严加防范。一面遍行谕禁各海口商贩。不准一物私相交易。并饬署登州府知府张辅驰赴该处。查明该船如尚在彼逗留。即向详诘。究系何国夷船。是否欲图贸易。山东并非原议马头。果系英夷。何竟不晓。有无奸商远约私至。务得实在情形。飞禀酌办。

谕军机大臣等。据梁宝常奏。山东登州府属之荣成。文登。福山等县。有双桅夷船二只停泊。内有广东江西等省民人。似系内地奸匪。勾通英夷奸商。越界私贩等语。英夷就抚通商。业经议定马头。昨据耆英驰奏。该夷急于通商。已于七月初一日。在广州开市。其余福州。厦门。上海。宁波等处。亦即普行通商。何以夷船二只。忽驶至山东洋面。希图贸易。著该大臣询问仆鼎查。是否系英吉利货船。抑系别国影射图利。务当详晰查明。严行禁止。除议定通商等处外。毋任驶往他处。致违成约。梁宝常原奏。著钞给阅看。

又谕。据梁宝常奏登州府属之荣成。文登。福山等县。有双桅夷船二只停泊。内有广东江西等省民人。驾杉板小船上岸。布散知单。欲与商民贸易。似系内地奸匪。勾通英夷奸商。越界私贩鸦片烟土等语。英夷通商。业经议定五处马头。山东地方。并非该夷贸易之地。著该抚严禁各海口商贩。不准私相交易。并著查明是否奸民勾串。现在开驶何处。据实具奏。

道光卷六八

道光二十三年。癸卯。七月。丁卯。军机大臣穆彰阿等奏。本年六月初四日。山东巡抚梁宝常奏。筹议海疆善后事宜一折。奉硃批。军机大臣会同该部议奏。钦此。臣等逐条细阅。除临敌机宜。及训练兵丁。徙守岛屿三条。该抚悉照前抚臣托浑布原议奏覆。毋庸另议外。其余各条。有就原议量为变通者。有由该抚独抒所见者。臣等悉心参核。往返会商。分别准驳。开列于左。

一原议增设水师官兵一条。应如前抚臣原奏。于登州添设游击一员。以北汛守备作为游击中军完备。此外再添设千总一员。把总二员。外委四员。额外外委五员。战兵三百二十名。守兵八十名。惟原议守备驻扎长山岛。该备衙署应否移署该岛。未经议及。查长山岛虽距府城仅止三十里。究系隔一洋面。中军守备有收支兵马钱粮之责。其衙署未便建于岛上。且水师官弁。首重巡洋。原不应常川安居内署。所有该守备衙署。应请仍循旧制。毋庸改建等语。兵部查请增水师官兵。既据该抚覆奏体察情形。必应添设。自应仍照臣等前议办理。所有该守备衙署。应请仍循旧制。毋庸改建等语。应如所奏办理。工部查前项衙署。既据奏称请仍循旧制。毋庸改建。应毋庸议。

一原议另造水师战船。以资操防一条。据奏广东许祥光所造船式。利于内洋。而不便于外海。山东北洋风劲。距岸五六里。即浪涌数尺及丈余。且由广东送至山东。更须远涉重洋。实属不能驾驶。请将旧有战船。船头改尖。船尾放宽。通船板片加厚。船旁大木加粗。先求坚固以耐风浪。并拟两旁多开炮门。头尾各安千斤大炮一位。两旁安千斤及三五百斤大炮十位。各船舱密排鸟枪抬炮。及劈山子母等炮多位。仍参用粤船制度。于炮位之上安设护板。使炮手在下。藉以遮蔽。旧船行动。惟藉风帆。今亦仿粤船大八桨之制。前后酌加八桨。风力不足。亦可藉桨以施人力。稍变前规。无须改作。足收驾轻就熟之效。至旧船向系委员赴江苏上海县民厂修造。该处工匠。具悉形制。新船亦可赴上海照造。先令造成四只。拨归新设北汛水师。驾驶巡哨。如果合用。或再添造数只。或俟旧船届期拆造。一律照新制更改。随后分别酌办等语。应如所奏。即由山东委员赴江苏上海县民厂修造。仍令酌定限期。与船上添配炮位。一并确估价值。另行专案奏明办理。至新船未成之时。仍令暂雇商船。俾免贻误操防。其前抚臣托浑布请由广东代造船只之处。应毋庸议。兵部查臣部例载山东登州镇水师营战船。如应改造补造拆造。均委令实缺守备一员。会同文员。前赴江南监造。勒限一年完工。该抚将委员等领银起程以后。抵江打造工竣各日期。逐一报部。以备查核。如该委守备能于一年限内造竣。航海驾回无误。经镇道等验明如式坚固。即由该抚给咨送部引见。请旨照豫保例注册升用。如至一年限外始行完工。计其迟愈月日。分别议处等语。此项船只。应令该抚将委员领银起程。抵江打造工竣各日期。逐一报部查核。如能一年限内造竣。航海驾回无误。经镇道验明如式坚固。即由该抚给咨送部引见。如至一年限外始行完工。核其迟逾月日。报部议处。以昭劝惩而符定制。

……

一原议筹备俸饷。并各项经费一条。该抚奏称惟造船一款。现在改由东省委员赴江苏上海制造。需用工价。尚难悬拟。应俟奏准后。参酌东省旧有战船拆造价值。另行核实估计。报部办理。其常年用款。专择殷商将捐输经费酌发生息。按引提扣。不致贻误等语。户部查登州水师营议增官十三员。兵丁四百名。应给俸廉马乾米折等项。无闰之年。需银九千六百余两。有闰之年。需银一万三百余两。经臣部议覆。准于该省裁减驿站水夫工食等项银一万三千余两内。按数动支。余银仍造入季册报拨。其水师弁兵巡洋。三月出哨。九月回哨。例饷之外。别有津贴口粮经费。新增弁兵。事同一律。岁需银二千八百余两。修船帮贴银七千八百余两。粤东代造战船各款。岁需银数千两。并添设衙署制造炮位器械一切。现需银七八万两。请动支官绅捐输经费十四万两。发商生息。以备各用。亦经臣等以东商承领各案帑本。迩年均不能按网解息。屡于藩库动垫。若再承领本银。恐输息不前。仍无裨益。议令无庸发商。并查明藩库何款可动。即行覆奏各在案。兹据该抚梁宝常详核覆奏。以巡洋经费。及添造战船。添雇船工水手。添盖衙署。添制炮位器械水操火药。及沿海所贮炮位。随时修整操演各项。约须银七八万两。常年用款。约需银一万四五千两。皆系必不可少之款。藩库别无闲款可提。请于官绅捐输经费银内动用……至所称粤东代造船只。原议每只工价银五千两。兹改由东省委员赴上海制造。工价尚难悬拟。应参酌东省拆造战船价值。另行估计一节。并令查估后。咨报兵工二部。核实办理。

……

(闰七月)丁丑。直隶总督讷尔经额奏。窃臣前据天津镇道禀报。巡哨外委张得祥。赴山东会哨。在东省庙岛地方。见有双桅夷船二只停泊。该外委即行驾船折回具禀。该夷船随于七月二十九日。驶至大沽拦江沙外。相距海口四五十里二丈余清水内寄碇等情。经臣批饬派委明干员弁。驾船出海。明白晓谕。令其回帆。不准驶进海口。附片具奏在案。兹据该镇道会禀。七月二十八日。接据哨船回禀。即饬升补大城县知县高邦哲。署大沽营守备刘朝勇等。连夜驶出清水洋面确探。于二十九日寅刻。该夷双桅船大小二只。甫经下碇。该员等即傍拢。亲登其船。查明内有广东语音。约二十余人。白黑鬼子约五六十人。询据通事冯姓。称系英吉利货船。装载洋布呢绒等物。从新州府贩来售卖。并给得唎号货单阅看。当问新州府是何处地名。据称夷人呼马头为州府。新州府即新马头等语。该员等谕以天津并非议准通商马头。不能擅许进口。且沿海尽属渔户。亦无人与之贸易。明白开导。该夷船无可辩论。求放三板船进口购买食物。该员等查其所需。不过面肉蔬菜等件。允许代为买运。不必进口自购。并令退出六七里外下碇听候。闰七月初一日。该员等携带面蔬等物。复登其船给付。该夷船当时偿还价值。该员等以所值无多。不必给价。即令起碇开行。该夷船颇知感激。并称所带货物。此地既无销路。即日开船。仍由山东向上海定海等处售卖。该员等目睹该夷船向东南驶行。一面令哨船跟踪尾随。俟驶出直隶洋面向往何处。再行具禀前来。臣查天津并非通商马头。一经委员明白晓谕。该夷船即起碇开行。尚知守法。第洋面四通八达。诚恐该船或中途折回。以及续有夷船驶至。希图销售私货。臣仍饬该镇道轮派哨船。于山东奉天等处。确切查探。并严饬沿海一带文武员弁。认真巡防。妥为驾驭。不准其驶进海口。以期仰副圣主肃清畿辅。绥靖海疆土之至意。

谕军机大臣等。讷尔经额奏。夷船寄碇大沽海口。业经晓谕开行一折。本日已有旨谕知耆英。令其询问朴鼎查矣。天津并非议定通商马头。此次大沽寄碇夷船。自应不准其进口。且其中查有广东语音二十余人。尤难保非内地奸徒。勾串越界私贩。该督于该夷船甫经下碇。即饬委员等明白晓谕。令其开行。并不准其以三板船进口。自购食物。所办均属妥协。惟该夷等皆惟利是图。而洋路又处处可通。前次曾有夷船驶入山东文登县界停泊。布散货单。此次复有夷船装载货物。来津售卖。现在虽经该督晓谕。业已起碇开行。实难保不更有续来之船。著该督仍严饬沿海一带。文武员弁。认真巡防。如再有夷船驶至。希图销售私货。即照此次办理。妥为驾驭。不准驶进海口。以杜越界而绝觊觎。

又谕。据讷尔经额奏。大沽口拦江沙外。寄碇夷船二只内有广东语音者约二十余人。白黑鬼子约五六十人。据称系英吉利国货船。装载货物。从新州府贩来售卖。并给得利号货单。经委员等明白开导。始向东南驶去等语。英夷就抚通商。业已在广州开市。其通商马头。自有一定处所。何以前忽有船驶至山东。兹复驶至大沽洋面。径称英吉利货船。希图售卖。著将该船货单。发交耆英。令其晓谕朴鼎查。查明系该国何项夷船。私自潜往各处。务须一律严行禁止。不得任其于议定马头之外。妄希贸易。以致有违成约。是为至要。原折著钞给阅看。

军机大臣穆彰阿等奏。内阁钞出。臣耆英等奏通筹海关收税。并解支禁革各事宜。胪列条款。整顿税务一折。七月十六日。奉硃批。军机大臣会同该部核议速奏。钦此。臣等详加核议。将筹议各条。胪列于后。

一粤海关原定税额。应暂归五口匀摊一款。据原奏内称。粤海关应征外洋及内地正税。并额定盈余。向来照数征解之外。尚有额外盈余。现既分五口通商。若仍令粤海关照旧征解。势有所难。此后粤海关征不足数。应请于福州厦门宁波上海各关。所征西洋各国货税内。拨补足数等语。臣等查粤海关每年额征正税并额定盈余。共银八十九万九千六十四两。除每年照数征解外。尚有盈余自一二十万至三四十万不等。现在沿海各关。既准通商。闽浙江苏所收西洋各国货税。皆由粤省分出。必较往年征收税数为多。而粤海一关税银。不免短绌。自系实在情形。应如所奏。此后粤海关征收不足之数。即由福州厦门宁波上海等处。所征西洋各国货税内拨补足数。以昭平允。

一五口征收西洋各国税额。请试行三年。再行酌定一款。据原奏内称。西洋各国货税。本为福州厦门宁波上海所无。现在甫准通商。税额难以定准。粤海关将来能否足额。亦不能预定。请俟三年后。察看五口每年征税各若干。再行酌定等语。臣等查沿海各关。自通商以后。西洋各国。自应踊跃而来。惟各口通商衰旺。尚难悬拟。若遽照一年征收之数。作为定额。难以各得其平。应如所奏。于试行三年后。比较各口征收额数。再将粤海关原定税额。分款科算。匀摊闽海浙海江海各关。以归核实。

一粤海关杂税款目。应行删除一款。据原奏内称。粤海关除正税耗羡之外。尚有节次归公等项。杂税随正征解。今既归作一条编征。综计均尚有盈无绌。所有归公案内杂项名目。无论已未查明。请一概删除等语。臣等查粤海关正税盈余。例有定数。惟正税之外。节次归公案内。款目繁多。如耗羡归公等项。向系随正征解。今既无分正耗杂款。归作一条编征。应如所奏。一切杂项名目。概请删除。以归简易……

……

一四口应补征内地各关湖丝税银一款。据原奏内称。西洋各国出口货物。由内地客商运至广东。经过各关皆应纳税。今改为五口通商。内地商贩。自必各趋近便。除各项杂货为数无多。又茶叶大黄。已加增税银。毋庸再议。惟湖丝一项。为外国所必需。现与再三辩论。始定每百斤完税一两。统杂项平余计之。尚较从前每百斤减银一两二钱零。应饬令内地客商贩运湖丝。赴福州厦门宁波上海四口。与西洋各国交易者。少过一关。补纳一关税数。以藉补苴等语。臣等查内地客商。与西洋各国交易者。向系运至广东。今福州等处。既准通商。自必各趋近便。据称湖丝一项。外国必需。现在议定税银。较从前银数为少。应如所奏。嗣后内地客商。贩运湖丝。前赴福州厦门宁波上海等处。与西洋各国交易者。查明赴粤程途。少过一关。即在卸货关口。补纳一关税数。以补不足。其与各国商人交易。及其余货物。仍照旧章办理。如有丁胥人等藉端勒索。即行严加惩办。

一内地各商贩卖茶叶湖丝绸缎。不准由海载运一款。据原奏内称。茶叶湖丝。例禁出洋。近有内地各商。将茶叶等货。搭船海运。各关税额短绌。实由于此。现定章程。于西洋各国应完税银。大有加增。易启避重就轻。与洋船私相交易之弊。嗣后除往返东洋等国。进出货税。与本地民间日用各物。仍循其旧外。所有内地茶叶湖丝绸缎三项。止准由内地行走。有愿由海运者。照与西洋各国贸易例。一体定税等语。臣等查茶叶湖丝。例本禁止出洋。兹据称内地各商。将行销各省茶叶等货。搭船海运。以致关税短绌。应如所奏。内地行销茶叶湖丝绸缎三项。不准涉海。有愿由海贩运者。即照与西洋各国贸易章程。完纳税银。方准出口。以裕税课而杜流弊。其往返东洋等国。进出货税。与本地民间日用各物。仍循其旧。各海关则例内。粗茶粗丝土丝各名目。应即一并删除。其台湾等处应用茶叶丝斤绸缎。应请饬下该督抚悉心妥议。另行请旨办理。

一与西洋各国货税无涉之客货。应仍照旧章办理一款。据原奏内称。粤闽江浙等省商民。出入海口。贩运土产。上至盛京。下至广东。往来贸易。除茶叶湖丝绸缎外。所有五处海关。无论大关小口。悉照旧章完税等语。臣等查粤闽江浙等省商民。贩运土产甚多。内除茶叶湖丝绸缎外。均非西洋各国所需。无虞影射。向来应完税银。本有定章。相安已久。所有五处海关。一切章程。应仍其旧。以杜弊窦而免纷更。

……

庚辰。山东巡抚臣梁宝常奏。窃臣前接福山等县禀报。七月十一日。有双桅夷船二只。驶入福山县之罘岛停泊。当经批饬署登州府知府张輶驰往确查。一面先行附片奏闻。旋于七月二十九日。承准军机大臣字寄。奉上谕英夷通商。业经议定五处马头。山东地方并非该夷贸易之地。著该抚严禁各海口商贩。不准私相交易。并著查明是否奸民勾串。现在开驶何处。据实具奏。钦此。正在钦遵转行间。即据署登州府知府张輶禀报。该府未抵福山以前。该夷船在之罘岛。因风色不顺。守泊数日。无人交易。旋即开放外洋。于二十一日。又驶至蓬莱县之庙岛游奕。该处洋面。距府城仅五十余里。即经该府就近督饬署蓬莱县知县善玉墀会同水师员弁。亲赴庙岛。查明船形。一大一小。大夷船名得利。船主名梁三号。小夷船名孤功。船主名担臣。大夷船通事黄姓。商人张姓。黑白鬼子四十余名。广东人十六七名。兼有汉人假扮黑鬼子数人。广东女人数口。小夷船黑白鬼子三十余人。广东人十余名。据称该夷目是商非官。来自舟山。朴鼎查并未知悉。惟粤人男妇在船较多。其为内地奸商勾引。似无疑义。诘以东省并非原议马头。因何违约私至。该夷无词以对。只称俟风顺即行。又经以理剀切晓谕。并多派巡船。在海口出入处所。梭织稽查。不准商民一物私相交易。该夷人旋于七月二十五日起碇。往西北大洋驶去。查庙岛西北。系赴奉天天津等处必由之路。臣前已咨会盛京将军。直隶督臣。并飞咨饬属一体防范。杜其贸易之端。自可永绝觊觎之望。惟英夷就抚。甫经议定马头。即有夷船违约私至东省洋面。直达江浙。恐上海等处开市之后。夷船更不难就近北驶。且恐有别国夷船。假冒英夷者。除仍饬沿海文武员弁。随时严查口岸。不许本地奸商。私相勾结外。应请饬下钦差两广督臣耆英。照会该夷酋朴鼎查。遍谕该国商船。各守前约。严禁越界私贩。以杜流弊。

谕军机大臣等。前据梁宝常奏。山东洋面停泊夷船二只。又据讷尔经额奏。天津洋面有夷船寄碇。叠经降旨交耆英向朴鼎查查询严禁矣。兹据梁宝常奏。东洋停泊夷船。系一大一小。查明船名及船主姓名。内有粤人男妇。并称该夷目是商非官。来自舟山。现已起碇往西北大洋驶去等语。所奏甚属详明。著耆英按照該抚折内所开船主姓名。向朴鼎查询问。是否系英吉利夷商。何以违约私至各处洋面。希图贸易。务即饬谕该国商船恪守前约。向原议马头通市。不准越界私贩。并禁止沿海奸民。毋得勾串夷商。潜踪游奕。以杜弊端。梁宝常原折。著钞给阅看。

庚寅。直隶总督讷尔经额奏。大沽海口拦江沙外寄碇夷船二只。前据委员晓谕开行。经臣奏蒙圣鉴。一面仍饬天津镇道。派弁驾船尾随。俟驶出直隶洋面。向往何处。再行禀报在案。兹据该镇道会禀称。当派外委张得祥驾驶哨船。跟踪查探去后。现据回禀。闰七月初四日。该夷船二只。驶至山东庙岛地方。即在岛内之鹊儿嘴停泊。初五日即起碇向东南驶去等情。禀报前来。臣查该夷船虽已远去。而洋路处处可通。难保无续来之船。希图销售货物。现仍谆饬镇道并沿海文武员弁。认真巡探。并移咨盛京将军。饬属一体严防。

癸巳。福州将军兼管闽海关保昌奏。窃照厦门关税。前经奏明停征。嗣因夷情就抚。当即奏请开关。奉旨保昌奏。厦门税务。未便久停。酌拟开关征收一折。现在各省海关税则。尚未据耆英议定。该将军所请将查税小口。移设新屿之处。著即咨商耆英。俟其咨覆到时。妥筹办理。等因钦此。钦遵咨商去后。兹准耆英咨覆。以奴才所请开关征收者。系内地商船货税。与英吉利等国洋货无涉。现在江浙税口。于夷船退去后。已照旧办理。所有厦门征收内地商税。及将查税小口移设新屿之处。应如原奏迅速办理等情。咨覆前来。奴才伏查厦门关口。一经征税。则商船巡船。与英吉利船只。同在一港。帆樯相摩。较之江浙各税口。夷船业已退出。情形不同。现既准耆英咨覆。应即迅速开关。自应妥为经理。方昭慎重。况厦门地方。情形凋敝。迥异从前。更恐行商因夷船在港。从中影射漏私。均应设法整顿。冀裕关课。渐复旧章。除派管税委员书役等。克日前往征解外。仍查照前奏。选派明练协领霍隆武。驰赴该处。会同厦门道厅。将移设查税小口。以及一切应办事宜。妥为经理。一俟办有规模。即令该协回任。再将征纳情形。另行具奏。

庚子。

钦差大臣两江总督耆英。两广总督祁㙈。广东巡抚程矞采。粤海关监督文丰奏。窃照米利坚等国。在臣祁㙈衙门。呈请代求恩施。准与英吉利国一体前赴各省贸易。经臣祁㙈。臣耆英。及伊里布。先后奏奉谕旨。米利坚佛兰西等国。请照新定章程办理。著俟定议后。要约明白。另行办理等因。钦此。臣等伏查各国来粤贸易船只。惟英吉利及其所属之港脚为最多。其次则米利坚几与相埒。此外止荷兰国。每年有货船自三四只至十余只不等。尚有佛兰西国。吕宋国。连国。瑞国。单鹰国。双鹰国。甚波立国。来船或有或无。或多或少。大约每国一二只。至多不过有五六只。今英吉利通商章程。业已议定。其上海等处马头。亦不敢独擅其利。且定海等处。皆有米利坚货船。与英夷同帮共泊。急望开市。自就先与米利坚定议通商。惟前在臣祁㙈衙门。投递文信之夷目加片。已于三月中臣耆英未到之先。扬帆回国。仅有代理领事各京者。在粤管理贸易事宜。复在臣耆英前。禀请遵照新章贸易。臣等即因势利导。宣布皇仁。准照新章。在闽广江浙等五口。输税贸易。以示怀柔。即据该夷禀陈感激之忱。惟称进口货物。内洋蔘铅斤二项。产自该国。向因税则繁重。每多偷漏。现在浮费虽奉删除。而新定税则。上洋蔘每百斤。完税三十八两。下洋蔘每百斤。完税三两五钱。黑白铅每百斤。完税四钱。核计卖价。几将十抽四五。各该商不独无利可图。且多折耗。请以百斤取五为率。上洋蔘每百斤征税四两。下洋蔘每百斤征税二两七钱。铅斤每百斤征税二钱。臣等因税则业已议定具奏。该夷首先请改。若各国纷纷效尤。殊属不成事体。当即驳饬去后。又据该夷禀称洋参一项。原来系属不分上下。约计每百斤内有上下等各半。应与铅斤一并暂遵新例。核实完税。但现在该国船只未齐。俟夷目前来。饬行定议等情。臣等诚恐其言不实不尽。即密派亲信前赴市间购买。上等洋参一斤用银一两四钱。核计每百斤值银一百四十两。又详加确访。洋参价值。随来货多少为贵贱。贱时每斤不过值银一两内外。该夷所请尚非逞刁要挟。且查每年来货。上等洋参不过四百余担。下等洋参不过千担。铅竹不过二百余担。即照请酌减税则。每年止少收数千金。与期因税重而偷漏走私。且将藉为口实。莫若示宽大而核实征收。免其另生枝节。但现在佛兰西等国。尚未议定。未便遽开其端。容臣等通盘筹定。另行奏明请旨。至佛兰西国。每年来船数目。虽属无多。而从前为西洋强盛之国。就现在通市各国而论。该国在粤通市。最为年久。向来不肯因人成事。先有夷目真盛意自称领事。寓在澳门。遣其副目沙厘来省。投递单禀。议及往来仪礼。并输税章程。又称此单未足为据。臣等当即委员前赴澳门。向真盛意切实查询。又有夷目拉地蒙冬。以真盛意冒充领事。沙厘在省无礼。已将沙厘斥革。两次赴臣祁𡎴衙门具禀。求与臣见面。臣等因真假难辨。现在密加访查。一俟得实。即与见面定议。大约数日内亦可完结。其荷兰等国。船尚未到。来否不能豫必。即使陆续前来。各该国船少势孤。素称恭顺。仰蒙皇上一视同仁。自不致有异议。此向在番禺县黄埔停船起驳。前赴广州贸易各国之约略情形也。又大西洋之意大里亚国。自明迄今。住居香山县之澳门地方。额定商船二十五只。准其前赴各国贩货来澳。自行发卖。其货税皆出于前往澳门买货之华商。该国止完船钞。与广州贸易各国章程不同。本可毋庸另议。惟澳门向有在广州贸易各国。夷人因广州无容身之地。前赴该处。向意大里亚赁房居住。现在英夷既住香港。新定章程。又准五口通市。各该夷散之四处。澳门之房租。势必渐少。买卖亦不能如前。意大里亚生计顿蹙。情实向隅。现据恳求设法办理。臣等详加体察。必应量为变通。亦已委员前赴澳门。与该夷目从长计议。似亦易于完结。此在澳门贸易之意大里亚国大略情形也。总之西洋各国。以通商为性命。天朝制驭之术。全在一切持平。不事苛求。务存大体。则桀骜之气。不抑而自消。且可收少取即所以多取之效。臣等惟有不避嫌怨。删浮费以苏夷累。增税饷以裕国用。庶期华夷辑睦。永久相安。以仰副圣主绥靖海疆之至意。

耆英。程矞采。祁𡎴。文丰。又奏。窃臣耆英前因英吉利急于通市。附片奏明。即照伊里布前定期限。于七月初一日。先在广州开市。钦奉谕旨。著即照议办理等因。钦此。钦遵在案。臣等伏查各国货船。向年皆于六月以后。先后来粤。随时售货完税。俟来年二三月间。装载出口货物。陆续回帆归国。其后到之船。为数无多。是以粤海关征收税银最旺之期。在于秋冬之交。现在七月初一日。查照新定章程开关以来。截至闰七月初十。共有进口英吉利米利坚二国货船五十三只。各投素所相信之行店十余家。贸易货物。完纳税饷。华夷均极安靖。市肆阛阓。恬熙乐业。一切照常。计已征收过税银十二万八千九百余两。比较上年七月初一日。至八月初十日所收税数。有盈无绌。历来各国商船。懋迁有无。出口多于进口。现在洋船甫到。所收皆系进口之税。间有出口者。为数亦甚细微。转瞬抽收出口货税。自必更见充盈。将来福州等四口开市后。粤海关势虽逊于往年。而统五口计之。税数加增。其机已见。洵堪仰慰宸廑。惟粤海关口岸散漫。港汊纷歧。必得多派书役。逐段巡逻。其计担纳税。按货过秤。动辄以数千百担计。所需人役。实属不少。从前此等人役。皆系收私担头银两。并无工食。现在浮费全裁。竟致枵腹从事。其势不能不为酌筹经费。以资糊口而杜弊端。容臣祁𡎴。臣文丰。另行筹议办理。至要约各条。皆已定议。日内本可完结。惟因夷酋朴鼎查。不识汉字。必须夷目马礼逊译出夷字。与彼商定。再译汉文。始能缮成书册。今马礼逊于闰七月初五日。因热症暴毙。已由臣耆英飞饬朴酋。另派通习汉文之夷目。迅速翻译。大约又须数日。不致因之延误。

(八月辛丑)李廷钰又奏。江浙两省。拟造同安梭船并八桨各船。钦奉谕旨。责成奴才一手经理。前准两江督臣耆英咨询船式。并饬赴闽造船委员。前来宁郡。面商机宜。奴才当将船身梁头丈尺。同一切应用何项木料。及如何造法。并如何安放炮位之处。详晰面告。并绘图贴说。另开清折。交与照办去后。兹该委员等业已造就同安梭船二只。八桨船四只。经委员候补同知王熑。同知衔知县郑扬旌。亲身由闽驾驶来至宁港。据称所历闽浙外洋。两遭飓风。俱堪冲风破浪。甚属安稳。复经奴才带同将备。前去试验。船身大体俱尚合式。工料并皆坚实。惟小节等件。内有应须增减。奴才复带同将备。安置炮位。就船试放。甚为合宜。其驾驶折戗。亦俱灵便。即派弁兵委员。由宁港前赴上海。候苏省督抚臣验收。至浙省遵旨试造同安梭船二只。八桨船四只。前委员赴闽造办。现据具报。计八月间可以完工。其配船水勇。奴才业已专人赴闽。选募同安舵水人等。豫期带至闽省。以便配驾来浙。奴才伏查浙省定海镇属水师各营。及提标右营乍浦营额设战船。上年俱遭毁无存。现系地方官暂雇钓船。配兵巡缉。然大船无可雇倩。钓船又过少。不足以敌盗船。徒事巡哨。不能得力。是被毁之船。将来亟须补造。以资配缉。容俟闽造同安梭船驾驶到宁。由奴才留心试演。如果于巡防可期得力。所有补造之船。先尽宁波定海提镇两标船只造办。次并黄岩温州二镇属各营年满拆造各船。应否一律照式造办之处。当与督抚臣会商妥办。

(丁未)两江总督壁昌奏。接准户部咨。议覆钦差大臣耆英等奏通商章程。收税科则一案。奉旨依议。钦此。钞录原奏清单咨会。一体遵办。并先准耆英咨开。上海通商案内。应用大秤砝码丈尺。照粤海关现用者制就一副。委员解赴臣孙善宝衙门。交收转发。又臣壁昌准耆英函开。朴鼎查已派令领事官前赴上海。以资约束各等因。当即查照部咨。转饬苏松太道出示晓谕。通商去后。惟刻下秤码等项尚未接到。即朴酋所派领事人。亦未到沪。吴淞口现停番舶数只。系前次驶来探信者。停泊口外。尚未来求通市。其余货船。亦未闻有到来信息。此后准咨得信。自必分艅前来。科税俱有定章。而通商究属创始。华夷杂处。在在均关紧要。现任苏松太道宫慕久。人极诚实稳练。莅任已及两月。地方情形。日渐熟谙。臣等已饬令督同移驻上海。熟悉夷情之同知沈炳垣等。将应办各事宜。逐一豫筹妥办。一俟货船及领事人等到日。即按新定税则。照数征收。仍随时防范稽查。务期于夷情税务地方。三者均有裨益。

乙丑。军机大臣穆彰阿等奏。窃臣等奉上谕。达洪阿。姚莹。均著革职解交刑部。派军机大臣。会同该部审讯等因。钦此。臣等公同审讯。谨取具达洪阿姚莹亲供。恭呈御览。

具亲供【达洪阿。姚莹。】伏查英夷五次犯台。两次舟破被捡。鸡笼一起。系道光二十一年。八月。十三日。夷船到鸡笼口外。十五日进口。十六日卯刻开炮。坏我兵房。我兵亦开炮相持。忽海潮骤起。夷船桅折。冲礁击破。大安一起。系二十二年。正月。三十日。卯刻。夷船先在大安港口。被渔船诱至土地公港。搁浅。达洪阿姚莹原奏。本系据各属文武士民禀报。当时并未有遭风情事。本年正月二十一日。总督过台。自鹿港登岸。二十五日到郡。二十六日传旨拿问镇道。以夷船系属遭风商船。与台湾原奏不符。令具亲供。达洪阿姚莹以该处文武士民。两次破获夷船。俱曾验有俘囚炮械图册印文。属实。本系来台滋扰之兵船。并经台湾府厅县委员讯系朴鼎查自浙遣来。寄书奸民张丙内应滋事。是以据情入奏。今夷人事后藉端序愬。难以口舌较论是非。镇道乃奏事大员。自无诿过之理。遵具供辞。自请治罪。伏念达洪阿。姚莹。海外孤臣。钦奉圣谕。勉以内安外攘。私心惴惴。惟恐疏虞。虽境土安全。无有失事。尚未能仰酬万一。两次捡夷正法。皆文武士民之力。达洪阿。姚莹。何敢邀功。夷人五犯台湾。未得一利。反被破舟捡斩其所谋诱之奸民。匪船又皆被获。衔恨实深。于受抚后谲辞控愬。达洪阿。姚莹。计虑粗疏。未能先事料及。以致上烦圣虑。实属辜负天恩。现经本省将台湾道府案卷。同所获夷船各件。送部只求察核验明。定拟具奏。不胜惴慄之至。所具亲供是实。

道光卷六九

道光二十三年。癸卯。九月。壬申。军机大臣穆彰阿等奏。本年。七月初十日。升任浙江巡抚刘韵珂等奏。会筹海疆善后事宜一折。奉硃批。军机大臣会同该部议奏。钦此。臣等公同商榷。将该抚等原奏二十四条。悉心参核。逐条分晰。录呈御览。恭候钦定。

一原奏称提标左营兵丁。应改为外海水师以重海防等语。兵部查浙江提标左营游击。本属陆路营分。今据奏称。该营分防之穿山霩霩两处。咫尺定海。兵数既少。又无大员董率。巡了俱不得力。拟将提标左营游击。移驻穿山。改为外海水师。应如所奏。浙江提标右营游击。准其移驻穿山。改为外海水师。仍准其将提标右营镇海营所辖洋汛。酌拨数处。归该营管辖。以专责成。该营原管陆路各汛。除穿山霩霩两处仍隶左营外。其余各汛。准其改派提标中前后三营分隶。应令该抚分别营汛。造具图册。送部办理。其左营额兵七百三十四名。亦应如所请。准其改为外海水师。

一原奏称镇海营。应改隶提督管辖。以期整饬等语。兵部查镇海营向归定海镇总兵管辖。今据奏称。该营为浙东门户。最关紧要。相距定海。远隔重洋。该镇不能常川内渡。考校兵技。请改归提督管辖。应如所奏。镇海营。准其改隶提督管辖。

一原奏称石浦地方。应酌添兵丁。并将昌石营都司。移驻其地。以资控制等语。兵部查石浦汛。设有守备一员。驻扎宁波府象山县。兹据奏称。该处逼近大洋。地势甚为紧要。仅止守备一员。兵亦寥寥。不足以资控制。请将昌石营都司移驻石浦。应如所奏。昌石营都司。准其移驻石浦。即名为石浦营。并请于象山左右两营内拨兵二百名。改为水师。移驻该营之处。亦系因地制宜。应如所奏。准其照数改拨。

一原奏称乍浦兵数。应酌量加增。并将该营参将升为副将。以资控制等语。兵部查原奏内称。乍浦地方原设参将一员。该处界居江浙。为江苏藩篱。杭州保障。与定海亦有犄角之势。原设兵丁甚少。参将体制不崇。请将该营参将升为副将。应如所奏。乍浦营参将。准其升为副将。仍作为外海水师题缺。应由闽浙总督另拣合例人员题补。再查乍浦营。向止额设外海水师兵四百九十名。兹据奏称。该营兵力较单。自应准其于简僻营分内。拨添兵丁五百一十名。以资控制。

一原奏称海盐县之澉浦地方。应添设外海水师。以资接应等语。兵部查海盐县之澉浦地方。并无设立营汛。兹据奏称。该处地居海滨。紧接乍浦。势同唇齿。拟请专设一营。驻扎都司一员。千总把总各一员。应如所奏。海盐县澉浦地方。准其添设都司千总把总各一员。作为外海水师。驻劄澉浦。即名为澉浦营。仍归乍浦营统辖。其应设外海水师兵丁三百名。亦准其在于简僻营分内裁拨。以符定制。

一原奏称海宁州应添设内河水师。以卫根本等语。兵部查该抚等奏称。海宁州城。地段绵长。仅止杭州协派兵分汛防守。势殊寡弱。应于海宁州城。专立一营。设内河水师都司千总各一员。把总二员。应如所奏。准其于海宁州城。添设内河水师都司。千总。各一员。把总二员。为海宁营。归杭州协统辖。并准其在于简僻各营内。拨兵四百名。添设该营。作为内河额缺兵丁。所有杭州协原派防兵。自应撤省存营。俾资操习。

……

一原奏称水师应令以巡缉为操练。以收实效等语。臣等查核该抚所议。寓操练于巡缉之中。如此勤加考核。洋面可就肃清。应如所议办理。仍由该抚等严饬将领。随时劝惩。实力稽察。不得虚应故事。并造具兵技优劣清册。报部查核。

一原奏称水师各镇。应照例出洋统巡。并按期会哨。以期整肃等语。臣等查会哨废弛。洋面匪徒出没。必至此拿彼窜。该抚请申明定例。责令总兵出洋统巡。按期会哨。庶几弁兵整肃。水师日有起色。应如所奏办理。

……

一原奏称水师额设战船。应俟同安梭船造成试验后。按营分别安设等语。臣等查水师战船。现存既属无多。自应俟闽省造船。赴浙试验合用。再按兵丁多寡。酌定数目。制造新船。其改造存留船只。并分别修葺。及届期拆造之处。均应照议办理。

一原奏称钱塘江内。应添设相宜船只。以习水战等语。臣等查同安梭船。既于钱塘江水性不宜。应如该抚等所拟船式。各制一只。察看何项相宜。再行酌量制造。应令将工料银数造具成规细册并绘具图式。送部查核。

一原奏称水师应召募善于泅水之人。教习各兵。以广兵技等语。应如所议。酌募教演。以期得力。不得滥竽充数。有名无实。

己卯。闽浙总督刘韵珂奏。窃臣于闰七月下旬。准粤省将应用之秤尺砝码等物。解送来浙。并闻英吉利已将夷目罗伯聃。派为浙省领事。有八月初一日至浙开市之说。臣即由省起程。于八月初二日驰抵宁波。查探罗伯聃尚未至浙。臣以粤东既已开市。该夷谅不致在途逗留。遂即驻劄郡城。饬令该道府等遣人至定海查探。一面将招充银号。雇募引水船只。派拨看押货船人役等事。督同该道等次第举办……臣查通商章程。经耆英等悉心筹画。臣逐一查阅。于榷税之法。杜弊之方。实已无不缕晰条分。事事赅备。浙省断不能再有更张。但定海现尚为该夷所踞。夷船之载货来浙者。可在定海寄顿。不必经由宁波海关。且该处地隔重洋。四通八达。内地商民。赴彼贸易。亦不必尽由宁波出入。是夷船未入关以前。

走私漏税之弊。在所不免。至其入关之后。船牌报单等件。系由夷商迳交夷官收阅。再由夷官通知海关查验。而剥货小船。既经该夷自雇。小民之售卖衣食者。又准其直傍夷船。与之交易。官吏并无管理拦阻之责。恐走私漏税之弊。亦难冀其必无。然走漏而仅在口内商民。经管海关之员。与各处地方官。均有稽查惩办之权。尚可设法禁绝。至夷官夷商。气类相投。若于未经通知海关以前。串通隐漏。则稽查较难。即察出之后。操纵尤为不易。非先与该夷官开诚布公。要以信义。面为申禁。不能杜其弊窦……

（乙酉）谕军机大臣等。据耆英奏请派各口办事人员。并请将咸龄留于江苏委用等语。已明降谕旨。将咸龄以江苏道员候补矣。现在五口通商章程初定。头绪纷如。一切事宜。必须明干之员。随同该督抚办理。广东省。著祁𡎴。程矞采。督同藩司黄恩彤。一手经理。江苏省。著壁昌。孙善宝。督同咸龄。宫慕久。核实办理。福建省。著刘韵珂。刘鸿翱。督同藩司徐继畬。妥为筹办。至浙江省规模甫定。海口纷歧。著刘韵珂。管遹群。遴派熟悉夷务大员。前往各海口。协同该地方官。实心经理。该督抚等。务当体察情形。因地制宜。严禁走私漏税。不准内地奸民。勾串滋弊。以裕国课而顺夷情。将此各谕令知之。

耆英又奏。伏查自上年冬间迄今。在闽浙江苏洋面游奕夷船。皆系英吉利米利坚二国守候开市之货船。并无别国船只。前于五月间。有双桅夷货船一只。驶至浙江乍浦洋面。欲图贸易。经乍浦营参将开导驶去。奴才当即照会朴鼎查。诘以因何违约。旋据覆称容即查明。如系该国之船。必定严为禁约。仍俟上海等处开市后。各口皆有管事夷目。就近约束。自当如约办理。惟中华地方官。务须协力禁止内地奸民。私相交易。方能有济等语。并于善后条约内。议明。敢擅往他处港口游奕者。货船一并入官。该国不得争执一条。以防微杜渐。适奉谕旨。饬查山东之文登。荣成。福山等县。及天津之拦江沙外。均有游奕夷船。奴才当又钦遵诘询。并于八月十五日。会定条约之时。面加查问。据云。实因上海等处管事夷目。尚未到口。该酋在粤。鞭长莫及。以致各商船违禁他往。现在条约已定。各口亦次第开市。伊当即行出示晓谕。如再有不遵者。即求查照条约办理。以后不必赏给食物。并请禁止民人与之交往。情词甚属真切。奴才已将条约内夷船驶往别处港口船货一并入官之条。摘出咨行沿海各省。一律知照。相应请旨饬下盛京。直隶。山东。江南。浙江。福建。广东。各督抚将军。嗣后如遇有夷船驶入。并非通商口岸。不论何国何船。查照成约。将船货一并入官。傥有不遵者。查明实系何国之船。是何名号。咨会两广总督。行知该夷目。责令交出。惟从前夷船。并无北驶者。迨道光十年以后。盛京。直隶。山东。江苏。犹时或一见。其福建。浙江。二省。竟致常年往来不绝。究之皆系奸民勾接。兵役故纵。酿成事端。几将不可收拾。法必自治而后可以治人。若奸民勾结之禁令不严。兵役故纵之弊端不绝。利之所在。人必趋之。则物腐虫生。办理既多掣肘。更虑关税因而短绌……

谕军机大臣等。据耆英奏。遵查夷船违约游奕一折。前因直隶山东洋面。有夷船驶至。降旨令耆英查询禁止。兹据该大臣奏称。诘询朴鼎查。覆称实因上海等处管事夷目。尚未到口。致各商船违禁他往。现已出示晓谕。如再有不遵者。即求查照船货一并入官条约办理等语。该夷五处通商。议有一定马头。所有江苏。浙江。福建。广东。各省分。本系准予该夷贸易之地。如有奸民于夷船到口。抑勒阻措。致令商货不能流转。即著该督抚等严密查拿。痛加惩治。其并非通商口岸。遇有夷船驶入。著该将军督抚。督饬查明。不论何国何船。遵照成约。将船货一并入官……

（庚寅）讷尔经额又奏。现任大城县知县高邦哲。前在天津防堵。曾仿照陆路地雷之法。制造水中炸炮。其法用生铁铸成鸭形。而空其中。鸭背留一方口。上覆以盖。临用时将火药铁沙子空心炮子等件。装入盖好。将火线插入鸭口。其线以铁丝盘住。不使屈曲。约线长一丈。可行海路二里。线之长短。视敌船之远近。药之多寡。视铁鸭之大小。小者吃药二三十斤。大者吃药八九十斤。至百斤不等。

以长六七尺宽三四尺小木筏乘载。筏上挂一小篷。高二三尺。尾安小舵。使其直进。不至东西飘荡。篷布用黄色。与水色相等。使之难以辨识。鸭口火线。用油布作筒罩之。不令水浪喷湿。如遇夷船前来。则令水勇用海船装载出洋。一船可载三四十具。夤夜从上风跟接。放于水面。将鸭口火药点燃。顺流而下。人则掉船而回。筏则听其自去。十数里之间。皆可行之。此炮炸开。四面均可及一里许。近船炸碎。得力固不待言。即距船半里内外。炸碎铁块炮子。纵横皆到。中船伤船。中人伤人。且木筏体质轻微。昏夜之中。远则海气弥漫。辨望不真。近则火线将已及药。防范不及。臣在海口。与镇道均经试验。实觉适用。因系暗攻之器。未经宣扬。昨演试水雷。饬令天津道文康。会同两镇。一并演试。俾令广东生员李光钤等。一同阅看。亦谓此器不借人力。可以致远摧坚。洵为灵活。所有前项炸炮木筏。共有四百余具。现存大沽协军器库中。可备缓急。

癸巳。军机大臣穆彰阿等奏。本年。九月十六日。耆英等奏。酌定善后条约一折。奉硃批。军机大臣速议具奏。单并发。钦此。臣等公同商搉。将该大臣等原奏各条。悉心参核。逐一分析。录呈御览。恭候钦定。

一原单内称。钤印税则例册。及钤印贸易章程。嗣后五港口。均奉为式二条。现在通商马头。既分有广州福州厦门宁波上海五口。所有税例及一切贸易新章。自应一律办理。应如所议。各口均奉为式。

一原单内称。货船进口报关一款内。所罚银两。及查钞之货物。应归中华国帑。以充公用一条。此项银货。既系罚款。及查钞入官之项。应如所议。归公充用。

一原单内称。开关后。英夷止准在五港口贸易。不准赴他处港口。亦不许华民在他处港口串通贸易一条。现在通商马头。既有议定五口。自不准其再有越界。私相交易。应如所议。嗣后英商如有擅往他处港口游奕贩卖。即将船货一并钞取入官。英官不得争论。倘系华民私串。即将串同之华民。从严惩办。

一原单内称。嗣后华商欠英商。或英商欠华商之债。均由华英该管官从公处结。彼此著追。均不保偿一条。华商所欠英商之债。前经议定官不保交。并不得仍执洋行代赔之例请赔。其代为著追一节。亦必须实系人在产存。方准追给。若已逃匿无踪。及家产尽绝者。不得因此藉口。仍致哓哓渎恳。至英商所欠华商之债。应即照此议。由英官代为著追。不代保偿。

一原单内称。五港口英商。不可妄到乡间。并不可远入内地贸易一条。各口既准英商居住往来。自应议定界址。庶彼此日久相安。所有英船水手。及船上人等。应俟管事官。与地方官立定禁约后。方准上岸。如有不遵禁约。擅至内地远游者。不论系何品级。应听该地方民人捉拿送办。惟所称由民人交英国管事处罪。似未允协。应令送交地方官转交办理。免滋事端。至上岸英人。该民人既不得擅自殴打伤害。设英人不服捉拿。以致互斗。或民人殴伤英人。或英人殴伤民人。其如何办理平允之处。应令再为详议。

一原单内称。英人携眷赴五港口居住。或租赁房屋。或租基地建屋一条。英人与家属所住房屋。准于何处租赁。何处建造。尤应各就地方民情。先行议定。彼此出于两愿。方可相安。其租价高下。应即照现在五港口所值为准。不许华民勒索。亦不许英商强租。其每年租屋若干所。建屋若干间。即由英国管事官。通报地方官转报立案。至房屋增减。现在虽难预定额数。惟英人居住。既有议定界址。其与家属所居房屋。即将来人数增添。自不得于界址外。别有租赁。别有盖造。应再与切实要约。

一原单内称。西洋各外国商人。如准其一体赴各口贸易。即与英人无异。将来设有新恩施及各国。应准英人一体均沾一条。各外国商人。向止准其在广东贸易。现既准赴福州厦门宁波上海各口通市。即系大皇帝新恩。英国与各国一体均沾。且税则及一切章程。现已议定颁行各口。英国及各国。均当一律恪遵。不得妄有请求。

一原单内称。华民因犯法逃至香港。或潜住英国官船货船避匿。及英国水手兵丁。或别项英人等。逃至中国地方藏匿一条。应照所议。凡此等逃匿之人。华民由英官交与华官。按法处治。英人由华官捉拿监禁。交给近地英官收办。均不得庇护隐匿。

一原单内称。通商港口。必泊有英国官船一只。以资约束。其官船将去。必另有一船接代。该港口管事官等。应先具报中国地方官一条。此等接代官船。到中国时。自应由港口管事等官先行具报。以免生疑。中国兵船。自不致有拦阻。其官船既不载货。自应免纳船钞。

一原单内称。定海鼓浪屿退地后。凡有英官居住房屋。及栈房兵房。不得拆毁。亦不请追修造价值一条。应照议。俟退出后。即交与华官。转交各业户管理。

一原单内称。英商串通华商偷漏。除该国出示严禁英商。并通报中国地方官捉拿外。本地方官。亦应将串通偷漏之华商等查办一条。应如所议。嗣后英国偷漏商船。一经地方官拿获。其货无论价值品类。全数查钞入官。其串同偷漏之华商。及庇护分肥之衙役。应责成地方官严密访查。照例惩办。

一原单内称。华民欲带货往香港销售者。先在广州。福州。厦门。宁波。上海。各关口。完纳税银。由各海关给发牌照前往。其欲赴香港置货者。亦准其向广州。福州。厦门。宁波。上海。各华官衙门请牌。于运货进口之日交税。其在香港置货之船。即在香港请领牌照出口一条。应如所议。嗣后欲往香港售货。及在香港置货。华商于出口时。均照此给与牌照。以凭稽查。每来往一次。即将原领牌照。呈缴华官查销。其非五口互市之处。均不准擅请牌照。往来香港。惟此项牌照。据称责成九龙巡检。会同英官。随时稽查通报。香港地悬海外。帆樯处处可通。若五口售货置货之商。皆集于此。其货有无偷漏。所恃止有牌照。九龙地方。是否来往咽喉。不致偷越。巡检一官。是否足资查验。应令再行详议。

一原单内称。香港必须特派英官一员。凡遇华船赴彼售货置货者。将牌照严行稽查一条。香港并未设有华官。凡往彼售货置货之商。其经各海关给与牌照者。出口进口。尚可由华官查验。其有未经请领牌照。或有牌照而非五口所给者。若私向香港往来。华官无从过问。其稽查之职。全在英官一人。设非公正严明。即有奸商偷越。未必视为己事。应令英国选择可靠之员。认真查验。如有未请牌照。及牌照不符商船。前往香港贸易者。应不许其在彼通商。并将情由具报华官。备案查办。

一原单内称。华商在香港拖欠各债。及英商在港口拖欠帐目一条。华商在香港所欠英商之债。自应由英官就近清理。其已逃出香港者。如系英商未经查明行保。被其假托诓骗。华官自无从追究。若实系潜回原籍。人存产在者。应准其官为勒追。其英商在港口拖欠华商帐目。若华官将清单及各凭据通报英官。英官亦即照新章第五条所议。代为著追。以昭平允。

一原单内称。各港口海关。按月将所发牌照等。具报粤海关。粤海关转为通知香港英官。英官照式具报一条。应如所议。嗣后各港口海关。每月将所发牌照若干张。及船只字号。商人姓名。并货物品类数目。或由香港运至各港口。或由各港口运至香港。逐一具报粤海关。转行英官。英官即将往来各商之船号商名货物数目。报明粤海关。由粤海关通行各海关。查核办理。

一原单内称。英国二枝桅。或一枝桅。三板划艇等小船。向不输钞。今议定各船。除搭客附带书信行李。仍照旧免输外。倘载有货物。即按吨输纳一条。此等小船。或由香港赴省。或由省赴澳。所载货物。自应按吨纳钞。所称最小者。以七十五吨为率。最大者。以一百五十吨为率。每进口一次。按吨纳钞一钱。其不及七十五吨者。仍照七十五吨计算。倘已逾一百五十吨。即作大洋船论。每吨输钞五钱。此等小船往来。自不便与大洋船一体纳钞。而运载货物则同。今大船输钞五钱。小船输钞一钱。相去悬殊。难保不避多就少。所有小船每月进口数次。应再酌定。以示限制。

一原单所开。小船定例三条。均应如所议。嗣后英国二枝桅。或一枝桅。及三板划艇等小船。必须领有英官牌照。用汉英字样。写明何等船只。能载若干吨。听候稽查。其船到虎门。即停止通报。倘载有货物。均在黄埔关口报明。到省后。即将牌照缴存管事官。代请粤海关准令起货。如未经允准。擅自卸货。即按照新定章程内货物进口报关一款办理。若进口货已起清。出口货又全下船。其进口出口税。与船钞。亦已完纳。管事官即给还牌照。准其开行。

以上各条。该大臣所议。亦已详备。惟香港通市一节。最关紧要。缘各口准赴香港贸易。则该处竟成售货置货之总汇。课税盈绌。全系乎此。今出口进口之船。所凭止此牌照。而牌照之查验。所恃仅止英官。则其权已非我操。况洋路随处可通。其船之出入。不必尽由五港。货之往来。不必尽领牌照。设有奸商往来贸易。又岂能保英官之一一为我查验。是此处办理稍有疏漏。恐五处津关。将成虚设。现在粤海关税课。所以有盈无绌者。只缘停市已久。蓄极一通。是以较旺于前。且新章甫经议定。在英人亦不得不假协公平以遵功令。而江苏闽浙。又未开关。则全力所萃。惟在粤海。是其旺亦可暂而不可常也。今为善后计。其香港专设英官一节。固已势无可驳。而小船运载货物。即为短绌之由。巡检稽查牌照。不无偷越之弊。是以臣等复令详议。再香港地居外海。将来一经开市。无可设防。惟有于各处出海船只。设法稽查。严防偷漏。尚属权自我操。请旨饬下沿海各督抚。无论何口。但有可通海道处所。务须加意防范。无任商船任意出入之处。详细妥议具奏。

谕军机大臣等。前据耆英等奏。酌定善后条约。当交军机大臣速议具奏。兹据核议各条。分析具奏。俱著照所议办理。惟香港通市一节。最关紧要。该处为售货置货之总汇。课税赢绌。全系乎此。而出口进口之牌照。若仅责成九龙巡检。会同英官。随时稽查。恐办理稍疏。即不免有偷越之弊。其应如何设法严查之处。著耆英等。再行悉心妥议具奏。其各处出海船只。仍著严饬各海口文武员弁。实力稽查。至五处通商口岸。并著一体知照各该省。加意防范。勿任商船任意出入。以防偷漏而裕课税。原折著钞给阅看。将此谕知耆英。祁𡎴。程矞采。并传谕文丰知之。

耆英又奏。承准军机大臣字寄。闰七月初十日。奉上谕。据梁宝常奏。东洋停泊夷船。系一大一小。查明船名及船主姓名。内有粤人男妇。并称该夷目是商非官。现已起碇往西北大洋驶去等语。著耆英按照该抚折内所开船主姓名。向朴鼎查询问等因。钦此。转行钦遵去后。即据朴酋覆称。前赴直隶山东船只。皆在未定善后条款之先。现在善后案内。业已明定如敢擅往他处港口游奕。船货一并入官之条。该酋又已出示晓谕。各处口岸亦次第开市。商人皆务正经贸易。必不肯自蹈危险。但求中华一体严禁奸民接济。并不准买办食物。其弊自绝。至该国船号。皆以原给牌照为凭。而所给牌照。并无汉字。恐辗转翻译。多有错误。必得四面访询。方知是否该国之船等情前来。奴才察核情词。尚为真切。

道光卷七〇

道光二十三年。癸卯。十月。己酉。

钦差大臣两江总督耆英。两广总督祁𡎴。广东巡抚程矞采。粤海关监督文丰奏。……从前入仕天朝之汤若望。南怀仁。以及高守谦。毕学源等。皆意大里亚人。因其初至中土时。人但称之为大西洋。而意大里亚之名不著。此大西洋之完纳租银。在澳门居住之由来也。该夷以贸易为生。雍正三年。前督臣孔毓珣。奏定该国贸易船只。以二十五号为限。编立字号。准其前赴哥斯达。吕宋。文牙。大小西洋等国。贩货来澳。止纳船钱。不纳货税。俟有中华商贩赴澳买卖。再由华商赴关报税。其运赴澳门之内地货物。亦由贩运之华商报税。每年约可征收船钱货税银二三万两不等。汇入粤海关额征数内造报。至该夷所完船钱。系按船之新旧。计丈输纳。与在广州贸易各国不同。数亦轻减。其在广州贸易各国商人。于买卖事竣。船只开行之后。所有各国派来管理贸易之人。及有帐目未清之商贩。因例不准寓居广州。亦赴澳门。向大西洋赁屋而居。此大西洋向来在澳贸易完税。及各国商人留澳寓居之章程也。现在改定新章。五口通市。各国商人。散之四处。澳门房租。势必渐少。买卖亦断不能如前。据该夷目呈请酌量变通。业经臣等将大略情形。先行奏蒙圣鉴在案。兹臣等会同悉心筹议。察核所请各条内。如求将地租银五百两恳恩豁免一节。查大西洋之求免地租。系为英吉利在香港并不缴租起见。但香港本系无粮海岛。澳门系有粮之地。不能相提并论。应饬照旧输将。未便请豁。又求将自关闸至三巴门一带地方。俱归大西洋拨兵扼守一节。查关闸之设。系因地势扼要。并非划分界限。且设关在前。大西洋住澳在后。关闸以内。既有民庄。又有县丞衙署。未便听其拨兵扼守。应饬仍照旧章。以三巴门墙垣为界。不得踰越。至三巴门外。原有炮台夷庄。历年已久。亦仍其旧。又求各国商船。听其赴澳贸易一节。查各国商船。向系停泊黄埔。在广州贸易。澳门为粤海关兼管口岸。并非大关。既无监督。亦无另有大员驻扎。所请难以准行。又求将澳门货税船钞。较新定章程。略为裁减一节。查澳门货税。由华商完纳。与大西洋无涉。本可无庸另议。惟税出于货。税有轻重。货即因之而高下。易启趋避之端。嗣后澳门征收华商货税。无论出口进口。俱照新定洋税章程办理。至澳门船钞。本较广州为轻。若责令按照新章。每吨输银五钱。未免无所区别。嗣后原有各额船二十五号。应无分新船旧船。均照新章。酌减三成。每吨输银三钱五分。若赴五港口贸易。或另有新增大西洋船只。无论在澳及往五口。均按每吨五钱输税。以杜影射。所有从前规费。无论已未归公。一概禁革。又求准赴广州。福州。厦门。宁波。上海。五口贸易一节。查五口通商。各国皆已准行。自应一视同仁。以免向隅。其应完货税船钞。及剥货小船往来文禀一切事宜。悉照新章。画一筹办。又求将澳门修理房屋船只。请领牌照费用。概行革除一节。查请领牌照。本属具文。应如所请。准其自行购料雇匠。任便修造。不必请照。以免苦累。但不得于三巴门外。擅有建造。致滋事端。又求华商运赴澳门货物。即在澳门上税。不必定以担数一节。查华商贩运货物。经过一关。即应报一关之税。断无越赴澳门投税之理。嗣后凡赴澳门货物。不必限定担数。如应经由粤海大关者。即在大关照新例报税。请牌出口。如向不经由粤海大关者。即在澳门照新例完税。以免绕越……

耆英又奏。再通商事宜。业已告竣。奴才在粤。已无应办事件。而统计五口。应以广州为首。上海为尾。将来贸易。似亦惟该二口为最旺。该二口之章程大定。则宁波。厦门。福州。三口。亦因之皆定。广州本系通商马头。华夷相习。又有督臣祁𡊮。抚臣程矞采。督同藩司黄恩彤。因时因势。随机驾驭。自能妥协。惟上海从未与外夷交易。情既不通。信亦未孚。见有夷船。莫能辨其何项船只。即群相疑讶。虽晓谕百端。犹不免心存畏惧。且吴淞口外接大江。内连苏郡。民气本极柔懦。自上年被兵以后。风声鹤唳。草木皆兵。本年四五月间。有该夷货船。驶至吴淞口外。探闻开市信息。即讹言四起。镇江居民。复有迁徙之事。现既开市。夷船云集。江苏全省。并无实在通达夷情之员。胸无成竹。既不能取信于夷。亦不能取信于民。奴才殊不放心。于拜折后。携带钦差大臣关防。并带同四等侍卫咸龄。及员弁书吏等。即行起程。俟过梅岭。由长江顺流东下。俾沿江居民。咸知奴才已将夷务办结。在外海行走夷船。必不入江。以安民心。以息浮言……

庚申。署两江总督璧昌。江苏巡抚孙善宝奏。窃臣等前准钦差大臣耆英咨会。朴鼎查。派令巴富尔前来。管理该国贸易事务。现据苏松太道宫慕久禀报。九月十七日。有火轮船一只。由吴淞口驶至上海。询即英国领事巴富尔之船。旋据该领事投递照会。约期面见该道。即于十八日会督在城文武。亲赴大关。与之接晤。情形极为恭顺。该领事带有夷官麦华陀一员。通晓汉语。据称。俟将章程税则。逐细讲论后。即定开市日期等情。当经臣等批饬妥速定议去后。连日接据该道等禀称。已由该领事将章程税则。逐条核对。反复辩论。该领事均能懔遵。惟因建造会馆。尚需时日。暂先登岸赁寓居住。并不骚扰居民。一面觅地建馆。即行搬移。并因所带洋钱。种类不一。必须逐件倾镕。分别秉公估定成色。以便照数补水纳税。再该领事初到之时。吴淞口外。仅止夷船三只。在彼停泊。现有续到货船四只。随即议定。九月二十六日。先行开市等情。臣等查该领事。既已到沪。货船亦有七只。自应饬令早为开市。以广招徕。惟前准耆英咨会。上海等关所征西洋各国税银。应与粤海关一体。以道光二十四年正月二十五日。为截数之期等因。本年开市。节气已近小雪。正值西北风司令。商船大帮。能否由东南续至。殊难豫必。惟上海通商。事属创始。所有抚驭外夷。以及弹压内地商民。在在悉关紧要。章程具在。必须实力遵行。臣等自应暂时亲往督办。以昭慎重……

辛酉。钦差大臣两江总督耆英奏。窃奴才前在广东省城。会同督臣祁𡊮。抚臣程矞采。监督文丰。

督同黄恩彤。咸龄。筹办英吉利国善后章程。及各国通商事宜。往返辩论。至再至三。势已无可驳改。亦别无应办事件。是以于拜折后。奏明即行起程。兹于曲江县途次。奉上谕。前据耆英等奏。酌定善后条约。当交军机大臣速议具奏。兹据核议各条。分析具奏。俱著照所议行。惟香港通市一节。最关紧要。该处为售货置货之总汇。税课赢绌。全系乎此。而出口进口之牌照。若仅责成九龙巡检。会同英官。随时稽查。恐办理稍疏。即不免偷越之弊。其应如何设法严查之处。著耆英等。再行悉心妥议具奏。其各处出海船只。仍著严饬各海口文武员弁。实力稽查。至五处通商口岸。并著一体知照各该省。加意防范。毋任商船任意出入。以防偷漏而裕课税。钦此。仰荷圣明。提挈纲领。周详指示。钦服实深。奴才伏查香港本为英夷托足之所。并非通商之地。惟有夷即有货。奴才于五月间前赴该处。亲加察看。见有内地民人。前往零星买卖。利之所在。人必趋之。与其徒务香港不准开市虚名。致坠其术。莫若明定各口给照稽查章程。以免偷漏。原所以防微杜渐也……其九龙地方。径对夷人聚居之地。船只之往来香港者。必泊于此。稽查甚为近便。若商船贩货出口。前赴香港。应先在出处所。完纳税银。再行给发牌照。沿途及香港。即以牌照为凭。分别验放。其在香港贩货进口之船。应在进口处所。完纳税银。本系仿照定例办理。全在行之以实。不在验照官之大小。况前赴香港之船。既由给照口岸。按月报明粤海关。则所有赴香港商船若干只。业已互有稽考。九龙巡检。不过查其已未到彼。何时返棹。并无税银可收。似可无虞偷越。奴才愚以为税课赢绌之机。全系乎各海关之稽查严密。而不在香港之通市与否。至各海关稽查漏税之卡房巡船。星罗棋布。业已无微不至。兵役卖放。亦有治罪专条。若能事事核实办理。似可毋庸另议章程……又小船输银一钱。与大船相去悬殊。难保不避多就少一节。查此等小船。向准出入。止有陋规。不征船钞。善后章程内。议定最小者。以七十五吨为率。最大者。以一百五十吨为率。按吨纳银一钱。不及七十五吨者。亦照七十五吨算。已逾一百五十吨者。即作大洋船论。但装一担货物。即应按吨纳钞。是小船在严查吨数。不在酌定限制。且于课税有裨。尚非短绌之由。似亦毋庸另议限制。总之。香港并无行栈。即无正经贸易。此次办理善后事宜。奴才与祁㙟等。就现在情形。熟筹再四。不敢苟且将就。稍留罅隙。致滋漏卮。而治法治人。势因时异。将来应否将内地稽查之法。酌量变通。必得试行一二年后。再由各该督抚体察情形。分别办理。

谕军机大臣等。前据耆英等奏。请改设巡检。移驻附近香港之九龙地方。会同英国稽查出入牌照等语。朕以香港为售货之总汇。若仅责成巡检稽查。恐立法尚未周密。令该大臣等再行妥议。兹据耆英奏称。体察情形。不在验照官之大小。全在行之以实。所有前赴香港之船。既由给照口岸。按月报明粤海关。业已互有稽考。九龙巡检。不过查其已到未到。并无税银可收。似乎无虞偷漏等语。著照所议办理。所有祁㙟等前奏广东新安县属之官富司巡检。请移驻龙九地方。改为九龙巡检。作为海疆要缺。即照所请。准以试用从九口许文深试署。俟试署期满。如果称职。另请实授。并定为在任三年。如经理得宜。即予保举升擢。毋庸扣至六年俸满……

壬戌。管理闽海关福州将军保昌。福建巡抚刘鸿翱奏。窃前准钦差大臣耆英移咨。准朴酋照会派委夷官巴富尔。前赴上海。记里布。前赴厦门。管理该国事务等因。续又准移到酌定善后章程前来。均经转行遵照。兹据兴泉永道恒昌。协领霍隆武。署厦防同知霍明高。署同安县知县俞益等禀报。巴富尔记里布。已于九月初四日。同抵厦港。除巴富尔。随赴上海外。所有记里布到厦之时。情形极为恭顺。一经择定马头。即须开市……

谕军机大臣等。据保昌。刘鸿翱奏。厦门一口。朴酋已派夷官记里布前来。择定马头。于九月十一日开市。遵照广东议定条款。华夷均属相安等语。览奏均悉。现在厦门通商。事属创始。全在示以大方。持以公平。庶使民夷悦服。期于久远无弊。除福州一口。既据该夷酋照会。声称无人可派。暂停开市。应由该督抚晓谕商民。不准私相贸易外。所有厦门一口。著仍遵前旨。交刘韵珂。刘鸿翱。督同藩司徐继畬。妥为筹办……

十一月丁丑。江苏巡抚孙善宝奏。窃臣前因英吉利所派领事巴富尔。到沪后。于九月二十六日开市……其先后进口之船。仅止七只。内有该国弹压夷商水手之兵船一只。即系奏明停泊口内之官船。兵数无多。又货船共计六只。尚无续行到沪之船。该道等已将验货收税等事。照章妥办。第上海本地沙船。向以花布茶叶等货。运往关东山东各处售卖。换买黄豆。往返生理。即闽广商船。亦以糖货为大宗。所有洋布呢羽等货。向在苏州售卖。上海行销。本不甚多。兹开市伊始。外来商贩。尚属寥寥。缘销路尚未大通。而夷货新至。又欲居奇。且传有大帮续至之说。是以商情不无观望。臣已出示晓谕。用广招徕……

谕军机大臣等。孙善宝奏。办理上海开市情形一折。内地贩运湖丝。前赴上海。应查明赴粤路程。少过一关。即补一关税数。该领事求免补纳。业经该道等。告以定章不能更改。该领事无辞而退。著耆英。孙善宝。谆饬该道等。谨守现定章程。妥为办理……

辛卯。

谕军机大臣等。前据耆英奏。五口通商。请各派大员办理。当照所议准行。惟所拟浙江提督李廷钰。经刘韵珂参奏在先。有旨查办。是以命刘韵珂等。另拣熟悉夷务大员。前往海口经理。现尚未据奏到。因念该处既准通商。想夷目不日可到。章程初定。尤须早委明干大员。专心督办……

癸巳。暂护浙江巡抚署布政使事按察使蒋文庆奏……嗣钦奉谕旨。敕令遴委大员。前往各海口。实心经理。前抚臣管遹群。与督臣刘韵珂。往返札商。并与臣及署臬司常大淯。悉心筹议。在省司道。现在均有经手要件。未克分身。一时实乏熟悉夷务大员可派。查宁绍台道陈之骥。才识优裕。办事精细。署宁波府知府李汝霖。明白稳练。熟悉情形。派令经理。可期妥协。第该道府等。虽俱结实可靠。惟均未与该夷目谋面。恐一时情意未能浃洽。查有前任宁绍台道鹿泽长。系失守案内革职回籍。因有经手军需款目。于本年九月。饬调来浙。办理报销。该革员曾于上年随钦差大员耆英。前赴江南。会同咸龄。黄恩彤。与夷目朴鼎查等面议条约。为该夷目等所信服。酌委该革员前赴宁波。协同该道府经理通商事宜。可冀益臻妥善。前抚臣管遹群。正在缮折会奏间。即因病出缺。本月初三日。复奉上谕。据耆英奏。通商善后案内。实在情形一折。各海关税课之赢绌。全在严查偷漏。著各该督抚等。责成各海口文武员弁。督饬卡房巡船人等。实力稽查。至夷人在各口租屋赁地。自应于议定界址时。再与切实要约。以杜藉口。其出海船只。并著严申禁令。毋得任意出入。钦此。又据宁绍台道陈之骥。宁波府李汝霖等。禀报。本年十月二十六日酉刻。接据英夷领事罗伯聃。由广东乘坐大火轮船一只。于二十五日。前抵定海。准于一二日内。由定海起身至宁。商办通商一切事宜。带有通事二人。一即江彬。一名源华。系广东香山人。领有粤海关监督准充通事印照。据称罗伯聃来宁波时。约带广东跟来服役者四五人。通事及一应跟随人役。通共不过十四五人。令其先来报知等语。除俟罗伯聃到宁。面与要约。妥议章程。另行禀报等情。臣伏查宁波海口通商。事属创始。立法之初。必须详明周币。方期经久无弊。此时罗伯聃。业已抵定。不日即可至宁开市。亟需遴派大员。前往经理。前抚臣管遹群。与督臣刘韵珂。先经往返商定。酌委宁绍台道陈之骥。宁波府知府李汝霖。实力经理。并令已革宁绍台道鹿泽长。协同筹办。一切可期妥协。自应即行照办……

十二月。辛丑。大学士穆彰阿等奏。据耆英等奏大西洋意大里亚国通商章程一折。奉硃批。军机大臣会同户部议奏。钦此。除该夷求免澳门地租。拨兵把守关闸及三巴门。并各国商船。听赴澳门贸易三条。业经该大臣等正言拒绝。饬令仍照旧章。应毋庸议外。所请澳门货税船钞。较新定章程。略为裁减一节。该大臣等奏称。澳门货税。由华商完纳。与大西洋无涉。惟澳门船钞。本较广州为重。请将澳门原有额船二十五号。无分新旧。酌减钞银三成。若赴五港口贸易。或另有新增船只。仍按每吨五钱等语。户部查海关征收西洋货税。既有新定税则。无论进口出口。自应一律征收。至大西洋原有额船二十五号在澳门贸易。应准其酌减三成。每吨输钞银三钱五分。以示体恤。若赴五港口贸易。或原额之外。另有新增船只。无论在澳。在往五口。仍按每吨五钱新章办理。又据奏求准前赴广州福建厦门宁波上海五口贸易一节。据该大臣奏称。五口通商。各国皆已准行。自应一视同仁。应完货税船钞。及剥货小船。往来文禀。一切事宜。悉照新定章程等语。臣等伏查五口通市。据该大臣等。先后陈奏。英吉利及各国。均已准行。自未便于久寓澳门之意大里亚国。独有歧视。以致向隅。应如所奏。准其于广州福州厦门宁波上海。均照新定章程。前往贸易。俾归画一。至一切文禀。向来定有章程。嗣后仍应照旧办理。以彰恭顺。所奏求将澳门修理房屋船只。革除牌照费用一节。该大臣称牌照本属具文。准其自行购料雇匠。任便修造。不必请照。以免苦累。但不得于三巴门外。擅有建造等语。臣等伏思意大里亚。僦居澳门。输纳地盘。遇有修造。请领牌照。前人立法。具有深意。所奏具文苦累。系今日奉行不实。藉端需索所致。未可因噎废食。听其任便修造。致滋流弊。应令该大臣钦遵前奉硃批。勿顾目前。筹及大者远者。悉心妥议具奏。又华商运赴澳门货物。即在澳门上税。不必定以担数一节。该大臣等奏称。华商贩货过关。即应报税。请将赴澳货物。不必限定担数。经由粤海大关者。在大关报税。不经由大关者。在澳门完税等语。户部查澳门系粤海关口岸。贩商既经粤海大关。自无不纳关税径行绕越之理。应如所奏。各按经由之路。照新例纳税。至所称赴澳货物。不必限定担数。是否系指贩货之多寡。抑论收税之轻重。应令该大臣等详细分析查明声覆……

丁巳。浙江提督三等伯李廷钰奏。窃奴才前准军机大臣字寄。道光二十三年八月初一日。奉上谕。英夷现已通市。宁波指日开港。必宜禁绝一切浮言。著该提督。会督文武查访惩办。仍严禁兵役。藉端滋扰。期浙省水陆镇将备弁。著与刘韵珂察看整顿。所奏闽造同安梭船驾驶到浙。如果得力。即将补造之船。赶紧造办。以次配补。均著会同刘韵珂妥筹办理。钦此。奴才伏查夷酋罗伯聃。于十月二十八日。乘坐大小火轮船各一只。夷兵船一只。驶至宁港。前来谒见。察其情词。极为恭顺。该夷一遵税课定则。并钦差大臣议定条约。并无另有措施。亦无别有要求……其江浙两省赴闽。试造同安梭八桨等船。内江省之船。先经造竣。来至宁港。由奴才看验。俱皆合用。嗣该委员等驾回江省。复经署两江督臣壁昌试验。于外海甚属相宜。至浙省之船。前据委员试用盐运司运判金文渊。瑞安协中军都司方天保。禀报。业经在闽造办完竣。于十月十五日开行。时值冬令。北风居多。不无迟滞。计下月初可以到宁。一俟到来。奴才自当率同水师将备。悉心试演。核实办理。惟定海镇标镇海营。昌石营。乍浦营。提标右营。前年遭夷毁坏战船。现尚未经补造。辰下俱系雇募民船。权行巡缉攻盗。究不得力。现在缉捕吃紧。需船孔急。自应一体补造。即黄岩温州二镇属各营内。有年满届应拆造之船。亦即一律仿照新造之船改造。庶早得新船一日。即多得一船之力。除俟督抚臣计议外。可否仰恳天恩。迅赐敕下。设法先行筹款。分作数起。次第兴办。每次。同安梭船十只。八桨子船二十只。得以从容陆续凑手。而监工员弁。照料均可周妥。一切工料。亦不致稍有草率。于捕务实有裨益。统俟新船造竣。将来大修小修。以及届满拆造。必须改立船厂章程。庶几可期久远。应请旨敕下督抚臣。从长计议。至浙省水陆镇将员弁。奴才自当与督臣刘韵珂。矢公矢慎。察看整顿。不敢稍涉因循。

戊午。两江总督耆英等奏。上海开市之初。居民不免疑讶。现因领事巴富尔。约束甚严。业已华英相安。一切尚称顺利。惟建造房屋。所费不赀。而上海贸易之衰旺。不可豫必。是以瞻顾徘徊。不能遽定。似非另有别故。该国前有带来火药数百斤。鸟枪手枪二十余杆。欲图售卖。前署督臣壁昌。以军火例禁携带。已来者饬令收买。未来者应否查禁。函商于臣。查澳门及广州十三行。售卖火药洋枪。向不禁止。盖恐一经查禁。不敢携带进口。即在外洋卖给匪人也。当即行令苏松太道照数收买。解省试验酌办去后。现据该道禀报。遵批收买。会营试验。均属有用之物。臣已批饬解省。亲自试验明确。比较内地制造价值。会同抚提诸臣。通航筹定。酌量发营配用。又前据苏松太道禀报。有英吉利弗礼隆货船一只。因上海销路尚未疏通。不能久待。请将已经开单报验之货。照例完税。并按吨输纳船钞。仍载出口。另赴他处销售。该道因货未销售。未便收其税钞回覆。领事巴富尔。以若不收其税钞。以后商船。皆可随意往来。不足以杜弊端。坚请征收等情。臣查各国商船。大小不等。所载货物。多少不一。粤中完税章程。向于货船进口后。由海关派拨丁役。随地看押。就其已经起到剥上栈之货。查验征收。以杜透漏。因该处商贩流通。从无滞销之货。是以章程内。未经议及原货出口。如何办理。今上海通商伊始。何货可以畅销。何货不能流通。各该商尚未周知。自应因时因地。酌量办理。若将已验之货。进口之船。因其货未全销。不收税钞。行将弊端百出。巴富尔亦见及于此。尚属晓事。禀商署督臣孙善宝。皆以为然。批饬查照办理在案。咋准闽浙督臣刘韵珂咨会。厦门亦有因货难销。欲载原货出口之船。臣已查案咨覆。并咨粤浙二省。一体知照。至该船仍载原货出口。如何稽查透漏。应由各海关体察情形。妥协查办。总期公平交易。庶可内外相安。其一切未尽事宜。容臣会同抚臣孙善宝。督饬苏松太道宫慕久。修补道咸龄等。随时和衷妥议。务期永久无弊。以仰副圣主训诫谆谆之至意。

庚申。闽浙总督刘韵珂奏。前督臣怡良。接到两江督臣耆英咨送炮架图四件。当与抚提各臣。悉心体察……至夷船内炮架。系船内安炮之需。遵即试造察看。于推挽虽属甚便。第内地师船。不如夷船之宽阔。此项炮架。下有坐盘。长于炮身一倍。船内难以安放。似可毋庸制造。惟查有粤省磨盘炮架。将身藏于架内。一经旋转。左右皆宜。先经制造试验。洵属稳妥灵便。业已按照此式。制造二千斤重铜炮架十座。一千五百斤铜炮架五座。一千斤铜炮架十五座。八百七百六百五百斤铜炮架各十座。共制成磨盘炮架七十座所需工料银两。归于军需案内。核实报销。余俟随时随地。广为制造等情。具详前来。臣查炮架为军火要需。水陆均应预备。闽省前造五千斤炮架。系为陆地安炮之用。至船内炮架。必须与船身相称。并可将炮位旋转施放。方为合用。粤磨盘炮架。既与船只长短合宜。施放之时。又可以转旋取准。洵为师船合用之器。且此项炮架轻便灵动。即移置陆地。亦无不相宜。自应广为置造。以资军实。现省局共造有七十座。计尚不敷配用。应俟省城等处现造船只。办有端绪。查明应配炮若干位。应添炮架若干座。或即在省制造。或饬各营县分制。察看情形。另行核办。

道光卷七一

(道光二十四年甲辰正月)甲寅。闽浙总督刘韵珂奏。查上年六月间。接准钦差大臣耆英咨会。以英夷派令夷官葛林逊。带巡船二只。赴闽浙洋面测量水势。绘画洋图。以便商船往来贸易。并无别故。所有该夷船需用淡水等物。自应准其汲取。沿途无庸阻止。以示抚驭等因。当经前署督臣刘鸿翱通饬遵照。至十二月。葛林逊由宁波迤逦至台温二府洋面。测水绘图。接见各处官吏。情词恭顺。嗣由浙驶入闽洋。拿获洋盗四十余名。途遇巡洋舟师。将各盗点送查收。本年正月初二日。其船至附省内港。适臣在该处查阅船工。葛林逊闻知。即求地方官转恳谒见。臣以该夷意甚诚恳。自应准其晋谒以顺夷情。当在该处税关。饬传该夷葛林逊。及夷目德黄辉也等数人进见。该夷执礼甚恭。辞色卑抑。声称伊等系奉朴酋委令探水而来。并无别事。因在闽省外洋。见有盗船行劫内地商船。驶拢救护。抢获盗犯。旋即交舟师查收。听候审明究办等语。臣以该夷护商获盗。具见恭顺效力。当用言向其奖谕。酌量赏给食物。并谕以中国水师各营。拿获洋盗甚伙。尔等获盗。非只保护华商。亦可保护夷货。该夷等无不鼓舞欢欣。及臣起程回署。该夷等复在道旁俯首立送。至次日即起碇南驶。计此时已可行出闽境。至厦门地方。自上年九月间。领事记里布。到彼开市之后。华夷相安。情形极为静谧。其带兵夷官。约束各水手亦甚严密。不敢骚扰地方。可以仰纾宸廑。惟记里布因厦门地势僻远。非商贾聚焦之区。夷商贩来货物。不能按船全销。请照销数输税。余货贩至他口分销。又以厦门居民稠密。时有火患。其空隙之处。复多坟冢。该夷租屋建房。均有未便。请即在鼓浪屿居住等情。由兴泉永道等具禀请示。臣与前福州将军臣保昌。抚臣刘鸿翱等会筹。记里布所称厦门销货不旺之处。委系实在情形。惟按销货输税。为原议条款所未载。事关数省大局。自应筹议尽善。画一办理。未便先由闽省创议更改。致涉纷歧。当即移咨耆英等筹商。至鼓浪屿现虽暂准该夷棲止。但乙巳年银款交清之后。仍应缴还中国。此时若准该夷在彼居住。恐将来被其占据。即使如约归还。亦恐有名无实。所请断难准行。亦经咨请耆英转向朴酋谕止。嗣奉谕旨派令藩司徐继畬。随同臣等办理夷务。臣即委令该司驰赴厦门。会同查办……

(三月)乙亥。闽浙总督刘韵珂。前任福州将军保昌。福建巡抚刘鸿翱奏。窃臣等钦奉上谕。五口通商章程初定。福建省著刘韵珂。刘鸿翱。督同藩司徐继畬。妥为筹办等因。钦此。遵查闽省福州厦门两口。向为各省商贾马头。而与外夷通商。事属创始。臣保昌。臣刘鸿翱。前准钦差大臣耆英。叠将税则条款咨送。并准部议。即将招募引水银号等事豫为措置。嗣复准耆英咨会。以福州一口。英夷现因无人可派。暂停开市。其厦门通商事务。该夷已派夷官记里布管理等因。并据恒昌。霍隆武等禀报。记里布已于九月初四日到厦。十一日开市等情。臣刘鸿翱奏委护理延建邵道戴嘉谷。驰往会办。及臣刘韵珂到任后。接据戴嘉谷等禀报。以记里布到厦开市后。华夷交易。均属平允。其水手人等。亦并无滋扰闾阎之事。情形极为静谧。惟该夷因厦门地势僻远。商贩无多。夷商载来货物。未能全销。请将已销者。按则输税。未销者运赴他口销售。

(四月)癸丑。浙江巡抚梁宝常奏……臣自到任后。查定海厅洋面所泊夷船。每自六七只至十一二只不等。时有去来。截至三月十五日。旧泊英夷船六只。开去小火轮船一只。又新到四只。其原泊米利坚船一只。于十三日开往南洋。现共存英夷船九只。有时操演夷众。照料货物。均属静谧。居民亦极相安。至宁波海口通商。自开市后。共来货船六只。随卖随去。现仅存船一只。内装洋米玻璃等货。向未销售。关税截至现在共收税银一万六千两有奇。据罗伯聃称现到之船。多系粤东销剩之货。此后如至秋冬。或再有货船来宁等语。臣到任两月以来。见销货无多。收税不旺。窃恐必有偷漏情弊。因明查暗访。并饬宁绍台道陈之骥。及鹿泽长等。体察真情。缘税项之盈绌。视乎来船之多寡。来船之多寡。视乎货物之能否流通。夷商与内商交易。多系以货换货。并非专用现银。若货物不能流通。则内商罕至。夷商坐困。而船到渐稀。税课必致短绌。浙江十一府内。如台金衢严温处六府。或土瘠民贫。或风俗俭朴。需用洋货无多。惟杭嘉湖宁绍五府。户口殷富。用物浩繁。五府之中。又惟杭嘉湖三府俗尚华靡。为销货最多之地。夷船进口货物。以呢羽洋布为大宗。销路多在杭嘉湖三府。出口货物。以茶叶湖丝绸缎为大宗。而湖丝绸缎亦多产于杭嘉湖三府。此外进出货物。应赴三府行销。及产于三府者。亦十居其七。该三府地面。均与江苏一水可通。民间需用洋货。及土产湖丝绸缎。并一切货物。近则可赴上海口贩运。远则可由江浙两省长江转赴粤东。往来贸易。上海壤地相接。运脚极轻。粤东虽程途较远。而向为商贾聚集之区。交易甚速。货无停滞。则获利亦叠。至宁波口地处偏僻。自杭至宁。计程五百数十里。中隔钱塘曹娥二江。又绍兴一带。河窄坝多。剥船狭小。装货有限。运脚多所耗费。通商事属创始。交易迟速又不能豫定。较之上海口之路捷费轻。又粤东生理之确有把握者。均大不相同。是以杭州以北。客商鲜有来宁贸易之事。所藉以销卖洋货者。惟浙东之宁绍台金等府。其内地贩来货物。仅有福建安徽及浙省绍属茶斤。并宁绍金衢严等府土产油蜡药材麻棉纸席杂货等物。浙西湖丝一项。自开市至今。仅止贩来四千余斤。此后湖丝绸缎。有无贩运来宁。殊未可定。统计进出货物。为数均属无多。尚无偷漏情弊……

(五月)癸酉。浙江巡抚梁宝常奏。臣四月初六日。接准护两广督臣程矞采咨。本年二月二十五日。据米利坚国领事福士申称该领事派出一人。姓乌儿吉名轩理知。在宁波港口办理领事事务。凡事务须照应等情。咨会转行知照等因。查该国本有商船在宁贸易。前已开去。当即行知宁波道府。一俟该领事到境。如果为通商事宜。立即妥为安置禀报。迄今未据该领事到来。亦无续到米夷船只。至定海洋面。截至三月十五日。共存英夷船九只。兹查旧泊船内。于三月十六至二十七等日。开往南洋三只。尚存英夷船六只。自二十七日至初三日。又陆续驶来货船三只。火轮船及兵船四只。内载有夷兵火药等物。现共泊英夷船十三只。人数较增。操演稍勤。而情形尚属驯顺。居民亦甚相安。三月二十六日。驶来弗兰西三号夷船一只。寄碇竹山门外。与英夷不时往来。饬据右营守备孙殿光等。往向查询。言语不通。据英夷称该船自粤东放洋。顺道来看各处马头。并无别事。臣复饬查实系弗夷船只。已于四月初七日开去外洋。现在宁波港口贸易虽仍稀少。夷众颇为安静。

(甲戌)谕军机大臣等。据耆英奏行抵粤东。并照会米利坚使臣即赴澳门会晤等语。览奏已悉。著该督率同藩司黄恩彤前赴澳门。先探该酋动静。设法控驭。然后与之会晤。剀切开导。如有请求。视其事之轻重。详慎会商办理。即行据实驰奏。断不可别生枝节。又昨据梁宝常奏。接准程矞采咨称。米利坚领事。派有乌儿吉轩理知。在宁波港口办理事务等情。该领事迄今并未到浙。亦无续到米夷船只。其英夷货船火轮船兵船。现泊定海洋面。共有十三只。人数增多。操演稍勤情形尚属驯顺等语。并著该督将该抚片内所称各节。随时探访。如有应议应办事件。亦著据实具奏。原片著钞给阅看。

道光卷七二

道光二十四年。甲辰。六月。戊戌。

钦差大臣两广总督耆英奏。窃奴才于四月二十五日。带同藩司黄恩彤。及委员等。由省起程。于五月初二日抵澳。初三四等日。接见该夷使。及夷目伯驾卑治文等。执礼甚恭。惟并未言进京朝观。及呈递国书一节。奴才连日饬委黄恩彤。带同各员。向其剀切晓谕。奖其在粤静候。并告以若使进京。亦必令其折回。徒劳无益。该夷使惟有含糊答应。随据呈出贸易条款一册。虽译汉不明。字句涩晦。而大致尚与新定章程约略相仿。并据称不敢效英夷之所为。图占海岛等语。奴才详加阅核。似与通商大局无碍。惟于停止北上一节。语多游移。但求速定贸易条款。造册钤印。彼此分执。奴才以该夷使渡海远来。如果于贸易新章之外。别无非分之干。原可即与定议。但检阅前护督臣程矞采移交该夷使初次所递照会。玩其语意。似欲先定条约。再行进京。今既坚求速定约册。诚恐立约后。仍复北驶。若不加意防范。转致堕其术中。当将所呈贸易各条。分别准驳。逐加签商。饬令黄恩彤面与会议。藉可体察情形。并照会该夷使。以条约指日可以议定。即可毋庸北驶。欲递国书。何日呈出。该夷使见烛破其谋。随复吁请朝观。连日议论不决……

浙江巡抚梁宝常。窃查定海洋面。截至四月初六日止。共泊英夷船十三只。兹查旧泊船内于四月初七至二十一等日。陆续开往南洋十只。尚存英夷船三只。二十三四两日。陆续驶来夷船三只。二十七日。驶来货船一只。装载大呢胡椒等物。现共泊英夷船七只。查开去船十只内有英夷水师官船一只。据管事官罗伯聃照会。前议通商章程。凡官船往来。应即通知。兹有英夷水师官逼厘干船。于本年四月十三日。由定海开往香港。大约停泊几日。即行回国等情。臣查与原定章程相符。又有前次开去之佛兰西夷船一只。由上海折回。于二十四日至宁波停泊。该夷目佛尼都拨浪。凂英夷管事罗酋代为求谒道府。该道府当即接见。执礼甚恭。询以因何到此。据称自五口通商。各处马头。未经到过。兹由上海至宁波。顺看马头。以便贸易。不日由厦门回香港等语。旋于五月初二日开去镇海外洋。查验船上。并未置有内地货物。情形极为恭顺。居民人等。亦无私相交易。惊惶疑虑等情。

戊申。署福州将军敬敫。闽浙总督刘韵珂。福建巡抚刘鸿翱奏。窃臣等于五月。十一日。接准兼护两广督臣程矞采咨会英吉利国夷酋朴鼎查现欲回国。该国现派德姓到粤接替等因。臣等当即转行各海口知照。嗣据闽安协副将沈河清禀报。在洋面了有英夷火轮船自外洋内驶。臣等正查探间。即于五月十五日。据该夷官李太郭。遣令通事齐持德酋照会。至臣刘韵珂衙门呈递。臣等公同拆阅内。福州海口。前蒙大皇帝恩准该国等通商。兹特将李太郭派为领事。带人前来开市。呈乞查照等情。并据该通事口称李太郭等。因五虎门内罗星塔地方。水势较浅。火轮船不能前进。是以遣伊将照会前来投送。恳请代雇小船。俾李太郭等乘坐进内。并求代觅寓所。以便棲止等语。臣等查福州本系许给马头。上年各口开市之时。朴鼎查以无人可充此口领事。是以从缓。兹德酋既派令李太郭前来。自应准其进口。当饬署福州府沈汝瀚。署福防同知王江。雇觅小船数只。前往罗星塔。令李太郭等乘坐进内。并在城外之鸭母洲。觅得空房数间。为该夷等棲止之所。至次日。李太郭与同来之夷官。谢谈。麦惠兰。等二人。及通事跟役等七人。来至寓所。其原坐之火轮船。当时开驶……

谕军机大臣等。敬敫等奏。英夷领事到省筹议开市一折。据称夷酋德庇时。因福州通市未便再缓。派李太郭前来办理。厦门因无人可换。仍令记里布经管。李太郭到省后。经徐继畬等在城外接见。词语极为驯顺。惟通商事宜。以初到尚无头绪。恳请缓议等语。福州为议定互市之区。该夷现派领事前来。自应准其开市。所有通商事宜。著即督饬该藩司等遵守历次定章。悉心筹议……

(己酉)耆英又奏。查该夷使原呈条约。共计四十七款。有事属难行。妄事请求者。有必须要约。而漏未开列者。兼之文义鄙俚。字句涩晦。其间疵类多端。殆难枚举。奴才耆英。督率藩司黄恩彤。及各委员。连日与之往返辩诘。分别应准应校。应删应增各项。共定三十四款。其情理可通者。则详为指示。以破其愚蒙。其制度攸关者。则严加辩论。以杜其希冀。而文理难通之处。又不能不略加修饰。出以浅显。俾得了然无疑。计前后四易其稿。始克定议。查该夷使原呈条约内有断难准行而请求甚坚者。共十款。如各口领事官。有事应呈明督抚。而该夷使则有请准其径赴都察院申诉一款。洋楼偶被焚烧。应由商人自行修复。而该夷则欲牵引洋行赔修旧例。有议请官为赔修一款。洋货业经开舱。纳完税钞。其销数畅滞。官不过问。而该夷使则有三年不销。请发还税银一款。洋行既经裁撤。应由夷商自投华商交易。而该夷使则有请官设栈房。代为贮货一款。货船止准五港口贸易。不得驶往别处。而该夷则有天朝敌国与国。均准往来贸易一款。商船进口停泊。应归领事管束。而该夷使则有应请中国统辖护理。傥遇别国凌害。仍请中国代为报复一款。外国自相争斗。中国无从钤制。而该夷使则有货船被敌兵追袭。应请中国护助攻击一款。外国兵船应在口外停泊。而该夷使则有兵船一到港口。与炮台互相放炮。以将敬意一款。外国文书。应由沿边督抚接收。分别核办。而该夷使则有请定京中。或内阁或部院衙门。收受其国中文书一款。条约专为和好。预杜争端。而该夷使则有若值两国用兵。仍须准予商人搬回。免遭殃害一款。或窒碍难行。或诸多流弊。此外琐屑悠谬。贪利取巧者。尤不一而足。奴才督率黄恩彤。及各委员。逐款指驳。不敢稍为迁就。往复辩论。多者十余次。少者亦五六次。该夷使理屈词穷。始肯照依芟撤。至现定贸易各款章程。与上年新章符合者。计居十分之八。其商船纳钞已毕。因货未全销。改往别口转售。勿庸重征船钞一款。及商船进口并未开舱。即欲他往。限二日出口。不征税钞一款。又商船进口。纳清税饷。欲将已卸之货。运往别口售卖。免其重纳税钞一款。均与上年新章稍有变通。但现在五口贸易。与以前止准广州一口互市者情形不同。该夷商因此口销货不畅。转贩彼口。乃系市侩恒情。既不便强为限制。亦未便于业经完纳之税钞。重复征收。自应量为调剂。以顺商情。仍严加查察以杜流弊……

谕军机大臣等。耆英奏。米利坚夷使。呈出国书。停止北上。并议定条约一折。所办甚好。该夷使请求北上。意在亲递国书。经该督熟察夷情。反复晓谕。始据该夷使将国书呈出。求为代奏。不复希冀进京。其所呈条约清册。亦经逐款议定。钤印分执。以释其疑而坚其信。办理均合机宜。所缴国书。著俟译出后。遇便呈览。另片奏探闻佛夷使臣剌乞尼。带兵船七只。火轮船一只。在小吕宋停泊。或来粤暂驻。或径赴天津。均未可定。夷情狡谲。自当加意严防……

七月。丁卯。军机大臣大学士穆彰阿等奏。六月十四日。耆英等奏。议定亚美理驾合众国贸易条约一折。奉硃批。军机大臣会同该部速议具奏。钦此。臣等查五口通商。原准各国一体贸易。今亚美理驾合众国遣使到粤。必欲恳求明定条约。以坚合好。业经该督饬司分别准驳。议定三十四条。缮册钤印分执。以示抚绥。臣等覆加察核。原为俯顺夷情。无碍通商大局起见。其中关涉饷税者十五条。户部查该督酌定各款事关贸易者。如所纳税饷。俱照现例。五港口外。不得游奕。各项货物。均准贩运。行李等件。不输船钞。派役管押。不得需索。进口出口。秉公验货。丈尺秤码。由关颁给。税钞全完。给发红单。商船停泊。不准私剥。裁撤洋行。任便交易。商人拖欠。官不保偿。共十一条。查与上年新定章程。尚无歧异。应如所议办理。至货未全销。改往别口转售。勿庸重征税钞一款。及进口并未开舱。即欲他往。限二日内出口。不征税钞一款。又商船进口纳清税饷。将已卸之货。运往别口。免其重税一款。虽与新章稍有变通。惟既据该督等察看情形。量为调剂。其所请注明红牌。行文各海关查照。即定限二日出口。不得停留。并验明原包原货无拆动抽换情弊。方准填入牌照。发该商收执之处。总须各海关实力稽查。毋得任其影射夹带。致滋偷漏。庶于税务商情。两无妨碍。再每届年终。由五口领事官。将船只货色价值。报明本省总督。转咨户部一款。系为稽核税数起见。应令该督等每届年终。专案报部。以凭查验。其关涉罪名词讼者九条。刑部查该督等所定各条。如严禁海关胥役。及奉派管押船只之差役。不得需索规费。违者照例计赃科罪。又民夷有词讼交涉事件。各由本官捉拿审讯。又民夷有要事辩诉者。查系事在情理。方准官为转行查办。傥有因事相争。公议察夺。又该夷有不安本分。逃至内地避匿者。即行查拿送交该领事等官治罪。如内地犯法民人。逃至该夷寓所。及商船潜匿者。地方官亦即行文该领事等官。捉拿送回。如互有倚强滋事。轻用火器伤人。酿成斗杀重案者。地方官及该国官员。均应执法严办。不得稍有庇徇。又该夷有擅向别处不开关之港口。私行贸易。及走私漏税。或携带鸦片等项违禁货物。至中国者。听中国地方官自行办理治罪。以上六条。或禁蠹役之需索。或杜民夷之争端。或为严防偷漏。及私带违禁货物起见。均应如所奏办理。至该夷船只被劫。官为究治。并严禁民人掘毁夷坟。焚烧洋楼各条。查该夷既安分贸易。地方官自应时加保护。应请嗣后该夷船只。如在中国所辖地方被劫。准其呈报地方官严拿赃盗。照例惩办。如赃盗未经全获。不能赔还赃物。其该夷在港口所凭地内埋葬坟塚。并无强租侵占。及不法情事。而内地民人辄将其坟塚掘毁。或匪徒放火焚烧洋楼。掠夺财物者。地方官严行查拿。按例治罪。此外各条。如设领事。雇引水。约束夷人。勿许闲游滋事。认明旗号。不准假借营私。若与他国相争。仍听自行办理。并申强取之禁。以免扰累之端。遭风触礁者。抚恤优加。汲水购食者。通融勿阻。递国书。则为代奏。行公文。则有定称。以礼相交。以信相守。不得轻有更改。等语。臣等核与前定海口章程。均无窒碍。应悉如所议办理……

(八月庚子)耆英等又奏。查上年西洋夷目所请九款内。有准令各国商船赴澳门一体贸易一条。业经臣等查与旧制不符。议驳在案。兹臣耆英抵澳。复据夷目委黎多禀称。伊等旧有额船二十五只。赴小吕宋哥斯达等处。往来贸易。其各国夷商。定例赴黄埔进口卸货。仍准在澳租房寄居。伊等既有船只可以贩运。又有房屋可以收租。澳内数千人。藉资养赡。乃近年到来。额船破坏六只。不能修整。仅存十九只。又因英夷迁居香港。澳门房屋。多有空间。以致生计日形拮据。伊等虽系外国之人。但自前明以来。多系在澳生长。计僦居十余世至数世不等。实已无家可归。惟赖天朝施恩调济。方免流离失所。现蒙大皇帝准与各国一体赴五口通商。本属格外体恤。无如伊等于修船置货。均无资本。实在无力前往。此外亦不敢妄有干请。惟求恩准各国来澳贸易。伊等或可藉收房租。得沾余利。于海关税课。亦可按例征收。并无窒碍等语。臣耆英。复饬藩司黄恩彤。即选道潘仕成。转饬驻澳县丞张裕。密加侦访。所禀均系实在情形。臣等复查澳门系粤海关分设口岸。收税旧例。本与大关不同。是以各国商船。不准赴澳卸货。现经议定新例。各口一体输将。所有澳门收税旧章。俱已奏明停止。是各国商船。或进黄埔。或赴澳门。均由海关按新例计货抽税。办理本无窒碍。且香港为番舶经过之所。概不准其赴澳停泊。则英夷转属得计。数年以后。必至澳门日益贫难。而香港渐形殷庶。似于控制转失机宜。况澳夷僦居已久。

无家可归。而贸易之外。又别无生计可图。傥不酌予调济。竟致数千人糊口无资。亦非柔远安边之道。臣等粤海关监督臣文丰。公同商酌。拟请嗣后如有各国夷船。情愿赴澳门贸易。或租房屯贮货物者。均毋庸禁止。其不愿赴澳者。亦听其便。所有收纳税钞章程。均照新例办理。如此量为变通。既可以系澳夷之心。并可以分香港之势。于夷务似有裨益。而税课并无出入。臣等不敢因奏驳在先。稍存回护。

耆英又奏。再前闻佛兰西夷使有来粤之信。当饬该管地方官及即选道潘仕成。随时密加侦探。旋据先后禀称。探得佛兰西大小兵船二只。于七月初二日来澳停泊。即据澳门县丞张裕禀称久住澳门之弗兰西夷人加略利。于初六日来见。据称现在来澳之兵船。即系伊国公使乘坐。尚有兵船四只。不日亦可到澳。俟到齐后。驶赴天津。欲求进京朝见等语。经该县丞告以现奉大皇帝钦差大臣驻粤。专办各国通商善后事宜。尔国如有所请。正可由公使备文呈递。听候准驳。至天津并无专办各国事宜之大臣。在彼驻劄。转恐下情末由上达。以致徒劳往返。甚属无益。该夷似以为然。约俟商之伊国公使。再给回信等情。正在批饬确探禀报间。据弗兰西夷使剌萼尼。来文。内称。伊奉国主差来中国。办理交涉事宜。业经到粤。请臣及时往来。两国获益等语。臣查该国夷人加略利。前见县丞张裕。有驶往天津。欲求进京之语。而该夷使文内。并未提及。亦未叙明来意。是否因闻知米夷业经阻止北上。因而不复效尤。抑或因船只未齐。风候渐转。是以暂置不议。豫留地步。以便异日续有请求。均难逆料。惟该夷使既以礼求见。即应加以羁縻。俾免觖望。除由臣备文照覆。并委员即选道潘仕成。候选主事赵长龄。以慰劳为名。前往澳门。察看夷情。臣再率同藩司黄恩彤。与之订期会晤。相机驾驭。务期不致别生枝节外。再此次来澳之剌萼尼。即前经奏明之剌乞尼。因番音传译失真。以致微有同异。又接准米利坚夷使顾盛来文。该夷使定于七月十三日。启程回国。其前次欲往通商四口。查看贸易之说。自己中止。

壬戌。署两江总督璧昌奏。前准耆英来咨。据英酋德庇时呈称欲往各口查看所属管事等。是否遵守成约等情。当经臣札饬苏松太道宫慕久。俟德酋驶进港口。示以镇静。妥为驾驭去后。兹据该道及参将侯攀凤会禀。八月初八日。有英夷小火轮船一只驶到。查系德酋带同夷目麦塞一名同来。该领事巴富尔接至寓馆暂住。其登岸进馆时。俱未放炮。极为安静。初九日。该道将督同同知沈炳垣。知县蓝蔚雯。在公所接见。德酋摘帽通款。执礼甚恭。据称伊于本年二月。派赴香港。接充公使。临行时。该国主谕与中华文武官员和睦。恪守成约。今于七月初四日。由粤开行。来上海密看贸易衰旺。耽搁四五日。即当起程。由浙闽各口。顺道回粤。并称伊前在粤管理夷务十余年。是以能说汉话。兼解汉文等语。该道等拟即查照前次英酋到沪成案。择日设席款待。以示怀柔。

九月。乙丑。闽浙总督刘韵珂等奏。查本年三月间。有弗兰西国兵船一只。在浙江定海厅洋面。停泊数日。旋即驶赴上海。至四月间。复回定海。旋即驶进宁波。其头目弗尼都拨浪。央英夷领事官罗伯聃。引至宁绍台道署谒见。该道陈之骥。会同前道鹿泽长等。与之接晤。该夷目执礼甚恭。称因该国奉准在五口通商。是以由广东之澳门起程前来。各处查看贸易情形。现在船内带有夷兵水手等二百五十八名。大炮四十八门。系防备洋盗而设。并无别故。伊等在宁波暂住数日。即当前往厦门查看。再行回粤等语。该道等犒以酒食。用言抚慰。该夷目欢谢回船。至五月初一日。即在宁波开驶。据该道等禀报到闽。臣等因该夷有欲赴厦门之语。当经檄饬该管道厅等。俟其船只抵厦。妥为抚驭去后。兹据兴泉永道恒昌。海关委员佐领都尔逊等禀报。该船已于七月十四日抵厦。十五六日。弗尼都拨浪。与该道等两次接见。礼节极为恭顺。其言语与在浙时所言无异。并称四五日后。即须开往粤省。并不久留。该道等款以茶果等物。该夷目极为欢忭。至该道等与该夷目接见时。英夷领事记里布。一同在旁。细察两国夷酋。情极欢洽。并无争竞之意。该夷目与夷兵等。亦未登岸闲游。该船旋于十八日开驶出口等情前来。臣等查前准钦差大臣两广督臣耆英来咨。以探闻弗兰西国使臣剌乞尼。带领兵船七只。火轮船一只。来至中国。无论驶至何处。均须设法抚驭等因。当经臣等通饬各海口遵照在案。此次弗兰西国兵船一只。

自三月间。即见于定海。系在耆英未经探闻之前。其并非剌乞尼所带船只可知。该船先则往来江浙两省。兹又来至厦门。据称因准在五口通商。是以前来。查其接见各处官吏。俱极恭顺。且与宁波厦门两处英夷领事官。亦均和洽。彼此并无猜忌。可以仰慰宸廑。至厦门现泊夷船七只。照常贸易……

己卯。浙江巡抚梁宝常奏。前准两广督臣耆英咨会。英酋德庇时。定于七月十四日驶赴通商各口。查看贸易事务等因。兹据宁波道府禀称德庇时。于八月初三日。坐小火轮船来至定海。先往上海。旋于十四日。由上海折回。驶进宁波口。亲到各署。与该道府接见。情词恭顺之至。嗣遣夷目各处辞行。据称回定海。换坐大船。赴福州厦门等语。旋于十八日辰刻。开赴定洋而去。又米夷派出领事岛儿吉轩理知。赴宁波办理通商事务。兹据该道府探报。该领事已到定海。缘货船稀少。不值进港。在东港赁民房数间居住。俟日后商船较多。再行随船进郡。查该领事在定海暂住。系为省费起见。并无别故。就近居民。亦无惊扰情形。颇为驯顺。现在定洋共泊英夷兵船四只。货船九只。虽时有去来。情形均极安静。居民亦俱相安。

壬午。两广总督耆英奏。窃照弗兰西夷剌萼尼。来粤请见。前经奴才派委即选道潘仕成。候选主事赵长龄。赴澳察探夷情。并附片陈奏在案。旋据该委员等禀称。已与该夷使剌萼尼会晤。执礼甚恭。惟该国兵船。先后来澳停泊。已有八只。诘其来意。不肯说出。复向久经住澳之该国夷人加略利探询。据称伊国系西洋大国。因见英米二国。均有使臣前来中华。是以亦遣使臣来粤。求见钦差大臣。商定和约。以为光宠……

耆英又奏。查米利坚夷使顾盛。前次来文。称于七月十三日启程回国。当经附片陈奏在案。惟该夷使始则称往四口查看贸易事宜。继则又称回国。是否另有别情。奴才前来澳门。细加探访。该夷使顾盛实已回国。临行时。派夷目伯驾。代往通商四口查看。该夷目伯驾亦因行至中途。遇风不能驶往。业已折回广州……

道光卷七三

(道光二十四年甲辰十月)丁未。两广总督耆英。广东巡抚程矞采。粤海关监督文丰奏。窃照佛兰西使臣剌萼尼来粤。臣耆英当将接见一切情形。历次陈奏在案。所有贸易条约。经臣耆英。督同藩司黄恩彤。及各委员等。与该国属员斐列勒等。秉公妥议。共计酌定条款三十五款。臣耆英当即逐款覆核。与英吉利。米利坚。二国所订条款。俱属相同。并无出入。业经缮写书册。钤盖印信与该使臣分执为据。嗣臣耆英于回省后。与臣程矞采。臣文丰。公同覆阅。于通商善后事宜。均无窒碍。谨将条款缮写清单。恭呈御览。

佛兰西贸易章程三十五款。

一嗣后中国与佛兰西国。及两国民人。均永远和好。无论何人在何地方。皆全获保佑身家。

一自今以后。凡佛兰西人家眷。可带往中国之广东。厦门。福州。宁波。上海。五口市埠地方居住。贸易平安无碍。所有佛兰西船在五口停泊。贸易往来。均听其便。惟明禁不得进中国别口贸易。亦不得在沿海各岸私买私卖。如有犯此款者。除于三十款内载明外。其船内货物听凭入官。但中国地方官查拿此货物。于未定入官之先。宜速知会附近驻口之佛兰西领事。

一凡佛兰西人在五口地方。所有各家产财货。中国民人均不得欺凌侵犯。至中国官员。无论遇有何事。均不得威压强取佛兰西船只。以为公用等项。

一佛兰西国设立领事等官。在中国通商之五口地方。办理商人贸易事务。并稽查遵守章程。中国地方官。于该领事等官。均应以礼相待。往来文移。俱用平行。倘有不平之事。该领事等官径赴总理五口大臣处控诉。如无总理五口大臣。即申诉省垣大宪。为之详细查明。秉公办理。遇有领事等官不在该口。佛兰西船主商人。可以托与国领事代为料理。否则径赴海关呈明。设法妥办。使该船主商人得沾利益。

一佛兰西国派拨兵船。在五口地方停泊。弹压商民水手。俾领事得有威权。将来兵船人等。皆有约束。不许滋生事端。即责成该兵船主。饬令遵守第二十三款各船与陆地交涉。及钤制水手之条例办理。至兵船议明约定不纳各项钞饷。

一佛兰西人在五口贸易。凡入口出口。均照税则输纳钞饷其税银将来并不得加增。亦不得有别项规费。佛兰西人凡有税饷输纳。其货物经此次载在则例。并非禁止。并无限制者。不拘从本国及别国带进。及无论带往何国。均听其便。中国不得于例载各货物。别增禁止限制之条。如将来改变则例。应于佛兰西会同议允后。方可酌改。至税则与章程。经此次现定。与将来所定者。佛兰西商民。每处每时。悉照遵行。倘日后别国有得邀减省税饷之处。佛兰西人亦一体邀减。

一佛兰西货物。在五口已按例输税。中国商人。即便带进内地。经过税关。只照现例输税。不得复索规费。按今税则。时有准绳。以后无庸加增。倘有海关书役人等。不守例款。诈取规费。增收税饷者。照中国例究治。

一佛兰西商船。将来在五口。若或有走私之事。无论何项货物。地方官一体拿究入官。再中国可以随时禁止走私船只进口。亦可押令算清帐项。刻即出口。倘有别国冒用佛兰西旗号者。佛兰西设法禁止。以遏刁风。

一凡在广东额设贸易之洋行。业已照例裁撤。佛兰西人以后在五口任便置办货物。入口出口。听其与中国无论何人随意交易。不得居中把持。将来不得另有别人包揽贸易。倘有违例。领事官知会中国官。设法驱除。中国官宜先行禁止。免败任便往来交易之谊。

一将来若有中国人员欠佛兰西船主商人债项者。无论亏负诓骗等情。佛兰西人不得照旧例向保商追取。惟应告知领事官。照会地方官实力查办。责令照例赔偿。但负欠之人。或缉捕不获。或死亡不存。或家产尽绝。无力赔偿。佛兰西商人不得问官取赔。遇有佛兰西人诓骗负欠中国人财物者。领事官亦一体为中国人出力追还。但中国人不得问领事官向佛兰西国取偿。

一佛兰西船驶进五口地方。即可自雇引水。带领进口。所有钞饷完纳后。欲行扬帆。应由引水速带出口。不得阻止留难。凡人欲当佛兰西船引水者。若有三张船主执照。领事官便可著伊为引水。与别国一律办事。所给引水工银。领事等官在五口地方。秉公酌量远近险易情形。定其工价。

一凡佛兰西船。一经引水带进口内。即由海关酌派妥役一二名。随船管押。稽查透漏。该役或搭坐商船。或自雇艇只。均听其便。所需工食。由海关给发。不得向船主及代办商人等需索。倘有违例。即按所索多寡。照例科罪。并照数追偿。

一凡佛兰西船。进口在一日之内。并无阻碍。其船主或货主或代办商人。即将船牌货单等件。缴送领事官该领事官于接到船牌货单后。一日内将船名人名。及所载吨数货色。详细开明。照会海关。倘船主怠慢。于船进口后。经二日之内。不将船牌货单。呈缴领事官。每逾一日。罚银五十圆。入中国官。但所罚之数。不得过二百圆。迨领事照会海关后。海关即发牌照。准其开舱。倘船主未领牌照擅自开舱。卸货。罚银五百圆。所卸之货一并入官。

一凡船进口。尚未领有牌照卸货。即与第十六款所议在二日之内。可出口往别口去。在此不必输纳钞饷。仍在卖货之口是。完纳钞饷。

一凡船进口。出二日之外。即将船钞全完。按照例式。凡船在一百五十吨以上者。每吨纳钞银五钱。不及一百五十吨者。每吨纳钞银一钱。所有从前进口出口各样规费。一概革除。以后不得再生别端。凡纳钞时。海关给发执照。开明船钞完纳。倘该船驶往别口。即于进口时将执照送验。毋庸输钞。以免重复。凡佛兰西船从外国进中国。止须纳船钞一次。所有佛兰西三板等小船。无论有篷无篷。附搭过客。载运行李书信食物。并无应税之货者。一体免钞。若该小船载运货物。照一百五十吨以下之例。每吨输钞银一钱。倘佛兰西商人雇赁中国船艇。该船不输船钞。

一凡佛兰西商人。每卸货下货。应先开明货单。呈送领事官。即著通事通报海关。便准其卸货下货。当即查验各货物妥当。彼此均无受亏。佛兰西商人不欲自行计议税饷。另倩熟悉之人。代为计议完纳。亦听其便。如有事后异言。俱不准听。至估价定税之货。若商人与华人意见不合。应彼此唤集二三商人。验明货物。以出价高者定为估价。凡输税饷。以净货为率。所有货物应除去皮毛。傥佛兰西人与海关不能定各货皮毛轻重。就将争执各件。连皮过秤。先定多寡约数。再复除净皮毛。秤其轻重。即以所秤通计类推。当查验货物之时。如有意见不合。佛兰西商人立请领事官前来。该领事官亦即知会海关。从中尽力作合。均限一日之内通报。否则不为准理。于议论未定之先。海关不得将互争数目。姑写册上。恐后难于核定。进口货物。遇有损坏。应核减税银。照估价之例。秉公办理。不得额外加增。

一凡佛兰西船进五口。如将货在此卸去。多寡即照所卸之数输饷。其余货物。欲带往别口卸卖者。其饷银亦在别口输纳。遇有弗兰西人在此口已将货饷输纳。转欲载往别口售卖者。报明领事官。照会海关。将货验明。果系原封不动。给与牌照。注明该货曾在某口输饷。俟该商进别口时。将牌照呈送领事官。转送海关查验免税。即给与牌照卸货。一切规费俱无。惟查出有夹私诓骗等弊。即将该货入官。

一议定佛兰西船主。或商人。卸货完税则例。俱逐次按数输讷。至出口下货亦然。凡佛兰西船所有钞饷。一经全完。海关即给与实收。呈送领事官验明。即将牌交还。准令开行。海关酌定银号若干家。可以代中国收佛兰西应输饷项。该银号所给实收。一如中国官所给无异。所输之银。或纹银。或洋银。海关与领事官核其市价情形。将洋银比较纹银。应补水若干。照数补足。

一凡五口海关。均有部颁秤码丈尺等项。应照造一分。比较准确。送与领事官署存贮。轻重长短。一与粤海关无异。每件镌戳粤海关字样。所有钞饷各银。输纳中国者。俱依此秤码兑交。如有秤丈货物争执。即以此式为准。

一凡剥货若非奉官特准。及必须剥运之处。不得将货辄行剥运。遇有必得剥货之处。该商应报明领事官。给与执照。海关查验执照。准其剥货。该海关可以常著胥役监视。傥有不奉准而剥货者。除遇有意外危险。不及等候外。所有私剥之货。全行入官。

一凡佛兰西船主商人。应听任便雇各项剥船小艇。载运货物。附搭客人。其船艇脚价。由彼此合意商允。不必地方官为经理。若有该船艇诓骗走失。地方官亦不赔偿。其船艇不限以只数。亦不得令人把持。并不准挑夫人等。包揽起货下货。

……

一遇有佛兰西商船。在中国洋面。被洋盗打劫。附近文武官员。一经闻知。即上紧缉拿。照例治罪。所有赃物。无论在何处搜获。及如何情形。均缴送领事官。转给事主收领。傥承缉之人。或不获盗。或不能全起赃物。照中国例处分。但不能为之赔偿。

一凡佛兰西兵船。往来游奕。保护商船。所过中国各口。均以友谊接待。其兵船听凭采买日用各物。若有坏烂。亦可购料修补。俱无阻碍。傥佛兰西商船。遇有破烂。及别缘故。急须进口躲避者。无论何口。均当以友谊接待。如有佛兰西船只。在中国近岸地方损坏。地方官闻知。即为拯救。给与日用急需。设法打捞货物。不使损坏。随照会附近领事等官。会同地方官。设法著令该商梢人等回国。及为之拯救破船木片货物等项。

一凡佛兰西兵船商船水手人等逃亡。贪事官或船主。知会地方官实力查拿。解送领事官及船主收领。傥有中国人役。负罪逃入佛兰西寓所。或商船隐匿。地方官照会领事官。查明罪由。即设法拘送中国官。彼此均不得稍有庇匿。

一将来中国遇有与别国用兵。除敌国布告堵口。不能前进外。中国不为禁阻佛兰西贸易。及与用兵之国交易。凡佛兰西船从中国口驶往敌国口。所有进口出口各例货物。并无妨碍。如常贸易无异。

……

耆英等又奏。再上年与英吉利所定税例。奉准部覆。当经颁发各国。遵照输纳。嗣米利坚使臣顾盛。求将洋船税银。量为酌减。当经臣耆英奏明在案。兹佛兰西使臣剌萼尼声称。税例至为公当。自应遵行。惟丁香共有三种。子丁香系属上等。印度所出公丁香。系属中等。母丁香系属下等。税则只有上等每百斤税银一两五钱。下等每百斤五钱。至中等则漏未赅载。今议上等丁香税银仍旧。增入中等丁香一款。每百斤定为税银一辆。至下等丁香。价值甚贱。原例税银五钱。未免较多。求减为二钱五分。又洋酒一项。原例装玻璃瓶。大者每百瓶税银一两。小者每百瓶税银五钱。装桶者每百斤税银五钱。亦未免较多。请将装玻璃瓶。大者减为每百瓶税银二钱。小者每百瓶及装桶者每百斤均减为税银一钱等语。臣等细加酌核。丁香一项。虽将下等每百斤减去二钱五分。而增入中等每百斤税银一两。以赢补绌。税银仍无增减。至洋酒一项。惟外国人沽饮。中国人用者甚属寥寥。综计海关所收税银。为数无几。即量为酌减。亦无关赢绌。臣耆英当俱允其所请。缮入税则。其余各款。该使臣均一一遵行。

癸亥。大学士穆彰阿等奏。十月十四日。耆英等奏酌定佛兰西国贸易条约一折。奉硃批。军机大臣会同该部速议具奏。钦此。查佛兰西使臣。前赴广东澳门。请定贸易章程。经该督议定条约三十五款。核与英吉利米利坚二国所定条约相同。业已缮册钤印分执。并据该督与该抚该监督等。公同覆阅。于通商善后事宜。均无窒碍。臣等详加察核。其中关涉饷税各条。户部查该督等所定。贸易止于五口。税饷不得加增。规费悉除。走私有禁。裁洋行以除包揽。欠债项不得保偿。以及押船者严需索之条。缴牌者申迟延之禁。未卸货者不输船钞。运行李者均免征收。估价者唤集商人。原封者准其别售。交银核其市价。尺码发自海关。且剥货之船。须凭执照等语。核与英吉利。米利坚。二国所议条规。并无歧异。至五口地方。弹压兵船。不纳钞饷。亦与英国官船豁免船钞之例相符。应如所议办理。总须各海关实力稽查。无滋流弊。以裕税课而顺商情。其中关涉罪名词讼各条。刑部查该督等所定。如海关人役。有不守例款。诈取规费。及奉派管押船只之差役。任意需索者。均照例科罪。又佛兰西商船走漏私货。并私售例禁之货。中国地方官一体拿究。又如中国人员欠佛兰西商债。无论亏负诓骗。该国人不得向保商追取。但准告官责欠赔偿。倘负欠之人。或缉捕不获。或死亡不存。或家产尽绝。无力偿还。不得向官取赔。又如佛兰西人有与中国人互怀嫌怨。应由该国领事官。及地方官。妥为调停。遇有争讼。由地方官协同办理。又如佛兰西水手人等逃亡。该领事官。或船主。知会地方官。实力查拿。解送领事官及船主收领。倘中国人役。负罪逃入佛兰西寓所。或商船隐匿。地方亦即照会领事官。查拘送还。均不得稍有庇匿。以上各款。或禁蠹役之需索。或杜民夷之争端。或为防范偷漏。及严禁私带违禁货物。并隐匿逃亡起见。均应如所奏办理。至佛兰西商船。如在中国洋面被劫。并中国匪徒。有偷窃该国货物等情事。由地方官上紧缉拿。倘不能获犯。或不能全起赃物。中国例有处分。不能为之赔还。其有匪徒放火。毁坏佛兰西房屋货财。应即行严拿治罪。于本犯名下追赃著赔。至该国商夷人等。在中国贸易。与内地民人。如有互相杀伤者。内地民人有犯。应由地方官拿究。照例惩办。该国商夷有犯。应由该国领事官拘拿。照该国例治罪。此外各条。如两国民人。永远和好。五口地方。不得欺凌。礼待泯其不平。旗号禁其冒用。自雇引水带领。不得阻止留难。任雇剥船运货。不得把持包揽。游行越界。听凭查拿。外夷相争。自行料理。兵船损坏。则兴修无阻。别国干犯。而贸易如常。公文有定制。以便往来。国书之进呈。必由代达。彼此各守章程。年满方可更易。臣等核与前定通商章程。均无出入。应悉如所议办理……

十一月。丁卯。两广总督耆英奏。窃奴才前准军机大臣字寄。五月初八日。奉上谕。据梁宝常奏。英夷货船。火轮船。兵船。现泊定海洋面。共有十三只。人数增多。操演稍勤。情形尚属驯顺等语。著该督将该抚片内所称各节。随时探访。如有应议应办事件。据实具奏等因。钦此。查英夷就抚。已逾二年。奴才于其往来动静。随时留心访察。不敢稍存泄视。至浙江抚臣原奏所称。定海所泊夷船十三只内。有续到之火轮船。及兵船四只。当因所载夷兵。究有若干。及因何勤操之处。未据浙江营县禀报。惟闻鼓浪屿夷人。多有患病赴舟山避疫之说。奴才恭奉谕旨后。当即咨查浙江抚臣。并札委宁绍台道。

分别确查。一面拣派干员。密切探访去后。兹准浙江抚臣梁宝常覆称。上次英夷人数增多。系由鼓浪屿前来换班。旋即陆续驶回。原奏系就当时该营县所禀情形而言。至现在番舶夷人不多。操演亦不甚勤。即定海四门。向设夷兵各十名。兹各撤去四名。情形极为驯顺。续接闽浙督臣刘韵珂来文。亦称鼓浪屿目。带兵往定海换班。及因夷兵多染病证。前往避疫。查无别故各等因。并据宁绍台道陈之骥。会同前任道员鹿泽长。及宁波府李汝霖等禀称。本年三四月间。定海洋面。共泊英夷船十三只。彼时驻定白夷七百余名。黑夷四百余名。迨后渐驶往闽省等处。其宁波开市以后。民夷相安。绝无衅隙。前次操演稍勤。询因佛兰西船只将至。疑忌豫防。别无骚扰。目下情形。均属照常等情。禀覆前来。核与奴才派弁密访情形。大略相同……

丙子。闽浙总督刘韵珂。福建巡抚刘鸿翱奏。窃照琉球国王尚育。遣正使耳目官毛嘉荣。副使正议大夫郑元伟等。恭进本年例贡。业已航海抵闽。现经臣等专弁赍折奏报。并委员伴送该贡使等起程赴京在案。兹据福建藩司徐继畬详。据该贡使毛嘉荣等禀称。荣等奉命恭进贡典来闽。已于到省后。将国王发给咨文各件。缴送核办。惟国王又另给咨文一角。内系机密要件。著荣等亲自赍投。兹特亲身投送。恳由内署查阅办理。免发经胥。以免传播等情。并据呈缴琉球国王咨文一角。该司当即拆阅。内称本年三月间。该国那霸洋面。来有海船一只。查询言语不通。惟船内通事系中国人。据称该船系佛兰西战船。船上总兵名夥尔烈路璞朗。由广东澳门至彼购买食物。该国王当时给与物件。旋据夥尔烈路璞朗启称。佛兰西国因向与中国通好。故特令各战船总兵。至中国邻近诸国求和。往来贸易。惟伊不能久住。若月后尚有大总兵都督大船。或各战船前来。宜向彼示覆。兹特留执事夥尔加助。通事粤五思旦在此等情。该国王当以琉球土瘦地薄。物产不多。不能广与他国交通。饬令具文固辞。巨该总兵不肯听从。强留执事通事在国。开船而去。随又据执事夥尔加助。以英国见琉球居中国日本之间。久欲取之。佛国欲阻其谋。惟有二计。一则格外保护。一则先自取之。而格外保护。尤佛国所愿。乞该国王早为之计。并据通事粤五。以佛国战船东来。花费无限。若深知其意。则有吉无凶。否则祸福难料等情先后具禀。该国王以伊国蒙皇上覆载之恩。世膺王爵。永享太平。若交通佛国为其保护。有负天朝之存恤。且察该两人之言。虽云阻人谋。实则图已利。不可苟焉从之。堕其阴谋。复令固辞。而该执事复以伊系传天主教之人。佛国因在澳门。闻西土之人。欲取琉球疆土。故来传授前教。救生灵于涂炭。乞准传天主教于该国各地方。以绝将来凶险等情续禀。该国王复以伊国叠沾圣朝之化。天主教不可传习。向其辞却。乃该执事仍以传教为言。窃查佛国人等无故入境。初欲结好贸易。次求格外保护。后要传天主教。言词反覆靡常。不可测度。日后若有大总兵到国。不知如何骚扰。现饬官役尽心筹画。俟大总兵到国。使率彼二人同回。合先咨请转详督抚等情具详前来。臣等伏查琉球为天朝属国。称臣奉贡。最为恭顺。此次佛兰西兵船突入其境。以通和传教为词。该国王以素受中国丕冒之恩。再三辞却。更见其始终恪守臣节。我皇上为华夷共主。该国王既将此事源委。备咨藩司。恳请转详。自不容置之不论不议。惟臣等就该国王来文。细加查核。当佛兰西兵船初到该国之时。止称购买食物。即总兵夥尔烈路璞琅。向该国王具启。亦只称因该国与中国邻近。前来求和。别无他语。其后所称格外保护。并求传天主教等语。皆系执事夥尔加助等之言。察其语意。既称英国欲将该国吞灭。复称佛国欲先将该国吞灭。皆系恫喝虚词。其意似专在传授天主教。又通事粤五思旦。据该国王称系中国人民。核其姓名。又不与中国人相同。究竟前往者是否系佛兰西之船。抑或另有假冒。现在闽省并无别国船只。无从察办。查该国使臣剌萼尼。现正在粤省。与钦差大臣两广督臣耆英。筹议通商事宜。无难一询即明。合无仰恳皇上天恩。敕下该大臣就近先向剌萼尼查询。以辨虚实。如剌萼尼覆到。往琉球者。实系该国兵船。并由该大臣体察情形。设法开导。谕令剌萼尼。将留彼之执事夥尔加助等接回。使蕞尔小邦。无虞惊扰。以仰副圣主优恤外臣之至意。

谕军机大臣等。刘韵珂等奏。接准琉球国王密咨。关涉佛兰西夷务一折。佛夷通商条约。现经耆英等定议。降旨准行。琉球所见该夷战船。在本年三月。自系章程未定之先。现已谕知耆英妥为查办矣。该国王恪守臣节。将此事源委详晰咨明。实堪嘉尚。著该督等。遇便即将现在代为奏请查办之语。先行咨覆该国。统俟耆英查明奏到后。再行谕知该督等遵照办理。

又谕。前据耆英奏。佛兰西夷使到粤。陈请各款。有中国所属之琉球等国。准予据守。亦有裨益之语。该督等设法劝谕。逐款言明。所有妄议各情。均即不复提起。旋据议定通商条约。业已照议准行矣。本日据刘韵珂等奏。接准琉球国王密咨。称本年三月间。有佛兰西战船一只。驶至该国洋面。该船总兵称由广东澳门至彼。数月后尚有大总兵都督大船。或各战船前来。并强留执事通事各一人。开船而去。日后若有大总兵到国。不知如何骚扰等语。琉球国所见佛夷战船。在本年三月间。自系在条约未定之先。现在该国通商事宜。既经定议。自不应再至天朝属国。别生事端。究竟前项兵船。是否实系佛夷所遣。其所称大总兵等大船。曾否续赴琉球洋面。所留之通事执事人等。此时已否归国。著耆英密加察访。设法劝导。务令该夷使恪遵成约。彼此相安。其办理情形。即著该督迅速覆奏。原折钞给阅看。

己卯。闽浙总督刘韵珂奏。前准钦差大臣两广督臣耆英来咨。英吉利夷酋德俾士。定于七月间自香港起程。赴通商各口。查看贸易情形等因。当经饬属查探去后。兹于八月三十日晚。据报该酋德俾士。乘坐火轮船一只。驶进福州港口。臣等当于次日。饬令藩司徐继畬。出城与之会晤。该酋执礼甚恭。言词极为驯顺。并称伊自香港起身后。先由宁波上海查看而来。现在福州货船未到。无事可办。拟住厦门察看。即回香港等语。九月初二日早。该酋即开船出口。初三日。行抵厦门。时值兴泉永道恒昌。因公赴乡。经水师提臣窦振彪。率同厦门同知霍明高等。与之接晤。该酋词礼亦甚恭顺。至初五日。即起椗回粤。现在福州厦门两处。夷情俱极静谧。福州因无夷商贩货前来。是以尚未开市……

己丑。浙江巡抚梁宝常奏。臣接据宁波道府禀称。本年十月十一日。有荷兰国二桅夷船一只。驶进镇海关。十三日。到宁郡甬江停泊。该船名河轮的。船内夷官七员。红兵六十名。黑兵十二名。船旁装炮十四门。并无货物。询系来看马头等情。并据该夷目磨达蛮。带同属官到道署求见。执礼甚恭。据称奉准五口通商。因各处马头从未到过。是以从香港先至上海。来看贸易情形。以便装货前来。暂停数日。即拟开行等语。该道府等察其情词。极为驯顺。复亲诣船查验无异。禀报前来。臣查西洋各国。奉准五口通商。该夷国亦在议准通商之例。此次来宁。系为探听贸易情形起见。并无别故。当经饬令该道府等随时察看。妥为抚驭去后。旋据该道府禀报该夷船停泊旬余。甚为安静。庄民人等。亦无私相交易。业于十月二十五日。驶至镇海出口由南洋而去等情。再定海洋面夷船。经臣于本年八月间奏报以后。该夷船往来贸易。进出不常。今截至十月初十日止。共泊船十三只。该道府查询各国夷目。全称该夷载货来内地出售。惟广东省最畅。其次上海。余剩货物。始至宁波销卖。为数无多。耽搁不久等语。体察民夷情形。极为安帖。

十二月。癸巳。两广总督耆英。广东巡抚程矞采奏。窃英夷寄居香港。来往外洋。向多雇倩内地船只水手。载运银货。而粤洋盗风素炽。致有肆行劫杀之事。该夷既准通商。即应事同一体。必须随时查拿盗匪惩办。方足以肃法纪而靖中外。先据署新安县汤聘三禀报。访闻县属银洲外洋。有盗匪行劫船只银物。并致毙夷人多名情事。当经会营诣勘悬赏缉拿等情。随接据英吉利国夷酋德庇时来文。亦言前事。恳请饬缉究办。嗣经臣等查明。本案被劫。系属英夷米加儿呢等船只。内有夷人米加儿呢一名。被盗拒伤落水淹毙。温廉诺他等四人。自行凫水逃避。亦被淹身死。即经札饬该地方文武严拿解办。并备文照覆该夷酋去后。旋据新安香山番禺等县官。及大鹏协并九龙司巡检各兵役。先后拿获盗犯陈　牛。陈亚太。陈亚二。杜亚得。林富仔。陈皮仔。六名。并在陈亚太名下。起出原赃洋银三十二圆。由新安县移准英酋。查明当时捞获尸身三具。业经检埋。尚有二尸未经捞获等因。又经新安县会营覆勘确查。

该二夷尸身。业经漂失。无从捞获。将现犯陈　牛等录供通禀。批饬解省审办。据陈亚太等供认不讳。臣等于审明后。即恭请王命。将陈亚太。杜亚德。二犯。绑赴市曹。斩决枭首。传首犯事地方。悬竿示众。以昭炯戒。陈亚二。林富仔。被协在本艇板船接赃。并无助势搜赃情事。均合依例发新疆给官兵为驭。已起之赃。给主收领。未起各赃。于现犯名下照估追赃。

庚戌。闽浙总督刘韵珂奏。英夷领事官李太郭。于本年五月间。至福州海口。筹议开市。当经臣等督饬藩司徐继畬。饬令地方官。于城外南台地方。代觅房屋。俾该夷等居住。该夷因福州人地生疏。通商章程。未能遽定。签请从缓筹议。臣等恭折奏报在案。该夷自抵南台以来。已经半载。情形极为静谧。惟该国并无货船入口。故通商章程。尚未议定。八月间。有米利坚国货船一只。驶入口内。停泊月余。民间并无前向贸易之人。嗣米商因耽延已久。欲行驶赴他口。而资斧罄尽。不能起程。愿将船载胡椒沙藤哔叽洋布等货。减价出售。以资盘费。臣等查福州通商章程。虽未定局。而各项税则。均有成例可循。今米商既欲贱售货物。以足川资。自应准其先行销变。俾顺夷情。该夷商遂将胡椒等货。在南台销得洋银数千圆。于十月间开船出口。李太廓亦将英商寄来之哔叽一包。棉花一包。洋布四匹。一并销卖。与米商均照例输纳税钞。此外并无各国货船入口。亦无与民间私自交易之事。至厦门通商情形。与前次相同。惟领事记里布。业经退职回粤。德庇士另派亚利国前来接办。于九月二十四日到厦。与兴泉永道恒昌等接见。其人亦明白恭顺。足慰宸廑。

道光卷七四

(道光二十五年乙巳正月壬申)耆英又奏。琉球为天朝属国。素称恭顺。本年九月间。奴才在澳门。佛兰西夷使剌萼尼。即有求将中国所属之琉球等国。准予据守之请。经奴才严加驳斥。该酋不复渎求。今于本年三月间。有佛夷兵船。驶至琉球洋面。事在剌萼尼未至中国以前。是否该夷使蓄意已久。豫先遣往尝试。抑或另有假冒别情。必须查明妥为办理。当饬即选道潘仕成。设法查探。兹据该员禀称。先向在澳寄居之佛夷加略利。详细询问。并向该国商人隆铎等查访。称有伊国兵船一只。曾于本年三月间。到琉球国一次。兵头名咈呢路璞朗。船上炮位共三十余门。水手兵丁共有三百余名。其船于本年七月间。已回广东。并未复往。现泊尖沙嘴洋面。定于十二月内即回本国。此外亦无另有兵船前赴琉球之事。又询以曾否将执事夥尔加助。通事粤五思旦二人。留在琉球。俱称伊国实有此二人。其曾否留在琉球。则委系不知等语。查本年夏秋间。据浙江江苏抚臣。闽浙督臣。兹称有佛夷兵船一只。兵头名弗尼都拨浪。于本年三月间。驶至定海洋面。停泊数日。旋赴上海。四月间。复回定海。旋即驶至宁波。五月间。由宁波开行。七月间。驶抵厦门。停泊数日。即回粤省等情。查都拨浪。与路璞朗。番音相通。系属一人。乃以三字为姓。其或加弗尼二字。或加紧夥尔烈三字。则系称名偶异。或译音不同。与米国夷使称为顾盛。而亦称加勒顾盛。事同一例。其为即系琉球咨文内所称之夥尔烈路璞朗无疑。其船系于三月间。由粤先赴琉球。次赴定海。计其行踪时日。亦相符合。又佛夷于本年七八月间。先后来澳。共有兵船八只。计赴琉球之船。即在其内。续探闻各船俱已渐次回国。今惟有路璞朗一船。停泊尖沙嘴洋面。其所称即行回国。及并无另有兵船前赴琉球等语。似尚可信。惟强留执事通事二人一节。尚未查有确据。奴才思剌萼尼妄行求请之时。经奴才严加驳斥。该酋无词可辩。现在探查路璞朗兵船。由琉球驶回粤省。并无复往。此外又别无兵船前去。似其觊觎之心已息。谅不至再生事端。纵以传习天主教为由。强留二人在彼。该国既不遵奉其教。似亦技无所施。

谕军机大臣等。前据刘韵珂等奏。接准琉球国王密咨。有佛兰西国船一只。驶至该国。强留执事通事各一人。并称数月后。另有大船前来等语。当经谕令耆英确查具奏。兹据奏称佛夷路璞朗一船。探明上午三月间。到琉球国一次。七月间。已回广东。并未复往。十二月即回本国。此外亦无另有兵船前赴琉球之事。琉球臣属天朝。素称恭顺。该国因见有佛船恳请查办。不容置之不问。现既探明路璞朗兵船回国。并无续往之船。是其觊觎之心已息。自可彼此相安。不至再行滋事……

癸未。闽浙总督刘韵珂奏。臣等接据兴泉永道恒昌等禀报。本年十一月初二日。有荷兰国夷船一只。驶至厦门。次日。即据该夷目胡弗得。登岸谒见。据称因西洋各国。均准五口通商。伊等先未到过各口。故自香港起程。至上海宁波转至厦门。查看马头。及各处贸易情形。以便载货前来销卖。并无他事。现在船内亦未带有货物等语。其词色礼貌。均极恭顺。该道等旋即亲至其船。察看该船共载夷官七名。夷兵七十二名。夷炮十四门。余无别物。至十二日。该船即开驾出口等情前来。臣刘韵珂。查前据浙江宁绍台道等禀。有荷兰国夷船一只。于十二月十三日。驶进宁波停泊。至二十五日。起碇开行。其夷目译名磨达蛮。今兴泉永道所禀到厦之荷兰夷目。译名胡弗得。彼此虽属未符。但其船俱属两桅。且船内装载夷官夷兵夷炮数目。浙省所查。与闽省所验。种种吻合。是十一月间至闽之船。即系十月间在浙之船。其夷目名字互殊。自因各以土音翻译。故致参差。该夷目因五口准予通商。是以前来查看。现在其船业已开行。情形极为静谧。并无别故。至厦门照常贸易。来往夷船。多寡不定。大约总在十只以内。福州亦间有一二船出入。自前此米利坚国货船一只。售卖洋布胡椒等货一次之后。并无另有夷船开市。华夷均属相安。

三月。乙丑。两广总督耆英。广东巡抚程矞采。粤海关监督文丰奏。窃照西洋诸夷来粤贸易。除大西洋寄居澳门不计。此外旧准通商者。共二十国。近年以来。惟佛兰西。荷兰。吕宋。米利坚。英吉利。港脚诸国。岁有货船驶到。其余双鹰比利时诸国。或数年一至。或多年不至。统计旧准通商各国。实已减去十之六七。溯查嘉庆十年。有俄罗斯国商船一只。改名路臣国。来粤求市。经前任粤海关监督延丰具奏。钦奉谕旨。将来澳门等处。如再有此等外洋夷船。向未来粤者。其恳请贸易之处。断不可擅自准行。总当详细询明。暂令停泊。一面奏闻。候旨遵行等因。钦此。迨道光四年。又有亚林国商船二只来粤。复经前督臣阮元等援案具奏。奉旨暂准贸易。以示体恤。嗣后不准再来通市等因。钦此。钦遵各在案。兹据北尔日喀国领事兰瓦。呈称伊国前百年间。曾来天朝贸易。嗣遭国难。遂以中止。今闻大皇帝恩施各国。心殊仰望。冀得一视同仁。并邀旷典。是以国王遣伊前来。将五口贸易章程。一体颁发。俾得同沾德泽等因。并接佛兰西夷使剌萼尼来信。内称北尔日客国领事兰瓦。经该国王遣令前来。冀邀一例通商之典。因久未往来。不敢遽进。浼伊代为荐引等语。臣等以从前通商。并无北尔日客之名。惟有比利时国。字音相近。是否系属一国。当饬即选道潘仕成。密派通事。向各国夷商详加询访。旋据查明。该国即系曾经来粤通商之比利时国。与佛兰西结为婚姻。同在欧罗巴部落之内。禀覆前来。伏查北尔日客国。既系曾经贸易。令领事兰瓦求请一例通商。本与俄罗斯亚林等国之向未来粤者。情节迥异。似尚可俯允所请。以示怀柔。

谕军机大臣等。耆英等奏。夷目来澳求市。请旨办理一折。据北尔日客国领事兰瓦。呈请贸易。有佛兰西夷使剌萼尼来信。代为荐引。并查明该国即系曾经来粤通商之比利时国等语。该国停市已久。此次应否暂准贸易。所请五口贸易章程。应否一体颁发。著该督体察情形。悉心妥酌办理。至该督前次奏称查探佛夷路璞朗一船。曾到琉球国一次。嗣经驶回广东后。即回本国。其所留执事通事二人。尚未查有确据等语。现在是否尚在琉球。抑已回本国。务须访查的确。据实覆奏。再前据刘鸿翱奏。米利坚立国甫六十年等语。是否确实。著该督就近查询。一并覆奏。

六月。癸巳。浙江巡抚梁宝常奏。据宁波道府禀称。据鄞县镇海二县禀报。四月初七日。有英国陆路提督达其拉。水师副将敏德。乘坐定航船一只。驶进甬江。在领事罗伯聃寓所停歇。该道与之往来接见。情词极为恭顺。据称伊等乘坐兵船。从香港开行。驶抵定海。雇坐航船。来宁查看通商马头。并为别故。暂停数日。即回定海。由福州一转。仍返香港等语。旋接鄞镇二县禀报。该夷官仍坐航船。于初十日开行回定等情。此外夷船。截至五月初五日止。停泊七只。多系由上海返棹空船。民夷均极安帖。

甲午。协办大学士两广总督耆英。广东巡抚黄恩彤奏。窃臣等于四月初十日。承准军机大臣字寄。道光二十五年。三月初四日。奉上谕。耆英等奏夷目来澳求市。请旨办理一折。据称北尔日客国领事兰瓦。呈请贸易。有佛兰西夷使剌萼尼来信。代为荐引。并查明该国即系曾经来粤通商之比利时国等语。该国停市已久。此次应否暂准贸易。并所请五口贸易章程。应否一体颁发。著该督体察情形。悉心安酌办理。至该督前次称。查探弗夷路璞朗。曾到琉球国一次。嗣经驶回广东后。即回本国。其所留执事通事二人。尚未查有确据等语。现在是否尚在琉球。抑已回本国。务须访查的确。据实覆奏。再前据刘鸿翱奏称。米利坚立国甫六十年等语。是否确实。著该督就近查询。一并覆奏。钦此。伏查北尔日客国。介在英吉利。佛兰西。二国之间。素称微弱。商船为数无多。于夷务尚无关轻重。今既遣领事兰瓦。求请照旧通商。情词甚属恭顺。似未便拒其所请。致抱向隅。西洋诸夷。来粤贸易。惟佛兰西。英吉利。米利坚。三国。设有领事。其余如荷兰。吕宋。大尼。黄旗。港脚。瑞典诸夷。间有货船驶到。多系由各国领事。代为报验输税。该夷等衣服言语面貌。小异大同。其究系何国之人。实亦无从深考。兹若将兰瓦严行拒绝。难保其不潜附他国。仍来贸易。转不足以示怀柔。且既据佛兰西夷使。代为请求。尤应藉事羁縻。俾该夷等同深感戴。查兰瓦现在小吕宋听候恩旨。约计五月内。即与剌萼尼一同来粤。拟俟询查明确。即将五口贸易章程。一体颁发。以广圣主宽大之仁。其佛夷曾经驶往琉球路璞朗一船。于去年十二月间。驶出澳门。探闻已回本国。惟所留执事通事二人。是否仍在琉球。现饬即选道潘仕成。向住澳弗夷加略利详加询访。该夷亦不能确有见闻。容俟剌萼尼回粤。再行查明。酌量妥办。

耆英等又奏。再该夷使剌萼尼。因换约事竣。拟赴江苏闽浙各口。查看贸易情形。据称坐驾商船前往。并不劳动地方官长。惟夷性难料。全在随时随事。抚驭合宜。臣等现即飞咨各口。该夷使到日。如果不见动静。该地方文武。自可置之不问。如遇有通问求见等事。必须相机接待。勿使稍生疑衅……

七月。壬戌。浙江巡抚梁宝常奏。定海洋面夷船。自上年奏报后。截至五月底。仍泊船五只。内中时有去来。亦间有驶至宁波卸货者。虽销售无多。而民夷俱极安帖如故……

九月。丁亥。

谕军机大臣等。礼部奏接准朝鲜国王咨文。称英夷船只。屡次移泊该国境内。量山测水。情形叵测。并问答中有交易之说。请转奏饬禁等语。朝鲜臣属天朝。恪守藩服。非他国之比。英夷自定约以来。一切章程。均应遵守。何得复至天朝属国。别生事端。即云为贸易起见。该国辖境无多。民贫地瘠。亦复无利可图。著耆英即将此项情节。详询英国使臣。究竟朝鲜所见之船。是否系英夷所遣。该酋是何主见。务须折以正言。婉加开导。令其心服……

十月。甲午。两广总督耆英。广东巡抚黄恩彤奏。查舟山鼓浪屿准英夷暂行留兵驻守。届期交还。先经臣耆英臣黄恩彤。与夷酋朴鼎查议定。叠次载入约册。至为坚明……本年七月间。接据该酋文称。有自伊国驶来兵船数只。分赴各口。停泊稽查贸易。即经委员察探。共有火轮船五只。巡船六只。于八月十一十三十四十五等日。先后驶到尖沙嘴洋面。寄泊。虽据该酋豫行报明。而兵船多只。连艅而至。形迹究属可疑。当复饬据大鹏协副将王鹏年。九龙巡检许文深。就近探得。该国新到巡船内。载有夷尸二百余具。业经运至裙带路。附近中湾地方掩埋。系与燕刁国打仗。被佛兰西兵船合力攻击。以致伤毙夷兵多名。当查燕刁国。即马蕴国。又名文莱国。距加剌巴不远。顺风十余日。即可到粤。复饬澳门县丞张裕。向澳夷询访。亦称英夷因图占文莱国埠头。致相攻杀。属实是该夷兵船。系由燕刁国驶来。尚非无因而至。似不致有他虞……

十一月。庚辰。两广总督耆英广东巡抚黄恩彤奏。臣耆英于十月二十一日。带同委员赵长龄。潘仕成等。由省登舟。行抵黄浦。适德庇时遣夷目三人。驾火轮船二只。前来迎接。当即乘坐前往。于是日驶抵香港。该夷肃列队伍。迎入馆舍……

耆英又奏。遵查英夷驶到火轮巡船。自八月间奏报以后。续又驶到火轮船三只。大小巡船八只。连前共计一十七只。当经密饬沿海各营。严密防范。旋据探报前泊夷船。内有三只。驶往闽浙海口。有四只尚在尖沙嘴寄泊。其余十只。均由老万山驶出。不知去向。奴才与德庇时面议各事之便。向其查询。据称驶往闽浙。及现泊尖沙嘴船数。与各营探报相符。诘以其余十只。究竟驶往何处。据称该船往来。并无一定。或驶往新嘉坡。或驶往小吕宋等国。或驶还本国。总与中国包无扰累等语。奴才复谕以朝鲜为天朝属国。该夷自定约以来。一切均应遵守。何得复遣兵船。驶往朝鲜。量山测水。并有交易之说。据称此项船只。共有五六只。并非该酋所遣。系因伊国商船。经行大洋。一遇飓风。瞬息千里。不知收泊何处。毫无把握。连年以来。因无洋图。罔识趋避。以致溺礁搁浅。损坏实多。是以伊国主派遣该船等。分往各路洋面。测量水势。插标绘图。以便商船遭风趋避。并无别意。前赴朝鲜之船。系本年四月内。自香港开行。该船名撒马郎。船主名点尔撒。八月间已回香港。旋赴小吕宋印度等国。探水事竣。即回本国。不得再往朝鲜。至朝鲜地瘠民忿贫。伊亦素悉。通商之说。系属虚妄。断无其事等语。奴才恐其尚怀狡诈。复与申明条约。正言婉导。至再至三。该酋力陈所言俱系实情。并非别有主见。察其情词。似尚可信。至尖沙嘴现泊火轮船兵船。尚有四只。为近年夷船最少之数。惟驶至新嘉坡等处船只。是否不复驶还。难以豫料。仍应遵旨督饬水师各营将弁。留心侦探。持以静镇。相机严防。以昭慎重而免事端。

(十二月庚子)耆英等又奏。再臣耆英前于七月间亲赴虎门。面晤佛兰西夷使剌萼尼。互换约册。兹于本月初九初十等日。接该管文武报称剌萼尼。于十一月初四日。由五口回澳。并陆续到有该国火轮船兵船四只。在九洲洋面抛泊等情。臣等以该夷使前虽勉强就范。意终怏怏。今复带有兵船前来。难保非因前此未满所愿。藉端另生枝节。正在密饬查探间。旋据该国夷目加略利来省请见。称系剌萼尼遣令前来。有重事相商等语。臣黄恩彤当即带同委员赵长龄潘仕成等。出城接见。据称伊国现有兵船七八只。陆续来粤。询其有何意见。该夷目声称。系因恐英夷不肯将舟山退还中国。故伊国主遣来相助。并无别意……

己酉。闽浙总督刘韵珂奏。臣前准钦差大臣两广总督耆英。广东巡抚黄恩彤咨会。以佛兰西夷酋剌萼尼。于八月初十日。乘坐兵船。前赴通商各口。查看情形。傥有通问求见等事。务须相机接待等因。当经臣等分别转行遵照。嗣据兴泉永道恒昌。海关委员佐领兴奎等禀称。佛兰西夷酋剌萼尼兵船。已于十月十七日。驶抵厦港。邀同英国副领事瑣离完。与该道等接见。该道等向该酋查询。据称伊船自粤东澳门开行。由宁波上海。转至厦门。查看通商情形。因赴福州口。须由五虎门驶入。该港内礁石较多。伊船只重大。难以进口。不敢再往福州等语……兹据兴泉永道恒昌等。以该酋先遣夷目三人。带领通事分坐渡船。至漳州道署求见。经汀漳龙道万启心。传同代理龙溪县骆楷。与之接晤。该夷目等欢忻出署。至各处机坊观看。并置买漳绒等物。当即转回。嗣该酋复带同夷官等六人。驾坐舢板小船。至漳州府城。上岸闲游。并未赴各署求见。亦即回厦……于十月二十八日。由厦门开船。驶出大担而去等情。具禀前来……惟十月十五日。有该国双桅兵船一只。驶至五虎门内之罗星塔停泊。臣等正在委员往查间。旋据夷领事阿利国。向臣刘韵珂禀称。现到之带兵官客历甫。欲来谒见。求先示知日期。臣刘韵珂谕以十一月初六日。令其前来。至期。客历甫来谒。臣刘韵珂与之接晤。该夷目免冠行礼。极为恭顺。并面禀兵船至此。专为弹压商船水手。夷兵人等共一百二十名。载炮十六门。停泊罗星塔港面。伊总不许商船水手多事等语。臣刘韵珂谕以尔等能管束夷众。彼此自可久安。该夷目欢忻而去。臣等复派员密查。与该夷目面禀无异。查夷目客历甫。此次督带兵船。前来福港。弹压夷商水手。均系遵照议约。该兵船自停泊之后。客历甫约束夷兵极严。从未上岸。华夷甚属相安。厦门领事李太郭。已于十月初六日病故。该口互市事务。系副领事琐离完暂行代理。该夷亦极驯顺。

道光卷七五

(道光二十六年丙午四月戊戌)赛尚阿等又奏。臣等奉命前往江南查勘善后事宜。窃查江防各工。所有北岸顺江洲等处。俱在扬州一带。臣等于三月二十六日。阅过水操后。仍渡江至扬州。带同军机章京兵部主事梁瀚。户部郎中常恩。刑部郎中易棠。司徒照。前往顺江洲等处。遍履勘验……其新造战船。臣等阅视水操时。亲为点验。查大舶船十二只。每只设炮十四尊。大杉板船八十五只。每只设炮十尊。小杉板船三十八只。每只设炮八尊。驾试演练。亦尚得法。以之巡洋缉捕。可期得力。至北岸顺江等洲炮堤。臣等每至一处。令将大小炮一一演试。自东而西。炮声一出。所有护守炮位之抬炮鸟枪等兵。从堤后突出枪炮。连环施放。接应之长矛籐牌等兵。亦从后路喊呐而至。呼应均为联络。步伐尚属整齐……

五月丙辰。闽浙总督刘韵珂。福州将军敬扬。福州副都统东纯。署福建巡抚布政使徐继畬。奏。窃照福州厦门。均为夷人通商之地。厦门一口。自道光二十三年九月。英夷开市之后。时逾两载。福州一口。开市亦一载有余。经臣等督饬地方文武。抚驭弹压。华夷相安。情形俱属静谧。均经臣等节次奏报在案。数月以来。厦门夷情。极为驯扰。福州夷情。亦皆安帖。至本年三月初二三等日。有英国小船驶进福口。停泊南台港内。水手人等。先后赴市购买鱼肉。因言语不通。价未给足。即将鱼肉携回。各店铺因其短价强买。均抱不平。有夷人阿金。带同籍隶广东之跟役一人。在街行走。道路窄狭。致阿金被乡民林森森误撞一下。阿金即持拄手小木棍殴伤林森森额角。林森森负痛逃避杨焕枝油蜡店内。维时附近居民铺户及路过人等。相继踵至。聚焦街衢。咸谓英夷粤人欺人太甚。均各怀忿。适又有夷商记连。并夷人及广东人先后走出。均经该民人等掷欧致伤。当经臣等饬委地方文武。弹压抚谕。旋各走散……

丁卯。协办大学士两广总督耆英。广东巡抚黄恩彤。奏。四月十四日。承准军机大臣字寄。三月三十日。奉上谕。耆英等奏前诣虎门面议条约。并钞录呈阅。均著依议行。钦此。当即行知英酋去后。旋据该酋来文。意尚犹豫。臣等以夷情叵测。深恐或有变更。自应委员面加晓谕。相机羁縻。以期舟山早日交还。不致别生枝节。当经派委候补道赵长龄。带同候补通判宁立悌。南海县县丞施禹泉。携带原议约册。前诣香港。接见该酋。详加开导。宣布皇上恩德。并谕以两国既和好以后。必须各守信义。恪遵条约。勿得辄生事端。至遇有贸易交涉事件。亦须彼此公平商议。切勿各逞臆见。有乖和好。该酋一一听受。甚属驯扰。询以条约。既奉旨允准。舟山自当即速退还。该酋答称。即日备文。派火轮船前往。知会驻舟山夷目。令将所带夷兵。即行撤退。就近通知委员前往接收。该处驻扎夷兵。共一千六百余名。定于三日内。派船四只。前赴该处。装载夷兵。驶往印度。不复折回中国等语。该道复谕舟山退交之后。英国兵船。勿再前往停泊。该夷亦俯首听从。情词谦顺。并备有覆文。交该道带回。查核词意。与该酋所称。大略相同。查该酋以火轮船。由海道前往舟山。计程不过七日内外。而臣等由陆路行文。动须二十余日。迟速悬殊。前于议定条约。即札行委员常镇道咸龄等。一经接到舟山夷目退交来文。刻即驰往收复。以期迅速。

谕军机大臣等。耆英等奏英夷遵约。即行退还舟山一折。据奏。委员前赴香港。详加开导。该酋听受。甚属驯扰。即日备文。知会驻舟山夷目。即行撤退夷兵。并定于三日内。派船四只。赴该处装载夷兵。驶往印度等语。此时该夷情词谦顺。自不至别生枝节……

闰五月。己亥。浙江巡抚梁宝常。据江苏常镇道咸龄。宁绍台道麟桂。六品顶戴鹿泽长。候补知府陈之骥。署宁波府知府杨钜源会禀。本年四月十二日。接奉钦差大臣耆英札饬。以前在虎门。与德酋续议五条。业经恭折驰奏。现接德酋照会。俟奉到硃批。即饬驻定英官。将舟山缴还。札饬遵照等因。旋据驻定英官悬秘力照会。以钦差大臣与德酋所议五条。已奏奉大皇帝批准。令伊先缴还舟山。其夷兵候拨到火轮船。另有札谕撤退等情。该道等亦奉到钦差大臣耆英札饬。以该酋已订期缴还定海城池。其驻定英兵一千五百余名。俟派齐火轮船四只。分起撤退等语。该道等当于五月十二日。带同署定海同知王丕显。前任石浦同知舒恭受等东渡。行抵定城。士民耆老人等。夹道欢迎。以重睹中国威仪。共深庆幸。该道等宣布皇仁。饬令听候安抚。靡不鼓舞感颂。该道等进城后。与悬秘力接晤。该夷执礼甚恭。即与该道等于十七日。先将城门交还中国看守。并以该国驻定兵丁。共计一千五百余名。分屯城内城外。现在定港抛泊船只。均系货船。不能装载。应候粤省另派兵船到日。再行分起撤退等语。该道等查系实在情形。自应允其所请。先令缴城。再令退兵。惟查城内所驻黑夷。共计二百数十名。城门一经交还。城内地方。即须由中国巡查守卫。而华夷错处。查察较难。随复向悬秘力要约。先撤城内之兵。余再陆续分撤。以期彼此相安。该夷亦即应允。现有已到火轮船一只。先将城内之兵撤退。其城外道头所驻之兵。候续到兵船。分起再退。一面移会署定海镇标中营游击叶炳忠。带领弁兵。驰至定城。于十七日。会同署定海同知王丕显。将城门收回。派拨兵弁。分门巡守。该夷复以数年来夷人埋葬之坟墓。求为查勘立界。禁民刨掘。其与夷人往来。及在夷馆处服役之人。亦求示禁民人。不得藉端诈扰。现到火轮兵船一只。城内夷兵。业已各整归装。不日即可退去。其城外各兵。候船到亦必续退。不致久留。并闻德酋有即日来浙之信。该道等候其到后。即当妥加抚驭。催令速将各兵。尽数撤退。收回全境。另行禀报等情。臣查该酋派船四只拨兵。现到一只。其三只是否他处调拨。抑另有别故耽延。当饬该道等候德酋到定。向其询明。示以静镇。听其陆续撤回……

道光卷七六

(道光二十六年丙午六月)乙亥。浙江巡抚梁宝常。据报英夷公使德酋。于闰五月十四日。乘坐火轮船到定。旋有兵船二只驶到。将大炮铁弹。及一切粗重军械。搬运上船。二十三日。又到兵船一只。装运行李。现已整束完竣。各夷兵赴船住宿。惟德酋于二十四日。带领夷官数人。前赴上海。该道府等。询诸夷目萨位等。据称旬日内即可回定。各兵船一俟德酋由上海转回。即行开驶回国等语。并称德酋回定后。尚须带同夷目。前赴宁郡。察看通商情形各等情。臣查该夷目缴还厅城以后。所有城内城外各处夷兵。先后派到兵船四只。陆续撤退。均系恪遵条约办理。现在各兵船因德酋前赴上海。称俟回定后。再行开驶……

(辛巳)刘韵珂又奏。本年四月间。接准钦差大臣耆英咨会。以合众国壁酋。现因事竣回国。拟即顺道前往五口。查看贸易情形。并各以礼相待等因。当经臣檄饬该管道厅。留心查探。一候该国船只到口。务当善为抚驭。以顺夷情。并行闽浙两藩司。一体转行遵照去后。兹据兴泉永道恒昌。闽海关委员协领噶尔萨等。以该国大小兵船二只。已于五月十一十二等日。先后抵厦。该夷酋壁勒。当至道署谒见。该道等与之接晤。该夷酋执礼甚恭。并称伊等因奉准在五口通商。故由广东之香港起程。前赴厦口查看贸易情形。福州一口。因伊等船只较大。难以行驶。不复再往。现在伊等两船。共带夷兵千名。夷炮一百八门。拟在厦港停泊数日。即前赴舟山上海等处查看等语。该道等款以酒食。相机笼络。该夷酋欢忻鼓舞。感谢回船。嗣于十四十七十八十九等日。该夷酋复与该道等求见数次。情形均极恭顺。惟该夷酋因探悉漳州距厦较近。意欲前往游观。经该道等谕阻。该夷酋亦即中止。旋于二十一日。即将各船开驶出口。并据另禀闰五月十一日。有英国火轮船一只。驶泊厦港。探系德酋乘坐赴定海之船。该酋于是日上岸。前赴夷馆一转。当即回船。于次日开行。并未赴各署求见各等情。具禀前来。至厦门福州两处夷情。现俱照常安谧。贸易情形。亦与从前相埒……

七月。丙戌。协办大学士两广总督耆英。广东巡抚英恩彤奏。接据在浙委员常镇道咸龄等禀称。该道等于五月初七日。接据驻舟山夷目恳秘力来文。约即交还舟山。请往收复。缘连日阻风。未能渡海。该夷目于十二日。用火轮船前来迎接。当即带同委员等东渡。行抵定海。与恳秘力接晤。该夷目执礼甚恭。请于十七日将舟山交还。现驻该处夷兵。俟香港派船到日。即行撤退。该道等当经移会署定海中营游击叶炳忠。带领弁兵。于十七日。会同署同知王丕显。派拨兵役巡守。并分派委员严密稽查。地方甚为安谧。夷情亦极驯扰。兹已到有该国载兵夷船一只。城内黑夷。即可退去。一俟德酋到后。当妥加抚驭。催令速将各兵扫数撤退等情前来。旋接德庇时文称。该酋现已由舟山驶回香港。驻舟山夷兵。于闰五月二十八日。全行撤退……

丁亥。浙江巡抚梁宝常。据江苏常镇道咸龄。宁绍台道麟桂。六品顶戴鹿泽长。候补知府陈之骥。署宁波府知府杨钜源。留浙效力已革石浦同知舒恭受。会禀。该夷等将各处夷兵军械。节次撤退。搬运下船后。随于六月初三日。德酋来至道头。分派各夷船。一律向南洋开去。其余夷酋。或赴宁波。或赴上海。均先后分艅而往……

梁宝常又奏。据咸龄等禀报。六月初五日晚。探有丹麻尔国。即向来通商之花旗国。夷船一只。驶至定海停泊。当据英夷敦士拉。带领该夷船领事士士登岸。与该道等相见。执礼甚恭。声称欲至上海贸易。由本国开船。至广东黄埔地方。签求钦差大臣向上海道饬知。因钦差大臣已赴外郡阅伍。伊船复开往香港。闻德酋来定海交纳舟山。是以驶来。欲德酋转向该道求取信函。带往上海道。代为觅寓等语。该道等核与章程相符。经咸龄缮写书信。加用官封。交给收执。即于初七日。开往北洋而去。又前准钦差大臣耆英咨会。合众国壁酋。顺道赴五口查看贸易情形。应各以礼相待等因。当经檄饬宁波道府遵办去后。嗣据该道府禀报。壁酋乘坐小兵船。于闰五月初七日驶至镇海。换坐内地钓船。驶进宁波。维时该道咸龄。麟柱。俱往定海。经署宁波府杨钜源。与之接晤。执礼甚恭。该府设席款待。该酋极为感悦。即于初八日起程。仍由镇海出口。乘原来兵船。开往南洋而去等情。查花旗合众二国。系在例准五口通商之列。该夷酋士士等。或求书信。往上海贸易。或赴五口查看贸易情形。均与前定章程相符。该道府示以怀柔。办理亦尚妥协。

(戊戌)耆英等又奏。接准两江督臣江苏抚臣来咨。内称据苏松太道禀称。有船户程增龄沙船一只。于五月十六日。在大沙头洋面。被一三桅夷船驶拢。有一白夷过船索银。复又写给夷字一纸。舵工高凤之回覆无银。即被砍毙。随有黑夷二十余人过船。各用刀械。杀伤水手。搬取布匹。将船凿沉。止有水手潘六顺。赖渔船捞救得生。赶回上海呈报。当将夷字交与英国领事巴富尔辨认。据称系属英字。问有湖丝没有字样。并称即令兵船驶去追拿。求给公文。令潘六顺作线同往。该道当以大沙头洋面。系在崇明东北数百里之外。前定章程。英船不准驶到。向其回覆。讵巴富尔总以既系英夷为盗。若不令该国兵船追捕。实无以对中国。即于二十九日。自派该国兵船出口而去。应即照会英酋德庇时。将兵船追回等因。查夷人在洋行劫。从前并无其事。但既据被劫之水手呈报。历历供指。或系亏本夷商。失业水手。纠聚为盗。亦未可定。该领事派拨兵船往捕。据称盗系英夷。若不追捕。即无以对中国。所言尚属近理。惟前定条约。五口以外。英夷兵船不准驶到。未便因系捕盗。致与条约不符。且夷船驶往北洋。即无他故。而沿海未免惊疑。自应行知德酋。查照条约。即速追回。以免日久游奕。至夷盗在洋行劫。难保无内地奸民。勾结附和。必应及早捕拿。而该夷商船盗船骤难辩论。傥有失误。殊于抚夷大局有碍。尤应侦探确切。方可向捕。免滋衅端。业由臣等照会德酋。饬令将该领事巴富尔所拨捕盗兵船。赶紧追回。并飞咨两江督臣江苏抚臣及山东抚臣。查明大沙头洋面。系何营管辖。派拨师船。前往确探盗船踪迹。认真追捕。仍不得妄拿滋衅。至盗船一经严拿。难保不折回南窜。而该夷兵船在洋捕盗。亦难保不乘风北驶。筹虑当求其万全。稽察不嫌于过密。臣等并即飞咨奉天直隶闽浙各省。一体严密防范。以期兵船不致违约远驶。夷盗不至日久滋蔓。

谕军机大臣等。耆英等奏。沙船在洋被夷盗劫取物件。杀伤水手一折。已饬令沿海各将军督抚等。确探严缉矣。此次夷盗肆劫。并给与夷字一纸。虽经德酋辩论。实系英字。该督等仍当确切查明。此项盗船。是否确系夷盗。抑或有洋盗假冒之事。其船现已驶往何处。曾否追获。至该领事所派兵船。自应仍遵条约。即速追回。以免日久游奕。致沿海见而惊疑。该督抚等惟当不动声色。严密防范。认真查拿。毋稍疏懈。是为至要。

丁未。协辨大学士两广总督耆英。广东巡抚黄恩彤奏。据咸龄等禀称。闰五月十四日。德庇时乘坐火轮船与该夷续派兵船三只。先后驶到。夷目恳秘力等。率同城外夷兵一千余名。于二十八及六月初一等日。陆续登舟。初三日一并开行南去。惟尚有英商二人。因存货未销。意图逗留经该道等向德庇时再三理论。该酋始令各商速即迁移。该道等又因舟山系番舶经由之道。恐此后过往夷商。复萌希冀。当令该酋缮写禁止英酋。不准再来定海告示二纸。并据该酋写给上海夷目字单一纸。内称各商不得再来定海等语。均交该道等收存。以为日后万一之备又佛兰西人顾铎德。米利坚人录密士。在定海已届四年。颇有安土重迁之意。经该道等以通商五口之外。非外国人所应托足。向其反覆开导。各夷人遂于六月初二三等日。先后迁往宁波。德庇时带同夷目等。亦于初六日仍坐原船。驶回香港。所有城内城外及沿海各岙。一律肃清等情。禀报前来……

八月。壬申。两江总督壁昌。江苏巡抚李星沅。江南提督尤渤奏。窃臣等承军机大臣密寄。本年六月初四日。奉上谕。赛尚阿等奏。统筹江南全局。密陈设防一折。江南鹅鼻嘴等处。均已严密设防。自可有备无患。惟英夷现于上海县之军功场等处。修建夷馆。宝山县在上海之北。夷船停泊。自当于此二县以内。择地而守。豫筹必胜之计。所有黄浦江贴近闵行镇等处。炮少力单。自应如所奏设法豫备。至黄浦江南通浙江之嘉善县。北通泖湖。赴苏甚便。此地最为紧要。应如何豫运破旧粮艘。及各项破船。临时酌用。以操制胜之权。著壁昌。李星沅。尤渤等密饬各镇。不动声色。总于无事之时。认真操演。悉心筹议。处处皆臻妥善。断不可稍涉张皇。致该因此生疑。至苏州一带。提督相距较远。其抚标兵丁。自当由该抚就近训练。严密防守。无论何时。一经调用。傥有不能得力之处。惟该抚是问。钦此。臣等溯查前督臣耆英筹议善后。奏明上海县城。建于黄浦吴松二江交汇之处。泝黄浦江而上六十里。有闵行镇。为松江府必由之路。泝吴淞江而上二十余里。有野鸡墩。为苏州府必由之路。该二处实为苏州之屏障。应设兵炮以备不虞等因。均经臣壁昌。会同臣尤渤。于善后章程内奏准。筹拨兵炮。建盖卡房炮台。定以界限。不准夷人滥行私入。派兵把守在案。兹复钦奉前因。综核由江入湖大势。并委员详悉密勘。查泖湖系松江府属运道。一望皆水。多浅少深。港汊纷歧。芦苇隐现。近岸并无干土可以安营。沿路并无专驿可以通报。故筹备宜急。而设备甚难。惟查黄浦江过鸦鹊渡内驶。地名斜塘。两口相并。一入泖湖达苏州。一往浙江嘉善县。至吴江。出苏州后。实第一重要险。又由泖湖入淀山湖。地名大拦路口。距苏州省城渐近。实第二重要险。再查泖湖直南地名章练塘。距泖湖仅三里。本元和。吴江。青浦。三县分辖。当黄浦江上游。市镇较宽。水路亦阔。向为提镇前营汛地。额设把总外委各一员。兵丁六十八名。分防九汛。近因查办盗案。正拟移驻文员。并添拨弁兵侦缉。是苏松与泖湖声势联络。呼应较灵。莫便于此。应请于章练塘地方。将提标前营守备移往驻扎。再于五营中抽拨外委一员。额外二员。兵丁一百四十五名。巡哨湖面。并查新阳县县丞。向无分防汛地。事务较简。亦令移驻该处。作为三县水利县丞。将章练塘及泖淀二湖相连地段。划归该员管理。会同武弁。梭织巡逻。仍酌拨千斤上下炮位。妥贮守备署中。听候调用。又泖淀二湖渔船。数以千计。领照采捕。有册可稽。亦由该县丞随时编号报查。与之相习。冀佐兵力所不逮。而以防盗者防夷也。其斜塘口及拦路口。如运旧破粮艘停泊。有事恐难济急。无事亦恐生疑。应即测水鸠工。豫为采运碎石。用竹编篓装载。抛入口门近处。逐层镶裹。指称建闸束水。酌留二丈宽口。以利漕行。仍余碎石。推积两岸。一遇有警。立即装篓抛塞。夷船自难驶入。或俟其驶入。刻速堵彼归路。聚而歼之。至闵行镇贴近黄埔。应于两岸再设大炮十数尊。添兵戍守。设有缓急。迅由提督统带重兵。驻扎西岸。就近饬调青村柘林两营官兵。协守东岸。以备夹击。仍由督抚调派大员。带兵驻近斜塘。及野鸡墩各隘口。相机办理。如何出奇制胜。前后兜剿。要在因时设伏。示以不测。未能先事备陈。现在章练塘一处。添设员弁兵炮。则以巡查土匪为由。斜塘口等处。采办碎石镶裹。则以修复水利为由。断不敢稍涉张皇。致滋该夷疑虑。至苏州根本重地。距松江二百余里。抚标额兵六百余名。合之城守营兵。除分防各汛外。止存城九百余名。兵力颇形单弱。臣李星沅到任后。即经严饬将备。振刷积疲。认真操演。似可望有起色。随查军需案内。制造抬炮鸟枪喷筒等物。多至数百件。以及火药铅丸。收藏既久。徒虞糜费。饬令两营派兵打磨烘洗。按期轮流演试。勿任锈涩。以慎军储。

丁丑。浙江巡抚梁宝常奏。据委员江苏常镇道咸龄等禀称。该道等自抵定以来。体察民情。相度地势。并参酌道光二十一年善后案内章程。公同筹画。及夷人退去以后。复又周历勘验。于一厅形势。悉皆详览。酌议章程十条。呈核等情。由藩司存兴。臬司李仑通。署运司黄乐之。会详请奏前来。臣复加查核……并将酌议善后章程十条。分晰开列清单。恭呈御览。

……

一沈岙司巡检。应移驻道头地方。以资稽察也。查沈岙司巡检。向驻厅属沈家门地方。嗣因衙署坍废。且该处地僻民稀。并无查办事件。遂至定海城外居住。仍于每年冬令渔汛时。赴沈家门巡察一次。兹查沈家门。委系地僻民稀。无庸设官。其厅城南门外道头地方。滨临大海。为各国夷船。及各省商船往来必由之处。若遇守风守水。亦多在此停泊。难保无偷漏税货情事。定海厅住在城内。恐耳目不能遍及。应将沈岙司改为道头司。在道头创建衙署。驻彼稽察。如有奸商与夷人私相交易。偷漏税货情事。即行具禀定海厅。及宁绍台道查办。其该巡检衙署。自坍废后。租给民间种作。每年征收地租解司。应照旧办理。

……

一小竹山。莫家山。青垒头等处。应添设炮台。以免疏虞也。查定海虽孤悬海中。而东西北三面。俱有重山环抱。惟南面滨临大海。左山名青垒头。右山名晓峰岭。岭下为小竹山。与小竹山相并者为莫家山。小竹山之东南曰吉祥门。西曰螺头门。凡船只至定海者。皆须由两门而入。然后泊舟登岸。是该处实为扼要之所。急应设守。所有小竹山嘴炮台。应照旧建设。庶左可以击吉祥门。右可以击螺头门。使敌舟不能驶入。惟该处洋面辽阔。设敌舟来者较多。炮火不能遍击。自应严加防范。查莫家山下。系属民田。田外有土埂一道。计长八十余丈。系由小竹山登晓峰岭之路。埂外即系大洋。应将土埂培宽。叠以块石。添设炮台一座。筑砌土垛。多安炮位。庶与小竹山嘴炮台。声势连接。则晓峰岭可以保护矣。至青垒头山势绵长。对港岛屿。即小渠山。小渠山之东。名曰斗六门。矗立洪涛巨浸之中。船只均可出入。土城之炮。或相距较远。或为青垒头所隔。不能击及。应于青垒头山脚。就山之形势。添设炮台一座。以卫东隅。如此则三面有备。定海可资保障矣。

一船只炮位。应分别制造。以应缉捕而供防剿也。查定海镇标额设米艇五只。同安钓杠等船四十二只。钓船三十只。共船七十七只。二十一年善后案内。以洋面追捕盗贼。惟米艇最为便捷。同安船已不甚得力。若钓杠等船。则只为内洋哨探之用。议将镇标额设同安船。俟折造之年一律改为米艇。其钓船酌留六只。余俱裁去。改为米艇七只等因。经部议准。旋又失守。现止有前次拨给之同安梭七只。并甫议补造尚未兴办之米艇五只。不敷应用。近来洋面盗劫频闻。需船甚急。应移咨提镇。督饬熟悉水师之员。查明洋面。核计定标实在需用船数。查照旧章。归厂制造。以资缉捕。至炮位为防御要需。现在议请修造之土城炮城及各炮台。均须安设炮位。约需三千斤至六千斤之炮一百数十门。将来船只造成。亦须配给一二千斤至数百斤之炮数十门。又炮位既经铸造。炮弹亦应制备。所有费用。即在浙省盐商捐输军需款内。分案奏明动支。如有不敷。再行筹办。

梁宝常又奏。前准钦差大臣耆英咨会。接据英吉利德酋来文。宁波领事罗伯聃告病。调派厦门领事署理等因。当经转行宁波道府知照去后。兹据署鄞县知县毕承昭禀报。英夷新领事琐离定于七月二十三日。由厦门乘坐二桅夷船来宁。罗伯聃于七月二十四日病故等情。伏查英夷领事之人。惟马礼逊罗伯聃二名。盘踞最久。情形俱极狡谲。今俱天夺其魄。接踵而亡。现在新领事琐离定。甫经到甬。已饬该管道府查照条约。妥为抚驭。以示羁縻。又据宁绍台道麟桂禀称。据署定海厅同知王丕显禀报。六月二十九日。有佛兰西国兵船三只。驶泊蟹屿洋面。当即往查。即据通事郭奥斯定。领同该国总兵官康德。管事夷目夥尔加助。赍带伊国主帅督兵官谢西耳名帖。来署求见。该员以礼相待。康德等情词欢悦。据称由香港来。因船内缺少食物淡水。在此停泊。俟水物购齐。风色顺利。即须他往。查看贸易等语。该员即亲往泊船处所。查看夷船。每只装炮三四十门不等。约计夷兵百数十人。当与夷酋谢西耳等接晤。该夷接礼甚恭。据称买物取水。在洋抛泊。似属可信等情。臣查佛兰西。系例准在五口通商之内。今因兵船缺少食物。暂泊舟山。虽与成约相符。惟当英夷甫退。难保居民不妄生猜疑。必须加意防闲。维时新任同知傅延焘。由省起程赴任。臣当面谕以务示静镇。并妥为照料。勿任逗留去后。兹据道听禀报。该夷甚为感戴。先于七月十七日开去二只。十八日又开去一只。均向南洋行驶。地方悉臻安谧。

己卯。浙江巡抚梁宝常奏。窃臣承准军机大臣字寄。本年七月十五日。奉上谕。耆英等奏沙船在洋被夷船劫取物件。杀伤水手。英酋派船追捕。现已饬令赶紧追加一折。夷盗在洋行劫。难保无内地奸民勾结附和。必应及早捕拿。而商盗骤难辨认。尤应确切侦探。实力捕获。著该将军督抚等饬属不动声色。确探盗船踪迹。认真追捕。一面仍严密防范等因。钦此。伏查此案。前准钦差大臣耆英知会。当以夷盗在洋行劫。难保无内地奸民勾结附和。而外夷船只。在洋行驶。良莠骤难辨别。查缉稍或失宜。恐致别生枝节。即经谆饬巡洋水师。沿海营县。慎密查探。确切堵拿。如遇该夷派出捕盗兵船到境。谕令迅速回帆。不任日久游奕。致启沿海惊疑。旋接耆英咨会。准江苏督抚臣咨。该夷捕盗兵船。业已折回。于闰五月十一日进口。仍停浦江。尚为守约等因。兹钦奉前因。复移行提镇将备。并密札沿海营县。务须不动声色。确探该夷盗船踪迹。认真追捕。断不容稍有舛错。致商船与盗船辨认不清。妄拿肇衅。

谕军机大臣等。本日据梁宝常奏。遵旨密捕夷盗。并英夷追捕兵船。折回上海一折。该夷捕盗兵船。业已折回上海。尚属守约。惟夷次在洋行劫。果能辨认明确。自应知会广东。交该酋自行办理。内地奸民。难保不装点夷船式样。巧避查拿。任意在洋游奕。该管营县等。即明知并非夷船。又恐一经误拿。夷人有所藉口。致启衅端。因而相率因循。不肯认真查究。洋盗等窥破此意。益复毫无畏忌。恣情劫掠。又安望盗风日息。海宇肃清耶……

辛巳。两江总督壁昌。江苏巡抚李星沅奏。窃臣等承准军机大臣字寄。本年七月十五日。奉上谕。耆英奏沙船在洋被夷盗劫取物件。杀伤水手一折。是否确系夷盗。抑有洋盗假冒之事。该督抚等惟当不动声色。严密防范。认真查拿。勿稍疏懈等因。钦此。伏查本年五月间。据苏松太道宫慕久禀。有程增龄沙船水手潘六顺报称。在大沙头洋面。被夷船抢劫。伤毙水手。凿沉船只。伊遇渔船救回。并呈出夷盗索银时给有夷字一纸。当即讯供。将夷字令该领事巴富尔辨认。系属英国字迹。是问其船上有湖丝没有的话。并据巴富尔云。该国向有盗船。上年英国货船。亦曾在洋被劫。请令该国兵船。带同潘六顺作线往拿。该道谕以大沙头洋面。系在佘山东北数百里外。非夷船应到之地。无庸前往。巴富尔复云。既系英国盗船。若不令兵船追捕。实无以对中国。因即派该国兵船。带同潘六顺。于二十九日。驶出外洋而去等情。臣等窃以江南洋面。向虽未闻夷盗行劫之事。然自通商以来。商夷船只。往来如织。安知非夷船失业水手。与浙广游民。勾结为匪。冒充夷盗。俱未可定。巴富尔所称。盗系英夷。若不追捕。无以对中国。其言尚知信义。惟英船行驶甚速。沙头洋面辽阔。恐沿海居民。见而生疑。且与前定条约不符。即当密饬沿海镇营州县。严查确探。迅速截回。一面飞咨山东巡抚。一体饬查。并咨请钦差大臣耆英。照会德酋。转饬该国兵船。仍回上海。勿任驶入北洋。致违前议。嗣据宫慕久禀。据巴富尔来文。该国捕盗兵船。已于闰五月十一日进口。并经讯据随同作线之潘六顺供称。英船出口后。由汇头东驶至佘山东。约二百里。至黑水洋面寄碇。未见夷人盗船。旋即回棹各等情。据此。除将程增龄失事一案。查明管辖洋面营汛。勒限饬缉。并饬知英夷领事巴富尔。查禁该夷船只。勿任北驶。以符前约外。复经咨请钦差大臣耆英。照会德酋。严查该夷盗船。窜往何处。务护究办。仍密饬狼山福山二镇。及沿海州县。随时留心查探。严密防范。数月以来。节据禀报查询进口各商船。均未见有夷盗船踪。亦未闻续有失事。惟盗踪出没靡常。大洋之中。乘风往来。商船盗船。骤难辨认。五口既通贸易。难保无夷商亏本。穷而为盗。设有沿海奸徒。勾引肆劫。为害商旅。于海疆大有关系……

道光卷七七

(道光二十六年丙午)十一月。庚子。闽浙总督刘韵珂。福建巡抚郑祖琛奏。窃照琉球国王尚育遣正使耳目官向元模。副使正议大夫梁必达等。恭进本年例贡。业已航海抵闽。现经臣等另折奏报。并委员伴送该贡使等起程赴京。兹据福建藩司徐继畲详。据琉球国正使王舅毛增光。副使正议大夫梁学孔等称。本年国王遣向元模等恭进贡品来闽。另给文二角。饬令光等附搭贡船。亲赍投送。又上年该国接贡船只内渡。亦有咨文二角。交给呈投。兹查前船尚未到闽。想系遭风漂泊他处。合将光等所带底稿。照录一分。同奉给咨文。一并缴送察办等情。该司随将该使臣等录呈稿底二件。先行查阅。均系道光二十五年。八月初四日所发。一称佛兰西国前留该国之执事夥尔加助。通事粤五思旦。二人。至今未见撤回。一称英吉利国战船。于道光二十三年。并二十五年五七等月。四次驶至该国。量地探水。并有福州领事李太郭。送给留闽通事魏学贤文凭一纸。内称英国战船往来。毋庸惧怕等语。该国王因英夷存心难测。恐日后再来滋事。咨请转详办理各等情。该司又将咨文二角。逐一拆阅。一系道光二十六年。八月十四日所发。内称本年四月初五日。有英吉利船一只到来。带有医士伯德令携眷上岸。逗留不去。现在该国设局疗病。又四月初七五月十二等日。有佛兰西国总兵摄蓝。黎峨。元帅瑟西尔。分坐三船。先后驶至。据瑟西尔。启称欲与该国结好。以做生意。该国王辞以国小民贫。不能与他国结好交易。瑟西尔。将原留该国之执事夥尔加助等带回。别留伯多禄一人。在彼居住。闰五月十八日。佛国又有色玩尔坐船一只。驶至该国大岭村洋面。遭风搁礁。经该国王发料修补。旋与摄蓝等三船先后开行。七月二十五日。黎峨之船又来。带有瑟西尔书启。称伯多禄孤居不便。再留亚臬德陪伴同居。该国王婉词不允。愁虑无计。咨请转详具题。使英国接取伯德令归国。佛国接取伯多禄等回国。并罢其结好交易之心。以期永久相安。又一件。系道光二十六年。九月初二日所发。内称本年八月二十四日。英国水师提督郭季伦。坐驾兵船三只到来。欲与该国王面会。该国王辞之。欲令将伯德令带回。据称非其所知。不便带回。随于二十七二十九等日。先后开去。曾问通事云伯德令系耶妈你国人。但与英人往来不绝。久为淹留。恐滋国家之患。并据该使臣毛增光等。于验贡后。在该藩司处呈递密禀缕述前情。并称佛国留住之人。动辄殴辱该国民人。该国王日夜忧心。嘱该使臣等密禀藩司。转详各等情。具详前来。臣等伏查道光二十四年秋间。琉球国王因佛兰西兵船驶至该国。强留执事夥尔加助。通事粤五思旦。二人。在彼居住。并讽以结好传教。该国王坚辞不允。备咨藩司。恳请转详臣刘韵珂。会同前抚臣刘鸿翱奏蒙谕旨。敕交钦差大臣耆英。妥为查办。当即行司。转咨该国王知照。嗣准耆英以现接佛酋剌萼尼照会。此事系谢西耳所办。谢西耳因夥尔加助等。本系兵船带往。俟兵船到东洋时。顺便接回等因。咨覆在案。兹接该国王来文。佛夷瑟西尔。虽于本年五月。乘坐兵船。驶至该国。将前留执事夥尔加助等。一并撤回。第又另易伯多禄。亚臬德。二人。在彼居住。并仍讽以结好通商。其意殊难揣测。且英吉利船只。自二十二年以后。屡至该国探水量地。并令伯德令携带眷口。逗留该国。设局行医。更不知意欲何为。究竟佛英两国。果否欲与该国结好通商。抑仍欲广传其教。或竟心怀叵测。现虽不克悉其底蕴。第念琉球于外洋诸国中。臣服天朝。最为恭顺。且该国本属蕞尔荒岛。著名贫瘠。其国中衣食所需。率皆仰资他国。该国王所称。不能与佛英各国。结好通商。不特恪守臣节。兼系实在情形。乃佛英两国。兵船连年驶往。并各指使国人。侨寓琉球。逗留不去。致令该国王惊疑危惧。呼签频仍。臣等又何敢壅于上闻。致负我皇上优恤外藩怀柔远人之至意。惟现在闽省并无佛国人船。英国虽有领事寄寓省垣。而该领事止管福州贸易。别事非其所司。此时臣等即向该领事设法劝导。该领事亦必以事非专主。婉言推卸。于事仍属无济。自应仍咨两广督臣。向佛英两酋。设法劝谕。俾琉球得免惊扰以示体恤。

谕军机大臣等。刘韵珂等奏。潘司接准球国王密咨。关涉夷务。现咨两广督臣。相机妥为劝谕一折。前年秋间。佛兰西兵船。驶至琉球。强留执事夥尔加助等。在彼居住。曾降旨令耆英妥为查办。本年五月。已据该酋将前留执事夥尔加助等。一并撤回。又另易伯多禄。亚臬德。二人。在彼居住。并仍讽以结好通商。其意殊难揣测。且英吉利船只。自二十三年以后。屡至该国。探水量地。并令伯德令携眷逗留该国。设局行医。更不知意欲何为。惟念琉球臣服天朝。最为恭顺。且素称贫瘠。佛英二国。不值与之结好通商。况该二国既与天朝和好。即不应扰我属国。著耆英等接奉此旨。即向佛英各酋。曲加劝导。晓以成约之不可违。谕以小利之无可取。务使各将兵船。及侨寓人等。悉数撤去。以免惊疑而符定约。是为至要。原折著钞给阅看。

(十二月辛未)闽浙总督刘韵珂奏。臣于十一月初一日。在同安途次。接据兴泉永道恒昌。海关委员协领都尔逊等禀称。本年十月十九日。有英夷德滴。配坐西班牙即大吕宋国货船抵厦。正在前往查看间。即据德滴来署求谒。该道等与之接晤。该夷官极为恭顺。并称伊系英吉利人。向在西班牙国贸易。兹西班牙国。因奉准在五口通商。是以托伊来厦。充作该国领事官。伊欲在厦租住民房。作为番馆等语。该道等当以海关左近有吴姓空房一所。本系英吉利国领事记里布租住。嗣记里布搬至番馆。即将是屋退还。现在德滴。既欲租房居住。自可仍旧议租。德滴。感谢出署。向吴姓议明。查照记里布租住旧章。每年付给租价番银四百圆。吴姓应允。德滴。当即搬入居住。又英吉利带兵官耽甚。向带兵船往来五口。查看马头。现因耽甚回粤。经接任官格勒幅另带兵船一只。配载夷兵一百三十名。于十月二十日。来厦更代。该道等连日前往侦察。该领事官德滴。与带兵官格勒幅。均甚驯谨等情。具禀前来。臣查五口俱准各国通商。英吉利既有领事驻居各口。办理税务。即难禁他国之不派领事。且西班牙即大吕宋国。在厦贸易商船。现亦不少。若不设立领事。转恐散漫无稽。兹该国即令德滴。充作领事来厦。非惟诸事有所责成。并可藉以弹压。自应准其居住。至英夷在五口通商。原准其配带兵船一只。往来各口。该夷官格勒幅。因带兵官耽甚回粤。故另带兵船前来接代。亦与原约相符。当经批饬遵办。并咨钦差大臣耆英查照去后。嗣于十一月初五日。行抵厦门……

(道光二十七年丁未正月)己亥。闽浙总督刘韵珂奏。臣等承准军机大臣字寄。本年八月二十七日。奉上谕。本日据梁宝常奏。遵旨密捕夷盗。并英夷追捕兵船。折回上海一折。该夷捕盗兵船。业已折回上海。尚属守约。惟夷盗在洋行劫。果能辨认明确。自应知会广东。交该酋自行办理。至内地奸民。难保不装点夷船式样。巧避查拿。任意在洋游奕。该管营县等。即明知并非夷船。又恐一经误拿。夷人有所藉口。致启衅端。因而相率因循。不肯认真查究。该洋盗等窥破此意。益复毫无畏忌。恣情劫掠。又安望盗风日息。海宇肃清耶。著各该督抚等悉心筹度。应如何不动声色。详细辨认。不使奸民得以伪托。庶查拿确有把握。固不得稍有舛错。尤不得任听营县。巧为推卸。方为妥善。钦此伏查人情变幻百出。匪徒狡诈多端。现在江省洋面。既有夷盗行劫之事。则内地奸民诚如圣谕。难保不装点夷船式样。巧避查拿。在洋游奕。惟查夷船与华民船只。判然各别不特船身材料。均系番木。内地所无。即船内蓬索桅舵龙骨等项。亦非内地匠工所能制造。纵使奸民巧为摹仿。断不能一一逼肖。况夷人发肤面目。迥不同于民人。即谓船只可以仿造。而人之是否假冒。总难掩饰。各省巡洋舟师。果能认真查缉。不但近接之时。易于识认。即在远处了望。亦无难辨别真伪是奸民伪托夷船。在洋伺劫。不患辨之不明。特患捕之不力。臣等现已严饬沿海营县。及巡洋舟师。钦遵谕旨。不动声色。详细辩论。严密侦捕。固不得稍涉卤莽。致令夷人有所藉口。亦不得因虑及夷人藉口。遂各相率因循。置真正洋盗。及伪托匪船于不问。

硃批。所议甚好。认真督办。

二月。庚申。协办大学士两广总督兼署广东巡抚耆英奏。承准军机大臣字寄。道光二十六年。十二月二十五日。奉上谕。前据刘韵珂等奏。藩司接准琉球国密咨。以佛英二国。各令执事人等。逗留该国。并有设局行医等情。曾降旨令耆英曲加劝导。务释猜疑……遵查佛英二夷。执事人等。逗留琉球。前经备文照会各酋。谕令撤回。兹接据谢西耳来文。内称伊前与兵船三只。先后驶至琉球地方。意欲琉球国王结好通商经琉球国王遣员与伊面议。一一熟筹。究竟该国贫薄。不能与佛兰西兴旺贸易。且系天朝属国。亦不能与别国结好。伊已许将情形。寄知佛兰西国主。订准一年内有回文。留伯多禄等二人在彼。实为听候回文。以便翻译。其递送回文之船。即将所留二人载去。定不食言。安用惊疑等情。查琉球地方贫瘠。力难与佛兰西贸易。该酋既洞悉情形。谅不至复生觊觎。所称将情形寄知国主。留伯多禄等等候翻译回文。其言尚未可尽信。但坚称俟一年内覆文到日。即将二人载去。且该酋前在琉球。业与其国官员觌面订明。似可不致反覆。至英夷所留之伯德令一名。前虽藉词推宕。惟佛英事同一律。今佛夷既肯将所留之伯多禄等订期载归。即可援照佛酋来文。再向英酋晓谕。以期渐有转圜。

硃批。相机妥为之。

丁丑。闽浙总督臣刘韵珂奏。道光二十六年。十二月二十六日。据驻福英吉利国领事若逊申称。本月二十六日。准厦门领事移知英国甲讷来阿弥格商船二号。在泉州洋面被盗攻击。并杀死两船水手三十余名。揣疑盗迹。系广东渔船等情。转申到臣。当查该国商船。系于何日在泉州何处洋面被劫。厦门领事曾否赴该管文武衙门具报。均未据明晰声叙。随经檄饬兴泉永道确查禀覆。旋据该道恒昌等。禀称道光二十六年。十二月二十二日。风闻晋江县属之深沪洋面。有夷船被劫之事。正在密饬查拿间。即据驻厦英夷领事列敦照会。本月二十日傍晚。有客勒稜阿米客二桅货船两只。停泊深沪洋面。戌刻。突有澳门大捕鱼船二只。每只乘坐四十余人。驶近货船。分头攻击。客勒稜船主旃白冷。同伙长水手人等共十六名。均跳落小杉板船逃避。因船小沉溺。当被盗匪殴毙。尚有一人带伤落舱。阿米客船主默佛冷。同水手人等。约共十五人。亦被盗杀无踪。现在客勒稜船。业已有信。阿米客船。尚无下落。求为查拿等由。该道等当即禀请水师提臣窦振彪。派委员弁。督同兵役。星夜出洋。查无盗船踪迹。惟二十三日。驶至峿屿洋面。查获客勒稜夷船一只。业经存船水手雇人管驾。该领事目睹该道等选派员役。分头查拿。极称感谢。至客勒稜即甲讷来。阿米客即阿弥格。因土音不同。以致翻译互异。除再移行沿海营县。确查阿米客船只下落。并打捞各夷尸。及查获是案逸盗。务获根究外。合先禀报等情。查盗匪在洋劫掳。本为商旅之害兹复行劫夷艅。并杀死多夷。情节尤凶。若不严拿惩办。窃恐匪胆日炽群起效尤。将来内地商船。亦同遭劫掠贻害海疆。殊非浅鲜。惟阿米客夷船。现既查无下落是否于被劫后。业已驶回广东。该领事列敦所称澳门大捕鱼船。究系凭何识认。当日夷船寄泊海洋。该盗匪等如何拢劫。以及被劫系何货物。两船水手人等。实共若干。内已死若干。未死若干。期已死者是否均死于溺。抑死于伤。此时盗虽未获。而客勒稜船上。既据该领事列敦声明。尚有一人带伤落舱。则带伤之夷。当知备细。应先讯取供情以昭核实该夷船被劫。时值昏夜。即该管舟师游巡不定。亦属了望不明。第辖洋既已失事。究属失于防范。咎已难辞。随复批饬该道遵照查讯。并檄行金门镇。查明专协八总各巡洋员弁。先行摘顶棍责。仍照例勒限缉拿去后。又据该道等以当日客勒稜等二船。寄泊深沪洋面。查有蝦蛄艇船二只。同泊一处。迨夷船被劫后。该二船即行开驶。并闻此项船只。多系广东香山县民人所制。水手素称强悍。向在闽粤等省。载送客货。客勒稜等船只。是否即系蝦蛄艇船行劫。应俟获犯后。讯明究办。至客勒稜船上受伤夷人。询之领事列敦。据称该夷人受伤甚重。言语含糊。现须避风。未便送讯。并称阿米客船。业经住厦英商丝步送回香港。客勒稜船。亦已驶回等情。禀覆前来。臣查此次行劫情形。既据该道等查明夷船被劫之时。有广东蝦蛄艇船同泊一处。而夷领事列敦照会内。又指明澳门渔船所劫。是当时同泊之蝦蛄艇船。难保非即劫杀夷商之盗艘。除飞速咨行闽省水师。合力搜捕。并飞咨钦差大臣暨江南浙江各督抚臣。一体严饬舟师堵缉。仍饬该道俟落舱夷人伤痕痊愈。即查照前情。讯取确供。禀送查核。一面移行沿海营县。赶紧打捞各夷尸。送交厦门夷领事收领并严拿是案正盗。务获究办。

谕内阁。刘韵珂奏。洋盗劫杀夷商。现已咨行一体严拿。并将巡洋员弁。先行摘顶棍责一折。盗匪在洋劫掳。本为商旅之害。兹复行劫夷艅。杀死夷人多名。情节尤属凶残必应严拿惩办。据奏现已飞咨闽省水师。既广东江南浙江各督抚。一体堵缉。仍著刘韵珂督饬员弁。协力搜捕此案正盗。务获究办。如限满无获。即行从严恭办。不得因劫系夷船。少存歧视。以靖洋面而安商旅。

三月。丙戌。穆特恩。耆英。官文奏……本年正月。有夷人数名。赴距省四十里之佛山镇闲游复被该镇聚焦多人。用石殴击。经官兵救护送出。始免受伤。旋据地方官禀报。正在查办间。讵该夷酋德庇时。带同火轮船二只。划艇三板二十余只。夷兵一千余名。于二月十八日。突入省河。在十三行湾泊。时值提臣赖恩爵巡洋公出。沿途各炮台因粤省系通商马头。夷船出入。事所恒有。且该夷就抚以后。毫无衅隙。猝不及防。亦不便开炮轰击。以致该夷兵肆行无忌。间有爬上炮台。将炮眼钉塞。臣耆英因夷情叵测势甚猖獗。一面会同臣穆特恩。臣官文。调集满汉绿营官兵。及社学壮勇。将防堵守城各事宜。迅速布置。一面派委署肇罗道赵长龄。在籍道员潘仕成。修补知府铜麟。即补同知宁立悌督标中军副将崑寿。前往夷船。探其来意。该夷目等惟以华民欺凌夷人。官不拿办。求为伸究。并称欲前往佛山镇向居民滋扰泄忿。迨该委员等向其逐层驳诘。该夷目等无理可说。则以另有要事。必须臣耆英出城。与德酋面议等语。臣以佛山夷民互斗。事属细微。且官兵救护。并未受伤。只可由官查究。该夷何得前往私行报复。抑或其中另有别情。自应亲往面见该酋。查询明确。以便相机酌办。当于十九日。带同委员黄恩彤。赵长龄。潘仕成等。前赴夷楼。面见德庇时。先责以负约之非次询其称兵之故。据该酋声称。伊等自五口通商。所有福州上海等处。俱准进城。惟广州屡求不允。非惟进城之夷人被炮受伤。即城外市镇闲游之夷人。亦不免任意欺辱。且洋行前两园中间。搭一过桥。亦不可得。受侮难甘。是以带兵来省。欲往佛山。与粤民较论。并请即行进城。赴臣耆英署内回拜。如不依允。伊即带兵闯入。其言甚为愤激。叠加开导。该酋佛山之行。尚可中止。而进城之请。意殊坚执。臣查夷人进城。不过以入署见官为荣。尚非别有他志。即如福州等处。俱准进城。数年以来。并未滋扰。是其明证。若不准进城。则深以为辱。无如粤民过存轻视。屡向聚殴。该夷偶有所求。如租地建房等细事。亦复率众阻挠。地方官以民为本。又未便重舆情。曲徇该夷所请。臣数年以来。与前抚臣黄恩彤。于民夷交涉事件。斟酌调停。实已智尽能索。而不意犹有今日之变。抚衷愧怍。无地自容。除会同臣穆特恩。臣官文。将一切防守事宜。妥为办理。既不得过事张皇。致开兵衅尤不可稍存疏懈。误堕奸谋。并率同司道。督饬文武。将地方保卫弹压。镇静筹办。免致期待乘间窃发。良民因而惊扰。一面督同各委员。向夷酋相机驾驭。先阻其滋扰佛山再将进城一节。体察酌办。

谕军机大臣等。耆英等奏。夷船突入省河。坚请进城。现在防堵酌办情形一折。英酋藉词夷人被华民欺凌之嫌。辄带领兵船。突入省河。在十三行湾泊。并令夷兵潜上炮台。钉塞炮眼。先经委员探询。该督复前往面见。据该酋声称。欲往佛山与华民较论。并坚请即行进城等语。该夷遵守成约。迩来颇为安静。此次所请。殊为意料所不及。抑或另有他故至进城一节。本属无关轻重。该督等惟当一面督饬文武员弁迅速布置。严密防堵。一面向该酋剀切晓谕。相机妥筹。固不可过事张皇尤不可稍形疏懈。

己丑。协办大学士两广总督兼署广东巡抚耆英奏。连日督同印委各员社学绅士。调派兵勇。防堵要隘一面向夷酋晓谕利害。刚柔叠施。该夷酋虽无理可说。总以屡受粤民欺侮。情难甘服为辞。不肯将兵船退出。其坚求不已者。尤在究办佛山殴逐夷人之华民。及准伊等进省城二事。臣查佛山距省城不远。一水可通。该夷偶尔登岸游眺。事甚微细。该民人辄即聚众殴逐。本属过当。若不酌为拿办数人。非惟无以服该夷之心。且恐犬羊之辈。逞忿前往滋扰。必致贻害地方。随饬委准升罗定州知州史朴。星夜驰往佛山镇。会同该管文武。将当日在场哄闹之匪徒。关亚言。谭亚善。张亚红。查出拿获。解省讯明。照不应重律。均予杖责。一面照会夷酋。释其嫌怨。至进城一节。最为粤民之所不愿。若遽行允准。必滋事端。加以峻拒。则该酋等援福州上海等处为例。藉口狡辩。实难折服。迨谕以舆情不洽。众怨难犯。则称伊等正欲进城。与广州绅民讲理。毫不知惧。叠经委员于拒绝之中。婉为开导。该酋始称既不准即行进城。请为明定日期。方昭确实。臣以夷性躁急。激之则立致忿争。缓之尚可徐图控驭当与同城司道等及绅士。公同熟商。复委员出城。与之详议。该酋业经允服。其余所请各款。均系租地建房等事。已为按照条约。次第妥办。

谕军机大臣等。耆英奏。夷情渐已就范。兵船陆续退出。现仍督率文武。镇静防备一折。览奏均悉。此次该夷突入省河。其坚求不已者。尤在究办佛山殴逐夷人之华民。及准伊等进省城二事。该督现已委员驰往佛山。将当日在场哄闹之匪徒关亚言等拿获惩办自可释其嫌怨。其进城一节。亦即委员反覆开导。宽其日期。徐图控驭其余所请租地建房等事。均经按照条约。次第妥办。现在夷船陆续退出。所办甚属妥速……

戊戌。广州将军穆特恩。协办大学士两广总督兼署广东巡抚耆英。广州汉军副都统官文奏。此次夷酋带兵骤至。初甚叵测。迨经往返辩论。缓订进城日期。薄惩佛山匪徒。其租地建房等事。均许为按照条约。委员查明酌办。该酋无可置喙。所带中号火轮船二只。装载夷兵三号夷船一只。三板夷船数只。均停泊十三行马头河面。尚未登岸滋事。臣等一面调派兵勇。防守要隘。仍督率将弁。持以镇静。城门照常启闭。居民铺户。均谕令安堵无恐。并于城厢内外。添委妥员。严密稽查。一有土匪乘机窃发。立即弹压驱逐。数日以来。尚不致惊扰。别生事端。现在夷兵全行退去。省垣安静如常。

谕军机大臣等。耆英等奏。夷船一律退出虎门。省城安静如常一折。览奏均悉。此次夷船突入省河。所带夷兵只千余名。若以粤省兵勇之众。调齐攻击。亦何难聚而歼旃。惟夷性阴险。以后时图报复。势将兵连祸结。延及各省。转增滋蔓难图之虑。此时该夷兵船。既已归退夷巢。原不妨姑为息事安民之计。惟犬羊反覆无常。难保不归巢以后。又复别生事端不可不于安静无事之时。豫为防范……

道光卷七八

道光二十七年。丁未。五月。己亥。协办大学士两广总督耆英。广东水师提督赖恩爵奏。此次夷船驶入省河。虎门各炮台疏于防范情形。前经臣等饬查去后。旋据署水师提标中军参将张玉堂。署水师提标右营游击郑荣高禀称。查得英夷火轮船。由香港至省。往来寄碇。向不拦截。讵本年二月十七日巳刻。该国火轮船三只。划艇数只。驶入虎门海口。该夷人随带竹梯。坐驾划艇。直到上下横档炮台。并镇远炮台海边。各守台官兵。见其人势凶猛。闭门拦阻。该夷人携带钉锤。负梯登岸。爬上炮台。乘机将炮眼钉塞。各守台官兵。因事起仓猝。既不可任其钉炮。致有不测。尤未便登时击杀。酿生事端。只得开门劝遂出去。该夷人即蜂拥回船。驾驶进口。所钉炮眼。业经随时将钉拔起。炮位仍旧堪用。并无损坏等情前来。臣赖恩爵先在洋次。闻报赶回。即亲赴各台。将所钉各炮。逐一勘验。并配药进子。点放实堪适用。确查当日各台情节。核与所禀相同。伏思虎门设立炮台。分派弁兵驻守。一有疏失。罪即难追。本应从严参处。以示征儆。惟念粤省为各国通商总汇。虎门海口。夷船出入。事所恒有。该夷就抚以后。毫无衅隙。其次爬上炮台。钉塞炮眼。实非意料所及。该守台弁兵等。既不敢任其损坏。又未便向其轰击。势出两难。系属实在情形。总缘臣等未能豫为筹及。而一时事起仓猝。臣耆英远在省垣。臣赖恩爵巡洋外出。鞭长莫及。又未能指授机宜。抚衷自省。实属咎无可辞。应请旨将臣等交部严加议处。以昭炯戒……惟查虎门海口。为夷船出入咽喉要道。所有炮台一十四座。每炮配兵二名。共配兵一千二百余名。合计似觉其多。分布各台。实形其少。又省河一带炮台共二十二座。配兵多者五六十名。少者仅三二十名。亦不足以资防御。兹臣等拟即察看情形。分别最要次要。匀拟弁兵。分驻防守。务期形势不致单弱。缓急得有所恃。惟该弁兵。常川驻守炮台。额给粮饷。实不足以糊口。虽虎门各台兵丁。于道光二十五年。经司道详定。每年六七八九四个月。每兵每月增给银四钱。为数既属无多。又不能周年支领。殊不足以示体恤。均须筹款添给。方免枵腹从公。又省城地方。内外两城。形势宽阔。五方杂处。既防外夷之窥伺。尤防内匪之潜伏。弹压巡防。兵力必须稍厚。查内城除旗营驻防兵丁外。抚标左右二营。仅额兵一千六百八十余名。广协左右二营。共兵二千二百五十余名。分派炮台城门仓库监狱汛地。以及各项差使。仅敷应用。遇有缓急。实难调度。至督标六营。共额兵四千四百五十余名。在省驻防仅四百名。其余均驻肇庆。猝遇有事。尤难一呼而集。兹臣等拟在肇庆各营兵丁内。添调六百名。驻扎省城。以备巡防弹压。既可就近亲加操演。亦可稍壮兵威。似为目前要务。惟屯扎地方。添盖兵房。以及日给口粮。往来更换船只等项。所费亦复不少。尚须妥筹……

壬辰。浙江巡抚梁宝常奏。臣回任后。三月以来。探报夷情恭顺如故。其宁波通商之夷船。有自粤东载货而来者。多由粤海关完税。照章给予验单。无论在宁销售。与载往工海。均不重征。是以本月完银只四百余两。而浙海关本税。仍照收足额。臣仍饬严密稽查。不使稍有弊混……又本月二十四日。准钦差大臣两广总督耆英咨会。佛夷兵头拉别耳。驾兵船二只。赴五口查看贸易。至时应以礼相待。用示怀柔等语。已札饬道府。遇有该兵头到来。照依办理。飞速禀报。

硃批。随时相机妥办。

辛丑。两广总督耆英。广东巡抚徐广缙奏……夷情之向背。视乎贸易之通塞。贸易之多寡。视乎税课之衰旺。本年二月十八日起。扣至三月十七日止。粤海关共收税银十四万九千八百余两。又扣至四月十七日止。共收九万一千四百余两。又扣至五月十七日。共收七万五千五百余两。实属日形短缩。又自五月十八日起。扣至六月二十五日止。则增收至二十一万四千四百余两。较前两月。加倍不止。实为货物流通。商情顺适之明征……

九月。癸未。两江总督李星沅奏。佛兰西欲赴通商五口。查看贸易情形之拉别耳。因在朝鲜国境。损坏船只。即由彼带兵。先自回粤。其余黎峨。巴亚潞等。带回兵丁。前来吴淞口换船。夷兵并不上岸。黎峨等前赴上海。求见该道。情词极为恭顺。当经臣等会同驰奏在案。兹据苏松太道咸龄等禀称。八月十五日。据黎峨等知会。即日回粤。并呈照会一纸。查阅均系感谢之词。该道查照成案。犒给食物。该夷即于十五日未刻。由浦开行。该道等选派兵役。密加防范。护送至吴淞口。该夷即带同兵船二只起程。于十六日申刻出口。往西南大洋驶去。

十月。戊午。军机大臣穆彰阿等奏。据两江总督李星沅等奏。筹防泖湖等处。再行酌度情形。会议覆奏一折。九月二十一日。奉硃批军机大臣密议具奏。钦此。臣等查阅原奏。内称守要之法。必须先事豫防。原议粮艘浮舣。既多窒碍。拟于斜塘口门内。添购木簰。分为小筏停泊。并拦路口等处。船只甚多。有警则贮石凿沉。并先期豫购碎石堆贮。及炮位密存备调。黄浦江两岸。安设炮位。斜塘口一带。宜设重兵等语。臣等伏查筹防以慎密为先。设备以扼险为要。苟不揆度全局。逐层计画。非失之疏漏。即失之窒碍。均无当于制寇之策。查泖湖内通苏州。外接黄浦。斜塘口为第一重要隘。拦路口为第二要隘。由黄浦至泖湖斜塘口外。江水宽深。原无阻遏之理。即当斜塘口门。潮汐往来。亦未易言堵御。该督等拟于口内。由深渐浅处所。酌量施工。自应如所拟办理。准其于斜塘口近处。添购木簰数十架。分为小筏。无事则间段停泊。民可利涉。形迹泯然。有事则联散为整。缒石使沉。以截平流而资拦阻。庶有备无患。于民船出入。农由宣泄。亦无窒碍。至拦路口水面浅狭。密迩内河。帆樯云集。一有警报。即可将中号船四五只。飞速驾往。载石凿沉。夷船即难径入。斜塘口外迆西一河。并尖滩。老滩。古浦。野鸡墩。各小口船只。届期亦应一律赶办……

十一月。壬辰。协办大学士两广总督耆英奏。奴才遵查本年春间。接佛兰西夷酋谢西耳文称。伊即回本国。有兵头拉别耳前来接替。旋于四月内。拉别耳坐驾兵船到粤。经奴才出城接见。该酋称来五口通商地方。查看贸易情形。并无别故。又称朝鲜国不准传习天主教。闻朝鲜现有文书咨部请示。求一体弛禁等语。奴才以朝鲜等国。准传习天主教与否。中国未便过问。朝鲜国有无咨部请示。粤中亦无所闻。婉为答覆。嗣该酋开行出口。闻在朝鲜洋面遭风搁礁。在一小洲暂住。有英夷船只前往装载回澳。均经先后奏明在案。其上年谢西耳驶往朝鲜。询问杀害佛夷三人之事。该酋前次来文。并无提及。此次拉酋复行驶往。索取回文。亦未豫先言明。至谓奴才许送二通事奥思定。李若望。随同前往。更属事无影响。任意诪张。查拉酋自朝鲜回澳之后。尚未有文件往来。经奴才屡次派人察探。该酋在澳。尚为安静。所带夷兵四百名。已雇米利坚夷船。载送回国……谨将照会文稿。另行录缮。恭呈御览。为照会事。现准部咨。准朝鲜国王文称。上年六月。忽有异国船三只。来泊烟岛外洋。投书一封而去。书称佛兰国安默尔等三人。前在高丽被害。故来查询等语。本年六月三十日。复有异国船二只。从船十五只。来境停泊。其大船为浇礁所坏。权住沙岸。称系佛兰西总兵官。投书借船借粮。当经致送粮食等物。与以船只。彼人嫌其迟钝未用。八月初五日。开行出境。遗有什物。未及载去。称俟异日来取。仍留公文一封。内有章程告示等件。文称佛兰西国三位教士。无辜被害。前任水师提督瑟。曾有文书进呈高丽辅相究问。许本年派船来接回文。不料船只被风所坏。贵国官员助继日用粮食。价偿一切不纳。实令人愁怀不舒……

壬寅。两广总督耆英。广东巡抚徐广缙奏……探闻夷酋德庇时。坐驾护货兵船二只。小火轮船一只。由香港驶泊黄埔。沿途并无滋扰。初五日。该酋自坐三板来省。递到覆文。内称中国民人。致毙伊国人六命。情节殊属凶惨。恳将凶犯全数拿获。审明后。即押赴黄竹岐地方。传到夷目。眼同正法。并将黄竹岐。及毗连之滘表。坑滘。二村洗平。以昭儆戒。伊俟办理完结。再回香港。其余尚多愤激挟制之语。臣等查该酋所言。甚为荒谬。固难允准。且计该夷驻港兵丁。不过二千之数。现届冬月。正值夷商清帐之时。其停泊黄埔兵船。连日探查。俱尚安静……

谕军机大臣等。耆英等奏。民夷互殴。致毙多命。连日续办情形一折。览奏均悉。此案民夷互殴。各毙数命。该酋德庇时。坐驾兵船。来省递到覆文。恳将凶犯拿获。即行正法。并将黄竹岐。及毗近二村洗平等语。荒谬已极。自无允准之理……

道光卷七九

（道光二十八年戊申正月乙酉）耆英。徐广缙。又奏。本年四月内。佛兰西兵头拉别耳来粤。据称随后尚有夷酋嘘旺。来粤居住。当经臣等奏明在案。兹探得有佛兰西夷酋陆英。坐驾兵船一只。于十二月初八日到口。随据该夷酋递到来文。内称系奉国命。前来中国。综理贸易事务。暂在黄浦住泊……

三月。已卯。两江总督李星沅。江苏巡抚陆建瀛奏。接据苏松太道咸龄禀称。二月初四日。英夷麦都思等三名。违约至青浦县地方散书。与看守粮船舵水争殴。受有微伤。该县获犯二名枷责。并将麦都思等送回上海。该领事阿利国因获犯无多。派拨夷目。坐小夷船。由大江来臣李星沅衙门控诉等情。臣等当即饬委署江苏臬司倪良耀。候补道吴健彰。驰赴上海。分别查办。并飞行沿江各营县。严密防范。晓谕居民。毋庸惊慌。并委素谙夷务之京口右营游击陈柏龄。署高资营都司张攀龙。同镇江府知府沈濂由长江迎赴下游。相机拦截。查系双桅小船一只。并无后继之船。有该国翻译官夏巴。能通汉语。即向询问。知因麦都思等被殴。苏松太道办理迟缓。遵照章程。如无总理五口大臣之处。即赴省垣大宪处申诉。于二月十六日。从上海开行。先将船上大炮门封闭炮位横置船内自副领事罗伯孙等。下至舵工水手。共五十余人。沿途概禁登岸。不与民人交接复经陈柏龄等告以省垣大宪。已委司道前往查办。获犯多名。解赴上海。此时案必完结。即有呈件。亦可代投。令其即速回棹。夏巴口称系奉阿利国所委。若不面见总督。必被谴责。况彼此久经和好。此番孤船伸冤。沿江炮堤官兵。亦断不肯轰击。坚欲前进。相持竟日。言貌甚恭。因江路节节浅阻。二十六日。始抵附近省城之八字沟江面不能再进……

己丑。两江总督李星沅。江苏巡抚陆建瀛奏。据沿江营县禀报夷目罗伯孙船只。于三月初一日。驶过六合县之通江集。已于三月初三日。驶过江阴县江面。下游即系大海。沿途并未登岸。晚泊江心。亦无居民船只。与之交接。并据署苏松粮道桂超万等禀报。海运米船。截至二月杪。业已扫数兑竣开行。毫无阻滞……

(四月)癸亥。钦差大臣协办大学士两广总督耆英。两江总督李星沅。江苏巡抚陆建瀛奏。上海地方。通商以来。本尚安静……现在麦都思等。在青浦县地方。与看守粮船之水手争殴一案。该夷明知粮船水手。与居民气类各殊。且已奏明遣散。所留看船舵水。散布各县。为数不多。无足介意。并可挟制地方官。为阻挠海运米船之计。乃天夺其魄。夏巴来省捏诉。阻风搁浅。行程不能迅速。臣李星沅臣陆建瀛于得信后。飞饬署臬司倪良耀等星夜驰往。会同该道咸龄。设法访获水手王名付等十名。当堂枷责。向阿利国妥为劝谕。该夷目俯首无辞。海运米船。开行无误。迨夏巴回至上海。则已技无可施。以麦都思等被抢失物为词。狡执不服。屡讯王名付等。实系因斗殴而抢夺。尚非虚诬。已照律将为首之王名付拟流。为从之倪万年拟徒。由臣李星沅咨部完结。该夷及各水手亦已无可置喙。不致再留嫌隙……

五月。乙酉。署理两广总督广东巡抚徐广缙奏。臣前赴虎门查看炮台。正在起行间。接准英酋文翰照会。定期求见。当即照覆。约定二十六日。在虎门寨城提臣公署接见……臣当即宣布天朝德意。中外一家。断不稍存歧视……该酋等闻之。颇感欣感。后称伊等现坐小火轮船进口。尚有大船一只。寄碇沙角外洋。可否到其船上一看。当告以礼尚往来。正拟往答。即率同随带委员盐运使赵长龄。候补知府铜麟。臣标中军副将崑寿。并会同提臣赖恩爵。与之同舟驶往外洋。登其大船。该酋等亦陈设酒筵。殷殷敦劝。并无要求等情。旋派小火轮船驶回虎门。其船制作精巧。无论顺水逆流。皆可破浪而行。瞬息之间。往返已六十余里……

七月。癸未。两江总督李星沅奏。据代理苏松太道吴健彰等先后禀报。六月初七日。有英吉利火轮船一只。驶至上海。称系该国新到公使船只。即据领事阿利国。带同该公使文安。副领事官赞臣。并翻译官一名。前来道署。询悉五月二十日。由广东香港。至厦门宁波一路。查看五口贸易情形。并称该商等在上海生理。深蒙保护。特来拜谢等语。情词极为恭顺。体察亦无他意。即于初九日。仍坐原船出口。驶赴浙江洋面而去……

署两广总督徐广缙。粤海关监督基溥奏。窃查粤海关征收夷税。出口进口货物。向以茶叶湖丝洋布大泥羽缎为大宗。每年五六月间税课。多则收至六七十万两。少亦收至五十余万两。兹于上年十二月二十六日新季开征起。至五月二十五日止。五个月收银三十二万九千六百余两。比较上年已短收银二十二万三千六百余两。臣等因将出口进口各货物。与上年逐加核计。即如本年茶叶一项。竟少至八百余万斤。复将上年结算五月进口夷船。与本年进口夷船数目报单。一并细数。核上年进口一百余只。本年进口夷船。止七十余只。比较上年。实短进口船四十余只。且所报进口。大半棉花檀香等类粗货。窃以该夷远涉重洋。专为贸易。若非另有别情。何至商船顿见稀少。当即加意查察。并密派妥员。各处采访。缘该夷自五口通商以后。进口货物较多。日久渐形壅滞。各国夷商。因之折本者甚多。现在内地洋货。时价不及前二三年之半。此本人所共见。至出口货物。其茶叶一项。每年五六月间。新茶贩运到粤。该夷俱争买恐后。今新茶早有运到者。贮栈半月之久。该夷并不议买。询其情由。据称尚待该国之信。此亦人所共闻。因思茶叶为该夷必需之物。何至观望迟延。买办未能踊跃。则所传夷商折本之语。似非无因。又闻英夷现与佛兰西构衅。各存戒心。几有不暇顾及贸易之势。复恐传闻或有未实。特将其折本情形。及构衅之事。细访之素与夷商交易之华商。所言大约相同。惟查历年征收各国税数。内英吉利居四分之三。以此权之。虽秋冬旺月。难保其必有起色。现在每日钱粮。不过一二千两。至于数百两。实为日见短绌。臣等伏思内地偷漏走私。尚可设法巡察。外夷来源不旺。实属无可招徕。睹此情形。万分焦急。惟有会同相机筹办。以恤商为通商。或冀以赢补绌。

(八月)辛酉。两江总督李星沅。江苏巡抚陆建瀛奏。窃据代理苏松太道吴健彰禀称。七月初一日。浦江驶到俄罗斯国商船一只。由英夷领事阿利国。转送该船主李屯北禀开。该国极东亚美理驾西北地方。设有公司。专管皮货。今派拨船主。装至上海销卖。祈准验卸等情。查系狐皮面粉。并无违禁货物。应否准其一体贸易。禀请核办前来。臣等查俄罗斯国向在北地陆路通商。不比西洋各国。航海贸易。上海非该国应到之地。核与定例不符。所请难以准行。批饬该道明白开导。谕令及早回帆。船货无庸验卸。旋据该道禀称。该船主以船遇飓风。修舱署须时日。仍乞验卸货物。可否请旨遵行。又经臣等批饬事关通商大局。应俱率由旧章。未敢据情入奏。仍饬妥为劝谕。上紧回帆。无再观望。并饬密谕英夷领事阿利国。上海通商。西洋国已不少。若再令俄罗斯搀越贸易。甚非该国所宜。应即随同开导。兹据该道覆称。阿利国函送该船主禀开。已拟放出港口。由即日起限二十天。修船已毕。起碇驶回。断不有误。发还船牌货单人名单三张。俱已收回等情。臣等复查该船舵水人等。共二十八名。各有炮六门。计货二百余吨。值钱二万余千。似不过希图贸易。然既违定例。即断难准行。且安知非故为尝试。夷情叵测。不可不为豫防。故于禀求请旨。当即正言拒绝。使之无所觊觎。以杜后患。既据立限出口。情愿原船驶回。即批饬该道。于该船起碇时。赏给食物。并派水师将官。随同防护。送出江苏洋面。以示怀柔。仍将该船出口日期。飞速具禀。另行奏报。

硃批。所办甚是。可嘉之至。

九月。庚辰。两江总督李星沅。江苏巡抚陆建瀛奏。窃照俄罗斯夷商李屯北。装载狐皮面粉等货。至上海地方。恳求验卸。当经臣等将批饬开导。及该夷遵奉出口缘由。先行具奏。一面札行苏松太道。督饬该管营县。妥慎防护。毋许登岸。并禁止民船驶近夷船。私行交易。查明来踪去迹。禀覆查办。兹据该道麟桂等禀称。该夷船于出口后。赶紧修验。并未登岸。亦无奸民勾串往来。随经问明行期。赏给羊酒食物。该夷深为感悦。已于八月十三日。乘风起碇。望东南大洋而去。当即知会苏松镇总兵。派拨兵船。押护出境。第恐该夷船行驶迅速。兵船赶护不及。无从交替邻省。该道等复向英吉利米利坚佛兰西各夷。详加讯问。佥称俄罗斯边界。与西洋各国接壤。彼此互市多年。李屯北商船。系由俄罗斯泛海而来。止求通市。并无别故。其起碇之际。声言仍回本国。各该夷亦皆稔知等情。臣等伏查俄罗斯为北地陆路通商之国。今复航海而来。诚恐别有隐情。密加采访。始知该国边界。与西洋各国毗连。船只亦复相仿。核与苏松太道所禀无异。其为来自西洋。似无可疑。先经禀求贸易。该道等遵照批饬明白晓谕。亦即俯首无词。具限出口。兹将原船起碇。望东南大洋驶去。情形尚为驯顺。惟该商船既至上海。难保不往沿海各省。希图卸货。除飞咨浙江福建广东。一律查探外。所有该夷船放洋驶去日期。谨合词恭折具奏。

谕军机大臣等。李星沅等奏。俄罗斯商船一只。已由吴淞口放洋驶去一折。俄罗斯夷商。前经船载货物。至上海地方。恳求验卸销售。该督等以该夷系北地陆路通商之国。上海非所应到。批饬开导。谕令回帆。该夷即遵奉出口。立限修船。兹经该地方官等问明行期。赏给羊酒食物该夷感悦。声称仍回本国。即将原船起碇。望东南大洋驶去。情形尚为驯顺。惟该夷商船既至上海。难保不往沿海各省。希图卸货求售。著各该督抚等密为探访。傥该夷商船驶至该海疆地面。有载货求售情事。即著照李星沅等设法开导。告以中国向有贸易一定章程。碍难另创新例。致有枝节。即劝谕饬令回帆。毋任久留致滋觊觎。原折钞给阅看。将此各谕令知之。

(十二月)乙卯。闽浙总督刘韵珂奏。据藩司陈庆偕详称。道光二十八年。十月十九日。准琉球国中山王世子尚泰咨开。窃查该国自佛兰西英吉利两国夷人。逗留以来。待之以仁。接之以礼。内佛夷亚臬德一名。于道光二十八年。六月初一日病故。业经择地营葬。立石表识。旋于七月二十八日。有佛夷船一只到来。询系佛兰西夷酋坐船。通船共有四百余名。随送给牛鸡菜米等件。求将伯多禄带回。该夷酋即于二十九日。将伯多禄。默然接取开船而去……

道光二十九年。己酉。正月。甲午。两广总督徐广缙奏。香港英夷近来情形。不时差人侦探。十一月半后。有带信之火轮船。驶到香港。言该夷地方频年贸易缺本。亏折三万万有零。支用不给。现须裁减兵饷。并据新闻纸内。载夷兵每名按月须领洋银八元。今止发六元。旋于二十日。后驶到兵船一只。约载兵七百余名。臣等窃以该夷现因缺费裁饷。何以忽又添兵。复加探访。知该夷因在外洋争占海口。与摩鲁国打仗。为其所败。此船即往彼处救援之兵。特因明年二月之期将届。藉此张大其势。希图要挟。溯查二十四年。花旗为定条约。佛兰西为议行天主教。皆带有兵船。是夷情素好矜张。动辄倚仗兵船。有挟而来。乃其惯技。惟间谍虽已常通。而防范不容稍懈。已密饬内河外海各炮台。一体严备。固不可先开衅端。俾得藉口。尤不得漫无防御。猝为所乘……

闽浙总督刘韵珂。福建巡抚徐继畬奏……再福厦两口夷情。现俱安静如常。十一月初二日。有英吉利兵船一只。遵照条约。由五虎门进口。欲驶入省港。查看贸易情形。讵至口内圌山汛地方。碰礁沉溺。虽极痛快人心。窃恐附近居民。乘危捞抢。致该夷藉口。臣等遂檄饬护闽安协副将蔡润泽。酌带巡船。就近前往查禁。嗣有双桅夷船同火轮船各一只。驶至沉船处所。将兵船内炮位等物。陆续捞运火轮船内。并将兵船浮起。于二十八日。乘潮牵至港边修理。现已修竣。不日当可出口。查此次该夷兵船。碰礁覆沉。虽有损坏惟未将全船击碎。致丑类悉数淹没。犹属憾事。第夷情多疑。受此虚惊。自己视为畏途。此后兵船。当不敢轻行驶入。自蹈危机。堪以仰慰宸廑。

(二月)己未。两江总督李星沅奏。臣等接据苏松太道麟桂。提标右营参将侯攀凤。先后会禀。上年十二月二十九日。探报佛兰西国派有公使大臣陆英。带同水师总兵舒连。总炮兵官格那。驾坐兵船一只。驶进黄浦江。该道等率同厅县。赴船查问。据该公使称。由该国派来查办五口事件。词意极为恭顺。并无要求情事。亦无夷兵水手登岸。当即以礼相等。嗣据报于本年正月十九日。起碇前赴宁波厦门福州广东等处。查看通省贸易情形。该道等查照向例。送给食物。该夷等意甚欣感。即于十九日辰刻。乘潮出口。该夷等在沪两旬。居民亦无惊扰。现在上海地方。华夷安辑。堪以仰慰宸廑。

三月。癸未。浙江巡抚吴文镕奏。臣接据宁绍台道。率同宁波府具禀。本年正月二十五日。有佛兰西国公使陆音。带同领事敏体尼。通事哥里哥士奇。由上海乘船到宁。查办五口通商之事。次日即据陆音等晋署谒见。词貌均极恭顺。据称宁波事务。现饬向在上海之敏体尼等兼办。俟回粤再请钦差大臣咨照等语。该道府等查照向章。犒以羊酒等物。该公使只收两色。现已于二月初一日。驶出宁口。寄碇定海洋面。候风开驶。由闽回粤等情。惟敏体尼等是否长驻宁波。抑须仍回上海。臣一面批饬该道府查询明白禀报。一面飞咨钦差大臣。向佛兰西在粤夷目确切查询。咨覆办理并咨闽浙督臣。福建抚臣。一体知照。

乙酉。两广总督徐广缙等奏。臣于本年正月间。接准闽浙督臣刘韵珂咨会。留住琉球国之佛夷伯多禄等。现已撤回。惟英夷伯德令。及所带眷口通事人等。尚未回国。咨请就近相机开导。迅速撤回等因。臣当于前赴虎门。接晤英酋文翰。即以琉球国地瘠民贫。向不与外国通商。伯德令等可毋须在彼久住。徒滋惊扰。面为开导。一面备文照会去后。随据该酋文翰覆称。该国船只。现不在琉球湾泊。所言住琉球两年。断无缘故。该船已离是岛。殊属定然等语是英夷伯德令等。自属已离琉球。

(庚寅)广东巡抚叶名琛。广州将军穆特恩。副都统乌兰泰。托恩东额奏。自正月二十七日。督臣徐广缙由虎门回省后。告知英夷仍复妄冀入城。难保不滋生事端。务须同心协力。固守疆围。臣等当即会商。省城最关紧要。炮台尤须严防。所有兵丁。存城则无论满洲绿营。汛地则不拘水师陆路。均须通盘筹画。因地制宜……至于内河外海。共计三十六台按炮配兵。原设三千五十九名。内河各台。向系抚标左营广州协水师提标顺德协等营管理。外海各台。向系水师提标中营各营管理。前由督臣徐广缙扎调干练将弁。前往会同妥为经理。并飞饬水师各营。选调兵丁。添拨各台随时调遣。二月十九日。水师提臣洪名香。因公来省。臣等均即面嘱。督率将弁。申明纪律。务须声势联络。号令森严。不可顾此失彼。并添雇壮勇。以为各台后路策应……

道光卷八〇

道光二十九年。己酉。四月。辛丑。两广总督徐广缙。广东巡抚叶名琛奏……惟复据香港探事密禀。该夷于初七日到兵船一只。初八九等日先后到火轮船两只。核计先后存港夷兵。共二千七百余名。复坐华人小艇。分往外海可通内河各口。测水探路。查各口河窄水浅。夷船乘潮始可驶入。潮退即至浅搁。该夷久居此地。岂尚不知。且果欲偷渡。自必倍加诡祕。何肯明目张胆。豫泄其谋。是其为鬼为蜮。特故作出没靡常之状。以期摇惑人心。所幸官民固结。气壮心坚。妇孺同声。毫无惊畏。然防御之道。间时常若遇敌。况事当孔亟。何敢稍存大意。所有虎门外各炮台。已调集香山协左营兵二百五十名。顺德协左右营兵二百五十名。水师提标前左两营兵各一百名。添配各台。并雇募附近邻村壮勇一千名。严防后路抄袭。均由水师提臣洪名香。相机调度。严密巡防。不得顾此失彼。稍有疏虞。内河要隘。以东固。东安。各台为东路。大黄窖。沙腰。各台为西路。调集增城营兵三百名。新会营兵二百五十名。提标前营兵一百名。雇壮勇二百名。以为后路埋伏。西路为顺德协本汛。即调该协兵二百五十名。雇壮勇四百名。以为两翼策应……

谕军机大臣等。徐广缙。叶名琛奏。确探夷情。现在调兵严防一折。览奏已悉。进城之不可行。已由该督等备文照会。并探知香港复到有兵船及火轮船只。且有雇坐小艇。往海口测水探路情事。所有虎门外海各炮台。现经调集香山等营兵丁。并雇募壮勇。分饬严防。所办尚合机宜。傥该夷竟敢肆其豕突。该督等惟当申谕将弁兵民。上下联为一体。出奇制胜……

(癸丑)广东巡抚叶名琛。广州将军穆特恩奏……至外海内河各炮台多系水师所辖。前由臣叶名琛。叠次密商去后。嗣据水师提臣洪名香。并署陆路提臣祥麟。先后函称。业经严饬将弁。互相钤制。断不准顾此失彼。稍有疏虞。

五月。甲辰。两江总督陆建瀛奏……二十七年五月。该夷载有洋米入口。请照闽广成案。官为收买。并请免纳船钞。经前道咸龄转禀前来。臣以奏定条约。并无准载洋米。官为收买免税一节。展转驳斥。该夷帖然无词。复载而去。二十八年四月。访有英人四五名。改装内地衣服。乘坐小船。潜赴浙江湖州南浔一带。探问丝价。当即援照条约。密饬前代理上海道吴健彰。向该领事阿利国查询。据即印送夷票。恳饬委员驰往追回。面交该领事治罪。其内地船户。亦经该道从重惩处……

乙巳。两广总督徐广缙。广东巡抚叶名琛。粤海关监督基溥奏。窃查大西洋借住澳门。二百余年。每年纳租五百两。由香山县解交藩库。安分营生。素称恭顺。所以前督臣耆英奏定澳门贸易章程内开。澳门原有额船二十五号。应输船钞。无论新船旧船。均照新章酌减三成。所以体恤之者。亦较他国为最优。乃因英夷连年骄纵。亦思乘势效尤。本年二月。正值英夷希冀进城。汹汹欲动。该大西洋夷酋亚马勒。忽来照会。以香港既不设关。澳门关口。亦当仿照裁撤。并欲在省城添设领事官。一如英夷所为。当经臣徐广缙覆以该国在省城并无贸易。何必设立领事。徒饰外观。澳门税口。历久相安。更何得扰乱旧制。该国频年穷蹙。共见共闻。傥再无知妄作。中外各商。俱抱不平。生理必至愈见消耗。切宜熟思。勿贻后悔。乃亚酋横狡异常。竟于二月十七日。突率夷兵数十人。钉闭关门。驱逐丁役。由前山同知陆孙鼎。禀请查办前来。臣等逐日密加侦探。亚酋于钉闭关门之后。即赴香港借兵船一只。马蓝兵四百名。助守该夷炮台。显系英夷与之狼狈为奸。故使激怒中国。傥各师船进剿澳门。彼即乘虚可入。且米佛吕宋各夷酋。皆在澳租楼居住。大兵既到。何能区分。必将群起与我为敌。况大西洋之作恶者。将亚马勒。陆襄。两酋。余皆土夷。尚属安分。纵使战获全胜。亚酋必逃往香港。元恶既去。所余诸夷。何忍草薙禽狝。而大兵势难久住。一经撤防。仍必窜回。是以小丑而牵大局。竟难计出万全。臣基溥。稔知澳门行店。福潮行八家为最大。嘉应四家次之。省中皆有栈房。夷人现虽无礼。而众商仍暗向关书呈单纳税。是其天良未泯。已有明征。臣等再四筹思。惟有用商以制夷。特由臣基溥。会同督粮道臣柏贵。传到省中福潮嘉应各栈商。谕知利害。晓以无关口即无税票。无税票则货皆为私。贸易如何通行。该商等皆深明大义。禀称亚酋因贫窘而横行。既收房租。复抽地税。近年以来。本属不胜其扰。特因关口所在。碍难迁移。权且隐忍。今夷人既如此作耗。情愿另立马头。其余零星小铺。亦当相随迁徙。众商既去。则澳门生意全无。不必糜帑兴师。已可坐困。该商等自立规条。互相稽查。众口同声。断不敢稍亏税课。现在查勘离省六十里之黄埔。地本适中。房间亦颇凑合。业经悬立招牌。诹吉开市。查该处向为夷人货船停泊之所。本立有小税口。今商栈既多。即将澳门关口丁役人等。移派此处同驻。所有添建税馆房屋。应由臣基溥动款办理。再查澳门关口。近三年所收税课。每年不过一万数千两。为数无多。易地亦尚可办。昨据委办之绅士伍崇曜。来署面禀。亚酋见华商全去。深恐捣其巢穴。又复潜往香港。与文酋借兵保护。文酋当即斥以所为本非情理。今罢议进城。甫敦和好。断无助伊用兵之理。亚酋始悟为人所愚。甚为忧惧。所以前未遽行入奏者。因众商相度地基。尚未定局。又值英夷觊觎进城。时萌蠢动。不敢同时渎陈。远致宸廑。今嗾之生事者。既悔祸而就我范围。则助之为虐者。庶回心而息彼骄恣。惟有饬知现居澳门县丞汪政。勤探密禀。随时察看情形。妥为处置。查福潮各商急公向上。殊属可嘉。已由臣等给与匾额。以示激劝。该行店均觉感幸非常。堪以仰慰圣怀。

谕军机大臣等。徐广缙叶名琛等奏。酌移税口。现在试办一折。览奏已悉。澳门税口。前因大西洋夷酋。无知扰乱。业经该督等商令基溥。柏贵传到众商。谕知利害。该商等情愿另立马头。议定规条。互相稽查。众口同声。断不敢稍亏税课。现已勘明黄埔。地本适中。即将澳门关口丁役人等。移此驻守。一迁徙间。既可俯顺商情。并足使该夷坐困。且免糜帑兴师。筹计较为周妥。著即照议办理。惟该酋等现虽自悔为人所愚。不复铸张。而夷性贪诈。难保不狼狈为奸。时生枝节。澳门县丞一员。官卑难恃。恐耳目难周。该督等仍当选派妥员。随时前往访察。一有蠢动。务即相机开导。加意防维。总期夷情就范。而关税亦照常征收。乃为妥善。

(七月)乙巳。两广总督徐广缙。广东巡抚叶名琛奏。臣等承准军机大臣字寄。道光二十九年。五月初九日。奉上谕。徐广缙叶名琛等奏。酌移税口。现在试办一折。览奏已悉澳门税口。前经大西洋夷酋。无知扰乱。业经该督等。商令基溥。柏贵传到众商。谕知利害。该商等情愿另立马头。议定规条。互相稽查。众口同声。断不敢稍亏税课。现已勘明黄埔。地本适中。即将澳门关口丁役人等。移此驻守。一迁徙间。既可俯顺商情。并足使该夷坐困。且免縻费兴师。筹计较为周妥著即照议办理……伏查自福潮各行。迁徙黄埔以后。附近小贩营生之人。亦相率各归乡里。澳门顿觉冷淡。该夷向有西洋外来额船二十五号。专载往来货物频年因生计日蹙。已减去十之六七。然尚余船四五只不等。今则全行变卖……至于福潮行商。现在黄埔。建造栈房。已有四家。月内可以竣工。其余各行。约于九十月间。亦可一律蒇事。该商省中均有行栈。近来货船络绎到省城大关纳税。就近起货入栈。照常征收。臣等熟筹全局。税饷既不至有亏。夷情亦无虞复变。堪以仰慰圣怀。

十一月。己亥。两广总督徐广缙。广东巡抚叶名琛奏……至于各国因本年三月罢议进城。不独无羞辱该酋之事。且感戴怙冒之仁。即各海关税务。自二十八年十二月。至本年闰四月。共计五月。征银二十五万两。现任粤海关臣明善。自本年闰四月接印。截至九月。征银七十五万两。较前任五个月。多至两倍。亦可为罢议进城。贸易渐旺之确据……

庚子。浙闽总督刘韵珂奏。据藩司陈庆偕详称。据琉球国使臣向统积等。禀缴该国中山王世子尚泰密咨一件。内开窃查撤回英夷伯德令一案。前蒙转详具奏。一面移咨钦差大臣查办。道光二十九年。正月二十日。有亚米利驾船二只到来。内有英人在克拉克等二名。据称克拉克等坐船共二十一人。正月十七日。驶到琉球属岛姑米山搁礁时。遇亚船驶过。克拉克等附搭而来。余留原船。近日必有遣船接回。随遣员役加意照料。二十一日。该二船再到姑米山。将火长二名。水手四名。仍留原船看守货物。余搭二船回去。二月十三日。果有英国水师都司玛迪逊坐船一只。到姑米山接取该火长等。并搬载货物。转到那坝洋面。当经饬官恳接伯德令并眷属人等同回。不允。惟带通事刘友于一名。于十六日回去。三月十七。闰四月初一两日。又有亚国船主祈连。英国水师提督舍顿。领船二只。先后而来。复经饬官恳接伯德令等回国。而祈连辞非同国之人。舍顿辞以有他行。至三月二十一。闰四月初六两日。开洋回去。查西土船只往来接踵。尚无接回伯德令者。至于伯德令。亦辞说奉医回国。自己不得主意。既奉差到此。非奉官谕。不便回去。于客岁十一月十二日。生下女儿。今计其逗留。经历四年之久。屡致骚扰。忧虑至深。未知何日得以安谧。兹值进贡之便。合就咨请转详督抚查办等情。由司具详前来。查此案前据琉球国中山王世子尚泰。以英夷留在该国之伯德令。及伯德令所带之眷属人等。逗留未回等情。于道光二十八年。十月十九日。密咨藩司据情转详。当经臣密咨钦差大臣两广督臣徐广缙。照会英酋文翰。将留住琉球之伯德令等。迅速撤回。一面附折具奏。嗣于二十九年。四月初三初四等日。先后接准徐广缙咨会。以该督前赴虎门查办夷务。面晤英酋文翰。明白开导。二月初七日。接据照覆。内称伯德令一案。想本国船只。向不在琉球湾泊。所有捕鱼本船。遇无食物。即到该岛。一得辄去。料本船住琉球两年。断无缘故。已离是岛。殊属定然。二月二十日后。文翰来文。据称英船在琉球搁浅。现由上海调船。前往帮助。该船若不得除石。则接回水手各等语。转咨到闽。当即转行藩司。备咨琉球国王世子知照在案。兹据前情。臣等伏查英夷伯德令等。系道光二十六年四月间。前往琉球。计今已历四载。惟该夷到彼之后。并未别滋事端。夷酋文翰。亦无不允撤回之语。但其节次照覆。总属含混支吾。其文内所称英船在琉球搁浅一节。核之琉球国王世子此次来文。即系本年正月间在姑米山搁礁之船。该船货物及水手人等。既经该夷于二月间前往接取。何以彼时不将伯德令等。一并撤回。仅令通事刘友于一人。附载回国。迨后舍顿兵船到彼。亦不将伯德令载回。是其意在逗留。可以概见。现在伯德令等。既称非奉官谕。不便回去。若得文翰一言。该夷断难推托。前该王世子。因伯德令等。日久未回。复备咨藩司。恳为详办。未便置之不议。自当仍由臣等。咨会徐广缙。再向英酋文翰。相机开导。设法谕催。务将伯德令等赶紧撤回。以恤藩封而免惊扰。

咸丰卷一

(道光三十年庚戌四月)己卯。两江总督陆建瀛奏……本年二月。准徐广缙咨覆。英夷求递公文一事。未据文酋照会。迨三月下旬。探得文安乘坐火轮船。前来上海。并有面求接递公文信息。臣恐其由海入江。致骇听闻。当即借督办盐务为名。先赴扬州。一面密饬常州府知府严正基。署江阴营游击袁贵。不动声色。于海口轮派巡查。妥为防范。一面饬令苏松太道麟桂等。探询该酋到沪情形。随时驰禀。旋据该道等禀称。文安到后。彼此接见。据称。现有公文一件。欲到天津吴递。问其公文何事。回称。由本国发来。不知何事……

英吉利照会。

为照会事。前据己酉年九月内。奉到大英内阁军机大臣特授监办外务事宜世袭子爵巴字寄。内称。现有本大臣亲书公文一件。兼有贵公使。前经特奉大英国家两次照会徐大臣察收各件。均各抄录附封。俱由上海转投京都等谕前来。当即遵行。讵因苏松太道未敢承接。原封停搁上海。旋至本年二月。只得派出火轮师船一只。自香港经由上海领取。随入直省津沽。伺得照复。方可驶回。其事过于劳费。时际本公使亲到上海。意在数日停顿。接晤该道。始知动用火船北行。竟肯将此项公文。转呈两江总督齐入京都前来。本公使酌宜托为交付。惟查华英条约。内载本国住中国之总管大员。与大清国大臣。无论京内京外者。有文书来往。用照会字样。又查合众国条约内云。如有国书送达中国朝廷者。应由中国办理外务大臣。或两广闽浙两江总督大臣等。将原书代奏各等语。是凡有事计。要通致京中大臣察核。实照条约。理所应行。此其明证。因粤省遇事。每有往还照会。日久尚未定局。必将其情回报本国查照,重洋远涉。尤致稽延。莫若将事理备文。致贵国京都大臣知照。克期核结。惟近缘上海官宪。不喻条约意旨。不敢代接公文。岂但烦发大船北上。且使要文耽搁日久。甚至数月之愆。自须声明。尚希贵国饬知上海地方大员。嗣后傥有大英各大臣。抑或本国钦奉全权公使大臣。欲行文移进京者。必由约由所指邮程。立行传递。庶免常需拨船。驰抵津沽。诸多窒碍。兹以贵大臣。本属贵国大员。熟悉外务事理。众所共知。更念本国前大臣等。素与贵大臣频恒札商。极敦谊礼。衷怀欣慰。为此乘机备文。照会贵大臣阅悉。至于本国大臣巴。业发文件。与本公使并亲自文移者两角。丝毫不能相涉。应请将两宗分别照覆。不使彼此文内相杂致有分歧。今已访确。自上海齐书入京。去来不过数日之久。本公使决将前文两封。均投去后。守伺两覆文回到。务望亟为迅妥遄发。又祈两文内开词理各款。必使意愿足偿。俾得暂时停议。本公使可早期南旋。无庸别遣船只。前赴津沽。亦不至专自北往。实所切幸。为此照会。

乙酉。直隶总督讷尔经额奏。据天津镇道禀报。十九日申刻。望见火轮船一只。向北行驶。正拟前往查探。即有外夷四人。驾杉板船迎至。询据该夷口称。系奉英吉利公使。自上海派令齐送公文。呈交大学士耆英开拆。即欲进口。该弁等开导不听。内载夷人约有百余名。查该夷前在上海投递公文。业经两江督臣接收。奏明咨送。乃又驶船北来。称欲进口投文。实属诡谲莫测。天津附近京畿。地方紧要。省城距津较远。文牍往返需时。恐镇道无人主持。办理或有未协。臣即于二十二日起程。亲赴天津驻札。督同镇道。钦遵谕旨。明白晓谕。令其反棹南旋。

讷尔经额又奏。该镇道禀内并称。兵弁在外海开导。阻其进口。该夷面称准其进口。也要进口。不准进口。也要进口。情殊骄悍。臣查广东不准该夷进城。夷人则不敢进。若天津海口。较广东省城更为紧要。以背约之夷船。岂可任其出入自便。设容其驶入。该夷复欲直达天津等候耆英。投递文书。又将如何办理。臣守土之官。不敢不鳃鳃过计。以臣之愚。该夷杉板船窄小。往来传话。尚可准其进口。若火轮船。不听阻止。硬欲闯入。惟有派拨兵船拦阻。以防其诈。以抑其骄。

五月。壬辰。直隶总督讷尔经额奏。臣于夷船未到之先。十九日已派委从前在事防堵熟悉夷情之清河道陈之骥。署臣标右营游击张殿元。后营守备向含章。前赴大沽。即同镇道。相机妥办。途次接据镇道禀。二十一日派委张殿元。向含章。迎赴夷船。令其外海下碇。询问到此缘由。该夷麦华陀等。称欲进口投文。并云现在探量拦江沙面水势。大船不能驶进。只可乘坐杉板船只。张殿元等。拦阻不听。随派兵丁伴其进口。面凶见镇道。据称。该国有呈递大学士穆彰阿。耆英。及公使文安自投耆英公文二角。始则称欲亲递。继则恳为代投。该镇道晓以前投公文。业经两江督臣接收具奏。何又来天津投递。劝令回帆。该夷则以不接公文为慢待。再三开导不允。必请接收。该镇道告知。须禀明总督。奏奉谕旨。方敢接收。令其外海候信。该夷即出口折回大船。连日东北风多。海口无船出入。该夷并未再来投文。臣于二十五日到津后。即密饬该委员陈之骥等。会同天津镇道。乘船。即在海口。传见该夷。钦遵谕旨。剀切开导。令其驶回上海。听候覆谕。设或该夷坚欲投文。询非入城之说。遵旨接收。现在天津沿海备防。已饬布置周密。无须调遣将弁。

谕军机大臣等。据讷尔经额奏。夷船尚未起碇一折。据奏该夷麦华陀等。乘坐杉板船只进口。经该镇道明白开导。即行折回大船。是其于投文之外。别无他意。已可概见。该督现已委员会同镇道。在海口传见该夷。如果唯命是听。即日起碇。驶回上海。应听陆建瀛遵旨妥办……

又谕。据陆建瀛奏。接奉谕旨。亲赴苏松商办一折。讷尔经额两次奏称。四月十九日。有英夷火轮船一只。驶至天津。有夷目驾杉板船进口。求递公文。自仍系前此所递各书。已谕令讷尔经额接收驰奏。仍晓谕该酋速回广东。照旧贸易。该夷初至天津。颇形桀骜。数日来风色不利。未见举动。或因开导明白。大船不能驶入。无所施其伎俩……

(丙申)又谕。据讷尔经额奏。委员开导英夷。现已起碇南旋一折。已有旨。谕以该夷将来难免复来。令讷尔经额布置周密。严加防范矣。因思英酋心怀叵测。此次先至上海投递公文。旋即遣人驶赴天津。虽经讷尔经额。委员亲赴夷船。谕以所备公文二件。已由江南驿递一分呈览。何必重複投文。再三开导。该夷情愿回上海听信。不复投递。随即起碇南旋。而夷性夸张。往往声东击西。言此意彼。即使陆建瀛等。遵旨晓谕。仍难保无妄念挑衅。沿海滋扰。从前夷船由海入江。江浙一带。屡经失事。追溯前因。能勿早为之计。最可虑者。如江南之海口。及泖湖等处。一经夷艅闯入。不惟惊扰居民。兼恐阻碍漕运。而浙江之定海。孤悬海外。尤为夷人所觊觎。著陆建瀛。傅绳勋。福珠洪阿。吴文镕。各就要紧处所。悉心察看。豫为筹防。断不可稍存大意。

庚子。山海关副都统富勒敦泰奏。准讷尔经额咨。四月十九日。英夷火轮船一只。驶至天津拦江沙外。自应一体密饬侦探防范。兹于本年五月初四日午刻。据了望委署前锋校等驰库。本日巳刻。西南海洋外。见有烟火夷船一只。驶至老龙头海面停泊。奴才随即飞饬两翼协领塔清安关立等。会同山永协副将。临榆县知县。驰赴海口。相机开导。令其南旋。旋即禀称。职等正在驾船往探。夷人乘坐杉板小船一只登岸。系夷人十四名。当即面询到此何为。内有一人口言官话。伊系官麦华陀。因在天津投文事毕。顺便到此观玩古迹。当晓以此地究非应到之处。且无古迹可观。劝令起碇南旋。该夷即于本日申刻。仍向西南外洋驶去……

(己酉)山东巡抚陈庆偕奏。兹于十二日接据登莱青道英桂禀报。初七日午刻。距登郡二百四十余里隍城岛。瞭见该夷火轮船一只。由大洋外向东北驶去。该把总驾船跟探。夷船行驶甚疾。瞬息不见。查隍城岛。系东省与奉天交界洋面。计程一百八十里。西南为东省。东北为奉天。乃南来海船。由登州赴天津必由之道。该夷火轮船。既由天津绕赴山海关。复由山海关而南。不回西南之东省洋面行驶。而往东北驶去。似系欲赴奉天。以常行海道计之。该夷船即赴奉天。必须折回隍城岛洋面。始能返棹南旋。惟夷踪诡秘。其火轮船瞬息百里。或乘夜飞渡。潜踪南旋。为巡海员弁瞭探不及。亦事在意中。究竟该夷船是否实赴奉天。抑或转帆南归。再行奏闻。

谕军机大臣等。寄谕盛京将军奕兴。据陈庆偕奏。查探夷船由登州外洋东北行驶一折。此次英夷之船。于五月初二日。自天津开行。于初四日即至山海关。先据该副都统奏报。已起碇驶往西南。乃东省员弁。于初七日在隍城岛瞭望。有火轮船一只。从外洋向东北驶去。该岛为山东与奉天交界洋面。相隔不远。夷情诡谲。恐其欲赴奉天。著该将军等。随时查探。密饬沿海文武各员。小心防范。一俟探明夷船。是否实赴奉天。抑或转帆南旋之处。即速奏闻。总当示以静镇。勿令居民惶惑。

咸丰卷二

道光三十年。庚戌。六月。癸亥。两江总督陆建瀛。江苏巡抚傅绳勋奏。查探夷目麦华陀。于五月十六日。驾坐火轮船。由天津驶回上海。并无动静。臣陆建瀛。本拟即日驰赴上海。面为开导。因前接该酋文安文称。别无他意。惟俟天津及广东船到。即定行止。夷性狡诈。稍有牵连。必将另生枝节。是以暂驻苏州。密嘱麟桂等。妥为开导。叠据麟桂等禀称。该酋现已情愿回粤。适有广东驶来火轮船一只。于五月二十二日到吴淞口外。该夷之妻。嫌其窄小。不愿乘坐。尚有大火轮船一只。于十七日从广东开行。计期二十四五必到。该酋定于二十七八日起碇回粤。设此船不到。即将天津驶回之船。修理完整。六月初一必能开行。现在该国夷商。均愿该酋速回广东。意图怂恿。图省供给。臣等伏查该夷惟利是视。因原定章程。有火轮船免税之条。遂以送信为由。往来各口。夹带货物。偷漏关税。是其故智……

谕军机大臣等。寄谕盛京将军奕兴。直隶总督讷尔经额。两江总督陆建瀛。闽浙总督刘韵珂。两广总督徐广缙。山东巡抚陈庆偕等。据陆建瀛。傅绳勋驰奏。天津夷船。已回上海。即日起碇回粤一折。据称。夷目麦华陀。于五月十六日。由天津驶回上海。经苏松太道等开导。现已情愿回粤。定于五月二十七八日起碇等语。是该夷徒劳往返。其计已穷。惟夷性叵测。难保其不窜赴沿海各岸游奕。著该将军督抚等。密饬各海口文武员弁。随时侦探。加意防守。不可稍涉张皇。如遇该夷船驶近口岸。仍当妥为晓谕。劝令迅速回粤。不得违约恣行。设该夷因船只未齐。起程迟缓。陆建瀛等。尤当饬属严防。该督现在前赴江阴一带。距海口甚近。务须随时查看情形。妥为防制。毋稍疏虞。该夷起碇出洋。即行奏报。并著徐广缙。叶名琛。于该夷船回粤缓。具折奏闻……

直隶总督讷尔经额奏。臣于初十日。行抵大沽海口。督同天津镇道等详筹。相度该处口门外。向有拦江沙一道。强潮盛涨之时。沙上水深一丈三四尺。平时潮长。水深一丈及七八尺不等。潮过。水深在二三尺之间。夷船吃水在丈余者即虑搁浅。不能驶入。由拦江沙至大沽炮台处所。海河纡折。计程二十余里。大沽南岸砖炮台三座。北岸砖炮台一座。均系上次防堵时建修。紧对河心。颇据扼要。逐一查勘。俱甚坚固。其拦潮土坝。护台土埝。土垒。濠沟等工。闻有残缺淤垫。现俱逐一修整。两岸炮台。共分设二千斤以上至万斤重之铜铁大炮五十一位。一千六百斤以下至四百斤之铜铁炮九十一位。安靶演试。致远有准。现有本营兵一千六百名。轮班驻守巡防。足资抵御。随赴北塘海口。督同通永镇道。查勘该处海口。拦江沙埂。并海河纡折情形。与大沽相似。原建炮台四座。均属坚固。其土坝等工残缺者。现亦赶紧修理完整。该处南北炮台。原设一千五百斤以上至八千斤重之铜铁大炮二十位。五百斤铜炮六十位。分设两岸。现有本营兵八百名。分班驻守防范。其大沽迤南。至山东交界之狼坨子止。据天津镇道。会勘内祁口。驴驹河。马棚口。大沟子。张臣河。赵家沟。徐家沟等处。口狭水浅。各有本汛员弁兵丁防守。仍拟择要设伏。截其登岸之路。勘得葛沽。上古林。封家庄三处。为大沽祁口等处后路。临时设兵防堵。适当扼要。上下夹击。最为得力。复查大沽北塘海口。均有拦江沙之横阻。该夷大号兵船。固不能驶进。而潮旺之时。火轮船只。可以乘潮而入。溯查从前防堵时。大沽海口河内。暗设铁锁。铁蒺藜。并木筏等器具。藉以阻遏夷船。

甲戌。两江总督陆建瀛。江苏巡抚傅绳勋奏。据麟桂等禀报。该酋文安。于六月初一日携眷登舟。初五日起碇回粤。别无要挟情事。上海地方。民夷亦甚安谧。

陆建瀛等又奏……伏查各海口。如厦门。宁波。该夷不过视为侨寓。广东民气最固。彼诚未敢轻犯。上海造有夷船。积有夷货。亦未必肯自毁坏。天津则道光二十年。曾驾兵船十四只。游奕海外四十八日。不能进拦江沙一步。二十三年。又驾货船二只。亦未得进。是天津地利。该夷之所深悉。然而诡谲故智。如果有意挑衅。必仍以赴津呈诉为词。而取道于江南。臣等就江南海口观之。如刘河口。斜塘口。福山口。白茆口。或外宽而内窄。或外深而内浅。大船皆不能入。是地利不必不如天津……

(七月)丙申。福建巡抚徐继畬奏。查福州一口。于道光二十四年开关。夷人初到时。与本地民人。犹时有争竞。近来华夷相安。毫无枝节。福州港道口门最狭。沙浅复多。各国小船虽往来无碍。而大船易于搁浅。是以英夷货船。向在口门外熨斗洋面停泊。用小船拨货入口。道光二十八年。英夷曾有巡港兵船。在贞山汛港内搁浅损坏。从此大船再未入港。然恃险为古人所戒。难保夷人不乘潮冒险。驶入大船。自应豫筹密防。以备不虞。福州港内各炮台。系道光二十七年。臣与督臣刘韵珂。亲行履勘。修筑长门。暨闽安南北岸新建炮台。势扼险要。新铸炮位。皆在炮台安设。地近省城。尚觉便于调度。惟英夷此时并未露蠢动形迹。办理一涉张皇。不特居民惊扰。且虑夷人猜疑。肇启衅端。只可暗中筹画。外面仍寂然无事。至厦门亦系五口通商之地。港道深通。无险可扼。防范颇为不易。督臣刘韵珂。在南路阅兵。可就近体察情形。妥为办理。

戊申。前任漕运总督周天爵奏。英夷之和不可恃。宜及时思患预防……夫人有所长。必有所短。悉其长短。则有制之之法。所有兵事慎密。请于夹片陈之。

……

一北五省之兵。与东南风气水土迥不相习。驱之卑湿沮洳之乡。多生疾疫。惟海渔船。蛋户。及犯法水贼。与老虎颈之盐徒。寿州之捻匪。在上海殴打逆夷之水手。诚得良将驾驭。皆可以贼攻贼。且此等色人。一为我用。地方少无数滋事之案。而我反得臂指之用。臣愚以为宜鼓舞用之。可以化顽民而为义勇。不在预养。只在临时招募。恩威并行耳。

一逆夷困我中国之法。其策有三。其一窥伺长江。梗我漕船咽喉。其一欲袭天津。捣虚于时腋。其一欲窥山海关一带。滋扰我根本之地。三策两实一虚。盛京多山。寒冷最早。又劲兵所在。贼必不敢上岸一步。即有停泊。宜先讲求克敌之炮。如数千斤之炮。虽中不能破其舟也。逾万之器。其模易损。在广东多方铸之。皆不能成。铸至一万一千斤为止矣。惟于海崖避风之地。巨艘下碇之所。先为石炮。其内膛如大筒状。用石灰塗泥光华。容药千斤。此炮一燃。不恃炮子所中。而恃炮风所吹。凡舟大小无不掀翻者。现澳门大西洋。有赤铜炮一尊。用铜三十万斤。其炮初成。试之。海水分裂见底。可以知此炮之神威也。道光二十一年夏六月。飓风大作。英夷欲借澳门岛溆避风。西洋不许。英夷不敢拦进一步。畏此炮也。夫一炮而英夷畏之。肝胆俱裂。奈何不处处仿效为之。变而为石。为土。为木。其烈比比愈甚。而逆夷之给坚炮猛。无能为矣。

一天津密迩京畿。为九省通漕咽喉。臣细访舆论。佥云。海口有拦河横沙一道。已借去旧船四十只。有事载沙填口。此日海口沙处。平水不过二尺。潮来水深丈余。涨不过时即落。夷人万不敢拦入。况炮台河南河北。布置严密。炮聚多门。河滨地势沮洳。业苇一望无际。此处布置颇完善矣。然就海口而论。沮洳不可以布阵。业苇不可以置炮。正兵法所谓陷地险地。一有疏虞。天津人人丧胆。京师必致震动。兵法云。勿恃其不来。恃吾有以待之。勿恃其不攻。恃吾有所不可攻也。臣愚以为海口为头层门户。可以诱贼。天津三岔河迆东。名曰里河。为第一扼要布置之所。直沽河西仓以北。至北仓一带。河窄水浅。又有堤岸可因。宜在里河四五十里。以筑堤护河为名。于里河两岸。坚筑长堤。兴堤上之土牛。加高倍厚。名曰卫河。实则炮台。长塘约三四十里。就一塘之末。里河将尽头处。相视窄隘形势。两面筑坝。中留水口如大闸门状。用一铁钉木牌。豫拟横截中流。诱其进路。阻其归路。两面数十里。逐处用大炮抬枪备敌。彼进内河。其舟必小。可以一击而碎。彼击我者。以高厚土牛抵之。我所击者。彼不能不以舟当之。此可以决胜十有其二。再用无数柴舟。暗藏油火。聚集上游。望见贼船顺流放下。大燃河中。炮施于外。而彼火焰之中。炮不得施。此可以决胜十有其七。贼由舟径进。两岸或以陆路兵夹护。可用武刚车车阵当之。厚为遮护。宜调口外打牲之炮手。其人胆大心定。火枪有准。夷人十不当一。彼由水从陆。大炮笨重。不能致前。其用皆火枪。与我之抬枪。过山鸟。力量迥不相侔。陆路一败。而舟师丧胆。舟师一焚。而陆路之贼无穴。此可决胜之计十有八九……

乙卯。闽浙总督刘韵珂。福建巡抚徐继畲奏……兹于六月初四日。接据台湾镇道府会禀。本年三月二十六日。有英吉利火轮船一只。驶进鸡笼口停泊。该处文武各员。问其来意。据夷目哔哈戈罗声称。欲赴天津公干。船中缺少煤炭。求为代买。该文武覆以此处本不产煤。且该绅民呈请严禁私开。山坡久已封禁。无从代买。该夷语甚恭顺。随于三月三十日。开船北驶。臣等复饬淡水文武。时时密查。如有私乞煤炭者。立即杖毙。以杜句串夷人之渐……

丙辰。钦差大臣两广总督徐广缙。广东巡抚叶名琛奏。查文酋于六月初十日。由上海回港。十四日接其照会。不过寻常贸易事件。并未述及赴津投文。臣等就事照覆。亦无只字提及前事。窃思五口既准通商。茫茫巨浸。到处可通。断难遏其去路。况夷情狡黠。若虑其驶往他处。极力商阻。则延缓转谓示之以弱。势必要挟愈甚。枝节丛生……

徐广缙等又奏。查文酋回港。照常安静。其中实在情形。必须密有确据。方可见机操纵。兹特于本月十九日。密购其新闻纸。内开。英国女主有书到港。传知大兵头文翰。据称。定日前往上海天津。察听中国新政。探访各省情形若何。并要用计。将徐总督落职。方可进城。该兵头甚为留心。真系我国能人。务使国计有余。大有益处。尤须和合中国百姓。见机行事。亦不可勉强。有失国体。各国夷人。议论文翰前到上海。无法入手。遣人赴津。又不敢真正闹事。现已回港。甚属无味。闻天津港口外。沙线甚多。竟将火轮船搁浅。坏去右轮。船主威吧。索银修补。文翰允给二千圆。在上海为之修好。并闻天津口内。藏兵二万。乃中国最利害之兵。想系该总督飞信安排。豫备打仗。又关广东驻省之兵。操演枪炮甚严。叶巡抚与徐总督。时常在公议堂暗中设计。必有豫防之策。文翰在港。连日招请商人。言福建港口不好。亏折甚多。因思另换台湾地方。作为港口。各国夷人又言此事固好。惟未审能否相安。且徐总督与叶巡抚。时常密谋定计。此事恐亦大费周章。若要用兵。又无兵饷。而徐总督。叶巡抚。未知何日始能调去。实在为难也……

谕军机大臣等。徐广缙。叶名琛奏。夷酋回港安静一折。又另片密陈购得新闻纸。实在情形等语。览奏均悉。昨据刘韵珂等奏。接到夷酋文呼之即来照会。欲求采购台湾鸡笼山煤炭。以备火轮船之用。经刘韵珂等。正词拒绝。已降旨密谕。严饬文武。加意防备矣。兹复据该督等奏称。夷酋文安。连日在港。招请商人。言福建港口亏折甚多。欲换台湾地方。作为港口。是该夷窥伺台湾。生心已久。在粤虽甫有此议。究不可不豫为筹防……

(八月)壬戌。闽浙总督刘韵珂。福建巡抚徐继畲奏。夷船由天津折回上海。旋复由上海起碇回粤。

现在福厦两口。并未报有夷船驶入。亦无经过辖洋之事。查闽省洋面。距上海本不甚远。计夷船自上海起碇以后。已逾一月。既未驶入两口。自必早由外洋回粤。惟夷情反覆无常。侦探不容稍弛。厦门一口。四面环海。港阔水深。无险可扼。值此夷情浮动之际。巡防堵御。固宜讲求。而驾驭牢笼。亦应参酌。总以制夷而足以服夷。息事而不致生事为要……

谕军机大臣等。刘韵珂。徐继畬奏。遵查夷船自上海起碇后。未至福厦两口。业经密饬严防。并英夷租凭神光寺房屋。现在相机劝谕各等语。览奏均悉。夷船已由上海。驶回香港。安静如常。惟防范不容少疏……

(癸亥)前任漕运总督周天爵奏。大海形势。汪洋万里。原难得其扼要。至若大江内河。曲折多而沙滩亦多。又有石矶以东其气。断无一往直前之理。故江有阔狭。可以制敌者。必在险狭之地。以贼出没奔腾之技无所逞也。故有矶即可塞其归路。有沙滩即可胶浅其舟。夷人畏此二者。所谓智者无所用其谋也。小河愈窄而彼愈窘迫。愈浅而彼愈畏胶滞可知矣。夫窄则贼不能并舟而进。并舟则将制于沙矣。且窄则船之近岸。左支右碍。而济之以大炮抬枪。在数步之间。贼此时惟有悉力尽命。以急那移其船。即有炮亦不暇施。无他。救命不暇。望伤人乎。故船近岸则用炮。近沙则用火。沙胶其底。火热其旁。虽铁船亦无能为矣。夫堤工之土牛。即炮台之垛墙也。土牛多即炮台多。土牛安放。成掎角之势。或品字形。或偃月形。变化皆因地形为之。或击其前。或击其后。或备左则击其右。如是布置。我之四五十里之长塘。即彼之陷井矣。臣所以为百方千计。必避其在大水。而诱之于小水。正为此也。而小水最患其畅行无滞。倏忽而过。是以河之上流下流。必用铁木筏。诱之进。则先隐其而纵之毕进。上流之。多用火船以守之。使彼不能得前。下流之木筏。塞其归路。再用火船遮之。使彼不能退出。则成不能退遂之势矣。水路一败。陆路贼无所归。我兵云集。有一漏网者乎。而设施一切。尤先自天津里河直沽河始。皆必然之序。

谕军机大臣等。前任漕运总督周天爵奏。扼要设防。并绘图呈览一折。此图著发交讷尔经额。于天津里河直沽河等处。按照折内所陈。并图中布置一切情形。悉心体察形势。总期设施得宜。并著陆建瀛。傅绳勋。吴文镕。各就该地方情形。周历察看。凡有内河可以通海之处。均按折内所陈。相度地势。妥为布置。该督抚均当严密设防。不可稍有漏泄。是为至要。原折均著抄给阅看。

甲戌。直隶总督讷尔经额奏。为两奉寄谕。体察情形覆奏。查直隶拱卫京师。海防事宜。较东南各省为尤重。而情形则迥不相同。计南自山东交界之狼坨子起。北至山海关止。洋面千有余里。并无岛屿可以停泊。小船尚有收口之处。大船则唯在海口抛锚而住。此直隶洋面。而非用武之地。故夷匪难以肆行。而各处海口之拦江沙。为天成之险。可以扼制夷船。其沙横亘约五六七里不等。无论大船。即估舶沙船。亦须乘潮方能出入。道光二十一二年。臣督兵亲驻津沽。仰承庙算。指示机宜。数回往还。地利扼要情形。无一不在心目之中。兹查前任漕运总督周天爵。陈奏各条。多有见闻未确。事所难行者。敬为我皇上陈之。

一初次奏内称。澳门大西洋。有赤铜炮一尊。用铜三十万斤。初试海水分裂见底。英夷畏之胆裂。何不处处仿效为之。变而为石为土为木一节。臣思英夷沿海滋扰。所恃者在炮。我所抵御者亦在炮。然致远摧坚。贵乎灵活有准。现在大沽一带炮台。安设数百斤以至万斤重者。大小铜铁炮位数百尊。大炮均有炮床。中间安设机轴。形如磨盘。欲左则左。欲右则右。向于海河坐湾夷船必由之处。设靶练准。久已得心应手。若重至三十万斤者。铜铁不能造模镕铸。若以石土木之脆质。欲其胜千斤之猛药。一经点放。断无不炸碎之理。未能御敌。先自伤人。以不可轻于一试。

一初次奏内称。天津为扼要之地。过此细访。有拦江横沙一道。已备旧船四十只。有事载沙填口一节。查拦江沙梗。宽至数朝里。如以舟载沙堵塞。不但海水冲击。不能寄碇。而此区区朽敝之船。岂足以当夷人之一炮。若云倾沙垫水。可以窒其来路。则早潮晚汐。随即漂流。徒劳无益。从前海防层层设备。并无此说。现在亦无人以四十只船。载沙待用之事。

一初次奏内称。口门为头层门户。诱贼至三岔河迆东。里河两岸。坚筑炮台长堤。逐处用大炮抬枪备敌。设彼进内河。其舟必小。可以一击而碎一节。臣查三岔河。距海口二百余里。如任令该夷。越过大沽炮台。驶入内河。处处皆可登岸。如其舍舟登陆。占据炮台。分兵肆扰。蹂躏焚烧。岂可复问。且三岔河在天津郡城之北。东北两面。紧临河岸。如该夷之诡谲。岂肯过而不留。竟听我诱之深入。况乎建炮台。筑长堤。系共见共闻之事。临时则仓卒难成。先事又易致惊骇。臣本年在津沽。两奉寄谕。总当镇静。勿致居民惊惶为戒。欲图攘外。未能安内。里河距通州。水陆匪遥。密迩京师。尤不敢侥幸奇功于万一。

一初次奏内称。犯法水贼。及盐徒捻匪人等。诚得良将驾驭。皆可收指臂之效。不在预养。只在临时招募等语。查此等伟逃法网之人。平时断无自来应募之理。若待夷船已至。城厢戒严。正恐内贼不清。变生肘腋。何敢明张晓谕。招致豺狼。纵使驾驭有方。而急需之钱粮。难填谿壑。事后之散遣。更费周章。以毒攻毒。乃兵机偶合之权谋。非堂堂正正之旗鼓。流弊滋多。于近畿之地。似未可试行。

一二次奏内称。避其在大水。诱之于小水一节。臣将周天爵所拟图说。详加阅看。以图之形势论之。当可操全胜。但该夷诡谲多端。其敢于入内河。则必不止一船。亦断不肯全军深入。必有在后之策应。所谓巨筏以塞其归路者。恐不可恃也。夷船一入大沽。随处可以登岸。所谓以大船阻其路者。亦无所用之也。总之防夷之策。就直隶而论。断无舍拦江沙之天险。与各炮台之地利。而开关延敌。轻于一试之理。

以上各条。实在情形。仰祈圣明俯察。臣伏思天津为京师屏障。大沽为海口门户。防守之计。总以固我藩篱。贼不敢来。来不敢入为胜算。况直隶沿海居民。自二十一二两年。清理保甲以后。随时编查。未敢少懈。外来奸匪。无可藏身之地。实非南省情形可比。而人心坚定。志切同仇。较之广东。未遽形其不逮。此臣十载筹防。所可深信者。不敢于圣主之前。稍作过量之语。并将海口至三岔河一带形势。绘图贴说。恭呈御览。

讷尔经额又奏。军机大臣字寄。七月初一日奉上谕。安徽布政使蒋文庆奏。夷务仍宜修备等语。著各该督抚。按照该藩司原奏。各就地方情形。悉心体察。认真筹办。等因。钦此。查道光二十二年。英夷就抚议成。各处撤防。经臣督同天津镇道等。筹议善后十六条。如蒋文庆所陈各情。均在臣叠次筹防。暨善后章程之中。当蒙敕交枢臣。逐条议准遵行。而于修造战船。复设水师不便之处。亦经详细声明。非畏难惜费也。诚见北洋水面。非耀武之区。巡哨兵船。非对敌之具。惟有严防海口。使之不能觊觎。以为巩固藩篱之计。如阻其冲突。水路则有木筏。木桩。铁锁。铁猫。猴蒺藜。铁鹿角。层层设伏。避其火器。则有土袋。土垒。土埝。土坝。节节障蔽。剿贼军械。则有数百斤至万斤重者。大小铜铁炮位。及火攻炸炮数百门……自大沽北塘。以至芦台山海关等处。皆系参游以上大员。统辖重兵驻札。除天津道向兼兵备衔。且系镇道同城。遇有警报。商同征调。足以应手。天津郡城烦要。河漕盐务。地方公事。均系天津府知府兼管。去海口既远。未可兼顾兵事。至通永镇总兵。乃道光二十二年。为海防而设。驻札芦台。距北塘海口。仅数十里。设有夷船北驶之信。立时前往督办。朝发可以夕至。通水道。本系兼管海防。惟未兼兵备之衔。不豫征调之事。拟请加兵备衔。以资响应而重责成。至永平府知府。本系守土之官。防海亦其分内之事。但通永道。已请加兵备衔。永平府知府。毋庸再豫征调之事。庶事权归一。遇事不致紊乱。

谕军机大臣等。讷尔经额奏。两奉廷寄。体察防海情形。绘图呈览。并遵旨议覆海防事宜各一折。览奏均悉。其周天爵先后陈奏兵事数条。并绘具图样之处。既据该督悉心体察。不敢轻于一试。自系酌核地方情形。确有把握。又据奏称。蒋文庆所陈。均在迭次筹防。暨善后章程之中等语。天津为京师屏障。自当以严防海口。贼不敢来。来不敢入为扼要之图。尤须密筹后路。便贼匪无从绕越。各口声势相应。固我藩篱。该督既称津沽地利情形。久在心目。是平时早有筹画。不致临时张皇。现在该处人心坚定。志切同仇。该督惟当督饬镇道。联络兵民。训练必勤。炮械必备。自足常操胜算。慎固疆圻。原不在纷更繁扰为也。至通永道拟加兵备衔之处。著俟奏到时。再降谕旨。

咸丰卷三

道光三十年。庚戌。九月。壬辰。两江总督陆建瀛。江苏巡抚傅绳勋奏。俄罗斯国船只。于七月二十二日来沪。臣等以俄罗斯国。例在北路陆地通商。上海非其应至之地。谕令及早回帆。该船于八月十二日起碇。向东南洋面驶去。

谕军机大臣等。陆建瀛等奏。俄罗斯国李顿北。本年七月二十二日来沪。寄泊海口。行文英夷领事阿利国。转求通商。该督等以上海非俄罗斯应至之地。转饬该道查照成案。谕令回帆。旋于八月十二日起碇。向东南洋面驶去等语。俄罗斯国李顿北船。前于道光二十八年。曾至上海。亦系由英夷领事。转求通商。经李星沅。陆建瀛。开导晓谕。起碇出口。今事隔一年。又复重来。是俄罗斯妄念未息。亦难保非英夷暗中招致。傥此次回帆以后。再来尝试。该督等。惟当坚守定例。饬令回国。并严禁内地人民。与之交易。以杜事端而免觊觎。

辛丑。

盛京将军奕兴奏。窃维奉天地而所属。西南两路。滨海各城。统计大小海口三十余处。奴才按照历次奏办旧章。并留心体防。如宁远州之止锚湾。鱼台。海口。与山海关一望之遥。为两省海面接壤之区。第其地处偏隅。烟户稀少。大船不能近岸。逆夷亦无所希冀。迆东锦旗属之天桥厂。马号沟。二处海口。为商船停泊之所。天桥厂。距州城六十余里。马号沟。距州城四十余里。西路海口。惟此二处为最要。然近岸均系浅滩。不能直达口岸。如有缓急。该处有副都统一员驻札。可以随时调遣。无误机宜。至于南路各城。惟金州为最要之区。该城所属海口。大小十七处。如距城八九十里。至一百四五十里之青泥洼。小平岛。龙王塘。双岛。羊头洼等处。皆系老水贴岸。大小船只。均可往来停泊。但其地居民无多。烟户稀少。逆夷亦可无所希冀。惟距州城十二里之红土崖。二十里之和尚岛。山界。曾有夷船游奕试水。该处地近州城。老水贴岸。实属最要。其地有金州副都统一员。驻札防守。又有旅顺口水师营协领一员。督饬战船。往来巡缉。缓急皆有可恃。其次如复州属之娘娘宫。海口迆南。有长兴岛一处。距岛之南岸十余里。即属大洋。其处名八岔沟。上届曾有夷船停泊。向山岛取水。该处距州城一百余里。与各村屯亦相去窎远。仅止长兴一岛。居民无多。可随时布置。此西南两路紧要处所之实在情形也。至于岫岩所属之大孤山。牛庄所属之没沟营。盖州所属之连云岛等处海口。皆往来商船云集之所。但其近岸一带。多系砂碛礁石浅滩。大船皆不能直达口岸。其余各处小口。间有停泊船只。皆距村屯较远。且为英夷船只所不能到。此奉天所属各处次要海口之实在情形也。奴才悉心详筹。奉天为根本重地。兵丁素称劲旅。所不敢必者。北兵多不谙水性。若与之海洋接战。胜负良不可知。如果逆夷阑入海口。一经登岸。陆路击刺。正我兵之所长。若人人奋勇。一鼓作气。谅不致有失。再逆夷之所恃者。不过船坚炮巨。素与水性相习。然船大则人众。所需饮食亦多。且非淡水。无以生活。凡我沿海一带。果能处处自固藩篱。为坚壁清野之计。绝其水路。断其口粮接济。仍于紧要处所。练勇设伏。以防不虞。任由该逆船只。在海面游奕。日久则水米不继。势必技穷而去。况油火柴舟。皆可相机而用。此尤不战之战。可以取胜者。至石炮木炮。如果临期可用。不妨如法一试为之。但当此无事之时。亦未便先为制作。惊人耳目。硃批。览奏俱悉。甚好。

辛亥。两江总督陆建瀛奏。伏思英夷和不可恃。人所共知。而内地防维。有难有易。以江苏而论。如宝山本在吴淞口外。上海已准该夷居住。自当另为一议。其由上海而入松江。苏州。皆系支河。即通海各口。亦皆小港。户部尚书赛尚阿等。道光二十六年。阅伍至此。奏请于章练塘。添营。斜塘口。拦路口。设备。节奉谕旨。令臣与李星沅先后勘办。似沈船置筏。均可以资堵御。周天爵所议。诱之内河。亦可以操其胜算。惟鹅鼻嘴。由海入江之处。冬春小水。江面稍窄。现设炮堤炮位。尚堪得力。若夏秋盛涨之际。江宽约在十里内外。炮力仅可三里。恐难达及中流。臣每念金焦之间。辄怀隐虑。窃料该夷如果生心。必以分扰苏松为疑兵。而以直入长江为奇兵。一切募勇火攻诸法。均所应办。而其要则在御之使不能入。万一阑入。尤应破之使不能出。此须临时调度。非可豫为空谈。也臣愚以为今日夷务。在筹未然之防。兼救已然之弊。必须沿海州县。人人廉干有为。则外之足以服夷商。内之足以制汉奸。此为第一要义。而水师镇将。又能督率兵勇。见贼不逃。见死不畏。该夷不足灭也。

陆建瀛又奏。天下海口。以天津为最可恃。亦以天津为最要。臣前在天津道任内。随同直隶督臣讷尔经额。筹防三载。备悉情形。彼时即有以缩入内地。不宜专守海口为言者。仰蒙宣宗成皇帝派僧格林沁。赛尚阿。巴清德等。前往相度。会同定议。讷尔经额。以只应于后路多方接应。不可于前路有心退让覆奏。洵为精确之论。盖天津在京畿肘腋之间。所设炮台。皆在海河扼要之处。河面并不甚宽。炮力足可相及。且拒海口拦江沙尚有数十里。议者未履其地。仅据从前旧图言之。遂以厦门吴淞等处。相提并论。臣查周天爵原奏。所称丛苇沮洳。亦非天津近日情形。而不专守海口。诱之内河等语。施之他省偏僻海口。或可见效。惟天津则不然。何也。该夷以船为巢穴。大船必不能入拦江沙。重兵必不敢离大船。其能入者。不过杉板小舟。击之于彼无损。万一我兵以旅入内河为词。不复注意海河。则彼以数船乘隙横据。诱之入而不肯。驱之出而不能。都城人心。必大震动。窃恐要挟故智。复将施于天津。臣管见所及。不敢不献其一得之愚。

甲寅。闽浙总督刘韵珂。福建巡抚徐继畬奏……英夷远在西溟。水程隔六七万里。奋中国之全力。亦断不能扫穴犁庭。歼其种类。即将其海上之船。焚毁数只。亦未必扬帆远遁。永不复来。此其难以制伏者一也。中国自辽东至广东。海岸约七千余里。除荒僻海口不计外。府州县城池。及著名市镇。马头。近逼海口。为彼炮力之所及者。凡十数百处。彼处处可到。我不能连营树帜。逐处设防。彼时时可到。我不能画谋夜探。先时知觉。即使择要防守。厚集师旅。而彼舟我岸。以兵勇血肉之躯。与浮沈之巨艇相争拒。鲜不为其炮力所攻溃。此其难于防范者二也。然彼以贸易为生。其货船虽无所不到。总以中国马头为养命之源。而一绝其贸易。即如婴儿之断乳。有不可以终日之势。前年粤东阻其进城。彼亦遂暂时止息。固由粤民之齐心。实则受制于各行之停市。特以入城不能。无颜以对各国。故复为上海天津之行。欲别寻转圜之计。今我以正辞答复。彼亦既默马回粤矣。该夷作事最为坚忍。已发之端。从不肯轻易歇手。既未获所求。必且致商其夷主。再作求伸之计。天津之再来走诉。固在意中。而入长江阻运道。更系犬羊之惯技。设以兵船五六只。驀入长江。以投文控诉为名。扼我之吭。妄肆要求。是则不得不虑者耳。长江海口。善后炮台。工程既已大修。自必较前完善。惟江面宽阔。探扼良难。必谓炮台可恃。夷船不能阑入。臣等窃不以为然。伏读前奉谕旨。以制夷之方。粤东较有把握。仰见圣谟渊澈。洞烛几先。窃谓该夷果有蠢动之意。即使虚张声势。亦必须调集兵船。香港距广州密迩。又且有素不同心之花旗各国。信息易通。一得消息。应如何密谕洋商。停止贸易。或此外另有别法。可以箝制。两广督臣徐广缙。沈毅详审。通权达变。自必能仰遵圣训。布置周详……

刘韵珂等又奏。臣等查阅周天爵原奏夹片。其所称前此失事。皆由专事海门。又称天津海口横沙炮台。兵法所谓陷地。所言诚为切中。所难者。沿海之城池马头。多近逼海口。无委弃之理。无移撤之法。即以闽省而论。逼近省城之海港。由五虎至南台。虽有门户数重。然较从前失事之浙江镇海港口。

宽阔奚止数倍。厦门则港口宽深。一人大担。直抵十三路头。万家阛阓。近压海边。既无城廓。亦非退步。二十一年。英夷入犯时。乘南风扬帆。直扑岸上。该处炮位。乃至二百余门。血战未逾半日。即已失事。此乃限于地势。智勇皆无所施。臣等窃窥该夷举动。现已默然回粤。毫无动静。其或知难而退。从此相安无事。固是天诱其衷。抑以未获所欲。再以别法要求。亦是意中之事。此时厦门则夷目夷商与华人杂处。港内夷船。每日不下十余只。省城则夷目一人。夷商及传教之夷共十余人。我有动作。彼皆知之。若于无事之时。将炮台之炮。日日演放。炮台之兵。纷纷调集。又或雇募水勇。购备大船。风声一播。夷人定启猜疑。将来首先张皇之地。即为首先纷扰之地。是防夷而适以招夷。未免失计……

刘韵珂等又奏。查台湾地方。并非通商马头。亦非各国夷船应行经由之处。乃自道光二十六年以后。节据台湾镇道禀报。淡水厅属之鸡笼山一带洋面。时有英夷船只驶往游奕。臣等查知鸡笼附近各山。有产煤处所。该夷火轮船只。需用此物。其频年驶往。未必不有所垂涎。因恐内地奸民。贪利句串。或竟私自采挖。均不可不防其渐。当经密行该镇道。转饬前任淡水同知曹士桂。纠合各乡士民。公同查禁。并刊立禁碑。严密防范在案。本年三月。驻福州夷目金执尔。呈投英酋文安照会。果以采煤一事。径行干请。经臣等备文照覆。正言拒止。复密饬该镇道等。固结民心。重申禁令。使之无可希冀。惟该酋回至香港后。与在港商人私议。欲将福建港口。易换台湾。是其因所求未遂。复欲藉词于亏折之多。易换港口。已可概见。臣等现复密谕该镇道。并由省派委干员前往。会督该处文武。传集绅民。谕以大义。怵以利害。务令全台百姓。亿万一心。互相查禁。并非官与作难。总令贪狼狡黠。亦将颓然自失。藉口无由。并密饬该镇道等。查明各口要隘。及夷船前撞礁石处所。相度形势。妥为布置。总期内无畏怯。外不张皇。镇静密防。不露形迹。以固我围。如该首文安。竟以求换港口。来闽投递文书。臣等自当坚执成约。正词拒绝。使之无衅可寻。仍飞咨粤省。一体驳饬。俾绝妄念而弭后患……

乙卯。钦差大臣两广总督徐广缙。广东巡抚叶名琛奏。臣等查本年正月内。曾据文酋照会内称。彼国火轮船。需用煤炭。闻台湾鸡笼山。有此出产。或劝谕民人。自行装运来港售卖。抑或豫行挖掘。俟我国船到彼买运。臣等当经照覆。台湾系属隔省。断难允行。煤炭为日用所需。五口皆可随时采买。力行斥校去后。该酋在粤。并未续陈此事。嗣于五月内。复接闽浙督臣刘韵珂来咨。文酋现有照会。寄交在闽领事官转递。亦系往询此事。业经备文照覆。闽省向不产煤。台湾鸡笼山。似露煤苗。该处绅民。屡次禀请封禁。万难相强。早经正词拒绝。亦未闻在闽复申前说。大抵该夷性情。每因觊觎。先为尝试。如果剀切开导。自知事有难行。未尝不废然思返。至臣等前次所奏。购得新闻纸。内载福建港口。亏折甚多。欲换台湾地方为港口。本系文酋与众商私行密议。游移未决。数月以来并未接据照会。亦未闻该夷果有动静。因思英夷。先于道光二十一年间。直至台湾窥伺。经前任总兵达洪阿。与前道姚莹。督率义民。大加惩创。该处民情素悍。随时皆可御侮。英夷恐未必遽尔轻举妄动。复蹈危机。如该夷在粤。有潜往台湾之信。即行飞咨闽浙督臣。赶紧防范。尤当示以镇静。不致别生枝节。

谕军机大臣等。徐广缙。叶名琛奏。遵查夷人情形一折。夷酋文安。前求采购台湾鸡笼山煤炭。该督接据照会。即力行斥驳。该酋在粤。并未续陈。亦未闻在闽复申前说。其欲换台湾地方。作为港口。现亦并无动静。惟夷情叵测。于成约之外。稍准通融。此端一开。势必妄生觊觎。昨已谕知刘韵珂。豫为筹防。该督抚仍当严饬文武。加意防备。持以镇静。勿致别生枝节。是为至要。

十月。辛未。两江总督陆建瀛。江苏巡抚傅绳勋奏。查原案大西洋国。亦名意大里亚国。罗类思。系该国罗玛府人。于道光二十六年冬间。驾坐夷船。前来上海。维时约年四十余岁。由佛兰西公使喇萼呢。领见前任苏松太道官慕久。称系该国派来上海主教。当经官慕久。盘诘问确。查照奏定章程。准其在上海建堂礼拜。不得擅入内地。该夷即在上海。建造天主堂未竣。二十七年九月。另换佛兰西夷人赵方济。前来主教。该夷罗类思。即驾坐火轮船。望南洋驶去……

谕军机大臣等。陆建瀛。傅绳勋奏。遵查西洋人罗类思。曾于道光二十六年。前来上海。二十七年九月。即驾坐火轮船。望南洋驶去。此后并未重到上海。亦无高姓其人。既据查明。应毋庸议。该督等。惟当随时查察。杜绝句结。总期坚守成约。毋令别生枝节。是为至要……

(丙子)何冠英又奏。前阅邸钞。据闽督刘韵珂。屡报水师巡缉出力。闽浙洋面。盗匪肃清。乃近闻闽省南台。常有火轮船五六只停泊。询因近日洋盗充斥。水师望风先逃。行旅往往失事。该夷人性本嗜利。又欲笼络人心。遂向商船每只索洋银三百圆。代其护送至浙之宁波。由浙返闽。亦复如是。是商船被害之少。适见夷船获利之多。乃该督以夷船护送之故。全谓为水师巡缉之功。竟不虑该夷可以护送商船。即可以潜谋不轨。其邀功之滥。防患之琉。均可概见……

谕军机大臣等。有人奏。闽省夷情叵测。渐至蔓延。霸占省城内外各寺。强买民房。起造楼屋。并钉塞炮眼。骑马夷人。四处踏勘。经各乡民驱斥。地方官反为出示禁阻。又片奏。闽浙商船。多雇夷船护送。该督反谓水师巡缉之功。又夷人用鸟枪打伤幼孩。该督委员查验。含糊禀复。贿和了事各等语。若如所奏。该省民夷既不相安。官民又复不协。刘韵珂等。身任疆寄。何以听其滋扰。毫无办理之法。徐广缙总理五口通商事务。且闽粤接壤。必有见闻。著即按照折内所指各情。逐加访查。果否实有其事。并该督抚现在能否设法抚驭之处。据实具奏……

又谕……又闽省南台停泊火轮船五六只。向商船每只索洋银三百。代其护送。往来于闽浙间……

(十一月甲寅)徐广缙等又奏。臣等窃思驭夷之道。要不外于固民心。未有不知安内而知捍外者。亦未有不能处常而能御变者。查广东水师。一提四镇。于洋面则分为三路。提督驻札虎门为中路。阳江琼州两镇为西路。碣石南澳两镇为东路。所属各协营。亦即附近分驻其间。举凡诸夷聚处。以及夷船出入停泊。皆在中路。且距省城为最近。故为扼要之所。碣石。南澳。直达闽浙。亦为往来必经之路。惟阳江。琼州。两处。多系越南。暹罗。诸国商贩所通。而英米佛等国夷船。到此者较少。其洋面情形。原在各营将备弁兵。时加侦探。互相梭巡。风涛耐于惯习。炮火熟于点放。船只长于驾驶。器械。火药。在在极于精良。训练讲求。本营伍当尽之职。有事赖以防夷。无事正可期于捕盗。仍由臣等分别劝惩。自当渐收得人之效……

十二月。乙丑。闽浙总督刘韵珂。福建巡抚徐继畬奏。十月十二日。据委办夷务修补道鹿泽长。转据委员县丞郭学□禀报。有苏以天即瑞国夷人发士。吕吉士。二名。在城外南台地方。租屋居住。十月初十日。该两夷雇坐小船。赴五虎门外夷船。借得洋钱二百圆。回至金牌洋面。突遇贼船拦抢。发士用小鸟枪击伤一贼。被一贼用尖枪。将发士刺落水中淹毙。吕吉士泅水逃回船中。洋银被贼抢去等语。臣徐继畬。查金牌洋面。系属内洋。距省城止一百数十里。该匪等胆敢驾船抢夺。杀伤事主。不法已极。未便因事主系属夷人。稍涉松懈。当即飞檄署闽安协副将林相荣。限三日内。务将正贼拿获。旋据该署副将。于十四日将匪船主朱青青即朱茂科拿获。并续获朱爪婁。朱阔呲。朱恭恭。三名解办。又据委员等禀报。十月十三日。有大西洋即住澳门之葡萄牙国护货船一只。停泊南台江面。船上有黑夷二人。上岸买绿菸。一黑夷与铺户陈炉炉争论价值。用手携尖刀。划伤陈炉炉额颅。民人林举为。进前拦劝。黑夷疑其帮护。用刀戳伤林举为肚腹殒命。行凶之黑夷。当即脱逃。该处居民。将同行之黑夷拿获。当经修补道鹿泽长。饬该营县。将民人拿获之黑夷。先行收禁。勒其交出正凶。该船主山咥。甚为恐惧。旋于十五日。将行凶之黑夷。协同兵役。在馆头地方。拿获綑送前来。随据确讯供词。同行之黑夷各哈嘛。并未动手。系属干证。行凶之黑夷名唵波啰吐。供认划伤陈炉炉。戳毙林举为属实。臣等查各国通商条约。夷人犯罪。应交该国领事官自行办理。惟大西洋。与葡萄牙国领事官。住广东之澳门。福州并无该国领事官。当由臣等委员。将凶手唵波啰吐。干证啥嘛。二人解送广东。咨文。钦差大臣两广督臣徐广缙。发交该国住澳门之领事官。查照条约办理。

徐继畬又奏……又道光二十九年十一月初八日。有夷船一只到来。随饬访问来历。据兵头来云口称。奉英国总办外务事宜宰相巴札文一封而来。随即饬官接札投阅。内云。英国秉正各大臣所过。彼此两国。不禁通商。永久友睦。傥琉球果有此意。则本国商民数名。即往琉球地方。寄居贸易。俾宾主利益多增。至伯德呤。系属英国子民。向在泰西国习练医道。后过琉球。其心志既系救患济人。能使琉球民庶。精力壮盛。仍嘱琉球见谅如前。再得妥保该呤平安可也。随著具文回覆。敝国土瘦地薄。物产无几。不能与大国结交贸易。至于医术。亦传习中朝医法。得以治病。不必用他国之医。恳请迅赐遣拨船只。接取伯德呤。并妻子回国。该兵头接收覆文。于十七日开始回去。又道光三十年八月二十八日。有英吉利火轮船一只到来。随查访来历。据兵头克尔克喇孚启称。奉国命到琉球。访问医师伯德呤。请琉官相见会面。随即遣官会面。该兵头说伯德呤应好生照看。毋得怠慢。傥有侮辱之事。日后不免兵火。该官婉词回覆。并具文恳请接回伯德呤并妻子。旋据启覆。所留伯德呤。乃吾国所珍重。如琉球官民。巧用压欺。强出境址。吾国所不怡。决不能依顺所请等由。于九月初六日长行回国……

又谕。刘韵珂。徐继畬奏。接据琉球国来文。英夷伯德呤。尚未撤回。仍咨两广总督查办等语。英夷伯德呤。住居琉球。已阅数年。该国以有英夷船只到彼。仍未载回。且出恐吓之言。该国甚为忧虑。复行吁请查办。前经徐广缙奏称。该酋文翰。设词推诿。自系意在逗留。惟琉球以海岛藩封。频来吁吁。未便置之不问。著徐广缙。再向文翰。设法开导。妥为劝谕。务令将伯德呤。及早撤回。免致该国惊扰。又据刘韵珂等奏。有大西洋葡萄牙国黑夷上岸。用刀戳伤民人林举为一案。福州并无该国领事官。现已移咨该督。并将凶夷唵波啰吐。啥嘛。二名。解送广东等语。夷人领事官。住居澳门。著俟解到后。即饬发交该领事官查照章程。秉办办理。以符成约。

癸酉。前任闽浙总督刘韵珂奏……又闽商船索洋银护送一节。查闽省水师营船。前于军兴时。多被英夷击毁。洋盗充斥。商船畏缩。时有西洋葡萄牙国小夷船驶入南台港口。包送华商船货。并非英夷船只。各商船时有租该国夷船护送之事。租价系彼此讲定。并非勒索。经臣查知此弊。即两次奏明。在省城设立专厂。赶将缺额师船。先后造齐。移捕洋盗。一面委员。谕令南台各行商。不准再租该夷船只。现在闽洋盗匪敛迹。浙洋盗案。亦较从前减去十之七八。各商船有恃无恐。多不租夷船护送……

乙亥。钦差大臣两广总督徐广缙。广东巡抚叶名琛奏。查澳夷疲敝已甚。并无大兵船。九月烧毁之船。系辗转托词。向他国借来者。今全被毁。既无力赔偿。而澳内夷兵。本不过三百余名。又复烧毙殆尽。穷蹙情状。更甚于前……

咸丰卷四

（咸丰元年辛亥正月）壬子。礼部奏。据琉球国使臣王舅夏超群等。在臣部呈递禀函一件。阅系因英夷在彼国逗留。恳求开导撤回等情……惟是道光二十九年十一月初八日。复有英兵官。驾船到国。据称。奉有英国大臣札文前来。要欲两国交好通商。傥琉球果有此意。即拨英国商民数人。寄居球地等语。敝国主听闻之下。不胜惊惶。现在英夷伯德呤一人在国羁留。屡经咨请。乞为查办。尚未撤回。奚容再拨英商多名在国。实属荒谬。敝国主饬官坚辞。不从。并请将在国伯德呤带回。而总兵不从所请。延至十七日开船而去。又于道光三十年八月二十八日。突有英国火轮船一只到国。声称水师都司克尔克喇乎。奉伊皇政之命前来。询查医师伯德呤。此吾皇政珍重之人。琉球官民。必须好生照看。毋得轻慢。傥有侮辱。暗施巧谋。日后不免兵火从事等语。恶言惊吓。大肆鸱张。遂于九月初六日驾船而去……

(二月)庚午。江苏苏松太道麟桂奏……夷税一项。向本无之。自通商以来。每年粤海关。可得百余万。江海关。可得四五十万。闽海关。可得一二万。或将此款饬该各关永远封存。不得拨动。以十年为率。计有一千四五百万。以夷输之税钞。为攻夷之军需。诚能久储不动。则愈积愈多。遇事更无虞短绌。所有筹备防海事宜。早经奉旨饬办。刻下如江苏通江海口之鹅鼻嘴。添兵守卫。上海之吴淞口。亦经添雇兵勇船只。并传谕各商。每船出洋。令其各带枪炮。添雇水勇。于洋面防范。明则巡洋捕盗。保护商船。暗则集勇联兵。豫筹劲旅。请仍谕饬沿海各督抚。将各口要隘。某处应添炮台若干座。兵勇若干名。战船若干只。用若干经费。定以限期。一律完备。并将遵办事宜。议定章程。先行绘图贴说。奏呈御览。总期实力速办……

甲申。

钦差大臣两广总督徐广缙奏……又如南台常有火轮船数只停泊。经过商船。索银三百圆护送至浙。商船被害之少。实由夷船获利之多一节。查福州南台口。及五虎口。常有夹板船。及夷人之澳门划艇。往来停泊。轮流护送装载杉木赴浙各商船。每只索银二十五圆。合二十五只为一帮。每帮共银六百二十五圆。实非火轮船护送。间有商船凑不成帮。要其护送。随时议价。多寡不等。亦无经过商船索银三百圆之事……

(三月)己酉。闽浙总督裕泰奏。遵将刘韵珂。徐继畲。覆奏各情。逐一查访……又覆奏。夷人在南台停泊火轮船。勒索商船。代其护送一节。缘西洋葡萄牙国夷人。驾有广东划艇。俗名假夹板。船身轻便。不时驶入南台港口。包送各处商船。以海程之远近。定船价之多寡。系属彼此情愿。并非勒索。向无一定数目。商船利其便已。雇觅护送。现仍不免。亦无火轮船为之护送之事……惟内地商船。雇觅夷船护送。虽皆出于各商情愿。并非夷人勒索。但各国夷人应到马头。均有一定。而内地商船。随处皆可收泊。若竟听其护送。则此后外夷船只。转得以护送为由。到处停泊。所关殊非浅鲜。臣以截流必先清源。各商之所以愿令护送者。无非为防御洋匪起见。该管水师员弁。果能认真巡缉。使盗匪无从托足。各处商艘。亦何必再雇夷船为之护送。臣惟有严饬闽浙水师各营。加意巡查。实力搜捕。务使盗匪绝迹。海宇肃清。傥或虚应故事。致该管洋面报劫频闻。并当从严参办。以为探本穷源之计……

(四月)癸亥。库伦办事大臣德勒克多尔济等奏。兹据俄酋遣使送到该国萨纳特衙门咨行理藩院公文。求为转递。

……

俄罗斯咨文。

为行知

大清国理藩院事。敝国闻得有外国船只。屡次到黑龙江口岸。想此船来意。必有别情。且此帮船内。尚有兵船。我们既系和好。有此紧要事件。当即行知贵国。设若有人将黑龙江口岸一带地方抢劫。本国亦非所愿。黑龙江亦与俄罗斯一水可通。两国和好定例。自乌迪河以东。黑龙江附近地方。原未分辨疆界。黑龙江内。不容外国船只停泊。且不准占据江口。两国彼此商酌定计。将江口暨附近岛屿防范。是否可行。总之防范外国之抢夺。保守两国之边界为要。据此即可知敝国君与大皇帝长久和好。邻邦相助之意矣。

乙酉。两江总督陆建瀛奏。海疆防范之法。无过于慎选守令。练习官兵二者。至团练之法。各省情形不同。江南如苏松等处。风气柔弱。又兼嗜利。与议团练。其应募者。必皆无业游民。临时恐难得力。徐淮人较强悍。又只利于平陆旷野。海滨不甚相宜。惟有上海商船之舵工水手等。素习洋面。不畏风涛。臣自道光二十七年。到江苏巡抚任内。即藉海运漕米一案。奏请商船准带军器。饬令各水手习练枪炮。并劝谕各商。捐资雇募水勇。仿照广艇式样。成造兵船。俾水勇乘坐出洋。盖即寓团练于御盗之中。而沿海淦户。如川沙一带。则又编造渔甲牌船。在平时为稽查。在临时即备驱遣。又以巡江缉私为由。捐助造多桨船大小十只。选雇水勇。逐日操练。并以防河为名。豫购木植芦苇。日积月累。以备札筏火攻等用。臣所办各条。均未敢明示意指。亦不敢谓必合机宜。然筹海防于无事之际。似大端不外乎此。海疆道府。与闻兵事一节。前亦有人言及。查江苏上海道。本系兵备衔。且遇有紧要事件。即府州县等官。亦准其一面禀报。一面移调官兵。从无武营不遵调遣。坐待赴省请兵。致有贻误之事。似亦毋庸另易章程。

(五月)乙卯。浙江巡抚常大淳奏。筹防海疆。修备夷务。仍以整饬营务为第一。所有前次夷务案内毁缺师船。先经前抚臣奏明。由士民捐资补造。现已告竣一百余只。验皆坚固。业经交营配用。尚有三十余只。亦俱兴工造办。臣现饬催赶造。一俟完竣。即令验明交营。统由该管镇将。挑选弁兵。配置炮械。亲身督率驾驶出洋。藉巡缉以熟习沙线风涛。乘捕盗以操练枪炮技艺。精勇者优奖超迁。庸弱者斥革另补。赏罚既明。则士气自奋。至于团练乡民。固亦防患善策。然须因地制宜。乃能有利无害。浙省民风。刚劲者少。而柔弱者多。读书之外。农工商贾。各有恒业。今若给予军械。谕陇亩耕氓。舍耰锄而执戈戟。强市廛工贾。习战争而荒本图。非惟不便民生。窃恐骇人闻听。至沿海港口。惟宁波乍浦二处为大。宁波现为该夷商马头。乍浦亦为商船进出口岸。此外港汊虽多。均非大船所能出入。且沙性靡常。涨坍无定。矧该夷近在宁波。今若于海口旧有炮台之外。另设添防。于各营军士之外。别事围绕。势难尽掩该夷耳目。设有泄漏。转恐滋生他衅。臣再四熟筹。因思目下正饬各属遵旨力行保甲。若将团练一法。寓于保甲之中。此时姑不必明示团练。但谕以守望相助之义。彼此联络之方。期于民心固结。各知自卫身家。然后再由地方守令。随时体察情形。相机筹办。较为妥密。其各处海口。臣亦饬令各地方官。于编查渔船之际。留心察看。一应渔船。概令编列字号。填给门牌。互相纠察。使之不为夷人句结。至海口分巡道员。本有兵备兼衔。各该府县。均有城守兵弁。如遇紧要事件。必须兵力者。无论道员。即府县亦准其一面具禀。一面调遣。办理本无掣肘。所有该藩司蒋文庆。请将道府与闻兵事一节。应毋庸议。

常大淳又奏。宁波海口。为夷人通商马头。臣到任以后。访察夷情。并于接见宁波道府时。详加询问。现在英吉利夷人。在彼通商。尚属安静。该处虽系海口。一入内河。须盘坝三四次。方抵省城。商贩不甚流通。查道光三十年。夷货税册。仅收税银一百一十余两。该夷无利可图。船伙往来甚稀。米利坚夷人。亦皆安分贸易……

咸丰卷五

咸丰元年。辛亥。七月。丙申。两江总督陆建瀛。江苏巡抚杨文定奏……讵本年六月十五日。臣在清江浦。接据麟桂禀称。本月初六日。探有佛兰西兵船一只。驶进吴淞口。停泊黄浦江。据该领事照会云。系该国水师提督罗格睦耳。由澳门到此查看天主堂。尚有兵船二三只。随后驶来。并约初八日。面晤该道等。届期相见……

甲寅。两江总督陆建瀛。江苏巡抚杨文定奏。佛兰西兵船。驶至上海。要求给还松江府城内天主堂地基。业已严词拒绝。该夷闻臣等揭破其奸。无可藉口。即于七月初一日。将兵船开驶出口。待风放洋……来沪之兵船。上年九月已泊广东之澳门香港等处。本年五月始由香港开来。一俟风顺。即尝开行。尚有二号兵船一只。火轮船一只。仍在得法。此船各处游奕。并不滋事。

八月。甲子。两江总督陆建瀛。江苏巡抚杨文定奏。据署苏松太道吴健彰禀报……佛兰西兵船。即于十五日出口。其兵头罗格睦耳。谆托大西洋夷。向该道致谢。并称已嘱该国领事敏体呢。教主赵方济。谨遵条约奉行。尚有二号兵船火轮船。或来或否。均未可定。兵船出口。由浙闽至广东。稍有耽延。即行回国。

(咸丰二年壬子)六月。辛丑。两江总督陆建瀛奏。据苏松太道吴健彰禀称。五月十五日。据佛兰西领事敏体呢。函称该国公使波布堂。带同提督总兵人等。驾坐小号火轮船一只。兵船一只。前来上海。巡查贸易事宜。嘱令该道。率同上海文武各官。于五月十九日午后。前往迎接。并询如何交接等情。该道答以中国监司大员。与外国公使。自应以平行礼相见。按照中国礼节。彼先来拜。再往答拜。无率同文武各官。先往迎接之礼。乃敏体呢以为慢待来使。心不输服。往来辩论。称欲赴臣衙门指告等情……惟云近来广东公事。诸多间阻。每有照会。迟至两三月不覆。商人抱屈无伸。此次本拟赴臣衙门告诉。因有事回粤。俟后再来等语。该道告以广东公事。应就近在广东钦差大臣前诉理。两江不得越俎代庖。而该夷再三托其先为禀知而去。旋于六月初二日。登舟出口。初五日放洋。折回广东。

咸丰卷六

(咸丰三年癸丑三月)甲戌。钦差大臣向荣等奏。本月二十三日。探有夷人火轮船一只。驶过镇江地面。并未开炮击贼。意殊叵测。查前接署督臣杨文定来咨。据苏松太道吴健彰禀称。夷人恐贼匪赴沪抢掠。彼国兵单。止能自保货物。不敢前往助剿。该道婉词商确。而夷酋意不可移等语。今竟突如其来。甚不可解。适接六合县知县温绍原禀称。本月二十日。有英夷火轮船一只。驶入该县江面停泊。当即饬役上船查询。见有红巾贼匪四人在内。夷酋不与该役答话。惟交汉字未封口夷信一封。嘱令往南京贼中投递。该役不敢前去。谨将英夷原函。送呈阅看等语。臣等接览之下。见原函后面。有夷字两行。的系夷信无疑。殊深骇异。臣等当即筹商。总须询明该夷来历。随札饬六合县。赶紧携带牛酒等物。亲上夷船。以犒劳为名。问其来意何居。复于二十四日。接署督臣杨文定函称。英夷火轮船一只。于十九日。行至围山关。径赴镇江。未与我处艇船答话。各艇船亦即开船随往。贼船开炮。火轮船并不开炮。各艇船回炮轰击。坏曲笔九十只。毙贼匪数百人。火轮船已径往江宁等因……

署两江总督杨文定奏。上海通商各国。惟米利坚最为恭顺。此次贼匪窜扰。经苏松太道吴健彰约会。即发火轮船前来助剿。旋因搁浅转回。至佛兰西。则专以传教为事。英吉利又强悍诡谲。惟利是视。兹英夷因恐贼匪赴沪焚掠。冒险前来。恒恐另生枝节。现于所获贼匪内。搜出该夷与镇江贼目信函一件。大约言伊此来。并非帮助打仗。系有事与镇江相商。并言上海道所雇兵船。亦不与伊相干等语。旁有夷字。确非假捏。似此情形。显系该夷畏贼焚掠。欲与连和。第该夷总以胜负为从违。所幸江宁贼营。已为句荣叠次攻破。扬州贼锋。亦为琦善等所挫。镇江又水陆兵勇将即日夹攻。该夷探悉此情。似必退然思返。谕军机大臣等。向荣等片奏。探有夷人火轮船只。驶过镇江。径往江宁。与本日杨文定所奏略同。著即密饬上海道吴健彰。令其设法晓谕。查得实情。再行核办。至杨文定所拟照会。朕详加披览。未尽妥惬。不可遽行。向荣所称。不便钤用关防。所见甚是。现在惟当督饬炮船。于大江上下游。合力剿贼。先其所急。若能将江面贼船。痛加轰击。水陆夹攻。迅殄群丑。该夷无隙可乘。当不至别生枝节……

(四月)乙未。钦差大臣向荣等奏。英夷火轮船。已经驶至上海。现据苏松太道吴健彰禀称。署督臣杨文定。差委革员郑魁士。游击张攀龙。齐带照会。饬令会商各国夷酋。借用兵船一事。该道邀同郑魁士等。到各夷馆会晤。据英夷领事阿利国称。彼国兵船。驶往金陵。不过去探贼情虚实。并非入江帮助。亦不前去句结。佛兰西领事仍称。公使未来。不能作主。美国公使领事称。彼处兵船。曾来助战。行至江口。阻浅而回。今将与日本国打仗。不能借用剿贼。至船前往金陵。佥称未晓其意。该道以各国无船可借。仍将署督臣照会。交郑魁士带回。又闻英夷火轮船。有往攻缅甸之事。均未起碇开放出口各等语。臣等查夷情谲诈。必须严为防范。现在我处师船。将次到齐。堪以剿捕。外夷各船。既无可借。即须停止。以免藉事生波。

戊戌。署两江总督杨文定奏。臣前因英夷火轮船。驶至江宁。行踪诡秘。恐回转时。未必肯露实情。是以派员前往。会同上海道。严密查控。并缮具照会。令其齐往。嘱令各国如肯借船。始将照会递送。兹据各员佥称。夷船均不肯来。照会亦未送往……

(六月庚辰)德勒克多尔济等又奏。接阅固毕尔那托尔来文。系萨纳特衙门。咨行理藩院文书二封。求为转致。遂以即行转致等语回覆。其夷使照例赏给缎匹砖茶等物。

俄罗斯咨文。

为恳祈事。窃照月罗坝雅锡雅二州。系属敝国地方。其雅莫里嘉州西北地方。东海后面许多岛屿。亦系敝国地方。谅理藩院早经知之矣。故此隔数年一次。驾坐船只。到彼处采买什物。然道途遥远。敝国坐船人等。路过海口。自必进口歇息。采买物件。已经回明敝国君。现在差委管船大臣普提雅廷。前赴雅莫里嘉州地方。驾坐兵船。与西海各国人等。欲进贵国海口。此系循照两国交好之例。望乞贵国大臣官员。将敝国大臣普提雅廷。按交好之谊。令其进口。并请发给物件。想敝国大臣普提雅廷。由敝国雅莫里嘉州地方折回时。欲进贵国所属海口。难保不中途进上海海口歇息。采买食物。整理残缺。且西海各国商贾人等。俱进上海海口贸易。谅贵国与敝国相好一百余年。必令敝国大臣。进口歇息。不致生疑。所有敝国商贾人等。恳祈进上海海口贸易之处。伏祈理藩院。据情转奏。饬令管理上海等口大臣。使伊等进口。敝国不惟感皇仁于无既。且可为永固交好之道。为此谨恳。

为咨行事。窃照敝国所属。除欧罗巴雅锡雅地方。尚有阿密叶哩喀之西北许多岛屿。贵院亦必知之。但彼处人等。应用物件缺少时。向敝国采取。历次均由敝国用船运送。惟岛屿甚远。其运船必寻妥当地方歇息。并补备欠缺物件等情。今用兵船一只。令敝国之结乜拉勒普提雅廷等。管带兵船。欲赴敝国之阿密叶哩喀。未免欲进贵国海口。如若与西洋人等。欲进海口。想该处地方官员。必悉两国交好之意。将伊等善为照料。大抵此兵船。由阿密叶哩喀回来时。进贵国海口。必由上海经过。因路程较近。并可歇息数日。补备缺欠物件。伏思今之西洋各国贸易。尚可许进海口。况敝国亦系和好有年。诚意相交。自应较西洋各国。更使有益。是以敝国业经口许普提雅廷等。如有事件。即可进贵国海口。更有请者。日后如敝国人等。因贸易欲进海口时。贵国官员亦必允从。相应将此咨行贵院。恳祈转奏皇帝后。即交驻札海口官员遵办。如敝国兵船。及贸易人等。进海口时。即照敝国所请。将此事妥为办理。乃见敝国君与贵国诚意和好之谊矣。为此咨行。

给俄罗斯咨覆。

为咨覆事。现接贵国萨纳特衙门咨称。所属之雅莫里嘉州地方人等。采取应用物件。今用兵船一只。令普提雅廷等。管带运送。欲进海口。此船回时。经过上海。欲歇息数日。补备缺欠物件。更请日后。如有本国人。因贸易欲进海口。由驻札海口官员。妥为办理等语。我大清国与贵国和好通商。二百年来友睦之谊。可谓久长。所有贸易等事。两国相商。总期彼此有益。方无窒碍。即如贵国前请于伊犁。塔尔巴哈台。两处通商。大皇帝俯鉴商民情形。特恩允准。至海口向无贵国贸易船只。是以道光二十八年。三十年。贵国商船。寄泊上海。拟请贸易。均经前任总督。巡抚。以事关通商大局。必应率由旧章。明白宣知。当即中止。令贵国通商处所。已于恰克图外。添设伊犁。塔尔巴哈台两处。货物已极流通。若再添设海口。不但内地商贩。势难分售。即贵国费用益多。获利转少。此事既无裨益。何必徒劳跋涉。转令贵国船只。行道往来也。总之通商一事。惟期彼此两便。我大清国与贵国和好多年。无事不推诚相待。本院已据情转奏大皇帝。特此咨行萨纳特衙门。酌度查照。为此咨覆。

咸丰卷七

(咸丰三年癸丑十月)壬辰。两江总督怡良。署江苏巡抚许乃钊奏……现在逆匪买有两枝半桅夷船两只。一枝半桅夷船一只。闻系从宁波等处买来。驶入黄浦。阻截江面。并新造八桨快船十数只。为窜逸之计。又据吴健彰禀称。盘获宁波钓船一只。内有夷人三名。洋剑一把。洋枪六十杆。洋刀四十把。洋硝一包。火药一罐。并在夷人身上搜出夷书一封。上有真命太平天国等字样。当即拆阅。查系英吉利奸商勒内土。致镇江逆酋罗大刚一书。又附带上海逆首刘丽川逆书一件。讯据船户王阿莫等供称。系夷人雇装兵器。至镇江卖给贼匪者。在后尚有一船。装载洋枪一百四十杆。洋刀六十把。及洋硝火药等物。已闻拿逃窜等语。该国夷酋是否知情纵容。固不可知。而包藏祸心。已可概见。除将奸夷温哪治等三人。发交该国领事。自行惩办。船户王阿莫等。由道严讯。刀剑鸟枪。发营配用。原获逆书。咨送军机处备查外。理合照录。恭呈御览。

十一月。辛酉。钦差大臣向荣奏。据该革员余万清来文。及水营各镇将禀称。十一月初四日酉刻。有火轮船一只。往上游驾驶。经已革署京口协副将张攀龙。亲驾划船赶询。该船行驶甚速。时已深黑。未及赶上。又据江浦。六合。二县探报。火轮船于初六日停泊观音门下关。时有贼人小船来往各等情。目下尚未回驶。

十二月。甲戌。两江总督怡良。署江苏巡抚许乃钊奏……惟本月初旬。有佛兰西火轮船一只。径入长江。吴健彰。当即照会该国副领事伊担。告以现当剿办逆匪之时。何得与之往还。并嘱其迅速调回等因……兹又接据已革苏松镇总兵叶长春等呈称。佛夷轮船。于十一月初四日。驶进镇江。十四日申刻。由金山东下。当遣差弁同通事前往查询。据船中夷人称。有洋容二人。要往江宁察看情形。是以来此并无别故待语。说毕。即起碇而去。计此时当已复回上海。本月十五日。又据吴健彰禀称。十月二十八日。忽报有俄罗斯轮船一只。兵船一只。驶至吴淞。随据该国兵船船主廉士机。哥士国来函。称火轮兵船名窝士铎。由本国到了日本国三个月。又从那架沙矶。于十月二十三日开船。二十八日到吴淞。越二十九日到上海。因在洋遇风打伤。来沪修理等情。并据通事探明俄夷兵船两号。停泊在崇明东头洋面。另有总兵官一名。在上海花旗夷馆借住。候火轮船修好。一同起碇。先往日本。后回本国。与该船主函称。情节相符。惟询以因何前往日本。尚未据该夷函覆。臣已密饬吴健彰。妥为羁縻。一俟轮船修好。即饬速回本国。毋任逗留。

谕军机大臣等。怡良。许乃钊奏。俄罗斯夷船二只。停泊崇明东头洋面。有夷目一名。在花旗夷馆借住。候船修好。即回本国等语。该夷是否因在洋遭风。暂泊海口。抑或另有别情。著怡良。许乃钊。密饬吴健彰。妥为驾驭。一俟船只修好。迅速饬回本国。毋任日久逗留。

壬午。库伦办事大臣德勒克多尔济等奏。兹据俄酋遣使送到该国萨纳特衙门。咨行理藩院公文。求为转递。除将此项咨文。照旧呈览外。并缮写覆文。面交来使。照例赏给缎匹等物遣回。

谕军机大臣等。前因俄罗斯夷使。赴库伦办事大臣衙门。呈递文件。欲求在上海地方贸易。当谕令怡良。许乃钊。妥为防范。如果该国船只。有来沪信息。即饬令回国。不可迁就。并由理藩院详细咨覆。兹据库伦办事大臣德勒克多尔济等奏。该国接到理藩院覆文后。又复具文呈递。仍恳进上海海口贸易。因思上海近日曾据奏报。有俄罗斯夷船。遭风驶至海口一事。安知非该国贩货船只。藉词驶近海洋。希图通商。不可不严密稽查防范。著怡良。许乃钊。认真侦探。如有该国商人。竟有进口向该督等要求之事。即谕以五口通商。例归驻札广东之钦差大臣管理。即西洋各国。现在上海贸易者。亦皆恪守广东原定通商章程。如该夷安静回国。固为妥善。倘坚执通商之说。必欲逗留上海。即令前赴广东。听候查办。并著叶名琛。详细体察俄罗斯。欲赴上海海口通商。是何意见。该国近年船只。曾否驶至广东有恳求情事。此次该国其呈。屡求于上海通商。若勉强允准。深恐别滋事端。此事甚有关系。著叶名琛等。熟筹审处。应如何办理之处。妥速筹画具奏。译出该国原文。著钞给阅看。前次译出该国原文。并寄怡良等谕旨。亦著钞给叶名琛阅看。

俄罗斯咨文。

为咨行大清国理藩院事。窃照敝国前次派往本国所属阿密哩加地方之兵船。行至中途。恳祈贵国。准其驶入海口。再此数处海口。原为西洋各国所开。敝国与西洋既系相同。亦求准其驶入海口。曾经恳祈在案。兹于咸丰三年六月十八日。贵院覆文内称。贸易之事。两国相商办理。务求有益。方无窒碍。若添设海口。不但内地商贩之人。难以分售。即贵国费用尤多。获利转少。此事既无利益。贵国何必往返纡道。令其徒劳跋涉。总之贸易一事。务须两国有益。贵萨纳特衙门自行裁度等语。敝国接阅此文。本应遵行。奈敝国伏思此请。既无窒碍。且并非妄求之事。惟西洋暨阿密哩加之人。贵国皆准其入海口。想此事亦无窒碍。敝国亦并非例外之请。惟求推广利益他国之事。施及敝国。况敝国与中国和好。百有余年。再贵院文称。若贸易海口。不惟与商人无益。且分售甚难。即贵国费用益多。获利转少等因。阅看此语。贵国筹计此事。尚未尽知。何则。敝国所属地方。除西洋暨亚细亚外。尚有阿密哩加地方。故此敝国船只。必须前往彼处。现派出船只。若中途能进贵国海口。不但不难。且费用不多。道路虽远。必有益矣。再进海口之商人。皆系阿密哩加之贸易者。并非界外陆路地方之商人。若贵国准令伊等在海口贸易。伊等买卖充裕。与贵国买卖之人。利益亦不为少。且中国缺欠货物。可由阿密哩加送来。彼处货物。亦可售卖。总之此事。彼此有益。两国陆路地方贸易之人。亦无亏损。本萨纳特衙门。惟愿贵院洞鉴。将文内所称情形商妥。奏明大皇帝。务须据理定夺。按照两国多年和好之义。恳祈咨覆。为此咨行。

丙申。两江总督怡良。江苏巡抚许乃钊奏。据苏松太道吴健彰禀称。据佛兰西夷酋照覆。因金陵城中。素习天主教之人。被杨逆残害。前赴理论。并无情弊。其俄罗斯火轮兵船。委因在洋遭风。前来修理。已于十一月二十六日修竣出口。二十八日放洋东去。亦无要求别故。

谕军机大臣等。据怡良。许乃钊奏。佛兰西俄罗斯船只。既据查明。并无情弊。亦无要求。仍著随时体察防范。勿使滋生事端。

（咸丰四年甲寅正月）署闽浙总督有凤奏。准钦差大臣两广督臣叶名琛咨覆。据米酋伯驾呈称。该国货船。被搭船之中国民人。杀死船主火长水手。掠去船中货物。工岸逃走。当时外国兵船。赶往该处。捉获上岸之人数十名。解回送交讯办。据该酋节次来文。并解陈得利十七名到粤。饬发广州府研讯。据各供称。均系被客头骗下夷船傭工。押在舱底内。共有四百七十五人。迨开船后。该夷给舱内各人卖身契约一纸。如不接收。即行鞭责。驶到琉球洋面。该夷忽把众人陆续提到舱面。逐一割去发辫。内有卧病不能行者十余人。当时打死。丢弃落海。众人看见惊慌。以致喧闹起来。该夷船主害怕。凫水逃走。众人随唤水手人等。将船驶到山边。上山躲避。被琉球国人查阅。捏称船漏修整。琉球国人。每日给与饭食。迨隔十余日。该夷兵船驶到。拿获陈得利等七十余名。押下夷船。驶回香港。后又将陈得利等十七名。载到黄埔。送官审办。陈得利并无得受夷人身价。杀害夷人。及抢去夷船银物情事禀报。即经据禀将该酋节次来文。逐一駮斥。复据该酋呈送证见谢丁茂等四名。复饬广州府研讯。据禀。佥供陈得利当时在船。并未伤人。内有海定即苏有。致伤夷人一名。失跌落海。所有罗安等十四名。均讯无为匪伤毙夷人情事。陈得利。苏有。二名。容再研讯。分别办理。业经批饬。将证见谢丁茂等四名。发交夷目收领。其解来人犯十七名。除陈燥病故。陈得利。苏有。二名留粤复讯。罗幅安等十四名。即饬递回原籍。至该闽人蔡祥庆等。羁留琉球。咨请转饬移咨琉球国。拨船护送回籍安业。以示体恤等因。兹据福建藩司庆端。据署福州府海防同知娄浩详称。琉球国护送内地难民蔡详庆案内。林王等一百二十五名来闽一案。缘难民蔡祥庆等。俱系福建民人。搭驾英国船只。欲往金山地方生理。于咸丰二年二月初一日。在厦门开船出口。在洋遭风。二月十九日。漂至琉球国属。八重山岛崎枝洋面。船搁暗礁。英夷即将难民蔡祥庆等三百八十名。英夷一名。舍置上岸。次日潮涨船浮。该夷原船。乘风开驾放洋。所有在岛难民。经该处琉球国夷官。设馆安顿。收养抚恤。旋于三月十六十八等日。有英船二只。先后驶至。经该处夷官。询英国通事罗元祐声称。该难民蔡祥庆等。前月搭驾夷船。前往金山。因在洋凶杀船主水稍六人。是以厦门英官。遣船到岛查拿。持械登岸。捡获难民五人。铳毙三人。畏惧服从者十八人。自缢身死者三人。其余躲避走匿山中。英夷即将现拿难民二十三名。并携取在岛之英夷一名。分载两船。于三月二十三日。连艅开去。四月初四日。复有英国夷船。驶到追捕。拿获难民五十七名。载船而去。并云此后尚要再来拿尽。所有窜躲山中难民。当各仍旧招回收养。内有二十三名。先后病故。尚存二百七十一名。该国王世子。以英夷凶暴非常。若遽行护送。诚恐夷船复来。追捕无踪。滋生事端。当于上年贡船来闽。移请查办。接准司咨。应照向例。拨官护送来闽。特遣夷官前往该岛。查明首名难民蔡祥庆。先经拿回。又除颜退等九十二名。郑德等四名。先后病故缢毙外。仅存林玉等一百七十五名。经该国王世子。特备咨文护照。派拨都通事。郑嘉政。驾坐头号海船一只。配难民林玉等一百五名。又派都通事王家锦。驾坐二号海船一只。配难民陈昌等七十名。内陈意。柯溪。黄道三名。先后病故。于三年九月二十九日。在该岛放洋。两船在洋。被贼抢劫。难民脱逃四十七名。实存一百二十五名。十月十四日。驾抵福州省港番船浦地方湾泊。经委员分别查验。即于十五日。安插馆驿。将该难民等。交闽县查收安顿。确查讯办。据闽县。侯官。二县会详。将琉球国夷官。送到难民林玉等一百二十五名。同福州府省城委员护送在洋脱逃难民李寄。陈昌。林什。三名。详加研讯。均各佥供实系搭载英吉利国夷船。欲往金山地方生理。在大洋遭风。漂到琉球国属。八重山岛。上岸逃走。经该处夷官收养抚恤。护送载运回闽。均无伤毙夷人情事。核与粤省咨覆相符。似属可信。应请将该难民人等。分起递回原籍各县。就近查传。质讯明确。分别究释。

二月。丙申。两江总督怡良。江苏巡抚许乃钊奏。现接俄夷赴库伦办事大臣衙门。求在上海地方贸易等因寄谕。当即转饬苏松太道吴健彰。密查防范去后。兹据禀称。正月十三日。有俄罗斯船一只。驶至吴淞口外停泊。即系上年十月驶来之窝士铎船。船主廉士机。哥士国。由日本国驶来。即于十五日起碇东去。并无要求别情。该道访询西洋各国夷目。佥称俄罗斯。向因西边富庶。故建国于西。近来该国之西南。沿海有三洲地方。亦有土产会集。商贾辐辏。需用茶块甚多。即如茶叶一项。由北路购办。陆运回国。每百斤。费用洋银三十圆。若由海船至五口置买。止须费用载脚洋银三圆。西洋各国商船。前赴三洲贸易者。获利甚厚。是以俄罗斯。欲令三洲地方商人。前来五口。及日本国交易。今闻日本国。已允通商。驶来上海。寄信回国。并探问其国中有无信寄上海等语。查俄夷船只。四个月之间。前来上海两次。前次则有总兵一名。借住上海花旗夷馆。今则复来寄信回国。虽皆安静东去。而垂涎各国夷商之往来海上。利市十倍。意欲效尤。已可概见。况日本离内地不远。如日本国已允其通商。则片帆径渡。其来甚易。防范更易严密。

(四月己丑)两江总督怡良。江苏巡抚许乃钊奏……又据吴健彰禀称。据各夷商密告。访得俄罗斯。

旁有德基一国。突出海中。为英吉利。米利坚。佛兰西。三国出入便道。由此登陆数程。再行乘船。可省航海万余里之遥。俄夷恐三国之得地利也。欲灭德基。以扼三国之吭。三国阴助之。俄夷大败而还。复以三十万众攻德基。三国畏惧。兵连不解。已阅两年矣。兹闻俄夷兵船数只。已至日本。即欲来沪。尽取三国货物。各夷大恐。欲将崇明口外货船。停泊黄浦江内。吴健彰。以更改旧章。不允所请。并闻三国欲与俄夷接仗。吴健彰。谕以如欲交争。必须驶出海口。不得惊扰内江。各夷商皆已应允。臣等伏查上年十月中旬。即有俄酋窝士铎船。船主廉士机。哥士国。驶来船只。本年正月十三日又至。彼时即有与日本国通商之语。今事逾三月。兵船又由日本回来。是否专与三国为难。抑或另有要求。均难豫定。又询据吴健彰称。此系外夷交争。虽地近内洋。可与海运无碍。且系夷商之词。并未见诸实事。俟续探明确。再行奏闻。

江苏巡抚许乃钊奏。据吴健彰禀称。四月初五日。探有米利坚火轮兵船来沪。旋接该国领事马辉函称。系该国公使麦连到此。有事面谈。因军营不便擅来奉拜。可否贵道前来一晤等语。该领事亦函致吉尔杭阿。大略相同。初七日。该司道等。会同前往。据麦酋面称。各国仰蒙大皇帝天恩。得在中国海口通商。俾有利益。实深感戴。现在贼匪据扰沪城以致中华税务有碍。各国贸易有损。实堪忿恨。各国官商。未能帮同剿贼。更深惭愧。甚至物议沸腾。而米国实无助贼之心。刻下本公使亲自来沪。欲往镇江等处。察看贼匪情形。如果有可为之处。可以商量。并欲整顿商务。使中华税务。有盈无绌。方为安心。本公使必须与贵省总督面晤。以表其心。且有许多要事。有益中华者。亦须面商。从前公使马沙利。人极诚实。本国王原欲令其求见大皇帝奏事。嗣因未蒙俞允。是以未能举办。现在本公使来此体察情形。定于本月二十日以内。前往镇江。贵省总督定于何日何地接晤。祈即代为请示。总之所欲言者。皆有益于中国。断无干求之意。倘不能会晤。只好专人前赴天津。投递奏章。以磬悃忱。希即禀明示复。并祈知照镇江水营。切勿开炮误击等语。吴健彰。以从前英佛两夷。前往镇江。皆不告而行。今观米酋先知请示督臣。辞意亦极恭顺。又查逆匪滋扰以后。各国商务。确系亏折。该酋必欲求见督臣。或者实欲整顿商务。亦未可定。至其入江之意已决。虽经劝止。未必遵行。一面已据情具禀督臣。听候批示遵办等因。臣伏查在沪通商各国。惟英酋正副领事阿利国。威妥玛。最为狡诈。上年米国公使马沙利。曾与吴健彰。密言其居心叵测。今麦酋所云。物议沸腾。即暗指英酋三月初七之事而言。查米国夷奸。虽亦有暗中接济贼匪者。不过贪图小利。尚无多人。其夷酋并不知情。今已禁止。至夷人惟利是图。所称有益中华之语。未可尽信。第察其辞意。似与英酋不同。前据呈健彰密禀前来。臣又询之吉尔杭阿。是日所见情形略同。

谕军机大臣等。怡良。许乃钊奏。筹办上海攻剿各情形。览奏均悉。现在地方不靖。米利坚兵船到沪。亦不过欲图窥我虚实。逞其诡谋。惟当不动声色。绝其觊觎之渐。怡良既与该夷接晤。务当明白开导。谕以大义。令其前赴广东。听候查办。一面知会叶名琛。一面查探夷酋所议各情。迅速具奏。

闽浙总督王懿德奏。窃臣据福建藩司庆端具详。据福州府海防同知。呈缴琉球国夷官。录送该国王世子。移司咨文。内开。查英夷伯德呤。携带眷属。久羁敝国。肆行无忌。因此二年。特遣王舅马克承等。齐咨来闽。求为请谕。经蒙督抚据情具奏。并咨钦差大臣两广总督。查照办理。但该英国。尚未拨船接回。现今骚扰益甚。统祈转详督抚。仍咨钦差大臣两广总督。劝令及早撤回等因。查此案虽经英酋文翰查覆。琉球国。已与该国本有文移。并未允令撤回。但该酋系办理该国公使事务。与各口领事不同。如不劝令开导。则此外更无可谕之人。且上年复有亚美理驾兵船。络绎到该国。索取日用物件。提兵进宫。肆行无忌。既准该国王世子。再三吁请。求为劝导。自应俯如所请。准予咨办。以示怀柔。

谕军机大臣等。许乃钊。奏陈上海夷情等语。据吴健彰等所禀。有米利坚夷酋。因逆匪扰据沪城。

海口商务亏损。该酋欲往镇江等处。察看贼情。并欲整顿商务。如督抚不准会晤。便缮具奏章。齐往天津投递等语。夷情叵测。当此贼氛不靖。难保不萌觊伺之心。已谕令怡良。明白开导。并援照成案。令赴广东。听候钦差大臣查办。叶名琛。于该夷到粤后。务当晓以大义。于抚尉外夷之中。仍当坚持定约。万不可听其别有干求。致生枝节。又据王懿德奏。接琉球国王世子来咨。以英夷久羁该国。并句引米利坚兵船到国。索取物件。并起厂收煤。强留该国夷众。及中国人。与伯德呤同居。多方骚扰等事。英夷羁留该国有年。迭经叶名琛。劝谕在粤夷酋咨办。现尚在彼逗留。又有米利坚夷人。句引汉奸。藉端滋扰。若不谕令撤回。非所以示怀柔。著叶名琛。即向该夷领事。凯切晓谕。俾令将现在琉球滋事之船。全行回国。勿致别生事端。

丙申。两江总督怡良奏。四月十二日。据苏松太道吴健彰禀称。初五日。有亚美理驾国公使麦连。坐火轮兵船。来至上海。邀该道及吉尔杭阿往见。据称各国蒙大皇帝天恩。得在中华海口通商。俾有利益。实深感戴。现在贼匪据扰沪城。有碍贸易税务。该酋欲往等处。察看如何为力。可以商量。并欲整顿商务。使中华税务。有盈无绌。必须与总督面见。以表其心。傥不能会。只好前赴天津。呈递奏章。以罄悃忱等情。奴才以镇江现在用兵。本非外夷通商口岸。各国兵舰。不应前往。检查条约。亦无准外国公使。径赴天津递折之条。至各国通商事务。向归广东钦差大臣管理。上年马沙利赴粤。因钦差大臣督师出省。据称守候数月。不获晤面。是以从权代见。奏奉谕旨。饬令回粤。听候钦差大臣查办。本年广东钦差大臣并未公出。如有公事。自应赴粤面陈。批饬吴健彰。明白开导去后。随于十六日。据吴健彰送到该酋照会副稿一件。内称。该尊只领国书。齐呈大皇帝。谨按条约。应将国书送贵督代进。所以必托贵督者。因初抵粤东。照会督宪。以公忙支吾。今定于四月二十一左右。亲到焦山地方。齐公文投递。望贵大人早临。俾得会晤。以显尊敬大皇帝与合众国之事。并将迩来两国为难诸情。详细互酌等语。并据吴健彰禀报。该酋欲赴镇江。及求见之意甚切。现已坐船先赴宁波。后赴镇江。再回上海等由。奴才查该酋虽齐有国书。而条约内并无与两江总督议事之说。上年马沙利呈递国书。曾将副稿呈出。现在有无副稿。未据声明。批饬吴健彰探查。俟该酋由宁郡回帆。若由上海经过。即令在沪守候。毋庸前赴镇江。一面由该道禀报。以便发给回文。

怡良又奏。再上年马沙利呈递图书案内。钦奉谕旨。饬令迅速回粤。往见钦差大臣。此次自应遵照办理。惟麦酋以叶名琛公忙支吾为词。奴才若绝之已甚。转使该酋得以藉口。设或径赴天津。现当直隶用兵。且值海运沙船陆续赴津之际。未免诸多窒碍。奴才此次批驳之后。该酋如肯折回广东。应毋庸议。傥再四求见。仍不准行。彼将谓奴才惮于一晤。殊觉非礼。惟有钦遵上年所奉硃批。示以大方。相机办理。若接见后。于商税事宜。轻议更张。或别有要求之处。奴才惟有仪义执言。仍令赴粤。听候叶名琛查办。以免另生枝节。

咸丰卷八

(咸丰四年甲寅五月)丙寅。钦差大臣两广总督叶名琛。广东巡抚柏贵奏。查俄罗斯。前于道光二十八年。三十年。有李吨北船。两次驶至上海。欲求通商。前经两江督臣李星沅。陆建瀛。先后具奏。饬令回国各在案。咸丰三年五月间。该国复由蒲天廷驾船。来至粤省。照会欲求通商。臣当即恪遵前次谕旨。查照江南成案。饬令回国。在粤未及十日。即已起碇驶回。尚无另有要挟情事……

丁卯。吉林将军景淳奏。本年五月。黑龙江咨会。俄罗斯乘船赴东海。豫为设备等因。随咨黑龙江将军。将夷船何往。人若干。查明速覆。现据咨开。据署黑龙江副都统协领胡逊布报称。各登夷船。问其来意。系赴东海。因本处东面各岛。被英吉利占据。欲由黑龙。松花。二江前往。已咨理藩院查照。只求放行等因。胡逊布。以理藩院并无明文。向其拦阻。伊等声称。俟本国总管大人到时再议。随即出署而去。续于午刻。有铜烟筒大船一只。在城北拢岸下锚。傍立小船多只。胡逊布带同佐领西里布上船。见有夷官木哩斐岳幅。据称。因本属东面各岛。被英吉利侵占。伊奉命由黑龙松花江内。抄近前往。不敢扰害地方。今不放行。殊非取和之道等语。胡逊布以该夷并未先行通信。伊言卡所无人阻挡。并问其后面尚有人来否。据称。此次只一千名。无续来之人。当派员赴彼岸查勘。旋据口称。共船八十三只。约二千余人。军械少而口粮多。木排四段。马百余匹。牛八十余条。外有二船。装载妇女。自入境以来。并无扰害。查东省兵丁军器。一概不足。未便遽起争端。正向好言道达。小船扯篷前进。胡逊布欲待始终阻拦。恐伤和睦。当派妥员尾随侦探。合将该夷知照理藩院原禀底一纸。并伊咨额尔口城封筒一角。一并飞报查核。既咨行墨尔根布特哈等处。一体知照。俄夷无论作何举动。其情其势。不无可疑。三姓地当扼要。尤应豫为之备。再查吉林。向未设有战船。亦无水师。仅止水手营运粮船大小五十只。现饬刻即修整。水手。拟由打牲乌拉总管。挑选熟水性之人。听候调拨。又三姓距省一千三百余里。黑河卡伦。又距三姓千余里。只松花江可通上游。拟令三姓附近之阿勒楚喀。伯都讷。一体沿江访探。

谕军机大臣等。景淳奏。俄罗斯船只。经过黑龙江境。现在饬属防范情形一折。此次俄罗斯。乘船拥众。由黑龙江东驶。其所称与英夷争岛之语。未可尽信。该将军惟当密为防范。岂可先事张皇。署黑龙江副协领胡逊布。竟将该国咨文接收飞报。殊属不晓事体。该将军据咨奏闻。辄将该国咨文录呈。亦可不必。现在该国船只。究往何处。是否已近三姓边界。该将军既知照该副都统。并阿勒楚喀。伯都讷。一体严防。即著严为布置。不可稍动声色。致启该国之疑。其船只来踪去迹。只宜勤加侦探。不可率与该国交接。尤不可轻给照会文移。转生枝节。仍将密探情形。随时奏报。如果该国船只。经过地方。实无扰害要求情事。亦不值与之为难也。

六月。己巳。

盛京将军英隆。黑龙江将军奕格奏。俄夷船只。由黑龙江下驶。入我边界。本年五月十三日。据署黑龙江副都统协领胡逊布报称。五月初十日晚间。在黑龙江见有俄夷船四五十只。牵有牛马等畜。十五日。距黑龙江城八十余里。复见许多俄夷船只停泊。西丹来禄等。见有夷船多只。有俄夷六名下船。呈递满洲夷字。系固毕尔那托尔。带领官兵。乘船前往东洋等语。详阅该夷文称。曾经知照理藩院。何以不候回文。即来许多船只。当派委员。晓以应俟我国奏准大皇帝。奉有谕旨。始应前来。一面拣派官兵。暗带器械。留心防守。并行文库伦办事大臣。查明曾否知照理藩院。即行咨覆。并行知吉林将军。夷船如到三姓。须严加防范。新任将军奕格。于本月十六日到任。据胡逊布报称。俄夷带有通晓满汉话之人。前赴副都统衙门报称。伊国东面各岛。被英夷扰害。奉伊国君命。假道松花江。曾行知理藩院。求为令其经过等语。胡逊布未许。该夷留下咨行理藩院文底而去。旋据属员报称。有许多船只。约距黑龙江城八里之遥。傍岸停泊。内有火轮大船一只。驶近城垣。胡逊布带领佐领锡林布。亲见该固毕尔那托尔。木哩斐岳幅。询其情由。因伊国东边各岛地方。被英吉利扰害。派伊带兵前去。胡逊布问其来人若干。答以有一千人。嗣查俄夷船八十三只。船上有二千余人。胡逊布坚执不许经过。该夷并不听候。扯篷顺江下流而去。当将该夷留下咨行理藩院文底一件。咨行额尔口城文书一件。一并呈报前来。伏思俄夷船只。既入我境。虽言恭顺。顺江下驶。夷情狡猾。殊难凭信。当即飞咨吉林将军景淳。三姓副都统图钦。如夷船经过时。须严加防范。并饬各城于毗连俄夷境界之路口。严加防守。谨将该夷送来夷字呈览。

谕军机大臣等。英隆等奏。俄夷船只。自黑龙江入境。由江下驶一折。俄夷船只。业由黑龙江下驶。该处驻卡官员。并未阻止。追赶无及。该夷呈称。因与英夷相争。故从大岛行走等语。虽该夷等互相争扰。与我无干。究恐其中有诈。坐卡官员。必应随时严防稽查。傥俄夷等有扰害边界之事。该将军等惟当示以大义。勿得轻举。仍饬坐卡官员。妥为防守。不可肇衅。致生事端。

又谕。昨据英隆等奏。俄夷船只。自黑龙江下游入界。由江下驶一折。从前俄夷。屡次差人到院。虽称有紧要事件。欲进京城。并未将实情声叙。现于黑龙江等处接壤之处。见有夷船多只。遂将其船逐一查验。虽据俄夷呈称。系与英吉利互相争据。诚恐其中另有别情。著德勒克多尔济等。乘便将俄夷招致。当面询以现有船只多少。前赴东洋海面。究因何事。从何处行走。何以如此匆忙。询明时。该大臣再行详细具奏。

庚辰。江苏巡抚许乃钊奏。上海贼势。正在银钱日缺。党羽日离。办理方有把握之时。本月望间。有英国公使咆吟。提督赐德龄。带领大小兵船五只。来至上海。声称将赴日本。暹罗。驱逐俄夷。随有照会。欲请臣与吉尔杭阿相见。云有紧急面商之事。臣时正在感受风寒。据实辞之。吴健彰又因偕米国公使麦莲。同赴昆山。谒见督臣。吉尔杭阿即于二十六日往晤。据该酋口称。上海贼久未平。以致英国贸易滞销。兹愿将贼党驱逐。无论送往何处。不必过问。即将城池交还贵国等语。吉尔杭阿答以驱贼而交还城池。是贵国好意。惟戕官之潘小镜子。谢安邦。二犯。不便令其远扬。且贵国将该逆另送一处。万一再扰乱一处。转非贵国要好本意。必须实有去向。方无后患。该酋云。果欲若是为难。我当坐火轮船赴天津。奏闻大皇帝处置……

许乃钊又奏。据镇江水师带兵官浙江黄岩镇左营游击叶长清。江南苏松镇右营都司华封等禀称。五月二十三日酉刻。瞭见焦山以下江面。有二桅火轮夷船二只。由南上驶。直向金山满面而去。至夜。复见从金山迤东江面。转驶至甘露寺山下寄碇。该游击等。当于二十四日黎明。前诣该船查询。知系英吉利国夷船。会晤夷酋麦华陀。据称从上海而来。欲至江宁看看情形。过数日再行返棹。并无别情等语。该游击等。再三劝阻。坚执不从。除严饬实力防范外。理合附片具奏。

谕军机大臣等。本日据许乃钊奏。筹办沪匪情形。并英夷要求照会等语。许乃钊督师上海。日久无功。处处为英夷所挟制。此次率与照会。不啻授人以柄。尤属不知大体。殊堪痛恨。已明降谕旨。将许乃钊革任……各夷立约通商。本有一定处所。地方公事。尚且不准干预。况用兵剿贼。岂得令其与闻。其并非通商之海口。向来不准夷船驶入。许乃钊片奏。英夷船只。于五月二十三日。驶入焦山江面。探听欲至金陵。而前次琦善奏报。并称接到许乃钊咨会。有米利坚夷船入江。嘱勿开炮轰击之语。是许乃钊信夷已深。无怪该夷恣意寻衅……

又谕。前据怡良等奏。米夷船只。欲赴镇江面见总督。嗣据琦善奏。该夷船由镇江径泊浦口。且停驻瓜洲。与逆匪往来句结……至中国海口。除通商五口外。向不准夷船驶入。乃近日夷船。肆行无忌。或往镇江。或往金陵。与逆匪相见。显违成约。该夷既与中国和好通商。何故与逆匪往来。殊非合好之意。况当江中征战之际。设或枪炮误伤。我兵不能任咎。著叶名琛。向夷酋咆吟。赐德龄。严词正论。晓以利害。必能杜其奸萌。咆吟甫于三月十六日来粤。即于五月二十六日。带兵船至上海。又别遣夷酋麦华陀。于五月二十三日。带火轮船赴镇江。如果实与俄罗斯构难。何能从容往来内地。其为包藏祸心。已可概见。叶名琛专司办理夷务。著即责以成约。令其转饬上海夷人。不得任意游驶……

甲申。吉林将军景淳奏。前因俄罗斯。经过黑龙江。即咨行三姓副都统。并饬查界协领富呢扬阿。勤加侦探。该委员因抵奔阿英图色克地方。勘讯俄罗斯踪迹。夷船已于数日前驶出黑河口。大船二只。小船五十余只。每只带舰艇一只。木筏六七座。曾有和哲人。彼时在江叉鱼。俄夷将伊等招呼上船。因往东海。不悉路径。令伊指引。伊等告以不能认识。俄夷将其绊留数日。给与细布释回。见俄夷携带枪炮子女。此次俄船经过三姓。并未留扰。前往东洋。仍令三姓副都统派员在卡伦防守。

谕军机大臣等。有人奏。苏松太道吴健彰。通夷养贼一折。据称贼首刘丽川。曾为该道管理帐目。匪党皆该道练勇。初起事时。该道首先得信。将眷属寄居夷船。所有道库存银三四十万。悉心遗贼。所雇拖层船只。名为捐赀。实取偿于关税。并有旧识广东货船到沪。免其纳税。以致夷船不服。复将关税银两隐匿。由海道运回原籍。又与人伙开旗昌行。贼匪粮食药弹。即由此行接济。且与贼匪屡次在船会晤等语。上海逆匪。日久未灭。英夷又复遇事阻挠。若非吴健彰句通要挟。何至蕞尔沪城。不能收复。据原奏所称赃私各款。已属罪无可逭。而通夷养贼。情罪重大。尤堪痛恨。吴健彰。著即革职拿问。交怡良。吉尔杭阿。按照折内所参情节。逐一严审。定拟罪名具奏……

戊子。两江总督怡良奏。窃奴才前据苏松太道吴健彰禀报。米利坚夷酋麦莲。驾坐火轮兵船二只。来至上海。恳求接见。投递照会后。即赴宁波。镇江。查看情形。嗣据丹徒。上元。六合。江浦。当涂等县禀报。该夷船先后驶赴镇江。江宁。和州。芜湖等处江面。回至焦山寄碇。由镇江水营递来照会。请奴才前往会晤。奴才以长江非各国通商海口。夷船不应在彼逗留。该酋如欲面递国书。应照上年马沙利之案。速回上海。听候吴健彰。带赴昆山进见。照覆去后。该酋旋即遵照折回。换坐内地船只。经吴健彰。督同松江府海防同知蓝蔚雯。于五月二十五日。伴送抵昆。奴才带同在苏年久。熟悉情形之署苏州府知府平翰。于二十四日。自苏启程。亦于二十五日到彼。次日在昆山公所。传该酋进谒。该酋执礼尚恭。据称蒙大皇帝天恩。准在五口通商。获霑利益。近年江路不通。商本亏折。拟请奏恳恩施。准其赴扬子江一带贸易。所有入江货物。伊等自能保护。傥不蒙代奏。只得径赴天津等语。奴才谕以五口通商条约。系道光二十四年间。钦奉谕旨批准。中外臣民皆应永远恪遵。且条约载明。嗣后各国不得遣员到来。另有异议。今所请与原约不符。难以入告。至天津地方。因粤匪窜至直隶边界。该处民人同仇敌忾。团练不下十余万人。设夷船贸然前往。恐民间怀疑。或加伤害。与官府无涉。直隶总督无管理夷务之责。未必准其谒见。该酋虽赴天津。亦属无益。近来北路军情。屡获全胜。河北败窜之贼。业已悉数歼除。不难次第荡平。一俟江面肃清。商务自有起色。毋庸另议更张。该酋声称。亦知中华军备未平。是以不敢即赴天津。致烦圣虑。但条约载十二年后。准予酌量变通。现在为期不远。即如上海税关。改设吴淞。已与旧章不同。诸多未便。伊系该国全权大臣。可以便宜行事。若江省因关碍旧约。不能主张。即请奏明钦派重权大臣前来。以便面交国书。酌商定议。奴才谕以条约内载。所有贸易及海面各款。恐不无稍有变通。应俟十二年后。公平酌办。既云海面各款。则江河陆路。断不在内。既云稍有变通。则不过就五口之中。因时制宜。略为斟酌。必非大有更改。况五口之外。不准一船驶入别港。如有违犯禁令者。应将船只货物。俱归中国入官。当时定有专条。极为明晰。至吴淞新关。因上海军兴。暂行移设。并非重征。不日收复城池。即可悉仍旧制。如夷商确有为难之处。不妨与江海关秉公妥商。

怡良又奏。英吉利夷酋咆呤。驾坐火轮船。于五月十三日来至上海。嘱吴健彰。向奴才道达敬佩之忱。旋据水营镇将。及丹徒等县禀报。有英吉利火轮船。驶赴江宁镇江停泊……

癸巳。钦差大臣两广总督叶名琛奏。查探俄罗斯与英吉利。订期交战情形……并据探报。英国有货船来至中国者。已在附近洋面。被俄国先后夺去二只。每只计值约在二三十万两……

(闰七月甲戌)吉尔杭阿又奏。自上海通商以后。惟米利坚贸易最大。情形亦尚恭顺。上海失守后。各国应征夷税。屡次催缴。迄无成效。本年五月米利坚夷酋麦连勒毕唵。前来上海。查看贸易情形。前作者苏松太道吴健彰。嘱其代为催纳。该酋口称。本国王命来此。必须做一大有利益中华之事。以仰酬大皇帝五口通商厚恩。今见中华用兵日久。需饷甚殷。必将商人应完新旧税银。逐一追缴清楚。只求督抚大吏。代为奏明。庶几大皇帝知麦莲勒毕唵。办事不错。以后尚可为中华出力等语。奴才与前抚臣许乃钊。虽知其为甘言以诱我。而当此多事之秋。不得不因势利导。以免掣肘而济军饻。未几。该酋即有镇江金陵之行。回沪后。复至昆山谒见督臣。呈递照会等件。吁请变通贸易。因督臣怡良。令其仍回广东。听候查办。该酋复回上海。口称前在广东求见总督。总未见面。是广东断无可商。决计不复再往。今上海地方。连年不靖。货物滞销。欲将各货运至镇江。金陵。汉口等处销售。如蒙大皇帝钦派便宜行事之重权大臣前来。议定规条。伊国情愿随同官兵。从上海起。一路剿办逆匪。开通长江。如上海等处有一贼未平。即不敢越次而进。乃两江总督不代为奏请。伊国不能自误买卖。惟有自入长江等语。奴才与前抚臣许乃钊。因其言词。已不如初至时之逊顺。当饬传谕该酋。原定条约内。虽有十二年后。准予酌量变通之文。而无增添口岸字件。镇江等处。并非该夷应到之地。断难准行。天朝军务。亦非该夷所得干预。其五口之贸易章程。如须变通。两广总督。即系专办夷务之钦差大臣。应即遵照两江总督面谕。速回广东。呈请查办。该酋复称。如其始终不允。即当与英酋咆吟。各驾本国兵船。同赴天津。将一切事宜。上告朝廷。正在反覆晓谕间。许乃钊。吴健彰。先后交卸。奴才任事后。麦酋又投递节略。吁请具奏。所言亦大略相同。至应征夷税。甫蒙解到银四万两。因吴健彰去任后。复形观望。奴才当谕以天朝设官分职。一切事宜。俱责成现在任事之人。吴道台虽已去任。已委蓝知府暂行代办。所有夷税。本系各商应完之项。应仍照原议办理。不能因官已易人。稍有游移。苟能照数征足。与往年不相上下。再能将上年未完税银。照数补足。必当奏明大皇帝。以见尔恪遵成约。办事不错。至贸易事宜。现已钦奉谕旨。饬回广东。听候查办。毋稍逗留。徒延时日。即将所递节略掷还。该酋又称。如至广东。叶制台仍不见面。必当仍来上海。再赴天津。约计闰七月二十三日可以到此。所有现在应征税银。当令各商照办。其应补交旧税。则称俟查明再议。该酋定于七月初八日起碇出口。奴才伏查麦酋之言语行事。虽较英吉利夷酋咆吟。略为恭顺。而其居心亦不可测。江苏民风柔脆。所虑不远。议者有谓曩者英夷所求。止于香港。后来大肆狂悖。直止五口通商。方始寝息。兹麦尊固执十二年变通之约。欲由长江。直至汉口。设立马头。势将无从阻止。莫若将机就计。钦派资深望重之大臣。前来议定妥协章程。允其所请。是米夷以效顺求通江路。与英夷之犯顺而得五口。情节似有不同。且英米二夷。外和内忌。暂可借米以敌英。否则一朝决裂。乘金陵未复之时。闯入长江。诸事不复受商。动辄为所挟制。一误再误。长江中又添一巨患矣……

咸丰卷九

(咸丰四年甲寅八月)庚申。江苏巡抚吉尔杭阿奏。窃照英吉利夷酋咆吟。米利坚夷酋麦连勒毕唵。于五月间前来上海。在奴才处呈递节略。恳求钦差重臣。查办变通贸易事宜等情。奴才当将节略掷还。遵旨饬令回粤。听候两广督臣叶名琛查办。并将该夷等种种狡诈情形。缕晰密陈。旋因该酋等逾期未至。又经附片陈明在案。乃前折甫经拜发。咆麦二酋。与佛兰西夷酋市尔布隆。于八月初七八等日。联樯而至。奴才即于初九日。以礼接见。询其来意。据称咆麦二酋。遵谕前赴广东。与布酋一体照会两广总督。不特叶总督未与相见。且布酋处亦未接有回文。仅派知州张崇恪。知县陈宜之。面见翻译人。口称叶总督并未奉有谕旨。办理变通事宜。旋接叶总督与咆麦二酋覆文。仅云天朝臣下无权。但知谨守成约。其重大事件。必须奏明请旨。又无准与代奏之语。守候多日而回。不得不求一见。即欲前赴天津。求见大皇帝。及大学士。申诉一切。其前呈节略内。所言事理。并未提及。但据咆酋云。十二年之期已过。前定章程。皆不足为据。又据麦布二酋云。伊等在香港。奉该国王之命。凡事皆由咆酋商定办理等语。奴才因该酋等业已合而为一。与七月中情形。又已不同。当答以英夷原定章程。名为万年和约。本无十二年变通之文。即当永远遵行。咆酋不应有此不经之谈。米佛二夷。虽有十二年变通之约。而无另定新章之语。尔等欲赴天津。必须俟奏明大皇帝。准尔前去。方可开行。否则不过与天津镇道一见而已。仍属徒劳往返。或将前递节略所求代奏。恭候钦定。亦无不可。辩论竟日。迄无成议。十二日。该酋等三人。同翻译人麦华陀等五人。复来谒见。据云天津之行。伊等已奏明各该国王。若由贵部院代奏。而大皇帝仍令回粤。尔时再赴天津。则抗违大皇帝谕旨。若折回广东。又背国王之命。竟难中止。奴才又向再三开导。据云此番前去。如蒙恩准。钦派重权大臣两三人前来查办。中外利益。实属不小。傥仍照旧饬回广东。伊等实属无颜。亦不敢即生异议。惟有将伊等无可如何情形。奏知该国王。待命而行。以后之事。即难豫定。已择于八月十八日起碇前去。奴才反覆开导。该酋等坚执不移。起身即去……

谕军机大臣等。吉尔杭阿奏。英米佛三国夷酋。联樯驶至上海。坚称欲赴天津一折。前因英酋在上海藉端要求。经吉尔杭阿。正言拒绝。当将许乃钊革职。授吉尔杭阿为巡抚。谕令妥为驾驭。嗣米酋于昆山呈递国书照会。亦经怡良据理照覆。该夷等理屈词穷。动以驶赴天津为恫喝。从前两次至津。无不废然而返。此次英酋咆呤。米酋麦连勒毕唵。与佛酋布尔布隆。连樯驶至上海。坚执前说。恳求变通贸易事宜。称欲前赴天津。择于八月十八日起碇。该酋岂不知天津海口。大船不能驶入。且有仍令饬回广东。伊等亦不敢即生异议之语……如该夷等十八日之行。或能中止。仍著吉尔杭阿相机筹办。示以抚绥之恩。折其虚憍之气。俾不致更萌妄念。方为妥善。如已经起碇。恐鬼蜮伎俩。声东击西。当此江面多事之秋。著托明阿。向荣。怡良。严饬沿江带兵各员。密为防范。于江路下游圌山关一带。扼守海口。毋令夷船阑入。致与贼匪句结。傥或窥伺江口。固不可轻与接仗。亦必当设法拦截。勿令肆行往来。仍蹈前辙。怡良现在常州。著仍与吉尔杭阿熟筹抚驭之方。以弭后患而安民心。所有天津情形。已谕知直隶准备矣。

又谕。吉尔杭阿奏。上海英米佛三国夷酋。欲同赴天津。变通成约。该抚反覆开导。不能阻止等语。已密谕文谦。双锐。如果该夷驶至。即一面速奏。一面知会桂良。妥商开导之法。吉尔杭阿发折。在该夷未经起碇之先。或能续行阻止。亦未可定。此时省城紧要。该督原不必遽赴天津。惟文谦平日办理防守。固属认真。而于夷务或未能总谙习。道光三十年。夷人麦华陀抵津。彼时在事人员。必有现在省城者。著择其妥协干练之员。酌派一二人。假以他事为名。前往天津。随同文谦等。豫筹防范。此系先事密防。当此畿辅未靖之时。切不可稍涉张皇。致生事端。并著随时密派妥员。赴天津查探情形。据实驰奏。原折及该夷呈递节略。均著钞给阅看。

又谕。吉尔杭阿奏。英吉利米利坚佛兰西三国夷酋。先后驶抵上海。称欲变通成约。因两广总督不肯接见。定期八月十八日。前赴天津。经吉尔杭阿反覆开导。该酋坚执不移。势难阻止等语。该酋等。自五月以来。在广东上海。屡以变通成约为说。该督抚不为允准。则总称欲赴天津。大约皆虚声恫喝。未必敢于出此。惟此次三酋合而为一。吉尔杭阿既有势难阻止之语。难保其不径行来津。亦不可不密为防范。著文谦。双锐。于陆路地方。及海口炮台。一体严密防备。傥该夷船驶至海口。即生一面星速密奏。一面知会桂良。妥商劝导之法。务期不动声色。毋致居民惶惑。至该酋来时。或应与之接见。总宜不亢不卑。正言开导。杜其觊觎之心。津郡本非该夷应至之地。前此英夷麦华陀。自江苏前来。该处地方文武。尚有身与其事之人。应如何布置。如何拒绝。即著文谦等。随时熟商。奏明办理……

壬戌。吉林将军景淳奏。据三姓副都统图钦咨。准协领富尼扬阿报称。该员于五月。驶至拉哈苏地方。探听俄船。由松花江下往。当即乘船而进。不期遭风。又兼费雅哈人。因俄夷猝至。尽行逃避。于六月始抵雍梅屯。讯据屯拨什库等。前往阔湍屯送公文。见该夷砍木垫道。烧砖盖房。打铁练兵。沿江摆列铜炮。防守甚严。该国大众。乘船带兵。一半往东海去讫。余兵留彼占居。伊等乘隙逃回等语。富尼扬阿。借用赫哲桦皮小船。遣委官台恒等。带领精哲人等。先往查控。自带亲随。乘坐小船。尾随前进。后据台恒回称。行至博罗必屯。询据费雅哈等告称。此处一带。现被俄夷设兵防守。台恒随带通事。同至奇吉屯。至初四日。有俄官前来。台恒将分界之事告知。据夷官声称。伊国大人。赴那穆鲁地方。与英吉利打仗。留伊等办公务。并未谕及查界事件等语。现见该处有车架大铜炮二位。小铜炮二位。刀枪弓箭俱全。又见湖上露有桅杆。设立防守……

长芦盐政文谦。天津镇总兵双锐奏。驰赴海口。查办夷船。本月二十五日。接署大沽协副将洪志高禀称。据派出哨探弁兵。探得二十四日申刻。有异样船二只。驶抵拦江沙外。已饬沿海弁兵。严行防守。又据署海防同知乔帮哲禀称。系属夷船。该同知已亲赴拦江沙外。查探明白。再行禀复等语。奴才正拟亲赴海口查办之际。承准军机大臣传奉上谕。吉尔杭阿奏。英吉利。米利坚。佛兰西。三国夷酋。先后驰抵上海等因。钦此。奴才文谦。当即会同天津道钱炘和。即日由津起程。前赴大沽海口查办。如果实系英米佛夷船。惟有谨遵谕旨。严密防范。视该夷之举动。相机而行。于设法开导之中。正言拒绝。容俟驶抵海口。将查办情形。随时密陈……

癸亥。长芦盐政文谦。天津镇总兵双锐奏。窃奴才等于拜发密折后。由津起程。连夜赶赴大沽。于二十六日丑刻。行至葛尖途次。接据大沽协副将洪志高专差禀称。据派往出海查探之都司陈克明。署同知乔帮哲。二十五日酉刻。回口面禀。在洋面见有英吉利。米利坚。两国大船三只。小船二只。共带有三百数十人。都司等。即登大船。见英夷通事官麦华陀。米夷通事官伯驾。询问来意。据称因五口货物难销。谒见江苏吉抚台商酌。因不管夷务。令赴广东查办。我们即到广东。不意叶制台并不见面。似此情形。我们只好先到天津。如天津官长。再有辗转。即赴通州至京。叩谒天朝大臣。商酌代奏等语。都司等回答。俟禀请大宪前来查办。该夷始则应允等候。并呈出该夷本国执照一纸。该员等回口后。讵意麦华陀。忽又乘坐小船。开行内驶。都司等。复上伊船。再三拦阻。并不恪遵。该夷小船。驶过炮台半里之余停泊等因。具禀前来。奴才等。闻信不胜骇异。飞速于卯刻驶到大沽海口。先派陈克明。往见麦华陀。晓谕大宪均已前来。令其将船退回。听候查办。该夷即约定巳刻见面。奴才等。恐麦华陀口称。欲过炮台。由海河直抵天津。虽系虚张声势。亦不可不加意防范。当派署同知乔邦哲。前赴新城一带。相度河面狭窄处所。先用竹缆铁练。将河路横拦。一面雇觅民船。在河内搭桥。安设枪炮。令葛沽守备。在彼看守。傥该夷小船到时。不准开桥放行。奴才双锐。于道光三十年。署理天津镇总兵时。曾与麦华陀接见。深知该夷狡猾异常。是以公同商酌。奴才双锐。同署天津道钱炘和。先行向麦华陀见面。俟续有约见时。奴才文谦。再与之接见。既与体制稍示区别。遇有拒绝之处。亦可指称辗转。该夷麦华陀。伯驾。带夷官二人。夷兵十四人。各执器械。乘驾小划船二只。赴炮台前见面。奴才双锐。同钱炘和。询以何事驶抵天津。该夷所答。与都司陈克明等所禀。大略相同。当即反覆开导。谕以天津。非办夷务通商之所。如有应商事件。自应仍回粤东。听候查办。该通事等。复称屡赴广东。叶总督藉词不理。我等情非得已。不能不来津申诉。辩论数时之久。又谕以直隶总督。向不管理夷务。尔等既有申诉实情。天津现有钦派巡防大臣。或可代恳酌商。但须先将愿坐艇船。退出炮台。方能代请见面。该通事当即将艇船退过炮台以下。奴才双锐。察看该夷等。此次驶至天津海口。情词甚为迫切。似与道光三十年稍有不同。其应如何筹办之处。伏祈皇上训示遵行。

谕军机大臣等。本日据桂良奏。遵旨筹防夷船赴津各情。已于折内批示。令于镇静之中。仍须先事防备。随时妥筹办理。顷据文谦等驰奏。英米两国船只。于驶抵大沽海口后。经都司陈克明等。登船询悉情形。讵英酋麦华陀。忽又乘坐小船。驶入口内。行过炮台半里有余。嗣经双锐。钱炘和等。与之反覆理论。该酋始将艇船退出炮台停泊等语。该夷等。在上海。昆山。屡次要求不遂。辄以广东不肯代为查办为词。同时北驶而来。究竟意欲何为。总未明言。况自上年逆贼入江之后。该夷等。曾先后驶往金陵。镇江。与贼交接。其心怀叵测。已属显然。现在文谦。先令双锐。钱炘和。前往接见。俟夷船退出。方与该酋见面。自系为慎重体制起见。但不知接晤时。该夷能否帖耳而服。文谦能否独任其事……

甲子。谕军机大臣等。寄谕盛京将军英隆等。昨据文谦奏。夷船驶赴天津海口一折。已谕令桂良。及该盐政等。妥筹防备。总以正言拒绝为要。前据吉尔杭阿奏。英米佛三夷。同时由上海起碇北上。此次到津之船。仅有英米两国。计大船三只。小船二只。人数不过三百余名。其来意无非欲改变通商成约。此事断不能行。谅文谦等。必可遵旨妥办。惟该夷等。行踪诡谲。游驶无常。一经文谦等。劝谕回驶。或又有续来船只。速樯北上。均难保其不沿海驶突。所有盛京金州。及山海关各口要隘。均应先事豫防。以期有备。即著该将军。副都统。府尹等。各于所属海口。一体严密防范。并随时派委妥干员弁。确切侦探。据实密奏。但不可稍涉张皇。转致民情惶惑。其山东登州海面。亦谕令崇恩加意准备矣。

又谕。昨据文谦奏。英米两国船只。驶抵大沽海口。已谕令桂良。及该盐政等。严密设防。妥为筹办矣。惟据该盐政所奏。该夷到津之船。系大小五只。约计三百余人。难保无另有夷船续至。且经文谦剀切晓谕后。或即挂帆南驶。于经过口岸。有购求食物等事。亦未可知。著崇恩。迅即严饬登州海口文武员弁。督率兵勇。豫为防备。务须节节拦截。毋令夷船乘间驶进……

文谦等又奏。查阅江苏巡抚吉尔杭阿原奏内称。三酋合而为一。现抵大沽海口夷船。仅英米二国。据云。佛兰西夷船。行至中途。遭风船坏。是否属实。殊难凭信。至接见时。该夷等议事。大抵麦华陀一人主见居多。其余三人。不过附和而已。揆厥情形。麦华陀最为狡猾。驶抵天津。虽云变通条约。申诉苦衷。而其居心叵测。难保不暗藏奸诈。有意寻衅。昨欲上岸闲游。经奴才等。谕以天津义勇众多。民情强悍。设有疏虞。转失和好之意。该夷等。遂即中止。现派兵丁二十名。乘坐小船。旁近夷船。名为保卫。实则随时稽查。惟夷情诡谲多端。既已航海而来。若事无定章。令其回粤。徒劳跋涉。其心必不悦服。扬帆南去。虽不敢大肆鸱张。难免暗生句结之计……

闽浙总督王懿德奏。再本年七月十七日。据英吉利国夷酋咆吟。投文求见。据云现奉该国王之命。有要事相商。必须面见等语。臣以该酋向来有事。均向广东钦差大臣商明办理。即在闽之领事翻译官。亦不晋谒。据实回覆。该夷酋又以文来投。定要请见。嗣于七月二十一日。经办理通商事务之委员署福州府知府娄浩等。带领该夷酋咆吟来至臣署接见。称颂我皇上德威远播。怀柔远人。无微不至。词意极为恭顺。所云面商要事者。乃因现在通商已十二年。该国王欲将和约略为增减。臣以此事有关大局。须向钦差大臣商议再定。该夷酋亦以为然。又称通商已久。诸事应求照拂。臣以既许通商。彼此均以公平为主。该夷酋俯首无词。随即出署。于七月二十二日。扬帆驶出大洋。二十四日。路过厦门。经护理与泉永道延英禀报。上岸接见后。亦即开船前去。

丙寅。谕军机大臣等。昨因英米两国夷船。驶抵大沽。桂良应否亲往。已谕令该督妥筹办理。并将崇纶。交该督差遣委用。夷酋不遵成约。肆意要求。该督如恐亲往天津。致起该夷觊觎之心。可以毋庸前往。即饬崇纶。速赴保定差委。倘体察情形。必须亲往。会同文谦商办。即飞饬崇纶。径赴天津。俟该督到津后。斟酌妥办……

九月。丁卯。谕军机大臣等。英米二夷船只。已于二十四日竟抵天津。经文谦接见开导。尚未回帆。昨又谕桂良。酌量应否前往。密为调度。惟总督出省。地方不免讹言。此次夷酋之来。不过欲变通条约。并非用武之事。倘军中或有传闻疑惧之言。著僧格林沁。持以镇定。不可张皇。如有探闻情形。随时密奏。

(戊辰)又谕。前据文谦等奏。与夷人麦华陀等接见后。连日未据续行奏到。究竟该夷能否废然而返。抑别有藉端要求之处。殊深悬繁。本日据桂良奏。筹议办理情形一折。用意措词。俱极周币。文谦等如能照此开导。必可折服该夷之心。且原定和约。所有贸易章程。如须稍为变通。俟十二年后再议一条。米利坚则定于道光二十四年七月。佛兰西则定于二十四年十月。其互换条约。均在二十五年。是为期亦复甚远。该夷不当于此时妄行渎请。若英吉利和约条款内。并无此文。既称万年和约。便当永远信守。即谓我朝有恩施各国。准英人一体均霑之语。米佛二国。已不能于未经届期之先。豫议更张。英夷又何从为此效尤之举。文谦等。止可据理回复。以塞该夷之口。此次来津。是英米两国通事。其三国夷酋咆吟等。是否仍须前来。亦当查探明确。并谕以海口事宜。原议应由中国办理外国事务之钦差大臣专办。该夷此来。虽已据情入奏。亦当仍向通商五口地方。听候查覆。在此终属无益……

己巳。长芦盐政文谦。天津镇总兵双锐奏。窃奴才等。于八月二十六。二十七日。向英米二夷通事官麦华陀。伯驾。见面。询以夷酋咆吟。麦连。现在何处。据称现泊拦江沙外候信。奴才等。即派妥弁。出口侦探。见有火轮船三只。艇船一只。在拦江沙外停泊……

文谦等又奏。据署大沽协副将洪志高报称。拦江沙外之小艇一只。于初二日。驶进海口等情。当即派员赴该夷船查看。共有夷人十九名。据称。因连日风大。此船搁浅在拦江沙上。不敢在彼停泊。顺潮驶进等情。奴才等当即面谕洪志高。虽系艇船人数无多。不准进口停泊。令其驶回拦江沙外。

壬申。长芦盐政文谦。天津镇总兵双锐奏。窃奴才等于初四日戌刻。接得麦华陀。伯驾。照会一纸。当即公同商酌。回覆该夷一件。谨分别另缮清折。恭呈御览。再初二日续进海口夷艇一只。现傍近麦华陀艇船停泊。尚属安静。

山海关副富勒敦泰奏。窃奴才本年八月二十九日。接准军机大臣字寄。八月二十八日。奉上谕。夷船驶赴天津海口。已谕令桂良等。妥筹防备。总以正言拒绝为要等因。钦此。奴才伏查山海关。滨临石河口。秦王岛。两处海口。英夷从前两次驶来。均即劝谕回驶矣。而今夷船驶至天津。水路相去山海关。一帆可至。虽前有瞭探弁兵。不济其事。当即遵旨遴派妥干佐领庆年。带领弁兵十余名。不动声色。昼夜严密侦探。见有驶来夷船。刻即星飞驶报……

甲戌。山东巡抚崇恩奏。臣先于八月二十三日。接准江苏抚臣咨会。英米等国公使。于八月十八日。由上海驾火轮船。前赴天津。恳求变通贸易事宜。并无他故。当以该夷船由上海赴天津。必由东省洋面经过。据护登州镇陈廷芳咨呈。先据巡洋员弁探报。八月二十三日黎明。在登州府属蓬莱县庙岛洋面。先后瞭见。有外洋大小夷船三只。向正西驶去。离庙岛口岸甚远。并未进口。自系前往天津。该夷北来船只。与到津船数。稍有不符。似系深夜由大洋径驶。故巡洋员弁。未经全行瞭见。此后有无续至之船。现在未据探报。至到津之船。或遵谕南返。或因天津不遂所欲。在东省口岸。别有要求。事在意中。密札该镇道。以防捕内盗为由。分拨兵役。不动声色。严守口岸。探有夷船驶过。如止欲购求食物淡水。酌量情形。只准小舟在口岸外交易。官为监察。以杜别滋事端……

谕军机大臣等。前因英米二国夷船。驶抵天津大沽海口。难保无另有夷船续至。已谕令崇恩。严饬海口文武。豫为防备。现在该夷在津藉端要求。不过虚词恫喝。肆其狡诈。经文谦等正言拒绝。反复开导。该夷已理屈词穷。无可置辩。倘在天津不遂所欲。难保不在东省口岸。别有要求。著崇恩。密饬登州镇等。探有夷船驶到。或呈递书词。别有希冀。一概不得收受。并严禁沿海居民人等。不准收买该夷烟土等货。并接济食物等项。该抚仍当不动声色。严密防范。毋致人心惶惑。是为至要。

丁丑。长芦盐政文谦。天津镇总兵双锐奏。窃奴才于初五日办文照覆该夷去后。初七日巳刻。该夷交巡河弁兵送来照会一纸。并欲送奴才等夷酒三十六瓶。当即拒绝。不准持酒上岸……又闻该夷。欲于初九日起碇南回。再四筹思。于此次照覆该夷文内。微露其词。试其如何举动。再图办理之计。现在不难立时遣去。难于既去之后。不复另生异议。一俟崇纶到津时。奴才等。再行商酌。与夷酋咆呤等。设法会晤。务期杜其觊觎。折服该夷之心。再续进海口夷艇一只。系在前到火轮艇船五只之内。并未另有续到夷船。

文谦等又奏……于酉刻。据大沽协副将洪志高禀。知麦华陀。伯驾。带夷人十余人。乘划船一只出口。查海河水势渐消。连日北风。天气渐冷。该夷畏寒。又虑冰冻。如称赴京一节。明系虚词声张。其势断难久待……

辛巳。前任长芦盐政崇纶。长芦盐政文谦。天津镇总兵双锐奏。窃奴才等。于十三日午刻。夷酋麦莲。咆呤。带领夷人一百六十七名。乘坐小划船七只进口。同通事官麦华陀。伯驾。登岸。夷人各执器械。列队鼓乐而来……夷酋麦莲。向咆呤。麦华陀。伯驾。互商良久。始各呈出变通清折各一件。奴才崇纶。文谦。问其所开各条。多系有关大局。贻患匪轻之事。必须痛切指驳。方能折服该夷之心。时将日暮。若误该夷出口。又多一番周折。且英吉利国。系麦华陀。向咆呤传话。该夷诡谲非常。恐有不尽之处。当谕以折内所请各情。大属荒谬。一时难以理谕。俟本大臣将原折持回。详细斟酌。其中断难准行者。一一指驳。备文照覆。即因时制宜。尚可筹商者。此间亦非办理夷务之处。无案卷可稽。况税务事件。各处情形不同。自应奏明。请交该省钦派办理夷务督抚大臣。查明原定条约。酌量情形查办。于外国通商贸易等事。或可小受其益。该夷酋等复称。呈出条约。何日可听回音。奴才等。谕以须逐细酌核。十八日送还。该夷等。随即应允。带领原来夷人。乘划船均各出口。仍回原船而去……

谕军机大臣等。崇纶等奏。米英二国夷酋。进口见面。询其来意。并酌办情形一折。十三日。崇纶等。与夷酋麦莲。咆呤。接见。措词尚属得体。另片所陈各情。亦颇周密。至该夷呈出变通清折。所开各条。均属荒谬已极。必须逐层指驳。以杜其无厌之求。即如与中国地方官交往一折。本有议定体制。地方大吏。各有职任。岂能于该夷所到之处。轻于会晤。至赁买房屋地基。运责货物。亦应遵照旧约。断难任其随地建造。任意往来。况洋子江。本非夷船应到之地。而海岸捕鱼采矿等事。更于通商无涉。是直欲于五口之外。别生窥伺侵占之意。向来纳税。或用纹银。或以洋银折交。历久奉行。从无用金之说。即中国钱粮。亦未有用金交课。又所称货物暂存官栈。由该商与中国税关看守。更无此理。京师为辇毂重地。天津与畿辅毗连。该酋欲派夷人驻札贸易。尤为狂妄。咆呤所称鸦片纳税。及欲进粤东省城。尤为反覆可恶。其余各条。较之米酋。更属关碍大局。务当按款正言驳斥。杜其妄求。至民夷相争。原有成约可稽。近来地方官。有无审断不公。准其行查该督抚。秉公办理。上海匪徒滋事。贸易维艰。如果夷商因此赔累。欲免欠税。朕抚驭中外。柔远为怀。原不准稍从减免。但应如何核减之处。亦须由该省督抚。查明酌办。至广东茶税。据称滥抽每担二钱。天津亦无成案可攷。必须由两广总督办理。以上三款。尚可允其查办。此外各款。概行指驳……

英吉利夷酋咆呤。呈出各条清折。

……

三。以天津为贸易通商港口。派领事官驻札。

四。英国钦奉全权公使大臣。欲与海疆各省总宪相晤会。自应于署内。照平仪接见。其管事领事等官。遇有必须进见者。亦应于署内照礼接晤。粤东省垣。亦在此条内。

五。两国派委员。将通商税则。会同辑修变通。又将鸦片土一项。准其一律进口。报税公允。

六。凡于贸易诸港口之间。准英船装运货物。往来无碍。

七。凡有进口货运至内地。并出口货运至海滨。除五港照税则纳税外。俱不得在内地关津。重行征税。总宜流通。无有阻滞。

八。定明各式洋钱价值。无论何须大小式洋银洋。俱准按照分两成色。轻重行用。

九。彼此会同设法。肃清海滨盗匪。

十。中土人涉海迁居他国者。彼此会同设法建立章程。以资控御周洋。稽查严密。

……

十七。在各贸易港口处所。设法建立官栈。暂存候销货物。以便不合售者。仍行出口。终能合售。亦按则纳税。

十八。立兹条约。当以英字为确据。或彼此将汉文英文各卷。均立花押。以杜舛谬。

米利坚夷酋麦莲。呈出各条清折。

一。望厦条约第四款内载。中国与合众官宪。在五港口遇有交涉事件。或会晤面商。或公文往来。务须两得其平等语。嗣后合众国钦差大臣。凡到五港之一。必须与该省督抚交往文移。遇有会晤。必须在该次所会之中国或合众官宪衙署相会。近因得全两国深厚交情等事。中国官宪等。总不肯一晤来往。以致所历艰难不少。

一。在条约第十七款内开。合众国人在五港口贸易。无论久居暂住。均准租赁房屋。或租地自行建造。并设立医馆。礼拜堂。及殡葬之处等语。向因欲得此款利益。频经艰苦。在节略内业已详载。嗣后必须专设一法。任从合众国人租赁住房。及办事处所。或租地自行建造。如中土本国人一般。

一。条约第二十四款内载。调处中国与合众国民人相争一款。以后遇有等情。则该港两国官员。必须会同审讯。拘传两造到案。证据确凿。一经讯问后。两造各归所属之国官宪判断究办。仍须将案由伸陈该国大宪。

一。条约第二十款内开。合众国民人货物。在五港口内。已经纳清税饷者。准其运往五港口内之别港售卖。免其重征等因。嗣后更应推广此款。遇有特设运货船只。曾经请领牌照者。即准其任意往来。由此港运货到别港。但只准其在五港之内。

一。第十三款条约所载。完纳税钞。或以纹银。或以洋银折交等语。以后无论何国银两。均应按照成色轻重交收。即合众国之金钱。亦应按成色行用。若以精银精金互易。当以十五换为率。假如精金一磅。【即二十两】当易精银十五磅。似此一切金色高低轻重。行使流通。所有英吉利。佛兰西。合众吕宋。墨息哥。【即交银两】鼻卢。摩利。非亚等国。金钱。银钱。亦皆按照成色。交纳税项。流通使用。是以此时中国朝廷。即简派使臣。与三大国官宪。将各等金银钱。按照精金精纹成色轻重。酌定行使。

一。前次定立条约时。所定税则。必须重行订正。以后征收出口货税。不得逾货价加一。入口货税。不得过五分。

一。嗣后凡经合众国大伯理玺天德。达知大皇帝。若皆彼此以为合理。即应将条约。随时重行酌议。

一。合众国商民。凡载货至通商五港者。准其暂行存屯官栈。由该商与中国税关看守。即不用上税。但寄囤不得逾三年之期。当三年之内。傥将所定税课栈租搬运进出费用。尽皆完纳后。即可将货取回。任该商按照条约。自行存屯料理。

一。中国国家所讨在上洋地面。自去年一千八百五十三年九月七日。【即三年八月初五日】至一千八百五十四年七月十二日。【即四年六月八日】。中国官宪。不在该港。并若无合众官宪襄助。即不能办理税关事务。以致合众商民。按上海本国领事官底册所载。欠下饷项【元文缺】元此项税课。大皇帝自应豁免。因合众商民控告。本国家以一千八百四十九年。【即道光三十九年】。在广东地方。中国官宪。滥抽出口茶务。每担二钱。本国家欲不理论。复因上海港内。入口货物。囤积难卖。不能运赴内地各处销售。况银价昂贵。以致合众商民亏缺本银。至加三以为买茶丝。及中国土产货物之用。按计连入口亏折。共不下【元文缺】百万元之多。

一。合众商人。既将货物载至上海完纳饷后。准其或用本船。或雇中国船只。运入扬子江一带。不得限制阻挠。合众国家。亦必施己威权。务使本合众与他处商民。凡如此入内地海面贸易者。不得羞辱本国号旗。中国官宪。亦必与合众官宪。互协助以保护此等遵约贸易商民之性命产业。又因欲更坚立两国友谊交情。当准合众民人。无论贸易。及为别样事故。但使遵照大皇帝定立之例。请领路引凭照者。即任其往来。住居中土各处内地。所到之处。一切皆归中国官宪保护。更准其租屋。及建造住房。设立医馆。礼拜堂。及殡葬之所。如原定条约所立。在通商五港一般。嗣后欲免两国官宪民人。有互相错会意思。并为免异日艰难。必须准合众国钦派便宜行事大臣。或别样有权办事之员。驻札中国京都。遇有事故。致可与首相学士。或用文移。或以会晤。互相商办。傥荷大皇帝豫悦。亦可与朝廷直行往来。

一。重订税则。必须立明。嗣后凡属中国。与合众土产。及制造之物。俱应互相准两国民人任意携进港口。不用输纳何样税课。又中国沿海生意。亦准合众民人一体均沾其利。至于在中国海岸洲岛。捕鱼采矿等类。惟应遵大皇帝之命办理。即准合众民人。一体均沾。现中国民人。已有做此两项生意。傥能互相通融。则此项事业。自能日盛。而中国贸易。税课亦必日增矣。

甲申。江苏巡抚吉尔杭阿奏。窃惟驭夷之道。惟有钦遵即奉谕旨。坚持成约。示之以信。折之以理。抚之以恩。三者而已。舍此实无善策。现在夷人所称。助我驱贼。原难深信。而关税则确有可征。去年上海失守。夷税已亏。自英酋咆呤。五月间来沪。定议开征新税。其旧税饬商筹议补交。始行赴粤。自粤回沪后。据称。前在广东之英酋文翰回国。甚言中国不能庇护英酋。五港不皆安静。货物不能畅销。是以伊之国主。令将所欠旧税。勿庸完纳。今咆呤又将中国相待公允。并未失和好之谊。报明该国主。除新税照常完缴。以符信约。并请将旧税。照章一并补交。候该国回信遵行。计自六月十八日开关起。现在适值旺月。已征收新税银四十余万两。夷税之外。别无他款可筹。深恐该酋等。借端起衅。仍如文翰所为。抗税不交。则不但上海一营。立即断饷。即金陵京口红单船等营。亦皆无可协济……

谕军机大臣等。吉尔杭阿奏。密陈夷情一折。所奏原为保全税务起见。然一味造就。即受其挟制之方。夷舶通商。以道光二十四年。互换条约之日为始。现尚未满十二年。而该夷已藉口变通。居心实属叵测。现在咆呤。麦莲。在天津各递节略。情理悖谬。万难俯准之处。不一而足。而英夷为尤甚。其中惟民夷相争。请为伸理。及上海滋事。求免欠税。并广东近年加抽茶税。每担二钱。欲请停止三款。尚属细故。已谕知崇纶。文谦等。据理晓谕。令回广东。或上海查办。其余显背成约。一概斥驳……

戊子。前任长芦盐政崇纶。长芦盐政文谦。天津镇总兵双锐奏……据署大沽协副将洪志高禀报。夷艇二只。已于二十日巳刻。由原停泊处所起碇出口。查英米二国夷酋麦莲。咆呤。此次驶抵天津。呈出要求清折。虽经逐层指驳。尚有可商三条。揣厥来意。重在上海欠税。粤东滥抽茶税。并扬子江一带通商之事。其余各款。不过虚词声张……

又谕崇纶等奏。英米夷船。起碇出口一折。想日内即可扬帆南返。已谕令崇纶等。将天津办理情形。详悉咨明广东江苏督抚矣……

给英吉利照会

……至通商税则。会同变通。鸦片土进口报税一事。查贵国既系万年和约。似不应另有异议。港口间装运货物往来无碍之句。殊难允行。进口出口。货物在五港纳税外。内地关津。不得重行征税。查中国设立关口。各有征收。定例已久。岂能率更旧章。至纳税或用纹银。或用洋银。洋圆。轻重均有一定章程。未便更易。其余欲建立官栈。候销货物等事。均应遵照旧约。断难随意更改……

咸丰卷一〇

咸丰四年。甲寅。十月。庚申。两江总督怡良。江苏巡抚吉尔杭阿奏。查咆呤。麦莲。于九月二十六七两日。先后驶回上海。并无动静。惟闻咆酋。有欲来谒见奴才吉尔杭阿之语。旋又闻已定于二十九日起碇回粤。不复前来……咆酋即于九月二十九日早。登舟起碇。麦酋亦于十月初八日起程回粤。惟佛兰西布酋。尚无回粤之信……

(十二月)庚申。黑龙江将军奕格奏。接准吉林将军来咨。据该省差派与俄夷设立界牌之协领报呈。夷船由松花江。顺流至三姓停泊。占居六屯。盖房造械。设立炮台。复与英夷打仗。不久夷人还有续兵前来等语。即饬严密访查去后。于十一月二十八日又禀。各处边界。该夷并无续兵行动。亦无窥探别情。惟该署副都统呈请。该夷船由黑龙江顺流而下。已经放过。傥明年江冰融化。该夷船再行经过。其时或可放行。抑或拦阻不容经过之处。呈请指示前来。若谕令拦阻。诚恐肇起衅端。若照本年准其经过。又不敢擅便。谨奏请旨。

谕军机大臣等。奕格奏。俄罗斯船只过境。应否放行。请旨遵办等语。俄罗斯与别国往来。自应由外海行走。不能听其取道内地。惟本年五月间。该国船只过境。既经放行。此时若阻其归路。该国不免藉口。又滋衅端。著奕格随时查探。如该国前此经过之船。仍由黑龙江等处驶回。果于沿途地方。不致骚扰。即著听其归国。毋庸拦阻。若再有续来之船。并非前此经过船只。即著妥为开导。告以内地江面。不能听外国船只。任意往来。此后断不可再从黑龙江行驶。致启猜嫌。总以剀切晓谕。杜其将来为要。

闽浙总督王懿德。福建巡抚吕佺孙奏。准琉球国中山王世子尚泰咨开。咸丰三年十二月二十三日。有亚国提督。坐驾火轮船一只。率同属船二只。一同到国。据通事口称。本月十七日。在广东香港地方。一齐开洋。随风驾驶。直到琉球国。日后另有属船三只。即可到来等语。续于十二月二十六日。果有属船二只到来。据提督启称。要定正月初六日。携带官兵。进到王宫。面会王世子。暨大臣。以贺新禧等由。当即饬官再三恳求。在他八廨。与大臣相会行礼。该夷不肯应允。至初六日。果率兵卒闯进宫中。即饬大臣相会。该夷既行礼毕。默然引兵而归。乃将小官一名。水手五名。上岸寄居。接取原留小官一十五名。并使英人伯德呤之妻子。及通事钱文錡。金善明等。配搭属船二只。于初十十一等日。先后开去。一只仍旧逗留不去。十七日。又有英人冒耳敦。携带妻子。坐驾海船一只到来。交代伯德呤上岸同居一室。该船未几回去。六月初七日。又有提督坐驾本船。率同属船一只再来。据提督启称。此后或有亚国船只到来。须要以礼相待。一切在市什物。许其收领。所用薪水。亦收价供给。若亚船遭风漂来。损坏船只。总要地方官遣人救命。待有便船回籍。或有人身故。给地埋藏等由。当即饬官暂为应允。该提督欣然。接取所留小官一名。水手五名。并搬载所藏煤炭。又使英人伯德呤搭驾属船一只。于二十一二十三等日。与前所留属船。先后开去。此诚皇上德威之所被。举国感激无涯者也。至该夷人冒耳敦等。尚任意淹留。日用物件。需索甚多。以致国疲民苦。况强要授耶苏教。骚扰不息。不知日后酿成何等祸患。忧虑深切。寝食难安。祈告谕英酋。迅拨船只。接取冒耳敦。并眷属人等归籍。俾得安谧。臣等查英夷伯德呤。携眷久羁琉球。及亚夷兵船。屡次到彼骚扰。节经该国王世子吁请。求为劝导。兹久羁琉球国之英夷伯德呤等。及亚夷兵船。现在虽已撤回。复有英夷冒耳敦等。又在琉球居住。肆行无忌。兼欲疆授耶苏教。种种骚扰不息。既经该国王世子尚泰。再三吁请。求为查办。自应俯如所请。飞咨钦差大臣两广总督臣叶名琛查照。就近察看情形。相机开导。劝令英酋及早拨船接回。以示怀柔。

(咸丰五年乙卯二月)乙巳。库伦办事大臣德勒克多尔济奏。现由俄夷遣使送到该酋咨行理藩院公文一件。祈为转递。当缮具收到回文。交来使携回。谨将原文呈览。

俄罗斯咨文。

……

盖英夷军兴。必欲滋扰东海地方。并有直犯松花江海口之意。上年夏间。该夷乘坐兵船六只。来至东海。攻扑本国喀木察特喀地方。经我兵逐出。本国人不惟不准滋扰本国地方黎民。并念两国二百年和好之道。期与大清国利益。昨复降旨。饬本固毕尔那托尔。酌量派兵。配齐大小炮位器械。趁此水路可行。迅速亲赴东海。剿办英夷。职即带领重兵。载运军器牲畜等件。复带接济东海兵船口粮。俟水路可行。即乘船由黑龙江地方。驶赴东海。以便遵照本国君谕旨办理。十月始能旋回。贵部如有覆文。职亦可在松花江海口等候办理。为此咨行。

庚戌。升任浙江巡抚黄宗汉奏。接准军机大臣字寄。有人奏。江苏上海道吴健彰。通夷养贼等情。钦奉上谕。著臣派员藉别项公事。驰赴上海。不动声色。按照折内所参各情节。逐一访查明确。据实驰奏。钦此。维时臣正在采买米石运津。尚未完竣。遵即委晏端书。以催雇海运为名。驰赴上海。详慎确访。又摘录要款。寄与上海督剿之委员金华府知府石景芬。密令就近确查。先后据该委员等。密行禀覆。臣复与浙江绅商往来上海者。细探夷务贼情。旁加印证。如钦奉饬查吴健彰与刘丽川同乡。刘丽川起事时。该道首先得信。即携眷寄居夷船。道库存银不下三四十万两。悉以遗贼。又与人在上海伙开旗昌行。贼匪城内粮食铅弹。皆由此行接济。近日贼匪每至船上。与该道会晤。仍行入城等因。臣据委员及绅商所闻。该道实与刘丽川同乡。平素往来甚为亲密。上海办理防堵。该道所募之勇。即系刘丽川管带。刘丽川稔知道署存银甚多。遂潜蓄异谋。句结练勇起事。八月初五蚤。该匪等拥众直入道署。大肆劫掠。后有夷人进署。将该道及其眷属拥护出城。奔避夷馆。库中存银。及内署私财。悉为贼有。上海之旗昌行。原系米夷所开。此行开张年久。而东伙则先后更易。现在所开之夷商。与该道交好。银钱亦多所往来。故上海未失守之先。咸有该道与夷伙开旗昌行之说。奸商之接济贼匪。原不止旗昌一行。而旗昌之接济。亦终不免。本年六月间。旗昌行即有铅船一只。装铅一百四十八条。由苏运沪。道出东溆。臣委员在此防堵盘查。即经查出。虑其济匪铅弹。将铅扣留。嗣据该道。饬令旗昌取结存案。即行释放。究竟此铅运到。果系作为茶箱。或接济贼匪。俱难凭信。至该道之与贼匪会晤。浙之官弁兵勇。在上海南营者。多有所闻。本年五月初三日。旗昌行门外。观者如堵。众口哗然。佥称刘丽川与该道。俱进旗昌行。由行后上火轮船会议。行门业已关闭。凡商于洋泾滨者。不问而知之。以上各情。皆为案中最关紧要。臣访查所及有如此者。如钦奉饬查该道所雇拖层船勇。名为捐赀。实取偿于关税。本年春间。有广东货船到沪。因系该道旧识。免其纳税。约银四万余两。以致夷商不服。该道于关税多少任意详报。其隐匿银两。悉由海道运回原籍等因。除隐匿关税银两。由海道运回原籍一节。徧查竟无所闻外。其该道所雇拖层船勇。闻系先行捐资。由粤雇募而来。于上年春间初到沪时。将黄浦江贼船。全行焚击。水咯藉以肃清。复因索费无厌。不肯打仗。该道撤退一半。以一半十五只。与另雇之夹板船四只。留守吴淞口。贼匪因不能由海逃窜。惟拖层船勇。凶顽性成。不惟上岸奸淫抢掳。民不堪其苦。该道前在城内所雇广勇。既尽变为匪。其水路之船勇。又俱系广人。大营每有攻城之举。船勇与城内之匪。暗通信息。豫为准备。日人不能得手。其害实由于此。其上海关税。自本年正月下旬开征起。至三月初间。因有公平行夷商货船。进关漏税。该道与之旧交。既不示罚。仅令完一半之税。故众商皆不服。税务因而中阻。迨各公使。赴昆山谒见督臣怡良之后。始照旧完税。以上各情节。臣饬查所及又有如此者。至道库存银。是否三四十万。该道所雇拖层船价。后来会否取偿于关税。并征收关税。有无捏报隐匿。此次沪城克复后。调查该道任内征解簿册。以及文报。方可得其多寡虚实。非采访所能详悉。其与米夷伙开旗昌行。有无约据。由旗昌行上火轮船。与逆匪如何相见谈论。货船之漏税。实有若干银两。种种与夷关涉。更非暗访所能得其确凭。惟自该道罢斥之后。不惟抚臣吉尔杭阿。与各夷正言说论。多所折服。即浙江委员石景芬。具有忠勇之气。亦为夷所敬重。宁波绅商庶吉士张庭学。捐纳道杨坊。随同抚臣委员。与各夷理论。即有成效。贼势日形穷蹙。则吴健彰之罪状。自难逃圣明洞察也。

谕军机大臣等。前因有人奏。吴健彰通夷养贼各款。当降旨交怡良。吉尔杭阿。按照所参情节。逐一严审。定拟罪名具奏。并谕黄宗汉派员访查。兹据黄宗汉奏称。查明吴健彰。实与贼首刘丽川同乡。该逆起事时。吴健彰眷属奔避夷馆。库中存银。悉为贼有。并与夷人伙开旗昌行。及所雇船勇。俱系粤人。每有攻城之举。往往漏泄。致船勇与沪城之匪。暗通信息各情。惟道库存银。是否三四十万。吴健彰所雇拖层船价。曾否于关税取偿。其征收关税。有无捏报隐匿。并与米夷伙开旗昌行。有无约据。其上火轮船。与逆匪如何谈论。货船漏税。实有若干银两。未得确据。怡良近在苏省。见闻切近。吉尔杭阿。与吴健彰。同在上海日久。更难诿为不知。该道拿问已久。尚未据该督抚将原参各款。查明具奏。现在上海克复。所有应讯人证。不难传集。著即逐款查明。并此外有无别项劣迹。一并确查。据实参奏。毋稍徇隐。原折著钞给阅看。

(四月)丙辰。黑龙江将军奕格奏。据署黑龙江副协富勒洪阿呈报。由黑龙江。前往格尔毕齐河地方。与俄罗斯会办分立界牌之吉林黑龙江二省协领富呢扬阿。吉尔哈善等呈称。于鄂勒苏二地方。撞过俄罗斯大小船八只。带有枪炮等项军器。由黑龙江而下。据俄罗斯木哩斐岳幅诉称。前往东海。与英吉利打仗。先来大船十只。续有来船九十余只。并称立牌之事。亦系伊承办。由格尔毕齐河起。设立界牌。俟行至东海临近于松花江口。再为商酌等语。并将俄罗斯递交字文。一并呈报前来。当经飞饬署副都统富勒洪阿等。务照所奉谕旨。向俄罗斯逐一开导。不准滋生事端。即饬令协领富尼扬阿等。驰赴格尔毕齐河。守候俄罗斯使者。及库伦官弁。会同办理。并知会吉林将军景淳。仍饬本属各处会哨卡伦官兵等。严加巡查。毋稍疏懈。又据富勒洪阿呈报。派往卡伦处。探听俄罗斯之骁骑校德克登布。与坐卡佐领乌清阿等。会遇俄罗斯船只。当向询问。该夷即将咨行理藩院公文一角投递。并称情由皆在文内。即将该夷递交公文。飞咨理藩院。复据富勒洪阿呈称。于吉尔堪处。遇见俄罗斯船七只。当即亲见木哩斐岳幅。将钦奉谕旨剀切晓谕。告以令其由外海行走。不准由内江行驶。据木哩斐岳幅等云。乃系恭顺取和之道,只求放过。并给字一纸。径行过去。详阅该夷字内。俄罗斯固毕尔那托尔。前往东海松花江。防堵英夷。随带大船一百四只。内有火轮船一只。由松花江海回来之火轮船二只。前去小船五十只。大船上带马三百余匹。牛三百余只。羊一百余只。男女共大小八千余名。大船上存等项军器。传事船一二只。已经过去船七只外。仍有落后小船一百四十七只。陆续就到。大概至五月终可以到齐。恳祈放过。惟查该署副都统所报。与该夷文内船数不符。且夷人性情诡诈。其言碍难凭信。请旨饬下理藩院。行文该国。令其遵照旧制。仍由外海行驶。

丁巳。谕军机大臣等。黑龙江将军奕格奏。俄夷船只。由黑龙江经过一折。俄夷带领夷众。乘船装载马匹牛羊多只军器等项。因与英夷相争。阑入海口。由江行走。自应阻止。惟现在已有多船入境。若极力阻拦。难保不滋生事端。著奕格。体察情形。其俄夷未到船只。如能阻拦。固属甚善。倘不能拦阻。惟当以正言晓谕。令其毋扰我境。并饬卡伦各员。妥为防守。毋令滋生事端……

又谕。寄谕库伦办事大臣德勒克多尔济。昨据奕格奏称。俄夷乘船带领多人。来至黑龙江等语。现在已将该夷不遵旧例。由理藩院。行知俄罗斯萨纳特衙门矣。所有咨行文底。著一并钞给阅看。

给俄罗斯咨文。

为咨行事,前因贵国带领重兵。乘船欲赴东海。防堵英夷。本院因与旧例不合。令兵船由外海行走。

业经咨行贵国萨纳特衙门在案。今贵国仍不遵旧例。竟坐船多只。带领多人。入我黑龙江边界。自应阻止。惟大清国与贵国和好。二百余年。是以放行。并未阻止。实因体恤之故。嗣后贵国防堵英夷。欲往东海之时。务宜遵照旧例。由外海行走。不得自内海往来。凡遇此等事件。均俟萨纳特衙门。咨行理藩院声明咨覆后。再为行走。断不可似此率行经过也。为此咨行。

咸丰卷一一

咸丰五年。乙卯。五月。甲子。黑龙江将军奕格奏。据署黑龙江副富勒洪阿呈称。由乌鲁苏木丹坐卡佐领乌清阿。与寻江探信骁骑校德克登额等呈报。在小黑河处前后。遇有俄罗斯大船十七只。小舢舨船三只。经该员等查问。俄罗斯言语不通。富勒洪阿。当即督率官兵。由江前往探视。适与俄罗斯船只相遇。两造交言。互相不懂。该夷随将伊国字文一纸递出。复手舞足蹈。当时查其情形。似属落后船只。是以放行。并将该夷字文一纸。呈报前来。惟该夷复递字文。实不知系何钜细。理合将该夷字文。封呈御览。

辛未。吉林将军景淳奏。先后接准黑龙江将军咨开。现有俄罗斯人等。乘船由黑龙江。陆续经过。据称前赴东海。防剿英夷前来等因。随咨三姓副都统图钦。转饬沿江各卡。不时巡防。并查探有无经过人船。当据该卡领催凌春等报称。四月二十日黎明。有俄罗斯大小船二只。由黑龙江驶入松花江。顺游东下。该领催带兵尾随。查得大船载有四十余人。小船载有三十余人。向其查询。言语不通。看其手指之状。似欲下驶。并有续来人船之意。现已安静东行等情。呈报前来。查该夷经过沿途。虽无滋扰情事。惟夷性诡谲。未敢稍事疏忽。仍令三姓副都统。密饬严防。

己丑。吉林将军景淳奏。准三姓副都统图钦咨称。守卡领催凌春等续报。四月二十一日辰刻。见有俄罗斯大小船七只。装载牛马五六十匹。男妇一百五六十名口。顺游东下。并据前次派往赫哲地面。侦探夷情之甲兵图奇山。德清阿。庆德等回称。去冬奉派变装前赴阔吞屯等处。见有俄罗斯盖成房十八所。未盖成房十余所。约有男妇一百三十余人。询之附近赫哲人等。佥称该夷俱属安静。伊等旋回。途遇该国人船。先后过境。亦无骚扰情事。复准该副都统咨称。据续派黑河口守卡防御春福。委前锋校台凌阿等报称。四月二十五二十七等日。有俄夷大船六十九只。舢舨小船十二只。自黑河口拥出东驶。经该员等。跟踪查探。夷船装载牛马猪羊等项牲畜。男妇一千数百余人。向其追询。言语不通。均已安静下往。委无滋扰别情。并据访查乌苏里口之佐领富克精阿。所报亦属相同等情。并与黑龙江将军咨文相符。仍令该副都统。督饬官弁。不时严防侦探。

(六月乙未)谕军机大臣等。昨据景淳奏称。会同俄夷商办立界之协领等。案经调回。由黑龙江水路。直抵黑河口。乘坐吉林船只。前往松花江下游。会同俄夷委员。公同商办一折。兹据德勒克多尔济奏。遵旨派员起程。已赴黑龙江等语。著该大臣迅速知照吉林。黑龙江将军。景淳原折。著抄给阅看。

(七月)辛未。山东巡抚崇恩奏。据护登州镇总兵郝上庠报称。七月初二日。福山县之罘岛海口。探有三桅火轮船一只。两桅夷船二只。无桅火轮船一只。先后驶至。查询船内通事。及夷目人等。皆称上海。宁波。公雇火轮船一只。外借夷船二只。前来北洋。帮捕盗匪。呈出船照。及苏松太道谕帖。钞录禀请核示前来。并据声明该夷船闻盗船在奉天。即日驶往奉天等语。臣查验船照。系宁波府。令商雇火轮船北来捕盗。即苏松太道谕帖。亦系饬勇船北来。并无借用夷船之语。其为该夷自行违约。混入勇船。影射无疑。今各船已由东洋。径往奉天。追阻不及。恐在后尚有续来船只。人数众多。难保不别滋衅端。请旨饬令盛京将军。查明该夷船。如抵奉天。即理谕南还。并请饬谕两江督臣。江苏。浙江抚臣。查明上海。宁波商局。雇用火轮船。因何致令夷人混入勇船北来。分别办理。

谕军机大臣等。据怡良等奏。英夷欲令兵船赴北洋。帮捕海盗。已饬署苏松太道。谕令该夷。毋庸前往。本日据崇恩奏称。七月初二日。有三桅火轮船一只。两桅夷船二只。无桅火轮船一只。先后驶至之罘岛海口。据船内通事夷目等。皆称上海。宁波。公雇火轮船一只。外借夷船二只。并呈出船照。及苏松太道谕帖。旋即驶往奉天。追阻不及等语。英夷通商船只。止准在五口往来。山东奉天洋面。皆非该夷应到之地。火轮船虽由商雇。究属夷船。岂可任听商民。驾驶北行。致令夷船混迹。怡良等既经谕知该夷领事。著即饬令将北驶船只。迅速追回。即商雇之火轮船。亦一体撤回。不准擅向北洋开驶。宁波雇备此船。何以未据奏报。辄即给照开洋。苏松太道谕帖。既系给与勇船。何以又入夷目之手。宁波所雇火轮船。既系一只。何以北来之船。竟有四只。种种影射。此端一开。该夷任意游行。何所底止。且内洋盗匪。自有师船勇船剿捕。何必藉助外夷。致令将来藉口。著怡良。吉尔杭阿。即饬前调拕层各船。迅速北上。与奉天。山东。合力剿办。严谕商民。不准率行藉用夷力。一面将苏松太道谕帖原委。据实查明具奏。宁波雇备火轮船。系由何人擅自给照。著何桂清。查明严参。不得曲为解释。此项夷船。如仍在奉天洋面。即著英隆。恒毓。妥为晓谕。令其恪遵成约。克日南返。傥有要求。务宜正言拒绝。不可稍事迁就。如现已驶至东洋。或山东洋面。再有续来夷船。即著崇恩。饬令登州镇道。一体谕令南还。勿再任其北驶。并分饬沿海各口岸。严密防范。是为至要。

八月。甲午。闽浙总督王懿德。福建巡抚吕佺孙奏。准琉球国中山王世子尚泰咨开。咸丰五年。正月初十日。有海船一只。来到该国。据称系佛兰西国船只。要留医士一名。善士二名。学习球语。祈为允准等语。随即饬官具由固辞。该佛酋不肯听从。于十五日强留佛人热辣。许烈。默路默三名。华人叶桂郎一名。开船回去。三月二十一日。又有该国船只来到。携带所留许烈一名而去。查道光二十六年五月间。有佛国船只到来。将伯哆禄留国而去。业经移咨。详蒙查办撤回在案。今有该国船只再来。拨人留国。其心难以窥测。至于英夷冒耳敖。仍在该国骚扰未息。统祈告谕英酋。佛酋。迅拨船只。接回逗留人等等因。臣等查英佛两国夷船。先后驶赴琉球。或留或去。致令该国王世子。惊疑畏惧。呼吁频仍。自应俯如所请。飞咨钦差大臣两广总督臣叶名琛查照。就近察看情形。相机开导。劝令英酋。佛酋。及早拨船接回。以示怀柔。

浙江巡抚何桂清奏。上年粤东不靖。艇匪尽趋浙洋。宁波海口。贸易商船。多被伺劫。因雇用火轮船护送。每次需费不赀。该商人拟以数万缗,购买火轮船。为处常之计。臣到任后。据署宁绍台道段光清。来省面禀。臣查该船有兵火轮商火轮之分。粤东商人。尝购买商化。以资护送。东南洋面。在在皆有。宁商欲仿照办理。亦势所不能禁。但不能官为奏办。并不准用夷人驾驶。以杜该夷酋递书干请之渐。本年四月间。据宁商向粤东商人购买单火轮船一只。自雇闽广得力水手。管驾护送进出商船。并因山东石岛洋面。有该商承运漕船被劫之事。禀请前往缉捕。由段光清转禀到臣。当查此项船只。虽不用夷人驾驶。而为北洋所罕见。即咨会盛京将军。暨直隶。山东。奉天。各督抚府尹。转饬沿海水师。一体知照。

(戊申)吉林将军景淳奏。办理分界委员等。昼夜遄行。于七月十六日。至黑河口。已饬各该委员等。由彼处乘船。迅速前赴松花江下游。以便八月初间。与俄酋木哩斐岳幅。会办分界事宜。

钦差大臣两广总督叶名琛奏。叠据密探报称。英酋咆呤米酋麦莲。已于十月内先后俱回抵香港。迨至中旬。麦莲先行来省。下旬。咆呤坐驾兵船数只。亦复来省……迨至十一月内。咆呤闻知佛山克复。屡见附省各水口。皆获胜仗。随驾兵船驶回香港。麦莲亦即由粤回国……又如上海欲免欠税一款。上海税务情形。臣原未能深悉。但闻自失守以后。该夷商出口进口。货物无可稽查。偷漏者为数颇钜。咸丰三年冬间。前上海道。与英米佛各国领事官。再三会议。直至四年春间。始议定一切税饷。俱由各该领事官。代为经理。不待官为稽查。其能否遵照条约。按数缴纳。尚未可知。至于如何核减之处。尤于通商五口各税务。大有关系。即以粤海关通年税饷计之。各国之出口进口。货物本属繁多。论其大宗。出口则以茶叶为最。进口则以棉花为最。每值兴旺之年。茶叶可得税银。总在七八十万余两。棉花可得税银二三十万余两。即此两项税银。已居十之八九。其余各货物。不过十之一二。傥使一律核减。该夷等必欲先以此二项为词。将来如欲查办。无论上海有无成议。必须令其仍在广东。妥为筹度。免致有碍全局。又如广东茶税滥抽每担二钱一节。查向来洋商。与内地茶客交易。除价值算明外。每担抽分公用银若干。作为经费。皆系一定行规。与粤海关收纳夷商之正饷。本无干涉。嗣因英夷滋事之时。各洋商一时代为筹垫各款甚急。与历年积欠官项。又复甚钜。原因其尚有公用经费银。随时可以措解。旋将洋商裁撤。以后公用经费。既无所出。仍令其分年设法弥补。迨道光二十九年。旧洋商联名公禀。在前督臣衙门。与臣在巡抚任内呈递。查据禀称。遗欠公项。向例俱归生意行用摊还。今行用既裁。似难复设。若不设法禀恳调剂。势必公项终归无著。溯查乾隆年间。茶叶俱归洋商领牌。分择诚实之茶栈。代为经手。给与定银。作为包庄。设立茶用。俾资经费。一百数十年以来。历久相安。彼时茶栈止有数家。稽查甚便。是以偷漏绝少。令洋商裁退。新栈杂乱无章。茶务得以走私。税饷难望起色。职此之由。应请嗣后茶栈。由官给照。方准开设。并明定章程。循照旧用。虽红茶绿茶。各有不同。总以每担拨出用银二钱。弥补遗欠公项。以洋行旧定之茶用。调剂遗欠之公项。既为事出有因。于茶客毫不加增。与夷商更无干涉。若有投充之人。委系诚实可靠。仍由该商等。加具保结。赴县禀请牌照。准其承充。傥有作奸犯科等弊。亦由该商等。禀请革退。如此则茶之来路。有官栈可查。茶之去路。有保商兼顾。庶几茶务不至偷漏无稽。新课可期日裕。旧帑可望清厘等情前来。维时前督臣徐广缙。与臣相商。俯允所请。迨批行悬示后。文翰照会十一次前来。欲令罢议。俱经照覆。逐层驳斥。文翰以后。亦即不复辩论此事。至此次咆呤欲将广东已行之抽分公用。赔偿在上海欠缴之税饷。殊不知抽分出于内地之茶商。税饷出于外国之夷商。彼此毫不相涉。总由数年以来。走私漏税。未能尽遂其欲。该夷酋藉口狡执。希图牵混。傥能因此中止。庶可饱餍所求也……

辛亥。吉林将军景淳奏。五月二十三日。准黑龙江将军咨开。续有俄罗斯男妇数百余人。乘驾大船五十余只。由黑龙江经过。当即飞咨三姓副都统图钦。转饬沿江各卡。不时严防侦探。并准该副都统咨。据黑河口守卡之防御春福等报称。六月初八日。十七等日。复有俄罗斯乘驾大船三十六只。小船一只。舢舨十八只。装载口粮。器械。枪炮。刀矛。牛马等物。由黑河口顺游东下。复据访查乌苏里之佐领富克精阿所报。亦属相同。

(九月)丁卯。吉林将军景淳奏。准三姓副都统图钦咨。据黑河口守卡防御春福等报称。七月二十二日。有俄罗斯男妇二十八人。乘驾赫哲小船四只。舢舨二只。装载鸟枪口粮。自下游驶至卡所旁岸。仅据夷官瓦西列幅嘎普哩罗幅葛啧胡斯昂如得绰霍略等。五人报名。余皆问之不答。造饭食毕。即开行。仍由黑河前进。并无滋扰。

庚寅。吉林将军景淳奏。据委员报称。八月初二日。驶至莫勒奇地方。天寒水凝。舟楫迟滞。伊等因闻夷使。有定于八月初五六日。由松花江口回行之信。随将所乘船内。择轻快者五只。又借赫哲小船三只。分驾前进。期于途次会晤夷使。余船令别员管带尾随等语。伏查黑龙江口。至松花江口。约程六七千里。该委员等。于七月初八日。自黑龙江起程。至八月初二日。驶抵莫勒奇地方。虽已三千余里。然只及行程之半。且江河浩渺。洲岛分歧。能否两遇。自难悬定。一俟委员惠麟等。将何日赶到松花江口。曾否面议。抑或未能依期赶到。禀报到日。再行覆奏。

咸丰卷一二

咸丰五年。乙卯。十月。壬辰。黑龙江将军奕格。齐齐哈尔副都统那敷德奏。准吉林将军知照。由松花江折回俄罗斯船五只。入黑龙江口。据署副都统富勒洪阿呈报。有折回夷船。内有鸟枪腰刀等物。由江上行。先后咨报前来。当即速饬该署副都统。遇有夷船往还时。按卡跟送。密为防范。又据署副都统呈报。乌鲁苏木丹坐卡各官等报。有夷船由北下驶。随问伊国通事。言称伊等前往东海报事等语。当时巡江官兵等。随同该船。一并下驶。行至黑龙江城北。适遇由南上行夷船。均在江边宿歇。随有上行船。与下驶船。一并下驶。抵止黑龙江城。该夷等下船上岸。据伊通事声称。请借马乘骑。分送公文等语。经富勒洪阿。用善言开导。实难允行。该夷复请驿路分送伊等至库克多博卡伦处。伊等便识路径。往玛雨儿处。至下驶人等。亦请由驿送至松花江口。方不至误。又将伊国字迹兼清字一纸交出。经富勒洪阿。将夷船交水师兵看守。并将夷人等。即在江边支搭帐房暂歇各等情。呈请指示前来。伏思该夷人性情诡诈。水路已晓。又欲由陆路行走。其间难保无窥探别情。即饬署副都统。派令官兵看守船只。暂给夷人口食。再拣干员常川巡查。

谕军机大臣等。奕格等奏。俄罗斯船只。冻阻内江一折。俄罗斯上下往还船只。于黑龙江城阻冻。不能行驶。该夷人请借马乘骑。由驿路分送伊国公文。据该将军等。以夷情诡诈。难保无窥探别情。若陆路程途。复令通晓。设有事端。更难于两顾。所见甚是。所有俄罗斯夷人。请借马由驿行走之处。著不准行。惟该夷人既因阻冻。在江边居住。著奕格。拣派干员。带领官兵。看守照料。所需口食帐房。妥为筹给。毋许该夷人擅离江岸。致有他虞。一俟春融冰泮。即令开驶起程。至内地江面。本不能听外国船只往来。前经谕。令奕格。晓谕该夷。杜其行驶。此项夷船。于来年开行时。即著奕格。遵照前旨。剀切晓谕。该国上下船只。不得再由黑龙江往还。以符定制。

十一月。庚申。

谕军机大臣等。前据景淳奏。据会勘分界委员禀报。俄夷在阔吞屯地方。住船盖房。以防备英吉利。珐琊恰为名。并欲自格尔毕齐河起。至兴安岭阳面各河止。指为伊国分界。又欲将黑龙江松花江左岸。以及海口。分给该国守护等语……该夷所称英佛两夷兵船。常欲侵入江口。并著奕格。景淳。密加查访。是否实有其事……

丙寅。黑龙江将军奕格。齐齐哈尔副都统那敷德奏。据富勒洪阿。陆续报称。本年四月二十二。五月十三。十四。六月十三。七月十二。九月十三等日。俄罗斯船只。先后由黑龙江经过下驶。共大小船只一百二十六只。夷人男妇大小二千余名。军械牛马口粮等物。均经该员亲带官兵拦阻。即向夷人通事等。剀切晓谕。用善言开导。伊等声称。业经到此。实难折回。并有要事。前往东海存居。伊国长官木哩斐岳幅等。听候与英吉利争战等语。彼时该员暗视夷人。多有不逊顺者。诚恐滋起边衅。是以将船只均各放行。复据富勒洪阿呈报。陆续由东海折回。顺江上行。俄罗斯火轮船一只。小舟十一只。抵至黑龙江。经该员拦查。船内人口五十余名。内夷国所管奈玛尔男女各二名。并载有鸟枪腰刀口粮等物。仍剀切晓谕夷人。本省奉有谕旨。准其放夷人回国。以后再不准夷船由黑龙江下驶。仍令遵照旧制。自外海行驶之语。向该夷明白晓示。当时夷人等。不但未有回言。而面露怒色。立即开船上行情由。呈报前来。随查吉林来文内称。由松花江入黑龙江上行俄夷船内。有鄂伦春男女各二名。今富勒洪阿呈报来文内声明。查系俄国所管奈玛尔男女各二名。并非本省所管布特哈鄂伦春之人。迨至九月间。又据该员呈报。俄夷船只。先后由黑龙江经过。并无滋生事端别故。惟于九月初七日。有俄夷自东海顺江上行。回伊本国船五只。夷人二十二名。载有器械口粮等物。适遇冰牌一冻。不能上行。又于十三日。由俄国顺江下驶。前往东海夷船一只。夷人七名。亦有器械口粮等物。至黑龙江城。正遇冰冻。不能下驶。该夷俱向富勒洪阿。借马乘骑。欲由陆路行程。该员未允。复开导伊等。暂存数日。听候回文等情。复据该员飞报。又于十月初一。至初六等日。有由东海顺冰岸折回俄夷一百零二名。步行背著鸟枪一百零二杆。腰刀八十八把。长矛八十二根。并有火药铅丸口食等物。详细查问通事。因何步行折回。通事声称。伊等来船二十一只。在不知地名处被冻。随派弁兵在江岸支搭帐房。安置先到夷人一处存居。酌给口食……所有被冻夷船六只。已饬令水师营兵等。妥为看守。另派官兵。在夷人后尾随。跟送出界。合计往还夷船。共一百三十八只。应将俄夷先后呈递文字七纸。并有该夷咨报理藩院公文一角。一并恭呈。

咸丰六年。丙辰。正月丁卯。两江总督怡良奏。准兵部咨。礼部奏称。据朝鲜国王。专差护送漂收夷人四名来京。译讯该夷等。系花旗国人。一名托默斯马斯特尔。一名额都瓦尔特巴拉里。一名达匪特巴尔那斯。一名灭勒匪勒克勒塞。奏明照护送朝鲜难夷之例。解交奴才查讯明确。如上海等处。有该国来海口贸易之人。即令附便回国。奉旨依议。钦此。由兵部将该难夷等。递解到常。当即发交苏松太道查办去后。兹据该护道蓝蔚雯详称。解到难夷四名。译讯据供。均系花旗国人。在夷商者尔船上。充当水手。由伊国到内地贸易。在洋遭风遇救。由朝鲜国解京等语。详覆前来。奴才查花旗即米利坚。该夷在五口通商。上海地方。有夷目管理该国通商事务。已饬将该难夷等。交该国夷目保领。听其附便回国……

(庚午)德勒克多尔济等又奏。据赍送公文之俄夷声称。伊曾随固毕尔那托尔。在东海与英佛接仗获胜。英佛兵船。仍由海道。前赴上海广东过冬。今年和暖时。仍欲与俄国争战等语。该夷所云。是否属实。均应查办……

咸丰卷一三

(咸丰六年丙辰三月)己巳。两江总督怡良。江苏巡抚吉尔杭阿奏。接据护苏松太道蓝蔚雯禀。据英夷司税李泰国呈称。新制小火轮炮船。屡经攻下俄罗斯炮台城垣。著有成效。现在中国各处肆扰。正宜买此轮船数只。扫除狂寇。如肯允行。该夷愿立军令状。效力戎行。并将其船坚炮利。与俄罗斯争斗获胜情形。绘图九纸。注明夷字禀呈前来。臣等查前据该夷面禀蓝蔚雯。各国条约章程。必求更改。否则恐致生事等情。业经臣等奏蒙圣鉴在案。今该夷因臣等正言拒绝。复以助顺剿逆为词。夸张其船坚炮利。且有船身轻灵。炮火精妙。即至浅至窄之处。亦可驶到之语。其意全系虚词恫喝。情形实属叵测。臣等以镇江等处。非该夷人船应到之地。中国兵力。足制逆贼死命。毋庸借资夷力。批饬传知遵照。并密饬该护道。随机驾驭。潜消其桀骜之心。遇有可疑之处。即随时驰报。但夷情诡谲。言必有因。细按其至浅至窄四字。竟将任其所之。能否即行驯服。臣等实未敢深信。

丁丑。两江总督怡良。江苏巡抚吉尔杭阿奏。据护苏松太道蓝蔚雯禀。据英夷李泰国呈称。福州关税。偷漏甚多。有商船一只。装茶叶出口。照例约该完税银二万五千两。该船仅完税银一千七百两。又福州自设关以来。征收茶税。每担一两五钱。或一两。或不及一两。较上海之每担按照税则征银二两五钱者。大有区别。又宁波关毫不稽查。全无税则。运米出洋。亦不阻止。以致上海商情不服。见利思迁。数月以来。上海进口各船。皆系空出。前赴宁波装米。及一切货物。上海关税。必致立形短绌。议请检查上海上年装茶底帐。按数扣还每担五钱。留抵以后各税。否则尽三个月。暂准仿照福州关茶税。每担酌减五钱。俾得抵补上年之亏。以昭平允。免生事端。虽经该护道。严词驳饬。而本年正二两月。所收夷税。已形短少。禀请飞咨闽浙二省。严行查办等情。奴才等。查夷情诡谲。善于蹈人之瑕。藉口挟制。而其所言。又必非无因。今福州关如果短价招徕。任听偷漏。宁波关于货物米粮出洋。毫无稽查。该夷惟利是视。势必舍上海而往宁波。福州。则上海关税。立即短绌。宁波。福州。加增无几。全局皆为掣动。适堕该夷减税之计。且我驭夷之法。不过责其恪守成约。若竟自破藩篱。彼更有词可藉。

寻衅生事。实在意中。而其运米出洋。更属有干例禁。相应请旨。饬下福州将军。闽浙总督。浙江巡抚。严查偷漏短税。责令按照税则。画一征收。并跟查将米卖给夷船之人。严行究办。庶五口不致办理参差。夷税不致日形短绌。

谕军机大臣等。怡良。吉尔抗阿奏。英夷呈称。福州商船一只。装茶出口。仅完税银一千七百两。自设关以来。征收茶税。每担一两五钱。或不及一两。较之上海。大有区别。又宁波关毫不稽查。全无税则。运米出洋。亦不阻止。数月以来。上海各船。皆系空出。关税必致短绌。请检查上年底帐。按数扣还。留抵各税。否则暂准仿照福州关茶税酌减等语。各口关税。自应画一征收。如果福州关。短价招徕。任只偷漏。宁波关。于米粮货物出洋。漫无稽查。不但上海关税。立见短绌。且恐堕该夷减税之计。况运米出洋。尤干例禁。著有凤。王懿德。何桂清。严密确查各该省征收关税。是否有偷漏等弊。与上海关税。何以互相参差。粮米出洋。何以不行禁止。夷情诡谲。亦难保非藉词寻衅。该将军督抚等。务即按照所奏各情。详细查明。据实具奏。原片著钞给阅看。

(五月)壬午。黑龙江将军奕山。吉林将军景淳等奏。据黑龙江副都统报。四月二十七日。有俄罗斯大船一只。小船二只。驶至乌鲁苏江面。投递文称。今夏伊等仍由黑龙松花两江行走。已咨报理藩院。旋据续报。俄夷复有船只驶至。当即与之接见。礼貌尚谦。据称。伊国因与英夷有事。故仍由此来往。并在雅克城以上五处存粮。派员经理。随后尚有多船。亦由此下往等语。言毕回船。分起开行等情。复据该委员报称。该夷是否与英吉利有事。我处无由查知。而所指屯粮地面五处内。惟精奇里河。已有夷人掘地作房。屯放粮石。其余尚未报到。拟俟木酋到时。向其和商。五处屯粮。尚可从权。不宜再有浮占。声请裁夺等情前来。奴才伏思夷情叵测。上年人船无多。已堪顾虑。今岁纷至沓来。且有留兵顿粮之举。尤不可不阳抚阴防。勉如所拟筹办。仍各饬所属。严守要隘。以备不虞。

谕军机大臣等。奕山。景淳等奏。俄夷复由水路下驶。现在筹办情形一折。该夷沿途留有人船。寄存粮石。虽称接济伊国往来口粮。而不候允许。遽行占地建房。其心终属叵测。现在该夷既无倨慢之迹。内地又无阻止之法。该将军等所称阳抚阴防。及俟木里斐岳幅到时。正言向商之处。均尚操纵合宜。著即照所议办理……

癸未。福州将军有凤。闽浙总督王懿德奏。臣等叠准英吉利国夷酋咆呤照会。以上海地方。已设立司税官。代为稽查税务。并代征税银。于事甚为有益。请福州关口。照依办理。臣等以事属创始。且各口关务。向归福州将军衙门兼管。各有专司。岂可听其添设。嗣因屡次渎求。不得已将请立司税官一节。咨商两广督臣叶名琛。就近与该夷酋熟商。妥为谕止。至今尚未接准两广督臣咨覆。第思关税一事。既归臣将军衙门兼管。此时若听其添设司税官。夷情叵测。利之所在。难免不生觊觎。况该夷议请设官。而又不归臣等管束。不去听其自如。作伪不能过问。即所用之夷人。亦不容臣等查察。设或滋生事端。咎将推诿。该夷此番提及福州关口有减税偷漏情事。未尝不因臣等阻之至再。饰词挟制。但未知上海从前如何设立。此时欲令福州仿照而行。臣等断不敢轻许。致紊关政。

七月。丁巳。黑龙江将军奕山。吉林将军景淳。齐齐哈尔副都统那敷德奏。据访探委员托蒙阿等报称。五月十四日。有俄夷大船一只。载人十二名。驶至精奇里附近之海兰泡地方停泊。询据夷官西勒胯萨亏声称。此项人船。定于次日前赴阔吞等处贸易。迨十五日。经巡哨官兵。将其管船首领拉呢英。带见该副都统等。又称。此船欲赴海口。与其上司进送食物。核与西勒胯萨亏所言相异。查其船载有鸟枪食物口粮。是日即启程下往。又咨报。五月二十四日。有俄夷大船一只。载人七名。鸟枪二杆。口粮四袋。称赴下江奇吉阔吞等处贸易。五月二十七日。复有夷船四只。载人三十七名。据其管船首领衣晚皮叶西巴尔吉业奇等称。系署固毕尔那托尔。谕令前赴松花江。阔吞。奇吉等处贸易。随即启程下往。又二十八日。有俄夷小船一只。载人九名。由江面经过。称有急事下往。不肯停留候查。又据报。六月初二日。经巡哨官兵。带同夷官阿里克散达尔。及看守粮石之西胯萨亏。谒见该副都统等。声称。阿里克散达尔。带领大小船三十九只。载人八百零六名。前赴海口。内西勒胯萨亏留下人三百名。舣舻二十五面。在看粮处屯扎。言毕。亦即登舟开行。又六月初五日。西勒胯萨亏。同夷官呢阔赉。压带船只至黑龙江城。谒见副都统魁福等。报呢阔赉自本处带船五十只。驶抵乌鲁苏木丹以下。滩船六只。仍于海兰泡地方。留船三只。现仅统带大小船四十一只。官十三员。男妇五百六十余名口。随带粮械。前赴海口。经副都统等。照验开行。西勒胯萨亏。仍回原处各等情。伏思该夷人船。纷纷下往。虽尚无滋扰情事。而于存粮处所。留兵屯扎。不知其意何居。谆嘱副都统魁福。及各委员。不时侦探。妥为防应。并咨札两省所属各要隘。密加防范。

硃批。该夷情形。不过预作通商地步。现在固不可不严为之防。尤不可稍露形色。惟使该夷受我羁縻。不能尽遂所欲方妥。此批准汝三人知之,不可宣示。密之。

壬戌。闽浙总督王懿德。福建巡抚吕佺孙奏。据英吉利夷酋咆呤照会。以海盗在于五港通商往来洋面。肆行劫掠。现拟每年冬春两季。由江省吴淞。派出师船一只南驶。沿经宁波。福州。厦门。香港。黄埔等处。夏秋两季。由粤省黄埔。派出师船一只。沿经香港。厦门。福州。宁波。吴淞各口。饬令该师船。凡有海盗潜据。扰害商艘。严行剿洗。以期肃清等由前来。随经臣王懿德。以闽浙两省水师。管辖各洋面。虽辽阔绵长。不无盗匪乘机肆劫。业已檄饬该管镇将。各率舟师。常川巡哨。合力截剿。可毋须该夷帮同剿捕。照覆遵办。并分咨浙江。江苏。两江。各督抚。及水师提臣。暨钦差大臣两广督臣叶名琛查照。一体饬令巡洋舟师。实力防范。旋据委员福州府知府叶永元。呈准福州英国领事麦华陀申陈。以现届夏令。南风盛发。闽浙洋面。每有广艇。舴艋。盗艘。乘机窜至。句结土匪。现在该酋。已派有师船一只。驶至五虎口等处巡查。并欲求见。臣王懿德以此时并无要事相商。且各处洋面。业已飞咨水师提臣。暨饬各镇将。统率舟师。分投 捕。足资保护。可以不必进谒。饬令福州府知府叶永元照复。迅即回粤。

己卯。黑龙江将军奕山。吉林将军景淳。齐齐哈尔副都统那敷德奏。准黑龙江副都统魁福。及委员报称。前有俄夷驾驶木排。至达雅尔昂阿。及特普库。并暖珲色普奇等处停泊。兹该夷将木排拆毁。堆存江岸。于六月十四。十五。十八等日。陆续折回。又报称。有夷人分驾大船。各载口粮下驶。经巡哨弁兵。将其管船夷官。带见该副都统等。向其查询。称有急事下往。言毕开行。并据三姓副都统图钦。转据卡官报称。有俄夷分驾船只木排。经过黑河口。驶至江左霍尔托库地方停泊。现毁木排。盖房四所七间。又据乌苏里口卡官报称。有俄夷乘船。装载口粮。向上回行。又有大小夷船。装载口粮牛马东行。又有夷人乘船。向上回行。仍由黑河口前进。并查得霍尔托库。附近之薛尔古一带。有夷人搭盖窝棚二所。复有夷船。随带枪炮等项。自黑河口下往各等情前来。当饬各该副都统。分派妥员。不时查探呈报。

谕军机大臣等。奕山等奏。俄夷人船行止情形一折。据称。俄夷前驾木排。停泊达雅尔昂阿等处。现已拆毁。夷人陆续折回。六月二十三日。又有夷人分驾大小船只。载粮下驶。并于霍尔托库地方。搭盖房屋。黑河口。乌苏里口。时有夷船来往。薛尔古一带。又有夷人搭盖窝棚二所等语。俄夷行止诡谲。此时人船。由边境行走。尚为安静。固不可轻启衅端。亦不可漫无限制。该将军等。应如何善为开导。外示羁縻。内加防范。俾狡诡之计。无所复施。办理方为妥善。其下行船只。究竟驶往何处。亦须侦探明确。随时具奏。

八月。丁未。黑龙江将军奕山。吉林将军景淳。齐齐哈尔副都统那敷德奏。黑龙江副都统魁福报称。本年循例拣派佐领乌绷阿。率兵驰赴俄夷接界之格尔毕齐等处巡查。现据回称。初往时。在霍托玛地方。见有残存火轮船一只。俄夷百余人看守。系欲将船修整。驶赴下江。至接壤处所。察看夷情。俱尚平静。回抵霍托玛地方。见夷船尚未补就。欲挽赴上游。停放小河。又于海兰泡嘎努坎霍托玛等处。有俄夷屯粮堆薪等情。尚有骁骑校富来。落后详查。又准三姓副都统图钦。转据黑河口卡官报称。六月三十。七月初一等日。有俄夷三百余人。分驾大船一只。小船二只。练木五十五簰。载牛一千余条。初三日。又有八十余人。随带子女。分驾大船八只。初四日。又有九十余人。分驾大船八只。初五日。有固毕尔那托尔一员。带夷众二十八人。驾火轮船一只。大船二只。均由黑河口。相继东行。又据乌苏里口卡官报称。七月十四日。有俄夷二百余人。随带子女。分驾小船十九只。自下游驶入黑龙江口。向上回行各等情。当饬黑龙江副都统。及各委员。俟骁骑校富来。详查到日。作速转报。并令三姓副都统。饬卡巡防。

奕山等又奏……至于下驶人船。凡经由黑龙江城者。无不入黑河口等处。前因来船过多。经副都统等。婉言向止。其中亦有折回之人。自四月底起。至六月下旬止。除回国人船不计。及在奇牛山。霍尔托库。薛尔古。并精奇里。附近之海兰泡。又胡玛尔。附近之嘎努坎。霍托玛等处。搭棚看粮。并留人三百余名。其由黑龙江城。出黑河口等处。陆续下驶。共船一百二十余只。人一千八百九十余名。木杆七十余串。每至黑龙江城。该夷官报明该副都统验放。前者该夷请地寄粮。恐其随处漫占。曾令各副都统。饬属查探。兹准三姓副都统。转据乌苏里口卡官报称。各处均有夷人。搭棚存粮等情。其下驶何往一节。尚未据报到。

(九月)乙丑。黑龙江将军奕山。吉林将军景淳。齐齐哈尔副都统那敷德奏。准三姓副都统。转据黑河口卡官报称。七月十八日。有俄夷九百余人。随带子女。分驾大船三十一只。小船一只。装载枪炮口粮。自下游驶至卡所。少停即行。二十日。又有回船三只。载人二十五名。随带鸟枪口粮。二十八日。又有夷官十数员。带人一百七十余名。分驾大船一只。小船十二只。亦自下游驶至霍尔托库地方。埋尸三躯启行。八月初一日。又有一百六十余人。分驾大船十五只。小船一只。同至霍尔托库。停歇二日。均由黑河口。向上回行等情。当即咨行各处。饬令经由卡所。随时侦探。

丙寅。两江总督怡良。署江苏巡抚赵德辙奏。窃照咸丰三年八月初五日。刘逆窃踞上海。所有应征各国商税。经前任苏松太道吴健彰。议令各国领事。从权代为抽收。尔时逆势狓猖。各国商人。携带重货。寄棲于城外洋泾滨一带。各国领事。代为设法保护。所费不赀。迨官兵云集。剿办得手后。贸易照常。于咸丰四年六月十八日。从新设关照常稽征。所有自三年八月初五日起。至四年六月十八日止。米利坚各商。共未缴税钞银三十五万四千一百四十九两八钱三分。当经行文饬追去后。旋据该国前公使麦莲。以商情苦累。议缴三分之一。内除失事以前。已纳税银。掣有号收。未及给发红单银二万七十六百七十三两八钱三分七厘。及乏商短缴。无从著追银八千余两外。实应缴银八万一千五百九十二两。臣怡良。与前抚臣吉尔杭阿。以已纳税银。製有号收。未给红单银二万七千余两。系吴健彰任内之事。即饬司委员伴送吴健彰。前赴上海。会同接署道员。三面质算。并无错误。应准其扣抵。归于吴健彰交代案内办理。至该国商情苦累。自应恳恩酌量调济。而该国应缴旧税。仅完三分之一。且将商人短缴银两。归入现缴数内扣除。未免有亏国课。行令苏松太道。再行妥议去后。兹据护苏松太道蓝蔚雯。详据该国前后任领事吗辉啄飞。呈据该国现任公使伯驾。以商力未逮。请照原议详奏前来。臣等伏查上海滋事之时。该国商人。各自出资保护货物。以致商力拮据。系属实在情形。我皇上抚驭中外。一视同仁。上海地漕银米。既奉加恩分别减免。所有该国未完旧税。自应推广皇仁。一律查办。合无仰恳天恩。俯念商情苦累。所有米利坚国。未完旧税银三十五万四千余两。除现缴银八万一千五百九十二两。又失事以前。已纳税银未给红单银二万七千六百七十三两八钱三分七厘外。其余未缴银两。概予豁免。以示怀柔。

谕内阁。怡良。赵德辙奏。请减免米利坚未缴关税一折。上海通商各国。应交红海关税银。因上年匪徒滋事。贸易未能照常。商情苦累。曾经谕令该督抚。酌量核减。兹据查明米利坚国。积欠税钞银三十五万余两。该国使臣。情愿缴银八万一千五百余两。又从前已纳税银二万七千六百余两。其未缴银两。为数尚钜。惟念该国商力拮据。系属实情。所有咸丰四年六月十八日以前。米利坚欠交税钞银两。除业经呈缴外。余著加恩概行豁免。以示体恤。

丁卯。两江总督怡良。署江苏巡抚赵德辙奏。据蓝蔚雯禀报。米夷伯驾。坐该国常用兵船。于七月初一日至上海。十八日进谒蓝蔚雯并未提及请改定章。及欲赴天津之事。密加察访。尚有该国水师提督。另坐轮船一只。因船身损坏。在粤修理。至八月十八日。该国水师提督奄师大郎。乘坐火轮船。行抵上海。并密探得尚有火轮船一只。随后即至。伯驾俟此船一到。即赴天津。该护道蓝蔚雯。因前此接见伯驾时。并无欲赴天津之语。恐其不告而行。适已革苏松太道吴健彰。在上海商办入江助剿轮船。即于八月二十五日。邀同吴健彰。往晤伯驾。询其来意。据称。该国王因十二年之期已满。给与国书。须入京面告大皇帝。有酌办事件。在广东动身时。已照会两广叶总督。径往天津。因风顺由福州而至上海。等待修理火轮船。是以稍有耽搁。现在轮船已到。即须北驶。该护道等。告以天津并非通商口岸。前公使麦连等。于咸丰四年。冒昧前往。大皇帝因尔等跋涉远行。钦派大臣。与尔等接见。系属曲示怀柔。曾与尔等言明。若再至天津。断不能再邀钦派大臣。与尔等会晤。两广叶总督。系专管五口通商之钦差大臣。无论何事。应即回粤。呈请听候查办。不必徒劳往返。据称。伊奉该国王之命。务与中国和好。总要彼此有益。路过英佛两国。会其大臣。亦皆如此告知。必得另有钦差会议。若令仍赴广东。与叶大人会议。则头可断而不能前去。如到天津。不能面见大皇帝。伊亦无法。只好回来。如不教我上天津。只求两江督抚。代为奏请钦差。至江浙地方会议。我即在此等候亦可。蓝蔚雯等。向其再三开导。辩论数时。坚执不移。飞禀请示前来。臣等查该夷酋伯驾。前来上海。已逾一月。绝口不言请改成约。欲赴天津之事。迨火轮船到后。仍无一言。是明知我必阻其行。竟将不告而去……

谕军机大臣等。怡良等奏。米酋欲赴天津……本日已谕知桂良。如果该夷酋抵天津。不必派大员与之接见。但严禁沿海奸民。与之私相贸易。并谕知崇恩。于山东海口一体查禁。使其无利可图。以杜其北来之念。怡良等。但当告以通商事宜。非广东不能奏办。别省不敢上闻。如共仍前狡执。必欲驶至天津。亦不必过于阻止。恐该酋疑我畏其北来。益复藉词挟制。谅怡良等。必能体会此意。妥为驾驭也。此次入奏之事。及将来续有报。均不得使该酋闻知。一切劝谕之词。皆作为该督等自出已意。是为至要……

又谕。怡良等奏。米酋欲赴天津。现在设法羁縻一折。据称。米利坚夷酋伯驾。奄师大郎等。先后驶抵上海。经署苏松太道蓝蔚雯。询其来意。据云。现因十二年之期届满。该国王给与国书。令其入京呈递。尚有酌办事件。欲往天津等语。本日已谕令怡良等。作为已意。以通商事务。应由广东查办。天津非通商海口。该酋等。此次再往。恐不能如前次之请派钦差接见。徒劳无益。妥为开导。惟该夷欲赴天津。藉口要求。实为私销违禁货物起见。设苏省不能阻止。竟行北驶。著桂良。饬令地方文武。严密防范。毋令沿海居民。及商渔船等。与该夷交接私销货物。其有奸民接济食物者。一并禁止。如其进口投递夷书。不必派大员与之接见。即令晓事员弁。告以此处非通商之地。上年该夷违例前来。已蒙大皇帝格外加恩。派员款待。此次再来。本省总督不敢入奏。亦断不能再派钦差前来。与尔等讲话。尔等有何国书投递。即照例往请两广总督具奏。如此晓谕。观其如何动静。密行驰奏。其大沽等海口。应如何预为防备。并著悉心筹办。亦不得稍涉张皇。至海口员弁。务当早为密谕。如有夷船到口。奸民私与销货者。严拿治罪。该员弁等。不能先时申诫。查禁不力。即著从严参办。该夷酋等。无利可谋。或可杜其北来之念。事关海防重务。桂良。务宜实心筹画。毋稍疏忽。

己卯。黑龙江将军奕山。吉林将军景淳。齐齐哈尔副那敷德奏。八月初四日。有俄夷二十人。分驾小船。出黑河口。顺流下往。初五日。又有三百八十余人。分驾中船二十六只。自下游驶入黑河口。向上回行。又霍尔托库地方。占居夷人。于八月十二日。自行焚拆房四所。仅留数人。外有二十六人。分驾舢舨三面。驶入黑河口。同日又有二百九十余人。分驾中船二十五只。自下游驶抵卡所。少停即行。均无滋扰。

咸丰卷一四

(咸丰六年丙辰十月)丙午。黑龙江将军奕山。吉林将军景淳。齐齐哈尔副都统那敷德奏。准黑龙江副都统。及各委员等。转据乌鲁苏牡丹卡官报称。七月十三等日。有俄夷分驾中船。小船。各一只。八月初三等日。有夷人分驾中船五只。小船一只。十一等日。又有夷船一百十八只。十八等日。又有夷船十四只。又有夷船三十五只。以上均各载有粮械。自下游径出乌鲁苏牡丹卡伦。陆续回行。又转据巡哨各官报称。俄夷另遣玛喀尔前来。将海兰泡看粮夷官换回。当饬乌鲁苏牡丹卡官确查。据报。看粮官已带人分驾船只。出卡回行等因。现届冬初。夷船返回殆尽。

(十一月)辛未。谕军机大臣等。叶名琛奏。九月中。因水师兵勇。在划艇内。拿获盗匪李明太等。英夷领事官吧嗄礼。藉端起衅。辄敢驶入省河。将猎德炮台肆扰。又在大黄滘炮台。开放空炮。自九月二十九日。至十月初一日。攻击城垣。纵火将靖海门。五仙门。附近民房。尽行焚烧。初一日。又纠约二三百人扒城。经参将凌芳。与绅士欧阳泉等。迎击跌毙。初九日。该夷由十三行河面驶至。直扑东定台。经兵勇轰坏兵船。并毙其水师大兵头西吗嚒咯喱。夷匪伤亡四百余名……

又谕。叶名琛奏。英夷藉端起衅。我军两战获胜一折。九月间。广东水师兵勇。因查拿划艇盗匪。英国夷酋吧嗄礼。欲藉此为词。复作进城之想。竟敢放炮。攻击城垣。焚烧铺户。十月初一初九等日。我兵接战。两获胜仗。夷匪伤亡四百余名。并将该夷水师大兵头歼毙……

壬申。京畿道御史韩锦云奏。窃英夷自道光二十一年犯顺以来。最为猖獗。其莫可如何者。惟广东一省。缘广东民情巩固。习见英夷伎俩。且各国夷人贸易。俱以广东为最便。英夷一蠢动。则商贾不通。各夷人必从中挠止。故道光二十九年。英夷欲申入城之议。卒不敢逞。如果督臣抚驭有方。则可永保无事。臣现接广东省城。及香港来信云。九月二十三日。英夷货船内。有贼三名。官兵购线。俟至内河。连水手汉人共十二名。一并拿获。英夷因制军不早为通知。极为不平。投文七次。向制军索人。制军不收其文书。旋将所拿十二名送回该夷处。该夷说此人内有假的。要制军见面。分辨是非。制军置之不理。亦未先为防备。该夷水师提督。于二十五日。乘战船三只。突入内河。将猎德。龟江。及凤凰冈。东安。西固海珠等处炮台。尽行占据。竖立红毛旗号。二十七日。各街派丁巡缉。被英夷枪毙二命。因此人心忿怒。欲放火尽烧十三行。制军饬令禁止。二十九日。夷兵在城外放炮。轰入靖海门内。炮火延烧铺户数十间。三十日。夷兵扒入外城。抢至制军衙门后街。被壮勇杀退。十月初二日。攻破外城。将制军衙门烧毁。制军走入内城。著绅士伍崇曜苏廷魁等。出城向英夷领事讲和。该夷仍连日放炮攻城。船只均不能出入等语。臣窃维此次制军派兵。到夷船拿贼。因未通知。致该夷有所藉口。如果一面严饬沿江兵弁。防守炮台。亦不致变起仓卒。为今日计。江湖各省。尚未安静。且宁波上海港口。均已通商。岂可再开边衅。惟夷性叵测。德所不能化者。即当以威慑之……

咸丰卷一五

(咸丰七年丁巳正月)辛酉。闽浙总督王懿德。署福建巡抚庆端奏。窃臣等接据署福建布政使事盐法道崇福详称。琉球国中山王世子尚泰咨开。查道光二十六年。佛兰西国。遣伯哆禄等二人到国淹留。种种滋扰。当经遣使咨请查办撤回。至二十八年。该国拨船接取所留佛夷回籍在案。讵于咸丰五年正月间。该国又遣热辣默路默等二名。通事华人叶桂郎一名。到国占住。嗣于九月二十七日。有该国钦差全权大臣水师提督吁尔杏。坐驾兵船。率领属船二只。一齐到来。于十月十二日。遣官在那移霸公馆相会。该提督带领兵役。把馆围住。既而入座。将文书一道。交官长展开。该官看讫。即向提督云。文内木料菜水。暨舟引道。救难拯溺。卜地葬死。藏煤炭。借船只等类。犹属可允。至于借地借屋。不论暂住久留。听其自便等事。实系国禁。难以应允。祈为体谅。该提督变色云。所开文书。乃系国王之命。必须领诺。该官婉词云。敝国叨列天朝屏藩。世膺王爵。凡有国家大事。必请命天朝。方得遵行。乞赐宽日。该提督大喝一声。左右兵役拔剑突入。执官将斩。该官自料守节就死。势必波及于国。暂为应允。至十九日。该提督带回属船二只。连艅开去。现今所留佛夷热辣等。藉他势力。擅自择地占住。以为久留之计……

己卯。

谕军机大臣等。本日据叶名琛奏。防剿英夷。水陆获胜。现在夷情穷蹙一折。英夷于上年十一月初七日。攻东定炮台。经我军击沈船只。歼毙多名。复因该夷放火。欲烧西关民房。转风自烧夷楼。巢穴一空。并我兵屡次击毁该夷轮船。又将句串股匪击败。该夷屡经挫衄。各国俱知其计穷。又因延烧货物。欲令赔偿。不肯助逆。其势似亦空蹙。

(闰五月)乙酉。署直隶总督谭廷襄奏。接奉寄谕。俄罗斯遣人赴京等因。钦此。伏思该夷不遵文谕。应察其来意如何。再与理论。派令钱炘和。先期前往。与文谦。会同乌勒洪额。暨该镇道等。相机妥办。至海防关系紧要。拦江沙素称天险。大船出入较难。而舢板往来。究竟未能阻隔。前饬天津镇道。豫将炮台修理完固。海口事件密为布置。并以大沽河面宽阔。拟令相度添办浮桥一座。以资防守。业据该镇道等禀覆。遵照设法赶办。每年南风司令。天津镇应赴大沽口驻札。派船出洋巡哨。现据该护镇岳克清阿呈报。已于五月二十六日。起程前往巡哨。可不致误。

丁亥。陕西道御史张兴仁奏。臣闻英夷自就抚以后。各海口准与通商。江苏上海。夷船辐辏。贸易尤繁。凡江西。福建。安徽。所产之茶。及浙江。江苏。所产之丝。皆运往该处售卖。为征课大宗。夷人例止准在水次收买。不准闯入内地。乃近年以来。往往乘坐内河船只。挈带夷妇。潜至浙江杭州。湖州。各府地面。往来窥伺。登高则图绘形势入市则散布夷书。种种诡异情形。居心叵测。地方官并不查办。遂至无所顾忌。近复在乌程县属之横塘桥。租赁房屋。开设茧行。意图占据地方。偷漏关税。有吴香谷者。从中句结。出名包揽。求查上海税课。为数甚巨。现值军饷孔殷。每资筹拨。近来征榷之所以日有起色。良由爽人应纳之税。责令商人卖货时。按数代缴。是以丝毫不能隐匿。若听夷人在内地购茧缫丝。则乡民卖茧之时。既不便零星抽税。迨运丝出洋。不经商人之手。税银何所责成。正课从此短绌。实于东南财用。大有关系。且恐其与内地奸民。彼此句串。滋生事端。应请旨饬下浙江。江苏。各抚臣。妥筹禁戢。并申明成约。永不准夷人深入内地。至奸民贪图渔利。导引为奸。实属不法应由各抚臣严一章程。尽法惩治。

谕军机大臣等。寄谕署两江总督何桂清等。有人奏。上海夷船辐辏。各省所产茶丝。皆往该处售卖。为征课大宗。夷人例准在水次收买。不准入内地。乃近年夷人往往乘坐内河船只。挈带夷妇。往来窥伺。图绘形势。散布夷书。种种叵测等语。上海税课。为数甚钜。若听夷人在内地购茧缫丝。税课必至短绌。兼恐与奸民句结为患。著该督抚等。申明例禁。不准夷人潜入内地。如有奸民图利导引前来。即著从重惩办。以重税务而杜乱萌。原片著钞给阅看。

丁酉。谕军机大臣等。有人奏。浙江杭州湖州各府地方。近年时有英吉利夷人。乘坐船只。潜入内河。往来窥伺。登高则图绘形势。入市则布散夷书。地方官并不查办。遂致毫无顾忌。近复于乌程县横塘桥。开设茧行。意图偷漏关税。有奸民吴香谷者。从中句结包揽。请饬查办等语。浙省所产丝觔。为税课大宗。止准夷人于水次收买。即由商人于卖货时。代纳税课。若听其潜藏内地。购茧缫丝。则税银必致短绌。于经费大有关系。除已饬何桂清等。于上海关各口。申明例禁。不准该夷潜入内地外。著晏端书。密派干员。前往乌程县横塘桥。访查句结包揽之吴香谷。拿获严办。并晓谕夷商。遵照成约。各赴海口收买货物。不准在内地逗留。其杭嘉湖各属产丝处所偏僻地方。恐有奸民句通藏匿。著一体严行查禁。并严定章程。将内地民人导引夷人漏税者。从重治罪。以杜后患。毋得视为具文。原片著钞给阅看。

庚子。黑龙江将军奕山。吉林将军景淳。齐齐哈尔副都统那敷德奏。据三姓副都统咨报称。有俄夷十余名。驾船道出黑河口。安静东行。又据黑龙江副都统报称。有夷人驾船。随带粮械。顺流下往。称赴奇时阔吞有事……

奕山等又奏。窃奴才等。前以俄夷喇嘛阿瓦枯玛。请由黑龙江行走。及夷酋木哩斐岳幅。折回海兰泡。行踪未定。已饬协领巴达朗贵。访查各情。奏闻在案。兹准黑龙江副都统魁福。及委员等。转据协巴达朗贵报称。奉派查探夷酋。于五月二十八九等日。约有七八百人。分驾木簰七十七串。每串随带小船舢舨一二只不等。牛马器械俱全。驶至海兰泡停泊。支搭帐房。砍伐柳枝。备编苫房。并将载来旧房木。挽运上岸。建房二十处。又以铜炮六尊。分载车船。以四尊对黑河屯安设……

谕军机大臣等。奕山等奏。俄夷拥众猝来。要求通商一折。据称。五月二十八九等日。俄夷有七八百人。分驾木簰。随带小船舢舨。驶至海兰泡停泊。建房二十处。并安设炮位。协领巴达朗贵。晤会木哩斐岳幅。据称。请仿照恰克图通商。或可彼此相安。并称。后起人数尚多等语。是该夷欲占地通商。已明言不讳。该将军等办理此事。固不可激生事端。亦不可不据理折辩……

长芦盐赶往乌勒洪额。前任布政使文谦。直隶布政使钱炘和奏。津郡现在并无夷船踪迹。天津镇道饬令弁兵驻守海口。遇有往来船只。逐细盘查。奴才等公同商酌。遴派熟习情形。能耐风涛员弁。出口密探……

咸丰卷一六

(咸丰七年丁巳六月)辛未。署直隶总督谭廷襄奏。据委员探报。俄夷船只。于六月十八日抵津。内有通事常明安文公二名。据称。伊等来此。请将伊国公文。转送理藩院立候回音等语。据文谦等先赴该船。谕以天朝体制。各有专司。该国既有公文。应由该国萨纳特衙门。行知库伦办事大臣。转咨理藩院查办。此间不敢擅接等语答覆。

癸酉。长芦盐政乌勒洪额。前任贵州布政使文谦。直隶布政使钱炘和奏。自俄罗斯船只驶抵拦江沙外。经派出之都司讷勒和等。乘驾渔船。扮作客商。先赴夷船。该夷询及进口河道情形。该员弁等。告以拦江沙系属天险。至口门以内。河道浅窄。民情强悍。该夷乘驾火轮船。带有划船数只。停泊拦江沙外。据称。有知照理藩院天津府公文各一件。该委员告以不应在此投递。复据该夷声称。原约定在恰克图。因临期爽约。谂知天津距京甚近。是以顺道来津……

(七月)戊子。长芦盐政乌勒洪额。前任贵州布政使文谦。直隶布政使钱炘和奏。突有俄夷驾驶板船进口。取出纸包一个。掷在哨船而去。弁兵取阅。系属公文。当即告知。少时即有官来再行面交等情。当即委员星夜前往探询。据通事言。来此几及两旬。无人接收公文。又不加礼待。天气奇热。不耐久候。故将送去。即欲起碇。委员等。谕以约定八月为期。并本省藩司。不日即来。该夷始将文书收回……

乌勒洪额等又奏。俄夷远涉重洋。来此已及两旬。究欲何为。坚不吐实。惟先后会晤。详加审察。句结情形。业已显露。今又先赴他处。将来驶回。尚欲听信。即或约会别国船只前来。亦未必遽滋事端。现将该夷公文进呈。自可得有端倪。至所求之件。应否准驳。未敢擅便。正在缮折间。据天津镇知会。夷艇已于初六日起碇南行。

又谕。前因俄罗斯声称。派员由天津赴京。投递公文。当经密谕该地方官开导阻止。兹据直隶藩司钱炘和奏。夷船驶抵天津。停泊海口。该夷不听开导。坚欲投文。只得将文书接收。该夷即回帆他往。约于本月二十日。仍回天津候信。该夷性情诡诈。既远涉重洋。订期甚近。未必前往他国。必在附近各海口寄碇。或往盛京各海口游驶。亦未可知。著庆祺。密饬沿海文武员弁。随时哨探。如该夷船驶到海口。务须不动声色。妥为防范。并严禁沿海奸民。与之交易。及接济食物。该夷如乘坐小船进口。测量水势。著密饬兵弁。严行拦阻。毋稍疏虞。

又谕。前因俄罗斯欲派夷官。由津赴京。投递公文。当经谕令该地方官。设法开导阻止。兹据直隶藩司钱炘和奏。夷船驶抵天津海口后。坚欲投文。不听开导。已将其文书接收。该夷现暂回帆。据称。本月二十日。仍须驶至天津候信。该夷诡谲性成。既远涉重洋。其所订之期。不过十余日。岂能遽行回国。度必在于附近各海口。转行避匿。或竟驶至山东。亦未可定。著崇恩。密饬登州等各口水师将弁。并地方官。于该夷船驶到时。不动声色。严密防范。并严禁沿海奸民。与之交易。及接济食物。如果该夷人进口。测量水势深浅。必须严行拦阻。毋得稍有疏虞。

乙丑。黑龙江将军奕山。吉林将军景淳。齐齐哈尔副都统那敷德奏。闰五月初三日。有夷人五名。驾船驶至。初六日。有夷人男妇二十一名。驾船各载粮械。道出黑河口东行。是晚有夷官牙枯幅。带人多名。分驾船只木簰四串。随带粮械。驶抵霍尔托库停歇。留夷人船只木簰。余皆东行。初十日。有夷官玛雨尔。带人驾船。驶抵卡所傍人。陟阜了望。登舟开行。其霍尔托库留居夷人。是日即毁簰盖房。丈量地基。陆续有夷人多名。驾船载粮。先后驶至卡所。少停即行。后复有夷官带男妇二百余名。驾船自下游驶入黑河口。二十四日。有夷官带人驾火轮船。二十五日。有夷官带男妇二百余名。二十九日。有夷官带男妇三十余名。六月初一日。有夷官带男妇八十余名。驾船各载粮械牲畜。顺游下往。所有人船。非谓奇吉贸易。即称阔吞有事。并据乌苏哩口佐领报称。有夷官牙枯幅。带人驾船木簰。驶至江右停泊。登岸毁簰。欲在图勒密地方。建房安站。该员屡阻。而夷官不允。又准黑龙江副都统等报称。闰五月初十日。有夷人五十余名。驾火轮船。由江面回行。阻止未肯停留。该夷在海兰泡一带盖房。已有五十四所。迨十四日。有夷官五名。带人驾火轮船。并大小船只。驶至黑龙江傍岸。询据夷官述称。押带人船粮械。驶至市哩等处建房。十五日。夷官带人百余名。分驾船只木簰。载铜炮二十五尊。十九日。有夷官带男妇三十余名驾船。又有夷官七名。带男妇十八名。二十一日。有夷人三十余名。二十二日。有夷人男妇七十余名。二十四日。有夷官带男妇十六名。二十六日。有夷人九十余名。二十九日。有夷人十一名。六月初五日。有夷官带男妇子女一百五十余名。初八日。本首领商人述开赉男妇二百余名。初九初十等日。有夷官带男妇子女一千余人。驾船各载粮械货物牲畜。纷纷下驶。十二日。木哩斐岳幅。带同夷官四十余人。驾船回行。又据报称。小黑河屯对岸。现盖房九十余所。木哩斐岳幅启行后。海兰泡房间拆毁。移向大黑河屯另行搭盖。据此。查该夷始而分布江左。今则纷至沓来。潜在黑河口以下。江右乌苏哩口之图勒密地方。强立窝棚。展布图式。所称辽奇咭贸易者。地近东海。侦探尤难。现当人船蚁集。惟饬各要隘添兵防察。严禁交易。

给俄罗斯咨文。

为再行开导。以昭两国和好事。窃查两国相交。各有定例。遵行有年。咸丰四年夏间。忽有俄夷许多船只。由黑龙江下游。前赴东海。声称防堵英夷。知照卡伦。当经黑龙江官员。念两国和好。全数放行。乃船只至阔吞等处停泊。在彼建房居住。五年夏间。木哩斐岳幅。复带多船下驶。经过黑龙江。损坏船只。经本处帮助修理。冬间。尔国官兵百余名。由阔吞地方旋回。行抵黑龙江时。守冻绝粮。不能行走。本黑龙江城念两国和好。资助米麦马匹等物。并将患病之人。留养复元。由陆路送回。和好之道。无微不至。去岁夏秋之间。人船又复下驶。前往阔吞等处。在距黑龙江八十里之海兰泡地方。船只浅阻。留人五百名。令玛雨尔管束。恳将浅船抬出。亦经允许。迨询及海兰泡地方建盖房屋。即称物件潮湿。系为存晒而设。俟秋间旋回。即将房屋拆毁等语。及至九月。玛雨尔食言。转称奉固毕尔那托尔札文。令将房屋暂毋庸拆。俟本年冰泮时。阔吞人等。全数旋回。再为拆毁等语。屡次禀请前来。本大臣等。因两国和好。只得允许。今木哩斐岳幅。亲身带领人船。并未与本大臣晤面。径行越过省坦。次日又复旋回。在海兰泡地方住宿。乘夜盖房多间。及至遣员往询。竟不停止。又复馈送礼物。并言欲仿照恰克图彼此通商等语。本大臣等。熟商请示两省将军。经两省将军派出大臣。欲见木哩斐岳幅。恐伤两国和好。复行开导。本大臣等。以中国与尔国和好有年。并无嫌隙。向以外兴安岭为交界。咸丰五年夏间。忽有尔国若许人船。由黑龙江松阿哩江下驶。并在阔吞地方盖房屯兵。惟以防堵英夷为名。假道中国。中国大臣。念与尔国百余年和好。未敢陈奏。隐饰允行。此次尔等又在海兰泡等处。建盖房屋。仍欲彼此通商。显系强占中国地方。并非防堵英夷……

谕军机大臣等。据奕山。景淳等奏。俄夷欲占江岸。并遵旨晓谕夷酋情形各一折。该夷船纷纷往还。人数多至千余。且谕令江左屯户。移居江右。其为图占地方。已可概见。业经谕知理藩院。行知该国萨纳特衙门。将各处人船撤回。并以后不得仍在内地行走矣。该夷酋木哩斐岳幅。虽经启行回国。据称仍欲前来。

给俄罗斯咨文

……

查康熙年间。中国与贵国议立界牌。自格尔毕齐河河源起。至东海以外兴安岭为界。山阳为中国属地。山阴为贵国属地。界址分明。两国皆不得私相侵占。乃自咸丰四年夏间。贵国人船。由黑龙江松花江上下行走。并在阔吞屯地方暂住。彼时因贵国有防堵英吉利之说。不过暂借中国地方行走。是以该将军未经奏闻大皇帝。今又带领男妇多人。及木簰军械。先在海兰泡建盖房间。复欲移至大黑河。声言欲在此通商。是并非防堵英夷。竟欲占据中国地方。查从前两国通商。必须先行议定地方。始能建立货圈。今并未言定在黑龙江海口通商。何得擅自前来建造房屋。占住地面。恐此等举动。皆系贵国属下人等。任意妄行。贵国王知之。必当加以惩办。为此咨行贵衙门。转达贵国王。各守从前地界。即将海兰泡等处人船撤回。以后兵船往他国者。仍在外海行驶。松花江内地。只可偶然借行。不可视为当行之路。阔吞屯亦不可留人住居。以全两国和好之谊……

甲午。黑龙江将军奕山。吉林将军景淳。齐齐哈尔副都统那敷德奏。三姓副都统图钦。转据黑河口各员报称。六月初三日。有夷人驾船一只。自下游驶入黑龙江。回行江左薛尔古地方。有夷人随带牛马炮车。盖房一所。甚属坚固。询据夷目述称。在此建房。永远贸易。六月初九日。有夷人男妇二百余名。分驾大小船只。道出黑河口东行。又据黑龙江副都统委员等报称。六月十五日。有夷人分驾大船。由江面下驶。阻之未肯停留……十四日。有三十余人。驾船驶入精奇哩河。向上分窜。又有夷官带男妇二百余名。驾船自下游驶至大黑河屯对岸停泊。又有夷人分驾木簰十串。随带粮畜。顺游下往各等情。查该夷原请五处屯粮。今增至数倍。且于薛尔古地方。率称永远贸易……

戊申。长芦盐政乌勒洪额。前任贵州布政使文谦。直隶布政使钱炘和奏。本月二十六日。据护天津镇总兵报称。探得该夷使。仍乘驾火轮船。驶至拦江沙外寄碇。该弁询问。据称。因连日风潮甚大。以致逾期。该弁当将已有回文告知。即有委员送来。随派员将回文送往。该委员等。于二十七日乘潮出口。讵行未数里。风雨骤至。拉江沙外。风狂潮猛。该委员等。头目眩晕。水手等亦因风大。漫无把握。屡次驶傍夷船。俱为风潮所隔。不得已转帆折回进口。伏思夷酋此次复来。并未别有夷船随至。似不至另存他意。俟风雨稍止。即将公文送往。

咸丰卷一七

咸丰七年。丁巳。八月。庚戌。长芦盐政乌尔洪额。前任贵州布政使文谦。直隶布政使钱炘和奏。二十八日。复派知州等官。将理藩院回文送往。冒险前进。二十九日。始登其船。告以已有回文。当面付给。该夷拆阅。据云。所商之事。不能在津定局。该酋普提雅廷。与通事明常等。暗为商酌。且俟折回本国。由国主再行定夺。该委员等。谕以现奉大皇帝恩旨。因尔国初次远来。又系尔国大臣。特派天津文武送行。以尽宾主之礼。据该酋云。我等实不敢当。且程途较远。趁此天已晴霁。拟即起碇回帆。该委员随即下船。行未数里。望见夷艇业已起烟开行。仍谆嘱天津镇道。暂住数日。并谕海口员弁。照旧防守。

（辛亥）又谕。寄谕库伦办事大臣德勒克多尔济。昨俄夷使臣普提雅廷。乘坐火轮船。来至天津海口。呈递夷字。经直隶布政使钱炘和等转递。据称。恰克图货物壅滞。及两国未定界址。求为勘定等语。除将分界事宜。寄交黑龙江将军奕山。俟普提雅廷到时。会同商办外。并将此节已饬理藩院撰拟回文。由钱炘和转交普提雅廷。并令钱炘和。送给该使臣食物。俟起程时。亲赴海口饯送。普提雅廷接奉回文。及送给物件。甚为恭顺感激。由海口起碇旋回……

丁卯。两江总督何桂清。江苏巡抚赵德辙奏。上海地方。向不贩运蚕茧。是以通商章程。只载湖丝等税则。亦无蚕茧名目。本年夏间。臣等于未奉谕旨之先。访闻夷商有雇用通事。挟赀赴内地收买蚕茧。运沪赴关报验之事。即经密札饬查。旋据护关道蓝蔚雯禀覆。该商等所贩之蚕茧。讯系用火蒸烘。可以久储。因税则无名。请照估价纳税。希图轻减。此端一开。恐该夷商惟利是图。将来贩茧渐多。贩丝渐少。于税务大有关系。惟有于出产蚕茧之处。禁其贩卖出境。业经移行浙江嘉湖二府。及苏属之太湖。吴江。震泽。常属之无锡。金匮。镇属之溧阳等厅县。一律出示。严禁贩卖蒸烘出境。现在议立章程。应以蚕茧一斤。可得净丝若干。仍照湖丝课税。以杜趋避等情。钦奉前因。复经恭录札行钦遵去后。兹据将议定税则。详覆前来。臣等覆加查核。此项税则。现据议定。凡烘蒸之蚕茧。不论粗细。从六月初十日。每百斤征银三两。核与湖丝论斤抽税数目。尚无轩轾。其未经议定之先。报验出口之蚕茧。多系洋商私购而来。当时权照估价抽税。稍不足数。已属从无补征。而湖丝一项。例应补纳三关税银。蚕茧系络以成丝之物。此后亦应一体补纳。内惟太平一关。例载蚕茧每百斤。征税银七钱二分四厘。遂就三关丝税。逐一比较核计。所有应行补纳蚕茧税银。除太平关应照原例每百斤。征税银七钱二分四厘外。其赣州关每百斤。应征银四钱六分四厘七毫。北新关每百斤。应征银四钱三分三厘五毫。示谕关卡。暨内地各商。遵照办理。该夷商业已无利可趋。自查办后。并无商贩运茧来沪。似可不禁自绝。至五口议令通商章程。内载。夷人不准远入内地游行。近年每据各县禀报。有夷人越界远游之事。均经解送赴沪。由该关道。照会各领事。领回管束。并令谆饬各夷商。坚守成约。不得阳奉阴违。钦奉前因。臣等复饬该关道。申明例禁。随时留心防范。一面移行各府州。转行各州厅县。出示晓谕。如有不法奸民。句串夷人。擅入内地。无论有无滋事。即由该地方官查拿。从严究惩。并将夷人押交领事。严行约束。照章惩办。以符条约而杜衅端。

己巳。黑龙江将军奕山。吉林将军景淳。齐齐哈尔副都统那敷德奏。三姓副都统图钦。转据乌苏哩口巡防佐领报称。俄夷前在松花江右岸图勒密地方。起造窝棚。兹复在该处添房一所。内存杂货。门前挖濠一道。夷人驾船。由上游至乌苏哩口。右岸盖房一所。内存铜铁等物。余船相继来行。又夷人驾船。自下游向上回行。并有夷官等。带同男妇子女一百余名。驾船载粮。道出黑河口。驶抵霍尔托库。少停即行。又有夷人。自下游驶入黑河口。向上回行。复有夷官。带同男妇子女四百余名。驾船载畜。驶至左岸霍尔托库。留人。余皆东行。由霍尔托库。分拨夷人。驾船驶入黑河口。向上回行。并有夷官。带人二百余名。驾火轮船。自下游驶至奇林江心停泊。次日分拨夷人。驾船驶入松花江。闯入黑河卡伦。逆游西上。经守卡官追拒。一面飞报。经景淳行令三姓副都统。拣派弁兵丁勇。驾船迎阻。嗣据佐领春福等。督率赫哲。赶至六十余里。夷人扬帆前进。即令赫哲。以桦皮小船排于江面。致被夷人苦打。委员由江岔迎头抄出。即纵上夷船。将其布篷扯落。理阻回帆。仍至奇林停泊。讵夷官约会辩论。该员等遂将路票。持给阅看。谕以尔国恐尔等任意妄为。今尔等违制分窜。岂非自取罪戾。玛雨尔俯首无词。始称误入松花江上游。明日定由黑河折回。该员等派兵指引。送至黑河口。向上回行。声言。告知木哩斐岳幅。仍欲旋回。占居此地。其忿恨之状。难免不无复来。嗣又夷人男妇驾船载粮。驶至霍尔托库偏西地方。以柳枝垒作房墙。又准黑龙江副都统报称。有夷官驾船。自下游行至大黑河屯左岸。少停即行。又据报称。该夷复于左岸精奇哩附近。开地八段。约计五十余晌。据夷官声称。伊国来人既多。因无菜疏食用。故自行恳种等情。该夷既在精奇哩。开地种菜。松花江右图勒密。添盖房间。且有船只闯入卡伦。逆游西上。擅打赫哲。虽被委官竭力阻回。而该夷恃强肆逞。实甚堪虞。兹经理藩院。行知该国晓谕。傥能从而敛迹。或可暂获相安。

壬申。广东巡抚柏贵奏。回粤后查询此次夷务。实为坚欲进城。蓄谋已久。其所谓水师拿获划艇匪犯一节。不过藉端启衅。自上年九月。至十二月。始而滋扰炮台。旋即围攻省城。皆欲从此震动。庶可任其要挟。督臣叶名琛。早已知其诡计。复叠次钦奉训谕。愈见坚定不摇。并屡饬兵勇。轰坏夷船多只。复伤毙夷匪一千余名。该夷遂于上年十二月二十五日。将各船退出省河。至本年五月初旬。该夷复在东路西路河面。连日滋扰。均经击退。嗣后亦无再行开炮攻扰情事。现在防堵一切。仍皆严密。虽大箍围一带河面。尚有夷船数只湾泊。日久亦并无动静。察访近日英夷情形。穷蹙已极。谅不日即可就范。

(九月)庚子。黑龙江将军奕山。吉林将军景淳。齐齐哈尔副都统那敷德奏。黑龙江副都统吉拉明阿等报称。初十日晚。有夷人驾船载粮。自大黑河屯左岸起行。驶至黑龙江城附近。分人下往。余则向上回行。十七日。有夷人驾船载粮下驶。另有夷人驾船。随带粮械。自下游驶至大黑河屯左岸。少停回行。二十二日。有夷人驾火轮船。自黑河屯左岸开行。忙由江面下驶。又有夷人男妇。驾船载畜。驶至大黑河屯左岸。分人顺游下往。余留存居。二十七日。夷人驾船载粮。自下游驶至大黑河屯左岸。少停回行。八月初一日。夷官呢克赉。驾船。驶至黑龙江城下船。呈出吉拉明阿前给晓谕原文一件。木哩斐岳幅现具回文一纸。投交后由陆路折回。该副都统等。将回文封送前来。又报称。乌鲁苏木丹卡属西尔根奇海兰通此二处左岸。各添窝棚一所。初二日。夷人百余名。驾船载粮。向上回行。另有骑马人。由陆路回国。初六日。有夷官驾船载畜。自上游驶至大黑河屯左岸停泊。据呢克赍述称。所来人船牛马等。俱留于此。又添盖房二十三所。并据黑河口各官报称。七月二十一日。有夷人驾木簰。载牛粮。道出黑河口东行。是晚有夷人驾木簰。载牛马。至薛尔古江下嘎库左岸停泊。二十三日。有夷人驾船载粮下驶。午错时。有夷人驾船载粮。自下游驶入黑河口。向上回行。二十四日。有夷人驾船。自下游驶抵霍尔托库。抽换夷人。折回下往。二十六日。嘎库左岸停泊夷人木簰亦俱东行。二十七日。有前过夷官玛雨尔等。带男妇子女。驾火轮船。旋出黑河口。至薛尔古以下左岸停泊。复登高了望各等情。查吉拉明阿。前晓谕木哩斐岳幅时。恐通事传语参差。故备文知照。令其登覆。讵该夷诿为行期匆促。容俟途次致达。兹接阅回文。仍恃狡辩。将原咨还缴。意存诡诈。将寄投清文。兼夷字回覆附封一件。封呈军机处备核。

谕军机大臣等。奕山等奏。遵旨晓谕俄夷情形一折。普提雅廷。由天津折回。尚无消息。其会勘乌特河地界一节。据称。尚待回国。请示伊主。奕山自未便在彼久候。惟界址未经议定。而海兰泡阔吞屯等处。早有搭盖房屋。乌鲁苏木丹卡属西尔根奇海兰通两处左岸。近复添设窝棚。并有火轮船。驶至黑河口。至薛尔古左岸停泊之事……

十月。庚戌。两江总督何桂清。江苏巡抚赵德辙奏。据苏松太道薛焕禀报。有俄夷船只。驶至吴淞口外寄泊。询因遭风损桅。暂停修理。于二十一日修竣。向东南外洋驶去。又据报称。该夷复于九月十四日。驶至吴淞口。据佛兰西翻译李梅报。系俄罗斯员外郎明常。言于十八日。前来谒见。该道告以俄夷向来不在上海通商。未便接见。至十八日。李梅带同明常。径自来署。该道因俄夷本在北路通商之国。当即以礼接见。据明常称在理藩院读书八年。本年二月。随国使普提雅廷。乘火轮船。往来各国。现由日本国回棹前来上海。即日便赴日本。并呈出照会一件。报明该船现在上海。并无他语。该道告以此间并无该国通商马头。未便逗留。该夷唯唯而去。查该夷船进口投递照会。虽无求请之词。而有全权办事大臣字样。且言词恍惚。情属叵测。已飞饬沿海水师。照会各省。一体严防。

谕军机大臣等。河桂清。赵德辙奏。俄罗斯夷船。于九月十四日。驶至吴淞口。十八日。佛兰西翻译李梅。带同该夷官明常。谒见苏松太道薛焕。声称。该国大臣普提雅廷。现在船内。并呈出照会。经薛焕催令起程。该夷即于十九日出口等语。普提雅廷于七月间。驶至天津。投递文书。经直隶藩司钱炘和。代为呈递。已饬理藩院。咨覆该夷。令其前赴黑龙江。会同钦派大臣。查勘乌特河地界。据该夷回称。尚须折回本国。至今并未驶至黑龙江。所有上海夷船。是否普提雅廷在内。尚难凭信。虽业经出口。无所要求。惟该船由黄浦江。径至上海城外。毫无阻挡。守口员弁。所司何事。该夷潜入海口。或私贩货物。或窥探地势。心存叵测。不可不防……

十一月。丙戌。黑龙江将军奕山。吉林将军景淳。齐齐哈尔副都统那敷德奏。黑龙江副都统等报称。八月二十三日。有夷官带人驾船。自下游驶至大黑河屯左岸停泊。续有夷人驾船。亦自下游驶抵该处。旋即回行。是日有夷人分驾大小船只。自上游行至大黑河屯。即在左岸存留。又有夷官带领男妇。自大黑河屯左岸占据之处。驾船顺游下往。又有夷人驾船。自上游径来投其巢穴。该夷现又添盖房十一所。滋垦地十五晌余。又有夷人分驾车船。自精奇哩河水陆并下。询据夷目声称。由山彦哈达等处。伐木六十余簰。又有夷人驾船。亦自上游来投。又有夷人。由陆路向上回行。又缉获夷人二名。询系由奇牛山。失迷路径。当亦送交夷官。又据黑河口各官报称。现有火轮船一只。出黑河口。由江面东行。又有夷人驾船。顺游下往。另有夷人。自下游行至霍尔托库。换船驶入黑河口。向上回行。又有夷人驾船。驶至霍尔托库。少停即行。又有夷人驾船。出黑河口。称赴霍尔托库投文。又有夷人男妇。分驾船只。先后东行。又有夷人驾船。自下游驶抵霍尔托库。留夷人二名。余皆回行。又据乌苏里口各官报称。有夷人男妇驾船。先后自上游驶至图勒密。占据运粮房二所等情。

十二月。庚戌。钦差大臣大学士两广总督叶名琛奏……据通事吴泉来禀称。现有英国译字官威妥马。令其带上前英国公使咆吟。前佛国公使布威。照会各一件。并称二十七日午后。有英国火轮船一只。三板船二只。桅上皆挂白旗。并书有免战字样。驶至省河白鹅潭河面。船内载有英官三人。佛官二人。呈递两国新公使照会。恳请委员接收后。旋即返棹等语……查有候补通判南海县县丞许文深。常年管理夷务往来文件。前在九龙司巡检任内。每与香港夷酋。多有交涉事件。素称信服。遂于二十七日午刻。先在白鹅潭河面守候。甫交未刻。果见有火轮船三板船共三只。乘潮而进。火轮船上四方大白旗一面。三板船上三角尖白旗各一面。皆大书免战二字。英官系兵总一员。小兵总一员。译字官一员。佛官系兵总一员。译字官一员。迨各船拢近。即来船相见。各酋皆免冠佩剑。礼貌尚称恭顺。叙茶少坐。即将照会接收。各该酋亦皆回本船。扬帆而返……查上年九月间起事。中国因拿内地人犯。巴领事信听划艇船主一面之词。谓官兵到船拿匪。扯破英国旗号。不知官兵到船时。并未见有旗号。即据被拿之水手供称。官兵往拿之时。因船未开行。旗号收在舱内。是旗号并未扯破。显然无疑。该划艇系内地人苏亚成所造。转雇该船主代领牌照。故船内水手。皆系内地匪徒。所拿李明太。梁建富。均已供认在洋行劫。有吴亚认可证。该二犯委系巨盗……

叶名琛又奏。俄国向不在广东贸易。咸丰六年十月。有该国哑哪喇兵船一只。十二月。有该国架利咧兵船一只。七年九月。有该国嘁吐火轮船一只。先后来粤。寄泊外洋。迭饬防范。其后来之哑哪喇兵船。及嘁吐火轮船。俱系来香港。向英吉利索取前许之兵费。其架利咧兵船。因火食缺乏。暂泊外洋。均未驶入内洋。亦无禀函投递。哑哪喇架利咧兵船。先后开船回国。嘁吐火轮船。仍在外洋寄泊。尚未回国。

庚申。广州将军穆克德讷。广东巡抚柏贵。副都统双喜。双龄。粤海关监督恒祺。广东布政使江国霖。按察使周起滨奏……不意冬月初一日。各夷船数十只。驶进省河。督臣传谕。该夷如无动静。兵勇毋许挑衅。相持数日。该夷遂于初九日。送来将军督抚两副都统五衙照会。督臣并未会商。不知如何回覆。迨十二日。该夷又送来五衙照会。督臣仍未通知。并传谕各绅。毋许擅赴夷船。如违特参。该绅伍崇曜等。遂尔观望……

咸丰卷一八

(咸丰八年戊午正月)又谕。前据骆秉章。以逆夷袭据广东省城驰奏。当经谕令嗣后如有见闻粤省近事。即著随时驰奏。本日据穆克德讷。柏贵等。续报夷务情形。逆夷失船二十余号。仍排列省河。据称。须俟新放钦差大臣到后。方能退出省河……

咸丰卷一九

(咸丰八年戊午二月)戊午。署直隶总督谭廷襄奏。查天津海外空阔千里。并无岛屿堪以寄碇。近口三十余里。有拦江沙口外之险。大火轮船不敢驶入。而艇船及杉板船。则尽可往来。海口南北两岸炮台。惟北岸炮台。尤当衔要。臣因事须早办。先已派员往勘地势。以便随后修理兵房衙署。其应移之弁兵。器械。马匹。亦经饬镇筹画。现委署理该镇总兵之副将达年。已饬赴任。该员在津数载。熟习情形。应责成会同天津道英毓。及委员等。密速妥办。天津镇新旧兵额。七千有余。本较别镇为多。除出征派防一千名外。存兵尚堪酌调。军火等项。亦颇齐备。似应令署天津镇达年。专驻海口。并令提臣张殿元。带印移驻天津。以资守御。至海口距大沽五六里。距天津一百八十九十里。中间惟葛沽新城。有海防同知。及葛沽营游击驻札。为向来商船进口后停泊之所。此外村落稀少。河路曲折。从前有议欲诱入内河。以便歼除者。臣以为夷长于水。而不长于陆。猾狡性成。未必肯舍长就短。且以杉板等小船。乘潮而上。其势甚便。一入内河。则民易惊恐。是设防仍以水路为主。兼备炮台后陆路。方为周密。上年臣曾令天津道。劝办大沽浮桥。因海河辽阔。经费太钜。一时款无所出。暂时雇船。横亘河中。以通南北两岸之路。如以盐船及旧海船拦截。派兵扼守。尤为得力。亦已谕天津道。密为筹备。天津团练。颇著功效。第自撤兵以后。艰于经费。且经理绅民。亦多事故。臣查有前任甘肃平庆泾道费荫章。丁艰回籍。其人精明强干。堪以督办团练。亦已谕天津道。密与熟商。查照旧章。会同各绅妥为经理。从来御外以靖内为先。天津民情。浮动好利。五方杂处。良莠不齐。非此不足以镇定人心。其尤要则稽查海口各船。有事先断外洋接济。臣前经密派妥员。驰赴海口。先将大小商渔各船。核实编查。并劝办大沽团练。以冀肃清内地。此外宁河县属之北塘海口。亦附近商渔出入之处。并当一律筹画。

谕军机大臣等。谭廷襄奏。筹办天津海防事宜一折。天津海口。大号夷船。虽不能驶入。而杉板等船。尚可往来。亟应严密设防。以备不虞。该署督现派署天津镇总兵达年。专驻海口。提督张殿元。移札天津。并令在藉道员费荫章。会同各绅。经理团练。及编查渔船。严断接济各事宜。布置尚属周妥。著即照所议办理。该夷诡谲异常。如果驶至天津。必先投递夷文。窥我动静。未必遽行滋扰。该署督即密饬镇道。会同乌勒洪额。拣派上年前赴夷船之文武员弁。前往理谕。设法羁縻。傥必须该署督亲往。著奏明候旨遵行。现在天津大沽等处。既有备无患。但当示以镇静。密为防范。不可稍露张皇。是为至要。

戊辰。广州将军穆克德讷。署两广总督柏贵。粤海关监督恒祺。奏查该夷自上年十二月初十日以后。经奴才柏贵叠次开导。该夷尚知情理。所有停泊省河兵船。及占踞东北城粤秀山夷兵。渐次减撤。其夷酋额尔金。葛巴伦。亦回香港。仅留夷目五人。在粤秀山城内居住……据绅士伍崇曜等禀称。伊等有旧时通商贸易之各国夷商福四赞典颠的等。向其转乞代禀。以该商等浮海挟赀。远来不易。现在彼此相持。货船不能进口。守候已及年余。沥恳该绅士等。设法代吁先准通商。情词恭顺等情前来。奴才柏贵。当将该绅士等所禀夷商各情。照会英佛两夷。将以夷商之众。牵制该夷。旋于十二月十九日。据佛酋葛巴伦照覆内称。接阅来文。曷胜欢慰。嗣后商贾之人。照旧昌炽。务必妥为处置。保护内外商民。平安无虞等语。复于十二月二十二日。据英酋额尔金照覆内称。接阅来文。颇增庆慰。照常贸易。彼此和睦。仍望认真开导。谆谕民众。外客进境。不宜视为雠敌。切为厚望等语。遂允于上年十二月二十七日开港。中外各商等。均各欢忻鼓舞。奴才柏贵。奴才恒祺。当经出示晓谕华夷各商。照常贸易。仍赴各口报验。遵例输饷。正月十一日。始行报验开征。至二十五日。粤海关三次征收税银。共五千七百余两。此后自可日臻旺盛。于经费藉可补苴。至米夷求见。前督臣叶名琛。坚持不允。旋至各炮台被占一节。查米夷求见。原为调停起见。前督臣坚持不允。米夷虽意兴索然。而兵船驶入虎门省河。系英佛两国旗号。米夷并无助恶情事。其虎门各炮台。为粤省第一重门户。如果堵守得力。夷船自难飞越。水师提督在彼驻札防御。是其专责。查自六年九月。夷人构衅。该提臣吴元猷。并不加意筹防。致守台弁兵逃散。一任夷船两次驶入。各炮台炮位。均被夷人毁坏。实属辜恩溺职。相应请旨敕部。将广东水师提督吴元猷。严加议处。以示惩儆。

谕内阁。柏贵等奏。遵旨查参疏防提督请饬严议一折。广东水师提督吴元猷。著即革职。暂行留任。仍责令严防海口。以赎前愆。

两江总督何桂清。江苏巡抚赵德撤奏。再臣等承准军机大臣字寄。咸丰八年正月二十六日奉上谕。何桂清等密陈。英米佛等夷酋。投递照会公文一折。钦此。臣等当即钦遵分缮照会。发交苏松太道。会同能通夷语之候补道吴健彰转发各该领事去后。尚未接到照覆。惟据该道等禀称。陆续到有火轮船三只。吃水不过在四尺左右。又有英夷兵船二只。俄夷兵船一只。寄泊吴淞外洋。传闻英米佛三酋。不日可到。俄尊普提雅廷。已在兵船之内。并无动静……上年十一月间。骤闻广东失事之信。不开市者数日。经薛焕多方开导。妥为弹压。始能照常贸易。现在夷人兵船。陆续而来。惊惶更甚。海运漕米之出口者。仅止及半。受雇运米之沙船。尚不足数。日来鲜有进口者。设该夷妄有所求。上海情形。即不可复问。更可虑者。该夷于咸丰四年。本有在镇江等处。设立马头之请。现在又称。如无钦差到沪。即为所欲为。镇江。扬州。虽为残破之区。究属南北咽喉。亦不可不防。臣等已密函知会和春。德兴阿。如有夷船入江之信。即须严兵以待。不与接仗。而能否分兵应援。殊不可知。

又谕。前因各夷酋投递照会。欲来上海。曾经谕知何桂清等。设法令其回粤。再由黄宗汉。与之理论。本日据何桂清奏称。上海续到火轮船三只。又有英夷兵船二只。俄夷兵船一只。寄泊吴淞外洋。尚无动静。与本日柏贵等所奏。夷船陆续开行之语相符。现在柏贵等在粤。已与该夷开市通商。并据奏称。各夷酋等。均已欢悦而去……

己巳。钦差大臣两广总督黄宗汉奏。二十二日。自清江放舟南下。适闻有夷人直入苏州投文之说。臣即改坐江船。乘风驶入丹徒。二十九日。在常州接准江苏抚臣赵德辙来函。钞录英米佛俄罗斯各夷酋。照会大学士裕诚各件。及该督抚臣奏稿。送臣酌核筹办。并嘱臣从容行走。俟批折回后。方出苏境。

……

咸丰四年。红头艇匪。水陆并起。剿办逾年。始获蒇事。穷治土匪。搜戮四万七千有奇。其中不无冤狱。愚民无知。纷纷遁入香港。澳门。各夷船上傭工。为藏身之计。六年秋。搜捕犹未已也。九月十三日。番禺县差头张顺。在夷人船内。捕获土匪十六人。交局审办。英夷叠来照会六七次。讨取此人。叶中堂不允。二十四日。闻其要攻城。始委南海县丞许文深。将此所获之匪。送到夷船。该夷不收。仍带回番禺管押

……

及至年底。水师兵船齐集。该夷之船。始退至凤凰冈。七年五月。黄浦。陈村。两处。烧我水师兵船十分之八。以后不再补造。水面兵勇。亦从此全撤矣。

……

三四月间。及七八月间。伍崇曜屡次请先通商。与各国交易。英夷则俟事定后。方准交易。中堂亦不准行。于是佛兰西。藉端起衅。突来照会。谓我天朝有不知姓名人。杀其说书之老人。向中堂要犯。三日不交出。即要攻城等语。会同英夷于十月二十七日。两国突来火轮兵船十余只。上挂白旗。号免战二字。来照会三件。讨要五事。一入城。二要河南地面。三要改章程。四要补其兵费。五要通商。限十四日回覆。有一不依。立即攻城。至冬月十一日。复展限二十四个时辰。中堂所回照会。通商可行。余皆不准。

……

十五以后。虽经伍。潘。各商绅议和。该夷竟不听说。至二十一日。忽到藩署。将库银二十二万七千。搬运到夷船。又到抚署。将军。都统署。将督抚将军抬至观音山。二十三日。将中堂抬至火船。将军放回。中丞挟至抚署。会同办事……

辛未。两江总督何桂清。江苏巡抚赵德辙奏。英米二酋。于二月十二日。已到上海。各夷船放炮迎接。连络振耳者逾时……截至二月十四日。已到英米俄三国兵船。火轮船。共有九只。吃水自四尺至七尺不等。传闻佛酋。现赴小吕宋。借拨兵船。并而计之。约有四五十号。装载夷兵四五千人。臣等查向

来夷酋到口。皆由各夷领事。先行知会苏松太道。定期于某日前来谒见。此番前来。先行放炮示威。不独并不知会苏松太道。即臣等照会。亦不即日答覆。其情实属叵测。薛焕。吴健彰等。历探情形。虽多虚疑恫喝。而该夷因兵费繁重。急欲通商。不遵回粤。欲赴天津之说。恐非无因。臣等已飞饬薛焕。吴健彰。妥为设法开导。诚恐该夷酋不覆不见。竟赴天津。海运漕米。一过二月初八日。即在崇明之十滧。乘风放洋。陆续赴津。各船户遇有夷船。虽自知趋避。而已经进口。及无海岛可依所在。实逼处此。殊为可虑……

谕军机大臣等。本日据何桂清。赵德辙奏。英米二酋。于二月十三日。已到上海。欲俟佛酋一到。即赴天津。截至十四日。共到英米佛三国兵船。火轮船九只。传闻佛酋。现赴小吕宋。借拨兵船。并计有四五十号。夷兵四五千人。请饬直隶总督。倘有夷人到津。设法羁縻等语。逆夷驶赴上海。因钦差大臣黄宗汉。业已过苏。欲径赴天津。何桂清等照会。亦不即日答覆。情形实属叵测。天津海口防堵事宜。业经谭廷襄严密布置。但该夷如果到天津。未必遽行滋扰。本日已派崇纶。前赴天津办理海运。著传谕藩司钱炘和。迅速赴津。会同崇纶。豫商一切……

又谕。本日据何桂清。赵德辙奏。密探夷情。英米俄各酋会议。有不遵回粤。俟佛酋到来。即赴天津。吁恳恩施。倘不蒙俯允。即在天津及沿江。沿海。滋生事端。该督等。已飞咨盛京直隶等省。并饬沿海各镇。严行防范等语。该夷等。现有兵船火轮船九只。传闻佛酋赴小吕宋。借拨兵船。约计四五十号。装载夷兵四五千人。虽系虚声恫喝。藉肆要求。惟既有此话。亦难保其必无是事。盛京为沿海要区。自应严为之备。以免疏虞。著庆祺。西拉布。督饬沿海各员弁。于海口各要隘。不动声色。密加防范。倘有夷船驶到。务须严禁沿海居民。勿令接济食物。私通贸易。一面即豫为准备。毋得稍涉张皇。是为至要。

咸丰卷二〇

(咸丰八年戊午三月)戊寅。直隶提督张殿元。长芦盐政乌勒洪额。署天津镇总兵达年奏。据巡哨外委冯恩福等回禀。在洋见有异样船大小二只。乘风北来。当赴炮台瞭望。有夷人小舢板船一只前来。随即派弁驾船迎往。夷船掷交纸包一个。当即返棹。该夷火轮船。停泊拦江沙七庹水以外。查阅来文。系俄人船。有善事。欲令天津地方官赴船面商。先派上年曾赴夷船员弁。前往探询。相机晓谕。以分英夷之势。

两江总督何桂清。江苏巡抚赵德辙奏。据苏松太道薛焕先后禀报。佛酋亦于二月十六日。乘坐三桅火轮兵船一只。驶抵上海。举动极为秘密。而讹言四起。有意拦阻海运。停纳关税。以要求在汉口设立马头。及自行前赴湖州崇安。收买湖丝之谣。民情甚为惶惑。土匪蠢蠢欲动。臣等飞饬薛焕。会同候补道吴健彰。传谕各夷商。如果有此举动。即禁止华商。不准贩运货物前赴上海。亦不准贩运洋货前来内地。则上海贸易断绝。无业游民。傭趁无资。尔等数千万资本。必遭抢掳。勿贻后悔。尔等在此安分贸易。已逾十年。不得不先行谕知。各该夷商尚知感畏。浮言遂息。因饬海运局。将漕米赶紧兑运。装竣一船。即押令一船出洋。驶赴崇明十滧。现已兑过十分之七……至二十三日。英夷领事罗伯孙。带同该国水师副将沙维尔。参将勒葛。至苏松太道署。投递夷酋照会臣等公文一角。并将臣等前次照覆令其回粤之文退回。又附寄照会大学士臣裕诚公文一角。称欲即日北上。别无他语。又探得英酋名额尔金。米酋名列托。佛酋名葛罗。二十二日夜。已有英夷兵船一只起碇出洋。往前途探路。二十三日。又有二只径赴天津。其余各船。定于二十四日下午。随同英夷一路北上。共有兵船火轮船十只。大小不等。约载夷兵一千数百名。又闻英夷尚有大兵头带领兵船数只。即由大洋径赴天津。不复再至上海。臣等伏查该四酋联樯前来上海。势甚汹汹。英夷竟将臣等照覆令其回粤听候查办之文退回。径行起碇北上。米佛二夷。并无照覆之文。其情实属可恶。且闻此次之前赴天津。英夷已在该国中议定而来。佛夷系得受雇值。随同生事。米俄二夷。则乘衅附和。希冀坐收现成之利。狡谲已极……

何桂清等又奏……盖闻现在与我通商之国。实繁有徒。不第英米佛三夷而已也。因五口马头为英夷所创立。米夷则能独树一帜。不受英夷钤制。佛夷则为天主教祖国。其入中国也。较英米二夷为早。亦自称雄。凡各国之前来贸易者。分附于该三夷名下。悬其旗号。该三夷即重抽其货税。一二十倍于我之关税。以为募兵争长之计。大约英夷得十之七。米夷得十之三。佛夷则不及十之一。得利既有悬殊。故有事虽合而为一。无事即各不相能。俄夷亦附于英夷。往来五口。贸易有年。既不甘英夷之抽收重税。又未奉天朝之命。故不敢自立马头。遂有往来吁求之举。观俄夷前投军机处照会。系附入米夷文内。而不附入英夷之文。是英米不相能。俄欲舍英而就米。已有明证。犬羊之性。反覆靡常。似不难设法离间。以夷制夷。使之互相携贰。渐行削弱也。若仅用此法以制之。则一衰必有一盛。仍非善策。各该夷所恃者。船坚炮利。我之师船。断难与之争锋。惟有夺其所恃。转为我用。方能制其死命。盖该夷等惟利是视。虽至坚至利之物。亦不难以重价购而得之。我之元气既足。即用反间之计。以购买其船炮。弱者植之。使之助我。强者锄之。使之不敢恣肆。则夷患平而边衅弭矣……

谕军机大臣等。何桂清等奏。夷酋不遵开导。径赴天津。并密陈现办夷务。宜暂缓用兵各一折。所奏甚为明晰。本日据乌勒洪额等奏。俄夷于二月三十日。已有大小船二只来至天津。称有善事相商。现经该盐政。委员前往查询。已谕令崇纶。会同藩司钱炘和。前往妥为晓谕。察其动静。再行筹办矣。上海为海运关税要地。用兵固为非宜。而该夷既有欲赴湖州崇安之语。亦不可不密为防范。该督等务当外示怀柔。不露端倪。仍一面择要设备。以防该夷反覆。

又谕本日据何桂清等奏。上海各夷船。于二月二十二。至二十四日。陆续驶赴天津。共有兵船火轮船十只。尚有英夷兵船数只。随后赴津。复据乌勒洪额等奏。三十日。有俄夷火轮船。来拦江沙七庹水以外。投递公文。已派委员前往探询各等语。俄夷船只。先到天津。既称有善事面商。自不致遽起衅端。不过欲强为说合。希图从中获利。该盐政等。既经派员前往。即著妥为晓谕。探其意之所在。如其所商。尚非袒庇英佛两夷。于大体不至窒碍即著密速奏闻。候旨定夺。至调兵集团。该夷傥有知觉。须告以专为英佛而设。中国与该夷和好有年。断不至称兵寻衅。崇纶已谕令即日起程。钱炘和谅亦到津。谭廷襄著即出省。或驻札天津府城。或暂驻天津附近地方。将来崇纶到时。商办事件。即可就近会奏。傥有调兵防堵紧要事宜。该署督呼应亦较灵。惟不必亲至海口。免致该夷要求请见。

己卯。谕军机大臣等。昨据何桂清等奏。上海各夷船。陆续驶赴天津。共有兵船火轮船十只。随后尚有夷兵船数只。又据乌勒洪额等奏。二月三十日。有俄夷火轮船。来至拦江沙七庹水以外。投递公文各等语。此次英佛两夷。在广东犯顺。复同俄米两夷。由上海赴天津。原不过虚声恫喝。藉肆要求。惟夷情叵测。不可不防。山海关。为夷船赴津必由之路。自应豫为之备。著定福。督饬该处员弁。不动声色。严密防范。勿稍疏虞。如有需用经费。即著传谕监督清醇。于关税项下酌量提用。以济要需。

庚辰。署直隶总督谭廷襄奏。据海河口巡哨外委冯恩福等禀报。二月三十日酉刻。见有异样船大小二只。随即驾船迎往。有小舢板船一只。掷交纸包。查阅系俄罗斯照会。云有善事。欲令天津地方官往商。该夷船现泊拦江沙外……

壬午。长芦盐政乌勒洪额。直隶布政使钱炘和。署天津镇总兵达年奏。据巡哨弁兵禀报。又到夷船二只。前后共计六只。内火轮船一只。已经驶进拦江沙内。奴才达年。天津道英毓。即派完备张振熊。

前往拦阻。奴才乌勒洪额。臣钱炘和。同赴炮台查看。该守备尚未赶上。夷船忽行折回出口外。有舢板船数只。测量水势而去。查委员卡宝书。陈光明。业经出洋。先曾另派外委刘永桂。往告夷酋。该委员等在津办理海运。因伊船到。即来看视。该夷甚喜。据称来得甚好。我们正有要事相商。又因南风大作。不能驶傍夷船。回至口内守风。奴才等。当将该委员等传到。密述谕旨。谆嘱速往。钦遵办理。该委员等。连夜出洋。于初四日寅时。驶近夷船。因风大不顺。至辰初未能傍拢。该夷瞥见。令明常。用舢板船来接。一同上船。接见时尚属恭顺……

(甲申)谕军机大臣等。谭廷襄奏。委员接见夷酋情形。恐其抢入内河。可否即行攻击。请旨遵办一折……前日驶进拦江沙内之火轮船。一经拦阻。旋即折回。嗣后仍当派员拦阻。彼若遽开枪炮。彼先无礼。然后可以回击。不可先行用武。使有所藉口也……

丙戌。署直隶总督谭廷襄。仓场侍郎崇纶。内阁学士乌尔棍泰。直隶布政使钱炘和奏。据天津镇道。称初六日。曾派署游击陈克明。守备张振熊。前赴俄夷船上。该通事明常。告以米国船已到二只。请即前往看视。该游击等。随至米夷船上。该夷告以我们已经差人前去报到。尔来相见甚好。又赴英夷船只查看。该夷亦曾接送。惟词色似露傲慢之意。是日申刻。米夷又乘小洋货船一只。随带小船一只。直抵炮台。投递知会片二件。求为代购食物。并探水势情形。当即告以海面向无买卖之人。现在渔船均不出口。其米夷乘驾小船。因值南风甚大。在炮台下守风一夜。随即回帆。计前后共到夷船十只。内大火轮船七只。兵船三只。

丁亥。两江总督何桂清。江苏巡抚赵德辙奏。据苏松太道薛焕先后禀报。探闻该夷。因守候广东信息。起碇日期。又已更改。并有米利坚夷目史庭柏儿。翻译秦镇西佛兰西领事敏体呢。夷目孔犬德甫辨斐縻。翻译李梅俄罗斯员外郎明常等。前赴道署。呈递照会臣等公文各一角。内附照会大学士臣裕诚公文各一角。俄酋普提雅廷。于二月二十六日出口。英酋额尔金。于二十七日出口。米酋列托。于二十九日出口。佛酋葛罗。于三十日出口。均驶赴天津。尚有兵船二只。留泊上海等情。臣等拆阅米佛俄三夷照会臣等公文。惟请将照会大学士公文转递。并无他语。其照会大学士臣裕诚公文。亦以不自行照覆为词。欲赴天津。尚无违悖语句。自应代为转递。除咨送军机处外。谨将照会臣等之文。照录恭呈御览。至该夷本定于二十四日起碇。而又迁延数日。不知其意何居。

己丑。署直隶总督谭廷襄。仓场侍郎崇纶。内阁学士乌尔棍泰。直隶布政使钱炘和奏。初十日。由臣崇纶等。令署游击陈克明等。赴俄夷船上。见普提雅廷。告以前事。业经奏蒙

大皇帝钦差大臣出京查辩。该公使甚为欣感。当欲驾坐火轮船前来。经陈克明以居民骤见火轮船。必多骇异。深为不便。况钦差大臣。尚在天津途次。今日未能相见。遂即中止

……

其时英佛米三国。各驾舢板船前来。当令陈克明等拦阻。未容上岸。该夷等各自投递公文一件。臣钱炘和等。初尚未肯接收。因明常再三代为谆恳。遂假以词色接收。并据俄夷亦投递公文一件。统共四件。再三月初九日亥刻。续到佛夷火轮船二只。米夷火轮船一只。前后共计十三只。同泊拦江沙外。

谭廷襄又奏。随同下实书之外委刘永桂。由俄船前赴英船传话。被留两日。将人放回。又有民船四只。被留数日。亦即将人放回。船仍扣住不给。传询外委及船户等。佥云并未被侮。仅将船只银物。收去不还。据闻该夷扣住此船时在口边测水。其情实属可恶第思人既放回。亦未被侮。现值羁縻之际。且俟将俄夷事件说定再行相机理论。

咸丰卷二一

咸丰八年。戊午。三月。甲子直隶总督谭廷襄。仓场侍郎崇纶。内阁学士乌尔棍泰。直隶布政使钱炘和奏……十五日。忽有佛夷小火轮船一只。乘潮驶入拦江沙内。距炮台不过数里。当经署总兵达年。派巡船前往拦阻。据称前来投文。当将递交该巡船呈送。臣等拆阅。内称。十八日。若无钦差大臣会议。伊等即照原奉国王之命施行等语。虚声恐吓。与前给裕诚公文。大略相同……且佛夷火轮船。投文后。因被风逼入沙滩搁浅。不能行走。旋即有小火轮船一只。前来救应。并无旗号。饬兵查询。不肯答话。十六日。又有小火轮船三只。在拦江沙内往来。与前到之船不远。若即轰击。必致藉口……

谭廷襄等又奏。再俄夷虽极恭顺。仍不免袒庇诸夷。察其情词。似系不愿有事。致分所求莫遂。故极迫切至英佛二夷。以小火轮船。往来拦江沙内。渐渐逼进。其心甚为叵测。第该夷船只。均在口门左右分泊。中仅留一出入之路。而于海运米船。逐日经过。绝未滋扰。显系知我有备。不敢遽然决裂。外虽倔强。其中仍欲便其所图。此时若不即予羁縻。日久迁延。殊非善策。臣等公同酌度。该夷等因广东之事。其势甚张。饬令回帆。断非易事。现在续到大小火轮船七只。连前共计火轮船十七只。艇船三只。已属不少……

乙未。直隶总督谭廷襄。仓场侍郎宗纶。内阁学士乌尔棍泰。直隶布政使钱炘和奏。十七日酉刻。探知拦江沙内。复驶进小火轮船五只。连非来之船。一共十只。相近海滩停泊。距炮台约五六里。经署游击陈克明询问。俄夷称系各国欲来会面……

佛兰西照会。

……

其应订议各不协之处。再为开列。一。前钦差叶。辞行赔补各项。一。将贵国各大埠。准外国可至贸易。一。贵国人欲奉何教。凡系为善者。皆准其便。其奉天主教者。贵国务必切然保护。一。本国钦差大臣。务必寄寓京师。一。本国人入内地。或为游学。或为贸易。豫领执照者。皆准其便。一。本国在广东省城。所用军需。务必补足。一。本国人欲买贵国何物。或造作者。或土产者。皆准在原地直买。一。将税册再为议定。以上各件。务必会同商议。未知贵大臣奉命前来。能否会同本大臣。将上各件。酌商议定。傥贵大臣为今之计。备细知照。实深欣慰。如贵大臣不得如所请办理。实为枉费工夫。而今之景况。较之先日更为难矣……

丙申。直隶总督谭廷襄。仓场侍郎崇纶。内阁学士乌尔棍泰。直隶布政使钱炘和奏。臣等原约英夷。于十八日来见。讵至日午。迁延不至。当派委员沧州知州卞宝书。与署游击陈克明等。前往俄船探问。据普提雅廷云。伊等四国。俱已会商。此番北来。实因历年诉述之事。不办不复。心疑总未得将实情上闻。是以二月间在海定期。愿与钦差相见。讵黄总督并未亲到。不得已遂至天津。如若不允所求。英夷等必欲求准进京。断难阻止。且英夷等所求。大要止有二事。似非所难。该委员等。询以究系何事。据云通商一节。名虽五口。现在暗相交易。实不止于五口。如将五口之外。交易地方。悉准通商。中国税课日增。各国悉皆得利。必可永远相安。询以五口之外。尚有何处。则云此系英夷主见。应令自行面说……

己亥。工部尚书文彩奏。奴才抵津时。海运沙船。业已连樯而至。本拟赶紧验收数起。再赴海口察看情形。兹奉谕旨。总须斟酌此行。勿致启各夷疑惑。即遣武弁。作为无意往看。甚妥。

……

拦江沙以内。南炮台中炮台以外。约计里许。有火轮船八只。艇船三只。往来游驶。其未入海口火轮船。尚有十只。是日奴才接见天津道英毓。面询一切。据禀海口兵勇。共有六七千名。除炮台安设炮位外。其郝家庄。海神庙。浮桥口等处。均有炮位。及雁排枪等语……

庚子。直隶总督谭廷襄。仓场侍郎案纶。内阁学士乌尔棍奏。直隶布政使钱炘和奏……惟各夷火轮船八只。艇船三只。在炮台对面五六城寄泊。日夜窥伺。倏忽即可闯入。无可拦挡。防范不易。且未逾一月。饷需等项。已用四五万两。旷日持久。后将不继。尤属可虞。臣等再四熟商。不筹制敌之方。难奏退敌之效。伏思英佛在广东。踞我省会。劫我大臣。复联合诸夷。兴兵北犯。而上海。宁波。福州。厦门等处。依旧通商。藐我中华。更无忌惮。为今之计。似应虚张声势。传谕各海口岸夷商。因其背约北来。将于某月某日。封货闭关。两相决绝。不与交易。一面责令两广总督。速图克复省城。则各夷闻之。有所顾惜震慑。臣等即将欲行封货闭关。定有日期各缘由。扬言晓谕。一面闻导。使彼互相计议。或可渐就范围……

谭廷襄又奏。再臣等。昨经照会俄米两酋。令将英佛广东之事。代为评理。即于二十二日。派卡宝书。陈克明等。前往探询俄酋。据云。连日向英佛相商。大费唇舌。现在佛夷之事。已有眉目。与该委员互相辩论。另开款单。

……

一。佛酋请将浙江温州海口。及距厦门不远之山岛有买卖处通商。据云。暗地早已交易。惟求明定章程。该委员以另添口岸。断难允准。俄酋声称。必须如此。可增税课。该委员答以再商。

一。佛酋请与英米等国。各派钦差驻京。俄酋议令如有重大事件。准其到京。俟说明后。仍行回去。小事即在本省督抚。及驻札道员处商办。如不为商办。备文直达京师。若有喜庆请安等事。亦准到京。一切费用。本国自备。该委员答以难允。

一。佛酋请与英米等国。在江河一带通商一节。该委员答以内地断难允许。俄酋亦云不便准行。

……

一。俄酋云。佛国请与英米等国。自到内地买丝买茶一节。应答以侵占民业。必致生事。不便准行。

一。俄酋云。佛国请与英米等国。欲减税课一节。应答以定例不多。傥若再减。经费无出。不便准行。

……

谕军机大臣等。谭廷襄等奏。夷务未有定议。请恩威并用一折。所称传谕各口岸封货闭关。并责令两广总督速克省城等语。自系制夷一法。然此时海运在途。激之生变。黄宗汉尚未到粤。柏贵已受夷人挟制。不能自出主见。若虚张声势。而不能见诸施行。转被该夷窥破。愈增桀骜……

一。佛酋请在浙江温州。及附近厦门山岛。另添口岸。可告以五口通商。载在万年和约。今欲格外增添。则万年和约为虚设。至云暗中早已交易。如果属实。中国方将查禁。岂能转为明定章程。况偏僻小口。即通商亦不能多增税课。中国并不贪此小利。断不能邀允准。至江河内地。入毋庸议。此二条均不能代奏。

一。佛酋欲与英米各夷。遣入驻京。俄国议令遇事前来。可告以中国与外国往还。总在边界。惟有属国。始行进京朝贡。亦无钦差住京之事。俄国学生。久在京中。岂不知之。至通商地方。各有大臣。该夷既来贸易。即当遵照中国章程。此系不能代奏。

……

两江总督何桂清。江苏巡抚赵德辙奏。臣等承准军机大臣密寄。奉上谕。上海为海运关税要地。用兵固属非宜。而该夷既有欲赴湖州崇安之语。亦不可不密为防范等因。钦此。臣等查该夷虽有欲赴崇安之语。而崇安县离上海约计一千数百里。关山间阻。水陆殊途。似可无虞其拦入。惟湖州则由上海之黄浦江。历泖湖。淀山湖。太湖。而至湖州之夹浦口。一水可通。道光年间。前任督抚臣遵旨查明。由泖湖至淀山湖。中间有小河一道。俗名拦路口。在于该处添设营汛水栅。豫备木筏碎石。一闻该夷反覆之信。即将拦路口填塞。俾夷船不能径入。先夺其所恃。若换坐内地民船而来。即可用我所长。制彼之短。且由淀山湖入太湖。必须横穿运河。而通运河上塘。筑有长堤。凡通太湖港口。各有桥梁可揾。不论何项船只。皆须将船桅拔起。始能经过。设防尚不甚难。

何桂清等又奏。再臣正在缮折间。据留署苏松太道薛焕密禀。夷行传说。有谋戕佛兰西国王之人。事泄遁入英吉利境内。佛兰西求索不发。因而各调兵船。行将互斗。又闻米利坚将兵船撤调回国。不准与中国结怨。遍访夷商。异口同声等情。

谕军机大臣等。谭廷襄等奏。英佛两酋。投递照会。并译呈俄酋来文各折片。均已览悉……惟英佛米三国。请添口岸。均未准行。尔若骤添五口。则合之恰克图等三口。已成八处。设他国藉口要求。无可折服。现在大皇帝谕旨。准尔于五口之中。选择两口。其道远而贸易无多者。自可不必。此非中国吝惜。当能体谅此意。看其择定何处。即行奏闻。如必以为未足。即三口亦尚可允许。即作为谭廷襄等。格外乞恩。使知钦差大臣。并非不能了事也……

(壬寅)谕军机大臣等。谭廷襄等奏。夷务似有转机。将酌拟办理各条。分别开单请旨一折。前因谭廷襄等。将俄夷转述佛夷所请各款。开单呈览。业将减税一节。尚属可行。其余各条。均应议驳。饬令该督等遵照办理……其五口外。请添口岸一条。五口通商。载在和约。若因其暗中业已交易。辄许增添。殊恐将来漫无限制。且此条约佛夷未经议准。自未便于英夷复为允许。惟增减货物税则一条。既允佛夷所请。英夷应一律办理……

一。英佛来文。年来货值顿减。酌为增改一条。查货物因时增减。既称赔累。应准酌量。惟何货宜减。何货宜增。均在各口。而税则定于广东。应俟粤城交还。核明增减。其勒索规费。概准裁革。

一。英酋来文。沿海沿江。欲将物产出售远客。如数给价。何必禁止一条。查和约。五口通商。皆有定所。别处不准贸易。未便更改。其与五口相近沿海地面。近来已有交易者。似应从权查明酌办。腹里内地。一概不准。

……

一。佛酋来文。另埠民人通商一条。应与英国一律办理。

……

谕军机大臣等。本日据谭廷襄等奏。夷务似有转机。将英佛两夷所请事宜。开单请旨。业已分别准驳。谕令该督等。即与照覆。兹据谭廷襄等奏。二十四日寄信谕旨。已经奉到。体察夷情。未易操纵。并将米夷所求原款原文呈览等语。米夷通商事宜。原与各国相同。并阅所请各条。未免另生枝节。惟此时欲筹操纵之方。不得不量予采择。如添设贸易港口一条。五口通商。载在和约。永远遵行。是以前谕不准议添。始有减税之说。今该督等。不能拒绝。复据该夷所求入奏。岂能邀准。必不得已。于闽省。粤省。附近通商海口之地。酌加小口各一处。亦须谕知该两省督抚。查勘妥协。方能办理。此外概毋庸议。又请计吨纳钞一条。据称。该国丈量船身。以四十尺为一吨。他国则以五十尺为一吨。故该夷所纳船钞较量。天朝抚御外夷。一视同仁。该国纳钞较重。自可许其酌减。以归一律。仍听候饬令两广总督查明。通饬五口一体遵行……

米利坚条款。

……

一。迩来中国南方居民。屡被骗诱。运赴外国。作苦工于不识之乡者。为数甚伙。傥使中国沿海员弁。允肯合力襄助。定能设法如国家之愿。调处禁止此等恶习。合众国人控讦中国国家讨取赔偿各款。或因妄行监禁。或因抢夺破坏船只货物。或被焚毁房屋行栈。或被匪劫。与夫地方官员经涉之事。多有久历年所。屡经照知两广督部堂。总皆未蒙清结。此时必要立行伸理。傥朝廷肯派专员。自当将一切所控证据呈验。并将为数若干。逐一列明。约银不过六十万两之则耳。

一。合众国。特派钦命大臣。应准驻札京都。或随时来往。彼处泰西各国。于别国钦派大员。无一不从此制。至两国官民。遇有酌夺之事。争论之端。立可上达朝廷。善为调处。此乃各国历来通行。而大获其益者也。中国因向不许友好各国钦差。与朝廷交往。致沿海督抚。亦不肯会晤。人所共知。以致争端久未了结。若中华大宪。与外国钦使。面晤往来。既可察考其国政民俗。间遇华民被外国苦害者。亦可达知各钦使。详解伸理。由此观之。此款若蒙俞允。彼此均受其益。譬之交际。必须互相见面。方能常存交谊。当咸丰六年。设使有美国钦使在京都。则粤东之祸可免。现观其究竟恐为中国之害。然使今日有钦使一位。住居该处。自能息止维艰。复修和好。

一。准合众国特派钦命大臣。直行与中华朝廷文移交往。或由特派【礼部尚书。军机内阁。】或交沿海督抚转递。或自行专差齐送。均无不可。前此屡有事款。欲达朝廷。奈因沿海大员。无权办理。遂致无由了结。

一。嗣后中国。必须于沿海添设外国贸易港口。现有数处。早经私开贸易。咸可立为通商正港。则商贾安分。而为中国之益。如粤之琼州。电白。潮州之沙头。闽之泉州。台湾。淡水。浙之温州等处。虽未有奉开港明文。然贸易亦已不少。土人大获其利。若此各港。并其他港口。均应立定开设章程。则国课可增。而不法之徒可弭矣。

一。准合众国船只。以洋子江。及粤东珠江。并各支流。遵照议定章程。与沿岸市镇交易居住。惟内河船只来往。必由华宪察夺。并且派给引水。准办食用等物。

一。按前定条约。合众国船只。因丈量船身计吨之法。有异于他国。遂致所纳船钞。较之他国尤重。盖合众国以方停四十尺为一吨。而他国则以五十尺故也。嗣后订明每四十官尺作一吨。纳钞四钱。以符别国船之以五十官尺作一吨。纳钞五钱计算。又议明以后各港。所收船钞。必须将四分之一。为修理考察该港口海道之费。向来除吴淞外。华宪于各处海道。并未体究。以致在福州。宁波。船只进出。因无塔表浮桩志认。岁坏不少。即此等船之税银。中国亦未得收。至别国于一切口岸。或建照远亮楼。或设塔表桩牌浮桴。并画出探察真确海道图。使便来往。中国亦应将所收船钞。仿照而行。

一。嗣后中国人。有尊奉耶稣基督圣教者。华宪不得因此加罪。当道光二十四年间。经钦差奏奉上谕俯准。准习天主教为善之人。免其治罪。此款无非推广之耳。一。按在望厦所立条约内载数款。叠经征验。于两国民人利益。及和好交际之道。未能妥协。俟以上所列诸条酌议后。自当归条约内应修各款。录出呈贵大人察夺。盖我两国所立之条约。虽是永远坚定和好。但历试之后。不得不修正酌改。中国嗣后断难固守不与外国交往。莫若如康熙年间。大开国中各处任意往来。庶免为固执。不肯待各国以平行之礼。致中国受干戈分裂之害。华宪若肯听受斯言。定然使中国与泰西诸国。一体平行。而且获其利益也。

一。现经中国钦差。与合众国钦差议明。嗣后大清朝有何惠政恩典。利益施及他国。无论关涉船只。海面。通商贸易。政事交往。为该国从来未沾者。亦当唯合众国民人一体均沾。一若在本国条约内。曾经订明一般。

广州将军穆克德讷。署两广总督柏贵奏……六年秋间。英夷构衅之始。其兵船火船。在省河者仅四五只。前督臣调集师船兵勇。悉力堵御。所费不赀。仅能令其不得进城。而沿途之民房。巡船。炮台。尽遭焚毁。今该夷联谋他国。业已入城踞险。而当饷绌兵单之际。毋论图之非易。纵陆路可以为力。而水路难资抵御。设如上年夷艘群萃省河。恐不免更加惊扰……上年秋间。粤东以军饷支绌。拟欲遵奉部行。办理抽厘。谋之绅商。佥以中外货物未通。别无大起贸易。不能有济而止。今通商收税。则抽厘之利。可以并办。查粤海关自正月十一日收税起。至三月初五日。已收有十四万二十二百有奇。现在日臻畅旺。收税之后。试办抽厘。俾兵饷稍充。足御西寇……

谕军机大臣等。穆克德讷。柏贵奏。遵覆夷务情形。请先许通商一折。英夷此次称兵犯顺。占踞省会。掳劫督臣。情殊可恶。即便绝其贸易。亦不为过。惟念此事。由于叶名琛办理不善。业已降旨。将其革职。傥该夷自知悔悟。退出省城。则我朝宽大之恩。尚可恕其既往。该夷以贸易为本。若必不准通商。致令货物壅滞。生计萧条。亦殊非柔怀远人之道。既据柏贵等奏。该夷吁请通商。自应乘势利导。暂行允许。以示羁縻……

(乙巳)两江总督何桂清。江苏巡抚赵德辙奏。臣等前据留署苏松太道薛焕密禀。英佛二夷。有互相寻衅之事。当经附片密陈在案。兹复据薛焕禀称。询之佛夷翻译李梅。据称。系实有其事。并闻该二国。均已专遣轮船。前赴天津送信。三月十五六等日。有英夷火轮船七只。驶抵上海。探从香港前来。

咸丰卷二二

咸丰八年。戊午。四月。丙午。直隶总督谭廷襄。仓场侍郎崇纶。内阁学士乌尔棍泰。直隶布政使钱炘和奏。俄夷遣人复来投文。当即译出。内称分界一事……至英佛二夷。昨经给与照会。尚未见覆。近日续到火轮船八只。连前共计二十六只。又有艇船三只。内除大火轮船。不能驶进拦江沙内。其余吃水不重。皆可直抵炮台迤前。臣等揣度该夷等。必将各船排列。恃强恐吓。然后行文约日回复。以肆要约。未必来见。昨已嘱令米夷转圜。尚无消息。大约米夷之事一定。则英佛亦必可商。惟米夷所求琼州。潮州。台湾。温州等处。未经全允。而赔补一款。更为狡执。英佛所望尤奢。事处两难。实属万分棘手。俟接见米夷相机驾驭。

谕……现在英佛米三国船只。尚在天津。英佛二夷。在广东犯顺。占踞省城。此次情形。尚形桀骜。俄国既愿从中说合。特命谭廷襄等。以礼相待。并允其海口通商。原属格外加恩。惟该夷贪得无厌。又于地界一节。言语反复。傥木哩斐岳幅前来会勘。奕山当查照从前界牌。与之剖辩。不可迁就了事。致开后患……

戊申。直隶总督谭廷襄。仓场侍郎崇纶。内阁学士乌尔棍泰。直隶布政使钱炘和奏。现在英佛阳示其恶。米俄阴济其奸。强弱不同。其为贪得无厌。则均归一辙。英佛自照覆以后。两日绝无音信。或令小船赴炮台左右测探。或令小船至河口附近窥伺。忽来忽往。并于哨船经过。开放空枪。又在水边立标打把。不时挑衅臣。等一一镇静处之……

(壬子)钦差大臣两广总督黄宗汉奏。接到翰林院编修张庭学。自沪寄来一信。内开。英佛米俄四国夷酋。已于初十日至沪。日内安排船只。约计兵船。及大小轮船。有三十余只。该酋等。与各国夷商会议。必要带兵船。齐赴天津一行。求面见大皇帝诉陈苦衷。并面订将来通商大约。动身日子。总在二月底三月初。并与华商云。此次往北。并无坏意。必求面见。苦诉一切。如该处官员极力拦阻。我等只好用武。总要亲赴天朝求见。方遂所愿。其随带船只。系英佛二国居多。此外米俄不过二船。夷酋亦系官卑职小。非若英佛之酋大有兵权……

谕军机大臣等。黄宗汉奏。探访夷船。欲赴天津。请勿加竣拒一折。所奏与近日办理情形。适相符合。该夷自二月三十日起。陆续驶到火轮船二十九只。艇船三只。均在海口停泊。间有小船驶入拦江沙内。尚不滋事。亦不骚扰海运船只。现派谭廷襄。崇纶。乌尔棍泰。驰往大沽。与之接见。妥为开导……

(甲寅)谭廷襄等又奏。本月初七日午刻。米夷遣副使卫廉士等。携带条约前来。请与臣钱炘和晤面。称欲将十二年应行变通之事。先商大略。再由该正使。与臣等公同酌议……迨至酉刻。忽有英佛两国火轮船八只。驶入拦江沙内。与先已停泊之火轮船八只。联络并泊。鸣鼓悬旗。又有舢板船约二十余只同至。察其形状。似欲接仗。实系有挟而求……

谭廷襄等又奏。逆夷开炮。攻击炮台。南北两岸大炮。一齐开放。击坏夷船四只。讵该夷船联络直上。闯入内河。砟炮轰伤兵勇甚多。不能站立。以致退散。炮台实时被占。现在后无拦阻。天津关系紧要。臣崇纶。乌尔棍泰。赶往防守。臣谭廷襄。在新城一带。扼要抵御。并令臣钱炘和。沿途设法沈船。以备阻隔。臣谭廷襄。督兵不能制胜。咎无可辞。请旨将臣从重治罪。

(乙卯)又谕。前据何桂清等奏。探明天津海口之北。有塘儿湾。大清河。小清河等口。天津之南。有大山利津等口。海运米船。设有阻滞。即可就便收泊各口。再行设法剥运。并据崇恩奏。夷船北来。意甚叵测。如有续到漕船。饬令挽入偏僻海口。暂行停泊守护。俟探明天津情形。或仍催趱前进。或截留设法起运。再行分别筹办各等语。现在英佛两夷船只。业经驶入天津海口。官军接仗失利。炮台已被占踞。该夷桀骜性成。欲以炮台为要挟之具。一时未必即能退出。此时海运米石已入口者。不过五十余万石。此外均在放洋。尚未到口。著谭廷襄。崇恩。各饬所属查察。已进天津近处小口者。即著文彩等相度情形。由内河设法剥运赴通。其在山东境内小口收泊者。著崇恩饬属酌量地方。或囤积仓廒。陆续由运河运至通州。或俟探明天津事定。再令由海前进。并饬沿海文武。查有米船北驶者。即令挽入偏僻海口。一体停泊。相机妥办。以免贻误。

丙辰。直隶总督谭廷襄。仓场侍郎崇纶。内阁学士乌尔棍泰。直隶布政使钱炘和奏。伏查现办夷务。节奉谕旨。敕令羁縻。并不得先行开炮。致有借口。臣等早经通饬钦遵。此番该夷投递逆文。未及数刻。即有火轮船闯近北炮台。转身开炮。先击南炮台。使两炮台皆不得力。迨后北炮台回击续进之船。南炮台亦回击在后之船。彼此互击约两时之久。夷船受伤已六七只。只因后船并进。砟炮併裂。先将北炮台之顶揭去。后将游击沙春元炮伤。洞腹肠出。登时阵亡。其南炮台都司陈毅。千总常荣魁。经制外委赵国璧。外委石振冈等。亦登时阵亡。兵既不能立足。勇即相率退散。臣等在后督战。立斩二人。仍不能遏。此两炮台失利被占之实在情形也。炮台既失。大势不支。即臣等居住之处。亦子落如雨。不能再驻。因思郡城关系紧要。公同商酌。臣崇纶。臣乌尔棍泰。先回保护。臣谭廷襄。臣钱炘和。就近在新城一带。招集兵勇。计图沈舟以隔水路。惟郡城鳞次栉比。关外尤为丛杂。一经烽火。断不可恃。此时夷船难保不即深入。是以一面沈船。一面商筹办法。因思沙船云集。其中上海。宁波。商伙。在沪多与该夷商交易。随嘱江浙两粮道。饬令绅董查询。据称伊等船货。均将受累。情愿自以己意。前往夷船告以不必开炮。以保伊等船货。有话再商。并遣员往探俄米。暂作缓兵之计。据覆仍愿出为说合。伏思英佛虽悖逆应诛。而津郡形势断难战守。似须终归抚驭。再现在设法堵御郡城。兵力单薄。可否添调京兵。祇候训谕施行。

(丁巳)直隶总督谭廷襄。仓场侍郎崇纶。内阁学士乌尔棍泰。直隶布政使钱炘和奏。探闻海口有火轮船数只。倏忽内驶。行走甚速。沿河虽有兵弁。仅带抬枪鸟枪。万难阻遏。上游正在办理沈船。未经全竣。事机紧要。焦急万分。随即星夜赶至近城一带。督同臣钱炘和。及天津道。赶紧沈船。其沿河兵勇。逐节均有豫备。惟中无阻隔。恐不能断轮船之路。惟有在沈船处所。添兵守御。较为得力。臣谭廷襄。与臣崇纶等。先经商酌。臣崇纶赴京。面奏详细情形。兹值防范吃紧。未便遽离。不敢以具奏在前。稍事拘泥。现仍会同办理一切。

戊午。工部尚书文彩。直隶总督谭廷襄。仓场侍郎崇纶奏。沙船向由大沽海口出入。虽有宁河小口。距津较远。颇难剥运。现于四月十一日申刻。据江苏署粮道朱钧面禀。江苏钮隆盛沙船一只。耆民陈思国禀报。四月十一日早潮进口。驶至炮台下。突来夷人小船两只。每船数十人。各持刀械。将在船众人赶逐上岸。船被掳去。人已受伤。抢去漕米九百余石。并称放洋北上时。见山东所属登州地方石岛俚岛一带。驻泊沙船数百只。不敢行驶等语。该夷占踞海口。逞强拦阻。船户等势必闻风避匿。不敢前进。臣等公同商酌。与其远泊岛外。恐有疏虞。莫如驶入东境。就近收验。诚如圣谕。在山东境内收泊者。著崇恩饬属酌量地方。或囤积仓廒。陆续由运河运至通州。相机妥办。以免贻误。臣等已遵旨。飞敕山东抚臣崇恩。饬沿海文武。敬谨照办。

谕军机大臣等。前因夷船驶入海口。炮台被占。谕令文彩等。将未经进口沙船。妥筹办理。并谕崇恩。查明山东各海口。收泊米船。设法起运。本日据文彩等奏。称江苏钮隆盛沙船一只。于十一日进口。被夷人将船掳去。抢去漕米九百余石。据该沙船耆民称。北上时见有沙卫米船数百只。在山东石岛俚岛一带停泊。未敢前进。著崇恩。即派妥员。分赴各口。查明停泊米船。共有若干。应如何囤积仓廒。陆续由运河运至通州。或俟天津事定。再行由海前进。妥筹办理。并先饬令各海口文武。将停泊各船。设法保护。无令稍有疏失。后来船只。并著知照勿令径赴天津。其直隶各小口。有无沙船停泊。著谭廷襄饬属详查。应如何设法运通。即著文彩妥为筹办。现在崇纶。会同谭廷襄办理夷务。海运事宜。系文彩专司。著仍驻津城。俟查验米石完竣。再行来京。未到米船。如均在山东境内。天津无可查验。俟东省议定章程后。应否饬令江浙粮道。前往山东各海口。盘交米石之处。并著文彩。谭廷襄。崇纶。崇恩。届期酌办。

咸丰卷二三

咸丰八年。戊午。四月。庚申。直隶总督谭廷襄。内阁学士乌尔棍泰。头等侍卫托明阿。直隶布政使钱炘和奏。该夷大小火轮船七只。带舢板多只。直入内河。惟恃沈船之处。稍为阻隔。乃甫经办完。水大溜急。即已冲去二只。夷船迅速乘潮而上。复起除数只。开通前进。居民纷纷迁避。勇已溃散。情形如此……

谕军机大臣等。谭廷襄等奏。夷船驶入内河。并呈递俄夷来文各折片。览奏殊堪愤懑。该夷先起兵端。狂悖至此。以情理而论。直不能再与说合。惟有斥回广东。与之一决。所以仍俟俄咪回信者。因念天津为近畿重地。姑与转圜。以为缓兵之计。乃俄夷来文。仍执进京为说。又欲在天津府城会议。设令该夷恃强占踞。岂不蹈广东覆辙。此皆万不能行之事。该督等所称。仍示羁縻。究竟如何办法。岂事事允准。遂为羁縻之法耶。至沈船阻水。原须节节设备。断非一二处所能阻隔。且两岸必须有兵防守。庶使该夷拔船起石之时。岸上即可轰击。今览该督所奏。似此单层一道。岸上又无兵勇。致有此失。殊堪痛恨。据称。将北运河堤。决口泄水。能否使夷船涸浅。不至深入。至分布兵勇于近城一带。固系防其内犯。然自近城至海口百余里。岂遂置之不顾。任听该夷句结奸匪。要挟良民。私通贸易。日久相安。岂不以大沽为香港。而以天津为广州。将来何能驱之使去。该督等。于夷务办理月余。毫无把握。迨事机决裂。又不能远守。而节节退避。设竟闯入城中。该督等又将作何收拾耶。京营官兵。惟国瑞所带未被冲散。则珠勒亨所带。自必亦已败退。著即查明。据实具奏。本日据许乃普奏。悬赏募勇。袭击夷船。是否可办。著将原折钞给该督等阅看。如可采择。亦足慑该夷之胆。其另片所称。稽查奸民。安插水手。并廉兆纶奏。招集水手。编为义勇各等语。如海运船只。尚未出口。则照此办法。亦可潜消隐患。原折片。均钞给阅看。

又谕。前因谭廷襄等。屡次奏请添调京兵。节经谕令僧格林沁等。将密云兵五百名。察哈尔三四起兵一千名。调赴天津。本日据谭廷襄等奏。该夷大小火轮船七只。带舢板多只。直入内河。经该督等。沈船下石堵塞。不料夷船乘潮而上。仍复开通。居民迁徙。兵勇溃散。扼守北河。及分布近城地面之兵。为数无多。现在导水旁泄。以涸其船各等语。览奏实深愤懑。业经谕令谭廷襄等。设法抵御。并于津郡以北一带水路。侦察严防。以资补救矣。夷船此次恃强。直入内河。兵勇慑其虚声。纷纷溃散。几至逼近津城。不知该夷虽船坚炮利。为数究属无多。且系入我重地。岂遂无制伏之法。兵家因地制宜。或囊沙以遏流。或沈石以阻船。或决堤以泄水。总在用我之长。攻彼所短。使其伎俩无所施。方为得计。谭廷襄等。于守御已无把握。僧格林沁久于行阵。著即相度地势。默运机宜。于天津以北。密为防备。闻武清县之王家务。天津县之筐儿港。两处引河。皆可归入宁河县之芦台入海。由此泄水。即可使夷船不能再行前进。并著妥筹办理。至现在兵勇。数既无多。前调之兵。一时未能到齐。恐尚不敷调派。如需添调京兵之处。并著僧格林沁等。酌量奏调。以资防守。

工部尚书许乃普奏。窃西南各夷。由上海驶入直沽海口。已及月余。当此军需方亟。海运未竣。通筹全局。自当以抚为上策。惟夷情反复。或恐愈抚愈骄。说者谓。必能战而后能抚。固属不易之理。然该夷船坚炮利。不独水战难以必胜。即使舍舟登陆。而该夷专恃火器。亦不值以京营劲旅。轻试其锋。臣愚以为。该夷之畏民甚于畏兵。而民情之贪利甚于贪生。前次夷船入粤。屡为粤民所败。伏而不敢动者数载。此夷人深畏百姓之明证也。粤东团练。凡斩一夷人首级来献者。赏洋银一百圆。以此人人思奋。此重赏必有勇夫之明证也。前次贼窜天津。知县谢子澄。倡率团练。复有本地富户张锦文。倾资募勇。并招沿海打鸭户数千人。大挫贼锋。贼始遁赴杨柳青。此津民可用之明证也。方今之计。莫如将各兵移驻天津府城内外。坚壁清野。以逸待劳。既不遽抚。亦不轻战。一面密谕绅富。设团募勇。或劫夷船于水中。或击夷人于岸上。每获夷首。报验后。即仿粤东之例。赏银百两。该夷不过二三千人。即尽予骈诛。所费亦不甚巨。天津富民颇多。又能深明大义。所有赏需不难捐办。乡团既立。游民有以资生。不至为该夷所句结。该夷内则无汉奸之导引。外则有民团之夹击。深知众怒难犯。必且悔罪乞和。然后从而抚之。则其势易矣。

许乃普又奏。再团练全仗绅董。必择地方殷实公正。素为众所信服者。且能熟悉人情。知其良莠。而后一气联络。不至有奸民混入其中。即如近畿一带。习天主教者甚多。尤不可不密为觉察。至该夷船最畏搁浅。天津众水合流。处处可以蓄泄。若将上游诸水。设法闸住。涨盛则决其旁之堤岸以泻之。不使涓滴复入正河。则流浅船搁。而夷船坐困矣。又海运沙船进口者。不下三百余只。约计水手几万人。如尚未出口。似此无业游手之人。应令督臣妥为安插。或即用以团练。既可弭患未形。且可顷刻而得万人之用也。

署工部右侍郎廉兆纶奏。窃维海运南粮到津。已五十余万石。约计沙船不下四五百号。水手即不下一二万人。此项水手。平日本非安分之徒。又往来海道以为常。未必与夷人全无交涉。今逆夷已踞大沽海口。而此辈游手多人。欲归则无路可通。欲住又无以自赡。当此津民惶惑迁徙之际。万一该夷暗遣二二奸党。与之潜相构煽。该水手等惟利是视。则天津之患。曷可胜言。臣再三思维。或将此项编为义勇。分布于官兵乡勇之中。则顷刻间得胜兵一二万人。军威可为一振。抑或稍稍津贴。沙船练为水师。联为战舰。亦可自成一队。相应请旨敕下。直隶督臣作速设法。妥为安置。

辛酉。直隶总督谭廷襄。内阁学士乌尔棍泰。头等侍卫托明阿。直隶布政使钱炘和奏。十四日。火轮船四只。直抵津关。在后尚有四只。相联而进。并未上岸滋扰。旋据英夷通事李泰国。欲请府县往见。臣等当饬府县往见。据李泰国声称。伊国所商之事。必须禀明上司。奏请大皇帝。另派头品可以主持之大臣二员。迅速前来共议。先派之大臣可不再见。否则仍欲进京。并即攻击郡城。两日以内听候回信。须见另行钦派。

(壬戌)谕军机大臣等。谭廷襄等奏。夷船窥伺北河。因水浅退回一折。英夷小火轮船一只。行至北河王家庄。即被浅阻。渐渐退回。谅该夷不敢遽行北驶。桂良。花沙纳。不日抵津。与该夷会晤……

王茂荫又奏。再臣刻闻夷船已到红桥。是其志决北犯。讲之一字。断不可恃。闻前派亲王僧格林沁。在张家湾防堵。恐夷船不待到此。即登陆而直趋京城。防堵徒为虚设。而城中守备。亦来不及。应请旨即令僧格林沁。连通州防兵。一并统带前进。于离津数十里间。择要设守。以严堵御。并多发巡卒。各路巡查。以防夷人一过天津。即行登陆……

(甲子)军机章京焦佑瀛谨呈。天津海河来源二支。一北运河。一南运河。至天津城东北汇流入海河。所谓三汊河也。尚有小河二。一曰子牙河。一曰大清河。距城北三里许。西沽地方。汇入北运河。此二水来源甚微。北运河岸。杨村有坝一道。南运河岸。静海县以上有坝一道。向来夏秋水涨。有碍漕船。则开此两坝以减水。北运河水。由东淀入海。南运河水。由天津西南入海。是此两河本有旁泄之处。今将南北运河减水坝启放。下游筑坝截住。将子牙大清两河上游堵塞。则天津城外海河来源已断。虽有潮水。不过数尺。而潮落之时。直可断流。现在伏汛未至。尽可赶办。但使夷船搁浅。逆夷自易于控制矣。为此呈请代奏。可否请旨密敕僧格林沁。瑞麟。迅速筹办……

乙丑。直隶总督谭廷襄。内阁学士乌尔棍泰。直隶布政使钱炘和奏。伏查北河水浅已极。大船断难行驶。现派员赴通。拟窆开上游北寺庄一带堤工。俾潮白二水。不入正河。并令务杨二厅。囊沙束水。以备阻遏。所有该夷前泊西沽船二只。与已进北河船一只。均已退至三岔河口。似已知水路难进。不复向前。惟探闻夷船内暗带潮勇。且有步队。近日海外又有续到之船。情形实属叵测。臣等已密行咨会僧格林沁。托明阿等。严防陆路。并派弁带兵。在北仓设卡盘查。以昭慎密。津郡民情已稍安贴。谆饬绅商张锦文等。激励团练。并派兵四路巡查土匪。拿获即行正法。藉资镇定。招集兵弁。分驻城内外。密为之防。俄米二国夷使。昨已前来。派员往询。据称。仍愿照海口原议。与英佛尽心说合。英佛二夷处。亦曾派员往见。告以钦派大学士桂良等。日内即可到津。饬令等候。该夷并无别语。惟云总须有全权二字。方可定议。该夷大小船十二只。同泊三岔河。人数颇多。恐其以购买水菜为由。藉词登岸。当饬设一义民局。令练总张锦文等照料。尚为安静。惟夷使因船内人多天热。见望海楼。有空房数间。坚欲暂住。禁阻不听。既经议抚。只得暂为羁縻。以待大学士。臣桂良。等前来与之定议。

谕军机大臣等。前因夷船驶抵津关。复图窥伺北河。节经谕令谭廷襄等。将决口泄水等事。迅筹妥办。并谕令僧格林沁等。悉心体察。于运河两岸。节节设防。以资堵截。本日复据修撰张之万奏。北运河自津郡而上为西沽。再上为桃花。蒲口。杨村。而杨村市镇较大。为剥船停泊之所。易启夷情窥伺。请敕带兵大臣。统筹形势。先据要隘。即于杨村以下。择河流曲折处所。或下木桩。或用囊沙。层层堵塞。即以我精锐之师。列营屯守。该夷断不敢舍舟登陆各等语。夷船现欲溯流北驶。以为挟制。虽其小火轮船于王家庄阻浅退回。而当此夏秋雨多。河流恐其复旺。必得层层阻隔。使不得乘潮而上。方免意外之虞。著僧格林沁。瑞麟。体察情形。妥筹办理。至前谕于王家务。筐儿港。两处引河泄水。闻居民恐田地被淹。多不乐从。该处河流。本有入海故道。即昨日焦佑瀛所呈各河口。皆系减水引河。原于民田无碍。但恐任意开放。浸及民田。转致民间惶惑。著僧格林沁等。妥筹启放。毋拂舆情。是为至要。张之万折。著钞给阅看。

咸丰卷二四

(咸丰八年。戊午。四月。丙寅)又谕。近日俄米英佛四国夷船。闯入天津海口。其小船并驶抵津关。因河水浅阻。有欲由陆路进京之说。京师重地。亟应厚集兵力。以资捍卫……

户部尚书朱凤标等奏。夷船闯入天津。节节北上。直抵北仓。始因阻浅。退还海河。其阻浅之故。则以开北运河减水坝也。盖夷情之所恃者船。即所甚畏者浅。减北运河之水。可以制之不能进。若复减卫河西河之水。并可以制之不得退。伏查卫河。与西河。北运河。俱至天津之三岔口。汇流为海河。而卫河上游。均有减水坝可以宣泄。其最近天津者。一坝在青县之兴济镇。再远在沧州之捷地镇。再远在南皮之南。为黄河故道。即鬲津河。均可泄卫河以入海。西河汇衡漳之水。来源本弱。其去卫河最近。亦易宣泄。现时北运河已经开坝。海河之水已见日减。若再将卫河西河之水。开坝东泄。则海河可以立涸。即有海潮。长不过二三尺。该夷船只。断难驾驶。则我可以制其死命。该夷无难畏而帖服矣。

(戊辰)谕军机大臣等。昨谕桂良等。夷人要求各款。俟耆英到津酌办。本日据侍讲许彭寿奏。闻人传说广东绅士。督率义勇。大举剿夷。连获胜仗。现在天津海口。英夷船只。已退回二只等语。此事出自传闻。未知确否。该夷断不肯扬言。即桂良等亦未便询问。惟有密加查访。观其动静。以证此事之有无。如果该夷因广东受创。即有去志。必不愿在此多延时日。桂良。花沙纳。可与议定大概。使该夷迅回粤东。听候办理。亦属迎机利导之法。俟接见后。若何情形。再行驰奏。

(庚午)直隶总督谭廷襄。仓场侍郎崇纶奏。现有夷船二只。退赴海外。十只仍泊三岔河前后。尚属安静。臣崇纶。于二十一日回津。大学士臣桂良。尚书臣花沙纳。亦于是晚抵郡。次日照会各夷。分次接见。即据英夷遵照于二十三日来至城南海光寺公所。与桂良等晤面。所有接见情形。已由桂良等另行奏报……

(辛未)钦差大学士桂良。吏部尚书花沙纳奏。前闻英酋额尔金回船后。添调步兵。意图占踞津郡。带兵内窜。奴才等密饬委员下宝书赴俄米各船。托其关说。据该委员回禀。俄米两国。已将中国钦差。不颁关防敕书之意。告知英酋。该夷酋疑虑稍释。是以未遽决裂。二十五日。遣该国汉文副使李泰国前来。声言必须允其进京驻扎。方能在津议事。否则仍直带兵入都。经委员等开导再三。志在必行。万难转圜。伏思督臣谭廷襄。曾有夷人进京之请。早奉谕旨斥驳。万不准行。奴才等何敢妄事渎陈。惟自到津后。揣度情形。实属万分危迫。现闻该夷陆续调来兵船不少。火轮船只。围逼城下。南北东三面。枪炮迅利。兵勇莫当。密迩京畿地方。土匪均思蠢动。一旦决裂。大局讵堪设想。奴才等事处两难。焦急万状。盖允则变迟而患轻。不允则祸速而患重。只好于万不得已之中。思避重就轻之法。现在告以事关重大。必须斟酌尽善。方能照覆。一面密饬下宝书。前往熟商。俟议定之后。各船起碇回国。再行进京。随带不准多人。然是否能遵开导。尚难逆料。傥可照此办理……

直隶总督谭廷襄奏。该夷大小火轮船十二只。自抵三汊河后。以最小一只。直闯北河。稍大二只。把截西沽红桥要路。使我种种不便。挟制要求。民间日夜惊惶。纷纷迁徙。因而土匪四起。乘机抢掠。臣恐夷兵一经登岸。立即不可收拾。随即遣员与之理说。首先以不准登岸入城相约。又恐其购买什物为由。诱惑愚民。因令团总张锦文等。设一公局。拣派妥实亲信商伙。经理其事。凡夷船日用。准为代买。不准与民人交接。该夷尚能遵照约束。迨后英佛俄米四酋。因天气炎热。日间在望海楼左近。借房坐卧。夜复归船。有时亦即在上住歇。并无修造工作之事……

(甲戌)齐承彦又奏。再臣闻该夷初至海口时。即令渔船代伊售卖烟土。并有时给穷民洋钱一二圆。洋布一块之事。及船泊郡城。于居民亦不加扰。日间三五成群。进城看望。日落后回船。则登篷瞭望。令数十人幞被在船外值宿。虽与居民耦俱无猜。似亦不无惧心……

谕军机大臣等。寄谕兼管顺天府府尹张祥河。顺天府府尹梁同新。齐承彦奏。请敕举行团练。以备堵御一折。天津夷船停泊城下。且闻船内藏有闽粤匪徒。傥所求不遂。必致肆意冲突。由津至通。各州县地方。民情强固。足资捍御。然必得地方官善为倡率。始足鼓舞民情……

咸丰卷二五

咸丰八年。戊午。五月。乙亥。直隶总督谭廷襄奏。查大沽海口。炮台四座。北岸炮台。系游击沙春元等驻守。南岸第一旧炮台。系署总兵达年。督同署副将德魁驻守。第二中炮台。系都司讷勒和等驻守。第三南炮台。系游击陈毅等驻守。四月初八日。夷船闯进内河。开炮攻击。各炮台先后开炮抵御。游击沙春元中炮阵亡。北炮台先陷。其时达年等。正在督令开炮。击损夷船数只。内有一只被炮子夹入火轮之内。不能进退。该夷多人跳落舢板欲遁。复被炮将舢板击沈二只。在后夷船。并力救护。大炮砟炮。子落如雨。炮墙坍塌。不能遮蔽。南炮台署游击陈毅登时阵亡。炮台之前。兵不能支。炮台之后。勇亦溃散。遂致失陷。是夷船开炮之时。该署镇等。均经竭力抵御。尚非首先逃避。惟四炮台驻兵。将及三千。如果督令并力向前。何致一齐溃散。且溃散之后。不能立时招集。尤属懦怯无能。贻误事机。罪无可逭……

(辛巳)钦差大臣科尔沁亲王僧格林沁奏。窃奴才接奉寄谕。据桂良等奏。英夷要求各款。断属难行。连日探报。夷情狡展。而英咭唎尤为横恣。叵测万分。恐非理喻所能格化。夷船夹带潮勇。并铁锹等物。自系预备开掘河路。或登陆乞濠筑垒等用。又闻其天津占踞金家窑地方。用该处板厂木料。打造船只。其为意图北犯。形迹显然。津门兵勇溃败之余。气怯心馁。战守两不足凭。杨村一带。托明阿等。带兵驻扎。经瑞麟前往筹画布置。奴才现复派弁。络绎查探。并先咨行托明阿。将该处官剥民船。就近饬令移往子牙河内收泊。又将通州一带河路船只。亦饬地方官查明。派员密往察看。酌量移泊。现在平家滩一处。挑乞引河。于四月二十九日工竣。仍留河岸及坝头各五丈地方。专候临时开掘。其河身要害处所。逐日钉桩树栅。并预备船只树株。择要沈塞。逐层堵截……

(壬午)盛京将军庆祺。金州副都统希拉布奏。奴才希拉布。于三月初五日。接准奴才庆祺恭录谕旨知会。到日当即飞饬所属金州。复州。熊岳。盖州等。四城旗民。地方官。拣派晓事员弁。督同各口岸守汛官员兵役。不分昼夜哨探。妥为布置。严密防范。并派候补笔帖式阎邦鼎。骁骑校阎士芳。前往各口岸。认真稽查。已将金州所属老水贴岸极要之羊头洼。小平岛。和尚岛。石槽。皮子窝等五处海口。安设大小炮二十三位。除原有守汛官兵外。复加添兵役一百四十六名。其余双岛等十四处海口。亦皆加添兵役。密为防范。仍拣派精壮官兵闲散。在城勤加训练。以备策应。奴才庆祺。又准锦州副都统侍顺咨称。锦州天桥厂海口。向系闽广江浙等省。沙鸟等船前来贸易之区。铺户较多。是为极要。其马蹄沟海口。仅有直隶山东商船往来贩粮。该处铺户较少。是为次要。该二处海口。水浅滩宽。大船停泊处所。距岸三四十里。每遇商船进口。装卸粮货。均赖拨剥船。趁潮挽运。天桥厂海口。原有大小炮六位。足资捍卫。马蹄沟海口。现由锦州所存之神机神枢炮内。拣选四位运往安设。应需火药铁丸预备齐妥。运交防海委员骁骑校富伦布。收存备用。并拣选精壮兵役五百名。内先派兵役六十名。分驻天桥厂。马蹄沟二处海口。会同守汛官兵。认真瞭望。严密防范。其余兵役。在城操练。一有警报。该副都统即亲督在城兵役。星夜驰赴海口。相机堵御。其所属宁远钓鱼台海口。虽系次要。现亦一律布置周备。又据牛庄。岫岩。盖州。熊岳。复州。旗民地方官详报。遵札亲诣各口岸。无论极要次要。分别拨运炮位枪械。加添官员兵役。严密布置周妥。各将守城官员兵役。及团练乡勇。逐日认真操练。以备缓急。又据水师营协领详报。拣派妥员。带领兵壮。驾船在于山东奉天搭界洋面。梭织哨探。如见有夷船踪影。星飞知会沿海地方官。预为准备。如无信息。即赴邻省洋面一带。询探确情。随时禀报。奴才庆祺。仍恐防范稍有不周。前已遴派佐领庆龄。古尼音布。防御恒麟。先行密赴各海口。核实稽查。复在省城各营内。拣选精壮官兵二千名。派委曾隶戎行之协领佐领骁骑校等官。不动声色。认真在营操练。听候海岸信息。一有警报。即令驰赴海口。合力防堵。以壮声威。并密饬滨海各地方。不时侦探瞭望。倘该夷船驶近口岸。先以善言开导。断不准遽施枪炮。致激事端。一面星飞驰报。奴才庆祺。即行饬令派定员弁。管带精兵前往。相机办理。

（甲申）桂良等又奏。郎中苏彰阿。于初八日将俄啰斯达喇嘛巴拉第。送至天津。已派员带往该夷船内。此时俄夷感激皇上格外天恩。愿送中国火枪一万杆。各项炮位五十尊。送至大沽海口。内地自驾沙船运接。以表酬谢之忱。求奴才等代奏。并云。嗣后夷患极宜豫防。海口炮台万不足恃。伊拟备文回国。令派修造炮台。并教兵技艺。及看视金银矿苗各官。前来中国。代为制备一切。实系感激图报。万无他意。不必见疑。奴才等连日接见该夷。与之深谈。见其出于至诚。俟该夷酋备文转求。即拟据情代奏。此番夷船退后。必须赶紧设法备边。所有沿海各口。务当力图整顿。庶可亡羊补牢。

咸丰卷二六

（咸丰八年。戊午。五月。乙酉）耆英谨又供。于四月二十九日。往见四国夷人。英佛两国夷酋。差通使传说。不与相见。米俄两国会晤。情词尚属恭顺。今四国夷酋。移居陆路。距海口外大兵船极远。该夷由海口载运铁铣镢二百余把。账房二百余架。在津郡得有芦席三百余领。又占三叉河口。望海楼。韩家房屋。金家窑等处民房。四国夷酋。分踞金家窑民房。收藏器械等物。并驾三板船五六只。在南运河试水。登我废炮台。千里眼遥望。声言再不打仗。不过懈我军心。其包藏祸心。已可概见。若以要约条款已定。即可退船息兵。耆英未敢必信。该夷现在三叉岔河所泊夷船。来去无定。来时则人心摇动。去则商民顿安。体察夷情。实非昔年可比。并非一味图利。颇露窥窃诡诈之情。即如该夷始欲占踞天津。复又不要。佥谓甚好。复又请内地通商。试问天津又不在内地耶。始以进京为请。今又可缓。现又改为请内地通商。游历各省州县。岂潞河又不在内河耶。种种鬼蜮。岂可遽信。亟须通盘筹划。谋定后行为要。谨又具亲供是实。

丁亥。恭亲王奏。窃臣闻逆夷要求各款。多出情理之外。其尤关利害者。莫如江岸通商一节。皇上圣谟广运。必不轻易允准。特恐在事诸臣。暂图目前息事。致贻后日巨患。将来虽欲议剿而不得也。西洋各国。通商二百年来。相安无事。由于夷货寄顿。只有澳门一处。洋行开设。只在广东省城外。不特中国兵威。彼未窥破。不敢妄思滋扰。即中国利源。彼亦未尽悉。不致别启觊觎也。自添设五口以来。当时固以为夷性贪利。顺其欲以餍之。庶几饱而思息耳。乃迄今未廿年。又欲添设海口。甚至有长江口岸之请。是其贪得无餍。竟无止足之时矣。查长江发源四川。由湖北。江西。安徽。数千里。直至江南之镇江。无论山川设险之所。城邑扼要之区。处处皆中原大局所关。断不宜令夷人实逼处此。即以利源而论。富商大贾。舟楫贸易。皆藉长江为转流。关税出于是。场盐行于是。漕粟运于是。该夷今日所请。即云意止通商。迨经年累月。目睹此数大利源。充其无厌之心。必又将滋生异议。其时民夷狎习。团练既呼应不灵。而各处险要皆在彼掌握之中。设令别有要挟。我将不许。则剿办更难措置。我将轻许。则精华悉饱犬羊。噬脐之悔。其何及矣。从来剿抚之道。必出万全。臣岂敢轻言战斗。况彼之船坚炮利。天津海口甫一接仗。而我兵勇溃散。炮械军装。尽以资敌。刻下桂良等。犹以词令为折冲。天津现有之兵。为数无多。倘逆夷执意要求。不能以理喻。则不得不早筹战备……

咸丰卷二七

（咸丰八年。戊午。五月。壬辰）

俄夷和约。

大清国大皇帝。钦差东阁大学士总理刑部事务桂良。吏部尚书镶蓝旗汉军都统花沙纳。为全权大臣。大俄啰斯国自专主。特简承宣带东海官兵战船副将军御前大臣公普提雅廷。为全权大臣。两国大臣。详细会议。酌定十二条。永遵无替。

……

第三条。此后除两国由旱路于从前所定边界通商外。今议准由海路之上海。宁波。福州府。厦门。广州。台湾府。琼州府。等七处海口通商。若别国再有在沿海增添口岸。准俄国一律办理。

第四条。嗣后陆路前定通商处所。商人数目。及所带货物。并本银多寡。不必示以限制。海路通商章程。将所带货物呈单备查。抛锚寄碇。一律给价。照定例上税纳课等事。俄国商船。均照外国与中华通商总例办理。如带有违禁货物。即将该商船所有货物。概行查抄入官。

第五条。俄国在中国通商海口设立领事官。为查各海口驻扎商船居住规矩。再派兵船在彼停泊。以资护持。领事官与地方官。有事相会。并行文之例。盖造天主堂住房。并收存货物房间。俄国与中国会议。置买地亩。及领事官员。责任应办之事。皆照中国与外国所立通商总例办理。

第六条。俄国兵商船只。如有在中国沿海地方损坏者。地方官立将被难之人。及载物船只救护。所救护之人。及所有物件。尽力设法送至附近俄国通商海口。或与俄国素好国之领事官所驻扎海口。或顺便咨送到边。其救护之公费。均由俄国赔还。俄国兵货船只。在中国沿海地方。遇有修理损坏。及取甜水。买食物者。准进中国附近未开之海口。按市价公平买取。该地方官不可拦阻。

第七条。通商处所。俄国人。中国所属之人。若有事故。中国官员。须与俄国领事官员。或与代办俄国事务之人。会同分别办理。俄国人若有获罪者。其犯人应照俄国刑律科罪。中国所属之人。与俄国人有因人命产业伤害之事获罪者。应照中国刑律分别科罪。俄国之人若在中国内地犯法。应行审讯治罪者。解送俄国边界地方。或俄国办事官员所驻扎之海口办理。

……

米夷和约

大清大皇帝。特派钦差【东阁大学士。总理刑部事务。吏部尚书。镶蓝旗汉军都统。】便宜行事。全权大臣【桂良。花沙纳。】大合众国大伯理玺天德。特派钦差驻扎中华便宜行事全权大臣列卫廉。公同酌议。所有议定条款。胪列于左。

……

第五款。大合众国大臣。遇有要事。不论何时。应准到北京暂住。与内阁大学士。或与派出平行大宪。酌议关涉彼此利益事件。但每年不得逾一次。到京后迅速定议。不得耽延往来。应由海口。或由陆路。不可驾驶兵船。进天津海口。先行知照地方官。派船迎接。若系小事。不得因有此条。轻请到京。至上京必须先照会礼部。俾得备办一切事款。往返护送。彼此以礼相待。寓京之日。按品豫备公馆。所有费用。自备资斧。其跟随大合众国钦差人等。不得逾二十人之数。雇觅华民供役在外。到处不得带货贸易。

第六款。嗣后不论何时。倘中华大皇帝。情愿与别国或立约。或为别故允准。与众友国钦差。前往京师到彼居住。或久或暂。即毋庸再行计议。特许应准大合众国钦差。一律照办。同沾此典。

……

第九款。大合众国。如有官船在通商海口游行巡查。或为保护贸易。或为增广才识。近至沿海各处。如有事故。该地方大员。当与船中统领。以平行礼仪相待。以示两国和好之谊。如有采买食物。汲取淡水。或须修理等事。中国官员自当襄助购办。遇有合众国船只。或因毁坏被劫。或虽未毁坏而亦被劫被掳。及在大洋等处。应准大合众国官船。追捕盗贼。交地方官讯究惩办。

……

第十二款。合众国民人。在通商各港口贸易。或久居。或暂住。均准其租赁民房。或租地自行建楼。并设立医馆。礼拜堂。及殡葬之处……其合众国人泊船寄居处所。商民水手人等。只准在近地行走不。准远赴内地乡村市镇。私行贸易。以期永久。彼此相安。

第十三款。大合众国船只。在中国洋面遭风。触礁。搁浅。遇盗。致有损坏等害者。该处地方官一经查知。即应设法拯救保护。并加抚恤。俾得驶至最近港口修理。并准其采买粮食。汲取淡水。傥商船有在中国所辖内洋。被盗抢劫者。地方文武员弁。一经闻报。即当严拿贼盗。照例治罪。起获原赃。无论多少。或交本人。或交领事官俱可。但不得冒开失单。至中国地广人稠。万一正盗不能缉获。或起赃不全。不得令中国赔还货款。但若地方官通盗沾染。一经证明。行文大宪奏明。严行治罪。将该员家产。查抄抵偿。

第十四款。大合众国民人,嗣后均照例挈眷。赴广东之广州。潮州。福建之厦门。福州。台湾。浙江之宁波。江苏之上海。并嗣后与大合众国。或他国定立条约。准开各港口市镇。在彼居住贸易。任其船只装载货物。于以上所立各港互相往来。但该船只。不得驶赴沿海口岸。及未开各港。私行违法贸易。如有犯此禁令者。应将船只货物充公。归中国入官。其有走私漏税。或携带各项违禁货物至中国者。听中国地方官。自行办理治罪。大合众国官民。均不得稍有袒护。若别国船只。冒大合众国旗号。作不法贸易者。大合众国自应设法禁止。

第十五款。大合众国民人。在各港贸易者。除中国例禁。不准携带进口出口之货外。其余各项货物。俱准任其贩运。往来买卖。所纳税饷。惟照黏附在望厦所立条约例册。除是别国按条约有何更改。即应一体均同。因大合众国人所纳之税。必须照与中华至好之国。一律办理。

第十六款。大合众国船只。进通商各港口时。必将船只等件。呈交领事官。转交海关。即按牌上所载吨数。输纳船钞。每吨以方停四十官尺为准。凡在一百五十吨以上者。每吨纳银四钱。不及一百五十吨者。每吨纳银一钱。凡船只曾在本港纳钞。因货未全销。复载往别口出售。或因无回货。须将空船或未满载之船。驶赴别港觅载者。领事官报明海关。将钞已完纳之处。在红牌上注明。并行文别口海关查照。俟该船进别口时。止纳货税。不输船钞。以免重征。设立浮桩亮船。建造塔表亮楼。由通商各海口地方官。会同领事官。酌量办理。

第十七款。大合众国船只进口。准其雇用引水带进。俟正项税款全完。仍令带出。并准雇觅斯役。买办。工匠。水手。延请通事。司书。及必须之人。并雇用内地艇只。其工价若干。由该商民等自行定议。或由领事官酌办。

第十八款。大合众国船只。一经进口。即由海关酌派妥役。随船管押。或搭坐商船。或自雇艇只。均听其便。傥大合众国民人。有在船上不安本分。离船逃走至内地避匿者。一经领事官知照。中国地方官即派役访查。拿送领事等官治罪。若有中国犯法民人。逃至大合众国寓馆。及商船潜匿者。中国地方官查出。即行文领事等官。捉拿送回。均不得少有庇匿。至大合众国商民水手人等。均归领事等官。随时稽查约束。傥两国人有倚强滋事者。用火器伤人。致酿斗杀重案。两国官员。均应执法严办。不得稍有偏徇。致令众心不服。

第十九款。大合众国商船进口。或船主。或货主。或代办商人。限二日之内。将牌货单等件。呈递本国领事等官收存。该领事即将船名人数。及所载吨数货色。详细开明。照会海关。方准领取牌照。开舱起货。傥有未领牌照之先。擅行起货者。即罚洋银五百大圆。并将擅行卸运之货。一概归中国入官。或有商船进口。止起一分货物者。按其所起一分货物。输纳税饷。未起之货。均准其载往别口售卖。傥有进口并未开舱。即欲他往者。限二日之内。即行出口。不得停留。亦不征收税饷船钞。均俟到别口发售。再行照例输纳。倘进口货船。已逾二日之限。即须输纳船钞。遇有领事等官。不在港内。应准合众国船主。商人。托友国领事。代为料理。否则径赴海关呈明。设法妥办。

第二十款。大合众国商船贩货。进口出口。均将起货下货日期。呈报领事等官。由领事等官。转报海关。届期派委官役。与该船主。货主。或代办商人等。眼同秉公将货物验明。以便按律征税。若内有估价定税之货。或因议价高下不等。除皮多寡不齐。致有辩论。不能了结者。限该商于即日内禀报领事官。俾得通知海关会商酌夺。若禀报稽迟。即不为准理。

第二十一款。大合众国民人。运货进口。既经纳清税饷。倘有欲将已卸之货。运往别口售卖者。禀明领事官。转报海关。检查货税底簿相符。委员验明。实系原包原货。并无拆动抽换情弊。即将某货若干担。已完税若干之处。填入牌照。发该商收执。一面行文别口海关查照。俟该船进口。查验符合。即准开舱出售。免其重纳税饷。若有影射夹带情事。经海关查出。罚货入官。如大合众国船只。运载外洋谷米。进各海口者。并未起卸。亦准其复运出口。

第二十二款。大合众国船只进口后。方纳船钞。进口货物。于起货时完税。出口货物。于下货时完税。统俟税钞全完。由海关发给红牌。然后领事官方给还船牌等件。所有税银。由中国官设银号代纳。或以纹银。或以洋银。按时价折交。均无不可。倘有未经完税。领事官先行发还船牌者。所欠税钞。当惟领事官是问。

第二十三款。大合众国船只。停泊口内。如有货物必须剥过别船者。应先呈明领事官。转报海关。委员查验确当。方准剥运。倘不禀明候验批准。辄行剥运者。即将所剥之货。归中国入官。

第二十四款。中国人。有该欠大合众国债项者。准其按例控追。一经领事官照知。地方官立即设法查究。严追给领。倘大合众国人。有该欠华民者。亦准由领事官知会讨取。或直向领事控追俱可。但两国官员。均不保偿。

……

第二十六款。大合众国。现与中国订明和好。各处通商港口。听其船只往来贸易。倘日后另有别国与中国不和。中国止应禁阻不和之国。不准来各口交易。其大合众国人。自往别国贸易。或贩运其国之货物前来各口。中国应认明大合众国旗号。便准入港。惟大合众国商船。不得私带别国一兵进口。及听受别国贿嘱。换给旗号。代为运货入口贸易。倘有犯此禁令。听中国查出。充公入官。

第二十七款。大合众国民人。在中国通商各港口。自因财产涉讼。由本国领事等官。讯明办理。若大合众国民人。在中国与别国贸易之人。因事争论者。应听两造查照各本国所立和约办理。中国官员不得过问。

……

俄啰斯咨文

……

为咨行事。前据贵大臣信函。知早为靖边务。实深欣悦。本国以其所求之事为重。定位守邻国之道。以正理代贵国完结。详阅军机处递到谕旨。深悉欲藉职等之力。向英佛两国。将不睦事务。迅图开释等语。其两国至此。即职上年来此之意。彼时职等即有代为婉转之语。查英佛两国。带兵先至海口。后到天津。实非职等导引。该两国于此路平昔熟习。咸丰四年间到过。其米利坚小船。彼时亦曾入河。是以熟习深浅。至于两国到此情由。实因贵国不欲在上海商议之故。此即贵国错处。敌人已深入。其要挟之心。自然益炽。英佛两国。逼近京辅。一切要求。虽难于劝阻。其欲驻京。及行驶内河之意。职业已阻止。其另外要求之处。贵国既欲职等同心。自可无虑。现在首要之务。不令英佛驶入津河。其次使臣及办事官员等。亦不令到此。不然该夷等遇有纤细之事。即坐战船抵津。欲犯京畿。则必至震慑。其各条要求之事。均不甚紧要。惟宜于西洋各国和约后。筹备将来防守之法。本国帮扶贵国。沿海扼防。操练兵丁。妥备器械。整齐队伍。则小丑不敢窥犯。此次英佛仅坐船十只。带兵二千。即能阑入天津。

如本国代为设防后。虽该夷增船三十只。添兵二万余。亦不致似此邀幸也。职等俟接奉贵国覆文。即行知照本国。选派操演兵丁。修筑炮台。铸造炮位。察看矿苗。镕化金银之鄂托罗官十员。令其迅赴贵国。再明年解赴海口鸟枪一万杆。炮五十尊。配齐一切应用之物。由海运津。以防大沽海口。应先将大沽保固。其一切军械。本国运至天津。贵国由沙船转至大沽。伏祈贵大臣将此等情形代为奏闻。职静候回文。再与英佛两国和约之事。请逐日派委可靠之员告知。职等得以随时与贵大臣商议。劝解英佛等。以期迅速蒇事。候贵国与该二国和约后。职等令其迅离天津。不准逗留。为此咨行。

谕军机大臣等。内阁侍读学士王金镕奏。天津夷务。现在议抚。抚议成。则沿海通商地方。宜杜其联络匪类为患。不成则剿。亦宜防其于败衄之余。窜往他处报复等语。英佛等夷在津。坚请江面通商。经桂良等。允以军务完竣。再行商办。该夷复请于镇江先立马头。亦尚未允许。但其蓄心欲入长江。殊为叵测。至所请他款。亦多窒碍难行。一旦决裂。必致用武。上海夷船辐辏。货物所聚。该夷有所顾惜。或不至于窜扰。惟联络匪类。阴图占踞诡谋。亦在意中。著何桂清。赵德辙。饬属体察情形。除商人有交易事件。不能不听其往来。此外军民人等。应如何严密防范。绝其句结。即著妥定章程办理。前次夷人投递照会。据赵德辙奏。拟往昆山相见。而该夷已由泖湖径赴苏州。闻黄浦江船户人等。类皆闽广匪徒。结党盘踞。夷人之敢于直入内地。未必非若辈为之导引。著何桂清等。豫为晓谕。此后夷人有投递文书。求见官长等事务。于上海守候。由该道等。指示程途。毋许自行闯入内地。至黄浦江内渡船。亦应豫为晓谕。加之约束。消患未萌。其长江入海之处。以圌山关。鹅鼻嘴。为锁钥。从前伊里布。曾有沈石以拒夷船之计。未行而镇江失事。并著派委员。查勘情形。能否密为布置。以免临事周张。又彼时上海失守。于昆山内河沈船下石。以防夷船内窜。是否可以仿行。并著酌斟办理。

直隶总督谭廷襄奏。伏思此次夷务之棘手。为从来所未有。只因津郡系近畿要地。设被久扰。其害不可胜言。而现在情形。米粮日少。贫民失业。海运阻隔。军饷不继。尤属万分紧迫。臣原统京营马步兵二千名。先已调赴杨村驻扎。只存津标兵三千有零。用以护城及扼守汛地。尚有督提等标兵约一千名。屯于城外。以提标兵防护桂良等寓所。以督标兵归臣行营。此外练勇约五千名。分驻要路。其中虽有骁健。究属乌合。且亦不尽善良。全赖带队之人多方激励。与官兵铺勇联络一气。方可冀其得力。至大沽等处兵练。防护均关紧要。为数无几。碍难调动。所有河西务一带。系在杨村之后。通州之前。两处皆已驻有重兵。中间尚不吃紧。现在夷已就抚。无虞北窜。臣仍当督率带兵将弁。及团勇人等。照常严备。只候训示遵行。现时米夷船已退去一只。英夷船已退去二只。据云陆续均即出口。又俄国夷官一员。改期于十七日启程。赴张家口。合并声明。

咸丰卷二八

(咸丰八年。戊午。五月。丁酉)

英夷和约

大清国特简【东阁大学士。正白旗满洲都统。总理刑部事务桂良。经筵讲官。吏部尚书镶蓝旗汉军都统。稽察会同四译馆花沙纳。】大英国特简世袭额罗金并金喀尔田二郡伯爵额尔唫。现将会议商定条约。开列于左。

第一款。前壬寅年道光二十二年七月二十四日。江宁所定和约。仍留照行。广东所定善后旧约。并通商章程。现在更张。既经并入新约。所有旧约。作为废纸。

……

第七款。大英君主。酌看通商各口之要。设立领事官。与中国官员。于相待诸国领事官最优者。英国亦一律无异……

……

第九款。英国民人。准听持照。前往内地各处游历通商。执照由领事官发给。由地方官盖印。经过地方。如饬交出执照。应可随时承验。无讹放行。雇船雇人。装运行李货物。不得拦阻。如其无照。其中或有讹误。以及有不法情事。就近送交领事官惩办。沿途只可拘禁。不可凌虐。如通商各口。有出外游玩者。地在百里。期在三五日内。毋庸请照。惟水手船上人等。不在此例。应由地方官。会同领事官。另定章程。妥为弹压。惟于江宁等处。有贼处所。俟城内克复之后。再行给照。

第十款。长江一带各口。英商船只。俱可通商。惟现在江上下游。均有贼匪。除镇江一年后立口通商外。其余俟地方平靖。大英钦差大臣。与大清特派之大学士尚书会议。准将自汉口溯流至海各地。选择不逾三口。准为英船出进货物通商之区。

第十一款。广州。福州。厦门。宁波。上海五处。已有江宁条约。旧准通商外。即在牛庄。登州。台湾。潮州。琼州等府城口。嗣后皆准通商。亦可任意与无论何人买卖船货。随时往来。至于听便居住。赁房买屋。租地起造礼拜堂。医院。坟茔等事。并另有取益防损诸节。悉照已通商五口无异。

……

第十四款。游行往来。卸货下货。任从英商自雇小船剥运。不论各项艇只。雇价银两若干。听英商与船户自议。不必官为经理。亦不得限定船只数。并何船揽载。及挑夫包揽运送。倘有走私漏税情弊。查出该犯。自应照例惩办。

……

第十九款。英国船只。在中国辖下海洋。有被强盗抢劫。地方官一经闻报。即应设法查追拿办。所有追得赃物。交领事官给还原主。

第二十款。英国船只。有在中国沿海地方。碰坏搁浅。或遭风收口。地方官查知。立即设法。妥为照料护送。交就近领事官查收。以昭睦谊。

第二十一款。中国民人。因犯法逃在香港。或潜住英国船中者。中国官照会英国官。访查严拿。查明实系罪犯。交出。通商各口。倘有中国犯罪民人。潜匿英国船中房屋。一经中国官员照会。领事官即行交出。不得隐匿袒庇。

……

第二十四款。英商起卸货物。纳税俱照税则为额。总不能较他国有彼免此输之别。以昭平允。而免偏枯。

第二十五款。输税期候。进口货物于起载时。出口货于落货时。各行按纳。

第二十六款。前在江宁立约。第十条内。定进口出口各货税。彼时欲综算税饷多寡。均以价值为率。每价百两。征税五两。大概核计。以为公当。旋因条内载列各货种式。多有价值渐减。而税项定额不改。以致原定公平税则。今已较重。拟将旧则重修。允定此次立约。加用印信之后。奏明钦派户部大员。即日前赴上海。会同英员。迅速商夺。俾俟本约奉到朱批。即可按照新章。迅行措办。

第二十七款。此次新定税则。并通商各款。日后彼此两国再欲重修。以十年为限。期满。须于六个月之前。先行知照。酌量更改。若彼此未曾先期声明更改。则税课仍照旧章完纳。复俟十年。再行更改。以后均照此限此式办理。永行勿替。

第二十八款。前据江宁定约。第十条内载。各货纳税后。即由中国商人。偏运天下。而路所经过税关。不得加重税则。只可按估价则例若干。每两加税。不过某分等语在案。迄今子口税课。实为若干。未得确数。英商每称货物。或自某内地赴某口。或自某口进某内地不等。各子口恒设新章。任其征收。名为抽课。实于贸易有损。现定立约之后。或现在通商各口。或在日后新开口岸。限四个月为期。各领事官。备文移各监督。务以路所经处所。应纳税银实数。明晰照覆。彼此出示。晓布汉英商民。均得通悉。惟有英商已在内地买货。欲运赴口下载。或在口有洋货欲进售内地。倘愿一次纳税。免各子口征收纷繁。则准照行此一次之课。其内地货。则在路上首经之子口输交。洋货则海口完纳给票。为他子口毫不另征之据。所征若干。综算货价为率。每百两征银二两五钱。俟在上海。彼此派员商酌重修税则时。

亦可将各货分别种式。应纳之数议定。此仅免各子口零星抽课之法。海口关税。仍照例完纳。两例并无交碍。

第二十九款。英国商船。应纳税课。一百五十吨以上。每吨钞银四钱。一百五十吨正。及一百五十吨以下。每吨纳钞银一钱。凡船只出口。欲往通商他口。并香港地方。该船主禀明海关监督。发给专照。自是日起。以四个月为期。如系前赴通商各口。俱毋庸另纳船钞。以免重输。

第三十款。英国货船进口。并未开舱。欲行他往者。限二日之内出口。即不征收船钞。傥逾二日之限。即须全数输纳。此外船只出进口时。并无应交费项。

第三十一款。英商在各口自用船只。运带客人行李。书信。食物。及例不纳税之物。毋庸完纳。傥带例应完税之货。则每四个月一次。纳钞每吨一钱。

第三十二款。通商各口。分设浮桩。号船。搭表。望楼。由领事官。与地方官。会同酌视建造。

第三十三款。税课银两。由英商交官设银号。或纹银。或洋银。按照道光二十三年。在广东所定各样成色交纳。

第三十四款。秤码丈尺。均按照粤海关部颁定式。由各监督。在各口送交领事官。以昭画一。

第三十五款。英国船只。欲进各口。听其雇觅引水之人。完清税务之后。亦可雇觅引水之人。带其出口。

第三十六款。英国船只。甫临近口。监督官派委员弁兵役看守。或在英船。或在本船。随便居住。其需用经费。由关支发。惟于船主。并该管船商处。不得私受毫厘。傥有收受。查出。分别所取之数多寡惩治。

第三十七款。英国船只进口限一日。该船主将船牌舱口单各件。交领事官。即于次日通知监督官。并将船名。及押载吨数。装何货物之处。照会监督官。以凭查验。如过限期。该船主并未报明领事官。每日罚银五十两。惟所罚之数。总不能逾二百两以外。至其舱口单内。须将所载货物。详细开明。如有漏报捏报者。船主应罚银五百两。傥系笔误。即在递货单之日改正者。可不罚银。

第三十八款。监督官接到领事官详细照会后。即发开舱单。傥船主未领开舱单。擅行下货。即罚银五百两。并将所下货物。全行入官。

第三十九款。英商上货下货。总须先领监督官准单。如违。即将货物一并入官。

第四十款。各船不准私行拨货。如有互相拨货者。必须先由监督官处。发给准单。方准动拨。违者即将货全行入官。

第四十一款。各船完清税饷之后。方准发给红单。领事官接到红单。始行发回船牌等件。准其出口。

第四十二款。至税则所载。按价若干。抽税若干。傥海关验货人役。与英商不能平定其价。即须各邀客商二三人。前来验货。客商内有愿出价银若干。买此货者。即以所出最高之价。为此货之价式。免致收税不公。

第四十三款。凡纳税实按斤两秤计。先除皮包粉饰等料。以净货轻重为准。至有连皮过秤。除皮核算之货。即若茶叶一项。傥海关人役。与英商意见不同。即于每百箱内。听关役拣出若干箱。英商亦拣出若干箱。先以一箱连皮过秤得若干斤。再秤其皮得若干斤。除皮算之。即可得每箱实在斤数。其余货物。凡系有包皮者。均可准此类推。傥再理论不明。英商赴领事官报知情节。由领事官通知监督官。商量酌办。惟必于此日禀报。迟则不为办理。此项尚未论定之货。监督暂缓填簿。免致后难更易。须俟秉公核断明晰。再为登填。

第四十四款。英国货物。如因受潮湿。以致价低减者。应行按价减税。傥英商与关吏理论价值未定。则照按价抽税条内之法置办。

第四十五款。英国民人。运货进口。既经纳清税课者。凡欲改运别口售卖。须禀明领事官。转报监督官。委员验明。实系原包原货。查与底簿相符。并未拆动抽换。即照数填入牌照。发给该商收执。一面行文别口海关查照。仍俟该船进口。查验符合。即准开舱出售。免其重纳税课。如有影射夹带情事。罚货入官。至或欲将该货运出外国。亦应一律声禀海关监督。验明发给存票一纸。他日不论进口出口之货。均可持作已纳税饷之据。至于外国所产粮石。英船装载进口。未经起卸。仍欲运赴他处。概无拦阻。

第四十六款。中国各口收税官员。凡有严防透漏之法。均准其相度机宜。随时随便。设法办理。以杜弊端。

第四十七款。英商船只。独在约内准开通商各口贸易。如到别处沿海地方。私作买卖。即将船货一并入官。

第四十八款。英国商船。查有涉走私该货。无论式类价值。全数查抄入官外。俟该商船只帐目清后。亦可严行驱除。不准在口贸易。

第四十九款。约内所指英民罚款。及船货入官。皆应归中国收办。

……

第五十二款。英国师船。别无他意。或因捕盗驶入中国。无论何口。一切买取食物。甜水。修理船只。地方官妥为照料。船上水师各官。与中国官员。平行相待。

第五十三款。中国海面。每有贼盗抢劫。大清大英。视为向于内外商民大有损碍。意合会议。设法消除。

……

佛夷和约。

大清国大皇帝。钦差便宜行事全权大臣。【东阁大学士。总理刑部事务桂良。吏部尚书。镶蓝旗汉军都统花沙纳。】大佛国大皇帝。钦差头等全权大臣。御赐勋劳大星。俄啰斯大救带大西洋降生大星。世袭男爵。喏翰保弟嘶大陆义葛罗。前来议立条款。开列于左。

……

第五款。大佛国皇上。任凭设立领事等官。在第六七款内。所列中国沿海及沿江各埠头。办理本国商民交涉事件。与各地方官。公文往来。并稽查遵守章程。中国地方官。与该领事等官。均应以礼相待。来往移文。均用平行。傥有不平之事。该领事等官。准径自申诉省垣大宪。并控诉本国钦差全权大臣。遇有领事等官不在该口。大佛国船主商人。可以相托与国领事。代为料理。否则径赴海关。呈明设法妥办。使该船主商人。得沾章程之利益。

第六款。中国多添数港。准令通商。屡试屡验。实为近时切要。因此议定。将广东之琼州。潮州。福建之台湾。淡水。山东之登州。江南之江宁六口。与通商之广东。福州。厦门。宁波。上海。五口。准令通市无异。其江宁俟官兵将匪徒剿灭后。大佛国官员。方准本国人领执照前往通商。

第七款。自今以后。凡大佛国人家眷。可带往第六款所开中国沿海通商。及沿江之各口市埠地方。居住贸易工作。平安无碍。常川不辍。若有盖印执照。任听在议定通商各口。周游往来。惟明禁不得在沿海沿江各埠。私买私卖。如有犯此例者。船只货物听凭入官。但中国地方官。查拿此等船只货物。于未定入官之先。宜速知会附近驻口之大佛国领事。

第八款。凡大佛国人。欲至内地。及船只不准进之各埠头游行。皆准前往。然务必与本国钦差大臣。或领事等官。预领中佛合写盖印执照。其执照上。仍应有中华地方官钤印。以为凭。如遇执照有遗失者。大佛国人无以缴送。而地方官员无凭查验。不肯存留。以便再与领事等官。复领一件。听凭中国官员。护送近口领事官收管。均不得殴打伤害虐待。所获大佛国人。凡照旧约在通商各口地方。大佛国人或长住。或往来。听其在附近处所散步动作。毋庸领照。一如内地民人无异。惟不得越领事官。与地方官。议定界址。其驻扎中国大佛国官员。如给执照之时。惟不准前往暂有匪徒各省分。其执照惟准给与体面有身家之人为凭。

第九款。凡中国与各有立章程之国会议整顿。或现或后。议定税则。关口税。吨税。过关出入口货税。一经施行办理。大佛国商人均沾。用昭平允。

第十款。凡大佛国人。按照第六款。至通商各口地方居住。无论人数多寡。听其租赁房屋。及行栈存货。或租地自行建屋建行。大佛国人。亦一体可以建造礼拜堂。医人院。周急院。学房。坟地各项。地方官会同领事官酌议定。大佛国人宜居住宜建造之地……

第十一款。大佛国人。在通商各口地方。听其任便雇买办。通事。书记。工匠。水手。工人。亦可以延请士民人等。教习中国语音。缮写中国文字。与各方土语……

第十二款。凡大佛国人。在通商各口地方。所有各家产财货。中国民人。均不得欺凌侵犯。至中国官员。无论遇有何事。均不得威压强取大佛国船只。以为公用等项。

……

第十五款。凡大佛国船。驶进通商各口地方之处。就可自雇引水。即带进口。所有钞饷完纳后。欲行扬帆。应由引水速带出口。不得阻止留难。凡人欲当大佛国引水者。若有三张船主执照。领事官便可著伊为引水。与别国一律办事。所给引水工银。领事等官。在通商各口地方。秉公酌量远近险易情形。定其工价。

第十六款。凡大佛国船。一经引水带进口内。即由海关酌派妥役一二名。随带管押。稽查透漏。该役或搭坐商船。或自雇艇只。均听其便。所需工食。由海关给发。不得向船主。及代办商人等需索。倘有违例。即按所索多寡。照例科罪。并照数追偿。

第十七款。凡大佛国船。进口在一日之内。并无阻碍。其船主。或货主。或代办商人。即将船牌货单等件。缴送领事官。该领事官。于接到船牌货单后一日内。即将船名人名。及所载吨数货色。详细开明。照会海关。倘船主怠慢。于船进口后经二日之内。不将船牌货单。呈缴领事官。每逾一日。罚银五十圆入中国官。但所罚之数。不得过二百圆。迨领事官照会海关后。海关即发牌照。准其开舱。倘船主未领牌照。擅自开舱卸货。罚银五百圆。所卸之货一并入官。

第十八款。凡大佛国船主商人。应听任便雇各项剥船小艇。载运货物。附搭客人。其船艇脚价。由彼此合意商允。不必地方官为经理。若有该船艇诓骗走失。地方官亦不赔偿。其船艇不限以只数。亦不得令人把持。并不准挑夫人等。包揽起货下货。

第十九款。凡大佛国商人。每卸货下货。应先开明货单。呈进领事官。即著通事通报海关。便准其卸货下货。当即查验。其各货妥当。彼此均无受亏。大佛国商人。不欲自行计议税饷。另倩熟悉之人。代为计议完税。亦听。如有事后异言。俱不准听。至估价定税之数。若商人与华人意见不合。应彼此唤集二三商人。验明货物。以出价高者。定为估价。凡输税饷。以净货为率。所有货物。应除去皮毛。倘大佛国人。与海关。不能定各货皮毛轻重。就将争执各件。连皮秤定多寡约数。再复除净皮毛。秤其斤重。即以所秤。通计类推。当查验货物之时。如有意见不合。大佛国商人。立请领事官前来。该领事官亦即知会海关。从中尽力作合。均限一日之内通报。否则不为准理。于议论未定之先。海关不得将互争数目。姑写册上。恐难于核定。进口货物。遇有损坏。应核减税银。照估价之例。秉公办理。

第二十款。凡船进口。尚未领有牌照卸货。与第十七款所载。在二日之内。可出口往别口去。在此不必输纳钞饷。仍在卖货之口。完纳钞饷。

第二十一款。议定大佛国船主或商人。卸货完税则例。俱逐次按数输纳。至出口下货亦然。凡大佛国船。所有钞饷。一经全完。海关即给与实收。呈送领事官验明。即将船牌交还。准令开行。海关酌定银号若干。可以代中国收大佛国应输饷项。该银号所给实收。一如中国官所给无异。所输之银。或纹银。或洋银。海关与领事官核其市价情形。将洋银比较纹银。应补水若干。照数补足。

第二十二款。凡船按照第二十款。进口出二日之外。与未开舱卸货之先。即将船钞全完。按照例式。凡船在一百五十吨以上者。每吨钞银五钱。不及一百五十吨者。每吨纳钞银一钱。所有从前进口出口各样规费。一概革除。以后不得再生别端。凡纳钞时。海关给发执照。开明船钞完纳。倘该船驶往别口。即于进口时。将执照送验。毋庸输钞。以免重复。凡大佛国船。从外国进中国。止须纳船钞一次。所有大佛国三板等小船。无论有篷无篷。附搭过客。载运行李。书信。食物。并无应税之货者。一体免钞。若该小船。载运物货。照一百五十吨以下之例。每吨输钞银一钱。傥大佛国商人。雇赁中国船艇。该船不输船钞。

第二十三款。大佛国货物。在通商各口。已按例输税。中国商人。即便带进内地。经过税关。只照向例输税。不得复索规费。按今税则。是有准绳。以后毋庸加增。傥有海关书役人等。不守例款。诈取规费。增收税饷者。照中国例究治。

第二十四款。凡大佛国船。进通商各口。如将货在此卸去多寡。即照所卸之数输纳。其余货物。欲带往别口卸卖者。其饷银亦在别口输纳。遇有大佛国人。在此口已将货饷输纳。转欲载往别口售卖者。报明领事官。照会海关。将货验明。果系原封不动。给与牌照。注明该货。曾在某口输饷。俟该商进别口时。将牌照呈送领事官。转送海关查验免税。即给与牌照。卸货一切规费俱无。惟查出有夹私诓骗等弊。即将该货严拿入官。

第二十五款。凡剥货若非奉官特准。及必须剥运之处。不得将货辄行剥运。遇有免不得剥运之处。该商应报明领事官。给与执照。海关查验执照。准其剥货。该海关可以常著胥役监视。傥有不奉准而剥货者。除遇有意外危险不及等候外。所有私剥之货。全行入官。

第二十六款。凡通商各口。海关均有部颁秤码丈尺等项。应照造一分。比较准确。送与领事官署存留。轻重长短。一与粤海关无异。每件镌戳粤海关字样。所有钞饷各银。输纳中国者。俱依此秤码兑交。如有争执。即以此式为准。

第二十七款。大佛国人。在通商各口贸易。凡入口出口。均照所定印押。而附章程之税则。输纳钞饷。但因两国货物。或土产。或工艺。一时不同。而价值有低昂之殊。其税则有增减之别。每七年较订一次。以资允协。七年之内。已定税银。将来并不得加增。亦不得有别项规费。大佛国人。凡有钞饷输纳。其货物经此次画押。载在则例。并非禁止。并无限制者。不拘存本国。及别国带进。及无论带往何国。均听其便。中国不得于例载各货物。别增禁止限制之条。如将来改变则例。应与大佛国会同议允后。方可酌改。至税则与章程。现定与将来所定者。大佛国商民。每处每时悉照遵行。一如厚爱之国无异。

第二十八款。缘所定之税则公当。不为走私借口。大佛国商船。将来在通商各口。不作走私之事。若或有商人船只。在各口走私。无论何等货价。何项货物。并例禁之货。与偷漏者。地方官一体拿究入官。再中国可以随意禁止走私船只进中土。亦可以押令算清帐项。刻即出口。傥有别国冒用大佛国旗号者。大佛国设法禁止。以遏刁风。

第二十九款。大佛国皇上。任凭派拨兵船。在通商各口地方停泊。弹压商民水手。俾领事得有威权。将来兵船人等。皆有约束。不许滋事生端。即责成该兵船主。饬令遵守第三十三款。各船与陆地交涉。及钤制水手之条例办理。至兵船议明约定。不纳各项钞饷。

第三十款。凡大佛国兵船。往来游行。保护商船。所遇中国通商各口。均以友谊接待。其兵船听凭采买日用各物。若有坏烂。亦可购料修补。俱无阻碍。傥大佛国商船。遇有破烂。及别缘故。急须进口躲避者。无论何口。均当以友谊接待。如有大佛国船只。在中国近岸地方损坏。地方官闻知。即为拯救。给与日用急需。设法打捞货物。不使损坏。随照会附近领事等官。会同地方官设法。著令该商梢人等回国。及为拯救破船片货物等项。

第三十一款。将来中国。遇有与别国用兵。除敌国布告堵口。不能前进外。中国不为禁阻大佛国贸易。及与用兵之国交易。凡大佛国船。从中国口驶往敌国口。所有进口出口各例货物。并无妨碍。如常贸易无异。

第三十二款。凡大佛国兵船商船水手人等逃亡。领事官或船主。知会地方官。实力查拿。解送领事官及船主收领。傥有中国人役。负罪逃入大佛国寓所。或商船隐匿。地方官照会领事官。查明罪由。即设法拘送中国官。彼此均不得稍有庇匿。

第三十三款。水手登岸。须遵约束规条。所有应行规条。领事官议定。照会地方官查照。以防该水手。与内地民人滋生事端。

第三十四款。遇有大佛国商船。在中国洋面被洋盗打劫。附近文武官员。一经闻知。即上紧缉拿。照例治罪。所有赃物。无论在何处搜获。及如何情形。均缴送领事官。转给事主收领。傥承缉之人。或不能获盗。或不能全起赃物。照中国例处分。但不能赔偿。

第三十五款。凡大佛国人。有怀怨挟嫌中国人者。应先呈明领事官。复加详核。竭力调停。如有中国人。怀怨大佛国人者。领事官亦虚心详核。为之调停。傥遇有争讼。领事官不能为之调停。即移请中国官。协力办理。察核明白。秉公完结。

第三十六款。将来大佛国人。在通商各口地方。为中国人陷害凌辱骚扰。地方官随在弹压。设法防护。更有匪徒狂民。欲行偷盗毁坏放火。大佛国房屋货行。及所建各等院宅。中国官或访闻。或领事官照会。立即饬差驱逐党羽。严拿匪犯。照例从重治罪。将来听凭向应行追赃著赔者责偿。

第三十七款。将来若有中国人。负欠大佛国人船主。及商人债项者。毋论亏负诓骗等情。大佛国人。不得照旧例向保商追取。惟应告知领事官。照会地方官查办出力。责令照例赔偿。但负欠之人。或缉捕不获。或死亡不存。或家产尽绝。无力赔偿。大佛国商人。不得问官取赔。遇有大佛国人。诓骗中国人财物者。领事官亦一体为中国人出力追还。但中国人不得问领事官。与大佛国取偿。

……

第三十九款。大佛国人。在通商各口地方。如有不协争执事件。均归大佛国官办理。遇有大佛国人。与外国人有争执情事。中国官不必过问。至大佛国船在通商各口地方。中国官亦不为经理。均归大佛国官。及该船主自行料理。

……

第四十二款。凡议立和好贸易船只情事等章程。两国大臣。画押用印。约计限以一年。即在京师交互存照。交互之后。中国即将本和约章程。行文内外各宪。徧行周知。两国大臣。即于章程画押盖印。以为炳凭据。

大清国皇上。大佛国皇上。钦定和约章程遗补六款。

……

第四款。中国官员。固执不允大佛国以理所请各赔补之处。以致军需繁多。务必于广东海关。照数赔补。其赔补银。与军兵费用。约有二百万两之多。应将此银。交大佛国驻扎中国钦差大臣收入。覆回收单执照。其二百万两。分六次。每年一次交清。或用银两。或用会单。仍由广东海关交清。将来凡有本国完纳出入货税各客商。皆准量税之多寡。用银九分。会单一分完纳。其交银首次。从两国大臣画押章程之日起。约一年之内交清。广东海关。于抽税时。若欲每年准收会单。其会单值银三十三万三千三百三十三两三钱四分之数。即六分之一。扣税亦无不可。后在广东中国大宪。会同大佛国钦差。派员豫行会议。定立会单图式印章。如何交收。每会单值银多少。交清银两之后。如何注销。以免重复。

第五款。中国将上款所开银数。或用银两。或用海关会单。一经交清。大佛国军兵即将退出粤省。惟以军兵及速退出之便。中国欲将各会单。或先期。或按次。分明年号交出。在领事官署寄存。亦无不可。

……

直隶总督谭廷襄奏。前闻英夷。曾赴香港调取兵船。有五月望间可到之说。不时派弁密赴拦江沙外查探。兹于二十一日夜。英夷进船二只。又据探报。拦江沙外。有续到夷船七八只。内有俄夷之船。据称。系本国差人来接。不日带同回去。至英夷现到之船。即系前次所调等语。伏思英夷现经就抚。不遽退出。复有续进之船。其心叵测。顷晤桂良等。述知英夷投递照会。以定约之后。尚未奉有恩旨允准。是以怀疑。未肯即行退出。

钦差大学士桂良。吏部尚书花沙纳奏。米夷已于昨日起碇回国。据称。嗣后如有文书。即交俄国代收。英佛两夷。连日俱有兵丁登岸。且有占踞民房庙宇之事。奴才等恐该二夷别有他意。是以不揣冒昧。奏请朱批。使其无词可藉。免生枝节。昨日早间。英夷开船六只。望下行走。探闻并非出口。后又续到小火轮船一只。日来船只去来靡定。未敢率行驰报。

谕军机大臣等。前因桂良等奏。将各夷条约。恳请朱批。以释怀疑。已批示发给。兹据桂良等奏。业经接奉宣示该夷。惟米夷已经起碇回国。英佛夷尚有兵丁登岸。及占踞民房庙宇之事。且昨日英夷开船六只。往下行走。探闻并非出口后。又续到小火轮船一只各等语。该二国条约已定。复经批谕。著桂良等宣示该夷。应即起碇出口。何以船只去来靡定。又有登岸占踞之事。不知意欲何为。情殊叵测。著谭廷襄密饬兵弁严加防卫。并饬李志和李麟遇等。整齐练勇。以备不虞。本日御史何璟奏。夷船逗留不行。恐以和约怠我军心。而行其诡计。宜敕天津府知府石赞清。知县尹佩玱等。暗团民练。相机而应等语。所奏不为无见。并著谭廷襄。酌量情形。妥为办理。

庚子。直隶总督谭廷襄奏。二十三日。该夷退出船六只。二十四日。又退出船一只。均已陆续驶往海口。米夷本只有船一只。早经退出。该酋附居俄夷船上。兹因事已就竣。米酋即乘俄夷大船。起碇先行。俄酋普提雅廷。仍旧在津听候。现时三汊河口。尚存英佛两夷船六只。察其情状。业已钦奉恩旨。不日即可全退。

癸卯。钦差大学士桂良。吏部尚书花沙纳奏。夷船自前日陆续开行后。昨日只剩英夷船二只。佛夷船仍在内河。本日英夷开去火轮船一只。并昨日续来拨运人物出口船四只。一并开去。佛夷开去火轮船一只。仍剩二只。看此光景。英佛两夷船只。不过今明两日。均可全数退出。

(甲辰)钦差大学士桂良。吏部尚书花沙纳奏。探闻英夷船只。业经陆续开行。佛夷所剩火轮船二只。亦经陆续开出内河。此时英佛两夷。并无一船停驻内河。其俄啰斯船只。曾经昨晚起碇。自可先后放洋。现在督臣谭廷襄。复派委员弁。前往海口一带查探。统俟侦探明确。各船均经放洋。再行奏明起程回京复命。惟英佛两夷。前在海口接仗时。经官兵用炮轰坏夷船三只。该夷即在海口修理。现闻均已修竣。惟有一只下水。不能运驾。复起上岸重修。尚未竣事。奴才等。是否俟各船放洋后。即行回京。其修理之船。可否敕令督臣谭廷襄。在津等候之处。伏候谕旨遵行。

直隶总督谭廷襄奏。该夷昨由海外进船五只。连前存船一共九只。兹于二十七日。将岸上行李搬载完毕。先行开放六只。二十八日又开放三只。均各乘潮下驶。俄酋普提雅廷。因原来之船。先经米酋借坐出口。恳臣另给小船。送往大沽。所有英夷等。前占官庙民房。均经交。还并无损坏。地面业已肃清。现驻兵勇。应即酌量分别留撤。臣俟办理就绪。即驰往海口。查勘情形。其现退夷船。沿途有无逗留。是否全行出口。即日放洋。亦已先行委弁前往。核实查察。覆到另行奏报。

谭廷襄又奏。俄酋普提雅廷。前来辞行接见。据称。伊国尚有轮船二只。随后来津。兹伊即日起程。不能等候。拟留公文二角。俟伊国船到。不令入口。即行交给。以便该船遵照回国。当将文二件。饬发天津镇道收存。俟该国船只到口。即行交给。饬令回帆。又该国学生晃明。前经来津。兹已事竣。拟即派员伴送回京。并咨明理藩院查照。

咸丰卷二九

咸丰八年。戊午。六月。丙午。谕军机大臣等。前据桂良等奏。英佛夷船全数开出内河。俄夷亦经起碇。当经谕令俟各夷船全数放洋后。桂良等。即来京复命。现在内河既无夷船。其上岸修理之船。一经竣事。即可放洋。既有谭廷襄在津防范。桂良等可以毋庸守候。著即迅速来京复命可也。

巡防王大臣惠亲王绵愉等奏。本月初一日。御史吴焯奏。请筹防五条一折……原奏内称。募广勇以习水战一条。查广勇一项。素称强劲。惟添一勇。即须添一勇之饷。经费已难筹划。至令该勇之有勇畧者。署以武职。使统率之。以为水战之用一节。于事不无窒碍。现经奉旨。派出僧格林沁。瑞麟。前往天津。察看海口情形。自能妥为布置。该御史所请。募广勇习水战一条。应毋庸议。原奏内称。利器械以备战具一条。查台湾皮船。系当年台湾道姚莹。总兵达洪阿。用以制夷。现在该员等。均已物故。无从询悉。相应请旨。敕下闽省督抚。查明此项皮船。是否堪用。及现在有无制造之人。即行奏明……

盛京副都统承志。齐齐哈尔副都统那敷德。署吉林副都统特普钦奏。准三姓副都统。转据黑河口各员报称。去岁在黑匣子糊停占火轮船一只。于四月初八日。移往克尔穆宏库地方。声称迎接木哩斐岳幅。十八日由奇吉地方。上乘夷人二十名。来驾小船。该员述称。欲进黑河口上驶。迎接木哩斐岳幅。再夷人前在霍尔托库地方。建立木城房屋一所。俱已修完。又夷人在托尔固建立房一所。被荒火烧毁。其存占夷人逃奔霍尔托库住宿等语。并据黑龙江副都统吉拉明阿。及委员等报称。四月二十一日。见由江面下驶俄夷大船三只。小船五只。询据通事声称。木哩斐岳幅带领官兵乘驾。前赴阔香奇吉之便。特来城中辞别。傍晚有大船三只。小船五只。驶至黑龙江城。木哩斐岳幅等登岸。会见该副都统。款待之际。询据通事声称。木哩斐岳幅。今日起行下往之便。给大人请安。并将盖房处所留办事件。管束夷人之固毕尔那托尔嘎尔萨枯幅带见相认。言毕。乘船下驶去讫。嘎尔萨枯幅。带领夷人驾小船回行。二十三日。由江下来大小夷官十八员。夷人二百余名。分驾木簰。随带三板船一只。装载许多枪炮并口粮羊只。驶至大黑河屯。江左夷人住处停泊。二十四等日。有夷官十八员。夷人一百余名。携带枪炮。乘驾木簰下驶。前赴阔屯奇吉等处去讫。其余夷人木簰存留。于五月初一日。驶至大黑河屯停泊。询问通事声称。此人船由原处下来。此处存留火轮船一只。是日晚间。有大小夷官十员。夷人一千余名。乘驾大船五只。三板船八十三只。木簰八十串下驶。前赴阔香奇吉等处去讫等情。当饬各该员。不时查报。毋得激起衅端。再现在已与俄夷换字。江左占居夷人。照常安静。业咨副都统吉拉明阿。将吉林。黑龙江。两省委员。陆续撤回。

丁未。礼部左侍郎玉明。山海关副都统定福奏。六月初一日申刻。据瞭望官弁报称。石河口海口地方。距岸二里之遥。有夷船二只停泊。奴才当即亲往海口察看。时副都统定福亦至。奴才等果见海面有夷船大小两只。均有烟筒。似属火轮。各带杉板小船。在海口二里之遥停泊。尚未到岸。亦不知确系何夷船只。看其光景。似因朔日潮大。其杉板小船。骤难驶入河口。

谕军机大臣等。玉明等奏。探有夷船停泊海口一折。天津夷务。经桂良等。与各夷酋面议条约。抚局暂定。现在驰往山海关石河口之夷船二只。如果驶入海口。著玉明。定福。派人问明。系何国船只。可告以山海关非办夷务之地。该侍郎等。亦非办夷务之人。令其速行退去。仍一面督饬弁兵。严密防范。不准沿海奸民。有句结接济等事。令该夷人留恋不去。亦不得稍涉轻率。致启衅端。

(戊申)礼部左侍郎玉明。山海关副都统定福奏。六月初一日申刻。见石河口海面二里之遥。有夷船大小二只。至初二日平明时。遥见该夷船退回大洋。向东南驶去。已无踪影。奴才等正在缮折间。于初二日卯刻。石河口海口迤西四五里之遥。复有火轮船一只。自西而来。停泊海口。当即督饬官兵前往侦探。该夷有二十余人。使杉板小船。陆续登岸。内有一人。名吗咭士。粗通汉语。据云系大佛国人。自天津而来。道经此地。欲瞻仰长城规模。别无他意等语。奴才等因未知天津夷务大局。若何办理。未便遽示兵威。姑且善为开导。该夷等在岸坐立数刻之久。其意仍欲观瞻。目见营外马队排立。谅知我兵有备。始皆回入大船。于本日未刻。亦向东南驶入大洋而去。

山海关副都统定福奏夷船二只遂于戌刻直向东南驶去正在会奏间复报夷船一只停泊海口且夷人登岸游景虽即回船奴才定福复加派兵二百名佐领顺龄委以营总佐领札普普防御宝琳硕隆武骁骑校乌林泰委以参领驻扎海口

癸丑。直隶总督谭廷襄奏。臣在天津。将兵勇分别留撤。即于初六日驰抵大沽海口。据报。该夷原存大小火轮船八只。初五日开行一只。初六日开行四只。尚有三只在拦江沙外停泊。兹于初七日。派弁探得该夷船三只。全数起碇回帆。又昨准山海关副都统来咨。暨山永协副将。临榆县知县等禀报。探有夷船三只。于六月初一初二等日。先后驶近石河海口。旋即扬帆而去各等情。臣查各夷船只。有赴广东上海者。亦有赴东洋日本等处者。现既一律回帆。沿海之防。均须次第妥为布置。大沽海口南北两岸炮台。已被轰坏。尤应设法赶紧修理。

闽浙总督王懿德。福建巡抚庆端奏。准署福建水师提臣赖信扬。来文内称。现驻厦门英咭唎国领事马礼逊。以该国公使。现派柏姓夷酋。驾火轮船。欲往台湾。收赎伊国遭风难夷。请移台湾镇道。饬属帮同细访。并请给文交伊带投。经提臣赖信扬等辗转理说。第恐该夷船骤然到台。请饬台湾镇道。豫为布置等因。臣等查粤省夷务。尚未平定。兹该国夷酋。欲赴台湾收觅难民。海外重地。难保无别生枝节。福州厦门二口。防务亦关紧要。不敢以该处华夷现尚相安。稍弛警备。臣等惟有悉心商酌。豫筹密防。仍随时察看情形。相机妥办。

(戊午)谕内阁。桂良。花沙纳奏。请将天津出力员弁绅商。恳恩奖励一折。此次夷船阑入天津。经桂良。等剀切晓谕。现俱起碇放洋。该官绅等。或冒险奔驰。或募勇缉匪。均属著有微劳。自应量予鼓励……

(丁卯)两江总督何桂清奏。英米佛三夷。现据留署苏松太道薛焕密禀。已于六月初二初四初十等日。驶回上海。并据李泰国前赶道署面称。所求各条。已奉俞允。准其在牛庄。登州。潮州。台湾。琼州。镇江。汉口等处。设立马头。不日当奉谕旨。敕下江苏巡抚。前赴上海。就近会议税则等语。臣正在钦遵训谕。先行恭录明发谕旨。照会该酋。令其静候间。又据薛焕。禀呈英酋照会桂良。花沙纳。公文一件。并据禀明该夷兵船。已陆续驶回香港。亦间有收入上海者。该夷因未奉到谕旨。仍欲北上。该升道已婉为阻止。臣拆阅照会内。有到沪迄今十日。未闻江苏巡抚赵。升任臬司薛。奉得应须之权。并耽延时日。复行北上之语。除将该夷送到原文。转递桂良等察收外。照录恭呈御览。

谕军机大臣等。何桂清奏。英米佛三酋。驶回上海。并英夷呈递照会一折。前派桂良等。前往江苏。会同何桂清。妥议通商税则事宜。兹据该督奏称。六月初二等日。英米佛驶回上海。照会桂良等公文内。有到沪已十日。未闻巡抚。臬司。奉得应须之权。并耽延时日。复行北上之语。自系该夷酋。尚未见钦派桂良等。前往江苏之旨。现在何桂清。已将前旨照会各夷。该夷自必静候。惟桂良等。驰往江苏。尚需时日……

咸丰卷三〇

咸丰八年。戊午。七月。甲戌。黑龙江将军奕山。吉林将军景淳。齐齐哈尔副都统那敷德。署吉林副都统特普钦奏。景淳差旋。抵齐齐哈尔省垣。晤谈夷酋肆虐。正踌躇间。准三姓副都统图钦。转据乌苏里口巡防各官报称。五月初三日。木哩斐岳幅。带夷官九员。夷人九十余名。分驾大船三只。小船三只。舢舨三面。驶抵卡所傍岸。据其通事述称。伊国使臣。在瑷珲城。已与黑龙江将军。将界址分妥。其黑龙江左岸。乌苏江右岸。许我国占居盖房。曾经写立字样。谅亦必有文书前来。该员等。答以未奉明文。焉得深悉分界一节。虽然两国和好。准其尔等借住。亦须有上司谕令。我等方敢遵办。讵该酋督率夷官。分驾小船二只。驶入乌苏里江前进。该员等。尾随至喉温地方。见夷船停泊登岸。用千里眼四外瞭望。使人伐倒树株。掘坑长二丈。宽三尺。深二尺余。验毕土脉。折回乌苏里口住宿。至次日。木酋令通事述称。伊看乌苏里内山水俱佳。欲差官二员。带人十七名。驾船二只。往绘图式。该员等力阻未允。初五日开船。不知所向。当派弁兵尾随侦探。尚未据覆。而该酋又赴乌苏里口以下博里洪库地方住候。留人在乌苏里江右岸图勒密山。向西安设炮台一座。炮四尊。询据通事声称。预备伊国大臣往来燃放。并称夷酋曾嘱伊等。在乌苏里河内上下左右岸。至牤牛河一带地方盖房。如再阻止。即行伐树平地。仍自牤牛河开山修道通海设炮。预防阿里廛国人犯境。续准报称。六月初四日未刻。木酋带夷官十四员。夷人一百余名。驾火轮船一只。大小船四只。自下游驶至卡所停泊。称其人船。欲进松花江验看地势。该员等据理拦阻。通事石沙木勒幅声称。该酋履勘地势。即欲折回。报知国王。汝若能始终拦阻。则将来英米佛人复来入口。试看让与不让。我两国既称和好。应勿阻止。言毕。开行西上。该员等尾随。至六十余里。夷船被水浅搁。只绘两岸图式。旋复驶抵卡所。据该通事述称。火轮大船暂行回国。仅留小船一只。夷人一名。由江径赴三姓等处贸易。火轮船不久折回。仍由松花江西上等语。其置留夷人。即欲雇觅赫哲驾船进城贸易等情由。该副都统札覆卡官抚驭。仍添派弁兵迎阻。惟夷酋仍欲折回。溯游西上。窥探之举。深为可虑。在该处虽有团练闲散幼丁。湛以拒阻。尤恐迫于激变。关系非轻……

丙戌。巡防王大臣惠亲王等奏。臣等遴派章京司员。详加研鞫。并饬令各递亲供。缘已革正红旗汉军副都统富勒敦泰。于本年三月。押运炮位前赴天津时。已革直隶提督张殿元。署天津镇总兵达年。护理大沽协副将广平营游击德魁。随同已革总督谭廷襄。驻扎天津。该处海口。南岸炮台三座。系达年。德魁。同游击毛文藻。都司陈毅等驻守。北岸土炮台一座。并炮营。系张殿元。带同游击沙春元。田茂等驻守。十八日。富勒敦泰。将炮三十尊。运至大沽海口。谭廷襄。令将大铜炮五尊。铁喷炮五尊。拨交张殿元。在炮台炮营安设。余拨在于家堡地方安设。富勒敦泰。带兵在彼安营。为张殿元应援。四月初七日。英佛两国联船并进。初八日。又投文称欲占夺炮台。谭廷襄传令各营豫备。讵夷船闯入海口开炮。南北两岸官兵。亦即开炮轰击。历一时之久。击坏火轮船四只。内有一只。被炮子夹入火轮。不能进退。该夷跳落舢板船逃遁。复被官兵将舢板船两只击沈。夷兵多有伤亡。该夷在后各船。拚死救护。北炮台游击沙春元。中炮阵。亡炮台失陷。该夷抢上炮台。用北岸之炮。并夷船之炮。轰击南岸炮台。都司陈毅等阵亡。炮台亦即失陷。达年站立炮台。随坍塌之炮台。陷下落水。张殿元营盘土墙。多被轰倒。兵丁不能藏身。渐渐走散。张殿元投入河中。与达年均遇救得生。德魁站立墙上督队。炮子火箭飞来。栽跌倒地。夷船驶过于家堡土垒。富勒敦泰。督兵施放枪炮迎击。被夷人火箭。将账房等项燃烧。濠墙被轰坍缺。官兵亦有伤亡。富勒敦泰。经家丁安寿救出……

八月。癸卯。署直隶总督瑞麟奏。查直隶海口水师。自道光元年裁撤之后。现在海口大沽两营。仅止额设陆路弁兵一千六百余名。本形单薄。历年防堵。均系临时征调。现在海氛未靖。设或再有警报。仍复仓猝调度。既虑缓不济急。且调来陆路之兵。于防海亦不得力。思患豫防。因时制宜。惟有复设水师。方可捍卫海疆。昨据天津阖郡绅商联名具禀。亦请复设水师。自宜及时筹办。拟请设立水师兵二千名。步兵八百名。马兵二百名。统共三千名。除海口大沽两营。原设弁兵一千六百余名抵补外。计增兵一千三百余名。查直隶提督。向驻古北口。拟请调驻大沽海口。总统水师。节制沿海。仍辖陆路诸镇。其天津镇。拟请移驻古北口。大沽协拟请改驻天津郡城。似此酌量移调。方能轻重适宜。奴才再三筹度。现办海防善后。惟以复设水师。为当务之急。如蒙俞允。请旨敕下闽广两省督抚。抽调大号战船。艇船。各二只。配带炮械。酌派熟谙海洋将弁二员。精健水兵各四十名。管驾前项战船。艇船。星速赴直。藉资教演。一面由津招募熟习水性土著乡民。补足兵额。交该提督。逐日训练。出洋演习。期成劲旅。并将营制移调。及添盖兵房等事。审度措置。会同新任总督庆祺。随时奏办。

谕军机大臣等。瑞麟奏。请复设水师。以重海防。并酌筹增饷各折片。天津海口。原设水师。于道光元年。六年。先后将水师总兵。及水师营裁撤。现值海氛未靖。自应亟筹复设。以重防务。本日已谕知黄宗汉。庆端等。于闽广省。抽调大号战船。艇船。各二只。备齐器械。派员管带来津。以备操演。其瑞麟请设水师二千名。与马步官兵共成三千名。除将原额抵补外。共添兵一千三百余名。及添盖兵房等事。均著照议办理。惟直隶提督移至大沽海口一节。从前立法。酌量通省形势。安设提镇。以资弹压。自有深意。今专为防夷起见。于形势有无窒碍。著僧格林沁。会同庆祺酌筹。或将天津镇总兵。加提督衔。准其专折奏事。而提督仍驻古北口。以符旧制。著妥议具奏。至添设水师以后。每年增饷十余万两。现在添建兵房营署。及置备器械等项。复需银十余万两。据瑞麟奏。请将长芦盐引。每斤减价制钱二文。除京引照常减价外。余拟仍复旧价。并将缉私巡费。复归官办。及闽广商船。准其在大直沽地方起剥。每年捐交剥价钱数万串。并劝办抽厘等事。均为协济饷需起见。既称商情悦服。自可无碍施行。并著酌定章程具奏。

又谕。瑞麟奏。筹办海防善后。请于闽广抽调战艇各船一只。天津现筹复设水师。以备不虞。所需添调各船。自应及早筹备。著庆端。瑞璸。黄宗汉。毕承昭。于各该省。抽调大号战船。艇船。各二只。配带炮械。酌派熟谙海洋将弁各二员。精健水兵各四十名。管驾迅速赴津。以资调遣。

(庚申)前户部侍郎罗惇衍。前太常寺卿龙元僖。前工科给事中苏廷魁奏。现在夷兵。仍屯踞省城。省城约有兵船。火轮船。共十余号。三板船。三四十号。每日或增或减。多少不等。任意游奕。似未肯遽尔休息。抚臣柏贵。于本月十八日接印视事之后。该夷即开南门。而东西北三门。依然关闭。穷苦小民。迁徙在外者。逐渐搬回。此时若再动干戈。致令该夷别生枝节。摇动大局。不特上贻君父之忧。而且下遗闾阎之害。诚以天津为粮艘所聚。梗阻堪虞。沿海省分。夷船又随处可到。防备正未易言。此剿抚兼施。经权并用。实皇上万不得已之苦衷也……

咸丰卷三一

(咸丰八年。戊午。九月。癸酉)钦差大臣两广总督黄宗汉奏。窃臣于本年七月初九日。据署新安县知县王寿仁禀称。六月二十四日。英夷驾驶火船。及三板船。赴县城外南头地方登岸。张贴伪示。词已狂悖。势复狓猖。经该乡练勇与之对敌。击伤夷兵数名。始行回船驶逸。恐其复来肆扰。随即调集各乡练勇。并添募干勇六百名。分拨城内外。及沿海一带堵御。署水师提督左营游击麦镇邦。在西门外海旁。及西北鹦哥石等处。设立营盘。安置大炮。派拨弁兵。加意防守。并札调左营中军守备龚名彰。帮同督理。七月初二日旁晚时候。探有夷人大兵船三只。大火轮船四只。浅水火轮船八只。三板船四十余只。驶泊离县城十里之滥夹嘴洋面。王寿仁。即移会麦镇邦。饬令弁兵。扎在西城外海岸。派典史钱华龄。带勇扎在东门外海岸。又添雇壮勇五百名。自行督带。于紧要南门外海岸驻扎。其沿海各岸旁。皆派拨武生陈治安等。督带各乡练勇。节节屯防。初三日巳刻。各兵火船。乘潮驶近东西南三面岸旁。桅顶施放大炮。并发火箭。向城中轰射。各三板船。亦四面飞桨前来。夷兵约有二千余名。蜂拥登岸。东南两岸练勇。奋勇抵御。击毙夷兵一百余名。击伤者无算。并向一火船施放大炮。将其船头打毁。该夷将各船退后。转近西岸。攻扑营盘。河坝炮墩。被击倾坏。西门城墙。并被轰缺数丈。该夷乘机涌入城内……

辛巳。盛京将军玉明。副都统承志。户部侍郎兼管奉天府府尹倭仁。奉天府府尹景霖奏。前因英佛米俄四国夷船。虽经全数退出天津。而奉天各海口。仍不时严防。以期有备无虞。旋于八月二十九日。据牛庄防守尉毓昌。海城县知县张鼎镛禀报。没沟营河口。于是日申刻。见有异样桅船一只。驶入河口停泊各等情。禀报前来。奴才等当即严饬牛庄尉县。督率官兵练勇。加意防范。仍令详细查明。究系何项船只。如系夷人。不得任其登岸。亦不准接济食物。并善为开导去后。嗣于九月初一日。据牛庄尉县禀报。查报没沟营口岸炮台迤西半里许。停泊艇船一只。载有夷人三四十名。大炮四尊。并有宁波通事人龚万春。李安山。二名。称系上海县泉记客人。雇得夷船五只。往朝鲜贸易。因风不顺。始入此口。意欲汲取淡水。即行出洋。后盘询该船究系何国夷人。该通事回称。系西洋。花旗。红毛。吕宋。马赖。五国夷人。听其言语支离。且该夷不时上桅瞭望。难免非窥伺地方虚实等情。飞报前来。奴才等当查营口地方。为奉天第一扼要之区。虽经该尉县带领牛庄官兵练勇三千余名。仍恐兵力较单。不足以资捍卫。随札调就近之盖州官兵一百兵名。择派曾经出师之署城守尉崇禧管带。驰赴营口。相机协防。并就近由辽阳密为挑备精兵一百名。听候调遣。设有夷船续行进口。奴才等。已由省城豫挑备官兵。派员管带。一闻飞报。刻即驰往。合力防堵。据牛庄尉县禀称。没沟营河口停泊夷船。已于初一日巳刻。扬帆向西南驶去。奴才等伏思该夷鬼蜮形踪。情殊叵测。难保其不去而复返。仍严饬沿海旗民地方官。督带兵勇。不分昼夜。照旧严防。并飞咨邻省督抚。一体戒备。

谕军机大臣等。玉明等奏。夷船驶入河口。旋即退去。严加防范一折。据称奉天没沟营河口。八月二十七日。有艇船停泊一只。载有夷人多名。询系往朝鲜贸易。阻风进口。业经玉明等。饬令防守尉。及知县等。督带兵勇防堵。不令该夷登岸。并调盖州官兵。驰赴该处。相机协防。现在该处船只。业已驶去。办理尚属妥协。惟该夷停泊时。既上桅瞭望。难保其不窥伺地方虚实。以后傥再有夷船进口。仍著玉明等。派员善为开导。毋启衅端。并严禁接济食物。令其迅速驶回。一面仍添备官兵。并饬沿海地方员弁。实力严防。毋稍松懈。

壬寅。钦差大臣科尔沁亲王僧格林沁。直隶总督庆祺奏。伏查原奏。请将提督改驻大沽。并将天津镇调驻古北口。互相移调。系为海防紧要。移缓就急起见。钦奉前因。奴才等细加商酌。查提督原驻古北口。诚如圣谕。从前安设提镇。自有深意。未可遽更旧制。而海口水师新复。整理匪易。必须大员总统。方期缓急可用。查实任天津镇总兵安勇。尚在军营。现署天津镇总兵汤苏。系由副将署理镇篆。职分较轻。又复履任未久。奴才等再思筹思。议请每年二月。提督改驻大沽。统带水师。筹办海防。至十月。仍回古北口本任。所有海口水师。责令天津镇督饬训练。仍俟一二年后。海疆静谧。察看情形。遵旨归天津镇统辖。请加提督衔。准其专折奏事。提督即无庸改驻大沽。其实任天津镇。傥一时未能到任。奴才等即于署事人员内。留心察看。果能才猷出众。堪任总统之寄。随时奏请破格恩施。以期海疆得人。似此量为变通。于因时制宜之中。不失从前立法之意……

谕军机大臣等。僧格林沁。庆祺奏。遵议提督改驻海口。并酌拟加价抽厘等章程。开单呈览一折。直隶提督驻扎处所。未容遽易更张。而海口复设水师。亟资整理。据僧格林沁等。请令该提督于每年二月改驻大沽。至十月仍回古北口。自可与营务海防。两有裨益。惟现在时令。已交十月。而海口善后事宜。尚未告蒇。该提督自不能远离津郡。著俟督办炮台等工完竣。再行奏请……

咸丰卷三二

咸丰八年。戊午。十月。甲辰。钦差大臣大学士桂良。吏部尚书花沙纳。两江总督何桂清。武备院卿明善。五品卿衔刑部员外郎段承实奏……现在上海火轮兵船。业已不少。而自天津议和以来。夷心疑信参半。不于此时调停妥当。开年二月以后。设该夷又启戎心。虽津门海口。准备已齐。一经用武。此后更难讲和。军家胜负靡常。若非兵精饷足。仅欲决成败于一战。万一兵威稍挫。更恐难以为情。且海运正当其时。无论天津上海。何处用兵。办理诸多掣肘。即不在天津而在上海。则苏州镇江均属可虑。现在夷情。甚为浮动。臣等必当小心谨慎。妥筹办法。万不敢即时令其决裂。有碍大局。其驻京一节。拟即备文照会。务令消弭。至于广东省城。亦必委宛商量。嘱其早日退还。其长江设立马头。与内地游行两款。但能有法可施。无论如何为难。均须逐层妥办。惟咈国夷酋。已于二十日回沪。昨闻委员探报。英米佛三国夷酋。忽有驾船同赴汉口之信。英酋额尔金。前已有欲往汉口先看地方之语。故于前折声明。今又突有三国同往之说。不敢不据实陈奏。

(辛亥)何桂清又奏。咸丰四年二月。前任苏松太道吴健彰。所雇金敦师船。碰损米夷马眉亚商船一只。当据该夷商禀道索赔。约估修费。不过洋银三四百圆。嗣由该夷领事官。照会吴健彰。议赔洋银三千圆。仍令华夷各船主。自行清理在案。忽于本年九月二十日。苏松太道。接到米酋照会。内称。前道允赔已久。因库项支绌。未经交收。每日须加利洋银二百五十圆。从四年二月三十日起。至今该息银若干。必得克日了结。否则即将关税扣抵。务使本利全清等语。现在已由吴健彰。查明华夷各船主下落。妥为办理矣。查以船主应赔之款。而索之于官。已非情理。约估修费。不过洋银三四百圆。而索赔至三千圆。又须每日加利洋银二百五十圆。迄今已四年零七个月。竟须利洋银至四十一万二千余圆之多。更属匪夷所思。假使海关实有浮收情事。更不知其如何设法矣……

(乙卯)谕军机大臣等。前据僧格林沁等奏。称提督改驻海口。及加价抽厘等章程。当经分别谕令将添设将弁等事。勘议明确具奏。现尚未据奏到。而招募水师。尚待操练。亟应将所添将弁。议定章程。使各有统属。庶新募之众。可成劲旅。且时令即届沍寒。建盖兵房。以资栖止。尤为紧要。著僧格林沁。瑞麟。庆祺。将现募水兵已得若干。将弁应如何添设。及盖造兵房。置造军装器械。现在如何办理。据实具奏。迅速筹办。毋稍迟误。

辛酉。钦差大臣大学士桂良。吏部尚书花沙纳。两江总督何桂清。武备院卿明善。五品卿衔刑部员外郎段承实奏……日前英米佛三夷。均有欲入长江之语。经藩司王有龄等。示以通商。当待军务完竣。各该夷均称。此去不过往看地方。并不羁留。亦无他意。及告以沿途均有贼匪。必过不去。辄云不怕。决不至于滋事。屡经阻止。去志甚坚。臣等亲向商量。反复劝谕。至再至三。继复折以正论。米咈两夷。索然气沮。遵奉开导。不即入江。惟英夷坚执不移。无论如何说法。总云不过两旬。折回沪上。再议广东之事。臣等伏思该夷火轮船只。出入自如。自三年以来。曾经往来数次。无从禁止。不若示之不疑。以沿途照料为词。赶紧札道派委妥员。持文跟踪前往。观其动静。既据声称二十日内。可以往还。人地生疏。又无货物贸易。亦断不能久留。沿江各督抚。及带兵将帅。经臣何桂清。于得信之初。已先行飞咨查照。可免惊疑。臣等仍在上海。静候该夷回来。商办广东之事……

甲子。钦差大臣大学士桂良。吏部尚书花沙纳。武备院卿明善。五品卿衔刑部员外郎段承实奏。夷船入江情形。已于前折声叙明晰。该夷此时自行入口。即误有损伤。亦不能怨及中国。况经奴才等。与彼言明。更无异说。贼船跟踪一节。似可无虞。夷虽犬羊性成。尚知顾忌。如可与贼联络。早已通同作弊。其所以必入长江者。实为将来设立马头。希图利益起见。并非别有他意。似堪共信……

咸丰卷三三

咸丰八年。戊午。十一月。癸酉。钦差大臣和春奏。前准何桂清密咨。风闻英米佛三国。有派船前赴汉口。察看情形之说。臣等恐其另有别情。当经密饬水营镇将。授以机宜。扬言将调火轮兵船。入江助剿等语。并传知上海来江轮船。一体防护。藉以窥探情形。随时禀报去后。旋据总兵周希濂。及镇江道府等。先后禀报。十月十五日申刻。金陵江边陆营。见有轮船五只。缓缓而行。将近下关。我处红单各船。即张帆作为会攻之势。逆匪瞭见。连开大炮轰击轮船。该夷亦开炮还击。火器互攻。甚为稠密。约一时许。夷船即齐泊上关。十六日卯刻。仍复驶回下关九洑洲一带。靠近江岸。迭施大炮炸弹。环轰贼垒。我师上下游红单战艇。亦与合剿。约两时许。该逆未曾还炮。夷船五只。驶往上游而去。我师亦即收帆。探知两日之战。夷人炸弹火箭。有射进贼营者。亦有越过与不及者。逆营匪党。歼毙约数十人。其炮台船只。皆有毁坏。夷船桅舱及烟筩。损坏数处。夷人亦有伤亡。接仗后夷船如飞西驶。

(丁亥)钦差大臣湖广总督官文奏。据杨载福。及黄州协副将书绅。知府周炳鉴禀报。该夷船大小四只。每船约夷兵一二百人不等。于十月二十六日。行入黄州。沿途甚为安静。至十一月初一二日。陆续船抵汉口。抛江停泊。查来者皆英国船只。并未随带货物。经奴才先期派武昌府知府如山。汉阳府知府刘齐衔。汉阳府同知吴嗣仲。襄阳府同知艾淳美。江夏县知县韩体震。汉阳县知县马晋图。督同地方文武。水师官弁。妥为照料。初三四日。即有夷人数名。渡江来省。禀请入城谒见。屡次谕阻。而求请益坚。奴才查该夷既经入江来汉。自应以礼遣之使去。随传谕示期。准令该夷官额尔金。于初六日带通事。并亲随数人。入城相见。该夷极称得覩内地幅员之广。人物之盛。深为欣感。奴才当谕以朝廷盛德。至仁至义。怀柔抚辑。中外咸知。如因通商来楚。则当静待上海大臣会议。祗候圣谕遵行。如为察看地势而来。则楚北素称泽国。江汉来源虽旺。惟伏秋大汛。江水骤涨无常。逮至冬春。随处沙淤水涸。大船难行。况商贾多系客民。迁徙靡定。土著人民。风俗强诈。切勿滋扰。该夷官口虽唯唯。尚未卜其意见何如。初七日。奴才亲率司道各员。至该船抚绥以礼。该夷甚为恭顺。登岸购买煤米等物。均属安静。复经奴才赏给该从人等。牛羊酒面等物。仅领其半。

戊子。谕军机大臣等。前据玉明等奏。没沟营河口。有夷船停泊。经该将军饬令防守尉等。督带兵勇防堵。不令登岸。夷船旋即驶去。当谕令如再有夷船进口。仍派员善为开导。并严禁接济。现在天津海口。经僧格林沁等。添筑炮台营垒。业已工竣。布置周密。该夷明岁春融。难保不由上海一带北驶。如果至牛庄贸易通商。自可设法羁縻。傥肆其凶狡。登岸骚扰。不可不豫为防范。其金州。锦州。沿海各口。亦须一体严防。没沟营既经该夷窥伺。应如何加意布置。以备不虞。海口要隘。固宜扼守。口内陆地。亦应密为设防。毋稍疏懈。著玉明。希拉布。侍顺。体察各海口情形。妥为筹划具奏。

(十二月)丁未。钦差大臣大学士桂良。吏部尚书花沙纳。两江总督何桂清。武备院卿明善。五品卿衔刑部员外郎段承实奏。据湖广总督官文咨称。英夷于初八日起碇。全数出境。约计十二月初十前后。当可抵沪。臣等伏思年前为日无几。若俟该夷回沪。再将两次条约进呈。诚恐更需时日。设或该夷条约已到。可以商量互换。而我处条约或赶不及。转失机会。目下税则。应增应减。既经议明。业已盖印画押。原不过候该夷回沪。商议要事。臣桂良等。公同商酌。拟将天津条约。及新定税则。先行解送京师。恭呈御览……

癸丑。钦差大臣湖广总督官文奏。英国大小火轮船四只。已于十五日。陆续行出楚境。再据代理九江府知府程元瑞申报。该夷船于十六日过浔。行至八里江地方。搁浅不能前进。后于十八日。将大火轮船二只。退回九江湾泊。欲俟来春发水。再行前进。其小火轮船二只。业已开行下驶等情。具报前来。奴才查该夷船因下游搁浅。尚在九江停泊。诚恐羁留日久。与本地民人交涉生事。相应奏恳圣恩。敕下江西抚臣选派干员。会同地方文武员弁。妥为弹压。并察看水势。将该夷船设法运行。护送出江。以免久留。

谕军机大臣等。据官文奏。夷船过八里江搁浅。将大火轮船二只。退泊九江。欲俟来春发水时前进。其小火轮船二只。已开行下驶等语。已谕耆龄。设法运行。护送出境矣。夷船以下游搁浅为名。欲在浔江久泊。诚恐别有诡谲。未便任令羁留。现在办理上海税则条款。业已议有头绪。此时俟夷酋回沪。即可将四事挽回。况前此桂良等。许其入江。本约二十日内即回。若任其停泊上游。难保无窥探虚实。及句通内匪等弊。著桂良等。谕知该夷。即令轮船下驶出江。至该夷船行至焦山。即有搁浅之事。今在八里江复行浅阻。正可晓以利害。阻其入江之请。现在江路尚未肃清。该夷入江。固属冒险。即日后并无阻梗。设遇搁浅。江中匪徒出没。恐损失货物。亦多未便。如能藉此止其入江。岂不甚善。著桂良等。设法办理为要。

(戊午)闽浙总督王懿德奏。天津筹备海防事宜。船炮攸关紧要。亟应立时抽派赴津遣用。惟闽省水师各营。向无设立艇船。其额设战哨船只。间多在洋遭风击碎。及被会匪毁失。同小号各艘。不堪调派。且闽省至天津。水程数千里。必须慎选甫经修竣最为坚固者。方可远涉风涛。以资适用。刻即冬令。北风顶逆。　戗维艰。须俟来岁春夏之交。南风盛发。始能操驾北上。遵经飞咨水师提臣钦遵抽选去后。前准署提臣赖信扬覆称。福宁左营新字七号。闽安右营拦字四号两船。系大号战船。均已届限。应行大修。饬驾省城专厂赶修应用。所有艇船二只。可否挑派届修大号梭船抵额。移咨核办。内新字七号一船。业已驾交省厂候修。臣查新字七号大船。既经驾厂。应即先行估计赶修。至闽省向无艇船。似应以大号梭船抵用。饬司于无可筹款之中。赶紧筹措勒。令专厂委员福州府海防同知。迅将届修到厂之新字七号船。克日兴办。一面严饬催拦字四号船。迅速管驾赴厂。估计赶修。并咨水师提臣确加查验。挑定何营何字号。大号梭船二只。以抵艇艘。立即咨覆办理。俟前项各船赶修竣固。即行配足弁兵舵水军火炮械。选派熟谙水务将领。责成管带。赶于明年三四月间。南风司令之时。小心操驾赴津。听候调遣。

己未。闽浙总督王懿德奏。据福建台湾镇总兵官邵连科。护理台湾道孔昭慈。署台湾府知府洪毓琛会禀称。五月初一日。有双桅火轮船一只。停泊国赛港。据缴英国水师参将柏禄格。照会内称。该国商船。在五口贸易。有因风飘流各口岸。船中难民。多承中国官员抚恤。护送回国。尚恐有在荒僻之处。地方官所不周知。近有传说外国人滞留台湾。伊奉该国水师提督派到台地详查。有无外国难民。并悬贴赏格。傥有寻著。将人送到。请代先发赏银。当照数清。还请饬所辖帮同查寻。并送赏格一纸。请即定期会晤。旋据柏禄格。带同夷人前来。经该镇邵连科等。于五月初一日。令在公所接见。详加查询。核与来文相同。当即许为出示查访。一面赏给该夷酋等。羊豕食物。拨护上船。该夷即于五月初二日。从西南而去。旋于五月十九日。该夷船驶泊安平大港口。柏禄格等。复又请见。声称伊已周历沿海。查明并无失落难夷。今回厦门。前次奉赏食物。特来申谢等语。复加究诘。委无别故。该夷即于是日由南驾驶而去。

(壬戌)江西巡抚耆龄奏。英吉利夷船四只。内大火轮船二只。小火轮船二只。驶至九江。停泊西门外。旋于二十五日。开行上驶。兹于十一月十六日。该夷船自汉口折回。驶过浔郡。于十八日。仍退回九江。西门外停泊。有夷官喊姓。啰姓。至九江府署谒见。向程元瑞。声称。八里江一带水浅。大船不能过去。暂泊九江河下守候。来春水涨开行。船上共有三百六七十人。请为照应。小船二只。即回上海等语。程元瑞随亲至夷船。抚之以礼。船上尚有额姓。李姓。二夷官。所言亦复相同。额姓系该国水师钦差。李姓副之。喊姓又为李姓之副。啰姓系额姓中军。程元瑞。当以该国言语不通。商民素非习见。且九江兵勇众多。该船水手人等。无事不必登岸。应买物件开单。送府代办。以免滋事。该夷官均称甚是。旋于二十日。额李啰三夷官。分坐小火轮船二只。望下游开行。大船二只。现泊浔郡。

咸丰卷三四

(咸丰九年。己未。正月。壬申)桂良等又奏。该夷大火轮船二只。因恐搁浅。停泊九江。到沪时。告知臣等。当即劝其设法驶回。并告以江中匪徒出没。恐有损失。该夷面云。委因阻浅。不能下驶。至于匪徒。断不敢有为难。臣等因此次行走甚缓。节节阻浅。即行藉此阻其入江。正筹办间。忽遇广东连日紧信。不能向伊商议。至该夷大火轮船二只。亦因连日大雨。江水陡长。已于月初返沪。此时江内。并无夷船停泊。

癸巳。山海关副都统定福奏。查山海关海口。西南连天津。东南通奉天。乃夷船必由之路。以石河口直至秦王岛而论。节节皆可登岸。处处均宜严防。况镇城去海八里。关边处所。不下二十余处之多。均须驻兵攻守。内外声势联络。是以先于城内分布官兵驻守。民心得以固结。奴才遴选署右翼协领伊克经额。委为领队。正白旗佐领顺龄。镶红旗佐领庆年。委为营总佐领。防御骁骑校委为参领八员。调备枪兵四百名。预备驻海迎敌。或有夷船驶至。即令调备官员。驻扎石河口一里许。相机攻守。至秦王岛石河口炮台。现有山永协副将双庆。督带海防官兵驻扎。并令临榆县壮勇。会合守御。倘有警报。奴才与格绷额。督兵攻剿。尚不致有顾此失彼之虞。

甲午。谕军机大臣等。现在天津办理海口防堵。亟须添调精兵。以资应用。著景淳。奕山。各挑选精锐官兵一千名。配齐军装器械马匹。勤加操演。听候调遣。吉林官兵。著派双城堡总管平海管带。黑龙江官兵。著派黑龙江总管德楞额管带。一闻敕调。即须迅速到防。毋许稍有迟误。

辛丑。谕军机大臣等。前据何桂清奏报。苏省海运。头起漕船。已开至十滧。守风放洋。浙江漕船。当亦陆续起运。惟昨据桂良等奏。英酋额尔金到粤。回沪与否。尚在未定。其弟普噜斯到沪一转。即赴天津等语。现在夷情叵测。若不至上海与桂良等商议。径赴天津。难免有意寻衅。天津海口。有僧格林沁等。严密防堵。惟兵端一起。恐该夷扰我海运。必须豫为筹划。以备不虞。著何桂清。徐有壬。胡兴仁。密饬押运委员。如探有夷船在天津海口滋事。即将各漕船。驶赴盛京之牛庄。及山东之蒲台。利津等处。暂为停泊。俟夷船退后。再赴天津收口。其业经放洋船只。如能于夷船未经北驶以前。趱行前进。赶紧到津。尤为妥协。

咸丰卷三五

(咸丰九年。己未。二月)癸卯。谕军机大臣等。前据胜保奏。探报夷船过江。驶出燕子矶。有贼四五人。馈送绉纱等件。问知往汉口通商。有不打仗大家和好之语。及回船到金陵。李泰国等三人。直到贼炮台欲见太平王。进城后。该逆请夷酋饮酒。派贼目送出。队伍甚齐整各等语。并据上海探报之人称。传到英夷赴长江之通事潘荣。面询情形。大畧相同。夷人句通逆贼情事。胜保远在安徽。尚有传闻。和春。何桂清。近在江南。更可知其确实。著即查明详悉具奏……

丙午直隶总督庆祺奏。史荣椿。会同格绷额。汤苏。会同龙汝元。遵旨于年内分别起程。兹该提督等。已先后回津。将沿海情形绘图。分别咨呈前来。臣详加校阅。宁河县北塘海口。距大沽三十里。大小商船乘潮出入。人烟稠密。地势险要。亟宜设法驻守。旧有炮台七座。新旧安设炮位二十四尊。除不堪用炮位四尊。现存二十尊。距北塘三十五里为营城庄。北接芦台。至海三十余里。该处驻兵。可与北塘等处。互为犄角。又丰润县涧河海口一处。本有营汛。旧设炮台二座。距海五里。大小炮位四十二尊。除不堪用七尊。现存三十五尊。又黑铅子海口一处。本有营汛。旧设炮台三座。距海八里余。距涧河口十二里。安设炮位三尊。两翼大小铁炮二十四尊。又滦州刘家河海口一处。本有营汛。旧设炮台一座。距海五里。距黑铅子炮台九十里。安设大小铁炮五十五尊。又乐亭县清河海口一处。本有营汛。旧设炮台一座。距海三里。距刘家河炮台五十里。安设大小铁炮三十五尊。又臭水沟海口一处。本有营汛。旧设炮台一座。距海三里。距清河口炮台三十里。安设大小铁炮四十一尊。除不堪用五尊。现存三十六尊。该处在乐亭县三海口迤北。县城迤南。扎营于此。于防海守城。两有裨益。又老米沟海口一处。旧有炮台一座。距海六里许。距臭水沟炮台十二里。归乐亭城把总管理。安设大小铁炮十六尊。又昌黎县浪窝海口一处。本有营汛。旧设炮台一座。距海二里许。距老米沟炮台三十里。安设大小铁炮二十九尊。又蒲河海口一处。本有营汛。旧设炮台一座。距海五里许。距浪窝口炮台八十里。安设大小铁炮十七尊。炮台西北形势高爽。可以扎营。又抚宁县洋河海口一处。本有营汛。旧设炮台一座。距海四里许。距蒲河口炮台二十五里。安设大小铁炮二十一尊。又临榆县地方秦王岛。屹立海岸。三面临水。本有营汛。随岩原设炮台一座。铜炮一尊。又石河海口一处。旧有炮台三座。马头庄炮台二座。均距海二里许。归宁海城把总管理。安设大铜炮三尊。铁炮一尊。察看地势。甚为得力。应分别安营驻守。山海关东南姜女庙。距九江河口十里。时有避风船只拢岸。庙东有沙冈一道。形势扼要。系奉天地面。应设兵防守。此由天津至山海关一带。史荣椿会同格绷额履勘之情形也。由大沽至祁口河。相距百里。沿途滩港水浅。大船不能深入。祁口河海口。系祁口营汛地。旧有弁兵。庄后有炮台形迹。该处水势较深。而入口以后。愈进愈窄。船只碍难驶入。惟与大沽相近。恐该夷扬言扑岸。声东击西。分我兵势。自应一律设防。由祁口至狼蛇子汛河口。计程百里。沿途海岸。俱系蛤沙积成。坡岸间多荆棘阻御。长潮。水至坡边。落潮。去坡一二里。俱系硬滩。船难停泊。其赵家沟。徐家沟二处。虽有海口。仅止本地渔船出入。大船不能进口。狼蛇子汛地。旧设有弁兵巡缉。并无炮台。该处河身上游。现俱淤塞。尚非要隘。迤南之大山河。即大沽河。系山东海丰县界。汤苏等询之该县。此外别无口岸。察看该处河口。长潮时约宽四五里。水深四五丈。落潮时约宽二三里。水深二三丈。商船出入。仅泊口内城子地方。再进即形浅阻。夏秋之交。雨水盛涨。与海潮相连。水势较长。附近之郭庄。关庄。有东省扎营旧址。询系道光年间。防夷所设。此由天津至海丰县一带。汤苏会同龙汝元履勘之情形也。臣复查海防形势。天津为畿辅咽喉。大沽又天津门户。自系最关紧要。北塘。芦台。近接大沽。所有炮台一切。亦应急速安置。其涧河口。黑沿子。刘家河。清河口。臭水沟。浪窝口。洋河口等处。据史荣椿声称。炮台土垒。均被水冲刷。日久未修。蒲河口炮台。为沙土屯掩。秦王岛炮台。墙垛亦多损坏。石河口炮台。须加高加宽。安营筑垒。自系实在情形。拟即责成该地方官。量加修葺。由臣派委候补道春保。前往认真督办。各处炮位。尚恐年久未能全行得力。亦应随时演放。量加整理。至防海各军。应如何周密安插。以固藩篱。容与钦差大臣僧格林沁熟商。妥为布置。大沽河地方。系直隶交界。曾经东省设防。应请旨敕下山东抚臣。拨兵驻扎。以重海疆。

又谕。庆祺奏。遵查沿海情形一折。天津至山东海丰县一带海口。经庆祺遵旨传知总兵汤苏等。前往查勘。兹据该督奏称。查明狼蛇子汛迤南之大山河。即大沽河。系山东海丰县界。该处河口。长潮时约宽四五里。水深四五丈。落潮时约宽二三里。水深二三丈。向有商船出入。夏秋之交。雨水盛涨。与潮相连。则水势较长。附近之郭庄。关庄。有东省扎营旧址。系道光年间防夷所设。请敕东省派兵防守等语。大沽河海口。水面较宽。且从前办夷务时。曾经扎营。自系地关紧要。现当海防吃紧之际。所有该处海口。应如何派拨官兵驻扎。

癸丑。正红旗汉军副都统增庆。盛京将军玉明。奉天府府尹景霖奏。勘得止锚湾长山寺两处。沙线重叠。礁石环错。据文武各官等均称。向无大船驶入。其钓鱼台海口一处。村落较少。栈房无多。背后陆路山连。该处存有四千等斤铁炮三位。并咸丰五年商捐五百斤至七八十斤小广铁炮六位。此炮足堪演放。并无名小铁炮三位。兵一百名。勇二百名。其大小炮位。奴才相度山岩安设。堪资堵御。至马蹄沟海口一处。炮位兵勇无多。虽口岸较小。但有小凌河一道。与大凌河汇总。自北由陆路入海。小船亦可往来驶行。近海河口。亟须布置。惟天桥厂一处。逼近海沿。栈房云集。询及该处为江浙津郡商船交易之区。仅有四五千斤铁炮三位。三千斤铁炮三位。兵一百名。勇二百十八名。虽水浅滩薄。然口岸较大。自当加意严防……

(壬戌)钦差大臣科尔沁亲王僧格林沁奏。接准军机大臣字寄。二月十二日奉上谕。增庆等奏。遵查奉天海口情形。拟扼要布置。绘图贴说呈览等因。钦此。奴才遵即详阅该副都统等原奏。并没沟营海口图说。细加筹议。若如该副都统所拟。层层布置。节节严防。诚属周密妥协。惟兵分力单。现在炮械亦恐不敷分布。即如天桥厂地方。虽系临海。而水浅滩长。登岸非易。该处现既设有兵勇炮位。即请无须增添。设或果有警动。锦州副都统驻扎之处。止隔六十里。可资援应。至没沟营为奉省咽喉重地。各处商船即在彼停泊。不能驶至牛庄。查上年和约内。原有牛庄通商之议。设使夷人必欲前往牛庄。应由该将军委员明白晓谕。各处商贾。皆在没沟营聚集。俗谓赴牛庄者即系没沟营地方。牛庄并无商贾行肆。惟海口通商。既在和约之内。未便设防。致起衅端。应于没沟营海口以上之田庄台。安炮筑垒。加意严防。应请敕下该副都统等。体察兵力。并所存军械如敷分布。即择要分布两层。傥或兵力较单。炮械不敷。即可统归一处。在两岸扼要之地屯扎。可期得力。其余口岸。拟请无须安营筑垒。交该将军等。各就现存兵勇。酌派游兵设伏哨探。果有警动。随时就近飞报各该管地方。相机办理。至所需大炮。奴才现将双港安设大炮。并由京局运到炮位内。酌拨万斤大炮二尊。六千五百斤炮二尊。五千五百斤炮四尊。遴派两翼炮营骁骑校各一员。炮手兵各二名。直隶派委署武清营都司刘廷瑞。天津镇标守备张化龙。酌带兵弁。雇备船只。遵旨由海道运往。一俟雇妥船只。即行放洋。其双港所设炮位。拟俟京局续有铸就。随时补运安设。至监筑炮台谙练之员。拣派现在军营。直隶候补知州陆慎言。委前锋侍卫双成。克期前往。听候该副都统差委。

谕军机大臣等。本日据僧格林沁。递到庆祺密折一件。据称天津为全局攸关。且当南漕北上之际。未便轻与议战。如夷船驶到。宜先示羁縻。派员迎至拦江沙外。与之理说。仍令往上海互换和约。傥肯回帆。即可毋庸起衅。如竟闯进内河。再当观衅而动。所见甚为详慎。著僧格林沁。会同文煜。豫派妥员。如果该夷船到。即往拦江沙外。与之理论。勿令驶入内河。其理论之词。照庆祺所拟。亦尚宽严得体。惟所派之员。据庆祺所奏。不令绅士出面。固为周密。但派委员。亦应详慎。遴选上年派委各员。如下宝书等。皆已慑于夷酋之狡悍。且与之习熟。恐为夷人所玩。视此次著另选明干有才之员。派往理论。以免贻误。庆祺折著发给阅看。

(庚午)谕军机大臣等。僧格林沁奏。接奉密寄谕旨。覆陈筹备机宜一折。据称。夷船如到天津。拟以鸡心滩为限。该处系在拦江沙内。前次谕令派员前往理论。须至拦江沙外。抚驭自不相妨。文煜于二十五日自省起程。计期已可到防。著僧格林沁。与之会商。先行派出明干委员。一闻夷船驶至。即迅速迎往。询其来意。如果声称互换和约而来。可告以此间专候上海来信。尔既在彼议定。则钦差大臣亦必折回。与尔了结此事。一俟上海文到。应令几人进口。此间定当拨兵护送。决不拦阻。我中国总以诚心待人。断不失信。若无上海文移。天津实难擅准。或在拦江沙外等候。或回上海候信。总不能遽行放入。尔若闯入内河。则民团乡勇。不免与尔为难。设有损失。地方官不任其咎。总在派出之员。随机应变。与之羁縻。以待桂良等奏到。若竟恃其船多。一拥而前。直入鸡心滩。则是有意寻衅。亦不能不慑以兵威。惟在僧格林沁。相机酌办……

咸丰卷三六

（咸丰九年。己未。三月。己卯）钦差大臣大学士桂良。吏部尚书花沙纳。两江总督何桂清。五品卿衔刑部员外郎段承实奏。臣等因英酋去粤。已及五旬。未有回沪之信。一面备文。催令速回上海。商议事件。一面饬令护上海道吴煦。及候选知县黄仲畬。严密探访。嗣据吴煦禀称。英夷李泰国。现从广东回至上海。到署面云。额酋已于正月十三日。由粤启程回国。普酋尚无到粤日期。二月二十六日。由护上海道呈到额酋照会一件。观其用意。仍系必欲进京换约。而词语多不能达。然骄傲之情。已溢言表。又据黄仲畬先后禀报。嘁夷有信到彼。嘱其禀请臣等。早日回京。免致各国到京无人接待。致生事端。黄仲畬屡见李泰国。亦曾告以各夷必欲进京。万难阻止等语。可恶已极。又于二月二十八日。接据佛酋葛罗照会一件。因在广东绅局。搜获奏折奏片。钞录前来。哓哓致辩。臣等谨将该酋照会。另录恭呈御览。查英佛两夷照会来文。与上年在沪情形迥异。词亦傲慢。其所以互为作难者。皆为入都换约计耳。连日探听明确。英夷有带兵二千名。船十余号。直至天津之信。其佛米两国。亦必同行。闻米夷船只。仍不过二三号。兵亦无多。佛夷船只兵数。又较多于米夷。是佛与英仍属同恶相济……

（壬午）盛京户部侍郎倭仁奏。前因奉省海口甚多。惟恐夷船窥伺。钦派副都统宗室增庆。会同将军玉明。府尹景霖。筹办防守事宜。盖以盛京为根本重地。思患豫防。诚要务也。昨闻该副都统。将军。府尹。以三叉河与没沟营一水相通。拟在黄土坎。小姐庙。开河城等处。安筑炮台。扎营设伏。以防夷船内窜。因工程浩大。奏请拨款兴修。先令旗民地方官。垫办物料。奴才伏查没沟营近临海口。货物云屯。最为扼要。三叉河虽系一水可通。然河道湾曲。大船不能驶入。没沟营防守若固。三叉河一带自可无虞。即或沿岸添兵。亦无须大事铺张。致滋浮费。奴才博访舆论。皆以为黄土坎等处设防。实属无益。夫虚縻帑金。用之无用之地。即国有余储。犹为可惜。况当此支绌之日耶……

钦差大臣江宁将军和春。两江总督何桂清奏。臣等前奉密谕。前据胜保奏。探报夷船过江。驶出燕子矶。有贼四五人。馈送绉纱等件。问知往汉口通商。有不打仗。大家和好之语。及回船到金陵。李泰国等三人。直到贼炮台等因。钦此。又钦奉上谕。前据胜保奏。夷船有句通金陵逆贼之事等因。钦此。当即檄行臬司薛焕。及护理苏松太道吴煦等。确切查明。详悉声覆。仍密查通事潘荣。是否在沪。务须设法羁留。毋令远遁去后。旋据吴煦禀称。英国夷使额尔金等。于八年十月初三日。驾坐大小轮船五只。前赴湖北汉口。察看马头。十五日驶近金陵下关。该逆开炮击伤桅具。轮船亦复回击。互有损伤。至戌刻上驶。十六日。轮船又复折回。逼近贼巢。叠放大炮炸弹。自卯至巳。毙贼甚多。随即开船。二十一日。行抵安庆。又复彼此接仗。待至贼皆避匿。夷船亦即驶赴汉口。吴煦先以所闻。传询跟艅侦探之委员县丞黄为燮。据禀相同。惟十一十二两月。轮船先后经过江宁。曾否上岸入城。询据黄为燮。则称夷船九江浅阻时。该委员业已登岸。另由内河回至上海。无从知其确实。但闻洋商传述。轮船东下时。与贼言明。彼此两不相敌。吴煦以既不对敌。迹近句通。复向该翻译等。层层致诘。据云。夷人口称。该逆纪律全无。文词鄙谬。不屑与伍。当将洪逆所给伪照。暨伊国覆示。钞稿呈阅。似乎各不相涉。未足为句结之据。随又据薛焕密查禀复。大略相同。伏思内盗未已。外衅方滋。万一再有句通。其患何可胜言。是以臣和春。上年接到臣何桂清密信。知夷船将赴汉口。即饬水师扬言。欲调轮船入江助剿。迨夷船将近贼垒。我师扬帆作为会攻之势。贼巢开炮。夷船还击。直至安庆。犹尚未已。复因夷船上驶日久。逆匪知其别有他图。并非助我攻贼。是以回船时。均各按兵不动。至于夷人进城。与贼燕会等情。下关水师并未目睹。臣不敢以传闻无据之词。上渎圣聪。其粤逆馈送夷人礼物一节。查燕子矶地居下游。以上水师林立。决不容其飞渡。且即无阻滞。轮船迅驶如飞。贼船逆流而上。断乎不能追及。臣等闻系夷船到太平府后。夜间岸上有呼英国钦差投文者。旋有夷人买菜艇近岸接收。但前后所闻情节互异。亦未敢遽以渎陈。且既经馈送。何以安庆之贼又与夷船互击。盖夷性恣睢。本无顾忌。果欲通贼。尽可明目张胆。无须暗中行事。况其欲甚奢。亦非绉纱二端。鸡二只。所能歆动也。臣等揣度。夷人之志只在过境。贼匪之志亦只望其不为我助。各求无事而已。覆核所答粤匪告示。寥寥数语。与逆词绝不相蒙似。非有心句结。惟夷情诡诈。反复无常。设或再入长江。实有通贼情事。自当钦遵训谕。设法严防。以杜内患。而圌山关。系入江要隘。该处台基虽存。而原设炮位。前大臣向荣。于三年初到江南时。大半调至军前应用。至守台兵弁。少则无裨实用。多则徒启猜嫌。傥竟添设重兵。则兵力饷需。目前均有未逮。臣等钦奉寄谕。即经往返函商。俟军务稍纾。再行体察情形。会筹商办。至于通事潘荣。据薛焕等徧查英夷通事。并无其人。或系诡名隐匿。亦未可知。

正红旗汉军副都统增庆。盛京将军玉明。奉天府府尹景霖奏。前奏没沟营后路。驻扎官兵五百名。自应撤归田庄台。择要设伏。以资扼守。其锦属各海口。应由奴才玉明。转咨锦州副都统侍顺。按照该处所设炮位兵勇。来往梭巡。设遇有警。自当相机办理。断不敢冒昧从事。所有没沟营以南。经过之盖州熊岳复州各海口。或水浅滩薄。或距海道较远。大船不能驶入。其连云岛娘娘宫二处。虽系老水贴岸。而居民铺户无多。该处设有大小炮位兵勇。其长兴岛之蚊子嘴八岔沟桶子沟等处。皆系孤悬海内。且居民散处无多。亦非扼要之地。金州所属海口。共十九处。惟羊头洼。小平岛。和尚岛。貔子窝四处。为南船往来停泊之所。系属次要。共设有大小炮二十一位。员弁兵勇八百余名。驻守巡防。此外之双岛红土崖等处。非水浅滩长。即礁石环错。船只不到。均已派兵瞭望。其石槽海口。从前本系扼要。近年已被沙淤。与次要各口无异。其旅顺水师营。设有炮台。南北对峙。口门以内。设有战船。安炮三十八位。兵丁水手七百余名。已由奴才玉明。严饬该管官。将堪用之船。必须勤加操演巡哨。以期有备无虞。至岫岩界内各海口。俟奴才玉明查勘完竣。再行恭折具奏。

己丑。盛京将军玉明奏。奴才于初四日。由金州驰赴岫岩。查得该城海口九处。其大孤山大庄河二处口岸。每有南船停泊。居民商贾较多。亦属繁要。仍照旧安炮设防。并面饬该旗民地方官。设有夷船驶至。即一面飞报。一面善为处置。勿启衅端。其余尖山子。沙河子。搭拉腰子。双山子。英那河。青堆子。欢旗沟等七处海口。俱已淤塞。虽大小船只。不能到口。仍令多派游兵设伏哨探。奴才正在查勘间。适接牛庄旗民地方官禀报。前蒙拨运万斤至六七千斤大炮八尊。已于三月初三等日。全数由天津陆续运到。亟应赶紧筑垒安设。早资扼守。

甲午。广西巡抚劳崇光奏。接据已革署梧州府知府陈瑞芝。梧州协副将王海清。署苍梧县知县邵凯禀称。本年正月二十一日。该文武接准广东封川县函开。本月十八日。忽有大小火轮船十只。西瓜艑船八只。小舢板船十余只。共载夷兵一千余名。由广东省城驶至肇庆停泊。有夷目分带小火轮船三只。驶上德庆州。声言尚须前赴梧州等因。维时广东陆路提督昆寿。统带兵勇。驻扎梧州。防剿浔匪。亦即传谕各兵勇。严阵以待。二十二日辰刻。果有浅水暗轮小火船三只。由下游驶上。内一只行至界首地方搁浅。其二只径驶至城外三角嘴河面停泊。后跟梓洞艇二只。陈瑞芝等驰赴河干。遣人至夷船。问其来意。该夷答称。候昆寿前来。请一同登舟相见。旋有广东番禺县县丞卓炳森。至昆寿行馆禀知。伊奉广东巡抚柏贵。派委随同该夷来至西江。该夷目欲请昆寿至舟一见。即行返棹。昆寿即前赴河干。该夷放炮下旗。免冠摆队。延请昆寿。及陈瑞芝。王海清。邵凯。一同登舟相见。询知夷目三人。一名斯托宾齐。一名墨克幅第。系英吉利人。一名达博威。系佛兰西人。三人俱言语不通。又一名巴夏礼。亦系英吉利夷目。能通华语。又有该夷幕友李小村。自称系广东新会县人。据巴夏礼声言。斯托宾齐等三人。均系带兵武职。巴夏礼系该国文员。并据称。每船约有九十余人。此来别无他意。不过游览山川。随将身带广西舆图。取出察看。询问桂林浔州程途河道。陈瑞芝等。答以两处均系滩河。甚为险仄。该夷目复云。既经议和。即系一家。不妨到处行走。俟秋冬之间。尚须出游等语。旋即送昆寿等登陆。该夷目亦带同夷兵二十余人登陆。至昆寿行馆。及王海清署中答拜。并赴各街市游行。在城外五显庙马头。步量街段。又至郡城对岸。登大山顶。照千里镜。绘画地图。旋即回船。该文武差人致送猪羊等物。辞不

收受。二十三日黎明。开船而去。

谕军机大臣等。本日据劳崇光奏。英佛各国兵船。驶至梧州。旋即退回广东一折。据称。有英佛各国火轮等船只多号。共载兵一千余名。由广东省城驶至肇庆。并分出船只。于正月二十二日。驶至梧州城外。其随同前往之广东番禺县县丞卓炳森称。系由广东巡抚柏贵。派委请见提督昆寿。该国官员带同兵丁二十余人。登陆游行街市。并在城外马头。步量街段。登山绘画地图。旋于二十三日开船而去等语。现在各国和约尚未互换。其通商海口。原准前往贸易。但从无携带兵船深入内地之事。况粤西并不在通商之列。该国人员。遽带火轮兵船。突如其来。该省民人。不免惊疑。设或滋生事端。岂得谓中国有乖和好。此事黄宗汉。柏贵。何以均未奏及。柏贵近在省城。以后英佛等国。如再有此等举动。该抚务当竭力阻止。免致议和之后。复有意外之变。至此次英国人。一名斯托宾齐。一名墨克幅第。佛国人。一名达博威。俱言语不通。又一名巴夏礼。能通华语。均与昆寿相见。并称秋冬再要出游。著柏贵妥为开导。使不至再蹈前辙。方可永敦和好。

戊戌。钦差大臣大学士桂良。吏部尚书花沙纳。两江总督何桂清。五品卿衔刑部员外郎段承实奏。上海换约一节……正缮折间。适接候选知县黄仲畬禀称。探明普鲁斯。约计四月初一二必到香港。到后不多耽搁。四月初十前后。即可来沪。惟香港目下已派出小火轮船八号。每船约水兵七十名。即日来沪。为将来护送普酋赴津之用。佛国亦有兵船前来。但未知的数的期。且闻有先令各船驶行到拦江沙相待之信。臣等伏查各该国夷酋。远涉重洋。带兵自卫。若为数无多。未必特来寻衅。万一该夷兵船。径赴天津海口。臣等查知。必当与之议明。此项兵船人等。只准在口外驻扎。不得驶入内河。以示限制。惟既有令各兵船先行驶至拦江沙之语。似不可不豫为密防。应请敕下天津。妥为办理。

又谕。本日据桂良等驰奏。探明英酋普鲁斯。约计四月初必到香港。初十前后。即可到沪。香港现已派出小火轮船八号。每船水兵约七十名。即日赴沪。为将来护送普酋赴津之用。且闻有先令各船。驶至拦江沙相待之信。此项兵船人等。桂良等拟俟该酋到沪后。即与之议定。只准在口外停泊。不得驶入内河等语。现在恒福已抵津接篆。谅日内已往大沽海口。著僧格林沁。即与该督详细筹商。密为防范。如夷船竟有驶至拦江沙之信。著即派委干员往询。告以此间专候上海来信。一切遵照二月二十九日谕旨。相机酌办可也。

咸丰卷三七

(咸丰九年。己未。四月)乙巳。钦差大臣科尔沁亲王僧格林沁。察哈尔都统西凌阿。直隶总督恒福奏。倘夷船驶至。即当恪遵圣谕。派委干员往询。令其等候上海来信。设使夷船蜂拥驶入。只可相机办理。不敢轻举肇衅。该夷如必须进京。互换和约。前经奴才僧格林沁奏奉谕旨。令其由北塘登岸。由陆路至津。再由水路赴通进京。惟北塘距拦江沙甚近。海口亦宽。潮旺之时。夷船易于驶入。现在该处安炮屯兵。夷酋进京之后。其在船夷众。无人约束。窃恐未必安静。倘或上岸闲游。甚或滋扰营盘。不可不防其渐……

(壬子)又谕。前有旨。令德勒克多尔济。俟俄啰斯国呈递鸟枪一万杆。炮位五十尊。运至库伦时。奏闻办理。兹据德勒克多尔济奏。该夷坚欲由海船行走等语。现在和约已换。业经准其由海口进京。此项枪炮。将来送至海口。著僧格林沁。恒福。遴派明干员弁。前往晓谕。令该夷船停泊拦江沙外。毋须前进。另换内地船只装载。运送到津。于明示体恤之中。仍暗寓堤防之意。谅该大臣等。必能慎重妥办也。

己未。正红旗汉军副都统增庆。奉天府府尹景霖奏。十二日午刻。瞭望海门外。见有二桅异样小船一只。行至西弓湾停泊。有王姓黄姓二人。乘坐脚船登岸。向铺户讲究贸易。王姓系崇明人。每年随沙船来。与营口铺户认识。黄姓系广东人。随派兵役。驾驶杉板。赴西弓湾详查。其船形。头尖腹宽。船帮船面均油漆红色。约装粮二百余石。该船户不容兵役等上船查验。复派乡保。协同铺户详细盘问。据该船伙王姓声称。系上海广隆号拨货杉板小船。船名陈昌泰。由广东排造。黄姓雇伊船。装载大呢。洋布。洋药。来营口售卖。船上共十四人。内有广东人。上海人。还有夷人二名。系山东烟台卖货夷船上人。跟来营口询听买卖。追验船票。言在船上。明日呈验。又言货不合行。仍欲转口去卖。细询广东上海各铺商。均称委系伊处拨货杉板小船等情。奴才景霖。当即饬令牛庄防守尉毓昌。知县张鼎镛。会同吏部郎中陈钟芳。刻即驰赴没沟营海口。详加察看。相机开导。俟该员等查明情形。再行驰奏。

癸亥。盛京将军玉明。户部侍郎倭仁奏。没沟营见有二桅异样小商船一只。共载十四人。内有夷人二名。查询得该船原系广东人。与夷人在广东合伙开设宝顺号。后又在上海开设广隆号。此船系其伙同自置。船上所载十四人。宁波人五名。广东上海人五名。其王姓名王择爱。系崇明县人。黄姓名黄安阁。系广东香山县人。至夷人二名。系红毛国人氏。一名乜忌。年二十六岁。一名士麻。年二十八岁。船载洋药十五箱。洋布十捆。洋呢六十板。来此营口询听市价。意欲会卖货物。因该地方铺商。向其明白告知。没沟营贸易。向系以货换货。现银稀少。无力接买。该船王择爱声称。此处既不能销货。一俟顺风。即行出口。于十六日申刻。扬帆出口。

丙寅。钦差大臣科尔沁亲王僧格林沁奏。近日进口沙卫船只。系四月初间放洋。经奴才随时派员查询。据称。上海火轮船。兵船。渐渐增添。或称有百余只。或称数十只。并有瞥见夷船购买食物。似欲北驶情状各等语。传闻之言。固不足深信。但亦不可不倍加严防。又奴才前闻山东福山县属烟台海口。停有夷船。当经札行登州镇总兵查明声覆。兹据该镇曾逢年呈报。本年三月二十三日。有夹板广商洋货船四只。驶至烟台海口。船内把篷使舵。皆系黑白夷人。并非兵船等语。奴才伏思该处并非通商口岸。洋船在彼久停。亦难保无另有诡诈之谋。奴才惟有督率各营。慎密堤防。不敢稍涉大意。

咸丰卷三八

(咸丰九年。己未。五月)乙亥。钦差大臣大学士桂良。吏部尚书花沙纳。两江总督何桂清。五品卿衔刑部员外郎段承实奏。臣等自本月初五六等日抵沪后。连日差探夷情。英酋普鲁斯。及佛国新派夷酋布尔布滁。尚无由粤启程消息。近日密探得英国已来兵船八只。停泊吴淞海口。臣等一面密商劝留各该夷在上海换约之法。一面从各处探听该酋等是否来沪。以便设法妥办。本月二十五日早间。臣等正与司道面商事宜。适接英酋递到照会。内称该酋普鲁斯。奉派前赴京师代为交聘。现拟不日乘舟径赴天津。并有希先在津城。豫备夫役舟车。以便入都。并于京城内。择出宽广寓室一所。该酋率领随员官弁前来等语。臣等将该酋照会另钞。恭呈御览。并将原件咨军机处备查。当即飞行照覆该酋。令其毋径赴津。必须至上海商议一切要事。一面派令知县黄仲畬。前往海口。俟该酋船只到后。令其与之言明。此处尚有应议各事。未便遽行赴津。惟思夷情狡执。万一该酋船只。即行径赴天津。臣等再行照会该夷。令其兵船务在拦江沙外停泊。必俟臣等到后。方有人与之商办各事。佛米两国夷酋。尚无消息。傥该夷到津迫不及待。又恐为时过久。转致另生枝节。可否仰恳皇上天恩。简派大员。暂为羁縻。臣等自当设法赶紧回京。免致贻误。设该夷等。肯在上海互换条约。臣等再行驰报。

己卯。署吉林将军特普钦奏。查绥芬河乌苏里江。原无与俄国毗连地界。前与该夷互换条约之时。许其由黑龙江入松花江行走者。为其往东便于入海。免其刻起分争。讵该夷于条约内。既写黑龙江松花江准其行走。而又有乌苏里河至海为中国俄国同管之地等语。是其立约之时。已伏狡赖之机。迨换字以

后。任意载运。不容察看。嗣即随处布置。伐木盖房。在图勒密安设炮台。在牤牛河一带。欲开山修道。又以通商为名。至三姓窜扰。种种妄为。均暗伏于两国同管一语之中。据黑河口卡员报称。该夷目等。欲向乌苏里江自住占界。经卡官以理拒阻。辄声称。伊等奉木哩斐岳幅之命。伊等小官不能自专各等情。窃念该夷目等。借口推延。乘机展占。既不可与之用武。而善言开导。又决不听从。叠经奕山等。往返札商。一面飞咨三姓副都统。令其谕知木哩斐岳幅。转饬该夷目。恪守前约。设有夷船驶至。以该处地方本不在前次许借之内。亦无与俄国毗连地界。阻其展占地方。惟该夷之贪越妄行。拟请严饬副都统吉拉明阿。与之申明前约。不使稍有含混。如前此允其在黑龙江松花江行走一节。自难再行拒绝。惟前约所写乌苏里河至海为两国同管之地一节。似应与分较明晰。原许其在江行走。并非准其在岸上占地。将条约更正。以免借口至乌苏里绥芬等处。与该国无毗连地方。安炮盖房。是显背前约。即须与之划明界限。除黑龙江左岸借与该国居住。准其船只行走外。余则概行阻止。并黑龙江下游。以及松花江内。均不准其船只行驶。两省同力拒绝。禁其由江入海之路。在彼似亦无可借口再图狡占。如此明定条约。前此夷众虽不能即时驱之使还。后来人船。或可稍知敛戢。否则推诿迁延。恐更无底止矣。

(丁亥)桂良等又奏。正封折间。据护理苏松太道吴煦禀称。英夷兵船。已于初九日晚间开行六只。余闻将陆续起碇北行。

朱批。览。

谨将密探英夷火轮船只。开列清单。恭呈御览。

大火轮船一号。【名勿这士普鲁斯坐船。约兵二百名。水手一百名。】

大火轮船一号。【名烟弗勒士布水师提督。约兵三百名。水手一百名。】

中火轮船一号。【名非离。约兵一百名。水手七十名。】

中火轮船一号。【名籂鲁沙。约兵一百名。水手六十名。】

中火轮船一号。【名乞士罢。装火食。】

中火轮船一号。【名拈来。走报书信。】

中火轮船一号。【名甘不伦。走报书信。】

另大火轮船一号。【名阿昔士顿。兵五百名。水手一百二十名。】

另小火轮船十号。【船头有字号无名船。每船水手五六十名不等。】

以上现泊海口。闻尚有大火轮船二号未到。

佛夷火轮兵船三号。

米夷火轮兵船三号。

谕。军机大臣等。本日据桂良等奏。英夷不遵开导。决意北行一折。并据片称。英夷兵船。已于五月初九日晚间。开行六只。余将陆续起碇北行各等语。英夷既已决计北行。桂良等无从劝阻。自应赶紧回京。惟夷船虽已开驶。而普鲁斯尚未起程。桂良等当赶紧知照。告以若径行驶至天津。则接待无人。诸事无从办理。不如稍缓起碇。俟我等先行到京。然后换约各事。可以从容商办。如果该夷酋全数起碇。即著桂良。花沙纳。率同段承实。并随带委员薛焕。李焕文等。一并迅速星夜回京。毋稍延缓。

又谕。本日据桂良等奏。夷酋不遵开导。坚欲北行一折。据称。英酋普鲁斯。佛酋布尔布灉。到沪。均不肯与桂良等相见。但坚执进京换约之议。决意北行。米酋华若翰。亦随同前往。又称。英夷兵船。已有六只于初九日开行。其余亦将陆续北驶。本日已谕知桂良等。即行回京。并传谕文煜。令其驰赴天津。帮同恒福。办理夷务矣。各夷船只。如到天津海口。著僧格林沁。恒福。即遵前旨。速派明干委员前往。迎至拦江沙外。向其晓谕。告以桂良等在上海。已有照会。告知中国并无他意。兵船万不可驶入拦江沙。现在大沽海口。已节节设备。如轻易入口。恐致误伤。并非官与之为难。反失和好之道。

即将来进京时。亦须由北塘行走。至天津由水路进京。并告以去岁天津所定和约。均系桂良等一手经理。此处无人深悉底裏。即使克时进京。亦须等候桂良等到京。方能互换。为期亦不甚迟。傥该酋不肯在拦江沙外静候。即用内地船只迎护。由北塘登陆至津。即著该酋在天津等候。一切豫备馆驿。派人护送。自当以礼相待。仍与言明。两国既系和好。互换和约不。得随带兵船。不得多带从人。傥该夷虚放枪炮。入口试探。勿使夷船受我误伤。勿令官兵轻举妄动。其一切设备。僧格林沁务当先行赶紧妥筹办理。至备办馆驿等事。恒福即与文煜。商同妥办可也。

戊子。钦差大臣科尔沁亲王僧格林沁。直隶总督恒福奏。窃奴才等。于五月十七日午刻。正在炮台驻守。据哨船回报。见有夷船四只。在拦江沙外游驶。随有小杉板船三只。乘坐十余人。拢近西岸炮台。并有小火轮船一只。随后驶入鸡心滩内。用千里镜在桅杆上打看。当即派令武弁。改装易服。扮作本地乡团。询以此来何事。该夷声称。系英国船只。赴京换约。该弁等谕以此间并无官员。候知会天津各官。再行覆信。该夷允以三日为期。令将海口安设木筏铁戗等项。均行撤去。方为两国和好之道。并言先到夷船四只。仍有火轮船二十余只。英佛两国公使二员。提督二员。陆续来津等语。随即驶回鸡心滩外。登火轮船。少时该夷小杉板船。又复乘潮绕越木筏。意图窥伺营垒后面。经哨船兵弁阻止。该夷仍申三日回信之约。并嘱撤去一切布置各等语。奴才等。拟俟三日届期。即派令委员。遵旨赴该夷船。剀切晓谕。告以钦差大臣桂良等。现在上海。尔国仍应赴沪办理。如不肯赴沪。即在拦江沙外守候。桂良等来津互换和约。傥该夷不遵劝谕。径将多船闯入鸡心滩内则。衅非我开。自难任其狂悖。惟有遵照前次谕旨。慑以兵威。

又谕。前据全庆等奏。江浙海运米船。尚有一百数十只。未到天津。本日据僧格林沁等奏。夷船已到海口。声称以三日为期。将海口木筏铁戗等悉行撤去。该大臣等。现在派员以理晓谕等语。海口木筏铁戗。系为防夷而设。断不能如夷人所请撤去。亦未便留漕船进出地步。使夷人有所借口。此时已到米船。全庆等谅已速为验收。赶紧运通。其未到各船。自应令其暂缓北上。除已谕令恒福。行知山东巡抚。将后来米船暂留该省停泊外。仍著全庆。廉兆纶。知照崇恩。饬令沿海文武地方官。凡有江浙海运米船过境。饬令于登莱等处海口。暂行停泊。妥为照料弹压。俟夷务稍定。再行赴津。不得因急欲蒇事。催令北来。转致贻误。

辛卯。署吉林将军特普钦等奏。据乌苏里口卡官报称。图勒密夷目。带领夷人。驾船载粮。抗行入口上行。该卡员拦阻。该夷目挥令人船。拥入乌苏里江上驶等因。又迭准署副都统报称。博力夷官。带人载粮进口上行。又据黑河口协领报称。盘诘夷人。据称。伊国将军木哩斐岳幅。已在江城商妥。差人进松花江贸易。如何拦阻。再向以理开导。该夷辄怒说。上年进松花江。并未滋事。今若再拦。必致滋事。旋即开船。并称不日折回。小船亦要进松花江上游。卡所兵单。夷势凶横。又据迎阻石沙木勒幅之员报称。在鹳心河。遇上驶夷船。声称。奉命赴兴开湖。往勘河源分界。当经正言拒绝。该处不在许借之内。亦无与俄国毗连地界。该夷转增气忿。云去岁已在右岸抓吉等处。盖房数十所。原系和好。代为设防。复向开导。坚执不听。并有续到人船马匹。如再拦阻。即欲撕打各等情。查木哩斐岳幅。前在黑龙江城。已有赴乌苏里绥芬之说。兹夷酋尚未到卡。而夷目先已恃强上行。坚称已向江城说妥。差人贸易。并以上年已在右岸抓吉等处盖房为词。名为和好。词穷则怒。其续到木哩斐岳幅。更必肆行无忌。除饬富尼扬阿。刻即督率各员。设法开导。并饬各属。严加防范。暨咨行黑龙江副都统。如再有经过俄夷人船。务须辩明前约。一体拒绝。

谕军机大臣等。特普钦等奏。夷目不遵理谕。带领人船。进乌苏里抗行等语。据称。四月二十二等日。图勒密夷目奇萨罗幅等。分驾船只。抗行入口上行。拦阻不理。并坚称该夷酋已在江城妥商。差人

进松花江贸易。复有上驶夷船。声称赴兴开湖往勘河源分界。当向开导。坚执不听。势益鸱张。绥芬乌苏里河。本非与俄国接壤。前以黑龙江将军奕山。轻信副都统吉拉明阿之言。办理不善。业经降旨。将奕山革职留任。并令特普钦。将吉拉明阿。拿赴乌苏里地方枷号示儆。谅该酋见此光景。亦可稍知敛迹。该将军并可藉词据理拒绝。至兴开湖并无与俄国毗连地界。该处亦不在许借之内。著该署将军查明进口各夷。是否果系贸易。抑或登岸后。别有滋事之处。傥有开它河道情事。当告以该处居民不能应允。如必恣意妄行。将来自肇衅端。转致有伤和好。一面谕令居民。力为拦阻。使该夷知众怒难犯。当可废然思返。该署将军等。惟有据理与之剖辨。不必显与争执。或致激生事端。至其与民间贸易。亦须暗中禁止。仍严密防范。相机开导。以期办理妥协。是为至要。

钦差大臣科尔沁亲王僧格林沁。直隶总督恒福奏。查该夷十七日驶入火轮船一只。停泊鸡心滩。至是日傍晚。乘潮退去。其小杉板船。绕越木筏者。悄将软木筏缆绳三根。全行割断。随并火轮船四只。收泊远洋。不见形影。十八日辰刻。复行驶回。并续到之夷船约二十余只。在拦江沙外一带停泊。未刻风雨陡作。突有火轮船八只。乘风潮之势。直入内河。至鸡心滩。安设铁戗之处。不逾半里。奴才等当即传饬各营。安准炮位。点配火绳。恐其径冲入铁戗口门。豫备轰击。仍督饬各营。分班夤夜守候。是夕。该夷乘风涛黑暗之中。拽倒拦江铁戗四架。内有火轮船一只。被铁戗刺伤。拢泊滩岸。潮退水落。搁浅数日。不能移动。二十日午刻。奴才恒福。派委同知博德。宏武知县杜恩禄。前往晓谕。告以总督藩司。不日即至海口。令其暂候数日。会议一切。该夷声称。本日即欲湾进内河。不能迟缓。搁河之铁戗木筏。若不撤去。即自行搬运。以便进船。情形颇为骄纵。博德宏武等。谕以本处团练。不知轻重。恐有损伤。致伤和气。再三开导。仍称未刻必来闯进。是日潮长至夕。而夷船照旧停泊往来。并未闯进铁戗。奴才等惟有日夜严防。该夷如敢突入。即行开炮轰抵。现在鸡心滩下。接连停泊夷船九只。拦江沙外。约计夷船十余只。据该夷声称。英酋普鲁斯等。尚在拦江沙外。奴才等商议。将来奴才恒福。督同藩司文煜。与夷酋会商事务。即赴北塘办理。已飞咨西凌阿。迅将北塘炮营存放炮位。及调防各官兵。概行移至营城。妥为布置。北塘新修营垒。仍令派兵看守。至海运米船。续到十余号。与夷船错杂停泊。已传谕令其湾向祁口大口河等处躲避。仍由奴才恒福。咨山东巡抚。截留后至运船。奴才僧格林沁。督率弁兵。严守大沽海口。观衅而动。但使该夷不至猖獗。冲犯铁戗。自当饬令弁兵等。不遽开放枪炮。以昭慎重。

僧格林沁等又奏。奴才等正封折间。于戌刻见该夷小杉板船二只。驶进炮台河岸。当派武弁。改装迎头拦阻。该夷十余人。手持器械。坚欲登岸。又改派武弁数名。扮作乡团。向岸往拦。以助声势。该夷始不敢径行登岸……

英吉利照会

为照会事。照得本月初八日。曾经移文照会贵大学士去后。迄今未准照覆。前据贵大臣等自称。此次在京互换条约。非他人所可代办。但交约之期已迩。而贵大臣等。似仍并无设法必得依期之形。致本大臣顾此。合将现在上海河面。实有火轮船数只。内有一二升竖贵国旗号者。贵大臣乘驶此船前往。尚可于期内先行赶至。诚属易事。特为指明。兹已托本国水师军门。合亲领本标军船。径赴天津河口。先以本大臣。暨大佛钦差大臣布。不日即到之信。豫为通知直省官宪查照。业已启程北上。惟本大臣于未离沪之先。再以如此举动。一切按约。丝毫不爽。若由贵国自隳和约。或贻不善之处。专为贵国是问。理合重申言之。为此须至照会者。

谕军机大臣等。僧格林沁等奏。夷船陆续驶进海口。遵旨晓谕情形。并恒福片奏。请敕明善来津等语。此次该夷等。为换约而来。虽陆续驶进海口。经派员晓谕后。尚未闯进铁戗。据称。普鲁斯亦在拦江沙外停泊。并当加意严防。不值与之用武。致令借口挑衅。明善虽曾随同桂良等赴沪。究非上年天津原议之人。一切机宜。未必尽能洞澈。且恐一与夷酋见面。必至不肯耽延。速其进京之请。本日据桂良等奏。普酋等。于本月十三日起碇赴津。该大臣等。亦于是日率同薛焕等。驰驿回京。但能少待时日。即可俟桂良等来津办理。僧格林沁等。当告以桂良等回京消息。令移泊北塘口外。静待经手人到。互换和约。如坚执不听。著妥为开导。专令伊国换约之官员。由北塘到津静候。并著恒福。文煜。与其约明。不准随带多人。执持军械。惊扰民人。方合和好之意。并告以议和并非用兵。所有该国提督。及带来兵船。均不可登岸。庶彼此均可信心。即日文煜到津。著即前赴北塘。与普酋相见。言明一切。其由北塘到津夷官之馆驿日用。自应官为给办。即在外江停泊之提督等。应需菜蔬食物等件。亦当派员在彼。一体酌给。免致上岸滋扰。并勿令与民人交易。僧格林沁仍饬兵弁。严守大沽海口。勿遽开枪炮。以顾大局。

甲午。钦差大臣科尔沁亲王僧格林沁。直隶总督恒福奏。二十一日。有夷人乘坐小杉板船二只。前来炮台前游驶。意欲登岸。经弁兵拦阻。该夷称。系来取照会回信。当即告以天津回信尚未到来。该夷临行时。谆嘱将拦河铁戗等物撤去。如不撤去。该夷提督。自行带人拔取。少时。奴才等随派武弁。持天津道照会回文。前往夷船投递。该夷提督。出船面见该弁。复按照会内大意。告以总督藩司。二十四五日可到。察其词色。尚无十分桀骜。而船桅上悉悬炮位。似已豫备用武。该夷随派通事孟甘。乘船前来。又投递照会天津道汉夷文字各一件。旋即驶回鸡心滩。二十三日巳刻。通事孟甘。复乘船至炮台下。声称。各船今日并退外洋。一二日再进口湾泊。并嘱天津道。如有照会回文。径送外洋。询以系何缘故。该通事声称不知。该船旋即撤退。仍余一只停泊在鸡心滩外。其旧停泊拦江沙外各火轮船。又与退出之船。逼近拦江沙排列拢泊。夷情诡谲。不易揣测。诚恐故作缓计。使我疏懈。乘潮闯入铁戗。奴才等。惟有督率各营官兵。加意严防。不敢稍涉大意。自十七日夷船到后。饬令官兵。在暗处瞭望。炮台营墙不露一人。各炮门俱有炮帘遮挡。白昼不见旗帜。夜间不闻更鼓。每遇潮长。每营撤去桥板。各项官兵不准出入。该夷火轮船八九只。在铁戗外游驶。意在乘间闯入。屡在船桅用千里镜打看。止见营垒数座。不见炮位官兵。其小杉板船。每到河边。必询炮位多少。铁戗铁练木筏之外。有无别项物件。并云。闻得奴才僧格林沁。现在海口各等语。该弁兵等答以不知。令其无从捉摸。该夷间在拦江沙外一带。开放空炮。尚不敢近驶。察看夷情。盖因不知官兵虚实。又疑内河层层布置。冒险而来。恐受惩创。是以相持日久。未至骄逞。奴才僧格林沁。驻守炮台。昼夜严防。不敢稍有疏懈。复查该夷文内。有北河字样。奴才恒福。拟先发给照会。即以北塘为北河海口。豫备该夷行走道路。仍属专候桂良等到京。准其赴京换约。本日已由奴才等。咨催桂良等。迅速行走。兼程来京。与该夷会晤。惟该大臣等。曾否在沪启程。目下行抵何处。均未知悉。应请旨敕下该大臣等。作速回京。以免日久耽延。致生枝节。北塘本有提标官兵五百名。通永镇标官兵三百名。北塘营本标兵三百名。现在拟令夷人由此进口。自应撤后以示不疑。已饬该署镇李志和。除酌留兵丁数十名。看守两岸炮台。其余前项官兵。与一应炮位。均令星速撤往营城驻扎。归西凌阿统带。查海口北岸新河地方。距北塘较近。奴才恒福。拟于二十四日。驻扎新河。以便会同文煜。就近照料一切。惟于羁縻之中。仍寓防范之意。奴才僧格林沁。现拨巡捕营火器营兵各一百名。又驻扎双港之哲里木盟昭乌达盟马队各五百名。一并调赴新河。随奴才恒福驻扎弹压。其夷人需用食物。已遵旨饬天津道备办。派员即由北塘出口。送至夷船。惟该夷能否守候桂良等。尚难豫定。俟续有情形。再行驰报。其二十二日辰刻。天津道与该夷照会一件。同时接到夷人照会一件。均照录恭呈御览。至夷字文书。已交熟悉夷文。去年留交天津县收管之广东人黄惠廉译出。系与汉字照会一样。合并声明。

乙未。山东巡抚崇恩奏。准登州镇来咨。五月初八九等日。有夹板夷船七只。分泊宁海州之崆峒岛。福山县之之罘岛等处。查明船内均系洋货。并非兵船。又准咨称。十三日申刻。蓬莱砣矶岛外洋。

瞭见火轮夷船二只。十四日辰刻。又见火轮夷船二只。均由东南大洋。向西径行驶去等因。查该轮船向西行驶。自系前往天津。其在东停泊船只。虽系货船。而该夷意在通商。亦难保不随行北上。更恐在后船只。又复源源而来。仍饬属一体瞭探。查明停泊夷船。催令赶紧南下。

丙申。钦差大臣科尔沁亲王僧格林沁。直隶总督恒福奏。窃逆夷连日桀骜情形。不堪缕叙。奴才恒福。驰赴北塘时。曾经照会该国公使。前往会商。该夷置之不理。再三来言。总以拦河诸具。限时撤去为词。二十四日夜。该夷以小杉板船。驶入铁戗内。用炸炮轰断拦河大铁链二根。大棕缆一根。适与哨船相值。即便驶回。该弁兵等亦未施放枪炮。随仍将铁链接系稳固。照旧横拦河面。二十五日辰刻。该夷火轮船十余只。排列铁戗口门外。又傍南岸炮台下。驶入火轮船三只。直逼铁戗旁。以数人凫水。用丝绳系铁戗前柱。而引其端于该夷船尾。另以一船轮回曳之。一二时之久。拉倒铁戗共十余架。其排列多船。皆竖红旗。立意启衅用武。骄悖情形。实难容恕。惟念两年抚局。一经开炮。则局势全变。仍复隐忍静伺。以恣该夷之骄。而蓄我军之怒。正在相持之际。复派员持天津道照会。前往晓谕。该夷不准投递。竟将合船蜂拥直上。冲至第二座炮台。直撞铁链。两次皆被拦截。不能径越。该夷即开炮向我炮台轰击。我军郁怒多时。势难禁遏。各营大小炮位。环轰迭击。击损夷船多只。不能行走。余船皆竖白旗。起碇下驶。仍复绕至破船后。向炮台轰击。直至日夕。未尝稍休。又有小杉板船二十余只。满河游驶。其向后十余只。径行拢泊南炮台河岸。该夷步队。一并上岸排列。濠墙以外。当即加派抬枪鸟枪各队。前往策应。连环轰击。该夷不敢径越濠沟。均向苇地藏伏。暗施鸟枪。似此凶悍。实堪发指。奴才等。惟有督率军士。竭力堵御。以冀上申国威。下抒民望。奴才恒福。本在新河驻扎。一闻炮声。即督率马步各队官兵。驰回大沽。以作后路声援。

谕军机大臣等。僧格林沁等奏。夷人先行开炮。官兵击毁夷船情形一折。夷船不遵理谕。闯入内河。向我炮台先行开炮。官军愤怒。列炮环轰。将该夷船击损多只。此系夷人自行启衅。不得不示以兵威。惟该夷既竖白旗。仍复搦战。并有步队上岸。藏伏苇地。施放鸟枪等事。僧格林沁仍当严督将士。妥为防备。傥该夷心生畏惧。不敢仍前搦战。即该夷仍驾船游驶。抑或扳弄铁戗。稍有骚扰。断不可先行开炮。致使夷人开炮。再行轰击。以顾全局。傥该夷来递照会。僧格林沁断不可接收。亦不准向其见面。抚局著责成恒福。文煜。妥为办理。现虽用武。著恒福等。派委妥员。或令天津道行文该夷。诘以既为换约而来。并已许其进京互换。是中国已属尽情。毫无他意。何以反先行开炮。肆行骚扰。是伊先自背约。并非我之无信。傥该夷自知理屈。得有转机。恒福等。即可告以桂良等。尚未到京。伊等或在拦江沙外停泊。或在天津等候。总须桂良等到京后。方可互换和约。至普鲁斯是否实已到拦江沙外。此次兵船接仗。是否止系英夷之人。抑有佛米等国在内。著僧格林沁等。设法查探确实为要。北塘海口原设官兵。前据该大臣奏称。移往他处。此时既已接仗。则各海口均应严加防范。著饬李志和。仍统原带各兵。前往北塘。驻守炮台。实力防堵。惟不可先行开炮。自我启衅。违令者必治其罪。盛京海口。。已谕令玉明等。严行防守。其山海关地方。即著僧格林沁。严饬格绷额等。实力防堵。勿稍疏懈。前调赴山东之绥远归化城兵一千名。本日据崇恩奏。山东民团。可用兵力已厚。毋庸前往。现已谕令成凯等。将此项官兵。派往天津防所。俟抵津后。即交僧格林沁调遣。

又谕。夷船现抵天津海口。本日据僧格林沁奏称。该夷不遵理谕。阑入内河。先行开炮。官军开炮轰击。攻毁夷船多只。大获胜仗。天津既已用武。奉天田庄台两岸炮台。并著增庆。景霖。督饬在防官兵。严密设防。仍勿先开枪炮。如夷船开炮驶入。不得不回击以拒之。著饬沿海口岸弁兵。一体遵照可也

僧格林沁等又奏。窃奴才等于二十六日寅刻。曾将逆夷连日猖獗。不遵理谕。终日鏖战各情。奏明

在案。该夷步队。直逼南炮台濠沟。搠战至夜。我军用抬枪鸟枪。连环轰击。该夷纷纷倒地。其藏匿苇间者。尚千余人。伏地抢进。不辨远近。我军以火弹喷筒御之。每火光一亮。瞥见该夷。即排施枪炮。对准开放。该夷术穷力尽。不敢恋战。向船逃窜。我军至天明始行收队。沿河夷尸堆积。除该夷拉运上船外。尚余一百数十具。并洋枪四十一杆。及随枪器具。夷人什物多件。又有三板船三只。阑入浅滩。内夷兵一人蹲伏船内。为我军擒获。并由滩岸生擒夷兵一名。讯据供称。一系英人。一系米人。并系开仗时。从拦江沙外。乘坐小杉板船。调集应援者。询称此次上岸夷兵。约共一千五六百人。死者甚众。其当先大火轮船一只。即系英酋提督赫某坐船。该酋因坐船桅杆。被炮击折。打伤右髋。卧在床上。不能转动。挑衅接仗。尽系该酋主意等语。奴才恒福。派员看守。以为将来曲示抚绥之地。查二十五日。与该夷接仗。共火轮船十三只。我军轰击。有直沈水底者。有桅杆倾侧不能移动者。仅有火轮船一只。驶出拦江沙外。余皆受伤。不能撑驾。该夷炮势如雨。向我轰击。炮子之大。有重五六十斤者。火箭炸炮。络绎齐施。幸炮营围墙深厚。尚足抵御。而各炮台口门。适当夷船。与之相对轰击。满汉各营兵弁。阵亡三十二名。直隶提督史荣椿。大沽协副将龙汝元。海口左中营都司奇车布。正白旗鸟枪护军校塔克慎。千总王世扬。把总张文炳。并以接仗。奋不顾身。中炮阵亡。应请照例。分别给予恩恤。查史荣椿。勤能干练。忠勇性成。屡著战功。副将龙汝元。朴实勤慎。办理营务。始终无倦。此次办理海防。巨细经理。未尝一刻休息。所以能办有成效。该二员之力为多。兹以亲上炮台。督率兵勇。奋击夷船。一时殒命。殊深痛惜。应请皇上天恩。从优给予恤典。并于直隶天津。并原籍地方。建立专祠。以慰忠魂。其余阵亡受伤官兵。由奴才等。分别给予恤赏银两。以昭激劝。至此次接仗。一昼夜之久。各军奋力堵御。战气百倍。实堪嘉尚。当由奴才等。从捐输项下。提银五千两。分别奖赏鼓励。其各出力员弁。可否由奴才等。择尤保奏。出自皇上恩施。该夷经此次挫折后。必以报复为名。调集广东上海各兵船。再图窥伺。所有损坏各炮墙。实时查明。赶紧修补。炮位亦间有震裂。及经夷炮击毁者。应请敕下京局所造铜炮数尊。赶紧造成。陆续解赴大营。以便更换安置。

谕军机大臣等。本日早间。据僧格林沁。恒福奏。夷人先行开炮。官军回击。伤损夷船多只。当经谕令该大臣等。探明普酋曾否到来。设法开导。为剿抚兼施之计。兹复据僧格林沁等奏。查明接仗各情形一折。夷人船只。不遵理谕。闯入内河。于本月二十五日。先行开炮。官军亦开炮回击。该夷船只受伤。仍未肯退出。并以步队搠战。经官军击毙数百名。生擒二名。余俱逃窜回船。夷船入内河者共十三只。惟一船逃出拦江沙外。余悉被炮击伤。不能驾驶。该夷兵头赫姓。亦被炮伤髋不能转动……

丁酉。署吉林将军特普钦等奏。据署副都统富尼扬阿。置备粮船。督率弁兵。即日启程前进。适据巡防黑河口协领报称。据毛力上口卡员探报。见有火轮船到卡。不容登船查验。向其查询。是否木哩斐岳幅船只。该夷船驶如飞。并不答话。该官兵尾随百余里。询之徐尔古居住夷人。声称。火轮船上。系木哩斐岳幅。由东海赴上海有事等因。又据骁骑校经文图新等报称。前因黑河口夷人。来城贸易。竭力劝阻。坚不折回。署副都统富尼扬阿。因木哩斐岳幅。已先期赴卡。果否竟赴东海。尚未可定。且该夷前有火轮船。亦要进松花江西上之语。拟将城中备防事宜。料理妥协。再行启程。一面探听木哩斐岳幅实在消息。一面迎阻续来西上之小火轮船。免其深入。该署副都统据各卡弁兵报称。前由黑河口来城贸易之彻卜勒幅等。挟有迎接木哩斐岳幅之火轮船。闯入松花江西上。一经开导。辄手持双桶鸟枪。并身带腰刀。喝令夷众拉篷前进。虽惟以善言开导。而该夷转行桀骜。彻卜勒幅来船。已抵近城之胡尔哈河。该署副都统。随带同官弁兵丁出城。在西江东岸。唤上该夷。以理诘问。该夷答称。中国以俄国通商。在库伦多年。江省已许通商。准其来三姓收买牛马。并赴阿勒克吉林伯都讷宁古塔珲春等处贸易。现有木哩斐岳幅票照。何至再四不让进城。不日伊国尚来无数人船。傥动干戈。岂不有伤和好。木哩斐岳幅已赴上海。如若不准各处贸易。就给回头字样。木哩斐岳幅到津。另有分辩。该署副都统。随以通商系在江省。尚未议妥章程。且原换条约。并无吉林等处之语。况吉林各处。亦均无牛马可以换货。该夷复说。如俱不准贸易。必要回头字据。随又答以木哩斐岳幅票照。仅止由黑龙江松花江下驶各卡放行。并无准由松花江来城贸易之语。不能再给字样。既系贸易之人。当知礼法。务迅速回行。该夷始而答应。继而反复。仍欲驶赴各处。词穷口噪。番言多不可辨。并坚候伊国人船到时。方能旋返。该署副都统。饬将三人暂行羁縻。且恐果有续来人船。一面将城中团练兵丁。整顿密防。严禁城乡人等。不准擅与交涉。并确探木哩斐岳幅消息。酌量进止。督饬前派各员筹办各等因。查该夷虚实难测。节经派员渡江。向该夷再三开导。不准擅赴吉林三姓等处。行驶贸易。并不准在乌苏里绥芬等处。恣意展占地方。该夷官一味狡执。不遵理谕。词穷则以木哩斐岳幅推诿。语多狡强。暗藏挟制。

谕军机大臣等。特普钦等奏。夷酋恃强过卡。并贸易夷人不遵理谕一折。据称。俄夷火轮船只到卡。不容查验。官兵随至街集地方。询之徐尔古居住夷人。称系木哩斐岳幅。带领大官八员。由东海赴上海有事。并由黑河口。至三姓贸易之彻卜勒幅等。强行阑入松花江西上。一经开导。辄恣意猖獗。并称如不准其贸易。木哩斐岳幅到津。另有分辩等语。该夷酋既有到津之说。该署将军等。当告以天津现在设防。尔等如欲到彼。须先给我等照会。以便或奏或咨。尔等到彼时。方有人出来接待讲话。看其如何答复。如该夷不过虚言。并非实欲赴津。亦不可先与提及。反似招之使来也。至彻卜勒幅夷船。行抵胡尔哈河后。富尼扬阿以理诘问。该夷欲给字据。该署副都统据理驳斥。办理尚属得体。著即确探木哩斐岳幅。是否欲赴天津。并剀切晓谕该夷。不准在三姓等处贸易。一面督饬团练兵丁。严密防范。禁止居民。不得与之交易。是为至要。

(戊戌)又谕。前因夷人先行开炮。经官军击毁夷船多只。当谕令僧格林沁。仍严督将士。妥为防备。此次英夷自启衅端。肆意猖獗。该大臣亲督官兵。奋力轰击。使该夷大受惩创。尚属调度有方。惟驭夷之法。究须剿抚兼施。若专事攻击。恐兵连祸结。终无了期。不如乘此获胜之后。设法抚驭……

咸丰卷三九

咸丰九年。己未。六月。己亥。谕军机大臣等。此次夷酋普鲁斯等。以互换和约来津。带领兵船。欲进大沽海口。已谕令在拦江沙外停泊。静候桂良等。到京商办。复恐夷情躁急。未肯久待。又谕僧格林沁。恒福等。令由北塘进口。暂在天津安设馆驿。仍候桂良等。到后办理。讵该夷不收照会。不遵理谕。屡将海口所设铁戗等件。撤毁多件。五月二十五日。夷船闯入。先行开炮。官军不得不回击。夷船受伤多只。犹以步队搦战。势甚猖獗。我军击毙夷兵数百名。生擒二名。余皆败窜。计夷船入内河者。共十三只。惟一船逃出拦江沙外。据生擒夷兵供称。皆英夷。号称提督之赫姓主见。是日赫姓因桅折压伤。其艘不能转动。现在各船仍泊拦江沙外。英夷背约恃强。先行开衅。并非我中国失信。惟念古来驾驭外夷。终归议抚。若专意用兵。终非了局。现仍令僧格林沁。办理防剿事务。另派恒福。督同文煜。办理抚局……

庚子。钦差大臣科尔沁亲王僧格林沁。直隶总督恒福奏。自二十五日与该夷昼夜鏖战。幸获全胜。夷船受伤者。随驶出鸡心滩外。停泊修整。其击沈之船四只。均有夷兵看守。我兵凫水近船。该夷仍枪炮齐施。坚据不移。二十七日夜。瞥见该夷小舢板船多只。攒聚沈船旁。彻夜不息。二十八日卯刻。鸡心滩外火轮船。烟焰腾起。但见沈入水底之船一只。桅杆矗立。从水面行驶。自系该夷潜以丝绳系前船。由水底曳动双轮。如行平地。顷刻已驶出鸡心滩外。未刻。我军复凫水往烧其船一只。洋炮多尊。陆续运入营盘。三日以来。夷人惟蹲伏不动。与我军相持。未敢内犯。讯据所获夷目二名供称。普鲁斯及各国公使乘坐大火轮船。停泊拦江沙外。因水浅未敢驶入。二十五日接仗。获有佛兰西旗帜。米利坚夷兵。是启衅称兵。虽出自英夷。而佛米两国。帮同滋事。亦所不免。察看情形。此次该夷带领兵船。驶入内河。名为换约而来。实系意在占踞天津。藉端要挟。既经官兵尽力惩创。实时派员往谕。势必不能相安。已饬天津道照会该夷。剀切晓谕。即交所获米夷带归投递。俾知悔悟。以示羁縻。如稍有可乘之机。自当设法转圜。至北塘营兵炮位。甫经移至营城。若复那回设防。不独转移繁重。徒费人力。且查北塘炮台。后路即系村落。民房鳞次。无险可扼。转非慎重防维之意。奴才等已移咨西凌阿。多设哨探。昼夜巡逻。夷船驶入北塘。不妨听其停泊。一经上岸。即督马队各兵。前往堵截。以防袭我后路。该夷既失船炮之险。我兵又可施驰骋之力。北塘设防。更有把握。将来夷酋入京。仍由北塘行走。亦可留为将来议抚之地。此次与夷人接仗。部署半年之久。各营军士。无不奋勇出力。得以稍申天讨。大沽防务。经此次获胜后。军心愈壮。人思敌忾。自可日期稳固。足以上慰宸廑……

谕军机大臣等。本日国瑞到京。即经召见。询以军营一切光景。并阅僧格林沁。恒福奏。数日与该夷相持情形。并遵保出力人员一折。所奏虽获胜仗。该大臣仍设法办抚。甚合机宜。朕心深慰。夷人自被击后。蹲伏拦江沙外。与我军相持。未敢内犯。询据夷目供称。普鲁斯及各国公使。乘坐大火轮船。俱停大沽口外。僧格林沁等。已饬天津道。照会该夷。剀切晓谕。即交所获米夷带归投递。以为转圜。并移咨西凌阿。夷船驶入北塘。不妨听其停泊。一经上岸。即督马队堵截。该大臣所筹。与前降谕旨。用意正相符合。著即相机妥办。以期及早蒇事。僧格林沁督办海防。筹划精详。不辞劳瘁。著先行赏给御用烟壶一对。时辰表一对……

又谕。广东夷务情形。日久未据奏报。甚深廑念。英酋普鲁斯等。率领兵船至沪。未与桂良等相见。但行照会。声称赴津互换和约。及到大沽海口。谕令拢泊拦江沙外。静候桂良等。回京商办。或先由北塘暂到天津。安插驿馆。俱不遵依。声言欲撤我海口防具。五月二十五日。驶入火轮船。并舢板船多只。逼近炮台。竟敢先行开炮。并以步队上岸搦战。经僧格林沁等。督兵回击。伤毙夷兵数百名。击坏夷船十二只。生擒夷兵二名。其英国提督赫姓。被炮伤桅压。軃不能动。实足以寒夷胆。而申国威。连日该夷在拦江沙外。修整坏船。未敢内犯。僧格林沁与之相持。军心益壮。惟念驾驭外夷之道。断不能始终用武。倘该夷挫折之后。果有悔心。或挽米佛二夷。出面说合。或待桂良等。到日换约。尚可宥其狂悖。息事罢兵。所恐夷情难测。或调广东夷兵。前来报复。或被创于津。修怨于粤。均属不可不防。黄宗汉奉到来京谕旨。是否业已起程。或尚在粤。劳崇光调任广东兼署督篆。是否已抵新任。均未奏到。天津接仗情形。广东想未深悉。特以谕知黄宗汉。劳崇光。密加防范。即如罗惇衍等绅董中。夙符乡望者。亦应整顿乡团。以备不虞。该督等只宜信函往来。断不准形诸公牍。尤不可假奉旨为由。致于抚局有碍。宣露防御情形。使夷人知觉。倘该夷在粤。照常无事。即不可先行挑衅。劳崇光到粤东。驻扎何郡。王庆云未到以前。务须兼顾两省。并与省中常通消息。留心夷务为要。

辛丑。钦差大臣科尔沁亲王僧格林沁奏。现在前被打伤之船。仍在拦江沙停泊。奴才与恒福。文煜。因连日并无动静。本拟于二十九日。将前获米利坚夷人。先行放回。以听该夷消息。因是日早间。瞭见夷船一只。向北行驶。至巳刻已抵北塘海口。旋据西凌阿。所带马队。哨探得是日北塘西北蛏头沽地方。有舢板船一只。乘坐夷人八名。内三人登岸。欲行进庄。见有官兵。即退入船。官兵拾获米夷汉字照会总督庆公文一件。名片五纸。飞递到营。奴才与恒福。会同商酌。饬由天津道办给覆文。并委员仍备办米面猪羊食物等件。由北塘送赴拦江沙外米夷坐船。以示优待。该夷是否就抚。俟委员旋回。再行恭折奏报。其米夷一名。现拟暂缓放回。并前获之英夷一名。业受重伤。拟一并妥为看守。仍饬黄惠廉。与其盘桓。诱行抚驭之策。此次夷船来津。兵船携带大炮甚多。肆意狓猖。断非实心和好。未必无欲图占踞天津。另作要挟之计。二十五日。甫经接仗。此时若即与言和。该夷正在愤怒。必不肯受我羁縻。即使勉强就抚。亦必不能坚久。现在米夷船只。既在北塘。是彼来就我。办理或可稍易。奴才伏思夷情叵测。此时恒福。文煜。遽然前往北塘。设有疏虞。有关国体。似宜等候委员回营。详度该夷情形。再定会议地方。且既经决裂之后。自应倍加慎重。倘一经俯就。该夷必复倨傲。再四筹计。抚驭之局。愈缓愈稳。是以奴才面饬恒福等。暂缓前往。听候委员消息。仍严督将士。妥为防守。以备该夷另生诡谋。该夷若由广东上海调兵来津。火轮船行走迅速。为期不远。现在一面赶办抚驭。一面修整营垒。奴才现将安设双港炮位。调运来营。又京局津局解来炮位。暨夺获夷炮。均匀安设。似足防守。恒福遵谕续调督标官兵五百名。屯扎新河。为大沽北岸策应。其归化绥远二处。官兵到津。拟即派扎双港。俟八旗武成永固炮位解到。亦即安设该处。以为大沽后队。至二十五日。直隶提臣史荣椿。在南岸中炮台。大沽协副将龙汝元。在北岸前炮台上。督兵轰击。该提臣等。皆身先士卒。亲燃大炮。夷船炮子。打入炮台。登时阵亡。再英酋普鲁斯之大船十只。仍在拦江沙外一带停泊。合并奏闻。并将夷人照会。暨饬天津道办给覆文各一件。钞录恭呈御览。

壬寅。署吉林将军特普钦等奏。于五月二十三日。据暂署三姓副都统印务佐领永祥。转据乌苏里口巡防佐领索昌报称。五月初七日。见有下驶火轮船一只。随带小船。由卡经过。行走甚速。尾随至伯力地方。始行停锚。讯系夷酋木哩斐岳幅。带领夷官夷众。携带枪炮。前赴奇吉等处。不日旋回。再赴乌苏里等语。伏查该酋木哩斐岳幅。前于五月初一日。由黑龙江城经过时。言须行走一月。至乌苏里绥芬。等候会勘地界。旋据黑龙江卡官报称。五月初四日。火轮船已径过卡。不容查问。询之居夷。言其欲赴上海有事。兹复据报。该夷酋于五月初七日。由乌苏里口经过。前赴奇吉等处。不日折回。是其行踪诡谲靡常。其果否径赴上海。抑或即日折回。均难悬拟。至前报来三姓城贸易之彻卜勒幅等三名。据护印佐领永祥报称。屡经开导。许俟稍歇即行撤回。而三日之久。并未起程。仍派兵严加防守。又据该护印佐领永祥。转据黑河口巡防委员尽先协领庆恩报称。五月初九十二十三等日。由黑龙江接连下驶俄夷大船九只。小船七十一只。舢舨十七面。夷官一员。男妇子女五百六十余名口。鸟枪二百七十余杆。陆续下驶出口等语。核其数目。应系黑龙江省前报阿赉呢等所带人船。并近又续报人船之数。一并在内。伏查该夷人船。日渐增多。并有携带枪械。阻之不听。戎心狡抗。俄酋到日。即应剀切宣示。该酋稍循情理。当必气馁。敛迹而回。惟现在人船为数较多。亦应备防不虞。可否敕下将军景淳。迅速前来督办。以期周密。

兵部尚书全庆。仓场侍郎廉兆纶奏。窃惟英夷自犯顺以来。纵横肆逆。其驶至大沽也。闻有与地方官照会。具言夷人游逛。不许拦阻。毁我堤防。不许支吾。彼其心盖以中国虽大。久已为积威所劫。一与之较。即谓之衅自我开。其骄谲也如此。五月二十五日。居然驾驶轮船。喝令群夷。擅拆海口木筏铁戗等件。仍复连开大炮。击我炮台。幸而僧格林沁等。上秉天威。大获胜仗。沈其战舰。歼其丑类。创深痛巨。逃出拦江。远近臣民。莫不举额相庆。然臣愚窃料逆夷情事。尚不能实时就抚也。盖以凭陵上国。称雄海外。一旦贺战胜者在中国。则忧瓦解者在群夷。势不能不极力抗衡。以侥幸于一转其局。设朝廷亟布怀柔之德。则逆夷益生狂悖之心。我以为感之以诚。彼反谓示之以弱。而抚局愈不可就……

(甲辰)恒福又奏。初三日戌刻。据千总任连升回沽面禀。初二日因风大。未能赶到。初三日早。甫到拦江沙外。米夷火轮船。与各夷船只。鳞次停泊。该弁投递公文。夷兵于船上排列队伍。嘱该弁守候逾时。始将猪羊等物收受。发给汉文照会一件。红纸片一件。察其情形。似与英夷暗通消息。并面订初六日赴北塘会晤日期。奴才与藩司文煜。公同拆看。系米夷副使兼管翻译事务卫廉士。照会天津道公文。内载各情。与任连升所禀相同。伏思英夷挑衅。经此番惩创之后。自难露面。如米夷真愿就抚。赴京换约。奴才等待之以礼。设法羁縻。使之就我范围。则佛国游移之见。或可挽回。即佛国骄悍之情。亦成孤立。但有机会可图。自可妥商办理。第该夷与英夷船只毗连。暗通消息。且该夷面问该弁。现在大沽海口。闻系僧王统兵驻守等语。初六日。又欲乘坐火轮船一只。嘱派熟识水道之人。导引入口。是否实为换约而来。抑或另有诡计。殊难深信。奴才会商藩司文煜。于照会内。添叙北塘水浅。该国船只。难以入口。初六日。派弁备船往接。此项照会。仍派千总任连升。前赴该船投递。再行留心察看。

藩司文煜。于初四日先赴北塘。妥为布置。奴才拟于初五日。即赴新河。俟初六日接见该夷时。如果该夷整队上岸。我军亦排队相接。以崇体制。如该夷不带多人。火轮船亦不入海口。自当饬令弁兵。改装易服。密为防范。总期相度机宜。不动声色。以全抚局。

钦差大臣科尔沁亲王僧格林沁奏。该夷自受创后。相持数日。旋据米酋华若翰。投递照会。督臣恒福。先饬天津道孙治。给与回文。随饬藩司文煜。驰赴北塘。相机议款。一面照会米酋。谕以由北塘入京换约之意。并允听从初六日会晤商议。闻米酋尚称驯顺。或能遵谕办理。惟能否联合英夷。使受羁縻。尚未可知。奴才以北塘营垒规模。与大沽无异。既将炮位兵丁撤去。恐该夷入内窥觑。便可推知大沽情形。是以于营内埋伏地雷。锁闭营门。令守营兵丁。明告该夷。阻其入营。恒福。专任抚局。不能不与夷酋会晤。而北塘防兵既撤。与夷船逼处。恐有疏虞。仍须驻扎大沽。定期会议。程途非遥。可以往返就商。总须使我有制夷之方。该夷不至乘我之隙。方为尽善。英夷经此一番惩创。愤憾必深。该夷兵船驶入内河者。多被损伤。必往广东上海。调取兵船。以图报复。米佛二夷。既与党同。或托词与我连和。慢我军心。以阴逞其狡谋。亦不得不多方虑及。奴才已飞咨两广两江各督臣。知照击毁夷船多只。该夷败退各情形。各令探有夷船北驶之信。飞速咨报。大沽营垒。间有损毁。已饬赶紧修补。惟期鼓励军心。严治守备。以防夷船之报复。断不敢以北塘方设法抚绥。稍存大意。至二十五日。击沈夷船四只。该夷由水底扯回一只。我军烧毁一只。其余二只。连日开炮轰击。糜烂破损。搁置铁戗外。亦无夷兵守看。沈水大小炮位。经我军捞运七尊。安设炮台营墙。约重三四千斤不等。尚有万斤以上大炮。派水夫捞取。辄被该夷开炮抵御。夷人或潜来拉运。我军亦开炮轰击。鸡心滩外。击损夷船八只。该夷昼夜补修。先整理两只。驶出拦江沙外。至初四日酉刻。各船前拉后拥。乘潮下驶。顷刻均已退出。拦江沙外停泊之船。约共十七八只。此夷船陆续退出拦江沙外之情形也。该夷经此次受创。愧悔交迫。入京换约之议。本属诡谋。或竟可以中阻。米酋两次照会。皆列总督庆。衔名。亦见其故作周折。并非实心求和之意。或竟添调兵船。再图滋扰。统俟日后稍有端倪。再行陈奏。

（乙巳）谕军机大臣等。桂良等奏。接奉谕旨。先令薛焕。黄仲畬。赴津。并请敕恒福等妥办一折。前据桂良等奏。夷酋业已赴津。原议令其由北塘进口。来京换约。其大沽海口。经僧格林沁安设铁戗木筏等件。断难因此撤防。已先由天津道投递照会。讵该夷狂悖。不遵理谕。强欲闯进海口。撤我防具。驶入内河。五月二十五日。先行开炮。轰我炮台。僧格林沁督率弁兵回击。毁其船只。伤毙夷兵甚多。所有接仗情形。据僧格林沁奏称。已咨桂良等知悉。连日相持。未再接仗。夷船已退出拦江沙外。能否悔祸。尚难豫料。兹闻米夷遣人至北塘。投递照会。恒福。文煜。与订期初六日在北塘会晤。现尚未据恒福等奏到。傥米夷肯为转圜。自可相机办理。如该夷等不肯由北塘进口。断难自撤防具。准令由大沽进口。况既经接仗。情形又与前议不同。桂良等。先令薛焕。黄仲畬。径赴天津。著诣僧格林沁军营。听候该大臣等。相机调遣。桂良等。仍迅速趱程进京。无论何人先到。即著递折。豫备召对。面授机宜。

丙午。直隶总督恒福奏。奴才于初六日寅刻。督同藩司文煜。暨通永道。天津道。并清河道。及随带各文武。由大沽驰往北塘。守候该夷会晤。僧格林沁派马队官兵五百名。奴才派督标官兵四百名。在北塘附近一带。不动声色。严密防备。所有接见该夷馆驿。妥为办理。迭派官兵登高瞭望。不见夷船帆影。直至酉刻。始据任连升回至北塘禀称。初五日因风色不顺。未能赶到。于初六日早间。始抵夷船。投递照会。该夷告以定准初九日。备内地船只往接。带领该夷火轮船一只进口。如水势不敷浮送。行至何处。即在何处停泊。到北塘后。不能耽延。即行进京换约。并问桂良等。何时可到。又言日前接仗。该酋曾力阻英佛两国。免伤和好。而英佛两国。恃其强悍。不听劝谕等情。当将照覆一件。交该弁赍回。奴才与文煜。公同拆看。词意与该弁所禀。大略相同。奴才因该夷既已改期。只可等候。当即率同藩司等。撤队回沽。伏思米夷华若翰。前有初六日到北塘会晤之议。曾经奴才照会。该夷或住船上。或住北塘。守候桂良等到津。商办入京换约事宜。乃该夷来文。与面告任连升之语。并不答复此层。而即欲进京。意甚坚执。奴才与文煜。悉心商酌。米夷词虽恭顺。尚无桀骜情形。惟二十五日之战。米夷船只。实与英佛两国。同时直闯海口。有所获米夷蒋十坡。口供可证。今该夷既倒填照会日期。又以力阻英佛两国为说。掩其同谋。是否因僧格林沁击败之后。慑我兵威。抑或另有诡谋。殊难凭信。况初九日由北塘进京为期过迫。难保非于连和之内。隐怀挟制之心。现在桂良等。行抵何处。奴才前与僧格林沁。由六百里飞咨。至今未准咨覆。日深焦盼。现拟照会该夷。于初九日在北塘会晤。并令暂为守候桂良等。到津信息。第该夷能否遵照办理。听我羁縻。尚难悬揣。至所带随从人数。该酋照会内。有携带些少随员之语。复面告任连升。带领随员暨跟役等人。共三十余名。该夷如诚心就抚。自可不带夷兵。而火轮船只。又欲停泊北塘海口。一切弹压稽查。必须倍加慎重。不可稍涉大意。谨将该夷照会一件。并奴才拟给该夷华若翰照会一件。一并钞录。恭呈御览。傥该夷不肯守候。应否准其即行进京之处。请旨训示遵行。

谕军机大臣等。恒福奏。接到米夷照会。即欲进京。现拟暂为羁縻一折。初六日。恒福未能与米夷会晤。该夷照会。订于初九日备船往接。到北塘后。即行进京换约。并有携带些少随员之语。米夷既欲到京换约。即不必过为拦阻。致彼生疑。但须告以桂良等尚未到京。汝等或在北塘守候。或径欲进京。总须俟桂良等到后。方能互换和约。如该夷情愿少带从人。先行来京。该督即拣派道员一人。副参领一人伴送。妥为照料。护送来京。至佛夷虽随同英夷闯进。仍可佯为不知。即著恒福等。给以照会。告以现闻该国船只。亦到拦江沙外。米夷现在准其进京换约。惟此次英夷。系无端寻衅。自违和好。并非中国失信。想佛国必不肯背约。是否与米国同换和约。抑或俟英国事定之后。与该国一同互换。如此照会。看伊如何回复。并将俟桂良等到京。方能办理之处。一并照会佛夷知悉。桂良等到京。总在本月二十日后。至米夷停泊北塘。一切弹压稽查。仍须僧格林沁等。严密防范。勿稍大意。

庚戌。直隶总督恒福。布政使文煜奏。初九日寅刻。奴才等督同文武各员。带领两盟马队五百名。督标官兵四百名。驰赴北塘。豫派千总任连升。雇备民船。迎至拦江沙口。该夷酋即乘坐民船。并自带小舢板船二只。于巳刻行抵河岸。该夷见岸上系以车马备接。不肯乘骑。因其自携绿呢轿一顶。蓝呢轿一顶。向千总任连升。索要轿夫十六名。以备该国公使及督提乘坐。奴才等。当派广平府同知博德。宏武候补知州曹大绶。往告此间海口偏僻。并无轿夫。现自总督起文武各员。均系乘马。该酋等闻此。亦即上岸乘马而来。奴才等公同在馆舍接见。系米国公使华若翰。提督达酋副使卫廉士。通事代华若翰云。称系奉伊国主派令赍送国书进京。互换和约。于五月初三日到上海。与桂良。花沙纳等见面二次。即行开船。于五月二十一日。到大沽海口。现已半月有余。即乘备办夫马入京换约等因。奴才等当告以桂良等。已由上海起身。月内可到。并闻先派江苏臬司薛焕。来此照料。可以安心静候。该酋以海面风涛之险。难以久住。即欲先到京城守候为词。并云只带随员二十人。书写跟随等项十人进京。余均在船等候。奴才等告以须俟请旨。再行照会。该酋应允。惟谆问日期。奴才等答以至迟不过十日。该夷又以海上风大潮涌。伊国大船尚可在拦江沙外。其小火轮船一只。欲停北塘河口。以避风涛。船上兵丁一切食物。自行出资采买。奴才等告以既系和好。即小火轮一只。停泊口内。亦无不可。惟兵丁人等。不得擅行上岸。此地炮台营垒。内有埋伏。系为防守地方而设。万一随来之人。误入营内。致有伤损。地方官不任其咎。至一切食物。官可采办致送。该酋均已允从。不令夷兵上岸。此米夷情愿就抚之情形也。至英夷不遵理谕。先行开炮一层。奴才等向其询诘。照会何以不接。食物何以不受。既系同来。自无不知底细。我中国以诚信待人。从不轻易用武。以示怀柔。而历年来大皇帝之优待英国。尤为宽厚。现既允其进京换约。则大沽北塘。同一行走。有何争执。况以换约而来。意在和好。岂有毁我防具。击我炮台之理。此中曲直是非。当有公论。该酋答以二十五日。所递照会。伊虽未见。而知有此事。至英佛两国。实因不走北塘。必欲由大沽行走。是以与官军接仗。现在英国公使。已于初七日开船。佛国公使。已于初六日开船。均回上海。仍有船只。在拦江沙外停顿。从前和约。内原有彼此调处一层。如可挽回。伊必肯尽力。惟须我国与英佛两国。均向其嘱托。方能从中调处等语。奴才等答以衅非我开。英国如果知悔认错。不妨仍旧连和。傥仍一味逞强。惟有再行接仗。奴才等察其词色。似为英佛说词。而若合若离。又不肯引为己任。夷情诡谲。实难窥其端倪。此英佛两夷。不能遽然就抚之大概情形也。米夷在北塘馆驿。接谈逾时之久。词意颇为恭顺。临行袖出夷信一纸。系寄俄啰斯者。嘱奴才等。递至京师俄啰斯馆收拆。遂于未刻。仍坐车赴河干。乘伊国舢板船而去。奴才等以进京一层。该酋既甚为急迫。未便久羁。致生枝节。正拟具奏间。接奉寄谕。奴才等。遵即折回大沽。将以上各情。与僧格林沁。悉心商酌。约计桂良等到京。总在二十日以后。拟于十五日间。先与该夷送信。约其二十日前后。派委文武妥员。护送该酋华若翰北上。其行走道路。一由北塘起旱至津。由天津水路到通。一由北塘起旱至香河。由香河水路到通。两路均可行走。惟天津人烟稠密。夷人到津。恐其惊扰。不如由香河行走。较为顺便。如该夷不肯由香河行走。再令取道天津。临时斟酌办理。一切支应。均派委员专司其事。以示优待而顺夷情。其英佛两酋。虽据华若翰声称。已回上海。是否确实。殊难深信。第该夷自接仗以后。退至拦江沙外。若拟给与佛夷照会。难以投递。且我先俯就。则彼必益肆骄矜。不如稍缓时日。或米夷能于转圜。使佛夷就范。而英夷势孤。尤无痕迹。该酋华若翰。虽不肯以英佛之事自任。而曾言及三国同系换约。我国由北塘行走。彼二国亦可照样等语。此时总宜示以镇静。俟彼来就我。因势利导。方为稳妥。

癸丑。钦差大臣科尔沁亲王僧格林沁奏。奴才前将夷船驶出拦江沙外各情具奏。与该夷相持。已逾十日。讫无动静。据米夷酋。初九日与督臣恒福会晤时。声称。英佛两国公使。于初六七日已回上海。连日瞭望拦江沙外夷船。仍系照旧停泊。自初十日起。夷船陆续开行。至十二日巳刻。全数不见形影。惟米夷大小火轮船二只。停泊北塘海口。察其情形。颇亦自知理屈。进退无措。或暂回本国。以图再举。或开泊别处。另生枝节。均未可知。该夷此次之来。原不过以和好愚我。暗施其诡诈伎俩。若果但为换约而来。兵船二十余只。夷炮百余尊。夷兵数千名。安所用之。其为有意逞凶要挟。固不待辨而明者也。二十五日之战。力挫凶锋。该夷怀愤必深。仍将调集兵船。以图报复。若得中国兵力。使受一二次巨创。该夷虚憍之气。不堪再折。必立见颓挫。可保中国数十年无事。或该夷稍有悔悟之心。可以相机开导。使受羁縻。输心效顺。出之自彼。抚局方为稳固。此奴才窥度英佛两国情形。当从缓设法招徕。不宜操之过急。其情事实系如此。至咪夷入京换约一节。接奉咸丰九年六月十二日谕旨。

圣虑周详。一切当敬谨遵照办理。惟天津民户稠杂。去岁夷船停泊城外。不无滋扰。此次夷使过境。居民或因交仗。言语伤犯。反觉非宜。应令其绕过天津。再行登舟。似于事体较为稳妥。该夷三国。比党同谋。断无两国败回。允听咪夷一国。自行换约之理。其中恐有诡谋。咪夷会晤时。既不认与我接仗。所移照会。填写日期衔名。种种含糊。必系与英佛两国商量停当。留之天津。以为转圜之地。委员曹大绶。博德宏武。往咪夷船会晤该夷副使卫廉士。并二十五日所获咪夷。亦不肯承应。且称三国兵民互用。咪国有英佛之人。打仗时惟以旗帜为准。且据由北塘旱路入京。该夷自备坐轿。由地方雇给轿夫。并有行李百余担。应备夫百余名。不肯乘坐车辆。该夷惟以入京换约为言。不认接仗。自属为将来与英佛两夷说话地步。据上年留于天津之广东人黄惠廉。言外夷旧规。两国交兵求和者。应出兵费给与允和之家。从前该夷屡向中国要索。皆以兵费为言。是其明。证此次该夷挫败。若向我求和。恐我索其兵费。若我向之求和。该夷亦必以所失船炮为词。要求兵费。此种情形。必须豫防。是以初九日之会。奴才曾令武弁等。托咪酋转向英夷讨取兵费。盖先以杜其向我声索兵费之意。该英佛两国和局转关。总在咪酋然要须俟彼有意调处。明白剖断。俾无流弊。方为尽善。此又奴才窥度三国情形。当善为笼络。不宜一味将就允许者也。咪夷所寄俄夷书信。自应遵旨寄京转付。惟念去岁英佛两国滋扰。实系俄夷从中推波助澜。此次若令与咪夷互相通信。又恐两国煽惑。别生事端。似以不与通信为妥。所交原信。仍由督臣恒福收存。俟该夷到京后。自行投递。奴才愚昧之见。是否有当伏候训示遵行。至英夷沈船三只。船身破烂。其中大小铜轮数百。铜质精美。俱无损失。大小夷炮。陆续捞取十二尊。万斤以上炮四尊。其间一尊。膛口八寸。定心铁子。约厚寸许。计重六十余斤。若用实子。总在百斤。膛口过大。实子力重。恐亦不能运送。现据所得夷炮。足资使用。再京旗拨解大炮八尊。并续调归化。绥远。二城官兵一千名。均拟俟其到津后。饬令安扎双港各营。以为后路声援。

谕军机大臣等。僧格林沁奏。英佛船只。全数开行。并护送米夷进京办理情形一折。英佛两国夷船。自初十日陆续开行。至十二日全数驶去。该夷此去。或由上海。或赴广东。添募兵船。希图报复。均未可知。且恐该夷蓄谋诡谲。潜匿附近岛屿。待集兵船。乘我不备。于昏夜风雨之中。突然内犯。尤不可不严加防范。著僧格林沁。仍督饬将弁。加意防守。并设法哨探夷粽。勿稍大意。至米酋到京。城内万难允其坐轿。惟由北塘登岸。旱路不妨许其坐轿。至绕过天津。即由水路行走。到通后。令其坐车。或坐骡轿。进京勿得许其坐轿。著恒福。文煜。先与该酋说明。以免临时狡执。米夷所寄俄夷书信。该大臣恐其两相煽惑。所虑亦是。但此信将来总须交付俄夷。不如官为经手。转可杜其私相通信之弊。所有米夷信件。著恒福即封咨军机处。交理藩院转付俄夷。较之令其自行投递。更觉妥协。

又谕。前因英夷挫折之后。其兵船在天津海外者无多。计必或赴上海。或召广东兵船。重来报复。当谕令何桂清。派员赴沪查探。密加防范。并令该处华商与夷商等劝阻。冀其弭兵息事。或先招致佛夷。散其党羽尚。未据何桂清覆奏。谅已遵旨妥办矣。兹据僧格林沁奏称。米夷与恒福会晤。声称英佛两国公使。于初六七日。已回上海。瞭望拦江沙外。夷船自初十日起。陆续开行。至十二日巳刻。全数不见形影。惟米夷大小火轮船二只。停泊北塘。静候入京换约等语。此次英夷背约恃强。先行开衅。经官兵击退之后。当亦自知理屈。或暂回本国。以图再举。或开泊别处。另生枝节。均未可定。现在上海通商。该夷囤寄货物不少。必自知顾惜。且有各商从中劝解。当不致在沪猖獗。惟苏松两府。为财赋重地。吴松江口。直达苏州府。黄浦江。直达松江府。此二处不可不严密设防。著何桂清。密派妥员。随时侦探。相机办理。闻道光年间。曾用虧旧粮船。载石沈水。扼截江面。及内地河面。以固苏松门户。夷船未尝内犯。谅可查照布置。以期有备无患。至镇江一城。滨临大江。无要隘可守。惟现在金山一带。尚有水军驻扎。著和春。督饬水陆弁兵。严加防范。特不可先行开炮。致该夷有所借口。傥该夷先行肇衅。自当慑以兵威。足资御侮。至现在抚夷大局。操纵不在天津。而在上海。何桂清。身任钦差。督办夷务。如探听英佛二酋。果在上海。则羁縻笼络。务当设法办理。以弭兵衅而全抚局。是所望也。

咸丰卷四〇

(咸丰九年己未六月丙辰)直隶总督恒福。布政使文煜奏。本月十六日。据派赴北塘海口照料之委员。候补知府长启等禀称。是日申刻。有米国船只进口。该府等。当派千总任连升上船。询系俄啰斯国。借用米夷船只。驶泊北炮台以下。船上夷官六人内有通使安姓。即去岁来过之安文功。呈出公文一角。托买食物单一纸。阅看夷文。情词颇为桀骜。该夷原有呈进枪炮之说。此次照会中并未提及。乃称遣派章京等官。入京投递书信。给与该国公使。查去岁和约内。有无准其由海口投递书信之语。奴才等未能得知。该夷如此肆意任为。似未便径听所请。奴才等与僧格林沁商议。俄夷此次来意。未可窥测。拟先令委员。往该船晓谕。就近探其来意。所有照会内应覆各语。先缮稿进呈御览。该夷声称携带战船几只。现在瞭望拦江沙。只有该国大火轮船一只。其随后所来夷船若干。尚未探悉。

恒福等又奏。遵查行走程途一节。奴才等。与僧格林沁。商议。米夷自北塘登岸。令由陆路至军粮城。即由军粮城。径至北仓上船。当饬委员告知。该酋意甚乐从。查北仓距天津府城二十里。夷酋舍陆登舟。虽行走天津地面。离城校远。免其窥探后路虚实。且与程途并不纡折。抵通后。再行起程入京。

查有盐运使衔清河道崇厚。副将衔候补参将宣化镇标中营游击张秉铎。堪以护送。拟即派令督同委员。暨各地方官。沿途妥为照料。俟到京时。交顺天府府尹衙门。接收办理。换约后。仍派该道等护送出京。到北塘上海。以资熟手。所有该夷酋进京人数。前已奏明。议定只带伊国随员二十名。并跟从及内地在米国书写汉字之人十名。共三十名。仍谕饬委员等。及沿途文武。不动声色。密加防范。至江苏臬司薛焕。候选知县黄仲畬。奴才恒福。遵即专札飞催。饬令该司率同黄仲畬。无论行抵何处。径赴京城。不必绕道天津。以期迅速。奴才等连日在炮台上。用千里镜瞭望。仅见有米夷大小火轮船二只。在北塘海口一带湾泊。其英佛两国船只。均已不见帆影。惟询得由牛庄驶来商船云。十四日瞥见距天津海口。约二百余里之十八托水洋面。泊有夷船九只等语。是否调取救援。意图报复。抑或藏匿海岛。别有诡谋。均难测料。已由僧格林沁。督饬各官兵。仍行严密防范。以备不虞。十三日午刻。米夷副使卫廉士。带领通事。乘坐小火轮船一只。驶入北塘河内。邀委员议事。奴才等当派广平府同知博德宏武。候补知州曹大绶。前往接见……

丁巳。署吉林将军特普钦等奏。六月初九日亥时。据署宁古塔副都统佐领富新。转据署珲春协领富坤。呈据派防佛多西地方之委官花里雅逊报称。六月初一日。有长发夷人二十余名。分牵驮马。道经防所。弁兵向阻不听。并据统巡骁骑校博兴报称。初二日该夷众行抵罕奇地方。支搭账房四架。当向查询。言语不通。账房以内。存放刃器。不容察看等因。呈报。前到三姓之彻卜勒幅等。已有欲赴宁古塔珲春贸易一语。随即飞饬署副都统。刻即派员驰赴该处查明。正言拒绝。勿任搭盖房间。侵占地界。十一日午刻。又准该署副都统续报。据海防官弁呈报。初二日有大船二只。三板船二只。驶抵摩阔岁停泊。分遣夷众。驾三板船。至罕奇地方傍岸。其前到夷人。即竖立旗帜。往近登陆。经该弁兵婉言询问。有老夷一名。以汉语答称。伊等系由东海到此。等候续来大船八只。以便同赴天津。办理公务。其由陆路先到夷人。俱图采阅地势而来。言毕。即使先到夷人四名。同驾小舟往迎大船未回等情。伏查夷酋木哩斐岳幅。前有由东海赴天津。进送枪炮之举。嗣在黑龙江省。又有赴绥芬乌苏里。等候吉林委员勘界之言。近据各卡探报。又称。该酋前赴奇吉径赴南海。约须秋后旋回。兹实于珲春地界。先有陆路来夷三十余名。旋复由海道继至多人。竖立旗帜。忽来忽去。并称。续有大船多只前来。同赴天津。是否即系木哩斐岳幅。均难悬定。该处孤悬海隅。兵数无多。如果该夷仅贪占地界而来。该处与绥芬较近。若任令该夷联络布置。已属滋蔓难图。若复别有觊觎。则珲春地方。尤属堪虞。现拟派副都统衔吉林协领巴朴保拉朴。佐领永谦。星驰前往。由宁古塔酌带弁兵。督率署协领富坤。相机筹划防堵。仍飞饬查明。如果仅止贪占空间地面。即与之据理剖辩。不必显与争执。肇启衅端。并密禁本地旗民。不得与之交易。严饬兵丁。加意防范。缓图办理。傥该夷别生枝节。务须督带弁兵。竭力防守。一面飞行驰报。再行酌派弁兵。并飞饬宁古塔署副都统富新。会同和衷筹办。不可稍有贻误。仍多备余丁。勤加操练。以防不虞。特普钦等又奏。五月二十七。六月初七初九等日。据暂署三姓副都统参领巴彦布等。转据巡防骁骑校尽先佐领讷尔吉报称。五月初六日。夷官奇萨罗幅。带领夷人三十四名。乘船三只。由乌苏里口上驶。欲赴兴开湖察看地势。理阻不听。至呢满河暂行停泊。又于初十至十七等日。由呢满河等处上驶夷船九只。夷官二员。夷人一百十一名口。拦阻至再。该夷等。总以奉木哩斐岳幅之命为词。谓乌苏里以下。原系两国同管之地。即使乌苏里江。亦许俄国人船往来。今屡次强阻。是要寻衅。即派大官前来。亦不能拦阻。随喝令夷众持械闯行。又夷官石沙木勒幅等五员。带领夷人三十六名。乘船五只。驶入兴开湖。并由陆路赶马五十二匹。夷人八名。经该弁等。向其通事匏有再三开导。而夷众等抗不遵行等因。又据乌苏里口巡防佐领索昌呈报。五月十三十六等日。有夷官五员。带领夷人男妇子女三百四十二名口。乘船四十四只。携带吃食器械。由图勒密驶入乌苏里江上行。该员向阻。夷众并不答言。辄用船杆乱打。并据黑河口尽先协领佐领庆恩等呈报。五月十七十九二十二等日。由黑龙江出口下驶大小火轮船各一只。大小船十六只。木簰二十五串。载运牛马枪炮等物。经该员弁等。乘舟迎阻。该夷不容近前。视其指画之状。似欲前赴奇吉等处各等因。并据声称。派兵密探该夷等。在乌苏里江东岸。自抓吉地方向上。由阔图斯克。直至兴开湖等十四处。相距三四十里。至一百余里不等。每处建房。并搭盖草窝棚三五所。至十余所。各居夷人男妇幼稺二三十名。至八九十名不等。牧放牛马。开园垦地。各有鸟枪农具船只等语。该员等前报。该夷潜在博力。并古克连苏苏等处。建房牧放牛马等因在案。此次所报。是否统算其数。未甚明晰。复经飞饬该员等。确查去讫。惟该夷人众日渐增多。而现在由黑龙江口下驶人船。仍复陆续前来且现入乌苏里以内。建房居住。夷人不下六百余名。而石沙木勒幅。又复率众强入兴开湖。察看地势。理谕不听。除飞咨三姓副都统富尼扬阿等。督率巡防守卡各员。据理晓谕拒绝。暨飞饬署宁古塔副都统。拣员分赴绥芬要隘搜查严防。并咨商黑龙江。亦协力设法劝阻该夷。勿再恣意妄行。至前到三姓之彻卜勒幅。现在有无折回。及木哩斐岳幅。是否实赴天津。并现于何处停泊。现据署副都统富尼扬阿报称。于图色古途次。接据差探称在图勒密。询据夷酋奇萨罗幅声称。木哩斐岳幅。于五月初七日。到彼告述。奉俄国差遣。下往奇吉。由彼径赴南海天津等处有事。约须秋后。始能旋返。取有回文。并于途次访询相符。查木哩斐岳幅。前在黑龙江省。有在乌苏里等候吉林委员一月之语。兹据探报。又复两歧。现在飞饬富尼扬阿。再探该酋行止。

盛京将军玉明奏。查田庄台。曾有前调堵御官兵五百名。但两岸炮台四座。营盘三处。距没沟营仅数十里之遥。一水相通。傥遇有警。兵力未免较单。随将前次挑备官兵内。分拨五百名。遴员管带。于六月十一十三等日。分起起程。驰赴田庄台。交副都统衔协领奇凌阿。协领庆丰等统带。先后共调兵一千名。两岸驻扎。以资守卫。惟奉天所属西南一带海口。有名者三十余处。若在在全行派兵不但需费浩繁。而兵数亦实不敷分布。只可择要添防。其余各口。屡经严饬地方官。及守汛各官。认真哨探。严密设防。如有夷船驶至。迅速飞禀。前据金州副都统希拉布先后咨称。界属和尚岛海口。于五月二十七日。有异样船一只。共载人十八名。内有黑白夷人七名。询据称。系广东广信号之船。由上海装载哈喇洋布等货。到此销售。又貔子窝海口。于六月初一日。见有异样船一只。内有夷人三名。乘坐脚船登岸。当经汛官派兵。改装易服。赴船查验。该船约有十七八人。内有夷人七八名。仅载红糖洋布。并无枪炮器械。称系宁波商船。贸易来此。售卖货物。均经该地方守汛各官谕令本地商人。明白开导。此处向非通商之地。铺户无多。银钱稀少。不能接买。该船即随时扬帆出口。嗣于初五日。该口外洋面。复见有异样船一只。由东洋而来。向西南洋驶去。并据岫岩城守尉通判禀称。距所属大孤山海口三十里之双山子地方。于六月初三日。遥见异样船一只停泊。有二人乘脚船。驶至大孤山街内。当经查询。据称。船上共十九人。内有夷人五名。装载洋布等货。来此贸易。复向其理言口内水浅滩长。卸载不易。碍难通商。令其返棹二人佥称。既不卖货。实时回船。次日登高瞭望。该船向南直入大洋驶去。

己未。钦差大臣两江总督何桂清奏。饬委熟悉夷情之奏请开复知府蓝蔚雯。驰赴上海。会同吴煦。密加查探。据吴煦初十日密禀。内称初八日以前。上海并无信息。初九日。有火轮船一只驶回。是晚各夷商纷纷收取银两。搬运下船。半夜方毕。为数不赀。初十日。又有轮船三只驶回。探悉装载受伤夷官夷兵二百余名。内有水师提督贺西达。即僧格林沁折内所指赫某。翻译转音之讹。伤在左骽又陆路提督海金。伤在右骽又副将海沙法耳。伤在左脚面门。即送回香港。又闻五月二十五日。我兵击沈火轮船三只。歼毙夷官夷兵。已经查明二百余名。内有守备三人。小兵头四人。英酋普鲁斯。现调印度兵一千名。月内可到。并在香港调补伤亡人数。又闻英夷领事。邀各夷商。于初十日酉刻。齐集议事。又闻佛酋布尔布隆。有即日折回上海之说。英米二酋。是否同来。尚未探实。查该夷受此惩创。即使自知理屈。亦必捏称我先开炮。激怒各夷。为报复计。现在上海并无英夷兵船。所探添印度夷兵。及由香港补足伤亡人数。系必然之势。惟该夷用兵。一切费用。取之于夷商。臣惟有密饬华商。开导夷商。离其心志。为釜底抽薪之计。佛酋布尔布隆。如果折回上海。此人尚不似普鲁斯之冥顽不灵。或可以情理动之。惟局面既有变动。以后情形。究竟若何。实难豫料。且上海为江苏命脉。夷商收回银两。已有戒心。贸易必将暂停。夷税厘捐。本已日形短绌。今则更无把握。于大局殊有关系。屈计蓝蔚雯。日内可以抵沪。再密饬会同吴煦。随同确探动静。相机妥办。

庚申。直隶总督恒福布政使文煜奏。僧格林沁。派降捐通判黎鸿恩。千总邱瑞祥。往俄啰斯船查询。而该员未到之先。委员博德宏武。曹大绶等。在北塘因该夷催信甚急。就近上船。先与该夷会晤。询其来意。据云。所带兵船。系赴日本国争占马头。顺便送俄官二员。随从二名。由海口进京。面见该国公使。有紧要事件等语。博德宏武等。再三开导始。于未刻开船出洋。迨黎鸿恩。邱瑞祥。赶到北塘。夷船业已开行。随驾船追及。该夷声称。派员进京。因所议和约内。有与该国公使面议事件。其兵船赴日本国有事等语。与博德宏武等所言相同。且该国公使。又久在京城。自未便向其拦阻。该夷丕业罗幅斯奇。既与肃顺。瑞常。议定如有人到。即由北塘进京。自不必再有迟疑。并遴派知府长启。候补都司文安。护送俄国副章京步多国斯克。通事官石射马畧甫。暨随从二人进京。妥为照料。其水路仍仿米夷进京行走。到京时交顺天府理藩院接收。如该夷不日出京。即仍令该文武护送照料。其俄夷火轮船一只。停泊拦江沙外。当密为防范。至英国接仗一层。并经委员黎鸿恩等。向通事安文功。询问该夷进京。是否专为本国事件。抑为英佛两国事件。据安文功。答以两层俱有。其实在底细。亦不能尽知等语。该通事安文功一面之词。虚实真伪。未可尽信。如有调处之言。到京即可吐露。该酋木哩斐岳幅并未言及接见之意。如其约期会晤。自当面为晓谕。

(壬戌)钦差大臣两江总督何桂清奏。护苏松太道吴煦。开复知府蓝蔚雯。于十二三等日会禀。内称。十一日佛酋布尔布隆。十二日英酋普鲁斯。先后折回上海。搬进洋行及夷馆居住。向来夷船进黄浦江。各夷船俱放炮迎接。此次并未放炮。亦无动静。米酋并无返棹消息。计自初八至十二日止。由天津折回夷船五只。佛夷船二只。闻尚有余船驶往外洋。径赴广东宁波者。初十日英夷领事。传夷商。告以普鲁斯信来云。中国先开炮致被受伤。上海应即不完关税。因众论不一。致未定议。该护道等得信后。密传华商。授以机宜。开导夷商。以孰先开炮并未目击。姑无庸深辩。我中国钦差大臣。曾经照会尔国。船到天津。只可停泊拦江沙外。今尔等受创处所。系在拦江沙内。其中曲直。亦不辩自明。且尔等不完关税。大皇帝即不准货物出口。一切帐目。亦断不能收清。尔等跋涉重洋数万里。所为何事。夷商尚知领悟。不以停税为然。现在普酋已到上海。数日内必有成议也……

直隶总督恒福布。政使文煜奏。十九日奴才恒福。饬令清河道崇厚。宣化镇标中营游击张秉铎先赴北塘。妥为照料。奴才文煜。于二十日亦赴军粮城守候。该酋于二十日酉刻。乘坐小火轮船一只。驶进北塘河口。崇厚。张秉铎。会同通永道德椿。一同上船。与该夷正使华若翰。副使卫廉士。通事丁韪良。会晤。询知该国提督达酋。因年老留守大船。不令进京。当告以海外大船。如需用食物一切。均可开单来取。勿令水手兵丁上岸。该夷当即允遵。并将进京之三十人。开具衔名清单。呈递前来。于二十一日卯刻上岸。依次登车。甚为安静。于辰正全行开车。午刻行抵军粮城。奴才文煜。与该酋华若翰等接见。宣布皇上诚信待人。深恩厚泽。该酋等深知感激。并自言进京换约后。必为英佛两国调处。奴才文煜。诘以英佛船只。既已全数回南。何从说项。该酋复答云。英佛两国。尚有船三只。在山东登州庙岛地方停泊听信。今蒙大皇帝天高地厚之恩。如可为力。必当代为说合。奴才文煜。委婉与答。不露急遽俯从之意。二十二日晨起。奴才文煜。俟该酉起身后。即折回大沽。崇厚。张秉铎。护送该酋等开车。由西堤头前赴北仓。会同天津道孙治。照料上船。连日马夫舟车馆驿供给。均属整齐。该夷及随员跟从。均深欣悦。其水师提督达酋。乘坐大火轮船一只。内夷官二十名。兵丁水手约二百六十名。小火轮船一只。夷官五名。水手十七名。大火轮船往来不定。小火轮船常泊拦江沙内外。如有风涛。即入内河抛碇。奴才恒福。已行知通永镇道。督同文武。随时稽查弹压。不得稍存大意。伏思米夷上年到天津时。系与英佛俄三国同恶相济。本年先后驶至大沽海口。打仗之日。并获有米夷蒋十坡一名。其为一同犯顺。毫无疑义。而目前言词驯顺。凡有禁约。均能曲意依从。自因五月二十五日之战。慑我兵威。不敢仍前桀骜。惟初九日。奴才等在北塘会晤。其时英佛船只。尚在拦江沙外。而该酋声称。佛酋于初六日。英酋于初七日。先后南旋。及十六日投递照会时。该酋复称英佛业已回南。无从转达。俟自京回沪。再为知照。何以此次相见。忽言英佛尚有船三只。在庙岛地方候信。旬日之间。其言种种不符。诡谲情形。殊难豫料。其该夷呈开进京人数衔名一纸。谨缮清单。恭呈御览……

山东巡抚崇恩奏。本月初四日。又来夷人货船二只。收泊福山县海口。揣其来意。不过藉图通。商臣查北路通商之议。至今未定。前准何桂清咨会禁止。适值夷船北来。经臣严切申谕。不准沿海商民。与之私相交易。惟夷人难以理谕。如果上岸要求。可告以山东无货可销。不必繁言赘语。致生枝节。现在各属。均系遵臣饬谕办理。该夷亦知由章程未定之故。声称在此暂候。然山东商贩不通。确系实情。该夷目击市镇萧索情形。奢望已去大半。以故本年登属海口。先后收泊夷船多只。词意恭顺。并未露有桀骜不驯之状。惟本月初十日。蓬莱砣矶岛外洋。见有火轮兵船一只。自北南下。十四日又见有轮船一只。自南而北。该夷船往复行驶。是否天津船只。暂图返棹抑或别怀叵测。均未可知。

(戊辰)署吉林将军特普钦等奏。据署宁古塔副都统。转据珲春巡防骁骑校报称。六月初八日辰刻。见有火轮船。驶至摩阔岁停泊。该弁等登岸查询。时有夷人一名。以清语答称。系俄国夷人。前由黑龙江城。面见吉大人。议及你们两省将军。必至绥芬地方。勘分界址。现在我们大船十二只。已来久候多日。并未会见。因在海洋留船七只。余船五只。来此停泊。仍候你们两省将军。船内现有我们头等公木哩斐岳幅。我系通事官石沙木勒幅。惟时木哩斐岳幅。由内间出而相见。令石沙木勒幅。转向该弁等查问吉林将军。因何竟不到此。该弁等答以无事不能擅离。该酋又谓你们官小。不能专理此事。我们船只到天津。再向彼处大员相议。阻之不听。又问英吉利船曾否过去。该弁等答以不知石沙木勒幅。随即书写该酋衔名。并绘具夷船所立旗纛形式。指称红纛。系我们将军所乘。白旗。系我们夷官所乘。尔国人等切记。视此纛旗。勿疑作英夷船只。再前由陆路牵驮来人。系俄国看地势绘国者。令其仍回兴开湖等语。将此书字片二纸。递交该弁等。令其登岸。随即回船。向西南而去。合将该酋留给旗式衔名二纸。一并呈送等因……

钦差大臣两江总督何桂清奏。臣接据苏松太道吴煦密禀。近来外国商船。有至登州牛庄。及沿海各处贩运洋药。甚至装豆南下。前有不知何国商船。装载豆石。甫抵吴淞。一闻海关饬查。立即驶往闽粤。又闻有商船。在山东沿海之烟台地方。停泊贸易。并于该处买地造屋。系粤人范姓经理其事该处乡民阻之。互殴受伤等情。臣查条约未换。无论何处海口。均不应擅行私往贸易。且登州牛庄之豆石豆饼。即使开市以后。亦不准洋商装运出口。载在上海善后条约。今竟先行贩运南下。其为私贩洋药而往无疑。至登州等处口岸。尚未设定。烟台是否应至之地。更不可知。若不早为禁遏。将来定多棘手。臣已照会英米佛三国公使。传谕洋商。俟换约后。在于指定口岸开市。务即安分贸易。不得违约妄行。致干查办。有碍和好。一面飞咨盛京将军。奉天府府尹。直隶山东督抚。严饬沿海地方。未奉新章以前。如有外国商船私往。必须正言峻阻。勒令及早回帆。倘奸民句通。擅自贸易。该管文武失察故纵。即分别严行参办。仍由山东抚臣饬拿范姓。务获解究。

谕军机大臣等。何桂清奏。夷船在奉天。山东。沿海私贩洋药。请敕查办等语。据称。近来外国商船。有至登州牛庄。及沿海各处。贩运洋药。甚至有装载豆饼。行抵吴淞之事。山东烟台。有商船停泊贸易。并于该处买地造屋。有粤人范姓经理其事。因乡民阻止互殴受伤等情。现在条约未换。无论何处海口。均不应私行贸易。况牛庄系英夷增添通商口岸。登州系英佛两国新增口岸。现在皆未议定开市。不应有夷船前往贸易。倘任令夷人买地造屋。必至占踞中国地面。若不早为禁遏。以后更为棘手。著玉明。倭仁。景霖。崇恩。严饬该管地方文武查明。如有外国商船私往。即行正言峻阻。勒令及早回帆。

傥有奸民句通贸易。该管文武有失察故纵情事。即著分别严行参办。并著崇恩。将私至烟台经手造屋之广东人范姓。密速查拿。务获究办。勿令逃逸。至豆石豆饼等物。上海议定。不准夷人贩运。嗣后内地商贩往来。须各有执照可凭。方无影射。著该将军等。互相札商妥议办理。以便稽查。

僧格林沁等又奏。奴才恒福。与僧格林沁商议。以米酋华若翰。既已入京。而该夷提督。尚在北塘海口。自应妥为抚驭。至所需淡水食物。开单前来。均经委员采办致送。复由奴才恒福。饬派县丞黄惠廉。千总任连升。送给瓜果菜蔬冰块各件。赴该夷提督大船。藉以试探口气。并察看动静去后。兹据黄惠廉等回沽面禀。该夷提督达底拿。甚为感激。黄惠廉。就便向其询问英佛两夷船只。实在去向。该酋云称英夷实有船三只。在山东庙岛地方听候。并有仍欲北来之信。而询以何日可到。所来何事。则又称不知的确。黄惠廉等。又询以俄国船只。究竟何往。该酋云。系赴日本国有事。路过庙岛等语。而据黄惠廉声称。日本在北。庙岛在南。如从此间海口。前赴日本国。则庙岛并非顺道。其言殊未可信。现在该酋所坐大火轮船一只。与俄夷大火轮船一只。均在大洋停泊。其米夷小火轮船一只。常往来北塘河内。一切情形。尚称安静。该夷提督。有与奴才恒福夷文信一件。并送洋枪三只。地毡一张。交黄惠廉等赍回。其夷信一纸。已由黄惠廉译出汉字。钞录恭呈御览。其该夷所送洋枪地毡一件。应否收受。请旨遵行。

咸丰卷四一

(咸丰九年己未七月)辛未。钦差大臣科尔沁亲王僧格林沁奏。六月三十日。接准副都统格绷额文称。二十七日。见有大船一只。在距老龙头十里以外停泊。当即雇觅民船。派人前往查探。船极高大。共有夷人四五百名。多系广东口音。声称英国人。自上海广东来。久门山海关名胜。前来观望。随后尚有小船二三只等语。旋有夷人数名。乘坐小杉板近岸。欲买牛羊等物。内有一名。实系俄夷。上年曾在黑龙江办理界务。与现在防兵。彼此认识。该副都统。调集各处哨探官兵。协同防守等因。奴才随即札饬该副都统。加意严防。果系俄夷。断不致用武。第究系何国船只。难以辨认。或英夷在大沽受惩。前往该处滋扰。希图牵制。亦未可定。惟水面不可与之较量。如有结队登岸。实有寻衅情形。亦应任其深入。方可得手。伏查俄酋慕姓。大船已于二十四日起碇。或者即系此船。何以捏称英夷船只。此理殊不可解。拟请明白晓谕在京俄夷。现在中国与英夷接仗。随在设防。各处口岸。不得擅自停泊船只。设非官兵认识。一经损伤。翻失和好之道。北塘现有俄夷船只。亦可就近传谕。恐该夷不肯遽信。转致生疑。近日俄米二夷船只。停泊北塘。尚属安静。至英夷上年曾经窥伺武汉。此次又在大沽受创。难保不前往滋扰。意图泄愤。奴才业将该夷驶抵海口一切情形。并所筑炮台营垒。高厚尺丈。拦河各项。布置详细。咨行钦差大臣官文。及早准备。仍恐未尽周详。查都司施纟恒。由京来营。奴才暂留差委。所有大沽海口。防守规模该员备悉。拟饬该员由驿兼程驰赴湖北。面见官文述传一切。以期有备无患。

谕军机大臣等。僧格林沁奏。俄夷船只驶至山海关。捏称英夷一折。俄夷大船一只。停泊距老龙头十里以外。经副都统格绷额派人往查。有夷人四五百名。多系广东口音。称系英国人。自上海广东来此。内有俄夷一名。为防兵认识。恐俄俄酋慕姓。前往山海关。捏称英夷。意图窥伺形势。本日已敕肃顺等。照会在京之俄夷伊格那提业幅。告以中国现与英夷接仗。各处口岸。设防严密。如见伊船只。即行开炮。尔国船只。不得擅自停泊。亦不得与英夷同船。恐致误伤。转失和好。僧格林沁。仍严饬格绷额密加防范。如查系俄夷。自可以理开导。勿令停泊。设有英夷船只。前往该处滋扰。即诱令登岸。俟其深入。痛加剿击。以期聚而歼旃。

何桂清又奏。查该夷房产财货。虽在上海。而华商之往来转连则汇聚于苏松。是苏松与上海。固脉络相通者也。上海县城。建于黄浦吴淞二江交汇之处。由黄浦江溯流而上。至闵行镇而进小河。纡回曲折。始达松江。若越闵行镇。而至泖口。渡泖湖。经拦路口。出淀山湖。直达宝带桥。水势宽深。为重载船只往来之路。自宝带桥至苏州府城。系属运河。且多桥梁。水势又浅窄矣。其由吴淞江。溯流而上。历野鸡墩。黄渡镇。至昆山之白塔。以达于苏。间段淤浅。必须乘潮候风而行。是闵行镇为松江之屏蔽。而拦路口实苏州之锁钥也。道光年间。夷务善后案内。曾在闵行镇。野鸡墩。安兵设炮。后又于拦路口。设立水栅。豫备木石。并移驻守备。县丞。稽查经管。均经前督抚臣奏明有案。上年臣与前抚臣赵德辙复经委员周历巡视。妥为布置。并以协剿粤匪为由。制造长龙舢板战船。共一百号。召募水勇。配齐枪炮。仿照征兵例。给发口粮。调赴镇江之金山。及常州一带训练操巡。此项战船。运掉灵便。行使迅速。枪炮亦极铦利。内河外江。无不合用。苏松一带。如有警信。即可飞调前往。以我之长。制彼之短。尚能得力。其镇江府城。诚如训谕。滨临大江。无要隘可守。臣与钦差大臣和春。往返密商。亦早经计及。现在金山一带。虽有水军驻扎。而我之师船。断不能与夷船争衡。必得于陆路设防。方有把握。但陆路设防。不外建筑炮台。挑空濠沟。豫备船筏等事。不特张扬召衅。且一经动工。非数十万金不办。当此饷需支绌之时。亦无从筹此巨款。容臣与和春。再行熟商办理。以期有备无患。

壬申。山海关副都统定福奏。六月二十七日午刻。接据瞭探官报称。石河口由东驶来夷船一只。驶进海口等情。当即饬委协领伊克精额。驰赴海口查探。时副都统格绷额。亦在彼查探。讵夷船距岸约有七八里许。拦江沙外停泊。续有夷人九名。乘坐杉板小船。由老龙头海口登岸。内有通汉语一人。名雅妥玛。称系大英国人。由广东而来。意欲进城买物。言语支离。当向开导。此处非夷人应到之地。该夷稍延数刻。随即回船去讫。适副都统格绷额。雇觅商船一只。派官一员。兵二名。假冒水手。随同商人驶近夷船。细看人数。约有二三百名。格绷额。已将马步队官兵布置妥协。于城内四门。加派炮手。官兵驻守。昼夜巡逻。忽于二十八日。瞭见由西南驶来夷船一只。驶至海沿停泊。奴才惟与格绷额。督饬官兵严防。并飞咨僧格林沁。直隶总督。盛京将军。一体严防。

给俄啰斯照会。

为照会事。近据钦差大臣僧奏报。于六月二十七日。山海关海口。见有大船一只。自称系英国船只。近岸观望。幸我国兵丁认识。内有贵国之人。是以未经开炮。今特照会贵大臣。务即行知贵国。现在英国先行无礼。业已与我国开仗。我国各处海口。设防严密。如见英国船只。即行开炮轰击。嗣后贵国船只官民人等。切勿指称英国船只。亦勿在并非通商之海口游行。贵国人尤不可与英国人同船。恐开炮击英国船只。有伤贵国之人。如贵国之人。指称英国。或同坐英国船只。我国防海之人。必欲开炮轰击。因我两国和好有年。故先行照会。告知贵大臣。务将此情节。迅速行知贵国。勿得自误可也。为此照会。

(乙亥)谕军机大臣等。前因何桂清奏。夷船有在奉天山东沿海私贩洋药豆饼。并于山东烟台地方。买地造屋各情。当经谕令崇恩等。查明妥办。兹据崇恩奏称。本年五六月间。有外国商船十二只。先后来至登属。在烟台海口停泊。奸民惟利是视。难保无私通买卖之事。并四月间。有广东商人。欲在烟台买地。盖造公所。经该县访闻查拿。始行寝息等语。夷船私至登州。及烟台地方贸易。买地造屋。必有奸民暗与句通。地方官始因夷船往来。私通卖买。藉图渔利。继闻奉旨查拿。惧干处分。难保不饰词禀报。仍著崇恩严饬沿海地方各官。认真稽查。妥为防范并严拿粤人范姓。务获究办。登州虽系英佛两国议增口岸。现经天津接仗后。两夷条约未定。不应有夷船前往贸易。更不得任他国夷人。私自与民间交易货物。如有夷船停泊。当令迅速开行。勿许逗留。地方文武。有隐匿不报者。指明参处。勿稍徇隐。

崇恩又奏。据登州府禀报。六月十六七等日。有夷人兵船三只。收泊福山县之之罘岛。旋即起碇北驶。又据报二十日。蓬莱县之大竹山岛。收泊夷人兵船一只。至二十二日开行。向东北大洋驶去。以上各船。据称皆系天津败回。暂时在彼寄碇。并无他意。言词恭顺。亦未上岸滋事。

丙子。山海关副都统定福奏。据瞭探官报称。二十九日午刻。瞭见桅篷高大夷船一只。由西南洋面。驶至拦江沙外停泊。距岸约有二十余里。二十八日。驶至夷船一只复行退出。驶至东南洋面停泊。距岸约有三十余里。其二十七日。驶至夷船一只。仍在海沿停泊。时有夷人乘坐杉板小船。在海沿东西游驶。丈量水势。插记标杆。已被潮水冲倒。复又登岸。意欲进城买用食物。又欲观看长城景致。均经善为阻回。忽于二十九日未刻。故意向西南每船施放大炮三五出不等。遂于七月初一日辰刻。夷船三只。趁潮扬帆。陆续向西南外洋驶去。奴才复派官兵。沿海瞭探。据报夷船于是日驶赴秦王岛海口停泊。亦有夷人登岸。旋即回船去讫。仍在海口停泊。适钦差副都统格绷额。拣派马队官兵。驰赴秦王岛严防堵御。查秦王岛距关三十余里。奴才选派官兵瞭探夷船定动。星飞禀报。旋据报称。该夷船于初二日。自辰至申。先后向西南外洋驶去。瞭探已无踪影。再奴才前派官兵。驻守南水关。分布在边城上。昼夜梭巡防范。兵力较单。已于二十九日。加派抬枪三十杆。兵六十名。统交协领伊克经额管带。以作格绷额。后路声援。其镇城以内。奴才督饬协领塔清阿。同城副将双庆。知县丛坛。饬属昼夜梭巡。以清内患。

丁丑。署广东巡抚毕承昭奏。本年四月十三日。据英国官巴夏礼等。送来照会。内称本年三月初八日。贵国前任两广总督叶名琛。在印度城内病故。当经装敛妥协派委向来陪侍之英官阿查利。一路护送。于四月十二日晚到粤。本日已将棺柩及所遗银物。均交南海县收领。所有上岸停放各事宜。随后妥商办理等因到臣。当即札县查明验收妥办去后。旋据署南海县知县朱燮。亲往洋船。将叶名琛棺柩验收。移至大东门外斗姥宫内。妥为停放并将带回所遗银物。逐一点明封存县库。讯据随行家人许庆。胡福同供。咸丰八年。正月初三日。小的们与武巡捕蓝镔。跟随叶主人由省坐火轮船到香港。并厨子刘喜。薙头匠刘四。一同携带食物随行。初七日由香港开船。十六日到吗喇国。即新歧坡。十八日由新歧坡。到孟喀喇。即五印度。二月初一日。搬上炮台居住。于三月二十五日。又迁往相距十五里之大里恩寺花园楼上居住。至九年二月二十日后。带去食物已尽。小的们请在彼处添买。主人不允。且云我所带粮食既完。何颜食外国之物。屡经翻译官。将食物送来。一概杜绝不用。于二月二十九日。得病不食。至三月初七日戌时病故。临终并无别语。只说辜负皇上天恩。死不瞑目。当时有翻译官阿查利。在场料理于初八日酉时。用棺装敛。至二十四日夷人方将棺木运上火轮船。翻译官带同小的们。坐火轮船运回广东。四月十三日到省。蓝镔已于九年正月二十二日。在孟喀喇病故。寄葬客地。

戊寅。谕军机大臣等。肃顺等奏。俄夷伊格那提业幅呈称。数日后有该国使臣木哩斐岳幅。坐船来至北塘。并有带来对象。请告北塘官员。勿得拦阻等语。木哩斐岳幅船只如到北塘。著即派员询其来意。如欲差人进京。不必拦阻。但准其二三人来京。该督等即拣派妥员。沿途护送。所携物件。代雇夫役。小心防护。俾安静行走。木哩斐岳幅。曾在吉林侵占地界。此次来至北塘。恐其另有诡谋。并著僧格林沁。密为防范。勿稍大意。

(庚寅)钦差大臣科尔沁亲王僧格林沁奏。七月十一十二日。恭奉咸丰九年七月初十十一等日寄谕。肃顺等奏。俄夷伊格那提业幅呈称。该国有使臣木哩斐岳幅。坐船来至北塘。并有带来对象。著即派员护送。又以米夷在京呈递国书。所有该国和约。准其在北塘互换。前获夷人蒋什坡一名。即可发还该国。所获英夷人犯。或即交英夷令其带回上海。交还普鲁斯。并敕奴才等斟酌办理。圣训周详。敬谨遵悉。当即派令知州曹大绶。同知博德宏武等。前赴北塘。守候俄夷船只行抵海口。即往询其来意。如系差人进京。即遵旨派员照料防护行走。该酋木哩斐岳幅。既在吉林侵占地界。有无别故。尚未可知。仍一面严密防范。总不听其上岸。窥我虚实。距今数日。尚无信息。米酋华若翰。已于十八日回至北塘。

经恒福等接待。互换和约。于二十日早。用内地船只。转运出洋。该船亦开向内河迎接。过载后。于申刻回驶至大火轮船停泊之处。二十一日早瞭望外洋。该船已经开驶。其所获米夷蒋十坡一名。已由恒福等。交还该酋收领。其英夷人犯一名。若交该酋带往。似不足昭皇上怀柔之德。应俟上海英佛两夷就抚。和议稍定。由海船发交何桂清。宣旨发还。似于事理为顺。而于皇上生成全德。亦可明白宣示。俾知感激。至山海关停泊夷船三只。前据副都统格绷额呈称。尚未辨其为俄夷。为英夷。当经饬令查探明确。并辨认旗帜。旋据覆称。该夷旗帜。或尖或长。五色交杂。难以辨识。七月初一日。复开泊山海关西之白塔岭。秦王岛地方。似有绘画地图之势。初二日以后陆续向西南开行。抚宁。昌黎。乐亭。各海口。均有船只游驶。而抚宁县之洋河口。昌黎县之蒲河口。有夷人乘坐小船上岸。声称带有各种洋货。于沿海一带出售。并在蒲河口购买骡马。又于浪窝口近岸。询问永平。昌黎。乐亭。各府县。相距远近。均经各海口兵役晓谕拦阻。未至上岸滋扰。十九日接据格绷额来咨。夷船三只。十二三日。仍在乐亭县属老母沟左近一带游驶。终莫测该夷之意何属。

壬辰。钦差大臣科尔沁亲王僧格林沁。直隶总督恒福奏。查米夷火轮船二只。于二十日夜间开行。所有发给该夷之玺书。当由奴才恒福加封。由驿递交两江总督臣何桂清接收。俟米酋华若翰。行抵上海。发交祇领。以昭我皇上绥靖怀柔之意。俄夷所绘各国旗式。遵即照绘三分。由驿递交玉明。格绷额。定福。以凭传谕各海口。辨认各国船只。奴才等复思俄夷既在吉林侵占地界。难保不窥探各海口。另生诡谋。英佛两夷败退之后。窥我虚实。伺隙而动。亦在意计之中。是现在山海关一带夷船。究莫知其来自何国。但据旗帜为凭。深恐夷情诡谲。难以确信。或遇风雨阴晦。虽有旗帜。亦无从辨认。更可疑者。俄夷甫经绘呈四国旗式。即有信函递交该国船只。其中恐有诡谋秘语。交通传递。诚如圣谕。无论何国旗号。登岸滋扰。皆当严拒勿受彼欺。总不使该夷船近岸窥伺。庶足以严限制而示防维。现在英佛两夷。抚局未定。各处海口。不能不严密防备。应请敕下肃顺等。传饬俄酋使臣。及书信来往。暂由库伦陆路行走。北塘出入。盘查禁阻。动多窒碍。彼此均有未便。此次所递文该夷船只书信。暂由奴才恒福收存。如该夷船驶抵北塘。仍行派员递交。

谕军机大臣等。僧格林沁等奏。接奉寄谕。并俄夷所送各国旗式遵办一折。俄夷所绘各国旗式。业经僧格林沁。递交玉明。格绷额。定福。传谕各海口辨认。所称。但据旗帜为凭。深恐夷情诡谲。难以确信。著仍遵前旨。此后夷船往来海口。如仅在洋游驶。并无滋事情形。无论何国旗号。无庸开炮轰击。设或登岸滋事。即当严以拒之。勿受彼欺。并著知照玉明等。一体遵照办理。至所请俄酋使臣书信往来。敕暂由库伦陆路行走一节。现在木哩斐岳幅。将次行抵北塘。必尚有在京使臣。往来书信。业经言明准其投递。且俟木哩斐岳幅。船只回帆后。再令该国使臣书信。由库伦行走可也。

钦差大臣两江总督何桂清奏。臣与佛酋照会往还。彼此疑团尽释。夷酋颇知感激。寄信回国极言普鲁斯之背约肇衅。是以臣乘机给与普鲁斯照会。以期就我范围。不意适有民夷互斗之事。先是常有夷人雇募内地民人。出洋种地。无一还乡者。因之讹言不一。无人应募。该夷即句串中外匪徒。设计拐骗。并敢潜伺僻地。掳捉孤单行人。于是民有戒心。每于洋泾滨马路一带。集众巡查要截。六月三十日。吴煦等。查有佛夷商船载送人口出洋。当即照会各国领事。饬令放回。民间亦互相传播。势甚汹汹。马路一带。聚人更多。适有英船水手二人。路过该处。民人即指为掳人之犯。群相横殴。该水手一死一伤。英夷李泰国。及英医生合信。上前解劝。尔时华民人多手乱。不辨是非。将李泰国。合信一并殴伤。经道营厅县。驰往弹压解散。七月初一日。有暹罗国男妇六人。至城隍庙闲游。适值演戏。人皆疑其乘机拐骗。争先驱逐。致将夷人一名。挤入荷池淹毙。上海县知县刘郇膏驰至。将其余五夷。押回夷馆。从此民夷各怀疑惧。各夷在洋泾滨集兵安炮。民亦咸伸公愤。势将互斗。吴煦等。一面出示晓谕被害之家。只准禀官查办。不准私自报复。一面会营前赴夷馆。传齐英米佛三国领事。谕以尔等掳拐民人。肇此衅端。已成众怒难犯之势。今不将载人出口之船。迅速追回。转欲与我民互斗。须知民难数计。愤极则无事不可为。勿谓江苏风气柔弱。可以威力制之也。英夷署领事密迪乐。米夷领事士觅威良佥称掳拐人口。情同强盗。佛夷船只。代人载送人口出洋。以致李泰国等。误被杀伤。但求查拿误杀伤人之犯。照例治罪。伊即撤炮收兵。佛夷领事伊担。迫于公论。以载人者虽系该国之船。而雇人者。实系吕宋夷人之事。亦愿追回原船。至初三日。伊担。将原船截回。吴煦等。会营督同厅县。亲诣该船。眼同伊担。及吕宋国领事伏姓。并咘酋之翻绎官玛姓。逐一查点。共计被其拐骗上船华民。一百五十七名。讯明籍贯。分别遣回。民情始觉稍定。惟提释之人。皆系六月二十日以前上船者。闻尚有六月二十一以后被骗之人。未经截回。正在侦察间。初八日英米二夷之天主堂内。有人讲说夷书。即有华民前往。告以尔等讲书。系劝人为善。必须先劝自己。不可伤天害理。掳捉人口。然后再劝他人。因又互相争闹。将堂内门窗打碎。夷书烧毁无识愚民。因而纷纷迁徙。夷人既不敢轻离洋泾滨。华商亦不能进洋泾滨。十一日在宝山县境。吴淞口外。又截获剥船人口出洋之钓船一只。取出被拐民人三十四名。拿获夷人一名。是日下午。上海县东乡。又有水手二人。被乡民殴毙。该乡民亦一死一伤。臣于接报后。查上海情形。全恃华商联络夷商。惟往来贸易。始能探悉彼中确信。今民夷互相猜贰。华夷各商。势将杆格难通。江苏民情。安分者大都畏事。其一倡百和。恃众滋闹者。类皆无藉之徒。一经胁之以威力。即各鸟兽散。无能为役。非若广东之可藉以集事者且所毙所殴。并非掳拐之犯。而动手之人。亦未必即系受害之家。公愤之气。既不必遏。而藉端生事之风。亦不可长。当即饬委留苏差遣之前任常镇道乔松年。执持令箭。驰往上海。会同吴煦等。妥为抚绥弹压。访拿代夷拐骗。几致酿成巨案之匪徒。即行就地正法。并将吴淞口所获代夷载人之钓船。锯示海滨。以昭炯戒而快人心。至掳拐奸夷。果系吕宋佛兰西而伤毙者系英吉利。暹罗。则因事误杀伤人。例有治罪专条。亦应缉拿凶手。照例办理。庶华夷之心。两得其平。英酋普鲁斯。于接臣照会后。因有民夷互斗之案。即以臣系总理通商事宜之大臣。所问换约。不便相覆。而以李泰国。无辜被人杀伤。凶手未获照覆并据密迪乐等。向吴煦云。此事该国主。必以普鲁斯。为办理不善将其撤回。另换人来接办。该国官兵死伤不少。必议用兵若得钦差大臣桂中堂。给与普鲁斯照会。尚可和解等语。吴煦等。告以钦差大臣僧王。已得制驭尔等之法。若欲用兵。衅自尔启。天朝向以曲直为胜负。并非向尔等求和。尔等当熟思之。将照会禀呈将来。臣详加察核。虽无桀骜语句。而密迪乐之言。其为普鲁斯。授意无疑。当即覆以换约事宜。系问所当问。李泰国等之被人杀伤。衅肇于佛夷系因疑之误。俟其有无照覆。再行遵旨酌量办理。所有往来照会二纸。并北河新闻纸一纸。夷人信稿一纸。照录恭呈御览。再圌山关等处炮堤。类多坍卸。所安炮位。节经军营调用。间有归还。所存无多。额设弁兵。亦不敷用。现在时异势殊。所有江防事宜。容与钦差大臣和春。熟筹妥办。

谕军机大臣等。本日据何桂清奏。上海民夷互斗。已派道员驰往查办一折。并将夷人照会。及信稿各件。钞录呈览。览奏均悉。吕宋夷人。用佛兰西船只。掳捉内地民人出洋种地。非止一次。致令民情汹汹。激成忿怒。见夷人则群相殴打。并因殴误伤英吉利暹罗两国之人。李泰国等。均被误伤。因此民夷各怀疑惧。业经何桂清等。派委乔松年。驰往上海。会同吴煦妥办。著即饬令一面访拿代夷拐骗之匪徒。就地正法。并一面查明下手误伤夷人之人。照例治以应得之罪。以期情法两平。无枉无纵。至暹罗系臣服之国。其朝贡使臣。及遭风难夷。中国待之均有恩礼。此次该国民人。误被淹毙。著该督饬令地方官。严缉凶犯。务获究办。俟办理完竣具奏后。尚须给与敕书。以示抚恤远人之意。至英酋所请。欲桂良等。给普鲁斯照会。以为和解。但桂良等在上海。邀普鲁斯会面。竟不肯前往。今桂良等回京。已缴钦差关防。无从与闻其事。英夷背约肇衅。佛夷同心附和。势难先行迁就。前已将现拟办法。于本日初三初七等日。寄谕何桂清业已接奉。自当遵照筹办。如有转圜之处。即可在上海办理。勿得令其北上。至上年条约内。万不可行之事。正可藉此挽回。何桂清当坚持定见。不可再向关说。以致迹涉求和。如果该夷悔悟。自来说合。即须迎机善导。勿令坐失机宜。是为至要。米夷华若翰。已于十八日在北塘与恒福换约。即于二十日起碇回南。应覆玺书。已由恒福驿递交何桂清转付矣。

咸丰卷四二

(咸丰九年己未八月己亥)前两广总督黄宗汉奏。此次天津接仗情形。先于六月二十日。有香港火轮船到省。即说夷船在天津大败。被海口炮台打沈兵船二只。打烂兵船三只。伤大兵头左手一只。毙兵头二十余名。兵丁四百六十余名。顷刻间省城内外喧传。人心大快。夷目巴夏礼。即于是日将省内旗绿各营军装器械。仍照上年之样全行收去。二十四日。惠州城内。接得香港之信。并钞来上海新闻纸。所刊天津实打死红毛在船及岸上共四百六十四名。兵总二十七名。打碎根砵三只。打坏根砵六只。共毙水手奸细不计其数。受伤待医者二百余名。兵火船嘆吠礼吔船主。打去一脚。另有别兵船主受伤。回上海广隆行医治。生死未定……先是臣于正月初八日。祭大纛神。诹吉于二十日。亲赴西北江督兵。初十日。广州协副将济山。自省城来见。告知夷人与臣誓不两立。到西江必跟至西。到北江必跟至北。请缓起行。再作计议。果于十三日。派夷兵及奸细约有二千名。坐浅水火轮船十只。广东西瓜扁船十只。马船数只。巴夏礼见柏贵。告以将往西北江一行。请派员护送。当派县丞卓炳森等送之。柏贵即谕知南番两首县。夷人狡诈。难保非声西击东。于两首县派役跟踪确探。日日飞禀到臣。夷船出省河往东而行。由东莞县属河面行走。将及惠州界时。臣因有西北江之行。早调都司卓兴。带勇二千名在惠。署惠州府海廷琛。亦有勇二千余名。皆精锐可用。该夷来如讲礼让。则地方官已设馆舍。牛羊牲畜俱备。倘实系包藏祸心。则背城借一。有死无生。幸该夷行至东莞以上。水浅船搁。不得进。折而之虎门。走顺德河。历七洲洋。将由惠州小淡水一带来郡。又因西瓜扁船。在七洲洋被风浪搏击。不得前。由是转回顺德。问该县罗龙二绅何往。乃走西江。赴肇庆。问该县苏绅住家何处。各官皆以外出劝捐答。遂溯流而上。至广西梧州。即抚臣劳崇光所奏者。由梧回肇。盘桓数日。声言欲驻兵于肇城。盖知该处旧有总督衙门。为控制两省之地。乃故为此说。经该道等劝回。二月初方到省。臣于初四日。接到吏部公文。当派员将关防赍送江南。一面照会该夷水陆提督。该提督仍照覆无异词。臣以为从此或可稍释其嫌。乃二月二十边。省城有信来。该夷复整备行粮。明言将赴东江。斯时也。江西之贼分两股。一由南韶一带而入。窜扰乐昌。一由惠州边界而进。将扰龙川。福建之贼。亦破大埔。嘉应。而攻兴宁。臣思惠州一郡。若该夷船由西而来。江西福建逆匪。由东而至。两面受敌。区区数千兵。其何以济。乃决然定计。与其死于夷。不如死于寇。上游龙川。为潮嘉入惠要区。贼所必争之地。滩高水浅。贼可顺流而下。夷难迎流而上。惟有亲督重兵驻此。或可两全。乃于二十四日起行。进扎龙川。该夷遂不复来矣……

庚子。钦差大臣科尔沁亲王僧格林沁奏。前据副都统格绷额禀报。夷船三只。于六月二十七日。在距老龙头十余里停泊。奴才当即飞饬沿海各路防兵。加意严防。业经附折陈明在案。续据各营县禀报。该夷大船停泊外洋。小杉板近岸。寻觅食物。亦极驯顺。一月以来。该夷历至老龙头。秦王岛。老母沟。清河口。涧河口等处。口岸周历。用小船试探水之深浅。察看地方地势。均已绘图。各海口兵役。一经拦阻。即行驶回。奴才详加筹思。窥其形势。似系英夷败退之船。沿海窥探。或伺隙而动。或相准虚实。以图再举。所有各海口防兵。或隐或现。该夷亦不能尽知虚实。七月二十四日。夷船三只。由外洋越过北塘大沽。于二十七日。驶至大沽迤南之祁口地方停泊。随有夷人数名。坐小杉板近岸试水。并询问水陆赴津程途。经祁口营署守备张锡元。告以此处距津六七百里。中间数十里。泥淖难行。该夷亦即驶回。查大沽迤南刘家河。唐家河。马棚口。祁口。狼坨子。均系汊河。或仅容小船行驶。或数十里以内。舟楫不通。且地处荒僻。居民无多该夷亦无所施其狡悍。惟陆路距大沽不远。自应先事豫防。以期有备无患。当派火器营参领保清。通州协副将李炳业。带兵二十名。先往哨探。复派副都统成保。侍卫扎精阿。各带哲里木盟马队二百名。前往刘家河等五处汊河口岸分扎。以壮声威。该夷船三只。于二十八日。由祁口折回大沽迤南二十余里之刘家河停泊。不时在桅上用千里镜打看。不知其意何属。至本日卯刻。尚未开行。奴才惟有督饬各营官兵。随时布置。昼夜严防。不敢稍涉大意。该夷败退之余。大沽防守既严。大约不敢轻犯。刘家河等五处汊河。船只不能行驶。亦无可窥伺。或沿海口岸停泊数日。渐渐南驶。惟山东烟台恐要久停。该处商贾云集。人烟辐辏。若因各海口均系停泊数日。即便开行。视为故常。恐一旦窃发。殊属堪虞。应请敕下山东抚臣。豫为防范。该夷既经受创。知有准备。亦必不敢滋扰。五月二十五日。与该夷接仗之时。各营官兵。无不奋勇争先。勉图杀贼立功。惟北岸北炮台海口营兵。见贼势凶猛。越墙凫水逃避者三百余名。自应实时查拿。以正军法。彼时因夷船在海口停泊。若操之过急。恐有逃出外洋句串情事。是以于米夷船只开行后。即行派委弁兵。分投查拿。现已拿获三名。业经正法枭首示众。再前获英夷一名。本系带伤被擒。近因痢泻。医治无效。现已病故。

谕军机大臣等。僧格林沁奏。夷船在沿海口岸窥伺一折。据称夷船三只。一月以来。历至老龙头。秦王岛。老母沟。清河口。涧河口等处。用小船探水。并察看地势。复驶至大沽迤南之祁口。刘家河停泊。用千里镜打看等语。夷船到处游驶。为鬼为蜮。殊难测度。英佛各船。前已驶回上海。现在夷船。恐系俄夷多方窥伺。已于折内详细批示矣。该大臣现在调派成保等。带领马队。分扎各处。防范尚为周密。该夷如敢登岸滋扰。或在船上先行开炮。著即遵前旨。奋力轰击。勿受彼欺。致落后著。如仅止试探水势。及上岸寻觅食物。自不必先开衅端。致彼有所借口。至前获英夷一名。现既物故。即为棺敛。或即交沙船带回上海。交何桂清转交该夷。以为转圜地步。或暂存海口。俟该夷就抚后。再为交还。即著僧格林沁等。斟酌办理。山东烟台地方。本日已谕令崇恩。严密防范矣。

又谕。僧格林沁奏。夷船一月以来。屡经驶至老龙头。秦王岛等处探水。近复折回大沽迤南刘家河停泊。渐次南驶。山东烟台地方。恐要久停。请敕防范等语。山东烟台海口。前因有夷船在彼停泊。曾谕该抚严密稽查防范。兹据僧格林沁奏。夷船渐向大沽洋面南驶。难保不再到烟台海口。意图久停。该处商贾云集。人烟辐辏。若视为故常。任其逗留。一旦窃发。猝不及防。殊为可虑。此外各海口港汊纷岐。多有可停泊之处。均宜严为准备。现在通商章程。尚未议定。民间概不得与之私行交易。应一并禁绝。著崇恩。严饬沿海地方官。认真巡查。密加防范。如有夷船停泊。谕令迅速开行。勿许久留。致令上岸滋扰。崇恩。现虽有旨。令来京候简。仍宜实心办理。如因简放有人。意存诿卸。将来设有贻误。恐不能当此重咎也。

乙巳。钦差大臣科尔沁亲王僧格林沁奏。初四日申刻。忽有两桅夷船一只。由刘家河驶进拦江沙内。鸡心滩外。影于闽广商船之后停泊。旋有小杉板一只。上坐夷人十余名。驶入头道铁戗内。经巡哨官兵喝止。亦即收住。当派守备邓启元。坐船迎出。问其来意。据称。系英国船只。在各处海口。绘画地图。并称打仗后。伊国有难民十二名。在此收留。伊等前来领回。如若给还。伊情愿领回。又问伊国讲和之人。曾否到来等语。经邓启元。告以此处并无尔国难民。尔亦不应沿海窥探。停泊船只。该夷声称。明日即开船驶回上海。旋即驶回刘家河。归并一处停泊。初五日卯刻。三只夷船。并向东南驶去。远出外洋。不见帆影。申刻忽又有夷船一只。绕回北塘迤北之蛏头沽地方。其余二只。在北塘东北海面来往游驶。察看该夷情形。因挫败之后。进退无据。沿海测量水势。摹画地图。又于大沽北塘设防之地。窥探情形。意图牵制。其杉板船驶入内河。彷徨四顾。语言闪忽。说话之间。一面用千里镜打看炮台营垒。再已故英夷择时莫革甚之尸。应俟抚局定后。该夷询及时。再行给领。

谕军机大臣等。本日据僧格林沁奏。近日夷船游驶情形一折。览奏均悉。英夷船只。于八月初四五等日。在大沽南北各海口往来游驶。以寻觅难民为词。而测水绘图。且用杉板船驶入内河。窥探炮台。情殊叵测。僧格林沁。已飞咨西凌阿等。严密防范。静以待动。所筹俱属周妥……

(丙午)又准钦差大臣僧格林沁咨。米酋华若翰。已于七月十九日。由北塘起碇南旋。而此半年之间。相持不下。关税难期起色。且九月以后。即应料理海运。万一该夷拦阻沙船出口。即多掣肘。议者或云暂改河道。无论停办多年。骤议复旧。船只河道。非数月内所能竣工。亦无此经费。且江北捻逆交乘。眈眈虎视。更未敢冒昧从事。或又云仍行海运。而改道刘河出口。殊不知由刘河放洋。不能飞越吴淞口外。咸丰四年间之改道刘河。因刘逆窃踞上海县城。其患仅在上海。本与吴淞口无涉。今夷船停泊于吴淞口内外。与不改道何异。臣焦思中夜。几至张弛两难。是犹能知人之病源。而不知用何药以治之也。米酋华若翰。已于七月二十五日返棹上海。寓居洋行。尚无动静。

丁未。山东巡抚崇恩奏。本年自夏徂秋。福山县烟台海口。时有夷船往来停泊。该夷一经收口。辄即逗留不去。即使开行。亦多半仍在北洋游驶。臣以该夷往来行驶。情殊叵测。深恐登属稍有疏虞。谨遵谕旨。严饬沿海地方官。先行钦遵查照办理。一面遴委候补道明新。驰往登州。会同登镇。暨该管道府。查明烟台。如现有夷船停泊。立即亲往海口。催令迅速开行。仍督饬各属。认真严密巡防。傥有续到船只。一体正言拒绝。勿许奸商句通贸易。致使久留。至于沿海各口。如界直隶之大沽河。曾于春间。经臣遵旨。派拨官兵三百名。前往该处附近之官庄地方驻扎防堵。其余口岸亦先后严饬所在文武。随时小心防范。一面团练乡勇。添募余兵。以期有备无患。惟东省洋面三千八百余里。其间港汊纷出。实系防不胜防。臣现饬该道。再行相度地势事机。如须添拨布置。亦即会议禀候酌办。

庚戌。钦差大臣科尔沁亲王僧格林沁奏。查北塘海口陆路。距大沽北岸炮台三十余里。奴才于春间到防后。察看地势。既防大沽。不能不兼顾北塘。以为掎角之势。又因炮台旧基。逼近村庄。限于地势。仅能粗立规模。查北塘北岸营垒以外。虽无村落。地方甚低。每遇大潮。营外四面皆水。南岸炮台。东临外海。北近内河。西南二面。民房林立。相距营墙。不过数步。村庄广袤三里。人烟千户。即使炮台可守。一经接仗。炸炮火箭。必致延烧村内房屋。兵民交惊。万难守御。盖缘夷炮凶猛。大沽村庄。距炮台三里许。五月二十五日接仗。夷炮已飞至村庄。北塘炮台。与村庄比附。或被炮火延烧。不但枪炮官兵徒多损折。亦且挫我锐气。滋长寇氛。此限于地势。不能设守之实在情形也。至北塘村外。西南均系盐滩。湖沟泥淖。人马不能行走。该处距大沽新河。均不过三十里。仅有一路可通。并无分歧道路。距北塘村数里道路。与海岸相离甚近。河湾船只道路。行人俱能一目了然。设使与夷人相持。北塘营垒。规模既小。不能多设官兵。自应由大沽新河拨兵援应。夷船既能看视。必不容我官兵近村。即使官兵奋不顾身。村内一线街道。一经延烧。无路可至炮台。此北塘不能多设官兵。他处不能援应之实在情形也。且查北塘并无商贾居积。百物辐辏。均在芦台。道光年间。添设通永镇总兵。驻扎芦台。足见芦台人稠地广。实为濒海重地。再四思维。只得于北塘芦台适中之营城地方。赶紧修筑炮台营垒。即将北塘炮位防兵。全数移至营城。并奏明派西凌阿。督带马步官兵。驻扎该处。严密防守。截其由水陆北窜之路。其北塘炮台内。暗设火器。以为埋伏。又于西南大沽迤北之新河地方。派拨马队官兵。扎营驻守。截其由水路分窜。该夷如敢由北塘上岸。以袭大沽北炮台后路。新河防兵。足资扼截。该夷亦难以径行绕越。奴才非敢虚此一路。听其出入。亦非初未虑及。有所疏畧。实以该处地基窄狭。万难施展。不得不量为变通。以期与大沽营城。虚实相间。使该夷不知底蕴。在该处绅民不知兵机。以保卫村庄为意。固愿添兵驻守。在奴才亦非敢将此处村庄。置之膜外。统筹全局。权其轻重。与其守而复弃。徒滋扰害。转失保民之道。莫若留为虚步。远设防维。亦可施我兜击之术。现在营城新河等处官兵。仍复如前防守。而北塘则饬本地方文武。及各委员。不时瞭望巡查。以期与大沽海口信息时通。并令营城马队。时至北塘来往梭巡。不令该夷窥我虚实。仰蒙谕旨垂训。谨将筹备实情。具陈梗概。至夷船三只。停泊北塘东北蛏头沽。初九日巳刻。有杉板船一只。撑驾近岸。见有官兵沿海防守。即向问购买餧羊青草。经官兵答以此处并无青草。即驶回大船而去。至是日申刻。该夷大小火轮船三只。陆续向东南开驶。不见帆影。尚未知其驶向何处。俟各海口探有确踪。再行奏报。初九日恭奉谕旨。以该夷工于侦伺。饬奴才以陈奏各件。有关夷务者。加意严密。勿使稍有泄漏。奴才于陈奏事件。皆加意慎重。军营重地。办理文案处所。断非外人所能窥伺。惟与该夷接仗后。曾将原奏。知照山东巡抚。两江总督。两广总督。均交驿递。中途拆阅。在所不免。

甲寅。吉林将军景淳。署黑龙江将军特普钦奏。窃查前据暂署三姓副都统印务参领巴彦布咨。据黑河口委员协领倭克锦报称。六月十九日。有夷商瓦尔佛罗米幅。带领通事人等七名。系船二只。出黑龙江口傍岸。声称奉夷官卜勒色依印票。前赴三姓等处贸易。向其阻拦不听。随系船支搭账房。等候卜勒色依火轮船。定入松花江上行等语。经该署副都统。恐火轮船恃强。遂派骁骑校斐凌阿。系船带兵迎阻。一面备兵一百名。密饬佐领富祥。在三姓附近窝坑口要隘屯扎。防其滋扰。并经奴才等。指派佐领永祥。督饬迎阻去后。复据倭克锦报称。二十六日。有夷商玛克西木斐耻等五名。系船一只。潜至松花江北岸。晤会瓦尔佛罗米幅等。开船自入松花江西上。虽经百般开导。该夷拚死不从。又据骁骑校斐凌阿禀报。七月初四日。至喀尔库玛屯地方。适遇瓦尔佛罗米幅等七名。船只前来。令其拢岸。再三开导。该夷不理。挥众开船。并据卡兵探报。玛克西木斐耻等五名。落后绘画两岸图式。佐领永祥。富祥。报称。瓦尔佛罗米幅船只。已抵窝坑口停泊。专待落后人船。一同西上各等语。奴才等飞饬该署副都统巴彦布。督饬各员。极力阻回。断不准其分窜。兹据报称。七月十七日。瓦尔佛罗米幅等。开船西上。经佐领富祥。横阻晓谕。三姓地居苦寒。无商可通。该夷见其急迫。始行回帆。于二十一日。已出黑河口。入黑龙口上往去讫。又据督办夷务之署副都统协领富尼扬阿报称。玛克西木斐耻等五名。亦由中途折回。于十三日。出黑河口下往各等因。咨报前来。奴才等。查夷情叵测。出没靡常。瓦夷则见横阻回帆。玛夷则仅绘图折旋。是其行踪诡秘。亦难保不复来。应饬各属照旧严防。再查前据署副都统巴彦布。转据巡防各员详报。五月二十三。六月初二等日。由呢满河经过夷船四十八只。夷官三员。男妇子女四百九十六名。入乌苏里上往。在桦皮林子山嘴子屯。拨尔库。金银泡。兴开湖口等处。搭盖窝棚。分留夷众数十名。至百余名不等。六月初三日。由图勒密入乌苏里夷船二十一只。官五员。男妇子女五十一名。初十日。由下江驶入乌苏里夷船十五只。官一员。男妇子女六十一名。六月十八。十九等日。夷船五十二只。男妇子女二百十六名。二十八。二十九等日。夷船二十一只。子女一百余名。七月初一日。夷船十六只。男妇子女一百六十余名。初八日。夷船九只。夷官一员。夷人三十余名。十七日。夷船四只。夷人三十余名。十八日。夷船一只。夷目奇萨罗幅夷人十余名。均各带有枪械火药。由图勒密等处。入乌苏里。经守卡各员拦阻开导。或称奉木酋之命。或恃强恣意抗行。势难徒言理阻等语。又据宁古塔署副都统富新咨。据巡查绥芬防御图勒斌报称。有夷人由乌苏里河口。乘船入兴开湖。至莫必拉河上岸。起向绥芬开修道路。察看地势。以备明春建房开地。并于平川处所。插立木杆。拴系草杷桦皮标记各等语。奴才等。查该夷既入乌苏里。搭盖窝棚。又向绥芬开修道路。插立标记。以为明春占居地步。实属滋蔓。现已饬协领禄昌等。在乌苏里口。守候木哩斐岳幅晤议条约。并拒阻人船。密查办法。一面飞饬署副都统佐领富新。委员佐领永谦。刻即派员前往绥芬一带。将其所立标记。概行焚毁。仍随时侦探。设法拒阻。断不可以开衅借口。任其肆行去后。兹据富新呈报。转据巡查绥芬等处委官富山等报称。前由陆路窥探地势之夷人二十七名。俱各拔帐于七月十六日出境。向东北旋回。复查摩阔崴伊兰哈达地方。所立木杆。亦经该夷撤倒无存等情。

咸丰卷四三

（咸丰九年已未八月）庚辰。谕军机大臣等。本日彭蕴章等。呈递僧格林沁。寄惠亲王等信一函。据称本月十一日。大沽海口。见有三桅夷船一只。向北行驶。十二日。仍在拦江沙外停泊。不知何国船只。如系俄夷。即派员告以如有应行进京事件。当由库伦行走。此地因与英佛两国接仗。即文书照会。不敢接收。看其如何答复。再行核办等语。此次夷船在拦江沙外停泊。如敢闯入大沽海口。毁我防具。无论何国。即行开炮轰击。如系俄国船只。令其前赴北塘投递文书。即可援照米夷之例办理。但不准。如有文书照会。可派员接收。或该夷有寄伊格那提业幅信件。亦可代为转递。本年三月间。肃顺等。与前次俄国使臣丕业罗幅斯奇议准。如有人到津。先期照会中国。由北塘进京。既有此议。自未便拦阻。致令生疑。若该夷使如欲进京。不准多带从人。以免骚扰驿传。若只差一二人进京递信。即妥为护送。仍须奏明。候旨遵行可也。

咸丰卷四四

(咸丰九年已未九月)甲申。钦差大臣科尔沁亲王僧格林沁。直隶总督恒福奏。由军机处寄到伊格那提业幅致该夷信函一件。窃照大沽海口。于九月十一日申刻。见有三桅夷船一只。在拦江沙外。向北行驶。至黄昏时。仍见帆影。似在北塘海口停泊。不知系何国船只。十二日早。炮台瞭望。仅有夷船一只。揆其形势。似系俄啰斯夷船。伏思本年七月初间。俄夷伊格那提业幅。寄与伊国公使木哩斐岳幅信函。有数日内船到北塘之说。两月之久。并未到来。是该夷言语。殊难凭信。此时驶至夷船。即使果系俄夷船只。亦属可疑。更恐该夷暗藏英佛之人。探听消息。尤应倍加防范。且未经奉有谕旨如何办理。未便遽行接待。随即派委从未与俄夷会面之候选知府钱镛。署天津县知县姚煦。前往北塘守候。已面饬该员等。如夷人投递文书。不必接收。寻觅食物。亦无庸应付。答以曾与英佛二夷接仗。现在设防。尔系何国船只。我等不能辨认。再俄夷来往。向由张家口行走。若纷纷由各海口投递文书。取道进京。各处口岸。均应专派官员守候支应。势必接应不暇。不胜其扰累。一经疏慢。转致有所借口。且于中国体制。大有关碍。是日午刻。该夷舢板一只。上有十余人。驶进内河。称系俄国之人。投递照会。经委员等斥驳。其通事二人内。一系广东人。年约十八九岁。自称伊跟随佛国之人到此。委员向其究诘。又一通事极力掩饰。称系仅有一人。又称并无他国之人。察其形色。深怪广东人出言冒失。足见夷情叵测。随处施其诡诈。谆饬委员延宕支吾。恭候训示遵办。兹奉谕旨。该夷有寄信件。代为转递。一二人进京递信。妥为护送。遵即饬令委员将伊格那提业幅信函。交该夷收领。并据该夷呈出给恒福照会一件。驻京俄夷信函四件。该夷初原无意进京。拆看伊格那提业幅信函。执意进京。并称伊格那提业幅。要与伊等会面。有商办事件。是以议定准令二三人进京。仍须听候请旨遵行。并向该夷告知。两国和好。本无猜疑。惟现与英佛交仗。海口设防。不得不加意详慎。虽系俄国船只。有无暗藏他国之人。亦须查明。庶免疑忌。当派县丞黄惠廉。营弁邱瑞祥。前往该夷大船稽查。旋据回营禀称。查得该夷大船。约有俄夷五六十名。佛夷一名。系由上海开行。船上有万斤以上大炮一位。万斤以下大炮数字。并鸟枪等项器械。据佛夷一名。系搭船赴日本国传教。俄夷亦赴日本国过冬等语。并据黄惠廉等禀称。该夷舢板回至大船。通事人等将议定进京人数。向夷酋告知。该夷酋因恐往返耽延。有需时日。又因北塘海面风浪过大。难以久停。是以不愿派人进京。现已约定暂在北塘停泊。听候伊格那提业幅来信。到来即便开行。其意反复。殊难测度。除将照会一件。封送军机处。恭呈御览……

癸巳。钦差大臣科尔沁亲王僧格林沁。直隶总督恒福奏。夷船在北塘海口停泊。数日以来。尚属安静。九月二十一日。军机处递到伊格那提业幅。给伊国兵船信函一件。遵即派员送往。因连日风势不顺。夷船在拦江沙外停泊。委员坐船。为风浪所阻。不能驶近夷船。至二十五日。风浪稍息。始行送到。该夷接收。即于是日午刻开船。向东南驶去。前据黄惠廉禀称。该夷欲赴日本国过冬。未知确否。该夷行踪诡秘。殊难测度。至前据该夷照会内有物件几匣。同公文递送。经委员向其查问。据称彼时原欲递送。因未装妥匣桶。是以未经递送。现在给伊格那提业幅信函二件。食物酒瓶。计三匣一桶。祈遇便寄京等语。再俄夷船只。准由北塘海口递送文信。系在英佛两夷未经决裂之先。所定之约。现在英佛二夷。自接仗之后。尚未输服。不知何时前来报复。俄夷时至海口。人物船只。均难辨认。设有损伤。转非和好。可否由恒福咨行理藩院。传知该夷。迅即给伊国寄信。嗣后该夷船只。暂勿到设防各海口。以免错误。应俟海口平靖之后。再照前约办理。

(咸丰九年已未)十月。己亥。军机大臣彭蕴章等奏。窃惟防夷之策。在筑炮台以利轰击。尤在泄水势以遏其往来。本年天津海口。经钦差大臣僧格林沁。安设铁戗木排。遂能击毁夷船多只。大获胜仗。可见阻遏夷船。不使进口。已著有成效。该夷被创之后。难保不再图窥伺。天津海口。既不能久驻重兵。而经费有常。尤恐难乎为继。查上年大沽炮台失守。夷船由海河直达天津。其时津郡已在夷人掌握之中。剿之则不能进攻。抚之则徒为迁就。此皆无守之故也。臣等再四思维。惟有泄水之法。使夷船浅阻。不能深入。则炮台防兵。更可得手。大沽距郡百里。即使夷兵登陆。必不敢远离其船。直抵天津。夷人失其所恃。可不战而自屈矣。伏思上年屡奉谕旨。令于南北运河泄水。并经前尚书朱凤标等。奏请掣动卫河等水。以制夷船。复命僧格林沁等。悉心酌办。嗣因夷船退出。未及详议经久章程。臣等细心采访。南运河。沧州南二十五里捷地堤。有向东大石闸一座。闸之东现有河形。因年久淤塞。若挑穵深通。导之东流。至海岸平洼入海。再于天津城西芥园上下。开引河一道。令水由城西入南洼。则南运河之水可减矣。北运河。杨村筐儿港闸口基址尚在。若一律挑通。则水田东淀入海。而北运河之水可减矣。南北运河之水既泄。而大小西河之水。于天津城北西沽地方。汇入北运河。每遇盛涨水势浩淼。亦须设法旁泄。查城东稍北。旧有减水河。名贾家口。通陈家沟入东淀。此处略为挑浚。导之东流。则西河之水可减矣。又查郡城东南马家口以下。亦可开导引河。引水入南洼。白塘口以下。旧有古闸。亦宜开浚。则海河之水可减矣。以上各口。或修理旧闸。或建筑土坝。无事则闭。有事则启。来源既分。则下游易浅。虽海潮既强。而长落有时。夷船断不能贸然直入。如此办理。于守御之策。益有把握。将来即可稍撤防兵。以节经费。或虑河水旁趋。恐于农田有碍。不知南北运河。各有减水小河。原因夏秋水大。藉以疏消。今因其故道量为开通。并建立牌坝。以时启闭。不惟无损于农田。兼可以弭水患。诚一举两得之事也。相应请旨敕下僧格林沁。恒福。遴派干员。周历履勘。实心经理。及早兴修。不得草率了事。至此项工程。系就本有河道。挑穵深通。及修理旧闸。建筑土坝。工费似不甚巨。或作正开销。或由官绅捐办。应由该大臣等。酌量奏明办理。

谕军机大臣等。彭蕴章等奏。豫筹天津海防。仍请宣泄河水以制夷船一折。据称。夷人被创以后。难保不再图窥伺。惟有泄水之法。使夷船不能深入。则炮台防兵。更可得手。上年屡经议泄南北运河等水。旋因夷船退出。未及详议。今查南运河水。应将沧州捷地堤淤河挑通。导之入海。再于天津城西开引河一道。令入南洼。则南运河之水可减。北运河水。应挑通杨村筐儿港。令由东淀入海。则北运河之水可减。大小西河水。应挑浚天津城东减水河。使之东流。则西河之水可减。再于马家口以下。开导引河。引水入南洼。并开浚白塘口。则海河之水可减。以上各口。或修理旧闸。或建筑土坝。无事则闭。有事则启。来源既分。则下流易浅。夷船断难深入。于守御之策。较有把握等语。海口久驻重兵。深恐经费难乎为继。果能宣泄河水。使夷船不复能入大沽。直抵津城。则地险可恃。即可稍撤防兵。著僧格林沁。恒福。查照该大臣等所议。派委妥员。分投履勘。傥将各闸坝修理。实能减泄河水。有裨守御。即著乘此冬令水涸之时。赶紧筹办。此项工程。系就原有河道挑穵。工费自不甚巨。或作正开销。或由官绅捐办。并著僧格林沁等。酌量奏明办理。原折著钞给阅看。

乙巳。钦差大臣科尔沁亲王僧格林沁。直隶总督恒福奏。查海防事务。关系重大。必须为经久之计。方为筹划万全。可以遵守。上年夷船退出。奴才僧格林沁。会同前署督臣瑞麟。创建炮台。修筑营垒。本年正月到防后。复行添置防具。一切铁戗铁练水雷。凡有可以设法之处。随时与奴才恒福。会商办理。五月间。夷船闯入海口。察其船身轻便。吃水只五六尺。并不待大潮方可行走。击退后。至今数月。奴才等无日不以防务为忧。即无日不以布置为念。因思海河之水。如能宣泄。使夷人诡谲伎俩。无所复施。方为得法。屡经探访舆论。佥以天津海河。为直隶各河下哨。汇而入海。河面宽七八十丈。至百余丈不等。海口水势。深者四五丈。浅者二三丈。每遇风大潮涌。长水至一丈有余。即平潮亦长水七八尺。其潮长时。均过天津以上。直达杨村。实苦无御潮之法。是以未敢议办。今奉圣训指示周详。奴才等查彭蕴章等所奏。将沧州捷地堤。天津南洼。及杨村筐儿港。减水河。马家口白塘口等处。或修理旧闸。或建筑土坝。以泄海河之水。既可阻滞夷船。又可节省兵费。洵为通盘筹划。一劳永逸之谋。第运河之水。可以泄使旁流。而海河之潮。难以禁其顶托。其沧州等处。奴才恒福。于五月间。亦曾派员前往密查。据称上年有挑浚捷地堤石闸之议。民间似以为未便。即天津府城以东之马家口。白塘口。似可减泄水势。使潮水不达天津。而全河之水注于一隅。深恐不能承受。致有漫溢之虞。若由此二处挑通河道。引水入海。平溜时固可泄水。而长潮时海水又复涌进。是于海河之外。又增一道海河矣。奴才僧格林沁。于道光二十一年。同赛尚阿察看直隶各处海口。曾至大口河。该处海口。上溯九十里。上哨并无来源。潮涨之时。商贩大船。可以藉潮浮送。至六十里之官家庄。是潮势之涨落。实非人力所能施。昼夜图维。无从著手。究竟抵御潮水。有无善策。及各处闽坝。能否挑通。有益防务。而又不累民间。必须逐细履勘。且能熟悉河务工程。行止方能定局。相应请旨简派熟悉河务大员。带同熟悉天津情形之京员。驰赴天津。会同奴才恒福。亲诣履勘。如果可以兴办。此项工程。再由奴才僧格林沁等。妥为筹议。

(辛亥)何桂清又奏。再臣前因外国商船。有至登州牛庄。及沿海各处贩运洋药。甚至装豆南下之事。当即于接受关防后。照会各国公使。并咨行各省一体饬禁。附片奏明在案。嗣准盛京将军。奉天府府尹。咨覆照办。并准前任山东抚臣崇恩。先后函咨。本年夏间。曾有外国商船十二只。在烟台海口停泊。近日愈聚愈多。颇有不肯通商。不肯遽去之意。由福山县知县余梠禀请。咨饬各国查明何国货船。即由何国饬令回帆等因。复经转饬署苏松太道吴煦。照会各领事确查。兹据禀复。佛领事伊担。米领事士觅威良。据覆并无船只赴东。英领事密迪乐。则以登州口岸。非其所管。有无船只。实不知情答复。旋准崇恩来咨。九月十六日。有外国三桅商船三只。开驶南下。仍将未开之船。设法催开等因。臣查前议条约。本与米国无涉。今米佛领事。均称无船。英领事则称实不知情。而船只麕集烟台。经旬累月。任意去留。若非奸民与之句结。私相贸易不完税课。断无平空逗留之理。就目下情形而论。该领事既不知情。则商船违禁妄行。在我不难设法驱逐。且条约未定。该公使领事等。亦无可借口。而总以地方官先清内奸。自固藩篱为主。除咨明山东抚臣。严饬地方文武。协力同心。设法查禁。有犯必惩。并将商船一律驱逐出境。如敢私行交易。地方官失察故纵。即严行参办。

又谕。前因夷船在山东沿海私贩洋药。并于烟台地方停泊。叠次谕令崇恩。认真稽查。饬令夷船迅速开行。文煜到任后。复经派员前往查办。兹据何桂清奏。准崇恩函咨。外国商船。在烟台海口停泊。近来愈聚愈多。颇有不与通商。不肯遽去之意。经何桂清饬署苏松太道吴煦。照会各领事确查。据佛米领事覆称。并无船只赴东。英夷领事。则以登州口岸。非其所管。有无船只。实不知情答复。外夷船只。麕集烟台。若非奸民与之句结。私相贸易。图免税课。断无平空逗留之理。现在登州海口。并未与夷人约定通商。所有私到船只。不难驱逐。惟驱逐夷船。不若先清内奸。为釜底抽薪之计。著文煜严饬地方文武。即将该处海口。禁止私相贸易。勿因目前小利。而贻害大局。至一应抽厘等税。应归地方办理者。仍然不废。但能禁奸民不在海口句引。则夷船无利可图。自不再至。如地方官有知情故纵弊窦。即行严参惩办。勿稍徇隐。

(丙辰)又谕。前据何桂清奏。探闻英佛等国。明春必来寻衅。并有不在津沽而在盛京山海关等处之说。虽夷情诡诈。未可尽信。而思患豫防。理宜周密。现在山海关一带。业经僧格林沁奏请添拨兵勇驻扎。其盛京之没沟营。田庄台等处。僧格林沁奏。前已拨解铜炮八位。现又拨解洋铁炮四位前往。该将军谅已布置周妥。所有兵丁。虽有奇凌阿等统带。不可无大员督率。著玉明。俟明春冰泮时。即督率防兵。并新练之马队二百名。亲往该处驻扎。并著景霖。激励民团。以助兵力。如有夷船驶至。即诱使登岸。痛加截击。聚而歼旃。勿得稍存大意。

(丁巳)谕军机大臣等。何桂清奏。米国使臣。请将条约宣示各口。先在潮州台湾开市一折。何桂清在昆山。与米利坚使臣华若翰会晤。该使臣坚以宣示条约三事为请。此外各款。及上海善后章程税则。均照前议缓办。经该大臣与该使臣要约明白。该使臣惟求恩膏速霈。俾得永久相安。情词尚属恭顺。加恩著照所请。所有潮州台湾两口。准米国先行开市。并照新章完纳船只吨钞。其余新章税则等项。暂缓举行。该大臣即行文各海口。一体遵照办理。其潮州台湾两口。应行设关征收商税之处。并著会同该督抚妥议章程具奏。

辛酉。署黑龙江将军特普钦奏。携印回省。途次接准督办夷务之署三姓副都统富尼扬阿等详称。夷酋木哩斐岳幅。于九月二十五日。由黑河口经过。该员等迎阻。登船开导。该酋仍欲到爱珲城剖辩等因。该酋既云有所剖辨。且核计日期。已不甚远。未便径行回省。随咨该署副都统爱绅泰。再行派员。加意侦探。途次听候确信。再定行止。旋于是日夜间。据报该酋已有信由江左经过。连夜行走。该员一面驰报。一面带人渡江。前往阻截。得信后随亦回行。于初九日。复到黑龙江城。是日据爱绅泰回称。先经遣人迎见木酋。乘车行走。该酋令通事告称。并无与黑龙江应商事件。因行走甚急。不能等候见面。嗣经该员令人阻截。该曾始下车。至道旁屋内暂歇。令其来城会晤。该酋执意不见。并声言途次非办公之处。且亦无商办之事。如有会商事件。可到海兰泡再说。复欲与语。该酋不答。驱车而去。该员阻之不听。是以回城筹商。并声称江冰凝结益甚。勉强撑拒过渡。屡被冰牌撞击。几于覆坠等语。伏查该夷往来船只。自交霜降后。均已停泊不行。其火轮船。亦皆择地守冻。该员所称难于涉渡。系属实在情形。惟木酋业经回抵海兰泡。开导各节。均未及与之商办。若俟封江后再行前往。恐该酋不肯停待。反复筹维。势难稍缓。是以复饬爱绅泰。携带酌定各款。冒险渡江。至海兰泡与该酋晤面。十二日。该员回城面述。于初十日。驰抵海兰泡对岸之黑河屯。次日巳刻渡江。与木酋见面。初尚谦和。有喇嘛阿瓦库玛业金幅。微通华语。该员向其宣述。俄国与中国。自康熙年间分定界限。黑龙江左岸。原非俄国应占之地。现在准其将空旷地面。并阔吞屯奇吉等处。借给俄国流民栖止。且许在江面行船。已属大皇帝格外加恩。尔等不应背约。又蓦越黑河口。强进乌苏里绥芬地方。盖房垦地。屡次恃强。不听拦阻。殊非和好之道。亟应及早撤回。嗣后人船。不得任意游驶占踞。即江左地方。亦应就现在占踞之处。划清界限。立定四至。不得再有展占。并将阔吞屯奇吉等处。与吉林委员立定四至。庶彼此清楚。免伤和好。三姓地方。并非马头。无可通商。不宜再往。讵该酋闻之。辄即忿忿喧嚷。令喇嘛传述。胆敢妄言。该处原系俄国地界。不但已去者不能迁移。此后尚有续来人船。并在兴开湖。图门山等处。建房安炮等语。该员复向开导。该酋气忿转加。怒目拍案。愈形桀骜。令喇嘛述称。非用枪炮。断不迁移。并令将黑龙江左岸之乌苏里卡房拆去。该员答以断难允准。该酋复称如不拆去。我必令人拆毁。又言明年。必在黑龙江城对岸。建盖房间。修立炮台。言毕。即令将其随从夷官唤进一名。神色凶猛。指称此系我国管炮将军。可与识面。且宜防备。该员见其势益虚骄。随亦反颜相向。怒言既称两国和好。何当议事之初。出此无理情状。动以枪炮相吓。中国岂无利器。只以大皇帝宽仁慈惠。不准残害生灵。是以善言开导。若必欲恃强。岂无办法。该员亦将随带之佐领诺们德勒和尔唤进。向该夷告知。此即我之所属管炮之员。尔等亦可认识。该夷等见其身材雄伟。共相起立环视。该酋亦转颜作笑。点头不已。并亲身给酒。令其与夷人各饮一杯。互相认识。且以前言为戏。该员又令喇嘛传述。仍将前事订明。并约到城会见。该酋告称江省并无可议事件。如尔将军有权。能将绥芬乌苏里地面交给。即与会晤。否则无须见面。该员复传述前言。向其再三开导。谓绥芬乌苏里。地属吉林。并不与俄国连界。前任将军副都统。因办理不善。已经惩办。皆缘尔国恣意妄行。尔心当亦不安。且自尔办事以来。江路已准行走。阔吞屯奇吉地方。并江左空间地方。已准借居。尔之功劳。已不为小。如必欲强占乌苏里绥芬地方。该处人民。亦不相让。若再恣意横行。因此有伤和好。岂不可惜。康熙年间两国订约。鸣炮誓天。神明鉴察。尔宜三思。勿负当年旧约。方为永敦和好之道。乃该酋俱置而不听。并喇嘛亦不为传述。再欲与言。该酋即转入别屋。不复出见。延至戌刻。该员始乘月色渡江到城。面述前后情形。并具文呈报前来。除面饬署副都统爱绅泰。严密防维。暨咨商吉林将军景淳。通长筹计。并回任与副都统那敷德。悉心商办外。已即日起程回省。

咸丰卷四五

咸丰九年。己未。十一月。己巳。盛京将军玉明。户部侍郎倭仁。奉天府府尹景霖奏。夷情反复。事局变迁。明春海防。最为紧要。奴才等会同筹议。奉省之海防。未有如没沟营之最为紧要者。盖没沟营为通省海疆门户。防守若固。二岔河一带。自可无虞。春间曾经奴才倭仁。据实奏陈在案。奴才等伏查没沟营街市临河。阛阓比栉。巷道狭窄。沿岸旧有土筑品墙八十三堵。现已加高培厚。今春复经添筑土炮台十一座。并于东弓湾扼要处所。添筑土炮台三座。安设大小炮位抬枪等械。藉资捍御。其田庄台两岸。新修炮台四座。营盘三座。安设炮位。兵勇防守内河。亦甚周密。惟没沟营之西弓湾。距营街十余里。河形至此湾环。折向西南入海。此处水势较深。中藏砂碛。船只到此。必须折戗。方能驶入。实系咽喉扼要之区。若在该处水中设伏。并于岸上安炮筑垒。迎面截击。最为得力。奴才等相度地势。体察情形。西弓湾之防。万不可缓。拟请即在该处南北两岸。添设炮台八座。营盘四座。其北岸陆路可通田庄台。相距三十余里。并拟在适中之小庄子地方。安设营盘。南可捍卫西弓湾之炮台。北可接应田庄台之后路。互相应援。声势联络。惟西弓湾两岸地势低洼。且系苇塘陷甸。必须挑濠垫道其。大小潮沟。亦须修理浮桥。至炮台营垒。仍须远方取土修筑。工力本不易施。物料难免耗费。然系海防第一扼要处所。即百倍其功。亦应竭力修造。因思水陆齐防。必须安设大炮。没沟营现存大小铁炮三十七位。斤数较轻。均不适用。且系该处商民捐造。用以自卫。俱在营街并东弓湾一带分设。今僧格林沁。由津拨解洋铁炮四位。一俟解到。奴才等。即令运赴西弓湾安设。惟现拟添筑炮台八座。炮位较少。实属不敷分布。拟请添铸万斤铜炮四位。五六千斤铜炮十二位。而奉省既缺铜斤。又乏匠役。合无仰恳天恩。由京火器营。抑或天津大营。酌拨万斤及五六千斤铜炮十六尊。于明年开河时运赴没沟营海口。以资扼守。抑奴才等更有请者。查天津曾设木筏。铁戗。水雷。为炮之标的。实系海防中设伏之利器。第西弓湾河面较宽。水势汹涌。木筏档牌。易致漂泊。难以施用。惟铁戗。水雷。河内设伏。断不可少。奉省并无谙练匠役。碍难铸造。相应请旨敕下僧格林沁。酌量拨给。派员由海运送来营。择要安设。于防务实有裨益。至炮台营垒。规模作法。今春田庄台修工。奉省旗民各员。均已谙练。即该处土木工匠。亦皆熟习。如蒙俞允。即由奴才等。饬令该旗民地方官。乘此大潮退涸。将及凝冻之时。先为备料。一俟春融。即行开工。赶紧修筑。惟工程需用孔殷。奴才等通盘筹划。现在盛京部库。存有长芦盐政解归欠款银六万两。曾经奏准。以备设防修工之用。拟请动支银四万两。以便购料兴工。下余银二万两。拟请作为明春防兵口粮。所有动支库项。容俟奴才等设法劝捐。陆续归补。

谕军机大臣等。本日据玉明等奏。明春没沟营设防事宜。并绘图贴说呈览一折。据称。西弓湾等处。现拟添筑炮台八座。炮位较少。不敷分布。拟请由津酌拨万斤及五六千斤铜炮十六尊。于明年开河时。运赴没沟营海口。并因西弓湾河面较宽。利用铁戗水雷。请敕一并拨给。派员由海运送到营。择要安设各等语。西弓湾地方。虽属扼要。总不如在大小潮沟。立科碾子房等处。多设疑兵。既可诱其深入。兼可杜其窥伺。较为得计。已于该将军等折内详晰批示矣。因思僧格林沁。于该处情形。尚为熟悉。该将军所称应需铜炮铁戗水雷各件。是否系该处必需之用。及何处需用若干。即著酌量情形具奏。再行拨给。现届节候严寒。海河冰冻。夷船当无北驶之理。前谕僧格林沁。布置防兵各节。如已完备。即著该大臣遵照前旨。带领京营官兵回京。以资休息。勿稍延缓。玉明等原折。著钞给阅看。地图一并发阅。

辛未。钦差大臣两江总督何桂清奏。十月二十五日。据署苏松太道吴煦。委员蓝蔚雯禀称。探闻印度轮船。于二十二日夜。到上海英佛定见发兵前来。有英佛各一万。印度一万之说。夷酋是否另换。尚无确信。二十六日。复据禀报。探闻该夷等。或云屯兵上海。或云屯兵定海。又云夷兵到日。先停各口税饷。钞录香港新闻纸驰呈。并接粤海关监督恒祺。由轮船寄来之信。云英夷所调之兵。渐次到粤。目前尚不见举动各等情。二十七日戌刻。又接吴照等禀。二十五日。英夷司税德都德。往见该署道等密报。英佛水陆兵。系由印度调来。因而较速。今兵头已到香港。不日前来上海。普鲁斯已接本国之信。昨夜传夷商密议。不知何事。诚恐碍及税务等语。该署道等。答以普鲁斯在津。自取其辱。不知愧悔。复激怒该国王调兵报复。中国早有豫备。恐尔国徒劳无益。该夷无词可答。诘以夷兵何时到齐。何时赴津。该夷答以未知详细。至迟约在明年春初。但夷船亦不畏冰冻。许以得有确音。再行密报而退。将夷行探报禀呈前来。臣查阅探报。该兵头曼斯必。带兵六千。已抵香港。核与恒祺函称渐次到粤之语。大约相符。

又谕前因节候严寒。海河冰冻。谕令僧格林沁。于布置防兵事宜。料理完竣。即带领京营官兵回京。以资休息。兹据何桂清陈奏各情。并钞录新闻纸探报呈览。据闻英佛各调兵一万。印度一万。赴津报复。为时在今冬明春。并不必等候开冻。其英国兵头曼斯必。带兵六千。已抵香港。粤海关监督恒祺。亦咨称有夷兵到粤各等语。所言调兵三万。或系恫喝之词。虽未必确实。而既有不待开冻之语。不可不豫为之防。所有应行酌撤之防兵。暂且无庸议撤。并著僧格林沁暂缓来京。仍在防所。以资镇定。本日已谕何桂清。再行详加侦探。随时驰奏。其覆奏到时。再行谕知该大臣可也。至此次夷船。如果前来。著恒祺即派委妥员前往探问。告以钦差现在上海。可往上海与何桂清商办。如欲在津换约。须俟奏明办理。此间专主防剿。并非议和之地。看其如何答复。迅速驰奏。傥仍不遵理谕。肆其狂悖。毁我防具。该大臣惟当激励兵勇。奋力攻击。挫其凶锋。惟在该大臣随时酌办。固不可坐失事机。任其猖獗。亦不可先行挑衅。致启兵端。使该夷有所借口。何桂清原折。并新闻纸。探报。均著钞给阅看。

（戊子）何桂清又奏。前据署苏松太道吴煦。候补知府蓝蔚雯。先后密禀。旬余以来。寄信轮船共到四只。十一月初二日。有三桅火轮兵船一只。载兵六百余名。驶至上海。探系常在中国往来。现恐派令出兵。是以由日本驶至听信。英酋普鲁斯。自得该国回信。因未派人接办。志气益骄。先经饬传夷商。令其不必完纳关税。夷商等。因华商曾经开导。即以有碍贸易。坚不允许。普鲁斯不得已。许俟兵船到后再议。并探闻英夷轮船。前在天津北河一带探水。有相离北河不远之处。水势宽深。大船可以近岸。该酋初意一俟兵齐。即赴天津。由水势宽深处登岸。直抵北河炮台之后。因所谓印度兵头内。有以天津地势险窄。钦差大臣僧格林沁用兵神武。诚恐徒劳无益。不如将兵船分派通商各口。一律封港。不准中外商船进出。较为省力。盖知中国战船无多。陆兵不利于水。即不打仗。我已坐困。定能胁成和议也……

英法二国新闻纸。

北河败仗之事。刻下人思议百出。纷纷不一。兵船到齐之日。自有一定办法。此时毋庸豫泄。缘英佛两国。八月中方接报天津之败。初闻败兵消息。官兵尽皆含忿。决意起兵报仇。后闻花旗进京。亦有以礼推之说。国钦差普鲁斯办理不善。水师督阵无方。骄欺敌人。以至大败。现在查问。一面派将军格兰。由印度国统领白黑兵一万来中国。国另加大兵船只。共载炮一百九十一位。并浅水轮船数十只。或有云二三十只。或有云五十只。又另有水师兵一千。派尊士为副水师统领。现已有水师船几号前来。又佛国已派允奉为佛军统领领。水师船十二号。载兵七千。另有小船载兵三四千。共一万有零。陆续前来。该佛钦差在津河办理不善。现定撤委。调回国去。佛军去岁在安南交战。今该处兵戈已息。拟将该军立刻来中国听调。人多有不愿与佛国合兵。以杜争功。

（癸巳）谕军机大臣等。据劳崇光奏。密探夷情。请敕令天津山东妥为防范等语。夷人之必来报复。及轮船之外。兼用马队。或由北塘登陆。窥伺炮台后路。均在意计之中。节经谕令僧格林沁。亟筹防范。其如何布置情形。尚未据该大臣覆奏。兹据劳崇光探闻。英夷调兵万余。驾驶火轮船。于明年正二月。由粤赴津。水陆并进。并调有黑夷马队一千名。浅水火轮船名根钵者五十只。其意似将以大队轮船。在大沽牵制我军。而潜用浅水船。装载陵兵。至北塘乘虚登陆。此等诡谲伎俩。自应加意防维。开春如果夷船驶至。不遵理谕。恃强登陆。如劳崇光所奏情形。该大臣应如何设法抵御。著与恒福会同筹划。与北塘布置事宜。一并迅速具奏。至该夷欲分兵赴山东登州一带滋扰。业经谕知文煜。即于陆地暗中设备矣。劳崇光奏片。著钞给阅看。

又谕劳崇光奏。探闻英夷欲图报复。约于明年正二月间到津。并闻欲分扰登州。请敕一体严防等语。夷人挫败之后。力图报复。原在意中。现据劳崇光探明。英夷调集水陆兵丁一万余人。陆续到粤。并有黑夷马队一千名。浅水火轮船五十只。均俟来年正二月间。到津决战。并拟分兵前往登州滋扰。使我备多力分。难于兼顾。其用计实属诡谲。登州介上海天津之间。且对岸即旅顺口。地方紧要。惟此时若遽议建筑炮台。拨兵防守。过涉张皇。转恐招之前来。不如于陆地暗中设备。较有把握。文煜前经奏称。于十月二十五日由省起程。前赴登莱青三府。查办事件。著即将登州海口情形。详加履勘。其何处口岸。该夷所可到。何处陆路紧要。足资扼截。应如何调派官兵。遴委得力将弁管带。择要分布。勤加操练。以资堵御之处。均即妥为筹划驰奏。至劳崇光所称。该夷陆战。全恃火器。有进无退。是其所长。而不能随机应变。胜之之道。当以奇兵蹙之。疑兵误之等情。著文煜与镇将等。讲求陆地取胜之法。庶可有备无患。不致临事无措。劳崇光奏片。著钞给阅看。

咸丰卷四六

(咸丰九年已未十二月)辛丑。钦差大臣两江总督何桂清。江苏巡抚徐有壬奏。伏查本年新漕。仍须海运。该夷计图报复。必先阻截海道。臣等先事豫筹。饬令上海商人。垫资采办米四五十万石。赶先运津。出该夷之不意。讵因节遇风雨。未能迅速多为装兑。嗣得夷人用兵之信。商人畏葸不前。仅报运米二十三万石余。即未肯兑运。并有将已购之米。粜价归本。商情已涣。虽一月以来。宣布德意。多方开导。商人总以成本攸关。不敢再行垫资采买。现逾十一月中旬。各属漕粮。正应赶收赶兑。而运务尚无把握。臣等督饬司道。反复筹商。实多格碍之处。据江苏藩司王有龄。苏松太道吴煦。先后禀称。海运首重船只。今夷信谣传。商船各顾身家。莫不畏累。无从雇募。即使设法招徕。有船可运。而该夷兵船到沪。堵泊海口。其时天津亦严加布置。凡出口放洋。进口交收。势难照常办理。此可虑者一。如另筹别口出进。则我能往寇亦能往。万一为其拦阻。直将江浙两省百余万漕米。尽赍盗粮。此可虑者二。若将征收之米。全数存仓。俟夷务告竣。再行起运。东南地本卑湿。迥非北省高燥可比。久储易致霉变。此可虑者三。或谓米石出运。不妨仿照节省丁耗等米。变价解京。但节省丁耗等米。为数无多。尚易变价。江浙两省百数十万石之粮。同时粜变。非第粮价大减。壅滞难消。恐一时无此殷商购囤。势必解京之款。转致虚悬。此可虑者四。又谓起运存仓。两有窒碍。亦可改收折色。江苏为漕粮最重之地。民力本极拮据。道光二十八年。有议行折色之案。旋即奏免。咸丰三年。复办折色。米多壅塞。民间不能变价纳粮。遂致征不及半。积欠累累。况当开仓之际。骤易旧章。猝令弃现成之米。改收折价。民间窘迫难筹。较前更甚。人情汹惧。恐致银米两悬。此可虑者五。辗转踌躇。迄无善全之策。然为时已迫。不得不先照海运旧章。仍饬各属。一律开仓收纳。再行酌办等情。禀请具奏前来。臣等详加体察。该司道等所禀。委系实在情形。百计筹思。同深焦虑。此时夷兵。尚无到沪的期。自当示以镇静。饬属照常收米办运。一切提前赶早。不得稍示张皇。并饬晓谕商民。以英佛调兵。未必非虚声要挟。勿为所惑。至此后事宜。能否乘机就范。殊难逆料。臣等惟有随时察看情形。斟酌变通。奏明办理以期得寸得尺。无误正供。

丙午。钦差大臣两江总督何桂清奏。节据苏松太道吴煦。候补知府蓝蔚雯禀报。十一月十六十八等日。英夷续到三桅火轮兵船四只。各载夷兵三百名不等。询系由香港。或闽浙等省驶来。皆系常在中国往来者。嗣于二十八日午申等刻。先后驶到三桅火轮兵船二只。各载夷兵二百余名。二十九日午刻。又同来火轮兵船二只。一船三桅。约载夷兵二百余名。一船两桅。载夷兵百名。探系由印度。调至香港。派令先来上海。吴煦等。督带通事上船。查询夷目。是否来此议和。据云。伊等只管本船夷兵。听候调遣。是否议和。系公使兵头专主。不能深知。复询以既来上海。是否在此久驻。抑须他往。据云。兵头尚在香港。守候后到之兵。伊等须待兵头到日。才定行止。三十日午刻。黄埔各夷船。炮声络绎。探知英夷水师副兵头尊士者。搭坐公司火轮船。行抵上海。旋有佛夷三桅火轮船兵船一只随到。总计英夷轮船。先后已到九只。约共夷兵二千数百名。佛夷已到一只。探明兵数另报……

庚戌。山东巡抚文煜奏……查得山东北海。自武定所属之海丰县。至极东之文荣两县止。南海自文荣两县。至西南沂州府属。与江南交界之日照县止。共计海岸迤长三千八百余里。其间口岸。惟即墨县之金家口。及胶州之塔埠头。有香岛青岛遮阑口外。船只必由岛口进出。形势较为紧凑。此外则一片汪洋。茫无涯际。所谓海口。不过海岸稍有湾曲。形若张弓。因其时有船只停泊。是以呼之曰口。口门大者百数十里。至小亦数十里。地势散漫。无可凭依。东省著名之石岛俚岛烟台龙口海庙大沽利津等口。情形大抵如是。夷船果图北来。沿海一带。处处可以上岸。并且徧地沙漠。处处可以深入。与天津。上海。确有海口可据。又有天险可凭者。相去悬绝。此则沿海防不胜防之实在情形也……

辛亥。钦差大臣科尔沁亲王僧格林沁奏。十月十二日。接准两江总督何桂清咨称。英佛兵船已到上海。钞录原奏新闻纸由六百里咨行前来。奴才详加阅看。英夷大小船七十六只。夷兵一万一千四百余名。炮四百三十七门。佛夷虽无船只数目。而现已调兵一万五千名。其船炮必不减于英夷。如果属实。人心不无惶惑。且查该大臣原奏内称。佛夷藉兵胁和等语。似此情形。稍拂其意。势必在上海肆其狂悖。设使奴才进京数日。得有上海紧报。复又驰赴海口。转致中外慌恐。是以奴才仍拟驻扎海口。无庸进京。以期镇定。现在时值隆冬。该夷未必即来大沽海口。即使夷船驶至。仅能在拦江沙外。不能切近内河。所有京兵二千名。除有亲丧事故。亲老丁单者。给假省亲。疲病者更换外。查海口距京。道路不远。其余官员兵丁情愿回京者。拟自本月二十日起。分三次。自备资斧。轮替给假回京。每次假期十五日。明年二月初五日截止。以示体恤。

戊午。闽浙总督庆端。福州将军东纯。福建巡抚瑞璸奏。查闽省台湾一郡。孤悬海外。所辖五厅四县。岛屿分歧。向来官商各船。往来停泊。以台湾县属之鹿耳门。彰化县属之鹿仔港。淡水厅属之八里岔等三处。为出入正口。其八里岔口内之沪尾一澳。亦为商船寄碇之区。附近沪尾之艋舺地方。并为各商贸贩之所。现在米利坚一国。既经准在台湾开市通商。设关征税。自应遵照原奏。俟该国领事到台之后。再由地方官会同妥议交易。先行开市征税。惟查该夷原请。自十月初九日起。扣至两个月后。赴台开市。现已将及届期。虽经飞札移行该管镇道府。遵照妥议。分别办理。第重洋远隔。风信靡常。往来文报。难以应期。若俟往返禀商。诚恐临期贻误。而该郡地皆滨海。处处可通。似应先行酌定马头。庶免漫无限制。该署福建藩司裕铎。前任台湾道时。曾以巡查亲历各口。据称。鹿耳门一处。迫近郡城。鹿仔港口。樯帆荟萃。港道浅窄。均非商夷船只辐辏所宜。惟查有沪尾即八里岔一澳。地近大洋。贸易所集。堪令开市通商。并于附近要隘。设立海关。照章征收。以示怀柔。但办理创始。一应抚绥弹压。自应遴委干练大员。驰赴该郡。会同台湾镇道府。再行逐一妥商。一俟该领事抵台。即可会议禀办。查有福建候补道区天民。明干有为。才识俱优。堪以委令前往。认真妥办。所有通商事务。即责令该道专驻管理。并请嗣后每届一年。量与更换。以均劳逸。酌给薪水。以资办公。如果该员办理实在得宜。即行再留一年。以资熟手。并录叙劳绩。吁恳恩施。其有华夷交涉事件。应令该员。会同台湾镇道随时办理。以昭慎重。至应征税课。查闽省福州厦门等口。原设海关。系由福州将军衙门兼管。分派口员。专司征纳。台湾虽无原设海关。第同一征收税课。自应统由管理闽海关之福州将军兼管。每年檄委该处通商道员。兼理税务。所收税银。按季运解。由福州将军另款存储。照例一年期满。造报题销。无庸另请简放监督。以节经费。现在该夷开市伊迩。未经奏奉谕旨以前。即令该道区天民。暂行兼管。并会同台湾镇道府。设立关口。照章起征。以免迟误。朱批。户部速议具奏。

癸亥。钦差大臣两江总督何桂清奏。佛夷三桅火轮兵船一只。甫到上海三日。即于十二月初三日。开行出口。探系前赴粤东。臣察核新闻纸云。英佛议定合兵前来。核与前次探报。英佛不愿合兵。及因事失和之语。殊属矛盾。犬羊反复之性。难以理测。即将新闻纸所云。西班牙即大吕宋。与摩洛哥构兵。英佛亦干涉其事。佛夷又与安南互哄。英米复因地界相争。此系各该夷所属部落。各自构衅。本与称兵中华无涉。而传闻佛夷现欲攻打澳门。与大西洋为难。是以佛夷兵船。不旋踵即已折回。复与新闻纸又不相符。广东省亦无文报。尚不足信。

咸丰卷四七

(咸丰十年庚申正月)癸未。钦差大臣两江总督何桂清奏。据署苏松太道吴煦。候补知府蓝蔚雯。先后密禀。咸丰九年十二月二十四日。续到英夷兵船一只。二十八日又到一只。共载夷兵二百余名。连前到九只。共计十一只。并无动静。该国副水师兵头尊士。于十二月十三日赴粤后。普鲁斯本有即日亦去之说。后因染患目疾。先遣翻译嘁唖吗代往。于十二月三十日。驾坐送信轮船出口。并据探明。前报该夷停泊中华。及左近属国洋面。大小火轮船四十九只内。已到上海十一只外。其余三十八只。俱已驶抵香港。及广东福建浙江洋面。该夷又在香港。招汉奸一千名。随往天津。以便挑运行李粮食。现已招得五百人。又佛夷有兵船十九只。现在安南。尚有五只已到广东。佛夷副公使梅尔登。于十二月二十七日。前赴宁波。濒行曾至苏松太道署告辞。据称。往返不过旬余。如有应议之事。俟该夷返棹再商。该夷与嘁唖吗。先后驶离上海。究竟是否实系前往宁波广东。是否如期返棹。若合若离。行踪诡秘。无从探确。普鲁斯屡有拦阻漕船放洋之议。拟以兵船阻我出口。上海华夷各商。纷纷传说。众口佥同。其时头批米船。虽已将次放洋。而情势汹汹。能否平安出口。尚未可必。臣一得此信。即会同抚臣徐有壬。飞饬吴煦等。密嘱华商。向夷商妥为开导。告以尔等离家数万里。将本求利。设中华漕米稍有阻滞。必致先从上海闭关绝好。尔等运来之货。即无从销售。内地之货。亦不准转运来口。我们两国商人。皆无买卖可作。必致绝尔我生理。华商以此转告夷商。该夷商咸以为然。密告华商云。普鲁斯之未经撤回。不过全其体面。实已无甚大权。必待该夷兵头曼嘶咇到后。始定如何办法。现在上海兵船不多。伊等情愿力阻普鲁斯不可造次。普鲁斯前既办理不善。此番或可不再执拗等语。普鲁斯始犹以阻运为策之至善者。迨经华夷各商。往返辩论。喻以利害普鲁斯知众怒难犯。不敢坚执阻漕之议。头批海运漕米。自十二月二十二日起。得以陆续放洋。并无阻滞。现在上海所雇沙卫等船。约计足敷江浙两省漕运之用。惟祝天气畅晴。并无风雨阻滞。则赶紧兑运。月内可以蒇事。一经全数放洋。沙卫等船吃水不深。沿边浅水内洋。为夷船所不能到。沙卫等船。随处皆可驶避。纵不能因时抵津验收。亦不过耽延时日。盘剥蒸变。糜费折耗而已。尚不致束手无策。即使不能全数放洋。而头批已去。民心即定。此实仰赖皇上鸿福。非臣始愿所能计及也……

咸丰卷四八

(咸丰十年庚申二月辛丑)钦差大臣两江总督何桂清奏。窃臣前将探报上海夷情。及海运头批漕米。设法放洋日期。专折驰奏后。江宁藩司薛焕。以夷情叵测。海运堪虞。此事总须华夷各商。设法转圜。因与吴煦等。面为筹商。查有老成殷实。与夷商素相契洽之华商徐昭珩。杨坊。二人。堪以任使。当即密饬妥为办理。该二商因与夷商中之怡和广隆宝顺华记公益和记等六字号。贸易来往。即以正大之词。反复开导。该夷商等已允相机行事。嗣据夷商窥测普鲁斯之意。由该夷商等。公拟开列八条。恳为照准。内有天津原议五十六款。不能更改一字。及另贴银一百万两。布置一切。又带兵一二千。至天津府城候旨。并请撤大沽防兵等四条。万难准行。其余如带兵仍赴大沽口外驻扎。事毕即返。又请中国钦差先行给与一文。嘱其弭兵息事。又约定何时赴津。何时进京。请委大员同坐轮船前往。又兵费两不赔偿。夷商虽力为担承。普酋必得以礼相待。方能照办等四条。诸多窒碍。亦不能行。复饬华商再行设法调处。海运二批漕米二十余万石。已于正月十二日起。陆续出口放洋。旋据署苏松太道吴煦。候补知府蓝蔚雯。节次密禀。英船两只。于正月十一日等日。先后出口。驶往极东深水外洋。或谓其前赴北洋。查探情形。或谓其回广东。无从探悉。英夷翻译嘁嗳吗。副兵头尊士。忽于正月十七日。由粤回至上海。二十四日。即有英夷兵轮船大小四只。由尊士督驾出口。探系前往山东直隶交界总隘洋面驻扎。豫备拦阻漕船。滋扰天津地方。上海佛夷寓处附近空地。添搭棚厂五六十间。于十三日开工。据云不日兵到上海。藉以栖止。英佛两夷。俱闻带有战马前来。英商费立盟。认办英夷兵船面食。每日三万磅。计每百磅价银三两六钱。天裕夷商。认办佛夷兵船牛肉。每日七千磅。每百磅价银六两三钱。各已立有承揽。并探闻英夷兵头脱兰即曼嘶哌。有正月底二月初可到上海之说。然无行抵香港确信。又传闻英佛兵齐。即赴天津。断不侵犯炮台正面。必于大沽左近港口进兵。窥伺炮台后路。佛夷梅尔登即美理登。于上年十二月二十七日。前往宁波。探因该夷有船只来往定海洋面。托名护送商船。藉以索费。被该处民人拿获。致相争殴。梅尔登前往调处未结。于本年正月十三日。回至上海。旋据送到佛酋布尔布隆照会臣文一件。恳求清理此事。诚恐为将来借口地步。臣已咨会浙江抚臣罗遵殿。确查迅速办结。以免别生枝节。梅尔登回沪后。即有该酋通事孙文典。向吴煦等。探询前次罢兵之议。吴煦等总令删去索费撤防两事。另筹良策。尚无回音。伏查英夷兵船。现有四只北驶。且与佛夷带有战马。添搭棚厂。豫备兵食。以见其必将用兵。恐即以拦阻漕船。为胁和之计。虽经吴煦等。叠次密谕华商。转向夷商劝导。而普酋所望甚奢。能否就范。尚无把握。倘有可乘之机。即饬薛焕以他事为由。驰赴上海。会督吴煦等。暗中筹商。相机设法办理。惟已经放洋之头二批漕米。是否不致阻碍。在后之米。能否跟踪出口。此时尚难悬揣。臣仍会同江苏抚臣徐有壬。督饬薛焕。吴煦等。密探在后夷情。镇静图维。再行奏闻。

又谕。本日据何桂清奏。探闻夷船先有四只北驶。欲在直隶山东一带扼要处所。截我漕船。并传闻英佛兵齐。即赴天津。断不侵犯炮台正面。必于大沽左近港口进兵。窥伺炮台后路等语。夷情狡狯异常。难保不避实击虚。所有芦台等处。兵力尚单。应如何豫防抄后之处。著僧格林沁。俟山海关应办事宜。办有眉目。即交增庆。格绷额。成保等。接办。以资守御。僧格林沁即行驰赴大沽海口。严防炮台后路。勿令该夷抄截。以豫杜其窥伺之心。是为至要……

壬子。山东巡抚文煜奏。本年二月初五日。接准何桂清来咨。以正月二十四日。有英夷兵轮船大小四只。由上海出口。探闻前往直隶山东交界总隘洋面。豫备拦阻漕船。滋扰天津地步等因。又经臣咨行沿海在事文武。不动声色。认真严密巡防。一见夷船踪迹。立即驰奏核办。兹据署福山县知县陈寿元。会同瞭探委员王庭辉禀称。二月初八日午刻。由东南驶来夹板船一只。在之罘岛口停泊。是日申刻。又有火轮船一只。夹板船二只。自东南大洋。驶至之罘岛。与前到之船。一处停泊。究竟该船是否俱系夷船。船内是货是兵。尚未探悉等情。并据该镇道府。先后咨禀呈报前来。臣查近年夹板夷船。经内地商人。雇用贸易者甚多。上年所停各船。多系前项船只。船内人等。本不必定皆夷人。惟现在所到船只。与火轮船一处停泊。且适符大小四只之数。恐即上海出口之船。现当漕船北上之际。该夷既有拦阻漕船之说。必须豫为堤防。而沿海口岸。尤当杜其窥伺。除飞咨钦差大臣僧格林沁。何桂清。直隶总督恒福。奉天府府尹景霖。一体查照防范外。臣惟有督饬在事文武。在于沿海陆路紧要处所。认真实力巡防。一面力行团练。严拿奸细。如果该夷等。仅止在彼停船。即可置之不问。否则别有要求。即当察看形势机宜。随时奏明。设法办理。

谕军机大臣等。前据何桂清奏。正月内有英夷兵轮船大小四只。由副兵头尊士。督驾出口。探系前往山东直隶交界总隘洋面驻扎。为拦阻漕船之计。当经谕令僧格林沁等。一体严防矣。本日据文煜奏称。二月初八日。探有火轮船一只。夹板船三只。陆续由东南大洋。驶至福山之罘岛口停泊。其是否尽系夷船。及货船兵船。现尚未据探悉。而既已适符四只之数。且该夷前有拦阻漕船之说。亟应严密防范。以免疏虞。向来夷船所到之处。均赖有沿海居民。接济食物。更有趋利奸商。与之潜通贸易。夷船遂因此逗留不去。以后遂难拒绝。贻患无穷。著文煜督饬在事文武。在沿海一带。晓谕居民。严切禁止。使该夷于食物贸易。两无所得。其船只亦必不能久停。并著密饬前派护送漕船之登州镇总兵曾逢年。亲统师船。督饬将弁。梭织巡查。其海运漕船。有收入山东各口者。并著妥为保护。不使夷船乘便抢掠。是为至要。

盛京将军玉明。副都统宝山。兼管奉天府府尹倭仁。奉天府府尹景霖奏。本年二月初九日。接据金州副都统希拉布咨称。正月三十。二月初一等日。瞭见大小火轮夷船四只。在该属和尚岛口外亮子冈洋面停泊。当经奴才等。飞咨金州锦州副都统。督饬沿海地方官。相机严防。并知照钦差大臣僧格林沁。直隶总督。山海关副都统在案。兹于二月十二日。复据金州副都统咨称。二月初二日巳刻。有夷人六名。驾驶小船上岸。因其并无滋扰情形。未敢孟浪攻击。随密饬该处铺商。善为开导。据该夷声称。系英国船只。载有夷官名吉必熏。并非通商。拟赴天津。到此暂停。后路尚有火轮船多只。俟上海聚齐。即行起碇等语。旋于初三日。由亮子冈退出。东西游奕。至老挝子沟停泊。距岸三十里。试探水势。用千里镜窥看。现经该副都统。督率旗民地方官严防等情。咨行前来。奴才等查金州海口。大小十余处。老水贴岸者居多。今该夷既称暂行安碇。尚未入口滋扰。但夷情叵测。既已探量水势。复用千里镜窥看。难保其不乘间登岸肆扰。该处海口距金州切近。亟应水陆设防。以杜窥伺。奴才等除飞饬该旗民地方官。不动声色。加意防堵外。查副都统希拉布。驻扎金州。近在咫尺。奴才等复飞咨该副都统。务须亲督兵勇。于所属各海口。并陆路扼要处所。详加布置。严密设防。不得委诸地方官弁。致有疏虞。惟该夷既有赴津之语。虚实固难臆断。仍应飞咨钦差大臣僧格林沁。及直隶总督。豫作准备。再金州所属各海口。岛屿相连。此处见有夷船。彼处亦可瞭见。况该夷船只游奕无定。而金州各海口。均有弁兵瞭望。一见夷船。不能辨清口岸。难免不重复驰报。若纷纷具奏。诚恐有烦圣虑。拟请嗣后如再报有夷船。奴才等酌量轻重缓急。除船只较多。另有别情者。仍应由驿驰奏外。若船数无多。仅止游奕者。仍飞咨钦差大臣僧格林沁。并邻省滨海各督抚。一体防堵。

乙卯。盛京将军玉明。副都统宝山。兼管奉天府府尹倭仁。奉天府府尹景霖奏。窃奴才等前据金州副都统希拉布咨称。所属和尚岛海口。瞭见火轮船四只。在彼游奕。并探量水势。用千里镜窥看等情。当经奴才等会同驰奏。并飞咨钦差大臣僧格林沁。及直隶总督。豫作准备在案。兹于二月十五日。准金州副都统咨称。本月初七日。该夷携带杉板四只。分赴甘井子等处。寻买牛羊。并未卖给。该夷声称拟赴上海。旋即登杉板回船。扬帆向东南大洋驶去。已无踪影等情。咨行前来。奴才等伏思金州和尚岛海口。距城切近。该夷船既在彼游奕。探量水势。并用千里镜窥看。难保其不去而复返。尤应严密设防。以期有备。惟金州所属大小海口十九处。现有兵数百余名。瞭望防堵。未免较单。奴才等上年筹办海防。因金州海口较多。曾由熊岳。挑选兵三百。以备调遣。今该处海防紧要。已由奴才等咨行该副都统。随时酌量。遇有紧急。即行就近飞调。并力防堵。庶免疏虞。

咸丰卷四九

(咸丰十年庚申三月)戊子。两广总督劳崇光奏。近日夷务情形。现侦探确实。英夷兵约一万二千人。佛夷兵约八千人。已陆续自伊本国开船。三月内可以到齐。佛夷新兵头孟朵邦。先到香港。旋来至省城。在观音山一宿而去。并未来臣署谒见现闻已赴上海。英夷新兵头葛蓝。亦已到香港。尚未闻来至省城。据商人等密报。该夷有马队兵二千。将赴山东利津海口登岸。由武定府陆路。直趋天津。以臣揣之。马二千匹。由火轮船航海七八万里而来。似非情理。且由利津陆路至天津。并非冲途。一千人安敢冒昧深入。难保非故腾此说。使我备多力分。惟既有此议。不敢不据以上闻。请旨敕下山东抚臣。暗中布置防范。以期有备无患。

谕军机大臣等。据劳崇光奏。近日夷务情形。请敕布置防范等语。所称英佛夷兵。陆续由本国分赴香港上海等处。与何桂清等探闻之词。大畧相同。惟据称商人密报。有马队二千。将赴山东利津海口登岸。由武定府陆路。直赴天津各等语。该夷多带马匹。远涉重洋。似无其理。然所历闽广浙苏等省。随处可以买马。亦难保必无其事。山东省兵力单薄。前据文煜奏。筹办海防。拟令青州适中之地。驻扎重兵。以备闻警策应。其各海口未能设备。利津毗连天津。既有所闻。自应早为布置。著僧格林沁。即派妥员。前往察看形势。应如何扼要守御。使其不能深入之处。妥筹办理。一面飞咨文煜知悉可也。劳崇光原奏。著钞给阅看。

庚寅。钦差大臣科尔沁亲王僧格林沁。直隶总督恒福奏。近日运米商船。陆续进口。查询上海夷人。并无动静。海面亦不见夷船行驶。惟节据登州镇总兵曾逢年禀报。夷船数只。在之罘岛长山岛芙蓉岛等处。或渟泊一二日。或来往游移。飘忽靡定。夷情叵测。不知其意何属。奴才等惟有水旱两路。加意严防。不敢稍涉大意。

(甲午)谕军机大臣等。何桂清奏。夷酋接到回文。报复之念益坚一折。据称三月十三日。普鲁斯与夷商公议。先遣两轮船赴北洋听信。拦阻漕船。并阻南北往来商船。另遣轮船赴舟山听信。占踞定海。以为接应夷商等因。先经华商开导。再三劝阻未允。十四日。果有轮船二只北驶。十五十七等日。复有轮船二只南驶。并闻英佛两夷。在日本等处买马千余匹。送至上海之虹口地方餧养。制造叉式木架。钻有多孔。欲用木人乘马。中藏火器。以为陆路冲突之用。又闻前遣轮船北驶。已于成山外之海山。扎有夷兵。专为拦阻漕船商船。普鲁斯之意。兵船到齐。概赴天津附近数处。一齐侵犯等语。夷商普鲁斯接到咨会。决意用兵。已有夷船北驶。自应严密防范。大沽海口。经僧格林沁。恒福。布置周妥。著即时时侦探。相机堵御。该夷既有同时侵犯各口之说。则山海关盛京山东各海口。亦应一体严防。著僧格林沁。玉明。文煜。督饬在防员弁。认真守御。勿稍大意。现在江浙漕船到津者。数已不少。该夷既欲拦截往来。此项收泊沙船。或令其暂泊口内。或令其放洋。著僧格林沁。恒福。妥筹办理。其未经收口之船。一遇夷船拦阻。或赴奉天。山东。暂时停泊。玉明。文煜。亦当熟筹办法勿令该夷抢掠。是为至要。

咸丰卷五〇

(咸丰十年庚申闰三月)丁酉。钦差大臣科尔沁亲王僧格林沁。直隶总督恒福奏。闰三月初一日。承准军机大臣密寄。三月三十日奉上谕。何桂清奏。夷酋接到回文。报复之意益坚等因。钦此遵查前据何桂清奏报。该夷所请各条。断难准行。既经驳斥。该夷势必肆其狂悖。亟应加意慎防。以昭严密。三月二十八日。据哨探官兵报称。驴驹河村来二十余里。见有夷船一只。在彼停泊。并裹去鱼船。拘留米船等情。当经拣派弁兵。前往哨探。奴才僧格林沁。业经函致王大臣。代为陈明在案。三十日辰刻。该夷牵带米船三只。一并驶至大沽海口。在拦江沙外停泊。作何举动。因海雾迷漫。瞭望不能真切。是日未刻。将米船三只释放。该夷船只。向东驶去。因海雾未散。不能远望。不知何往。饬传船户详细查询。据称。夷船载有大铁炮四个。小铁炮数个。夷人约有百名。夷人向伊等探问祁口水势深浅。距大沽远近。官兵若干。濠堑尺丈。祁口至大沽。中间村庄几处。并据船户声称。哨探弁兵贴近夷船。该夷将弁兵三人。接上大船等语。现在哨探弁兵未经回营。是否被该夷拘留。抑或因连日风浪不顺。在他处阻风。尚须饬查。至此次夷船驶至。必系查探本年海口防守情形。以便乘隙窥伺。现在两岸层层布置。似可无虞。至该夷在大沽海口停泊未久。即便驶去。难保不往山海关游奕。奴才等。业经咨行玉明。增庆。一体严防。海运米船。已进口三百零八只。拦江沙内外。现有数十只尚未进口。夷船在拦江沙外停泊之时。米船近夷船左右行驶。该夷并无阻拦。俟哨探弁兵回营。如探有确情。再行奏报。

谕军机大臣等。前据僧格林沁。以探有夷船停泊驴驹河。裹去渔船。拘留米船各情。函致惠亲王等。经军机大臣陈奏。本日据僧格林沁等奏。夷船于上月三十日。牵带米船三只。一并驶至大沽海口。在拦江沙外停泊。后将米船放回。该夷船即向东驶去等语。该夷向船户探问祁口地势。甚为详细。其为窥探虚实诡计无疑。祁口地方。距大沽若干远近。有无防兵。该大臣自必密为布置。所有哨探弁兵。曾否放回。抑被夷船带去。本日复据载垣面奏。接端华由工次来书。知明善接上海私信。该夷在广东募潮勇三千。在该处操演。意欲于山东海口。一带空旷处所。登陆抄袭。复据卞宝书云。北仓地方。系上年米夷换约所经之路。该处空虚无备。恐米夷溷迹。导之使来各等语。著僧格林沁。详查地势。如有可以绕越炮台直达京师之路。即著扼要防守。并即奏明添兵。以防抄袭。其防守炮台之兵。万不可轻易移动。致有疏虞。至山东沿海各口。防不胜防。惟利津地方。距津较近。仍著查明具奏。

戊申。钦差大臣科尔沁亲王僧格林沁。直隶总督恒福奏……米船进口。共计六百四十余只。卸米回空。一百三十余只。奴才等。业经飞咨文煜。催令各口米船。迅即赴津。以免耽

丙辰。闽浙总督庆端奏。现接护理福建水师提臣蔡润泽。会同署理福建兴泉永道潘骏章禀报。据厦防同知俞林禀称。本年三月十五日。有荷兰国双桅夷船一只。于是日午刻。驶入厦门汛口。内装夷兵一百余名。复于酉刻驶至双桅红毛夷船一只。内载夷人五百余名。均各随带器械。闻系由厦转往上海。因彼此语言不通。无从盘诘等情。当即会同饬派兵役。严密防范。旋据各汛口文武禀报。荷兰红毛两国夷船二只。均于三月十七日未刻。驶出外洋。往北而去。驶禀察核等由。及据福建厦防同知俞林禀报前来。奴才伏查荷兰等国夷人。各驾兵船驶至厦港。旋即开行。是否转赴上海。抑有别故。现当英夷尚未就抚之际。情殊叵测。所有沿海各口。均应严密防范。以免滋生事端。除檄饬沿海各地方文武小心严防外。并飞咨钦差大臣两江督臣何桂清。及帮办五口通商事宜巡抚衔江宁布政使薛焕。查照办理。

丁巳。钦差大臣两江总督何桂清奏。窃臣前查探夷人欲占踞舟山。即定海厅。为南北接应之地。业经先后密陈。兹于闰三月十三日。据署浙江宁绍台道梁恭辰。转据署定海厅同知甘炳禀称。闰三月初一日辰刻。查有英佛二夷大小兵船十八只。陆续驶至道头地方停泊。旋即有夷官六人。至署谒见。据称。奉伊等提督之谕。愿借城内衙署寺院。暂栖夷兵。并不扰累百姓等语。当经再三开导。该夷官一味坚执。次日在城乡徧贴夷示。随即陆续进城。分住寺院。梁恭辰以宁波地方。自夷人通商以后。往来出入。历年已久。此次驶到兵船多只。夷兵借住城内。其居心殊为叵测。惟该厅地方。孤悬海外。际此内患未平。必须妥为调停。以冀消弭无事……

何桂清又奏。接据吴煦来禀。闰三月初十日。有天津大营尽先守备谢起发。来署面称。系在钦差大臣僧格林沁营中效力。三月二十八日。瞭见大沽口外泊有夷船一只。奉派带同兵丁五名。驾坐小船前往。查系佛夷兵船。该夷转向谢起发。详问大沽防堵情形。及兵弁炮位数目。有无拦江铁戗。大沽由陆路至天津。计若干里。该守备遵照僧格林沁面谕。答以防兵无多。且无大员驻扎。炮台六座。每座仅设炮一位。拦江铁戗等物。上年已为英兵所毁。大沽至天津。尚有数百里。该夷仅将带去之兵丁释回。扣留谢起发不放。次日复用千里镜窥探大沽情形。以谢起发所言不实。屡欲杀害。该守备矢口不移。夷船随即驶回上海。本日夷兵头复向盘问。并令通事山东人孙文典转诘。该守备仍执前说。经孙文典缓颊释放等情。即经吴煦。给发护照。饬令搭坐商船。由海道赶回津沽大营。具禀前来。臣查该夷船只。时赴

北洋窥伺。居心殊为叵测。又据吴煦等禀称。上海现有英夷兵船六只。佛夷兵船一只。吴淞口外续到英佛大兵船共八只。夷兵间有登岸。尚不滋事。惟于对岸海塘。随处盖有石灰印记。不知何意。并传闻该夷多带马匹。有由大沽陆路赴津之意。均不能不严为之防。

己未。钦差大臣科尔沁亲王僧格林沁。直隶总督恒福奏。本月二十一日未刻。炮台瞭望见有夷船一只。由东北驶赴北塘河拦江沙外。正拟派人前往哨探。又由东南洋面驶来夷船一只。在驴驹河迤南停泊。旋据北塘营弁禀报。夷人舢板一只。上有夷人九名。驶进河口近岸。船上并无通事。言语不通。无从查询。该夷用手指画。揣度其意。似欲赴京投文形状。又未持有公文等情。禀报前来。奴才等。派令理藩院员外郎德祥。带同县丞黄惠廉。于二十二日。前往北塘查询。二十二日早晨。驴驹河迤南。夷船停泊未动。至未刻起碇北驶。亦赴北塘口外。一处停泊。其二十日进口舢板。连日风浪过大。未能出口。即东河岸下锚。二十三日德祥等。回营禀称。该夷等俱不通中国言语。黄惠廉。因以佛国夷语。向该夷查询。据称。系俄国船只。到此等候京城夷馆信函。并有信寄京。现来仅有大船一只。沿途海面。并未见有别项船只。此外言语多不相通。并称大船上有通英佛言语之人。即当唤来。以便答话。其寄京信函。亦在大船。并未携带等情。查俄夷上年节次寄京信件。均由舢板携带。并有通事相随。所求递送信函。即欲听候回信。其势迫不可待。此次既称投信。又无信函。并无通事。进口三日之久。从容不迫。且既称仅来大船一只。何以又由南洋驶来夷船一只。亦在一处停泊。形迹种种可疑。难保非英佛二夷溷入俄夷船内。希图窥伺。惟北塘地方。断难守御。虽拟舍而不守。诱令深入。以便兜击。然仍不令其轻易占踞。现已派拨马步官兵前往驻扎。如该夷舢板多只。载夷登岸。必不能携带大炮。我兵即可俟其登岸迎剿。庶可得手。至该夷舢板。已于二十三日出口。仍应看其如何动静。如一二日内。持有寄京信函。奴才等。自当钦遵前奉谕旨。接收代为递送。设无寄京信函。其为窥探虚实。似无疑义。奴才等。惟有加意严防。不敢稍涉大意。

谕军机大臣等。僧格林沁。恒福奏。北塘海口。见有夷船三只停泊。现在防守情形一折。此次北塘口外。先后驶来夷船二只停泊。虽据称系俄国船只。而既有寄京信函。并不由舢板携带。且无通事。先称仅来大船一只。续又由南洋驶来一只。形迹可疑。据称。大船上有通英佛言语之人。难保非英佛二夷溷入俄夷船内。希图窥伺。该大臣等。现已派拨马步官兵前往北塘驻扎。以备临时缓急之用。所筹自属周妥。北塘地方。前经肃顺等。与俄夷约定。如海口无事。可以差人来往。现当设防之际。原不应前来。兹该夷舢板船已经出口。如再来北塘送信。著恒福接收。许其寄京。如欲差一二人进京。奏明请旨酌办。至俄夷此来。无非欲乘英佛二夷来时。从中取利。未必先行开炮。自违和约。傥我军先行轰击。正堕彼术中。该夷得所借口。必至公然与英佛朋比为奸。更难措手。断不可以该夷欲作说合。从中取利。堕其术中。应令该夷速即退避为要。该大臣务当随机应变。与恒福。妥筹办理。以慰朕望。至马队恐不敷分拨。可于山海关。吉林。黑龙江兵内。酌调若干。以资策应。大沽防兵。不可掣动。北塘后路。及天津。兵力较单。应如何添兵布置之处。著该大臣斟酌办理。迅速奏明添调。再昨据何桂清奏。尽先守备谢起发。已由夷船放归。搭坐商船。赶回津沽矣。又据该督奏。英佛二夷兵船十八只。驶至定海厅地方停泊。其夷兵借居城内。分住寺院。并徧贴夷示。欲占地屯兵。藉为挟制。难保不即由定海驶至天津。种种诡谲情形。不可不严为备。所有西林郭勒马一千匹。昨据庆昀奏。内有七十二匹。不堪留收。咨行理藩院行知补交。业经谕令庆昀。俟收全时。解赴天津应用。其伊克昭。乌兰察布。两盟官兵。本日据成凯等奏。先后到城。惟皆不习技艺。不服水土。中多患病。未必全行适用。现在勤加操演。并令将疲瘦马匹。妥为牧放矣。

僧格林沁等又奏。前被夷船带去之海口营探兵尚起龙。于本月二十一日回营。奴才等详细询问。据称。前同营弁谢起发。兵丁高士棻。被该夷拘留。三月初三日。自祁口开船。初五日到奉天不知地名山岛停泊。该夷拦截商船五只。各带一人。赴该夷大船。查问买煤处所。并看商船所用煤末。不堪使用。次日将商船五人。并营兵尚起龙。高士桼放回商船。尚起龙等。搭坐商船。赴山东莱州登岸。高士桼。在途患病。尚起龙一人回营。据称。夷人头目李姓。通事白姓。时常向该兵等。查探大沽海口炮台情形。并马步官兵若干。该兵等。答以并无马队。仅有本地乡勇三百余名。该夷并不肯信。该兵等。向夷人询问系何国船只。该夷亦不肯明告。据称。是巡船到大沽查探情形。该夷连日向该兵善言查询。并无威吓情事。该兵等。欲与谢起发同来。夷人不允。声称带赴上海。见伊国提督等语。已咨行两江总督何桂清查探。俟该夷船驶回上海。令将营弁谢起发。交还送营归伍。再本月二十三日。奴才等。接准河桂清咨称。英夷改派额尔金。佛夷改派葛罗等情。钞录原奏。咨行前来。合并附陈。

壬戌。浙江巡抚王有龄奏。窃臣抵任后。两次接据定海同知甘炳禀称。本月初一日。探闻英佛二国。大小火轮船十八只。陆续驶至道头停泊。旋有夷目六人。来署谒见。据称奉伊等提督之谕。欲借城内衙署。及寺院。居住夷兵等情。当经再三婉覆。总以并不干碍之言相答。并邀该同知。与定海镇。同至伊船相叙。追赴伊船。仍申前说。复向开导。一味坚执不移。即于次日在城乡徧贴告示。并即陆续进城。分处寺院。约有五六百名。自初三日起。该夷目带同夷兵。多少不等。各执兵器。四处游行等语。复据护理定海镇总兵袁君荣。宁绍台道梁恭辰等禀报。大略相同。查定海地方。孤悬海外。自五口通商以后。时有夷船往来。登岸入城。本无足怪。第此次所到船只。俱系火轮兵船。复令夷兵居住城中。意殊叵测。所虑者。浙境贼氛方炽。边衅岂可再开。况此时抚局未定。亦不敢稍涉卤莽。致滋借口。惟有饬令该同知等。暂行设法羁縻。并劝居民勿与为难。希冀消弭其事。一面仍令察看情形。随时具禀。以便密为之防。

癸亥。钦差大臣科尔沁亲王僧格林沁。直隶总督恒福奏。窃惟夷船驶至北塘。舢板进口。派员查探各情形。于二十三日。恭折奏报在案。二十六日。恭奉寄谕一道。奴才等。敬谨领悉。查该夷原称仅来大船一只。船上有通英佛言语之人。二十三日。舢板迅出河口。是晚复又驶回。增添夷人四名。二十四日。派令德祥。带同黄惠廉前往。询得续来夷人。通晓佛国夷语。系米国夷人。先后驶来大船二只。据称。均系俄国船只。仍欲寄信至京。并未携带信函。持有汉字帖一纸。开寫所要食物。黄惠廉。向该夷告说寄信一节。须回明上司。方敢递送。令其数日后持信来听候。奴才等。派员前往大船。送给食物淡水。藉可查探动静。二十五日。差弁回营。禀称。船上夷人约有百余名。带有大小炮位。其舱内有无夷人。不能看视。所有淡水食物。该夷未收。据称。未将信函寄京。食物未便收受。旋据北塘汛弁禀报。该夷舢板三只。各百十余人。先后进口。虽言语不通。察其情形。似系仍欲寄信至京。举动极为狂悖。至应否接收信函。代为递送。奴才等。拟俟二十六日。奉到批折。再为钦遵办理。是以未经派员前往。二十七日。饬令德祥等。前赴北塘。该夷呈出寄京信函二件。并称俟得有回信。即便开行。奴才等。先经嘱令黄惠廉。传谕该夷寄京信函。系该夷本国事务。即代为递送。傥有关英佛二夷之事。不能转递。该夷声称。并无关系英佛二夷情事等语。奴才等。固知该夷信内即有英佛二夷之事。亦断不肯宣露。然不得不豫为杜绝。使该夷等无所施其诡诈。至山海关防务。亦关紧要。该处关内关外。处处皆可登岸。现在马队官兵。未便抽拨。北塘后路。天津郡城。业经豫为布置。此时暂缓添调官兵。大沽两岸。马步各队。足资抵御。并可兼防南岸迤南。至祁口一带。北岸迤北。至北塘一带。奴才等。现已咨催山西官兵二千名。迅即来防。其备调京兵二千名。应请敕下各该旗。豫为准备。仍俟得有上海准信。再行调赴津郡防守。以壮后路声威。奴才恒福。将该夷信函。封送军机处。发交夷馆祗领。俟有回信。给与该夷。令其速即退避。

谕军机大臣等。僧格林沁等奏。俄夷持有寄京信函。求为递送一折。俄夷船只。驶赴北塘。呈出寄京信函二件。并称。俟得回信。即便开行。经恒福。将该夷信件。封送军机处。已由理藩院转交夷馆矣。俄夷乘英佛来时。忽至北塘投信。显系藉此窥探虚实。所称信函。并无关系英佛之事。原不足信。北塘地方。既未设防。恐该夷藉买食物为名。任意登岸。不可不豫为杜绝。如该夷需用淡水等物。著恒福。派人代为买办。勿许登岸盘踞。一俟在京俄酋寄有回信。即饬令迅速开行。僧格林沁。于北塘后路。天津郡城。均已豫为布置。自可暂缓添调官兵。其前调山西官兵二千名。一俟到防。即择要布置。京兵二千名。已敕各该旗营。豫为准备。届时酌量调遣。以壮后路声威。并须多设疑兵。令该夷难以窥测。本日据薛焕奏。探闻夷船赴北洋窥探。以津沽防堵严密。欲用兵船一二十只。虚攻大沽。牵制我师。另觅得山海关以内海岸。可以登岸。约定各兵船由此登陆。径奔都门。并雇有广东匪徒。令骑马前导。又探闻该夷侦知大沽左右。有盐田水深。可以泊船。欲由此上岸。直抄炮台后路等语。山海关地方。前经僧格林沁等。亲往察看。分拨官兵防守城池。布置谅已周妥。惟该夷既有由此登岸之说。自应严密防范。著即督饬增庆等。随时侦探。勿令登陆肆扰。其余附近山海关各海口。亦宜妥为筹防。不可稍涉大意。该夷诡谲异常。声东击西。意欲分我兵力。亦未可定。谅僧格林沁等。必能相机防堵。其如何布置之处。即著迅速奏闻。夷务关系紧要。该大臣等。一切奏报文移。务当格外慎密。以免该夷探听消息。即营中之人。亦宜加意严防。是为至要。薛焕折。著钞给阅看。

巡抚衔江苏布政使薛焕奏。窃臣奉钦差大臣两江总督何桂清行知。承准军机大臣字寄。钦奉上谕。何桂清。现筹防剿事宜等因。钦此。伏查夷情桀骜。蓄意称兵。暨节次设法化导情形。叠经何桂清先后驰奏在案。本月初二等日。夷人突入定海厅城。连日饬探。尚无十分骚扰。续接署浙江宁绍台道梁恭辰报称。该夷在道头地方泊船。其城内散住者。约计五六百名。兹又由署苏松太道吴煦。候补知府蓝蔚雯。探得夷船驶赴北洋窥测。以津沽防堵严密。港狭水浅。欲用兵船一二十只。虚攻大沽。牵掣我师。另觅得山海关以内。有一海岸。不知地名。计距大沽二百余里。距京师三百余里。该处港阔水深。可以登岸。约定各路兵船于外国六月二十五六。即中国五月初七八等日。由北登陆。径奔都门。并雇有广东匪徒数百名。内多熟悉直隶路径者。均令骑马前导。拟以北驶兵船。分调一半前往。余泊沿途各港接应。此说甚秘。系夷兵船上所雇华人。由北回沪。偶露风声。吴煦等。又令华商密探。所闻相同。另由前浙江盐运使潘仕成。所探该夷。侦知大沽左右有盐田。太深可以泊船。有欲由此上岸。直抄炮台后路之谣。伏思该夷目上年受创以后。天津兵威。实闻而胆落。然犹添调兵马。处心积虑。妄图报复。无非欲为螳臂当车之计。

咸丰卷五一

(咸丰十年庚申四月己巳)山东巡抚文煜奏。本月二十二日。据登州府张鼎辅。禀据蓬莱县具报。三月初五日。有夷船一只。由长山岛开行游奕。有夷人二名。驾杉板小船一只。至天桥口上岸。在水城海岸附近之观音堂闲逛。经瞭望弁。兵向前拦问。夷人口称价买煤炭牛羊食物。弁兵即以此地不产煤炭。并无牛羊可买。且以滩落水浅。船必被搁。劝令速即开行。夷人仍驾杉板折回大船。驶往大竹山岛南洋拢泊。于初六日辰刻。开往东北大洋。驶去无踪。并准登州镇总兵曾逢年咨同前曰各等情。臣查该夷人。虽经弁兵善为拦截。船已驶去无踪。惟既上岸欲买食物。非寻常停止往来行驶者可比。理合附片陈明。伏乞圣鉴。

壬申。闽浙总督庆端。福建巡抚瑞璸奏。奴才等。接据署福建布政使事按察使裕铎详称。准琉球国中山王世子咨开。咸丰九年五月二十九日。有火轮船一只到来。当即委员讯问来历。据称。荷兰国钦奉全权公使用克而伊而翁加白良所坐船只。通船共有一百二十人。今特来要与贵国大臣当面议事等语。业于六月初一日。在公廨相会。该公使将文书一道。交官展看。该官看讫。婉词云。文内嗣后或有荷兰船到来。须要以礼相待。凡在市杂物。许其收买。所有柴水。亦收价供给。若嗬船遭风漂来。冲礁损坏。亦要地方官遣人救命。待有便船回籍。凡有嗬人犯法。地方官报明船主治罪。或有人身故。给地埋葬。

暨拨船引导等事。均系情理当然。自当遵命。至于交易一案。敝国蕞尔蜃疆。土硗产乏。无力可办。实难应允。祈赐体量。该公使云。姑如所请施行。但事关国主钧谕。不敢自专。他日俟覆奏批准。再来办理。语毕而退。于初八日开船回去。至于佛夷吗尔哊许烈等。迄今逗留尚未撤回。兹值接贡之便。咨明查照施行等因。奴才等。伏查前次佛兰西。英吉利两国夷船。驶往琉球。淹留该国。据琉球国王世子咨。由福建藩司详。经各前督臣恭折奏明。移咨钦差大臣两广督臣。就近察看情形。勒令撤回在案。兹荷兰国夷船驶往琉球。现已开船回国。云俟他日再来。又佛夷吗尔哊许烈等。迄今逗留尚未撤回。既据该国王世子移咨福建藩司核明转详前来。除飞咨钦差大臣两江督臣何桂清查照。分别妥为劝谕各该国夷酋。嗣后船只。勿再驶往琉球。并将佛夷吗尔哊许烈等。迅速拨船接回。以敦和好。仍俟何桂清咨覆到日。即行饬司备移琉球国王世子查照。

(癸酉)僧格林沁又奏。瞭望北塘拦江沙外。又有夷船一只。与俄夷大船。一处停泊。自必仍系前次开驶之俄夷船只。

薛焕又奏。臣接奉闽浙督臣庆端咨会本年三月十五日。有荷兰国双桅夷船一只。内夷兵一百余名。红毛双桅夷船一只。内夷人五百余名。俱带器械。先后驶至厦门。闻系转往上海。旋于十七日。驶出外洋。均往北而去等因。臣查红毛。即英夷之别种也。近来上海。正有英船陆续驶至。荷兰则别是一国。此船恐系由英佛两夷雇募而来。上海现带荷兰国兵船进口。

又谕。本日据薛焕奏。英佛仍图北驶报复。并探闻佛兵欲分扰山东登州莱州一带。牵制我师。及兵船已由定海各口陆续北驶。其举动的期。约在四月以内。另雇熟习直隶路径之广东匪徒甚多。并欲用牛只驼负木人冲突。名为火牛阵各等语。英佛分兵滋扰登莱。以冀分我兵力。原在意计之中。已谕令何桂清等。设法开导。阻其北驶。惟该夷居心叵测。现在登州等处。尚有夷船停泊。难保不招集熟识山东路径之人。为其向导。若由利津登岸。亦可由陆路径至天津。著文煜。严饬该处将。弁暗为防备。一面严饬地方。不准接济食物。傥该夷兵船陆续驶至。著该抚派委妥员。告以去年该国。并未助英国打仗。如系换约而来。此处并无办理通商换约之责。务须在上海议定章程。经该省钦差奏明后。仍须由北塘进京换约。方不失两国和好之道。如该夷登岸滋扰。该抚务须临时酌量情形。妥为办理。切不可先行启衅。致令该夷有所借口。于大局转多窒碍。是为至要。

英夷新闻纸。

连日盼望公司轮船。均谓额尔金不日可到。孰知五月十四日。即中国闰月二十四日。七点钟。轮船到沪。各商家均接本国之信。竟已大换章程。额尔金于三月初起身。先过佛国。欲邀葛罗同来中国。酌定是战是和。原有一线转机。乃佛王盛怒。颇谓英主忽是忽非。既欲遣使再往中华。亦惟各行其道。现在佛国定见。增兵四千名。并添战船战具。续到天津。一径进京。定欲责问背约之咎。额尔金在佛国二十余日。会议多次。毫无转机。当即知会英伦女主。曰佛既如是。我国亦不复遣使重去。诸听普鲁斯主持。与佛同上北京。此言在英国未知中国情形。若知京都如此回文。亦必添兵。战恐不速。现俟船齐。一准北驶。毫无他议矣。

佛兵船军政使。在定海索取该厅实征内。册兵册藉以查户口人数。占衙署不过藉以凉爽。均无他故。果欲侵占地土。有何难哉。是知其意在北而不在南。

英法两夷停泊各海口船只兵丁数目清单。

香港泊英国兵船十九只。

大夹板船一只。炮四十四门。水兵三百七十五名。

大火轮船一只。炮六门。水兵三百五十名。

大火轮船一只。炮五十一门。水兵五百名。

大火轮船一只。炮十七门。水兵一百五十名。

大火轮船一只。炮六门。水兵一百六十五名。

大火轮船一只。系向夷商租赁炮位。兵丁未载明数目。

大夹板船一只。无炮位水兵二百名。陆兵五百名。此系住兵之船。不以攻战。

大夹板船一只。装载粮食。

大夹板船三只。共炮八门。住医生及病伤兵丁。

浅水火轮船八只。共炮二十四门。水兵三百四十八名。每船约兵五六十名。往来通递书信。接济兵食。

以上各船。现驻香港。计不日尚有移动。

定海泊英国兵船十二只。

大夹板船一只。水兵五百名。

大火轮船一只。水手三百五十名。水兵四百五十名。

大火轮船一只。炮五十一门。水兵五百三十名。兵头尊士所驾以为中军。

大火轮船一只。炮二十一门。水兵四百名。

大火轮船一只。炮十六门。水兵三百五十名。

大火轮船五只。无炮位。每船约装陆兵六百名。共三千名。及粮食军械。

中火轮船一只。炮六门。水兵一百一十名。走报书信往来接济

浅水火轮船一只。炮二门。水兵三十七名。

上海泊英国兵船六只。

大火轮船一只。炮十六门。水兵二百四十名。

大火轮船一只。炮六门。水兵一百十四名。此船现装陆兵二百名。不日赴新德记行屯扎。

大火轮船一只。炮六门。水兵一百一十名。

浅水火轮船二只。共炮四门。水兵七十四名。

夹板船一只。炮十六门。水兵一百三十名。

登州泊英国兵船六只。

大夹板船一只。炮二十六门。水兵二百名。

大火轮船一只。炮二门。水兵一百六十五名。

浅水火轮船四只。共炮九门。水兵一百八十五名。

广州泊英国兵船六只。

大火轮船一只。炮二十一门。水兵一百五十四名。

大火轮船一只。炮十六门。水兵二百六十名。

大火轮船一只。系向夷商租赁。炮位兵丁未载明数目。

浅水火轮船三只。共炮十门。水兵一百三十七名。

福州泊英国兵船

大火轮船一只。炮三门。水兵五十名。

厦门泊英国兵船

夹板船一只。炮十二门。水兵一百三十名。

宁波泊英国兵船

浅水火轮船一只。炮二门。水兵三十七名。

日本泊英国兵船三只。

中火轮船二只。无炮位。装夷人二百名。汉人四百名。专为购买牛只马匹而设。近已回上海。不日仍赴日本云。

浅水火轮船一只。炮二门。水兵三十七名。

上海泊佛国兵船八只。

大夹板船一只。炮五十门。水兵四百名。兵头卑治所驾。

大夹板船一只。炮四十门。水兵三百七十五名。

大夹板船一只。炮位人数未载明。

大火轮船四只。炮位人数未载明。

浅水火轮船一只。炮六门。水兵一百十九名。

定海泊佛国兵船五只。

大火轮船四只。

浅水火轮船一只。

登州泊佛国兵船

浅水火轮船三只。共炮十八门。水兵三百五十名。

香港泊佛国兵船六只。

大火轮船五只。

浅水火轮船一只。

其英船尚欠兵船八只。未到近闻已抵新加坡。十日前后可到香港。佛船未到者。未详确数。

辛巳。钦差大臣科尔沁亲王僧格林沁。直隶总督恒福奏……至俄酋伊格那提业幅。于初十日住北仓。十二日住北塘。当派员外郎德祥。运司崇厚。天津道孙治。前往北塘照料。计来夷人二十六名。是日上船十六名。十四日全数上船。十五日辰刻开行南驶。十四日通事明常。呈出信函三件。计官面谨告一件。遽礼部转呈军机处一件。专致奴才僧格林沁一件。嘱托收存。俟伊国续有船只到来代交。经德祥等。告知中国王大臣。不收外国信函。现在中国正在与英佛交兵。嗣后俄国船只。总以不来为是。信函不能代为收存。该夷执意不从。已将递送礼部转呈军机处信函一件留存。转交夷船信函一件接收。其余信函一件。已经掷还。查此次夷船驶至北塘。夷酋出京各情形。深为叵测。难保无暗藏奸计。殊堪发指。该夷开驶后。势必前往上海。与英佛暗通消息。至津沽一带。兵力布置。俄夷尽知详细。俄夷传述一切。英佛二夷。亦深信不疑。防守既已严密。该夷料难窥伺。欲和之意必坚。全在上海办理得当。迎机善导。使之就我范围。诚如圣谕有此机会。殊不可失……

(癸未)玉明又奏。四月十二日。据金州旗民地方官详报。四月初七日。和尚岛口外。见有火轮船一只停泊。旋有商民十七人。驾驶杉板小船登岸。据称。系江南金永康。金长源。船户高畅堂。金锡蕃等。由没沟营装载豆石。于四月初三日行至山东洋面。被火轮船拦截。带至和尚岛口外。用杉板小船。送伊等上岸。将水手张老海。连船载粮货扣留。经该地方官查验照票相符。发给口粮等情。驰报前来。奴才查该夷在山东洋面。胆敢劫掠商船。桀骜情形。实堪发指。金州和尚岛。距城较近。防堵最为吃紧。已飞咨该副都统希拉布。督饬旗民地方官。严行戒备。并由驿六百里咨会钦差大臣僧格林沁知照。仍通饬金州。锦州。滨海旗民地方官。一体严加防范。

闽浙总督庆端奏。窃奴才接据署浙江宁绍台道梁恭辰禀称。本年闰三月初一日。查有佛英二国。大小火轮船十八只。陆续驶至道头。移时即有夷官美理登等六人。入城谒见。据称。欲借城内衙署。暨寺院。暂住官兵等语。当经再三婉覆。该夷官一味坚执。即于次日陆续进城。分处寺院等情。具报前来。

奴才查定海孤悬海外。岛屿纷歧。为宁波一郡之门户。兹佛英二国兵船驶至舟山。强入城内。欲将衙署寺院。分住夷兵。其情实属叵测。现由署宁绍台道梁恭辰。遴委熟悉夷务之员。驰赴定海。奴才业经飞饬确查情形。能否理谕。再行相机妥办。一面督率界连之镇海等县。严密筹防。并咨请浙江抚臣添委干员。前往查办。伏思该二国兵船。屡在天津挫衄。难保不别逞诡计。以图要求。浙省当残破之余。饷绌兵单。诸形掣肘。惟有察看夷情之所向。随时妥商办理。至闽省台湾。仅有米利坚议准通商。尚未据报开市。其福洲。厦门。各口。夷人现皆往来贸易。安静如常。奴才已密饬各属。不动声色。一体密为防范。并分咨钦差大臣两江督臣何桂清。暨帮办五口通商事宜江宁藩司薛焕查照。

乙酉。盛京将军玉明奏。窃奴才于四月十四日。准金州副都统希拉布咨称。前报停泊之火轮船一只。于初八日清晨。向东南洋游驶去讫。并未回口。是日未刻。复有该夷劫来丁游船一只。与前劫商船。一处停泊。酉刻由具水地方登岸。询据该船户杨振声。李发增声称。系莱州府掖县人。船名兴连盛。共水手二十名。于闰三月间。由上海装运漕米。一千零八十石。四月初六日。行至威海城山头。被火轮船截抢。带到此口。原人俱令登岸。每商船有夷人五六名。并不交给原票等语。前后共到劫来商船六只。现时已被夷人掀去上盖三只。将船身另涂白色。欲改修火轮船。带赴天津打仗等情。奴才查漕粮最关紧要。前已遵旨。通饬滨海各该旗民地方官。遇有漕船来至奉天海面。无论行抵何处口岸即令收口。暂行停泊。妥为防护。一体遵办在案。今该夷肆其凶悍。胆敢在山东洋面截抢漕船。带至青泥洼海口。辄将船只扣留。仅送船户水手登岸。形迹甚属可疑。其中恐有汉奸句结。暗施诡计。尤不可不严密访查。以弭隐患。即如该副都统咨报。漕船被劫情形。似未明晰。既称该船户装运漕米。其船有无押运弁兵。未据供明。且原领票照。又被夷人扣留。无凭查验。其漕粮是否被抢。有无别情。仅据该船户一面之词。殊难凭信。难保非奸细假冒漕船水手。登岸窥探虚实。且该夷扣留商船。掯其照票。更难保不藉此船只。潜载夷兵。扮作商船。执持照票。混入各口。随处埋伏。亟宜确切访查。严行戒备。庶免堕其奸计。现已飞咨该副都统。传集被劫船户水手。逐层盘诘。务得确情。详细咨覆。并委员前往访查虚实。俟该副都统并委员查讯咨报到日。再行详细具奏。

玉明又奏。奴才正在拜折间。接准金州副都统咨报。四月初十日。瞭探该夷人扣留商船六只。内涂成白头船三只。其余杉板船二只。丁游船一只。尚未涂画。十一日寅刻。该夷在船演放一炮。惊骇乡民。纷纷迁避。其火轮船仍未回口。续据佐领赵进冉禀报。是日午刻。见有白布篷船一只。似卫船形势。驶入青泥洼。与前到之船。一处停泊。又有四桅重叠篷大夷船一只。由东南洋向青泥洼行驶各等情。奴才查夷船在青泥洼一带游奕。演放炮位。惊骇乡民。截留商船。情殊叵测。惟金州兵力较单。前经奴才挑备熊岳官兵三百名。奏准由该副都统。遇有缓急。随时酌调。现当夷船游奕。海防吃紧。已咨覆该副都统。相度机宜。就近札调。亲督官弁。在于紧要处所。严密防堵。不得稍形疏懈。仍饬滨海口岸。加意严防。

谕军机大臣等。玉明奏。漕船在山东洋面。被夷船截抢。并夷船在青泥洼一带游驶。演放炮位各等语。该夷肆其凶悍。在山东洋面。截抢漕船。将船只原票扣留。仅送船户水手登岸。涂改船色。且演放炮位。惊骇乡民。并有夷船由东南洋向青泥洼行驶。情殊叵测。著玉明。严饬希拉布。加意严防。如该夷非大队登岸。深入滋扰。不可先行开炮。致令该夷有所借口。其滨海口岸。并著玉明。严饬随时豫防。不得稍形疏懈。该船户装运漕米。有无押运弁兵。原领票照。又被夷人扣留。无凭查验。难保非奸细假冒漕船水手登岸。窥探虚实。且该夷扣留商船。掯其照票。更难保不藉此船只。潜载夷兵。扮作商船。执持照票。混入各口。随处埋伏。尤应确切访查。严行戒备。著希拉布。传集被劫船户水手。逐层盘诘。务得确情。并饬沿海各口弁兵。遇有商船停泊。加意盘查。勿堕奸计。是为至要。

又谕。本日据玉明奏。漕船在山东洋面。被夷船截抢。该夷复在船演放炮位。并有夷船二只。向青泥洼行驶各等语。据称金州和尚岛口外。有火轮船一只停泊。并江南金永康等商船。在山东洋面被劫。初八日。该夷火轮船一只。向东南洋驶去。复有该夷劫来丁游船一只。与前劫商船。一处停泊。据被劫船户登岸。声称。上海装运糟米。行至威海城山头。被火轮船截抢。带到青泥洼口。原人俱令登岸。每商船有夷人五六名。并不交给原票。前后共到劫去商船六只。并将船身另涂白色。欲改修火轮船。带赴天津打仗。该夷复在船演炮。惊骇乡民。又有白布篷船一只。四桅重叠篷大夷船一只。向青泥洼行驶各等语。该夷截抢漕船。涂改船色。扣留商船原票。情殊叵测。难保非汉奸假称被劫商船。登岸窥探虚实。更难保该夷不藉此船只。潜载夷兵。扮作商船。执持照票。混入各口。随处埋伏。著僧格林沁等。密饬将弁。严为防备。俟漕船进口时。严密盘查。庶免堕其奸计。是为至要。

丙戌。山东巡抚文煜奏。查各海口。间有夷船一二只行驶。或于无人处上岸闲游。或就浅水处。用物测量。飘忽靡定。并无滋扰兹。又据即墨县先后禀报。闰三月二十七日。距栲栳岛八九十里之土埠岛外洋。有双桅平头夷船一只。帆樯重叠。后系脚船两只。向东南黄龙庄对南之大洋游奕。于二十八日。往正南驶去无踪。又三十日。距崂山六七十里之东南洋面。有夷船两只游奕。又四月初二日。距鳌山卫三十余里之文武港。有小夷船一只。有红黑白三等夷人二十余名手。执洋枪上岸。用千里镜四周照望。该船形式。宛以梭样。两边有桨数杆。急走如飞。向北驶去。并未滋事。又初三日。相距鳌山卫十里洋面。有小夷船一只。在彼游奕。又据登莱青道。转据海阳县禀报。闰三月二十八日申刻。瞭见城南大洋。有夹板夷船一只。驶至离城二十里外渟泊。并有三四夷人。驾驶小船。傍岸取水。嗣因询无淡水。遂即开行。往东北大洋驶去。并据声明。查系兵船。又据蓬莱县禀报。闰三月三十日午刻。瞭见前在庙岛停泊之夷船一只。开向东北大洋驶去。又是日未刻。西北大洋。有火轮船一只。驶至庙岛停泊。现在该处共停泊夷船一只。火轮船一只。又准登州镇总兵咨。闰三月三十日。崂山洋面。有三桅大船二只游驶。桅上有黑旗一杆。旋即有六人驾驶杉板登岸。头带黑帽。身穿哈喇黑衣。俱穿皮靴。各袖洋枪。直登高山。用千里镜四下观望。逐一书画。并无骚扰各等情。先后咨禀到臣。其余禀报。大率相同。除飞咨直省外。臣惟有严饬慎密防守。一面督令赶办团练。以期稍助兵力。

戊子。盛京将军玉明奏。窃奴才于四月十二。十四等日。接准金州副都统咨报。和尚岛。青泥洼等处。见有火轮夷船一只。并由山东洋面劫来漕船商船共六只。将船扣留。仅放船户水手登岸。奴才以夷情诡诈。形迹可疑。当将通饬严防。并详查确探缘由。叠经由驿奏报在案。十七日戌刻。准金州副都统希拉布咨报。十三日。见有火轮船一只。带来被劫商船十一只。十四日。又到火轮船一只。和尚岛。十四日。见有火轮船一只。带来被劫宁波船一只。卫船沙船各一只。并据该旗民地方官呈报。被劫船户。于初九。初十。十二等日。先后登岸。讯据上海船户金锡蕃。高畅堂。顾永昌。陆缤彩等供称。均由江苏领运漕米。赴津交卸回空。至没沟营装载出口。行至山东洋面被劫。杨振声。供系山东丁游船。由江苏领运漕米一千零八十石。行至威海城山岛被劫。水手惊惧。跳落水内三名。不知下落。邢继周。供系江苏沙船。由上海装载货物。行至岑山洋面被劫。王天成。供系天津卫船。由山东贩卖豆石完竣。欲赴牛庄装载。行至外洋。被夷船抢劫银二千一百两。均带至和尚岛口外停泊。除将交卸漕粮验有执照之金锡蕃等四船。酌付资费。发给文照。先令回籍。其陆缤彩交卸漕粮。并无执照。杨振声。领运漕粮被劫。丢失水手。应将该船户留案。听候查办。其余舵工水手。均经释回等情。驰报前来。奴才查该夷旬日之内。劫掠商船多只。虽有改作火轮船。带赴天津打仗等语。而该夷奸狡异常。其火轮船陆续前来。劫留商船。愈聚愈多。且在和尚岛。青泥洼。一带游奕。其心实属叵测。难保不有窥伺金州之意。且恐即以劫留之船。分驶各口滋扰。亟宜严密堤防。况金州和尚岛。青泥洼等处。俱系老水贴岸。距城较近。尤为吃紧。现经奴才将熊岳备调兵三百名。飞札催赴金州。交该副都统督带。就驻海滨扼要堵御。相机办理。所有此次被劫船户水手。业经该地方官。验明照票。资遣回籍。第恐稽查稍有疏虞。其间难免奸民溷迹。假冒舵工水手。或托言回籍。潜赴各口。侦探虚实。暗中句结。尤不可不细心盘诘。确切访查。嗣后被劫商船。验明有无照票。分别遣留。其应行释回者。仍著该地方官。派差递省。庶可杜渐防微。消弭隐患。至该夷船现在停泊处所。究系距岸远近。其所劫商船之船户水手。是否登岸。讯有供词。来文均未声叙。仍应飞咨确查。相机布置。以昭慎密。

山东巡抚文煜奏。窃臣于本月十一日。承准军机大臣密寄。奉上谕。本日据薛焕奏。英佛仍图北驶报复等因。钦此。当即分别咨札沿海文武。一体钦遵知照。嗣据登莱青道禀报。本月十二日戌刻。前泊庙岛之各大火轮船。内先有一只开行。船后拖带大小商船数只。由长山岛南洋。往东北大洋驶去。所带系何处商船。共有几只。因时值天晚。并有云雾。辨视不清。亦无从查询。至十三日黎明。瞭望无踪。又是日午后。先有施长生杉板。装载漕粮。在庙岛迤北外洋行驶。经该夷船瞥见。前往拦截。水手人等。乘其不备。驶入呼夼界搁浅。耆民水手。凫水登岸。该夷亦即折回。十三日酉刻。又有复恒盛粮船一只。由东往西大洋行驶。亦被该夷轮船瞥见。赶至西家庄海滩下碇。船不能动。耆民水手。由杉板小船登岸。移时潮涨水落。该夷将船带去。且闻先开行之火轮船。所带各商船。亦有漕船在内。但事在外洋。无凭探询。又据登州府禀。王源泰。王源通。兴源勇三船。装载漕粮。均于本月十二日巳刻。驶至长山岛洋面。被该夷带往大洋驶去。耆民水手。由小船登岸各等情。先后禀报前来。臣查该夷渐肆猖獗。臣惟有严饬暗为密防。并加紧催令择定妥员。如该夷兵船陆续驶至。即速饬令前往。钦遵谕旨。妥为开导。总不使有所借口。其在后漕船。业据该道原禀声明。已饬收泊口内。设法密加防护。并严禁地方。不准私相接济食物。该夷如或登岸滋扰。此间虽有防兵团勇。迥非大沽海口可比。自应遵旨。临时酌量妥办。断不先行启衅。致于大局转多窒碍。

谕军机大臣等。本日据玉明奏。金州海口。叠见夷船劫留商船。并抢劫银两。一切情形。又据文煜奏。夷船拦截漕船商船。现在暗为防范各一折。沙船运米到津。前数月未闻有被火轮船抢劫之事。何以此时纷纷被劫。且有致毙人命之事。实堪诧异。难保非冒充英佛之人所致。著薛焕一面照会英佛二国查询。如系该国之船。务须严行禁约。免启争端。傥有别国冒充英佛二国者。中国无从辨别。即由该二国查明照覆。一面饬令商人。仿照前次该夷欲截漕船之举。众商与之争论之意。向其理论。尔等既绝我等生计。只好从此罢市。薛焕须相机从中调处。断不可令其决裂。是为至要。玉明。文煜原奏。俱著钞给阅看。

壬辰。山东巡抚文煜奏。窃查夷船忽来忽往。并拦截漕船等情。先经奏报在案。兹据福山县禀。夷船于本月十九日。驶至烟台山下。约有三四千人。各执器械。上岸占住张姓房屋。即于山上扎营。并张贴伪示。尚不滋闹。居民亦未搬移。钞录伪示禀报。并据登州镇府揭取伪示咨禀。均同前由各等情。伏查前此钦奉寄谕。即经咨札镇道。遴选熟悉情形长于词令之员。以备任使。兹除飞饬即速前往。钦遵前奉谕旨。妥为开导。总期相机筹办。必不自我启衅。使该夷无可借口。一面又经由省饬委现署青州府候补知府董步云。候补游击定顺。星夜驰往。随同镇道会督印委文武。妥慎驾驭防范。询其是何来意。如何动静。再行随时奏报。

谕军机大臣等。文煜奏。夷人持械登岸扎营。张贴伪示。尚不滋闹。委员前往妥办一折。并将揭取伪示。咨送军机处呈览。佛酋孟姓。领带夷船。于本月十九日。驶至烟台山下。约有三四千人。各执器械上岸。占住房屋。即于山上扎营。并张贴伪示。安抚居民。并不滋闹。其心叵测。恐其意图久踞。煽惑民人。徐谋构衅。文煜现委署青州府知府董步云等。前往相机妥办。当令告以去岁在津。该国并未帮助英国打仗。中国已令钦差大臣知照贵国。按米国换约之事。商办在案。迄今并未接据照覆。亦无妥定章程。今骤然携兵而来。实堪诧异。此处既非通商之地。又非商办换约之处。未便相留久住。此地居民。或相惊扰。反伤和好之道。仍应速回上海。向钦差大臣议定条约。应在何处换约。总俟上海钦差大臣知照。方能办理。看其如何答复。总在该委员等。剀切开导。劝其将船只撤回上海。勿任久踞。方为妥善。并饬沿海将弁。于各路密为防范。固不可自启衅端。亦不得因其并不滋事。漫无准备。总宜暗中布置。有备无患。并严禁内地民人接济食物。潜相句结。是为至要。

又谕。文煜奏。夷人上岸扎营。张贴伪示。委员相机妥办一折。据称福山县于本月十九日。有自称佛夷兵船。至烟台山下。约有三四千人。各执军器。上岸占住民房。即于山上扎营。并张贴伪示。尚不滋闹。现选长于词令之员。妥为开导等语。此次夷人占踞烟台。伪示内自称系佛国孟姓。前谕何桂清。薛焕。设法令华商转告夷商向啼酋开导。宜在上海先行议定。再为换约。藉以阻其北驶。薛焕接奉此旨后。是否已谕华商。转告夷商。如兵端一启。则各商均受其累。啼酋或可自知悔悟。至应议条款。前已密谕何桂清等知悉。是否已由商人转达英佛二酋知悉。或尚未曾一一明言。著薛焕。即行详细覆奏。此次晓谕佛夷。当告以上年英国背约。尔国并未附和。何以今有兵船忽至烟台。实属有失和好之道。该处并非通商之口。傥该民人等。或有争端。转伤和好。速将此项兵船。撤回上海。定议后。即可换约从此永敦和好。以免猜疑。如此剀切开导。或可使就范围。薛焕。现署钦差大臣。办理夷务。是其专责务。须悉心筹办。不可意存推诿。致误事机。佛夷伪示。著钞给阅看。

咸丰卷五二

咸丰十年。庚申。五月。甲午。谕军机大臣等。本日据何桂清奏。徐有壬照会英佛。欲借夷兵。防守苏州。该酋答以必须何总督来沪面商。方能定议。何桂清已坐轮船。前往上海商办各等语。夷人欲入长江。我方必欲阻止。岂可招之使来。徐有壬此举。纰缪已极。此事断不可行。恐何桂清仍申前说。著薛焕即饬吴煦等。告知该夷。徐有壬已死。此事无庸再议。即或该夷情愿入江相助。亦当婉言拒之。以杜后患。然乘此机会。正好笼络该夷。相机开导。就我一切范围。不但永息兵端。亦可消弭无穷后患。是为至要。

闽浙总督庆端。福建巡抚瑞瓒奏。接据护理福建水师提督臣蔡润泽。署理兴泉永道潘骏章。会报英国火轮战船一只。内载华民九百余人。夷兵四百余名。由广东香港。前来厦门。于闰三月二十一日未刻进口。探闻该船欲往天津。当即会派干练员弁兵役。在于沿港各口岸。严密防范等情。并据福建厦门同知俞林。禀报前来。奴才伏查英吉利夷人。现与佛夷各驾兵船。驶入浙江定海。前据宁绍台道梁恭辰。禀报。即经奴才庆端。咨请浙江抚臣王有龄。就近委员前往查办。一面飞咨钦差大臣两江督臣何桂清查照。并将筹办情形。由驿驰旋准何桂清钞折咨会。该夷意在用兵。复经奴才等。密饬闽浙两省沿海水陆文武。设法严防。以杜窥伺。兹英吉利复有兵船经过厦门。欲往天津。是其心怀叵测。已可概见。除再密行沿海各文武。严加防范外。并飞咨钦差大臣两江督臣何桂清。暨帮办五口通商事宜巡抚衔江宁布政使薛焕。查照办理。

乙未。山东巡抚文煜奏。窃查前据具报。佛夷上岸扎营。张贴伪示。尚不滋闹等情。即经由五百里驰奏。一面饬委候补知府董步云。候补游击定顺。并准登州镇咨会。遵照前咨。派委该镇中军游击刘奉祥。水师后营把总阎万春等驰往。钦遵前奉谕旨。妥为开导。该夷是何情形。尚未覆到。兹又据县报。该夷前占张姓房屋后。又占据比邻刘姓房屋。并于山下开井二眼。别无动静。嗣于二十一日巳刻。又闻东南洋面。驶来火轮船二只。仍泊之罘岛。并由该船搬下马鞍二三百盘。并未见有马匹。又逼令各铺户买伊洋钱使用。似有挟制通商之意各等情前来。仍严饬暂为羁縻。总不可先行开衅。且俟委员覆到。该夷是何意见。是何言语。再行奏请训示。

谕军机大臣等。前据文煜奏。夷船驶至烟台山下。持械登岸。并张贴伪示。已委员前往妥办。当经谕令立煜。饬令委员等。反复开导。劝其将船只撤回上海矣。本日据文煜奏。续报该夷又占房屋。并于山下开井二眼。又自东南大洋驶来火轮船二只。仍泊之罘岛。该船搬下马鞍二三百盘。并未见有马匹。又逼令各铺户。买伊洋钱使用各等语。夷人占房凿井。搬移马鞍。逼买洋钱种种情形。殊有挟制通商之意。文煜接奉前旨。谅已遵照妥办。著仍饬前派之委员董步云等。谕以此处并非通商之地。劝其速回上海。至洋钱一节。上年英夷兵船。驶至湖北。因民间不用洋钱。废然而返。山东事同一例。可告以民间素不使用。难于相强。否则必致启衅。该夷既有马鞍。恐于附近地方。购买马匹。或肆行掳掠。著密饬该处商民。不得行使洋钱。卖给马匹。并防其登岸掳抢。其烟台近处。如福山等县地方。均宜挑备官兵。暗中设伏。以备临时策应。免致仓猝为所袭踞。其内地民人。接济食物。私行交易。仍须随时查察。严行禁止。勿稍大意。

又谕。前据文煜奏。佛夷孟姓船只。驶至烟台山下。约有三四千人。持械上岸。于山上扎营。并张贴伪示。尚无滋扰。已派署青州府知府董步云等。前往询问来意。当经谕令该抚。饬令该员等。谕该夷以上年曾经知照该国。按米利坚换约之事商办。未据答复。今骤然带兵前来。查该处并非通商之地。亦非商办换约处所。未便久留。应即回上海。向钦差大臣商议。向其妥为开导。本日复据文煜奏。该夷自占踞张姓房屋后。复占踞比邻刘姓房屋。于山下开井二眼。二十一日巳刻。东南洋面。复驶来火轮船二只。仍泊之罘岛。并由该船搬下马鞍二三百盘。并未见有马匹。又逼令各铺户。买伊洋钱使用。似有挟制通商之意等语。夷人船只。久在山东洋面游驶。兹复于烟台地方。上岸扎营。并陆续占踞民房。实属心存叵测。现已饬令文煜。密为防范。该夷既携带多兵。恐以烟台为屯聚之处。仍欲驶往天津。及山海关等处。肆行滋扰。僧格林沁等。于大沽海防。业已办理周妥。其附近各海口情形。仍著随时侦探。傥该夷等。或实有欲用马匹。乘虚抄袭情事。应如何设法堵御。即著该大臣等。豫为筹画布置为要。

丙申。盛京将军玉明奏。窃奴才前准金州副都统希拉布咨报。和尚岛青泥洼等处。于四月初七日至十四等日。先后到来火轮船四只。劫带商船二十只。当经奴才将通饬严防。委员查探。并调兵赴金堵御各缘由。叠次由驿奏报在案。旋接该副都统咨报。青泥洼湾内。于十六日。复到火轮船二只。劫带商船三只。已将前劫之船。砍去船桅。涂成白色者七只。并于附近海岸。掘井取水。又准咨称。该夷火轮船。时向口外洋面游奕。仍复驶回停泊。又据瞭望汛官禀报。二十日午刻。见夷人将劫来商船放行一只。向和尚岛海口驶去。是日亥刻。被劫商船内。忽有一只火起。该夷立将起火之船。推出群船之外。登时焚毁。二十一日未刻。又有夷船二只。驶入青泥洼湾内停泊。前后共计青泥洼海口。到来火轮夷船八只。被劫商船二十三只。除放行一只。焚毁一只。外现剩船二十一只等情。陆续咨报前来。并据查探夷情委员回防禀称。金州和尚岛。西南青泥洼海口。距城六十余里。其火轮夷船。与被劫商船停泊处所。距岸约五六里。该处系属海套。地方空阔。一面靠山。三面临海。湾内既可窝藏。出时复能畅驶。且逼近洋面。进退最为捷便。青泥洼附近居民。恐其惊扰。俱已迁避。该夷辄以十数人携带洋炮洋枪等械。驾驶杉板小船登岸。在山坡凿井取水。并赴坐近村屯。买掠食物。其被劫船户。现已陆续登岸。经地方官讯供资遣等情。余与该副都统咨报。大畧相符。兹于二十五日。据金州协领同知详称。讯明被劫漕船八只。据船户杨振声。王世瑧。陈国瑾。萧忠盛。姚莘田。陈祝南。高应春。周兆寅等供称。该船八只。共计装运漕米一万一千八百余石。行至山东洋面。先后被火轮船抢劫。各船水手。惊跳落水者五十七名。不知下落。该夷将船带至金州海口。连漕米货物。一并扣留。仅放耆民人等登岸。其秦卓然等。商船十二只。亦系在洋被劫。均经讯取确供。分别遣留。酌量给价抚恤等情。详报前来。奴才查漕船八只。既经查讯明确。委系在洋被劫。应即咨会直隶两江督臣。验米大臣。分别察核办理。现在被劫难商。纷纷登岸。此项船户水手。原非安分之人。聚集日久。难免另生枝节。当此海防吃紧。未便任其逗留。所有被劫漕船商船各耆民水手。仍饬该地方官查验照票。随时斟酌遣留。各令回籍。以免滋事。

惟该夷劫抢漕米。掳掠商船。凶悍已极。情殊叵测。且侦知青泥洼系荒僻处所。向不设炮驻兵。遂将所劫船只。带至该处窝留改造。近复登岸凿井。入村觅食。虽无别项滋扰。而夷情诡谲。尤不可不加意提防。伏思金州大小海口共十九处。分防各汛。兵力较单。业经奴才饬调熊岳兵三百名。驰赴金州。已于二十一日到防。藉资守御。并咨覆该副都统。及札饬旗民地方官。严禁附近居民。接济饮食。以免句结。则该夷虽凶悍奸狡。似无所用其伎俩。至田庄台两岸三营。现在仅有防兵一千二百名。此外尚有省城。及辽阳州。盖州。牛庄等处。备调兵一千名。原拟实时到防。第省中官兵。除坐台守卡各项差遣外。存城之兵。已属无多。而东边一带。金匪聚散靡常。西路盗贼。时复窃发。均须派员带兵。分往驱拿。则省中之兵。亦应留城驻守。不可多调。以重根本。奴才现仍督饬在防将弁。并滨海各口。一体严行戒备。设若有警。即将省城及附近挑备官兵。飞调来防。以资应援。

朱批。知道了。严谕滨海居民。断不准接济食物。并禁其钱货互换。

吉林将军景淳奏。窃奴才前据浓江委员副都统衔协领巴林保等报称。二月二十三日。有夷人百余名。分驾爬犁十八张。装载鸟枪等械。由奇吉奔赴乌苏里。复有夷人十余名。突至卡所声称。深恨三姓不准货换。故绝口粮。遂将官兵食物抢掠一空。无法拦阻。并闻该夷欲将卡官连吉拉明阿等。全行截留藉。作要挟通商地步等情。经奴才飞调该员等折回。一面密饬黑河口总巡协领辑顺。设法接应。万勿受其牵制。尤须侦探行踪。嗣据巴林保等报称。行抵薛尔固左近。探有夷人截阻。遂将船留交弁兵。驾驶前进。该员等由南岸绕越二十余里。寻舟回至黑河口。旋据辑顺等报称。卡伦官兵。现已撤回。分选赫哲坐守。以通声息。并据北路巡探赫哲保福报称。闰三月初七日早。黑河口左岸包云地方。有夷官一员。夷人一名。乘三板船一只。驶抵上毛力地方。探询卡官何往。保福答称。近有山场许多民人。分在松花江南岸。渔猎为生。甚属凶横。因卡官不能拦阻外夷侵占内地。逼令官兵回城。派我守卡。该夷遂即折回。日西时。又来夷人七名。乘三板船一只。携带鸟枪一杆。和容悦色。问保福。民人约有多少。有无枪炮等械。保福答称足有三万余。枪炮刀矛。无不广备。该夷用千里眼各处瞭望。颇有畏葸之状。言及我等在此久居。惟求活命。复托保福。见民人代说。我居岸北。他在江南。彼此取和。各无猜疑。言毕而回。又据东路巡探赫哲永起报称。闰三月十三日。黑河口以下。夷人四名。驾船一只。装载鸟枪四杆。包裹等项。驶至南岸。向永起商议货换。该赫哲答以无物可易。遂称尔即无物。我们即欲西往换货。永起告以新来民人利害。你们去无生路。惟时正值变装猎户八十名。出口巡查。被该夷望见。形色惊惶。匆忙折回。又据赫哲噶山达扎拉西。及尖布拉。二人投营。声诉扎拉。原在江左彪尔郭地方居住。本年正月间。扎拉外出捕猎未归。有夷人二名。携带洋呢哈喇入室。戏谑妻妾不从。一夷顺拾铁锹奔殴。扎拉之妻见事凶横。即持柴斧向抵。二人惊跑后。复来夷人三名。将扎拉妻妾。缚置雪地。摔碎饭锅。并焚其房。经比邻赫哲劝散。扎拉旋归。即移于江右额图地方。与族人同居。忽一日有夷人十数名。邀同扎拉。去见薛尔固夷官面商。不容推辞。扎拉无法。跟往见该夷官善言劝慰：言尔若归顺俄国。定为官长。如敢拘执。立即杀死。扎拉被逼无奈。暂且屈从。托言我既为官。须管夷人事务。夷官允许。事多靠其经理。扎拉见有大炮四尊。捧其炮口。并不沉重。询系木镶铁信。外以铜叶包裹。扎拉即令演放。众夷称火药只有五匣。使尽无处购买。并据众夷与扎拉泣诉。我等被木酋逼勒到此。天寒无粮。冻饿死者过多。当向查询木酋之意何居。该夷等声称。木酋本非俄国人。系外国投诚。官升极品。深悉此地空闲。又乘南省未靖。由俄国讨要多人。图霸此地。与俄主阿林三达拉均分。近来国王闻得人死过众。以故不肯再拨。只留我等在此。只可束手待毙等语。扎拉本系满洲所属。岂肯随从外夷。今闻大营在此。情甘设法迁来。叩求收留。该协领见其情词恳切。赏给烟酒等物。善言开导。令将各赫哲招抚。搬入松花江之内。兹于四月初六日。自黑河口以下。至阔香奇哈达。扎拉眷属。共移来三十户。男妇子女二百六十九名口。并牲畜船只。均安置松花江上游南岸。分台居住。听候当差。又接赫哲噶山达特莫仲乌隆阿等报称。闰三月二十五。四月初六等日。由黑龙江下驶大小夷船十五只。男妇九十五名口。牛三条。马十匹。顺流东下各等情。先后飞报前来。奴才伏查赫哲一项。性本柔弱。原在松花江两岸。以捕鱼为业。安居多年。近被俄夷侵扰奔逃。力难支持。殊堪悯惜。然其间良莠不齐。或嗜利听其驱使。或畏威强逼勉从。终非甘心情愿。奴才曾嘱协领辑顺。收抚赫哲。务须不吝赏项。以供驱策。兹报业有三十户。迁来黑河口左近。亦足以助我兵力。又据宁古塔署副都统佐领富新。呈据巡防变装官恩骑尉明禄报称。该弁行抵哲鲁马地方。在兴开湖西岸。见有俄夷新建房三所。堆积羊草数千捆。乘空将其房草焚毁。复巡至恰博子地方。在兴开湖北岸。见夷房二所。亦即烧毁无事。又据珲春署协领台斐音阿报称。闰三月初五日。海岸摩阔岁地方。突来火轮船一只。傍岸未久。旋即开行。不知所向。留人三十余名。三板船二只。铜炮二尊。炮车一辆。炮架一个。黑牛黑马各一匹。以及鸡犬食粮火枪等械。就海屿支搭账房二架。经该署协领。亲往盘诘。语不可辨。迨十八日。忽有夷人数名。撑驾小船。驶赴海洋去讫。余则看守器物。报经奴才飞饬该署协领。督率官兵西丹以及牲丁。加意严防。无论何项夷人。断不准登岸。一面行令宁古塔。不时侦探。以备策应。再查俄夷要求通商为急务者。原为接济口粮。占居山场起见。奴才上年曾经奏明三姓严禁货换。如敢违犯。请照军法从事。本年山场招集人夫。均已谆谕申明。一律示禁。并函嘱特普钦。转饬爱珲。不得任其货换米面。以杜协帮。惟该夷因患乏食。辄敢抢掠寻衅。复欲截留大员。是其恃强欺官。情堪痛恨。迨见赫哲守卡。询悉民众刁顽。即行惊惶奔脱。虽夷情变诈。难以遽信。而传闻左岸居夷。有惧吉林山场野人之论。并非无因。然木哩斐岳幅。狡狯异常。贪心莫测即其有所见闻。亦未必肯轻去乌苏里而撤来人。第无论其如何诡计。举动与否。则在我严防巡守。以逸待劳。谅亦足以御侮。

两江总督何桂清。署浙江巡抚王有龄奏。窃苏州失守。大局决裂。及臣何桂清前赴上海商办各缘由。于四月十六日。恭折由驿驰奏在案。臣等伏查苏州危迫之时。江苏抚臣徐有壬。焦急无计。飞札新调苏藩司薛焕。苏松太道吴煦。请借英佛二国夷兵。赴省救援。并准阖郡绅士韩崇。彭蕴梧。汪藻。潘仪凤等公禀。特委署苏州府知府吴云。赍札催调。乃吴云甫经到沪。苏州遽闻不守。臣何桂清于刘河舟次。接据吴煦遣捕盗局轮船。飞请迅去商办。即于十七日晚间抵沪。询知吴煦等。正饬华商与该酋会议。多方晓劝。尚无端倪。迨臣何桂清接见英酋普鲁斯。复又百般譬解阻其北驶。该酋总执上海无可商议之说。百折不回。并称和议事大。必先进京换约。从前天津原定五十二条。及今春照会军机处所请四条。只须分别准驳二字。准则仍归和好。驳则立即开仗等语。现闻该二国兵船。均由通商各口。纷纷北驶。英船泊于山东成山洋面。佛船泊于成山对峙之朝鲜洋岛。总计兵船百余只。水陆夷兵四万余人。不日即有举动……

壬寅。钦差大臣科尔沁亲王僧格林沁。直隶总督恒福奏。窃查大沽海防。最关紧要。即使将来英佛就抚之后。夷情诡诈。反复靡常。海口设防。亦不容稍涉大意。咸丰八年原议。除大沽协存营官兵一千六百名外。添设水师兵一千四百名。统归三千名之数。以期严防。嗣因募补不敷定额。又将操练无成之兵。随时开革。今只剩尚堪教演者一千九百名。若必欲募补足额。势必有名无实。现在所赖京兵在防。及各处调防马步官兵。固属足资捍卫。惟思抚局一定。自应将各路官兵。全行撤回。抑或他处需兵。移缓就急。大沽海口。仅存此水师一千九百名。实不足以严京师门户。奴才等再四思维。不得不早作将来永久严防之计……僧格林沁等又奏。窃奴才等于本月初三日。承准军机大臣密寄。五月初二日奉上谕。夷人船只久在山东洋面游驶。兹复于烟台地方。上岸扎营等因。钦此。查佛夷现在山东烟台地方。扎营凿井。占住民房。屯聚夷兵。故作前来报复之状。其中难保必无英国之人。揆度夷情。欲和无由。欲战难操必胜。自去年至今。百端恐吓。不过要我言和。伊等便可乘势奢求。数月以来。总未遂其诡计。英佛曾言十二月内。必要报复。弹指英佛兵败。至今已届一年。若不有此举动。其势无颜以对诸夷。所以英酋额尔金。半途回国。如今在烟台屯兵。又不露英国之名。种种情形。皆是自留议和地步。此时若责成上海。迎机善导。或可就我范围。傥英佛决意报复。或直犯大沽。或由祁口北塘马步登岸。绕扎我后。现在祁口北塘迤后。添设营盘。唐儿沽挑筑濠墙。安兵防守。遥为声势。临时多设侦探。一经见有夷船。即令两盟马队。节节策应。诱其深入。合兵会剿。大沽海口。现又续造万斤铁戗。连前已足密排。兹有天津被掳民船。登岸回津。讯据声称。伊驾船为生。由上海卖货回津。于四月初七日。在山东烟台迤东洋面。遇见夷船一只。将伊船掳去。带赴奉天金州地面。将舵工水手全行逐下。伊即搭船回津。曾见该夷将船桅截去一半。船面周围竖立板墙。上钉牛皮。涂以白灰。以备打仗。现已劫去沙卫各船四十余只。闻得意欲劫掳百只。方足使用。设使该夷用所掳之船。连成一处。乘潮拥进。闯我防具。有此铁戗。层层密布。足资拦挡。查双港炮台。原因当年夷人骚扰海口。轰塌炮台。天津亦无可守之地。是以权在双港。安设炮台营垒。以防水路。今津郡环濠已成。海河两岸炮台工竣。已将双港各营炮位。全数运赴天津。分设两岸炮台炮。洞水陆兼防。以省兵力。其双港炮台营垒。仍留作为虚营。以壮声势。所调山西兵二千名。天津镇标兵一千名。及该处芦团练勇。均已分守天津环濠。所有前项官兵。均应派员管带。查署天津镇总兵冷庆。现在海口带兵。天津道孙治。亦在海口总办粮台。均未能兼顾。奴才等即就近札委长芦盐运使崇厚管带。以资操防。并饬各项官兵严密防范。是天津布置。亦可无虞矣。惟佛夷兵船。既停泊烟台。夷兵上岸扎营。有鞍无马。行踪叵测。水陆相距大沽。皆不甚远。奴才等。除督饬各营将弁。昼夜严防。及饬令西凌阿。增庆。慎选官兵。沿海侦探。妥为防范外。并于天津。静海。盐山。庆云。沿途添设马拨。络绎驰报。复经飞咨山东巡抚文煜。速饬登州镇道。由烟台至直隶庆云一带。安设马拨。逐日将夷人动静。飞报奴才大营。以便酌量缓急。随时调度。并令该抚。转饬登州镇道。严饬各州县。禁止勿许卖给马匹。以杜该夷诡计。

(癸卯)文煜又奏。兹于本月初七日。又据福山县申报。初二日早间。该夷于初一日续到之火轮船二只内。起出马一百五六十匹。余俱兵械。即在烟台附近之玉皇山顶。及奇山所东南一带扎营。所有续到轮船二只。并招同前到轮船二只。一并于初二日午刻。向东南驶去。夷兵中广东人已不少。难保不接续而来。计图水陆并进等情。所禀不为无见。臣查该夷既有马匹。诚如圣谕。固不可自行启衅。端亦不可漫无准备。如果该夷仅止马一百五六十匹。我兵犹足敷抵御。前本商定青州副都统臣恩夔。挑备马队五百名听调。现在该夷载马轮船。虽又带同前船。一并往东南驶去。是否续往载马。尚未可知。然不能不先就现在情形设防。兹除已调首次奉旨敕挑之官兵二千名。前往福山一带。由登州镇酌饬埋伏外。又经飞咨青州副都统。将前备马队五百名。即由该副都统管带。驰赴登州一带。择要驻扎。以为声援。如该夷驾马冲突。我师亦即以前项马队。迎头抵御。俾免临时仓猝。以期有备。仍不使先行开衅。一面仍俟该委员等覆到。看其如何光景。应否臣亲往督办。再行酌量奏明办理。

甲辰盛京将军玉明奏。窃奴才于四月二十七日。承准军机大臣密寄。四月二十一日奉上谕。玉明奏。漕船在山东洋面。被夷船截抢。并夷船游驶。演放炮位各等语。等因钦此。奴才遵即派员。恭赍谕旨。驰赴金州。密咨传知该副都统希拉布。钦遵办理。并令委员剀切谆嘱。严禁愚民句结导引。详细确查去后。复准钦差大臣僧格林沁咨称。嗣后夷船驶至奉天。如系英佛夷人索要食物淡水。自应概不付给。傥系俄夷取要食物。即可酌量应付。亦未便尽如其数。以杜其无厌需索。如有夷船驶至。应须派人答话。务当拣派妥当之人。不可轻露军营实在情形等因。咨会前来。当经奴才通饬沿海各城遵照。留心辨认。详慎办理在案。续准金州副都统咨报。青泥洼于四月二十三日。又到火轮船一只。连前停泊夷船。共计九只。五月初二日。据金州旗民地方官详称。青泥洼湾内火轮夷船九只。劫留商船二十一只。现仍停泊未动。四月二十七日。和尚岛口外。续到夷船十只。内有小火轮船一只。时常出入。似是该夷之信船。又红土崖迤东之大孤山。见有夷船一只停泊。和尚岛迤南三山岛外大洋。见有夷船二只游奕。前后共计停泊大小火轮夷船二十只。前次劫来商船二十一只。尚有外洋游奕夷船二只等情。驰报前来。奴才伏思该夷犬羊之性。狡诈异常。虽有构兵报复之语。然津沽戒备甚严。或不敢遽然前往尝试。乃分窜滨海各省。既在洋面劫漕掠船。肆其凶悍。复驶入金州荒僻海湾。于向不驻兵安炮处。盘踞窝留。演放炮位。故作鸱张。其为先声恫喝。拥兵胁和。已可概见。惟阴谋诡谲。反复无常。不可不随时加意堤防。庶免堕其奸计。而乡民贪图小利。辄为接济食物。久必被其胁诱。贻患匪轻。现经奴才委员。前赴金州。谆嘱该副都统。严饬旗民地方官。密禁附近村民。接济该夷食物。以杜勾通而消隐患。其被劫船户水手。亦即随时遣解回籍。勿令久聚滋事。仍按户编查保甲。认真稽查。勿稍疏懈。至金州大小海口十九处。而老水贴岸者居多。夷船处处俱可登岸。现在青泥洼等处。夷船愈聚愈多。虽尚无滋扰情事。而防堵最为吃紧。奴才惟有仰遵圣训。传知该副都统。严饬兵勇。非夷人大队登岸。不得遽行开炮。仍于陆路择要设兵。防其窥伺。以冀仰副圣主慎重筹防之至意。

玉明又奏。正在具奏间。准金州副都统。并旗民地方官。先后咨报。四月二十八日。见有火轮船五只。并改造商船二只。驶至大孤山湾内。距岸半里许停泊。内有一只浅搁礁石。该夷因船渗漏。登岸搭盖账房三十四架。约有夷人二百余名。并未滋生事端。同日和尚岛。见有夷船五只。由东南洋驶进。又于二十九日。瞭见青泥漥。复到夷船四只。火轮船一只。与前来之船。一处停泊。现在青泥漥大孤山等处。共到火轮夷船三十七只。除石礁垫破一只外。有改造商船二只。劫留商船十九只等情。驰报前来。奴才查该夷船只。日见加增。在青泥洼大孤山等处屯聚。又将商船改造二只。且因船搁礁石渗漏。该夷辄即登岸。搭盖账房。暂行栖止。虽据报无别项滋扰。而情殊叵测。尤应加意严防。现已飞咨该副都统希拉布。严饬旗民地方官。并守汛弁兵。不分昼夜。严行戒备。仍应不动声色。时刻堤防。相机办理。以昭慎密。

谕军机大臣等。玉明奏。夷船陆续驶至。并于大孤山登岸等语。夷人火轮船。先后驶至金州海口者。已有三十七只。与劫去商船。同泊大孤山。和尚岛。青泥洼等处。并因一船垫破。有夷人二百余名。于大孤山湾内登岸。搭盖账房栖止。实属心存叵测。不得因其并未滋事。任令久行居住。著玉明即知照该副都统。令其拣派明干员弁。前往晓谕。以该处并非通商口岸。未可在此逗留等词。婉言开导。令其迅速回船。并将船只即行驶去。一面督饬地方官。严密禁止沿海居民。接济该夷食物。及与夷人钱货交易等事。并防其雇觅内地民人。购买马匹。务令认真办理。不得有名无实。该夷食用之物。断不能多为携带。一经严断接济。势将不驱自去。即自称系俄夷船只。索取食物。可告以此处并非应到之地。亦不能接济。惟在该将军等。实力防范。勿稍玩视。致涉贻误。

（乙巳）耆龄又奏。奴才承准军机大臣字寄。闰三月初二日奉上谕。有人奏。粤东省城。拐掳良民。贩与夷人。行人为之裹足。地方官代为出示。著即查明参办等因。钦此。钦遵委员确查去后。兹据禀复。夷人在粤东。利诱内地匪徒。拐骗人口出洋。名为买猪仔。由来已久。自咸丰七年。夷人入城。此风更盛。然是时尚未设馆。系用计诱。捉至趸船。一有成数。即便扬帆而去。约计先后被拐者不下万口。迨九年三月间。经前抚臣柏贵。及南海番禺二县。出示严禁。督臣劳崇光到任。亦经示禁。并拿获拐匪正法。是年十月间。英吉利。佛兰西。吕宋。二国夷人。于省城太平门外之迪隆里。设馆三所。名曰招工公所。据称。招内地民人。往西印度夏华拿古巴岛等处种地。刊刻章程。四处张贴。声明五年仍准回籍。并将督臣劳崇光。准其设馆招工照会。一并刊刻。贴于章程之后。佛兰西夷人。又请劳崇光出示晓谕。各处贫民。有自愿往法国工作谋生者。亲赴公所报明。委员会同领事官。查议立约等语。英吉利馆。招去华人七百二十余口。佛兰西馆。招去华人二百余口。吕宋馆。招去华人五百五十余口。多系壮丁。间有妇孺跟随者。其香港之下。环揹断龙两处。英佛夷亦设有招工馆。澳门之红窗门。三巴门。人头井。水坑尾。四处招工馆。系西洋及吕宋各夷所设。黄埔之长洲地方。则仍系趸船。并未设馆。统计香港。澳门。黄埔。约共招去五百余口。本年二月。该夷以天气炎热。内地民人出洋。易于生病。暂行停止。俟秋凉再招。近日佛夷又于藩司衙门前黏贴章程。招雇挑夫。有到地打仗。再加一圆之语。奴才伏查西洋各国夷人。从前诱拐内地民人。作何驱使。固无从查访。而近来被拐。及招雇出洋者。民间传言该夷用药水将其敷洗。即能须发黄卷。面目黧黑。假充夷兵。壮彼声势。以与我军打仗。惟真夷则鼻高睛绿。假夷则不然。虚实虽不可知。而近日该夷招雇挑夫。竟有打仗字样。传言或非无因。自应严禁以杜奸谋。除札饬南海。番禺。香山等县。督率兵役。及团局绅董。随时查拿禁止。如有匪徒拐卖人口出洋。一经拿获。即行正法。并不准愚民自行赴馆卖身。违者从重惩办。傥该地方官查禁不力。奴才即当指名严参。

闽浙总督庆端。福建巡抚瑞璸奏。据护理福建水师提督臣蔡润泽。署理兴泉永道潘骏章。会禀称。闰三月二十七日。有佛国三桅大火轮船一只。船身约长数十丈。由广东香港。驶至福建厦门古浪屿后岛竖礁。水急冲破。折断两截。内夷兵三百余人。搬赴前到之火轮兵船内。于四月初六日卯刻。驾驶出口。该夷船内所载火药数万斤。水银二十余万斤。以及杂物干粮等件。均已沈失无存。舱底牛马亦。复淹毙不少。探闻欲赴上海合帮驰赴天津。又闰三月二十八日。有花旗国三桅火轮船一只。内载夷兵三百余名。由广东香港来厦。亦于四月初六日出口。往北而去。现在添拨兵役。在于各口岸实力防护等情。并据厦防同知俞林禀报相同。奴才伏查英佛各国兵船。连艅驶往北洋。是其意在用兵。情形显露。天津布置周密。壁垒精严。该夷遽思螳臂当车。无非自取败衄。兹据报佛国火轮兵船。由广东经过闽洋。被水冲破。所载军火等件。均已沈失无存。此皆皇上威福。海若效灵。堪以仰慰宸廑。

丙午。盛京将军玉明奏。窃奴才遵奉谕旨。当将密咨传知希拉布。并金州共到夷船三十七只缘由。于五月初四日由驿奏报在案。兹复迭据金州副都统。并旗民地方官咨报。五月初一初二初三等日。和尚岛。青泥洼。大孤山等处。又到火轮船二十三只。连前共计六十只。外有火轮船七只。在三山岛洋面游奕。该夷登岸。将东寺儿沟既购民房。拆毁多间。搭盖账房五十余架。演放枪炮。又在白石洞窆池取水。池旁搭盖账房十数架。且于附近村屯。抢掠牲畜。并据该地方官禀报。现将紧要口岸。仍留员弁瞭望。其距城窎远之防汛兵丁。并距城较近之原存炮位。酌量调拨城内。以助兵力而应急需等情。咨报前来。奴才查该夷先在山东洋面。劫漕掠船。带赴金州海湾窝藏。继又大小火轮夷船。陆续加增。一月之内。聚集六十余只之多。在和尚岛。青泥洼。大孤山等处。接连停泊。时复登岸。将村民房屋拆毁。搭盖账房。演放枪炮。又赴附近村屯。掳掠牲畜。该夷心怀叵测。由渐而入。肆无忌惮。已有滋扰窥伺情形。金州距海较近。为今之计。城池最关紧要。亟宜固守严防。前因该城兵力较单。曾经奏调熊岳兵三百名。前往豫为堵御。叠经奴才飞咨该副都统。并严饬旗民地方官。相机调度。亲督兵勇。加意堤防。豫作准备。惟当此夷船屯聚。防剿吃紧之时。奴才再四思维。该夷现在海湾登岸。虽已渐肆凶悍尚未深入滋扰。但船数众多。声势较重。而东省海疆。为根本重地。未便稍涉大意。况金城距海切近。仍应厚集兵力。以资扼守。惟省辽距金六七百里。道路遥远。不能不豫为征调。现经奴才将前次挑备省城兵五百名。辽阳兵二百名。刻即飞调札派记名副都统协领奇凌阿统领。星夜驰赴金州。与前经调防之熊岳兵三百名。合并共计兵一千名。均归奇凌阿统带。该员熟悉兵机。令其自行酌量。相机防剿。以专责成。其金州本城兵勇。仍归该副都统希拉布统带。督同旗民地方官酌量缓急。随时调度。不分昼夜。扼要巡防。以期严密而免疏虞。

谕军机大臣等。玉明奏。金州续到夷船多只。调兵防剿一折。金州地方。先后聚集夷船六十余只。在和尚岛。青泥洼。大孤山。等处停泊。时复登岸。拆毁民房。搭盖账房。演放枪炮。掳掠牲畜。显有窥伺滋扰情形。该将军因金州城池紧要。将前次挑备省城等处官兵。调派记名副都统协领奇凌阿统带。驰赴金州。并前调熊岳官兵。均归该协领统带。著即责令与副都统希拉布。会同旗民地方官。斟酌缓急。妥为布置。惟盛京海口纷歧。各处防兵。总应暗中设伏。以备该夷大队深入滋扰。若将防兵聚集海岸。夷人窥我虚实。转得施其伎俩。该将军惟当密为布置。使夷人知内有伏兵。必不敢肆行登岸。方为妥善。所有防兵。均须办作民团。不可稍露官兵情形。以为将来转圜地步……

丁未。谕军机大臣等。前据文煜奏。续到轮船二只内。起出马一百五六十匹。复据玉明先后奏报。夷人先后驶至金州海口者。已有船六十余只。在大孤山。和尚岛。青泥洼。等处停泊。本日复据劳崇光奏。该夷由上海赴东洋日本国。购马五六百匹。运至浙江定海。又赴南洋曼奈即小吕宋。购马一千二三百匹。运至广东香港。已用船装载北行。其驶至香港兵船。旋亦驶赴上海。人数约一二万。尚有二三千人。在香港支搭账房。亦一并登舟北驶。昨据耆龄奏。亦称该夷以万余金购买稻草。访闻欲载往天津。扎草人于马上。用冲头阵。以当炮火。而以精锐继进。又欲填塞天津沟坎烂泥。免致陷足。复以千余金收买寸许厚木板。将载赴上海。打造小船。以备天津同时并进之用。又有马队三四千。亦均载往天津等语。虽夷人虚声恫喝。是其惯技。然如该抚等所奏。是购买马匹。扎造草人。竟是实有其事。该夷诡诈百出。不可不防。天津布置已臻严密。不为摇动。然不可稍存大意。尚宜悉心筹度。讲求应敌之方。不可掉以轻心。至为该夷所乘。是为至要。又据奏。英夷公使额尔金。邀同佛夷公使葛罗。自伊本国前来。该二酋。系咸丰八年在天津。与桂良等面议条约之人。因上年普鲁斯等。办理不善。致启衅端。是以伊等复来重理前说。各夷商惟恐兵连祸结。致妨贸易。屡求伍崇曜等探问。可见该夷虽肆凶悍。未必不希冀说合。仍循前议。倘夷船抵津。未遽动兵。恒福当派员开导。勿先开衅。如该夷先行开炮。或施诡计。僧格林沁即相机堵御。总在有备无患。计出万全。方为妥善。

戊午。署理钦差大臣暂署两江总督江苏巡抚薛焕奏。窃臣于四月二十四日。将英佛联为一气。额尔金。葛罗。仍有来沪之说。由驿驰奏在案。兹于四月二十七日。米酋哗喏翰。来见督臣何桂清。告知俄啰斯使臣易纳学。由京出海口。坐火轮船前来。已于四月二十七日。行抵上海。何桂清。询以俄啰斯使臣来沪何事。坐船几只。该酋答词闪烁。只云带有驻沪领事官回来。共坐火轮船二只。一系由京起程。一系由俄啰斯本国驶来。尚有数只。不日可到。易纳学在京都。曾住十一个月等语。查俄国使臣。忽然骤至。未审意欲何为。连日亦未来请见。当饬华商杨坊等密探。旋据报称。普酋。咘酋。经该商等于有意无意间。再四譬解。劝其不必带兵北行。正在尽力筹谋。今因俄酋到此。极力怂恿英佛打仗。并云在京日久。述及都门并津沽防堵各情形。言之凿凿。谆告普鲁斯。布尔布隆。不必误听人言。二三其见。竟赴天津打仗。必须毁去大沽炮台。和议方能成就。而普酋。咘酋。为其所惑。主战之意愈坚。有不候额尔金。葛罗到来。即行北驶之议。俄酋又许其同去各等情。臣查夷情反复。本已变幻靡常。今俄酋到沪。又从中作祟。尤觉难于措手。而额尔金。葛罗。外间传闻不日可至。迄今尚未见到。第闻该二酋并船而来。是已联为一气。现虽暗用离间之计。窃恐阴谋固结。一时难以离间。且米酋甫到。俄酋旋即踵至。是该酋等明系相约而来。互通消息。狼狈为奸。要挟胁制之计。夷情叵测。亟宜严防。臣与督臣何桂清。仍当再为设法。阻其用兵。俟额尔金。葛罗到日。察看动静。视其所向。相机排解。总当力阻北行。如能即在上海定议。臣等再当奏请恩施格外。曲示怀柔。俾该夷等畏威服德。不致再生枝节。中外幸甚。

咸丰卷五三

(咸丰十年庚申五月)壬子。山东巡抚文煜奏。窃臣前自夷人拦截漕船。以至载来马匹。业将该夷情形。五次奏报在案。旋又据报。该夷载来牛三四十只。上岸牧放。又由山上搬取乱石。于海岸砌作马头。又空地作灶四座。上盖铁面。长宽均约丈余。又驶来大船二只。各船均放炮迎接。载来夷兵五百名。又载来食物箱盒。盖房木料木架。不计其数。又准登州镇咨。据宁福营属之威海汛把总具报。五月初六日申刻。该处到来轮船一只。有夷人十余名。带同通事周姓。至署声称。伊系英吉利国。有兵船四五十只。约兵万余。五七日内即到威海。在城外支搭账房。安营居住候信。因恐百姓惊慌。故特令伊先来告知等语。该外委覆以地瘠民贫。不堪居住。该夷云。营盘一定要安。不过前来告知。明日即须前赴关东。言毕即上船去讫。又叠据委员署青州府知府董步云禀报。该员先于登莱一带途次。探得该夷所称孟总统者。现今实在张姓名张二林即张殿华屋内居住。外似占踞。而张二林系奇山所人。向来烟台开设德盛号栈行。去年忽于烟台山下西面。新盖房屋一所。计六十余间。土人咸知其家道不丰。何以有钱盖房。且山下亦非设立行栈之所。人皆诧异。乃工作方完。而该夷适至爰居爰处。俨然宾至如归。又该夷初到时。各铺户问其来意。该夷声称。尔等不必惊慌。我等不过暂住数日。注意只在天津。蕞尔烟台。即大皇帝准我通商。我亦不要。而夷情反复诡诈。厥后凿井添井。盖房数十间。烟台山以东。俱造马头。又似必非暂住之计。且屡嘱各铺户搬回。照常开张。而被掳同来之闽广人。又私向各铺云。尔等弗信以为实。我等从前皆为所愚。搬回必致抢掳。惟细察闽广人言语形貌。定非善类。该府于初八日。行抵福山。又探得烟台街上。账房徧满。往来皆系夷人。约计八九千名。先因有酒醉滋事者。各铺约得十余家。上山见伊头目控告。内有白夷一人。能说官话。通事二人。一河南陶姓。一浙江杨姓。均称不要害怕。大将军在后。尚有马八百对。二将军亚蒙先来。只为去岁天津之事。今岁特然来此。英吉利赴牛庄。各铺告以吃酒滋闹之事。该夷人又出示禁止。不准擅自进庄。山上器具各项俱全。所住房屋。均欲议价。或典或买。均可。麦地支搭账房。亦欲给钱赔偿。山南平坦之地。又丈量多处。船上带来梁架板片。均系现成之物。数日间即盖起十余座房屋。皆两层檐。石作。木作。瓦作。概不用内地之人。半里间设一小营房。巡兵逐日一换。昼夜阴雨。莫敢或离。有偷取物食。及越墙取鸡。拦阻受伤者。当时发落。给受伤人洋钱四圆养伤。且告知大众。以后有不法者。即拿其帽子为凭。缘帽内各有名字。按帽查册。毫无遗漏各等情。该府董步云。即于初八日。嘱令绅士铺户等。传知该夷。定期见面。至初十日。据通事李姓云。愿意谈谈。第将军公事甚忙。明日见否未定。该府当即以到此三日。不能久待。务须该通事转告。于明日午刻见面。辰刻先在山下。与通事叙谈等语。覆知去后。迨该府发禀时。业已戌正。尚无回信。不知是何诡计。该府等。定于十一日辰初。往见李通事谈毕。即上山见该夷酋。一俟见后覆到。是何情形。即行飞速驰奏。

谕军机大臣等。昨因闻夷人于烟台地方。有修筑夷馆炮台等事。谕令文煜设法防范。本日据文煜奏。夷人于烟台砌筑马头。续到夷兵五百名。并称有马八百对在后。复有夷人到威海地方。声称。英夷船四五十只。兵万余名。即日到彼安营。并据委员董步云等报。奇山所人张二林。为夷人于烟台地方。豫为盖屋。并有闽广人同来。该守现拟往见夷酋等语。本日有人奏。夷人到山东后。有马队三千。上骑中空木人。内装火药。每日上岸操演。近复募到潮勇五六千人。间日十余人。或二三十人不等。结伴北行。防堵官兵。毫无觉察。沂州府属之莒州。不通大路。月内忽有南来人众数起。皆官兵衣装。口操粤音。称系由河南撤防回京。从此经过。并无印文执照。地方官弁。绝不查究。并闻去岁夏间。福山县知县余梠。卖给该夷海岸数段。索得重价。尽饱私囊。是以本年夷人上岸。支搭账房。欲盖夷馆。此沿海居民所共知者。请敕该抚查奏各等语。所奏情形。决非无因。何以该抚毫无闻见。夷人到海口者。既有数千人。兼带有马匹。其为意图一逞。已可概见。著文煜即日出省。前赴登莱青一带。择要驻扎。筹办防堵。该抚前调马步各军。尚属单薄。德楞额军营马队。较为得力。如何分拨。著即与德楞额。商拨数百名。听候该抚调遣。其余本省官兵。如尚有可调之处。并著酌量派拨。该夷如并无滋扰。自宜不动声色。密为防范。傥图攻扑城池。或直图扑天津后路。或即由直省径奔京师一带地方。著文煜相机前进。设法堵剿。不得任其横恣。至潮勇陆续北来。自系欲于津沽左近设伏。俟夷船到时。水陆并发。使我猝难抵御。著文煜严饬各府州县。及自登至直。应行经过地方文武员弁。督率兵役。严密访查。傥有假作官兵装束结队。口操粤音。并无印文执照者。立即拿办。该抚仍派明干大员。前往各属查察。傥该地方官奉行不力。即与严参。委员董步云等。所禀闽广人告知各铺不可搬回之言。自属实情。正可藉此开导各商民。勿为夷人所愚。致被抢掳。至民人接济食物。交易钱货。及甘心雇给夷人役使等事。仍著遵照前旨。妥为查禁。该抚身膺疆寄。当此夷情吃紧之时。谅不敢泄沓从事。自干咎戾。其何日出省。及如何办理之处。均著详细驰奏。至已革福山县知县余梠。如何将海岸数段。卖给夷人。以致夷人有可借口。径行上岸居住。实属可恶。即著文煜密速访查。一经得实。即将该革员拿问惩办。不得稍涉徇隐。

钦差大臣科尔沁亲王僧格林沁。直隶总督恒福奏。咸丰十年。五月初九。初十。十五等日。承准军机大臣字寄。五月初八。初九。十四等日。恭奉上谕三道。并钞录薛焕原奏一件。均已敬谨聆悉。查现在夷人。于山东之烟台等处。登岸驻扎。与本地商贾互市。又于奉天金州洋面。停泊夷船多只。续行劫掳商船。并往日本国。及小吕宋。购买马匹。欲用稻草。扎草人于马上。用冲头阵。继以精锐夷兵。及填塞天津沟坎。购觅板片。并造小船。意在天津同时并进之用。查该夷狡猾异常。情形实属叵测。诚如圣谕。该夷诡诈百出。不可稍存大意。尚宜悉心筹度。讲求应敌之方。现在海口一带。处处沟槽。中间隙地。今年雨水较多。濠墙以外。尽皆泥淖。两岸亦皆严加侦探。设使该夷马队。果敢登岸抄袭营垒。奴才等惟有饬令马队。相机截剿。即使该夷填沟塞濠。岂能尽知大沽营盘左右。有此层层濠沟。况有马步严防。正欲诱其深入。傥英佛兵船驶至海口。并不直入拦江沙。在外停泊。似有等候讲话情形。奴才恒福。即行遵旨派员赴该夷船。讯其来意。令其前往北塘讲话。若该夷不候理谕。径行闯入拦江沙内。是狂悖之形已露。奴才等亦不敢坐失机宜。不得不以火器抵御。刻下直隶沿海口岸。虽节经探报。并未见有夷船帆影。奴才等惟有恪遵谕旨。传知各营将士。并饬令西凌阿。增庆等。一体严密防范。沿海一带。妥为侦探。以期仰副皇上训示谆谆。慎重海防之至意。

谕军机大臣等。前因夷人在烟台地方。占房盖屋。金州海口。到有夷船六十余只。并于外洋购买马匹。广东购买稻草木板等物。叠经谕令僧格林沁等。加意严防。不可掉以轻心。本日据僧格林沁等奏。侦探防守情形一折。据称海口一带。处处沟槽。今年雨水较多。濠墙外尽皆泥淖。该夷即欲填沟塞濠。亦不能尽知大沽营盘虚实。且正欲诱其深入。现已传知各营。并饬令西凌阿。增庆等。严密防范。及沿海一带。妥为侦探各等语。所筹尚属周密。本日又据文煜奏。夷人到烟台后。续载来牛三四十只。上岸牧放。并搬取乱石。砌海岸马头。又驶来大船二只。载有夷兵五百。威海汛地方。到来轮船一只。有夷人十余名。声称。英国有兵船四五十只。约兵万余。五七日内即到威海。烟台街上。夷人往来约八九千。据通事云。大将军在后。尚有马八百对。二将军亚蒙先来。只为去岁天津之事各等语。又本日有人奏。夷船泊福山海口。有马队三千。上骑中空木人。内装火药。每日上岸操演。复闻募到潮勇约五六千人。间日十余人。或二三十人不等。结伴北行。文煜所派防堵兵五百名。毫无觉察。又沂州府属之莒州。不通大路。月内忽有南来人众数起。皆官兵衣装。口操粤音。称系由河南撤防回京。并无印文执照。该地方官弁。亦不根究查询。任听行走各等语。各夷陆续麕聚烟台。且有欲来威海扎营之说。无非欲觊觎津沽。该夷知防御严密。不敢轻犯。难保不为潜师陆路之谋。若先以潮勇尝试。继以马队徐来。更欲我水陆兼防。伺隙思逞。居心实不可问。已谕文煜。饬令山东地方官。认真盘问。加意严防。著恒福。严饬直隶山东交界过往必经之州县。及通京城大路所属州县。一体严密盘查。如有似此情形者。即行严拿惩办。不可稍有疏虞。致令偷越。以杜奸谋。僧格林沁。既设有侦探。亦当饬令于沿海及陆路一带。实力稽查。不可稍涉大意。文煜折并著钞给阅看。

(癸丑)盛京将军玉明奏。窃奴才前因金州夷情吃紧。豫调省辽官兵。派员带往。相机防剿。并饬各城将兵马备齐听调。于五月初八日。由驿奏报在案。旋于初十日。接到四月二十六日拜发之折。由驿递回。奉朱批。严谕滨海居民。断不准接济食物。并禁其钱货互换。钦此。奴才遵即飞咨该副都统钦遵。密饬地方官。严行查禁去后。兹准金州副都统。并旗民地方官。先后咨报。青泥洼。大孤山等处。前报停泊火轮夷船六十只。并三山岛洋面游奕火轮夷船七只。兹于五月初四日。又来夷船二只。与洋面之游奕火轮船七只。一并驶进和尚岛南湾停泊。又自初七日起。和尚岛。大孤山。青泥洼等处。陆续到来火轮夷船五十三只。前后共计一百二十二只。该夷用小船载马登岸。约四百余匹。在白石洞山前牧放。并用千里镜登高窥看。复在大鱼沟海岸。搭盖账房十数架。近日夷人内有死者七名。即就岸上掩埋。其马形象。与内地马匹无异。惟前蹄刻有洋字。而羸瘦者居多。连日倒毙三十余匹。该夷择其肥壮者百余匹。用船收回。尚余二百余匹。仍在白石洞山前牧。放又初七日。见有二桅小夷船一只。驶入小平岛。登岸窥探。旋即回船。次日扬帆向西南洋驶去各等情。驰报前来。奴才查该夷船只。日见加增。至一百二十余只之多。且运载马匹。登岸牧放。岸上账房搭盖渐多。复用千里镜登高窥看。其肆无忌惮。狂悖已极。惟虽已登岸。尚未深入。亦无滋扰别情。自未便遽行攻剿。致启衅端。转令有所借口。然夷情叵测。尤应加意严防。现已飞催记名副都统奇凌阿。统带省辽官兵。星夜驰往。相机堵御。并遵奉前旨。密咨金州副都统希拉布。并谆饬该地方官。严禁滨海居民。断不准接济该夷食物。并查拿奸民渔利。钱货互相兑换。以杜句结。

丙辰。山东巡抚文煜奏。窃臣前将委员接见佛夷情形。恭折驰奏后。续准登州镇咨称。据宁福营威海汛把总禀报。本月十二日辰刻。有火轮船二只。由西北大洋。驶入刘公岛迤西停泊。当即会同文武差查。据称。系佛兰西夷人。由烟台前来。将口内停泊大小商船十三只。全行拉去。据各船户呈报。又据八角汛千总禀。十四日。又有夷船两只。在平畅河口一带外洋。分拉船九只。在洋游奕各等情。开具船户姓名。先后咨报前来。臣查前据委员董步云等禀内。该夷于十二日申刻。来至委员寓中晤后。濒行时。本有拉住董步云手腕。欲令同赴海上。抢船数只之语。兹该夷已先于是日辰刻。在威海口拉抢商船。是早已心知其事。而乃与委员故作周旋。特于濒行。称欲与委员同往抢船。该夷亦明知委员必不允其同往。自抢民船。不过使之闻之之意。且于十四日。又复续抢。难保非因天桥口水浅易搁。夷船难于拢岸。欲乘小船前来。其情叵测。是诚不可以理喻矣。

谕军机大臣等。文煜奏。佛夷由烟台驶赴威海。拉抢商船一折。佛夷轮船。由烟台驶入刘公岛。将口内停泊商船拉去。并在平畅河口一带外洋。拉去船只。桀骜情形。殊堪痛恨。烟台夷氛甚炽。叠次谕令文煜。驰往登。莱。青。一带。筹办防堵。兹阅该抚所奏。不过仅报夷情。而于现在办法。并未筹及。设再迁延。致该夷由陆路窥伺天津。或径欲赴京。山东一路。毫无准备。贻误之罪。又将谁诿。昨有旨命杜翻。督办山东团练。此时以防夷为第一要务。该侍郎未经抵省之前。即著文煜。先行饬属。认真举行团练。使该夷知到处人心固结。无可裹胁。无从接济。自可不战而屈。并著该抚迅即出省。妥为筹办。随时驰奏。以慰悬系。

钦差大臣暂署两江总督江苏巡抚薛焕奏。窃臣于五月初四日。将俄酋易纳学。到沪日期。并普鲁斯。布尔布隆。主战愈坚情形。由驿驰奏在案。兹于五月初九日。据华商杨坊等报称。本日有北回沙船。据云。于四月二十二三等日。在山东成山以北洋面。瞭见北驶夷船三十余只。又山东庙岛烟台停泊夷船七只。奉天之金州滩。停泊夷船三只。沿途抢有沙船三十余只。卫船四十余只。将各船货物。抛弃入海。砍去船桅。每三只联为一处。带赴北驶。并探得额尔唫。葛罗。已抵香港。不日即可抵沪等语。并据前督臣何桂清面称。前日赴嘉定时。佛国副使哥士嗜来云。伊国兵船已大半北驶。现在上海无可复议。并称大西洋国。亦遣公使兵船来沪。欲立条约各等情。臣伏查该夷处心积虑。思欲北犯天津。而又不欲遽犯者。实因天津防范严密。该夷耳目最灵。谅有所闻。未必不生畏忌。自江苏军务败坏后。纠同大西洋。与中国为难。俄酋又来沪播弄。目前上海夷情。较前更为桀骜。种种愈形棘手。况上海华夷各商。素无嫌隙。今则强抢海船。抛弃货物。致我海道不通。其居心尤不可问。现饬华商与之讲理。未识能否有济。然该夷主持进退。必视额噶二酋为转移。今额尔唫。葛罗。不日到沪。想普鲁斯亦必怂慂用兵。为报复私忿。并掩饰其过之计。臣现已督同吴煦。蓝蔚雯。豫为密饬华商杨坊等。一俟该二酋到日。先行探其意向。伺有可乘之机。即乘间而入。得有可阻之势。即力阻其行。并密谕黄仲畬等。劝其与臣相见。如该酋到沪后。肯与臣见面。臣当反复引谕。曲为开导。晓以义理。动以利害。总以正大之词。折其鬼蜮之见。务期竭尽心力。先阻其用兵。至于挽回各事。惟有力矢血忱。旁敲侧击。能挽回一分。即尽一分心力。以冀稍纾圣主廑念边疆之至意。至大西洋于四月二十九日。果有兵船二只到沪。该国从前本有奏定通商章程九条。今亦附和而来。俟该酋求见。臣等再行酌办。

薛焕又奏。再正封折间。据报英酋额尔金。乘坐火轮兵船。已抵吴淞口。佛酋葛罗。同日在香港开行。计程亦即可到。传闻该二酋。不肯在上海登岸。有即日北驶天津之说。容探明该酋等来意。相机酌办。另行具奏。

谕军机大臣等。薛焕奏。探闻夷船北驶。及额尔金已抵吴淞口各折片。览奏均悉。夷人在奉天山东洋面掠船。迭据玉明。文煜。奏报。本日复据文煜奏。佛夷由烟台驶入刘公岛。将口内商船。全行拉去。并在平畅河口一带外洋。拉去船只。桀骜情形。实堪痛恨。英酋额尔金。已抵吴淞口。佛酋葛罗。当亦随后可到。此时不便官为晓谕。可密谕华商。向夷商开导。告以夷人在山东等处。强拉海船。抛弃货物。从此海道不通。不独中国商船受害。即夷商亦无可贸易。况英佛与中国构兵。汝等须出兵费。若不竭力阻止。彼此均无裨益。该夷商皆为利而来。自必向佛酋等劝阻。如此办理。方为釜底抽薪之计。如可挽回。仍在上海定议。换给和约。方为正办。该署大臣谅能竭力妥办。不至意存推诿也。此次克复嘉定。太仓。内有吕宋夷人一百名助剿。虽非英佛一类。究不必藉资夷人之力。著薛焕。即将此项夷勇裁撤。给与募费。作为商雇。并非官雇。以免将来有所借口。其大西洋夷酋。并著设法驾驭。勿令附和英佛为要。

又谕。前据文煜奏。委署青州府知府董步云等。接见佛酋。该酋言词狡诈。意在寻衅。当谕文煜。再令委员开导。并于烟台赶办团练。严密防御。兹复据文煜奏。该夷火轮船四只。先后驶赴威海。迭次拉抢商船二十余只。复谕文煜赶紧出省。前往登莱青一带。择要驻扎。筹办防堵。本日复据薛焕奏。额尔金。既抵吴淞口。佛酋葛罗。计可先后到沪。有即日北驶之说。夷人在奉天山东洋面。抢掠船只。恐其探海口水浅之处。欲乘小船前来。情殊叵测。额尔金等。既将即日北驶。恐其竟扑大沽。或用小船登岸。或搭造浮桥。或将所掳商船。先来探试。均不可不防。著僧格林沁等。豫为布置。严密防备。勿使该夷得行其诡计。方为妥善。至该夷于拦江沙外游驶。固不可先行议抚。如有可乘之机。亦不可因我有备。致失议和机会。其间操纵。该大臣等。临时酌夺。迅速具奏。本日文煜折。著钞给阅看。

闽浙总督庆端奏。英佛二夷兵船。驶入舟山。强居定海厅城。业将查办情形。会同福建巡抚奴才瑞瓒。恭折驰奏在案。嗣据宁绍台道梁恭辰禀报。该夷在定。约有三四千人。轮流入城操演。分段巡查。屡形不轨。甚至强索钱粮征册。擅入监狱。请即咨调上海熟谙夷务之员。赴定妥办。

己未。山东巡抚文煜奏……惟本日又据报。十七日。先后共到有火轮船三只。夷兵夷官甚多。起出马二百数十匹。连前约共四百余匹。炮车三十余辆。大小铜铁夷炮。又小车一百余辆。此三船到时。各船均放炮迎接。其所谓孟将军者已到。于十八日上岸。就探知其所已到者而言。夷兵已在一万以上。马已四百余匹。如以后不再续来。我师马队。犹与之相等。而兵勇则不及其三分之一。登城紧接海滨。臣实万分焦灼……再现准登州镇咨报。十五日。先后瞭见二船。由东南大洋驰往东北。十六日。该夷又在养马岛。抢取四船货物钱文。并拉船一只。往西北大洋驶去。是日夜间。又在八角汛。拉去船九只。十七日。又将该汛口内停泊之杂粮船一只。因牵拉不动。随将其船上粮石。抛下海中。将船拉去。十八日。又瞭见之罘岛外洋。拉去船数只。现在宁福营属之崆峒岛洋面。共泊所拉商船三十余只。与县报大略相同……

谕军机大臣等。本日据文煜奏。近日夷务情形。拟即出省筹办一折。览奏已悉。所称夷人又续到轮船三只。夷兵夷官甚多。起出马二百数十匹。连前约共四百匹。炮车三十余辆。大小铜铁夷炮。又小车一百余辆。孟酋亦已上岸。计共到夷兵一万。马已四百余匹。夷氛如此猖獗。诚恐不免有由直隶径奔京师之事。文煜业已由省起程。驰赴青莱交界之间。密驻筹防。

钦差大臣科尔沁亲王僧格林沁。直隶总督恒福奏。五月二十。二十一等日。承准军机大臣密寄。五月十九日。奉上谕。有人奏。夷船泊福山口。有马队三千。上骑中空木人等因。钦此。又五月二十日。奉上谕。朕思该夷声东击西。是其惯技。若由陆路内犯。从山东入直。故作欲向京师之势等因。钦此。并钞录文煜奏折一件。奴才等均已敬谨聆悉。奴才恒福。当即札饬直隶山东交界一带。及通京城大路文武地方官。实力稽查。严加防范。奴才僧格林沁。亦分饬各营侦探官兵。留心探访。认真巡查。傥有前项可疑之人。即可会同地方文武。合力兜拿。若人数较众。一面跟踪。一面飞报就近军营。立即派拨马步官兵。迎头会捕。至直隶备调官兵四千名。奴才恒福。原拟提标。天津镇标。宣化镇标。各挑兵一千名。正定通永两镇。各挑兵五百名。分别咨照。听候调遣。嗣因大沽北岸之唐儿沽地方紧要。需兵防守。已将宣化镇官兵一千名。奏调来防。驻扎唐儿沽。又因天津环濠炮台工竣。必须派兵防守。已将天津镇兵一千名。饬交盐运使崇厚统带。以资守卫。其正定镇兵五百名。现值南省逆匪鸱张。黄河迤北。均应严防。该镇官兵。乃大名后路。未便拨调。又通永所辖营汛。均系切近海隅。防守正在吃紧。亦未便遽行征调。是前项备调官兵四千名。仅剩提标兵一千名。堪以调遣。奴才等再四熟商。惟恐兵力较单。不足截剿。现拟再由提标各路。抽调兵一千名。连前共计二千名。即饬来防。听候调遣。至已革协领色尔固善等。八十八员名。奴才等查德楞额驻扎山东峄县。所统兵数无多。现亦防剿吃紧。拟将此项官兵。拨给马匹器械。饬令驰赴山东峄县。交副都统德楞额军营差委。本月二十一日辰刻。在大沽炮台上。遥望海面有三桅夷船一只。向北行驶。至北塘口外停泊不动。当即派弁前往查探。二十二日。据署守备任连升等禀报。是日辰刻。有舢板船一只。上坐水手十一名。夷官二名。驶进河口登岸。通东名巴图。称系俄啰斯船只。持有通事明常名片。声言二十三日巳刻。明常进口。欲与德委员有紧急话说。任连升答以德委员不知有无差使。未必明日即能到此。言毕旋即回船出口。奴才等于二十三日。即派员外郎德祥。天津县知县姚煦。同往北塘。与该夷晤面。是日德祥。姚煦。回营禀报。据通事明常声言。伊等系由上海。欲往日本国有事。路过此处。现有信函二件。一系伊国公使。一系米酋哗喏佛。欲寄京内投礼部。转致军机处等语。奴才窃思前阅薛焕原奏。俄酋到沪。极力怂慂英佛打仗。并云在京日久。述及都门并津沽防堵各情形。言之凿凿等语。以致英佛报复之念益坚。桀骜之形愈甚。是俄夷心存叵测。甚于英佛。今若再任其来往寄信。更恐与事无益。奴才等。查该夷四月十五日。由北塘开行。原说赴日本国有事。由日本回国。乃该夷不久折回。诚恐替英佛两国要求。当于德祥等前往北塘时。奴才等即经饬嘱德祥。姚煦。傥该夷有要寄京信函。不可接收。若提英佛两国之事。亦不必与其谈论。并令将前次明常所留之信。仍交伊带回。是以德祥等。按照奴才等所嘱。未收其信。明常因不收所寄之信。甚为著急。至于问其所寄何事。伊回答语甚支离。德祥等由北塘回营时。明常仍在彼处。并未回船。现经饬令该地方文武。一体妥为照料。

谕军机大臣等。僧格林沁。恒福奏。遵调官兵到防。并俄夷船只停泊北塘。投递米夷信函各等语。直隶备调官兵四千名。除分拨唐儿沽。及环濠炮台等处防守外。所余及新调之兵。共只有二千名。为数较单。青县一带。为山东等省入京要道。亟宜驻扎重兵。以防奸宄溷迹。所有前项备调官兵二千名。著僧格林沁等。遵照前旨。拣派得力大员。迅饬前往该县驻扎。当由京营另调兵二千名。帕克兴阿管带前往。一并驻扎青县。与直隶官兵分作两营。以厚兵力而资捍御。俄夷寄京信函。著恒福派员接收。转送京师。至米夷转递信函。和约内并未载有米国由天津海口呈递之条。是以碍难接收。如米国钦差船只到来。可告以尔国既已换约。自应按照条约办理。别无再议。如欲给英佛两国从中调处。亦须由上海办理五口通商钦差大臣处商议。方为信守和约之道。再本日文煜奏。海滨续到夷船。先后共有夷兵万名之多。并有炮车百数十辆。情形甚为猖獗。著僧格林沁等。豫筹防范。

庚申。盛京将军玉明奏。窃奴才前因金州夷船。增聚一百二十余只。登岸牧马。恐其深入滋扰。复经催兵饬属严行戒备。于五月十四日。由驿奏报在案。十六日。记名副都统协领奇凌阿。带兵来防。经奴才面谕。前往金州。会同该副都统希拉布。和衷商榷。将兵暗伏城外。挑穵堑濠。多掘陷坑。以防马队冲突。非夷人大队深入。不得遽行攻剿。仍饬地方官。严禁乡民。不准接济饮食。交易钱货。谆饬奇凌阿。遵照星夜驰往。相机妥办去后。旋准金州副都统。并旗兵地方官咨报。自五月十一日以后。青泥洼等处。续到火轮夷船七只。将前劫商船二十只。全行砍去船桅。改涂白色。仅留一只。尚未改造。前在各海湾停泊之轮夷船只。连日分驶各口。出入无定。又在青泥窪海岸。占踞民房十余处。并于王家屯。白石洞。东寺儿沟等处。添搭账房共三百余架。夷人登岸者。约三千余名。岸上续行卸马。连前约六百余匹。树立大白旗一面。黏贴伪示一张。复于青泥洼海岸。空演阵式。白石洞山前。演习马队等情。驰报前来。又据差弁侦探。该夷火轮船。驶入旅顺口一只。羊头洼四只。登岸抢掠食物。该二处乡民聚众二三千人。持械喊逐。该夷惊窜回船。即刻驶出口外。不敢登岸等语。正在飞饬金州。严加防范。适奉五月十一日寄谕。玉明奏。夷船陆续驶至。并于大孤山登岸等语。等因。钦此。奴才遵即密咨希拉布。并派员驰赴金州。谆嘱遴派明干妥实员弁。前往询问。总以金州并非通商换约之处。婉言劝谕。善为开导。令其回船迅速驶去。滨海铺商。附近居民。尤宜剀切晓谕。断不准与彼钱货互换。接济食物。复于十九日。承准军机大臣密寄。五月十三日。奉上谕。玉明奏。金州续到夷船多只。调兵防剿等因。钦此。奴才当即飞咨希拉布。妥速遵办。又准该副都统。并旗民地方官咨报。青泥洼于十五日有轮船一只。出东口驶去。又到夷船二只。驶入渟泊。羊头洼原泊夷船四只。于十四日向东南洋驶去一只。又向西北洋驶去二只。现在分泊各口之火轮夷船。计骆马山一只。红土崖十一只。大孤山二十六只。小孤山十四只。大鱼沟三十二只。青泥洼四十二只。羊头洼一只。外有前劫商船二十一只。均在黑嘴子湾内停泊。又揭该夷伪示一张等情。驰报前来。奴才查金州夷船。屯聚一百二十余只。现复分泊各口。约计水陆迤连三百余里。以上各海口。处处俱可登岸。今岸上已有夷人三千余名。马六百余匹。占踞民房十余处。添搭账房三百余架。且夷兵演阵并演马队。其心实属叵测。近因滨海民居。或畏扰迁移。或聚众抵御。牲畜食物。渐难抢掠。该夷酋辄出伪示二张。一系安慰乡民。收买食物。一系招致被劫船户。领取价值。其为骗诱乡愚。探我虚实。藉资导引。已可概见。该夷狡诈异常。渐肆猖獗。尤应倍加严防。金州地方偏僻。滨海居民。类皆穷苦。所养牲畜。本属无多。既经迁避。骡马岂肯抛遗。其抢掳马匹。尚易防范。第恐奸民惟利是图。偷将牲畜食物。暗为接济。惟在地方官密禁严拿。惩一儆百。叠经奴才严饬实力稽查。并通饬沿海各城。盘拿奸细。计期奇凌阿所带官兵。亦可齐抵金城。现经密饬会同希拉布。及旗民地方官。悉心筹商。将海岸防兵军械。酌量缓急。择要布置。并遵旨密将官兵。办作乡团。于城之内外。暗中设伏。不露形迹。俾该夷知有伏兵。不敢冒险深入。

辛酉。山东巡抚文煜奏。窃臣昨于本月二十三日。将夷人近在洋面抢船。及臣定期出省各缘由。恭折具奏后。即日奉到批折。并承准军机大臣密寄。五月二十一日。奉上谕。此次署青州府知府董步云等。接见夷酋。措词尚为得体。仍应饬令该员等。作为己意。向其开导。并可探听该夷动静等因。钦此。正在飞饬钦遵办理间。适据该员董步云驰禀。该夷连日在洋面抢船。与昨日奏报大略相同。并据探有掳去商船勒交银若干。发给该夷印票小旗。洋面遇见夷人。示以票旗。即可无事。现在福山城内。人民迁徙者。十之七八。烟台地方。仅存老弱残疾之人……又据报。该夷于二十日。有十余人出营。赴通伸村。海洋庄等处。察看地势。旋即回营。居民已纷纷搬避。又于十九日所到火轮船四只。内有夷人数千名。连前陆续到来。及广东人。已约共一万数千人。又搬起小车一百余辆。连前约共二百五六十辆。马三百七八十匹。约共八百余匹。牛一百多只。约共一百六七十只。粮食军械。不计其数。又二十一日。有火轮船一只。向北大洋驶去各等情。俟饬探该夷另有何项动静。该委员如何折回开导。该夷果否听从。再行随时奏报。

谕军机大臣等。本日据文煜奏。续探夷情。欲由大山赴津。请敕由津酌拨马队迎截。并夷人又续到人马一折。览奏均悉。夷人陆续到烟台者。约共一万数千人。炮车马匹。亦复不少。探闻过暑后。放船至海丰县之大山地方。再行水陆兼进。直赴天津等语。本日已谕知僧格林沁等。盐山等处。为海丰赴津必由之路。应如何派拨马步官兵。前往该处驻扎。令该大臣等熟筹妥办矣。至文煜所拟俟添募之勇齐备后。即以一千名。驻扎该处密防。所筹虽属周妥。然募勇不如团练得力。著即行遴派司道大员。前往相度地势。择要布置。以期有备无患。至福山城内。及烟台等处地方。民人因该夷滋扰。多有迁移。足见该处百姓。深知大义。该抚惟当听其自然。以期勿拂舆情。不可强行禁止。致令该民人等。为所掳胁。更可诇知内地虚实。昨据玉明奏。该夷轮船。驶入奉天之旅顺口。羊头洼等处。登岸抢掠食物。该二处乡民。聚集二三千人。持械喊逐。该夷惊窜回船。驶出口外。不敢停留。可见该夷尚有畏惧百姓之心。文煜当于民间接济食物。私相交易。严切禁止外。仍须将团练事宜。迅速举行。使该夷知众怒难犯。不敢肆行滋扰。即不必因兵不敷调。另请增勇也。

又谕。文煜奏。近日夷情一折。据称。该夷日在洋面抢船。本有欲游蓬莱阁之说。近又闻无暇往游。孟酋已到。问巡检严国礽。由烟台赴天津有大河否。该酋带来兵千余人。马三四百匹。马高大者约有五尺。炮车三十余架。听其口气。似欲于过暑后。放船至海丰县属之大山地方。再行水陆并进。直赴天津。所抢船只。问作何用。据云。用塔浮桥。装草料。请敕僧格林沁。调派马队。前赴盐山扼截。至所到烟台海口夷人。及广东人。约共一万数千人。大小车共二百五六十辆。马共八百余匹。牛共一百六七十只。粮食军械。不计其数等语。夷人于烟台海口。愈聚愈多。并探有欲由海丰水陆赴津之信。实属居心险诈。现已谕知文煜。派委司道大员。克日前往该处。筹办防堵。至盐山等处。为海丰必由之路。应如何派拨官兵。前往该处。择要驻扎。以资扼截。即著僧格林沁等。熟筹妥办。至夷人如果由山东陆路深入。官军与之接仗。务须步队在前。随后以马队继进。藉收抄截之效。马队断不可远迎。傥以马队为前敌。恐一挫不可复振。步队更难为力。并著该大臣等。妥为调派。再昨令僧格林沁等。将备调官兵二千。派出得力大员管带。与克兴阿所带之京营官兵二千名。分作两营。一并驻扎青县。谅已遵照办理。前谕令乐善。带领马队。必须探明该夷。或由山东陆路直奔京师。抑或抄袭大沽后路。该大臣务当相机截剿。勿堕该夷分我兵力之诡计。本日复谕春佑。玻崇武。各将备调热河密云兵各五百名。并谕庆昀。挑选察哈尔马队一千名。一并前往青县驻扎。均交克兴阿管带。以上各项兵丁。所需口粮。著恒福宽为筹备。于该处附近一带。另设粮台。以供支放。或即由天津粮台支放。勿令缺乏。

咸丰卷五四

咸丰十年。庚申。六月。甲子。钦差大臣科尔沁亲王僧格林沁。直隶总督恒福奏。五月二十五日。承准军机大臣密寄。二十三日。奉上谕。著僧格林沁等。豫为布置。严密防备。等因。钦此。又于五月二十八日。承准军机大臣密寄。二十六日。奉上谕。直隶备调官兵四千名。除分拨唐儿沽及环濠炮台等处防守外。所余及新调之兵等因。钦此。奴才等当即派委员外郎德祥。都司邓启元。前往北塘。接收俄夷信函。并晓谕明常。不收米夷信函原委。旋据德祥等。回营禀称。俄夷通事明常。因闻仅收俄国信函。甚为急躁。声言米酋托为代呈。今不接收。回船何颜以对米酋。经德祥等反复理论。始将米夷信函撤回。明常仍在北塘。未曾返棹。并称俟长潮时。即行出口。前于二十六日午刻。在大沽瞭见海面。又有来船一只。驶往北塘。与俄夷船只一处停泊。明常亦于是日收拾行装。率同原来夷人。乘坐舢板出口。向该国大船驶去。二十七日卯刻。遥望海面。又有火轮船二只。向祁口驶去。是日又见火轮船二只。先后自正东驶来。径往北塘而去。其船距俄夷船只相近。彼此放炮迎接。又据北塘官弁报称。是日午刻。明常等乘坐舢板一只。复行进口。未刻。又有俄夷舢板一只。尾随前来。亦登岸入庙。与明常见面。经该地方文武查询。据明常声称。此系给明常送信。随后尚有大船二只来此。复经委员等向明常查询。今日所到火轮船二只。系何国之船。据称。系米利坚之船各等语。奴才等。窃查现北塘停泊来船。称系俄米之船。祁口游奕之船。自必英佛无疑。是该四国夷酋。先后踵至。其呼吸相通。为鬼为蜮。已可概见。且英佛夷船。在祁口一带。忽进忽退。往来游奕。意在窥我虚实。并在高沙岭驴驹河等处。丈量水势。又有形似粤人。登岸询问赴津路径。该夷情形。实属叵恻。自应严密防范。奴才等饬南岸马队官兵。轮流前往祁口一路巡防。以杜夷人登岸。并饬大沽各营。暨北塘侦探官兵。时刻严防。至直隶提标官兵二千名。前赴青县一带驻扎。现已由奴才恒福。遵即饬调。所有遵旨拟派统带之处。奴才等与提督乐善。再四熟商。查有直隶河屯协副将牛浩然。曾经出师。素称勇敢。即令该员管带。以资得力。俟此次官兵到防后。应归护军统领克兴阿统带。庶于事权归一。

谕军机大臣等。僧格林沁。恒福奏。北塘祁口续到夷船。接收俄夷信函。并请派谭廷襄等。来津筹办各折片。览奏均悉。僧格林沁等。派员接收俄夷信函。业将米夷信件。令其撤回。惟明常既经出口。因又有米船驶至北塘。复行进口。情殊叵测。夷人在海口一带庙内住宿。和约内并未载有此条。著僧格林沁等。派员晓谕该酋。令其迅速下船出口。不可任其久踞。致堕术中。祁口往来之船。在高沙岭驴驹河等处丈量水势。又有粤人登岸。询问赴津路径。其为英佛无疑。该大臣等。尤当督率南岸马队官兵。轮流至祁口一路巡防。如该夷有欲扎营情事。亦须派人向其开导。断不可如烟台金州等处。任其登岸占踞。致令得步进步。须以理相拒。不可衅自我开。是为至要。并晓谕居民。不得与之接济。以杜该夷窥伺。至驻扎青县官兵。即照所请。派副将牛浩然管带。俟此项官兵到防。归克兴阿统带。此次夷船北驶。关系大局。必须战抚兼筹。方为妥善。僧格林沁布置周密。于决战虽有把握。然亦必须暗中筹划抚局。恒福身任地方。此时战抚之机。间不容发。防剿事宜。僧格林沁业经办理周妥。惟抚局屡降谕旨。令恒福专办。责无旁贷。岂可稍存成见。有意推诿。著仍遵前旨。遇有夷船前来。即拣派妥员。询问来意。相机妥办。所请派谭廷襄等来津之处。著无庸议。奏片内已详细批示。谅该大臣等必能领会。也俄夷信件。尚未据礼部送到。俟送到时。再行相机办理。

山东巡抚文煜奏……以上各事。臣在省与司道各官。会商饬办后。即于本月二十六日出省。途次叠据登州镇道府等禀报。五月二十二三等日。均有夷船驶来。计烟台停泊夷船。火轮船。连前共三十四只。船上有黑白各夷。约共一二千人。连前夷人。广东人。约有一万三四千人。马鞍五六百盘。木桶。木箱。约一千余个。均不知所装何物。又据福山县申报。二十四日。烟台夷人。又于昨到船上。拉起马一百余匹。连前约共有马一千一二百匹。又牵起骡七八十头。又搬起独轮小车一百多辆。木板二三千页。麻袋二千多个。袋皮破损。有小豆江豆杂种漏出。该夷又在该处添盖板房七八所。连前共有板屋三四十所。又据委员候补游击定顺禀称。于五月十六日。改装易服。亲赴烟台口。探得夷营枪炮账房小车大车牛马等类。不计其数。马匹夷兵广东匪徒数目。与道府禀报。大署相同。在各口抢掠商船五六十只。俱泊崆峒岛。占居民房五六十间。民田数百亩。声言以后赔价。并不骚扰。二十日。会同严巡检。往见该夷目大将军。问从何来。答由上海至此。问上海之事。答云。业已说明。不必再问。又问现居烟台何事。答云避暑。七月后即赴天津。该夷目又打听烟台去利津。水路远近。旱路多少。定顺答以旱路二十余日。水路不知多远。且问该夷扣留船只何用。答云带往天津搭浮桥。又问小车何用。答云拉炮运食物。语毕出营。该夷目旋即答拜。并无别说各等情。臣查各处禀报。情节署同。惟船数日增。人数日众。若不早作准备。诚恐滋蔓难图。臣已于本日行次青州府城。容驰赴前途。面晤青州副都统恩夔。相度形势。扼要驻扎。并侯委员董步云。折回烟台。妥为开导。禀复后。再行随时奏报。

文煜又奏。正在缮折间。接据登莱道转据福山县申报。二十五日。烟台海口。前到船上。走起夷人约有千余。连前约共一万四五千人。又搬起大车二十余辆。连前共大车四十余辆。又搬起木桶一千多个。该夷又在烟台山东面海上。新造船只。搭架浮桥。又在山南平地。试演炮车。其法每车四轮。车上两旁。各装一洋铁箱。中架炮位。炮门向后。前套六马。马上骑坐三人。执鞭驰骤。故令其马惊回。车即旋返。机关转动。炮自向前轰击。所有前到小车三百多辆。均各如此。其前后搬起大车四十余辆。六轮四轮不等。其用与小车相似。惟驾炮较大。套马较多。此外独轮小车一百多辆。似系寻常载运之车。

不能装炮等情。并准登州镇总兵曾逢年咨称。据福山汛弁禀称。探得烟台铺户传说。该夷不能久住。大约六月初旬。就要起身。并该夷大将军。即日一准坐船西行等因。臣查该夷造船搭桥。演试炮车。情实叵测。所云不能久住。即欲起身。并该夷大将军坐船西行。虽系铺户传言。亦不可不信。至烟台洋面之西。即系前赴天津之路。除分咨钦差大臣亲王僧格林沁。直隶督臣。天津镇臣。饬属防范外。并由臣分别咨札东省沿海文武。一体认真瞭探。严密巡防。

又谕。文煜奏。续到夷船情形各折片。据称。烟台海口。续有夷船驶到。夷人。广东人。约共一万四五千人。马一千一二百匹。骡七八十头。大车四十余辆。独轮小车一百余辆。木桶木箱麻袋等多件。委员问以现居烟台何事。答以避暑。七月后即赴天津。该夷复探听烟台至利津。及利津至天津。水陆程途远近。并于山南平地。试演炮车。兼闻烟台铺户传说。该夷于六月初旬。即要起身。并该夷大将军。即日坐船西行。已分咨僧格林沁等严防等语。夷人前有由海丰大山。水陆赴津之说。近复探问利津至天津程途。其为欲图水陆窜津。显而易见。前谕僧格林沁等。派拨官兵前往盐山等处。择要驻扎。以资扼截。谅已遵照办理。其马队炮车。应如何设法堵御。以免临时费手。并著豫为筹划。再本日据薛焕奏。额尔金。葛罗。于五月十七。十九日。先后由沪起碇。并探得该酋等。有会齐兵船。于六月初旬。偕抵大沽海口。察看中国如何举动。始决战和之说。务于天津内河。节节多竖旗帜账房。夜间虚点灯火。添设疑兵。自然不敢轻犯等语。行军虚实之法。本无一定。该抚所称多设疑兵。是否可行。著僧格林沁等。斟酌办理。至所称既有看中国举动。始决战和之说。是该夷未敢专意主战。恒福仍遵前旨。向其开导。如有可乘之机。妥为办理。不可坐失机会。再本日接到俄夷来文。内有愿从中说合之语。已由军机处给与照覆。交礼部转递恒福察收。所有该夷来文。与军机处照覆。及文煜折片。俱著钞给僧格林沁。恒福。阅看。

丁卯。两广总督劳崇光奏。英吉利公使额尔金。佛兰西公使葛罗士。自伊本国前来。于五月初三日。行抵香港。旋于初六日。由香港起碇。前赴上海。并未来省与臣相见。据商人等密禀。探得该酋之意。在上海亦不久耽延。拟即赴天津。求见桂良面商换约。又据熟谙夷情之绅士。觅购得夷字新闻纸。译出汉字呈阅。大略言英吉利国王。分付额尔金云。上年普鲁斯兵船。到天津海口。不应自行拔栅。应回上海问中国官。方合道理。今深愿和议速成。惟恐中国不肯和。所以拨兵豫备。非为主战也。如中国肯和。以速为贵。和议既成。只发一船入天津海口。至天津。当换中国船进京。既进京酌办公平。只见中国首相换约。亦可了事。应速将和议章程。照会中国官。傥竟不肯和。一经开仗。则此次兵费。要中国补还各等语。臣查额尔金。此次再至中国。原以上年普鲁斯办理不善。是以不远数万里航海而来。该国王意既主和。额尔金之为人。闻尚不至如普鲁斯之桀骜无状。似此次抚局。当不至再有中变。惟适值江苏军务决裂之时。亦难保该酋不妄揣中国势难兼顾。故作刁难。为挟制要求之计。

盛京将军玉明奏。奴才前因夷船分泊金州各口。夷人登岸甚众。添搭账房较多。树旗出示。演阵牧马。渐肆滋扰。当经遵旨密咨希拉布。拣派干员。善为开导。并饬属严断接济。盘拿奸匪。于五月二十一日。由驿奏明在案。兹准金州副都统。并旗民地方官。先后咨报。自十七日以后。羊头洼。大鱼沟。大孤山等处。续到夷船十五只。连日复又驶出外洋者十二只。现在分泊各口。实有轮船一百三十只。夷人登岸者约五千余名。将东西青泥洼民房。全行占踞。又在该处并大孤山小孤山二道河子白石洞等处。前后共搭账房一千余架。马七百余匹。牛二百余条。并卸枪炮器械及驮鞍骑鞍多件。三轮四轮各样车辆。夷人时赴岸上尝水。修垫道路。骑马持械。寻掠牲畜食物。且在距城切近之三里庄山上。用千里镜窥看城池。

玉明又奏。奴才更有请者。现查金州夷氛日炽。船既百数十只。人则不下数万。自骆马山至羊头注。海岸联络三百余里。账房千余架。而登岸之夷人数千名。虽无大队深入滋扰。而种种窥伺。已可概见。难保非畏惧天津无隙可乘。势不得不别寻衅端。藉以挟制。傥该夷水陆并进。亦应豫为筹及。水路以没沟营河势而论。其极大火轮船。或不便入。其小轮夷船。与所劫之漕商各船。及田庄台三岔河皆可驶至……

(丙子)文煜又奏。臣昨将烟台夷船。连前共泊四十只情形。奏明在案。兹据该处文武员弁禀报。自五月二十九。至六月初四等日。陆续自东南大洋。驶来夷轮各船十只。初三日由大竹山南洋。驶来大火轮船一只。由长岛北洋。向西北大洋驶去。该夷现在烟台。间日操练兵马。试放炮车。时有十数人骑马出营。分往附近里许巡哨。旋即折回。造成竹梯一百二三十架。每架约高二丈有余。督率广东人。自烟台山西面海岸起。由山南经奇山所村。北至烟台山东面海岸。开掘濠沟。绕长四五里。复将前到六轮大车。卸去两轮。改作四轮大车。从船上搬出车箱数十个。即将卸下两轮。装成两轮大车等情。并据委员候补游击定顺禀称。五月二十九日。亲赴烟台查探。在严巡检处。遇见该夷李通事。谈次偶露秘语。言大将军定于六月间。陆续由水路赴天津。仍留夷兵在此驻扎等语。兹于六月初八日。接据登州镇道咨报。六月初五日。夷人将山上营帐。折去三四百架。同前到木箱。木桶。麻袋。等物。以及大小炮位。搬运入船。从营内拉出马三四百匹。并有夷人千余。均各上船。共装火轮船五只。于是日午刻出口。从西北大洋驶去。又据福山县禀称。初六日丑刻后。烟台夷营。又将前到木桶。木箱。大小车辆。搬运上船。从营内拉出马八百余匹。夷兵三千余人。均各上船。共装火轮船五只。于卯刻出口。向西北大洋驶去。现在烟台口内。尚泊夷船四十只。六月初八日。又据委员候补知府董步云禀称。探得英佛两夷。水陆并进。一系由金州水路赴天津。一系由烟台放船。至利津海丰地方。起旱赴天津。约期进发各等情。臣查夷人先有分兵北去之信。今既装载兵船前后十只。向西北驶去。难保不从此陆续开行。当飞咨钦差大臣亲王僧格林沁。严行防范。并饬利津。沾化。武定。一带侦探。傥若夷兵来时。一面报臣行次。一面带同团练。先行设法堵御。

钦差大臣科尔沁亲王僧格林沁。直隶总督恒福奏。窃奴才等自五月二十九日。至六月十一日。承准军机大臣字寄。恭奉谕旨六道。奴才等敬谨聆悉。至办理夷务。不外乎战和二端。然以今日时势而论。战和之机。不在中国而在该夷。傥该夷处心积虑。决意用兵。或船只直犯海口。或步队登岸抄袭。奴才等自当激励将士。奋力堵御。设使该夷有心求和。一有可乘之机。奴才恒福。惟有懔遵叠次钦奉谕旨。设法抚绥。迎机善导。使该夷就我范围。奴才僧格林沁。暗为帮同办理。庶和议速成。早纾宸廑。第夷性犬羊。恐不能甘于自屈。且轻中国已非一时一事。即使有心求和。亦必恃强挟制。所请之条。万难照准。一拂其意。必致决裂。是和议一局。终须费手此。时但得英佛二夷照会。或俄米两酋代英佛致意。奴才恒福即照覆该夷。令其遵照米夷之例。进京换约。并约其即赴北塘会商一切。无论该夷是否依从。是我先占以礼相待地步。查薛焕原奏内称。候补知府蓝蔚雯等。已于五月二十六日。由陆路起程赴津。约计本月二十日以后。即可到来。如须派员赴夷船传话。及该夷通事人等舢板进北塘河口。令蓝蔚雯等接待。若该夷欲由北塘登岸会面。奴才恒福即当前往。至英佛二酋初次会面。桀骜情形。在所不免。奴才恒福。惟有平心静气。与之理论。总须先行折服其心。使该夷自知理曲。然后和议可成。若仅姑息了事。仍不免贻患将来。至该夷果欲进京换约。亦应先在海口将条约议定。以免到京后另有要求。奴才等因差弁谢起庆回营。传述米夷情形。似不知前次并未接收该夷信函。并恐俄夷包藏祸心。有意挑衅。是以复又派员前往。申明原委。兹据该弁回营。持有米夷照会奴才恒福公文一件。仅微露欲为调处之意。若即答复。转似中国有意求和。傥英佛果不欲用兵。随后俄米二夷。必有信息。北塘口外原停泊夷船五只。初二日。开驶一只。初八日巳刻。驶来七只。均在北塘海口停泊。逐日在大沽一带。来往游奕。或用千里眼照看。或用舢板试水。十一日炮台瞭望。拦江沙外。隐隐有夷船数十只。连日进口商船。在东淀洋面。见有夷船百余只。在彼停泊。是该夷大股兵船,业经连樯而至。奴才等惟有严饬各营马步官兵。

加意严防。不敢稍涉大意。日内各夷船渐渐逼近。则大沽天津。倍形吃重。山东一路。似觉较缓。届时拟将驻扎青县官兵。调来分布防守。以期厚集兵力。

谕军机大臣等。本日据僧格林沁等奏。夷船先后驶至海口十余只。并接收米夷照会。钞录呈览一折。业于折内明白批示矣。此次米夷既有照会。明露欲为英佛调处之意。是已有议抚端倪。即可迎机善导。该大臣拟俟英佛照会到时。由恒福照覆该夷。令其遵照米夷之例。进京换约。并约其即赴北塘会商。为先占以礼相待地步。所论甚合机宜。至所称先在海口将条约议定一节。殊可不必。该夷有心求和。必有一番挟制。设在海口语言不合。复又登舟。恃其人多船众。恣意要挟。一经拒绝。必致兵衅再开。尚不如照米夷之例。听其来京商酌。则人少势孤。或可易就范围。著恒福乘此机会。即行照覆米夷知悉。傥英佛二国。如愿真心和好。前来换约。大皇帝宽其既往。准其援照上年米国之例。只带从人一二十名。径由北塘进京换约。以示怀柔之意。看其如何答复。及英佛有无照会前来。再行相机办理。再本日据文煜奏。探闻英佛两夷。水陆并进。一由金州水路赴津。一由烟台放船。至利津海丰地方登陆赴津等语。现在驻扎青县官兵。系专防该夷由陆分窜。并保护天津大营后路而设。此际断不可轻易调动。俟临时再由僧格林沁。斟酌缓急。相机办理。该大臣本日所致惠亲王等信函。业经由军机大臣呈览矣。

咸丰卷五五

咸丰十年。庚申。六月。戊寅。钦差大臣科尔沁亲王僧格林沁。直隶总督恒福奏。窃奴才等。于本月十四日。承准军机大臣密寄。六月十三日奉上谕。俄夷播弄是非。亟应乘势离间。以破奸谋等因。钦此。奴才等。谨遵训示。相机办理。至夷船十余只。停泊北塘。并近日夷情。已于本月十三日。恭折驰奏在案。十三日自辰至申。陆续驶来夷船。约有一百数十只。均在拦江沙外停泊。距海口不过三四十里。炮台瞭望。甚为真切。是津沽之防。万分吃紧。各营步队马兵分守。原不为厚。所恃者。营垒布置严密。濠堑数道。堪能抵御。马队三千余名。分扎营城大沽及海河二道西岸地方。若该夷分股同时并进。非但马队不敷抵敌。即步队防守营垒。亦觉单薄。海口为咽喉重地。天津为京师屏障。均为紧要之区。自当慎之又慎。连日据山东坐探报称。烟台人马桧炮。多已上船开行。所存无多。不准有人窥探。似系空营等语。其为全数前来大沽。已可概见。事已紧迫。不及恭候批折。奴才僧格林沁。业经札饬克兴阿。将热河密云官兵各五百名。八旗汉军官兵八百名。直隶提标官兵二千名。留于津郡。交运司崇厚统带。协同兵勇防守。其余马步官兵。全数前来大沽海口。分驻两岸。并经札行增庆。派拨马队五百名。令苏克津管带。星夜前往芦台驻扎。以资堵御。再查大沽迤南二百里之大口河。系山东地方。道光二十一年。奴才僧格林沁曾往察看。现又复经派员履勘。该处虽系岔河上哨。舟楫不通。但平日商船进口。可行六十里至涅子庄地方。若自涅子庄登岸。至羊儿庄。系属赴津大道。设使天津有警。京师必致震动。是此路之防。较之青县尤关紧要。亟应豫筹马队。以备临时截击。且羊儿庄一带。地势平坦。马队驰骋。最为得力。海口夷船虽到百余只。现惟昼夜施放大炮。其意不过希图威吓。此外尚无动静。究不知额噶二酋。曾否到来。此时未便派员前往查探。该夷船只既多。声势必大。而其志必骄。若即派员前往。该夷更生轻侮之心。前派营弁赴米夷大船。曾有一南省人。向该弁声称。英佛两夷之意。总须先战后和。自系该夷等。平日素有此议论。查上年夷船甫经到来。即有舢板近岸。投递照会。此次夷船已到多日。毫无信息。足见该夷骄满之极。此时断非言语所能理谕。仍应镇静以待。或米夷照会前来。即当乘机转圜十三日。奴才恒福派千总冯恩福。送给米夷食物。因风浪不顺。尚未回营。

己卯。钦差大臣科尔沁亲王僧格林沁。直隶总督恒福奏。本月十五日。承准军机大臣密寄。恭奉谕旨。荷蒙训示。奴才等敬谨聆悉。相机办理。十五日。千总冯恩福回营禀称。送米夷食物。该夷全行收领。回送奴才恒福洋酒二箱。该夷声称。英佛二夷。即欲占踞北塘。抄袭大沽后路。此外并无言语。是日未刻。炮台瞭望。见有夷船三十余只。悬挂红旗。烟气冲空。乘潮驶至北塘河口。旋有夷人马匹登岸。占踞村庄。查上年原令该夷赴北塘会面。该夷坚执不肯前往。本年船只甫经驶至。即向北塘河口停泊。是其有心占踞北塘。已可概见。奴才等。早经札饬该管地方官。饬令该管居民。即为迁徙。现在多已搬移。仅有零星小户。该夷既经登岸。占踞村庄。或战或和。难以豫定。奴才等。业经饬派马队。遥为屯扎。倘该夷结队前进。或直扑大沽。或竟犯津郡。总俟离北塘较远。再为截剿。不得先行迎击。使该夷有所借口。至该夷占踞村庄。意在以兵胁和。亦未可知。一有可乘之机。奴才恒福。即派员前往。问其来意。若该夷能照米夷之例。少带从人。进京换约。奴才等惟有谨遵迭次谕旨。妥为办理。倘该夷欲坐轿进京。并多带从人。奴才等。虽婉转阻拦。该夷坚执不从。亦系启衅之端。奴才等。自当设法理谕。以期消患弭兵。现令千总冯恩福。送给米夷照覆。应俟回营。米夷有无照会。再行驰奏外。谨将奴才恒福。给米夷照覆。钞录恭呈御览。再本月十三日。奴才僧格林沁。札调克兴额。带兵来防。兹据禀称。已于本月十四日。由青县起程赴津。现又札催星夜前求。以资防守。

山东巡抚文煜奏。窃臣昨将委员督办团练。并募勇设防。及臣驻扎韩亭。相机筹备缘由。恭折具奏后。旋据委员董步云禀称。六月初三日。该夷李通事。向巡检严国礽称说。所有蹧蹋奇山所一片麦禾。速即开单。以便按亩赔偿。所抢商船六十余只货物。准其卸岸。速传店铺作保等语。臣查该夷前有六月初间水陆并进之说。嗣果于初五。初六等日。两次装载夷船十只。向西行驶。经臣一面奏闻。一面咨会钦差大臣亲王僧格林沁。豫为准备。并即札饬武定。利津。海丰。各文武。统带兵勇团练。严密防范在案。兹该夷复有赔偿田禾价值。保卸商船货物之语。其意似将陆续开行。惟由何路行走。殊难悬揣。正在饬探间。复据董步云密禀。以据严国礽暗中探询李通事究由何处起旱。李通事隐约其词。似系径由水路赴天津。已改从前由利津起旱之意。又据臣派往利津侦探差弁禀称。利津海口。并无夷船游奕。沿海州县民团。亦各办理整齐。互相保卫等语。臣思夷情谲诈。语难信实。即使前两起船只。不由利津行走。难保不声东指西。觎我无备。随后乘间窜入。现在利津一路。业已设防。万不敢稍涉疏忽。连日又据各文武员弁禀报。初四日申刻。自东洋驶来火轮船一只。由碇矶岛南洋往西驶去。初七日。烟台夷人。将营帐席棚拆去一百余座。同前到之牛骡器物。装入船内。夷人与广东人先后上船。约共九千有余。初八日未刻。又有东南大洋驶来火轮船一只。带有抢来商船三只。驶入烟台海口。与昨日已装人马。尚未开行各船。一处停泊。初九日。自东北驶来火轮船一只。至大竹山岛南洋。又折回往东驶去。未刻。烟台口内。前已装载器物之夷船三只。轮船十九只。陆续开行出口。由西北大洋驶去。并将前抢商船带去。复将该夷前搭浮桥拆卸。新造之船。内一只。于本日装火轮船下海。即将人马器物上船。现在烟台口内。共泊夷轮等船二十只各等情。臣思该夷拆去帐棚。搬取器物。陆续上船。约有九千余人。其势实甚猖獗。既已分起北驶。必由水路前赴天津。窃料天津大沽海口。防堵极严。夷船未必便能近岸。但该夷以烟台为巢穴。尚有留住船只。诚恐挫败之后。归途怀忿。不免扰及山东沿海各口。臣现严饬滨海各州县。将团成民练。勤加操演。复委妥员前往天津坐探。一得夷人消息。立即飞速禀闻。必须先事豫防。庶可有备无患。

庚辰。盛京将军玉明奏。窃奴才前因金州夷船。声势较重。本省兵力无多。必须藉资团练。请敕府尹景霖。亲督办理。并各城盘获奸细等情。由驿奏报在案。兹于六月十一日。奉到朱批。知道了。拿获奸细。除应讯明分别办理者。自应解省研鞫。以重人命。若直供不讳。受夷指使。侦探虚实者。即就地骈诛。钦此。同日承准军机大臣密寄。六月初五日。奉上谕。本日据玉明奏。续陈金州夷务情形等因。钦此。奴才遵即飞咨府尹景霖。速赴盖州。将南路各城民团。劝官绅实力举行。所有旗堡团练。即由奴才会同该府尹。认真督办。其备调官兵。拟即全数调出。查省南适中之地。惟青石岭熊岳二处。系金州陆路。径越复州。直奔省城必由之路。最为扼要。且距金稍远。俾该夷不知底细。若令逼近。致生疑忌。现派副都统衔协领常升。统带马队兵五百名。驰赴熊岳驻扎。并派协领尙安。统带步队兵一百名。在青石岭一带驻扎。消息相通。声势联络。各于要隘严密设伏。以期有备。近接金州副都统。并旗民地方官咨报。青泥洼大孤山等处。自五月底至六月初间。续到轮夷船二十六只。陆续驶出外洋者二十一只。现在各口停泊。实有轮夷船一百三十五只。其大小孤山。青泥洼。大鱼沟等处。岸上所搭账房布棚。以及所卸马匹枪炮器械。现经该夷全行撤去。搬运上船。仅剩大孤山账房二百余架。马一百余匹等情。复据差弁探得该夷因不服水土。人马伤废甚多。且闻添兵练勇。恐我乘隙攻剿。现将岸上账房器械。全行撤去。夷人俱已回船居住。其大孤山等处轮夷船只。连日向青泥洼口外挪移较远。亦多有驶出外洋者。不复演阵操兵。肆行无忌等语。奴才查该夷人马渐已收撤回船。难保非会齐赴津。逞其凶悍。况夷情叵测。尤宜加意筹防。妥为布置。水路则没沟营。田庄台。与内河一水相通。最为吃紧。现饬牛海旗民地方官。督同本处绅商。将没沟营铺团二千。勤加习练。藉资抵御。并饬田庄台两岸三营将弁。操演枪炮。昼夜巡防。其各城旗民团练。俟景霖到防时。与奴才会同赶紧劝办。务使各处村屯旗民。联为一气。与陆路设防官兵。相辅而行。以壮军威而资抵御。水路冲要。现已节节设防。所拿奸细广匪。应即会饬旗民委员。悉心研鞫。俾无枉纵。审讯得实。遵旨即行正法。一面仍饬各该地方官实力查拿。务期尽绝根株。以清内患。

谕军机大臣等。玉明奏。查探金州夷情一折。据称。大小孤山。青泥洼。大鱼沟等处岸上。夷人所搭账房。及马匹器械。逐渐收撤回船。驶出外洋。难保非会齐赴津等语。连日据僧格林沁等奏报。夷船一百余只。驶至大沽海口拦江沙外。近复有夷船三十余只。由北塘登岸。盘踞村庄。自系由奉天山东一带。连墙而至。叠次谕令僧格林沁。严密防范。并谕恒福。先行派员询其来意。并照会英佛两国。令其照米国之例。进京换约。如该夷藉此转圜。即可不烦兵力。惟此时战抚之局。尚在未定。设该夷复至金州等处。该将军仍当不动声色。密为防备。不可贪功挑衅。致误抚局。如该夷结队深入。有滋扰情形。方可相机堵截。亦须作为百姓不容。不可露出官兵打仗。使该夷无所借口。前谕玉明会同景霖。办理旗民团练。该府尹谅已早抵盖州。著即迅速举行。以资捍卫。是为至要。

癸未。盛京将军玉明奏。窃奴才于六月十一日。接奉寄谕。遵即调兵择要设伏。咨会府尹举行团练。并查探夷情。已将岸上人马账房器械。收撤回船。恐其移棹赴津。一面飞咨天津大营。豫作准备。于十三日由驿奏报在案。旋准金州副都统。并旗民地方官咨报。红土崖。大孤山。青泥洼。大鱼沟等处。停泊轮夷各船。连日陆续出口者。共有九十余只。俱向西南洋面驶去。现在青泥洼。大孤山二处。仅剩轮夷船四十一只。大孤山岸上。仍有账房二百余架等情。驰报前来。奴才查青泥洼等处。轮夷各船。自五月底。至六月初旬。陆续出口者。已有一百余只。均向西南大洋驶去。自系麕聚津沽。欲作胁和之计。第夷情叵测。难保不去而复来。况大孤山。青泥漥二处。尚有轮夷船四十余只。而岸上仍有账房二百余架。该夷留此。或系听候天津消息。藉以牵制我兵。阴谋诡诈。反复无常。尤应镇静严防。以观其变。现经奴才饬令田庄台两岸三营。以及金州滨海口岸。一体加意巡防。以期有备。

甲申。钦差大臣科尔沁亲王僧格林沁。察哈尔都统西凌阿。直隶总督恒福奏。窃奴才等。承准军机大臣字寄。六月十八日。恭奉上谕一道。奴才等敬谨聆悉。查该夷十七日出队退回之后。即有夷船数只。驶进北塘河口。距营城炮台。仅止数里。先经奴才西凌阿。将火攻木筏备。齐列于河内。该夷瞥见。即行回驶。匆迫之际。搁浅轮船二只。即有夷人多名拖拉。乘潮驶去一只。仍有一只。至今不能移动。十九日亥刻。奴才西凌阿。据佐领定安。防御连喜。来营禀称。是日午刻。搁浅船上。夷人二名。由北塘北岸登岸。各执白旗一面。上写免战二字。另有折迭白布一块。经定安等查问来意。并有无令文。据称并无公文。惟马队站列太近。恐被船上炮火伤损。致失和气。如彼此有派人来往之事。务须手执白旗。必不致损伤等语。经定安等答称。河内船只。即当早些出口。你们占踞北塘。该处逃出民人深为痛恨。屡要用大焚烧船只。俱被总督阻止。傥一时阻挡不住。致有损伤。反为不美。该夷无可回答。即将折迭白布。掷于地上。据称留作往来之用。旋即回船。定安等。见折叠白布上。有汉夷字迹。回明奴才西凌阿。送呈来营。二十日未刻。守备邱瑞祥。千总冯恩福。回营。持有米夷照会。查阅来意。虽系推诿。仍允转致英佛二夷。邱瑞祥等。目覩该夷令人钞录。分送各船。奴才等。公同商酌。英夷既已送到白旗。虽不可恃。究系该夷先已自屈。拟即照会该夷。定期会晤。此次照会。即派定安等。送赴该夷搁浅大船。如船上夷人不敢擅收。即令派人同出海口。径往额酋船只。至该夷诡诈百出。其免战二字。难免非慢我军心。乘我不备。俟隙扑扰。当经传饬马步各营。加意严防。不可稍涉大意。谨将米夷照会钞录。及免战白旗式样。一并恭呈御览。再克兴阿。于十七日到防。所有马步官兵。分拨营城及大沽两岸。协同防守。

谕军机大臣等。本日据僧格林沁等奏。英夷送来免战白旗。拟即照会。令其定期会晤一折。并将照会及旗式各件。钞录呈览。览奏俱悉。夷船于驶进北塘河口后。瞥见火攻木筏备齐。即悤迫回驶。以致轮船搁浅。其船上夷人二名。上岸各执白旗一面。上书免战二字。另有折迭白布一块。据称须留作往来之用各等语。此即夷人先已自屈。显有就我范围之意。此机断不可失。恒福所给英夷照会。深得大体。惟国亦有兵船在津。虽未答话。未便置之不理。亦须一律给与照会。不可专给英夷。致令有所借口。日内该夷或有照会。或与该督晤面。务须迎机而导。不必责备其去岁开仗之非。即可向该夷告以援照米夷之例。减带从人。由北塘进京换约。设或该夷另有条款。及格外要求。无论如何为难。恒福断不必当面驳诘。亦不可故作刁难。惟当允其即为陈奏。若在北塘议和。稍不遂意。必有变更。总不如准其进京商议为妥。尤不可令该夷稍生疑虑。方能就我抚局。如愿来京换约。即与该夷约定日期。迅速具奏。谅恒福必能仰体朕心。不避艰难。妥速办理也。现在抚局尚未大定。僧格林沁。仍当督饬马步各营。加意严防。不可稍涉大意。

乙酉。署黑龙江将军特普钦。齐齐哈尔副都统那敷德奏……又据爱绅泰报称。四月十七日。有夷官三名。带领通事。乘坐大船。到城求见。执礼甚恭。据通事声称。该夷一名玛克什莫幅。乃该王近侍之人。其二人俱是三品夷官。该王因木哩斐岳幅回国称述。安设夷居之处。地土丰富。俱有出产。差伊等前来黑龙江。松花江。左岸以至东岸。察看安置夷居一带地方。伊等自该国起程。直至海兰泡。所过地方。悉心踊勘。并有出产稀罕之物。当向查询木酋行止。该夷答以既差伊等来查。大约候等回国之际。不能令其前来。该署副都统。随向之开导。以吉林民人公递禀呈。因绥芬乌苏里。不与俄国连界。强被占居栖止。心甚不甘。若不早为撤回。众怒难犯。势必致伤和好。实与汝等无益。该通事转述玛克什莫幅之言。该国王已另派三品夷官伐仟克勒雅呢。晓示居夷。安静守法。不准滋事等语。旋即乘船下驶。又据爱绅泰报称。六月初一日。夷目奇萨罗幅。带领夷人七名。乘船下驶。便道至城求见。口称前往乌苏里。该署副都统用言开导阻止。并晓以该处地方民居数万不容。非往年可比。该夷目又称。仍赴奇吉各等情。先后呈报。查该夷变诈多端。耕作等事。一经理谕。辄即允服。较之上年似稍敛迹。至其所称该国王派员往查木酋行事。并木酋暂不复来。暨奇萨罗幅不赴乌苏里等。均尚未可深信。于开江后。陆续共由上江下驶人船十余次。计大小船二百余只。木筏三百余串。并各船装载木箱数十件至百余件。口袋数百条至千余条不等。六月初四五六等日。由上江下驶夷船四十四只。木筏六十二串。艒艉五十九只。夷人一千零五十余名。大小木箱一万余件。口袋三万余条。卡员询之。辄称前往奇吉阔吞等处。搬移眷口。运送口粮等语。除随时札行该署副都统。严饬城乡团防余丁。及各要隘卡伦。勤加操练。严密巡查。以防该夷诡诈滋事外。并咨行三姓等处。一体严防。

戊子。钦差大臣科尔沁亲王僧格林沁。直隶总督恒福奏。窃奴才等。于本月二十日酉刻。令佐领定安等执持照会。前往投递。该员等二十一日卯刻。至该夷搁浅大船。面交夷目噶嘌吩接收。该夷目嘱令定安等。二十二日早六点钟时。在北塘北岸。候取回信。该员如约而往。噶嘌吩已在彼等候。并未持有照会令定安等同往大船。定安即令连喜回营禀报。定安同往北塘河内该夷大船。夷酋额尔唫。伊国水师提督合姓。虽未明见其面。似已均在大船。言语之间。该夷深悔送给免战白旗。但称白旗系恐有伤中国马队。并非两国说合歇息干戈。此外言语。无非夸耀现来船只。士卒炮火之多……

己丑。谕军机大臣等。前据庆昀奏。口外草地黑城子白城子地方。并无俄夷藏匿情形。当谕令该署都统随时密查。现在俄夷船只。在天津一带海口停泊。张家口外。为俄夷往来熟径。此时虽无俄夷藏匿。难保无内地汉奸。暗通消息。务当严密查拿。至元宝沟地方。该夷前既有紧要之语。应如何防备之处。著庆昀不动声色。遴委明干之员。密赴远近一带。时常查探。以便先事豫防。勿稍大意。

盛京将军玉明奏。窃奴才前因金州夷船大队。驶去一百余只。恐其赴津寻衅。飞咨天津大营。豫为准备。于本月十四日。由驿奏报在案。十七日。承准军机大臣密寄。六月十一日。奉上谕。夷人载马北行。严密稽查私买马匹等因。钦此。奴才遵即通饬滨海各城。严禁居民。各将骡马牲畜。立为收藏。以防夷人抢掳。如有奸民私行偷卖。严密查拿。兹奉密谕。自应通饬各属。一体钦遵办理。正在缮折具奏间。准金州副都统咨。据旗民地方官详报。青泥洼。大孤山二处。停泊轮夷各船。自十一日以后。陆续出口者。又有三十二只。俱由南洋驶去。现在大孤山。仅剩轮夷船八只。岸上仍有账房二百余架。夷人二千余名。马一百余匹等情。奴才查夷船大队。半月以来。驶去一百三十余只。惟大孤山一处。留船八只。岸上账房人马。亦未全行撤去。或故为逗留。藉以牵制我兵。情殊叵测。断不敢因其船数无多。稍形疏懈。仍饬将弁严密巡防。并由驿飞咨天津钦差大营。暨直隶督臣。知照戒备。

(辛卯)又谕。前日据僧格林沁等奏称。夷人占踞新河。恐由军粮城直赴天津府城。业令西凌阿。派拨营城驻扎之吉林。黑龙江。察哈尔马队。会合大沽南北两岸马队。跟踪追剿。本日复据僧格林沁等奏称。夷人已由新河。攻入唐儿沽地方。大沽炮台。万分危急。是该夷专欲攻扑大沽。急应厚集兵力。著西凌阿。即将营城驻扎之吉林等马队。刻即统带。前赴大沽救援后路。与僧格林沁合力夹击。以分贼势。军情紧急万分。不得以派援津城为词。迁延不进。致罹国宪。

壬辰。钦差大臣科尔沁亲王僧格林沁。直隶总督恒福奏。本月二十八日。该夷数千。由新河直扑唐儿沽。鏖战两时之久。该夷凫水。田苇塘抄入我队之后。兵力不支。不得不退守后路。奴才等。当将溃兵收集。归入北岸各营。并饬查首先溃败官兵。以凭惩办。现在马队官兵。分布大沽濠外。临河扼守。以日之战。该夷炮车百余辆。夷人五六千名。实系众寡不敌。然亦毙贼无数。我兵每发一炮。该夷成行倒毙。余贼不顾尸身。仍向前进。收队以后。是日晚间。奴才恒福。给与英佛二夷照会。尚未接准照覆。第该夷初到。已极凶悍。决意用兵。现已占踞数村。其志更骄。恐非言语所能理谕。自必仍向两岸炮台。狠命攻扑。奴才等。惟有竭尽心力。设法严防。并饬派伊什旺布。苏克津。管带马队。扎军粮城。以防该夷赴津之路。谨将奴才恒福。给英佛二夷照会。钞录恭呈御览。再二十六日。新河接仗之时。该夷分股扑窜。经西凌阿派拨之营城西岸马队接应。擒获广匪夷匪十余名。一俟解到。奴才等讯明分别办理

咸丰卷五六

(咸丰十年庚申七月癸巳)福建道御史许其光奏……迩日自津来者。言夷船约百余号。驶进北塘。登岸施放枪炮。此其志不专在天津。将欲以广东之故智。施于京城也。查广东于咸丰六年冬间。夷人尽毁省河内外炮台。叶名琛误听谍言。严令将弁不得回放枪炮。遂致该夷肆无忌惮。嗣得在籍绅士张敬修。督勇固守东关。每于夜间水陆互攻。夷人不胜其扰。于十二月退回外洋……

(咸丰十年庚申七月甲午)山东巡抚文煜奏。窃臣承准军机大臣密寄。六月十四日奉上谕。文煜现

令委员董步云。折回登州。著即密饬该员。如探明烟台海口。实有米夷船只。可即设法详细开导。即米夷并未到彼。或得见佛夷。亦可向其晓谕等因。钦此。查委员董步云。前由登州折回烟台。先遣巡检严国礽。往见夷酋。约期相会。该夷孟酋不肯见面。旋即驾船北驶。仅留所谓三将军者。驻守烟台。董步云。随复转回登州。臣前奉旨。以烟台夷船甚众。恐有米夷夹杂其内。投递信函之事。当即咨行详细确查。据镇道府县探明该处仅有佛夷。并无米夷。亦无投递信函之事。今蒙谕旨。自应专向佛夷设法开导。孟酋虽已北行。□有留驻烟台之三将军。当即札饬董步云。再赴烟台。钦遵上谕指示各情。作为己见。详加开导。看其如何答复。再当相机办理。臣现接准钦差大臣亲王僧格林沁移咨。六月十五日。夷人由北塘上岸。占踞村庄。十七日列队进扑唐儿沽营垒。经官军迎头截击。该夷败退回村等因。此次受创。未知何国之兵。□是佛夷。挫动锐气。势必仍回烟台。彼时该委员再与面向劝谕。能令夷酋。自悔兴师有失无得。则事机旋转。似易为力。并不使佛夷再受俄夷播弄。容俟董步云。前往开导。该夷作何答复。当即随时驰奏。至于夷船是否由利津海丰等处登陆。若待侦探信至。然后派员前往理阻。势已不及。臣现札委候补知州彭垣。先赴利津一带坐守。如果夷船由彼登岸。一面飞速禀闻。一面先向劝阻。并令该员在铁门关各处。相度地势。臣临时统带官兵驰赴该处。调集团勇。设法防堵。不敢先行开仗。亦不敢听其深入。所有兵勇俱令扮作民团服色。勿露官兵气象。使该夷无所借口。以为异日转圜地步。夷船北驶后。该处仅存二十只。连日又据镇道府县陆续具报。连前共存二十五只。仍饬该处文武严密防范。

乙未。钦差大臣科尔沁亲王僧格林沁。直隶总督恒福奏。窃奴才等七月初一日。承准军机大臣字寄。奉上谕。已特派文俊。恒祺。等因。钦此。奴才恒福。即日照会英佛二夷。一体遵照。初二日辰刻。夷人四名。持有白旗。至海河北岸。当即派弁迎往。据称。欲见总督。有面说之话。随将该夷用小船渡至奴才恒福寓所。该夷递出照会一件。奴才恒福。答以大皇帝已派钦差大臣在京等候面议。并派大员前来。伴送进京。即日可到。如必要走大沽海口。即用我国船只行走。该夷仍称。必要按照会办理。不能更改。奴才恒福。告以照会所开各条。应具奏请旨。俟奉到谕旨。再行知照。两国原系和好。即可从此罢兵。该夷则称此话回去转达。至于用兵之事。额酋亦不能作主。全在水陆二军等语。该夷等旋即渡河回村。奴才恒福。恐该夷传述不明。复又办给照会。奴才等料该夷之意。必将全力攻扑大沽。及两岸炮台。总欲逞其心志而后已。无论如何设法转圜。曲为开导。及一切条约。均如所请。断不能息止兵戈。奴才等。惟有激励将士。勉以忠义。以期竭力抵御。傥邀我皇上洪福。击退该夷。大局可望转机。办抚亦易得手。谨将奴才恒福初一初二等日。给与该夷照会。并初二日接得英夷照会。钞录恭呈御览。再奴才西凌阿。已于初二日到营。现在大沽迤西之邓善沽地方驻扎。防守河岸。合并附陈。

僧格林沁等又奏。正缮折间。该夷乘船渡河。攻扑大小梁子。因该处树木丛杂。马队不能前进。该夷登岸。炮火齐施。马队屯扎不住。已被该夷占踞。该夷所坐船只。即系宁波船二只。并新河唐儿沽潮沟以内。原有小船。该夷缚扎渡河。该夷既经渡河。现在马步官兵。仍行抵御。奴才等惟有竭力严守大沽。

咸丰卷五七

(咸丰十年庚申七月庚子)僧格林沁又奏。窃奴才于本月初七日。在杨村途次。承准军机大臣密寄。奉上谕。通州为京师屏蔽。而天津实为通州门户等因。钦此。查天津濠墙。周围三十余里。处处皆可扑犯。虽有大小炮位。为数无多。不敷分布。该夷炮火猛烈。天津濠墙。断不能抵御。该夷若以步队直扑濠墙。兵力即不能支。再以船上大炮攻击。兵勇腹背受敌。且天津海河。向无防具。一时置造安设。赶办不及。夷船一经驶至。郡城即在濠墙以内。兵勇何能驻扎。必致阖郡人民。咸遭荼毒。该夷之意。原在天津。计其船只。不日即可驶至。奴才目睹情形。审度时势。天津实无防守之法。不得已。驻兵通州。以固京师。且天津再经接仗。设有挫失。办理抚局。更形棘手。是以奴才初六日路过天津。已饬运司崇厚。将炮位防兵。赶紧一并撤退。以示不疑。此时惟有设法转圜。使该夷及早在津就抚。不得再有决裂情形。至奴才是否即赴通州。未敢擅便。现在蔡村暂驻。恭候训示遵行。

署江宁将军京口副都统巴栋阿奏。窃于六月二十七日。西宁镇总兵冯子材。接据瓜洲水营黄岩镇总兵黄彬函称。二十一日酉刻。有鬼子炮船一只。经过瓜洲江面。系红毛旗号。当即饬令题升都司黄正荣。驾船驶前查探。见其船上有红毛鬼子二名。水手鬼子数名。宁波人十余名。问其来历。意欲何往。所带是何货物。据说系英吉利。由上海来。系奉该国钦差使臣委命察看江面。并无货物。都司黄正荣。谕以前途贼界。不可上驶。该夷称以不到贼境。只是游看江面耳。随即检出付与镇江元戎小书一封。又将耶苏书三本。送与黄正荣。礼送下船。称说三二日即回等语。扬帆上驶。至今未回。特将该夷小书一封。函达前来。旋经冯子材转送奴才阅看。伏思该夷船由沪入江。竟行上驶。是否确系察看江面。奴才等并未接有明文。先期知照。惟阅其夷信。有到金陵传教散书之语。是其与贼相通。已属显见。而夷情叵测。难保不为其句结。当此江南军务决裂之时。若不设法严禁江防。更难保无船继进。奴才因事关外夷驶进内江。抑且有关大局。不敢壅于上闻。相应请旨。敕下署督臣薛焕。斟酌情形。设法筹计。勿任夷船上驶。致生意外之虞。于军务甚有裨益。所有驻防江面下游各起师船。于该夷炮船扬帆上驶。并不拦阻。亦不随时禀报。岂竟毫无知觉。实属疏于防范。应请敕下李若珠。查明奏请办理。

谕军机大臣等。巴栋阿奏。夷船入江上驶一折。据称六月二十一日。有夷人炮船一只。经过瓜洲江面。船上有夷人二名。水手夷人数名。宁波人十余名。问系英吉利国船。由上海前赴金陵传教。并呈出致镇江元戎信一封。耶苏书三本。称说三二日即回。至今尚未回驶。请敕严防等语。夷人乘船上驶金陵传教散书。其与粤匪句结。已可概见。现在逆氛猖獗。苏常尚未克复。江面关系紧要。岂能任夷船往来。此次夷船上驶。何以下游水师。毫无觉察。著李若珠。查明具奏。并著饬令下游各起师船。严密梭巡。嗣后如再有夷船驶入江面。务行拦阻。不得任听往来。以杜诡谋。是为至要。

(咸丰十年庚申七月)辛丑。直隶总督恒福奏。窃奴才于七月初七日巳刻。在咸水沽拜折后。途次接奉寄谕一道。又于是日未刻抵津后。续奉谕旨。奴才随即面晤钦差文俊。恒祺。暨长芦盐政宽惠。运司崇厚等。正在悉心商酌。并遵旨再行给与该夷照会间。即据报。已有夷船数只。驶至天津东门外十余里之土城地方。当经公同饬派天津县知县姚煦。委员昌平州知州潘霨。绅士辛荣等。前赴夷船。优以礼待。兹于是日亥刻后。据该县暨委员绅士等。回郡禀称。该夷先到轮船四只。明日即有兵船大至。经该令等。婉言试劝。不可惊扰百姓。据该夷等言定。初八日必到津郡城前。察其情词。尚不至猝然用武。惟该夷之意。若非早有自京派出爵位最崇钦差。便宜行事全权大臣。来津与之商办。断难商议息兵等语。奴才查该员等所禀情形。与日昨奴才在大沽时。叠接该夷照会。并两次与该夷面晤各等情。大署相同……

西宁办事大臣文俊。武备院卿恒祺。直隶总督恒福奏。窃奴才恒福。将英佛两国船只。驶至土城地方。并天津知县姚煦等。前往迎见各情。于初八日卯刻驰奏在案。兹于是日巳刻。其船数只。直抵郡河东浮桥。势甚凶猛。津郡现已撤防。无可禁阻。奴才等。率同运司崇厚。当即出城。同上英国之船。与巴夏礼会晤。伊即取出告示一纸。有占扎天津字样……

壬寅。钦差大臣科尔沁亲王僧格林沁奏……查北运河。该夷火轮船虽不能行驶。舢板足能进河。舢板各有炮位。若以马步队沿河前进。舢板相辅而行。亦无法抵敌。是目下之急。惟以泄水为要。昨据恒福派人报称。夷船已至津郡。夷酋登岸居住。城上竖立该夷旗号。因其职分较小。不与交谈。非有全权便宜行事之重臣。不足与议。奴才揣度该夷之意。此次大沽接仗。既已得意。其愤恨之心必消。仍必须重臣与之面议条约。方肯就抚。否则仍不免再启兵端……

咸丰卷五八

(咸丰十年庚申七月乙巳)辅国公续铭。辅国公纯堪。马兰镇总兵存诚奏……嗣据差探弁兵报称。探得夷船现到大沽外洋停泊。于六月内。探得乐亭县所管之清河口。见有夷船二十余只。向西驶去。嗣复叠据差探报称。夷人现已占踞北塘。业经接仗。势甚猖獗等语。伏思夷情叵测。现已登陆路。难保无奸细四出窥伺。尤恐逃窜粤匪。潜踪北来。观望虚实。设若互相句结。所关非细。马兰地面。相距北塘。仅三百余里。不能不豫加防备……

(丙午)直隶布政使文谦奏。窃奴才恭阅邸钞。大学士桂良。直隶总督恒福。授为钦差大臣。驰赴天津办理事件。查桂良抵津后。会同恒福。自可设法羁縻办理。若能在津换定和约。该夷扬帆而去。诚为顺手之至。惟该夷此次猖獗情形。较之戊午年大不相同。海口现又撤防。夷船全数驶津。其志高气扬。要求更恐甚于前昔。若该夷坚欲进京换约。如果仿照去岁米夷入都之式。人数无多。尚不难于著手。现闻该夷带来广勇甚众。此项丑类。竟与粤匪无异。神京重地。岂能令其阑入。通州众兵驻守。僧格林沁。瑞麟。自能抵御。但由天津至京。北河节节水浅。夷船不易行驶。或可易防。惟陆路至京。非止通州一处。避实就虚。是其惯技。即如大沽设防。该夷驶至北塘登岸。即系明证。在廷王大臣。想早已经虑及。奴才何敢妄参末议。第闻该夷初到北塘。即以战与和两相牵制。战时夷力不支。竖旗请和。越日该夷布置妥协。即不照会而战。足见反复无常。谲诈莫甚。现在桂良。恒福。在津与之议和。傥该夷坚欲进京换约。桂良等。万不能许其带勇入都。难免该夷假意允许。或求所带之人。留住城外。暗藏诡谋。均未可定。当此时势万分孔亟。奴才满洲世仆。受恩深重。近因夷情益肆鸱张。寸心焦灼。寝食不安。虽非分所应言。管见所及。不能不遽实直陈。

咸丰卷五九

(咸丰十年庚申七月辛亥)福建提督李若珠奏。六月二十一日。有夷船驶往上游。经总兵黄彬。差弁询悉各情。业于初三日附奏在案。旋据黄彬禀称。三十日午刻。瞭见该夷船自上驶回。即令员弁驾船前往盘诘。该船夷人花兰堆接见。据称系墨利加国三品宣教牧师。前借英吉利船。往金陵传教散书。即至伪张王处。欲见逆首洪秀泉。并问有无设立礼拜斋等处。伪张王俱云无有。所见洪秀泉亦未知真假。第三日。因即上船驶回。余无别情等语。该员弁即告以贼情叵测。尔国已可概见。未便时常来往。该夷亦即面允。开船下驶等情。具禀前来。理合陈明。

(壬子)谕军机大臣等。昨谕桂良等。以该夷进京换约。须先令其撤回兵船马队。退出海口。按照米夷少带从人。方准来京。并不准先期派人进京。探看沿途光景及京中房屋。其索赔兵费一层。即使有款可付。亦断无开门揖盗之理。本日据桂良等奏。接到英佛罢兵照会。并议减赔偿现银。及吧酋即欲先期进京一折。该夷照会内。明谓俟条款议妥后。方能罢兵。该大臣等并未细心阅看。讵知该夷包藏祸心。焉得谓之罢兵。桂良等。惟当仍遵前旨与之言明索赔兵费一层。仍应宽定限期。并由何项扣还。斟酌妥办。所有先付现银之处。断不准允许。至进京换约一层。务令该夷先将兵船马队。全行退出海口。并不准多带从人。方准来京。桂良拟令恒祺。崇厚。伴送夷酋巴夏礼。先行进京之处。著不准行。即将来准其进京换约。亦不得任令该夷酋随带护卫。带领兵将。总须商定随带从人数目。方为妥善。所有以上各条。均与该夷议定。奏明请旨。如尚未议定。二十二日。不准即与该夷盖印画押。该大臣等惟当刚柔互用。极力挽回。不准以顾大局为词。再行渎请。致滋贻误。是为至要。

文煜又奏。窃臣前于五月二十。二十一等日。承准军机大臣两次密寄。奉上谕。朕闻夷人到烟台后等因。钦此。又奉上谕。本日有人奏。夷人到山东后等因。钦此。臣遵即遴委候补知府来秀。李德增。夏云焕。武定府同知张盘等。分赴各处。钦遵上谕指斥各款。详细密查。据实禀办。当于具报出省日期折内声明。俟各该委员逐一覆到。即行据实驰奏在案。旋据来秀禀称。驰赴登州府。及庙岛福山等处。或改装暗访。或传集绅民面问。查得八角口洋面。于五月十六日。夷人抢去商船九只。十八。十九等日。宁海崆峒岛洋面。又陆续抢夺大小货船三十余只。均经报明在案……又据张盘禀称。驰至武。沂。青。莱。登。五府所属各海口。周历密查。五月初二日前。由上海驶来海船三只。至利津铁门关停泊。报经该县前往。查系管带黑龙江头二起马队官兵。记名副都统色尔固善等。于咸丰三年间。派往南京援剿。本年四月间。东坝一失。军情大变。该副都统带得官兵八十余员名。乘船三只。由上海驶。至铁门关。欲由旱道回津等语。经该县验明上海道护照。雇觅车辆起旱。护送出境。即经禀报。并请转咨在案。此外并无南来溃散兵勇人等经过……

咸丰卷六〇

(咸丰十年庚申七月乙卯)盛京将军玉明奏。窃奴才前因金州轮夷各船。大队驶去一百三十余只。惟大孤山一处。留船八只。岸上账房人马。亦未全行撤去。当经密饬加意巡防。于六月十九日。由驿奏报在案。旋于二十四日。承准军机大臣密寄。六月十八日奉上谕。玉明奏。查探金州夷情一折等因。钦此。奴才遵即咨商府尹景霖会办。抚民团练。一体认真举行。一面飞咨金州副都统希拉布。并饬记名副都统协领奇凌阿等。钦遵谕旨。密为防备。仍派员赴金。详加侦探去后。兹准金州副都统咨。据旗民地方官详报。大孤山。前泊夷轮船八只。自六月十五以后。至七月初间。陆续将岸上账房人马牛羊收撤回船。内有轮船三只。前已起碇出洋。近复驶回停泊。现在大孤山仍有轮夷船八只。岸上账房六十余架。马三十余匹等情。驰报前来。核与委员查探回禀情形。大畧相同。奴才查该夷在大孤山留船八只。于半月之内。将岸上原搭账房。并前次牧放马匹牛羊等物。渐次收回。而内有三船。忽去忽来。难保非搬运赴津。暗通消息。现当天津战抚尚未定局。设夷船大队。复至金州。奴才惟有恪遵谕旨。密咨该副都统希拉布。严饬在防将弁。不动声色。照常设伏。密作准备。即使登岸深入滋扰。仍令伏兵作为乡勇。相机堵御。不露官兵情形。俾该夷无所借口。

咸丰卷六二

(咸丰十年庚申八月)丙寅。盛京将军玉明奏。窃奴才前因查探金州海口。尚有夷船八只。内有三只。去来无定。行踪诡秘。当经遵旨严饬将弁。慎密巡防。于七月十四日。由驿奏报在案。兹准金州副都统咨。据旗民地方官详报。大孤山原泊火轮夷船八只内。于本月十二日驶去三只。又于十五日驶回二只。兹复叠据咨报。十八。十九。二十等日。续到火轮夷船三十只。连前共计三十七只。均在大孤山湾内停泊。该夷登岸卸下餧马草料烧柴等物。余无别情。先后驰报前来。奴才伏查自六月二十八日以后。迄今将及一月。并未接准天津钦差大营。并直隶督臣文报。不知津沽夷务。究竟如何办理。昼夜焦思。时深悬盼。乃该夷于金州大孤山海口。前既留船八只。内有三只忽去忽来。已属形迹可疑。今复连樯而至。又有三十七只之多。且于岸上卸草料薪柴等物。似为养马驻兵之计。更恐藉端寻隙。深入滋扰。夷情叵测。尤不可不加意堤防。而战抚之局。尚难臆度。奴才现惟仍遵前旨。密饬滨海。将防兵办作乡勇。照常设伏。不动声色。一体严防。即使该夷大队登岸。仍应镇静。以逸待劳。傥敢涉险深入。再于扼要处所。相机堵截。总不令衅自我生。使其无可借口。仍饬该旗民地方官。密拿奸匪。严断接济。务清内患。以杜乱萌。

谕军机大臣等。玉明奏。金州复到夷船多只。仍饬滨海严防一折。我兵自撤退大沽炮台后。夷人以议和为名。由津至通。节节逼进。所请各条。已皆允许。该夷必欲将该国夷书。亲呈御览。坚欲撤退僧格林沁张家湾之兵。狂悖殊甚。抚局已形决裂。业经僧格林沁开仗获胜。大营现扎八里桥。阻截夷兵前进。据该将军奏。金州复到夷船三十余只。夷情叵测。不可不防。且恐该夷不得逞志于通。必将复扰及沿海地方。肆其骄横。所有金州续到夷船。如敢登岸藉端寻隙。即著玉明。督饬在防兵丁。相机堵剿。傥该夷深伏不动。即密为防范。不必挑衅。并密拿奸匪。严断接济。以清内患。至山东登州一带。夷船尚未尽撤。著文煜。饬令防守官弁。加意严防。如该夷敢与寻衅。亦即拨兵迎击。勿误事机。

(戊辰)山西道御史朱潮奏。窃英夷以海外小邦。狡焉思逞。逆情叵测。悍戾异常。皇上知其不可复容。绝和决战。天威赫怒。中外奋兴。凡在士民。罔不勇气百倍。臣日夜筹思破夷之策。及得诸访闻者。谨为我皇上陈之。

一夷船亟宜乘间焚烧也。英夷多屯聚天津。海口之船。其守兵必少。若选轻捷之兵。多备火炬。由偏僻小路绕越疾行。及泊船处所。抛掷火种。一船被火。即延烧数十百船。无路奔窜矣。

一夷船可凿破令沈。也沿海之人。熟谙水性。南方有能踏水而行。可三五日潜伏水底者。天津人亦当习此。募令携带椎凿。入水破其船底。则顷刻立沈。臣闻道光年间。粤东接仗获胜。即用此法。

咸丰卷六三

(咸丰十年庚申八月乙亥)又谕。本日据护理山海关副都统和盛阿奏。老龙头海口有夷船停泊。请留吉林。黑龙江兵丁。以资防守。已准其截留吉林余丁一千名。协同山海关兵丁防守。此项兵丁。约于本月二十日前后即可抵关。著恒福。即派道府大员。迅速前往。安设粮台。支放口分。勿得迟误。

(丁丑)直隶总督恒福奏。奴才昨在东安县。将天津镇标。大沽协标。及海口六营各官兵。饬催陆续到齐后。当即密饬署总兵冷庆。副将徐廷楷。于镇协两标兵丁内。挑选奋勇队三百名。遴派千总王兴邦。隋登第。王永胜。把总华云彪等。分为两起管带。均令改装易服。密带器械。一赴蒲口杨村一带。会同焦佑瀛等。所派团勇。设法截击该夷所设马拨。并焚烧河内该夷船只。一赴蔡村一带。探明该夷存储火药处所。劫夺焚毁。以图牵制……

(戊寅)山东巡抚文煜奏。窃臣承准军机大臣密寄。八月初五日奉上谕。夷人以议和为名。由津至通。节节进逼等因。钦此。该夷此次求和。已蒙皇上派员议准。乃犹欲将夷书亲呈御览。且坚请撤退僧格林沁张家湾之兵。任意要求。肆无忌惮。若不痛加剿灭。何足以张国威。现经僧格林沁扎营八里桥。自可阻其前进。仰蒙皇上廑念海疆。诚恐夷人窜扰登州一带。敕臣加意严防。臣查烟台前泊夷船五十余只。自六月内分起北驶后。节据登州镇道府县咨禀。或有一二只从西北来。或有一二只从西北去。此来彼往。至今尚存二十二只。内有八月初四日。从西北大洋驶来夷船一只。内起出夷兵百余名。俱各受有伤痕。自系在通州被击败回。来此休息。臣思该夷数月以来。不在山东挑衅者。其意专注天津。以烟台为退步耳。今其志既不得逞。而又稍挫凶锋。难保不存失之于彼。收之于此之想。诚如上谕。不可不加意严防也。遵即咨登州镇道。转饬沿海文武官弁。严密侦探。前往天津夷船。如果退回烟台。伏而不动。自宜照前防范。并密拿奸匪。严断接济。以清内患。如该夷敢于寻衅。当即遵旨拨兵迎击。勿令窜扰地方。以仰副圣主谆谆告戒之至意。

咸丰卷六四

(咸丰十年庚申八月壬午)盛京将军玉明奏。窃奴才于本月初三。初六等日。接准金州副都统咨。据旗民地方官详报。金州大孤山。前泊轮夷船三十七只。于七月二十日后。陆续向南洋驶去二十五只。

又大鱼沟。见有轮夷船八只。驶入停泊。夷人登岸。支搭账房二架。城西龙王庙海口。瞭见小轮船一只。由西南驶来。至范家坨子。试探水势。折回石灰窑子。登岸绘画图式。堆石作记。旋复回船。驶出西北套外。荞麦山停泊。城西北葫芦套口外。亦见轮船一只。驶至绘图。旋向西北洋驶去。该夷登岸。有寻觅食物。打取淡水者。均经各村练勇拦阻回船。并未滋扰。现在大孤山。大鱼沟二处。共有轮夷船二十只停泊。又据熊岳。盖州旗民地方官详报。熊岳兔兒岛。驶进夷船二只。岸上支搭账房一架。现已驶去。盖州西套海口。到有小夷船一只。登岸用千里镜窥探。用笔书记。并到村中寻买食物。居民不肯卖给。又见井俱锁盖。不能取水。回船向南驶去各等情。先后驰报前来。叠经奴才札饬滨海弁兵。不动声色。加意巡防。正拟具奏间。于八月初十日。承准军机大臣密寄。八月初五日奉上谕。玉明奏。金州复到夷船多只。仍饬滨海严防一折等因钦此。奴才查金州大孤山。前泊轮夷各船。陆续驶去二十五只。而大鱼沟忽又到船八只。且在城西仅距三里之龙王庙。城后西北之葫芦套等处。均有夷船前来窥探。熊岳之兔儿岛。盖州之西套海口。亦有轮船游奕。虽该夷登岸。仅止觅食取水。尚无别项滋扰。而到处堆石绘图。情殊叵测。现惟没沟营海口。尚未见有夷船。然八九两年。夷船曾经到彼量水绘图而去。是该处形势。业已熟悉。况与内河一水相通。当此沿海游奕之时。难保不扬帆驶入。藉端滋扰。该口原议留与通商。并未设防。则后路田庄台尤为吃紧。现经奴才严饬两岸三营将弁。昼夜巡警。密为防范。并派牛庄海城旗民地方官。轮驻营口。安抚商民。整顿铺勇。其滨海团练。已咨会府尹景霖。不动声色。镇静操防。务期与官兵互相联络。严行戒备。且通饬地方。查拿奸细。豫清内患。亦飞咨金州副都统希拉布。并严饬统领奇凌阿。暨熊岳青石岭两路马步统领等。各将密饬在防弁兵。妥为布置。镇静严防。傥该夷如敢登岸深入。寻隙肆扰。即为相机堵剿。如仅止游奕窥探。并无蠢动别情。仍应设伏准备。以逸待劳。不可轻举挑衅。仍饬各该旗民地方官。盘拿奸细。严断居民接济食物。务除内患。以杜奸萌。至滨海各口地面较多。设或有警。奴才即随时酌其轻重缓急。相机调度。总期慎密图维。不敢稍涉轻率。

咸丰卷六五

咸丰十年。庚申。九月。辛卯。盛京将军玉明。奉天府府尹景霖奏。窃奴才玉明。前奉寄谕。夷人以议和为名。由津到通。节节进逼。狂悖殊甚。抚局已形决裂。金州续到夷船。如敢登岸肆扰。即著相机堵剿等因。钦此。奴才景霖。遵即会同督饬滨海旗民团练。一体严防。旋准金州副都统咨。据旗民地方官详报。金州大孤山大鱼沟一带。前泊火轮夷船二十只。于本月初旬。将岸上账房收撤回船。至十三四等日。陆续向西南洋驶去十二只。现在大孤山一处。尚有夷船八只。其熊岳之兔儿岛。盖州之西套海口。前此游奕之船。均已全行驶去等情。先后驰报前来……

咸丰卷六八

(咸丰十年庚申九月乙卯)金州副都统希拉布奏。窃奴才于咸丰十年八月二十七日。准将军玉明。府尹景霖咨开。准锦州副都统咨称。接署山海关副都统文开。奉上谕。现在夷氛逼近京城等因。钦此。又于九月初一日。准将军玉明咨开。今本将军奉旨带领官兵。驰往热河护驾等因前来。奴才捧阅之下。倍深忧愤。奴才统辖四城一营。水师营之旅顺口。复州之龙王庙。盖州之西套等处海口。游奕夷船。俱已前后出口无踪。现在熊岳兔儿岛海口。尚有夷船一只。金州大孤山海口。尚有夷船九只。虽未登岸滋扰。仍系忽去忽来。其心实难测料。奴才惟有竭尽血诚。会同统带防兵副都统记名协领奇凌阿。督饬旗民地方官等。将在防在城官兵义勇。勤加训练。昼夜严防。傥该夷胆敢登岸滋扰。奴才即亲督兵勇。相机堵剿。

(咸丰十年庚申九月)戊午。署山海关副都统宝山奏。窃查奴才前于八月十九日。因老龙头停泊夷船。节节移驶奉界缘由。恭折奏闻在案。兹于九月二十一日卯刻。据瞭探骁骑校祥瑞呈报。二十一日子刻。听得东南大洋内。连开四次炮声。夜间瞭不真实。迨至卯刻。瞭见三桅大夷船一只。在老龙头海口距岸二里许停泊。夷人乘坐杉板三只。意欲登岸。实系风大浪涌。折回船去。并未登岸等语。奴才当即调派防御达崇阿。骁骑校阿克善。带兵八名。驻扎海口。查探回称。二十一日。海口泊船一只。实系英夷之船。又称二十二日巳刻。乘坐杉板登岸。用千里镜照看对表。询其来由。则称由没沟营驶来。在此等候大船。一同驶赴天津等语。详加辨认。实系八月初九日老龙头停泊数日移驶奉界之船。又于二十三日辰刻。忽闻泊船开炮一声。询系洋内驶有夷船。登高瞭见。果有停泊夷船三只。共船四只。移时向西南驶去二只。现在老龙头停泊二只等情。驰报前来。奴才伏思夷船去而复返。其情深为叵测。虽夷人登岸对表。俱系驯顺。但恐窥伺地势。大有深意。现在调派官四员。炮兵五十四名。分布镇城紧要地方。严加防范。总期设伏官弁兵团。进则相机策应。退则相助守御。奴才随时调度。以期有备无患。现在镇城内外。商贾闾阎。静谧如常。堪以仰慰圣怀。

咸丰卷六九

(咸丰十年庚申是月辛酉)恭亲王等又奏。于二十七日。自夷兵退尽以后。叠派员弁侦探。并札饬沿途各州县。随时禀报。兹据通州知州萧履中禀报。并差弁回禀。均称英酋额尔金。已于二十八日午刻。由通州北门上船。佛酋葛罗。于二十九日辰刻。亦在通州北门上船。均由水路回津。其大队马步各兵。仍由陆路分程前行。现在城上该夷所插旗帜。业已撤去。该州城内将次肃清。计本日已陆续前往张家湾一带矣。

甲子。署山东巡抚布政使清盛奏。咸丰九年二月间。前抚臣崇恩。钦奉寄谕。因大沽河海口地方紧要。在于武定营内。挑拨正余官兵三百名。前往海丰县之官庄地方驻扎。以资防守。当于谨陈海疆现办情形折内声明在案。臣查此次逆夷犯顺。虽各处游奕。海丰一带。并未扰及。现闻抚局将次议定。自可就我范围。所有前项官兵。未便日久驻防。致滋糜费。且近来武定等处营汛空虚。盐匪每思蠢动。不得不移缓就急。撤回归伍。俾令稽查巡缉。以收实用而消患于未然。臣已分别咨行查照。并札饬海丰县随时瞭探。督率民团。严密防范。不任稍有疏虞。至烟台海口停泊夷船。前于八月二十九日。前抚臣文煜奏报防务折内。声明仅存二十只。现在叠据登州镇道暨府县探报。先后驶来六只。驶去六只。截至九月初八日。实在停泊夷船二十一只。并称现到船上。起有受伤夷兵一百余名。连日并未出营滋事。

(咸丰十年庚申十月乙丑)恭亲王等又奏。再臣等具奏英佛两夷兵。全数撤回津郡各情形一折。于初二日接奉朱批。退津情形。是否只留夷酋数人。抑全队驻津。续行探明驰奏。钦此。嗣据通州知州萧履中等禀报。该两夷马步各兵。于三十日全行回津。臣等探闻在津黑夷千名。有由大沽下船南驶。其马队由北塘登船南回。并额酋等。亦拟于今冬南行各情。但夷性狡谲。未肯明言。现在飞饬天津府县。并饬知恒祺。崇厚。一并迅速查明。详细禀报。俟有确信。再行驰奏。以慰廑怀。

钦差大臣科尔沁郡王僧格林沁等奏。十月初二日。据奴才所派前往天津侦探夷情之都司邓启元禀报。探得佛国夷兵。由津撤回后。所有马队。皆由杨村迤北。从军粮城径赴北塘。约计千余名。步队到津后。分住望海楼及河东一带民房铺户庙宇等处。二十日后。始行由水路赴海口。截止二十七日。共约计退回海口夷兵四千余名。天津现住大小夷船十三只。二十八日。由京退回英国夷兵五百余名。分住衙署民房。并探得英佛二国。欲各留兵二千五百名。分驻天津海口。意在等候兵费并防我之不虞。又探得俄国现有大船一只。人四五十名。住河东兴隆街铺房。亦有过冬之信。现在海口。尚有大小火轮夹板等船一百三十余只。

署山海关副都统宝山奏。再奴才前因老龙头海口驶泊夷船。委员驱逐防范情形。已于九月二十四日。奏蒙洞鉴在案。嗣据防御达崇阿。骁骑校阿克善报称。前泊火轮夷船二只。内火轮船一只。于二十四日酉刻。直向西南驶去。不见踪影。仅泊夷船一只。又于二十六日寅刻。由东南大洋驶泊老龙头大夷船一只。火轮船一只。同前泊夷船。一处停泊。夷人乘坐杉板登岸。或来游玩。或系对表。询系英夷之船。由牛庄驶来。前往天津。又先泊大夷船一只。于二十六日酉刻开行。直向东南驶去。其大夷船一只。火轮船一只。于二十七日巳刻。起碇开行。亦即直向西南驶去。自二十一日。至二十七日为断。夷船骤来忽去。夷人登岸者。或六七人。或数十人不等。叠经开导。随时回船。俱属恭顺等语。奴才复令该委员等。不分雨夜。节节详细查探。旋于三十日。防御达崇阿等回称。奉派驰赴山海关一带海口瞭探。俱无驶泊夷船情事各等情前来。奴才伏思夷情诡谲异常。飘忽靡定。虽已扬帆开行。难免去而复返。惟乡民见则惊惧。必须设法镇静。诚如圣谕。善言开导。不得擅启衅端。嗣后复泊夷船夷人登岸之时。奴才等相机设法。善言开导。令其从容回驶。不敢稍生枝节。

辛未。钦差大臣恭亲王奕欣。大学士桂良。户部左侍郎文祥奏。查俄夷换约时。伊酋曾有回国之信。其时尚未定有行期。兹俄酋巴姓。初五日先行起程。伊格那提业幅。定于初十日由库伦行走回国。初七日午后来辞行。臣奕欣。率同宝鋆。麟魁。成琦。在广化寺接见。该酋言词礼貌。颇为驯顺。言论之间。觉已经换约。有心见好。臣等以其人面兽心。固不敢信以为真。亦不便竟拂其意。随机酬答。该酋亦为心折。惟又提及八年间。欲送中国鸟枪万杆。炮五十尊。由伊国水陆分运。拟送至京城。因中国未允收受。仍陆续运回。臣等告以曾由理藩院行文。令其由陆路运至库伦。交该处办事大臣接收。再行运京。并无却回之说。该酋据称。并未见此照会。其言殊涉狡诈。未可深信。该酋称中国于制造枪炮。及炸炮。水雷。地雷火药。暨演放。均未得法。欲派该国官数员。带同匠役来中国教导。恐英佛闻知。不令帮助。请在距京较远地方。或西路。或北路。中国派官员。带同兵丁数名前往。其地由中国酌定。发逆在江南等处横行。若不剿灭。则地方未能复旧。如约同该夷剿贼。官军于陆路统重兵进剿。该夷拨兵三四百名。在水路会击。必可得手。又称明年南漕运京。恐沿途或有阻碍。伊在上海时。有米夷商人。及中国粤商声称。情愿领价采办台米洋米运津。如今伊寄信上海领事官。将来夷船沙船。均可装载。用俄米旗帜。即保无虞。此系两国真心和好。故肯推诚出力各等语。臣等以夷性诡谲。币重言甘。难保非包藏别心。于运送枪炮一层。告以有此美意。大皇帝必为嘉悦。惟是否需用。仍当查明后。请旨办理。其协剿贼匪。一层告以各路统兵大臣。管带兵勇数十万。自可次第歼除。尔国衣冠言语。均与中国不同。恐未能剿贼。转致惊扰百姓。该酋亦称中国兵勇极多。惟器械未尽精良。其运南漕一层。告以将来如何运津。此时尚难豫定。届时再当商办。伏思该夷馈送枪炮。言之已非一次。若谓该夷诚心感服。以此自效其输纳之忱。未免为其所愚。惟有意见好。欲以表异于英佛二夷。使我另眼相待。似属真情。现在运送至距京较远地方。且由中国酌定。该夷来人不多。尚不至遽行为害。但臣等未敢擅便。应请旨遵行。至江浙为财赋之区。地方糜烂几徧。兵力不敷剿办。如逆匪一日不平。非独地方不能完善。即欲制御外侮。亦属力有不逮。臣等报仇之志。一息尚存。不敢稍懈。如藉夷兵之力。驱除逆贼。则我之元气渐复。而彼胜则不免折损。败则亦足消其桀骜之气。但恐该夷所贪在利。借口协同剿贼。肆其狼贪豕突之心。则有害无利。所失尤多。臣等办理抚议。虽于夷情稍觉谙悉。而江浙军务情形。未敢悬断。可否密敕两江江苏浙江各督抚。公同悉心体察。如利多害少。尚可为救急之方。即行迅速奏明。明降谕旨嘉奖。绝其通贼之计。杜其驻津之念。似亦不无裨益。其代运南漕。此时亦难豫定。应由浙江督抚届期办理。应请一并敕下各该省督抚。酌量情形。再行奏明请旨定夺。该酋于临行时。请将条约知照库伦等处。臣等以其事关通商。允其行文各该处。合并陈明。

又谕。本年秋间。英佛两国带兵扑犯都城。业经换约退兵。俄罗斯使臣伊格那提业幅。亦即随后换约。该酋见恭亲王奕欣等面称。发逆在江南等处横行。请令中国官军于陆路统重兵进剿。该国拨兵三四百名。在水路会击。必可得手。又称明年南漕运京。恐沿途或有阻碍。伊在上海时。有米国商人。及中国粤商。情愿领价采办台米洋米运津。如令伊寄信上海领事官。将来洋船沙船。均可装载。用俄米旗帜。即保无虞等语。中国剿贼运漕。断无专藉资外国之理。惟思江浙地方糜烂。兵力不敷剿办。如藉俄兵之力帮同办理。逆贼若能早平。我之元气亦可早复。但恐该国所贪在利。借口协同剿贼。或格外再有要求。不可不思患豫防。佛兰西在京时。亦有此请。著曾国藩等。公同悉心体察。如利多害少。尚可为救急之方。即行迅速奏明。候旨定夺。至代运南漕一节。江浙地方沦陷。明岁能否办理新漕。尚无定议。然漕粮为天庾正供。自不可缺。该酋所称采办运津之说。是否可行。应如何妥议章程办理之处。并著曾国藩。薛焕。王有龄。酌量情形。迅速具奏。

壬申。署黑龙江将军特普钦。齐齐哈尔副都统那敷德奏。窃奴才等前奉上谕。著特普钦等。派委妥员前往等因。钦此。奴才等当即钦遵谕旨。密饬黑龙江署副都统爱绅泰。遴派佐领诺们德勒和尔。并带妥干弁兵。改装易服。迅速前往。严密查访。务得确实。以凭具奏。并将奴才等。管见所及缓急情形。于七月十六日。先行恭折密奏在案。兹据该署副都统爱绅泰详称。前派佐领诺们德勒和尔等。于九月十二日旋回报称。带领兵役。改装易服。乘舟下驶。昼夜遄行。于七月二十日。过黑龙江口。入松花江。至徐尔固地方。见有俄夷大屯一处。于二十四日。至乌苏里口。切近南岸之抓吉村。询问土人。由该处至尼漫河口一带。远近不等。共有夷屯二十二处。查勘黑河口迤下松花江北岸。至乌苏里河口。相距远近不等。夷人建房十一处。有耕种麦豆菜蔬等物。复由乌苏里。顺松花江前进。于二十六日。驶至南岸博力地方。有俄夷大屯一处。夷众望见。纷纷前来拦阻。当有夷官玛玉尔。会面盘询。答以奉差沿江查拿逃犯。该玛玉尔。即令通事告称。此地是其要隘。从此下往。仍有要口数处。均有夷人看守。断不能过。劝即旋回。不容下驶。该委员诺们德勒和尔等。告以彼此和好。前已定约。江面许两国行走等语。与之理论不听。至日暮。该夷看守不肯放过。次日清晨。又至玛玉尔处。反复辩论。该夷仍坚执不允。随复回船。欲径行下驶。夷众多人。将船绳拉住。夺去篙桨。不让前行。声言如再强行。即将所乘船只。拴系火轮船上拉回。该委员等。见其情形凶横。众寡不敌。恐激烈启衅无益。遂由博力地方旋回等因。呈报前来。奴才等。查该委员诺们德勒和尔等。自黑龙江城。乘舟下驶二千余里。入松花江。复由黑河口。至乌苏里口八百余里。查勘该夷各屯。有耕种麦豆等物。惟至博力地方。即被夷人恃强拦阻。不容深入。虽婉言理论。坚不放行。而博力地方。距奇吉阔吞等处。尚有二千余里。该夷既已占踞。并于各处防守。不容经过。又别无路径可通。以致未能深入。系属实在情形。奴才等。惟有严饬属境。时加防范。并严禁军民。不准私行交易。庶该夷无利可图。稍知敛迹。

倭仁等又奏。窃奴才等迭准金州副都统咨。据旗民地方官详报。金州大孤山前泊夷船。陆续驶去。仅剩五只。尚未出口。旋据金州带兵统领记名副都统协领奇凌阿等详称。大孤山停泊夷船五只。已于九月二十五日。全行起碇。向西南大洋驶去。又据沿海各城旗民地方官详报。没沟营等处。海口游奕之船。俱已全数驶去。先后驰报前来。奴才等。查奉省所属洋面。现已一律肃清。滨海商民。均各安业。用敢仰慰宸廑。所有前经调赴金州。并青石岭。防堵官兵共二千名。应即一并裁撤归伍。以节经费。

咸丰卷七〇

(咸丰十年庚申十月)庚辰。钦差大臣恭亲王奕欣。大学士桂良。户部左侍郎文祥奏。昨由武备院卿恒祺等。送到英酋照会一件。据称续约第三款所定赔补按税扣归二成一项。第一结。应于本年十一月二十日。在广州。潮州。厦门。福州。宁波。上海。各口完缴。请先期札谕各该监督照约办理。并札各监督。将三个月以内。外国纳税清。单于结期后。亲交该领事官查验。欲调总簿察看。或别有查对之处。该监督相助为理。应结总数内二成。立必清交。并将小口应交之项。归入大口总纳各等语。臣等查英夷续约第三款。内载所有赔补一项。定于通商各关所纳总数内。分结扣缴二成。以三个月为一结。以本年十一月二十日为第一结。现该酋结期已近。请札各该监督。于三个月内清交。并请由臣等咨行各该省将军。督抚。即交该夷自行带往。以免迟误。核与续约相符。所称调查总簿。并别有查对之处。该夷贪利性成。深恐该监督等。于三个月内所征夷税。别有隐匿。该夷欲查询明确。所征之数既多。则所扣之数。亦因而加增。是以锱铢必较。不肯为各监督蒙混。致令征多扣少。情见乎词。惟思各该监督。历来征收关税。往往以多报少。隐匿侵蚀。积习相沿。无从澈底清查。兹该夷国因扣缴二成之故。每届三个月。必将收纳总数查对清楚。各该监督无从隐匿。是该夷仅为扣缴二成起见。而嗣后户部。转可将报明扣缴二成之数。核算收纳总数。竟可丝毫悉入国帑。不能稍有侵蚀。于关税积弊为之廓清。似于关务有益。其请将小口并入大口总纳。揆其用意。以广州。福州。上海。各口。为通商总汇之区。纳税较多。而潮州。厦门。宁波。三处进出船只较少。归并计算。免致零星折耗。其实于税饷毫无出入。臣等悉心推求。该夷所称各情。颇觉两有裨益。因即备文咨行各该省将军。督抚。转札各关监督。妥速核办。再恒祺等。送到英夷照会。以八年所定条约。内载奉天等新开各口。欲派领事官前往。请分咨各该省督抚办理。并欲于长江内。先赴汉口。九江。两处开商。应纳税饷。或在上海。或在镇江。各关。按照新章纳税各等语。臣等查该夷赴奉天之牛庄等处通商。系遵照八年所定原约第十一条办理。原有俟立约后。以一年为期之语。是该夷此次派领事官前往。尚属遵守旧约。设或不允其请。转致有所借口。莫若听其前往。傥该夷无利可图。亦必废然而返。所称长江通商一层。查八年原约第十条。内载除镇江一年后立口通商外。其余自汉口溯流至海。各地选择。不逾三口。准为英船出进货物通商之区等语。是长江通商口岸。除镇江外。尚有三口。兹该酋欲先赴汉口。九江。两处通商。亦与原约相符。臣等伏思长江内。贼匪尚未肃清。该夷设或前往。自应虑其与贼匪句结。但据该酋照会内声称。英船先向海关报明护船兵器火药铅弹等物若干。请给照单。该关口查明所报军器数目。如在情理之中。即应注明给发。傥查有额外军器。或并无照单。私行售卖者。即将该船所载货物。全行入官。并驱逐该船出口。不准在江面贸易。细察夷情。深虑中国防其句结贼匪。售卖军火等物。是以该夷先严定章程。以自明其无他。乘此和约初换之时。夷情尚有顾忌。加意笼络。俾鬼蜮伎俩。不敢施行。亦不至滋生流弊。查八年冬间。该酋额尔金。带领兵船四只。驶入长江。行过江宁。与贼匪开仗。及自汉口回上海。复于九江搁浅二只。至次年春间。始行回沪。历时几及半载。并无句通贼匪各情。且自金陵大营溃退后。江苏州县。糜烂几徧。独上海以弹丸之地。贼匪以全力相争。竟得无恙。臣等于接见英酋时。曾称在上海帮助官军剿贼。沪城得以保全。巡抚薛焕不为入奏。颇有憾词。惟薛焕奏报夷兵帮同助顺。臣文祥在军机处。知有其事。但尔时不便与之辩论。致使复多饶舌。此时若抚驭得宜。不但不虑其为害。转可以为我用。是以臣等于照覆中。奖其请给护船兵器等件照单一层。即允咨照湖北。江西。各督抚。因势利导。略用机权。戢其豺狼之心。未始不可稍收其效。惟所请在上海。或镇江。纳税一节。臣等于该处近日情形。未能遥测。令其与上海关公同商定。并恐长江通商以后。税课或致亏短。因于照覆中声明。随时由该督报明中国钦差。两国公同商定。去其所损。更甚有益。俾该夷营利之心。无可巧为蒙混。以杜弊端。至佛酋葛罗。回至天津。亦来照会一件。内称哺尔哺隆。已到天津。一切事件。均归办理。该酋即欲回国等语。旋接恒祺等来禀。额尔金。葛罗。巴夏礼。等酋。均已退至葛沽。不日登船南旋。并马步各队。连日退出海口。惟银两尚未解齐。究留津郡若干名。未得确数。俟有确信。再行驰奏。

谕军机大臣等。恭亲王奕欣等奏。英国欲于长江通商。业经给予照覆允准一折。长江通商一节。八年原定和约内。载明除镇江一年后立口通商外。其余自汉口溯流至海。各地选择。不逾三口。准为夷船出进货物通商之区。今该国以抚局已成。欲先赴汉口九江两处开商。应纳税饷。或在上海镇江各关。按照新章交纳。并据该酋照会内称。先向海关报明护船兵器火药铅弹等物。请给照单。该关口查明所报军器数目。如在情理之中。即注明给发。傥有额外军器。或并无照单。私行售卖者。即将该船所载货物。全行入官。并驱逐该船出口。不准在江面贸易各等语。该夷此次严定章程。无非虑中国防其句结贼匪。售卖军火等物。有意存见好之心。业经恭亲王等。允其咨照湖北江西各督抚矣。惟汉口九江两处。系属通商创始。所有一切章程。必须按照条约。与之妥为商定。勿令别生枝节。以期永远相安。其进口出口应纳税饷。恭亲王等已令其与上海关公同商酌。亦须明定章程。免致税课亏短。至该洋船所带兵器火药等。已据该酋声明在海关呈报。均须严密稽查。照章程办理。其经行江面地方。所有防守弁兵。俱应饬令一体知悉。勿得滋生疑虑。以致别启衅端。著官文。胡林翼。薛焕。毓科。巴栋阿。李若珠等。悉心妥办。总期杜渐防微。而又不至有伤和好。方为至要。

(咸丰十年庚申十一月癸巳)袁甲三又奏。窃臣承准军机大臣密寄。十月十一日奉上谕。本年秋间英佛两国。带兵扑犯都城等因。钦此。仰见我皇上抚夷剿贼。圣虑周详。而于利害相因。虚怀下问。臣查我军剿贼。向来水陆兼筹。并非兼恃陆路。长江上下。均有水师。本与旱队互相策应。各艇船。红单。长龙。舢板。拖罾等船。不下数百号。所招广楚各勇。器械精良。迭著战功。果能统军得人。妥为驾驭。不难得其死力。非中国无水师也。亦非中国水兵。不如外国也。今该夷酋。请我军由陆路进剿。该国拨兵三四百名。在水路会击。以每船数十人计之。夷船不过数只。而谓必可得手。臣愚未敢遽信。且外夷协同剿贼。即谓自备口粮。而我之随时犒赏。亦必不可少。幸而战胜。则矜功要挟。所求无厌。不幸而偶有小挫。或船只损坏。或兵丁伤亡。勒索赔偿。又将有词可措。诚如圣谕。该国所贪在利。格外要求。不可不思患豫防也。不但此也。我军水师居多。该夷之与我为难。亦多挟广勇而来。万一私相句结。其祸更烈。况夷人平素习教。发逆所以煽惑人心者。亦藉天主教为名。与该夷等所习相同。难保无暗中串。通情弊。一旦奉命而来。久居内地。是不仅引虎入室。并且为虎添翼。况此日招之使来。他日不能挥之即去也。体察情形。熟思审虑。实觉有害而无利。惟求干纲独断。计出万全。与其悔之于后。不如慎之于初也。抑臣更有请者。夷人名为就抚。实则包藏祸心。不惟我不可藉其力。其有利于我者。该夷亦断不肯为我谋也。即如俄夷上年请进火器一万件。彼时外间闻之。均以为两国相争。断未有肯以利器与人者。该夷必别有诡谋。继果藉词迁延。逞其愚弄之计。本年各夷犯顺安知非俄夷之唆使耶。且俄夷向于内城设馆。人地最为熟悉。闻本年在天津议事者。即系前数年驻俄馆之人。都人尚能认识之。该夷距我甚近。水陆兼通。尤不可不加意严防也。至交商买米。借用俄米旗帜。保护运津一节。以现在夷情揣之。其气甚骄。其心愈侈。万一发价之后。事有变迁。更恐无计可施。都中需米甚殷。臣于海道运务。未能深悉。应如何设法转输。确有把握之处。曾国藩等。自能遵旨妥办。另候圣裁。

(乙未)恭亲王等又奏……节据恒祺等来信。英佛夷酋额尔金。葛罗。巴夏礼。均已出海口上船南驶。该夷船只。均退出拦江沙外。纷纷南驶。海口只存火轮船二只。内地海船五只。海河内存火轮船二只。在津夷兵。不过二千余人。尚拟撤回三分之二。两国约留兵数百名。过冬明年来京。亦不过带数十名等语。适通永道德椿。因管解银两交清。自津来京。臣等面询情形。均各相符……

咸丰卷七一

(咸丰十年庚申十一月)甲寅。钦差大臣两江总督曾国藩奏。窃臣于十月二十五日。承准军机大臣密寄。十月十一日奉上谕。本年秋间。英佛两国。带兵扑犯都城等因。钦此。仰见皇上圣虑周详。无微弗至。臣就俄酋所陈二事思之。其请拨夷兵三四百名。助剿金陵发逆一节。查大西洋英佛米各国。恃其船坚炮大。横行海上。俄罗斯国都。紧接大西洋。所用船炮。及所习技艺。均并相抗。近始由重洋以通中国。该夷与我向无嫌怨。其请用兵船助剿发逆。自非别有诡谋。康熙年间。进攻台湾。曾调荷兰夹板船助剿。亦中国藉资夷船之一证。惟长江二千余里。上游安庆芜湖等处。有杨载福。彭玉麟之水师。下游扬州镇江等处。有吴全美。李德麟之水师。臣现在长沙吴城等处。添造师船。为明年驶赴淮扬之用。是皖吴官军之单薄。在陆而不在水。金陵发逆之横行。亦在陆而不在水。此时我之陆军。势不能遽进金陵。若俄夷兵船。即由海口上驶。亦未能遂收夹击之效。应请敕下王大臣等。传谕该夷酋。奖其效顺之忱。缓其会师之期。俟陆军克复皖浙苏常各郡后。再由统兵大臣。约会该酋。派船助剿。庶在我足以自立。在彼亦乐与有成。佛兰西亦有此请。亦可奖而允之。许其来助。示以和好而无猜。缓其师期。明非有急而求救。自古外夷之助中国。功成之后。每多意外要求。彼时操纵失宜。或致别开嫌隙。似不如先与约定兵船若干只。雇价若干。每船夷兵若干。需月饷若干。军火一切经费若干。一一说明。将来助剿时。均由上海粮台支应。庶可免争竞而杜衅端……

谕军机大臣等。前据恭亲王奕欣等奏。接见俄夷换约各情一折。内有该酋面称。发逆横行江南。愿拨夷兵助剿。及明年南漕运京。或有阻碍。上海米商粤商。情愿领运台米洋米运津二事。当经谕令曾国藩。薛焕。袁甲三等。公同悉心妥议具奏。嗣据袁甲三。薛焕。先后覆奏。所陈均各有所见。本日曾国藩。奏称金陵发逆之横行。皖吴官军之单薄。均在陆而不在水。此时陆军。不能遽达金陵。即令俄夷兵船。由海口进驶。亦未能收夹击之效。应请传谕该酋。奖其效顺之忱。缓其会师之期。俟陆军克复皖浙苏常各郡后。再由统兵大臣。约会该酋。派船助剿。庶在我足以自立。在彼亦乐与有成。佛酋此请。亦可奖而允之。惟当先与约定兵船经费若干。一一说明。将来助剿时。均由上海粮台支应。以免争衅。与薛焕所奏大同小异。各国甫经换约。所请助兵运米两事。意在见好中国。袁甲三谓藉夷剿贼。有害无利。自是正论。但拒之太甚。转启该酋疑虑。果能因势利导。操纵在我。于军务漕运。不无裨益。曾国藩所奏。俟官军陆路得手。再约其水路会剿。似尚可行。惟所需兵费。是否与之先期约定。著恭亲王奕欣等。悉心体察酌议具奏。其请帮运南漕一节。据曾国藩。奏请敕薛焕。在上海与之订明。粤商取保领价。米商听其自行经理。惟据薛焕所奏。桂良等前在上海议定米谷等粮。均不准运外国。但准夷商从此口运至彼口。仍完出口税银。似可令其照办运津。官为收买等语。米商领价采办台米洋米运津。薛焕虑其将来借口漕粮归其运办。所见亦是。但官为收买。又恐有勒掯居奇之弊。若商运商买是否可行。于仓储有无裨益。并著奕欣等。详细妥筹。统俟议定章程。再与该国会商办理。曾国藩。袁甲三。及薛焕折片。均著钞给阅看。

壬戌。钦差大臣恭亲王奕欣。大学士桂良。户部左侍郎文祥奏。窃为惟夷情之强悍。萌于嘉庆年间。迨江宁换约。鸱张弥甚。至本年直入京城。要挟狂悖。夷祸之烈极矣。论者引历代夷患为前车之鉴。专意用剿。自古御夷之策。固未有外于此者。然臣等揆时度势。各夷以英国为强悍。俄国为叵测。而佛米从而阴附之。窃谓大沽未败以前。其时可剿而亦可抚。大沽既败而后。其时能抚而不能剿。至夷兵入城。战守一无足恃。则剿亦害。抚亦害。就两者轻重论之。不得不权宜办理。以救目前之急。自换约以后。该夷退回天津。纷纷南驶。而所请尚执条约为据。是该夷并不利我土地人民。犹可以信义笼络。驯服其性。自图振兴。似与前代之事稍异。臣等综计天下大局。是今日之御夷。譬如蜀之待吴。蜀与吴。仇敌也。而诸葛亮秉政。仍遣使通好。约共讨魏。彼其心岂一日而忘吞吴哉。诚以势有顺逆。事有缓急。不忍其忿忿之心。而轻于一试。必其祸尚甚于此。今该夷虽非吴蜀与国之比。而为仇敌。则事势相同。此次夷情猖獗。凡有血气者。无不同声愤恨。臣等粗知义理。岂忘国家之大计。惟捻炽于北。发炽于南。饷竭兵疲。夷人乘我虚弱。而为其所制。如不胜其忿而与之为仇。则有旦夕之变。若忘其为害而全不设备。则贻子孙之忧。古人有言。以和好为权宜。战守为实事。洵不易之论也。臣等就今日之势论之。发捻交乘。心腹之害也。俄国壤地相接。有蚕食上国之志。肘腋之忧也。英国志在通商。暴虐无人理。不为限制。则无以自立。肢体之患也。故灭发捻为先。治俄次之。治英又次之。惟有隐消其鸷疾之气。而未遽张以挞伐之威。傥天心悔祸。贼匪渐平。则以皇上圣明。臣等竭其颛蒙之力。必能有所补救。若就目前之计。按照条约。不使稍有侵越。外敦信睦。而隐示羁縻。数年间即系偶有要求。尚不遽为大害。谨悉心参度。统计全局。酌拟章程六条。恭呈御览。恳请敕下行营王大臣。公同商议。如蒙俞允。臣等即遵照办理。其余琐屑事务。并间有损益之处。随时再行奏闻。

朱批。惠亲王。总理行营王大臣。御前大臣。军机大臣。妥速议奏。单并发。

一京师请设立总理各国事务衙门。以专责成也。查各国事件。向由外省督抚奏报。汇总于军机处。近年各路军报络绎。外国事务。头绪纷繁。驻京之后。若不悉心经理。专一其事。必至办理延缓。未能悉协机宜。请设总理各国事务衙门。以王大臣领之。军机大臣。承书谕旨。非兼领其事。恐有歧误。请一并兼管。并请另给公所。以便办公。兼备与各国接见。其应设司员。拟于内阁部院军机处各司员章京内。满汉各挑取八员。轮班入直。一切均仿照军机处办理。以专责成。俟军务肃清。外国事务较简。即行裁撤仍归军机处办理。以符旧制。

一南北口岸。请分设大臣。以期易顾也。查道光年间通商之初。只有广州。福州。厦门。宁波。上海。五口。设立钦差大臣一员。现在新定条约。北则奉天之牛庄。直隶之天津。山东之登州。南则广东之粤海。潮州。琼州。福建之福州。厦门。台湾。淡水。并长江之镇江。九江。汉口。地方辽阔。南北相去七八千里。仍令其归五口钦差大臣办理。不独呼应不灵。各国亦不愿从。且天津一口。距京甚近。各国在津通商。若无大员驻津商办。尤恐诸多窒碍。拟请于牛庄。天津。登州三口。设立办理通商大臣。驻扎天津。专管三口事务。直隶为畿辅重镇。督臣控制地方。不能专驻天津。而藩臬两司。各有专职。亦未便兼理其事。拟仿照两淮等处之例。将长芦盐政裁撤。归直隶总督管理。其盐政衙署养廉。即拨给通商大臣。不必另议添设。以节经费。旧管关税。一并归通商大臣兼管。分晰造报。并请颁给办理三口通商大臣关防一颗。无庸加钦差字样。仍准酌带司员数员。以资襄办。遇有要事。准其会同三省督抚。府尹。商同办理。庶于呼应较灵。其旧有五口钦差大臣一员。以两广总督领之。咸丰九年。改隶两江总督。查现在新增内江三口。并广东之潮州。琼州。福建之台湾。淡水。口岸较多。事务更繁。诚恐该督曾国藩。兼司其事。非特鞭长莫及。并虑未能谙悉夷情。应仍责令署理钦差大臣巡抚薛焕。妥为办理。至天津。上海两处。所办一切事件。应仿照各省分别奏咨之例。由该大臣随时知照总理处。以免歧异。至吉林。黑龙江。俄人从前越界侵占。历任将军。隐匿不报。以致日久无从禁阻。应请敕令该将军等。于中外边界。据实奏报。不准稍有粉饰。其中外交涉事件。一并按月咨照总理处察核。再现在天津一口。将来办理通商。只有进口货物。并无出口大宗。如果日久贸易不旺。彼必废然思返。拟仍临时酌量情形。或将通商大臣裁撤。以省冗员。

一新添各口关税。请分饬各省。就近拣派公正廉明之地方官管理。以期裕课也。查洋税一项。向系尽征尽解。该关税吏视为利薮。侵蚀偷漏。百弊丛生。于关税大有妨碍。现在洋税既有二成扣价。尤宜及早清结。免生枝节。天津关税。臣等现拟归新设之办理三口通商大臣管理。其牛庄一口。向归山海关监督管理。该口税货。以豆饼为大宗。八年所定税则章程。议定不准外国装载出口。如此则进口出口。货物无多。外国船只。日久无利可图。未必踊跃乐趋。似不必另行设官办理。仍归山海关监督经管。查该监督所管关税。其大宗在牛庄。而山海关所收税项。须在封河以后。牛庄所收。乃在开河以后。封河以前。嗣后应饬令该监督。于二月后。即驻牛庄。封河后。再回山海关。以便稽查弹压。惟事关通商。有中外交涉事件。该监督应听办理三口通商大臣统辖。以免歧误。并将所仿照福州上海各关章程。分晰内地外国税饷。专款报部。不得以中国船货税项。牵混计算。至登州向系私设口岸。隐匿多年。现既新立口岸。自应派员专理。应由天津通商大臣。会同山东巡抚。妥商具奏。其粤海。福州。厦门。宁波。上海五口。旧有管理税务之将军。监督。道员。无庸另议更张外。至新立之琼州。潮州。台湾。淡水。长江通商之镇江。九江。汉口等。于何省附近。均由本省督抚。会同上海钦差大臣奏明派员经理。除各省中外交涉事件。应由本省地方官。按照条约。随时办理外。其各新旧口岸税银。并进口出口船只数目各情形。按月呈报管辖之通商大臣。钦差大臣稽查。并由该大臣。按月咨报总理处。及户部。以凭察核。至俄国新议营销货物之库伦。喀什噶尔。张家口。并旧有通商之恰克图。塔尔巴哈台等处。并请敕下伊犁将军。库伦。喀什噶尔。塔尔巴哈台各大臣。张家口监督。除俄国条约内第一条所载。乌苏里。绥芬河等处。不纳税外。其余各贸易处所。如旧有税课。应令悉心经理。据实奏报。不得稍有侵蚀。以备拨用。惟洋税旧定每百两。另交倾镕银一两二钱。八年间。筹办税则。议明裁撤倾镕之费。现在和约既换。自应按照办理。其议定按税扣归二成。立有会单。以扣项之盈绌。核税课之多寡。是每年洋税征收若干。皆已澈底澄清。经手官吏。即不能侵蚀肥己。不独餬口无资。暗生弊窦。且恐奸猾吏胥。无利可图。挑衅生事。于大局尤有关系。若不明定章程。予以办公经费。殊恐弊生意外。所有各口起解部饷。川资运脚平饭银两。以及稽查关税书吏辛工纸张一切费用。拟请敕令天津通商大臣。上海钦差大臣。会同各该地方督抚。酌议章程。奏请遵行。庶可速清扣项。剔除税弊。

一各省办理外国事件。请敕该将军督抚。互相知照。以免歧误也。查办理外国折报。以及恭奉寄信谕旨。向以事涉外国。军机处既不发钞。各督抚亦不互相关会。原以昭慎密而防泄漏。惟现既令各该省。及通商大臣。钦差大臣。随时咨报京城总理处。而各省将军。府尹。督抚。随时应办事件。亦应彼此声息相通。方不至稍有歧异。且有此省办理妥协。而彼省可以仿照者。有彼省办理未宜。而此省亦先豫防者。查咸丰九年二月间。前两江总督何桂清奏。向来凡事。俱系密奏。并不互相关会。亦无卷据可考。甚有同官一处。而不知其详者。以致歧途百出。枝节横生。实为一大弊端。请敕互相知照。以归画一各等语。臣等核其所奏。系属实在情形。嗣后天津通商大臣。上海钦差大臣。以及各省一切奏牍。及钦奉上谕事件。除咨报总理处外。均应敕令随时互相咨会。遇有交卸。项目移交后任。庶原委可以稽考。而情形不至隔膜。惟事宜慎密。仍令各该省派亲信可靠之人。钞录知照。不涉胥吏之手。以期格外防范。而杜漏泄之弊。

一认识外国文字。通解外国言语之人。请敕广东。上海。各派二人来京差委。以备询问也。查与外国交涉事件。必先识其性情。今语言不通。文字难辨。一切隔膜。安望其能妥协。从前俄罗斯馆文字。曾例定设立文馆学习。具有深意。今日久视为具文。未能通晓。似宜量为鼓舞。以资观感。闻广东上海商人。有专习英佛米三国文字语言之人。请敕各该省督抚。挑选诚实可靠者。每省各派二人。共派四人。携带各国书籍来京。并于八旗中挑选天资聪慧。年在十三四以下者。各四五人。俾资学习。其派来之人。仿照俄罗斯馆教习之例。厚其薪水。两年后分别勤惰。其有成效者。给以奖叙。俟八旗学习之人。于文字言语。悉能通晓。即行停止。俄罗斯语言文字。仍请敕令该馆。妥议章程。认真督课。所有学习各国文字之人。如能纯熟。即奏请给以优奖。庶不至日久废弛。

一各海口内外商情。并各国新闻纸。请敕按月咨报总理处。以凭核办也。查新定各国条约。以通商为大宗。是商情之安否。关系地方。最为紧要。嗣后新旧各口中外商情。是否和协。如为钦差大臣耳目所不及者。即敕令各该将军。府尹。督抚。按月据实奏报。一面咨报钦差大臣。及通商大臣。不得视为具文。稍涉虚假。至办理外国事务。尤应备知其底细。方能动中窾要。近年来临事侦探。往往得自传闻。未能详确。办理难期妥协。各国新闻纸。虽未必尽属可信。因此推测。亦可得其大概。广州。福州。宁波。上海。旧有刊布。名目不同。其新开各口。亦当续有刊本。应请一并敕下钦差大臣。及通商大臣。并各该省将军。府尹。督抚。无论汉字及外国字。按月咨送总理处。庶于中外情形。了如指掌。于补弊救偏之道。益臻详审。

咸丰卷七二

(咸丰十年庚申十二月)己巳。谕内阁。惠亲王等奏。会议恭亲王奕欣等奏。办理通商善后章程一折。据称。恭亲王奕欣等。筹议各条。均系实在情形。请照原议办理等语。京师设立总理各国通商事务衙门。著即派恭亲王奕欣。大学士桂良。户部左侍郎文祥管理。并著礼部颁给钦命总理各国通商事务关防。应设司员。即于内阁。部。院。军机处。各司员章京内。满汉各挑取八员。即作为定额。无庸再兼军机处行走。轮班办事。侍郎衔候补京堂崇厚。著作为办理三口通商大臣。驻扎天津。管理牛庄。天津。登州。三口通商事务。会同各该将军。督抚。府尹办理。并颁给办理三口通商大臣关防。无庸加钦差字样。其广州。福州。厦门。宁波。上海。及内江三口。潮州。琼州。台湾。淡水。各口通商事务。著署理钦差大臣江苏巡抚薛焕办理。新立口岸。除牛庄一口。仍归山海关监督经管外。其余登州各口。著各该督抚。会同崇厚。薛焕。派员管理。所有各国照会。及一切通商事宜。随时奏报。并将原照会一并呈览。一面咨行礼部。转咨总理各国通商事务衙门。并著各该将军。督抚。互相知照。遇有交卸。项目移交后任。其吉林。黑龙江。中外边界事件。并著该将军等。据实奏报。一面知照礼部。转咨总理衙门。不准稍有隐饰。

癸酉。钦差大臣恭亲王。大学士桂良。户部左侍郎文祥奏。窃臣等于十一月二十七日。接奉密谕一道。并钞录曾国藩。袁甲三。薛焕等。各折片四件。敕令臣等悉心酌议。仰见我皇上眷怀南服。权衡轻重。葑菲不遗。跪诵之余。莫名钦佩。臣等核其所奏。袁甲三于利害之间。辩论最为明晰。诚如圣谕。自系正论。曾国藩酌量军情缓急。并控驭外夷之方。因时制宜。实为详备。薛焕则意在倾发逆之巢穴。水陆并进。急收成效。与曾国藩所见。大同小异。臣等前此具奏。原以捻发横行。官军不敷剿办。冀因借用夷力。明为剿贼计。而暗杜句结之谋。惟钦奉谕旨。并该大臣等原奏。连日悉心商酌。江南官军。现在尚未能进剿金陵。即令夷船驶往。非特不能收夹击之效。并恐与贼相持过久。如薛焕所虑。与贼句结别。生他变。尤宜豫为之防。该抚所拟。令夷兵由水路进剿金陵。非独经过地方。惊扰堪虞。即支应一切。诸多窒碍。京城甫经换约。天津夷兵。尚未尽撤回南。京兵岂能悉锐南征。启人轻视。所奏应毋庸议。伏思夷性贪利无厌。而俄夷叵测。佛夷贪狡。此次助顺剿贼。虽非中国为之劝驾。第一经允许。必至索照会照会。不已恳请降旨。降旨不已。恳请召见。未观成效。失事要求。经费任其开销。地方被其蹂躏。贼匪未平。而饷源已竭。城池未复。而要挟已深。阻之则势有难行。顺之则祸更不测。如其力未能胜贼。则以易竭之饷需。而养无用之夷兵。适足为贼所笑。若克复城池。希图占踞。派兵踞守。官军将舍贼而与夷争。中原之贼未平。边疆之衅又启。傥隐忍听之。该夷以小忠小信。要结民心。则人心渐去。反正无由。从前俄夷侵占越界。并未明动干戈。至今已难驱逐。若藉词带兵剿贼。而据南省地方。则南北两路。分途蚕食。何堪设想。通盘筹划。已觉利少害多。然犹冀其中或尚可有为。因于英酋威妥马来公所谒见时。开诚布公。示以信义。以感动其天良。彼此谈论。至于终日。该酋始吐实语。谓剿贼本系中国应办事件。若藉助他人。不占踞地方。于彼何利。非独俄佛克复城池。不肯让出。即英国得之。亦不敢谓必不据为己有。因举该夷攻夺印度之事为证。虽该酋言语。未必出于真诚。但臣等所虑。实已早为见及。前此佛酋美里登来时。臣等亦向其论及。议至要害之处。言词即近闪烁。以有明助官兵剿贼。而仍为观望成败之意。袁甲三据理直陈。所见正是。即曾国藩奏请。俟苏常皖浙各郡克复后。再行会剿金陵。察其用意。亦似虑有贻害。力不能制。故先为奖勉以释其疑。若各郡悉行收复。则军威大振。亦何俟藉资夷兵。似其意亦未谓可行。臣等于军务。本未深悉。是以前奏。亦虑及后患。请敕曾国藩等酌议。兹悉心体察。择善而从。是藉夷剿贼。流弊滋多。然不用其剿贼。又恐其与贼句结。惟有设法牢笼。诱以小利。佛夷贪利最甚。或筹款购买枪炮船只。使其有利可图。即可冀其昵就。相应请旨。敕下曾国藩。薛焕。即就现有兵力。设法攻剿。不可贪目前小利。而贻无穷之患。其上海夷人。如或谆请。量为奖勉。以驯其性。傥有兵船驶入内地。即按照条约拦阻。若该夷来京再论及此事。臣等即据理折服其心。以杜诡谋。伏读谕旨拒之太深。恐该酋疑虑等因。钦此。查前此俄酋。论及此事。臣等晓以各路统兵大臣。带兵数十万。自可次第廓清。此时尚无须助。该酋亦不能置词。如或再以此为请。仍为婉词奖勉。该酋计无所施。自必帖服。不至再生疑虑。至代运南漕一节。曾国藩所请敕薛焕在上海。与之订明粤商取保领价。米商听其自行经理。薛焕原奏内称。恐此端一开。将来即借口漕粮须归其办运。每年勒索银两采买。不遂其欲。即阻南漕北上。不如按照通商税则。令夷商自运赴津。官为采买。按时定价。不必豫给价银采办各等语。臣等核其所议。实为思患豫防。与臣等所见符合。该夷贪利性成。如闻采买米石。自必闻风踵至。似无须明定章程。将来由上海钦差大臣出示。招商运津。无论华商夷商。一体招运。按照税则完纳。官为收买。该夷亦无从居奇。收米按照时价。公平估断。亦不至有勒掯之弊。似觉其权在我。不为该夷所制。亦无须与该夷豫行会商。以启要挟之心。至曾国藩奏称。米夷质性醇厚。于中国时思效顺。而于英佛并非固结之党。应暗杜俄夷市德米夷之心。使其毫无疑忌。或可输忱昵就各等语。查道光年间。英夷在广东犯顺时。该夷与佛兰西。均钦遵谕旨。不敢违法贩卖鸦片。迨至二十二年。英夷在江宁换约。该夷始于二十四年。恳请一体办理。咸丰三年。该夷请以兵船助剿金陵。抚臣杨文定。据以入告。嗣因向荣以为不可。未经允准。是米夷之于中国。与英佛情有不同。其应如何羁縻使为我用之处。应请密谕曾国藩。薛焕。酌量情形。妥为牢笼。使其感恩昵就。不为俄夷市德。于控驭之方。裨益匪浅。曾国藩又奏称。将来师夷智以造炮制船。为永远之利。臣等正拟筹划办理。查康熙年间。平定三藩。曾用西洋人制造枪炮。颇赖其力。此时夷情虽迥非昔比。而佛夷枪炮。均肯售卖。并肯派匠役教导制造。倘酌雇夷匠数名。在上海制造。用以剿贼。势属可行。应请敕下曾国藩。薛焕。酌量办理外洋师船。现虽无暇添制。或仿照其式。或雇用其船。以济兵船之不足。尚觉有益。即臣等所谓诱以小利以结其心。而在我冀收剿贼之用。可否密谕该督抚臣。斟酌试行。如可为剿贼之用。则由薛焕于通商各口关税内。酌提税饷。迅速筹办。正在覆奏间。复准军机大臣字寄。咸丰十年十二月初二日奉上谕。据瑞昌。王有龄奏。藉资外国之兵。有无格外要求等因。钦此。并钞录瑞昌等原折一件寄阅。臣等细核原奏所称。借用夷兵剿贼。请由薛焕等在沪商酌。而代运南漕。则恐银先入手。随意开销。并藉此把持渔利。将来转多掣肘。不如令其自行贩津。官为收买。与薛焕所虑相同。臣等正照薛焕所奏议行。王有龄所奏。应无庸议。本月初十日。兵部递到军机处钞录袁甲三议陈薛焕剿贼奏片。奉朱批。所虑实为深远等因。钦此。臣等详细寻绎。袁甲三老成之见。实与臣等意见相同。其所称由上海等处图复苏常。臣等初亦有此议。但以财赋而论。苏常为一省之精华。以形势而论。苏常又为南北之冲要。设该夷克复后。占踞其地。北与金陵之贼相结。南与嘉兴之贼相连。我军无由进剿。南北势同中梗。其贻患亦正可虑。总之苏常百姓。受贼荼毒。官军不敷分剿。未能速拯斯民于水火之中。自乐用夷剿贼。不知为贼踞。则尚有攻克之日。为夷踞则无能归还之理。鳃鳃计虑。即进剿苏常。亦似未可徇愚民之意。而藉资于夷也。惟以上各条。事关重大。臣等未敢以二三人之私见。即谓曲尽事情。相应请旨。敕下行在大臣。悉心参酌。以期事臻妥善。

谕军机大臣等。恭亲王奕欣等奏。遵议藉夷剿贼。并代运南漕各情一折。前据曾国藩。薛焕。袁甲三。并瑞昌。王有龄等驰奏。遵议藉夷剿贼。及带运南漕各折片。谕令恭亲王奕欣等。悉心酌议。兹据奏称。将曾国藩等原奏。悉心参核。江南官军。现尚未能进剿金陵。即令夷船驶往。非特不能收夹击之效。并恐与贼相持。如薛焕所虑。勾结生变。尤宜豫防。该抚所拟令夷兵由陆进剿。非独经过地方惊扰。即支应一切。诸多窒碍。夷性贪婪。一经允许借兵剿贼。必至索请多端。经费任其开销。地方被其蹂躏等语。并于英酋威妥马来见。与之谈论终日。该酋已吐实语。谓剿贼本中国应办之事。若借助他人。不占地方。于彼何益。非独俄佛克复城池。不肯让出。即英国得之。亦不敢谓必不据为已有。因举该夷攻夺印度之事为证。借夷剿贼。流弊滋多。自不可贪目前之利。而贻无穷之患。惟此时初与换约。拒绝过甚。又恐夷性猜疑。转生叵测。惟有告以中国兵力。足敷剿办。将来如有相资之日。再当借助。以示羁縻。并设法牢笼。诱以小利。佛夷贪利最甚。或筹款购买枪炮船只。使有利可图。即可冀其亲昵。以为我用。倘上海夷人。谆请助兵剿贼。著曾国藩。薛焕。量为奖勉。倘有兵船驶入内地。即按照条约拦阻。并著该大臣等。就现有兵力。设法攻剿逆匪。勿再观望。至佛夷枪炮。既肯售卖。并肯派匠役教习制造。著曾国藩。薛焕。酌量办理。即外洋师船。现虽不暇添制。或仿夷船制造。或将彼船雇用。诱之以利以结其心。而我得收实济。若肯受雇助剿。只可令华夷两商。自行经理。于大局或可有利无弊。并著该督抚斟酌试行。将来于通商各口关税内。酌提税饷。仍济军需。其代运南漕一节。亦照恭亲王等所议。由薛焕出示。招商运津。无论华商夷商。一体贩运。按照税则。完纳税饷。官为收买。按照时价。公同估断。无须与该夷豫行会商。米夷质性较醇。与英佛情形不同。其应如何羁縻使为我用。俾其感顺。以杜俄夷市德于彼之心。亦著曾国藩。薛焕。随时酌量情形。妥为办理。另片奏。上海通商各小国。见英佛米三国换约。未免觊觎。前经桂良在上海时。严行拒绝。薛焕曾随桂良在彼。深知其事。并著该抚。务照前年办理情形。豫为杜绝。勿令径驶天津。又费唇舌。并晓谕英佛米三国。各小国小弱之邦。不得与三国平列一体换约。令其帮同阻止。方为妥善。如各小国不遵理谕。径赴天津。惟薛焕是问。

江西巡抚毓科奏。窃奴才钦奉密谕。英国以抚局已成。欲先赴汉口。九江。两处开商等因。钦此。遵查九江通商。事属创始。关系甚巨。恐非九江关监督一人所能办理。正在奏请遴委藩司大员。赴浔会同妥为筹办。并转行遵照去后。兹据署藩司张集馨。以徽池巨寇。分股窜陷东流。建德。上犯彭泽。湖口。势甚披猖。现经督臣曾国藩。调派道员彭玉麟。总兵陈大富等。督率水陆各军。分驰剿办。兵勇杂沓。炮火喧阗。九江适当其冲。行旅戒严。俱已停船裹足。此时遽往。商贾屏迹。无从交易。尤恐逆氛肆扰。有碍英国舟行。万一宵小奸民。乘机窃夺。大江宽旷。港汊纷歧。地方官堵剿靡遑。查拿匪易。转致有伤和气。殊非优待使臣。结交与国之意。详请奏明缓办前来。臣覆查该司张集馨。计虑甚长。据详不为无见。似以缓至明春。俟贼势稍平。九江一带。江面安静。再行商令英国。赴浔开商。较为妥协。惟此事业经钦差大臣恭亲王等。给与照覆允准。可否暂行展缓办理。奴才未敢擅专。除咨王大臣察核外。相应请旨敕下钦差大臣恭亲王等。照会英国使臣。妥商办理。再英夷船行迅速。年内傥已抵浔。奴才仍即督饬该藩司张集馨。暨九江关监督文恒。妥为筹办。不至延误。

谕军机大臣等。毓科奏。寇氛逼近浔防。请暂缓九江通商一折。据称。徽池巨寇。分股窜陷东流。建德。上犯彭泽。湖口。势甚披猖。曾国藩。调派道员彭玉麟。总兵陈大富等。督率水陆各军。分驰剿办。九江适当其冲。如此时遽往筹办开商。不惟商贾屏迹。无从交易。尤恐逆氛肆扰。有碍英国舟行。宵小奸民。乘机窃夺。大江港汊纷歧。地方官吏。剿贼不遑。查拿匪易。转致有伤和好。请敕给发照覆。可否暂行展缓办理等语。英国在九江通商。业经允准。惟此时贼犯彭泽。湖口。恐于该国贸易有碍。著恭亲王奕欣等。即将毓科所奏情形。照会英国使臣。与之婉商。俟明春贼势渐平。九江一带。江面安静。再行办理。原折著钞给阅看。本日奕欣等奏。遵议藉夷剿贼。及招商运米一折。已照所议。寄谕曾国藩。薛焕。酌办。练兵一折。并谕知胜保妥议章程矣。

壬午。吉林将军景淳奏。窃奴才承准钦差大臣咨照。奉上谕。恭亲王奕欣奏。请派查勘边界大员一折等因。钦此。查俄国续约第三条内载。东西两边。设立界牌之事。由两国派出信任大员。秉公查勘。东界在乌苏里河口会齐。于咸丰十一年三月内办理。钦差大员。携带俄国进呈地图。并中华地图。互相查勘。其乌苏里河。绥芬等处边内。有中国人住处。及渔猎之地。俄国不得占踞。相应知照。俟钦差大臣成琦到后。会同俄国大员。查照中国俄国地图。按照条约。悉心履勘。立定界牌。以期经久可行等因。行知前来。奴才当即飞饬各处。按照条约。详细查报去后。旋据署三姓副都统富尼扬阿。亲身进省面禀。乌苏里。绥芬山场。向无居民。冬令雪大。乌苏里江口迤西。约在立夏后开化。船堪驾驶。乌苏里江上游溜紧。小河甚多。大船实不能行。小船亦属难施。查历年入山人夫。率皆春去秋还。自乌苏里江口。用赫哲小船上行。每船容一二人乘坐。驶抵清牛河。弃船只身负米入山。尝有途间倒毙之虞。职每于差次查询。赫哲声称。进乌苏里江口。背负鱼干。饮水充饥。随地捕牲餬口。惟俄人初进山场。不避艰险。效法赫哲。舍生露宿。裸体游行者有之。而其中水溺饿殍。亦复不少。近因江东建居囤粮。占踞人多。凡由乌苏里江口逆游上往。若火轮船驾驶便捷。足可抵至兴凯湖。如小船缓缓而上。由江东节节接济口粮。帮补招船。并未闻有准能抵至兴凯湖者。此次钦差大臣。若至乌苏里江口会齐。必须开江后方能行船。约在四月下旬可到。如由江口上往兴凯湖。计程一千四百余里。中国既无火轮船驾驶。江西又无陆地可通。则锅帐等项。无法驮运。即钦差大臣官员等。尤难露宿。以鱼干为食。或负米履险。种种艰难。不敢不先行声明。恐致临时贻误。奴才遂传询咸丰八年查乌苏里之佐领三隆。禀称。前随副都统图钦查界。行抵乌苏里口。见水势过紧。改换小船。至清牛河撞回。并据上年赴乌苏里口之协领禄昌。佐领乌尔吉等报称。黑河口以下松花江。总在立夏后开化。乌苏里江上游。大船实不能行。小船半途抛弃。又查新旧图载。并无白棱河之名各等情。奴才详阅俄国续约第一条内载。此后两国东界。定为由什勒喀额尔古纳两河会处。即顺黑龙江下流。至该口乌苏里河会处。其北边地属俄罗斯国。其南边地至乌苏里河口。所有地方属中国。自乌苏里河口。上至兴凯湖。两国以乌苏里。及松阿察二河。作为交界。其二河东之地。属俄罗斯国。二河西。属中国。自松阿察河之源。两国交界。踰兴凯湖。直至白棱河口。顺山岭。至瑚布图河口。再由瑚布图河口。顺珲春河。及海中间之岭。至图们江口。其东皆属俄罗斯国。其西皆属中国。两国交界。与图们口之会处。及该江口。相距不过二十里。上所言者。乃空旷之地。遇有中国人住之处。及中国人所占渔猎之地。俄国均不得占。仍准中国人照常渔猎等因。查黑龙江下游。直至乌苏里河口。所有南边地方。皆属中国。自该河口向南。上至兴凯湖。以乌苏里。松阿察。二河为界。西属中国地疆。三姓界限分明。一切事宜。易于勘办。惟第三条内载。东边自兴凯湖。至图们江。设立界牌之事。应如何立定定立交界。两国大员。在乌苏里口会齐。于咸丰十一年三月内办理等语。奴才详核分界之要地。全在兴凯湖。至图们江。其间山岭。果能秉公勘定。设立界牌。互守条约。庶可永久相安。若为乌苏里江口。仅止会齐。无多勘议。江道既属阻隔。势难拘执贻误。且分界一切事宜创始。必须该管熟悉地方情形之员。会同履勘。方期日后照办。不至节外生枝。兹据署三姓副都统富尼扬阿报称。该江口约在立夏后开化。如欲逆游上往。大船既不能行。小船中途抛弃。陆路隔阻。势难抵至兴凯湖各等情。奴才周谘博采。众论佥同。委因责任地方。不敢壅于上闻。应亟先行声明。俾得权宜将事。伏查兴凯湖。至图们江。约有千余里。地属宁古塔。珲春。其间山岭崎岖。跋涉维艰。亦必须开化后。方能勘办。均应豫先陈明。俟钦差大臣成琦。抵至吉林。会同奴才查照地图。考核白棱河源。或委该地方大员。分赴会齐。或奴才等亲诣兴凯湖一带。守候俄国大员勘办。容奴才等详悉妥议。再行具奏。

谕军机大臣等。景淳奏。豫陈俄国分界。江道险阻。恐难如约会齐一折。业将原折钞寄恭亲王奕欣等阅看。并敕成琦。届期及早前往。以便俄使到来。会齐同往查办。仍著景淳等。将应办事宜。及应需船粮车驮各项。先期料理齐备。总须设法与成琦亲至兴凯湖一带。并在俄人以前赶到。方为妥善。一面照会该夷。约期会勘。勿令有所借口。是为至要。

又谕。景淳奏。豫陈俄国分界。江道险阻。势难如约会齐一折。据称。此次成琦至乌苏里江口会齐。必须开江后方能行船。约四月下旬可到。由江口上往兴凯湖。中国既无火轮船驾驶。又无陆地可通。锅帐等项。无法驮运。恐致临时贻误。至黑龙江下流。至乌苏里河口。界限分明。易于勘办。惟兴凯湖至图们江。必须该管熟悉地方情形之员。会同履勘。方期日后照办。不至节外枝生。应俟成琦行抵吉林。或委派地方大员。分赴会齐。或亲诣兴凯湖一带勘办。容再妥议具奏等语。明年三月。东界查勘。在乌苏里会齐。据景淳奏称。必须开江后方能行船。约至四月下旬可到。此节必须先期照会该国。以免借口。兴凯湖至图们江。为分界要地。尤应秉公勘定。设立界牌。以期永久相安。但山岭崎岖。必须开化。方能勘办。著恭亲王奕欣。桂良。文祥。将景淳所奏情形。悉心筹划。并著成琦。于明春前赴吉林。与景淳会商。总期及早设法。亲至兴凯湖。图们江一带。与俄国使臣。查明交界地方。不可落后。方为妥善。原折著钞给阅看。

恭亲王等又奏。臣等接准军机大臣字寄。十二月十四日奉上谕。毓科奏。寇氛逼近浔防等因。钦此。并钞录原奏一件寄阅。旋据江西抚臣毓科咨文。亦以贼逼九江。英国船只。应暂缓前往通商。请臣等照会英国使臣办理。伏查徽池贼匪。上犯彭泽。湖口。九江适当其冲。该国船只。前往通商。诸多窒碍。自应照会该使臣。暂缓前往。臣等即作为接到毓科咨文。给与照会。惟夷性多疑。若言明不令前往。必益坚其狡执之心。因将贼氛逼近。种种窒碍各情叙明。令其自行酌量。庶可冀其知难而返。该使臣亦无从见疑。别启要求。

咸丰卷七三

咸丰十一年。辛酉。正月。壬辰。署理钦差大臣江苏巡抚薛焕奏。现在上海通商者。大小十余国。英佛米俄四国。各有新章。余皆一律照办。内惟英国领事密迪乐。最为刁诈。即如洋药一项。新定税则。载明每百斤完进口税银三十两。只准在口销卖。一经离口。即属中国货物。只准华商运入内地。如何征税。听凭中国办理。又英国和约第四十六款载。中国各口收税官员。凡有严防偷漏之法。均准其相度机宜。随时设法办理。以杜弊端各等语。查上海所设江海关。向分新旧两关。旧关专征华税。新关专收洋税。现值开办新章。洋药进口税。系由洋商向新关投纳。若华商转贩出口。每百斤应完税银三十两。由旧关稽征。虽新增通商处所较多。凡沿江沿海各口。外国商船。皆可直达。华商绝少转贩。然其名不可不严。两关近在咫尺。进口出口。趋向不同。中外各完各税。亦复两不相碍。又自七年以来。华商贩运洋药。每箱缴银二十两。拨济军饷之用。经前督臣何桂清。奏准照海疆例给奖。行之已非一日。此次各国换开新章。凡华商贩运洋药。仍饬照章完税缴捐。乃英领事密迪乐。出而阻挠。不准华商完缴。经署江海关道吴煦。检查章程。向其开导。据该领事答云。现在洋商。已完上海进口税。断不能重收税捐。吴煦复告以捐款乃华商报效军需。本非额税可比。一俟军务平定。即须停止。而江海旧关。应征出口税银。乃系定例。岂能不征。况皆征自华商。与洋商毫无干涉。该领事总以碍及洋商贸易为词。坚执离口始能征税一语。争论不已。遂至华商互相观望。无从征办。适有私贩洋药之华商骆增美。经吴煦饬差查拿。因该商寓居洋泾滨。英领事藉称在伊租地界内。不能因此拿人。此外各项厘捐。又因新章准洋商运货。径入内地营销。洋商并不另缴厘捐。华商从中隐混。尤所不免。该领事种种骄肆。实属故意为难。据署江海关道吴煦。具禀请奏前来。伏念华商完缴中国税捐。外国官员。本不应过问。无如该领事密迪乐。偏执己见。不近人情。动辄声称现改新章。在在藉词挟制。而该领事不循条约之事。一与理论。非藉端狡辩。即置之不论。直是无可理喻。且恐该领事控称海关不遵新章。怂恿在津英国使臣普鲁斯。出为妄辩。惟有仰恳天恩。俯赐密敕恭亲王。随时留心防范。倘普鲁斯转据在上海密迪乐之言。有所陈渎。即由恭亲王据理辩论。以杜欺蒙。大局幸甚。

薛焕又奏。臣于十一月初六日。在兼署两江总督任内。承准钦差大臣恭亲王。大学士桂良。户部左侍郎文祥。会衔咨开。现据英国公使普鲁斯。照会内称。续约第三款所定赔补一项。第一结。应于本年十一月二十日。在广州。潮州。厦门。福州。宁波。上海。各口完交。请札知各监督。将三个月以内。外国纳税清单。于结期后五日之内。亲交该领事官查验。监督与领事。别具凭单。同列衔名。画押盖印。凭单缮妥后。其应交总数内二成。亦必亲交领事官手收。应归并办理。将小口应交之项。归入大口总纳。宁波送单上海等语。除允准照覆英国公使外。令臣转札各关监督。并管关道员。妥速会同英领事。按照办理。因咨行到臣。当即转行遵办去后。兹据署江海关道吴煦禀称。十一月二十日。即据英国领事密迪乐。佛国领事伊担来文。均已现届第一结。交还赔款之期。请将八月十七日起。至十一月二十日止。已征各国税银数目开单。于五日内亲交察核等情。即经查明江海关三个月内。进出口各国商船完纳税银三十六万四千六百七十四两零。按照条约。英佛二国。各应交还二成银七万二千九百三十四两零。二共应交还银一十四万五千八百六十九两零。开列清单。于十一月二十五日。亲交英佛二国领事。并面订是月二十九日。会同赴关。调查总散各簿。惟英领事密迪乐面称。伊所奉英国公使普鲁斯来文。系于海关总收数内。各扣二成。除洋商按课完税外。尚有外国商船所完船钞。及海关所收罚充入官等款。亦应一并核扣。吴煦当以新定税则。第十款载明。各口所设浮桩号船。塔表。望楼等经费。在于船钞项下拨用。且新章所定商船应纳钞课一百五十吨以上。每吨纳钞银四钱。一百五十吨以下。每吨纳钞银一钱。四个月期内。如赴他口。无庸另纳船钞等语。是钞课已较旧章减少。完数无几。随时拨抵。经费所收。尚不敷用。罚充入官之款。有无多寡。本无一定。海关向章。均系随案充赏。由司税之英国人李泰国。掌其出纳。亦惟李泰国能据理以议罚。使洋商不至偷漏。故税课得以稍旺。所罚银两。均由该司税分给在关办事中外人役。查拿偷漏出力之人。并不收库。均已无可追回。何能再扣二成。奈该领事争之甚力。坚称普鲁斯来文。系指总收之数。吴煦复以恭亲王等原咨。即系接据普酋来文。但指纳税清单。并无船钞罚款字样。给与阅看。该领事转以新章须以英文为正义。哓哓辩论。再四开导。始允禀知普酋定夺。如必须照总数核扣。仍应补交。所有现收海关税二成银数。亦不能先付收据各等语。禀请核奏等情前来。伏思英佛二国。所索赔款。仰蒙圣主逾格怀柔。准于各关扣还。臣惟届期尽数核扣。多交一两。即早了一两之事。断不任该关道稍事隐匿。今船钞罚款两项。实皆随时分别拨用充赏。该关道均系照章办理。委无短扣情事。英领事既经禀知普酋。势必据以饶舌。合无仰恳天恩。俯赐密敕恭亲王。照章谕知英国使臣普鲁斯。无庸分外争执。并令其通饬各口领事官。一体遵照。以杜狡执而免借口。

谕军机大臣等。薛焕奏。英国领事。争辩赔款。并阻挠税捐。请敕奕欣等。留心防范各等语。赔补一款。据英酋密迪乐称。普鲁斯来文。系于海关总收数内。各扣二成。除洋商按货完税外。尚有外国所完船钞。及海关所收罚充入官等款。一并核扣。显系藉词狡执。本日已密谕恭亲王等。照会普酋矣。至华商应交出口税银。及内地商人贩运洋药。应交捐款。该酋阻挠。不准缴纳。以致华商互相观望。其私贩洋药之华商骆增美。该酋亦藉称在伊租地界内寓居。不令中国查拿各节。亦谕知恭亲王等。随时防范。薛焕系办理通商钦差大臣。责无旁贷。密迪乐如不遵条约办理。即应据理驳斥。不得尽诿之恭亲王等办理。所有华商应完税银。由旧关稽征。并完缴税捐。既与洋商毫无干涉。即不能任该国领事藉词狡赖。著该抚仍督饬吴煦。按照条款。与该领事逐层剖辩。务令中外应收税项。彼此胥归公允。该领事无可借口。方为妥善。

又谕。据薛焕奏。英国领事。争辩赔款。并阻挠税捐各等语。业经谕知薛焕。向该领事。晓谕妥办矣。赔补一项。据英国领事密迪乐称。普鲁斯来文。系于上海关总收数内。各扣赔项二成。除洋商按货完税外。尚有外国商船所完船钞。及海关所收罚充入官等款。亦应一并核扣。争之甚力。又上海新定洋药纳税章程。密迪乐称。洋商已完上海进口税。断不能重收华商税捐。其私贩洋药寓居洋泾滨之骆增美一犯。该公使并不准查拿。于税捐殊多掣肘。现在各国通商章程甫定。彼此均应循照定章。方能允协。若任令要求格外。必至枝节丛生。恭亲王原咨。但指纳税清单。并无船钞罚款字样。该领事欲照总数核扣。已禀知普酋。著恭亲王奕欣等。即照会普鲁斯。告以既于关税内交还二成。即不应再扣船罚钞款两项。况船钞系充浮桩号船。塔表。望楼等项经费。罚款系随案充赏。并不收库。均无从追回核扣。并令其通饬各口领事官。一体遵照。以杜狡执。至洋商进口。华商出口。所纳洋药之税。两不相碍。该领事总以征收华商之税。碍及洋商贸易。亦难保非藉词挟制。业已密谕薛焕。妥为办理。并著奕欣等。随时留心防范。无庸先给照会。傥普鲁斯转据密迪乐之言。有所陈渎。即据理辩论。并将私贩之犯。令其交出。以杜欺蒙。是为至要。原片著钞给阅看。

己亥。钦命总理各国事务恭亲王。大学士桂良。户部左侍郎文祥奏。窃臣等于本月初六日。接准军机大臣密寄谕旨一道。并钞录江苏抚臣薛焕原片二件寄阅。查臣等前据威妥马声称。奉普鲁斯之信。呈递禀帖四件。一系自拟洋药税办法。请酌定得中之数。一诉上海道办理药税。多有违约。一诉宁绍台道重征进口药税。一诉上海道未能追理欠款。查该酋所递征收药税禀内。称进口以后之税。酌减画定得中之数。照通商条约第七款所载。现定出入税则。总以照纳一半为断。如尚以为不足。亦可酌量增加。然其要无论多寡。总在于各关画一定额。无庸分设多局。别立子口各等语。臣等核其所禀。虽称进口以后税项。可酌量加增。然其意嫌华商征税较多。拟避多就少。以为畅行洋药地步。且其文法。与其余之禀不同。显系内地商人。代为秉笔。因告以此事。未可悬断。应候天津通商大臣。上海钦差大臣。督同李泰国。秉公核办。其余之禀。均允为查办。咨明薛焕据实声覆。惟所称英商宝顺行洋药。既在上海纳税。改运别口。条约第四十五款内。载明监督官验查。发给牌照。交该商收执。一面行文别口海关查明。免其重纳。是英商既在上海关纳税。必有该道牌照。并行文可据。宁绍台道。何能重征。该商亦岂能甘心输纳。其为饰词耸听可知。但无凭指驳。因于咨薛焕文内。声明有无影射别情。庶不至堕其诡计。华商汪干记。欠英商银两。虽条约第二十二款。载有中国官员。认真严拿追缴之语。但恐别有轇轕。亦于文内声明。至厘捐增加。及设立广潮公所各情。亦咨薛焕查覆。虽逐条均允办理。仍声明是否为稽查税务而设。有无与原约相违。亦拟令薛焕咨覆后。即据以严行驳斥。使其无词可藉。但该夷纷纷以影射之词呈诉。臣等即据一面之词。允其查办。必于税项诸事。大有关碍。因另备文由驿知照薛焕。

令其据实声覆。如系所禀。实在情理之中。于税项毫无出入。办理并无窒碍者。方能酌量办理。否则据该抚咨覆驳诘。以杜捏诉地方官之渐。兹奉密谕。并钞寄薛焕原奏。查扣款一项。虽续约第三款。有于通商各关所纳总数内分结扣缴之语。但船钞罚款二项。并未指明在扣款之内。薛焕原奏所陈。实为正理。臣等即据以照会普鲁斯。使转谕密迪乐。并通商各口领事。不得任意狡执。至上海关征收华商出口税银。洋药百斤。完税银三十两。厘捐二十两。臣等查九年八月间。惠亲王会同户部。奏定章程。并十年三月间。户部奏驳前任两江督臣何桂清。酌加商捐银两。改捐为税。计华商运药出口。每百斤征收关税银三十两。抽收商税银三十两。原以上海至苏松一带。并无大关收税。是以豫收税银三十两。如运赴有关处所。其第一关。准其抵扣。是专为严防华商偷漏而设。与洋商毫无干涉。其商捐一项。系属华商捐助军饷。尤与夷商无涉。条约内载明。中国各口收税官员。凡有严防偷漏之法。准其相度机宜。随时设法办理。并通商章程内所载。进口离口各层。极为明晰。其中国犯罪民人。潜匿英国船中房屋。条约内载。中国官员。照会领事官。即行交出。不得隐匿袒庇。该领事官密迪乐。有心阻挠。臣等揣量其情。一则洋药税征收过重。恐内地药土畅行。洋药贸易不旺。一则中国奸商句串。该领事冀于新章开办之时。藉端轻减。惟此二层。均与洋税无涉。且非条约所载。臣等亦断不能允行。现在遵旨留心防范。无庸先给照会。拟俟普鲁斯或有照会来议此事。或李泰国到后。再行办理。并闻李泰国司税。颇属认真。毫无偏袒。至时令恒祺赴津。按照条约。缕晰辨明。严定章程。并令将私贩洋药之骆增美一犯交出。以重税项而杜弊端。所有威妥马原禀四件。并臣等咨薛焕文二件。及遵旨给普酋饬改正扣款照会一件。谨钞录恭呈御览。

给江苏巡抚薛焕咨文。

为咨查事。照得本爵接据英国威参赞呈本爵单三件。一内称上海吴道。于洋泾滨北。设立洋药厘局。将厘捐之数。遽增数倍。该道出示。令各国行中内地管帐人等。每月汇报一次该行已售未售洋药总数。其各吞船。亦照此办理。发给盖印簿本。令照填写。并令局给每箱银五钱。似其令为本行侦细。迹同海关捕役。与条约相违。又吴道告示。及局内章程。定同择闽广八行。总理其事。实同从前粤省额设公行。大为商民不便。告示内所引原款。一经离口。改为一经进口。显系明知故违。并有华商向该商买药。被公所拿住。并药不还等语。一内称上海英商宝顺行。欲将洋药五十箱。剥运宁波。已经上海关征纳税银。管理海关宁绍台道。将其税单置之不问。必向征税。与新约第四十五款所载相违等语。一内称华商汪干记。欠英商必理银两。上海吴道。不肯认真勒追各等语。查以上各情。本爵无从悬断。惟华商汪干记。既欠英商银两。若别无轇轕之处。自应代为勒追。其英商宝顺行洋药。现在上海纳税。如并无影射别情。宁绍台道。亦不应重征。务饬该道等秉公办理。不得稍有回护。亦不得有意迁就。总期按照新章条约。并续约税则办理。不得丝毫增减。以免争论。至厘捐何以增至数倍。是否实有其事。各国行内管帐人等。每洋药一箱。给银五钱。并设立广潮公所。是否为稽查税项而设。有无与原约相违。相应钞录咨明贵大臣。转饬该道等。将本爵文内指出各情。秉公查办。无论华商英商。均应一视同仁。不得任凭一面之词。稍有轻重。俟据实查明后。即行咨覆可也。须至咨者。

给英吉利照会。

为照会事。照得本爵接据署理钦差大臣江苏巡抚部院薛咨称。与贵国领事官密。在上海交还第一结赔扣银两。计自八月十七日起。至十一月二十日止。共应交二成银七万二千九百三十四两零。开列清单。并会同赴关。调查总散各簿。惟领事官密面称。除洋商按货完税外。尚有外国商船所完船钞。及海关所收罚充入官等款。亦应一并核扣二成。与上海道再三辩论。查上年续定条约第三款内称。应赔偿银两。于通商各关所纳总数内。分结扣缴二成。两国先期派员稽查数目清单等件。以昭慎重。并无指明船钞罚款二项在内。详译条约所载。各关所纳总数之语。即前据贵大臣。请饬小口并入大口总纳之文。若罚充入官之款。即不得谓之纳。似系领事官密。误会条约。以致争论。况通商税则第十款载明。各口所设浮桩。号船。塔表。望楼等经费。在于船钞项下拨用。是此款备充办公之用。并非中国征存收库之款。与税项有别。其罚充入官之款。系由司税之员。分给在关办事中外人役。查拿偷漏出力之人。尤非征收入库之款。亦与税饷有别。是此二项。均非应入关税总数内核算之款。碍难扣缴。本爵极愿早将扣款清偿。惟扣船钞罚款二成。于办公诸多窒碍。且既不与关税相涉。亦不与条约相符。现在彼此既敦和好。万不宜以此小节争执。致将来有不遵条约之弊。相应咨明贵大臣。即饬领事官密。按照税项所纳总数。每结扣还二成。其船钞罚款。不在扣数之内。以免纷争而昭信守。所收第一结扣款银两。即付收据可也。须至照会者。

戊申。钦命总理各国事务恭亲王。大学士桂良。户部左侍郎文祥奏。窃臣等前于上年十二月间。接奉寄谕。因寇氛逼近浔防。九江碍难通商。令臣等照会英酋。与之婉商。暂缓前往。经臣等给以照会。告以彭泽湖口。贼情肆扰各情。阻其前赴九江。当即附片具奏在案。兹据英酋普鲁斯照会内称。傥有阻隔。水司军门。当从严惩创。近洋所统大军甚众。即遇匪拦遏。必克相胜各等语。是其意欲前往。因于接见威妥马时。晓以并非阻其九江通商。但贼氛逼近。商贾稀少。徒往无益。该夷即称。现在彭泽湖口一带贼匪。经钦差大臣曾国藩。悉行击退。九江已可通商。并无窒碍。臣等以夷性倔强。设再与之争论。益以坚其欲往之心。且转示之以怯。因乘机告以八年间。额尔金乘船至汉口。道出金陵。为贼匪开炮击坏船只。并闻额尔金。与贼求和。始获保全。彼时中国军民。知尔国与贼往来。颇觉轻视。冀以动其愧悔之心。免其句结之念。该酋声称。尔时入江炮船四只。虽为贼所伤。然一经开炮回击。贼匪即大败而逃。惟由汉口回驶时。大船二只。在中途搁浅。仅余小船二只。恐贼匪开炮轰击。势难以寡击众。不得已曾入江宁城。告以并非帮助官军剿贼。实系前往汉口。不必开炮。此语则有之。所称与贼往来求和。则传言之讹。此次前往。自当与贼不相闻问。臣等查上年十月间。该夷欲赴九江。汉口。通商。曾有照会议及护船兵器火药铅弹等件。如在情理之中。由海关查验。给以照单。傥有额外军器。或无照单。即将船货全行入官。其意恐中国疑其与贼句结。故先有此请。臣等仍与该酋。言定护船兵器等项。务按照会所定。其船丁水手人等。并须严加约束。不准与贼句结。免致军民轻视。该酋亦无辩论。臣等仍行文江苏。安徽。江西。湖广。各督抚臣。并沿江统兵大员。一体严查。以昭防范。所有普酋照会一件。谨钞录恭呈御览。

(乙卯)署理钦差大臣江苏巡抚薛焕奏。据苏松太道吴煦探得英国水师兵头霍姓现带大小火轮船五只。载兵八百余名。洋商数人。于正月初二日。径由吴淞口起碇。驶赴长江。声言前往汉口等处。察看通商情形。并称有夹板货船续开等语。由该道禀报前来。伏查汉口九江两处。业准英国通商。是长江必有洋船出入。臣前奉密谕。遵经咨饬江面水师。一体钦遵。勿得滋生疑虑。惟恭亲王照覆英公使普鲁斯公文。言明九江。镇江。汉口。各口进出应纳税饷章程。令该公使就近与上海关公同商定。即由上海。知照九江。镇江。汉口。妥为办理等因。前经转饬苏松太道吴煦。照会英领事密迪乐知悉。迄今未据照覆。普鲁斯现在津沽。尚未来沪商办。密迪乐亦未与吴煦商及此事。此次兵船驶赴长江。又不先期知会。突然起碇开行。殊属任性自由。莫从理谕。再英国公使额尔金。于上年十一月由沪赴粤。探明现已回国。合并陈明。

薛焕又奏。英酋额尔金。自换约出京以后。夜郎自大。动称诸事均须在京商办。外官不能与闻。普鲁斯现在天津。臣前准闽省咨办通商公事。即经照章照会普酋会办。该酋亦不答复。其在沪之领事密迪乐。又复事事狂妄。现英夷兵头开船驶赴长江。声言将往汉口等处。据苏松太道吴煦密禀。闻其路过金陵。欲见发逆。与之说明。两不相犯。使洋船往来江面无碍。并欲与该逆互通交易等情。伏查汉口九江。皆在长江上游。金陵乃必经之地。该夷嗜利无厌。欲图便于通商。先与发逆交结。此说恐不尽无因。犬羊之性。无所不至。傥该夷竟与贼匪另有句通。此后军务。尤形棘手。又据吴煦禀称。数日前佛国兵头蒙冒斗班。遣其翻译官李梅。面告该道。谓英夷将有往见金陵发逆之举。不知是何意见。蒙斗班本欲派船偕往。因无小船在沪。只得派小兵头一人。附搭英船同去。察看动静。如英夷果与发逆私通。该小兵头。即可设法通信。又言英夷不愿帮助中国。居心殊为叵测。请豫为防范各等语。臣窃思英佛两夷。相助为恶。佛夷所言。亦属未可尽信。惟此时在上海者。佛夷似较英夷稍为近理。现饬吴煦密令华商。密探该夷举动。如有见闻。即行驰奏。

京口副都统巴栋阿奏。窃奴才于咸丰十年十月二十四日。承准军机大臣。密寄上谕一道。奴才钦奉之下。即经密饬水师各营。一体知照。并酌调师船。严防江面。杜贼北窜。并密筹接洽英夷之大概情形。奏明在案。兹于咸丰十一年正月初十日。据提督衔记名总兵广东水师提标左营游击赖镇海。总兵衔广东海门营参将尽先副将李新明禀称。现有英国商船三只。业已抵镇。探看地势。设立署栈。以便通商等情。旋又据镇江府知府师荣光禀报前来。奴才即令佐领文禄。飞往伊船接见。询问来镇通商情形。据该佐领文禄回禀。系该国参赞巴夏礼一员。水军提督和普一员。正副领事官二员。实属来镇通商。现无货载。亦无别情。其余未到货船十余只。陆续即可到镇等情禀复前来。奴才即饬地方府县。细心妥为照料。期于和悦。并即咨会钦差帮办江北军务总统水师提督衔浙江黄岩镇总兵黄彬。拨船善为照护。惟于十一日。该国水军提督和普。驾驶轮船一只。前往金陵上游。于十二日折回。十三日驶回上海。旋于十二。十三等日。该国参赞巴夏礼。副领事官费笠子等。前来禀见。奴才接见之下。询问情形。据伊等云称。我国船只。来镇探看地势。设立署栈。以备通商。昨开轮船一只。前往金陵上游。察看江面。并欲使粤匪知我国商船。于九江汉口等处。来往通商。勿得开炮拦阻。该船于十三日驶回上海。现有商船二只。在镇驻泊等语。奴才伏思镇城通商。设关收税一节。前准江苏抚臣薛焕咨明。均著常镇道主政办理。奴才当即飞催该署道江清骥。迅速来镇。遵照办理去后。复据镇江府知府师荣光禀称。十三日巴夏礼。面催赶议通商各事。言甚急迫。奴才因即饬令该府。督同丹徒县知县田祚。遵照条约。妥筹商办。务期曲尽公平。永敦和好。现经该府县与之会议。择于甘露寺地方。暂为副领事官费笠子公署。以便会商事件。今已看定地势。在于镇江西门外云台山上下。建造公署商栈等情。十五日巴夏礼坐船。业已驶往上游。察看九江。汉口。一带江面情形。适江清骥已于是日到镇。除由奴才饬令该署道。督同府县。与领事官等。妥为举办通商收税一切章程。务期详细尽善。并俟英国商船到镇。如何情形。再行具奏。

谕军机大臣等。本日据薛焕奏。英国兵船。驶赴长江。前往汉口等处。路过金陵。欲见发逆。并据巴栋阿奏。英国商船。现抵镇江。有轮船一只。前往金陵上游。察看江面。欲使粤匪知其来往通商。勿得拦阻各折片。览奏均悉。英夷于九江汉口两处开商。先与发逆交结。该夷甫与中国换约。虽不助我剿贼。亦未必遂句通粤逆。再启兵端。惟此后该夷商船往来江面。恐金陵逆匪。借伊船只。装载贼匪。驶入天津海口。其患不可不防。此事若由中国稽查。恐该夷心生疑忌。不如向该酋告以现在汉口九江通商各国船只。往来甚多。恐粤匪假充商贾。溷迹其中。窜入天津海口。中国无从稽查。应由贵国派人。将出口进口人数。严密查察。如有贼匪潜赴天津。务即代为拿获。以见彼此和好之道。著恭亲王奕欣等。悉心筹议。或行文照会。或与威妥马等当面言定之处。即行酌量辦理。至由海关查验护船兵器。该夷前已照会恭亲王。自必遵照办理矣。薛焕。巴栋阿。各折。片均著钞给阅看。

咸丰卷七四

(咸丰十一年辛酉二月戊辰)谕军机大臣等。玉明等奏。会同筹拟通商章程一折。奉天牛庄通商。本属创始。惟当遵照条约。以期日久相安。该将军等所拟章程。如栈店民房。不令出租。剥船先令报明货物。雇工发给执照。均与新议条约。不甚符合。务须斟酌办理。不得轻议更张。致该夷借口滋事。至英佛等国。税则条约。第五款内载明。豆石豆饼。在登州牛庄两口者。英佛两国商船。不准装载出口。该将军等拟令以货物兑换豆石。尤属显违条约。断不可行。各国在牛庄通商。如该夷不遵条约。该将军等即可据理折辩。如条约中所载各款。业经议定。恐难变通。乌勒洪额。系办理牛庄通商之员。著即于开河以前。赴牛庄驻扎。妥为办理。至天主堂一节。若听该夷自行择地。恐有碍民居。该将军等既于牛庄。没沟营。相度空旷地方。即著饬令地方官豫为踾定。俟该夷到时。指定处所。令其建盖。总期于民居夷情。两无妨碍。方为妥善。

庚午。京口副都统巴栋阿奏。窃奴才业将英国轮船。陆续抵镇。并据镇江府禀。以会择于云台山建造署栈缘由。于正月十六日具奏在案……又据水营赖镇海禀报。十六日午刻。下游驶来大火轮船一只。旋即驶往上游而去。又于十八日午刻。驶到火轮船五只。有三只当时上驶。其二只。暂在镇江之甘露寺。银山。一带。抛泊时许。旋即开往上游。又于二十日午刻。由下游驶上轮船一只。并未停泊。至今俱未驶回。刻下镇江仅有轮船一只等语。又据统带红单船提督衔福建金门镇总兵陈国泰呈报。前因轮船上驶。派出尽先把总邓国胜。驾船护送。密中探访。于二十三日回营禀称。瞭见该轮船陆续上驶。均在上关。中关。下关。一带。停泊各等情。禀呈前来。奴才复接见费笠士。及该国兵头等。询问上驶船只各情。据云。系该国兵船。赴九江。汉口。一带。察看形势。会议通商。船中并无货物。此去亦无别情。该国货船。现在泊于吴淞海口。据云。四月初旬。即我国二月中旬。即可入江。或至汉口。或至九江。尚未定准。至镇城景况。倍极萧条。开市日期。亦未议定。

(癸酉)侍郎衔通商大臣崇厚奏。窃奴才奉命办理三口通商事宜。并管理天津关税务。一月以来。悉心筹划。当此立法之初。务求裕课便商。除奸剔弊。以期历久永昭公允。查总理衙门奏定新章原条内称。洋税旧定每百两。另交倾镕银一两二钱。经八年间。筹办税则。议明裁撤倾镕之费。现在和约既换。自应按照办理。所有各口起解部饷川资运脚平饭银两。以及稽查关税书吏辛工纸张一切费用。拟请敕令天津通商大臣。上海钦差大臣。会同各该地方督抚。酌议章程。奏请遵行各等因。均蒙恩准照原议办理在案。奴才钦遵会同各国领事官。议定按照新章。裁撤倾镕之费。并将部颁秤码丈尺二副。按照条约分交该领事官一副。以昭画一。择公正殷实商民。设立官银号。责成收兑税课银两。只准按照部颁库平验收足纹。不得稍有抑勒。一面商同直隶督臣。酌委廉正委员。分口实力稽查。自不至暗生弊窦。现在冰泮河开。外国船只。渐次到口。各商均思举办。所需设立号船。巡船。及租赁房屋。添设卡房。并各口委员。书差。巡役。薪水饭食应用费项。一时无款可筹。谨将奴才所征天津关税饷项下。借拨银二三千两。暂给垫用。撙节办理。所需各口委员。书差。巡役。应派若干名。巡船若干只。水手人夫若干名。先行酌量分饬办理。容俟试办数月。如有应行裁撤增益之处。随时体察情形。核实酌办。至起解部饷川资运脚平饭银两。并委员管解费项一切。均应遵照总理衙门奏定原条。会同直隶督臣酌议章程。奏请遵行。其借拨天津关饷项银两。容俟奏定后。即在新征洋税项内提拨归款。再查前任粤海关监督武备院卿恒祺。及现任苏松太道吴煦。办理洋税。系用外国人李泰国等帮同襄理。因李泰国熟悉外国商情。并谂知各种货物价值。各商到口纳税。丝毫不能影射。故每年税饷较常倍增。办理甚为得手。前经总理王大臣咨照上海钦差大臣薛焕。札调李泰国来津试办。并知会奴才衙门。现在李泰国尚未到来。如果将来到此。真能剔清各商弊窦。畅征税课。办有成效。再拟酌给辛工。至牛庄登州两口。奴才驻扎天津。深恐鞭长莫及。现已遵照奏定原条。知会该将军。督抚。府尹。酌委妥员前往。按照新章。妥为商办。其应用一切费项。容俟会同该将军。督抚。府尹。一并酌议章程。核实具奏。朱批。户部速核议奏。单并发。一宜设立官银号。收兑税课银两。以备报解也。查条约所载。洋税旧定每百两。另交倾镕银一两二钱。今照新章议定。均按部颁库平。完纳足纹。裁撤倾镕之费。不得丝毫勒索。惟将来起解部饷。须解足色库宝。而各商零星完纳。势难一律。现拟责成官号。按照天津关饷。倾成足色库宝解部每百两。由官给加倾镕耗费一两二钱。以重课款而免滋弊。

一大沽海口。宜设稽查验货总局。并设立号船巡船。以严偷漏也。查天津内河。至大沽海口。相距有二百余里。河面浅窄。各国大号货船。不能进内河。径抵关埠。且间有在拦江沙外。不能进口者。与粤海。上海。情形不同。将来大号船只到口。必须由海口外发单。开舱验货。起剥到关。是海口乃天津新关之门户。最关出入。现拟设立号船。横亘海口。悬立号灯旗帜。以示标准。并雇用出海巡船数只。添觅熟悉洋面水手人夫。以司启闭。即于大沽地方。租赁民房。作为稽查验货总局。遴派廉正委员。督同书吏巡役。昼夜盘查。凡大船不能进内河者。即令委员等发单。开枪验明起剥。如有船只过大。并不能进海口者。饬令委员等。乘坐海船。出拦江沙外发单。开舱验明后。方准起剥。运送内河。赴关纳税。其小号货船。可进内河者。即令委员在海口眼同封船。派役押送到关。无庸起剥。庶可杜影射偷漏之弊。

一征收各国商税。宜另设新关。以免牵混也。查旧设天津关。在天津城北。南运河北岸。向收内地商税。并无外国税饷。今准各国通商。新征洋税。且有扣归二成会单。自应仿照上海章程。于海河内。另设新关征收。凡有外国货船进口。皆赴新关投纳。以示区别。现拟在海河择定扼要地方。租赁房屋。设立卡房。雇用巡船。并另派委员。书差。巡役。查验货物数目。按则征税。逐日呈报察核。庶可清厘扣款。免致蒙混。

一宜给剥船执照。并海河分设卡房。逐段盘查。以防漏卮也。查海口至天津内河。相距二百余里。商船货物。由大沽剥运到关。所雇剥船。系由外国商人自觅。难免句通沿途作弊。现拟由海口稽查验货总局。每剥船发给执照一纸。载明所剥货物数目。并签派干役一二名。沿途押送。经过地方。沿途分设卡房数处。派有委员书差。按船盘查。验明执照。盖用戳记放行。俟抵新关。即按剥船执照所载货物数目。逐一查验。按则征税。庶内地奸民。不能从中句串。

一洋药税项。请归并新关。无庸定额征收。仍另款报部。以清款项也。查咸丰九年弛禁以后。户部奏定天津关额征银五万两。向系闽广商船贩运来津。今海口通商。洋药系产自外邦。轮船往来便捷。较闽广商船贩运。本轻利重。势必统由外国商人贩卖。现查到口各船。半载洋药居多。似此源源而来。每年或不止五万之数。且所征税项。即应归并洋税。扣归二成会单。自不能仍照天津关部定额征办理。应请嗣后所征洋药税项。归并新关。一体尽征尽解。无庸限定额数。以昭核实而免窒碍。

一遴派委员。分饬海口海河。及沿河卡房。责成稽查验税。随时弹压。以昭慎重也。查向来各口海关监督。凡发单开舱。上船验货。一切皆系责成亲信家丁。以为耳目。今与外国商人交易。并有事须向领事官商办。不独税课攸关。且有交涉事件。必须委员前往。一切较为得体。断非家丁所能胜任。现拟遴派廉正正杂妥员。每月量给薪水。以资办公。饬令分口稽查。并遇有中外争执事件。责成随时弹压。以弭衅端而清积弊。

咸丰卷七五

(咸丰十一年辛酉二月庚辰)恭亲王等又奏。臣等接到崇厚禀称。英国吉必勋押送行李来京。即可回津。无多耽搁。并前护英公使进京之兵。亦拟即撤回天津等语。十九日。先后据城门营汛禀报。十八日申刻。有英官二员。兵十三名。出东便门前往通州赴津。臣文祥于接见哥士耆。询以两国将来在京人数。据哥士耆回信。英国兵丁已于前日回津。佛国亦定于后日遣行。只留八名。英国所留。非十二名。即八名等语。与崇厚所禀均符。崇厚禀内。并述英国领事孟甘言。巴夏礼。已在汉口开埠。议定章程。商船到上海。由监督验明。如无枪炮等器。方发给执照。船到镇江。再由英国领事查验明确。方准赴汉口。以杜卖给逆匪火器情弊。又述称新闻纸内。现在阿斯利亚国。与意大利亚国。因争地构兵。阿斯利亚国邀俄罗斯布鲁斯两国帮助。而意大利亚国。又邀佛兰西帮助。五国同时构衅。又亚米利驾合众国。现有四部落不和。自相打仗等语。同日又接天津府县联衔禀称。佛国驻津之兵。现有四百余名。已于十五六日。陆续退出大沽。放洋南行等语。臣等窃思新闻纸所言。各国打仗之事。是否属实。拟再向哥士耆等设法探询。至佛国之兵陆续放洋。究有若干名。现已函致崇厚密探确数。俟禀复到后。再行具奏。

壬午。钦差大臣湖广总督官文奏。窃奴才奉到钦差大臣恭亲王等咨行。颁发新议英佛各国通商条约税则。行令一体遵照等因。当经转行通商关口遵照。并晓谕商民各安生业在案。兹于本年正月二十六日。先有英国火轮船一只。驶抵汉镇。询系上海宝顺行即颠地行之行主韦伯。同英官威司利。通事官曾学时。杨光谦。并随从人四五十名。奴才当饬汉阳府知府刘齐衔。汉阳县知县黎道钧。候补同知直隶州萧荫恩。都司李大桂。妥为照料。二十七日。威司利等入城。至奴才署中相见。均各恭敬。据称由上海来汉。察看地势。立行通商。随在汉口自托李大桂代觅栈房一所。每年议给房主租价银四百两。留通事官杨光谦。并从人数名住居栈房。奴才接见以礼待之。甚为欣喜。即同该行主韦伯。于二十九日仍回上海矣。二月初一日。又有火轮船。兵船。四只到汉。约载英兵三四百名。即有英国参赞官巴夏里。并其属官萨尔等。渡江至奴才署中相见。巴夏礼晓畅汉语。心地精细。据称由上海前来。查办九江。汉口。开港事宜。至九江口岸诸务。尚在未定。先来汉口察看地势建造栈房。其领事官。系由福建调来。风色不顺。尚未至楚。次日又有英国水师提督贺布。率所属武官二十人至署来拜。奴才以礼款待。各皆欣悦。惟贺布声言驶往上游一带。奴才告以水溜滩多。谆切劝阻。而贺布云往看水势。并无他意。即于初四日开火轮船二只。溯流上行。奴才当飞饬岳州。荆州。宜昌。文武各官。沿途照料。如英兵上岸。示谕居民。两国和好。无须惊疑。又有英官萨尔等数名。持有上海道印照。即约内准其各省游行之条。由楚入川。往后藏。回天竺。当即代雇本地民船。并派候补守备墨尔根额。带兵护送。至夔州府交替。再由川省派员伴送前进。初六日。又有英人二名。往襄河上行。亦经奴才派炮船随往。刻下尚未转回。连日巴夏礼。于汉镇下街尾。杨林口上下。看定地基界址。会同汉阳府县。并委员等踏勘。量宽二百五十丈。深一百一十丈。四至立石为界。现先由巴夏礼至藩司衙门。给发丈量地基对约。钤用藩司印信。议定俟英国领事官到汉。传集地户房主。会同地方官当面议价。立券给价。交地后。任凭英商建造栈房。每年应纳国课钱漕。由英商如数完纳。并议再有他国到楚。须在英行以下择地盖栈。不得上占正街。初六日晚间。贺布船回汉口。沿途禀报。仅至岳州。洞庭。并未上赴荆宜。奴才先经送给牛羊煤酒各色。贺布等逊让再三。均不肯收。初十日。奴才同司道等官。前往答拜。即日贺布开火轮船二只。赴九江下游。十二日。巴夏礼船亦开行。仍留英官夏姓。及火轮船一只。停泊汉口。此英国官商。先后到汉。察看地势。分别办理之情形也。此次英船至楚。上岸入城。所用食物。均公平交易。商民安堵如常。奴才以礼相持。遇事剖以情理。英官欣喜相从。堪以上纾宸廑。据巴夏礼称。货物出口入口。税课俱在上海。镇江。完纳。九江。汉口。概不征收。已与薛焕议妥。载入新约。概不二税。楚北无须添设关卡。以节糜费。每年亦无报解之款。仅须酌派明干大员。与该国领事官。筹办日行事宜。如有因地制宜。应行酌量变通之处。不在条约所载者。仍由奴才随时奏请训示。或咨商总办通商事务大臣。分别办理。又现据英官。呈送长江各口暂议章程一本。内载自镇江以上。汉口以下。沿途任便起货下货。不用请给准单。不用。随纳课税。俟回镇江照章办理。亦由奴才咨明办理五口通商事宜大臣薛焕察核。

戊戌。江西巡抚毓科奏。窃照英国议在九江。汉口。先行通商。事属创始。理宜慎重。前经奴才奏明。饬委藩司大员。赴浔会办在案。嗣据饶九道文恒。署九江府知府程元瑞等。先后禀报。本年正月二十二。二十七八等日。陆续到有火轮船七号。经两广督臣劳崇光。派委同来之都司刘世安。带同英国参赞巴夏礼。领事官许士二员。进赴道署。据巴夏礼面称。船内尚有水师提督贺布一员。意欲先在九江。汉口。两处设立口岸。派领事官许士。住在九江。办理通商事宜。并欲先赴南康饶州一带。查探水势。及地方情形。伊与贺布。亲往汉口。商定一切后。仍回九江商办等语。遂于二十八日。将船驶赴汉口。浔中仅留许士船一号。驶入鄱湖。欲由吴城进省。因船搁浅。亦即回浔。各该英船。往来湖口县。每于早。午。晚。三次。在对岸之梅家洲。用千里镜。观看天星。绘画山川形势。经奴才严饬驻防湖口水陆各营。钤束勇丁。勿滋事端。并示谕民间。勿生疑虑。幸皆安静无事。该署藩司张集馨。先于二月初二日。随带南安府同知唐廷铨。布政司理问马长康。酌带公费。自省起程。初六日抵浔。巴夏礼旋即由楚回江。接见之下。行免冠礼。会商租地开市。合文立据各情。词色和平。尚称恭顺。十三日。巴夏礼带同唐廷铨。马长康。前往湖口。察看地势。会商诸酋。佥以湖境扼要。鄱湖为江省咽喉。上通吴城。下达江皖。控据形胜。欲在该处立市。经马长康。告以湖口城内。地多乱石。城外俱系沙土。难以修馆。并与唐廷铨。约会都司刘世安。往返各船。以湖口山回水深。风涛险恶。商船停泊互市。必不愿来。且地接建德东流。时虑贼扰。水陆防军杂处。易启衅端。不如仍在九江。可符原议之言。再三晓谕。令其斟酌。巴夏礼意似省悟。与诸酋以千里镜远观四面。复用盘盛水银。测察地府。确系沙石。始信委员所说非诬。次日始允折回九江。十五日。在九江府城西门外龙开河东。量地一百五十丈。深五十丈。写立租约。巴夏礼因弓步不准。约于天霁后。按照指南法。用绳量准。镢石立桩。听凭起造。俱已互及租约。所立租约。仿照湖北式样。用巴夏礼。及该藩司等衔名。所量地基内。有民房三百余家。及厘卡铺面。巴夏礼虽有每亩五十千之说。如穷民实在无力迁移。拟于公费内。量为津贴。以免后衅。巴夏礼本欲进省。并至祁门大营。经张集馨。告以该司系奏明筹办通商大员。凡在条约中者。事有专责。即见督抚。亦必交司妥为商办。巴夏礼遂乃不行。现已带同各船。驶回上海。声言尚须会同水师提督进京。问其往京何事。则云伊国钦使在京伊本派同侄。因奉差来此。领事官许士。常驻九江。遇便再行进省。并闻佛米二国各船。亦将踵至。

咸丰卷七六

(咸丰十一年辛酉三月)辛丑。署理钦差大臣江苏巡抚薛焕奏。英国条约。准在镇江通商。所有中外交涉事件。头绪纷繁。臣于上年豫饬常镇通海道。俟有英船驶至。欲行通商。迅即禀明妥办。本年正月。英国兵船入江。业经臣专折奏报在案。兹于二月初八日。据署常镇通海道江清骥禀称。正月初十日。有英国轮船二只。驶泊镇江江面。该道在高邮粮台于十三日。接据镇江府知府师荣光禀报。当即起程渡江。十五日。行抵镇江。询据师荣光禀称。英国参赞巴夏礼。择定城外毗连云台山银山上下空地两段。用价租作该国官商建造署栈之所。巴夏礼急欲前赴汉口。不及静候江清骥到镇面议。即于十四日与师荣光。暨署丹徒县知县田祚。先行拟定租约。留副领事费竺士。暂住城外甘露寺中。会议通商一切事宜。言明将来泊船在所定界内。巴夏礼既定租约。即起碇驶赴上游。并称随后尚有船只到来等语。江清骥。与费竺士接晤后。复亲往山地察看。核与交换租约所叙地界粮价无异。钞录呈送。并先据该府师荣光具禀前来。臣查镇江通商伊始。不特税饷章程。应照上海画一办理。自租地以至开市。总当慎密和平。以期相安无弊。当饬该道督率府县。将一切事宜。遵照条款。悉心商酌。随时禀办。

(壬寅)京口副都统巴栋阿奏。奴才巴栋阿。于二月二十七日。接据统领战船浙江定海镇总兵李德麟禀称。该总兵奉派泊防下游狼福二山要口。二月初二日。见有火轮夷船一只。由下驶至福山江面寄碇。正往查询。见有夷人数名。驾小艇登岸。少刻。忽闻岸上。及夷船。互有枪炮之声。顷亦停止。后经雇募土人往探。据报夷人登岸。徧贴告示。令居民赶紧薙发。并无别语。贼因忿而开枪击夷。夷人随回船中。开炮轰打。贼即退回。夷人后至白茆一带。照贴告示。并于江边树上挂白旗一面。上写不用动手四字。令人难解等语。初五日。有上海关快艇一只。驶至福山口外。上装夷人三名。女夷一名。欲进福山江口。差员驰往拦阻。不答而进。风闻绕由白茆以下别口而出。此后匪夷亦未构兵。往晤夷官不面。大火轮船于初六日下驶而去。次日复来小火轮船二只。连日在于狼福山江面往来。绘画图形点画水势。并散夷书。至今未去。其夷船往来狼福江面。亦无浅搁情事各等因。禀报前来。奴才伏查狼福二山江面。为大江门户。总兵李德麟。在彼泊防。属在戒严之际。又值夷船出没其间。始则互开枪炮。继又贴示挂旗。兼复驶艇入口。阻止不从。晤之不面。以及绘图量水。种种情形。朱难测度。当兹通商创始。碍难强阻。致生衅隙。奴才惟有饬令李德麟等。严防逆匪北窜。详探夷人情形。以固封疆而杜句结。现在镇江夷务。设关收税一节。该国参赞巴夏礼。于二月二十四日到镇。会同江清骥。前赴银山一带丈量。增添地基后。即日开船赴沪。今来货船三只。因税务司林纳。尚未到镇。并未开市。

戊申。办理三口通商大臣崇厚奏。窃奴才奉命办理三口通商事务。谨将议定各国通商税则新章。按照条约开办。并与各国领事官。将应办事宜。悉心商酌。次第举行。前因内河冰冻。货船未能进口。无从开征。始于本年二月初五日。接据该领事官照会。并大沽海口委员呈报。已有外国船只进口。请即发单验货等情前来。奴才当即分饬大沽海口。及新设海关各委员。逐日稽查。按则征税。所有天津海关。应征各国洋税银两。即于咸丰十一年二月十三日起。一律查照新章稽征。计开办一月以来。英国共进口货船三只。佛国尚未有船到津。共征洋药及零星货物税项。计银有一千余两。至奉天之牛庄。山东之登州两口。业经咨明该省将军府尹抚臣。并分饬山海关监督。登莱青道。暨委员。一律遵办。再去冬英佛两国留津兵丁。查得佛国两次出口南驶。共有九百余名。英国所驻城内之兵。逐渐退驻城外海光寺一带。居民市肆。均尚相安。并无滋扰情事。

(癸丑)山海关监督乌勒洪额奏。奴才出关后。于本年二月十四日。在途次接奉军机大臣字寄。二月初十日。奉上谕。乌勒洪额。系办理牛庄通商之员。著即于开河以前。赴牛庄驻扎。妥为办理等因。钦此。奴才奉谕旨前赴牛庄驻扎。于二月二十二日。行抵该口。当即晓谕商民人等。皆令遵照通商条款。以期日久相安。嗣准办理牛口通商委员毓昌。张鼎镛。先后会报。二月二十四日。有夹板洋船一只进口。探询系米国船只。广东人陈卓卿。雇此洋船。装载洋布洋药等物。探听比处能否销售。又三月初二日。到有夹板洋船一只。探询系英国船只。船主申姓。据称由上海驶至天津。所装洋货。俱在天津销售各等因。会报前来。伏查米国洋船。因货不合行。并未起卸。旋于初九日出口。英国洋船。于十一日亦行出口。

咸丰卷七七

(咸丰十一年辛酉四月戊寅)两广总督劳崇光。粤海关监督毓清奏。窃臣等承准钦差大臣恭亲王文行英国续约第三款。内开。咸丰十年十月二十日。应在粤省分交英国银。三十三万三千三百三十三两。内将经支填筑沙面英商行基之费。扣除入算。其余补交若干。即在海关现征税项内尽数划归。以清款项等因。又承准钦差大臣恭亲王等咨开。英佛两国续约所定赔补银八百万两。除在天津先交银五十万两。并在粤省先分交银三十三万三千三百三十三两外。其余银两。于通商各关。所纳总数内。分结扣交二成。以三个月为一结。自咸丰十年八月十七日起。至十一月二十日止。为第一结。于结期五日内。监督与外国领事。别具凭单。将应交二成银两。清交领事手收。小口应交之项。归入大口总计等因。并将条约税则。颁发前来。臣毓清。当即照会各国领事。于十年十一月初八日。将新定税则开办。并转行潮州新关。一体办理。伏查粤海关。分交英国银三十三万三千三百三十三两。除已付过沙面经费内应归英国承认银一十五万七千八百六十九两六分外。尚交英国银一十七万五千四百六十三两九钱四分。臣等即于十年十月二十日。按照来文。在于现征关税项内。尽数划出交给。取有收单备案。又自十年八月十七日起。十一月二十日止。粤海大关。及潮州新关。征收各国进出口货税。共银五十四万六百九十八两九钱六分九厘。按照条约。扣交二成。计应交英佛两国各银一十万八千一百三十九两七钱九分四厘。又自十年十一月初八日。试办征收进口洋药税银起。至是月二十日止。大关。新关。共征洋药税银一千二百六十六两二钱。应扣交英佛两国各二成银。二百五十三两二钱四分。合计第一结。共应交英佛两国银。二十一万六千七百八十六两六分八厘。当经照数兑足。于十年十二月十一日。及二十五日。分别交给英佛两国领事亲收。以清第一结之款。又自十年十一月二十日起。至十一年二月二十一日止。粤海大关。及潮州新关。征收各国进出口货税。共银二十八万一千五百六十三两七钱八分五厘。按照条约。扣交二成。计应交英佛两国各银五万六千三百一十二两七钱五分七厘。又大关。新关。共征洋药税银二万四千四百五十八两二钱五分。应扣交英佛两国各二成银。四千八百九十一两六钱五分。合计第二结。共应交英佛两国银。一十二万二千四百八两八钱一分四厘。复经照数兑足。于本年三月十二日。及十四日。分别交给英佛两国领事亲收。是第二结银两。亦已交收清款。均取具两国领事收单备案。至沙面经费内。有应归佛国承认银三万九千四百六十七两二钱六分五厘。现已于第二结应交佛国项内扣还。惟填筑沙面。尚未工竣。英佛两国。续有经支银两。统俟陆续结扣。分别归款。嗣后仍当按结清算。妥为办理。以符条约。

咸丰卷七八

(咸丰十一年辛酉四月)癸未。钦差大臣大学士湖广总督官文奏。窃查各国来汉通商。事属创始。前奉颁行章程。于各国出口货物税则。在汉镇交纳等因。正在详议办理章程。旋准办理各口税务大臣薛焕来咨。经英国巴夏礼。续议新章。其出口税则。或在汉口。或归上海。尚在未定。暂照所议新章。税物出口。候议妥再行咨照办理。而楚北自二月以来。皖逆上窜。长江南北。贼踪不时出没。洋船来往其间。难保无奸民渔利。代为逆匪置货。尤应严密防维。复经奴才将应完出口税则。并作何稽查。咨请总理各国通商事务大臣迅速议覆。以便遵办各在案。旋有英国领事官金执尔。及俄国商船陆续到汉。其入口货物。因值楚疆未靖。商贾多有迁避。未能畅销。该洋商仅在汉镇兑换桐油白蜡等物。驶赴上海。据英国领事官金执尔。来奴才署中谒见。人甚明白。日久自可相安。惟俄国船到。并未报知。来去自由。亦无领事官偕来。语言不通。任意装载往来。殊属莫从理谕。又据汉阳府知府刘齐衔禀报四月初二日。有米国兵船大小各一只。行抵汉镇。询系该国水师提督司百龄。翻译官麦嘉谛。来汉查办通商事务。拟留领事官韦良士。即住汉口琼记洋行。再议置地造屋。现未携带货物前来。当经奴才饬令该府刘齐衔等。妥为照料。初四日。该提督司百龄。率带文武员弁十四人入城。至奴才衙门相见。该翻译官麦嘉谛。通晓内地语音。言词和顺。当即以礼接待。众皆欣悦。并据司百龄等。豫先告知往岳州洞庭湖一带游行。谓洞庭乃天下名区。外国皆知。前赴看视。并无别意。即于初六日开火轮一只上行。经奴才飞饬岳州。长沙。常德。各府属知悉。晓示米国船只到后。以礼相待。商民各安生业。勿得惊慌。亦不许滋扰。初八日下午。该火轮船仍驶回汉镇。拟于汉口下街尾。英国所定地基之下。以次择定三段。起造栈房。其地由该洋商自向业主议价。公平交易。两不相欺。仍先由汉阳府面同米国领事官。将地基丈尺立定合约存案。俟兑价交地。再行起造。十一日申刻。该米国大小轮船二只。即开泊下驶回沪。

浙江巡抚王有龄奏。窃查各国税钞。向归旧关。与内地商税分别稽征。书舍人等。不能得其要领。咸丰四年。前任苏松太道吴健彰。在上海议设新关。邀外国人李泰国。帮办税务。较为顺手。前准总理五口通商大臣薛焕咨称。李泰国。已奉恭亲王等札。作为总税务司。帮同稽查各口洋商完税事宜。李泰国又派外国人日意格。为宁波副税务司。因日意格尚在广东。派华为士。暂行代办等语。臣思宁波本系通商口岸。今既有副税务司。应即仿照江汉关之例。在宁波设立新关。专收外国税钞。以期事有归束。一面移咨薛焕。饬调熟悉通商情形之江苏记名道杨坊。酌带江海关谙练书舍数名。暂行赴宁。并由臣札委带来浙之江苏候补知府赵炳麟。前往宁波。会同署关道张集渠。按照上海章程。酌量妥议。俟杨坊。日意格。到后。即可商定举行。惟近年各口税银。往往由上海代为收纳。给发免单。仍将税货驶往别口贸易。当时因上海稽征。有外国人帮同料理。较别口稍有把握。是以从权办理。然代收别口之税。无关考成。行之日久。易滋流弊。现在宁波已设新关。有外国人帮司税务。应请嗣后凡外国贸易商船。由宁波出口之货。浙海关。只准收本关出口税钞。不准另给印单。代收别关进口税钞。如由上海等处出口之货。江海等关。亦只准收本关出口税钞。不准另给印单。代收浙海关税钞。傥税已上纳。货未销售。仍开赴别口销卖者。所收税银。或即行发还。或给与票据。留抵本关下次之税。由关道与总税务司。副税务司。妥商酌办。总不得侵碍别关之税。所有免单认单。概行停止。一应进口税钞。各归各口。各自征收。似此画清界限。各专责成。既与条约相符。且可杜影射牵混之弊。于税饷实有裨益。

王有龄又奏。英吉利等国。恃强取巧。防范最难。全在中国坚守条约。画一办理。即以条约为范围。庶不至别滋流弊。若于条约之外。稍事变通。彼即从而生心。就中取利。免单一事。近日改为认单名目。其弊甚多。虽上海目前稍获赢余。而别口几同虚设。通盘计算。得不偿失。徒为外国纠缠影射之资。况现在内地客货。多被洋船揽运。各省军饷。均须就地自筹。若浙海关之税。悉由江海关代收。则浙饷少此大宗。必将决裂。上海与浙省遥为犄角。彼此声势相依。傥浙江不保。则上海亦旦夕可虞。关之不存。税于何有。此不可不深思熟计者也。

谕军机大臣等。本日王有龄奏。宁波设立新关。征收外国税钞一折。据称宁波税钞。向由上海代为收纳。给发免单。但无关考成。易滋流弊。现在已设有新关。令外国人帮司税务。应请嗣后凡外国贸易进口。税钞各归各口。各自征收。所有免单认单。概行停止等语。江苏上海关。代征各口税钞。原因有外国人帮同照料。从权办理。现在宁波既设新关。且有外国人日意格。为副税务司。自应以各收各口税钞为正办。已谕知薛焕。照王有龄所议办理矣。本日官文奏。英俄各国商船。陆续到汉口。英国有领事官金执尔同往。俄国船到。并未报知。来去自由。亦无领事官偕来。语言不通。任意装载往来。莫从理谕等语。汉口江路。贼氛逼近。外国船只。驶赴通商。本多窒碍。若如俄国之任意往来。殊滋流弊。且载运货物。亦须遵守条约。著奕欣等。即照会俄国。嗣后该国商船到汉口。务须有领事官偕往。去来必须报明。不得任意装载往来。以杜诡计。其各国出口货税。交纳稽查各章程。并著奕欣等。迅速酌议。咨覆官文。查照办理。王有龄。官文。折片五件。均著钞给阅看。

又谕。本日王有龄奏。宁波设立新关。征收外国税钞一折。据称宁波税钞。向由上海代为收纳。给发免单。但无关考成。易滋流弊。现在宁波已设新关。有外国人帮司税务。应请嗣后免单认单。概行停止。一应进口税钞。各归各口。各自征收等语。江苏上海关。代征宁波关税钞。原因浙海关征收各国税钞。向归旧关。与内地商税分别稽征。书舍人等。无从得其要领。从权办理。由江海关代为征收。现在宁波。既仿照上海设立新关。且有外国人日意格。司理税务。自应照王有龄所奏。各归各口征收。以清界限。著薛焕查明。嗣后外国贸易商船。如由上海等处出口之货。江海等关。只收本关出口税钞。无庸另给印单。代收浙海关进口税钞。傥税已交纳。货未销售。仍赴别口销卖。所收税银。或即行发还。或给与票据。留抵本关下次之税。所有免单认单。即著停止。其浙海关征收税钞。亦即照此办理。以清界限而杜影射。

咸丰卷七九

咸丰十一年。辛酉。五月。癸卯。山海关监督福瑞奏。窃奴才于四月二十三日。接奉军机大臣遵旨传谕到关。奴才谨遵于二十五日。自关起程。在途次接准驻扎牛庄管理英国事务领事密迪乐照会。内称。据英国派上海翻译官密迪乐。前往牛庄等处。办理领事事务等因前来。奴才即兼程前进。五月初三日抵牛庄。定于初五日前往英国领事公馆。会见密迪乐。议及所定通商事宜。均按和约条款遵办。奴才随时出示晓谕店栈商民人等。遵照所定和约条款。及一切通商事宜办理。以期日久永远相安。伏查到口洋船十数只。所载货物。均与上海执照数目相符。现在该口商民。安堵如常。海疆平静。

乙巳。办理三口通商大臣崇厚奏。窃奴才前经咨照山东署抚臣清盛。会商开办章程。只以二三月间。大股南捻。窜扰东境。商贾戒严。外国商船。亦闻风而裹足。一切通商章程。碍难筹办。嗣据山东登莱青道崇芳。候补知府董步云。登州府知府戴肇辰等禀称。并开具商办条陈请核前来。奴才详加覆核。该道等所议章程。虽系因地制宜。惟与条约新章。多有不符之处。亟应妥为酌办。当即批饬另议。一面咨商山东抚臣谭廷襄。并恐该道等。于现在新章。未能熟谙。转致遇事窒碍。查登州一口。又与牛庄情形不同。向无监督。亦未设关。现今开埠通商。事属创始。必须公正廉明熟悉情形之员。常川驻扎。方足以资治理。奴才远驻津郡。鞭长莫及。窃虑呼应不灵。查总理王大臣奏定章程。准令派员前往。现查有直隶候补知府王启曾。人品端谨。办事精细。且该员籍隶山东。熟悉该省海口情形。以之调赴登州。会同登莱青道崇芳等。悉心筹划。相机办理。实足收指臂之效。业经奴才咨商直隶督臣文煜。札调来津。将现办新章。面为筹商。于四月中旬。饬令迅赴登州。并咨会山东抚臣。责令该守会同崇芳等。实力举办。且虑开办之初。事务烦冗。复又札调直隶候补知县袁文陛。河工候补县丞曲纪官。随同王启曾差委。并稽查沿海卡属。及上海验货发单等事。至应派通事。并外国税务司。现已与英国人李泰国所举之代办总税务司赫德。商酌一二人前往。帮同征税。庶不至日久滋弊。惟查外国商船。由闽广上海而来。往往先到登州停泊。该口商贾辐辏。中外杂处。一切事务较繁。奴才恐一人耳目不及周查。相应吁恳天恩。敕下山东抚臣谭廷襄。转饬登莱青道崇芳等。会同奴才派往之直隶候补知府王启曾。认真妥办。庶于抚绥地方。稽征税务。两有裨益。至奉天之牛庄一口。本有山海关监督。经理税务。惟各国商船进出。难免商民水手与内地民人构衅。一切交涉事件。必得随时防范。查有候补知州马绳武。直隶候补府经历张元熙。均在总理衙门。并随武备院卿恒祺。及奴才当差。熟悉外国情形。亦经奴才札调该二员。于四日中旬前赴牛庄。并咨明盛京将军。奉天府府尹。暨山海关监督。就近差遣。责成会同地方营省。稽查弹压。俾免滋生别衅。

丁巳。钦命总理各国事务恭亲王。大学士桂良。户部左侍郎文祥奏。窃臣等查粤逆起事以来。蔓延七八省。滋扰十数年。推原其始。由于道光年间。沿海不靖。其时遣散之潮勇。从逆之汉奸。窥见国家兵力不足。句结煽惑。乘间抵隙。一发而不可骤制。迨用兵既久。财用渐匮。外国从而生心。得步进步。要求无已。是粤匪之患。萌于外国。而今日外国之张。又乘乎匪患。其事若不相属。而其害则实相因。臣等自去秋办理。以来为保全大局。极意羁縻虽英佛渐见信服。有昵而就我之意。而为国家谋久安之策。则防患正不可不深。伏思外忧内患。至今已极。譬诸木腐虫生。善治者必先培养本根。本根固而蠹贼自消。臣等办理外国各事。不过治其枝叶。而蠹贼未能尽去。非拔本塞源之方也。是以上年曾奏请敕下曾国藩等。购买外国船炮。并请派大员训练京兵。无非为自强之计。不使受制于人。然购买船炮之议。曾国藩等。现在是否办理。无从询知。而当此时事孔亟之时。何可再事因循。自英佛住京后。臣等屡次于接晤时。窥见各国心志不齐。互相疑贰。是以彼此牵制。未敢逞志。即如俄罗斯侵占吉林等处边界。英佛两国。均以为非。盖其意恐俄国日益强大。不独为中国之患。即伊等亦不能不暗为之防。臣等探闻英国。本有与粤逆两不相犯之约。佛国虽欲剿贼以夸其勇。而为英国所制。亦不敢自主。迨本年三月间。巴夏礼自长江来京。历言贼情。断无成事之理。而官文。曾国藩。胡林翼等。水陆各军。纪律严明。望而生畏。惟饷项不足。船炮不甚坚利。恐难灭贼等语。臣等伏查外忧与内患。相为倚伏。贼势强。则外国轻视中国。而狎侮之心起。贼势衰。则中国控制外国。而帖服之心坚。自臣等笼络英佛以来。目前尚称安静。似可就昵而昵就我。若不亟乘此时。卧薪尝胆。中外同心。以灭贼为志。诚恐机会一失。则贼情愈张。而外国之情。必因之而肆。臣等昼夜焦思。忘寝废食。前阅邸钞。知楚军甚为得手。安庆大获胜仗。如能指日克复。臣等以地势料之。则曾国藩必规画徽宁。为分道进剿苏常之计。胡林翼必规复桐庐。为沿江扫荡之谋。惟大江上下游。均有水师。中间并无堵截之船。非独无以断贼接济。且恐由苏常进剿。则江北似形吃紧。北路必受其冲。臣文祥曾记上年五月间。曾国藩奏陈攻取苏常金陵。非有三支水师。不能得手。虽不能悉行记忆。而其一则由江北造船。保护裹下河。以取金陵之说。但造船必须先设船厂。购料兴工。已非年余不成。自不如火轮船。剿办更为得力。第南省虽旧有二只。惟询据赫德则称并非打仗之船。且已有一只败坏。是利器已废。未免可惜。臣等复询问火轮船价值若干。能否购买。据称伊国火轮船一只。大者数十万两。上可载数百人。小者每只数万两。可载百数十人。大船在内地。不利行驶。若用小火轮船十余号。益以精利枪炮。其费不过数十万两。至驾驶之法。广东上海等处。多有能之者。可雇内地人。随时学习。用以入江。必可奏效。若内地人一时不能尽习。亦可雇用外国人两三名。令其司舵司炮。而中国雇用外国人。英佛亦不得拦阻。如欲购买。其价值先领一半。俟购齐验收后。再行全给。臣等告以库款悉有常经。岂能筹此巨款。赫德因称洋药一项。如照所递之单征收华洋各税四十五两外。于进口后。无论贩至何处销售。再由各该地方官给与印票。仿照牙行纳帖之例。每帖输银若干。如办理得宜。除华洋各税外。岁可增银数十万两。此项留为购买船炮。亦足裨益。臣等伏思赫德系英国之人。若谓昵我而输情。亦难遽信。惟贼匪既平。则商贾畅旺。于洋商岂无裨益。所拟印票之法。果能于各口无碍。似属可行。至先给一半银两。购办船炮。若谓恐其领银后。不知所往。臣等料该税务司。正在力图取信之时。断无虑此。现在赫德已回天津。臣等令其将船炮洋枪价值。分晰开单。先行呈递。惟此事如蒙俞。允臣等拟将价值奏明后。即请于上海广东各关税内。先行筹款购买。俟将来洋药印票税。收有成数。再行归款。并给赫德札文。令其购买运到时。即交广东。江苏。各督抚。雇内地人学习。驾驶熟习后。再驶入大江。惟应酌配兵丁。并统带大员。及陆路进攻各事宜。应请敕下官文。曾国藩。胡林翼等。豫为熟计。一俟运到。即请旨办理。总之兵贵神速。不容迟缓。若令速购船炮。则约计明年四月可以到齐。倘失此不图。贼势既难逆料。即英佛之笼络。亦恐无以善其后矣。昨佛国哥士嗜来见。亦称现欲回国。请总理衙门给札。令其购买船炮。伊即禀请国主。代为购买。俟将来税项。收有成数。即行扣还等语。其意虽为见好。而其言未可尽恃。但未便遽行拒绝。使其意存轩轾。如伊必欲请办时。亦须先与言明价值。令其代办一半。统俟运到后。其价值再行酌量办理。

恭亲王等又奏。再赫德所递清单七件。禀呈二件。臣等详加查阅。大抵为各关。现当开办新章。必须严定章程。以期税课日增之意。其单内所开各款。半皆条约中应行之事。臣等前于赫德来公所谒见时。与之逐层辩论。今所递各单。虽未必尽属可行。然其言尚不无可采。谨将清单及禀呈内所陈各事宜。分别办法。恭候钦定。

一长江一带通商一款。据单内称。起货下货。均在上海征纳税饷。其镇江以上。汉口以下。准商人任便起货下货。镇江以上。即作为上海内口。无庸设虚立之关。如此办理。于税务不至偷漏减少等语。臣等查长江一带。贼匪出没无常。若该商定意走私。实难设船查拿。固宜于总处纳交。以免偷漏。然设令在上海总纳税饷。准其任便起卸货物。又恐漫无限制。仍应由江苏巡抚薛焕。斟酌地方情形。妥议咨覆办理。

一外国船载运土货往来一款。据单内称。洋船载土货出口。则中国无从征第二次税。若复进别口。输纳子口税。似无不公平等语。臣等查复进口之内地货。条约税则内。原无作何办理明文。而洋商贩运内地货。由此口运进彼口。亦无禁止专条。是以与赫德辩论时。原欲税课稍重。即可免华商影射。及洋商贪入内地各事。及赫德所议。仅加一复进口之子口税。而又无子口税外逢关纳税之语。所以照会英佛国。拟令内地货复进口时。完一正税。准扣二成。若完一半正税。不扣二成。完清之后。仍逢关纳税。此说未知能否如议。应俟照覆到日。再行核办。

一子口税一款。据单内称。欲征收子口税。须择一紧要处所。设立关卡等语。臣等查此系专指洋货进口。土货出口而言。非土货出口复进口可比。自应在紧要处所。设卡征收。土货出口。以过卡准照为凭。洋货进口。以入卡准照为断。总期该商进口出口。货物完一正税。即有一子税。办法不厌周详。庶税课可期充裕。此项子税。既为条约中应行之事。且系内地税。可以不扣二成。应令南北通商大臣。妥筹办理。

一洋药各口情形一款。据单内称洋药抵中国者。每年约有七万箱。税则太重。即令人随意保私漏税。现有两项征法。一条系进口时。征一次重税。即每箱六十两。完税后。准往各处。而不另征别税。一系进口时。按则征收洋税三十两。再征华税十五两。准在通商之本府所属境内不再重征。俟出本府之境。凭地方官随时设法办理等语。臣等查洋药为洋货之大宗。税则内本有征收进口洋税三十两后。一经离口。任凭中国办理之语。况前据威妥马禀称。上海设局抽厘。进口税银三十两外。又另征银五十两。与条约内明文相谬。大为商民不便等情。经臣等行查江苏巡抚去后。旋据咨覆。洋药进口。每百斤征洋税三十两。售与内地商人。征华税三十两。厘捐二十两。是征之洋商者。仅止三十两。其余五十两。皆征之华商。与洋商无涉等语。是以臣等前与赫德论及。总以由中国任意征税为是。而赫德则谓洋药税不可太重。上海现在办法。并无起色。如照该税务司办法。征洋税银三十两。征华税银十五两。犹恐不无走漏。是以到香港者。虽有七万箱。而单内只有六万箱计算。若照内地办法。另征税银三十两。厘捐二十两。更虑有名无实。走漏愈多。将来保私绕越。恐所征者尚不如每百斤仅征四十五两之多。于税务大有关碍。臣等与之反复详谕。论赫德则总谓收税愈重。则走漏愈甚。若药税稍减。则征药之税虽轻。而纳税之药必巨。所言虽属有理。但臣等非尽系原议之人。是以请由原议诸臣。另行妥议。至通商本口。作洋药生理者。或令请领字号招牌。或令呈明请领印票执照各节。据称于洋税三十两。华税十五两无涉等语。是否窒碍之处。应由南北通商大臣。斟酌情形。咨覆办理。

一盐饷一款。据单内称。广东私盐。与私货同路进入。应设巡船禁止绕越走私。粤海监督。并广东盐运司。会同合办。声气相应。奸商即无所施其诡计。每缺各出十余万两经费。而国课可增五十余万等语。臣等查广东盐运司。及粤海关。均有例设巡船。向系各司各职。并无会同缉私之举。且甚至保私。亦所难免。今若同力合作。一同巡查。使奸商不得走私。自可期国课日见增加。但会同出款巡缉。事属创始。其中有无窒碍。难以悬断。应由广东督抚。会同盐运使司。粤海监督。妥速核议。咨覆办理。

一通商各口。每年应收洋税银两一款。据单内称。每年各口洋税。通共一千零六十八万两。倘以后贼匪滋扰较甚。则货物难于销售。税饷自不及此数。如各省均已平靖。则税饷自必有增等语。臣等询之赫德。据云。以现在光景计算。中外均非实心办事。而收税之法。又只知加重。不知防私。如照伊所议。则千万两之数。似不难办。然此究系赫德一面之词。未敢遽信。至所开税项船钞。牵混一处。询据云。船钞不过十分之二。臣等已令赫德。于每月将所收各税钞。逐款分晰开单。呈报总理衙门。以凭察核。至单内所称不发免税单改发存票。但恐将来有弊等语。臣等向赫德驳诘。据云。若改发存票。而该商竟将货物到无关处售卖。则既不能征收税银。而下次载货进口。又得免征。岂不与税项有亏。其言似尚近理。至免单一项。臣等前拟。如此口收过税银。而该货运别口销售者。如不能停止免单。其税银仍应拨回别口。即使此口已经动用。亦将数目报明。作为别口税课。以免此盈彼绌。惟天津洋税。系提作京饷使用。所有各口代收过天津关税。仍将代收之项。除扣二成外。尽数解运京师。曾经奏明在案。现与赫德议定。洋货照约。仍发免税单。即拟照前奏办理。其洋商贩运内地货。今已议令于复进口之时。照旧纳税。自无须发给免税单。以示区别。现拟行知各通商省分。照议办理。

一通商各口征税费用一款。据单内开。每年通共银五十七万两零。臣等询之赫德。据云。各口税务司。责任綦重。一切费用。不可减少。若少。则所用之人。必为奸商所买等语。臣等闻从前李泰国。在上海充当总税务司。每年费用甚巨。而所征之税倍之。今若每年洋税。果能日见兴旺。各口税务司。均能厘剔弊端。帮同各海关认真经理。自应厚给薪俸。以酬其劳。惟单内所开各项人等名数。及应给银数。是否均属允协。应令南北通商大臣。妥议章程。会商核办。

一另立呈洋药一款。据禀内称。广东省城。设有洋药抽厘总局。如有人先输纳银五十两。即无庸在关上完纳正税等语。臣等因广东省。设有厘局。部中必有案可稽。当经行查户部。据覆广东三水。高要。南海三县。自咸丰八年四七十等月设厂开办起。均至九年十二月止。共收银五十一万三千余两。前项厘捐内。有无洋药厘金在内。无从察核。已由部驳令该省详细造报等语。惟所禀抽厘与关税有碍。是否实如其言。应由广东督抚。据实查明。并由原议诸臣。另行议奏。

一另呈粤海关茶叶税饷一款。据禀内称。私到澳门漏税之茶叶。日见其多。而海关税银较少六万两。再茶叶每百斤。税银二两五钱。抽厘局只征五钱。即可任商绕越走私。而商人有二两之利。无一肯到关纳税等语。臣等行查户部。据覆前项厘税内。有无茶叶厘捐。无从察核。已由部驳令该省详细造报等语。至茶叶抽厘。是否有碍关税。应由广东督抚。查明声覆。再行核办。

谕军机大臣等。恭亲王奕欣等奏。覆陈税务事宜。并赫德呈递清单。及禀呈内所陈各事宜。分别办法各折片。览奏均悉。所有长江一带通商。在上海总纳税饷。征收子口税。设立关卡。及请领印票执照。通商各口。每年应收洋税银两。各口征收费用各款。本日已谕令薛焕。崇厚。查办其会缉私盐。及洋药茶叶抽厘。有碍关税各款。亦谕劳崇光等。察核覆奏矣。洋药抽税章程。前经王大臣会议税则通行。但今昔情形不同。未便拘泥。赫德既称收税愈重。则走漏愈甚。其论尚可采择。即著恭亲王奕欣等。斟酌情形。妥议章程。总期税务日有起色。将来如有窒碍之处。仍可由该王大臣等。随时变通。不必令原议诸臣另议。反不能洞悉流弊。至内地货物。出口而复进口。条约税则。未经分晰。牵混之语甚多。既经奕欣等。照会英佛两国。拟令内地货复进口时。完一正税。准扣二成。若完一半正税。不扣二成。完清之后。仍逢关纳税。应俟该二国照覆到时。再行妥商筹办。此项货税。为内地关税大宗。易启影射偷漏之弊。果能就我范围。即可杜内地商民句串情弊。亦可杜外国人入内地通商藉端启衅。总在奕欣等。悉心筹议。期于有利无弊。方为妥善。所请购买外洋船炮折。本日复谕令官文等筹议办理矣。

又谕。前因恭亲王奕欣等奏。佛夷枪炮。现肯售卖。并肯派匠役教习制造。当谕令曾国藩。薛焕。酌量办理。本日复据奕欣等奏。请购买外洋船炮一折。据称大江上下游。设有水师。中间并无堵截之船。非独无以断贼接济。且恐由苏常进剿。北路必受其冲。据赫德称。若用小火轮船十余号。益以精利枪炮。其费不过数十万两。至驾驶之法。广东上海等处。可雇内地人随时学习。亦可雇用外国人。令司舵司炮。其价值先领一半。俟购齐验收后。再行全给。并称洋药一项。如照所递之单。征收华洋各税四十五两之外。于进口后。无论贩至何处销售。再由各该地方官给与印票。仿照牙行纳帖之例。每帖输银若干。如办理得宜。除华洋各税外。岁可增银若干万两。此项留为购买船炮。亦足裨益。现在赫德已回天津。令其将船炮洋枪价值。分晰开单呈递等语。东南贼势蔓延。果能购买外洋船炮。剿贼必能得力。惟各路军饷不足。必须豫筹银款。以资购办。奕欣等。现拟于上海广东各关税内。先行筹款购买。俟将来洋药印票税。收有成数。再行归款。并给赫德札文。令其购买。运到时即交广东。江苏。各督抚。雇内地人学习驾驶。著劳崇光。耆龄。薛焕。并传谕毓清。即按照所奏。豫为筹计。其应酌配兵丁。并统带大员。及陆路进攻各事宜。并著官文。曾国藩。胡林翼。先行妥为筹议。一俟船炮运到。即奏明办理。内患既除。则外国不敢轻视中国。实于大局有益。该督抚等。务当悉心妥议。期于必行。不得畏难苟安。奕欣等折。著钞给阅看。

又谕。恭亲王奕欣等奏。商办税务事宜。先将该总税务司所递清单禀呈。分别办法。开单呈览一折。现当开办关税之初。必须严定章程。方期税课日增。且以杜影射偷漏之弊。今据该总税务司赫德。呈递清单七件。禀呈二件。经恭亲王奕欣等。逐层辩论。分别办法。其中不无可采之处。如长江一带通商一款。据称。起货下货。均在上海征纳税饷。其镇江以上。汉口以下。准商人任便起货下货。镇江以上。即作为上海内口。无庸设虚立之关等语。长江贼匪。出没无常。商贩走私。难于查拿。固宜于总处交纳。以免偷漏。然任便起卸货物。又恐漫无限制。又所称征收子口税。须择紧要处所。设立关卡。系专指洋货进口。土货出口而言。非土货出口复进口可比。自应设卡征收。土货出口。以过卡准照为凭。洋货进口。以入卡准照为断。总期该商进口出口。货物完一正税。即有一子税。庶税课可期充裕。此项子税。即为条约中应行之事。且系内地税。可以不扣二成。又洋药各口征税情形一款。内据称通商本口。作洋药生理者。或令请领字号招牌。或令呈明请领印票执照。以上各款。著薛焕。崇厚。妥筹办理。又通商各口征税费用。每年通共银五十七万两零一款。单内所开各项人数。及应给银数。是否均属允协。并著薛焕。崇厚。妥议章程。会商核办。至广东私盐。与私货同路进入。应设巡船禁止绕越。令粤海关监督。并广东盐运司。会同合办。每缺各出十余万两经费。而国课可增五十余万一节。广东盐运司。及粤海关。均有例设巡船。但会同出款巡缉。有无窒碍。著劳崇光。耆龄。会同毓清。妥速核议。又称广东设有洋药抽厘总局。如有人先输银五十两。即无庸在关上完纳正税。又澳门漏税之茶叶。日见其多。每百斤税银二两五钱。抽厘局只征五钱。即可任商绕越走私。无一肯到关纳税。设局抽厘。原以补正税之不足。若如赫德所称。洋药茶叶。一经抽厘。转于关税有碍。是否实有其事。并著劳崇光等。据实查明。赫德所称各件。及奕欣等给英佛照会。已咨行各口通商大臣。即著薛焕等按照各款。详细覆奏。

给英吉利佛兰西照会。

为照会事。查内地货物。已经出口。又复进入通商各口。条约所载。未有办理明文。而向来内地商人贩运。皆系过一关纳一关之税。方今通商各口。必须妥议章程。以免商情有彼轻此重之殊。而税项不至妨碍。将内地货一项。凡已经完过正子各出口税。而复进通商各口者。悉令于所进之口。按照通商税则。或纳一正税。或纳一子口税。即正税一半。如纳一正税。应归二成之项。照数扣归。如完一子口税。则为数无几。不扣二成。但既系内地货。复行进口。又有完纳税项。自以完一正税。照数扣归二成为是。至此项内地货。于复进通商各口。照通商税则完纳。或正税。或半税之后。无论何人再行转售。均照过一关纳税之例。按内地税。于旧有各关。照数纳税。此系中外商税大局。交涉最重之事。相应照会贵大臣。统查情形。详细覆知后。本爵即行飞咨沿海各口通商大臣。于现办情形。查验有无不合。再行定议。庶于税务商情。两有裨益。须至照会者。

赫德原禀。

洋药。

广东省城。设有洋药抽厘总局。立于河南。有分局一处。此局抽厘。计银每箱五十两。即如有洋药在关上完纳正税三十两之后。即分局有役往该货主令其多纳五十两。但该局另有章程一条。如有人先到该局输纳抽银五十两。即无庸在关上完纳正税。并保其关上如将该货查拿充公。即由该局赔补。此事自系私行。从何而知。因十年下半年。有海关拿获洋药三四箱充公。该货主未至海关求还。倒抵厘局。而该局即照所保。发给赔补之银二千余两。查粤海关征洋药税饷。本来有许多难处。又加以地方官如此办理。不但于所应行之事不符。而另于国课。并地方情形有碍。

子口税。

出内地之子口税。无所甚难征收。通商各港口。在货物流通之总路。应设关卡。土货抵卡。即留在卡内。俟完清子口税。即该卡一面应发过卡准照。一面放行。后有商人欲将该货下船出口。即应将过卡准照呈交海关。海关令其完交出口正税。傥有商人欲将货下船。而无过卡准照者。应由海关令其补还子口税后。方准交纳正税。下船出口。至洋货入内地。征收子口税。恐难行办。因在本港口所用之货。未算入内地。是以无子口税。该货进口时。只纳进口正税。俟有商人将该货从港口运入内地。或近或远。即在未过卡之先。应完入内地子口税。所以欲征收子口税。须择一紧要处所。设立关卡。土货未曾完纳子口税。应留在卡内而不准过。洋货未曾完纳子口税。应留在卡外而不准过。如有土货到关。而无过卡准照。是知其未完子口税。洋货到卡。而无海关所发给入卡准照。该卡差役。即可知该洋货虽完清进口正税。而未完子口税。自不准过卡。总而言之。初开办之时。自有数端难处。俟办过数月后。即可均有头绪。

粤海关茶叶税饷。

粤海关出口税饷。以茶叶为重。而广东土茶。每年应纳税银六万余两。此茶系鹤山县出产。咸丰六年以后。均系漏税而出澳门。十年六月间。已派令火轮巡船。在该处巡查缉私。拿获装私茶船三只。其茶价值约一万五千两。应赏该线人四千余两。过数日。未曾贩卖该茶。鹤山知县。即到省城报言。本县人将抽厘局委员拿去。并将县署围住。声言如不将茶叶还回。即将该委员杀死。并烧毁县署等语。查问此事。始知广东总厘局。在鹤山县设有抽茶厘之局。该抽法章程。系每百斤。银五钱。即发给执照。准其出澳门。据劳制军云。现在百姓因失去茶叶。其情甚急。不如将茶叶发还。而将此事了结等语。即问以如此办理。则线人之赏银。从何而出。辩论数日。即由总厘局自将银四千余百百字衍两。交南海鹤山二县。送呈粤海关。即将茶叶发还。而留该走私船三只充公。见此情形。即想因地方官如此可行。钦命粤海关监督。无庸立法缉私。保护国课。旋于七八九等月。私到澳门。漏税之茶叶日见其多。而海关税银较少六万两。再茶叶每百斤。在关上应纳税银二两五钱。由该抽厘局征其五钱。则客人即有二两之利。无一肯到关纳税。而且有官员保其走私。该厘局系因欲平地方起见而设。而其所行之法。令人违背律例。滋生事端。实在可笑。

盐饷。

广东一年盐饷。可征一百余万两。但近来因有奸商走私。官船保私。大约有一半漏税。装私盐船只。非但装盐。另运有应在海关纳税之对象。兹私盐并私货。同路进入广东内河。设有一法。可免二弊。该路有三大门。六小门。大者系虎门。磨刀门。坭子塔双门。小者在大门之左右大小各门。应设巡船。即足禁止绕越走私。惟经费从何而出。粤海监督。并广东盐运司。应会同合办稽查。即一面与于海关税并盐饷均有益处。一面与于地方亦有所裨。如有人走私而不畏法。旋有人不畏法而造反。傥官员能行法而不准走私。即不但与于官面好看。亦可短少作乱之机。兹部中应行文海关。会同盐运司办理。则该二员和衷商确。设法既易周详。而两署人役一同巡查。声气相应。奸商即无所施其诡计。现在粤海关洋药漏税。一年约有五十万两。另有别货。而监督一员之权。不足禁止私盐之税。一年不见。约三十万两之数。而盐运司一员之权。亦不能徧为稽查。该二员会同办理。每缺各出十余万经费。而国课一年可增五十余万。

外国船载运土货往来之论。

内地船载货出口。即应完出口之税。复载货入口。应完入口之税。沿途经过各关。则一关有一关之税。虽如此多款。而所纳税银比载洋船一次税饷较少。即如在未通商以前。湖丝由内地至广东。应完三关之税。计银每百斤三两余。俟通商之时。湖丝载在洋船。每百斤。应完税银十两。较比于内地贩运之税。多至二倍。如有外国船只。载运土货出口。完纳出口税银。则可前往不论何国。而中国均无别税。如由广东出口之货。运至上海入口。该货已在广东完纳出口税饷。而上海不征进口税。亦与运往外国相同。于中国无损。如有洋船载运土货。请领红单出口后。则中国欲征税饷。业经算清。若该船前往外国。则中国无从征第二次税。该船若复进中国别口。中国既已于出口时算清税银。准该货随意运往何处。又何用复征第二次之税。况且该出口税。比内地船进口出口两次税较多。不征第二次税而无所亏。何用重征。如土货复入内地。照内地税则输饷则所征之税。总数比较新定税则所征之数。或多或少或相等。如比新定税则之数或少或相等。即无庸更改新章。而于税饷有益。如较多。则所输税银。亦须摊于各货内售卖与中国。则是中国所产之物。在外国购买。较中国自行购买。翻得便宜。断无此理。再照新定章程办理。土货在未完出口税之先。应纳子口税。即出口税一半。即如湖丝在抵上海关卡之时。应纳税银每百斤五两。方准过卡。俟有商人欲载出口。则应完纳出口税银每百斤十两。方准下船出口。如此完清十五两之税。该货可以运往何处。而中国不问。如到外国。中国自无第二次之税。如到广东。亦应免征进口税。但该货因在广东销售。于进口时输纳子口税。似无所不公平。洋船载运土货。不往外国。复入内地者。均应同例办理。或有人言如此免税。则中国各关税务有亏。然统计大局。有盈无绌。即薄税敛以裕国课之一道也。如言土货照内地则例完税。比照新定则例较。多则在部内可查各省往年报内地税多寡。且洋船贩运内地货。比中国船贩运内地货较少千百倍。所以通商之后。海边各省所报部之内地税。应与洋船所报出口税较大。是否总而言之。欲定一妥善章程。必须筹划全局。不可专计各小口之损益。譬如走路之人。只有目前路径。而不望远者。虽可免颠越。难保不遭恶虎毒蛇之扑啮。再外国各船只所载之货。不论洋货土货。或新进口。或复进口。或新出口。或复出口。只有一例可行。须照互换之和约。并新定税则。征税办理。

长江一带通商之论。

洋船载货由长江行走者。不准沿途起下货物。只准在镇江。九江。汉口。起货下货。自须在该三处设关收税。若在镇江起下。即在镇江完税。九江汉口二处。亦一律办理。向来茶叶。多由广东出口。而粤海关收税。重货即系茶叶。现因在汉口开港。所有出茶叶地面。均离汉口甚近。将来茶叶不到粤海关。即由汉口置买。装载洋船出口。且洋货入内地。大半均由上海进口完税。即由中国人运至内地各处。惟因镇江。九江。汉口。开港。将来洋船载洋货。不至上海。直至各港口卖销。惟镇江以上。巡查缉私。防堵偷漏甚难。因镇江至九江。九江至汉口。各有数百余里。两岸均有村庄卖买。买卖该商已过镇江。不至九江。已过九江。不至汉口。在中途随意可以起下货物。无人稽查。无关收税。傥有船在沿途起货下货。中国应照例拿办。但在镇江以上。无人稽查。奸商即能随意走私。如有人稽查。及巡船缉私。因中国风蓬篷船只赶不上。有意走私火船。恐难禁止缉拿。当中国安静时。长江一带。防堵走私。已属不易。况现在各处贼匪滋扰。更不能设船查拿。不但新设三关。徒糜经费。无税可收。而粤海出口税。上海进口税。亦日见其少。再若指明在该三处。只准通商。外国官员。即应与该三处有权力之人。酌定章程。以保护本国之人。现在该三处就近有权力之人。即系贼匪。伪称太平天国。若外国与伊等酌定章程。是亦以官员相待。则伊等更觉气高胆大。而蔓延之势。更难了结。若照暂定章程。在上海征纳税饷。旋在镇江以上。汉口以下。准商任便起货下货。镇江以上。即作为上海内口。无庸设虚立之关。如此办理。一面于税务不至偷漏减少。一面可免待贼如官之关系。以上两般办法。若照新设三关征收税饷。则经费虚糜。而奸商易于偷漏。实于中国税饷大有碍。若照新定章程办理。实于中国有益而无损。倘有洋船载运货物。前往长江。该船先须在上海请领入长江准照。该货也须照则例完纳正税。并子口税。即一个半税。方准开船入江。倘有船在镇江以上。装载土货。贩运回上海。于过镇江时。由该处关口。派差押送至上海。抵上海。该货即应照则例完清正税。方准上岸。如该商复将此货载运出口。则应完纳子口税。方准下船出口。倘有商人将至上海之货。复运入内地。亦应在未过关卡之先。完纳子口税。方准过卡。如此办理。于国课大有益处。而商情无损。总而言之。所不能行之章程。虽然与条约相符。可无庸议定。而且此次开长江。做卖买。买卖不过暂定章程。将来如实在有碍处。自可随时商酌更改。再令其在三口完税。即系叫教该商在中路图计起货走私。令其先在上海完税。即该商因税饷已完。无庸在中路想法起下货物。在中路起下货物。非出自中路。有大买卖之故。出在该商。欲漏此三口税饷之故。若在该三口设关征税。商人以利为心。一定想法。不到关而起货。若该三处无关征税。该商人因此三处。原系有大卖买买卖之区。必愿将货物运至该三处售卖。而不愿在沿途有小卖买买卖处起卸。所欲禁止之事。即系在沿途起货下货。若照暂定章程。在上海完纳税饷。而不提镇江以上各口。则不必禁止。而自无沿途起卸之弊。若改暂定章程。指明令其在该三口通商。虽欲禁止沿途起卸。而实生沿途起卸之弊。

洋药一款各口情形。

洋药抵中国者。每年约有七万箱。即七百万斤。此物并非至通商各口。全系先至香港。每月有火轮船五六只。载运进口。则分开运往各处。每月由香港。有火轮船四五只。载洋药至上海。一抵上海。即在关前起货。此船之外。未有别样船只。装运洋药至上海。所以在上海征纳洋药税。并无所难。其洋药至宁波者。有两项。一系以火轮船。由香港直运进口。应在宁波纳税。一系由上海完税后。以小风蓬篷船载运。复出口至宁波。直呈免单。如此在宁波征纳洋药税。亦无所难。至福州府之洋药。每月有火轮船三四只。由香港载运进口。另有外国并内地风蓬篷船。载运洋药。而其所抵之时。并船只数目。船内箱包多寡。均无定准。火轮船载运之洋药。易于征税。其余各船载运之洋药。恐甚难令其纳税。若征火轮船之税。而不征别船之税。则火轮船所运之洋药。因价值较重。难于销售。而漏税之洋药。易于流通。以后火轮船所运之洋药日少。而洋药税饷更难征收。必须设法酌定章程。令各船一律纳税。至厦门。潮州。两处洋药。有以火轮船载运者。有以风蓬篷船载运者。情形与福州相同。但因此二处。较福州离香港更近。内地船只。往来尤便。而漏税较难防堵。由香港进内地南方洋药情形。与以上各口。大不相同。香港系无税之口。四面有海离岸不远。而粤东水路多歧。因此各船。不论大小。均可到港。论洋药物小价贵。特为漏税之货。惟香港运入两广之洋药。均非外国船只装载。都系各乡村渡船。渔船。或私盐船只。另有官设巡船保私。而不难指其名。此等船只。若有海关巡船。前往查拿。则开炮开枪。不遵查验。似此。粤海征收洋药税饷甚难。虽然。非不能办理之事。洋药之税。不可太重。过重。即令人随意保私漏税。至洋药税。有两项征法。一系进口时。征一次重税。即每箱六十两完税之后。准往各处。而不另征别税。若欲行此法。与外国钦差商办。一系进口时。按则例征税。俟洋药入内地后。由中国自行设法办理。北方各口。虽与南方港口情形不同。征收洋药税饷。自可画一办理。兹将章程数条。开列于后。

一在通商港口。如有华商欲做洋药生理者。须先赶关呈明。拟在何处开张洋药店铺。请领字号招牌。并颁给准充执照。方许开张。庶足以便稽查而禁散漫。给准照者。应以一年为限。请领准照之人。应分三等。一系经纪。一系窑口。一系烟馆。做洋药生理。请领执照者。即按等次。分晰某项应纳银若干。通商港口。请领执照者。无庸拘定限额。以符定约。

一通商港口之外。做洋药生理者。亦应同例呈明。请领执照。但非通商港口。应限以额数。

一倘有自行开张洋药生理。并不赴关请领执照者。一经查出。从重惩办。

一洋药不论装载何船。应于进口时完纳正税三十两。方准上岸。

一上岸之后。外国商人。或华商经纪。贩卖与窑口。或烟馆。应由买主完纳子口半税。即每箱十五两。

一洋药完清正税。并子口税。共银四十五两之后。即可在本府所属各州县售卖。而不重征税饷。一出本府交界。运往别处。则凭地方官。随时设法办理。

一内地船只。或在内河贩运。或前往香港买洋药者。均应先行赴关报明。请领准照。如有海关巡船。或在外海。或在内河。拿获无准照载洋药内地船只。即将该船货充公。并严行究办。再至上海做洋药生理者。应由户部行文地方官。令其出示。不准包揽霸市。言明有准照者。或经纪。或窑口。或烟馆。均可随意或在栈房。或在吨船。不论与外国何人置买洋药。

一洋药由上海进长江。抵上海之时。应完正税三十两。俟有人欲运入长江。即行征子口税十五两。方准下船行。

以上各款。顺港口情形。一律办理。洋药税饷。自可兴旺。再洋药一经运入长江。卖与华商后。应征华商税项。由各地方官。随意办理。不必照上海及海口章程。

各商各口每年应收洋药银两开后。

一天津。牛庄。登州。

进出口税饷。并船钞约二十万两。

运货入出内地子口税。约七万两。

洋药税约八万两。以每年二千箱算。共三十五万两。

一上海长江一带。

进出口税饷。并船钞约三百万两。

运货入出内地子口税。约一百五十万两。

洋药税约一百五十万两。以三万余七千五百箱算。共六百万两。

一福州。

进出口税饷。并船钞约八十万两。

运货入出内地子口税。约二十万两。

洋药税约二十万两。以四千五百箱算。共一百二十万两。

一厦门。

进出口税饷。并船钞约三十万两。

运货入出内地子口税。俟开办再算。

洋药税约十万两。以二千二百箱算。共四十万两。

一广州。

进出口税饷。并船钞约一百五十万两。

运货入出内地子口税。约五十万两。

洋药税应征约五十万两。以一万二千箱算。共二百五十万两。

一潮州。

进出口税饷。并船钞约十二万两。

运货入出内地子口税。约三万两。

洋药税约八万两。以一千八百箱算。共二十三万两。

一台湾。琼州。宁波。以上三口。无从可算。通共一千零六十八万两。

以现在光景核计。若中外同心。认真办事。每口每年约有此数。将来各货。如由上海出进口较多。则广州出进口货物。未免较少。统计各口仍约系此数。傥以后各匪滋扰较甚。则货物难于销售。税饷自不及此数。如各省均已平靖。则税饷自必有增。至洋药一款。现在每年到香港者。约有七万箱以上。各口所算洋药税。系六万箱。算计每箱四十五两。四十五乘六应为二百七十万。以上各洋药税之总数。为二百四十六万少二十四万。至外国船在长江装载土货。运往上海者。抵上海。该货应照进出口税则完清税饷。俟复出口之时。则应照善后章程。完纳一半。即子口税。至不发免税单。更改发存票。各口就能征各口之税也。如此办法。似与各口有益。但恐将来或有弊端。若由上海运货至宁波者。先在上海完纳税饷后。发给存票。该商将货运往宁波售卖纳税。将存票在上海作为下次进口免征之据。固属无弊。傥该商在上海领取存票后。并不赴宁波。竟于无关口处售卖。则宁波既不能征收税银。而该商执有存票。下次载货进口。又得免征。岂不与税饷有亏。上海进口洋货。带有别港口免税单者甚少。别港口进货。无上海免税单者甚少。此出于洋船自本国直赴上海。不直至别口之故。上海既已有税银。而商人复出口。可无庸至别处通商港在沿路未有关之处起货。即不如留银而不发存票。以免不到别口之弊。而省本口发还现银之亏。而且若于大局有益。可以不必分各小口有税未有税之情形。

通商各口征税费用开后。

一广州。

税务司一员。每年薪俸银六千两。

帮办写字二名。每名每年银二千四百两。四名。每名每年银一千八百两。共一万二千两。

仟子手三名。每名每年银一千五百两。八名。每名每年银一千零八十两。三十名。每名每年银八百四十两。共三万八千三百四十两。

通事一名。每年银一千四百四十两。一名。每年银一千二百两。三名。每名每年银八百四十两。共五千一百六十两。

书办六名。每名每年银六百两。四名。每名每年银三百六十两。共五千零四十两。

差役十五名。每名每年银七十二两。共一千零八十两。

水手三十名。每名每年银七十二两。共二千一百六十两。

纸笔杂用。每月银五百两。一年共六千两。

大轮船一只。巡船三只。每月银三千两。一年共三万六千两。共十一万一千七百八十两。即每月九千三百十五两。

一潮州府。

副税务司一员。每年薪俸银三千六百两。

帮办写字一名。每年银一千八百两。

仟子手一名。每年银一千二百两。七名。每名每年银八百四十两。共银银字衍七千零八十两。

通事一名。每年银一千二百两。一名。每年银六百两。共一千八百两。

书办四名。每名每年银六百两。共二千四百两。

差役十名。每名每年银七十二两。共七百二十两。

水手十六名。每名每年银七十二两。共一千一百五十二两。纸笔杂用。每月银二百两。一年共二千四百两共二万零九百五十二两。即每月一千七百四十六两。

一厦门。

副税务司一员。每年薪俸银三千六百两。

帮办写字二名。每名每年银一千八百两。共三千六百两。

仟子手二名。每名每年银一千二百两。十名。每名每年银八百四十两。共一万零八千百两。

通事一名。每年银一千二百两。一名。每年银九百六十两。一名。每年银八百四十两。共三千两。

书办六名。每名每年银四百八十两。共二千八百八十两。

差役十五名。每名每年银七十二两。共一千零八十两。

水手二十名。每名每年银七十二两。共一千四百四十两。

纸笔杂用。每月银五百两。一年共六千两。共二万九千九百二十两。即每月二千四百九十三两三钱三分三厘。

一福州府。

税务司一员。每年薪俸银六千两。

帮办写字一名。每年银二千四百两。三名。每名每年银一千八百两。共七千六八百两。

仟子手二名。每名每年银一千二百两。四名。每名每年银九百六十两。十名。每名每年银八百四十两。共银银字衍一万四千六百四十两。

通事一名。每年银一千二百两。一名。每年银一千零八十两。一名。每年银八百四十两。一名。每年银七百二十两。共三千八百四十两。

书办八名。每名每年银四百八十两。共三千八百四十两。

差役十五名。每名每年银七十二两。共一千零八十两。

水手二十名。每名每年银七十二两。共一千四百四十两。

纸笔杂用。每月银四百两。一年共四千八百两。共四万三千二百四十两。即每月三千六百零三两三钱三分三厘。

一宁波府。

副税务司一员。每年薪俸银三千六百两。

帮办写字一名。每年银二千四百两。一名。每年银一千八百两。共四千二百两。

仟子手一名。每年银一千二百两。二名。每名每年银九百六十两。六名。每名每年银八百四十两。共八千一百六十两。

通事一名。每年银一千二百两。一名。每年银六百两。共一千八百两。

书办四名。每名每年银四百八十两。共一千九百二十两。

差役十五名。每名每年银七十二两。共一千零八十两。

水手二十名。每名每年银七十二两。共一千四百四十两。

纸笔杂用。银银字衍每月银二百两。一年共二千四百两。共二万四千六百两。即每月二千零五十两。

一上海。

税务司一员。每年薪俸银六千两。

副税务司一员。每年薪俸银四千八百两。

帮办写字一名。每年银三千两。二名。每名每年银二千四百两。五名。每名每年银一千八百两共一万六千八百两。

仟子手一名。每年银三千两。二名。每名每年银一千二百两。十名。每名每年银八百四十两。共一万三千八百两。

通事六名。每名每年银一千两。共六千两。

书办十名。每名每年银六百两。共六千两。

差役十五名。每名每年银七十二两。共银银字衍一千零八十两。

水手二十名。每名每年银七十二两。共一千四百四十两。

纸笔杂用。每月银一千两。一年共一万二千两。共六万七千六九百一二十两。即每月五千六百六十两。

一镇江。

副税务司一员。每年薪俸银三千六百两。

帮办写字一名。每年银一千八百两。

仟子手十余名。每年共银一万二千两。

通事一名。每年银一千二百两。一名。每年银六百两。共一千八百两。

书办一名。每年银三百六十两。一名。每年银二百四十两。共六百两。

差役十五名。每名每年银七十二两。共一千零八十两

水手二十名。每名每年银七十二两。共一千四百四十两

纸笔杂用。每月银二百五十两。一年共三千两共二万五千三百二十两。即每月二千一百一十两。

一天津。

税务司一员。每年薪俸银六千两。

帮办写字一名。每年银一千八百两。

仟子手一名。每年银一千八百两。三名。每名每年银九百六十两。三名。每名每年银八百四十两。共七千二百两。

通事一名。每年银一千二百两。一名。每年银六百两。共一千八百两。

书办八名。每名每年银三百六十两。共二千八百八十两。

差役十五名。每名每年银七十二两。共一千零八十两。

水手二十名。每名每年银七十二两。共一千四百四十两。

纸笔杂用。每月银二百五十两。一年共三千两。共二万二五千五二百两。即每月二千一百两。

一登州府。

副税务司一员。每年薪俸银三千六百两。

帮办写字一名。每年银一千八百两。

仟子手一名。每年银一千二百两。五名。每名每年银八百四十两。共五千四百两。

通事一名。每年银一千二百两。一名。每年银六百两。共一千八百两。

书办四名。每名每年银四百八十两。共一千九百二十两。

差役十名。每名每年银七十二两。共七百二十两。

水手二十名。每名每年银七十二两。共一千四百四十两。

纸笔杂用。每月银一百五十两。一年共一千八百两。共一万八千四百八十两。即每月一千五百四十两。

一牛庄。

一台湾。

一琼州。

共每年约银七万二千两。

一火轮船三只。巡船几只。祖银每年十万两。

一房屋租。银每年一万两

一总理各口费用。

总税务司一员。每年薪俸银一万二千两。

委员每年银九千两。

帮办写字一名。每年银二千四百两。

中国写字先生三名。每年共银一千八百两。

差役十名。每年共银七百二十两。共二万五千九百二十两。共银五十七万五千三百三十二两。即每

月四万七千九百四十四两三钱三分三厘。

咸丰卷八〇

（咸丰十一年辛酉六月）乙丑。钦差大臣大学士湖广总督官文。两江总督曾国藩奏。窃据即选道曾国荃详称。本年四月十六日辰刻。有洋船一号。悬挂红旗。船载米约有二千余石。至安庆城下停泊。次早始开赴下游。重载而来。轻载而去。旋据投诚贼供。城内米粮将尽。又无油盐。昨因洋船来此。城内贼匪用金银衣服首饰。与洋船买油盐米粮。夜间用小船接递入城。是以各馆。又有米粮油盐可吃等语。叠据逃出之贼。供亦相同。由该道禀请查办前来。查洋船驶入中国。原与内地各市镇通商。永相和好。自无助贼之理。且英佛两国。皆系海外大邦。素重信义。亦断无与中原贼党往来。暗通接济。大约有汉奸附载轮船。并外国有置买内地货船只附载出口。难免奸商影射。从中贪利。若不严行禁绝。则安庆省城一日不能克复。皖楚一带。肃清无期。后患不可胜言。即各国商船贸易。亦多不便。奴才官文。当即札饬委办汉口通商事宜运司衔候补道张开霁。查访去后。旋据禀复。询据两国领事官金执尔等。佥称英米两国商船到岸。不能中途私行买卖。安庆停泊之船。其为奸徒假冒无疑。该领事等。请嗣后有贼之处。遇商船停泊。即由中国查拿。尽法惩治。果系洋商。照约将货物入官究办等语。由该道禀复前来。察其词意。尚属实情。惟惩办于事后。不若禁止于事前。相应吁恳天恩。敕下总理各国通商大臣。照会英佛等国留京使臣。严查奸人附载轮船。贪利济匪。凡洋船由安庆等地经过。不得停泊城下。禁止汉奸与城贼句通接济。此外他国有无商船往来。及上海等处。是否别有假冒洋商之奸匪。应如何一律严查禁止。亦请由英佛等国使臣妥议办理。庶于我军剿贼事机。不至掣肘。而各国通商。亦得永敦和好。实于彼此大局。均有裨益。

谕军机大臣等。官文等奏。英佛等国商船。经过长江。请严禁汉奸附载轮船。贪利济匪一折。据奏四月十六日。有洋船一号。至安庆城下停泊。次早始开赴下游。轻载而去。旋据投诚贼供。城内米粮将尽。因洋船来此。城内贼匪向买油盐米粮。用小船接递入城。经官文等札饬委员查访。询据两国领事官金执尔等。佥称英米两国商船到岸。不能中途私行买卖。安庆停泊之船。其为奸徒假冒无疑。请嗣后有贼之处。遇商船停泊。即由中国查拿。尽法惩治。果系洋商。照约将货物入官究办等语。洋船驶入中国。原与内地各市镇通商。以敦和好。断无与贼匪往来。暗通接济之理。自系汉奸假冒影射。从中贪利。若不严行禁绝。无论安庆不能克复。皖楚肃清无期。即后患不可胜言。著奕欣等。即照会英佛两国留京公使。严查奸人附载轮船。贪利济匪。凡洋船由安庆等地经过。不得停泊城下。禁止汉奸与城贼句通接济。其米唎坚布鲁路斯两国。亦应一体照会。此外他国有无商船往来。上海等处。是否别有假冒洋商之奸匪。应如何一律严查禁止。亦由该各国公使妥议办理。庶于官军剿贼机宜。不至掣肘。而各国亦可永敦和好。原折著钞给阅看。

（甲申）江宁将军都兴阿奏。六月初五日。接据参将郭定猷禀称。五月二十九日。都司李得禄等。正在开炮轰击君山贼队。忽有夷人乘坐沙关快船一只。扬帆下驶。被我舢板师船。追过君山鹅鼻觜下。该夷弃船逃走。查点内有伪求天义陈坤书印凭一张。内开。上海夷酋玛士哆。带伙伴四名。采办洋货。于五月十七日。由福山进口等字样。船内存衣物三十余件。禀请核办前来。奴才细察来禀。该夷船由黄田港驶出。正值我军与贼接仗之际。一经飞棹追赶。该夷弃船逃走。其时君山贼匪。即出队迎护。情节本属可疑。况船内搜出贼匪伪照。有无句结情事。均未可知。惟当内江通商伊始。该夷船上下络绎。正宜随时斟酌办理。庶不至别滋事端。除批饬郭定猷。派弁将该夷船妥为看管。一面飞咨苏抚薛焕。应如何妥为办理。并饬嗣后夷商船只经过。傥值我军剿贼开仗。务须随时绕越。以杜句结而免滋事。

谕军机大臣等。奕欣等奏。接据国照会。及威妥马称。有宁波危急。地方官向民间派银雇船。并不设防之说。请敕查办等语。英国普鲁斯照会内称。乍浦失守后。宁波地方官。未能用心设防。又威妥马面称。宁波地方官。不为设备。仅欲雇外国兵船代为防堵。劝百姓捐银五十万两。以为雇船之费。且恐地方官。藉此从中渔利等情。乍浦失守。宁波戒严。该处尚属完善。正宜早为设防。以杜贼匪窥伺。若不认真设备。徒行敛派捐输。甚至从中渔利。何以使外国人敬服。著王有龄。确切查明。严饬该地方官认真防守。不得稍有疏懈。其雇募外国兵船一节。是否属实。并著严密查访。傥有藉端侵蚀情弊。即行严参惩办。江苏。江西。湖北。通商各处。多逼近贼氛。恐似此弛备派捐者尚复不少。著曾国藩。薛焕。毓科。官文。胡林翼。严饬地方文武。实力设防。不得徒事捐敛。致为外国人轻视。果能破除积习。力存体面。庶于剿抚大局。两有裨益。又据都兴阿奏。都司李德禄等轰击君山贼队。忽有外国人乘坐沙关快船一只下驶。师船追击。即弃船逃走。船内搜出伪求天义陈坤书印凭一张。内开上海夷酋玛士哆等采办洋货。由福山进口等字样。有无句结贼匪情事。已飞咨薛焕办理等语。禁止洋船接济贼匪。据恭亲王奕欣等奏。已照会各国。并咨行官文等。派拨师船。由上海取具告示。于沿江各口。认真巡查。遇有接济贼匪洋船。无论何国。实力禁止。此次夷船入江采办洋货。竟有贼匪印凭。恐有接济情事。著薛焕查明。由黄田港驶出之船。究系何国船只。妥为办理。以免别滋事端。

闽浙总督庆端。福建巡抚瑞瓒奏。奴才等。接据布政使裕铎详称。准琉球国中山王世子尚泰咨开。嗬囒国夷船。驶来琉球。并佛夷逗留未回。案蒙转详奏咨。妥为查办。感激无涯。今该嗬夷船只。未见再来。而前有言未必不来。至佛夷吗尔哈。许烈等。仍旧逗留。于咸丰十年九月十三日。有英船一只到来。接取吗尔哈一名。即将尔夷白的勤留国。翌日开洋而去。现今白的勤。与许烈。同居一室。未见回去。请乞转详。分别查办。一则勿再驶往。一则拨船接回。兹际进贡入闽。备咨查照等情。由司转详前来。奴才等查佛国虽将吗尔哈一名接回。复派白的勤与许烈同住。现尚逗留琉球。既据该国王世子咨请藩司转详前来。自应照案准与查办。除飞咨署理钦差大臣办理各国通商事务江苏巡抚臣薛焕查照。分别劝令嗬国船只。勿再驶往琉球。并令佛国。将白的勤。许烈。迅速接回。以敦和好。仍俟薛焕咨覆到日。再行饬司备移琉球国王世子知照。

同治卷一

(咸丰十一年辛酉七月甲辰)恭亲王等又奏。再据法国公使呈递照会。内称该国拟建火轮船公司行。欲在上海县城小东门外。南至黄浦之小河沿一带地方。租地三十余亩。为煤货船料等栈。其地向为闽广匪徒屯聚之所。该国领事官前请上海道议定。该道不允。请饬该地方官妥办。出示晓谕百姓。凡已定之界。及将来法国可租之地。均得租赁等因前来。臣等查法国条约行十款。内开法国人在通商各口岸买地建房。地方官会同领事官酌议。凡房屋闲数。地段宽广。不必议立限制。内地人不得高抬价值。法国人不得强压逼卖等语。今法国欲租上海县城小东门外。南至黄浦河沿之地三十余亩。未知该地方情形何如。有无与上海县城及民闲房屋有碍。均难臆断。其地果系闽广匪徒屯聚之处。亦无从悬揣。该道前未即允。是否于地方实有窒碍难行之处。均须由该地方官酌量妥办。当由臣等行知江苏巡抚。饬上海道审度情形。应租与否。由该处与领事官公同定议。迅速妥为办理。庶不致该国人有所借口。

法国照会

为照会事。现今本国定意设立火轮船公司大行。从本国玛尔色耶理海口到中国上海海口。附搭过客公文书信等件。以与英国所有十数年前火轮船公司大行。并驱争先。想似于贵国无不得各样益处。因此该公司行欲在上海租地一块。盖造房屋。为煤货及各色船料等栈。惟前由本国领事官会同上海道定议。法国可租地界太窄。今无地基可交该大行租买。所以领事官请上海道将本国所有已定租界。加与广阔。以自县城出小东门隔壁直通黄浦之小河沿。为可租地南至之界。距上海道不允照办。领事官据情禀报前来。请烦妥办。本大臣查此事原非细务。办与不办。本皆甚有关系。和约第十条言明。凡法国人房屋闲数。地段宽广。不必议立限制等语。可见无地可租。即宜就已定之界。量为推扩。至于原地主肯与不肯出租。均得由地方官劝谕办理。否则第十条所载。止是无用空言。且更不能说法人租地。恐上海人或至受害。查十五年前。上海地价。不过十金一亩。今则一亩之地。五六百金。尚难定价。何至有受害之处。请贵亲王细阅本大臣所附送地图。并为审度上海现在时势。与其将此一块地。留为闽广匪人巢穴。不如租与本国商人安居贸易。咸丰三年。闽广会匪占据上海县城。即从此一块地起事。去秋苏州大股贼匪犯上海城。亦系此处人句结串引之故。地方官能将此地盘据之人驱逐尽净。即上海早好一日。但如此办法。未必一时即能办妥。今本国火轮船公司行之事。止请贵亲王饬令上海地方官设法。立即在本国未定可租之地。与已经定议可租之界外接连附近之处。指明一块沿河之地。至多约三十四亩一块。无得耽延。出租与本国火轮船公司行得租办理。至其租值。若原地主所欲大多。公司行所出太少。必由上海道。会同本国领事官商议公平。酌中定价。两面均须遵行。究竟两面皆有益处。惟现在最要者。应由上海道速行出示晓谕百姓。言明将来法国可租之地。以自县城出小东门隔壁直通黄浦之小河沿为南至之界。俾本地民人均得知悉可也。为此照会贵亲王。请烦查照施行。

庚戌。署湖南巡抚大格奏。二月初五日。英国水师提督贺布船只驶抵岳州。随于次日开行。经前署抚臣翟语。奏报在案。关于四月接准大学士督臣官文咨称。本月初二日。新到大美国兵船大小各一只。查系该国水师提督司百龄来汉。查办通商事务。安议领事官韦良士。并带该国文武员弁十四人。内有翻译官麦嘉谛一名。询称拟于初五日即开往洞庭湖查看。回汉一二日后。即带原船二只。并九江湾泊之大兵船只。仍回上海等因。荣当经行司转饬经过地方州县随时探明。妥为防护去后。兹据署皇州府知府挂昌详称。四月初六日。该美使船只驶泊南门外。该府接见司百龄。麦嘉谛。均以礼相待。该署巴陵县知县张奉祥。初七日亲诣江干。登火轮船。船内共六十余人。拟驶赴洞庭湖察水势。初八日辰刻解缆。当饬派巡船跟踪随行至扁山。旋即折回。顺流下驶。仍回汉口。又据署按察使裕麟呈报。转据郴州知州冯汝棻申称。三月十四日。有美国商人四名到郴。查验有两广督臣给与印照。询称欲赴汉口。沿途尚为安静。居民并无惊扰各等情。并据衡山湘潭长沙湘阴各县禀报相同。拿覆查无异。会同大学士湖广督臣官文附片具奏。

(八月)庚申。两江总督曾国藩奏。窃臣承准军机大臣字寄。咸丰十一年五月三十日奉上谕。前因恭亲王奕訢等奏。法夷枪炮。现肯售卖。并肯派匠役教习制造等因钦此。仰见皇上圣虑周详安内攘外之至意。臣查发逆盘据金陵。蔓延苏浙皖鄂江西等省。所占傍江各城。为我所必争者有三。曰金陵。曰安庆。曰芜湖。不傍江各城。为我所必争者有三。曰苏州。曰庐州。曰宁国。不傍江之处。所用师船。不过三板小划。尚无所施其技。断不能容小大烨船。想在圣明洞鉴之中。傍江之城。小火轮船尽可施展。然亦止可制水面之贼。不能勦岸上之贼。即欲断其接济。亦恐地段太长。难于处处防遏。目下贼氛虽炽。然江机实鲜炮船。不能与我水师争衡。臣去冬覆奏一疏有云。金陵发逆之横行。在陆而不在水。操之过急吴官军之单薄。亦在陆而不在水。系属实在情形。至恭亲王奕诉等奏请购买外洋船炮。则为今日救时之第一要务。凡恃已之所有。夸人以所无者。世之常情也。忽其所习见。震于所罕见者。亦世之常情也。轮船之速。洋炮之远。在英法则夸其独有。在中华则突进于所见。若能陆续购买。据为已物。在中华则见惯而不惊。在英法亦渐失其所恃。康熙雍正年间。云南铜斤未曾解京之时。皆给照会商人采买海外之洋铜。以资京局之鼓铸。行之数十年。并无流弊。况今日和议说成。中外贸易。有无交通。购买外洋器物。尤属名正言顺。购成之后。访募殚思之士。智七之匠。始而演习。继而试造。不过一二年。火轮船必为中外官民通行之物。可以勦发逆。可以勤远略。谕旨期于必行。不得畏难苟安。仰见圣主沈机独断。开物成务。曷胜钦服。至于酌配兵丁。及统带大员。应俟轮船驶至安庆汉口时。每船酌留外洋三四人。令其司柁司大。其余即配用楚军水师之勇丁。学习驾驶。炮位亦令楚勇试放。虽不能迟臻娴熟。尽可渐次教习。其统带大员。即于现在水师镇将中遴选。臣与官文。胡林吴商定。届时奏明办理。

曾国藩又奏。再王大臣等原奏内称。本省旧有洋船二只。询据赫德则称并非打仗之船。且已有一只败坏。是利器已废。未免可惜等语。伏查前督臣于美利坚租得火轮船二只。一名土只坡。一名可敷。其土只坡一只。现泊上海黄浦江。供护铭护运之用。赫德所称一只败坏。如果属实。想系名可敷者。闻得此二船头尾由旁。皆有炮位。若得人未必不可以打仗。现在遵旨购买洋船。据原奏云。船炮配齐。须明年四月始到。臣拟先调现泊上海之土只坡轮船一只。由长江上驶安庆一带。就近察勘试用。督令楚军水师将弁。豫为练习。俟明年洋船购到。易收驾轻就熟之功。惟臣处缺饷日甚。该轮船驶赴上游。一切弁勇工匠口粮。仍照向章在上海支领。其损坏轮船一只。如可修理。亦令速修完好。驶赴安庆一带。两船一上一下。轮替更换。遇有军务要件。臣与抚臣往返函商。数日可达。不致如现在文报阻滞。数月难通一信。相应请旨饬下江苏抚臣薛焕。迅派干员。克日押令上驶以资演习。

谕军机大臣等。曾国藩奏请将上海现泊轮船驶赴上游。豫为练习等语。据奏前两江总督于美利坚租得火轮船二只。一名上只坡。一名可敷。其土只坡一只。现泊上海黄浦江。供护饷护运之用。该叔侁调此船由长江上驶安庆一带。就近查勘试用。督令楚军水师将弁。豫为练习。俟明年洋船购到。庶易收驾轻就熟之功。其损坏轮船一只。如可修理。亦令速修完好。驶赴安庆一带。两船上下轮替更换。遇有军务要件。该督抚往返函商。数日可达。不致如现在文报阻滞等语。现在筹买外洋船炮以资勦贼。而购到尚需时日。曾国藩请先将现泊上海洋船今楚军据为演驾。光是属有益。著薛焕即将上海现泊之土只坡洋船。派干员克日押令上驶安庆一带。交曾国藩军营。俾资演习。楚军饷项缺乏。一切弁勇工匠口粮。仍照向章在于上海支领。其损坏轮船一只。并著迅速修理完好。驾赴安庆。俾两船更替轮转。以资利用。

同治卷二

(咸丰十一年辛酉九月)壬寅。大学士湖广总督官文奏。窃照英法各国来汉口通商。节经努将历次办理情形奏报在案。嗣察英国参赞巴夏礼续增十条内第七条所载。凡进口出口货物。均归上海稽查纳税。实有心取巧。豫萌欺蔽偷漏之端。半载以来。洋商往返贸易。凡有洋货进口售卖内地。内货出口贩运外洋者。因自发逆上犯。汉口巨商大贾。迁移一空。所到洋货。皆于汉口各行中暗中以货易货。运载上船。并不交进口货物清单。亦不报出口货物数目。以至毫无稽察。其应完子口税。虽有上海来文。据该领事云。先完正税。然后方完子口税。即条约内所载应办应察之事。一概龃龉。置之不理。且有内地奸商。船插英旗。借此影射偷漏。甚至将禁运货物。如米粉木植铜铁铜铅等物。装载下船。虽严饬沿口各营炮船详查。终难免私售贼匪等弊。必须设关收税。设立官行。按单发货。始便稽查。到上海照单察验出口。洋货亦凭上海发单。到汉口开舱。则长江自镇江至九江汉口进出口货物。始免偷漏之弊。若如英使所谓出口货物。仍至上海纳税。则迢迢长江千余里。随处皆可上货下货。任其自便。实存欺蔽之明验也。努尚恐见闻未确。人饬委办汉口通商事务候补道张开霉。及藩臬两司详细察核。兹据该道会同藩臬两司禀称。英美等国领事官金执尔等。佥称汉口难为长江三口之第一紧要出进大口。现在洋商办运内地货物。因汉口并无监督税务司员官吏。一切出口内地货物正税子口税。已均归镇江上海完纳查验。则与条约内所载察验进口洋货。严防偷漏。已不相符。所谓中国各口于不纳税处概不请验候查等语。并非指汉口九江而言。既谓汉口为出口第一关贸易之所。若不请验纳税。是出进自由。所谓严防偷漏者何在。查该商之意。以汉口未经设关。并无税务司员。故尔指称无关稽查。不能纳税察验。与条约内所议均不相符。汉镇若不设关收税。汉无稽察。则长江上下中原之利。尽归外国。自汉口以下。镇江以上。内地奸商。亦倚托洋商。任意私售私买。不特税课偷漏。亦必场子耗厘金。于筹饷大局实有妨碍。其洋商执一税不二税之说。未允收厘。殊不思纳税出于洋商。收厘取自华商。两不相涉。现在内地商人分赴湖南湖北产茶所在。购买茶叶等货。动称英国洋商雇伙。内地货物。种种皆可称为洋商采办。汉口之外。山乡市镇。处处皆可作为通商口岸。和约所称不逾三口之文。已为虚语。人不合不逾百里之条。况法国约内任听在议定通商各口往来。惟明禁不得在沿江沿海各埠。私买私卖。美国约内云。泊船寄居处所。商民水手人等止准在近地行走。不准远赴内地乡村市镇私行贸易。其说甚明。若英国一开此端。则他国亦将效尤。惟有于汉口设关收税。明定章程。设立行栈。收票发票。稽察盘验。并禁止华洋雇伙往各埠头采办。由商贩自行贩运到汉镇入行售卖。庶可杜绝弊源。与原议条约始相符合。努复查该道所禀。均系实在情形。汉口为几省通衢。行运甚广。百货丛集。其中茶叶大黄桐油等货。尤为出口大宗。该洋商等纷纷自赴各处采办。既不投验。无从稽其多寡。奸商倚托影射。甚至将停运之货。接济贼匪。违禁之物。潜行夹带。自汉口至镇江途经千余里。其中处处均可私售。汉口既未盘验。上海镇江无凭稽察。若经由长江出口。则上海亦无从查知。上特税课竟归无惹得。抑且将来流弊无穷。若不妥定于创建之始。将恐伊于胡底。应请于汉口设关。照海关章程。将内地各货出口正税及子口税。一并于汉关完纳。其进口洋货运至汉口。仅于照单点验。方许售销。以符一税不再税之约。并禁止华洋行伙往山乡镇市自行采办。以符不逾三口之条。出入口货物。既可稽查。而税课亦有攸归。饬汉阳府勘择地址。创立关卡。所有督办关税事务。应请添设监督一员。恭候由京简放通晓税务深知外国商人性情之员。一俟命下之日。即饬赶紧建造衙署关卡。以便稽查盘验。实于税课地方军务筹饷各事均有裨益。凡与地方有交涉事件。仍由办理通商道管理。仍归督臣兼辖。并一切税务随时稽核。此外尚有应行商办禁止各事。容随时咨呈总理各国事务衙门。与各国妥筹办理。九江一口。亦当与汉镇事宜一体相同。以昭画一。

(甲辰)恭亲王等又奏。前据崇厚禀称。布路斯国父林波。于九月初八日到署面晤。据称初九日卯刻借英国小火轮船由津城起行。赴大沽海口换坐大火轮船等语。兹复据崇厚禀称。艾林波于本月初九日出口放洋南驶。理合附片奏闻。

(咸丰十一年辛酉九月)壬子。江苏巡抚薛焕奏。臣承准军机大臣字寄。咸丰十一年四月二十五日奉上谕。本日王有龄奏。宁波设立新关。征收外国税钞一折等因钦此。当即薛录转行江海关钦遵查详去后。据该关道吴煦查明粤闽江浙五口。于道光二十三年奉文与西洋各国通商。原系各归各口。设关征收洋税。均无代收别关税钞之事。美国旧约第二十款载外国人民运货进口。既经纳清税饷。傥欲运往别关售卖。检查货税底簿相符。验明实系原包原货。并无拆动抽换情弊。即填入牌照发该商收执。一面行文别口海关查验符合。免其重纳税饷等语。通商各国。本系一律照办。现又列入英国新约第四十五款。法国新约大略相同。此条专为货不重征而设。并非代收别关税钞。各口历久通行。均照条约办理。乃洋有准给免单之条。近复贩运内地上货。在海关完纳出口税银后。亦或声明船须复进别口。请发免单。节经据理驳斥。奈各国领事总以货无两税为词。且谓通商条约洋货改运别口。有准给免单之文。洋商转运土货。复进别口。并无不准发给免单之文。藉口巧辩争执。不得已从权照办。亦非代收别关税钞。粤关宁波各口。皆系通融给发。不独上海为然。但此事关系税课盈绌。必须议定进口纳税章程。各关一律停给免单。方足以杜嚣争而重权政。缘代办税务司赫德已赴天津。该关道是以详请办理三口通商大臣崇厚。就近与赫德面商定议。即由崇厚呈请总理衙门照会各国公使。分别饬知。以便各关遵照一律办理在案。兹奉寄谕。应即照会各国领事。停给土货免单以杜影射等情。由该关道洋覆前来。正在核奏闲。承准总理衙门先后咨行。洋商置买内地货出口完税后再运别口。条约税则。均无作何办理明文。现与英法二国公使议定。凡洋商运土货出口。不准再发免税单。复进他口等因。并准浙江抚臣王有龄钞录原奏咨会到臣。查洋货进口纳税后改运别口。准给免单。英法美瑊国条约均有明文。本非代收别关税钞。免单自应照章给发。兹绎王有龄原奏。似指内地土货复进别口而言。前此洋商藉词牵混。请给免单。实属意存影射。然上海止收本关出口税银。给单准免。并不代征别关进口税钞。王有龄原奏所叙。征涉错误。惟税钞虽木代收。而免单必不可发。江海关已于六月初十日停给。至王有龄原奏所称。傥税已上纳。货未销售。仍开赴别口销售者。所收税银。或即刻发运。或给予票据。留抵本关下次之税等语。查英国条约。有发给存票。他日不论进口出口之货。均可持作已纳税饷之据等语。系专为洋货进口纳税后。仍复运出外国而设。若洋货进口,纳税后改运别口。即应照约填给免单。王有龄现奏。如指土货而言。则一切宜遵总理衙门与各公使现议章程办理。应同原奏所称认单一项。查系上海华商认完厘捐时发给。与洋商完税无涉者。均无庸议。

(咸丰十一年辛酉十月)丁卯。总理各国事务恭亲王等奏。臣等前于五月十二日。接奉寄谕。恭亲王奕訢等奏。各口头税现当开办之初。总理税务司赫德来京所议章程。头绪纷烦。实难洞悉流弊。请饬户部会商办理等因钦此。臣等当将各口关税章程。一面悉心酌拟。一面咨令各口商通大臣妥为筹议去后。迄今数月之久。未见各该大臣商定办法。分别奏咨。叠据两湖总督江西巡抚咨称。自洋人入江以来。进出口正税。均在上海交纳。其自入内地卖洋货。买土货。既未议征子税。而洋人复不令地方官抽厘。汉口九江依赖。又均不服稽查。又据江苏巡抚薛焕咨称。每与领事官酌议章程。而各国领事以未奉该国劄谕。不肯遵行。请臣等与住京英法公使面议各等语。而英法公使亦时到臣等公所。声称中外交涉事件。不能与外省大吏纷纷商办。必欲与臣等公平面议。臣等于税务事件。本非熟悉。但既奉有谕旨。令臣等酌拟单程。臣等断不敢稍形诿卸。因查各口通商。惟长江最关紧要。缘该地方军务未平。收税固可济饷。而洋人惟利是图。深恐其接济贼匪。若不议定章程。不但税课有玚子。且有贻患军备之虞。查本年春闲。薛焕与巴夏礼曾议有长江通商章程十款。于船只往来颇有稽查。惟尚有未尽严密之处。而于收税一节亦未护及。因就原议章程重加添改。定为长江通商章程十二款。凡长江有关军需之物。今洋商呈具保单。向各关领照。起卸均有查验。庶不致再有济匪情事。再长江及南北各口。现在尚未一律议征子税。及土货复进口税。因另拟通商各口通共章程五款。臣等与英法国公使面商数次。于八月闲照会英法国去后。嗣据英国咸妥玛到公所面称。章程二件。均愿照办。该国已发英商告示二张。令其遵照办理。随送到照覆。并黏钞告示底送阅前来。臣等查英国告示。系以英文翻译。较之臣等原议章程。虽次序不同。文义稍减。第大致与臣等所定十二款五款无异。应饬南北各口。仍照臣等汉文章程办理。至法国并无照覆前来。惟通商事件。向系随同英国而行。既无他议。应令一体照办。再长江应收进出口正税及土货复进口税。现今均在上海完交。应请饬下江苏巡抚将上海代收长江各税。每届三月一结之期。分别解往湖北江西二省以济军饷。至洋人自入内地卖洋货买土货。现已分别议定。或照约交一子税。免其重征。或照内地例逢关纳税。遇卡抽厘。经此次明定章程。使内地奸商。无从假冒漏税。而于各省关卡税厘。亦属不无裨益。惟臣等所议章程。不敢自谓尽善。应请旨饬下南北通商大臣。各就地方情形悉心体察。如有应行变通之处。随时会商办理。

恭亲王等又奏。查从前五口通商。洋人贩运土货。仅止将茶叶大黄过出外国。今则洋商每将南北土货于通商。岸往来贩卖。不独隐夺华商生计。且于各关税饷有亏。查此项复进口之土货。条约税则内。均无作何办理明文。若不议添复进口税。将来洋商以贩运土货为得计。必至内地商人无可营生。是以臣等前与英法公使。极力相争。凡土货出口。如欲运往他口。虽已完过出口税银。不能照洋货发给免重征单。其复进口时。如交一正税。准扣二成。如交一半税。不扣二成。照会英法国去后。旋据覆称上货复进口应交半税。毋庸扣归二成等语。而于交过半税后应否再征。亦未议及。现与议定土货复进口交过半税后。止准在口售卖。若运入内地销售。仍照内地例逢关纳税。遇卡抽厘。如此遮足保全华商生计。而内地各关。亦不致有虞缺额。

长江各口通商暂订章程

第一款

外国各船只欲过镇江口上大江者。由上海领事官处请领江照。由领事官转诣上海海关。此江照准往汉口为止。止系上海海关可发。公敌查明该船应纳进出各税连船钞已完。方可给照。其照由上海海关送与领事官转给该船船主。即由领事官将其船牌留署。公敌该船回日许原照送缴领事官转送海关。然后领回船牌。

第二款

凡商船来往长江。准带应用兵器以为保卫之资。其兵器数目。听上海海关按度情理。酌定发给军器执照。载明炮枪刀叶等件若干。准其照数带往。由海关将此军器执照送与领事官。由领事官发给该船船主。俟该船回上海之日。将执照内所开原带炮枪刀叶等件。按数带回。如有用去者。即将如何用处报明。如该船带回军器火药。缺少执照所开数目。又不能将如何用处并无弊端报明。或查出该船在长江不论何处私将器械火药各等类出场。或多带军器与照内数目不符者。即将江照撤回。不准该船在长江贸易。

第三款

一该船由上海起程上长江之时。听凭上海海关随意派员或丁役等。不逾一二人。一同驾往镇江。该船主不得阻止。并将所派员役照料安置坐落之处。其经费一切由关支给。该船自上海至镇江一带地方。均不准贸易。如有私自买卖。系违天津和约第四十七款章程。可照约内所议处办。

第四款

各船到镇江。必先在该处湾泊。并报明领事官。镇江关方准过口。该船一到镇江。即将江照。军器执照。上海海关红单。船上除水手外所带商客等人名数单。共四件。亲递领事官查照。如欲即刻前往。由领事官将以上四件转送镇江关查明。听关派员役上船查看。如无应取银物。又无应留事故。由关将上海原发江照军械执照两件给还船主。另发镇江红单一件。方准开行。该船在镇江如逾一日之限。不即前往。则由船主报领事官照会海关。并起货下货一切等事。均必遵照天津和约第三十七等款办理。仍由船主将舱口单及所带商客等人名数单。禀递领事官。由领事官将该船江照军器执照留署。俟镇江关于红单时。始将此二照给还船主。方准前往。如有船只未照章程请镇江照军器执照镇江红单三件。私行往长江。即系违天津和约第四十七款。可照此款处办。

第五款

各船到九江汉口。限一日之内。由船主将江照军器执照镇江红单舱口单并船上商客等人名数单共五件。递交领事官查收留署。俟出口之时。仍将出口舱口单。及所带出口商客等人名数单。递交领事官。由领事官始将江照军器执照镇江红单三件发还船主。其镇江红单内由领事官注明何日递交。何日给还字样。如船只直遇九江不湾泊者。则无庸报到。如遇该处不起货下货。免将舱口单递交领事官。

第六款

各船只下长江时。一到镇江。必在该口湾泊。报明领事官镇江关一切事宜。均照以上第四款由镇江进口上长江章程一律办理。仍听镇江关随意派员或丁役不逾一二人。驾同前往上海。由该船主遵照以上第三款一切照料。止准该船直往上海。均不许在沿途各处停候交易。

第七款

凡船只遵照此章程在长江来往贸易。其应纳税饷。既照以上第一第四第六各款办理。则天津和约第三十八三十九四十四十一四款章程。与彼无涉。准其在九江汉口任便起货下货。不用请给准单。不用随纳税饷。俟回上海。遵照前章办理。

第八款

船只在长江各口递领事官舱口单内。必注明所带各货件数。按货开明。或斤两。或长短。或价值。分别裂。

第九款

一洋商欲运油麻钢铁米粮面食木植铜钱。须赴关报明数目若干。运往某口。请给执照。先由该商呈具保单。声明必将货物送至某口。听某口海关查验该货数目相符。均经起卸。即由某口海关将执照画舞盖印。限三月内缴回。傥逾三月之期而执照未得送回。按其钱货原本。照数罚缴入官外。将该船江照撤回。不准在长江贸易。以上各节。均于保单内注明。至请给执照。如系向在中华设洋行之人。准其自行呈具保单。若非向设洋行之人。则同妥商二人联名呈具保单。以上各货。除铜钱不纳税外。余均照则纳税。

第十款

不善商雇买内地船只。装货上下长江。禀请该口领事官咨会该关发给内地船照。先由该商呈具保单。声明必将该船及货物送至某口海关。听海关查验船货相符。均经起卸。即由某口海关将执照画押盖印。限二月内缴回。倘逾二月之期。而执照未得送回。按其船货价值。罚交入官。至所请船照。如系向在中华设洋行之人。准其自行呈具保华。如非向设洋行之人。则同妥商二人。联名呈具保单。其内地船应征税料。应由各口自向内地商人办理。

第十一款

凡船只有违前款章程。不论何款。将江照撤回不准在长江贸易。亦可将违章之船。送回上海。可另并治以违犯条约之咎。又如遇人因事故将该船主禀告各口领事官。由领事官将该船留在口内。俟将所告之事查明办结。完结之后。方准开行。

第十二款

以上暂订各章程。如遇各口收税情形。有滞碍难行之处。应由两国大臣随时会同核议。以归妥善。

通商各口通共章程五条

第一款

洋商由上海运洋货进长江。须在上海将进口正税完纳。俟到长江各口后。一经离口自入内地贩运。如无长江各关税单者。逢关纳税。遇卡抽厘。遇有外国商人。欲在长江各关。请入内地之税单。即令该商于运货遇卡之先。照约在该关完一子口税。方准发给税单。不再另征。

第二款

洋商由上海运土货进长江。其该货应在上海交本地出口之正税。并先完长江复进口之半税。俟到长江各口后。一经离口贩运。无论洋商华商。均逢关纳税。遇卡抽釐。

第三款

洋商由上海运别口所来之土货。已在别口交遇出口税。并在上海交遇复进口税。如再出口往长江。毋庸再在上海纳出口税并长江复进口之税。俟到长江各口后。一经离口贩运。无论洋商华商。均逢关纳税。遇卡抽釐。

第四款

洋商如在长江口岸。自入内地买土货。或本商自去。或用本国人或用内地人均可。惟必须先向海关请领买货报单。单内注明该货某日到某子口应运通商某口。实属本商土货自必纳完半税等词。并于单内填注本商姓名。或本行字号为凭。此等报单。通商各口海关自行借办。俟准领事官咨请发给。并无使费。

第五款

洋商由长江口岸运土货回上海。若系洋商由内地自贩之货。已在江口完一子税。即有过卡实据可凭。如在本江口所买之货。即系已由内地人交遇各内地税则。在长江下货时。均不必在长江各口完税。俟到上海进口时。长江出口之正税。并先将一半税存在银号。如在限内出口运往外国。确系原包原货。并无拆动抽换情形。即将所存之银交还。如在上海销卖。或逾限未出口。即将所存一半税入帐作为复进口之税。或限内出口。有折动抽换情形。除将一半税入帐外。仍另纳出口之號税。

以上除长江十二款。专为长江而设。各海口毋庸照办。其通商各口通共章程五款。除长江应收进出口正税及复进口半税。均在上海完纳。与别海口不同。余如洋商入内地卖洋货买土货。复进口入内地销卖。以及土货复进口报明不日出洋。各项存银纳税领单请照一切办法。南北各海口。均照长江一律办理。

给英国照会

为照会事。查条约第十款内载长江上下游均有贼匪。俟地方平靖。准将三口为通商之区等语。旋于上年十月准贵大臣照会。现拟汉口九江。先行开商。倘私卖军器等物。即将货物入官。并驱逐该船出口。不准在江面贸易。经本爵覆准在案。嗣经上海钦差大臣薛。与贵国巴参赞。会议暂订章程十款。其第十款内载以上备章程应悬除添改。随时会同酌议等语。查原定条约因长江地方尚未平靖。故暂缓通商。嗣接贵大臣照会。谆谆以汉口九江先行开商为请。并虑及奸商接济贼匪。不准以军器为生理。办理本为公平。本爵是以通融办理。暂准通商。以期中外商人。均沾利益。永敦和好。本年六月闲准贵大臣照会。内称洋船到安庆起货一事。所报非实。现已出示晓谕各该处英民知悉。凡官兵相围之地。如有私欲相通之人。被官兵枪炮伤害。本大臣必不听弃等语。足见贵大臣防范甚严。凡中国有贼处所。洋船自不至前往有运货济匪情事。乃兹准湖广总督咨呈。内开内地奸商。附载轮船。又买民船附益。插有贵国旗号。沿江直下。并不完税纳釐。并有奸商贪利济匪。凡往来之船。每停泊于黄州安庆贼踞之地。将钢铁油麻米粮。重价卖与贼匪。济其用之。并由汉口购买木植。展转卖与贼中。使贼得造成战舰以抗我师。地方不靖。亦于贵国通商事务有碍。殊非和好之道等因。本爵据此。不能不照会贵大臣一体立法禁止。查八年所定税则。凡违禁货物。如火药弹子炮位鸟枪一切军器及内地食盐。不准贩运进出口。又钢铁不准运出外国。又硝磺白铅不准带入长江并各内港。亦不准伐华商护送。均载在税则。为通商各口违禁之货。又税则第十条内载长江如何严防偷漏之处。任中国设法筹办。此次长江一带军务未经肃清。先行通商。自未能与别海口相同。而在别口违禁货物之外。另有数件。不便允准任使贩运。险些等物件之外。其余无关军需之货。均可照章程贩运纳税。兹特将上海暂订章程内所应添改之处。一一注明送阅。即希贵大臣示知长江各商遵照。倘商船不肯遵行。则贼匪得有接济。势更蔓延。于中国军务饷需。实有不便。而军营将士不能平贼。必谓本爵办理不善。本爵更无别法。只好仍按照条约暂缓通商。于镇江一带禁止商船入江。俟地方平靖再行办理。想应照会贵大臣查照见覆可也。

英国照覆

为照覆事。前准贵亲王来文。内议土货复进各口取给免单一节。现据上海领事官麦详报。英商因免单不给受累。并有别项碍难之处等因前来。除本大臣业经札行办理外。为此照覆。

给英国照覆

为照覆事。准贵大臣照会。据上海领事官参详称。土货不发免单等因。本大臣业经劄行办理。将劄文钞送查照前来。查劄文内洋商入内地卖洋货。准向关请给内地税单。或在内地买土货。向第一子口领运货之准照。惟请单运货。听商自便一节。本爵秉公查核。除洋货进口。土货出口。均照税则完进出口正税外。其洋商入内地卖洋货。与入内地买土货。如领有海关税单及子口所发运照。则照约完一子口税。不再另征。如无以上单照。虽有领事官所发入内地游历通商执照。不得抵作单照。仍应按照内地例。逢关纳税。遇卡抽釐。惟洋商止准雇内地人运洋货。如买土货。必须有洋商亲到第一子口。报明领照。不得专用内地人。至土货复进他口。应交半税不扣二成一节。办理极为允当。惟于复进口时。必须将出口完税凭据呈。如无完遇出口税凭据。即今该商于完交复进口半税外。仍补完出口正税。倘该商于复进口时。报明在途推动凭据。准该商将补完出口正税交关暂存。并报明原出某口。由该关行查某口。是否完遇税项。如查明实系推动完税凭据。该关仍将所存补完之正税交还。倘系呈报。即将银入帐。此项复进口之土货交过半税。即准在口贩卖。如交过半税。运入内地。应无论洋商华商。仍照内地例逢关纳税。遇卡抽釐。不准各关发给土货入内地之税单。至土货复进口。洋商如报明不日出洋。运往外商。本爵查土货复进口如欲复出口,运往外国。应于进口时先在海关报明。将复进口之半税存在银号。酌定限期。至多不遇三月。如在限内出口运往外国。验系原包原货。并无拆动抽换情形。即将所存复进口之半税。由银号发还。如逾限未出口。即将所存半税入帐。作为复进口之税。如限内虽报出口。而实非原包原货。一经查有拆动抽换情形。除将一半税入帐外。仍另纳出口之税。至土货完过出口及复进口税。再行转运中国通商别口。不再完出口进口之税。其长江通商纳税章程。该处此时与别口情形不同。当另备照会点钞章程送阅。相应照会贵大臣查照见覆可也。

英国照覆

为照覆事。接准贵亲王覆文。并有另行照会先后两件。内开各节。本大臣详细查核。因贵亲王覆文所议将子口收纳税饷复进口税免单三件。皆为各口长行通商之事。本大臣之见。莫若专出告示。晓谕英商等一体遵办。至于来文内订大江通商章程。实系大漠南北未得平复。通融办理。此拟另出告示晓谕各商知悉。以示长暂之别。兹子口税一节。查前约定出入正税则例。其时思虑内地抽釐未定常规。各省随机加重。以致我商虽有正税额数之名。实无必免重纳正税之便。是以条约专加半税之款。至于大江一节军务未竣。先准暂解江禁。亦为使商取益之议。以上两层。本大臣酌定章程。无不切想保我商民。有益无损。一面防于贵国例所应得之项。亦毫无所缺。至覆文所言土货必须有洋商亲到子口领照。不准雇用华商代办。此实难行。若如此办理。是英商如不能亲请给照。必雇外国人专为代办。此意据本大臣所见。不与条约相宜。况如有华商安心偷漏。何难自请外国人假作货主。同赴子口报货。现拟凡有英商欲运土货。令其于呈报单内。注明本商允水纳内地半税。并书明本商姓名本行字号为凭。如此设计全备。似较令亲到子口领照之议。更为妥便。至于复进口税及给支免单两节。查土货复进各口。向于上海准免税饷。旧有成规。近在粤关亦为仿照此办。嗣因贵国近有咨文。拟改以将来土货出口。先完正税。复进他口。尚合另给半税等情前来。本大臣当即允行。实与国帑有益之举。惟现时上海口。系长江宁波来货下船出洋之区。而湖丝一项因各处尚未平定。所有上海左右出口之货。必须先在宁波下船后运上海出洋。英商既觉路远维艰。诸多迟滞。今有免单之例定妥。务望贵亲王劄谕通商各大臣。必须照办。嗣后不致再生辩论。来文内开暂订大江章程。本大臣逐款详核。第七款内有改注汉口九江之议。此与本大臣去年十月发文相符。自当允行。至第十五条内将油麻等物禁止不准英商贩运之议。查此项货物。数月以来。我商贩运上海者不少。据今停止。实与商务大碍。惟念现定大江章程。仅准前往汉口几江通商。本大臣因思商民私赴他口贸易。偷漏税饱和。实与国课无裨有损。为此详加、酌拟新章。必使商民贩运该货。不得将优容之处转作陋习。至英商雇买民船。据本大臣访闻此事。皆系运货下江出口之用。并无他意。现已另立限制。与前款相同。自可妥办无虑。其余各节。节如有贼虑所英船不准停泊等由。查大漠章程所定。除汉口九江之外。英商不准私往他处贸易。果敢犯禁。则有无查办。皆在贵国。本大臣自无拿办之责。前次经出告示在案。可无庸复议。总之现定章程内有数件。比前较紧。合请贵亲王饬谕上海监督等官。应候章程先在汉口几江晓谕商民知悉。以便遵照后。将民船油麻等物各从新例照办。以免倏尔更张。商民验证适从意。为此照覆。

恭亲王等又奏。九月十七日。准军机处钞寄两湖总督官文奏。请汉口设关收纳洋税一折。奉旨。总理各国事务王大臣妥议具奏钦此。据原奏内称。今所到洋货。皆于汉口各行中以货易货。并不交进口货物清单。亦不报出口货物数目。以致毫无稽查等语。臣等查长江进口洋货。均从上海入江。即洋商运长江土货回国。亦必由上海放洋。是以上年与英国议定。凡汉口九江应收进口正税。均在上海征收。臣等前准两湖总督官文咨称。自洋人到汉通商两湖釐税均无等语。臣等当与总税务司赫德详加商议。拟将汉口九江应收之税。改归汉口九江征收。而赫德则谓长江地方辽阔。满面尚未平靖。稽察难周。如长江进口洋货税。不在上海征收。则洋商避汉口九江之有关。必于无关之处绕越卸货。则进口之正税漏矣。如长江出口土货税不在上海征收。则洋商避汉口九江之有关。亦必于无关之处偷载上船。则出口之正税人漏矣。再四筹商。不如仍在上海征收。拨归湖北江西二省为是。至于洋人自入内地买土货一节。查英国条约第九款载明入内地游历通商。势不能禁之不入山乡镇市采办。现与英国议定。凡洋商入内地买货。先请该关发给买货报单。单内注明本商姓名及本行字号为凭。则内地奸商。自可不致假冒影射。其入内地卖洋货买土货。准其或照内地例余存实纳税。遇卡抽釐。或照善后条约第七款完一次子税。是各口均有子税可收。而于各关卡釐税。亦不致任意偷漏。其复进口之土货。仍令逢关纳税。遇卡抽釐。亦无碍华商生计。至汉口油麻钢铁米粮面食木植铜钱等项。条约内既有通商明文。止能使之不济贼匪。不能使之概停贩买。又凡洋商记住用内地船只。条约内亦有明文。似难禁止。现均议令该商呈具保单。领取各该关执照。运赴指定海口厅关查验相符。即将执照画押盖印。仍于限内将照缴回。如违罚办。是于无可禁止之中。暗寓防闲之法。以上各节。均已与英国议定。列入长江通商章程内。行知长江各省查照办理在案。至汉口地方。据该督奏称必须设关。自应准其建立。查验进出各货。惟该督奏请由京简派监督一节。臣等查江苏上海口。系苏松太道管理。浙江宁波口。系宁绍台道管理。汉口本非海关可比。且进出正税均在上海征收。汉口关仅止征收子税。及盘验货物等事。应节由汉黄德道管理。勿庸由京派往。其汉口建关一切事宜。即由该督督同汉黄德道。妥议章程。实力办理。

掌湖广道监察御史魏睦庭奏。窃维火器之设。兆于金源。元末聪撤马儿罕。威震天竺。西洋列国大半服属。有欧罗巴人携火器回西洋。彼国人练习讲求。奇巧百出。是火器并不始于西洋也。我朝天聪五年。始造西洋大炮。康熙年间。乌兰布通之战。以鸟枪火炮。破额鲁特驼城。遂设火器营。而汤若启南怀仁等。成造各色洋炮。现存库中。乾隆年间。十全武功。实以排枪之九进十连环。为军营决胜之技。然自海上通商以来。各色火器。又以西洋为最情。盖西洋以商贩为立国之本。非船坚炮利。士卒整练。不能立国。其铸炮造船。配制火药。止求制器巧捷。不计工料。又本之天文度数。参以勾股算法。故能巧发奇中。兼能及远。中原制造船炮。限于成例。不免侵渔。故不及也。伏闻粤逆屡稽天诛。以该逆自知罪大。同恶共济。长于守城。致前任将兵大臣等久持金陵城下。不能得手。臣愚以为和议既成。英法各国。皆愿我迅扫贼氛。各省肃清。延缓之洋货自益流通。拟请旨饬下通商衙门。与英法各国使臣。将西洋之火器炎轮船等议定价值。按价购买。沿海绅商亦许捐购。从优奖励。并在上海等处设立专局。简选勇练兵弁。共西洋人学习驾驶演放之法。二三月间。即可训练精熟。先以火轮兵船。扫清江面。即以炸炮火箭等器。用攻坚城。逆贼断不能守。费银不过数十万两。丑类之歼。计日可待。与现在之老师縻饷。奏功无期者功相万也。又闻俄罗斯向无水师。自彼得罗汗即位后。征服亲往荷兰。学习水师火器。数年回国即添制师船。次第开疆数千里。现在欧罗巴一洲。以俄兵为最强。夫稽之旧制。先朝因设立火器诸营。而武功叠奏。考之与国。俄人添设水师兵船。而富强日闻。况物产之精华茶话会于中原。奇才异能。代不乏人。果其实力讲求。精益求精。则船炮军械。转有胜于西洋者。亦何惮而不为耶。万一洋商良莠不一。将洋枪等器暗资粤逆。则大兵勦办更为棘手。亦不可不早为虑及也。

同治卷三

(咸丰十一年辛酉十一月)庚寅。署黑龙江将军特普钦齐齐哈尔副都统那敷德奏。黑龙江城与俄罗斯一江相隔。自上年新定和约以来。奴才等随时严饬该署副都统爱绅泰。凡涉边界事宜。均须遵照条约。妥切筹办。并加意密防。毋稍疏懈。节经劄饬在案。兹据该署副都统先后报称。本年俄夷往来船只。并沿江夷屯居户。俱各安静无事。惟巡查边界。拟请改照新定界址以符条约。并请将续添防夷卡伦十三处内。查其无关要隘者。醒抽撤七处。以节兵力等因呈报前来。奴才等溯查乾隆三十年奏定章程。每年派黑龙江城官兵前往格尔毕齐河口巡查边界一次。又每届三年。赴格尔毕齐河源至兴安岭梁巡查一次。惟上年新定和约内载此后两国东界。定为由什勒喀额尔古讷两河会处。即顺黑龙江下流。其北边地属俄罗斯国等语。今黑龙江城巡查官兵。如仍照往年查至格尔毕齐河源并兴安岭梁等处。即深入俄夷地界。与新定和约不符。恐该夷籍口另生枝节。殊有关碍。是以本年巡查边界官兵。奴才等拟令改赴额尔古讷河口巡查。并饬将巡查江左河道一差裁撤。其布特哈处官兵。向应查至精奇里西勒木迪牛曼等三处河道。该处为捕打貂皮地方。仍饬遵照旧章巡查。以符现定条约。至该署副拟请抽撤卡伦七处。查自咸丰四年俄夷人船下驶。陆续添设卡伦十三处。原为防夷起见。额外加增。今既分定界址。夷情照常安静。自应醒抽撤。以省饷银而纾兵力。奴才等悉心酌核。拟照所请。将大黑河屯。敦吉林。四家子。喀路山。胡勒固尔布拉。木口子。格尔钦等七处卡伦。一并抽撤。其余要隘各卡。仍著严加巡防。毋稍疏懈。

壬子。总理各国事务恭亲王等奏。据江苏巡抚薛焕奏。洋商因其准给免单之条。近复贩运内地土货。总以货无两税为词。请发土货免单。上海关从权照办。然止收本关出口税银。给单免征。并不代别关征收进口税钞。惟税银虽未代收。而免单必不可发。江海关已于六月初十日停给等语。臣等查洋货进口交清税项后。如欲改运别口。原应照约发给免单。至土货。如欲运至别口售卖。条约内并无应发免单明文。若一律发给免单。则洋商以贩运土货为得计。必至有亏内地各关之税。本年春夏闲上海关于洋商土货出口发给免单。经臣等行文该关停止。并与英法国议定令土货进口再交复进口半税。并入内地逢关纳税。遇卡抽釐。所以保全华商之生计。而使内地各关不致缺额也。惟土货免单。虽据薛焕奏明已于六月初十日停止。而六月初十日以前。上海关实共发过土货免单若千张。计税银若干两。又应发之洋货免单。本年八月二十六日第四结之前。上海关实共发过洋货免单若干张。计税银若干两。以及能否拨还各口。与运解京师之处。该抚未随折奏明。查洋货交过进口税。如欲改运别口。所以准给免单者。细思条内之意。不过因货物雍滞难销。而货税业已上纳。碍难发还。是以发给此项免单。行文别口。免其重征。但卸货后又复手动上船。应亦不过偶然之事。乃天津一关。截至本年八月二十六日。竟收过免单银十余万两之多。虽不尽是上海所发。而上海居十之八九。又牛庄一口。开征以后。截至封河之日止。共收洋税实银二千余两。而免单则有二万余两。亦是上海所发居多。殊属令人不解。若不变通办理。窃恐将来各口仅收免单。不收税银。日久不无流弊。应请旨饬下江苏巡抚严饬管关之苏松太道。每届三月一结之期。务将实发免单张数及免单税银数目查明。于折内详细声叙。并造册咨送户部。由户部行文各口查对。其所收免单税银。如系南省各口。准上海留存以备扬州解各省军饷。如所发之单。系北洋三口。尽数解交户部分别办理。或由海船。或由陆路运解。应归户兑奖保住以该抚照办。此外上海代长江所收正税。及发给长江免单税银。亦应拨还长江各口。均不准该省擅自动用。至洋船有船钞。洋货土货有子口税。土货进口又有复进口半税。现在仅天津一关。据三口通商大臣崇厚奏明收过船钞及子口税数目。其余南北各口。均未据分别奏报。殊属玩延。并请旨饬下各该督抚将军大臣监督。各将所管通商口岸。查明已征船钞子税半税各数目。限一个月内补行奏报。嗣后每届三月一结之期。即在奏报征收正税按结扣归外国二成折内。将不扣二成之船钞子税及土货半税。详细声明。

恭亲王等又奏。查上年英法条约所载新添通商口岸。在南则有台湾淡水潮州琼州江宁及长江三口。在北则有天津牛庄登州。内除江宁一口。条约内载明俟匪徒剿灭后方准通商外。其余议定通商各口。皆准一律克日通商。乃一载以来。天津牛庄登州。已据三口通商大臣崇厚咨报开关。其南省新添各口。惟潮州已据两广督臣奏报征税。至汉口九江虽已通商。而进出税钞。均系上海征收。实在上海关共代收九江税若干。代收汉口税若干。以及镇江一口有无征收税钞。曾否派员稽查洋商往来船只。未据薛焕奏报。其余如台湾淡水琼州。现在曾否开埠。未据各该督抚将军分别奏咨。而薛焕身为钦差大臣。有统辖江浙粤闽内江各口之责。亦总未随时奏报。现在台湾淡水琼州。有无洋船在延缓起卸货物。殊难悬揣。相应请旨饬下江苏巡抚薛焕。查照臣等所指各节。迅速查明据实覆奏。

(咸丰十一年辛酉)十二月。戊午。江苏巡抚薛焕奏。据洋行通事探报。宁波本有英法两国兵船数只。日前因信息紧急。随又调到六只通商之地。乃本月初七初八日。逆匪攻城。该两国兵船袖手旁观。并不开放一炮。及该逆据志后。即有洋商入城游玩。与贼耦俱无猜。且有许售洋枪之说。初十日有数贼渡江北岸。系外国租地。洋人亦不相瞒。传闻贼与英领事相商。意欲立关收税。尚未定议。英国之参赞巴夏礼。法国之提督卜罗德。均在宁波各等语。臣查探报原难尽信。而外国人与贼匪向日不免暗地往还。诚恐日久互相句通。殊为沿海地方之患。臣惟有密加侦察。随时随事留心宸廑。

(庚午)恭亲王等又奏。据三口通商大臣崇厚咨呈。内称北洋三口。自本年开办以来。天津一口办有规模。惟直隶沿海各州县税口。如沧州滦州乐亭昌黎等处。闲有海船装货出入。前经臣等咨行该大臣严行查办。仍恐各口征收。难保不无蒙混情弊。现拟由该遴委妥员。前往各海口督同该管州县认真清釐。其牛庄一口。本年开办以来。虽税课未能畅旺。经山海关监督移札牛庄。责有专属。办理尚属妥协。惟登州一口。前经山东抚臣奏派候补知府董步云。并经该大臣奏调直隶候补知府王启曾等前往会办。于六月闲抵口。嗣据禀报该口向收内地及南洋各岛海船商税。皆由地方官抽收釐金。办理诸形含混。曾经附片奏明在案。并因该委员等办理数月。未能得力。即该大臣处所委之员。系因隔省人员。一切呼应不灵。复经专折请旨饬下山东抚臣。几饬登莱青道前往烟台会同委员等妥议章程赶紧开办。曾奉谕旨寄信抚臣谭廷襄。即饬该道崇芳驰往会办。嗣因南捻逼近海口。该道亦即折回。未能会商一切。虽续据该委员等禀报该口已于七月十七日开办。迄今究未能办理画一。该大臣驻津兼辖。实属鞭长莫及。响应不灵。并查山东海口为北洋门户。凡南洋各口中外商船北来者。必先经过东省。所载货物。或沿途私卸。或偷漏绕越。种种弊窦。较天津牛庄两口尤甚。且向未设官。并无管关监督道员经理。以致积弊难返。非奏派设立监督。认真经理。不足以专责成而裕税课。并请奏明或即饬令山东登莱青道改札烟台。仿照江苏上海浙江宁绍台等道之例。专司中外税务。或请于臣衙门司员内拣派熟悉情形之员。前往作为监督。援照户部分司各关监督之例。并沿海各州县海口土税。按内地例一并分别征试办。请颁给监督关防各等因前来。臣等查该大臣办理三口通商事务。山东登州一口是其管辖。惟距天津较远。且非同在一省。即派员前往。亦属人地生疏。与地方官不能联络。若非设立监督专司税务。殊属漫无专责。惟所称臣衙门奏派监督前往一节。臣等公同商酌。现在臣衙门中外交涉事件繁多。各司员轮班办事。日夕不遑。且臣衙门设立之初。得力人员未便据易生手。查该国情形者尚不乏人。惟并无管辖地方之责。若据将该员等派往。恐于该省呼应不灵。自以责成登莱青道经理为妥。第查该道远在莱州。稽查恐难周密。且近日宁波失守。各海口一律戒严。登州居东海之滨。尤须有职分较大之员。就近驻札。于稽征税务之外兼资控驭。庶两有裨益。臣等酌议。应请旨饬令山东登莱青道。改行驻札烟台海口。作为税务监督。以资得力。并请饬下礼部分布给东海关监督关防。用昭信守。凡该口进出外国商船洋税。按照条约。并新定章程办理。至登莱青三府沿海州县各海口进出内地商船土税。由户部发给内地关税则例。按照天津钞关章程征收。另款造报。武定一府。除地方公事仍隶济东道管理。所属州县沿海各口商船土税。一体归登莱青道经管。以昭画一。仍责令三口通商大臣会同山东抚臣督饬妥办。随时稽察。傥该道于中外交涉事件。不能熟习。而于征收税课未克力除积弊。仍听所属州县陋习相沿。即行会同山东巡抚参办。再由臣衙门奏请简派熟悉之员接手办理。如能整顿于税课大有起色。亦准酌量奏请奖励。以示激劝。

恭亲王等又奏。臣等据总税务司赫德申陈。内称本年八月间。有英国商船由温州载盐运至上海。经江海关监督照会英国领事官。责该商船不遵条约。请将船货入官。巨该领事覆称温州地方官。既准该商船装货。则港澳关不能治其罪等语。该商船仍出口往温州而去。请行文英国大臣办理等因前来。臣等查条约第四十七款内载商船如到别处沿海地方私做买卖。即将船货一并入官。又天津善后条约第三款内载凡有违禁货物。内地食盐。概不准贩运进出口各等语。查温州非通商之区。食盐是违禁之物。今英商擅行前往。私自贩运。经江海关查出。该领职又多方袒庇。不能遵照条约办理。当经臣等照会英国公使。令其即饬领事官照办。巨该公使借端狡展。不归咎商人之违约。而反咎地方官之纵私。其饰词强辩。已可概见。然使内地各海口地方官认真防关。该公使亦不致有所借口。除由臣等照覆该公使。仍令其严饬英商遵约外。相应请旨饬下浙江抚臣。严檄温州等处地方官。凡不准通商口岸。如有洋船前往贸易。及贩运违禁货物。均严行禁止。傥有宽纵。或官吏受贿放行。一经查出。从重惩办。至登州牛庄两口所出之豆石豆饼。实为内地商船营生之本业。条约原禁止洋商贩运出口。今年七月间。该公使多方陈请欲求弛禁。臣等仍复杜绝。又于杜绝之中寓两全之意。给予照会。准洋商雇内地商船在登州牛庄两口装载豆石。或运往南省。或运至天津。照例完纳出进口税。使税课无亏。华洋两商均得获利等语。嗣经该公使于酌议长江章程照会内申明豆饼豆石。仍按善后章程第五款专条办理。经臣等行知各海口办理在案。现据英国公使照会。内称英商在登州贩豆出口。而粤海关不准其上岸。误使英商亏本。欲求照价赔偿等语。是又不咎英商之违约贩私。而咎登州地方官之纵民私卖。种种强词。均属藉端狡赖。虽经臣等据理驳斥。仍应请瞧去饬下山东抚臣既盛京将军等严饬地方官禁绝洋船装载豆石豆饼出口。即洋商欲买豆石。仍遵臣等前奏。雇用内地商船装运。照例完纳税课。庶英商不敢违约贩私。该公使亦不能借端争辩矣。

戊寅。总理各国事务恭亲王等奏。前据英国公使卜鲁斯呈臣等照会。哓哓数千言。其大旨谓各省大吏。向不谨遵条约。以致易启嫌隙。中间杂引山东登州浙江温州各地方官。容纵走私。迨运至粤海上海。该关口又不准其上岸。及浙江南津湖北叶家市两处。多索釐捐。福建厦门英商租地受屈。上海华商汪乾记拖久贡商银两各节。地方官均不认真代办。求臣等请皇上明降谕旨。饬下各省大吏按约办理等情。其前后繁丈。不过欲臣等遇事认真。以敦和好。臣等当即照覆该公使。言换约以来。事事皆推诚相待。照会内开各节。均经行丈各省大吏。查明按照和约章程妥办等语。查原照会内开各节。除山东登州私贩豆石。浙江温州私贩食盐。经臣等于本月十七日附片请旨。饬该省抚臣办理。奉旨依议钦此。由臣衙门知照该抚等遵办在案。至南津叶家市多抽釐捐各情。查原照会内称英商往浙江买丝。运至上海下船。俱按条约领有半税执照。巨到浙江南津地方。该关即抽每包六圆之费。迨至海口江海关。又令纳半税。方准下船。湖广叶家市等子口关又有运茶往汉口之英商。既取有子口执照。该关仍为索费等语。臣等当即照覆。由该地方官查明是否多收。均按条约章程办理。亦经由臣衙门舟文该省督抚。分别妥办在案。惟所收银两。未知归入公项。抑或官吏私行勒索。仍应请旨饬下两湖督臣。浙江抚臣。查明彻底究办。傥系官吏私收。当即从严惩办。俟办结后。仍咨臣衙门查核。至上海汪乾记拖欠英商银两。前准两江总督咨称。已将汪乾记商人之子拿获。赶紧解赴上海讯明追收。并经臣等照会该公使在案。又福建厦门英商租地一节。臣等亦已早经行文闽浙总督妥办。现尚未据该督咨覆。臣等复经再行咨催。至该公使求臣等请明降谕旨一层。当经臣等告知已由本衙门行文各省认真办理。毋庸再行请旨等语。该公使亦未再请。

英国照会

为照会事。照得条约第九款。内载英民准听持照前往内地通商。又善后条约第七款。内载英商在内地置货。到第一子口呈单。该子口存留货单发给执照各等语。近据英商诉称汉口迤南地方官。不遵条约办理。应请贵亲王查照严禁滥征杜绝情弊。查此案英商保顺行使英国人等赴业家市代买茶叶。买得四百六十三担。到第一子口。该关阻止。不许前进。该商即称愿照条约半税。先行纳完。以免按子口抽釐。重纳税饷。该子口仍不准行。又不准该英人等亲自送货。令内地人代运各子口。随处征税。以致该货照条约应纳五百六十七两。而各该子口先后征收九百二十四两一钱五分。于条约半税之外。计重纳三百五十七两一钱五分。又据英商德利行亦使英人前往叶家市地方茶叶。大约五百担。该子口关亦不准照约办理。汉口领事官金。申陈湖广总督请即转饬该关遵行。该督劄覆以条约各节。该关不能不知。毋须转饬。德利行只得另使英人将条约一本呈该关官查悉。并属以该关如仍不准前运。即合纳沿途各关抽釐之税。务取收单回口。该英人因该关仍坚执不从。无奈依照本行所属办理。兹查该货箱数。德利行计算较多。而该关收单尚以为少。两相核对。稍有不同。本大臣仅照该关收单上数目而论。已重纳银二百八十五两六钱之鑫。保顺行货物。该关不遵条约。浮征税饷三百五十七两一钱五分。德利行货物。人不按每担应输一两二钱五分之则。强索银一两八钱。共计重纳银二百八十五两六钱。前后两项。合请贵亲王办给印照一纸。照覆本大臣。以便转寄汉口。劄谕该领事官。持此印照。即向湖北蕃司衙门。如数领取前项银两。转给各该行查收。应将收清银两数目呈单为凭。本大臣深愿贵国获益取盛。诸务日兴。无如臻益尽善之理。外省各官甚为不明。实便本大臣大为失望。切悉贵亲王明察秋毫。见此必能速饬该省。俾其猛醒。则将来断不致似此仍复刁刻。且贵国与外国通商。一则为国家生财之源。一则佐辅官常之柄。所惜无知小官。任便妄为。竟将通商之福。转作厉阶之祸。及至和好受伤之日。犹敢以中华之害。皆由通商而生。岂知失睦之缘。概因本官不遵条约所致。类如汉口一处乡勇。原属贵国募用之人。巨屡向各国民人种种乱为。摧残行栈房屋。甚至沿街宣挂长帖。唬吓必杀。迨事发之后。该督固知设法速为弹压。惟本大臣之见。今兹各国虽与贵国和好。而远民似此受辱。贵国不能高潮豫防。其雍睦安能攸久乎。九江之勇亦复如是。为今之计。各该督抚若能严饬各勇。不准在依近外国人居住之地方。聚集札营。此办或无不可。但本大臣前指彼此常有失和之由。实因贵国未经宣示直外各省。咸知各国定约。乃系贵国敦崇友帮之大典。严令内地官民。悉向远人优礼相处。克尽友情。此种道理。本大臣前已行文详细剖明。贵国一日不从此议。以上各种情弊。日甚一日。终至酿成大患。也为此照会。

给英国照覆

为照覆事。接阅贵大臣照会。具悉一切。本爵自去年办理和约以来。无一事不开诚布公。实心体察。有可以绥安内外者。不分畛域。朝至暮行。少有不能尽善之处。即不肯率意了结。尤复随时入奏。请旨饬下各省大吏实力奉行。自谓此真实和好之心。所以待贵国者亦已至矣。各省大吏办理中外交涉事件。亦必随时各呈本衙门。傥其中稍有未协。立即飞咨校正。免致愆歧。务期中外乂安。以无员本爵厚待各国之诚意。闲有未及办结者。或因民情未协。或因地方一时空碍难行。或因军务倥偑带。以致稍延时日。均难逆料。即如贵大臣照会内开福建厦门租地一节。本爵早经行文该省。饬令妥办。后因未即咨覆。又复行文再催。无如鞭长莫及。欲速不能。然非本爵之始愿。其余照会内开浙江南津抽税。及湖北叶家市抽釐。并乡勇滋事等情。现接照会。始行知悉。亦即行文各该省。令其按照和约及新定章程办理。此本衙门例应办理之事。亦非自此次而始然也。至贵大臣所称依伦吗时多一船往温州载盐。地方官不能认真斥校。船主之罪因而反轻。惟思条约经两国大臣公同酌定。彼此颁发遵行。诚如贵大臣所云。实为慎重之文。温州不能严加防范。登州纵民私卖。固属非是。惟是该洋商如果能恪遵遗大臣约束。应不待地方官禁止。自不敢前往贸易。又何敢以违约之事。微有亏折。便公然上诉贵大臣查办乎。是该洋商视条约为具文。已可概见。温州非通商口岸。其地巡船巡丁必少。不能加意防范。或者势不能禁止。亦未可知。若全归罪于地方官。而不禁止商船贩私。是何异人家被窃。因不能禁止。反谓失物者之罪重。窃物者之皋反轻也。此理亦可想而知矣。至于英商贩运豆石出口。原为条约所禁。又查条约第三十九款内载英商上货下货。总须先领监督官准单。如违即将货物一并入官等语。今英商由烟台装豆下船。及由温州贩运私盐。未知领有关口税单而贩运乎。抑或阳奉阴违。私行装载乎。如系私行装载。则是英商背约营私。方且查办之不暇。又何能照价赔补乎。粤海上海两关不准上岸。并欲查办。原系按约秉公办理。本无不合之处。傥使英商运豆到粤。运盐到滬。呈出关口凭据。虽属例禁货物。谅该关亦不能再行拦阻也。然彼此既经和好。本爵亦不能因英商偷漏。即将该地方官置之不议。仍一面请旨饬下登州地方官。严禁洋商贩运豆石出口。并饬温州地方官严禁严禁洋商到该口贸易。及私贩食盐。如有私行放纵。立即惩办。决不宽贷。仍希贵大臣通饬各口领事官。严禁商人私往不准通商口岸贸易。并私贩违禁货物。领事官不可衡量私袒庇。故与地方官为难。则中外可以相安。和谊可以永笃矣。中国素以礼义为重。本爵办理各议。一秉大公。中外商民视同一体。现虽身膺重寄。机务殷繁。而于内外交涉之事。仍然照常认真办理。不待贵大臣详晰指明而始然。但愿贵大臣鉴本爵实心和好之诚。事事秉公。则两大国友谊之情。永保勿替矣。为此照会。

已卯。总理各国事务恭亲王等奏。前总税务司赫德在京。臣等曾与言及中国勦贼情形。皆由器械不利。以故不能取胜。欲向外国购买船炮等物。又苦此项经费无出。当经赫德面称俟到上海。与江苏巡抚薛焕相商。旋据赫德于抵滬后申呈前来。内称已与薛焕面商。据薛焕称如须八十万两。尚不难于筹措。若由总理衙门行文。分派各海关各筹银若干两借用。江海一关。总可抽出二十万两。以便举办购买船炮等物等语。当经臣等于十一月初七日函致薛焕。询其是否实有此论。即行查明确切声覆。以便赶紧办理。此信发后已阅两月。尚未据函覆。不知前次赫德呈内所称究竟是否可办。现在浙江宁波杭州两府。相继失守。贼势日张。难保不更思窜出宁波。为纵横海上之计。臣等伏思目前要务。不特沿海未经贼扰之口。必须力加防范。而尤以赶紧堵住宁波一口。不使其乘机窜出。庶于沿海各口可免窥伺之虞。应请饬下江苏巡抚。迅速筹款。雇觅外国火轮船只。选派将弁。驶出外洋。堵截宁波口外。以防贼匪窜逸。并令广东福建各督抚。一体购觅轮船。会同堵截。勿令该逆一名窜出。致滋扰害。谕议政王军机大臣等。总理各国事务衙门奏。浙江宁波杭州两府。相继失守。贼势甚张。难保不窜出宁波。为纵横海上之计。请饬江苏巡抚。迅速筹款。雇觅外国火轮船只。选派将弁。驶出外洋堵截宁波口外。以防贼窜。并令广东福建各督抚。一体购觅轮船。会同堵截等语。逆匪窜陷杭州宁波等府。沿海各口必须加意防范。前经经理各国事务衙门将税务司赫德申呈。幽致薛焕酌量购买外国船炮等物。刻下宁波一口。防堵最关紧要。著薛焕将前次购买外国船炮寄谕。及总理衙门所寄信函。迅即转致劳崇光。耆龄。庆端。瑞瑸等会商。筹出款项。一体雇觅轮船。派委得力员弁。挑选内地兵勇。驶赴宁波海口合力堵剿。转瞬春水滋生。防务万分吃紧。该督抚等当妥速办理。毋得藉端推诿。贻误事机。

同治卷四

(同治元年壬戌正月癸巳)薛焕又奏。十二月二十一日。大股贼由蕴藻河两岸。直扑吴淞镇。北岸之贼。窜至泗塘口。南岸之贼。窜至吴淞对岸之西摆渡。又由南面绕至对岸周塘这东摆渡。我军水陆夹击。轰毙骊队甚多。该处系各国商船出口要路。本有法国轮船住泊。并在陆路建有炮台。该国兵头见逆氛甚炽。同时水陆均开大炮。贼匪死者无算。始由江湾一路窜遁。

甲辰。总理各国事务恭亲王等奏。臣等于上年六月闲。曾以贼氛未靖。力求制胜之方。因与总税务司赫德。论及购买外国船炮之事。据赫德称洋药一项。如照所递之单。征收华洋各税。于进口后无论贩至何处销售。再由地方官给与印票。仿照牙行纳税之例。每帖输银若干。如办理得宜。岁可增银数万两。此项留为购买船炮。深足裨益。当令将船炮价值分析开单呈递。并经专折奏明。拟俟其价值开明后。即请于上海广东各关税内。先行筹款购买。俟将来洋药票税。收有成数再行归款。并给赫德劄文。令其购买运到时。即交广东江苏各督抚。雇内地人学习驾驶。惟应酌配兵丁。并统带大员各事宜。应请饬下官文曾国藩等豫为熟计。一俟运到。即请旨办理等因在案。嗣据赫德开单前来。臣等查其单内所开。计置买鸟枪火箭车炮枪刀。及大中小三样轮船。及煤炭等项。共需银八十一万余两。雇募外国官兵船户管轮水手等人。共需工银四十八万两。又挑选演习官兵一万名。又轮船十只。须用中国水手八百余名。以三月计。需费银约三十万两。通计需银约一百五六十万两。臣等以其需费太巨。恐各关税项未能如数抽出。且查单内所开应雇外国船户等人。多至数百名。与前言只须雇用两三名司舵司炮之说不符。因与狡诘。据称因事急时。恐内地人不能熟习。故非多用外国人不可。臣等以其人数究竟太多。汎如鸟枪手枪刀等皆非制胜必需之物。因复与赫德另开一单。核减至八十万两。赫德时将赴滬。因称俟伊到滬时。当与薛焕商办。旋据赫德由滬来信。声称据薛焕云如只须八十万两。尚不难于筹措。若由总理衙门行文分派粤海关筹银二十万两。闽海筹银十万两。厦门宁波各筹银五万两。江海一关亦应筹银二十万两。以备购买等语。臣等以此言出自赫德一面之词。恐不足信。当于十一月内函致薛焕。询其是否果有此论。即行确查声覆以便办理。嗣以焕久未答复。又经函催。兹于正月十六日始据薛焕复称购买外国船炮。亦多流弊。即如从前所买外国轮船。咸丰十年间正在急需之时。英领事忽将外国水手舵手炮手悉行撤回。不准为中国驾船轰贼。大为制肘。现在购买外国船只。深恐仍蹈前辙。但如事在必办。亦当尽力筹措银两等语。臣等伏思该抚所称咸丰十年间。外国将所买轮船忽撤水手等人一节。查彼时正值天津与外国接仗。彼此相持。是以不愿彼国人为我所用。今既换和约。与十年亲情形不同。即使雇用延缓国人驾驶。谅亦不致再有制肘情事。况赫德前曾言及如买轮船。亦不必定用换约各国之人。缘换约各国各口。皆有领事官。少不如意。即未免心存挟制。临时反多掣肘。不如用未经换约各国之人。彼此无隙。可以终为我用等语。即接薛焕奏报。现在上海打仗。亦系雇募吕宋二百人。帮同出力。并有受伤多名。则赫德所言非尽无因。将来购船时。若亦雇吕宋等国人驾驶。更不致有临时掣肘之虑。现在浙江杭宁失守。难保该逆不为海上纵横之计。是南北各海口。处处皆万分吃紧。断不可稍事因循。以致贻误大局。既据该抚声称如事在必办。亦可尽力筹措。谅该抚必系确有把握之言。除宁波一口。不能责其照办外。相应请旨饬令两广总督。广东巡抚。粤海关监督。于粤海税项下筹银二十万两。闽浙总督。福建巡抚。神州将军。于闽海厦门税项下筹银十五万两。以备江苏巡抚咨取应用。至驾驶轮船之人。既据赫德称恐事急时。内地人不能熟习。又称此等人须雇用未经换约各国人。可以为我所用。且现在薛焕上海打仗。亦系雇用吕宋人帮助。深为得力。是无约各国人之可用。已有明证。臣等以为此项驾船之人。似不如径用吕宋等国之人为妥。此层应令薛焕与赫德临时相机办理。惟此项船只。有兵船货船信船之分。信船最小而货船较笨。均非可资御侮之物。前据赫德云。南省旧有二只。并非打仗之船。已经废弃。殊为可惜。此次购买。必须查明确系兵船方可购买。臣等仍一面劄饬赫德。令其遵照办理。俟购买运到时。交江苏巡抚查收应用。天津大沽一口。密迩京畿。尤关紧要。惟据三口通商大臣崇厚函称。该口并无停泊在彼轮船。无从购买。应令江苏巡抚于赫德购齐运到后。酌分数只。驶赴天津。以备北洋防守之用。母得稍存畛域之见。

谕议政王军机大臣等。前因杭州宁波等府失守。沿海各口。宜加防范。谕令薛焕等将购买外国船炮速筹办理。兹据总理各国事务衙门奏。购买船炮银两。与署总税务司赫德核计。约需八十万两。并据薛焕函称如事在必办。当尽力筹措银两。请饬该抚赶紧与赫德商酌购买。并请饬闽粤两关分筹银两。两江总督拨派官兵。前往上海听调等语。逆匪于宁波海口掳掠钓艇。沿海地方。均形吃紧。所有购买外国船炮核需银八十万两。尚属力所能办。未可再事因循。现已由总理各国事务衙门。劄饬赫德赴滬商办。并钞录单开船炮价值飞咨上海等口。即著薛焕督饬该税务司。将应购船炮军械等速为购买。其船只务须购觅兵船。不可以货船信船充数。其驾驶轮船。应否雇用吕宋等国之人。以免临时挟制。著薛焕商令赫德相机办理。至酌配兵丁及统带大员。著曾国藩于水师官兵内遴派得力镇将并兵丁等听候调遣。一俟船炮购齐。即行赶赴上海等处。以资防剿。现在北洋防务尤关紧要。并著薛焕于购齐后酌分数只。驶赴天津。母谚稍分畛域。应需价值银两。著劳崇光于粤海关税项下筹银二十万两。文清。庆端。瑞瑸。于闽海关厦门税项下筹银十五万两。以备咨取。其余银两。即著薛焕于江海关税等项下赶紧筹款应用。其闽粤两海关所筹银两。现已令总理各国事务衙门行文各省。办理洋药标税。俟征有成数。即为归补各关之款。以昭核实。事关海疆要务。该督等务须协力同心。迅速会同办理。不得稍存意见。推诿廷延。致有贻误。原折著钞给阅看。

恭亲王等又奏。据英国公使威妥玛屡称。如欲北洋海口完固。莫如将豆货开禁。则商贾辐凑。外国不能不保守该口。旋据英使卜鲁士照会前来。详论洋商贩豆一事。禁之无益。开禁无损。并称如各口商船云集。该国无不协力保卫等语。臣等查天津和约禁止洋商贩运豆石出口。原因恐分中国商船之利。并有妨民食。现值南方不靖。贼势方张。沿海口岸兵力尚单。外国如能协防。亦可稍张声势。且外国人情叵测。傥必力为拒绝。彼因不为我用。势必转而与贼暗通。时势多艰。似亦不宜因小以误大。复查洋船贩运豆石。原以压装回南。并非运出外国。其于内地民食亦无大损。现欲资其协卫。似不得不略从宽大以示羁縻。可否即照所请办理之处。臣等未敢擅便。谨缮折具奏。如蒙俞允。臣等行知海疆大吏。令其张贴告示。将该使效顺输诚。协力保卫之意宣示中外。即使未必实力保卫。亦可借此虚声。以离间其暗中通贼之谋。似于海疆防堵事宜。不无小裨。

丙午。大学士湖广总督官文奏。奴才于十月初七日准总理各国事务衙门咨开。本衙门现与英国卜大臣议定长江暂行章程十二款。又各口通商章程五款。即希该督妥为核办。庶与条约相符。而课税不致有亏等因。奴才详加参核。并揆诸地方情形。诸多窒碍。傥一意遵行。流弊无极。长江通商伊始。不慎之又慎。后即欲改。其迹已陈。盖其中有专为上海计。而未为通商三口计者。有专为洋商获益计。而不为内地税饷计者。照章办理。则长江无可立之关。无可征之税。并无可查之货。长江二千余里。一任自来自去。毫无觉察。各领事官坚执第七款不容盘查。以遂各商偷漏之计。既失利源。又失政体。不待弊窦百出。亦且后患无穷。查自洋商入长江后。内地货物日渐昂贵。华商生计顿减。釐税日见短绌。目前大有碍于军需。后日更为民生之害。长江之利既为洋商占尽。长江之税人又洋商漏尽。缘贩运往来。洋货少而土货多。既不准收税。又不准照条约查验。沿途各处。既可随准。并可由狼山福山直出海门。不必迂途绕至上海故也。今税归上海一处。目前似觉较旺。然捆长江各省各关之利。汇注一处。出口货税则大亏矣。将来洋商任意往来。日见偷漏。恐上海未能久享其益。必至无术可制。所得不偿所失。况上海数十里之外皆贼。安能保无弊窦。频年两湖安徽血战之师。久已望饷若渴。以为汉关开征之后。饷需无虞匮乏。得以尽力东征。迄今关税尚未议定。即收子口半税。而不抵釐金之一二成。求盈反绌。皆未能洞悉长江情形。为十二款五款章程所限故也。即如赫德所称长江之税。不由上海代征。而归于九江汉口自行收征。则洋船皆绕无关之处偷越。则漏税多矣等语。查汉口九江直抵镇江。江面数千里。虽多支港湖汊。均不能驶出外洋。该船从河绕越。若谓上海为外洋进长江总口。查上海系由洋面迂途而入。非长江总口。则置狼山福山于不问。洋船出海入江。听其自由。岂必欲迂至上海纳税后。再进长江而至汉口。洋商虽驯顺。恐不若是之愚。即英国于上海有所稽查。而他国未必皆肯奉行也。均所不免。去岁通商已及一年。由汉口发去之验单。不下数百张。从未见上海缴回查对。声气隔绝。江苏抚臣薛焕虽名为办理长江各口通商事务。而仅办上海一处。至九江汉口情形。从未过问。议及利弊。则洋船由长江直出外洋。不特上海不得而知。其曾否到沪。即汉口亦无从得悉。若由外洋直入长江之货船可抵汉口。而上海亦不得闻。时下洋船抵汉口。并未肯呈出上海照票。其在上海曾否纳税。无据可凭。则汉口所发验单。该船到上海亦皆未曾缴回。两处隔膜。无从稽查。是豫存绕越之明证也。且汉口设关数月。即应征出口之子口税。并未交纳分厘。出入船只。亦未容管关员役稽查。江口出入之货船。更不待问而知矣。该税司赫德来楚。仅与奴才会面一次。详谈长江形势。面订出口入口税则。赫德均称近理。令其与办理通商道员郑兰详细商订。赫德又未议覆。托言赴粤。即行下驶。如果楚省收税于理不顺。该税司赫德必将哓哓辩论。何至默无一言。托故他去。此中情形。难逃圣明洞鉴。总之汉口九江照海关例就地收税。各清各款。按季报部。以免牵混。可除百弊。可杜后患。可垂久远。况洋商既新增长江各口岸而不纳税。无所节制。则长江处处皆可通商。三口之说已为虚文。与天津条约别开口岸之议。更不相符。夫汉口九江镇江上海。同一征收税课。原无彼此之分。然必深究利弊之短长。通筹大局之盈绌。为经久可行之计。此绌而彼盈。犹可言也。此绌而彼未盈。其可久乎。今事当创始。若不详定条约。斟酌尽善。岂能久远通行。奴才身经目击。窃见汉关不设。则无可稽查。将来流弊伊于胡底。既有所见。不得不据实直陈。非敢于上海意存畛域也。况洋商同一完纳出入口税。于闽粤上海长江无所区别。其坚执上海完税之议。其意重于茶叶百货出口。偷漏取巧。不言而喻者也。如照暂行章程。则长江不过为上海虚设马头。毫无凭据。汉关月耗经费。从何筹支。行之日久。则汉关之税无征。上海之税必绌。其中上下情弊。远近情形。有不能不统筹全局。胪列陈之者。查第十二款内各口收税情形。有窒碍难行之处。可随时核议等语。当定议之初。原恐后日情形有未能悉合之处。彼此可互相商订。谨将逐条应议之处。并应添入各条。逐款缮列清单。并绘长江入海图。伏乞圣明俯赐饬下户部。并总理各国事务衙门。会同各国公使。再加考订。迅速分别更正。俾知遵守以裨大局。

(同治元年壬戌二月)戊午。湖南巡抚毛鸿宾奏。国初海禁甚严。至今制度犹相与循守。如直隶山东江苏之沙船。闽广之鸟船。必由该管地方官发给船票。沿海贸易。光验船票。然后准其停泊。次验报单。然后起货。即江苏山东沿海小口地方官私收船税。皆如此办理。盖于贸易中隐寓防闲约束之意。洋人制度。较中国尤为严密。臣观通商条款所载上货有准单。出洋有照单。以及呈验报单剥货走私等件。轻则罚银五百。重则货并入官。可见中外情形事同一例。商人习为固然。所至均无异议。长江三口深入内地三千余里。乃悉毁其防维。听从往来贸易。无所稽查。而虚归其利于上海。不过以近年上海关税日有起色。合而多。分即见少。欲令利权总归一处。以免侵渔。臣恐所以为上海计者其得甚征。所以为长江三口计者其失甚大。且有关然后能有稽查。即前准监所设卡地必归监政经管。未有此省设关。彼省为之稽查者。三口相距约不过千里。分段设关。即分段稽查。照料既易周详。声势亦相联络。既归并上海一关。洋船往来三千余里。自与华商交易。货多货少。各口不能通问。何从施其稽查之力。洋商气势尤极张大。惟安于纳税一节。设立领事官与监督会同经理。从无阻难。若无榷税之权。作声空稽查约束之。即在内地商人。皆知肆品相牴。何能施之洋商。渐而规避。渐而偷漏。而与内地商人朋比肆行。是一时网三口之利以归之上海。将来因三口之便于走私。尽归内江贸易。且并上海应征之税而亦空之。又旱之有也。明者虑远而观其大。臣窃忧之。三国通商条款。乃颁行天下之书。所议收税章程至为详晰。并无内江与海口分别办理明文。以地势言之。则长江三口与上海一口。江路已自分歧。以事理言之。则长江三口稽查收税事件。尤应重于上海。内江通商章程。归并上海收税。实与条款所载互相参差。所议洋货之税单。土货之报单还单。办理徒觉繁累。内江各口。实亦无所施其稽查之力。及今改图。犹易为议。日久弊深。虽谋设法补救。窃虑有所不能。现任两江督臣曾国藩办理军务十年。无寸金尺帛之赡其家。清风亮节。人所共知。若长江各口。责令曾国藩派员征收洋税。必能求廉干之才。持事理之平。以昭实际。

癸亥。三口通商大臣内阁学士崇厚奏。天津自去春开办通商以来。进口外国洋药。照条约每百斤纳税银三十两。并内地陆路洋药。按照部议每百斤纳税银二十两。均已按例征收。惟近来内地商人贩卖洋药。实为大宗生理。去年开埠后。奴才屡欲试办抽厘。惟洋商多以中国加抽厘金。则洋商销货不畅。叠次请外国领事官阻止。以致旋议旋息。现在筹办海防。添兵募勇。需饱和孔急。于无可筹措之中。作竭力设法之想。奴才亲向各国领事官等详加开导。告以现在办理防守。专为保护中外商民。所需兵饷。拟抽洋药厘捐接济。并指出税则条约第五款内所载洋药一经离口。即属中国货物。只准华商运入内地。外国商人不得护送。即天津条约第二十八条所载内地关税之例。与洋药无涉。其如何征税。听作声中国办理等语。现在商办捐厘。亦系向内地商人抽收。与洋商无涉。令其饬知各洋商遵照。该领事等始无异词。现据照覆已转饬各洋商遵照在案。奴才一面传集天津贩卖洋药大宗商人十家。当面凯切晓谕。每洋药一斤。抽捐正项耗羡各项费用银一钱八分六厘。劄饬委员长启等督饬该商董。认真经理。

丁卯。论理议政王军机大臣等。寄谕协办大学士两江总督曾国藩。李鸿章招募各营。刻下既已成军。若由陆路经行巢县和含。恐多阻滞。据京师总理衙门探悉洋人轮船。但能出货。尽可雇用。并闻上海官绅。有雇就洋船。该大臣即咨商调取。或随处雇觅。以利军行。总使李鸿章之军。能速抵镇江。方为妥善……

已巳。江苏巡抚薛焕奏。臣因洋枪兵勇甚为得力。取名常胜军。劄饬苏松太道吴煦督带。记名道杨坊会同华尔管带。并续挑精壮兵勇归并练习。以期日渐增多。均成劲旅。自正月初五日初七等日逆匪大受惩创。退踞天马山后陈坊桥等处。升用副将署提标中营李恒嵩。复于初八初十等日乘胜攻破天马山后贼营七座。陈坊桥等处贼营九座。败匪退入青浦城中。松江情形稍松。惟浦东贼踪遍地。距泸城史一浦之隔。其大股盘据高桥镇。意欲断我吴淞要隘。叠派官军分起进剿。均未得手。臣饬吴煦飞调华尔带常胜军来沪。华尔先于十八日邀同英国水师提督何伯。假扮西洋打猎商人。亲入贼巢。察看周围形势。归与杨坊同至松江挑选奋勇五百六十名。驾坐轮船抵沪。二十三日黎明直泊高桥之天镫港口。豫约英水师提督何伯。法水师提督卜罗德。各带枪炮队伍。并炮船轮船十一只。齐抵该处。以炮船排泊浦滨。华尔于辰刻率队登岸。首先冲入高桥。英法二国队伍。列阵于镇之西路。逆匪在环镇各村。分筑巨垒六座。西面一村为贼首巢穴。遂以常胜军径扑该村。贼开枪炮拒敌。我军以洋枪连环轰击。

薛焕又奏。据吴煦禀称。正月二十二日。有英国领事官麦华陀。遣翻译官阿查理来道面称。岁前该国商人费理查由汉口雇船装货回沪。经由福山池西三十里地方。被南岸逆匪所泊广艇截留。现经英水量中伯。督带炮船。驶往该处夺回货船。将贼船五只全行焚毁。逆匪均已窜遁。搜获逆首林朝光伪印三颗。送呈查验发还。并请速派兵舰驻泊该处。何伯亦派炮船前往。会同往来巡哨。以杜该逆侵犯等语。臣查长江本有水师炮船。防守要隘。只以地形延袤。该逆出没靡常。致有占泊口岸。阻截商船之事。兹英国武员焚毁贼船。并愿派船协同巡哨。固为保护洋商起见。亦见共助顺之诚。

乙亥。闽浙总督庆端奏。据英国往札福州领事官星察理照会。以福州口每年洋船进出时。屡有冲礁破坏。请在福州口洋面白墩上建一光明大古玩有。自白墩至罗星塔。共设大小浮椿二十处。石塔表三五处。插立木杆。上置笼翻建为标。共需工料银一万七千两。白墩上光明塔表。最为紧要。请即先行兴办等情。当经奴才批饬福建省会总局司道核明委勘详办。旋经该司道饬据署闽县知县李钟霖。委员候补知县高清泉等。会同英国领事驰赴福州口内外港面。逐段履勘。将应设塔表浮椿木杆处所。逐一绘图注说呈送。并据该委员等与英领事星察理商定白墩石塔图式。名匠撙节估计。实需工料银二千五百四十三两四钱。经星察理择于咸丰十一年八月初一日兴工。奴才伏查天津和约第三十二条内开通商各口。分设浮椿号船塔表望楼。由领事官与地方官会同酌视建造。又上海善后条约第十条内载分设浮椿号船塔表望楼等事。毋庸英官指荐干预。其经费在于船钞项下拨用等语。兹福州一口进出洋船。屡有冲礁破坏。以致商人失利。据英国领事官星察理请在白墩等处设立塔表浮椿。核与天津上海条约相符。应如所请办理。至英领事原估应办各项工程。共需银一万七千两。现在委员等会同覆勘。将白墩应建大石塔先行起造。实需工料银二千五百四十三两四钱。并应查照和约条款。在于闽海关船钞项下拨给领办。其余各处。应建砖石塔旗杆浮椿等项。另由省局司道督饬印委各员确估。再行核办。

丁丑。江苏巡抚薛焕奏。正月二十九日。华尔邀同英国提督何伯酌带队伍。由闵行渡江。查探贼营。周视萧塘镇。见该处贼垒坚固。挖濠两道。外濠坚排鹿角。内濠密布竹签。大路各筑炮台。小路砌墙塞断。该逆猜为诱敌。观望未敢出巢。华尔故作疑兵。从容收队而返。三十日选带常胜军七百五十名。复约英提督何伯。法提督卜罗德。各带兵五百。车炮七架。轮船十一只。齐抵闵行镇。二月初一日黎明渡遇浦南。率队登岸。近逼贼卡。外国兵列于该镇西北。常胜军列于西南。对准贼营。火器齐发。贼众凭垒抵拒。枪炮子落如雨。华尔屡扑贼濠。叠受枪伤七处。该逆坚伏不出。相持两时之久……

协办大学士两江总督曾国藩奏。臣承准议政王军机大臣字寄。同治元年正月二十一日。奉上谕。逆匪逆宁波海口掳掠钓艇等因钦此。又正月二十三日。奉上谕。昨据总理各国事务衙门具奏。购买外国船炮等因钦此。仰见圣试题宏远。思患豫防。敢不钦遵办理。惟查楚军水勇。多系两湖土著。距江近而距海远。所用师船。不过长龙三板快蟹之类。但能泛江不能出洋。上年七月。臣覆奏折内所称俟轮船驶至安庆汉口时。即令学习驾驶司放炮位。亦言用之于江面。而非言用之于海中也。江与海虽同一水面。而风涛回别。气候各殊。自崇明出口。绕至上海。非熟习洋面之人。即有进一步难行之势。臣去年覆奏之后。尚未将学驾轮船之说。宣示各营。盖其囿于风土之习。既迁地而弗良。而其疑畏洋人之心。尚扞格而难入。今强之试登轮船。或可劝诱为之。若强之遽出洋面则难矣。发逆所掳之人。多系江楚小民。以臣愚料之。必无遽能纵横海上之事。臣忝任江督。本有海疆之责。拨兵剿贼。亦系分内之事。无如所部勇丁。并非生长海隅。势不能遽于重洋用武。不敢不据实陈奏。

谕议政王军机大臣等。前因购买洋船。须配势不能。谕令曾国藩先行筹备。兹据曾国藩奏。楚军水勇。仅能用之江面。未能强令出洋等语。现筹购买外国船炮。本拟用于江面剿贼。并非施之海洋。惟楚军由江北赴沪。陆路多梗。故有由海道前往之谕。至外国船只向称坚致。而英法住京公使。则称凡上海等处洋商所售船只。均不可恃。必须于伊等本国及香港购觅。方可利用。此时伊等已函致各该国带兵员弁。帮同物色。并风闻曾国藩派员到上海买得一只名博云者。即系万不堪用之船。薛焕前解粮饷赴浙。未能送到。实系此船误事等语。购船一事。谅可即有头绪。所有应配兵勇。仍著曾国藩先事豫筹。其如何赴沪。临时再行酌办。上海被匪窥伺。势不能不借洋人之力。协同守御。曾国藩亦曾及。至规复苏浙失陷地方。自应别筹良策。前据薛焕称。江浙绅士殷兆镛等。呈请借助西兵。规复苏常各属城池。当以该绅士等情殷桑梓。或非无见。谕令薛焕酌度情形办理。兹据恭亲王等奏称。江苏绅士潘曾玮。带同浙人龚橙复由沪航海来京。诉称乡闾被陷。恳请借用英法等国官兵。远筹规复。已谕令总理衙门向各该国往京公使筹商。惟上海为洋人通商之地。借助尚属有辞。若攻剿内地贼匪。辄欲用外国兵力。揆度洋人情形。难不致遽有他虑。而军行饷随。一切供用之烦。亦恐万难搘拄。以该绅士等情词恳切。固难重拂与情。亦须顾全国体。此事是否可行。即著曾国藩悉心筹酌。迅速驰。

湖南巡抚毛鸿宾奏。咸丰十一年十二月。准户部议覆广东巡抚耆龄奏。抽茶叶落地税一折。饬臣等妥议章程。奏明办理。臣查湖南自咸丰六年办理茶捐。洋庄红茶。除山户厘金外。经茶商采做成箱者。每箱收银六钱。咸丰十一年。添设东征厘局。加收三钱。积年办理无异。若复清高落地名目。于商民俱有不便。且大箱征银一两四钱。二五箱征银七钱。为数参差。皆较浮于半税。而每处派员会同地方官经理。势不能无烦扰。是所称落地茶税名目。断难施之湖南也。至于子口税应归湖南征收。湖南办理茶捐之始。并未奉到征收子口半税明文。是以奏准每字号完税至二百七十两以上。给予从九职衔。以期商民之踊跃。此节仿照落地税之法。变通办理。咸丰十一年。英商保顺德利等行赴聂家市采办红茶。持有苏松道照会。内称正杂各税。概归上海征收。其时内地商人。多有假冒洋商。希图免税者。当经该局绅员。以准办理茶捐之案。非苏松道所能遥制。仍令按照税则完纳。洋商允从无异。嗣奉总理各国事务衙门咨照通商章程。臣因查咸丰十年颁刻三国通商条款。引道光二十一年五口通商议定子口半税。出洋土货。由所经第一口完纳。湖南红茶赴汉镇总汇聂家市。正符条款所载征收子税之地。洋税则例。每红茶百斤。征银二两五钱。子口半税。征银一两二钱五分。红茶大箱向定七十七斤。子口半税。应惩银九钱六分二厘五毫。湖南厘税及东征厘税两项。合征银九钱。比较条款所载征收子税之数。每箱尚短收银六分二厘五毫。若仍准湖南办理茶捐。则当于岳州一卡添收子口半税。第揆之通商条款。恐有隔碍。若即以茶捐改充子税。则当仍照半税之例。每箱征收子税银九钱六分二厘五毫。停止茶税捐条。其湘潭等处茶庄运赴粤海关出洋者。均照此办理。聂家市等处无兴洋人通商明文。仍须由内地商人装箱贩运。凡属采买红茶。运赴通商各口。装载出洋者。在采做装箱地方征收子口半税后。经过口岸。概不厘税。以符通商条款。其运贩内地不出洋者。仍照旧章将应征各口厘税照例完纳。洋商亦不得私相包庇。以杜弊端。总之条款所载子税归起还地方征收。实为简便要法。应请旨饬下总理衙门。照债架不住产大臣。转饬各口领事。湖南出洋茶叶。应征子口半税。归并装箱起运地方。按照条款征收。其闽广江西湖北等处。能否一律办理。臣不敢知。惟湖南出洋茶叶经过地方。应免完纳厘税。宜由各卡委员验明茶票。依照条款办理。以免重征。庶使洋商及内地商人自行运贩。两有区别。免致多费唇舌。而于收厘筹饷章程。亦不致有关碍。

同治卷五

(同治元年壬戌三月丁亥)谕内阁。薛焕奏。击退扑犯泗泾等处贼匪等语。逆匪围扑泗泾营盘。势甚猖獗。经济南林丛文。参将李恒嵩等。会合夹击。毙贼多名。三品顶带花翎华尔。率领洋枪队驰抵泗泾。首先冲入贼阵。夺获大旗一面。各军一拥而上。毙贼无算。生拴一百二十余名。余匪奔逃。华尔复助水军夺获炮船十二只。烧毁贼船百十余只。立解泗泾之围。华尔率队剿匪。叠著战功。前经赏加三品顶带。此次冲锋陷阵。尤属异常奋勉。著加恩赏加副将衔。以示破格优奖。

薛焕又奏。正月间承准总理各国事务衙门公函。轮船一项。或租或买。由臣斟酌办理等因。饬据苏松太道吴煦详称。外国轮船。有兵船货船之别。近因长江开市。又有宜江宜海之分。兵船为各国官物。向不出售。亦不能租。货船可租。然不允装兵击贼。其出售者多系关捩暗损。或木质不坚。不适于用等情。窃惟现奉寄谕。饬令购买。自可无庸议及租赁。第该道所称购买之难。闻诸各国官商。众口同辞。似非无据。查总理衙门原奏。询据赫德云。南省旧有二只。并非打仗之船。该税司所指即系上海商置之捕盗轮船。伊既知此船不宜攻战。自必购致本国利于攻战之兵船以践其言。臣俟赫德到沪。当先与之议定。必须选购暗轮兵船。庶可资以御敌。又记住募洋人驾驶一节。赫德言可用未经换约各国之人。查咸丰十年夏间吴煦曾募吕宋洋勇剿贼。旋被英国使臣卜鲁士。勒令捕盗轮船船主美国人唤回。又上半夏间署提标中营参将李恒嵩。雇用各国洋人助战。亦被英国兵官唤回。前年尚在和约未换之时。去岁则兵官任性过甚。赫德所谓心存挟制。实能见到。而谓无约各国之人。可以终为我用,征以前事。殊难尽信。且上海现有十余部落通商。亦皆设立领事。各口相当大略相同。虽此等领事。多长江商人兼充。不甚有权。然后税司兑谓领事专系换约各国所设。亦非确论。又查善后条约后附美国使臣额尔金照会。内有未立条约各国。因有不归本国所属民人。诸凡作为。本国不任其责等语。伏思英法俄美雄长泰西。其于无约各邦隐有制驻驭之意。及至滋生事端。则必又以非其所部措词卸责。兹筹驾驶轮船。雇募配用。应否即用无约各国之人。谨当遵旨商令赫德相机办理。查条约载明个国觅致华庶剿执工艺。中国官毫无限制禁阻等语。则中国雇用洋人驾驶轮船。外国官自亦不能阻挠。惟约内未有明文。恐致临时掣肘。似须先与各国使臣商议。凡中国雇洋人驾驶轮船。司放枪炮。出仗剿贼。及勘执分内工艺。外国官毫无限制禁阻。并当帮同约束。益敦和好。一切议有定章。始可惟我指挥。至外国奸商私售济匪。最为可虑。臣前函呈总理衙门。请与各使臣商定章程。得其照覆为据。可否一并请旨饬下总理衙门。与各使臣定议。以期尽善无弊。

薛焕又奏。据苏松大道吴煦禀称。年来发逆句结外国奸商。潜购洋枪炮。节经知照各国领事会同查禁奴才获多起。近日风闻该逆又令奸商私赴美国购买轮船枪炮。有汇银十万两之说。适美国使臣蒲麟痕自粤来沪。据答称此事亦有所闻。先经致函本国查询。现当谆属禁阻。其意甚为诚挚。管带常胜军之华尔。亦力请蒲麟痕速即发信。严禁私售。恐美国查禁之后。该逆或转赴英法二国购觅。此事关系非轻。必须豫行杜绝等情。合无仰恳天恩。饬下总理各国事务衙门。照会英法二国使臣。令其行文本国。严禁贼匪私购轮船枪炮。实于军务有裨。

(丁酉)恭亲王等又奏。二月初五日。准军机处交出湖南巡抚毛鸿宾奏。办理内江洋税章程急筹补救一折。奉旨总理各国事务衙门核议具奏。钦此。臣等查该抚条论各节。于税饷大局亦是正办。惟臣等前定长江章程。现已请旨饬令官文与赫德悉心筹议。妥为更正。所有该抚此折。亦应请饬交官文一并妥议。俟议定后。该抚自可一律照办。毋庸臣等再为核议。至所称崇明宝山等处。皆可起卸货物。以为洋船皆可越过上海而不纳税。此节臣等亦早经虑及。惟查洋船出入长江。可以越过上海。而独不能越过镇江。是以章程内有镇江查验江照一条。以为钤制绕漏之法。原奏内又称子口税名目。但可施之丝茶。其余各子口税应行停止。并应开除复进口税名目一节。臣等查洋人土货。应完出口子税章程。系载在八年条约。未可轻议更张。其进口土货令完复进口半税。完税之后如再转运。无论洋商华商。仍逢关纳税。遇卡抽厘一节。原以近来洋商。特其轮船快利。专以中国土货转运于中国各口。是以从重征收。以保全华商生计。上年经臣等与英国竭数月舌战之力。几至决裂者数次。该国始允完交。今一旦开除。深恐隐夺华商之利。而各关税饷均不能征收。殊属可惜。况天津等口已属办有成效。并非徒托空言。此层应令官文查照该抚所奏。悉心酌核。如果实有较更周密之策。与各口情形均属相宜。尤属妥善。至章程内复进口后逢关纳税遇卡抽厘二语。系因洋商狡执。往往不愿抽厘。又不交子税。故以不完子税令其逢关纳税遇卡抽厘。使之与华商一律。该商便不能不交子税。且使假冒洋商之内地奸商。亦复无从趋避。此层如各省办理得宜。厘税均当叠旺。巨可因噎废食。至该抚片奏内称曾国藩清风亮节。人所共知。若长江各口令曾国藩派员征收洋税。必能求廉干之材。持事理之平以照实际等语。臣等查曾国藩系两江总督。所有上海九江二处管关道员。能否称职。曾国藩本属与闻。至若江汉关前经两湖总督官文奏派湖北候补道郑兰管理。自当克称厥职。无庸再由曾国藩派往。

同治卷六

同治元年。壬戌。五月。壬午。署江苏巡抚李鸿章奏。据浙江宁波人江苏候补知府楼一枝禀称。已革宁绍台道张景渠。署宁波府知府林钧。由定海率领广艇乡勇进攻。于四月初八日攻复镇海县城。十二月进攻宁波。逆匪坚拒不退。开炮抵御。中伤外国报拨子船头洋人二名。外国兵船同开大炮。轰入城内。遂用梯登城杀入。贼始逃窜慈谿等情前来。适英国水师提督何伯来臣营面称。宁波实于十二日经该国兵船克复。商请借拨华尔兵勇六百名。驰往协同英法兵船防守。并请中国直派官员驻札筹防。洋人愿为帮助等因。除由臣谕令署藩司吴煦。暂借华尔兵六百名。前往协守。缄请督臣曾国藩。转商左宗棠。酌派文武大员。由闽航海赴宁。督办防务经理关税外。伏乞皇上饬下闽浙督抚迅速委派。并拨水陆官军驻宁设防。以重口岸而免后患。

谕议政王军机大臣等。李鸿章奏。已革道员张景渠。署宁波府知府林钧。由定海率领广艇乡勇。于四月初八日攻复镇海县城。十二日进攻宁波。逆匪开炮抵御。中伤外国船头洋人二名。外国兵船同开大炮。轰入城内。贼始逃窜慈谿。当将宁波府城克复。并暂借华尔兵勇六百名。前往协守。并请饬闽浙督抚迅速酌派文武大员。调拨官军。驻宁波设防等语。上年宁波郡城失陷。传闻逆匪旋即退窜。仅有该郡绅士。会同英国领事官料理一切事宜。此次官军协同外国兵船进攻宁郡。逆匪坚拒不退。是否该逆退窜后复来郡城。张景渠等有无会同外国兵船攻剿之事。著左宗棠。薛焕。李鸿章等。将克复郡城详细情形。查明据实具奏。

丁亥。漕运总督袁甲三奏。据李世忠呈称。六合通江集地方。系属滨江要隘。该提督前于克城后分筑坚营。扼要驻札。并设有厘局。稽查上下游来往商船。按货抽厘。稍助军需。分别咨报有案。惟抽厘之举。原指内地客商而言。遇有外国旗号。从未令其报卡。昨据卡员禀报。四月十六日二更时。有内地民船五只。从上游扬帆直下。恐有奸宄溷迹。遂令炮船前往截回。查得该所载俱系纸张杂货。坐有外夷三人。比即询问客商。据云从鞠湖下来。因贼卡需索太重。与洋人说定带过贼卡。给洋人银二百五十两。共官营之卡。仍由商人自报等语。洋人言语不通。无从询问。巨天明时洋人自去。旋带来火轮船一只。将护卡炮船拉去五只。据通事传说。洋人云该卡抢伊千圆之货。拉船前去作抵等语。该提督当查抢货一层。实无其事。因事关通商大局。断不敢因小事而起争端。业已委员齐送纹银七百三十两。作抵千圆之数。并给文于住札江宁英国首领官。请其将炮船放回。现在银已收去。船未放回。该提督复又咨明办理通商大臣薛焕妥为办理。惟探闻金陵贼粮甚缺。洋人源源济之。恳据实密奏等语。臣查洋人领利。也揽客货。容或有之。其接济贼粮一层。虚实尚未可知。臣已谆属李世忠。嗣后遇有洋人坐用内地船只。务须确切查明。斟酌妥办。固不可遇于疏纵。亦不可稍事激烈。以示国家柔远宽大之仁。

谕议政王军机大臣等。袁甲三奏。据李世忠呈称夷人包揽客货一折。英人包揽客税。藉口抢货。拉去护卡炮船五只。并经李世忠给银七百余两。具见该提督秉心正大。不肯计较。深为得体。现已咨明薛焕。必与之理论。将来照会咨到总理各国事务衙门。亦必代为剖析。以照平允。其接济金陵贼粮各情。著曾国藩一面饬知附近金陵一带水路严防。一面由总理衙门设法晓谕阻止。

(戊戌)薛焕又奏。臣因通商事务。责成各省督抚将军。较有实际。拟请截撤通商大臣。以免虚麻经费。如因北洋三口现有大臣。南省亦应一律设立。似宜仍以督抚兼领。其驻札之地。须离洋人稍远。办理主可顺手。又必平时动望隆重。乃能砻服远人。如两江督臣曾国藩。湖广督臣官文之在皖楚两省。最为相宜。缘粤闽虽有新立口岸。然皆有本省成案可循。惟长江通商。事属创始。如于曾国藩。官文二员中。特简一员。饬令兼领通商事务。即可就近会同沿江各督抚。随时随商办。亦可毋庸另筹经费。其各口寻常事件。及稽征税钞。仍责成各省督抚将军经理。随时咨会该大臣查照备案。所以存此通商大臣一职者。亦但资硕望隆名。偿遇各处事有为难。冀可借其一言为重。或于事机有裨。

谕议政王军机大臣等。前因薛焕熟悉外国情形。谕令以头品顶带充办理通事事务大臣。并叠谕将洋人协剿诸事。会同新署巡抚李章妥为经理。兹据薛焕奏。南洋通商各口。事隶将军督抚监督办理。若专设大臣。统辖地方较多。鞭长莫及。事势亦多格碍。该大臣稽察税务。多属具文。而一切办公经费。以及书吏差役等项经费。均需清高。糈禄虚縻。于事无益。请即撤。各归本省督抚将军经理。并片陈长江通商。事属创始。必须平时动望隆重。乃能砻服远人。请于官文。曾国藩。特简一员。兼领其事各等语。南洋通商大臣。本系道光年间经耆莫等议定设立。以为交涉事件在外商办之计。迨英法各国公使住京后。一切紧要事件。均由总理衙门办理。其余关税事务。则由管关之监督道员。会同各国领事官经理。仍由该省将军督抚稽察。已足以资控驭。上海虽为各国汇集之所。而所设立有领事官。若该道员办理得宜。巡抚妥为稽察。则诸务已有责成。所请裁撤之处。洵为因时制宜。钦差大臣本系改为两江总督兼摄。曾国藩威望素著。为外国人所砻服。长江通商事务。由该大臣经画。自能措置合宜。惟前因曾国藩办理军备。在江面布置。昕夕不遑。若再任以通商事务。非所以示体谅。现在江面肃清。应如何妥为兼筹之处。即著酌量情形。迅速具奏。薛焕所称南省宜以督抚兼领。其驻札之地。须离洋人稍远。办理方可顺手。傥李鸿章驻镇以后。能否兼顾无误。曾国藩从前曾经议及。并著一并详筹奏闻。薛焕尚有交办比利时国换约事宜。著俟议定后。一切就绪。再行候旨遵行。

同治卷七

同治元年。壬戌。六月。癸丑。总理各国事务薛亲王等奏。据英国参赞威妥玛函称。五月初十日。英法合兵攻克宁波。法国守备格呢。受伤阵亡。英国守备格尔仰挖拉。亦因亲身上岸对阵。力战阵亡。此次英国大船上伤毙二十人。小船上六人。法国船上亦伤毙六人等语。兹据法国公使哥士耆照会内称。法国参将格呢。在浙江宁波地方。协同剿贼。受伤身故等语。核与英国威妥玛来函所称。适相符合。惟英国指格呢为守备。而法国则称参将。官职征有不同。此必英国传闻之误。臣等查法国提督卜罗德。前于攻克南桥镇中枪阵亡。经署江苏巡抚李鸿章奏请褒奖。奉旨予祭一坛。并分布给库存貂皮一百张。采绒四端。交卜罗德家只领在案。今法国阵亡参将格呢。英国阵亡守备格尔仰挖拉。及船上伤毙三十余人。同是殁于王事。虽现在并未据浙江巡抚奏报。然外国皆系轮船寄信。较内地驿站为速。其言尚属可信。应请一并给予温谕褒奖。以彰和谊。至前据署江苏巡抚李鸿章奏。英国武官巴尔答沙。因管带炮军。积劳身故。请旨奖邺一案。臣等查巴尔答沙系属积劳身故。并非打仗阵亡。已与威妥玛言明。止须给以照会嘉奖。无须仰渎宸聪。臣等业经缮给照会送去矣。合并阵明。

庚申。署江苏巡抚李鸿章奏。本年正月十四日。承准总理各国事务衙门咨行钞片内开。汉口九江。

虽已通商。而进出税钞。均系上海征收。实在上海关共代收九江税若干。代收汉口税若干。查明数目。派员解交湖北江西二省。以济军需等因。奉旨依议。钦此。当经前抚臣转饬遵办去后。嗣准湖广督臣官文。委派湖北候补道张曜孙。来沪催提代征洋税。叠经臣等饬令江海关查明数目。分别拨交在案。兹据海关监督苏松太道吴煦详称。汉口九江运土货出长江正税。并复进口半税。由上海征收。系遵照定章办理。江海关所收汉口九江来货之进口正税。即系代征汉九两关正税。所收由上海运往长江各货之复进长江半税。即系代征汉九两关进口半税。沪关并无别项复进口税饷。当即督饬总税务司费士来。确查代征汉九两关银数。旋据核称。前二项税款。该司税于上年十一月初一日汉口开关之日起。即将所收税银。另册登记。特是各商船来往长江。一船之内。时有汉口九江两处之货。且运入长江货物洋药。并不遂一报明。孰为运往汉口。孰为运往九江。即偶有报明。亦难保无报往汉口者。不因汉口价低。改往九江。报往九江者。不因九江不能得价。改往汉口。以致两关税银。难以分析。若长江通商以来。汉关未设以前。该司税初不料汉口另行设关。又不知复应划还。将所收该两口税数。载入本关征收薄。日久款多。难以剔出即时核报。应请照会汉口九江。详细注明各该口起下货税。便可据以分别江海关代征之数等语。该道覆查运入长江之货。必须知其实在何口起卸。始能指为何关进口之冬史。长江运出之货。亦须知其从何口下载。始能指为何关出口之税。乃洋商运货入江。得价则售。市价既有低昂。销路须从其便。汉九两处。即该商亦不能豫定。其自长江运货至沪。究系来自何口。多未报明。即有报明。亦难据以为凭。是进出两项。均未便由沪悬拟。强为分别。业经造册详请前抚臣薛焕。咨查汉九两关。各自填注在案。至此项代征之税。本应随时解还。惟上海贼氛环逼。堵剿吃紧。自去冬以及今春。各防兵勇。数逾五万。需饷浩繁。咸丰十年冬间。曾经前抚臣薛焕奏明。请将上海关税厘捐。尽数提充本省饷需。现在统计每年洋税收数。不过二百余万。每月仅收银二十余万。除照章核扣英法各二成赔款外。月税不过十余万两。代征汉九二关之税。即在其中。连所收厘捐并计。亦止二十余万。而每月兵饷军火。即须三十余万。加以协济镇江等处兵饷。本处俸廉兵米等款。及京外饬握住紧要之款。无不取给于税项。目前之入不敷出。即可知从前之收不敷放。以致垫欠累累。一筹莫展。决裂堪虞。不得不援照旧案。请将前项长江税课。先行留抵上海防剿饷需。一俟军务稍定。遵即赶解还。一面督饬该司税将上年十一十二月。至本年正二三月。代征银数。逐一核准。开具代收长江税。并本年春季江海关收税细数清折两扣。呈请奏咨各等情前来。臣核查上海关税。尽数提充本省军饷。数年来办有成案。非自今始。臣在安庆时。道路传闻。每月沪关收税有四五十万之说。到沪后留心察访。乃知浮言未可尽信。接任以来。屡向吴煦面诘该关所收洋税确数。据称新关洋税。系总税务司费士来经收登簿。确有案据。该关道虽总司其事。不能丝毫才越。洋人收税。向极认真。如稍有不实不尽。洋商断不依从。既登簿册。即尽收尽解。非比内地各关积习。书吏可滋弊混。应将本年春季所收税数清折呈核。点查折内所开至旺之月。除扣赔款及船钞外。仅得实银十余万。衰月仅及十万。代征长江税尚在其内。则收数并不为多。臣四月十五日莅任视事以前。其留抵军饷各款。均系前抚臣薛焕任内之事。其自四月十五日以后。为日无多。代征之数。计亦无几。业已遵照部行。划拨湖北应解京仓米价银七万两。似足相抵。而沪关空间代征九江税银若干。业经造册咨请自行填注。必俟注明咨覆。始能分别划抵。况上海为苏省一线饷源。有沪地然后有税饷。今苏杭踞逆。切近窥扑。必欲得而甘心。洋人虽议助防。究系未可专恃。自须练成一支劲旅。以保重地而张国威。若将代收之税。尽数拨还。饷必不继。则兵亦不能练。松沪旧有兵勇。经此次大股逆贼冲溃。已由臣遣散一万五千作准。内又选派将领。挑收精锐千余人。加以臣由上游带来水陆万余人。及各防水陆旧部。并南汇降卒。英法各国炮勇。合之仍不下四万。即逐渐裁汰。该处地势平坦。头头是道。欲保上海。即不能不兼守松江。实山。及浦东各应县。人数太少。亦不济事。臣日夜焦筹。周知所措。总计松沪军饷及镇江协饷。并制造军火赏衅各项。总核每月亦须银三十余万两。近更奉拨总税司赫德置办轮船枪炮等价二十五万两。又商运京仓米石先付价银十一万三千两。此皆必不可欠之款。又奉拨袁甲三军饷每月二万两。催逼日紧。应接不暇。据该署司吴煦禀称。上海月收厘捐银十余万。关税银十余万。专抵本处兵勇粮饷。尚多不敷。除由臣严查积弊。随时设法整顿。搏节动支。并将奉拨要款。暂饬该署司赶紧那解外。可否吁恳圣主鸿慈。俯念征臣到任未久。军饷竭蹶。准其循照旧章。暂将代征汉九两关之税。先行留抵。俟赫德赴议定设关章程再续筹款补解。俾臣训练兵勇。藉资鼓励。合力进剿。以顾大局而保危疆。谨会同两江总督臣曾国藩。通商大臣臣薛焕等。专折驰陈。

(丁卯)谕议政王军机大臣等。薛焕奏。筹办比利时国通商事务大略情形。并钞录照会呈鉴一折。办理甚合机宜。深堪嘉尚。该国公使包礼士。有订于六月初四日。与该大臣会晤之语。谅焕业已晤商。其是否停止赴京。想已略有端倪。该公使所递三条和约。以十二年为期。并递京用宝。尚无窒碍。而该国大小官员商民船货。均与别国受益最优者同一条。薛焕因其包罗各国条约在内。拟设法消弭。因开列三条。以期互相增减。所见亦极周密。现在会晤后如何情形。即著随时具奏。

比利时国使臣包礼士照会

为照会事。照得本大臣现奉本国大皇帝谕旨前来。与大清国特简之钦差大臣。订一通商和约。兹将所拟约稟照送贵大臣。请烦查照施行。大比利时皇帝大清皇帝永结和好。彼此通商。围守诚信。两无猜嫌。是以大比利时国特简大臣。兼异全权便宜行事。与大清国特简大臣。议定一约。互相较阅。俱属妥当。现将会商条约。开列于左。

其一。凡比利时国所派之钦差大臣领事府以及各等商民船货物件。在于中国。均应与别国受益最优者同受其益。如大清国有钦差大臣领事府以及商民船纳兰。前往比利时国者。比利时国亦应与待别国同等优待。

其二。此约议定十二年为期。以换和约之日为始。十二年期满。或在期后。如比利时国。或大清国。有以此约为无用者。应于十二个月前通知。待一年后。即作废纸。

其三。和约议成。彼此各递京师。请用比利时国宝。大清国宝。定于十八个月内。或可早日。两国各派大臣在某处互相更换。所定之十八个月次。以两国大臣在约用印之日为始。

照覆文稿

为照覆事。本月初八日接准来文。得悉贵大臣现奉谕旨前来。与本大臣订一通商和约。将所拟约稟照送等因准此。本大臣现奉大皇帝谕旨。特畀全权便宜行事。办理贵国通商事务。另备公文。恭录上谕照会贵大臣矣。贵大臣所奉贵国特畀全权便宜行事之谕旨。亦应请恭录全文。即日照会本大臣以照信实。查贵国在中国五口通商。已有多年。现在新增口岸。可以援照旧案。由本大臣奏请恩施。一律贸易。本大臣前已与贵大臣面言。毋庸另立条约。闭幕式贵大臣来意甚殷。欲订条约。查立约必须彼此两有利益。两无窒碍。方属可行。本大臣现亦拟有三条。另纸录送。请烦查照。并望贵大臣订一吉日。先期示知。以便本大臣饬地方官择定公所。届期俟台驾惠临。彼此带同委员会议可也。为此照覆。

一。通商口岸。必须由比利时本国派委领事官住札。会同中国地方官办事。其领事官。不得以商人充当。如该口无比利时国领事官。则比利时国商民。未便前往贸易。

一。比利时国商民。应准在广州潮州琼州福州厦门台湾淡水宁波上海登州天津牛庄镇江九江汉口共十五处贸易。至内地游历通商一节。自无庸议。

一。比利时国如有钦差全权大臣等官前来中国。可在上海及广东福建浙江通商各口住札。毋庸前往京城。

包使照会

为照会事。准贵大臣来文。请将本大臣所奉谕旨备送等因。兹特恭录照送。请烦查阅。并订于六月初四日。躬诣贵处。面商一切。即希择地订时示覆。以便届时前往。

薛焕又奏。臣前在江苏巡抚任内。钦奉寄谕。谨将遵旨饬调署总税务司赫德。由厦门来沪。商购外国船炮。并询问可否即在香港购买。暨筹议遴选兵船。雇募洋人各缘由。于本年二月十八日。恭缮折片先行覆奏在案。查赫德前由广东转棹厦门。经臣发劄调令来沪。而两广督臣劳崇光。已于该税司起程之时。檄调回粤。商定购办中号兵船二只。小号兵船四只。总计各项价值经费。共需银六十五万两。先由粤海关拨给十万两。以资开办之用。总理衙门续又行文。于前次奏拨各海关银五十五万两之外。令粤海江海两关。再各筹五万两。以足六十五万两之数。复经臣于巡抚任内。檄饬江海关道吴煦遵照筹足应用。兹赫德已由福建来沪。臣即与面商一切。该税司复递申陈。据称船炮等项。已托英国切实相信之人购办。可期适用。约计明年正月运到中国。臣询以香港购买一节。据称该处之船。仅可运货。并无兵船。且不但香港一处。凡中国各港口,出售之船皆然。现向英国购办。系属新造兵船。臣复谆属不可以信船货船充数。至雇用洋人驾船。臣前准劳崇光咨钞折稾内称。赫德写信回国。已令就地雇募英国之人。并拟邀英国熟谙船务诚实可靠之武员一名管带。以资训练钤东。兹臣询据赫德面称武员姓名。系实纳阿士本。所有各船柁工炮手水手。及看火人等。均由该员雇募以专责成等语。除赫德申报粤海闽海厦门江海各关。共发过银三十余万两。事关动支税项。应由各省督抚将军查核奏咨外。臣谨据署总税务司赫德所称承办船炮一切情形。附片具陈。

大学士湖广总督官文奏。前准总理各国事务衙门来咨长江通商收税。议令总税务司赫德。前往汉品。将如何稽查走漏。并严防沿途私卸之处。一并妥议章程等因。旋据赫德于本年五月二十一日来至汉镇。次日工入省。赴奴才衙门禀见。询以税务。甚为练远。经地方官豫备寓所。优礼相待。奴才连日督同江汉关监督道员郑兰。将关税事宜。及长江防弊之法。与赫德悉心讲求。分别筹议。已更定长江事宜。及江汉关收正税子口税各章程。于防范走私漏税诸弊。尚属周妥。商之领事官金执尔。亦称均可照办。惟楚北以茶叶为大宗。一交秋令。则茶庄之利。业已销竣。税款难期畅旺。现拟江汉关自本年七月初一日起。将正半各税及子口税。一并照更定新章试办征收。其六月以前长江货税。仍由沪上海关代征。分别拨解。再九江收税章程。并经赫德拟定照江汉关办理。已飞咨江苏巡抚臣转饬九江道遵照筹办。一面将更定长江各款章程。咨明总理各国事务衙门会商各国公使。是否合当。迅速核覆遵行。以便届期开征。

官文又奏。前准总理衙门咨湖南抚臣毛鸿宾奏。请以洋商茶捐。改充子税。于岳州卡归湖南征收一节。奉谕饬令奴才督同税务司赫德。归入现议长江章程案内。一并妥核该覆等因。昨因总税务司赫德到汉。当即劄付该税务司归并妥议去后。兹据该税务司赫德申称。复查条约所载。洋商入内地买土货。在第一子口领票。至最后子口完纳半税。所设最后子口。乃进关之进口处。并无第一子口完纳之条。湖南系内地。非通商口岸。并无洋关。不得收子口税。若以茶捐抵作子口税饷。更与条约不宜。惟湖南抚臣毛鸿宾奏称。湖南军饷。万分支绌。茶税为筹饷大宗。自系实情。以税务司之见。现在子口税。不能不办。湖南之茶。若令江汉关照条约出报单。至湖南卡完银。领取运单缴关。作为江汉关所收税银拨解湖南之项。则名实皆正。与商情并无所损等情申覆前来。奴才查核所议。尚属可行。此专为洋商茶捐。故有是议。此外华商坐地捐厘。均仍照定章办理。

赫德到楚筹议更定长江收税章程

长江统共章程【十三款】

一洋商之船。在镇江以上。止准在九江汉口两处贸易。沿途不准私自起下货物。违此例。即行将船照条约罚办。船只出口货物。在何处出口。即由该口查验收税。一凡有外海洋船以及划艇等项船只抵镇江者。须由船主将船牌呈交该国领事官查收。无领事官。即行呈关。并将舱口单呈关查验。或俟领事官行文来关。或由船主自行将船牌呈关。由关发给护照一纸。内注明该船带用兵器炮枪刀药等件若干。水手多寡。并押载顿数及国号。并将船舱封固。随时派差押送。方准前往上江。该船抵九江。或上江。或下江。须由船主将其护照呈关查验。俟回镇江。须将护照缴关。由关查明长江各税完清。方发给红单。准领回船牌。开船出海。下江时由镇江关随时派差押送至狼山。

一凡有轮船自上海常做长江买卖者。应准将船牌呈交上海领事官留署。由领事官转请江海关发给轮船江照一纸。凡有此江照者。则可照内河轮船之例。起下货物完纳税饷。凡有江照之轮船抵镇江。无论上江下江。须将江照呈关查验。自后有江照之轮船。应在上海九江满席口轮流完纳船钞。轮船来往。准曲各江关随时派差押送。

一除洋商报明往外国之茶叶。凡有土货下有江照之轮船。须由该商在下货口一并完纳正半两税。方准下货。凡有轮船装载别船所拨之货。该货在未拨货之先。须照起货之例。完纳税饷。

一凡有轮船做长江买卖者。上江下江。均准拖带洋蹩脚外国船照或领事官旗照各项船只。至装盐内地船只。若有轮船拖带。该轮船须见有汉关监督护牌。准其拖带。如未见有护牌而拖带盐船者。即将该盐船入官外。以后不准该轮船照轮船之例。在长江来往贸易。

一凡有洋商雇用内地船只运货者。仍令其照暂定章程之例。呈具保单。请领执照。该船到关。单货不符。照保单所注明之银数罚办。俟江面肃静。即行停止。

一长江收税。第一在严防偷漏。今洋船轮船及领有外国船牌之划艇等船。由出口之关给有总单。至所过通商之口。如起卸货物。即由该关于总单上。详细注明轻重长短件数。盖印放行。

一乍汉口至九江。由江汉关设立巡船。上下梭巡。九江至镇江。由九江镇江两关设立。镇江至上海。由港澳关设立。俟经费稍充。再雇买火轮船巡查。

一长江以镇江为关键。上海九江镇江。每处派委员一人。往驻镇江。随同该关会同该关税务司稽查各本关上下之船货各单照各票。均系各本关发给薪水。

一上海运洋货进长江。应完进口正税。系长江应收之税。暂定章程。令上海代收。解归湖北江西。今既改章。而此税却改归长江自收。应照各口免单例。听长江自行经理。惟商船到沪。有未起货。或起货不多。即欲驶入长江之船。照法国条约第二十四款办理。

一子口税之议。湖南湖北地方。应由江汉关发单。江西安徽地方。应由九江关发单。江苏地方。应由江海关发单。兹另列章程二条。小有变通。以利开办。应请总理衙门会同住京各公使。复议定夺。

一凡有商将抵关之洋货。或亲身。或令人。自关运入内地。若由该商将其货色件数。并前往何处。开单报关。由关发给验单。令该商赴银号照税则完纳半税。取号收呈关。即由关发给运洋货入内地之税单。该商持单前往。单内所注明之处。无论远近。所逢之关。远不重征。所过之卡。均不抽厘。惟在关请领此税单。均任商便。若未领有税单之洋货。自汉入内地。无论洋商华商运送。其货应照逢关纳税遇卡抽厘之旧例办理。傥已转售华商。该洋商混为请票。查出全数入官。惟现在军需紧急。经该关咨请分别示以限制。现拟凡呢羽钟表洋布洋木等。实为外国所产之件。方准给票。其余海菜等中外皆有之品。暂停缓给。

一凡有商自通商各口。或亲身。或派人。入内地置土货。若由领事官代商行文。报明该商前往何处。置买何货。请本关发给买土货报单。由关将三连报单以及空白运单一张。送领事官转交商人收执。由该商带同报单前往内地。俟土货买齐。到第一子口验货。由运货之人将在汉口所领之报单。注明土货若干。呈该子口存留。由子口在所同呈之运照。注明土货若干。将运照盖印交还。准其前往至最后子口查明单货相符。先赴各该关完纳税则半税。方许过卡。若未领有买土货报单。在内地置土货。须照旧例逢关纳税。遇卡抽厘。油米木植三项。为内地穷民食用所关。且事多牵制。现议不发执照。若有华商通同通事譬围相求。冒请单照。查出全数入官。并治华商及通事之罪。

江汉关各国商船进出起下货物完纳税钞章程【内分三款共二十九条】

第一款【汉口港口界内复停泊等例】

一洋商之船。在镇江以上。止准在九江汉口两处贸易。沿途不准私自起下货物。

一凡外洋海船。内灌轮船。止准在大江龟山头之北。甘露寺之南停泊。离岸在一里路之限内。起下货物。凡划艇等项船只。止准在汉镇内河南岸停泊。起下货物。

一凡拨艇须在关上禀报立号。方准拨货。其请执照之拨艇。须用江字立号。其无执照之拨艇。用河字立号。其拨艇均须用汉英文将第几号写明其船头尾。凡轮船起下货物。止准用江字号拨艇拨货。

一凡两船欲行互拨货物。必先请领本关特准据单方可。一凡商船起货下货。均须日间。不得在日出以前。日落以后。礼拜日。给假日。均不准行。其内江轮船。若请有准单。以二更为限。亦准其起货下货。至拨船起下货物。不论马头。惟各进口货在未入栈房之先。及各出口货在未下出口船之先。须赴米厂南岸处用汉关马头俟验。

一凡商人领照下货。因船已满载。复行退回者。须携货赴本关马头查验后。方准起回上栈。

一凡洋船将抵汉。关上派员役上船看守查验等事。均照天津条约三十六七等款办理。

一凡洋船到汉。须俟起货完竣看舱之后。方准下货。不得一面起货。一面下货。以致混淆。【内河轮船。不在此例。】

一本关每日自十点钟开关。至四点钟闭关。礼拜并给假日期。停止办公。凡请各项单照。须禀本关税务司查阅。

第二款【洋商外海洋船划艇钓船等类上江报税之例】

一凡有外海洋船以及划艇等项船只抵镇江者。须由船主将船牌呈交该国领事官查收。【无领事官。即行呈关。】并将舱口单呈关查验。或俟领事官行文来关。或由船主自行将船牌呈关。由关方发给护照一纸。【内注明该船带用兵器炮枪刀药等件若干。水手多员并押载顿数。】并将船舱封固。随时派差押送。方准前往九江。【至九江关口如何验货征税。并防走私。另行议定章程。】该船抵汉口时。须将护照呈领事官。并将舱口单报关呈验。俟由领事官照条约之例报关。方准开舱。

一开舱之后。各货主应将其货用【汉英】文开具清单【内注明货色件数斤两长短价值。并用拨艇第几号各等情形。】呈关。请领起货准单。方准将该货下拨船。运至海关马头俟验。

一该拨船抵马头。由关派委验货。方给验单。饬令该商赴银号照数纳税。取号收缴关。请领税单。则准将该拨船之货登岸入栈。该货若有别口已完税之实据。应由该货主在呈清单时。将完税凭据一并呈关。若货照相符。方给起货放行单。华商同例报税。

一凡各商下货在下船之先。须将该货运至海关马头。并将该货用汉英文开具清单【内注明货色件数斤两长短价值。并用拨艇第几号各等情形。】吴关。由关给验单。该商收执。赴银号照数纳税。取号收缴关。请领下货准单。方准赴船下货。华商同例报税。

一各该船在口内之时。由关每夜派人看守。或随时将其舱封固。不准起下货物。

一凡有外国牌照船只者。其如何完纳船钞。应照条约定例办理。凡洋商记住买内地船只来往运货。仍令洋商照内地船完交船料。应照厂开则例办理。

一起下货物也已毕。税钞完清。应由该船主将所下之货。详细开单呈关。请领红单。由关封舱。派役押送。方准领回护照。下江前往九江。

一凡有洋商雇用内地船只运货者。仍令其照暂定章程之例。呈具保单。请领执照。【俟江面肃静。即行停止。】

第三款【内河轮船之例】

一凡有轮船自上海常做长江买卖者。应将船牌呈交上海领事官留署。由领事官转请江海关给发轮船江照一纸。凡有此江照者。则可照后开之例起下货物。完纳税饷。其无此江照之船者。须照以上第二款之例办理。过镇江时。须由船主将江照呈关。查验放行。

一凡有江照之船抵汉口者。该船或由领事官执关。或自行持江照舱口单税单等件呈关。均可由关发给准单。方准起货。

一轮船抵汉。所载之货。非别口所来之土货。即系别口所完税改运之洋货。汉关则无轮船洋货进口税可征。该船所运来之土货。在下船之口。【或上海。或镇江。或九江】应照现议之例。一并完纳出口正税及复进口半税后。抵汉则轮船无土货复进口半税。似此俟该船将江照舱口单税单等件呈关。由关发给准单。方准用拨船起货。其货起满。该拨船须赴海关马头俟验。俟各货其货色件数开清单呈关。由关发给放行单。方准入栈。如带有税单未注明之货。即将该货照数入官。华商同例。请领准单放行单。

一轮船在汉所下之出口货有两项。其一由上海再行下船运往外国之货。其二在通商别口所销之货。其往外国之货。原在汉口。止应纳出口正税。抵上海时。应存复进口半税。若三个月限内复出口往外国。则可领回复进口半税。其在别口所销之货。原应在汉口纳出口珔税。俟到别口。再行纳复进口半税。现定除茶叶一项外。凡有轮船装载土货。亦令该商在汉。一并完纳出口正税及复进口半税。俟该货抵上海。若在三个月限内。复出口前往外国。应由该国赴江海关请领执照。作为该货已往外国之实据。将该执照呈交江汉关。则可将该商所纳复进口半税发给存票一纸。以抵日后应完之税。但欲往外国之货。亦须先行报明。以符通共章程。

一下轮船之茶油纸张三项。或用拨艇运至海关马头俟验。或由洋商禀关。请派委赴栈房在彼查验均可。但须领税票后方准拨货。其余土产杂货各项。应由该商运至海关马头。将其货色件数用汉英文开具清单。【内注明交叠件数斤両长短价值。并用拨艇第几号各等情形。】呈关请验。由关发给轻便立时是。该商收执。走上银月号照数纳税。取号收呈关。由关将会该拨船舱封固。方发给下某船准单。该货下船之时。须将会准单交坐押轮船关役缴关。华商同例报税。

一茶叶一项。自汉运往上海。均系日后运往外国之物。在汉毋庸令商交纳复进口半税。止令其完纳出口正税。以免日后发票之费。

一凡轮船抵汉之时。若日已落山。则俟次日天明。方准起货。

一凡轮船每四个月即应照例完纳一次船钞。现拨令轮船在上海九江汉口轮流纳钞。一年之内。各处则能收各轮船钞一次。

一轮船起下货物已毕。应由船主与押船人。言明开船时刻。并由船主将该船所载各货。详细开单呈关。由关将总税单一纸。并该船江照交船主收执。方准开船下江。

一凡有轮船做长江买卖者。上江下江。均准拖带洋商有外国船照或领事官旗照各项船只。至装盐内地船只。若有轮船拖带。该轮船须见有汉关监督护牌。准其拖带。如未见有护牌拖带盐船者。即将该盐船入官外。以后不准该轮船照轮船之例。在长江贸易。

一凡有轮船下江。抵镇江时。须由船主将江照呈关。查验放行。

一凡有轮船。违犯以上轮船各章程。即除照例罚办外。不准该船照轮船之例。来往长江贸易。

以上各章程。如与汉口收税情形有滞碍难行之处。应随时会同核议。以归妥善。

九江关各国商船进出起下货物完纳税钞章程

一凡洋商之船只。止准在大江九江城西门之西。城河之东停泊。起下货物。

一凡拨艇须在关上禀报立号。方准拨货。均须用汉英将第几号写明其船头尾。

一凡两欲行互拨货物。必先请领本关特准据单方可。一凡商船起货下货。均须日间。不得在日出以前。日落以后。礼拜日。给假日。均不准行。其内江轮船。若请有准单。方准夜间起下货物。至拨艇起下货物。不论马头。惟各进口货在未登岸之先。及出口货在未下拨艇之先。须候关查验发给放行单。

一凡商人领照下货。因船已满载。复行退回者。须携货请关查验后。方准起回上栈。

一凡商船领有镇江护照者。抵九江时。不论有无货物起下。须将护照呈关查验盖印。方准放行。其有货起下者。须由领事官照条约行文来关。报船进口。并由船主将舱口单呈关。方准开舱。

一凡轮船领有港澳关之江照者。抵九江时。不论有无货物起下。须将江照呈关查验。

一有镇江护照之船者。开舱之后。各货主应将其货腹膜汉英文开具清单。【内注明货色件数斤两长短价值。并用拨艇第几号各等情形。】呈关请领起货准单。方准将该货下拨艇。由关派委验货。方给验单。饬令该商赴银号照数纳税。取号收缴关。请领起货准单。则准将该拨艇之货登岸入栈。该货叵有别口完税之实据。应由该货主在呈清单时。将完税凭据一并呈关。若货照相符。方给起货放行单。华商同例报税。

一凡各商下货。在下拨艇之先。须将该货用汉英文开具清单【内注明货色件数斤两长短价值。并用拨艇第几号各等情形。】呈关。由关派委验货。方给验单。该商收执。赴银号照数纳税。取号收缴关。请领下货准单。方准下货。华商同例报税。

一凡有镇江护照之船者。起下货物已毕。税钞完清。应由该船主将所下之货。详细开单一哄而散关。请领红单。由关封舱。派役押送。方准领回护照开船。

一凡有港澳关江照之轮船。抵九江时。该船或由领事官报关。或自行持江照舱口单税单等件呈关均可。由关发给准单。方准用拨艇起货。其货起满。该拨艇须俟由关派委验货后。准起货入栈。如带有税单。而未注明之货。即将该货照数入官。华商同例。

一凡有轮船装载土货。该货主应将其货用汉英文开具清单。【内注明货色件数斤两长短价值。并用拨艇第几号各等情形。】呈关请验。由关发给验单。该商代执。赴银号照数纳正半两税。取号收呈关。请领下货准单。该货下船之时。须将准单交坐押轮船关役缴关。该货抵上海。若在三个月限内。复出口前往外国。应由该商赴江海关请领执照。作为该货已往外国之实据。将该执照呈交九江关。则可将该商所纳复进口半税。发给存票一纸。以抵日后应完之税。但欲往外国之货。亦应先行报明。以符通共章程。华商同例。

一轮船起下货物已毕。应由船主与押船人。言明开船时刻。并由船主将该船所载各货详细开单呈关。由关将总税单一纸。并该船江照。交船主收执。方准开船。一凡有外国牌照船只者。其如何完纳船钞。应照条约定例办理。凡洋商雇买内地船只。来往运货。仍令洋商照内地船之例。完交船料。现扬州令轮船在上海九江汉口轮流纳钞。

一茶叶一项。自九江运往上海。均系日后运往外国之物。在九江毋庸令商交纳复进口半税。止令其完纳出口正税。以免日后发票之费。

一各该船在口内之时。由关每夜派人看守。或随时将其舱封固。除轮船之外。不准起下货物。

一本关每日自十点钟开关。至四点钟闭关。礼拜并给假日期。停止办公。凡请各项单照。须禀本关税务司查阅。以上各章程。如与九江收税情形有滞碍难行之处。应随时会同核议。以归妥善。

已巳。协办大学士两江总督曾国藩奏。承准议政王军机大臣字寄。五月十七日。奉上谕。前因薛焕熟悉外国情形。谕令以头口顶带充办理通商事务大臣等因钦此。仰见皇上循名责实。因时变通之至意。臣才议凡庸。于西洋通商事宜。尤未究。第就各省海品论之。则外洋之通商。正与内地之盐务相同。通商系以稍顷外之土产。行销于中华。盐务亦以海滨之场产。行销于口岸。通商始于广东。由闽浙而江苏而山东以违于天津。盐务亦起于广东。由闽浙而江苏而山东以违于天津。通商之有五口大臣。三口大臣。犹盐务之有两淮盐政。长芦盐政也。通商之监督关道。犹盐务之有运司盐道也。通商之总汇于总理衙门。犹盐务之总汇于户部也。通商惟长江交易最广。以汉口为都会。亦犹盐务惟两淮引地最广。以汉口为都会也。今薛焕请裁南洋通商大臣。归并地方。亦犹道光十年陶澍请两淮盐政。归并总督也。以南洋之广。设一大臣。统辖江楚苏浙闽粤六省数千里之远。薛焕所称鞭长莫及。诚属实在情形。所有广东福建浙江三省。应遵此次谕旨。即由监督道员经理。将军督抚稽察。已足以资控驭。至长江深入腹地。路远事繁。臣窃以为当分别办理。自轮船入鄂以来。洋人踪迹。几遍沿江郡县。或传教于僻坏。采茶于深山。违一言而嫌隙遽开。牵一发而全神俱动。关道以洋人恃其凶横而不敢谁何。督抚以洋务非其专责而不肯深究。势必至睚眦小忿。皆取决于总理衙门。道途太远。后患孔长。且立法之初。当规久大之计。柔远之事。必择专精之人。今日求一二精于洋务者。尚难其逊。而谓此后数十百年。沿江两督四抚。一一求精于洋务者而为之。岂可得哉。臣愚谓此缺似不可裁。宜改为长江通商大臣。专办滨江四省中外交涉事件。或驻镇江金陵。或驻汉口九江。添设官属书役若干。廉俸经费若干。应请饬下总理衙门会同该部核议。其汉人洋人之大小词讼。在沪在鄂之正子各税。何者由通商大臣专决。何者归总理衙门核覆。亦应与住京公使熟议。其北洋三口通商。事同一律。均宜讨论职掌。永定章程。区区愚见。盖为数省计久长。非为一人图推诿也。至两江总督一缺。统辖三省文武。兼管漕河两端。盐务又其专责。即在承平之际。干济之才。已觉竭蹶不遑。况以征臣迂钝之质。又值发逆糜烂之际。夙夜忧惧。颠踬实在意中。不敢因偶之战胜。偿来之虚名。遂自忘其丑陋。军务未竣之前。臣实不能兼办通商事件。署抚臣李鸿章资望尚浅。军事方殷。亦于洋务不甚相宜。伏求皇太后皇上曲赐鉴谅。臣等幸甚。傥蒙天恩。另设长江通商大臣。则所辖地方。有关系洋务者。臣仍当悉心辞去画。公家之利。知无不为。昔年两淮盐政未裁之前。江督亦有缉私督运之责。湖广亦有查引督销之责。今于通商推其意以行之。官丈总理于上游。臣则稽查于下游季。不敢因别有专责。遂尔置身事外。上负圣主委任之意。

(甲戌)比利时国条约四款

大清大皇帝大比利时国大君主永结和好。因比利时国向在中华广州海口通商。道光二十五年又经前两广总督者。前广东巡抚程。前粤海关监督文。奏准颁发五口贸易章程。一体通商在案。是以现在可立条约。永远信守。从此友谊更加敦睦。今大清大皇帝钦差头品顶带办理通商事务便宜行事全权大臣薛。大比利时国大君主钦差男爵便宜行事全权大臣包。将所战偿来之用地事全权大臣之大清国上谕。比国上谕。互相较阅。俱属妥当。现将会商条约。开列于左。

第一款

一通商各口。必须由比利时本国派委领事官住札。或托有约各国住札该口之领事官代管。会同中国地方官办事。如该口无比利时国领事官。及代管之领事官。则比利时国商民。未便前往贸易。其领事官。不得以商人充当。

第二款

一比利时国商民。应准在中国通商各口。照有约各国一体贸易。

第三款

一比利时国商民。前来中国通商各口贸易。其应完税钞。与商民违约示罚。及查办人犯欠债各情。均照有和约各国章程办理。

第四款

一本约立定后。俟御笔批准。盖用国宝。订于十八个月期内。大清国大臣。比国大臣。在上海互换。永远遵守。

李鸿章又奏。本年正月。各海口豆石开禁。准令外国商船运售。原为北洋海防紧要。资其协卫。不得不略从宽大。以示羁縻。遵即转行司道。遍贴告示。晓谕商民。兹据江海关监督吴煦。转据船商王永盛等联名禀称。沿海编氓。自开北洋海禁以后。造船出海。各随地产土著。贩运懋迁。迄今二百年来。藉此谋生。无论何项捐款。商船首先报效。即如海运漕粮。商艺采办。南米运津。皆藉商船承办。国计民生。不无小补。是以和议条内。有外国船不准装运牛庄等处豆石一款。奉经照准在案。现在各口通商。凡属生意马头。外国已占十分之九。惟胜登州牛庄装豆一款。系商船谋生之路。今若一网打尽。则中国商船。立见废弃。沿海居民。生计壅阻。日下军需从何而出。将来海运从何而办。于大局有关系。并称天津海口。本来无豆可装。登州牛庄。除豆之外。外国船均在贸易。自可保护。或因事有成议。设法变通。各口豆石生意。准外国商船贸易。专将上海一口。归内地商人运销。庶几网间一面。以拯商民。环求通详请奏等情。并据该关道详称。查江浙沙蜑等船。航海往来贸易。其自南往北者。货不一。而自北回南者。总以豆货为大宗。即沪地生意。向以豆市为最大。今若外国船只亦能装运。是该商船向藉此谋生者。一旦为洋商所占。则该商船所称立见废弃。关系军需海运。系属实在情形。惟事已成议。

经奏奉谕旨允准。势难更改。可否设法变通。俯如所请。将豆石一项。各口准令外国商船装运销售。专将上海一口。仍守前约。俾归内地商人转运。庶于华商生计。稍留余地。实于饷捐两有裨益。臣查核原详。系体恤华商。即为顾全军需海运起见。于现议豆石弛禁一案。尚不违背。相应据情奏请饬下总理各国事务衙门核议。请旨遵行。

(戊寅)闽浙总督庆端奏。再奴才接准署理江苏巡抚薛焕来咨。以闽省台湾淡水二口。现在派委何员管理通商收税事宜。移令查明会奏。查咸丰九年十一月间。钦奉谕旨。米国【即美国】使臣准在台湾先行开市等因。当经议请在于台湾府属淡水厅辖之八里坌。酌定通商马头。开市收税。并委福建候补道区天民。赴台驻办。会折奏准在案。至今米国领事官尚未到台。准到部咨。英法两国在京新换条约。台湾地方。并准开市通商。复经转行遵照。旋据台湾镇道府。会同区天民禀报。英国领事官郇和。已于咸丰十一年六月到台。亦拟在于淡水厅辖之八里坌地方开市。其开市通商日期。尚未接据具报。所有米国在台通商系奏委福建候补道区天民专司经理。迨英法两国新换条约。准予在于台湾通商。亦系区天民就近。据福建省会总局司道具详前来。除在台开市日期。俟详报到日。再行奏咨。谨会同江苏巡抚臣苏焕。福建巡抚臣徐宗干。合词附片具奏。

同治卷八

同治元年。壬戌。七月。癸未。江宁将军都兴阿。统带水师浙江黄岩镇总兵黄彬奏。据统带师船浙江定海镇总兵李德麟禀称。近来每有奸商句雇洋人随船。分来内江各港销货。希图藉势抗厘。此等船只。惟如皋所属周家港最多。当派令参将李润雄不时统带红单船巡哨。就近弹压。本月初一日。宁波货船内有洋人三名。登周家越来越港酗酒滋事。致举镇商民动怒。鸣锣集众。洋人自知情虚。自行赴水淹毙二名。至十一日午刻。急驶到大轮船一只。船上洋人竞登周家越来越港。不问情由。在岸去三人。十四日午刻。周家越来越港。复来轮船三只停泊。申刻时分。该洋人驾小划六只。每划配有洋炮器械。分投突入红单船。将炮门钉塞。乱抛洋火。同时三船火药齐发。在船兵勇。仓卒奔逃。当将红单三船全行烧毁。该轮船于十五日始行回帆而去等语。奴才黄彬亲至该处查办。总期消弭争端。相安无事。惟弹压误事致启衅之参将李润雄。相应请旨先行革职。交黄彬从严查办。定海镇总兵李德麟。派员弹压。理处未善。亦应摘去顶带。责令赶紧随同黄彬妥为办理。并请饬下办理通商事宜大臣薛焕。查明实在情形。一体秉公酌核调处。毋致有乖乖和好。别酿事端。

谕议政王军机大臣等。都兴阿等。周家圩港居民。与洋人争斗。请将办理未善之员弁。分别革职摘顶查办一折。洋人于未通商各口岸。例不准其前往销货。何以李德麟禀内称近来每有奸商。句雇洋人。分来内江各港销货之语。既有此等情事。即应早为禀明禁止。何以直至周家圩港滋事之后。始行禀闻。该总兵等平日全不以营伍为事。以致酿成巨案。其咎实有应得。惟此次洋人既系宁波奸商句引而来。酗酒滋事。自知情虚。赴水淹毙。何以连次到有轮船。既捉去民人三名。复烧毁红单船三只。是其凶横情形。实出情理之外。不可不严加诘问。使洋人知所警惧。第洋人住京以来。凡遇于理不顺之事。一经指驳。如外间文移等件。稍有不实不尽。彼即藉口狡赖。此次启衅根由。如全系洋人理曲。固不必代为隐饰。如曲在洋人。而内地官民亦居其半。声叙亦必须真实无伪。方足以折服其心。著曾国藩。都兴阿。李鸿章。确切查明具奏。不可一字虚假。转致该洋人得以狡展。本日已饬总理各国事务衙门王大臣。将该洋人违约妄行各情。告知该国在京公使。与之理论。并著薛焕在沪先行妥为查办。该洋人分上红单师船。将炮门钉塞。该船兵勇。所司何事。所称兵勇仓卒奔逃。殊难尽信。恐该总兵等呈报。尚有不实不尽之处。并著都兴阿严饬管带各员。认真整顿。于贼匪则痛加剿捕。于商民则妥为保护。于外国洋人。分别是否通商地界。有无执照。防范之中。示以抚绥。以期相安于无事。

(丁酉)议定西洋国通商条款

第一款

大清国大皇帝大西洋国大君主及两国商民。照旧永远敦笃友谊。两国商民人等。彼此侨居。皆全获保护身家。

第二款

一从前大清国与大西洋国来往交涉。所有前广东之澳门。彼此执政商办各事。无论何时何处。或刻或写。或两面口订之规例。现在既已新定和约章程。由两国便宜行事全权大臣公同妥定。画押钤印。将来止此为凭。彼此均应遵照新章办理。

第三款

一大西洋国总督澳门大臣。均是大君主钦差使臣。如有紧要事件。可以随时进大清国京师。每年不过一次。除现在大清国大皇帝允准各国钦差住京外。若嗣后再有另准秉权大臣长住京师。大西洋国公使。若遇方便。亦可照行。

第四款

将来两国所派秉权大臣于居住之处。彼此无不按照情理相待。所有身家公所。及各往来书信公文等件。全皆不得强动。

第五款

两国公使所有费用。各由本国自备。大清国大皇帝愿派钦差进大西洋国里斯玻亚京师侨居。无不各按品级以礼相待。照西洋各国所派钦差无异。

第六款

大西洋国官员有公文照会大清国官员。均用大西洋国字样书写。并翻译大清国字相连配送。至于此次所定各款章程。亦应汉番字同写。公同较对无讹。各以其国字为凭。

第七款

将来两国官员办公人等因公往来。各随名位高下。准用平行之礼。大西洋国大宪。与大清国无论京内京外大宪公文往来。俱用照会。大西洋国二等官员。与大清国省中大宪公文往来。用申陈。大清国大宪用劄行。两国平等官涡。照相并之礼。其商人及无爵者。彼此赴诉。俱用禀呈。大西洋国人每有赴诉地方官。其弃函皆由领事官转递。领事官即将禀内情词查核适理妥当。随即转递。否则更正。或即发还。大清国人有禀赴领事官。亦先投地方官一体办理。

第八款

一大西洋国大君主。任凭设立领事等官。在中国通商之各口地方。办理商人贸易事务。并稽查遵守章程。中国地方官于该领事等官。均应以礼接待。文移来往。均用平行。凡领事官署领事官与道员同品。副领事官署副领事官及翻译官与知府同品。其权职均与别大国领事等官无异。至所派之员。必须西国真正职官。不得派商人作领事官。一面又兼贸易。但不拘各口。西国若未便设立真正领事官。暂令别国领事官料理。大清国亦听其便。

第九款

一大清国大皇帝大西洋国大君主愿照彼此和好之谊。定例凡两国民人。无论在中国西国。每处每事。永远皆如友睦之国相待。大西洋国大君主。现即谕令澳门官员实心出力。帮同防备该处。或有损害大清国各种情弊。必须时时加意筹办。仍由大清国大皇帝任凭仍设立官员。驻札澳门。办理通商贸易事务。并稽查遵守章程。但此等官员。应系或旗或汉四五品人员。其职任事权得以自由之处。均与法英美诸国领事等官住札澳门香港等处各员。办理自己公务。悬挂本国旗号无异。

第十款

广州。潮州。汕头厦门。福州。宁波。上海。天津。牛庄。镇江。扬子江九江。汉口。琼州。海南台湾。登州。淡水各等口地方。大西洋国商民家眷等。皆准居住来往贸易工作。平安无碍。船货随时往来。常川不辍。

第十一款

一大西洋国商民。任便觅致诸色华庶勷执分内工艺。大清国官毫无限制禁阻。

第十二款

大西洋国商人运货赴各处通商贸易。单照等件。均照各国章程。由各关监督发给。其并不携带货物之民人。专为持往内地游历执照。由领事官发给。由地方官盖印。经过地方。如饬交出执照。应可随时呈验无讹放行。雇船雇人装运行李货物。不得拦阻。如其无照。其中或有讹误。以及有不法情事。就近送交领事官惩办。沿途止可拘禁。不可陵虐。如通商各口有出外游玩者。地在百里。期在三五日内。无请照惟水手船上人等不在此例。应由地方官会同领事官另定章程。妥为弹压。惟于江宁等处有贼处所。俟城池克复之后。再行给照。

第十三款

大西洋国商民。在通商各口地方租地盖屋。设立栈房礼拜堂医院坟墓。均按民价公平定议照给。不得互相勒措。至于内地各处。并非通商口岸。均议定不得设立行栈。以防华商影射之弊。

第十四款

游行往来。卸货下货。任从大西洋国商人自雇小船剥运。不论各项艇只。雇价银两若干。听大西洋国商人与船户自议。不必官为经理。亦不得限定船数。并何船揽载。及挑夫包揽运送。傥有走私漏税情弊。查出该犯自应照例惩办。

第十五款

大西洋国属民相涉案件。不论人产。皆归大西洋国官查办。

第十六款

大清国人有欺陵扰害大西洋国人者。由大西洋官中知照大清国地方官。自行惩办。大西洋人有欺陵扰害大清国人者。亦由大清国官知照大西洋官一体惩办。两国交涉事件。彼此均须会同公平审断。不得意存袒护。以昭允当。

第十七款

凡大西洋国民人控告大清国民人事件。应先赴领事官衙门投禀。领事官即当查明根由。先行劝息。使不成讼。大清国民人有赴领事官告大西洋国民人者。领事官亦一体劝息。间有不能劝息者。亦由大清国地方官与领事官会同审办。公平讯断。

第十八款

大西洋国民人大清国官宪自必时加保护。令其身家全安。如遭欺陵扰害。及有不法匪徒放火焚烧房屋或抢掠者。地方官立即设法派拨兵役。弹压查追。并将焚抢匪徒按例严办。

第十九款

大西洋国船只。在大清国辖下海洋。有被强盗抢劫者。地方官一经闻报。即应设法查追拿办。所有追得赃物。交领事官给还原主。

第二十款

大西洋国船只。有在大清国沿海地方碰坏阁浅。或遭风收口。地方官查知。即设法妥为照料护送。交就近领事官查收。以昭睦谊。

第二十一款

大清国民人因犯法逃在澳门。或潜住大西洋国船中者。大清国官照会大西洋国官访查严拏。查明实系罪犯交出。通商各品。傥有大清国犯罪民人潜匿大西洋国房屋。一经大清国官员照会领事官。即行交出。不得隐匿袒庇。

第二十二款

大清国人有欠大西洋国人债务不偿。或潜行逃避者。大清国官务须认真查拏。如果系帐据确凿。力能赔缴者。务须尽数追缴。秉公办理。大西洋国人有欠大清国人债务不偿。或潜行逃避者。大西洋国官。亦一体照约办理。彼此不得衡量私袒庇。

第二十三款

大西洋国商船应纳钞课。各按船牌可载若干顿而纳。一百五十顿以上。每顿纳钞银四钱。一百五十顿正及一百五十顿以下。每顿纳钞银一钱。既纳钞后。监督官给发执照。开明船钞完纳。

第二十四款

大西洋国商起卸货物纳税。俱照咸丰八年各国税则为额。总不能较他国有延缓免此输之别。以昭平允而免偏枯。

第二十五款

一输税期候。进口货于起载时。出口于落货时。各行按纳。

第二十六款

此次新定税则并通商各款。日后彼此两国再欲重修。以十年为限。期满须于六个月之前。先行知照。酌量更改。若彼此未曾先期声明更改。则税课仍照前章完纳。复俟十年再行更改。以后均照此限此式办理。永行弗替。

第二十七款

大西洋国船主。一进通商各口。欲将货物在该口。但卸几分即卸。多寡照数纳税。其余货物。欲带往别口卸货者。者税银亦在别口输纳。

第二十八款

大西洋国货物。在通商不论何口。既已按例输纳进口正税。傥欲自入内地贩运者。应照各国新定章程办理。其在内地买土货贩运出口。或前赴长江各口。或欲运往外国。亦俱照各国新定章程办理。大清国各关书役人等。如有不遵条例。诈取规费者。由大清国照例究治。傥有多收税饷。查明实系误收者。由大清国随时酌办。

第二十九款

凡船只出口。欲往通商他口。并澳门地方。该船主禀明海关监督。发给专照。自是日起。以四个月为期。如系前赴通商各口。俱毋庸另纳船钞。以免重输。

第三十款

一大西洋国货船进口。并未开舱。欲行他往者。限二日之内出口。即不征收船钞。傥逾二日之限。即须全数输纳。此外船只出进口时。并无应交费项。凡船进口。一到这时。即应报明。以备查核。如于二日时刻内漏报。照例罚办。

第三十一款

大西洋国商人。在各口自用艇只运带客人行李书信食物。及例不纳税之物。毋庸完钞。傥带例应完税之货。则每四个月一纳钞。每顿一钱。

第三十二款

一通商各口。分设浮椿号船塔表望楼。由领事官与地方官会同酌视建造。

第三十三款

一税课银两。由大西洋国商人交官设银号。或纹银。或洋钱。按照道光二十三年在广东所定各样成色交纳。

第三十四款

一秤码丈尺。均按照粤海关部颁定式。由各监督在各口送交领事官。以昭画一。

第三十五款

大西洋国船只。欲进各口。听其雇觅引水之人。完清税务之后。亦可雇觅引水之人带其出口。

第三十六款

大西洋国船只。甫临近口。监督官派委员弁丁役看守。或在西洋船。或在本艇。随便居住。其需用经费。由关支发。惟于船主并该管船商处。不得私受毫厘。倘有收受。查出分别所取之数多寡惩治。

第三十七款

大西洋国船只进口。限一日。该船主将船牌舱口单各件交领事官。即于次日通知监督官。并将船名及押载顿数装何货之处。照会监督官。以凭查验。如过限期。该船主并未报明领事官。每日罚银五十两。惟所罚之数。总不得逾二百两以外。至戎舱口单内。须将所载货物详细开明。如有漏报捏报者。船主应罚银五百两。倘系笔误。即在递货单之日改正者。可不罚银。

第三十八款

一监督官接到领事官详细照会后。即发开舱单。倘船主未领开舱单。擅行下货。即罚银五百两。并将所下货物全行入官。

第三十九款

大西洋国商人上货下货。总须先领监督官准单。如违即将货物一并入官。

第四十款

一各船不准私行拨货。如有互相拨货者。必须先由监督官处发给准单。方准动拨。违者即将该货全行入官。

第四十一款

一各船完清税饷之后。方准发给红单。领事官接到红单。始行发回船牌等件。准其出口。

第四十二款

一税则所载按价若干。抽税若干。倘海关验货人役。与大西洋国商人。不能平定其价。即须各邀客商二三人前来验货。客商内有愿出价银若干买此货者。即以所出最高之价。为此货之价式。免致收税不公。

第四十三款

凡纳税实按斤两秤计。先除包皮粉饰等料。以净货轻重为准。至有连皮过秤除皮核算之货。即若茶叶一项。倘作法自毙关人役与大西洋商人意见不同。即于每百箱内。听关役拣出若干箱。大西洋商人亦拣出若干箱。先以一箱连皮过秤得若干斤。再秤其皮得若干斤。除皮算之。即可得每箱实在斤数。其余货物。凡系有包皮者。均可准此类推。倘再理论不明。大西洋国商人赴领事官报知情节。由领事官通知监督官商量酌办。惟必于此日禀报。迟则不为办理。此项尚未论定之货。监督官暂缓填簿。免致后难更易。须俟秉公核断明晰。再为登填。

第四十四款

大西洋国货物。如因受潮湿以致价低减者。应行按价减税。倘大西洋国商人与关吏理论价值未定。则照按价抽税条内之法置办。

第四十五款

大西洋国商人运货进口。既经纳清税课者。凡欲改运别口售卖。须禀明领事官转报监督官。委员验明。实系原包原货。查与底簿相符。并未拆动抽换。即照数填入牌照。发给该商收执。一面行文别口海关查照。仍俟该船进口。查验符合。即准开舱出售。免其重纳税课。如查有影射夹带情事。货罚入官。至或欲将该货运出外国。亦应一律声禀海关监督验明。发给存票一纸。他日不论进口出口之货。均可持作已纳税饷之据。至于外国所产粮食。大西洋国船装载进口。未经起御。仍欲运赴他处。概无禁阻。

第四十六款

大清国各口收税官员。凡有严防偷漏之法。均应相度机宜。随时便宜设法办理。以杜弊端。

第四十七款

大西洋国船只。独在约内准开通商各口贸易。如到别处沿海地方私做买卖。即将船货一并入官。

第四十八款

大西洋国商船。查有涉走私。该货无论式类价值。全数查抄入官外。俟该商船帐目清后。亦可严行驱除。不准在口贸易。

第四十九款

一约内所指大西洋国商民罚款。及船货入官。皆应归大清国收办。

第五十款

大西洋国师船。别无他意。或因捕盗驶入大清国。无论何口。一切买取食物甜水。修理船只。地方官妥为照料。船上水师各官。与大清国官员平行相待。

第五十一款

所有米粮各样食物。枪炮火药火器等件。及一切货物。大西洋国商人并船。不得私行贩运。赴有贼处所。接济贼匪。违者一经查出。将船货全行入官。其违例之商人。仍交大西洋国照各国例严行惩办。

第五十二款

大清国所有准与各国有利益之事。大西洋国亦一律照办。至各国如有与大清国有利益之事。大西洋国亦要出力行办。以昭睦谊。

第五十三款

既经和好。倘有一事。二国大臣各执一理。彼此辩论。未免近于争执。不得清释。今议定如日后大清国与大西洋国。倘有各执已见辩论不清之事。任其各为约请同有和约之别国大臣。从中剖断。若请来之二位大臣意见不同。二国再为另请他国之大臣决意定断。

第五十四款

所有议定以上章程。两国大臣定期画押用印。自是年起。约计限以二年。俟大清国大皇帝大西洋国大君主彼此批准。即在天津互换。经互换后。中国即将此章程遍行各省大宪。一体照行。两国大臣仍画押用印为据。

丙午。总理各国事务恭亲王等。同治元年六月十八日。军机处交出两江总督曾国藩奏遵旨筹议覆陈一折。奉上谕。总理各国事务衙门会同户部妥议具。钦此。臣等伏查南洋五口。旧设钦差大臣一员。以两广总督领之。嗣改隶于两江总督。前于咸丰十年十二月。臣等通筹全局。奏令署理钦差大臣江苏巡抚妥为办理。并经奏明所派一切事件。由该大臣随时知照总理各国事务衙门。以免歧异。除粤海福州厦门宁波上海五口。旧有管理税务之将军监督道员。无庸另议更张外。其新定之琼州潮州台湾淡水长江通商之镇江九江汉口等处。均由本省督抚会同上海钦差大臣奏明派员经理。所有新旧口岸税银船只数目情形。按月呈报该大臣稽察。由该大臣按月咨报总理各国事务衙门及户部查核等因。奉旨允准在案。兹据曾国藩称。长江深入腹地。路远事繁。宜改为长江通商大臣等语。臣等查通商事务。以长江为最要。沿海旧设五口。久经办有定章。琼州等处衅处一隅。亦当易办。惟长江为中国腹心之地。上下江面。有二千余里之遥。随地皆可偷漏。关于税课者甚巨。地广人众。易起衅端。该督奏请移札内江。不为无见。至应驻何处。原奏内称或于镇江金陵。或于汉口九江。臣等于长江形势。未经身历。碍难悬拟。由通商大臣周历查察。详细核明。何处最要。何处次要。会同各该督抚妥为商定。择要驻札。所有原管镇江九江汉口等处通商口岸各员。均由该大臣督饬随时严密稽查。遇有中外交涉事件。即由该管口岸各员详报该大臣核办。至所称闽粤浙三省。由监督道员经理。将军督抚稽查。自系各管各地。责无旁贷。惟事关中外交涉。仍恐办理稍有歧异。或滋外国口实。臣等公同酌议。拟请将五口通商大臣移札内江。所有上海及长江一带中外交涉事件。由通商大臣专管。而各督抚兼理之。其闽粤浙三省中外交涉事件。照旧由各该将军督抚专管。而通商大臣兼理之。按照臣等奏定章程。各新旧口岸税银。并进出口船只数目各情形。按月呈报管辖之通商大臣稽察。并由该大臣按月咨报总理衙门及户部。以作声查核。即将道光年间颁发钦差大臣关防。作为通商大臣关防。凡沿海沿江各监督道员以下。均归该大臣统辖。各地地方官。遇有中外交涉之事。由监督道员按约办理。监督道员所不能办理完结者。均由该大臣裁决。至廉俸一节。查前设三口通商大臣。系裁撤长芦盐政。即以盐政廉俸为三口大臣廉俸。今南省通商大臣并辖滨海滨江六省洋务。地广事繁。若照三口通商大臣廉俸。恐不敷用。似应查照各省总督廉俸之例。定为该大臣廉俸。庶足以资办公。至应添设委员差役。及沿江口岸应否设立行馆之虞。并由该大臣体察情形。奏明办理。再此系通筹江海全局。事关数省。地方官傥或稍存成见。止顾一隅。必至遇事龃龉。有伤大局。应请饬下各督抚将军等严饬管理关务各员。务即破除积习。不分畛域。以收和衷共济之效。

谕议政王军机大臣等。恭亲王等奏。遵议改设长江通商大臣一折。各国于沿海五口通商。历年已久。均有旧章可循。而长江上下。计有二千余里。地处腹心。事关创始。自应将通商大臣改驻长江。惟应驻何处。该王大臣等无从悬揣。著曾国藩于镇江金陵或汉口九江察度情形。择一扼要之处。咨商薛焕酌量具奏。该大臣沿江剿贼。于江面情形。自必谙悉。谅能妥为筹画也。至通商大臣廉俸。以及委员差役。并沿江口岸。应否设立行馆之处。即著曾国藩。薛焕。悉心核定。廉俸于何处支给。委员差役应设若干。务当核实议定。未可稍涉浮冒。其上海及长江一带。中外交涉事件。因应归通商大臣专管。而粤闽浙三省事务。通商大臣亦应兼理。以免歧异。薛焕现在办理比利时国换约事宜。尚未事竣。著于事竣后。或亲赴长江。沿途察看。或江面尚难行走。即由曾国藩酌定。会同具奏。候旨遵行。原折著钞给阅看。

(庚戌)江宁将军都兴阿奏。洋人与周家圩港居民争斗一案。查于七月初一日黄昏后。有洋人三名。醉后上岸戏要。将民家鸭子犬只打毙。行至南岸沙滩。又将粤人小孩打哭。粤人在傍目睹。已抱不平。继有兵丁上岸买物。适遇查询。该洋人即持棍迎击。该兵躲避不及。情急喊救。左旁粤人早觉气忿。齐呼捉拿奸匪。是时百姓闻声越视。人数众多。洋人情虚畏惧。凫水回船。不料水深溺毙二名。十一日来有洋船一只。向红单船上要人。争闹半日。转帆而去。十四日又来轮船三只。驶近师船。兵勇逃避。遂将师船三只烧毁。不知掳去几人。旋即回转。并未上岸骚扰。据狼山镇泊承升等就近确切查明。据禀各情。核与查询情形。大略相同。更查洋人是日焚毁师船后。行抵江阴江面。又毁自上海前来之商船一只。该船内搭有客人数名。并被掳去各等语。至履勘被烧师船。仅存船底。不堪修复。被掳及被焚溺水毙命兵勇。与沈溺炮位。饬定海镇总兵李德麟赶紧饬捞。招集查点明确。再行呈报。惟查十一日红单师船。当洋人争闹之时。该营官既不在船。兵勇又不容洋人上船理论。又开放空炮一声。虽未伤人。致洋人有词。今据云向炒菜面有事。放炮传唤登岸兵勇号令。适逢其会等语。刻下亦难为作声。该洋人始则酗酒滋事。继复驶驾轮船。烧毁红单大船而去。亦属无礼。且未通商各口岸。何以违约妄行。应请饬下办理通商事务大臣薛焕。嗣后凡遇宁波钓船入江。不得以洋人坐舱。洋人贸易。亦不得乘坐宁波钓船。以清淆混而便稽查。

谕议政王军机大臣等。都兴阿奏。查明洋人与周家圩港居民争闹。其启衅缘由。及洋人溺毙情形。与前奏大约相同。惟所称烧毁红单大船三只。不知掳去几人。并洋人行抵江阴江面。又毁自上海前来之商船一只。掳去搭船客人数名各等语。周家圩并非通商口岸。即非洋人所应到。水师兵勇。有册可。掳去几人。何以该镇将不知确数。洋人所毁。系何商船。掳去客人。系何名姓。必须查询确实。将来与洋人理论。方有把握。著都兴阿。李鸿章。迅速查明。据实具奏。毋稍含混。

(八月壬子)李鸿章又奏。查咸丰十一年换定条约。镇江准于一年后立口通商。十一年正月间。由英国参赞巴夏礼等。勘定镇城西门外银山上下空地。建造署栈。前抚臣薛焕。当委常镇通海道会同办理。并奏明在案。嗣因所勘新关地基。尚未兴工起造。又改在焦山地方设关。所有修葺房屋置备器用雇用巡船等费。共银八百六十六两八钱三厘。又月百四十两九钱一分四厘。均在扬由关税项下随时垫用。上海总办税务司费士来。复派林衲为副税务司。于十一年三月十七日。带同外国扦手人等到镇。并由沪购买大夹板船一只。白壁壳船二只。另借捕盗局铁皮火轮船一只。以备应用。共银六千余两。其月需税务司俸辛及巡丁工食巡船经费约计银数千两。均由江海关按月先行垫给。统俟镇江收税渐旺。分别归款。该道并委员。会同该司税稽查往来洋船。即于咸丰十一年四月初一日。在焦山开关。一切发单收税事宜。均由副税务司林衲一手经办。自上年四月初一日起。至本年三月度止。统计一年。共征收洋船进出口正税九千九百六十七两二钱六分一厘。内应划还英法各二成银一千九百九十三两四钱五分二厘。余银五千九百八十两三钱五分七厘。适督办镇江军务冯子材。咨拨洋税银六千两。因于四月分。续征洋税项下凑合银一千十九两六钱四分三厘。合成七千两。委员解赴冯子材军营。兑收济饷。仍移江南粮台核计。据管理镇江关税务前常镇通海道高长绅。造册具详。并将往来洋船数目清册造送请奏前来。臣等复查各口现办章程。征收正税。系扣足外国三个月之期。作为一结。所交英国各二成银两数目。应扫结详请奏咨。其征收船钞子税土货半税。系不扣二成之数。亦应另详声明。该镇江关自上年四月开关起。至本年三月底止。所收正税内交过各二成银两。应作为何结止。并未声明。昨据总税务司赫德申陈。开办该关结数。其第五结以前。虽有税务司稽查。尚未收税。应自上年八月二十七日起。至十二月初一日止。为第五结。至本年三月初二日为第六结。又至六月初四日为第七结。应交各二成银两。均注未付字样。乃该关所扣日期。与结数既不相符。而划还各二成银两。赫德均称未会。究竟该道曾否取有收单。亦未声明。总之镇江设关伊始。虽收税无多。一切章程。茫无头绪。均须关道督同司税妥议。逐渐整理。该道高长绅远驻泰州。意存延诿。经臣等严劄饬催。甫至焦山一行。旋即丁忧。草率具详。殊属玩视关务。臣鸿章前已附片奏参革职查办在案。臣维该关开设年余。尚未奏报。又准总理衙门咨催。若待往复駮查。再行具奏。转羁时日。应照该道所详大略情节。先为核报。现在汉口设关。镇江稽查。更宜严密。赫德回沪。复酌定镇关章程。臣已饬署常镇道赵炳麟。驰赴焦山察议妥办。会商副税务司林衲。将该关三个月一结之期。逐一核准结数。及交过各二成银两。分结扣准。一律取齐收单。另行详核。并查高长绅任内有无侵埸子款项。据实揭报。如应交二成。果有未付银两。勒令付清。再当分别核办。除咨送总理各国事务衙门。户部。并该关详送征收税数往来船数各清册。先行分送备查外。谨会同两江总督臣曾国藩。通商大臣臣薛焕。缮折附驿驰陈。再该关道请给关防。可否照江海关之例。饬部另铸镇江关关防颁发之处。恭请钦定。合并陈明。

乙亥。总理各国事务恭亲王等会同户部奏。军机处交出署江功巡抚李鸿章奏。镇江设关情形一折。八月初二日奉旨总理各国事务衙门会同户部议奏。钦此。臣等伏查镇江载在条约。准英法等国立口通商。前因该口为出入长江门户。洋人入江贸易。该口往来。稽查最关紧要。叠经总理各国事务衙门行知江苏巡抚。暨通商大臣。妥为办理。并劄饬总税务司赫德。一体详查去后。旋于本年七月间。准该总税务司造具各关收支总数清折。分递总理各国事务衙门户部各一分。其镇江关收支总数清折内开。该口第一至第四结。并未收税。至第五结征税银四千九百四十七两零。第六结征税银三千九百九十九两零。第七结征税银七千三百七十四两零。其应付英法国各二成银两。均尚未付。第七结期内。尚有不扣二成之土货。复进口半税银一千一百五十五两零等因。臣正在会商核办间。据李鸿章奏称。该口自上年四月初一日开关起。至本年三月底止。一年共征进出口正税银九千九百六十七两零。前管关道高长绅草率具详。所扣日期。既不与结数相符。而应交英法各二成银。曾否取有收单。亦未声明。现已饬署常镇道赵炳麟。驰赴焦山察议妥办等语。臣等查该革道高长绅。管理镇江关务。一年以来。既不将所收税银随时详请奏咨。迨至奉文详查。又不截清数目日期。将应交外国各二成银两。曾否兑交。详细声叙。属意存含混。应令该抚先将该革道扣留上海。听候查办。即饬现署常镇道赵炳麟。将该革道经征税项彻底查明。按照三个月一结之期。逐一核准结数。其应交英法各二成银两。即交镇江英法领事收明。取具收单存核。其第七结期内。尚有土货复进口半税银一千一百五十五两零。及此外如有征收船钞及子口税银。并详细查明确数。饬令该革道如数交出。不准稍事延宕。其所报解交冯子材军营银七千两。并查明曾否如数解齐。分别核办。该关动用一切经费。据该抚奏称系由扬由关。江海关。分别动支。应由该抚查明有无冒滥。咨部办理。至该抚奏请颁发镇江关关防之处。臣等查与江汉关。东海关请颁关防成案相符。应请饬部即行铸就颁发。以昭信守。

同治卷九

同治元年。壬戌。闰八月。癸未。江宁将军都兴阿奏。查前经附片奏闻。洋人与周家圩港居民争斗。致洋人烧毁红单大船三只。该船兵勇夫役被掳被烧人数。未能详细声明。兹据定海镇总兵李德麟呈称。所有被烧三船。烧毙水勇一名。不见下落兵勇夫役共十五名。沈水炮位二十九尊。捞获三尊。口门均被钉塞。又查自上海前来商船被毁。掳去搭船客人一节。兹据总统水师浙江黄严镇总兵黄彬。转据侭先副将黄廷升之胞兄黄德修由上海来禀云。伊等四人。由上海搭船来营。看视伊弟黄廷升。不意于六月十九日。行至不识土名江面。突遇外国洋人。指该船为盗。强将人众迫令过船。并搬取物件。烧毁船只。现将伊等拘解上海等语。当由黄彬饬黄廷升前赴上海。并咨明通商大臣薛焕。饬县提讯查办理。兹由上海县讯明省释。将黄德修等交黄廷升保领来营。据黄德修面禀。伊于本年六月初七日。约同友人梁亚富。徐贵安。同姓之黄廷标。共四人。由粤东搭船。于是月十一日到上海。觅船入江。赴瓜洲水营。探望伊弟黄廷升。适有卢胜金之金有利商船一只。已受客人颜国栋等雇往仙镇装米。伊等四人。即搭该船入江。六月十七日。自吴淞口动身。十九日突遇洋人。指该船为盗。将同船人等拘解上海县查讯。所有随带公文及衣箱等件。概被洋人搬去。今蒙上海县讯明省释。交黄廷升保领来营。衣箱等件。未蒙追给等因前来。查黄德修等既已讯明省释。其衣箱等。亦应查明给领。已咨明薛焕。李鸿章。查照办理。

谕议政王军机大臣等。都兴阿奏。遵查洋人与周家圩港争闹。掳去人数。及焚毁商船。掳去客人姓名一折。据称洋人烧毁红单大船三只。烧毙水勇一名。查无下落兵勇夫役共十五名。沈失炮位二十九尊。既据该将军查讯确实。总理各国事务衙门。自可将都兴阿前后所奏各情。向洋人逐层理论。惟副将黄廷升之兄黄德修等。由上海搭坐客人颜国栋等商船入江。行至不识土名江面。突遇洋人指该船为盗。将同船人等拘解上海县查讯。所有随带公文及衣箱等件。概被洋人搬去。经黄廷升前赴上海。将黄德修等保释。衣箱等件。未蒙追给等语。黄德修等既据上海县讯明省释。何以衣箱等件。不向该洋人追还。且金有利商船。并未为盗。无故被洋人焚毁。该船户岂肯甘心。客人颜国栋等。曾否讯明一并释放。有无遗失货物银钱情事。案关交涉外国要件。必须真实无伪。方足以折服其心。著薛焕。李鸿章。将黄德修等所坐客船。因何被洋人焚毁。搬去衣箱等件。因何不向洋人追给缘由。据实覆陈。毋得稍为隐讳。

(乙未)总理各国事务恭亲王等奏。准办理通商事务大臣薛焕。署江苏巡抚李鸿章咨称。希路斯国现派使臣列斐士前来中国换约。于七月二十日已抵上海。并据寄到该使呈递臣等照会一件。内称奉伊国君主谕令即在上海互换条约。请派委大员赴沪办理等语。臣等查互换条约一事。系上年议定载明条款之内。兹该国既派列斐士前来中国。言明即在上海互换。自应准其办理。惟所请派委大员一节。查一切条约。上年业由臣崇纶等在津。面与艾林波议定。此次列斐士前来换约。彼此皆系照约而行。并无别项商办之事。自可无庸由京派员前往。应请即于薛焕。李鸿章二人内。派出一员。就近与列斐士互换。庶较简便。至从前与英法各国换约。其条约本内。均经奏明请用御宝。此次布路斯国情事相同。自应查照成案。一律办理……

丁酉。署江苏巡抚李鸿章奏。本年六月二十九日。据通州禀称。如皋县属周家圩港口。访有洋人与广勇滋事等语。复据统带战船总兵李德麟禀报。与通州所禀情节。稍有未符。臣等即核委坐补太仓州知州方传书。前往查明。据实禀复去后。旋准督办江北军务都兴阿咨会。周家圩港居民与洋人争斗一案。已奏明请旨。将弹压办理未善致启争端之水师员弁。先行分别革职摘顶。交黄彬从严查办等情。七月十八日。承准寄谕。此次启衅根由等因钦此。又于二十九日。承准寄谕。都兴阿奏烧毁红单大船三只等因钦此。先后恭录咨行查办各在案。兹据委员方传书会同通州禀称。赴周家圩港明查暗访。该处商民众云。有宁波钓船。句雇洋人。随船销货来港。每日上岸酗酒滋事。民人已忿忿不平。六月初一日。洋人酒后。途遇粤勇。持棍乱击。该勇喊人捉拿。登时岸上百姓闻声齐聚。洋人见人众畏惧。凫水逃走。以水深淹毙二名。旋经宁波船商捞尸棺殓。开船不知去向。十一日。忽来火轮船一只。洋人上岸。捉去广勇三名。即扬帆而去。十四日。人来轮船三只。声言入江捕盗。艇勇初不为备。洋人放火。将红单船三只烧毁。并放枪击死百姓一名。该尸亲因洋人难与较量。并未报官相验。查此案系宁波客商句雇洋人来港。或为保护货物。或为借抗厘捐。均未可知。而该洋人并无领事官给发盖印执照。本违条约。况屡次前来构衅。是否宁波船商从中播弄。自应传提该商严讯确情。方知曲直。惟该商船业已远飏。无从提讯。而此船销货之行栈。闻开设如皋县城。似可根追交出等语。臣查该员等查覆各情。与都兴阿钞咨片奏。大略相同。该洋人违约妄行。始则酗酒滋事。继则毁我师船。洋人来沪。并未向臣等知会理论。其为曲在洋人。固无疑义。惟句雇洋人之宁波船商。情殊奸诈。应即札饬如皋县查访明确。将该商交出讯办。其六月十一日捉去广勇。查系三名。十四日捉去广勇。查系十四名。据英国领事照会苏松太道云称。本国兵船。在福山江阴地方。拿获盗船多只。内有盗四十五人。其船当即烧毁。有人言四十五人中。尚有良民。无从查悉。应请分别讯办等语。据上海县讯明卢胜金等二十八名。均系客商及船户水手。卢胜金向管驾金有利广东艇船。装坐宁波王源威号伙颜国栋等到江北买米。六月十九日。行至通州周家圩对港江面。被外国人盘查。拿去衣物。烧毁船只。将在船之人一并拉上洋船。驶回解案。并无为匪不法。其陈式城等十七名。即系周家圩港两次被拿之人。陈式城供。在李德麟营内当勇。管带新福兴船一只。在周家圩港巡防。遇外国人上船盘查。将伊舱内火药撩弃水中。搬去衣物。烧毁船只。伊与水勇水手等。均被拉上洋船。驶回解案。并无为匪不法。亦无与外国人启衅别故。詢以周家圩港一案。卢胜金。陈式城等。佥称并不知情。查卢胜金等均系船户客商。无干拖累。业经分别取保释放。而陈式城等既属水勇。在周家圩巡防。该处滋事之案。不能诿为不知。是否即系启衅之人。自应解回李德麟营内。归案质审。究系何人启衅。亦即责成李德麟惩办。惟据供烧毁之船。仅有一只。其金有利船。又在江阴地方被毁。不在一处。何以该总兵等来禀烧毁红单船三只之语。应再确查。谨会同两江总督臣曾国藩。通商大臣臣薛焕。恭折覆陈。

戊戌。署江苏巡抚李鸿章奏。八月中旬。新署宁绍台道史致谔。由皖来沪。正与臣筹商事宜。接据宁波府知府林钧禀报。法国兵与广艇构衅。叛兵句引发逆。攻扑姚城。虽经中外官军击退。恐该逆更图旁窜。该道随于二十三日。与副将华尔。同坐轮船。驶往宁郡。二十九日。接据该署道禀称。探闻贼由杭州渡江。不下十余万。二十五日寅刻。突入慈溪县城。照会英国总兵分拨轮船。会同参将布兴有等。在大西坝一带。节节防守。郡城兵丁有限。外国教习洋枪队。号称二千余名。闻止一千数百名。实数无从稽核。处此绝无兵勇之时。不得不俯顺舆情。暂用西兵防守。无如贼氛正恶。市肆不通。官税日绌。艰窘万状。谆求臣处拨解饷银。以苏困涸等语。续据苏松太道吴煦禀称。华尔于抵宁后。闻慈溪复失。即于二十六日。督带常胜军驶至半浦。距慈溪二十余里。由陆路策马进兵。二十七日黎明。亲赴城下。周历阅视。指挥兵头六人。率众登城。该副将在后督队。正用千里镜窥看贼势。不期贼从城上放枪。适中华尔胸脘。于从背出。登时晕倒。为随后通事扶救回船。其时派令登城之常胜军。已一拥冒烟直上。贼匪纷纷溃败。被我兵捻斩甚众。立将慈溪县城克复。而华尔受伤回船。自知不救。飞棹回郡。因慈溪守兵太单。复调防宁之常胜军二百六十名。驰赴防守。二十八日华尔伤重殒命等情。臣查宁波正值吃紧。据史致谔请兵请饷。上海唇齿相依。谊难膜视。已饬劝谕宁属绅商。凑集英洋二万圆。绍属绅商凑集英洋一万圆。先后委员驰解接济。复饬吴煦派法思尔德在松江挑选常胜军枪炮队四百五十名。仍坐轮船。于本月初二日驶往协防。英法二国。亦派兵船各一只同往。宁郡当可无虞……

(庚子)恭视王等人奏。防守地方。借用外国兵丁。本多流弊。惟宁波为海疆要地。昨据江苏抚臣李鸿章奏称。宁郡兵勇。所存无几。外国教习洋枪队。号称二千余名。闻止一千余名。当此绝无兵勇之时。不得不俯顺舆情。暂令西兵防守等语。是宁波兵勇单弱。该抚等已令西兵防守。然与其游骑无主。莫若暂归中国大员节制。以期呼应较灵。且臣等风闻法国兵丁。与中国武弁布兴有等。有在洋互斗之事。李鸿章折内。亦称法国兵船。有在洋与广艇构衅之事。所闻亦非虚语。尤应收为我用。以泯其衅。俟左宗棠等克复金华。兵力足以兼顾。即行察看情形。撤回法国。仍用中国官兵防守。以壮声威。

恭亲王等又奏。查本年五月间。据法国公使哥士耆。论及外国船只。向皆竖立各国旗号。易于认识。设有动移其旗帜。即为犯该国之禁。可以据理折服等语。臣等适因湖北江南。皆有英人与我兵勇斗殴焚毁兵船等事。屡向理论。而该国词穷。则以不能识别强辩。当因哥公使既有此论。如我处师船亦一律竖立黄色龙旗。外国果能望而知为官船。不敢轻举妄动。未始非豫事防维之一法。即或不然。我亦可执彼国之例。与之辩论。彼自不能再行曲意狡猾展。惟是否有碍行军。臣等无从悬断。当经函商曾国藩属其议定覆知。倘事属可行。亦当于龙旗之下。另立各营旗号。以示分别等因去复。兹准该督覆称。各处师船。仿照外国竖立旗号之例。概用黄色龙旗。使彼一望即知。不敢妄动。且于行军无碍。当与湖北江西各巡抚。暨侍郎彭玉麟。提督杨岳斌会商。嗣后除各营旗帜照常竖立外。应分饬各营另添龙旗一面。拟用三角尖旗。大船直高一丈。小船旗高七八尺。其斜长及下横长各从其便。均用黄色龙旗。龙头向上等因前来。查臣等所拟师船添设号旗一节。既据曾国藩咨称有益公事。无碍行军。似可通行照办。除由臣等照会英法俄美等国。暨行令通商大臣薛焕照会布路斯比利时大西洋等国外。相应请旨饬下沿海沿江督抚将军统兵大臣。一体遵照。

给英法俄美四国照会

为照会事。查各国船只。向皆竖立各国旗号。易于认识。远近一见。知为官船。设有动移其旗帜。即为犯禁。中国兵船。原有旗帜可认。今复一律添设龙旗一面。其旗用三角尖式。大船直高一丈。小船高七八尺。其斜长及下横长各从其便。均用黄色画龙。龙头向上。如此办理。庶可一望即知。业经奏明奉旨饬下各省水师船。一律照样办理在案。为此照会贵大臣。希即行知贵国各路水师及各船只。嗣后遇有前项黄龙旗帜。即系中国官船。应照外国之例。不准擅动。倘有移动。即照犯禁办理。无论其因何启衅及理之长短。均先将犯禁之案。从严惩办后。再为理论别事。务希贵大臣查照。严为转饬照办可也。

已酉。总理各国事务恭亲王等奏。据俄国公使巴留捷克递臣等照会一件。内称本国现派总管东洋俄国兵船水师提督颇颇福带领兵船。前赴中国。如果贼匪扰乱紧要海口。本地方官独力难支。该提督帮同中国官兵堵御击退。请赶紧代为具奏等语。臣等查俄国前在上海王家寺等处助剿。兹复特派水师提督颇颇福前赴中国。帮同堵截紧要各海口。具见和好真忱。若必过于拒绝。转失两国修睦之意。惟查上海一口。业经英国代筑炮台。帮同防剿。宁波一口。复经法国派令参将勒伯勒东暂受中国官职。督练设法。现在俄国兵船前来助剿。似亦未便听其自为主张。是否即于上海宁波二处令其与英法国合力剿办。抑此外另有紧要应防海口。专令俄国会同该处带兵官设法防击。臣等于各海口情形。未经目睹。不敢臆断。应请旨饬下曾国藩。薛焕。李鸿章。体察情形。妥为筹商办理。总期不负俄国拳拳之意。而又于中国攻剿事宜。实有裨益。即可决计施行。

恭亲王等又奏。英国现在上海助守。法国复派员赴宁波设防。俄国前于王家寺等处。亦曾帮同出力。兹该国复特派武员前来助剿。若必过于拒绝。则该国必以英法借口。疑中国有轻视彼族之心。且外国人性情坚执。万一因我不允。彼竟自行带兵前去。则任其自便。转不相宜。虽将来果否得力。尚未可定。然设肯实心相助。亦未始不于军务有裨。此臣等所以斟酌再三。不得不允所请之故也。惟该国意欲指定紧要海口一节。臣等伏思上海宁波二处。已英法国帮同防守。惟江北里下河各处。本属膏腴之地。

加以江南各郡县失陷。绅民迁徙到彼者。不免均有辎重。该逆久已垂涎。而长江水师单薄。并风闻贼匪于南岸制造艇船。广掳民船。设一旦北驶。未免可虑。现有俄国既愿为中国助剿。若令该国带兵官统率兵船。驶入长江。会同江北水师。实力防剿。或出其不意。焚烧贼船。似可得力。且查长江一带。时有洋商接济贼匪枪炮火药。虽各该国官员亦偶尔稽查。然船只太众。究难免疏于防范。且恐有心袒庇。未能净尽。惟俄国商人。皆由陆路贸易。长江往来船只稀少。尚无此等弊端。若属以办理此事。似无所用其回护。第臣等于该处情形不熟。是否可无窒碍之处。应请一并。饬下曾国藩。薛焕。李鸿章。并都兴阿等。妥筹办理。

恭亲王等又奏俄国公使称现在该国兵船之在上海者仅一二只。其水师提督颇颇福。约一月后方可行抵上海。俟该提督到上海后。应令与江省地方及统兵各官公同商酌。察看何处情形吃重。令其前去会剿。无不遵从。至该兵船向系周巡海外。每年秋底冬视。其船难赴北洋。专在南洋停泊。是以拟令冬初在南省各口相助。复经设法探询。其船可否得价受雇。据称该国官船。断难收受雇价等语。臣等查该使既称颇颇福到上海后。指令会剿。无不遵从。且称不肯收受雇价。此议系属专为和好。并无他意。似该提督到彼。不至与地方及统兵官别有狡执。而将来亦或不至厚索饷需。应一并奏明请旨饬令曾国藩等于俄国兵船抵沪后。即与该国提督颇颇福当面筹商。如江北一带情形果系吃紧。而俄国兵船到彼。尚合机宜。即令颇颇福统带兵船前去会剿。如江北已有布置。而各海口尚有紧于江北者。亦可另为指令前去。俾资得力。

谕议政王军机大臣等。总理各国事务衙门奏。俄国现派兵船助剿。请饬妥筹办理一折。据称俄国公使巴留捷克。递该衙门照会内称。该国现派水师提督颇颇福带领兵船。前赴中国。如果贼匪扰乱紧要海口。本地方官独力难支。该提督帮同中国官兵堵御击退。请赶紧代为具奏等情。查宁波上海。业经英法二国派兵帮同防剿。现在俄国兵船前来助剿。似未便听其自为主张。可否令与英法二国合力剿办。抑此外另有紧要应防海口。专令俄国会同该处带兵官设法防御。请饬下曾国藩等妥筹办理。并据另片密陈。江北里下河各处。地属膏腴。逆匪久已窥伺。而长江水师单薄。若令该国带兵官统率兵船。驶入长江。会同江北水师。实力防剿。或出其不意。焚烧贼船。似可得力。且查长江一带。时有洋商接济贼匪枪炮火药。虽各该国官员亦偶尔稽查。然船只太众。究难免疏于防范。且恐有心袒庇。未能净尽。惟俄商皆由陆路贸易。长江往来船只稀少。尚无此等弊端。若属以办理此事。似无所用其回护。是否可无窒碍之处。请一并饬下曾国藩等筹办等语。借兵助剿一事。难免流弊。惟英国现在上海助守。法国复派员赴宁波设防。俄国前于王家寺等处。亦曾帮同出力。兹该国复派武员前来助剿。过为拒绝。则该国必以英法借口。转疑中国有轻视彼族之心。且外国人性情坚执。万一因我不允。彼竟自行带兵前去。转多未便。应即俯如所请。准其带兵前来助剿。惟上海宁波。既有英法二国在彼助守。如该国提督带兵前来。应否即令在上海宁波。与英法二国合力办理。抑此外另有紧要海口。专令俄国会同该处官兵设法防剿之处。著曾国藩。薛焕。李鸿章。妥为筹商。迅速覆奏。至入江助守里下河一节。前据都兴阿等叠次奏称。该匪垂涎里下河一带。虽经添派兵勇防守。而下游江面二百余里。师船寥寥。不敷分布。并闻贼匪于南岸制造艇船。广掳民船。设乘虚北渡。其患不可胜言。若令该国兵船入江。驻防南岸。出其不意。焚烧贼船。并令稽查各国洋商接济贼匪枪炮火药。于剿办机宜。不无裨益。并著曾国藩等与都兴阿会商。密筹办法。如无窒碍难行之处。即著与该国提督当面商定。妥速办理。毋稍迟延。该国兵船到后。恐其不听调度。及将来厚索兵饷。均属意中之事。本日并据该衙门奏。已与该国公使豫为筹定。据称颇颇福约一月后。方可行抵上海。应令与江省地方及统兵各官公同商酌。察看何处情形喫重。令其前去会剿。无不遵从。又探询其船可否得价受雇。则称该国官船。断难受雇。此议系属专为和好。并无他意。据此似该国提督到彼。不至或有狡执。及将来借端需索情事。著薛焕。李鸿章。于颇颇福到沪后。面晤筹商。妥为驾驭。并将筹办情形。随时具奏……

恭亲王等又奏。再臣等查近来洋船。屡到不准通商口岸。私作买卖。不但于税项有亏。且恐暗藏军械。接济贼匪。于防剿事宜。更有妨碍。曾经臣等随时照会英国公使。并一面饬令各斗。按约严惩。旋据英公使照覆内称。如有洋商到不准通商口岸。私作买卖。将各等军器违约私贩。中国官员。立拿不放。各该领事丝毫不可包庇。并宜尽力相助等语。外国公使既不肯袒护该领事。则中国地方官自应认真查拿。按约办理。即或该领事徇私偏袒。亦可据此与之理论。谅不至激出事端。相应请旨饬下沿海通商各督抚将军大臣。通饬所属官员。严密稽查。偿有洋商到不准通商口岸。私作买卖。及虽在通商口岸。或载有军器火药暗行出售。立即拿获扣留。不得轻放。一面照约办理。一面飞报臣衙门查核。务须将船名货物。并何日何时在何口何地查拿。据实详报。断不举准稍涉虚假。偿或胥吏贿纵。及有借端勒索等情。一经发觉。定必从严恭办。

给英国照会

为照会事。照得福州白里船贩运私盐一案。前经丈大臣钞录美税司原信函致威参赞。旋准覆称。似此举动。实所,难解。现已札行各口领事官。庶期日后此等办法。可免再与等语。本爵查通商税则善后条约第三款内载。内地食盐。系属违禁。不准贩运进出口。又英国条约第三十七款内载。英船进口。限一日该船主将船牌舱口单交领事。即于次日将船名及押载顿数装何货物之处。照会监督查验。如过期船主未报。每日罚银五十两。又第四十七款内载。英船如到别处沿海地方私做买卖。即将船货一并人官各等语。今白里船于三月二十六日进口。至三十日始报。已逾日期。且船内所截。乃系违禁私盐。又无舱口单。而金门近处。亦非通商口岸。种种背约。美税司所办。已属格外从宽。何以星领事不惟不肯按约办理。且私发红单。擅派兵船押送出洋。并将原贩私盐仍装出口。诚如威参赞前函所言。实所难解。虽函内声明。现已札行各口领事。庶期日后此等办法可免再兴等语。但现在白里船如何办法。尚未议及。人如周家圩擅烧红单船三号。通江集擅拉兵船五号。领事官既不赔偿。又不申报。不知领事官所司何事。而此次显违条约。任意妄为。偿不惩办。将来给纷纷效尤。尚复成何事体。贵大臣事事以条约为重。而星领事乃敢如此。其视条约固轻。视贵大臣亦党不重。岂贵国钦差大臣之威令。不能行于一领事耶。本爵亦所不解。为此照会贵大臣。如谓和约不可背。希即贵星领事将白里船追回究辩。否则通饬各口领事官。无论白里船行抵何处。就地扣留。交地方官按约办理。以示惩警。至中国地方官。办理中外交涉事件。如有显违条约之处。当即立予处分。今星领事肆意妄为。非寻常过失可比。应如何查究。想贵国自有办法。希贵大臣秉公查办。以儆将来。并周家圩通江集焚毁拉去各船炮及失去各物。应如何分别赔偿送还之处。希贵大臣一并照覆。至税务司有稽查偷漏之责。无论在何口岸。均准查拿。希贵大臣通饬各领事官。无得矫强。实为至要。又八月初三日。贵大臣照会内称。洋船至仪征加装食盐。关丁征收盐税。每借私装勒索。以致仅装正货之船。亦被关丁拦阻等语洋船入江。何船有盐。何船无盐。实难豫知。不能不认真稽查。本爵已经行知该省地方官。严饬关丁。止准稽查私盐。毋得勒索钱文。仍希贵大臣严饬商人恪遵条约。勿私载食盐。致干究办可也。

英国照覆

为照覆事。前接准贵亲王来文内间。英船白里贩运私盐到闽一案。于本月初二日轮船回南。除札令星领事将各等情节详细陈覆外。以该领事未知先为申报。候准本大臣定夺行覆。遽咨水师武弁将白里船押送出洋。先后均系办理不善等因。申饬在案。至于英船如到不列通商口岸之处。私作买卖。领事官丝毫不可包庇。本大臣业经有通行各口之件。今宜钞录。随文便送贵亲王查照。谅贵国沿海地方官员。果能认真尽职。一切走私。不难即日禁止。为此照覆。

同治卷一〇

(同治元年壬戌九月)戊午。署江苏巡抚李鸿章奏。华尔伤亡。所遗常胜一军。据苏松太道吴煦禀称。拟派华尔部将白齐文。法思尔德。会同管带。英酋又欲另派兵官接管。经臣于本月初六日。专折奏报在案。适英国水师提督何伯至自烟台。十四日。同英国陆路提督士礼佛必。携带白齐文来臣营晤商。何伯面称。白齐文材勇可任。无庸由英国派员接管。且无庸令法思尔德会带。以一事权……

甲戌。办理通商事务大臣薛焕奏。闰八月二十三日。据荷兰国住扎上海副领事哥老司。带同法兰西国翻译官李梅。来臣寓馆谒见。面递与荷兰国住扎广州总领事方姓申陈一件。盖用该国上海副领事图记。系属由沪译汉缮递。查阅申陈内称。该国至中国通商最先。久敦和好。现泰西各国立约。该国商人贸易。船只甚多。国主令该总领事陈情转奏。恳照各国已定章程。互立和约。并请俟奉谕旨后。行知该总领事。即由伊国派令使臣前来立约等情。李梅又译哥老司面称。此事将来法国住京公使。当与总理衙门商议办理等语。臣当告以荷兰在各海口贸易。日久相安。现应照旧通商。无须另立条约。察哥老司之意。似该副领事仅递申陈。于立约一节。非能作主。伏查荷兰国在西洋欧罗巴洲。坏地偏小。而以商贾航海营运为务。故于本国七万里之外。至南洋各岛广设埠头。通市中华。为日甚久。颇称驯顺。现在泰西各邦。英法美俄而外。如布路斯。比利时。大西洋。先后立定条约。荷兰闻而羡慕。因以得立条约为荣。而法国使臣。将来代为该国吁恳。亦在意料之中。该总领事方姓所递申陈。内称伊主为大皇帝。将来尚须设法令其更改。其余词气。均尚恭顺。谨会同署江苏巡抚臣李鸿章具奏。

荷兰国领事申陈

为遵札转陈商立和约事。接奉本国主政大臣札开。照得本国与中国通商极先。数百年来。久敦和好。相安无事。现查泰西各国。至中国通商。各经互立和约。本国商人往中国各口贸易者。船只甚多。尚未专立和约。诚恐商人无所遵循。致多阻滞。钦奉大皇帝谕。著该总领事迅即转陈中国通商大臣。请为奏恳中国大皇帝准照各国已定章程。互立和约。俾妥通商等因钦奉此。相应札饬该总领事迅即钦遵。转陈中国通商大臣。请为转奏。一俟接到奏准覆文。赶紧详报到部。以便奏派钦差前往中国。互立和约等因奉此。理合申陈贵大臣。请烦宪裁。转奏贵国大皇帝准与本国互立和约。并恳接奉批准。即便行知敝总领事。以便详请奏派钦差大臣。前来贵国。互立和约。永敦和好。望切施行。

戊寅。总理各国事务恭视王等奏。据劳崇光函称。与赫德议定购买中号火轮船四只。小号火轮船三只。共需价银六十五万两。月前赫德来京。据呈称所购船炮。该国现已开造。明春即可驶到中国。惟前议六十五万两。实属不敷。经臣等商允照初议之数。添银十五万两。共合银八十万两。亦经奏明在案。伏查此次购买船炮。既据赫德呈称明春可到。所有酌配弁水手等事。自当赶筹。查上年曾国藩议覆臣等请购船炮折内称俟驶到安庆汉口时。商定奏办等语。臣等思若俟该船驶到。再为商办。诚恐一时选派。难得其人。转致多延时日。且恐停泊日久。无人管带。彼人自出主见。据为伊等保护口岸之计。不受中国调度。此等流弊。亦当豫防。是以臣等于上年议购船炮之初。即与赫德商及派兵等事。开出一单。惟前单系属初议。且人数亦觉太多。月前赫德来京。臣等以船已购定。复与商及。赫德亦以为此事必须豫筹。旋据开单呈称。按轮船七只。应派总兵官一员。会同英国承办船炮武官实纳阿士本。总理一切。另派武官七人。每船一人。督带兵勇。其大轮船应用炮手水手各四十名。水师兵三十名。内十名专送药线。小轮船酌用其半。并称船上当差甚苦。须用坚壮之人等语。臣等查赫德此次所开配派兵弁清单。比之上年所开之单。人数较减。尚为核实。惟是否应如此配派。臣等于外国轮船。未经目睹。未敢遽以赫德之言为凭。曾国藩。官文。久辖南疆。于沿海尚江轮船形势。必已熟见。将来该船驶到。应如何酌配之处。自必位置得法。应请旨饬下曾国藩。官文。相度机宜。参以赫德之言。悉心筹酌。将应用将弁兵丁水手炮手等人。于该船未到之先。一律配齐。一俟驶到。即可上船演习。万勿俟驶到后再议。致为外国所据。至酌留外洋水手等人。多恐经费太钜。少亦不足以资教导。驾驶之法。应今曾国藩等于船到后。札调税务司等。与英国承办船炮武官宝纳阿士本。熟商妥办。至曾国藩前奏所称购成后。访募覃思之士。智巧之匠。始而演习。继而试造。不一二年。火轮船必为中国通行之物。可以剿发逆。可以勤远略等语。实为思深虑远之论。与臣等所谋暗合。应请令曾国藩于船到后。即照所奏。留心办理。偿将来中国能于自造。则洋人不得据为独得之奇。而破浪乘风。可以纵横海上。亦自强之一道也。

谕议政王军机大臣等。总理各国事务衙门奏。购买外国船炮。明春可到。请饬豫派将弁水勇。以备演习。并请妥筹配派各折片。购买外国船炮。近以剿办发逆。远以巡哨重洋。实长驾远驭第一要务。曾国藩前次覆奏。有驶到安庆汉口时。商定奏办之语。第俟该船驶到。再行商办。诚恐一时选派。难得其人。且停泊过久。难保洋人不另出主见。流弊不可不防。现在既据赫德呈称。此项船炮。明春可到。其单内所称轮船应派官兵。及炮手水手水师等兵。并船上当差甚苦。须用健壮之人等语。虽较之上年所开之单。尚为核实。惟是否应如此酌派。殊难悬揣。官文。曾国藩。久辖南疆。见闻较捻。著即相度机宜。参以赫德之言。悉心筹酌。将应用将弁兵丁水手炮手等人。于该船未到之先。一律配齐。俟轮船驶到。即可上船演习。免滋流弊。至酌留外国水手等人。多则经费太钜。少则教导不敷。应如何办理之处。并著届时与税务司等熟商妥办。其赫德单内。有水手用山东人。炮手用湖南人。水师用八旗人之语。自系为胆气壮实。及火器娴熟起见。惟因地制宜。仍在官文。曾国藩。详悉筹办。务收实用。其应如何选派之处。即著迅速具奏……

赫德所呈清单

一应派总兵官一员。会同英国承办船炮武员实纳阿士本。管理各船一切事宜。

一应派武官七员。每船一员。管带兵丁炮手水手等人。该员须选三十岁以内之人。如七员不敷管带。随时酌添。

一大火轮船。应用炮手四十名。水手四十名。水师兵四十名。内十名专送药线。

一小轮船应用炮手十余名。水手十余名。水师兵十余名。内酌用数名。专送药线。

一炮手水手水师兵。应挑选十八岁以上三十岁以下之人。

一船上当差较苦。所派之人。务须坚壮。今炮手拟用湖南人。水手拟用山东人。水师兵用八旗人。以上等人。应豫期选备。俟轮船驶到。即可上船演习。

长江通商章程

第一条

凡有英商之船。在长江贸易者。止准在镇江九江汉口三处贸易。沿途不准私自起下货物。如违此例。由该辟即将各该船货均可入官。长江出口土货。在以上三关出口。以及无免单之进口洋货。未完半税之进口土货。到以上三关进口。均由各该江关查验。自行征收税饱。按照条约已开通商各口。办理一切事宜。

第二条

凡有英商之船。在长江贸易者。现拟分为两项。其一由镇江上江。暂做长江买卖之大洋船。以及各项划艇风篷船只。其二由上海入江常做长江买卖之内江轮船。以上两项船只。在何口贸易。均照条约及该口章程办理。如带军器火药等件。应于上江时先将数目报明该关。由关在所给上江之照单内注明件数。查验放行之后。查出该船私加其数。抑或在长江私将军器火药出卖。该船均可入官。凡来往各船。如遇中国之巡查轮船欲行查验。立即呈明船牌各件。查验放行。

第三条

大洋船之例。凡有英商之大洋船。以及划艇风篷等项船只。抵镇江时。如在镇江贸易。即在镇江征收税钞。若由镇江再行上江前往九江汉口等处者。须由船主将船牌呈交镇江领事官查收。并将舱口单呈镇江关查验。俟由领事官行文来关。方由关发给护照一纸名为镇江护照。内注明该船带用兵器枪炮刀药等件若干。水手多寡。并押载顿数以及国号。由关任便将船舱封固。派差押送。前往上江。该船抵九江。或上江。须由船主将其护照呈关查验。该船在九江汉口起下货物。所有纳税一切事宜。均照该口章程办理。俟回镇江。须将护照给关注销。由关查明税钞完清。各事均妥。方发给红单。准领回船牌开船。出海下江时。派差押送至狼山。凡有船在镇江以上。若该船无镇江护照。并无中国之牌照者。由关查出。即将该船入官。

第四条

内江轮船之例。凡有英商之轮船。自上海常做长江买卖者。应请将船牌呈交上海领事官留署。由领事官转请江海关给发轮船江照一纸。该江照以六个月为限期。凡有此江照者。即可照内江轮船之例。起下货物。完纳税饷。凡有江照之轮船。须在镇江九江汉口轮流完纳船钞。轮船上江下江。皆由各该关任便随时派差坐船同往押送。凡有江照之轮船。若有违背各口章程之事。除首次照例罚办外。下次再违。即由关自行将该船江照作为废纸。以后不准该船过镇江。上江无江照之轮船抵镇江者。若遇镇江上江。须照第三款大洋船划艇风篷等项船只之例办理。

第五条

凡有江照之轮船。装载土货。须由该商在装货口。先将正半两税一并完清。方准装货。该货抵上海。若在三个月限内。复出口。前往外国。应由该商赴江海关请领执照。作为该货已往外国之实据。将执照呈交九江关江汉关镇江关。则可将该商所纳复进口半税。发给存票。以抵后日应完之税。但欲往外之货。抵上海之时。亦应报明。凡有此等轮船装载别船所拨之货。该货在未拨之先。须照未拨之例完纳税饷。由关查明各进口税完清。方准拨货。

第六条

凡有洋商雇用内地船只运货者。除按照条约纳税外。仍令其照辛酉年暂定章程之例。呈据保单。请领执照。该船到关。仍照例完纳船料。如单货不符。照保单内注明之银数罚办。俟江面肃清。即行停止。

第七条

凡大洋船轮船。及领有英国船牌之划艇风篷。并洋商雇用内地运货等船。由出口之关给发总单。至所过通商之口。如起卸货物。即由该船主将其总单呈关查验。方准起货。

以上各章程。日后如有窒碍难行之处。应随时核议。以归妥善。

恭亲王等又奏。臣等与总税务司赫德。议定前项章程七条。即经照会英国。讵英国覆有照会。于前项七条。不置可否。转于此七条外。另请于安庆芜湖大通三处。准今该国商人轮船载茶叶。并言所请三处。中国如不准行。即前项所议七条。该国亦不能遽定。臣等当以该国语多挟制。极力驳斥。告以前项七条。系属奉。旨交议。亟应覆奏完结。即或因和好之故。别有商量。亦须将前件办清。其余再作商议。臣等一面驳诘。一面即将照会发还。数日以来。再三辩难。始覆有照会。先将前项七条允准。三日后复将所请安庆等三处准装茶叶之议。照会前来。臣等当以此件是否可行。应由沿江各督抚察看情形核辩。非都中所能悬揣等因声覆。已由臣衙门照钞原文。分咨沿江督抚。确切查明覆到再行核办。

英国照会

为另行照覆事。前准贵亲王来文。并黏钞录新议大江章程七条。本大臣当将数字稍为更易。即以其余均已依允。尚有良法。实为颇与税饷有益。庶得赔补英商亏缺。即日另应备文细陈等情照覆在案。兹查徽浙两省交界一带地方。所产茶叶。素为洋商多喜承买。运沪出洋。惟因发贼前将常苏杭各府所属自北而南。大为扰乱。今该商欲由内河陆路仍还茶货。非被贼匪全行拦阻。即被勒索银钱无限。方能前进。似此逆匪得以接济。是于中国善政有碍。茶价因而抬高亦与商本大不相宜。乃通商旧制不可复行。商民必致设法别开新途。素习如此。江禁既解。各国船只不畏贼扰。随时往来。徽省茶叶。每自内地运往安庆芜湖大通三处。洋船下江随到随装。由沪运货出洋。又闻各该府县毫无禁止。想系地方官深悉百姓贸易兴隆。为此准允洋船装货前往。兹新定章程。以洋船只准到汉口九江两处起卸货物。惟因发贼尚在金陵盘踞。非外国之船不能行走。可见前引该三处贸易。嗣为新章未免停止。本大臣之见。旧路梗塞。自宜暂开别路为要。贵亲王若能同意合心。果有良法。一则体恤商民之难。一亦合乎法度之准。贵亲王谅无不愿通融办理。盖因安庆芜湖大通三处地方。今已平静。英商到彼贩买土茶。本为条约明文所准。只因暂且不能直达上海。势必便运江边就近口岸。方能下船运赴上海出洋。若谓运货下沪。何不雇内地船只。其故委因金陵一日未能克复。内地船只。一日不能保全。前已明言。是以所议暂将该三处独准轮船先行装货。总非仿照九江汉口等处一律通商之理。更非概准无论何项船只均得在彼买货。但因时势诚为阂阻。土货难以前运。为此暂行变通设法。既与商贾解难。亦与制度无乖。仅以专准各国轮船。不准别船驶进。即各该船亦应或在汉口。或在九江。先请各辟发给专照。俾得土货易于查验。正半税饷。咸得保其清完。若此办理。除国课毫无亏减外。于大江通和。甚有裨益。希贵亲王查照从权允准。为此照覆。

给英国照会

为照覆事。准贵大臣照会内称。徽浙两省交界所产茶叶素为洋商所喜。兹新定章程。以洋船止准到汉口九江两处起卸货物。惟因发贼尚在金陵盘踞。非外国船不能行走。若能体恤商民。通融办理。暂将安庆芜湖大通三处。独准轮船前往装货。总非仿照九江汉口等处通商之例。并不准别项船只均得在彼买卖。各该轮船或由汉口。或在九江。先请该关发给专照。俾得土货易于查验。正半税饷。咸得保其清完等因前来。本爵查安庆芜湖大通三处通商。原条约所不载。未便遽行开端。惟查长江发逆未平。若不暂行通融办理。亦无以示体恤商民之至意。本爵现已将贵大臣照会内所开暂准轮船前往。其余各船。均不准前往。应由汉口九江各关给发专照。正半税饷照章完纳。俟金陵贼匪平靖。即行停止。仍照条约办理。彼此均有利益之处。行文两江总督安徽巡抚查明。迅速咨覆。该督抚等均系实心任事之人。如果查系有利无弊。谅无不允行之理。除俟该督抚咨覆后。再行照会贵大臣议定外。相应先行照覆贵大臣查照可也。

十月。辛巳。署江苏巡抚李鸿章奏。叠准督臣曾国藩咨函。以大股援贼。麕集金陵。攻扑官军濠垒。危险万状。请派记名总兵程学启一军。暂弃青浦。雇坐轮船。赶赴金陵援剿等语。曾国藩发函时。尚未知嘉定克复。程学启已调扎黄渡前敌。贼现在十余万。由昆太水陆并进。程学启督所部二十。昼夜搏战十余日。臣处各军。赴救不遑。若令程学启远去。贼众深入。松沪更危。惟查有三品顶带白齐文。接管华尔常胜军。此次攻克嘉定。颇资其力。该军四千余人。打仗向称奋勇。所有西洋炮大炮各利器。购备夙多。施放亦便。自有轮船数只。再添雇数只。可敷行驶。臣已饬派署藩司苏松太道吴煦。前苏松粮道杨坊。督同白齐文。赶紧筹措行装。驶往金陵。协力援应。其抵该处应如何会合攻剿。由督臣曾国藩核饬吴煦。杨坊。转饬白齐文遵照。当可得力。

(甲午)协办大学士两江总督曾国藩。办理通商事务大臣薛焕。署理江苏巡抚李鸿章奏。臣等承准议政王军机大臣字寄同治元年闰八月二十九日奉上谕一道。并钞总理各国事务衙门奏俄国现派兵船助剿。请旨饬下妥筹办理缘由原折。暨俄国照会给阅。又由总理衙门钞录原奏密片二件函寄前来。伏查洋兵击贼。进退自由。节次议奏英法二国助剿弃内。臣国藩虑及洋人不听禁阻。臣焕忧其止之无术。臣鸿章谓其难与强合。良以外国性与人殊。初非劝之能行。亦非辞之能止也。上海进口。俄罗斯船只甚稀。伊国性情如何。未能骤悉底蕴。惟其都会跨居欧罗巴部落。或气习不甚相殊。美法在上海宁波剿贼。未始不为自卫赀财起见。而流弊在所不免。俄国亦复派兵来助。且词气圆融。又不受雇价。以异域殊方之众。忽为同仇偕作之师。固未便过于猜疑。亦不敢遽行深信。饬据苏松太道异煦禀报。俄国现有兵船二只。尚在下海埔外洋面寄碇。未知兵数若干。该国水师提督颇颇福尚未抵沪。臣焕臣鸿章俟其来到。即当遵旨与之面晤筹商。臣等查阅该国住京公使巴留捷克原递照会。系因贼匪窥伺上海宁波海口。是以该国派兵前来助剿。窃查上海宁波。均属通商海口。本不能禁洋兵出入。英法二国。业经有兵助剿。俄国既称已派兵来。恐未必自行中止。颇颇福到后。似应令即在上海宁波。与英法二国合力办理。与巴留捷克所请。亦属相符。其果否䁥就于我。容再随时察看密奏。至入江助守。似不相宜。若令稽查各国洋船。在彼未必肯为中华而市怨于邻邦。在我又恐因信俄人而启嫌于他国。诚如圣虑。不无窒碍难行之处……

同治卷一一

(同治元年壬戌十一月)甲寅。江苏巡抚李鸿章奏。俄国提督颇颇福。于十月十六日。由日本行抵上海。十八日带同该国兵官奇颇叔等。来臣鸿章营次面晤。据称该国主与中国大皇帝实心和好。闻海口不靖。派令前来帮同堵剿。现带到兵船三只。余船分布东洋。自日本以至黑龙江。所在皆有。听调即来。该提督日内仍赴东洋。兵船常住上海。如有事相商。即告知奇颇叔办理。该提督仍来往照料各等情。臣再四探询。既未自请带兵入江。亦未要求专防何口。其词气礼节。较之英法兵官。更为逊顺。当颇颇福未到之先。英国提督每与臣鸿章会商兵事。辄谓俄国因何派兵来此。意颇猜忌。宁绍台道史致谔来禀。亦称宁波洋人。不愿俄兵在彼泊防。臣细诘颇颇福是否与英法提督相见。遇事是否相商。据云到沪后。日相往还。甚为和睦。现在昆太贼氛。距上海百里以外。原无庸兵船协防。惟该提督奉命远来。既不便轻调入江。又不便派防别口。自应仍照该公使巴留捷克所请。即令该兵船暂住上海。借可制英法把持要挟之意。臣惟优以礼貌。拊以温词。其果否䁥就于我。不至或有狡执需索情事。容再随时察看。要为驾驭。

谕议政王军机大臣等。李鸿章奏。俄国兵船到沪情形。览奏均悉。俄国兵船三只。业已抵沪。情形逊顺。即著照所议。留于上海。随时驾驭防剿。该国在京公使巴留捷克。与总理衙门王大臣面称。此次来沪兵船。不过数只。颇颇福所云。自日本以至黑龙江所在皆有听调之语。未尽确实。著薛焕。李鸿章。相机接待。用敦和好。

癸亥。总理各国事务恭亲王等奏。本月初七日。准法国公使哥士耆照会。内称现奉该国谕旨。著三等提督若勒思。带领别项兵船前赴中国。并云现已饬知若提督。定于明年二月来京。听候面议。至其时如何办理之处。均在湖南。江西。贵州。四川。各督抚把握之中。如各该省办结所事允协。若提督照旧在上海各处。协同官兵助剿等语。臣等查外国自立和约以来。如英法俄等国。现均有兵船。情愿随同中国官弁助剿。法国此次所云带领别项兵船前赴中国。或更为见好地步。第细译来文。有如何办理。均在湖南各督抚把握之中。窥其意显因各省教民案件。未能尽遂所请。特作恫喝之语。借端要挟。而又隐约其词。其居心已可概见……

谕议政王军机大臣等。总理各国事务衙门奏。江西等省教民事件。请饬迅速完结。并钞录法国照会呈览一折。据称法国住京公使哥士耆。于该衙门呈递照会。有提督若勒思带领别项兵船。于明年二月来京。听候面议。其如何办理。均在湖南江西贵州四川各督抚把握之中……

(丁丑)恭亲王等又奏。查湖广总督官文。前议长江章程内。原有征收子口税章程三条。臣等前以此项三条。专论子税。因另行摘出。照会英国核议。曾经奏明在案。兹据英国照覆。以第一款分省发给执照一节。不便照依新议。其意显指芜湖。大通。安庆三处。将来必欲求准通商。故不愿分省办理。至于二三两款。英国以为与约不符。并以为辩论反生枝节各等语。臣等公同商酌。各国在长江地方通商。

其征收子税之法。条约业已载明。尚可无庸另议。惟照覆内希冀在芜湖等处下货一层。查此一节。前因英国有照会前来商办。经臣等于九月间奏明。分咨沿江督抚确切查明。覆到再行核办。现已据曾国藩咨称。安庆一口。虽许之亦必不常来。大通芜湖二口。虽不许亦仍难禁止等语。臣等公同商酌此事。如于大局尚无妨碍。将来或不妨通融办理。惟此时尚未议定。实不便任令洋船前往。臣等因又给予照会声明。如在未准通商口岸下货。仍行照约罚办。其征收子税。仍照条约办理。

英国照覆

为照覆事。前准贵亲王来文。将官中堂议定章程。钞录阅悉。查英商运货任便在各口取给执照。系条约明文。如官中堂所议。欲限英商凡在江苏运货者。必向江海关请给执照。在湖广运货者。必向汉关请给执照。将英商奉准任便请取之意。顿为减削。英商在湖运货。向来若在上海请给执照。多费周折。因汉口各官。不肯遵约发照。是以该商别无他法。今汉口已设海关。英商所买湖广土货。必在汉口请给执照。该货定运汉口下船。官中堂所欲。自为得计。第该省未能平静。难保汉口南北各路。无贼阻隔。英商运货。必到他口。方保无虞。本大臣不便依照官中堂新议。其余二款。一则与条约不符。二则辩论反致多生枝节。所称华民借用外商之名如何治罪。惟洋货运入内地。英商华民。果愿合同生理。何难设法。必至该货皆属外商之物。于口关万难辨驳。尚欲留难。必有外商每禀受屈。恳请赔补。所议实为益少害多之举。至所称惟恐税饷减少。又称香油木植洋商不便贩运等情。本大臣之见。官中堂无须多虑。盖由内地关口抽厘等费较重。常有漏税旧私之弊。此等走私之人。无非暗通逆匪。是税饷过重。不但于国课有亏。亦且于治乱之方。更有窒碍。兹香油木植等物。系外商所运者。必先向关取给执照。到口务将正半税项均为完情。外商应纳正半各税。不可谓不重。若令百姓再为加增。难免偷漏舞弊等情。且外商领取执照。皆由各关所发。本为税饷全纳之据。外国商民运货。贵与贵国有益无损。总之长江既解前禁。各国商船。均得出入。汉口通商。外商运办油木等货。官中堂多方鼓励。不惟国课充盈。亦与该省土税大有裨益也。为此照覆。

给英国照覆

为照覆事。所有长江内地税饷章程。昨据贵大臣覆文阅悉。惟湖北原议在湖广运货者。必在汉关请照一节。贵大臣以为该省尚未平靖。难保汉口南北各路。无贼阻隔。势或如此。英商运货。必到他口。方得无虞。视此不便依照官中堂新议等语。本爵查两湖地方。现已一律肃清。若英商在彼买卖货物。就近在汉关请领执照。即在该关完纳子税。实为便商之举。嗣复汉口各官。亦断无不肯道约发照之理。惟英商在湖广地面置买土货。若因运赴汉口下船。稍多周折。竟欲运至未准通商口岸下船。则条约内既有议罚明文。本爵自不能不准备该关照约罚办。至原议第二款。贵大臣以为与条约有所不符。本爵查原议第二款。内载凡有洋商将抵关之洋货。或亲身或令人自关运入内地云云。至应照逢关纳税遇卡抽厘旧例办理等语。查均系条约内应行之事。且与贵大臣上年九月内发给英商告示内办法相符。惟款内所称海菜等中外皆有之品。停给税单一节。既难分别办理。应令该省另行核议。务将洋货土货分晰清楚。勿令牵混。至原议第三款。贵大臣以为辩论反生枝节。本爵查原议第三款。内载凡有洋商自通商各口。或亲身。或派人入内地置土货云云。至照旧例逢关纳税遇卡抽厘等语。查与条约及贵大臣上年告示亦复相符。均应准其照办。至恐华商冒请单照。议将货物入官一节。在官中堂系恐华商避重就轻。豫为杜绝流弊起见。于洋商实为有益无害。嗣后如有华商借用外商之名。应令该省将华商查明议罚。不与英商相涉。领事官自必不致代为华商袒护。至香油木植等物。贵大臣以为系外商所运者。必先向关取给执照。到口务将正半税项完请等语。既于国课有益。而货物为英商所运。自亦不致辗转济匪。应令该省仍行照旧发给执照。惟以上各款。原系总税务司与官中堂酌议之件。现在仍应咨行官中堂督同总税务司妥筹办理。此外长江地方。应如何严防偷漏之处。应令总税务司会同各该关。按照条约。相度机宜。设法办理可也。

同治卷一二

(同治元年。壬戌。十二月)丙申。大学士湖广总督官文。协办大学士两江总督曾国藩奏。臣等承准议政王军机大密寄。同治元年九月二十九日。奉上谕。总理各国事务衙门奏。购买外国船炮。明春可到等因钦此。仰见皇上虑远思深。先事豫筹之至意。臣等遵即与侍郎彭玉麟。提督杨岳斌。往返密商。查有统带巡湖营提督衔记名总兵蔡国祥。勇敢耐劳。久隶楚军水师。歴著功绩。而又籍属广东。易与洋人熟习。堪以统辖七船。又查有副将衔参将盛永清。参将袁俊。参将衔游击欧阳芳邓秀枝周文祥蔡国喜游击衔都司郭得山。年力精壮。向归蔡国祥节制。堪以各领一船。此外水手炮手兵丁等项。据赫德单内所开人数。分别多寡。尚合机宜。应如所请办理惟拟用山东湖南八旗人等。虽系因材器使。究嫌参杂不齐臣国藩去秋覆陈一疏。有云轮船驶至安庆汉口时。每船酌留外洋三四人。令其司佗司火。其余即配用楚勇。所有学习驾驶司放炮位等事。应请即由蔡国祥于所部弁勇中豫为派定。诱掖奖劝。以去其畏心。委任责成。以程其实效。以洋人教华人。继以华人教华人。既不患教导之不敷。又不患心志之不齐。且与长江各项水师。出自一家。仍可联为一气。不過于长龙舢板数十营中。新添轮船一营而已。既见惯而不惊。自推放而皆准抑臣等更有请者。两湖水勇。能泛江不能出海。性之所习。迁地弗良。但可驶至上海。不能遽放重洋。本年二月间。经臣国藩据实陈明。旋奉寄谕。现筹购买船炮。本拟用于江面。并非施之海洋。仰荷圣谟闳远。俯顺物情。宣示军中。咸知感激。偿蔡国祥经管之后。由楚勇而参用浙勇。参用闽粤之人。由上海而渐至宁波。渐至山东天津。亦未必终不可出洋巡哨。观政海邦。惟目下一二年内。则须坚守前约。不令放洋。俾臣等不失信于将士。庶几恩谊交孚。号令易行。惟求圣慈鉴谅。谨会同兵部侍郎彭玉麟。福建水师提督杨岳斌。合词具奏。

谕议政王军机大臣等。官文。曾国藩奏。筹办新添轮船大概情形一折。前因总理各国事务衙门奏。购买外国船炮。明春可到。请饬豫派将弁水勇。以备演习。当经寄谕官文。曾国藩。相度机宜。参以赫德之言。筹酌速奏。兹据奏称与彭玉麟。杨岳斌往返密商。所拟派令蔡国祥。盛永清等。统辖分领船只。及每船酌留外洋三四人司柁司火。其余配用楚勇学习驾驶炮位等事。所筹均甚妥协。轮船驶到。计总须至明年春闲。所有办理一切缕悉情形。自应届时与驾驶轮船之洋人妥议。再为详定具奏。至所称两湖水勇。能泛江不能出海。性之所习。但可驶至上海。不能遽放外洋。本与总理衙门原奏所拟。同为江面剿贼之用起见。若将来由楚勇而参用浙勇。以至闽粤之人。由上海而渐至宁波。渐至山东天津。用以出洋巡哨。观政海邦。惟应俟诸异日。当与该大臣等乐观厥成也。惟轮船一时不能远涉重洋。恐洋人届时不听调遣。强令而行。该大臣亦应与洋人豫先议定。以免日后饶舌。

丁酉。大学士湖广总督官文奏。准总理各国事务衙门咨开长江收税章程已于总税务司赫德到京后。由总理衙门督饬司员与之详加辩论。分别议定。照会英法等国。转饬各商遵办。并将议定缘由覆奏。同治元年九月二十九日。奉旨依议。钦此。咨行查照办理等因。奴才当即转行监督江汉关汉黄德道郑兰。并札付。英国领事官金执尔等一体谕饬洋商。遵照纳税。一面定期开征。适十月十八日。赫德至楚。来辕谒见。奴才优礼相待。赫德词意极为和顺。并据呈出汉口收税更定简明章程。因前定章程。语言繁冗。商人不便阅悉之故。奴才覆加察核。尚属简便可行。遂定期十一月十二日开关征税。以归第十结之首。盖是日即洋人之正月初一日也。赫德随于十一月初八日。前往九江办理开关事务。奴才将江汉关章程逐款开列。咨行江西抚臣沈葆桢。九江关监督道员廷曙。循照办理。以免歧异。伏查设关征税。为裕国便商之善政。江汉关开征伊始。必须立法严明。方免渐滋流弊。而关务之弊窦。多由丁役之贿纵。奴才前在粤东。及经过江苏浙江访悉粤海杭州苏州江宁织造各关。皆信任家丁。串同巡役。得贿纵私。百弊丛生。以多报少。有亏官不亏私之俗论。奴才深悉其弊。前于整顿荆关税务。移设新关。特派道员督率委员。亲身经理。革除信用家丁陋习。是以一关之设。每年征税银二万数千。溢于荆关正额。此其明证。现在江汉关征收洋税事经初创。尤当弊绝风清。责成大小委员。认真经理。凡查货征税事宜概不准丁役从中经手染指。以杜流弊。该监督道郑兰。心地朴诚。廉隅自励。年余以来。于洋人往来诸务。尚能实力筹办。奴才仍当督同该道遵照条约。遇事讲求。随时整饬。以期洋商悦服。税项充裕。仰副圣朝怀柔远人之至意。

同治卷一三

(同治二年癸亥正月)乙卯。福州将军文清。闽浙总督耆龄。福州巡抚徐宗干奏。据英国公使称。本国现有轮船弁兵在闽。如兵丁一时不能充备。即可先教施放炮位之技等因。臣徐宗干先将谨遵办理缘由备文咨覆。一面同臣文清。妥为筹画。并与臣耆龄往返函商。拟查照天津章程。酌量核减。先习施放炮位之技。其员弁薪水。及兵丁口粮。通事人等工食。悉照天津原定数目支给。议派大员于操演之期。将薪水兵粮等项。当面给发……

同治卷一四

(同治二年癸亥二月丙申)刘长佑又奏。总理各国事务衙门。议令署总税务司赫德购办外洋船炮案内。所有粤海关应拨购办外洋船炮价银二十五万两。已经先后拨交。如数清款。谨会同通商大臣臣薛焕。署广东巡抚臣晏端书。附片陈明。

同治卷一五

(同治二年癸亥三月辛亥)福州将军兼管闽海关税务文清奏。福州口征收洋税。业经查照通商条约。设立税务司帮同海关严防偷漏。其办公处所。原由该司税租赁民房居住。嗣据税务司赴辕求请给价建造关房。以资办。公令其前向通商各委员商议。续据办理通商事务前署福州府知府陈谦恩。暨管口委员正黄旗协领景成。镶白旗协领长庆等会详。该司税请在临江近处起盖洋税关公所。实需工料价银一万八千两。惟此项工程。若由地方官经理。该税务司必以不如所意。徒费周章。应请照估给发工价。由该税务司自行建造各等情。奴才伏查该司税所请建造关房。系为办公必需之所。其应用工价银两。既经委员等再三确估详覆。应如所请。在船钞项下。照依估定价值拨银。交税务司美理登承领建造。谨会同办理通商事务大臣薛焕。合词附片奏报。

(甲寅)福州将军兼管闽海关税务文清奏。查英法美三国。奉准在于台湾海口开市通商。所有设关征税一切事宜。先经前督臣庆端派委福建候补道区天民前往查办。旋据委员区天民。会同台湾镇道府。勘定台湾府属淡水厅辖之八里坌。即沪尾地方。堪以设关征税。适值彰化会匪滋事。未能克期会议。兹据区天民呈报。英国领事官郇和。现已移住沪尾。且有洋船停泊口岸。应即赶紧开关征税。暂借沪尾守备旧署作为税关。于本年六月二十二日先行启征。应议章程。容另行会议呈报等情前来。奴才伏查台湾沪尾口通商事宜。既经前督臣庆端派委区天民查办。所有征收税银。自应仍令该道一手经理。以资熟悉。谨附片奏报。

丙子。三口通商大臣兵部左侍郎崇厚奏。窃奴才承准议政王军机大臣字寄。奉上谕。刘长佑奏。请饬粤闽各拨月饷等因钦此。查英法两国向届每结二成扣项。往往运送广东。并未存留天津。难以汇兑。当与税务司并在津洋商。作为奴才已意转商。询据如由粤闽将银交与该商等轮船带津。计需每百两运价银二两五钱。又保险银二两五钱外。扣上下起运剥船脚费银一两。以万两计之。需费银六百两。计期尚需五六旬不定……

(四月)甲申。总理各国事务恭亲王等奏。奉上谕。都察院代奏拣选知县桂文灿条陈一折。该知县遇事敷陈。尚见留心。所陈各条。著各该衙门分别议奏。钦此。臣等查内有筹远虑以重海防一条。应由臣衙门议奏。据原条奏内称海外各国情形。坤与国说。海国图志等书。言之尚详。学者定不乏人。将来考试通商衙门办事司员。请专策问海外各国与地山川风俗政教物产一切情形。并无庸限以中书部属。凡自现任职官。以至布衣之士。俱准考试。又称闻日本近遣幼童分往俄美两国。学习制造船炮铅药。及一切军器之法。期以十年而回。此事如确。日本必强。有明倭患。可为豫虑。学习制造船炮等法。我国家亦宜行之。纵不必遣人远到外国。亦可在内地学习讲求。并请在香港。澳门。福州。上海等处。各设海防局。照各省书院之例。访中国能通天文算法外国与地。及制造西洋船炮铅药一切奇器。如风雨针量天尺之类之人。入局充补教习。募幼童以教之。并令劝谕海商采办洋米运京粜卖各等语。臣等查该知县所奏。均不为无见。惟尚未尽合机宜。除采办洋米。应由户部办理外。其考试司员一节。虽为博取通才用备谘访起见。但坤与图说海国圆志诸书。大抵皆中国人选述。考据虽精。究非目覩。离奇荒渺。疑信互参。读是书者。以广闻见则可。至于抚绥之术。驾驭之方。不专系乎此。即本此以发策问。亦不过转相钞袭。剿说雷同。于实用毫无裨益。至不限以中书部属一层。虽亦广为搜罗之法……至所称学习制造船炮等法一节。查外国制造船炮等法。较中国实为精工。日本分遣幼童前往俄美两国学习。臣等已有风闻。并闻其特派官员前往访求。伏思购买外国船炮。由外国派员前来教习。若各督抚处置不当。流弊原多。诚不若派员带人分往外国学习之便。惟此项人员。急切实难其选。且前因宁波海口不守。发逆已有购买轮船之事。是以先其所急。不得不仍为购买之计。所有臣等上年奏明购买大小轮船七只。随船炮械俱备。并有善于驾驶修理武官随来。以备教习。目下可望驶到。已咨明曾国藩。李鸿章。豫派水勇。一俟船到上海。即可随同该国来弁学习驾驶。并讲求一切制造之法。将来该弁勇等习之既久。得其匠心。自可仿照试造。不令外国居奇。惟此项船炮到后。应令各督抚善为驾驭使用。如果用之得宜。则近之剿办长江逆匪。远之备御外侮。破浪乘风。纵横万里。实为长驾远驭上策。所最要者。在我须勤为学习。速得其法。庶不致日久为洋人把持。至请在香港澳门等处设海防局。招募学习外国技艺一节。查李鸿章前奏。设外国语言文字学馆折内。曾有将来精熟西文。转相传习。一切轮船火器等巧技。皆可由渐通晓等语。已奉旨饬令广东各口照办。是外国一切技艺。将来语言文字学成后。即可推类而知。各省果能一律设馆。实力教导。该学生中自有此项淹贯之才。无须另为设局招募。该知县条陈海防一节。均可勿庸再议。

同治卷一六

(同治二年癸亥五月)壬子。江西巡抚沈葆桢奏。同治元年闰八月间。据吴城镇同知冯询厘局委员胡心庠禀称。闰八月十七日。广东商民黄略兴。带同洋人皮尔生。贩运食盐二百七十六包。浙江商民曹南山。贩运食盐五百四十七包。来镇售卖。均据盐行代为完厘。二十一日续到洋驳船一只。系洋人费子盖宾。装运食盐八百包。因查该商民等均无牌照。传集讯究。抗不赴案。请示遵办。并据南昌府知府许本镛。督同南新二县会禀。闰八月十九日。有洋船唉咪驶入省河。饬差查系美国商人通吁。通事李元兴贩运盐包。许本镛等随赴河干公所。邀同李元兴面询一切。据称所运之盐。系由九江德利洋行分拨。约四五百包。现尚未售。许本镛等当将条约照钞付阅。李元兴愿驶回浔。令通吁说明。亦无异词各等情。经臣先后批局飞移九江道。照会美国领事官。按照条约查办。旋据藩臬两司详报。派令候补府经历王效曾。将通吁。李元兴等。同原船盐包押解赴浔。复经批饬各在案。嗣据冯询禀称。皮尔生等船只。潜行驶去。费子盖宾一船。尚泊镇河。闰八月二十八日。据盐行刘同泰具禀黄略兴等运到盐斤经段乾丰同该盐行先后代售。嗣因查系洋人贩私。将所受费子盖宾之盐退还。讵费子盖宾将行伙刘伊杰。胡定环。扣押在船。是夜并纠带水手多人。各持洋枪洋刀。蠭拥人行。勒索银三百两。经街邻救护。始各星散。查点遗失银七十余两。钱十余串。将所获洋船水手谌世林解交新建县讯办。又经批饬总局转移九江道。照会美国领事官。饬将行伙刘伊杰等释放。所失银钱。照数追还。并饬该同知同新建县将段乾丰。刘同泰等行户。墍谌世林一并解交九江道审办去复。兹据九江道廷曙详称。洋船贩私一节。经该道照会美国领事毕理格。九江税务司哈扪德。分别确查。据毕理格声覆。德利洋行。暨通吁。皮尔生。费子盖宾均非该国行商。并准哈尔扪德覆称。九江只有英国立德洋行。并无德利行名。该商等既无护盐牌照。显系假冒。应俟唉咪人船。同吴城盐船。一并解到。以凭审办各等语。讵唉咪洋船。经王效曾弃报。潜由湖口顺流而下。并不驶赴九江。其皮尔生。费子盖宾等船。亦未经该地方一并获解。仅据吴城同知。暨新建县。将盐行段乾丰。刘同泰。同洋船水手谌世林。押解来浔。随经该道提案讯明。缘段乾丰。刘同泰。均于咸丰八年承领部帖。在吴城镇开张盐行。代客买卖。去年闰八月十七日。洋駁船两只。运盐到镇。当将商人黄略兴。曹南山。同到段乾丰行内。商议代售。船内洋人皮尔生。当时并未上岸。段乾丰认作华商运盐。禀知厘局。拨盐七万余斤。代为售卖。照例完厘。二十一日。续到盐驳船一只。系湖南人郭姓。投赴刘同泰行内。讬令代销。刘同泰认作华商运盐。禀知厘局。拨令行伙刘伊杰打码。胡定环掌秤。同到该船拨盐七十八包。因见船内载有洋人。询系费子盖宾。正在疑虑。适厘局以系洋人贩私。饬差谕阻。刘同泰当将原盐包退还。费子盖宾收回盐包。说该行太不公道。既买了盐。又来退还。并说盐包扯破。短了斤数。要罚刘同泰银三百两。将行伙刘伊杰。胡定环。扣留在船。口说要打。经水手谌世林。代为求免。是夜费子盖宾带令水手多人。各持洋枪洋刀。到刘同泰行内理论。刘同泰同行伙均各害怕躲避。洋人散后。查点遗失客商寄存银七十余两。钱十余串。至谌世林先经刘伊杰等央讬上岸寻找刘同泰。告知船上情节。尚未回船。并未同往滋闹。因路遇差役。认系洋船水手。拿获送案。刘伊杰。胡定环。于九月初三日。经该洋船由孤山放回。请予就案完结。分别咨行饬拿等情。批据总局司道核议详覆前来。臣查洋人皮尔生。费子盖宾。通吁等。各运食盐。私到不准通商之吴城镇。及省河售卖。实属违禁。而费子盖宾因刘同泰退回盐包。辄敢率领多人。黉夜赴行滋闹。以致遗失银钱。尤为凶恶。惟各该洋船。均已驶赴下游。不知去向……

(癸丑)湖广道监察御史丁绍周奏。查镇江丹徒县地滨大江。为南北通衢。商贾必由之路。自咸丰三年府城失守。居民流亡迁徙。百艇一存。咸丰六年城虽克复。而四城房屋焚毁殆尽。所遗存者。惟各有地基。近闻夷人欲于镇江置立码头。为通商之所。遂于附城一带。凡居民所遗地基。概行勒买。伏思该夷在镇通商。将来商贾凑集。流亡迁徙之民。无不思归故土。是该夷之通商。正镇地之转机也。惟附城地基。尽为夷人所有。则在外难民。欲返故卿。竟无寸土。臣世居镇江。知镇江西北城外。沿江十数。里以之起造洋楼。极为宽阔。至附城三四里地方。居民稠杂。商贾往来。若被该夷概行侵占。不独前此逃难之民。永无归日。且恐后此通商之事。时起争端……

(丁巳)吉林将军景纶。副都统麟瑞奏。窃奴才等前据三姓副都统富尼扬阿咨报。突有俄官一名。率从七人。迳投黑河口卡伦。述称本年四五月间。伊国人船欲赴三姓贸易。经卡官佐领台敏图理阻不听等情。奴才等当即飞咨富尼扬阿转饬卡员严防。毋任人船兰入。一面具情呈报总理各国事务衙门在案。嗣准黑龙江将军特普钦。以俄人欲假道赴吉林。由松花江水路回国……并称固毕尔那托尔。此次欲来驾火轮船三只。进松花江。驶赴三姓。与中国大员商办事件。该佐领告以如有相商事件。应照和约所载。备文交卡官转送。不应俄国大臣亲往。该酋未理各散等因。飞报前来。奴才等伏查俄人恃强要挟。贪求无厌是其惯技。前抵齐齐哈尔城投文。要求借道。今则声称由黑河口驶抵三姓。其为垂涎松花江。已无疑义。现又背约劫夺流亡。尤属萦心寻衅。借事生端。第由乌苏里口。越黑河口。直入三姓。约路程千余里。一水相通。并无险阻。而三姓为吉林东北门户。松花江源出长白山。于咸丰九年。钦奉密谕。扼要严防。分兵二千余名。变装守御。迨因划界定约。将各处置兵酌量抽减。以节縻费。此次该国人船。如果越界西上。开导则徒事饶舌。强阻则深恐肇衅。况三姓连年被灾。今春复遭流匪搅扰。偿俄人猝临横恣。更难保无他虞。奴才等再四筹思。容拒两无把握。除飞咨该副都统。严饬卡官。如人船越界时。仍以守御为准。极力拦阻。设或强横不从。亦不可轻启衅端。即由富尼扬阿相机办理外。相应奏明请旨饬下总理各事务衙门。速向俄国住京公使。按照和约辩论。阻其人船越界……

谕议政王军机大臣等。景纶等奏。俄酋背约强抢罪犯。并欲入三姓城交易一折……至该酋所称固毕尔那托尔。欲驾火轮船三只。进松花江。驶赴三姓。与中国大员商办事件等语。其心尤属叵测。该佐领告以应照和约备文交卡官转送。不应俄国大臣亲往。该酋未理而散。俄人恃强要挟。得步进步。是其惯技。本日已谕令总理各国事务衙门。向该国住京公使理谕。令其转行固毕尔那托尔。将逃犯崔得幅等。送交中国。并将驾船驶赴三姓之行阻止。惟俄人诡诈性成。难保不阳奉阴违。前据特普饮奏称。俄酋曾抵齐齐哈尔城投文。要求假道前往吉林。自松花江水路回国。经该将军按照条约指驳。语塞而止。现复保欲由黑河口驶抵三姓。其垂涎松花江之意。始终不已。仍著景纶。特普饮。斟酌机宜。随时设法防范。如有俄人船只由黑河口向松花江前驶。即于所属地方节节拦阻。并援照和约严词拒止。毋令任意驶行。逸犯崔得幅等。仍著景纶知会富尼扬阿。备文催索。毋任俄人籍词延宕。

(己未)江西巡抚沈葆桢奏。法国传教士罗安当。于二月初十日由鄂抵浔。经臣附片驰陈在案。嗣据九江道廷曙禀报。该教士由浔搭坐轮船。前往安庆。于二月二十九日谒见督臣。当奉派游拿徐士衡护送来江。兹据署九江道蔡锦青呈报。该教士定于四月初三日起程晋省。派委府经历崔矩。同徐士衡护送前进。初十日徐士衡来署禀称。该教士现已到省。臣饬府县将城内居民妥为弹压。再请该教士进城谒见。十一日据南昌府知府许本镛面禀。昨经委员于城内为该教士置备公馆。因再四晓谕居民。总不听从。只得派役先于船上妥为豫备。讵去役回称。走近教士船边。即有无数百姓。斥其不应为教士办差。掷石打伤该役头面。该役走避上船。向教士投诉。教士告以此系江西百姓无福。付与名片销差。船即下驶……

谕议政王军机大臣等。沈葆桢奏。法国教士罗安当。由皖来江。经南昌府知府许本镛。于城内置备公馆。以便教士进城谒见。而居民总不听从。只得派役先于船上豫备。即有无数百姓。将该役头面掷伤。该役向教士投诉。教士遂将船下驶等语。教士遵照和约来江。若借传教为名。阴有不法。及挟制官长。欺压百姓。该居民抱愤不平。亦应禀明地方官办理。此次罗安当船只甫经抵省。尚未进城。与该省居民。并无嫌隙。何以不遵地方官约束。竟将办差丁役掷石打伤。似此无端寻衅。该教士岂能相安无事。势必来京哓渎。该抚现在访拿滋事为首之人。著即严饬该府县认真查拿。从重惩治。毋稍轻纵……

戊辰。总理各务事务恭亲王等奏。购买外洋船炮。臣等于上年正月间。奏拨洋税银五十五万两。发交赫德购办。旋据前两广总督劳崇光咨。请添拨银十万两。并据赫德呈称银两不敷。又拨银十五万两。前后共计拨银八十万两。轮船到后。一切章程。叠经奏明饬交两湖总督官文。两江总督曾国藩。妥筹办理。并咨商江苏巡抚李鸿章。协同筹办。嗣据官文。曾国藩奏称。往返密商。拟派总兵蔡国祥统辖。其配用楚勇。即由蔡国祥于所部豫为派定。又据李鸿章咨称。李泰国由本国来沪。请上海道付银十二万两。经该道商出借券。在该关按月抽提。至月支经费。请即豫筹分拨等语。李泰国。同赫德。于四月间来京申称。前所定八十万两。仅能置办轮船炮位。已经在英国借银十五万两。交统带兵船之阿思本收存。以买各物。另有置办各项器物。探报趸船等价未付之银。言定到沪照付。该总税司因于上海借银十二万两。以抵前款。连前八十万两。先后共计银一百零七万两。统计置办炮船兵器。买煤雇人。以及各项费用。总在此数之内。此后每月用项。酌拟每月十万两。按三个月报销一次各等语。除在上海所借银十二万两。应照原议即在该关按月抽还外。其在英国所借十五万两。即经咨行粤海关拨银三万两。潮州关拨银二万两。闽海关拨银三万两。厦门拨银二万两。江海关拨银二万两。九江关拨银三万两。限奉文之日起。一个月内付交。以清前款。至月需费用。据李泰国面称。船上所延外国武官兵丁水手。约有六百人。在本国议定。以四年为期。立有合同。又称每月需银十万两。中国如欲用银。伊能代向外国商人借银一千万两。分年带利归还各等语。借银之说。中国断无此办法。所立合同。欲由阿思本专主。不肯听命于中国。臣等因向李泰国再四驳诘。始据议定由中国选派武职大员。作为该师船之汉总统。阿思本作为帮同总统。以四年为定。用兵地方。听督抚节制调遣。阿思本由总理衙门发给札谕。俾有管带之权。此项兵船。随时挑选中国人上船学习。有轮船七只。趸船一只。应支粮饷军火。及火食煤炭犒赏伤卹银两。并一切未能豫言之各项用款。议定每月统给银七万五千两。统归李泰国经理。每月在江海关支银一万两。九江关支银一万两。闽海关支银三万四千两。厦门关支银六千两。粤海关支银一万两。潮州关支银五千两。自本年六月十七日。即英国八月初一日起。按照新定之数。由李泰国派人赴银号支领各等因。应即定议。俟奉旨后。由臣等行文各该管将军督抚监督。在各该关洋商所交正半税及子口税银项下开销。仍不准动用洋药税银。以示限制。至此次轮船。拟请饬下两江督臣曾国藩。江苏巡抚李鸿章。节制调遣。并饬该督抚等拣派武职大员。作为汉总统。会同办理。以资得力而重事权。

谕议政王军机大臣等。总理各国事务衙门奏。中国自置火轮兵船。将抵海口。所有添买军装器械。豫筹月支经费。在各海关分拨。并酌定节制章程一折。据称此项轮船。除前拨过银八十万两外。并在英国借银十五万两。在上海借银十二万两。共计需银一百零七万两。又应支粮饷军火等项一切用款。每月统给银七万五千两。均经该衙门向李泰国再四驳诘。酌定章程。及由中国选派武职大员。作为该师船之汉总统。所延外国人阿思本。作为帮同总统。以四年为定。用兵地方。听督抚节制调遣。阿思本由总理衙门发给札谕。俾有管带之权。随时挑选中国人工船学习各等语。著即照议办理。此项轮船驶抵海口后。即著曾国藩。李鸿章。即制调遣。并著派令武职大员。作为汉总统。会同办理。其前所拟之蔡国祥。如能胜任。著即责令统带。以资得力。其如何驾驭之法。总须一切调度机宜。事权悉由中国主持。方为妥善。至中国人上船学习驾驶炮位等事。总期迅速谙练。该督等前奏。配用楚勇。当已豫为派定。即著饬令蔡国祥随时督率学习。此项轮船。现在自以先剿金陵等处发逆为要。贼平之后。即可以为巡缉私贩之用。无论如何用法。总须俾中国人熟习驾驶。收有利益。断不可日久仍为外国人所主持。其月饷等项银两。官文。曾国藩。李鸿章。务须按期支给。不可丝毫短少拖欠。致令有所借口。

恭亲王等又奏。咸丰十一年五月间。署总税务司赫德。在臣衙门呈递通商口征税费用单一件。经臣奏明。奉上谕。赫德单内通商各口征税费用。每年统共银五十七万两一款。单内所开各项人数。及应给银数。是否均属允协。著薛焕。崇厚。妥议章程。会商核办等因钦此。嗣于上年七月间。赫德来京。又在臣衙门呈递各关经费单一件。与初次所递银数大略相同。臣等因属其静候南北通商大臣会商核办。嗣各关税务司。以前定准数目。不敷支用。由赫德叠次呈请酌添前来。臣等因于总税务司李泰国来京后。告以各关收税费用。固不可过求刻减。亦不可稍涉虚糜。且此项经费。总须酌有一定数目。不可任意增添。令其悉心酌拟去后。兹据该总税务司呈称。从本年六月十七日。即外国八月初一日起。至明年外国七月底止。统共领薪水经费银七十万二百两。各关分别多寡。按照定数支领。各该关每月应支之银。或裒多而益寡。或挹彼而注兹。余银或存或拨。一凭该总税务司酌度办理等语。臣等查第一结至第四结。止有江海粤海潮州浙海闽海天津六关。设立税务司。是年共用经费银二十八万两零。所征正税半税。及子口税银。共五百七万两零。第五结至第八结。长江三口。及厦门海关。复添设税务司。是年共用经费银四十四万两零。所征正税半税。及子口税银。共七百二十五万两零。是外国人充当税务司。能帮同各海关监督实力稽征。已属著有成效。该总税务司现拟每年经费银七十万两零。虽比赫德两次所拟较多。但议定通商口岸。现已次第开埠。台湾东海牛庄三关。现复议设税务司。果能收税得人。经费加增。税项亦较前丰旺。似不必议减。致令转生弊实。臣等公同商酌。此项加增经费。既系出自洋税之多征。拟即照准。俟奉旨后行文各该管将军大臣督抚监督。每月各按所定数目支发。按结奏报。均在洋税项下。作正开销。以昭核实。所有该总税务司现拟各关所用外国人月支经费数目。谨缮清单恭呈御览。

现议丹国条约

现因大清国与大丹国。彼此意存睦好不绝。拟定和约通商章程。以昭深愿共敦友谊。内外商民交易相安。永远不替。是以大清国大皇帝特简钦差大臣总理各国事务头品顶戴工部左侍郎镶黄旗蒙古副都统恒祺。会同钦差办理三口通商大臣兵部左侍郎镶红旗汉军副都统崇厚。大丹国大君主特派原任住札大美国京都代国大臣功赐佩带丹波罗格三等宝星准带大法国五等宝星步军总兵拉斯勒福窪地玛罗多罗福。将丹国上谕等件。与大清国上谕等件。互相较阅。俱属妥协。现将会议商定条约。开列于左。

第一款

一溯维年来大清国与大丹国素无失睦。现欲定约。从此永远和好。敦笃友谊。两国商民人等。彼此侨居。皆全获保护身家赀财。

第二款

一凡为大邦敦好睦邻。向有各遣大臣通好之礼。今兹两国定约。亦可按照常例。彼此交派代国行权大员。往来通好。以期永守和谊。

第三款

一大丹国钦差大臣。凡有要物商酌。约准前赴京都会议定办。即照各国行权大员常规。一体优待。所有雇觅内地夫役。均随其意。各官不得偏为拘治。若有人擅将大丹钦差公馆眷属随员人等。越礼欺藐。该犯由中国地方官从严惩办。

第四款

一大丹君主钦差大臣。并各随员等。皆可往来内地各处。所有收发文件行装囊箱。无论沿海何处。皆可送文。不得有人擅行拆启。专差同大清驿站弁兵。一律保安照料。凡有大臣并各眷属随员等各项费用。皆由丹国支领。与中国无涉。总之丹国大臣入华。当照泰西各国。于代国大臣向为合宜优待之处。同一优礼相待。

第五款

一凡有丹国事务。均归大丹钦差大臣与大清中国大臣会议商办。无论文移会晤。皆应按照平仪相待。

第六款

一所开大清国应行优待丹国大臣各节。日后中华秉权大臣。出使前往大丹国。亦应同一优待。以昭平允。

第七款

一中华通商港口。大丹国设立领事等官。或一员。或数员。酌量丹商情形。随时定派。中国官员。接代各国领事官最优之礼。亦于丹国不使或异。定其品级。即领事官署领事官。与道台同品。副领事官。署副领事官。及翻译官。与知府同品。因公往来衙署相见会晤文移。悉用平礼为是。设若通商各口。大丹国一时未能设官。均可暂交友国领事从权代办丹国事务。以归简易。

第八款

一丹国民人传授耶稣圣教。果系安分无过。中国官员不得刻待阻难。均应保护相安。

第九款

一丹国民人准听持照前往内地各处游历通商。所领执照。由领事官发给。由地方官盖印。经过地方。如饬交出执照。即应随时呈验无讹放行。该民雇船雇人装运行李货物。不得拦阻。如其无照。其中或有讹误。以及查出沿途或有不法情事。就近送交领事惩办。惟于途中可拘禁。不得陵虐。如在通商各口出外游玩者。地在百里之中。期在三五日内。可以毋庸请照。至于水手船上人等。不在此列。应由地方官会同领事官另定章程。妥为弹压。其江宁等处有贼处所。俟城池克复之后。再行给照前往。

第十款

一两国职员来往行文。各应按照品级官阶定式。所有平行各官文移。均用照会。丹国领事官以下。详呈省督抚。均用申陈。督抚均用札行各等字样。至于各国商民人等。设若有事请由各官查办。应用具禀字样。以示区别。

第十一款

一各国议定通商口岸。如牛庄。天津。烟台。上海。宁波。福州。厦门。台湾。淡水。广州。汕头。琼州。及长江之汉口。九江。镇江。江宁各口。丹国商民亦可任便出入通市。准与无论何人。均得听意买卖。所有赁房买屋租地起造建立庙堂医院坟茔等事。亦随其便。

第十二款

一丹国民人。准在通商各口地方。意欲租地盖屋。设立栈房。建造庙堂医院坟茔等事。均按民价照给。公平定议。不得互相勒措。

第十三款

一丹国民人。约准任便觅致诸色华庶。勷执分内工艺。中国不得限制禁阻。

第十四款

一丹国民人。凡欲游行卸货各等事务。约准自雇小船剥运。不论何项艇只。雇价银两若干。均听丹民与船主自议。不必官为经理。该船不得限定额数。并船户揽载。挑夫揽运。一切情弊。俱不准行。惟是该艇干涉走私漏税情弊查出。该犯自应照例惩办。

第十五款

一丹国属民相涉案件。不论人产。皆归丹官查办。设与别国有事涉讼。应遵某国前与丹国定约办理。中国不必与闻。以上案内如牵涉有中国人。仍应按第十六七两款。会同中国官办理。

第十六款

一凡丹国民人。有被华民违例相欺。约准地方官查拿照例审办。华民有被丹国人违例相欺。丹国官员。亦应按例查拿究治。自定约之后。丹国即专定约束丹民章程。中国亦须一同约束华民。以昭公允。

第十七款

一丹国民人。遇有控告华民事件。皆应先禀领事官。查明根由。先行劝息。使不成讼。中国民人有赴领事官告丹民者。领事官亦应一体调处。闲有不能使和者。即由地方官与领事官会同审办。公平讯断。

第十八款

一丹国民人。约准中国官宪自必时加保护。令其身家全安。如遭欺陵扰害。及有不法匪徒。放火焚烧房屋抢掠财货。又准地方官立即设法派拨兵役弹压查拿。将该犯按例严办。并将所抢财物尽力追交。偿承缉官不能获犯起赃。止可准照中国例处分。

第十九款

一丹国船只。在中国管下洋面。有被强盗抢劫者。约准地方官一经闻报。即应设法追拿查办。所有追获赃物。直交领事官发还失主。偿承缉官不能获盗起赃。止可准照中国例处分。但不能赔偿。

第二十款

一丹国船只。有在中国尚海各处。或有碰坏阁浅。以及遭风收口。约准地方官查知。立即设法妥为照料。船上丹民。就近送交领事官查收。以昭睦谊。

第二十一款

一丹国民人居住房屋。以及丹国船只。适地方官查出有内地逃犯潜匿不出。约准行知丹领事官。即行交出审办。不得隐匿袒庇。

第二十二款

一丹国民人。若有华民钦债不偿。约准地方官认真代为催缴。或有潜行逃避情事。应严为缉拿追还。丹人欠债不偿。或潜行逃避者。丹国官亦应一体办理。但均不能官为赔偿。

第二十三款

一丹国商民起卸货物。输纳税饷。约准俱照税则为额。总不能较诸他国或有此免彼输之弊。以示均平。

第二十四款

一丹国商民输税期候。约准进货之税。于起载时输纳。出货之税。于落货时缴饷。以示限制。

第二十五款

一丹国商民出入各货。应纳税课。均照本约后附税则为例。

第二十六款

一些次定约。其中关于通商各款。以及税则。日后彼此两国再欲重修。以戊辰年六月底为期满。须于六个月之前。先行知照。酌量更改。偿若彼此未于六个月之前声明更改。则税课仍照前章完纳。复俟十年再行更改。以后均照此限此式办理。永行弗替。

第二十七款

一丹国商民贩买土货运口出洋。或将洋货运入内地销卖。应纳内地税饷。或于过卡随时分数报完。或在海关一次全行完纳。均听便输交。一次纳完之例。准照续定税则章程第七条所载。除有第二款指明每值百两完税二两五钱外。其余各货。总以出入税则照纳一半为准。其该货应纳正税。仍宜于卡税半税完纳。如数完缴。

第二十八款

一丹国商船应纳钞课。一百五十顿以上。每顿纳钞银四钱。一百五十顿正。及一百五十顿以下。每顿纳钞银四钱。一百五十顿正。及一百五十顿以下。每顿纳钞银一钱。凡船只出口欲往通商他口。并香港地方。该船主禀明海关监督。发给专照。自是日起。以四个月为期。如系前赴通商各口。俱无庸另纳船钞。以免重输。至丹国船只斤两。以拉四哒为准。约定一拉四哒为两顿。以示均平。

第二十九款

一丹国货船进口。并未开舱。欲行他往者。限二十四时之内出口。准不征收船钞。偿逾二十四时之限。必须全数输纳。此外船只出进口时。并无应交费项。

第三十款

一丹国商民。准听在各口自用艇只。运代客人行李书信食物。以及例不纳税之物。约准毋庸完钞。偿若装载例应完税之货。则定按照四个月一次纳钞。每顿一钱。

第三十一款

一通商各口。分设浮椿号船塔表望楼。由丹国领事官。与地方官。会同酌视建造。

第三十二款

一丹国商民。输纳税课银两。应交官设银号。或以纹银。或以洋钱。其应何色银两。与各国商人一律。以免此重彼轻。

第三十三款

一秤码文尺。约准均按照粤海关部颁定式。由各监督送交各口领事官收用。又准该秤码等项。其分量均照续定通商章程第四款为例。

第三十四款

一丹国船只。欲进各口。听其雇觅引水之人。完清税务之后。亦可雇觅引水之人。带其出口。

第三十五款

一丹国船只甫临近口。约准该关监督。任意派委员弁丁役看守。或在该船。或在本艇。随便居住。其需用经费。由关支发。惟该员役不得向船主船商私取毫厘。偿敢收受。查出分别所受之数多寡。由该关监督。按例酌量轻重。惩治其罪。

第三十六款

一丹国商船进口之后。约准以十二时为限。该船主必将船牌舱口单各件。交领事官。即于次日通知海关。并将船名及押载顿数。装何货物之处。照会监督。以凭查验。船主如过限期并未报明领事官。每日罚银五十两。惟所罚之数。总不能逾二百两。至其舱口单内。须将所载货物详细开明。如有漏报捏报者。船主应罚银五百两。倘呈单入关后。该商自查笔误。尚准刻即赴关改正。惟总以十二时为限。可不罚银。

第三十七款

一丹国商船进口。经该关监督接到领事官按约详细知照后。即发开舱单。倘该船主未领开舱单。擅行卸货。罚银五百两。并将各该货物全行入官。

第三十八款

一丹国商人上货下货。总须先领监督官准单。如违即将货物一并入官。

第三十九款

一丹国商船。不准私行拨货。如欲互相拨货。必须先由监督发给准单。方准动拨。违者即将该货全行入官。

第四十款

一丹国商人完清税饷之后。该关监督。发给红单为出口之据。

第四十一款

一丹商出入各货。如系值百抽五之货。倘海关验货丁役。偶与该商各存已见。不能定价。约准各邀客商二三人。前来验货。该客商内有出最高之价者。即以为该货之价式。免致收税不公。

第四十二款

一丹国商民。输纳税饷。实按斤两秤计。先除皮包粉饰等料。以净货轻重为准。至有连皮过秤。除皮核算之货。即若茶叶一项。倘海关丁役。偶与丹商意见不同。即于每百箱内听役拣出若干箱。丹商亦拣出若干箱。先以一箱连皮过秤得若干斤。再秤其皮得若干斤。除皮算之。即可得每箱实在斤数。其余货物。凡系有包皮者。均可准此类推。倘再理论不明。丹商赴领事官报知情节。由领事官通知监督。会议酌办。惟必于此日禀报。迟则不准禀闻。此项未定觔数之货。监督暂缓填簿。免致后难更易。须俟秉公核断明晰。再为登填。

第四十三款

一丹商货物。或因潮湿等由损坏。致价低灭。该关应行按价减税。倘该商与关吏理论价值未定。则照第四十一款所载值百抽五之货。同法定办。

第四十四款

一丹国商民。沿海议定通商各口。载运土货。约准出口。先纳正税。复进他口。再纳半税。后欲复运他口。以一年为期。准向该关取给半税存票。不复更纳正税。嗣到改运之口。再行照纳半税。

第四十五款

一丹国商民。洋货进口。纳清税课后。欲改运他国。抑或通商别口。约准禀明领事官。转报监督。委员验明。实系原包原货。查与底簿相符。并未拆动抽换。即当按照该货经纳正税之数。发给存票。至于土货自通商各口运入他口。按例纳完半税后。该商再欲运往外国。以一年为期。期内亦准一律发给半税存票。该票无论何商呈验。均准专抵该关进出货税。不准持赴别关抵课。倘于委员查验之闲。查有捏报各等情弊。全货俱罚入官。其外国所产粮食。丹船装载进口。未经起卸。低欲出洋。概无禁阻。

第四十六款

一中国各口官员。凡有严防偷漏之法。均准相度机宜。随时便宜设法办理。以杜弊端。

第四十七款

一丹国商船。独在条约内列通商各口。准其贸易。如到别处沿海地方。私作买卖。船货一并入官。

第四十八款

一丹国商船。查出有涉走私。该货无论式类价值。全数查抄入官外。俟该商船账目清后。亦可严行驱除。不准在口贸易。

第四十九款

一条约所载丹民罚款。以及船货入官各项。皆归中国收办。以充公用。

第五十款

一大丹国大臣。并领事官等员。所有行知大清国大臣官员等公文各件。俱用英字书写。仍以汉文译录。

暂为配送。俟中国学习英文熟习通徹。即不必配送汉文。惟遇日后设有文词辩论之处。丹国总以英文作为正义。此次定议汉英文字。详细较对。以期无讹。

第五十一款

一大清国所行各式公文。无论京外内叙大丹国官民。嗣不得提书夷字。以消畛域。

第五十二款

一丹国师船。别无他意。或因捕盗驶入中国。无论何口。一切买取食物甜水。修理船只。地方官妥为照料。船上水师各官。与中国官员平行相待。以昭友谊。

第五十三款

一中华海面。近有贼盗抢劫。向于内外商民。大有损碍。大清大丹各国。约定会议设法消除。

第五十四款

一各国所有已定条约。内载取益防损各事。大丹国官民亦准无不同获其美。嗣后大清国或与无论何国加有别项润及之处。亦可同归一致。期免轻重之分。

第五十五款

一今将以上各款。既定条约。理应恭候丹国御笔与大清国御笔批准遵行。约以一年为期。彼此两国大臣。或在上海。或在天津会晤互交。现各大臣先为亲笔画押。盖用关防。以昭信守。

同治卷一七

(同治二年癸亥六月癸巳)恭亲王等又奏。再查洋商进口洋货。交过正税后。如欲改运别口售卖。按约准发免单。而免单一项。实系南洋各口所发为多。是以三口通商大臣崇厚。叠次咨商臣衙门。以北洋尽收免单。津关几同虚设。并称免单流弊甚多。议将免单停止。经臣等照会各国商办。而各国总以此事须访问商情。有无窒碍为词。未能迅速定议。迨上年十一月二十七日。崇厚具奏津关第八九结征收税钞一折。声明免单一项。若不变通办理。京饷和款。两无所出。请旨饬下总理衙门。将停给免单。定议后迅速行知各口。以便遵办等因。奉旨该衙门覆议具奏。钦此。臣等复又照会各国商办。往复辩论。不下数十次。始据定议。于本年四月十五日。将各口洋货免单一律停止。臣等正拟覆奏间。而法国新到公使柏尔德密。复又照会臣衙门。以法国贸易较少。存票一节。于法国商情。诸多窒碍。请仍照约办理。并据总税务司李泰国禀称。洋商改运完过正税之洋货。或领免单。或领存票。应听商人之便等语。臣等公同商酌。各国通商贸易。向以英美二国为最大。所有议停免单一事。该二国既已遵办。即有法国商人。以及各国小本商人。愿领免单。应亦有限。不妨酌量办理。经此次议定。嗣后南北各口征税多寡。不致大相悬殊。而洋商或领免单。或领存票。仍于税课毫无出入。臣等现亦行知南北通商大臣。转饬各口一律照办。

同治卷一八

同治二年。癸亥。七月。丙午。江苏巡抚李鸿章奏。臣查九洑洲下关克复。则江路已断。商舶不能贩运进城。金陵贼众粮少。实有坐困之势。惟接准曾国荃咨函。仍有火轮船停泊中关。用小船转运济贼。拟请扬岳斌。彭玉麟。师船查明拦禁。如不服拦阻。开炮轰击。臣已札知在沪各国领事官通行谕禁。闻各领事亦不愿该国商船有此行为。将来即有停泊济匪船只。被官军炮火击伤。谅不能代为伸辩

……

谕议政王军机大臣等。李鸿章密陈金陵城内等情。著即飞咨曾国荃等。上紧偪攻。并须严断轮船接济。以期早克坚城。前已谕令总理各国事务衙门。与在京各国公使妥为商办。并照会令其饬知各口领事官。严密查察。禁止济贼粮药。如不服查问。仍前接济。即令师船开炮实力轰击。毋稍姑容……

(戊申)恭亲王等又奏。臣等查禁止济贼一案。咸丰十一年六月间。因官文等奏。安庆城下有洋船停泊等情。曾经给予各国照会禁止。当据英国覆以果有私欲通贼商人。被官兵枪炮伤害。禀请代为赔偿。决不听禀等语。并经奏明在案。本年五月间。因购买轮船将到。又经照会各国公使。转饬各口领事官。及各商知悉。现在已由臣衙门札饬自置轮船。暨各水师兵船。一体查拿。嗣后各国商人。如有私运军火来各口者。一经查获。即行按约将船货入官等因亦在案。迨六月间。奉到此件谕旨。臣等以金陵军务正在得手。济贼一层。尤应严禁。但恐轮船查拿。各国或以外国人不应越俎藉口。因复给予各国照会。告以现派师船在金陵一带江面巡查。如有洋船在金陵城外停泊者。定即开炮轰击。属令转谕各商知悉去后。兹据英国照覆内称。遵已严谕英商。倘该商等不遵示谕。犯禁前往。致被轰击。不得向地方官索要修船养伤等费等语。词意甚属切实。至法美二国照覆。虽似有求免轰击之意。但英国已经遵办。该二国亦难独异。又经臣等斟酌各给照覆。令其一律照办。惟俄国至今未复。查俄国商人之在长江贸易者甚少。谅亦别无异说。

给英法俄美四国照会

为照会事。照得军火违禁。例不准贩运进口。近来外国各商。私运军火甚多。屡有接济贼匪情事。为害甚钜。人所共知。亟宜照章禁止。业经本爵奏明。行知各该督抚。及各路统兵大臣。派拨师船。于沿江各口。认真巡查。遇有接济贼匪洋船。均实力拿办。不得稍事迁就。奉谕旨允准在案。现在并由本爵札派中国自置之火轮兵船。在于沿江沿海各口。一体巡缉。应请贵大臣转饬贵国住扎中国各口领事官。暨各商知悉。自饬知之后。倘再有私运军火来中国各口者。本爵现已通饬水师兵船。并饬各海关巡船无论所运军火在口内口外。一体拶拿。按照条约。严行惩办。将船货一并入官。合行照会贵大臣。立即转饬知照可也。

给英法俄美四国照会

为照会事。案准协办大学士两江总督曾咨。以金陵贼匪。经水陆官兵。于五月十五等日。奋力痛剿。案将九洑洲。七里洲。下关。草鞋峡。燕子矶等处。一律攻克。官兵现已近偪金陵城下。长江一律肃清。若能断贼接济。金陵指日可复。惟外国商船常在金陵城外停泊。查有接济贼匪情事。现已派拨师船。专在江面巡查。如有外国船只。仍在金陵一带水面停泊。定即开炮轰击。咨请备文照会各国大臣。转饬洋商船只。于金陵未复以前。毋得在金陵城外一带停泊等因前来。本爵查金陵地方。乃中国有贼之地。外国商人船货。自应遵照和约。不得前往。曾经本爵照会贵大臣谕禁在案。今曾中堂查有商船接济贼匪情事。恐不为无因。现既专派师船巡查。如外国商船。仍前任意停泊。接济匪粮军火。势必用炮轰击。其咎实由该商船自取。相应照会贵大臣。转谕洋商知悉。凡有外国商船。无论上江下江。均不得在金陵水面停泊。并一面谕禁该商等毋得接济贼匪。以全友睦之谊。仍望见覆可也。

英国照覆

为照覆事。接准贵亲王来文。内开案准协办大学士两江总督曾咨。官兵现已近偪金陵城下。长江一律肃清。金陵指日可复等因前来。本大臣接阅之下。不胜欣悦之至。此次官兵连拔贼垒。足见主帅善谋。将弁用命。谋勇相济。直薄金陵。可为贵亲王申贺。本大臣立即严谕英商。凡有英国商船。无论上江下江。均不准在金陵水面停泊。并不准接济贼匪。倘该商等不遵示谕。犯禁前往。致被贵国巡船开炮轰击。该商亦不得向贵国地方官。索要修船养伤等费。再本大臣管见所及。贵亲王可否亦即转饬上海。并长江三口海关监督。谕令各国船主知悉。嗣后有贼之地。不得前往。尤不准在金陵城外停泊。及接济贼匪等情。并谕以业经严饬巡船认真严密察查。勿得故犯。则所办更臻周密矣。为此照覆。

给英国照覆

为照覆事。接准来文。以协办大学士两江总督曾。水路官兵。现已近偪金陵。为严谕英商。无论上江下江。不准在金陵水面停泊。并不准接济贼匪。又本大臣管见。贵亲王可否亦即转饬上海。并长江三口海关监督。谕令各国船主知悉。凡有贼之地。不得前往。尤不准在金陵城外停泊。及接济贼等因。具见贵大臣持论公正。除贼安良之美意。本爵深为欣慰。查金陵一带。本爵前已咨行两江总督曾。江苏巡抚李。严饬巡船。认真严密稽查。剀切晓谕。如有前项情事。即行分别轰击入官。今准来文。合再咨行沿江各督抚。转饬各关监督。出示晓谕。并由各监督分别照会各国领事。传谕各国船主知悉。不准在金陵城外停泊。及接济贼匪。故犯禁令。以致船货入官。并被轰击。为此照会。

法国照会

为照覆事。接准照会。现在金陵已认真堵口等因。本大臣当已札知本国领事之在中国者。传谕各商知悉。贵亲王所有派令师船巡查。于外国商船在金陵城外停泊者。即开炮轰击。此节干系极重。凡行洋之船。难免无意外不虞之事。迫至该处停泊。不得谓其有意阑入堵口。及有能贼情弊。如中国兵船遇见该船停泊。不为告诫明晰。遽先开炮。则其后定有为难之处。因思贵国既有查办入官之权力。今此侭可推行其意。即有舛误。犹可设法弥补也。为此照覆。

给法国照覆

为照覆事。接准来文。以金陵认真堵口。已札知各领事传谕各商知悉。惟洋船难免无意外不虞。迫至谇处停泊之事。中国兵船。遇见该船停泊。不为告诫明晰。遽先开炮。则后有为难之处。等语。本爵查贵大臣照会所称。洋船难免无意外不虞。迫至该处停泊一节。亦在情理之中。中国兵官办事。断未有并不查明。遽行开炮之理。如外国商船遇有不虞之事。迫至该处停泊者。即应尚该处附近师船告知情由。听凭查验。限刻启碇。即可不致误被轰击。如该船不服稽查。致被轰击者。则系咎由自取。与人无尤。本爵现又行文协办大学士两江总督曾。转饬水师各官遵照。并饬其随时查察。分别办理可也。为此照会。

美国照覆

为照覆事。接到公文二件。阅悉曾中堂智勇兼全。奋力攻克金陵各隘口。十余年来长江一律肃清。本大臣甚为欣慰。更望金陵指日功成。查金陵有贼之地。外国商人须照和约。不可前往接济。本大臣前经屡谕本国人。倘有商人自知国法。干罗罪孽。不能阻其事。亦不应为护惜。但以外国规例。世人冒险图利。非与对仗。只可船货拿获入官。必无残戮于人者。兹颁来旗号样式。去年已经分送各口。俾本国师船货船。得知贵国旗号。无论何等船只。悬挂此旗。即当恭敬贵国之旗号可也。

给美国照覆

为照覆事。接准来文。覆称金陵有贼之地。外国商人照约不可前往。本大臣屡谕本国。倘有商人自知国法。干罗罪孽。不能阻其事。亦不为护惜。但外国规例。世人冒险图利。只可船货拿获入官等因。本爵查六月初八日照会一件。系因曾中堂大兵偪近金陵。必须断贼接济。方可早图克复。是以有外国商人在金陵一带停泊私济贼匪军火者。即行开炮轰击等语。今据贵大臣称外国规例只可船货入官云云。查洋船赴不通商口岸贸易。自应将船货入官。惟于有贼之地。且有接济贼匪情事。其罪自不止将船货入官已也。嗣后遇有此项犯法之船。中国立即开炮轰击。查照贵国条约第十四款。美国商人携带各项违禁货物之例。听中国地方官自行办理治罪可也。为此照覆。

(丁巳)署通商大臣江苏巡抚李鸿章奏。窃查荷兰国通商事宜。先经前通商大臣薛焕。会同臣奏奉谕旨。准照比利时国条约。即在上海与之商办等因。钦遵在案。兹于同治二年六月二十七日。接据该国领事哥老司申陈。转递该使臣矾姓汉文照会一件。查阅文内前叙薛焕去年所给与该总事札文。后叙该国特派大臣立约。乘驾轮船。护送抵京。现至上海。请即为转奏前来。情词尚为恭顺。其国名荷字改用和字。似取间同之故。其去年申陈内称伊主为皇帝。兹文内则称为君主。是此一层。不烦力争而先已更易。将来立约自当以该使此文为定。惟不肯从简便而惜劳费。恐轻修好之典。且有失和国自主之体等语。或仅为遣使前来。自占地步。抑或别有要求。均未可知。且仅递照会。未来晤商。难保不以主命为词。乘轮船赴津。蓦直到京。则更无从拦阻。臣当即照覆。先请其前来面商一切。遵旨即在上海定议。谆切婉致去后。俟该使覆到。如何约期商办。续行奏报。再通商各口立约。应请旨特派大臣办理。此案荷兰国援请立约。先经钦奉寄谕著薛焕。李鸿章。相机妥办等因钦此。现在薛焕另蒙简用。臣接署通商篆务。是以不敢拘泥。迅即照覆该使。权宜致词。实为挽留该使。免其进京起见。如其依允。臣自当申明比固成案。豫将住京一节。力为杜绝。如该使另存意见。臣亦无先往拜晤强邀之理。俟其到京。饬回上海。或在天津议办。通商体制攸关。向系特旨派办之事。未敢擅专。应并声明。恭候谕旨定夺。

谕议政王军机大臣等。李鸿章奏。荷兰国遣使立约。拟令遵旨即在上海商办。并近日军情各折片。荷兰国派使臣矾姓立约。乘驾轮船赴京。现先至上海。欲请该抚转奏。情词尚为恭顺。惟仅递照会。未来晤商。难保不以主命为词。乘轮船赴津。蓦直到京。则更无从拦阻。现在该抚照覆该使。先令其前来面商一切。该使如肯先来面议。著李鸿章剀切开导。申明比国成案。豫将住京一节。力为杜绝。并将换约事宜。即由该抚在上海妥为办理。如该使执意赴津。或直抵京师。已谕知总理各国事务衙门。豫为筹办矣。嘉兴逆首纠众来扑吴江。苏嘉各处。大股四出狂窜。内有洋人施放开花炮。叠次向营轰打。白齐文又先带流氓洋匪二百余人。投入苏贼。即著李鸿章商令英法美各领事。出示严禁。不准各国流民偷入济匪。并准前路各营卡查拿捆办。至各国轮船。本准其入江往来。该洋人惟利是视。难保其不暗中济匪。所有水路各要隘。遇有轮船出入。应如何设法禁止。断贼接济之处。著李鸿章咨照左宗棠。会同妥商办理。

荷兰国矾使照会

大和君主。特派钦差住扎中华便宜行事全权大臣矾。为照会事。照得同治元年。本国主政大臣。接准住扎广东总领事。由住扎上海副领事哥。呈递同治元年十月十八日。前贵大臣薛札文。开称闰八月二十三日。哥副领事面递该总领事闰八月申陈一件。据称接奉贵国主政大臣札文。以和国与中国通商极先。久敦和好。商人贸易者船艘甚多。尚未专立和约。诚恐商人无所遵循。奉命由该总领事转陈本大臣奏恳互立和约等情。当经本大臣据情奏请大皇帝训示。现已奉有谕旨饬由本大臣办理。查和国在中国通商最久。甚为和好。现在比利时国业已立定条约。互换之后。可将比利时国条约。钞发和国。一体照行。俾商人有所遵循。和国毋须另派大臣前来议立条约。以昭信睦而取简便。本大臣既已钦奉圣训。合亟备文札行该总领事。即便详明贵国大臣查照等情前来。当经主政大臣据情奏请君主圣裁。旋即钦奉训示。以和国与中国通商。夙敦和好。兹蒙大清皇帝谕旨。欲令和国照比利时国所立之条约。一体照行。以取简便而省繁费。足见其曲体优待之极。并见其已许讲信修睦之雅。若贪简便而省劳费。恐不第轻修好之典。抑且有失和国自主之体。因特派本大臣前诣中华。互立和约。钦点大火轮师船一艘。来驾护送抵京。现至上海。合亟备文照会贵大臣。仰祈查照来文事。即为转奏圣鉴。不胜望速望切。

给荷兰国矾使照覆

为照覆事。准贵大臣照会。奉君主特派诣中华。互立和约等因前来。查贵国恳照泰西各国已定章程。互立和约。当经前钦差办理通商事务大臣薛。与本大臣据情会。奏钦奉大皇帝谕旨允准。著令薛大臣。本大臣。会同查照比利时国立约之案。俟互换后钞发照行。即在上海妥为办理等因。钦遵在案。除前大臣薛。已于本年三月内遵旨赴京。另奉简用外。所有钦差通商事务大臣关防。现经本大臣接署。本系奉命会办大臣。今贵大臣钦奉贵国君主饬派前来。既已行抵上海。即望贵大臣定期前来会晤。以便本大臣与之妥为商办一切。以凭具奏。恭候大皇帝谕旨遵行。再查比利时国立约前案。系于同治元年六月在上海议定。今贵国照比国章程立约。自应仍在上海办理。毋庸赴京。若冒昧前去。必致无人接待料理。贵大臣亦必致仍回上海。方可与本大臣会议立约。更为徒增往返之劳。殊非中国曲体优诗之意。本大臣理合先为明晰知会。为此照覆。

(甲子)福州将军兼管闽海关税务觉罗耆龄。福建巡抚徐宗干奏。窃查前据委办福州口税务镶白旗协领长庆等禀。准税务司美里登函称。侦知英商威加里洋船。违禁暗藏大小洋枪等件。即经长庆照会英国领事官发给查票。美里登随派副税务司来地。驰往罗星塔江面认真查办。于威加里船上。查获洋枪等件六十箱。内大小洋枪一千零五十枝。铜唿二百万粒。铜唿者。即洋枪引门所用自来火铜帽也。均经运回本关栈房存储。该商船违禁私藏军器。应照条约全数入官。向例拿获走私货物。以一半变价充赏。现获洋枪等物。约计值银万余圆。第系军械。未便估变。应请酌赏报线人等番银三千圆等情前来。即经前任福州将军臣文清暨臣徐宗干。札饬福州府会同福州口委员长庆妥议酌给。尚未覆到。文清旋即卸事。臣耆龄抵任。与臣徐宗干会商。以洋船贩运枪炮。久经总理各国事务衙门咨行严禁。以杜济匪。今威加里商船私藏洋枪千余枝。自来火铜帽二百万粒之多。驶入福州海口。实属故违例禁。设被匪徒购去。为害甚钜。该税务司美里登一经查知。刻日全数拿获。访查周密。办理认真。洵堪嘉尚。业经臣耆龄而为嘉奖勉励。其所请赏银三千两。自应先于关税项下垫给。俾该税务分给报线人等。庶能益加感奋。实力稽查。杜绝走私偷漏。其垫给赏银。将来即于关税应行发司项下扣还归款。洋枪铜帽。均交省会总局收储。以便军需拨用。

(戊辰)荷兰国照会

大和国君主。特派钦差住扎中华便宜行事全权大臣矾为照会事。案于同治元年。本国主政大臣接准同治元年十月十八日前贵大臣薛来文开。钦奉大皇帝圣训。饬由本大臣在上海办理和国条约。和国毋须另派大臣前来立约。以取简便而省繁费等情。当经主政大臣据情奏请君主圣裁。旋即钦奉训示。以和国与中国通商。久敦和好。兹蒙大清皇帝谕旨。欲令和国照比利时国所立之条约。一体照行。以取简便而省劳费。足见其由体优待之极。并见其已许讲信修睦之雅。若贪简便而省劳费。恐不第轻修好之典。抑且有失和国自主之体。因派本大臣钦点大火轮师船护送。前诣天津京城。互议二国和好贸易条约。现抵大沽。合亟备文豫先照会贵大臣查照。即便奏请大皇帝。仰祈特派便宜行事全权大臣。或于亦师。或在天津。与本大臣会议和好条约。以昭信睦而垂永远。不胜望速望切。

(己巳)恭亲王等又奏。臣等因两江督臣曾国藩奏请禁止轮船在金陵城外停泊。以防齐粮于贼。当照会各国去后。嗣据英法美三国陆续照覆在案。兹于本月初七日。据俄国照覆。已行知领事官。并晓谕各商。不准在金陵水面停泊。接济贼匪。如有前项情事。即治以应得之罪。傥不听拦阻。擅自前往贼占之地。经炮轰击船损。亦属咎由自取等语。查俄国照覆所称。尚属驯顺。已知照两江总督。江苏巡抚。饬属严查。

俄国照覆

为照覆事。接到贵王大臣照会。内开现既专派师船巡查江面等语。查贵国设法。以杜外国商船接济贼匪。实与军务情形。甚属相宜。本大臣已行知领事官等。晓谕各商。嗣后俄商船只。无论上江下江。均不得在金陵水面停泊。并不得接济贼匪。如查出该商船果有前项情事。定将治以应得之罪。倘该商船不听拦阻。擅自往贼占之地。经贵国师船用炮轰击。以致船有损失之处。其咎由自取也。为此照覆。

同治卷一九

（同治二年癸亥八月）癸巳。署两广总督晏端书。粤海关监督毓清奏。臣等伏查粤海关口。事务纷繁。需费甚钜。自应力求撙节。以昭核实。前督臣劳崇光。会同臣毓清。前请开销经费。原期厘剔弊端。实用实销。以资办公而重税课。溯自咸丰九年九月。派委英国人李泰国。在粤海关为税务司帮办税务。又于是年十二月在潮州开设新关。征收洋税。无论正杂各款。悉数并计归公。并无杂款可作经费。臣毓清与前督臣劳崇光。及接办税务司赫德。公同商酌。以此项办公经费。既无款项可筹。惟有于税项内作正支销。并议定俟办有成效。再行酌议请给。由是外国人颇形踊跃。自帮办以来。弊绝风清。咸丰十年七月第一次关满。所征税银。已较从前加增。十一年七月二次关满。所征税银。又较上次为旺。此税务司帮办洋税之著有成效也。如部议奏内奉驳咸丰九年尚无税务司名目。饬令详细声覆一节。查英人李泰国。于咸丰九年九月间。持有五口通商大臣札谕来粤。在前任监督臣恒祺任内。于九年九月二十九日开办。即设立正副税务司。并外国写字及扦子手。通事人等。帮同收税。当经前督臣劳崇光。于是年十一月间附片奏明。其时不即奏请开销经费者。因税务司言及甫经试办。一切需用人等。经费多寡。尚难豫定。是以暂缓奏报。而潮州新关。亦于该年十二月初九日。李泰国自由省前往开办。议设委员。并税务司人等。开港立关征税。其赫德呈报总理衙门。粤潮州关收支清折内。自第一结报者。系因和约后扣还英法两国五分之一。以第一结起。即将各海关税务司经费。顺序按结开列。并非云税务司经费。自第一结起也。臣等业已饬令赫德。自开办起截算清楚。造具支用清册送部。其用过经费。应请准于税项内另款作正开销。此原奏内所以请自九年九月二十九日税务司开办之日起。议给经费之原委也。又奉驳关署书役人等经费。事前未据报部有案。事后又不造册送部。行令实力核减一节。查海关征税。既经澈底澄清。所有协同巡缉。及盘查秤舱。登填核算之书役通事人等。薪水饭食纸张等项。实力核减。每月尚需银七千六百五十余两。委系实在情形。万难再减。惟因税务司所用经费。于办有成效后。始行议定给发数目。未便将关署书役人等用项。先行奏请。此事前未及报部有案。是以与税务司经费一并奏请之原委也。又奉驳所需前项银两。即在船钞项下动支。如有不敷。在子口税项下拨补。不得动用正额盈余一节。查粤海大关。及潮州新关。每年征收船钞。约四五万两。除总理衙门提拨三成。及本省拟设同文馆奏提经费外。仅存二三万两。以大关新关经费。每年共需银九万余两。为数已属不敷。且查条约内载。凡浮桩号船塔表望楼等经费。均在船钞项下拨用。至子口税一项。大关及潮州新关。自奉文开办起。即将三连单运照等件。逐一备齐。迄今并无洋商来关请领。毫无所征。据赫德称。广东子口税。非长江可比。广东港议纷歧。殊难办理。其条约内载。原为便商起见。今各洋商既不愿赴关领照。亦难相强。是以子口税一项。更无从指拨。拟请仿照天津海关成案。于进出洋税项下。每两坐扣银八分。为支销经费之用。如用不敷。准由船钞及旧设各卡口税饱项下拨补。偿有盈余。仍随正税解部。此实支实销。必须动用实款之情形也。又奉驳此项既经另请开支。其旧设经费。即行裁撤。不得重复开销一节。查粤海一关。为通省外洋总汇之区。所有惠潮高雷廉琼沿海各府。皆有额设口岸。差派书役稽查征税。历年既久。用人亦多。前经酌减规费。迨道光二十三年。改定五口通商章程。裁撤洋行。得将向有之费革除。是以奏准定手饭食公费一款。聊为补苴。虽云规费全无。然较之近年澈底澄清者有闲。况粤关之设。迄今二百余年。不仅与新关牛庄汉口各港不同。即与江海福州等处亦异。自设立税务司帮办。又经英法二国扣抽五分之一。该书役人等。无不勤慎当差。毫无弊窦。是以体察情形。力求撙节。量加津贴。必不可少者尚需此数。并无重复冒滥。倘将旧设经费裁撤。必致办公竭蹷。不足以示体恤而昭激劝。此旧设经费仍请照旧开支之情形也。臣等窃思自设税务司帮办。征收洋税。洵能兴利除弊。无漏无苛。可否籲恳天恩。俯准将所需经费。分别动用开销。俾资办公津贴。则该税务司及书役等。仰体皇上鸿慈。自必益加感奋。臣等为核实办公。有裨税务起见。不得不缕晰渎陈。

同治卷二〇

同治二年。癸亥。八月。己亥。福州将军耆龄。闽浙总督左宗棠。福建巡抚徐宗干奏。窃臣等承准总理各国事务衙门咨称。署通商大臣李鸿章。据福州关税务司美里登申称。现在台湾税务。由地方官办理。一年收银四五万两。以洋药而言。淡水。鸡笼。台湾府。打狗港。四处。每年进口。至少有五六千箱。即可征税或十五万两。或十八万两。如外国人作税务司办理。台湾新关。每年足可收银三十万两。实是中国大有利益。请以鸡笼口作淡水子口。打狗港作台湾府子口。缘鸡笼与淡水相连。打狗与台湾府相连。照此办理。只须税务司一名。即可办理四口税物。按月经费亦不必多。或一千两。或一千二百两。即可敷用。而一年所收税银。可以三十万两之多。请移咨福州将军。即照税务司章程。转饬派往台湾之副税务司。速往台湾遵照办理等情。察核所请。拟于通商条款。及善后条约内所载。凡有严防偷漏。应由中国设法办理。及各关现征子口税之法。尚相符合。与另请添设口岸有间。查鸡笼口。打狗港二处。既经署理通商大臣体察情形。可以作为台湾淡水子口。设立税务司征收洋税。自应准如所议办理。惟子口税银。向只征收半税。今查鸡笼打狗二口。既须收洋商进出口正税。并收复进口半税。则打狗一港。可作台湾之外口。鸡笼一港。可作淡水之外口。所收税银。仍归台湾淡水造报。行文查照。如果于税课有益。别无窒碍。即妥议一切经费章程。会同奏明开办等因。臣等伏查台湾一郡。自南至北。延袤千有余里。港口纷歧。现止沪尾一处。设关开征。稽察巡查。本难周密。该税司请以鸡笼为淡水外口。打狗港为台湾府外口。设立副税司一名。专管四口税务。布置较前周密。足杜洋商偷漏之弊。每年如可增银三十万两。于税课自有裨益。所有该税司酌议章程。有无格碍。业经飞录台湾道府体察情形。速筹详办。第重洋远隔。风汛靡常。若俟议覆到日。再行具奏。开征未免耽延时日。臣等再四熟筹。先会札该税务司。派副税司前往。添设各口。妥为试办。遵照通商则例章程。征收洋商进出口正税。并收复进口半税。一面飞饬台湾道府。暨通商委员。督同筹办。应否另行派员。分驻添设各口。由该道府等核议详覆办理。至台湾口税务司薪水经费。业经总理各国事务衙门议定。每月给银二千两。办公自属裕如。其台湾通商委员另派各口员役公食。亦责成该道府核定确数。按月支发。据实服销。各口征收税银细数。由该税务司随时报明通商委员。开折通报。并将收存银两。按月解交闽海关库。以备拨充京协各饷。至办理详细章程。俟该道府等详覆到日。另行奏咨。

辛丑。留办金陵军务浙江巡抚曾国荃奏。臣窃闻西洋轮船。自兴造以来。至今不过百数十年。制度精巧。用水火之力。奔腾鼓荡。日行千余里。从印度至粤。不过数日。各国赖以觇货物之盈绌。探兵事之利钝。虽渺隔重洋。无不旬日周知。惟其闻见最速。诸事皆得先为之备。故其获利尤溥。西人兵力财赋。横绝一时。实由于此。其兵船制造尤坚。首尾皆锐。里以厚铁战斗折冲。其行如飞。他船不能与之争疾。兵交之际。鼓其火力。直冲无前。所当之处。无坚不破。沿海盗艘广艇艚船白鳖壳之流。往往畏之如虎。洵海中第一利器也。臣见泰西所刊纪事之书。云俄国本在陆地。惟南境滨临黑海。昔年以无轮船之故。口岸要隘。多为英法各国占据。其先汗有名比达者。幼而英武。愤敌之偪。思所以御之。当其为太子时。微服至法国船厂。佣工数载。尽得其诀。归则仿而为之。巧与相埒。此俄国轮船之始也。厥后国势日强。南向以争黑海。与各国连兵。至今未息。欧洲莫不惮其强盛。观其深心大力。有志竟成。收效之速。有如此者。今当海氛甫靖之际。傥能鼓励中华才力聪明之士。困心衡虑。师外国之长技。即可以制他寇之凭陵。安见彼轮船之切于时用。不资我中国因利乘便之政乎。如或谓中外和好。交谊正笃。不可先存机心。以启猜嫌。言之懔慄。似亦可听。然而思患豫防。与起良法。乃经国之大猷。何可一日忽也。但制作之方。机械之繁。非资之岁月。先精驾驶之法。无以穷其底蕴。查前年廷旨购办输船七号。不惜钜赀。幸而有成。闻皆将到海口矣。惟近见总理衙门。与洋人奥士本。李泰国。商定往复。除输船实价百万之外。所用西人兵士。每月口粮七万余两。每年大率不下百万两。俱于海关支扣。窃计国家帑藏空虚。修而岁增钜款。度支将益不给。当始议购买之时。原以用中国人力。可以指麾自如。且其时长江梗塞。正欲借此利器。以平巨寇。自今夏攻克九洑洲。仰仗皇上威福。江路已通。江边之城。仅金陵省会。尚未恢复。然长江水师。帆樯如林。与陆军通力合作。一经合围。定可克期扫荡。臣窃见轮船经遇长江。每遇沙渚回互。或趋避不及。时有胶浅之虞。盖江路窄狭。非若大海之得以施展如意。譬犹健儿持长矛于短巷之中。左右前后。必多窒碍。其势使之然也。平时一线直行。犹且如此。临阵之际。何能盘旋往复。盖其所长。是大江之用轮船。非特势力少逊。究亦有术穷之时。今令其入江。实有不藉彼战攻之力。若顿诸海口。则又安闲而无所事事。且各船皆洋人为政。未必肯受华官之约束。我中国即欲讲求利器。无从得其端儿。历久之后。岁费百万。深恐财尽力殚。有废然自返之一日。徒使廊庙远猷。不能收经久之效验。甚足惜耳。臣伏查沿海各省。如苏浙闽粤。皆有额设水师。其将领弁兵数万人。岁费兵饷。及修船军火之赀。数百万两。闻粤省兵伍最虚。而船制颇坚。闽省兵数较充。而船制甚脆。至于江浙二省。又不如闽粤远矣。加以纪律不明。约束不密。曩时颇在各海口贩运违禁之物。道光十九年。海疆初次有事。守御诸军。交绥而溃。迨和议既成。大吏因循。亦未整顿。年复一年。废弛弥甚。遇有应行出海会哨之事。靡不视为具文。以致洋面盗风。所在充斥。其不可恃。由来久矣。查咸丰年间。江浙二省。办理海运。实由商人各自捐赀。雇募外国轮。护往来。得以晏然无恐。各商人自计犒劳之赀。所费无几。而行李遂无戒心。故中情甚愿。即洋人新闻纸中。亦恒云洋面盗贼。中国若能设立轮船。专司缉捕。外国亦当助力等语。并有见诸和约者。此时各国盟誓已坚。海岛无事。所资兵力。不过捕盗而已。为今之计。若酌裁沿海额设水师之经费。以养新购之轮船。则国家不至多縻饷项。而其事亦经久可行。若改初议入江新购之轮船。移而巡海洋之盗贼。则中西藉以永敦睦谊。商情亦因之允惬。如其专任轮船出洋巡缉。南至二粤。北至盛京。内外洋面。分途逻哨。为益甚多。至于的量裁灭沿海水师。尽可分别办理。查苏浙二省。兵力最疲。自宜概行裁撤。其闽粤二省。或酌留十之三四。或留十之五六。应责成该省督抚因地制宜。相机办理。大率不外先核兵伍虚数。就目下实有之人。加以陶汰。务使可收实用。一俟裁减妥善。整顿齐全。每年节省之款。不下一二百万。便可充轮船之饷而有余。一转移关。两善俱备。目下之费不患不充。将来亦不至难乎为继。如此办法。海口以内。水师之军政改观。海门以外。轮船之巡缉益力。相辅而行。则巨洋盗风。可期弭戢。海外各国商人。闻中国移此船为捕盗之用。无不敷欣鼓舞。相与有成。此中外两利之道也。至若变化之术。所谓神而明之存乎其人。傥能商定此项轮船。皆由中国官员主持。然后选心计明白。久于行阵之人。为该船将领。并延揽智能巧思之士。以充幕僚将弁。悉心讲求。得其驾驶攻战之法。更于粤东江苏海口。设立船厂。令中国工匠。学习整修轮船之事。以期尽通巧妙。七船兵士。亦准逐渐换补中国之人。庶几此项利器。乃可云中国所有耳。臣缘见轮船入江。无用武之地。而沿海水师。颓废已甚。二项经费极钜。应筹经久之良谟。用敢渎陈管见。是否有当。伏候圣主采择。惟事关军政大体。变通办理。亦非易易。且闽粤苏浙情形。各有不同。其应如何办法。应请饬下沿海各督抚熟筹覆奏。以期有利无弊,出自圣裁。

壬寅。三口通商大臣兵部左侍郎崇厚奏。同治二年七月二十四日。奉上谕。兵部左侍郎驻扎天津办理三口通商大臣崇厚。著作为全权大臣。办理荷兰国通商条约事务钦此。同日承准议政王军机大臣字寄。奉上谕。崇厚奏。何兰国遣使来津。请立通商条约一折等因钦此。奴才当即备具照会。订该使于七月二十八日在公所公阅上谕。并委派津府知府费学曾。候补知府周家动。与随该使前来能通中国文字语言之翻译官凯士商论。当据凯士面称。此次该使特来天津。议立条约。拟照英法各国条款办理。以示一体优待之意。当答以凡在通商章程内。两国取利防损之处。均可斟酌允准。惟不能照英法各国。分列数十款之多。只须得其大意。包括一切。立有数款。即可完竣等语。讵意该翻译官订期。先与委员等面晤。据称现在拟送条约稾本。系按照英法各国。及参用续立之布西丹国等条约章程。分别各款。请为商酌会议。该委员等即持定前说。仍答以现在各口通商。均有定章。无庸多列条款。只须将大意叙明。若开列多款。难以允准。再三切属。该翻译官允以从简开送。嗣据凯士前来。呈出所拟条约十九款。并云此次所列各款。较他国刚去三分之二。格外从简。再不能则灭短少。当告以所列之款。虽较他国减少。而大意并无稍异。和国既定十九款。我处仍当酌量并归。只须简明了当。不在款目多寡。并将该国所拟各款内紧要关键。当面逐款指驳。如前往京师南京通商。并内地传教减税。以和文为正义。暨在京互换条约各节。先行刚改。彼此各执意见。辩论一番去后。当将该使所开条款。照录咨呈总理各国事务衙门王大臣查照。一面逐款详加参核。内将可以节刚。及应行添叙之款。再四酌改。旋准总理衙门函覆开示紧要各节。一并参酌。分别十六款。节令委员送交阅看。旋据该使订期。率同凯士前来面议。内有不肯应允之处。坚执不下。复经当面逐款商议。或婉言开导。或侃论驳斥。涂改数次。该攀使不通汉文。但觉词气怏怏。而凯士巧黠异常。每挟布西各国条约力争。哓渎不休。奴力窃思从来事涉外国。无不费尽唇舌。洋人素性巧诈。如拒之太峻则偾事。许之过轻。又恐意存奢望。遂令委员等从旁与凯士再四晓喻。以作腾那。令其就我范围。嗣后往来传述。逐款斟酌损益。稟经数易。始将紧要各节。刚改无遗。大致尚无出入。仍将拟定条款。钞呈总理衙门覆核。一面复与该使议定。至通商税则章程。议明均照各国按例输税办理。一字不改。此次止立条约。不复再议税则。并言明彼此均不缮写。亦不互换。所请减税一节。暗中消弭。已作罢论。惟恐其再有反覆。因于所定十六款外。另立一款。议明各国税则。届重修年分。该国亦准一体办理。并另给照会。言明将来重修税则时。亦应按照价值。秉公增减。俾将来不致有所借口。兹将议定条约。缮具汉文和文各二本。悉心较对无讹。已于本月二十四日。奴才与该使攀大何文。率同随员等。在公所公同互相画押。并由奴才盖用通商大臣关防。攀大何文亦钤图记。立约事宜。一律完竣。除将应给该国条约一本。当交攀大何文递回荷兰国。俟换约届期。再行办理外。谨将留存一本。封送军机处。恭呈御览。

荷兰国照会

为照会事。昨与贵大臣面议敝国羽缎一款。据称税则已定。不可更易。窃思贵大臣乃大皇帝钦派全权便宜行事大臣。便可裁正改妥。况天下惟公与正。乃可服人。若以羽缎之价值。按百两征收五两之章程计之。殊多不符。未知贵大臣果能折中改正乎。如其不能。本大臣自应别国计议。为此照会。

给荷兰国照覆

为照覆事。昨据贵大臣照会。内开羽缎一款税则等因。据此本大臣查贵国所产羽缎。前经咸丰八年所定通商税则。载明纳税章程。迄今数载。通行各海关照例收纳。并无一字更易。即泰西立约各国。亦从无议改税则明文。并查现在中外商人贸易。此项羽缎价值。实较英国羽纱增至一倍有余。人所共知。断不能酌减毫厘。本大臣奉命与责大臣议立通商条款。止能秉公商酌条约。若向来通行税则。以重改轻。本大臣断难允准。理合明晰照覆。即希查照是幸。

荷兰国照覆

为照覆事。昨据贵大臣照会。内开羽缎税则。以重改轻。断难允准。据此本大臣细查羽缎价值。较之羽纱。仅贵些许。确无加至一倍之数。固中外所共知。乃价仅稍贵。而税则倍征。实于和国商人甚有窒碍。今贵大臣既称向来税则以重改轻。断难允准。本大臣亦应权宜曲从。别作计议。现查各国通商章程善后条约。末有另款一条。内载两国货物。或土产。或工艺。一时不同。而价值有低昂之殊。其税则有增减之别。每十年较定一次等情。既有此另款明文。则羽缎一项。即迟至数年修改。未为不可。为此仰祈贵大臣亦于各国较定之日。一例秉公酌减改正。以彰平允。实为至幸。理合备文照覆。即希查照。

给荷兰国照覆

为照覆事。昨据贵大臣照会。内开羽缎一项。于各国较定之日。一例秉公酌减改正等因。据此本大臣查各国通商章程所载另款。并非专指一项货物而言。今贵国欲立另款。亦可权宜办理。惟羽缎现在价值。实较羽纱昂贵。将来重修税则时。两国亦应按照价值秉公增减。并不能专论羽缎一货。现在拟为另立一款。彼此酌定可也。为此照会。

（九月辛亥）晏端书又奏。咸丰八年间。前督臣黄宗汉。因广东军需喫紧。劝令绅富捐赀助饱。时有绅士候选道伍崇曜。寿借银三十二万两。交军需总局充支军饷。由粤海关发给印票。议定本银一两。每月息银六厘。以半年为期。由关税项下拨还。嗣因逾期未给。经前督臣劳崇光。于九年八月二十八日附片奏明。钦奉上谕。著俟粤海关税续行征有成数。陆续给还。以符原议等因钦此。钦遵在案。连年关库因扣交外国银项过钜。致提解京饷。及拨支要需。入不敷出。是以前项借款。尚未给还。上年十一月。劳崇光将交卸时。有美国领事裨理申称。伍崇曜前向伊国旗昌行等借银三十二万两。积算息银甚钜。请自同治二年正月起。将本息按月清还。臣接署督篆后。复据该领事申陈前情。查此项系黄宗汉原令伍崇曜筹借。具如何展转措办。自应仍由伍崇曜分别清理。当经劳崇光。暨臣光后咨请粤海关监督臣毓清。催令伍崇曜妥筹议覆去后。节准毓清来咨。据伍崇曜称。现向领事裨理再三商酌。议将本息银两。自同治二年八月起。统于关税项下一并分月按票陆续归还等语。查原议半年为期。息银有限。今扣至同治六年三月清款。计历九年之久。共需息银十五万余两。统于关税拨还。为数较多。咨请奏明办理前来。臣查此案借款。历年既久。本息并计。积成钜项。若再不及早拨还。则息银日益增多。更无底止。应否仍俟粤海关税征有成数。陆续给还。以符原议之处。恭候谕旨遵行。

同治卷二一

同治二年。癸亥。十月。己卯。总事各国事务恭亲王等奏。窃臣等以借兵剿贼。流弊孔多。若只购买外洋船炮。尚属事权在我。即于咸丰十一年五月内。奏奉谕旨准行。遵即咨行各督抚钦遵核办。旋经两江督臣曾国藩奏称。购买外洋船炮。为今日第一要务。臣等核计此项需款甚钜。且与洋人共事。实属不易。因署总税司赫德适值来京。即将此项船械价值水手身工及一切经费。与之悉心讲求。仍一面妥筹钤制之策。迟之人久。未敢率行骤办。嗣因宁波失守。发逆已近海滨。并闻汇兑银两。购买美国船炮。难保不乘机北犯。其时尚书赵光。御史魏睦庭。复有借用洋兵剿贼。及请买外国轮船火器之奏。臣等以事机甚迫。虽借兵剿贼未可遽议。而购买船炮之议。尚属中外会同详核。赫德所论。先派中国总兵官会同外国官阿思本管理一切事宜。其炮手水手水师兵丁等项。用湖南山东满洲共中国人五百五十名。本未议及全用洋人。且有中国官为之总统。尚无太阿倒持之弊。彼时审度时势。难以再迟。即以上年正月起。先后奏拨银两。发交赫得赶紧办理。续据赫德呈称购买船炮一切事宜。已行文总税务司李泰国在英国代办。并请给札该总税司李泰国接手管理。查前项船炮。臣等自奏明购买后。即经熟商将来轮船到后。一切军械经费。并外国兵丁水手约束章程。叠经奏请饬交湖广总督官文。两江总督曾国藩妥筹办理。并咨商江苏巡抚李鸿章。协同筹办。其时臣等原议船中所用外国人。不过令其教练枪炮行驶轮船之法。而兵权仍操自中国。不至授人以柄。嗣据官文。曾国藩奏称往返密商。拟派总兵蔡国祥统辖。其配用楚勇。即由蔡国祥豫为派定。臣等核与先派中国总兵原议相符。乃本年四月间。李泰国抵京。禀称买定轮船。大小共八只。以英国总兵阿思本为总统。其余弁兵共六百余名。并代中国与阿思本立有合同十三条。臣等阅其所募弁兵至六百余名之多。已不胜诧异。及核其所立合同。种种碍难。并不提及中国应派官弁兵丁若干。与赫德从前原议大相歧异。其时阿思本尚未到京。即经臣等再四向李泰国严词驳诘。相持几至一月。始据议定由中国选派武职大员。作为该师船之汉总统。以阿思本为帮总统。均听所在用兵地方督抚节制调遣。另立章程五条。奏准遵行。其原定十三条即作罢论。臣等一面函致曾国藩。以蔡国祥既作轮船汉总统。必须有所依据。方能指挥自如。虑及初上轮船时。所带兵弁无多。恐不足以资钤制。自应仍带水师数百名。附于轮船左右。是轮船之内既有中国弁兵。轮船之外又有中国师船。毋论该轮船行至内江何处。均当拖带偕往。明以壮声威。即暗以资防范。

庶可副权不外假之实。嗣据曾国藩函称现议五条。有随时挑选中国人上船学习。与奏准配用楚勇之案不符。并论中国师船。与轮船远不相及。不若早为疏远。或竟将此船分赏各国。不索原价。曾国荃亦以江路已通。江边之城。仅金陵省会。尚未恢复。然长江水师。帆樯如林。与陆军通力合作。定可克期扫荡。实不借轮船战攻之力。现交臣衙门议奏。臣等查购买轮船。本属万不得已之举。今曾国藩既有早为疏远之议。曾国荃又有不借彼战攻之语。则是有害无利。已属显然。若或勉强从事。中外将弁兵丁。恐终不能相协。将来胜则彼此争功。败则互相推诿。设一旦激而生变。于大局关系匪轻。现又接江苏抚臣李鸿章来函。谓蔡国祥来沪面商。以为虚拥会带之名。吴越一家。终不能相为附丽。乃其明证。是与其贻患于将来。不若请裁于此日。臣等公同筹商。意见相同。至原买轮船炮械价值。现由臣等照会英国使臣卜鲁士。转饬变价归还。其沿江沿海地方。仍请旨饬下各督兵大臣。实力攻剿防堵。毋授外国以口实。以收自强之效。

恭亲王等又奏。再洋人性情执拗。中国每倡一议。彼必故为不遵。以遂其杰傲之性。此次撤退轮船。若由中国发端。彼必借口挟制。欲撤不能。并恐因此寻衅。贻中国以无穷之累。必先与之讲论情理。处处引臣衙门所给李泰国札文为证。不豫露撤退之迹。使其自然入我范围。臣等前将李泰国与阿思本所立合同十三条。作为罢论。另与李泰国议立章程五条。明知阿思本到日。李泰国必主使辩论。以为尝试之渐。正可因其尝试。而与卜鲁士讲解原札文义。迨阿思本到后。果执合同十三条之说。谓为不应尽废。并怂恿卜鲁士照会前来。臣等因将札李泰国原文。逐句逐字分别讲解。斥为与原札不符。是以不能照办。备文照覆卜鲁士。乃卜鲁士接文后。即浼出美国使臣蒲安臣来臣衙门面商。臣等即执定卜鲁士照会内。有阿思本愿将弁兵遣散之语。必允我遣散此项弁兵。方可议论别事。嗣蒲安臣与臣等会商数次。云卜鲁士允为撤退。并欲将船炮一并驶回英国。臣等诘以船炮系由我备价所买。自应由我留用。据卜鲁士云。此项船炮。乃英国朝廷之物。非买自商人可比。既不用其人。则船炮亦应缴还本国。方能了结。臣等即乘机告以买价亦应由英国交还中国。方昭平允。卜鲁士亦允照办。取具照会存案。但此项弁兵薪工以及来往经费议由中国备给。除自英来至上海经费。于本年九月十八日截止。业由李泰国所领各款内动支。另饬李泰国报销外。其九月十九日起。应找给九个月薪工银约十六万二千两。又回国一切经费。约银二十一万三千两。共银三十七万五千两。饬由李泰国先向洋行借垫。即日交阿思本兑收。以便迅速起程。免致逗留生事。仍饬各关匀作五个月分交。李泰国兑收归垫。惟此项经费为数甚属不赀。然与洋人办事。若不决断于几先。则该洋兵等稽迟起程。其縻费又不知虚縻凡几。且反覆无常。是其本性。若使为时过久。众情生变。恐又有非数十万金所能结事者。况此项回国经费银二十一万三千两。卜鲁士允于英国应收二成扣款内届下结之期。先行如数划出。至中国豫收另送来英文划据一纸。并接其照会。言明俟轮船变价后。始由英国扣还归款。是轮船炮械将来变价若干。难未可豫计。而现收卜鲁士银二十一万三千两。即系船炮变价之款。其英国如何变价。阿思本乃原经手之人。仍责令经手变卖。至阿思本此次管带人船回国。必须事事妥协。方免彼国退有后言。不得不豫作牢笼之计。现拟另赏阿思本银一万两。饬于包变价内划收。阿思本感激称谢。卜鲁士来文内。亦有中国厚待之语。此后当不致另生枝节。虽此项经费为数甚钜。弃之可惜。然臣等防患未然。不敢稍涉拘泥。因惜小费而误大局。惟李泰国办事刁诈。以致虚縻钜款。实难姑容。现由臣等将其革退。不准经理税务。该夷狡狯异常。中外皆知。屡欲去之而不能。今因办船贻误。正可借此驱逐。并与卜鲁士言明如李泰国敢于不遵。希图挟制。即由臣等照会卜鲁士惩办。其总税务司一缺。另派赫德接手办理。

谕议政王军机大臣等。总理各国事务衙门奏。博采众论。请撤退轮船。以杜流弊。又密陈撤退轮船详细情形。将李泰国革退等折片。并钞录曾国藩李鸿章信函呈递。览奏均悉。采买轮船一事。前经内外诸臣详议。不惜重价。原期利器归公。操纵由我。使外洋顿失所恃。总理衙门因需款甚钜。且驾驭洋人不易。迟久未即议行。嗣因宁波失守。海口设防。九洑洲尚未克复。发逆亦有购船之说。不得已奏明委办。并将代买轮船之李泰国所定十三条驳正。酌改五条。奏明行知各省。乃此次管带轮船之阿思本到后。李泰国忽将前次议定业经奏准之五条。背而不遵。仍将驳正不用之十三条。从新提起。定欲照办。此十三条与札饬赫德李泰国原文。设立合同之意不符。总理衙门正在与之驳辩。适据曾国藩函称。前此奏准配用楚勇。并无专用洋人之议。若蔡国祥另带中国师船。不得为轮船之主。则是未收购船之益。先短华兵之气。现在蔡国祥已另募水勇。自为一营。拟俟阿思本轮船到后。察看虚与委蛇。如其意气凌厉。不如早为疏远。或竟将此船分赏外国。不索原价。折其骄气。曾国荃亦奏称江边仅金陵一城未复。长江水师。帆樯如林。与陆军通力合作。定可克期扫荡。实不藉轮船战攻之力。并因轮船所需经费甚钜。请裁船沿海水师。节省饱需。以资酌剂。李鸿章复函称蔡国祥虚拥会带之名。毫无下手之处。一家吴越。小大异形。强弱异势。终不能相为附丽。议者或拟送还外国。以省纠缕。或拟调巡沿海。以资控驭。或借以载运盐米。上下长江。出入津洋。收其余利。借得实际。似皆可说而不可行各等语。均属确有见地。现经总理各国事务衙门王大臣。与卜鲁士等反复会商。因阿思本有遣散弁兵之语。即就其说并将轮船撤退买价。仍由英国交还中国。卜鲁士亦允照办。惟弁兵薪工及来往经费。议由中国备给。并另赏阿思本银一万两。该使臣等惊愕之余。继以感激。此项薪工经费等项。虽糜费较多。然此后每岁省近百万。且免日后另有要求无厌之请。办理颇为决绝。亦欲以折服外国虚憍之气。且轮船价值。该公使既允为扣还。亦未至全行弃掷。至李泰国之为人本极刁诈。中外皆知。久欲去之而不能。今以办船贻误。遽行革退。借此驱逐。其总税务司一缺。派赫德办理。且看该税务司能否称职。再由总理各国事务衙门及该督抚等察看具奏。随时办理。至轮船既已不用。中国必须力求自强之策。曾国藩前称兵力不足,在陆而不在水。曾国荃。李鸿章。亦均有不愿借资轮船之意。著曾国藩。李鸿章。激励水陆各师。整饬船炮。务期精益求精。使江南地方渐次全复。即外国亦必群相慴服。不致有所借口。至轮船入江拖带盐船。有害无利。并著严行禁止。曾国荃前奏请裁沿海水师节省经费一折。即著无庸再议。总理各国事务衙门原折片二件。著钞给曾国藩等阅看。

英国照会

为照会事。去年总税务司李泰国。在英国奉到贵亲王札文。饬令采买轮船火炮军械。并令其延请本国官弁招募兵丁。以便统带轮船兵弁。与中国大皇帝出力报效。该总税务司奉到札文。即在本国延请水师总兵阿思本总司其事。是以该总税务司与该总兵立有条约在案。兹据该总兵来文。内称现在贵亲王不欲准照该总税务司与阿总兵所立之约办理。该总兵欲将所募兵弁遣散等因前来。查该总税务司与该总兵在本国采买轮船等物之时。我国家秉权大臣亦曾襄办。且深知管带所买轮船之人。又系结实可靠。声名甚嘉。是以准其随便采买。本大臣因知其故。理合即将此事情形。报明我国家请示船只等物。应何如办理。并已饬知该总兵将所有船只火炮军机暂留。候示遵办。为此照会。

给英国照覆

为照覆事。接到贵大臣照会。论及中国采买轮船炮械一事。查此事前因中国自行派委赫署总税务司采办。是以未将一切详细情形。向贵大臣烦渎。今既准贵大臣照会。论及此事。应将此事原委告知。查上年署总税务司赫德。在本衙门核议。轮船应派武弁炮手水手人等章程。其中论及武弁应先派中国总兵官。会同阿思本管理一切事宜。并论及应用中国炮手湖南人二百名。水手山东人二百名。水师兵满洲人百名。送药仔满洲人五十名。当将所论一切开具清单。面行呈递本衙门核其所呈。实与中国有益无损。并未议及轮船当全用外国之人。亦无夺中国兵权之意。当经奏明奉旨允准采办。即经札行赫署总税司并于札内言明。将来轮船即由督抚选派将弁各等因照办去后。嗣据赫署总税务司呈称购买船炮一切事宜。已行文总税务司李在英国代办。须另发札文一件。俾李总税司持以为据。本衙门当以办理此件。既有前次原呈清单。业经札行该署总税务司。无论转託何人。自能照办。复据赫署总税务司声称前项清单。系已定之大约光景。专言中国兵丁数目。尚有外国应坐各船之武弁炮手水手等。应支俸禄工钱各款合同。

须李总税务司在邀请募人之时议立方妥。本处以赫署总税务司与李总税务司同办一事。赫署总税务司既承办在前。则李总税务司接办。自必与赫总税务司所呈无异。即经按照赫署税务司所拟。缮札给交。比及李总税司到京。呈递申陈钞黏合同十三条。与前赫署总税司所呈大有歧异。核其所议。即如传奉谕旨。亦必由李总税司转行谕知。若由别人传谕。则未能遵行等条。据此则中国费数百万之帑金。竟不得一毫之权柄。当即据理辩驳。另行面订五条。句句俱系当面与李赫两总税务司商明。并无丝毫异说。每月用款亦一一酌定。始将五条办法。及用款一切。缮折具奏。恭呈御览。奉旨准行。自奏准之后。每月用款及购买各款。俱经按照奏定章程逐款支用。既经奏定章程月支钜款。眼见船到功成。无可再议。乃此次该总税务司忽将当面议定已经奏准之五条。背旨不遵。而仍将面定不用之十三条。从新提起。偪令照办。查此十三条。不独与赫署总税务司所呈原单不符。即与本爵历次札行李赫两总税务司之原文。及令立合同之意亦均不相符。是以本衙门未经允准。况彼时既当面定明照五条办理。奏准后。该总税务司已接收奉旨允准札文。按照五条定款支领俸薪数月。何以擅违谕旨。视同儿戏。贵大臣与威参赞尝言中国兵权。不可假与外人。是中外道理相同。至今本爱犹喜贵大臣等识见之超卓。持论公允。不似该总税务司之意存挟制也。此事因贵大臣照会前来。是以不能不详细照覆。惟贵大臣平心衡论。自必了然也。计照录赫署总税司面呈清单一件。札赫署总税务司稟一件。札李总税司稟二件。李总税司申陈合同一件。与李总税司当面商定后奏明五条一件。统希贵大臣详阅。为此照覆贵大臣查照。

给英国照会

为再行照覆事。中国购买轮船一事。既据阿总兵欲将所募兵弁遣散。本爵应将李泰国与阿总兵所立十三条中国不能照准缘由。特为详解指明。开列于左。

一第四条。凡朝廷一切谕阿思本文件。均由李泰国转行谕知。阿思本无不遵办。若由别人转谕。则未能遵行。查阿总兵并非李泰国属员。何以必由李泰国转谕。始能遵行。本爵原札李泰国文内。只云此船办就驶赴上海。听候拨用。并无该船总兵。必归李泰国传谕。不准别人传谕之语。若照此办理。则中国为其束缚。本爵原札内并无此意。是以不能照办。

一第五条。如有阿思本不能照办之事。则李泰国来便转谕。查阿思本不能照办之事。自可与中国大员相商。若如所云。则中国大员与阿思本不得通气。必致贻误大事。自然不能允准。

一第十条。李泰国应即日另行文支领各员辛俸工食各船经费等项银两。足敷四年之用。刻下在英国姑以所置各船及各兵器等件。暂为质押。查此案是李泰国不能相信本衙门各大臣。本爵又岂能相信李泰国一人。遽以重资交付。况未历四年。即须先领四年辛俸。中国向无此例。所以未能照准。

以上三款。皆与中国有碍。且与原札不合。其余窒碍尚轻之处。毋庸一一详指矣。

本爵会同本衙门各大臣。览该合同十三条。多与中国买船本意不符。今阿总兵既欲将所募兵弁遣散回国。本爵深谢贵国派给修好各船之睦意。特遣官员驶来中国。并谢阿总兵劳心费力。以办各船事件。并带此数船前来中国今阿总兵与各武弁水手人等。中国自应给发各人来往卒俸及杂项碎用。以回国之日为止外。另送阿总兵银一万两以酬其劳。其银统在轮船变价内付给。至中国已费原买轮船火炮军械各银。并请贵大臣代立善法。俾得交还中国。以清朝廷库款是荷。至此船既不归中国使用。所有该船现用中国旗帜。并希代为撤销。其本爵札李泰国原文。贵大臣前已阅悉。今特择其要语。一并详解明晰。钞黏附送贵大臣查阅可也。

今将本爵札李泰国原文择其最要者。讲解明白。分列于后。

一札内所云署总税务司赫。到京呈称购买船炮一切事宜。已行文总税务司李。在英国代办等语。查中国购买船炮。本衙门与赫德原议。除阿总兵而外。再延外国武弁七名。其余用湖南。山东。满洲人。现有赫德亲笔所书单据为凭。并无募用外国兵丁多人之说。赫德既经呈称一切事宜。已行文李泰国在英国代办。是本衙门与赫德所议一切事宜。赫德已行知李泰国。确有可据也。

一札内云。有最要三项。一购买轮船。并各船内应用之炮药煤斤。以及各项零星等件。一邀请应坐各船之武弁。招募炮手水手人等。以及立定各项之合同。一酌留所需银两。以便照各项合同发给俸禄工钱。以及将来备赏各款之用。以上三项支发。均交该总税务司一手经理等语。查各项合同。指明武弁之俸禄。炮手水手之工钱。札文明显之至。并非别事。一手经理者。是指以上各项支发。亦非别事。

一札内所云。所有各关抽收银数。将来陆续交付署总税务司赫。仍由署总税务司手。交该总税务司李查收支用。一切均责成该总税务司一人专理等语。查一人专理者。系专指支用一切而言。并非别事。

一札内所云。中国需用此项炮船甚急。务即迅速办就。驶赴上海。听候拨用等语。查听候拨用四字。系听候本爵拨用。其文义妇孺皆晓。李泰国并未遵照原札。将听候拨用之意议入合同。反将未饬议办之事。转列入合同之中。是以不能照其合同办理。

英国照覆

为照覆事。两次接准贵亲王来文。内开将所立十三条不能照准缘由。特为详解等因。并所录黏单均已阅悉。查近日商办轮船之时。本大臣未经参议。系贵亲王明见所悉。此事与内地治国之道。甚为相系。自应归中国主持。他国不得与谋。况此事业已讲求许久。讨论綦详。本大臣既知贵亲王立意不行。若仍希必须照办。则与本大臣承准本国谕办中英交涉事件之意。 不相吻合且英国以为中国必已照准。合同办理。是以准为购买船械。延请武弁。招募水手。但此项船只与中国助战。非立此等合同。不能承办。若中国谓此等合同断不能照准。则英国亦本无令中国照办留船之意。是以来文所云。不能照准缘由。本大臣不为论及其事之是非。亦非本大臣所应借议。所惜者此项船只于英国起程以前。未能将办船之委曲情形。达知贵亲王。设当日早为通知。岂不省即若干费用。并可免诸多窒碍之处。此本大臣之中心抱歉不能自释也。为今之计自当与贵亲王竭力襄佐。代立善法。以收后效。本大臣不能辞其责。至贵亲王优给所延武弁及水手等。其公厚之意。本大臣心中羡悦。亦应提及。第该武弁水手等应支俸辛工食银两。或以回国之日为止。或以英国明年八月三十日为止。未知合同内如何立意。本大臣无豫先断定之权。惟本大臣不欲贵国多费银两。是以已向阿总兵言明。俟伊归国之日。即寻才能出众深明法例之人。为之断定。当日所立合同。应以何日为止。即行遵照支领银两。併告以此等船只变价。应以至昂者为准。变价后。除扣除经费外。即将银两交还中国。贵亲王果能相信。阿总兵令伊代办此事。该总兵因贵亲王待伊如此优渥。自必能尽力经理。以副贵亲王相信之心。此本大臣可保其必然者也。至办结此事。所有经费。尚恐一时难以筹备。本大臣拟即札饬领事官。于下次二成扣项中先为垫发。统俟于轮船变价内扣还。本大臣深知我国家秉权各大臣。闻悉贵亲王办理此事。至优且备亦必能帮同阿总兵将此项饬办之事。妥为完结也。为此照覆贵亲王查照可也。

译出卜鲁士划银字据

所有轮船回国。尚有应需款项。希饬该总税务司先为垫发。俟下次三月一结之期。由二成扣款内归还。

曾国藩来函

购买洋船之议。始于咸丰十一年五月之杪。国藩于七月十八覆奏。称为救时第一要务。盖不重在剿办发逆。而重在陆续购买。据为已有。在中华则见惯而不惊。在英法亦渐失其所恃。原奏所云每船酌留外洋三四人。令其司舵司火。其余配用楚军水勇。原期操纵自如。指麾由我。旋于元年冬。奉到九月二十九日密谕。以外国船炮明春可到。饬令豫派将弁水勇。迅速具奏。国藩于十二月十二日覆奏。派蔡国祥统辖七船。盛永清等各领一船。申明前议。每船酌留外洋三四人。令其司舵司火。其余即用楚勇。由蔡国祥豫为派定等语。钦奉谕旨。所筹甚为妥协。是前此并无专用洋人之议。即赫德所呈原单。参用山东湖南八旗之人。亦无多用洋人之意。敝处自奉旨俞允后。即派蔡国祥赴湖北募勇六百余人。与官秀峰节相商定一切。其经费则鄂皖各出一半。春间即已募齐。专待轮船之至。等候数月。始奉到五月二十三日寄谕。内附录章程五条。有随时挑选中国人上船学习。并非在船常住。已与奏准配用楚勇之案不相符合。兹又承准七月十八日大咨。蔡国祥仍须另带中国师船。与轮船同泊一处。其轮船水勇已在外国雇定。毋庸添募等因。则更与购船之初意。自相违戾。购船云者。购之以为已物。令中国之将。得为斯船之主也。若仍另带中国师船。则蔡国祥仍为长龙三板之主。不得为输船之主矣。轮船之于长龙三板。大小既已悬殊。迟速更若霄坏。假令同泊一处。譬之华岳高耸。从山罗列。有似儿孙。洋人本有欺陵之心。而更授以可陵之势。华人本有畏怯之素。而又偪处可怯之地。及至约期开行。彼则如箭如飞。千里一瞬。此则阻风阻水。寸步难移。求其拖带同行。且不可得。又安能使彼听我号令以为进止哉。寄谕所示。悉由中国主持。窃恐万办不到。其势使之然也。故自接到轮船章程五条之后。倏经月余。反覆筹思。徘徊莫决。欲遵从则来收购船之益。先短华兵之气。欲不从则业经议定。奏准之案。未便轻于失信。想贵衙门与李泰国集议时。必已百端辩诘。舌敝唇焦。既欲兵柄之归我。又不欲本意之全露。即前此惠书所谓有谋人之心。而不使人疑者。其苦衷盖可想见。而彼则挟制恫喝。持之愈坚。万不得已。隐忍而俯从其所请。国藩忝为疆吏。敢不仰体朝廷深意。委曲求全。现今蔡国祥将已募之勇遣散四百。酌留二百。仍住长龙三板。自为一营。将来轮船到时。不遽以汉总统自居。亦不遽与湾泊一处。且与阿思本往还交际。详细察看。如仪文不甚踞傲。情意不甚隔阂。然后虚与委蛇。渐择同泊之地。徐讲统辖之方。若彼意气凌厉。视轮船为奇货可居。视汉总统如堂下之斯役。倚门之贱客。则不特蔡国祥断不甘心。即水陆将士。皆将引为大耻。是又不如早为之谋。疏而远之。视彼七船者。在可有可无之数。既不与之同泊。亦不复言统辖。以中国之大。区区一百七万之船价。每年九十万之用款。视之直轻如秋毫。了不介意。或竟将此船分赏各国。不索原价。亦足使李泰国失其所恃而折其骄气也。现闻此七船尚未到沪。船到之日。李泰国是否别有要求。尚未可知。彼若翻覆无定。更改前议。敬求贵衙门另与筹商。或于七船之中酌拨数船。与阿思本统带。配用洋兵。拨数船与蔡国祥统带。配用华兵。亦是一法。若前议一成而不可改。则国藩所谓虚与委蛇。疏而远之。两说者是否可行。求赐训诲。

李鸿章来函

洋船济贼之事。叠准咨照行知各处。一律严禁。惟济贼苟无确据。及形迹介在疑似者。当止照船货入官之例拿办。诚以洋人以利为命。其护船货之心。不轻于畏死之心。此法已足以示惩禁。前次咨行中已分别议及。当不至有过与不及之处。致烦廑虑。盐船不准由轮船拖带。尊处持议甚坚而正。钦佩无似。前此外间屡有陈请。大抵以盐船之利于拖带。不在乎长江之通与否。而实藉其驶行之速。可以赴市价之早晚。争先销售。又往返转运多得数次。其便益在此。而军营筹饱之为急就章者。尤以为宜。究之此途一开。非特洋商效尤。夺我利权。即货船拖带。无从查禁。其暗亏各厘卡收数。亦得不偿失之道。现经曾中堂与鸿章严申禁令。九江镇江各关道设法查办拖带之弊。业已停止。仪征场盐聚集处。亦未闻有洋人明目张胆。在彼綑运堪以仰慰远怀。李泰国所购兵轮船。闻有四只到沪。未据报知。无从过问。赫德到关后。亦未来谒。其带兵官阿思本闻已进京。尚无回沪消息。会带总兵蔡国祥。月前因公来沪。与鸿章面商。虚拥会带之名。毫无下手之处。仍自回皖。原议以中国人充当舵勇。蔡国祥先已募勇数百。嗣因轮船无可容足。又议另立师船。冀与轮船依护。究之一家吴越。小大异形。强弱异势。终不能相为附丽。曾师已饬令遣散矣。此事未知作何究竟。鸿章前议三难。陋妄之见。幸邀鉴督。每思所以约束钤制之法。求如明谕能使永为中国自有之船。不致转而为李泰国霸踞之船。即缓急亦不无可恃。而事势处此毫无把握。傍徨莫释。议者或拟送逻外国。以省纠缠。或拟调巡沿海。以资控驭。或借以载运盐米。上下长江出入津洋。收其余利。籍得实济。似皆可说而不可行。彼亦何能由我调度。至李泰国所言捕盗轮船。不能应用。与白齐文抢去轮船两事。信如尊谕。不过以此借口。欲将各项轮船尽归伊管。专擅中国兵船之权。请摘叙捕盗原委。而后详陈白齐文之事。以释盖廑。缘捕盗局旧有二轮船。一名天平。一名铁皮。系沙船号商公制。船坚炮利。犄可合用。经前关道吴煦借与法国兵弁。及华尔白齐文霸占不还。捕盗遂废。鸿章涖任后。以次索回。时资以装载兵勇军火饷项。来往协剿。颇得其力。泊福山克复后。派该船周转巡洋。逐日驶泊。俱有旬报。鸿章随时查察。毫无别项私弊。李泰国所言非事实也。白齐文投贼之初。声言将为贼觅购轮船。鸿章持之益急。不敢来沪购办。遂在黄浦泖淀狙伺劫夺。适敝营铸造炮兵官英人麦格理。乘坐高桥小轮船回松江炮局。行至松城外豆腐滨。麦格理以事登岸。白齐文带数十人窜上轮船。抢驶而去。麦格理回追无及。此六月间事也。白齐文既屡为我军所败。曾展转道意。颇得免拿办。即率众洋人投降。鸿章姑应之而益严备之。八月二十九日。白齐文复随忠逆大股扑犯大桥角。先以炸炮毁我师船七只。夺去十余只。遂围攻陆营。李鹤章自张泾桥急行四十里往援。营官周寿昌拚死伏岸下。以火箭射入轮船药舱。立焚其船。即前所抢去之高桥轮船也。烧毙洋人数十名。贼大败遁。忠逆疑白齐文为官军作奸细。怒而囚之。戈登宛转引出洋人四十余名。白齐文随亦逃出。戈登及英国翻译官梅辉立。皆以准降在先。为之解免。鸿章深知外国人最无信义。却人最护脸面。如钧示所称。蒲使深以此事为耻。固不可得而明诛也。当即知照各领事。白齐文既悔罪来归。赦其已往。宜速勒令回国。严加管束。毋任逗留上海。现据法领事覆到。允即转致美领事照办。而美领事西华向不公正。不齿于人。前颇以白齐文投贼为是。中国拿办为非。哓哓申辩。今白齐文投诚。不加重罪。但令遣回本国。似属情至义尽。未知该领事肯认真遵办否。尚祈贵衙门据咨照会蒲公使严为督催。无任感企。至常胜军饷实皆按期给发。其每月格外浮开杂款。不得不酌予裁抑。慾壑难盈。或有不能如意之处。究之正款已糜费不赀。固因其炮火助剿。不无得力。亦借以羁縻。不致暗为白齐文之行事耳。即如江阴及大桥角诸役。为自来未有之恶战。何尝借助洋兵。惟中外交涉之区。苏州未复以前。常胜军未可遽撤。致生他变。至洋人投贼。有害无利。此次陆续投出者。皆以贼中为陷阱。白齐文伎俩已穷。此后外国人或能以为鉴戒。不再起意助贼。亦足稍慰廑系。什威礼隆接办宁军。既作罢论。自未必代购铜炮。如仍送来。当遵谕酌量办理。柏使所寄实德棱信件。已递去。勒日尼色初来沪时。自高声价。所欲甚奢。鸿章故淡漠相遇。以折其气。前已缄陈在案。嗣复来央求留营投效。监铸开花大炮。鸿章因贵衙门成约在先。未便坚拒。议定每月薪工五百元。仍先回国购置器具。并觅工匠数人。年内外或可返沪。开局试办。究未识其手段何如。能否合用。届时察看妥办。再当祥布。

甲午。总理各国事务恭亲王等奏。窃臣等札饬李泰国赴沪。将往年款项迅速交出。如交代不清。仍应设法追缴。一面照会英国使臣卜鲁令其代为承追。由新任总税务司赫德转呈通商大臣李鸿章核办。旋据李泰国面称现在业经撤委。实无颜又住中华。必须赶辩回国。所有经手轮船帐目簿据及余剩银两。现在具存上海。自必遵谕统交赫德接收等。语当经臣等一面行知李鸿章查照办理。一面札饬李泰国赫德遵办。至李泰国种种狡狯情形。前已奏明在案。惟此等狡狯小人。若绝之过甚。彼必肆其反噬。前于撤退李泰国之时。曾照会各国公使允于撤委后。酌给李泰国四个月辛俸银两。现查总税司每月辛俸及住京经费过多。且该前税司与赫德交代亦无庸四个月之久。臣等公同商酌。在于总税务司停用住京公费内拨给银八千两。另给回国路费银六千两。此款即在李泰国应缴银两内划收。以示中国宽容厚待之意。以后李泰国有所借口。中国即可执此为宽厚相待之据。使彼无所施其伎俩。臣等现已照会英国公使卜鲁士查照。并属卜鲁士代饬李泰国与赫德核算交代。不准稍有含混。至李泰国已于十月十三日面辞出京。声称到沪后算明交代。亦即回国。

给英国照会

为照会事。兹因前任总税务司李泰国来署面称现在急欲回国。所有经手购买轮船。及领过轮船月款银两。均有细帐可稽。所余银两亦尚不少。请给札与新任总税务司赫德面算。将来算明之后。其帐目薄据与余腾银两。一切俱归赫德经收转缴。并令赫德出其手据。如帐有算错。银有未清。均惟赫德是问。如该二人有交代不清之处。并请由贵大臣作保各等语。本爵查李泰国办理轮船事宜。虽未能妥协。但伊在中国食俸有年。办理税务尚属出力。现在到上海后。如能将轮船账目及各项未用银两。全数交代清楚。并无丝毫含混。虽起程回国。未到四月之久。中国亦毋庸再计月分。应在中国十月初五日即英国十一月十五日以后。总税务司停用住京经费项内。拨给李泰国银八千两。本爵再加体恤。于所给前项银两外。又另给路费银六千两。即在李泰国应缴还中国银数内划收。至李泰国所称如交代不清。请由贵大臣作保一节。查前次贵大臣照会内。有竭力襄佐。代立善法以收复数。本大臣不能辞责等语。贵大臣既允竭力襄佐。所有李泰国交代一事。谅贵大臣必能代饬李泰国与赫德细心核算。不致稍有含混。除札知李泰国赫德遵照外。相应黏钞札稾二件。李泰国交来轮船帐目。经手银两。大略清单一件。照会贵大臣查照办理可也。

恭亲王等又奏。再此次李泰国撤去总税务司后。到臣衙门谒见数次。词色之间。业已神丧意沮。回非来时杰骜情状。唯其种种刁诈。野性难驯。此次被撤回国。目必不肯承认办理之不善。更恐颠倒是非。处心积虑。遇事思制中国之时之肘。不可不豫为之防。臣等前将此情面致卜鲁士。据云李泰国办理轮船不善。已由该使臣将详细情形奏明本国。万不任其播弄。惟前经住京之该国使臣参赞威妥玛。现回本国。若中国再将李泰国办理错误。并一切狂妄情形。函知威妥玛知悉。则李泰国回国后。自更无从造言簧惑。臣等查英国威妥玛前在京时常到臣衙门会晤。遇事亦时有信函来往。惟李泰国前与臣等述及。与威使系属至好。与各国住京公使。亦均莫逆。臣等查现在各国公使颇不以李泰国为然。则李泰国与威妥玛为至好之说。已属未可尽信。况卜使既恳臣等函知威使。似亦有益无损。可为思患豫防之助。臣等公同酌定拟一函。以臣文祥出名。将李泰国承办轮船未能妥协。及其来京后种种狂妄情形。函知威妥玛知悉。其函即由卜鲁士处转寄。谨照录恭呈御览。

给英国威妥玛信函

中国购买轮船一事。从前中国举办之初。原因两国既经和好。卜大臣时思为中国设法平贼。贵参赞又尝谓中国非创立新法。不足挽回从前之积习。因而本衙门与赫税司议及外国轮船。该税司遂在本衙门呈递轮船应派武弁炮手水手人等章程。其中论及武弁。应先派中国总兵官会同阿总兵管理一切事宜。并论及应用中国炮手水手水师兵送药仔名数。本衙门核其所呈。并未议及轮船当全用外国之人。亦无夺中国兵权之意。当经奏明奉旨允准采办。即经札行赫税司于札内言明。将来轮船即由督抚选派将弁各等因。嗣据赫税司申称购买船炮一切事宜。已行文总税务司李在英国代办。须另发札文一件。俾得持以为据。赫税司并称尚有应坐各船之外国武弁炮手水手人等。应支俸禄工钱各款合同。须李总税司在邀请募人之时议立方妥。当经缮札给交札内言明支发均交该总税司一手经理。各关抽收银数。均责成该总税司一人专理。船炮办就。驶赴上海。听候拨用各等语。查各项合同指明武弁之俸禄炮手水手之工钱。是一手经理者。是指以上各项支发而言。并非别事。即一人专理者。亦系专指支用一切而言。并非别事。至驶赴上海听候拨用八字。其文义更属妇孺皆晓。札文本极明显之至。乃本年夏李总税司到京。呈递申陈钞黏合同十三条。与赫税司所呈大相歧异。核其所议。即如第四条传奉谕旨。亦必由李总税司转行谕知。若由别人转谕。则未能遵行。若照此办理。中国为其束缚。原札内并无此意。第五条如有阿总兵不能照办之事。则李总税司未便转谕。查阿总兵不能照办之事。自可与中国大员相商。若如所云。则中国大员与阿总兵不能通气。必致贻误。第十条。李总税司应即日另文支领各员辛俸工食各船经费等项银两。足敷四年之用。查未历四年。即须先领四年辛俸。中国向无此例。以上皆系种种不能照准根由。当即据理辨辩。另行与李赫两税司面订五条。句句俱系当面商明。并无丝毫异说。每月用款亦一一酌定。当经本衙门缮折具奏。奉旨准行。乃阅两月有余。赫税司已赴上海。李总税司忽将奏准之五条。背旨不遵。而仍将面定不用之十三条。从新提起。偪令照办。适接卜大臣照会。知阿总兵欲将所募兵弁遣散。是以奏明即将此项船只。交阿总兵带回贵国变价。恭亲王深谢贵国派给修好各船之睦意。并遣官员驶来中国。并谢阿总兵劳心费力。以办各船事件。并带此数船前来中国。因赠阿总兵银一万两以酬其劳。其银即在轮船变价内付给。查李总税司奉札承办轮船事宜。一切未能照札办理。以致虚耗中国粮饷。若系中国臣民。自应照例惩办。惟念该李总税司系贵国人。自应饬令仍回贵国。中国未便再行委用。所有总税务司事务。恭亲王已派令赫税司管理矣。至李前总税司本年来京复一切情形。试为贵参赞言之。查李前总税司之在贵国。并无官职。在中国充当总税务司。既食中国之俸。即与中国属员无异。其职分亦与各省关道相等。从前赫税司署理总税务司一切谦谨自守。遇事备具申呈。今李前总税司来京后。口称贵国钦差。向皆与彼平行。此后遇有公事。恭亲王处亦可不用申陈。随用平行书信函递恭亲王。当经本衙门驳回。始据换用申呈。又查伊所住句栏胡同之屋。本系上年天津威税司来京。为其购买。计房一百余间。极为宽敞。贵参赞在京时。亦曾去过。乃伊到京以为狭小。口称必须得一府第居住。且指明要肃王府。或分给一半居位。如王府不能让给。即要詹事府衙门居住。又欲将中国各口旧有轮船归伊一人调拨。上海常胜军归伊一人支发。其所用办理税务经费。不肯呈报细帐。其住京经费。每月索至三千两之多。如此种种。均于道理不合。且直言中国之事。非挟制不可。此次本衙门将轮船遣回。撤去李总税务司。此事全赖卜大臣见理明透。深顾两国和好大局。不为浮言摇惑。各国钦差亦均以所办为是。轮船撤退。系因与中国体例不符。并无别故。两国和好如常。彼此照旧关注。贵参赞聪明过人。平情论事。逖听之余。亦当首肯。现在总税务司一缺。本衙门已另派赫税司管理。赫总说司亦系贵国之人。向为商民所悦服。此后中外交涉事件。当更易于办理也。李前总税务司卸事后。念其从前办理税务出力。赠共一万四千两。俾得从容归国。并以奉佈。至中国撤退轮船一切原委。业已详细照会卜大臣查照。闻已将本衙门叠次照会。寄回贵国。想贵参赞自可览悉也。

同治卷二三

(同治三年甲子正月)己未。闽浙总督左宗棠。福建巡抚徐宗干奏。臣等准总理各国事务衙门咨。据福州关税务司美理登申请。以台湾府打狗港鸡笼口三处。添设正口子口。设立司税经理。有益税课。饬即妥议会奏开办等因。即经飞饬台湾道府体察情形。速筹详办。并札派副税司前往会同试办。会折驰奏在案。兹据署台湾道陈懋烈。署台湾府知府叶宗元。会同通商委员延平府知府补用道马枢辉会禀。台湾本非通商口岸。自咸丰九年美国使臣请照和议条约。在台湾开市完税。奏定以淡水之沪尾口为美国通商马头。十一年六月。英国领事官郇和到台。因鹿耳门外水浅潮大。不能停泊。由打狗港登岸晋郡。察看台湾府城海口淤带。船只不能收泊。难作通商马头。亦定议淡水之沪尾设关。已于同治元年六月二十二日开办。兹美理登拟在府城添设正口。不至鹿耳门口。本地商船尚不能出入。洋船马能进泊。若洋船有在鹿耳外寄椗。不免偷漏情事。则打狗港相距水程不远。似可责成该处委员派拨巡船。认真巡查。或押令径赴打狗港即旂后港盘验。并移行文武汛口。暨出示晓谕内地商民。不准与鹿耳门外寄椗洋船句通贸易。其弊可绝。不必在府城设口也。惟鸡笼头与旂后港既有洋船停泊。应一律添设子口。均归沪尾正口管辖。至税务司所拟章程。应俟试办之后。随时察看。同应需经费另行会议禀办等情。由省局司道核详请奏前来。臣等伏查台湾海口。既经查明淤浅。应请毋庸设口。现在淡水厅所辖之鸡笼一口。已据具报于同治二年八月十九日开关启征。作为沪尾外口。其凤山所属之打狗港。即旂后一口。应遵照总理各国事务衙门原咨。一并作为外口。征收洋商进出口正税。并复进口半税。统归淡水沪尾正口辖。惟旂后港相距沪尾较远。仍由台湾道府会同办理通商委员查勘。在于旂后酌设员役稽征所收部银。就近解存府库。归沪尾造报。如有洋船在府港口外停泊。由管口委员移令地方官押令归于旂后港盘验征收。以杜偷漏。

(丁卯)恭亲王等又奏。本月十九日。军机处交出闽浙总督左宗棠等奏台湾府城。未便设立税口等因一折。奉旨该衙门知道钦此。据原奏内称台湾海口查明淤浅。应请无庸设口。其鸡笼一口。据报开征作为沪尾外口。其打狗港一口。一并作为外口等语。臣等查上年五月间。据通商大臣李鸿章来咨。据福州税务司美里登申称。淡水鸡笼打狗台湾四口。每年进口洋药甚多。请以鸡笼作为淡水子口。打狗港作为台湾子口等因。查核所请。于通商条约及各关现征子口税之法。尚相符合。较与另请添设口岸有间。自可准将鸡笼打狗二港。作为子口。以杜偷漏而益税课等语。当经臣等公议。以子口只应征收半税。如鸡笼打狗二口。果于税务有益。若任洋船私自进出。偷漏走私。不若作为外口。征收正半各税。仍归正口报解。咨行福州将军会同该督抚臣妥议。如无滞碍。即行奏明开办。兹据左宗棠等查明具奏。淡水一口。早经开办。鸡笼打狗二处。均可作为外口。惟台湾府城海口查明淤浅。难以开办。臣等查台湾准其通商。系载在条约。能否变通办理。必须与各国住京使臣会商。方能定见。总税务司赫德。于各口情形熟悉。各国使臣亦颇相信。现在赫德俟天津开河后。即可来京。拟俟该总税务司到京后。臣等督同商办。

同治卷二四

(同治三年甲子四月戊寅)三口通商大臣兵部左侍郎崇厚奏。奴才前准总理各国事务衙门函称。凡有外国遣使到津。应由三口通商大臣据情转奏等因。历经遵办在案。兹于三月十五日接据大沽稽查海口委员禀报。现有布路斯国使臣名李福斯航海北来。闻欲由津进京。旋据布国领事官哈利士来称。该使臣带有随员二人。到津后即欲自津由水路进京等语。奴才查布国既经立约有年。并约内载有该国欲派秉权大臣一员。进中国京师。亦无不可之语。因即照例发给护照。并派委候补都司亿年沿途妥为伴送前往。一面咨呈总理各国事务衙门。暨崇文门查照……

甲午。总理各国事务恭亲王等奏。查中国自与外国互换和约以来。内外均与洋人时有交涉事件。洋人以贸易为重。沿江沿海通商各口办理税务。均关紧要。洋税新定科则。与户部各关常税。互有参差。其中应征应免应罚。必须丝丝入扣。而随时交涉事件。往往有条约不能尽载。势须触类旁通。若非乎时素习。欲其仓猝应变。动中机宜。良非易易。至英法俄美等国公使住京。臣衙门交涉事件。最为繁剧。不但文移往来。并须会晤辩论。更非生手所能猝试。臣等公同商酌。谨拟内外兼顾章程三条。恭呈御览。

一张家口。杀虎口。山海关。三项税差。向由户部豫行咨取各部院保送一二等人员。遇有前项税差缺出。由户部带领引见。请旨简放。年来此项人员。因添办洋税。往往于得差后。来臣衙门探访一切。然为时匆遽。不能立悉底蕴。比及到任。难免办理歧异。不能尽归妥洽。拟请嗣后各部院保送此项税差人员。咨送到部。由户部咨臣衙门分班学习兼行。毋庸另给公费薪水。其本衙门仍照旧当差。至前已保送。现尚未放之员。亦即补行知照。一体学习。遇有差缺。仍照旧章。由户部带领引见。请旨简放如此办理。似较临时访问。事半功倍。

一九江关之广饶九南道。江汉关之汉黄德道。镇江关之常镇道。与沿海浙海关之宁绍台道。江海关之苏松太道。东海关之登莱青道各缺。现均添办洋税。与各国领事官办事。纷纭轇轕。一有错误。洋人藉为口实。往往于偷漏之案。应罚不罚。滋事之案。应办不办。甚形棘手。臣衙门章京。日办中外交涉事件。此等情弊。久已熟习。且在外领事官向惟住京公使之言是听。该章京等随同臣等与各国住京使臣共事已久。该领事自不敢任意蒙蔽。办理当较顺手。拟请嗣后臣衙门于保奖章京内。如有实系才具出众。税务谙练之员外郎郎中各员。拟自同治元年核计起。历至本衙门三次保奖者。奏明交军机处存记。遇有前项通商各道员缺出。如遇各该省无奏升奏补熟悉洋务之员拟请与京察一等记名简放人员。一体开单请旨。每逢保奖之年。满汉仍不得各过二员。如非沿江沿海。办有洋税及向由督抚将军委办税务各缺。均不在此例。以示限制。如无员可保。不得滥竽充数。查以上各缺向归督抚管。此项人员遇有地方与洋人交涉事件。该督抚亦得指臂之助。傥仅止洋务熟悉。于地方不甚得力。该督抚仍照常随时参劾。亦不得稍有迁就。似此办理。则劳积六年。缺止数处。庶与三年京察一等记名人员。遇有道府缺出。统行开列者不同。其各本衙门如遇京察。仍准照常保列一等。

一臣衙门办事章京。均由各部院咨取兼行。无论在臣衙门及各本衙门得列奖叙一等者。向多以道府外用。其间保送京堂者较少。臣衙门与洋人交涉事件。多非例案所有。若均保外用。一时更易生手。势难骤期得力。拟请嗣后保奖之年。如郎中等员。有堪胜表率者。准保四五品京堂。奉旨后咨行吏部与各衙门保送京堂之例。一体办理。不积各该衙门保送京堂之缺。仍照军机处之例。随时酌核奏留臣衙门办事如无员可保。亦不得滥竽充数。其各衙门遇有应保京堂之时。仍照常保送。

同治卷二五

(同治三年甲子四月戊戌)恭亲王等又奏。各口通商向只英法俄美四国。立有条约。其余各小国在口贸易者。一切纳税稽查及管束商舵水手章程。均照英法等国办理。并由各该国择一贸易最大之人。充当领事官。遇有该国交涉公事。地方官亦与会办。乃近年布路斯。大西洋比利时。丹麻尔等国。因英法等国代为先容。先后请立条约。各该小国均闻风而来。以与中国换约为荣。若不示以限制。恐将来无所底止。查商人充当领事官。每遇漏税应罚之案。往往徇庇不办。其余各事。亦多任意狡执。而该国以商为官。只图省廉俸之需。并不求公事之当。若在未立约之国。不能不稍事含容。勉为迁就。如一经立约。则该国领事断难任商人充当。从前议立各国条约时。此层或于条约内注明。或于照会内补入。然均于已派大臣与该使臣议事之后始有此论。不但办理棘手。且未能一律如愿。今臣等连日接三口通商大臣来函。以大吕宋图现派使臣前来议立和约。已到天津。查大吕宋虽系小国。然其人强悍。英法与中国用兵时。多藉该国人之力。其国主既派使臣前来。是立约之意恐难中止。不如于未允立约之前。饬由三口大臣崇厚先告以一经立约。则各口均应设领事官。方准该国商船前往贸易。其领事等官须由该国主派来。不得以商人充当。如该使臣俯首听命。始由崇厚奏请钦派大臣。前往天津与该使臣酌议条款。若该使臣惜廉俸之费。不肯照办。则中国有词可托。即不与之立约。以杜要求。嗣后凡遇外国未立约者。均照比先为询诘。如其国小力弱。不能专设领事。自当废然思返。且可使未来之小国。闻而裹足。庶于柔远之中。仍示限制之意。

五月。丁未。三口通商大臣兵部左侍郎崇厚奏。奴才于四月二十一日。据海关委员禀报有日斯巴尼亚国。一名大吕宋。使臣乘坐法国兵船到津。嗣于四月二十九日。该使遣其副使阿义拉前来投递照会。并请定期。该正使亲自来见。当告以五月初三日令其前来。查其照会内称奉使前来。欲议立通商条约。请奴才转达总理各国事务议政王等语。当经函致总理各国事务衙门在案旋于初三日该使玛斯。带同副使随员等四人来公所请见。奴才带同委员候补道文廉等与之接见。该使面称系为请立条约而来。所言与照会内词意大略相同。并据呈出所奉全权凭据盛以锦囊。内书该国文字。钤用该国主印信。并照录一纸。面交奴才。又经该副使译出汉文。请奴才代为具奏。当告以前递之照会。并无请奏之语。必须另备照会。方能办理。初四日。该使又递照会一件。内称请为奏请特简大臣会议贸易章程等语……

崇厚又奏。奴才接准总理各国事务衙门王大臣来咨。附片具奏。请立约之国。应先诘以一经立约各口。均须设领事官。方准商船贸易。不准以商人兼充领事官。奉旨依议钦此。该使玛斯前日来见时。奴才即遵将此节面询。据该使面称该国向来领事官。均系其君主所派真正领事官。无商人兼充等语。奴才并恐其口称无凭。当给与照会。令其照覆。兹于初六日接据该使照覆。内称定约后。各海口必然特简真正领事官管理通商事务。定不以商人兼充等语。谨将兹使照覆。照录恭呈御览。

日斯巴尼亚国照会

为照会事。照得本国与贵国向行通商事务。来往有几百年。所属小吕宋地方。邻近贵国。其民日日加增丕茂。而贸易相交。亦应丰盛。惟思通商尚欠一定之规。若再得妥立章程。则经久益善。是以本国大君主。为此特简本大臣亲诣贵国。定议通商章程之和约。请烦贵大臣转知贵议政王得悉。本大臣现已抵津。为此照会。

日斯巴尼亚国照覆

为照覆事。接得照会。切述各海口通商之处。宜派真正领事官。不得以商人兼充。定约后本国大君主于各海口通商之区。必然特简真正领事官。管理通商事务。定不以商人兼充。如现时在贵国通商之广省厦门上海三口外。有澳门香港安南新加坡等口。均须钦派之真正领事官。专司本国通商事务。从不准商人兼充。为此照覆。

庚申。总理各国事务大臣薛焕。三口通商大臣兵部左侍郎崇厚奏。大西洋使臣阿穆恩。自前月十五日到津。恳求互换元年所定条约。经臣崇厚代为具奏。其时总理衙门王大臣。因该使不候届限。先行前来。即虑及该使或另有要求之件。曾于奏请简派大员会办换约折内附片声明。条约暂缓用宝。俟查勘有无别情。再行奏明办理。旋据该使声称。换约后尚有会商事件。并先将照会底送臣崇厚阅看。当经臣崇厚函致总理衙门。查其照会。系欲求在澳门以西各海口通商等情。时臣薛焕因连日检查案据。尚未起程。与总理衙门王大臣公同商酌。该使如此肆意要求。函须设法以折其方张之焰。因再四熟商。只好将元年所定条约内。有中国澳门设官。与各国领事官住札澳门无异之语。向该使会商酌为删易。庶可杜其过肆要求之渐。迨臣薛焕于五月初十日抵津后。又与臣崇厚会商。遂与该使约定十四日。在公所相见议事。并在公所换约。该使届期前来。先将全权凭据互相阅看。即云请将条约互换。臣等答以条约尚未蒙大皇帝批准。因其中有应酌商之处。该使声称条约业经该国主批准。须俟换约后方可再行商量改约之事。臣等察其词意。明系有意欺诳。欲将条约换到彼手。仍申前说。求开西路各口。而我所与商之事。则指为条约已换。无可更易。臣等遂以中国所商者并非改约。尔既可商量更易于互换之后。何妨变通商酌于未换之前。该使料难逞其诡谋。遂谓条约既不带来。是定议不肯互换……

戊辰。总理各国事务恭亲王等奏。查上年五月间。臣恒祺钦奉简派会同三口通商大臣崇厚。与丹图使臣拉斯勒福议立条约。声明以一年为期。或在上海。或在天津互交。当经臣衙门奏蒙圣鉴在案。兹据英国公使威妥玛照会。内称大丹国因去年定约。即欲互换。特派水师副提督璧勒不日到沪。希为奏请中国大皇帝特简相等大臣。赴沪妥办等因前来。伏查丹国议立和约。系于上年五月二十八日画押。现在正届一年换约之期。英国公使代请奏明派员前往上海互换。亦与原议或在上海到交之说符合查各国公使向多造作文员职分。兹丹国特派水师副提督前来臣等拟请就近于苏省武员内或提督衔或候补提督简派一员。会同江苏布政使刘郇膏。与丹国公使接晤。将上年所立条约。妥为互换。如蒙俞允。即由臣衙门知照内阁。恭用御宝后。条约各本。发交三口通商大臣。遣齐上海。交派出换约之员。只领办理。奉上谕著派提督李恒嵩布政使刘郇膏。将上年与丹国所立条约妥为互换。

谕议政王军机大臣等总理各国事务衙门奏丹国换约届期。请派员互换一折。丹国前立条约。声明以一年为期。或在天津。或在上海互换。兹届互换之期。据英国住京公使威妥玛。呈递照会。内称丹国现派水师副提督璧勒前来。不日到沪。请派员互换等语。著派提督衔李恒嵩会同布政使刘郇膏将上年与丹国所立条约。妥为互换……

英国照会

为照会事。照得顷据本国总理各国事务大丞相伯爵禄斯色尔寄字。内以大丹国因去年与大清国定约。今欲互换。特派水师副提督璧勒前往中华。不日到沪。贵大臣当即代为转达大清国查照。又以前次丹国大臣进华。贵大臣笃谊相待。此次仍须襄帮等语。知照卜大臣前来。本大臣查丹国条约。内载换约一节。或在天津。或在上海均可。即希贵亲王奏请贵国大皇帝特简相等大臣赴沪。与璧大臣妥办是幸。为此照会。

同治卷二六

(同治三年甲子六月)辛巳。总理各国事务大臣薛焕。三口通商大臣兵部左侍郎崇厚奏。西洋国使臣阿穆恩。自上月十四日。与臣等在公所会晤。一闻条约尚有应商之处。即怫然而去。兹于本月初四日。由在津西洋领事官左欣那。递到该使自上海寄来照会一件。臣等公同拆阅。内叙各情。多系强词夺理。而于臣等责以不肯换约。并轻视中国两层。则辩之甚力。不敢自认。末称情愿互换前定条约。是该使自觉前此员气返棹。实属无理。现欲亟图转圜 。已可概见。臣等公同商酌。若即给予照覆。约其复行来津互换。不但示之以弱。且恐该使疑臣等有急于迁就之意。不免倔强犹昔。于会商澳门设官之事。仍难挽回。因复给以照会。辩论前次所商事件。并非欲更改条约。不过于条约未明晰之处。豫为声叙明白。以免日后争执。总不露出中国欲行易约之意。使彼不至执以借口。而又声明中国并无不换约之意。使彼无词呈覆该国主。并煽惑各国公使。如果该使接此照覆。能废然思返。再来相求。臣等应即示以宽大。约其来津互换。至澳门设官一层。自当仍与竭力辩论。将来能否就我范围。止好随时相机办理。

甲申。总理各国事务恭亲王等奏。五月二十二日。军机处交出薛焕等奏。西洋使臣阿穆恩。不肯等候换约。遽行回澳一折。五月二十一日。奉旨该衙门知道。单并发钦此。据原奏内称该使亟欲回澳。可否请旨饬下总理各国事务王大臣。照会各国住京公使等语。臣等查阿穆恩濒行之时。曾由薛焕转寄臣等预言明一书。大意言该使前来。专为换约。不能复将前定之约。再为更改。因而决然舍去。实则阿使此来。所欲要求中国之事甚多。初到天津。即豫向崇厚求在澳门以西各海口通商。明知此事万难商办。不过藉此以为尝试地步。迨薛焕到津。将澳门设官一节。与之商酌。彼知中国业已识其诡谋。顿失所恃。不得不废然思返。其预言明一书。该使致薛焕等照会内云。已将预言明照会住京各国。是其狡诈情形。已可概见。臣等公同商酌。该使既照会各国。臣等自应将其回澳情形。照会各国知悉……

恭亲王等又奏。查同治三年四月初九日。军机处交出三口通商大臣崇厚奏。布路斯国遣使北来。由津赴京呈递国书一折。四月初八日。奉旨该衙门知道钦此。据原奏内称。于三月十五日。接据大沽委员禀报。现有布路斯国使臣名李福斯。航海北上。欲由津进京。据该国领事官来署。呈出该使臣来函。内称该使臣到京。欲见总理各国事务王大臣。转呈该国君主国书等因。并据崇厚函称。布国坐来兵船。在大沽拦江沙外。将丹国商船扣留三只。闻该国与丹国系属世仇各等语。臣等查拦江沙距大沽海口不远。无论何国与何国为仇。总不应在中国洋面报复。致惊中国地方。且外国持论。往往以海洋距岸十数里外。凡系枪炮之所不及。即为各国公共之地。其间往来占住。即可听各国自便。今布国使臣李福斯。初次奉使来京。一抵海口。即在拦江沙外滋事。若不令其将此事先行办结。即与会商公事。不但无以折该使臣虚憍之气。且恐各国以中国置之不较。将来借口执此为拦江沙外。各国公共洋面之据。其势可以无所不为。不可不就此豫防其渐。臣等正在函致崇厚办理间。旋于四月十二日。接到李福斯致臣等照会。内称现年本国君主特简为钦差入华全权大臣。饬令亲齐国书。赴京呈递。现已到京。望定期拜谒等语。臣等因即给予照覆。告以在中国洋面。扣留别国之船。乃显夺中国之权。于中国大有关系。该使臣既系伊国派来。即应将伊国与中国大有关系之事。先为办结。方可定期接待等因。臣等之所以先令该国办结此事者。所争原不在丹国而在大局。欲借此以其期杰骜之心。且以辨明此地实系中国洋面。并非各国公共海洋。讵该使于接到臣等照覆复。仅将所扣丹国船三只。放回二只。复给臣等照会。内称该船被本国师船扣留。系属按照欧罗巴所定军法。其扣留处所。相去海岸远近。亦属万国律例准拿敌船之处。并称此事国家定夺。非其所能干与等语。臣等因其狡辩推诿。又给照覆。告以此次扣船处所。乃中国专辖之内洋。欧罗巴所定军法。不能强中国以必知。既为全权大臣。又称不能干与。或俟另简真正有权之员前来共事。至定期会晤一层。总须俟此事完结。方可接待商办等因。该使知中国于此事所争甚力。因遣向来住京之布国学生。现充该国翻译官名璧斯玛。到署谢罪。并有照会前来。自认咎在布国。仍请定期接见。臣等再三斟酌。准其来署面晤。仍面告以扣留丹船一事。总须先为办结。方能以公使接待。该使无理可争。遂面允赶为办结。旋据照会。所留丹船一只。本国领事。已在天津预备洋银一千五百块。作为此船之价。俟本国商议妥当。此船应属何人。即将此项交付。并据璧斯玛先后声称。此件李公使须回国商明。因俄罗斯陆路行走。取道较近。已于五月十二日出京各等因。该使出京后。由该翻译送到照会三件。均为商船在浙闽洋面。被人欺陵。及搁浅等事。显系该使自知失礼。欲摭拾已往之事。藉以抵制。当由臣等行知通商大臣李鸿章。酌量办理。现据察哈尔都统报称。该公使行抵张家口。于五月十九自雇车辆起身出口。经守口弁兵。查验放行。俟该使商明。再行相机办理。

布国照会

为照会事。现蒙本国大君主。特简本大臣为钦差入华全权大臣。饬令亲齐御笔国书。赴京呈进大皇帝御览。以为本大臣奉命之据。本大臣遵即前来。现已到京。希望贵亲王定于何日何时。本大臣亲赴贵署拜谒贵亲王列位大臣。为此照会。

给布国照覆

为照覆事。接准贵大臣照会。知贵大臣现来中国为全权大臣。业已到京。并定期来本衙门会晤等因。本王大臣查贵大臣系贵国特简之员。自必材能出众。办事妥协。凡遇国家交涉事件。谅无不按照和约。持平办理。惟贵大臣坐来兵船。现在中国洋面。将丹国商船扣留。殊深诧异。查外国在中国洋面。扣留别国之船。乃系显夺中国之权。于中国大有关系。贵大臣既系贵国派来。即应将贵国与中国大有关系之事。先为办结。方可定期接待也。为此照覆。

布国照覆

为照覆事。昨接贵王大臣来文已阅悉。本大臣奉特派入华。系为办理和约事件全权之大臣。更奉殊谕谆谆。示以持平办理。至于和约内所不载。如有本国所与贵国交涉之事。亦自能悉心商办。惟来文内称本国兵船。将丹国商船扣留之事。为夺贵国之权。殊不可解。查该船原系本国与丹国动干戈之后。被本国师船噶呗唎扣留。并扣留该船。系属按照欧罗巴所定军法。其扣留处所。相去海岸远近。亦属万国律例准拿敌船之处。是以专办此事之责。竟为我国家定夺。非本大臣所能干与。此系实无可疑之事。即各国住京大臣意见。无不相同。如贵王大臣有不相信之处。寻问亦无不可知。至于兴动干戈之时。民人未免惨遭此苦。故于扣留商船三只之后。本大臣饬令船只内载除系丹国货物。将各国与中国装还者。一并缴还。并查出有与本国和好国之民船二只。饬令释放。因再希贵王大臣定于何日何时会晤。为此照覆。

给布国照覆

为照覆事。接准贵大臣来文。所称扣留丹国商船。系照欧罗巴所定军法一节。查此次扣留丹国货船处所。乃系中国专辖之内洋。贵国兵船前来中国。自当入境问禁。不得任意妄为。中国所辖各洋。例有专条。各国和约内。均明此例。贵国和约内。载有中国洋面字样。较各国知之尤切。何得云殊不可解。至欧罗巴所定军法。则不能强中国以必知。来文所称专办此事之责。为贵国定夺。非贵大臣所能干与等语。查贵大臣既来中国为全权大臣。所谓金权者。系于贵国之事无不可以作主。今贵国首先违约。贵大臣不能干与。本王大臣将来何以与贵大臣办事。或俟贵国另简真正有权之员前来。本王大臣方能与之共事。至定期会晤一层。查中国洋面商船失事一节。系在贵大臣甫到天津。本王大臣未经接待之先。自应俟此事完结。方可接待商办一切也。为此照覆贵大臣查照。

布国照覆

为照覆事。前接来文。所云扣留丹国船只。此事之责。本大臣并无推诿之意。本大臣既奉命入华为钦差大臣。凡一切事务。俱应代国行权。惟丹国船只被我国扣留。咎在我国。丹国亦不能向中国理论。中国亦无须任其责。本大臣特为申明。深愿将扣留丹船一事。与贵国办完。为此再希贵王大臣定于何日何时。本大臣亲赴贵署会晤是幸。

给布国李福斯信

启者。昨接贵大臣照覆一件。均已阅悉。贵国扣留丹国船只一事。本王大臣等所以必欲贵大臣赶为办完者。缘滋事之处。系属中国洋面。中枢政考所载。界限甚明。外国无论与何国有隙。在中国洋面扣船。即属轻视中国。所以本王大臣等不能不向贵大臣理论者。非为丹国任其责。实为中国保其权。今贵大臣既屡次来文。意欲见面晤谈。并照会内称扣留船只。咎在本国深愿将扣船一事办完等因。本王大臣特先布函。定于四月二十八日三点钟在署相候。即望届时前来晤叙。将如何办完之处。妥办完结。即可认贵大臣有代国秉权之据。以便备文照覆办事。以敦和好可也。

布国照会

为照会事。前于本月初十日在贵署所商扣留丹国船只一事。兹特照覆贵署王大臣。所有前扣丹国船三只。其二只早已放归。下余船一只。现在亦将入海。本国领事官已在天津豫备洋钱一千五百块。作为此船之价。一俟本国衙署商议妥当。是船应属何人。行文来时。拟即将此项洋钱一千五百块交付可也。现在此事已将办完。本大臣甚为欣慰。为此照会。

给布国照覆

为照覆事。准贵大臣照会。扣丹国船等语。查贵国兵船。在中国洋面扣留别国船只。实有碍于中国之权。今贵大臣既称已在天津备价。俟贵国商议妥当等因。仍望贵大臣于商议妥当办理完结后。即行照覆前来。本大臣得有实据。以便接待贵大臣可也。

布国照会

为照会事。一千八百六十一年十二月。有得意志船一只。名阿勒拂勒得黑勒漫。系给【勒漫阿里思】之船。在福建厦门口禀称。阿勒拂勒得黑勒漫之船。现在台湾梁各口浅阁。方欲前后推转。忽由岸上左近乡村之间来几百余人。各执枪刀。逞强上船。欺负满船之人。抢掳物件。并劫夺货财。共合抢去洋钱一万块。当即报明台湾地方官。恳请饬令该乡人或赔船货。或赔洋钱。乃屡经地方官谕。虽该乡人有钱能赔。而该管官无权。不能压令使赔等语。本大臣查【给勒漫阿里思】船。被乡人抢夺。大为喫亏。而该管官无权。不能料理。相应恳请。贵国王大臣。查照中国布国和约第三十三款。饬令台湾地方官。设法拿获乡人。令其赔还。倘该地方官不能办理。本大臣即请贵国王大臣。按第三十三款。照中国例给与处分。本大臣久知贵国王大臣办理和约之事。甚为明智。甚为公平。谅此事定然代本国办理妥协也。为此照会。

布国照会

为照会事。一千八百六十二年十月。据上海德意志爱伯。与定海镇台袁君荣。定海商民谷兰亭三人。和约在定海舟山。豫备火轮船二只。保护由福州至宁波往来之船。最要紧者。系特为保护载木之船。三人言定。爱伯一人一船。袁君荣。与谷兰亭二人。伙为一船。当时言明。如有利银。两处均分。系爱伯一分。袁君荣。谷兰亭二人一分。爱伯所领一只英船。名奉荣。袁君荣。谷兰亭。所领之船。名唛喇由。其后袁君荣。谷兰亭之船。单送木船。不与爱伯之船同送。意在欲背和约之事。所得利息。并不与爱伯同分。因此爱伯欲罚袁君荣。谷兰亭银七万三千五百十两等语。本大臣因此特恳。贵国王大臣。转行饬令袁君荣。谷兰亭二人。将银项照数赔与爱伯。倘二人不肯赔银。请贵国王大臣饬令上海专派一员。会同本国领事官署一员。按理公平妥办。本大臣深信贵国王大臣。必能将此事办妥协。务祈即照本大臣之意妥为办理可也。

布国照会

为照会事。查去年六月二十七日。布国商船名阿妹底打。由福建厦门运货往宁波贸易。行至半途。因遇大风。暂驶在福建万州不开之口湾泊。修补船只。并买食物。因货主无银。暂把货物卖些。当时万州口内。远有三船。一为英国之船。名天津。一为丹国之船。名枯录立斯。一为额国之船。名录撒立嘎。后于七月初五日。福州府海关差人乘火轮船。来至万州查出阿妹底打卖货。将该船拉往福州。将船货入官。全行变卖。将银交官。虽船主甚不愿意。差人已变卖将银入官也。今本大臣查和约第七款内。虽有商船如在不开之口。私做买卖。即将船货入官等语。但和约第三十一款。内载商船遇有破烂。及别缘故。急须进口躲避者。无论何口。均可进去。不用纳钞。如为修船之故。货物须上岸者。亦不纳税等因。今据阿妹底打禀称。因无银修船。所以卖些货物修补船只。本大臣意想既欲修船。傥或一时无银。亦可少卖些货物。用银修船。何以福州差人。竟将船货全行入官。似未能平允。曾经广州布国领事官。屡次行文至福州海关谰论此事。乃海关置之不问。本大臣特行照会。恳请贵国王大臣将此事严速查明。并请饬令福州海关。将此船货价值。以及自船货入官以后之利息。全行交付阿妹底打。再本大臣并闻此船入官之时。海关差人陵辱此船布国之旗。似属无理。兹并请贵国王大臣行文严速查明。何人陵辱此旗。按例惩办。使布国甘心。为此照会。

己丑。协办大学士两江总督曾国藩奏。接奉谕旨询及中外匪徒。仍有偷济贼粮食军火之事。饬即实力严防一节。惟当谆饬各营加意严防。近闻戈登语及白齐文暗回中国。招集无赖。雇备轮船。将赴金陵助济逆首。此则意外之虞。颇难防御。

谕议政王军机大臣等。曾国藩奏。近闻戈登语及白齐文暗回中国。招集无赖。雇备轮船。将赴金陵济助。意外之虞。颇难防御。白齐文前由苏城投出。逐归本国。此次何以又暗回中国。招集无赖。雇备轮船。接济金陵。实属怙恶不悛。除由总理各国事务衙门王大臣。知照住京各国使臣外。并著李鸿章查明是否实有其事。设法拿办。白齐文屡败之将。无能为役。金陵守将。惟当遇贼即拿。无恤其他。

同治卷二七

(同治三年甲子七月)辛亥。通商大臣江苏巡抚李鸿章奏。臣于六月初六日。承准议政王军机大臣字寄。同治三年五月二十九日。奉上谕。总理各国事务衙门奏。丹国换约届期。请派员互换一折等因钦此。并奉到摘录谕旨一道。当即恭录。行知李恒嵩。刘郇膏。敬谨遵照。届时妥筹办理。并饬江海关道丁日昌帮同照料去后。惟于未奉谕旨之先。丹使已赴津候旨。旋即折回。并经赴沪习制洋火器之护军参领萨勒哈春。由津赍到条约各本。豫饬刘郇膏暂为收存。即于六月十二十日。据丹国领事耆紫薇照会上海道。以水师提督贝立现经抵沪。请转致商定换约行台时日。续据英领事巴夏礼来函。订期换约。刘郇膏等查原奉钞折。丹使系名璧勒。今称系提督贝立。恐属两歧。询据通事称系翻译口音微有轻重。并无别故。惟贝立到沪后。尚未循例先来拜晤。未便遽定换约日期。当公同议定。在于上海城内通商大臣行馆。举行互换。其日期仍候会同面商等语。先后备文。分别照覆。贝立即于二十四日。偕英翻译阿查哩前来藩署。李恒嵩。刘郇膏。与之接晤。当将恭录。谕旨给阅……

庚申。吉林将军景纶。副都统麟瑞奏。前据三姓副都统富尼扬阿报称。俄人于六月十五日。由下江驾驶火轮船。载同原由内地前往传教法士。飞奔松花江西上。称赴三姓贸易。并送法士旋回。卡官拦阻不允。驶至拉哈苏苏地方。复经佋先协领讷尔吉差次迎见。登船力辩。始将法士人船。留在富替薪轮船回帆。并称此来试探江水深浅。随后必有双轮火船。仍进松江等因。飞报前来。并准黑龙江将军咨照。是月二十五日。有海兰泡酋。往见副都统关保。通事述称。伊接嘎尔萨果幅札文。因驻防东海奇矶阔邨固毕尔那托尔。欲与吉林将军会晤。商办事件。或派头目乘火轮船进松花江。求给转咨吉林。为其沿途豫备柴木。以待船至等语。经该副都统据理开导。不欢而返等情。奴才等当即先后飞呈总理各国事务衙门。请与住京俄使据约剖辩。一面飞札三姓副都统。督同该处佟先协领讷尔吉等。设法拦阻去后。旋据咨报七月初一日。法士杜柏随带洋人数名。旋抵三姓。据称法士包姓等。仍在下江等情。是日并有俄人乘火轮船两只。随带板船一只。驶至黑河口卡伦停泊。巡防官云骑尉承庆。欲向理阻。该俄人不容近前。仅以清语告称。小火轮船内有大官石沙木勒幅。同三品官车拉尼扬乜幅。带领小官九名。兵五十余名。奉国王命。由三姓往见吉林将军。议办要事。大火轮船内。有大将军。带领大官十余名。兵百余名。特来护送闯卡。语毕递给清字开写人船数目一纸。即向松花江上驶。报经奴才等添派员弁。处处严防。节节阻止。并调署阿勒楚喀副都统德英。选带兵勇。顺江迎阻。嗣据富尼扬阿报称。协领富庆等迎至霍悦洛处。向其阻止。坚不允从。复经防御葛浑。在厄音莽嘎地方。登船与语。而该酋石沙木勒幅。讬睡不见。当与俄官车拉尼扬乜幅照约理论。据称持有公文。必须往见吉林将军面投。非来贸易等语。许以将文转递。执意不从。并于沿途观绘山川形势。又经二品顶带协领永祥。驰往迎阻。亦复不允。俄酋献出文一纸。飞送到省。详加披阅。系用清文俄字。开写官兵人数。述及欲来吉林。声明由三姓进省。如遇水浅。轮船不能上驶。即就陆路遄行。为其筹备车马。伊必给赀等语。当经永祥严词拒阻不听。讵意近日霪两连绵。江河涨发。该酋竟乘火轮船一只。据报已于本月初九日。行过胡尔哈河向小古洞河一带上驶等因。奴才等伏查俄人贪鄙成性。诡谲多端。屡欲闯入三姓通商。而于吉林松花江尤垂涎窥伺。久在圣明洞鉴之中。今果藉称公事。蓄意要求。越境恃强。乘船深入。节经理阻。置若罔闻。现既驶越三姓上游。距省垣不过数百里。轮船迅疾。旦暮可至。虽称会商公事。难免包藏祸心。拒之过严。固恐借端生变。示之以弱。必肆无厌之求。第既有约在先。断难自我开禁。惟有据理辩论。随机应变而已。除派委员并饬所属拣选兵勇。布置防闲。并将节次咨报情形。暨俄人来文。呈送总理各国事务衙门。速向俄国住京公使按约剖辩。转饬即日回国外。理合恭折驰奏。

谕议政王军机大臣等。景纶。麟瑞奏。俄酋欲至吉林。理阻不服一折。据称俄官石沙木勒幅等。乘坐轮船。带领兵役多名。向松花江上驶。声称欲由三姓往见吉林将军。议办要事。经景纶等派员迎阻。坚不允从。并在沿途观绘山川形势。已于本月初七日。行过胡尔哈河向小古洞河一带上驶等情。并据议政王等面奏。总理各国事务衙门。前接到该将军等咨文时。业经照会俄国驻京公使。据理与之剖辩。现尚未接照覆。吉林三姓等处。并非条约内所载准行通商地方。该酋恃强深入。理阻不服。且沿途绘写山川形势。包藏祸心。深属叵测。现在该夷轮船已向松花江上驶。越过三姓。将抵吉林。著景纶。麟瑞。于该俄官到城来见峙。告以总理各国事务衙门。已照会该国住京公使。由三姓至吉林。均非条约内准行通商地方。按约辩论。令其即行回国。并仍拣派兵勇。加意防维。如续有夷船肆行闯入。即当妥为理论。毋任沿江上驶。并饬令三姓副都统等。一体严密防范。以固边圉。毋稍疏懈。

(丁丑)总理各国事务大臣薛焕。三口通商大臣兵部左侍郎崇厚奏。西洋使臣阿穆恩。前由上海寄来照会。意欲亟图转圜。臣等以未便急于迁就。示之以弱。仍给予照会。与之辩论……傥能将澳门设官一层。加以收租。于中国税务亦为有益。即使其决裂而返。将来执定未满二年期限。亦不患无词折服。今期限已届。该使照会内所言。皆系答我诘问之事。此外并未过肆要求。自应借此转圜。因给予照覆。仍将领事官不得派商人一层。再与申明。澳门设官一层。仍案而不断。留作有余地步。并将该国侵占三巳门外界址。应早为清理之处。先行揭破。虽明知该国盘踞已久。未必即肯退还。但有此诘责。应可杜其后来再有侵占之事。仍约其迅速来津互换。使其无可藉口……

大西洋国使臣照覆

为照覆事。接准贵大臣本年六月初六日来文。所有辩驳之事。本大臣莫不回答。和约章程。已经大西洋大君主批准而行。本大臣因此受命而来。特为互换和约。贵大臣谓情愿互换。宜先解所提条约前事。本大臣代我国政解明。一如第八款内。谓领事官不得派商人。此若大清国政问讨必行。二如驻澳之中国领事官。此若大清大皇帝愿意设立。其权办事。均与法英美诸国领事官。驻札澳门无异。此乃该九款底所载也。贵大臣如意决互换已定和约。本大臣立即前赴天津。以为互换之举。为此照覆。

给大西洋国使臣照覆

为照覆事。七月二十日。接准贵大臣六月二十九日来文。代贵国政解明条约。称领事官不得派商人问讨必行。此层与条约相符。望贵大臣速即照办。至驻澳中国领事官一语。篇查条约。止有大清国大皇帝任凭仍设立官员。驻札澳门字样。并无中国领事官字样。且中国官制。亦无领事官名目。何得硬加以中国领事官之名。贵大臣尚未推求汉文条约之意故也。再澳门地基。向以三巴门为界。近日有人自澳门来。言及前数年间。贵国人竟将三巴门以外之地侵占数里。此层亦应早为清理。将侵占之地。归还中国。方昭和睦之谊。想贵大臣意在和好。定不存侵占之心。今贵大臣既情愿互换和约。希即迅速前来天津。彼此互换。至于应议各事。亦即查照贵大臣前此豫言明之意。于条约互换后。再为理论明晰。以免互相生疑可也。

戊辰。吉林将军景纶。副都统麟瑞奏。前因俄官石沙木勒幅等。越境恃强。乘船深入。当于十六日驰奏。嗣据三姓阿勒楚喀。各副都统。乌拉总管。先后咨报。均于俄船经过处节向坚阻。置若罔闻。并据伯都讷副都统派员探明。法士随俄人板船同行等情。当即咨报总理各国事务衙门。查办在案。俄船于七月二十日酉刻抵省。停泊江心。令通事寨登乘坐胡带舢舨登岸。至街道厅投见。礼貌尚恭。经奴才等先期派出熟谙清蒙语之佐领那斯洪阿。年满助教官穆克登额。与之接见。据称俄国二品官石沙木勒幅。同三品官车拉尼扬也幅。欲面见将军。商办要事等语。奴才因思该俄酋等既未亲身请见。若遽登船与之聚会。恐与体制不宜。随令该佐领那斯洪阿等。论以我省现有承办处大员副都统衔协领常明。协领明禄。素办边务。有何公事。尔国大员。可与相见商议。该通事旋即回帆。因思彼此既称和好。固当拒之以理。犹当抚之以恩。随于次日粗备茶糖酒果。仍派佐领那斯洪阿等送至船上。藉窥人数。该酋颇为感谢。该佐领等询以究何公事。并未实言。诘以原称文移。又不投递。惟令通事坚欲求见。该佐领等答以和约原无两国大员。觌面议事条款。吉林又非通商之区。尔等竟坐轮船。深入松花江内。本属错误。往复剖辩。该酋词穷语塞。顾而言他。称欲赴街购买零物。该佐领等许以代买。令其毋庸上街。该酋随开单递给。询以船中人数。则称四十余人。并有妇女数口。该佐领等回岸禀报前情。当经饬令地方官即将单开各物购备发给。概不受值。免致藉词。后忽有随从俄人十余名登岸游行。欲以洋钱自买诸物。因见铺家不理。复被兵役吓阻。即经回船。该酋于二十二日未刻。令通事登岸。执持清字俄文一角。并备远物价洋钱十七圆。外送回礼酒果杂物数色。径至街道厅遗放。不候回话旋船。拔锚顺流东去。阅其所具清文。大略以奴才等不相接见。指为与约不符。而其所为何来。迄未洩露一字。是何居心。实难悬揣。如有所要求而至。则尚未会面。何以遽尔回帆。傥窥探形势而来。则包藏祸心。势必乘机复至。任其往来。定贻复患。若从严阻止。必起衅端。惟有声请总理各国事务衙门。远与住京俄使。据约辩论。弗任越界。以敦和好而靖边庭。至其留遗各物。固难全数收受。转致有所籍词。傥或一概掷还。又恐疾之太甚。踌躇审酌。拟将洋钱备具文移。专差送交乌苏里口俄官。转行递还石沙木勒幅等查收。其回送酒果等物。给发在事兵弁充赏。

谕议政王军机大臣等。景纶等奏。俄酋石沙木勒幅等。乘坐轮船。驶抵吉林。欲面见该将军商办要事。经景纶等派令佐领那斯洪阿等。论令该夷酋与常明明禄相见商议。并询以因何公事。该夷酋并不实言。旋递来清字俄文一纸。称该将军不与接见。与约不符。遂即回帆东去。其因何前来。始终亦未洩露等语。吉林三姓。本非通商地方。此次俄夷违约越界。其曲在彼。该夷酋既称欲面见将军。商办要事。景纶等固不宜自行往见。致乖体制。然亦何妨传其来见。责以违约越界之罪。以折其虚憍之心。并可询悉该夷来意。以凭办理。乃计不出此。反令该夷得所藉口。且任令沿途绘画山川形势。来去自如。究竟因何前来。该将军等仍茫不知悉。似此畏首尾。岂不令外国人轻视边臣。益复毫无顾忌耶。至总理衙门。与该国住京公使争论。若不知该夷因何前来。亦无从与之辩难。该将军身任地方。既不能阻其不来。又不敢传见该夷。据理驳斥。殊不知所办何事。现在俄夷船只。尚未驶出三姓乌苏里江口。难保不复回帆上驶。著景纶等即将以复续办情形。随时驰奏。如该夷仍欲求见。即著传令来见。按据条约。与之驳诘。无再仍前颟顸了事。

同治卷二八

(同治三年甲子九月)甲辰。吉林将军景纶。副都统麟瑞奏。奴才等前于八月初八日。将俄酋乘船抵省。请见不遂。旋即回帆。于是月初二日驶过三姓等情。专折驰奏。查三姓东距乌苏里江口。尚隔千有余里。虽俄船顺流而下。行驶如飞。诚恐沿途难保无阻浅登岸滋扰情事。叠经咨令三姓副都统富尼扬阿委员弁随时侦探去后。兹于二十五日。准该副都统咨称。据原派佐领春福等禀报。探得俄船自初二日驶过三姓。是晚抵达尔冈江心停泊。初三日至固卜扎拉。初四日出黑河口下驶。沿途并无搁浅上岸。并据黑河口巡防佐领常明等报称。于初四日未刻。哨见俄船出口。是晚行抵北岸徐尔固停泊。次日拔锚而去。询据该处居人。声称俄酋已回伯刀等情。查伯刀系为俄界。该酋等业经回境。转瞬天寒江冻。谅不至去而复来。且前准总理各国事务衙门移知。已并案照会俄国住京公使。按约辩论。据称现已据情行查。尚未接到东悉毕尔总督移文等语。第俄人诡谲多端。如其窥伺为怀。衷藏叵测。则江河形势。是所经由。明年春融水旺。又恐扬帆而至。奴才等踌躇审酌。惟有严饬三姓宁古塔各副都统。珲春协领等。勤练兵勇。先事筹防。仍密派员弁水陆并探。如再遇人船越境。务当据理说辩难。极力阻止。不得以恐伤和好为词。致令来往自如。以靖边圉而守定约。

丙辰。江苏巡抚李鸿章奏。窃照北洋豆石开禁。经臣于同治元年夏间。附片奏请。专将上海一口。归内地商人运销。由总理各国事务衙门议覆。俟苏松各属肃清。再与英公使商量践守旧约。奉旨依议在案。兹据江海关道丁日昌。转据船商郁森盛等。联名禀称。上海一隅之地。沿海居民。多借船业为生。自西洋各国议准通商。上海一口。最为繁盛。良由沙卫各船。群聚贸易。始得交易流通。商贾辐辏。若令内地商人。均已乏本停歇。洋商亦岂能独获通商之利。惟沙船运销货物。向以豆饼豆石为大宗。舍此无可贩运。是以和约内有外国船不准装运牛庄等处豆石一条。虽为沙船留一养命之源。实欲保全上海市面。为各国通商经久之计。自同治元年。暂开豆禁。夹板洋船。直赴牛庄等处。装运豆石。北地货价。因之昂贵。南省销路。为其侵占。两载以来。沙船赀本亏折殆尽。富者变而赤贫。贫者绝无生理。现在停泊在港船只。不计其数。无力转运。若不及早挽回。则沙船停泊日久。船身朽坏。行驶维艰。业船者无可谋生。其在船水手十余万人。不能存活。必致散而为匪。肆行抢掠。商贾难安。上海市面既废。即洋商贸易亦难。前曾禀求转详奏准。照会英国公使。专将上海一口豆石。仍归内地商人运销。旋据英公使面称。现因拨兵在沪防剿。恃此以济军需。俟贼稍平。再行议办。并蒙总理衙门覆奏。俟苏松各属肃清。再与商量践守旧约各在案。现今江苏通省均已肃清。英国防兵亦渐撤退。彼国以信义为主。公使既有言在先。定不失信。环求转详奏请饬下总理衙门。照会英国公使。仍守旧约以全大局等情。并据该关道会同捐厘总局议称。登州牛庄两口豆石豆饼。不准外国商船装载出口。天津新定条约。载有明文。原因内地商船。南北经营。必有回货可装。始不徒劳往返。而登州牛庄两处。惟以豆石豆饼为大宗货物。舍此则无可发之货。是以申明条约。为船号各商各船水手人等。特留养生之源。旋值北洋防务紧要。有资协卫。据英国公使节次声请。始奉总理衙门奏准开禁。以示宽大。从此两处豆货。一任外国商船。及时转运。沙船自北回南。非不装豆。特其经历重洋。远不逮夹板洋船之迅速。进口迟而销路转隘。市价减而保本愈难。渐至赀本亏尽。现在上海沙船。因无赀本。停泊在港者无数。税捐短绌。实由于此。将来船身朽坏。无力重修。势必日就废弃。各船商具有身家。即能束手待尽。而水手人等。藉此谋生者数至十余万人。别无恒业。至于生计尽绝。难保不铤而走险。万一剽掠横行。为害行旅。外国商人。亦岂能安享其利。谚所谓主富则客安。主穷则客困。该船商等所禀。自系实在情形。夫以火轮夹板等船。往来外洋各国通商水口。利权在握。无地不到。无货不装。即不转运油豆饼三件。亦无所患。而上海各项船只。仅能驶赴北洋。又专藉此以营什一之利。其关系实非浅鲜。既蒙总理衙门议俟苏省肃清商践前约。英公使威妥玛亦有贼平议办之说。现在苏省军务大定。正船号各商暨水手十余万众。想望更生之日。惟有据情详祈奏请饬下总理衙门。照会英国公使。酌量定议。请将登州牛庄两处之货。查照前约。专归内地商船转运。似此量为变通。于华商生计。稍留余地。而洋商互市。亦可永远相安。海关税捐。亦有裨益。各等情前来。臣查核原详所引主客之喻。最为透徹。上海为通商口岸适中之地。各国商船。涉历重洋。会集于此。自必乐与中国商船彼此相安。而后主客共获美利。断无内地商船。尽行废弃。而洋船可以独享其利之理。连年上海用兵。各船商于困苦不堪之时。竭力助饷。原冀贼平有日。复守旧章。今东南大定。英兵渐撤。若仍不议复前约。则商船自此绝望。水手十数万众。无复生理。兴言及此。可为寒心。且仅以上海一口豆货。专归内地商船运销。于洋船生意。初无甚损。而市面日旺。中外熙攘和乐。实于洋商亦有利益。斯则通商立约之本意。非有所偏厚薄于其间也。伙乞饬下总理衙门。照会英国公使。酌议施行。

李鸿章又奏。据江海关道丁日昌另禀称。所有沙船壅塞情形。业经详请察核具奏。特其中尚有大可虑者。查江浙两省。漕米改归海运。向由沙船装载赴北。现在军务虽有端绪。而河运一时难复旧章。东南漕粮。必赖上海沙船起运。今沙船无赀贩买。停泊在港者以千百号计。内地船只。以运动为灵。若半年不行。由朽而烂。一年不行。即化有为无矣。将来无力重修。全归废弃。海运从何而办。此事非特上海商民市面。以及捐税攸关。于天庾正供。大有窒碍。长贻后患。何可胜言。不得不急为挽回。以期通漕运而裕赋税。惟此层关系。与彼族无干。未便形诸奏牍。使外国别生枝节等语。臣查该道所禀切中利害。非将上海一口运销北洋豆货之利。设法收回。则商船生意。断无转机。即海运关税。一切毫无把握。惟洋人趋利若惊。该公使必多方狡执。总理衙门。原难以口舌相争。因系条约所不准行。威妥玛曾有俟贼平再行议办之语。臣不得不据沪上官商公论。剀切上陈。或可乘机转圆。于国计民生均有裨助。

同治卷三一

(同治四年乙丑二月甲戌)恭亲王等又奏。再二初二日。接准法国公使照会。内称江宁地方。早经肃清。此后须照续增条约第六款。将江宁地方。安置埠头。为通商之所。望行知江苏巡抚转饬地方官。于本国总领事派员到日。务须帮同妥办等因。臣等查法国条约内载。议定将江南之江宁。准令通商。俟官兵将匪徒剿减后。法国官员。方准本国人领执照前往通商等语。现在江宁虽经肃清。一切情形。臣等未能悬揣。惟该使既请租地通商。自应按照条约办理。应俟命下之日。臣等照覆法国公使查照。并行文两江总督。江苏巡抚。转饬地方官。斟酌妥办。总期于中外商民。两无窒碍。以副国家一视同仁之至意。再缮折间。又据英国成妥玛照会。请在江宁租地通商。与法国所请。情事相同。相应照录照会。一并进呈。

法国照会

为照会事。近数月前。江宁肃清。此后须照本国在天津续增条约之第六款。将江宁地方。安置埠头。为通商之所。虽通计现在贸易情形。不能遽见若何扩大。但为筹备将来事宜。今在该处择定地址。本国商人。可随时到彼居住。现在江宁城内外居民。尚多未回。免至后此别生事端。如汉口议办租地。

徒历两年之久。如别国钦差大臣亦同此办法。亦可免彼此轇轕。本大臣即当饬知上海本国总领事。派员前赴江宁。察看沿河地方。择取何处便于贸易。即将该地指定。并将地址四至丈量明白。按立界碑。议立暂执合同字据。三年以内。如本国商人等尚未永租该地。其时中国或将该地全行收回。或随收数段。法国或仍以该地付与中国。或定议换立永租合同。一切事宜。均照向来旧章办理。如依所请。即望行文江苏巡抚。转饬该地方。于本国总领事派员到日。务须加意接待。帮同妥办。

英国照会

为照会事。案查法国戊午年。定约第六款内载。其江宁俟官兵将匪徒剿灭后。大法国官员。方准本国人领执照前往通商等语。现在金陵收复。商局以早定租赁地基等事为妥。盖各处向开通商口岸。因使民迁移故土。每致租价难定。现时金陵府城内外。人民甚稀。趁此议定地址。庶免相争。或换约各国。经理公同租地。免有不协。本大臣拟即札行上海领事官巴。拣派妥员。协同各国派出各官。前赴该处沿河地方。选择通商适用之地。丈量其地可客洋行二三十座大小。作为英国租赁地基。设立租单。原应按约永远租用。惟因系属试办通商。未定旺否。暂应轻价浮租。三年为期。三年后无英商盖行居住。贵国或欲将地全收。或欲减半收用。先期数月通知商议。俟本国咨回。或皆允行。或按贵国地丁之例。按地等第。分别计亩约租均可。本大臣尚未准到本国咨属。不便派领事前往。未设领事官以前。不准英商赁用本国租地。为此照会。

癸巳。福州将军英桂闽。浙总督左宗棠。福建巡抚徐宗干奏。窃据兴泉永道邓廷枬禀称。正月十八日。有洋人驾坐小艇板船三只。随潮驶过。差弁经询。不听稽查。直入新桥贼卡。登岸入漳等因。当即照会英国领事官柏威林去后。迨至二十一日。该领事邀集厦门文武。面称前次李侍贤遣人送信到厦。被洋关拿解地方官正法。其信内是何议论。不能知悉。是以亲赴漳郡面会李侍贤。以后有信来往。不可拦阻。但有事自能知会。现带长发头目一个。在战船官金顺舱内。稍缓几日。仍拟送伊回漳。官民欲戳港拿办。必至开伏。至照会内小夹板船三只。系我驾坐入漳之船。不必再查。逆匪被剿穷撼。句串洋人。计图免脱。前获递送逆书陈金承陇一名。审明正法。并查出与贼贸易之洋人惹隔孙。蒲浪二名。照会惩办。此次住厦英国领事官柏成林。入漳与侍逆见面。臣等当即饬谕福州口英国领事官有雅芝。税务司美里登。属其寄信查问。据有雅芝等回称。此事柏威林实属无礼。惟伊等系属同官。权不能制。应由住京公使将柏威林撤回等语。查各国住口领事官。原以约束洋人。毋许滋事。今柏威林乃以前次为侍逆送信之犯。被洋关拿解地方官正法。辄藉词亲赴贼巢。与侍逆会面。经该道等再三婉劝。竟不听受。反带贼目藏在战船。故违和约。叵测情形。殊难悬度。除由臣等仍饬在事文武。严加防范。妥筹办理外。应请旨饬下总理各国事务衙门。传谕住京英国公使。迅将该领事官柏威林撤换。以弭后患。

(三月丁酉)给英国照会

为照会事。准闽浙总督一等伯左咨称。正月内。据漳州乡民禀。有英领事等三人。前赴漳州。面见侍逆李侍贤之事。临行该逆排队送出漳城三里余。英领事即偕一发逆来厦。看伊火轮战船。并据典泉永道禀称。正月十八日未刻。有外国人驾小夹板船三只。约有三十余人。随潮驶过。当即差弁询问。均各不听稽查。径往碧楼河道升挂白旗。直入新桥贼卡。登岸入漳。又木屐汛港口。泊有外国大船一号。小船三只。每船洋人十余名。分驶内港。致附近居民。咸怀疑惧等情。当经照会英国领事去后。迨二十一日巳刻。英领事柏威林片请水师参将陈登三。现带舟师陈允彩。及职道偕往。柏领事面称。前次李侍贤遣人送信到厦。被洋官拿解地方官正法。其信内是何议论。不能知悉是以十八日亲赴漳州。十九日六点钟面会李侍贤。至九点钟出城。以后李侍贤有信来住。不可拦阻。有事自能知会。倘再盘查。信不得到。必当复住漳城。现带长毛头目一个。在战船官金顺舱内。稍缓几日。仍拟送伊回漳。闻官兵欲截港拿办。如果要拿。则英国战船官。必然开仗。至照会内小夹板船三只。系我驾坐入漳之船。不必再查等语。咨请核办前来。本爵相应将此情节。照会贵大臣核办。即希见覆可也。

同治卷三二

(同治四年乙丑四月甲戌)英桂等又奏。再漳城踞逆。被官军围剿穷蹙。别无出路。业经飞饬沿海水陆官兵。于各港口严密防范。以免匪艇句结入海。另派水师大员。总统巡防。据税司美理登申陈。英国有轮船一号。连炮位出售。价值番银四万圆。购买为中国总巡师船。较为捷便。臣等已饬通商委员候选道周立瀛。署福州府丁嘉玮。海关委员镶白旗协领长庆等。会议交价。给予牌照。每月舵工水手人等口粮番银二千圆。除遴派将官。拨配兵勇。议定章程。妥为筹备外。谨附片奏陈。

(己卯)福州将军英桂。闽浙总督左宗棠。福建巡抚徐宗干奏。据曾宪德禀报。抵厦后往晤柏威林。多方开导。柏威林虽言近支饰。而亦颇生悔悟。当告以一体示禁洋人通贼。不准一船驶近贼营。违则开炮轰击。柏威林亦允照办。随亲赴该国轮船。见水师官韡姓。带有洋兵三百余名。炮位二十七尊。声势颇壮。稽查亦密。中外各官。情和悦。惟查漳南一带。滨临大海。即添调勇船。驰赴海澄石码一带巡查。并经美理登将带往洋兵。安置车炮。在岸驻守。以资联络。二月二十八日。一小哨船挂帆而来。舟师追击。生擒长发贼谢应泷一名。洋人三名。搜获太平天国侍王李红绸大旗一面。护照一张。洋枪五把。洋银四百九十六圆。讯据谢应泷供称。系广东香港人。从贼已久。逆首李侍贤。现与洋人句结。遣往上海。找寻逆春。并购买大火轮船。图至漳浦沿海为窜飏之计等语。其洋人三名。美理登并厦税司休士会讯。一名花耳。即手执印照者。一名仆低黎。一名葛得勒。俱合众国人。花耳供认前情。并称李逆家眷。闻为洋将戈登留养上海。戈登回国。断无将逆眷带去之理。所执印照。系止准在江苏游历。仆低黎等仅认贩买洋枪。不认买船之事。三月初五日夜。海门山港勇船。截获济贼匪船一只。生擒洋人五名。一名木飞。系英国人。一名汉梨布夫。一名恒蛮加绒,一名黑冷律。亦皆布国人。一名不龙。系合众国人。起获洋枪铜帽等件。美理登。休士会议。英国人即就近交厦门领事官。照例充军。不准再履中国。其布国人同合众国人。一并解赴上海道收讯。根究逆眷。并照会各国领事究办。查洋匪本应比照金陵通贼章程。立予惩办。惟前奉上谕。饬江苏抚臣查李侍贤眷属下落。现获花耳。既为李逆所用。必知逆眷踪迹。自应解沪根究。上海合众国西总领事照会住厦领事文内。亦以深恶此辈违犯和约。私通发逆。属其解沪惩办。洋匪花耳等七名。业经解沪收审。应请旨饬下江苏抚臣。转饬上海道徹底讯办。

英桂等又奏。再查洋人有从广东香港。贩运军火。至铜山附近地方上岸。接济发逆情事。先经办理厦门税务镶红旗协领广星访闻。会商厦门税司休士。帮办巴德荣雅国。二名通事。江苏同知林铖。派拨关哨巡船。驰往查拿。迨道员曾宪德。同福州税司美理登抵厦。申明和约。与休士等悉心查办。旋查英国火轮船名古董。先于二月初十日。在铜山水面之虎头山澳停泊。经英国兵船这那士眼见可证。又洋关巡哨洋人米勒宅。同哨丁至铜山。该处民人向诉该古董轮船私载火药洋枪登岸。声言百姓如敢拦阻。立即开炮轰击等语。复经英国兵船佛冷妈。见该船在现被贼踞之漳浦地方。搭载洋匪七八名往南而去。三月初二日。该船收泊厦口。当即将其扣留。照会英领事柏威林讯问。该船主因指证确凿。无可置辩。查英法第四十七条和约章程。如非通商口岸。洋船私往买卖。即将船只入官等语。该古董轮船违约济匪。应即照约入官。现将旗帜水手人等。一律更换。配用巡缉。见证这那士等。另行议给重赏。以示鼓励……

丙戌。江苏巡抚李鸿章奏。窃牛庄等处豆货。请照约禁止外国夹板等船装运。仍归内地商船转运。经臣奏奉谕旨。该衙门议奏。钦此。旋准总理衙门咨覆。俟与英国公使议有章程。再行办理。迄今数月。尚未知能否议。准而上海沙卫等船。资本亏折。停泊黄浦港者甚多。日久朽坏。生计竭蹷。于大局殊有关碍。本届苏省新漕。及采买米石。不及四十万。沙船已不敷装兑。若将来江浙全漕。同时海运。

沙船日少。从何办理。臣已于本年正月间出示晓谕。将该船等助饷捕盗。及油豆饼各捐。一体酌减三成。以示体恤。而商情困苦。沪市萧条。仍复日甚一日。殊可危虑。兹据船号商王永盛等禀称。近年商船亏本停泊。推原其故。一由于北口之油豆饼。被夹板船抢装运出。货少价昂。一由于商船本小者无整宗贩运之货。素悉奉天等处。杂粮米谷。出产最多。运本较轻。现在江浙虽已肃清。开恳荒田。尚未一律成熟。米粮腾贵。民食维艰。拟请以杂米谷与油豆饼并行贩运。庶资本轻重。均可营生。沙船不致全停。民食更资接济。惟奉天等处杂粮米谷。向不准华商贩运。而洋商转得装运往来。独占其利。伏查通商税则。米谷杂粮。不拘内外土产。不分何处进口。皆不准运出外国。惟欲运往中华通商别口。则照铜钱一律办理等因。是米谷杂粮。既准外国商船装运。中国商船。似可援照准办。亦系此口运至彼口。与例相符。禀求奏请开禁。准令商等于奉天等省装载杂粮米谷。与油豆饼并行贩运等情。由江海关道丁日昌。转详请奏前来。臣查奏天等处所产米谷。不准贩运出口。系防奸商济匪起见。该船商均系安分良民。可无虑有济匪情事。况通商条约。米谷杂粮。即准洋商仿照铜钱之例。出具保结。请领执照。转运通商别口。而内地商船。转不准其出口。未免向隅。上海关税。以沙船为大宗。近因沙船停泊。税饱日绌。若早将登州牛庄两处豆货定议。按约专归内地商船转运。并准将奉天等处粮食与油豆饼一律贩运。则商船得有利益。各自踊跃开行无停杇之患。不惟税捐可期起色。即每年海运漕粮。需用沙船。不致缺少。实于筹饷运漕。国计民生。均有裨益……

庚寅。闽水质总督左宗棠。福建巡抚徐宗干奏。据赴厦门察办军务道员曾宪德禀称。三月二十二日。拿获美国烟那儿香们夹板船一只。交厦门税司休士查明讯办。是夜署守备陈世荣。陈世英。仍带轮船出巡。二十三日。驶至镇海澳。通事偲先把总吴世忠。了见广艇一帮。先驶上一只。遇我轮船。即图拢岸奔避。陈世荣。吴世忠。带洋人二名。跳跃过船。陈世英率兵继之。搒看船中。并无货物。止有洋枪六百三十桿。洋硝五包。火药三桶。吗铁二箱。洋炮五尊。剽刀二十把。遂将舵工陈福结等十名。西洋人一名。并虎门厅所给往广州杂货船照二纸。番文二纸。一并解交曾宪德提讯。据供西洋人一名西罔我微士。即广东澳门西洋人吚啥雇工。吚啥现在澳门居住。洋枪等件。是从澳门落船贩来售卖。艇船系吚啥自置的等语。比传在厦西洋人质讯。皆言违禁货物。应交西洋领事官照约究办。当将西罔我微士暨舵工水手人等。俱发厦防厅分别看管。并将船只照例入官等情前来。臣等伏查洋人贩运军火。接济发逆。曾叠次申明禁约。兹澳门洋人。尚敢蒙领虎门杂货船照。违约兴贩来闽。陈世荣等窥破。登将人船抢炮并获解审。办理尚属认真。除饬将未获广艇赶紧兜拿。一面咨两广督臣广东抚臣查照外。可否仰肯天恩。将保升守备署水师前营守备陈世荣。守备陈世英。俱以都司补用。把总吴世忠。以守备尽先补用。以示鼓励。

(五月乙未)恭亲王等又奏。同治四年四月二十二日。由军机处交出江苏巡抚李鸿章奏。奉天等处杂粮米谷。请准内地商船。与北洋豆货并行贩运一折。奉旨该衙门议奏。钦此。臣等伏查英国善后条约第五条。内载登州牛庄两口。豆石豆饼。英国商船。不准装载出口。咸丰十一年。英国公使卜鲁士照会。商请开禁。臣等力持以为禁不可开。曾与办理三口通商大臣崇厚。往复函商。若万不得已。亦止可准其用内地沙船装载。由此口运至彼口。照章收税。仍不准出洋。然尚未肯遽行照办。一面仍向该公使力为阻止。该使照会。始允豆石豆饼。照善后条约第五款专条办理。此事已作罢论。嗣因杭州宁波相继失守。贼势鸱张。并有制造兵船。潜谋入海之信。经江浙两省绅士公呈。吁恳约外国助剿。内称两省群黎。因在水深火热之中。痛切剥肤。待拯情迫等因。复据原任刑部尚书赵光奏。以贼情诡谲。北窜宜防。并称举大事者不计小利。若能借彼外援。攻克江宁苏杭三省。则海口各税。不妨概予蠲除等语。适又接卜鲁士照会。以豆货解禁。则商民生意兴旺。各该国无不协力保卫。彼时上海洋商信息。与该公使来往关通。卜鲁士之复请开禁。正在江浙绅士请约外国助剿之时。因思洋人叵测。我若拒之过力。不独不为我用。且难保不转而与贼潜通。又以助剿之议。众论皆同。而赵光又有轻利之论。既欲资其协卫。

防其通贼。不得不略为宽大。以示羁縻。是以于同治元年正月间。奏明请暂开豆石之禁。以结其心而资其力。当经奉旨允准。复与该使议定。层层收税。豫留华商觅利地步。是臣等于请开豆禁之时。并未敢因赵光有海口各税概予蠲除之言。竟置关税商计于不问。嗣于是年六月。经李鸿章奏称。沿海居民。生计壅阻。或各口豆石生意。准外国商船贸易。专将上海一口。归内地商人运销。经臣等给英国公使照会。与之驳辩。旋准英使照覆。以宁波乍浦之贼。未能备船驶北。皆因本国水师禁止。正在多方相帮。贵国又欲复设前禁。未免有失机宜云云。并据威妥玛面称。现在英国拨兵在上海剿贼。饷无所出。商人恃此款以济军需。俟将来贼匪稍平。再行议办等语。臣等因江南军务。渐有端倪。恐执约力争。又复多生枝节。拟俟江浙肃清。再与英使商办。于二年十一月覆奏亦在案。上年九月。据李鸿章奏上海沙卫等船。资本亏折。船只朽坏。生计竭蹶。请仍照约禁止豆石出洋等因。奉旨。交臣衙门议奏。维时臣等以金陵虽复。沿海未见肃清。彼尚以洋兵防守口岸。所需兵费不赀为词。未便遽与议及。是以先行咨覆李鸿章。俟议有定章。再行办理。满拟军威既振。沿海荡平可期。不料贼氛远窜。而闽粤两省。现又借彼声援。揆度情形。实虽再与筹议。是以至今尚未具折覆奏。兹李鸿章谂知牛庄等处豆货。业准洋商贩运。以后能否挽回。殊无把握。请将奉天等处杂粮米石与豆油饼。一律归内地商船贩运。以为补救之计。并称船商得利。税捐可期起色。海运沙船不致缺少。于筹饷运漕。均有禅益。臣等公同商酌。该抚所请奉天等处杂粮米谷。准内地商船与豆石等一同贩运一节。系为体恤商情。兼顾漕运起见。应如所奏办理。

辛丑。谕军机大臣等。许彭寿。潘祖荫奏。请饬江苏巡抚解落地开花炮。并拣谙悉制造火器之员。由轮船北上一折。本日据军机大臣呈递崇厚给总理各国事务衙门信函。内称现带洋枪队赴景州。技艺阵势。尚称娴熟。以之战守。可望得力。现筹破贼之方。惟外国所制之开花炮。尤为制胜。闻戈登助剿时。所练洋枪队。上海尚有千名。请饬江苏巡抚查明调派。戈登虽去。仍可邀外国人帮同统领等语。现在贼势鸱张。如其锐意北犯。以未经行阵之战兵。当飘忽无常之悍寇。办理毫无把握。叠经谕令李鸿章派队北来。谅已认真筹办。著即查明戈登所练洋枪各队。尚有若干。酌量派拨。迅即由轮船赴津。并将落地开花炮。多为筹备。一并由轮船带来。其带队洋人。应否酌派数员。随同内地将弁管带。如令其前来。必须妥筹章程。核定饷项。以免临时借口。事后要挟等弊……

辛亥。广州将军兼署两广总督瑞麟。署广东巡抚郭嵩焘奏。窃上年官军克复江南。逆党李侍贤。汪海洋等。拥众窜扰福建汀漳各属。偪伺粤疆。臣等念沿海近边香港澳门等处。向称逋逃渊薮。早虑奸商匿匪。私运洋枪火药洋米、洋布。接济汀漳踞贼。派员严密轮查。闻有伪森王侯玉田。交通洋盗。盘踞香港。专办闽贼接济。据记名总兵补用副将陈择辅禀称。有东莞人陈镇杰。曾贩货行至福山江口。被侯逆掳劫逃出。情愿充线前赴香港认拿。当经臣等会商英国领事罗伯逊。并照会香港公使码沙。密饬署广州协中军都司保应熊。偕同陈择辅等。挟线往捕。又值香港商民梁志兆。为侯逆伙党。在洋面劫去货船。计赃数万。正与理论。洋官等因会同保应熊等。将该逆綑缚。押解到省。据供本名侯管胜。年三十七岁。嘉应州人。咸丰二年投入贼管。随同攻陷金陵。充伪水师主将。管带炮船四五万人。节次抗拒官军。加封伪森王。号六千岁。上年官军克复金陵。潜由上海逃至香港。在上环地方开设金成泰店。假生意为名。私运军火粮食。接济漳贼。随时窥探官军。为漳贼耳目等供……

乙卯。江苏巡抚李鸿章奏。臣派常镇道潘鼎新。统领淮勇十营。内有开花炮队一营。由沪航海赴津。驰奏在案。此次许彭寿等请饬解开花炮。与臣所筹不谋而合。并据崇厚奏。请调派戈登旧队。仍可邀同外国人帮同统领等语。查从前中国将弁。于洋枪开花炮。未谙施放。不得不用洋弁管带。本属一时权宜。挟制要求。既不能免。牢笼驾驭。亦未易言。总须主兵者兵力自强。方能操纵由我。用彼而不为彼所制……

李鸿章又奏。再美国人白齐文。前因管带常胜军。不遵调遣。并敢殴官劫饷。经臣奏明。奉旨革去三品顶带。听候查办。讵白齐文于革退后。私自赴京。求英美两国公使。冀得复用。事既不成。遂投苏城发逆。购济军火。抢夺轮船。拒敌官军。嗣屡败衄。为贼所弃。戈登复代求悔罪投诚。免其深究。又经美国公使。及领事官。议明押令回美。永不准再来中国。上年五月间。闻其潜至宁波。欲往金陵投贼。当经总理各国事务衙门照覆美公使。转饬拿办。并由臣札饬上海各国领事。通行各地方营卡。一并缉拿在案。兹据署福建陆路提督郭松林咨称。该管教习洋人司端里。向与白齐文熟识。四月十九日。在厦门海口。瞥见白齐文与英国人克令。在司古那船上。询系白齐文欲往漳州投贼。知司端里在苏军营中。央请相送。许给谢仪洋银四百圆。司端里伪应允。白齐文等坐小船至漳州十余里镇门河下暂住。司端里即至厦门税务司处报信。适代理税务司巴德合。先已接得台湾关访闻白齐文来厦投漳之信。正派帮办揭谟。及扦手二名。在外密询。遂同将白齐文。克令。锁解郭松林营中。委员讯据供认投贼不讳。当派干弁押赴厦门。交兴泉永道邓廷枬等收禁。咨请办理……

同治卷三三

(同治四年乙丑闰五月戊辰)给美国照会

为照会事。接准上海通商大臣李报称。据署福建提督郭咨称。该营教习洋人司端里。于本年四月十九日。在厦门海口。瞥见白齐文与英国人克令。在司古那船上。询悉欲往漳州投贼。白齐文等遂坐小船。至漳州十余里镇门河下暂住。司端里即至厦门税务司报信。适巴税司先已接得台湾关访闻白齐文来厦投漳之信。正派帮办扦手在外密巡。遂同将白齐文等拿解郭提督营中。委员讯据白齐文供认投贼不讳。当即解送闽浙总督左行辕。就地办理。请将白齐文一犯照议正法。余犯解交领事官严办等因。并据赫总税务司申报前来。本爵查白齐文以殴官劫饷之犯。于同治三年间。私投苏城发逆。购济军火。抢夺轮船。拒敌官军。种种不法。本爵以此人曾食中国俸饷。甘心从逆。不特得罪中国。亦且大玷贵国声名。自应访拿正法。或被官兵轰毙。均罪有应得。照会蒲大臣在案。嗣因戈总兵代为央求。悔罪投诚。姑免深究。经本爵与蒲大臣纲开一面。议定勒令回国。不准再来中国滋事。上年五月间。闻白齐文不守贵国法律。私自逃回。蒲大臣以该犯私自逃回。肆无忌惮。饬令领事拘拿严办。并照会前来。本爵当即饬知各该地方官。一体严拿去后。乃白齐文怙恶不悛。复敢潜入厦门。往投逆贼。始终谋害中国。毫不畏惧贵国及中国拿办。诚如贵大臣所云。此等行为。即非美国之人。断不庇护。除前获漳州济匪之花耳仆抵黎葛得勒三犯。均应交贵国领事官办理。及现获之克令一犯。应交英国领事官办理外。所有言明访拿正法。从宽放回。又复投贼之白齐文一犯。既经税务司拿获。讯明投贼属实。亟应查照前议。即行正法。以快人心而儆凶恶。此外如有不守贵国法律。私自投贼之人。仍希贵大臣行知各口领事官。一同帮助查拿。以敦两国和谊。仍希照覆。为此照会。

美国照会

为照覆事。接到亲王来文。本大臣查白齐文一案。去年五月二十四日。准贵亲王照会内称。行知各该地方官。设法一体严拿等因。此后并无信息。至今初知拿获。查条约第十一款内载。应师领事官惩办。惟思白齐文屡次藐视中美两国律法。实属怙恶不悛。罪所难免。请将此人归在贵国拘留监内。谨饬地方官不得陵虐。羁留数月。一俟本大臣将白齐文始末原由。先非美国所用之人。既经投贼。已失体面。今私自逃回。美国不应庇护。可否归在中国严办等情。奏本恭请国政训示。该如何办理此异常之案。再为照知。庶笃条约而慎刑名。

给英国照覆

为照覆事。准贵大臣照会内称。漳州地方。拿获从贼外国人三名。内有英民。请交与英领事官审办等因。查此案现据上海通商大臣李。闽浙总督左。前后报称。据署福建提督郭咨开。该营教习洋人司端里。于本年四月十九日。在厦门海口。瞥见白齐文与英国人克令。在司古那船上。询悉欲往漳州投贼。白齐文坐小船。至漳州十余里镇门河下暂住。司端里即至厦门税务司报信。适巴税司先已接得台湾关访闻白齐文来厦投漳之信。正派扦手在外密巡。遂同将白齐文等拿解郭提督营中。讯据供认投贼不讳等因。本爵查白齐文屡次谋害中国。甘心从贼。种种不法。前经本爵照会美国蒲大臣。言明访拿正法在案。兹复与贵国人克令等潜赴厦门。往投逆贼。既经税务司拿获。讯明投贼属实。除白齐文一犯。本爵业已照会卫大臣查照前议。即行正法。并声明前获漳州济匪之花耳等三犯。及现获之克令一犯。均应送交领事等因在案。兹准前因。除前已议明白齐文一犯外。其余各犯。本衙门应即行交海通商大臣李。闽浙总督左。无论此项内有贵国几人。即交贵国领事官秉公办理。相应照覆贵大臣查照可也。

壬申。暂署两江总督江苏巡抚李鸿章奏。臣于五月二十二日。驶抵江宁省城。接署督篆。接常镇道潘鼎新。苏松太道丁日昌禀称。潘鼎新所部淮勇鼎字枪炮队十营。及续调青浦凤凰山余在榜洋枪队一营。陆续拔队到沪。连日搬运军装。配搭船只。二十六日已开驶轮船二只。其余各船。佟于二十七八日全数放洋。初二三日当抵天津各等因。臣于二十七八日。接奉二十一日寄谕。苏省洋枪队止有千名。仅敷留防本地之用等因钦此。钦奉谕旨之时。已在各营拔队登舟之后。无从撤回。臣先已密属丁日昌与英领事巴夏礼。兵官哲贝等妥议。如将余在榜枪队一营调往直隶。即照数另募一营。派久经战阵之候补知府赵宗道管带。仍驻凤凰山。交哲贝帮同教练。由丁日昌节制调遣。巴夏礼等初犹饶舌。嗣经丁日昌反覆开导。并允于一月内募齐勇数。所有余在榜营中携去戈登原购之开花炮洋火箭洋枪等件。为之一一购还。巴酋始允。又欲令洋弁随往照料。该道等虑事后要挟。再三力阻。该营现并无洋人随往。幸余在榜系潘鼎新旧部。恩信素孚。枪炮精熟。可期得力。实无须再添洋人。致受牵制。又据潘鼎新禀称。该军十营饷需。业蒙奏请饬下直东督抚。按月各拨银一万五千两。诚恐两省分辩。易致推诿。孤军远役。呼应难灵。又添调余在榜一营。因系洋人教练。在沪未缺一日之饷。到直后行营无定。若侍苏沪接济。转折太多。势必鞭长莫及。若无可靠之款。觖望易生。终恐难得死力等语。朝廷但以兵力得用为望。臣等尤以饷项无著为虑。若无人管饷。则虽有用之兵。亦将变为无用。仍乞圣明核酌示遵。

谕军机大臣等。李鸿章奏。潘鼎新一军。由沪航海赴津。并余在榜一营。难再撤回一折。潘鼎新一军。业已到津。即著刘长佑饬令雇备船只。由水路前赴张狄一带。扼要驻扎。余在榜洋枪队一势。既已北来。即令与潘鼎新一同驻守直东交界要地。听候调遣。前经谕令直隶。山东。每月各拨银一万五千两。为该军饷项。著刘长佑。阎敬铭。督饬藩司源源解济。如尚不敷。直隶准于天津关动支。山东准于东海关动支。必须宽为筹备。不可稍有迟延缺乏。

同治卷三四

(同治四年乙丑七月乙丑)恭亲王等又奏。同治四年六月十一日。据总税务司赫德呈称。叠奉札饬。准福州将军英桂。闽浙总督左宗棠报称。漳南一带。盘获通贼哨船。生擒长发贼及洋人三名。又在海门山港截获济贼船只洋人五名。经税务司美理登会议定罪。并赴漳营借车轮开花炮。又遣洋兵助剿。奉旨赏给美理登等功牌一面。大荷包一对。小刀一把。火镰一把。紬缎四卷。仍令在厦门会同办事。藉资得力。又以厦门税务司休士。帮同查办通贼洋人。查获济匪古董轮船。复奉谕旨嘉奖。札饬转行。又代理厦门关税务司巴德。访闻投贼之白齐文。乘美国船两只进口。派帮办揭谟。扦手罗士。将其拿获。经通商大臣李鸿章奏。奉上谕给予功牌。以示鼓励等因各在案。除遵札恭录转行各该税务司一体钦遵外。合先县文。代为恭谢天恩。再美理登。休士。均经请假回国。嗣奉札行接准闽省各宪会咨。将该税务司暂留三月。查该税务司均于未经奉札之先。素经起程回国。合并声明等因前来。臣等伏查该税务司等帮同剿贼。信义堪嘉。今总税务司赫德。以该税务司美理登等感荷鸿恩。呈请代申谢悃。核其所呈。实出至诚。理合附片具奏。

庚午。闽浙总督左宗棠。暂署两江总督李鸿章。浙江巡抚马新贻奏。窃漳州拿获投贼洋人白齐文等三犯。前经臣鸿章附片奏明。请旨饬下总理各国事务衙门议奏。以该犯罪不容诛。暂行严密监禁。听候严办在案。该犯被获后。即解往福州省城监禁。嗣有解苏收申之议。当由闽省派委千总贺光泰。把总任尚胜。随带护勇。管解洋犯白齐文。克令。细仔三名。于五月初八日由闽起程。行至江山县清湖地方。把总任尚胜因感冒病故。即由千总贺光泰。率同护勇等押解前进。臣鸿章先尚未接准咨会。臣新贻于闰五月十六接据署兰谿县知县江绍华禀称。闰五月初三日。准龙游县兵役护送福建委弁千总贺光泰。带同护勇十名。押解外国人犯白齐文。克令。细仔三名过县。当经照例分别点验。加派兵役雇船转解。以天气炎势。人数众多。添拨帮船一只。分坐前进。于初四日黎明。一齐开船。解赴下站去后。讵于是日午刻。据长解护勇唐聚泰等回县报称。行至离城二十五里汇头滩地方。其时东南风正大。滩高溜急。水势旋捲。又值大水之后。更加沟涌。犯船甫经下滩。忽被风水掀翻。全舟覆溺。同行帮船。被水溜下。赶救不及。喊经就地居民渔船赶往。救得护勇兵役九人。所有贺千总及外国人犯白齐文。克令。细仔。与护勇兵役船户共十三人。同时随流飘溺。当赶拨船役分头捞觅。即于难下河岸并石勘边及施家滩等。先后捞获白齐文。克令。细仔尸身。分别验明。给棺封讯。续于滩河下流各处。觅得护勇陈福堂。营兵王以芹。县役胡福。并千总贺光泰各尸身。分验明确。经臣新贻委员驰往查明属实。臣宗棠亦接据禀报。饬将现存之勇丁唐聚泰等九人。咨送回营。先后咨会到臣鸿章。臣等查白齐文叠助粤西发贼。谋害中国。按律久应诛殛。此次仍敢潜入漳州内地。投逆被获。本应立正典刑。即美国公使卫廉士。亦有白齐文既经投贼。已失体面。美国不应庇护之语。特以监禁听候严办。经臣宗棠等委解苏省收审。实因闽中贼匪未平。又距海口甚近。设有疏虞。关系非浅。不料行至中途。翻船溺毙。虽中国未申治罪之权。而该犯穷凶极恶。致伏冥诛。足见天道之不爽。克令。细仔二犯。前经闽省审讯投贼是实。亦有应死之罪。既均淹毙。应毋庸议。其英人克令一名。前据英领事巴夏礼申陈。请照约交该领事惩办。臣鸿章本拟俟该犯解到。按约转交。今既与白齐文同舟覆溺。事出意外。止有付之命数。设该领事等间信之后。无理纠缠。臣等必当据理驳辩。相机妥办。随时咨商总理衙门完案。

癸酉。总理各国事务恭亲王等奏。臣等查比利时国。久与英法各国。同在五口通商。前于道光咸丰年间。叠经陈请立约。迨同治二年。使臣包礼士前赴上海。复请商定条约。其时臣薛焕。在上海通商大臣任内。当奉谕旨派办。即经按照各国条约。删繁就简。定为四款。奏明与该使臣画押盖印在案。约内言明次年互换。届斯并未前来。本年正月间。英国使臣威妥玛。递臣等照会一件。内称比利时国现派使臣来华。与中国定约等语。当经臣等覆以该国条约早定。止候互换等因去后。旋于六月间。据威妥玛面称。该国因前使臣办理不善。贻笑各国。是以另派使臣请领英人执照来京。现住伊馆。并求臣衙门给与照会。准来另议。臣等再三辩驳。坚不允准。并责以应向三口通商大臣呈递照会。听候核办。不应冒昧来京。复据威使送到比国使臣金德递三口通商大臣照会一件。属为转寄。臣等查其照会内称。奉派来华。将通商章程。照各国已定条约。再行酌定。请为转奏等语。臣等查前次臣薛焕。兴包礼士所定四款。虽属简少。而各国条约内所有之意。业已全括其中。当时既系与该使臣彼此商定。初无勉强。何以该国又派使臣前来商改。复与威妥玛当面驳诘。据称前使臣所定条约。仅止四款。实属太简。不独该国商人不能明悉。并且贻笑邻封。现在已将前使臣惩处。是以郑重其事。另派使臣前来。并再三代为恳请。声称将来另议条约。断不出各国所定之外等语。臣等查现办洋务。先在折服其气。然后乘机即转。庶不至过事要求。亦不至操之太蹙。此事该国既以不照各国为耻。复行派使前来。又有威妥玛殷恳请。已挟志在必行之势。然若遽允所求。又恐视之太易。过肆要求。因于将该使照会寄津时。公致崇厚一函。属其覆该使照会内。须令自行认错。方可允为代奏。兹查崇厚折内所叙照覆情形。即系按照臣等函属之意办理。据称该使臣照覆内。备述前使臣包礼士误办。业经该国主将其撤退等因。特为据情代奏请旨前来。臣等查该使覆崇厚照会。既以包礼士为办理错误。已自认该国主用人不当之咎。经此一番挫折。将来议约时。该使或不至任意驳执。求多于各国条约之外。此案既由威妥玛代为说项。查与从前丹国议约情形。大略相同。应即仿照丹国成案办理。无金德在京与否。一切先与威妥玛往来商议。不必遽令该使晤面。仍一面请旨。于臣等中特简一员。作为全权大臣。会同三口通商大臣崇厚商办。以备将来仍令赴津画押。臣等查照成案。谨将宝黎等衔名。开单呈览。恭候简派。至将来更议修款。自当力与辩论。不令出各国条约范围。以杜要求而示限制。

谕内阅。崇厚奏。比利时国遣使来津。恳立通商条约。请特派大员办理等语。著派董恂。崇厚。作为全权大臣。便宜行事。办理该国通商事务。

(壬辰)崇厚又奏。再奉天牛庄海口。自同治元年开埠通商以来。历任山海关监督驻扎营口。次第办理。渐有规模。惟子口半税。屡拟开办。迄未定议。上年该关监督成林到任接办后。事事整顿。日见起色。不特洋税较前倍形畅旺。并于弹压地方。办理交涉事件。亦均合宜。现经总税务司赫德到京。禀请总理各国事务衙门。饬调牛庄税务司马福臣。赴京议办子口半税。并经该监督成林悉心核议。分别开办。查该关监督。向例一年期满。奏请更换。本任情形甫悉。遽易生手。一切未能周知。办理即难以尽善。并查牛庄地方。五方杂处。民情强悍。土棍滋扰。命盗案件。层见叠出。往往交涉中外事件。诸多制肘。皆由监督无地方之责。值班尉县分期轮替。事无专责。且盛京将军。奉天府尹。远在省城。文报往返需时。监督呼应不灵。数年以来。该口交涉事件。不无迟滞。各国领事官有所借口。于抚驭商民。殊非所宜。奴才愚见。遇有该口中外交涉案件。责成该监督督率牛海盖等处尉县。就近认真核办。其该处值班之尉县。准该监督节制。以一事权而重责守。所办事件。仍呈报总理衙门并将军府尹及奴才衙门。如该尉县办理未能合宜。或有玩泄旷误者。准该监督咨商将军府尹分别撤参。庶于弹压地方及交涉事件。不至废弛。应如何明定章程。俾该关监督得以认真办理之处。应请旨饬下总理衙门妥为核议。

同治卷三五

(同治四年乙丑八月乙卯)恭亲王等又奏。再向来外国船只。进中国通商各口。均应输纳船钞。查英国条约。系议定每四个月纳钞一次。惟法国原定条约第二十二款内开。凡法船从外国进中国。止须纳钞一次。所有法国三板等小船。附搭过客。载运行李食物。并无应税之货者。一体免钞。傥法商雇赁中国船艇。该船不输船钞等语。是法国船只来中国者。止完船钞一次。与英国章程未能一律。臣等因于咸丰十一年间。照覆法国公使。令其分别洋货土货。除洋货照条约办理外。其土货则照各国章程。按四个月纳钞一次。旋准该使覆以将来如有本国贩卖土货者。始能临时酌定限期等因在案。上年三月间。据法国照会。拟将条约第二十二款船钞事宜。改照英国。惟望中国另许法船往来安南日本。均照来往香港一律办理。并呈递条约一纸。请为核定前来。臣等详阅来文。其用意在安南日本一层。而以更改纳钞章程。为显示中国便益之计。且并未删改第二十二款内法商雇赁中国船艇不输船钞数语。明似见好于中国。其实于税务未见裨益。因于给该使照覆内。将法国小船及雇赁中国船艇免钞一节。加以删定。姑允其安南日本之请。以期就我范围。嗣后该使再三恳请。臣等仍坚执前说。与之辩论。直至本年七月初六日。该署公使伯洛内始允照办。由臣衙门核覆。给予照会。并往返商定宁波上海迆北各口。定于本年八月二十六日开办。迆南闽粤各口。定于本年九月十三日开办。已分别行知上海通商大臣李鸿章。三口通商大臣崇厚。转饬各海关遵照办理。

给法国照会

为照会事。前接贵大臣照会内云本国和约第二十二款完纳船钞事宜。改照英国所定各条。均相符合。惟望中国另许变通办法。以后法船往来案南日本。均照来往香港一律办理等因。本爵当查贵国条约第二十二款。系在天津所定。当时止议及洋货进口。并未有贩运中国、土货之议。故止于约内订明。凡法船从外国进中国。止须纳船钞一次。追议定各国船只。在中国亦可往来贩运。土货与洋货进口不同。即经照会贵国布前大臣拟照各国章程。按四个月完钞一次。旋准照覆。将来如有贩卖土货。亦即酌定完钞限期等因。当时布大臣既以本爵所言为然。贵大臣意见亦复相同。自应照办。本爵当即照覆。如贵国愿将条约第二十二款内载止纳船钞一次之意。分晰言之。并将雇赁中国船艇不输船钞之语。一并删改。中国亦特允贵大臣之请。准贵国商船至中国后来往安南埠头。以四个月为期。纳钞一次。至日本与安南情形不同。应请毋庸置议等因在案。今贵大臣再三商请。必欲日本安南一律照办。本爵念和好之谊。酌准更定第二十二款。凡船按照第十款进口出二日之外。与未开舱卸货之先。即将船钞全完。按照例式。凡船在一百五十顿以上者。每顿纳钞银四钱。不及一百五十顿者。每顿纳钞银一钱。凡船只出口。欲往中国议定通商他口。并往来安南国内法国所辖埠头。与附近之日本码头。该船主禀明海关监督发给专照。自是日起。以四个月为期。如系前赴议定通商各口。俱毋庸另纳船钞。以免重输。如在四个月之外。另纳船钞一次。所有大法国三板等小船。无论有篷无篷。均照一百五十顿以下之例。每顿输钞银一钱。每四个月纳钞一次。其大法国商人雇赁中国船艇。亦按四个月纳钞一次。以上系更定第二十二款。其原旧第二十二款不输船钞等字样。作为废纸。至洋商雇用内地船只。往来长江运货。应纳船料。照长江统共章程办理。相应照覆贵大臣查照。

法国照会

为照会事。现奉本国大皇帝谕旨。饬令本大臣告知贵亲王。此后可将和约之第二十二款所载法国三板等小船免钞一节。姑置勿论。准即按照上年十一月初十日贵亲王照覆所定章程。凡法船在中国各埠头常川来往。每届四个月纳钞一次。为填补法国所让免钞一节。再无论何船。凡挂法国旗号。往来安南埠头及日本等处。中国各海关查验时。均照来往香港者。一律办理。其船在一百五十顿以上。每顿完钞银四钱。一百五十顿以下。每顿完钞银一钱。至贵国大皇帝准许此后法商所雇三板等船。入江贸易。其一切事宜。亦概照长江通商章程第六款办理可也。为此照会。

给法国照会

为照覆事。昨准贵大臣照会内称。此后可将和约之第二十二款。所载法国三板等小船免钞一节。姑置勿论。准即按照上年十一月初十日照覆所定章程办理等因。本爵查上年十一月初十日照覆所定章程。凡船按照第二十款进口出二日之外。与未开舱卸货之先。即将船钞全完。按照例式。凡船在一百五十顿以上者。每顿纳钞银四钱。不及一百五十顿者。每顿纳钞银一钱。凡船只出口。欲往中国议定通商他口。并往来安南国内法国所辖埠头。与附近之日本码头。该船主禀明海关监督。发给专照。自是日起。以四个月为期。如系前赴议定通商各口。俱无庸另纳船钞。以免重输。如在四个月之外。另纳船钞一次。所有大法国三板等小船。无论有篷无篷。均照一百五十顿以下之例。每顿输钞银一钱。每四个月。纳钞一次。其大法国商人雇赁中国船艇。亦按四个月纳钞一次。以上系更定第二十二款。其原旧二十二款不输船钞等字样作为废纸等因。今贵大臣照会内称。此后可将和约之第二十二款。姑置勿论。准即按照上年十一月初十日照覆所定章程办理等因。应由本衙门行知通商大臣。转饬各海口一律照办。至所称法商所雇等船入江贸易。其一切事宜。亦概照长江通商章程第六款办理等因。亦与本衙门上年十一月初十日照覆之意相符。均即行知转饬一律照办。除分别行知外。相应照覆贵大臣查照。为此照覆。

同治卷三六

(同治四年乙丑九月)丙子。总理各国事务恭亲王等奏。窃臣等前因比利时国使臣金德来京。以该国前使臣包礼士。与臣薛焕所定条约四款。贻笑邻封。由英国威妥玛代恳另议。经臣衙门议准。仿照丹国成案。一切由威妥玛往来商议。奉旨派臣董恂会同崇厚与之办理等因钦此。旋于七月二十五日。经威妥玛将金德所拟约五十款送来请核。二十六日。复经威妥玛遣该国副使柏卓安偕同金德来署。恭读臣董恂等所奉谕旨。该使臣亦将该国君主玺书。与臣阅看。查阅该使金德所拟条约。均系从各国条约内采摘凑集而成。其中有各国条约所有。必不可删。而该使删去者。有款内意议大略相同。可以并为一款者。当将应添应并之处。一一签明更正。计原送五十款中并去三款。共存四十七款。内惟第七款所载各口领事官不准派商人兼充。议令将此层添入。乃该使臣不肯照添。其意以为商人兼充。不过恐其生弊。因充领事如有不协。立即撤退。臣董恂复以既如此说。即可将此言载入条约。该使臣又以载入条约。有关颜面。威妥玛代为谆求。允将此层另备照会。以为日后凭据。因思既有照会。即与条约亦无大异。遂即准其照办。至该国将来通商章程税则。言明与丹国一律办理。毋庸另议。所有酌定条约四十七款。现已缮就正本。彼此公同校对无讹。拟即仿照臣恒祺前办丹国条约成案。于本月十四日具奏后。先由臣董恂在本衙门与比国使臣金德当面画押。盖用关防。竣事后。派弁将盖印条约各本齐赴天津。交崇厚查收。俟金德到津后。再与画押。以归简易。

比利时国条约四十七款

……

第九款

两国职员来往行文。各应按照品级官阶定式。比国大宪与中国大宪公文往来。俱用照会。比国二等官员与中国省中大宪公文往来。用申陈。中国大宪用札行。两国平等官员。照相并之礼。其商人及无爵者。彼此赴诉。应用具禀字样。以示区别。

第十款

比国民人。准听持照前往内地各处游历通商。所领执照。应由钦差大臣。或领事等官发给。中法合写。盖用印信。其执照上。仍应用地方官钤印为凭。如遇执照有遗失者。比国人无以缴送。而地方官员无凭查验。不肯存留。再与领事等官复领一件。如查出沿途或有不法情事。听凭中国官员。就近送交领事官收管惩办。惟于中止可拘禁。不得陵虐。所获比国之人。如在通商各口出外游玩者。地在百里之中。期在三五日内。可以无庸请照。至于各色船只水手人等。不在此例。应由地方官会同领事官。另定章程。其住扎中国之比国官员。如给执照之时。惟不准前往暂有匪徒各省分。其执照只准给与体面有身家之人为凭。

第十一款

各国议定通商口岸。如牛庄。天津。烟台。上海。宁波。福州。厦门。台湾。淡水。广州。汕头。琼州。及长江之汉口。九江。镇江。江宁各口。比国商民。亦可携眷前往贸易工作。平安无碍。常川不辍。

第十二款

凡比国人按照十一款。至通商各口地方居住。无论人数多寡。听其租赁房屋。及行栈存货。或租地自行建屋建行。比国人亦一体可以建造礼拜堂。医人院。周急院。学房。坟地各项。地方官会同领事官酌议定比国人宜居住宜建造之地。凡地租房租多寡之处。彼此在事。务须按照地方价值定议。中国官阻止内地民人高抬租值。比国领事官亦谨防本国人强压。迫受租值。

第十三款

比国人在通商各口地方。听其任便雇买办通事书记工匠水手工人。亦可以延请士民人等教习中国语音。缮写中国文字。与各方土语。又可以请人帮办笔墨。作文学文艺等工课。各等工价束修。自行商议。比国书籍。与中国各样书籍。彼此亦可发卖采买。

第十四款

比国人在通商各口地方。所有各家产财货。中国民人均不得欺陵侵犯。至中国官员。无论遇有何事。均不得威压强取比国船只。以为公用私用等项。

第十五款

天主教原以劝人行善为本。凡奉教之人。皆全获保佑身家。其会同礼拜诵经等。概听其便。凡按十款。备有盖印执照。安照入内地传教之人。地方官务必厚待保护。凡中国人愿崇信天主教。而循规蹈矩者。毫无查禁。皆免惩治。向来所有或写或刻奉禁天主教各明文。无论何处。概行宽免。

第十六款

比国民人。遇有控告华民事件。即应先禀领事官查明根由。先行劝息。使不成讼。中国民人有赴领事官告比民者。领事官亦应一体调处。间有不能使和者。即由地方官与领事官会同审办。公平讯断。

第十七款

比国民人。约准中国官宪自必时加保护。令其身家全安。如遭欺陵扰害。及有不法匪徒。放火焚烧房屋。抢掠财货。又准地方官立即设法派拨兵役弹压查拿。将该犯按例严办。并将所抢财物。尽力追交。傥承缉官不能获犯起赃。只可准照中国例处分。

第十八款

比国民人。若有华民欠债不偿。约准地方官认真代为催缴。或有潜行逃避情事。应严为缉拿追还。比人欠债不偿。或潜行逃避者。比国官亦应一体办理。但均不能官为赔偿。

第十九款

比国民人。有被华民违例相欺。约准地方官查拿照例审办。华民有被比国人违例相欺。比国官员亦应按例查拿究治。定约之后。比国即专定约束比民章程。比民如在各口地方有犯大小等罪。均照比国例办理。中国亦一律约束华民。以昭平允。如别样情形。在本约未经分晰者。俱照此办理。

第二十款

比国人与比国人在通商各口地方。如有不协争执事件。均归比国官办理。遇有比国人与各国人争执情事。中国官不必过问。

第二十一款

比国商船。准在条约内列通商各口。往来运货贸易。如到别处沿海地方。私作买卖。船货一并入官。但中国地方官查拿此等船只货物。于未定入官之先。宜速知会附近住口之比国领事。

第二十二款

比国船只。欲进各口。听其雇觅引水之人。完清税务之后。亦可雇觅引水之人。带其出口。

第二十三款

凡议准通商各口。每遇比国商船到口。监督官即派妥役一二名看守稽察偷漏。该役或搭坐自雇之船。或在比船。均听其便。所需工食等费。皆由中国海关支给。惟不得于船主或管船之人需索银钱。傥有违例。即按所索之多寡。按律科罪。照数追还。

第二十四款

比国商船进口在一日之内。并无阻碍。其船主。或货主。或代办商人。即将船牌货单等件。交送领事官。该领事官于接到船牌货单后。一日内即将船名人名。及所载顿数货色。详细开明。照会海关。傥船主怠慢。于船进口后经二日之内。不将船牌货单呈缴领事官。每遇一日。罚银五十圆入中国官。但所罚之数。不得过二百圆。迨领事官照会海关后。海关即发牌照。准其开舱。傥船主未领牌照。擅自开舱卸货。罚银五百圆。所卸之货。一并入官。

第二十五款

凡比国货船进口。并未开舱。欲行他往者。限二日内出口。不必输纳钞饷。并无应交费项。傥逾二日之限。即须全数输纳。

第二十六款

凡比国船只。一进通商各口。欲将货物在该口但卸几分。即照所卸之数纳税。其余货物欲带往别口卸卖者。其税银亦在别口输纳。

第二十七款

凡剥货若非奉监督官特准。不得将货自行剥运。如违除意外危险不及等候外。所有私剥之货。全行入官。

第二十八款

比国商人上货下货。总须先领监督官准单。如违即将货物一并入官。

第二十九款

比国民人。凡欲游行卸货下货各等事务。约准自雇小船剥运。不论何项艇只。雇价银两若干。均听比民与船主自议。不必官为经理。该船不得限定额数。并船户揽载。挑夫揽运。一切情弊。俱不准行。惟该艇干涉走私漏税情弊。查出照例罚办。

第三十款

比国商民起卸货物。输纳税饷。约准均照本约后附税则为例。总不能较诸他国或有此免彼输之弊。以示均平。比国出入各货。如系值百抽五之货。倘海关验货丁役。偶与该商各存已见。不能定价。约准各邀客商二三人前来验货。该客商内有出最高之价者。即以为该货之价式。免致收税不公。几输税饷。以净货为率。所有货物应除去皮毛。倘比国与海关不能定各货皮毛轻重。就将争执各件连皮过秤。先定多寡约数。再复除净皮毛称其斤重。即以所称通计类推。当查验货物之时。如有意见不合。比国商人立请领事官前来。该领事官亦即知会海关。从中尽力作合。均限一日之内通报。否则不为准理。于议论未定之先。海关不得将互争数目。姑写册上。恐后难于核定。比商货物。或因潮湿等由损坏。致价低减。该关应行按价减税。倘该商与关吏理论价值未定。则照值百抽五之货。同法定办。

第三十一款

进口税卸货时完纳。出口税下货时完纳。所有税钞。一经全完。监督官即准发给红单。呈送领事官验明。即将船牌交还。准令开行。

第三十二款

比国商船应纳钞课。各按船牌所载若干顿而纳。一百五十顿以上。每顿纳钞银四钱。一百五十顿正。及一百五十顿以下。每顿纳钞银一钱。既纳钞后。监督官给发执照。开明船钞完纳。倘该船驶往别口。即于进口时将照送验。遂按照第三十一款。自领执照之日起。以及四个月止。无庸再输船钞。以免重复。比国属民在各口用艇只运带客人行李书信食物。及例不纳税之物。毋庸完钞。倘该小船一并载运例应完税之货物。即按照一百五十顿以下之例。每顿输钞一钱。

第三十三款

比国商民。贩买上货运口出洋。或将洋货运入内地销卖。应纳内地税饷。或于过卡随时分数报完。或在海关一次全行完纳。均准听便输交一次纳完之例。准照续定税则章程第七款所载。除有第二款指明每值百两完税二两五钱外。其余各货。总以出入税则照纳一半为准。其该货应纳正税。仍宜于卡税半税完纳外。如数完交。

第三十四款

比国商民沿海议定通商各口载运土货。约准出口先纳正税。复进他口。再纳半税。后复欲运他口。以一年为期。准向该关取给半税存票。不复更纳正税。嗣到改运之口。再行照纳半税。

第三十五款

比国商民洋货进口。纳清税课后。欲改运他国。抑或通商别口。约准禀明领事官。转报监督委员验明。实系原包原货。查与底簿相符。并未拆动抽换。即当按照该货经纳正税之数。发给存票。至于土货。自通商各口运入他口。按例纳完半税后。该商再欲运往外国。以一年为期。期内亦准一律发给半税存票。该票无论何商呈验。均准专抵该关进出口货税。不准持赴别关抵课。倘于委员查验之间。查有捏报各等情弊。全货俱罚入官。其外国所产粮食。比国装载进口。未经起卸。仍欲出洋。概无禁阻。

第三十六款

凡通商各口。海关监督官。须有部颁秤码文尺等项一副。送与领事官署存留。其轻重长短。一与粤海关无异。所有钞税各银。输约中国者。俱依此秤码兑交。如有秤丈货物争执。即以此式为准。

第三十七款

监督官设定银号若干。可以代监督官收比国应输税项。该银号所给收单。一如监督官所给无异。所输之银。或纹银。或洋银。监督官与领事官核其市价情形。将洋银比较纹银。应补水若干。照数补足。

第三十八款

比国商船查出有涉走私。该货无论式类价值。全数查钞入官外。俟该商船账目清后。可以严行驱除。不准在口贸易。

第三十九款

中国各口官员。凡有严防偷漏之法。均准相度机宜。随时便宜设法办理。以杜弊端。

第四十款

条约所载比民罚款。以及船货入官各项。皆归中国收办。以充公用。

第四十一款

比国师船。别无他意。或因捕盗驶入中国。无论何口。一切置取食物甜水。修理船只。地方官妥为照料。并约定不纳各项税饷。船上水师各官。与中国官员平行相待。以昭友谊。

第四十二款

比国商船。遇有破烂及别缘故。急须进口躲避者。无论何口。均可进去。毋庸完纳船钞。船内货物。如为修理之故而须上岸者。亦不纳税。惟将该货留在监督官照顾。以免影射情弊。如该船在中国近岸地方损坏阁浅收口。地方官闻知。立即设法妥为拯救。商梢保存船只。以及打捞货物。不使损坏。所救水手人等。务必妥为照料。设法护送就近领事官查收。以昭友谊。

第四十三款

凡比国兵船商船水手人等逃亡。领事官或船主知会地方官。实力查拿。解送领事官及船主收领。倘有中国人役负罪逃入比国寓所。或商船隐匿。地方官照会领事官查明罪由。即设法拘送中国官。彼此均不得稍有庇匿。

第四十四款

遇有比国商船。在中国洋面被洋盗打劫。附近文武官员一经闻知。即上紧缉拿。照例治罪。所有赃物。无论在何处搜获。及如何情形。均缴送领事官。转给事主收领。倘承缉之人。或不能获盗。或不能全起赃物。照中国例处分。但不能赔偿。

第四十五款。两国议定。中国大皇帝今后所有恩渥利益施于别国。比国无不一体均沾实惠。日后如将税则。关口税。顿税。过关税。出入口货税。无论何国施行改变。一经通行。比国商民船主人等。亦一体遵照。毋庸再议条款。

……

同治卷三八

(同治四年乙丑十二月)丙申。总理各国事务恭亲王等奏。窃照得咸丰十年。英国续约第三款。内载赔偿八百万两。在于津郡先将银五十万两缴楚。应在粤省分缴银三十三万三千三百三十三两。查明粤省大吏经支镇筑沙面地方英商行基之费若干。扣除入算。其余银两。应在通商各关所纳总数内。分结扣缴二成。法国续约第四款。内载赔补八百万两。已收到去岁粤海关缴银三十三万三千三百三十三两零。其余银两。宜在中国各海关每年收税银若干。按五分之一扣归。又第七款内载在天津收银五十万两各等语。当于咸丰十年十月十九日。在天津付法国银五十万两。嗣据两广总督劳崇光等奏报。粤东付过沙面经费。应归英国承认银十五万七千八百六十九两六分。于咸丰十年十月二十日。粤海关交银十七万五千四百六十三两九钱四分。连前共银三十三万三千三百三十三两。又查据粤海关监督师曾呈称。奉文赔偿法国银三十三万三千三百三十三两三钱。前监督恒祺任内送交银十万两。前监督毓清任内送交银二十三万三千三百三十三两三钱。均经法国使司马殿那。按次收到。覆关备案。至各关从咸丰十年八月十七日起。每届三个月一结。付交英法国各二成银两。查据上海通商大臣李鸿章咨报。南洋各关。截至第十九结止。各付遇银五百八十八万三千零二十两有奇。三口通商大臣崇厚咨报。北洋各关。截至第十九结止。各付遇银二十五万五千六百八十三两有奇。当经札交总税务司赫德覆核。并饬酌议下余未知银两。应否归并江海等大口接扣去后。旋据覆称。南洋各关。漏未将台湾关即打狗口扣遇二成银两算入。且淡水九江二关银数。小有舛错。北洋各关。惟东海关第十五结。将两国共扣之银。报为每国所扣之数。虽有此不符之处。仍可以付过六百九十七万余两为算。查第二十结除淡水关尚未报到。其余各关共应扣银四十三万七千余两。第二十一结约计应扣银三十四万余两。自第一结起至第二十一结止。连天津广东两款在内。约应有七百七十五万之数。未扣之银。仍有二十五万两上下。拟请第二十二三两结。每逢结底。闽海扣银四万两。江汉扣银二万两。粤海扣银一万五千两。江海扣银五万两。以上四关两结。共付英国银二十五万两。法国银二十五万两。第二十四结内。将各关实扣之银。详细核对。其应找扣之银。仍由江海关付清完案。似此办法。一面可得细算之暇。一面可免多付找回之烦各等因。随经照会英国使臣阿礼国。法国使臣伯洛内。查照。兹据各行照覆前来。均愿照办。惟称末后找扣之银。请于第二十三结底会算清讫。不必俟至第二十四结再行找付等因。臣等伏查扣款一事。本系和约载明。按照外国月日。以三个月为一结。现在扣至中国十一月十四日。系外国十二月底。即系第二十一结底。至第二十三结。系外国六月底。约计系中国来年五月中旬。总税务司所以拟令第二十四结底。再行找清完案者。系因各关扣过银数。必须俟结期后数十日方能报齐。是以扣至第二十四结再行会算找付。为期方觉从容。今英法二国使臣。既愿第二十三结底会算清讫。所争不过三个月之迟早。若各关先将第二十一结以前扣过银数。再行详加核算。即可知下欠究系若干。其二十二三两结。不问收税多寡。责令江海。闽海。江汉。粤海。共付英法二国银各二十五万两。应找尾数。即可豫为核计。于第二十三结底由江海关找清完案。数目既无出入。可允提前办理。除照覆英法二国。令其饬知各口领事官照办。并由臣等札饬总税务司。传谕各关税务司查照外。相应请旨饬下南北通商大臣。速行知会所辖各关。再将第二十一结以前付过英法二国银数。详加覆核。另行造具细册。注明每结系交某国领事手收。并照缮每结会单一分。由关会同税务司核对清楚。送交领事覆核画押。呈送该管通商大臣汇齐。即由各该大臣一面查明覆奏。一面备文将各关细册会单咨送臣衙门。以凭会算而昭详核。

给英国照会

为照会事。照得续约第三款。内载赔偿八百万两。在于津郡先将银五十万两缴楚。应在粤省分缴银三十三万三千三百三十三两。查明粤省大吏经支填筑沙面地方英商行基之费若干。扣除入算。其余银两。应于通商各关所纳总数内。分结扣缴二成等语。当于咸丰十年十月十九日。在天津付银五十万两。嗣据两广总督劳奏报。粤东付遇沙面经费。应归英国承认银十五万七千八百六十九两六分。于咸丰十年十月二十日。粤海关交银十七万五千四百六十三两九钱四分。连前共银三十三万三千三百三十三两。兹查南北通商各关。截至第十九结止。已据南北通商大臣咨报前来。经本爵札饬总税务司复加查核。兹据覆称。截至第十九结止。南洋各关。共付过银五百八十九万七千八百二十八两零。北洋各关。共付过银二十四万八千三百三十两零。其第二十结除淡水关尚未报到。其余各关。共应扣银四十三万七千余两。第二十一结。将次届期。本司约计应扣银三十四万余两。自第一结起至第二十一结止。所扣二成银。约应有七百七十五万之数。未扣之银。仍有二十五万两上下。兹奉前因。饬令将二国尚应续扣银两。应否归数大口核扣。以及各关分扣若干之处。妥议章程声覆。除将不符各数。开列清单黏呈外。查尚应续扣之银二十五万两。应分两结。归江海。闽海。江汉。粤海。四关扣付。第二十二三两结。每逢结底。闽海应扣四万两。江汉应扣二万两。粤海应扣一万五千两。该三关两结共扣十五万两。至江海一关第二十二结底。应扣五万两。第二十三结底。若上结应续扣之数。未及二十五万。即于江海关偬数扣完。若应扣之银不止二十五万。第二十三结底。江海关亦应扣银五万两。第二十四结内。将各国在各关实扣之银。详细核对。其应找扣之银。仍由江海关付清完案。似此办法。一面可得细算之暇。二则可免多付找回之烦。理合申复贵衙门查核察夺等因。呈覆前来。本爵详加酌核。该总税务司所拟办法。尚属周详。相应照会贵大臣查核。可否如此办理。希即照覆前来。以便饬知各关遵办可也。

英国照覆

为照覆事。准贵亲王来文。内开应赔偿银八百万两。扣至本月十四日第二十一结。约有七百七十五万之数。未扣之银。仍有二十五万两上下。拟归江海闽江汉粤海四关。分第二十二三两结扣付。若应扣之银不止二十五万。其应找扣之银。仍由江海关在第二十四结内付清完案。等因准此。本大臣查所拟改归四关分数扣付。办法甚妥。即可按照办理。惟思二十一结外。再分两结扣银二十五万两。大约即可完清。即使尚未完数。所短当亦无几。可否令将找扣之银。与江海关现拟应扣第二十三结银五万两。一并付清。似可无庸另作一结。如此办理。庶免两国致有轇轕不清之处。谅贵亲王亦以为然也。

给英国照覆

为照覆事。各关扣款。据覆文内称。可否令将找扣之银。与江海关现拟应扣第二十三结银五万两。一并付清。等因准此。除行文山海。天津。东海。镇江。九江。浙海。台湾。淡水。厦门。潮州各关。照饬停止扣款。并饬江海。江汉。闽海。粤海各关。按期照数扣足外。理合照覆贵大臣。请烦通饬各口领事官遵办。一面由本衙门饬令各关迅速将收银会单寄来。以凭核算。惟仍恐第二十三结底难以了案。只得饬各关迅速遵行。以期与贵大臣之意相符。不必迟至第二十四结。方能完竣。

给法国照会

为照会事。照得续约第四款。内载赔补八百万两。已收到去岁粤海关缴银三十三万三千三百三十三两零。其余银两。宜在中国各海关每年收税银若干。按五分之一扣归。又第七款内载在天津收银五十万两等语。当于咸丰十年十月十八日。在天津付银五十万两在案。兹查南北通商各关。截至第十九结止。已据南北通商大臣咨报前来。经本爵札饬总税务司复加查核。兹据覆称。截至第十九结止。南洋各关。共付过银五百八十九万七千八百二十八两零。北洋各关。共付过银二十四万八千三百三十两。其第二十结除淡水关尚未报到。其余各关。共应扣银四十三万七千余两。第二十一结将次届期。本司约计应扣银三十四万余两。自第一结起至第二十一结止。所扣二成银。约应有七百七十五万之数。未扣之银。仍有二十两万两上下。兹奉前因。饬令将二国尚应续扣银两。应否归数大口核扣。以及各关分扣若干之处。妥议章程声覆。除将不符各数。开列清单黏呈外。查尚应续扣之银二十五万两。应分两结。归江海。闽海。江汉。粤海。四关扣付。第二十二三两结。每逢结底。闽海应扣四万两。江汉应扣二万两。粤海应扣一万五千两。该三关两结。共扣十五万两。至江海一关。第二十二结底。应扣五万两。第二十三结底。若上结应续扣之数。未及二十五万。即于江海关侭数扣完。若应扣之银。不止二十五万。第二十三结底。江海关亦应扣银五万两。第二十四结内将各关实扣之银。详细核对。其应找扣之银。仍由江海关付清完案。似此办法。一面可得细算之暇。二则可免多付找回之烦。理合申覆贵衙门查核察夺等因。呈覆前来。本爵详加酌核。该总税务司所拟办法。尚属周详。相应照会贵大臣查核。可否如此办理。希即照覆前来。以便饬知各关遵办也。

法国照覆

为照覆事。准贵亲王照会一件。所有扣归赔款一事。应何总结。愿依来文办法。但思二成扣银。到第二十三结底。即有仍应找扣者。为数不过数千。不必候至二十四结。方行结算。其末后找扣之银。可即会算清讫。查来文所开以至第二十一结外。凡天津。之罘。烟台。牛庄。九江。镇江。宁波。厦门。淡水。沙岛等关。均毋庸分扣。并称自第一结起至第二十一结止。所扣二成银。约有七百七十五万之数。尚应续扣者。仍有二十五万上下等语。惟望饬知各关。从第二十一结上溯至第一结节次所存本国领事画押盖印收单。速行汇寄来京。务于西历五月初一日以前赶到。俾此闲得以凭算。即知江海一关。应找若干。到西历六月抄。便可归数完结。其第二十二三两结收单。亦须飞速寄京。本大臣应即核清总数。缮备收单。恭代大法国大皇帝收到大清国赔补军需银两若干。即将总收单送交贵亲王查照可也。

给法国照覆

为照覆事。各关扣款。据覆文内称。末后找扣之银。可即会算清讫等因准此。除行文山海。天津。东海。镇江。九江。浙海。台湾。淡水。厦门。潮州各关。照饬停止扣款。并饬江海。江汉。闽海。粤海各关。按期照数和足外。理合照覆贵大臣。请烦通饬各口领事官遵办。一面由本衙门饬令各关迅速将收银会单寄来。以凭核算。惟仍恐第二十三结底。难以了案。只得饬各关迅速遵行。以期与贵大臣之意相符。不必迟至第二十四结。方能完竣。

恭亲王等又奏。再咸丰十年十二月初十日。钦奉谕旨。各口洋税。现有扣款。议定按税扣归二成。立有会单。将来扣款既清之后。应如何妥议章程。俾毋日久弊生。著恭亲王奕䜣等再行悉心妥议。以免弊混等因钦此。当经臣等以扣款既清。或令洋人仍帮同司税。厚以廪饩。令其据实咨报总理衙门及户部。总期层层稽核。似可不至弊混。拟俟扣款将次清结之前一年。再行酌议。以臻固密等因。奉硃批。知道了。钦此。钦遵在案。现在英法扣款。约计来年五月。即可找清完案。且现议章程第二十二三两结。只有江海。江汉。闽海。粤海四关。尚须续扣。此外各关。第二十二结起。均可无庸再付。自应酌议章程。免致日久生弊。查数年以来。洋人充当中国司税。办理尚属认真。洋税经费。于同治二年五月奏定。每年统给银七十万零二百两。廪饩门不可谓不厚。现在扣款将完。臣等拟札令总税务司。有照旧章。按照三个月一结之期。据实呈报臣衙及户部查核。总期涓滴归公。勿为吏胥侵蚀中饱。至各该关洋税。既无外国扣款。且东南等省。军务亦渐肃清。自应酌量提解。以裕库储。臣等公同商酌。除本应解部之款。应照旧章无庸议外。所有停付扣款各关从二十二结起。于部拨京饷协饷之外。仍按结酌提四成。委员解交部库。另款存储。以备要需。其江海。江汉。闽海。粤海四关。即从第二十四结起。于扣款清完后。一律照办。此项四成洋税。系由臣衙门奏明提解部库。另款存储。如蒙俞允。应请旨严饬各该大臣督抚将军监督按结批解。每逢结底。将委员起程日期。一面咨报户部。一面咨报臣衙门查核。无论各该省有无别项要需。概不准藉词留用。一切事宜。统由臣衙门及户部稽察核办。委员交兑清楚。即由管库大臣当堂发给回批。无庸领取回省限照。及科道衙门验批。以省周折。委员按限解到。由户部咨吏部照例议叙。如各关有延宕不解。或藉词留用者。即由臣衙门会同户部指名严参。以惩玩泄。

恭亲王等又奏。再臣衙门与法国公使酌改船钞章程。于八月二十三日附片县奏在案。九月二十九日。据俄国公使倭良嘎哩照会。内称俄国海口。离中国议定通商各口。视法国所辖之安南日本码头。皆道里相差不远。请与法国一律办理。并声明与天津和约第十二款相符等因。臣等查俄国海路通商。向照各国通商修例办理。前经允准法国商船往来案南日本各口。四个月纳钞一次。今俄国所请。既有道里相差不远之说。自未便过于拒绝。惟法国系指安南日本两处。俄国则统指其本国海口。情形稍有不同。是止可谓之比照。不得谓之一律。臣等于照覆内揭明此层。并将俄国海口至中国原定通商海口。比较道路远近。详细酌核。指明呢廓来业福斯克口至图门江海口。准照四个月纳钞一次。以示限制。于十一月初六日照覆去后。旋准照覆。以臣等较其行照和约内一律办理之意。未能符合一层。所称甚是。并请定期开办等语。臣等公同商酌。拟于同治五年正月初一日开办。当即给予照覆。并行知南北洋通商大臣。转饬各口。一体照办。续接该使照覆。伊亦转行该国领事官遵照等因。所有俄国商船。仿照法国四个月纳钞一次缘由。理合附片具陈。

俄国照会

为照会事。接准照会。内开现与法国伯署大臣商酌更定和约之第二十二款船钞章程。并附钞录一纸。内有凡船只出口。欲往中国议定通商他口。并往来安南国内法国所辖之埠头。与附近之日本码头。该船主禀明海关监督。发给专照。自是日起以四个月为期。如系前赴议定通商各口。俱毋庸另纳船钞。以免重输。如在四个月之外。另纳船钞一次。所有大法国三板等小船。无论有篷无篷。均照一百五十顿以下之例。每顿输钞银一钱。每四个月纳钞一次。其大法国商人雇凭中国船艇。亦按四个月纳钞一次等语前来。本大臣详加披阅。查得本国各海口。离贵国议定通商各口。视法国所辖之安南埠头及日本之码头。皆道里相差不远。本国海口所出海味木料等货。运至贵国通商各口。贵国通商各口所出之货。运至本国海口。皆于交易相得甚惬。惟北方天气。四季悬殊。海船往来。颇较南方为少。傥令再有所妨。则通商益形不便。今贵王大臣既定此章程。本大臣亦欲将俄国船只前往本国海口。亦按法国一律办理。始为妥协。且与天津和约第十二条相符。谅贵王大臣自无不允之理。相应照会。即希查照施行可也。

给俄国照覆

为照覆事。接准照会。内称现准法国酌改船钞章程。一律办理等因前来。本王大臣查天津和约第十二条。内载若有重待外国通商。凡有利益之处。俄国一律办理等语。系指凡有通商利益之处。与某国此件益处。亦应与别国此件益处。并非以此件与某国。复以另件与别国也。兹因法国将旧款不输船钞等字样。作为废纸。均照新章输钞。是以中国允其赴安南日本两处码头。四个月纳钞一次。若贵国商船。亦欲于安南日本两处四个月纳钞一次。自可谓之一律办理。诚然与天津和约第十二条相符。本王大臣断无不允之理。今来文之意。不欲于安南日本照办。而另议贵国海口。此则但可谓之比照。不可谓之一律。惟文内既有相差不远之说。所有呢廓来业福斯克海口至图门江海口商船。由该处至中国原定通商海口。即允照贵大臣之意。每四个月纳钞一次。如在四个月之外。再行纳钞一次。本王大臣既经格外奉让。仍希照覆。以便定期开办可也。

俄国照覆

为照覆事。准贵王大臣照会。允准本国商船由呢廓来业福斯克及图门江海口。前往中国议定海口。每四个月纳钞一次等情前来。接阅之下。甚属欣悦。并查本大臣照会内有如此办理。与天津和约第十二条相符之语。经贵王大臣指出差误。所称甚是。惟本大臣误处。并非有意以天津和约第十二款作证。实因措词未能达意。故致此耳。其本意因该海口等既相差不远。按照办理。则与天津和约第十二款原意亦不相背。相应照会贵王大臣。即希任定日期开办。示知为章。

给俄国照会

为照会事。准贵大臣照会。内称现准法国酌改船钞章程。俄国船只。所有呢廓来业福斯克海口。至图门江海口商船。由该处至中国原定通商海口。允照每四个月纳钞一次。希即定期开办前来。本王大臣现定于同治五年正月初一日开办。除知照南北洋通商大臣。转饬各口。一律办理外。相应照会贵大臣查照可也。

俄国照会

为照会事。接准照会。内将俄国商船。由议定通商各口前往所有呢廓来业福斯克至图门江海口纳钞新章。定于同治五年正月初一日开办等情前来。本大臣据已札行该各口领事官遵照。并咨知呢廓来业福斯克大员案照施行。相应照会。

同治卷三九

(同治五年丙寅正月)丙戌。总理各国事务恭亲王等奏。查英国条约第十三款内载英民任使觅致诸色华庶。襄执助执分内工艺。中国官毫无限制禁阻。又续约第五款。内载凡有华民情甘出口。或在英国所属各处。或在外洋别地承工。俱准与英民立约为凭。无论单身。或携带家属。一并赴通商口岸。下英国船只。毫无禁阻。该省大吏。亦宜时与英国钦差大臣。查照各口地方情形。会定章程。为保全前项华工之意等语。法国续约第九款所载。与英国第五款所载相同。当立约之时。原以招工一事。其来已久。诚恐滨海地方官。漫不加察。难免有拐骗勉强弊端。一经查禁。外国又必从而争执。故于约内特著华民情甘出口。及保全华工二语。为立约后将来会定章程地步。嗣于同治三年九月间。据前两广总督毛鸿宾奏。广东常有略卖人口出洋之事。请严定罪名。经刑部会同臣衙门议以此项人犯。情节较重。应照该督等所奏。为首者斩立决。为从者绞立决。并应由该督等与各国妥议章程等因。奏准行知遵照在案。臣等因思中国既有奸民略卖人口出洋。即难保外国不有奸商揽买出洋转贩。若不速定章程。申明禁约。不特海隅苍生。受害无所底止。且刑部虽有奏定新章。仍恐外国以此为中国自行办理之件。并未照约会定章程。藉词袒护奸民。谓刑部新章为阻挠招工条约。纷纷争辩。在所不免。查从前约内。原有会定章程保全华工之说。时值总税务司赫德在京。因即札令该总税司驰赴广东。会同该省督抚妥议。旋据署两广总督瑞麟等。暨总税务司赫德。各钞录会议章程。申呈咨覆前来。臣等查其所议章程。于保全华工。意义尚属周详。因复细加参酌增删。定为十八款。于上年七月间照会英法二国使臣。旋据法国使臣洛伯内。于八月内照覆。此项章程。止可饬令本国招工主人。及船主等遵办。此外必由中国商请别国大臣。转饬所属一体遵守等语。并将臣等所定条款。酌加删改。备函送回。至英国使臣威妥玛。刚迟至十月间始行照覆。并称此事倍极紧要。本大臣留心斟酌之处甚多等语。臣等因思此等事件。大抵皆英国为主。而法国随之。今威妥玛既称斟酌之处甚多。难保不别出新意。多生枝节。且章程一日不定。各国无所遵循。办理必多歧异。因复将臣等前次酌定。及法国所改各章程。饬交赫德再行悉心妥议。又据赫德于上年十二月酌拟送回。臣等详加查核。其中仍有漏义。复将紧要节目。添入数层。于本月十四日饬令赫德带交威妥玛阅看。次日威妥玛携崇来署。与臣等面商。彼此驳辩十数刻之久。始经议定。共章程二十二款。其中应行防弊之处。大致尚无疏漏。章程后并加总结。将不遵章程查出重办。并将刑部奏定章程一层载入。庶将来各省办理略卖人口案件。可执此为与外国辩难之据。兹已将议定章程照缮二分。英法二国使臣亦各照缮二分。于本月十九日会同画押盖印。分收存查。并由臣衙门行文南北洋通商大臣。转饬遵照办理。

给英国法国照会

为照会事。照得本衙门昨咨两广总督毛。就近妥议招工章程。以使各口画一办理。现据咨复前来。所拟章程。查与前督劳部堂会立各条。大略相同。不过稍为损益。细核其意。与原约并无不合。即无不可行也。惟此等华民出洋。与自去出洋图利者不同。自去之人。任听前往何处。如何做活。居住来往。均由自便。其事本无庸中国格外管理。而条约所指之华工。与此等则有异。华工系两国互换条约内载定明文。允准在通商各口招雇。与之订明合同。带赴外洋各处做工。其合同内必注明做工年限。如年限未满。华工固未能自主。须听命于招工之人。即年限已足。而只身远寄。仍属不能自由。难保无勉强受累之虑。且此等华工。名系受雇。月领工食。并非常卖服役。其势似由中国借与外国使唤一般。故虽离即本土之后。而中国仍应料理。至照条约在此招工。本衙门深知往贵国做工者。定必邀格外保护。惟该工等虽在贵国。然似难与贵国民人相比。在彼等原属愚民。言主语既已不同。家乡又复涉远。是必在贵国矜恤之中。故华工已抵贵国。本衙门现拟章程料理其日后事宜。非谓疑其在彼受苦。亦非因此致与贵国律例有碍。盖总为保全华工起见也。至通商各口。设立工所招工。虽其事逐一均照章程办理。诚恐或有招工者。将所招工人。带赴不知何处。或私行转卖明与人为奴。或令其做苦。贵国明知定必禁止之事。是以本衙门现拟凡有船装载华工出口者。须先报明前往外国何口。俟船到彼口。须由该口官员。将其到口日期。并华工数目。行文原招口岸领事官。由领事官转知本处地方官查照。仍须由该口将华工派往何处。所作何工。以及有无病故各等事。随时详细注明。迨年限已满。则将全案行文原口领事官。转知地方官。其中并须注明有若干人愿住外国。若干人意欲回来各等由。再者前得之传闻。常有招工主人。以衣物钱银。先行借给与做工者。俟该工限满。因有所借欠。致被揩阻。不能脱身。年复一年。终不能清偿。以致终身受苦。是以本衙门拟就凡有招工主人豫先借给银两。以及各样物件。俟工人做满年限。无论所欠多寡。拟扣回该工三个月银两。或令多做三个月工作为抵。以作清偿欠项。且工人赴外国。均属愚民。言语不通。难受艰苦。亦难控诉。是以本衙门人拟凡外国到此招工。随时由本衙门派人前往查问华工情形。该国须以礼相待。无得禁阻。再查条约内载通商各口。倘有中国犯罪民人。潜匿船中房屋。一经中国官员照会。即行交出等语。本衙门因恐有罪人化名出洋。此等出洋之人。与通商各口潜匿船中房屋无异。一经查知行文。即应交出。惟如何交还。未经议及。现本衙门另拟凡有中国罪人化名受雇出洋。一经查出。由地方官就近行文招工原口领事官。饬令该开工所。或招工之人。限期将该罪人交还。若限内不交。即于限满后将该公所查封。嗣后不准该开工所之人招工。所拟核与原条相符。似可照办。至于贵国既将招工明文载在条约。则招工一事。似于贵国不无益处。则保护华工。亦有所裨。此次本衙门所拟办理各节。并无别意。其中与招工事宜。亦并无异议。实因欲招工者。与承雇者。均得其平。庶可保全两面。况招工一事。原系载明【英法】两国条约。其余各国条约。都有一体均沾之语。而各国风俗法度。各有不同。是以本衙门先行将招工事宜。行文贵大臣。以便会同妥议。除将各条款开列清单黏录外。为此照会贵大臣。请烦查照。

英国照会

为照会事。接准贵亲王来文。附黏通商各口招工章程一纸。其意一则华工未离本土之先。必使豫知所招各等事理。保其承否。全得任便自由。一则离口起行在船。及至作工之所。均保始终照料安全。一则承工限满。无保其不至穷困。甚至无力不能回国。此等华民。与自去出洋图利者不同。自去之人。无庸中国格外管理等词。请贵亲王无庸稍执。何则。英国素见英人远行他往。于本国毫无损失。反有大益。英民年年出口不下数千。若不出口。则难于谋生。及至他往。会集别处。并无忘却钦敬本国之心。凡有彼处利益。固能生取。而本国土货。较诸他人。尤能置买。鄙见中华时势如此。各口鼓励民人多往外洋谋生。实为良法。且因向见华民。多集新埠。息辣。塞粮各等处。毫不改变衣装。内中多有随时回到本乡。修理坟墓。带子入学。试想此等华人。若非彼时出洋。无自谋生。在本乡困死。不如他往求生。倘若使其心疑。因此遂致中国不为经管。似非治政之美。此稍涉局外之谈。希贵亲王原情见谅。至于来文又云。现拟章程。非谓疑其在彼受苦。亦非因此致于贵国律例有碍等语。此贵亲王虑涉有疑英国。不知华人承工出洋一层。中国现在实心酌情料理。本国闻知。反极欣悦。更有贵署随时派员前往各处查问华工情形。此事本国更为欢愉。嗣迨中国派员或赴英国本境。或赴英属新疆。查问华工以及别项事件。本大臣均保以礼相接。至于所云碍于本国律例。查招工章程所议。多半不系律例。系于条约。其有未载专系于律例者。惟英船装运该民一事。盖英船载人渡海。其中应行妥为布置。本国早定专条。立法最严。无论装载何国人民。由某至某。但是英船。决不准背条例。除此勿庸另议外。其余俱系条约。因查庚申年续增定约第五款。内载华民情甘出口承工。毫无禁阻。来文所云似于贵国不无益处一语。英属新疆。或有人工不觅甚多。是招致华工。益处原有。惟钦差大臣额。将此条载入续约。实因素见招工出洋。虽有严禁。其实未能阻止。若不妥立章程。则违禁私出工人。难免受苦之极。故将此条增入。实与贵亲王设法保全华工之意。有同心也。今既有英法两国条约续载明文。来文所云其余各国。都有一体均沾。原非虚语。而英法两国。与中国一得会议定章。则各国欲招华工。亦不能不事同一律。本署理大臣。早与现署大法钦差大臣伯。屡经面议。因念来文所论外国招工。或有违章。华民承工。内有罪犯各等情事。窃思承工者未经离境之先。与别项华民无别。毫无不归中国管束。而招工者原属英民。尽由领事官经管。此皆一定之理。想定章之时。易免两国挠越其权。其最要者。当待承工之人。无非公道。此系两国并无歧议。本大臣径将来文章程商酌。稍为增减更换。另缮底稟。拟请贵亲王查阅。惜尚未全周妥。本国新任钦差大臣阿。不日进京。到时立合转送阅览。再行移送贵亲王查照。

法国伯洛内来函

兹本大臣酌改招工章程。录请诸位贵大臣查照。其毛制军所拟各款后。均载入本大臣意见。统希核阅。本大臣所改。皆详加体察。堪以包括一切烦剧情形。并防范向来所有恶习。仍望贵大臣会商各别国大臣。准照本大臣所拟改章。及应何劳费之处。均一律照办。本大臣再当会同诸位贵大臣。并各国全权大臣。将所有招工章程。公定为据。

法国照会

为照会事。准贵亲王照会。以按照本国前全权大臣葛。在天津议定续增条约之第九款。内载会定章程。为保华工之意等因。又以【法英】会理司使。同前广督劳。所议各款。应行改正。并黏钞现任广督毛。议定章程前来。查所有招工应办事宜。本大臣之意。亦与贵亲王相符。来文言此项华工。似中国借与外国使唤一般。是以出洋之后。中国仍须料理等语。此不独为中国所应执之理。亦系中国分内所应行之事。自本国视之。勿论具自行出洋。与为衣食所迫受雇出洋。并无区别。故此两项华工。既到外国地方。中国均应保护。本大臣冀闻贵亲王重念此事。特派妥员前往查阅。俾受雇华工。如有所陈诉。及有不便之处。籍可禀明本国当事之前。无论何时。凡受雇临去之际。中国应查明其中均无委屈及诱骗等情。方准开行。并应豫为约定妥法。候该工等计满合同所注限期。即当资送归国。所以本大臣甚愿会同贵亲王改正粤省暂定招工章程。并愿饬令本国人到此招工。须加意保护。并保该工等期满之后。不费已财。即可回国。仍须贵亲王会商别国全权大臣。照此办理。因本大臣之权。不能行及中国境外。不能与本国所有各属国住扎之官。公文往来。况法船装载华工。有时前往【英日】各别国所属之国。本大臣更不能责令各该处官员迟办。本大臣止可饬今本国招工主人。及船主等。于招工去后。即将详细情形报明本署。此外必由中国商请各别国大臣。转饬其国内官员。一同遵守章程。按本国料理属国事宜之例。谅本国可以照此代办。但不如中国特派委员。或须事官。前往该处。或托别国领事代为经理。尤属妥便。至招工者先时另借钱物一节。其后必有甚多牵碍。本大臣亦与贵亲王同意。但在中国及本国船内。本大臣皆可查禁。若到各别国所属地方。必所在之国例准保护方可。是在贵亲王询明各该属国情形。应何料理。据本大臣之意。凡华工既满限期。不须自费川资。即可回国。此系伊等应有之至理。向来本国招工到属国地方。均如此办理。嗣后凡有本国人来此招工。本大臣自必饬遵。然总须贵亲王会同各国大臣议定通行照办。推准和约所载。别国得有中国优待。法国亦与之意。不应法国于此独备加劳费。凡别国办此。亦必同此劳费。始见画一。再者本大臣至今未闻有中国罪犯。潜匿本国招工船中或房屋内。如将来有此。自当交出。但地方官须照会该处领事官查取。毋庸著落招工主人。查有几次。贵亲王忘记。应由领事官凭其权任。可以晓谕本国人等。并查核是否遵守两国所定章程。各有应行罚办者。亦必由该领事官查封可也。

议定招工章程条约

谨按咸丰庚申年九月十一十二等日。中外各国大臣在京先后续立增约。内指华民出口。在外洋别地承工。俱宜酌情会定章程。以期保其身家礼体。今中国移行按约行办。为此大清钦命总理各国事务和硕恭亲王。大英钦差特简住札中华便宜行事大臣功赐佩带二等宝星阿。大法署理钦差全权大臣住札中国京都总理本国事务伯。同在总理各国事务衙门议定招工章程。间列于左。

第一款

一中国通商口岸。凡有商民欲请准投公所开办招工。既拟该工人何以立约。所内华工何以治理各等节。应将合同底稟。并在公所治理工人章程各纸。禀请领事官查阅。又因各国搭船之例不同。必有该商已经按例遵办实据。领事官始能查明。

第二款

一该商禀请前来。领事官查其实属殷实妥当之人。即将所呈合同章程各纸查核。酌情删改。方可转移该管地方官查阅。俱属妥协。立给印牒。准设招工公所。领事官即将印牒及合同等件。一并在本署钞录存案。

第三款

一印牒既出。不能无故注销。即有故者。必须地方官与领事官会议。如果意见相同。该所方可关闭罢招。该商不准追请赔偿。

第四款

一合同章程等件。该商须于招工公所门外房中。书写悬挂。以便工人均可知其详细。合同章程等件。既经地方官暨领事官查明准办。该商嗣欲删改。均可禀明施行。惟各该官尚未批准。不可专自擅行。至于该商或欲遣人代觅承工。准将合同章程各件。钞单禀请领事官。及地方官用印发给收执。方准遣人分赴该省乡镇等处。代为宣布。

第五款

一招工各商。既立合同。与该华工定议。务须按期逐款尽守。凡有负约之处。惟该商是问。俱按伊国之例。传案究审。

第六款

一招工各商。欲遣华民代觅承工。此项承遣者。必由地方官先给盖印准单。方可前往。后或干例。无论故违误犯。惟本人是问。俱归地方官传案究审。

第七款

一凡有招工事务。中国专派委员。协同监理。华民有欲承工。任便赴所。该商眼同委员。注写姓名于簿。注毕。该工任听回家。或在公所。候搭便船出洋。

第八款

一华民承工出洋。或系独身一人。或系携同家眷。所立合同字样。必须逐款开载。一指定何国何处承工年限多寡。一限满回国。计其人口。约保水脚路费若干。一在彼作工。豫定日期时刻。一在彼承工。应受衣物工食。并各等利益。一遇有疾病医治。医药不用该人工值。一只身出洋。或有眷口留在中华。意欲按年计月。拨给养家之费。应扣若干。一所有今定章程第八九十。以及十四二十二等款。尽须开列。以上七节之外。不准更加形似工人容免全行之条。傥有擅加。理应置勿庸议。

第九款

一合同所定承工年限。不准逾于五年。期满如欲回国。彼处必将合同所注水脚路费若干。按数备全。交付便船。送回中华。如或限满不欲回国。其法有二。一则听凭该处官宪准否留住。准时即将合同原定路费一项。全数付给使用。一则听其复行承工。另立合同。即将原约所定银数。付给一半。听其自用。而此次合同。仍不过五年为期。期满仍照前次合同原数。什船送回。若华工到彼处后。患病不能作工。该处不俟限满。先行按数给钱送回。否则准其赴官禀请申诉。

第十款

一承工工作日期时刻。定准七日之内。必得休息一日。一日之内。作工不过四时六刻。【即外国九点钟零二刻也】如足所定日时之数。不准强其工作过时。至于休息时日之闲。如果正工之外。该工力能别有操作。抑或另承工课。准向本主酌定酬值。惟牧畜及日用常事。仍属正工。不必因系休息时日。格外议酬。

第十一款

一华民年不及二十岁者。或欲承工出洋。必须取具本身父母准往凭单。盖用地方官印信。方准承招。如或无从取其父母确据。亦应取具地方官盖印凭单。如无此单。不准前往。

第十二款

一所有华工姓名。既已注薄。自是日起。至少扣至四日。方准在监理委员面前。将合同念与该工听明。问其是否愿往。伊实愿去。立即令其画押。

第十三款

一合同既已画押。该工自应总由招工商人准否离所。不能擅自出入。将次下船之日。监理委员亲至公所。各该华工当面认明画押合同是实。领事官即将合同钞存备查。该船未出口之前一日。海关监督。暨领事官。或行亲往。或派委员赴船。将该华工按数点明。核对清楚。将单缴到监督领事官各署。分别画押。钞录存案。点名以后。华工内有变约不肯前往。即准查明居住公所之日。每日追取饮食之银一钱。如该工无款归偿。应交该管官按律治罪。

第十四款

一华工未走之先。该商如有豫支银钱。皆应以为承招赏需之用。不准追还。惟因支用安家之费。准商豫支。每月扣还一圆。以清欠款。其数亦不准过六月工值。此项银两。该领事官必须设法实令安家。不得别用。其余支借各项。一概不准。又以华工或在船上之时。或至彼处之后。曾借银钱等物。约明期满后作工抵还。一并严禁。如值期满将欲回国之时。或有债主申诉。借此情节。请为扣留华工。亦必不准因此拦阻。

第十五款

一所有招工公所。其中如何办理。领事官与地方官既经会议定章。华民承工居住。总须遵照奉行。

第十六款

一华工居住公所。或有滋事各等情弊。立即锁禁。俟地方官委员查收。按例审办。所中商伙人等。不准擅行治办。

第十七款

一所有该口招工公所。俱准两国委员随时任便出入。传问华工。所中房间。均归该员等查管。以期分拨华工眷属人口。得以署聚。免其杂混。又以各房必须治理精洁。方足怡养精神。华工画押合同。以及下船之时。该委员等亦当在场监视。如见所下之船。似不妥协。恐碍于人。准令华工暂免下船。俟觅医生抑或熟识船只之人。勘明裁夺。船内华工内有现患传染证人。即刻令其离船上岸。

第十八款

一华工下船。委员点名开单。该商按照所招之工。每名出银三圆。交付海关银号收存。以备监理委员经费。

第十九款

一犯法华民。或在逃。或越狱承工。地方官查出。照会领事官交出。领事官立饬移付地方官。计期该犯居住所中之日。除将每日偿银一钱。以补该商亏欠外。所有所中簿上注明付给该犯银钱衣物等项。亦应一体偿还。

第二十款

一各国运载容民之船。所有布置客寓舱房。豫备火食。保其整洁。俱有定例。招工之商。欲将华工运往外洋。先须禀明领事官查核。实有符于定例。方准运往。惟于领事官既经批准。或有委员以该船尚有不妥情节。禀明地方官。以为不宜出口。海关暂准不给红牌。俟能确切详查。转报该国钦差大臣。会议定夺。

第二十一款

一华工下船点名开单。应备两本。分别存留带往。船到前指某国口岸。该船主先将副本边沿注明华工在途。或已死生疾病各等情节。呈上伊国领事官。并该处地方官等。请为分别画押。以备送回。俟该单至中华之时。招工商人。必呈领事官。即合转移地方官查核。

第二十二款

一华工出洋到彼。夫妇不能分派两处作工。幼儿不及十五岁者。不准令离父母。至于华民在彼承人招工。不分铺户庄田。其后铺田转付他人。该工亦当奉为招主。如或原主仍在铺田。或因别故。欲使另投他主。该工自愿方可。否则不准强行更换。

以上各款。公同酌定之外。又经言明除华民不待承招。自行出洋。中国官宪毫不拦阻外。若有意图招工。不遵章程。另行设法招致华民。承约出洋作工。此为例所严禁。查出另行重办。更有华民不肯离国。有人胆敢私行骗往。勉强协从。即照刑部奏定新章。立予正法。且以招工事务。既经明定章程。通商各口。均准设所。仍须地方官与领事官会议监理。方为按例兴办。设若某口内外各官。无从会理。该商理应不准开所招工等语。以上三节。核定存案。中外官与前项二十二条。同一遵守奉行。今于同治五年正月十九日。将章程等件。各缮三分。盖印画押。以昭信守。

二月。壬辰。通商大臣暂署两江总督李鸿章奏。窃照通商各口。征收洋税。自咸丰四年。上海一关。设立税务司。帮同经理有效。嗣后南北各口。亦即次第举行。并添设总税务司名目。咸丰十一年五月间。赫德于署总税务司时。曾将每年应收洋税。约略开报。迨同治二年。议定税务司岁支经费案内。截至第八结长江开口。是年所征正税半税及子口税。共有银七百二十五万余两。声明此后仍可较前丰旺。同治三年。臣因总税务司赫德。年来经理洋税。接济饷需。奏蒙恩准赏加按察使衔。兹准总理衙门咨。据赫德申称。现值两国扣款将完。又值告假回国。将经手税务各款。比较总数。详细开呈。并称此五年中。各口税务司。均悉心查办。任劳任怨。竭力襄助。内有税务司日意格。美里登。休士。惠德。帮办巴德好博逊。薄朗。满三德揭谟。业经各省大吏另案奏请鼓励。蒙恩赏给宝星。此外尚有现任税务司吉罗福。费士来。马福臣。狄妥玛。威理士。麦士威。并粤海关扦子手头目鲍良七人。应如何一体奖励。咨臣酌核办理等因前来。臣查赫德总司税务。现呈比较总数清单。系将南北各口通年合计。除子口半税不计外。其进出口各项洋税。近已收至七百八十万余两。较之从前岁收总数。已增数十万两。足为通商税课丰旺之征。该总税务司赫德。悉心经理。业蒙恩赏加按察使衔。其各口税务司。俱能不避嫌怨。竭力襄助。现值两国扣款收完。查单结数。均有劳绩。所有吉罗福等。自应一体奖励。

同治卷四一

（同治五年丙寅三月）乙亥。总理各国事务恭亲王等奏。查闽浙等省洋面。向多盗艅。粤省香港等处地方。亦不免有逃人溷迹。比来洋盗叠劫商船。外国弁兵。往往协同捕获。是以滨海各省。近有买雇外国轮船。缉捕洋盗之议。所有外国协获及逃匿洋境一切罪犯。凡系华人按照条约。应交中国办理。惟各项罪犯。或系华人犯案。牵涉洋人。或系洋人犯案。牵涉华人。势不能不令外国与闻其事。乃外国于协获及逃匿洋境各犯。每致延不交出。转以中国法重。一经交出。必处以极刑。伊国不忍为词。借口延宕。伏思此项人犯。若其庇匿。势必日久稽诛。傥或办理失宜。中外又不免易生嫌隙。臣等公同商酌。应请旨饬沿江沿海各省督抚。凡系外国交出中国人犯。即由该督抚核其情罪轻重。咨商臣衙门核覆。奏明办理。其非由外国交出之犯。不在此例。

同治卷四二

（同治五年丙寅六月）庚寅。闽浙总督左宗棠奏。窃臣钦奉寄谕。就该处情形。及早筹维。仍合通盘大局等因钦此。臣维西洋各国。向以船炮称雄海上。从前中国惟许通市。番舶鳞集南洋。然彼贪贸易之利。素仰中国之威。未敢妄逞。嘉庆道光年间。始有兵船阑入中国之事。经称坚致异常。然不过夹板等类。藉保护洋商为辞。实则护送鸦片。地方大吏。以理喻之。旋即引去。盖其时各国未造火轮船。彼尚无所挟也。道光十九年。海上事起。适火轮兵船已成。英吉利遂用以入犯。厥后寻衅生端。逞其狂悖。瞰我寇事方殷。未遑远略。遂敢大肆狡猖。此次威妥玛。赫德。所递论战说帖。悖慢之辞。殊堪发指。威妥玛所论。与赫德同。可知即赫德之意。我之待赫德不为不优。而竟敢如此。彼固英人耳。其心惟利是视。于我何有。臣揣其意有三。发逆既平。彼无所挟以为重。恐启中国轻视之渐。一也。结款已满。彼无所图。欲藉购轮船器械因缘为利。二也。西洋各国。外虽和好。内实险竞。其利则争。英人欲首倡雇船买船之议。见好各国。以固其交。又知各国必将以新法售我。思先存以笼其利。三也……

（甲午）恭亲王等又奏。臣衙门于四月二十日。据英使阿礼国照会。内称本国拟派轮船一只。前赴中国海面迤北等处。察看海岸形势。丈量靠岸海水深浅。绘图载明。俾嗣后行船来往。均可豫防危险。至朝鲜海边一带。务须协力设法。使该轮船行抵该国等因。查上年法国前使臣柏尔德密。曾经以该国教士。欲往朝鲜传教。请先行文知照。经臣等告以朝鲜向祇遵奉正朔。岁时朝贡。该国愿否奉教。非中国所能勉强。碍难行文。并劝其毋庸前往。当即罢议。续于九月间。英国威妥玛呈递照会。内开英国水师轮船。近沿朝鲜境内迤西海边游历。随时欲买火食。朝鲜民人不敢售费。请转为劝谕等语。维时正值英法新旧使臣交替。威妥玛旋即卸事。今阿礼国照会轮船前赴中国海面迤北并复申拟往朝鲜前说。臣等以轮船行驶中国洋面。原为条约所有。碍难驳斥。当经咨行迤北滨海督抚将军查照。至欲往朝鲜一节。即酌拟以从前答覆柏尔德密之言照覆。告以未便行文。致涉两歧。正在核办间。又于本月初三日。接据法使伯洛内照会。称朝鲜国王将法国主教二人。及传教士九人并本地传教士七人。其教习之男妇老幼无数。尽行杀害。本国兵船不日齐集朝鲜。暂取其国。自然中国亦不过问等情。臣等查去年伯洛内请臣衙门行文朝鲜。是法国欲往朝鲜传教。蓄志已久本年三月间。朝鲜将该国主教人等杀害。其中显有情节。该使既经照会前来。若向该使拦阻。而固执之性未必遽肯允从。若仍任该使所为。而朝贡之臣。何忍听其受害臣等公同商酌。当此劝禁两穷。惟有照覆该使。以中国既知此事。自不能不从中排解。不必遽尔称兵。于调处之中。暗戢其虚憍之气。此后该公使等有无异说。除由臣衙门随时察看情形相机开导。并行知礼部外。谨先将办理缘由恭折具奏。

署英国公使威妥玛照会

为照会事。照得顷闻本国水师轮船一只。近沿朝鲜境内迤西海边游弋。随时欲买火食。据该国各处民人云。不敢售卖。恐官究治等语。查泰西以东各国。向有海禁甚严。商民贸易。官宪往来。皆不准行。其危即在于此泰西各国兵力正强。每有事出。不分大事细故。带兵伸理之间。容易解禁。其禁一解之后。或将地全占。或占数分。皆未可知试观安南国可证鉴。此则泰西各国之人。实有甚愿东海各国。不被侵占。常得自主。而现仍执旧见。何免人俱愤惜。至于朝鲜一国。如果明于自保安全。则不待各国欲去通商。先应设法招致前往。或明不及此。小心自守。于水军最盛之国。船至临口。买办食物。无庸再为如此失礼也。贵国可否转为劝谕。本大臣无从能知。如贵亲王果有良法。实为甚愿。为此照会。

英国照会

为照会事。昨准本国来文。内开现拟派轮船一只。前赴中国海面迤北等处。察看海岸形势。丈量靠岸海水深浅。绘国载明。俾嗣后行船来往。均可豫防危险。至朝鲜海边一带。贵大臣务须照会恭亲王协力设法。使该轮船行抵该国查看海边情形之时。得以从优帮助。不致遇有留难之事等因前来。本大臣查去年九月初八日。经前署大臣威。因本国水师轮船一只。行至朝鲜等情。详细照会贵亲王在案。今本国所派轮船。前往朝鲜海边等处。务希贵亲王行文咨致。以免再有失礼薄待。或致伤于和好。为此照会。

给英国照覆

为照覆事。准贵大臣来文。以贵国拟派轮船一只。前赴中国海面迤北等处。至朝鲜海边一带。务须协力设法等因前来。本爵查海面迤北地方贵国拟派轮船前往察看形势。业于本年五月二十日。行文知照盛京。吉林三口直隶。山东各将军大臣督抚在案。至行文朝鲜一节。查去岁法国柏大臣曾向本衙门大臣告知。传教士欲往朝鲜。请先行文知照等语。当经面告以朝鲜虽系属国。向祇遵奉正朔。岁时朝贡。所有该国愿否奉教非中国所能勉强。碍难遽尔行文。并劝其无庸前往。今贵国拟派轮船前往。又适值法国照会。有于该国用兵之事。本衙门更未便行文。致与从前答覆法国柏大臣之语两歧。上年贵署大臣威。曾经照会此件。兹复准前因。相应一并照覆贵大臣查照可也。

法国照会

为照会事。照得本大臣近接朝鲜来函。言于本年三月间。高丽国王突发一令。将该处法国主教二人。及传教士九人。并本地传教士七人。其习教之男妇老幼无数。尽行杀害。如此残暴。自取败亡。因其系属中国纳贡之邦。是以本国命将兴师。以讨有罪。理合知照贵亲王。且有此妄行。本国自应与被杀教众声罪致讨。是该国残杀之日。实即其国丧失之日也。理所必然。故特明言。所有本国各路兵船。不日即可齐集朝鲜。暂取其国。后来再立何者为王。以守此土。仍听本国谕命施行。再本大臣曾有数次。于贵衙门请发路照于传教士。前赴朝鲜。均经推脱。据言虽高丽于中国纳贡。一切国事。皆其自主。故天津和约。亦未载入。兹当本国于高丽交兵。自然中国亦不能过问。因与彼国原不相干涉也。

给法国照覆

为照覆事。昨准贵大臣照会。内称朝鲜国突将法国主教及传教士并本地传教习教多人。尽行杀害。本国命将兴师。因其系属中国纳贡之邦。理合知会等因前来。本爵查朝鲜国僻处海隅。素知谨守。现在未知何故。有杀害教民之事。今贵大臣以贵国兴师缘由。知照本爵。足征贵大臣敦睦之谊。惟两国交兵。均关民命。本爵既知此事。自不能不从中排解。该国果有杀害教众等事。似可先行据理查询。究因何故。不必遽启兵端。为此照覆贵大臣酌夺可也。

恭亲王等又奏。臣衙门于五月二十九日。据法国使臣伯洛内呈递照会。内称南方数省官绅。欺陵陷害传教士及习教人。不得不派本国兵船到各处所。俾该处官绅。按约保护。兵船到处。至少每日供兵船银一千两。已行文本国水师提督。令其随事照办。并请另饬南京。安庆。二处官员。因伊等皆以通商大臣之使令是遵。不知和约为何物。是以俾其早为悔悟等语。臣等查法国历年各省教案。一经该使臣知照。无不立予查办。外省如有未结事件。臣衙门亦必随时催结。期于弭衅未萌。今该使臣照称。谓南方数省官绅。欺害传教士及习教民。臣等检查南方各省案件。平民与教民涉讼有之。该各地方官等尚知随时持平讯断。并无官绅欺害教士教民之事。即该使照会内。亦无事实确据。无端议及兵船。显属虚声恫喝。惟彼族素性坚韧。若不据理驳诘。以折服其心。不但不能间执其口。且难保不变假为真。因于接收照会后。约该国翻译官李梅来臣衙门理论。臣等即诘以南方数省。残害教士教民。究系何地何事。两国既敦和好。派往兵船何说。辗转辩驳。历二三时之久。该翻译始云贵州等处。案多未了。现在最要南京查还教堂一事。屡次照催办结。至今尚无著落。安庆亦有未结之案。是以拟派兵船前往守办。臣等答以南京查还教堂。昨始据该省地方官咨报,现经该处绅士与该教士指定南京城内小桃园地基一处。建立教堂。该教士意已欣允。惟教堂而外。另索公寓。未便允许。只俟郎主教由沪来省。即可定局结案。至安庆买房一案。亦据该地方官咨报。现既办有端倪。不难克期完结。该翻译答称南京教堂地基。业经商定一节。未据教士声报。是以尚未知晓。臣等察其情形。似兵船现在尚未前往。当即乘机语以南方数省官绅。既无欺害教士教民确据。即南京教堂城内地基已定。其余皆易归束。安庆教案亦将完结。自无庸兵船保护。该翻译允为转达。臣等因即据情立给照覆。

法国照会

为照会事。照得南方有数省之官员及各该处绅士富豪。通同一气。欺陵陷害传教士及习教人。本大臣不得不派本国兵船到各处所。俾该处官员及劣绅富豪。悉按和约。保护教务。以免后来各省传教士及习教人。再受欺陵陷害。揣思所有交涉教务未结之省分。一经兵船到日。该城官员及各劣绅富豪等。定知必无善状。接仗开炮。势所不免。必然立即愿遵和约会办。本大臣深知中国人习气。事过易忘。因想出一条历久不忘之善法。凡法国兵船到处。必须该处官员及绅士富豪。至少每日供给兵船费用一千两。如此不但各省官绅历久不忘。以免法国兵船屡往也。现今已经行文于本国水师提督。令其随事照办。兹特请烦贵亲王饬知南方数省交涉教务之区。并请另饬南京。安庆。二处官员。因伊等皆以通商大臣之使令是遵。不知和约为何物。是以俾其早为省悟。庶亦避风波之早计也。为此照会。

同治卷四三

(同治五年丙寅七月)甲子。广东巡抚蒋益澧奏。粤东为洋务滥觞之始。相习既久。声气易通。而百姓俗悍气刚。亦多不为之下。臣前途经香港。见其水师雄壮。楼阁崇闳。码头生意之旺。甲于南洋。追路过大虎小虎大王滘猎德一带。所有扼险炮台。全行废堕。虎门旨号天险。今为坦途。然则言治粤之权与。固以中外相安为要。而筹自强之急务。尤以卧薪尝胆为先。查泰西与我通商之国。以俄英法美为最强。俄则延袤西北。为患在陆而不在海。英人强于水师。法人强于旱队。美国精于商贾。其势各不相下。而英人尤外柔内刚。为海外杰出之雄。从前中外兵事交涉。英国取材于五印度。法国取材于亚非利加加里加而马喜等部近年以来。东南洋各国。浸被蚕食。英则以日本巫来由为外府。法则安南为外外府矣。凡军事日用之所需。朝发可以夕至故昔日之言自强。可以岁月计。今则旦夕图之。犹恐其不急也。昔日之言自强。可以宣廊庙。今则惟幄谋之。犹恐其不密也。此时中外交际尚洽。急宜以防海盗平土匪为词。造船购炮。效其所长。省沿海师船岁修大修之赀。以为经费。师船在洋。运掉非风不灵。若轮船则今日可以剿虎门之贼明日即可以剿南粤之贼。是三五号得力之船。即可以抵百十号循例之师船。计劳与费正复相等。而效则过之。沿海富商大贾。亦准其租购轮船夹板而籍其名于官兵。无事则任彼经商。有事则归我调遣。船上舵工炮手。初用洋人指南。习久则中国人亦可自驶。技长者禄以武职。若使各口有轮船二三十号。夹板船百十号。不惟壮我声势。亦且夺彼利权。何则。五州四海。彼能往我亦能往。而时价之高下。物产之精粗。洋商必不及华民之精。则取利亦必不及华商之易。将彼之初以利厚而来者。继将以利薄而去。是在乎用人之得宜。求远功而不求速效。乃能有济耳。计欧罗巴各国。地固不及亚细亚十分之三。人民更不及十分之一。而自中海以迄南洋。凡印度巫来由财赋之区。概被鲸吞。及现在暹罗缅甸。亦复服其衣服。习其言语。势岌岌又将为彼附庸。其故何也。盖彼不独船坚炮利。足以纵横海外。而其用心之专一沈毅。办事之刻苦精到。实有一往莫遏之势。故其无事则以官吏为经。以商人为纬。有事则以攻战为纲。以货财为目。凡商贾经营数万里外。彼国特设官维特而调护之。是以上下之情通而内外之气聚。内地闽粤等省。赴外洋经商者人非不多。如新嘉陂约有内地十余万人。新老金山约有内地二十余万人。槟榔士伽拉巴约有内地数万人。和约中原载彼此遣使通好。若得忠义使臣。前往各处聊络羁维。居恒固可窥彼腹心。缓急亦可藉资指臂。且各国外虽相联。中实相忌。见利则合。遇害则离。我苟深图自强之实际。欲取故与。择可亲之国。优游浸渍而深交之。则彼因忌生疑。势将自涣。投骨于地。群犬有不狺然而争者乎。总之固国以人心为本。顺民之情。而不遏抑生计。则元气实而外邪自不能侵。御敌以武备为先。利兵之器。而复代筹其身家。则义愤发而铎镝有所不避。杜挚曰。利不百不变法。土不十不易器吕氏曰。三代所宝莫如因。因则无敌。臣尝熟思审处。而知今日外吏之弊。在于所用非所学。所学非所用。有不得不变之方。外人呈贡其艺术技能。以求媚于中国。礼失则求诸野。有不能不因之势。臣前路过闽省。督臣左宗棠与臣等商。拟于沿海一带省分。建设铁厂。制造轮船。一面雇觅洋匠指授。一面选择聪明子弟入厂学习。各省不分畛域。合力经营。一遇有事。则如常山之蛇。击首尾应。臣复熟商督臣瑞麟。深以为然。拟即函商左宗棠。或在福建设厂。或在广东设厂。总期计出万全。谋定后动。一俟左宗棠覆到。再行奏明举办。省冗杂虚糜之费。储有备无患之赀。外而虚与委蛇。守汉过不先之约。内而力除积蠹。尽实事求是之心。财用既足。民心既固。外情既熟。器械既精。由是始可以言战。始可以言守矣臣甫涖粤疆。洋务本未谙熟。辄因交涉之难。而深求利害得失之故。刍荛之见。有不敢自安缄默者。臣仍当与督臣瑞麟虚心实力。慎发徐图。断不敢卤莽决裂。因循推诿。致干咎戾。

谕军机大臣等蒋益澧奏。筹办洋务情形。所陈亦颇中窾要。该督抚等惟当虚心实力。慎发徐图。前据左宗棠奏拟于闽省择地设厂。购买机器。募雇洋匠。试造火轮船只。当谕令该督照议办理。兹据蒋益澧奏。拟于沿海省分建设铁厂。制造轮船。或在福建设厂。或在广东设厂等语。著瑞麟。蒋益澧。咨商左宗棠会筹妥办。

(甲戌)法国照会

为照会事。接准贵亲王照覆。内称南京交还天主堂旧址一事。均已阅悉。本大臣住京四载。所有请办各事。莫不应许查办。两国友谊。毫无不笃。心常爱慕。然遇有请办事件。往返屡次商酌。而后定准。迨咨行各省。并未见一处立即遵办完结。总为各省大吏延问。自作主张。数载以来。所有请办之件。俱属徒劳。总理衙门咨行各省查办之件。置若罔闻。如江督李制台言南方之事。我自主张。总有关系。无不遵我之回覆。本大臣商办之件。至今妥善完结可指者有几。如直省宁晋县离京五百里。张洛代暗理火药于桌下地内。轰伤传教士及随从之四人。曾请查办数次。今历六七个月。宁晋知县。与赵州知州及保府官员。皆委为魔鬼作弄。代为开脱。显然易见。并闻张洛代父子与暗中授意之人。共摊贿银二千两。是以案悬不办。倘仍不速结。应派本国兵船。于海面捕拿漕船。变价分偿受伤之人结案。再离京三十里。有天主堂旧买山田一处。被人强占。控经七月之久。确有红契为证。至今并未办理完结。必须本大臣前往埋立四至柱石。方结此案。陕西河南两省。为交还天主堂旧址。查办已历四年之久。何有音耗。本大臣将从此不索乎。抑仍捕拿漕船。变价二三万两。分偿教士另置乎。四川酉阳州地方。将传教士玛弼崇殴死。当时本大臣欲派兵船前往查办。因贵亲王承揽。允许速结。平心以待。讵意骆秉章将主教指出之要犯。朝拘而夕放。派道员王姓办理此案。此人实系利徒。贿赂到手。案立反覆。并亲撰一文。讪谤教众。是天主教人既受欺陵于前。又受毁詈于后。于犯人中择出两个无关紧要之人。令其抵偿。

给法国照会

为照覆事。同治五年六月十四日。接准贵大臣照会一件。内称咨行查办之事。各省置若罔闻。因逐条详列。至今妥善完结者有几等语。本爵逐件查阅。特为一一辩论。望贵大臣加察马。贵大臣称宁晋县张洛代父子同谋。轰伤传教士。该问官等诿为魔鬼作弄。并有受贿二千两之事。若案悬不结。应派兵船。捕拿漕船。变价分偿受伤之人等语。本爵查此案据直督咨称。艾教士同教民池喜真等四人。往张洛代家诵经治妖。系教民李洛来相邀。并非张洛代父子起意央请。此系李洛来在县供词。后因高委员偕同该县票传全案人证。只张姓一造到案。教民一造。一人未到。委员等候数日仍不投审。两造不对质审讯。该问官不得虚实确据。安能骤然含糊完案。至摊银二千两之说。若能指出行贿者何人。过交者何人。受赃者何人。本爵不难立刻查办。若但凭空设词。恐不能折服人心……

同治卷四四

(同治五年丙寅八月己亥)总理各国事务恭亲王等奏。查山海关向设监督一员。驻扎该处。专管税务。一年差满。奏请更换。自咸丰十年英法各国换约。添设牛庄口岸。同治元年开埠通商。历任监督。均驻营口稽察税务。并办理中外一切交涉事宜。查营口一隅之地。界连海盖等州县犬牙交错。五方杂处。近来匪徒动辄聚集多人。屯聚沿海地方。阻挠税课。其华洋交涉事件。又因地界区分。诸多推诿。咸丰十年。崇厚因此情形可虑。曾经奏派委员前往弹压。无如该委员等职小权轻。未能得力。因又奏将值班尉县归监督节制并将监督成林留任一年。以资清理。凡此层层设法。无非欲求该处相安。现经成林极力整顿。虽较前稍觉就绪。然详查情形。究属勉强从事。不如地方官一手经理之为便。臣等熟商再四。非添设职分较大之员驻扎该处。管辖地方。经理税务。不足以资控驭。拟请将山海关监督一差裁撤。仿照东海等关之例。改设海关道员一员。作为山海关兵备道。惟是改设道员。若只将海城盖平二县。并牛庄防守尉所治。归道员专辖。不将奉天锦州二府属各厅州县统归辖内。公事仍恐呼应不灵。似应将奉天府锦州府所属丞倅州县。悉归该道管辖。山海关应收常洋各税。亦仍责令稽征。遇地方事件。除命盗等案解勘章程。仍照旧例办理。毋庸由道审转。以免迂折外。其余地方一切。责成该道管理。仍详请将军府尹核办。遇该关税务。则详请三口通商大臣核办。遇洋人与地方交涉事件。则通详将军府尹三口通商大臣一同核办。惟山海关监督。向与张家口杀虎口税差称为三税。系属在京旗员专差。现改设海关道员。亦应仿照热河口北各道之例。专以旗员补放。似此变通办理。庶税务洋务。与地方共为一事。不致隔阂。应请旨饬下盛京将军。奉天府尹暨三口通商大臣。体察情形。悉心妥议。迅速覆奏。如蒙恩准照办。仍应由各该衙门将如何请旨开放。及如何稽察考核。并添给关防廉俸衙署一切事宜。妥议奏定。以便遵照办理。

(甲寅)福州将军兼管闽海关税务英桂。闽浙总督左宗棠。福建巡抚徐宗干奏。臣等接准通商大臣李鸿章来咨。案准总理衙门先后奏定闽海关洋税。从二十三结。于部拨京饷协饷之外。仍按结酌提四成。解部专款存储。其厦门沪尾打狗等口。即自二十二结起批解四成等因。惟查闽海关征收洋税。从前概系纹银。嗣咸丰六年间。洋商多以鹰番完纳。因其银色不足。议照当时市价。每百两应加贴水二两。奏明税收。迨咸丰十一年间。复因纹银市价渐昂。会同英法两国领事议定。鹰番捧陶两项洋银纳税。每百两加贴水六两。同治三年以来。市尘纹银。以鹰捧洋银驳换。每百两贴水自八两增至十两有奇。各口洋税。除英法两国扣款。系将原收补水拨交外。其三四两年分批解京饷等款。贴水赔垫甚钜。兹奉行提洋税四成解京。若仍照前议补水征解。委实无款可垫。当查通商条约章程。载有洋银纳税。色有不足。随时随地。议加补水之语。随饬通商委员。商准英国领事详伊国住京大臣核办。准英领事照会。福州现时纹银颇少。洋商纳税。自应互用洋银。而洋银时价。又早晚不同。在洋商转非画一。不若暂先定一准则。嗣后洋商凡系用洋银纳税者。每百两补水十两。其遵用纹银纳税者。例无补水。听从洋商之便。即于本年六月二十日日开办。惟从前洋商纳税贴水本系六两。增至十两之多。事出权宜。非若条约之可确守。虽一面暂行开办。一面应详住京大臣查核。须俟奉到批回。方能定准等语。当经臣英桂飞饬通商各口委员。依期开办。伏思各国商人自咸丰六年以后。概系携带洋银来闽贸易。各口洋税。概用洋银完纳。原系照约办理。现在市间纹银稀少。各洋商所带鹰番。则又成色愈下。虽每百两原有贴水银六两。而易换纹银。仍属不敷。已议定嗣后洋商完纳关税。凡用洋银者。每百两补水银十两。至六月二十日未经开办以前。按日所缴洋税洋药。及上结留存未解税银。若因款须解京。复欲责成各洋商按照现议之数补足。姑无论各洋商以完缴在先。议增在后。势必有所借口。且甫定新章。即行轇轕。亦无以重信义而示怀柔。合无仰恳天恩俯准。将不敷补水银两。在于洋税项下作正支销。俾得易换纹银。依限分批兑解。厦门沪尾打狗等口。应收洋银补水。业经饬令一律办理。现尚未据具报开办。

(乙卯)三口通商大臣兵部左侍郎崇厚奏。窃准总理各国事务衙门咨称。体察奉天省牛庄海口情形。拟请变通旧制。裁撤山海关监督。改设海关兵备道员。以一事权而资控驭一折。奉旨依议钦此。咨行奴才查照。钦遵核议具奏等因。奴才查山东登州口岸。自咸丰十一年设立东海关开埠通商。奏明山东登莱青道驻扎烟台。经理税务。并办理中外交涉事宜。该关所征常税。通报山东巡抚。并臣衙门。其应行奏咨案件。悉由巡抚衙门核办。所征洋税。按月详报奴才衙门。汇案奏咨。并中外交涉事件。均由奴才核办。会同抚臣奏报。历经办理在案。至山海关监督。向系户部分司。专管税务。洋人未通商以前。均由该监督自行稽征奏报。自咸丰十年。与英法各国立约。添设牛庄口岸。经办理通商善后王大臣奏明章程六条。内载牛庄一口。向归山海关监督管理。不必另行设官办理。应饬令该监督于开河以后。即驻牛庄。以便稽查弹压。惟事关通商。有中外交涉事件。该监督应听三口通商大臣统辖。以免歧误。并将所收仿照福州上海各关章程。分晰内地外国税饷。专款报部。不得以中国船货税项牵混计算等因。遵照在案。并查该关所征常税。原有定额。历任监督。例准奏事。均于各任一年期满后自行奏明报部。该口所收洋税。由该监督按月呈报总理衙门及奴才衙门考核。每届六个月。仍由该监督自行专折奏报。遇有中外交涉事宜。则通报总理各国事务衙门并奴才衙门核办。其将军府尹等衙门。向由该处值班尉县自行通报各在案。今议裁撤该关监督。改设海关道员。兼管税务。体制有殊。有管辖地方之权。而无专折奏事之责。该关所征洋税。自应仿照东海关道员管关之例。统由该监督详报奴才衙门核办。分别奏咨。其所征常税。定额攸关。其应如何考核之处。或由该监督照旧报部。或详由奴才核转奏咨。应请饬下户部各衙门妥议具奏。以便遵行。又查中外交涉事宜。向归各口监督。与各国领事官会办。详由地方督抚。与所辖之通商大臣核办。咨报总理衙门。惟洋人在各口前往内地。或游历。或传教。条约载明。由领事官发给执照。地方官盖印为凭。牛庄一口。向用该处值班尉县关防印信。详报将军府尹转行各该地方查察。往往稽延。今改设道员。非若监督无地方之责可比。中外交涉事件。统归该道经理。应仿照东海关登莱青道。遇有洋人前往内地执照。即由管关道员加盖关防。一面通报经过地方之将军督抚府尹衙门。并分行各该旗民地方官。仍呈报奴才衙门查考。俾免歧误。以一事权。至该监督原用关防。本为稽征税务而设。今改为海关道员。自应添给分巡奉天锦州等处海防兵备道关防一伙。遇有地方事宜。即用道员关防。以昭信守而示区别。其余地方应如何分辖之处。应由该将军府尹体察情形。另行覆奏。

丙辰。三口通商大臣兵部左侍郎崇厚奏。奴才于八月十七日。据法国领事官德微理亚函称。现有义国使臣阿尔明雍。带同随员二人。兵四名到津。请立通商条约等语。旋据该使带同随员。并法国德领事来署面见。告以从前各国前来立约。均须在津呈递照会。方可据情代奏。听候谕旨遵行。兹据阿使递到照会。现奉该国特派前来。与中国固结永远和好贸易之章程。因甫到此。合就照会。希代为奏请钦派大臣。会议两国和约事件等因前来。理合恭折具奏。

义大利亚国照会

为照会事。照得本大臣现奉本国大皇帝谕旨特派前来。与贵国固结永远和好贸易之章程。因甫到此。合就照会贵大臣。即希代为奏请贵国大皇帝降旨特派钦差大臣。与本大臣会议两国和约事件。为此照会。

九月。丁已。总理各国事务恭亲王等奏。办理三口通商大臣崇厚奏。义大利亚国遣使北来。议立通商条约一折。同治五年八月三十日。军机大臣奉旨。该衙门知道钦此。臣等查八月十六等日。据崇厚函述前由。旋于二十二日法国翻译官李梅。来署面称。义国公使阿尔明雍现已到京。并代为呈递照会一件。臣等当以未据三口通商大臣奏明。径赴臣衙门呈递照会请办。系属错误。令将原照会带回。该翻译遵将照会递交三口通商大臣祈请转奏。兹据崇厚奏称该使呈递照会请立条约。自系因臣等驳斥。依照向章办理。查自英法各国换约后。布路斯。大西洋。丹。比等国。均经陆续换约。兹义国自应一律核办。相应请旨于臣衙门中特派一员。照案作为全权大臣。会同三口通商大臣崇厚商办。以备将来赴津与之画押。除臣奕䜣。向不开列外。谨将臣文祥等衔名开单呈览。恭候简派。至将来应议条约。自当力与辩论。不令出各国条约范围。以杜要求而示限制。奉上谕。户部左侍郎谭廷襄。著作为全权大臣。会同驻札天津办理三口通商大臣崇厚。办理义大利亚国通商条约事务。

(己巳)盛京将军都兴阿等奏。准总理各国事务衙门咨称具奏。拟将山海关监督裁撤。改为海关道一员。作为山海关兵备道。请旨饬下体察情形。妥议覆奏等因。奉旨依议。钦此。咨行前来。奴才等遵查牛庄口岸。自同治元年英法各国开埠通商。距牛庄九十里地名汲沟营。又称营口水陆交冲。华洋杂处交涉事多。民情强悍。甲于通省。原奏内称监督系专管税务之员。并非地方官本管上司。终恐未能联络一气。一旦办理失当。贻误非轻。请裁撤监督。改设海关道一员。作为山海关兵备道。系为洋务税务及地方大局起见。应如所奏办理。惟奉天一府。向未设有道员。既无定例可循。而各处地势亦复不同。内省道员所辖。多至三四府不等。奉天虽止二府。而幅员辽阔。广袤二千余里。若如原奏将通省丞倅州县悉归管辖。无论营口一隅之地。远在海滨。难以居中控驭。且洋务税务业已纷繁。再责以督办全省地方一切。恐不免有积压案牍。顾此失彼之虑。查营口南界金复两厅州。东南则盖平岫岩。东北则海城五厅州县。海面均一水可通。奴才等悉心体察。再四筹商。拟将沿海之金岫两厅。复州一州。海盖二县。均归该道管辖。奉省并未设有绿营。应将海城县原设捕盗弁兵。归其调遣。所属各厅州县钱谷刑名事件。有无亏那迟延等弊。均照直隶通永霸昌二道。山东登莱青道之例。责成稽察管理。由奴才额勒和布。恩锡咨查直隶山东成案。分别奏咨核办。此外府厅州县。凡有关中外交涉税务等事。准其照本属一体檄饬。俾无掣肘之虞其余地方一切并命盗等案解勘。仍照旧例。以免迂折。至锦县宁远二州县。虽亦沿海。惟水陆距营口远者几及千里。如归该道统辖。不惟鞭长莫及。且锦州府厅所属。仅止宁义锦广四川县。若去宁锦两属。则锦州府公事似觉太简。责任不专。恐启推诿之渐。应请仍循其旧。其山海关应收常洋各税。仍责稽征。该关税务。则详请三口通商大臣。中外交涉事件。分别通详将军府尹三口通商大臣核办。再盖州城守尉。牛庄防守尉二员。向归将军统辖。前因监督系钦派之员。并办中外交涉事件。恐有掣肘。是以奏归节制。今既改设道员。文武分途。各有该管。未便牵混。且城守尉防守尉系三四品专城。碍难归该道管辖。如遇有华洋交涉事件。有需官兵稽查剿捕之处。准其移行该尉调拨。以免贻误。海城盖平两县。均有地方之责。距营或七十里。或百三十里。前此轮流驻班。系一时权宜之计。难以持久。现设道员驻扎营口。则事有专司。拟请嗣后海盖二县。毋庸前往值班。以重地方。另由省酌派勤谨杂职二员。归该道差委。每月薪水由该道于洋税内酌量动支。与牛盖界官常川驻扎。遇有中外交涉事件。会报该道。会同该尉核办。以符体制。如此变通办理。则洋税二务与地方共为一事。不致隔阂。洵属两有裨益。如蒙允准。此缺应如何拣放。并添给关防廉俸之处。应请饬下各该衙门核议。至设立衙署一切。俟该道简放后。饬令酌量营建。

(甲戌)义国呈递国书

大义大利亚大皇帝斐克多依玛尼尔第二位。致书于大清国大皇帝陛下……现因大清国与大义国。彼此意存睦好不绝。拟定和约通商章程。以昭深愿共敦友谊。内外商民。交易相安。永远不替。是以大清国大皇帝。特简钦差总理各国事务全权大臣户部左侍郎兼管三库事务谭会同钦差办理三口通商大臣兵部侍郎镶红旗汉军副都统崇。大义国大君主。特派大义国钦差全权大臣便宜行事水营副提督阿。将所奉大清国上谕诏书等件。义国上谕诏书等件。互相较阅。俱属妥协。现将会议商定条约。开列于左。

……

第七款。

大义国大君主任凭设立领事等官。在中国沿海及河各埠头通商之所。办理本国通商交涉事件。并稽查遵守章程。中国官员。接待各国领事官最优之礼。亦于义国不使或异。定其品级。即领事官署领事官与道台同品。副领事官署副领事官及翻译官与知府同品。因公往来衙署相相会晤文移。悉用平礼为是。傥用不平之事。该领事等官。准径自申诉省垣大宪。并控诉本国钦差全权大臣。设若通商。无论何口。大义国以为无需设官。均可暂交友国领事从权代办义国事务。以归简易。遇有领事等官不在该口。义国船主商人。可以相讬别国领事代为料理。否则径赴海关呈明。设法妥办。使该船主商人。得沾章程之利益。

……

第九款。

义国民人。准听持照前往内地各处游历通商。所领执照。由领事官发给。由地方官盖印。经过地方。如饬交出执照。即应随时呈验。无误放行。该民雇船雇人装运行李货物。不得拦阻。如其无照。其中或有讹误。以及查出沿途或有不法情事。就近送交领事官办理。惟于途中止可拘禁。不得陵虐。如在通商各口出外游玩者。地在百里之中。期在三五日内。可以毋庸请照。至于水手船上人等不在此例。应由地方官会同领事官另定章程。妥为弹压。其有贼处所。俟城池克复之后。再行给照前往。

第十款。

两国职员来往行又。各应按照品级官阶定式。所有平行各官。文移均用照会。义国领事官以下。详呈各省督抚。均用申陈。督抚均用札行各等字样。至于各国商民人等设若有事。请由各官查办。应用具禀字样。以示区别。义国人每有赴诉地方官。其禀函皆由领事官转递。领事官即将禀内情词查核适理妥当。随即转递。否则更正。或即发还。中国人有禀赴领事官。亦先投地方官一体办理。

第十一款。

各国议定通商口岸。如牛庄。天津。烟台。上海。宁波。福州。厦门。台湾。淡水。广州。汕头。琼州。及长江之汉口。九江。镇江。江宁各口。义国商民任便出入通市。准与无论何人。均得听意买卖。所有价房买屋租地起造。建立庙堂医院坟茔等事。亦随其便。

第十二款。

义国民人。准在通商各口一带地方。意欲租地盖房。设立栈房。建造庙堂医院坟茔等事。均按民价照给。公平定议。不得互相勒掯。

第十三款。

义国民人。约准任便雇觅厮役买办。工匠水手人等。中国不得限制禁阻。再延请士民人等教习中国语音。及各方土语。或教习中国人愿学义国语音。均听其便。亦可以发卖义国书籍。及采买中国各样书籍中国均不得拦阻。

第十四款。

义国民人。凡遇游行卸货下货各等事务。约准自雇小船剥运。不论何项艇只雇价银两若干。均听义民与船主自议。不必官为经理。若有该船艇讵骗走失。地方官亦不赔偿。义国所雇之船。不得限定额数。该船户揽载。批夫揽运。一切情弊。俱不准行。惟是该艇干涉走私漏税情弊查出该犯。自应照例惩办。

……

第十九款。

义国船只。在中国管下洋面。有被强盗抢劫者,约准地方官一经闻报。即应设法追拿查办。所有追获赃物。直交领事官发还失主。倘承缉官不能获盗起赃。只可准照中国例处分。但不能赔偿。

第二十款。

义国船只。有在中国沿海各处。或有碰坏阁浅。以及遭风收口。约准地方官查知。立即设法妥为照料。船上义民。就近送交领事官查收。以昭睦谊。

第二十一款。

将来中国遇有与别国用兵。除敌国布告堵口。不能前进外。中国不为禁阻。义国贸易及与用兵之国交易。凡义国船从中国口驶往敌国口。所有出口进口各样货物。并无妨碍。如常贸易无异。

第二十二款。

义国民人。居住房屋以及义国船只。适地方官查出有内地逃犯潜匿不出。约准行知义国领事官即行交出。不得隐匿袒庇。凡义国兵船商船水手人等逃亡。领事官或船主知会地方官实力查拿。解送领事官及船主收领。

……

第二十四款。

义国商民。起卸货物。输约税饷银。约准俱照税则为额。总不能较诸他国或有此免彼输之弊以示均平。和约章程后。所附通商章程。必视同和约章程无异。两国务必信守。

第二十五款。

义国商民输税期候。约准进货之税。于起载时输纳。出货之税。于落货时缴饷。以示限制。

第二十六款。

此次定约。其中关于通商各款以及税则。日后彼此两国再欲重修。以已卯年六月底为期满须于六个月之前。先行知照。酌量更改。傥若彼此未于六个月之前声明更改。则税课仍照前章完纳。复俟十年。再行更改。以后均照此限此式办理。永行弗替。如未到已卯年以前。别国更改税则。义国亦准与中国商议更改。

第二十七款。

义国商民。贩买土货运口出洋。或将洋货运入内地销卖。应纳内地税饷。或于过卡随时分数报完。或在海关一次全行完纳均准听便输交。一次完纳之例。准照续定税则章程第七款所载。除有第二款指明每值百两。完税二两五钱外。其余各货。总以出入税则。照纳一半为准。其该货应纳正税。仍宜于卡税半税完纳外如数完缴。

第二十八款。

义国商船。应纳钞课。一百五十顿以上。每顿纳钞银四钱。一百五十顿正。及一百五十顿以下。每顿纳钞银一钱。凡船只出口。欲往通商他口并香港。该船主禀明海关监督发给专照。自是日起以四个月为期。如系前赴通商各口。俱毋庸另纳船钞。以免重输。

第二十九款。

义国货船进口。并未开舱。欲行他往者。限二十四时之内出口。准不征收船税。傥逾二十四时之限。必须全数输纳。此外船只出进口时。并无应交费项。

第三十款。

义国商民。准听在各口自用船只。运代客人行李书信食物。以及例不纳税之物。约准毋庸完钞傥若装载例应完钞之货。则定按照四个月一次纳钞。每顿一钱。

第三十一款。

通商各口。分设浮桩号船塔表望楼。由义国领事官与地方官会同酌视建造。

第三十二款。

义国商民。输纳税课银两。应交官设银号。或以纹银。或以洋钱其应何色银两。与各国商人一律。以免此重彼轻。

第三十三款。

秤码大尺。约准均按照粤海关部颁定式。由各监督送交各口领事官收用。又准该秤码等项。其分量均照续定通商章程第四款为例。

第三十四款。

义国船只。欲进各口。听其雇觅引水之人。完清税务之后。亦可雇觅引水之人。带其出口。所给引水工银及引水人等应遵规条。地方官会同各国领事官。酌量定立。

第三十五款。

义国船只。甫临进口。约准该国监督任意派委员弁丁役看守。或在该船。或在本艇随便居住。其需用经费。由关支发。惟该员役不得向船主船商。私取毫厘。敢取收受。查出分别所受之数多寡。由该关监督按例酌量轻重。惩治其罪。并将所索多寡照数追偿。

第三十六款。

义国商船进口之后。约准以十二时为限。该船主必将船牌舱口单各件。交领事官。即于次日通知海关。并将船名及押载顿数。装何货物之处。照会监督。以凭查验。船主如过限期。并未报明领事官。每日罚银五十两。惟所罚之数总不能逾二百两。至其舱口单内须将所载货物。详细开明。如有漏报捏报者。船主应罚银五百两。倘呈单入关后。该商自查笔误。尚准刻即入关改正。惟总以十二时为限。可不罚银。

第三十七款。

义国商船进口。经该关监督接到领事官按约详细知照后。即发开舱单。倘该船主未领开舱单。擅行卸货。罚银五百两。并将各该货物全行入官。

第三十八款。

义国商人。上货下货。总须先领监督官准单。如违即将货物一并入官。

第三十九款。

义国商船。不准私行拨货。如欲互相拨货。必须先由监督发给准单。方准动拨。违者即将该货全行入官。

第四十款。

义国商人。完清税饷之后。该监督发给红单。为出口之据。

第四十一款。

义国出入各货。如系值百抽五之货。倘海关验货丁役。偶与该商各存己见。不能定价。约准各邀客商二三人前来验货。该客商内有出最高之价者。即以为该货之价式。免致收税不公。

第四十二款。

义国商民输纳税饷。实按斤两秤计。先除皮包粉饰等料。以净货轻重为准。至有连皮遇秤。除皮核算之货。即若茶叶一项。倘海关丁役。偶与义商意见不同。即于每百箱内。听役拣出若干箱。义商亦拣出若干箱。先以一箱连皮过秤得若干斤。再秤其皮得若干斤。除皮算之。即可得每箱实在斤数。其余货物。凡系有包皮者。均可准此类推。倘再理论不明。义商赴领事官报知情节。由领事官通知监督。会议酌办。惟必于此日禀报。迟则不准禀闻。此项未定斤数之货。监督暂缓填簿。免致后难更易。须俟秉公核断明晰。再为登填。

第四十三款。

义商货物。或因潮湿等由损坏。致价低减。该关应行按价减税。倘该商与关吏理论价值未定。则照第四十一款所载值百抽五之货。同法定办。

第四十四款。

义国商民。沿海议定通商各口。载运土货。约准出口先纳正税。复进他口再纳半税后欲复运他口。以一年为期。准向该关取给半税存票。不复更纳正税。嗣到该运之口。再行照纳半税。

第四十五款。

义国商民。洋货进口纳清税课后。欲改运他国。抑或通商别口。约准禀明领事官转报监督。委员验明。实系原包原货。查与底薄相符。并未拆动抽换。即当按照该货经纳正税之数。发给存票。至于土货自通商各口。运入他口。按例纳完半税后。该商再欲运往外国以一年为期。期内亦准一律发给半税存票。该票无论何商呈验。均准专抵该关进出货税不准持赴别关抵课。倘若该商欲将已纳税之货。载往别国售卖。海关应给免税单。俟该商进别口。再将此单呈送海关查验后。即给卸货牌照。一切规费。俱无庸再纳。互于外国所产粮食义船装载进口。未经起卸。仍欲出洋。概无禁阻。

第四十六款。

中国各口官员。凡有严防偷漏之法。均准相度机宜。随时便宜设法办理。以杜弊端。

第四十七款。

义国商船。独在条约内列通商各口。准其贸易。如到别处沿海地私作买卖。即将船货一并入官。

第四十八款。

义国商船。查出有涉走私。该货无论式类价值。全数查钞入官外。俟该商船账目清后。亦可严行驱除。不准在口贸易。

第四十九款。

条约所载义民罚款。以及船货入官各项。皆归中国收办。以充公用。

……

第五十二款。

义国师船。别无他意。或因捕盗驶入中国。无论何口。一切买取食物甜心。修理船只。地方官妥为照料。船上水师各官。与中国官员。平行相待。以昭友谊。

第五十三款。

中华海面。近有贼盗抢劫。向于内外商民。大有损碍。大清大义各国。约定会议设法消除。

……

同治卷四五

同治五年。丙寅。十月。丁亥。礼部奏。准朝鲜国王李熙差领时宪书赍咨官韩文奎到京。并附赍咨文一件。臣等公同查阅。系历陈近日洋舶情形。不敢壅于上闻。谨据情转奏。理合钞录原咨。恭呈御览。军机大臣面奉谕旨。该衙门知道。

朝鲜咨文

朝鲜国王。为历陈洋舶情形事。同治五年二月十八日据公忠道观察使申檍驰启。备海美县监金膺集呈称。本年二月十二日巳时量异样船一只。来泊于本县西面调琴津后洋。驰往问情。则答英国船主姓马名力胜在大清国通商往来。请到贵国买卖云。又问船中人姓名。则答姓戴名拔。英国伦顿府商人也。姓方名伦。同知加一级。广东琼州府人也。程侯林泉。其职选知府衔也。杨侯永金。乃补同知也。黄侯名新。其职选云南盐提举并福州厦门厅人也。其外行船水工三十余名也列书货物。大照身镜一面。自鸣钟两个。西洋琴三个。五彩地毡三张。五彩挂毡一张。时辰镖一个。千里镜筒一个。谓之敬献贵国王。云答以异国之物。不可进献。又请交易。故以邦禁斥退矣。十五日离船向北而去。本年六月二十六日。异样船一只。又泊于海美县调琴津后洋。本县监金膺集问情。答大英国商人戴拔。本年二月道经贵国。曾请通商。因别埠有事。不及静候。即行发轮往业经事毕来此。系候贵国王命求请通商云。仍抵书于海美县监。申言货物进献。及交易等事。答以外国之物。素无进献法例。通商亦系禁令。今不必更说也。七月初三日。发船向西海大洋去。本年七月十三日。据江华府留守李寅夔驰启。备本月十一日巳时量异样船一只。来泊于本府月串津鸺岩墩下。本府经历金在献。译官方禹叙。驰往问情。则答以英国商人戴拔。本年二月道经贵国海美县。专请通商。又于前月二十六日。到海美转到贵境。伏祈通货。又请货物数种进献贵国王云。问船中人姓名。则答俺们共三十人。内英国商人戴拔船主詹仕。大清人冯芝林。汪文山。谢在田。陈其修。其余俱是行船烧火造工也。英商曰船到贵国。专求通商。并无别情。答我国之法。上国无许施之公文。则不敢擅便。英商曰。敝国通商之事。敢烦贵国代请大清公文可乎。答请于大清。即我国事。无关于贵国。英商曰。两国通商。度大清必许施也。日间归去大清请公文。并货物前来。本月二十日。发船向南。仍无形影。又于本年七月。连据平安道观察使朴珪寿。麟次驰启。备平壤庶尹申泰鼎呈称。异样船一只。十一日来泊于本府草里坊新场浦口。平壤中军李贤益。庶尹申泰鼎。驰往问情。则其中一人稍解朝鲜言语。自言姓崔名兰轩。英吉利国人也。姓赵名凌奉。北京人也。姓赵名邦用。盛京穆溪县人也。姓李名八行。即船主但国人也。仍曰欲翫平壤。兼见省城大人交易货物云。答以交易一款。本是皇朝法禁。有非藩邦所敢擅许者也。崔兰轩曰。六月二十一日。自大清国有出来咨文。则贵国岂可曰不能交易乎。俺等于六月二十二日蹑后出来。又曰贵地因何赶逐天主教人。今我耶稣圣教体天道。正人心。非同天主教云。故答以此两教俱是我国法禁。又曰法国主教及教士。并与贵国习教人何以杀害。答以无公凭而浮游异国。变服藏踪。与我国奸细之民。阴谋不轨。在法当诛。而若我国人民之有罪被诛。何关于法国乎。问同来者几人。答洋人五人。清人十三人乌龟子二人。云船中食尽。

愿为借助。厚给米肉者凡三次。此船先入黄州海港。愿借粮馔。自黄州兵营优数赠遗。旋又赶到平壤。东西闪忽。而随请随给。曲副其意矣。十八日彼人陆名。乘小青船溯流而上。本营中军李贤益瞭望。次乘小舟随后。彼人等瞥然曳去中军所乘之船。执留中军于彼船中。异日军校辈始夺还中军。彼人专昧好意。一向咆吓。轰炮而窥偪全城。放铳而劫掠商船。本国人前后杀伤十三人之多。彼人又曰。米一千石及金银人蓡多数馈遗。然后可以解去。诛求无名。谿壑难充。满城民人。不胜愤忿。必欲力拒。二十四日。彼船向我人乱发铳炮。彼铳而我铳。彼炮而我炮。烈焰延及彼船。猛风又助其势。彼船二十人。或被烂。或落水。或中丸。尽数就死等因。具启据此窃惟敝邦密迩上国。仰蒙我皇朝天地罔极之恩。事大之诚自殊外藩。字小之渥。视同内服。凡诸宪章律令条约法禁。一遵皇朝敕咨而行之。奉若金石。毋敢违越。上国与敝邦物货互市。立之以程限。定之以时月。边围之犯界者。渔采之涉海者。上国抵法。尚严三尺之科。况越海几万里。与一帆乘风之商舶。私相贸迁渐通声气。是岂人臣无外交之义哉。敝邦僻在东陲。与英国隔以重溟。书契之所不通。舟车之所不至也。谨照道光十二年壬辰。忽有该国商船强要市易。事关边情。咨陈始末。乃蒙皇朝特加恩衰。二十五年乙已。又以英国船事陈咨。伏蒙敕谕两广。至有伊国人不复再往朝鲜之命。敝邦君臣。尚今感戴。近年以来。亦有外洋遇去之舶。或请交易。而开诚布信。晓谕即还。未有如今者江华平壤所到两船之直入内洋。或费辞牢请。或杀害逞吓者也。崔兰轩所云大清咨文出来时蹑后发船之说。显有疑端。而为其远人也。故必欲善辞退送。谕以法禁。非不屡矣。赒以粮资。非不厚矣。而铳炮之毒。歼我人民。拘执之辱。及于副将。教主杀害之说。作为胁喝。金蓡讨索之计。竟出盘讬。此若含忍任置。不测之祸。有难尽言。而无以抑军民激愤殊死之心。则彼船烧烬。即不遇自送其死也。上国人之混被烂死。殊甚惨伤。而彼所称北京人盛京人。其真伪难信。敝邦奸民。亦有入彼船而和应交通者。其打扮作上国人样。英国人样。都未可知。设有上国人之的实同处者。投异国商贾之船。违皇朝犯越之禁。火炎所及。玉石难分。虽异擅杀之失。终有惊悚之心。江华所到英船之言。亦甚叵测……

辛卯。总理各国事务恭亲王等奏。本月初二日。军机处交出礼部奏。据朝鲜国王李熙。咨报洋舶情形请转达天听一折。军机大臣面奉谕旨。该衙门知道钦此。臣等公同阅看。该国王原咨大意。以英国人马力胜等。强欲在该国地面通商。藉称中国曾有咨文。并诘贵其杀害教民教士该国不愿习教。并深知中国断不给以咨文。强其通商。因该国将弁被掳见辱。英船开炮。遂亦开炮还击。人船均经焚溺。缘有中国北京。盛京。广东。厦门。等处人在内。深自引咎。并声明洋人频年泛海。固请不已。致有杀害民人之变。请为随机镇安开谕排解。杜绝交易之说。俾获永底安静等因。臣等查上年法国前使臣柏尔德密曾经以该国教士欲往朝鲜传教。请先行文。当经臣等拒绝。并劝其毋庸前往即经罢议。本年夏间。据英使阿礼国照会称。拟派轮船一只。至朝鲜海边一带。请协力设法使该轮船行抵该国。并据法使伯洛内照会称。朝鲜将法国主教人等传教士人等杀害。法国兵船。不日齐集朝鲜。暂取其国等情。当于六月初七日。将臣衙门向该两国照覆排解阻止各情形奏报。并行知礼部各在案。嗣因朝鲜国咨请礼部代奏法国构兵一事。复经臣衙门于八月二十三日。将未据法使照覆缘由。奏请先由礼部咨覆朝鲜亦在案。伏思英国前请派轮船赴中国海西迤北。并申拟前往朝鲜。臣等以轮船行驶中国洋面。列在条约。未便驳斥。而于欲往朝鲜一节。曾酌拟照会。覆知阿礼国声明碍难行文。并阻其毋庸前往。业于前奏详细具陈。该国王李熙。接到礼部咨文。想已洞悉原委。今称自七月以后。英国人马力胜等叠泊朝鲜属地等情。查英国志在通商。自系蓄谋已久。然在中国只有随时阻止。实无准令朝鲜通商之文。英人所云中国咨文蹑后发船之说。显系捏造。该国王自可无庸顾虑。惟臣衙门自照覆阿礼国之后。迄今四阅月。并未复有照会前来。昨据美使卫廉士函称。八月内有两枝桅船。一只在高丽搁浅。被高丽将船烧毁。并掳去船主水手等二十四人。未知后来生死如何。高丽傥或送顾至中国。请饬奉天府官抚卹等语。臣等随给卫廉士覆函。允为致信盛京将军。及山海关监督查照妥办。今朝鲜所称击毁之船。是否另自一事。无从悬揣。臣等风闻法国兴兵。前往朝鲜。英美两国。曾经劝阻。法国虽未听从。而朝鲜亦当分别核办。庶免多树一敌。

至原咨所称。此次击毙英船人等二十名内有声称中国姓名十三人。查中国人民私出边境。例禁綦严。若甘附敌船。胁喝属国。毙于枪炮。无从分别。实属咎由自取。朝鲜并无不合。似可毋庸引咎。其请为随机镇安开谕排解一节。臣等查英法两国。屡请轮船驶赴朝鲜。臣衙门叠经给予照会。妥为拦阻。迨教士被害法国用兵。明知非空言所得而争。在臣衙门不得不随时随事。力为排解。是以于法使照会兵船堵塞朝鲜海口时。复给照覆仍令先行详究情由。毋庸遽行征战。以全两国民命。臣等查法国自与朝鲜用兵之后。其与从前只求传教局面不同。英美虽闻前有劝阻之言。顷又复与朝鲜构衅。将来通商之说。势必持之愈坚。且既经用兵。如欲讲解。势必又有兵费之议。三国骎骎乎已有相合之势就目下而论。则法国为甚。而英次之。此时若由臣衙门再给英法二国照会。措词之间稍露痕迹。该二国未必遽就范围。即使能有转圜。亦必以通商传教赔偿三事相责。今朝鲜原咨既深以通商传教为不可行是否亦曾虑及利害。特赔偿一节。具害亦复相等。臣衙门亦断不能于朝鲜稍涉勉强。相应请旨饬下礼部应如何咨照朝鲜国王。计出万全之处。务须妥为处置。不可稍有大意。除由臣衙门随时相机酌办外。谨再恭折密陈。

恭亲王等又奏。臣等前次照覆法使伯洛内。排解构兵一节。是否听从。日久未据该使照覆。嗣于九月间复接该使照会。内仅称现准该国水师提督来文。移送告示一张。以高丽海口。均经兵船堵塞。不日攻打交兵。暂止别国船只前往等因。臣等当覆以两国在海口交兵。堵塞各口。条约开载甚明。无庸深办。复劝其毋庸遽行攻战。以全两国民命等语。于九月二十七日发给。业于折内声明。正在具奏间又接该使照会一件。除由臣衙门酌拟照覆外。理合附片具陈。

法国照会

为照会事。照得本大臣现准本国水师提督来文。移送该员所出告示一张。以高丽西海沿通该国京城之河各口。经该员所领之兵船。均为堵塞。因不日攻打交兵。暂止别国船只前往。兹本大臣将所接告示字样。翻译汉文。合送贵亲王查阅。即请出示晓谕贵国商船。俾各知晓。免致冒进受损。为此照会。

法国告示

为晓谕事。照得高丽国王残暴不仁。擅杀本国主教并传教士数员。及教民男妇老幼多命。揆度情理。发指难容。因此本军门声罪致讨。先带本营水军前往该国征剿。所有西海沿通该国京城之河各口。早经本营兵船堵塞。把守一切。别国船只暂停前往。傥有故违强进者。应即按照各国军例严办。为此特示。

给法国照会

为照覆事。六月初五日。本爵以朝鲜国杀害教众一事。似可先行据理查询。不必遽启兵端。照覆贵大臣在案。至今未荷覆知。兹于本月十六日。接据贵大臣照会。内称现准本国水师提督来文。移送该员所出告示一张等因。检查条约第三十一款。内开载甚明。无庸深办。至两国交兵。均关民命该国僻处海隅。向知谨守。此次何以杀害教民。贵国是否曾经查询。可否先行详究情由。无庸遽行攻战。以全两国民命之处。统希贵大臣查察可也。

美国卫廉士信函

迳启者。现据烟台报到。八月间有美国两枝桅船。一只在高丽国搁浅。被高丽土人将船烧毁。并捉去船主水手二十四人。未知后来生死如何。照高丽规矩。应送至中国交界。俾中国官转交营口本国领事。今年五月间。曾有美国小船触礁搁浅。其高丽人款待极好。后将送至奉天府。该处官刻薄。饮食款待。与高丽大不同。后有法国教师。劝将送至牛庄了事。兹二十四人傥或送至。请贵衙门行饬奉天府官抚卹保护。勿如前时刻薄。或有花去费用及采买粮食等项。本国应当送还。为此豫闻。

给美国卫廉士信函

本月十五日。贵大臣来署。面交信函一件。内称八月间。有两枝桅船在高丽拦浅一事。当日经本衙门办信。分致盛京将军及山海关监督。查照妥为办理。知关廑注。特此布闻。

丙申。福州将军英桂。福建巡抚徐宗干奏。据在藉前江西巡抚沈葆桢。并绅耆百余人。联名呈称创造轮船一事。关系甚钜。非常之功。非他人任。夫轮船为国家万世之利。内而枢臣。外而疆吏。谋及乃心。而未敢上请者。非谓舍是别有长策也。即总督处心积虑。于四五年以前而未遽上请者。非谓为是可以缓图也。趋事者时也。称事者地也。成事者人也。有其人无其时无其地则事窒。有其时有其地无其人则事废。甚矣集事之难。而机会之不可失也。方今文德诞敷。恩信远讫。洋官效顺。助成战功。其国主深敦和谊。许以不传之秘。输朝廷以坚永好。此其时也。船厂铁厂。择地极难。惟福州之马尾地方。川原平旷。土性坚实。此其地也。此总督所以处心积虑于四五年以前。必待粤寇肃清凯唱入闽。始发是议也。特是洋人固深感恩德。无由自达其情。非见素所信服之人。易生疑畏。恩赏提督衔洋将德克碑等。隶总督部曲日久。相从于戎马危难间。推心置腹。非一朝夕。大员虽有贤智与总督相埒者。无征不信。是必总督乃其人也。夫无其时无其人无其地而事不行。有其时有其地有其人而事仍不行大为可惜。且与外国人交。所务在信。既有成言。无弃约中止之理。既不可止。又非其人则费不能支。而事终于废。事成则万世享其利。事废则为四裔所笑。天下寒心。诚使督臣左宗棠驻闽中。豫将赴甘之师先行部署。俟外国工匠毕集。创造一有头绪。即移节西征。既省待兵待饷。又无顾此失彼之虑等语。臣伏查该绅等以轮船事关重大吁请暂留。臣等不敢壅于上闻。谨合词恭折具奏。

谕军机大臣等英桂。徐宗干奏。闽省绅民。恳留督臣暂缓西行。并以创造轮船一事。机不可失等语。著左宗棠暂缓交卸督篆。克日催督工匠。上紧制造。妥定章程。与英桂。沈葆桢会商办理。

戊戌。调补陕甘总督闽浙总督左宗棠奏。窃维试造轮船兼习驾驶一事臣详加谘度。始敢据以入告。钦奉谕旨允行比即缄知原议之洋员日意格。令转告德克碑。速来定议。时日意格方充江汉关税务司。得信后来闽。一面缄寄德克碑德克碑时方在安南海滨也。日意格七月初十日来闽后。臣与详商一切事宜。同赴罗星塔。择定马尾山下地址。宽一百三十丈。长一百一十丈。土实水清。深可十二丈。潮上倍之。堪设船槽铁厂。船厂。及安置中外工匠之所。议程期。议经费。议制造。议驾驶。议设厂。议设局。冀由粗而精。由暂而久。尽轮船之长。并通制器之利。日意格立约画押后。候德克碑未至返沪。见法国总领事白来尼。画押担任。八月二十七日。德克碑自安南来闽。臣出示条约无异词。惟虑马尾山下土色。或系积淤所致。未能径决。臣比令开掘取验泥多沙少。色青质腻。知非淤成。德克碑乃信其真可用也。正议令其到沪见白来尼。并约日意格。及始议之按察使衔福建补用道胡光墉等。同来定议。缘此事系德克碑日意格两人承办。非齐来面订。不可定约。臣亦非俟条约订定。不敢率行陈奏。九月初六日。奉到恩命调督陕甘。时德克碑正在臣署议事。比即令其遄赴宁波。约日意格。据称日意格江汉关税务司已经辞退。惟向例须三月始能离任。恐不能同来。臣谓日意格已经面议画押。即不偕来亦可。惟该洋员到总领事白来尼处画押后。须速来此。以便面订。移交后任。德克碑即觅轮船。于十三日赴沪。大约十月初旬内外。始可回闽。臣惟轮船一事。势在必行。岂可以去闽在迩。忽为搁置。且设局制造。一切繁难事宜。均臣与洋员议定。若不趁臣在闽定局。不但头绪纷繁。接办之人。无从谘访。且恐要约不明。后多异议。臣尤无可诿咎。臣之不能不稍留两三旬。以待此局之定者此也。惟此事固须择接办之人。尤必接办之人能久于其事。然后一气贯注。众志定而成功可期。亦研求深而事理愈熟。再四思维。惟丁忧在籍前江西抚臣沈葆桢。在官在籍。久负清望。为中外所仰。其虑事详审精密。早在圣明洞鉴之中。现在里居侍养。爱日方长。非若官辙靡常。时有量移更替之事。又乡评更重。更可坚乐事赴功之心。若令主持此事。必期就绪。商之英桂徐宗干亦以为然。臣曾三次造庐商请。沈葆桢始终逊谢不遑。可否仰恳皇上天恩。俯念事关至要。局在垂成。温谕沈葆桢。勉以大义。特命总理船政。由部颁发关防。凡事涉船政。由其专奏请旨。以防牵制。其经费一切。会商将军督抚臣随时调取。责成署藩司周开锡。不得稍有延误。一切工料。及延洋匠。雇华工。开艺局。责成胡光墉一手经理。缘胡光墉才长心细。熟谙洋务。为船局断不可少之人。且为洋人所素信也。此外尚有数人。可以裨益此局者。臣当咨送差遣。庶几制造驾驶。确有把握。微臣西行万里。异时得幸观兹事之成。区区微忱。亦释然矣。

谕军机大臣等。左宗棠奏。请派重臣总理船政。接管局务一折。沈葆桢办事素来认真。所有船政事务。即著该前抚总司其事。并准其专折奏事。先刻木质关防印用。以昭信守。俟局务办成。再行奏请部颁关防。一切应办事宜。并需用经费。均著英桂。吴棠。徐宗干。妥为经理。仍随时与沈葆桢会商。不可稍有延误。

庚子。总理各国事务恭亲王等奏。臣衙门因山海闽监督专管税务。地方呼应不灵。奏请裁撤监督。仿照东海等关。改设海关道员。复经盛京将军三口通商大臣等奏。由臣衙门会同吏户等各部具奏在案。惟是事当创始。虽经臣等暨盛京将军并吏户各等部悉心妥议臣衙门与吏户等各部。距该关甚进。即盛京将军等驻扎省城。亦与该关窎远。其改创情形。究恐未必悬揣尽善。简放之员。初莅新任。威权不能遽立。即欲改创一切规模。诚恐不无掣肘。非有大员督率核办。恐未能刻期有成。查三口通商大臣。原可分巡各口。所有现拟添设山海关道员一切章程。想应请旨饬下三口通商大臣崇厚。亲往察看。督同任满之监督。及新简之道员。将臣等暨各衙门折内未尽事宜。逐件详核。妥商酌定。随时具奏。以专责成而期迅速。

军机大臣恭亲王等奏。本日礼部咨送朝鲜国李兴敏。致尚书万青藜原函一件。恭呈御览。奉旨知道了。著查照十月初六日总理各国事务衙门所奏酌办情形。一并由礼部咨行该国王妥办。该衙门知道。原信著留中。

朝鲜国李兴敏原函

敝邦僻在海隅。即一褊小之壤。而儒教立国。导尚礼乐士惟诵周孔。民惟知耕凿。不见异物而迁马。最忽泰西之教。自何吹到。或有悖常之类。为其染污。是真风马牛之不相及也。时则我宣恪王廓挥英断。痛加锄治。无俾易种。厥后六十有余年。或者一二萌蘖。而旋即埽清。虽愚夫愚妇。皆知避邪趋正。一副义理矣。今我国王仁孝睿智。方域承德。讲学日就。励精治理。大院君即国王之亲爷。而国王承统后。国典例崇为大院君矣。方协赞机务。而隽伟光明。威德并著。典章制度。灿然毕举。料事如神。画筹中窃。凡有注措。大小惮怀。内而群工率职。外而长吏奉法。环海八域之内。如风行草偃。农桑不扰。民生乐业。此诚东方无疆之会也。宜其无邪秽之气。敢干休明。而今行归。闻春间又有怪事。一种不逞之徒。或在王城之内。或在乡峡之中。亦有异样人藏踪匿影。迹其所为。诡秘叵测。毕竟发露。画行诛极。国人之伏罪者。毋虑数千。异人则为八名。此皆自速天诛者。而顷览贵部移咨。此事已播于彼边。至有兴兵动师之说。可知其异类声气。相应于万里之外也。幸蒙我皇上字小之恩诸大人排解之力。俾有以缓其锋而弭其机。此诚举国臣民感戴顶祝者。而阁下方在春官。愚生幸讬未契。有此非常之腌庇。实不胜耸喜而与有荣焉。月前又忽有异舶来泊于近洋。一在畿内。一在浿西。始皆以交易为说。而交易大事也。非小国所可擅许。故据此以拒。相侍有日。畿内所泊者。犂然而去。浿上之舶。一向住碇。资之以米肉。谕之以事理。不惟不知感。反肆悖恶。拘执我官员。杀害我人民。铳炮并发。直有攻城之势。势到此地。无以坐受其毒。且众怒莫遏。矢丸所交。自致陨灭。其中闻有黑鬼子几个。而其亦无甚技勇。同归乌有矣。曾闻利于水者。不利于陆。今见彼辈之束手就劓。傥前闻偲然耶。月前有二巨舶。冒入我平安道铁山前洋。即洋船之载兵者。乘潮张帆而来。忽然黑云四合雷雨交作。水天晦冥。霹雳火从空直下。俄者二大船瞥眼震碎。势若山崩地塌。船中人几百无一幸免。时适黄海道椒岛商贩之民。船过其近处。猝见此光景。魂惊魄褫。来传其懔怖之状于乡里。亲知自诸衙门招问而得其详。即六月事也。虽若适然。而岂不异哉。其设心行事。实为天神之所厌。亦足为后来者监戒矣。盖前后异船之来者。动辄曰交易。而绝远之地。国俗与土产。不能该悉故也。敝邦物产鲜薄。耕农渔采所得。仅能自给。复安有资送巨舶。厌其所求乎。且彼舶所赍。虽穷极奇巧其于利用厚生都无所须至若鸦片烟。我国之人。亦闻有此个物而咸知为促生之药。视以鸩毒金屑。谁肯以一点近口乎交易云者。彼此相资之谓。而彼无可资于我。我无可资于彼。将何所藉而交易乎……

壬子。调补陕甘总督闽浙总督左宗棠奏。窃臣前请简派前任江西抚臣沈葆桢。总理船政。当即钞折咨请接办去后。沈葆桢以丁忧人员不应与闻政事。具呈固辞。引据经义。坚不可夺。惟思总理船政。究与服官不同。所履之地。并非公署。所用之人。亦非印官。无宴会之事。不以素服为嫌。公事交接。可用函牍往返。不以入公门为嫌。且在籍监造不为夺情。久司船政。正可侍养严亲于忠孝之义究亦两全无害。若以事非金革。勿避非宜。则此局所关。非徒一时一地之计。谓义同金革也可。谓更重于金革也亦可。臣既奉命西征克日就道洋员回闽。即须与之要约。以便交替。非得中外仰望之人。担荷远谟。无以坚远人之信。非远人信服。事难必成。不敢辄发钜款。交替之际。间不容发。复以商之沈葆桢。续准沈葆桢呈称。如果奉旨饬令办理。亦必请俟明年六月母丧服阕后。始敢任事。其未释服以前。遇有咨奏事件。可由署藩司周开锡道员胡光墉。详请督抚臣代为咨奏。臣维制造轮船一事。大致已有头绪。德克碑。日意格等于旬日内即可齐来定议。应先行备办之事。臣早为筹及。周开锡胡光墉皆与知之。数月以内。沈葆桢暂缓任事。尚无不可。惟当饬周开锡胡光墉遇事禀承庶接办时头绪了然更期妥善。遇有咨奏事件。暂由周开锡胡光墉一面禀知督抚臣代为咨奏。庶大局可冀有成。而沈葆桢于居忧读礼一事可无遗议。应请旨饬下沈葆桢于服阕后。总理船政。未任事之先所有船局事宜。仍一力主持。以系众望而重要工勿许固辞。至购买机器轮机钢铁及募雇师匠辛工。洋将薪水与器具水脚包扎保险等项。有须半领者。有须全领者。共计关平银十三万三千八百六十六两五钱。应先动款应付。理合恭折驰陈。左宗棠又奏。自通商以来。各海口大小马头番舶鳞比。而中国海船。则日见其少。其仅存者船式粗笨。工料简率。海防师船。尤名存实亡。无从检校。致泰西各国。群起轻视之心。动辄寻衅逞强。靡所不至。此时东南要务。以造轮船为先著。人皆知之。其所以不敢遽议及此者。以事体重大。工费繁钜。难要其成。遂莫执其咎。其留意此事者。又率存姑为尝试之心欲泯其学习制造之迹。彼亦靳不肯与。固无如何。兹既开设船局。名正言顺。彼无所庸其阻挠。我亦无所庸其秘密。晋人谋吴。先造江船。木柹蔽江而下。正可伐敌之谋。似不必少有隐护。示人不广。岛人性情贪诈。好胜争强然遇将领之横勇者。未尝不心慑之。官吏之真廉者。未尝不心敬之。与之交涉过亢。固虞启衅生端。过卑亦必招尤纳侮。外间各大吏。如能据理折其骄横之气。总理衙门亦可引以为重。虽未免有饶舌之嫌。却于事体有限制之益。故居今日而论驭夷之策。要在内外一心。而疆臣必须廉干之人。方资镇压。语云廉生威。实自然之理也。沈葆桢清望久著。总理船局。实其所宜。将来成一船。即练一船兵将。仍应请简用熟谙水战。勇略过人之人。令其拣调将弁。破格用之。而后轮船一事乃臻完备。抑臣窃有所请者。此局创设。固已嫌其迟。然所重者。在尽洋人之艺事。与夫驾驶之方。实未可期以速效。与其速而无成。曷若迟而必效。如有为欲速之说者。不可听也。创始之初。所费必多。不宜遇于刻核。任事之人。如果工归实济。自然费不虚糜。若一一加以综核。则牵制必多。或至废于垂成之时。更为可惜。现在洋人闻有开设船厂之举。明知无可阻挠。多谓事之成否。尚未可知。目前浪费可惜者。实乃暗行阻挠之意。福州领事贾录即屡为此言。臣已权词谢之。如有以虚糜之说为言者。不可听也。所有轮船条约。旬日间日意格德克碑同来呈送后。即当随折分送军机处。总理衙门备案。谨先据实密陈。

谕军机大臣等。前因闽省设厂制造轮船。谕令沈葆桢帮同该省督抚等悉心区画。嗣据左宗棠奏请派重臣总理船政。复谕令沈葆桢总司其事。与英桂。吴棠。徐宗干。会商办理。兹据左宗棠奏该前抚两次呈称以丁忧人员不应与闻政事。如奉旨饬办。亦必俟明年六月服阕后。始敢任事。其未释服以前。遇有咨奏事件请由督抚臣代为咨奏等语制造轮船一节。关系中外。事更重于金革。岂得以引避为辞。沈葆桢办事认真。著仍遵前旨总司其事。一切应办事宜。均著英桂。左宗棠。吴棠。徐宗干。与沈葆桢随时会商办理。署藩司周开锡。即著与道员胡光墉。一并交沈葆桢差遣。惟既据该前抚呈称现未服阕。不敢公然任事。即著俯顺所请。未释服以前。遇有应行陈奏事件。由沈葆桢知会该督抚代为具奏。一俟服阕。仍著会同该省督抚。联衔奏事。以重事权。其购买机器等项。共需银十三万三千八百余两。著照左宗棠所筹。先行动款应付。以便兴办。

同治卷四六

(同治五年丙寅十一月甲子)礼部奏。接到盛京礼部咨送朝鲜国公文。臣等公同拆阅。系因本年八月十六日。有洋船三艘。泊于富平府前洋。旋即退出。九月初四日。又有洋船七艘。闯入前洋。其四艘直抵距王城一百二十里江华府。事在仓卒。府城失守。朝鲜现于江华府越岸之通津府。领兵出阵。并将法国原檄咨送到部。恳请代奏前来。臣等查阅原咨。甚形忠愤。应如何相机酌办。以示朝廷怀远之意。而坚藩邦响化之忱。应由总理各国事务衙门察核办理。军机大臣面奉谕旨。该衙门知道。

朝鲜咨文

朝鲜国王为历陈洋檄事。本年八月十六日。法国船三艘。来泊于京畿富平府前洋。一舶留碇。二舶直到西江口距王城十里之地。一宿而退。仍与留碇之舶还出外洋。不知去向矣。九月初四日。洋舶七艘。又为闯入。三舶留碇于旧泊处。四舶直向距王城一百二十里江华府。事在仓卒。府城失守。著巡抚中军李容熙。领率马步军兵出阵。于江华府越岸通津府津头。移檄请战。伊国回檄。辞意悖嫚。污蔑罔极。至有侵偪上国之语……

(己巳)恭亲王等又奏。本月初九日。准礼部咨称转奏朝鲜国王歷陈洋檄事实一折。奉旨该衙门知道。钦此。先后由军机处暨礼部钞录原奏。及该国原文。法国回檄。知照前来。查此案于初接法使照会内称。因与朝鲜构兵。堵塞港口。暂禁商船前往。当经臣等酌给照覆。极欲从中排解。而法使照覆。词气之间。竟牵及中国。又经臣衙门给予照覆诘责。并照会英俄美布各国使臣。以伸公论。当于十月二十日奏明在案。旋接法使来函。大致谓中国不曾洞彻文内之言及行文之意。特委翻译官李梅。亲将文内之言逐句解明。并有汉文与洋文不能融会之处各等语。虽未遽认前送照会词气之非。而言外归咎所译汉文不无舛错。复经臣等酌给覆函。与之辩析。仍将来往信函分致各国使臣查照。自此案照会信函分致各国之后。闻各国使臣以法国兴师动众于前。又无端牵连中国于后。虽未遁有照覆。公议颇以为非。嗣后法使亦未再来争论。仅于十月二十五日。递来照会一件。内称顷接本国水师提督文称。本国添派弁兵。再期深入重剿。暂住日本过冬。所有前经本国兵船堵塞该国通京三河各口。由今日以至来春。已算开解。臣等公同商酌。给予照覆。以开解之说。业经具悉。绝不下一赘语。于本月初十日照覆在案。正在筹商间。适准礼部咨送朝鲜国王原咨。及法国檄文等件。查法国檄文中。仍有牵及中国之语。颇为无理。但事已多年。业经议和。该国不知中国文义轻重。不值与之计较。其余所称各情。虽不免仍以用兵为说。惟内有欲朝鲜早差全权一员面议。永定章程一条。似亦颇注意于和解。现在朝鲜国已失一郡。兵事恐难骤弭。如欲因法国面议章程。藉解兵患。则通商传教赔偿兵费三事。法国必持之益力。朝鲜是否愿从。中国断不能稍有勉强。查从前琉球因法国许烈咱的嚷在该国传教。恳中国代为阻止。经臣衙门照会前法国使臣阻其前往。法国亦即撤回。彼此均无伤损。今朝鲜启衅之由。及法国蓄意之处。与前事回不相同。总之中国从中排解。法使迄未应允。而法国欲定章程。亦遽难代议。是相持之势。要在朝鲜之自为熟计。查法国文内。既有欲朝鲜差员面议一节。相应请旨饬下礼部详加酌核。应否知照朝鲜国王。将来法国如再有兵船前往。可否由该国自行妥筹办理。总期计出万全。是为至要。

法国照会

为照会事。顷接本国水师提督来文内开。本军门因奏请本国大皇帝降旨。添派弁兵前来朝鲜。再期深入重剿。心志立定。暂住日本过冬候旨等语。本大臣查既然如此。所有前经本国兵船堵塞该国通京之河各口。即由今日以至来春。已算开解。合即照会贵亲王知照可也。

给法国照会

为照覆事。接据贵大臣照会内称。顷接本国水师提督来文。据称贵国兵船。暂住日本过冬。所有前经堵塞之各口。由今日以至来春。已算开解。本爵业经具悉。为此备文照覆。即希贵大臣查照。

丙子。总理各国事务恭亲王等奏。窃臣衙门因于外国情形未能周知。当经奏明请将前任知县副护军参领衔斌椿。给予三品衔。作为臣衙门副总办。及伊子笔帖式广英。并同文馆学生凤仪等。给予六七品顶带。偕同赫德前往。将所历各国山川形胜。风土人情。随处记载带回。以资印证等因在案。兹据斌椿等禀称。本年正月十九日。束装起程。二月初七日。由上海搭坐轮船。先抵安南之嘉定省。次由安南到暹罗。由暹罗而至印度。亚丁岛苏耳士。旋过麦西国都。复至阿来三德雅。入地中海至法国。由法国都至英国都。五月十三日。复坐轮船至毕国海口。由毕国至荷兰。而丹国。瑞国。而俄布韩等国。回抵香港。换船回沪。于九月十八日抵京。计共历大小九国。往返程途九万余里。臣等查各国换约以来。各使臣住京。并各国人等往来各直省口岸。中国情形。约皆谙悉。若中国无人赴外国采探。遇有交涉事件。定虞隔膜。该员等到京时。臣等面加询问。虽不能毕悉底蕴。其于所历之国山川形胜。风土人情。尚能笔诸日记。略举端倪。今将该员斌椿所撰日记一本。钞录恭呈御览。

已卯。调补陕甘总督左宗棠奏。臣前议习造轮船。曾将应办情形。及请简总理船政大臣各缘由。业经叠次陈明。臣于交卸督监两篆后。驻营城外东教场。严装以待洋员之至。本月二十三日。道员胡光墉。偕日意格。德克碑来闽。据日意格等禀呈保约条议清折。会同规约各件。业经法国总领事官白来尼。印押担保。臣逐加覆核。均尚妥洽。所有铁厂船槽船厂学堂及中外公解工匠住屋筑基砌岸一切工程。经日意格等觅中外殷商包办。由臣核定。计共需银二十四万余两。船槽尤为通局最要之件。应用法国新法购办铁板。运来船厂。嵌造成槽。此外一切局中应用什物。由护理巡抚臣周开锡委员估置。日意格。德克碑。俟厂工估定。即回法国购买机器轮机钢铁等件。并购大铁船槽一具。募雇员匠来闽。一面开设学堂。延致熟习中外语言文字洋师。教习英法两国语言文字算法画法。名曰求是堂艺局。挑选本地资性聪颖粗通文字子弟。入局肄习。并采办铜铁木料等件。一俟船厂造成。即先制造船身。庶来年机器轮机运到时。可先就现成轮机。配成大小轮船各一只。此后机器轮机。可令中国匠作学造。约计五年限内。可得大轮船十一只。小轮船五只。大轮船一百五十匹马力。可装载百万斤。小轮船八十匹马力。可装载三四十万斤。均照外洋兵船式样。总计所费不踰三百万两。惟采买物料一切。有此月需多彼月需少者。势难画一。应将关税每月协拨兵饷五万两划提四万两。归军需局库另款存储。以便随时应付。而前后牵计。仍不得踰每月四万之数。以示限制。抑区区之愚。有不敢不尽者。兹局之议。所重在学造西洋机器。以成轮船。俾中国得转相授受。为永远之利。非如雇买轮船之徒取济一时可比。其事较雇买为难。其费较雇买为钜。臣德薄能浅。不足为其难。又去闽在即。不能为其难。当此时支绌之际。冗费宜惜。钜费尤可惜。而顾断断于此者。窃谓海疆非此。兵不能强。民不能富。雇募仅济一时之需。自造实无穷之利也。于是虽难有所不避。虽费有所不辞。然而时需五载。银需二百数十万两。事属创举。成否未可豫知。幸而学造有成。纵局外议论纷纭。微臣尚有以自解。设学造未能尽洋技之奇。即解造轮船。不能自作船主。曲尽驾驶之法。则费此五年之时日。二百数十万之帑金。仅得大小轮船十六号。机器一分。铁厂船槽船厂及各房屋。虽所造轮船。较寻常购买各色轮船精坚适用。而估计所费。多于买价一倍。于大局仍少裨益。责以糜帑。咎何可辞。凡此皆宜豫为绸缪。而不能豫为期必者。故此局之定。爱臣者多以异时咎责为臣虑。局外阻挠为臣疑。即日意格亦言此时局面既更。势难兼顾。如欲停止。愿将已领之银仍即缴回。臣答以事在必行。万无中止之理。但愿一一谨守条约。尽心经画。共观厥成。如有差谬。当自请严加议处。察看人情。尚可望其有成。合将日意格。德克碑。会禀保约。条议清折。合同规约。照录咨呈军机处总理各国事务衙门存案外。谨胪举船政事宜十条。另缮清单。恭呈御览。谨会同兼署闽浙总督福州将军臣英桂恭折具陈。

左宗棠又奏。窃维轮船为泰西独有之秘。彼之雄长岛夷。垄断互市之利者。所恃在此。法国君臣。欣然愿以其秘输之中国。盖亦有故。法国商船。较诸国为最少。其争利之见淡于英。法又与英国本非同教。英习耶稣。法习天主。雠隙素深。其暂时依违其间。不敢立异者。特以英吉利首与中国通商。法乘其后。不欲显与为难耳。而其不甘久居英下。实在意中。现在日本习造轮船。亦系法国韦而宜监督。是其欲广轮船之制。以夸主为名。仍不外好胜争利之本性。可知英国商船最多。深恐中国学成。挠其生计。又阴谋叵测。必欲以此傲我所无。据日意格所述赫德昨次晤面之语。已情见乎词。但借用新法之论。既自彼启之。今我借法自强。伊不能别有异说耳。如此后英国仍思设计阻挠。造谣惑听。或从旁妄议者。请婉谢之。概置勿论。如果轮船学造已成。夺彼所恃。彼将弭耳帖伏。不敢妄有恫喝矣。臣前附片密陈不可惜费不可欲速之说。正以稍存惜费欲速之心。彼即将乘机间阻。不可不豫防也。法国既乐为我用。正可引而进之。为将来远树外援之计。此尤机不可失时不可再者。惟我皇上熟筹之。夫习造轮船。非为造轮船也。欲尽其制造驾驶之术耳。非徒求一二人能制造驾驶也。欲广其传。使中国才艺日进。制造驾驶。展转授受。传习无穷耳。故必开艺局。选少年颖悟子弟。习其语言文字。诵其书。通其算学。而后西法可衍于中国。艺局初开。人之愿习者少。非优给月廪。不能严课程。非量予登进。不能示鼓舞。谨拟定艺局章程。另缮清单。恭呈御览。伏恳天恩。俯准照拟办理。臣一面即饬司刊刻章程。出示招募艺局子弟。仍饬逐加遴选。方准投充。以昭慎重。至轮船既造。必有得力水师。方无赍寇之虑。则沿海水师。尤宜实力训练。此又不可不豫为筹及者。臣愚昧之见。是否有当。谨具折密陈。

船政事宜十条

一。洋员应分正副监督也。日意格。德克碑。各有所长。臣前折曾陈及之。现经上海总领事白来尼。以日意格通晓官话汉字。办事安详。令德克碑推日意格为正监督。德克碑为之副。咨商允洽。均无异词。一切事务。仍责成该两员承办。

一。宜优待艺局生徒。以拔人材也。艺局之设。必学习英法两国语言文字。精研算学。乃能依书绘图。深明制造之法。并通船主之学。堪任驾驶。是艺局为造就人才之地。非厚给月廪。不能严定课程。非优予登进。则秀良者无由进用。此项学成制造驾驶之人。为将来水师将材所自出。拟请凡学成船主及能按图监造者。准授水师官职。如系文职文生入局学习者。仍准保举文职官阶。用之水营。以昭奖劝。庶登进广而人才自奋矣。

一。限期程期。分别酌定也。轮船一局。实专为习造轮机而设。俟铁厂开设。即为习造轮机之日。故五年之限。应以铁厂开厂之日为始。一面造铁厂房屋。一面购运铁厂机器。计自法国购运来闽。约须十个月十一个月不等。日意格。德克碑。两员回国后。一员约五个月带船厂洋匠来闽。开船厂。造船槽。一员俟机器等件齐备。交铁厂洋匠管解起程。后先趁轮船来闽。约八九个月可到。

一。定轮机马力。并搭造小轮船也。大轮船轮机马力。以一百五十匹为准。除拟买现成轮机两副外。其余九副。皆开厂自造。铁厂造轮机。颇费时日。船厂配成船。较为迅速。恐船厂间旷。虚糜辛工。因议于大轮船十一只外。另购八十匹马力轮机五副。其式与外国梗婆子兵船相近。乘船厂间工。加造小轮船五只。

一。饬洋员与洋匠要约也。洋人共事。必立合同。船局延洋匠至三十条名之多。其中赏罚进退。卒工路费。非明定规约。无以示信。已饬日意格等拟定合同规约。由法国总领事钤印画押。令洋匠一律遵守。

一。宜豫定奖格。以示鼓舞也。洋员及师匠人等。须优定奖格。庶期尽心教导。可有成效。现已与日意格等议定。五年限满。教习中国员匠能自按图监造。并能自行驾驶。加奖日意格。德克碑。银各二万四千两。加奖各师匠等共银六万两。计定奖格银共十万八千两。如果有成。则日意格德克碑之忠顺。尤为昭著。应更恳天恩。再加奖励。以示优异。

一。购运机器等件来闽。须筹小费也。各项器具物料。由外洋运载来闽。非按洋法包紮。恐多损坏非交洋行保险。难免疏虞。此项包紮保险银两。已一并议给。

一。凡需用纹银之项。应准开销银水也。闽省通行银色。向较江浙广东为低。番银到闽。无论官民。皆不辨花样。但用铁錾烙印。以辨真假。行之他省外洋。即减成色。船局支发各款。除在闽境采买物料无庸补水外。其采买洋料等用款。应准将补水银两作正开销。

一。宜讲求采铁之法也。轮机水缸。需铁甚多。据日意格云。中国所产之铁。与外国同。但开鑛之时镕鍊不得法。故不合用。现拟于所雇师匠中。择一兼明采铁之人。就煤铁兼产之处。开炉提鍊。庶期省费适用。此事须临时斟酌办理。

一。轮船中必需之物。宜筹备也。轮船中应用星宿盘。量天尺。风雨镜。寒暑镜。罗盘。水气表。千里镜。玻璃管。以及垫轮机之輭皮。即音陈勒勃等件。现饬日意格等回国探问制造器具价值。如所费不过数千金。即由日意格等筹购一分。并酌募工匠一人同来。一并教造。

左宗棠又奏。臣所知闽浙官绅中。有裨船政之员。亟宜咨送沈葆桢差遣。如监运使衔广东补用道叶文澜。好善急公。熟悉洋务。遇有委办事件。均能妥实经理。为人敦朴可恃。候选同知黄维煊。叠次委赴香港厦门上海宁波及福州罗星塔等处。测量沙水。访察洋务。并随同胡光墉与日意格。德克碑。议拟章程。均能不辞劳瘁。该员系丁忧在籍人员。轮船局甫经议设。人才最少。与寻常局务不同。应请旨准其留闽差委。以裨要工。又五品军功贝锦泉。向在江浙管带捕盗缉私各轮船。熟习直隶山东江苏闽浙各洋面情形。堪充轮船船主。闽省新买轮船一只。取名义福宝。昨由上海展轮来闽。即系贝锦泉管驾。此船应令贝锦泉管带。隶水师提臣李成谋统辖。为巡洋捕盗之用。并令贝锦泉多募宁波少年。在船习练驾驶。庶将来成一轮船。即有驾驶一轮船之人。无须外雇。迨五年轮船成。局中船主之学亦成。人才固不可胜用也。该军功朴实勇敢。熟悉洋务。应请旨破格录用。以都司留于福建水师侭先即补。并赏加游击衔。以奖倡导之人。又福建候补布政司经历徐文渊。涉猎西洋图书。颇有巧思。现仿制洋炮百余尊。亦约合用。应一并送交沈葆桢差遣。至士绅商民中可用之才。应由沈葆桢随时蒐访。札调入局差遣。谨附片具奏。

左宗棠又奏。臣前会同将军巡抚臣奏请拨闽海关结款银四十万两。作轮船局创始经费。折内声明购买机器等件。及募雇师匠来闽。建造铁厂船槽船厂。中外官员公廨。工匠住屋。购买地基。约共需银四十三四万两。惟船槽为船局最要之件。日意格等原议建造石船槽。臣细加采访。均以难成为虑。兹询之日意格等。据云若照法国新法。改用铁板造成船槽。较为妥速。惟必须自法国购运前来。脚价太费。是以前次仍议就近取石为槽。以期节省。臣思石槽既造作需时。又虞倾圮。自不若改用铁槽。为一劳永逸之计。计买现成大铁船槽一具。由法国运载来闽。需多用银三万余两。除已奏拨闽关结款银四十万两外。尚不敷银七万余两。应在本年十二月起。闽海关每月续拨银五万两内提用。以济要需。此项本系侭充轮船局每月经费。现在议定每月约以四万两为准。计可月存银一万两。且目前未即开厂。以之移济创始经费。本属一事。更无庸另筹挹注。至买用马尾山下民田二百余亩。作为局厂地基。其亩分契价细册。应由督抚臣会同总理船政臣沈葆桢。另行专案奏咨办理。合并声明。

左宗棠又奏。日意格。德克碑。昨次来闽禀称。轮船一切条约。皆臣核定。仍请臣主持此事。当即告以业经请简总理船政大臣。事有专属。自可无庸兼顾。且相距万里以外。亦势难兼顾也。该洋员仍以为言。窃维洋人素性多疑。骤难譬晓。始事之初。须坚其信。揣彼疑虑之端有二。不过事虞牵制。费虞不继已耳。复告以身虽去闽。此事究属首先倡议。事成无可居之功。不成则无可逭之罪。如有谬误。应加议处。业经奏明在案。是未尝置身事外也。至经费每月四万两。已指关税协饷。万无不继之理。如尚虑不继。则闽省尚有协甘之饷四万两。可以通融。当豫为筹之。日意格等意始释然。应先陈明。此后船局遇有陈奏事件。仍由沈葆桢会臣后衔。以昭大信。可否之处。伏候圣裁。

左宗棠又奏。工程必期核实。度支尤戒虚糜。而轮船局事属创行。将来限满。果能习成与否。虽据日意格。德克碑。一力担承。臣亦不敢遽谓确有把握。但觉事不可已。惟当择人而任。尽力以图耳。其中支销款目。并无例案可循。公家之事。往往缚于文法。摇于物议。故敢任此事者绝少其人。即如道员胡光墉。素敢任事。不避嫌怨。从前在浙历办军粮军火。实为缓急可恃。咸丰十一年冬。杭城垂陷。胡光墉航海运粮。兼备子药。力图援应。舟至钱塘江。为重围所阻。心力俱瘁。至今言之。犹有遗憾。臣入浙以后。委任益专。卒得其力。实属深明大义不可多得之员。帷切直太过。每招人忌。臣于轮船局务。奏请将一切工料。及选洋匠。雇华工。开艺局。责成该员一手经理。实为局务需才起见。昨据胡光墉具禀固辞。愿随同署福建布政使现护巡抚臣周开锡办理局务。听候总理船政差遣。凡其所举之人。出具保状。经手之项。出具领状。惟该员是问。至一切局务支销款目。实以臣军上海采办转运诸务。奉委督办。必需兼顾。未能常川在闽一手经理。恳请陈明等语。尽以非常之举。易滋疑议。不欲以一身为重射之的也。臣稔知其任事之诚。招忌之故。与其过重责成。转使畏难于今日。不若稍宽责任。仍收臂助于方来。且臣军采办转运局务。亦需该员经理。不得不勉如所请。准其往来照料。听候总理船政差遣。总之此局非寻常工程可比。即不豫存综核之见。在事者已不免有意外之虞。惟有仰恳天恩。曲蒙鉴察。庶几率作兴事。敏则有功。傥臣所举非人。致有贻误。仍请将臣交部严加议处。

谕军机大臣等。左宗棠奏。详议船政章程。并艺局章程。各开单呈览。及晓谕日意格等各折片。览奏均悉。此次创立船政。实为自强之计。若为浮言摇惑。则事何由成。自当坚定办理。方能有效。左宗棠所见远大。大臣谋国。理当如此。其所议优待局员。酌定程限。甚为周妥。均著照所请行。若五年限满。洋员教有成效。即著照所议加赏。以示奖励。其日意格。德克碑。勤劳既著。忠顺可嘉。尤当优加赏赉。并著英桂等存记。俟五年后中国工匠。如能按图监造。自行驾驶。即著奏闻。候旨破格。于原定赏银之外。再给优赏。居时甘肃必早底定。朝廷不难令左宗棠赴闽。共观厥成。该督等可传谕日意格。德克碑。俾其专心教习。毋稍疑惑。其余所议各条。亦属妥协。并著照所议办理。左宗棠虽赴甘省。而船局乃系该督创立。一切仍当预闻。沈葆桢总理船政。其未服阕以前。遇有船局事宜。由英桂等陈奏。服阕以后。由沈葆桢会同该督抚陈奏。均著仍列左宗棠之名。以期终始其事。另片奏。船局经费不敷银两。请于续拨银两内动用等语。著照所请。所有前项不敷银七万两。即于续拨闽海关每月五万两内支用。著英桂如数筹拨。毋许迟误。道员胡光墉。既据左宗棠历试可以相信。即著交沈葆桢差遣。其补用道叶文澜。同知黄维煊。著准其留闽。并候补府经历徐文渊。均交沈葆桢差遣。军功贝锦泉。熟悉洋务。堪作船主。自应破格录用。即著以都司留于福建水师侭先即补。并赏加游击衔。此后如能奋勉立功。并著沈葆桢等再请优奖。用资鼓舞。其余如有可用之才。即由沈葆桢酌委。务当虚心访求。以期集事。左宗棠业经起程。船局事务。沈葆桢自当专心经理。英桂。吴棠。周开锡。亦当和衷商酌。于日意格等加意笼络。毋任膜视。

(十二月辛卯)盛京将军都兴阿。三口通商大臣兵部左侍郎崇厚奏。奴才崇厚于本月十五日。驰抵营口。查营口滨沿大海。南通闽广江浙。近接直东。中外商民云集。沿海各口中。最为紧要之地。每岁春融开河以后。各省商贩。纷至沓来。五方杂处。一切起卸货物。驾驶船只。需用傭力之人甚多。是以各处无业游民。庸聚谋食。日聚日众。良莠不齐。以致赌博争断。相习成风。近年以来。自各国通商开埠以后。洋人居处其中。加以闽广等处人民。买卖更盛。尤易滋生事端。从前并无地方官驻扎经理。自开办通商之后。始议令山海关监督前来。并令牛庄海城盖州尉县轮流直班。而事权不一。仍未能办理裕如。总理各国事务衙门改设道员之议。诚为整顿地方。慎重海疆。绥柔远人之要议。奴才等酌议覆奏后。已经吏部等衙门逐条详议。斟酌变通各节。均已详备。奴才崇厚详加访察地方民情。政务利弊。督同署道成林悉心考究。不厌精详。当此设官之始。创办之初。以整饬地方为第一要务。欲期地方治理。必须专以责成。奉省向未设有道员。一切规模。无可仿照。道员系属监司。上须禀承大吏。自当重其考成。下须督率属僚。亦当与以权要。至于饬令督带练兵。可以镇靖海疆。捕拿贼匪。仍令征收关税。可以抚绥外服。筹画饷糈。一切事宜。博采旁掺。求其至当。奴才都兴阿由省派委熟悉地方之协领毓昌。来营听候采访情形。除奴才崇厚奏陈各要节。已奉旨交吏部各衙门速议具奏外。其遵旨应行详议等事。奴才崇厚督饬成林。于原议未尽之处。详细酌筹。分别各条。会商奴才都兴阿。开具清单。恭呈御览。伏候圣裁。

会议山海关改设道员事宜

一。查金州岫岩复州海城盖平五厅州县。均系沿海地方。一切边防稽查弹压。关系紧要。是以议归该道管辖。诚为慎重地方之意。自应钦遵查照原议办理。其余各府州县。遇有关中外交涉及税务事宜。均详报该道。听候檄饬遵办。至所属各厅州县刑名钱谷。如有迟延亏那。该道随时查参。

一。查营口地处海隅。为洋人通商口岸。交涉事宜。既统归该道管理。则一切整顿地方。缉捕盗匪。必须逐件认真妥办。方可震慑地方。海城县原设捕盗弁兵十一名。已归该道调遣。为数无多。且系招募之徒。难资得力。应令在于附近之熊岳辽阳盖州三城。除练兵之外。每城调马兵十名。委官一员。随该道差委。俾得弹压缉捕。及送紧要公文。以供驱策。其委官每名照海防章程月给银六两。外加马乾银二两八钱。其马兵每名月给口粮马乾银五两六钱。均由该道在洋税项下支给。附入练兵案内报销。该弁兵等本城原粮。照旧支领。至营口地方辽阔。无所屏障。应如何挑濠筑圩。编查保甲。严禁地方刀匪。查拿赌博之处。应由该道随时设法。认真妥办。至该处刀匪。往往滋事。杀伤人命。更兼中外杂处。屡成巨案。且马贼余匪。尚未净尽。实为地方之大害。应准该道督同地方文武实力严拿。如系滋事重案刀匪马贼。仿照热河办理马贼章程。讯明后即由该道就地正法。一面报明将军府尹。其寻常命盗等案解勘。仍照旧例办理。

一。查该道所管收税口岸。分隶直隶奉天两省。从前监督衙门坐落临榆县。系直隶地方。是以该关征税数目。向应咨报直隶总督查核。今既改设道员。坐落奉省。钦奉谕旨。常洋两税。均报由三口通商大臣分咨奏报。自应遵旨办理。所有原议常税详报将军府尹。及旧章咨报直隶总督各节。均无庸议。应由该道按四季将收过常税数目。报由三口通商大臣报部查核。一年期满。遵照定例。将收支税银数目。及亲填循环稽考奏销各册红单。由该道批差书吏亲赍分送部科。以凭磨对考核题销。仍由三口通商大臣奏报。再山海关副都统驻防饷乾。向由山海关常税项下支发。由该监督将兵马数目。起止日期。支发银数。按年造册奏销。前经奴才崇厚奏准仍照旧章支放。此项驻防兵饷。既系动用关税。该道照例支发后。仍按年核实造册。详由三口通商大臣奏报。咨部核销。

戊申。总理各国事务恭亲王等奏。臣等前因制造机器。必须讲求天文算学。议于同文馆内添设一馆等因。于十一月初五日具奏。奉旨依议。钦此钦遵在案……上年李鸿章在上海设立机器局。由京营拣派兵弁前往学习。近日左宗棠亦请在闽设立艺局。选少年颖悟子弟。延聘洋人。教以语言文字算法画法。以为将来制造轮船机器之本。由此以观。是西学之不可不急为肄习也。固非臣等数人之私见矣。或谓雇赁轮船。购买洋枪。各口均曾办过。既便且省。何必为此劳赜。不知中国所当学者。固不止轮船枪炮一事。即以轮船枪炮而论。雇买以应其用。计虽便而法终在人。讲求以徹其原。法既明而用将在我。盖一则权宜之策。一则久远之谋。孰得孰失。不待辩而明矣……查西洋各国。数十年来。讲求轮船之制。互相师法。制作日新。东洋日本。近亦遣人赴英国学其文字。究其象数。为仿造轮船张本。不数年亦必有成。西洋各国。雄长海邦。各不相下者无论矣。若夫日本蕞尔国耳。尚知发愤为雄。独中国狃于因循积习。不思振作。耻孰甚焉。今不以不如人为耻。而独以学其人为耻。将安于不如而终不学。遂可雪其耻乎……

同治卷四七

同治六年。丁卯。正月。丁卯。礼部奏。朝鲜国恭进例贡。使臣到京。附带咨文。系覆陈上年洋舶情形兼致谢等事。求臣部转奏。谨钞录恭呈御览。军机大臣面奉谕旨。该衙门知道。

朝鲜咨文

朝鲜国王为历陈洋匪侵扰形实事。本年九月。洋匪入据江华府。其回檄悖慢之由。已具咨仰陈矣。嗣后敌势转益猖獗。有不可一一尽述。而江华不但为敝邦保障之重地也。敝职先祖僖顺王。庄顺王。真帧亦妥于行宫。洋匪入城之日。守臣仓皇移奉于僻处。而殿宇廨署。并入灰烬。以至驱劫男妇。攘杀牛畜。攫去桩留之银。掠取网运之米。武库先被放燹。利器多归藉寇。缘江列堡有龙津广成等镇。而焚毁殆尽。甲串津上下分船遮住。以断赴援之路。乡绅知宗正乡李是远居在城外。及闻城陷。与其弟忧愤。仰药死之。已施襄隐之典。巡抚中军李容熙。住阵于江华府越岸通津府。未及交锋。九月十八日。巡抚哨官辑圣根。率铳手守文殊山城。彼人乘四小船自甲串津来泊。将欲上山。圣根奋不顾身。一发数九。则彼人应声落水。铳手随即齐发。彼人多震仆而死者。而船中人蠭涌登山。放火于城门及公廨而去。十月初四日。巡抚千总梁宪洙。潜师由广成津而入鼎足山城。城在江华府之东南。将以为凭高直擣。如建瓴之势也。彼人又欲据此城。其头领骑马悉带锐卒上山。不知宪洙已在城中也。宪洙盡力捍御。齊放铳炮。一场鏖战。其骑马者应九而堕。彼兵相继僵死者如麻。与尸而走。器械辎重。委弃路侧。初五日。江华城中所在彼人。纷纷轮器物于船中。而甲串津碇留四船。一时解缆。出往富平前洋。与前留三舶同住。而城中无一敌。宪洙自鼎足山城整军而下。克复府城。抚辑兵民。而富平前洋碇留七舶。本月十二日出外洋。向南而去。噫。彼法国人之强欲寻衅。涉我海疆。毁我关防。创残我民人。偷窃我蓄积。是岂敝邦有所失而然哉。特以其谿壑无厌之欲。作一海浪贼耳。敝邦地狭力弱。不娴戎政。而惟兹礼义之俗。秉彝攸存。故上自朝廷乡士。下至军卒氓黎。莫不扼腕裂眦。誓死防守。或有沫血倡义者。或有捐躯殉难者。众心成城。庶可藉此而获保藩维。然彼夷去来无常。情迹叵测。未可以释虑而弛备矣。窃伏惟我大朝字育之泽。旷绝千古。前后恩造。山海崇深。藐兹冲年。遭此大难。兢兢业业。罔知攸措。其在缓急安危之际。籲告情实。固臣分之当然。而凡系小邦之患难。每蒙大朝之捄恤。兹具被兵事由。修咨详陈。烦乞礼部转达天听。导示备御之机略。使蕞尔属国。永底安靖。恭备侯度。千万幸甚。为此合行移咨。请照验转奏施行。

朝鲜又咨

为覆陈致谢仍办洋舶事。同治五年十月二十七日承准礼部咨准总理各国事务衙门奏。朝鲜咨报洋舶情形一折。本月初六日奉旨依议。钦此。钞录原奏。恭录谕旨。咨行礼部遵照办理等因前来。本部相应钞录该衙门原奏知照查照办理。除由总理各国事务衙门随时相机酌办外。该国王仍当悉心筹画。分别核办。计出万全。不得稍涉疏虞等因。窃念小邦凡有患难。疾声具籲者。仰藉天朝字小之眷也。今此礼部之据情代奏。军机大臣之面奉谕旨。总理衙门之相机酌办。俾小邦悉心筹画。计出万全。不可稍涉疏虞。其所以抚保小邦。靡不用极。不知小邦何以获此隆庇也。第兹英船焚溺之事。法檄悖慢之说。法兵退去之由。前已具咨详陈。而本年二月七月再到海美县江华府。固请通商。以无上国公文。不敢擅便许施。则谓往大清国请公文并货物前来。而发船远去。仍无形影者。即自称英人马力胜。戴拔等也。又于七月来泊平壤府。拘执将弁。杀害人命。讨索财货。乱放铳炮。搁浅而自被焚溺者。即自称英人崔兰轩。但国人李八行。及乌鬼子等也。原无美国人两枝桅船一只搁浅被烧。并捉去船主水手等二十四人之事。则今此卫廉士来函。想因平壤府英船焚溺事。而转相讹传。不究根由也。敝邦与英法两国。本不交涉。何有失和。通商传教。则以邦禁而拒绝之。教士则以异国莠民变服诳惑而斥除之而已。凡天下各国相与征战。必先详究情实。明执衅端。始可与兵。而今法人之瞰我未备。闯入江华府。焚毁全城。剽攘财货。即一劫掠残暴之寇也。通商者果如是乎。传教者果如是乎。未乃头领被歼。举帆而走。然以后踪迹有难料测。惟当秉义修备。务尽诚信。而至若兵费赔偿一节。伏荷礼部及总理衙门之虑及利害。诚万万铭感。但法人之攫取敝邦帑蓄戎器者。其数不赀。则敝邦责偿于法国。犹或可矣。法国责偿于敝邦。安有是也。凡系洋人之通商传教赔偿诸事。小邦之民情国势。虽几年受国于洋人。断不可行矣……

戊寅。总理各国事务恭亲王等奏。本月十二日。准礼部咨称。转奏朝鲜国王覆陈上年洋船情形等因一折。奉旨该衙门知道。钦此。查法国与朝鲜用兵一案。臣等于上年十一月十四日奏陈续筹办理情形。请饬礼部知照朝鲜国王妥为筹备。旋准礼部咨称。阅时已久。情形不同。拟将原奏暂存。俟朝鲜续有咨文到日。再行核办等因咨覆在案。此次该国王来咨。前失江华郡城。旋经该国整军克复。法国兵船。亦即退驶。惟法国是否从此寝息。抑尚锐意兴兵。均未可必。前此朝鲜录送法国回檄内。有欲朝鲜差员面议一节。似亦注意于和解。第通商传教诸事。朝鲜既称邦禁綦严。是否愿从。中国断不能稍有勉强。该国应如何悉心筹办。不至稍涉疏虞之处。相应请旨饬下礼部详加酌核。迅即咨照朝鲜国王。自行先事妥筹。总期计出万全。毋稍大意。至该国所称未知三十一款条约何时所成。开载甚事等语。查去岁臣衙门接据法使照会内称。因于朝鲜构兵。堵塞港口。暂禁商船前往。臣等以法国条约第三十一款内开。将来中国遇有与别国用兵。除敌国布告堵口不能前进外。中国不为禁阻法国贸易。及与用兵之国交易。凡法国船从中国口驶往敌国口。所有进口出口各例货物。并无妨碍。如常贸易无异等语。并无因两国用兵禁止商船前往之条。当经酌给照覆。引及此条。以明不应禁止中国商船之意。至此项条约。系于咸丰十年定议。所有法国条约全款。及他国所立条约各款。亦止言中土而未及外藩。并无丝毫牵涉朝鲜之处。应请一并由礼部将前经咨发该部之法国条约第三十一款。钞录咨行朝鲜国查阅。俾其洞悉原委。

甲申。掌山东道监察御史张盛藻奏……总理各国事务衙门请设同文馆。专用正途科甲人员。学习天文算术。以为制造轮船洋枪之用。胪列六条。意在专讲习。勤考课。又恐人之不乐从也。乃厚给廪饩。优与奖叙。以鼓舞之。其诱掖奖劝。用心苦矣。臣愚以为……至轮船洋枪。则宜工部遴选精巧工匠。或军营武弁之有心计者。令其专心演习。传授其法。不必用科甲正途官员肄习其事……

谕内阁前据总理各国事务衙门奏。请设同文馆。专用正途科甲人员。学习天文算术。并拟定章程六条呈览。当经降旨依议。兹据张盛藻奏。科甲正途。读书学道。何必令其习为机巧。于士习人心。大有关系等语。朝廷设立同文馆。取用正途学习。原以天文算学。为儒者所当知。不得目为机巧。正途人员。用心较精。则学习自易。亦于读书学道无所偏废。是以派令徐继畬总管其事。以专责成。不过借西法以印证中法。并非舍圣道而入歧途。何至有碍于人心士习耶。该御史请饬廷臣妥议之处。著毋庸议。

(二月)己亥。总理各国事务恭亲王等奏。窃照臣衙门办理外国事务。应备知底细。方能动中窾要。从前侦探外国开设字馆。搜访各省及外洋事件。刊刻发卖。名曰新闻纸。虽未必尽属可信。然因此推测。亦可得其大概。是以奏定章程。行令南北洋通商大臣。并札饬各税务司。按月咨报。本年正月间。准天津及上海通商大臣。暨税务司呈送新闻纸前来。内云法国主因其提督攻打朝鲜。不甚喜悦。令其兵船队停兵。并怪该国提督做事粗鲁。不应骤举干戈。又云法国自己要先与朝鲜讲和。不等英美同行。又云日本国现有火轮军舰八十余艘。有兴师往讨朝鲜之志。又云开春和暖之时。不但法国进兵。日本亦欲进兵各等语。查朝鲜与法国构兵。能否转围。尚难豫料。今新闻所载日本又欲发兵前往。朝鲜平日与日本有无往来。曾否结有嫌隙。中国无从得其详细。且日本于中国。既无朝贡。又不通商。与各国在京者。情形不同。无从探悉事之虚实。原未便据为凭信。但既经各处新闻纸刊刻传播。事涉中外。殊有关系。相应请旨饬下礼部可否密咨朝鲜国王。访查明确。防患未萌。以便妥为办理。具折密陈。并钞录新闻纸五条。恭呈御览。

摘录新闻纸

一。英国来新闻纸云。英君主无意合法国攻打高丽。又云法国主国其水师提督攻打高丽。不甚喜悦。英国所以不合法国者。缘船只所有被高丽人烧毁者。均系升美国旗号。与英国毫无关涉。现闻法国主令其兵船队停兵。并怪其水师提督做事粗鲁。高丽不过为杀教头。不应骤举干戈。果有大不合情理事。再与理论。未为晚也。

一。芝罘来信。花旗之大兵船名猾诸舌。于洋正月廿一日。议由芝罘往高丽。为查问花旗夹板船名然那能而沙满。在彼打破。其水手被高丽人杀死一事。又风闻英美法三国。约于春间各带炮船往高丽。迫取通商和约。又风闻法国自已要先与高丽讲和。不等英美二国同行。究竟三国同去居多。

一。日本国人名八户顺叔。送来新闻原稟云。近来日本国武备频盛。现有火轮军舰八十余艘。有讨朝鲜之志。朝鲜王每五年必至江户拜谒大君各献贡。是古例也。朝鲜王废此例久。故发兵责其罪云。

一。华人云。法国兵船被高丽打败。是以回兵。不知非也。北方天气寒冷。法国兵船。实因冻河。暂且停兵。闻开春和暖之时。不但法国进兵前去。日本亦欲兴兵前往。

一。闻日本名儒八户顺叔先生言。迩来其国政事风俗。革故更新。蒸蒸乎日臻上理。六艺之内。舍弓箭而专习剑舞。骑乘则教之以坐作进退。火器则训以施放纵击。水师则导以驾驶轮船。俾其洞悉水火二力之妙。又教柁工以航海之术。今其国中已有火轮兵船八十余艘。前日江户政府选子弟十有四人。往英国伦敦学校。肄习文字。皆系英俊之士。其年齿由十二岁至二十二岁。衣冠之制。欧罗巴薙发持棍效其装束。长官左右袖则以金线五币以别等差。皆能通英国言语文字。所异惟腰系二刀而已。又有江户政府督理船务将军中滨万次郎。月前特至上海制造火轮船。其智慧灵敏。能深悉机括关键精微。近日已启行回国矣。国中共有二百六十名诸侯。前由大君诏至江户京师会同议政。务要整武备。大震国威。以征不庭。现有兴师往讨朝鲜之志。固朝鲜五年一朝贡。今负固不服。此例久废故也。

恭亲王等又奏。再日本在前明为倭寇。江浙等省滨海地方。蹂躏几徧。并延及于朝鲜。且每存夜郎自大之心。与中国久无朝贡。前数年英法各国尝与构兵。臣等以该国滨处东海。距中国江浙海口不远。日本如败。则英法等国益强。日本如胜。则患在肘腋。更为切近。是日本之胜败。均于中国大有关系。是以常抱隐忧。不时探听。近岁日本兵败。与英法各国讲解。旋即发奋为雄。学造兵船。往来各国。志不在小。今外国新闻纸。既称其武备之盛。军舰之多。并有与朝鲜寻衅之说。臣等反复思维。此事如果属实。朝鲜虽属弹丸。若英法各国与之构衅。其志不过在于传教通商。两国互相牵制。未必遽据其土地为已有。至日本无所牵制。难保不贪其土地。设朝鲜为日本所据。则与中国相邻。患更切肤。传教通商。犹其余事。现在日本之有此举。或有别国怂恿。亦未可定。是朝鲜被日本之兵。其患较被法国之兵为尤甚。是以臣等奏请饬下礼部酌量密咨朝鲜国王。豫为防范。一切情形。未便宣露。谨附片密陈。

同治卷四八

同治六年。丁卯。三月。丙辰。总理各国事务恭亲王等奏。军机处交出大学士倭仁条奏一折。奉旨该衙门知道。钦此。臣等查阅倭仁所奏。陈义甚高。持论甚正。臣等未曾经理洋务之前。所见亦复如此。而今日不敢专持此说者。实有不得已之苦衷。请为我皇太后皇上详陈之……如学习外国语言文字。

制造机器各法。教练洋枪队伍。派员周游各国。访其风土人情。并于京畿一带。设立六军。藉资拱卫。凡此苦心孤诣。无非欲国自强。又因洋人制胜之道。专以轮船火器为先。从前御史魏睦庭曾以西洋制造大器。不计工本。又本之天文度数。参以句股算法。故能巧发奇中。请在上海等处设局训练。陈廷经亦请于广东海口设局制造火器。臣等复与曾国藩。李鸿章。左宗棠。英桂。郭嵩焘。蒋益澧等往返函商。佥谓制造巧法。必由算学入手。其议论皆精鉴有据。左宗棠光行倡首在闽省设立艺局船厂。奏交前江西抚臣沈葆桢督办。臣等详加体察。此举实属有益。因而奏请开设天文算学馆。以为制造轮船各机器张本。并非空讲孤虚。侈谈术数。为此不急之务……左宗棠创造轮船各厂。以为创议者一人。任事者一人。旁观者一人。事败垂成。公私均害。李鸿章置办机器各局。以为无事则嗤外国之利器为奇技淫巧。以为不必学。有事则惊外国之利器变怪神奇。以为不能学……所有现议开办同文馆事宜。是否可行。伏祈圣明独断……

(壬戌)恭亲王等又奏。再从前总税务司李泰国在京时。因名海关经费。不敷办公。走私偷漏。亦难稽察。于税饷有碍等语。向臣衙门再三申论。经臣等公同商酌。以关口之大小。税务之繁简。拟定经费之多寡。约计各海关按外国一年。统支经费银七十万零二百两。惟牛庄一关薪水。在各关余银内酌拨。于同治二年五月间附片陈明。奉旨依议。钦此。四年冬间。总税务司赫德因牛庄经费。由南洋各口转拨。殊费周章。且每有向监督借支之事。而该关所收常洋两税。又较从前畅旺。拟于该关按月坐支银一千五百两。以资缉私。庶免贻误等因。申呈到臣衙门。复经臣等于五年正月间照准奏陈。奉旨依议。钦此。前后各折片。均行文各省钦遵办理各在案。现在赫德来京。将第十六结至二十三结各关所收洋税。汇总数目比较申报前来。除子口税不计外。查第十六结至第十九结。为前年四结。共收正税银七百八十万两有零。第二十结至第二十三结。为去年四结。共收正税银八百五十四万两有零。该总税司以去年所收正税。成数较多。遂有添设巡船拟增经费之请。其初议拟于奏定七十余万两之外。每年另添经费约三十六万两之多。当经臣等再三论诘。告以添置巡船。虽于各口稽察一切不无裨益。而嗣后所收之税。畅旺与否。尚未可知。如果将来收至一千万两以外。确有成效。届时再议加增。且历年所支经费。除核实动用外。尚余关平银约十五万两。此时若拟添设巡船。不妨侭此项存款动拨。况从前奏明经费数目时。巡船一项。本在其内。即或巡船不敷。势须添买添造。亦何得岁增款目如此之多。该总税司始行罢议。本年二月十三日。复据赫德申称。山海东海台湾淡水四关原定经费。实属不敷办公。请于该四关原定月给四千两外。四关共月增银二千五百两。一年计加经费三万两之数。臣等窃思通商各口。船货往来。征收税课。巡缉偷漏。原未尝尽恃洋人。然各海关自开埠以来。华洋交易有年。进出口货物。实借税务司带领扦手上船。认真查验。关税方能日有起色。非稍予以微利。诚恐另有要求。转虞制肘。且所请之数。尚属无多。拟即照准。于本年五月三十日。即外国七月初一日第二十八结起。在各该关洋税项下。按月照加增数目支发。作正开销。如蒙俞允。即由臣等行知户部。及上海通商大臣。三口通商大臣。并札知各关监督。一体遵照办理。再洋船进口出口及复进口。均按四个月纳船钞一次。此项船钞。按照条约。原为建造塔表望楼之用。同治元年七月间。由臣衙门设立同文馆。延聘中外教习。讲授语言文字。其修金薪水一切。筹款无著。即于船钞项下酌提三成应用。以一成付赫德。为沿海各口兴办一切之需。余六成存储各关。按照条约。为洋人在各口分设浮桩号船塔表望楼等项经费。历经照办有年。现因各口所留六成船钞。往往那作别用。未能将塔楼等项一律修建。详人私议。拟怂恿各国住京公使出头。向臣衙门辩论。将此项船钞悉数交与领事官收办。法国公使伯洛内。上年并有照会致臣衙门。请将历年所收船钞一百余万发还该国。自行修建塔楼等项。虽经辩论中止。但日后能否不至再申前议。实未可知。臣再四思维。与其交领事官收办。致使中国不能过问。莫如交税务司收办。将来中国尚可稽察。公同商酌。拟将此项船钞。量行变通。除同文馆所提三成仍照旧提用外。其余七成。从明年第三十一结起。交与总税务司收领。按照条约。为建造塔楼等项本款之费。每届年终。仍令将动用数日。申报臣衙门及南北洋通商大臣稽核。如蒙俞允。再由臣衙门行文南北通商大臣。转饬各关遵照。并由臣等札知总税务司一体遵办。

同治卷四九

(同治六年丁卯六月)己丑。都察院左都御史宗室灵桂等奏。五月二十九日奉上谕。都察院代奏候选直隶州知州杨廷熙奏请撤销同文馆一折……军机大臣面奉谕旨。都察院代奏候选直隶州知州杨廷熙条陈一件。著留览。

杨廷熙条陈御夷四策

一。轮船易制。宜多方访求其术也。臣见轮船头轻而尾重。头低而尾高。头尖而尾阔。便直行而不便于横行。利前进而不利于后进。斯破之御之之法。亦不难也。臣于咸丰八年。由上海雇轮船到山东。见岛中突出小舟五六只。鉤附船尾而行。洋人即令通事各给洋银二三十圆而散。细细访问。皆岛中水贼也。洋人畏坏其船而给以银也。臣审视水贼舟中。别无他物。惟手持一藤杆。长丈余。上贯锋利铁饷。船中插二三藤竿。竿头皆以绳悬一巨石。形如枣核。又有长五六尺木棒数枝。彼若不给银两。群即以手中之杆鉤其船尾。而以舟中悬石之竿松其索络。将石弹坠于出烟筒中。其筒遂炸。船即分裂。洋人若拒之于上。群又以木棒下贯其轮中。船亦炸裂。缘轮船三面枪炮。皆可御人。惟船尾阔大而难掉顾。是以小舟鉤附其船。而潜于船之尾侧。洋人枪炮无所施。而不能制之。可见未有不可破之物也。又闻各处尚有以水雷水炮絜里破之者。其法不一而足。未知近来犹有其人犹存其法否。恳饬沿海官司兵弁密访其人。密求其术。自有破之御之奇策出矣。

……

福建台湾镇总兵刘明灯。福建台湾道兼学政吴大廷奏。窃考台湾图志。南路凤山县所属。洋面之险。沙汕礁石。触舟即碎者。以瑯璠为最。生番之凶。豺目兽心。见人即杀者。以傀儡山为尤。距凤山县西十里。打鼓口放洋至瑯璠。约二百四十里之遥。由瑯璠换小舟。登岸东折。迄于傀儡。鸟道羊肠。箐深林密。自来人迹所罕到。亦贩图所未收。我朝设土牛之禁。严出入之防。所以戢凶残而重人命。用意固深远也。不料本年二月十八日。准打鼓口英领事贾禄。致臣大廷函。突有夹板商船一只。驶至瑯璠洋次红头屿。冲礁击碎。船伙驾划逃生。至瑯璠尾龟仔角鼻山登岸。猝遇生番。多遭戕害。仅余华人水手一名。逃至车城街被救。配船送署收领。请饬地方官确查情形。照律究办等语。当经臣大廷飞饬凤山营县速为查办。一面有函覆该领事。告以生番不归地方官管辖。嗣后请饬外国商人谨遵土牛之禁。不可擅入生番境界。以免滋事。嗣接贾领事覆函。绝无异说。并以该国有犯风船主自厦来信。感臣大廷设法保全。殷殷致谢。并据该县吴本杰禀称。即日会同署南路营参将凌定邦。接见贾领事晤商办理。该领事亦知生番行同兽类。匿迹放枪。不可理喻。并以该处山海险阻。不便进兵。意谓可以息事矣。讵三月十四日。合众国李领事。费总兵。管带兵船来台。照请拨兵会剿。其意甚锐。臣明灯等非不知该处不能进兵。伊等往亦无益。而大局所系。须求万全。当将与贾领事节次函商情形。缕细照覆。并允以即饬地方官从长计议。设法办理。若使外国洋兵往剿。损威失事。愈抱不安。再四劝阻。接见之下。复经臣等剀切开导。又密属随行通事花翎同知林针。从旁开说。始欣然扬帆而去。嗣接委员凌树荃。暨凤山营县会禀。奉核后即委熟悉番情之前屯把总潘春晖。前往哨探。何处可以安营。何道可以进兵。详细查明。以凭剿办。后据该弁回称。驰赴琅璠。询之番民。均云离龟仔角尚数十里。该地尽系生番。并无通事。水路则礁石林立。船筏罕到。陆路则生番潜出。暗伏杀人。其巢穴径途。无从侦探等语。臣等虽知查系实在情形。据情照覆李领事等婉切劝谕。仍密饬该员等于万难为力之中。总当从长图之。以彰国家柔远之意。以杜外人挑衅之端。特以人非华民。地非化内。克日图功。万难应手。准理度情。洋人亦当见谅。乃五月十二日戌刻。又接李领事四月二十九日照会。既明言该处西南风当令。难以下手矣。而又以打听失事船伙。尚有四名。未尽杀害。以传闻无据之词。渎催剿办。臣等何难据理力争。折其杰骜之气。无如遭值时艰。不得不曲示包容。又经臣等照覆。添委前署南路营参将凌定邦。帮办靖海营营官吴本烈。

署安平协副将萧瑞芬。酌带兵勇。水陆并进。会同现任参将文麟。知县吴本杰。相机图之。并饬如遇该国兵船。妥为劝阻。不可任听轻进。致虞意外。乃该参将等料检行装。甫于十五日早先后起程。而该地文武禀报洋官受挫之牍夕至。据禀前因十二日。探有花旗国轮船二只。收泊旗后。是否报复瑯　生番之嫌。即饬兵役前往确探。现经兵役回称。探得花旗国轮船。于十二日到旗。即赴傀儡山之龟仔荳社内。有二等带兵洋官一员。洋兵一百七八十名。被生番诈诱上山。从后兜拿。因路径险窄。带兵官受伤毙命。洋兵被伤者数人。轮船已于十三日开驶上海。声言。回国添兵。秋冬之间。再来剿办。现在被伤洋官埋在旗后渡船头等情。臣等得报之余。不胜诧异……

同治卷五〇

同治六年。七月。庚申。山东巡抚丁宝桢奏。捻逆全股。抢扑胶莱河防。经官军击退。据捦获贼目李明山供称。贼中有洋匪二名。勾结洋人百余名。到劳山口与任赖相见。仍令潜回购办洋炮等语。查该逆勾买洋人军火。臣先已虑及。曾函属登莱青道潘霨。在烟台严加防范。兹据贼供。尤应确查防备。臣即飞咨各省通商衙门传知各国领事。严为稽查。并咨登州镇及饬该道多募师船。分巡海口。严查洋匪出入。以杜勾聚。其有海口各州县。亦饬雇募船只。派役严查。

辛酉。总理船政前江西巡抚沈葆桢奏。窃臣于同治五年十一月初一日奉上谕。左宗棠奏请派重臣总理船政一折等因钦此。臣自渥荷生成。优予终制。从未敢一入官署。左宗棠奉命西征。仓卒见访。坚以船政相属。臣知事在必行。自顾材非其任。面辞者四。函辞者三。呈辞者再。且徇本藉士民之意。联名吁留左宗棠暂缓去任。原以创造轮船。关系至巨。非其人莫能胜也。乃蒙圣主特达之知。采及菲材。畀以重寄。始饬会办。继令专司。且感且惧。至于涕零。早夜彷徨。寝食几废。诚以臣之材望。迥非左宗棠之比。而所处之地又各不同故也。洋人之性善疑。非其素所信服之人。动生猜忌。日意格。德克碑。久隶左宗棠麾下。其公忠果毅。亲见之而习知之。固宜为之尽力。臣于二将无一面之识。其难一也。轮船经费。与别项军需不同。稍不应手。便碍大局。从前所估。只属大概。数月以来。核计应办工程。应发款项。便有从前未经议及者。出款稍溢。便苦不敷。至于成船之后。一船又有一船之经费。非放开眼界。通盘筹尽。虽竭帑藏不足以供之。臣以迂拙之才。处桑梓嫌疑之地。其难二也。绅受治于官者也。为所治者忽然与之并列。其势必争。咸丰年间。设团练大臣。选巨绅之有乡望者为之。然获咎者往往而有。未见成功者。盖互相推诿。则事不行。互执己见。则事又不行。构隙甚微。顿成冰炭。虽封疆大吏。均公忠体国。而权势所在。媒糵者多。下至胥隶。皆足以簸弄是非。其难三也。官之于民。有分以相临。故威则知惩。恩则知劝。绅与士民等耳。不任事犹可也。任事则亲敌满前。恩威俱窒。所求不遂。谤讟横生。臣自束发受书。及官成归里。颇不见恶于乡党。乃奉命之日。荐书盈箧。户为之穿。舌敝唇焦。立成怨府。匿名揭贴。倡自官场。寖为风俗。辄思摇撼大局。以快其志。于臣何所加损。然而人心世道之忧也。其难四也。欲速则不成。惜费则不成。其理显而易见。然费数百万帑金。责效于五六年之后。人人以利薮相窥。一处脂膏。便思自润。先饱私囊。贻笑远人。非以法痛绳之。即转相仿效。其难五也。外国可法之事无多。而制器之工。实臻神妙。其人非有聪明绝异之质。但此精益求精。密益求密。不以见难自阻。不以小得自足。此意正自可师。内地工匠。专以偷工减料为能。其用意即已迥别。故不患洋人教导之不力。而患内地工匠向学之不殷。非峻法以驱之。重赏以诱之。不足以破除其相沿之痼习。其难六也。日意格。德克碑。功成之日。既获厚利。又得重名。名利所归。妒之者众。求分其利。求毁其名。皆在意料之中。稍涉游移。则前功尽弃。左宗棠威望足以镇之。非臣之所及也。其难七也。具此七难。何敢轻率从事。惟念时事多艰。皇太后皇上旦旰食宵衣。焦劳中夜。若为臣子者。狃于避谤远罪之私智。何以上答高厚鸿慈于万一。臣所深恃者谕旨谆切。知自强之道。断自宸衷。以万不得已之苦心。创百世利赖之盛举。必不为浮说所摇。但愿共事者体朝廷之心为心。勿以事属创行而生畏难之见。勿以议非己出而存隔膜之思。则大功之成。拭目可俟矣。船厂根本。在于学堂。臣访闻所派教习。咸能认真讲授。生徒英敏勤慎者亦多。其顽梗钝拙者。随时去之。有蒸蒸日上之势。惟马尾船厂洋楼一切工程。去城较远。监工员绅。呼应不灵。匠役不无延缓。臣函属前署藩司船政提调周开锡。先行亲赴工所。催督一次。现在工程亦渐有端绪。可以无误事机。周开锡一腔血诚。不避嫌怨。视公事如家事。为船政中必不可少之人。现在病已就痊。与臣常川住局。可以随时相与讲明而切究之。闻日意格已将机器购齐。料理下船。约计七月间可到福建。候补道船政提调胡光墉。将左宗棠饷事安置妥贴。亦可来闽。臣于本月十六日释服。十七日往晤福州将军臣英桂。闽浙总督臣吴棠。福建巡抚臣李福泰后。即驾轮船驶至马尾工次。恭设香案。望关叩谢天恩。敬谨任事。遵旨刊刻木质关防。文曰总理船政关防。即日开用。一切办理情形。容俟详细察核会商。随时奏请圣裁。

谕军机大臣等。前因左宗棠奉命西征。特令沈葆桢总理船政。兹据沈葆桢奏报任事日期。并沥陈各情。览奏具见诚悃。船政事宜。本非旦夕所能奏效。左宗棠以事当创始。专折请派。其知该前抚者实深。该前抚清慎之怀。中外共见。朝廷因事择人。亦期任事者以朝廷之心为心。并非浮言可夺。该前抚现已任事。惟当勉为其难。即著督饬周开锡等实力讲求。并将日意格等加意笼络。庶观成有日。用以自强。毋得瞻前顾后。有误钜工。沈葆桢以本地绅士督办船政。必须地方大吏联为一气。呼应始灵。英桂。吴棠。李福泰。务当和衷商办。俾该前抚永无制肘之虞。其应需经费。并著英桂等随时经理。以竟全功。

癸亥。三口通商大臣兵部左侍郎崇厚奏。奴才接据山东抚臣丁宝桢密函。捻匪在莱阳。锯伐大树多件。狡谋图逞。已饬登莱青道雇备师船。放洋巡缉。并据前敌平字营。获到长发老贼李明山供称。该匪在湖北。掳有洋人二名。行至即墨县劳山地方。匪众令洋人潜赴海口。句来党伙百余。讬其购买枪炮等语。奴才查该匪被偪入山。急图窜逸。既有重兵扼截归路。难免铤而走险。诡设渡海之计。登州各属。口岸甚多。居民大半养船为业。设该匪盘踞海滨。或抢掠船只。或句结匪徒。一经入海。南则江南山东。北则奉天直隶。沿海各口。处处防不胜防。虽经丁宝桢饬备师船。诚恐难资缓急。伏查上海曾设捕盗轮船。从前护送南漕来京。奴才亦曾亲见其船。实属坚固迅捷。若此时拨给数只。挑选得力将弁。备齐炮位。驾驶北来。分巡登莱各海口。梭织盘查。遇有该匪抢掠船只。即可随时轰击。较之内地水师船只。自必倍形得力。相应请旨饬下该省督抚飞饬苏松太道应宝时。迅将现有沪局捕盗轮船酌拨二三只。派令得力将弁。多带洋炮。驾驶前赴烟台。交登莱青道潘霨就近调遣。沿海紧要口岸。分拨梭巡。往来侦探。严防该匪入海。应需饷糈军火。即由上海宽为筹备。毋令缺乏。至获到该匪。所供洋人党伙购买枪炮各语。虽未必实有其事。不可不密为防范。除天津海口随时密查外。奴才现已飞饬山海东海两关监督。照会各国领事。并札行税务司。一体严查。以杜私贩而昭慎密。

谕军机大臣等。崇厚奏。严防捻匪抢掠海船等语。东省水师船只。为数不多。且恐未能坚实。上海所设捕盗轮船。坚固迅捷。素称得力。著曾国藩速饬应宝时。多拨船只。挑选得力将弁。配齐炮火。驶赴烟台一带。交丁宝桢督同潘霨就近调遣。

壬申。福州将军兼管闽海关税务英桂。闽浙总督吴棠。福建巡抚李福泰奏。臣等伏思设厂制造轮船。系中国自强之道。当今应办急务。莫要于此。凡有血气之伦。无不乐观厥成。为百世利赖之计。前以沈葆桢尚未释服任事。先在省城设立船政总局。派委司道随时禀商。经理其事。所需经费。节经臣英桂。先将海关结款四十万两拨解。嗣自上年十二月起。至本年六月。将每月银五万两。按月筹拨。共计银七十万两。先后解由藩司转解应用。臣吴棠臣李福泰。均于本年三月到闽。未得与左宗棠接见讲求。节次往晤沈葆桢。面谈一切。并以臣等初莅闽境。现在建造船厂洋楼之罗星塔地方。未经亲历其地。臣吴棠先于五月初旬。乘舟前往。周历勘视工程。殊有端绪。查知学堂教习洋师。均能认真讲授。并询之该洋师云。生徒资质尚多敏慧。臣李福泰亦于本月十七日。会同沈葆桢前往履勘。现闻日意格所购机器。六月间料理下船。计即可以赶运到闽。此时沈葆桢亲驻工次。更可无误事机。臣等惟有协恭和衷。愚忱共矢。钦遵谕旨。随时会商办理。所需经费。由臣英桂按月拨解。断不敢稍有延误。以济要需。

闽浙总督吴棠。福建巡抚李福泰奏。窃据台湾镇总兵刘明灯。台湾道吴大廷禀称。准合众国住厦李领事照会。该国商船名罗妹。于外国本年三月十二日。即中国二月初七日。行至台湾南洋港面。阁礁受伤打破。该船主及其妻并第二伙长水手三名。下杉板登岸。约离打狗口一百五十之遥。被该处之人戕害。止有华水手一名脱逃。又第二号小船一只。内载伙长并水手七人登岸。料亦被害。请严查究办。如尚未尽被害。查明送交。又准该国亚士休落总兵官费米日照会等因。并称定必以力相帮。办理此案。先是接准英国领事贾禄函致。本月初八日。有夹板船一号驶至瑯𤩝洋次红头屿。冲礁击碎。船中伙计十四名。驾杉板逃生。至瑯𤩝尾龟仔角鼻山登岸。被该处生番捉杀十三人。仅存一人。来至貓仔坑庄车城衔。经瑯𤩝匠首人等。将船伙一名发配货船来旂。交敝署收领各等情。当经台湾道吴大廷函复贾领事。并檄凤山县会营设法查办。厥后李领事。费总兵至台。与吴大廷接晤。经该道将台地生番穴处猱居。不载版图。为声教所不及。是以设有土牛之禁。今该船遭风。误陷绝地。为思虑防范所不到。苟可尽力搒捕。无不飞速檄行。无烦合众国兵力相帮办理。或损威失事。愈抱不安。剀切开导。该领事等均各允服乐从。现仍再饬凤山县会营查办各等情前来。查此案先据李领事来省面见臣吴棠。述知前事。当因未据镇道禀报。即饬令通商局司道。密函飞布台湾道。赶紧确查委办去后。旋据禀报各情。复经臣等饬行台湾镇道查办隄防。万一再有外国人船。骤到生番地界停泊。务必设法劝阻。弭患事先。并咨呈总理衙门查照在案。嗣据台湾镇道五月初二日来详。据凤山县知县吴本杰。会同南路营参将凌定邦。前署凤山县知县淩树荃等查禀。龟仔角地方。去瑯𤩝尚有数十里。其地尽系生番。并无通事。鸟道羊肠。箐深林密。系在生番界内。其行劫之凶犯。又系生番。并非华民。该处既未收入版图。且为兵力所不及。委难设法办理。并据声明业已照会李领事查办。旋又据该镇道钞录五月二十四日奏稾呈报。五月十二日。花旗国轮船。驶赴傀儡山之龟仔荳杜。有二等带兵洋官一员。洋兵一百七八十名。被生番诈诱上山。从后兜击。因路径险窄。带兵官受伤毙命。洋兵被伤者数人。轮船已于十三日驶回上海。声言回国添兵。秋冬之间。再来剿办等情。臣等接据详报。不胜诧异。正在檄饬设法妥办间。据英国税司美理登。代送合众国李领事申陈。以该镇道始则允为办理。不必外国相帮。继则诿诸地非中国兼辖。为兵力所不及。似可置不与较。谓为前后异议。语多恫喝。而其五月十二日轻进失挫一节。讳而不言。臣等伏思瑯𤩝傀儡山一带。地属番境。该处之不易进兵。番人之难以理喻。此固人所共知。即外国人亦未必不知。此次合众国商船。因遭风误陷绝地。台湾镇道刘明灯。吴大廷等。于据报后即经派委文武查办。剀切开导。告以该处不可进兵。允饬地方官设法。不必外国相帮。深得大体。即其奏称密约熟番乘间代谋等语。亦属得法。而其照会李领事等之文。则以委难办理之语。决绝覆之。致令有所借口。在该镇道之意。似欲使其知难而止。中外交涉事件。必须计出万全。纵系实在情形。亦不得不曲示包容。周顾大局。今该商既被捡杀多名。又有兵船挫失之事。断不肯置不与较。一经与番人构衅。则台地动多牵掣。自应赶紧设法筹办。不容以推诿而生枝节。现经臣照覆李领事等。允为查办。并严檄责成该镇道。会督文武。遴选屯弁屯兵。雇觅熟番购线办理。暨查有前署台湾镇总兵曾元福。于该处情形。最为熟悉。委署台防同知王文启。前在嘉义任内。深得民心。檄派令随该镇道相机妥筹。务将滋事之凶番。缉获惩治。一面查起被害洋人尸身交领。以仰副圣朝柔服远人之至意。

八月。乙酉。总理各国事务恭亲王等奏。同治六年六月十八七月二十一等日。由军机处交出台湾镇总兵刘明灯。闽浙总督吴棠等。先后奏报。美国商船。至台湾南洋港。阁礁受伤打破。该船主及其妻并第二伙长水手三名。下杉板船登岸。被该处之人戕害等因具奏前来。均奉旨该衙门知道。钦此。臣等查此案前于三月十九日。据美国使臣蒲安臣。呈递臣衙门照会内称。美国船一只名罗发。被飓风吹触海礁。以致沈没水底。船主与水手共十四人。一齐登岸。忽有一群土匪突出。将十三人全行杀害。请速为查办。并称达知本国水师提督。派兵船到台湾会办。当经咨行该省督抚转饬迅速查办。嗣据覆称。业经向该领事官剀切开导。均各允服乐从。撤兵回厦。似其心已输服。别无轇轕。复经臣等致函密询闽省督臣。该国轮船。究竟行驶何处。应转饬该镇道密速查覆。务令设法调停。免滋事端。并告以生番虽非法律能绳。其地究系中国地面。与该国领事等辩论。仍不可露出非中国版图之说。以致洋人生心等因各在案。兹据吴棠等奏报前情。臣等伏思生番匿处窮山。林深菁密。即使带兵剿办。非有熟悉路径者为之引进。亦不易得手。傥该国果于秋冬间带兵而来。比时更难阻其不往。设使洋人受挫。则生番之滋扰益甚。若生番被挫。则洋人难保不别生觊觎之心。办理更形棘手。今吴棠拟令雇觅熟番。购线筹办。尚为得法。惟事经该督等照会该领事等。允为查办。傥所派文武委员及镇道等。不能豫为熟筹妥办。迁延日久。必致哓渎不休。臣等公同商酌。应请旨饬下闽浙督抚。严饬该镇道及所派文武委员。迅速购觅熟番。相机办结。不得任令颟顸支饰。庶美国无所借口。而别衅亦可不生。

美国照会

为照会事。照得厦门领事官李。于二月二十七日咨称。美国商船之水手华人到台湾府港口。禀知英国领事官云。伊先十余日。坐美国船一只名罗发往牛庄去。开船三两日。忽被飓风吹船。船触海礁。以致沈没水底。船主与水手共十四人。坐三板往台湾极南之海股。耳聆其音名彭流。十四人一齐登岸。彼时困备之极。忽有一群土匪突出。将十三人全行杀害。该水手即行躲避。逃至台湾港口英领事署禀明等语。英领事立刻偕该水手坐兵船一只。往该地方查验或生或死。兵船主驾两只三板甫到海滨。尚未登岸。忽见丛林中放出许多弓箭鸟枪。止伤一人。而被害之十三人所乘之三板。置在沙岸。行迹显然可见。该兵船回至台湾府。本领事风闻此事。亦往验过等因前来。本大臣因思此等凶恶之徒。连杀十数命。复逞凶施放箭枪。实属难容。而且台湾极南之海股。系险隘之区。历年以来。往来船只遭难者不少。务使该处无危险之虞。为此照会贵亲王。请速行知该地方官。本大臣随即达知本国水师提督。派兵船到台湾府。与贵国官相商前往该地方查办可也。

给美国照会

为照覆事。准贵国大臣照会内称。以美国罗发商船。在台湾府彭流地方。被土匪杀害船主人等十三人。经领事官查验。形迹显然。请行知该处地方官查办等因。本爵查遭风洋商。逃至台湾府所属彭流地方。其困备情形。自属可悯。竟被该处惨杀多命。迨经英领事官前往查验。又有施放枪箭。拒伤一人。亟应严拿惩办。以儆凶暴而安商旅。惟查台湾所属有地名澎湖。海嶼纷歧。今贵大臣所称彭流地方。是否即是澎湖。其滋事之匪。究在何处。均须饬该处地方官确切查明。以凭核办。本衙门现已将贵大臣照会钞录。飞咨闽浙总督。福建巡抚。严饬该地方官赶紧查办。务将该匪设法办理。俾商旅得以畅行。除俟该督抚覆到再行知照外。相应先行照覆贵大臣查照可也。为此照覆。

庚寅。三口通商大臣兵部左侍郎崇厚奏。上年冬间。经总理各国事务衙门奏准。在于广东轮船变价项下。先行提拨银八万两。由丹国领事官密妥士。倩人赴外洋采办机器。雇觅西匠。来津设局。制造火药等项。已将筹办各情先后奏明在案。项据密妥士面称。现接英国来信所有制造火药铜帽机器。均已买妥。共用二万一千余金磅。核银约七万余两。应雇大船三只。运送来津。每船需雇价三千余金磅。共需船价约三万两上下。又因机器多系重大之物。不能装入船舱。其内舱空处。拟用别物压载。英国煤斤。用作机器。甚为合用。而较中国煤价值又廉。应买煤一千数百顿。压载前来。两得其便。尚应汇一万金磅前去。计核银三万三千三百三十三两三钱二分。以便照办等语。自应如数补给。现经奴才再于洋税药厘两项下。拨给银三万三千三百三十三两三钱三分。交密妥士兑收汇寄购办。又据教练京营马队之总教官英人薄郎论及。查有修造枪炮并仿制炸子开花炮等机器。可以在上海香港各处。就近采办。并延得英人狄勒前来。先行试办。兹已陆续拨银数千两。购运来津。在于城南设局。经德椿督同委员添盖房屋。安置各种机器。如能仿造合式。亦可随时制办。应需款项。一俟购齐。由奴才核明价值数目。并洋人薪工。匠役工价。汇案咨报总理衙门查核。理合附片陈明。

庚子。盛京将军都兴阿奏。准山东巡抚咨开。据拴获贼目李明山供称。贼中有洋匪二名。句结洋人百余名。到劳山口与任赖相见。仍令潜回购办洋炮等语。正在核办间。据金州协领同知详报。七月十三日。有洋人二名。从旅顺口下船。十五日进城。询据一名罗依。一名贾来。由山东烟台至此。前赴营口洋行卖货。拘验洋人。并无领事地方各官印信执照。仅有洋字一张。均不认识。每日在该两署喧闹索要车马盘费。该协领等恐其滋生事端。发给盘费。雇小车一辆。会派兵役。于十八日照护送赴营口。该洋人又要骑马。随即出城北行。不容拉劝。追回贾来一名。旋经派出兵役。访至复界瓦房店。将罗依一名巡获带回。均已先后呈送兵备道衙门。饬交外国领事官讯办。伏思山东捻逆。既有洋匪多人在内句结。购办洋炮。则是由东到奉洋人罗依等二名。形踪诡密。并无执照。难免不系使出窥探之人。惟该协领同知已将伊等呈送海关道署。转交收办。应由该道照会领事官员。认真查究。以杜影射句结之渐。

庚戌。总理船政前江西巡抚沈葆桢奏。窃臣于六月十七日。驰赴马尾莅事。业经奏明在案。随接见在事员绅咨询一切。并驾轮船周览上下形势。知马尾一区。上抵省垣南台水程四十里。下抵五虎门海口水程八十里有奇。自五虎门而上。黄埔。壶江。双龟。金牌。馆头。亭头。闽安。皆形势之区。而金牌为最要。自闽安而上。洋屿。罗星塔。乌龙江。林浦。皆形势之区。而罗星塔为最要。马尾地隶闽县。据罗星塔之上流。三江交汇。中间港汊。旁通长乐福清连江等县。重山环抱。层层锁钥。当候潮盛涨。海门以上。岛屿皆浮。潮归而复。洲渚礁沙。禁回毕露。所以数十年来。外国轮船夹板船。常泊海口。非土人及久住口岸之洋人引港。不能自达省城。道光末年。地方大吏。筹备海防。但载石凿舟。以塞林浦上流。竟割重重天险而弃之。臣询之海滨土人。至今犹共以为非策也。船坞在马尾山麓。地曰中岐。但就其一方地势而言。大江在前。迤南而下。群峰西拱。状若匡牀。中间坦处。旧本村田。去年购买归官。始圈为船坞。计地周围四百五十丈有奇。客冬以来。召集民夫。窪者平之。低者垒之。虑田土之积弱难胜也。沿坞密钉木桩以固之。虑海潮谿汛不时骤至也。沿坞各增五尺以防之。坞外三面环以深濠。既借通运载之船。亦可泻积淤之水。坞内滨江者为船槽。若铁厂。轮厂。机器之厂。斩木之厂。架木之栈房。皆参列其后。余尚有从前未经商定之件。宜俟洋将到闽。续行分别筹商指置。坞外之东迤北。为臣及办事各员绅公所。外国匠房三十间。周以砖垣。如鳞之次。外国匠房之左。为法国学堂。后缀生徒下处三十间。其制略如匠房之式。又左为英国学堂。其生徒下处同之。下近江湖。则煤厂在焉。上倚山丽。则中国匠房在焉。循麓上山之左肋。可以眺远。臣饬前驻楚军五百人。因地筑垒。不特可揽船厂全局。沿江上下数十里。风帆沙鸟。如在几前。稍下则监督日意格所居也。在臣公所之右者。有外国医生寓楼。匠首寓楼。其与日意格山楼对峙者。则副监督德克碑之屋。下为官道。将抵口岸。画为官街。以便民间贸易。一切土木。或已经完工。或已有三四分至八九分不等。辰下畚锸两集。斤斧云从。计日课功。屈指可数。此船坞内外之大概情形也。臣又维船政根本。在于学堂。因于六月十九日。就马尾甄别法学艺童。随及英学艺童。既因其勤惰分别升降。复定章程。每日常课外。令读圣谕广训孝经。兼习论策。以明义理。其续招入局者。先扃门考校。择其文理明通。尤择其姿质纯厚者。以待叙补。盖欲习技艺。不能不籍聪明之士。而天下往往愚鲁者尚循规矩。聪明之士。非范以中正。必易入奇衺。今日之事。以中国之心思。通外国之技巧。可也。以外国之习气。变中国之性情。不可也。且浮浇险簿之子。必无持久之功。他日于天文算学等事。安能精益求精。密益求密。谨始慎微之方。所以不能不讲也。采办一节。似易实难。不患美材之难求。而患人心之苟且。向来官场气习。以浮冒搪塞为能。船政之兴。尤视为利薮。去年以来。承办铜铁木料煤炭者。非无其人。然用商贾。有时扰累之弊甚于官司。用官司。有时侵渔之端甚于商贾。驯至劣幕奸胥。交通市侩。鬼蜮丛生。是以民间置货。尚有精良。一属公家。便多赝鼎。明知国帑之当重。竟敢于糜国帑。明知要工之不可误。竟敢于误要工。言之实堪痛恨。臣迩又闻向来外国船材。煤炭多运自缅甸暹罗。现虽遣员先于近处采干搂岩。他日恐不免取材荒裔。重洋辽迥。更防不胜防。任非其人。糜费虽多。仍归无用。拟乘此发令之初。明罚敕法。以警其余人心畏法。而后弊宪可除。良材毕至也。至船厂之兴。固须收罗工匠。轮船下水。则柁工水勇。缺一不行。非徒习惯风涛。尤须熟精枪炮。盖国家之刱造轮船。譬诸千金买骏。傥冲锋陷阵。不持寸铁。虽有千里之马。安足成功。现在洋匠尚未至闽。船成尚需时日。拟先调闽中旧撤炮船十只。添练水勇二三百名。未成船以前。借以巡缉近洋。成船以后。即可擐甲登舟。驾轻就熟。此臣近日考校学堂。分饬采办。及招募水勇之情形也。至制造工程。俟日意格等分载工匠轮机到厂后。再行具奏。除绘图咨呈军机处总理衙门外。理合先将大概情形。谨会同陕甘总督臣左宗棠。福州将军臣英桂。闽浙总督臣吴棠。福建巡抚臣李福泰。恭折由驿具奏。

（九月乙丑）恭亲王等又奏。再臣衙门添设同文馆。招考天文算学一事。业于本年五月二十日。在臣衙门将投考各员扃试。酌取三十一名。当经具奏。并将试卷进呈在案。惟思所取各员。仅长于中国文理。而于西文西语。未尝学问。即使所延洋人。亦通中国语言文字。究恐讲解尚多隔阂。因查同治二年二月。暨三年七月。升任江苏巡抚李鸿章。奏请仿京师同文馆之例。在上海设立外国语言文字学馆。臣衙门奏覆广东开设教习外国语文文字学馆。俱经声明。如有精通西文西语。才识出众者。调京考试。授以官职。均蒙俞允。行令遵照在案。兹查上海广东两处所设学馆。已阅三年。其中子弟所学。即或未能深粹。而通其语言文字者。谅不乏人。臣衙门开馆伊迩。若于该学生中择其已有成效者。咨送来京考试。与臣衙门本年所考各员。共为讲解。必可得力。应请旨饬下上海通商大臣。两广总督。广东巡抚。将各该处所立外国语言文字馆内。择其已有成效者。每省酌送数名来京考试。以便群相研究。俟有成效。果系才识出众。即由臣等酌情奖励。授以官职。俾资鼓舞。

同治卷五一

（同治六年丁卯十月）丙戌。总理船政前江西巡抚沈葆桢奏。九月初九日。洋将日意格。带同洋员洋匠十二人。女眷四口。幼孩一口。乘轮船驶至马尾。其机器各件。据称两月一起。分作三起。由夹板船装运来闽。以后陆续可到。至所有船槽铁厂一应如何兴造之处。俟其详晰具禀。再行随时奏闻。理合先将洋将到闽日期。会同陕甘总督臣左宗棠。福州将军署闽浙总督臣英桂。闽浙总督臣吴棠。福建巡抚臣李福泰。合词具奏。

乙未。福建台湾镇总兵官刘明灯奏。合众国商船。至凤山洋面。遭风上岸。被傀儡山生番戕害一案。业经奴才会同道臣吴大廷。将先后办理情形据实详细密陈。嗣又会同道臣吴大廷。督令台湾府。移饬南路营县。责成选派屯弁屯丁兵丁多名。直赴瑯𤩝附近地方。择要驻扎。悬立重赏。乘间密拿。原冀购得凶番数名。以谢洋人。俾免口实。奴才等身任地方。断不敢轻听营县借口诿延。自取咎戾。乃六月十七日。接住厦合众国李领事照会。于五月十二日并未知照地方官。轻进被挫之事。避讳不言。于奴才等节次照覆。遴派文武。会同营县。设法拿办之文。亦无一字提及。独摘奴才等先于五月初二日照覆婉劝之语。纷纷诘难。语多恫喝。殊不可解。夫该处山海危险。兼系番地。又值风汛不时。以合众国之强悍。火轮船之便捷。五月十二日之挫。李领事至今讳莫如深。是奴才与道臣吴大廷前此委婉劝谕者。爱之非拒之也。顾经委婉劝慰。原冀悦服其心。仍复相机妥办。以期了结此案。始终未敢推诿。特以界处南洋。比时既非追兵之时。该处又非用众之地。番性狡诈。可智取不可力争。万一办理失宜。致如李领事先等之轻进受挫。不但无以谢绝洋人。亦恐有乖国体。奴才与道臣吴大廷。时常接见。未尝不于此事反覆筹维。思得当以报。以冀绥靖海疆。藉慰宸廑。现已会商道臣定期八月十三日。趁南阅营伍之便。会同前署总兵降调北路协副将曾元福。驰赴瑯𤩝。相机妥办。

丙申。总理船政前江西巡抚沈葆桢奏。据日意格禀称。去年十一月二十二日。由香港西旋。十二月二十七日抵国。即日向该国水师兵部尚书。禀明中国委造轮船情由。该尚书以未奉天朝谕旨。令该洋将暂缓雇工。一面行文该国留住香港之水师提督确查。五月初四日。该提督覆称。此事已奉命旨。并简派大臣督办。且以该洋将并德克碑等。效劳中国有年。此次创造轮船。尤裨实用等语。该国尚书乃许雇定工匠。七月二十日。该洋将即乘轮船起程。九月初九日。抵福州马尾。前约往返以六个月为期。现逾原限。实因展转行查所致。并非无故稽延。至原约采办各厂器具。及轮机洋铁等项。共重九百八十七顿。今多备一千余顿。所有价银。以及包扎保险。尚属敷用。惟水脚不敷。船中所用星宿盘。量天尺。水气表之类。亦已购齐。该洋将先于六月十四日。派夹板船一号。由该国载船厂器具。并铁二百五十余顿。八月十八日。又派夹板船一号。载铁厂一半器具。并铁二百五十余顿。十月初。又派夹板船一号。载铁厂一半器具。并轮机两副。尚有轮机两副。十二月初亦可开船。惟夹板之捷。不及轮船。每交约须五个月为期。铁船槽长三十丈。阔十五丈。可以进修二千五百顿之轮船。工匠原约共三十七人。现由该洋将带来匠首五。匠人七。另有医官一。总监工一。看铁监工一。驾船教习一。下月可到。余则皆于明年正月。由德克碑带来。又称本年六月二十四日。经该国主传询中国造船情形。谕令用心办理。旋饬该国各部行文留住香港之水师提督。随事照料各等情。据此。臣维该洋将此次远涉数万里风涛。购器募工。均已就绪。现在征衣甫卸。即躬督中外工匠。日在船坞。将应办工程妥速布置。一面赶造船身。以便轮机到时。即可配制。洵属踊跃从公。深堪嘉尚。除将日意格原禀。钞呈军机处。总理衙门。备查外。谨将所有购器雇工详悉情形。会同陕甘总督臣左宗棠。福州将军署闽浙总督臣英桂。闽浙总督臣吴棠。福建巡抚臣李福泰。合词具奏。

谕军机大臣等。沈葆桢奏。洋将购器募工。均已就绪。并请令周开锡始终其事。留李庆霖差遣各折片。洋将日意格。回国采办器具。俱已齐备。并雇觅工匠人等。十月后可陆续到闽。即著沈葆桢。会同英桂。李福泰。督饬局员。及该洋将等。将应办工程妥速布置。一面赶造船身。轮机到时。即可配制。前署藩司周开锡。道员胡光墉。前经左宗棠等奏派充局员。并据左宗棠奏称。但愿谨守条约。可望有成。是左宗棠于船政一事。责成该员等。确有把握。著沈葆柏桢。传知周开锡。专意从公。毋得畏难退阻。并著马新贻迅催胡光墉。克期赴闽。以资差委。道员叶文澜。现在已否到局。该员前有被控之案。著英桂。李福泰。速为秉公断结。知府李庆霖。前经吴棠奏参革职。勒令回籍。兹据沈葆桢奏称。该员在局襄办有年。尚无劣迹。著准其暂留船政局差遣。傥复始勤终怠。即著沈葆桢据实参撤。无稍回护。所有船政一切事宜。著英桂等。俟吴棠旋任后。详细商榷。和衷办理。

同治卷五三

(同治六年丁卯十一月)辛未。广东巡抚蒋益澧奏……谨就微臣思虑所及。胪列四条。以备圣主采择焉。

……

一。请明年江浙漕粮。仍归河运。暂避海氛也。臣惟海运漕粮。昉自元季明初。迨明永乐间会通河成。遂罢海运。我朝二百余年。海运间一行之。而河运之为功最久。自咸丰初年。黄运两河决口。费钜工艰。未遑修筑。议改海运。十余年来。颇为畅顺。无复计及河运者。因利乘便。势使然也。然古来利害相乘。每出于意料之外。昔之绸缪海运。而惕惕然防之者。曰风涛之险也。漂没之虞也。盗贼之劫掠也。舍此可无他虑矣。而臣之今日私计过虑。有不得不思患豫防。洋人起海。是其长技。况轮船尤非他舟所能及。明年议约。要求必多。且必有一二端为我所万不能行者。必挟之以口实。然如微臣所拟。简将练兵。以固本根。则京师保障。可以仰慰宸廑。又如海疆口岸。各自筹备。以分敌势。亦差足以有备无患。独海运漕粮。似宜仍归河运。暂避海氛。并非防劫掠也。彼但于成山。烟台。大沽各口。横梗截阻。借此为挟制之端。争之则用兵海上。非我所长。不争则授权于彼。更无良策。拟请饬下江浙江督抚臣。迅筹河运之法。先以造办粮船为急务。船式不必如从前之高大。以防河道之浅阻。或兼雇民船。或并借商船。总以适用而止。臣在浙江藩司任内。议减漕粮时。曾与浙江抚臣马新贻。豫筹河运地步。两江督臣曾国藩。素有深谋远虑。谅必早为筹备。闽浙督臣吴棠。曾于同治四年在漕督任内试办河运。已有成效。此时合力通筹。谅更易于举办。并请旨饬漕运河道督臣。赶紧修濬运河。以期一律通畅。即两省全漕。未能并归河运。或分运其半。均无不可。且近年海运船只。因轮船带货便捷。向准津贴装载货物。逐渐减少。不能获利。召募运粮。甚为费力。是又改归河运之机也。臣巡抚广东。漕务河运。本非可越俎而谋。惟钦奉圣训。全局通筹。事关海疆。苟有所见。不敢安于缄默。似未可因更改章程。知而不言也……

同治卷五四

(同治六年丁卯十一月乙亥)崇厚又奏。再奴才自办理通商以来。随时体察情形。现届修约之期。通盘筹度。尚有三事。于大局甚有关系。务须杜渐防微。先事豫筹者。敬为我皇上密陈之。

一税务司不宜于修约内出名也。查税务司之设。创之于广东上海。当时不过为监督官雇用之人。迄至咸丰十年换约以复。经前工部侍郎恒祺会同奴才札调赫德。原以洋商征税等事。各监督初办。恐多棘手。用以藉资稽查。于是税务司遂为官用之人。职司稽查税务。数年以来。总理衙门再三整顿。于税项大见起色。实系用税务司之力。惟因李泰国骄悍性成。立予罢斥。中外洽然。及赫德为税务司。将任用税务司之权。归于税务司。监督不能去取。各口监督。又因随时换任。情形不熟。多有将税务事宜。专委之于税务者。因而各口税务司之权日重。洋商但知有税务司。而不知有监督矣。税务司乃因中国应有之权。而据为已有。明理者尚安本分。倚势者任意把持。现届修约之期。心存垄断。愿办铜线。铁路。欲窃中国之权。而与洋商谋利。应请于现修约内。无论何款。不可有责成税务司字样。则沿海利权。不致移于外国。洋商知税务尚无真权。铜线铁路。即无人办理。此政体所关。实防微之要议也。

一洋药税则。不宜加重也。查从前各钞关税务则例不同。章程不一。原系各就地方情形而定。自各国通商以来。所定税则。均系不再重征。单照纷繁。流弊已不可胜言。内地税关厘卡。大为减色。近年来所恃者。惟有洋药一项。条约内载明不准外国人包送。可以任凭重微。每年税项厘金数百万两。而各洋商时时以此为不便。间尝闻其议论。皆云洋药之税。尚可加重。统归不再重微之例。即税务司亦屡屡言之。现在修约。彼必以情愿加税为词。冀我允从。以便定不再重征之例。傥若允准。不惟各厘卡之饷源告竭。即内地设行栈。内河驶轮船二事。亦皆因洋药而起争端。应议约时。持定通商税则第五款所载。嗣后遇修改税则。仍不得按照别货定税之语驳斥。不致洋商包庇护送矣。

一茶税不宜减轻也。查税则内载。茶叶每百斤税银二两五钱。若以值百抽五之例绳之。细茶至昂之价。每百斤不过值二三十两。降而十余两数两不等。即以至贵者论之。亦不止值百抽五。则是茶税本重。而何以原定时各国并无一言者。盖因从前粤海通商。征收茶税。连正项并杂费收至八两有余。茶船出口。又有限定斤数之禁约。嗣后一改而为二两五钱。杂费一切删除。各洋商自欣然乐从。及至俄国后定陆路税则。力争茶税。恳求减少。与之争论。几乎舌敝唇焦。仅允其将砖茶一项。改为六钱。并声明别种茶叶。均照旧例。现在各洋商又时时有求改茶税之意。议约时在所必争。彼不过以茶叶之价值甚少。于值百抽五之例不符为词。不知税则各有用意。不能专以价值论税。英吉利前数年间用兵之时。该国茶税曾加至四十两。彼又将有何说。彼必饰词巧辩。以税减可以鼓舞商情。畅旺税课。虽少实多为词。不知土地之出产有限。民间之食用难增。此说尤不可信。总之茶税一项。为各关之大宗。若轻于议减。则百万之款。立见消耗。应请查照俄国续增税则内。砖茶以下注明别种茶叶税则。不得援照此例。庶不致茶税另生异议矣。

以上三条。皆有关大局。自应先事豫筹。杜渐防微。铜线铁路。为税务司所原办。藉以揽权。洋药茶叶二事。均与内地设行栈轮船入内河相连属。得于彼必争于此。皆有碍于国计民生。奴才管见所及。理合附片密陈。

丁丑。福建台湾镇总兵官刘明灯奏。窃奴才于八月十三日。由郡起程。十八日抵枋寮。查询前途。尽属番界。间有闽粤之人。零星分处。以生番伺杀无常。恒有戒心。且其中箐深林密。鸟道羊肠。又多大石嵯峨。碍难下足。素为人迹所不到之区。当即分派员弁。督率民夫。将枋寮以下一带山路。树则芟之。道则平之。先后就地添募勇丁。并各给予旗帜。分扎各庄。看守堵御。兼作乡导。于二十五日。由枋寮统师水陆并进。间遇路径险窄。每日身先士卒。步行二三十里。沿途经过各庄。及附近番社。皆出迎接。并献难豚酒米。一概却之。宣布皇仁。分别赏给番银银牌羽毛红布料珠等件。各社番俱各欢欣感戴而去。奴才抵瑯璚后。驻扎紫城。前署镇臣曾元福。及署台防理番同知王文棨。合众国领事李让礼等。先后到地。访查龟仔角生番。尚离瑯璚四十余里。地势险要。传集各庄头人来见。详加询问。据称内山地方。共有十八番杜。其负嵎恃险。以龟仔角为最。而其凶恶残忍。亦以龟仔角番为尤。平居互称雄长。夜郎自大。迨至酒酣。辄拔刀相向。虽父子兄弟。亦所不顾。习俗使然也。该番戕害洋人之后。知为法所不容。早已加意隄防。虽不与熟番人等往来贸易。只邀十七社番饮酒要盟。意图抗拒。而各社生番。屈于威力。类多勉强应允。但得番目卓杞笃前往宣谕。散其党与。剿办不难得手。奴才窃思奉委查办此案。只期拿获凶番数名。尽法惩治。即可以谢洋人。今该番负固不出。既无线路可通。复敢要结党援。妄逞螳臂。若不大张挞伐。不足以儆凶顽。当与道臣吴大廷等往返函商。意见相同。一面会同前署镇臣曾元福。禀咨督抚臣。先令台防理番同知王文棨。随营委员候补从九品王懋功。留闽浙补用副将张逢春。侭先补用游击本任斗六门都司林振皋等。分赴各番社妥为安抚。奴才即于十五日拔营进扎龟鼻山。距该番巢穴不达。正与前署镇臣曾元福。订期分路并击。十六日据准李领事照会。内称十三日带领通事吴世忠。及闽粤头人亲赴火山地方。途遇该处总目卓杞笃。而议和约。嗣后船上设旗为凭。无论中外各国商船。如有遭风失事。由该番妥为救护。交由闽粤头人转送地方官配船内渡。傥若再被生番杀害。闽粤头人转为帮拿凶番解官从重究治。此次起得女洋人头亏及照影镜。系该领事自向赎回。所费银圆。照数归还。其余尸身。已被该番先抛入海。此外并无被掳未害洋人。无从释放。该领事恐其结怨。业己允从愿为和息。并代该番照请撤兵。恳免深究等由前来。奴才伏查此次罗妹船伙。被生番所杀。并非无因。只缘五十年前龟仔角社生番。曾被外国洋人登山酷杀。几无孑遗。以致世世挟仇。希图报复。此系番目卓杞笃向李领事面言。似属可信。奴才察看此间海道。生成天险。礁石林立。利如锋刃。其中暗伏沙线。尤难窥测。设或风帆不顺。船只到此。无不立碎。况该番与洋人。有不共戴天之仇。前此乘危截杀。原为报复起见。今若代其剿办。诚恐洋番仇怨。愈结愈深。从此仇杀相寻。永无休息。现既据该领事等两愿和好。尽解前隙。似宜纲开一面。用彰我皇上宽大之恩。当即飞函密与道府熟商去后。十七日复据李领事亲至大营。面见奴才求为和息。言词愈益恳切。不得不通融办理。俯如所请。饬传闽粤熟悉头人。立具保结。一面妥议章程照覆。并将代为追回量天尺。千里镜。及该领事前去赎价番银一百圆。由奴才先行发还。该领事甚为感激。惟现扎营盘。据该领事照请暂留。俟其到省申陈督抚臣。可否准予改设炮台。另奏请办理。现酌派兵丁及该处庄丁看守。并留行营炮二尊。以壮声威。奴才于十九日回至瑯璚内山。各社生番。经王丈棨等抚谕之后。仰怵圣主恩威。均各相率来见。复经奴才阐扬德化。优加犒赏。莫不以手加额。喜出望外。奴才抵瑯璚后。立将募勇裁撤。其应需员弁兵勇薪水口粮夫价船价赏号等项。除台湾府先后解来番银一万三千四百两。分拨曾元福。王文棨。两人支应外。尚有不敷。业由奴才就近筹借发给。事竣核实报销。丝毫不敢冒滥。一面将办理详细情形。禀由督抚臣察核具奏。并俟李领事回夏。奴才始行起程。于十一月初一日回郡。

同治卷五五

(同治六年丁卯十二月)甲申。两广总督瑞麟。广东巡抚蒋益澧奏。窃粤东洋面。近年盗案叠出。必须置买轮船。以资巡缉。曾经臣益澧于议筹全局情形折内声明。以俟筹有款项。再行随时购买在案。旋经臣等与调任闽浙总督臣左宗棠会商。于闽省择地建厂。试造火轮船只。分资闽粤两省巡洋之用。嗣左宗棠调任陕甘总督。奏请饬令前任江西抚臣沈葆桢在藉接办。一时尚难成就。粤洋巡缉。关系非轻。

旋又剿办曹冲客巢。正需轮船助剿。当经臣等再三熟商。先后向英法两国购买大小轮船六号。来粤遣用。内于同治五年十一月三十日。买法国火轮兵船二只。议价银八万两。六年五月初十日。据送到一只。取名澄清。尚有一只欠银三万两。原限六年六月内送到。因改造轮机。十月内送到。取名绥靖。又五年十一月三十日。买得英国飞龙火轮船一只。给价银二万三千三百零二两五钱。又六年四月初六日。买英国火轮兵船二只。原议价银九万二千一百三十四两。据领事罗伯逊。申请给价兴造。于五月二十二日。先交三分之一。尚余三分之二。船限本年内驶到。又六年二月初六日。买到法国火轮船一只。取名镇海。议定价银四万九千两。分次兑交。以上六船。共该价银二十四万四千四百三十七两。已给价银一十万零二百九十五两三钱九分九厘。尚未给价银一十四万四千一百四十一两六钱零一厘。以上动用价银。并无成例可援。仰恳皇上天恩。府准作正开销。实于巡洋。大有裨益。臣等伏查从前各省购办轮船。动多流弊。当其未经买来之先。领事与洋商一味蒙混。迨买来之后。则指某船缺少某件器具。均系行船必用之需。中国因而受累。现在所购轮船六只。尚无前项情弊。价值亦不甚昂。业经驶到之澄清。飞龙。镇海。绥靖。四号轮船。臣等亲自乘坐演试。洵属工坚料实。应用器具。均各完备。且驾船水手。每船仅用洋人数名。其余均系本地勇丁。并由臣等于水师各营。拣选副参游都守之熟识洋情者。分别管带。以习其技而操其权。似较设厂制造。更为捷便。

(乙酉)李鸿章附呈藩司丁日昌条款

……

一。创建轮船水师。分为三阃。夫古来防边之道。西北则筑长城以为藩篱。沿海则自明以来。设立炮台以为经。设立师船以为纬。皆所以制外而冲内也。国朝西至嘉峪关。东至凤凰城口外地方。悉入版图。长城之守。早已不事。惟沿海炮台。尚仍明制。然自海氛构衅。中国水师。无能御敌。是不独师船不及轮船夹板。即沿海炮台。亦呆无所用。沿海兵制。亦散而无统。是以洋人游弋海上。厚集其势。由一路伺隙进攻。而中国必须处处设防。不能互为援应。正犯兵家备多力少之忌。此其所以不胜也。今宜变通旧制。制造中等根驳轮船。分驻内洋港口。缘外国大号兵船。只宜驰驶外洋。内港则潮退易浅。沙线错出。大船不敢骤入。且我若专守内港。则有险可恃。兼有陆兵可以接应。其根驳轮船。约三十号。以一提臣督之。分为三路。一曰北洋提督。驻扎大沽。直隶咸京山东各海口属之。一曰中洋提督。驻扎吴淞江口。江苏浙江各海口属之。一曰南洋提督。驻扎厦门。福建广东各海品属之。各路提标皆精选兵将。宁优其饷。毋滥其籍。明其赏罚。新其纪律。无事则出洋梭巡。以习劳苦。以娴港汉。以捕海盗。有事则一路为正兵。两路为奇兵。飞驰援应。如常山蛇首尾交至。则藩篱之势成。主客之形异。而海氛不能纵横驰突矣。计海关近来所入。比从前多至七八倍。则亦不患无经费之可筹也。

一。设立市舶司。赴各国有华人所处。管理华人。夫泰西之于商人。皆官为之调剂。翼助国家。攻战之事。商亦时辅其不及。是以上下之情通。而内外之气聚。查闽粤之人。其赴外洋经商佣工者。于暹罗约有三余万人。吕宋约二三万人。加拉巴约有二万余人。新加坡约有十数万人。槟榔屿约有八九万人。新老金山约有二三十万人。若中国精选忠勇才干官员。如彼国之领事。至该处妥为经理。凡海外贸易。皆官为之扶持维系。商之害官为厘剔。商之利官不与闻。则中国出洋之人。必系恋故乡。不忍为外国之用。而中国之气日振。仍令该员于该处华人。访其有奇技异能。能制造船械。及驾驶轮船。并精习洋枪兵法之人。给资送回中国。以收指臂之用。现在新加坡俄国所用领事。即中国番禺人胡姓。新加坡十数万华人。皆听胡姓号令指挥。计外国通商码头。如胡姓之类。定亦不少。我中国使臣若能联络鼓舞。定可欣然效命。盖中国多得一助。即外国多树一敌。况本系中国之民。而中国自用之。有不如水之赴壑者乎。

……

一。重价招募能驾驶轮船之人。夫器械不利。固以其卒予敌。然有器而不知所以用之。仍适而已。近年中国购买轮船。皆招募洋人为驾驶。此可以暂不可以久。查中国出洋之人。为人佣工。多能驾驶轮船者。宜重价招回。以为中国之用。如既设市舶司。即可饬该员访给资送。功利所在。固当于于而至也。

一。通商码头设新闻纸馆。外由商人出名。而密派妥员总司其事。夫西人设立新闻纸馆。上以议国家之得失。下以评草野之是非。可以知四方之物价。可以悉外国之情形。原为有益之举。今宜仿而行之。惟不准议朝廷得失。凡外国物价。外国情形。及中国人而被外国人欺陵者。或传教不公道者。皆可写入新闻纸。布告各国。咸使闻知。使归曲于彼。且以见中国百姓。痛恨洋人。必将激而生变。庶彼君臣闻之。惕然知惧。必饬令彼国公使领事。自行约束。其新闻纸格式。用汉洋文各二分。庶可由近及远。一行反间。孙子十三篇终之以间。间者儒者之所讳言。而兵家以为至计也。窃观泰西各国。联翩东来。虽夜郎么么之国。亦敢与汉比大。盖利之所趋。如蚁赴羶。故其势聚而心合。中国之所以受其陵也。夫小人之情。以利而亲者。必以争利而疏。况彼族各君其国。各子其民。同处欧罗以西。彼强则此弱。此强则彼弱。平分中国之利。固彼族有同心。独强英法之邦。岂他国所本愿。即英法二国。隔海相望。昔年曾为仇敌。今日岂甘两大。相疑相忌。亦其情势之必然者也。贾生有言。欲天下之治安。莫若众建诸侯而少其力。今欲纾中国之祸。莫如破散泰西之交。而使之自关。拟请妙选使臣。分驻各国。渐与狎习。既以通中国之情款。即以携彼族之交欢。而于美布二国。尤加意而密构焉。则不数年间。彼族当自启兵端。狺狺而争矣。此间其与国之策也。抑又有言者。惟楚有材。晋实用之。是以巫臣在晋而楚以弱。伍胥在吴而楚几亡。宜密饬使臣潜访该国有能通洋枪兵法。制造船械。谂悉该国情形。而有怨于彼国者。招与偕来。优与爵禄。则益可以习其利器之秘。且以得彼之虚实。一俟中国自强之后。不惟可以闭关绝市。且可通海外如新加坡。槟榔屿。新老金山。各处华人。以耀威于西土矣。此又间其国中臣民之策也。

……

同治卷五六

(同治六年丁卯十二月辛丑)福州将军兼署闽浙总督英桂。福建巡抚李福泰奏。窃照合众国罗妹商船。驶至福建台湾之瑯　洋面。遭风击碎。被生番戕害一案。合众国住厦领事李让礼。始则欲坐兵船赴台住泊。继则申请将瑯　地方。收入版图。设官驻兵。以绝生番戕人之患。当以台地民情浮动。外国兵船若往久住。必致别釀事端。即所请瑯　地方设官驻兵一层。固为一劳永逸之计。然应察度地势。俾民番两无惊扰。方可日久相安。复经吴棠与臣李福泰。谕令福州口税务司美理登。致书劝阻。勿带兵船。其瑯　安设官兵。饬俟此案办结后。由在事文武商酌周妥。禀覆查办。嗣李让礼无可置词。惟称伊奉该国使臣札饬。须赴台湾将罗妹商船人等分别收尸领回。旋接台湾镇总兵刘明灯。道吴大廷。署台湾府知府叶宗元。与曾元福会禀。李让礼抵台。刘明灯于八月十三日。先带所部兵勇五百名。由郡起程。曾元福。王文棨。与李让礼继之。八月十八日。抵枋藔查询。由枋藔以至瑯瑀。系熟番村社。内有闽粤之人。零星分处。箐深林密。碍难下足。刘明灯选派员弁。督率民夫。伐山开径。二十六日抵瑯　。据李让礼面称。访知罗妹商船洋人。尽被生番杀害。尸身抛弃下海。只留女洋人头颅。并照形镜等件。现已备价一百圆。向其赎回。此外并无尚存未害洋人。探闻龟仔角行凶生番。邀集十七番社饮酒。意在抗拒我军。不与熟番人等往来贸易。竟无线路可通。九月初五日。刘明灯等传集各庄头人。详加询问。佥称内山地方。共有十八番社。其负嵎恃险。以龟仔角为最。而凶恶残忍。亦以龟仔角为尤。该生番虽邀十七番社。欲图结为党援。实则各社生番。屈于势力。类多勉强应允。但得番目卓杞笃。前往宣谕。即可解散。经王文棨招之来见。卓杞笃即言愿往宣谕。各社联名出结。傥此后该国船只失事。不敢再行戕害。而李让礼亦为该生番乞恩。照请免予拿办。刘明灯等因龟仔角生番负固图抗。若不慑以兵威。不足以儆凶顽。与吴大廷返往函商。意见相同。派令王文棨与副将张逢春等。分赴各番社妥为安抚。于十五日拔队进扎龟鼻山。直偪该番巢穴。正在定期追击间。复接李让礼照会。据称十三日带领通事。及闽粤头人。亲赴火山地方。适遇番目卓杞笃面与议和。嗣后船上设旗为凭。勿论中外商船。遇有遭风到彼。

该番妥为救护。送交闽粤头人。传送地方官配船内渡。如有再被生番杀害。闽粤头人当立结保帮拿凶番解究。其赎回女洋人头颅等件。所费银圆。照数归还。该领事愿为和息。恳请撤兵。免予深究。并亲赴刘明灯等营盘面请。情词恳切。至再至三。刘明灯等察查该处海道。生成天险。海舶遭风至彼。未有不破。此次罗妹船上洋人被害。系因五十年前龟仔角一社之番。统被洋人登山杀减。仅存樵者二人。以致世世挟仇。心存报复。并非无故逞凶。由卓杞笃自向李让礼言之。若再为剿杀。更恐仇怨愈深。从此构结衅端。永无休息。复函商吴大廷等。不得不通融办理。府如所请。当取具闽粤熟番头人保结。并议章程十余照覆。又将赎价番银一百圆。由刘明灯先行发还。该领事深为忻说。刘明灯等回至瑯蟜。待李让礼内渡后。始行率队旋郡。将所取保结。同会议章程录送前来。臣等查此案台湾在事文武。办理尚能迅速。进止亦合机宜。即所议章程。均尚妥洽。现在合众国洋人固深感朝廷柔远之怀。而各社生番。自王文棨等抚谕以后。更莫不仰戴皇仁。相率来见。经刘明灯优予犒赏。益加鼓舞欢欣。惟查凤山县境由枋寮至瑯蟜柴城一带。均系熟番村社。并有闽粤庄人。杂处其中。其由瑯蟜深入。皆属生番巢穴。本设土牛之禁。为人迹所罕到者。比自打狗口通商以来。每有洋人私蹑其地。生番伺杀无常。恐复有如罗妹商船之事。办理愈形棘手。前事可鉴。后患宜防。应作何设官驻兵。以杜边衅。容臣等督饬省会司道。并台湾镇道。通盘筹画。另行奏明办理。尚有李让礼续请在龟鼻山设立炮台。是否可行。刘明灯亲履其地。必深知之。现饬妥议驰覆。并俟覆到酌办。

礼部奏。准盛京礼部送到朝鲜国王咨文一件。臣等公同阅看。因本年二月据总理各国事务衙门具奏。查阅新闻纸所载各条。由臣部咨照朝鲜国王访查明确。兹据该国王查核。并钞录日本国平义达回书一件。咨覆转奏。谨钞录该国王原文。及日本回书。恭呈御览。军机大臣面奉谕旨。该衙门知道。

朝鲜咨文

朝鲜国王为陈咨事。同治六年三月初七日。承准礼部咨。备悉新闻纸所载各洋及日本情形五条。其说之虚妄难凭。已有咨覆仰办。而所谓日本现有火轮军舰八十余艘。有兴师往讨朝鲜之志云者。其事极为可讶。其书亦无足信。使小邦礼曹参判李沇应。驰书委探于日本。今见对马州太守拾遗平义达回书。其伪讹无根之说。约然绽破。更无疑惑。兹将平义达回书钞录一件。仰备鉴亮。烦乞礼部具由转达。千万幸甚。为此合行移咨。请照验施行。

乙巳。盛京将军都兴阿等奏。前准山东巡抚咨。据拴获贼目李明山供称。贼中有洋匪二名。句结洋人百余名等因。正在会办间。据金州协领海防同知详报。洋人二名。一名贾来。一名罗依。由山东烟台至此。前赴营口卖货。并无领事地方各官印照。恐其滋事。会派兵役。护送营口海关兵备道署。转交外国领事查收。照约办理等情。奴才等当因洋人贾来。罗依二名。形踪诡密。一面会饬兵备道。照会外国领事官。认真查究。一面奏奉谕旨。拿获无照洋人二名。即著饬令该道会同外国领事官妥为办理。仍著督饬官兵严密盘查。毋任奸匪溷迹钦此。当即钦遵谕旨。会饬海关兵备道钦遵查报。嗣据该道详称。函询马税务司。函称该洋人二名。一系法国人名嘉点萨。到此催取宁波张姓欠款。一系瑞国人名徐勒兹。去岁在此做本匠。均属鼐领事所管。该洋人系从烟台搭东船到营。惟到金州时。船受风浪之害。以致进金州口登岸走旱路到此。据云金州官待伊甚好。深为照拂。伊等颇为感激等情。该洋人姓名歧异。该道报称各外国言语。各有不同。不过于形蹟之间。辨其是否。嘉点萨徐勒兹二名。即贾来罗依二名。奴才等伏查除此并无另有由金州口登岸抵营口之洋人。未便拘泥。致涉犹豫迁延。徒滋案牍。除咨札各处查核外。谨将遵旨查明缘由。据情声明。

同治卷五七

(同治七年戊午)二月。庚辰。总理船政前江西巡抚沈葆桢奏。臣于同治六年九月二十三日。业将洋将购器雇工到闽详番情形奏明在案。十月十二日。总监工达士博。铁山煤山监工都逄。英文教习嘉乐可。医官尉达乐等到。臣随时犒劳安置。该洋员等靡不感戴皇仁。臣一面与日意格熟筹应办事宜。并饬各员绅鸠工庀材。务期妥速。以便开工。日意格先令木匠。将从前所盖栈房。按段编门。平铺地板。令画匠绘一百二十匹马力船式于地板之上。分行布线。细如茧丝。凡船身所有斗筍衔接处。莫不有图。各不相混。曲直尺寸。志以洋字。令中国木匠。一一辨识。俾按图仿造。可以不烦言而解。又于船坞之右临江口岸。创造船台。其造工之法。先用木桩长二三丈余者。以云梯悬七百斤铁椎。数十人挽绳击下之。与地平而止。星罗棋布。以固其基。复将大木纵横压于木桩之上。以取其平。乃鳞叠巨材。钤以长四尺方圆四寸之铁钉。使黏合无间。其底宽二丈五尺。以次递锐。及其巅仅五尺。厚一尺三四寸不等。正视之若堵墙。旁视之如累塔。是为一叠。自外而内。以次渐高。凡为叠五十有五。前叠高一尺六寸五分。积至末叠。则一丈六尺五寸。将来船成入水。顺推而下。势若建瓴。可不重烦人力。每叠相去三尺有奇。统计全台长二十有四丈。中间贯以巨梁。支侧柱无数。使互相撑住。深固不摇。然后可铺析其巅。以造船底。自去年九月中旬而后。匠作百余人。斧斤无间。至十二月初五日。第一座船台始竣。其余三座。今年秋冬。当陆续告成。然而船之所贵者在机。机之所出者在厂。铁厂关系既重。工费益繁。方日意格之未来也。其监俄罗斯人贝锦达。垒土于坞之中央。形如半月。议以船台铁厂。参列其中。嗣达士博以火患难防。宜离不宜合。复召工填土。期于一律坦平。划前右方百余丈之地。为船台四。划后左方百余丈之地。为铁厂五。其一曰铁厂。其二曰水缸厂。其三曰打铁厂。其四曰铸铁厂。其五曰合拢铁器厂。厂界既定。乃于垒墙之地。各开沟。径二十丈。广六尺。深五寸。恐其积水难消也。每沟之旁。各开一井以洩之。沟底徧钉巨桩。留径尺出地面。填以碎石。挎之成屑。使与桩齐。其上筑以石灰。再联垒方石。交互钤束。以为基址。然后可施砖甓梁柱。天寒霜肃。众杵争鸣。邪许之声闻数里。此未造船以前。创立船台。并度量铁厂基址之情形也。去年十一月十八日。头起夹板船。运火锯。钻铁机。劈铁机。砺轮。洋秤等物。并大小铁片铁条二百五十余顿到。船高器重。数百人运二十余日始毕。有一器以五十余人并之。而挥汗如雨者。所购木料。除暹罗以急于运米。无船可装外。余则花旗木。及香港所购之暹罗木。先后附船而来。虽船机未齐。而船台已成。船材渐集。可造船身。遂择于十二月二十四日。亲率在事员绅。并日意格。达士博等。祭告天后。出赴船坞。偕提调官周开锡。夏献纶。与诸员匠。共择龙骨安上船台。又到铁厂。亲自拽绳下石。均奠以牲醴。以昭慎重。礼毕。召中外员匠。敬宣皇上德意。勖以黾勉图功。我国家懋赏懋官。有逾常格。闻者皆欢声雷动。手舞足蹈。出自至情。臣偕提调官举爵拿触。劳之以酒而退。此当日船身开工。并铁厂经始之情形也。日意格以造船之枢纽。不在运凿挥椎。而在画图定式。非心通其理。所学仍属皮毛。中图匠人。目不知书。且各事其事。恐他日船成。未必能悉合船之核要。故特开画馆二处。择聪颖少年通绘事者教之。一学船图。一学机器图。庶久久贯通。不至逐末遗本。又以船台船身。所需铁叶钉钚甚伙。万难待铁厂之成。不得不先盖两区。俾随时打造。于是有小铁厂之设。春间多雨。恐停工废日。不得不先事图维。于是有附近船台搭盖板棚之举。挎和石灰。钟凿石板。恐其散漫无稽。致滋偷惰。于是有附近外国栈房搭盖板棚之举。此随时相机酌量办理之情形也。臣维轮船之制。虽属奇创。而详察洋匠所造。累黍皆依准绳。苟极中国之聪明。谅不难于取法。惟是工繁费重。厥有数难。海滨土狭水宽。列数千万斤之机器于一隅。已不胜为患。若机器一动。飚驰霆击。尤虞内重外轻。必周围累巨石为隄。方臻巩固。而各厂急需之石。招匠广采。方日不暇给。石隄所需。更难计数。不得不俟诸春末夏初。去年十二月二十五日以风怒潮激。冲击隄根。致崩坍十数丈。牵倒栈房五分之一。声震如雷。现抢护之以巨桩。大局尚无妨碍。然一劳永逸。石隄终非可缓之图。而石匠往往居奇。冀傲高价。纵之则玩。急之则逃。不得不略示羁縻。为招徕地步。此需石之难也。铁厂初基。取材最钜。尚有舵厂模厂缆厂等十余处。梁栋大必数围。近水之区。万难中选。深严邃谷。辇致一枝。费既不赀。动淹旬日。取之立竭。而待之甚殷。此需木之难也。厂地本属村囗。恒虞水潦。每有营造。必增土五尺。方树屋基。而所填之土。稍乾则尺寸顿减。须添填两三次。乃得其平。以钱购土。竟至十数里内无可购者。此需土之难也。中外工匠。言语未通。日擝手画。事多隔阂。稍习其言者。必染于积习。辄思因缘为奸。且藉以陵其侪伍。外国匠人以精勤自喜。彼则以偷减为能。

巡察稍疏。作辍任意。督责少遇。怨谤丛生。此需匠之难也。要工所系。臣不敢浪费以糜帑金。亦何敢惜费以误大局。不敢作威以失众望。亦何敢姑息以媚俗情。所幸我皇上至诚格天。自去年九月以来。而少晴多。既无损于农田。而趋事赴工。得以日新月异。日意格。达士博。实心实力。事事务求精详。又执法严明。绝不徇庇其下。如监工贝锦达。办事迟缓。匠首布爱德。负气陵人。皆立与驱斥。所以洋员洋匠。咸恪遵约束。尽心教导。不致滋生事端。在事员绅。仰体宵旰之勤。沐雨栉风。昕宵匪间。天心若此。人心若此。庶几可望有成。谨将造船兴工日期。并一切情形。会同陕甘总督臣左宗棠。福州将军署闽浙总督臣英桂。闽浙总督臣吴棠。福建巡抚臣李福泰。合词具奏。

谕军机大臣等。沈葆桢奏报造船开工日期。并陈明船厂情形一折。据称开造轮船铁厂。关系最重。上年十二月间。船台造成一座。所运铁器木料。亦已附舶而来。当亲率在事官绅工匠。前赴船坞开工。相机酌办。惟需石需木需土需匠。四者颇难。所奏均中窾要。轮船一事。所难在于经始。现在鸠厄已有可观。尤当矢以实心实力。期于必成。即著沈葆桢。督饬周开锡等。及日意格各员。尽心经理。毋以畏难自阻。庶日新月异。共观厥成。其巡察布置。一切均著照该前抚所议办理。沈葆桢以本地绅士。督办船政。事非易为。英桂。马新贻。李福泰。卞宝第。务当遇事筹商。并将经费随时拨给。俾得一无牵掣。克蒇要工。沈葆桢另片奏。请将洋将奖励等语。日意格等。自委办船工以来。勤能尽职。自应量予恩施。正监督日意格。著赏加提督衔。并赏戴花翎。副监督德克碑。著赏戴花翎。总监工达士博。著赏加三品衔。该前抚接奉此旨后。即行宣示。以昭激劝。

(丙申)恭亲王等又奏。臣衙门于同治七年二月初九日。据美国使臣卫廉士呈递照会。内称前年八月间。有美国两枝桅之商船。在高丽阁浅。高丽土人。与船上打仗。洋人死亡殆尽。昨据烟台美国领事官申详。有中国带水人于文泰回来云。伊到高丽。遇高丽商人金子平。说亲见有洋人二名。华人二名。在披阳省衙门内等语。请即设法救出。并请转行高丽。将本国商船在彼如何被害之实在凭据。详述前来。以昭关切等因。同日又据英国使臣阿礼国照会。称去年法国兵船。前往高丽交战。嗣后美国商船一只。亦赴高丽有通商之意。被高丽人将船打破。所有船中人尽行杀死。现有带水人告知烟台美国领事官云。确知有该船中洋人二名。在高丽未死。系美国民人。请即设法救出。转送至京各等因前来。臣等查同治五年九月间。曾据美国卫廉士函称。有美国船。在高丽阁浅。被高丽土人将船烧毁。捉去船主水手二十四人。未知生死如何。傥或送至奉天。请饬该处地方官抚卹保护等语。当经告以前项船主人等。朝鲜如不送来。奉天官难以过问。如果送至该省。自必加护。一面行盛京将军。业山海关监督。一体查照。并经臣等奏明。旋据该将军等以前此朝鲜曾送到难民六名。由承德县护送至营口。交该国鼐领事收领。嗣后并无送至外国民人等语。声覆各在案。兹卫廉士照称。高丽有羁留洋人二名。阿礼国则称系英人二名。请为设法查办。臣等查前项洋人被留。系在法国与朝鲜交兵之际。彼时朝鲜自未必能办其为英美两国之人。现在是否尚有二人被留未死。诚恐急切未能查有端绪。臣等公同商酌。该使臣所云中国越界民人二名。应听朝鲜查照向来例禁办理。其所留洋人。拟先分给该使臣等照覆。允其缓为筹画。仍俟有无异议。再由臣等随时相机办理。至现在是否果有洋人被留。可否请旨饬下礼部。转咨朝鲜国王。令其自行酌核之处。伏候圣裁。

美国照会

为照会事。所有函讬转询高丽一案。查前年九月间。本大臣函内。言八月间。有本国两枝桅之商船。在高丽阁浅。当经函覆。称分致盛京将军。及海关监督。妥办在案。嗣后风闻该船在阁浅之处。高丽土人与船上人打仗。彼此伤害。洋人死亡殆尽。去年夏间。本国水师提督。派兵船往彼。查察情形虚实。未得底细而回。昨据烟台美国领事官申详。有中国带水人于文泰回来云。伊到高丽。见披阳河南边。有夹板船一只。并无桅棚。船内空空。满水而已。离海三十余里。遇有住雀岛之高丽商人金子平。

说二月间。亲眼见有洋人二名。华人二名。在披阳省衙门内。其余洋人华人。俱被庄农人打死。非高丽官兵所伤。且见洋人在大街行走。身上并无刑具。却是后面有人跟紧。不解高丽官留下洋人何故等语前来。本大臣因思带水人于文泰所说。亦足为据。非无稽之言。贵亲王能设法救出四人否。请转达高丽图。将洋人二名。华人二名。送交中国官。本国与高丽素无交涉。该商船往入彼境。遽加残害。有乖情理。其中必有原由。本国断难隐忍。定欲追寻其故。我两国多年和好。敢希转行知高丽。将本国商船在彼如何被害之实在凭据。详述前来。以便本大臣奏知国家。以昭友谊关切。是所感谢。

英国照会

为照会事。去年大法国水师提督带领兵船。前往高丽交战。嗣后大美国商船一只。亦赴高丽有通商之意。行至北阳河。被高丽人将船攻打。传闻船已攻破。船中人等尽行杀死。以后谣传甚多。皆云该船中人有未死者。被高丽监禁。现有带水华人一名。告知美国烟台领事官云。确知该船中洋人华人各二名。在高丽未死。今日美国钦差大臣将文件与本大臣观看。因知该船中有英民二名。故特照会贵亲王。切望即设良法。力将洋人二名救出。并转送至京。是为至要。贵亲王如此办理。非但仁义兼尽。且以见友谊克敦之节。我国家闻之。自当感悦也。

给美国照覆

为照覆事。准贵大臣照会。内称前年九月间。有本国两枝桅商船。在高丽阁浅等因。同日又准英国阿大臣照称。去年大法图兵船前往高丽交战。嗣后大美国商船一只。亦赴高丽有通商之意。行至北阳河。被高丽人将船攻打。现有带水华人一名。告知美国烟台领事官云。确知该船中洋人华人各二名。在高丽未死等因前来。本爵查前年九月间。曾据贵大臣函称。本国船只。在高丽阁浅。被土人将船烧毁。掳去水手二十四人。倪或送至中国。请饬奉天府抚衈保护等语。即经本衙门大臣等面告贵大臣。以如果送至该省。自必加意保护。当由本衙门行文奉省。及山海关监督。转饬查办。旋据奉省覆称。前此曾有朝鲜送到外国遭风难民六名。由承德县护送至营口洋行。交甫领事收领。嗣后并无送过外国民人等情。兹准前因。查此事先经贵国兵船前往查询。未得底细。总因在法国与朝鲜交兵之际。是以访察为难。现既承贵大臣照请设法办理。本国自当缓为筹尽。必须于事有益。方可酌量设法。断难遽尔转行查问。如或急切不能得有端倪。仍望贵大臣见谅。缘朝鲜虽臣服中国。其本处一切政教禁令。概由该国自行专主。中国向不与闻。贵大臣谅亦凿及于此也。除再行文奉省。转饬地方官随时查探。并照覆英国阿大臣外。为此先行照覆贵大臣查照。

给英国照覆

为照覆事。准贵大臣照会。内称去年大法国水师提督带领兵船。前往高丽交战。大美国商船一只。亦赴高丽。行至北阳河。被高丽人将船攻破。所有船中人等。尽行杀死。现有带水华人一名。告知美国烟台领事官云。确知该船中洋人华人各二名。在高丽未死。该船中有英民二名。望即设法救出。转送至京。同日又准美国卫大臣照会前事等因前来。本爵查此事先经大美国兵船前往查询。未得底细。大概因此事适在大法国与朝鲜交战之时。是以难于访察。既承贵大臣照请设法。本爵当悉心筹画。如能得有美善之法。定必妥为办理。但恐急切难得端倪。尚望贵大臣谅之。缘朝鲜虽系中国之属国。其一切政教禁令。由该国自行专主。中国向不与闻故也。除由本爵行文奉省。转饬地方官随时查探。并照覆美国卫大臣外。为此先行照覆贵大臣查照可也。

同治卷五八

(同治七年戊辰)闰四月。己酉。三口通商大臣兵部左侍郎崇厚奏。奴才前因捻逆由东省回窜。偪近津郡。当与法国署领事官德微理亚。商借该国兵船。游巡河口。四月初五日。该逆边马窜至稍直口。

正值该领事同水师官巴里尔。架炮配船。驶至南运河口营墙以外。扼要巡防。深资得力。相应籲恳天恩。将法国团领事德微理亚。水师官巴里尔。赏给金宝星。以示奖励。至往津英国兵船。保护紫竹林海河一带。协助声威。英国领事官孟甘。拟请饬下总理衙门。行文英法两国公使。宣布恩谕嘉奖。以收协助之效。

丁卯。总理各国事务恭亲王等奏。广东香山县属澳门。雄峙海滨。向为番舶往来出入要路。溯查前明嘉靖十四年。移舶口于濠镜。输岁课二万金。为番人至澳通市之始。三十二年。佛郎机乘间混入。旋即暗据。为番人至澳占居之始。万历时有利玛窦者。自称大西洋人。居澳门二十年。传天主教。其徒日众。迨至国初。已尽易大西洋人。而佛郎机不知何往。彼时定议。改岁课为地租。仅令输银五百两。按年完纳。载入赋役全书。盖明其为中国地方。可租而不可占也。雍正九年。设县丞驻之。乾隆八年。设同知防之。复增添弁兵。藉资弹压。而番舶之贸易。日见其多。先于雍正年间。经前督臣孔毓珣奏定。在澳贸易船只。以二十五号为限。纳船钞而不纳货税。嗣于道光年间。经前督臣祁坟等。奏请酌减船钞。续又议准往五口通商。俱蒙恩允。迨至道光二十九年。大西洋头目哑吗嘞效尤骄纵。忽而请撤关口。忽而请添领事。不允所请。遂率兵钉关门。逐丁役。而岁租银五百两。从此抗不肯交。前督臣徐广缙等。定以商制夷之策。移税口于黄埔。所有澳门贸易。虽已日见萧索。而地方不复过问。其流弊所至。如偷漏税课。招纳叛亡。拐骗丁口。及作奸犯科等事。不一而足。中国俱无从措手。同治元年。大西洋国浼法国先容。请立和约。自元年至三年。先后奉旨派薛焕。崇厚等。会同办理。所有约内应载各款。均有成议。独于澳门设官一节。未能商妥。该国使臣忽允忽拒情形。俱经臣衙门节次奏明。迄今彼此相持。约仍未换。上年冬间。总税务司赫德。屡向臣等言及大西洋国。日渐贫困。如能乘机动之以利。澳门可望收复。臣等因思澳门自前明为大西洋盘踞。建有炮台。住有弁兵。其洋人之随同列肆造屋占居者。不下数千户。若欲全归中国治理。非设官不可。若欲设官。非令撤退洋兵。交出炮台公所不可。惟从前薛焕崇厚。因换约而争论澳门。议久不决。今复增此数节。更恐为难。第利害轻重多少之间。不能不加详酌。澳门本系中外通商要路。今虽英人独占香港。其势已分。而为害于粤东。则澳门视香港尤甚。倘能设官治理一切。经画得宜。权有专归。事无阻隔。则向之偷漏税课者。今可设关。向之招纳叛亡者。今可缉匪。向之拐骗丁口者。今可安插稽查。而且与香港比邻。添驻舟师。以通达外洋消息。尤为得力。其他如卡税地租等项所入。犹其利之小者。现闻通商各国。如法如美如俄如布。皆有财力。无不垂涎澳门。希冀以银购得此地。为泊船驻兵之所。设令办理有成。中国禁之不能。听之不可。必至束手无策。而其害尤不胜言。臣等密切筹商。苦无机会。今春日国公使玛斯。任满回国。经赫德密向谭及此事。玛斯于大西洋国情形。平日本极熟悉。深知此时正可乘机商令大西洋国。将澳门原住洋兵。撤回本国。原建炮台公所等项。交结中国。所需迁移建置等费。由中国筹给银若干两。互相交割。此后澳门全归中国自主之权。设法经理。并据玛斯声称。愿以此事自任。臣等窥其命意。大约希图见好。而因以为利。亦所不免。惟思此事不办。将追悔无从。因于玛斯启行时。密给照会。叙明大概。令其到粤体察能否照办。并言明俟再酌定详晰章程。另行知照。玛斯欣然允议而去。臣等正在商办间。适接崇厚函称。大西洋国使臣啊尔哒。由澳门寄来照会。以原定和约。尚未互换。恳请派员就近在粤办理。臣等以和约先经允换。无词拒绝。而现商澳门一节。约内多有牵涉窒碍之处。且设官一事。仍未议妥。又难允换。因即函致崇厚。并拟给照覆大西洋国使臣禀底。权词登答。一面公同酌核。不如将换约及现商澳门之事。归并一件。即令玛斯前往办理。商之赫德。亦以为顺而易行。所有大西洋和约原议五十四款内。牵涉澳门之处。分别删除添改。并于约末另立专条。将现商撤退洋兵。交出炮台公所等事。续行列入。拟将现改条约。密行录寄玛斯。属其向大西洋国商议。如能一一照允。于约内书押盖印。拟给大西洋国银一百万两。作为撤退洋兵。及交出炮台等项经费。另再备银三十万两。交与玛斯。赫德。作为筹办一切经费。统俟澳门诸事交割清楚。方给银两。其在何时何处换约。亦俟玛斯与大西洋国商酌覆知后。另行请旨办理。相应先行缕晰密陈。恭候钦定。如蒙俞允。臣等再将条款并所议各节。照会玛斯。并札行赫德遵照。如有未尽事宜。再行具奏。

同治卷五九

（同治七年戊辰闰四月）乙亥。礼部奏。准盛京礼部送到朝鲜国王咨文一件。臣等公同阅看。因本年二月据总理各国事务衙门具奏。接据英美两国照会。请将羁留朝鲜之洋人遣回。由臣部转咨朝鲜国王……

朝鲜咨文

朝鲜国王为咨覆事。同治七年三月十三日。承准礼部咨。准总理各国事务衙门文称。同治七年二月十八日。本衙门具奏。接据英美两国照会。请将羁留朝鲜之洋人。设法救出。先拟给与照覆一折。奉旨依议。钦此。咨行到部。查前年法国兵船。前往朝鲜接仗。据英美两国声称。未与其事。朝鲜当交兵之际。自不能别其为何国之人。如果有英美两国之人被留。不妨就此遣回。以显两无仇怨之意。惟于文泰转据金子平所说。是否确实。无从查悉。相应咨行朝鲜国王妥筹办理可也等因。奉此。窃念敝邦平壤江洋船肆虐。自取烧毁事情。曾于同治五年八月二十二日咨内。备陈始末。今无庸更述。嗣于同治五年十二月。据黄海道观察使朴承辉驰启。备长渊县监韩致容呈称。有异样船来泊于本县牧洞浦。有自称登州人于文泰。仲允升两人。以美国水师总兵舒富。照会朝鲜国边疆大臣文字。招呼土民金大青交付。要致官府。该照会内称。本总兵驾驶俄柱嘶船。在贵境停泊。非有动戈争战等事。实因本国商船报明。据在本年夏天之时。路经贵国境界。遇沙石浅阁。幸蒙贵国救护。送至中华大国。全得平安还家。本国人闻此事。无不欣美贵国慈爱之恩也。兹查又有本国商船一只。于本年秋间停泊贵国之平洋河即太平河。本总兵风闻被贵国百姓。将船焚毁。船东船伙。俱系美国人。船客系别国人。俱被残害。至今无一人还。本总兵蒙本国水师提督委派详察。有此等情事否。系属实属虚。如系本国商船。或在贵境有骚扰等事。因以忿争。以致毙命。或存几人。仰贵国迅速查明照覆。并现存几人若在。蒙交本船是幸。否则从此以后。但愿两国照前和好。无各残害等因前来。据此。始知平壤江惹闹者之为美国船也。此事不可以无答。该地方官不能挽留厥船。乃致径归。其失非细。已令戴罪留任。饬观察使朴承辉修置回覆文字。以待美船之或者再来相问。今此总理衙门原奏内。美国领事官申详。有中国带水人于文泰回来云者。确是长渊县曾到之船中人也。伊到高丽云者。明是曾到长渊县之谓也。遇高丽商人金子平云者。未知为何等人。而其曰亲见有洋人二名。华人二名。在披阳省衙门内等语。无据无理之谎说。而其曰披阳省者。必是平壤之讹也。当其藏药轰裂。人船俱毁之际。华洋四人。那能独脱。而衙门之内。留置安用也。至若英国使臣照会所称。法国兵船。前往高丽交战。嗣后美国商船一只。亦赴高丽。有通商之意。被高丽人将船打破。尽行杀死等语。尤属孟浪。本国江华府法国交兵。在同治五年九月。伊后无论法国英国。又无论恶意好意。并不曾见一只船来遇。初无其船。何得将船打破。本无其人。何得尽行杀死。苟有是事。岂不以此情形。早为咨报礼部乎。其为蜚语做谎。不待办明可知。是必有一种奸细乐祸之徒。计在构衅滋扰而然也。金子平者。既称高丽商人。方自本国物色詗捉。而于文泰系是登州之人。伊于何年月到高丽何地方。边见金子平。理合澈底查究。使其说落空。快破远人之惑。永绝仇怨之端。平壤江两桅洋船无端肆恶。自取烧取。不是本国枉害远客之事情。不可使美国使臣尚未详悉。每致疑怪。其黄海道观察使朴承辉。曾修置回核美国总兵之文字。兹以附呈。傥得转示。则曲直所在。庶应洞知。而漂海遭难之人。国有救送之规。今若有流落可怜之命。何必使之羁留蹢凉乎。所称华人二名。洋人二名。俱属乌有。自可辨之。又况英国船打破。原无是事。不须更论。烦乞礼部将此事情转达天听。特赐布示开谕。以为释疑解惑。毋复故寻事端。无往非庇覆之洪恩大德。不胜祈恳之至。

（五月癸未）恭亲王等又奏。据总税司赫德面称。玛斯赴大西洋国。往返程途数万里。必须消息常通。方免事机贻误。查有税务司金登干。人尚诚实。如令与玛斯同往。似更详慎等语。臣等查上年美国蒲安臣出使外洋。曾经臣等奏明。令英国柏卓安。法国德善。随同前往。给与协理名目。仰蒙允准在案。此次赫德请派金登干随往大西洋国。名为帮同办事。实则暗寓鉴察之意。且系仿照前案办理。拟请旨赏给金登干协理名目。由臣衙门行知赫德。饬令金登干赶紧束装。所有请颁国书。及增删大西洋和约条款各件。统令该税司齐往。交玛斯只领。以期迅速竣事。

御批。依议

拟删除增改大西洋原议条约各款

……

第二款【广东之澳门五字拟删去其余拟留】

从前大清国与大西洋国来往交涉。所有前广东之澳门。彼此执政。商办各事。无论时何处。或刻或写。或两面口订之规例。现在既已新定和约章程。由两国全权大臣。公同妥定。画押钤印。将来止此为凭。彼此均应遵照新章办理。一切旧章。自应革除。永远不得别有异议。

……

第八款【拟留】

大西洋国大君主。任凭设立领事等官。在大清国通商之各口地方。办理商人贸易事务。并稽查遵守章程。大清国地方官。于该领事等官。均应以礼接待。文移往来。均用平行。凡领事官。署领事官。与道员同品。副领事。署副领事官。及翻译官。与知府同品。其权职均与别大国领事等官无异。至所派之员。必须西国真正职官。不得派商人作领事官。一面又兼贸易。但不拘各口。西国若未便设立真正领事官。暂令别国领事官料理。

……

第十款【拟改作第九款】

广州【拟添澳门二字】。潮州【汕头】。厦门。福州。宁波。上海。天津。牛庄。镇江【洋子江】。九江。汉口。琼州【海南】。台湾。登州。淡水。各等口地方。大西洋国商民家眷等。皆准居住往来贸易工作。平安无碍。船货随时往来。常川不辍。

……

第十二款【拟改作第十一款江宁等四字拟删去余拟留】

大西洋国商人。运货赴各处通商贸易。单照等件。均照各国章程。由各关监督发给。其并不携带货物之民人。专为持往内地游历执照。由领事官发给。由地方官盖印。经遇地方。如饬交出执照。应可随时呈验无讹放行。雇船雇人。装运行李货物。不得拦阻。如其无照。其中或有讹误。以及有不法情事。就近交领事官惩办。沿途止许拘禁。不可陵虐。如通商各口。有出外游玩者。地在百里。期在三五日内。毋庸请照。惟水手船上人等。不在此例。应由地方官。会同领事官。另定章程。妥为弹压。惟于江宁等处【江宁等处四字拟删】有贼处所。俟城池克复之后。【城池克复四字拟改肃清二字】再行给照。

第十三款【拟留拟改作第十二款】

大西洋国商民。在通商各口地方。租地盖屋。设立栈房。礼拜堂。医院。坟墓。均按民价公平定议照给。不得互相勒掯。至于内地各处。并非通商口岸。均议定不得设立行栈。以防华商假冒影射之弊。

第十四款【拟留拟改作第十三款】

游行往来。卸货下货。任从大西洋国商人自雇小船剥运。不论各项艇只。雇价银两若干。听大西洋国商人。与船户自议。不必官为经理。亦不得限定船数。并何船揽载。及挑夫包揽运送。倘有走私漏税情弊。查出该犯自应照例惩办。

……

第十九款【拟留改作第十八款】

大西洋国船只。在大清国辖下海洋。有被强盗抢劫者。地方官一经闻报。即应设法查追拿。所有追得赃物。交领事官给还原主。

第二十款【拟留改作第十九款】

大西洋国船只。有在大清国沿海地方碰坏阁浅。或遭风收口。地方官查知。即设法妥为照料。护送就近领事官查收。以昭睦谊。

第二十一款【拟改作第二十款自大清国民人至实系罪犯交出等句拟皆删去】

大清国民人。因犯法逃在澳门。或潜往大西洋国船中者。大清国官。照会大西洋国官。访查严拿。查明实系罪犯交出。通商各口。倘有大清国犯罪民人。潜匿大西洋国房屋。【房屋下拟添船只二字】一经大清国官员照会领事官。即行交出。不得隐匿袒庇。

……

第二十三款【拟留改作第二十二款】

大西洋国商船。应纳钞课。各按船牌可载若干顿而纳。一百五十顿以上。每顿纳钞银四钱。一百五十顿正。及一百五十顿以下。每顿纳钞银一钱。既纳钞后。监督官给发执照。开明船钞完纳。

第二十四款【拟留改作第二十三款】

大西洋国商人。起卸货物纳税。俱照咸丰八年各国税则为额。总不能较他国有彼免此输之别。以昭平允而免偏枯。

第二十五款【拟留改作第二十四款】

输税期候。进口货于起载时。出口货于落货时。各行按纳。

……

第二十七款【拟留改作第二十六款】

大西洋国船主。一进通商各口。欲将货物在该口但卸几分。即卸多寡。照数纳税。其余货物欲带往别口卸货者。其税银亦在别口输纳。

第二十八款【拟留改作第二十七款】

大西洋国货物。在通商不论何口。既已按例输纳进口正税。倘欲自入内地贩运者。应照各国新定章程办理。其在内地买土货贩运出口。或前赴长江各口。或欲运往他国。亦俱照各国新定章程办理。大清国各关书役人等。如有不遵条例诈取规费者。由大清国照例究治。倘有多收税饷。查明实系误收者。由大清国随时酌办。

第二十九款【并澳门地方五字拟删去余拟留改作第二十八款】

凡船只出口。欲往通商他口。并澳门地方。该船主禀明海关监督发给专照。自是日起。以四个月为期。如系前赴通商各口。俱毋庸另纳船钞。以免重输。

第三十款【拟留改作第二十九款】

大西洋国货船进口。并未开舱。欲行他往者。限二日之内出口。即不征收船钞。偿逾二日之限。即须全数输纳。此外船只出进口时。并无应交费项。凡船进口。一到之时。即应报明。以备查核。如于二日时刻内漏报。照例罚办。

第三十一款【拟留改作第三十款】

大西洋国商人。在各口自用艇只。运带客人行李书信食物。及例不纳税之物。毋庸完钞。倘带例应完税之货。则每四个月一次纳钞。每顿一钱。

第三十二款【拟留改作第三十一款】

通商各口。分设浮桩号船塔表望楼。由领事官与地方官。会同酌视建造。

第三十三款【拟留改作第三十二款】

税课银两。由大西洋国商人交涉银号。或纹银。或洋钱。按照道光二十三年在广东所定各样成色交纳。

第三十四款【拟留改作第三十三款】

秤码丈尺。均按照粤海关部颁定式。由各监督在各口送交领事官。以昭画一。

第三十五款【拟留改作第三十四款】

大西洋国船只。欲进各口。听其雇觅引水之人。完清税务之后。亦可雇觅引水之人。带其出口。

第三十六款【拟留改作第三十五款】

大西洋国船只甫临进口。监督官派委员弁丁役看守。或在西洋船。或在本艇。随便居住。其需用经费。由关支发。惟于船主并该管船商处。不得私受毫厘。倘有私受。查出所取之数多寡惩治。

第三十七款【拟留改作第三十六款】

大西洋国船只进口。限一日该船主将船牌舱口单各件交领事实。即于次日通知监督官。并将船名。及押载顿数。装何货物之处。照会监督官。以凭查验。如遇限期。该船主并未报明领事官。每日罚银五十两。惟所罚之数。总不得逾二百两以外。至其舱口单内。须将所载货物。详细开明。如有漏报捏报者。船主应罚银五百两。倘系笔误。即在递货单之日改正者。可不罚银。

第三十八款【拟留改作第三十七款】

监督官接到领事官详细照会后。即发开舱单。倘船主未领开舱单。擅行下货。即罚银五百两。并将所下货物全行入官。

第三十九款【拟留改作第三十八款】

大西洋国商人上货下货。总须先领监督官准单。如违即将货物一并入官。

第四十款【拟留改作第三十九款】

各船不准私行拨货。如有互相拨货者。必须先由监督官处发给准单。方准动拨。违者即将该货全行入官。

第四十一款【拟留改作第四十款】

各船完清税饷之后。方准发给红单。领事官接到红单。始行发回船牌等件。准其出口。

第四十二款【拟留改作第四十一款】

税则所载。按价若干。抽税若干。倘海关验货人役。与大西洋商人。不能平定其价。即须各邀客商二三人。前来验货。客商内有愿出价银若干买此货者。即以所出最高之价。为此货之价式。免致收税不公。

第四十三款【拟留改作第四十二款】

凡纳税实按斤两秤计。先除皮包粉饰等料。以净货轻重为准。至有连皮遇秤。除皮核算之货。即若茶叶一项。倘海关人役。与大西洋商人意见不同。即于每百箱内听关役拣出若干箱。大西洋商人亦拣出若干箱。先以一箱连皮过秤得若干斤。再称其皮得若干斤。除皮算之。即可得每箱实在斤数。其余货物。凡系有包皮者。可准此类推。倘再理论不明。大西洋国商人。赴领事官报知情节。由领事官通知监督官。商量酌办。惟必于此日禀报。迟则不为办理。此项尚未论定之货。监督官暂缓填簿。免致后难更易。须俟秉公核断明晰。再为登填。

第四十四款【拟留改作第四十三款】

大西洋国货物。如因受潮湿。以致价低减者。应行按价减税。倘大西洋国商人。与关吏理论价值未定。则照按价抽税条内之法置办。

第四十五款【拟留改作第四十四款】

大西洋国商人。运货进口。既经纳清税课者。凡欲改运别口售卖。须禀明领事官。转报监督官委员验明。实系原包原货。查与底簿相符。并未拆动抽换。即照数填入牌照。发给该商收执。一面行文别口海关查照。仍俟该船进口。查验符合。即准开舱出售。免其重纳税课。如查有影射夹带情事。货罚入官。或欲将该货运出外国。亦应一律声禀海关监督验明。发给存票一纸。他日不论进口出口之货。均可持作已纳税饷之据。至于外国所产粮食。大西洋国船装载进口。未经起卸。仍欲运往他处。概无禁阻。

第四十六款【拟留改作第四十五款】

大清国各口收税官员。凡有严防偷漏之法。均应相度机宜。随时便宜设法办理。以杜弊端。

第四十七款【拟留改作第四十六款】

大西洋国船只。独在约内准开通商各口贸易。如到别处沿海地方私做买卖。即将船货一并入官。

第四十八款【拟留改作第四十七款】

大西洋国商船。查有涉走私。该货无论式类价值。全数查抄入官外。俟该商船帐目清后。亦可严行驱除。不准在口贸易。

第四十九款【拟留改作第四十八款】

约内所指大西洋国商民罚款。及船货入官。皆应归大清国收办。

第五十款【拟留改作第四十九款】

大西洋国师船。别无他意。或因捕盗驶入大清国无论何口。一切买取食物甜水。修理船只。地方官妥为照料。船上水师各官。与大清国官员平行相待。

第五十一款【拟留改作第五十款】

所有米粮各样食物枪炮大药火器等件。及一切货物。大西洋国商人并船不得私行贩运。赴有贼处所。接济贼匪。违者一经查出。将船货全行入官。其违例之商人。仍交大西洋国照各国例严行惩办。

……

专条

所有广东香山县澳门。并太巴等处。二百余年以来。大西洋人在彼住扎。岁纳租银五百两。现由大清国设官治理。以一自主之权。所议各事开列于后。将大西洋曾原建之炮台。文武衙署。兵房。各项公所。以及原存炮械。并已修之桥梁道路等款费用。统共作银一百万两。言定交清。全归大清国管理。其大西洋原设之官员兵弁。一体撤回。不再派人住守。外国商民行栈房屋。均按照通商各口祖地之例。计亩交租。归大清国存官。其旧例岁租银五百两。即行停止。治理地方。盘查贼匪。稽查走私。征收关税。及招工各事。统由大清国官自行办理。其与大西洋交涉事宜。照通商各口现行章程。一律办理。

同治卷六〇

（同治七年戊辰六月）乙卯。礼部奏。准朝鲜国王李熙。特遣赍奏官李建升。赍到奏本一道。臣等公阅原奏。系因本年三月间。美国兵船停泊该国。索还向年披阳羁留洋人。又四月间。俄国人登陆滋扰。并坠损该国兴宣大院君父母坟山等情。具奏前来。又遣赍咨官吴庆锡。赍到咨文一件。臣等查阅原咨。所称俄美两国在彼滋扰各节。与原奏大略相同。并据咨称。该国匪民崔善一等七名。交通洋人。现逃往江苏山东等处地方。恳请缉获解送该国各等语。乞臣部照验转奏等因。臣等不敢壅于上闻。谨照例钞录原奏。并钞录原咨。恭呈御览。军机大臣面奉谕旨。该衙门知道。

朝鲜国王李熙奏。同治七年三月二十日。平安道观察使朴珪寿。黄海道观察使曹锡舆。鳞次驰报。备三和府使李基祖。长连县监相鼎和等呈称。本月十八日。有云美国水师副将官费米日。驾火轮船。来泊平安黄海两道分界海中。委员问情。拒而不受。仍求交还向年披阳省羁留四人。此事实由登州人于文泰。本国人金子平。构虚做谎。而地方官等。以已经咨覆礼部之意。反覆开示。犹复碇留不去。阅月相持。嗣于四月二十日。公忠道观察使闵致庠驰报。备洪州牧使韩应弼。德山郡守李种信等吴称。本月十八日。又有异船一艘。来泊于洪州牧外洋。就中数百人。到德山郡浦口。猝地登陆。抢掠军器。直向郡北伽□山所在臣之私亲兴宣大院君昰应。父母坟山。恣行坠损。及官军赶逐。始乃遁去。臣猝闻此报。震惊愤惋。罔知攸届。嗣于同月二十三日。京几观察使李宜翼驰报。备永宗镇佥使申孝哲呈称。洪州所泊异样船。转泊于该镇后洋。自称亚里莽船。再肆猖獗。被兵弁防堵。带创而回。事在本月二十四日。而美国船碇留西海者。亦于二十五日回去等因。小邦自祖先以来。凡有海外异国商船之漂到。救恤资送。自有成宪。朱尝或忽于遭难滨危之残命。正所以仰体天朝庇覆怀绥之盛德也。近年洋舶踪由。虽与漂船有异。亦以待漂船之例待之矣。其侵肆凭陵之习。愈往愈甚。必欲构衅。遂至于此。诚莫晓其指意之攸在也。

朝鲜咨文

朝鲜国王为咨陈洋夷情形事。同治七年三月二十日。平安道观察使朴珪寿。黄海道观察使曹锡舆。鳞次驰报。备三和府使李基祖。长连县监朴鼎和等呈称。本月十八日。有异国三桅大船。来泊长连三和两邑分界港口。云是美国火轮兵船。水师副将官费米日投照会文字。求层层转达。文称丙寅年七月。美国商船至平安河下流。遭不法之徒。将人凶杀。前二年美国兵船。来至平洋河南。查访其事。所行之文。因贵国官不覆。未得确信。嗣后美国舟师提督新闻一信云。该船人尚有数名未毙。囚执下狱。故特派本副将来至此处。讨索在狱之人。务须完全交于船上。切望大君王拣派人员。前来会议。办理此事。又称倘若事未完结。强致空回。该副将度定夏月之间。上司必领其督理之兵船俱来。以务此事。又称和睦办事。不令一人受害等语。地方官将已经回覆礼部咨。及丙寅冬未及传之答书。并为送示。仍言所求转达文字。系非国书。边臣不敢轻遽递上。虽自王朝派员前来办理。更无加详于此为辞矣。盖伊夷之又来滋扰。专由于于文文泰金子平撒谎构疑。而近于黄海道长渊府陆岛地方。拿获所谓金子平者。即该岛居住八十老氓也。带往美船所碇处。使之对证。则带水人于文泰初不来到。船中洋人皆曰不曾识面。子平则曰前二年美国船来到陆岛时。随问情官人入去。与文泰相面而已。四人羁留之说。初无所闻。何以传之云然。渠若不言。文泰从何得闻。白地说空。起衅边境。一直抵赖。自干国纪。亟施枭警。以示彼人。仍说文泰子平荒诞无实之状。已具覆礼部。则彼人辄称于文泰未知何人。北京礼部吾等没相干。窃计年前平壤所烧之舶。孽由自作。怨无所归。该国拟查根由。来探事状。误闻风传。疑有羁留并无足致怪。但怪既烦总理衙门致有礼部转咨。理合迟待回覆。照详事实。因何不究源委。径先驶来。及其凭看据实文字之后。又不能犂然领会。豁开疑窦。辨明之说。沮格不入。侮慢之语。转见无理。殆若不知有美国照会。礼部行咨之事。徒凭传闻。故寻事端。所驾者兵船也。所装者戎器也。其所云意在和睦者。有谁信之。计其始来首尾一月有余。到四月二十四日。向西驶去。此西海美船来去之情形也。又于四月二十日。据公忠道观察使闵致庠驰启。本月十八日。异样船一艘。来泊洪州牧外洋。就中数百人。到德山郡浦口。自称俄罗斯人。猝地登陆。打破官廨。抢取军器。直向郡北伽倻山所在当职私亲与宣大院君亲山。恣行坠损。势将不测。被官兵赶逐。始乃遁去矣。当职闻报。震懔痛恨靡届。未几伊船又抵京几永宗镇后洋。役送一书。自称亚里莽水师督。语极悖嫚。该镇将严辞斥之。二十五日。该夷又为登陆猖獗。被该镇防堵。带创而回。此南沿番舶侵轶之情形也。敝邦凡于外国漂船之来到。救恤资送。自有成宪。迩来洋船之出没踪迹。虽与漂船有异。亦复照例优待。正所以仰体大邦怀绥远人之德意也。乃其侵肆凭陵之习。愈往愈甚。自兹以往。断不当如前优容之意。君臣上下。已有所讲定者。大抵小邦之于西洋诸国。无论美利坚。俄罗斯。处在各天。隔以重溟。声闻不及。肥瘠无关。而殊俗难化。异类无状。公肆扰聒。辄来窥觇者有之。本无雠怨。必欲构衅者有之。展转疑激。致有今日。究其因由。必有小邦奸类。纠结怂慂。查于本年四月。缉捕邪党张致善。供称本国匪民崔善一。金学伊。沈顺汝。李圣集。李圣仪。朴福汝。宋云五等七人。交通洋人。渡海拦入。现住江苏上海县。山东烟台口地方。前后洋舶之扰。皆此辈所醞醸招诱而成之。屡加盘核。侭有形迹。彼洋之招亡纳叛。已极叵测。此奸之背国造乱。岂非绝愤。窃自念小邦比年以来。锄治邪党。劈破根窝。余丑漏纲。逃匿无所。或者潜结外寇。窜入内地。如崔善一辈。难保其必无也。从前投边人口。虽系无情迷走。辄蒙捕护发回。矧此凶徒邪类。岂容逃命偷脱。其在王法。不宜倖逭。而在小邦。亦可以仗皇灵而申国宪。惟我大朝之于小邦。覆庇之。悯恤之。凡有控诉。靡不曲循。今于有事之日。若徒怀怵畏。自阻于听卑之天。不有其负于皇上字小之恩也。玆将前后事情。谨此具奏。严畏之极。不敢张皇。另行咨申。备详衷私。烦乞转达天阶。美国兵船。听虚枉不根之言。频复往来。转咨总理衙门。作何办理。明谕开释。饬下各该督抚。将上海县烟台口等地。所住朝鲜匪民崔善一等七人。并缉捕解送。亦望篇饬关口防汛。倘有敝邦人口。越界潜逃者。著即查拿押付。以为清疆域绝乱萌之地。不胜区区祈恳之至。

己未。总理各国事务恭亲王等奏。朝鲜国王李熙。遣官赍奏。并咨请礼部转奏一折。于本年六月初九日。军机大臣面奉谕旨。该衙门知道。钦此。臣等查美国船在朝鲜阁浅。是否有洋人被留。先于本年二月间。奏请饬下礼部。转咨朝鲜国王自行查明酌核。旋准礼部转据朝鲜国王咨称。平壤江两枝桅船阁浅。不是本国枉害远客之事情。美国使臣。尚未详悉。所称羁留四人。俱属乌有等语。当经臣等据情函致美国使臣卫廉士。并英国使臣阿礼国。查照在案。兹朝鲜国王奏。美国水师副将驾驶兵船停泊。索还被留四人。又有异船一艘。登陆枪掠。被兵弁防堵。带创而回。美国兵船。亦即启碇。果如所述。美国不察事之卢实。竟欲藉势凭陵。现时兵船虽已驶回。难保其不连樯再往。第朝鲜本无羁留美国商人情事。臣等业已致函代为解释。该使臣并无别说。其该使臣曾否转达本国。臣等无从得知。此次水师副将兵船。是否由伊本国派来。亦属无从查考。至朝鲜国匪民崔善一等七人。谎言构衅。亟应查拿宪办。但恐潜匿洋馆。或私逃外境。一时购缉为难。若如所奏。现住江苏上海。山东烟台。系属内地。应请饬下礼部。行文江苏山东各督抚。转饬所属。密行查访朝鲜汇人崔善一等七人。如在民间潜匿。即行拿获解送。俾该国王自行惩办。以期弭患未萌。

七月。丙子。山海关副都统长善奏。本年六月二十三日。有西驶来洋船一只。停泊老龙头海口。洋人登岸四名。进城来署拜见。奴才接谈之顷。询知英国兵船。特赴天津助剿捻逆。因贼踪远窜。现自天津赴牛庄。过此小泊。秋间尚欲赴烟台。仍回天津。由津归沪。内一名士都充斯。系英国水师提督。一名法能。一名安伯喇。一名立登。均系兵官。礼貌甚属恭顺。并邀奴才到伊兵船观炮。奴才因思该洋人素性坚执。既已相约。碍难推辞。当于二十四日巳刻。奴才即赴老龙头海口。有伊小拨船迎护。登彼兵船。洋人罗列酒果款待。并操演兵丁大炮。与奴才阅看。约有两时之久。复将奴才护送登岸。其兵船即于是日申刻。向东南驶去。诸称安静。

甲午。总理船政前江西巡抚沈葆桢奏。臣于本年正月初五日。业将洋将日意格等。所购第一起机器到工。奏明在案。四月十六日。复由外国马阿勒各三丁船。运到第二起机器。其中最钜者为铁厂水筒三口。每口各广数十围。高近一寻。轮船之水缸次之。余为铁厂一半器具。殊形诡状。非安顿如法。关捩咸张。无从称名指类。当时分派员绅。督率人夫。移顿二十余日之久。始获竣事。五月十九日。第三起机器。复由外国夹板船运到。船名曰法彼尔士。较第一二起之船大倍之。据日意格称。中所载除铁条七千四百二十九条。铁片铁钉大炮洋灰等项数百件不计外。凡为机器者五百六十有三。最重者二万余斤。余或万余斤。七八千斤。三四千斤不等。自五月末旬之初。勇丁数百人。挥汗炎风烈日之中。并力搬运。及今一月。尚未蒇事。六月十七日。第四起机器复到。船名曰汪德乃木。所载皆轮船机器。计重百有二万四千八百斤。计件三万五千有奇。当令抛泊江中。先将稍轻者用兵船剥载入厂。其余重大者。俟第三起搬竣。再行部署。而当时罗列岸旁。分头起运者。则有曰安迷喇。系运花旗木板之船。有曰悦诺花思得。系运喰叻长短杂木之船。有曰西洞。系运船槽木料之船。外尚有台湾运木运煤之船。厦门运砖之船。附近运沙运石运土之民船。分载竹梢插护江岸之小船。搬移杉木储盖各厂之排船。而木簰小舠不与马。沿江埠头。星罗棋布。无隙可容。故日役千夫。难以克期告毕。论闽省夏秋之间。台飓常作。机器重船。皆涉数万里而来。傥因风浪疏虞。停工待器。势必迁延时日。今各起陆续到齐。但费安置之力。大厂一成。便可专心制造。故中外员匠。咸鼓舞赴功。以为钜工之成。愈有把握也。船坞地基旧坍之处。臣恐其复有横决。自闰月末旬之初。即派弁入山采伐竹箭数万。分插沿江浅流处所。从前潮汐为西南风所激。汹涌坞前者。十减其四五。上流冲口前。拟巨舰载石。沈之水中。无如旋涡屈注。万马奔驰。千石之舟。无从下碇。现于水中树木为栅。垒石为坝。力遏怒流。因江底泥弱石强。须渐实渐加。一时未能遽就。环坞长濠。当一律尽填。惟左近一带。工作繁兴。需土匪易。而小沟未竣。傥遇阴雨。无从疏洩。因于左侧濠口当冲之处。先封塞以杜近患。再行施工。现在急流渐缓。果经秋台安堵如故。潮头尽折而西。以后水落霜寒。石塘方可兴役。此船鸠地基之情形也。船厂以内。已成者曰转锯厂。安十五匹马力水缸于中。中为锯轮者三。一曰大直锯。一曰小直锯。一曰圆锯。外为砺轮者一。为钻机者一。为车床者二。为钳床者三十有五。缸中汤气既升。大小铁轮。互相牵引。各机一时并发。雷动飚驰。除零星铃凿鑢削不计外。尚有重机未曾排比妥贴者。难以枚举。四起机器既齐。从前房屋。不足容之。复搭瓦房三十余间。曰大机器之所。轮船水缸凹凸累砢。高若重楼。关窍相通。盈千累百。其已成者自外洋转运。皆拆解而来。入厂后。必费数月钉铃组合之工。方可适用。因于制作之处。建瓦亭一区。名曰水缸之厂。外国铸器。皆先有铁模。始必刻木为范。不溢累黍。后乃捣炭和沙与土。即其空隙填之。脱胎而出。再灌铁汁其间。铁模乃就。刻模者以迟而成功。铸模者以速而见效。迟速既殊。不得淆杂。于是分建二区。一曰木模之厂。一曰铸铁之厂。风雨针。寒署表。皆轮船必需。其制法则够心斗角。其器具或牛毛茧丝。当其游思无间。炫于日光。则目神散。有所隔蔽。则目力穷。其造作之所。塞向斗牖。阴阳向背。调度必由洋人。辰下业已完工。可以董率匠徒。排列镂刻。因名之曰钟表之厂。西人钟铁。小者需人力。大者赖悬机。悬机之器。或隆然而高。或呀然而深。重皆数千斤。森梃槛枒。目前大厂未成。已须工作。非夏屋不能容。于是复有暂搭之锤铁厂。其与铁厂邻者曰铜厂。地虽稍狭。制亦如之。铁铜水缸等厂。镕炼火炉甚伙。扇鞴为烦。西法取风地中。不劳人力。先周各厂甃砖为隧。斜引旁通。磐石盖之。铺土地平而翕张之。铁机系于锯厂之方窖。气轮一动。弹指间数百步外。炉火并炽。力倍风箱。若是者名风洞。铜铁重器。自彼移此。皆需百十人。因刱洩车以便那动。然恐湿土埋轮。因处处削木为道。凸其两旁。中平如砥。俾易推行。若是者名曰木辙。从前画馆之设。寄于栈房。现在堆积充物。不能不别盖一区。于是复有绘事之厂。采办铜铁煤炭木料石灰绳缆等件。分道而来。连艑累舸。量移上岸。非分储之不可。而收积材木之地。非潮水可通。不但出运为难。亦虑久而枯朽。于是坞外南侧。既建一区曰广储之厂。又于坞北里许滨江浅港圈数百丈。以鳞叠巨材。上接山坳。驻兵守之。曰储材之厂。厂内除转移执事外。随同洋人学习者。若锯木之匠。造船之匠。冷铁之匠。铸铁之匠。刻模之匠。铸铜之匠。水缸之匠。反沙之匠。车床之匠。钳床之匠。其因营造各厂而招者。若斩木之匠。版筑之匠。锤石之匠。攻皮之匠。共二三千人。五方杂处。漫无统纪。易滋事端。栖息无从。亦难号召。于是坞外复建二所居之。在左者曰东考工所。在右者曰西考工所。皆以员绅统之。早出暮归。乃无紊乱。据日意格前称。华匠与洋匠器用不同。言语不通。事事隔阂。况素谙绳墨者。类皆中年以往。心气耗散。往往不能探赜通微。请各厂分招十五以上。十八以下。有膂力悟性者。或十余人。或数十人。俾易教导。名曰艺徒。现所招已及百余。又能无以钤束之。于是复有艺圃之设。各厂事务猥烦。委派员绅近增至百余。晓钟出坞。躬率工作。指挥奔走。见星始归。馈馌在道。每遇暴风骤雨。借盖无从。不能不小筑数间。以资憩息。于是复有坞内官厅之投。佣工杂作。是有健丁。日第八九百人。非以兵法部勒。则散而难稽。呼而不应。于是每十人以什长一人束之。每五什长以队长一人束之。特派勤能之武弁统焉。然必寝息有所。灶厕有所。稽查有所。因傍山结垒。略如营房。是为健丁营之设。凡此者数月以来。已皆赶办。计可先后告竣。其余若炼铁炉砖片之窑。烧煤骨之窑。煅蜃灰之窑。以及侵木砖槽等处。或才兴工。或才择地。经营之后。当更续奏。此船坞内外之情形也。铁厂地基。去冬以来。开土钉桩。以及嵌填石屑石灰。皆已就绪。应行补苴者。亦属无几。惟所需坚砖方石。厥数甚钜。合计五厂需砖数百万方。需石则自长二丈三尺六寸。至一尺二寸五者。计十万有奇。坚砖船运于下游。数目既多。非数百起不能尽之。石质粗重。运载更难。即源源到工。但移一石非数人不可。况刻方琢平。势难用骤。际此盛夏酷署。石上椎凿。敲火生光。肤焦肉泡。故迄今墙基未就。厂内横梁。需坚木一百五六十根。每根长须七丈二尺有奇。围圆八尺以上。近地捗采。无此巨材。现饬员往暹罗三马丹吻唠呷等处觅购。穷海帆樯往来。第凭风汛。更非刻日可期。所幸机器已齐。并有现成轮轴。傥船材齐备。年底船身可就。尚易图成。惟斩轮之方。总俟营构齐全。方有眉目。此大铁厂之情形也。洋将德克碑。自到工以来。覩坞内运载之艰。愿往南洋访购载货夹板船。已附搭轮船前往安南各国。两月以后。方得回闽。理合附陈。今先将机器到齐日期。并船坞一切情形。谨会同陕甘总督臣左宗棠。福州将军兼署闽浙总督臣英桂。福建巡抚臣卞宝第。合词恭折具奏。

同治卷六一

己酉。总理各国事务恭亲王等奏。窃照上海钦差通商大臣关防。总理上海及长江一带中外交涉事件。并管南洋各口关税事务。先系江苏巡抚薛焕管理。嗣系江苏巡抚李鸿章管理。同治五年十一月间李鸿章升任湖广总督。奉旨交大学士两江总督曾国藩署理。旋因曾国藩奏请令丁日昌暂护通商大臣间防。奉旨丁日昌系该督所属。即著责成该员妥办中外交涉事件。仍由该督统率。毋庸令其护理关防等因钦此。丁日昌旋授江苏巡抚。兹于本年七月二十日。奉上谕。曾国藩著调补直隶总督。钦此。所有上海通商大臣关防。应否照案令新任两江总督马新贻接授。仍令丁日昌会同办理。抑或于两员内派一员之处。恭候钦定。

谕内阁。新授两江总督马新贻。著充办理通商事务大臣。

谕军机大臣等。据总理各国事务衙门奏。请简放上海通商大臣。已明降谕旨。令马新贻充补矣。马新贻新任两江总督。丁日昌久在上海。于外国情形更为熟悉。遇有紧要事件。著即帮同办理。

(戊午)恭亲王等又奏。臣衙门酌改法国船钞章程。于同治四年八月二十三日。附片具奏开办。旋据俄国使臣请照新章。每四个月纳钞一次。亦经臣等奏明。指定呢廓来业福斯克至图们江海口。准其照办在案。兹日斯巴尼亚国使臣玛斯。以该国小吕宋海岛。距潮州厦门。均不过九百余里。每四个月商船往返。可行十五次。其船尽载米石。于中国不无裨益。惟照纳十五次船钞。较欧罗巴甚为喫亏。亦请照法国新章四个月纳钞一次。臣等查小吕宋海口。距潮州厦门相近。援照法国安南日本商船入华之例。道里不甚相悬。该使向于交涉事件颇为恭顺。未便办理两歧。因即给予照会。日国商船。自吕宋海口至通商各口。均准每四个月纳钞一次。俟定有开办日期。再行照会等情。旋据该使臣照覆前来。臣等公同商酌。北洋各口。拟于同治七年九月初一日。南洋各口。拟于九月二十日。先后开办。仍照更定俄国船钞成案。行知南北洋通商大臣。转饬各口。并由臣衙门札知总税务司一体遵照。

给日国照会

为照会事。前经贵大臣面请将日国船只。自吕宋海口前赴通商各口。按照前赴香港。准每四个月纳钞一次。本衙门因其中尚有未尽事宜。未便遽尔照办。现届贵大臣交代起程之日。因思两年以来。贵大臣于两国交涉事件。俱能心存和好。即于各国应办事宜。亦能持平襄助。本王大臣实所欣佩。兹特将船钞一事。先允照办。以明本王大臣与贵大臣永敦睦谊之意。此后凡有日国商船。自通商各口前赴吕宋海口。均准每四个月纳钞一次。除分别咨札办理。并俟定有开办日期。另行照会外。特此照会。

日国照覆

为照覆事。昨准贵王大臣来文。内开日国船只。自吕宋海口前赴通商各口。按照每四个月纳钞一次。现允照办等因前来。本大臣为国家先申谢悃。复承嘉言誉已。能以持平襄助等语。实深感荷。为此照覆。

庚申。吉林将军富明阿。副都统毓福奏。奴才等承准军机大臣字寄。同治七年六月十七日奉上谕。富明阿等奏截剿窜匪获胜。并与俄国会议情形一折等因钦此。当即钦遵谕旨。咨行乌勒与阿妥办去后。续于六月十三日。据乌勒兴阿咨报。俄酋由海参崴乘坐轮船。将囚禁之人载回二十四名。又送回商人四名。旗人一名。并据俄酋遣使订期会晤。本副都统于六月初二日。片帆渡海。至摩阔崴登岸。俄酋包果呢依谦克等。在彼待候。互相执手谦问。礼貌甚恭……

辛卯。大学士调任直隶总督曾国藩奏。窃中国试造轮船之议。臣于咸丰十一年七月覆奏购买船炮折内。即有此说。同治元二年间。驻扎安庆。设局试造洋器。全用汉人。未雇洋匠。虽造成一小轮船。而行驶迟钝。不甚得法。二年冬间。派令候补同知容闳。出洋购买机器。渐有扩充之意。湖广督臣李鸿章自初任苏抚。即留心外洋军械。维时丁日昌在上海道任内。彼此讲求御侮之策。制器之方。四年五月在沪购买机器一座。派委知府冯焌光。沈保靖等。开设铁厂。适容闳所购之器。亦于是时运到。归并一局。始以攻剿方殷。专造枪炮。亦因经费支绌。难与船工。至六年四月。臣奏请拨留洋税二成。以一成为专造轮船之用。仰蒙圣兹允准。于是拨款渐裕。购料渐多。苏松太道应宝时。及冯焌光。沈保靖等。朝夕讨论。期于必成。查制造轮船。以汽鑪机器船壳三项为大宗。从前上海洋厂。自制轮船。甚汽鑪机器。均系购自外洋。带至内地装配船壳。从未有自构式样。造重大机器汽鑪全具者。此次创办之始。考究图说。自出机杼。本年闰四月间。臣赴上海察看。已有端绪。七月初旬。第一号工竣。臣命名曰恬吉轮船。意取四海波恬。厂务安吉也。其汽鑪船壳两项。均系厂中自造。机器则购买旧者修也。其汽鑪船壳两项。均系厂中自造。机器则购买旧者修整参用。船身长十八丈五尺。阔十丈七尺二寸。先在吴淞口外试行。由铜沙直出大洋。至浙江舟山而旋。复于八月十三日。驶至金陵。臣亲自登舟试行。至采石矶。每一时上水行七十余里。下水行一百三十余里。尚属坚緻灵便。可以涉历重洋。原议拟造四号。今第一号系属明轮。此后即续造暗轮。将来渐推渐精。即二十余丈之大舰。可伸可缩之烟甭。可高可低之轮轴。或亦可苦思而得之。上年试办以来。臣恐日久无成。未敢率尔具奏。仰赖朝廷不惜巨款。不责速效。得以从容集事。中国自强之道。或基于此。各委员苦心经营。其劳动亦不可没也。溯自上海初立铁厂。迄今已逾三年。先后筹办情形。请为皇上粗陈其概。开局之初。军事孔亟。李鸿章饬令先造枪炮两项。以应急需。惟制造枪炮。必先有制枪炮之器。乃能举办。查原购铁厂。修船之器居多。造炮之器甚少。各委员详考固说。以点线面体之法。求方圆平直之用。就厂中洋器。以母生子。触类旁通。造成大小机器三十余座。即用此器以铸炮炉。高三丈。围逾一丈。以风轮煽炽火力。去渣存液。一气铸成。先铸实心。再用机器车刮镟空。使炮之外光如镜内滑如脂。制造开花田鸡等炮。配备炮车炸弹药引木心等物。皆与外洋所造者足相匹敌。至洋枪一项。需用机器尤多。如碾卷枪筒。车刮外光钻空内膛。镟造斜棱等事。各有精器。巧式百出。枪成之后。亦与购自外洋者无异。此四五年间先造枪炮。兼造制器之器之情形也。该局向在上海虹口暂租洋厂。中外错处。诸多不便。且机器日增。厂地狭窄。不能安置。六年夏间。乃于上海城南兴建新厂。购地七十余亩。修造公所。其已成者曰汽鑪厂。曰机器厂。曰熟铁厂。曰洋枪楼。曰木工厂。曰铸铜铁厂。曰火箭厂。曰库房。栈房。煤房。文案房。工务厅。暨中外工匠居住之室。房屋颇多。规矩亦肃。其木成者。尚须速开船坞。以整破舟。酌建瓦棚。以储木料。另立学馆。以习翻译。盖翻译一事。系制造之根本。洋人制器出于算学。其中奥妙。皆有图说可寻。特以彼此文义捍格不通。故虽日习其器。究不明夫用器与制器之所以然。本年局中委员。于翻译甚为究心。先后订请英国伟烈亚力。美国傅兰雅玛。高温三名。专择有裨制造之书。详细翻出。现已译成汽机发轫。汽机问答。运规约指。泰西采煤图说四种。拟俟学馆建成。即选聪颖子弟随同学习。妥立课程。先从图说入手。切实研究。庶几物理融贯。不必假手洋人。亦可引申另勒成书。此又择地迁厂。及添建翻译馆之情形也。兹因轮船初成之际。理合回并附奏。该局委员等殚精竭虑。创此宏规。实属著有成效。其尤为出力各员。可否籲恳天恩。给予奖叙……

谕军机大臣等。曾国藩奏。新造轮船工竣。并陈上海机器局筹办情形。及请奖上海通商委员各折片。中国试造轮船。事属创始。曾国藩独能不动声色。从容集事。将第一号轮船成造。据称坚致灵便。可涉重洋。此后渐推渐精。即可续造暗轮大舰。并陈制器设厂。及添建译馆各情形。足见能任事者举重若轻。深堪嘉尚。马新贻计抵新任。即可会同丁日昌。按照曾国藩。李鸿章。筹办规模。悉心讲求。以期周妥。设局以来。各该委员等均属著有微劳。所有尤为出力各员。准由曾国藩。会商李鸿章。马新贻。丁日昌。酌量奏保。其上海通商委员。办理洋务亦臻妥协。并著曾国藩等择尤请奖。以示鼓励。

同治卷六二

(同治七年戊辰九月戊戌)恭亲王等又奏。臣等于本年七月间。接据三口大臣崇厚函称。接到大西洋国使臣疏吵寄来呈递臣奕䜣照会两件。由该大臣转递前来。臣等查阅该使臣照会。一系奉其本国君主委令总督澳门地扪各地方。带有简书为据。一系简授全权大臣便宜行事。并称同治二年。已经两国画押之和约章程。亦奉有便宜权柄。讬委更易。再商新约。与中国所简全权大臣。将互换约内相异之事。商定妥办等因。臣等查同治二年大西洋国派使来津。商立和约。定有款目。因臣等欲将澳门设法仍归中国。是以于该处设官一节。未能议妥。该使臣悻悻而去。当将办理情形奏明在案。迄今和约并未互换。本年日国使臣玛斯回国。因其于大西洋情形向来熟悉。所有澳门原建炮台兵房一切。议令玛斯设法向大西洋说明交出。并将原有洋兵撤回。以便中国设官。从新经理。旋经臣等与玛斯。及总税司赫德。筹定办法。将同治二年原定大西洋条约删改增添。另缮新本。续派税司金登干寄交玛斯办理。并知照蒲安臣。志刚。孙家谷。以便行抵该国时。就近辩论。其约内删改增添之处。悉皆牵涉澳门。亦经臣等详细奏陈在案。今大西洋国使臣照请商定条约。而玛斯承办澳门一节。能否照办。尚未得有准信。是该使臣所请更立新约。现在无从办理。臣等公同酌核。并与总税司赫德熟商。先给该使臣照覆。以该使臣既愿将旧约更易新约。自系该国深知中国必欲将不妥之处先行更正。惟此事中国于该使臣未到之先。业派出使大臣前往。且计此件照覆到日。已在封河之后。须俟明春再行商办。以缓该使臣来津之行。当由臣等缮就照会。递交三口大臣崇厚。转寄该使臣查照。伏思该使臣照会所称。将互换约内相异之事商妥快办。自系暗指澳门设官而言。傥欲藉此转圜。与前遣玛斯往办之议。并不相背。第近闻玛斯本国有事。大西洋是否牵涉。无从得知。玛斯所议能否有成。亦难逆睹。应俟续有信息。再由臣等相机妥办。

壬寅。总理船政前江西巡抚沈葆桢奏。臣于六月二十三日。业将机器到齐。并各厂情形奏明在案。其第四起所载轮船机轴尤繁重殊常。经派人夫起运四十余日之久。始获蒇事。铜铁机器。封闭舱底。经年海气薰蒸。尽掩鉎锈。难以遽臻灵转。当即一面督工节节磨刮。使光润滑泽。以利框关。一面责令学习驾驶之艺童水手人等帮同洋匠。相机办窃。零星凑合。俾即鉤心关角之处。悟推行利转之功。由体达用。由委穷源。果能实力讲求。他日制造之法。驾驶之方。实根于此。机器虽齐。船材未备。斧斤莫施。殊深焦急。臣自船厂开工以后。即维上游杉木既不足以耐风涛。台地樟木。港俠山深。出运迟滞。而遣员躧勘。深沪祥芝等处。存储洋木。复不适用。因于四月间。派洋员达士博同营弁等。赴喰叻暹罗仰光各处。购致南洋楢木。嗣据营弁回工。称该处得木易而得船难。木价廉而船价贵。业已由该洋员试办数船应用。臣以船工稽迟。正拟专员催趱。束装未行。而该船之来自暹罗者。于八月二十六日报到。船名曰华德西药。共载木五百余节。二十七日驶入坞口。入夫并力五日之久。尽数起岸。一面著洋匠估量尺才。一面劈锯兴工。又据日意格称此次到工。系头起洋船。其第二起船名曰麻力阿立三丁。闻自暹罗扬帆已二十余日。其第三四五起船。有曰悦诺花思得者。有曰安密喇者。有曰巴奴格者。数日内亦自暹罗港出洋。此时海面虽北风司令。然台飓不作。则较夏间倍其日数。亦陆续可到。果如所揣。一两月内数起俱齐。船材赅备。厂内加工赶造。船身应易告竣。致船上帆樯器具。俱经日意格购致齐全。船身下水。机器入水之后。便可次第安顿周妥。理合先将暹罗木船到工日期。谨会同陕甘总督臣左宗棠。闽浙总督兼理福州将军臣英桂。福建巡抚臣卞宝第合词具奏。

沈葆桢又奏。洋将日意格所办木料。前次陆续到工者。臣俱节次奏明在案。惟所购之木中。除铁钞木可为船梁。楢木可为船协。花旗木可为船板。及杂器具外。另有数百根名曰文同梧。圆围合抱。各五六丈有奇。材钜质重。外黑中红。削皮寸许。观其纹理。似坚致殊常。及施之斧斤。则随风拆裂。经臣传询日意格。据称系讬其国人。在南洋者购办。拟为船骨。及船厂梁栋之需。看此情形。只好留作别用等语。臣维船身底木。冲激波涛。关系最重。必慎之又慎。方为利涉无虞。何得以外疆中干之材。滥充重任。惟既迢迢万里而来。势难遽行剔退。使喫亏于此。而取偿于彼。且洋人性本善疑。又力护其短。

操之是戚。适予以借口之端。因但一面饬其飞书截止未离岸者。不准再运。一面饬其赶办暹罗楢木应用。船工稽缓。实由于此。究之暹船即使尽到。不过供三四船之需。以后非专派妥员坐山收运。何能源源接济。惟款目既钜。得人尤难。辰下头起已来。方在动工。俟新船下水后。择一忠诚廉干者。亲莅暹罗仰光等处。躬自覆勘。方足膺此钜任而无他虞。

(十一月)辛未。闽浙总督兼理福州将军英桂。福建巡抚卞宝第奏。承准军机大臣字寄。同治七年九月二十四日。钦奉上谕。著将现办未结之教案。迅速设法了结等因钦此。伏查台湾海外孤悬。民情强悍。自准各国通商以后。华洋杂处。时虞构衅生端。并以台属所产之樟脑。洋商不愿赴官厂买运。频年争执。尤恐枝节横生。臣等叠饬该管镇道府督率地方文武妥为抚驭。遇有中外交涉之案。随时按约秉公办理。暨饬台湾道将樟脑详议章程。准令洋商自向华民收买。嗣因英法二国交涉樟脑教堂等事。有已据台湾道府禀报者。有由领事官禀经公使照会总理各国事务衙门咨行饬办。及由领事官照会地方官追赔未据报明者。共计七案。臣等当委兴泉永道曾宪德带印渡台。确查妥办。续知领事吉必动。先后请调兵船赴台。节次要挟。意在构衅。复经飞催曾宪德克期驰往。并将委员查办缘由。咨明总理各国事务衙门查照在案。兹据曾宪德禀报。九月二十四日驰抵台湾府城。调集卷宗。妥速办理。查台湾樟脑。向归官售。洋商以价较昂。外句奸民。潜入内山及梧棲等处不通商口岸。设栈自行收买。驶运出洋。被官厂哨丁阻截。继又有焚拆教堂。并华洋交殴。谋死教徒各案。除业由台湾道府督饬厅县获犯分别枷杖议结者。已有五起。尚有未结案两起。及樟脑应议章程。应与英国领事官面商定议。该领事吉必勋性情粗暴。不谙公事。屡次请调兵船要挟索赔。当经曾宪德督同署台湾府知府叶宗元。亲赴旂后口。与吉必勋面议。该领事一味狡执。甚至约办之照会。屡次以病诿延。至十月初八日。忽闻吉必勋亲带洋将茄当。绒生。管驾兵船两号。前往安平。旋据安平协副将江国珍。以英国带兵官来署面称。欲来攻打地方等情。禀经台湾镇总兵刘明灯派弁查探。吉必勋竟在安平张贴告示。词甚悖谬。刘明灯谕令江国珍调集兵船。严密扼驻。并饬其约束兵丁。不得自我起衅。初九日傍晚。探知吉必勋乘坐绒生兵船。驶回旂后。曾宪德复约吉必勋商办未了各案。该领事又故意推托。至十一日偕叶宗元往晤。始得见面。再三开导。及引约诘责。该领事理屈词穷。愿将各案会商办结。随逐案议定赶办。取有该领事覆文。别无异言。惟其驻泊安平之茄当兵船。坚不肯撤。十二日复据江国珍飞报。英船在港开炮七次。居民忿欲争斗。刘明灯等。会派员弁驰往劝谕弹压。不准轻举妄动。同日又据澎湖协副将吴奇勋具报。该营领饷师船。被洋将茄当牵去。并掳去管驾官孙广才及水勇二名。经曾宪德照会吉必勋。诘以案经议妥。因何开炮牵掳师船。明白照覆。讵十三日据安平协中营游击郑嗣林等赴郡面禀。十二日夜四更后。洋将句通奸匪。率领洋兵数十人绕出炮台。由僻巷潜进登岸。突入案平协署。杀伤兵勇。副将江国珍仓猝遇变。不知存亡。因夜深港杂。弁兵救援无及等语。旋经查知江国珍众寡不敌。已于受伤后服毒殒命。并被杀死兵丁一名。壮勇十名。又受伤十三名。该协中左右三营。军装火药局库。均被放火烧毁。该处军民惊愤异常。汹汹欲斗。时曾宪德尚在旂后。得信后与该口税务司满三德。星夜折回郡城。拟即前往弹压。而郡城绅商。以兵连祸结。为害非轻。情愿往见洋将。令其交署登舟。静听查办。当经该绅商黄应清等驰赴安平。询据茄当声称。伊系奉令打仗。领事官作何在旂复议结。先无知会。如欲息战。限即日交银四万圆。凝迟则开炮偪城。该绅商等急欲了事。公同凑集洋银四万圆。交茄当暂收为质。曾宪德先令满三德。向吉必勋诘责翻约用兵之咎。据称伊令兵船停泊安平。并未令其开仗。茄当违令私自登岸。任意妄为。而茄当又坚谓伊系遵令行事。并无错处。彼此执词争论。十六日曾宪德叶宗元。偕至安平。邀集各洋官。案约逐层严诘。吉必勋犹复强词狡辩。回护已过。惟止欲令茄当退还绅商前质银四万圆。其前次约定各条。仍照原议办结。一面自行申陈公使。及香港官兵。另议茄当擅自用兵处分。讵茄当仍执前词。先欲将已收四万圆之内。扣留一万圆。赔补兵费。继恐绅商赴香港控告。必须由地方官备送。当由绅士备银一万圆。兑交吉必勋。茄当等立英文收字。各自盖印。交台湾县收存。茄当将前收质银四万圆归还绅商。并交还师船弁兵。及协署房屋。自行带兵登舟。驶回旂后。尚留绒生一船。仍泊安平。经刘明灯札委候补副将萧瑞芳。署理安平协副将篆务。该处民心。俱已安定等情。并据刘明灯等会禀前来。臣等查台湾英国领事兼署法国副领事吉必勋。因怡记英商遣洋人必麒麟在不通商之梧棲港口岸。句通奸民。设栈收买樟脑。私运出口。致被截留。遭风漂没。辄听必麒麟主唆。牵及教堂未结各案。饰禀公使。请调兵船要挟索赔。任意刁难。迨经臣等委令道员曾宪德赴台查办。该领事自应按约会商办理。乃又先派兵船。潜入安平混称奉文管辖中国地方。肆行恫喝。曾宪德与之议妥。逐一定案。接有覆文。并不将兵船撤退。转纵洋将开炮牵船。掳禁弁兵占踞营署。偪死副将大员。杀伤兵勇多人。并将军火局库放火焚烧。索取兵费。种种违约妄为。实系有心构衅。且吉必勋等似此任性滋事。若仍留在台。势必益无顾忌。后患愈深。并恐各口领事。闻风效尤。关系更非浅鲜。相应请旨饬下总理各国事务衙门。照会英国住京公使。迅将台湾口领事吉必勋带兵官茄当。一并革任撤回。从严究办。追出被索兵费银圆。解台归款。另派晓事之员。接办该国通商事务。以杜后患而儆效尤。臣等仍谆饬台湾文武员弁。过有华洋交涉事件。务与领事官和衷按约商办。其在台教士。并各妥为保护。毋许兵民稍有欺陵。俾免借口。至福建台湾安平协副将江国珍。受伤后服毒殒命。大节凛然。并请饬部照例议卹。以慰忠魂。其伤亡兵勇。查明另行核办。

谕军机大臣等,英桂。卞宝第奏。台湾领事官。纵令洋将违约妄为。请饬总理衙门办理一折。览奏已悉。台湾领事官吉必勋于议结之案。忽然翻约。纵令茄当开炮掳船。占踞营署。偪死副将大员。杀伤兵勇。焚烧军火局库。索取兵费。种种违约。实属有心构衅。岂能稍事姑容。已谕令总理各国事务衙门。知会英国公使办理矣。台湾物阜而民杂。近年各国通商。易于启衅。英桂。卞宝第。务择为守兼优通达事体之镇道大员前往。遇事刚柔互用。按约办理。并整顿营制吏治。以甫官方。不可稍涉大意。未结各案。即著饬令曾宪德等迅速办结。副将江国珍受伤殒命。殊堪悯恻。著交部照例议卹。其伤兵勇。并著英桂等查明办理。

同治卷六三

同治七年。戊辰。十二月。甲子。总理各国事务恭亲王等奏。上年十二月为英约前期六个月先行酌改之期。臣等先于上年五月。奏请饬下南北洋大臣。各派熟悉洋务二员。咨送臣衙门。以备查询。复于九月奏请饬下通商地方将军督抚大臣各抒所见。均蒙俞允。历经恭录谕旨。并钞折行知遵照在案。嗣因为期已近。臣衙门豫派章京二员专司其事。南北洋大臣派委之员。亦先后到臣衙门任差。各省将军督抚大臣等覆奏。陆续由军机处钞交。其密拟条说。并附各关条陈。均咨送臣衙门存阅。臣等复令各章京及南北洋委员。各陈所见备采。当经详阅各项条议。虽不无同异。而于窒碍最甚者。应行拒绝。其可权宜府允者。仍与羁縻相安。则其意皆大略相同。臣等与英使先期晤谈。复提及不日修约。傥以万不可行之事相干。及照会内仍有失礼之语。即令失和。亦不能允等语。又铜线铁路两事。另经臣等历次舌战。甫关其口。是以上年十二月初八日。英使阿礼国。派其翻译柏卓安。送到修约节略一件。似是恐有失礼。故不遽用印文照会。而节略后开款目五条。亦并未提及铜线铁路之事。大意以中国近年。到处抽厘有碍洋商生计。地方官不谙条约。以致贸易有亏。现在必得所益。以偿所损。请将商人完过半税入内地之洋货。概免重征。征收较重之税则。重新删改。海关税银。解归省库备用。内河准行轮船。长江添开码头。海关设立官栈等事。嗣令前派章京与英使所派参赞傅磊斯。副使雅妥玛等。会议数次。告以中有数条碍难允行。且完遇半税入内地之洋货。按照咸丰八年旧约从未向洋商重征。刻下仍作告示。通谕关卡遵照。本年四月。该使又送节略。请准洋商在内地开设栈房。复送节略二十九条。除洋货应免重征一节未提外。前请各条悉列其中。此外添请者。则前收洋商厘金。按数退还。各海口三十里内。概停捐厘。洋盐准运进口。各关税银成色应归一律。存票不论时日。悉领现银。洋人在内地开栈常住。应设外国官管理。长江添设码头十处。海面添立州码头一处。煤窑请于宛平句容两处。先准洋人开窑。台湾樟脑等件。应禁包揽。通商应定律例。其余则声明某税请减。某税请免各等情。臣等再三酌度。以彼惟利是图。不得不休。所求减免数条。除茶叶外均非通行之货。于税并无大亏。是以允其减免。以由官试办有碍则止。厘局如果误收洋商之捐。则允以查明给还。存票在三个月限内者。允给现银。一年限内者。照旧抵税。台湾樟脑允其禁止包揽。长江口岸。则查从前外省所论情形。而议以芜湖大通安庆三处内酌设码头。海口则允以未开之琼州换开温州。各关银色。通商律例。亦俱允行。至所请海口停厘。洋盐进口。内地设官。开铊煤窑。内河轮船。内地栈房。税银解省等事。或关国政。或碍民生。则皆一概拒绝。嗣于会议时。彼复以轮船需煤婉商。始允以由南省大臣。自行酌择产煤处所试铊。如果得煤。华洋商人均准购用。其租机器雇洋人与否。临时核议。洋人不得自行租窑开铊。并将以上各层写具节略。于五月间移覆。并又允其出示通谕内地民人。于赴内地洋商不得滋扰。以冀其停息栈房之议。八月间该使复送节略。于停厘运盐设官税银解省俱寝不提。独于内河轮船。内地栈房。开铊煤窑等事。始终坚执。志在必行。甚且节外生枝。如言内地栈房。则并牵及铜线铁路而请让些须。言开铊煤窑。则以雇洋人租机器为不体面。且无利而不愿为。并牵及各矿须准洋人一并开铊。长江则谓已允码头三处。仍请在镇江北岸或瓜州设关。又请在九江之湖口设关。海口则请开温州外。仍请开台州泉州廉州之北海以及未开之琼州。存票是请一年限内准领现银。一波未平。一波又起。臣等正拟驳覆。该使复邀同美国使臣劳文来臣衙门会商以为之助。臣等力持前说。该使谓为背约。臣等当以该使所请。多系条约所无。面加驳诘。议久始散。十月该使送来照会一件。是为办理修约初用印文之始。大意仍与前来节略相同。惟措言不逊。仍有背约欺骗之言。且牵引咸丰八年用兵之事。盖彼因婉商不行。不得不出于恫喝。适该副使来见。与之严辩。该副使遂请将照会发回更正再送。及送至则不逊之语全删。而所请各事仍然如故。且黏单内提及使臣住京如何优待。朝观如何礼节。将来自应次第商办等语。美使亦来照会。虽未指明此节。而已有现在中国出使大臣。见其君主。相待甚优之语。其于栈房等事。则极力从旁怂恿。历称栈房电线请准设立。轮船请在长江上流鄱阳。天津通州白河行驶。铁路请先自通州到京一路造办。又请于西山煤窑到京之路。先造木路。京师之西山。长江之两岸。山东粤东产煤之处。俱请开铊等情。臣等除另行驳覆美使外。仍备文照覆英使。于内地栈房。则以洋人在内地。须守中国律例。归地方官管辖。一切差徭。当与华民一律。以为钳制。各矿则以矿为中国产业。非通商买卖之事。开否须听中国自主。若煤窑雇洋人租机器一节。洋人既不愿为。不必勉强。轮船则告以有碍内地民人生计。且引牛庄洋船装豆。致上海沙船困敝。以譬喻之。余如码头存票等事。亦俱分别驳覆。而于朝观则因本载条约。从前各使臣言及时。臣等斥之不能。许之不可。每设法延宕。以礼节难之。刻下外省各臣所议。亦允否各别。臣等因该使此次虽经提及。核其词气尚非坚执。旋于面议时仍以礼节照前辩论。故驳覆文内未经置议。嗣该使见栈房等事。挟制术穷。又复当面婉恳。臣等以彼既已易倨为恭。若再不略示通融。虑其变羞成怒。势必哓哓更甚。因将南省煤窑仍照前议。由中国试铊。准彼购用。轮船则以彼欲专在鄱阳驶用。以免风涛之阻。遂乘其意。允以九江关现有之中国轮船一只。准其在鄱阳纳费。代伊拖带所雇货船。此英使请行各条。臣等或准或驳之大概情形也。至中国政令。向不以通商为务。而物产丰裕。更无所需假于外洋。本不必似彼之极意要求。致蹈商贾行径。惟彼有所求于我。而我一无所贵于彼。虽足以示中国宽大。持恐彼视中国太易。更生非分之思。是以臣衙门亦拟数条向彼商办。如禁止洋商包揽华商货物。禁止洋商以洋旗私给华船。茶叶洋药均议加税。丝斤则归入各项税则。议以每百征五为率。洋货进口。应将正半两税齐完。嗣后运入内地。方准华洋商人概免重征。洋商自置土货。于正子两税外另备半税。交关存储。以抵来路厘饷。傥出口复进别口。或未出口即在本口售卖。此半税即由关入帐。香港由中国设关收税。商人不得充领事官。英国有益于在英之通商各国。则中国亦同之。其在中国贸易之国。欲援中国与某国定章。一体均沾。亦当照其条款。一体遵守。英商在中国条约内已得之益。将来华商在英国。亦一体照沾。洋商所领税单运照。限十二个月为满复。再限一月缴销。违者不准再领。水手登岸滋事。应议定规条约束。以上各条。该使于包揽代报私给洋旗土货另备半税洋货正半两税齐完等条。俱已允许。其余或请改办法。或不肯照行。或以照会各国公使为推托。此臣等会办各条。而彼有允有未允之大概情形也。伏查届期换约。原应两得其益。但彼既厚集其力。百出其计。以肆其要求。势不得不聚精会神。专与辩驳。得能驳倒一分。即隐受一分之益。至中国向伊所商各件。原以令其照办。以示两得其平。又恐其于臣等所议办者允行数件。于彼不加损。而彼即强臣等将已驳者再允数件以为抵换。则于中国实有大亏。此刻下臣等所商办于彼之事不能不列。而又不能多列者。职此故也。且将来议定后。尚须将详细办法妥议章程。其各项收税防弊诸端。原准随时酌定。不必于此时一并筹议也。现据英使复称。业将以上来往议论各情。咨回本国秉政大臣转奏。俟有回文。再行酌办。臣等复给照会。属将商办而彼未允各件。一并咨回该国酌定。该使又于末后照会。附黏一单。重言铁路于运河隄上造办。既可省费。又可固隄。足见其甘言引诱。用心甚苦。不但轮船栈房等事固结不解。而此铁路一节。尤与铜线银矿。同为顷刻不忘。臣等复以不便于民覆之。以绝其念。盖此番修约。研摩一年之久。彼之初望。未尝不奢。臣等或稍与通融。或付之不答。或缘情开导。或据理直争。此既舌敝唇焦。彼亦词穷竭。然具愿未偿。其心未已。彼见臣等所议。已难再有迁就。始行咨回本国。听候定夺。将来该国回文到时。能否弭耳帖服。悉就范围。尚难悬揣。总之臣等惟有勉竭愚虑。因事制宜。随机应变。俾不致十分刁难。枝节横生。以冀仰纾圣廑于万一。所有办理此事来往节略照会等件。理合照录清单。

英国公使论拟修约节略

窃查今夏本大臣前往海口巡视一次。亲见各口通商情形。复据英商等具禀贸易受亏各情。皆系各省官员。不能一体遵守条约等语。本大臣回京。谒见贵亲王暨列位大臣。曾将各节详细面陈。又经陆续照会在案。迄今数月之久。各省仍未将不善各举改正……中国地势辽阔。欲将各省吏治及陆路水路武备齐为修治。非暂时所能奏效。如各省平靖尚须时日。京师秉政者。凡有饬谕各省之言。使其即刻遵办。不准违背条约各款。谅不难为。而令各国欠有佩服之情。虽有总制之名而无其实。洋商受损之事。系各省地方官在各口以及内地于贸易任意抽收厘税。非但与条约各款不符。且与中华定例不合。厘税名目。有厘金落地税等名甚多。是于条约所准之外。额外加增。所抽税银。自每百两七两。以至每百两九十两之多。必须先纳此项重税。然后所运货物。始能至内地用物者之手。此事经厦门英商详细具禀。本大臣查阅。复将该货已纳之税。及货名税银数目。一齐开单附送前来。业于八月初二日。备文将禀词货单等钞译。附送贵衙门查照矣。此节当初系属违约任意加征。数年以来。每岁增添。以致现时中外贸易萧索。非但华民无资度日。而洋商多遭亏本倒帐之害。明太祖有言。弓太满则必折。其意喻管辖斯民者。如搽按百姓其势太过。百姓不能不作乱。该省为官之人作事于此相类。生意贸易。乃系国帑之母。如贸易留难阻滞。不能畅行。国帑自有短绌。譬如田地被旱。成收歉薄。众皆受苦。如此项亏累。尽归中华官民。外国自毋庸干预。惟洋商所受亏损。亦属非轻。合银未易算清。因货物在内地往来。常有留难耽延情事。且关卡处处皆设。为数甚多。便于贪利之官。任情勒索。又不准台湾地方英商装载米石白糖樟脑等货。运往他处。亦不准洋船装载豆斤豆饼。由牛庄烟台运往上海。彼时仍准华船随意装运。因此洋商受损更多。此项货禁与条约不符。与京师饬文相背。而地方官执意两年之久。至台湾地方米禁是否开解。尚在未定。而包揽樟脑一事。仍旧准行。洋商欲领税票。或将洋货运往内地。或将货物运出海口。由内地自来河道来往。因有各项留难等事。将兴旺之贸易变为衰败。所伸冤枉。皆系真实重大。有确据可凭。地方官所为。与条约相背。历经各口领事官备文向地方官请为妥办。又经本国历任大臣时常照会贵衙门。而地方官仍未改行。洋商贸易。两年以来。无不亏损。其至富足之洋行资本。原有数百万。至今尽行亏去。华商伸屈之言。亦与洋商相类。各项货物。即如茶叶丝斤。近年价值甚昂。而从中应余之项。消归无有。买者卖者无不受亏。而税饷亦未见增长。此利果归何处。必系各处经手厘税。大小众官入于私囊。洋商所亏豫行索赔之款。日益加多。以海关收税帐簿。查洋商每年卖买若干。即知洋商受亏之数。上年洋商进出口货物。约计值银三万万两。所纳税饷。约有九百万两。在内地格外所收税银。难以核清。惟据访闻。较所纳税饷。至少加三四倍。一年之内。洋商贸易用过船只约计七百万顿。总计此项贸易。四分之三。系英商船只所办。其余一分。归于他国。洋商本银格外乃有钜款。不在此总数之内。惟所用船只。所值银两。为数亦钜。以及在中国或在他处。其所设栈厂。制造货物器具。银数尤多。因此钜数。洋商两三年以来。其本翻覆出入。无赢有亏。其所以然之故。乃系地方官执意不按条约所致。本国虽不愿英民力索赔偿。不能永远作为不知。必须即设良法。将其屈枉之处代为直伸。使其益加通畅。该商等可望所亏资本。渐次收回。可否贵国管辖各省地方官。不准其无礼勒征。各省违例所收厘税。无论何项名目。及何等借口。不能不急为停止。其按约应征之税。亦须设立妥善征收之法。不致于洋商有留难亏损之虞。洋商将其货产。按约随意在内地往来。所有向来拦阻之事。亦须禁止。如各省之例。恃来往货物。边关纳税。藉资办公。在定条约时。将洋商所纳内地之税。全归国帑动用。地方官留难洋商贸易畅行。其故或由此而起。可否税饷尽归省库动用。以便该省情愿保护贸易。使其通畅。内地之税。按约每百两定纳银二两五钱。如今各口海关征收。或洋货运往内地。或内地货运经海口各税银。谅不难分解省库收存备用。如此办法。其详细处。或贵衙门派总税务司赫。会同本大臣所派参赞一位。一同商酌。以下所开诸事。亦可令其会商。洋商所递禀词。其中指明地方官于何时何事。应选赔项。系属何款。共银数多少。确有凭据者。不能不按款清还。零用之外。其洋商所受亏累。如欲善为补还。必须让以贸易畅行之路。方称公允。足为相抵。所让之事。虽非条约文义所载。而如能照议而行。该商等亦可不求赔补。详细思出让洋商之路。与该商有利。于国帑无碍。亦不使贵国多糜费用。中外商人获利。华民亦俱有益。如照议允行。实为甚便。按照条约所定。明年六月间。英国和约通商条款。以及善后税则俱可修治。以下所开各数。如贵衙门自行会同本大臣酌量允办。谅条约毋庸修治。至诸事开办之初。必多有商酌之处。如本国与贵国会同各国一齐商办。较为省事。尤觉妥协。所拟商办之事。分为五款。

一凡有商人欲将洋货运入内地售卖。于未动身之先。令其在在所进之口完纳半税。其经过关卡。无论何项税饷。一概免征。洋商欲运内地货出口。内地一切税饷。不能令其完纳。俟到所出之口完纳半税。此二款半税经海关征收。俟至所定之结。随时分解省库备用。

一条约所定之税则内。有货物十余种。定税较重。既于贸易有亏亦于国帑无益。拟行重新删改。

一凡有洋商将其自有或洋货。或内地货。出入内地者。无论篷浆篙橹等船以及火轮小河船。准其随意驾用。在内地往来。用船之先。在海关报明领禀。并出具甘结。以防弊端。

一长江之内。自镇江起。至汉口止。由海关拣选码头数处。以便洋船在彼停泊。并上下货物。

一如在海口。洋商欲行呈请设立官栈。于货物纳税之前。先将货物送入官栈。俟完税以后将货物交本商领回。亦可准其设立。

以上所拟五条。据本大臣之实见。非但于本国有裨。且于贵国亦多利益。切请贵亲王及列位大臣。详细斟酌妥协。早示覆音。以便蒲大臣于未到英国之先。咨明本国。将一切不善之情皆为改正。并使本国知悉贵国业已让与各商畅行之路。从前亏欠谅可补足。除以上各节外。尚有数事关乎洋商身业及其事者。以上数节如能照行。其余未尽言之事。自可不论而止矣。惟中外商民一同生理。凡有词讼。贵国无通商律例。亦无钱案一定办法。且无会审公堂。凡华民拖欠英商资本。英商将其指告。因无此善地讯断。不能使欠主遵所断而行。英商因此每年被华民吞骗之银甚多。无从追讨。此事甚有难办之处。不能立时速办。本大臣所拟各节。鄙意惟欲中外相谅。和好日敦。相安永远。并无他意。尚望贵亲王暨列位大臣一意会商。因诸事患害日增。渐至彼此受损。不能不称心而谈。始能护益。洋人之中代中华求福者甚从。均切望内地安靖。永敦承平之福。而外国友谊。久远不替。英国之意。断无与此不符。甚愿协力帮助中国。使得此益。尚未平靖之时。如何能得此益。虽论有别。然如实心遵守条约。将以上所开窒碍各事妥为改正。各国自有善为相济之处。如此则万种不顺之患。可以防解。而危险之极。非彼此相济。难以避免者。皆可消除矣。

英国傅翻译官面交节略

一洋商一切货物。卖与华民。内地茶叶湖丝等物。亦可卖与洋商。条约第二十八款。载明各货或出口。或进口。纳正半税外。其余税饷。一概免征。地方官定立章程之意。究竟约有二端。一则勒索洋商。一则拦阻贸易。因此则条约几成废纸。现时商议。设何良法。将此不善之处尽为改正。大皇帝与外国换约时。言定彼此来往。并无禁止。看如今勒索洋商。拦阻贸易。实是有禁止之意。赶紧当改。十年之内。外国俱在各海口贸易。未在内地盖造栈房。并非条约内无准行之语。实因中国不按条约办理。所以一切弊病。必当速改。不可耽误。中外贸易加增甚多。于国家有益。于百姓有益。如两国和好。永远坚固。条约内言语。须要遵行。轮船在内河随意行走。及内地设立栈房。我们定要如此办理。因十年之内。有如此弊病。并无另法可以清除。条约第九款。第十二款。实是开广内地运货买卖之意。现在本国与贵国和好商议。恐以后别国不肯如此。本国现欲立定章程。恐嗣后不易再定。洋船在内河。洋人住内地。现时已经有之。如定章程。可将其有弊之处除去。以后较为妥当。游历执照之意。亦系外国人可住内地。商人居住内地。必当安静守分。如果闹事。其贸易即不能作矣。所欲商议者。洋船走内河。洋人住内地。欲立章程。计一千八百五十六年。由英国至上海进口货。共银二百九十七万九千九百十二两。至一千八百六十六年。由英国至上海进口货共银一千五百六十一万四千七百五十三两。前后十年之内。进口货馆增加一千二百六十三万二千八百四十一两。

覆英国公使修约二十九款

同治六年十二月初八日。接准贵大臣节略一件。内附修约五条。今年四月十二日。又收清单一纸。附修约二十九款。本爵细加披阅。所论外国帮助一切。具见贵大臣敦笃友谊。殷殷关爱之至意。殊为纫佩。去冬中国所派使臣。偕同蒲大臣。前赴友邦各国。自必情愫益通。友谊愈笃。至于厘捐一节。中国本以地丁钱粮为正供。亦无向民间借用之例。军兴以来。我大皇帝轸念民艰。凡有被兵省分。概行蠲赋减征。而国用所需。不得不筹办捐厘。系属权宜之举。目前军务未竣。需饷尤殷。然恐民力难支。朝廷未尝不恻然动念。一俟各省军务肃清。善后完竣。自当次第裁减。若洋商进出内地贩货。除交正税半税之外。内地概不重征。较之华商逢关纳税。遇卡捐厘。轻重悬殊。贵大臣谓两年以来。洋商多有亏损。此说不为无因。然闻近来口岸愈多。用度愈广。而洋商贸易愈众。销路更挤。洋商争趋若惊。人多利薄。此理亦显而易见。贵大臣住华有年。谅所共晓。又洋商借口收其厘捐之说。现与贵大臣说明。颁发告示。通行各关卡。杜绝弊端。其以前借口之词。是否厘卡误收。亦难保非洋商单货相离。如有确据。自可逐案查办。自长江通商以来。华商贸易日衰。去年十月。准通商大臣曾来咨。华商联名呈请。将长江通商及内地置买等事概行收回。以纾商困。本爵查其呈诉缘由。皆属实情。极应照准。然两国和好定约通商。一旦遽行收回。又恐贵大臣为难。本爵未能依华商之情。实不忍其生计肃条。此中苦衷。想亦贵大臣所共谅也。总之现修条约。既须保护洋商。亦应体恤华商。以求两得其益。查节略所附五条。即包在清单二十九条之内。已派员与贵【参赞傅副使雅】数次会议。兹特逐条答复。

一以前各处地方官。所有征收洋商之厘税。拟应按数退还本商。【原来第一款】

查此条业由本衙门拟发告示。晓谕内地各关卡。按约遵办。以杜日后误收洋商厘税之弊。至以前关卡有无误收。是否洋商单货相离。应随时查明。分别办理。

一距各海口三十里地界之内。所有出口土货。进口洋货。概不完纳厘捐各税。所定三十里之数。东西南北四面。均由各海关起计算里数。【原来第二款】

查外国用兵。每有向商人筹借饷需之事。中国无此办法。故不得已而有抽厘之举。然仅抽收华商。并不抽收洋商。今欲于各口三十里内概不抽厘。货物散漫偷漏。其弊不可胜言。实与军务有碍。此系中国自主之事。一俟军务肃清。善后事宜完竣。自应将收税章程变通。即将厘捐裁撤。以期惠普商民也。

一按约应征之税。可否尽归省库动用。如货船所经之处。或系数省。其税必须分解各省归库。以便该省情愿保护贸易。使其通畅内地之税。【原来第三款】

查按约所征之税。或奉拨军饷。或解交部库。均系国家正款。岂能分解数省。随意动用。若因保护贸易起见。查洋商通商内地。但执有单照为凭。即经过数省地方。均系一体保护。岂因有税无税。而擅敢两歧。现本衙门已严定告示办法。此层可无须过虑。

一善后条约第二款。内载船用杂物家用杂物一概免税。其进口船载之物。或有非船用家用。而系外国人所用。并不卖与华人。可以一例免税。【原来第四款】

查家用船用杂物。善后条约。本已载明。自用之物。皆准免税。若转售图利。自应仍纳税饷。今拟将自用杂物。分项开明附后。以免牵混。

一船坞用杂物。只准船坞行木行装载进口。开船坞行时。必须先领执照。并具保结。内写明并不装运售卖华民货物。亦不借字号与别行冒用。【原来第五款】

一船用杂物修理洋船各样材料。并船坞中需用一切材料器具家用杂物在开行时。亦须先领执照。并具保结。【原来第六款】

查以上两条。开设船坞行。系为谋利起见。除船用杂物及修理船只各器具。酌准免税外。如系制造新船。仍应将该船照值百抽五例征税。至于领照具结应如何办法。俟妥议章程。试办三年再定。

一华船装载洋货进口。须同洋船一例完税。归各口税务司征收。【原来第七款置之未议】一进口鸟粪及各样粪进口时。概不纳税。【原来第八款】

此条照准免税。但须领照起货。不准私自起卸。

一洋谋炭进口纳税。为数甚属无多。而载洋炭之船。因纳税诸多不便。可以免税。【原来第九款】

此条照准免税。但须领单起货。不准私自起卸。

一各样洋布及各样羢货拟减进口税。每价值百两。按二两五钱完纳。【原来第十款】

查洋布洋羢色目极多。应俟访察市价。酌量减轻税则。

一时辰表进口税。每价值百两。按五两纳税。与钟税归为一律。【原来第十一款】

此条照减

一白胡椒进口税。每一石按四钱完纳。黑胡椒进口。每一石按二钱完纳。【原来第十二款】

此条照减。

一马口铁进口税。每一石按二钱完纳。【原来第十三款】

一进口木料。每价值百两按五两纳税。其价值若干。须上海领事官及上海税务司并洋行总局。一同估定。【原来第十四款】

此条应酌量减轻税则。毋庸估价。

一洋盐进口。拟应解禁。并须拟定妥善章程。以免有拟中国盐课之虞。其章程即可照苏浙两省前定盐务变通章程办理。【原来第十五款】

查盐斤一项。系中国国家官事。朝廷设官管理。非他项货物可比。虽至贵官员。不能随意贩运。商人何能侵此大权。此条应毋庸议。

一外国所产粮食进口后。已经起卸。如欲复行运往他处。应准复行起运。一例免税。【原来第十六款】

此条照准免税。但须领单起货不准私自起卸。

一茶叶出口税。每价值百两。按五两完纳。【原来第十七款】

查茶叶税则。本衙门现拟酌量加增。此外尚有数种货物。酌量加税者。另单商办。

一土煤正税拟减。复出口半税拟免。【原来第十八款】

此条酌量稍减。

一各海口税银加色。各处银色高下不等。其所加之数。须按各处银色。拟一定数。须同道光二十三年在广东所定各样成色。归为一例。并须妥派委员。至各海口详细考较。定其色数。【原来第十九款】

此条照办。

一存票向系持作乙纳税饷之据。如洋商将存票持至海关。欲行换银。亦可换给银两。并货物复出口。不论自进口至复出口日期多寡。均须发给存票。【原来第二十款】

查存票换给现银。既与税项截数难清。且亦银价随时低昂不一。颇觉为难。若必欲如此办理。所有请领存票限期。只准三个月为满。不准再宽。

一准洋商运洋货至内地码头。或由内地运土货至海口。不论篷桨篙橹等船以及火轮小河船。准其随意驾用。用船之先。在海关报明领票。已拟定三处。一系鄱阳湖。一系汉口。以上之长江。一系广州府东南北三面之河。除已拟定三处外。其他处河路。再为随时商定。至应定章程。钦差大臣与总理衙门以后可以会商。【原来第二十一款】

查此条所指三处。均属内地。洋商照例由关请领单照。原准前往。惟火轮船碍难准行。缘沿江沿海华船生计。业为洋人所占。若再准轮船入内河内湖等处贸易。则中国到处生计一概被占。未免待洋商太厚。而待华商太薄。殊为不得其平。况内河内湖向无轮船行驶。洋商既得内地贸易之益。应照内地规模办理。是以未能照准。

一内地各码头及洋商可以购买土货之处。洋商如欲盖造房屋。准其随处盖造。惟盖造之先。须于附近领事官处。领取执照。领事官必须确切查核。该商果系安分妥当之人。方可发给执照。如领照后该商或有滋生事端之处。领事官即将执照撤回。所有居住房屋管理行中事务之洋人。均可任其自便。地方官民不得无故阻滞搅扰。【原来第二十二款】

查盖造栈房。应在通商口岸。若在内地盖造。非特于华商生计有碍。且地广人众。一切稽查防范。彼此均有不便之处甚多。是以未能照办。

一各国在内地洋人。向系各归本国领事官管束。现拟设立有管理各国洋人之权之外国官。所有各国在内地之洋人。倘有滋事犯法之人。均可归其管理。其设立章程。总理衙门可以会以会同各国钦差大臣商定。【原来第二十三款】

此条傅参赞雅副使面删。

一长江之内。自吴淞起。至汉口止。由海关拣选码头数处。以便洋船在彼停泊。并上下货物。所拣选设立码头之处。系黄州。东流。安庆。大同。芜湖。金陵。仪征。江阴。吴淞。武穴。英国洋船欲至码头贸易。须先至海关领执照。其各码头应如何定立章程。以后商办。【原来第二十四款】

查添设码头。上下货物。即属增添通商口岸。长江通商。于镇江九江汉口以外。又有江宁。共有四口。本未便再议增添。惟查同治元年。贵国卜大臣。曾请于安庆芜湖大通三处。暂时通商。嗣因卜大臣未允湖北子口税之议而止。兹欲增添口岸。只可于此三处内酌量设关收税。惟经费不赀。征收税项未必敷用。应熟筹彼此两益之事。以便商办。

一海面之上。设立码头一处。系温州。【原来第二十五款】

查广东琼州一口。至今并未开关。今欲于温州设关通商。应将条约内琼州一口删去。便可照办。

一如各海口洋行。大半皆欲设立官栈。或由海关设立。或系各该商设立栈房。亦可作为官栈。均归监督办理。【原来第二十六款】

查设立官栈。如果商情愿立者多。应饬海关监督会同税务司妥议章程。由关设立办理。

一因各口轮船甚多。需用煤炭亦甚多。缘由外国运煤炭至中国。为价甚钜。故必须用中国煤炭。现拟准洋人在中国地方开设煤窑。并用外国器具。其窑拟在宛平县界之寨塘。江宁府句容县界之煤矿开设。嗣后再有相便之处。续行商定。【原来第二十七款】

查产煤处所。系中国自有之产业。应由南洋通商大臣于南省察看情形。自行开办。其或雇用洋人。租贸机器与否。悉由南洋通商大臣主政试办。以期无碍中国之权。而资商民之用。

一条约载有明文。禁止中国人联情结行包揽贸易。兹有台湾包揽樟脑。以及米石。厦门包揽杂铁等项情事。以至洋商屡受亏损。应将各洋行亏损资本。按照有据亏损之数。地方官须如数赔补。希总理衙门即行知各省督抚。严行禁止各地方联情结行包揽贸易等情。以免将来复有违背条约之举。倘总理衙门无此权柄。并希奏请上谕。指明以上违例各等处。示各省督抚。以后严行禁止。【原来第二十八款】

查樟脑一物。本军工厂所用。向系官办。与联情结行把持包揽有间。惟洋商欲行购买。应听其便。不必官为限制。但不得自赴生番地方采办。至生意外事端。至米石之或运或停。亦视年岁丰歉。与华商一律办理。若遇歉岁。华洋并禁。不准专禁洋商。以昭公允。

一中外商民生理。遇有词讼之事。向无一定通商律例。现在必须会商。定一通商律例。【原来第二十九款】

查此条酌定通商律例。甚为有益。应由通商大臣派委明习律例之员。赴上海与贵国按察使会议办理。

给英国公使节略

前由贵国参赞傅。副使雅。交到会议清单二十九条。业经本王大臣细加酌核。除未能照准各条外。凡无碍中国之权。而于洋商有益之事。均已照准。分别列单附说。送交贵大臣查照。本王大臣据各关监督申请。并各处商人呈诉。欲与贵大臣商办条款甚多。因恐贵大臣为难。至今未肯遽行启齿。兹送去议准各条。务望即日酌定见覆。惟中国既准洋商分别减免税项。又出示不令误收厘捐。轸念远人。不为不厚。而商人亦不可以恤商之美意。反生损税之弊举。且此次所定告示。已将华洋两商分别清楚。不致使洋商因误受累。该商人等亦当自将界限分清。以后不致搀杂牵混。方为两得其益。即如华商船只。每有竖用洋旗。往来各口运货。其船是否洋商雇用。由领事官发给旗号。抑系华商向洋商私自句串竖用。希图蒙混偷漏。无从分别。又有洋船进出各关口。装有华商货物。往往洋商认为已货。包揽代报完税。希图避重就轻。以上二端。其弊在华洋不清所致。其实于洋商并无益处。而于中国税项大有亏损。今拟请贵大臣晓谕各洋商。嗣后凡洋商雇用中国船艇者。由领事官发给执照。由监督加盖印信。方准雇用。如查无印照。即系私用。应将该船货一并入官。凡洋船装有华商货物者。由华商自行报关完税。洋商不得包庇。如违查出。除将影射之华商罚令加倍完税外。仍转包庇之洋商。交领事官。照该货一次正税银数罚办。如此办理。华洋两商各得分内利益。彼此不相搀杂。既不致滋生事端。又不致亏损中国税饷。且可见外国商人实为公道正派。则现在议准各款。以后办理。庶不致有日久生弊之虞。否则中国之待洋商如此其厚。而洋商仍不免与华商扶同作弊。在洋商为对不起中国。所有以后一切事务。均难办理矣。以上各节。即请贵大臣查照施行。

一洋药每百斤。原征三十两。拟改为六十两。

一湖丝土丝各等丝经每百斤。原征十两。拟改为二十两。

一茶叶每百斤。原征二两五钱。拟改为五两。

覆英国公使节略

前送去节略三件。谅已入照。兹再将现议各事函知。查向来华商运洋货入内地。无不向各海关请领单照。自应达关纳税。遇卡抽厘。即使洋商运洋货入内地。若无单照可呈。亦应如此办理。现贵大臣欲将华商运洋货入内地。改与洋商一律。再四思维。除洋药不计外。所有洋货进口时。该关即将正税半税。一并征收。此后无论洋商华商。俱领单照入内地。经过关卡。但将单照吴验。概不重征。海关给发此项单照。华洋一律。倘有违犯。亦皆一律照章办理。惟洋商以土货在中国贸易。最易令华商偏受其亏。查洋商买土货回国。不碍华商生计。税项轻重。自不必与华商比较。若洋商由内地置土货。于出口后复进别口售卖。或未出口。即在本口卖与华商。此项土货来路。较华商短交子口以内之层层厘饷。与中国饷费商局。大有妨碍。不得不分别办理。嗣后除洋商由内地置土货回国。或由各口置买华商已交税厘之土货回国。或由各口置买华商已交税厘之土货复进口。自有条约章程。不难照办。惟洋商由内地置买土货。仅交末后子税。即行卖与华商。则短交子口以内之层层厘饷。即交出口税。再复进别口。虽照旧办理。亦短交子口以内之层层厘饷。二者均视华商成本较轻。不可不与华商一律。然此等土货。或回国。或出口。复进口。或遇末卡后即卖与华商。实无从豫为分别。自应便宜设法办理。以防偷漏。嗣后洋商按照豫先预备入内地买土货报单之例。入内地置土货。至末后子卡应先将正子两税一并完纳。仍另备一子税。交关收存。如在三个月内出口回国。【其出口正子两税已纳】即将另备子税给还。如报明出口复进口。【其出口正子两税已纳】。即将另备子税。由关入帐。以抵来路之层层厘饷。如逾限即行报明回国。亦未报明出口复进口。是在本口卖于华商无疑。本应照约将该货全数入官。惟与在子卡以内未交税饷。沿途私销。稍有不同。故微示通融。除正子两税已纳。即将另备子税。由关入帐。以抵来路之层层厘饷。【其未过子卡。沿途私销。仍照约将该货全数入官。】此系洋商情愿专作华商贸易。自应华洋一律。俾不碍华商生计。至于洋商在本口所买华商已交内地层层厘税之土货。出口时自应按照税则。完纳出口正税。其洋商所领赴内地置土货单照。亦应定期缴销。如将来中国厘卡裁撤。内地及长江各关税开办。尚可另商办法。总期华洋一律。不致或轻或重。稍有歧异也。至现在中国厘捐。原因军务未清。各关未全照旧开办。不得不借资商民。是以捐卡之疏密。捐数之轻重。并行止日期。均无一定。总视军需之多寡以为增减。若军务肃清。善后完竣。自然次第裁撤。即如刻下军务较前稍松。已渐有裁卡减厘之处。叠经详述之。无庸复赘。再所议洋货减税一节。除洋药自有专条办理外。无论洋货土货。自应按每百征五定例。将税则增减。俾归画一。以上所叙各事。并前次送去各节略。均希贵大臣克日见覆。以便知照各国大臣通行可耳。

英国公使节略

接贵衙门节略多件。所议多系各国通商条款……至天津所换条约。为保护贸易起见。不但在海岸或各口。即在内地亦须保护。要款有三。第一件。中国与外国会议货物一定税则。不论何处何省纳税皆遵。不能多收。有应多收税之货。须知照各国钦差大臣允准。方可加税。第二件。如洋商贩货无论内地何处。俱准前往贸易。如遇易于销货并该处土产货多地方。非洋商在此地居住贸易。不能兴旺。故必须设立栈房。或洋商自愿居住。或伊经手人情愿在彼居住。均准请给执照。俯如所请。仍归领事官管辖。第三件。如有洋货易于销售及土产货多各地方。无论何处。从该处至海口。均准其设传通音信。来往运货之良法。以便供其所用。若不如此。洋商在内地贸易。焉能兴旺获利。内地已有运货音信相通之法。如果皆不足用。亦应准洋商另设载运通信之法。以上三节。条约内曾已细载。间有不及细载者。其大意亦甚相合。查条约既准洋商运洋货进内地贸易。无论如何办法。自应使英商全得内地贸易之益。否则条约即成废纸。在贵衙门意见。不过准洋商在小船或客店居住。至于运货。只准用篷桨篙橹等船。在洋商意见。欲买地买房。与各口相同。并欲立运货通信妙法。如铁路电线轮船入内河等事。意见迥不相同。各国钦差大臣之意。以为洋商禀请各款。虽有不可尽信之处。而贵衙门所应准者。亦有不及之处。洋商居住内地一节。因洋人不能归地方官管辖。华洋言语不通。百姓以洋人住居内地。为奇异之事。因此三节。恐有不便。惟洋货运往内地。自应准其随时租房居住。以及租栈存货。必须妥定章程。缘近来进内地传教者不少。伊等俱在内地置买产业。所得之益。与商人运货进内地者较多。如果不准商人等租房租栈等事。非但藐视洋商。亦且办理不公。况洋商在内地。均归领事官管辖。断不致滋生事端。何则。洋商资本甚重。亦必自为保护。再查法国条约第六款。内载任听法国传教士。在各省租买田地。建造自便等语。各国教士亦无不共沾此益。然教士既获此益。何以商人等不能一律办理。且从来因事繁渎。地方官招尤于百姓。其中传教者居多。至制造铁路。安设飞线两事。贵衙门以为不便。出于帑项办理。亦不便令各国自出财力代办。而各国住京大臣之意。有以为然者。亦有不以为然者。鄙意此事毋庸再行驳问。惟祈贵衙门严定章程。让于洋商些须。亦不为碍。缘此事于华洋贸易实有大益。至小轮船驶入内湖一事。贵衙门务须体恤洋商。俯如所请。俾得有畅行贸易之路。本大臣与各国大臣意见。惟欲在鄱阳等湖驾用轮船。不过便于载运洋商货物。或护带中国船只等事。至于此项轮船。亦须明定数目。请领执照按章办理。惟在内湖地方。恐其与华船有相争贸易之处。在华船不无有损。故必须豫为防范。现拟只准载运洋商亲自之货。以示限制。至前次贵衙门云。此事一则关系华商贸易。一则华民度日尤艰。今本大臣已明定限制。仅准载运洋商亲自之货。是洋商贸易。不过仅占华商万分之一。岂能挽越华船华民之生计乎。至贵衙门又虑轮船行走。其势甚疾。诚恐碰损华船。伤毙人命。此固体恤小民之道。然本大臣意亦可严定章程。且此项轮船与放大洋者较小。自不应任意疾走。贵衙门又以内湖行驶轮船。华洋不归一律。殊属不公。查现在沿海各口。华商多有资本。在轮船贸易者。由此以观。洋商所得之益。华商亦必渐次均沾。洋商所得之益。亦无华商所得之多。洋商租赁民房为栈。其价自较华商租房为尤多。此外种种买卖。洋商不能及华商者不可枚举。洋商在内地租栈。内湖行走轮船两节。本大臣请贵衙门按照以上所论相让。近来所商二十七款内。颇有甚合商人之意者。在贵衙门之待洋人至优且渥。然内有商人甚愿开行。而贵衙门未允准者。如不照本大臣所议。无论本大臣意谓业经有准行者。嗣后必可再为推广。而各国之意总以为不足。焉能了结。开窑各矿一事。如照贵衙门所拟。只准洋人帮助开窑。借用外国器具。如此办理。洋人不能将资本在各矿贸易。有才能体面之洋人。亦不愿为此事。各国住京大臣意见。并非欲置买各矿。惟愿自出财力。租定各矿。任便开窑。并准其盖造收藏器具之房。方可开办。查各处窑为贵国极大之业。因无开窑之良法。以致不能得大业之利。如贵国能用洋人帮助。并用火轮等器具。将来财用极其富厚。物产亦可极兴旺。洋人所愿租矿等事。贵国莫若早为允准。不然。华洋人等无法可施。必致有串通开窑之事。以上三节。祈贵亲王暨列位大臣。详加斟酌。并望将两国不和之处。一概消除。查贵国设厘一项。最为洋商受损之事。因所定厘税本重。又加以地方官任意勒征。该商等既不能在距海口甚远之处。往来运货。即在海口就近一带贸易。亦形萧索。如不为整理。恐日后洋商贸易。仍不能畅行。查洋商运洋货进口。交纳税则所载税项以后。现已禁地方官任意勒征各样厘捐。承贵衙门议定。如有洋货欲量为加税者。亦须俟各国住京大臣允准后。方可开征。并不准地方官擅揽重征之权。又定洋商运洋货进口。除洋药不计外。俟交纳正税半税后。凡有华洋两商。均准任意运入内地。其洋商运土货回国。亦可任意由内地运往海口。交纳正半两税出口。至洋商运土货出口。仍进别口者。均照华商一律办理。此法甚为妥便足见贵衙门筹措得宜。于洋商贸易实属大有裨益。至防国帑有碍一节。贵衙门业已酌定嗣后洋商运洋货进口时。将正半两税一并完纳以后。此货无论华洋两商。概不准重征税项。洋商入内地置土货。至末后子卡。应将正子两税一并交纳。仍另备一子税交关收存。如在三个月内出口回国。【其出口正子两税已纳】。即将另备子税给还。如报明出口复进口。【其出口正子两税已纳】。即将另备子税。由关入帐。以抵来路之层层厘饷。贵衙门以洋商运进口。该关应发内地税单。以及运货出口。在第一子口。应给单照。均须按照条约遵办。所有经过内地关卡。自不得重征税厘。如果该关卡仍行留难勒索。准该洋商赴就近海关呈报。该监督立即知照税务司。各派委员查办。如有实在亏短凭据。责令海关照数偿还各等情。出示晓谕各口地方官在案。然据鄙意如遇有留难勒索之事。其实据甚为难得。洋商遇有前项情形。相隔年久。其难一。洋商被勒索之时。与该关委员语言不通。其难二。税单及单照。无可查其凭据。以及洋商被勒索之时。该关委员不肯给与凭据。其难三。再鄙意所有洋商进口按照新章完纳半税。拟令各海关另立帐簿登记。此项银两。暂存海关。不得动支。如遇有洋商被关卡勒索之事。以便将所收半税偿还。其洋商运土货出口。复进别口者。例应另备一子税存放海关。本大臣今拟毋庸将实银存关。令该商出一借票。暂存该关。缘因此项子税。如存实银在关。该商利息。如遇洋商运货回国。仍须交还。今如此变通。在海关丝毫无损。而该商亦可将此银作为贸易之本。况实银存在海关。洋商一经运货回国。该关还银之时。所还银两。与前存关之银平色不符。实为繁琐。莫若存借票在关。较为省事。查盛京一带。华商运货在内地贸易。并不逢关纳税。遇卡抽厘。是以洋商运货进牛庄口。亦不得令其交纳半税。以昭华洋不能偏重轻之意。再查自汉口至上海长江一带。已承贵衙门酌定码头三处。并以琼州一口。允准易温州通商。今本大臣请贵衙门在镇江就近江北一带。另开码头一处。或镇江所属江北地方。或瓜洲左近亦可。并请在九江湖口地方。另开码头一处。因洋商贩运茶叶。自湖口至九江溯流而上。必须五六日方能驶到。故在湖口开设码头。所有贩运茶叶之洋商。即可在该处将货装载轮船。以免耽延时日。又查洋商在沿海各口贸易。于中国税饷。大有利益。而于洋商并无实在裨益。因据英商禀称。该商人等仅欲在温州一口。开设行栈。在别口种种花费甚多。不愿开设。再所有沿海地方现在共拟设立码头五处。系浙江之温州台州福建之泉州。琼州府之海口。连州府属之北海。作为洋商随意往返贸易码头。并设立税务司在彼随时征税。致领事官一节。琼州大约可以设立。其余四处随时再为斟酌。本大臣查洋商往来沿海各处。于两国均有裨益。因近来多有华船载运洋货。往来沿海各口。而各口未设税司。不能征收税饷。如在各口作为洋商来往码头。于国帑亦甚有益。北海地方。素系海盗潜匿之区。如洋船来往海面。该处海盗。亦必闻风远遁。不致劫掠华船。且云南广西所出土货。亦能运往各省。以上三益。尚望贵亲王暨列位大臣详细斟酌。整理简则一节。本大臣另有节略一纸。详细声叙本大臣之意。总不便将所定税则。全行更改。而众英商商意见。亦谓所定税则不甚苛刻。无须概行改易。内仅有一英商禀称。所定税则甚重。请改为每二百抽五之例。又据一英商禀称福州茶叶一项。至粗者每百两抽收至三十五两之多。亦恳请减税。至税则内有数节抽税甚重者。前经各英商禀请核减。已承贵衙门俯如该商所请。再前接贵衙门节略一纸。内称除洋药丝茶加税一倍外。其余无论洋货土货。均拟改为每百征五定例。以归画一。查此事如照贵衙门所拟。可谓将税则全行改易。而于国帑自必日见增多。缘洋药丝茶三项。乃系人人喜用之物。纵将税项增加。亦不能过形萧索。惟洋药丝茶。均系中外各国需用之物。贵国如欲遽加税饷。而中外商民。定必深恶异常。现在中国所有各国税饷颇为浩大。赫总税司实属练达老成。历来所收税饷。莫不有一定数目。有时贸易兴盛之际。而税饷亦因以增多。本大臣以上所议各节。使贸易益加通畅。并使中外商民之意。无不顺服。而于国帑仍可日见其多。至贵衙门所称欲将税则增减。归为画一一节。查此事必须会同各国一律更改。然各国税则。大有不同。因定税则时。均系各谅其贸易情形而定。如此时欲归一律。实属碍难照办。如贵衙门日后有清理税务之时。本大臣已据筹定简净之法。将税则所载一千余样。概行免税。仅余二十余样征税。此法须俟各海口华洋两商。均归一律办理后。方可开行。前次本大臣派傅参赞与贵衙门所派之赫总税司成夏总办等会议各节。均有关系税则。以及海关章税者。俱已商办妥协。至所商进口免税之货。最要者系船坞所用之物。如木料黄皮铜生铜等类。现在贵衙门所议开船坞行时。必须先领执照。并具保结。内写明并不装运售卖华民货物亦不借用字号与别行冒用。如系制造新船。仍应将该船照值百抽五例征税。查此章甚为周密。然定章程时。贵衙门务须饬令总税司会同洋商总局。逐条详细议定。其自用杂物。亦应分项开列。毋得稍遗一二。方为稳妥。查樟脑糖米三项近来地方官有包揽禁止等事。以至洋商屡受亏损。兹承贵衙门严禁地方官。不准再蹈前次情弊。并不准专禁洋商贸易等情。该商人闻之甚为欢悦。又据洋商禀称。欲在海口设立官栈。查西洋设立官栈之法有二。有商人自立栈房作为官栈。所有栈内之货。归管税官经理者。并由官设立者。鄙意商人自立栈房作为官栈者。其中益处有三。一系客商往该栈看货时商人居住。与栈房相离咫尺。易于带领客商看货。于贸易自然便当。一系该栈恐有回禄窃盗等事。商人便于防范。一系如欲另立官栈。商人即须将自立栈房废去。有关商人资本。若将自立栈房作为官栈。于商人甚为相宜。在国家亦无须再费帑项。另行设立。现在洋商在上海盖造栈房甚多。用去资本亦复不少。如在上海开办此事。或用商人自立栈房作为官栈。或由税司另行盖造租赁。尤须细为斟酌。惟各口以商人自立栈房。作为官栈。其税司所派巡役工食。亦须由税司发给。如税司另行盖造租赁。用银亦复不少。总之开办此条。必应酌量各口情形需费之多寡。以定用官用商之主见。必须领事官总税务司会同洋商总局。妥为设法。期无关系洋商资本。于贸易大局方有大益。再据洋商禀称。所有复出口之洋货。例应发给存票。查条约并无限期。今请不论年数。一概准发。并请将存票换给现银等语。本大臣查前所论各口。如果设立官栈。则存票一项。自可省去。缘洋商运货进口。例应先行存栈内。俟该货出栈时。方定交税与否。傥有海口。并无官栈。仍须发给存票。至请领存票。本以一年为限。贵衙门前次改为予限三年。此章颇为可行。惟发给现银。贵衙门只准以三个月为限实属太严。鄙意拟改限六个月之期。或改限一年。尤为佳妙。所有税项截数。谅亦不难清楚。至银价随时低昂一节。查泰西各国均以洋元为国宝。上有各国国号。亦有一定平色。并无高下。今贵国各色银两参差不齐。甚为繁杂。如至各海口考较银色。定其色数。即按道光二十三年在广东所定各样成色。归为一例。谅亦难办之至。本大臣切愿此事妥为拟定。不但于各海口税饷有益。且于洋商持存票换银。亦甚简便。再海关发给存票之时。本大臣拟令海关依照钱铺出钱票之例。将所发存票另登一簿。至年终时将商人业经具领现银。及已抵税项交纳之票。归为一截。如有未经领取现银者。归入次年帐内。使其不与别帐相杂。以便洋商何时欲取银两。即向海关领取。如持钱票向钱铺领取相等。缘因近来洋商。多有请领存票后。并无货物进口。空持此票。不能向海关取银。间有转卖他人。代交海关者。所卖之价。亦不能按存票所写数目收回。是以洋人因此亏累甚多。今本大臣如此办理。与海关税项截数易于清楚。洋商等取银亦不致耽延时日。受折扣之累。且海关发给存票后。仍可有挪用洋商所存银两之益纵银价随时低昂不一。洋商与海关收交银两。以至商人持票换银。亦系按照数目发还平色。稍有盈亏。均可不必介意。至前次商人因船货入官之事。请为妥定善法。现在与贵衙门业已将会讯章程办妥。晓谕各口领事官遵照矣。惟该商禀请华洋互控案件。亦须定一会审章程。嗣后尚望贵衙门妥为商办。所有通商律例。暨前案两节。贵衙门不事因循。立为允准。本大臣民等颇深快畅。惟核定通商律例。总合乎义理。使华洋人等遇判断会审事件。均皆心中悦服。故此项律例。必须逐条详加酌核。谅一时不能妥协。敢祈贵衙门即日开办。并通行各国大臣。允准将通商律例钱案之法。会审公堂。一概办妥。俾约内所载。有分中国权柄各条。概可改易。缘各国在中华通商。如洋人有犯法之事。仍按各国律例遵断。于中外均有不便。今将此项律例商妥。所有一切不便之处。皆可消除。并洋盐进口一节。本大臣曾谓此事于国帑甚有利益。故特屡请开禁。今准贵衙门覆称。系属国家向来定例。碍难开禁。本大臣闻之。怅悯良深。今既如此。作为罢议可也。再前接贵衙门节略。内称华洋两商。亦当自将界限分清。以后不致搀杂牵混。方为两得其益。即如华商船只。每有竖有洋旗。往来各口运货。其船是否洋商雇用。由领事官发给旗号。抑系华商向洋船私自句串竖用。希图蒙混偷漏。无从分别。其弊乃因华洋不清所致。贵衙门所论。本大臣甚以为然。嗣后拟饬各口即照所拟新章而办。而本大臣意谓如非英国之船。自不应竖用英国之旗。闻此事贼踞金陵之时。华船木牌。有藉以为防贼之具。惟自本大臣入华以来。未闻仍有此事。嗣后英商如有违约之贸易。以及种种蒙混偷漏。本大臣自当一概禁止。至于他国商人之事。贵衙门亦应向各国住京大臣。妥为办理。非本大臣所能与闻也。近来与贵衙门所商各节。大约意见无不相合。惟内有紧要三条。彼此商酌。仍属大相悬殊。系内江内河等处。驶用轮船。洋人住居内地。开窑各矿三事。本大臣现将悬殊之处先为申论。缘此三事。按理而言。必须照本大臣之意。方合此事当然之道。今揆度贵衙门之意。并非不以本大臣之言为然。惟所允准者。尚不到此事当然之处。鄙意贵国现在时势。正在日强。贵衙门亦何妨将所拟三事。不必遇为拘于限制。变通相让。如果贵衙门依照而行。则所有会商各件。自必益加妥善。于本国之意亦得相合。且据各国住京大臣之意。各国闻之。亦无不共相乐愿。尚祈贵亲王暨列位大臣见覆。本大臣甚望将此三事。格外变通相让。以便本大臣将前后来往节略。咨明本国。能否遵照条约二十七款所载。将所议各款续入条约之处。听候本国定夺可也。

英国公使论拟税则节略

本大臣曾照会贵衙门。各口通商。洋人不便处。拟更改五款在案。本大臣并无一概减税之说。亦未提及每百抽五之例。但有十余样货物纳税不公。应行酌减。商之贵衙门。业蒙允准。惟称有茶丝洋药三货。欲增税一倍。别项货税。一概值百抽五。惟茶丝洋药三项。为出口进口要货。纳税最多。今若将此项加倍纳税。种种不便。各国条约内货物税则。原因各国货物买卖。有难易情形。以定纳税多少。今若与各国纷纷商改。殊多制肘。兹有一口商人。拟将税则不论何货。一概为每百两纳税二两五钱。但别口商人。多称此税则无大妨碍之处。前拟改十余样货税。不过少为更改。于大局并无改变。遽将茶丝洋药加税一倍。即多滞碍难行之处。此事即作罢议可也。以后倘商改税则。须于中外两有益处。一则将税则尤杂之处改为简净。二则必须从新议定货物税则。同治五六两年。进出口货物纳税。内茶丝洋药之税。已有三分之二。出口货物所纳之税。共四百七十万两。此项内三百三十万。系茶丝所纳之税。进口货所纳税银三百二十万两。此项内二百万两。系洋药所纳之税。其余一千余样货物税银。仅止三分之一。现在茶税每值百两纳税十两。较从前每百抽五。即多一倍。再次茶纳税每多有值百两纳三十两。或三十五两。似不公平。至于丝货不论湖丝绸疋之税。每值百两。纳税二两五钱。即稍增亦可。若增一倍。每年即可多收税课三十万两。除茶税外。惟洋药纳税。每年比别货较多。现在按洋药完税。每百两纳七两有余。所以茶丝洋药。若一概按每百抽五。于税课受累非少。虽然如此。仍有简净之法。与贵国税课无妨。出口货六百样内。有五百样所纳之税。不抵费用之项。至进口货五百样内。有四百样完税。亦系徒劳无益。若将此进口四百样。出口五百样货。一概免税。只将进口一百样。出口一百样货征税。贵国每年税课短收银二十万。然亦不为短收。可免费用等项。尚有更简净之法。但将进口纤造绸布货料。并铜金锡铁等物。洋药以上等物。一切征税。至出口货物。只十一样货物一共不过二十样货。若照此办理。贵国税课短收进口货物六万五千两。出口货短收税银三十八万两。共短收银四十四万五千两。若补此项亏短。须将湖丝细缎等货之税。每百抽五。如此湖丝税银三十三万两。细缎等货。多征税银十二万两。共四十五万两。可以相抵。再中国商人雇用外国船贸易。中外两国买卖。多有联络情形难分内外。必须算明中国商货每年共收税银若干。不但华人用洋船载货。即华人用中国船载货。皆须统共算明。若前论九百样货。载在洋船。一概免税。即中国船载前九百样。亦须免税。不然则与华商有累。中国船每年完税若干。只许中国官查探。若能明悉此事。甚为便宜。大约每年所征税银亦不甚多。洋船载有糖等货物。并中国货物十七样。由此口到彼口。每年征出口税银约四十七万二千余两。若将十七样内择出十样。今其纳税。每年年短收税银十四万二千五百两。更有一法。亦极简便。贵国税课。且可加增。惟茶丝洋药皆系必需之物。即增税一倍。在用者亦必不能不买不用。所以增税亦与商人生理无妨。但征有妨碍。恐以后此项买卖。不能日见兴旺。惟不论何国洋商。与中国有交易者。定不欲此货增税。该商人不愿增税。即该商本国。亦必不准。若贵国欲外国允准增税。必须于外国另有利益之处。与所增税银不相上下方可。其利益之处何在。即入河小轮船。并铁路电线等事。此事虽有益税课。贵国尚不允准。因此时不能办理。只可日后再商。若求简便省费。可将中国税官外国税官准其一概联络办公。海关并用火轮船。即洋药多加税银。亦不虑其走私。并可将现在货物税则。商议更改便利之法。

英国公使续送论税节略

洋商在汉口购买茶叶运往上海时。须将复进口半税书写借约。存留汉阳海关。查此项茶叶。均系出口。并不复行进口。可否贵衙门暨税司将此项借约裁去。于贵国税课并无妨碍。而于洋商甚觉便宜。

英国公使照会

为照会事。前因上海臬司荷来京之便。本大臣曾与面议中外通商律例一事。荷臬司以为此事于中外两国。均有裨益。并有如定此章。甚愿帮助之语。愚意定拟此项律例。必须详加斟酌。俱臻妥协。方可试办。即希贵亲王行知上海大臣。会同荷臬司妥觅一深明西洋律例之人。先共拟一通商律例节略。各国皆能允准。方为妥善。其所觅深明西洋律例之人。荷臬司曾经提及。必须发给薪水之费。约须银三千两。亦望贵亲王知照上海大臣拨银三千两以便臬台代为贵国随时经理给发。其此项银两。缘此项律例。实与和好大局深为有益。故荷臬司并不沾染。情愿效劳。即以后亦不受贵国之谢。为此照会。

英国公使照会并黏单

为照会事。日昨面晤贵亲王。所谈一切事宜。必须本大臣详细照会。前面谈之件以及所商条约办法。均须存留在案。如面谈或有误会之处。贵亲王亦可指正……查英国定立条约之意。原欲英民在内地贸易。各处通行。讵意自立条约。迄今已近十年。而最要数款均未成功。故本国执政大臣。均以为中国必须将虚设条约之故。立即消除。即系各处地方官设禁留难。执意欲洋商断绝内地贸易等事。愚意欲除设禁留难之弊。必须令洋人在内地较前任便通行来往。并准洋商在内地租房存货。以致开挖煤矿。用外国法术器具。且有此才艺之洋人。亦准其开办。除此三事之外。其弊实不能去。贵国所许改正。所有不善之处。须俟势机极便之时。并所有开创之权。仍归中国自主。而泰西各国。均以为中国必须实心遵守条约。现今断难再行延缓。其本大臣所云三事。贵亲王曾云此三层并非条约所有。然此三者。虽非条约所有而条约实有洋商在内地通商。不受地方官拦阻。并不受地方官勒索。自通商以来八九年间。洋商受此亏累。实属不少。是以受累至深之国。必欲创始开办三事。实因除此三者之外。别无良法。能令中国实心遵守条约。再者按照条约。既准听洋商前往内地各处通商。则所有通商应得之益。自应令其任便寻取。故通商应得之益。亦有三事。一系洋商来往内地。须听其任便出入。一系地方官不得设禁留难。并不得于税则之外抽收厘捐。一系商人如欲何处租房存货不能禁止。除此之外。贸易实难畅行而条约仍为虚设……所论修约之意。正系相将约内各节照条办理。不致有立章而不遵准行而禁阻之事。仍是彼此永敦和好之意。向来或有意不同之处。然本大臣万不思末后致将诸议作罢论也。为此详细照会。

日前约定面谈。本大臣以为贵王大臣。未能深明时事。故本大臣拟将前定条约有应改换之处。因刻期无几。必须改难为易。方于嗣后无碍。今将节略十九款。开列于后。

……

第六款

贵衙门前所允准之事。内有二端。均甚便宜。一则洋商受诸多亏损。屡次禀请本大臣照会贵署。饬令赔还。此事因中国不设法拦阻。嗣后难免有害。此其可防者一也。二则酌量一定章程。于中外两国之人均甚公允。且英人在内地。亦可与华人一概交易。并英人在内地。归英国管辖之例。更不难略为改易矣。

第七款

如将所允之事认真办理。必须另行续商。方可成功。即如外国商人须随货入内地。或在该商自置船内装运。并准其在大码头地方。租凭栈房屯收。据本大臣意见。商人出入内地。必须较目今成法宽其限制。并租房租栈等事。即应揣度情形。定立章程方妥。

第八款

洋商用船。在内地行走。或橹或棚。并在客店暂住。均经贵衙门允准。至在内地租房作栈。以及带船之轮船。在鄱阳湖面行走。以便作贩运茶叶贸易。贵衙门总不允准。

第九款

本大臣行知贵衙门。有紧要之处。如不允第八款内所拟各项。则条约万难办理妥协。按前定条约之意。原系今洋商在内地贸易。不应纳不合例之税。亦不应令地方官拦阻。贵衙门如不允前拟各项。则不能令地方官不在各子口禁止拦阻勒索等事。

第十款

洋商必须随货入内地。不然则经手人难免受地方官欺陵。近日在清江浦有洋商经手人。被地方官执去严行拷打。意欲令经手人认为已货。因此洋商十分受亏。

第十一款

现中国海面并大江内。有外国轮船运载货物。故本大臣以煤窑若用外国才艺之人。用外国法术器具开挖。于国家并百姓均有裨益。因中国或有此船。或雇此船甚多。此事贵衙门略为允准。但允准之时又另添说辞。令此事如赘疣。与在内地租房行船相同。

……

给英国公使照覆

为照覆事。接到贵大臣照会并黏单一件。均已阅悉。本爵日前与贵大臣面谈之言。无一不由审时度势。准情酌理而出。诚以中外各有国政。彼此不能强同。中国之不能尽如泰西各国法度。亦犹泰西各国之不能尽照中国法度也。如仅顾一面。遽欲强人以碍难行办之举。在外国施之中国。则以中国之不允从为非。设中国亦以外国碍难行办之事。与贵大臣相商。谅亦必难允准。盖中外同此一理也。修约一事。原系两国求益之事。必当彼此审度时势。互相体谅。斟酌尽善。以期历久相安。方为前进办法。傥必尽遂洋商之意。不顾中国之难。则是中国之为洋商谋者实为前进。而中国之自为谋者转成退后。似非平允之道。本爵深明此意。是以中国商人。虽有禀求商办各件。从不肯向贵大臣提及。盖惟恐只顾一面。致令贵大臣为难也。况自换约以来。凡约内所载。中国并无禁阻。虽闻有地方官不谙章程。误行办理。均经本衙门立时查办。且亦并非洋商人人受累吃亏。贸易实无不畅行之处。今又经本爵允准减税各条。船坞行用物免税。试办官栈。另备半税。现银换为银票。洋货三月出口存票。准领现银。各关银色。改归一律。大通安庆芜湖三处之内。酌添口岸。未开琼州口岸。换开温州等事十数件。另又议定运洋货入内地新章。俾华商与洋商一律。又议定洋商由内地置土货出口后。复进别口。或不出口。即在本口售卖。均立新章。俾洋商与华商一律。又酌定告示二件。一系晓谕各关卡。俾免误行重征。违则断令赔偿。一系晓谕内地民人。于赴内地洋商。不得滋扰。俾得畅行买卖。凡此允行各层。无非按照条约。俾洋商获内地通商应得之益。以期不致亏累。而土货复进口及土货过卡交税后。准在本口售卖。以及减税免税官栈存票开关各事。则均于条约外格外予以新得之益。是即中国于条约内前进之一证。其所以体恤洋商者。已不为不周且至矣惟办事总当虑及久长。言事则易。行事则难。以今日之言此事者。令其将来办理此事。往往因滞碍不行。后悔从前之未经细想者甚多。今贵大臣所商轮船入河湖。内地设行栈。内地开各矿等事。欲令洋商在内地。与华民同受中国之益。而不同守中国之律例。实系困中国行政之权。实为中国碍难行办之事。若勉强应允。将来于中国政令民情。多所扞格。势必不行。彼时贵大臣又必归咎于中国失信。办理不善。故本爵之不肯允从。正为保全两国和好。不肯失信起见。至贵大臣所言。与中国有益之处。具见代筹美意。但思本爵办事。凡遇与中国有益。而可以自主。无损中国之权者。无不渐次办理。即如各处设立同文馆机器局。以及创造轮船等事。亦何尝不仿照泰西各国办理。以力求有益。又何尝烦各国大臣极力勉强。缘以上各事。非若轮船入河湖。内地设行栈。内地开各矿等件。益尚未见而先害中国之权者可比也。譬如医家为病人用药。须视身体之秉赋。以定药力之益否。有时同一好药乃用之此人则有益。用之彼人则无益而反有损者。身体不同也。所以贵大臣极言有益。而本爵以为难行者。即是此意。并非本爵不知贵大臣好意也。以上各层道理。谅贵大臣必能洞悉。从前互换各约。中国愿与各国共敦和好。即现在修约。本爵仍是此意。至送来黏单十九款。大意与前送节略相同。详细情形。已备具答覆节略之中。至另列清单各款。则系本爵与贵大臣商酌之事。希详阅后并五月初八所送两单。一并覆知。再准美国大臣照会一件。应由本爵另行照覆。兹不多赘。

覆英国公使节略

接准贵大臣节略一件。本王大臣详加披阅。逐层细核。足征贵大臣友睦之谊。如所云欲洋商贸易日见兴旺。必须华商生理日有起色。亦必须于国帑有益等语。洵为忠恕之道千古不易。与本王大臣意见甚为吻合。可见人同此心。心同此理。凡我两国大臣。未有不欲力持此道。以期和好日敦者也。独至商人则不然。不论时势情形如何及两国便行与否。只知惟利是图。在华商则欲薄待洋商。专擅其利。在洋商则欲不恤华商。独享其益。皆但思利已。不顾损人。并不顾有妨政权。有碍国帑。亦商人常情也。是在司其事者。从公审量。两面筹思。彼此皆不徇商人一偏之见。则条款自能早定矣。兹再将贵大臣节略逐条详列于左。

一节略云。应多收税之货。须知照各国大臣等语。中外道理。自当如是。

一节略云。土产货多地方。洋商须设立栈房。请给执照。仍归领事官管辖。又洋商居住内地等语。查内地与通商口岸不同。征论常川居住。于两国多有不便。即租房租栈实亦与栈房无异。窒碍甚多。盖内地既有房栈。中国自当有权管辖。其权不独审断一切。应照中国律例。即向来内地行栈贸易各事。平日亦皆有各项规费。及一切官差。断不能不与华民一律。地方官有应随时变通办法。势必须一一遵守。如稍有不遵。既夺中国之权。复攘华商之利。不但官事难办。即商情亦不能容。想天下无论何国。自必同此一理。况偷漏私销等弊。更不能比教士志在传教。无关国课。且一系劝人为善。一系自己图利。事分两途。理难一视。现在教务已甚繁难。岂可使中国难愈加难乎。兹既准洋商雇船住店则运货往来。当亦无所不便矣。此条碍难照行。

一节略云。运货通信。并小轮船入内湖等语。查轮船驶行内地湖河。非但虑碰损华船。伤毙人命也。实缘其行驶甚速。华船贸易一次。轮船已贸易数次。洋商获利既厚。华商生计自蹙。将来华商渐次困歇势。必尽成洋商亲自之货。是虽明定限制。仍与无限制等即如上海沙船。从前极旺一经洋商准装豆石。遂致数千只沙船尽行歇业。数百万家资之船户。亦为贫民其柁工水手更无路谋生。此其明验也。本王大臣现在不得不为内地。数十万商民留一线生路。实难照行也。至铁路飞线一节。贵大臣既不再驳问。盖已深悉中国难办情形矣。兹不赘论。

一节略云。开挖各矿等语。查各矿为中国极大之业。诚如贵大臣所云。所以不轻开挖者。非为恐伤地脉。亦非虑及滋事也。缘此系国家大利。其权操之朝廷。或开或否。必须慎重筹画。以期有利无弊。并非故意弃置也。盖朝廷利权。不可下移。故虽民间自置产业。遇有矿苗。其上只准耕种。其下仍禁开挖。可见得权所在。不容干预洋商与华民其理一也。且矿产并非通商买卖之事。尤应听中国自主。譬之室有藏镪。其开发与否。当凭室主。外人不必与闻也即前议试办煤窑。借用外国机器开挖。亦系为中国自谋。兼欲使轮船得买煤之益。若洋商以雇用洋人。租买机器。无利而不愿为。自然不必勉强将来煤窑如何收税。如何卖给洋船之处。应由中国自立章程。自行开办可也。

一节略云。洋商运货进牛庄口等语。查牛庄一口。无论刻下及将来如何办法。自必使华洋一律。届时洋商亦不得借口不遵。

一节略云。长江一带酌定码头三处。现请在镇江所属之江北。或瓜洲左近。另开码头一处。又湖口地方另开码头一处。沿海地方。拟共设立码头五处。系温州台州泉州琼州。廉州之北海等语。查安庆芜湖大通三处。相离不远。本王大臣前送节略。系拟于三处内。酌量何处设关。并非三处均设也。再瓜洲及镇江所属之江北地方。俱在镇江码头对面。仅隔一水。湖口距九江码头。亦不过五十余里。相去甚近。均难鳞次设关。徒滋糜费。缘货物仍只此数。码头若再加增。不但商人贪多无益。亦且两国所费不赀。想贵大臣亦必深悉其难也。至于添开海口。事体尤重。前接贵大臣节略。只言温州一处。是以本王大臣委曲迁就。拟将未开之琼州。改易温州。原非另添海口。兹贵大臣并未允以琼州换温州。而转欲于温州外另添三口。实难照办。即或贵大臣允将琼州换温州。此外如欲再添三口。又将以何处旧有之三口抵换。事涉纷更。尤属碍难办理。

一节略云。现在酌定洋商运洋货。及置土货各新章。均应照办。并请将暂存半税银两。改为银票等语。查旧章之复进上海口。暂存半税。及复进别口税项。仍按同治元年所定章程办理外。其新章之另备半税。系于正子两税外。照华商一律。补纳内地来路应交之各厘税。此项另备半税。系即在本关交存。本应呈缴实银以免轇轕。今贵大臣欲体恤洋商。俾得腾出此银。暂为贸易之本。本王大臣亦可通融试办。惟此项另备半税。既准先交银票。则该商出口复进口土货。除照章不准改包。如违罚办外。该原包土货。如在三个月内出口回国。其正子两税已纳。即将银票发还。如逾三个月之限。始行出口回国查系原包原货。其正子两税已纳。仍应按票呈缴实银。若报明系将来复进口之货。则于原货下船出本口时。即将应纳实银呈关。若在本口将该土货售卖。虽未出三个月限。亦即立刻报关呈缴应纳实银。该商呈缴实银时。均准将原交半票银票撤回。倘有不行报明。并不即刻呈缴实银者。一经查出。即在限内。亦应将该商照票追缴另行罚办。嗣后并永不准发给。该商入内地置土货运照缘。此系格外通融宽待。故办法章程。不得不严庶各商。有所惩儆。不致以美举而滋弊端。至洋货进口之半税。贵大臣拟欲另立帐簿。查现设法整顿。自不致有重征勒索等情。设有此事。该关自应查明偿还。无庸另立帐簿也。

一节略云。整理税则不便将所定税。则全行更改。并豫筹清理税务简净之法等语。查当年所定税。则愿恐日后有应增应减之处。是以条约载明十年为限。彼此酌量更改。项因贵大臣拟减货税。十余条业经允为酌减。故本王大臣亦欲将丝茶洋药加税。其余均归值百抽五之例。贵大臣谓如此。便是全行更改。不知税则所载货物。亦有与值百抽五不相上下者。并非全改。况和好修约原期。两有裨益货税有减。即当有增。方为持平之道。今拟或丝茶洋药加税一倍。其余均仍照旧。抑或将茶叶洋药。不格外加增。其余各货均按值百担五办理。以上两层。酌定见覆其船坞所用拟免税之物。自应总税司详细酌议。再行定夺。至另单所开豫筹清理。税务简净之法。现在尚未便商办。俟将来相机再议可耳。

一节略云。设立官栈等语。查此事拟派总税务司。前赴各该口。会同监督察看情形。以便妥议章程。由关设立。倘该口有碍难设法之处。亦可不设。总须由中国自主。以期于国课无亏。

一节略云存票限期。贵衙门前次予限三年。惟发给现银。只准以三个月为限。实属太严等语。查存票限期。前次送去节略。并未允定三年。现议洋货于三个月内原货出口。准给现银于十二个月内原货出口。仍准给发存票抵税。为期不为不宽。若再行推展。势必有非原货捏报原货等弊。更恐各关税数历久。轇轕不能截清。此层实难准行。以上各节。本王大臣详细推求再四筹商。凡稍可通融之事已无不格外相让。惟于有碍民生有妨政权。有关国课等件。实属碍难允从。贵大臣心存忠恕。谅亦深知此情。必能明白开导。俾洋商不致再行禀求也。至节略内定银色。及会议通商律例各事。前已尤为商办。兹不复赘。即布将此次节略。迅为见覆。以便将前送新章及海关应发单照。稽查各章程。速为定议可耳。

美国公使照会

为照会事。照得九月二十五日。本大臣与英国阿大臣及诸位。贵王大臣面议。更改英约并商酌各件。与美国亦有干涉。恐传话或有错漏。再将此事照会……查贵署照覆英国公文内不过将贸易小款略为通融。至所商各国通商大款。并未允准。必致生意不能周流。大不利于商人。贵亲王所说商人之卡。查单可作废纸。将子口之税课在进口海关。一并征收。恐未免另有抽课。虽可追还。似觉琐碎此不如准洋商自带货物。入内地租凭栈房居住。依照定例。与该处华商贸易。不久自知官民俱易相交。何有疑忌以其所有易其所无斯两国久远交易。可为永例。毕竟不如此则无生理。何为延阁数年乎……至所称轮船在内河行走。华商到处生计被占等语。查欧罗巴各国。南北美国印度等国。驶驾轮船。创造火机。贸易获利良多。如墨西哥中南美利驾各国轮船无火机甚小贸易始开小有益处。譬如道光十八年间广州府虎门口有轮船来欲至省城该处人说水中鳞虫。尽被杀死风水破坏蛋户小艇。不能生理现经三十年之久。羊城轮船一日之间有数百搭客往来。一切船艇如初生理。可见轮船无碍民船。如其准小河船拖船在长江上股各水。鄱阳湖天津通州白河等处驶驾往来。则土人运货实系捷径。嗣后如土人购买小河船拖船以便自用。于商人大有益处。如说小河船拖船在内地行走。民船失业。无以糊口。为国之要事。岂知废却各河民船。一定雇人扛抬行李货物。较民船之用人更多。用人多国岂必兴。而民获利国自兴矣。且废却民船。船夫岂不能改业开矿开路耕田乎。并且可据定明额数。每口轮船几只不准过额。然后试行。况明知有益。何必推至三五十年之后。人于未曾亲见之事。不知事之何如。今者莫如试行。自晓轮船便捷。各国俱有小河船拖船。何以中国独无。甘居人后。所说各项未便。恐将来惹出别样事端。至轮车一节。与辩论轮船无异。贵王大臣等俱知无河之区。运货只用人夫车轮。手车牲扣。自古各国皆然。费尽无穷人力。以致运货费用。与物价相齐。则货物不能周遍。今藉轮车之便。一国贸易之流通。如血脉之行动在身。并非敢望于数月中各省俱造铁船。恐难为华民。但可先造短路一道。在通州至京都试行。以观后效……现厦门上海二港口。船墺工栈。一千余工人。学作兵械兵船水火机亟其巧妙。中国各省。如能照作新巧技艺。因其新巧。人必一定心爱。故能民富国强。若禁止百姓照作。必致衰败……

给英国公使信函并节略

昨日本大臣等前赴贵馆。将照覆一件面交。并将贵大臣照会内所言内地行栈等三事。中国碍难之处。详细面达。极承贵大臣体谅。惟以洋商等求请甚殷。属于无可商办这中再为设法。现经恭亲王与本大臣等再行公同细酌。除内地行栈一事。实系有损国权。并碍政体。万难照办外。其余二事。现议由中国自主。尚有可以设法办理之处。另备节略一纸送阅。即望贵大臣酌定。速为函知。以便定局可也。

一轮船在湖口拖带茶叶船一事。现议用中国九江关自备轮船一只。专在鄱阳湖拖带载运洋商茶叶之船只。其拖带一切经费。由该关照上海拖带规例办理。并由该关详细酌定章程。

一开挖煤窑一事。现义由本衙门奏明。交南省通商大臣。饬于南省附近口岸地方。悉心查勘。无碍风水地脉坟墓民居。可以开挖处所。据实报明。由通商大臣核定数处。派委妥员督工试挖。一切均由中国自主。将来得煤。无论华洋商人均准买用。以资接济。其雇倩洋人帮同经理。赁买机器试挖之处。即由通商大臣核定。督同委员办理。

给英国公使商办各款

一商船由香港赴广省。一路海汊纷歧。最易走私。往往绕过大关。偷漏税饷。实于国课大有关碍。嗣后拟于香港地方。由中国派委官员税司。在彼驻札。专司稽查收税。以裕饷源。所有设官收税章程。届时拟定。

一外国商人充当领事官。流弊甚多。嗣后应议定。凡领事俱派本国真正官员。如无员可派。或其地无须特派。即托他国领事官兼办。概不得以商人兼充。

一各国约内俱载一律均沾。原为一视同仁。以免歧异也。然此但说一面。尚未赅备。嗣后中国有益于外国。一国如此。则英国同之。若别国有益于中国。一国如此。则英国亦同之。如欲援中国与某国所定章程之益。一体均沾。即照中国与某国所定章程内之款。一体遵守。一将来如华商赴英国。及英国属地贸易。凡英商在中国条约章程内所未载之利益。该华商自应不得妄求。其英商在中国所已得条约章程各项利益。应准该华商一体照沾。毫无歧异。

一洋商出入内地。所领单照。应以十二个月限期为满。遇期即为废纸。但此纸虽废。仍存该商之手。往往拖延不缴。本关无所稽查。嗣后应于十二个月期满后。再限一月。一律呈缴本关销案。傥逾限不缴。即不准其再行请领。

一水手登岸。往往酗酒生事。嗣后应议定约束规条。以免该水手。滋生事端。

英国公使照会并黏单

为照会事。本大臣前接来文。详阅单开商办六款。一于香港地方。由中国派委官员税司在彼驻札。专司收税等语。惟香港系本国属地。中国似不便设立委员税司。在彼驻札收税。如果该处实有走私偷漏各情。中国或可仿照他国。设立领事官之例。设立领事官在彼驻札。亦不得谓不合于理。所有中国领事官权柄。及取益防损之道。与他国在大英国属地所设之领事官。视同一律。惟是事属两国创始。自应俟本国秉政大臣斟酌妥协。于将来修约时。互相商核办理。一外国商人充当领事官。流弊甚多等语。本国亦知商人充当领事殊非良法。是以英国所派之领事官内。绝无商人兼充。至别国所设之领事官。贵亲王即可会约别国。仿照英国之例办理。一各国约内俱载一律均沾。原为一视同仁。以免歧异也。然此但说一面。尚未赅备等语。本大臣查各条约所载。彼此互益之理。系中国人在各国居住。傥有别国人在此国所得最优之处。中国人亦一体照沾。究非某国有益于中国。一国如此。他国亦同之。也。窃思国家行政。一国止能施为一国。不能干涉他国。即如泰西一国有益于中国。岂能令众国一同遵守。何则。缘中国获益。或系外国特给中国利益。或系外国给中国利益。中国亦以利益抵换。此两节于此国有益。不能保其不与彼国有损。如与彼国有损。自不便纂入彼国条约。无论事之大小。从无一国应许。不问与他国意见合否。即令他国随同应许之理。一洋商出入内地。所领单照。即如游历执照。应于十二个月限期满后。再限一月。呈缴本关销案一节。本大臣细核此办。似无滞碍。谅贵亲王已照会各国大臣。如咸以为可行。本大臣转饬各口领事官。一体照办。一议定约束水手滋事规条一节。窃思水手在岸酗酒滋事。实属常有。若能设有良法约束。固系甚善。但其难有二。一则各口地方。有各外国兵船商船来往。即有良法约束。必须各国一律认真。方能禁止。非一国之力所能及也。一则泰西各国船上水手。不嗜酒者甚属寥寥。再由西洋至中国之船。路途遥远。在船动经数月。一旦到口。似难禁其登岸。若其中有滋事者。嗣后禁其不许再行登岸。似属可行。然该兵船水师官以及商船船主。究不愿拘禁其水手也。本大臣之见。如议订此项规条。必须先向各国水师提督会商。始能定妥办法。若竟严禁商船水手。万难办理。贵衙门须先照会各国住京大臣。如均以为可。本大臣即咨行本国水师提督。请其向各国水师提督会商办理。为此照会。

丙寅。总理各国事务恭亲王等奏。前据闽浙总督英桂等奏。台湾领事纵令洋将茄当违约妄为。致副将江国珍受伤后。服毒殒命。并杀死兵丁壮勇多名等情一折。同治七年十一月二十八日。奉旨谕令臣衙门知会英国公使办理等因钦此。当经臣等查照原奏。将该领事凶违约情形。照会该国使臣。责令将该领事洋将从严惩办。于本年十二月初七日恭折覆奏。奉上谕。前据英桂等奏。台湾洋人违约妄为等情。谕令总理各国事务衙门。知会英国公使办理。著英桂卞宝第等。将此案始末情形据实咨报。不得稍有回护粉饰。致滋口实钦此。臣衙门于十二月初十日。行文闽浙总督福建巡抚上海通商大臣钦遵办理在案。兹于十二月十六日。据英国使臣阿礼国照覆。内称接准来文。阅悉一切。案据闽浙总督福建巡抚所奏各节。本大臣尚未据有台湾领事官将一切情形详细禀报。本大臣并未令吉领事在该处开仗。傥该领事擅自逞兵。本大臣自应惟该领事是问。至轻动干戈。杀伤性命一节。本大臣亦深为不忍。其确情果与闽浙总督福建巡抚所奏相同。本大臣亦必将该领事暨洋将责处。其洋将索去之洋银。除系领事官所取地方官赔补英民亏累之款外。无论称系赔补经费。以及因有别项情节。本大臣亦以为办理退还。再该吉署领事官。本大臣令其解任。业经两月。并令本任台湾领事官郇即行回任。大约早经到台。且并咨请本国水师提督。派令大员总管兵船。前赴台湾。会同郇领事官与地方官妥速办理。本大臣与贵亲王何等相愿两国永敦和好。乃闽浙督抚以及台湾地方官。不能体察和衷商办之意。故该处难免滋事之举。况英民在台所受冤抑。并非一朝一夕之事。若地方官早经代为伸理。现在必无此等争斗杀伤巨案。所有台湾地方滋事详细情形。除俟该处领事官详报到日。再行照会贵亲王查照。并按照条约酌办等因前来。臣等伏查该使臣照会所称。于台湾领事纵令洋将违约妄为等事。若查明确情。与闽浙总督巡抚所奏相同。必将该领事暨洋将责处。其索去之洋银。必为办理退还。尚属自知无理。惟又称英民在台湾所受冤抑。并非一朝一夕之事。若地方官早为伸理。现在必无此等争斗巨案等语。该使臣归咎于地方官办理失宜。未始非恐异日查出违约实情。藉端狡展。自占地步。词气闪烁无定。洋人办事往往如此。究竟台湾地方洋人有无冤抑。若不确切查明。设将来该领事所报。与闽浙总督等所奏互异。则该使臣必翻词抵赖。相应在请旨饬下闽浙总督。福建巡抚。钦遵前奉谕旨。将此案始末情形。饬查确切。毋存回护之见。毋涉粉饰之词。并查明洋人在台湾有无冤抑。据实陈明。俾彼族无可借口。则办理庶不致刺手矣。

谕军机大臣等。总理各国事务衙门奏。接据英国照会。据实奏闻一折。洋弁在台湾违约妄为。前经总理衙门照会英国使臣办理。现据该国使臣阿礼国照覆以一切情形。未据台湾领事详报。若确情果与所奏相同。必将该领事暨洋将责处。具索去之洋银亦为办理退还。并称吉领事已解任两月。现咨请本国水师提督派员总管兵船。前赴台湾。会同郇领事与地方官妥速办结。是该使臣亦属自知无理。惟以洋民在台久受冤抑。地方官不早为伸理。致酿巨案。其意直以办理失宜。归咎于地方官。自占地步。设将来该领事所报。于英桂等前奏不符。该使臣必将藉端抵赖。著英桂卞宝第懔遵前旨。迅将此案始末情形。确切查明。咨报该衙门核办。至洋人在台有无冤抑之处。一并据实奏陈。均不得回护粉饰。俾该使借口狡展。庶办理方有把握。原折著抄给阅看。

英国使臣阿礼国照覆

为照覆事。接准贵亲王来文。据闽浙总督英福建巡抚卞所奏各节。本大臣尚未据台湾领事官将一切情形详细禀报。惟据吉领事禀称。兴泉永道曾宪德。渡台会同该领事会辨。大概未据详细禀报。是以不能与贵亲王一一辩论。本大臣并未令吉领事在该处开仗。该领事在该处擅自逞兵。本大臣自应惟该领事是问。至轻动干戈。杀伤性命一节。本大臣亦深为不忍。其确情果与闽浙总督英福建巡抚卞所奏相同。本大臣亦必将该领事暨洋将责处。其洋将索去之洋银。除系领事官所取地方官赔补英民亏累之款外。无论称系赔补经费。以及因有别项情节。本大臣必为办理退还。再该吉署领事官本大臣令其解任。业经两月。并令本任台湾领事官郇即行回任。大约现在早经到台。并行咨请本国水师提督。派令大员总管兵船前赴台湾。会同郇领事官与地方官将各案妥速办理。所惜者自京抵台。传递来往文件。路途辽远。在路难免耽延。亦不能定传递一定时日。而台湾彼此争斗为日甚久。势必酿成巨案。故本大臣饬令郇领事回任。并资请水师提督派令大员会同郇领事之办法。未能赶及该处滋事之时。本大臣与贵亲王何等相愿两国永敦和好。一切交涉事件。何等相愿秉公办理。彼此交相倚赖。乃闽浙督抚以及台湾地方官。不能体察本大臣与贵亲王和衷商办之意。或系明知。不欲奉行。故该处难免有此滋事之举。况英民在台湾所受冤抑。并非一朝一夕之事。数年之间。多有此等情形。若地方官早经代为伸理。现在必无此等争斗杀伤巨案。所有台湾地方滋事详细情形。除俟该处领事官详报到日。再行照会贵亲王查照。并按照条约酌办外。理合先行照覆。

同治卷六四

(同治八年己巳正月)辛卯。总理船政前江西巡抚沈葆桢奏。窃臣于同治七年九月初五日。业将第一起暹木到厂。召匠赶工情形奏明在案。当时所到之木。仅有五百余节。匠作云集。斤斧繁兴。直至十月中旬。而续到木船尚无确耗。臣不胜焦灼。只得一面派员赴厦门洋人船鹧。购致曲木四十一片。直木一百二十九根。以添船胁。一面派员赴香港洋人船坞。购致槽板七十片。以为船旁。虽俱陆续到工。而撮坏涓流。随到随尽。十月二十一日。第二起船麻勒阿立三丁到。据日意格报称。内载曲禾二百七十余节。方木一百九十余根。槽板三百六十余片。二十七日。第三起船安密唎到。据报内载曲木一千二百二十余节。方木二百二十余根。槽板一百九十余片。船材既足。添募省外各匠。加紧课功。所有船胁底骨灰丝缝节。均一律完竣。内骨既成。旋封外板。分段嵌镶。鳞次而上。逐日增高。惟尾胁之际。骨节洼隆。相去数尺。封钉匪易。于是该洋匠等刱设木气筒一座。长约三丈有奇。承以卧架。筒之首尾。各载铁笠。旁结板棚。安置汤罐一具。汤锅之侧。缀以铜管。通于气筒。入巨板于筒中。鐍固铁笠。闭气而蒸之。历两时许。便柔韧如牛皮。然后以钉尾胁。曲折随心。不烦绳削。辰下外板既封。因板亦齐。船身木工。计已集事。此后分钤铁叶。安顿铁胁横梁。须加一月之功。布置轮机。包裹铜片。以及油漆妆饰等事。须加两三月之功。再得一月试演驾驶。便可展轮出洋。十二月初九日。第四起船悦诺花思得到。据报内载曲直一千七百五十六节。十三日第五起船巴奴格到。据报内载槽木八百零四根。窃思前此因木料费手。到船工稽迟。若必俟第一号船工尽完。始将第二号开造。未免旷日糜费。因先于坞中豫叠第二号船台。可造八十匹马力者。现在四船接续而到。木料既不止供一船之需。因一面饬赶第一号未竟之工。一面饬将第二号龙骨铲削铺排。择于本月二十七日兴工。该洋匠等样板已成。中国匠人。即其分注尺寸。施之斧锯。驾轻就熟。尤易就绪。铁厂本年以来。叠石累砖。墙基已就。惟梁块材苦难觅购。前日意格拟用铁柱。已试铸一根。费重工迟。告齐不易。现拟仍参用外洋大木。而运道险远。总须来年。方可节次到工。查合同内载五年限期。以铁厂开厂之月为始。今经费如此其绌。咸厂又如此其难。为日愈多。则需费愈钜。所幸前者暂搭各厂。可以次第兴工。现在暂搭打铁之厂。则船上铁轴铁胁。俱能打造。暂搭铸铁之厂。则大而铁柱。小而齿轮。俱可成功。地窑烟炉。亦尚适用。兹据日意格禀称。所有五年之限。请以明年正月为始。察看省外各匠。日与洋人共事。口讲手画。颇能心通其意。惟机轮之分度。水气之升合。非日久融会贯通。莫能尽探底蕴耳。合将暹木陆续到工第一号船身告成。第二号船身经始。并铁厂起限教造情形。会同陕甘总督臣左宗棠。福州将军臣文煜。闽浙总督臣英桂。福建巡抚臣卞宝第。合词恭折具奏。

壬寅。三口通商大臣兵部左侍郎崇厚奏。天津奉旨设立机器总局。应用款项。自七年正月起。至八年正月十五日止。该局前赴外洋采买各色器具。修盖房屋。叠经管理局务之丹国领事官密妥士。总教官薄郎。请拨银两以资备办。共计陆续动拨津东海两关扣出四成银十万两。发交该局委员兑收备用。现在河冻已开。所买机器各件。由英国装运。夹板船来津。陆续可以运到。奴才当与德椿。随时随事督饬委员。会同密妥士。薄郎。认真经理。

同治卷六五

（同治八年己巳二月）甲子。闽浙总督英桂。福建巡抚卞宝第奏。伏查台湾洋案。臣等委令兴泉永道曾宪德渡台。与英国领事吉必勋逐案议结。因吉必勋于议结后。纵令洋弁在安平地方违约妄为。即经据实驰奏。并将已未结各案起衅情由。同曾宪德。与吉必勋面议各节。汇开清折。咨送总理各国事务衙门查核。续据曾宪德将洋案一律办结。禀经臣等于上年十二月间。或据禀咨报。或抄禀咨呈总理各国事务衙门核办各在案。并不敢稍有回护粉饰。兹又饬据曾宪德将此案始末情形。及与吉必勋来往文件。汇录清册呈送。又据查明英人在台。并无冤抑实情禀覆前来。声明洋弁茄当索去兵费洋银一万圆。现据接署凤山县知县韩庆麟具禀。业经吉必勋于上年十二月二十五日如数交还。由县解郡。送交护理台湾道梁元桂兑收等情。正在核奏间。适曾宪德由厦门航海来省。臣等向其面询情形。均与所禀无异。

乙丑。通商大臣两江总督马新贻奏。窃准总理衙门来咨并公函。据税务司赫德申呈。请奖各口税司。或因采买洋米。或因游历泰西。或因任职多年。实心办事。各样劳绩不一。并分别等第开单请核。其帮办税务人员内。复将学习华言文义。较有成效者。择保三员。呈请酌办等情。应查照同治五年奏奖税司成案。如何分别奖励之处。咨臣会商臣崇厚酌核办理。请旨遵行等因前来。臣等当即备具咨函。彼此互商。查同治五年正月。经现任湖广督臣李鸿章。前在通商大臣任内。会同臣崇厚奏奖税务司吉罗福等主人。请各给一等金功牌。奉旨允准钦遵在案。迄今已历三年。各口征收洋税。丰旺如前。固因于税则章程奉行之无弊。尤赖乎各该税司助理之得宜。成效照然。诚不可不示以鼓励。臣等会查来咨黏单。内开赫德申奖各员。据所称云如狄妥玛休士。雷德三人。多年在关办事。前岁以天津烟台等处税司。兼办采买洋米筹运验交。不无微劳足录。其马福臣一员。去春有口外之差。亦能悉心查核。现仍充山海关税司。该关课日增一日。备见经理有方。其包腊一员。于同治五年曾有随员游历外国之劳绩。现署浙海关税司。一上共五人。皆以税务而兼别项出力者也。其美理登。满三德。好博逊三员。皆于从前克复苏常及漳州等处。著有劳勚。现在办税得力者也。其在关办事最久者。则有汉南。葛显礼二员。均历五六年。吉罗福。惠达二员。均历有十年。杜德维一员。据申在官虽甫及四年。精心关务。洵为可靠之员。此外尚有廷得尔。康发达二员。以上共十人。皆分在粤闽各海关及长江九镇等关司税出力者也。合计南北洋请奖税司十五员其南北员缺。原可以随时调换。其劳绩亦不尽在于现任之缺。惟南洋税缺较多。该税司等每新旧不一。经臣新贻检齐卷档。逐一查核相符。惟除江汉一关未经列入。此外则南北洋及长江等处十四关口。咸具于是。既足征山海梯航之盛。其税司则英法美布之人皆有。而英国尤多。亦足见远人效助之殷。虽属权宜创格。未始非史册美谈。既准咨抄到员缺姓名籍贯及等第清单。相应照缮随揭咨送军机处备查。其内有从前已业奖给宝星功牌者八员。诚如总理衙门来议。今届应优予奖叙。方足以示区别。至所称税务帮办人员。内以学习华言文义。为斯时要务。经该总税司严饬各员。不辞劳苦。实力讲求。择其已有成效者。开列葛德立等三名。声请一并示以微奖等情。臣等仿照成案酌办。合无仰恳天恩。准将税务司狄妥玛。吉罗福。美理登。马福臣。休士等五人。均赏给四品衔。惠达。满三德。好博逊三人。均赏给五品衔。杜德维。汉南。葛显礼。包腊。廷得尔等五人。各给一等金功牌一面。雷德。康发达二人。各给二等金功牌一面。其帮办葛德立。赫政。德益筹三名。各给银功牌一面。均照外国宝星式样。准其佩带。以昭奖劝。恭候命下之日。再饬江南海关照式制备齐全。分别移送只领。所需价值。即在洋税项下核实开销。至此案虽已查明档册。如仍有外洋名字。译音参差不同之处。应准由赫德随后查明。呈请更正。除咨明总理衙门外。谨会同兵部侍郎通商大臣臣崇厚衔门具奏。

三月。丁丑。总理各国事务恭亲王等奏。同治八年二月二十五日。军机处交出上海通商大臣两江总督马新贻。会同三口通商大臣崇厚奏。南北洋各口税务司。经理洋税兼采办洋米等事出力。援案请奖一折。军机大臣奉旨。该衙门议奏钦此。臣等公同商酌。内除天津关税务司休士一名。近据总税务司赫德呈称。该税司现有办理舛错之处。申请扣除奖励外。其各口税司帮办人等。拟即援照成案酌给奖励。内有从前已蒙奖给宝星功牌者。拟即再予优奖。应恳天恩。准照该大臣等所奏。将税务司狄妥玛。吉罗福。美理登。马福臣等四人。均赏给四品衔。惠达。满三德。好博逊等三人。均赏给五品衔。杜德维。汉南。葛显礼。包腊廷得尔等五人。各给一等金功牌一面。雷德。康发达二人。各给二等金功牌一面。帮办葛德立。赫政。德益寿三名。各给银功牌一面。以昭激劝恭候命下。臣衙门行知南北两洋通商大臣。钦遵办理。其功牌式样。即饬江海关照外国宝星式样制备齐全。分别移送只领。

(四月)辛酉。总理各国事务恭亲王等奏……又据两广督臣瑞麟咨报。潮州汕头地方。英国兵船。又有杀毙鸥汀乡民一案。臣等查核起衅缘由或因租地盖屋。或因口角细故。均经英桂。瑞麟等于起衅之初。饬令该道府州县。即日劝谕绅民。妥筹办理。该领事官理应静候。乃迫不及待。辄即自行带人往办。闽省之案。枪毙乡民王克明一名。粤省之案。伤毙男妇六十九名。烧毁民房四百四十五间。掳捉及受伤者甚多。似此肆行无忌。必应示以惩创。况近来各口洋人滋事之案。多系英国兵船。亦多起于英国领事官。若不早为禁戢。深恐迫百姓以不能忍受之举激成变故。且恐各国纷纷效尤。动辄擅动兵船。履霜坚冰。尤不可不防其渐现据英桂将川石山租房之案。办理完结。而开枪之洋人亟应查究的确姓名其从中怂恿之华人林大恩亦应交地方官分别严办。潮州案情较重。虽经瑞麟饬令地方官将被害被扰之家。给予埋葬赏卹银两。所有该领事及带兵官。不容稍事轻纵。臣等已分咨该督抚晓谕地方绅民。妥为安抚。一面照会英国使臣。饬令将各该领事官带兵官撤退治罪。暨赔补赏卹等项银两。并责问调用兵船之权。何以任听领事官主持。尚未据该公使照覆。应俟覆到。再由臣等酌核办理。

给英国照会

为照会事。同治八年二月二十一日。据闽浙总督咨称。上年九月间。接据英国福州领事官星察理申陈。教士胡约输。向华民林臻信。永租川石山园地一片。为盖造凉亭之所。将租据移府饬县盖印。旋因乡耆陈道晋等。以川石山之地。系属公产。华洋杂处恐滋事端。不愿租赁。仍将租据送还。令该领事转饬教士停租。当以租地盖屋。载在条约。未可强阻。即谕地方官向绅耆开导。并派通商局委员查明办理。正在设法筹办间。讵星察理于十二月初三日。令教士雇定工匠。前往搭厂兴工。乡民王克明等。向匠首林大恩拦阻争论。旋有住泊福州口之兵船。驶赴该处。林大恩。林臻信。唆使洋人开枪。致伤王克明毙命。并谓乡民聚众出阻。由于附近该乡之绅士王有树主谋。洋人复闹入王有树家。胁其子弟。写给约字。无论何人拆毁凉亭。责令该绅赔偿……

给英国照会

为照会事。前因贵国翻译官雅来署面称英国兵船在潮州地方。与民人争闹。有烧毁民房。杀死民人之事。当经本爵行文两广总督查明实在起衅。及如何滋事情形。据实咨报。不可一字虚假。以凭核办去后。此文尚未到粤。兹于同治八年二月三十日。及三月初九日。据两广总督等咨称。上年十二月初八日午刻。有英国洋人二十余名。坐驾三板船只前赴澄海县属鸥汀乡操演。有洋人在乡打鸟。群小儿聚观嬉笑。彼此言语不通。洋人疑其有意揶揄。因而生怒。后又有乡民抛砖掷石者。经该乡耆民好言劝慰。洋人反将该耆民带去。乡人上前夺救。互相击斗。乡人伤毙十名。重伤十余名。洋人受伤四名。均未致命。十三日据啊领事照会前情当经惠潮嘉道加派委员。会同澄海县赴乡。饬令该处绅耆约束子弟。不许更图报复。该道正在料理起程间。突于十七日早间。水师提督统带兵船多只。水陆各兵六百余名。拥入鸥汀浮陇等乡。开炮放枪。四面攻击。乡中老幼。纷纷逃散。杀毙乡人六十五人。又于二十三四等日。据报因伤续毙四名。共毙六十九名。烧毁民房四百四十五间。掳捉男妇及受伤者甚多。并据罗领事申覆。此案本国水师提督军门与贵部堂原议。应派委员前往办理。乃本国水师卓总兵不待委员到时。先行进发攻击。与原议不符。本领事官不无悔惜。应转详本国住京钦差大臣知照等语。旋由惠潮嘉道在汕头先那行户银两。暂给杀毙受伤及烧毁各家目前急用。以安其心。各等因前来。本爵查英国和约第十六款。英国民人有犯事。由英国惩办。中国人扰害英民。由中国自行惩办。第十八款。英民如遭欺陵扰害。地方官立即设法弹压严办。又第九款。通商各口有出外游玩者地在百里。期在三五日内。毋庸请照水手船上人等。不在此列各等语。此案起衅之初。英国官兵赴乡上岸操演本非条约内准行之事。乡民无知生衅。虽有不合。带兵官只应具报啊领事知会地方官。按约设法弹压查办。乃该兵船擅半耆民带去。激成事端。致毙乡民多命。贵国罗领事初次陈令委员查办。系属按约办理。而啊领事复迫不及待。于委员未到之先。任令兵船开炮伤毙乡民六十九名。烧毁房屋四百四十五间。并掳捉男妇多人。实属不法已极。近来英国兵船到处滋事。台湾情形。重于扬州。潮州情形。又重于台湾。该领事官。及带兵官。并不禀明住京大臣。听候商办。辄敢违约逞兵。焚烧杀戮竟视条约为具文。置和好于不顾。殊出情理之外……

同治卷六六

(同治八年己巳六月)甲辰。总理船政前江西巡抚沈葆桢奏。窃臣于七年十二月二十六日。业将船政一切工程奏明在案。本年正月起。广召舱钻各匠。黏灰穿孔。塞罅沤钉。铁匠打镶铁梁铁胁铁条等件。两月之久。始行蒇事。三月初旬。船匠始得刓雕梁座。斗拢机器。车治舵桅。铁匠拆移轮机水缸等件。上船配合。遍嵌泡钉螺饼。兼制铜管气筩尾轮铁辊等事。如是者复一月有奇。四月以后。船内之匠。则叠舱堵战秤桅架椗车艘板等件。船外之匠。则赶包龙骨铜皮分遭重辋凹槽下水托辋等件。内外完备。乃加垩洋油。联钤铜板。如是者复二十日有奇。四月之杪。日意格禀称。船上大小工程一切告竣。请期下水。臣饬监工员绅覆无异。因诹五月初一日。乘午潮涨满。纵船入江。先期一日。用巨镬煮牛膏豕脂胰皁油等物。数十斗。灌入船底凹槽。凝厚寸许。将船台初叠之木。节节掇下。另垫木楔。使船身低依两旁托架。跗萼相衔。留船旁撑柱数十根以支之。届期臣躬率提调周开锡及各员绅。致祭天后江神土神船神。向午潮平。日意格督匠役人等。尽拔撑柱。将船头所衔木楔。众斧齐敲。使船势全力趋下。再将船头铁网锯断。锯甫过半。船岩然自行。一瞬之间。离岸数十丈。船上人乘势下碇。抛泊江心。万斗艨艟。自陆入水。微波不溅。江岸无声。中外欢呼。诧为神助。辰下方升桅午。系帆缆。安床罾。添旗帜。制号衣。整炮械。以备出港。适提调道员胡光墉。同管驾官副将衔游击贝锦泉。续募通晓轮机之中国舵工水手八十余人到工。伏念新船如生马。非衔辔均调。恐不相习。且一律用中国人驾驶。初试风涛。尤当慎益加慎。因饬该管驾等就船上加紧练习。由近渐远。七月间当可径出大洋。驶赴津门。请旨简派大臣勘验。此第一号下水之情形也。第二号之船。自开工以来。匠作等驾轻就熟。工程较速。现边板已封三分之一。再有两三月亦可下水。第三号船台底桩。俱如法钉齐。全架一成。便可兴造。木料一节。日意格所购者。年内已到五起。业经臣等奏明在案。本年二月初十日。第六起报到。二月二十八日。第七起报到。三月初十日。第八起报到。二月二十九日。第九起报到。四月十二日。第十起报到。凡五起统计装曲直木。及楢板六万六千六百四十六幅。去年委员刘国泰往南洋所办者。于二月十七日报到。船名曰法苏甲里。凡载楢木铁抄打马枷辘式结嚟唧沓蚺等木一千八百四十余节。石来板二千七百八十余片。其中可供铁厂横梁之用者不少。目下良材麕至。船工自易图成。惟机器之出。专由铁厂。闽省春夏阴雨连绵。版筑不易。监工员绅。披装荷笠。号召泥滓之中。数月以来。砖垣石槛石檐。一律完竣。楶棁宊桷。亦皆裁量如式。而铸匠方赶造各种船上器具。未遑兼铸铁柱。是以栋宇未得观成。现首船下水。铸工稍松。当饬克期赶办。铁厂告竣。便可讲求轮机关窍。轮机之巧。能应手得心。船事乃中边俱彻也。前派总监工道员业文澜。赴暹罗采办楢木。据报于三月初一日安抵喰叻。派游击吴世忠。举人蒋锡璠等。先赴暹罗。业文澜先将喰叻所办木料雇船起运。亦于四月初六日前赴暹罗矣。第一号船拟名曰万年清。第二号船拟名曰湄云。暂资号召。应俟抵津勘验。再恳恩旨。宠锡嘉名。以光海宇。其万年清谨委游击贝锦泉管驾。湄云谨委游击吴世忠管驾。贝锦泉原驾之华福宝。委都司衔贝珊泉管驾。以专责成。谨会同陕甘总督臣左宗棠。福州将军臣文煜。闽浙总督臣英桂。福建巡抚臣卞实第。合词恭折具奏。

七月。辛未。总理各国事务恭亲王等奏。窃查上年十一月间。臣等接到闽浙总督英桂。福建巡抚卞宝第来函。据称署噶玛兰通判丁承禧禀报。访闻有英国洋人。带同工作往大南澳一带番界。查勘山场树木情事。当遣通事往询。据该洋人声称名康。系艋舺咸伯国领事美利士。饬遣前来伐木。该洋人并用盐布羽毛结交番众等情。正在办理间。复据该督抚咨函内称。复据丁承禧禀报。该洋人承领咸伯国领事执照。雇觅工匠四十余人。于九月中旬至大南澳建堡伐木。并风闻已与生番联姻等情。臣等以中国土产。不便任令外国人自行采取。且交结生番。恐生后患。即经照会英布两国使臣。令其将该洋人等撤回惩办。嗣准布国使臣李福斯。以备函戒饬美利士。若仍不遵条约。任性妄为。遇有因此受累。咎由自招。英国使臣阿礼国。以札饬淡水领事官详查。如有违约情事。立即严行禁止。先后照覆前来。当即抄录往来照会。知照该省办理在案。本年四五月间。臣等复叠次接到该省督抚咨函。以该洋人等建堡伐木。前经布国英国两使臣戒饬查禁。毫无敬畏。现仍在彼垦荒。意欲种茶。并贩运军火偷济生番等因。臣等以内地山场。非洋人所得开垦。军火乃违禁之物。接济生番。贻害尤甚。自当立为禁止。但该洋人既不遵各该国使臣戒谕。若非由中国自行拿办。诚恐禁止无期。况布国照会内。本有因此受累咎由自招之言。遂各给予照会。直言该洋人任性妄为。业经行文该省督抚。转饬查拿。按约送交领事官惩办。如敢恃强抗拒。伤毙无论。并经臣等抄录给英布两国照会。咨覆该督抚转饬妥办亦在案。嗣据布国照覆。谓美利士显违中国律例。只得任凭地方官如何拦阻。如实系不能免其拿办。不可有伤毙之事等语。复经臣等以前次照会。非必欲置美利士于死地。傥美利士不服拿办。恃强抗拒。即难保无损伤。照覆该使臣。并抄录来往照会。知照该省督抚去后。六月十六日。复接该督抚咨函内称。该洋人等添带壮勇四十名。仍在彼招募工作。并勒抽附近小民所砍风藤薯榔。贴补勇粮。及滬尾口通商委员详报。遵札照会英副领事麦代。领事等覆词意存袒护等情。臣等正拟办理照会。适据英国照覆内称。业饬领事务将名康洋人撤回。不准再往。并据布国照覆内称。闻该处地方官所报一切情形。与美利士所行。不相符合。请将所办美利士之事。暂行停止勿办。如美利有性命之祸。即有关系各等语。臣等以英国两次照覆。并无异说。俱尚近理。而布国此次照覆。则显露袒护之情。是以分给该两国照会。于英国则不多置辩。于布国则复申前说。言已咨覆闽省。仍照前次查拿惩办。如敢抗拒。伤毙无论之咨办理。一面将现办来往照会情形。函致该省督抚酌核。续于二十六日。又接该督抚咨函。详述该领事等意存袒护。虽有撤回匠作暂回看守之语。实则仍在彼招募工作等情。臣等伏查台湾孤悬海外。久为布国所垂涎。即英国亦未必不措意其间。以觊渔人之利。今该洋人等违禁滋事。既经臣衙门照会该使臣。由中国自行拿办。并经豫为声明。设或抗拒伤毙无论一节。未知该省能否照办。其或不遽照办。亦未始非因中外交涉倍加慎重之意。但事求得当。总须有明白干练大员。随事斟酌机宜。方臻妥协。该省历次来文。仅令委员及淡水同知等办理此事。其台湾道一缺。仍属虚悬。似不足以控地方而资钤制。相应请旨饬下闽浙总督。福建巡抚。迅速拣员奏补台湾道缺。或先择人署理。责成察看情形。互用刚柔。相机筹办。

谕军机大臣等。总理各国事务衙门奏。洋人在台湾违禁滋事。现筹办理情形一折。洋人美利士等。在台湾大南澳地方。伐木垦荒。私贩军火。交通生番。实属违禁妄为。业经该衙门照会英布两国使臣。由中国自行拿办。并知照该督抚酌核办理。此事英国使臣自知理屈。已据照覆。饬将英人名康撤回。而布国使臣则请将美利士暂行停办。显有袒护之意。此时该洋人等曾否撤回。抑仍在该处招募工作。如果不遵条约。任性妄为。自应由该督抚查拿惩办。惟事关中外交涉。必须有明干大员。随时斟酌办理。方臻妥协。台湾道一缺。关系紧要。未便久悬。著英桂。卞宝第。迅速拣员奏补。或先择人署理。责成将洋人交涉事件。察看情形。妥慎筹办。总期不激不随。毋稍偏倚。原折著抄给阅看。

给布国照会

为照会事。前准福州将军。福建巡抚函称。据通商总局转据噶玛兰通判函禀。访闻有英国洋人。带同工作。坐海船驶往兰辖之南风澳。登岸住宿。并往大南澳一带番界。查勘山场树木情事。当倩通事往询来历。据该洋人声称名康。系艋舺咸伯国领事美利士。饬遣前来开山伐木。运赴应用。经令再三劝阻。该洋人覆称须专信领事请示等语。并用盐布羽毛结交番众。规度地势。自买小船三只。由鸡笼口雇倩工匠四十余人。于九月杪到彼兴工。不知其意何居。卑职即往见该领事美利。诘以不应违约。给照赴兰伐木。该领事初则诿为英人所为。非伊主见。继而藉词大南澳为生伽地界。不应兰厅查问。卑职告以兰厅管理民番。即番地亦地方官所辖。岂容不问。若以番界为言。如上年瑯 生番戕害洋人之事。何以仍须中国官前往查办。该领事枝梧许久。云在一二月内。当往船局商办木料。且请暂回再议等情……

同治卷六七

同治八年。己巳。七月。壬申。福州将军文煜。闽浙总督英桂。福建巡抚卞宝第奏。窃照闽省之福州厦门及台湾之打狗沪尾。分设四口。准与各国通商。中外交涉事件。较各省之仅设一二口者。繁简不同。虽厦门与台湾之打狗沪尾。向归该管道员暨派办通商委员分任其事。仍须由省总理其成。且各国领事官住札福州。文牍往来。几无虚日。其有事关紧要。非文牍所能宣达者。必须随时派员与领事官往返面议。或按约辩论。或据理相折。然非明练勤能。为领事官素所信服之员。每致片言不合。凿枘即形。现在福州口洋务日繁。乏员委派。臣等再四筹商。亟应添调干员来闽办理。以期妥洽。查有参革福建补用道前任福州府知府丁嘉玮。顺天府大兴县人。经前督臣吴棠。以善伺意旨。积压案牍。奏参革职。嗣丁本生毋降服忧。回籍守制。现计服阕。臣英桂在福州将军及兼署闽浙总督任内。因公时相接见。深知其才识练达。办事勤能。臣文煜。臣卞宝第。密访舆论。亦咸称其精明强干。熟悉洋情。检查该员福州府任内折报发审案件。未结者仅四十余起。均因人证未齐。无凭讯结。尚非有意积压。且该员历任省会各缺。办理通商事务。诸臻妥洽。各国领事官迄今均尚信服。又查有福建尽先补用参将王荣和。经江苏抚臣丁日昌调赴江苏。委令办理通商事宜。该员通晓洋语。于各国洋情。极为熟悉。除王荣和一员先由臣英桂檄调外。合无仰恳天恩。俯念闽省洋务日繁。需员遣用。准予饬调丁嘉玮来闽。并饬下江苏抚臣丁日昌。饬令王荣和迅速赴闽。俾得派员办理通商事务。于大局较有裨益。

谕军机大臣等。文煜等奏。洋务日繁。请调员来闽差遣。闽省福州口洋务日繁。必须添员办理。方臻妥协。前神话府知府丁嘉玮。福建尽先补用参将王荣和。既据该将军等奏称。该员等熟悉洋情。自应俯如所请。丁嘉玮籍隶顺天府大兴县。著万青黎。王榕吉。饬令该员迅速赴闽。王荣和一员。前经丁日昌调赴江苏。业由英桂檄调。仍著丁日昌即饬该参将克日前往。以资差遣。

(乙未)办理奥斯马加国条款

……

第八款

各国议定通商口岸。如牛庄天津烟台上海宁波福州厦门台湾淡水广州汕头琼州及长江之汉口九江镇江江宁各口。奥斯马加国商民。亦可携眷前往居住。贸易工作。平安无碍。常川不辍。如入内地贩运货物。须按照各国章程办理。不准在内地开设行店。

第九款

凡奥斯马加国人按照第八款至通商各口地方居住。无论日期多寡。听其租赁房屋及行栈存货。或租地自行建屋建行。奥斯马加国人。亦一体可以建造礼拜堂医人院周急院学房坟地各项。地方官会同领事官酌议奥斯马加国人宜居住宜建造之地。凡地租房租多之处。彼此在事。务须按照地方价值定议。中国官阻止内地民人高抬租值。奥斯马加国领事官。亦谨防本国人诓买迫受租值。

第十款

奥斯马加国商船。准在条约内列通同各口往来运货贸易。如到别处沿海地方。私作买卖。船货一并入官。但中国地方官查拿此等船只货物。于未定入官之先。宜速知会附近住口之奥斯马加国领事。其人官各项。皆归中国收用。中国各省地方。设有贼匪。奥斯马加国商民。不得请照前往游历出入。尤不得私自往来。接济军火粮食。如查有违犯者。将船货全行入官。其违例之人。交就近领事官办理。奥斯马加国商船。查有涉走私情弊。该货无论式类价值。全数查抄入官外。押令该商船算清帐目。刻即严行驱逐。不准在各口贸易。倘有冒用奥斯马加国旗号者。奥斯马加国设法禁止。

第十一款

一奥斯马加国商人。除运货赴各处通商贸易单照等件。均照各国章程。由各关监督发给外。其并不携带货物之民人。专为持往内地游历执照。由领事官发给。由地方官盖印。经过地方。如饬交出执照。应可随时呈验无讹放行。雇船雇人装运行李货物。不得拦阻。如其无照。其中裁有讹误。以及有不法情事。就近送交领事官惩办。沿途止可拘禁。不可陵虐。如通商各口有出外游玩者。地在百里。期在三五日内。毋庸请照。惟水手船上人等不在此例。应由地方官会同领事官另定章程。妥为弹压。其住札各口之奥斯马加国领事官。如给商民执照之时。止准给与体面有身家之人为凭。

第十二款

奥斯马加国人在通商各口地方。听其任便雇买办通事书记工匠水手工人。亦可以延请士民人等。教习中国语音。缮写中国文字。与各方土语。又可能请人帮办笔墨。作文学文艺等工课。各等工价束修。自行商议。奥斯马加国书籍。与中国各样书籍。彼此亦可发卖采买。

第十三款

奥斯马加国人在通商各口地方。所有各家产财货。中国民人均不得欺陵侵占。至中国官员。无论遇有何事。均不得威压强取奥斯马加国船只。以为公用私用等项。

第十四款

奥斯马加国船只欲进各口。听其雇觅引水之人。完清税务之后。亦可雇觅引水之人带其出口。

第十五款

奥斯马加国船只甫临近口。约准该关监督任意派委员弁丁役看守。或在该船。或在本艇。随便居住。其需用经费。由关支发。惟该员役不得向船主船商私取毫厘。

第十六款

奥斯马加国船只进口。限一日该船主将船牌舱口单各件交领事官。即于次日通知监督官。并将船名及押载顿数装何货物之处。照会监督官。以凭查验。如过限期。该船主并未报明领事官。每日罚银五十两。惟所罚之数。总不能逾二百两以外。至其舱口单内。须将所载货物。详细开明。如有漏报捏报者。船主应罚银五百两。倘系笔误。即在递货单之日改正者。可不罚银。监督官接到领事官详细照会后。即发开舱单。倘船主未领开舱单。擅行下货。即罚银五百两。并将所下货物全行入官。

第十七款

奥斯马加国商人。上货下货。总须先领监督官准单。如违即将货物一并入官。

第十八款

各船不准私行拨货。如有互相拨货者。必须先由监督官处发给准单。方准动拨。违者即将私拨之货全行入官。

第十九款

奥斯马加国民人。凡欲游行卸货下货各等事务。准自雇小船剥运。不论何项艇只。雇价银两若干。均听奥斯马加国民与船主自议。不必官为经理。该船不得限定额数。并船户揽载。挑夫揽运。一切情弊。俱不准行。惟该艇干涉走私漏税情弊。查出照例罚办。货物入官。

第二十款

奥斯马加国商民。起卸货物。输纳税饷。约准俱照税则为额。总不能较诸相待最优之国或有加增之处。如未至修约之年。中国与无论何国。将现定税额或增或减。一经定议。各国一律通行。奥斯马加国亦一律遵照。至和约后附通商章程。必视同和约无异。两国务必信守。

第二十一款

奥斯马加国出入各货。如系值百抽五之货。倘海关验货丁役。偶与该商各存己见。不能定价。约准各邀客商二三人前来验货。该客商内有出最高之价者。即以为该货之价式。免致收税不公。

第二十二款

奥斯马加国商民。输纳税饷。实按斤两秤计。先除包皮粉饰等料。以净货轻重为准。至有连皮过秤除皮核算之货。即若茶叶一项。倘海关丁役偶与奥斯马加国商意见不同。即于每百箱内听役拣出若干箱。奥斯马加国商亦拣出若干箱。先以一箱连皮过秤得若干斤。再秤其皮得若干斤。除皮算之。即可得每箱实在斤数。其余货物。凡系有包皮者。均可准此类推。倘再理论不明。奥斯马加国商赴领事官报知情节。由领事官通知监督。会议酌办。惟必于此日禀报。迟则不准承。此项未定斤数之货。监督暂缓填簿。免致后难更易。须俟秉公核断明晰。再为登填。

第二十三款

奥斯马加国商货物。或因潮湿等由损坏。致价低减。该关应行按价减税。倘该商与关吏理论价值未定。则照第二十一款所载值百抽五之货。同法定办。

第二十四款

奥斯马加国货船进口。并未开舱。欲行他往者。限二十四时之内出口。即不征收船抄。倘逾二十四时之限。即须全数输纳。此外船只出进口时。并无应交费项。

第二十五款

奥斯马加国商民。输税期候。约准进货之税。于越载时输纳。出货之税。于落货时缴饷。以示限制。各船完清税饷之后。方准发给红单。领事官接到红单。始行发回船牌等件。准其出口。其未经完税。领事官断不可发还船牌。

第二十六款

奥斯马加国商民。输纳税课银两。应交官设银号。或纹银。或洋钱。共应何色银两。与各国商人一律。以免此重彼轻。

第二十七款

奥斯马加国商船。应纳钞课。各按船牌所载若干顿而纳。一百五十顿以上。每顿纳钞银四钱。一百五十顿正。及一百五十顿以下。每顿纳钞银一钱。既纳钞后。监督官给发执照。开明船钞完纳。倘该船驶往别口。即于进口时将照送验。遂按照第二十五款自领执照之日起。以及四个月止。无庸再输船钞。以免重复。奥斯马加国属民。在各口用艇只运带客人行李书信食物。及例不纳税之物。毋庸完钞。倘该小船一并载运例应完税之货物。即按照一百五十顿以下之例。每顿纳钞一钱。所有顿数。照英国顿数计算。

第二十八款

奥斯马加国商民。贩买土货。运口出洋。或将洋货运入内地销卖。应纳内地税饷。或于遇卡随时分数报完。或在海关一次全行完纳。均准听便输交一次纳完之例。准照续定税则章程第七款所载。除有第二款指明每值百两。完税二两五钱外。其余各货。总以出入税则照纳一半为准。其该货应纳正税。仍宜于卡税车税完纳外。如数完缴。倘日后出入货正子各税。或增或减。并如何交纳之处。中国与无论何国。议有定章。一经通行。奥斯马加国亦一体遵照。

第二十九款

凡奥斯马加国船主。一进通商各口。欲将货物在该口但卸几分。即照所卸之数纳税。其余货物。欲带往别口卸卖者。其税银亦在别口输纳。

第三十款

奥斯马加国商民。沿海议定通商各口。载运土货。约准出口先纳正税。复进他口。再纳半税。后欲复运他口。以一年为期。准向该关取给半税存票。不复更纳正税。嗣到改运之口。再行照纳半税。

第三十一款

奥斯马加国商民。洋货进口。纳清税课后。欲改运他国。抑或通商别口。约准禀明领事官转报监督委员。验明实系原包原货。查与底簿相符。并未拆动抽换。即当按照该货经纳正税之数。发给存票。倘查有漏税情形。中国将货物入官。至土货自通商各口运入他口。按例纳完半税后。该商再欲运往外国。以一年为期。期内亦准一律发给半税存票。该票无论何商呈验。均准专抵该关进出货税。不准持赴别关抵课。倘若该商将已纳税之货载往别口售卖。欲请海关发给免税单者。海关应给免税单。不发存票。俟该商进别口时。将此单呈送海关查验后。即给卸货牌照。一切税课。毋庸再纳。至于外国所产粮食。奥斯马加国船装载进口。未经起卸。仍欲出洋。概无禁阻。嗣后中国与无论何国。定立给发存票限期。一经通行。奥斯马加国亦一体遵照。

第三十二款

秤码丈尺。约准按照奥海关部颁定式。由各监督送交各口领事官收存。所有钞税各银输纳中国者。俱依此秤码兑交。如有秤丈货物争执。即以此式为准。并秤码等项。其分量均照续定通商章程第四款为例。以免歧异。

第三十三款

条约所载奥斯马加国商民罚款。以及船货入官各项皆归中国收用。中国各口收税官员。凡有严防偷漏之法。均准其相度机宜。随时便宜设法办理。以杜弊端。

第三十四款

奥斯马加国师船。别无他意。或因捕盗驶入中国。无论何口。一切买取食物甜水。修理船只。地方官妥为照料。船上水师各官。与中国官员平行相待。该师船进出口。一切税钞。俱不输纳。

第三十五款

奥斯马加国船只。有在中国沿海地方碰坏阁浅。或遭风收口。地方官查知。立即设法妥为照料。护送就近领事官查收。以昭睦谊。

第三十六款

奥斯马加国官船商船水手人等逃亡。领事官或官弁船主将情报明。地方官务必实力查拿。解送领事官及官弁船主收领。倘有中国人役。负罪逃入奥斯马加国人寓所。或商船隐匿。地方官将情照会领事。立即设法拘送中国官收领。不得徇庇措留。

第三十七款

奥斯马加国船只。在中国辖下海洋。有被强盗抢劫者。地方官一经闻报。即应设法查拿追办。所有追得赃物。交领事官给还原主。倘承缉官不能获盗起赃。止可照中国例处分。不能赔偿。

……

第四十三款

今后中国如有恩施利益别国之处。奥斯马加国亦无不一体均沾实惠。如中国将税则关口税顿税遇关税出入货税。及各口随时设法杜弊各章程。无论与何国议定。一经通行。奥斯马加一国商民船主人等亦一体遵照。无庸再议条款。中国商民。如赴奥斯马加国贸易。应与奥斯马加国最为优待之国商民一律。

第四十四款

此次新定税则。并通商各款。日后彼此两国。再欲重修。以十年为限。期满须于六个月之前先行知照。酌量更改。若彼此未曾先期声明更改。则税课仍照前章完纳。复俟十年。再行更改。以后均照此限此式办理。永行弗替。若嗣后中国与有约各国。或有更改税则重修条约之事。奥斯马加国亦可不拘年限。一律照改。

……

同治卷六八

（同治八年己巳九月）丁亥。总理各国事务恭亲王等奏。窃臣衙门于同治七年十二月二十一日具奏英国修约大概情形一折。奉旨著派亲郡王会同大学士九卿公同妥议具奏等因钦此。旋由军机处钞交睿亲王德长等覆内称。此次所议各节。如安设铁路铜线。挖矿贩盐。以及内地设行栈。内河驶轮船等事。实属大碍。国计民生。业经该衙门极力拒绝。将来若再哓渎。仍以设法拒之为是。其余各条。该衙门分别准驳。与大局无甚关碍……独以前拟买卖洋土货一切办法。及湖丝洋药茶叶加税之说。坚执不允。谓土货另备子税。洋货正半两税并交。系属苛刻洋商。今其亏折。丝茶加税。系大宗之货。比较允减伊国零星之税。数目出入。不啻二十分之一。岂可谓平。连日争执。几至不可收拾。臣等因思该使臣不日回国。设令延候新使。则人非原议。更易翻案。遂允将洋土货办法稍为变通。其科名数仍坚照初议。又以茶叶前定税则本重。允其照旧征收。而洋药湖丝。则非加税不可。复行辩论十余次。该使臣等始肯照允。合计此次修约。有益于英商者。以南省由中国自行挖煤及芜湖设关为大。有益于中国者。以洋药增税湖丝倍征为大。查芜湖设关。系按照从前外省所论情形办理。以该处江南。久为洋船往来之区。添此一关。似亦无甚妨碍。至挖煤一事。先经曾国藩。李鸿章。沈葆桢。议覆折内。均以该国屡次坚请。有不允不休之势。自可酌量开办。臣等现仅允以南省三处。又系由中国自办。并非授柄洋人。流弊似不至甚多。况中国现已自造轮船。亦不能不豫为取用地步。非专为洋人开采。且北方数省。概行禁阻。则西山一带。自可无虑。按之睿亲王德长等覆奏。亦属相合。其洋药湖丝加税。通盘核算。除扣抵现允减税银数外。每年约可多得银百数十万两。虽区区税数。小利原可不计。第彼既有减。我亦必当有增。因逐款配匀。示以均平。藉此以杜将来各国格外觊觎之端。其他或申明旧章。或补缀前约。或互相抵换。或两有利益。尚无窒碍之处。至条约章程内。应议详细办法。及通商律例。应由通商大臣督饬核议。再行随时酌定。伏思此番修约。系各国通商后第一次办理。尤宜加倍审慎。

英使阿礼国节略

案查去年本大臣所派参赞一员。会同贵衙门所委之员。商议各件。筹画甚为周密。惟彼此各存心意。在中国政务。不便率行改易。本大臣以为因时制宜。条约中根基。不便大事更张。亦有必须改易。以免英商贸易受亏之处。似可变通。至铁路飞线以及轮船入内河三事。商人有益之举。本大臣将历次往来文件节略。齐回本国。现准本国执政大臣回咨。亦以本大臣所拟为然……所有客岁互拟各件。现皆一一开列于后。一。税则通商章程一节。洋商在内地运货。或置或售。现完内地税课这法。多有不善之处。拟设良法。消除此弊。一则洋商支洋货完纳正半税后。即可任便运往内地售卖。一切税课。俱不再纳。一则洋商运土货出洋。除完纳正半税外。不再纳别项税课。沿途并无禁阻。一则洋商以土货在中国贸易。除不准私运之货外。其余货物。俱与华商一律贸易。一。船坞船用各类杂物。以及外国服用杂物进口。一概免税。须定妥善章程。一。存票议于三个月内。原货出口。准给现银。一。洋商贸易。应有官栈之处。酌定设立。一。税则货物。拟减十余样之税。其最要者。系内地煤炭一项。一。长江各口。洋商置买茶叶。需立复进口半税之保单。现拟不必取具此项保单。一。各海口税银加色。各处银色高下不等。须设立良法以昭画一。或各口完税银色。即按本口银色征收。一。洋商运货等事。须让以贸易畅行之路。即如长江之内。拣选设立码头数处。一。海面之上。或行添设码头。或有裁撤。另行改设。一。中外商民。遇有词讼之事。向无通商律例。亦无铁案一定办法。亦无会审公堂。现拟定一通商律例。以便遇事照办。一。商民持照前往内地各处贸易。并租凭客寓。亦可暂租存货处所。皆系条约所载。现希奏请谕旨。行知各省遵行。一。鄱阳湖内。拟准驶行轮船一只。拖带运货船艇。一。拟于通商口岸就近之处。开挖煤窑。并用外国器具。以及运煤上船。拟设良法。以便节省运煤之费。本大臣现筹权时维持之法。惟有将以上各节。速行开办。则时势之艰。以及不善之处。自可暂时消除……

英使阿礼国照会

为照会事。前奉本国来文内开。英商贩盐进口售卖。务希中国解禁变通。每月止准洋船一只。运至上海一口。一年之内。以洋船十二只为限。试办五年。洋盐进口税项。专归税务司管理。可保无害于治等因前来。本大臣查民食最要者。莫过于粮。中华由外国历年所运不少。其次民食之要。即在于盐。亦须价廉物洁为贵。前本国所属五印度。亦曾禁盐进口。后渐次解释。实于国家民食。两有裨益。盖盐课较前增至一倍。税项进口即行完纳。并无一切偷漏走私之弊。至盐场作工之人。现俱归田。所获工价。较前亦多。当日待食于人者。今反为生食之人矣。希贵亲王酌核试行开办。

给英使阿礼国照覆

为照覆事。接来文请准洋人每月运盐一船。到上海一口等因。洋盐进口一节。前于修约往来节略内。曾经言之至详。断难允行开禁。缘中国盐有定额。引有定数。若外国额外之盐既行。则中国额内之引必滞。收税之利。实不敌亏课之害。况中国由官派商。按地坐引。照引销盐。亦有一定。一处之盐滞销。即一处之引坐废。华商更不免赔累之虞。而且此外场户灶丁船夫。一切作工人等。仰给于盐务者。不下数百万人。若如来文所云。皆令归田。舍现在之衣食。谋未定之工价。中国民难至愚。亦必不肯忍受。且亦无如许间田可种。盐禁向来载在条约。未便轻易更章。今年奥国商人运盐到津。曾经天津拿办。因该商初入中国。未谙条约。故仅将盐入官。从宽免其罚办。嗣后各洋商如有贩运私盐进口者。应仍按照条约一律罚办。未便如来文所云。与外国米粮一概而论。相应知照贵大臣查照可也。

新修条约

大清国大皇帝。大英国大君主。今欲将戊午年五月十六日所定条约。益臻恪守。因案查前定条约第二十七款内载。此次新定税则。并通商各款。日后彼此两国再欲重修。以十年为限等语。兹彼此均循照前约。量加修增。是以大清国大皇帝时派钦命总理各国事务和硕恭亲王等。大英国大君主特派钦差住札中华便宜行事大臣功赐佩带二等宝星阿。将所奉全权大臣便宜行事之大清国上谕。与英国上谕。互相校阅。俱属妥当。现将会议修增各款开列于后。

第一款

一中国允凡与通商各国所定条约章程内。有益于各国者。英国商民。亦得一体均沾。英国允凡英国商民欲援中国与各国所定条约章程之益。一体均沾。即应照中国与各国所定条约章程之款。一体遵守。

第二款

一中国允凡通商各口。英国均可派领事官住札。英国允凡英国及英国属地各口。中国均可派官驻札。彼此均照待各国官员最优之礼相待。

第三款

一英国允进口之洋布大呢洋绒三类。于进口时正子两税。一并完纳。中国允该进口正子并完之三类洋货。在通商口岸省分。均免重征。

第四款

一英国允英商照章领照赴内地置。运赴海口。沿途逢关纳税。遇卡抽厘。中国允此项土货。如系出口运往他国者。一年之内。准将沿途所纳税厘。与子口半税银数比较。其多余者。照数发还。若报明出口复进口。多则无庸给还。

第五款

一英国允香港运来之货。若实系中国出产。则与洋货有别。该货入内地时。须照各项土货之例。逢关纳税。遇卡抽厘。中国允英国运土货前往香港。按照往通商各口之例。一体发给出口正税之凭据。俾于复进口时。照例完纳复进口半税。

第六款

一英国议开温州口岸通商。中国照允。中国议将前约所载之琼州口岸。作为罢论。英国亦照允。

第七款

一中国允英国商船。每四个月。止征船钞一次。英国允凡英船进口。无论作运货之船。或作堆栈之船。或作趸船。或自备中国式样这船。均须按期照例纳钞。

第八款

一英国允英商船只出口。须报明前往何处。并将出口货单呈关备验。中国允傥有英商捏报货物。应罚之银。总在五百两内。按情定罚。

第九款

一英国允凡应办罚款者。监督或税务司。可与领事官会讯。中国允凡货物应罚入官者。领事官事与监督或税务司会讯。又议由两国会同商定能商律例。

第十款

一中国允充当引水者。均给执照为凭。英国允凡无照冒充引水者。按章惩办。又允声明旧约。妥速会定约束水手章程。

第十一款

一中国允凡进口洋货。复行出口回国者。若在三个月之内。出口所领存票。准其持票换领现银。英国允洋货进口后。于三十六个月限外。始行出口者。毋庸发给存票。

第十二款

一英国允加征进口洋药税银。中国允英商领照入内地。准其自备中国式样之篷桨槁橹各船。照章前往。又准通商口岸。酌量情形。设立关栈。又准由九江关监督自备轮船一只。在鄱阳湖一带。拖带英商乘坐中国式样之船。又准将长江茶叶出口保单一层。能否停止。先为试行。又准由南省通商大臣酌定两三处开采煤斤。又准将南省各口出口土煤减税。

第十三款

一英国允加征出口丝斤税银。中国允芜湖江口。作为通商口岸。又准外国所产粮食。于进口后复行出口回国者。免征出口税银。又准船厂所用杂物。免征进口税银。又准将英商家用杂物。船用杂物。再行详开名目。免征进口税银。又准将进口之洋煤鸟粪免税。进口之时辰表。白胡椒。黑胡椒。马口铁。木料。约准减税。

第十四款

一中国允由通商各关。各将本关银色明定章程。英国允凡英国商民所领入内地各项执照。以一年为期。期满须缴。

第十五款

一现修条款。有未改旧章者。仍遵旧章办理。其已改为新章者。即照新约办理。

第十六款

一今将以上增修之条约章程改易税则各款既定。理应恭候大清国御笔大英国御笔批准遵行。两国特派大臣在大清京师会晤互交。现两国大臣先为亲笔画押。盖用关防。以照信守。

新修条约善后章程

现将新修条约。再行酌定章程。俾得申明。以昭周备。所有后开各章程。两国官民。应与条约一同遵守。为此两国大臣。盖印画押。以昭信实。

第一款

一进口洋货。如洋布大呢洋绒等货。约准进口时正半两税。一并在关完纳。日后欲将前项洋货。运入通省分售卖。均免重征。若英商自往。仍须照章请领护照,若雇华人代往。或卖与华商转运。均不必再请运洋货入内地执照。即可任使沿途售卖。经过关卡。概不重征。惟该关卡仍须照例查验。以防有夹带别货贩运违禁货物等弊。又进口洋货。除前款载明正子并交之三类洋货外。其别项洋货进口正税。业经照章完纳。若运入内地。照旧章完纳半税。请有运洋货入内地执照者。沿途查验放行。概不重征。若未请有完过半税执照者。仍逢关纳税。遇卡抽厘。华洋商人。一律办理。又华英各商运前款载明正子并交之三类洋货。赴通省分者。若另带别项洋货。并无完过半税执照。其别项洋货。应逢关纳税。遇卡抽厘。若无完过半税执照之别项洋货。经过关卡。匿不报明。或搀杂土货影射。查出均将同类之货。全数入官。又华英各商。欲将前款载明正子并交之三类洋货。于正子并交后。运至不通商省分售卖者。应赴海关请领运洋货入内地之执照。注明指赴何处。途中经过关卡。照章查验。概不重征。倘非照内所开货物。或有多出之货。均将该货入官。俟到指定之某处后。其照即作为废纸。其货与各该处土货无异。应照各该处章程。或纳税。或抽厘。均无不可。

第二款

一入内地买土货。或英商自往。或雇用华人代往。均须豫先照章在海关请领空白报单。其在内地置货。未运到本关以前。沿途所经关卡。应与华民一体完纳税厘。由该关卡将所收税厘数目注写报单之上。印用戳记。付该商收执。报单内所载之土货。沿途不得私卖。违即照章罚办。又英商入内地运土货到最后子口。该商应赴该口税务司处报明遵验。将报单呈关存查。倘十二个月内。原土货运往。【香港不在其内】除照纳出口正税外。其应交之半税。准将该货交过沿途税厘扣算。少则饬该商补足。多则由该关给还。如报明出口复进口。多是无庸给还。

第三款

一凡洋货进口完税后。如欲运外国。实系原包原货。亦无拆动抽换。核计该货进口之日。到该货载出口船之日。在三十六个月限内。准其照章请领存票。以抵该关别税。【船钞银不在内】逾限不准。如该洋货距进口之日。在三个月限内。即行运往外国者。其所领存票。准其赴本关银号换取现银。逾限不准。至土货复进口后。再行运往别口。该商请领存票。仍照一年限期办理。逾期不准。

第四款

一英商出入内地。所领各项单照。自给领之日起。以十二个月为限。遇期即作为废纸。仍应令该商将废照于所限十二月后。再限一个月呈缴本关核销。倘逾限不缴。即不准其再行请领。

第五款

一通商口岸。如可设立关栈。即由该关监督会同总税务司酌量情形。妥议章程办理。倘有碍难设立之处。亦可不设。

第六款

一九江关监督自备轮船一只。专在鄱阳湖口一带。拖带英商乘坐中国式样之船。前赴九江关口。其拖带经费。该商按照拖带船只定例。呈缴该关查收。

第七款

一凡英商请照入内地卖洋货。或请领报单入内地买土货。或入内地卖复进口之土货。均可自备中国样式篷桨篙橹登船。照章前往。该商在内地可以暂凭客店。或暂租民房。堆放货物。均不得张挂行名招牌。该商领报单入内地所置之土货。不得即在内地售卖。所租华人店房。如该华人有应完纳之各官项。英商不得包庇。该处商民亦不准滋扰。现经刊刻告示。发各省转交地方官张贴晓谕。至英商自备入内地之中国式样船只。均须由税务司发给该船关旗。并执照一纸。由监督加盖印信。以凭稽查。其往来内地。须张挂该关所给之旗号。遵照该关之专章。如无印照而捏造关旗。或另挂别项洋行旗号。或有照而另挂外国旗号者。即系假冒。均将该船货一并入官。

第八款

一南省句容乐平鸡笼三处产煤处所。由南省通商大臣查看该处情形。自行派员试办。其应否雇用洋人帮工。及租买机器一切。悉凭通商大臣主政。挖出之煤。华洋商人。均可买用。

第九款

一英商家用杂物。船用杂物。从前条约本有载明免税各件。今再将该英商家用船用杂物。由总税务司分别开明附后。以免牵混。若运入内地售卖。仍照旧章完纳税饷。

计开

俟核定免税货物名目。再行填注。

第十款

一英商船厂所用杂物。实系修理船只者。进口时查验确实。准其免税。若制造新船。仍将该新船照值百抽五例完税。至开船厂者。必先赴关领照。并具保结。结内所注明各节。悉由该关妥议酌办。至应行免税之物。由总税务司核定名目。以免牵混。

计开

俟核定免税货物名目。再行填注。

新修税则

进口

珠边时辰表。【每对仍照旧则征银四两五钱】

时辰表。【金者每对征银一两银者每对征银五钱】

白胡椒。【每百斤减为四钱】

黑胡椒。【每百斤减为二钱】

马口铁。【每百斤减为二钱】

外国所产粮食。【进口后复运往他处免其纳税但须照章领单不准私自起下】

洋煤鸟粪并各项免税之物。一体领单。不准私自起下。

木料。【准其酌减税银俟派员前往上海妥议核办】

洋药。【仍照旧章专条办理惟进口税每百斤改征税银五十两】

出口

湖丝土丝各等丝经。【每百斤改征税银二十两】

四川黄丝。【每百斤改征税银十两】

土煤。【除天津登州牛庄三口仍照前定税则纳税外其余通商各口每百斤减为五厘】

乙未。总理船政前江西巡抚沈葆桢奏。窃臣于本年三月二十五日。因船工将成。请旨饬调前台湾道吴大廷来闽。督同管驾官赴津请验。五月十二日。复将第一号新船下水。及一切工程奏明在案。维时船上机器汽鑪铜轮各大宗。虽已如法安置。而零星大小器具。为开驶所必需者。尚难数计。下水之后。臣一面饬管驾管贝锦泉。督率目兵驻札船上。练习驾驶。操演炮械。以臻纯熟。一面饬日意格催中外匠作。逐件制造。大自桅舵烟筩煤舱舢板。小至明窗水管绳缆栏梯。精自舵表气表远镜号气钟。羸至帆旗衣装床襆倚儿。两月有余。大致完备。八月之初。日意格先同各洋匠等。在坞前升火试轮。以觇灵钝。八月十三日。候补同知黄维煊。会同游击贝锦泉等。驶出闽安馆头壶江等处。二十日申刻。臣亲督日意格暨各员绅将领。登舟出港。向晚寄碇熨斗内洋。二十一日丑刻。东北风大作。潮声甚壮。逆风冲潮。径出大洋。以试轮机之坚脆。驾驶之巧拙。星月在天。一望无际。银涛万叠。起落如山。臣不胜眩晕。而在事人等皆动合自然。随于大洋中饬将船上巨炮周回轰放。察看船身。似尚牢固。轮机似尚轻灵。舵管轮炮手水手人等。亦尚进退合度。由正东转向福宁洋面。绕南荗北荗各岛而归。谨按部颁营造尺核计。船身二十三丈八尺有奇。广二丈七尺八雨有奇。船头高二丈六尺一寸有奇。船尾高二大三尺三寸有奇。甚吃水也。虚船则船头五尺五寸有奇。船尾八尺四寸有奇。重船则船头一丈二尺六寸有奇。船尾一丈四尺五寸有奇。其任重也。除汽鑪机器官舱煤舱外。可装货七十万斤。煤舱两所。可装煤二十五万余斤。煤舱之间。为前后汽鑪两座。前鑪火门五。高一丈六寸有奇。深九尺九寸有奇。广一丈五尺七寸有奇。后鑪火门四。高深均如前鑪。广一丈二尺五寸有奇。鑪后机器承之。器高一丈二尺有奇。座广九尺有奇。长一丈有奇。火炎汤沸。蒸气盘郁匣中。船尾暗轮。每一时转九千三百六十余遍。其出也。逆风逆水。一时行七十里而遥。逮乘风潮折回。一时行九十里而遥。以风平浪静计之。盖阅一时以八十里为准云。轮机船身。既已并试。驾驶亦渐纯熟。可以远出重洋。前台湾道吴大廷。先于七月十一日病痊。遵旨到闽。谨择八月二十六日。展轮北上。驶赴津门。合无仰恳天恩。于该船到津之日。简派大臣勘验。所有未能如法之处。恭候旨下。再行督饬中外员匠。悉心研究。损过就中。庶几获所遵循。渐臻完善。至船中装饰。仰体我皇上崇俭之意。务求朴固。不敢稍涉浮华。伏祈宠锡嘉名。以光海宇。其船身机器汽鑪之式。恭绘总图。呈送军机处。以备御览。至船骨机关鑪穷。条目孔繁。俟更细意讲求。分图贴说。汇帙进呈。除将管船官以下衔名。并酌拟月给薪粮数目造册咨部外。谨会同陕甘总督臣左宗棠。福州将军臣文煜。闽浙总督臣英桂。福建巡抚臣卞宝第。恭折具奏。

谕军机大臣等。沈葆桢奏。新造轮船赴津。请派大员勘验一折。福建新造第一号轮船。沈葆桢现派道员吴大廷监驶赴津。著派崇厚前往验收。所有船身机器汽鑪一切。是否悉臻完善。并著详细勘明。据实覆奏。至此号轮船。即著照沈葆桢前拟名为万年清。沈葆桢所绘轮船总图。业由军机处呈进。留中备览。沈葆桢原折。著钞给崇厚阅看。

同治卷六九

(同治八年己巳十月辛丑)恭亲王等又奏。再此次罗淑亚。前赴江西湖北等处。据称会同水师提督。随带兵船三四只。固系为藉端挟制之计。惟其桀骜谬戾。迥非寻常可比。将来沿途所遇地方。如有交涉事件。该地方官自当按约以礼明白开解。不得避匿诿卸。措置失当。以致别肇衅端。相应请旨密饬各该省督抚。一体遵照妥办。

丙午。三口通商大臣兵部左侍郎崇厚奏。窃奴才于九月二十八日。承准军机大臣字寄。同治八年九月二十七日。奉上谕。沈葆桢奏。新造轮船赴津。请派大员勘验一折等因钦此。奴才前接沈葆桢来咨。以第一号轮船试演渐熟。专员监驶赴津候验。咨会前来。随于九月二十一日。据监驶轮船之前台湾道吴大廷。管驾官游击贝绵泉。福建候补同知黄维煊等禀报。新造轮船。由闽驶抵津郡。停泊紫竹林新关下候验等情。奴才于本月初二日。带同天津镇总兵陈济清。通商委员江苏补用道陈翰芬。修补同知许之泰。黄惠廉等。并选带熟习轮机之洋人。前赴万年清轮船。周围勘阅。勘得该轮船船身按部尺长二十三丈八尺有奇。广二丈七尺八寸有奇。船头高二丈六尺一寸有奇。船尾高二丈三尺三寸有奇。前后汽鑪两座。前鑪火门五。高一丈六寸有奇。深九尺九寸有奇。广一丈五尺七寸有奇。后鑪火门四。高深均如前鑪。广一丈二尺五寸有奇。鑪后安设机器。器高一丈二尺有奇。座广九尺有奇。长一丈有奇。船尾暗轮一架。以及桅舵烟筩煤舱舵表气表远镜号钟等件。逐一详细勘明。实系船身工料坚固。汽鑪轮机。灵捷如法。复亲督该镇道委员等举火试轮。由郡城海河。趁潮赴大沽海口。驶出拦江沙外大洋内。饬令管驾官游击贝锦泉督帅水勇。将船上大小炮位。连环演放。该船在大海之中。冲风破浪。船身牢固。轮机坚隐。舵工炮手在事人等。驾驶演放。均极操纵合宜。动作娴熟。与沈葆桢所奏试演情形。均属相符。且查该轮船有管驾官游击贝锦泉。以下正副管轮管队舵工水手管水气表头二等升火各色人等。均系浙江宁波府人居多。无一洋人在内。奴才伏思外国创设轮船。称雄海上。总以机气轻灵。驾驶精熟。最为擅长。今闽省新造轮船。经沈葆桢悉心讲求。一切轮机器具。教习驾驶。实能集外国之所长。得其窍妙。从此精益求精。续造大小各号轮船。自必更臻妥善。以之靖海宇而宏远模。洵属无疆之利赖。惟奴才询据熟习机器之洋人。述及轮船之制。有船身大而机器小者。便于装载。可为转运之用。有机器大而船身小者。便于送信。可作兵船之用。总以船身坚固。机器合宜者。方能冲风破浪。且机器运动八十斤为一马力。大则数百马力。小则数十马力。以机器之大小。定船身之重轻等语。质诸闽省驾驶员弁。佥亦为是。并据同知黄维煊。游击贝锦泉。呈阅沿海七省舆图。自奉天直隶山东江苏浙江至福建广东。沿江五省舆图。自湖南岳州至湖北江西安徽江苏海门各处港口岛屿。潮汐长落。附近内江外海。分别详载。绘成总图分图二十三张。均考据地图度数。该员黄维煊等久在海口。于沿海沿江各省情形。极为熟习。积数年之力。留心考校。所绘各图。明晰详备。如再加校定。镌刻颁发。可备外海长江讲求水师之用。奴才饬令黄维煊。将图册齐送总理各国事务衙门查考。合并声明。

(癸丑)恭亲王等又奏。窃臣等于同治七年十月间。接到出使各国大臣志刚。孙家谷咨称。偕同蒲安臣于闰四月十一日行抵美国。至六月十三日。将美国应办事件。俱已完竣。恭折奏稟一件。附片一件。续增条约一本。咨呈查照。并接蒲安臣咨称。自抵华盛顿以来。与其总理衙门大臣商酌应办事件。共拟八条。作为咸丰八年所立条约之后续增条款。于六月初九日。公同在其总理衙门画押盖印各等因。嗣于本年正月。据美国住京使臣劳文罗斯照会。以蒲安臣等与该国大臣互相酌议八款。延缓此盖印。该国已用玺齐至中华。派伊即为换约之人。请订期办理等因。臣等以蒲安臣初到美国。即与议约。将来至他国时。或不免再有此举。不如俟该使臣差竣回京之日。由臣衙门通行核议。择其无窒碍者。奏请施行。是以照覆美国住京使臣缓办在案。兹据蒲安臣遣左协理柏卓安来京。函陈该使臣等在外国所办一切情形。并请将前立续约八条。速为办理。臣等查此次蒲安臣与志刚。孙家谷出使。与中外一切交涉事件。颇为有益。其在美国所拟八条。尚无窒碍难行之处。既经该使臣等与美国大臣画押盖印。现复遣柏卓安来京。请与互换。自应代为奏请。准其照行。俾该使臣等在外国办事。得有把握。谨钞录志刚等原折一件。附片一件。续约八条。恭呈御览。如蒙俞允。即照历次成案。由臣衙门知照内阁。将该使臣等与美国合订汉洋文条约一本。恭用御宝。并请于臣衙门中钦派一员。作为换约大臣。除臣奕訢照案毋庸开列臣文祥请假外。谨将臣宝鋆等衔名缮单呈览。恭请简派一员办理。与美国住京使臣订互换。

谕内阁。总理各国事务衙门奏。出使大臣。在美国续定条约。请派员互换一折。著派总理各国事务衙门大臣户部尚书董恂。作为全权大臣。便宜行事。办理互换条约事宜。

使臣志刚孙家谷原折

窃臣等于同治七年二月初三日。由上海开洋。初六日入日本南界之五岛门。十一日至日本东北界之横滨海口。十四日换四十余丈之大轮船。渡大东洋。于三月初九日入美国西界之金山海口。共计海程两万余里。臣等与蒲安臣同寓客店。所有一路海程情形。业于三月二十四日由轮船咨报总理衙门在案。其时蒲安臣闻知美国之公会堂。与伯理玺天德有议论未协之事。是以少待候信。其间约臣等阅历该处炮台。船厂。钱局。织作。水银矿。印书处。各项机器。率皆国计民生有用之事。起程前复有该处官绅请作会。以达众情喜悦。接待中国钦差之意。该处有中国粤民通商作工之人甚多。臣等恭宣朝廷德意。俾该处华民安分生理。勿失体面。四月初八日。仍由轮船沿大东洋东岸即美国西界。向南行。凡十三日。计九千八百余里。二十八日至巴拿马地方。系南北美利坚中间窄处。换火轮车。东行一百四十余里。行两时许。至火西洋西岸。复上轮船。沿北美利坚东南界向东北行。闰四月初一日。入纽约海口。计行八日。海程六千七百余里。住三日。十二日辰刻。由火轮车往西南行六百九十余里。是日酉初刻至华盛顿京都。十三日。蒲安臣偕同臣等往拜其总理各国事务衙门。与其总理大臣徐尔德会晤。旋经蒲安臣备洋文咨报。并请呈递国书日期。定于十六日晋谒。是日由其总理大臣徐尔德带领前往进见。时蒲安臣先面陈来意。徐尔德代伯理玺天德答言讫。蒲安臣谨将国书呈递。徐尔德挨次指引谒见伯理玺天德。复当面慰劳。礼毕退出。复至其总理衙门。然后回寓。此行至美国呈递国书之大略情形也。十七日。徐尔德约至其家。并约各国住札大臣及其本国各大臣聚会。二十日。至其下会堂。与其会总及各邦议事之官绅晤会。初见时。蒲安臣与其会总皆有陈述之词。略如见伯理玺天德。而名分不同。是日酉刻伯理玺天德约赴晚宴。同席者皆与中国有约之各国住札大臣及其本国执政大臣。五月十八日。复至其上会堂。彼此会见。与前略同。其堂虽分上下。实在一处。而办事各有一所。兹与中国钦差会晤,昭举国之睦谊也。嗣后蒲安臣连日往其总理衙门商酌中国交办各事。及现在应办事宜。拟成续约八条。经臣等译出汉文。详加酌核。均系有益应办之事。于六月初九日缮妥。同赴其总理衙门。与徐尔德当面画押盖印。谨将议定续约一本。封固随折呈览。请饬总理各国事务衙门核议覆奏。恭请批准。应俟各国一律办讫。再行定期互换。以便遵行。其蒲安臣在各处彼此陈述之词。及臣志刚等宣示金山中国人众示谕。一并开单咨报总理衙门备案。合并声明。现在臣等办理美国使事完竣。于六月十二日由华盛顿起程。折回纽约海口候船。

续订美国条约

第一条

大清国大皇帝按约准各国商民。在指定通商口岸。及水路洋面贸易行走之处。推原约内该款之意。并无将管辖地方水面之权。一并议给。嗣后如别国与美国或有失和。或至争战。该国官兵。不得在中国辖境洋面。及准外国人居住行走之处。与美国人争战夺货劫人。美国或与别国失和。亦不得在中国境内洋面。及准外国人居住行走之处。有争夺之事。有别国在中国辖境。先与美国擅起争端。不得因此条款禁美国自行保护。再凡中国已经指准美国官民居住贸易之地。及续有指准之地。或别国人民在此地内。有居住贸易等事。除有约各国款内指明归某国官管辖外。皆仍归中国地方官管辖。

第二条

嗣后如有于两国贸易兴旺之事。中国欲于原定贸易章程之外。与美国商民另开贸易行船利益之路。皆由中国作主。自定章程。仍不得与原约之义相背。如此办理。似于贸易所获利益。较为安稳。

第三条

大清国大皇帝可于大美国通商各口岸。任便派领事官前往驻札。美国接待。与英国俄国所派之领事官。按照公法条约所定之规。一体优待。

……

以上续增各条。现在大清大美各大臣。同在华盛顿京师议定。先为画押盖印。以昭凭信。

同治卷七〇

(同治八年己巳)十二月。己亥。总理船政前江西巡抚沈葆桢奏。窃船厂本年八月间。第一号轮船北上之后。第二号轮船身钻舱各工。已有三分之二。轮机汽鑪。俱安排妥贴。计船上大端。所短者惟铁胁铁梁及桅舵战坪等件。嗣据日意格议称。前者第一号轮船下水之后。尚需两三月之久始能出洋者。以一切零星器械未全。工匠在船操作。手足难展。登降殊烦。致稽时日。此次当移后工为前工。即在架上安置各件器具。然后下水试轮。少加修饰。便可出洋演驾。当时在事员绅。分厂催趱中外匠作。不足两月之久。大自桅舵舢板铁柜烟筩。小至器管水筩栏梯钉锁。粗自布帆铁缆油绳辘轳。精至向盘时表远镜汤铖。一律完备。因择十一月初四日。乘午潮入江。臣赴船勘验。该工匠等如法推船下架。自在游行。毫无窒碍。次日在坞前江面升火试轮。轮机亦称灵便。适该船之管驾官游击吴世忠到闽。派令驻船监制旗帜号衣。髹漆内外船板。检点军火炮械。申定号令章程。月终当出大洋驾驶。第三号之船。亦于初四日安放龙骨。其船胁各百幅。前两月间分工绳削。业已告齐。辰下均已一律斗合。年底可上旁艘。第四号现方添累船台。台工一毕。便择日安放龙骨。开造船身。今将第二号轮船下水。暨第三号第四号续造情形。谨会同陕甘总督臣左宗棠。福州将军臣文煜。闽浙总督臣英桂。福建巡抚臣卞宝第。恭折具奏。

壬戌。总理各国事务恭亲王等奏。同治八年九月十九日。臣衙门具奏办理英国条约事宜。现已定议一折。并照录条款章程税则。恭呈御览。是日臣等即与英国使臣阿礼国。在署先行公同画押。盖用关防。并将日后如何开办及另议各节。彼此互相照会。以资信守。阿礼国旋即出京回国。伏查从前各国条约。最难措手者。惟中国如有施恩利益。各国一体均沾等语。数年来遇有互相牵引。十分掣肘。此次修约。为各国倡始。若不将此节辩明。予以限制。则一国利益。各国均沾。此国章程。彼国不守。其弊曷可胜言。因督饬办理章京设法与之辩论。将彼此所允。逐款酌匀。明示各国以欲得此款之益。即当恪遵此款之章。不得仍前借口均沾。止拣利益。其间如第一第二第三第七第八第九第十四各条。中国所允。或系旧约本有此款。或系向来办法。并非新允章程。不遇重言申明。藉示均平之义。独于第十二十三洋药丝斤加税两条下。将中国现允各条。层层开列。盖以各国通商。志在谋利。必加税以难之。使知该国若有要求。中国即增税项。庶可杜将来洋商觊觎之心。其实现允各条。久为各国所力争。不允不休。不加税势亦难再阻止。非真欲以彼易此也。昨据南洋通商大臣咨送新闻纸。内有各洋商会议。以洋药湖丝加税太重。欲求该国君主等语。是此二款。将来能否照办。尚未可知。如果该国不肯遵行。则中国所允。亦不开办。更为有辞。第此系洋商私论。该国未必竟自听从。况新约互换。并无限期。所有应办一切事宜。自应豫为筹画。以期周密。现由臣衙门将善后办法。觕举大概。函致南北通商大臣悉心妥筹。早为布置。以免临时周折。至进口大宗洋货正子并交新章。亦于税项不无裨益。第恐洋商句串华商。将此项洋货。冒名华商。私行运进不通商各口。则正子一并偷漏。殊于帑项有碍。相应请旨饬下户部。将如何防范之处。会同臣衙门豫行妥定章程。俟新约开办时。通行知照各口地方官一体遵照。方为妥善。其将来洋药湖丝所加税银。亦应请饬户部另款存储。以备不时之需。无论内外何项。概不得奏请动拨。庶几积久可成巨款。

给英国照会

为照会事。案查增修条约第十六款内载。恭候御笔批准遵行。特派大臣。在大清京师会晤互交等语。现在两国大臣。已先为亲笔画押。所有日后在京互交应行开办之时。原应即遵办理。惟事关通商大局。仍应先行议明。除两国彼此互相情愿照办各条外。其余各条。均俟有约各国。将凡得其益则守其章。一节允准后。再为照办施行。现在彼此又允各将此次增修条约。知会有约各国。一体照行。以免开办无期之虞。而防一事两歧之患。至第三条所拟洋货三类正子两税并交。通商省分。概不重征一节。现经订明将牛庄一口。暂时不载此例之内。俟日后再议。方可一律办理。至第六第十三两条内载。将温州芜湖两口。作为通商口岸一节。现经订明俟日后开办后。方准英商来往居住。其取益防损各节。均照其余各通商口岸无异。至第十款引水各节。现经订明凡属中国海面江面。中国有自主之权。有例行各事者。并通商口岸所订附近水面之章程。由英国晓示英商英船。一体恪守。则中国将沿海沿江口岸。应行办理之明灯望楼塔表浮桩。并差派巡役及防护水路各节。皆为陆续在于船钞项下拨用经费办理。均由总税务司将各节所用银数。附载税册。以便共见共闻。除由两国大臣将增修条约画押盖印外。合将另议订明各节。同日照会贵大臣存案备查施行可也。

同治卷七一

(同治九年庚午二月)乙丑。总理船政沈葆桢等奏。窃臣於同治八年十一月十一日。续将第二号轮船下水情形奏明在案。十二月初七日。前任台湾道吴大廷。督驾万年清驶回工次。仰赖圣主福庇。海若效灵。风静波恬。人人额庆。初九日。第二号湄云。器具告备。管驾官游击吴世忠。调度水手人等。整理旗识炮械。申明约束。申刻臣率同监督日意格。及各员绅将领。登舟出洋。是晚寄碇冯祖澳。初十日黎明。径望大洋展轮而出。午后回舵拂福宁左界。绕南庆北各岛。扬帆而归。臣亲在洋面。细察掌舵管轮炮手水手人等。俱能操纵如意。船身尚称牢固。轮机亦颇轻灵。二十七日。日意格偕吴世忠。又驶至福安。于洋面较罗盘之有无参差。本年正月初四日。驶回工次。本月初五日。载采办京米委员前赴台湾购米。俟购有成数。饬万年清前往装运。臣查外洋船式。与中国迥不相同。船身固以木料为大宗。而铜铁零星器具。名目繁多。虽洋人亦未易悉数。创始之艰难。非语言所能罄。今两船就绪。历试外洋。第三号之船。四月可以下水。第四号亦刻日兴工。此制造之渐著成效也。有船不能驾驶。与无船同。曩者官私均购有轮船。因驾驶未得其人。卒之呼应不灵。臂难使指。兴事以来。招中国素习洋舶之人为管驾官。当其任者。皆有奋于功名之念。不敢惟利是视。而以效命圣主为荣。龙窟蛟门。无异轻车熟路。此驾驶之渐著成效也。惟前此四船。轮机系购自外洋。若中国鼓铸无成。则买椟还珠。教者学者。均难逃其责。现在打铸铜铁汽炉各厂。两年以来。所造厂中应用大小机器。及船上所需杂件。不下万计。去冬之杪。起造一百五十匹轮机。先由书厂绘图以定其度。次由模厂刻木以肖其形。然后照模逐件锤铸。刮磨斗合成副。臣尝细询驻厂员绅工匠人等。佥以为颇有把握。如果铸造成功。与购自外洋者合辙。容臣择尤请奖。以资鼓舞而收后效……

同治卷七三

(同治九年庚午六月己酉)宋晋又奏。查江南设立长江水师。全系大学士直隶总督曾国藩苦心经营。藉以部勒骁壮。归诸营伍。于控扼海口。巡逻江面。最为得力。然彼时创立规制。全赖前兵部侍郎彭玉麟。及前陕甘总督杨岳斌。两人法令严明。精于训练。故能声威并盛远近慑服。近闻接统水师之人。远逊于前。营制渐形疏懈。颇有不法水勇。假巡逻为抢劫。以致江面盗案屡出。行旅戒严。地方官不敢捕拿。日久肆行。恐良法转致贻害。现在水师正关紧要。应请密饬彭玉麟迅即前赴江南。查看长江水师。整理一切。杨岳斌亦请赏加职衔。饬令同赴江南。随同督带。务期选练精严。守法用命。以为有备无患。至前任直隶提督刘铭传。亦请密饬来直听候简用。现闻入秦铭军。尚留万馀在直。应即令统带以资镇压。又记名提督借補湖南长沙协副将现在来京引见之韩殿甲。闻谋略素优。兼谙练水师形势。可否饬发曾国藩暂行留资差委。以上诸人。臣皆未曾识面。现当需材甚急。公论皆孚。用敢一并缕陈。

又谕。据宋晋奏。江南设立长江水师。原以控扼海口。巡逻江面。近闻水师远逊于前。营制渐形疏懈。并有不法水勇。假巡逻为抢劫。江面盗案屡出。行旅戒严。地方官不敢捕拿。恐日久肆行。转致贻害。请饬彭玉麟前往整理等语。长江水师紧要。岂容日久懈生。现在各海口岸。及沿江地方。尤不可稍弛防范。使宵小从而生心。著马新贻。李瀚章。丁日昌。英翰。刘坤一。郭柏荫。刘崐。按照曾国藩所定章程。会同黄翼升。时加整顿。务使士卒骁壮。号令严明。并一面檄饬各该地方官。遇有水勇抢劫案件。即行捕拿究办。不准互相容隐。扰害商民。黄翼升系专辖水师之员。责无旁贷。所有长江应办事宜。务须与沿江各督抚和衷商榷。恪守成规。其营弁兵勇。尤当随时稽查。更番训练。必得声威联络。远近慑服。方为不负委任。至水师创立规制。系彭玉麟与曾国藩等筹画而成。该侍郎计已病痊。刘崐接奉此旨后。即著催令该侍郎迅速起程。前赴江南等省。会同马新贻等。实心整理。力除废弛情形。以资控制。

(庚申)总理各国事务恭亲王等奏。军机处交出同治九年六月二十一日。军机大臣面奉谕旨。内阁代递中书李如松奏折。所称海关道员关系紧要。慎重简用等语。著总理各国事务王大臣妥议具奏。钦此。并将折片录送前来。据原奏内称。海关道员。为承上起下之官。有督率僚属。镇抚中外之责。非品端学粹。识力远到者。不能胜任。当由督抚拣调。总理衙门司员。初履外任。不得专以海关道员用等语。伏查臣衙门奏定章程。内开九江之广饶九南道。江汉关之汉黄德道。镇江关之常镇道。与沿海浙海关之宁绍台道。江海关之苏松太道。东海关之登莱青道。各缺。现均添办洋税。与各国领事官办事。必须熟习中外交涉事件。办理当较顺手。臣衙门章京中。如有才具出众。税务谙练之郎中员外郎各员。经历三次保奖者。奏明交军机处存记。遇有前项通商各道缺出。如遇各该省无奏升奏補熟悉洋务之员。拟请与京察一等记名简放人员。一体开单请旨。每逢保奖之年。满汉仍不得各过二员。如无员可保。不得滥竽充数。倘仅止洋务熟悉。于地方不甚得力。该督抚仍照常参劾。不得稍有迁就。并声明劳绩六年。缺止数处各等语。同治三年四月二十四日奉旨。依议。钦此。遵办在案。原以海疆道员。办理中外交涉事体。责任綦重。是以臣衙门两次保奖案内。皆慎重其选。于章京中择其资格较深。税务谙练者。酌量保奖。每次满汉各不过一二员。至各省督抚。于洋务熟悉人员。原准其拣補拣训。以期京外并行不悖。又该中书所称。总理衙门司员。虽熟悉洋务。而初履外任。操纵未必合宜等语。查各部院衙门京察外简人员。均系初任。即膺繁剧。诚以该员等在京历练多年。于民情吏治。自必一律通晓。况洋务头绪纷繁。无非熟悉情形之员。不能胜任。该章京劳绩六年。经臣等择尤保奖。实与各部院京察人员无异。且所保之员。即系在各部院内考取者。岂其在部院中才具觉其有馀。一经取入臣衙门办事。才具转形不足。既积六年之劳。而复限以数处之缺。平心而论。亦未见过优。嗣后保奖海关道员。拟请仍照臣衙门奏定章程办理。该中书所奏。应毋庸议。

同治卷七四

(同治九年庚午七月己酉)甲戌。工部尚书毛昶熙奏。窃臣于七月初五日抵天津。当即往晤直隶总督曾国藩。三口通商大臣崇厚。询悉连日罗淑亚尚无动静。惟闻该使辙回京商办诸事。英国使臣威妥马亦于前月杪到津。并有劝其回京之意。臣以津门滋事之案。全在地方官设法议办。就近与该公使商酌。以期及早了结。若任令回京。转恐往返函商。致稽时日。当由臣往晤该使。剀切开导。设法劝阻。虽似稍有转机。尚未知能否就我范围。津门海口。现泊外国兵船数只。据法国翻译官德微理亚面称。系各口巡缉之船。臣详加查察。尚无上岸滋事各情。商民照常安谧。堪以上慰宸廑。

同治卷七六

(同治九年庚午八月)丁巳。江宁将军暂署两江总督魁玉。长江水师提督黄翼升奏。伏读同治九年八月初三日寄谕。现在津事未结等因。钦此。奴才魁玉前在京口副都统任内。防剿多年。于焦山上下一带情形。均称熟习。江阴口以下。奴才翼升前在上海带兵。为师船往来必由之路。现在各就见闻所及。公同面商。查江阴口江面极阔。择其可以扼守者。则北岸之刘斗沙。南岸之大石湾。小石湾。实为当冲之地。焦山两岸。则以圌山关为门户。北岸之固土洲。西成洲。南岸之二矶头。尤为扼要之区。至此泝流而上。则南岸之乌龙山。为贴近金陵之屏蔽。以上各处。从前均有炮台。现在仅存其基址。若欲一一修整。不但无此钜款。抑且有需时日。而地势险要。究为凭藉之资。宜筹守御之策。现已一面广备军火。一面在镇江饬查旧存大炮。择其可用者。酌量于各处炮隄。设法安置。其水师之向来分汛者。已将提标五营。瓜洲镇标五营。查照前督臣马新贻奏定原议。暂各归并一处。排泊操练。不使畸零散布。设或有事。则择地扼扎。移调较易。至各本汛分防地段。暂饬各地方官实力兼顾。另于湖口简调得力炮船三十号。驻扎金陵附近要隘。为上下策应。水师布置略有头绪。尚须辅以陆兵。则省城所练新兵五营。提督吴长发所带发字三营。人数虽少。尚是以资缓急。安徽抚臣英翰。本有派兵助餇之議。亦由奴才等相度機宜。随时商调。江南提臣李朝斌。前曾函致马新贻。所论吴淞等处隘口。极为详确。该提督所辖各营。尚有艇船及八围舢板。可以辅长江炮船之不足。奴才等拟与密商。悉心区画。联络各军。虽不敢谓确有把握。或者务专责成。尚可同心助守。奴才魁玉仍当钦遵谕旨。咨商李瀚章。刘坤一。郭柏荫。就各省兵力。分布协防。总期益加慎密。不致稍涉张皇。遇有交涉事件。密饬苏松太道涂宗瀛。加意笼络。弭患未形。以仰副圣朝怀柔远人之至意。

谕军机大臣等。魁玉等奏。遵旨妥筹长江防范事宜一折。长江下游扼守事宜。现经魁玉。黄翼升。公同筹议。拟于各处要隘安设炮位。并将分汛水师。查照马新贻原议。暂各归并一处排泊操练。另调炮船三十号。驻扎金陵附近。为上下策应之需。一面与李朝斌联络各军。以资协助。所筹均尚妥协。即著魁玉等悉心区书。慎密布置。母得稍涉张皇。辩理通商事务大臣。前已有旨令魁玉兼者。中外交涉事件。魁玉责无旁贷。即著督饬苏松太道涂宗瀛等。加意笼络弭患未形。

(己未)总理船政前江西巡抚沈葆桢奏。臣维轮船之设。其利较战船数倍。其难亦较战船数倍。战船伍符尺籍。恒取土著之人。一入标营。便知定分。层层钤辖。安于固然。轮船则博采广搜。不拘成格。耐风涛者未必习轮机。习轮机者未必精驾驶。其出色当行之技。惟藉隶闽广江浙。大半久于洋舶之中。且有生长南洋。眷属未入内地者。其天性诚笃。心地明粹者。固不乏人。而渐染既深。习气难除者。亦复不少。且平日等夷相视。去就自由。绳以营规。几不解为何故。此约束之难也。兵船恃枪炮为声威。枪炮生疏。非特不能命中。利器与空手同。且临敌苍黄。将有自焚之患。战船可就地操演。近日轮船所用枪炮。多于后膛安放子药。非海外绝岛试之。则恐伤人。此操演之难也。轮船号数渐多。不能不分布各口。平日各不相闻。临时各不相习。虽有事调合一处。而声气隔阂。号令参差。此稽查联络之难也。具此数难。寄诸疆臣。则职守所羁。无从历风涛以兼顾。责之驾弁。则势分相埒。无从联指臂以和衷。合无仰恳天恩。简放熟悉海疆。忠勇素著之大员一人。以为统领。俾训之礼义。以生其忠君爱国之心。练其技能。以壮其敌气忾同仇之志。庶几南北一气。寰海镜清矣。谨会同陕甘总督臣左宗棠。福州将军臣文煜。闽浙总督兼署福建巡抚臣英桂具奏。

沈葆侦等又奏。统领之才。与管驾官不同。管驾官必精驾驶晓轮机者乃可。而统领则以忠正率属为先。臣等窃见福建水师提督李成谋。器识沈毅。操守端洁。前隶杨岳斌外江水师。战功卓著。其始莅福建水师提督之任也。海上风涛。本非所习。而忠勇自历。虽极颠簸眩晕。百折不回。久之遂视重洋如枕席。自是水师将领。无敢不日驰骤于狂飙巨浪之中。数十年颓废之习。为之一振。轮船统领。责任綦重。朝廷自有权衡。惟臣等既有所知。不敢不仰体皇上求贤若渴之诚。敬献刍荛。以备采择。

谕军机大臣等。沈葆桢奏。请简派轮船统领一折。据奏新设轮船。约束操演。以及稽查联络。其难较战船数位。亟需知兵大员统率。藉资训练。福建水师提督李成谋。前隶杨岳斌外江水师。叠著战功。著作为轮船统领。英桂。沈葆桢。即传谕该提督。务当申明纪律。严加约束。以肃营规。兵船恃枪炮为声威。若技势生疏。非特不能制胜。且临敌苍黄。将有自焚之患。近日轮船所用枪炮。多于后膛安放子药。非海外绝岛试之。则恐伤人。英桂等即责成李成谋随时驾驶出洋。周历海岛。勤加操练。俾该员弁等熟习风涛。悉成劲旅。不得性耽安逸。致令训练皆属具文。有名无实。轮船号数渐多。不能不分布各口。各彼此各不相习。势必心志不齐。难期用命。李成谋身为统领。尤当将各船联络一气。以壮声援。

同治卷七七

(同治九年庚午九月)壬申。大学士两江总督曾国藩奏。福建前任台湾道吴大廷。于同治七年。在台湾任内。因病呈请开缺回籍调理。八年三月。经沈葆桢奏请起用。奉旨谕知湖南巡抚刘崐。饬令迅速回闽襄理船政。该道病痊。遵旨复出。以八年七月到闽。旋经督解万年清轮船赴津请验。本年又经奏派运米赴津验收。臣查该道学问渊邃。才识闳远。前因李续宜奏调赴皖。常在臣营。即拟储为国家异日之用。后入浙闽。暌隔数年。此次来津。适臣查办津案。屡与接晤。见其学益精。才益练。议事尤有通识。诚堪胜艰钜之任。目下沿海防务。亟宜筹备。闽沪两处铁厂。成船渐多。而未尝议及海上操兵事宜。臣于七月十九日。曾经具奏一次。操兵之法。其要全在船主得人。既为一船之主。第一贵善于使船。熟悉掌舵看火等事。而后合船之水手兵役。皆可俯首听命。第二贵明于海道沙线。兼善阅看地图。第三贵娴于战阵。能察进退分合机宜。三者兼全。洋人亦不可多得。中国武员中。尤难其选。臣愚以为须求之文员中。得一素谙戎机。讲究地图。兼明洋务。而又不惮风涛者。综理其事。始则博求将才。采访可为船主之员。继则出洋督同操练。稽其勤惰。终则徧询外国水战事宜。暗师其法而取其长。乃可日起有功。该道吴大廷。熟悉船政。于兵事洋务。讲求有素。近年南北往返。屡涉重洋。不畏艰险。又久在浙闽。颇留心可为船主之才。现在上海船厂道员冯焌光等。专讲造船及枪炮等事。无暇兼顾操兵。拟请将吴大廷调至江南。综理轮船操练事宜。微臣藉资臂助。该道外驻闽厂。闽沪亦可联络一气。于整顿海防。实有裨益。

(辛巳)署三口通商大臣大理寺卿成林奏。窃奴才于九月初三。日接据江苏苏松太道涂宗瀛禀称。据日本国翻译官蔡祐良橘正宏等。持长崎县来书。以该国差官柳原前光等。均已到沪。定期相见。该道随即与该国差官晤会。据称此次赴京。系为投递总理各国事务衙门信件等情。即于初五日据津海关委员连兴等禀称。日本国差官柳原前光等五员。仆从八名。乘搭美国轮船。由上海到津。寄居旗昌洋行。并据该差官等投递公文。欲与奴才会晤。经奴才照覆。约于初七日在奴才署中见面。是日柳原前光花房义质郑永宁尾理政道名仓信敦五员名来署。与奴才接晤。该差官等礼貌恭顺。言词驯谨。并声称奉伊国外务卿之命。赍送总理各国事务衙门信件……

(丁亥)恭亲王等又奏。九月十八日。准军机处钞出署三口通商大臣成林奏。日本差官到津各情形一折。奉旨。该衙门知道。钦此。查日本国于同治元年。即搭坐标荷兰商船。来上海贸易。藉口中国商人。曾在该国采办铜斤。欲援上海无约小国章程。在沪通商。设领事官。三年四月。又以英领事巴夏礼为介。携带货物来沪贸易。七年三月。又准英领事温思达。函送日本讬带文书一匣。大意仍求通商。是该国觊觎与中国通商。已非一日。本年九月初六日。据署三口大臣成林。致臣衙门函称。初七日日本差官柳原前光等来署会晤。礼貌恭顺。言词谨驯。询其来意。据称奉该国外务卿之命。赍送总理衙门信件。必须亲自赴京投递等语。臣等当覆以向来各国差官到津。均应由三口大臣衙门询明缘由。酌核办理。不遽令其来京。此次日本差官到津。应仍查照旧章。如该差官等坚请进京。必须设法阻止等语去后。旋于十四日。据成林覆称。日本差官进京之举。经成林详切开导。已允中止。并将该国书函原件专送到臣衙门。臣等公同阅看。大意专在通商。但文内有他日定条约之地一语。是该国亦欲与泰西各国一律办理。臣等悉心酌核。泰西各国。既准通商。该国与中国。尤为邻近之邦。自难歧视。正核办间。复接据直隶总督李鸿章函称。日本距苏浙仅三日程。精通中华文字。其甲兵较东岛各国差强。现以英法美诸国。受其欺负。心怀不服。而力难独抗。中国正可联为外援。勿使西人倚为外府。宜先通好。以冀同心协办等语。是该国之欲与中国通商。自必俯如所请。爰给与该国照会。允其将来可以奏请通商。但彼此相信。不必立约。臣等之意。准其通商。以示怀柔之意。不允立约。可无要挟之强。将来能否阻其立约。原难豫必。目前且以此为词。以杜其要求之渐。已于十九日将所给该国照会。专递至三口大臣成林。由该大臣转交。俾该国差官等。得以及早回国。旋于二十日。接据成林送到照缮柳原前光等呈递条约底本。其意仍在立约。并于二十一日。复准李鸿章函称。该委员呈请立约。蓄志甚坚。所欲甚大等语。查臣衙门既与该国外务卿等照会。告以彼此相信。不必更立条约之言。自应仍执前议。由成林李鸿章等。向该委员等婉为开导。倘势难阻止。应告以底本暂存中国。俟有大臣来华。公同商办。一面将条约底本。自行详细妥酌。以便日本国派有大员前来。再行相度机宜。妥酌办理。

御批。依议。

日本国信函

大日本国从三位外务卿清原宣嘉。从四位外务大辅藤原定则等。谨呈书大清国总理外国事务大宪台下。方今文明之化大开。交际之道日盛。宇宙之开。无有远迩矣。我邦近岁与泰西诸国互订盟约。共通有无。况邻近如中国。宜最先通情好。结和亲。而唯有商舶往来。来尝修交际之礼。不亦一大开典也乎。曩者我邦政治一新之始。即欲遣钦差公使修盟约。因内地多事。迁延至今。深以为憾焉。兹经奏准特遣从四位外务权大丞藤原前光。正七位外务权少丞藤原义质。从七位文书权正郑永宁等。于中国豫前商议通信事宜。以为他日我公使与中国定和亲条约之地。伏冀贵宪台下款接右官员等。取裁其所陈述。谨白。

给日本国照会

为照会事。同治九年九月十四日。由三口通商大臣。转递到贵国从四位外务权大丞柳原前光等。带来信函。备陈商议通信事宜。意欲与中国通商。修交际之礼。为他日定条约之地。窃查同治元年。据上海道禀称。贵国头目助七郎等八人。带领商人十三名。携有海菜等物。来上海贸易。迨三年四月。贵国官锡次郎等。复携带货物数种。在上海贸易而回。足征中国与贵国。久通和好。交际往来。已非一日。缘贵国系邻近之邦。自必愈加亲厚。贵国既常来上海通商。嗣后仍即照前办理。彼此相信。似不必更立条约。古所谓大信不约也。惟于贵国货物到上海时。先行通知上海道。验货纳税。两无欺蒙。自可行诸久远。似较之泰西立约各国。尤为简便。此乃中国与贵国格外和好亲睦之意。谅贵国必洞悉此情也。

恭亲王等又奏。窃照同治九年五月三十日。奉旨。三口通商大臣兵部左侍郎崇厚。著充出使大法国钦差大臣。钦此。嗣经该大臣卸事来京。缘天津一案。尚未就绪。势难率尔起程。现在此案将次完结。该大臣自应遵旨前往。以昭信义。惟此行远涉重洋。往返十数万里。需时既久。费用綦繁。该大臣本身所需资斧。据称身受重恩。理应报效。均由自备。不敢有费帑需。至随带文员武弁。以及书识丁役。人数众多。所有整装薪水盘费工食纸张等项。系属办公所用。并有奏明随往洋员。尤应稍优给予俸薪。大致仿照前次志刚等出使之例办理。臣等公同酌。拟请饬下署理三口通商大臣成林。即在该大臣崇厚。節省天津八分经费存馀项下。拨银五万两。交该大臣自行携带。以资前项开支。并免造册报销。用归简易。所有臣等拟请指拨经费缘由。谨缮折具陈。

御批依议。

庚寅。闽浙总督兼署福建巡抚英桂。总理船政前江西巡抚沈葆桢奏。窃臣等承准军机大臣密寄。同治九年七月二十三日。奉上谕。现在闽沪两厂轮船。次第告成等因。钦此。仰见圣主勤求武备。绥靖海疆之至意。凡内外臣工。宜如何上念宵衣旰食之劳。以共矢尝胆卧薪之志。臣沈葆桢先因轮船分布各口。非有大员统领。恐遇事调合一处。声气隔阂。号令参差。业经会同臣英桂。并陕甘督臣左宗棠。福州将军文煜。恭折奏请简派轮船统领。并查福建水师提督李成谋。堪以胜任。附片密保在案。伏维图自强之道。即以筹制胜之方。岛族海上纵横。所恃者在善用轮船。精习火器。今闽沪设厂分造轮船。天津设局专制枪炮。朝廷深谋远虑。图自强而筹制胜者。至周且备。然不慎选统将。乘时训练。则驾驶不善。技术不精。设遇外侮猝乘。何以制强敌而操胜算。是出洋操练。洵当务之急也。臣英桂于所辖水师员弁。有长于海战。谙习沙线风云者。皆随时物色存记。置之沿海。明试以功。豫为干城之选。其通晓轮机之学。熟于驾驶者。臣沈葆桢自蒙简任总理船政以来。即广为采用。通轮机者派令管轮。熟驾驶者委以管驾。人材以搜罗而叠出。从事由鼓励而渐兴。现在闽省各轮船。仅长胜船内向雇有洋人一名。拟即择人更易。此外均系中国人驾驶。无一洋人在内。臣等钦奉谕旨后。各就所知。互相参酌。谨胪列清单。出具切实考语。恭呈御览。除游击以上各员。职分较大。恭候擢用外。其都守千把及军功人员。并於清单内酌拟奖叙。可否仰乞逾格恩施。分别给奖。俾资观感之处。出自圣裁。臣等仍当与水师提督李成谋留心采访。如有可保荐者。随时奏保。所有出洋操练事宜。俟奉简派轮船统领。即由臣等与统领大员会议章程。选调员并兵勇。分配各轮船常川训练。至应需枪炮。宜后膛安铅药者。方能及远。且施放灵速。先经臣英贵。会商前抚臣卞实第。饬令候补副将赖长。仿照洋式制造。业据造就熟铁炮二门。熟铁枪十桿。均系后膛安铅药。并经臣英桂亲诣勘验。其式样精巧。与洋枪炮无异。现拟另行设厂。筹款专制。以备拨用。总期轮船驾驶日熟。兵勇技术日精。作其同仇敌忾之忱。以收众志成城之效。

谕军机大臣等。英桂。沈葆桢奏。酌保水师人才。开单呈览一折。轮船现既次第告成。必须有长于海战。熟于驾驶。及谙习沙线风云。通晓轮机之人。方足以资得力。兹据英桂等。酌保总兵黄联开等七员。及游击贝锦泉一员。以备擢用。并将把总吴锡章一员。及都司吴世忠等十六员。分别请奖。均著照所请给予奖励。该员等尚未著有劳续。此次破格给奖。藉资观感。英桂。沈葆桢。务当督饬各该员等。实力讲求。以资驱策。国家不惜数百万帑金。创制轮船。原以筹备海防。期于缓急足恃。现在已成之船。必须责成李成谋督率各员弁驾驶出洋。认真操练。技术愈精。胆气愈壮。方足备御侮折冲之用。至所称拣调弁兵。分配轮船。常川训练之处。即著会议章程。迅速具奏。需用枪炮等件。亦当悉心讲究。认真制造备用。

同治卷七八

(同治九年庚午十月)庚戌。总理各国事务恭亲王等奏。前因日本差官到京。求与中国通商立约。经臣等给与照会。准其通商。但不必立约。于九月二十四日。恭折奏闻。奉旨。依议。钦此。臣等当即恭录谕旨。钞录原折。咨行直隶总督李鸿章。署三口大臣成林。钦遵办理。并经臣等函属李鸿章。成林。传知日本差官。将臣衙门原折所称各情。婉为开导。即令该差官等。及早回国。乃于本月初六日。复据成林函称。于接奉谕旨后。旋面晤日本差官。陈说多方。往复再四。该差官等持论甚坚。一若不允所请。难以回国销差。并谓中国商民。在该国贸易者甚多。该国与泰西各国通商。无不立约。中国因未立约。故诸事每形掣肘。常为泰西各国所欺陵。该差官等来时。泰西各国。复谓西邦各小国。向系邀我等大国同往。方得允准。如径前往。中国必不即允。今果不允。必将为所耻笑。其意甚坚。其词极婉。臣等公同商酌。日本求约之意。已非一日。中国与西洋各国通商立约。久为该国所觊觎。臣等前未敢遽允者。恐该国视之太易。多所要求。今该差官等意坚词婉。势难再拒。查西洋各小国来华定约。均由英法为介绍。即以英法为护符。此次日本径自派员前来。未必不视中国之允否。以定将来之向背。前泰西各国。均各允其所请。而惟于日本近在东洋。坚为拒绝。似非一视同仁之意。此时坚拒所请。异日该国复免英法为介绍。彼时不允则饶舌不休。允之则反为示弱。在彼转声势相联。在我反牢笼失策。与其将来必允。不如此时即明示允意。以安其心。前经直隶督臣李鸿章。函致臣衙门。亦系叙述此意。臣等以中外意见相同。当复给与照会。允其明年如该国特派大员来时。即行奏请钦派大臣。与之妥议章程。明定条约。所给照会。已由署三口大臣成林。转交该差官等。自当欣然允从。即日回国。

御批依议。

壬子。总理各国事务恭亲王等奏。窃臣衙门准军机处钞交同治九年九月十六日。军机大臣面奉谕旨。毛昶熙奏。敬陈管见一折。著该衙门议奏。钦此。臣等伏查咸丰十年间。钦奉谕旨。设立三口通商大臣。专办天津。登州。牛庄。各海口事务。维时大局初定。洋关开办伊始。臣等因天津为畿辅屏蔽。海疆咽喉。奏明于天津通永等镇。抽拨兵丁。习练洋枪队伍。以备防勦缓急之用。洋务海防。原系直隶总督应办之事。特以督臣远驻省城。彼时东豫各省。匪踪未靖。无暇兼顾津防。是以设立三口大臣驻津。会商督臣办理。并非直隶总督专办地方。三口大臣专办通商也……三口通商。不必专设大员。所有洋务海防。均责成直隶总督悉心经理。并仿照南洋通商大臣之例。颁给钦差大臣关防。以昭信守。并请将山东登莱青道所管之东海关。奉省奉锦道所管之牛庄关。仍归该大臣统辖。以免牵制而一事权。至总督驻扎保定。控制扼要。津郡系该督所辖。原应兼顾。惟海防紧要异常。洋务变迁无定。一旦有事。由地方官禀商请示。每至坐失机宜。自应参酌移札。以便就近弹压。设有缓急。呼应较为灵便。应如该尚书原奏。仿照两江督臣兼办河漕。暂驻江北成案。请旨饬下该督。每年于海口春融开冻后。移札天津。冬令封河后。仍回省城。天津遇有要件。仍不必拘定封河回省之制。原设三口大臣衙署。即改为直隶总督行馆。至新钞两关税务。应否添设海关道一员专司其事之处。应由督臣李鸿章酌议。奏明办理……

谕军机大臣等。总理各国事务衙门奏。遵议毛昶熙请撤三口通商大臣条陈一折。洋务海防。本直隶总督应办之事。前因东豫各省。匪踪来靖。总督远驻保定。兼顾为难。特设三口通商大臣驻津筹办。系属因时制宜。而现在情形。则天津洋务海防。较之保定省防。关繁尤重。必须专归总督一手经理。以免推诿而专责成。著照所议。三口通商大臣一缺。即行裁撤。所有洋务海防各事宜。著归直隶总督经管。照南洋通商大臣之例。颁给钦差大臣关防。以昭信守。其山东登莱青道所管之东海关。奉天奉锦道所管之牛庄关。均归该大臣统辖。通商大臣业已裁撤。总督自当长驻津郡。就近弹压。呼应较灵。并著照所议。将通商大臣衙署。改为直隶总督行馆。每年于海口春融开冻后。移札天津。至冬令封河。再回省城。如天津遇有要件。亦不必拘定封河回省之制。李鸿章现任直隶总督。当懔遵此次改定章程。将洋务事宜悉心筹画……

(庚申)谕内阁。前据总理各国事务衙门奏。遵议尚书毛昶熙请撤三口通商大臣条陈。当谕令李鸿章妥筹应办各事宜。兹据该督酌议章程具奏。天津地方紧要。自宜因时变通。三口通商大臣一缺。著即行裁撤。所有应办各事宜。均著归直隶总督。督饬该管道员经理。即由礼部颁给钦差大臣关防。用昭信守。并著该督于每年海口春融开冻后。移札天津。冬令封河。再回省城。倘遇有紧要事件。必须回省料理。亦准其酌度情形。暂行回省。事竣仍赴津郡。以资兼顾。其山东登莱青道所管东海关。奉天奉锦道所管牛庄关。均归该督统辖。惟中外交涉事务较繁。自应添设道员管理。著照所请。准其另设津海关道一缺。专管中外交涉各事件。及新钞两关税务。并责成该道督饬府县。悉心妥办。仍随时禀请该督酌核办理。嗣后津海关道缺出。著由直隶总督拣员请补。其馀未尽事宜。著李鸿章迅速妥议。

同治卷七九

(同治九年庚午十一月)丙申。兵部左待郎崇厚奏。奴才于十月初一日请训。当蒙召对。温谕优加。勖以忠诚。奴才自顾何人。膺兹恩遇。敢不尽心尽力。益思奋勉。谨于初二日起程。十八日行抵上海吴淞口。接见上海道涂宗瀛。暨各国领事官。查看地方中外情形。尚称安谧。旋即搭定法国公司轮船。于二十四日开行。行抵香港后。探询法布交兵之事。尚无完结准信。因法国公司船润十月十三四日方能自港开行。奴才即于闰十月初一日前来粤省。与督臣瑞麟等相晤。该处地方富庶。民情刚直。经督臣抚绥弹压。中外尚皆安静。近省一带。年谷顺成。堪慰宸廑。奴才于拜折后。即于初十日起程赴香港。搭法国公司轮船开行。前赴外洋。

(十二月癸亥)李鸿章又奏。再钦奉闰十月二十六日寄谕。英翰以日本吁请通商。恐贻后患等因。钦此。仰见圣明于怀柔远人之中。寓思患豫防之意。钦佩莫名。臣伏查日本古倭奴国。在东洋诸岛中。夙称强大。距苏浙闽界。均不过数日程。元世祖以后。与中国不通朝贡。终明之世。倭患甚长。东南各省。屡遭蹂躏。史称倭性桀黠。初由中土禁绝互市。明世宗时。尽撤浙江市舶提举司。又不置巡抚者四年。滨海奸人。得操其利。句结导引。倭寇遂剧。自国初朝鲜内附。声威震詟。倭人固不敢越朝鲜而窥犯北边。亦从未句内奸而侵掠东南。实缘制驭得宜。畏怀已久。顺治迄嘉道年间。常与通市。江浙设官商额船。每岁赴日本办铜数百万斤。咸丰以后。粤匪踞扰。此事遂废。然苏浙闽商民。往日本长崎岛贸迁寄居者。络绎不绝。日本商人。游历中土亦多。庚申辛酉后。苏浙糜烂。西人胁迫。日本不于此时乘机内寇。又未乘危要求立约。亦可见其安心向化矣。今彼见泰西各国。业与中国立约通商。该国已与泰西各国立约通商。援例而来。似系情理所有之事。该国向非中土属国。本与朝鲜琉球越南臣服者不同。若拒之太甚。势必因泰西各国介绍固请。彼时再准立约。使彼永结党援。在我更为失计。自不如就其纳款之时。推诚相待。俯允立约。以示羁縻。前该委员柳原前光等来谒。每称西人强偪该国通商。心怀不服。而力难独抗。欲与中国通好。以冀同心协力。又华人在该国经商者。西国领事每欲代管。必须互定条约。自为钤束等语。无论是否真心。立言亦似得体。复呈交前通商大臣成林议约底稿一本。大意总欲比照西国立约成例办理。明春该国使臣前来。自须有一番辩论。惟既允议约在先。断难拒绝于后。计惟与承办议约。届时相机妥议章程。请旨定夺。似未便豫立限制。致有滞碍。据臣愚见。中外既定和约。均宜各派官员。往驻该国。庶消息易通。势力均敌。若有来无往。听凭该国使臣簸弄胁制。究非长策。

近年奉诏叠次派员往泰西各邦通好。业与从前隔开情形小异。惟华人往西国者绝少。中国暂未便派员久驻。日本近在肘腋。永为中土之患。闻该国自与西人定约。广购机器兵船。仿制枪炮铁路。又派人往西国学习各样技业。其志固欲自强以御侮。究之距中国近而西国远。笼络之或为我用。拒绝之则必为我仇。将来与之定议后。似宜由南洋通商大臣。就近遴委妥员。带同江浙熟习东洋情形之人。往驻该国京师。或长崎岛。管束我国商民。籍以侦探彼族动静。而设法联络牵制之。可冀消弭后患。永远相安。是否有当。伏祈饬下总理衙门核议施行。

丙子。户部总理各国事务衙门奏。同治九年十一月。据总税务司赫德申称。以前申香澳处所设卡抽厘。无难并征洋药正税。经总理各国事务衙门咨部。转行两广总督。查明咨覆。札到总税务司。查粤省既未便承办。只可独责其成。同治八年。洋药到香港者八万八千箱之多。进口报税者只有五万箱。其三万箱走私可知。粤督于香港附近设卡。开办洋药抽厘。备有轮船缉私。年终计抽收二万箱有奇。赴大关报税者。仅一千一百箱。拟在香港之佛头门。九龙。汲水门。长洲。榕树脚五处。澳门之拱北湾。关闸。石角。前山四处。设立公所。代关纳税。其九龙与关闸二处。或水面派船。或岸上立卡。其他七处。各派巡船一只。并火轮船三只巡缉。已由总税务司将各关巡查洋税之轮船。调赴广东。其巡船已札粤海关税务司备齐。拟委副税务司布浪专司其事。另由粤海关监督。派老成书吏十馀名。并银号看银之人。一同前往。若照所拟办理。每月需经费银一万两。即从所征税银内扣留。年终计可多征洋药税银四五十万两。申请查照等因。由总理各国事务衙门。咨送户部核办。查广东洋药一项。以香澳为来源。向在新安。香山。两县所属之汲水门。拱北湾等处。设厂抽厘。内港各岸。向设税厂。均经该省办理在案。该总税务司前次申请。于厘金十六两外。另征正税三十两。查据两广总督覆称。各处商贩。虽自香澳分路销售。内港岸口关厂。仍行纳税。并派巡船往来查缉。谅已无从避漏。又税厂设海口之内。香澳外洋。从无征税。而厘税数目各别。以少带多。恐于商情洋务两无裨益等语。臣等伏查正税为国课所关。定额即难改易。厘金为权宜之计。随时可以变通。以商情而论。既贩洋药。即不惮照数交课。纳厘与纳税相同。而正税有定。抽厘无定。则约厘或甚于纳税。以课则而论。额税短征。例应赔补。而抽厘短少。部中无赔补之例。则纳厘似不如纳税。以广东情形而论。内港本有税厂。又于新安。香山两县。所属等处。设卡抽厘。开办之初。抽收多寡。难以豫定。势不能办征正税。久之抽收渐多。一切钩项杂支公私经费。未必不取给于此。其中或有不实不尽。而狃于故常。碍难更改。则商贩虽愿纳税。而该省官吏实便于纳厘。臣等当将总税务司赫德两次申呈。与两广总督查覆咨。文互相参阅。如原呈所称走私之弊。该督文称虽自香澳分路销售。内港仍行纳税。并派轮船查缉。谅已无从避漏。既云分路。即难走私。且云谅无避漏。其无把握可知。原呈请在香澳附近征税。该督但称外洋地面。向无征税。查汲水门。拱北湾等处。系新安香山两县所属。既经设厂抽厘。又与征税何异。原呈请于厘金十六两外。另征正税三十两。该督但称碍难以少带多。谅系据委员禀陈之词。未经详察。今以课则与商情计之。则征税未尝不便。以该省近年情形考之。则征税亦非强以所难。惟事属华商。向与洋人无涉。该总税务司不分畛域。为兴利除弊之举。诚属可嘉。而以该省应办事件。转令该税务司代任其劳。地方官吏置身事外。袖手旁观。未免有忝厥职。臣公同商酌。拟请饬下两广总督。粤海关监督。按照原申各节。自行商办。毋庸由该税务司办理。所有洋药一项。即在香澳各厘卡所征金十六两外。自行加收正税银两。其新安香山两县之汲水门。拱北湾等处。原有厘厂。应再于佛头门等处。择地分设公所。何处宜岸上立卡。何处宜分派巡船。自行妥为布置。认真查缉。以免偷漏。其月需经费。按原拟一万两之数。自行核定。即在所征正税内扣留。但期正税有裨。不妨量为加增。以免掣肘。其正税即按三十两之数征收。仍于年终将征收总数报部存查。至已纳税之商贩。应如何给予照票。以凭稽核。并一切未尽事宜。统由该督等酌定章程。奏明办理。总之事虽创举。期于必行。体制攸关。利权所属。该督等务当斟酌尽善。以期中外咸宜。庶于与利除弊之中。寓达变通权之意。倘复任令委员因循诿卸。不知重轻。即由臣等从严参处。

谕军机大臣等。户部总理各国事务衙门奏。广东征收洋药正税。请饬有行核实办理一折。据称接据赫德申称。香澳并征洋药正税。粤省既不承办。该省洋药税走私甚多。拟在附近香澳等处。设立公所。代关纳税。已将巡查洋税之轮船。调赴广东。委副税务司专司其事。每月需经费银一万两。年终计可多征洋药税银四五十万两等语。广东洋药税偷漏甚多。该省虽派有轮船查缉。甚不足恃。若谓征收不便商情。何以赫德独能办理。使瑞麟等果能兴利除弊。则税务自日有起色。何至洋人越俎代谋。据该税务司所称。每年多征之数。可至四五十万。是已确有把握。惟华商纳税。系该省应办事件。地方官吏岂可置身事外。著瑞麟。崇礼。按照赫德原申各节。及户部等衙门此次所奏。即于收厘处所。带收正税。由该督等自行商办。总在巡缉认真。严防偷漏。毋得任令委员蒙混。以除从前积弊。月需经费银两。准由该督等自行核定。正税按三十两之数征收。仍于年终将总数报部。惟利原所在。洋人每生觊觎。现如有行商办。必实无走私偷漏情弊。方为核实办公。不致为洋人所窃笑。该督等务即详定章程。斟酌妥办。不得稍事顾预。亦不准稍涉推诿。原折著钞给阅看。

同治卷八〇

(同治十年辛未正月)己酉。大学士两江总督曾国藩奏。日本通商一案。钦奉九年闰十月二十六日寄谕。英翰以日本吁请通商。恐贻后患。殷殷以杜绝为请等因。钦此。臣窃思自道光二十二年间。与洋人立约议抚。皆因战守无功。隐忍息事。厥后屡次换约。亦多在兵戎扰攘之际。左执干戈。右陈盘敦。一语不合。动虞决裂。故所定条约。间有未能熟思審处者。日本国二百年来。与我中国无纤芥之嫌。今见泰西各国。皆与中国立约通商。援例而来请。叩关而陈辞。其理甚顺。其意无他。若我拒之太甚。无论彼或转求泰西各国介绍固请。势难终卻。即使外国前后参观。疑我中国交际之道。逆而胁之。则易于求成。顺而求之。是难于修好。亦殊非圣朝怀柔远方之本意。同治元年。始有日本官员。以商船抵沪。凭荷兰国商人报关进口。其后叠次来沪。中国随宜拒卻。始而准售货完税。仍不得在上海买带回货。继而准其在上海一口贸易居住。仍不准驶入长江别口。又继而允其前来传习学术。仍不允验收其船照印信。拒之亦已久矣。今既令其特派大员。到时再与妥议条约。岂可再加拒绝。英翰杜绝之说。盖未能合众国而统筹。计前后而酌核。也至于明定章程。期于相安。则条约所载。不外体制与税务两端。以元世祖之强。兴师十万以伐日本。片帆不返。明世倭患。蹂躏东南。几无完土。卒未闻有以创之。彼国习闻前代故事。本无畏慑中土之心。又与我素称邻邦。迥非朝鲜。琉球。越南。臣属之国可比。其自居邻敌比肩之礼。欲仿英法诸国之例。自在意中。闻日本物产丰饶。百货价贱。与中国各省不过数日水程。立约之后。彼国市舶。必将络绎前来。中国贾帆。亦必联翩东渡。不似泰西诸国。洋商来而华商不往。华人往者既多。似须仿照领事之例。中国派员驻扎日本。约东内地商民。并设立会讯局。办华洋争讼案件。彼所呈初约中。有严禁传教严禁鸦片二条。中国犯者。即由中国驻洋之员惩办。或解回本省审办。免致受彼讥讽。相形见绌。其税则轻重。想亦必照泰西诸国之例。日本自诩为强大之邦。同文之国。若不以泰西诸国之例待之。彼将谓厚滕薄薛。积疑生存。臣愚以为悉仿泰西之例。亦无不可。但条约中不可载明比照泰西各国总例办理等语。尤不可载后有恩渥利益施于各国者一体均沾等语。逐条而备战。每国而详书。有何不可。何必为此简括含混之词。坚彼之党。而紊我之章。总之中国之处外洋。礼数不妨谦逊。而条理必极分明。练兵以图自强。而初无扬威域外之志。收税略从彼俗。而亦无笼取大利之心。果其百度修明。西洋东洋。一体优待。用威用德。随时制宜。使外国知圣朝驭远。一秉大公。则万国皆亮其诚。何独日本永远相安哉。

谕军机大臣等。曾国藩奏。遵筹日本通商事宜。所陈派员驻扎日本。约束内地商民一节。与李鸿章前奏大意相同。至得明定章程。不外体制与税务两端。仿照泰西之例。固无不可。但条约中不可载明比照泰西各国总例办理。及后有恩渥利益施于各国者一体均沾之词。以免含混等语。所虑颇为周密。著李鸿章按照曾国藩筹议各情。豫行区画。庶将来该国使臣到后。得以因时制宜。不至再蹈从前隔阂覆辙。

是为至要。原片著钞给阅看。

壬子。总理各国事务恭亲王等奏。窃上年十二月二十二日。先据美国住京使臣镂斐迪。来臣衙门。面递单开节略一纸。并请俟朝鲜贡使到京。代为转交。臣等查阅单内大致。谓美国在朝鲜之东。中国在朝鲜之西。美国船只往来。由朝鲜洋面经过。或迷路遭风。未知该国人认识美国旗号否。明年拟派水师提督带领兵船。前往该国商议等因。臣等当告以中国与外藩交接。向有定例。非本管衙门不能干预。朝鲜事隶礼部。总理衙门不便与之往来。难以代交。并力阻其前往。该使臣无言而去。嗣于二十六日。该使臣复来臣衙门。申请代为转交。臣等仍前再三拒阻。该使臣虽将原单携回。然临行仍以前说坚请。本年正月十七日。复接该使臣照会一件。据称我国已派使臣充出使朝鲜之公使。偕水师提督从兵船同往。拟先致函于朝鲜以达国旨。请代寄至该国。并照录函底一纸备查等因。臣等详阅该使臣所钞函底。与前单略同。伏查同治七年间。臣衙门曾接英美两国照会。称商船赴朝鲜通商。船只被其攻破。望将羁留之洋人。设法救出等因。均经臣等以朝鲜虽系臣服中国。其本处一切政教禁令。概由该国自行专主。中国向不与闻。照覆英美两国各在案。今美国欲与朝鲜议事。亦当由该国自行主持。未便代为过问。惟美国既以兵船前往。先后竭力阻止。始终不听。窥其立意之坚。是兵船之往与不往。原不系此信之投与不投。若不将信函代为转达。恐朝鲜未知来由。转误事机。殊非关切属国之道。所有美国原函。自应仍与代寄为宜。如蒙俞允。即由臣衙门照案咨送礼部。由礼部备文转交朝鲜。

美国照会

为照会事。本大臣奉国家旨。于今年钦派本大臣充出使朝鲜之公使。偕水师提督坐一帮兵船。同往朝鲜国。议交涉事。中国与朝鲜数百年交好。可以音问相通。而本国与该国素无往来。遇有商议之件。难以径达。本大臣拟先致函于朝鲜以达国旨。请贵亲王代寄至该国。该特将函送交贵衙门。祈速寄并照录函底一纸备查。

美国致朝鲜国信函

代本国君主问朝鲜君主好。历来本国商船往来日本国中国。美国之海洋面。必由贵国经过。或遇大雾。船只危险。迷路于各洲岛中。难寻路径。须人引水。或船漏须补。沈溺须人援救。或采买食物。均须上岸各事宜。以人道相待。则美国与贵国。非漠不相关之势。本国常例。商民各水手住各国者。备悉其受艰苦而不忍坐视。思设法保护。故派本大臣暂离住华之任。前往贵国商议此事。前二十年。日本国庚毙美国水手人。嗣于癸丑年。美国派水师提督充公使。前往日本国立一和约。至今两国毫无衅端。可知办法甚善。至于贵国查丙寅年间。有美商船二只。一在境内遭风被救。人生船没。一在境内被害。人殁货无。本国未知贵国识美国旗号否。未晓一救一害。何以如此相悬。兹欲讯根由。自与日本国事同一律。故本大臣及水师提督。坐兵船一帮。以肃体统。非耀威武。前往贵国商交涉事。嗣后如有美船在境内遭一切苦难。如何设法相救。亟宜早图。庶免美商被害。致启衅端。此豫防后患。本国体恤商民水手。甚不欲别国任意欺侮陵虐。将来兵船入境。贵国莫生疑虑。致骇平民。本国以和睦来。望以和睦相待。若多方拒绝。实自召不睦。又谁尤焉。至于本国与中国夙为良友。先托代达是函。以述国旨大略。约三两个月内。本大臣等入界。希望贵国大官。在界商办一切。专此达知朝鲜国君主。想必以此举为甚善也。

同治卷八一

同治十年。辛未。四月。庚申。福州将军文煜。闽浙总督英桂。福建巡抚王凯泰奏。窃照闽省船厂第五号轮船开工。拟名安澜。船政提调夏献纶。因厂中所存木料。不敷续造轮船应用。当饬先侭存料绳削。一面派员。会同监督日意格。前赴上海洋行采购。于正月底将各项木料购运到工。即据监督日意格。以现在第六号船身。配用八十匹马力轮机者。所有龙骨胁骨等料。均经锯断齐备。计船身十六丈六尺。宽二丈六尺有奇。可以克期开工等情。禀由夏献纶于同治十年二月初九日安上龙骨。查轮船之设。外洋所长。全在炮位多而马力大。故能于重洋巨浪之中。纵横颠簸。履险如夷。制胜确有把握。今闽省不惜巨帑。创造轮船。自应设法讲求得其奥妙。当商之日意格。以仿照外国兵船式样制造。轮机马力似宜增拓。日意格深以为然。因议定购二百五十匹马力新样轮机水缸一副。约以五个月后到工。为第七号船配用。现在一面先给船图。三月间即先制造船身。以免间旷。其船身长十九丈。宽三丈六尺有奇。以取舱面空阔。则可多安炮位。外国兵船。有配炮二十一尊者。有配炮十三尊者。总以炮大而能及远者为佳。究应如何配设。已由夏献纶。咨商统领轮船福建水师提督臣李成谋。斟酌妥办。计该船可容水手兵丁二百四十人。如果制造坚利。行驶迅速。以后并可按式仿造。惟据日意格禀称。造一百五十匹马力轮船。一年内可成三号。如改制二百五十匹马力兵船。一年工程仅抵一半。统计一船自开工起。须阅十五个月。方能造成。所用木料铜料铁料及篷索器具等件。均须加增一倍等语。现在第七号二百五十匹马力。系购买轮机水缸。试行制造。将来如照此办理。轮机水缸。由厂中自制。则所需经费尤繁。拟俟此号工竣勘验。如均合法。再行奏请办理。据夏献纶禀请具奏。将日意格绘呈船炮各图转送前来。臣等覆查无异。谨将第六号轮船拟名镇海。至第四号伏波轮船。于同治九年十一月初一日下水。本年二月十二日工竣。出洋驾驶。甚为灵捷。臣等谨会同陕甘总督臣左宗棠。合词恭折具奏。

谕军机大臣等。文煜等奏。第六号轮船开。工第七号改造兵船情形一折。另片奏。船政大臣因病不能赴工。请旨遵行等语。闽省第六号轮船。现已购齐木料。克日开工。即著照文煜等所拟命名镇海。至轮船之设须炮位多而马力大。方能利涉波涛。制胜较有把握。文煜等拟将第七号改造兵船。不为无见。著即督饬在事人员。与日意格悉心讲求功归实际。不得旷日持久。虚糜帑金。沈葆桢办理船政。成效彰彰。现虽病未就痊。仍未可置身事外。著文煜等督饬夏献纶等认真妥办。并令该道等随时禀商沈葆桢。以昭慎重。沈葆桢著俟服阕后再行赴工。督率经理。此系朝廷曲体孝思。俯允所请。该前抚毋再因病固辞。以副委任。

壬午。江苏巡抚张之万奏。臣于镇江途次。承准军机大臣字寄。同治十年二月二十七日。奉上谕。李鸿章奏。豫筹日本通商事宜。请调熟悉洋务大员。来津商办一折等因。钦此。现在新任藩司恩锡抵苏。业已饬知赴任。应宝时交卸藩篆。一俟日本使臣有过沪确信。即令乘坐轮船。由海道兼程赴津。随同李鸿章妥筹办理。惟查应宝时久在江苏。于地方一切事宜。均极谙练。臣前以苏省水利。令该臬司会同藩司恩锡。并总办牙厘局内阁中书何慎修次第与办。正资得力。将来日本议约事竣。拟恳天恩。饬令臬司迅速回苏。俾可相助为理。

(五月辛亥)谕军机大臣等。李鸿章奏。日本使臣将抵天津。请派大臣在津会议立约一折。已另有谕旨。派李鸿章为全权大臣。并派应宝时。陈钦。随同帮办矣。该大臣俟日本使臣到津后。务当督饬应宝时。陈钦。悉心筹画。杜渐防微。总期周密妥善。免致将来窒碍。是为至要。本日简派全权大臣论旨一道。一并发往。如该使索看凭据。即著李鸿章另行恭录。给与阅看。俟议约事毕。此旨仍缴还军机处备查。

日本使臣照会

为照会事。去秋明治三年九月。本大丞赍书到津。豫议通商事宜。叠蒙贵中堂暨大理寺卿三口通商大臣成林款接优待。成就远使来意。俾得再奉总理王大臣准以换约信函回国。乃于客冬闰十月二十五日到京缴差。外务卿及大辅接准该函回文。甚为欣悦。当经奏呈睿览。即召本大丞等渥赐奖赏矣。回维所以然者。皆由鼎力裁成。衔感宪德。实无涯涘。兹我朝廷以贵国总理衙门函文为凭。于本年四月二十八日。特简从二位大藏乡伊达为钦差全权大臣。带从另单官员。遣于贵国。委令结好定约。又援国廷接遣各国公使成案。我天皇特具玺书礼物。寄奉贵国皇帝驾前。永以为好。所有使员。于本月中旬由横滨乘舟启行。理合亟由全权大臣照会贵中堂。豫请照料一切事宜……

丙辰。总理各国事务恭亲王等奏。窃臣衙门于同治十年五月二十四日。据英国使臣威妥玛递到照会。内称据烟台署领事官详报。英民在朝鲜地方被拿扣留。因四月十八日布国商船名舟山。驶至白岭岛海面阁浅后。有外国人三名。内英人二名。雇用华船。前赴该处救援。甫至该处。即被拘留。此次英民前赴该处。人数甚少。察其形势。毫无敌心。亦无私意。倘加伤害。关系非浅等语。并黏开询问烟台铺户被留情形前来。臣等查同治五年。据英使阿礼国照会。称拟派轮船一只至朝鲜沿海一带。请协力设法使该轮船行抵该国。臣等当以轮船行驶洋面。列在条约。至驶往朝鲜一节。为条约所无。碍难行文。当经酌拟照会。覆知阿礼国。阻其毋庸前往。并详细奏闻在案。又是年准盛亦将军文称。前赴奉省游历之英人阿兰道顺等。折回营口。随来洋人三名。询系丹国人。因乘船驶至朝鲜洋面遭风。船只漂沿。伊等被救。后经朝鲜送至省城等因亦在案。至本年四月。朝鲜咨请礼部转奏原文。内称敝邦三面滨海。凡遇遭风来泊之别国客船。或助粮给需。或旱路变送。各随其愿。且举美国难民之拯救保护。曾有咸丰五年同治四年五年先后三次俱移咨礼部等语。是各国往来商船。实系遭风阁浅。应即设法救变。朝鲜原有办过成案。今布国商船在白岭岛洋面阁浅。英人雇用华船一只前往救援。既无别项情节。自应照向章办理。未便因与别国交兵。疑及英人。遽为拘拿。致生嫌隙。多为树敌。惟照会内所称各情。系询据烟台铺户之词。朝鲜究竟拘留英民与否。碍难悬揣。相应请旨饬下礼部转行朝鲜国王查照咨覆。以资办理。

御批。依议。

英国照会

为照会事。据烟台署领事官梅详报。英民在朝鲜地方有外国人三名。内英人二名。雇用华船一只。前赴该处救援。甫至该处。即被拘拿。今将向烟台铺户询问被留情形大略一纸。附送前来。查梅领事一面详报本大臣。一面详请本国头号师船。同往白岭岛查看。想经动身。兹本大臣备文之故。实愿贵国从中婉告朝鲜。期保英民。在彼免致受害。若谓朝鲜自主。贵国向不揽干涉之权。此本大臣所夙知。惟朝鲜王爵。均系贵国大皇帝所封。所有朝鲜公文。论及中华。俱以贵国大皇帝为上。设以此次英民前至该处。人数甚少。察其形势。毫无敌心。亦无私意。俱可显见。倘加伤害。关系殊非浅鲜。贵国果能如此告知。而朝鲜国置若罔闻。本大臣想断无是理。切请贵亲王不以此为不入耳之言。本大臣所深望也。惟要在迅急。贵国有咨行朝鲜文件。可掷交本大臣。即送烟台水师大员。转投朝鲜。以免延滞。为此照会。

英国照会内黏单

烟台五月十九日。在英国领事官衙署。据乐芳亭供我系烟台洪德店内伙计。有外国人思达利。在本铺雇得赵福顺沙船一只。前往高丽国。该船于四月二十八日开行。船上有外国人三名。并华人七名。内有天津通事吕福一名。昨日有该船的舵工。不识姓名。被福山县差役押回本铺携取盘费。据云该船于五月十三日驰至白岭岛一带。寻找日前被浅之舟山洋船下落。寻找两日。迄无踪跡。始经英人千博勒。与通事吕福。暨该船管帐人。一同上岸。前往官汛。访问洋船下落。当经本地官四员内。有官衔大者。并有护卫兵役一百馀人。相迎询诘来意。该洋人等答以来寻被浅洋船。及船中所载之人下落。该官员等告以该船系在岸埠之后。相离较远。并有外国人七名。每日由官赐给三餐。妥为款待。又云不日即将外国人迁来。并盘诘沙船载有外国人若干等事。问知船中尚有洋人二名。欲令带至岸上观查。通事吕福面带心怀恐害之情。即驾坐该处小艇。驶上沙船。比至船际。即知思达利带同水手二人。驾坐小划。顺赴附近海边寻觅被浅船只著落。沙船即带开行追赶。中途遥见小划转回。当遥见之后。未能赶到之先。小划被高丽小船数只围绕。将船只及英民思达利等二人。一并拿去。立有高丽船数只。驶傍沙船。将船中所留之洋人一名。并通事吕福。一同抢携出船。舵工同水手意欲拦阻。经高丽人抽箭搭弦。严吓躲避。以致未能阻拦。嗣见高丽小船。群围渐近。势偪沙船。只得开行出洋。高丽小船。随尾相追。至天晚方止。越两日回至山东里岛地方。地方官因船内有外国物件若干。疑系贼船。是以即被拿留。船与水手。均在裹岛。留住舵工名老大。由陆路解送福山县讯问。该舵工将英人思达利之物。已带至烟台。今日仍押送福山而去。

(六月癸酉)恭亲王等又奏。再臣衙门前据英国使臣威妥玛照会。内称四月十八日。布国商船驶至白岭岛海面阁浅后。有外国人三名。内英人二名。前赴救援。即被拘留等因。经臣等奏由礼部转行朝鲜国王查覆在案。嗣于六月初二日。复接该使照会。英民二名。已由该岛驾舟回来。朝鲜尚无勒留之形。甚为欣惬等语。六月初八日。接据布国使臣安讷克照会。以布国船前在朝鲜国阁浅。经英国人带同布人及中国人乘船前往阁浅之处。被朝鲜将四人扣留。今英国二人回来。布人与中国人均无消息。恳请转行朝鲜。索此二人同回。深为感激等语。查英国民人既未被朝鲜扣留。是朝鲜之于外国人自能分别办理。今布国民人似亦不至终于扣留。然现在英人已回。而布人未回。英布事同一律。若不代为转查。恐将来误扣布人。致启构衅之端。仍不足以昭体恤外藩之意。应请旨饬下礼部仍转行朝鲜国王。除英国民人已回无庸查核外。是否有拘留布人情形。即行咨覆。以凭核办。至中国人一名。私赴朝鲜。向有例禁。应由礼部行文该国。查照向例办理。

御批。依议。

英国照会

为续行照会事。五月二十四日。本大臣照会内。以朝鲜白岭岛地方。有英人二名。在彼被拿扣留等情。实愿贵国从中婉告在案。昨据烟台署领事官梅详报。敝领事已由该岛带同被留英民二名驾舟回任等语。本大臣查先前所报被拿扣留之处。并无不实。但向朝鲜索回。该国尚无勒留之形。甚为欣惬。理合据情照会。贵亲王查照为慰可也。

布国照会

为照会事。查有北德意志船名初山。于本年本国五月初间在朝鲜国海面阁浅。该船主因船货不能救回中国。遂自回烟台。请北德意志领事官代为转卖。当经英国人买去。带同一英人。一德意志人。一中国人。为通使者。共乘中国船只前往朝鲜该船之处。不意被朝鲜国将其四人扣留。所乘之中国船只。即逃回山东。其后英国以兵船一只。前往朝鲜讨取英人。朝鲜国遂将英国二人交附带回。至于德意志人。与中国人。均无消息。大约被朝鲜人送往其内地也。本大臣念本国与朝鲜素无往来。实系无法相救。惟有恳请贵王大臣转为行文。向朝鲜索此二人。本大臣应先为致谢。如查明此二人在朝鲜何口。望祈来文示如。本大臣即派兵船向该口迎接此二人同回。如承贵王大臣分心办理。本大臣深为感激。倘以后贵国有何事商办。本大臣断无不尽心尽力也。为此照会贵王大臣查照。

同治卷八二

(同治十年辛未七月)丙午。协办大学士直隶总督李鸿章奏。窃臣钦奉同治十年七月初九日寄谕。李鸿章奏。日本议约。渐有端倪。并将往返信函钞录呈览一折等因钦此。仰见圣虑周详。实以绥徕之始。不妨于曲示怀柔。而立法之初。不可不豫存限制。只承之下。悚励交深。查此案经臣督同应宝时。陈钦。坚持定见。与之不时辩论。更冀乘机迅速决议。免其迁延日久。又生他计。连日于所拟稿本内。彼此标签。往复驳诘。每一条或附入浮签四五。虽已渐有端倪。究属两无成说。非由臣面加剖断。不能绝其观望之心。遂允订于初八日。在臣行馆面议。该正副使届期齐到。臣督同应宝时。陈钦。与之逐条确商。随机指驳。凡涉及紧要关键。一经议允。即援笔改定。所有前经签商各条。尚不过于刁难。惟彼所力争而固执不化者。条规开首。必欲我皇帝与该国天皇并称。章程内载两国国号。必欲大清国与日本并称。又所恳求而狡猾非测者。则在于仿照西约一体均沾。假如前一条依其说。则是中国约章刊列彼主非常之尊号。将来可以征信于史册。目前更可以陵轹东洋。誇耀西洋。而彼得获其名矣。后一条允其请。则援照西约事例。可以入我内地。处处贸迁。我不能与之争。而彼得获其实矣。该副使柳原前光颇习华书。深悉中西和约利弊曲折。坚欲伸其所说。臣与应宝时。陈钦。多方开喻。舌敝唇焦。至于无可抵赖之处。彼则不论东西洋情形各异。而专以伊国历来称谓办法。不能改易为词。意颇翘然自负。臣乘其措语罅漏。偶万声色以折之。谓若存牢不可破之见。此事只可罢议。该使始俯首允遵。所有条规开首浑含其词。及章程内分写两国。仍称中国及日本字样。均尚得体。其体沾一层。决不许用。该使复婉求改用各口取益防损。随时商办等语。经臣执笔改为如彼此海关章程。嗣后有变通之处。随时商办等语。列为第三十一款。盖海关收税。容有随时变通。绝无丝毫流弊也。是日辩论已历三时之久。各款粗定。臣方谓其别无龃龉。执意柳原前光。陡然又启诘问。欲将章程内业经议定内地不准通商二条。重新翻悔。臣与应宝时等。极力分析。该副使总以洋土货进出内地。通商已久。该国不能独异于西国。几于无可与辩。臣思此条乃彼此注意。凡诸说皆不足以拒之。惟推原西洋立约之意。华人往彼国通商。并未限定口岸。今日本系以八口岸与中国通商。华人既不能到彼内地贸易。日本人亦岂应入中国内地贸易。新章此条。两国从同。确乎公允。何得引西约以为例。西人断不相诋侮。该使闻之语塞。臣犹虑异日或有反覆。遂于章程第十四款进口货不准运入内地。第十五款不准入内地置买土货两条之末。添叙云以上两款。系因两国各有指定口岸。故须明定限制等语。如此明白揭出。俾以后无可籍口。此款实与均沾一层异事相因。若均沾之请得遂。即援案一切准行。虽有内地通商之禁。止属具文。彼所以始而漫许也。兹均沾之望既绝。而通商曾无限制。独设为不入内地之条。岂肯甘心。彼所以继而翻悔也。此条为洋人必争之利。而实我内地受病之源。是以论从前通商之弊。此为最重。名为指定口岸。而洋商运洋货入内地。暨赴内地买土货。条约既有明文。迨后定子口税章。由海关给领单照前往。沿途免再征收税厘。经过内地关卡验放。又只以有无完过税单为凭。不问其人之是华是洋。由此而内地各处。皆可以为通商之地。内地商民。皆可以冒洋商之名。流弊滋多。然西洋之成局无如何矣。内外通商及地方衙门。方且互相维持。思所以補救于万一。今安得又听日本之无端阑入耶。其人贫而多贪。诈而鲜信。其国与中土相近。往还便捷。其形貌文字。悉与华同。以此攫取我内地之利。浸移我内地之民。操术愈工。害必愈甚。更非西洋比也。臣故知此次议约。以杜绝内地通商为最要。止以相习既久。相形见绌。能否独为禁阻。实未敢豫期有何把握。兹经明定限制。尤望各海关临时办理。妥设范围。将来或值修改章程。仍须重申界限耳。至于条规中所筹维者。第一条。载明两国所属邦土。不可稍有侵越等语。隐为朝鲜等国豫留地步。第十三条。载明此国人民。在彼国有犯凶盗及诸重大案情。或聚众十人以上。由地方官分别会办。或径行严办等语。隐为前明倭寇故事。豫设防范。夫各国通商以后。各海口几为列国公共之地。绝非一国所能为寇。而东南遗事相传。人人谈虎色变。此条设律从严。详加科断。亦足以防微杜渐。稍释群疑。他如第十条之戒雇主徇庇工人。有犯查拿讯办。第十一条之彼此往来。不得携带刀械。第十六条之戒领事官办事不合。查明撤回。悉取鉴于历年交涉成案。求免临时棘手。此拟定修好条规之豫杜流弊者也。其章程中所筹画者。如第一款。于中国通商各处。概标以某口字样。免似旧约有复州等府城口含混之弊。第五六等款。于罚款则分别两国数目轻重。免致各生较量。第十三款。游历均照旧章。而执照必发给安分之人。第二十一款。豫商官栈办法。以便两国商民。第三十二款。言及重修章程。必须彼此两愿。悉参酌于本案交涉情形。求免将来掣肘。此拟定通商章程之豫防流弊者也。伏查此案经曾国藩议。以不外体制与税务两端。总理衙门原奏所云。上无碍于国体。下有益于商民。二义实为赅括。臣懔遵递奉諭旨。督饬应宝时。陈钦。悉心筹画。凡思虑所能到者。不敢不旬斟字酌。庶冀稍免窒碍。仰慰圣廑。现在赶缮正本。克日在公所会同画押。除公敌办理竣事。再行具奏外。所有议定条规章程。先行缮呈底稿。恭折具陈。

议定修好条规

大清国大日本国素敦友谊。历有年所。兹欲同修旧好。益固邦交。是以大清国钦差全权大臣某官。大日本国钦差全权大臣某官。公同会议。订立修好条规。以期彼此信守。历久弗渝。所有议定各条。开列于左。

……

第七条

两国既通和好。所有沿海各口岸。彼此均应指定处所。准听商民来往贸易。并另立通商章程。以便两国商民永远遵守。

第八条

两国指定各口。彼此均可设理事官。约束己国商民。凡交涉财产词讼案件。皆归审理。各按己国律例核办。两国商民。彼此互相控诉。俱用禀呈。理事官应先为劝息。使不成讼。如或不能。则照会地方官。会同公平讯断。其窃盗逋欠等案。两国地方官。止能查拿追办。不能代偿。

第九条

两国指定各口。倘未设理事官。其贸易人民。均归地方官约束照料。如犯罪名。准一面查拿。一面将案情知照附近各口理事官。按律科断。

第十条

两国官商在指定各口。均准雇用本地民人服役工作管理贸易等事。其雇主应随时约束。勿任藉端欺人。尤不可偏听私言。致令生事。如有犯案。准由各地方官查拿讯办。雇主不得徇庇。

第十一条

两国商民。在指定各口彼此往来。各宜友爱。不得携带刀械。违者议罚。刀械入官。并须各安本分。无论居住久暂。均听己国理事官管辖。不准改换衣冠。入籍考试。致滋冒混。

第十二条

此国人民因犯此国法禁。隐匿彼国公署商船行栈。及潜逃彼国各处者。一经此国官查明。照会彼国官。即应设法查拿。不得徇纵。其拿获解送时。沿途给予衣食。不可陵虐。

第十三条

两国人民。如有在指定口岸。句结强徒为盗为匪。或潜入内地。放火杀人抢劫者。其在各口。由地方官一面自行严捕。一面将情飞知理事官。倘敢用凶器拒捕。均准格杀勿论。惟须将致杀情跡。会同理事官查验。如事发内地。不及赴验者。即由地方官将实在情由。照会理事官查照。其拿获到案者。在各口由地方官会同理事官审办。在内地即由地方官自行审办。将案情照会理事官查照。倘此地人民在彼国聚众滋扰。数在十人以外。及诱结通谋彼国人民作害地方情事。应听彼国官径行查拿。其在各口者。知照理事官会审。其在内地者。由地方官审实。照会理事官查照。均在犯事地方正法。

第十四条

两国兵船往来。指定各口。系为保护己国商民起见。凡沿海未经指定口岸。以及内地河湖支港。概不准驶入。违者截留议罚。惟因遭风避险收口者。不在此例。

第十五条

嗣后两国。倘有与别国用兵情事。应防各口岸。一经布知。便应暂停贸易。及船只出入。免致误有伤损。其平时日本人在中国指定口岸。及附近洋面。中国人在日本指定口岸。及附近洋面。均不准与不和之国。互相争斗抢劫。

第十六条

两国理事官。均不得兼作贸易。亦不准兼摄无约各国理事。如办事不合众心。确有实据。彼此均可行文知照秉权大臣。查明撤回。免因一人偾事。致伤两国友谊。

第十七条

两国船只旗号。各有定式。傥彼国船只。假冒此国旗号。私作不法情事。船货均罚入官。如查系官为发给。即行参撤。至两国书籍。彼此如愿诵习。应准互相采买。

……

议定通商章程

第一款

修好条规。既经载明两国沿海各口岸。准听商民来往贸易。该特将指定各口。胪列于左。

中国准通商各口

上海口。【隶江苏松江府上海县】镇江口。【隶江苏镇江府丹徒县】宁波口。【隶浙江宁波府鄞县】九江口。【隶江西九江府德化县】汉口镇。【隶湖北汉阳府汉阳县】天津口。【隶直隶天津府天津县】牛庄口。【隶奉天府海城县】芝罘口。【隶山东登州府福山县】广州口。【隶广东广州府南海县】汕头口。【隶广东潮州府潮阳县】琼州口。【隶广东琼州府琼山县】福州口。【隶福建福州府闽县】厦门口。【隶福建泉州府厦门厅】台湾口。【隶福建台湾府台湾县】淡水口。【隶福建台湾府淡水厅】

日本国准通商各口

横滨。【东海道武藏州神奈川县管辖】箱馆。【北海道渡岛州开拓使管辖】大阪。【畿内摄津州大阪府管辖】神户。【同上。兵库县管辖】新泻。【北陆道越后州新泻县管辖】夷港。【同上。佐渡州佐渡县管辖附于新泻】长崎。【西海道肥前州长崎县管辖】筑地。【东海道武藏州东京府管辖现称开市场】

第二款

两国官民。准在议定通商各口租赁地基。各随其地成规照办。总须由地方官查勘。无碍民居坟墓方向。询明业户情愿出租。方可公平议价。立契由地方官盖印交执。不得私租强租。其内地及不通商口岸。不得租地盖屋。至现准通商各口租定地基后。盖造房屋。或作居住。成开行栈。地方官可以随时往勘。

第三款

两国商船。往来通商各口。须在己国海关。及地方官衙门领取船牌。注明梁头丈尺顿数船名。及舵水姓名年岁籍贯。加盖印信。以便持赴理事官处及各海关查验。如无船牌。不准往来。傥船牌损失。准其呈明海关。发给护照。回籍补领。

第四款

两国商船。进通商各口海关。即派员弁兵役看守。或在商船。或在关艇。随便居住。其需用经费。由关支发。不得向商船稍有需索。违者按律追办。

第五款

两国商船。进通商各口。限一日内该船主将船牌舱口单。交理事官。即于次日通知海关。并将船名及押载顿数装何货物之处。开单同送。以便海关查验。如过二日限期。【除日曜日不计。以进口之时算起。历十二时为一日。】尚未报关。在中国每日罚船主银五十两。所罚之数。不得逾二百两之外。在日本国每日罚船主洋银六十圆。至舱口单内。须将所载货物详细开明。如查有漏报捏报之货。在中国将货入官。并罚船主银五百两。在日本国漏报者。罚如货税之数。捏报者罚货主洋银一百二十五圆。傥有误报。即在递单之日改正免议。逾限不改。在中国每日罚银二十两。所罚之数。不得过一百两之外。在日本国罚洋银十五圆。如该口未设理事官。准船主将船牌舱口单。自赴海关呈验。照章办理。

第六款

两国商船进口。除所载货物开单报关外。另将船上自用各物。及应行免税各物。开一清单送关验免。傥卖与人仍照税则完纳。若将应税货物混入免税单内。希图隐漏。查出将货入官。

第七款

海关接到理事官知照后。即发开舱单。傥船主未领开舱单。擅行卸货。在中国罚银五百两。并将所卸货物入官。在日本国将所卸货物入官。商船上货下货。须先领海关准单。如违即将货物入官。至拨货亦先由海关发给准单。方准动拨。违者在中国将货入官。在日本国罚洋银六十圆。

第八款

两国商船输税期候。进口货于起载时。出口货于落货时。各行按纳。一经完清税项。海关给发红单。理事官接到红单。即发船牌。准其出口。

第九款

两国商民。在通商各口拨运货物。听其自雇大船。给发雇价。官不经理。亦不限定何船何夫揽运。傥有走私漏税。海关查出。照章办理。

第十款

两国商人完税。以净货实数为准。将包皮除算。至包皮轻重。由关抽秤一二件。馀则类推。如有受潮损坏货物。不能按则完税者。估价抽收每值百两。收税银五两。

第十一款

中国商船货物。进日本通商各口。应照日本海关税则完纳。日本商船货物。进中国通商各口。应照中国海关税则完纳。至两国各口海关。已经较准秤码丈尺。并完税银色。彼此商民。均应随地遵照旧章办理。不得稍有异议。

第十二款

两国货物。如有税则未经赅载者。由海关按照市价估计。每值价百两。收税银五两。若货主不肯照海关所估之价售卖。应听其便。仍令照海关所估之价完税。

第十三款

两国通商各口界限。并上下货物之地。均由海关妥为定界。既须便商。更不得有碍收税。至官民游历。均照两国通行旧章办理。惟请领执照。应责成领事官。查明实系安分之人。方可发给。免致滋生事端。

第十四款

中国商货。进日本国通商各口。在海关完清税项后。中国人不准运入日本国内地。其日本国商货。进中国通商各口。在海关完清税项后。任凭中国人转运中国内地。各处售卖。适关纳税。过卡抽厘。日本人不准运入中国内地。违者货均入官。并将该商交理事官惩办。

第十五款

两国商民。准在彼此通商各口。购买各土产。及别国货物。报关查验完税。装运出口。不准赴各内地置买货物。如有入各内地自行买货者。货均入官。并将该商交理事官惩办。以上两款。系因两国各有指定各案。故须明定限制。

第十六款

货物进口完税后。如欲改运通商别口售卖。报由海关验明。实系原包原货。并未拆动抽换。即给收税执照。持往别口海关查验相符。准其出售。免再纳税。若有影射抽换夹带情事。货罚入官。

第十七款

日本国商船。进中国通商各口。应纳船钞。凡船在一百五十顿以上者。每顿钞银四钱。一百五十顿以下者。每顿纳钞银一钱。由海关给照。以四个月为期。如在四个月限内。进出中国通商各口。无庸另纳船钞。四个月限满。仍应照纳。傥船进通商各口。并未开舱欲行他往者。限二日之内出口。不收船钞。如逾二日之限。即须全数输纳。此外均无别项规费。至中国商船。进日本国通商各口。无庸完纳船钞。止纳规费。每进口十五圆。出口七圆。

第十八款

两国商船。经过通商各口。买办船上应用杂物。以及遇险暂时进口躲避。并不贸易者。船内所载之货。无须报关。傥有交易。照章开报完税。如船应修理。货须过拨入栈者。报关查验给单起岸。俟船修竣。原货装运出口。免其纳税。若起栈后就地发卖。仍应照章纳税。

第十九款

两国商船。如有装运私货者。在中国除将私货全数查钞入官外。船只驱逐出口。不准在通商各口贸易。在日本国将私货入官。

第二十款

两国兵船。进出通商各口。无须报关候验。船上所用杂物。均准免税。如起岸发卖。仍应报明。照章完税。

第二十一款

两国通商口岸。若欲设立官栈。以备储货。所有官栈章程。当由两国自行酌定。惟货物初行入栈。均应暂免纳税。至销售时必须完清税项栈租。方准领出。倘欲照章转运别口。止交栈租。亦免纳税。

第二十二款

两国所产米麦粮食。除照章转运别口外。各不准贩运出洋。若船上水手搭客自需。约计数目。报明海关给照。准其照买。存船备用。

第二十三款

登州牛庄各处豆石豆饼。日本商船。不得前往装载。如在通商别口买运者。照则纳税。准其出口。

第二十四款

硝矿白铅。均为军前要物。应由中国官自行采办。或日本商人奉中国官准买明文。方准进中国通商各口。如有私贩。查拿入官按律惩办。日本商人亦不得在中国通商各口。将中国硝矿白铅私运出口。违者将货入官。仍按本律惩办。

第二十五款

凡系违禁货物。如火药大小弹子炮位大小鸟枪。并一切军器等类。及中国口外马匹。有关军政等物。概应禁止。两国商人。均不准贩运进出口。违者将货入官。仍各按本律惩办。

第二十六款

两国铜钱。除照章转运别口外。各不准贩运出洋。如有商人私贩。查拿入官。中国内地食盐。不准日本人贩运。日本盐斤。亦不准运入中国售卖。违者均各按律罚办。

第二十七款

两国船只。如到不准通商口岸。私作买卖。准该处地方官查拿。在中国即将船货一并入官。在日本国货物入官罚洋银一千圆。仍知照该管理事官存案。

第二十八款

两国税则。如有仅载进口税则。未载出口税则。未载出口税则者。遇有出口。皆应照进口税则纳税。或有仅载出口税则。未载进口中税则者。遇有进口。亦皆照出口税则纳税。

第二十九款

两国商船遭风收口。均由该处地方官照料。送交理事官安置。或在洋面被劫。亦由该地方官设法严缉。起获赃物。送交理事官。给还原主。倘未能缉获赃犯。均各照例处分。不能代偿。

第三十款

两国各口收税官员。凡有严防偷漏之法。随时察看情形。设法办理。各商皆应遵行。

第三十一款

两国商民。在通商各口。如彼此海关章程。嗣后有变通之处。由理事官详请驻京大臣随时照会商办。

第三十二款

两国现定章程。嗣后若彼此皆愿重修。应自互换之年起。至十年为限。可先行知照会商酌改。

第三十三款

两国现定通商章程。及海关税则。应与修好条规。一体信守无渝。为此两国全权大臣画押钤印。即日遵行。

丁未。大学士两江总督曾国藩。大学士直隶总督李鸿章奏。窃臣国藩上年在天津办理洋务。前任江苏巡抚丁日昌。奉旨来津会办。屡与臣商榷。拟选聪颖幼童。送赴泰西各国书院。学习军政船政步算制造诸学。约计十馀年。业成而归。使西人擅长之技。中国皆能谙悉。然后可以渐图自强。且谓携带幼童前赴外国者。如四品衔刑部主事陈兰彬。江苏候補同知容闳。皆可胜任等语。臣国藩深韪其言。曾于上年九月。本年正月。两次附奏在案。臣鸿章复往返函商。窃谓自斌椿。及志刚。孙家谷。两次奉命游历各国。于海外情形。亦已窥其要领。如舆图算法步天测海造船制器等事。无一不与用兵相表裏。凡游学他邦。得有长技者。归即延入书院。分科传授。精益求精。其于军政船政。直视为身心性命之学。今中国欲仿效其意。而精通其法。当此风气既开。似宜亟选聪颖子弟。携往外国肄业。实力讲求。以仰副我皇上徐图日强之至意。查美国新立和约第七条。内载嗣后中国人欲入美国大小官学。学习各等文艺。须照相待最优国人民一体优待。又美国可以在中国指准外国人居地方设立学堂。中国人亦可在美国一体照办等语。本年春间美国公使过天津时。臣鸿章面与商及。尤候知照到日。即转致本国妥为照料。三月间英国公使来津接见。亦以此事有无相讯。臣鸿章当以实告。意颇欣许。亦谓先赴美国学习。英国大书院极多。将来亦可随便派往。此固外国人所深愿。似于和好大局。有益无损。臣等伏思外国所长。既肯听人共习。志刚。孙家谷。又已导之先路。计由太平洋乘轮船径达美国。月馀可至。尚非甚难之事。或谓天津上海福州等处。已设局仿造轮船枪炮军火。京师设同文馆选满汉子弟。延西人教授。又上海开广方言馆。选文童肄业。似中国已有基绪。无须远涉重洋。不知设局制造。开馆教习。所以图振奋之基也。远适肄业。集思广益。所以收远大之效也。西人学求实济。无论为士为工为兵。无不入塾读书。共明其理。习见其器。躬亲其事。各致其心思巧力。递相师授。期于日异而岁不同。中国欲取其长。一旦遽图尽购其器。不惟力有不逮。且此中奥窍。苟非偏览久习。则本源无由洞澈。而曲折无以自明。古人谓学齐语者。须引而置之庄岳之间。又曰百闻不如一见。比物此志也。况诚得其法。归而触类引伸。视今日所为孜孜以求者。不更扩充于无穷耶。惟是试办之难有二。一曰选材。一曰筹费。盖聪颖子弟不可多得。必其志趣远大。品质朴实。不牵于家累。不役于纷华者。方能远游异国。安心学习。则选材难。国家帑项岁有常额。增此派人出洋肆习之款。更须措办。则筹费又难。凡此二者。臣等亦深知其难。第以成山始于一篑。蓄艾期於三年。及今以图。庶他日继长增高。稍易为力。爰饬陈兰彬。容闳等。悉心酌议。加以覆核。拟派员在沪设局。访选沿海各省聪颖幼童。每年以三十名为率。四年计一百二十名。分年搭船赴洋。在外国肄业。十五年后。按年分起。挨次回华。计回华之日。各幼童不过三十岁上下。年力方强。正可及时报效。闻前此闽粤宁波子弟。亦时有赴洋学习者。但止图识粗浅洋文洋话。以便与洋人交易。为衣食计。此则入选之初。慎之又慎。至带赴外国。悉归委员管束。分门别类。务求学术精到。又有翻译教习。随时课以中国文义。俾识立身大节。可冀成有用之材。虽未必皆为伟器。而人才既众。当有瑰异者出乎其中。此拨十得五之说也。至于通计费用。首尾二十年。需银百二十万两。诚属巨款。然此款不必一时凑拨。分析计之。每年接济六万。尚不觉其过难。除初年盘川发给委员携带外。其馀指有定款。按年豫拨。交与银号陆续汇寄。事亦易办。总之图事之始。固不能予之甚吝。而遽望之甚赊。况远适异国。储才备用。更不可以经费偶乏。浅尝中辍。近年来设局制造。开馆教习。凡西人擅长之技。中国颇知究心。所须经费。均蒙谕旨准拨。亦以志在必成。虽难不惮。虽费不惜。日积月累。成效渐有可观。兹拟选带聪颖子弟赴外国肄业。事虽稍异。意实相同。谨将章程十二条。恭呈御览。合无仰恳天恩饬下江海关。于洋税项下按年指拨。勿使缺乏。恭候命下。臣等即饬设局挑选聪颖子弟。妥慎办理。如有章程中未尽事宜。并请饬下总理衙门酌核更改。臣等亦可随时奏请更正。

挑选幼童前赴泰西肄业章程

一商知美国公使。照会大伯尔士顿。将中国派员。每年选送幼童三十名。至彼中书院肄业缘由。与之言明。其束脩膏火一切。均中国自备。并请俟学识明通。量材拔入军政船政两院肄习。至赴院规条。悉照美国向章办理。

一上海设局。经理挑选幼童。派送出洋等事。拟派大小委员三员。由通商大臣箚饬。在于上海。宁波。福建。广东等。处挑选聪慧幼童。年十三四岁至二十岁为止。曾经读中国书数年。其亲属情愿送往西国肄业者。即会同地方官取具亲属甘结。并开明年貌籍贯存案。携至上海公局考试。如姿性聪慧。并稍通中国大理者。即在公局暂住。听候齐集出洋。否即撤退。以节糜费。

一选送幼童。每年以三十名为率。四年计一百二十名。驻洋肄业。十五年后。每年回华三十名。由驻洋委员胪列各人所长。听候派用。分别奏赏顶带官阶差事。此系官生。不准在外洋入籍逗遛。及私自先回。遽谋别业。

一赴洋幼童学习一年。如气性顽劣。或不服水土。将来难望成就。应由驻洋委员随时撤回。如访有金山地方华人。年在十五岁内外。西学已有几分工夫者。应由驻洋委员随时募补。以收得人之效。临时斟酌办理。

一赴洋学习幼童。入学之初。所习何书。所肄何业。应由驻洋委员列册登注。四月考验一次。年终注明等第。详载细册。赍送上海道转报。

一驻洋派正副委员二员。每员每月薪水银四百五十两。翻译一员。每月薪水银二百五十两。教习二员。每员每月薪水银一百六十两。

一每年驻洋公费银。共约六百两。以备医药信资文册纸笔各项杂用。

一正副委员翻译教习来回川赏。每员银七百五十两。

一幼童来回川费。及衣物等件。每名银七百九十两。

一幼童驻洋束脩膏火。屋租衣服食用等项。每名每年计银四百两。

一每年驻洋委员。将一年使费开单知照上海道转报。倘正款有馀仍涓滴归公。若正款实有不足之处。由委员随时知照上海道禀请补给。

一每年驻洋薪水膏火等费。约计库平银六万两。以二十年计之。约需库平银一百二十万两。

同治卷八三

(同治十年辛未八月)壬戌。礼部奏。七月二十六日准朝鲜国王李熙特遣赍奏官李应俊。赍到咨文一件。夹单一纸。臣等公同查阅。系因历陈美国兵船滋扰情形。恳请转达天陛。准照春间咨覆实情。明降谕旨。使美国使臣洞悉利害。各安无事等因。请为照详转奏前来。臣悉心酌核。可否饬下总理各国事务衙门按照咨称情节酌量办理之处。伏候命下臣部遵奉施行。军机大臣面奉谕旨。该衙门议奏。

朝鲜咨文

朝鲜国王。为历陈美国兵船滋扰情形事。本年二月初二日礼部转寄美国封函一件。已缕述实情。恳请转达天陛。特降明旨。开谕美国使臣各安无事等情。咨覆去讫。窃念该国使臣或已发船径向敝境。故戒饬沿海官弁。倘有异国船只。来到海面。切勿先启衅端。迅速报来。果于本年四月十一日。京畿观察使朴永辅。江华镇副使郑歧源等官驰启。富平都护府使李基祖呈称。本月初三日。异国船五只来自西南。碇住本府海面。投送文字。自称美国钦差大臣暨水师提督为商办事件。求见大员。决无害意。勿得惊恐等语前来。当即饬下议政府派遣三品官员。慰问涉海劳苦。略叩商办事情。议政府状启差送官文报内有称文案总办杜德绥者。出面接应。谓该官员等品卑职微。不可与伊国公使相见。麾拒不纳。更不打话。只顾溯上港口云云。

续接观察使朴永辅。镇副使郑岐源等驰启。美船二帆者二只。突入孙石项。系是内港要紧关防。自经丙寅兵扰。增戍戒严。虽本国公私船只。如无路引。不许放过。今兹异国载兵之船。不由本国知会。肆意恣行。隘口镇戍将卒。鸣炮阻挡。彼船随即退出。碇住富平海上等因前来。窃念见影而察形。执迹而谕情。天下之事理。未有外于是者。今美船之来。先之以封函。继之以投文。动辄日和睦而来。曰决无害意。彼以好来。我以好应。彼以礼来。我以礼接。即人情之固然。而有国之通例也。和好为名。而曷为载兵而来。礼接是求。而何乃麾斥劳问。彼料关隘必有防范。所以极口称决无害意等语。缓我备御。乘虚深入。视人国如无人之境。和好者如是乎。意在于启衅劫盟。斯可知矣。举国之情。莫不慎惋。左海偏坏。纵愧疲敝。亦忝备藩屏。殿天子之邦者也。岂可使陪臣之为民具瞻者。奔走竭蹶于殊音异俗之来乎。彼所求大官接见。决意不许。而饬令沿海官弁。明白开谕。俾即捲回。

嗣于四月二十四日。江华镇抚使郑岐源驰启。美舶再入港口。袭陷广城镇。中军鱼在渊力战殒身。士卒死亡甚多。贼兵屯聚草芝浦边。镇将李濂乘夜掩击。彼遂退碇。续接京畿劝察使朴永辅驰启。富平都护府使李基祖呈称。彼兵之残害城堡。焚烧劫掠。锥刀无遗。侦得彼船。甚多我国叛徒乡导而来。不胜骇愤。投书诘责。又据仁川都护府使具完植呈称。有李莲龟。李筠鹤。本邪魁承熏之孙。出没伫望于彼舶碇留之岸。现捉严讯。将入彼船甘作乡导等情节输服无馀。亟令枭首警众。严饬富平等官。与彼船勿再烦文字往复。

五月十四日。京畿观察使朴永辅驰启。富平都护府使李基祖呈称。前月二十七日彼舶投送一封文字。要转达朝廷。书中所陈。未知何语。而封面题字。殆类相扰。岂本国臣子。所敢遽上。业已斥退。而彼犹断断不已。谓将另行设法别路寄达。故不得已。再行文字。往复论辩。本月初七日彼船一只。向外驶去。十三日还复来泊。又于十六日该观察使驰启。据该府使呈称。美国碇留诸船。向本府投送一封文字。一齐举碇。向外远去。查美船碇留敝境四十馀日。其与地方官并收取钞录附呈。庶可俯烛彼其外讬和好。非无甘言婉辞。内怀危险。实多诡谲计。所以麾拒劳问。必欲大官之颠倒相迎也……

(癸未)给美国照会

为照会事。同治十年八月初六日。准礼部咨称。本部钞录朝鲜国王咨文转奏一折。钞录原奏暨朝鲜国王咨文知照前来。查礼部原奏。以朝鲜国王历陈美国兵船情形。恳请明降谕旨。使美国使臣洞悉利害。各安无事等情。可否饬下总理各国事务衙门按照咨称情节。酌量办理等因。复查朝鲜国王咨文。其大意不外二端。一则谓遭风船只之无待商办也。据称敝邦三面滨海。凡遇遭难来泊之别国客船。或助粮给需。候风归去。或船破不完。旱路护送。各随其愿。并无阻碍。定规成宪。由来久矣。则遭难客船。慰恤护送。不待商办而保无疑寔有如此。一则谓通商事件之不必商办也。据称从前别国。不知朝鲜之风土物产。每以通商之说来。而本国之决不可行。客商之亦无所利。曾有同治五年咨陈。敝邦之海隅偏小。天下共知。民贫货俭。金银珠玉。原非土产。米粟布帛。未见其裕。况国俗俭陋。工手粗劣。未有一件货物。堪与别国交易。则通商事件之不必商办又如此。深愿贵大臣得悉其详。知其两无裨益。释虑于遭难拯救。断念于他事交涉。更无拘衅。各安无事。是则朝鲜国王咨内情形。本爵查朝鲜咨称各节。自系实在情形。其难船之无不保护。通商之无可商办。系伊国之成规。伊国成规。听伊国自行主持。中国向不勉强。贵国与中国和好。中国之属国。想贵国亦无用勉强。方为和睦之道。为此将朝鲜国王咨称情节。照会贵大臣查照。希即转行贵国。兹将礼部据咨转奏一折。钞录附阅。

九月。甲午。礼部奏。同治十年八月二十二日。准盛京礼部送到朝鲜国王咨文一件。臣等公同阅看。系因本年四月间。有异样船一只。漂到白翎镇前洋触屿。船只破伤。内七人愿从旱路还归。又五月间。三帆异样船一只。留碇白翎镇墙洞浦。嗣大船举帆遁逃。挟船一只被执。船中所载四人。供称愿领还漂人七名。至五月二十二日。三帆异样船一只。碇留外洋。称系特来领还白翎岛漂泊中国人九名。洋国人二名。与破船什物等因。盘诘无疑。故前后漂人十一名。与带来什物。一一出结。顺付大船领还等情。咨请转奏前来。臣等查本年五月二十七日。准总理各国事务衙门咨称。本衙门具奏据英国照会朝鲜扣留英民二名。请饬礼部行查朝鲜一折。奉旨依议。钦此。咨礼部遵办等因。经臣部于五月二十九日。钞录送到原奏。行文朝鲜国王遵办理在案。嗣于六月十五日。准总理各国事务衙门咨称。本衙门附奏。

据英使照会英人二名。朝鲜并未扣留。现已回来。并据布国照会朝鲜扣留布人。请饬礼部分别行知朝鲜一片。奉旨依议。钦此。咨礼部遵办等因。复经臣部于六月二十一日。行文朝鲜国王。查照分别办理亦在案。兹据该国王咨称前因。臣等检查来咨。系六月二十五日封发。自系尚未接到臣部两次咨文。惟所称前后漂人十一名。一一出结。顺付大船领还等语。是朝鲜尚无扣留外国民人。复由臣部钞录原咨。行知总理各国事务衙门查照办理。军机大臣面奉谕旨。该衙门知道。

朝鲜咨文

朝鲜国王。为解送漂海人口事。同治十年四月二十六日。据黄海道观察使徐元辅。水军节度使尹　等官。鳞次驰启。备长渊府使李昌镐。白翎佥使李普宪呈称。本年四月十七日。异样船一只。漂到于白翎镇前洋等因具报。就差该地方官长渊府使李昌镐。白翎佥使李普宪。译学赵廷孝。驰往问情详诘来由。漂人姚辰东答称。俺们七人。俱系山东省登州府福山县人。在烟台村与大发国船主十人。我们客人十二人。通共二十二人。装载货物。本年四月十五日同乘一船。向往卖买珲春城之路。为海雾所迷。大风所漂。至此触屿。船只破伤。同载大发国人十名。客人五名。分乘挟艇回去。我们七人船小不能同行。仅仅保命。风涛馀生。难以驾海。愿从旱路还归云云。察其言语。考其服著。的是商船漂泊无疑等因。嗣于五月初九日。续接黄海道观察使徐元辅。节度使尹　驰启。备长渊府使李昌镐。白翎佥使李普宪呈称。本月初三日。三帆异样船一只。留碇于白翎镇墙洞浦。乘其挟船。来往于头毛津近处等因。异船出入近浦。其情叵测。即差该地方官并领率士卒。驰往该浦之际。所碇大船。举帆遁逃。挟船一只。仍被执捉。问其来情。则船中所载四名。中二名同系登州府烟台村人。因铺主西公顺之所使。领还七个漂人之意。受出票文到此。二人即大布国人。号称黑鬼子。白鬼子。惯识水路。同船出来云云。现纳大布国票文。而实为白翎镇漂到姚辰东等七人领还等语。则此项漂人。既愿从陆归去。而今来大船。则远遁无形。顺付领还。其势末由等因。继又五月三十日。据该道观察使节度使等官驰启。备长渊府使白翎佥使等呈称。本月二十二日。三帆异扬船一只。碇留外洋。驰诣观望动静之际。从船一只。来泊浦边。船中所载只有三人。问其来由。则一是上国人。二是洋国人。而称以山东领事官英国人梅辉立。布国参将夏先福。带率官兵。特来领还白翎岛漂泊上国人九名。洋国人二名。与破船什物收去等因具报。即差该地方官驰往该浦。异船所泊处。详诘盘问。无他疑虑。的是领还船只。故前后漂人十一名。与带来钩拯什物一一出给破伤船只。投弃物件。依愿付火焰馀铁物这这取去。候风发送等因。据此。窃照商船漂到。人命全活。实为多幸。且有大船踵至。顺付领还。允为便当。各人姓名年纪居住。及带去物件。一一开录移咨。请照验转奏施行。

同治卷八四

同治十年。辛未。十月。戊午。福州将军兼署闽浙总督文煜。福建巡抚王凯泰奏。窃照闽省船厂续造第五号轮船。拟名安澜。监督日意格禀称。该船长二十丈。宽三丈。船前啮水一丈有奇。船后啮水一丈二尺有奇。自船面至船底深一丈八尺有奇。除机器煤舱外。可装货四百顿。计重六十七万馀斤。所有船身灰舱钻孔镶钤铁手。及包钉铜片等项。均已齐备。择于同治十年五月初一日推移入水。所配轮机汽炉。系一百五十匹马力。均由厂中自制。先于三月间将汽炉制好。安置船上。其轮机至本年六月底竣工。现亦移配入船。一俟桅舵篷缆炮架。及零星各件。料理就绪。即可展轮出洋。并据日意格禀。制造船机之法。计分五项。一在先将全座轮机。分件按量尺寸。缩画图式。一在模厂。按画图之大小。刻木以肖其形。一在打铁铸铁各厂。仿照模样。打铸成器。一在轮机厂。将打铸器件。刮磨合拢。一在水缸厂。打造大小各节铜管。镶配联合。是并数厂之工作。方能共成一器。做法虽极灵巧。却皆有次第可循。该轮机自九年八月起造。适因各厂皆有添酌器件。未暇专力于此。故至本年六月始报完竣。现在第二副第三副轮机。均按照式样续造。匠作趋事日久。驾轻就熟。较易为功。其第七号改造二百五十匹马力兵船。于五月二十五日安上龙骨。现在两舷船胁。均已上齐。即日可以封板。第八号轮船。仍系一百五十四马力。已于七月初间动工。谨将第七号船拟名扬武。第八号船拟名飞云。以资号召。至锤铁厂本设于船厂之内。与轮机铸铁水缸各厂并列。旋因厂内地基松软。每一汽锤击动。则屋瓦皆震。经日意格勘明于船厂迤东山麓一带。添设锤厂一所。并盖拉铁厂一所。因厂中所用铁条铁片。皆须贩自外洋。如能拉铁。则厂中可以自制。为一劳永逸计也。现在拉铁锤铁两厂。均已完工。谨会同陕甘督臣左宗棠。合词恭折具奏。

文煜等又奏。闽浙新造轮船。配发弁兵舵水人等。应需薪粮公费及煤炭等项。前经奏明将福州厦门两口洋药票税一款。截留支用在案。兹查轮船大号者每月薪费约支销二千一百余两。小号者每月薪费约支销一千五百余两。现成大号轮船三只。小号轮船两只。每月需银九千余两。又建威　板练船。每月除洋员薪水外。需银一千一百余两。已不敷支给。以后成船日多。经费动支更钜。伏查创造轮船。原为中国自强之计。沿海各省。必须协力通筹。分拨应用。在各处洋面。既资巡缉。而往来港道。亦易熟谙。现在仅准浙省咨明。需船一号。薪粮等项。即由浙支销外。其余续造轮船。究应如何分派各省。抑或另行添筹经费。居船政提调福建遇缺题奏道夏献纶禀请具奏前来。臣等复查无异。相应饬下总理各国事务衙门。核议遵行。谨会同陕甘督臣左宗棠附片具陈。

盛京礼部送到朝鲜国王咨文二件。臣等公同阅看。系因本年五月间。准总理各国事务衙门咨送具奏。据英国照会。请保全朝鲜扣留英民。应由礼部行查朝鲜一折。又六月十五日。准总理各国事务衙门咨送附奏。据英使照会。朝鲜扣留布人。应由礼部分别行知朝鲜一片。均经臣部钞录原奏。先后行知朝鲜国王。兹该国王接到两次咨文。覆称白翎岛漂到上国人九名。布国人二名。均已顺付英国船只领还等情。咨请转奏前来。臣等查本年八月二十二日。准朝鲜国王咨称本年白翎岛前后漂到中国人九名。洋国人二名。并什物等项。俱顺付三帆异样船领还等语。当经臣部据咨转奏。并声明检查该国来文。系在未接臣部两次行查咨文时所发等因在案。兹该国王于接据两次咨文后。具称前因。谨钞录原文。恭呈御览。军机大臣面奉谕旨。该衙门知道。

朝鲜咨文

朝鲜国王为咨覆事。同治十年六月二十五日。承准礼部咨。准总理各国事务衙门奏。英国使臣照会请为保全朝鲜扣留英民一折。奉旨。依议。钦此。恭录咨行礼部查照办理等因前来。相应钦遵谕旨。钞录总理各国事务衙门原奏行知朝鲜国王。转饬查明如果实有扣留英民一事。自系当时不知为何国之人。误为拘拿。现既经总理各国事务衙门奏称。英人系前往救援布国遭风商船。并无别项情事。应即照救护遭风难民之例。由该国解送奉天。转达京师以符向章可也等因。准此。窃照敝邦滨海。凡遇遭风来泊之别国船只。拯救保护。自有成宪。此次白翎岛漂到上国烟台人姚辰东等九人。布国人二名。船既沉没。仅拯货物。愿从旱路归去。故暂使留住。优给衣粮。办理束装之际。本年五月二十二日英国船只特来领还。即时顺付回送。窃计其间漂人等还到山东地方已久。今此礼部咨内英国使臣照会。不过是遥为漂民设法救回之意。今既救送阅朔。妥帖无事。已于本年六月二十一日。将此事状具咨前去。无庸更述。惟望礼部鉴谅。为此合行咨覆。请照验转奏施行。

(十一月)癸巳。广州将军长善。广州汉军副都统兼署满洲副都统果勒敏奏。奴才长善。于九月十三日会阅水操后。即于三门口乘坐海关之轮船。顺道往虎门外各海口。查看山川要隘。并轮船出入道路形势。携带详细地图。及洋人所绘地图。节节核对。复用千里眼周历瞭望。形势宛然在目。虎门内外。原设有炮台甚多。因历久未修。均就坍塌。若议一律修复。实恐无此钜款。然今昔情事不同。内有无须重设者。亦有必须择要兴修之处。以资扼险而备不虞。奴才已向督臣告知。应由督抚臣筹酌核办。至虎门外水势汪洋浩瀚。与内河迥不相同。香港地方。距虎门仅百馀里。未正开行。酉正即到。该处住有外国官员。闻奴才在海口一带查看。行抵港口。即派人来迎。次日清晨。该酋长即于岸边列队。鼓乐相迎。并开放洋炮二十一出。以申尊敬。旋因奴才登岸往观所建衙署。及监狱电报各处所。并具备筵宴款洽。所有大小兵头。均披挂带刀。相见以礼。极为诚谨。适英国初到一火轮兵船。系由日本国来。邀同看视。船内约有八百馀人。一切执事。并无华民在内。船身约长百数十丈。横约百步以外。上下三层。外用铁板包裹。约厚四五寸。内系木板。厚倍之。其桅亦系铁身。另置有小舢板轮船二支。其上周围炮眼颇密。共安置万斤外洋大炮五十二尊。夹缝中均设有小炮无数。多系开花炸子。其大如斗。长几尺余。该酋长令其兵操演一次。步伐整齐。进退便捷。演放小炮。亦极精熟。问其大炮可一试否。据云一放则岸上震动。即损坏房屋。问其船曾到广东省河。及天津大沽否。据云此等船并未到过。此次来港有事。数十日即行回国……

(己亥)附录美国照会内黏单

为照会事。前于正月十七日。曾由北京转递封函一件。内称本国船只。如在贵境遇难。欲与贵朝廷议定救护之法。豫防嗣后两国有伤和睦。并商办各事。故本大臣前来贵国商办。同水师提督乘坐兵船。以资护卫。本不妄害无辜。敝舟抵境。并望贵国特派大员来接。详细述知根由。暨以友谊商办等因。及至本大臣到境。并无大员前来。而所来之员。亦无贵国特派之信据。敝舟系以钦差之次最大之员。以礼接见。且告知本大臣在此海面小住几日。以俟贵朝廷简派平行大员。前来会议。本舟提督拟合帮内小舟。溯上察探海道水势。已属贵员先期通知沿海官氏。免致滋事。满拟贵员覆命去后。贵朝廷俯如所请。爰派小舟往探水势。以利行船。实为有益爱人之举。乃上行不过二三十里。忽由贵营施放火炮。而我舟并未先施。亦未示武。我舟返棹禀诉。本大臣即本提督。仍欲和好。满拟鸣炮之举。系出军民妄作。未尝奉令而行。暂缓施为。宽期十日。以俟贵朝廷卸肩任咎。并派大员前来。复将本大臣宽柔之意。照知富平江华各守土。冀免干戈。在我等开一和睦之路以期解纷。而贵国或为拒绝。或竟置之。显系推卻和睦。本提督欲伸前舟被击之曲。不得已径照各国加兵之常例。平厥营垒。败其甲兵。击毙杀伤数百人。生擒十余辈。现在本舟给食抚养。以善相待。一俟贵国公文到。言定此十余人。不再与我国接仗。即当释回……

(十二月)乙丑。总理各国事务恭亲王等奏。本年十一月十四等日。据英国使臣威妥玛照会。内称请照咸丰年间条约口岸中列琼州准其任便通商之处。并请转行该处官员。设法经理税务一切事宜。并据法国使臣罗淑亚。俄国使臣倭良嘎哩。美国使臣镂斐迪。布国使臣安讷克。先后照会到臣衙门。臣等查琼州口岸准予通商。英法俄三国。列在咸丰八年条约。十一年布国所立条约。亦列此款。美国条约内虽无琼州明文。而一体均沾。各国均有专条。溯自换约以来。南北洋各洋人均往通商。独琼州一口。迄未开办。是该处无甚贪图可知。迨至同治七年。英国议修新约之时。英使阿礼国请在温州通商。当经臣等议以欲添一口。必须裁撤一口抵换。该使臣始允将琼州一口停止通商以易温州。是各该国之不注意琼州。更属显而易见。嗣后新约未曾照办。英国使臣威妥玛。每以新约内于彼相宜之事。抽摘一二。坚请举办。均经臣等严行拒绝。并明告以新约各事。如欲开办。必须一律全行。不得随意抽摘。以杜其观觎侥幸之心。兹各国使臣等齐来照会。请照旧约开办琼州通商口岸。臣等窥其用意。以为如不允其前赴琼州。则可藉口背约。更得抽摘新约中便宜之处。来相哓渎。如刻下允其所请。则该使臣既得琼州。将来开办新约。仍往温州。得陇望蜀。亦系意中之事。然届时亦惟以一口抵换一口。坚执前议。与之力争。臣等公同商酌。琼州口岸。既系载在旧约。不便予以口实。因约与各该使照覆。俟议有定章。再按约开办。惟琼州既非各国所注意。现在照约通商。各国前往与否。虽尚未可知。而在我应议之事。不可不议。且琼州孤悬海外。与闽省之台湾地势相同。恐洋人一闻有开办之议。或即先往彼处贸易。多占码头。为将来争据地步。亦不可防。除由臣等函致南洋通商大臣。两广督臣等。豫筹防范。妥议章程。以免临时竭蹷外。相应据实奏明。请旨饬下南洋通商大臣。两广总督。广东巡抚。迅即遴派妥员。前往相度地方形势。查照各口开办通商章程。并责成该管道府。督饬地方官。请求中外交涉事件办法。毋或开手不慎。致日后难于补救。

御批。依议。

英国照会

为照会事。查咸丰八年本国定约。他国或于同时。或者继行各约。内定口岸数所。中列琼州。准为任便通商。平时居住之处。此次外商既有前往开商之意。本大臣与各国大臣宜同照会。相请贵亲王从速转饬各该管官。设法经理税务一切事宜。俟准覆文。本大臣立合派员将本国商民管辖照护。以昭慎重可也。为此照会。

辛未。福州将军兼署闽浙总督文煜。福建巡抚王凯泰奏。窍照闽省船厂。续造第六号轮船。拟名镇海。于同治十年十二月十六日。推移入水。其汽炉烟筒轮机炮架篷桅等项。尚未安置。当饬赶紧料理就绪。以期早日出洋。第九号轮船。仍系八十四匹马力。丈尺大小暨造法。均照兵船式样。与第六号相同。现已接续动工。于十月十九日安上龙骨。拟名靖远。以资号召。其第五号安澜轮船。所配汽鑪轮机。均系厂中自造。由罗星塔出五虎口而至白犬北茭一带洋面试验。逆风逆水。一时约行六十余里。顺风顺水。一时约行八十里。船极灵捷平稳。机器配搭亦均合宜。与购自外洋者无异。谨会同陕甘督臣左宗棠。合词恭折具奏。

同治卷八五

同治十一年。壬申。正月。丁亥。兵部左侍郎崇厚奏。窃奴才于九年闰十月初九日。在广东奏报出洋日期后。乘坐轮船。于十二月初五日。驰抵法国马塞海口。当有法国派员哥士耆迎接照料。适因法布交兵。其巴里都城被围。不能前进。奴才当赴博尔多城暂住。候至春初。法布两国和议始定。二月间。法国都城散勇内乱。巴里不守。奴才又由博尔多前赴魏洒城。旋与法国总理外部大臣发福尔接见后。当经法国派出全权大臣热福理会商一切。奴才已叠次公函报明总理各国事务衙门。曾于七月间奏明在案。八月初三日。奴才在美国牛雅克。接到总理衙门电信。知法国翻译官李梅带信前来。奴才即于八月二十一日仍回法国。李梅亦于九月十三日抵法。奴才复与法国大臣热福理叠次会议。给与照会。十月十一日将所奉国书呈递后。即于二十五日自法国都城起身。十二月十七日轮船驰抵上海。除在法国会议照会各件。应即另折详细陈奏外。所有奴才自外洋回国。行抵上海日期。理合恭折具奏。

(二月)甲申。福州将军兼署闽浙总督文煜。福州巡抚王凯泰奏。窃臣等承准军机大臣字寄。同治十年十二月十四日。奉上谕。制造轮船。原为绸缪未雨。力图自强之策等因。钦此。伏思闽省制造轮船。本为自强之计。经前督臣左宗棠。于同治五年奏准试造。调任陕甘。复奏蒙简派前江西抚臣沈葆桢总理船政。迨沈葆桢于九年九月十二日丁忧。未能赴工。钦奉谕旨。著臣等督饬夏献纶等妥办。因查左宗棠原议。制造轮船十六号。定以铁厂开工之日起。限五年为期。总计经费不逾三百万两。铁厂开工。在同治八年正月。其拨解经费。先于闽海关结款项下提银四十万两。作为创始之用。嗣后每月于洋税项下拨银五万两。自同治五年十二月起支。按月拨解。至十年十二月止。已拨过正款银三百一十五万两。另以洋药票税奏明拨作养船经费。共解过银二十五万两。轮船于铁厂未开工之先。造成下水者一号。铁厂开工后。下水者五号。具报开工者三号。虽造船尚未逾限。而用款已较原估有增。臣等窃以制造轮船。前督臣左宗棠创议于前。立意至为深远。前江西抚臣沈葆桢总理于后。规划亦极精详。惟现在造成之各号轮船。虽均灵捷。而与外洋兵船较之。尚多不及。以之御侮。实未敢谓确有把握。查闽厂第七号改造二百五十四马力兵船。同开工之第八号。计本年四五月间方克蒇工下水。秋间可以出洋。第九号船工甫及半。出洋尚无准期。应否即将闽省轮船局暂行停止。以节帑金之处。伏候圣裁。如奉旨暂行停止。尚有左宗棠原议五年限内应给洋员洋匠辛工。并回国盘费。加奖银两。又定买外国物料。势难退回者。应给价值以上各款。约需银七十余万两。应行筹拨。至原奏一切采买杂料。皆须委员四出。即官为给价。民间亦不无扰动一节。查船厂自开设以来。委员赴各处采买物料。以及水陆挑运。均系公平给价。从无扰累民间。又原奏已经造成船只。似可拨给殷商驾驶。收其租价。以为修理之费一节。查已成各船。如租给殷商。殊属可惜。沿海各省。虽有额设师船。而军兴后尚未能按额造齐。且师船须候风讯。不敌轮船之灵捷。闽省前已遵旨选派弁兵。分配各船。出洋训练。拟请将闽省岁收洋药票税一款。仍作为养船经费。酌留两号出洋训练遣用。其余各船。除浙省先已拨赴一号外。前曾奏请分派各省。业奉总理各国事务衙门议令南北洋通商大臣。及沿海督抚臣体察情形。分别奏咨拨往。仍请饬催各省酌量调用。是否有当。并候命下遵行。其动用造船经费。并从前用过养船经费。统俟奉旨后截清月日。分别造册报销。臣等谨合词恭折覆陈。

谕军机大臣等。前因内阁学士宋晋奏。制造轮船。縻费太重。请暂行停止。当谕文煜。王凯泰。斟酌情形。泰明办理。兹据奏闽省制造轮船。原议制造十六号。定以铁厂开工之日起。立限五年。经费不逾三百万两。现计先后造成下水者六号。具报开工者三号。其拨解经费。截至上年十二月止。已拨过正款银三百十五万两。另解过养船经费银二十五万两。用款已较原估有增。造成各号轮船。虽均灵捷。较之外洋兵船。尚多不及。其第七八号船只。计本年夏间。方克蒇工。第九号出洋尚无准期。应否即将轮船局暂行停止。请旨遵行等语。左宗棠前议创造轮船。用意深远。惟造未及半。用数已过原估。且御侮仍无把握。其未成之船三号。续需经费尚多。当此用款支绌之时。暂行停止。固节省帑金之一道。惟天下事创始甚难。即截撤亦不可草率从事。且当时设局。意主自强。此时所造轮船。既据奏称较之外洋兵船尚多不及。自应力求制胜之法。若遽从节用起见。恐失当日经营缔造之苦心。著李鸿章。左宗棠。沈葆桢。通盘筹画。现在究竟应否裁撤。或不能即时裁撤。并将局内浮费如何减省。以节经费。轮船如何制造。方可以御外侮各节。悉心酌议具奏。如船局暂可停止。左宗棠原议五年限内。应给洋员洋匠辛工并回国盘费加奖银两。及定买外洋物料。势难退回。应给价值者。即著会商文煜。王凯泰。酌量筹拨。该局除造轮船外。洋枪洋炮火药等件。是否尚须制造。及船厂裁撤后。局中机器物料。应如何安置存储之处。并著妥筹办理。已经造成船只。文煜等以拨给殷商驾驶。殊为可惜。拟将洋药票税一款。仍作为养船经费。酌留两号出洋训练。即著照所议办理。其余各船。俟各省咨调时。分别派往。

(三月)癸巳。大学士两广总督瑞麟奏。窃照同治十年十二月初十日。准兵部火票递到总理各国事务衙门咨。所有筹议闽省轮船经费一折。十一月初六日。本衙门会同户部具奏。本日奉旨。依议。钦此。钞录原奏知照前来。查阅原奏。内称闽厂大小轮船。已成五号。续造者亦陆续可以告竣。亟应分布海口。以期熟习风沙。且使弁兵及舵水人等。娴于驾驶。各处洋面。既资巡缉。而往来港道。亦易熟谙。除江苏一省。原有沪局制造之船。足敷应用。并浙省已咨准拨用一只。约毋庸添拨外。其余沿海省分。如广东之香海岸。山东之登州。奉省之牛庄。直隶天津等处。均属海道可通。且各该省每有雇买外国火轮夹板等船。以资办公之时。与其借资外洋。徒增耗费。曷若拨用闽厂船只。既可省就地雇买之费。兼可节闽局薪粮之需。且不致以有用之船。置之无用之地。于试演新船。撙节度支之道。均有裨益等因。奴才伏查粤省先后购置轮船。共有大小七号。历年分道出洋巡缉。陆续拿获要犯多名。甚属得力。惟钦州一带。毗连越南所属狗头山等处洋面。向为盗匪渊薮。该处海港辽阔。风涛不测。巡洋师船。颇难驻泊。必须大号轮船。方足御风涛之险。而收缉捕之效。现闻闽省造成之伏波轮船一号。长约三十余丈。与粤省所置轮船。形制较巨。以之驶巡洋面。最为稳妥。即咨拨此号轮船来粤。俾资巡缉。并节闽省薪粮之需。奴才已督饬在省司道。先将此项轮船经费设法筹备。以应支发。兹据善后总局司道详请奏咨拨调前来。相应请旨饬下闽浙督臣。派拨闽厂已成之伏波轮船一号。即用该厂原派管驾此号轮船之弁兵舵工水手人等。驾驶来粤。以期熟练而资巡缉。

谕军机大臣等。瑞麟奏请调拨闽省轮船赴粤一折。广东钦州一带。海港辽阔。捕盗巡洋。极关紧要。必须大号轮船。方足御风涛而资巡缉。瑞麟所请将福建轮船调赴该省应用。系为绥靖洋面起见。著文煜。王凯泰。即将闽厂已成之伏波轮船一号。派拨赴粤。即用原派管驾之弁兵水手人等。驾驶前往。其月需工费薪粮等项。并即知照粤省。由瑞麟饬局筹款支发。以节浮费而归实用。

同治卷八六

(同治十一年壬申四月)庚申。陕甘总督左宗棠奏。窃臣于三月初十日。钦奉二月三十日密谕。前因内阁学士宋晋奏。制造轮船。縻费太重。请暂行停止等因钦此。敬仰我皇上于慎节经费之中。仍切思患豫防之念。钦感难名。窃维制造轮船。实中国自强要著。臣于闽浙总督任内。请易购雇为制造。实以西洋各国恃其船炮。横行海上。每以其所有。傲我所无。不得不师其长以制之。其时英人威妥玛。赫德。有借新法自强之说。思藉购雇而专其利。美里登。有雅芝等。亦扬言制造耗费。购雇省事。冀以阻挠成议。幸赖圣明洞鉴。允于福建设立船局。特命沈葆桢总理船政。而后群喙息而公论明。

臣于具奏后。旋即去闽。然于船政一事。则始终未敢恝置也。西征以后。叠接沈葆桢。周开锡。夏献纶缄牍。皆称船政顺利。日起有功。第一号轮船万年清驶赴天津时。华夷观者如堵。诧为未有畿郊。目睹其事。私怀幸慰尤深。嗣是率作兴事。成效益臻。臣原奏自铁厂开工起。限五年内造成大小轮船十六只。计闽局自八年正月铁厂开工。至今已造过九号。为时尚止三年。纵限内十六号轮船。未能悉数报竣。然亦差数不远。此时日之可考者也。试造之始。本拟由浅入深。近来船式。愈造愈精。原拟配炮三尊者。今可配炮八尊。续造二百五十四马力轮船。竟配新式大洋炮十三尊。此成效之可考者也。据夏献纶禀。各厂匠作。踊跃精进。西洋师匠所能者。均已能之。而艺局学徒一百四十余名。既通英法语言文字。于泰西诸学。尤易研求。臣前据闽局缄报。天文算学画图管轮驾驶诸艺童。有学得七八分者。有学得五六分者。屡请英法教师考校。列上等者约七八十名。次亦三四十名。将来进诣。尚未可量。如果优其廪饩。宽以时日。严其程督。加以鼓舞。则以机器造机器。以华人学华人。以新法变新法。似制造驾驶之才。固不可胜用也。前闻西人议论。每叹华人质地聪颖。犹胜泰西诸邦。未之能信。观近时艺童。能事渐多。所学日进。参之西人羡者妒者之口。观其消沮敛退之形状。似非无因。此人事之可考者也。文煜。王凯泰奏称。较外洋兵船。尚多不及。臣未见其原奏。不知所称不及外洋兵船者何事。无从悬揣。惟文煜等既于造成轮船称其灵捷。又以拨给殷商为可惜。是已成之船。非不适用。数百万之费。非虚掷也明矣。其称尚多不及外洋兵船者。亦止就目前言之。并非画地自限。谓此事终应让能于岛族也。

泰西各国各造轮船。始事至今。阅数十年。所费何可胜计。今学造三年之久。耗费数百万之多。谓遂能尽其奇巧。无毫发憾。臣亦不敢信其诚然。然则闻岛人议论。佥谓中国制造驾驶。必可有成。而闽局地势之宜。措置之当。索图传览。靡不叹服。亦足证前功之有可睹。后效之必可期也。至制胜之有无把握。此时海上无警。轮船虽成。未曾见仗。若豫决其必有把握。固属无据之谈。但就目前言之。制造轮船。已见成效。船之炮位马力。又复相当。管驾掌轮。均渐熟悉。并无洋人羼杂其间。一遇有警。指臂相联。迥非从前有防无战可比。此理势之可考者也。

谕旨局内浮费如何减省。窃维船局经费一款。臣于同治五年奏请试造轮船时。议于闽海关结款先提银四十万两。为创始之用。系专为购器募匠买地建厂之需。当初撙节确估。原虑支销不足。厥后增拓厂基。添购机器料物。用工日多。需费日巨。视原议增至一倍有余。嗣复于洋税项下每月拨银五万两。自五年十二月起。至九年八月止。共二百三十万两。自九年九月起。至十年十二月止。共八十五万两。据闽局开报各项用款。有因开创之始。不得不从宽估拨者。有因购办外洋物料。商贾居奇。不得不按照时价以广招徕者。亦有趁价值平减。豫购备用者。局中工匠人数。较原议日有增加。如铁厂船厂工匠一千六百名。后渐增至二千名。铁厂原止五处。后添至八处。艺局学徒。原止六十名。后添至一百四十余名等类。工料既以求精而加。经费自以宽筹而绌。势有固然。惟匠作技艺。艺习而精。或可期其速。外洋物价。争趋而贱。或可期其减。夏献纶上年总办局务。曾禀节减经费银数万两。此后有无可节之费。臣相距太远。无从悬揣。大约工作之事。创始为难。工作之费。亦惟创始为最巨。即如仿造轮船。必先建生铁厂。水缸厂。火锯兼模厂。熟铁兼铜厂。轮机兼合拢厂。拉铁厂。摃铁厂。钟表厂。帆厂。陶厂。舢板厂。铁船槽等。各项工程。以应一船之用。各工既毕。量材分厂。并力凑办。庶机器相联。工作无闲。船成而费亦省。各项工程。既均因造船而设。其费自应汇入船工销算。创造伊始。百物备焉。故始造数只。所费最多。以船工之先。凡轮船各具。均须修造齐全。色目既多。款项甚巨也。迨接续造作。则各项工程。无须再造。经费专用之船工。而经费亦日见其少。此时造船虽仅数号。而经费已逾臣原估三百余万之数。良由工料马力。既较臣原估之数有增。而又将创始各项工程经费。一并计算之故耳。以臣愚见揣之。闽局已成及将成轮船。约共九号。闻十一号之番木。亦已购备齐全。则通工告成。所费自少。而现造二百五十匹马力机器。实与西洋各国兵船无异。厂中既能自造。将来再增马力。止须增机器不须增厂。尤为便利。窃维此举为沿海断不容已之举。此事实国家断不可少之事。若如言者所云。即行停止。无论停止制造。彼族得据购雇之永利。国家旋失自强之远图。堕军实而长寇仇。殊为失算。且即原奏因节费起见言之。停止制造。已用之三百余万。能复追乎。定买之三十余万。及洋员洋匠薪工等项。能复扣乎。所谓节者又安在也。臣于同治五年奏请试造轮船时。即豫陈非常之举。谤议易兴。事败垂成。公私两害。所虑在此。兹幸朝廷洞瞩情形。密交疆臣察议。成效渐著。公论尚存。微臣得于钦承垂询之余。稍申惓惓不尽之意。否则微臣虽矢以身家性命殉之。究于国事奚所裨益。兴念及此。实可寒心。所有福建轮船局势。必可有成。有利无害。不可停止实在情形。谨披沥直陈。

甲子。山东巡抚丁宝桢奏。窃前准总理各国事务衙门会同户部议覆福州将军文煜等奏。续造轮船。应如何分派各省一片。以闽局制造轮船。原为备物制用。亟应分布海口。以期熟悉风沙。如广东山东奉天等省。均属海道可通。若拨用闽省船只。即可节闽局薪粮。且不至以有用之船置之无用。应令各督抚体察情形。分别奏咨。拨往应用。所需薪粮各费。准由各省洋药厘金项下就近动支等因。于同治十年十一月初六日。奏奉谕旨依议钦此。咨行到前署抚臣文彬。转行藩臬两司并东海关监督筹议禀覆在案。臣伏查东省海道绵亘三千余里。洋面辽阔。港汊分歧。登郡尤为天津咽喉。巡防护漕。在在均关紧要。上年臣以登州水师废弛日久。力求整顿。酌议变通营制。制造师船。以期有备无患。业经胪列条款。奏蒙谕旨。交部议奏。一面先行筹款。委员赴粤。查看船只式样。购觅料物。随时具禀核办。窃维前请购制拖缯船。原为内洋操防之用。以立水师根本。若再加轮船出洋梭织巡哨。防范尤为周密。且闽局成船日多。经费浩大。自当各省分拨。以维大局。惟所需经费。准由洋药厘金动支。查文煜原奏。声明现成大号轮船三只。小号轮船五只。每月需银九千余两。东省所辖皆系大洋。必须大号轮船。方能适用。其每只所用舵工水手弁兵以及管辖官弁。并应用煤炭一切需费若干。原折并未分晰声明。臣亦拟难悬揣。约计每月总在二千两上下。每年即需银二万余两。再加以岁修经费。合计不下三万余两。而东省所收洋药厘金。正税居多。自立关以来。奏定章程。洋药正税。均归入洋税项下。按结开报。统入进出口各货正税。分四六成动支。四成解天津机器局应用。六成奏拨京饷。以及该关一切坐支。每年均无盈余。其厘金一项。每年所收。综计不过七八千两。均系凑解饷项。即以按年全数拨归轮船。薪粮不敷甚巨。臣与在省司道及东道关监督再四筹商。惟有将所收洋药厘金一款。专作为轮船经费。此外不敷之项。再在藩运两库。于巡防缉捕经费生息项下。移缓就急。凑拨接济。再有不敷。随时筹款办理。总不得动用正款。至厘金正项。应拨京饷。并天津机器局。仍分别照旧按成如数分解。不准短少。惟此次经费。臣系就闽省所奏九千余两之数。约略核计。其必需口粮薪水。实在用数。未能即定。应俟咨取闽省所定各船经费章程来东。详细核明实用数目。再行奏明核办。至于岁修之需。此时更难悬定。亦应轮船到东。试用一半年后。临时酌核情形筹议。至臣传闻闽局制成轮船有名曰安澜。东省洋面较为适用。相应请旨饬令闽省督抚。船政大臣。迅即分拨大号安澜轮船一只。配齐舵工水手。委员驾驶至东省烟台停泊应用。

抑臣更有请者。轮船舵工水手。东省现在本无熟谙之人。兹既拨用。自应就该船现用人数驾驶。方期得用。其需用官弁兵丁管理操防等事。东省本有水师。自应俟船只到东。由臣自行遴选派拨。并令其逐渐练习。不必再用闽省弁兵。庶期易于驾驶。而东省习久技熟。始可收轮船之益。至该船既归东海边防。应即就近归海关监督钤东差遣。以一事权而资稽查。

谕军机大臣等。丁宝桢奏请调拨闽省轮船。赴东巡缉。并酌筹经费一折。山东海面辽阔。登州一郡。尤关紧要。必须大号轮船出洋巡哨。方为周密。丁宝桢请调福建安澜轮船。赴东备用。于巡防自属相宜。著文煜。王凯奏。酌度情形。如可将安澜轮船拨赴山东。即著配齐舵工水手。委员驶往山东烟台地方。听候该省驾用。并将船内经费章程。详细咨明丁宝桢核实支给。即著照丁宝桢所请。将该省所收洋药厘金一款。专作轮船经费。不敷之项。再于藩运两库巡防缉捕经费生息项下凑拨接济。仍随时筹款添补。不得动用正款。并著丁宝桢于山东水师内遴选得力弁勇。令其逐渐练习。庶日久技熟。易于驾驭。并责成该海关监督。就近钤束差遣。以一事权而收实用。

庚午。暂署盛京将军兼管奉天府府尹瑞联。盛京副都统清凯。奉天府府尹恭镗奏。窃准总理各国事务衙门咨。为筹议闽省轮船经费一折。同治十年十一月初六日。奉旨依议钦此。奴才等伏查奉省南滨大海。口岸甚多。凤凰岫岩二城。密迩东边。尤为盗匪匿薮。近年夏秋之间。动辄结伙滋扰。一经拨兵进剿。即抢船入海。游弋窥伺。虽拨水师营战船往拿。第船身重笨。不甚得力。今闽厂制造轮船。既有弁兵娴于驾驶。又且熟悉风沙。诚如总理衙门所议。系属有用之器。若以拨来奉省巡洋拿贼。较之水师战船。实属便捷。但有船必先筹费。方可经久。查奉省征存各款。尚不敷本处之用。其海关征收各项洋税洋厘。除练兵客兵之饷外。能敷若干。亦难逆料。奴才等当经剳据护理海关道同知奎瑞详称。洋税厘捐。一年不过二三万两。尽数拨充客兵月饷。六成洋税。除营口练兵经费外。余存亦协济客兵月饷。仅有四成洋税。一年六七八万两。系经户部奏明。不准擅动。奴才等详加酌核。此次拟拨小号轮船一只。驾驶弁兵各项经费。宽为筹计。每年约需不下二万余两。现在查明海关征收洋税洋厘。除协饷外。仅存四成洋税一年约七八万两。既系不准撤动之款。奴才等又曷敢妄议留用。第舍此之外。无款可以通融筹给。伏思我皇上绥靖地方。慎重根本。无论何款要需。皆准动用。今轮船经费。既无款可筹。而奉省巡洋缉捕。得此利器。于地方实大有裨益。惟有仰恳天恩。俯准奴才等暂由四成洋税项下动支。一俟地方安谧。客兵酌撤。即由六成洋税洋厘归款。如蒙俞允。请旨饬下闽省酌拨小号轮船一只。由海道驶赴奉天牛庄海口停泊。听候剳调巡缉。所有月放薪水。责成海关道就近支发办理。核实报销。以杜冒滥。

谕军机大臣等。瑞联等奏。拟拨轮船巡缉。并筹议经费一折。据称奉天省南滨大海。口岸甚多。时有盗匪游弋。若调轮船巡缉。实为便捷等语。著文煜。王凯泰。酌度情形。派拨小号轮船一只。配齐舵工水手。委员驶赴奉天牛庄海口停泊。听候调遣。并将船内经费章程。详细咨明都兴阿等核实支给。俟轮船驶抵奉省。都兴阿等当遴派得力弁兵。随时出洋。认真巡缉。并可令该弁兵等随同驾驶。以资练习。瑞联等所请于四成洋税项下动支经费等语。著户部议奏。

癸酉。前江西巡抚沈葆桢奏。窃臣于同治十年三月二十一日。准福州将军兼署闽浙总督臣文煜咨。本月十七日。承准军机大臣字寄。二月三十日。奉上谕。前因内阁学士宋晋奏。制造轮船。糜费太甚。请暂行停止一折等因钦此。仰见圣主慎重周详。力图自强之至意。伏维自强之道。与好大喜功不同。即使中国船炮远胜西国。我皇上断不肯劳师异域。为汉武唐宋之所为。至自固藩篱。为民御灾捍患。非惟事势所不容已。抑亦覆帱所不可遗。

查宋晋原奏。称此项轮船。谓以之制夷。则早经议和。不必为此猜嫌之举。果如所言。则道光年间已议和矣。此数十年来。列圣所宵旰焦劳者何事。天下臣民所痛心疾首不忍言者何事。耗数千万金于无底之壑。公私交困者何事。夫恣其要挟。为抱薪救火之计者。非也。激于义愤。为孤注一掷之计者。亦非也。所恃者未雨绸缪。有莫敢侮予之一日耳。若以此为猜嫌。有碍和议。是必尽撤藩篱。并水陆各营而去之而后可也。原奏称用之外洋交锋。断不能如各国轮船之利。各为远谋。实同虚耗。夫以数年草创伊始之船。此诸百数十年孜孜汲汲精益求精之船。是诚不待较量。可悬揣而断其不逮。然亦思彼之据是利者。果安坐而得之也。抑亦苦心孤诣。不胜糜费而得之耶。譬诸读书。读至数年。谓弟子当胜于师者妄也。谓弟子既不如师矣。莫若废书不读。不益妄乎。且各国轮船。亦有利有不利。其创之也各有后先。其成之也互相师法。久于其道。熟能生巧者则利。卤莽从事。浅尝辄止者则不利。加意讲求。兢兢惟恐失之者则利。恃其精巧。疏于防范者则不利。此中人事居其半。天事亦居其半。即如厂中新造之万年清伏波轮机。搆诸外国者也。安澜轮机。成诸本厂者也。万年清船工。屡作屡改。伏波安澜。渐少更张。而试诸海邦。则伏波稳于万年清。安澜稳于伏波。前者生。后者熟也。新造诸船。俱用华人驾驶。夫华人驾驶之技。逊于洋人昭昭也。去岁海上飓飓辄作。坏夹板船百余号。轮船二十余号。而闽沪两局。华人驾驶之船。幸保无事。非我皇上震动恪恭之念上格天心乎。勇猛精进。则为远谋。因循苟且。则为虚耗岂但轮船一事然哉。

原奏称捕盗已有师船。运粮不若沙船。前年浙江成案。师船出则洋盗悍然戕官。轮船出则洋盗弭首就缚。前年运米成案。沙船自沪达津以月计。轮船自沪达津以日计。此其利钝赢绌。尚待辩而明哉。至谓成造船只。拨给殷商。将其租价以备修理。不知兵船与商船迥别。商船高其顶。务广其舱以受客货。兵船则避枪炮。压风涛。敛之惟恐不密。以兵船畀之商人。即不索其租。彼亦不以为利也。

船政采办。洋料购自香港。木料购自暹罗。此皆与洋人交接。不居奇则幸耳。不受我扰也。当设厂之始。本地水田所需木桩。不可胜数。省城木价为之骤昂。且丈尺不敷。因而委员赴上游采办。嗣木商闻风自至。即时停止。台湾曾委员采办樟木。嗣后洋人踵行。亦于前年停止。惟鸡笼之煤炭。无日不需搬运。亦源源不绝。然价值水脚。约照民间一体由行公平交易。从无派诸官累诸民者。当左宗棠之议立船政也。中国无一人曾身历其事者。不得不问之洋将。其约自铁厂开工之日起。立限五年。成船一十六号。估费三百万。惟中外员匠。有生熟巧拙之殊。铜铁木料。有贵贱之异。零星物件。外国取诸市肆而皆足。中国非一一本厂自造。即购诸重洋。然所估之数。不甚相远。以结款四十万为购器募匠买地建厂之需。则昔之所估。与今之所费。相去悬绝。专就建厂而论。一椽未立。一瓦未覆。第购民田。钉木桩。培山土。地基甫固。而所费已不支矣。盖洋将所见者外国已成之厂。而不知当日经营缔造之艰难。所以臣任事时。即有应办工程。应发款项。多从前未经议及之奏也。原议铸铁为一厂。打铁为一厂。模子为一厂。水缸兼铸铜为一厂。轮机兼合栊为一厂。合共五厂。后增拉铁锤铁钟表帆缆火砖舢板六厂。又立打铁轮机分厂。共添八厂。添厂则添机器。添匠徒。并添工费。原议学堂两所艺童六十名。后添绘事院驾驶学堂管轮学堂艺圃四所艺童徒共三百余名。臣察看其均系不容已之需。懔遵我皇上勉为其难毋得瞻前顾后之旨。不追绳其原估之疏漏。而务责其全局之必成。所有添设缘由。均经奏明在案。各厂工九年夏间甫毕。拉铁搥铁两厂。十年秋间始毕。此微臣办理不善。工迟费巨之实在情形也。夫办理不善。臣百喙难辞。然不当以承办者之乖方。拟创议者之失策。傥因是而废之。机器所置甚巨。发卖无承售之人。存储有看守之费。积日朽蠹。卒亦归于无用。轮船无一岁不修者。数年则一大修。且须撤换机器。工停而船无可修。则厂废而船随之俱废。然犹曰举已费者弃之耳。骤筹七八十万金。遣散不做工之洋人。清还不适用之物价。海关厘局。未必具此巨款。更那解部之款。协饷之款。以应此急需。是省费而费愈迫也。然犹曰一劳永逸耳。外人之垂涎船厂也。非一日矣。我朝弃则彼夕取。始也以借用为言。无辞以却之也。继必于他处故启衅端。勒赔兵费。而以此为抵。枝节横生有非意料所及者。且当日左宗棠与洋将坚明约束。各国周知。今无故而废之。一则谓中国办事。毫无把握。益启其轻视之心。一则谓中国帑项不支。益张其要求之欲。此臣所以反覆再三。窃以为不特不能即时裁撤。即五年后亦无可停。所当与我国家亿万年有道之长。永垂不配者也。

臣志广术疏。拙于居积。或滋糜费。夏献纶精核。远过于臣。接办以来。无日不兢兢以撙节为念。

然用款之巨犹昔。非不痛减。此减而彼旋增。臣交卸时尚有存款。储财尤富。今则长补短。银垂尽料亦尽。海关五万。按月解给。且恐万万不敷。欲求减省。或在五年限满洋将遣散后乎。御侮有道。循已成之法而益精之耳。洋人来中国教习。未必非上上之技。当年曾国藩有募幼童赴英国学艺之举。闽中欲踵而行之。以艰于筹费而止。拟限满后选通晓制造驾驶之艺童。辅以年少技优之工匠。移洋人薪水为之经费。以中国已成之技。求外国益精之学。较诸平地为山者。又事半功倍矣。西法虽千头万绪。要权舆于算学。中法与西法。派虽别而源则同。臣尝会同前督臣英桂。有请设算学科之奏。部臣因无人可以阅卷议校。然闻京师同文馆教习李善兰。通西学者也。前任山西河东道杨宝臣。通中学者也。傥废无用之武科。以励必需之算学。导之先路。十数年后。人才蒸蒸日上。无求于西人矣。然而外侮之来。何能待我。但就已成这船炮训练精熟。未尝不可转弱为强。否则士卒不习。虽极精之船炮。亦块然一物耳。前蒙特荫福建水师提督李成谋为轮船统领。俾常川训练。惟是训练不能无费。该提督素性廉介。必不思籍润乎其中。而缺瘠家贫。力不足以赔垫。臣旋即丁忧交卸。未及奏请。应恳饬下督抚臣按月筹解五百金。为该提督出洋操费。但凡闽局之船。无论留于福建及分拨外省者。统领均须逐时校阅其高下。其药弹等项。则拨归何省之船。由何省应付。毋令缺乏。纵事变猝发。不至仓皇无措矣。至养船经费。原不在造船所估之中。若虑兵船过多。费无从出。则闻造商船。未尝不可。亦患领者之无人。但兵船为御侮之资。不容因惜费而过少耳。

谕军机大臣等。前因文煜等奏。闽省制造轮船。未能克期蒇工。应否暂行停止。当经谕令李鸿章等妥筹具奏。兹据沈葆桢缕陈船政情形。不可遽行停办等语。著俟李鸿章全到。再降谕旨。文煜。王凯泰。沈葆桢。仍将该厂未成船只。督饬委员照常办理。毋稍玩忽。沈葆桢所请筹拨训练经费。即著文煜。王凯泰。按月筹给银五百两。作为李成谋出洋操费。即饬该统领认真训练。无论留闽及分拨外省轮船。均应随时校阅。俾臻娴熟。且驶用日久。船只易致损坏。应如何分年点验修理之处。并著文煜。王凯泰。沈葆桢。斟酌会商。奏明办理。

五月。甲申。福州将军兼署闽浙总督文煜。福建巡抚王凯泰奏。窃臣等承准军机大臣字寄。同治十一年三月初九日。奉上谕。瑞麟奏。请调拨闽省轮船赴粤一折钦此。并准大学士两广督臣瑞麟钞折咨会前来。臣等查伏波轮船。先经派赴浙巡洋。该船舵水炮手人等均籍隶宁波。于浙洋港道。较为熟悉。并经陈明在案。现虽抽调赴沪。装运洋米。俟事竣仍应拨还浙省。兹查有闽厂续造第五号安澜轮船。亦系一百五十匹马力。船身虽较伏波略短。而行驶便捷。本年两次运米赴京。往来俱极妥速。且该船管驾官补用都司吕文经。于粤省一带洋面。尤为熟悉。堪以派往。该船因运米尚未回闽。除俟回闽后。即饬驶赴粤东听候调遣。并将该船配用炮械器具。及月需薪粮舵水花名。另行造册咨送粤省查照外。据船政提调福建遇缺提奏道夏献纶具详请奏前来。臣等谨合词覆奏。

庚子。协办大学士直隶总督李鸿章奏。窃臣钦奉同治十一年二月三十日。密谕。前因内阁学士宋晋奏。制造轮船。糜费太重。请暂行停止等因钦此。仰见圣主力图自强。规画远大。钦佩莫名。臣窃维欧洲诸国。百十年来。由印度而南洋。由南洋而东北。闯入中国边界腹地。凡前史之所未载。亘古之所未通。无不款关而求互市。我皇上如天之度。概与立约通商以牢笼之。合地球东西南朔九万里之遥。胥聚于中国。此三千余年一大变局也。西人专恃其枪炮轮船之精利。故能横行于中圭。中国向用之弓矛小枪土炮。不敌彼后门进子来福枪炮。向用之帆蓬舟楫艇船炮划。不敌彼轮机兵船。是以受制于西人。居今日而曰攘夷。曰驱逐出境。固虚妄之论。即欲保和局。守疆土。亦非无具而能保守之也。彼方日出其技。与我争雄竞胜。吃长较短。以相角而相陵。则我岂可一日无之哉。自强之道。在乎师其所能。夺其所恃耳。况彼之有是枪炮轮船也。亦不过创制于百数十年间。而侵被于中国。已如是之速。若我果深通其法。愈学愈精。愈推愈广。安见百数十年后不能攘夷而自立耶。日本小国耳。近与西洋通商。添设铁厂。多造轮船。变用西洋军品。彼岂有图西国之志。盖为自保计也。日本方欲自保。而偪视我中国。中国可不自为计乎。士大夫囿于章句之学。而昧于数千年来一大变局。狃于目前苟安。而遂忘前二三十年何以创巨而痛深。后千百年之何以安内而制外。此停止轮船之议所由起也。

臣愚以谓国家诸费皆可省。惟养兵设防。练习枪炮。制造兵轮船之费。万不可省。求省费则必屏除一切。国无与立。终不得强矣。左宗棠创造闽省轮船。曾国藩饬造沪局轮船。皆为国家筹久远之计。岂不知费巨而效迟哉。惟以有开必先。不敢惜目前之费。以贻日后之悔。该局至今。已成不可弃置之势。苟或停止。则前功尽弃。后效难图。而所费之项。转成虚糜。不独贻笑外人。亦且浸长寇志。由是言之。其不应裁撤也明矣。至奉旨询及经费如何减省一节。闽厂相距过远。臣实不知其详。但就沪津机器各局情形推之。凡西人制器。往往所制之器甚微。而所需以制器之器甚巨。机器重大。必先求安置稳固之地。培土钉桩。建厂添屋。不惜工本。积累岁月而后成。其需用器具。缺一不备。则必各件齐全。方能下手。而选料之精。必择其良而适用者。恰令尺寸。不肯略有迁就。其不中绳墨。皆在屏弃之列。人经营构造。时有变更。或甫造未成。忽然变计。则全料已经拆改废弃。且以洋匠工价之贵。轮机件数之繁。傥制造甚多。牵算尚为合计。若制器无几。逐物以求。分析工料之多寡。则造成一器。其价有逾数倍者矣。凡造枪炮轮船等项。无事不然。闽厂创始。系由法人日意格。德克碑。定议立约。该二人素非制造轮船机器之匠。初不过约略估计。迨开办后逐渐增多。势非得已。其造未及半。而用数已过原占。或造更加多。而用费转就减省。似属西人制器事理之常。实未便以工部则例。寻常制法。一律绳之。惟厂工既已粗备。以后不过工料薪费数大端。应如何设法节省之处。请饬下福建督抚臣会同船政大臣沈葆桢。随时督饬撙节妥办。省其所当省。而非省其所必不可省。斯于事有济矣。

又奉旨询及轮船如何制造。方可以御外侮一节。臣查兵法须知己知彼。乃得制胜之要。访闻英国兵船三百六十余只。在诸国为最多。内有铁甲船四十余只。法国先有兵船三百余只。现减至二百四十只。内铁甲船六十余只。美国兵船二百余只。内铁甲船五十余只。俄国兵船三百余只。内铁甲船二十余只。布国兵船仅百余只。内铁甲船六只。现又续筹添造。此皆西洋数大强国。势力相埒。其余小弱诸邦。或兵船数十只百只不等。然而上年布法之战。法兵败于陆路。虽战船多而坚。且数倍于布。尚无把握。兵事胜败。固难言已。大概西洋商船。止可运载兵粮辎重。其兵船则分数等。小者曰根驳。舱面置炮数尊。用以哨探巡防。今闽厂所制万年清伏波安澜等船。沪厂所造恬吉操江测海等船。大小尺寸虽稍异。总之不离乎根驳式样。至外洋兵船。大者马力或七八百匹。食水至二三十丈。置炮两层。至四五十尊。闽厂尚未试造。现沪局造成第五号。船身长三十丈。机器马力四百匹。锅炉均在船腹水线之下。舱面及两旁两层。置炮二十六尊。确系仿照外国三枝桅兵船做法。英馆新闻纸称系中国第一号大船。信不虚也。然食水已十九丈。内江浅涸时。便虞阻阁。又据沪局道员冯焌光禀称。上年法国有铁甲船至沪。该员登舟察看。船炮坚利异常。

本年四月。英国铁甲船又至沪。俱泊吴淞江外。不能进口。该道等往观。水线之上。铁甲厚十寸。内衬木板厚十八寸。船帮均系夹层。中可藏人。即轰破外层。而里铁未穿。外水不能灌入。机器锅炉及两层巨炮。均在厚铁甲之中。其首尾铁皮稍薄。水线之下。铁皮不过五六分。船内炮位。用电气线燃放。各炮一时同响。又用汽机轮转起碇。较人力尤为神速等语。此等制作。实堪奇诧。盖根驳不若大兵船之坚猛。兵船又不若铁甲船之坚猛。以铁甲船御兵船。当之辄靡。况根驳乎。惟船愈坚大则费愈多。今欲我数年创始之船。遽敌彼百数十年精益求精之船。不待智者而知其不逮。然就已成者,而精益求精。未必其终不逮也。中国大势。陆多于水。练陆军视练水军尤亟。即使兵船造精。非专恃轮船可以御侮。况如天津海口最浅。次则江南之吴淞口。福州广东进口均有浅处。外洋大兵船铁甲船势难深入。即长江金陵以上。亦不能驶。我之造船。本无驰骋域外之意。不过以守疆土保和局而已。海外之险。有兵船巡防。而我与彼可共分之。长江及各海口之利。有轮船转运。而我与彼亦共分之。或不让洋人独擅其利与险。而浸至反客为主。臣尝督同沪局委员筹议。仿造兵船。以该局现造五号为度。不宜更求加大。庶无事时扬威海上。有警时仍可收进海口。以守为战。

该局员匠。近由英国觅得小铁甲船式样。身短中宽底平。仅置巨炮数尊。其圆活炮台。在船中段。食水浅而不能出洋。闻西国用以守口最宜。曾国藩上年曾经奏明仿造。尚未开工。第为御侮之计。则不妨多为之备。彼见我战守之具既多。外侮自可不作。此不战而屈人之上计。即一旦龃龉。彼亦阴怀疑惧。而不敢遽尔发难。若虑制胜无甚把握。而遂自堕成谋。平日必为外人所轻。临事止有拱手听命。岂强国固本之道哉。惟是国家经费支绌。制造轮船。既未可裁撤。必须妥筹善后经久之方。窃查闽厂用费。专指闽海关洋税每月五万。沪厂用费。专指江海关二成洋税。均系拨定专款。应请仍就原款节缩经营。暂无庸另请添拨。惟闽厂洋匠过多。需费较重。若有不足。再由船政大臣等随时奏办。至于养船之费。当分兵船商船二端。闽厂兵船。现议酌拨沿海各省巡防分养。嗣后添造兵船。无可分拨。拟请裁撤各省内外洋红单拖缯艇船。而配以自造兵轮船。即以艇船修造养兵之费。抵给轮船月费。应请旨饬部。凡有议修各项艇船者。概予奏驳。令其改领官厂兵轮船。以裨实济。缘红单拖缯等船。实不如轮船之迅利。虽费倍而功用亦倍之也。沿海沿江各省。尤不准另行购雇西洋轮船。若有所需。令其自向闽沪两厂商拨订制。庶政令一而度支可节矣。至载货轮船。与兵船规制迥异。闽沪现造之船。装载无多。商船皆不合用。曾国藩前饬沪厂再造兵船四只外。另造商船四五只。闽厂似亦可间造商船。以资华商领雇。总理衙门去冬已函商及之。臣前与曾国藩筹议。中国殷商。每不愿与官交涉。且各口岸轮船生意。已被洋商占尽。华商领官船另树一帜。洋人势必挟重赀以倾夺。则须华商自立公司。自建行栈。自筹保险。本巨用繁。初办恐无利可图。若行之既久。添造与租领稍多。乃有利益。然非有熟悉商情。公谦明干。为众商所深信之员。为之领袖担当。则商人必多顾虑。自有此议。闻华商愿领者。必准其兼运漕粮。方有专门生意。不至为洋商排挤。惟运漕事体繁重。现又无船可雇。自应从缓酌议。将来各厂商船造有成数。再请饬下总理衙门。商饬各省。妥为筹办。

抑臣更有进者。船炮机器之用。非铁不成。非煤不济。英国所以雄强于西土者。惟藉此二端耳。闽沪各厂。日需外洋煤铁极伙。中土所产。多不合用。即洋船来各口者。亦须运用洋煤。设有闭关绝市之时。不但各铁厂废工坐困。即已成轮船。无煤则寸步不行。可忧孰甚。南省如湖南江西镇江台湾等处。率多产煤。特无抽水机器。仅能窑取上层次等之煤。至下层佳煤。为水浸灌。无从汲净。不能施工。诚使遴派妥员。招见商人。购买机器开采。价值必视洋煤轻减。通商各口。皆可就近广为运售。而洋煤不阻自绝。船厂亦应用不穷。至楚粤铁商。咸丰年前销售甚旺。近则外洋铁价较贱。中土铁价较昂。又粗硬不适于用。以致内地铁商。十散其九。西洋炼铁钢及卷铁板铁条等项。无一不用机器。开办之始。置买器具。用本虽多。而炼工极省。炼法极精。大小方圆。色色俱备。以造船械军器。土铁贵而费工。洋铁贱而得用。无怪洋铁销售日盛。土铁劳动渐稀也。近来西人屡以内地煤铁为请。谓中土自有之利而不能自取。深为叹惜。闻日本现用西法开煤铁之矿。以兴大利。亦因与船器相为表里。曾国藩初回江南。有试采煤窯之议。而未果行。诚能设法劝导。官督商办。但借用洋器洋法。而不准洋人代办。此等日用必需之物。采炼得法。销路必畅。利源自开。确其余利。且可养船练兵。于富国强兵之计。殊有关系。此因制造船械而推广及之。其利又不仅在船械也。要之法待人而后行。事因时为变通。若徒墨守旧章。拘牵浮议。则为之而必不成。成之而必不久。坐让洋人专利于中土。后患将何所底止耶。所有遵旨悉心酌议缘由。谨缮折由驿密陈。

同治卷八七

同治十一年。壬申。六月。辛酉。福州将军兼署闽浙总督文煜。福建巡抚王凯泰奏。窃照闽厂续造第七号轮船。拟名扬武。第八号轮船。拟名飞云。据监督日意格。以第七号船身工已告竣。机器均亦安置。惟汽炉及四叶轮。暨零碎器件。可俟下水后再行镶配。计该船二百五十匹马力。长十九丈。宽三丈六尺有奇。船前啮水一丈四尺有奇。船后啮水一丈六尺有奇。又第八号船。工程亦已完备。汽炉及四叶轮。均安置妥帖。机器俟下水镶配。该船一百五十匹马力。长二十丈有奇。宽三丈二尺有奇。船前啮水一丈有奇。船后啮水一丈二尺有奇。两船配置机器。虽先后稍有不同。及其告成。并无二致。禀请分期下水。经提调夏献纶。择于三月十六日。将七号轮船推移入水。四月二十八日。将第八号船推移入水。察看七号八号两船烟筩房舱篷桅绳索炮架等项。均于七八月间。可期料理就绪。展轮出洋。惟第七号船。全照外洋兵船式样。其工料之繁钜。臣等前已奏明。现在统为核计。较一百五十四马力者。约多一倍有零。其汽炉机器安置舱内。适与水面相平。以取其能避炮子也。烟筩分作三截。随意升降。亦能避炮子之意。一百五十四马力轮船。配炮不过六七尊。舵水兵勇人等。有一百三四十名。即可操驾。二百五十四马力兵船。配大炮十三尊。舵水兵勇人等。非配二百余名。不敷遣用。即查外洋兵船规制。亦与此相仿。其舱位全为机器汽炉所占。除住人而外。不能再装货物。舱面以上。不另起盖房间。取其宽阔。便于演习枪炮。此仿照兵船之大概情形也。该二船既已告竣。惟有督饬该管驾员弁等认真操练。以求实用而免虚糜。又船厂对岸。沙洲渐涨。恐港溜偪窄。有碍船工。经日意格于上年购置挖土机器二副。今年三月配造成船一只。专事挖取泥土。可省人工。甚为捷便……

文煜等又奏。窃臣等承准军机大臣字寄。同治十一年四月十七日。上谕。瑞联等奏。拟拨轮船巡缉。并筹议经费一折等因钦此。臣等查闽厂制造各轮船内。第二号湄云。第三号福星。第六号镇海。第九号靖远。均系小号八十四马力之船。所有福星轮船。先已派往台湾巡缉。又镇海轮船。前准直隶总督臣李鸿章咨会饬调驾赴天津阅验。其靖远轮船。未经下水。蒇工尚早。惟有湄云一船。现在工次。堪以派赴奉省。听候调遣。至该船管驾舵水管轮炮勇升火等项薪粮。每月大建支银一千一百七十八两。小建支银一千一百三十八两七钱三分五厘五毫。公费动用若干。按月据实报销。其配练兵丁。既为奉省遴派。所需口粮。应由奉省配给。以归画一。据船政提调准署福建台湾道夏献纶具详请奏前来。除饬令该道即将舵水人等花名。并槓具炮械等项。另行造册详咨奉省办理。并将章程先行咨送盛京将军臣都兴阿等查照外。臣等谨恭折覆陈。

文煜等又奏。再臣等承准军机大臣字寄。同治十一年四月十一日。奉上谕。丁宝桢请调福建安澜轮船赴东备用等因钦此。伏查安澜轮船。先经臣等奏明派赴粤省遣用。已据具报于五月初四日开驾前往。其闽厂续造第四号伏波轮船。亦已派赴浙江巡缉。第六号镇海轮船。前准直隶督臣李鸿章咨会。饬令出洋后。驶赴天津。听候验阅。将来即可留于天津遣用。第七第八两号轮船。均于三四月间甫经下水。第七号马力加大。船身吃水太深。第八号系一百五十四马力。与伏波安澜造法无异。如派赴烟台。可期合用。惟七八月间。方可工竣。尚须试用两三月。两往北洋。恐稽时日。现在东省既需船巡哨。查有第一与万年清轮船。亦系一百五十四马力。叠次前赴天津山东。往来俱极妥速。业经臣等咨商山东抚臣。可否将万年清一船。派赴东省巡哨。如能得力。即留于东省差遣。傥未能合用。俟第八号告成。再行派往更换。庶于洋政可期无误。至万年清轮船。管驾舵水炮勇等项薪粮。每月大建需银一千六百九十两五钱。小建需银一千六百三十四两一钱五分。公费动用若干。按月据实报销。其配练兵丁口粮。既由东省选派。应由东省酌给。以昭画一。据船政提调准署福建台湾道夏献纶具详前来。除将军章程先行咨送山东抚臣查照核覆外。臣等谨合词附片覆奏。

(辛巳)恭亲王等又奏。同治十一年五月十七日。军机大臣面奉谕旨。李鸿章奏轮船未可裁撤折。同左宗棠沈葆桢前奏各一折。一并交总理各国事务衙门议奏。钦此。臣等伏查陕甘督臣左宗棠原折内称。制造轮船。实中国自强要著。自铁厂开工。已造过轮船九号。为时尚止三年。此时日之可考者也。近来船式。愈造愈精。原拟配炮三尊者。今可配炮八尊。续造之船。竟配新式大洋炮十三尊。此成效之可考者也。又称工作之事。创始为难。工作之费。亦惟创始最巨。仿造轮船。必先建厂。创造伊始。百物备焉。故始造数只。所费最多。迨后续造。则各项工程。无须再造。经费专用之船工。而亦日见其少。窃维此举为沿海断不容已之举。此事实国家断不可少之事。若即行停止。毋论延缓族得据购雇之永利。国家旋失自强之远图。且即因节费起见言之。停止制造。已用之三百余万。能复追乎。定买之三十余万。及洋员洋匠薪工等项。能复扣乎。所谓节者安在乎。前江西抚臣沈葆桢原折内称。当左宗棠之议立船厂也。中国无一人曾亲历其事者。不得不问之洋将。洋将所见者。外国已成之厂。而不知当日经营缔造之艰难。原议铸铁厂。打铁厂。及模子厂。水缸兼铸铜厂。轮机兼合栊厂。共五厂。后增八厂。厂基购民田。钉木桩。培山土。所置机器。需费甚巨。傥经停止。则发卖无承售之人。存储有看守之费。积日朽蠹。必归无用。轮船无一岁不修。数岁则一大修。工停而船无可修。则厂废而船随之俱废。骤筹七八十万金。遣散不做工之洋人。清还不适用之物价。是省费而愈迫也。外人垂涎两厂。非一日矣。我朝弃则彼夕取。枝节横生。有非意料所及者。反复再三。窃以为不特不能即时裁撤。即五年后亦不可停。当与国家亿万年有道之长。永垂不朽者也。大学士直隶督臣李鸿章原折内称。国家诸费皆可省。惟养兵设防。练习枪炮。制造轮船之费。万不可省。求省费则必屏除一切。国无与立。终不得强。苟或停止。则前功尽弃。所费之项。转成虚糜。不独贻笑外人。亦且浸长寇志各等语。臣等溯查同治五年六月左宗棠首建设局造船之议。前两江督臣曾国藩。直隶督臣李鸿章等。又均以力图自强。非讲求机器制造轮船不可。臣等意见亦复相同。是以先后议准。期于事之必成。朝廷行政用人。自强之要。固自有在。然武备亦不可不讲。制于人而不思制人之法。与御寇之方。尤非谋国之道。虽将来能否临敌制胜。未敢豫期。惟时际艰难。只有弃我之短。取彼之长。精益求精。以冀渐有进境。不可惑于浮言。浅尝辄止。臣等于船厂未经亲历。实不能知其详。李鸿章。左宗棠。沈葆桢诸臣。虑事周详。任事果毅。意见既已相同。持论各有定识。且皆身在局中。力任其难。自必确有把握。其间造商船以资华商雇领一节。李鸿章。沈葆桢。俱以为可行。应由该督抚随时查看情形。妥筹办理。至李鸿章筹及嗣后添造兵船。无可分拨。拟请裁撤各省内外洋红单拖缯艇船。而配以自造兵船。即以各船修造养兵之费。抵给轮船月费等语。应由各该省督抚另行奏请谕旨。饬部核议。

(七月)丁酉。山东巡抚丁宝桢奏。东省拟拨闽省安澜轮船。为巡哨洋面之用。前经臣奏明奉旨允准。并咨会闽省查照在案。兹接准闽省督臣文煜。抚臣王凯泰咨商。以安澜一船。已经驶赴粤东。其第八号轮船。与安澜造法无异。如派赴烟台。可期合用。惟七八月方可竣工。又须试演二三月。始能驾往北洋。如东省急需轮船。查有第一号万年清。可以先行派往。如查不得力。俟第八号告成。再行更换等因。并将奏定章程咨行到东。臣查东省洋面。岛屿林立。海汊纷歧。沙埂暗礁。随处皆是。此次奏调轮船。专为巡缉洋盗之用。自需灵活坚实之船。方期得力。前闻安澜一号。系属新造。工坚法密。于东省洋面。实为相宜。是以指明奏请。兹安澜既派赴粤省。闻万年清一船。制造已阅多年。其中机器船身。历久易坏。且东省洋面。礁石最多。极易碰触。恐须随时修理。以东省新设轮船。一切修造器具。均未制备。若船身遇旧。动须修理。本省既无船厂。自必驾驶返闽。来往需日。欲速反迟。徒滋糜费。现查东省洋面。巡缉尚不吃紧。约计第八号轮船。明春二月。必可一律竣事。现拟俟此船告成后。定于明年正二月内咨请驾驶来东。庶新造之船。修理可以须时。而于东洋巡哨。实属倍有裨益。除咨明闽省督抚臣查明办理外。谨附片具陈。

(八月)甲戌。大学士两广总督瑞麟。广东巡抚张兆栋奏。窃臣瑞麟奏请调拨闽省伏波轮船来粤巡缉一案。奉上谕。瑞麟奏。请调拨闽省轮船赴粤一折等因。钦此钦遵咨行查照。兹准兼署闽浙总督臣文煜。福建巡抚臣王凯泰咨。闽省伏波轮船。先经奏派赴浙巡洋。另行奏明改拨安澜轮船赴粤。该船运米赴津。现已事竣回闽。饬令管解官补用都司吕文经。带同原配舵水各色人等驾驶起程。其配练弁兵。应由粤省拣派。仍归管解官统辖。以便督率操练。统计管驾舵水管轮升火人等薪粮。每月大建支库平番银一千六百九十两五钱。小建支库平番银一千六百三十四两一钱五分。公费一款。前经议定章程。每月用过若干。俟月底由管解官据实报销。所有该船薪粮公费。闽省已给至五月初十日为止。以后同配兵口粮煤炭铅药。统管带安澜轮船。于同治十一年五月初十日驶抵粤东省河。当由善后总局将月需薪粮。自本年五月十一日起。查照闽省向章。在于洋药厘金项下支给。其公费一项。用数不定。亦照章由管驾官按月核实报销。船中煤炭铅药。随时拨足应用。至应配练兵。据该都司吕文经禀称。该舵水人等半系泉州府民人。与粤省兵丁口音不同。诚恐操练时难于响应。因查南澳土音。与泉州相近。即经咨商水师提臣在南澳右营练兵内。拣选熟谙舵水兵丁四十名。调派澄海营右营千总张圣功管带。前赴安澜轮船随同操演。所需薪粮。统归总局给发。以昭画一。

同治卷八八

同治十一年。壬申。九月。戊子。福州将军兼署闽浙总督文煜。福建巡抚王凯泰奏。闽厂续造第九号八十匹马力轮船。拟名靖远。据监督日意格称工已完竣。其汽炉烟筒轮机炮架篷桅等项。应俟下水后。再行镶配。请先择期下水。禀经提调夏献纶。谨择于七月十八日。将该船推移入水。一面催令将未竣各工。赶紧料理就绪。以便出洋。其第十号轮船。仍系八十匹马力。丈尺大小暨造法。均照兵船式样。与第六第九号相同。已先于五月十九日安上龙骨。第十一号轮船。系一百五十匹马力。丈尺大小暨造法。与第四第八号相同。于六月二十二日安上龙骨。现督饬工匠并力营造。约计年内均可下水。第十号拟名振威。第十一号拟名济安。以资号召。至原奏应造大号一百五十匹马力轮船十一只。小号八十匹马力轮船五只。今第二第三第六第九第十等号。均八十匹马力。已如额造齐。其一百五十匹马力轮船十一只内。将第七号改为二百五十匹马力。工料繁巨。约增一倍有零。应作为两号。统计应造十号。除已经动工外。应再续造一百五十匹马力轮船四号。据船政提调署福建台湾道夏献纶禀请具奏前来。臣等覆查无异。除咨呈总理各国事务衙门查照外。谨会同陕甘督臣左宗棠。合词恭折具奏。

丁未。大学士直隶总督李鸿章。窃臣前准总理衙门会同户部议覆福州将军文煜等。奏续造轮船应如何分派各省上一片。以闽局制造轮船。原为备物制用。亟应分布海口。以期熟悉风沙。如直隶之天津等处。海道可通。若拨用闽省船只。可节闽局薪粮。且不致以有用之船。置之无用。应令体察情形。分别奏咨。拨往应用。所需薪粮各费。准由各省洋药厘金项下。就近动支等因具奏。奉旨依议。钦此。咨达前来。伏查北洋三口。洋面辽阔。向未专设巡洋水师。亦无捕盗轮船。现值各国通商轮船云集。中国仅有商船渔船。可以出口。海口数里以外。声息难通。诚恐盗贼乘间窃发。天津为京师门户。各国官商。往来辐辏。英法俄美。皆常有兵船驻泊。我亦必须有轮船可供调遣。稍壮声威。臣于上年四月内。咨商前两江督臣曾国藩。饬调沪局操江轮船赴津。为北洋巡哨之用。其薪粮由苏省拨发。所需煤炭洋油各项。就近由天津机器局支给。该管带官总兵马复震。沈毅有为。近来屡派赴奉直一带洋面梭巡。甚为得力。惟通商总汇之区。仅借用沪局一船。尚不足以资周转。闽省轮船。既须分布。即应筹商添拨。本年春间。闽厂万年清安澜轮船。运解赈米到津。当饬津海关道陈钦。天津机器局道员沈保靖。前往查验。或船身过大。或吃水较深。均于津郡海口。不甚相宜。闻其新制镇海轮船。系兵船式样。可期适用。复经咨商署闽浙督臣文煜。福建抚臣王凯泰。饬据船政提调道员夏献纶覆称。该船于五月底竣工。六月初出洋试演。兹已拣派把总陆伦华管带。于八月二十三日驾驶到津。臣督同海关道陈钦。机器局道员沈保靖。吴赞诚等。亲往验阅。该船计长十六丈。船尾吃水十一尺。汽炉马力八十匹。汽机等均在水线以下。实系兵船式样。船身坚固。炮位精利。陆伦华。人尚干练。向在洋船帮伙风沙礁岛。皆易熟习。轮船吃水尺寸。出入天津海口。亦为便利。自应遵照总理衙门奏案。拨归直隶。随时与沪局轮船。轮替出洋驻泊。且可与东海山海各关现拨轮船。联络会哨。据闽省咨册。管驾舵水管轮升火等项薪粮。大建月支银一千一百七十八两。小建月支银一千一百三十八两三钱三分三厘三毫。公费一项。现议月给银二百四十两。此有定之款。每年约共需银二万两上下。至煤炭大宗。及油漆钉绳旗帜号衣。雇觅引水。添派弁兵等。无定之款。尚难豫计。此项经费甚巨。总理衙门原奏。准由洋药厘金项下动支。查津关洋药厘金。奏明专作海防军饷。每年约收银六七万两。全数拨充支应局月饷。尚多不敷。实难再议分拨。臣民与该关道筹定新增洋药厘金一款。拟即专作轮船经费。如有不敷。应查照山海关成案。暂由四成洋税项下酌量匀拨。据实详销。该船随时小修。所用生熟铁器具。及外洋贵重物料。由天津机器局察酌购制给领。傥船身损坏。必须上坞大修。仍令驶赴闽厂修理。其余未尽事宜。容再督饬妥办。再臣每年分驻天津省城两处。外暂未能豫定。现留镇海轮船。自应督率调遣。应仍归津海关道钤束节制。以专责成。

(十一月)丁未。大学士直隶总督李鸿章奏。窃查本年五月间。臣于议覆制造轮船未可裁撤折内。筹及闽沪现造轮船。皆不合商船之用。将来开造商船。招令华商领雇。必准其兼运漕粮。嗣准总理衙门奏覆。以间造商船。华商雇领一节。李鸿章。沈葆桢。俱以为可行。应由该督抚随时察看情形。妥筹办理等因。奉旨依议。钦此。旋准总理衙门函属。遴谕有心时事之员。妥议章程。俟官船工竣。成规具在。承租者自争先恐后。诚为力求实济起见。臣反复筹维。现尚无船可领。徒议章程。未即试行。仍属空言无补。因思同治六七年间。曾国藩。丁日昌。在江苏督抚任内。叠据道员许道身。同知容闳。创议华商置造洋船章程。分运漕米。兼揽客货。曾经寄请总理衙门核准。饬由江海关晓谕各口试办。日久因循。未有成局。仅于同治七年。借用夹板船运米一次。旋又中止。本年夏间。臣于验收海运之暇。遵照总理衙门函示。商令浙局总办海运委员候补知府朱其昂等。酌拟轮船招商章程。嗣又据称现在官造轮船内。并无商船可领。该员等籍隶松沪。稔知各省在沪殷商。或置轮船。或挟资本。向各口装载贸易。向俱依附洋商名下。若由官设立商局招徕。则各商所有轮船股本。必渐归并官局。似足顺商情而张国体。拟请先行试办招商。为官商浃洽地步。俟机器局商船造成。即可随时添入。推广通行。又江浙沙宁船只日少。海运米石日增。本届因沙船不敷。诸形棘手。应请以商局轮船。分装海运米石。以补沙宁船之不足。将来虽米数愈增。亦可无缺乏之患等情。臣饬据津海关道陈钦。天津道丁寿昌等覆核。皆以该府朱其昂所议为然。请照户部核准练饷制钱。借给苏浙典商章程。准该商等借领二十万串。以作设局商本。而示信于众商。仍豫缴息银助赈。所有盈亏。全归商认。与官无涉。朱其昂承办海运已十余年。于商情极为熟悉。人亦明干。当即饬派回沪设局招商。叠据禀称。会集素习商业。殷富正派之道员胡光墉。李振玉等。公同筹商。意见相同。各帮商人。纷纷入股。现已购坚捷轮船三只。所有津沪应需栈房码头。及保险股分事宜。海运米数等项。均办有头绪。并禀经臣咨商江浙督抚臣。饬拨明年海运漕米二十万石。由招商轮船运津。其水脚耗米等项。悉照沙宁船定章办理。至揽载货物。报关纳税。仍照新关章程办理。以免藉口。昨据浙江粮道如山详称。该省新漕米数较增。正患沙船不敷拨用。请令朱其昂等。招商轮船分运浙漕。较为便捷。又准署两江督臣张树声函覆。以海运难在雇船。今有招商轮船。以济沙卫之乏。不但无碍漕行。实于海运大有裨益。当严饬江海关道等和衷协力。勿致善举中辍等语。是南北合力筹办。华商轮船。可期就绪。目前海运。固不致竭蹶。若从此中国轮船畅行。关沪各厂造成商船。亦得随时租领。庶使我内江外海之利。不致为洋人占尽。其关系于国计民生。实非浅鲜。

同治卷八九

(同治十二年癸酉正月)己丑。署两江总督张树声奏。据苏松太道沈秉成禀。同治十一年八月十二日。日本官郑永宁来道。述及秘鲁国玛也西船。由澳门行抵日本横滨海口。有华人自船投水。经英国兵船官员挨仁彫救起。询系被人拐卖。同船华民二百余人。伊恐到秘鲁受苦。是以投水。由驻日本之英国公使知会。经日本官将该船扣留。被拐之人尽收上岸。缘秘鲁系无约之国。遂会同英美两国领事讯办。并函致郑永宁。询问中国官如何办理。速寄回信等语。当经前署通商大臣何璟。以秘鲁国系无约之国。乃私在中国澳门地方拐人出洋。既经日本国扣留保护。自应派员往办。以答邻好而卫民生。当即遴委补用同知候补知县陈福勋。并由道商同上海英美两领事。派美翻译官麦嘉缔。偕郑永宁同搭轮船前往日本。相机妥办去后。嗣据沈秉成禀称。陈福勋等于八月二十七日俱到横滨。所有被拐华民。已先由日本外务卿饬据神奈川县权令大江卓自七月初四日起。节次讯供。至八月二十四日定案。华人二百余名。均俟中国派员带回。其玛也西船。从宽释放。陈福勋当将华人赵亚好等二百余名。全行查收。仍搭轮船从横滨开行。日本外务卿复派领事官品川忠道沿途照料。于九月二十一日到沪。由道分饬上海印委各员。将该华民逐一查讯。籍隶广东者一百九十六名。福建二十七名。湖南江西浙江各一名。除福建湖南等省。人数较少。酌给路费。分交员董觅便遣回。其籍隶广东。而上海有亲族可依。亦准保领外。尚存广东人一百八十七名。当即派委候选通判刘光廉。修补直隶州黄国光。搭坐轮船。押送回粤。旋据广州府覆称。被拐难民。如数收到。已分交各原籍州县给属领回。一面严拿拐匪惩办等情。兹复据沈秉成以此案办理完竣。禀请具奏前来。臣查此案历办情形。业经前署通商大臣何璟。随时咨报总理衙门查照。并密咨两广督抚臣转饬地方官。务将拐匪访拿严办在案。惟秘鲁国船。擅在澳门。拐去华民至二百余人之多。行抵日本横滨地方。经该国官截留讯办。知会中国。派员前往悉数带回。实由日本及英美各官。认真襄办。俾该华民得庆生还。且该华民在日本留养多日。中国委员。未经接管以前。一切用项。悉系该国支应。叠经委员询问数目。以便归款。日本官均称已由本国支销。不须送还。出力出资。极敦邻谊。尤堪嘉尚。除饬道将英兵官美翻译。酌予奖励。一面备办绸缎等物。分送日本官员。仍由臣照会外务卿致谢。

（二月）乙丑。闽浙总督署福州将军李鹤年。福建巡抚王凯泰。总理船政前江西巡抚沈葆桢奏。窃臣鹤年。臣凯泰。于同治十一年十二月二十日。准户部咨。本部议覆陕甘总督左宗棠奏。闽省轮船经费不敷。请于该省应解甘饷内酌拨一折。闽省造船经费。前据英桂等奏。每月牵算不过四万两。留拨闽海关银五万两。已属宽为筹备。究竟大小船只。每只需银若干。每月经费实需银若干。并成造后管驾员弁薪费若干。请饬下福州将军。闽浙总督。福建巡抚。核实估计。奏报到日。再由臣等酌核等因。奉旨依议钦此。查左宗棠之议立船政也。中国无一人曾身历其事者。不得不问诸洋将。其约自铁厂开工之日起。立限五年。成船一十六号。估费三百万两。虽中外员匠。有生熟巧拙之殊。铜铁木料。有贵贱之异。零星物件。外国取诸市肆而皆足。中国非一一本厂自造。即购诸重洋。然所估之数尚不甚相远。至以结款四十万两。为购器募匠买地建厂之需。则昔之所估。与今之所费。大相悬绝。专就建厂而论。一椽未立。一瓦未覆。第购民田。钉木桩。培山土。地基甫固。而所费已不赀矣。盖洋将所见者外国已成之厂。而未见当日经营缔造之艰难。所以臣葆桢初次任事时。即有应办工程。应发款项。多从前未经议及之奏也。原议铸铁为一厂。打铁为一厂。模子为一厂。水缸兼打铜为一厂。轮机兼合拢为一厂。合共五厂。后增拉铁搥铁钟表帆缆火砖舢板六厂。而打铁轮机钟表又各有分厂。计船台三座。船亭五座。船槽一座外。凡为厂一十有四。原议学堂两所。后添绘事院。驾驶学堂。管轮学堂。艺辅四所。臣葆桢察看。均系不容已之需。怀遵我皇上勉为其难。毋得瞻前顾后之旨。不追绳其原估之疏漏。而务责其全局之必成。所有添设缘由。均经奏明在案。曾于同治八年正月初一日起限。实则十年秋间。厂工始毕。购器建厂。费百余万。此结款不敷。那用月款之实在情形也。添厂则添机器。添匠丁并添工费。原议监督暨洋员匠三十八员名。月薪费银八千九百七十八两。嗣增拉铁搥铁洋匠银四百两。监造工程洋匠银五百两。驾驶管轮教习银七百五十两。教造船上钟表洋匠银四百四十两。德克碑教练公费银五十两。各洋匠夜课艺徒读书银二百两。洋匠礼拜。加工夜作。加工银六七百两不等。中国匠丁人数。亦逐厂随之而增。原议两学堂艺童六十人。今则艺童艺徒合三百余人。始也月给赡银四两。学业日进。则赡银日增。其自南洋来通外国言语文字。略知机器之学者。赡银月数十金。此月款始而充裕。继而支绌之实在情形也。成船日多。票税日绌。十一年所入票税。仅七万两。按月匀算。得五千余两。就分拨各省后。日下闽省存船计之。扬武薪费月番银三千二百五十两。万年清。飞云。月各二十一百二十六两五钱。建威练船。月一千四百八两四钱。镇海水师船。月六百四十八两八钱。共番银九千五百六十两二钱。折纹银八千六百九十一两九分一厘。而煤炭之费。修理之费不与焉。且分拨各省轮船。均须在闽教练数月。此数月之薪费。不得不出于闽。此养船经费不敷。因而那用月款。致月款愈绌之实在情形也。每船工料价银若干。骤难一一厘析。臣等谨就每月额定经费计之。洋员匠薪费约一万二千两。监工员绅薪水。暨书役工伙。约一千二百余两。各匠工食。约一万五十余两。使丁运夫挑工口粮。约四千三百九十余两。艺童赡养。约八百八十余两。艺徒辛工。约八百一十两零。通事辛工。约九十两。各船薪费。八千六百九十一两零。共三万九千余两。而历年采办大小料件。匀月牵算。数与相当。盖每月实不敷银二万余两。合无仰恳天恩。准自本年正月为始。每月添拨银二万两。臣等再行极力撙节。以收垂成之功。俟限满洋将撤回。此二万之款。即行停拨。臣愚昧之见。是否有当。谨会同陕甘总督臣左宗棠。合词具陈。

李鹤年等又奏。再准江西抚臣刘坤一咨开。同治十一年八月二十九日。奉上谕。刘坤一奏。近年来各省兴办善后工程。及造船修隄等因钦此。臣等伏查船政需用各项料件。向系遴委妥员亲赴各处采办。并给发免税印照。逐一填明件数。以杜弊端。从无敢不候稽查。夹带私货者。钦奉前因。自应遵照办理。惟现在轮船经费支绌异常。著完一项税厘。即多一项经费。合无仰恳皇上俯念船政。系钦奉特旨兴办事件。与寻常善后工程不同。且船政所需。经由洋税关者多。过内地厘卡者百不及一。通商条约。外国师船。驶入中国。修理船只。不纳各项税饷。即洋商船用杂物。各口皆准免税。傥外藩邀宽大之典。而天朝军国重事。反不得与之一例办理。恐于政体有妨。若新关免税。而内地完厘。则事涉两歧。所得不过锥刀之末。恭绎谕旨。似为严杜夹带私货而言。并非于工程中之物料。计较厘税。窃思印照即逐一填明件数。傥有夹带。一经查验。使水落石出。臣等当严饬采办委员。及跟丁船户人等。每遇关卡。静候查放行。傥有夹带营私各项情弊。察出立予尽法究办。其船政物料。伏乞天恩。仍予免纳税厘。以资撙节。

沈葆桢又奏。闽厂七号八号九号轮船下水。并十号十一号轮船起工。业经督抚臣节次奏明在案。比据提调夏献纶禀称。第七号之扬武。第八号之飞云。先后竣工。出洋试演。计顺风顺水。扬武一时约行百里。飞云一时约行八十里。轮机灵捷。炮位精良。第九号之靖远工尚未毕。再需三四个月。方可出洋。第十号之振威。十一年十一月十一日下水。第十一号之济安。十二月初四日下水。船身既竣。水缸汽炉机器等事。饬令次第安排。第十二号于九月二十二日安上龙骨。目下船胁甫齐。正在封钉舭板等语。臣视事后。察看飞云工坚料实。与万年清伏波安澜相伯仲。而兵船之用。则以扬武为长。炉座轮机。仅与水面相平。烟筩三节。可以随意升降。利于避炮。本船配大炮十有三尊。利于攻敌。马力加多。行驶尤速。然而造船之费。购炮之费。薪粮之费。煤炭军火之费。则不啻倍于飞云矣。扬武所用。多英国之前膛炮。摧坚及远。迥异寻常。而灵巧则不如飞云所用之布国后膛炮。盖前膛炮筑药装子洗炮。均须人出舱外。身当炮口。既虑敌炮见伤。又防余药遗患。后膛炮则装放之时。敌人无从望见。而内膛螺丝中有无渣滓粘滞。从后窥之。便一目了然。惟打放数十次之后。即须暂停。否则恐其热而炸裂。盖灵巧与坚实。互有短长。在熟知其性者。舍所短而用所长。庶几收其利不受其害。第十二号轮船。拟名永保。马力百五十匹。本与飞云一律办理。而养船经费。支绌异常。臣拟令监督日意格仿照外洋商舶规制。将房间移建上层。俾中舱底舱。地位宽阔。多装货物。以备招商试行领运。不苟绳以成法。冀收效于将来。如荷恩俞。请将第十三十四十五等号轮船。一体改造。广闾阎之生计。节国家之度支。然此第属一时权宜。若经费渐裕。仍当仰体我皇上力图自强之意。讲求兵船新法。以固疆国而壮声威。谨会同陕甘总督臣左宗棠。闽浙总督兼署福州将军臣李鹤年。福建巡抚臣王凯泰。恭折具陈。

(三月丙申)恭亲王等又奏。船政大臣沈葆桢奏。酌改船式一折。同治十二年二月十六日。奉硃批。该衙门议奏。钦此。臣等查闽省设局造船。创议于督臣左宗棠。该督于同治五年六月间。奏办之始。其折内曾声明有事之时。以之筹调拨。则百粤之旅。可集三韩。并云成一船。即练一船之兵。可以布置沿海各口。遥卫津沽等因。复有函致臣等。谓轮船有明轮。暗轮。铁底。木底之分。外洋兵船。多用暗轮木底。取其稳固而便于修补。此次开局试造。取暗轮不取明轮。取木底不取铁底。盖欲仿其国自用之兵船等语。是该督所注意者原重在兵船一层。同治十年四月间。福州将军文煜等奏第六号轮船。拟名镇海。第七号改造兵船情形。钦奉上谕。闽省第六号轮船。现已购齐木料。克日开工。即著照文煜等所拟命名镇海。至轮船之设。须炮位多而马力大。方能利涉波涛。制胜较有把握等因。仰见皇上慎重海防至意。兹据沈葆桢奏称。第七号之扬武。第八号之飞云。先后竣工。第九号之靖远。需三四个月出洋。第十号之振威。第十一号之济安。亦俱先后下水。其第十二号轮船。拟名永保。本与飞云一律办理。因经费支绌。拟仿照外洋商船规制。并请将第十三十四十五等号轮船。一体改造等语。自系一时权宜之计。查本年二月间。闽浙督臣李鹤年等。奏闽省轮船。经费不敷。请按月添拨等因。业经臣衙门。会同户部奏准。除原有经费外。自同治十二年正月起。由闽省茶税项下按月提拨银二万两在案。此后经费。当可无虞支绌。臣等公同商酌。此次既据该大臣请将第十二号至十五号轮船改造商舶。系为撙节度支起见。应如所请办理。惟从第十六号起。应仍一律改造兵船。以无失设厂造船。力图自强本意。至现在所造十二号轮船。拟即照该大臣所请。命名永保。

甲辰。广西巡抚刘长佑奏。同治十二年三月初一日。臣接准越南国王咨呈。同治十一年十月。有法国领事官涂普义火船四艘。驶至该国广安海口。称奉云南提臣马如龙委赴外洋采办军装火器。取道该国赴滇。并有李玉墀钞呈该提督十年七月札文二件。字多讹谬。所述来历。疑端不一。经该国夷官将船阻截。咨臣暨大学士两广督臣瑞麟。转咨云贵督臣查明咨复核办。并经南官阮威具禀提臣冯子材就近审察。因滇省尚未咨覆。该领事涂普义等径向驻太辖之记名总兵陈得贵致函。该总兵辄据所持札文。令将火船驶向河内。并札该国省臣斐式坚知照等情。臣接阅来咨。不胜骇异。查上年十一月准该国王前咨。臣以该船所载军火等物。暨系云南提臣委办。假道交夷。应有滇省照会之文。且所持札文。系同治十年七月之件。不应迟至年余之久。始至该国广安海口。情词多涉疑窦。当经飞咨督臣提臣一体查办。并即飞咨云贵督臣刘岳昭。查明前项火船军器。是否提臣马如龙委办。其涂普义及李玉墀有无别项情弊。迅速确查咨覆。旋经督臣亦以事属可疑。咨滇确查在案。兹该国王来咨。谓总兵陈得贵有擅札南官。饬火船溯流上驶之事。臣未准提臣咨会。越南与法国近事。道路传闻异辞。臣已另折密陈。未敢据此遽信为实。第陈得贵统领各营。驻扎太辖。于中外交涉事件。自应就近具禀提臣。审慎妥办。如果擅札南官。殊属谬妄。臣已咨移提臣严督确查。另行据资惩办。一面照覆该国王。并咨云南督臣。迅速查覆外。所有准咨查办缘由。谨附片陈奏。

谕军机大臣等。刘长佑奏。接准越南咨呈。上年十月间。有法国领事官涂普义等。火船四只。驶至该国广安海口。称奉云南提督马如龙委赴外洋采办军装火器。取道该国赴滇。并有李玉墀钞呈该提督劄文二件。字多讹谬。所述来历。疑端不一。经该国将船阻截。刘长佑现已飞咨云贵总督查明核办等语。该船所载军火等物。既称系云南提督委办之件。何以并无滇省照会。所持劄文。又系同治十年七月所给。迟至年余始至该国。情节支离。亟应确查究办。著刘岳昭。岑毓英。迅即查明此项火船军器。是否提督马如龙委办。其涂普义。及李玉墀等。有无别项情弊。速行根究明确。据实奏闻。即一面咨明刘长佑严行惩办。

同治卷九一

(同治十二年癸酉)闰六月。丙戌。总理船政前江西巡抚沈葆桢奏。本年二月。第九号靖远轮船工竣。以留闽补用千总郑渙管驾。二十八日试洋。轮机灵捷完好。惟炮位向外国定制。往返数万里。未克如期而来耳。第十号振威。闰六月工亦可竣。以留闽补用千总罗昌智管驾。择吉试洋。第十一号济安。七月底可以竣工。第十二号永保。闰六月可以下水。该船之水缸机器车轴等项。均于船屋上安置妥贴。下水后两个月即可出洋。第十三号于二月初二日安上龙骨。船身已得过半工程。第十四号于六月初九日安上龙骨。船胁尚未就绪。此近日各船工程之实在情形也。自增月款二万之后。臣得以广购木料。南风司令。暹罗仰光所产。络绎而来。将来第十二号下水。十五号即可安上龙骨。虽成船未能适符限期。而逾期计不甚远。然当时创始之意。不重在造而重在学。臣与监督日意格约。限满之日。洋匠必尽数遣散。不得以船工未毕。酌留数人。如中国匠徒。实能接图仿造。虽轮船未尽下水。即为教导功成。奖励优加。犒金如数。必不负其苦心。傥洋匠西归。中国匠徒。仍复茫然。就令如数成船。究于中国何益。

则调度无方。教导不力。臣与该监督。均难辞其咎。该监督请六月自模厂始。挑选匠徒之聪颖者。逐加验试。洋匠头授之以图。令其放手自造。是后洋匠均不入厂。俟其自造模成。察看吻合与否。稍有丝毫未协。再为详谈窾窍。令其改造。试之又试。至再至三。务期尽其技能而止。模厂既毕。他厂继之。臣以其所议尚属责实。饬令次第举行。毋令中国匠徒。得以附会塞责。谨会同陕甘总督臣左宗棠。福州将军臣文煜。闽浙总督臣李鹤年。福建巡抚臣王凯泰。恭折具陈。

沈葆桢又奏。再轮船之设。必声势联络。如身使臂。如臂使指。仓卒征召。方足以资敌忾。前以养船经费支绌。署督臣文煜等奏请分拨各省。奉旨允行。计诚出于万不得已。第仍须于分拨之地。力筹联络之方。虽各省大吏。可以督其勤加操演。而有事合之一处。各不相习。甚虑驱策不灵。臣与统领臣罗大春熟商。若俟其来闽修船。顺便阅操。则旷日太久。且有本省自有船坞可修。不必定归闽厂者。若纷纷召之而至。则于其本省巡洋捕盗诸务。窒碍殊多。计不如统领躬自任劳。随时周历各口校阅。凡遇统领出洋。将赴某省。先期由驿咨会某省督抚。惟海道瞬息可达。驿递有时迟延。或统领船来。而督抚之行知未到。则由统领知照海关道。即时校阅。其船上有练兵者。一体操演。所需子药等项。统由各该省应付。为统领者不敢以远涉风涛为惮。而封疆大吏。自必以分畛域为心。

(八月)己卯。总理船政前江西巡抚沈葆桢奏。本年闰六月十八日。第十二号轮船永保。船身各工告备。推送下水。其桅杆。烟筒。煤舱。铜管。并帆缆等工。八月间可以蒇事。该船宽长。又吃水尺寸。与伏波安澜等船一律。惟船面前后。增设船房。则仿照商船程式耳。永保下水。腾出船台。饬匠修理完固。即于二十四日安上第十五号龙骨。二十五日。第十号之振威。工监督日意格亲带出洋。展轮而出。展轮而入。洋面则息火张帆。将船左右折转而行。约计其适中者。每时行七十里。轮机灵捷。与靖远同。第十一号之济安。工亦垂竣。臣拟调管驾飞云之湄洲营游击吴世忠。于引见后回工管驾。其原带分拨山东之飞云。查有久充该船大副之都司衔林文和。水务谙练。心地朴诚。兼通英语。堪以接管。此各轮船续办工程之实在情形也。其建威练船。去年乘风北驶。历浙江。上海。烟台。天津。至牛庄。始折而南。本年二月。教习洋员德勒塞驾船南行。先厦门。次香港。次新加坡。次槟榔屿。六月始回工次。计四阅月。除各马头停泊外。实在洋面七十五日。海天荡漾。有数日不见远山者。有岛屿萦洄。沙线交错。驶船曲折而进者。去时教习躬督驾驶。各练童逐段誊注日记。量习日度星度。按图体认。期于精熟。归时则各童自行轮班驾驶。教习将其日记子细勘对。至于飚飓大作。巨浪如山。颠簸震撼之交。默察其手足之便利如何。神色之镇定如何。以分其优劣。其驾驶心细胆大者。则粤童张成。吕翰。为之冠。其精于算法量天尺之学者。则闽童刘步蟾。林泰曾。蒋超英。为之冠。臣谨拔张成。吕翰。管驾闽省原购之海东云。长胜两轮船。使独当一面。以观后效。此教练驾驶之实在情形也。限期瞬届。臣惟有力催洋员匠。认真教导中国匠徒艺童。刻意讲求。以冀上副圣怀于万一。谨会同陕甘总督臣左宗棠。福州将军臣文煜。闽浙总督臣李鹤年。福建巡抚臣王凯泰。恭折具陈。

同治卷九二

(同治十二年癸酉十月)乙未。大学士直隶总督李鸿章奏。窃本年春间。探闻南亚美理加之秘鲁国。遣使来日本及中国议立和约。适日本使臣副岛种臣至津换约。臣面与询及。据称秘鲁已至东洋。该使回国后。即与议办此事。六月间准总理衙门函称。英美住京使臣。均以秘鲁特派钦差来华。商订通商条约。请尽力帮助等情。因闻秘鲁有陵虐华工之事。令将华人全行送回中国。并声明不准招工。方能商议立约。当经照覆各国知照。并属臣于秘鲁使臣到津时。与之逐层辩论。斟酌办理。旋于七月杪。据日本副岛来函。谓秘鲁使臣葛尔西耶已与立定和约。即赴中国议办。经臣函商总理衙门。该使远来。自应以礼接待。再与辩论公事。九月初二日。葛尔西耶。乘轮船到津。初四日来晤。臣即于翌日前往答拜。询悉华民陆续招往秘鲁者。有十余万人。据称并无陵虐情事。该国统领闻外人谣言甚多。特派大臣来华议立和约。以期共相保护。初九日。又据该使函送该国洋文公牍一件。细加翻阅。内系新立雇用华工章程。似尚妥协。臣覆以前据住秘鲁华民公禀。受苦甚多。各国新闻纸。亦有纪载秘鲁陵虐华工情形。该国虽立有新章。恐未能实力遵办。仍照总理衙门照覆英美各大意。令将所招华工全数送回。方可商办。二十四日。葛尔西耶复来臣署。力为剖辨。谓同治八年。十年。住秘鲁华民。转递公禀。全是空话。不足为凭。即上年日本扣留秘鲁招工船只。亦无船主苛待华工确证。该国既派使来华议约。如条约立定以后。必当照约保护。臣逐加驳诘。该使总称此来专为和约美意。若不准立约。即行回国。语殊决绝……

(十一月)壬子。总理船政前江西巡抚沈葆桢奏。窃惟船政之设。原约造一百五十四马力轮船十一只。八十四马力轮船五只。嗣督臣英桂。议改第七号为二百五十四马力。据该监督估计工料繁巨。较一百五十四马力。增一倍有零。请以一号抵作两号。经臣文煜等奏明在案。共应大小成船一十五只。除第十号以上。业经叠次奏明出洋外。本年八月初六日。第十一号之济安试洋。八月二十八日。第十二号之永保试洋。均一时以七十里为率。轮机之灵捷。船身之坚固。与安澜等船。大略相同。九月十九日。第十三号之海镜下水。计年内可以出洋。第十四号轮船。年内亦可下水。惟第十五号须待明春。然中国匠徒。能放手自造。与遣散洋匠。两无妨碍。此船工将竣之实在情形也。此后如为节省经费起见。则停止造船。除修船养船而外。一切皆可节省。惟既绝难续。不免尽弃前功。如鹊巢鸠居。异族之垂涎。尤为可虑。若岁成造船两号。则已成之绪。不致中乖。而洋人辛工。岁可省十余万。然中国员匠。能就已成之绪而熟之。断不能拓未竟之绪而精之。虽则岁告成船。竟毫无进境。与皇上力图自强之旨。迥不侔矣。臣窃以为欲日起而有功。在秩序而渐进。将窥其精微之奥。宜置之庄岳之间。前学堂。习法国语言文字者也。当选其学生之天资颖异。学有根底者。仍赴法国。深究其造船之方。及其推陈出新之理。后学堂。习英国语言文字者也。当选其学生之天资颖异。学有根底者。仍赴英国。深究其驶船之方。及其练兵制胜之理。速则三年。迟则五年。必事半而功倍。盖以升堂者求其入室。异于不得其门者矣。其学生中有学问优长。而身体荏弱。不胜入厂上船之任者。应令在学堂接充教习。俾指授后进天文地舆算学等书。三年五年后。有由外国学成而归者。则以学堂后进之可造者补之。斯人才源源而来。朝廷不乏于用。惟合之递年成船二只。所费甚巨。本年所加月款二万可省。而原定月款五万。必不能省也。限期瞬届。应如何办理之处。敢恳皇上饬下各衙门速议具奏。傥以前赴外国学习为可行。则数万里长途。骤试者不无疑惧。臣奉旨后。尚须与日意格及生童人等。坚明约束。详议章程。必事事得理之所安。而后人人于心有所恃。臣不揣冒昧。谨会同陕甘总督臣左宗棠。福州将军臣文煜。闽浙总督臣李鹤年。福建巡抚臣王全。恭折驰陈。

沈葆桢又奏。窃臣于同治九年二月间。奏请俟轮机创就。恳将中外出力人员。择尤奖励。奉旨允准在案。嗣臣以丁忧交卸。致未举行。自本年六月起。该监督日意格逐厂考校。挑出中国工匠艺徒之精熟技艺。通晓图说者。为正匠头。次者为副匠头。洋师付与全图。即不复入厂。一任中国匠头。督率中国匠徒。放手自造。并令前学堂之学生。绘事院之书童。分厂监之。数月以来。验其工程。均能一一吻合。此教导制造之成效也。后学堂学生。既习天文地舆算法。就船教练。俾试风涛。出洋两次。而后教习挑学生二名。令自行驾驶。当飏飓猝起。巨浪如山之时。徐觇其胆识。现保堪胜驾驶者已十余人。管轮学生。凡新造之轮船机器。皆所经手合拢。分派各船管轮者已十四名。此教导驾驶之成效也……

癸亥。总理各国事务恭亲王等奏。总理船政前江西巡抚沈葆桢奏。船工将竣。谨筹善后事宜一折。同治十二年十一月初七日。奉硃批。该衙门速议具奏。钦此。臣等查阅省船政之设。创议于督臣左宗棠。于同治五年六月间奏奉谕旨允准在案。原为中国力图自强。有备无患起见。前据该大臣奏称原约造大小轮船十五号。将次工竣。如从此停止造船。不免尽弃前功。且恐异族垂涎。拟即由中国员匠。每岁造船二号。并遣学生前赴英法两国。探究其精微之奥。期于日起有功。自因图始维艰。既费数百万之帑项。复竭六七年之经营。现甫立有基址。中国匠徒。且能放手自造。若竟尽弃前功。诚属可惜。该大臣所奏。亦仍系为中国力图自强之意。惟每岁造船之费。尚有限制。而以后成船日多。养船修船之费。层递加增。诚恐为数愈巨。势不能支。查同治十一年十一月间。直隶督臣李鸿章。奏准设局招商。试办轮船折内。声明若从此中国轮船畅行。闽沪各厂造成商船。亦得随时租领等语。随据该督饬议条规于上海设局试行。已及一年。此次据沈葆桢奏。嗣后闽厂。每岁续造船二只。未知商轮船局。是否合用。能否陆续租领。俾船不赋闲。费不虚耗。且可以验其良窳。加意讲求。傥能随造随领。闽厂轮船。得以畅行中外。则既可留造船之基。并可省养船修船之费。洵属意美法良。应请饬下南北洋通商大臣。妥筹定议。奏明办理。至该大臣所称。分遣学生赴英法两国学习一节。查同治十年七月间。原任两江督臣曾国藩等奏。遴选聪颖子弟。前赴泰西各国肄习技艺。业经奉旨准行。由该督等派员在沪设局。分批遣令出洋在案。此次沈葆桢拟遣前后学堂学生。分赴英法两国。探究造船驶船之精奥。与原任督臣曾国藩等遴选学生赴美国学习技艺。意见相同。一切章程。应否仿照沪局办理。抑或有酌量变通之处。应请一并饬下南北洋通商大臣。并原议开设船厂之陕甘督臣左宗棠。与沈葆桢会商熟筹。期于有利无弊。功效渐臻。以仰副我皇上有备无患之至意。

同治卷九三

(同治十三年甲戌三月)辛未。总理各国事务恭亲王等奏。窃查本年三月初三日。臣衙门接据英国使臣威妥玛函称。现准住日本国之英国使臣电报。知日本运兵赴台湾沿海迤东地方。有事生番。并询及生番居住之地。是否隶入中国版图。东洋兴师。曾向中国商议准行与否。宜如何斟酌之处。迅为见覆。以便用电线移覆等语。当经臣衙门函覆该使。答以上年日本国使臣住京时。从未议及有派兵赴台湾生番地方之举。究系因何兴师。未据来文知照。台湾生番地方。系隶中国版图。且中国类此地方。不一而足。未能强绳以法律等因去后。旋于初四五等日。英国汉文正使梅辉立。法国翻译官德微理亚。总税务司赫德。日本国使臣丁美霞。先后来臣衙门接见。面述前事。复据英国威妥玛。开来应询事件节略四条。大致与该使臣前函所询相同。其意似欲申禁该国人民。毋得轻率与闻。此举为见好中国地步。嗣准了鸿章。李宗羲。各咨钞上海领事官电报。日本国系因前年人在生番地界。船只遭风。大受残害。遣人查问确情等因。后又准李宗羲咨称。日本随员八名。来沪等候该国公使。约三月望间可到。及新闻纸内。所叙日本兴兵赴台湾各节。臣等当因事关重大。遂将以上各紧要情形。由臣衙门函致南北洋大臣。闽浙总督。福州将军。属令该大臣等密饬确切探访。并钞录各国使臣给臣等信函节略去后。

三月十九日。接据李宗羲咨。准福建水师提督函开。十五日有日本大战船一只。寄泊厦港。遂遣员向该国带兵官诘问。据称拟借校场操兵。询其前往何处。称尚未定。船中约百余人。查系自台湾澎湖而来。诘以何往。仍属枝梧。操兵之事。示以向章所无。该带兵官亦即俯首无词。究竟作何举动。未能窥其底蕴等因。臣等伏查上年四月间。日本国使臣副岛种臣来京。曾派其随员柳原前光。翻译官郑永宁。来臣衙门。向臣等面询三事。一询澳门是否中国管辖。抑由大西洋主张。一朝鲜诸凡政令。是否由该国自主。中国向不过问。一即台湾生番。戕害琉球人民之事。拟遣人赴生番处说话等语。当时即经臣等面为剖辩。该随员等未经深论。臣等亦未便诘其意将何为。嗣该国翻译官郑永宁。谓澳门地方。恐须通商。不过询问明晰。以为将来议办张本。朝鲜之事。希冀中国调停其间。可藉中国之力劝解。若台湾生番地方。只以遣人告知。嗣后傥有日本人前往。好为相待。其意皆非为用兵等语。

臣等送该使臣回国时。复告以嗣后总当按照修好条规所载。凡两国所属邦土。不可稍有侵越。该使答曰。固所愿也。是该国并未与中国议及派兵前赴台湾。刻下忽有此举。揆之各国往来之理。似不应出此。然该国兵船。业已到闽。声称借地操兵。其来意已可概见。据报日本国来京使臣柳原前光。将次到沪。而迄今仍未据报到。或藉以懈我之备。亦未可知。除由臣衙门照会该国外务省切实诘问外。臣等公同悉心商酌。此时该国动兵与否。尚未明言。固未便操之过急。而事必期于有备。患当杜于方萌。应如何按约据理。相机辩阻。及如何先事筹备。该省督臣。固属责无旁贷。惟查督臣李鹤年。兼署巡抚。公务较繁。且不能遽离省城。致旷职守。拟请钦派闻望素著。熟悉洋情之大员。带领轮船。前往台湾生番一带。察看情形。妥筹办理。至此次调用轮船。原为巡查洋面。易于驾驭。非因用兵起见。而酌调兵弁。以资缓急足恃。及生番应否开禁。如何示以怀柔。治以简易。俾不为彼族所用。且不为他族所垂涎之处。均应由钦派大臣。会同该督抚将军等。熟商请旨办理。谨恭折密陈。

谕军机大臣等。总理各国事务衙门奏。日本兵船。现泊厦门。请派大员查看一折。日本国使臣。上年在京换约时。并未议及派员前赴台湾生番地方之事。今忽兴兵到闽。声称借地操兵。心怀叵测。据英国使臣函报。日本系有事生番。并据南北洋通商大臣咨覆情形相同。事关中外交涉。亟应先事防范。以杜衅端。李鹤年于此等重大事件。至今未见奏报。殊堪诧异。生番地方。本系中国辖境。岂容日本窥伺该处情形如何。必须详细查看。妥筹布置。以期有备无患。李鹤年公事较繁。不能遽离省城。著派沈葆桢带领轮船兵弁。以巡阅为名。前往台湾生番一带察看。不动声色。相机筹办。应如何调拨兵弁之处。著会商文煜。李鹤年。及提督罗大春等。酌量调拨。至生番如可开禁。即设法抚绥驾驭。俾为我用。藉卫地方。以免外国侵越。并著沈葆桢酌度情形。与文煜。李鹤年。悉心会商。请旨办理。日本兵船到闽后。作何动静。著文煜。李鹤年。沈葆桢。据实具奏。南北洋如探有确耗。并著李鸿章。李宗羲。随时咨明总理各国事务衙门核办。原折均著钞给阅看。

给日本国外务省照会

为照会事。照得贵国与中国换约以来。各尽讲信修睦之道。彼此优礼相待。友谊日敦。上年贵副岛大臣。奉使来华。与本大臣诸事和商。情意颇洽。五月间副岛大臣特遣随员柳原。翻译官郑。来本衙门面询三事。一澳门是否中国管辖。抑由大西洋主张。一朝鲜诸凡政令。是否由该国自主。一即台湾生番戕害琉球人民之事。拟遣人赴生番处说话各情。本王大臣当于晤谈时。详论所询原委。嗣经贵国翻译官郑答覆。谓澳门地方。恐须通商。不过询问明晰。为将来议办张本。朝鲜之事。冀望中国调停其间。可藉中国之力劝解。若台湾生番地方。只以遣人告知。嗣后日本人前往。好为相待。其意皆非为用兵等语。足见邦交益固。彼此均泯猜嫌。迨贵副岛大臣濒行时。握手言别。本王大臣曾向贵副岛大臣觌面提及。嗣后须按照修好条规所称。两国所属邦土。不可稍有侵越。承副岛大臣以固所甚愿一言相答。溯自副岛大臣住华多日。并未向本王大臣议及前询三事。而本王大臣亦从无于条规外允有别事。彼此两国当不致另有言外事端。惟现准各国住京大臣。均来向本王大臣告知贵国兴兵。前赴台湾。有事生番。并新闻纸所载。及接到中国沿海各地方官申报。本年二月间。有贵国大战船一只。寄泊厦港。拟借校场操兵。并据贵国带兵官声称。系自台湾澎湖而来。查台湾一隅。僻处海岛其中生番人等。向未绳以法律。故未设立郡县。即礼记所云。不易其俗。不易其宜之意。而地土实系中国所属。中国边界地方。似此生番种类者。他省亦有。均在版图之内。中国亦听其从俗从宜而已。此次忽闻贵国欲兴师前往台湾。是否的确。本王大臣未敢深信。傥贵国真有是举。何以未据先行议及。其寄泊夏港兵船。究欲办理何事。希即见覆。是所深盼。为此照会贵外务省大臣查照可也。

(四月)戊寅。谕军机大臣等。前据总理各国事务衙门奏。日本兵船。现泊厦门。声称借地操兵。并据英国使臣。及南北洋大臣咨报。该国有事台湾生番地方。当派沈葆桢带领轮船兵弁。以巡阅为名。前往台湾一带。密为筹办。福建布政使潘霨。早经陛辞出京。即著驰赴台湾。帮同沈葆桢。将一切事宜。妥为筹画。会商文煜。李鹤年。及提督罗大春等。酌量情形。相机办理。潘霨现在行抵何处。并著张树声查明。催令迅速赴闽。兼程前往。不得稍涉迟延。

丙戌。总理各国事务恭亲王等奏。窃臣等前闻日本国兵船停泊厦门。奏请简派大员前往查看。同治十三年三月二十九日。奉上谕。著派沈葆桢带领轮船兵弁。以巡阅为名。前往台湾生番一带察看。不动声色。相机筹办等因。钦此。四月初六日。复奉上谕。福建布政使潘霨。即著驰赴台湾。帮同沈葆桢。将一切事宜。妥为筹画等因。钦此。旬日以来。臣等复接据英国使臣威妥玛。总税务司赫德。暨直隶总督李鸿章。两江总督李宗羲咨函。内称日本国兵船。于三月下旬。有驶进厦门海口者。有前往台湾者。船内兵弁炮位俱备。由瑯𤩝地方登岸。并无阻问之人。英国水师提督。亦选兵船往台湾迤南巡查。并据新闻纸内叙及。日本在长崎购买轮船。租雇商船。装载军装粮饷。厦门来信。法国兵船。及日期兵船两只。商船两只。均已抵厦。擦伤是日本兵共八营。俱在台湾东海旁起岸。欲攻生番等语。四月初五日。始准闽浙总督李鹤年三月十三日函称。台湾道禀报。二月初十日。有日本水师官同伙一人抵瑯𤩝柴城一带。查看牡丹社。龟仔角。等处情势。绘画舆图。十五日折回。嗣后复接台湾税务司来函。日本调兵一万五千人来台打仗等情。并据声称。牡丹社系属番界。彼自寻衅。在我势难禁止等因。臣等复查生番地方。久隶中国版图之内。又与台湾唇齿相依。各国通商以后。觊觎已久。日本相距尤近。难保不意图侵占。且各国均有兵船驶往。以巡查为名。未始无因利乘便之意。李鹤年远驻省垣。事难遥制。而台湾道视为番界寻衅。势难禁止。殊属意存推诿。不知缓急。臣等已函达李鹤年。严劄台湾道务须统筹全局。毋误事机。因思日本兵船。既赴台湾。且有登岸情事。必须沈荷桢迅筹办法。或谕以情理。或示以兵威。使彼无隙可乘。庶几潜消隐患。惟沈葆桢系船政大臣。恐彼族以非办理各国事务官员。置之不理。且遇有调遣轮船。酌拨官弁等事。亦虑呼应不灵。臣等公同商酌。可否派船政大臣沈葆桢为钦差办理台湾等处海防兼理各国事务大臣。福建省镇道各官。均归节制。江苏。广东。沿海各口轮船。准其调遣。俾得与日本及各国按约辩论。而于征调兵弁船只事宜。亦臻便捷。如蒙俞允。仍请饬下该大臣。不动声色。与潘霨随时酌量情形。慎密筹画。一面会商文煜。李鹤年等。督饬镇道。妥为布置。一面将目前办法。及台湾如何光景。先期奏报。上慰宸廑。

谕军机大臣等。总理各国事务衙门。日本国兵船已赴台湾。各国船只。亦有驶往福建洋面情事。请旨责成前派大员。妥速筹策一折。据称接李宗羲咨函。内称日本国兵船。于三月下旬。有驶进厦门海口者。有前往台湾者。由瑯　地方登岸。并无阻问之人。英国水师提督。亦选兵船往台湾迤南巡查。并闻日本购买轮船。装载军装粮饷。法国及日本兵船。均已抵夏。日本兵共八营。俱在台湾东海旁起岸。欲攻生番。本月初间。始准李鹤年孙称。台湾道禀报。二月间。日本水师官同伙一人。抵瑯　柴城一带。查看牡丹社等处形势绘图。并声称牡丹社系属番界。彼自寻衅。在我势难禁止等语。生番地方。久隶中国版图。与台湾唇齿相依。各国觊觎已久。日本相距尤近。难保不意图侵占。且各国均有兵船驶往。以巡阅为名。因利乘便。心存叵测。台湾道视为番界寻衅。势难禁止。实属不知缓急。现在日本兵船。已赴台湾。且有登岸情事。亟应迅筹办法。使彼族无隙可乘。沈葆桢著授为钦差办理台湾等处海防兼理各国事务大臣。以重事权。所有福建镇道等官。均归节制。江苏。广东。沿海各口轮船。准其调遣。俾得与日本及各国按约辩论。而于征调兵弁船只事宜。亦臻便捷。该大臣接奉前旨。计已驰赴台湾一带。著即体察情形。或谕以情理。或示以兵威。悉心酌度。妥速办理。并与潘霨随时慎密筹办。一面会商文煜。李鹤年等。督饬镇道。妥为布置。期于消患方萌。不得稍涉大意。一面将现在办法。及台湾如何情形。迅速奏闻。以慰廑系。除江苏。广东。沿海各口轮船用款。仍由各该省拨给外。所有该大臣需用饷银。著文煜。李鹤年。筹款源源接济。毋任缺乏。应调官兵。并著李鹤年迅速派拨。毋误事机。

戊子。闽浙总督兼署福建巡抚李鹤年奏。窃查本年二月初十日。有日本国水师官水野遵。携带游历执照。乘坐小船。查看牡丹社。龟仔角。等处山势形胜。欲绘舆图。并经台湾口税务司爱格尔。探闻日本国有豫备兵船赴台湾攻打等事。经台湾镇张其光。台湾道夏献纶。查明禀报到臣。随经饬令该镇道确探情形。相机妥筹。并咨呈总理衙门知照在案。兹于三月二十三日。准日本国陆军中将西乡照会。内称台湾土番嗜杀行劫。诸国遭风人民。多被惨害。是以奉命统兵。深入番地。招商开导。殛凶示惩。又另片称。琉球岛遭风人民六十六名。被牡丹社生番劫杀五十四名。备中州遭风人民佐藤利人等四名。被番劫掠。幸脱生命。土番幸灾肆掠。是以往攻其心。虽云率兵。止备抗抵。不得已而稍示应惩。务望晓谕台湾府县。沿边口岸各地。所有中外商民。不得毫犯各等情。照会前来。臣查台湾番社。散处深山。虽未设立郡县。而推原疆索。实皆台地幅员。纵该生番穴处猱居。久成荒服。第既为中国抚有之地。即当为我朝管辖之区。今日本国并未商准总理衙门。辄行调将征兵。将入番境。虽云招酋开导。其心实不可测。伏查日本国和约第一条。内称倍敦和谊。与天壤无穷。即两国所属邦土。亦各以礼相待。不可稍有侵越。俾获永久安全。又第三条。内称两国政事禁令。各有异同。其政事应听已国自主。彼此均不得代谋干预。按照条约而论。是生番即叠逞悍暴。该国自应照会中国地方。实力严办。未便越俎兴兵。致违和约。现已由臣遵照条约。援公法切实照覆日本国将官。令其早日回兵。一面由臣严饬台湾镇道。按约理论。相机设筹。不可自我启衅。亦不可苟安示弱。俟续探确情。再行具奏。

谕军机大臣等。李鹤年奏。日本师船。拟攻台湾番境。相机妥筹一折。据称日本以土番劫杀该国遭风难民。率领兵船。拟攻台湾番境。现已照覆该国将官。令其早日回兵。并饬台镇道。按约理论等语。日本违约兴兵。心怀叵测。前据总理各国事务衙门具奏。已派令沈葆桢。潘霨。前往台湾生番一带察看。与文煜。李鹤年等。会商办理。嗣复授沈葆桢为钦差办理台湾等处海防兼理各国事务大臣。现在日本兵船。已有登岸情事。各国船只。复驶往福建洋面。较李鹤年所奏情形。尤为吃紧。著沈葆桢。懔遵前日谕旨。与潘霨慎密筹画。随时会商文煜。李鹤年等。悉心布置。毋令日本侵越。并豫杜各国觊觎。方为妥善。并著文煜。李鹤年。将拨饷拨兵事宜。遵旨妥速筹办。毋误事机。日本是否回兵。台湾镇道。如何与之理论。即著据实奏闻。

癸巳。闽浙总督兼署福建巡抚李鹤年奏。据台湾道夏献纶。饬据枋寮巡检等。探得三月二十二。二十三等日。有日本火轮船两号。驶至瑯　社寮港口停泊。人数约有八九百名。先遣洋人二十余名。至柴城番界踩看札营地势各等情。禀由该道转禀前来。臣查日本中将。在厦门呈递照会后。并不候臣照覆。即行开驶赴台。又不往晤台湾镇道。遽行登岸规取札营。居心殊为叵测。使得志于生番。必将藐视中国。傥以山深瘴重。失利丧师。难保不别生枝节。事关台湾全局。自宜先事豫筹。现已密饬候补参将李学祥。游击生开俊。督带营勇屯驻凤山一带。以资镇压。台地民情强果可用。并已密饬镇道。号召闽粤联庄。整顿团练。督饬地方文武。严密防范。一面遴派干员。驰赴瑯瑀。面见该国兵官。按约理论。阻令回兵。台湾口岸。原有长胜福星轮船驻泊。兹又劄派参将贝锦泉。管驾扬武兵船。驶泊澎湖一带。以通声息。厦门为台湾入省咽喉。已派靖远轮船驻彼。并饬水师提督李新燕。召募精勇。选调精兵。严加防范。又会商船政臣沈葆桢。飞调安澜飞云各轮船来闽。以壮声势。惟念边衅易开不易弭。番地腹地。究有区分。如果倭兵扰入台湾腹地。自当督饬镇道鼓励兵团。合力堵剿。若仅以戕杀琉球难民为名。与生番复仇。惟当按约理论。不遽声罪致讨。以免衅开自我。臣受任封圻。不敢遇事张皇。亦不敢稍存大意。俟该中将接到臣照覆后。如何情形。再行奏报。

丁酉。闽浙总督兼署福建巡抚李鹤年奏。四月十二日。接据台湾镇张其光。台湾道夏献纶禀称。四月初六日。有日本国住厦领事副岛九成书记吴硕来见。当与按约剖论。饬令回兵。答以不能做主。并称该国使臣柳原前光已赴北京。与总理衙门专论此事。旋经商派安平协副将周振邦。署台湾防同知傅以礼等。授以机宜。偕同参将贝锦泉。驾坐扬武轮船。前赴瑯瑀。按约理论。该中将西乡从道。先则推托不见。至初八日接晤。据称伊国钦使。将次到京。应俟北京信来。再行照覆。不及他语。惟外面礼数尚恭。且出有告白。凡与百姓借地借人借物。皆照价酬劳。现据探报。速日以来。有生番杀伤日本数人。该国亦拟即日移营进剿各等情。并据办理洋务署盐法道陆心源。转据台防同知傅以礼禀称。该同知到瑯瑀时。见有日本轮船七只。山边札有帐篷数十处。时有英国兵船同往。询据英国船主云。日本兵共到二千余人。如不得手。拟再调千人。攻破后。即以三千人戍之等情。又据扬武轮船管驾官员锦泉回省面禀。该国兵船七号。可打仗者不过二只。余皆西洋旧商船。该国尚有铁甲船。及坚固兵船。并未到台等语。臣查日本中将接臣照会后。既不遵约回兵。又无只字照覆。徒以伊国钦使将次到京。应俟北京信来等语。含糊登答。其为阴谋诡谲。力图占据。已可概见。臣前所调之安澜飞云轮船。及续调伏波轮船。计程月内可到。并咨商总理衙门。添调直隶。江苏。轮船来闽。以资防范。查各省现有轮船。足以抵御日本到台之船。但恐兵衅既开。该国大举而来。铁船为中国所未有。洋枪洋炮亦较多。胜负未可逆料。若生番地界任其占据。各国因而生心。海疆之隐忧滋大。臣查日本势孤而贫。非西洋各国众而且富可比。其船械将弁。或雇或购。非西洋各国积百余年精力自造者可比。但日本可雇。中国亦可雇。日本可购。中国亦可购。如我之船械。可以制彼之船械。不待用兵而彼自不敢尝试矣。惟自强之策。需费浩繁。臣已咨商总理衙门。并南北洋大臣。俟商有端倪。再行明办理。

谕军机大臣等。李鹤年奏。日本师船。已与生番接仗。现筹防范一折。日本并不遵约回兵。已与生番接仗。并拟即日移营进剿。其蓄谋寻隙。意图占据已可概见。该国现到轮船七只。尚有铁甲船及坚固兵船未到。此时衅端已开。自应先事布置。严密设防。以期有备无患。江苏广东沿海各口轮船。前已有旨准归沈葆桢调遣。李鹤年亦拟添调直隶江苏轮船赴闽防范。应需轮船若干只。即著李鸿章。李宗羲。张树声。瑞麟。张兆栋。如数拨往。以壮声势。日本被伤者是否止系数人。至生番有无被杀被伤之人。未据该督奏及。生番既居中国土地。即当一视同仁。不得谓为化外游民。恝置不顾。任其惨遭荼毒。事关海疆安危大计。未可稍涉疏虞。致生后患。著沈葆桢懔遵叠次谕旨。随时与潘霨筹画。会商文煜。李鹤年办理。总当消弭边衅。豫遏诡谋。方为不负委任。李鹤年所筹自强之策。有无把握。是否辩有端倪。不得以空言塞责。致误事机。

同治卷九四

(同治十三年甲戌五月壬寅)谕军机大臣等。文煜。李鹤年。沈葆桢奏。遵旨会筹台湾防务大概情形一折。览奏均属妥协。日本上年遭风难民。经台湾商民。与熟番救出交回。该国转籍他国积年旧案。越境称兵。其为妄生觊觎。自不待问。该国此举。为中外之所共恶。沈葆桢等。拟将叠次洋船遭风各案。摘要照会各国领事。其不候照覆。即举兵入境。与生番开仗各情形。亦分次照会。令其公评曲直。并拟购买铁甲船。水雷。及各项军火器械。均著照所议行。并准其将闽省存款。移缓就急。酌量动用。如有不敷。即照所请暂借洋款。以应急需。调赴浙江之伏波等轮船。著沈葆桢迅速调回。直隶。江苏。广东。沿海各口轮船。应如何调拨之处。著沈葆桢等。与李鸿章。李宗羲。张树声。瑞麟。张兆栋。咨商妥办。前署台湾道黎兆棠。据沈葆桢奏称。该员洞悉洋情。著瑞麟张兆栋。饬令即行起程赴闽。以资得力。所请设电线以通消息。亦著沈葆桢等迅速办理。该大臣此时计已起程前赴台湾。著即察看情形。妥速筹办……

文煜等又奏。再采办军火。有在船政总监工之广东候补道叶文澜。可胜其任。惟铁甲船水雷等件。西洋所秘珍者。非廉干洋员。无从得其要领。臣等拟函召前船政监督日意格。适该洋员从上海来。据称闻英国有两铁甲船可购。但必须与中国海口相宜者。乃适于用。请先打电线往询实在情形。并其价值。如蒙谕旨准购。应恳饬总理衙门。行文英国公使威妥玛。俾咨回本国办理。方不费手……

文煜等又奏。再船政自第十二号永保起。仿照商船式样。除永保留于船政以备转运外。余三号议拨招商局应用。第十三号海镜。去年经招商局派员领回。兹第十四号琛航工竣。应行续拨招商局。惟目前军火孔亟。洋船向不肯装。永保一船。恐不敷周转。拟暂将琛航留闽。派五品军功林国祥管驾。以佐转运。候防务稍定。再拨归招商局。至第十五号之大雅。亦于四月初一日下水矣。合并陈明。

壬子。福州将军文煜。闽浙总督兼署福建巡抚李鹤年。总理船政前江西巡抚沈葆桢奏。窃臣等于本月十九日。业将会筹台湾大概情形。奏明在案。二十三日奉上谕。福建布政使潘霨。著驰赴台湾。帮同沈葆桢妥为筹画。会商文煜。李鹤年。及提督罗大春等。相机办理等因。钦此。二十五日。臣文煜。臣鹤年。接台湾道禀称。委员华廷锡报。倭人于十八日。分三路进攻番社。一由风港。一由石门。一由四重溪。每路约五六百人。生番不敢拒敌。纷纷逃散。倭人即将牡丹社。高士佛社。加芝成社。竹仔社。焚烧。刻尚屯据牡丹社。闻有攻龟仔角社之说。岸上约倭兵二千余名。海口尚有轮船三只。噶玛兰通判洪熙恬报。该辖苏澳一带。自上年以来。常有倭人来往。本月初三日。有日本船一号。驶往后山沿海而去。船内备有糖酒哔吱等物。声称欲与生番联和。在后山起码头做生理。月内尚有轮船要来。其倭人刘穆斋。久住艋舺。船主必荖。系美国人。所雇水手。均于后山一带港路颇熟等语。查倭人垂涎台地。成竹在胸。臣鹤年按照条约。阻其进兵。置之不覆。据理而论。不能不张挞伐之威。然目前之取胜非难。而事后则兼筹匪易。彼尚有利器以图再举。我更无奇策以善将来。兵端一开。则购备诸西洋者。均为窒碍。只得俟臣葆桢抵台后。邀集各国领事。使之公评曲直。现在安澜。飞云。伏波。万年清。济安。各轮船。陆续到闽。臣葆桢定于五月初一日。先带安澜。飞云东渡。留伏波以待臣霨。万年清留防闽省海口。济安尚须略加修理。听候调拨。

谕军机大臣等。沈葆桢等奏。据报台湾近日情形一折。日本已分三路进攻番社。生番逃散。遂将牡丹社等处焚烧。并欲攻龟仔角社。是其乘隙寻仇。意图深入。已可概见。若再不亟筹办。则生番更曹荼毒。该国必愈肆欺陵。沈葆桢已与潘霨起程赴台。邀集各国领事。公评曲直。日本兴兵。显背条约。固属理曲辞穷。若能就我范围。敛兵回国。自可消弭衅端。倘仍肆意妄为。悍然不顾。即当声罪致讨。不得迁就因循。转误事机。致将来办理愈形棘手。沈葆桢与潘霨当相度机宜。悉心筹办。应如何调拨官兵前往。藉壮声势之处。著会商文煜。李鹤年。妥速布置。以维大局。本日有旨。谕令王凯泰即行起程回任。毋庸来京陛见。该抚回任后。著李鹤年随事和衷商办。以期共济时艰。

丙寅。福州将军文煜。闽浙总督兼署福建巡抚李鹤年。办理台湾等处海防兼理各国事务沈葆桢奏。窃臣葆桢于五月初一日。由马尾乘安澜轮船。潘霨乘伏波轮船。洋将日意格。斯恭塞格。乘飞云轮船。俱于辰刻展轮。臣霨船直放大洋。臣葆桢暨日意格两船。沿各口而行。晚抵兴化之本日。适海坛镇总兵黄联开。巡洋至此。接询洋面情形。诸尚安谧。初二日抵泉州之深沪。初三日抵澎湖登岸。踩勘炮台水口形势。初四日抵台之安平。臣霨已先二日到矣。接见镇道。据称四月二十日。倭船一只。装生番首级。及伤亡倭兵回国。二十二日。开两只赴厦门。二十七日。开一只赴后山。瑯㤈遂无倭船。二十九日。又有轮船运军装粮食而来。此水路情形也……

戊辰。福州将军文煜。闽浙总督兼署福建巡抚李鹤年奏。窃五月初四。初九。两日。钦奉同治十三年四月十六。二十一两日。寄信谕旨两道。臣等当即恭录咨行。遵将拨兵拨饷事宜。妥速筹办。并悉心布置。务臻周密。兹据通商局司道禀称。据马尾分局委员报称。四月二十九。五月初一二等日。距福州口一百三十余里之马祖澳。及白犬洋面。先后有日本铁甲船二只。木轮船一只。在彼游弋。及饬委员驰往查问。业已开驶。初八日酉刻。复有半枝桅兵船一只。名为孟春。吃水八尺。直至马尾。自厦门沿途测水而来。委员毛文藻前往查问。言语枝梧等情前来。臣等查倭人诡谲异常。初攻生番。托言非中国版图。并未失和。乃沈葆桢甫欲巡洋。铁甲船即至福州口外。臣等方派员查察。孟春一船。竟敢自厦门测水。直至中岐。虽通商口岸。外国轮船。来往如织。何以不先不后。相继而来。其意存恫喝。已可概见。臣等通盘筹画。台湾固不可大意。福厦各口。尤宜亟为之防……

谕军机大臣等。文煜。李鹤年。筹办沿海各口防备一折。马祖澳及白犬洋面。已有日本铁甲船。木轮舟。在彼游戈。并有孟春兵船。自厦门测水。直至中岐。意存恫喝。此时防备万难稍缓。自应严密布置。以备不虞。览文煜。李鹤年。所奏筹防情形。半属空言。并无切实办法。当此事机紧要之际。若再掉以轻心。必至临时张皇。贻误大局。究竟福厦各口。何处最为扼要。现应如何设防。福宁连江沿海一带。作何准备。是否已臻周密。著文煜。李鹤年。悉心筹画。立见施行。不得以含混一奏。遂为了事……

(辛未)给日本国柳原前光照会

为照会事。照得上年贵国副岛大臣奉使来华。曾令贵大臣同翻译官郑。来本衙门面询台湾生番戕害琉球人民之事。当经细询原委。曾准答覆。台湾生番地方。只以遣人告知。嗣后日本人前往。好为相待。其意非为用兵等情。迨贵副岛大臣并贵大臣濒行时。本王大臣曾向贵副岛大臣觌面言及。嗣后须按照修好条规所载。两国所属邦土。不可稍有侵越。承副岛大臣以固所甚愿一言相答。乃本年三月间。准各国住京大臣。向本王大臣告知。贵国兴兵赴台湾。将有事于生番。并叠据中国沿海各地方官申报。有贵国战船一只名孟春。自台湾澎湖来寄泊厦港。带兵官海军少尉家柯声称。拟借地操兵等语。本王大臣当汇叙函报各节。先行照会贵国外务省大臣。四月十四日。本王大臣续将钦奉上谕。沈葆桢著授为钦差办理台湾等处海防兼理各国事务大臣。以重事权。钦此。照会各在案。迄今均未准见覆。嗣接闽省咨开。贵国火轮船一号。驶过旂后口外。又有轮船二号。到瑯璚社蘩港口停泊。至柴城踏看札营地势各情。并接贵国中将西乡照会。率亲兵由水路直进番地。因琉球人民遭害。招酋开导。殛凶示惩等情。咨报前来。本王大臣查台湾全地。久隶中国版图。虽生番种类。散处深山。向未绳以法律。总属中国管辖之人。即偶有洋面失险。如琉球人民受害前事。亦当知会应管辖之地方官查办。此次贵国兴兵。未经向本王大臣议及。亦未准知照因何事派兵赴台。既与上年所言非为用兵之语未符。亦与条规内所载两国所属邦土。不可稍有侵越等词相背。本王大臣殊为不解。今据各处探报。贵大臣奉命来华。已抵上海。经江苏应藩司。沈道。将贵国船赴台湾一事。向贵大臣详细剖说。业经贵大臣允为函致贵国外务省。并有电报知会厦门领事。转告贵国中将等因。足见贵大臣克敦和谊。顾全大局。俟贵外务省暨厦门覆信到沪。仍希贵大臣与应藩司。沈道。平心妥议。总期彼此同守修好条规。永久不渝。贵大臣既为两国通好而来。如能尽其事权。以固睦谊。本王大臣自当与各国来华大臣。一体优礼相待。为此照会贵大臣查照可也。

同治卷九五

(同治十三年甲戌六月丙子)文煜等又奏。再前泊福州口内之日本孟春兵船。已于十四日开驶。顷据通商局禀称。据税务司雷德知会。探得本月二十一日。有日本铁甲船一只。木轮船一只。离福州五虎口百余里外游弋。如果台湾开仗。即拟内扰等语到局。理合禀报等情前来。除饬派员查探。并严密防范外。谨附片密陈。

谕军机大臣等。文煜。李鹤年奏。布置海防。筹拨饷银军火。并日本船只。在五虎口外游弋情形各折片。日本违约称兵。昨据沈葆桢奏报。到台后业经给与照会。向其理谕。并经潘霨亲赴瑯璚。面加诘问。是否敛兵回国。尚未续有奏报。现据文煜等奏。福州五虎口百余里外。已有该国铁甲等船。在彼游弋。是福州厦门等处。海防甚为吃紧。文煜等现拟择要坚筑炮台。并饬副将杨廷辉。将附近渔人。召募成军。免资寇兵。即著迅速妥为布置。并饬总兵孙开华等。认真办理。以期有备无患……

癸未。大学士直隶总督李鸿章奏。窃臣钦奉同治十三年六月初八日寄谕。著由北洋大臣。调拨洋枪队三千人。南洋大臣。调拨二千人。均乘坐轮船赴台。该郡现有兵勇。不甚得力。李鸿章。李宗羲。务当迅速调派。令其克日起程前往等因。钦此。仰见皇上慎固海疆。整军驭远。圣谟广运。钦佩莫名。伏查此次日本搆兵生番。焚掠牡丹等社。实属显违和约。妄启衅端。经沈葆桢派令藩司潘霨等。亲赴瑯。与该中将西乡从道。据理驳诘。该酋犹复藉词狡展。未肯遵照撤兵。居心殊为叵测。台湾水路兵备。自不可不厚集兵势。豫伐诡谋。惟沈葆桢原奏。请由北洋借拨久练洋枪队三千。南洋二千。查直隶大枝防军。现止广西右江镇总兵周盛传所统盛仁等营。正在大沽海口以内。修造新城。添筑炮台。工尚未竣。畿辅重地。必须留备缓急。碍难分调。南洋枪队无多。分驻金陵苏扬上海等处。防务紧要。亦难酌拨。且兵势聚则气盛。分则力弱。若于两处零星抽拨。兵将素不相习。转恐临敌贻误。臣处叠准沈葆桢函咨。台湾现办情形。先经与两江督臣李宗羲。江苏抚臣张树声。往返函商。查有记名提督唐定奎所统。现驻徐州之武毅铭字一军。向隶提督刘铭传部下。随臣剿办发捻。转战数省。极为得力唐定奎朴诚明干。素为将士所服。臣于同治十年九月内。奏报曾克忠赴陕。接统铭军折内。声明拨交若干营外。余仍拔回徐州屯驻。以备南北援应。曾将此军可备征调情形。函覆沈葆桢。暨总理衙门查照。该大臣此次陈奏。自系尚未接准前函。现在台湾需兵设防。应仍移缓就急。力顾大局。拟即飞饬唐定奎统带所部步队十三营。合计六千五百人。由徐拔赴瓜洲口。分批航海赴台。听候沈葆桢调遣。该军向习西洋枪炮。训练有年。步伐整齐。技艺娴熟。将士一心。尚可资指臂之助。其提督陈凤楼所带该军马队三营一哨。仍暂留徐州宿迁。巡缉地方。臣一面商请李宗羲等。饬调沪局轮船。暨雇用招商局轮船。驶赴瓜洲。分起装载东渡。委令道员盛宣怀。往来照料。并函请沈葆桢。酌派闽厂兵船入江接载。俾期迅速。该军所需月饷军装子药等项。督饬后路台局。源源接济。不令稍有缺乏……

李鸿章又奏。再叠奉寄谕。沈葆桢。及文煜。李鹤年。夹板印封等件。由臣发交轮船。速为分别投递。遵查五月二十五日寄谕。夹板文件。当交沈葆桢赍折千总郑渔原轮船赍回。五月二十七三十等日夹板印信各件。适有招商局轮船运粮来津。即发交该船带至上海。饬由江海关道沈秉成。专弁搭商轮船递闽。分别转投。当不致误。惟查天津仅有驻防轮船二只。一系沪局操江船。前因船身损坏。回沪修整。暂难北来。一系奏调闽局之镇海船。现令专防要地。未便远离。所奉夹板大件。实无官船可递。目下招商轮船。漕水运竣。来津甚稀。若搭洋商轮船。究恐展转贻误。况查由京五六日里驿递至闽。不过十五六日。而轮船由京至沪。须五六日。又由沪至闽。须三四日。至速仅早到数日耳。若无便船。往往候过兼旬。即如臣于五月初一二日。商覆沈葆桢调兵之函。由商轮转寄。昨沈葆桢五月二十一日发信。尚未接到。是轮船迟速无常。确有明证。拟请嗣后寄谕夹板等件。除发交齐折原轮船递回。可期迅速外。其余似应仍由驿递。径发闽省。庶昭慎重而免迟误。

谕军机大臣等。李鸿章奏。遵旨筹派洋枪队航海驰赴台防。并请调驻陕铭军东来。以备南北海口策应一折。前据沈葆桢等奏。请由北洋拨久练洋枪队三千人。南洋二千人。驰赴台湾。当经谕令李鸿章。李宗羲。迅速调派。兹据李鸿章奏称。直隶防军。拱卫畿辅。必须留备缓急。碍难分调。南洋枪队无多。亦难酌拨。且于两处抽拨。恐兵将素不相习。转致贻误。查有提督唐定奎所统。现驻徐州之武毅铭字一军。素习西洋枪炮。训练有年。堪以派往等语。著照所请。即饬唐定奎统带所部步队六千五百人。由徐拔赴瓜洲口。分起航海赴台。听候沈葆桢调遣。由李宗羲张树声。饬调沪局轮船。暨雇用招商局轮船。驶赴瓜洲。以备该军东渡。并著沈葆桢酌派闽厂兵船。入江接载。俾期迅速……

甲申。福建陆路提督罗大春奏。窃照本年三月间。日本藉称旧怨。加兵台湾之生番……现据探闻日本火轮战船二十六七号。内一号名龙骧。购自花旗。费银二百万两。又火轮商船六十九。内铁铸者二十二。又布篷夹板船十八。以彼区区数千里之岛。旦夕之间。焉能办此。即此以思。亦可知其数百年来静而未动之蕴蓄矣。夫彼蓄数百年之心。即蓄数百年之力。一旦蠢动。其心讵可问。其力岂易穷耶……就中闽海一带。尤为倭船出没往来之地。一切内外口岸。设立炮台洋炮。兵勇棋布星罗。益宜严密。除应备铁甲兵船。水雷。电线等件。经沈葆桢会筹奏请外。窃计分布大小轮船。福州厦门两海口。每口应驻四号。澎湖二号。台湾六号。共需一十六号。无事派定棲止。有事相机调遣……

辛卯。办理台湾等处海防兼理各国事务沈葆桢等奏。窃臣等钦奉到五月十一日谕旨。日本若能就我范围。敛兵回国。自当消弭衅端。傥再肆意妄为。即当声罪致讨等因。钦此。伏读之下。仰见圣虑周详。洞见万里。近据探报。倭营自臣霨等归后。五月十九等日。将前札番社各营。先后撤归龟山。而二十一日。复到轮船一只。泊龟山下之射寮港。船中装兵二百余名。倭妇十余人。带有酒米铁炼农器。以及松桐杉栽草种花种各数百株。分植后湾龟潭湾等处。复购土人约牡丹社生番。于保力庄议和。又有倭人成富清风者。从北路航海来言。王字社生番。不肯议和。要请兵往攻等情。二十二日。又到轮船一只。驶往后山而去。臣等思倭奴情状若此。其用意不言可知。断难稍懈筹防。为所愚弄。台北一路。五月二十七日。台湾道夏献纶。挈参将李学祥部勇。坐轮船前往。此时当抵苏澳矣。台南之东港。游击王开俊一营驻之。李学祥从凤山移驻苏澳。以总兵戴德祥一营。填札凤山。镇臣张其光。原部一营。分驻彰化三哨。先带两哨。于本月初四日。前赴凤山。其新募五营。派员赴粤开招。到台尚需时日。臣霨以兵力太单。适前调烟台税务司薄朗来。拟挈之前赴凤山。属前署镇曾元福为招土著壮勇五百名。交薄朗练成洋枪队。行营无定。碍难借印。谨刊本质关防。用资号召。长盛轮船。测量水线归。据称后山除苏澳外。并无深稳海口。可泊巨艘。而短艇小舠。则随地可以来往。其对准牡丹社山后之海口。已望见倭兵营帐等语……

谕军机大臣等。沈葆桢等奏。倭情叵测。续筹防务情形一折。日本复到轮船一只。装兵二百余人。带有铁炼农器等件。又有轮船驶往后山一带。其为意存觊觎。悍不旋师。自不待问。亟应厚集兵力。益严警备。庶有以杜其诡谋。提督唐定奎一军。著李鸿章檄令迅速拔队。兼程前进。不得稍涉延缓。致误事机。并著沈葆桢。李宗羲。张树声。遵奉前旨。分别饬调船只。妥为豫备。俾得迅到防所。以壮军威……

(癸巳)李鹤年又奏。再前据通商局司道禀报。五月二十一日。据福州口税务司知会。距福口百余里洋面。有日本铁船。在延缓游弋。当经派员查探。附片陈明在案。兹据报称。该船业已开驶不知所往等情前来。谨附片陈明。

(七月乙巳)办理台湾等处海防兼理各国事务沈葆桢等奏……五月二十九日。台湾道夏献纶。由旂后坐轮船北去。三十日泊澎湖。即有绅董等禀称。前有倭船一只。驶近口岸放炮。居民惊慌。该道谕以此地已有轮船驻扎。续当添募水勇。民间宜急办乡团。初一日抵沪尾。初二日抵鸡笼。初三日抵苏澳。现据禀称。淡兰各处乡团。业经凯谕举办。该绅民等俱知踊跃趋公。淡属者派员会办。兰属者该道躬驻苏澳督之……

沈葆桢等奏。正缮折间。长胜轮船。由工次到台。奉五月一十七日上谕。沈葆桢。现于淡水等处派兵驻扎。由罗大春督率巡防等因。钦此。查阅局轮船。梭巡台湾各口岸。往来无间。近省一带信息。可以互通。所有臣等彼此函牍投递尚无阻滞……

同治卷九六

(同治十三年甲戌七月)丙辰。办理台湾等处海防兼理各国事务沈葆桢等奏。窃臣等于六月二十一日。安澜轮船自省至台。奉到五月三十日上谕。日本占据牡丹社一带。刻下办理情形若何。该国近日作何动静。若沈葆桢。文煜。李鹤年。潘霨。详细奏闻。以慰廑系等因。同日飞云轮船自津至台。奉到六月初五日上谕。台湾近日情形。著沈葆桢等相机妥办。仍随时奏闻等因。又奉到初八日上谕。沈葆桢等所奏洋枪队令其克日起程。罗大春著即渡台。彭楚汉著赴新任。日本情形。详细具奏。各社生番。妥为收抚。吴光亮。刘璈。著往台郡。沪局轮船。著吴大廷督带驶往各等因。臣等伏读之下。钦感靡涯……

同治卷九七

同治十三年。甲戌。八月。壬申。办理台湾等处海防事务大臣沈葆桢等奏。七月初一日。振威轮船自省至。奉到六月十二日上谕。唐定奎所部步队六千五百人。由徐拔赴瓜洲口。分起航海赴台等因。钦此。同日万年清轮船自津回。奉到六月二十日上谕。日本意存觊觎。悍不旋师。亟应厚集兵力等因。钦此。仰见宸算周详。莫名钦服。倭营之在后湾风港者。日以益兵房。掘濠沟。竖竹围为事。其士卒则令之练习洋枪洋炮。六月二十八日。营中设席。邀请近村民人。好言抚慰。且分给绫布氈扇等物。连日到轮船三号。装倭兵百余。及米粮枪炮洋氈杉板等物。另有琉球人百余。则皆工役。非兵也。其死者剖腹实以盐与樟脑。殓以木桶。并病兵百余。上船陆续驶归。虽巧饰增灶之形。实仅补死亡之额。伪示整暇。勉强支持。据游击王开俊禀称。初三日夜二更四点。有倭兵到茄鹿塘。向竹围遥开空枪数排。且有小船载兵。将次近岸。哨弁李长兴。密饬兵勇潜伏围内。尊令无哗。俟其近围。方准施放枪炮。彼见我寂然之久。知哄吓不动。遂敛队而退……

沈葆桢等又奏。正缮折间。探闻本月十二日装运淮军轮船七号。均到澎湖。陆续用小轮船盘往旂后登岸。十三日有日本兵船一号。从厦门到澎湖。本日开赴琅𤩝。知关宸念。谨附片以闻。

沈葆桢等又奏。再闽厂计成轮船十有五号。除镇海一号驻天津。湄云一号驻牛庄。海镜一号归招商局驾驶外。只余十有二船。辰下海防吃紧。扬武。飞云。安澜。靖远。镇威。伏波。皆兵船也。前属日意格向赫德借海关之凌风轮船已到。臣拟派此六号常驻澎湖。随之派习合操阵式。福星一号驻台北。万的清一号拟驻厦门。济安一号拟住驻福州。以固门户。尚嫌单薄。永保。琛航。大雅三船。本商船也。现派迎淮军。并装运炮械军火。往来南北。殊少旷时。此闽局诸船分派之情形也。而沪船之到闽者。现只测海一船。仅供闽沪递通消息。台湾远隔内地。防务文书。刻不容缓。就眼前轮船计之。实觉不敷周转。臣计现在厂中。百五十匹马力之轮机水缸。已成两副。所运外洋木料。间亦陆续归来。因未奉谕旨。不敢擅自兴工。工匠人等。只令制造备用器具。并修理旧船。若为省费起见。尚须酌量遣撤。惟该工匠等学习多时。造轮之法。已皆谙悉。聚之数年。散之一旦。不免另图生计。他日重新招募。殊恐生疏。而已成之水缸机器。已购之木料。将俱置诸无用之区。实则暗中縻费。似不如仍此成局。接续兴工。在匠作等驾轻就熟。当易告成。而厂中多造一船。即愈精一船之功。海防多得一船。即多收一船之效。况由熟生巧。由旧悟新。即铁甲船之法。亦可由此肇端。购致者权操于人。何如制造者权操诸已。除出洋学习一节。仍候会议覆奏……

壬辰。盛京将军都兴阿等奏。窃奴才等前于本年六月初四日。承准军机大臣密寄。五月三十日。奉上谕。日本有事生番。占据台湾牡丹社一带等因。钦此。奴才等当将奉省沿海口岸情形。今昔不同。密商妥筹严防。联络声势缘由。于六月二十二日。奏奉硃批。该衙门知道。钦此。今奴才等正在会商妥筹布置办理间。旋于八月十二日。据署海关兵备道萨德泰详报。接准满税务司函称。本年七月二十日。有海宁轮船到营。突有日本国三人。在岸闲游。向其盘诘。据称系贸易民人。惟前岁在京。曾与三人有一面之交。委系日本钦差随带人员。绝无贸易情事。现在大沽海口有铁兵船一只。即系该三人乘坐之船。但不知该三人姓名。兹因台湾告警。恐该三人到关。不免有窥探情弊。已于二十二日乘坐原船。前赴烟台。特此禀闻等情。经该道详报前来。奴才等伏查日本现在台湾滋事。今据该税务司函称。该国民人乘坐轮船。到没沟营登岸闲游。来去急速。其情叵测。难保不有暗中窥探之心。尤应妥筹严密防范。以期有备无患……

同治卷九八

(同治十三年甲戌九月戊午)沈葆桢又奏。再本月十五六等日。济安。安澜轮船。由省城奉密寄上谕。并解饷银至安平。十七八等日。琛航。永保。大雅轮船。由旂后卸淮军驶至安平。臣分饬琛航。永保。即日回驶。迎装三起淮军。大雅候将所运制钱起驳。顺道奉折到上海付驿。再往瓜口会装淮军。济安。安澜。饷银卸后。直东港装戴德祥一军。前往苏澳。嗣报永保。琛航。均于十八日起碇。十九日清晨。文案处得安澜船管驾吕文经片称。飚风将作。须往澎湖暂避。风息再至东港等因。辰刻。安澜起碇。济安继之。大雅管驾罗昌智正上岸催雇驳船。忽暴风卷地。屋瓦皆飞。该管驾不能上船。其大副欲起碇出洋。为铁炼倒撞。胸受重伤。大雨倾盆。船在水中颠簸。仅如一叶。瞬息间巨浪堆平舱面。船遂下沈。舵水人等。争抱樯竿横秤呼救。地方文武会同洋将。调集小舟竹筏往拯。奈数步即覆。无可施功。二十日。该水手等有死中求生。舍命凫水者。而离岸远甚。竹筏能接到者仅六人。其十人则没于水矣。二十一日寅刻。风浪小息。竹筏冒险傍船。陆续救出五十九人。被伤者十有九人。正在焦灼之际。凤山县飞报安澜中途遇风。不能收入澎湖。二十日寅刻。飘至离县二十余里之风头鼻地方。阁浅损坏。船上人始则凫水登岸。继则乡人以竹筏迎护。惟水手头目一人。以抢险受伤身死。臣派三品衔洋将斯恭塞格。千总陈兆连。艺生魏瀚。星夜驰往察看。窃念琛航。永保。于十八日展轮。计可收泊澎湖。谅无妨碍。济安开驶。尚在安澜之后。至今未得下落。殊切隐忧。臣檄饬长胜小轮船。俟风定后赴澎湖访济安消息。调飞云等船来台。帮同洋将办理。并赴省领装起重器械前来。所有船身机器炮械。能否设法护起。容俟意图试办。据实报闻。除查明详细情形。再请将该管驾等分别参处外。惟臣葆桢专司船政。未能先事豫防。咎无可诿。应恳皇上饬部将臣葆桢从重议处。以为疏忽者戒。

沈葆桢又奏。正缮折间。接据济安轮船管驾官郑渔禀称。该船于十九日展轮。午后暴风陡作。铁炼击断。两锚俱没。水手被伤者二十三人。急驶出大洋。至二十晚始得收入澎湖。船上大小绳缆。断坏甚多。幸机器船身。尚无大损。辰下在澎略为修理。并将受伤水手医治。其大小绳缆。并破坏物件。尚须回工补换等因。理合附片陈明。

十月。壬申。闽浙总督李鹤年等奏。窃臣鹤年九月初一日抵泉州。初九日进抵厦门。次日行自北岸之武口。鸟空园。一带炮台。以次巡历。既乃渡海。出大担口。绕小担。青屿门。以达南岸之屿仔尾等处。两日间将周围海口。逐细阅视。勘得大担。小担。青屿一带。虽为入口扼要之区。然浮屿孤悬。实未易设守。必须环以舟师。佐以水雷诸具。方足以资得力。闽厂轮船。已尽数驶往台湾备用。现经饬调提标师船择要扼扎。往来策应。以固门户……

丁日昌拟海洋水师章程六条

一外海水师。专用大兵轮船。及招募驾驶之人。外海水师。以火轮船为第一利器。尤以大兵轮船为第一利器。兵轮船两旁。分上下层。皆列炮眼。多者三十六眼。少者二十四眼。首尾中舷。亦列炮位。约计一船可装大炮四十余位。循环叠放。无坚不摧。一船可装兵丁水手六七百人。兼用风帆。行驶如飞。此等轮船。偶一鼓轮簸荡。则在旁之小舢板等船。已将欹覆。何况对敌。拟先在花旗购买此种兵轮船约二三号。即以提督所演之陆兵赴船学习。由粗而精。一面招募中国能驾驶之人。优其廪饩。盖宁波。漳。泉。香山。新会一带。能驾驶轮船之人甚多。兹拟重价招募。分别等第。设法抚驭。使全船皆无须资助外人。方可指挥如意。其次则购买根钵轮船。以资浅水追剿之用。以上二种轮船。初则购买。继则由厂自制。有此可恃。则沿海一切艇船。皆可废弃不用。缘并五十号艇船之费。可以养给一号大兵轮船。并五十号阔头舢板之费。可以养给一号根钵轮船。海上争锋。纵有百号之艇船。不敌一号之大兵轮船。盖在内海剿盗。则非炮船不为功。在外海剿盗。则非轮船不为功也。

……

一北东南三洋隘为一气

查直隶至粤东。洋面南北五千余里。沿海要害。互有关涉。宜如常山之蛇。击首尾应。拟设北东南三洋提督。以山东益直隶。而建阃于天津。为北洋提督。以浙江益江苏。而建阃于吴淞。为东洋提督。以广东益福建。而建阃于南澳。为南洋提督。其提督文武兼资。单衔奏事。每洋各设大兵轮船六号。根钵轮船十号。三洋提督。半年会哨一次。无事则以运漕。有事则以捕盗。计省沿海旧制各船之縻费。以之供给大小四十八号轮船。尚觉有盈无绌。

一精设机器局

水师与制造相为表里。偏废则不能精。拟三洋各设一大制造局。每一制造局。分为三厂。一厂造轮船。选通算学。熟舆地沙线。能外国语言文字之人。董理其事。一厂造枪炮。火箭。火药。及各军品。选谙兵法优武艺有胆略之人。董理其事。一厂造耕织机器。选谙农务通水利之人。董理其事。是今日督造轮船之人。即他日驾驶轮船出使外国之人。今日督造枪炮之人。即他日办理军备之人。今日督造耕器之人。即他日尽心民事之人也。

戊子。署山东巡抚漕运总督文彬奏。窃奴才于九月三十日。奉到军机大臣密寄。奉上谕。总理各国事务衙门奏陈练兵。简器。造船。筹饷。用人。持久各条。切实办法限于一月内复奏……奴才恭读谕旨。详阅折单。谨竭愚忱。按条陈奏。

……

一造船一条。船不难于造而难于精。经理得人。则所造之船。必能坚固。水战以船为性命。则造船之举。岂能轻议停止。然必须制造核实。方为有益。请每造成一船。拨交水军演试。合用则留为战具。不合用则罚令赔造。惟用火轮船。必须铁甲船以卫之。查美国铁船水炮台之名为坐港者。打仗时吃水九尺。新样大号水炮台。打仗时吃水二丈二尺。英国铁船。吃水二丈一尺。以上各项铁船。外国亦不过十余只。现在英国更造精者。称为新试铁船。第一号者吃水一丈。第二号者吃水一丈六尺。第三号者吃水一丈四尺。四号者吃水一丈。制造灵巧。每水军一营。先购一二只以为根本。一面令各省沿海州县。将某口潮来时水深若干尺。潮退后水深若干尺。分报水军大臣。再由该大臣派员带员分赴各处。将水势沙线。查探明确。记明里数。及行船时刻。以便临时布置策应。如此则若网在纲。数万里海江。可以连成一线。至各省能否自备此船。则视各省之力。自为购备应用。至能攻铁船之炮。诚为设防利器。惟各处口岸形势。有紧严漫散之不同。则设立炮台。亦有疏密近远之各异。况来船之高下。又视潮汐之涨落。至炮出之远近迟速。必平时较准。临事方不张惶。东省沿海多山。可资屏蔽。则明设炮台。不如暗立炮架之既便于运动。又可节省经费也。兵事须利钝并计。每有设施。总当先事豫筹。使利有所得。钝亦不致大挫。方为计出万全。如是则水路之防。虽称周密。陆路之防。断不可少。盖水路则彼此智均力敌。陆路则我主彼客。若引之登岸。则在彼已失所凭依。且陆路之战。可以智取。果能摧奇得当。彼火器虽利。其技亦有时而穷也。

……

壬辰。办理台湾等处海防大臣沈葆桢等奏。窃臣等于本年八月二十八日。奉到八月初二日上谕。日本兵船在后湾枫港一带。意图招诱番众。恫喝村民。日久相持。情形渐怯各等因。钦此。九月十六日。复奉到八月十九日上谕。日本虽未启兵端。然日久相持。终非了局各等因。钦此。臣等伏之下。感激莫名。查八月二十三日。倭营到轮船一号。内载兵七百余人。并药铅洋毡等物。二十七日复到一号。内装琉球小工二百余人。锹锄四百余具。铁钉十余挑。及炮子绳索等件。二十三日之船。于二十八日驶归。内载病兵七百余人。小工三百余人。花旗人机慎亦在其中。二十七日之船。于九月初二日驶归。内载病兵四百余人。初二日复到一船。初四日即驶归。盖以传递信件者。初七日午刻。倭兵忽拔营棚一架。札新街渡头。庄民公愤。声言户出壮丁二人。各带军器防护。申刻倭遂撤棚而归……

戊戌。办理台湾等处海防大臣沈葆桢等奏……旋据探称初八日瑯𤩝到倭船一号。有倭官带兵役三十余人登岸。盖即大久保也。初九日又到倭船一号。亦系空船。倭兵均已收拾行李。用牛车装载枪炮器具下船。此数日间。倭营死者复二十余人。带来洋氊。又为大风刮去百余件。想该倭将等接到照会。交代已毕。即当撤营登舟矣。准军三起。九月十五日即到澎湖。方派长胜靖海两船。陆续盘运。奈日来风涛暴兴。兼旬不息。十月初四日。兵勇始得尽数登岸。至后山番社一带善后事宜。俟倭兵退后。臣等再当悉心通筹。请旨定夺。

同治卷九九

(同治十三年甲戌十一月)壬寅。升任两广总督英翰。安徽巡抚裕禄奏。窃臣等恭奉九月二十七日密谕。总理各国事务衙门奏。海防亟宜密筹。将紧要应办事宜。撮叙数条。请饬详议一折等因。钦此。伏查海防本为今日全局第一要务……未敢空谈塞责。应恳天恩。俯赐转饬通商中外全局。悉心妥议。以臻尽善。听候圣明采择施行。

酌拟防务应办紧要事宜

……

一拟筹江防。即合原奏练兵简器造船之要。通而言也。海口之防。以水战为先。长江之防。应水陆并用。防海之船。以长大铁甲为要。取其厚重攻坚。防江之船。以轻利兵船为要。取其转掉灵便。臣英翰自七年凯旋后。挑留劲旅以防皖北。名为扼守要隘。实为留备不虞。所以当饷项万难。与臣裕禄左支右绌。卒未敢轻议减撤。以安徽一省言之。现在马步万数千人。加以西征金运昌所部全队。皆精锐百战之众。以之越海远攻。诚未敢悬揣。以之协守江口。则力尚足恃。若分屯险隘。与水师兵船。相为犄角。可以自固藩篱。防其抄袭。至购办铁甲一节。内地既一时未能仿造。自须购之外洋。惟铁甲船笨重。于长江防务。俱非所宜。今拟筹办江防。除各省原有之船不计外。拟专力购造轮船二十只。以备水师之用。其船只大小丈尺。每船宜以十一二丈十五六丈为度。船身不必过大。机器务求精固。其式样则悉仿照外海兵轮。可以防剿兼资。其分配水师之法。应每船各配二百人。计轮船二十只。共配水师四千人。每一船主。立一营官管带。每十船立一统将统辖。皆选熟谙水性。练习洋器。久经战事之员充补。均隶统兵大臣节制调遣。傥虑经费维艰。一时招募未能遽集。查五省长江水师共万余人。若于其中挑选四成改补。既无需加饷。且系节制之师。尤为简捷。至于制造轮船之法。在内地设厂自制。固为久远之计。特恐为数太多。同时并办。工费需时。且求其坚利可恃。仍须兼向外洋购办。闻英国造船。多照制造炮台之法。造成时本船所用之炮。先击木船之船。能御炮始称坚固。应拟一面由船厂自造。一面由外洋购买。或造或购。统限两年内办齐。不准逾限。其购买之船。如果结实可靠。仍可为内地仿造之式。似觉一举两得。至于驻扎训练之法。应将二十营之兵。先聚之一处。与统领营官。互相亲熟。俟每成二只。即先配二只之兵。造购齐全。分配足数之后。以十只驻扎焦山一带。为江防第一路。以十只驻扎江皖之东西梁山一带。为江防第二路。无事则分起巡驶。往来训练。讲求口岸险易情形。沙水长落节候。务期精熟。有事则将第一路师船驶赴江阴。作为前敌。将第二路移前接应。皆与陆路炮台。守隘防军。联络一气。互为策应……

癸卯。大学士直隶总督李鸿章奏。同治十三年九月二十九日。承准军机大臣密寄。奉上谕。总理各国事务衙门奏。海防亟宜切筹。将紧要应办事宜。撮叙数条。请饬详议一折等因。钦此。旋又准总理衙门钞奏知照丁日昌续拟海洋水师章程六条……目前固须力保和局。即将来器精防固。亦不宜自我开衅……

条陈清单

……

一原奏造船一条。查布国防海新论有云。凡与滨海各国战争者。若将一国所有兵船。径往守住敌国各海口。不容其船出入。则为防守本国海岸之上策。其次莫如自守。如沿海数千里。敌船处处可到。若处处设防。以全力散布于甚大之地面。兵分力单。一处受创。全局失势。故必聚积精锐。止保护紧要数处。即可固守等语。所论极为精切。中国兵船甚少。岂能往堵敌国海口。上策固办不到。欲求自守。亦非易言。自奉天至广东。沿海袤延万里。口岸林立。若必处处宿以重兵。所费浩繁。力既不给。势必大溃。惟有分别缓急。择尤为紧要之处。如直隶之大沽北塘山海关一带。系京畿门户。是为最要。江苏吴淞至江阴一带。系长江门户。是为次要。盖京畿为天下根本。长江为财赋奥区。但能守此最要次要地方。其余各省海口边境。略为布置。即有挫失。于大局尚无甚碍。惟既欲固守。必须将所有兵马炮位军械辎重。并工局物力。储备坚厚。虽军情百变而不离其宗。庙谋阃算。平昔之经营。临事之调度。皆不可一毫错乱。道光二十一年夷船入长江。而全局始震。咸丰十年夷兵犯津通。而根本遂危。彼旋实能觇我要害。制我命脉。而我所以失事者。由于散漫设防。东援西调。未将全力聚于紧要数处。今议防海。则必鉴前辙。揣敌情。其防之法。大要分为两端。一为守定不动之法。如口内炮台壁垒格外坚固。须能抵御敌船大炮之弹。而炮台所用炮位。须能击破铁甲船。又必有守口巨炮铁船。设法阻挡。水路并藏伏水雷等器。一为那移泛应之法。在兵船与陆军。多而且精。随时游击。可以防敌兵沿海登岸。是外海水师铁甲船。与守口大炮铁船。皆断不可少之物矣。现计闽厂造成轮船十五号。内有二号。已在台湾遭风损坏。沪厂造成轮船六号。内有二号马力五百匹。配炮二十六尊。与外国大兵船相等。其余各船。皆仅与外国小兵船根钵相等。然已费银数百万有奇。物料匠工。多自外洋购致。是以中国造船之银。倍于外洋购船之价。今急欲成军。须在外国定造为省便。但不可转托洋商。误买旧船。徒縻巨款。访闻兵船及铁甲船。以英国为最精。英之官厂公司厂。均以造铁甲之优劣。相与争衡。日新月异。应派明于制造。略知兵事之员。选带学生工匠前往。由总理衙门会商住京使臣。移知该国。俾得亲赴各厂。考究何等船制。最为坚緻灵捷。并宜于中国水道者。与其议价定造。即将带去华匠兵士。附入该厂及武备院学习造工。并讲求驾驶操练之法。俟成船后。配齐炮位。随船回华。庶有实济。而中国船厂。仍量加开拓。以备修船地步。至拟设兵船数目。如丁日昌所称北东南三洋各设大兵轮船六号。根钵轮船十号。合共四十八号。自属不可再少。除将中国已造成二十号抵用外。尚短二十八号。窃谓北东南三洋。须各有铁甲大船二号。北洋宜分驻烟台旅顺口一带。东洋宜分驻长江外口。南洋宜分驻厦门虎门。皆水深数丈。可以停泊。一处有事。六船联络。专为洋面游击之师。而以余船附丽之。声势较壮。约计定造铁甲船。每只需银百万两内外。费已不赀。只有先购此项。分年筹办。其有余力。再置他船。或由闽沪各厂。陆续仿造兵船。总以足成四十八号为度。惟守口大炮铁船。即所谓水炮台船。亦系西洋新制利器。以小船配极重之炮。辅助岸上炮台。四面伏击。阻遏中流。能自行动。最为制胜。凡要口须添设一二艘。闻在外国定购。每船连炮约价银十余万两。但笨滞不能涉海。须将炮位铁甲。分拆运载。来华装配。应俟委员到彼。一并察办。如价省运便。陆续购造二十号分布南北各口。或由外洋购大炮。由华厂照式仿造铁船。更可次第添置。至丁日昌奏称。裁并五十号艇船。可养给一号大兵轮船。裁并十号阔头舢板。可养给一号根钵轮船。计省沿海水师旧制各船糜费。以之供给大小四十八号轮船。尚觉有盈无绌等语。查同治十一年五月。臣于覆奏船政事宜折内。拟请裁撤各省艇船。即以各船修造养兵之费。抵给轮船月费。经总理衙门议令各该督抚奏办。迄今并未议覆。今添购铁甲等船。巨款必须另行筹集。俟购回时。养船练兵一切费用。应如丁日昌所议。请旨饬下江苏。山东。浙江。福建。广东。沿海各省。将旧置及新添红单拖罟艇船舢板等项。分别裁并。专养轮船。以免虚糜而资实用。

……

浙江巡抚杨昌浚奏。窃臣于本月初五日。承准军机大臣密寄。于同治十三年九月二十七日。奉上谕一道。饬将切实办法。限于一月内覆奏等因。钦此……一造船一条。臣惟讲求船炮。功在平日。御敌机宜。决于临时。臣拟设水军三大枝。应用轮船铁甲若干只。已于第一条内缕析声明。窃计练兵三万人。有轮船六千号。铁甲数号。可勉强敷用。惟中国轮船。不及其半。铁甲尚一号未有。自应先就泰西船厂。定造铁甲一二只。余由自行陆续做造。至添置轮船。闽沪有现成之局。不难扩充。臣托闽局代造兵轮二号。明年三四月可以竣事。已另片奏明。惟专恃官造。究不免限于经费。如今各省殷实商贾。各备轮船。经营贸易。有事听官租用。准其破格奖励。未始非扩充之一法也。或云铁甲船可以御炮。或云英国旷子船载巨炮。可以洞穿铁甲。皆洋人自相标榜。事非经验。臣实未敢臆断。但彼有此具而我无之。一旦有事。先觉相形见绌。故有不得不辩之势。本年日本铁甲船。泊于吴淞口外。以小船渡人进口。浙省各口外水深之处甚多。不难择地安泊。口内长潮之际。如定海。镇海。黄道关。闻亦可驶。船有大小。甲有厚薄。则吃水有深浅不等。应俟铁甲船购到。吃水若干。斯驻泊之处。不待测量而已知矣。一筹饷一条。臣惟海洋既设重兵。则一切用款。自不能不彻始彻终。通盘筹画。如臣所拟三大枝。通年所需。约略计算。非三百万两不可。而购造船费。尚不在内。当此关外军务方殷。滇黔善后未了。方日催东南各省转饷接济。若同时筹办防海。事端甚大。用款更多。有难兼顾之擅。惟查与外国通商以后。各关洋税。岁入不下千万。内地设卡抽厘。各省一年所入。亦不下千万。若于此两项内。每年酌提一二成。交各省藩库。专款存储备用。以此济创立之需。即以此充永远之费。所有一切不急之务。闲杂之款。可减则减。可裁则裁。挹彼注此。似尚不难集事。傥舍此二项。另行设法。所获未必有济。且东南民力已尽。何堪竭泽而渔。就浙省言之。海塘工程。二三年后。计可报竣。除酌提岁修外。每年尚可节省银二十余万两。以作海防经费。若各省同心协力。天下无不可办之事。前因倭居台湾。商人闻风束手。厘捐日形减色。如果海疆动摇。税厘折耗必多。故筹饷所以养兵。而强兵即所以裕饷。开源节流。无过于此。似此权衡轻重。移缓就急。厚集坚持。不至半途而废矣……

丁未。两江总督李宗羲奏。本年正月间。日本住沪领事品川忠道。以该国匪首江藤新平。乘坐小轮船逃出长崎。有到中国上海之说。请派兵船助捕。当饬苏松太道沈秉成。分派火轮兵船相助。旋经该国将匪首获案。品川忠道函请撤防。并请将兵船一切开销照缴。当由该道函覆。均归中国开支。无庸缴还……

庚戌。福建巡抚王凯泰奏。窃臣于同治十三年十月十三日。承准军机大臣密寄。九月二十七日。奉上谕。总理各国事务衙门奏。海防亟宜切筹等因。钦此。窃念海防固最重水师。而水师宜变通旧制。各省水师额船。人人知其不能御敌。若不及时改议。无论如何整顿。止可为捕盗之用。不足为御侮之资。查奉天至广东洋面。袤长七千余里。亟应联为一气。声息相通。拟分海洋为三路。以奉天。直隶。山东。为北洋。而分阃于大沽。以江苏。浙江。为中尖。而分阃于吴淞。以福建。广东。为南洋。而分阃于台湾。各设总统一员。作为海防大臣。沿海水师官兵。就近统归节制。每洋设铁甲轮船二只。大号兵轮船四只。中号兵轮船六只。小号兵轮船四只。统共轮船四十八只。大船配兵至多五百人。其余以次递减。由总统督率训练。外海师船。皆可裁汰。应需各项轮船。初则购买未能齐备。继则制造逐渐加增。总期事在必成。用有实济。或虑水师额兵。骤行裁撤。恐滋事端。不知有转移之法。老弱者先汰。革故者不补。其精壮归入轮船练习。二三年间。旧制节可变更。固无庸仓猝全裁也。或又虑轮船经费太巨。不知数十号师船。不如一轮船之用。费省而无用。与赏巨而有用。孰得孰失。不待智者而可决。且裁减师船縻费。供给轮船。更化无用为有用矣。或又疑三洋各有疆臣。何必又设总统。不知疆臣均有应办地方及通商事宜。且各营须分设局厂。讲求制造。事极重大。又极繁琐。非各疆臣所能兼顾。即如闽省造船。沈葆桢专任其事。方有成效。此总统之所以议设也。至陆路练兵。臣上年曾条奏化兵为勇一法。兵宜聚而不宜散。宜精而不宜多。拟仍仿楚军之制。以五百人为一营。沿海提镇各标。以制兵之多少。酌定练营若干。分口扼札。以为经久之计。练营章程。应由各省因地制宜。总不外裁兵加饷之法。臣所拟练兵者如此。三洋营利。如何俞旨允行。拟每洋船设制造局。局分二厂。一厂造轮船。以通算学。熟洋图。识沙线者分理之。一厂造枪炮。及一切军火器械。以娴机器。谙兵法。具胆略者分理之。三洋中有已经开办者。即酌量扩充。有未经开办者。必筹议创始。船以铁甲为最要。请先购其略小者。详细体察。如何方为合用。然后精求制造。闻外国造大铁甲已成。竟有不能下水者。又须拆散而后下。中国内洋浅水甚多。不可不慎之于始……

湖南巡抚王文韶奏……

一遵议造船一条。防海之要。以守为体。以战为用。守之所恃者。重在炮台。战之所恃者。重在轮船。二者相辅而行。缺一不可。除铁甲船一项。现在如何购买。如何制造。何处宜于驻泊。应由沿海各督抚臣详细指陈外。惟查原奏内称自各国有轮船。而中国旧式战舰。万难抵御。诚哉是言。即如江南等处所造广艇船。笨滞不灵。不能驰逐风浪。而造船之费。亦复不少。其他各海口各师船只。大率类此。以有用之经费。置之无用。亦殊觉其非计。臣愚拟请将各项旧式战船。一概停造。即以此款改造轮船。配以新练水师。择熟习海道之将领为统带。认真操练。分巡直东江浙闽广各海口。终年来往。无事则以捕盗。有事则为游兵。遇警即发。不得空言驻守。庶几兵将与海相习。而轮船均归实用。将来制造愈多。声威渐壮。弭患无形。端由于此。或谓欲推广轮船。莫如准商民自行制造。听其营运。行之既久。中国造船之工匠。日多一日。驾船之水手。日精一日。习以为常。行所无事。将见尽西人之长技而有之。裨益大计。实非浅鲜。是亦因势利导之一说也。

……

王文韶又奏。海防之设。水师在所必需。凡铁甲轮船。及他机器军火。固宜取彼所长。补我所短。第纵横海上。彼所恃以乘我者在此。我所恃以御彼者不尽在此。且沿海无关得失之地。非彼此所必争。若各省竞言海防。专恃此为备敌之计。而全力尽注于此。一战而胜。固可暂清洋面。傥有不利。则数载经营。悉归无用。而势力已殚。他无可恃。竭天下之财力精神。以决成败于俄顷之际。其机可谓至危。一时蹉跌。势难再振。而此议不可终持矣。臣愚以为持久万全之谋。水师固不可废。而所重尤在陆防……

同治卷一〇〇

同治十三年。甲戌十一月。辛亥。两江总督李宗羲奏……伏查总理衙门原奏六条……

原奏练兵一节。臣伏查西人恃其船炮。故得横行海上。然自古有海防无海战。今日练兵。仍以水陆兼练为主。先就水师言之。寻常战舰不及轮船。寻常轮船又不及铁甲船。夫人而非知之矣。然船之得力与否。仍视乎人。西洋各国驾驶轮船之人。类皆童而习之。以次递升。由水手而洊至提督。故其心专。其艺精。其统率之人。无不号令严明。指挥如意。盖其功效由渐而来。非仓猝所能集事也。今之战舰。即不能一时更换。似应就弁兵中挑赴轮船学习。添一轮船。即酌裁若干战舰。增一轮船弁兵。即酌裁战舰若干弁兵。而仍归水师提督节制。则事权一而经费省。更招集沿海一带熟悉沙线能耐劳苦之人。参用西法。使之由渐递升。依船为命。庶可渐收实效。然沿海之地。几及万里。处处可以登岸。势不能处处皆泊轮船。一旦有事。若敌人乘海滨无备之隙地。舍舟登陆。则我之船炮皆无所用。夫外之人涉重洋而来。志在登陆耳。非志在海中也。中国恶其来者。恶其登陆耳。非恶其在海中也。则陆军宜急讲矣。前明时倭人内犯。谈兵者皆谓击之海中为上策。拒之海上为中策。战之内地为下策。于是唐顺之讲求水师。出海击贼。是谓倭船甚陋。非若今之轮船铁甲也。然犹登岸肆扰。水师竟不能制。卒之戚继光等精练陆兵。血战数年。甫得尽歼其众。此往事之可验也……

原奏造船一节。自闽省创设机器局。上海继之。金陵天津又继之。皆由枪炮而推及轮船。初成之时。已有横绝四海之势。及西洋各国铁甲船出。而轮船为之减色。近日英国复创蚊子小铁船。一名水炮台。长可十丈。能载数百磅巨炮。狙击铁甲于三里之外。而铁甲船又为之减色。本年筹办防堵。人人皆称铁甲船。争进购买之策。臣坚持未许。非以铁甲船为无用也。盖深知外国造成一船。皆以自备。其损坏不能用者。乃以售之中国。而又昂其价值。需以岁月。展转经手。徒资中饱。无裨实用。中国以百万之巨款。购一外国不堪用之坏船。驾驶不善则易损。修理不得其法则易损。后患方长。而船之损坏甚速。权衡利害。诚不敢轻于一掷也。且铁甲船吃水极深。英法之船。其来上海者停泊吴淞口。不能入黄浦江。日本之船。其至北洋者。停泊烟台。不能入大沽口。是中国果有铁甲船。必先酌定停泊处所。能否与各项轮船。合为一起。方可放手仿造。现饬上海机器局。先就小者试造一号。约计明春可以告成。如试验适用。由此扩充。即可酌量添造。臣愚以为造船仍以兵轮为主。如大沽。吴淞。直。东。闽。广。等口。各驻铁甲一二只。蚊子船三四只。佐以兵轮。安配重大击远之炮。与炮台相辅。便可屹成重镇。以戢戎心。惟嗣后轮船日增。必须先筹养船之费。外国轮船。以商为主。以兵为辅。所以财力厚而兵饷亦足。上年直隶督臣李鸿章。试办轮船招商局。即是此意。为今之计。造兵轮而添铁甲。假商力以养兵船。诚宜兼筹并务者矣。臣闻泰西各国。其轮船以百数十计。其铁甲船以数十计。其大炮以千计。其小炮以数千计。即使中国岁筹巨款。多方制造。亦必不能如彼之多而且精。且即使百方搜括。船炮皆足相敌。仍不能禁其登岸。据臣愚见。船炮不可不办。亦宜量力徐图。稍蓄财力。以练陆防之兵。以备有事之用……

壬子。办理台湾等处海防大臣沈葆桢等奏……二十四日巳刻。西乡从道将龟山老营兵勇五百余人登舟。酉刻。副岛九成复将兵役五百余人登舟。一面开单。遣人交出草房一百零二间。板片一千二百零五片。当即派巡检周有基。千总郭占鳌。照数点收。复由郑荣派安抚军四哨赴该营填札。西乡之船。于是夜亥刻开驶而去。其余倭船。于二十五日尽行放洋等因。现在交代事竣。该府周懋琦。已于二十六日坐扬武轮船回郡。龟山风港两处。留郑荣驻扎。以资弹压……

癸丑。湖广总督李瀚章奏……

一曰造船。闽沪设立厂局。制造轮船。虑远思深。实为防御外侮探源之策。现在中国所制轮船虽不及外洋之精。较之前数年日见改观。驾驶不用洋人。是其明效。熟能生巧。自可精益求精。傥因惜费议停。不独进境无从。并十余年之苦心。数百万之饷项。均归虚掷。总理衙门王大臣等坚持定议。具微卑识。惟目下创立外海水师。自造之船。断不敷用。不能不酌量添购。而铁甲船为屏蔽全军。冲击敌军之具。亦属万不可少。应由南北洋大臣酌量购买。择海口最深之处驻泊。以后当令津沪各厂局。详求制造之法。其购自外国之船。即可归各该厂局修理。长江上游口岸。亦宜各购轮船。分作三层。上可置炮。中可屯兵。下可装货。仿照外国公司轮船之例。平日拨交招商局。令在沿海及长江上下揽货。以开利源。有事仍备调遣。庶不虚糜养费。应请饬下东南沿江各省督抚臣。每省先行筹款。各购轮船一号。嗣后酌量财力。或三年。或五年。每省添购轮船数号。将见愈久愈多。中华大利。不致为他人所分。而每年生息保险之费。既可借充库储。设遇有事。亦可运解兵饷器械矣。

李瀚章又奏。正在覆奏间。准总理衙门咨。议覆广东巡抚代奏丁日昌豫拟海洋水师章程六条。臣伏查丁日昌所拟各条。核与总理衙门前奏。大致相符。第一条议设轮船水师。自是要著。惟沿海艇船。似亦未可尽废。查各省原设艇船。若有轮船带领巡防海口。更资得力。臣于议覆练兵条内。请酌减以充军饷。仍留数成。随同轮船操演。诚以无轮船则艇船可废。有轮船则该船藉为护符。接仗时即与轮船无异。且可存储军火粮食。况沿海多有轮船所不能到之处。艇船尽撤。防护难周。未敢轻议……第五条北东南三洋。分设提督三员。与臣改设外海水师之议。大同小异。惟船所裁归外海轮船者。其原设水师提镇中。即可酌量裁改。另立营制。不必复行添设。以节经费。应否如斯。听候会议。第六条三洋分设机器局。即总理衙门简器造船之意。应俟会议时酌定。

闽浙总督李鹤年奏。窃臣于同治十三年十月十五日。在福建泉州府防次。接准军机大臣密寄。本年九月二十七日。奉上谕。总理各国事务衙门奏。海防亟宜切筹。将紧要应办事宜。撮叙数条。请饬详议一折等因。钦此。臣维海防之策。莫重于练兵制器筹饷用人四事。四者之中。仍以用人为急务。而尤在专其责成。今海防紧要。沿海疆臣。均属责无旁贷。第无统帅专任此事。讲求实际。仍恐意见分歧。临事毫无把握。臣谨竭一得之愚。酌拟数条。敬为皇上陈之。

一请饬下南北洋大臣。督办海防。以重事权。南洋北洋。分设轮船统领。由该大臣节制调度。先尽现有轮船。配齐弁兵炮械。归两统领训练。以后陆续添造。分隶两洋。每年春秋二季会哨。春至北洋。秋至南洋。由该大臣校阅。分别功过赏罚。据实具奏。无事则分驻各口岸。轮流巡洋捕盗。以免日久生懈。

一沈葆桢船政局。每年经费六十万两。仅造轮船二号。实不敷用。拟请此后添工制造。每年四号。计五年内可得二十号。陆续增添。不过十余年。船愈多。声威愈壮矣。铁甲船一项。必不可少。或购自外洋。或由局制造。明知所费不赀。不得不及时筹办。至制造兵船。本为自强起见。近欲兼造商。与初意不符。此意似应停止。

一国家经费有常。今因海防骤增巨款。自不能不宽为筹画。应俟两洋大臣将每年所需。议有成数。再请由部臣分拨。每年若干。何省协济南洋。何省协济北洋。如有迟误。照京饷例严定处分。俾该大臣不致棘手。致现在捐输。已成弩末。外省筹解京饷协饷。全赖厘金周转。近来言官裁减之请。事虽未行。商贾不无藉口。于饷需大有窒碍。臣以为捐例可停。而厘金必不可停。拟请嗣后凡有裁厘章奏。饬部毋庸置议。俟库款充足。再行停止。

一请饬下沿海各道。兼理海防事宜。如奉锦道。登莱青道。天津。上海。厦门。台湾各道。无论本省邻省。均分隶南北洋大臣统属。所有沿海炮台各师。暨轮船停泊处所。一切稽查训练。责成各该道。禀商各大臣。就近认真经理。武职参游以下。归其节制。庶事权归一。各省联为一气。声息可以相通。有不称职者。由该大臣会同督抚据实纠参。以免贻误。

一轮船统领。颇难其人。以臣所知。长江水师提督李成谋。清廉朴勇。不沾习气。爱惜士卒。勤于训练。可胜统领之任。现在统领轮船福建陆路提督罗大春。才具亦优。器量稍狭。心地亦欠诚实。驾驶失宜。便难得力。臣不敢因保荐在先。稍存回护。亦不敢没其所长。伏候圣裁。

一水师将弁中。颇有人才。以闽浙论。福建水师参将贝锦泉。有胆有识。血性过人。惯涉风涛。长于海战。所带扬武轮船。炮械坚利。士卒精强。最为出色。虽官阶尚小。实属折冲御侮之才。拟请皇上破格擢用。以资激劝。此外如总兵杨春和。副将卢成金。游击吴世忠。陈世荣。张连登。周善初。都司黎林等。皆可造之材。在该统领善于驾驶而已。

一自有轮船以来。水师长龙。拖罾。各项师船。均成虚设。不但不能御敌。即追捕洋盗。亦难得力。本年闽省洋面。有抢劫米船盗犯一起。经参将余致廷。驾坐轮船。立时拿获。即其明验。窃计师船十号。尚不敌一轮船。自不如酌量裁撤。可省经费。水师提督。及副参游各缺。亦有可裁并之处。俟此次议定后。容臣分别去留。另案办理……

(丙辰)刘坤一又奏。臣于十月二十八日。接准总理衙门咨开。议覆广东巡抚具奏丁日昌豫拟海洋水师章程六条。臣查丁日昌所拟六条。如制办大小兵船。修筑炮台。精开机器局。与总理衙门王大臣前奏略同。臣业经逐款陈明。无庸赘及。惟东北南三洋联为一气一条。自系至当不易之论。夫外洋各国。尚知合以谋我。而中国顾各为畛域。缓急不相应援可乎。据称以山东益直隶。以浙江益江苏。广东益福建。于天津。吴淞。南澳。设三提督。每标各设大兵轮船六号。小轮船十号。计省沿海水师旧制各船之糜费。以之供给大小四十八号轮船。尚觉有盈无绌。其事似属可行。第沿海原设有水师提镇。今将旧制各船。概从节省。则提镇无所事事。应否裁改。有无滞碍。自应由沿海督抚臣妥议覆奏……

(甲子)山东巡抚丁宝桢奏……又阅所议造轮船一条。查中国旧式战舰。诚远逊轮船之捷利。现在闽沪两厂。制造颇具成规。无难力求精进。惟造船之费甚巨。养船之费亦多。各省断难照行。一省亦难独任。臣愚以为以后制造之事。专责之闽沪两省。养船之事。分责之沿海各省。相维相助。庶闽沪可以节养船之费。那之于造船。各省可以节造船之费。那之于养船。如此挹注。则费较省而事可永图。第中国海疆寥远。现有船只。以之分防。自不敷用。应由各省自行酌量筹办。分年购买。即以东省洋面而论。必须有轮船三四只。响应方灵。现有闽局调来一号。臣已饬烟台所练之枪队。挑拨四十名赴船操演。以后尚拟购备一二只。添入操练。一遇有事。乃能应手。惟以东省之财力。非蓄之三四年不能成功。至于旧式艇船。原不及轮船。然亦不可不相间互用。盖轮船遇大洋深水。迅驶自足见长。若遇浅水胶舟。或附近岛屿窄隘之处。有艇船旁出以扰之。出没无常以牵制之。亦可助轮船炮台之力。近阅西人防海新论。知其用轮船与铁甲船。亦须参用舢板。至其田鸡炮船。极为得力。然细观其战攻时。该船所至之处。须用轮船拖带。则此项炮船。亦非轮船可知。丁日昌所筹有轮船数只。即可将一切师船废弃不用。但未思海面虽大。而其中岛屿纷歧。制敌亦不必偏废。至铁甲船本属坚固。然以臣愚见。似只宜施之于海口紧束之区。轮船必由之道。如直隶之大沽。江苏之吴淞等处。有此一船把塞。则可动可静。极为灵活得力。若舍海口而恃之以远攻。该船恐亦失之笨重。反不及轮船之便捷旋转。悉能合宜。查东省洋面。至为寥阔。无紧要收束之口。铁甲船暂可不购。惟炮台则断不可不修……

皇明驭倭录[①]

卷一・洪武二年

正月乙卯遣使以即位诏谕日本占城爪哇西洋诸国

二月丙寅遣阿思兰杨完者不花邓邦富牛成陈节等持诏谕云南日本等国阿思兰等俱赐冠带衣服

二月辛未遣吴用颜宗鲁杨载等使占城日本等国赐日本国王玺书曰上帝好生恶不仁者向者我中国自赵宋失驭北夷入而据之播胡俗以腥膻中土华风不竞凡百有心孰不兴愤自辛卯以来中原扰扰彼倭来寇山东不过乘胡元之衰耳朕本中国之旧家耻前王之辱兴师振旅扫荡胡番宵衣旰食垂二十年自去岁以来殄绝北夷以主中国惟四夷未报间者山东来奏倭兵数寇海边生离人妻子损伤物命故修书特报正统之事兼谕倭兵越海之由诏书到日如臣奉表来庭不臣则修兵自固永安境土以应天休如必为寇盗朕当命舟师扬帆诸岛捕绝其徒直抵其国缚其王岂不代大□□仁者哉惟王图之

升太仓卫指挥佥事翁德为指挥副使先是倭寇出没海岛中数侵掠苏州崇明杀伤居民夺货取沿海之地皆患之德时守太仓率官军出海捕之遂败其众获倭寇九十二人得其兵器海艘奏至诏以德有功故升之其官校千二百四十七人赏绮帛五十四银二千五百六十九两战溺死者加赐钱布米仍命德领兵往捕未尽倭寇遣使祭东海神曰予受命上穹为中国主惟图乂民罔敢怠逸蠢彼倭夷屡肆寇劫滨海郡县多被其殃今命将统帅舟师扬帆海岛乘机征剿以靖边氓特备牲醴用告神知

壬戌朔高丽使者成惟得等辞归上以书谕其国王王颛曰近使者归自王国朕问王国政俗城廓甲兵居室如何使者言俗无城廓虽有甲兵而侍卫不严有居室而无听政之所王专好释氏去海滨五十里或三十里民始有宁居者朕询其故言尝为倭奴所扰果若是深为王虑之朕虽德薄为天下主王已称臣备贡事合古礼凡诸侯之国势将近危故持危保国之道不可不谕王知之古者王公设险以守其国今王有人民无郭民人将何所依为国者未尝去兵今王武备不修则国威弛民以食为天今濒海之地不耕则民食艰凡国必有出政令之所今王有居室而无厅事则无以示尊严于臣下朕甚不取也历代之君不问夷夏惟修仁义礼乐以化民成俗今王弃而不务日以持斋守戒为事欲以求福失其要矣佛之道三皇五帝之时未闻有也而是时天下大治后世务释氏而能保其国者未之见矣梁武之事可为明鉴王岂未之知耶夫王之所以王高丽者莫不由前世所积若行先王之道与民兴利除害使其生齿繁广父母妻子饱食暖衣各得其所则国永长修德求福莫大于此王何不为此而为彼哉有国之君当崇祀典闻王之国牺牲不育何以供境内山川城隍之祀乎古人有言国之大事在祀与戎若戎事不修祀事不备其何以为国乎今胡运既殭暴者出不为中国患必为高丽扰况倭人出入海岛十有余年必知王之虚实此亦不可不虑也王欲御之非雄武之将勇猛之兵不可远战于封疆之外王欲守之非深沟高垒内有储蓄外有援兵不能以挫锐而擒敌由是言之王之负荷亦重矣智者图患于未然转危以为安前之数事朕言甚悉不过与王同其忧耳王其审图之且知王欲制法服以奉家庙朕深以为喜今赐王冠服乐器陪臣冠服及洪武三年大统历六经四书通鉴汉书至可领也遣书指不多及仍赐惟得等绮帛有差

据此则高丽自来为倭奴所扰而高皇帝首以为训故录之以见王仁之无外而至圣之前知也

卷一・洪武三年

三月遣莱州府同知赵秩持诏谕日本国王良怀曰朕闻顺天者昌逆天者亡此古今不易之定理也粤自古昔

① 〔明〕王士骐撰。据明万历刻本。

帝王居中国而治四夷历代相承咸由斯道惟彼元君本漠北胡夷窃主中国今已百年汗坏彝伦纲常失序由是英俊起兵与胡相较几二十年朕荷上天祖宗之佑百神効灵诸将用命收海内之群雄复前代之疆宇即皇帝位已三年矣比尝遣使持书飞谕四夷高丽安南占城爪哇西洋琐里即能顺天奉命称臣入贡既而西域诸种番王各献良马来朝俯伏听命北夷远遁沙漠将及万里特遣征虏大将军率马步八十万出塞追获殱厥渠魁大统已定蠢尔倭夷出没海滨为寇已尝遣人往问久而不答朕疑王使之故扰我民今中国奠安猛将无用武之地智士无所施其谋二十年鏖战精锐饱食终日投石超距方将整饬巨舟致罚于尔邦俄闻被寇者来归始知前日之寇非王之意乃命有司暂停造舟之役呜呼朕为中国主此皆天造地设华夷之分朕若效前王恃甲兵之众谋士之多远涉江海以祸远夷安靖之民非上帝之所托亦人事之不然或乃外夷小邦故逆天道不自安分时来寇扰此必神人共怒天理难容征讨之师控弦以待果能革心顺命共保承平不亦美乎呜呼钦若昊天王道之常抚顺伐逆古今彝宪王其戒之以延尔嗣

六月倭夷寇山东转掠温台明州傍海之民遂寇福建沿海郡县福州卫出军捕之获倭船一十三艘擒三百余人诏赏福州捕倭军士文绮金帛

卷一·洪武四年

倭夷寇胶州劫掠沿海人民

九月辛未上御奉天门谕省府台臣曰海外蛮夷之国有为患于中国者不可不讨不为中国患者不可辄自兴兵古人有言地广非久安之计民劳乃易乱之源如隋炀帝妄兴师旅征讨琉球杀害夷人焚其宫室俘虏男女数千人得其地不足以供给得其民不足以使令徒慕虚名自弊中土载诸史册为后世讥朕以诸蛮夷小国阻山越海僻在一隅彼不为中国患者朕决不伐之惟西北胡戎世为中国患不可不谨备之耳卿等当记所言知朕此意

十月癸巳日本国王良怀遣其臣僧祖来进表笺贡马及方物并僧九人来朝又送至明州台州被掳男女七十余口先是赵秩等往其国宣谕秩泛海至析木崖入其境关者拒勿纳秩以书达其王王乃延秩谕以中国威德而诏旨有责让其不臣中国语王曰吾国虽夷僻在扶桑未尝不慕中国之化而通贡奉惟蒙古以戎狄莅华夏而以小国视我我先王曰我夷彼亦夷也乃欲臣妾我而使其使赵姓者訹栽以好语初不知其觇国也既而使者所领水□数十艘已环列于海岸赖天地之灵一时雷霆风波漂覆几无遗类自是不与通者数十年今新天子帝华夏天使亦姓赵岂昔蒙古使者之云仍乎亦将訹以好语而袭我也命左右将刃之秩不为动徐曰今圣天子神圣文武明烛八表生于华夏而帝华夏非蒙古比我为使者非蒙古使者后尔若悖逆不吾信即先杀我则尔之祸亦不旋踵矣我朝之兵天兵也无一不当百我朝之战舰虽蒙古戈船百不当其一况天命所在人孰能违岂以我朝之以礼怀尔者与蒙古之袭尔国者比耶于是其王气沮下堂延秩礼遇有加至是奉表笺称臣遣祖来随秩入贡诏赐祖来等文绮帛及僧衣比辞遣僧祖阐克勤等八人护送还国仍赐良怀大统历及文绮纱罗

卷一·洪武五年

高丽归日本所掠海滨男女七十八人诏有司送还乡里

指挥使毛骧败倭寇于温州下湖山追至石塘大洋获倭船十三艘生擒一百三十余人及倭弓等器送京师诏令中书定赏格凡总旗军士弓兵生擒贼一人者赏银十两斩首一级银八两民人生擒贼一人银十二两斩首一级银十两指挥千户百户镇抚等于班师之日验功赏之时又并得所掠高丽人三人适高丽使者至命领之以归

诏浙江福建濒海九卫造海舟六百六十艘以御倭寇上谕中书省臣曰自兵兴以来百姓供给颇烦今复有兴作乃重劳之然所以为此者为百姓去残害保父母妻子也朕恐有司因此重科吾民反致怨仇尔中书其榜谕之违者罪不赦省臣对曰陛下爱民而预防其患所费少而所利大臣尝闻倭寇所至人民一空较之造船之费何翅千百若船成备御有具濒海之民可以乐业所谓因民之所利而利之又何怨但有司之禁不得不严先是濒海州县屡被倭害官军逐捕往往乏舟不能追击故有是命

倭夷寇福州之福宁县前后杀掠居民三百五十余人焚烧庐舍千余家劫取官粮二百五十石明州卫指挥佥

事张亿率兵讨倭寇中流矢卒上闻而悼之遣使致祭其文曰尔以英勇之姿来自潼关委身事朕遂擢佐武卫俾守鄞城克尽其职近因倭寇侵犯海隅尔身先士卒偶为流矢所中医治莫痊竟殒其身深可痛惜然丈夫生能奉职死能尽忠名垂竹帛复何憾焉仍诏恤其家

诏浙江福建濒海诸卫改造多橹快船以备倭寇高丽国王王颛遣中郎将宋坦以金希声等十一人来归希声嘉兴府人先为倭寇所掠高丽得之至是遣还

倭夷入寇戍将捕获之诏命儒臣草诏归其俘曾鲁所撰有一视同仁之语上喜其为得体

卷一·洪武六年

德庆侯廖永忠上言曰臣闻御寇莫先于振威武威武莫先于利器用今陛下神圣文武定四海之乱君主万国民庶安乐臻于太平而北虏遗孽远遁万里之外独东南倭夷负其鸟兽之性时出剽窃以扰濒海之民升下命造海舟剪捕此寇以奠生民德至盛也然臣窃观倭夷鼠伏海岛因风之便以肆侵掠其来如奔狼其去若惊鸟来或莫知去不易捕臣请令广洋江阴横海水军四卫添造多橹快船命将领之无事则沿海巡徼以备不虞若倭夷之来则大船泊之快船逐之彼欲战不能敌欲退不可走庶乎可以剿捕也上善其言从之

三月甲子诏以广洋卫指挥使于显为总兵官使海卫指挥使米寿为副总兵出海巡倭

六月辛亥倭夷寇即墨诸城莱阳等县沿海居民多被杀掠诏近海诸卫分兵讨捕之

丙寅台州卫兵出海捕倭获倭夷七十四人船二艘追还被掠男女四人

乙巳赐临濠工作倭卒绵衣

十一月命赏北征军亡与出海捕倭及中立府营造者钱各有差

卷一·洪武七年

诏以靖海侯吴祯为总兵官都督佥事于显为副总兵官领江阴广洋横海水军四卫兵师出海巡捕海寇所统在京各卫及太仓杭州温台明福漳泉潮州沿海诸卫官军悉听节制

五月甲午僧祖阐克勤等还自日本诏赐祖阐克勤白金人百两又绮帛各二匹从行僧白金绮帛有差祖阐等奏日本骡马命受之

按洪武四年日本国王良怀遣其臣僧祖来随莱州同知赵秩称臣奉贡并僧九人来朝是年即遣僧祖阐克勤等八人护送还国直至洪武七年五月僧祖阐克勤还自日本诏赐祖阐克勤等金帛有差六月日本国遣僧宣闻溪净业喜春等来朝贡马及方物诏却之时日本国持明与良怀争立宣闻溪等赍其国臣之书达中书省而无表文上命却其贡仍敕中书省向者国王良怀奉表来贡朕以为日本正君所以遣使往答其意岂意使者至彼拘留二载今年五月去舟才还备言本国事体云云洪武十四年上命礼部遣书责日本征夷将军中有至尊嘉惠日本故遣克勤仲猷二僧行及其至也加以无礼今又几年矣夫圣谕谆谆一则曰拘留二载一则曰加以无礼则两僧之不得志于倭可知野史不核其真而信僧家之粉饰遂以前使臣赵秩之功为两僧之功殊域周咨录至谓祖阐无逸宣化海外能格戎心秉节怀远不辱君命胜于元朝水军十万多矣此为实录乎他如僧宗泐送祖阐诗其诗上献凡十八韵上俯赐和之而近年南京礼部新刻御制文集末附诗百余首有廖僧钖杖歌而无廖宗泐诗何也姑录之以俟博览者订焉

日本国略云倭复寇海上上谓刘基曰东夷固非北胡心腹之患犹蚊虫警寤自觉不宁其俗尚禅教宜选高僧说其归顺遂命明州天宁寺僧祖阐南京瓦罐僧无逸往谕将行天界住持四明宗泐赋诗饯别持献于朝上览俯赐和之泐诗曰帝德广如天圣化无远迩重驿海外国贡献日赀委维彼日本王独遣沙门至宝刀与名马用致臣服意天子鉴其里复命重乃事由彼尚佛乘亦以僧为使仲猷知心宗无逸写经义二师当此任才力有余地朝辞阊阖门夕宿蛟川涘巨舰扬独帆长风天万里鲵鲸不敢骄冯夷效驱使沧茫熊野山一发青云际王臣闻招徕郊迎大欣喜时则

【丁宁反复不亦至哉阐等自翁州启棹五日至其国境又踰月入王都馆于洛阳西山精舍一遵圣教敷演正

法无非约之于善听者耸愕以为中华禅伯亟白于王请主天龙禅寺乃梦窓国师道场实名刹也阐以无上命力辞之且申威德周间内外所以遣使来之意王悦命总州太守闻溪宣问僧等奉方物具表称臣来贡赐阐白金宠过甚隆】

六月日本国遣僧宣闻溪净业等来朝贡马及方物诏却之时日本国持明与良怀争立宣闻溪等赍其国臣之书达中书省而无表文上命却其贡仍赐宣闻溪等文绮纱罗各二匹从官钱帛有差遣还敕中书省曰朕惟日本僻居海东稽诸古典立国亦有年矣向者国王良怀奉表来贡朕以为日本正君所以遣使往答其意岂意使者至彼拘留二载今年五月去舟才还备言本国事体以人事言彼君臣之祸有不可逃者何以见之幼君在位臣擅国权傲慢无礼致使骨肉吞并岛民为盗内损良善外掠无辜此招祸之由天灾难免天地之间帝王酋长因地立国不可悉数雄山大川天造地设各不相犯为主宰者果能保境恤民顺天之道其国必昌若怠政祸人逆天之道其国必亡今日本蔑弃礼法慢我使臣乱自内作其能久乎尔中书其移书谕以朕意使其改过自新转祸为福亦我中国抚外夷以礼导人心以善之道也是时其臣有志布志岛津越后守臣氏久亦遣僧道幸等进表贡马及茶布刀扇等物上以氏久等无本国之命而私入贡仍命却而赐道幸等文绮纱罗各一匹通从人以下钱布有差复诏礼部符下氏久等曰夷狄奉中国礼之常经以小事大古今一理今志布志岛津越后守臣氏久以日本之号纪年弃陪臣之职奉表入贡越分行礼难以受纳氏久等当坚节以事君推仁心以牧民则不为祸首享福无穷如或不然乱尔国凶尔家天灾有莫能逃者其表文贡物付通事尢虔赍领还国先是上赐日本高宫山报恩禅寺僧灵枢袈裟至是灵枢亦遣其徒灵照谢恩贡马一匹诏赐灵枢衣履及文绮帛各二匹灵照钱一万文绮帛各一匹僧衣一袭遣还日本国僧宗岳等七十一人游方至京上谕中书省臣曰海外之人慕中华而来令居天界寺人赐布一匹为僧衣

按日本国僧宗岳等多至七十一人游方至京而高皇帝令居天界寺又赐布一匹为僧衣真可谓一视同仁矣查得洪武二十四年以国子生滕佑寿为观察使佑寿日本国人所谓观察使者既不他见又不言何地若非从实录中拈出必以为齐东野语异日修史者似宜增入夫倭寇数为中国患而滕佑寿又日本王子高皇帝匪惟不罪又从而用之如天之仁终不能恪狡倭之性亦可谓自外干生成矣然至永乐元年而首先称臣奉贡其亦感高皇帝之德也夫所谓滕佑寿者史不载其所终臣愚以为九涉四夷者虽小事必载必详可也

倭夷寇滕州官军击败之

甲戌倭夷寇海州百户何达率兵击之斩二十四人

壬午倭夷寇大任海口百户许彰率兵御之巡检率其弓兵助击倭人败走彰追之倭人返兵拒战彰遂战死

卷一・洪武八年

高丽占城暹罗斛日本爪哇三佛齐等国皆遣使入贡

丙申命靖宁侯叶升巡行温台福兴漳泉潮州等卫督造防倭海船

癸巳诛潮州卫指挥佥事李德等先是潮州濒海居民屡为倭夷劫掠诏德等率舟师沿海捕之德等逗留不出兵巡御贼遂登岸大肆劫掠上闻而怒建德等至京师诛之

卷一・洪武九年

日本国王良怀遣沙门圭庭用等奉表贡马及方物且谢罪诏赐其王及庭用等文绮帛有差先是倭人屡寇濒海州县上命中书移文责之至是遣使来谢庭用还上以良怀所上表词语不诚乃复诏谕之曰嘉王笃诚遥越沧溟来修职贡朕德薄才疏出庶民而帝中土掌握黔黎新造之时迩者未安远者何怀纳王土物良骑于心甚愧然览表观情意深机奥略露其微不有天命恃险负固昭然矣易云天道亏盈而益谦盖尚勇者不保不顺者疾灭凡居二仪中皆属上天后土之所司故国有大小限山隔海天造地设民各乐土于是殊方异类者处于遐漠阴命王臣以主之使不相矛盾有如其道者上帝福佑之否其道者祸之曩者胡元特违帝命灭无罪之国祸加臣民横行西北延及中土人莫敢当将谓天下无对矣扬帆东下直指日本兵未登岸金鼓未振部伍未成天风怒涛樯楫摧坏致使总兵阿答海及范文虎等十万之众没于东南此果日本兵精欤抑天道之亏盈欤元虽不能克日本而归天下诸国尚不敢

仰视前数十年元恃兵强虐我中国之人于是豪杰忿然而起与争几二纪雌雄未决吾最后兴师军不满十万马不及数千不五年而复中土此果人力耶天耶方今吾与日本止隔沧溟顺风扬帆止五日夜耳王其务修仁政以格天心以免中国之内祸实为大宝惟王察之

壬午日本人滕八郎以商至京献弓马刀甲硫黄之属并以其国高宫山僧灵枢所附马二匹来贡上命却其献赐白金遣之其灵枢曾至京受赐所献马受之仍给绮帛令滕八郎归赐灵枢改登州为府置蓬莱县时上以登莱二州皆濒大海为高丽日本往来要道非建府治增兵卫不足以镇之遂割莱州府文登招远莱阳三县益登州为府置所属蓬莱县复以青州府之昌邑即墨高密三县补莱州府

卷一・洪武十二年

丁未日本国王良怀遣其臣刘宗秩通事尤虔俞丰等上表贡马及刀甲硫黄等物使还赐良怀织金文绮宗秩等服物有差

卷一・洪武十三年

五月己未日本国王良怀遣其臣庆有僧等来贡马及硫黄刀扇等物无表上以其不诚却之

壬寅倭夷寇劫广州府东莞等县

丙戌倭夷寇广东海丰县杀掠吏民诏广东都指挥使司率兵讨捕之

九月甲午日本国遣僧明悟法助等来贡方物无表止持其征夷将军源义满奉丞相书辞意倨慢上命却其贡

十二月丙戌遣使诏谕日本国王曰曩宋失驭中土受殃金元入主二百余年移风易俗华夏腥膻有志君子孰不兴愤及元运将终英雄鼎峙声教纷然时朕控眩三十万砺刃以观未几命大将军律九伐之征不逾五载戡定中原蠢尔东夷君臣非道四扰邻邦前年浮辞生衅今年人来匪诚问其所以果然欲较胜负于戏渺居沧溟罔知帝赐傲慢不恭纵民为非将必自殃乎

按是年正月诛丞相胡惟庸廷臣讯辞第云使林贤下海招倭军约期来会而已不至如野史所载亦不见有绝倭之诏本年日本两贡无表又其将军奉丞相书辞意倨慢故诏谕之中云前年浮辞生衅今年人来匪诚不及通胡惟庸事何耶近年勘严世蕃亦云交通倭虏潜谋叛逆国史谓寻端杀之非正法也胡惟庸之通倭恐亦类此

殊域周咨录八年日本又遣僧如瑶入贡陈情饰非上待之如前命礼部移文责其君臣既又遣使臣归廷用入贡有表文诏宴赍之遣还是时丞相胡惟庸谋不轨欲召倭人为已用而无由乘此机白于上调金吾卫指挥林贤于明州备倭阴遣宣使陈得中谕贤送归廷用出境谬指其贡船为寇闻于中书私其货物与赏赐贤听其计惟庸佯奏失远人心谪居倭国既而复请宥贤复职上皆从之惟庸以庐州人李旺充宣使召贤且以密书奉倭王借精锐百余人为用王许之贤还王遣僧如瑶率倭兵四百余人助惟庸诈称入贡献巨烛暗置火药兵器于烛内包藏祸心比至惟庸已败上犹未悉贤通于惟庸仅发倭人云南守御林贤后在洪武二十年事觉论谋反为从灭其族筹海图编云日本使归廷用入贡方物厚赏回还明州备倭指挥林贤在京随驾时交通枢密使胡惟庸潜遣宣使陈得申密与设计令将归廷用诬为倭寇分用赏赐中书省举奏其罪流贤日本贤流三年逆臣胡惟庸暗遣人充宣使私往日本取回就借精练兵四百与僧如瑶来献巨烛中藏火药兵具意在图乱上大怒磔贤于市乃降诏责其君臣绝其贡

按两书所载小有异同而筹海图编更为谬悠且以左丞相为枢密使野哉若此何以征后

礼部奏诸番国使臣客旅不通上曰洪武初海外诸番与中国往来使臣不绝商贾便之近者安南占城真腊暹罗爪哇大琉球三佛齐渤尼彭亨百花苏门答剌西洋邦哈剌等凡三十国以胡惟庸谋乱三佛齐乃生间谍给我使臣至彼爪哇国王闻知其事戒饬三佛齐礼送远朝是后使臣商旅阻绝诸国王之意遂尔不通惟安南占城真腊暹罗大琉球自入贡以来至今来庭大琉球王与其宰臣皆遣子弟入我中国受学凡诸番国使臣来者皆以礼待之我待诸番国之意不薄但未知诸国之心若何今欲遣使谕爪哇国恐三佛齐中途阻之闻三佛齐系爪哇统属尔礼部备述朕意移文暹罗国王令遣人转达爪哇知之于是礼部咨暹罗国王曰自有天地以来即有君臣上下之分且有中国四夷之礼自古皆然我朝混一之初海外诸番莫不来庭岂意胡惟庸造乱三佛齐乃生间谍给我信使肆行巧

诈彼岂不知大琉球王与其宰臣皆遣子弟入我中国受学皇上赐寒暑之衣有疾则命医诊之皇上之心仁义兼尽矣皇上一以仁义待诸番国何三佛齐诸国背大恩而失君臣之礼据有一撮之土欲与中国抗衡倪皇上震怒使一偏将将十万众越海问罪如覆手耳何不思之甚乎皇上尝曰安南占城真腊暹罗大琉球皆修臣职惟三佛齐梗我声教夫智者忧未然勇者能徙义彼三佛齐以蕞尔之国而持奸于诸国之中可谓不畏祸者矣尔暹罗国王独守臣节我皇上眷爱如此可转达爪哇俾其以大义告于三佛齐系爪哇统属其言彼必信或能改过从善则与诸国咸礼遇之如初勿自疑也

按胡惟庸之造反人知日本为之助逆而不知三佛齐亦为之间谍今见之礼部之咨暹罗者若此事在洪武三十年实录中日本国略考载祖训云一日本国虽朝实诈暗通奸臣胡惟庸谋为不轨故绝之今士大夫动引祖训不知实录何以不载若洪武四年上谕省府台臣者则非专为日本发也今已详见四年下矣

卷一·洪武十四年

日本国王良怀遣僧如瑶等贡方物及马十匹上命却其贡仍命礼部移书责其国王曰大明礼部尚书致意日本国王王居沧溟之中传分但知环海为险限山为固妄自尊大肆侮邻邦纵民为盗帝将假手于人祸有日矣吾奉至尊之命移文与王王若不审巨微效井底蛙仰观镜天自以为大无乃构隙之源乎王涉猎古书不能详细始号曰倭后恶其名遂改日本自汉历魏晋宋梁隋唐宋之朝皆遣使奉表贡方物生口当时帝王或授以职或爵以王或睦以亲由归慕意诚故报礼厚也若叛服不常构隙中国则必受祸如吴大帝晋慕容廆元世祖皆遣兵往伐俘获男女以归千数百年间往事可鉴也王其审之复移书责日本征夷将军曰日本天造地设隔崇山限大海语言异风俗殊俾自为治然覆载之内外邦小国非一所也必有主以司之惟仁者天必辅之不仁者天必祸之前将军奉书我朝丞相其辞悖慢可谓坐井观天而自造祸者也往者我朝初复中土日本之人至者云使则加礼遇商则听其去来斯我至尊所以嘉惠日本故遣克勤仲猷二僧行及其至也加以无礼今又几年矣洪武十二年将军奉书肆侮今年秋僧如瑶来乃陈情饰非群臣言是必贪利为谋者请诛之我至尊不允曰彼小人无知听其使令杀之何益福善祸淫天鉴在上吾中国虽大安敢违帝命本部既听德音专差人往问如瑶之来果贪利者欤实为使欤将行群臣又奏曰今日本君臣以沧溟小国诡诈不诚纵民为盗四寇邻邦为良民害无乃天将更其君臣而弭其患乎我至尊又不允曰人事虽见天道幽远奚敢擅专若以舳舻数千泊彼环海使彼东西趋战四向弗继固可灭矣然于生民何罪本部复观彼游方之徒皆无德沙门忘中国之宽构是非于两端识者嗤之治民之国信浮图而构大祸古至于今未之有也彼尝谓元之艨艟漂于蛇海将谓天下无敌吾不知以天欤以人事欤若以人事较之元生紫塞不假舟梁蹄轮长驱经年不阻而为有疆盖长于骑射短于舟楫耳况当是时日本非元之仇雠非邻邦之患害元违帝命好强尚兵加以天厌征伐海风怒号沉溺巨舰沦没精兵将军以为国人之能亦何尝见元师之盛聚则骏骑云屯散则马蹄雷震戈矛掣电旌旗蔽空露刃哮吼鬼魅潜走所以八蛮九夷尽在驭内惟尔日本渺居沧溟得地不足以广疆得人不足为元用所以微失利而不争所以畏天命而弭兵祸以存日本之良民也今乃以败元为长胜以蕞尔之疆为大以余观之海中之洲截长补短周匝不过万里以元之蹄轮长驱而较之吾不知孰巨孰细者耶今日本迩年以来自夸强盛纵民为盗贼害邻邦若必欲较胜负见是非辨强弱恐非将军之利也将军审之

卷一·洪武十五年

浙江都指挥使司言杭州绍兴等卫每至春则发舟师出海分行嘉兴澉浦松江金山防御倭夷迨秋乃还后以浙江之舟难于出闸乃聚泊于绍兴钱清汇然自钱清抵澉浦金山必由三江海门俟潮开洋凡三潮而后至或遇风涛动踰旬日卒然有急何以应援不若仍于澉浦金山防御为便其台州宁波二卫舟师则宜于海门宝陀巡御或止于本卫江次备御有警则易于追捕若温州卫之舟卒难出海宜于蒲洲楚门海口备之诏从其言广州左卫奏请令有司于民间造兵器给兵士以御倭寇上谓工部臣曰兵以卫民今欲御寇而以兵器役民是民未被寇先有劳费非所以安之也自今天下卫所兵器有缺宜以军匠付布政司听其置局以民匠相参造之毋令卫所造作劳民

卷一·洪武十六年

赏温州台州二卫将士擒杀倭寇有功者凡一千九百六十四人文绮纱布衣物有差

赐国子监倭生文寿衣衾靴袜

卷一·洪武十七年

命信国公汤和巡视浙江福建沿海城池禁民入海捕鱼以防倭故也

浙江定海千户所总旗王信等九人擒杀倭贼并获其器仗事闻上命擒杀贼者升职获器仗者赏之上谕都督府臣曰濒海兵卫本以防御倭夷今台州倭人登岸杀其巡检守御官兵所职何事命逮其指挥陈亮赵全至京师罪之

卷一·洪武十九年

日本国王良怀遣僧宗嗣亮上表贡方物却之

卷一·洪武二十年

置定海盘石金乡海门四卫指挥使司于浙江并海之地以防倭寇

置金山卫于松江之小官场筑青村及南汇觜城千户所二置临山卫于绍兴及三山沥海三江等千户所皆以沿海防御倭寇

命江夏侯周德兴往福建以福兴漳泉四府民户三丁取一为缘海卫所戍兵以防倭寇其原置军卫非要害之所即移置之德兴至福建安籍抽兵相视要害可为城守之处具图以进凡选丁壮万五千余人筑城一十六增置巡检司四十有五分隶诸卫以为防御

废宁波府昌国县徙其民为宁波卫卒以昌国濒海民尝从倭为寇故徙之

敕福建都指挥使司备海舟百艘广东倍之并具器械粮饷以九月会浙江候出占城捕倭夷

命凡指挥千百户镇抚谪戍昌国卫者咸出海捕倭以功赎罪

削台州卫指挥同知陈亮官编戍金齿时倭寇至台州境上杀掠居民而亮兵不之觉寇去又不追捕上闻之怒曰朕设兵卫所以保民也令亮坐视民患而不能救将焉用之命削其官编戍金齿既而复曰亮虽不才而其父事朕累有勋劳不可忘也复以其弟文为骁骑卫指挥同知

筑台州健跳桃渚二城各置千户所以防倭

卷一·洪武二十一年

置福建沿海五卫指挥使司曰福宁镇东平海永宁镇海所属千户所十二曰大金定海梅花万安莆禧崇武福金金门高浦六鳌铜山玄钟以防倭寇

先是汤和以春秋高思归故乡尝进对上前从容乞骸骨时公侯皆在京师见和之请亦次第以为言上嘉之各赐钞万锭俾建第于凤阳且谓和曰日本小民屡扰濒海之民卿虽老强为朕一行视其要害地筑城增兵以固守备和奉旨即行自闽越并海之地筑数十城而归至是新第成和率妻子升辞

赐日本生滕佑寿等衣钞靴袜

山东都指挥佥事蔺真奏近者倭船十二艘由城山洋艾子口登岸劫掠宁海卫指挥佥事王镇等御之杀贼三人获其器械赤山寨巡检刘兴又捕杀四人贼乃遁去

卷一·洪武二十三年

左军都督府奏浙江都指挥使司言倭夷由穿山浦登岸杀虏军士男女七十余人掠其财物守御百户单政不即剿捕致贼遁去诏诛

镇海卫军士陈仁建言造海舟曰臣闻古人之言曰不备不虞不可以师向者陛下命濒海卫所造防倭海舟所以备外寇卫民命也然臣窃观苏州太仓当大海之口倭寇必由之地所造海舟岁月已久樯楫摧坏一有缓急则假漕运之舟代之器用不便何以御敌宜令军卫急造海舟以将统之庶武备严整永绝外患

赐国子监读书日本国王子滕佑寿夹衣襀被

卷一·洪武二十四年

以国子监生滕佑寿为观察使佑寿日本国人海盗张阿马引倭夷入寇官军击斩之阿马者台州黄岩县无赖民常潜入倭国导其群党至海边剽掠边海之人甚患之至是复引其众自水桶澳登岸欲劫掠居人遇杭州饷运百户孔希贤与战不胜而死兵船皆为所掠百户金鉴别率所部奋击斩其首贼一人贼退走军校费丽保吴庆乘势追之至海岸遂获阿马斩之

倭夷寇雷州遂溪县雷州卫百户李玉镇抚是月等御之贼势猖獗而官军寡弱不敌玉等偕陶鼎战死上怜之乃以玉子真为德庆千户所镇抚鼎子贵为潮州卫所镇抚

卷一·洪武二十五年

赐浙江杭州等卫造防倭海船军士万一千七百余人钞各一锭胡椒一觔

赏浙江盘石等卫造防倭海船将士八千七百余人钞有差山东都指挥使周房言所属宁海莱州二卫东濒巨海途岸纡远难于防御近者审择莱州要害之处当置八总寨以辖四十八小寨其宁海卫亦宜置五总寨以备倭夷诏从之

卷一·洪武二十七年

甲寅禁民间用番香番货先是上以海外诸夷多诈绝其往来唯琉球真腊暹罗许入贡而缘海之人往往私下诸番贸易香货因诱蛮夷为市命礼部严禁绝之敢有私下诸番互市者必寘之重法凡番香番货皆不许贩鬻其见有者限以三月销尽民间祷祀止用松柏枫桃诸香违者罪之其两广所产香木听土人自用亦不许越岭货卖盖虑其杂市番香故并及之

诏互徒浙江福建沿海土军初闽浙滨海之民多为倭寇所害以指挥方谦言于沿海筑城置卫籍民丁多者为军以御之而土人为军反为乡里之患至是有言于朝者乃诏互徒之既而以道远劳苦止于各都司沿海卫所相近者令互居之

命中军都督府都督佥事刘德前军都督府都督佥事商暠巡视两浙城隍简阅军士上以倭夷屡为寇患命德等巡视沿海州郡城隍度其高广丈尺以及军士器械之数仍督各卫严为备御遇有调发则一百户所全军同出庶几兵将相知不致相失

命魏国公徐辉祖安陆侯吴杰往浙江训练沿海军士时海上有倭寇之警先都督杨文节制沿海诸军备之至是复命辉祖等往加训练

四月庚辰更定蕃国朝贡仪是时四夷朝贡东有朝鲜日本南有暹罗琉球占城真腊安南爪哇西洋琐里三佛齐?泥百花览邦彭亨淡巴须文达那凡十七国……上以旧仪颇烦故复命更定之凡蕃国王来朝先遣礼部官劳于会同馆明日各服其国服如尝赐朝服者则服朝服于奉天殿朝见行八拜礼毕即诣文华殿朝皇太子行四拜礼见亲王亦如之亲王立受后答二拜其从官随蕃王班后行礼凡遇宴会蕃王班次居侯伯之下其蕃国使臣及土官朝贡皆如常朝仪

命安陆侯吴杰永定侯张铨等率致仕武官往广东训练沿海卫所官军以备倭寇辽东有倭夷寇金州卒入新市烧屯营粮饷杀掠军士而去诏以沿海卫所将校不加备御命都督府符下切责之

卷一·洪武二十九年

定擒获倭贼升赏格凡各卫指挥获倭船一艘及贼者佥事升同知同知升指挥使仍赏白银五十两钞五十锭

千户擒获者升指挥佥事百户擒获者升千户其赏俱与指挥同在船军士能生擒及杀获倭贼一人者赏白金五十两将校军士与倭贼陆地交战能生擒或杀获一人者赏白金二十两钞二十锭

卷一・洪武三十一年

倭夷寇山东宁海州由白沙海口登岸劫掠居人

浙江都指挥使陈礼言近者倭贼二千余人船三十余艘入寇海澳寨楚门千户王斌镇抚袁润等御之贼势暴悍斌等力不能胜皆战死诏发兵出海追捕赐钞帛恤斌润家

卷二・永乐元年

镇海卫军张琬言浙江定海诸处实倭寇出没之地今太仓当其冲要本卫旧委官率舟师防御然军士数少加以四散下屯设或遇警无以备之乞令苏州镇海二卫原选虎贲士以其半守护仓廒其半与能干官管领增添舟船镇守海口冲要之处庶几寇至无虞从之

命浙江观海卫造捕倭海船三十六艘

礼部尚书李至刚奏日本国遣使入贡已至宁波府凡番使入中国不得私载兵器刀槊之类鬻于民具有禁令宜命有司会检番舶中有兵器刀槊之类籍封送京师上曰外夷向慕中国来修朝贡危蹈海波跋涉万里道路既远赀费亦多其各有赍以助路费亦人情也岂当一切拘之禁令至刚复奏刀槊之类在民间不许私有则亦无所鬻惟当籍封送官上曰无所鬻则官为准中国之直市之毋拘法禁以失朝廷宽大之意且阻远人归慕之心日本国王源道义遣使圭密等三百余人奉表贡马及铠胄佩刀玛瑙水晶琉黄诸物赐圭密等文绮紬绢衣并钱钞纻丝纱罗有差赐其通事寇带命礼部宴之仍命遣使同圭密往赐日本国王冠服锦绮纱罗及龟纽命印

卷二・永乐二年

敕捕倭总兵官清远伯王友副总兵都指挥佥事郭义前以海寇为患命尔等统兵巡捕务在廓清近大谢桃渚赤坎寨胡家港诸处海寇登岸杀掠军民尔等坐视不理养寇害民论法当诛今姑记尔罪即整将士昼夜运谋奋力剿除此寇以赎前罪然寇多谲诈巧于窥伺宜善为进止务出万全庶副朕委任之重

日本国王源道义遣使梵亮奉表贡马及方物谢赐冠服印章命礼部赐王钞钱彩币及宴赉其使日本国王源道义遣使永俊等奉表贺册立皇太子并献方物命礼部赐王钞钱彩币及宴赉永俊等

赐左通政赵居任彩币三表里钞四十锭嘉其使日本能却赠遗故也

按元年已遣左通政赵居任等使朝鲜兹复使日本宪章录云永乐二年命通政赵居任使日本令十年一贡今按元年十月日本国王遣使圭密奉表贡物命礼部宴之仍命遣使同圭密往赐日本或他使或即赵居任或以元年奉使而二年还朝受赐俱不得而知也至于三年佥都御史俞士吉使日本封王亦载宪章录实录遂无可考若使薛书有据异日修国史者似宜增入

卷二・永乐三年

镇守宁波浙江都指挥佥事程鹏奏指挥庞义乔英备倭失机命斩之以狥其千百户同罪者宥死降职日本国王源道义遣使源通贤等奉表贡马及方物并献所获倭寇尝为边害者上嘉之命礼部宴赉其使遣鸿胪寺少卿潘赐内官王进等赐王九章冕服钞五千锭钱千五百缗织金文绮纱罗绢三百七十八匹

卷二・永乐四年

遣使赍玺书褒谕日本国王道义先是对马壹岐等岛海寇劫掠民敕道义捕之道义出师获渠魁以献而尽殲其党类上嘉其勤诚故有是命仍赐道义白金千两织金及诸色彩币二百匹绮绣衣六十件银茶壶三银盆四及绮

绣纱帐衾褥枕席器皿诸物并海舟二艘又封其国之山曰寿安镇国之山立碑其地上亲制文曰朕惟丽天而长久者日月之光华丽地而长久者山川之流峙丽于两间而永久者贤人君子之令名也朕皇考太祖圣神文武钦明启运俊德成功统天大孝高皇帝智周八极而纳天地于范围道冠百王而亘古今之统纪恩施一视而溥民物之亨嘉日月星辰无逆其行江河山岳无易其位贤人善俗万国同风表表于兹世固千万年之嘉会也朕承鸿业享有福庆极天所覆咸造在廷周绥靖赐以贤智世守兹土冠于海东允为守礼义之国是故朝聘职贡无阙也庆谢之礼无阙也是犹四方之所同也至其恭敬栗栗如也纯诚悫悫如也信义旦旦如也畏天事上之意爱身保国之心扬善遏恶之念始终无间愈至而犹若未至愈尽而犹若未尽油油如也源源如也迩者对马壹岐暨诸小岛有盗潜伏时出寇掠尔源道义能服朕命咸殄灭之屹为保障誓心朝廷海东之国未有贤于王者也朕尝稽古唐虞之世五长廸功渠搜即叙成周之降髳微卢濮率遏乱略光华简册传诵至今以尔道义方之是大有光于前哲者日本王之有源道义又自古以来未之有也朕惟继唐虞之始举封山之典特命日本之镇号为寿安镇国之山赐铭诗勒之贞石荣示于千万世铭曰日本有国巨海东舟船密迩华夏通衣冠礼乐昭华风服御絺绣考鼓钟食有鼎俎居有宫语言文字皆顺从善俗殊异羯与戎万年景运当时雍皇考在天灵感通监观海宇罔不恭尔源道义能廸功远岛微寇敢鞠讻鼠窃蝇嘬潜其踪尔奉朕命搜逋穷如雷如电飞蒙冲绝港余孽以火攻焦流水上横复纵什什伍伍禽奸凶荷校屈肘卫以鏦献俘来廷口喁喁彤庭左右夸精忠顾咨太史畴勋庸有国镇山宜赐封惟尔善与山增崇宠以铭诗贞石砻万世照耀扶桑红

日本国王源道义遣使圭密等贡名马方物谢赐冕服恩赐钱钞彩币殊域周咨录误以为二年又御制铭失不载

卷二·永乐五年

日本国王源道义遣僧圭密等七十三人来朝贡方物并献所获倭寇道金等上嘉之赐敕褒谕曰王忠贤明信恭敬朝廷殄灭凶渠俾海滨之人咸底安靖朕甚嘉之兹特赐王白金一千两铜钱一万五千缗锦纻丝纱罗绢四百一十四僧衣十二袭帷帐衾褥器皿若干事并赐王妃白金二百五十两铜钱五千缗绵纻丝纱罗绢八十四匹用示旌嘉之意

卷二·永乐六年

日本国王源道义遣僧圭密等百余人贡方物并献所获海寇上命以寇属刑部赐圭密钞百锭钱十万彩币五表里僧衣一袭赐其徒从有差

日本国王源道义遣使昌宣等来朝贡马及方物赐钞币有差

命都指挥李龙指挥王雄总率山东官军六千往沙门岛等处巡捕倭寇

日本国世子源义持以父源道义卒遣使告讣命中官周全往祭赐谥恭献赙绢布各五百匹复遣使赍诏封嗣持义日本国王赐锦绮纱罗六十匹命安远伯柳升充总兵官平江伯陈瑄充副总兵率舟师缘海巡捕倭寇仍命以牲币祭告东海之神

遣使赍敕谕日本国王源义持曰往者海寇出没尔父恭献王能敬承朕命发兵殄之今海盗复作王宜继承父志发兵捕戮以光恭献王之功

卷二·永乐七年

上闻倭寇犯东海千户所退依鹰游山敕总兵官丰城侯李彬等曰为将出奇制胜之道在于临敌随机应变此寇逗遛海滨正授死之时尔等宜乘机运谋以立奇功并敕都指挥罗文李敬皆用心堤备乘机剿杀

敕责备倭总兵官安远伯柳升不奋力擒贼且敕丰城侯李彬都督费瓛并力剿捕

总兵官安远伯柳升奏率兵至青州海中灵山遇倭寇交战贼大败斩及溺死者无算遂夜遁即同平江伯陈瑄追至金州白山岛等处浙江定海卫百户唐鉴等亦追至东洋朝鲜国义州界悉无所见上敕升等还师

卷二·永乐八年

日本国王源义持遣使圭密等奉表贡方物谢赐父谥及命袭爵恩皇太子赐圭密等钞币有差

卷二·永乐九年

遣使赍勅赐日本国源义持金织文绮纱罗绫绢百匹钱五千缗嘉其屡获倭寇也

广东都指挥使司奏比倭贼攻陷昌化千户所千户王伟等战败被杀军士死亡甚众城中人口仓粮军器皆被劫掠而副总兵指挥李珪及海南卫所遣领兵指挥千百户徐茂等初不严兵备御贼至又不救援贼去亦不追剿罪当死上曰此不可宥姑令捕寇赎罪如寇不获皆斩

卷二·永乐十一年

倭贼三千余人寇昌平卫爵溪千户所攻城城上矢石击之贼死伤者众遂退走至楚门千户所备倭指挥佥事周荣率兵追之贼被杀及溺死无算百户唐鉴等亦追至东洋朝鲜国义州界悉无所见上敕升等还师

卷二·永乐八年

日本国王源义持遣使圭密等奉表贡方物谢赐父谥及命袭爵恩皇太子赐圭密等钞币有差

卷二·永乐九年

遣使赍勅赐日本国源义持金织文绮纱罗绫绢百匹钱五千缗嘉其屡获倭寇也

卷二·永乐十四年

直隶金山卫奏有倭船三十余艘倭寇约三千余在海往来勅辽东总兵官都督刘江及各都司缘海卫所令谨备及相机剿捕

遣人赍勅往金乡劳使西洋诸番内官张谦及指挥千百户旗军人等初谦等奉命使西洋诸番还至浙江金乡卫海上猝遇倭寇时官军在船者才百六十余贼可四千鏖战二十余合大败贼徒杀死无算余众遁去上闻而嘉之赐勅奖劳官军升赏有差指挥千百户卫所镇抚旗军校尉人等俱升一级指挥赏钞二百锭彩币五表里千户卫镇抚钞百锭百户所镇为民害违者并其将皆不贷

按蔡福以五月丁卯受命而九月丁酉敕召还京中间莅事不过三月而以调度失律溺死官军谪戍于时失律之罪严矣

直隶金山卫奏有倭船三十余艘倭寇约三千余在海往来勅辽东总兵官都督刘江及各都司缘海卫所令谨备及相机剿捕

遣人赍勅往金乡劳使西洋诸番内官张谦及指挥千百户旗军人等初谦等奉命使西洋诸番还至浙江金乡卫海上猝遇倭寇时官军在船者才百六十余贼可四千鏖战二十余合大败贼徒杀死无算余众遁去上闻而嘉之赐勅奖劳官军升赏有差指挥千百户卫所镇抚旗军校尉人等俱升一级指挥赏钞二百锭彩币五表里千户卫镇抚钞百锭百户所镇抚八十锭彩币俱三表里御医番火长钞六十锭彩币一表里校尉钞六锭绵布四匹旗军通事火长军匠钞五十锭绵布三匹民医匠人厨役梢水钞四十锭绵布二匹伤故者本赏外加赏指挥钞百锭彩币二表里千户卫镇抚钞八十锭百户所镇抚六十锭彩币俱一表里御医番火长钞四十锭校尉三十锭旗军通事火长军匠二十锭民医匠人厨役梢水十五锭自御医以下绵布俱二匹

卷二·永乐十五年

敕山东福建等都司令缘海卫所严整军马昼夜谨备遇贼至随机剿捕失机误事必杀不赦时浙江松门卫奏

倭船在海往来故也

遣刑部员外郎吕渊等使日本时捕倭将士禽寇数十人献京师贼首有微葛成二郎五郎者讯之皆日本人群臣言日本数年不修职贡意为倭寇所阻今首贼乃其国人宜诛之以正其罪上曰远夷威之以刑不若怀之以德姑宥其罪遣还于是命渊等送还日本赐玺书谕国王源义持曰尔父道义能敬天事大恭修职贡国人用安盗贼不作自尔嗣位反父之行朝贡不供屡为边患岂事大之道天生斯民立之主宰大邦小国上下相维无非欲遂民之生耳尔居海东蕞尔之地乃凭恃险阻肆为桀骜群臣屡请发兵问罪朕以尔狗盗鼠窃且念尔父之贤不忍遽绝曲垂宽贷冀尔悔悟比日本之人复寇海滨边将获其为首者送京师罪当弃市朕念其人或尔所遣未忍深究姑宥其罪遣使送还尔惟廸父之行深自克责以图自新凡比年并海之民被掠在日本者悉送还京不然尔罪益重悔将无及

卷二·永乐十六年

行人吕渊自日本还其国王源义持遣日隅萨三州刺史岛津滕存忠等奉表随来谢表曰日本蕞尔小邦自臣祖父以来受命朝廷沾被恩德不敢背忘比因倭寇旁午遮遏海道朝贡之使不能上达臣自知有负大恩而境内之人肆为鼠窃者皆亡赖逋逃之徒实非臣之所知既皆为天兵所禽皇上天地之量父母之恩曲宥其罪悉皆遣归臣之感戴莫尽名言伏望贷臣之罪自今许其朝贡如初不胜虔恳之至上以其词顺特释其罪命行在礼部宴赉其使遣还

金山卫奏有倭船百艘贼七千余人攻城劫掠敕海道捕倭都指挥谷祥张翥令以兵策应又令各卫所固守城池贼至勿轻出战有机可乘亦不可失务出万全又敕福建山东广东辽东各都司及总兵官都督刘江督缘海各卫悉严兵备

勑山东都司调马走官军八千人令都指挥卫青李凯统往缘海剿捕倭寇有功者奏闻升赏退避者即斩以殉

勑辽东总兵官都督刘江曰今倭寇为首者已被禽其遗孽未获者尚出没不常尔可相机剿捕若兵势多寡不敌则固守城池慎勿轻战辽东总兵官都督刘江言近因巡视各岛贼人出没之处至今州卫金线岛西北望海埚上其地特高望老鹳觜金线马雄诸岛其旁可存千余兵守备询诸土人云洪武初都督耿忠亦尝于此筑堡备倭离金州城七十余里凡有寇必先过此实为滨海襟喉之地已用石垒堡筑城置烟炖瞭望从之

卷二·永乐十七年

敕捕倭都指挥谷祥张翥并浙江福建缘海卫所曰今朝鲜送回倭贼掠去军士二人言贼欲来滨海为寇又海宁乍浦千户所瞭见赭山西南海洋等处有倭船十余艘望东南行尔等宜严备之勑辽东总兵官都督刘江曰今朝鲜报倭寇饥困已极欲寇边宜令缘海诸卫严谨备之如有机可乘即尽力剿捕无遗民患

勑山东缘海卫所严兵备以金山卫奏有倭船九十余艘在海往来故也

辽东总兵官中军左都督刘江以捕倭捷闻江尝请于金州卫金线岛西北望海埚上筑城堡立烟墩瞭望倭寇一日瞭者言东南海洋内王家山岛夜举火江以寇聚其间亟遣马走军赴埚上小堡备之翌日倭船三十一艘泊马雄岛寇众登岸径奔万洋埚江亲督诸将伏兵堡外山下俟贼既围堡举炮发伏都指挥钱真等领马队要其归路都指挥徐江等领步队逆战寇众大败奔入樱桃园空堡中官军围杀之自辰至酉禽戮尽绝生获百十三人斩首千余级上闻之赐玺书褒谕征江还京师且令速上将士功辽东总兵官都督刘江被召至封奉天翊卫宣力武臣特进荣禄大夫柱国广宁伯食禄千二百石于孙世袭初名荣其父名江隶燕山左护卫兵籍有疾荣代役因冒父名至是始复其初名云

卷二·永乐十八年

缘海诸卫奏有倭寇三百余人船十余艘于金乡福宁及井门程溪等处登岸杀掠复东南行勑辽东总兵官广宁伯刘荣及山东浙江福建滨海诸卫严兵为备贼至则相机剿捕

水东日计云国朝名将刘江以中军左都督总兵镇辽东杀倭寇事载在五伦书悉矣近阅杨文敏公两京类稿乃曰公镇守辽东备倭寇至即相地形势请于金线岛西北之望海埚筑城堡立烟墩一日瞭者言东南海岛夜举火光公计寇将至亟遣马步军赴埚上小堡备之翌日倭船三十余艘泊马雄岛寇相属登岸径奔埚前上公亲督诸将伏兵堡外山下预遣一裨将领马队要其归路一裨将领步队与之逆战公举炮伏发寇大败奔入樱桃园空堡中合兵围之自辰至酉擒戮无遗生获百余人斩首千余级事闻赐玺书褒谕征公至京面慰劳之公对曰受任御寇分所当为此皆奉行升下成算及诸将士效力所致臣不敢当其功上嘉其谦抑既而封公为奉天翊卫宣力武臣特进荣禄大夫柱国广宁伯食禄千二百户子孙世世承袭仍遣赴镇公疏将士有功者升赉有差先是倭寇出没海上焚民居掠财货杀虏生口北目辽东山东南抵闽浙海滨州郡无岁不被其害官军捽不能制往往有坐失机罪死者至是寇害屏息傍海千余里兵民安生乐丛以至于今受封之明年是永乐庚子四月辛丑薨于镇享年六十有一计至上深嗟悼辍视朝三日遣官谕祭追封广宁候谥忠武官为营葬赙恤甚厚复给舟车归其丧令所经州郡皆致祭以某年某月某日葬金口御河乡公讳荣世居邳州宿迁曾祖讳二公祖讳小大父讳江俱追封广宁伯曾祖妣余氏祖妣张氏毋张氏继母马氏俱赠夫人配马氏子湍袭伯爵早卒继室余氏封人子淮早卒安继袭伯爵侧室高氏子麟陈氏子正通四人女一人在室孙若干人及考辽阳志则曰广宁伯刘江少有大抱负战胜攻取累拜中军都督总辽东戎政能明号令严赏罚谨斥堠练甲兵永乐已亥间倭贼屡为边患江乃驻兵金州备之适倭贼二千余以数十海直逼望海埚下登岸鱼贯行一贼貌甚丑恶挥兵率众如入无人之境瞭者飞报江遂下令犒师秣马略不经意以都指挥徐刚伏兵于山下百户姜降率壮士潜烧贼船截其归路乃与之约曰旗举伏起炮鸣奋击不用命者以军法从事既而贼至埚下江被发举旗鸣炮伏兵尽起继以两翼而进贼众大败死者横什草莽余众奔樱桃园空堡内我师追迫环击皆奋勇请入堡剿杀江不许特开西壁以纵之仍分两翼夹击生擒数百斩首千余间有潜脱而走者又为降等所缚岸无一人得脱凯旋之际将士请曰明公见敌意思安间惟饱士马及临阵作真武披发状追贼入堡不杀而纵之何也江曰穷寇远来必饥且劳我以逸待劳以饱待饥固治力之道贼始鱼贯而来类蛇阵故作此以镇服之虽愚士卒之耳目亦可以壮士卒之气贼既入堡有死而已我师临之彼必至死未必无伤于我故纵其生路以灭之即围师必阙之意此固兵法顾诸公未察耳事闻恩礼优降进伯爵云按海倭之患北自辽海而山东而淮杨崇明太仓金山而浙而闽而广海极钦庑铜柱而止故所在有备倭官军迄今不敢废然侵掠之患则销熄矣虽本之国威圣德所在得人然灭倭大捷则固无出刘忠武公之右者忠武之功大矣抑考之辽志作于景泰中出五伦书后固无补于书文敏碑中亦无金州王家山嘉之详倭船生获今皆有的数书而能然载笔者考究之功于是有不可诬者矣独惜两京类稿于父子名讳讹谬至是则杨氏子弟难逭其责噫忠武之战功杨公之文字传于世者不四五十年之久取信之难已如此吾安得而不致深慨于斯也哉

望海埚之捷人知有刘江而不知有刘荣荣江之本名也荣父名江有疾荣代役因冒父名大捷封伯始改正云五伦书既止摽代役之名杨文贞两京类稿又不详更名之故所以水西日记轻于持论叶公名臣而不睹金匮之藏尚有此误又况于草野之人执笔而以臆记乎此野史之所以可恨也

卷二·永乐十九年

广东巡海副总兵指挥李珪于朝州靖海遇倭贼与战杀败贼众生擒十五人斩首五级并所获器械悉送北京

命都督佥事胡原充总兵官都督佥事梁铭都指挥使薛山为副率领原调广东都司所属官军五千人巡捕倭寇

永乐九年遣三宝太监王进奉使日本收买奇货至宁波选壮军顾通号大汉将军同往彼夷初御以礼后起别议辄下瀼江龙于港口得支港潜出彼夷妇密引而归

骐按录永乐元年遣使而二年无郑和三年遣使有鸿胪寺少卿潘赐内官王进等而九年无王进日本国王献所获倭寇尝为边害者乃三年中事而野史误以为二年四年遣使封其国之山曰寿安镇国之山立碑其地而野史亦误以为二年凡称历朝遣使入贡者考之实录十无一合野史之不足据若此然实录于遣使姓名或载或不载所谓楚既失之齐亦未为得也

又按日本不待遣使首先纳款然后遣使与圭密同往事在元年十月国史虽不载使臣姓名似即通政赵居任盖归自高丽仍遣之耳太监郑和之下海既在日本通贡之后和亦未尝至日本详见星槎胜览及太仓州志

永乐元年二月甲寅遣左通政赵居任等使朝鲜赐居任等有差

永乐元年八月癸丑遣官往赐朝鲜安南占城暹罗琉球真腊爪哇西洋苏门答剌诸番国王绒锦织金文绮纱罗有差行人吕让丘智使安南按察副使闻良辅行人宁善使爪哇西洋苏门答剌给事中王哲行人成务使暹罗行人蒋宾兴王枢使占城真腊行人边信刘亢使琉球翰林待诏王延龄行人崔彬使朝鲜人赐纻丝衣一袭钞二十五锭使朝鲜者加衣一袭及皮裘狐帽

永乐三年统领舟师往古里等国时海寇陈祖义等聚众于三佛齐国抄掠番商生擒厥魁至五年回还永乐五年统领舟师往爪哇古里柯枝暹罗等国其国王各以方物珍禽兽贡献至七年回还永乐七年统领舟师往前各国道经锡兰山国其王亚烈若奈儿负固不恭谋害舟师赖神明显应知觉遂生擒其王至九年归献寻蒙恩宥俾复归国永乐十二年统领舟师往忽鲁谟斯等国其苏门答剌国伪王苏干剌寇侵本国其王遣使赴阙陈诉请救就率官兵剿捕神功默助遂生擒伪王至十三年归献是年满敕加国王亲妻子朝贡永乐十五年统领舟师往西域其忽鲁谟斯国进狮子金钱豹西马阿丹国进麒麟番名祖剌法并长角马哈兽木骨都东国进花福禄并狮子卜剌哇国进千里骆驼并驼鸡爪哇国古里国进麋里羔兽各进方物皆古所未闻者及遣王男王弟捧金叶表文朝贡永乐十九年统领舟师遣忽鲁谟斯等各国使臣久侍京师者悉还本国其各国王贡献方物视前益加宣德五年仍往诸番开诏舟师泊于祠下思昔数次皆仗神明获助之功于是勒文于石【见太仓州志】

骐按永乐中日本国王源义两献所获海寇朝廷嘉之当其没也遣中官往祭赐谥恭献尔时尊事中国等于琉球则日本亦我中国之臣子请封请贡奚而不可第有国王在奈何施之于关白名不正则言不顺而事不成吾夫子之言虽之夷狄不可弃也

卷三·宣德四年

赏捕倭将士先是浙江海门卫倭寇自蚶岙亭屿二港登岸攻城千户徐忠等率众败之寇退走又为巡海指挥路铎所败余寇狼狈奔走至是上其功状命行在礼部议赏礼部请依洪武中捕倭例升赏凡陆地杀获有功者不升官军各赏银二十两钞二十锭今千户徐忠等宜准此例水路杀获有功并获贼船者升一级官赏银五十两钞五十锭军旗赏银五十两指挥路铎等当准此例但未获船不升宜悉令其家人赴阙关给上曰赏当如例其遣人赍往给之或于浙江官库支给亦便

卷三·宣德十年

日本国遣使臣中誓等来朝贡马及方物赐宴并赐纻丝纱罗绢布铜钱有差仍命赍敕及白金文锦纻丝表里纱罗等物归赐其国王及妃

严私下海捕鱼禁时有奏豪顽之徒私造船下海捕鱼者恐引倭寇登岸行在户部言今海道正欲堤备宜敕浙江三司谕沿海卫所严为禁约敢有私捕及故容者悉治其罪从之

卷三·正统二年

巡抚浙江户部右侍郎王沧等奏浙江沿海等处洪武间量其险易建立卫所备御倭寇陆置烽墩水设哨船无事则各守地有警则互相策应是以海道宁息人民奠安永乐间因调官军于沈家门等处设立水寨既而松门等处累被倭寇登劫掠卫所官军不敷水寨策应不及致彼得以乘虚而我军莫能制胜乞照洪武事例悉免转输俾专捍御仍令都司每岁令都指挥一员严加提督从之

卷三·正统五年

升金山卫指挥同知王胜署福建都指挥佥事提督备倭先是巡按监察御史成规等奏备倭都指挥同知张翥

近因海道宁息因循懈怠号令不严战守无备以致各寨缺少官军六千余人哨船七十余艘兵器铠甲亦多损敝及奉命分督福建地方复还迁延不赴乞逮治之别选官提督上命行在都察院详翥所犯兵部选官代之于是都察院劾翥先求总督直隶浙江福建三方求之不得心怀怨望故兹方命不赴所督地方乞逮至京正其罪兵部奏选胜才堪任用上命翥赴京自陈升胜往代之

造浙江海舟时监察御史李奎言洪武间浙江沿海卫所备倭海舟七百三十艘岁久废坏止有一百三十二艘不足备御事下巡按御史及都布按二司议奏请先造一百二十六艘宁波府知府郑珞又言急未得完恐误边警仍命巡抚侍郎周忱计之忱奏臣询之匠作云造一海舟必得米千石则物料百需皆具踰三月可完今各卫所已造七十六艘其五十艘所费若干官库物不足给而杭州府仓见贮米一百四十四万九千四百余石岁计官吏人等取给不过六万石久则陈腐无用请以新输米给工匠每舟给九百八十石期三月必完则事易集而人不扰上是其言命即行之

巡按浙江监察御史李奎等奏平湖县梁庄倭船易泊宜立寨堡轮拨官军守备从之

卷三·正统六年

命出直隶苏州府官廪米二万石造补倭船

山东备倭署都督佥事李福奏官军原领弓箭年久兼以海雾蒸解胶漆不堪御敌及神铳硫黄急缺应用乞于南京内库支给从之

卷三·正统七年

巡按浙江监察御史赵忠等奏臣会同总督备倭署都指挥佥事陈暹等看得海宁卫百户罗贤所言欲将沿海每卫所拨海船一艘官军百人出海巡哨诚恐假此为由出境媒利反诱倭寇入境侵掠臣等议得观海定海临山宁海四卫虽皆近海然多涨沙倭寇卒难登岸惟定海所属烈港沈家门黄溪港正冲要之所乞将四卫并所属官军海船各以其半每三月一交代俱付烈港停泊往来于沈家门黄溪港及本境海道巡哨并其它卫所调哨官军每年俱限正月终出海七月终各还本卫所屯守庶劳逸相均防守不误上从其议

先是山东备倭署都督佥事李福奏即墨三营备倭官军雎各卫所远者至一二百里其间道多沟渠过夏水长不可渡恐悞策应青登莱三府有渔舟方春而渔及夏则止乞命所司佥渔户舟以渡免其杂徭事下山东三司及巡按御史覆之以为渔舟有税课不可重役其沟渠浅者不必舟渡惟莱阳县南五龙河胶州东新河宜令有司出官物造舟付守墩军操渡上从之

敕总督备倭都指挥使李信及浙江三司巡海御史等曰朕闻近年逃军逃民与倭寇交通或被其劫制询我虚实然后乃敢舍舟登岸杀虏军民尔等宜从长计议凡海口港汊通贼去处或开濠堑或为吊桥或城门可并者并之或水边要害去处砌筑垣墙置门出入不许居民临水开市以诱贼寇及私下海泄漏声息严督旗军轮流瞭望若失瞭望致贼登岸者必杀不赦若贼登岸令骁勇者从间道烧其舟楫亦足致胜尔等宜博采众议区画方略条奏以闻

锦衣卫指挥佥事王瑛言人事……一虏使入贡朝廷每遣官赐宴赏赉有加但大彘性实贪货利交易物货稍不足其欲辄凌侮驿夫伤残市人朝廷每曲法宥之彼以我为可欺而恣肆不止乞凡遇虏使非礼凶虐即令其酋长自责罚使知朝廷法度之明如此则中国尊严而夷狄知戒矣……一备倭战船官军近年以哨瞭为名停泊海港窃还其家者有之贩鬻私盐捕鱼采薪者亦有之及倭寇突入孤立无援反为杀掠乞令监察御史时加巡视遇有损坏即令修理如此则船无朽坏而边境有备矣……上命所司计议以闻颇采用之

卷三·正统八年

勅广东按察司按察使郭智曰广东缘海地方设卫所城堡于要害之处专备倭寇比闻都司卫所官不得其人

贪污暴虐玩法欺公或侵用月粮或卖放军士或私下海捕鲜或令营干家务以致军伍空缺兵备废弛脱遇警急何以应用近者浙江桃渚等处为倭寇攻劫失机官旗俱已枭首示众实由平日废弛所致今特命尔整饬缘海备倭军务尔即同都司巡海官遍历各卫所地方询察前弊务从清革凡有当建置者从长审处仍与三司御史公同推举都指挥或指挥智谋骁勇历练老成堪任边务者一人具名来闻令总备倭之事如不胜任连坐举主尔为方面风宪重臣素谙边事宜体朕付托之重持廉秉公恪勤所务必使政修举边境无虞乃称尔职

户部右侍郎焦宏奏浙江缘海卫所地方广阔海道崎岖先因备倭都指挥不分守地方遇警互相推托以致误事臣今会官议得自乍浦至昌国后千户所一十九处令署都指挥佥事金玉领之自健跳至蒲门千户所一十七处令署都指挥佥事萧华领之其昌国卫当南北之中令总督备倭都指挥使李信居中驻札往来提督庶责任有归边境无患从之

户部右侍郎焦宏言海门卫桃渚千户所城池旧有塘岸障隔海潮岁久栅塌潮水淤浸不堪居住况倭寇窃发艰于防制已会议于临海县地名芙蓉村创筑城池拨官军备御所占官民地一百二十亩有奇应输税粮米麦钞乞为除豁从之户部右侍郎焦宏奏福建备倭都指挥佥事贾忠刘海宜分管地方自福宁至莆禧八卫所属忠自崇武至玄钟十卫所属海其总督备倭署都指挥佥事王胜则令居中往来提督从之先是浙江备倭都指挥使李信奏永乐中原于沈家门等处立三水寨合兵聚船以备倭寇海道一向宁息正统二年始掣散水寨各守地方自此海寇益多又况海宁临山等卫无港泊船遇有儆急拒御良难乞复旧为便事下兵部移文侍郎焦宏审实至是宏奏信言非是且定滨海卫所泊船港次以闻从之

先是户部右侍郎焦宏言浙江及苏松沿海卫所修造备倭船皆官军采木经岁未完诚误急用臣闻永乐间徽处等府商贩竹木杭州府税课司抽分俟用后止收钞以故修船料物皆官钱买用不足复征诸民民既纳粮复加以此实不堪处乞敕该部计议仍令抽分遇有船敝即以所需支给庶民无科扰官得实用事下工部移文巡抚直隶工部右侍郎周忱及浙江三司勘其利否至是报宏言诚便从之

卷三·正统九年

敕谕朝鲜国王李祹曰王嗣国东藩保障边境克体尔先王事天敬大之心秉恭摅诚久而弥笃肆朝廷加恩眷待不替益隆可谓君臣一心始终靡间者矣王兹复遣陪臣李引孙等械送擒获犯边倭贼失刺沙也门等五十七名来献足见王遵奉朝命体国安民之意亦以见王守边得人而有御暴之功然此贼谲诈狡险狐鼠为心尚虑残党窜伏窃图报复王自今益宜诚约守边头目严切堤备遇贼出没即乘机擒剿仍差人驰报辽总兵等官防慎务俾贼党殲灭边境肃清彼此人民辑宁惟永庶副朕一视同仁之意遂赐王妆花绒锦缎六织金纻丝麒麟等缎四各色纻丝共一十六彩绢二十令引孙赍去并赐引孙等宴及绢布有差

广东按察使郭智奏沿海备倭官军宜以每月朔望于小海内驾船操习水战从之

卷三·正统十年

敕谕朝鲜国王李祹曰曩者倭贼出没王境王已生擒失刺沙也门等解京今复获其余党沙弥歹刺遣陪臣唐孟贤械送至京益见王忠诚卫国之心良用嘉悦然蠢尔倭寇凭负海岛鼠窃狗偷罔有悛心王宜严守备以保生民若复寇边朝廷必命官军剿灭之或复侵轶王境王宜调遣将臣捣其巢穴尽俘其类用宁边患则王之功烈将匹休于古之贤藩而垂令誉于无穷矣王其钦承之

卷三·正统十二年

广东备倭署都指挥佥事杜信言缺军守城恐倭寇登岸难于防制请以海南卫南山守御千户所屯军取回守城以屯田牛具拨民承种事下户部言倭寇出没防备有时屯田法废使民经涉海洋以给军饷恐非经久至计本处

如果缺军防守止宜摘拨正军守城操备仍令余丁如旧屯种务俾不失原定分数如故违不遵从提督屯田风宪官逮治从之

卷三·正统十三年

敕福建备倭署都指挥佥事王胜近命大军征剿沙尤叛寇虑贼徒计穷潜谋窜海尔等宜严加堤备哨探贼情如能相机剿杀一体升赏

卷三·正统十四年

巡按广东监察御史沈衡奏海贼驾船十余艘泊福建镇海卫玄钟千户所攻围城池官军射却之玄钟地邻湖州恐贼犯境已檄备倭都指挥杜信等严督堤备

广东总督备倭署都指挥佥事等官杜信等奏往者奉命所部沿海卫所专一备倭防贼顷年广东都司将南海等卫官军调去泷水等地方操守今又调广海香山海朗新会东莞大鹏海丰海南各卫官军前去泷水信雷地方征剿恐沿海贼徒闻知上岸劫掠以何为备上曰泷水与缘海不知何处为急尔兵部即驰文与广东三司及巡按御史酌量贼情缓急以处治之务在彼此得宜不致误事

山东等处总督备倭永康侯徐安等奏比见倭寇往来海中虑其登岸抢掠即墨县阴岛社请迁其民于陈马庄居住验户丁多寡拨与空闲屯地耕种事下户部覆奏从之

卷四·景泰元年

福建备倭都指挥佥事王胜奏沿海二十四卫备倭船岁久多损敝不堪修补其旧有大舟皆四五百料滞重不便行使乞敕都布二司量发工料改造以为边备从之

卷四·景泰三年

镇守福建刑部尚书薛希连等奏今备倭军船分为九澳星散势弱看得烽火门小埕澳南日山浯屿西门澳五处俱系要地欲将出海官军船分立五寨哨捕其腹里卫分出海军已有行粮四斗沿海军行粮宜于本卫月粮一石内分出四斗作行粮随处支给每寨委能干指挥二员岁一更代把总今后办课鱼船止许四十料已上朝出暮归装盐官船止许三百料以下编成字号每年二月起至八月终许令装载商盐各处水寨巡司遇到量拨官军弓兵获送仍令出海备倭都指挥等官往来巡督庶得边方无患从之

备倭都指挥使翁绍宗奏崇明沙备倭船楼橹高大一泊港渚非大信潮水不得出请改造如浙江八橹船轻浅可用从之

卷四·景泰四年

都察院奏福建备倭署都指挥佥事王雄追贼至东海黑水洋中被贼拘执求免而归当依例降为为事官立功从之

日本国王遣使臣允澎及都总通事赵文端等来朝贡马及方物赐宴并彩币表里等物有差日本国王副使允澎等奏在昔太祖高皇帝颁赐下国天龙寺佛前花瓶二香炉四龟鹤烛台各一近年被火烧坏今以旧式进呈乞赐臣等赍回祝延圣寿命工部造与之

礼部奏日本国王有附进物及使臣自进附进物俱例应给直考之宣德八年赐例苏木硫黄每斤钞一贯红铜每斤三百文刀剑每把十贯枪每条三贯扇每把火筋每双俱三百文抹金铜铫每个六贯花砚每个小带刀每把印

花鹿皮每张俱五百文黑漆泥金洒金嵌螺甸花大小方圆箱盒并香垒等器皿每个八百文贴金洒金砚匣并砚铜水滴每副二贯折支绢布每钞一百贯绢一匹五十贯布一匹当时所贡以斤计者硫黄仅二万二千苏木仅一万六百生红铜仅四千三百以把计者衮刀仅二腰刀仅三千五十耳今所贡硫黄三十六万四千四百苏木一十万六千生红铜一十五万二千有奇衮刀四百一十七腰刀九千四百八十三其余纸扇箱盒等物比旧俱增数十倍盖缘旧日获利而去故令倍数而来若如前例给直除折绢布外其铜钱总二十一万七千七百三十二贯一百文时值银二十一万七千七百三十二两有奇矣计其贡物时直甚廉给之太厚虽曰厚往薄来然民间供纳有限况今北虏及各处进贡者众正宜樽节财用议今有司估时直给之已得旨从议有司言时直红铜每斤银六分苏木大者银八分小者银五分硫黄熟者银五分生者三分臣等议苏木不分大小俱给银七分硫黄不分生熟俱五分生红铜六分共银三万四千七百九十两直铜钱三万四千七百九十贯刀剑今每把给钞六贯枪每条二贯抹金铜铫每个四贯漆器皿每个六百文砚匣每副一贯五百文通计折钞绢二百二十九匹折钞布四百五十九匹钱五万一百一十八贯其马二匹如瓦剌下等马例给纻丝一匹悉从之

卷四·景泰五年

日本国使臣允澎等奏蒙赐本国附搭对象价直比宣德年间十分之一乞照旧给赏帝曰远夷当优待之加铜钱一万贯允澎等犹以为少求增赐礼部官劾其无厌命更加绢五百匹布一千匹

礼部奏日本国使臣允澎等已蒙重赏展转不行待以礼而不知恤加以恩而不知感惟肆贪饕略无忌惮沿途则扰害军民欧打职官在馆则陲楚馆夫不遵禁约似此小夷敢尔傲慢若不严加惩治何以慑服诸蕃宜令锦衣卫能干官员带领旗校人等示以威福催促起程如仍违拒宜正其罪从之

浙江总督备倭都指挥佥事马良奏沿海临山等卫备倭船四百余只常年被风漂流损坏者已三之一乞敕有司积材督工补造庶严边备从之

卷四·景泰六年

浙江布政使司右参政曹凯言四事一近海备倭民夫乞行镇守等官体勘若系要冲之处宜给与盔甲枪刀就邻近巡司时常操备其不系要冲者革罢一沿海备倭船乞于沈家门等处仍立水寨委廉能都指挥分定地方往来巡哨一都指挥并各卫所指挥千百户等官徐鉴等共八百六十七人役使办纳月钱种田等项军余共四千五百八十人乞行该部禁约一盘石等卫蒲岐等千户所逃故军人一百七十人原籍府县不行依例清勾却以异姓军人补役纪录冒名支粮乞行清理庶免紊乱军政帝命镇守浙江兵部尚书孙原贞等斟酌可否行之

卷四·天顺二年

敕责备倭中军都督府都督佥事翁绍宗曰嘉兴乍浦河泊所岁进黄鱼系旧制近年以来因尔不许渔船越境出海又令官军擒拏以致不得采捕遂缺供荐先已取尔招服尔宜自咎遵奉朝命省令所辖官司毋得阻滞顾乃全不关心今岁渔船又被拦截索钱不得采捕及船户具告前情自知阻误虚词妄奏遮掩已过朝廷托尔以边方重寄当输忠效勤正已卒人尔乃恣意贪黩不才怠慢论法实难容恕今复从宽且不拿问罚俸一年令尔自省若再恬然不改阻误岁进自取祸败决不可逃

卷四·天顺三年

敕朝鲜国王李瑈该本部奏称得王咨有日本国差人卢圆等到国言国王源义政以先差去进贡使人失礼蒙朝廷恩宥放回将本人科罪今欲差人赴京谢罪缘日本国僻在海隅去京路远其情真伪难以遥度敕至王即拘卢圆等详审前项传说如果真实无伪转行源义政说朝廷以尔既能悔过自新准令择遣谨厚老成识达大体者为使来朝贡往来中途不许生事若或似前抢掠财物欺凌官府罪必不宥王其审实停当而行毋得忽略

禁浙江并直隶缘海卫军民不许私造大船纠集人众携军器下海为盗敢有违者正犯处以极刑家属发戍边

卫从备倭扬州等处都督佥事翁绍宗奏请也

巡按福建监察御史彭彬劾奏把总备倭都指挥佥事桂福不严备御以致倭贼掳掠官船佥事牟俸亦劾福掊克军士都察院请逮治福上命福具状以闻福输罪宥之

卷四·成化四年

日本国王源义政遣使臣清启等奉表来朝贡马及扇盔甲刀剑等物

日本国使臣麻答二郎于市买物使酒手刃伤人礼部奏其强横行凶宜加惩治上以远夷免下狱付其国正使清启治之启奏欲依臣俗事例处治但在礼义之地不敢妄为俟臣还国依法治之且引伏不不能束罪上皆宥之既而所伤者死礼部复奏麻答二郎行凶伤人致死虽免问罪宜依律追银十两给死者之家埋葬仍省谕各夷使知朝廷宽宥怀柔之意从之

卷四·成化五年

礼部奏日本国所贡刀剑之属例以钱绢酬其直自来皆酌时宜以增损其数况近时钱钞价直贵贱相远今会议所偿之银以两计之已至三万八千有余不为不多矣而使臣清启犹援例争论不已是则虽倾府库之贮亦难满其溪壑之欲矣宜裁节以抑其贪上是之仍令通事谕之使勿复然

日本国使臣清启等将还赐宴及金织衣等物有差其回赐特赐国王源义政彩缎二十表里纱罗各二十匹锦四缎白金二百两王妃彩缎十表里纱罗各八匹锦二缎白金一两并敕谕俱付清启启等领回复遣官伴送设馔待之出境敕谕国王源义政曰惟王聪明贤达敬天事大以福一国之人良用尔嘉朕恭承天命嗣登大宝主宰华夷王特遣正使清启等赍捧表文并以马匹方物来贡具见王之勤诚兹因使回特令赍□谕王并赐王及王妃其体朕至怀故谕

日本国使臣清启船凡三号其一号二号俱已回还其三号船土官玄树等奏称海上遭风丧失方物乞如数给价回国庶王不见其罪事下礼部言四夷朝贡到京有物则有偿有贡则有偿若狥其请给价恐来者仿效捏故希求查无旧例难以准给上曰方物丧失本难凭信但其国王效顺可特赐王绢一百匹彩缎十表里既而玄树又奏乞赐铜钱五千贯礼部复执奏不与且欲治其通事阎宗达教诱之罪宗达本浙江奉化县人先年负义逃入海岛今随使来朝上曰玄树准再与铜钱五百贯速遣之去宗达不必究治若再反复族其原籍亲属浙江定海卫副千户王锴言倭夷奸谲时来剽掠海边见军官追捕乃阳为入贡伺虚则掩袭边境往者大嵩常被其毒近见使臣清启入贡臣恐使回容有异谋或为掩袭之计乞敕镇守总督巡海等官设策防御之兵部因言迩者倭使清启凌轹馆仆残杀市人迹实桀骜锴言诚当宜移文备倭巡海等官令督缘边官军务振军容严斤埃以防其奸从之

卷四·成化六年

日本国使臣入贡还至宁波府航海以去有僧盛训潜登岸欲留中国学经浙江备倭都指挥张勇等奏送至京礼部以勇等不先闻奏请治其罪上令自陈既而勇等伏罪宥之

卷四·成化十三年

日本国遣正副使妙茂等来朝贡马及方物赐宴并金襕袈裟彩缎等物仍令赍敕及白金锦缎回赐其国王及妃妙茂又以国王意求佛祖统纪等书命以法苑珠林与之

锦衣卫奏朵颜等卫并日本国差来使臣于会同馆争夺柴薪日本从人欧朵颜夷人事闻上命礼部晓谕各夷宜遵守礼法毋相争竞

卷四·弘治九年

日本国王源义高遣正副使寿蓂等来贡回赐王及王妃锦缎白金等物赐寿蓂等宴并彩缎等物如□

礼部奏日本国遣使入贡至济宁州夷众有持刃杀人者其正副使寿蓂等不能约束乞赐裁抑上命今后日本国进贡使臣止许起送五十人来京余存留浙江馆谷者严为防禁

卷四·弘治十二年

福建备倭官军快哨船为海贼所夺者二艘军士为所掠者十八人仍索取金物为赎命罚带管巡海副使韩绍宗备倭都指挥郭英俸各三月把总等官张宏等下巡按监察御史逮问

卷四·弘治十二年

命福建备倭把总指挥五年一更总督巡海官三月一次出巡互相更代并行辽东等处从镇守太监邓原奏也

卷四·弘治十八年

巡抚应天等府都御史魏绅等奏上处置海道事宜谓海洋之民习性贪悍好斗轻生中间为盗之徒多起于争如崇明县半洋钱营等沙东涨西坍无岁无之旧坍者多是有粮之地新涨者尽归于有功之家以致贫弱陪粮富豪专利始有雠讼终则劫夺习染成风遂至啸聚臣欲于附近府分秉官检阅如某处先有而今坍某处先无而今坍某处先无而今涨必彼此通融务使田粮相称与夺适均脱有强梗霸占不服处分者官调边卫带俸差操旗军舍余发边卫充军民发口外为民其沿海卫分本为备倭捕盗而设贴守之处岁以二月往十月还今倭寇不复敢侵而沿海盗贼多发于冬春之月正以乘其不备故也况附近卫所官子弟家人多贼党与假名公差阴实为盗其崇明一县海势渺茫虽有备御官兵然每遇盗贼辄相推避请行备倭都指挥王宪会捕盗佥事胡瀛将沿海卫所官军舍余通行拣选定立陆战水战机宜以时操练及将贴守官军照依京操事例每年分作春秋两班行粮照例支给务使海寇倭寇两不失备仍各限以地界脱有疏失查照量治仍禁卫所官不得纵容子弟家人从贼为非违者将犯人从重问遣本官改调西北边卫带捧差操上从之命严督备委捕盗等官宜各悉心整理毋或虚应故事

卷四·正德四年

礼部奏明年正月大祀庆成宴四夷朝贡者若朝鲜陪臣在殿东第七班今日本国使臣见在无与宴故事宜如朝鲜例列殿西第七班从之

礼部奏日本国进贡方物例三船今止一船所赏银币宜节为三之一且无表文止咨本部赐敕与否请上裁得旨勿写敕所司移文答之

卷四·正德五年

日本国王源义澄遣使臣宋素卿来贡赐宴给赏有差素卿私馈瑾黄金千两得赐飞鱼服陪臣赐飞鱼前所未有也

日本国使臣宋素卿本名朱缟浙江鄞县人弘治间潜随日本使臣汤四五郎逃去国王宠爱之纳为婿官至纲司易今名至是充正使来贡族人尚识其状貌每伺隙以私语通素卿辄以金银馈之乡人发其事守臣以闻下礼部议素卿以中国之民潜从外夷法当究治但既为使臣若拘留禁制恐失外夷来贡之心致生他隙宜宣谕德威遣之还国若素卿在彼反复生事当族诛之仍行镇巡等官以后进贡夷使宜详如译审毋致前币从之

卷四·正德七年

日本国王源义澄遣使贡马匹盔铠大刀诸方物浙江守臣奏今山东直隶盗贼充斥恐夷使遇之为所得请以所贡暂贮布政司库收其表文礼兵二部会议请敕南京守备官即所在如例宴赏遣回从之仍令附进方物亦给全价毋阻远人效顺之意

卷五・嘉靖二年

礼部覆日本夷人宋素卿来朝勘合乃孝庙时所降其武庙时勘合称为宗设夺去恐其言未可信不宜容其人朝但二夷相杀衅起宗设而宋素卿之党被杀甚众虽素卿以华从夷事在幼年而长知効顺已蒙武宗宥免毋容再问惟令镇巡等官省谕宋素卿回国移咨国王令其查明勘合自行究治待当贡之年奏请议处既而给事中张翀御史熊兰等言各夷怀奸雠杀事干犯顺乞明正其罪上命系宋素卿及宗设夷党于狱待报论决仍令镇巡官详鞫各夷情伪以闻

朝鲜国俘获倭夷二名审系进贡至浙自相构杀拒敌官兵者国王李怿遣陪臣刑曹参判成洗昌执以来献并倭人首级三十三颗及送回被虏中国人八名上嘉其忠顺命写勅褒谕赐银百两锦四段纻丝十二表里使臣及领兵官俱赍银币有差

兵科给事中夏言等言顷者倭夷入贡肆行叛逆地方各官先事不能剿捕而前后章奏言辞多遁功罪未明该部按据来文迁就议拟虽云行勘亦主故常乞敕风力近臣重行覆勘且宁波系倭夷入贡之路法制具存尚且败事其诸沿海备倭衙门废弛可知宜令所遣官由山东循维杨历浙闽以及于广会同巡抚逐一按视预为区画其倭夷应否通贡绝约事宜乞下廷臣集议得旨差风力给事中一员往其余事宜兵部议处以闻及遣给事中刘穆往按其事

日本国夷人宗设谦导赍方物来贡已而瑞佐宋素卿等复至俱泊浙之宁波互争真伪佐被设寺杀死素卿窜慈溪放火大掠杀掳指挥刘锦袁□蹂躏宁绍间遂夺船出海去巡按御史以闻得旨切责巡视守巡等官先事不能预防临事不能擒剿姑夺俸令镇巡官即督所属调兵追捕并核失事情罪以闻其入贡当否事宜下礼部议报

卷五・嘉靖四年

初浙江鄞县民宋缟潜入日本更名宋素卿谋贡射利后复与倭夷宗设等争贡相雠杀宁绍骚动守臣以闻查勘久未明遣给事中刘穆监察御史王道往鞫之至是以狱上刑部覆奏得旨素卿谋叛夷人中林望古多罗等故杀素卿夷伴俱宜论死其防御失事官员各谪戍夺俸有差素卿家属财产应否缘坐没入再查议报夺

遣琉球夷人等日本夷僧妙贺等各归国敕谕日本国王以宋素卿中林等凶叛就戮妙贺等无罪以礼遣还其元恶宗设及佐谋倡随机数人亟捕系传送中国以听天讨余并罔治虏去人民仍优恤送归不者将闭绝贡路徐议征讨时有琉球贡使郑绳归即令赍敕转谕之

卷五・嘉靖六年

浙江道巡按御史杨彝言旧例日本入贡以十年为期徒众不得过百人贡船不得过三只亦不许以兵仗自随正德六年以后使臣桂悟宗设等各从众至五六百人又有副使宋素卿等一百五十人各诘真伪争端滋起请令布政司移咨本国今后遣使入贡务遵定例如违定行阻回仍行巡海备倭诸臣修战具谨烽堠蓄锐以戒不虞报可

卷五・嘉靖十八年

日本国王源义复遣使来贡先是嘉靖二年日本使臣宗设等入贡比归肆掠虏中国吏民以去自此绝不通贡者十有七年至是复修贡浙镇巡官以闻上曰夷性多谲不可轻信所在巡按御史督同三司官严加详审果系効顺如例起送仍严禁所在居民无私与交通以滋祸乱余如所拟

卷五・嘉靖十九年

日本王源义晴差正副使顾鼎等来朝贡马及献方物宴赏如例又加赐国王王妃使臣方物各给以价初日本自嘉靖二年用未素卿宗设等事绝其朝贡至是复请通贡因乞给赐嘉靖新勘合及归素卿等并原货物言官论其不可上命礼部会兵刑二部都察院佥议以闻覆言夷情谲诈难信勘合令将旧给缴完始易以新素卿等罪恶深重货物已经入官俱不宜许以后贡朝定以十年夷使不过百名贡船不过三只违者阻回督遣使者归国仍饬沿海备

倭衙门严为之备诏从之

卷五·嘉靖二十七年

日本国贡使周良等六百余人驾海舟百余艘入浙江界求诣阙朝贡巡抚朱纨以闻礼部言倭夷入贡旧例以十年为期来者无得踰百人舟无得过三艘乃良等先期求贡舟人皆数倍于前蟠结海滨情实巨测但其表词恭顺且去贡期不远若概加拒绝则航海重译之劳可悯若猥务含容则宗设宋素卿之事可鉴宜令纨循十八年例起送五十人赴京余者留嘉宾馆量加赏犒省令回国至于互市防守事宜俱听斟酌处置务期上遵国法下得夷情以永弭边衅报可

初浙江既设巡抚都御史兼管福建海道提督军务以朱纨为之乃御史周亮给事中叶镗先后俱言不便亮谓纨原系浙江巡抚所兼辖者止于福建海防令每事节制诸司往来奔命大为民扰镗谓纨以一人兼二省非独闽中供应不便即如近日倭夷入贡舣舟浙江海口而纨方在福建督捕惠安等县流贼彼此交急简书押至纨一身奔命已不能及矣今闽浙既设有海道专管苟得其人自不必用都御史若不得已不如两省各设一员吏部覆言浙江旧无巡抚或遇有警遣重臣巡视事宁即止今宜裁革巡抚而复巡视旧例上曰浙江巡抚去岁无故添设一时诸臣依违议覆以致政体纷更今依拟朱纨仍巡视事宁回京凡一切政务巡按御史如旧规行

卷五·嘉靖二十八年

巡视浙福右副都御史朱纨奏二十七年三月日本使周良等至宁波宾馆有为匿名书投馆中称天子命都御史起兵诛使臣可先发夜杀都御史署府事推官张德熹知之乃不以告臣臣常斩贼张珠珠德熹叔也凡报福贼死者德熹施与殓之御史周亮奏革臣巡抚浙福之命者又德熹乡人疑德熹构其事且臣整顿海防稍有次第而周亮乃欲侵削臣权谓一御史按之有余以致属吏遂不效命愿陛下察臣先后奏词非有私挟追究德熹等窝贼倡乱背公挡私废坏纪纲诈传诏旨扇惑夷情谋杀抚臣事情明正其罪奏人诏下巡按御史会同三司验实奏闻巡视浙江都御史朱纨疏报诏安之捷因言闽贼蟠结已深成擒之后奸徒切齿变且不测臣讯得所俘伪千总李光头等九十六人交通内应即以便宜檄都指挥卢镗海道副使柯乔斩之部臣请下巡按勘覆已御史陈九德劾轨不俟奏覆擅专刑戮请治其罪并坐镗及乔等诏兵部会三法司杂议言纨原奉敕许以便宜行事顾贼擒于二月奏发于三月似非临阵者北宜俟得旨行刑镗乔皆不得为无过然事难遥度请遣风力宪臣往验其事得旨令给事中一员会巡按御史核实具报沿海居民亟令所司安辑毋致殃及无辜纨罢职待勘镗乔等下所遣官讯之已乃遣兵科给事中杜汝積往勘

日本国王原义晴差正使周良等来朝贡方物赐宴赉有差以白金锦币报其王及妃初日本人贡卒以十年为期载在会典嘉靖二年宋素卿宗设争贡相仇杀因不与通十八年复来求贡纳之因与约以后入贡舟无过三艘夷使无过百人送五十京师至是良等不及贡期以六百人来凡驾四艘部议非正额者皆罢遣之而浙江巡抚朱纨力陈不便状礼部欲赏其百人如例非正额者皆罢勿赏良因自陈贡舟高大势须五百人中国商舶入夷中往往岁匿海岛为寇故增一艘者护贡舟也非敢故违明制礼部不得已请百人之外各量加赏犒百人之制彼国势难遵行请相其贡舟斟酌之又日本故有弘治正德入贡勘合几二百道夷使前入贡时奏乞嘉靖勘合朝廷令以故勘合纳还始予新者至是良等持弘治勘合十五道言其余七十五道为宋素卿子宋一所盗捕之不得正德勘合五十道为信以待新者而以四十道来还礼部复核其薄藉脱落故勘合多未缴请勿予新者令异时入贡持所留正道勘合四十道但存十道为信始以新者予之而宋一所盗责令捕索以献报可

初巡视浙福右副都御史朱纨既报浯屿擒获夷王之捷随奉夷患率中国并海居民为之前后勾引则有若长屿喇哒林恭等往来接济则有若大胆屿奸民姚先瑞等无虑百十余人今欲遏止将来之患必须引绳排根永绝祸本乞下法司议所以正典宪威奸慝者纨寻去任都察院议下巡按福建御史转行巡视海道都司等官缉捕前项奸徒并土豪为渊薮者悉正以法至于见获佛郎机国法仍移檄各处有能捕魁恶者重赏首改自新者听免本罪且浙福海患相沿出此入彼宜令两省诸臣一体会议施行报可按海上之事初起于内地奸商汪直徐海等常阑出中国

财物与番客市易皆主于余姚谢氏久之谢氏颇抑勒其值诸奸索之急谢氏度负多不能偿则以言怒之曰吾将首汝于官诸奸既恨且惧乃纠合徒党番客夜劫谢氏火其居杀男女数人大掠而去县官仓惶申闻上司云倭贼入寇巡抚纨下令捕贼甚急又令并海居民有素与番人通者皆得自首及相告言于是人心汹汹转相告引或诬良善而诸奸畏官兵搜捕亦遂勾引岛夷及海中巨盗所在劫掠乘汛登岸动以倭贼为名其实真倭无几是时海上承平日久人不知兵一闻贼至即各鸟兽窜室庐为空官兵御之望风奔溃蔓延及于闽海浙直之间调兵增饷海内骚动朝廷为之旰食如此六七年至于竭东南之力仅乃胜之盖患之所从起者微矣

卷五·嘉靖二十九年

诏逮巡视浙福都御史朱纨至京讯鞫下福建都司都指挥佥事卢镗海道副使柯乔狱论死先是纨奏海夷佛郎机国人行劫至漳州界官军迎击之于走马溪生擒得贼首李光头等九十六人已遵便宜斩首讫下兵部请俟核实论功会御史陈九德疏论纨专杀滥滥及不辜法司覆请遣官会勘上从之遂革纨职命兵科都给事中杜汝祯往至是汝祯及御史陈宗夔勘上前贼乃满剌伽国番人每岁私招沿海无赖之徒往年海中贩鬻番货未尝有僭号流劫之事二十七年复至漳州月港浯澳等处各地方官当其入港既不能羁留人货疏闻庙堂反受其私赂纵容停泊使内地奸徒交通无忌及事机彰露乃始狼狈追逐以致各番拒捕杀人有伤国体其后诸贼已擒又不分番民首从擅自行诛使无辜并为鱼肉诚有如九德所言者纨既身负大罪反腾疏告捷而镗乔复相与佐之法当首论其冒功坐视诸臣通判翁灿指挥李希贤等罪次之指挥佥事汪有临知府卢璧参政汪大管畦次之拒捕番人方叔摆等四名当处死余佛南波等五十一名当安置见存通番奸徒当如例发配发遣于是兵部三发司再覆如汝祯等言纨镗乔遂得罪翁灿等下巡按御史提问汪有临等夺俸有差纨为人精廉勇于任事开府闽浙首严通番之禁海中为之肃清走马溪之役虽张皇太过然勘官务入其罪功过未明纨竟坐忧恐未就讯伏药而死公论惜之

按都御史朱纨洁廉任怨诚吾郡之巨擘第走马溪之役毕竟为卢镗所误一时斩决悉皆满剌伽国之商舶与闽中自来接济诸人非寇也陈御史九德之劾疏杜绍事汝祯之招拟凿凿可证岂书阿私闽人乎国史谓纨张皇大过又谓功过未明尚非曲笔他书谓闽中贵臣相响纨不休而阴迫之死则多影响之谈而不察于事理者矣纨谓去海中之盗易去中国之盗难去中国之盗易去中国衣冠之盗难其言得无少过乎以吴人而为闽人辨敢自附于直笔

筹海图编纪浙江倭变云嘉靖十九年贼首李光头许栋引倭聚双屿港为巢二十七年四月都御史朱公纨遣都指挥卢镗副使魏恭等捣双屿港贼巢乎之贼首李光头就擒今按实录云纨奏海夷佛郎机国人行劫至漳州界官军迎击之于走马溪生擒得贼首李光头等九十六人一李光头也纨谓擒于闽之走马溪而筹海图编以为擒于浙之双屿港纨谓佛郎机国人行劫而筹海图编直以为倭党以柯乔为魏恭借闽事为浙事事在嘉靖二十七年耳目较近而谬悠若此野史可信乎至于杜给事之行勘而所谓佛郎机国者实则满剌伽国之番人然则在纨之疏已自失其真矣镗等之拟死亦自有以取之似非勘官之故入也林给事招拟参照福建都司统兵署都指挥佥事卢镗行同鬼魅言尤足以饰奸性若豺狼术偏长于济恶走马溪岂用武之地妄云与贼百战对阵生擒玄钟所非行刑之场敢先斩首数人专权滥杀林以正勾夷惹衅法固难容而裂尸剖心是何刑罚李胜銮依父取银罪不至死而总角枭首曾不哀矜王娘仔因一拜而伤生陈惟爱取片言而处决旗牌未至难诿咎于军门威福自专致效尤于海道会审方才数刻枭斩将及百人黩货卖功何异穿窬之事饰词报捷全无侧隐之心捏称破虏擒王希欲封侯拜将欺君枉下处死何疑福建按察司巡海道副使柯乔表则不端弛张无纪初失身于曾武举将何词以御番继党恶于卢都司敢作威而行杀罚弗及嗣寻父者岂忍加刑罪疑惟轻当椒者讵应处斩夷人抱状伸诉辄将别犯酷刑打死谓其教唆家属引领称冤先令官司密切访拿胁以连坐勒知府补改文案而狡狯日彰捏伪呈扇动人心而奸欺太甚分赃私于捕盗猥同鼠窃狗偷求引拔于军门比垄登墦乞挟才偾事负国殃民比拟上刑情法亦丽再照原任巡视浙江兼管沿海福建地方提督军务都察院右副都御史今革职回籍听勘朱纨褊急无博大之体周章乏暇裕之谋敢于任怨而忤人不顾忍心以害物兵戎重务偏听奸回每中其如鬼如蜮之计军法大权假借群小甘蹈乎自专自用之愆遂使行货番商满载资余尽为贪饕攘匿卒致同舟党类未招情实悉被残横诛夷沙场之窟鬼犹啼海徼之怨声肆集刻薄太甚酷暴居多虽平生颇励清苦之操在此举难逃擅专之罪见任漳州府知府卢璧柔懦从人迟回将

事财识每疏于应变规模尤局于泥常罪犯情词初审已分乎首从死生界限临刑无益于重轻虽残横挽不可回亦逡巡救不能力牒神未免迂阔击鼓终是糊涂大事如斯小廉奚取以上法宜并究

卢璧先将佛南波二者并李贵等一干人犯译审出年籍来历并钟应林钦沛接济与方叔摆打伤糖船等情及审开李贵李文瑞俱系贼首陈大省等并马学仔陈才郭明俱系贼从及于各名下开写年籍并投跟番船缘由又审陈弟仔开系去船寻父谢成仔被许伯弼拐卖蔡弘戒被林三田引上番船当椒李弘宥林富二陈栢林观林能金念三林赐林志王仪蔡仝蔡世文李智郑诏林齐庄孙各同父兄当领番货未还愿为水手裁缝赵希春被曾乾大带上番船买卖并阿三各年止十七八岁又审陈乔清李来成阿郎王祥叶清弟林克秦张三娘朱洒娘李三娘二妹朱三主杨三姐李金李氏蔡范娘须四奴曾光珠俱系番船买讨等项大略情节开具揭帖二本于本月十三日呈报镗与柯乔彼时该府并未取供亦无各番与李贵等为盗情节原揭帖底稿见在续后卢镗与柯乔闭门定拟李贵等应斩情罪会同发案卢璧奉到前案见有谢成仔陈弟仔李弘宥等各姓名俱在斩首数内伊却畏惧镗与柯乔气势不合不行极力救阻止具牒告城隍以明心迹就于十六日黎明时分听从取出李贵等九十六名俱押赴教场监视行刑间镗与柯乔点检各犯思前卢璧揭帖内开称年幼并当货人犯情罪稍轻方欲写牌吊审分付暂且停刑比因剑子手俱系捕兵充数望见传牌喧嚷疑是催斩当将谢成仔李弘宥等与同李贵等九十六名一齐斩首连阵获并前斩林以正流哥阿弥等及郭朋陈才各尸首亦斩取分发沿海地方枭示讫本月十七日卢璧思伊先日已禀柯乔准将谢成仔等饶免却又与镗竞拟处决心有不安当赴柯乔衙门前击鼓开门进入禀问缘由柯乔无可奈何回称也是他的命等语柯乔思得斩过前项各犯原无取供在卷伊又不合分付卢璧补取供词及令牵擀镗前单开别案番贼赤须矮鬼等缘由添入供内又将稿内马学仔改作李文瑞姓名勒令卢璧那移日期佥作十二日立案通行呈报见有柯乔原改底稿执证柯乔又思李弘宥陈弟仔等止接济当货寻父等项罪不至死一概斩首恐后查出有罪要得改案遮饰又不合另写会案一张内将李弘宥林富二陈栢林观林能金念三林赐林志王仪李智郑诏林齐庄孙添捏各将人口军器下海走泄官兵消息为内应与蔡全蔡世文陈弟仔谢成仔俱驾船劫虏拒杀官兵情俱真的坐拟谋叛及强盗得财并无亏枉等情重复发与卢璧又不合依听附卷换出原案见在为证

续吴先贤赞云纨命督将镗按察柯乔于闽偕出洋中迹贼至诏安之灵宫澳合诸军设覆山上下千艑具进贼徒兵伏败之趋船者疾力鏖之覆溺杀者甚众擒夷王三人白番十有六黑番四十六皆狞恶异状可骇贼首贵等一百十二人妇二十九斩级三十余他资械等称是皆五澳宿贼骁黠者并殲焉及夷之贵王妻妾等漳人大恐有尽室浮海者日走往聚观诸俘偶语籍籍踰时乃定捷闻则与连者无所释憾反疏言其擅杀作威纨罢而诸出死力杀贼者皆召令对簿谴责之矣

卷五·嘉靖三十一年

漳泉海贼勾引倭万余人驾船千艘自浙江舟山象山等处登岸流劫台温宁绍诸府攻陷城寨杀掳居民无数

巡按浙江御史林应箕奏报海贼攻破黄岩县治并参论失事所由曰浙江宁绍台温地滨大海实倭夷入贡之途盗贼出没之薮国初建卫所四十有一设战船四百三十有九董以总督备倭都司巡视海道副使等官控制番夷至为周密后以海波不惊戒备渐弛伍籍日虚楼橹朽弊一遇有警辄借渔船应敌号曰私哨而官船废矣嘉靖二十七年间都御史朱纨议招福清捕盗船只剿治有效因量留福船四十余只予行粮使分派海滨当川防守其台州海门卫者实黄岩之外障故以福船十有四只守之节年所凭恃者此耳近日海警益数而海道副使丁湛反将福船尽数遣归其原设官船坏缺又漫不料理乃仍雇募渔船以资哨守兵非惯战船非专业闻警辄逃全不足恃以至群盗鼓行而入攻毁县治若蹈无人境耳所据今日黄岩失事之诛湛当首坐其总督备倭都司周应祯把总指挥刘堂黄岩知县高材或身为主师或身任专城遇敌霄奔法当重治至于守巡各道副使李文进等及知府马钟英等亦宜各以轻重抵罚疏下部覆得旨应祯堂材各革职湛先已为民仍与应祯等俱下按臣建问文进等与钟英仍如前旨住俸剿贼

福建参将汤克宽请募徐邳盗为兵兵部覆自古亦有举士于群盗者且克宽父庆尝用之破江洋贼有效可许从之

初给事林懋举御史王民皆言南京浦子口宜设战船习水战以备不虞南京兵部尚书屠楷等言留都长江天堑南有新江口营统水卒以扼江洋之险北有浦子口营统陆卒以遏淮凤之冲至严也今浦子口军不满三千不能当江口之十而水战又非所长不若量增逻卒置之江口而于浦口沿江增墩台十座选军二百人守之长江寇来陆军协力拒战绝其登岸之谋比岸有警水军沿江应援断其入江之路庶为长便兵部覆当如楷等言报可

卷五·嘉靖三十二年

巡视浙福都御史王忬奏海防赏格四事一擒斩真倭从贼一人赏银十五两次从贼首二十五两渠魁五十两若汉人被掳者照依流贼事理不许混作倭贼一擒斩漳寇海寇为从者赏银三两次剧贼首五两船主渠魁二十两酋首为众所服者五十两其夺获贼艘大者五两中者二两小者一两俘获男妇每五名赏银一两若诛戮所获冒功及邀杀来降者治如律一善用火器击杀舵工贼首令其引遁及击破寇舟于未接之先者大舟赏银二十两次者十两小者五两若有献奇取捷批亢捣虚者虽无斩获并以功论一临阵被创者给银一两被杀者给银五两复其家有先登阵而死者给银二十两若哨守官督战没于阵者临时酌请恤典兵部覆如其言报可

倭夷犯温州参将汤克宽等率舟师破之俘十一人斩获二十八级余多死于水者巡视都御史王忬以闻并上克宽等功诏赏忬白金三十两彩段二表里克宽等各二十两一表里余行巡按御史核实以赏

黜原任福建按察司巡海副使柯乔为民以捕获沿海导番奸人不候命辄斩之故也

海贼汪直纠漳广群盗勾集各岛倭大举入寇连舰百余艘蔽海而至南自台宁嘉湖以及苏松至于淮北滨海数千里同时告警

贼攻破浙江昌国卫屯据凡五日参将俞大猷以舟师攻之始去巡视

浙福都御史王忬条上海防事宜一禁近海豪民通引倭夷以绝祸本二照各边例惟以奋勇血战为功不以损伤折军为罪三选调闽浙兵相兼操习以资防御四通行两广南直隶巡抚操江官远行哨探分布兵船彼此夹攻五两省守巡兵备官查照原定地方常川驻札以便责成六宽禁令以开自新如胁从贼犯准令投首积年渠魁亦听归降七闽浙鱼船量议收税漳州桥房拖欠税课及查理盐课事宜以助军饷八滨海顽民接济夷寇及走漏消息者乞以正犯处之极刑全家发边卫充军部覆俱从之

浙江舟师破贼于松门港把总夏光等擒贼四十四人斩首二十九级

海寇犯太仓州攻城不克分众四掠烧毁关厢公私庐舍是时有失舟倭四十人突至浙江乍浦所往来平湖海盐海宁之地纵横肆掠焚戮惨虐官兵前后遇之皆败凡杀把总一指挥四千户一百户六县丞一所伤军兵与虏数百人凡十六日竟徜徉夺舟而去

攻破浙江临山卫乘胜西犯松阳知县罗拱宸督处州兵御却之贼浮海走参将俞大猷以舟师邀击斩首六十九级

南京兵科给事中贺泾奏上年海寇突犯浙东未遭挫衄今岁勾煽丑类连艘内讧以浙省防御渐密乃泊守宝山窥苏湖等郡据海为险乘风肆虐况留都根本重地实与海洋密迩其镇江京口为江淮之咽喉瓜埠仪真又漕运之门户今贼势猖獗防制疏略万一黠寇匪茹横掠而西将致根本震动运道艰阻为患非浅尠也矧今西北疲于边烽而疮痍未苏中原困于饥馑而萑苻不靖其财赋供亿所仰给者惟东南数郡已尔而复被寇残若此真可寒心臣考嘉靖八年十九等年皆因海寇窃发添设总兵官驻札镇江事平而罢今宜查遵其例仍设此官俾整饬上下江洋总制淮海并辖苏松诸郡庶事权归一军威严重而缓急有攸赖矣南京广西道御史汪克用亦以为言兵部覆总兵官如议添设令驻札金山卫节制将领镇守沿海地方调募江南北徐邳等处官民兵以充战守其操江都御史敕内未载海防并当增易上命暂设副总兵一员提督海防应用兵粮巡抚并操江官协议以闻操江都御史敕书不必更换余如所议已乃命分守福兴漳泉参将汤克宽充海防副总兵提督金山等处

巡抚应天都御史彭黯巡按御史陶承学等言倭势日炽非江南脆弱之兵承平纨袴之将所可辨者请以得便宜调山东福建等处劲兵及敕巡视浙江都御史王忬督发兵船犄角攻剿疏下兵可覆山东陆兵不闲水斗福建海

沧月港亦在戒严岂能分兵外援宜令黯等就近调处州坑兵一二千名仍随宜募所属滨海郡县义勇乡夫分布防御并请命王忬互相应援其应用兵船粮饷器械火药许征发在所支用南京署兵部事尚书孙应奎亦言倭夷劫掠渐近留都沿江津隘已议调官军防守应用甲仗粮刍乞命南京户工二部给发上俱允之

南直隶巡抚都御史彭黯巡按御史孙慎给事中王国祯南京给事中张承宪南京御史赵宸宋贤先后各上御倭方略……国祯言七事……一重赏罚查照先年擒斩倭贼流贼事例定为赏格准与升级不愿者给赏船主渠魁另行超格议处一宽法禁除通番大船及贩易接济应禁外其捕鱼樵采无碍海防者编立号验放出入承宪六事……一朝鲜贡使至日赐敕令宣谕日本国王数以纵恶寇边之罪……宸言六事……一倭寇狡猾惯善操舟我兵乘胜长驱深入海洋恐堕其计不宜穷追一江北之兵不习舟楫不宜暑劳师费财顾彼失此务求长策以俾实用不得概调一处造战舰及连珠鸟嘴火铳之类操演习熟以备攻击贤言五事……一募土人习水者为篙师有力者为战卒仍调温处坑兵或山东长枪手有警则随机策应无事则分投教习……兵部议覆上多采行之

按察司佥事总理粮储巡府应天侍郎彭黯以江南连年倭寇兵饷不给乞暂留布匹船料事例折银民壮弓兵银以济军饷又言太仓上海嘉定被患特甚宜破格优恤抚属兑军粮米每于年终征完俟兑而运船多至次年三四月始至水次时海潮风讯事变可虞乞敕漕运都御史将减存未运见在粮船先拨于上海嘉定昆山海盐常熟江阴丹徒诸处于年终兑载章下户部言布匹船料事例折粮银皆内府太仓急需非所敢议惟去年巡按御史徐洛藉报苏松常镇四府实在银二十八万两有奇可备军饷其优恤太仓嘉定上海及漕运兑载事宜请如黯议报可

倭贼百余由华亭县漴缺登岸流劫戚本泾金山卫等处自六月终大举倭东遁江南稍宁惟崇明南沙泊失风倭几三百人舟坏不能去总兵汤克宽佥事任环列兵守之日久未克至是倭警又作远近震恐

总兵汤克宽督邵漳等兵击南沙倭败绩亡卒四百余人巡抚浙江都御史王忬言官兵追逐倭夷焚毁五十余艘擒斩七百余人海警暂息乞复参将俞大猷副使李文进谷峤参议顾问佥事李廷松所停俸许之

漴缺倭移舟泊宝山总兵汤克宽引舟师追击之及于高家嘴毁其舟斩首七十三生擒十四人

倭三百余人突犯上海县太仓州等处复突犯常熟县福山港恐天王铁率民兵御之倭乃引去

有倭舟失风飘至兴化府南日旧寨登岸流劫杀千户叶巨卿把总指挥张栋督舟师冲击倭走据山知府董士弘纠民兵猎户与栋等合势围贼殲之是时海洋并岸诸岛多栖寇舟有真倭阻风汛不获归者有沿海奸民抢江南旋候来岁倭至者未几南日寨复有三舟登岸栋士弘击之引去擒贼数人皆真倭比泉州舟兵巡海攻贼于石圳湾深泥湾等处凡再战擒贼四十余人则皆浙江临海福建漳浦广东揭扬等县人盖江南海警倭居十三而中国叛逆居十七也

前犯常熟倭复由上海七灶洪登岸流劫三林庄南汇所吴淞江所及嘉定县地方至十九日始去应天巡抚都御史彭黯巡按御史孙慎以苏松常镇四府近遭倭患居民流徙请蠲太仓州京库银三万六千二百两有奇嘉定县京库银八千九百两有奇上海县京仓银五万八千九百两其余四府所属州县积逋二十七年至三十一年钱粮皆停征又言南方卫所沿边者戍腹里者运制也自迩年以松江所运船二十只改派金山卫及青南二所代运腹里互失其职宜复旧制章下户部议京库银不敢议免其积逋钱粮自光禄寺物料并三十一年以前布匹外皆可缓征运船旧制宜改复如黯等言报可

卷五・嘉靖三十三年

倭寇自太仓南沙溃围出海转掠苏松各州县时贼聚南沙五月余官军列舰于海口围之数重不能破军中多疾疫乃佯弃敝舟以遗之开壁西南陬贼遂得出

苏松倭寇掠民舟入海趋江北岸薄通泰等城焚掠各盐场余众有漂入青徐界者山东辽东俱震

辽东巡抚都御史江东以倭寇蔓延青齐间逼邻金州条上海防八事一金州通山东海运旧设守备防倭成化中始易以备御缓急不足恃请仍设守备辖金陵二卫专理海防一金州海岛民居稠密宜委官分诣其地编立保甲俾自为守一金陵等卫黄骨岛等堡士马久缺乞酌量冲缓随宜增补一造小船分布各岛口以便传报一修葺沿海诸路堡台以便守瞭一选编腹里各卫城堡及四方屯居流民壮丁委官督操以倡勇敢一严禁商贾私贩木植下海者恐为倭乡导一拟应援兵马如金州有警则令海盖参将督兵往援其辽阳广宁锦义总兵参守等官各相机策应有逗留者罪之一金陵海盖岁比不登兼苦重役逃亡者多宜下所司抚恤兵部覆可从之

倭寇攻嘉善县陷之尽焚沿河运船

倭寇攻嘉兴府城副使陈宗夔帅兵御却之焚其舟贼遁入乍浦与长沙湾寇合犯海宁诸县

浙江倭寇自嘉兴东掠入海至崇明县夜袭破其城知县唐一岑死之

南京兵部尚书张经等言国初洪武间以倭夷不靖遣信国公汤和经略海防凡闽浙滨海之区陆有城守水有战船故百余年来寇不为害其后法弛敝生军士有纳料放班之说于是强富者散遣老弱者哨守战船损坏亦弃不修以致寇得乘之而入请行各处巡抚严督所属预集兵船以守要害追补纳料军士以实行伍清理积岁料银以造战船……下兵部议覆从之

给事中王国祯贺泾御史温景葵等以倭寇猖獗逼近留都各上疏乞调兵给饷及推选总督大臣重其事权如往年征剿华林麻阳诸寇故事下兵部集廷臣议俱称便因荐南京兵部尚书张经堪任总督调兵当遣御史及本部司官各一赍太仓银六万两往山东调发奏留民兵一枝及青州等处水陆枪手共千人人给军装银十两令参将李逢时许国督赴扬州听经调度给饷当取之南京户部银五十两临德二仓银五万两及截留起运米二十三万石其纪功责之各巡按御史赏格与功同凡斩首一级者拟升一级不愿升者赏银一百两有能擒斩首恶王直等者授世袭指挥佥事如直等悔罪能率众来降亦如之其部下量授世袭千户等官俱填注备倭职事议入上允行之乃命经不妨原务兼都察院右都御史总督南直隶浙江山东两广福建等处军务一应兵食俱听其便宜处分临阵之际不用命者武官都指挥以下文官五品以下许以军法从事

兵科给事中王国祯等言比部议上御倭方略以重赏招降贼首汪直等臣窃疑之臣闻胜国末海滨多警东南巨寇有秋至漕运万户及行省参政者且叛服不常迄终无救何者其心不服而爵禄不足以歆之也故至今议者以招抚最为误国殷鉴具存奈何复欲效之今四方群盗所在蜂起皆幸朝廷不诛无所创艾就使部议得行降一汪直未必不生一汪直将来贻患更有不可言者且古帝王所谓招抚不过曰胁从罔治耳渠魁未常宥之也使渠魁来归既宥之复赏以爵是赏以劝恶人谁不为夫使吾民皆趋为恶之利非国家之福也疏下兵部覆言海屿贼与山贼异山贼有定剿可以遣将出师攻而取之海屿贼乘风飘忽瞬息千里急则遁去乘间则复来有非兵力大用辈通番入海既而悔之嘉靖二十九年八月中尝为官军捕斩海寇陈屿主等及余党二三百人欲以自赎而是时有司不急报之遂贻今日大害故臣等欲仿岳飞官杨么党黄佐故事悬以重赏使之归为我用以贼攻贼非敢轻授官爵以示之弱也上竟从国祯等言令总兵张经一意剿贼胁从愿降者待以不死贼首不赦

漕运侍郎郑晓奏臣伏见倭寇类多中国人其间有勇力知谋可用者每苦资身无策遂甘心从贼为之向导此非包荒含垢早图区处必为腹心忧今议者一曰复市舶便一曰严诛剿便夫诸路军威未振群贼惩创未深即复市舶恐非国家御夷之体倭奴所残既皆我良善官兵所杀又多我逋逃必严诛剿亦非所以仰承朝廷好生之德臣欲愚乞圣明广收武勇申命各抚按等官于军民白衣人中每岁查举素有膂力胆略智谋者十数人以义勇名色月给粮米一石令其无事率人捕盗有事领兵杀贼立有功劳量议官职奏请升授若从文阶则授试巡检武阶则授试所镇抚但许捕盗杀贼不得经收钱粮接理词讼仍照文武官员事例考察考选有犯者依律问罪如此则片善寸长皆沾斗食暴夫悍卒渐受条笼不惟中国之人不为贼用异日且有将材出于其间其在今从贼者特揭榜谕许令归降遣还故土有擒斩贼徒者如例给赏才力可用愿报効者委用别地立功赎罪俟有劳绩亦与叙迁不然恐数年后或

有如卢循孙恩黄巢王仙芝者益至滋蔓难扑灭矣臣又闻洪武中倭奴数寇东南傍海州县是时浙江一省既遣信国公汤和筑城又遣魏国公徐辉祖江阴侯吴高练兵又遣都督商暠杨文刘德出战又遣都督于显出海巡倭此皆上公元侯谋臣宿将尤且迟之数年未得宁息复遣南雄侯赵庸招抚沿海渔丁岛人盐徒蛋户籍为水军至数万人又遣莱州府同知赵秩礼部员外吕渊宣谕倭奴迨至洪武二十五年以后海夷始靖则凡自今可以解散贼徒者固宜勑下兵部亟为议处不得泄泄然付之无何而已疏下部复议请以其奏下总督张经酌宜行之报可

福建官兵捕得漳州通倭贼苏老三十余人诛之倭寇由吴江转掠嘉兴署都指挥佥事夏光督兵御之背王江泾而阵贼众甚鼓噪而前我兵大溃光急入舟中流矢溺死上谕吏部曰朕闻大同边务坏甚巡抚官必须得人方济缓急可升王忬右副都御史巡抚大同兼赞理军务时忬方巡抚浙福吏部因请升徐州兵备副使李天宠为都察院右佥都御史代忬报可

广东番贼纠倭寇千余剿掠海上官军击败之擒贼首方四溪等余党遁去

苏州倭寇流劫至嘉善县转趋松江出海参将俞大猷等败之于吴淞所擒七人斩首二十三级官兵败倭于礁南海中焚其舟生擒十三人斩首十八级

以倭乱罢浙江今年岁贡鱼鲜

刑部主事郭仁以贼首汪直挟倭奴乱海上引祖宗谕三佛齐故事请勑令朝鲜宣谕日本国章下兵部覆言宣谕乃国体所关最宜慎重盖倭寇方得志恣肆比之往者益为猖獗恐未可以言语化诲怀服也若猾夏之罪未惩而绥以抚谕非所以蓄威纠虔之党未得而责以敛戢非所以崇体矧今简将练兵皆有次第待其畏威悔罪然后皇上扩天地之仁颁恩谕以容其更生未为晚也且祖宗时三佛齐止因阻绝商旅非有倭奴匪茹之罪朝鲜国近上表献俘心存敌忾如复令其转行宣谕恐亦非其心矣臣窃以为不便上从部议

增造南京新江子兵船二百艘先是新江口额设船四百艘以操江都御史潘珍奏减其半至是魏国公徐鹏举以海寇绎骚请改沙船增复旧额从之

兵部覆上总督张经条陈一查复备倭旧政言国初备倭之法久不修其最急者在勾补逃军乞即于见在数内选取矫健余丁习水战者各令收伍食粮一总会水战兵船言倭寇入扰其船必由海洋其来必由浙东请合浙之东西江之南北各把总兵船为一体每总以其半为游兵半为守具倘贼入本总则并力截杀入他总则守兵为守信地而游兵务令追捕与他总互相策应其浙江之视苏松江南之视江北亦如之有自分彼此纵贼深入者查所从来治罪一编立本地主兵言诸路调兵劳费不赀而吴浙间耆民沙民盐徒矿徒类皆可用请于各府所属州县二百里以上者编兵三百名二百里以下者二百名或均徭编派或各里朋出每兵一名定银十二两如自有丁壮乡民准其应役否则征银募兵一议设海防职守言吴松江口及黄浦一带皆通海要路兵船既设统领无人请于苏松各增设同知一员而以水利通判并入巡盐其青村所福山港亦各设把总一员守之一议置游兵防护言比岁倭贼焚烧粮船数多乞动支南京户部募兵银两遣官于徐邳间石募骁勇一千五百人付将官周于德领之俾其沿河哨获一筑立冲要城堡言瓜州京口乃留都屏障宜于对峙之处创建城郭修置水关俾运道悉由中行及浙之北关松之浦东亦各筑二堡屯兵戍守其经费下守臣酌详一申明赏罚条格言我兵御敌有陆战水战生擒夺回之异贼兵临我有伙贼零贼从贼首恶之殊宜各分别行赏统领官亦各照部下功罪以为赏罚其贼俘系狱者亟赴守巡官会讯处决毋容久系以防内变诏允行

兵部尚书聂豹等言……今江南州县既鲜城廓村居又缺墩堡则封疆不修各通海地方守御官军名存实亡则要害不守江南居民散处水滨依江海者鼓楫可至依腹里者舍舟可通则蹊隧未堑各卫军卒兵甲朽钝遇敌则军营未垒通番下海律有明条今闽浙势豪私造巨舟与贼交易稍一厉禁怨讟朋兴自巡抚朱纨不得其死法网遂撤则禁防不谨三坏虽存鞠为茂草孤村相望几绝炊烟则民不得务农进退无纪功罪不明军不蓄威三四倭奴挺刃而至官兵数百相顾披靡而苏松沿海居民又每负贷贼所觊厚利是民借寇以生而寇反资粮于我安望能遏其

冲与邀其归耶……

卷六·嘉靖三十四年

巡抚应天都御史周铳言御倭有十难有三策其十难谓倭去来飘忽难测海涯曼衍难守水陆勾错难战鬼蜮变诈难知盘据坚久难备居民柔脆难使土地舄卤难城主客兵力难恃刍粮匮乏难措将领骄懦难任其三策谓处海上陈前马迹诸山扼倭夷出没之路置福船二百苍山船三百与两浙兵船会哨于诸岛之间来击之制人而不制于人上也以沙船五百游哨于苏州海口选土兵万余列戍于松江之获塘俟贼登岸而掩击之中也集苏松轻舸五六百艘游哨于黄浦吴淞太湖小港之间使贼步不敢深入舟不敢横行下也更请趣调狼兵土兵漳兵留淮浙余盐银十万两或借南赣军饷银九万两为粮赏之需兵部覆奏从之

先是工部右侍郎赵文华疏陈备倭七事一祀海神言天吴显灵庙在莱州请遣官望祭于江阴常熟以激劝人心一降德音乞下令有司掩瘗枯骸蠲粮税省农耕以子惠元元一增水军欲多募淮扬壮健大修战舰以固海防一差田赋按苏松四府民田一丁过百亩者重科其赋更预征官田之税三年以佐军兴一募余力晓谕富家有能需财力自効者事宁或与论功或与释罪一遣视师言当事诸臣以兵为戏须以重臣监督之乃克成功一察贼情欲招通番旧党并海盐徒易以忠义之名令其入巢侦伺因以为间疏下部覆谓祀海神降德音增水军募余力察贼情俱有裨军政请下督臣酌行其差田赋恐致扰民遣视师宜行总督张经奖率诸军不必别遣

昆山县致仕侍郎朱禧降奏诸添设巡视福建都御史并开互市之禁

倭犯江北淮扬等处前后由通州之余东场海门之东夹港地方登岸流劫狼山利河等镇吕四余西等场【江北倭突入通州南门烧民屋二十余间而去】

巡按浙江御史胡宗宪言往时日本入贡多不及期请待其复来得以便宜谢遣仍令有司移檄其王问以岛夷入寇之状疏下礼部覆言倭夷犯顺穷凶无过今日苟轻容再贡殊损国体请如宗宪议遵例阻回谕以贡有常期必当遵守仍当委曲开导使之心服不得径情直行致拂夷心至于彼国僻居穷海岛夷背其君长借口为寇沿海奸民互相勾结揆之理势似亦宜有请因其入贡即令抚按衙门移谕日本国王责问连年犯顺何人倡乱令于半年之间立法钤制号召还国即见效顺忠款虽使贡期未及亦必速为请奏如或不能钤服则是阳为入贡阴蓄异谋仍遵禁例径自阻绝上是其议

三大浦倭贼分掠常熟江阴村镇丘备任环督保靖土兵千余及知县王鈇指挥孔焘分统官民兵三千攻其巢破之斩首五十余级烧贼船二十七只余贼奔江阴

川沙洼倭贼驾舟出海官兵纵火焚其巢风荡贼舟一至戚家墩游击白泫刘恩至获之斩首三十七级是日江阴贼亦出江东遁

南京湖广道御史屠仲律条上御寇五事一绝乱源夫海贼称乱起于负海奸民通番互市夷人十一流人十二宁绍十五漳泉福人十九虽概称倭夷其实多编户之逋民也臣闻海上豪势为贼腹心标立旗帜勾引深入阴相窝藏展转贸易此所谓乱源也曩岁漳泉滨海居民各造巨舟人谓明春倭大至臣初未信既乃果然故御之标在腹里防之弭盗之本当边海制之边海诸处漳泉福为始而宁绍次之其一禁放洋巨舰其二禁窝藏巨家其三禁下海奸民三法者立而乱源塞矣即使旧贼未尽殄灭然而后无所继其势自孤退无归其情知惧与今日往来自若者必不同矣二防海口夫海固涯涘无际然贼泛海来犯放洋则冲涛入口则起陆非可绝险而径渡也故其往来所由出入可设险防拒者姑自浙东西大江以南滨海数郡言之入平阳港则近金乡入黄花澳则近盘石而逼温州入海门则越新河而寇台州入宁海关入湖头湾则窥象山定海而瞰宁波入江口则摇尾于绍兴入鳖子门则垂涎于杭州入乍浦峡则流毒于嘉兴入吴松江则犯松江入刘家河入七丫港则掠苏州此其大势也中间经行或潜形于马迹山

或遁迹于大七洋及大小衢上下川则其要害也此沿海诸郡之通患也故守平阳港拒黄花湾据海门之险则不得犯温台塞宁海关绝湖头湾遏三江之口则不得窥宁绍把鳖子门则不得近杭州防吴淞备刘家河七丫港杨威马迹大匕洋大小衢上下川诸险则不得掩苏松嘉兴此地险也一处失守蔓延各处不可以彼此分远近异也且贼长于陆战短于水斗以其船不敌而□□不备也在我宜用所长弃所短则莫若持海船请以见在把总船只通行查齐不足则令福建如法添造或即令沿边地方买补每大小船百只或五十只号为一艅募以惯习柁工水稍而充以原额水车于前诸海口各量缓急以为置船多寡又为游兵数艅分布上流往来要害海军刍粮衣甲之给比陆军加优令其更番巡逻并力捍御来遏其冲去击其惰责以毋令贼入贼入而力拒有功者升赏其失备者重究此御寇之长算也故法不可不厉也……兵部覆其议悉是诏允行之

倭五十余人自山东日昭县流劫东安卫至淮安赣榆县是日吕四场有倭舟突犯沿劫东团等处该场副使李政督率耆灶奋锐攻之斩首四十五级尽殲其众

倭舟三十余艘众约千余人自海洋突犯苏州青村所攻城不克遂纵火自焚其舟登岸肆劫是时新倭复大至自青村外若南沙小乌口浪港诸处悉有贼至泊岸即焚舟散劫官兵稍稍逼乃合势犯苏州陆泾坝及娄门南京都督周于德引兵来援一战而败镇抚孙宪臣被杀倭遂中分其众为二一由齐门北马头而北转北掠浒墅关长洲五等都一由胥门木渎而南转掠吴县横塘等镇延蔓常熟江阴无锡之境出入太湖莫能御者

浙直督抚诸臣以江南倭寇侵扰调兵日多粮饷不给请借留淮浙余盐及南赣饷银各省库银接济户部覆余盐银属京边岁费难以议留赣州饷银准借九万两广东福建库银各十万两江西湖广五万两更以兵部船料并各府应解均徭民兵银存用今日江南军饷孔亟固当计虑京边岁费日增尤当议处宜行各司府编派均徭接济内除顺天苏常镇等府充编外其余司府俱预编一年令南直隶淮杨凤徐四府州浙江军门陕西银解延绥山西银解三关北直隶直保定七府及河南山东江西湖广四川五省银俱解本部以备用诏可

南京湖广道御史屠仲律奏江南倭寇军饷不足窃观破耗之弊实数端召募军士动辄败没是费数十万金不得一夫之力一也城守攻筑旷岁无成是费数十万金不得尺地之守二也士兵之选勇怯无择衣粮之蠹日费千金三也海上艘舰掳夺漂毁修造所需不可纪算四也甲胄之制数多费广一遇接战裸体而归五也器械药耀目震耳临阵掩弃祇为盗资六也六蠹不去则尽帑藏泄之尾闾矣至于加派田粮劝借富户有司假此扰民驱之为盗俱宜严饬务俾樽节爱养以求功疏下户部议行

柘林倭贼纵火自焚其巢驾舟二百余艘出海东遁

苏松兵备任环督总兵俞大猷等官及永顺官舍彭翼南等土兵苏州府县兵进攻陆泾坝贼败之斩首二百七十有奇焚贼舟十余艘余贼奔溃察视浙直军务侍郎赵文华上疏报捷谓前月倭犯嘉兴城御史胡宗宪先中以药酒击败之俞大猷率永顺宣慰彭翼南等又败之于王江泾擒斩千余人参政任环又败之于常熟斩首一百五十级焚其丹二十七而金山卫等处斩获亦不下二百贼众荡平有期矣兵部言据此捷奏兵威稍畅人心正奋然在浙江则余党未遁在松江则旧倭犹在宜乘胜逐北以靖地方请先赏将士用命者上命赏永顺宣慰彭翼南等四人银各二十两纻丝二表里余军门领赏

三丈浦倭贼驾舟出海总兵俞大猷引舟师遮洋击之斩首一百三十有奇冲沉贼船七艘贼遁泊海三板沙

原犯浙江倭贼还侵吴江参政任环总兵俞大猷督水陆官兵迎击于莺脰湖平望等处斩首七十九级生擒贼五人余贼奔还嘉兴

三板沙倭贼抢民船出洋参政任环总兵俞大猷引舟师追击于马迹山擒倭首滩拾卖及徒贼五十七人斩首九十三级是日倭舟有被海风飘回者舟坏余贼五十余人屯嘉定县民家参政任环以耆兵攻之不克伤亡三百余人乃投火民宅爇之贼尽死

察视军情侍郎赵文华言始者贼逸松江也宣慰彭荩臣等与贼相持十昼夜贼遁苏州荩臣及俞大猷任环合兵追之于陆泾坝斩首五六百级兵势稍振顷二司兵失利而贼遂散逸一犯湖州长兴势复猖獗良由我兵寡势分士气不扬耳臣以为荩臣等报效之勤劳寇至苏州我军尽亡火器委诸贼中而又海上福沧等舟七十余船皆为贼毁臣以为诸臣失事之罪宜问兵部复议上命降敕奖励彭荩臣彭明辅各赐银二十两纻丝一表里官舍彭翼南准实授生员彭守忠给与冠带其福沧兵船被毁失事令按臣核实以闻

蔡泾闸倭至夏港镇副使王崇古督水陆兵夹击之贼遂出泊港浅沙分舟南犯至靖江陈公港登岸我兵急击之斩首四十有奇余贼逃入民家我兵焚而殲之

江南金泾许浦白茆港诸倭俱战舟出海总兵俞大猷督各水兵把总刘镗火雷余昂等引舟师追及于茶山纵火焚其五舟余贼走马迹山三板沙我兵复追击之坏其三舟凡斩贼六十七级生擒四十二人是时江阴蔡港倭亦引舟出洋我兵分击于马迹山图宝山等处共擒斩九十余贼值飓风大作贼舟出洋为我兵冲击及海风簸荡沉没二十余舟余贼复回泊海港登岸劫掠

督察军情侍郎赵文华奏六月间松江三丈浦余倭登舟欲遁泊登沙北候汛太仓知州熊桴督福沙兵船追击之沉贼舟七俘贼一人斩首一百三十余级又有原江北倭舟十流入嘉定吴淞江把总刘堂引舟师击于外洋俘贼五十七人斩首九十三级

柘林倭载舟至海佥事董邦政总兵俞大猷各督所部水兵分哨击之斩首七十有奇获船九艘邦政复以嘉定兵击贼于宝山斩首九十八级

柘林开洋贼遭风坏三舟余贼三百有奇自蔡庙港登岸流至华亭县陶宅镇据之

南京御史金淛陶学各言中国叛人王直久住日本主谋煽祸乞要悬立爵赏俘馘贼首及将两京十三省见监并缘事大小武臣许令杀贼赎罪又公侯勋戚世臣有蓄养家丁行令督率効用兵部议覆赏格宜如宣大例有能擒斩王直来献者封以伯爵赏银一万两授坐营坐府职衔管事有斩获党酋如明山和尚辈者指挥佥事赏银三百两缘事武臣本犯仍监候许令子弟家丁报効赎罪充军以擒斩十名颗永远充军者以二十名颗死罪者以三十名颗为率勋戚家丁事情未便姑已之诏悉从部议第武臣犯死罪者不准赎

督察军情侍郎赵文华陈防海五事复更番出洋之制国初海防之设极善今乃列船港次犹之弃门户而守堂室浸失初意宜分乍浦之船以守海上阳山苏松之船以守马迹定海之船以守大衢三山品峙哨守相联更以副总兵屯泊陈钱诸岛以扼三路之冲使贼不得越二把总既屯海上顶藉舟师今所造福船未办所调广船未集请以宁绍台温苏松捕鱼船及下捌山捕福苍等船约束分布相兼战守三浙直地势相连互为唇齿宜设正总兵官二员分驻金山临山会要之地共守陈钱而以参将分守马迹等三山各督信地则势成犄角四沿海一带军伍不充请籍见募乡兵万人岁给半粮免其它役给开田屯种仿古寓兵于农之意五拒海寇功与战胜内地者异宜厚其升赏斩贼一颗为首者升二级为从者给赏总兵等官能使贼船不能登岸者以保障论功若无首级而止获贼船者亦以大小论级兵部覆其议俱可行但乡兵万众人给半粮当议所出恐江南粮已繁重未免纷扰事宜寝上从部议

泊台州海洋之螺门备倭都指挥王沛等引舟师出哨遇于大陈山𡋯擒贼十七人斩首九级余贼弃舟登山走匿我兵焚其舟四面环守参将卢镗以大兵会之入山搜剿生擒真倭乌鲁美他郎酋首林碧川等八十四人斩首三十八级由是三舟之倭尽殄

陶宅倭见我兵四集夜走周浦屯未定寺中我兵追围之是时柘林开洋贼舟九只复回登岸为巢于川沙洼

应天巡抚曹邦辅亲督水陆兵分五哨攻倭于周浦贼迎敌四哨俱奔溃溺水死者数百人独中哨以邦辅在焉且沮水得不溃

有倭二千余人自海洋驾舟四十余艘先后入沙洼与旧贼合势登岸沿浦东一带焚劫四团八灶等处

兵科给事中夏栻言方今备倭曰征调客兵团结乡兵二者而已顷议者患客兵骄悍罢遣之而寇在门庭乡兵未即可用臣谓宜练土著为经久之计暂借客兵为摧陷之资今狼土潘松之兵势难远制可无再调莫若选调保定山东漳泉等兵统之良将以备战守会总督杨宜亦言土兵未可遽恃请募浙直义勇山东箭手及浙直福建湖广卫所漕运官军广东战舰兵勇赴军门听用疏俱下兵部议福建江北湖广远者不可调其永保宣慰土兵用之已效者仍听征发余如所请从之

倭贼八十余人驾舟泊海盐县之秦驻山登岸劫掠提督都御史胡宗宪遣指挥徐行健率兵御之贼走入民家拒守官军纵火焚之贼悉殄

周浦寺倭以官兵围攻日急于初二日夜悉众东北奔统领川兵游击曹克新邀击之斩首一百三十级余贼遂入沙洼与巢贼合四川山东诸兵日夕伺击之贼乃焚巢载舟出海副总兵俞大猷兵备王崇古合兵入洋追之及于老鹳嘴斩首一百七十余级生擒四十七人冲毁贼巨舟八艘贼奔上海浦东

卷七·嘉靖三十五年

兵部奉旨复议九卿科道条陈御寇事宜一选武职海上将官惟卢镗俞大猷可用宜贷罪还职责其后功浙直总兵刘远未谙水战宜罢回南京左军带俸一任文职教授韩宗福通判罗拱辰佥事董邦政皆知兵不宜以诖误废弃典吏吴成屡立奇功当不次用之一精选练乡兵招募虽多可用者少且浙直沿海一带原有各卫所军平时既以民养兵临事复以民卫民殊失祖宗设军之意请汰去乡兵之老弱者而修举各卫所军政募民开垦屯田以充月粮其浙直通泰之间最利水战往时多用沙船破贼宜视客兵例厚加赏给以招徕之一慎征调土夷骄悍难使毛葫芦诸兵道远不能猝至不如用嵩卢矿夫及附近军民兵之易集者一处军饷兵兴以来赋额日增而最不便者为提编银请量留应天浙直岁运之数及查取两淮川广盐课各山香银关钞以舒民力其民兵工食各府州县比原额量加一倍于丁田取之沙兵工食于浙直不被兵之处派之主客兵粮及犒赏军器于军门所奏留银给之一守要害防御之法守海岛为上宜以太仓崇明嘉定上海沙兵及福苍东莞等船守山阳马迹宁绍台温及下八山采补福苍东莞等船等普陀大衢其陈钱山为浙直分路之始狼福二山约束海尾交接江洋亦属要害宜令通泰兵备参将督水兵固守万一登岸则付总兵以陆兵遮击之一明职掌浙江参将俱随时倡设职守未明请以杭嘉湖为一道温处为一道宁绍为一道各给敕符旗牌其临观昌国金盘等处把总一如直隶事例听抚按会举温处守备及旧设浙江总督备倭都司系冗员宜裁革一明赏罚以军中功次为五等一论首级凡军民临阵擒斩有名贼一人者升授三级不愿升赏银一百五十两获真倭从贼一人及阵亡者升授一级不愿者赏银五十两获汉人胁从贼一人升授署一级不愿升赏银二十两一论奇功如在海遇贼能遏其近港即近港能遏其登岸又如登岸有冲锋破阵追之出境者有所部兵少而斩获多者均谓奇功听督奇纪功御史勘报破格升赏一分信地凡守备把总及海防府州县佐各有信地贼至不能拒守固有常律若能奋勇斩擒许以赎之即罪少功卜仍以功论如贼从他路出境有邀截擒获者所得即以与之仍照例升赏一明级职武将自守备以下文官自海防同知以下所将卒五百擒斩真倭五人升一级十人加一级所将卒一千每五人升署一级十人实授一级各以递升至三级而止如先获功后失事革职者准赎其余功罪参将照所属分论兵备随之副总合所属通论巡抚随之一行抚谕近侍郎赵文华获降倭如入寇海贼俱系日本所属野岛小夷为中国逋逃所引其王未必知也乞遣官敕朝鲜令其传谕日本王禁戢诸岛疏入诏俱如议行镗大猷姑准以为为事官推用事宁并叙诏谕一事礼部再考祖宗时故事以闻于是以大猷充镇守总兵镗充镇守副总兵董邦政复原职添注海防韩崇福等录用有差

礼部覆查祖宗时宣谕日本故事宣德七年曾遣内臣柴山赍敕至琉球令传谕日本来朝嘉靖二十年为宗设等犯顺而琉球贡士适来复令谕之此皆以夷驭夷事之已效者也今朝鲜慕义在琉球之上又尝有遮杀宗设功为

诸夷所惮请俟其至给敕宣谕如兵部言诏可既而会浙直奏凯事寝不行吏部以工部尚书缺会推侍郎赵文华上悦曰文华赍诚祭海受命督察宜有恩奖此推甚为得人其升工部尚书仍加太子太保以赏讦发不臣之功

倭船四十余艘至乍浦登岸流劫嘉兴松江等处兵部言昨岁浙江巡抚胡宗宪请遣使宣谕日本国王禁戢岛夷并招还通番商犯许立功免罪既奉俞旨遂以宁波府生员陈可愿蒋洲往至是可愿还言初自定海开洋为飓风飘至日本国五岛遇王直毛海峰等言日本国乱王与其相俱死诸岛夷不相统摄须遍晓谕之乃可杜其入犯有萨摩洲贼舟未奉谕已先入寇矣我辈悉坐通番禁严以穷自绝实非本心诚令中国贷其前罪得通贡互市愿杀贼自效遂留蒋洲传谕国王于若辈不便设难邀阻或由怀恋故土拟成此机会立功目归乞令本兵议其制谕所宜俾臣专奉以从事疏下部覆东南自有倭患以来有言悉航海奸商王直毛海峰等以近年海禁大严谋利不遂故勾引海岛为寇者有言彼国遭荒米贵各岛小夷迫于饥窘乃纠众掠食国王不知者用兵数岁捕获亦多招报参差茫无可据故昨岁礼部从抚臣之请遣使侦之今使者未及见王乃为王直等所说而返其云禁谕各夷不来入犯似乎难保且直等本我编民既称效顺立功自当释攻止兵乃绝不言及而第求开市通贡隐若夷酋然此其奸未易量也宜令宗宪等振扬威武严加提备仍移文晓谕直等俾剿除舟山等贼巢以自效其信果海壖清荡朝廷自有非常恩赏其互市通贡姑俟蒋洲回日夷情保无他变然后议之疏入报可

倭船二十余艘自浙江观海登岸攻慈溪破之杀乡官副使王镕知府钱涣等大掠而出

南直隶续至倭三十余人犯镇江瓜州仪真等处江北倭寇流劫至圌山北等港无为州同知齐恩率舟迎战败之斩首百余级

南京兵部尚书张鏊巡抚凤阳都御史陈儒各奏倭寇突入淮阳焚运船民舍渐逼南都乞速调客兵应援兵部议覆从之

巡按直隶御史周如斗以倭寇犯江洋请治操江

以倭寇乱命再调永顺保靖土兵六千听总督胡宗宪调度守浙直募南赣兵千人两广水兵五百听南京兵部尚书张鏊调度守南京从二臣请也

倭寇自慈溪入海泊鱼山洋听抚贼毛海峰等助官军追击之擒斩首八十人浙直总督胡宗宪遣使至桐乡县谕贼首徐海陈东解围海听命归我俘二百人东不从复留攻一日始退屯乍浦

广东倭寇劫掠潮州等处抚臣谈恺以闻请以本省兵船调赴浙直军门者掣还自救其军饷取之赃罚部覆并海诸省俱系要地宜令恺与胡宗宪酌议彼中事势缓急以为去留不得自分彼此余当如议从之

苏松倭寇自黄浦及七丫港遁出海总兵俞大猷督水兵追战大败之斩首三百余级

巡抚应天都御史张景贤奏四月中福山港水兵叛降倭寇引入内地劫掠因劾把总指挥姜旦贪残激变等罪诏巡按御史逮旦至京问

总督浙直胡宗宪奏贼首毛海峰自陈可愿归后尝一败倭寇于舟山再败之于历表又遣其党说谕各岛相率效顺中国方赖其力乞加重赏兵部覆兵法用间用饵或招或抚要在随宜济变不从中制今宗宪所请当假以便宜使之自择利害而行事宁奏请诏可

官军追击倭寇于乍浦大破平之初浙西寇唯陈东所部最强久扰新场既而徐海后至与之合桐乡之围海先在三里桥阵伤推东前进久之不克及胡宗宪间使至海麾其兵遽退东不得已从之遂于海有隙宗宪微知其情乃乘间急说下海使为内应海许诺即计擒东及其党麻叶等百余人以献而自率其所部五百余人离乍浦别营梁庄官军遂围乍浦巢用火攻之连战斩首三百余级焚溺死者称是夺所被掳男妇七百余人余贼有遁入逸者指挥邓

或因率兵追及之沉其舟无一得还

官军进剿海寇徐海等于梁庄大破平之初海既缚献陈东等退屯梁庄听抚时索舡索赏进退未决其部众无所得食稍稍出营卤掠至是官军四面俱集保靖容美兵自金山至求顺兵自乍浦至赵文华遂欲乘势剿海执海众劫掠为辞使人责问之海知有变乃阻深堑自守为迎战备言好既绝我师遂薄贼营火大风纵火诸军鼓噪从之海等穷迫皆阖户投火中相枕藉死于是浙直倭寇悉平

初五月中倭船四艘自浙江败还飘泊至朝鲜境朝鲜国王李峘遣兵游击于海中尽歼之得中国被掳并助逆众三十余人至是因遣陪臣沈通源等入贺以闻并归我俘上嘉其忠顺赉银币仍赐玺书褒奖通源及获功人李润庆等皆厚赐而遣之

尚书赵文华条陈海防事宜六事一弛海禁谓滨海细民本籍采捕为生后缘海禁过严以致资生无策相煽从盗宜令督抚等官止禁通番大舡其余各听海道官编成排甲稽验出入照旧采捕一一事权谓江海之防祖宗设官分职各有定守迩缘倭患猖獗随宜更设以致事权不一南北扞格彼此推调操江都御史出外驻札而听劾于巡江御史既失居重驭轻之势金山副总兵即旧之备倭总督乃无会哨江北之权钱粮仰给巡抚舡兵无所分属卒然有警难以调度请以江海之防分为三节自南京至仪真为上节责之操江衙门而会哨于仪真自仪至狼福二山为中节责之常镇仪真扬州参将把总会哨于狼福而巡江御史驻札镇江参辖之自狼福至金山副总兵常川会哨巡江御史兼辖之其兵舡钱粮各以所属巡抚料理庶统属分明临事可得实用一留班军谓凤阳中等九卫所官军专为获守陵寝而设至永乐间摘发运粮正统已巳之变赴京班操今倭猖獗止存老弱守城兼以连岁水灾民逃军窜防守不备请以江北各卫所官军俱暂留彼处防守一足兵饷谓水路定兵缺行粮食乞留漕粮三十二万七千石分贮要地充十万客兵七八月之用仍查催未完军饷粮银处补一治孽本谓浙江一省顷以倭寇增设总督又加巡抚势如持衡未免偏重请改浙江都御史于福建驻札漳州巡历兴福诸郡将沿海通番之民责之处墲一举遗才地方多故负才遗佚之士有扼腕思奋者如原任翰林院编修唐顺之右中允秦鸣夏暨参政胡松翁大立周相副使李文进等俱宜录用

提督操江都御史高捷奏狼福二山乃倭出之处请增募水兵万人福苍沙船三百艘分骙参将等官操练兵部议从之

卷七·嘉靖三十六年

兵部覆南直隶督抚等官胡宗宪等奏直隶沿海之地水兵把总则有吴淞江刘家河福山港镇江圌山五总然各守信地不相联络宜设游兵一部拨给福船五十艘令把总官一员统之以为声援仍听副总兵调度报可

提督操江都御史高捷疏陈江防事宜一补额军原额江操官军一万七千余名今缺少太半宜行南京锦衣等卫所照数勾补毋得营改别差避重投轻一择将领新江口把总哨总卫总等官旧规俱守备衙门推委官之贤否岂能尽知宜令操江会同选补一重责江海水面原无限隔虽经分屯把守逐节会哨若使拘泥信地不应援亦难防贼宜将兵分正奇南北内外互相援剿有功失事各规主客通论一悬异赏倭寇新来之船中无所及其满载而后尾击则地方已受害甚矣请以迎击来船之赏列之遮击去船之上去船止论首功来船兼论船只兵部议覆报允

倭犯江北先一舟自如皋县掘港登岸焚劫贼七十余人官军合势急击歼之于白蒲镇

江北倭寇大至自江洋二洲掘港吕四场等处登岸凡二千余人流劫海门县倭至通州攻城不克遂分二路西行犯如皋泰兴是日复有倭舟七艘自金沙登岸

高邮倭入宝应县信宿而去突犯淮安府掠船四十余艘旋入宝应县烧毁官民厩舍

宝应倭掘县北土坝泄上河水入乃驾舟溯东乡由盐城至庙湾入海居数日开津东遁

淮扬兵备副使于德昌督水陆兵击倭于安东县参将刘显率苗兵直前冲贼亲斩其渠首贼众披靡诸军鼓噪继进贼走争舟我水陆兵夹击之斩首百余级贼多焚溺死者余众乃驾舟奔遁退泊于云梯关寻自刀门港遁

有折桅倭舟一艘飘泊海州东陬山居数日夺舟而去

先是浙直总督胡宗宪为巡抚时奏差生员陈可愿蒋洲往谕日本至五岛遇王直毛海峰先送可愿还洲留遍谕各岛至丰后阻留转令使僧前往山口等岛宣谕禁戢于是山口都督源义长具咨送回被虏人口咨乃用国王印丰后太守源义镇遣僧德扬等具方物奉表请罪请颁勘合修贡获送洲还及前总督杨宜所遣郑舜功出海哨探夷情者亦行至丰后岛遣僧清授附舟前来谢罪言前后侵犯皆奸商潜引小岛夷众义镇等初不知也于是宗宪疏陈其事言洲奉使宣谕日本已历二乃所宣谕止及丰后山口丰后虽有进贡等物而实无印信勘合虽有金印回文而又非国王名称是洲不谙国体罪无所逭但义长等既以进贡为名又送还被虏人口真有畏罪乞恩之意宜量犒其使以礼遣回令其传谕义镇义长转谕日本国王将倡乱各倭立法钤制勾引内寇一并缚献始见忠款方许请贡疏下礼部言来使宜优赉遣回如宗宪议其宣谕一节事关国体未可轻易诏仍详议具奏部臣乃请令浙江布政司以有司之意移咨风示义镇等转输其王余如宗宪议报可

巡按福建御史吉澄言去年十月间浙江丘家洋残倭数百人由温州海洋突入福宁州间峡三沙等处守土诸臣不能防遏以致蔓延地方多所残害因列上文武诸臣失事罪状及诸死事当恤者

总督浙直福建右都御史胡宗宪以擒获海寇汪直等来闻直本徽州大贾狎于贩海为商夷所信服号为汪五峰凡货贿贸直多司其质契会海禁骤严海壖民乘机局赚倭人货数多倭责偿于直直计无所出且愤恨海壖民因教使入寇倭初难之比入则大得利于是各岛相煽诱争治兵舰江南大被其害已而中国召集四方劲兵御倭倭往往遭损伤有全岛无一人归者其死者亲属亦复咎直直恐乃与诸中国商若王激叶宗满谢和王清溪等共以其众屯五岛洲自保激宁波人号毛海峰宗满号碧川谢和号谢老与王清溪皆漳州人悉节年贩海通番为利者宗宪与直同乡习知其人欲招之则近直母与其子入杭厚抚犒之而奏遣生员蒋洲等持其母与子书往谕以意谓直等来释前罪不问且宽海禁许东夷市直等大喜奉命即传谕岛如山口丰后等岛主源义镇等亦大喜乃装巨舟遣夷目善妙等四十余人随直等来贡市以十月初至舟山之琴港焉是时浙东西伤于倭暴闻直等以倭船大至则甚惧竞言其不便巡按浙江御史王本固奏直等意未可测纳之恐招侮于是朝议閧然谓宗宪且酿东南大祸而浙中文武将吏亦阴持两可直既至觉情状有异乃先遣激见宗宪问曰吾等奉招而来将以息兵安邦谓宜信使远迓而宴犒交至也今兵陈俨然即贩蔬小舟无一近岛公其给我乎宗宪委曲谕以国禁固尔誓心示无他激以为信而夷目善妙等见副总兵卢镗于舟山镗诱使缚直等直大疑畏宗宪百凡说之直终不信果不欺可遣激出吾当入见耳宗宪即遣之直党仍要中国一官为质于是以指挥夏正往直与宗满清溪来见宗宪好言慰之令系按察司狱具以状闻请显戮直等正国法姑准义长等贡市永销海患或曲贷直等死充沿海戍卒用系番夷心俾经营自赎御史本固闇于事机力持未可而江南人讻讻言宗宪入直善妙等金银数十万为求通市贷死宗宪闻而大惧疏既遣追还之尽易其词言直等实海氛祸首罪在不赦今幸自来送死实藉玄庇臣当督率兵将殄灭余党直等惟庙堂处分之时直等三人来留激谢和在舟本固复言诸奸逆意叵测请严敕宗宪相机审处务令罪人尽得夷不为变于是严旨责宗宪擒剿乃大集兵舰环夷舟守之夷挟货无所售既索直等不出见兵船逼之益急乃扬言责中国渝约数出怨怼语移舟据舟山为宗宪仍以好言挑之令尽缚送中国将与善妙等为市夷【原缺】

卷七·嘉靖三十七年

先是三十五年倭寇自浙直败还入海至琉球境上中山王世子尚元遣兵邀击尽殲之得中国被虏人金坤等六名至是遣陪臣蔡廷会等入贡献还坤等因言远夷穷岛入贡之使须乘夏令遇南风汛始得归国乞如三十四年例听于福建海口每岁自行修买归不候题请上嘉其忠顺许之仍赐敕奖谕赏银五十两彩币四袭获功人马必度及廷会等俱厚赐遣之

提督福建军务右副都御史□鹗有罪诏锦衣卫遣官校逮系来京问昨岁倭犯福州洪塘南台等处鹗不能制则取布使库银数万两及改机紬数百匹金花千枝牙轮数乘赂之并遗以新造巨舟六艘俾载而去鹗狡诞贪纵原无应变略初以讲学要取虚誉既督学浙江谄奉赵文华胡宗宪文华遂奏设福建提督以鹗为之鹗在闽不措一筹而极意以自丰殖诸所掩索加派动以千万计其挥顿如泥沙所至帷帟盘盂率以绮绣金宝为饰所部卒及所挟浙生林念皆怙势作威虐掊克奸淫甚为闽人所苦而鹗岁时纳厚赂严世蕃所以为根盘计焉至是御史宋仪望于条陈疏中发其奸给事中刘佑继而劾奏之且指言其十罪上览疏大怒遂命械治之

新倭大至犯浙江台温等府福清临海象山等县及福建福州兴化泉州福清沿海郡邑同时登岸焚劫

福建倭结艘自海口出港参将尹凤督武举阳承业等引舟师击之冲沉贼艘斩首六十八级生擒七人余舟败遁凤等追至东洛外洋及七礁白大棕衣大洋等处斩首百有余级生擒十有六人铳伤及溺水死者甚众福兴倭患由是少熄

以浙江岑港海寇未平诏夺总兵俞大猷参将戚继光把总刘英职级期一月内荡平如过限无功各逮系至京问并夺兵备副使陈元珂曹金俸令侍郎胡宗宪督之剿贼若失事者连坐初宗宪遣还毛海峰诱降王直及直至下狱海峰遂统与倭目善妙等列栅舟上阻岑港而守官军四面围之虽颇有斩获然海中数苦毒雾贼凭高死斗我兵莫利先登多陷没者是时新倭大至朝议虑其先后合艘为害将大屡下严旨责宗宪督诸将及时平贼宗宪惧得罪乃上疏侈言水陆战功谓贼虽未殄灭兵决可期月而待于是科部臣极言其欺诞并劾失事诸臣乃有是命

巡抚福建佥都御史王询言福建自被兵以来设参将二员一哨于海一防于陆然水陆之任分而利害异南北之势悬而首尾分各无信地互相观望臣按闽中之势福宁北路之要害也寇自台温来者必犯之诏安南路之要害也寇自广潮来者必犯之诚得专将分守兼辖水陆贼虽狡悍岂能越境请福建福兴为一路领以参将黎鹏举驻福宁水防自流江烽火门俞山小埕以至南日山漳泉为一路领以参将王麟驻诏安水防自南日山至浯屿铜山玄钟走马溪安边馆凡水陆兵及诸卫所官军有司团练民兵皆听节制又福建省城介在南北而去海不过五十里宜有重兵请更设参将一人以署都指挥佥事曾清克之部领哨船选募精锐五百人往来闽安镇东福清平海之间与主客兵互相应援其本省原调广西向武州土兵日久思归宜从其便而于湖广桑植麻寮二土司各调兵二千人代之兵部覆奏报可

浙江岑港倭徙巢柯梅总督侍郎胡宗宪屡督兵讨之不能克于是南京御史李瑚追劾宗宪私诱王直启衅巡按浙江御史王本固南京给事中刘尧诲亦劾其老师纵寇滥叨功赏请行追夺尧诲又言前淮安之变知府石茂华刘崇文等婴城自保顾得援军之力却贼冒赏御史马斯臧伪增功次亦常并治兵部覆请切责宗宪而令查盘科道罗嘉宾庞尚鹏并勘斯臧等事上曰宗宪军务重寄否宜去与留其令在廷集议毋党获依违斯臧等本兵既据勘议赏矣如何又勘其并议上于是成国公朱希忠等吏部尚书吴鹏等议言宗宪功多当切责留用如部议斯臧等事已前决当置勿问如上旨上手答曰妖逆贼直罪浮贼富本宗宪用计诱获人皆知者小人嫉功会彼上奏玄瑞遂尔有言朕览诸疏付之丞弼议拟用存公论耳亦不分是非不明功罪宗宪其仍旧用心平贼以副简眷未几宗宪自辩曰王直为东南大患节经题兵部题奉钦依先有购求之文后有诈降之议臣仰承庙算不惜身家而百计以图之兹幸擒获言者乃诬臣为私诱臣为专擅又以今继来之寇谓由臣擒直启衅致之是将嫁无穷之福于任事者之身推原其意岂欲人人皆畏首尾不敢一奋然担当国事然后为可耶昔岁臣任巡按时徐海陈东麻叶之徒已盘据松江结巢柘林攻城破邑者四年矣彼皆王直党也果何人招致何人启衅乎矧直猾谲善战久雄海上昔年以孤舟住泊列

表总兵俞大猷时为参将以福船五十艘攻围数月竟尔逸去以此观之此酋非可以力胜非可以常视也方直跳浪海洋中外惊诧以为猛虎毒蛇不啻丘富臣苦心积虑幸而获之乃言者复以么么视之夫直诚么么与海上事无轻重也不足为臣功也已矣而又安得为臣大罪耶臣力竭智殚怨多毁集愿毕力以除舟山余孽退伏斧钺准圣明裁察上复报曰卿计获妖贼人所皆晓特以献瑞故人不敢直指引军事以害卿耳卿宜竭诚展布以平余氛不允辞

浙江柯梅倭驾船出海总兵俞大猷等自沈家门引舟师横击之沉其末艘稍有斩获各贼舟趍洋南去由是福兴湖广间纷纷以倭警闻矣

更命辽东苑马寺卿住扎金州给放各岛商船不得抽税从都御史王忬及御史周斯盛疏通海禁议也

卷七·嘉靖三十八年

广东倭流突福建诏安官兵御之贼引众犯漳浦倭寇浙西自象山县何家金井等处焚舟登岸海道副使谭纶引兵与贼战于马冈败之斩首七十七级

总督浙直福建都御史胡宗宪言舟山残孽移住柯梅即焚其巢夜徙力已穷蹙小船浮海势易成剿而总兵俞大猷参将黎鹏举防御不早邀击不力纵之南奔播害闽广失机殃民宜加重治上命巡按御史逮系大猷鹏举来京讯治柯梅倭之出海宗宪实阴纵之故不督诸将要击及倭既出舟山即驾帆南泛泊于浯屿焚掠居民由是福？人大噪谓宗宪嫁祸南道御史李瑚遂劾参宗宪数其三大罪瑚与大猷皆福人宗宪疑大猷漏言于瑚故诿罪大猷以自掩饰如此

倭犯江南崇明县泊舟三沙地方登岸烧劫升副总兵卢镗署都督佥事充总兵官镇守浙直倭船数百艘掠江北扬州海门

北洋有倭二十余艘副总兵卢镗引兵出哨遇之倭舟泊三爿沙我兵急攻之斩首一百二十三级生擒一人倭敛入三沙不出

福建新倭自福宁州连江罗源等处流劫集于怀安闽县各乡镇遂合众攻福州府城不克环而守之是日参将黎鹏举以舟师击倭于海中七星山屏风屿斩首六十七级生擒六十八人

诏发倭僧清授于四川寺院安置初清授随侍郎杨宜所遣郑舜攻至宁波未几总督胡宗宪生员蒋洲复以僧德阳至俱上书求贡市朝议未允令量赏遣归未行间而王直就擒岑港所泊诸夷遂结艘拒我师焚德阳舟山所居道隆观合势开洋去清授原不与诸舟同来又居定海七塔寺亦不索之至是尚羁留未遣宗宪疏言倭情已可见清授不必遣还然留之浙西非宜请用洪武年问故事发四川各寺安插兵部议覆从之

巡抚凤阳都御史李遂言倭寇前结艐扬帆直入杨树湾登岸焚劫次日径犯狼山泊芦沟港遂过通州海门至白蒲焚烧庐舍劫掠民财副总兵邓城募造兵船战具无不完备足堪防剿乃骄翫迟疑致贼猖獗乞正其罪

先是舟山倭遁至旧浯结剧贼洪泽珍等栖泊海山水陆分扰巡抚福建都御史王询举兵击败之以捷闻且言原任参将充为事官王麟黎鹏举把总指挥魏宗瀚等缘事署都指挥佥事王梦麒逐剿有功乞命麟宗瀚等戴罪杀贼梦麒付兵部纪录推用从之

总督浙直福建都御史胡宗宪及巡按御史周斯盛以倭犯宁绍台温驰报下兵部覆言自倭患以来廷议增设总督总兵等官其于选将练兵征调转饷诸凡经略之规盖详且尽矣而竟未收全效如往岁舟山之贼逐剿几尽将谓无遗孽矣而春汛一临群然四集今各路登岸及在洋先后至者无虑数万岂尽皆岛夷哉是沿海顽民互相构结或盘据近地或潜泊海洋方其煽乱则谓之来及其少熄遂谓之去乘其少挫便谓之捷幸其它往因谓之安耳如此

不已恐征调日繁催科日扰恐致他变乞敕宗宪等仰思重寄大画远猷严督水陆官军刻期剿绝毋徒纾目前之急而必潜消意外之虞可也上然之

倭围福建福州府城且一月至是始解悉将辎重登舟环泊橘园洲等处

福建浯屿倭始开洋去此前舟山寇随王直至岑港者也屯浯屿且经年至是乃遁其毛海峰者复移众南岙建屋而居

崇明县三爿沙倭贼合艅踵至官军出海邀击斩首一百余颗总督侍郎胡宗宪等以捷闻

庙湾倭被围日久我兵水陆迭攻百计挑战贼终不出副使刘景韶乃督率填壕堑夷树木严兵逼垒而阵贼终不出乃令水兵载苇焚其舟贼争救舟我兵乃撤其所营西街墙屋贼撮营东街致死敌御杀伤甚众其垒益固于是景韶约二十四日水陆进击是日夜雨倭乃潜遁入舟我兵进据其巢追奔至鰕子港颇有斩获余倭无几不复能战乘风开洋而去于是江北倭寇尽平

福建永福等倭驾舟开梅花洋参将尹凤备倭指挥张侨等以舟师分艅击之斩首一百七级生擒九人

福建出洋各倭复回舟泊湾头

福建倭自梅花洋开船遁参将尹凤以水兵追击于横山斩首一百二十余级生擒三十二名

原屯三沙倭贼突犯江北由海门县七星港登岸

先是巡按浙江御史王本固南京御史李瑚各参劾总督浙直都御史胡宗宪岑港养寇温台失事掩败饰非之罪诏下查盘科道官罗佳宾庞尚鹏从实核报至是佳宾等奏覆岑港倭凡五百余人于三十六年十一月随王直至求市易及王直被擒见官兵侵逼烧船上山据险屯驻至三十七年七月间携带桐油钉铁移驻柯梅造舟至十一月舟成于十三日开洋去讫今泊福建浯屿其温州二十七年之寇则自三月间至流劫乐清瑞安永嘉平阳等处境府城及瑞安乐福二县盘石宁村等所皆被围逾月杀指挥刘茂朱廷钥千户周宾百户刘源季爵秦杭乡官佥事王德医官王崇大等至六月初由飞云港等处开洋而遁其台州之寇亦同三月间由松门澶湖登岸流突临海黄岩太平仙居宁海天台等境且遍府城太平县各城数被攻围观海卫百户陈椿太平县典史蔡宗皆死于贼至五月十九日第现大青开洋而去天台有遗倭潜突仙居临海知府谭纶督兵夫逐捕至六月初六日擒斩尽绝已上岑港温台失事大都如此至于文武诸臣功罪如参将戚继光剿贼无功通番有迹参将张四维不能邀截纵寇复逞把总刘英遗贼酒米信地失防所当重治原任参将张铁宁村失守全军覆没把总梅魁遇贼先逃丧师罔恤千户朱光透漏军机按兵纵寇千户王世臣朱谏闻警委城临敌撤防指挥刘大有胡震李荀等千户张辅等百户高世英等忘功保身望风奔溃以上诸臣均当重究副使袁祖庚曹金等机宜弗审制御全疏但已经革任似应免究兵备副使陈元珂拥兵自卫防守不严所当降调先任海道副使今升巡抚王询综理虽乏先事之防而失事则在离任之后似应宽处至若总督浙直福建都御史胡宗宪柔倭愉人奸邪巨蠹欺君误国养寇残民岑贼移驻柯梅自焚舟厂全浙所共知也乃称官兵攻剿而妄行奏报欲饰其玩寇之愆温台极被创残荼毒官民人心所共伤也乃称斩获数多而更以捷闻求掩其殃民之罪拥劲兵自卫恶闻警报之宵传罪将领以文奸专冀本兵之内召廉耻扫地沉湎丧心捧觞拜舞于军前而伏地欢呼赞赵文华为岛夷之帝携妓酣饮于堂上而迎客宴洽视总督府为杂剧之场万金投款权门而醉发狂言毕露其弥缝之巧千里追回章疏而旋更情节曲致其欺罔之私纳贿弄权出奸狱之巨奸若监贼朱奉等权倖将领专管给纳纵滑稽之武弁若指挥陈光祖富拟陶朱贪黩因仍征输繁急喜通透夷情为得策启军门倭主之謡指扣侵边饷为常规有总督银山之号招艺流而厚加豢养盈迟皆狗鼠之雄假赞画而阴为利谋入幕悉衣冠之盗蔑视法典混乱官常此一臣者宜置之重辟以彰天讨之公用泄人心之愤者也疏下兵部议覆得旨继光四维革任仍同铁魁等下按臣逮问祖庚等免究元珂降调宗宪询策励供职

凤阳抚按李遂陈志各上言三沙之贼自蹈死地久困之余成擒无难而总兵卢镗师死财费乃与阴相缔结资以舟粮令往江北地方祸延邻境其余将领若副总兵刘显曹克新把总邵应魁守备卢相等均属有罪乞赐重治上

命革卢镗职戴罪任事赂寇事抚按官查奏应魁相褫职按臣逮问显等令住俸杀贼

九月已已朔升阅视直军情通政使司右通政唐顺之为都察院右佥都御史巡抚凤阳兵部覆巡抚凤阳都御史李遂奏剿平倭寇诸臣功次言本年江北倭前后四起一自杨树港撇港卢潭港登岸一自周灶港登岸俱并为一伙约三千余人自白蒲挫败由沿海流至姚家荡追杀殆尽其残孽四百余又在苗湾节次杀伤死亡过半所余不及三百乘雨逃遁一自廖角嘴山港登岸约三四百人至曹家堡潘家庄剿杀尽绝一自清港登岸约六百余人至新河口亦剿杀尽绝以四月初一日闻警至五月三十三日荡平仅止五旬

查勘倭情给事中罗嘉宾等条上海防四事一定督抚驻札谓总督之权关系甚大必所处适中乃可相机调度请今后总督官如值风汛或移宁台或移嘉湖迷心区画务收战胜攻取之策专泥汛地各该将领平时各照所管关隘加谨防守若遇贼势重大攻劫城池不论远近星驰赴援如执信地为词不行策者论罪一修要害卫所沿海旧有关隘各设卫所诚遽险扼吭之今兵纪渐废请行督抚兵巡等官备查等官备查各卫所隶关港几处原设兵船火器若干责其把守防御务臻实效一重临海府分浙东宁台温三府实居海冲一遇风汛首被其害然宁温犹有海道总兵兵备参将而台州一府未尝设官总理请行军门督令分巡佥事驻札台州后有铨授将驻札地方分管道分填驻文凭以示责成部覆报可

总督浙直都御史胡宗宪谳上王直叶宗满王汝贤等狱谓直等勾引倭夷肆行攻劫东南骚驿海宇振动臣等用间遣谍始能诱获乞将直明正典刑以惩于后宗满汝贤虽罪在不赦然往复归顺曾立战功姑贷一死以开来者自新之路事下兵部会同三法司复议三犯俱不可原仍将妻子财产没入庶尽法律上曰直背华勾夷罪逆深重命就彼枭示宗满汝贤既称归顺报效姑待以不死发边卫永远充军余如拟

卷八·嘉靖三十九年

浙直视师右通政唐顺之既升淮扬巡抚乃条上海防善后事宜一御海洋言御倭土策必御于海而崇明诸沙舟山诸山各相联络乃海贼入寇之路尤当预防自今每遇春汛宜令苏松兵备暂驻崇明宁绍兵备或海道暂驻舟山总副将官常居海中督兵分哨如有纵贼入港登岸者以次论罪并请更立赏格凡海中迎斩新倭一人即给银二十五两以示优典一固海岸谓贼至既不能御之于海则海岸之守为第二著而诸将往往相推误事以致深入今宜为约沿海力战损兵折将则坐内地不能策应之罪内地残破沿海幸免则坐沿海纵贼之罪又或均之为沿海地方贼由宁绍登岸宁绍幸免残破温台登岸温台幸免残破而残破宁绍往岁但坐地方残破者之罪今则宜并坐贼所从入者其沿海文武将吏有能冲锋御贼不得登岸深入者虽无首级亦以奇功例升赏一海外沼海逋逃之徒为贼向导者甚众宜严行守臣多方招徕以消祸本又古者兵交使在其间自叶满得罪而逋逃欲归者不免自疑自蒋洲得罪而人以使绝域为讳宜量为贳减并开日本国通贡之途若抄犯如故则命朝鲜琉球二国承制转谕之一定军制调募客兵坐縻粮饷今宜急练土者必不得已而调募且先取土著如处兵沙兵之类以充其边方应募者亦必土人保任而后用之至于总督军门岁调麻兵宜有定额如直隶几千浙江几千专为充锋之用听川湖军门选发俟土兵练成则调募悉罢一鼓军气国家承平日久文吏游谈而养尊武臣恬嬉而保身每一当贼股战却走颜色可怜又有遇海风而头掉目眩闻潮声而耳聋心惕者如此而望长驱海岛扫清大憝难矣谓宜责文臣督帅时御戎服出入军中以作武将之气武将临阵时间取溃校逃卒斩一二人以变士卒之耳目则军气自振一复旧制国初海岛近区皆设水寨今双屿烈港峿屿诸岛海贼巢据者即其故也沿海卫所军伍素整屯田亦多及金塘玉环诸山膏腴几万顷皆古来居民置乡之所悉可垦种浙福广三省原设三市舶司所以收其利权而操之于上使奸民不得乘其便今数者俱已废坏宜令诸路酌时修举一别人才文官举海道副使谭纶等劾台州知府黄大节武官举总兵卢镗等劾狼山副总兵曹克新一定庙谟言外患未息内变恐作迩者闽浙直隶倭势日甚吴淞定海间水卒呼粮官劫狱此履霜之渐不可长请行各守臣预议招怀抚谕之略防海固圉之机具闻于上断然行之庶几灭贼有期疏入下所司复议命克新听调大节闲住余俱从之

论擒海寇王直功诏升赏总督尚书胡宗宪等有差初宗宪遣蒋洲陈可愿招谕直等至三十六年十月直与王激叶宗满等同倭目善妙等五百余人泊舟岑港请纳款通贡市是时直母及子宗宪皆羁至杭城直先遣激宗满来见宗宪厚抚谕之令宗满持其母与子书往直见我兵严备又激不返迟回未能决则要须激出乃登岸宗宪即遣激往直犹未信索我一贵官为质宗宪遣指挥夏正诣其舟直党乃并前后往来官役朱尚礼等留之直始轻身入谒军门宗宪故为款言令自系狱待命久之直党见官军四集寻知直已下狱遂支解夏正尚礼等得遁归至是时已三年矣其事初闻宗宪蒙赐敕奖励下按臣核诸效劳人员功次迁延不以时上宗宪乃自列状以闻请亟如甄录诏下兵部尚书杨博等会廷臣议皆言自直等煽乱朝廷不惜万金封爵之赏令天下讨贼而宗宪卒以计擒之功实非常赏宜从重其一时共事诸臣若副总兵卢镗都指挥戴冲霄绍兴府通判吴成器或控执要害或冒险用间功宜优录原任参政今巡抚王询副使陈元珂原任总兵俞大猷参将戚继光张四维督兵有纪中书罗龙文指挥陈光祖杨承昌朱尚礼童华邵岳谢天与生员蒋洲陈可愿方大忠义士胡节中武生朱见先后间贼及原任参政胡尧臣副使李景萃佥事李三畏都指挥王钦守备何本源画地设防协谋督饷均宜并叙大猷今负罪立功冲霄继光四维光祖洲节中本源俱奉旨逮问宜准赎罪夏正死事尤宜厚恤得旨贼首擒获实荷玄佑尔等议功并不奏请举谢岂人心欤宗宪天心为国殚竭忠谋劳绩殊当宜加显擢以示激劝其加太子太保左都御史兼兵部右侍郎总督如故仍荫一子锦衣卫副千户镗询成器各升二级尚礼华岳各升原籍卫所千户大猷冲霄继光等八员俱准赎罪录用夏正捐身为质死事可悯赠都指挥使荫一子正千户世袭元珂等各以差赐赉

吏兵二部会议提督两广侍郎郑纲条陈一惠湖二府海倭山寇并起请添设参将一员专驻揭阳督兵防御一岭东分守独居省城兼领南韶惠潮四郡不便宜仍以广州南韶隶岭南分守而岭东专管惠潮仍改赐敕书令其兼理海防一倭贼入潮每以漳海积寇相煽引而黄冈镇巡检则广闽界区漳寇所由入者请以潮州捕盗通判移驻其地练兵防盗诏如议行

江南经略云己未之夏唐公顺之捧敕至吴经历海上倭至不得登劫屯兵于三沙公帅兵围之贼走江北为李中丞所灭或论之曰六月兴师劳民费财不能捣巢而纵之走未见唐公之能也愚谓不然夫倭舶之来非一岁矣每至即登岸未有不满载而去者若非唐公与熊兵宪亲出海洋严督将士孰肯僇力驱贼于沙上哉当是时抚按巡江皆缺唐公原无提督之权又无可战之兵可调之粮使他人处此必坐省城移檄将官闪奸塞责而将官又袭故套止击去贼不击来贼数郡生民废耕耘填沟壑如甲寅乙卯岁矣安得贼千三四百人历三越月而但困于一沙不渡海不流突内地不杀人烧劫枵腹而蓦窜哉自此失志岛夷闻之至今不敢寇吴唐公保障之功诚不小矣新例御贼于海洋不使登岸者虽无斩获犹叙超格唐公积劳成疾转官而殁吴民阴受其赐反訾咲之岂非天地间一大屈哉【昆山郑若曾】

卷八·嘉靖四十年

山东巡抚都御史朱衡奏登莱青三府地濒大海东近辽左南通浙直国家设军分守甚严日者辽左告饥暂议弛登莱商禁以济之其青州迤西之路未许通行令富民猾商遂假道赴临清抵苏杭淮扬兴贩货物海岛亡命阴相构结俾二百年慎固之防一旦尽撤顷者浙直倭患非后事之镜乎宜申明禁约停止为便兵部覆奏报可以

总督浙直福建尚书胡宗宪奏浙江倭寇自□□以来合谋连艅屡犯宁台温等境我师御之战于海者六战于陆者十有二计前后擒斩一千四百二十六人焚溺死者无算今已荡平其文武效劳诸臣则参将戚继光督战功最而佥事唐尧臣义乌知县赵大河等亦宜并录

卷八·嘉靖四十二年

福建新倭自长乐登岸流劫福清等处总兵官刘显俞大猷合兵邀击于遮浪𦬊之平海倭引舟出海把总许朝

光以轻舟抄之斩首四十九级贼尽焚其舟还屯平海

知县欧阳学纪事云……癸亥正月初刘兵屯染店指挥欧阳深领半番兵二千屯林口巡按江西陈御史志檄兵一千余来援屯江口十有四日贼南掠欧阳兵自栅中射之中其丑凡三十人二十有二日贼北掠刘兵陈兵伏道夹击斩首九十贼彷徨骇愕相语曰戚虎何时来也盖参将戚继光前此累捷贼畏如虎故以名之云……斯时也贼备舟三十五艘为浮海归国之计旧军门先已檄许朝光督水兵防于海湾朝光者去岁招降之贼首也及是月十有六日贼粮尽俱出城一伙下舟去许不知也

初南京兵科给事中范宗吴言故事操江都御史职在江防应天凤阳二巡抚军门职在海防各有信地后因倭患遂以镇江而下通常狼福等处原属二巡抚者亦隶之操江以故巡抚得以诿其责于他人而操江都御史又以原非本属兵难遥制亦泛然以缓图视之非委重责成之初意矣自今宜定信地以圌山三江会口为界其上属之操江其下属之南北二巡抚与操江仍并力应援不得自分彼此庶责任有归而事体亦易于联络章上上命南京兵部会官杂议以闻至是议定兵部覆请行之诏可今后不系操江所辖地方一切事务都御史不得复有所与

故海寇王直余党洪廸珍降伏诛廸珍漳州人初与直通番后直败其部下残倭乃依廸珍往来南澳浯屿间惧官军诛之声言听抚而剽掠如故至是势穷率其子文宗自诣福建海道副使邰梗所愿立功自效总督都御史张臬收下狱驰疏以闻诏即其地斩之

福建巡抚谭纶条陈海防善后事宜兵部覆行其五事一复水寨旧制自福宁南下迖漳泉治水寨五以扼外洋法甚周悉今宜复旧以烽火门南日山浯屿三艅为正兵铜山水埕二艅为游兵寨设把总一员领之而为之分信地明斥堠严会哨殿功罪使总核有经坐收实効一处兵将副总兵戚继光宜擢为总兵镇守全闽仍增设坐都司一员把总二员充其任使其原设三路参将悉宜改为守备总兵官俞大猷宜复还神威营与南赣军门权为一在福建止备汀漳二府三寇一处客兵福建新募浙兵列为二班各九千人上班者以九月初一日为始用防秋汛至十月散回下班者以十月初一日为始赴戍所防春汛至六月中散回更番迭上岁以为常不得变乱行伍违误戍期一……著为定例

禁止通海辽船先是因辽东饥暂许通登莱粜谷既而辽商利海道之便私载货物往来山东守臣恐海禁渐弛或有后患疏请禁止从之

卷八·嘉靖四十三年

添设广东海防佥事一员广东旧设海道副使驻札省城兼理市舶会倭乱海道专备惠潮以市舶委之府县于是提督两广都御史吴桂芳自东莞以西直抵琼州属副使摄之仍制番夷而更设海防佥事巡历东莞以东莞丰惠潮等处专御倭寇有诏如议暂设竢事宁已之

广东官军大败倭寇于惠州海丰县倭初自福建流入广东会两广南赣各军门征调汉土兵大集乘其初至急击之贼惧悉奔崎沙甲子等澳夺渔舟入海暴风皆覆溺得脱者仅二千余人留屯海丰金锡都总兵俞大猷帅官军四面围之相守且二月贼食尽欲走报效副总兵汤克宽伏兵火埔寮窖口以待之贼至伏发贼乃大惊扰克宽斩其枭帅三人参将王诏等兵继进贼遂大溃擒斩一千二百余人各哨军前后所得零贼又千余人于是余倭无几不复能军散遁入山薮各兵乃分道搜之

以广东倭乱免惠潮韶肇等府州县正官入觐原任福建巡抚谭以回籍守制上言自闽中被□以来臣经略便宜自五寨三路之外已稍稍有□然皆救患于目前而未及允安计也因陈善后大事一议将言自古军必令大将运筹而佐以偏裨今独恃一戚继光令其左支右吾四面当寇继光虽信才勇力亦不能及也福建都行二司有备员者六人乞敕该部行无按等官考察去留举才者补之随宜选用如守备闻守仁把总傅应嘉者以充则官不必备而分任有人矣……一宽海禁闽人滨海而居非往来海中则不得食自通禁严而附近海洋鱼贩一切不通故民贫而盗愈起宜稍宽其法……疏入下所司议覆允行惟宽海禁设县治行抚按官再议以闻

卷八·嘉靖四十四年

巡按直隶御史温如璋条上备倭方略一修城堡以防要害苏松滨海倭夷出没宜于川沙吴淞之间修复旱寨旧城以防嘉定上海刘家河港口更建小堡一所七丫白茆等处各设水船旱栅以防太仓诸泾一裁武冗以专职守苏松参将宜复驻金山团练诸军守苏松二府其柘林把总改驻崇明统兵防守金山游击似为冗员宜革一联备御以固防守浙直接境不得互相推诿宜将会哨兵船通令督府置立哨簿委官稽查在狼山福山者远哨于崇明而专守三沙一带在松江嘉兴者远探于外洋而会守独山一带如江北兵船不至三沙浙直兵船不会独山皆以守备不设论罪疏下兵部覆如其议惟裁武冗一事仍行抚臣再议以闻报可

倭寇通州吕四场等处官军御之贼败遁转掠至江南三沙副总兵郭成等帅迎击之于海中沉其舟斩首百十三级

倭寇浙江温台境官军出海击败之于坞口竹屿出外洋而还

倭寇自浙江台山海洋突犯福建福宁州总兵戚继光督参将李超把总魏宗瀚合水陆兵击败之斩首三百余级乘胜追剿原倭斩首百余级

罢浙江宁波府市舶议先是言者常欲比广东事例开市舶以通海夷至是浙江巡抚都御史刘畿言宁波旧额市舶司听其贸易征其舶税行之未几以近海奸民侵利启衅故议裁革今人情狃一时之安又欲议复不知浙江沿海港口多而兵船少最难关防此衅一开则岛夷啸聚其害有不可胜言者上亦以为然事遂寝

巡按浙江御史庞尚鹏类勘是年四五月间倭寇分道犯宁波温州二府诸家尖乌石塘等处各官军出海斩获功

兵部覆巡按御史韩君恩奏山东登莱三面滨海自蓬莱抵胶州二千余里海岛纷错国初建立营卫所寨以备海防倭虑至远也然倭夷其来有时防之犹易顷因辽左告饥当事重恤民困暂许通船籴贩以济一时之急而豪猾因藉为奸往往驾巨艘入岛屿采木贸易且利其土饶遂携妻孥以居因招集亾命盘据诸岛时出劫掠土人莫可谁何此其患视倭尤甚移文巡抚严督海道备倭等官整饬登莱戍务各将快壮军兵练习墩堡城寨修整并严谕各岛居人在内地者悉还本业在外地者俱还原籍傥其人系辽东金州等卫军丁则会同辽东巡抚一体处议从之

卷八·嘉靖四十五年

兵部覆巡按御史韩君恩奏山东登莱三面滨海自蓬莱抵胶州二千余里海岛纷错国初建立营卫所寨以备海防倭虑至远也然倭夷其来有时防之犹易顷因辽左告饥当事重恤民困暂许通船籴贩以济一时之急而豪猾因藉为奸往往驾巨艘入岛屿采木贸易且利具土饶遂携妻孥以居因招集亡命盘据诸岛时出劫掠土人莫可谁何此其患视倭尤甚移文巡抚严督海道备倭等官整饬登莱戍务各将快壮军兵练习墩堡城寨修整并严谕各岛居人在内地者悉还本业在外地者俱还原籍倘其人系辽东金州等卫军丁则会同辽东巡抚一体议处从之

卷八·答南北兵食谕【嘉靖三十四年六月十九日】

伏蒙答谕卿奏北件此亦不是缓务而今急不得备目即秋防且以人力御之臣今日敢以北件具奏者正以事关紧要且又秋防在迩须预为堤备皇上谓以人力御之仰惟圣见允当但闻二镇兵疲马弱人力之御今未审足恃否臣思忧过计欲乞特谕兵部使身任而力图之庶保无虞蒙问祖宗时曾有南件扰否臣查得洪武二年正月倭夷入寇山东海滨郡县二月赐日本国王玺书谕之三年三月遣莱州府同知赵秩持诏往谕七年七月又寇胶州及大任海口十四年七月以倭纵民为盗命却其贡二十年六月以宁波府昌国县民从倭为寇徙为宁波卫卒则南件之扰在太祖时已有之今蒙皇上逮治当事之结纵者罢黜其不职者厚赏将士之力战者功罪既明人心胥奋此贼行当殄灭矣其米贵谕部之札臣谨钦遵密撰上请圣裁

卷八·答革浙直总督谕【嘉靖四十一年十一月初七日】

蒙谕浙直总督之名原无今似不必仍此可钦臣惟浙直总督原为倭寇暂设今地方仰藉皇上威德已就平宁而百姓遭某恣肆扰害之后有资绥辑今不必仍此只设巡抚而于勅内开写如浙直有警互相应援之语实为便益但闻某招聚各处无赖之徒为兵又用平素作贼之人领兵甚是骄悍今炳然似须加提督军务字样依部疏与进部衔以重其体貌事权臣谨改票上请伏乞圣明裁定

右见世经堂集中大学士徐阶承圣谕而答之者世宗肃皇帝深居玄默而虑周海外所以一时贼势猖獗东南根本之地几至不支而天威所加旋就扑灭然非胡少保宗宪一力担当何以能奏厥功天下有事拖泥带水之人自不可少只今公论大定我皇少采台臣之议而官其后以锦衣又加易名焉天下人心欣欣若以为当然者乃大学士阶桑梓之虑独切于时断断宗宪不少恕何也岂以世态炎凉责望宗宪此中不能无不平耶严相嵩赵尚书文华天下之恶归焉然首荐宗宪者赵文华也所谓非魏无知臣安得进自古未有权臣在内而大将立功于外者宗宪之立功正相严柄国之时岂尽以贿进耶使与徐文贞易地而处事故未可知嗟嗟天下事盖难言之矣

世庙识余录云按初倭入内讧江南人俱归罪于王直为之谋主朝廷亦悬不次之爵冀以擒直顾茫然海岛中何所踪迹而宗宪以同乡故既易于用间而其材智胆略亦自有大过人者故卒缚直以报天子功亦伟矣而言事者阿新辅臣意诬宗宪党直勾倭必欲杀宗宪以悦其所仇此天下之大冤而至今无人白之也顷万历庚寅间始稍蒙恤典然报之亦未尽古云功盖天下者不赏以此【尚书徐学谟】

世庙识余录云按倭起东南时人皆以王直为之发踪而议以得直首即封侯不吝比宗宪既擒直杀之而书生之论顾不以为功而以为罪亦可笑矣盖宗宪专倚严嵩父子为奥援故厚赂蘘其室而他辅不如也嵩父子既败宗宪丧家狗耳而言者反指宗宪为直党非圣明洞烛宗宪之要领能保全哉三代下以有豪杰无圣贤故规行矩步必不能以集事而使贪使诈或可以树功此宗宪之大都如此【尚书徐学谟】

世庙识余录云按宗宪总督时度权臣在内大将未有立功于外者故阿严氏少过而后来当事者心恨之因并掩其平倭之功而汝正遂承望风旨乃有是疏欲加之罪至与世蕃龙文同论藉合圣明不察宗宪之首领不保矣江南人心怨忿何极乃卒降旨以宗宪所计汝正者下法司同讯而刑部为之调停姑行巡按操江勘报实当事者授意为汝解嘲也又闻宗宪方就逮而徽州知府何东序即封锢其宅以候籍没及宗宪死竟蒙免勘之恩天子神圣果群臣莫及也【尚书徐学谟】

卷九·隆庆三年

海贼曾一本勾引倭寇犯广东破碣石甲子诸卫所官军御之无功

刑科给事中魏体明条上两广用兵事宜一选将领谓海寇曾一本猖獗而倭奴复巢碣石平山等处惠州危急师久无功宜选拔将材勿拘常格一募土著谓客兵害多利少不必再募东莞新会香山顺德惠湖沿海之民习水战知地利可召为兵令以其七出战而三屯耕以省粮饷且暂免其租一议征剿谓海寇日炽皆有司招抚之说误之如贼首王端黄世桥辈旋伏旋起遂成不制今宜敕守臣一意征剿而宥其胁从者一预海防谓广中御寇多资新会顺德东莞等处乌艚横江等船在昔船户有轮差之便无纳税之苦今既课其税而复役之如故民不能堪宜复其轮差而不入其税一核功实谓军中虚张捷报隐匿失事争取首级妄杀平民皆宜亟禁一专责成谓广中军法不振荡平无期宜责督抚申明纪律今后有怯敌偾事都指挥以下斩首阵前总副等官取死罪案奏请而督抚等官不能策励荡平者纪功御史论之御史故纵者科道论之上采用焉

工科给事中陈吾德条陈广中善后事宜一明赏罚言往岁总兵官汤克宽纵贼贾祸纳贿殃民宜速正典刑不当留狱守备李茂才力战死事虽恤其子而本官未加褒录请赠祭如例一复兵防言广东滨海者十郡而七往设兵三路岁编民船防守法甚善顷者令民船免差纳税而改设六水寨专守南头撒藩墉而独顾门户以致贼横行海上宜移船及兵仍布之三路各以守备统之用防边海一处船户言东莞新会顺德三县有乌艚横江船千余艘有警刷

取兵壮器精所向成功自浙直征倭调至三四百艘南渡之败船户且尽乃议官造夫以乌合之众操所不素习之船何救缓急宜兴复民船免其刷掳纳税以往时轮差之法行之则可以收勇力待攻守一禁私番言满剌伽等国番商素悍往因饵其微利遂开濠镜诸澳以处之致趋者如市民吏杂居祸且不测今即不能尽绝莫若禁民毋私通而又严饬保甲之法以稽之遇抽税时第令交于澳上毋令得至省城违者坐以法一补协借言广东岁额兵饷不满十万而近复增六水寨之兵益苦不支往年浙直闽蜀有事则令广东协济今广东告匮宜令四省还补旧额无重困一方一禁虚冒言将官虚募兵士冒支廪饷者甚众宜尽厘革一议抚剿言岭表抚剿失策曾酋余党既未尽殄而抚民林道乾犹据下浍宜令当事者悉心图之务绝祸本一恤忠勤言巡抚熊桴承命入境正山纵横之日兵食两乏重以叛卒通倭人心岌岌而桴奋身督兵触犯瘴疠屡成奇捷竟以身殒宜大加褒恤毋泥常格事下户兵二部复议可行上从之乃赠茂才都指挥同知以桴及克宽功罪下所司议处

附略卷一·泛海□□

日本盖倭之□□恶其名不雅乃改今号其国洋海之东所属州六十有八居近日出故曰日本国王一姓宋雍熙初已传六十四世中多女主今所立某氏云大元至元九年上遣秘监赵良弼通好而国次对马岛拒而不纳十七年己卯冬十一月我师东伐明年夏四月次合浦县西岸入海东行约二百里过拒济岛又千三百里至吐剌忽苦倭俗呼岛为苦又二千七百里抵对马岛又六百里踰一枝岛又四百里入客浦口又二百七十里至三神山其山拔削群峰环绕海心望之黪然为碧芙容也上无杂木惟梅竹灵药松桧桫罗等树其俗多徐姓者自云皆君房之后【君房徐福字】海中诸屿此最秀丽方广十洲记所谓山东北岸扶桑蓬丘瀛洲周方千里者也又说洋中之物莫巨于鱼其背鬣矗然山立弥亘不尽所注海波两拆不合者数日又东行二百里叙志贺岛下与日本兵遇彼大势结阵不动旋出千人逆战数十合者凡两月我师既捷转战而前呼声勇气海山震荡所杀获十余万人擒太宰藤原少卿弟宗资盖前宋时朝献僧奝然后也兵伏有弓刀甲而无戈矛骑兵结束殊精甲往往以黄金为珠络绯者甚众刀制长极犀锐洞物而过但弓以木为之矢虽长不能远人则勇敢视死不畏自志贺东岸前去太宰府三百里揵则一舍而近自此皆陆地无事舟楫若大兵长驱足成破竹之举惜哉志贺西岸不百里有岛曰毗兰俗呼为髑髅即我大军连泊遇风处也大小船舰多为浪波揃触而碎唯勾丽船坚得全遂班师西还是年八月五日也往返凡十月省大师欣都副察失次李都帅牢山次宋降将范殿帅文虎总二十三南一十三隋唐以来出师之盛未之见也

附略卷一·倭志【四部稿】

日本古倭奴国在大海中于闽浙为东北隅其国主以王为姓世世不易文武官僚亦然有五畿七道统郡至五百七十三然皆依水附屿大者不过中国一村落而已户可七万余课丁八十八万三千有奇自元帅讨日本者没于水不得志日本亦绝不复来贡高帝初使臣赵秩谕降之僧祖朝来贡方物十三年丞相胡惟庸谋叛令伏精兵贡艘中计以表里挟上即不遂掠库物乘风而遁会事露悉诛其卒而发僧使于陕西四川各寺中著训示后世绝不与通于是遣信国公汤和等沿海规画自南直隶山东浙江福建广东西咸置行都司以备倭为名大羊盘错矣永乐初太监郑和等赍赏谕诸海国日本首先归附诏厚赉之封其镇山赐勘合百道与之期期十年一贡无何三千人犯辽东为都督刘江所破杀无噍类自是敛迹不敢大为寇而小小抄亦不绝或其主不知也其贡则恒多先期而至要以利中国给赉与互市为利耳嘉靖初其主幼冲不能制群臣右京兆大夫高贡使宋素卿贡亡何左京兆大夫内艺兴遣宗设贡咸强请勘合后先至宁波争长不相下宗设众盛于宋素卿遂攻败之追北至绍兴躏诸郡县杀掠以千计都指挥刘锦及千百户等官遇之皆死后以诏旨谕且下宋素卿狱始肯听徐徐解自是有轻中国心矣而中国亡命者多跳海聚众为舶主往来行贾闽浙之间又以财物役属勇悍倭奴自卫而闽浙间奸商猾民覸其利厚私互市违禁器物咸托官豪庇引有司莫敢谁何黠者又多取其责匿去莫与酬舶人怒则辄有所杀害而他舶不为商者又行摽掠海中渐彰闻朝廷虑之乃特设闽浙巡抚开军门听以军法从事而所用抚臣朱纨素洁廉然锐果壮往则日夜练兵甲严纠察数寻舶盗渊薮破诛之而又严根株通海者令迫急诸豪右咸惴惴重足立其仕宦贵臣相响纨不休竟以擅杀逮纨及置二司用事者于理纨恚自杀乃罢巡抚不复设而舶主土豪益自喜为奸益甚官司视以目莫之禁

矣壬子贼始犯台州破黄岩象山诸邑议复设提督都御史用家严为之时沿海卫所军久废弛不习战军府草创财用殚屈家严于是益召募骁勇委良将申约束娄谍其巢穴覆之斩获以千计于是移舟而南犯吴松郡二郡固都会素沃饶而其民愈怯弱贼至则咸坏散不支稛载而去所被攻剽郡邑争以檄书上闻巡抚操江宪臣相继罢而家严又以云中急改节钺天子素忧东南计用张经矣倭贼勇而戆不甚别生死每战辄赤体提三尺刀舞而前无能捍者其魁则皆闽潮人善设伏能以寡击众反客主劳逸而用之此所以恒胜也大群数千人小群数百人比比猬起而舶主推王直为最雄徐海次之又有毛海峰彭老不下十余帅张经者南京兵部尚书也朝计调二广狼土兵讨之而经旧尝为彼总督有威惠经亦慷慨以平贼自负故用为大帅节制当天下半得以便宜行事开府辟召诸郎署参佐中外忻忻谓贼旦夕尽矣然经素贵侈靡行事有承平风而诸特用大将何卿沈希仪等名位极老而骄新进之士又慓猾果往速退田州瓦氏及山东枪手兵连战败去经望实稍稍损矣而侍郎赵文华出督察文华繇上疏行有所负挟頫指凌经面经以大臣自重出其上文华恚则疏连劾经谓其才足办也特家闽避贼雠故嘎啃纵贼尔而会兵科亦有言上怒甚趣使捕征经经则已聚兵大破贼于嘉兴斩首二千级溺水死者称是兵科言宜留经以贼平自效不听并巡抚李天宠皆论死文华既已攘其功则奏超巡按衙史胡宗宪代天宠督臣亦有更置由是中外文武惴惴重足立忧不在倭矣文华俄还朝进太子太保工部尚书而宗宪亦遂以兵部侍郎总督无何徐海入寇围巡抚阮鹗蹦浙地告急疏上尚书赵文华请出督许之其进止机宜如张经加重乃与宗宪诱徐海降而合兵掩捕平之徐海死进文华少保宗宪亦迁右都御史又明年获王直王直者故徽人也以事走海上后为舶主颇尚信有盗道虽夷主亦爱服之而其姓名常借他舶以是凡有入掠者皆云直主之纵迹诡秘未可知也宗宪亦徽人乃以金帛厚赂诱之云若降我以若为都督置司海上通互市而直亦自奋言必能肃清海波赎死命宗宪与之誓甚苦直信之从入杭州宗宪具状闻上然不敢悉其故廷议以直元凶不可赦弃市宗宪亦得加太子太保余迁赏有差然其众无归者而寇复犯淮扬不利连犯吴越巢闽中首尾七八岁间所破城十余掠子女财物数百千万官军吏民战及俘死者不下数十万虽时有胜负雅不相当而转漕军食横赏赐乾没入橐中者以巨万计天下骚动东南髓膏竭矣胡松著海图说曰始倭之通中国也实自辽东今乃从南道浮海率自温州宁波以入风东北汛自彼来此约可四五日程盖其去辽甚远而去闽浙甚迩若尽其国界则东西也长行可四五月南北也短行三月而皆极于海其西北至高丽也必由对马岛开洋顺风仅一日二日南至琉球也必由萨摩州开洋顺风七日其贡使之来必由博多开洋历五岛而入中国以造舟水手俱在博多故也贡舶回则径收长门抽分司官在焉故也若其入寇则随风所之东北风猛则由萨摩或五岛至大小琉球而仍视风之变迁北多则犯广东东多则犯福建【彭湖岛分舡或之泉州等处或之梅花所长乐县等处】若正东风猛则必由五岛历天堂官渡水而视之变迁东北多则至乌沙门分艅或过韭山海闸门而犯温州或由丹山之南而犯定海【经大猫洋入金塘蛟门】犯象山奉化【由东西厨入湖头渡】犯昌国【入石浦明】犯台州【入桃渚海门松门诸港】正东风多则至李西岙壁下陈钱分艅或由洋山之南而犯临观【过渔阳山两头洞三姑山入蛏浦则犯绍兴之临山三山过霍山洋五岛川表平石则化宁波之龙山观海】犯钱塘【过大小衢徐山入鳖子门赭山薄省城】或由洋山之北而犯青村南汇【过马迹潭而西】犯太仓【过马迹潭而西北】或过南沙而入大江【过茶山入瞭月嘴涉谷楱山而犯瓜仪常镇】若在大洋而风欻东南也则犯淮扬登莱【过步州洋乱沙入盐城口则淮安入庙湾港则犯扬州再越而北则犯登莱】若在五岛开洋而南风方猛则趋辽阳趋天津大抵倭舶之来恒在清明之后前乎此风候不常难准定清明后方多东北风且积久不变过五月风自南来不利于行矣重阳后风亦有东北者过十月风自西北来亦非所利故防海者以三四五月为大汛九十月为小汛其停桡之处焚劫之权虽曰在倭而其帆樯所向一视乎风实有天意有备者率胜前此入寇者多萨摩肥后长门三州之人其次则大隅竺前竺后博多日向摄摩津州纪伊种岛而丰前丰后和泉之人亦间有之盖因商于萨摩而附行者盖日本之民有贫有富有淑有慝富而淑者或附贡舶或因商舶而来其在寇舶率皆贫而恶且山城君号令久不行于诸岛而山口丰后出云又各专一军【如中国总督府之仪】相吞噬今惟丰后强颇并肥前等六岛而有之山口出云俱以贪灭亡倭盖无常尊定主矣【山城君倭王别号也】

附略卷二·送晁【旧作朝非】监还日本国序·王摩诘

舜观群后有苗不禹会诸侯防风后至动干戚之舞兴斧钺之诛乃贡九牧之金始颁五瑞之玉我开元天地大

宝圣文神武应道皇帝大道之行先天布化乾元广运涵育无垠苦垂为东道之标戴胜为西门之候岂甘心于邛杖非征贡于苞茅亦由呼韩来朝舍于蒲萄【旧作陶非】之馆卑弥遣使报以蛟龙之锦牺牲玉帛以将厚意服食器用不宝远物百神受职五老告期况乎戴发含齿得不稽颡屈膝海东国日本为大服圣人之训有君子之风正朔本乎夏时衣裳同乎汉制历岁方达继旧好于行人滔天无涯贡方物于天子同仪加等位在王侯之先掌次改观不居蛮夷之邸我无尔诈尔无我虞彼以好来废关弛禁止敷文教虚至实归故人民杂居往来如市朝司马结发游圣负笈辞亲问礼于老聃学诗于子夏鲁借车马孔丘遂适于宗周郑献缟衣季礼始通于上国名成太学官至客卿必齐之姜不归聚于高国在楚犹晋亦何独于由余游宦三年愿以君羹遗母不居一国欲其昼锦还乡庄舄既显而思归关羽报恩而终去于是驰【旧作地非】首北阙裹【旧作里非】足东辕箧命赐之衣怀敬问之诏金简玉字传道经于绝域之人方鼎彝撙致分器于异姓之国琅玡台上回望龙门碣石馆前敻然鸟逝鲸鱼喷浪则万里倒回鹢首乘云则八风却走扶桑若荠郁岛如萍沃白日而簸三山浮苍天而吞九域黄雀之风动地黑蜃之气成云淼不知其所之何相思之可寄嘻去帝乡之故旧谒本朝之君臣咏士子之诗佩两国之印恢我王度谕彼蕃臣三寸犹在乐毅辞燕而未老十年在外信陵归魏而逾尊子其行乎余赠言者

附略卷二·送晁补阙归日本国·赵骅

西掖承休澣东隅返故林来称郯子学归是越人吟马上秋郊远舟中曙海阴知君怀魏阙万里独摇心

附略卷二·送日本国聘贺使晁臣卿东归·包佶

上才生下国东海是西邻九译蕃君使千年圣主臣野情偏得礼木性本含仁锦帆乘风转金装照地新孤城开蜃合晓日上车轮早议来朝岁涂山玉帛均

附略卷二·重送陆侍御史日本·钱起

万里三韩国行人满目愁辞天使星远临水简霜秋云帆迎仙岛红旌□蜃楼定知怀魏阙回首海西头

附略卷二·送日本使还·徐凝

绝国将无外扶桑更有东来朝逢圣日归去及秋风夜泛潮迴际晨征莽苍中鲸波腾水府蜃气壮仙宫天眷何期远王文久已同相望杳不见离恨托飞鸿

附略卷二·哭晁卿行·李太白

日本晁卿辞帝都征帆一片绕蓬壶明月不归沉碧海白云愁色满苍梧

附略卷二·送秘书晁监还日本国·王摩诘

积水不可极安知沧海东九州东九州何处远万里若乘空向国唯看日归帆但信风鳌身映天黑鱼眼射波红乡树扶桑外主人孤岛中别离方异域音信若为通

附略卷二·日本王子

大中中日本国王子来朝献宝器音乐上设百戏珍馔以礼焉王子善围棋上敕待诏颜师言对手王子出楸正棋局冷暖王棋子云本国之东三万里有集真岛岛上有凝霞台台上有手谭池池中出玉子不由制度自然黑白分明冬温夏冷故谓之令暖玉更产如楸玉状类楸木琢之为棋局光洁可鉴及师言与之敌手至三十三下胜负未决师言惧辱君命而污手凝思方敢落指即谓之镇神头乃是解两征势也王子瞪目缩臂已伏不胜回话鸿胪曰待诏第几手耶鸿胪诡对曰第三手也师言实称国手王子曰愿见第一曰王子胜第三方得见第二胜第二得见第一今

欲躁见第一其可得乎王子掩局而吁曰小国之第一不如大国之第三信矣今好事者尚有顾师言三十三下镇神头图

附略卷二·日本国车

元丰三年高丽国遣使柳洪副朴寅亮朝贡且献日本国车一乘洪云诸侯不贡车服诚知非礼本国所以上进者欲中朝见日本工拙尔朝廷为留之高丽本箕子之国其知礼如此【文昌杂录】

附略卷二·日本国敛尸

壬申春日本使因贡铠甲刀杖围屏方物于天府由杭过苏以北河阻塞泊舟于百花洲隅一使病死同侣以其尸剖腹刳肠胃水洗之遂实以盐而后缝合其腹用布缚如敛法谓之好结果旧传日本之俗凡削发者则大官今访之正副使亦皆有发削发者谓国之僧以其通中华文字亦伴使耳故其僧人作诗多称野衲苏卫谢投戈尝入其船探之其僧云巢者赠诗云自古难兼武与文准淝胜敌昔曾闻苍生起得东山卧锁却蔷薇洞口云尝谒九峰王少傅少傅问曰汝国到吾国行程几何援笔书纸曰行程之缓速因风之顺逆若过大洋约有二十日余皆不知也又问读何书书曰五经四书为根本观其在苏购书收帖好文之美盖优于他夷也【墨池浪语原缺】

附略卷二·戒严王师行成表

臣闻三皇位极五帝禅宗唯中华而有主岂夷狄而无君乾坤浩荡非一主之独权宇宙宽洪作诸邦而分守盖天下者乃天下之天下非一人之天下也臣居远弱之倭偏小之国城池不满六十封疆不满三千尚存知足之心故知足者常足也今陛下作中华之主为万乘之君城池数千余座封疆百万余里犹有不足之心常起灭绝之意天发杀机移星换宿地发杀机龙蛇起陆人发杀机天地反　覆尧舜有德四海来宾汤武施仁八方奉贡臣闻陛下有兴战之策小邦有御敌之图论文有孔孟道德之文章论武有孙武韬略之兵法又闻陛下选股肱之将起竭力之兵来侵臣境水土之地山海之洲是以水来土掩将至兵迎岂能跪涂而奉之乎顺之未必其生逆之未必其死相逢于贺兰山前聊以溥戏有何惧哉倘若君胜臣输且满上国之意设若臣胜君输反作小邦之耻自古谋和为上罢战为强免生灵之涂炭救黎庶之艰辛年年进奉于上国岁岁称臣为弱倭今遣使答黑麻敬诣丹墀臣诚惶诚恐稽首顿首谨具表以闻

嘉靖倭乱备钞[①]

嘉靖二十三年八月日本国先于十八年入贡至是使释寿光复来礼部言日本例十年一贡今未及期且无来文宜令阻回十二月漳州人李王乞等通番漂至朝鲜朝鲜王李怿械送三十九人于辽东都司

二十五年二月朝鲜署国事李峘遣使南洗健朴菁等解送通番人颜容等六百一十三人皆漳泉人也

二十六年三月朝鲜国王李峘遣人解送福建下海通番奸民三百四十一人咨称福建人民故无泛海至本国者顷自李王乞等始以往日本市易为风所漂今又获冯淑等前后共千人以上皆挟带军器货物前此倭奴未有火炮今颇有之盖此辈阑出之故恐起兵端贻患本国辽东都司具报礼部议闻

六月巡按杨九泽言浙江宁绍台温皆枕山濒海连延福建福兴泉漳诸郡时有倭患沿海虽设卫所城池控制要害及巡海副使备倭都司督兵捍御但海寇出没无常两省官僚不相统摄制御之法终难画一概加拒绝则航海重译之劳可悯若猥务含容则宗设家素卿之事可鉴宜令纨循十八年例起送五十人赴京余者留嘉宾馆量加犒赏省令回国至于互市防守事宜俱听斟酌处置

七月朱纨仍改巡视事宁回京

六月二十七日海贼啸聚福宁州流江等澳拒伤官军

七月二十八日仍流劫黄琦等澳署印副使张谦率兵击败之至是都御史朱纨以闻因追论兵备佥事翁学渊把总指挥孙敖失事

九月赏巡视海道都御史朱纨银币初海贼久据双屿岛招引番寇漂掠二月中纨密檄福建都司都指挥卢镗等以轻舟直趋温州海门卫伺贼至与浙兵夹击败之贼道入岛捷闻

十二月福建海贼林成等流劫至南直隶界苏松兵备副使魏良贵檄太仓州署印同知周凤岐等集兵捕之擒斩三十余人事闻诏赉良贵银币

二十七年六月日本国贡使周良等六百余人驾海舟百余艘入浙江界求诣阙朝贡巡抚朱纨以闻礼部言倭夷入贡旧例以十年为期来者无得踰百人舟无得踰三艘良等先期求贡舟人皆数倍于前蟠结海滨情实叵测但其表词恭顺且去贡期不远若有石大担屿奸民姚光瑞等无虑百十余人今欲遏止将来之患必须引绳排根永绝祸本乞下法司议所以正典宪威奸慝者纨寻去任都察院议下巡按福建御史转行巡视海道都司等官缉捕前项奸徒并土豪为渊薮者悉正以法至于见获佛郎机国王三人亦宜审其情犯大彰国法仍移檄各处有能告捕魁恶者重赏首改自新者听免本罪且浙福海患相沿出此入渡宜令两省诸臣一体会议施行报可按海上之事初起于内地奸商汪直徐海等常阑出中国财物与番客市易皆主于余姚谢氏久之谢氏颇抑勒其值诸奸索之急谢氏度负多不能偿则以言恐之曰吾将首汝于官诸奸既恨且惧乃纠合徒党番客夜劫谢氏火其居杀男女数人大掠而去县官仓惶申闻上司云倭贼入寇巡抚纨下令捕贼甚急又令并海居民有素与番人通者皆得自首及相告言于是人心汹汹转相告引或诬良善而诸奸畏官兵搜捕亦□勾引岛夷及海中巨盗所在劫掠乘汛登岸动以倭贼为名其实真倭与□是时海上承为鱼肉诚□如九德所言者纨既身负大罪及腾疏告捷而镗乔复相与佐成之法当首论其冒功坐视诸臣通判翁灿指挥李希贤等罪次之指挥佥事汪有临知府卢璧参政汪大受又次之拒捕番人方叔摆等四名当处死余佛南波二者等五十一名当安置见存通番奸徒当如律发配发遣于是兵部三法司寻覆汝桢等言纨镗乔遂得罪翁灿等下巡按御史提问汪有临等夺俸有差纨为人精廉勇于任事开府闽浙首严通番之禁海中为之肃清走马溪之役虽张皇太过然勘官务入其罪功过未明纨竟坐忧恐未就讯仰药而死士大夫多惜之

二十八年七月初巡视浙福右副都御史朱纨既报浯屿擒获夷王之捷随奏夷患率中国并海居民为之前后

① 佚名撰。据清抄本。

勾引则有若长屿喇哒林恭等往来接济则往岁从言官请特命重臣巡视数年安堵近因废格寇复滋蔓□且浙之处州与福之建宁连岁矿寇流毒每征兵追捕二府互委事与海寇略同臣谓巡视重臣亟宜复设然须辖福建浙江兼制广东潮州专驻漳州南可防御广东北可控制浙江庶威令易行事权归一事下兵部集诸司会议复如其言第广东潮惠二府仍隶两广提督有事则协心议处上曰浙江天下首省又当倭夷入贡之路如议设巡抚兼辖福建福兴建宁漳泉等处提督军务著为令

七月改巡抚南赣汀漳都御史朱纨巡抚浙江兼管福建福兴建宁漳泉等处海道十一月佛郎机人掠漳州副使柯乔拒却之十二月海寇突犯宁波台州官军莫御巡按裴绅以闻

二十九年七月诏逮巡视福建都御史朱纨至京讯鞫下福建都司都指挥佥事卢镗海道副使柯乔狱论死先是纨奏海夷佛郎机国人行劫至漳州界官军迎击之于走马溪生擒得贼首李光头等九十六人已遵便宜斩首讫章下兵部请俟核实论功会御史陈九德疏称纨专杀滥及不辜法司覆请遣官会勘上从之遂革纨职命兵科给事中杜汝桢往至是汝桢及御史陈宗夔勘上前贼满喇咖国番人每岁私招沿海无赖之徒往来海中贩鬻番货未尝有僭号流劫之事二十七年内复至漳州月港浯屿等处各地方官当其入港既不能羁留人货疏闻庙堂反受其私赂纵容停泊使内地奸徒交通无忌及事机彰露乃始狼狈追逐以致各番拒捕伤人有伤国体其后诸贼已擒又不分番民首从擅自行诛使无辜并朱纨议招福清捕盗船只□治有効因量留福船四十余只给予行粮使分泊海滨常川防守其台州海明卫者实□□之外障故以福船十有四只守之积年所凭恃者此耳近日海警益数而海道副使丁湛反将福船尽数遣归其原设官船坏缺又漫不料理乃仍雇募渔船以资哨守兵非惯战船非专业闻警即逃全不足恃以致群盗鼓行而入攻毁县治若蹈无人境耳失事之诛湛当首坐其总督备倭都司周应禎把总指挥刘镗黄岩知县高材或身为主帅或责任专域遇敌宵奔法当重治至于巡守各道副使李文进等及知府马钟英等亦宜各以轻重抵罚疏下部覆得旨应禎镗材各革职湛先已为民仍与应禎等俱下按臣逮问文进等与钟英仍如前旨住俸剿贼

三十一年八月辛亥朔巡抚浙江御史林应箕奏报海贼攻破黄岩县治并参论失事所由曰浙江宁绍温台地滨大海实倭夷入贡之途盗贼出没之所国初建卫所四十有一设战船四百三十有九董以总督备倭都司巡视海道副使等官控制番夷至为周密浸以海波不警戒备渐弛伍籍日虚楼橹朽弊遇警号借渔船应敌号曰私哨而官船废矣前都御史平日久人不知兵一闻贼至即各鸟兽窜室庐为空官兵御之望风奔溃蔓延及于闽海浙直之间调兵增饷海内骚动朝廷为之旰日如此者六七年至于竭东南之力仅乃胜之盖患之所从起者微矣

三十二年闰三月十三日黜原任福建按察司巡海副使柯乔为民以捕获沿海导番奸人不候命辄斩之故也

四有十三日海寇犯太仓州攻城不克分众四掠烧毁关厢庐舍是时有失舟倭四十人突至浙江乍浦往来平湖海盐海宁之境纵横肆掠焚戮□庐官兵前后遏之皆败凡杀把总一指挥四千户一百户六县丞一所伤官兵无虑数百人凡十有六日竟徜徉夺舟而去

癸巳海寇破松江上海县丁酉海寇攻吴淞江所南汇所俱破之分兵掠江阴庚子江北倭掠海舟杀二百余人浙江倭五百余攻破临山卫乘胜西犯松阳知县罗拱辰督处州兵御却之贼浮海走参将俞大猷以舟师邀击斩首六十九级甲辰倭攻福宁州屿　所破之大掠而去

五月丙午朔壬戌日倭贼攻浙江乍浦所陷之知县罗拱辰督兵来援贼引去流劫奉化宁海等处参将汤克宽追围于独山民家以火爇之贼半死余众夺道走遁于海甲子添设金山参将一员分守直颖苏松等处防海备倭庚午命分守福与漳泉参将汤克宽充海防副总兵提督金山等处

七月乙巳朔戊申巡抚应天都御史彭黯巡视浙江都御史王忬各以倭寇出境浮海东遁来闻倭自闰三月中登岸至六月中始旋留内地凡三月

(八月)壬辰浙江巡抚御史赵炳然类南京给事中张承宪南京御史赵宸朱贤先后各上御倭方略……国祯言七事……一重赏罚查照先年擒斩倭贼流贼事例定为赏格准与升级不愿者给赏船主渠魁另行超格议处一宽法禁除通番大船及贩易接济应禁外其捕鱼樵采无碍海防者□立字号验放出入承宪言六事一调募援兵水陆夹剿……一朝鲜贡使至日赐敕令宣谕日本国王数以纵恶寇边之罪……宸言六事……一倭寇狡猾又善

操舟我兵乘胜长驱深入海洋恐堕其计不宜穷追一江北之兵不习舟楫不宜暑湿劳师费财顾彼失此务求长策以裨实用不得概调一处造战船及连珠鸟嘴火铳之类操演习熟以备攻击贤言五事……一募土人习水者为篙师有力者为战卒仍调温处坑兵或山东长枪手有警则随机策应无事则分头教习……兵部议覆上多采行之

九月甲辰朔辛未倭贼百余由革亭县漴缺登岸流劫戚木泾金山卫等处自六月中大举倭东遁江南稍宁惟崇明南沙泊失风倭杀三百人舟坏不能去总兵汤克宽佥事任环列兵守之日久未克至是倭警又作远近震恐

十月甲戌朔庚辰巡抚浙江都御史王忬言官兵追逐倭夷焚毁五十余艘擒斩七百余人海警渐息乞复参将俞大猷副使李文进谷峤参议顾问佥事李廷松所停俸许之

戊子漴缺倭移舟泊宝山摠兵汤克宽引舟师追击之及于高家嘴毁其舟斩首七十三级生擒十四人

丁酉巡按山东御史冯荐言山东卫所官军设于济兖东三府者以防内地设于青登莱三府者以备倭寇自永乐初轮班调发京操而有司怠玩军粮不足脱逃数多雇觅充数班操之缺如故今沿海一带倭寇登岸乞将青登莱三府官军留备倭寇济兖东三府照旧轮班仍要清粮饷以足军食严勾补以充营伍兵部议覆从之

壬寅有倭舟失风漂至兴化府南日旧寨登岸流劫杀千户叶巨卿把总指挥张拣督舟师冲击倭走据山知府董士弘纠民兵猎户与栋等围而殲之是时海洋并岸诸岛多栖寇舟有真倭阻风汛不获归者有沿海奸民抢江南旋候来岁倭至者未几南日寨复有三舟登岸栋士弘击之引去擒贼数人皆真倭比泉州舟兵巡海攻贼于石圳湾深泥湾等处凡再战擒贼四十余人则皆浙江临海福建漳浦广东揭阳等县人盖江南海警倭居十三而中国叛逆居十七也

十一月癸卯朔乙巳前犯常熟倭复由上海七灶洪登岸流劫三林庄南汇所吴淞江所及嘉定县地方至十九日始去乙卯朝鲜国王李峘遣陪臣刑曹参判李泽等来贺冬至并献倭俘三

三十三年三月壬寅朔戊辰□倭寇自太仓南沙溃围出淡海转掠苏松各州县时贼据南沙五月余官军列舰于海口围之数重不能破军中多疾疫乃佯弃敝舟以遗之开壁西南陬贼遂得出

(三月)乙丑苏松倭寇掠民舟入海趋江北岸薄通泰等城焚掠各盐场余众有漂入青徐界者辽东山东俱震

(四月)辛巳倭寇攻嘉兴府城副使陈宗夔帅兵御却之焚其舟贼迁入乍浦兴长沙湾寇合犯海宁诸县

五月庚子朔南京兵部尚书张经等言国初洪武间以倭夷不靖遣信国公汤和经略海防凡闽浙滨海之区陆有城守水有战船故百余年来寇不为害其后法弛弊生军士有纳科放班之说于是强富者散遣老弱者哨守战船损坏亦弃不修以致寇得乘之而入请行各处巡抚严督所属预集兵船以守要害追补纳科军士以实行伍清理积岁料银以造战船

乙丑兵科都给事中王国祯等言比本兵议上御倭方略欲以重赏招降贼首王直等臣窃疑之臣闻胜国末海滨多警东南巨寇有秩至漕运万户及行省参政者且叛服不常迄终无救何者其心不服而爵禄不足以歆之也故至今议者以招抚最为误国殷鉴具存奈何复欲效之今四方群盗所在蜂起皆幸朝廷不诛无所创艾就使部议得行降一王直未必不生一王直将来贻患更有不可言者且右帝王所谓招抚不过曰胁从罔治耳渠魁禾尝宥之也使渠魁来归既宥之复赏以爵是赏以劝恶人谁不为夫使吾民皆趋为恶之利非国家之福也疏下兵部覆言海屿贼与山贼异山贼有定巢可以遣将出师攻而取之海屿贼秉风飘忽瞬息千里急之则遁去乘间则复来有非兵力所能取必者臣闻王直本徽人故与浙人徐惟学李大用辈通番入海既而悔之嘉靖二十九年八月中尝为官军捕斩海寇陈屿主等及余党二三百人欲以自赎而是时有司不急收之遂贻今日大害故臣等欲仿岳飞官杨么党黄佐故事悬以重赏使之归为我用以贼攻贼非敢轻受王爵以示之弱也上竟从国祯等言令总督张经一意剿贼协从愿降者得以不死贼首不赦

十月戊辰朔壬申命锦衣卫械击原任应天巡抚屠大山参将许国李逢时副总兵解明道至京讯治先是采淘港之役坐两将不相能各兵趋利不止故垂成而败时明道督水兵泊海口坐视不救大山方称疾不视事至是御史张师价以败书闻请治大山逢时国明道各失事罪总督张经因并论山东监军参政许天伦副使周臣纪律不严亦宜量罚于是大山逮至黜为民明道等论斩天伦臣斥为民

戊寅海贼犯广东潮州之柘林指挥黑孟阳引舟师殲之生擒贼首方四溪夷目咤过啰等一百三十五名斩首三十九级其贼首徐碧溪等悉沉海死事闻诏赏巡抚南赣汀漳等处都御史谈恺银三十两纻丝二表里广东副使汪栢及孟阳等各银有差

十二月丁卯朔乙亥兵部覆巡按直隶御史徐绅议备倭谓倭贼尝以设伏取胜不系兵众寡今苏松常三郡民兵军余及诸路所调者殆四五万众而兵多兵制何以克敌请自今严行守臣简练本处壮快沙民使之人自为战因汰去客兵之无用者其供亿诸责或以应天徽宁池太庐州安庆滁和广德等府州所属民壮弓兵于十分之内其六存留守御其四暂免应役每名输工食银七两二钱给军或以南京兵部积贮船料银暂借二十万两俟事宁渐次补偿

辛巳兵部覆上总督张经条陈一查复备倭旧政言国初备倭之法久废不修其最急者在勾补逃军乞即于见在数内选取矫健余丁习水战者各令收伍食粮一总会水战兵船言倭寇入扰其船必由海洋其来必由浙东请合浙之东西江之南北各把总兵船为……一编立本地主兵言诸路调兵劳费不赀而吴浙间耆民沙民盐徒矿徒类皆可用请于各府所属州县二百里以上者编兵三百名二百里以下者二百名或均徭编派或各里朋出每兵一名定银十二两如自有丁壮郡民准其应役否则征银募兵一议设海防职守言吴淞江口及黄浦一带皆通海要路兵船既设统领无人请于苏松各增设同知一员而以水利通判并入巡盐其青村所福山港亦各增设把总一员守之一议置游兵防护言比岁倭贼焚烧粮船数多乞动支南京户部募兵银两遣官于徐邳间召募骁勇一千五百人付将官周于德领之俾其沿河哨护……一申明赏罚条格言我兵御敌有陆战水战生擒夺回之异贼兵临我有伙贼零贼从贼首恶之殊宜各分别行赏统领官亦各照部下功罪以为赏罚其俘贼系狱者亟会讯处决毋容入系以防内变诏允行

（三十四年）二月丙寅朔癸酉巡抚应天都御史周琉言御倭有十难有三策其十难谓去来飙忽难测海涯漫衍难守水陆勾错难战鬼蜮变诈难知盘据坚久难备居民柔脆难使土地泻卤难城主客兵力难恃□粮匮乏难指措领骄懦难任其三策谓据海上陈前马迹诸山扼倭夷出没之路置福船二百苍山船三百与两浙兵船会哨于诸岛之间来则击之去则祷之致人而不致于人上也以沙船五百迭哨于苏州海口选土兵万余列戍于松江之护塘俟贼登岸而掩击之中也集苏松轻舸五六百艘游哨于黄浦吴淞大港小港之间使贼不敢深入舟不敢横行下也更请趋调狼兵土兵漳兵留淮浙余盐银十万两或借南赣军饷银九万两为粮赏之需兵部覆奏从之

庚辰先是工部右侍郎赵文华疏陈备倭七事一祀海神言天吴海灵庙在莱州请遣官望祭于江阴常熟以激人心……一增水军欲多募淮杨壮健大修战舰以固海防……一察贼情欲招通番旧党并海盐徒易以忠义之名令其人巢侦伺因以为间疏下部覆谓祀海神降德音增水军募余力察贼情俱有俾军政请下督臣酌行其差田赋恐致扰民遣视师宜行总督张经奖率诸军不必别遣

会昆山县致仕侍郎朱隆禧奏请添设巡抚福建都御史并开互市之禁部覆设巡视则科臣谓官多民扰其云开互市科臣亦谓示弱兼以北虏之市为监皆驳寝之且乍岁文华已有市舶之议于时户部下所在守臣计处至今未报臣惟祖宗制倭绝其朝贡至以勋臣出镇海波始清当时绝不言及市舶意良有谓且浙直兵力脆弱所恃征调以策应缓急者独有漳泉兵耳若更设巡视闽中则人怀自顾漳泉之兵岂得复为苏松两浙之用上曰尔等职任本兵坐视贼欺不能设一策平剿及奉谕问却今泛言具对摭拾旧文塞责兵部尚书聂豹姑降俸二级侍郎翁溥等各夺俸半年所司郎中张重降二级调外任余各夺俸

(四月)辛巳巡按浙江御使胡宗宪言往时日本入贡多不及期请待其复来得以便宜遣回仍令有司移檄其王问以岛夷入寇之状疏下礼部覆言倭夷犯顺穷竟无过今日苟轻容再贡殊损国体请如宗宪议遵例阻回谕以贡有常期必当遵守仍当委曲开导使之心服不得径情直率致拂夷心至于彼国僻居穷海岛夷背其君长借口为寇沿海奸民互相勾结揆之理势似亦宜有请因其入贡即令抚按衙门移谕日本国王责问连年犯顺何人猖乱令于半年之间异谋仍遵禁例径自阻绝上是其议

甲申先是广东徐铨方武陈文伯李明贵等与海酋王五峰纠结倭夷纵横海上督臣檄海道副使汪栢岭南兵备杜璁及参将张裕指挥黑孟阳等督战铨等就戮前后斩首千二百余级汪应奎招下余党三百五十余人海滨颇靖

戊子三丈浦倭贼分众掠常熟江阴村镇兵备任环督保境土兵千余及知县王鈇指挥孔焘分统官民兵三千攻其巢破之斩首百五十余级烧贼船二十七只余贼奔江阴

壬寅南京湖广道御史屠重律条上御寇五事一绝乱源夫海贼称乱起于负海奸民通番互市夷人十一流人十二宁绍十五漳泉福人十九虽概称倭夷其实多编户之齐民也臣闻海上豪势为贼腹心标立旗帜勾引深入阴相窝藏展转贸易此所谓乱源也曩岁漳泉滨海居民各造巨舟人谓明春倭必大至臣初未信既乃杲然故御盗之标在腹里防之弭盗之本当边海制之边海诸处漳泉福为始而宁绍次之其一禁放洋巨舰其二禁窝藏巨家其三禁下海奸民三法立而乱源塞矣即使旧贼未尽殄灭然而后无所继其势自孤退无所归其情知惧与今日往来自若者必不同矣二防海口夫海固涯涘无际然贼泛海来犯放洋则冲涛入口则□陆非可绝险而径渡也故其往来所由出入可设险防拒者姑自浙东西大江以南滨海数郡言之入平阳港则近金乡入黄花澳则近盘石而逼温州入海门则越新河而寇台州入宁海关入湖头湾则窥象山定海而瞰宁波入三江口则摇尾于绍兴入鳖子门则垂涎于杭州入乍浦硖则流毒于嘉兴入吴淞则犯松江入刘家河入七丫港则扣苏州此其大势也中间经行或潜形于马迹山或遁迹于大七洋及大小衢上下川则其要害也此沿海诸郡之通患也故守平阳港拒黄花澳据海门之险则不得犯温台塞宁海关绝湖头湾遏三江口则不得窥宁绍把鳖子门则不得近杭州防吴淞江备刘家河七丫港扬威马迹大七洋大小衢上下川诸险则不得掩苏松嘉兴此地险也一处失守蔓延各处不可以彼此分远近异也且贼长于陆战短于水斗以其船不敌而火器不备也在我宜用所长弃所短则莫若恃海船请以见在把总船只通行查齐不足则令福建如法添造或即令沿边地方买补每大小船百只或五十只号为一艅募以惯习柁工水稍而充以原额水军于前诸海口各量缓急以为置船多寡又为游艟数艅分布上流往来要害海军刍粮衣甲之给比陆军加优令其更番巡逻并力捍御来遏其冲去击其惰责以毋令贼入贼入而力拒有功者升赏其失备者重究此御寇之长策也故法不可不厉也臣闻倭之入也岂尽无军之患盖有军而移入便地者矣有失于巡哨者矣甚有买渡报水受其钩饵者矣若此则地方奚赖焉夫百处守之一处失之无益也千日防之一日疏之无益也事在督抚及海道诸臣明信其赏罚耳

乙巳倭舟三十余艘众约千余人自海洋突犯苏州青村所攻城不克遂纵火自焚其舟登岸肆劫是时新倭复大至自青村外若南沙小乌口浪港诸处悉有贼至泊岸即焚舟散劫

戊申南京湖广道御史屠重律奏江南倭寇军饷不足窃观耗破之弊实有数端召募军士动辄败没是费数十万金不得一夫之力一也城守攻筑旷岁无成是费数十万金不得失地之守二也土兵之选勇怯无择衣粮之蠹日费千金三也海上艘舰掳夺漂毁修造所需不可纪算四也甲胄之制数多费广一遇接战裸体而归五也器械火药耀目振耳临阵掩弃只为盗资六也六蠹不去则尽帑藏泄之尾闾矣至于加派田粮劝借富户有司假此扰民驱之为盗俱宜严饬务俾撙节爱养以求成功疏下户部议行

甲寅柘林倭贼纵火自焚其巢驾舟二百余艘出海东遁

（六月）甲戌三丈浦倭驾舟出海总兵俞大猷引舟师遮击之斩首一百三十有奇冲沉贼舟七艘贼遁泊海洋三板沙

戊寅原犯浙江倭还侵吴江参政任环总兵俞大猷督水陆官兵邀击于莺脰湖平望等处斩首七十九级生擒贼五人余贼奔还嘉兴

庚辰三板沙倭贼抢吴船出洋参政任环总兵俞大猷引舟师追击于马迹山擒倭首摊拾卖及从贼五十七人斩首九十三级是日倭舟有被海风飘回者舟坏余贼五十人屯嘉定县民家参政任环以耆兵攻之不克伤亡几三百人乃投火民宅爇之贼尽死

乙酉蔡泾闸倭至夏港镇副使王崇古督水陆兵夹击之贼遂出港泊浅沙分舟南犯至靖江陈公港登岸我兵急击之斩首四十有奇余贼走入民家我兵焚而殲之

（七月）癸丑江南金泾许浦白茆港诸倭俱载舟出海总兵俞大猷督各水兵把总刘堂大雷余昂等引舟师追及于茶山纵火焚其五舟余贼走马迹山三板沙我兵复追击之坏其三舟凡斩贼六十七级生擒四十二人是时江阴蔡港倭亦引舟出洋我兵分击于马迹马图宝山等处共擒斩九十余贼值飓风大作贼舟多溺官兵船坏损者亦众次日柘林倭亦载舟出洋为我兵冲击反海风□荡沉没二十余舟余贼复回泊海港登岸劫掠

（丁巳）督察军情侍郎赵文华奏六月间松江三丈浦余倭登舟欲遁泊登沙北候汛太仓知州熊桴督福沙兵船追击之沉贼船七俘贼一人斩首一百三十余级又有原犯江北倭舟十流突嘉定吴淞江把总刘堂引舟师击于外洋俘贼五十七人斩首九十三级请告庙献俘并叙录桴及嘉定知县杨旦参政任环功环宜升武职桴补佥事董邦政缺且重加升赏兵部覆言任环忠勇屡立奇功武职无前例请如大同知府王诰例荫子邦政在任桴宜别处以地方之职余功以次论叙得旨任环荫一子为原籍卫所千户随军杀贼熊桴升本府同知添注练兵把总刘堂等各升二级杨旦赏银二十两贼久未平亟令督抚等官矢心剿贼以靖地方毋忽

总督直隶浙福军务右都御史张经浙西参将汤克宽逮至京师诏下法司拟罪经上疏自理曰臣自昨岁十一月受总督之任于时倭方盘据柘林川沙洼其众且二万余吴会民兵脆弱无可制御臣乃奏调田州东兰那地南丹归顺等州狼兵五千名永顺保靖二宣慰司土兵六千名盖欲合力并势为必胜之算耳今岁三月初田州土官妇瓦氏及东兰等州官舍各兵继至臣从宜分布以瓦氏兵配总兵俞大猷屯金山卫为捣巢西路以东兰那地南丹三州兵配游击邹继芳屯闵行为捣巢北路以归顺兵及募至思恩兵广东东莞打手兵配参将汤克宽屯乍浦为西路右哨各令相机战守及三月末侍郎赵文华至松江大赉诸将辄令进讨然远调之兵新至之将贼情地利皆所未谙游击白泫以田州兵千余往探陆哨遇贼伏卒杀其头目钟富损兵大半则狼兵之不宜骤用明矣及四月二十日永顺保靖兵至其日巢贼四千余突犯嘉兴臣即委参将卢镗督保靖兵援嘉兴委俞大猷督永顺兵由泖湖间道趋平望以扼贼路令汤克宽引舟师从中路击之一战而胜凡斩馘一千九百有奇焚溺死者无算贼气遂馁此臣日夜苦心审机虑胜岂有一毫怠事之念哉自臣莅任方半年前后俘斩以五千计惟是智略浅短不能使积年剧寇俄顷扫荡此则臣之罪也疏入不报经克宽竟论死系狱

（八月）辛未柘林倭载舟出海佥事董邦政总兵俞大猷各督所部水兵分哨击之斩首七十有奇获船九只邦政复以嘉定兵击贼于宝山斩首九十八级

乙亥柘林开洋贼遭风坏三舟余贼三百有奇自蔡庙港登岸流劫至华亭县陶宅镇据之南京御史金淛陶承学言中国叛人王直久住日本主谋煽祸乞要悬立爵赏俘馘贼首及将两京十三省见监并缘事大小武臣许令杀贼赎罪又公侯勋戚世臣有蓄养家丁行令督率效用兵部议覆赏格宜如宣大例有能擒斩王直来献者封以伯爵赏银一万两授坐营坐府职衔管事有斩获党酋如明山和尚辈者授指挥佥事赏银三百两缘事武臣本犯仍监候

许子弟家丁报效赎罪充军以擒斩十名颗永远充军者以二十名颗死罪者以三十名颗为率勋戚家丁事情未便姑已之诏悉从部议第武臣犯死罪者不准赎

壬辰督察军情侍郎赵文华陈海防五事一复更番出洋之制国初海防之设极善今乃列船港次犹之弃门户而守堂室浸失初意宜分乍浦之船以守阳山苏松之舡以守马迹定海之舡以守大衢三山品峙哨守相联更以副总兵屯泊陈钱之岛以扼三路之冲使贼不得越二总兵既屯海上须藉舟师今所造福舡未办所调广舡未集请以宁绍台温苏松捕鱼舡及下八山捕福仓等船约束分布相兼战守三浙直地势相连互为齿唇宜设正副总兵官二员分驻金山临山会要之地共守陈钱而以参将分守马迹等三山各督信地则势成犄角四沿海一带军伍不充请籍见募乡兵万人岁给半粮免其它役给闲田屯种仿古寓兵于农之意五拒寇海中功与战胜内地者异宜优其升赏斩贼一颗为首者升二级为从者给赏总兵等官能使贼船不得登岸者以保障论功若无首级而止获贼舡者亦以大小论级兵部覆其议俱可得但乡兵万众人给半粮当议所出恐江南赋已繁重未免分扰事宜寝上从部议

苏松巡抚曹邦辅檄佥事董邦政把总娄宇以沙兵击浒墅关倭歼之初贼自宜兴奔苏州会柘林贼为风飘旋者三百余进据陶宅港邦辅虑二贼合且为大患……历八十余日始灭

(九月)戊申倭舟三艘泊台州海洋之螺门备倭都指挥王沛等引舟出哨遇于大陈山屿擒贼十七人斩首九级余贼弃舟登山走匿我兵焚其舟四面环守参将卢镗以大兵会之入山搜剿生擒真倭乌兽美他郎酋首林碧川等八十四人斩首三十八级由是三舟之倭尽殄

(十一月丙申)曹邦辅言川沙洼之贼集至四十余艘而继至未已副总兵俞大猷把总刘堂乃拥兵观望纵贼合腙请究治其罪上谓大猷纵寇所宜逮治姑革其祖职揭黄令军门责取死罪招杀贼立功别举代者堂革职充为事官管事

辛丑有倭二千余人自海洋驾舟四十余艘先后入川沙洼与旧贼合势登岸沿浦东一带焚劫四团八灶等处

(壬寅)总督杨宜亦言土兵未可遽恃请募浙直义勇山东箭手及浙直福建湖广卫所漕运官军广东战舰兵勇赴军听用疏下兵部议福建江北湖广远者不可调其永保宣慰土兵用之已效者仍听征发余如所请从之

戊申命南京中书府佥书署都督佥事刘远充总兵官总理浙直海防军务

壬子倭寇八十余人驾舟泊浙江海盐县之秦驻山登岸劫掠

闰十一月壬戌朔巳己周浦寺倭以官兵围攻日急于初二日夜悉众东北奔统领川兵游击曹克新邀击之斩首一百三十余级贼遂入川沙洼与巢贼合四川山东诸兵日夕伺击之贼乃焚巢载舟出海副总兵俞大猷兵备王崇古合兵入洋追之及于老鹳嘴斩首一百七十余级生擒四十七人冲毁贼巨舟八艘余贼奔上海浦东

丁丑光禄寺卿章焕上疏陈御倭之策言……夫御倭之道来则拒之去则备之言战不及守非良策也何者东南无重关阻隔无高山瞭望波涛滉瀁隐见难窥风帆迅疾顷刻可至不能预守是海壖之险贼与我共之者也臣闻贼远来人持数日之粮未达岸多苦饥者贼之死命制于数步之内矣徒以海滨廪藏露积故贼至而据之因以为食既饱则所向无前乘人不备如使蓄积收敛野无所掠此贼坐困之道也……

(十二月)己巳督察浙直军务侍郎赵文华疏乞还京许之文华初奉命至浙适广西田州等狼兵调至其土官妇瓦氏等知倭有厚蓄锐意请战文华惑之亟趋总督张经进兵不得则上书痛诋之及湖兵至经进战三江泾大捷竟以文华前谗被逮代之者为周珫杨宜皆庸驽无远略由是各兵漫涣贼势益炽文华激奖瓦氏亟战亡其卒十七八无尺寸功文华乃大沮及苏州殄灭流倭文华欲攘功后期计陶宅遭飓余倭可取以自饰乃大集浙直水陆兵四面攻之大败兵将伤亡甚众后促浙直再进兵皆不克副使刘焘巡抚曹邦辅仅以身免文华始知贼未易图即有归志及十一月川兵破周浦贼俞大猷复有海洋之捷文华遽言水陆成功江南清晏臣违阙日久请归供本职是时

海洋回倭泊浦东川沙旧巢及嘉定高桥皆有倭据而新倭来者日众浙东西破军杀将羽书沓至文华乃以寇息闻其欺诞若此

（三十五年二月）丙子兵部奉旨复议九卿科道条陈御倭事宜一选武职海上将官惟卢镗俞大猷可用宜贷罪还职责其后功浙直总兵刘远未谙水战宜罢回南京左军带俸一任文职教授韩宗福通判罗拱辰佥事董邦政皆知兵不宜以诖误废弃典史吴成器屡立奇功尝不次用之……一守要害防御之法守海岛为上宜以太仓崇明嘉定上海沙兵及福苍东莞等舡守山阳马迹宁绍台温及下八山采捕福苍东莞等舡守普陀大衢其陈钱山为浙直分路之始狼福二山约束海尾交接江洋亦属要害宜令通泰兵备参将督水兵固守万一登岸则副总兵以陆兵遮击之一明职掌浙江参将俱随时创设职守未明请以杭嘉湖为一道温处为一道宁绍为一道各给敕符旗牌其临观昌国金盘等处把总一如直隶事例听抚按会举温处守备及旧设浙江总督备倭都司系冗员宜裁革……一论奇功如在海遇贼能遏其近港即近港能遏登岸又如登岸有冲锋破阵追之出境者有所部兵少而斩获多者均谓奇功听总督纪功御史勘报破格升赏一分信地凡守备把总及海防府州县佐各有信地贼至不能拒守固有常律若能奋勇斩擒许以赎之即罪少功多仍以功论如贼从他路出境有邀截擒获者所得即以与之仍照例升赏一计职任武将自守备以下文官自海防同知以下所将卒五百擒斩真倭五人升一级十人加一级所将卒一千每立人升署一级十人实授一级各以例递升至二级而止如先获功后失事革职者准赎其余功罪参将照所属分论兵备随之总副合所属通论巡抚随之一行抚谕近侍郎赵文华获降倭知入寇海贼俱系日本所属野岛小夷为中国逋逃所引其王未必知也乞遣官敕朝鲜令其传谕日本国王禁戢诸岛疏入诏俱如议

行礼部奉旨查覆祖宗时宣谕日本故事宣德七年曾遣内臣柴山赍勅至琉球令传谕日本来朝嘉靖二年为宗设等犯顺而琉球贡使适至复令谕之此皆以夷驭夷事之已效者也今朝鲜慕义在琉球之上又尝有遮杀宗设功为诸夷所惮请俟其使至给敕宣谕如兵部言诏可既而会浙直奏凯事寝不行

丙戌倭四十余舟乍浦登岸流劫松江嘉兴

四月己丑朔巡按浙江御史赵孔昭奏两浙苏松福建连岁被倭赴任官往往以道远限宽得耽延规避请革水程使之无所借口部覆江南水路艰险难以概革今宜计其所受地在二千里内可以刻期至者革之在外者仍与水程如故报可

甲午昨岁浙江巡抚胡宗宪请遣使移谕日本国王禁戢岛夷并招还通番商犯许立功免罪既奉俞旨遂以宁波府生员陈可愿蒋洲往及是可愿还言初是定海开洋为飓风飘至日本国五岛遇王直毛海峰等言日本国乱王与其相俱死诸岛夷不相统摄须遍晓谕之乃可杜其入犯有萨摩洲贼舟未奉谕先已过洋入寇矣我辈昔坐通番严禁以故自绝实非本心试令中国贷其前罪得通贡互市愿杀贼自效遂留蒋洲传谕各岛而以兵舡护可愿先还宗宪以其事闻且言洲等奉命出疆法当径抵日本宣谕其王为正今偶遇海峰等于五岛地方即为所说阻而旋就中隐情未可逆睹以臣臆度大约有二或惧传谕国王于若辈不便设难邀阻或由怀恋故土拟乘此机会立功自归乞令本兵议其制驭所宜俾臣等奉以从事疏下部覆东南自有倭患以来有言悉航海好商王直毛海峰等以近年海禁太严谋利不遂故勾引岛夷为寇者有言彼国遭荒米贵各岛小夷迫于饥窘乃纠众掠食国王不知者用兵数岁捕获亦多招报参差茫无可据故昨岁礼部从抚臣之请遣使侦之今使者未及见王乃为王直等所说而返其云禁谕各夷不来入犯似乎难保且直等本我编氓既称效顺立功自当释兵归正乃绝不言及而第求开市通贡隐若夷酋然此其奸未易量也宜令宗宪等振扬威武严加提备仍移文晓谕直等俾剿除舟山等贼巢以自试其信果海壖清荡朝廷自有非常恩赉其互市通贡姑俟蒋洲回日夷情保无他变然后议之疏入报可

己亥倭舡二十余艘自浙江观海登岸攻慈溪破之杀乡官副使王镕知府钱涣等大掠而出军民死者数百人

甲辰江北倭流劫至圌山山北等港无为州同知齐恩率舟师迎战败之斩首百余级

（五月）甲戌以倭乱命再调永顺保靖土兵六千听总督胡宗宪调度守浙直募南赣兵千人两广水兵五百听南京兵部尚书张鳌调度守南京

乙亥倭寇自慈溪入海泊鱼山洋听抚贼毛海峰等助官军追击之擒斩首八十人

丁丑浙直总督胡宗宪遣使至桐乡谕贼首徐海陈东解围海听命归我俘二百人东不从复留攻一日始退屯乍浦

(六月)壬辰广东倭寇劫掠潮州等处抚臣谈恺以闻因请以本省兵船调赴浙直军门者掣还自救其军饷取之赃罚银部覆并海诸省俱系要地宜令恺与胡宗宪酌议役中事势缓急以为去留不得自分彼此

丙申苏松倭寇自黄浦及七丁港遁出海总兵俞大猷督水兵追战大败之斩首三百余级

七月丁巳朔戊午巡抚应天都御史张景贤奏四月中福山港水兵叛降倭寇引入内地劫掠因劾把总指挥姜旦贪残激变等罪诏巡按御史逮旦至京问总督浙直胡宗宪奏贼首毛海峰自陈可愿归后尝一败倭寇于舟山再败之于沥表又遣其党说谕各岛相率效顺中国方赖其力乞加重赏兵部覆兵法用间用饵或招或抚要在随宜济变不从中制今宗宪所请当假以便宜使之自择利害而行事宁奏请诏可

辛巳官军追击倭寇于乍浦大破平之初浙西寇惟陈东所部最强久扰新场既而徐海后至与之合桐乡之围海先在三里桥阵伤推东前进久之不克及胡宗宪间使至海麾其兵遽退东不得已从之于是东遂与海有隙宗宪微知其情乃乘间急说下海使为内应海许诺即计擒东及其党麻叶等百余人以献而自帅其所部五百余人离乍浦别营梁庄官军遂围乍浦巢用火攻之连战斩首三百余级焚溺死者称是夺回被掳男妇七百余人余贼有遁入海者指挥邓城引兵追及之沉其舟无一人得还

丙戌巡按浙江御史王极条陈备倭事宜其略言倭夷之情有四一登岸之初必尽焚其舡誓不反顾故其党皆为尽死一攻城临敌必以被掠之民使为前驱以自蔽而徐出其锐兵乘我之乏一遇客兵精勇先示以弱引之绝地则伏起夹攻我兵遂乱一所掠货宝往往佯败而走遗之阵前伺我兵逐利之际因还击之此贼之所以常利也

(八月)辛亥官军进剿海寇徐海等于梁庄大破平之初海既转□陈东等退屯梁庄听抚时索舡索赏进退未决其部众无所得食稍稍出营卤掠至是官军四面俱集保靖容美兵自金山至永顺兵自乍浦至赵文华遂欲乘势剿海执海众劫掠为词使人责问之海知有变乃阻深堑是守为迎战备信好既绝我师遂薄贼营会大风纵火诸军鼓噪从之海等穷迫皆阖户投火中相枕藉死于是浙直倭寇悉平

十一月丙辰朔庚午初五月中倭船四艘自浙直败还飘泊至朝鲜境朝鲜国王李峘遣兵逆击于海中尽歼之得中国被虏并助逆三十余人至是因遣陪臣沈通源等入贺以闻并归我俘

(庚午)操江高捷言狼福二山倭寇出没之所增募水兵万人从之

三十六年二月乙酉朔壬辰兵部覆南直隶督抚等官胡宗宪等奏直隶沿海之地水兵把总则有吴淞江刘家河福山港镇江圌山五总然各守信地不相联络宜添设游兵一部拨给福舡五十艘令把总官一员统之以为声援仍听副总兵调度报可

(三月)辛巳提督操江都御史高捷疏陈江防事宜一补额军原额操江官军一万七千余名今缺少大半宜行南京锦衣等卫所照数勾补毋得营改别差避重投轻一择将领新江口操江把总哨总卫总等官旧规俱守备衙门推委官之贤否岂能尽知宜令操江会同选补一重责成江海水面原无限隔虽经分屯把守逐节会哨若使拘泥信地不相应援亦难防贼宜将兵分正奇南北内外互相援剿有功失事各视主客通论一悬异赏倭寇新来之船中无所有及其满载而后尾击则地方已受害甚矣请以迎击来船之赏列之遮击去船之上去船止论首功来舡兼论舡只兵部议覆报允

四月甲申朔甲午倭犯江北先一舟自如皋县掘港登岸焚劫贼凡七十余人官兵合势急击歼之于白蒲镇

戊戌倭寇五十余人自衢山登岸浙江海道副使王询诱而擒之

壬寅倭至通州攻城不克遂分二路西行犯如皋泰兴是日复有倭舟七艘自金沙登岸

(五月)庚申高邮倭入宝应县信宿而去突犯淮安府掠舡四十余艘旋复入宝应县烧毁官民廨舍

壬申宝应倭掘县北土坝泄上河水入乃驾舟溯东乡由盐城至庙湾入海居数日开洋东遁

六月壬午朔乙酉淮扬兵备副使于德昌督水陆兵击倭于安东县参将刘显率苗兵直前冲贼亲斩其渠首贼众披靡诸军鼓噪继进贼走争舟我水陆兵夹击之斩首百余级贼多焚溺死者余众乃驾舟奔遁退泊于云梯关寻自刀门港遁

辛丑有折桅倭舟一艘飘泊海州东陬山居数日夺舟而去

(八月)甲辰先是浙直总督胡宗宪为巡抚时奏差生员陈可愿蒋洲往谕日本至五岛遇王直毛海峰先送可愿还洲留遍谕各岛至丰后阻留转令使僧前往山口等岛宣谕禁戢于是山口都督源义长具咨送回被掳人口咨乃用国王印丰后太守源义镇遣僧德阳等具方物上表请罪请颁勘合修贡护送洲还及前总督杨宜所遣郑舜功出海哨探夷情者亦行至丰后丰后岛遣僧清授附舟前来谢罪言前后侵犯皆中国奸商潜引小岛夷众义镇等初不知也于是宗宪疏陈其事言洲奉使宣谕日本已历二年乃所宣谕止及丰后山口丰后虽有进贡等物而实无印信勘合山口虽有金印回文而又非国王名称是洲不谙国体罪无所逭但义长等既以进贡为名又送还被掳人口真有畏罪乞恩之意宜量犒其使以礼遣回令其传谕义镇义长转谕日本国王将倡乱各倭立法钤制勾引内寇一并缚献始见忠款方许请贡疏下礼部言来使宜优赍遣回如宗宪议其宣谕一节事关国体未可轻易诏仍详议具奏部臣乃请令浙江右政司以有司之意移咨风示义镇等转谕其王一如宗宪议报可

九月辛亥朔壬子巡按福建御史吉澄言去年十月间浙江邱家洋残倭数百人由温州海洋突入福宁州间峡三沙等处守土诸臣不能防遏以致蔓延地方多所残害因列上文武诸臣失事罪状及诸死事当恤者兵部议覆得旨海道副使陶大年降一级都指挥等官来熙等革任指挥刘继良等下御史问布政使赵维垣而下夺俸有差阵亡百户黄宏袭升其子一级生员陈坡量赠官职伊男准与冠带俱立祠岁祀

十一月庚戌朔乙卯总督浙直福建右都御史胡宗宪以擒获海寇汪直等来闻直本徽州大贾狎于贩海为商夷所信服号为汪五峰凡货贿贸易直多司其质契会海禁骤严海壖民乘机局赚倭人货数多倭责偿于直直计无所出且愤恨海壖民因教使入寇倭初难之比入则大得利于是各岛相煽诱争治兵舰江南火被其害已而中国召集四方劲兵御倭倭往往遭损伤有全岛无一人归者其死者亲属亦复咎直直恐乃与诸中国商若毛澉叶宗满谢和王清溪等共以其众屯五岛洲自保澉宁波人号毛海峰宗满号碧川谢和号谢老与王清溪皆漳州人悉积年贩海通番为奸利者宗宪与直同乡习知其人欲招之则迎直母与其子入杭厚抚犒之而奏遣生员蒋洲等持其母与子书往谕以意谓直等来悉释前罪不问且宽海禁许东夷市直等大喜奉命即传谕各岛如山口丰后等岛主源义镇等亦大喜乃装巨舟遣夷目善妙等四十余人随直等来贡市以十月初至舟山之琴港泊焉是时浙东西伤于倭暴闻直等以倭船大至则甚惧恐竞言其不便巡按浙江御史王本固奏直等意未可测纳之恐招侮于是朝议閧然谓宗宪且酿东南大祸而浙中文武将吏亦阴持两可直既至觉情状有异乃先遣澉见宗宪问曰吾等奉招而来将以息兵安邦谓宜信使远迓而宴犒交至也今兵陈俨然即贩蔬小舟无一近岛者公其给我乎宗宪委曲谕以国禁固尔誓心亦无他澉以为信已而夷目善妙等见副总兵卢镗于舟山镗诱使缚直等直大疑畏宗宪百方说之直终不信曰果不欺可遣澉出吾当入见耳宗宪即遣之直党仍要中国一官为质于是以指挥夏正往直与宗满清溪来见宗宪好言慰之令系按察司狱具以状闻请显戮直等正国法始准义长等贡市永销海患或曲贷直等死充沿海

戍卒用系番夷心俾经营自赎御史本固阘于事机力以为未可而江南人讻讻言宗宪人直善妙等金银数十万为求通市贷死宗宪闻而大惧疏既遣追还之尽易其词言直等实海氛祸首罪在不赦今幸自来送死实藉玄庇臣等当督率兵将殄灭余党直等惟庙堂处分之时直等三人来留激谢和在舟本固复言诸奸逆意叵测请严敕宗宪相机审处务令罪人尽得夷不为变于是严旨责宗宪擒剿宗宪乃集兵舰环夷舟守之夷挟货无所售既索直等不出见兵船逼之益急乃扬言责中国渝约数出怨怼语移舟据舟山为固宗宪仍以好言挑之令尽缚送中国人将与善妙等为市夷已狎知诳之然冀幸万一彼此以卮言相支调云

三十七年正月庚戌朔庚申倭犯广东潮州之鮀浦攻蓬州千户所破之

乙亥先是三十五年倭寇自浙直败还入海至琉球境上中山王世子尚元遣兵邀击尽歼之得中国被虏人金坤等六名至是遣陪臣蔡廷会等入贡献还坤等因言远夷穷岛入贡之使须乘夏令过南风汛始得归国乞如三十四年例听于福建海口每岁自行修买归舟不候题请上嘉其忠顺许之

三月己酉朔甲子提督福建军务右副都御史阮鹗有罪诏锦衣卫遣官校逮系来京问昨岁倭犯福州洪塘南台等处鹗不能制则取布政司银数万两及改机绸数百疋金花千枝牙轿数乘赂之并遗以新造巨舟六艘俾载而去鹗狡诞贪纵原无应变略初以讲学要取虚誉既督学浙江谄奉赵文华胡宗宪文华遂奏设福建提督以鹗为之鹗在闽不措一筹而极意以自丰殖诸所掺索加派动以千万计其挥顿如泥沙所至帷帟盘盂率以绮绣金宝为饰所部卒及所挟浙生林念皆怙势作威虐掊尅奸淫甚为闽人所苦而鹗岁时纳厚赂严世蕃所以为根盘计至是御史宋仪望于条陈疏中发其奸给事中刘佑继而劾奏之且指言其十罪上览疏大怒遂命械治之

(五月)甲戌福建倭结艅自海口出港参将尹凤督武举杨承业等引舟师击之冲沉贼舟七斩首六十八级生擒七人余舟败遁凤等追至东洛外洋及七礁白犬棕衣大洋等处斩首百有余级生擒十有六人铳伤及溺水死者甚众福兴倭患由是少熄

七月丙午朔丙辰以浙江岑港海寇未平诏夺总兵俞大猷参将戚继光把总刘英职级期一月内荡平如过限无功各逮系至京问并夺兵备副使陈元珂曹金俸令侍郎胡宗宪督之剿贼若失事者连坐初宗宪遣还毛海峰诱降王直及直至下狱海峰遂绝与倭目善妙等列栅舟山阻岑港而守官军四面围之虽颇有斩获然海中数苦毒雾贼凭高死闻我兵莫利先登多陷没者是时新倭大至朝议虑其先后合艅为害将大屡下严旨促宗宪督诸将及时平贼宗宪惧得罪乃上疏侈言水陆战功谓贼虽未殄灭兵决可期月而待于是科部臣极言其欺诞并劾失事诸臣乃有是命

闰七月丙子朔丁酉巡抚福建佥都御史王询言福建自被兵以来设参将二员一哨于海一防于陆然水陆之任分而利害利南北之势悬而首尾分各无信地互相观望臣按闽中之势福宁北路之要害也寇自台温来者必犯之诏安南路之要害也寇自广潮来者必犯之诚得专将分守兼辖水陆贼虽狡悍岂能越境请以福建福兴为一路领以参将黎鹏举驻福宁水防自流江烽火门俞山小埕以至南日山漳泉为一路领以参将王麟驻诏安水防自南日山至浯屿铜山玄钟走马溪安边馆凡水陆兵及诸卫所官军有司团练民兵皆听节制又福建省城介在南北之中而去海不五十里宜有重兵请更设参将一人以署都指挥佥事曾清充之部领哨船选募精锐五百人往来闽安镇东福清并海之间与主客兵互相应援其本省原调广西向武州土兵日久思归宜从其使而于湖广桑植麻寮二土司各调兵二千人代之兵部覆奏报可

十月甲辰朔辛亥浙江岑港倭徙巢柯海总督侍郎胡宗宪屡督兵讨之不能克于是南京御史李瑚追劾宗宪私诱王直启衅巡按御史浙江王本固南京给事中刘尧诲亦劾其老师纵寇滥叨功赏请行追夺尧诲又言前淮扬之变知府石茂华刘崇文等婴城自保顾得援军之力却贼冒赏御史马斯臧伪增攻次亦当并治兵部覆请切责宗宪而令查盘科道罗嘉宾庞尚鹏并勘斯臧等事上曰宗宪可军务重寄宜去与留其令在廷集议毋党护依违斯臧等本兵既据勘堪拟赏矣如何又勘其并议上于是成国公朱希忠等史部尚书吴鹏等议言宗宪功多当切责留用如部议斯臧等事已前决当置勿问如上旨上手答曰妖逆成直罪浮贼富本宗宪用计诱获人皆知者小人嫉功会彼奏上玄瑞遂尔有言朕览诸疏付之丞弼张拟用存公论耳是议亦不分是非不明功罪宗宪其仍旧用心平贼以

副简眷未几宗宪上疏自辩曰王直为东南大患节经兵部题奉钦依先有购求之文后有许降之议臣仰承庙算不惜身家而百计以图之兹幸擒获言者诬臣为私诱诋臣为专擅又以今岁继来之寇谓由臣擒直启衅致之是将嫁无穷之祸于任事者之身推原其意岂欲人人皆畏首畏尾不敢一奋然担当国事然后为可耶昔岁臣任巡按时徐海陈东麻桑之徐已盘据松江结巢柘林攻城破邑者四年矣彼皆王直党也果何人招致何人启衅乎矧直猾谲善战久雄海上昔年以孤舟住泊外表总兵俞大猷时为参将以福舡五十艘攻围数月竟尔逸去以此观之此酋非可以力胜非可以常视者也方直跳浪海洋中外惊诧以为猛虎毒蛇不帝丘富臣苦心积虑幸而获之乃言者复以么么视之夫直诚么么与海上事无轻重也不足为臣功已矣而又安得为臣大罪耶臣力竭智殚怨多毁集愿毕力以除舟山余孽退伏斧钺唯圣明裁察上复报曰卿计获妖贼人所皆晓特以献瑞故人不敢直指引军事以害卿耳卿宜竭诚展布以平余氛不允辞

十一月甲戌朔丙戌柯海倭驾舡出海总兵俞大猷等自沈家门引舟师横击之沉其末艘稍有斩获各贼舟趍洋南去由是福兴潮广间纷纷以倭警闻矣

(三十八年三月)甲午总督浙直福建都御史胡宗宪言舟山残孽移住柯海即其焚巢夜徙力已穷蹙小船浮海势易成擒而总兵俞大猷参将黎鹏举防御不早邀击不力纵之南奔播害闽广失机殃民宜加重治上命巡按御史逮系大猷鹏举来京讯治柯海倭之出海宗宪实阴纵之故不督诸将要击及倭既出舟山即驾帆南泛泊于浯屿焚掠居民由是福建人大噪谓宗宪嫁祸南道御史李瑚遂劾参宗宪数其三大罪瑚与大猷俱福建人宗宪疑大猷漏言于瑚故诿罪大猷以自掩饰如此

辛丑倭犯江南崇明县泊舟三沙地方登岸烧劫

四月壬寅朔倭船数百艘转掠江北扬州海门等处

乙已倭寇二十余突犯饶平海丰攻破黄冈城巡抚南赣都御史范钦等请责成两广军门移驻惠潮近地调兵剿御事宁议掣仍留谋勇将官一人领兵戍守

丙午福建新倭大至且多赍攻具先攻福宁州城经旬不克乃移攻福安县破之其沿海诸邑若长乐福清等境悉有倭舟是时广东流倭往来诏安漳浦间浙江前岁舟山倭移舟南来者尚屯浯屿加之新寇遍福与漳泉等处无地非倭矣

辛亥北洋有倭二十余艘副总兵卢镗引兵出哨御之倭舟泊三爿沙我兵急攻之斩首一百二十三级生擒一人倭敛入三沙不出

(甲寅)参将黎鹏举以舟师击倭于海中七星山屏风屿斩首六十七级生擒六十八人

乙卯诏发倭僧清授于四川寺院安置初清授随侍郎杨宜所遣郑舜功至宁波未几总督胡宗宪所遣生员蒋洲复以僧德阳至俱上书求贡市朝议未允令量赏遣归未行间而王直就擒岑港所泊诸夷遂结艘拒我师焚德阳舟山所居道隆观合势开洋去清授原不与诸舟同来又居定海七塔寺诸夷亦不索之至是尚羁留未遣宗宪疏言倭情已可见清授不必遣还然留之浙西非宜请用洪武年间故事发四川各寺安插兵部议覆从之

丁卯巡抚凤阳都御史李遂言倭寇前结艅扬帆直入杨树港登岸焚劫次日径犯狼山泊芦潭港遂过通州海门至白蒲焚烧庐舍劫掠民财副总兵邓城募造兵船战具无不完备足堪防剿乃骄玩迟疑致猷猖獗乞正其罪

五月壬申朔先是舟山倭遁至旧浯屿结剧贼洪泽珍等栖泊海山水陆分扰巡抚福建都御史王询率兵击败之以捷闻且言原任参将充为事官王麟黎鹏举把总指挥魏宗瀚等缘事署都指挥佥事王梦麒逐剿有功乞命麟宗瀚等戴罪杀贼梦麒付兵部□录推用从之总督浙直福建都御史胡宗宪及巡按御史周斯盛以倭犯宁绍台温

驰报下兵部覆言自倭犯以来廷议增设总兵等官其余还将练兵征调转饷诸凡经略之规盖详且尽矣而竟未收全效如往岁舟山之贼逐剿几尽将谓无遗孽矣而春汛一临群然四集今各路登岸及在洋先后至者无虑数万岂尽皆岛夷哉实沿海顽民互相构结或盘据近地或潜泊海洋方其煽乱则谓之来及其少熄遂谓之去乘其少挫便谓之捷幸其它往因谓之安耳如此不已恐征调日烦催科日扰将致生他变乞勅宗宪等仰思重寄矢画远猷严督水陆官兵刻期剿绝毋徒纾目前之急必潜消意外之虞可也上然之

戊寅倭围福建福州府城且一月至是始解悉将辎重登舟环泊橘园洲等处

癸未福建浯屿倭始开洋去此前舟山寇随王直至岑港者也屯浯屿且经年至是乃遁其毛海峰者复移众南岙建屋而居

戊子崇明县三爿沙倭贼合艅踵至官军出海邀击斩首一百余颗总督侍郎胡宗宪等以捷闻诏赐宗宪并视军情右通政唐顺之各银三十两纻丝二表里巡抚应天都御史练锭二十两一表里余获功人员行巡按御史核实具奏

甲午庙湾倭被围日久我兵水陆迭攻百计挑战贼终不出副使刘景韶乃督卒填壕堑夷树木严兵逼垒而阵贼终不出乃令水兵载苇焚其舟贼争救舟我兵乃撤其所营西街墙屋贼撮营东街致死敌御杀伤甚众其垒益固于是景韶约二十西日水陆进击是日夜雨倭乃潜遁入舟我兵进据其巢追奔至鰕子港颇有斩获余倭无几不复能战乘风开洋而去于是江北倭寇尽平

丙申福建永福等倭驾舟开出梅花洋参将尹凤备倭指挥张侨等以舟师分击之斩首一百七级生擒九人

己亥福建出洋各倭复回舟泊澳头

六月辛丑朔丁巳福建倭自梅花洋开船遁参将尹凤以水兵追击于横山斩首一百二十余级生擒三十二名

七月庚午朔戊子先是巡按浙江御史王本固南京御史李瑚各参劾总督浙直都御史胡宗宪岑港养寇温台失事掩败饰功之罪诏下查盘科道官罗嘉宾庞尚鹏从实核报至是嘉宾等奏覆岑港倭凡五百余人于三十六年十一月随王直至求市易及王直被擒见官兵浸逼烧舡上山据险屯驻至三十七年七月间携带桐油铁钉移驻柯梅造舟至十一月舟成于十三日开洋去讫今泊福建浯屿其温州三十七年之寇则自三月间至流劫乐清瑞安永嘉平阳等境府城及瑞安乐清二县盘石宁村等所皆被围逾月杀指挥刘茂朱廷钥千户周宾百户刘源季爵秦杭乡官佥事王德医官王崇太等至六月初由飞云港等处开洋而遁其台州之寇亦同三月间由松门澶湖登岸流突临海黄岩太平仙居宁海天台等境且编府城及太平县城数被攻围观海卫百户陈椿太平县典史叶宗皆死于贼至五月十九等日自弟现大青开洋而去天台有遗倭潜突仙居临海知府谭纶督兵夫逐捕至六月初六日擒斩尽绝已上岑港温台失事始末大都如此至于文武诸臣功罪如参将戚继光剿贼无功通番有迹参将张四维不能邀绝纵寇复逞把总刘英遗贼酒米信地失防所当重究原任参将张鈇宁村失守全军覆没把总梅魁遇贼先逃丧师罔恤千户朱光透漏军机按兵纵盗千户王世臣失谏闻警委舟临敌撤防指挥刘大有胡震李荀等千户张辅等百户高世安等志切保身望风奔溃以上诸臣均当重究副使袁祖庚曹金等机宜弗审制御全疏但已经革任似应免究兵备副使陈元珂拥兵自卫防守不严所当降调先任海道副使今升巡抚王询综理虽乏先事之防而失事则在离任之后似应宽处至若总督浙直福建都御史胡宗宪柔佞憸人奸邪巨蠹欺君误国养寇残民岑贼移驻柯梅自焚舟厂全浙所共知也乃称官兵攻剿而妄行奏报欲饰其玩寇之愆温台极被创残荼毒官民人心所共伤也乃称斩获数多而更以捷闻求掩其殃民之罪拥劲兵以自卫恶其警报之宵传罪将领以文奸专冀本兵之内召廉耻扫地沉湎丧心捧觞拜舞于军前而伏地欢呼赞赵文华为岛夷之帝携妓醉歌于堂上而迎春宴客视总督府为杂剧之场万金投款权门而醉发狂言毕露其弥缝之巧千金追回章疏而旋更情节曲致其欺罔之私纳贿弄权出犴狱之巨奸若盐贼朱先等权侔将领专官给饷纵滑稽之武弁若指挥陈光祖富拟陶朱贪黩因仍征输繁急喜通透夷情为得策启军门倭主之谣指扣侵边饷为常规有总督银山之号招艺流厚加豢养盈庭皆狗鼠之雄假赞画而阴为利谋入幕悉衣冠之盗蔑视法典溷乱官常此一臣者宜置之重辟以彰天讨之公用泄人心之愤者也疏下兵部议覆得旨继光四维英革任仍同鈇魁等下按臣逮问祖庚等免究元珂降调宗宪询策励供职

(八月)壬戌凤阳抚按李遂陈志等各上言三沙之贼自蹈死地久因之余成擒无难而总兵卢镗师老财费乃与阴相缔结资以舟粮令往江北地方祸延邻境其余将领若副总兵刘显曹克新把总邵应魁守备卢相等均属有罪乞赐重治上命革镗职戴罪视事赂寇事抚按官查奏应魁相褫职付按臣逮问显等令住俸杀贼

九月己巳朔乙亥兵部覆巡抚凤阳都御史李遂奏剿平倭寇诸臣功次言本年江北倭前后四起一自杨树港撇港卢潭港登岸一自灶港登岸俱并为一伙约三千余人自白蒲挫败由沿海流至姚家荡追杀殆尽其残孽四五百余又在庙湾节次杀伤死亡过半所余不及三百乘雨逃遁一自廖角觜山港登岸约三四百人至曹家堡潘家庄剿杀尽绝一自青墩港登岸约六百余人至新河口亦剿杀尽绝以四月初一日闻警至五月二十三日荡平仅止五旬上深嘉诸臣功诏荫遂一子入监读书仍赏银四十两纻丝三表里副使刘景韶总督胡宗宪右通政唐顺之各三十两二表里景韶仍升二级

(十一月)庚寅查勘倭情给事中罗嘉宾条上海防四事一定督抚驻札谓总督之权关系甚重必所处适中乃可相机调度请今后总督官如值风汛或移宁台或移嘉湖悉心区画务收战胜攻取之绩一禁专泥信地各该将领平时各照所管关隘加谨防守若遇贼势重大攻劫城池不论远近星驰赴援如执信地为词不行策应者论罪一修要害卫所沿海旧有关隘各设卫所诚据险扼吭之要策今兵纪渐废请行督抚兵巡等官备查各卫所隶关港几处原设兵船火器若干责其把守防御务臻实效一重临海府分浙东宁台温三府实居海冲一遇风汛首被其害然宁温犹有海道总兵兵备参将而台州一府未尝设官总理请行军门督令分巡佥事驻札台州后有铨授将驻札地方分管道分填注文凭以示责成部覆报可

(庚寅)总督浙江直隶都御史胡宗宪谳上王直叶宗满王汝贤等狱谓直等勾引倭夷肆行攻劫东南绎骚海宇震动臣等用间遣谋始能诱获乞将直明正典刑以惩于后宗满汝贤虽罪在不赦然往复归顺曾立战功姑贷一死以开来者自新之路事下兵部会同三法司复议三犯俱不可原仍将妻子财产没入庶尽法律上曰直背华勾夷罪逆深重命就彼枭示宗满汝贤既称归顺报效姑待以不死发边卫永远充军余如议

三十九年正月丁卯朔丙子浙直视师右通政唐顺之既升任淮扬巡抚乃条上海防善后事宜一御海洋言御倭上策必御于海而崇明诸沙舟山诸山各相联络乃海贼入寇之路尤当预防自今每遇春汛宜令苏松兵备暂驻崇明宁绍兵备或海道暂驻舟山总副将官常居海中督兵分哨如有纵贼入港登岸者以次论罚并次更立赏格凡海中迎斩新倭一人即给银二十五两以示优异一固海岸谓贼至既不能御于海则海岸之守为第二著而诸将往往相推误事以致深入今宜为约沿海力战损兵折将则坐内地不能策应之罪内地残破沿海幸免则坐沿海纵贼之罪又或均之为沿海地方贼由宁绍登岸宁绍幸免残破而残破温台温台登岸温台幸免残破而残破宁绍住岁但坐地方残破者之罪今则宜并坐贼所从入者其沿海文武将吏有能冲锋御贼不得登岸深入者虽无首级亦以奇功例升赏一图海外沿海逋逃之徒为贼向导者甚众宜严行守臣多方招徕以消祸本又古者兵交使在其间自叶宗满得罪而逋逃欲归者不免自疑自蒋洲得罪而人以使绝域为讳宜量为贯减并开日本国通贡之途若抄犯如故则命朝鲜琉球二国承制转谕之一定军制调募客兵坐縻粮饷今宜急练土著必不得已而调募且先取土著如处兵沙兵之类以克其边方应募者亦必土人保任而后用之至于总督军门岁调麻阳兵宜有定额如直隶几千浙江几千专为冲锋之用听川湖军门选发俟土兵练成则调募悉罢一鼓军气国家承平日久文吏游谈而养尊武臣恬嬉而保身每一当贼败战却走颜色可怜又有遇海风而头目掉眩闻潮声而耳聋心惕者如此而望长驱海岛扫清大怼难矣宜责文臣督帅时御戎服出入军中以作武将之气武将临阵时间取溃校逃卒斩一二人以变士卒之耳目则军气自振一复旧制国初海岛近区皆设水寨今双屿烈港浯屿诸岛海贼巢据者即其故地沿海卫所军伍素整屯田亦多及金塘王环诸山膏腴几万顷皆古来居民置乡之所悉可垦种浙福广三省原设三市舶司所以收其利权而操之于上使奸民不得乘其便今数者俱已废坏宜令诸路酌时修举一别人才文官举海道副使谭论等劾台州知府黄大节武官举总兵卢镗等劾狼山副总兵曹克新一定庙谟言外患未息内变恐作迩者吴淞定海

间水卒呼粮缚官劫狱此履霜之渐不可长请行各守臣豫议招怀抚谕之略防海固圉之机具闻于上断然行之庶几灭贼有期疏入下所司复议令充新听调大节闲住余俱从之

辛卯盗百余人夜入扬州府泰兴县劫库杀人守臣以闻得旨停知县梁栋等俸及把总吕圻各戴罪捕贼初江南御倭水兵多游手少年乌合应募之众及事宁散还穷无所归流落江湖间遂相聚为盗云

二月丁酉朔己亥福宁铜山倭寇自前次突犯参顺莒冈等处守臣以闻诏福浙督抚官协谋剿除无各推避取罪以江北倭未宁添设水兵把总一员于狼山……从巡抚都御史唐顺之奏也

甲辰论擒海寇王直功诏升赏总督都御史胡宗宪等有差初宗宪遣蒋洲陈可愿招谕直等至三十六年十月直与王激叶宗满等同倭目善妙等五百人泊舟岑港请纳款通贡市是时直母及子宗宪皆羁至杭城直先遣激宗满来见宗宪厚抚谕之令宗满待其母与子书往贼见我兵严备又激不返迟回未能决则要须激出乃登岸宗宪即遣激往直犹未信索我一贵官为质宗宪遣指挥夏正诣其舟直党乃并前后往来官朱尚礼等留之直始轻身入谒军门宗宪故为款言令自系狱待命久之直党见官军四集寻知直已下狱遂支解夏正尚礼等得游归至是时三年矣其事初闻宗宪蒙赐敕奖励下按臣核诸效劳人员功次迁延不以时上宗宪乃自列状以闻请亟加甄录诏下兵部尚书杨博等会廷臣议皆言自直等煽乱朝廷不惜万金封爵之赏令天下讨贼而宗宪卒以计擒之功实非常赏宜从重其一时共事诸臣若副总兵卢镗都指挥戴冲霄绍兴府通判吴成器或控扼要害或冒险用间功宜优录

十一月癸亥朔乙丑巡抚福建都御史刘焘类奏四五月间新倭与濂澳月港等处旧寇合艅卤掠时臣甫莅任即定计擒之初战于长乐闽安先挫其气舟下兴泉逐月港崇武诸寇以及崎岭濂澳之间兵之所过陆无坚阵水无完艘凡擒斩七百有奇溺死者倍之

(四十年)十月丁巳朔辛酉山东巡抚都御史朱衡奏莱青三府地濒大海东近辽左南通浙直国家设军分守甚严日者辽左告饥暂议弛登莱商禁以济之其青州迤西之路未许通行今富民猾商遂假道赴临清抵苏杭淮扬兴贩货物海岛亡命阴相构结俾二百年慎固之防一旦尽撤顷者浙直浙倭患非后事之镜乎宜申明禁约停止为便兵报覆奏报可

(四十二年)十月丙午朔辛亥福建巡抚谭纶条陈防海善后事宜兵部覆行其五事一复水寨旧制自福宁南下达漳泉置水寨五以扼外洋法甚周悉今宜复旧以烽火门南日山浯屿三艅为正兵铜山小埕二艅为游兵寨设把总一员领之而为之分信地明斥堠严会哨殿功罪使综核有经坐收实效一处兵将副总兵戚继光宜擢为总兵镇守全闽仍增设坐营都司一员把总二员充其任使其原设三路参将宜改为守备总兵官俞大猷宜复还伸威营与南赣军门事权为一在福建止备汀漳二府山寇一处客兵福建所募浙兵列为二班班各九千人上班者以七月初一日为始用防秋汛至十月散回下班者以十月初一日为始赴戍所防春汛至六月中散回更番迭上岁以为常不得变乱行伍违误戍期……著为定例

(四十三年六月)辛卯广东官军大败倭寇于惠州海丰县倭初自福建流入广东会两广南赣各军门征调汉土兵大集乘其初至急击之贼惧悉奔崎沙甲子等澳夺渔舟入海遇暴风舟皆覆溺得脱者仅二千余人

九月庚子朔丁未原任福建巡抚谭纶以回籍守制上言自闽中被倭以来臣经略便宜自五寨三路之外已稍稍有绪然皆救患于目前而未及久安计也因陈善后大事一议将言自古军中必令大将运筹而佐以偏裨今独恃一戚继光令其左支右吾四面当寇继光虽信才勇力亦不能及也福建都行二司有备员者六人乞敕该部行抚按等官考察去留举才者补之随宜调用如守备胡守仁把总傅应嘉者以充则官不必备而分任有人矣……一宽海禁闽人滨海而居非往来海中则不得食自通番禁严而附近海洋鱼贩一切不通故民贫而盗愈起宜稍宽其法……疏入下所司议覆允行惟宽海禁设县治行抚按官再议以闻

四十四年正月己亥朔丙辰巡按直隶御史温如璋条上备倭方略一修城堡以防要害苏松滨海倭夷出没宜于川沙吴淞之间修复旱寨旧城以防嘉定上海刘家河港口更建小堡一所七丫白茆等处各设水船旱栅以防太仓诸径一裁武冗以专职守苏松参将宜复驻金山团练诸军守苏松二府其柘林把总改驻崇明统兵防守金山游击似为冗员宜革一联备御以固防守浙直接境不得互相推委宜将会哨兵船通令督府置立哨簿委将官稽查在狼山福山者远哨于崇明而专守三沙一带在松江嘉兴者远探于外洋而会守独山一带如江北兵船不至三沙浙直兵船不会独山皆以守备不设论罪疏下兵部覆如其议惟裁武冗一事仍行抚臣再议以闻

四月丁卯朔甲申倭犯通州吕四场等处官军御之贼败遁转掠至江南三沙副总兵郭成等帅舟师迎击之于海中沉其舟斩首百十三级

戊子倭寇犯浙江温台境官军出海击败之于坞口竹屿逐出外洋而还

甲午倭寇自浙江台山海洋突犯福建福宁州总兵戚继光督参将李超把总魏宗瀚合水陆兵击败之斩首二百余级乘胜追剿原犯永宁倭斩首百余级

四十五年正月癸巳朔庚申革惠潮总兵俞大猷职间住命福建总兵戚继光兼管惠潮二府并伸威营总兵事先是四十四年十月初官军围海贼吴平于南澳继光将陆兵大猷将水兵夹击大破之平仅以身免奔饶平县之凤凰山其众稍稍集势复振时继光留击南澳余贼独大猷所部参将汤克宽李超都司白濬纪傅应加等引兵蹑平后连战俱不利平遂趋樟林掠民舟出海事闻福建巡按御史陈万言奏平初溃围得脱系大猷等所分信地及追战又不力法当重处广东巡按御史陈联芳复劾大猷在广数年兵民相继煽乱束手无策宜急择一良将代之上乃诏罢俞大猷而命继光兼镇闽广时汤克宽已升狼山副总兵因广寇未平复留听继光节制候功成之日方许离任

四月壬戌朔闽广官兵追击海寇吴平于安南万桥山澳大破之初平自阳江乌猪洋战败奔安南提督侍郎吴桂芳檄安南万宁宣抚司发兵征剿遣参将汤克宽都司傅应嘉等以舟师会之夹击平于万桥山下会暮大风我军用火攻焚平所乘舟平军大败赴水死者无等官兵生擒贼众及斩首共三百九十八人

九月戊子朔壬辰复设柘林守备以澄海潮阳二县水兵隶之令往来南澳及河渡门等处备盗时吴平既败余党陈新老林道乾等复归南澳议者以南头参将去海洋远不便弹压欲于南澳别设参将募重兵守之侍郎吴桂芳以为澳中地险而腴在胜国时设兵戍守其后戍兵即据之以叛此所为御盗生盗覆辙昭然不如置戍柘林而以南头参将及该府捕盗官节制督察之便报可

万历三大征考[①]

倭上

倭于岛夷称最强黠唐更号日本附庸百余按宋史其国有五畿七道三岛称王曰尊其后以天皇为号一姓传继初于百济国得中国文字并传佛法故浮海朝贡皆僧云洪武初遣莱州府同知赵秩奉玺书谕其王良怀入贡已复寇濒海诸郡潜师助丞相胡惟庸不轨事觉上著训世勿与通命信国公汤和筑城堡海上为之备永乐四年以其王源道义有捕海寇功赐金印封其镇山碑而铭之予勘合令道宁波十年一贡后竟贡寇无常十九年犯辽东都督刘江于金线岛西北望海埚设伏殲其众辽海自是无倭警而东南至嘉靖岁苦倭始鄞人朱缟充倭使来贡号宋素卿大渔利去寻与它使宗设仇杀藉死绝贡者十七年其后海上奸豪潜与倭市巧为笼络倭不堪遂深入浙直闽广巨酋陈东徐海寇浙势张甚总督尚书胡宗宪以计剪覆之并诛奸商王直江北闽广以次荡平然倭前后躏内地垂十余岁东南亦鼎沸矣

万历壬辰西夏方用兵而倭大入朝鲜数告急朝鲜即古高丽与辽接壤修贡谨舆地延袤六千里三都八道饶庶有华风然承平久懦不习斗其王李昖湎于酒而倭酋关白平秀吉起人奴篡立以枭杰雄六十六州善用兵朝鲜釜山去日本对马岛不远向有倭户流寓往来互市通婚媾因间朝鲜弛备壬辰四月分遣巨酋行长清正义智妖僧玄苏宗逸等拥舟师数百艘倅陷庆尚道逼釜山镇五月潜渡临津掠开城分陷丰德诸郡朝鲜望风溃王仓卒弃望京令次子珲摄国事奔平壤已复走义州愿内属倭遂渡大同江绕出平壤西界当是时朝鲜八道几尽没王子就俘倭旦暮渡鸭绿则螯且中于辽请援之使趾相错也廷议以朝鲜属国为我藩蓠必争之地遣行人薛藩谕其王匡复扬言天兵十万已擐甲方檄海外琉球暹罗诸国捣倭穴辽镇先发游击史儒等以偏师防义州已遣辽阳副总兵祖承训统兵三千余渡鸭绿七月十六日抵安定严兵攻平壤时霖雨我师不谙地利马奔逸入淖不可止为倭击尽殪史儒死之承训仅以身免报至举朝震动海上登莱天津旅顺淮扬所在添募设防

(癸巳)二月十八日谍王京倭二十万且声关白扬帆入犯经略急檄刘綎陈璘水陆济师上益发帑金二十万两佐军兴李将军分留李宁祖承训等以万众驻开城命杨元等军平壤扼大同江接饷道李如柏等军宝山诸处为声援查大受等军临津而身自东西调度闻倭将平秀嘉据龙山仓积粟可数十万密令查大受选死士从间道纵火焚荡略尽倭乏食三月三日于沿江得箭书乃与沈惟敬申前款议初我师捷平壤锋锐甚转战开城势如破竹全罗丽兵亦报获级不复问款及碧蹄败衄气大索久顿师绝域海气蒸湿瘟疫盛作急图休息结局于是惟敬款议始用而倭刍粮并烬众生恶疮闻我益发虎蹲等炮及战车列江上声日张其酋行长亦惩平壤之败有归志惟敬舌端靡靡可听因得乘机张翕而封贡之议自此起经略既得请于朝赦不穷追且得倭报惟敬书乃益令游击周弘谟同惟敬往谕倭献王京返王子如约纵归倭果于四月十八日弃王京遁李将军与经略以翌日入所余米尚四万余包蒭豆称是因以大兵渡汉江尾倭后计乘间击惰归而倭步步为营用分畨休迭法以退别将刘綎以兵五千趋尚州鸟岭鸟岭广亘七十余里悬崖镵削中通一道如线灌木丛杂骑不得成列倭尚拒险而别将查大受祖承训等由间道逾槪山出鸟岭后倭大惊前移驻釜山浦筑居屯种为久戍计我师乃张疑兵分遣刘綎祖承训等屯大丘忠州檄调全罗水兵龟船分布釜山海口时倭已去王京汉江以南千有余里朝鲜故土奄然还定兵科右给事中侯庆远谓我与倭何雠为属国勤数道之师以力争平壤以权收王京挈两都授之存亡兴灭义声赫海外矣全师而归所获实多上乃谕朝鲜王还都王京整师自守我各镇兵久疲海外以次撤归经略疏称釜山虽濒南海犹朝鲜境有如倭瞯我罢兵突入再犯朝鲜不支前功且弃考舆图朝鲜幅员东西二千里南北四千里从正北长白山发脉南跨全罗界向西南止日本对马诸岛偏在东南与釜山对倭船止抵釜山镇不能越全罗至西海盖全罗地界直吐正南迤西与

① 〔明〕茅瑞征撰。据明天启刻本。

中朝对峙而东保蓟辽与日本隔绝不通海道者以有朝鲜也关白之图朝鲜意实在中国我救朝鲜非乡隣斗比朝鲜固则东保蓟辽并无虞京师巩于太山矣今日拨兵协守为第一策即议撤宜少需时日俟倭尽归量留防戍部覆南兵暂留分布朝鲜量蔺精兵三千善后余尽撤如前议六月廿日沈惟敬归自釜山同倭酋小西飞弹守来请款而倭随犯咸安晋州逼全罗声复汉江以南以王京汉江为界李将军计全罗饶沃南原府尤其咽喉乃命李平胡查大受扼南原祖承训李宁移咸阳刘綎移陕川已倭果分犯我师并有斩获兵科都给事中张辅之谓倭聚釜山原徉退诱中朝撤兵图渐逞无故请贡非人情今猝犯晋州情形悉露宜节制征剿辽镇都御史赵耀亦报款贡不可轻许会七月十九日倭从釜山移西生营送回王子陪臣而我师久暴露一闻撤势难久羁经略乃请留戍全罗庆尚云全庆二道在该国极南庆尚稍东全罗稍西朝鲜称曰二南此倭犯必由之路为该国门户以视王京平壤则堂奥也两道守则朝鲜安而东保蓟辽举安釜山遥接对马倭可乘舟复犯亦宜区处议留刘綎川兵五千吴惟忠骆尚志南兵二千六百合蓟辽共万六千人听刘綎分布庆尚之大丘庆州全罗之南原云峰诸路仍咨国王募武徤赴綎训练全罗诸道产炭铁宜教演火炮并及时筑垒浚沟扼险其世子光海君珲颇英发谕令居全庆间督师刘綎特加御倭总兵衔吴惟忠等并听调度各兵计饷月五万金朝鲜疮痍未复得量给衣鞋费更请乘小西飞乞贡缓期数月延至春汛后留戍已定规进止而本兵谓留兵万六千复转饷非策刘綎以备倭副总兵量加府衔即部川兵五千倡该国训练各饷稍节缩责以供办或虑行长尚未归巢量益吴惟忠等南北各兵待行长归议撤辽镇蔺卒三千统以游击二员于凤凰城汤站等处防守听刘綎调取应援便是时石司马一意主款议撤兵省饷而经略以师老无成功亦愿借倭退弛担因谬依违其间然策倭多诈每陈兵难尽撤状阴事款而讳言款局奏揭前后异同终无坚决是岁八月我师竟渡江归各镇得上谕本兵旨许封不许贡经略乃遣沈惟敬复入倭营促谢表急图完局及部再议并撤吴惟忠等兵止留刘綎益肘掣遂与李如松并取回以总督侍郎顾养谦代矣甲午正月九日养谦代于宁远应昌犹刺刺大兵不可撤总督乃传檄留各兵止火器于朝鲜而南北将领吴惟忠等已先时西还前请款倭将小西飞适留广宁叩谒为言请封及抵辽阳微闻关酋表文且至始主遵旨撤兵止草谕文纵所俘倭吉兵归谕行长并遣游击周弘谟往疏得倭情甚悉上嘉养谦力主撤兵多胆略已石司马因朝鲜饷不给并议撤刘綎兵而总督疏请封贡并许云沈惟敬初入倭即言封贡倭以是退王京还王子屏迹胥命后因中朝无意许贡迁就以报本兵在我不宜中变示倭无信经略应昌尝有终始讲贡之说贡道宜定宁波关白宜封为日本王请择才力武臣为使以惟敬从谕行长部倭尽归与封贡如约上命九卿科道会议先是惟敬归自倭营即有和亲之说诡云和好亲密仪制郎中何乔远等忿请罢封至是给事中林材参督臣朋欺御史唐一鹏参李如松开封衅而辽镇都御史韩取善疏倭情未定请封贡并绝石司马亦张皇恐关白不能就羁縻是岁七月宣平壤捷会九月朝鲜疏请许贡保国上始责群臣阻挠封贡本兵不能主持追褫御史郭实等诏小西飞入朝决计时改总督侍郎孙矿新受事差伴抵京石司马优遇如王公小西飞等殊扬扬过阙不下既集多官面译要以三事一勒倭尽归巢一既封不与贡一誓毋犯朝鲜并无异意以闻上复谕于左阙评定语加周复大略主请封如石司马旨时甲午十二月二十日也上乃定封议命临淮勳裔李宗城充正使副以都指挥杨方亨同沈惟敬往

明年乙未正月礼部议日本原有王未谂存亡关白或另拟二字或即以所居岛封之行长以下量授指挥衔赏赉有差上竟准日本王号给金印行长准授都督佥事已总督传谕行长语枝梧且日本土见住山城有文禄三年历可证与小西飞称国王为信长所弑互异乃与辽镇都御史李化龙疏六可疑五可虑谓倭不识汉字恐中间两相欺绐请从礼部量封秀吉顺化王罢遣沈惟敬增募水兵而清正素不服关白与行长不相能可用鲁连谕燕将计时封使已丛尧不从侦倭坐营陈云鸿报熊川岛倭船三十六号业起行归巢石司马遂信封事必可成及都便久羁观望讹传不一十一月始抵釜山

延至丙申正月沈惟敬诡云演礼同行长先渡海私奉秀去蟒王翌善冠及地图武经又驱壮马可三百南戈崖骑从阴献秀吉娶阿里马女与倭合宗城纨裤子訹亲从言倭巨测四月三日乘夜易服弃印敕遁辽抚镇驰奏并报惟敬就缚上逮问宗城议战守会副使杨方亨受惟敬诫揭倭情无变改命科臣往廷臣交章请罢封上责规避抗违下御史曹学程于理竟以方亨充使加沈惟敬神机营衔为副惟敬因得舞智揣摩巧完封局弄司马股掌矣已杨方亨报封竣称六月十五从釜山渡海九月二日于大坂受封即以四日回和泉州然倭责朝鲜王子不往谢留釜山如故谢表后时不发方亨徒手归朝

明年丁酉二月沈惟敬续投表文案验潦草前折用丰臣图书不奉正朔无人臣礼而寛奠副总兵马栋报清正业拥二百艘屯机张营方亨始直吐顚末委罪惟敬并本兵前后手书进呈御览而惟敬辱国及本兵弥缝罪状奉旨勘如律云初惟敬本一无赖石司马误中其游说借款息兵意虽为国而坚于持议遂雠通国之言借口省饷尽撤戍兵欲倚小人舌端成功难矣封使久羁亦稍稍疑数遣心腹侦探复餙词迷愎自甘欺罔至欲媚上以珍珠鹅绒防东厂官校漏言此真老而天夺其魄惟敬小人何所不至令早如辽督抚言罢遣而刘綎吴惟忠等防戍不尽撤亦何至诪张溃裂也大臣谋国惟公与虚难矣哉盖前后凡七年而邢司马奏殲倭海上

倭下

倭去王京屯釜山首尾将五岁如鸷鸟之匿形测之者曰倭初因粮朝鲜故轻入不反兵后朝鲜残破无见粮倭虽六十六州实止及中国一大省征输猝难取给且航海运粮风不利俟粟支一年有进无退或曰沈惟敬许倭七事约割忠清全庆三道朝鲜王亲往谢小人辱国所许至有不忍言者倭坐获全算可无战或曰倭惩平壤挫锐借封贡以愚我撤兵取胜十全釜山南连对马北通全庆东有东莱机张西生琳琅五浦为之左臂西有安骨加德熊川森浦巨济闲山德桥金海竹岛龙堂为之右臂联络犄角可攻可守倭因讲暂退以愚我援兵尽撤乃借衅朝鲜负约杖棰立定凡此皆倭得策也

封事既坏丁酉二月复议用兵而我防戍并罢平壤南兵撤回以攻牡丹台赏不给鼓噪石门寨总兵王保藉忿诱杀之微兵备使项德桢檄止几无孑遗后募鲜应者关白发兵十三运声百万清正向朝鲜僧松云大言日本有天下以朝鲜先驱借路语狂悖不可闻时以总督尚书邢玠经略麻贵从延绥改备倭为大将军而经理朝鲜特敕佥都御史杨镐天津亦开府申警备麻将军以五月九日抵辽阳十八日望鸭绿东发所统兵止万七千人请济师经略疏请募兵川浙并调蓟辽宣大山陕兵朝鲜惟闲山水兵一枝稍劲请益调福建吴淞水兵而刘綎督川汉兵六千七百听防剿与麻贵各建牙麻将军密报候宣大兵至乘倭未备先取釜山经略谓一取釜山则行长擒清正走此奇著快人而势未可乘初拟杨元吴惟忠分屯全罗之南原庆尚之大兵庆州大将军驻王京居中调度而南原城圮尽樵刍不继庆尚一道半为贼据孤军难入乃檄杨元趱饷整理南原吴惟忠扼忠州入夏雨如注麻将军七月初至碧蹄计至王京去釜山千四百里而南原忠州并相去数百里势难趋捣且行长营釜山清正营西生浦如破釜山陆路必由梁山梁山西北有峻岭止容双马路险绝南有三浪大江直通金海竹岛二处皆咽喉地倭并伏劲兵水路必由巨济加德安骨三处亦咽喉加德安骨有倭船鳞次巨济尚无兵屯此应先据恐一过梁山三浪江倭水陆各一枝在梁山东西扼险吾后无应援再益以机张等兵自东来益不可当如破清正陆路自西而东则由东莱机张自北而南则由庆州蔚山此路东南大海西北山岭稻田止可用步兵水路必自东而西由长鬐甘浦开云长鬐水兵极单弱倭所依者水而水战不利正兵须东西各水兵一枝牵其回顾陆兵方可冲突仍一军屯南原捍全罗一军屯大丘扼庆尚一军屯全庆中如晋忠宜宁为中坚然后分向釜山机张两陆路水兵东西四面齐发此正著而兵粮不齐难轻动疏闻上谕与经理图进止大学士张位等请于开城平壤开府屯田西接鸭绿旅顺之师东为王京岛岭之援因山鼓铸以资军兴又言招南兵不若求南将传示朝鲜其王虞中朝吞并乃疏称朝鲜旧有三都汉城开城平壤也今并残破所居汉城亦荆棘未除小邦形势全庆二道为重庆尚门户全罗府藏也无庆尚则无全罗无全罗则虽有他道终无所资以为根本斯乃倭所必争我所必守倭若据全罗则远之西海一带近之珍岛济州皆为窟穴纵横无所不通便风一二日抵鸭绿即开城平壤不足为固往在壬辰倭陆抵平壤又从水犯全罗绕出西海幸舟师扼于闲山岛今倭据庆尚左右道而釜山西生浦为其巢穴对马釜山间海洋数百里为其粮道得于庆尚要害设险屯积兵饷时以轻兵相机攻剿从陆地以蹙其势而又以利舰锐卒出没海上邀截其后庶几有济若屯田则地土峣峭终不如南方议遂寝

六月以来倭数十艘先后渡海分泊釜山加德安骨等窟放丸如雨殲朝鲜郡守安弘国已复往来竹岛渐逼梁山熊川初沈惟敬率营兵二百出入釜山宜宁与倭合揆事不谐便举足入倭经略向切齿谬为慰藉惟敬渐移南原去釜山七百里经略即以属杨元先假更换撤其营兵后惟敬闻上罪石司而倭酋平调信益兵进犯乃为赴宜宁会行长之说暗欲走倭调信果于六月以倭五百来迎杨元闻即袭执之惟敬执而倭向导始绝倭已夺梁山占三浪则遂入庆州侵闲山七月十五夜袭茶川岛统制使元均风靡遂弃闲山要害倭驻巨济闲山岛在朝鲜西海水口右障

南原为全罗外藩一失守则沿海无备天津登莱皆可扬帆而我水兵止浙三千甫抵旅顺经略檄且哨且行赴闲山协守闲山破则守王京以西之汉江大同江扼倭西下兼防运道而倭随于八月十二日围南原南原守将杨元本偾帅无固志十六日夜倭猝乘城元惊起帐中跣足遁时全州有陈愚衷忠州有吴惟忠各扼险而全州去南原百余里势相犄角愚衷初至州无斗粮及勘十里外山寨中多贮米豆弓矢盖朝鲜苦我兵甚于倭不欲在州远贮山谷者恐倭至反为寇助也南原告急愚衷懦不发兵闻已破而州民争窜弃城去麻将军急遣游击牛伯英赴援与愚衷合兵屯公州倭遂犯全罗逼王京王京为朝鲜八道之中东隘为鸟岭忠州西隘为南原全州道相通自二城失东西皆倭我兵单弱因退守王京依险汉江麻将军日夜造筏通我师防倭暗袭而发兵守稷山朝鲜亦调都体察使李元翼由鸟岭出忠清道遮贼锋经理身赴王京跃马谕以死守人心始定嗣是九月副将解生游击牛伯英颇贵于稷山水源设伏各有斩获参将彭友德等亦报追倭至青山获级百十六军声益振经略乃移郎中董汉儒屯义州海防使萧应宫屯平壤又声言调南北水陆兵七十万旦暮至福广浙直水兵直捣日本倭闻风遂不敢进行长奔井邑离王京六百里清正逾竹岭奔庆尚离王京亦四百里

十一月经略渡鸭绿二十九日抵王京共议进剿而所调宣大延浙诸胜兵并集乃分三协左李如梅右李芳春解生中高策并以副总兵分将时监军为御史陈效上复赐经略尚方剑重事权经略计令麻将军同经理督左右协自忠州鸟岭向东安趋庆州专攻清正恐行长自西来援令中协兵马近宜城东援两协西扼全罗援倭又于三协中摘马兵千五百同朝鲜合营由天安全州南原而下大张旗鼓诈攻顺天等处以牵行长我师陆路粗备独水兵屡檄不至既大聚兵经略与麻将军于十二月二十日会庆州探倭屯蔚山蔚山之南岛山并不甚高而城皆依山险中一江通釜寨其陆路则由彦阳通釜山麻将军欲专攻蔚山恐釜倭由彦阳来援令中协高策吴惟忠等扼梁山左协董正谊等赴南原张疑又遣右协卢继忠兵二千屯西江口防水路援于二十三日从蔚山进攻游击摆赛以轻骑诱倭入伏获级四百余倭尽奔岛山于前连筑三寨翼日游击茅国器统浙兵先登连破之获级六百六十一倭坚壁不复出岛山视蔚高石城新筑坚甚我师仰攻多损伤诸将白倭艰水道饷难继苐围守之清正可不战缚也经理以为然分兵围十日夜倭至啮纸充饥饭先川炮者倭从隙用炮发命中弹皆碎铁为之中多迭双瞰我师稍怠佯约降缓攻而行长来援行长亦虑我袭釜营止选锐倭三千虚张帜蔽江上

是时戊戌正月三日经理闻报即仓皇撤兵倭袭两协弃辎重无算经略乃移各兵回王京图再举而赞画主事丁应泰疏劾经理杨镐丧师党欺上罢镐命兵科左给事中徐观澜往勘并勒大学士张位闲住以位密揭荐镐夺情破倭今乃朋欺偾事故也经略以前役缺水兵无功乃益募江南水兵讲海运为持久计二月别将陈璘以广兵刘綎以川兵邓子龙蓝芳威以浙直兵先后至而天津巡抚都御史万世德代杨镐或语经略朝鲜地里隔越山水险阻兵聚一处难以成功不若因地分任人自为战守经略然其谋分三协为水陆四路路置大将中路李如梅东路麻贵西路刘綎水路陈璘各守信地相机行剿时倭盘据朝鲜七年沿海千余里亦分三窟东路则清正据蔚山自去冬攻围益增筑西生机张在在屯兵而恃釜山为根本西路则行长据栗林曳桥建坚寨数重凭顺天城与南海营相望负山襟水最据扼塞中路则石曼子据泗川北恃晋江南通大海为东西声援萨摩州兵剽悍称劲敌而行长水师畲休济饷往来如驶尤倭系重经略惩岛山之失特于三路外置水兵一路约日并进而中路李如梅寻调辽帅以董二元代九月二十日分道进兵刘綎逼行长营挑战夺倭桥斩级九十二驱入大城陈璘舟师协堵击毁倭船百余麻贵抵蔚山与清正对垒据险割其粮稻焚溺甚多董一元进取晋州拔望晋乘胜渡江南连毁永春昆阳二寨倭退保泗川老营鏖战下之游击卢得功殁于阵得级九十二前逼新寨三面临江一面通陆引海为濠海艘泊寨下以千计筑金海固城为左右翼中通东阳仓十月十一日董将军一元分派马步协攻步兵游击茅国器彭信古叶邦荣三营前攻城骑兵游击郝三聘马呈文师道立柴登科四营后应步兵游击蓝芳威攻东北水门副将祖承训殿攻围自辰至未彭信古用大损击寨门碎城垛数处步兵齐至壕砍护城栅涌入忽营中杠破火药发烟涨天倭乘势冲杀固城援倭亦至我师骑兵先溃遂奔还晋州经略查参诏斩马呈文郝三聘以徇彭信古等充为事官董一元革宫衔降府职三级各戴罪立功而朝议以师久无功汹汹撤兵大学士赵志皋请令总督归镇制虏以东方事专委新经理万世德量留兵将分布上令府部九卿科道集议兵科都给事中张辅之御史于永清等疏争乃一意进剿会福建都御史金学曾报平秀吉七月六日死各倭酋业有归意我师因水陆乘势夹击捷音日至十一月十七日五鼓清正发舟先遁麻将军贵遂入岛山西浦刘将军綎因倭诈降夜半攻其不意遂夺曳桥获级百六十石曼子引舟师救行长遇陈将军璘

半洋邀战行长乘小艇逸倭泊露梁尚数百艘氛甚恶陈将军璘统苍唬船追击并焚死石曼子得级三百二十四水为赤副将邓子龙朝鲜统制使李舜臣冲锋阵亡南海荡平倭遁锦山殲焉而董将军一元则报据浙兵游击茅国器称参谋史世用持经理谕文往有石曼子用事郭国安内应石曼子遵谕先撤各奔溃东征始结局云捷闻上发冏金十万两犒赏丁应泰再疏赂倭卖国上念将士冲冒矢石特谕优叙应泰回籍听勘东征勘功改给事中杨应文

是岁己亥播州复用兵刘綎督川兵先发麻陈董三师并檄回以李承勋充御倭总兵暂留戍万五千人前后生擒倭六十一以四月十八日献俘平秀政平正成并枭磔传九边七月给事中杨应文勘东征功次共四路擒斩倭二千二百四十八宣捷祭告郊庙如例因题叙四帅首陈璘次刘綎又次麻贵而董一元始破三寨终扫诸巢功亦难泯上晋邢玠太子太保荫一子锦衣世指挥佥事赐全蟒万世德升右副都御史荫一子入监陈璘刘綎各加都督同知麻贵右都督荫一子世指挥佥事正千户有差董一元准复职仍并给金币部司董汉儒王士琦梁祖龄等各加赏并赐兵部尚书田乐金蟒荫一子入监兵科都给事中张辅之职方郎中杨应聘并优擢再叙稷蔚功赐茅国器陈寅彭友德等金前经理杨镐以原官叙用已复念御史陈效殒命绝域荫一子锦衣而弃师杨元通倭沈惟敬先后弃市久之经略疏称留戍缺饷户部尚书陈渠议天朝七八年来所费本色百万折色四百余万朝鲜办饷方可议戍刑部尚书萧大亨议关白死清行二酋贰倭未能纠众再来惟对马穷倭苦难资生必肆掠况昔年釜山为倭户住种似属必争计留兵万五千岁费不下三十万应从长计处而廷臣议留十三议撤十七

庚子三月朝鲜王请留水兵三千止认本色口粮是岁八月遂得旨尽撤经理疏善后八事一选将以朝鲜右文将宜博采一练兵丽人骛悍耐寒苦而长衫大袖非甲胄制一守冲要朝鲜三面距海釜山与对马相望扬帆半日可至东人机张蔚山西入闲山唐浦涂所必经我登釜山瞭望如指掌而巨济次之宜各守以重兵一修险隘朝鲜王京北倚丛山南环沧海称四塞而忠州左右鸟竹二岭羊肠绕曲真所谓一夫当关万人莫逾向倭守此防我南渡而副将吴惟忠孤军久戍倭不敢窥皆得地利也今营垒遗址尚存亟加修葺一建城池朝鲜八道十九无城以避地为便而平壤西北鸭浿二江俱南通海倘倭别遣一旅占据平义则王京声援既绝腹背受攻一造器械倭战便陆不便海以船制重大不利攻击令准福唬造千百艘为奇兵而添造神机百子火箭一访异材朝鲜俗贵世官贱世役如铮铮自负不宜一切锢之一修内治国家东南临海登旅门户镇江嗉喉应援宜添不宜撤自此以后对马岛倭橘智正称倭将平调信岛主平义智意时刷还所掳请和盖对马地并山冈不产五谷向资食米朝鲜自侵掠后绝关市生理薄百计胁款朝鲜王请裁天朝且乞量发水兵协防不许

丙午冬家康复奉朝鲜书契寻盟并缚送据王京时发掘朝鲜先王丘墓贼僧松云往探家康云壬辰身在关东不预兵事关东卒无一渡海而朝鲜还人报顷倭诸岛筑城对马岛以主和事独蠲役倭言和事不成则六十六州半筑城半往战朝鲜朝鲜王以闻上谕加意侦防而对马遂私款不绝后三年己酉朝议允于釜山港开市本岛商船岁以二十为率事竣即回海上严饬舟师以待是岁倭并琉球虏其王声取鸡笼淡水侵闽广又三年壬子冒琉球贡每上明年癸丑平义智遣釜山市倭赍书索添船并请贡路诏申饬海防又三年丙辰倭犯南麂外洋闽来告急已而寂然初平秀吉将死令源家康领东北三十三州辉元领西南三十三州协辅七岁孤秀赖有酋景胜叛据关东家康悉兵击破之尽诛其党行长等并败辉元专国政秀赖因娶家康孙女而萨摩州兵最劲太守平义弘稍与颉颃及家康老两酋几不相下近闻家康物故自长岐岛外尽与其子为难势且中变往丙午朝鲜侦报家康已代秀吉为王尽反前辙迨丁未云家康传位其子秀忠称新关白移秀赖于大坂止给廪食顷岁复以两酋吞攫来报然竟未审情实大抵关白如汉大将军号得主其国而山城君享奉不治事此倭俗从来远琉球亦我属国在海外与朝鲜形稍殊目并琉球后倭于海上骎骎震邻矣而我濒海奸民阑出日众勾通之渐识者虑焉或言倭急贡以刀扇小物规大利唯申海禁遵祖训绝勿与通倭入犯视风风自东北则犯大小琉球风自正北则犯广东高肇风自东北则犯福建台温风自正东则犯浙直风自东南则犯淮扬登莱风自正南则犯辽阳天津若朝鲜折而入于倭王京之汉江不三百里入海可窥江淮平壤之大同江不三百里入海可窥登莱义州之鸭绿江不百里入海可窥天津而陆由义州窥辽阳曾不尺咫往赞画刘黄裳疏曰辽东一沟外即虏一江下即倭可寒心哉以余观倭相持釜山前后用兵大类持重我以楼船横海之师四将军二十六偏裨费金钱数百万竟收功一死关白天方赞我倭小丑何能为一时文武大吏几贪天功矣差强人意唯平壤一捷而卒以封贡败岂所谓进锐退速者耶

外史氏曰今称倭强大与虏埒然倭以海为穴弃险争衡上国于势不顺而智多出于蚕食往啮朝鲜中朝经略

数岁讫不得要领或谓关白忌清正世臣借兵事出之全庆间姑翼以弄臣行长坐是款战互异不其然与琉球受胁而闽浙为震动将忧岂在朝鲜也余尝策倭非有大志必不越海生心封略唯穷岛素艳我子女玉帛而奸氓又潜征考为勾引铤而走险忧方大耳海禁万不可弛人亦有言急之适以生变缓急操纵消衅未形在当事善自为谋矣

附图

倭地形类琵琶东高西下九州肥前肥后丰前丰后筑前筑后日向大隅萨摩居西为首陆岙居东为尾山城居中乃彼国都西北至高丽必由对马岛开洋南至琉球必由萨摩州开洋其贡舶必由博德开洋历五岛而入中国及回径收长门若入寇则随风所之大抵其来恒在清明后利东北风故防倭以三四五月为大汛九十月为小汛

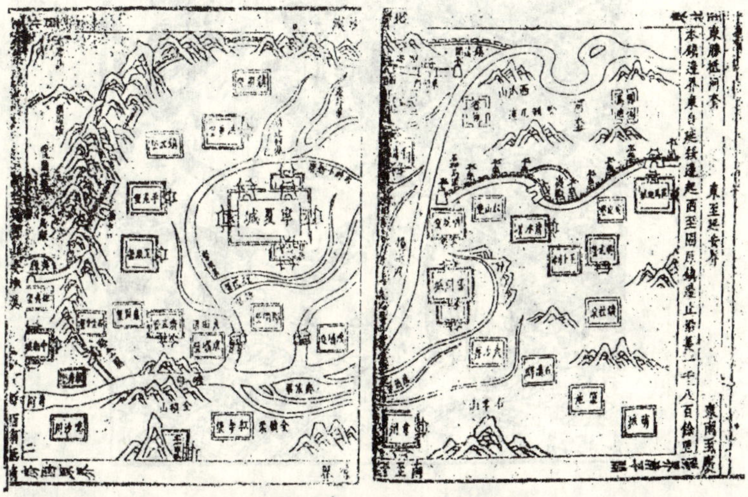

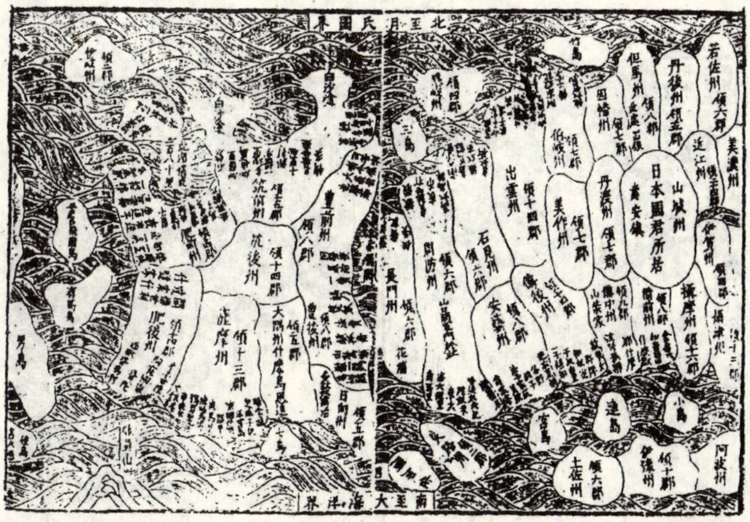

西北至朝鮮國界
遼東
山東
浙江
女島
西南至福建界

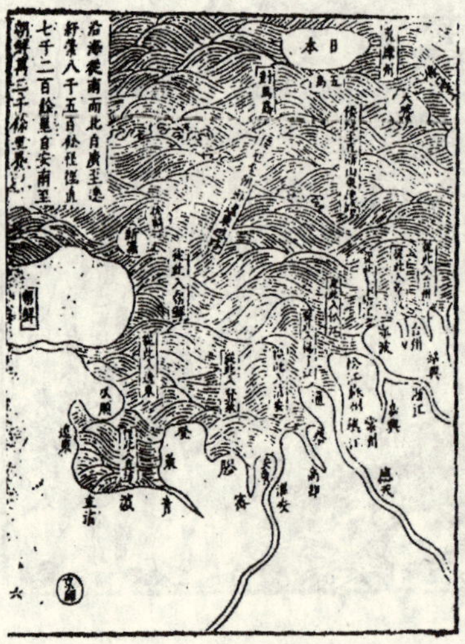
日本

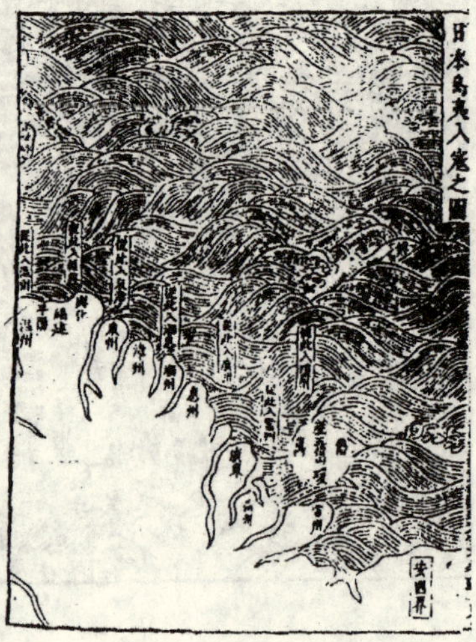
日本島夷入寇之圖

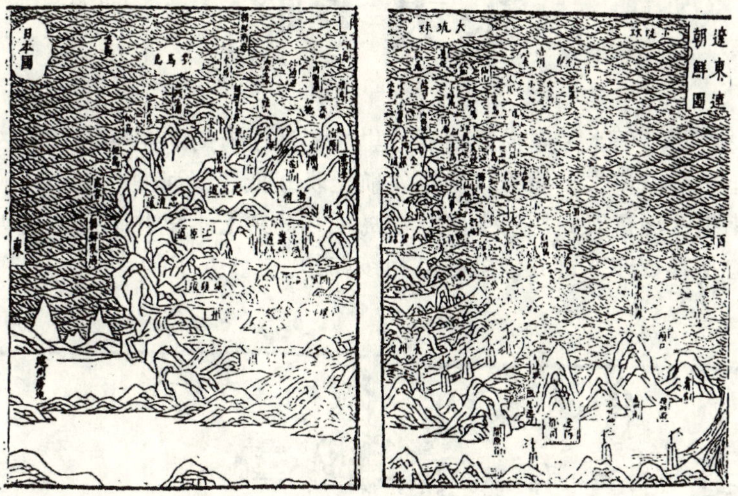
日本國
對馬島
大琉球
琉球
遼東連朝鮮圖
東
西
北

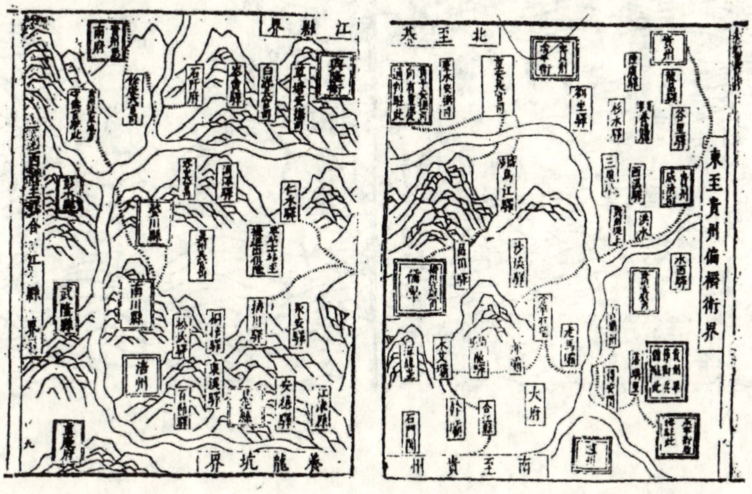
江縣界
北至
東至貴州偏橋衛界
南至貴州
大府
涪州
南川縣
武隆縣
水西驛

东夷考略[①]

金州旅顺关口南达登州新河水关岸径五百五十里水程适中海岛名羊埚两日内风力顺可到先一日辰时自登州新河发航至晚抵旅顺泊岸次日辰时自旅顺发航至晚北抵三汊河泊岸盖自旅顺口起抵海中羊埚黄城二岛约三百里自黄城南抵钦岛鼍矶岛约三十里钦鼍岛抵井岛约七十里井岛抵沙门等岛二百三十里沙门岛抵新河水关仅二十里总括其数亦五百五十里各岛相接如驿

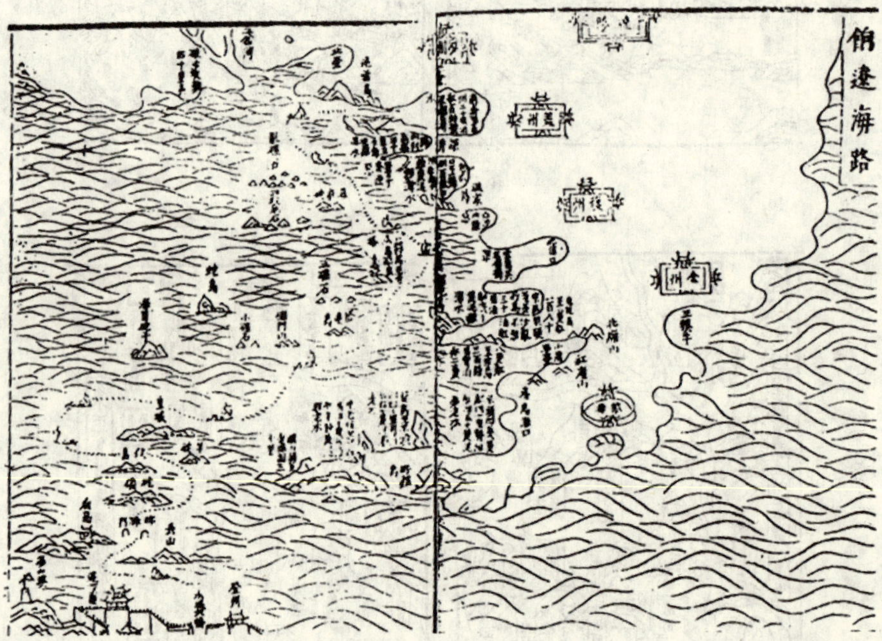

① 明茅瑞征撰，据明天启刻本。

海东逸史[1]

卷一·监国纪上

(监国鲁元年三月十九日)北兵决坝放船入钱塘江张国维严饬各营守汛王之仁郑遵谦率水师袭战败之【小腆纪年作是月朔日事】

平海将军周鹤芝议乞师日本黄斌卿止之

四月王正中率师渡海盐破澉浦城【小腆纪年作三月事】

五月兵部右侍郎钱肃乐弃军之舟山

尚宝寺卿朱大定太仆寺卿陈潜夫兵部主事黄宗羲吴乃武查继佐等会师渡海札潭山【南疆绎史作海坛山】以江上兵溃乃还

六月丙子朔江上兵溃方国安马士英等欲劫王投降遣人守之会守者病王得脱乃由江门出海令保定伯毛有伦扈元妃世子自定海出海【明季南略作五月二十八日事小腆纪年作二十七日事】

宁国公王之仁泛海至金陵死之

富平将军张名振弃石浦以舟师扈王出海投肃虏伯黄斌卿斌卿不纳

永胜伯郑彩至舟山奉王入闽

叛将张国柱攻舟山为水营将阮进所败劫元妃世子去【以上三节小腆纪年并系九月内】

十月丁酉王发舟山

卷二·监国纪下

(监国鲁二年)二月壬申朔克海澄明日攻漳平【南疆绎史作漳州按漳平属龙岩州此疑讹】失利又明日北兵攻海澄南师退入于海

四月海口陷参议林钥舞总兵赵牧死之周鹤芝退保火烧岙

吴淞提督吴胜兆反正命定西侯张名振率舟师赴之以兵部【小腆纪年作户部】右侍郎沈廷扬右佥都御史张煌言给事中徐孚远御史冯京第监其军抵崇明舟覆名振等从间道脱归廷扬被执死之

---

① 翁洲老民撰。据民国刻《四明丛书》本。

(监国鲁四年三月)黄斌卿遣其弟孝卿偕佥都御史冯京第乞师日本不得要领而还

十月己巳【小腆纪年作乙巳按历法是月无己巳日】王移跸舟山以参将府为行在

命兵部右侍郎冯京第左副都御史黄宗羲乞师日本不得要领而还【按小腆纪年是年十一月乞师日本以澄波将军阮美为使不著京第宗羲名】

十二月粤中遣使封郑成功为延平王闽海始用永历年号

五年庚寅正月乙卯朔王在舟山

九月郑彩与郑成功争厦门为成功所败泊沙埕张名振击破其余兵【按小腆纪年争厦门在八月沙埕之破在周瑞周鹤芝分屯三盘后】

周瑞周鹤芝以楼船三百分屯温州之三盘为舟山犄角

六年辛卯正月己卯朔王在舟山

七月北兵攻四明寨兵部尚书王翊死之【按小腆纪年是月被执八月至定海死之第九卷本传同】
北兵会攻行朝定西侯张名振英义伯阮骏扈王发舟山

八月辛酉北人试舟海口为南师所败获其楼船馘十一人而纵之

丙寅大雾北兵悉抵螺头门守障者方觉荡胡伯阮进邀击大洋风反师熸进死之

七年壬辰正月癸酉朔定西侯张名振大学士沈宸荃兵部右侍郎张煌言扈王至厦门【按小腆纪年在是月丁酉后】

延平王郑成功朝见行四拜礼【小腆纪年云以宗人府府正礼见】赀千金细缎百匹供应甚殷从臣亦皆有赠寻奉王居金门

七月大学士沈宸荃舣舟南日山遭风没于海

八年癸巳正月戊辰朔王在金门

甲午年王在金门【按小腆纪年以是年正月移居南澳】

二月【小腆纪年作正月】定西侯张名振监军张煌言帅师再入长江掠瓜洲侵仪真抵燕子矶而还

乙未年王在金门

丙申年王在金门

八月二十六日北师复取舟山英义伯阮骏总制陈雪之并赴海死【小腆纪年云陈六御自刎死】北人以舟山不可守迫其民过海溺死者无算遂空其地

丁酉年王在南澳

戊戌年王在南澳

二月【张忠烈公神道碑作三月小腆纪年作七月】延平王郑成功会师浙海以兵部左侍郎张煌言为监军北伐抵洋山【按洋山当作羊山】怪风猝至义阳王溺死乃还

己亥年王在南澳

五月延平王郑成功全师北指监军张煌言以所部前驱入江抵瓜洲克其城成功南攻镇江亦克之大江南北皆来降附其已下者四府三州二十四县会前锋败成功仓猝移帐遂天溃乘流出海煌言亦从间道归天台【按小腆纪年煌言徇江南北下四府三州二十二县会成功兵溃八月归天台】郑成功迁王于澎湖岛【按小腆纪年在滇中命王监国后】

庚子年王在澎湖岛

郑成功攻台湾克之红夷乞降以大舶迁其国成功遂王其地【按小腆纪年在明年十二月】

辛丑年王在澎湖岛

四月郑成功复奉王居金门

壬寅年王在金门

五月初八日延平王郑成功卒海上诸臣议复奉王监国

卷三・家人传・元妃张氏

明年六月江上师溃王由江门出海令保定伯毛有伦扈宫眷自蛟关出期会于舟山适叛将张国柱来攻为水营将阮进所败国桂仅以身免遂掳妃去不知所终

卷三・家人传・元妃陈氏

张妃既为乱兵所掳妃在副舟中急令舟人鼓棹特前追兵不及伏荒岛数日飘泊至舟山王已入闽彷徨无所归尚书张肯堂遣人护之得达长垣王见之流涕进册为元妃在海上三年生世子黄斌卿伏诛始复入舟山

辛卯北兵三道入海王以蛟关未能猝渡亲帅舟师捣吴淞以牵其势荡胡伯阮进居守败死

卷四・列传一・张国维

六月朔日北兵至王走台州航海国维亦还守东阳

卷五·列传二·余煌

王师溃王航海遁众有议据城抗守者煌以徒害民生不可

卷五·列传二·陈函辉

明年六月绍兴陷从王航海已而相失哭入云峰山作绝命词数章

卷五·列传二·陈潜夫

丙戌五月江上师溃王航海去潜夫作绝笔诗

卷六·列传三·钱肃乐

逾月绍兴失守王航海肃乐亦之舟山唐王召之甫入境而延平陷遂隐海坛山采山薯为食丁亥郑彩治兵海上王入长垣召为兵部尚书

(钱)肃图从王至舟山又二年舟山破乃归

(钱)肃典与肃遴渡海告警追骑至肃遴得脱而肃典被执不屈死

卷六·列传三·熊汝霖

鲁王监国擢右佥都御史督师防江时江上之兵每日蓐食鸣鼓放船登陆搏战未几又复转柁还守率以为常惟汝霖率五百人渡海宁转战数日夜至桥司士卒残破略尽乃还

六月江干失守从王泛海

卷六·列传三·孙嘉绩

六月江上师溃从王航海卒于舟山

卷六·列传三·沈宸荃

江干失守弃家从王海外王次长垣连擢至兵部尚书东阁大学士复从王至舟山加太子太保舟山破又从泛海抵厦门至金门后舣舟南日山遭风没于海

卷七·列传四·王之仁

丙戌三月朔北兵驱船开堰入江阁部张国维严饬各营守汛令之仁统水师从江心袭战而自督诸军复杭州会东南风大起之仁扬帆奋击之北兵败去六月朔江上兵溃诸将皆遁惟之仁一军尚在将由江入海国维与之仁议抽兵五千分守各营之仁泣曰坏天下事者方国安也敌兵数万屯北岸倏然而渡孤军何以迎敌惟一死而已乃载其妻妾并两子妇幼女诸孙尽沈于蛟门下捧所奉敕印北面再拜投之水乃立旗帜鼓吹张盖泛海至松江北兵意其降也护送至金陵……

卷七·列传四·张鹏翼

乙酉四月北兵南下鹏翼与右都督徐洪璙合兵入援未至而南都陷遂从海道至绍兴

卷七·列传四·郑遵谦

丙戌三月北兵决坝放船入钱塘江遵谦帅师败之获其铁甲八百余副绍兴破崎岖浙闽间从王航海至厦门进封义兴侯大学士熊汝霖为郑彩所害遵谦不平彩乃诈扑部将吴辉辉扶伤就遵谦求书投郑鸿逵遵谦过辉船送之遂被擒辉既擒遵谦而难于面之伏舱底不出遵谦呼之曰汝郑彩厮养杀我岂出汝意而相避乎辉乃出遵谦乞只鸡盂黍哭奠汝霖既毕遂跃入海中死

卷七·列传四·荆本彻

丙戌扈王出海屯小沙屿其将士多善射黄斌卿忌之造为流言率众攻之遂遇害

卷八·列传五·沈廷扬

崇祯中由国子生为武英殿中书舍人以海运功擢户部郎中寻加光禄寺少卿仍督运驻札登州京师陷福王立于南都命廷扬以海舟防江寻命兼理饷务馈江北诸军南都失守航海至舟山依黄斌卿唐王在福建授兵部右侍郎总督水师鲁王授户部左侍郎王航海之明年四月吴淞提督吴胜兆反正以蜡书来求援斌卿不敢应廷扬及都御史张煌言给事中徐孚远御史冯京第劝定西侯张名振就其约名振遂率舟师同廷扬等北上统水船二百余号直抵崇明及吴淞会飓风大作舟覆名振等踉跄遁归廷扬独与北兵大战四昼夜抵福山次鹿苑夜分飓风又起舟胶于沙与麾下七百人俱被执

卷八·列传五·冯京第

江干师溃从王航海时议遣平海将军周鹤芝乞师日本黄斌卿止之鹤芝怒而入闽京第谓斌卿曰北都之变东南如故并使其东南而失之者是诚吴三桂乞师之误今我无可失之地比之前者为不伦矣斌卿乃使其弟孝卿同京第往至长崎岛其王不听登陆京第日于舟中朝服拜哭不已会东京撒斯马王遣官行部如中国巡方御史京第因致其血书王闻长崎王之拒中国也曰中国丧乱我不遑恤而使其使臣哭于吾国吾国之耻也遂议发各岛罪人同孝卿往而令京第先还致洪武钱数十万盖其国不能鼓铸但用中国古钱舟山之用洪武钱始此【按余姚县志京第乞师与朱之瑜偕京第先归之瑜遂留南疆绎史鲒埼亭集诸书并不著之瑜名日本人冈千仞来征乞师事则只知之之不知京第盖之瑜留故也事详补传】丁亥四月同定西侯张名振率舟师北上至崇明而海啸舟覆得脱归己丑秋擢兵部右侍郎是冬仍命京第及副都御史黄宗羲同澄波将军阮美往日本乞师终以不得要领而还……

卷八·列传五·徐孚远

鲁王航海孚远从之从定西侯张名振帅舟师北上飓风舟覆孚远以后殿得免王至舟山擢国子监祭酒舟山破从王之厦门依郑成功成功以师礼事之戊戌正月滇中遣使赍玺书通问成功拜孚远左副都御史孚远随使入观遂泛海由交趾入安隆交趾要【原讹安】其行礼不从不听过仍返厦门【台湾外纪以为从滇朝见归厦失道安南而行朝录则云朝滇时不得过安南遂回厦门】厦门破为北帅吴六奇所藏完发以死

卷八·列传五·陈士京

陈谦奉使闽中命士京监其军以行谦被杀士京遁之海上郑芝龙闻其名令其子成功与游芝龙降北成功不从士京实赞之戊子王在闽安擢兵科给事中迁光禄寺卿奉表粤中时惠潮路断乃迂道沿海资斧俱竭卖卜以前粤中加【原阙】都御史固辞欲留之不可己丑王入舟山士京在闽与成功相结以为后图成功颇以恢复自任宾礼遗臣故老于是海上衣冠云集久之见海师无功粤事亦日坏乃筑室同安之鼓浪屿题曰鹿石山房赋诗自遣己亥成功统师入长江以士京参预岛上留守事触疾而卒

卷九·列传六·王翊

鲁王监国翊与慈溪诸生王江同起兵海滨与江上师为声援授兵部职方主事浙东不守翊渡海【按小腆纪年翊走海隅王师购之急囚其弟翃以招之翃不屈死翊泣曰是不负完勋家也】至舟山说黄斌卿攻宁波许为内应为降绅谢三宾告变及斌卿以舟师至遂为北兵所败翊乃入四明山结寨于大兰居之

卷九·列传六·王江

王江字长升慈溪人为诸生与同里王翊同起兵结寨四明山中先是画江而守二人连名上书监国请募沿海义勇勤王自效授户部主事【按小腆纪年以己丑七月授是职后无进阶】改户科都给事中师甫集而王航海二人遂顿兵四明之杜岙以为海上声援

江乃复入海朝监国于金门张名振请为监军甲午引师入大江抵燕子矶望祭孝陵题诗恸哭而还乙未名振卒海师复下舟山

卷十·列传七·张肯堂

肯堂因自请出募舟师由海道抵吴淞倡义旅与浙东相倚援

丙戌八月闽中陷肯堂飘泊海外出私财募兵与周鹤芝共事寻为鹤芝所忌乃北发己丑十月至舟山鲁王拜为东阁大学士加太傅辛卯八月北兵大至有劝肯堂他适者肯堂曰我昔为闽抚应死封疆以唐王存亡未审故不死后知鲁王在是亦高皇帝子孙因事之今更何所图惟有一死而已北兵乘大雾集螺头门定西侯张名振奉王航海捣吴淞思牵制北兵以肯堂为留守

卷十一·列传八·黄斌卿

黄斌卿号虎痴兴化卫人以恩例授把总崇祯间官至翁洲参将福王时擢浙江【小腆纪年作江北】总兵南都亡遁归唐王立得附劝进乃上言舟山为海外巨镇番舶来往饶鱼盐之利西连越郡北达长江此进取之地也王善之封为肃虏伯赐剑印率兵屯舟山得便宜行事鲁王监国以兵来会进侯绍兴陷富平将军张名振扈王出海投斌卿斌卿不纳王遂飘泊外洋然斌卿怯于大敌而勇于害其同类副使荆本彻屯小沙屿斌卿击杀之并其众叛将张国柱悉师攻舟山为阮进败去斌卿复得其楼船百号声势益振而进实名振之水营部将斌卿闲之使背名振夺其船只军资器械无算宁国公王之仁镇倭将军王鸣谦至舟山斌卿并诱击之忠威伯贺君尧以杀礼部尚书顾锡畴【纪年云字瑞屏昆山人万历己未进士南都授礼部尚书闽中进东阁大学士国朝赐谥节愍】为众论所不与挟重赀来舟山斌卿遣盗杀之掠其赀平西将军王朝先在蛟关斌卿利其兵力贻书招之中途遣将假迎劫之朝先跳水得免于是诸将积恨斌卿会王在沙埕名振进同往迎之进军饥恃昔日保全舟山之力以百艘来告急斌卿不应亦不使人至行在朝先遂与名振进合词上疏于王揭其罪恶……

卷十一·列传八·王朝

王朝先故四川土司也【小腆纪年云翁洲人】崇祯中调征辽东官平西将军京师陷南奔鲁王时拥兵蛟关黄斌卿利其兵力屡贻书招之朝先率二舰渡横水洋斌卿即遣标将朱玫陆玮以假迎劫之朝先跳水得免

卷十一·列传八·周鹤芝

周鹤芝字九玄【小腆纪年作号九京】福清人读书不成去而为盗于海尝往来日本以善射名与撤斯玛王结为父子故在海中无不如意闲至家为有司迹捕系狱三年贿吏得解为盗如故久之就抚以黄华关把总稽察商船唐王立加水军都督封平海将军副黄斌卿驻舟山斌卿为人猜忌而鹤芝慷慨下士来者多归附由是与斌卿不

合鲁王在绍兴鹤芝议乞师日本已有成约斌卿止之曰大司马余煌书来此吴三桂乞师之续也鹤芝怒而入闽斌卿乃自遣其弟孝卿同御史冯京第往日本不见鹤芝师卒不出王至长垣禡牙出师封鹤芝为平夷伯鹤芝帅师复海口以参议林钥舞总兵赵牧守之旋复陷钥舞牧并死之鹤芝退保火烧岙寻同郑彩阮进之师攻福州复败绩王至舟山鹤芝与弟瑞以楼船三百余号分屯温之三盘以为舟山犄角未几与瑞有隙王使吴【纪年作胡】明中往解之明中至构之益甚瑞遂南依郑彩鹤芝亦北结阮进彩与郑成功争厦门为成功所败泊沙埕鹤芝进既怨瑞而张名振欲结欢成功遂与鹤芝进击破彩之余兵鹤芝军遂振辛卯八月舟山破鹤芝航海往日本不知所终

卷十一·列传八·阮进

阮进会稽人本海中盗也善水战富平将军张名振拔之使管水营常率一舰破贼船三百余故海上多望而畏之叛将张国柱攻舟山黄斌卿不能御进以四舟冲国柱营时秋涛方壮大炮乘之所向糜碎国柱仅以身免斌卿获其楼船器械无算

(已丑)七月北兵围健跳(阮)进率其楼船数百奋勇而至金鼓震天北兵解去九月军饥进恃昔日保全舟山之力以百艘泊舟山告急斌卿不应遂与名振朝先等合兵攻之杀斌卿投之于海由是水师尽归于进

辛卯八月北兵分三道来攻名振扈王出海而使进居守进诣海门议和北人欲诱之进以数船脱归值北师舟过进投以火球风转篷脚反击进面创甚投水为北兵所获

舟山破与名振扈王出海屯厦门乙未与总制陈雪之共围舟山破之丙申复陷与雪之并赴海死

卷十一·列传八·姚志卓

乙未冬【纪年作甲午正月】定西侯张名振少司马张煌言率水师至镇江志卓以其兵来会力攻崇明没于阵

卷十二·列传九·张名振

张名振字侯服山西人南京锦衣卫籍崇祯末以副将任台州石浦游击封富平将军【据小腆纪年鲁王监国始加是衔】乙酉杭州失守潞王降钱肃乐等举义名振以兵来赴鲁王监国封富平伯丙戌六月江上师溃名振弃石浦遣中军方简以舟师迎王出海投肃虏伯黄斌卿于舟山斌卿不纳遂飘泊外洋会闽中永胜伯郑彩以失抚州获罪乃遣其将陈辉来迎王遂居厦门封彩建国公进名振定西侯丁亥四月吴淞提督吴胜兆反正以蜡书来求援斌卿不敢应而故都御史【按纪年时方进侍郎】沈廷扬及佥宪张煌言侍御冯京第并劝名振以其兵就约时斌卿已进肃虏侯其肃虏伯故印犹在名振即以其印封胜兆刻师期而请廷扬煌言京第及给事中徐孚远监其军以行联䑸二千将抵崇明海啸大风舟覆踉跄而归廷扬死焉己丑六月帅师复健跳所时闽地尽陷郑彩亦弃王而去名振迎王至浙九月与荡胡伯阮进平西伯王朝先合兵攻舟山杀斌卿王遂移跸舟山称行在焉乃进名振太师当国政辛卯七月北兵三道攻舟山名振以蛟关天险海上诸军熟于风信足以相拒必不能猝渡乃留阮进守横水洋而自以兵奉王捣吴淞以牵制之军甫发而进以反风失势战死城遂陷名振闻信恸哭欲投于海王与诸将救之而止乃复与英义伯阮骏扈王出海至厦门见延平王郑成功成功大言曰汝为定西侯数年所作何事名振曰中兴大业成功曰安在名振曰济则征之实绩不济则在方寸闲耳成功曰方寸何据名振曰在背上即解衣示之有赤心报国四字长径寸深入肌肤成功见之愕然悔谢曰久仰老将军声望奈多憎之口何因出历年谤书盈箧名振立命火之于是待名振以上宾行交拜礼总制诸军癸巳春名振请师北上成功与兵二万粮三月以兵部侍郎张煌言监其军师过舟山遥祭死事诸公遂入长江趋丹阳掠丹徒登金山望石头城遥祭孝陵三军恸哭失声题诗绝壁有十年横海一孤臣之句【原注诗云十年横海一孤臣佳气钟山望裏真鹑首义旗方出楚燕云羽檄已通闽王师枹鼓心

肝碎父老壶浆涕泪频南望孝陵兵缟素会看大纛禡龙津】冬尽撤回明年春益以兵将再入长江掠瓜州侵仪真抵燕子矶札营平阳时以上游有蜡书请为内应故名振再举而所约卒不至乃还复屯军南田名振与士卒同甘苦诸军感甚有太师既枵腹我辈亦忘饥之谣会故仁武伯姚志卓诚意伯刘孔昭并以军来依名振立营号召旧旅声势益振遂攻崇明入吴淞掠战船六百余号径入山东登莱诸处直抵高丽而还【按纪年癸巳三月请兵北上姚志倬刘孔昭以众来依驻营崇明寻撤回九月复驻平阳粮绝十二月大兵与战败绩甲午正月以上游有蜡书为内应再入长江登金山遥祭孝陵题诗东下四月复以海艘至仪真焚商船六百号寻以沙船入山东登莱诸处直抵高丽而还】乙未冬英义伯阮骏总制陈雪之帅师破舟山北将巴臣兴降名振徒步痛哭入城至故宫祭元妃陈氏及殉难诸忠臣又祭其母大作佛事哀动三军【按纪年事在是年五月】旋感疾临终起坐击床连呼先帝数声而没

卷十三・列传十・张煌言

乙酉闰六月钱肃乐等举兵移檄会诸乡老煌言先至即遣迎鲁王于天台授行人至会稽赐进士出身加翰林院编修改兵科给事中入典制诰出筹军旅颇见其优绍兴破泛海入舟山道逢富平将车张名振扈王入闽从之既至招讨使郑成功以前颁诏之隙修寓公之敬于王而不为用煌言劝名振还石浦谋再举加右佥都御史自立一营曰平冈军时黄斌卿守舟山名振以石浦之军与为犄角明年春【小腆纪年作丙戌四月监国纪同】吴淞提督吴胜兆请以所部来归斌卿不欲往煌言劝名振应之遂监其军以行抵崇明大风舟覆煌言等皆被执乘间脱归已诸将杀斌卿王至舟山煌言以所部入卫拜兵部右侍郎辛卯八月【纪年作九月监国纪同】舟山破煌言与名振扈王再入闽次厦门时滇中已封郑成功为延平王军容甚盛不肯奉王煌言独以名振之军为王卫时时激发诸藩使为致贡然煌言极推成功之忠尝曰招讨始终为唐眞纯臣也成功闻之亦曰侍郎始终为鲁岂与吾异趣哉故成功与煌言所奉不同而其交甚睦癸巳春会名振之师入长江烽火逮金陵江南震动时上游故有宿约而失期不至左次崇明甲午再入长江故诚意伯刘孔昭以军来会或以孔昭南都乱臣宜绝之煌言曰孔昭罪与马阮等然马阮再卖浙东而孔昭以操江亲兵栖迟海上累年则其心尙可原也明年名振卒遗言以所部归煌言时王已去监国号通表滇中桂王遣使加煌言左侍郎兼翰林院学士己亥成功与煌言会于天台悉师北上六月成功攻镇江煌言以偏师薄观音门乘虚【原作应以意改】入江浦会所遣别将以芜湖降书至乃至芜湖传檄郡县大江南北相率来归其已下者四府三州二十四县而成功以累捷又闻江北如破竹谓金陵可旦夕下前锋将余新锐而轻士卒樵苏四出营垒一空北师谍知之以轻骑袭破前屯擒新去成功仓猝移帐诸营瓦解其将甘辉【纪年云海澄人】以马蹶被擒死之军遂大溃竟撤镇江之师出海煌言归路已梗乃引舟归鄱阳八月七日与楚师遇而兵溃焚舟登陆士卒尙数百人历霍山英山度东溪岭追兵奄至士卒皆窜止一童一卒从……

甲辰六月遂散军于南田之悬忝【小腆纪年作悬山岙】其地在海中荒瘠无人山南有汊港可通舟楫而其北为峭壁煌言因结茅居之北帅惧终为患募得其故校以夜半从山背缘萝踰岭而入暗中执之

卷十八・遗民・于颖

北兵至杭颖密募兵举义北帅使人以榜至颖执之禁其榜鸣鼓会众誓于都亭以五百人夜赴固陵北兵在西岸未之知也乃冲潮径渡尽驱西岸之船而东至中流北兵始知之无所得船颖军上东岸大噪遂画江而守一军扼潭头一军扼桥司一军扼海门一车扼七条沙北兵拽内河船百余江干又扎木排塡土拟东渡颖复遣死士沈其舟会西北风起木排飘向东岸各营得句致以为用颖谓诸将曰杭已有重兵攻之不易莫若于下流由桥司入海宁出海盐以通震泽上流由潭头入富阳通余杭以扼独松关昨闻海宁兵已起而富阳尙为北人所据不可坐视乃遣人夜袭之遂通余杭之道于是方国安得驻七条沙江干立国北兵所以不能遽渡者以颖之取富阳也鲁王至越擢按察使行巡抚事寻进右佥都御史督师当是时正兵义兵争地争饷内外交讧颖以守土臣悉力支拄而方王诸将终恶之三疏乞休不许丙戌六月北兵至列戍皆溃王航海去颖扈从不及乃由海道还京口黄冠以终

卷十八·遗民·黄宗羲

北兵入浙孙嘉绩熊汝霖等以一旅之师画江而守宗羲亦合子弟数百人随诸军于江上人呼之曰世忠营授职方主事改御史总兵陈梧自嘉兴之乍浦浮海至余姚大掠职方主事王正中署县事集民兵击杀之

是冬(已丑)命澄波将军阮美使日本以兵部右侍郎冯京第及宗羲监其军以行至长崎岛不得要领而还

卷十八·遗民·任廷贵

任廷贵籍贯未详官太常卿舟山破从王航海至厦门寻至金门壬辰九月奉命北上至北茭洋舟覆得救遂鬀发为僧

卷十八·遗民·朱之瑜

辛卯舟山陷飘泊海岛转徙日本交址暹罗间甲午征还敕书达交址焚香开读东望涕零戊戌赴厦门朝王不果己亥朝王金门

之瑜之返日本也诸将留之张煌言挽之尤力之瑜以海滨无田可耕坐而縻饷有负本志遂行

从征实录[①]

(永历三年十月)初六日,传令官兵在船出征。初八日,进入海澄港。漳虏吊到各邑虏兵援防。初九早,传令驾出,乘风直进云霄港。初十日,由白塔登岸,分三路进兵。

(十一月初八日)藩驻师南洋,令搬运粮粟万余石,余军器船只称是。其粟石令督饷黄恺派拨运回中左,交郑四镇积贮。

(永历五年二月)二十五日卯时,传令开驾,遇风报大作,各船难驶,俱收入盐州港。惟本藩正副坐驾,风大收湾不得。无奈坐帆溜下,管正中军船内司都督蔡进福、副中军船□□□□藩□□施举□驾。是晚适至莱屿,风浪愈大,桅闩摆拆惊危,蔡进福驾舟,藩破浪过舟,施举船随飘离,浪大不见山屿收泊,姑驾出外洋众戗。夜分,风雨益烈,几覆数次。其船艣上器物,一尽浮水。船中百余人,怆惶无地。直至鸡鸣,云收雨散,风浪颇恬。藩起视,呼进福曰:"此遭颇险,今无虞矣。未知副坐驾何如?船中多钱粮册籍也"!福曰:"此番若非藩主忠义,天地呵护,亦难保全矣。今船中鼎灶、水柜俱失,无可待炊。其副坐驾桅闩摆拆,再用一闩,不则弃桅牵头帆顺溜。施举,峰尾人,素善惯海船务,的保无事也"。迨天亮,只有坐驾一船,近在彭山戗驶,遂令进福驶下寻踪迹。船中无水可炊,藩亦各饿二餐,至申时方近山,寻见我船,而副坐驾亦来见。藩喜甚,查问当时在船同险何员役。提调楼大胜、户科杨英、工科范斌、赏勋司张恢等俱在船与焉。班回日,升蔡进福为水师内司镇,施举为水师后镇。

三月初十日,藩驾至大星所。有广东乌尾船数十只在港,伙兵登岸樵采,虏兵同百姓来逐。藩怒,传令札营攻打所城。令左援剿施显由水夺船,各官兵由陆攻城。令协将万礼率辖下往僻处伏截……

十五日,传令攻城。黄山等挥兵攻城,一鼓而下。城中米谷,令户科杨英分派官船运载。

二十五日,藩令班师开驾。是日南风盛发,各船开洋直溜下,由俺边取粮,藩姑同艅驾回。

七月,刘五店并石浔地棍陈春等多给虏牌,在海截劫我舟。藩遣援剿右黄山提调前冲镇万礼、北镇陈六御、中权镇黄兴等追捕,陈春等逃走,追至小崎,驾坐其船数十只,杀掠甚多。同安虏马直追来援,被万礼、陈六御等分遣埋伏,诱至龙窟与战,尽被我兵伏杀无遗。

(十二月)十五日,藩督师至旧镇港登岸,衔枚驰至城下围。尧策献城纳降。

(二十九日)定西侯张名振、平夷侯周崔之、英义伯阮骏等俱来归;以名振管水师前军,崔之管水师后军,阮骏为水师前镇。

(永历)六年壬辰正月初二日,藩督师扬帆进入海澄港。原港内水浅,大船难以进港;是日潮水涨起数尺,藩坐驾直入,泊中权关下,澄人惊谓从古未有,真水坚可渡之……

---

① 延平王户官杨英撰。据旧钞本,参校"台湾文献史料丛刊"版。

（五月）陈金杀败，金衢马等来援，亦被杀退，漳围未改，遂集舟师数百只来犯中左，攻吾所必救，以改漳围。藩令一镇陈辉为总督，率右军闽安侯、后军周崔之、左军辅明侯、前镇阮骏、后镇施举等水师百余号往迎之，遇敌于崇武。时虏舟据上流，顺风冲下，我师少却。至流退风转，陈辉挥令冲犁。周瑞同施举二坐驾扬帆冲入虏阵奋击，虏不敢当。继而各船涌进协击，虏遂披靡退走。虏由崇武登岸而逃，夺其大船十余只而回。

六月，藩驾如浯洲青屿澳，赏罚水师官兵。传令漳城围困将领，加谨□□，毋致疏虞。赏右军周瑞、后镇施举首功，杀其退却副将四员。传令照旧防守泉港虏船。自是虏船再出来犯，被我舟师□□，焚其舟，并杀其副将。由是虏水师不敢复逞。亲丁镇欧斌病故，以郭廷为亲丁镇。

（永历七年）三月，藩驾驻中左。遣前军定西侯等水师恢复浙、直。先时，定西启曰："名振生长江南，将兵数十年，今虏各处兵将，多系旧属。兹金酋既并力于闽，势必空虚浙、直，我以百艘，乘此长风破浪，直入长江，号召旧时手足，攻城掠野，因时制宜，捣其心腹，虏无暇南顾，藩主得以恢复闽省，会师浙、直，可指日待也"。藩从而遣之。并遣忠靖伯陈辉、中权镇黄兴、护卫右镇沈奇、礼武镇林顺、智武营蓝衍、后镇施举等一齐进入长江。

四月，报固山金砺吊集水陆官兵船只，欲寇海澄、中左，即遣左军辅明侯林察、右军周瑞、后军周崔之、前镇阮骏、援剿前镇黄大振等督率官兵船只，前往堵御虏船。后遇飓风，辅明侯林察船漂入兴化港，被虏拘禁于狱，至郑贾来议和，出之。

（五月）又令水师杨权、蔡新等驾船击其旁。虏移炮击我水师，杨权被击死。

（永历八年二月）是月，定西侯张名振、忠靖伯等督师进入长江，夺虏舟百余只；义兵四起归附。遣亲标营顾忠入天津，焚夺运粮船百余艘。名振直至金山寺，致祭先帝而回。虏闻风惊惧。

（十月）十九日，藩遣师南下，与晋王等会师勤王。委左军辅明侯林察为水陆总督，提调军中一切机宜。委右军闽安侯周瑞为水师统领，委戎旗勋镇王秀奇为陆师左统领，左先锋镇苏茂为陆师右统领，督率殿兵营林文灿、游兵营黄元、正兵镇陈勋、护卫左镇杜辉、后劲镇杨正、信武营陈泽等官兵数万，战舰百只，克日南征。另委忠振伯先到铜山，拨船配兵议粮。

（永历九年）七月，藩驾驻思明州。藩集诸文武议曰："和局不就，宜分兵与定西侯并忠靖伯等会师进入长江，捣其心腹。使彼不得并力南顾"。众曰："然"。遂命右军忠振伯为总督北征水师，水军事务、征战机宜悉听节制调度。

（十一月）十五日，随议镇守舟山水陆官兵船只。以总制陈六御督定西侯张名振、英义伯阮骏等镇守之。

（永历十年二月）二十日，前提督等舟师南征，左先锋等回思明州。阮骏报护京王子敕谕定关造船五百只，欲覆舟山，乞拨师援防。

四月，藩驾驻思明州。虏世子吊各澳船只，令韩尚亮统领水师船只，欲犯思明。自统陆师屯札石井，寇攻白沙城。藩又令兵民家眷搬移过海。调遣水陆官兵棋布待敌。虏水师分作三艕来犯：一艕白舨犯白沙，一艅红舦犯金门、浯州,一艅乌舦犯思明,分配已定。

十六日,虏水师齐出泉港来犯。我水师左右军并援剿左镇黄昌、信武营陈泽、水师内司镇左右协统船出围头外迎敌。虏前艅被左协王明铳船先发一熕击沉一只,虏船遂挽回,不敢前进。由是信武等镇营乘势追进、忽狂风大作,阴翳濛雾,对面不见船艅。我师溜下收泊围头。虏船欲收回泉港及深滬港不得。俱被狂风压下,有收入围、被我师牵生者,有被浪打、漂上青屿、金门,登岸逃生乞降者,有飘出外洋至广海者。韩尚亮亦被沉溺。我师坐获大虏船十只。阁破焚毁者三十余只。收回不上十数只。我师大胜班回。本藩炤大敌升赏。信武营援剿左内司镇左协王明为首功,余俱次功。将降虏制其耳鼻放回见虏世子,谕令毋得轻为动兵。世子亦叹服渡海之难。收军回泉。

闰五月,藩驾驻思明州,日令乡勇新兵操练。藩亲督操,并教铳务。拔张魁管理奇兵镇事。魁善骑射,发无不中。一日,同本藩在船教习水师,适有水凫在水面乍沉乍浮。藩谕张魁曰:"汝善射,能中贯此凫,即以此船赐尔"。魁即挽弓箭在手,待其凫浮,一箭射去,应弦而中。藩称其能,遂以坐舟赐之。至是令管奇兵镇。传令各镇,备办出征。候南下师回日,同往北征。著出征船只各给船牌照票,以防混冒。计大小给一千一百张,另南船未算。

(八月)十八日,藩驾登舟,统率右戎旗镇林明官兵北上。

是月二十六日,虏水师大小五百余船,进犯舟山。陈总制、阮英义等率舰五十余号与战。时我师占据上顺风冲犁,大败虏船。虏随退回,我师全胜回舟山。二十七日,虏又令舟师来□,意在诱敌,且战且退。我师误中其计,直追而进。至定关口,水流涌急,虏遂拥合交锋,我师少却。陈总制遂呼英义伯二舟率先冲破其艅,缘不知水势,二舟被流水拥掩而入,挽掉不进。虏认为先锋总制之舟,合力齐攻,铳矢如雨。总制知不支,望南拜毕,蹈海而死。阮英义亦知深入无援,必死,将船中火药铳器齐发,自焚其舟。虏船被击沉二只,虏兵亦死不计。我师见二船俱失,随四散溜下。虏遂进克舟山,迁移其民,拆坏其城。张鸿德亦战没阵中。

(十月初六日)命忠□伯督造巨舰,令各镇征积兵粮。

委五军中军张英总督五军戎政,兼管水师前军事。阮美管水师前镇事。

十二月,藩督师进取罗源、宁德等邑。舟师至梅溪登岸……

(永历十一年正月)……自是和局永绝。藩令取运船料发各镇造修战船,以赴北征。一应船务,俱委右军忠振伯料理。报称中提督甘辉假回思明养病……

二十五日,遣总制行军司马兼水师前军张英总督北征水师,总督后提督万礼督同左右先锋、前锋等镇,前往温州、福宁州、牙城、溦寨等地方取积粮饷。

(二月)初七日,张英、万礼等师至温州金乡卫,即议攻城。虏伪游击翟永寿、守备王虎、卫官于起麟能识时势,献城迎降。所报城内米粟甚多,另客商湖丝三百余担。藩遣船运载匀给。

(三月)遣水师前镇左营李顺同水师后镇施举前往浙省定海等处采探虏息,并招徕松门一带渔民,以为进取长江向导。后施举至定关追□□,□风水不顺,施举坐驾船飘流入港,众寡不敌,被虏所执,不屈,摸海而死。遣户部主事郑省英督理沙关地方事。

(四月)陈忠靖水师军容器械,终是水师故步,比礼武镇又次之。右军下陈明、陈升、刘兴等七大船,各新整齐备,大堪驾用,皆右军忠振伯调度有方。铳船如苏□、林太等六船,俱坚致无患。著兵官照次第赏奖□励。若周凤铳船、陈荣武、萧梓二乌尾、与司总朱玉等船,只有内港装兵运粮,未堪外海冲风破浪,著协理船务林参估修启报。

五月,藩驾驻思明州。稽察各项追征粮饷、制造军□及洋船事务。本年二月间,六察尝寿宁在三都告假先回,藩行令对居守户官郑宫传、察算裕国库张恢、利民库林义等稽算东西二洋船本利息,并仁、义、礼、智、信、金、木、水、火、土各行出入银两。时林义因陈略西洋一船本万余未交付算,已先造报本藩存案明白……

六月,藩驾驻思明州。台湾红夷酋长揆一遣通事何廷斌至思明启藩,年愿纳贡和港通商,并陈外国宝物。许之。因先年我洋船到后,红夷每多留难,本藩遂刻示传令各港澳并东西夷国州府,不准到台湾通商,由是禁绝两年,船只不通,货物涌贵,夷多病疫。至是令廷斌求通,年输饷五千两,箭柸十万枝,硫磺千担,遂许通商。

(七月)初十日,传令在船开驾……遂分中提督等督师,进札涵头。本藩督戎镇旗等镇,进札黄石地方。十三日,一齐登岸,各拨冲锋官架梁,副锋伙兵搬运粟石。驻札三日,各船满载。虏无敢犯。随扬帆抽进琅琦,亲征闽安镇,巡阅城寨。以五军戎政王秀奇为总制,并拨前提督水陆官兵防守寨城,吊后提督等轮番出征,以护卫前镇陈斌守罗星塔,拨护卫中镇陈泽为水师,同前提督协防应援。棋布已密,藩督师出札凤埔,操练数日,至二十九日即开驾北上。只传令各船跟中军船驾驶,并不传进止机宜。

八月十二日,藩师进入海门港。时海门卫西岸系守将张捷,前所守将刘崇贤各发铳打击我船,俱不能伤。我师乘风逼进黄岩县内港。

(十一月)我师攻破鸥汀坝逆寨,报闻。此寨负固已久,四畔皆深泥水田,惟一面近港通海。有数千强僕,出没波涛之间,时或商渔,时或洋劫,屡屡阻截粮道。至是破之。

(永历十二年四月)初十日,藩与左武卫林胜密议:"先取许隆,牵其船只,破其巢穴,免其出没海上,使我师北征有南顾之虑"。胜曰:"然"。即令林胜密寻向导,以胜澄海人,隆近邻也。传令行军北征。中后提督并右武卫首程,先行俱泊围头,本藩同左武卫、左右虎卫等镇开至浯洲,星夜溜下,不及会䑸,恐许隆侦知逃走,出其不意故也。许隆敢于作逆,以港门内深外浅,非深识港路,船多阁破。此日缘何涨满,藩督舟师直捣其港,各镇至次日方知溜下,惟亲军镇先到,所得辎重米粟不计,船只分发各镇配兵,许隆仅只身率众而逃,焚其巢穴而回。

(五月)初七日,重布出军严禁条令……

一、掳掠妇女在船,必难瞒在船之人,如致察出,本犯枭示,本船舵梢尽行枭示。若本船能攻击首举,不但免罪,照格给赏。

……

一、出征船只,各舵梢俱要请给号布,以防混冒。如无号布,将船没官,舵梢枭示,家属发配。有能拿报首明者,赏银十两。

……

一、官兵出征，派有船只载运，各官兵不许借坐给牌商船。或奉本藩吊借，公事完毕，立即放回，毋得刁难。如违，致船户禀报，本官兵枭示，将领连罪不贷。

……

十三日，藩督师思明，开驾北征，缘阻风逐浪众上。至二十一日，驾到沙关，风雨未顺，驻札十数日，官兵乏粮，议就温州界属登岸，攻复郡邑，取足粮食。

是月十四日，行营潘户官跟䑸北征，船到围头阁礁，溜回思明备整。至夜分，搬移女眷上山，遇前提督守水兵盘问，语言来往不逊，疑为回来搬眷归虏。中军翼将郑进随报前提督，将潘户官并家眷船只羁留，驰报本藩。藩疑信参半，赏郑进银五十两，前提督壹百两，以防守严谨，令押送户官到军前，其家眷谕令照护，不阿不纵可也。自是文武不和矣。

六月初四日，藩督师从前歧港登岸进取，由分水关达平阳县，县界有大溪，达金乡卫入海，流水湍急，先令小艍船渡载过江。

七月初二日，藩督师开驾往舟山驻札，官兵出征日久，未有操练，遂令各镇逐日就舟山教练。

十八日，藩移师食盐澳驻札操练，以风信不顺，特移师候风。

八月初九日，藩驾至羊山。先数日前，问引港都督李顺，水路远近，港门山屿流水何如？顺曰："舟山至羊山，鸡鸣开驾，好西南风，午后便到。此处有二山，不甚高；一名猴山，俱系猴而无羊；一名羊山，系羊而无猴。无人居住，有一古小庙迹，传称祀羊山王，□灵应，每泊船必祭祀"。又称："海中有蒙、瞽二龙，泊船不可金鼓献纸，恐其惊动翻觉也。凡有泊船，不祭而金鼓献纸，船多不平安"。藩曰："焉有此理？光武涉滹渡之河，金人渺混洞之水，天意有在，岳渎为之效灵。我提师望复神京，以为社稷，涉历波涛有年矣，未见如此妖氛也"。不信之。是早鸡鸣开驾，风平浪恬，至午果到羊山。传令寄泊候䑸。坐驾泊山下。越初十日午，各提督来见。藩过六中军船议事，见黑云微起，风转不顺，催各镇归船，传令小船阁山、大船多寄碇湾泊去后，藩随过新中军船。不移时，即风起浪涌，迅雷电闪，雨大如注，昏黑，对面亦不相见，只闻呼死呼救、拆裂冲击悲惨之声。时管船都督陈德跪告曰："六中军近在此边，今不见矣。风涛异常，本船□棕碇三条俱断，今卸一旧草碇去，未知何如？藩主上应天生，请上拜棚拜告，看□风息浪，救此数万官兵"。藩叱之。以天意有在，岂人所能求祷？移瞬，碇手又报草碇又去一股。时太监张忠等与各官俱跪求哀劝，藩姑从，就船四拜，随云收雨息，波浪稍恬。自午至酉，方始霁静。遂令人查访，六中军船已不见，惟船枋漂阁在岸矣。船中失去六妃嫔并二、三舍、五舍三位，余男妇老幼梢兵计二百三十一人，俱没水中，惟存一老婆及老梢浮水逃生。藩发一笑，令各收尸埋葬。

次日，天气清光，有报失船失兵者，有报失将者，有报漂流未知去向者。现在澳没失左冲镇林灿、行营兵官史兴明、正典膳洪涓，余如副翼司哨，生死未知者尚多。遂请各提督统领来会，有称坐驾阁破在山、衣食飘流无存者，有称逃过小船、坐驾漂出、未知存没者。时见各提督统镇呵惨之情，藩令太监张忠、王守礼将所带行营衣服，一尽付出，分送各一二件、三四件不等，仍分发南将金二锭、北将金三锭，以慰劳之。言曰："前李顺对我言羊山之怪，我不信之，今岂是也？以后传如李顺而行，宁信有、勿信无也"。又曰："今船只兵器损失，长江难进矣。须溜回舟山收拾，再作区处。其失船官兵须并载而去。马载不去者，暂寄山养饲，候明年来牵，尤肥壮些。速归收拾"。仍令各差小哨，逐屿巡视，有官兵阁破漂上山屿者，逐一载来。限次日起程。

十四日，藩督师回到舟山。时各船有被飘先至者，有别屿随后收入者，逐一查点时，未见七中军船、灵熕船，并报左虎卫左协黄安未到。藩曰："此人沉厚温默，尤未可量，岂至死耶"？次日，林胜报黄左协坐船杠椇俱失，飘二日夜入普陀港。藩令随□船往载之至，随委署左冲镇事。管七中军船欧秉敬来见，责以离艅私逃，杀之。并杀练勇营廖达，以其在船同逃也。达系平和人，自关中跟随，颇晓操练教法，凡军中教操艺，俱委任，至是杀之。管灵熕曾铣报船阁破羊山外屿，其灵熕被泥压没不见。藩委阮美等拨赶缯捞拾得之。曾铣并杀，以儆不谨。此灵熕重万斤，红铜所铸，系外国夷字。戊子年杪，定国府入揭阳港，夜半发芒光，定国见而疑之，至次夜又见，定国随令善没者入捞之，出云："一条光物，约丈余，有两耳，其大难量"。定国再令善没者详视，出回云："系熕铳，两耳二龙"。随传令船中用索绞起，顷刻即进船上。定国即造熕船，载运教放。容弹子二十四斤，击至四、五里远。祭发无不击中。揭中顽寨并门辟虏炮城俱被击碎，远近闻风，俱云神物，后送归藩，多助效灵。

九月，藩驾在舟山，集各将议曰："官兵船只破损，粮食不足，须溜入温、台各港，夺船取粮，再图进取"。诸将各依而行。遂传令初七日开驾，初十日至象山县取粮……时有北兵逃走者，多以羊山风浪惊怕故也。又密报援剿右镇贺世明等船头桅俱粉红，不知何意？有讹传谓欲引虏叛去，并北将尽去之语。藩闻之，密察营中偶语纷纷，又令察船桅，果有红号。是日遂撤去贺世明镇任，并令张五军告劝水武营朴世用、火武营魏光华、中权镇李必、奇兵镇张魁等归谢兵柄。惟北镇姚国泰升补援剿右镇事。贺世明以心迹不明，遂忿激气死。时所撤官兵，多未统属。十二日，遂令总理监营翁天佑署左提督事，隶其兵。十四日，遂传令下船。是日雨雹如注，如弹子大，打死民夫二名，我兵无伤，亦是怪事。行各提督统镇将船上米粟行李物件，驾往三盘山，限三日搬卸安顿，仍拨副锋兵在山看守粮粟。其粮船各到红花港听令。

（永历十三年正月）十三日，周全斌等又报伪院数时再吊兵马并封大小船五百余号，另吊石匠、篾匠、火药数傤。又瑞安港现封小艇百余只并拆厝绞排配运大炮，给发行粮，在此十四、五间来犯盘石、沙园等处。

闰正月十二日，藩在沙关驰谕左武卫札云："目今交春，时多雾天，恐虏驾小哨乘雾而来，或天未亮突至。各船抛泊日久，官兵懈怠，疏于防备，必至仓卒误事。可将船只放出七都，近乐清一边抛泊，不时往来，较为万全。且百姓日间来此买卖，焉知无来探知我虚实？山上不足虑，船中十分防备"。左武卫遵命将船放出，乘潮出入江□□游奕。虏果绞排同小船乘雾直来原札处所焚烧，知我船移动而回。

二月二十日，藩驾到盘石卫，行摧各提督、统领、总镇速办船只，催完饷务，限三月内齐到盘石卫听令。另行各提督统领传谕官兵搬眷随征。谕云："官兵远征，不无内顾，携眷偕行，自然乐从。本藩亲统大师，北伐丑虏，肃靖中原，以建大业，虑各勋镇将领官兵永镇之时，有为家之念，已京著兵户官拨赶缯船配载各眷。各令有眷官兵，照依派船载来，暂住林门，候令随行"。时官兵俱各欣悦，惟女眷醉船，颇有怨言。另著水师一镇、忠靖伯陈辉、宣毅前镇陈泽保护眷船随后而行。

三月，藩驾驻盘石卫，差官催促各提督统领，严限本月二十三日齐到盘石听□□，不许一船留汛。二十五日，各提督统领俱如期到卫港。时盘石地方窄狭，难泊多船。派前锋镇左先锋二统领下札大门澳，中左二提督下札小门澳，亲军札七都外屿，藩驾札小门澳。拨奇兵镇黄应防守南日地方。藩传令就大、小门澳考较弓箭。令礼都事办银牌，每面三五钱一两不等，挂百步外，令各协将正副领班官比射，中者赏之。又制金牌，每面五钱，藩同提统领将较射，中者赏之。日各赐宴。时金牌银牌，制不副射，计用银牌千两。

四月，藩驾驻大小门澳，日比试弓箭，考较器械，并行操练。以风信未顺，姑湾泊教练。十五日，行提督统镇，限十九日开驾进征。藩集各提督统镇议曰："大师进取南都，定关尚有虏船百只，万一出没，阻我往来船只，或拥集尾后，使我长虑却顾，亦非全胜之道。我欲先取定关，牵其船只，用藉配兵，资其粮饷，赖以饱腾。起手制胜,先声夺人。一则雪陈总制前日战没之恨,二则定虏必求援于浙直之兵。待其援到,然后扬帆直取金陵,使虏罢于奔命,以逸待劳,百战百胜之道也。但定关有二炮城,船只俱泊在炮城内。又有滚江龙横江为限,须夺其城,斩断滚江龙,扬帆直抵宁波城兜,牵尽船只,然后攻其城池。诸将以为何如"?众俱曰:"藩主算无遗策,当领机宜而行"。于是令各提镇选冲锋由陆进发,副锋兵配船,听前锋镇总督由水进发,约二十八日齐到定关取齐。

本藩自领首程,督师由梅山港登岸,□程二日俱到定关炮城。时炮城有守虏王□□,尚敢击炮。本藩传令:"每伙兵取柴一把,将城焚毁"。二十九日,柴草拥迭及城,其守将由滚江龙浮水而走。藩令右提督往招之,尚存守兵三百名,俱降。其水师进断滚江龙,进入宁波港,牵取船只。时虏已将桅舵收起,难以驾出,藩令将船焚之,令办攻城战棋。二十九夜,有我兵马五十余名叛逃归虏,而虏亦侦知我师要犯宁波,预请浙直之兵集至。本藩又集诸将议曰:"直浙之兵既至,与之相持无益,既夺炮台,断滚江龙,又焚其船,可无后患,不如抽回下船,乘势进入长江,攻其无备,到处垂手可得也"。诸将俱曰:"谨受机宜而行"。随抽至定关港口下船。

五月初四日,藩驾至舟山烈港,传令听议进取长江事宜。一各小船屡不听令,先行抢夺,今如不跟艕,各提督统镇面议已定,本船头目舵工枭示三犯,通船尽行枭示,照令而行,断无更改。各佥号为定规,俾无后言。计提督统镇二十八员,押号存据。

(十五日)又传谕驶船泊宿机宜:"大小船只众多,若混杂而行,必有冲犁之患。且小船轻快,大船镇重,恐致参差。今定大船为一艕,抛泊吴山处所,派首程进发,本藩亲督而行。各水艍船一艕,抛泊马目处所,派中、后、左提督等督领而行。各小船为一艕,抛泊听令而行。候好风信,本藩中军船开往羊山,大船方可开到吴山,各船方照程而进"。另南船未熟长江港路,行张五军、马提督、张兵部各取引港三人,分三程配船。令都督李顺带总兵王耀武在本藩坐驾常川伺候,以备访问。另拨小乌龙船二只,跟中军引港。分程开驾入崇明事宜:"本藩带文武官船只先行,拟泊排沙港。各大船为首程,听张五军督行,拨就都督罗蕴章、马隆船引港,尽泊排沙。二程水艍船,拨乔之凤、陈威、李隆船引港,泊新兴沙。三程小船,李国宝、殷继忠船引港,泊新开坞。引港船只分作二队前后,日则桅上挂高招旗一面,遇夜在前出灯三盏,在后出灯二盏,其余船只出火号相连续接引。到泊湾则在头抛碇,即发大熕一门,火箭三枝,各船照次第同泊。先令水师前镇阮都督差船同差官张亮先往大笏山夜间放大火,使各镇船只知是大笏山、崇明排沙港口交加嘴,在此候天光,便于进入。羊山开驾至崇明排沙,好风一日夜,俱无山屿,只有大小笏系沙线高些。必如此详慎,方保船只无虑"。调遣已定,候风开驾。

是月十七日,藩督师到羊山。

十八日,驾到崇明新兴沙,移札芦竹洲。查各提督统镇辖下大小船只,尽行进入内港,平安齐到。

十九日,移泊吴淞港口……长江内港,惟刘家沙、狼山俱有沙坛深浅。藩令杨戎政、都督李顺、蔡翼、兵都吏杨珍等押督张兵部沙船,前往狼山等处,勘浅深。其浅处竖标为记,大船毋得京犯,致阁其大船。另各拨小船二只随行,恐阁浅搬轻易浮。传各通知而行。

(二十三日)藩督师至永胜洲会集,仍札营数日操练,并重申约法……数日歹天,永胜洲难泊多船,不堪避风。兹各船俱传往顺江洲上大沙会集。发精兵落小船,伙兵上大船,以便登岸杀虏。到镇江时,各铳船、水艍船跟正副熕船近岸协击。各船只各照提督下归艕,以便一齐登岸,不准零星抛泊以致杀虏不齐。

(二十七日)再申禁令云……如前有令,江中船只准坐,今思江南一带地方,当务严禁,秋毫无犯,以示安抚,若开一坐船之端,即登岸抢掠,落船必借口为船中货物,纷纷莫辨。兹再严饬禁令,江北地方准其取粮,准其坐船。至于江南地方,务要一草一木不动,伙兵水梢不准上岸,不准坐船,微如火柴,亦就江北取去供江南之用,使禁令得以画一……

六月初一日,藩督舟师至江阴县……

十四日,舟至焦山塔,近在镇江、瓜州地方。集诸将议听攻取调遣机宜。藩谕诸将:瓜镇,京都之门户,峙立两岸,必有重兵镇守;又有谭家洲炮台与瓜州柳堤炮台对击;又有滚江龙把截;未易轻敌。须一枝由水攻取谭家洲,夺其大炮;另拨陈大胜善没水者斩断滚江龙,又以大师捣其瓜州,使虏左右支吾,闻风胆破,瓜镇不日克下矣。尔等各依行令机宜而行。内:

一、右提督前锋镇督辖下镇营官兵船只,分取镇江谭家洲大铳。

一、各大船北港水浅难行,须跟右提督从南港而进,到瓜州北岸抛泊听令;各小船由北港而进。

一、亲军并中后左各提督左先锋等镇跟本藩七中军船前行,进取瓜州。

一、张兵部、陈文达等并水师一号船只俱到谭家洲放炮,以便右提督前锋镇、中冲镇、左冲镇、宣毅后镇等陆兵登岸杀虏夺炮。

一、阮前镇、李顺、袁起震及正副熕并左右武卫、左右虎卫、五军中后左提督、右先锋等铳船并水师船只俱到瓜州放炮,以便陆兵□□进取杀虏。

一、著工都事谢维传各船上火药忒多者,拨别船配载,恐防虏炮动火,大为误事。遵行料理,毋迟时刻。

一、随营大熕铜及攻城大铳,俱要时刻跟随队伍江边驾驶,以便临时立刻吊用;如不到者依军法,工都事督催不谨并罪。

十五日随进师札瓜州北岸,传令进师。委刑官程应璠催督右提督前锋镇等各水师船进取谭家洲大炮。令戴罪材官张亮督泅水荡船,刻限斩断滚江龙。令张兵部水师罗蕴章督辖兵,候断滚江龙,即直进据瓜州上流,焚夺满洲木浮营。此浮营用大杉木板钉围,内容兵五百名,大炮四十门,火药、火礶不计;上流□□船遇之立碎,此项最利害。

(十六日)兵部张煌言进曰:"瓜州陆兵虽败,尚有水师退入芜湖。彼若侦我师登岸札营,顺流冲下,未免牵挂。当速整水师,直捣芜湖,一则牵杀虏船,二则声取南都,以分其势,使不敢来援。然后陆师可无却顾,进取镇城必矣"。藩从之。委张兵部、杨戎政总督水师前镇并罗蕴章、袁起震等大小船进入芜湖,直□南都。再令各镇派拨船只,著总监营郑德督押前往,以壮声势。传谕诸将曰:"兵贵神速。瓜州已下,水师遣进南都。虏不暇及镇江,我全师乘胜直逼其城。虏若婴固自守,攻打迟我数日工夫。倘不揣来战,则一鼓而败之,城可立降也……"

十八早,令各船只尽放上流,官兵俱各在船,听本藩掌号三声,中军熕船放炮三声,升七星大旗,各船兵各依分位一齐登岸站队,务要相度地方,相让站队,不得拥挤混杂。十九日,藩督舟师进泊镇江南岸七里港。二十日,登岸札营未定,虏分路前来。对面咫尺,我师静以待动。虏遂未敢打仗,退去十里下营。我亦下营……

(七月初七日)时左冲镇请曰:"海中水师必用大船,乘风冲犁。今江中风微流急,大船不便众戗驰骤,只用大熕船十数只。每小船用长橹二枝,两舷边各用长撑八枝,每枝前配铜百子一门,斗头另配铜花干铳一门。遇敌先发花干,然后将左珉拨转,右边发铳。右珉发完,右拨转,左边发铳。径冲入阵中,两铳齐发。如此偕来飞击,谅虏无完船……"

(二十三日)藩见大势已溃,遂抽下船。虏水师蚁集,齐拥下来。左冲镇一面堵御,一面防护眷船而出。其我兵有被伤浮水而逃者,左卫镇令载上眷船配载而出,计活数千人。我船竟护无失,仍击沉虏船二只,虏是以不敢轻犯。

(永历十三年)八月初一日,师回至狼山,上沙时,粮运船多重载,不堪驾驶,委户都事杨英分派各中军船并各提督统镇船只运载,预作兵粮。各船俱满载,粮船放回,赐手梢各路粮千余石。

初四日,师泊吴淞港。遣礼都事蔡政往见马进宝。进京议和事机宜,俱授蔡政知之。亦无书往来。

初八日,舟师至崇明港,集诸将议曰:"师虽少挫,全军犹在。我欲攻克崇明县以作老营,然后行思明吊换前提督等一枝,再图进取。一则逼其和局速成,二则采访甘提督等诸将生死信息,三则使虏知我师虽败,尚全力攻城,不敢南下袭我。诸将以为何如"? 众签曰:"可"。于是随派防水师并攻城官兵。以左冲镇黄安督配援剿右镇、前锋镇、右虎卫、左武卫、协将裴德、五军、左虎卫等共战舰十六只,提调罗蕴章防御七了港口,泊白米沙外洨。以援剿后镇刘猷、宣义左镇万义、中冲镇萧拱辰、右冲镇万禄等共战舰十二只防御吴淞港口,泊新兴沙外洨。以右先锋杨祖、后劲杨正督配中提督、前冲镇等防御狼山上流,泊王家港。各分遣防守去讫。初十日,传令登岸札营,攻崇明县城,派定处所……

(永历十四年)三月,藩驾驻思明州。报伪酋长达素到泉,催促船只舵梢齐备,刻日犯攻思明。藩令宣毅前镇陈泽同奇兵镇黄应、援剿左镇黄昌等各水师,抛泊峙后獭、窟澳等处,堵防泉港。吊回南下取粮官兵,分派屯札防守。

(四月初九日)防守舟山地方水师前镇阮美报:"定关狡虏,果以大师班回,遂图窥犯,不出藩主所料。据探报称:'顺治伪旨:令明虏统水陆马兵,会合吴淞、宁、绍、温、台战船五百余号,直抵思明合师,著三省攒运粮米。已于四月初下船,期四月十八日到舟山取齐。明虏初十在武林带披挂二千余,杭省满汉俱吊出征,只夏梅□□杭州,田雄出□舟山,不准逗遛内地。佟伪抚为海上事拿问,到苏州自尽。赵伪院亦削职。虏船□二十日开驾,五月初内的合犯思明'"。藩传谕前镇等知云:"伪虏徒虚张声势,断无来犯之理。即来,徒送死,正喜其来耳。军机胜败,呼吸咫尺,不能相援,岂有千里远□风泛水洋料天能如期赴约会合耶? 倘果开驾直来,该镇即同张兵部、袁兵部各舡戗开外洋,尾随其后,隔洨泊宿,以逸待劳,不必与战,彼必却顾。候到海坛、南日、崇武近地,我有水师堵御上流。如遇打仗,尔等即从上抄□,彼港路生疏。主客不敌,一鼓可破也。尔等敬当如令,有功之日,照格升赏"。

水师忠靖伯陈辉保原水师右军闽安侯革职带罪周瑞为水师同职,愿领头迭冲锋杀虏,许之。派游兵镇胡靖、殿兵镇陈璋为陆师守高崎等处,援剿后镇张志为水师抛泊高崎应援。

二十四日,行令各水师将领,此番杀虏,我师船只众多,遇敌之时,争先拥挤前进,与陆战队伍不明,同一弊也。且虏无大船,我只用中号船破之。今面议预先派定分明,以便堵剿。每镇挑选二号中船及水艍作头迭,桅尾挂红旗为号。一号大船作二迭老营,桅尾挂□旗为号。遇敌,头迭船前冲,二迭船相机赴应。头迭二迭船,务要挑□将领官兵配驾站舨。每船又另选配船精兵,大船约四十名,中船约二十名,水艍十五名,坐在舱内,候本船冲犁,虏船可以过船时,即齐拥过。来冲□时,不准轻动偾事。得胜夺船,照格升赏。过船官兵,另先领元宝一锭,作养锐气。至于辖下挑选外,如有十分京战大船,跟后驾驶,以作声势,不许先时乱进,自相紊乱此役□机宜。立将头迭、二迭及精兵具报,请给旗号并领银两。

行户官郑泰,即将前派并该□防守围头船只,一尽吊回,防守金门,□□□□□□□防广虏,并许隆贼船,并护家眷。其围头地方交与宣毅后镇防守。

二十六日,泉港虏船二百余号驾到洋芝澳。我师辅明侯等堵御迎敌。虏先札□□上放炮击,我舟不得近彼船。虏船逐只依山边而进,欲合同港并漳港齐犯,我师住泊围头。

二十七日，虏船又依山进至围头。藩令林辅明侯、中冲镇、宣毅前镇、宣毅右镇黄元督水师泊刘五店，遏止围头虏船，不得进入同港相□。

报同港虏船百余号，俱二十□日在船，出港会綜。报漳港虏船三百余号，限五月初一日祭江，出师会綜。头迭系真满虏披挂，船舨俱漆红。二迭系满汉，船舨俱漆乌。其黄梧、施郎之兵，配八浆荒字号船，达素自督□□札星屿。另一枝满兵札浔尾，备小船渡过东渡并岞头等处。一枝满兵札刘五店，备小船渡过五通、湖连等处。一枝满汉水师，由新城出犯赤山坪。藩令右虎卫、□□□防守五通、高崎东一带。

（五月）初一，拨前提督□□督右武卫、援剿左右镇、正兵镇、水师忠靖伯等泊□□□□，本藩亲督堵御漳港大队水师。

初八日，报各港虏兵俱配在船，约期初十日进兵，藩驾驻舟中督师海门。

初十早辰时，漳港虏船大小四百余号乘潮直犯圭屿。藩见虏舟至，我潮势□□泛未顺，遣陈尧策传令，不准起碇，泊定一条鞭与之打仗，候潮平风顺，有令方准驾驶冲杀。时忠靖伯陈辉同闽安侯周瑞坐驾领作头迭首冲，同援剿右镇下杨元标铳船泊在上流，虏船数十只乘顺风顺流前来冲犯，二□□无令不敢起碇相援，虏拥攻二船，众寡不敌，杨元标铳船俱死之，杀相当，后被□□坐忠靖伯一船官兵与之死敌，矢石如雨，闽安侯□□而死。陈尧策传令至船中，亦战死。惟忠靖伯陈辉入官厅内，满虏蚁拥上船，辉令列火药从下发上，与之俱焚。时虏以为必得之将，各来争功，计有二百余真满，一时药发而上，艜面飞裂，虏在船面上者俱死散无存，余□惊窜。后遇战亦不敢过船，谓我师俱如是阱战，二船交战，余船只是对击炮矢。自辰至巳，时潮平风顺，传令起碇冲犁。虏排拥冲下，我师稍退□□□。本藩亲驾小哨，躬督官兵，直冲过船。时右武卫坐驾同正副熕船破綜而入。左冲□□□□□□□擒夺虏先锋昂拜、章红眼等一船，满虏俱死船中。另生擒真满哈喇土心并虏虾十余员。续后虏綜冲散。我师乘风冲发。前提督左镇翁求多、忠靖伯下玉锡、正兵骁翊颜奇等与右武卫驰骋冲击，争并张红眼一船。右武卫下骁翊严保、领旗张盛擒获虏先锋乌沙一船。萧泗夺回杨元标铳船。前提督坐驾擒焚梅勒耿胜虏船一只。时满虏领先锋船只尚被我擒焚，并生擒真满呢马勒、石山虎，黄梧、施郎等□□□不敢前进，只在观望。至午后，南风盛发，宣毅右镇、左先锋镇并户官水师从浯屿驶进助胜冲犁，虏始退却逃走。时虏先锋三船，不知港路，阁浅圭屿，我师赶至，满虏三百余俱登屿山死战……时水将涨，虑下水者□□所堵杀，不得一齐登岸，而我水师宣毅后镇船又追至，虏即驾船对敌。其先登岸之虏大半在水泥中，被我师所杀及淹死者不计。继而后冲镇水师从高崎赶至，左冲镇领兵陈广并吴裕等从新城港冲出，辅明侯中冲镇、宣毅前镇、□□□□□下俱各□□数只。自辰至巳，虏始退走入港尚浔尾虏营。至十三日，被中冲、宣毅前镇等追擒，后綜方始退回。此一役也，三股水陆，集满汉精锐，费许多军器船只，俱被我师杀死不计，生擒老本酋长，斩手割耳□放回不计。达素只率陆师回福省，会议再犯。

十一日，各提督、统领、总镇将领将擒获虏船、生擒虏兵、军器等项，解报论功。□兵都事蔡政验被伤将领官兵，厚赐医治。

令兵官议杀虏功次进呈。议云："高崎之捷，赴水接战，使虏不得拥齐登岸者，论首勋、殿兵陈璋也，继而陈蟒、刘雄协力杀退，又继而万宏、林雄并刘俊等奋到追杀，虏尽死水中，应先后次勋。水师则宣毅后镇当虏登岸之时冲下，断作两截，登岸者覆没，在船者惊避，应为首勋；继而后冲镇至，又继而中冲、宣毅前镇等至，协力追走，并犁沉虏船，亦其次勋也。至于陈广□□船同吴裕船冲击□□□□应行另议。藩主洞鉴了然，难以悬议。备拟呈进"。

藩批云："水师用兵，必论其事势。此番虏船过海，由水登岸，我师所致力者全赖水师。既水师不能制胜，而陆师用命击杀，则陆师之勋懋矣！设水师何用哉？所议殿兵镇陈璋首勋，陈蟒、刘雄次勋，万宏、林雄又次之，前冲一翼官兵见虏稍却，而该镇亲督所部从东继冲，论勋又其次之；准如议行。翼将黄麟另行申饬究罪。

其水师宣毅后镇、援剿后镇专泊高崎，时援剿后镇□□□退各船□无前进，已行申饬并枭示刘祝外，宣毅后镇时在潮头,政赖冲击,使虏不尽登岸,惜乎无料理小船,而虏皆小哨,我大船尚涉深水,驾驶不快,故虏哨迭进登岸,为陆师尽歼,此一时之幸,非万全之策,以后宜戒之。然宣毅后镇犹能据流扼截,击沉虏船,擒获虏将虏兵,少壮陆师声势,亦行议赏。后冲镇泊石湖头,来援应快,冲沉虏船一只,亦行议赏。至领兵陈广坐一沙船,出入虏䑸攻击,用命可嘉,应当优叙定赏。向使水师船只,尽如陈广一船,则虏哨可尽扑灭,片帆不还矣。其余中冲镇、宣毅前镇并陈继美等,初十日之冲截虏船,十三日之擒获后䑸,此皆水师职分宜然,平平无奇,何足议勋?援剿前镇戴捷督火攻营,许祥、傅初及协理大炮蒋宠在寨演放大炮,击伤虏兵虏船,俱当议赏。

日者海门之役,虏船乘风连排而出,初时西风甚静,我舟错在不起碇,以致忠靖伯数船失事。至风起以后,政好乘风施展,左冲右突,使虏首尾不能相顾,俟虏船星□□偏,俾擒获焚毁,收其全胜,斯为奇勋。若大䑸□□未散,仅擒获一二只,何足济事?乃当日各镇船只,游移驾驶,心力不齐,论此一□,罪多而勋少。今本藩就中酌议叙赏,以示鼓励。当南风初起,右武卫坐驾先冲击虏船,遂并夺章红眼一船时,翁求多、王锡、正兵骁翊颜奇、许新、陈六船协力副之,应行叙赏。虏先锋乌沙一船,纵横莫何,而严保、张盛奋力协击,前提督下刘仁、正兵镇翼将李长之船,协力获之,杀其巨酋,余虏尽歼,亦当叙赏。右武卫协将萧泗,风静时驾小船夺回杨元标铳船,亦可议赏。至虏船三只来援虏先锋哨,我前提督坐驾同所辖许胜、□彪、廖程、陈德等船擒焚虏哨一只,又前提督下翁求多、许国昌、阮盛同右□卫下□欲、□纠等船擒焚虏哨一只,亦当叙赏。其余冲散零星船只,虽有擒焚,不足为武,无容议及。若宣毅右镇下风据上,由圭屿北直进,一齐冲击,察辖下将领有擒获虏哨者,准与议赏。户官船原泊浯屿,赶来接应,向前击杀,察辖下将领有擒焚虏哨者,准与议赏。其正熕船演放大熕,攻击虏船虏兵者,亦行薄赏,著兵官照格议行"。

(七月)二十日,右武卫周全斌等攻破□□□□顽寨。其寨依山近水,我师湾泊,时常恃□阻梗,出没牵我哨船,至是平之,藉其资重粮米甚多。

(永历十五年二月)以兵官前提督居守思明州,户官居守金门。藩亲祭江,传令船只尽驾到料罗澳,催官兵候齐听令,下船开驾。

(三月)二十二日,催官兵在船。二十三午,天时霁静,自料罗□□。二十四日,各船俱齐到澎湖,分各屿驻札。藩驻峙内屿,候风开驾。二十七日,大师开驾,至柑桔屿阻风,又收回彭湖峙内屿。时官兵多不带行粮,因何廷斌称数日到台湾,粮米不竭,至是阻风乏粮。藩令户都事同洪游击就彭湖三十六屿□取行粮□□正供。时吊集各澳长追取接给,各澳长搜索二日,回称:"各屿并无田园,可种禾粟,惟蕃薯、大麦、黍稷,升斗凑解,合有百余石,不足当大师一餐之用"。藩惊乏粮,又恐北风无期,随于三十晚传令开驾。时风报未息,风雨阴雾,管中军船蔡翼并陈广等跪禀:"暂候风雨开驾"。藩谕曰:"冰坚可渡,天意有在。天意若付我平定台湾,今晚开驾后,自然风恬浪静矣。不然,官兵岂堪坐困断岛受饿也"?是晚一更后,传令开驾,风雨少间,然波浪未息,惊险殊甚。迨至三更后,则云收雨散,天气明朗,顺风驾驶。

四月初一日黎明,藩坐驾船即至台湾外沙线,各船鱼贯络绎亦至。辰时天亮,即到鹿耳门线外。本藩随下小哨,由鹿耳门先登岸,踏勘营地。午后,大船齐进鹿耳门。先时此港颇浅,大䑸船俱无出入,是日水涨数尺,我舟极大者亦无□□,□天意默助也。是晚,我舟齐到,泊禾寮港,登岸,札营近街坊梨□□□□□□□镇督虎卫将坐铳船札鹿耳门,□□水师甲板,并防北线尾。

(初六日)时红夷尚有水师甲板在港。藩遣宣毅前镇、侍卫镇陈广并左虎协陈冲等为水师攻打甲板一□,□击沉甲板一只,烧焚甲板一只,走回一只。自后甲板泊宿台湾城下。

七月，藩驾驻承天府。户官运粮船不至，官兵乏粮，每乡斗价至四、五钱不等。令民间输纳杂子蕃薯，发给兵粮。红夷甲板船至，吊右武卫前协裴德帮守安平镇。

八月，藩驾驻承天府。户官运粮船犹不至，官兵至食木子充饥，日忧脱巾之变。藩心含之，大书于座前云："户失先定罪"。遣杨府尹同户都杨英往鹿耳门守候粮船，并官私船有东来者尽行买粜给兵。

甲板船来犯，被藩令宣毅前镇陈泽并戎旗左右协水师陈□美、朱尧、罗蕴章等击败之，夺获甲板二只、小艇三只，宣毅前镇副将林进绅战死。自是甲板永不敢犯。

二十二日，遣户都事杨英押米船前往二林、南社，接给兵粮，并同李胤察访兵心何如，回报。时粮米不接，官兵日只二餐，多有病没，兵心嗷嗷。

闽海纪略[①]

卷一·乙酉弘光元年

平国公姓郑氏。名芝龙。字飞黄。南安石井巡司人也……平公少年时。起家海上。崇祯元年戊辰归。授游击。平海寇。红夷。累功升总兵。镇福建。

卷一·丁亥永历元年

定国公自平国公解兵投清。尚拥甲兵。八月。率所部进取泉州。国姓引兵会之……九月三日攻城。别遣水师破溜石炮城。杀参将解应龙。军声大振。

卷一·庚寅永历四年

秋八月。并郑联军。

时两岛尚为建国兄弟所据。其北将章云恣肆。国姓密与陈豹等谋袭之。曰。两岛吾家土也。渠兄弟虎踞横行。大不道。自揭扬帆。中秋夜抵厦门。定远侯郑联尚醉万石岩。诘朝酒醒。登舟谒见。握拜甚欢。国姓抚谕之。曰。兄能以一军相假乎。联曰。敢不唯命。先严部署。举号炮。诸军争先过船。联众不敢动。未几。邀联宴万石岩。尽欢而罢。阴伏甲士。道杀之。时联兵众船其尚强。国姓将至。其兄郑彩议全军出避。不从。复不设备。遂及于难。郑彩率所部航海而南。飘泊数载。兵众星散。舟楫损坏。不敢归。国姓以书招之。彩得书喜曰。今不归。后无期矣。遂回厦门。国姓善待之。遂卒于家。

卷一·辛卯永历五年

春二月。清巡抚张学圣遣泉镇马得功袭岛。

(国姓)已并郑联军。以郑芝莞守厦门。率舟师南下。次平海卫。清巡抚张学圣按泉。令泉镇马得功乘虚袭岛。时定公弃揭阳回师未至。芝莞无守御。得功先遣数十骑渡五通登岸。兵民望见。皆奔窜。遂入岛。原阁部曾樱自缢死。张学圣及兴泉道黄澍登山。望岛孤悬海外。汪洋万顷。抚然曰。此绝地也。设有缓急。援兵岂能飞渡耶。先引回。不数日。定公至。得功欲退。不得渡。乃遣人谓定公曰。吾不得出。岛上人民必不能保全。公眷属皆在安平内地。毋乃不便乎。定公以为然。又不期国姓之猝来也。纵其回。四月一日。国姓至。得功已离岛二日矣。大悔恨。按失岛罪杀郑芝莞。芝莞。国姓叔也)。诸将股栗。定国公退泊白沙。筑寨以居。系左先锋施琅。

卷一·壬辰永历六年

春正月。渡海澄。

进取海澄。是日潮涨。舟达城垣。守将郝文兴以城降。授文兴为左都督。

卷一·乙未永历九年

夏五月。遣忠振伯洪旭。北镇陈六御督舟师北征。

---

① 未列著者。据清抄本。

陈六御等扬帆进取舟山。守将巴臣兴举军降。调臣兴回思明。以六御守舟山。后为清兵攻破。死之。六御。陈谦之子也。洪旭等攻温。台。台州镇马信。宁波镇张弘德出降。空其城而归。

六月。隳安平镇。继毁漳郡及泉属县城。

安平镇。距泉州五十里。平公置第其中。洋舶直通城外。人烟繁华胜于地郡。清世子统兵入闽。将至。乃堕安平镇城。续坏漳郡及泉属惠安。南安。同安各县城。敛兵回岛。

卷一·丙申永历十年

春三月。清舟师出泉州。遭风引还。

贝子调泉州水师攻两岛。遣林顺。陈泽等驾船炮出御之。未至。北船先为飓风所飘。多登岸而遁。飘十余人至金门。获之。

秋七月。破闽安镇。

贝子重兵在漳。议率众北向以袭之。克期解缆。会黄梧以海澄降清。国姓曰。吾欲图大。岂以澄邑阻事。遂令诸军扬帆进攻闽安镇。下之。

卷一·戊戌永历十二年

举兵向浙江。

议欲大举直取南京。诸将曰。南京地远城坚。非数万人不可。不如就近攻取为得计。国姓曰。入据长江。则江南半壁皆吾囊中物矣。以黄廷为前提督。洪旭为兵官。郑泰为户官。居守厦门。自率中提督甘辉。后提督万礼。武卫林胜。统领余新。虎卫左镇陈奎。水陆甲士五万。号十万。扬帆北行。入浙江。攻陷乐清等县。将进长江。船次羊山。暴风覆舟。没数千余人。退泊舟山。整顿舟楫。以图后事。诸将劝回岛。不从。

卷一·己亥永历十三年

册封延平王。

永历行在粤西。年年修表。问道不绝。至是。遣周金汤赍金印。从广东龙文航海至思明。封延平王。诸将升擢有差。时举兵江南。及回。仍称招讨大将军。不受王爵。

六月。破瓜洲。下镇江。

瓜镇沿边设兵置炮。六月。南风盛发。鼓棹而进。遂破瓜洲。

秋七月。围南京。不克而还。

瓜镇已破。进围金陵。江。浙郡县。望风顺附。江北遥有献款者。京师震动。金陵周围百余里孤军深入。又狃于江上之捷。谓可唾手得也。未几。余新一军为梁化凤所破。诸军奔溃赴舟。溺者不可胜数。甘辉。余新被获。甘辉不屈死之。出长江。(攻)崇明。不克而归。

卷一·庚子永历十四年

夏五月。大败清将军达素于海门。

清遣达素为将军。大船出漳州。小船出同安。会粤中许隆。苏利舟师。沿边安炮。水陆并举。乃遣右虎卫陈鹏督诸军守高崎。以遏同安。郑泰率所部舟师出浯屿。御广舟。自率周全斌。陈辉。黄廷等次海门。初十日黎明。漳船顺风乘流泊海门。遣五府陈尧策传令诸军。按舟勿动。候其齐。出击之。呼吸间。漳船已至。诸船奉令不敢发。闽安侯周瑞船先为漳船击破。与陈尧策皆死焉。继攻陈辉船。辉举火药烧之。满兵跃起。且战且却。近午。风发潮涌。亲率巨舰冲之。郑泰复自浯屿引舟合击。北兵大败。横尸浮海。时有满兵二百力拒战。遣北将马信招降。夜溺死之。是日。同安满兵驾小舟趋高崎。陈鹏约降。敕所部勿动。北兵恃有内应。未及岸。弃舟争前。鹏部将陈蟒谓曰。事急矣。岂可坐以待毙。与殿兵镇陈章合兵出击。北兵皆指言鹏降。争赴之。比至战遂不支。蹈海死者十七。八。是役收陈鹏。凌迟。以陈蟒代之。广舟后二日至。知败而回。自是。对垒阅月。空岛北徇。清兵竟不敢渡。后达素回至省城。自尽死。

卷一·辛丑永历十五年

春三月。取台湾。

初。红夷欲城浯屿。依粤澳互列市。数以巨舰入犯。因泊台湾。筑二城。一曰赤崁。一曰王城。余皆土番。立法严。土番咸奉约束。历三十余年。无敢犯者。至是。以顺治新丧。未暇连兵。遂决意取之。诸将谓夹板船多。炮火难近。鹿耳门水浅不可渡。红夷译何斌进曰。台湾沃野千里。四通外洋。横绝大海。足与中国抗衡。土番受红夷威凌。每欲反噬。以天威临之。譬如豺狼逐羊群也。得其地足以广国。取其财足以饷兵。进战退守。无逾于此。且陈可取状甚悉。从之。三月。率舟前行。次澎湖。下令曰。惟吾鹢首是向。至鹿耳门。则水骤涨丈余。大小舟衔尾而渡。红夷惊为自天而下。引兵登岸。先取赤崁。红夷弃城奔王城。死力拒守。复烧其夹板船。尽歼之。围至十二月。红毛出降。生存者仅百数十人。纵其归国。

(冬十月)清迁沿海居民于内地。

闽海历年用兵。损兵折将。倾帑协饷。苏纳海议曰。厦门。金门。弹丸两岛。得延今日。实恃沿海一带交通接济。今将山东。浙江。广东滨海人民尽迁入内地。立边界。设防守。严稽查。片板不许下海。粒货不许越疆。则海上食尽。鸟兽散矣。从之。分遣满员督迁。四省数千里生聚。一旦流离。古未有也。

卷一·壬寅永历十六年

三月。遣周全斌击忠勇侯陈豹于南澳。

豹原姓吕。为石井陈氏养子。因冒姓陈。先隶平公弟芝虎麾下。追刘香。没于岛。复为平公部将。有勇力。身才甚短。人呼为三尺。镇守南澳十余年。疏通海运。许隆。苏利畏之如虎。但不学无术。性专恣。人多忌之。至是。伪言日起。乃命周全斌回思明率黄昌等舟师攻之。豹仓卒不能自明。又不敢御敌。举家引舟入广投清。封为慕化伯。盖为谣言所误。逃死而去。非有异志也。

冬十月。世子入台湾。

卷一·癸卯永历十七年

春正月。世子至自台湾。

内难既平。祭告先王。调诸将守汛。回师。以郑袭令归。正月。至思明州。

夏六月。执户官郑泰。幽之。

世子自台湾回。得郑泰与黄昭书。杨来嘉又自北回。疑其有异志。泰不自安。称病金门。三月。世子率兵将入海澄。泰觇知。以为将图己也。举家扬帆出金门。拥众数千。戈船百余。有劝勒兵入见世子自明也。泰曰。吾今日救死耳。若称兵。增吾罪也。又有劝投清。泰曰。先王已误。岂容再误。皆不从。舣舟待命。世子遣协理户官吴慎。协理吏官郑斌赍印至金门。传命曰。两岛城方。听伯总制。余棹欲东矣。泰受印。犹豫未敢入谢。其弟郑鸣骏力劝之行。六月。泰入谒。礼待之。翌日。置酒邀议军事。伏甲执之。越日。泰自缢死。

郑泰子缵绪及泰弟鸣骏逃归清。

鸣骏闻泰死。泣曰。吾负杀兄之名。举军踉跄引舟遁。周全斌等追之不及。郑鸣骏称同安伯。缵绪称永成伯。入泉州投清。船二百余只。兵八千。文武官四百余员。清以鸣骏为遵义侯。缵绪为慕恩伯。文武员照衔叙用。赏赉有差。

冬十月。清大举攻破两岛。

自郑鸣骏入泉州。文武官如蔡鸣雷。陈辉。杨富。何义等皆先后投清。合谋会红夷。请攻岛自效。许之。十月。靖南耿总督李。调投诚各官兵船只同红夷出泉州。以提督马得功统之。引小舟从同安出。黄梧。施琅率漳船出海澄。令周全斌出御泉州大队。十有九日。遇马得功等于金门乌沙。时红夷船十四只。泉州船三百余只。全斌以二十舟冲入其綜。往来攻击。红夷炮无一中者。余船望见。披靡不敢前。得功殿后。为全斌所破。赴海死。是日。靖南耿。总督李。黄梧。施琅以同安。海澄船济师入岛。世子众寡不敌。退守铜山。清隳厦门。金门城。焚掠而去。

卷一·乙巳永历十九年

清遣水师提督施琅率舟师攻台湾。遭风引还。

两岛既破。施琅欲握兵自重。请攻台湾。报可。以为靖海将军。周全斌。杨富等皆听约束。方出外洋。飓风大作。各船漂散。不能相顾。引还。未几。施琅入京。移投诚兵众驻各省。设兵防界。不复以台湾为事。己酉年。清遣明珠。蔡毓荣至泉州。加兴化知府慕天颜卿衔。两入台湾。议照朝鲜例。遣柯平。叶亨报。会议虽格不行。数年粗安。甲寅。耿王据福州。请济师。闽海复有事矣。

卷二·甲寅永历二十八年

耿王遣黄镛往台湾。

黄镛。漳人也。为番译。耿初闻迁移。密遣人入海请师入援。癸卯十一月。藩舣舟澎湖待之。甲寅正月。耿停迁移。辞回师。三月举事。复遣黄镛请济师。且以全闽戈船相许。曰。藩将水。吾将陆。江。浙不足平也。

五月。冯侍卫取同安。入之。

张学尧守同安。王进功入省。耿调学尧镇泉州。以华尚兰代之。师至。尚兰开城迎纳。学尧闻变趋赴。家眷先获入海矣。遂降。施凤率舟师诣焉。

耿以都尉王进镇泉州。

王进。初为闽将。有战声。绰号王老虎……值耿变。擢授都尉。以吴万福眷属与之。结其欢心。时王进功在省。征其兵出征。兵将惮行。潜遣诸生吴公鸿赍书入海请师。克期登岸。及闻同安之变。耿以王进有夙望。命镇抚泉州。

六月初一日。(王藩锡)诱赖玉。戴国用。李尚文等入军门。执之。炮响为号。部署突攻。王进意气自若。走登南门楼。势同困鼠。悉力以斗。提标无统帅。相持竟日。至晚。遥见扬帆。恐海舶夹攻。夜阑。溃围出。赴省中来军。乃整甲而还。惠安守将邀走之。

秋七月。耿宁粤将军刘进忠以潮州降。

刘进忠降耿。迁沈公家至漳浦。值漳。泉之变。不能达福州。平南王遣兵围潮。耿不能援。乃由海道献款。藩遣后镇金汉臣率舟师援之。以刘进忠为定虏伯。兼右提督之任。

卷二·乙卯永历二十九年

春正月。耿王遣使张文韬来泉州贺年。议和(即康熙十四年)。

耿以王董议和未成。再遣文韬来议。送船五只践约。许之。遣礼官郑斌报使立条约。枫亭为界。自是。耿郑交好。

三月。窜洪承畴侄洪士聪。士恩等及杨明琅于台湾。

清祀洪承畴于学宫。至是。毁其祠。流其胞侄士聪。士恩。士伦及家属于台湾。

(六月)番舶互市。

先。中左所为诸洋利薮。岛破。夷舶不至。甲寅复岛。诸番如英圭黎万暹罗南安等国贡方物。互市岛上。人烟市井。依稀如旧矣。

(十月)取回日本银。

故户官郑泰及其弟鸣骏所寄也。泰先事平公。隆武立。授左都督。加宫衔。先王举兵。以为居守户官。有心计。善理财。十数年间白手营赀百余万。别寄日本四十余万。以备不虞。癸卯之变。泰自缢。藩遣官往日本。取其所寄之银。曰。先王军赀。悉属户官掌握。今渠已死。凡寄顿皆公帑。郑鸣骏时已归清。亦遣人争之。曰。历年所寄者。吾兄弟已赀。番通事居奇。曰。两家争执。未知孰是。皆不听。载回。及藩入泉州。遣龚淳往取。淳。原委寄之人也。通事利所有。仅以二十六万回。余皆混行开销。龚淳启请其子为礼官掾办。许之。

卷二·丙辰永历三十年

(十月)奇兵镇黄应督水军萧琛。萧武等败耿舟师于定海。

时耿已归清。撤浙江兵回闽。鲁养性等自温州航海。众无战志。朱天贵等以师降。余舟且战且却。逸入福州。黄应督诸艘邀击之。获巨舰数十号。

卷二·丁巳永历三十一年

二月。林定弃泉州。藩自漳州入岛。

时各郡失守。兵心涣散。泉州守将林定无守备。清兵攻城。一鼓而登。时二月初九时□也。参宿营谢贵死之。藩在漳。闻泉州失守。仓皇登舟至海澄。弃之不顾。入岛。当是时。人心风鹤。角宿营吴桂敛兵守思明。众赖少安。乃调北汛水军防卫。续遣诸将家口入台湾。继而余众稍集。分地守汛。月余。始定固守之计。

移北将家眷入台湾。刘炎以舟下碣石卫。

诸郡既失。令怀安侯沈瑞。中提督王进功。左提督赵得胜。骁骑将军张学尧。前锋镇刘炎家口往台湾。王进功等先行。刘炎以母老。不堪风涛。迟疑后发。至海外。勒兵劫船。乘风下碣石卫。依苗之秀。遣兵追之。不得。刘炎复至潮。与刘进忠归清。

三月。分水陆守汛。

诸将退集思明。军资不给。乃分汛措饷召募。以前虎卫林升驻东石。晋南地方隶之。水师四营陈升。五营蔡冲琱。七营石至。八营陈胜分布蚶江。祥芝。崇武。獭窟。凡晋南。惠沿海悉隶之。一营萧武守兴化。沿海水师。五镇章元勋守海坛。凡海清。长乐滨海等处听其管辖。楼船中镇萧琛守定海一带。危宿营陈起万守福宁州一带。总制后协林日慧及吴兆纲分辖福安。宁德。楼船左镇朱天贵。右镇刘天福分扎浙江宁波温台地方。此北汛之棋布也。援剿后镇陈起明守同安港汭州。后提督吴淑驻思明大石湖。凡同安地方悉听管辖。扬威前镇陈昌。左镇陈福分扎漳港。海澄等处地方。戎旗一镇林应守连江井尾。凡漳浦沿海皆隶之。奇兵镇黄应。英兵镇李隆。殿兵镇杨英。房宿营杨兴分屯铜山。南澳。凡诏安。潮。揭阳地方皆听管辖。此南汛之棋布也。其余兵将屯潮州。惠州。遥为声援布置。后人始有固志。

(六月)刘武卫国轩自惠州引回。

武卫。汀人也。初为漳州镇标将。甲午年献漳州。累迁至右武卫将军。入潮。屡有战功。镇守惠州。粤人畏之。至诸郡失守。刘进忠据潮州。尚氏眈视广州。国率一军摄乎潮。广之间。布置安闲。时尚氏犹奉周朔。国轩权宜用周号令。冀尚氏之相安也。末几。尚氏。刘进忠相继归清。声问隔绝。藩遣舟至平海。令退师。乃率所部航海而归。

卷二・戊午永历三十二年

春正月。清提督侵日湖。

退师之后。分据全海。上自浙江。下至雷。琼。沿边各有分守。日湖滨海。为水师陈升饷地。段应举遣兵巡界。陈升率所部邀击之。大为所败。乘胜侵东石等处。

二月。刘武卫督兵克江东桥等处。擢中提督正总督。以吴淑提督副之。

自七郡已失也。顿兵岛上。清总督郎廷相。海澄公黄芳世。副都统胡兔按兵漳郡。黄蓝镇海澄。分防玉洲。三叉河。福浒。石马等处。初十日。刘总督督军取海澄。十一日。攻玉洲。守将刘宗邦降。徇三叉河。福浒。皆下。十八日。进取江东桥。时潮满风利。扬帆。先焚断桥梁。陆兵继至。守将王重禄。吕韬等奔溃。漳。泉援甲适至。刘督分兵击败之。是日。三战三捷。军声大振。廿三夜。取石马。获守将刘筏。守备杨朝宗。遂军祖山头。迫海澄。满州副都统孟安等自潮来援。刘督退屯石马。浚濠筑垣拒守。分兵屯漳郭外。

(六月)籍乡兵。

清檄各府。县团练乡兵自相守御。至于泉属各邑初下。即遣官分籍乡总练哨并眷口。仍调同安。丁壮充伍。眷属安土重迁。有赴海死者。时总督刘国轩以此举失民心。请停之。不听。及退师。始罢。其先搬到者。仍著眷口过台湾。令身在伍。多弃眷而回。籍乡兵者。因鉴丁巳之役。各郡失守。提。卫。镇。营辖兵千百不等。溃散无相随。咸谓若属多亡赖。游手。无眷口系著。故流弊至此。今议籍乡兵搬其眷口安插台湾。使之系念内顾。缓急可为用。又存寓兵于农之意。熟筹已久。故锐意行之。

(八月)楼船中镇萧琛战败。失定海。五镇章元勋死之。诛萧琛。

泉州围急。清以林贤等率舟师出闽安。遥为声援。萧琛守定海。沿海守将所属汛地听其措饷。船只。器械不先期整备。临时遇敌。一战而溃。时琛为总督。议以舟寡且小。难克敌。欲据上游牵制之。元勋欲先发制人。率所部十舟进战。清仰船大而坚。元勋寡众不敌。阻风逆流。一军尽没。元勋身创甚。死于福州。吴兆网获入福州。杀之。萧琛退泊海山。调回。斩以徇。以援剿左镇陈谅。后镇陈起明督朱天贵等水军御之。是役。诸将掠连江属寨男妇。在船候赎。故未战奔回。乃饬所掠男妇。释之宁家。

十二月。清再迁界。

初。清迁山东。浙江。闽。广沿海人民入内地。设兵防守。甲寅之变。闽省迁民悉还故土。丙辰冬。闽复归清。复议迁界。时康亲王疏称迁界累民。请罢之。已报可。后缘各镇。营就内地取粮。于是清督。抚。提。镇仍请照顺治十八年例迁界。从之。值破海澄。围泉州。事暂停。及泉围解。遂行迁界之令。广东尚王力请不迁。惟闽省为甚。民益不聊生矣。

卷二·己未永历三十三年

(二月)援剿左镇陈谅督朱天贵等败清舟师于定海。

自定海失守。调楼船左镇朱天贵防守海坛。以援剿左镇陈谅为水军总督。二月廿九日早。各船乘南风进泊定海。清遣大小船百余只由五虎门衔尾而来。援剿后镇陈起明同朱天贵率熕船。首先破艅。熕船所及。望风而靡。破其船十余只。陈起明船亦遭风失柁。各船仍收泊海山。叙功。加陈谅。朱天贵统领。余升赏有差。

(三月)水师五镇蔡冲琱逃降清。

冲琱汛守惠安。耄不能束兵。辖属多逃亡。遣科员核其余众船只。交虚宿营王杰接管。仍调回军前听令。冲琱惧罪。驾小舟逃入泉州。往省投清巡抚吴兴祚。羁其家属之在台湾者。

遣官监纪南北汛。

南北汛防。每有征调。动以缺船饷为辞。乃申谕饬。遣官监纪。谕略曰。镇营分汛。兵糈。船只应就地设处。特设监纪。会同查核。酌量地方大小。配兵额多寡。每千准以七百充数。余三百之饷。备船只。甲械之资。务宜先期整顿。以听遣调。仍听监纪按季查报。于是上及普陀。下及广东。平海。大蓬各镇营汛地。俱设官监纪之。

(六月)右武卫。右协理杨忠掘南北场。战死。

檄右武卫杨忠率兵往浔尾南北场掘盐埕。将行。林升戒之曰。盐埕迫近竿头寨。夤夜乘潮进掘。天明下船。至夜复然。如此。乃为万全。否则。危道也。忠欲邀功。开至深沪。舍舟登岸。督掘盐埕。阅两日夜不就船。竿头将密请泉州大队侵晨骤至。四向攻击。忠殊死御之。众寡不敌。身中炮。没于海。取回其尸。兵众死伤逃亡过半。辖下多亡命。每入界内侵掠。泉南畏之。闻其死。皆曰。莫予毒矣。

秋七月。筑浔尾寨。

同安浔尾。与厦门高崎咫尺带水。癸卯年。清从此过岛。中提督启请筑寨豫防之。鸠夫一夜而成。同安守将率众来争。击却之。筑石城一。土城一。复筑汭洲城。同安八桨船。莫敢窥伺思明。西北藉以无虞矣。

八月。清福建水师提督万正色至福州。

初。施琅为水师提督。继裁调入京。丁巳冬。清以海澄公黄芳世兼水师提督。及湾腰树战败病死。督抚疏请施琅复任。不从。擢镇江将军伯王之鼎。以先年曾任漳浦镇。能知闽事也。之鼎入闽。屡疏不谙水战。改调四川提督。乃以万正色代之。正色。泉州晋江人。顶投诚衔劄。累升岳州总兵。及湖南平。遂授福建水师提督。

(十一月)清封荷兰国王。请夹板船。

初。红毛失台湾。每思恢复。癸卯年。清督李率泰遣人招诱。许以先平两岛。后取台湾还之。红毛喜。自备械船。粮蔬助战。乞厦门互市。率泰虑有后患。不许。仍令其数年一贡。戊午。破海澄。清督疏请照前年借红毛合攻事例。乃遣原委知府刘仔。至荷兰国封王。并请夹板船会攻。

十二月。遣右武卫林升督舟师北上。

清督。抚议大举攻厦门。海澄。福州储造战船四百余只。又题请江。浙船各一百只。檄潮州碣石船百余只。克期水陆协攻。乃调文武官历年荫免私船。及洋艘炮船。配兵北上。以右武卫林升为总督。左虎卫江胜。楼船左镇朱天贵为左右副总督。率诸军御之。临行。宴各将士有差。

海上见闻录定本[①]

卷上

甲申崇祯十七年

三月北京陷崇祯亡

大清顺治元年

五月十五日诚意伯刘孔昭司礼监韩赞周等立福王于南京改元弘光兵部尚书史可法督师江北北凤阳总督马士英入专国政【有中书随地有都督满街走监纪多于羊职方贱如狗荫起千年尘拔贡一罢首扫尽江南钱填塞马家口之谣】封福建总兵官郑芝龙南安伯赐蟒衣

乙酉顺治二年　　南京弘光元年

封郑鸿逵靖虏伯

清兵破扬州史可法死之

五月清兵渡江弘光走至芜湖廿五日为降将刘良佐擒解豫王

总兵镇江郑鸿逵郑彩等拥舟师不战走还闽至浙于江口逢唐王鸿逵奉之至福州巡抚张肯堂巡按吴春枝吏部黄道周安南伯郑芝龙等会议监国鸿逵固请正位乙酉以闰六月十五即位改元隆武起曾樱何梧驺等入阁办事晋封芝龙平虏侯寻封平国公鸿逵为定虏侯寻封定国公芝豹为澄济伯郑彩为永胜伯赐平国公长子森国姓名成功封忠孝伯

赐姓以天启甲子年七月十五日生于日本国母颜氏后遣人将母子取回方七岁有志读书聪敏不群年十五补南安县学廪生

封平国公部将施天福为武毅伯洪旭为忠振伯林习山忠定伯张进忠正伯陈辉忠靖伯定国公部将陈豹为忠勇侯林察为辅明侯以郑鸿逵为大元帅出浙东郑彩为副元帅出江西既出关疏言饷缺逗留如故于是黄道周请募兵江西隆武为给空札百函为行资被护送南都不屈与中书赖雍蔡继等俱死之

八月隆武诏至粤西有靖江王称监国不奉诏总制丁魁楚巡抚瞿式耜擒送至闽斩之

时郑遵谦起兵江上与张国维陈函辉熊汝霖等迎鲁王于台州监国驻绍兴时乙酉六月中遣都督陈谦奉书至国谦前赍南安伯敕印与平国相善平国邀之陛见启函称皇叔父不称陛下隆武怒御史钱邦芑密劝隆武杀之夜半内传行刑仓卒不及救平国痛愤甚先是平国已密遣人通内院洪承畴御史黄熙胤至是又微闻监国钱塘信息乃称缺粮饷檄守将施天福等回而闽兵无粮逃散不守矣

丙戌顺治三年　　海上称隆武元年【正位于福建省城】

三月清贝勒王驻兵钱塘北岸

五月江上兵溃

六月初一日清兵渡江江潮不至方国安马士英欲献监国为投降计遣人守监国守者病乃得脱逃登海舶遁入舟山时丙戌六月十八日也督师张国维兴国公王之仁兵部陈函辉大学士朱大典俱死之方逢年方安国俱投降马士英逃至台州小寺清兵搜获后与方国安父子方逢年俱斩于延平城下眷口给赐兵丁阮大钺迎降过岭自

---

① 〔清〕阮旻锡撰。据清抄本。

投崖死仍戮尸将移关守将陈秀郭曦投降而仙霞无一守兵隆武于八月定计幸赣未至一日晒龙凤衣陈谦之子率数骑追至遂及于难

九月清兵至泉州芝龙退保安平镇贝勒令泉绅郭必昌招之以洪黄之信未通未敢迎师贝勒与之书略曰吾所以望将军者以将军能立唐藩也且两粤未平今铸闽粤总督印以相待芝龙得书大喜赐姓力谏不听十一月至福州见贝勒置洎甚欢夜半挟之北去从者皆不得见至京封同安侯

丁亥顺治四年 【是岁桂王即位于广东肇庆改元永历】

初芝龙撤兵密谕赐姓欲与俱见贝勒赐姓不从定国阴令逸去乃至是率所部入海芝豹独奉母居安平镇郑彩率舟师至舟山迎监国鲁王南下鲁王封郑彩为建威侯寻晋建国公其弟郑联为定远伯寻晋侯郑彩及阁部熊汝霖进取福宁州诸县响应遂入兴化府熊阁部鼓舞起义诸起义者皆来给劄兵至数万多乌合郑彩谋夺其权虽与之结姻忌之乘夜遣兵攻其舟并全家杀之于是义兵愤怒解体时义兵所在蜂起汀邵并乱据建宁闽邮为阻是夏京中命王大人陈锦佟国器李率泰督兵至破建宁屠之所失州县尽复郑彩至海坛复为乡兵所败遂同鲁王至厦门时郑联亦纠合浦南桥义兵杨重等攻入漳浦县以洪有桢为县令未几县破有桢被执不屈被祸郑联率义兵攻海澄县然见敌骑即走争舟坠水死者甚多平和县鲁庆等与诏安等处义兵立德化王慈烨据将军寨陷大昌攻顺昌将乐然皆为清兵所败隆武之亡也旧相苏观生何吾驺遁回广东与布政使顾元镜于十一月立隆武弟唐王聿鐭监国年号绍武十二月十五日清总兵李成栋率兵袭广州城副将杜永和护绍武并周王益王辽王等尽杀之苏观生从死吾驺元镜皆降福省既陷两广总督丁魁楚与广西巡抚瞿式耜会议监国式耜皆言永明王贤且为神宗嫡孙应立王讳由榔桂王之子初封衡阳以寇乱徙梧州会桂王薨王以衰绖于丙戌十月十四日监国改元永历以肇庆府署为行宫魁楚吕大器为大学士式耜以吏部侍郎兼阁学掌铨事封总兵陈邦传为思恩侯寻晋庆国公后广西破投诚率兵追永历为李定国所擒父子俱死

时赐姓谋举义而兵将战舰百无一备往南粤召募闻永历即位粤西遥奉年号称招讨大将军罪臣有众三百人于厦门之鼓浪屿训练委黄恺于安平镇措饷识者知其可与有为平国旧将咸归心焉八月以洪政陈辉为左右先锋杨才张进为亲丁镇郭泰余宽为左右镇林习山为楼船镇进兵攻海澄扎祖山头数日援兵至洪政中流矢与监军杨期潢俱死之遂退兵入粤会定国公进攻泉州列营桃花山清提督赵国祚率数百骑冲营张进杨才迎战定国遣林顺等夹攻大破之别遣水兵破淄石炮城斩参将解应龙军声大振泉绅郭必昌之子显欲内应国祚杀之灭其家并击故相黄景昉等国祚酷虐泉民不敢喘息九月漳州副将王进率兵来援围解

戊子顺治五年　　海上称永历二年

闰三月赐姓攻同安清守将廉印知县张放龄遁遂取之

七月陈佟李援师至遂攻同安城八月城陷镇将立晋林壮猷全军尽没知县叶翼云教谕陈鼎死之屠其城杀五万余人同安血流沟之谶应焉

先是同安诸生陈姓绰号泥鳅者回至罗汉山中所称生阎罗者授以片纸云泥鳅死半途同安血流沟嘉禾断人种安平成平埔陈生果至小盈岭而死是后凡获满兵辄断掌放回以应之然后来安海城竟毁拆而厦门竟迁空无人历一纪云

是岁大饥赐姓及建国公郑彩各发兵民船至高州粜米为思恩侯陈邦传所辖赐姓舡免饷余照丈尺征饷舡有千余多是民舡斗米闽中近千钱也时海上藩镇分驻各岛监国鲁王别将平夷伯周雀之闽安侯周瑞定西伯张名振总兵阮美等守舟山至沙埕郑彩郑联守厦门令定国公守平安之白沙使其将陈豹守南粤赐姓泊厦门以亲丁三百人遣其叔锦衣卫郑子鹏护家眷使张进守铜山所太子太师郑香守海泼之石尾有众数千人复为清兵所破二子郑广郑海死焉然粮饷缺乏取之民间而郑彩营将章云飞等扰民尤甚定国公遂率舟师至潮州随地取饷

己丑顺治六年　　海上称永历三年

广东提督李成栋反正迎永历于是永历有船使令以为恢复在即诏各勋镇考试诸生赴广省进场赐姓遂送

考生员叶后诏洪初辟等十数人同黄志高赍本赴行在舟至潮阳遭风飘坏余人不得达独黄志高至粤诏以志高为兵部职方司主事使监赐姓军命以舟师查取南都其后赐姓入长江承此诏旨也诏使并赍秦王孙可望告示一张其文云秦王告谕天下中间叙湖广杀敬谨王四川杀八固山之捷入滇擒逆点父子云云又檄文一册中有云恢复两京者准封为公一省者封为侯四府以上者封为伯今有无尺土之功而擅封五等之爵云云又定西王李定国告示一张其文云西宁王奉秦王令旨中间叙破广西定南王孔有德焚死之捷云云

清镇守漳浦副将王起俸密赴军门纳款谋泄弃家由龟镇至铜山投见赐姓授都督同知挂统练军门印令管北标将

十月赐姓舟进云霄港由白塔登岸分道并进云霄守将张国桂迎战为左先锋下副将施显败死进军攻城中军姚国泰拒守城破国泰重伤获之令医治送军前收用遂进攻诏安扎营龙峰磁灶等处令中冲镇柯宸枢援剿左镇黄廷右冲镇洪习山寄守盘陀岭以遏漳援漳镇王邦俊副将王之刚等吊集各县守兵合攻盘陀岭是日大雾诸军各不相顾柯宸枢同其弟中军宸梅俱战死

十一月赐姓解诏安围督兵由分水关入潮州抵黄岗时潮属多土豪拥据三吴坝有吴六奇黄岗有黄海如南洋有许龙澄海有杨广海山有朱尧潮阳有张礼碣石有苏利时武毅伯施天福同黄海如说赐姓取潮阳县资其富饶且近海口有海门所达濠浦可以抛泊船艘通运粮米但须由南海鲎湾过达濠浦方可至县恐许龙张礼为梗耳赐姓遂令移兵南洋许龙逆战败走汉阳旧将陈斌来归授后劲镇杨广朱尧唐王等各迎降遂移兵鲎湾张礼拒命立破其达濠霞美二寨进攻青林寨张礼乞降准其归命遣援剿右镇黄山督诸军往靖海卫并迎丁惠来县以中军汪之理县事正兵营卢爵守城黄山等回攻南山寨破之赐姓遂移兵入揭阳会定国公并带张礼往见定国公夜沉之水赐姓悔之

庚寅顺治七年　　海上称永历四年

先是清兵破湘漳何腾蛟死之破南昌金声桓死之

二月破信丰李成栋殁于阵永历皆追赠王爵拉泪亲祭及报南雄不守遂移德庆抵梧州榕江兵溃桂林陷瞿式耜张同敞死之

五月赐姓至潮阳知县常翼凤率父老郊迎令三镇洪旭驻镇征输转运杨才攻破平和寨屠之陈斌克狮头寨寨首黄亮采请降许之右先锋杨才病故以正总班林勇为右先锋后征苏利阵亡以甘辉管亲丁镇黄廷管右先锋镇施显管援剿左镇以监督王秀奇为戎旗镇管亲随兵以林胜为中协陈瑞为右协

四月赐姓移师揭阳定国公言新墟寨负固不服合兵攻之用龙熕击其城遂乞降

门辟海中放光定国公令人投水视之得大炮夹两龙为耳用船车出之号龙熕所击无不摧破后国轩用以攻泉城火引不发鞭之口遂裂城竟不破

守潮州新泰伯郝尚文率马步数千来援赐姓令诸将迎击陈斌跃马入阵擒其中军陈禄诸将继进追杀尚文仅以身免

五月诏安九甲义将万礼等来附施琅所招也

六月引兵攻苏利不克利据碣石卫畔后平南王发兵攻杀之赐姓谕诸将议攻潮州陈斌进曰潮郡东西环溪只一浮桥通漳大路必须断桥以绝援兵然后移扎西南攻围从之尚久出兵战败浮桥并石桥一齐焚毁随移师三面围城攻击尚久差人往漳求救郝文典来援许龙渡之入城尚未削发归清久攻不下暑天兵卒多病解围退兵潮阳黄亮采等复叛攻袭行营甘辉迎击斩其父子始散去

郑彩郑联在厦门与芝鹏有隙赐姓用施琅之策以米千石饷郑联欲袭取之郑联不疑郑彩曰是毒药也议全军出避联不从联建生祠于万石严十五夜宴辖下诸将二鼓赐姓舡至尽收其战舰兵卒其将陈俸蓝衍吴豪等皆归附拨亲随兵守其衙后月余芝鹏说赐姓置酒万石严夜归伏甲于路杀之时郑彩以舟师百余艘逃于广东南海之间赐姓差官往请回岛不遇而还其辖将杨朝栋王胜杨权蔡新等来见以朝栋为义武营王胜等管水师蓝旧将蓝登来见援授剿后镇彩飘泊数载兵将星散赐姓以书招之遂回后病死于家

山寇攻陷惠来县知县汪汇之守将卢爵俱死三镇洪旭报潮阳山贼复起不复追征以闽安侯周瑞为水师右

军挂印黄大振为援剿前镇命郑芝鹏镇守厦门阮引何德管水师蓝登管六师焉

十一月赐姓至潮阳提塘黄文自行在来报称有旨请赐姓入援清平南王尚可喜靖南王耿继茂率满骑数万攻复广州西宁王望师南下会甚切闰十一月赐姓令各镇官兵在船听令南下勤王时陈斌与施琅相抗不睦率兵而逃具禀陈所逃缘由后据湖州归清黄海如在达濠浦欲议叛令林刁山致之死

十二月赐姓抵揭阳与定国公商议赐姓欲南下定国公回厦门

辛卯顺治八年　　海上称永历五年

正月赐姓至南海施琅进曰勤王臣子职分但琅昨夜一梦似大不利乞藩王思之赐姓默然遂令将左先锋印并兵将委副将苏懋管辖定国公送萧拱宸沈奇等来效劳以拱宸为中冲镇沈奇为护卫右镇随师南下定国公同洪旭施琅带陈埙郑文星等回岛

二月赐姓至白沙河飓风大作各船收入盐州港赐姓正副坐驾风水不得泊坐帆溜下几覆数次天明方霁后升管中军船蔡进福为水师内司镇管副中军船施琅为水师后镇

三月赐姓至大星所杀退思训援兵攻其城下之清闽抚张学圣同提督马得功集同安县十八保刘五店各处民兵及船攻厦门郑芝鹏怯懦私自载辎重下船望城中居民不许搬移得功数十骑下船飘至五通遂登岸无有御之者守高崎水师镇阮引不战而逃城中百姓号声动地赐姓董夫人仓皇抱木至于海边不得船厦门港居民林礼乐始于水中负登小舟至芝鹏大船坐焉其夜乱兵焚毁店舍火光竟天前文渊阁大学士吏部尚书鲁樱在城中家人掖之出城公曰此一片清净地正我死所我将何之哉是夜缢于所居楼上时为二月十三日越三日公之门人阮旻锡入城寻母遇公邻居蓝姓者在西门外询之蓝曰公不肯出城是晚某进粥一盂公不食及晓再候公已自尽矣无人可收敛也时已昏黑不得入城旻锡往寻僧文台又至东岳庙寻公之门人陈泰共议天未明文台以僧龛同陈泰招公尸至僧厝湾下船付其家人乡绅副宪王公忠孝以寿棺贮之司马卢若腾副院沈佺期枢部诸葛倬等皆视殓后兵部主事刘玉龙疏陈辅臣从容就义事奉旨曾樱身死经常允宜优恤追赠光禄大夫上柱国太师谥文忠赐祭葬荫一子中书科舍人一子锦衣卫百户世袭其门人知县陈泰冒险负尸积劳殒殁著赠鸿胪寺少卿

三月初一日清抚院张学圣同兴泉县黄澍渡海见岛屿孤悬波涛环绕惊为绝地即先引回令知县张龄安抚居民

初四日马得功行牌于各乡安民意欲据守初八会定国公舟师至截港围之命镇将杨抒素登筼筜港与战互有胜负副将吴勃战死施琅率陈埙郑文星百余人登厦门港与战败之得功几为所及于是得功求过海张抚院差人至安平协平国公太夫人嘱定国公以船载马得功三百骑及余兵尽回先是定国公差都督郑德翼将周全斌等到天星所报称马得功陷岛请赐姓回师乃于四月初一日到浯屿得功已渡海二日矣赐姓怒甚不许诸亲与定国相见定国移屯白沙初十日赐姓驻厦门港议失守功罪先赏施琅花红银二百两陈埙一百两斩郑芝鹏阮引等以徇何德捆责蓝登免罪军士皆踊跃欢呼锐气百倍以其家在岛上遭口抢掠得泄其愤故耳命忠振伯洪旭管理中右参军潘庚钟追乡绅助饷银潘加派搜掠一室诏安平和二县俱复

定西侯张名振平夷侯周崔之英毅伯阮骏等自舟山来归俱授水师镇海澄守将郝文兴密约纳降

壬辰顺治九年　　海上称永历六年

正月初二日赐姓督师至海澄港潮大涨直至中权关下郝文兴开城率将士出降授前锋镇挂印以参军黄维璟知县事

初十日进兵江东遣各镇攻长泰县至溪西击败漳城援兵廿三日援兵再至复败之

二月初二日游兵营吴世珍奋勇登城被炮击死赐姓令火器营何明凿河地道用地雷以击其城

三月初三日报总督卸院陈锦督马步数万来援已扎同安县初十日地雷发不及城而止是日遂移兵扎江东初十日陈锦安营于牛蹄山相去五里十三日亲来冲营赐姓率诸将迎击之陈锦大败弃营盘而走全军俱覆失衣甲马匹辎重不可胜计遂奔回扎营于同安城外为其家丁库成栋所刺来归赐姓赏其功以其弑主阴令杀之

长泰县清守将杨青奔城而走以参军冯澄世知县事以甘辉为中提督黄廷为前提督黄山为后提督四月进围漳州赐姓扎南院

五月清浙镇马进宝【号金衢马】率兵来援纵其入城复同王邦俊从东门出战败回遂婴城固守不敢出诸军攻围数月不下张名振地方事升协将万礼为前冲镇副将陈朝为后冲镇赐姓移师金门后浦扎营操练施琅前在南湾兵付苏茂代将意回日必复任赐姓既不与遂请为僧赐姓谕令舟募兵许授前锋镇偶有亲兵曾德逃亡赐姓拔为亲随琅将曾德捉回立斩之赐姓怒而不发二十日传令诸将在船听令出军遂令右先锋黄廷执施琅及忠定伯林习山拘在船中令副将吴芳看守琅家人著人假称赐姓令箭吊回审究吴芳即同登岸至卓湾琅将吴芳及押人打倒脱走逃还山穴中两日夜投苏茂茂密以小舟载之渡海依澄清伯赐姓怒甚欲斩林习山未果杀吴芳妻子令芳跟寻廿一日杀施琅之父及其弟施显以戎旗中协林胜为搜剿左镇

廿二日赐姓督兵入漳州地方

廿七日大破漳镇王邦俊之兵于磁灶

六月回师旧将黄兴来归授中权镇黄梧来归授副将以监督陈六御为北镇营骑兵

九月赐姓督师入漳浦地方王邦俊来援复大破之追至龙井降其将卒数百人而还

李长病退以黄昌为戎旗镇亲随营

十一月清提督杨名高自福州率步骑入漳应援赐姓遇之于小盈岭大破之追至马厝港名高仅以身免骑兵营杨祖为首功挂印升营为镇

十二月旧将陈尧策先投清同清将协守漳浦至是献城纳降以为护卫前镇照旧镇守以参军林其昌知县事议筑镇门象鼻山截溪流不得入海欲以灌城而奔流迅急堤不得合费工甚巨罢之

赐姓不攻城筑长围困之使其粮尽自降而城中兵尽括乡绅富户及百姓粟食乏民相挑籍饿死杀人为食至有妇人群聚击男子而分食其肉者毋论鼠雀及树根木叶水萍纸及皮之属尽食之稀粥一碗直四金自四月至十月城中死者十七人后清署守道周亮工收髑髅几七十三万有奇焚埋于东门外名曰同归所筑万善庵其上勒石记之城外死者骨骸无数不与焉

五月福省集水师数百只来攻厦门赐姓令陈辉督水师督御之遇于崇武所清舟师战败弃船登岸而走

九月清统兵固山金励领浙直八旗满兵及汉兵共万余旗入闽来援至泉州住扎养马廿六日赐姓解围退扎右县据险以待固山由长泰入漳

十月初二日固山率满骑冲营是早西北风盛发火箭火炮皆被风打回对面昏黑满兵乘烟冲突诸将溃散赐姓退扎海澄后提督黄山礼武镇陈俸右先锋镇廖敬亲丁镇郭廷护卫右镇洪承宠皆战殁

癸巳顺治十年　　海上永历七年

三月赐姓驻厦门遣前军定西侯张名振等率水师恢复浙直州县并遣忠靖伯陈辉等一齐进入长江

四月金固山吊集水陆官兵船只欲攻海澄赐姓即遣水师左军林察右军固瑞后军周崔之阮骏黄大振等前往堵截后遇飓风林察飘入兴化港被护至郑贾来议抚始放回

二十八日金固山扎营枫山头

五月初一日赐姓至海澄锢兵守御以前锋镇郝文兴戎旗镇王秀奇护卫前镇陈尧策守镇远寨前卫镇万礼帮镇远寨外以前提督黄廷中提督甘辉守关帝庙前木栅连接镇远楼赐姓驻扎天妃宫亲行督战初四日金固山率马步数万扎营天妃宫前安大小铳炮数百号日夜连击不停木栅崩坏官兵多被击死

初五日后劲镇陈魁后冲镇叶章率各镇精勇兵数百合力乘炮烟冲进遇炮铳齐发叶章被铳打死陈魁打伤左足赐姓令收兵固守以周全斌管后冲镇杨正管后劲镇清兵连击两昼夜营垒随筑随坏赐姓率诸将上敌台观望张盖而坐清兵见之炮火齐发甘辉翼赐姓下台而位随击碎矣镇远寨适新筑蘧篨崩坏如平地军士无可站立赐姓令掘地藏身令神器镇何明率洪善将火药就夜分掘埋河沟边药心相续候令而发

初六日黄昏满兵火炮火铳连夜不绝至立鼓放空炮头叠绿旗兵二叠满兵填濠攀栅而上兵皆重铠刀不能伤城上兵俱持大斧击之坠则后列者乘其尸而登三叠满将蜂拥齐进锐不可当天色渐亮满兵大半过河遂暗发

地炮烟焰蔽天过河者一尽炮死其未过河者甘辉截击之擒斩无遗金固山精锐尽丧连夜逃回

十二日赐姓回厦门于教场设宴犒诸将士论功行赏以忠孝伯印付甘辉辉不敢受以擅离海澄城杀知县黄维璟及不用命军士二人差监督池士绅以蜡丸赍帛疏由陆路诣行在叙方曲破总镇王邦俊小盈岭破提督扬名高江东桥歼总督部院陈锦海澄败固山金砺之功行在遣兵部主事万年英赍敕晋赐姓漳国公封延平王赐姓拜表辞让差监督张自新同万兵部由水路诣行在回奏以海澄破边功请封各镇封爵后永历以帛诏封甘辉为崇明伯黄廷为永安伯万礼为建安伯郝文兴为祥符伯王秀奇为庆都伯参军冯澄世太仆寺卿兼都察院右佥都御史

筑海澄城所属地方每家各出名民夫一名城高二丈余旧有五都土城连而为一皆用灰石砌成并筑短墙安大小铳三千余号周围环以港水巨浸茫茫外通舟楫内积米数谷军器据漳州之咽喉与厦金金门相为表里以为长守计命冯澄世督其工

六月赐姓以金固山回京遂督舟师南下造攻鸥汀坝鸥汀在潮州港口其民强悍有船百余只加十八桨水上如飞遇大船以绳绊其柁牵之入港小船即攻杀之海舟至潮者被其劫掠杀害甚多赐姓至攻其城杨广亦以兵来会城厚而坚从辰至午攻打不下赐姓被飞弹微伤足踝遂退兵次日至华平贵屿寨入纳谷遂抽兵下舡时李定国差人致书其书曰西宁王致书国姓大将军麾下言当同心戮力纳以舟师直取江南也

同安侯在京遣家人李德称有诏封赐姓为海澄公九月京中遣内院学士叶成格理事官阿山同赐姓弟内侍下渡舍荫舍赍四府安插兵众敕至

十九日李德周继武先到厦门赐姓知先剃发后受诏只令问继武持启往请

廿四日叶阿山使到家

十月赐姓发渡舍回泉复二使纳到安平镇相面言先受诏而后剃发十七日二使至赐姓设供帐于报恩寺二使只就布棚安诏敕赐姓不肯受敕二十日二使回泉州二十九日二使促渡舍荫舍等并颜夫人回京复命抚事不成遂置同安侯于高墙戍澄济伯于宁古塔

遣辅明侯林察闽安侯周瑞戎旗镇王秀奇左先锋镇苏茂统陆师率五镇营官兵战舡百余艘南下勤王差效用官林云瓒奉勤王表诣行在并持书会西宁王

十一月漳州千总刘国轩同魏标朴世用以总镇张世耀新任兵未协遣人来约期献城归降赐姓遣洪旭甘辉林胜戴捷等于十二月初一夜直至南门挂云梯国轩令人牵引而上张世耀仓卒不知所为乃降知府房星晔理刑王元衡知县周琮等俱降洪旭入城安辑初四日赐姓抵漳以刘国轩为护卫后镇魏标为火武营朴世用为水武营张世耀军前任用委戴捷镇守长泰县守将杨青来降诸属县皆降赐姓遣诸将徇泉州诸属县皆下之惟府城为副将韩尚亮坚守

乙未顺治十二年　　海上称永历九年

正月初五日攻破仙游县焚杀甚惨明兵部尚书唐显悦之子乃赐姓姻家世子经之外父子亦死焉

二月设六官以潘庚钟为吏官洪旭为户官郑擎柱为礼官张光启为兵官程璠为刑官冯澄世为工官设协理各一员左右都事各二员以常爵宁为察言司掌六卿印邓会张一彬为正副审理

设储贤馆以前所试诸生洪初辟杨径阮旻锡陈昌言陈鹏羽杨芳叶儒羽吕鼎陈继明林复明及荐举薛联桂邓愈等充之设储胄馆以死事诸将及侯伯子弟柯平林维荣等充之改中左所为思明州以薛联桂知州事

四月以郝文兴为左提督万礼为后提督王秀奇改为右提督林胜代为戎旗镇黄昌为援剿左镇黄梧为前冲镇

筑丙洲新城

五月总督南征林察周瑞王秀奇苏茂等班师回称西宁王战败退梧州应援不及赐姓甚怒降责有差委户官洪旭任水师右军以吏官潘庚钟兼管户官加都事吴慎为协理佐之赐姓以抚局不就分兵与定西侯忠靖伯等会师入长江捣其腹心以水师右军洪旭为总督以原北镇陈六御为五军戎改总制六师率兵北上京中遣世子王统率八旗满兵及汉军约有三万入闽先拨前锋满骑到省赐姓尽抽福兴泉之兵回漳各属县城悉堕之

以储贤育胄二馆诸生监纪诸镇每月纪其功罪汇册上报请设领兵中军二月临阵督战以候缺将为之又设

饷司一员后以监纪兼之

六月堕漳州城及各属县

赐姓会诸镇兵于漳之东门外莲花埔合操亲自教演月终乃拨各镇出征

七月以中提督甘辉为正总督右提督王秀奇为副总督率二十余镇北上与忠振伯陈总制相机而行以前提督黄廷为总正督后提督万礼为副总督率二十余镇南下

八月前提督黄廷等入揭阳港扎营桃花山清潮镇刘伯禄率兵来援大破走之擒其中军将斩杀甚多二十四日刘伯禄复集吴六奇及惠州之兵列营鹰嘴埔左戎旗林胜挥兵渡濠至斩木栅攻破其营擒其副将诸镇兵乘势追杀遂进揭阳城忠勇侯陈豹自南澚率师来会运大铳筑土山攻之清守将知县弃城逃去并取普宁县进添各乡寨饷米中提督甘辉等北上阻风就温台二府取粮台州总镇马信欲降忠振伯遣人招之风顺遂发舟山未果

九月左提督祥符伯郝文兴病故赐姓亲临祭奠厚恤其家

世子王至福州吊集本省绿旗马步一齐进发赐姓令思明州居民搬移边海官兵眷口搬运住金门镇海等处空岛以待

世子王至泉州驻扎东岳

十月赐姓吊四戎旗镇林胜守思明州

甘辉洪旭等至舟山由岑江口登州守兵迎战败走遂进兵攻城陈总制遣监督李化龙入城招降清镇守副将巴臣功等遂开城投顺张名振等出自长江来会清定关守将张鸿德弃家来附后授前锋镇

十一月赐姓差监督李长至舟山吊兵北上师回以总制陈六御督定西侯张名振英义伯阮骏等镇守舟山委林胜镇守海澄县王元士知县事林其昌失入人罪革职

十二月甘辉引巴臣功等入见即授骁骑镇改名臣兴

洪旭入台州港马信弃城带兵马揭眷来归赐姓即授中权镇挂征□将军印

丙申顺治十三年　　海上称永历十年

正月清平南王尚可喜拨骑兵同潮镇刘伯禄来复揭阳离城西二十瑞安营右先锋苏茂统五镇守西门隔港据桥桥外即平埔时平藩兵即以数百骑挑战金镇兵追即走是日援剿右镇黄胜殿兵镇林文灿左镇黄梧在埔上操兵平藩兵大至苏茂欲出兵迎战金武营郭遂第谏以为桥狭难于进兵不听敢战大败惟遂第兵先抽过桥无失余皆自相践踏挤桥坠港黄胜林文灿皆死于桥下兵死者凡五千余人清兵过桥拆毁营盘直至城下前提督黄廷在东门出兵接战清兵乃退报至赐姓命五军总制张英再督战旗下潮清兵截港而营难于攻而各土堡皆坚守不纳谷

二月赐姓差官兵张光启入揭阳察战败情形吊苏茂杜辉黄梧等回思明州令黄廷林胜及各镇下广采听行在消息

三月前军定西侯张名振于正月病故令陈六御兼管前军事令水师前镇阮骏专守舟山阮骏报定关造船五百只欲攻舟山请拨兵防护赐姓遣马信张鸿德督师北上协防

四月清世子吊各湾船只令泉州城守韩尚亮统率出泉州港赐姓令诸镇出围头外迎击援剿左协王明铳船击沉清船一只信武营陈泽等来势追赶忽飓风大作诸镇舟收泊围头清舟被风压下有收入围头被获者有飓入贵屿金门登岸乞降者有飘至外洋至黄海者得收回泉港者不满十只由是不敢渡海

五月黄廷等至碣石卫兵皆无粮逃亡走散遂回师

六月至思明州赐姓议揭阳丧师罪斩左先锋苏茂杜辉捆责黄梧记责照旧管事图赎

以周全斌为左先锋镇金武营郭遂第改名华栋为后冲镇拨黄梧守海澄县二十二日黄梧同副将苏明据海澄降清黄梧在揭阳亡其铁甲兵二百余名窘于赔补而厦门住屋又为定国公所迫取故得揭春而叛苏明乃苏茂堂弟清封黄梧为海澄公镇漳州苏明授精尼奇呢哈番召至京为内大臣后黄梧请发郑氏祖坟株求郑氏亲党陷五大商漳泉之民大遭其祸

赐姓令甘辉林胜洪旭等率各镇前往攻复清兵已入城惟五都土城为副将林明领兵康熊所守遂搬运米粟

兵器下船计濯城所贮粮二十五万余石军器铳炮及各将领私积无数拔林明为右戎旗镇拔康熊为左戎旗镇领兵中军逮兵官张光启兵郡事黄璋下狱以其附同黄梧瞒借杨琦衣甲军器应点之罪又惊挟之致变故也

以黄元华栋守铜山时镇将杨琦钟宇陈鹏等多不法为各监纪所揭被责甘辉言上以为文武不和乃听诸监纪留用

七月遣中提督甘辉林胜周全斌杨祖等十五镇官兵北上甘辉等逐入闽安镇至省城南台桥登岸扎营赐姓谍知省城无兵令取福州而差船夫其谕帖不至甘辉遂掠南台潭尾等处

八月世子王抽兵赴省赐姓以前提督黄廷镇思明州赦张光启黄璋戴罪管事亲率右戎旗镇林明等至福州视师

浙江定关水师来攻舟山陈六御阮骏二船向前冲杀被诱深入水急船收不回炮火如雨俱赴海自焚而死余舡奔散清兵至舟山迁徙居民拆毁城郭张鸿德亦战败殁

九月初三日赐姓至闽安镇相度地势令冯澄世筑寨城外镇守罗星塔亦筑土城镇守

赐姓驾出驻壶江定海凤埔等处中权镇黄信自北回陈说失舟山之事赐姓令优恤陈六御六御陈谦子也阮骏二家取连江县守之

十月赐姓驻三都

初六日世子王发兵攻铜山被后冲镇华栋护卫右镇黄元击败退走以右提督王秀奇总督五军戎务中权镇马信管左提督事

十二月赐姓督船取罗源宁德等县报入省世子王遂拨满州梅勒章京阿裕高已都柯如良等带披甲绿旗兵数千赴援时同安侯差谢表等来劝就抚李率泰亦差人来说退兵以就抚局赐姓令诸镇兵皆退甘辉断后至护国岭甘辉令抽兵过桥至岭下列阵马信已拨兵下船顾谓甘辉曰吾闻公善战今日亲视公退此一阵也满州先锋骑数百追至见阵整不敢退甘辉再令抽兵度岭亲督数千人在后柯格商至挥兵欲鏖之别将劝止格商曰此易取耳当尽歼之格商至岭下身自下马诸将骑皆步行上岭箭如雨发路狭兵不得成行甘辉挥刃大呼从高趋下兵殊死斗满兵崩坏格商中数刀犹力战者兵争斫之马信令断其首埋于田中余者杀死甚多甘辉即下令收兵而别镇追者为满骑所杀退是役也柯格商最骁勇而巴都柯如良等皆善战及败后满兵为之夺气于是抚事不成

丁酉顺治十四年　　海上永历十一年

正月赐姓驻三都

二月总制金张英后提督万礼事督舟师至温州议攻金乡卫清守将瞿永寿献城降遂取粮而回

三月赐姓令万礼督兵正镇韩英左冲洪善右冲杨朝栋等轮守万安镇罗星塔等处赐姓亲率诸镇北上至镇下湾阻风遂驾回思明州初八日定国公鸿逵卒于金门所

四月遣水师后镇施举同李顺往浙江等处招集松门一带渔民以为进长江向导施举至定关遭风坐舡流入港内清兵攻之陷没

五月六察常寿密启户官郑泰干没洋船银一万查皆失实泰言此人必系奸细往往离间藩下左右用事之人又闻其受贿形状赐姓大怒念其嵩江世胄一家四十余口起义被杀兼年老免刑幽置而死

六月台湾红夷人长揆一遣通事何斌送外国宝物来求通商愿年输饷五千两箭柸十万枝硫黄一千担许之

七月赐姓兴师北上委忠振伯洪旭督水路四镇兵防守思明州初十日传令在船开驾督戎旗等镇进扎兴化黄石令遣中提督甘辉进扎涵头取粮三日遂抽进狼崎亲往闽安镇令前提督黄廷镇守廷言闽安镇不可守赐姓令守一月以护卫前镇陈斌守罗星塔

八月十二日赐姓入海门港乘风直进黄严县清守将王戎战败以城降

十八日进攻台州府令马信遣人招降二十六日清总镇李必出城降知县齐维藩临海知县黎岳詹俱降

九月太平县天台县守将俱降

初八日遣万礼攻海门卫初九日赐姓亲到阅其地势颇险令监督宋继宁入城招谕清守将张捷出降前所守将刘崇贤亦降永春义师林忠袭破永福县清部院李率泰发兵救援檄海澄公黄梧兵未至疑之尽拨其辖下官兵

分入八旗黄梧大悔

李率泰吊集漳泉水稍世子王拨披甲下船围罗星塔吊集民夫自鼓山开路达镇城十四日满兵水陆齐攻前提督右镇程余守顶寨战死遂失闽安镇护卫前镇陈斌神器镇卢谦守罗星塔被困无援施琅归清为同安城守属泉州在总督军前使人招降陈斌麾下兵皆欲降斌遂降后说李率泰尽杀之南台桥凡五百余人

赐姓恐闽安镇有失拨兵赴援遂弃台州率师南下已无及矣遂以五军陈尧策督数镇守狼琦地方二十六日赐姓回思明州

二十八日赐姓督师南下

十一月初一日至南湾忠勇侯陈豹言惠潮破败之余得其城无用鸥汀坝小寨令数镇攻之可克左戎镇林胜愿自领兵攻寨从之

各提镇于潮揭取粮赐姓回思明州提督黄廷林胜等攻破鸥汀坝时天旱濠干兵至城下用人字牌遮身以锹镢凿掘城墙列大熕齐发崩之而入男女无少长皆屠之壮士数百人走免其地遂空

时永历遣彰平伯周金汤太监刘柱从海上至思明赍延平王敕印至晋封潮王赐姓欲恢复南京然后称王文书告示只称令旨而已后金汤复命云南已破死于广海前监国鲁王科臣徐孚远附海船至交趾欲从交趾王借道归永历正欲其以臣礼朝见孚远不肯登岸而回赐姓遂集商船不许往广南贸易

戊戌　　顺治十五年　　是岁永历亡海上犹称其年号

正月赐姓驻思明州

二月吊回各提镇挑选壮勇者拨入亲军

三月赐姓筑演武亭于厦门港练兵以石狮重五百觔为的力能挺起者拨入左右武卫虎卫亲军皆配云南斩马刀弓箭戴铁面穿铁臂铁裙用锁锁定使不得脱时谓之铁人

拔陈魁陈鸭为左右虎卫镇赐姓令左武卫林胜合左右虎卫之兵南下攻许龙港水忽涨舟师直入许龙率众而逃获其辎重船只焚其巢穴清海澄县守将刘进忠等率兵献城迎降后冲镇华栋病故以刘进忠管镇事华栋即郭遂弟兴化府诸生也举义其母尚系府狱故改名后赐姓以千金赎之仍恤其子

五月以前提督黄廷防守思明州与兵官洪旭同商机务户官郑泰给发兵饷余诸提督镇俱北上甲士五万伏兵凡十余万船数千艘

六月初七日师至平阳县清守将车任暹献城降十三日瑞安县守将文诚祥降

铁骑镇巴臣兴病故以黑云祥管镇事

十九日至温州清守将坚守不出赐姓议取足粮食收兵下舡

七月初二日赐姓开驾抵舟山问引港官李顺水程顺曰舟山至羊山西南风一日便到其山皆羊无人住有大王庙甚灵海中有蒙瞽二龙泊舡不可金鼓献纸恐其惊动翻覆不安赐姓不信初九日午刻到羊山候艅初十日各提镇来见放铳鸣锣不移时风起浪涌迅雷闪电对面昏黑不相见但闻呼救之声官舡都陈德与太监张忠等跪求赐姓上栅拜天拜甫毕风雨方息波浪稍恬覆舟五千余号溺死数千人赐姓中军船打破失六妃嫔并二公子三公子五公子凡二百三十一人

十四日赐姓以兵舡军器损失回至舟山议向温台各港取粮

九月初十日至象山县知县徐某遣生员父老送猪酒犒师并具禀启赐姓遂传令不攻将北兵不怕风浪多逃去有报援剿左镇贺世明等船头桅俱粉红又讹传欲叛去并北将尽失之语赐姓遂撤贺世明镇任并令张五军谕水武营卜世明用火武营魏操中权镇李必奇兵镇张魁等解职惟北镇姚国泰补援剿右镇贺世明愤激气死以总理监营翁天佑署左提督肄其兵

十月初三日赐姓至台州港后冲镇刘进忠叛入金门所赐姓令攻打弃城走以水武营黄梧管后冲镇事

二十二日赐姓至营右卫守将不降下令攻城

十一月初七日城破擒杀无数

十二日分各提镇就汛地养民

十二月十五日赐姓驾驻沙门

是岁清兵破云南永历亡

先是秦王孙可望出湖南与经略洪承畴对垒永驻安龙西宁王李定国奉之以入云南一路无阻遂将孙可望家眷送至军中还之途中辎重又被劫掠可望穷愤遂投诚至京上优待之封义王其死也亲吊之

平西王吴三桂与洪承畴遂攻入云南李定国护永历至缅甸病死吴三桂追之缅甸入献永历疏闻筑台绞死是日天地昏暗有白龙升天之异观者莫不流涕伤感而明祚至此终矣

己亥顺治十六年

正月赐姓驻沙门

二月赐姓至盘石桥

三月赐姓催各提镇限本月二十五日到盘石桥听令

四月二十八日齐到定关

二十九日至宁波港

五月初一日袖兵下舡

初四日至舟山烈港

十七日赐姓至羊山十八日至崇明十九日差监纪刘澄密书通江南提督马进宝

六月十四日赐姓至焦山

十六日辰时进兵攻瓜州清操江军门朱衣佐率游击左云龙领满汉兵数千扎城外迎战赐姓督左右武卫居中中提督居左左提督居右后提督抄瓜州之后两阵相对隔一小港铳矢交击水师进断滚江龙赐姓挥兵大进满兵列大铳守岸左冲镇周全斌挥兵下水直渡小港水深铁重兵从水底行没顶多溺死突上岸守兵不意惊骇全斌直冲其阵右协杨当阵斩十余人诸军直逼而进清兵退走入城诸军乘胜竖梯攻城正兵镇韩英先登左先锋杨祖继进巳时遂克瓜州阵斩左云龙生擒朱衣佐及所护满州尽歼之是日右提督马信攻夺谭家大炮张兵官罗含章等攻夺满州木城三座木城用大杉木板钉平监栅内各兵五百人火炮四十人门火药火罐不计从上流压下舡遇之立碎至是歼焉赐姓以全斌轻渡港失兵多欲斩之诸将跪请乃令戴罪立功朱衣佐至镇江乞归养亲赐姓赐路费遣之以援剿后镇刘猷镇守瓜州监纪柯平督理江防管州事委张兵部杨戎政督水师入芜湖牵其战舡直逼金陵以分其势

十九日赐姓督师泊镇江南岸七里港

二十日登岸扎营时清满汉兵扎在银山一带吾兵扎在银山对面山上只隔一港满兵惊移大路札营留绿旗兵数百守银山

二十二日二更赐姓移营到银山下寅时传令登山站队天明满兵见之大惊分作五路而来赐姓亲督右武卫周全斌左虎卫陈魁迎敌周全斌直冲其锋以长绳界阵后有兵退至绳者斩于是奋勇争先满兵披靡诸将继之道路狭而沟港多自相践踏死者不计其数余者遁走遂令攻城清总镇高谦知府戴可进献城投降周全斌身带重伤时令镇守以工官冯澄世为常镇道兵都事李凤为知府以监纪林若霖为刑厅

时诸州县多来降太平府守将刘世贤献城降芜湖县亦降

赐姓议取金陵中提督甘辉请从陆路进兵以为乘破竹之势一鼓可下或攻取其外四州郡以绝援兵则城孤亦难守若水路恐风信稽迟则援兵入守又费工夫矣诸将多以天时炎热久雨沟河难过赐姓遂令由水道进发

七月初四日诸军下舡初七日至观音门

初八日令左冲镇黄安总督水师泊三叉河口

十二日派前锋镇余新中冲卫萧拱辰扎狮子山堵御凤仪门左提督翁天佑为应援中提督甘辉后提督万礼左先锋杨祖俱离前锋镇之第三大桥头山上屯扎右提督马信宣毅后镇吴豪扎旱西门赐姓督左武卫林胜左虎卫陈魁右虎卫陈鹏五军张英屯扎后庙山时宁国池州和州滁州等府州县俱降杭州及江西九江等处俱有密谋举义前来给札者遣监督高绵祖礼都事蔡政前往苏私通私提督马进约其会兵前来

江南总督管効忠吊集各府兵将齐备谋欲将冲营十七日甘辉请总令攻城恐援兵日至师老无功赐姓令于二十二日安炮进攻

二十三夜城中觇知余新懈怠无备请副将孙化凤率兵夜出从街坊房舍中毁墙通道袭其营余新被擒萧拱辰泅水而逃全军俱没后提督万礼扎在桥外救应不及满兵遂蜂拥出城扎营廿三晚甘辉林胜劝赐姓抽兵且回至观音山赐姓欲再决一战令杨祖姚国泰杨正蓝衍等扎在山上甘辉张英等伏在山内林胜陈魁等列在山下赐姓督陈鹏万禄等在观音门应援万礼万义等堵御大桥头大路马信吴豪韩英由水路其后黄安啇督水师防江

二十三日清兵大队抄出山后直冲在先锋杨祖之营赐姓传令无令不许轻战而山上山下又隔远不相联属清兵炮火交击杨祖众寡不敌败走蓝衍战没赐姓遣陈鹏万禄往援山高不得上满兵山上赶下甘辉张英等在山内被围力战不得出张英阵亡甘辉被捉林胜陈魁在山下战败全军俱没万礼等在大桥头清兵首尾合攻被捉万义泅水而逃赐姓见大势已溃先抽下船清水师集来追黄安御之击沉数只防护诸眷姬后载诸残兵出港查失将殒中提督甘辉后提督万礼五军张英亲军林胜陈魁镇将蓝衍魏标卜世用副将洪琅并户官潘庚钟仪卫吴赐等十二名后甘辉等解至金陵总督同山会审万礼余新皆跪甘辉以足蹴之曰痴汉尚欲求生乎大骂不屈遂被杀

海兵之入长江也上议欲出京兵召前海澄降将苏明问之对曰海兵不能持久不数日当有捷音后三日而江宁捷音至

二十四日赐姓至镇江分派各镇将收拾官兵补缺管辖

二十八日诸将领俱各下舡驾入长江

八月初一日师回至狼山上沙

初四日泊吴松港遣蔡政往见马进宝入京议抚

初八日至崇明城以作老营

十一日开炮攻打城崩数丈清守将梁化凤死拒不退正兵镇韩英登梯被铳打下监督王起俸亦被铳伤俱死赐姓欲集诸将再攻周全斌以为城小而坚难以骤拔得之亦无用适马进宝差中军官同蔡政来说劝回师以待奏请看抚局成否赐姓从之仍遣蔡政往京

十八日赐姓回师至浙江以杨富管正兵镇分派各提镇就温台舟山各港口地方屯扎练操仍拨数镇屯扎秦峡三都兴化海南日照地方

九月初三日赐姓令开舡初七日至思明州

十月援剿后镇刘猷在温州深入内地取饷被诱战没

十二月蔡政自京回云抚事不成系同安侯于狱并逮马进宝到京问罪遣满州将军达素带披甲万余前来剿海并令三省水师合剿

庚子　　顺治十七年

正月二十一日报满州统兵将军达素头站兵至福州

二月赐姓吊回北汛诸提镇候拨防守

三月报达将军到泉州催促船只配兵

赐姓吊回南下官兵分派屯扎

四月初二日改右提督马信为提督军骁骑镇

传令各提镇将领官兵眷口搬住金门所委英兵镇陈瑞保护同户官郑泰一同照管

初四日遣中卫镇萧拱辰等治崇武堵御泉港委辅

明侯林察为水师总督共商机宜

派援剿右镇林顺礼武镇林福防守海门

派右武卫周全斌骁骑镇马信防治裂屿尾

派游兵镇胡靖殿兵镇陈漳为陆师守高崎等处援剿后镇张志为水师抛泊高崎应援拨林福防守倒流寨

二十六日泉州清船二百余号驾到祥芝澚陆兵山上扎营放炮船依山边而行遂进至围头赐姓令林察萧拱

辰等泊刘五店遏止围头清船不得入同安港会合

行户官郑泰将前派守围头官兵舡只一尽防守金门抛泊城保角以防广海许龙等船

拨右虎卫陈鹏守五道高崎东一带拨援剿前镇戴捷守高崎寨殿兵镇陈璋前冲镇刘俊智武镇颜望忠守澥保寨并赤山坪游兵镇胡靖防守东渡寨

仍委戎政王秀奇总督高崎等处协理戎政杨朝栋总督东渡等处临朝商酌调遣各镇管理外又令神武营康彦邦扎崎尾兼管神武一带地方更拨宣毅后镇吴豪后冲镇黄昭援剿后镇张志并陈广吴裕水师应援高崎五道等处堵御邀击

五月初一日赐姓驻演武台拨忠靖伯陈辉同安侯周瑞援剿右镇下杨元标铳船前提督下方左营等舡泊海澄港以截漳州大队水师又于初三日赐姓亲督前提督黄廷右武卫周全斌援剿左镇黄昌右镇林顺正戎旗杨富等在海门住备迎敌

初八日漳州港内先遣大船一百号配汉兵部院李率泰海澄公黄梧督之出海澄港同安港收拾小船将军达素同仝安总镇施琅以小船配满兵横渡高崎俱下船约初十日进兵

初十日赐姓令五军陈尧策传令陈辉等安泊中流不许起柁欲将漳州船出而乘其后倏忽间满船乘风顺流蔽江而下以数船攻一船用铁炼钉住炮矢齐发而登陈尧策周瑞一船及方左营一舡皆被烧杀陈辉一船满兵蜂拥而上辉走入官舱发火药从下冲上船火飞裂满兵在船上俱死其船未沉为官兵夺回陈辉得活时赐姓坐熕舡继令何义督之而下八桨船往来督战时满兵乘潮直进海船渐渐退走直压至厦门港口将午南风大发海潮渐长黄廷周全斌等奋力迎击同正副龙熕两船破艅而入龙熕受火弹子一丸至十余觔小弹子一斗副龙熕照样新铸者各以一船专载之龙熕所及船中人顷刻间不见形影遂夺满先锋昂拜邦章京红眼二船出擒侍卫一二等虾十余员并鸟沙一船黄廷擒梅耿胜一船户官郑泰自金门率鸟船五十号乘势冲入宣毅镇黄元从鼓浪屿后冲出夹攻炮声始雷隐隐不绝火烟迷江咫尺不辨共擒满船十三号满先锋三舡被追至圭屿弃船登岸马信招之降夜溺杀之惟留红带梅勒士心秀并随身披甲二人是日辰时达将军总督满汉兵船至牟尼屿赤山坪登岸殿兵镇陈辉挥兵于水中逆战兵少渐不及守高崎右虎冲陈鹏密通同安施总镇谋为内应其左营陈蟒鹏之侄也见势急欲出兵救援陈鹏止之不许总督王秀奇速令陈蟒赴之满兵见金龙甲兵至以为迎己也及下水斫杀始慌乱而前协万弁领兵林雄领镇协刘雄继至合击前冲镇刘俊亦从东冲出协力拒杀俄而吴豪赶至满船向前敌诸水师分路冲下击沉数只满兵先登岸者被杀及溺水不计主擒巨马喇及披甲三百余人皆断掌放回达素率全兵回省数日尸浮海岸万余长发者十二三短发者十七八赐姓磔陈鹏杀其家属以陈蟒为虎卫右镇何义为虎卫左镇

六月赐姓驻金门后浦合思明州将领官兵眷口移住金门百姓搬移过海听其自便拨诸提镇分扎沢地取粮

七月命官兵张光启往倭国借兵以船载黄蘖寺僧隐元及其徒五十众时倭人敦请隐元故载与俱往赐姓书与倭国王而不及上将军主国政者故倭人兵不发

九月诸兵民家眷俱回思明州

十月清吊达素回京问罪达素在省吞金而死满兵回京水师船只俱吊入港阁岸

监国鲁王殂于金门所

辛丑顺治十八年　　是岁顺治终康熙登位

正月赐姓议取台湾其地在东南海中延亘数千里土番杂处天启年间殴罗巴红夷占居之于港口筑城与中国日本广南贸易海边贫民流寓者种蔗以糖为业殆数千户时红夷亦恐海上动兵及庚子春复遣通事何斌及其酋长再来议贡何斌密进地图劝赐姓取之赐姓陈兵自镇南关至院东依山布阵凡十余里甲兵数万周全斌统辖戎旗兵七千皆衣金龙甲军威甚盛夷人震摄至是欲进兵诸将虽不敢违阻有难色宣毅后镇吴豪曾至其地力言港浅大船难进且水土多瘴疠赐姓含之惟戎政杨朝栋倡言可取赐姓纳之

二月赐姓驻兵金门整理船只

以兵官洪旭前提督黄廷居守思明州户官郑泰居守金门所

三月初一日祭江赐姓督文武官亲军武卫周全斌何义陈蟒提督马信镇将杨祖萧拱辰黄梧陈泽吴豪林瑞

张志等作首程先行令守澎湖游击洪暄引港各船俱驾到料罗湾听令开驾

二十二日午时自料罗湾放洋二十四日各船齐到澎湖分各屿往扎赐姓扎营内屿二十七日开船到甘吉屿阻风而回三十晚风雨未息赐姓以行粮已尽传令一更后开驾三更后晴霁风顺四月初一日天明赐姓至台湾外沙线各船络绎俱至鹿耳门线外此港甚浅沙滩重垒大船从无出入故夷人不甚防备是日水涨丈余赐姓下小船由鹿耳门登岸午后大鯮船齐进泊水寮港登岸扎营令陈泽督虎卫将坐铳舡扎鹿耳门牵制红夷甲版船并防北练尾守赤茨城夷长猫鸡实叮发炮击盘营并柁马厩粟仓赐姓恐焚及赤茨卫令杨朝栋督张志官兵防御看守

初三日陈泽扎营北线尾守台湾城夷长揆一见官兵来齐遣头目拔鬼仔率鸟铳兵数百前来冲击陈泽迎战一鼓歼之拔鬼仔战死余夷退走初四日赤茨城夷长猫鸡实叮以城孤救之赐姓遣杨朝栋招谕之遂率夷人三百余名出降

赐姓令赤茨夷招夷长揆一等来降不从时夷长尚有甲版船在港令陈泽陈广等攻之沉其一只焚其一只走回一只

初四日赐姓督师移扎昆身筑土台架炮攻台湾城揆一等于附城铳城齐攻大铳顷刻土台崩坏官兵退回夷人出城夺炮马信刘国轩率弓箭平射之乃退赐姓遂令赤茨降夷架铳击城崩之派马信等扎台湾卫固守不攻俟其自降派各镇分札汛地屯垦

五月初二日二程黄安刘俊颜望忠陈瑞胡靖陈璋等到台湾赐姓集文武各官审宣毅后镇吴豪抢掠百姓监匿禾粟斩之右虎卫陈蟒仝罪革职捆责

以黄安管左虎卫改赤茨地方为东都设一府二县以府为承天府委杨朝栋为府尹一为天兴县委庄文烈知县事一为万年县委祝敬知县事

六月十六日铜山守将蔡禄郭义抢掠居民胁忠匡伯张进投诚进诈许置酒请会欲发火药与之俱焚蔡郭知之不赴张进遂于火自焚

初后提督万礼密约海澄公黄梧欲据思明州以叛后随征南京被获而死已祀忠臣祠矣事泄赐姓撤其木主蔡郭是其党也故惧而叛清兵入铜山城兵官洪旭会忠勇侯陈豹统水师护之蔡郭仝清兵退走报至赐姓拔总监营翁天佑镇守而厚恤张进之家

七月红夷会甲版至吊右武卫前协黄德帮守台湾卫名其卫为安平镇

张志黄招等激变火肚杜土番杨祖与战中杨枪死土番围张志营黄安陈瑞等破走之

八月红夷率甲版船来犯赐姓令陈泽同戎旗左右协水师击败之获甲版二只小艇三只自是甲版退入台湾港不敢复出

京中命户部尚书苏纳海至闽迁海边居民之内地离海三十里村庄田宅悉皆焚弃

先是达素兵至赐姓令思明州搬空其先人来降者家眷乘隙皆渡海逃去原右提督庆都伯王秀奇逃回江南埋名不出而原任漳州知府房星晔者为索国舅门馆客遂逃入京使其弟候补通判房星曜上言以为海兵皆从海边取饷使空其土而徙其人立版不许下海则彼无食而兵自散矣遂从其策升房星曜为道员病死无嗣至是上自辽东下至广东皆迁徙筑垣墙立界牌拨兵戍守出界者死百姓皆失业流离死亡者以亿万计苏纳海归荐同安总镇施琅为水师提督移镇海澄

十月同安侯郑芝龙为其家人尹火器出首通海时康熙新即位四辅苏克荫与郑芝龙有隙以初三日殛芝龙于菜市杀其子孙家眷凡十一人报至赐姓叱为妄传中夜悲哭居常郁悒

十二月守台湾城夷长揆一等乞以城归赐姓而搬其辎重货物下船率余夷五百余人驾甲版远去赐姓遂有台湾改名东宁

时以各社田土分与水陆诸提镇而各令搬其家眷至东都居住兵丁俱合屯垦初至水土不服瘴疠大作病者十之七八死者甚多加以用法严峻果于诛杀府尹杨朝栋以其用小斗散粮杀其一家又杀万年县祝敬家属发配于是人心惶惧诸将解体

壬寅康熙元年　　海上仍称永历十六年

正月赐姓严谕搬眷郑泰洪旭黄廷等皆不欲行于是不发一船至台湾而差舡来吊监犯洪初辟等十人分当番社皆留住不遣岛上信息隔绝

三月令周全斌调铜山思明州兵攻南湾欲擒陈豹豹短小精悍号三尺陈守南湾近二十年许龙苏利皆畏之豹骄傲专志数违藩令兵至仓率率众搬眷下船不敢十分迎敌扬帆入广东投诚清为慕化伯未几病疫而死

四月赐姓遣兵官杨都事到思明州奉令箭欲杀董夫人及其长子经以乳母生子之故洪旭等不肯奉令杀杨都事而讹传周全斌奉密谕欲杀诸将十余人于是人人自危洪旭等使周全斌船回厦门港即执而拘之黄昌劝郑泰杀之全斌求救于董夫人洪旭亦依违乃得免

五月初八日国姓招讨大将军殂于东宁年三十有九提督马信及诸镇将黄昭等议以其弟郑世袭护理大将军印未几马信黄安皆病故世袭以黄昭萧拱辰为腹心拔刘国轩管镇事谋自立报至思明州郑泰洪旭黄廷工官冯澄世参军蔡鸣雷等立长子经为嗣封世子发丧即位

时靖南王耿继茂移镇福建与总督李率泰遣旗中军王明赏功李有功至思明州郑泰等议照朝鲜国例复耿李使疏请而泰遣中军官杨来嘉同入京待命后不报释杨来嘉回

八月京中遣户部郎中贡岱兵部郎中金世德入闽安城招抚凡海上文武官投诚者依例照品级升降补用

十月洪旭郑泰以兵千余人配船逆世藩入台湾世以周全斌为五军冯澄世之子锡范为侍卫陈永华为咨议参军至澎湖其将李思忠船飘至台湾知诸将有谋逃回世藩随即防备因乘风入鹿耳门登岸全斌令连夜伐木为栅扎营次早黄昭会诸将出兵值大雾昼冥跬步不可视诸将多迷误失期惟黄昭兵先至攻其前刘国轩兵至攻其后破营而入世藩兵却挤而前黄昭攀木梯为流矢所中坠下全斌令斩其首大呼示众军士皆迎降大雾忽晴日已向午钟宇等至皆反戈而迎世藩入安平镇请世袭至待之如初袭委罪于其仆蔡云云自缢收杀拱辰李应清曾从龙等(底稿补此字)余皆不问诸将营兵拨守汛地如故

十一月世藩率周全斌等同其叔世袭回思明州后世袭入京归命授精奇尼哈番颜夫人郑芝豹自戍所发回准在京同住

卷下

癸卯康熙二年

正月世藩驻思明州时洪旭守思明郑泰守金门黄廷守铜山世藩得郑泰与黄昭往来书欲袭取之泰不自安称病不来见

三月命周全斌督船入海澄港取粮欲袭金门见其有备乃止

四月参军陈永华谋以世藩将回东宁而谋郑泰为居守户官统辖诸镇资其饷给兵铸居守户官印遣协理吴慎赍至金门泰遣其弟鸣骏入谢世藩慰谕之见陈永华情款甚密鸣骏回力劝其行泰遂六月初六日带兵舡并饷银十万至思明是晚入城赴席世藩以其前通书黄昭面质之遂交与洪旭监留周全斌率兵并其船独蔡璋一船走脱天未明至金门鸣骏仓卒与泰之子缵绪率诸将及兵丁眷口下船入泉州港向总督李率泰投诚船凡二百余号兵八千余人全斌等追之不及后京中封鸣骏为遵义侯缵绪为慕思伯文武官班赏叙用有差

初十日郑泰见其子弟家眷兵众皆入泉州港遂自尽而死

七月以黄而辉为思明州知州而辉黄廷之子

八月黄廷自铜山入见世藩慰谕之

自郑鸣骏入泉州人心解散镇营多叛右武卫杨富左武卫何精义忠伯陈辉等文官参军蔡鸣雷礼官都事陈彭等皆先后投诚

九月红夷纠集甲版船十六只夷兵数千会靖南王李总督约同攻两岛候事定之日欲求语屿筑城贸易如广东香山澳例后准纳贡互市李总督遂议平岛

十月调兵陆路提督马得功督郑鸣骏以船数百号出泉州港水师提督施琅同海澄公黄梧出海澄港靖南王

耿继茂同荷兰国红夷扎营同安港之刘五店至期下船渡海守高崎正兵镇陈升先约降

十一月世藩率黄廷同全斌等会船于金门海夷船高而且大一船有大小熕铳千余号横截中流为清船藩蔽是日炮声如擂鼓从辰至酉相续不绝不啻如雷声霹雳世藩见夷船多炮众寡不敌乘潮渐渐退出浯屿周全斌等十三号船在后迫于潮长不得出遂直绕夷船之后冲大䑸而入夷船发熕齐击无一中者马得功坐鸣骏中军船全斌误以为鸣骏也直前攻之黄廷中军将吴朝宁世藩亲军将萧乘龙前后夹攻挥兵过船得功亲随铁甲精兵三百人皆被杀下水得功顿足自投水而死再攻杨富一船焚之杨富投水遇小艇救之得免所遇之船多被攻没遂扬帆直出日暮收兵海上不知马得功之死也黄廷议欲再守数日周全斌以为船多被夷炮损坏不如退守铜山遂弃两岛而去

先是李总督给示准岛中百姓过界思明州知州黄而辉设世藩准岛民渡海令下三日而永华复启世藩禁之至是清兵入岛遗民尚数十万多遭兵刃男妇系累童稚成群若驱犬羊连日不绝而投诚兵搜掠财物发掘冢墓至剖建国公郑彩之棺而残其尸堕城焚屈(底稿删此字)屋斩刈树木遂空其地而嘉禾断人种之谶应焉

十二月世藩至铜山众心离散镇营多叛而两岛之旧将残兵官员绅士无船可渡海者或投诚或逃遁流离失所死亡殆尽矣

甲辰康熙三年

正月世藩驻铜山诸军乏粮周全斌欲袭洪旭而并其船洪旭亦防之值海风大作船各飘开全斌遂率其众入漳投诚后封承恩伯而洪旭以杜辉守南澳辉亦掠其辎重投诚

三月世藩同冯锡范陈永华等率余众回东宁工官冯澄世一船为其家丁所迫自投海中而死洪旭以二十舟候黄廷同行时黄廷部下兵将多不愿行议欲使其子而辉率(底稿删此字)婿吴朝等率众投诚而自己带家眷与洪旭往东宁适黄梧遣陈克竣来招降黄廷遂入漳投诚后封慕义伯洪自往东宁

八月李率泰上疏议取台湾京中以水师提督施琅挂靖海将军印总督投诚将周全斌副之整舟师数百号候风开洋

乙巳康熙四年

四月靖海将军施琅等出洋未至彭湖港飓风大作各船飘散不能相顾皆引还未几召施琅入京加伯衔为内大臣归旗其余降将亦多以总镇副将补

丙午康熙五年

丁未康熙六年

部议分拨海上投诚官兵移住外省先拨慕义伯黄廷驻河南邓州随召承恩伯周全斌入京遵义侯郑鸣骏病故其子缵成袭侯慕恩伯郑缵绪病故其子修典袭伯皆召入京师归旗其标下官兵及别镇兵各给行粮分驻于浙江江南江西湖广河南山东山西四川诸省屯垦荒田给其牛种免其六年租税将领或督垦或拨在督抚提镇等衙门効劳文官赴部候补

戊申康熙七年

己酉康熙八年

世藩在东宁以陈永华理国政冯锡范管侍卫刘国轩等管兵忠振伯洪旭病故其子洪磊及永华之侄陈绳武等皆任用

改天兴万年二县为州置凤山诸罗二县课耕种通鱼盐安抚土番贸易外国向之惮行者今喜为乐土焉

浙江投诚将孔元璋请往台湾招抚京中遣大臣明珠蔡毓荣至泉州加兴化府知府慕天颜卿衔同渡海往议世藩遣柯平叶亨到众州议照朝鲜例称臣奉贡不剃发不登岸议竟不成而数年之间海上亦相安无事

庚戌康熙九年

辛亥康熙十年

壬子康熙十一年

癸丑康熙十二年

十一月吴三桂举兵反遂陷滇贵四川河南岳州诸郡县称大周元年

初平南王尚可喜疏请归老辽东而留其子安达公之信袭镇广东朝议许之并令举家归旗平西靖南相继疏请俱可报至是平西反乃命二王仍留驻镇

时耿继茂已死耿精忠袭王时三王交通逆命虽复停留而反谋决矣

甲寅康熙十三年

三月十五日耿王传各官入府议事总督范承谟巡抚刘秉政至伏甲执之知府王之仪建宁同知喻三畏走出被杀范承谟被拘以刘秉政为统制使乡官萧震为布政司自称总统兵马上将军移檄各府县俱望风而降

十九日耿王檄至泉州提督王进功是夜纵诸将焚劫烧南街西街樵楼杀掠到晓绅庶无遗传檄各属县皆降兴化镇马惟兴劫兴化守备郭维藩劫惠安独同安城守张学尧晋江水师营李尚文所部无犯耿王再遣通事黄镛至台湾初耿王将拒命遣镛通世藩请师为声援至是又遣镛见世藩请以舟师由海上出江南而已统陆师出浙江镛回言海上船不满百兵不满万耿王始轻之耿王以黄梧为平和公梧病疽受印不数日疽坏而死其子黄芳度袭封管其兵

驻漳海道陈启泰党于范承谟与耿王有隙至是先杀家属十余人乃自缢陈为官则甚贫于死则甚烈

漳浦镇陈炎海澄镇赵得胜俱降耿福宁镇吴万福贪克失将士心谋拒耿众不从耿王遣都尉曾养性督兵至万福出降诱杀之养性等乘胜长驱平阳总镇蔡朝佐降温府处二府皆下

四月潮州总镇刘进忠降耿密请耿全刘炎率兵会之夜攻同安城续顺公沈瑞并其兵耿王台王进功至福州留之征其兵

世藩遣协理礼官柯平至福州报命时耿声势已振谩应曰世藩来甚善各分地自战可也由是兵端遂起

世藩侍卫冯锡范镇将刘国轩率舟数十兵数千先至厦门

耿王檄诸路兵出关黄芳度遣黄翼带兵千余人应命赵得胜不从与冯锡范阴约以海澄归命于世藩随将兵进次同安王进功之入省也耿王调张学尧镇泉州以化尚兰代守同安世藩兵至尚兰迎降护学尧家眷学尧闻内变趋回施福引之俱降世藩

五月世藩至思明州以赵得胜为左提督封兴明伯张学尧为左先锋镇化尚兰为仁武镇遣人至耿王处议拨船及地方安插兵丁耿王不答又禁买船料货物遂成仇隙至是耿王闻同安之失乃遣王进率部卒千人入镇泉州王进号王老虎原为漳州副将时提标五营兵将不肯应调王进至与城守赖玉相结纳用提标守备戴国用为爪牙勒王进功家眷入省耿王复遣兵接应兵将至进功之子锡藩与其属杨青等议先发以制之

六月初一日以提督大人之命召诸将议事诱赖玉戴国用李尚文等执之率兵攻王进进走登涂门楼意气自若提标兵无统帅相持竟日进恐海船至更深整隧出城而去

初三日锡范等杀赖玉分其尸

初四日绞杀戴国用释李尚文迎世藩入城以赐藩为指挥使暂理提督军务

黄芳度袭杀漳州城守刘豹豹耿王所署也世藩遣人谕之芳度遂降封德化公授前提督漳属钱粮听其征给芳度终不自安差人间道赍密疏入京

七月平南王遣兵围刘进忠于潮州耿王不能援进忠求救于海上世藩遣援剿后镇金汉臣率舟师援之以进

忠为右提督封定虏伯

九月耿王以步骑三万遣王进攻泉州鼓行至惠安肆行焚掠世藩命刘国轩督诸镇并统五营兵御之对垒逾旬进退屯枫亭列营二十余里

十月国轩兵至涂岭严阵会战王进见前阵皆新募之兵直前击之兵皆惧法死战国轩令许耀分兵袭其后焚其营盘进兵大败国轩追至兴化城外三日夜而还

十一月周吴三桂前遣礼曹钱点来聘值郑耿二家交兵回报复遣礼曹员外周文骥来和解

刘炎在漳浦不降世藩密请援于耿王耿遣兵会之至平和世藩檄黄芳度击走之耿王复其亲军都慰徐鸿弼自间道入漳浦世藩以冯锡藩赵得胜督诸军攻之鸿弼刘炎会云霄镇刘成龙合兵迎战于罗山右虎卫何佑挥军击之鸿弼等大败走回城冯锡范以红夷冲大炮击入城中之炎等大惧同鸿弼成龙俱出降

十二月赵得胜督军援潮州与平南王兵战于黄冈大破走之潮围始解初进忠被围金汉臣一军尽歼焉进忠极力守御将及半载至是广兵烧营而遁世藩分设六官名曰协理洪磊为吏官杨英为户官郑斌为礼官柯平为刑官杨贤为工官兵官缺置六科都事都吏察言司承宣司宾客等司陈永华为总制留守兼管勇卫冯锡范为侍卫二卫皆亲军薛进忠为左武卫刘国轩为右武卫何佑为右虎卫以施福为五军其左右先锋及诸镇营皆听五提督调遣凡文武事宜皆赞画参军陈绳武侍卫冯锡范主之

初世藩之来思明州也兵饷取给于东宁洪磊承其父洪旭遗命助饷银十万两至是兵众饷多转运不给乃以六官督比绅士富民以充之以郑省英为宣慰使总理各府县钱粮百姓年十六以上六十以下每人月纳银五分名曰毛丁船计丈尺纳税名曰梁头及设各府盐引分管盐场以给兵食

乙卯康熙十四年

正月耿王遣张文韬来贺正议和送船五只世藩遣礼官郑斌报使约以枫亭为界自是郑耿交好

二月永春冯眺峰寨民吕华不服征派薛进忠围之三个月不下知县郑时英谕之出降钉杀之家族发淡水充军

续顺公沈瑞驻饶平刘进忠攻之不克广兵来援何佑遇之于百子桥破走之瑞出降改封怀安公传流洪经略承畴胞侄士昌天伦天思及眷口于东宁之狼峤法公论也流前进士杨明琅及眷口于狼峤以其过崇祯帝梓宫不下马父修南安县志以海上为海寇也后皆死于流所知南安县事刘佑有云洪经略未必尽是郑国姓未必尽非世藩悦其言召已逃回籍矣

五月刘进忠请大师南下许之

初六日世藩入海澄遣斌入漳慰谕黄芳度或束兵入见或率兵随征芳度终不受命密调回黄翼出关之兵耿王移檄召之亦以疾辞世城之许

刘国轩率诸镇兵至潮与进忠规取属县之未附者安达公尚之信悉力守御相持日久粮乏兵病之信调十余万尽锐来攻国轩自新墟寨一日一夜退至黄母山以余粮露载车上宣慰使洪磊悬金以赏有功军心稍定进忠与国轩议曰之信大兵必从小路而来出我不意须得劲将扼之惟何佑可任然不可言其故恐其心怯子可严阵以待而手将骑兵背城以为应援国轩从之是夜见大路上敌营火光点点进忠令放大炮击之见火光不动进忠曰是空营也我兵可安寝以待攻日之信率兵从小路而来何佑见大队突至欲退不可冒死奋勇极力击之无不以一当百之信大败退走国轩等穷日夜追之杀死不计其数是役也以饥卒数千破敌兵数万由是何佑之名振于粤东佑绰号何锥子

六月世藩自海澄移檄万松关黄芳度令其下俱剃发据守遣其兄芳泰入粤请援世藩进攻不利援剿后镇万宏登梯中炮死乃筑长垣围之调何佑堤潮州先攻平和县守将赖升降诸属县皆下

十月海澄公标将吴淑以漳州降

初淑投清属公标黄梧待之厚将死呼淑托曰吾儿年少君可保全之及城被困日久潜谓其弟潜曰我本海上旧将公虽待我厚我负罪于先藩实深今世藩待我眷族恩尤有加岂可及图逆命遂以初六日开城大兵入芳度仓皇投开元寺井而死获其将黄翼蔡龙朱武张济戴麟陈骥黄瑄等皆斩之没其家剖黄梧棺戮尸斩首及芳度首揭

以徇众有议发梧祖冢者世藩曰罪正其身于先世者何与不许

后清赠芳度为忠勇王时芳泰往粤求援会其兄芳世由汀州至永定亦以是日永破定县开漳州降乃大掠而遁世藩以足淑为后提督吴潜为戎旗二镇

十一月令龚淳往日本取回郑泰所寄之银淳乃泰委寄之人并执有票可据先是两家纷争夷人皆不肯与至是夷人混开支销银凡四十五万仅得二十六万而回

丙辰康熙十五年

正月以右虎卫许耀前冲镇洪羽等率师会在潮诸军攻取广东州郡

二月平南王昏病日甚会周师克肇庆韶州等处广州人人自危驻潮诸军闲报烧营遁回刘国轩刘进忠何佑等分南北两路而进碣石镇苗之秀军程乡其妻在汛遣人迎降仍劝之秀纳降款世藩许其回镇碣石国轩等水陆并进围惠州攻博罗不下旋下长乐新安龙门等县之信穷蹙遂乞降于周周封之信为转德公令其让惠州于海上之信檄提督严明撤守兵回广遣使馈弓马币帛通好召以国轩镇惠州东莞守将张国勋亦降以为后劲镇自是与周分界而守

五月耿王调汀州镇刘应麟兵出关麟不从密来通款乃遣兵淑挺兵驰书与耿王言欲假道汀州以出江右耿王遣兵防城应麟惧其图已率所部州掠瑞金斯敦吴淑兵至应麟与谋攻城下之以应麟为提督

七月调刘进忠出师进忠称疾不行进忠自潮州定后来见世藩待之礼意疏略见左右用事者皆碌碌知不足与有为及假汀州叹为失计至兴宁与诸将不协流言日起遂称疾回潮阴为自守之计

九月耿王师出浙江者为总督李之芳所扼多被摧败京中遣康亲王提兵乘机入闽兵出江西者总督蔡毓荣及满州兵移驻兵拒之失广信弃建昌大势已溃又闻汀州已破益忧内顾诸将遂密谋诈作耿王投诚献关耿王闻变收王进范承谟萧震绞杀之欲乘船奔海为都尉徐文耀所胁不得出城遣王进功回泉取救兵密嘱曰吾忍死以待也延平已失不得已于十九日剃发迎康亲王入福州后耿王入京与徐文耀及诸将领皆伏诛兴化守将马成龙以城来降令许耀率兵赴之

十月令许耀督诸军进取福州驻师乌龙江许耀骄从诸将不服饮酒嬉戏无他谋略清来渡江有议于半渡击之不听既登岸仓皇出战前锋死斗不能分兵救援及少却又不殿后引兵先走委弃辎重器械不可胜计乃遣赵得胜何佑屯兴化以御清兵

耿王檄曾养性等自温州航海回闽朱大贵以舟师来降其余逃入福州奇兵镇黄应选击之获巨船数千号

十一月邵武守将献款于吴淑淑赴之移兵据守

十二月清兵至邵武吴淑御之时大雪严寒诸军涉溪拒战皆冻坏不能走遂弃邵武退劄汀州清兵进至建宁县薛进思守汀闻之惊惧失措刘应麟愿倾赀饷兵固守进思猜疑不从弃城而走应麟奔潮州依刘进忠发愤病死

平南王尚可喜于九月病故之信遂遣使报讣并请其妹奔丧妹沈瑞叔母也许之并遣使吊丧周封之信为转德亲王

丁巳康熙十六年

正月清兵至兴化时诸军锐气已丧何佑又与得胜不睦得胜出战何佑坐视得胜力战而死何佑奔回泉州

二月初九日清兵至泉州守将林定无备城破标将林孟参宿营谢贵死之林定素与民相安近于民间削发走免诸军溃散

十九日清兵至漳世藩仓皇登舟至海澄弃而不守至厦门欲回东宁百姓号江攀留角宿营吴桂整兵防守众赖以安继而余众稍集乃遣水师防卫分汛而守

祭赵得胜亲临哭之斩薛进思原姓名裴德许耀捆责耀病剧痢不数日死何佑吴淑戴罪自効遣诸将家眷搬回东宁王进功沈瑞张学尧等陆续起程刘炎以母老病至外洋勒兵劫船乘风下碣石卫依黄之秀后归清至京流徙宁古塔

三月时诸将追集思明兵饷不给乃分汛南北地方措饷召募以前虎卫林升等水师楼船中镇萧琛等驻骨阳政定海福宁一带地方以后提督吴淑杨威前镇陈昌戎旗一镇林应奇兵镇黄应等驻同安至潮阳揭阳一带地方

三月漳浦巫者朱寅挟左道诡称三太子聚集海上残兵率二百余人于十九夜袭泉州攀堞而入鸣鼓扬旗从开元寺前至西街守兵以为海兵复至乃于双门前发一大炮寅乃抽回出城而去人以为神附者日众屡屡皆胜蔓延于漳泉属县凡深山穷谷岩寨无所不到派粮以食头裹白布时人谓之白头贼

六月刘进忠拥兵观望世藩遣户官至潮征饷不应买运又闭籴献疑于周至是归清后召至京殛死

刘国轩在惠州尚之信归清孤城难守世藩遣水师迎之乃率所部航而归清以黄芳世袭封海澄公授汀漳总镇公标守备黄监授海澄总镇芳世请兼水师提督许之芳世至闽骄傲专用北兵人心不附

周将韩大任据守吉安清兵围之经年无援乃造小舟于城内乘夜以绳引舟截江渡兵溃围走入闽界欲下海有信来通十月世藩遣何佑等至南靖小溪收兵吴淑等至长泰扎天成寨以遥应之大任竟以粮尽就国省投诚

后大任归旗从大兵征噶尔旦冲阵而死

十二月清兵围吴淑于天成寨朱寅率众来援吴淑突围而出

康亲王遣漳泉二府知府同泉绅黄志美等照朝鲜例来议抚海上不从亦无报使

戊午康熙十七年

正月泉州提标兵巡界驻日潮水师四营陈升击之大为所败标兵乘胜侵掠东石等处

二月以刘国轩为中提督总督诸军后提督吴淑为副

初十日国轩督军至海澄攻玉川清守将刘宗降徇三人河福浒皆下

十八日进取江东桥清守将王重禄吕韬等奔溃遂烧断桥梁以绝漳泉大路漳州援兵至国轩分兵击败之三战三捷军声大振二十三夜取石码获清守将刘杨朝宗遂军于祖山头以逼海澄清副都统孟安等自潮来援国轩退屯石码筑垣拒守仍分兵屯漳州郭外清提督段应举自泉州来宁海将军喇哈达自福州来平南将军赖哈自潮州来先后应援国轩倏水倏陆满汉疲于奔命三月初一日国轩列阵郡东赤岭清兵背城迎战前虎卫林升一军当其锋杀伤相当朱寅率兵按天宝山以牵漳兵之势黄芳世击败之寅遁入长泰国轩树栅双桥一带离漳数里满汉诸将会议以一队同黄芳世扎水头小湾腰树一队扎镇门安炮以断其往来水路国轩侦知于一日黎明焚营撤兵漳兵意其遁也少顷举帆直抵水头登岸涉岭进战芳世素不知兵又与汉将不协吴淑攻之战败坠马遇救得免走入漳城病月余死自水头之败海澄饷道阻绝段应举会绿旗兵及满州将军兵数万列营祖山头十八日下午国轩兵至应举挥兵迎敌何佑以却江胜吴淑等绕出祖山之背国轩督劲率登山冲满州营满兵败走众大溃国轩又以逆兵截漳州大路满汉兵弃辎重自相践踏奔入海澄国轩夜令军士凿堑一人一丈引江水环城绕之外又凿沟数里没沿堤两岸安铳守之由是内外阻绝

是月初三日吴三桂称号于衡州以周为国号改元昭武

四月朝命召总督郎廷佐入京以布政司姚启圣代之勒巡抚杨熙致仕以按察使吴兴祚代之调江南提督杨捷代段应举援兵四集屯笔架山以救海澄

五月刘国轩以笔架山南小寨悬崖状如挂灯俗呼灯火寨下临大溪顺流可通海澄问谁可扼守吴淑请往乘夜率兵进寨天明寨栅完备初十日酉时满营发炮攻击连夜不绝淑令毕士穴地藏身无死伤者驰报国轩以为乘夜发炮意不在寨当别防之信至满汉兵齐至祖山岳领破林彪张凤二营凤战死进攻林升营国轩援兵至姚启圣之子姚仪统韩文任降兵以牛戴土囊填沟至第三重国轩发大炮齐击之死者无数汉满兵多填于堑遂退时京中上谕有能救海澄及城中兵将有能拔围而出者皆重赏奈国轩凿堑通潮围至数重不可复救矣

六月初十日国轩攻入海澄城段应举穆伯希佛自缢黄蓝不知所终获孟安马虎等满汉官三十余员皆释之授官给俸满兵千余迁之东宁时城中满甲二千马八千余匹绿旗兵城守兵计二万余围八十三日粮尽杀马而食马尽屑马骨食之死亡及泅水而出者过半闽省震恐诸援兵退守漳郡朱寅下海封为荡虏将军改名蔡明义岁余病死国轩议乘虚以泉州令吴淑分兵下长泰县国轩兵至同安都统雅大里走回泉州擒乡总兵黄朝先斩之与何佑江钦杨德十数骑离队伍先行至泉城循清源山于东岳相视营地城中兵不敢出久之队伍始至扎空营于平地

城中兵终不敢出

七月国轩水陆并进江钦攻南安杀守将诸县守兵相继弃城逃走遂取南门桥锐城载龙熕及大铳数十号攻南门城城崩坏四十余丈尽为平地城内再筑矩墙以守清城守马胜等以钉钉装船板铺于地上兵入城无踔足处损伤甚多会天大雨城竟不拔围泉两月援兵四至将军喇哈达从漳平间道出安溪巡抚吴兴祚同游浙江右提督由白鸽岭出永春提督杨捷由广桥进河市会合来南安皆未敢向前清提督调水师林贤黄镐等出闽安镇遥为声援

八月水师镇总督萧琛守定海林贤等舟师至琛战船不先期整顿议以舟寡且小欲据上流牵制之水师五镇章元镇欲先发制人率所部十舟进战林贤等击之众寡不敌阻风遂流一军尽没被擒入福省杀之琛不防备遇敌大溃退泊海山遂妄报福州水师兵大至世藩遂令刘国轩退兵以守思明国轩于二十四日退兵下船隔三日城中兵始敢出世藩召回萧琛斩之以援剿左镇陈谅后镇陈起明督朱天贵等水军防御北船

周王吴三桂病死冲州孙世藩立其侄应奇守岳州骄而贪清兵攻之弃岳州遁回于是云南湖广皆不守遂亡

九月刘国轩入江东桥至长泰满汉兵过之皆披靡乘胜长驱至耿精忠营冲之马中炮掀国轩坠地有满州披甲前蒙国轩放回遇之以骑授国轩姑走免满州主将询知怒而杀之国轩出江东守汉河列营观音山与满汉兵军垒相望

十月时漳泉属县尽弃惟据守海澄姚启圣等难于复命乃遣人来议息兵安民意欲得海澄也海上竟不从

十二月再议迁界甲寅之变闽省迁民悉复故土丙辰八闽已复康亲王疏称迁界累民罢之至是督抚请再迁从之

己未康熙十八年

正月时虽设界而海汛往来内地派粮如故清朝乃议上自福宁下及诏安三十里量地窄要筑小寨安守兵限以界墙由是濒海数千里无复人烟先是思明州民每月每户输米一斗自二月起每户再加一斗刘国轩请停文武俸自出粮饷兵三月从之

三月姚启圣以果堂寨迫近江东桥欲发兵据守国轩侦知同吴淑发兵入据其寨漳兵至击走之自定海失守以朱天贵守海坛陈谅为水师总督于廿九早各船乘南风迅发进泊定海福州集船百余号由五虎门而出陈起明朱天贵率熕船冲艕而入击破十余船获大鸟船一只值大风暴起福船收入五号海船收泊海坛

四月陈永华启请长子克臧为监国时年十六号曰监国世孙

六月郑时英驻东石督饷时禁界盐贵居人多私来东石贩盐时英献策欲掘沿海盐埕则利尽归于我世藩乃檄林升令杨忠率兵往浔尾掘南北场盐埕忠至深扈舍舟登岸连掘两日夜兵不就船竿头守将密请泉城大队兵亟四面合攻忠力战不支中炮殁于海余众死伤逃亡过半界禁既严私贩亦绝

七月国轩筑浔尾寨一夜而成同安守将兵至击走之复筑汭洲城由是同港八桨船不敢出

京中以万正色为福建水师提督正色晋江人归诚任参将以四川朝天关功升岳州水师总镇湖南平遂擢是任

八月初耿王之变漳浦人江机与杨一豹同时聚众于江右依耿王攻清兵克复江西招降不从攻之不能克据皇禁山攻掠村社至是通款于海世藩授为征夷将军是率众入闽建宁守将刘起龙御之阵伤败回而死机足跛号拐子一豹清年壮勇后投诚遂流宁古塔

九月右武卫林升汛守东右取给军饷及杨忠败死林升调兵随征仅以散卒三百余人委施廷陈申守寨时有数卒入泉城报知城中发马步数千于廿五日四面环攻施廷被创陈申战死寨破兵民赴海死者无数清兵仍筑三寨犄角以守

十月国轩离漳城五里而军时援漳满汉兵共十余万国轩兵亦有万余营垒咫尺相望指挥自如诸军畏之如虎国轩以果堂扼要重地初八日率兵就果堂复版尾地方再筑一寨初九日工未就满汉将军提督集兵数万齐至铳不可当国轩与吴淑何佑林升江钦又名江胜不满二千兵奋勇死斗日午至申冲击杀叠国轩戒依寨且守且战每次炮发无不披靡阵斩章京巴石儿等其余带伤以数千计始引回自是气夺兵不敢出国轩时纵率数百人皆持

鹿铳间以鸟枪渡河冲击身登土阜据胡床张盖而观之满汉兵遇之无不摧破皆坚垒贞守不暇又善用间谍敌人情状纤悉必知时谓之刘怪子

姚启圣遣人至海上议息兵又说国轩罢兵就抚国轩巽词以谢启圣又设修来馆悬重赏海上文武兵将来者次第俱赏银有差降者日数百人时诸军缺粮国轩一切不禁头领与兵下长发与短发往来循环而国轩兵额亦不缺

十一月吴淑守版尾寨清兵筑垒环攻炮声日夜不息淑处之晏如身被伤复染病不以为意时值阴雨新筑垣垒多坏挥左右避之自踞东而卧初八夜二更墙倾压死舁至思明世藩亲临哭之以其次子吴天驷为建威左镇统其兵

十二月姚启圣吴兴祚大集舟师攻厦门题请浙粤水师克期协攻世藩调各洋船私船配兵北上以右武卫林升为总督左虎卫江胜楼船右镇朱文天贵为左右副总督率诸军御之

庚申康熙十九年

正月水师提督万正色督舟师出闽安镇抚院吴兴祚率兵沿海援之林升分船三十号守海坛自统船六十号泊泉州臭涂湾

二月万提督至海坛海船俱退至泉州迎敌万提督至围头朱天贵以七船冲其艅所向无前俄海风大作万提督乘风收拾各船入泉州港而沿海岸上安炮陆师防守海上各船无所所乃退至金门世藩所亲幸施福密通姚总督欲为内应使授降兵数百人挈眷来归乘机欲举事国轩谍知启藩收杀之并及施齐福即施亥齐施将军长子

世藩议欲拨国轩兵三千配小船直入泉州港攻万提督使又持令箭抽兵时兵已久无粮尽皆退溃国轩禁不能止海澄守将陈昌以城降清国轩至厦门知势不可为收拾余众下船百姓遮道攀留

廿六日兵变掳掠世藩焚演武亭行营尽率诸将登舟协理五军吴桂聚散卒据厦门以待清兵

廿八日万提督兵入思明州

二十九日世藩至澎湖朱天贵守泊铜山姚总督招之遂投诚

三月十二日世藩回至东宁

五月东宁地有声如驴鸣半路店雨雹大如鸡子

六月总制陈永华昼坐见有衣冠甚伟者自称行灾使者欲借其衙署约三个月然后去永华设席张乐燕之与之谈甚久余人不见也即封衙署借之

承天府猪生四耳三目前二足向上

令田一甲出丁壮一名

七月陈永华病故

十月刘国轩营中猪生子兽身人面

十一月白气长数丈见于西方

辛酉康熙二十年

正月二十八日丑时世藩殂于承天府行台

三十日冯范刘国轩调兵驻承天府会六官议立嗣董太妃与诸公子收监国印克臧不肯与拥兵自卫公议以克臧乃乳母抱养之子非亲血脉乃缢杀之妻陈氏亦自杀永华之女

二月初一日董太妃率世子克塽登位时年十二岁锡范之壻百官朝贺毕太妃起出位谕所以诛监国故以世子附托冯刘等佐竭力匡扶涕泪沾襟众心大慰

以冯锡范为忠诚伯刘国轩晋武平侯国轩初以海澄公功封武平伯至此封侯

大赦国中

以二公子聪为辅政公领护卫

三月以五公子智为右武骧将军募兵

四月以三公子明为左武骧将军募兵

五月总督姚巡抚吴陆提诸水总万题为报明事本年四月廿一日据举人黄金从呈缴伪官傅为霖密禀内开伪藩于正月廿八日病故三十日缢死其监国长子钦舍二月初二日立泰舍叔侄相猜文武解体主幼国虚时不可失等情到臣等又据龙溪县送到伪官廖康方禀称相同俱与臣等密探相符此乃天亡之时但台湾孤悬海外统师远剿时地难测非臣等所敢擅定会同具题请密示臣等遵奉施行

六月十六日董太妃薨时协理刑官柯平已病故陈绳武闲住国事锡范主之兵事国轩主之

八月廿八日中军营火

九月初三日涂轻庭火

十月宾客司傅为霖通清事发逃亡廿八日获之

十一月初一日诛傅为霖及同谋宣毅左镇高寿都吏陈国威尽杀其子弟续顺公沈瑞令自经家属入官发配礼官斌之女总督姚上疏请攻台湾力荐内大臣伯施琅可任水师提督万言台湾难攻且不必攻朝命召见施琅仍以靖海将军充水师提督改万正色为陆师提督代诸迈

壬戌康熙二十一年

正月施将军出京至闽于厦门各处调兵修船刘国轩以铳船十九号战船六十余号兵六千人拨诸将守澎湖身往来督视

五月姚总督率官兵至铜山候风刘国轩至澎湖台湾列兵至铜山候风守各港湾

六月姚总督官兵回汛

七月国轩归自澎湖安平镇火

施将军题请专征奉旨相机进取

十月岁饥

十一月国轩至澎湖

十二月承天府火灾沿烧一千六百余家米价腾贵民不堪命国轩归自澎湖

癸亥康熙二十二年　　海上仍称永历三十七年

正月冯锡范备兵鹿耳门

二月米价大贵人民饥死甚多

五月刘国轩率师至澎湖

六月十四日施将军自铜山开船大小五百余号姚总督拨陆兵三千随征十五日到八罩

十六日进攻澎湖国轩列架炮巨舰数十以待诸将皆望而逡巡惟提标蓝理曾成张胜正黄旗侍卫吴启爵同安游击赵邦试海坛游击许英铜山游击阮钦为七船冒险深入鏖战海艘齐出已围施将军恐数船有失急将坐驾冲入内外攻击敌稍却将军遂同七船随流而出时天色将晚遂在西屿头洋中抛泊十八早舟次于八罩以收诸军国轩闻而喜曰谁谓施琅能军天时地利莫之能识诸君但饮酒以坐观其败耳盖澎湖六月数起飓风无三日晴朗而近澎诸岛下有老石槎枒若铣树削利无比凡泊舟下札过风起立决而飒乘莫不危之然停泊数日浪静风恬亦天幸也十八早移至虎井施将军乘小舟于内外堑峙间密觇形势于是再申军令严明赏罚命总督陈蟒等领船五十号从东畔峙内直入四角山又令总兵董义等填船五十号从西畔内堑直入牛心湾以为疑兵示以若欲登岸者将军自率诸镇将部署大鸟船三十六号居中分为八般排入余船以次而进以为后援指画既定俟风而率二十二日巳刻南风大发南流涌起遂下令扬帆联进风利井快瞬息飞驶居上流上风之势压攻挤击一可当十又多用火器火船乘风纵发烟焰弥天海舟相沿烧毁殆尽国轩见势蹙难支遂乘小舟从北面孔门逸去而全军覆没矣是役也惟前锋林贤朱天贵二船初入湾湾天贵倏中炮而死林贤被伤两箭余诸军皆无恙国轩败回群情汹汹魂魄俱夺惟有束手待毙而已于是施将军驻师澎湖休劳士卒收拾船只为进取台湾之计下令戮一降卒抵死诸岛投戈者数千人皆厚恤之有欲归见妻子者令小船送之降卒相谓曰军门肉我白骨矣死难报也归共传述之台湾民众

莫不解体归心惟恐王师之不蚤来也世子克塽与锡范国轩泣相谓曰民心既散谁与死守浮海而逃又无生路惟有求抚之者耳于是遣郑平英林惟荣曾蜚朱绍熙赍乞抚书表于闰六月初八日至军前且求听居台湾将军曰剃发登岸煌煌明旨也何故不遵且若军不亲到军门遣代赍书表诈也为缓兵计耳复令曾蜚朱绍熙面谕之

七月十五日世子复遣马锡珪陈梦炜刘国昌冯锡韩同曾蜚朱绍熙再至军前一遵教令焉

明宁靖王术桂衮冕拜告祖宗从容投缳死于是将军令侍卫吴启爵及笔帖式常在同马锡环等前经台湾宣布德意且密察海上虚实情形侍卫于七月十九夜再至安平镇翼日见世子克塽谓之曰足下退居岛屿原与三王不同三王谓吴耿尚也三王国家叛臣也罪在不贯足下三世仗义于海澨亦人之所难也今若向代归德使海宇廓清朝廷必有格外殊恩当不失爵禄也克塽曰待召意及宗佑敢不唯命是听见国轩曰澎湖之役天也非人也君今虽挫衄以归而雄迈之风不衰岛上之英杰惟君一人耳然所谓英杰者在识时务令大师临门或战或降决之一心足矣何必迟延观望致误大计耳国轩曰天威远震波臣革面谁敢复有异志侍君但安坐以待必得约契以报军门也盖台湾世子年幼内政冯锡范主之外政刘国轩主之锡范处庸懦监子进退无据故相持未决焉侍卫复谓国轩曰筑舍之谋终无成日但君令兵民遵制剃发则大事可定矣国轩曰谨奉教遂下令兵民剃发锡范亦遂与世子遵缴册印而举国纳归焉侍卫回报将军将军喜曰不待劳师而倾国效顺朝廷之福也即令侍卫驰驿入奏并缴归诚册印

九月初六日侍卫至京朝廷召见特加慰劳因问澎湖克捷事情侍卫披图指画备言渡海艰难蓝理等冒险进攻凡两举而后得之又言诸将士冒刃用命摧锋血战之苦朝廷为之挥泪因谕部臣闽师远出海疆冒险剿寇非滇黔陆地可比论功再加一等朝廷又问台湾事对曰臣至其地视伪主幼未谙事国事尽委于冯锡范刘国轩锡范懦而无断低徊犹豫其实无能为也刘国轩倾心归命挟以必从之势故臣得毕其事而归又问台湾形势侍卫条对甚悉问提督重兵入险有虏否对曰海上既败之众莫与共命者但恐总督后至彼或议论不一抢掠而逃苦害朝廷之百姓耳谓其螳臂敢推拒辙必无之理上悦因解所御龙袍并赋诗以赐提督加授靖海之将军封为靖海侯世袭以示酬庸焉

八月十五日施将军统率大师至台湾百姓壶浆相继于路海兵皆预制清朝旗号以待克挟等以次出谒皆谢不杀之恩将军俱礼遇之

十月十七日侍卫自京回至军前衔命申告军民莫不加额焉

部议以台湾番民杂处山海要津设总兵一员副将二员统水陆官兵一万各镇守之又设道官一员一府三县以统治百姓及番民众府曰台湾府附郭为台湾县南路为凤山县北路为诸罗县建置既定经画事竣

十一月初六日世子冯锡范刘国轩何佑等并春口登舟十一月初六日至泉州初七日往福省进京

十二月总督姚启圣病死

克塽至京封为汉军公弟克举准开牛录叔郑聪等俱以三品五品官食俸随旗冯锡范刘国轩俱封伯国轩随补天津卫总兵其子准开牛录

自丁亥永历元年起至癸亥永历三十七年止海上始末俱在于此以备采择焉

取台湾一节行文多以叙事兼议论而又多载诸人口中语与本录是两样笔今两存之可也但于癸亥年下当增注清漳詹氏删补庶不相混耳

夷艘入寇记[①]

卷上

道光十八年四月鸿胪寺卿黄爵滋奏为敬筹国计严防漏卮事近年各省盐务漕务之疲累官吏之亏空商民之交困皆由银价昂钱价贱向时纹银每两兑钱千今则每两兑至千有六百而银少价昂之由由于广东洋船鸦片烟盛行致纹银透漏出洋日甚一日此烟制自英吉利夷严禁其国人勿食有犯者以炮击沉海中而专以诱他国之人使其软弱既以此取葛留巴又欲以此诱安南被安南严令诛绝始不能入境今则蔓延中国横被海内槁人形骸蛊人心志丧人身家实生民以来未有之大患其祸烈于洪水猛兽积重难返非雷厉风行不足以振聋发聩请仿周官用重典治以死罪诏各省将军督抚会议速奏时湖广总督林则徐奏最剀切言烟不禁绝国日贫民日弱十余年后岂惟无可筹之饷抑且无可用之兵上谓为深虑远识之言诏林则徐来京面受方略以兵部尚书颁给钦差大臣关防驰赴粤东查办海口节制水师

初鸦片在康熙时以药材上税乾隆三十年以前每年多不过二百箱及嘉庆元年因嗜者日众始禁其入口嘉庆末每年私鬻者至三四千箱始则囤积澳门继则移于黄浦【广东海口】道光初严旨查禁复移于零丁洋之趸船零丁洋者【在澳门外】在老万山内水路四达凡中外商船之出入外洋者皆必由焉夷艘至先以鸦片寄趸船而后以货入口凡闽浙江苏商船即从外洋贩运其粤商则皆在口内议价而从口外运入始趸船尚不过五艘其烟至多不过四五千箱可筹火攻而总督阮元密奏请暂事羁縻徐图驱逐于是因循日甚其突增至二十五艘烟二万箱者则在道光六年两广总督李鸿宾设巡船之后巡船每月受规银三万六千两放私入口前此洋商禀明每年互易外夷人总因补内地货价银四五百万圆逮后则绝无补价而粤海关监督阿□奏请许夷船余剩洋银带回三成于是援为定例影射公行藩篱溃决及道光十二年总督卢坤始裁巡船而水师积习已不可挽道光十七年总督邓廷桢复设巡船而水师副将韩肇庆反以获烟功保擢总兵赏带孔雀翎水师兵人人充橐而鸦片遂岁至四五万箱矣大理寺卿许乃济曾任广东雷琼兵备道遂奏请将鸦片照药材收税不报

十九年正月二十五日林则徐驰驿赴粤传洋商伍怡和索历年贩烟之夷商查顿及颠地二人查顿已先期闻风窜遁惟颠地随英吉利公司领事异律由澳门至省城夷馆林则徐派兵役监守之并于省河之腊得炮台筏断来往谕令将零丁洋所泊二十五艘之烟土勒限呈缴免其治罪否则断薪水停贸易又以禁烟事宜策问书院士子皆以水师包庇贩私对于是奏革水师总兵韩肇庆之职终以邓廷桢所保不能尽正其罪公司领事者英吉利国王所派夷官管贸易者也他国皆夷商各自贸易惟英吉利有公司皆通国富商合赀银三千万圆而国王派领事一员总管之凡与中国官吏抗衡桀骜皆领事所为初议三十年为一局继议六十年为一局道光十三年公私局散粤中已无领事而总督卢坤听洋商言反行文英吉利国令仍派领事来粤司贸易初至者曰劳律卑以不法驱逐再至者即异律在粤三载至是既被围在省馆不能回澳始于二月十二日具印禀遵缴并寄信各夷船令将驶往东洋之烟尽驶回粤共缴鸦片烟土二万二百八十三箱计每船大者千箱次者数百箱于是林则徐会同两广总督邓廷桢驻虎门舟次验收至四月初六日收毕每箱酌赏茶叶五斤其烟土请解京师奉谕即在海口销毁毋庸解京俾沿海民夷共见共闻咸知震詟林则徐会同督抚于虎门监视销毁就海口高处周围树栅开地浸卤投以石灰倾刻汤沸不爨自然夕启涵洞随潮出海其鸦片烟共四种最上曰公斑土次曰白土又次曰余花土每箱四十枚又有小公斑土每箱一百数十枚更贵于公斑每箱一百二十斤共计二百三十七万六千二百五十四斤皆产于东印度之孟阿腊南印度之孟迈之曼达拉萨且检出印度夷埠发票有每月发至万有二千余箱者虽间售南洋各国而中国居其大半计每岁不下五六万箱阅两旬销竣其烟在印度本地每箱价银二百五十圆至广东则价银五六百圆为利一倍共烧毁赀本银五六百万圆并利银千余万圆时有各国夷商闻风来观作文纪事颂中国之政林则徐下令尽逐外洋

① ［清］佚名撰。据清抄本。

之趸船与澳门之奸夷不许逗遛内地其续到商船有鸦片者倘自揣不敢报验即日回国亦免穷追若仍沿旧以烟卸寄趸船则入口时大量船旁水迹尺寸情伪立见必照夹带鸦片之新例人即正法船货没官所有进口之船均应照此具结并行文与英吉利国王词严义正时西洋弥利坚诸国皆遵具结于是异律由省下澳递禀言违禁犯法之弊极须设法早除如准委员来澳会议章程可冀常远除绝林则徐批示奖励而异律复禀请准本国货船近迫澳门林则徐以澳门向例惟准设西洋额船二十有艘若英夷援此例不入黄浦则海关虚设而私烟夹带更无从稽察严驳不许异律言不准泊澳便无章程可议因不受所赏茶叶不肯具结言必俟国王命定章程方许货船入口时异律已寄信附货舟回国往返不过半年原可少需无迫也

而五月内复有尖沙嘴夷船水手殴毙村民林维喜之事谕异律交出夷犯抵罪异律虽未交出而悬赏格银千圆购告殴之人亦非无故违抗也七月林则徐与邓廷桢遵例禁绝薪蔬食物入澳并澳门寓夷原为经理贸易今既不进口贸易即不应逗留澳门异律率其眷属及澳门内英夷五十七家同迁出澳寄居尖沙嘴货船于是异律始怨暗招夷埠兵船二艘来粤又择三大货船配以炮械赴九龙山假索食为名突开炮攻我水师船我参将赖恩爵挥兵发炮击毁其双桅夷船一杉板船二而英夷所雇吕宋趸船逗留潭子售烟者亦于八月初为我水师攻毁人船并获异律遂托澳门西夷代为转圜愿将趸船奸夷各遣回国其货船亦愿具结如有夹私者船货充公此亦粤事一转机而林则徐以各国结未画一必令书人即正法之语且责缴凶犯旋有其国两船遵式具结验无夹带鸦片于九月晦入口而异律遣二兵船阻之且投禀请无攻毁尖沙嘴之船以俟国王之信水师提督关天培以凶犯未缴掷还其禀时我师船五艘在洋弹压夷见前禀不收且我师船树红旗外夷以红旗进兵白旗止兵为号令即发炮来攻关天培开炮应之击断夷船头鼻夷兵多落海死又击溺柁楼夷船旗落帆斜遁回尖沙嘴又攻我尖沙嘴迤北之官涌山兵营我军得地势轰毙夷兵无数

十月初旬我军连胜夷船恐我乘夜火攻又水泉皆下毒无可汲饮遂灭灯宵遁外洋前此九龙山之战奏奉批谕有不患卿等孟浪但患过于畏葸之语十一月初八日诏曰英吉利国夷人自议禁烟之后反复无常若仍准通商殊属不成事体至区区关税何足计论我朝抚外夷恩泽极厚英夷不知感戴反肆鸱张是彼曲我直中外咸知自外生成尚何足惜其即将英吉利国贸易停止并于林邓原奏中夷船遵法者保护之桀骜者惩拒之语批谕云同是一国之人办理两歧未免自相矛盾此因禁烟而并断夷船贸易本末上又以大理寺卿曾望颜之奏欲封关禁海尽停各国贸易交两广议奏林则徐力陈不可自封港以后英夷货船先后至者二三十艘皆不得入口人人怼怨于是异律于十一月复遣人递禀乞恩言在粤办事多年实欲承平今诸事扰乱心多忧虑自后愿遵照大清律办理请仍许英夷回居澳门俟国王谕至即开贸易此粤事第一转机而林则徐以新奉谕旨不便骤更复严斥坚与之绝其国货船先后起椗杨帆驶出老万山者约数十余艘并续至之艘多观望寄泊外洋不肯去而粤洋渔船蜑艇亡命之徒贪薪蔬之厚值并以鸦片与之交易趋者如骛

时林则徐已奉命总督两广与关天培密筹师船未可据出大洋不如以毒攻毒遂招募渔艇蜑户授以火船领以弁兵于二十年正月先赴各洋岛岙潜伏约俟月晦之夜乘长潮还游击马辰等四路分进出其不意突攻之于长沙湾烧毁运烟接济船共二十有二岸上篷寮六生擒奸民十余其焚溺死者无数夷船带火仓皇开避我兵勇乘潮急还无一伤者是时吸烟罪绞贩烟罪斩之律已颁一年有六月之限期已遍各省查办曰严纷纷戒食者已十之五六而英吉利国中闻广东罢市之信各埠茶叶皆囤积不肯出售市价踊贵我闽粤贩茶之商船赴南洋者皆倍利而返其兰墩国都银肆无银转输至借邻埠之银数十万以供支发异律回国请兵时女主令国人会议不决最后拈阄于罗吉士神庙三得战阄始决计国王命其外戚伯麦为统帅率兵船十余加以印度驻防兵舰二三十艘甫出兵而印度之兵因马哈他死改以布尔利代之

二十年四月林则徐奏闻尚奉有以逸待劳以主待客彼何能为之谕

五月初九夜林则徐又遣兵船于磨刀外洋以火船烧毁杉板夷船二毙白夷四又有大夷船桅机著火弃椗驾逃先后延烧大小匪艇十有一擒汉奸十有三五月英夷大小兵船十二并车轮火船三先后至粤泊金星门其余尽泊老万山外林则徐又以火船十艘每二艘絙以铁索乘风潮攻之夷船皆急驶避仅焚其杉板小船二而英夷自是不敢驶近海口林则徐自去岁至粤日使人刺夷事译夷书又购其新闻纸具知夷人极藐水师而畏沿海枭徒乃募渔船蜑户壮丁五千各给月费银六圆赡家银六圆皆捐诸洋商盐商潮商又于虎门之横档屿设铁链木筏横亘中

流购西洋铁炮二百余位增排两岸又雇同安米艇红单船拖尾船共六十备战舰又备火舟二十小舟百余以备攻剿并购旧夷船为式使兵士演习分攻首尾及跃登中舱之法使务乘晦潮据上风为万全必胜计林则徐赴狮子洋校阅水师号令严明声势壮盛至是又下令每杀一白夷者赏银百圆黑夷半之斩首逆异律者赏银二万圆其下领兵夷目以次递降获兵艘者除火药炮械缴官外余尽充赏于是夷船之汉奸皆为英夷所忌不敢留尽遣去其近珠江之内河在澳门西虎门东者尽守以重兵夷船至粤旬余无隙可乘遂乘风北驶

是月夷船三十一艘赴浙江先以五艘攻福建厦门时水师提督陈阶平先期告病总督邓廷桢督金厦兵备道刘耀春连开百余炮俄一炮击中其大兵船火药舱沉之余船皆退又募水勇数百伪装商船出洋攻之于南澳港是夜无风夷船不能驶避柁尾无炮我舟低又外蔽皮幕铳弹不能中遂坏其柁尾掷火罐喷筒殲其夷兵数十会风起夷船始窜遁夷船不得志遂于六月七日金赴浙江攻定海陷之总兵张朝发中炮死知县姚祥怀典史全福投水死其分出之船游奕闽粤时时窥伺

七月夷船突攻澳门后之关闸我守兵炮沉其数小舟伤其夷目夷兵数十八月林则徐侦夷帅士密之兵船五艘在磨刀洋遂遣副将陈连升游击马辰等率五大艘出洋剿之两舷缚木排糖包以御炮时四艘阻风在后马辰一船先遇夷帅之船即乘上风攻之炮破其头鼻船遂欹侧夷兵多溺围攻良久夷船铅弹已尽仅放空炮于是他船以小舟十余来围马辰之船我船齐开子炮断贼绳缆不能驶进而夷帅之船即乘间窜遁捞获死尸十余军器数十帅旗一初七日入奏遂奉杀人灭口之严旨盖自定海失守后浙江巡抚乌尔恭阿提督祝廷彪束手无策朝廷以定海孤悬海中非海道舟师不能恢复而水战又夷艘所长且承平日久沿海恐其冲突已有蜚语上闻言上年广东缴烟先许价买而后负约者又言邓廷桢厦门军报不实者七月命两江总督伊里布为钦差大臣赴浙江宁波视师且勅沿海督抚遇夷船投书即收受驰奏又命侍郎黄爵滋祁寯藻赴福建查勘适七月夷酋伯麦及异律以五艘驶赴天洋投书书乃其国巴里满衙门寄大清清国宰相之词词桀骜多所邀索一索货价【其初次夷书尚不敢显言烟价但以货价为名及见内地复书不及禁烟之事后遂显索烟价矣】二索广州厦门福州定海上海各港口为市埠三欲敌体平行四索犒军费五不得以外洋贩烟之船贻累岸商六欲尽裁洋商浮费直隶总督琦善收书奏闻且于复书中即言上年广东缴烟其中必有多少曲折将来钦派大臣前往查实不难重治林则徐之罪盖授意夷酋欲其诬林以许价骗烟之词且以卸天津武备废弛之责而夷酋异律语以印文申缴在前不能凿空改诬也

八月夷船自天津起椗其兵船半踞定海半赴广东诏授琦善钦差大臣赴粤查办革林则徐邓廷桢之职赴粤听勘并敕沿海各省不得开炮林则徐奏言自六月以来各国夷船贸易为英夷所阻咸言英夷若久不归彼亦必各调兵船来与讲理正可以夷攻夷中国造船铸炮至多不过三百万即可以夷之长技以制夷此时但固守藩篱即足使之自困若许臣带罪赴浙效力必能殚竭血诚克复定海以慰圣廑不报

九月异律回至定海入见伊里布于镇海索夷俘安突德盖七月间余姚知州汪仲洋使渔舟诱一夷船陷软沙获其舟炮及黑白夷人数十至是索之不果而去伊里布遣其奴张喜赴夷船馈牛酒有以贺以林邓褫职之事夷酋伯麦摇首曰林公自是中国好总督有血性有才气但不悉外国情形耳断鸦片烟可断一切贸易不可若贸易断则我国无以为生矣不得不全力以争通商岂为仇林总督而来耶是时直隶山东争以夷情恭顺入告山东巡抚托浑布遣人馈夷船归至有各夷向岸罗拜之奏而广东裁撤水师之船已半途被虏矣署总督怡良奏闻

而十月琦善至广东查上年异律先后缴烟印文欲推求林则徐罪不可得又诬林则徐不收英吉利国王通书商之书欲怡良证实其事怡良不从则首诘劫船之役何人先开炮欲斩副将以谢夷而兵心解体矣撤散壮丁数于是水勇失业变为汉奸英夷抚而用之反为戎首矣撤横档水中暗桩屡会异律于虎门左右夷船得以探水察揑路而情形虚实尽悉矣听盐运使王笃之言尽屏广东文武专用汉奸鲍鹏往来传信其人故奸夷颠地之嬖仆役异律所奴视并轻视中国无人矣异律与琦善信云若多增兵勇来敌即不准和于是已撤之兵不敢再调凡有报缉汉奸者辄呵曰汝即汉奸有探报夷情者则拒曰我不似林总督以天朝大吏终日刺探外夷情事一切力反前任所为谓可得夷欢心而逆夷则日夜增造杉板小船招集贩烟之蜈蚣船蟹船数百此外火箭喷筒竹梯攻具增造不可胜数水师提督关天培密请增兵琦善惟恐其妨和议固拒不许许偿夷烟价银七百万圆而夷心欲索埠地琦善前以厦门及香港二地商之邓廷桢言厦门全闽门户不可许香港与尖沙嘴及裙带路二屿鼎峙为闽海适中之地形势环抱藏风少浪若英夷筑台设炮久必窥伺广东琦善既据以奏闻至是不能自背前奏

异律遂乘其无备于十二月十五日突攻沙角大炮台乃虎门外之第一重门户也副将陈连升守之连升久历川楚戎行之老将兵止六百夷船炮攻其前而汉奸二千余梯山背攻其后陈连升于后山埋地雷机发轰死百余贼而不能再发贼后队复拥而上众五倍于我我兵扛炮力战前后殲贼三百余而火药已竭贼火轮杉板船又绕赴三门口焚我战舰十艘水师兵或溃或死其横档靖远威远各炮台仅能自保且俱隔于夷船不能相救陈连升父子战死贼遂据沙角大角两炮台时提督关天培总兵李廷钰游击马辰等尚分守镇远威远靖远各炮台兵各仅数百相向而泣天培遣廷钰回至省城哭求增兵阖省文武亦皆力求琦善初仅允二百继增至五百黑夜以小舟偷渡分布各处人心愤愤且奏言贼殲我兵无数而我兵伤贼仅数十以张敌而胁款惟连夜作书令鲍鹏持送异律再申和议于烟价外复以香港许之并归浙江俘夷以易定海城琦善与立契约遂以正月赴虎门宴异律于狮子洋既而正月杪批折回不允于是事复中变初琦善之陛辞也奉面谕以英夷但求通商则已如要挟无已可一面羁縻一面奏请调兵原未令其撤防专款也及逆夷攻陷炮台大肆猖獗上震怒于是有烟价一毫不许土地一寸不给之旨并调四川贵州湖南江西兵赴剿命林则徐邓廷桢随同办理夷务然琦善不与林则徐商议一事且英夷和议已绝尚不许关天培增兵为备而逆夷则号召日多器械火药日备凶焰百倍于前矣

二十一年正月初七日下诏暴逆夷罪恶特命宗室奕山为靖逆将军湖南提督杨芳尚书隆文为参赞大臣声罪致讨命刑部尚书祁𡎴赴江西总理兵饷杨芳入观行至安徽奉命先往以二月十三日驰至广东而英夷已于二月五日乘风潮以兵船截攻横档炮台再破虎门炮台提督关天培死之矣虎门各隘所列大炮三百余倍并林则徐上年所购西洋夷炮二百余位皆为夷有湖南兵千余新到琦善仓猝即遣御之乌涌甫交绥粤兵先走湖南兵且战且走后阻四河溺死者半提督祥福又死之矣广东省河广阔惟东路二十里之腊得二沙尾西南十五里之大黄滘河面稍狭可扼守杨芳相度形势使总兵段永福率兵千扼东南十余里之东胜寺为陆路三面咽喉然其地距河五六里不能扼贼水路也又使总兵长春以千兵扼大黄滘后五里之凤凰冈惟筑濠垒横木筏未沉石船下木桩夷船可闯而过也其腊得及二沙尾虽沉船塞石而无兵炮守御夷船至可拔而除之也贼初詟杨芳宿将威名又未悉内河虚实使白夷持书至凤凰冈议款从以汉奸沿途探水总兵长春收书送城中待报即掩帐而卧任汉奸导白夷遍历营垒尽得虚实归报无备于是分路深入破凤凰冈营进攻西南炮台海珠炮台尽扼腊得大黄滘两咽喉矣时琦善已罢大学士夺孔雀翎而怡良复奏呈英夷香港伪示语极狂悖于是上益震怒籍琦善家产锁逮来京逆夷见朝局大变谅林则徐势必起用恐我军一振和议永绝且夷船兵费浩大急欲通商济饷各国商船罢市久亦皆咎之乃于二十六日托弥利坚国夷目与洋商伍怡和调停递书言如欲承平不讨别情但求照通商盖并琦善所许之香港皆不敢求矣杨芳谕令退出虎门异律言俟奉通商之旨兵船即退

是月杨芳怡良奏闻是时门户已失贼入堂粤兵溃兵散炮械具乏若不准款无退敌缓兵之策而烟价埠地皆不索亦足伸朝廷折冲樽俎之威是粤中第二转机而杨芳正月初行至江西时闻粤中和议将定先为给呑堆货之奏以遥附琦善固已不能取信于上及是再奏又不陈明琦善开门揖盗自溃藩篱非权宜不能退贼收险之故与将来守备已固如再鸱张立可剿办之策上以其毫无方略未战先抚非命将出师之本意不许是时定海夷亦至广东共五十艘半泊香港半入虎门舳舻相接遍树卖鸦片烟之帜杨欲尽拆城外房屋为战场以便安炮且杜夷火攻怡良听洋商言不许将军奕山行至江西以各省兵炮攻具未集暂驻韶州

三月二十三日奕山隆文及总督祁𡎴并抵广州奕山问计于杨芳林则徐二人皆言寇势已深而新城卑薄无险可守宜遣人计诱夷船退出腊得大黄滘之外连夜下桩沉船岸上迅垒沙城以重兵大炮为省城外障俾逆夷不能制我之命而后调集船炮兵勇以守为战俟风潮皆顺苇筏齐备再议乘势火攻庶出万全而是月林则徐复奉命驰赴浙营盖去冬浙闽总督颜伯焘与浙江巡刘韵珂署两江总督裕谦皆先后密疏陈林则徐琦善守粤功罪至是裕谦奉命赴浙代伊里布为钦差大臣故上命林则徐以四品京堂驰往会办以防粤贼回浙而是时粤贼方据省河咽喉我兵实无可操胜算且攻具未齐所募福建水勇千人近募香山东莞水勇三千皆未集杨芳不欲浪战奕山初亦以为然继惑于翼长李湘芬西拉本段永福张青云等之言以不战则军饷无可开销功赏无由保奏急欲侥幸试并不谋于杨芳即以四月朔夜半三路突攻夷船一屯四炮台外出中路一由泥城出一屯东炮台出左路日暮兵已出城奕山始诣杨芳卜休咎杨芳大怒拔剑忿诟而已不及挽回时水勇木筏未集先用四川余丁充水勇者四百广州水勇三百乘小船携火箭火弹喷筒分路夜伏闻炮齐起以长钩钩其船底是夜又值逆风炮攻其二桅大船二杉

板小船五其被小舟围焚而遁免之大船一火轮一溺夷数百异律自夷馆登舟窜免其夷馆中货物为四川湖南兵虏掠一空并误伤弥利坚夷数人甫黎明而夷兵大集反乘顺风我兵退走广州三面临河街市鳞栉繁丽甲南海至是火光烛天以及泥城港内所备攻夷之木筏材料数百油薪船二十余艘皆为夷有【其筏材皆运自广西费数十万计】第三日异律投书约诘朝大战至期夷船环攻城东西南三面佛山运至新铸八千觔大炮本夷所畏而安置不得地势依山者高出水面依水者四面受敌炮架不能运转取准兵丁点放不熟又用文吏李湘芬西拉木为翼长将各省之兵互调分配各离营伍兵将不相习溃走则互相推诿所发盐菜口粮厚薄不均祁𡎴又吝费令十五兵共一账房涌挤无纪律各择便利虏取货物奕山又尽派重兵于东南二路而西北泥城后路无守备于是天字炮台及泥城及方炮台一日皆失天字炮台者段永福守泥城者副将岱昌与参将刘大忠守四方炮台者总兵长春守天字炮台八千觔大炮未及一放即为夷兵锢以铁钉四方炮台者在城北后山之顶俯视全城国初王师攻围广州半载不能破及夺后山置炮俯击始陷之乃攻城之利守城之害也距水次十余里层崖峭径十夫守险可拒千贼奕山尽派重兵于东南两面而西北泥城后路防守单薄夷自破泥城后绕东而北沿途无兵阻截至山下仅百余派守之兵望风争窜陨崖死者无数夷兵唾手而得险要连夜于台下筑土城运炮药于是阖城军兵如坐井中而听井上井下之下石矣奕山不斩一逃将逃兵反开城纳之连日城外之火箭炮弹与四方台上之炮声如雷火光如电昼夜不息幸大雨盆注其箭弹非落空池塘即堕空地无一炎燎内城贮火药二万觔汉奸以火箭火弹射之亦为雨所灭杨芳坐在城楼督战每遇炮火最密处辄往以身当之炮不能中惟内城上尚高厚而外城低薄女墙卑于甍脊人无固志第七日夷兵遂并力专攻城东南隅若知将军参赞皆居东南者箭弹入贡院榱甍皆破诸帅避入巡抚署面无人色议使广州知府余保纯出城讲款异律立索饷银六百万圆烟价在外香港再议限五日内交银且约将军及外省兵先出省城夷船始退出虎门将军等一切允之城上改树白旗先令洋商出二百万圆余于藩库运库海关库发给会奏请罪惟续至之参赞大臣齐慎隔在佛山镇未列衔而烟价及香港亦皆未入奏云

十三日四方炮台夷兵尽回船异律即保将军参赞离城十六日奕山隆文退兵屯金山离省河数十里先撤回湖南兵惟杨芳仍留广州弹压隆文于讲和时即愤恚成疾及抵金山不数日卒临死犹呼无面目对朝廷初将军参赞之至粤也屡奏粤民皆汉奸粤兵皆贼党故远募水勇于福建而不用粤勇自令官兵擒捕汉奸有不问是非而杀之者有湖南兵误奸疯妇妄闻小儿血可愈杀而饮之者粤民久不平而英夷初不杀粤民所获乡勇皆释回或间攻土匪禁劫掠以要结民心故虽有擒斩送夷之赏格无一应命当夷兵攻城居民多从壁上观会南海义勇为湖南兵诬杀义勇大哗数百人涌入贡院搜兵报复兵皆鼠窜巡抚怡良至乃解散将军参赞摘段永安翎顶慰解之始散而夷兵亦日肆淫掠与粤民结怨及讲和次日夷兵千余自四方炮台回至泥城于是三元里民愤起倡义报复号召各乡壮勇云集四面设伏截其归路夷兵突围不出死者二百殪其渠帅曰伯麦曰霞毕首大如斗夺获其调令符黄金宝刺及双头手炮而三山村亦击杀夷兵百余夺得二炮及洋枪洋刀九百余件异律驰赴三元里救应复被重围乡民愈聚愈众至数万异律告急于知府余保纯是时讲和之银尚止送去四分之一又福建水勇是日亦至倘令乘机应援夹攻殲夷兵生擒夷酋挟以为质令其退出虎门而后徐与讲款可一切惟我所欲而诸帅不计及此也反遣徐保纯驰往解劝竟曰始翼异律出围回船十七日夷船渐次退出其大船有拦滞浅沙者各乡民复思截而火之夺回讲款之银异律惧复移文总督于是祁𡎴出示晓谕众始解散而新安县武学人庾体群亦于初四夜半以火舟三队自穿鼻头洋乘湖至虎门攻贼后路夷船惊觉甫开一炮我舟已逼其后枪火药轰发双桅飞起空中全船俱毁余船皆弃椗窜遁又佛山义勇亦截击劫掠之夷于龟冈炮台先于上风纵毒烟以眯夷目殲贼数十又破其应援之杉板船当事先后奏闻诏责诸将调集各省官兵何反不如区区之义勇其一切交部议处异律亦惭且愤出伪示言百姓此次刁抗蒙大英官宽宽容后毋再犯粤民愤甚复回檄讨之曰尔自谓船炮无敌何不于林制府任内攻犯广东尔前日被围时何不能力战自拔而救于首府此次由奸相受尔笼络主款撤防故得乘虚深入倘尔后日再入内河我百姓若不云集十万众各出草筏沉沙石整枪炮截尔首尾火尔船艘殲尔丑类者我等即非大清国之子民是时南海番禺二县团集义勇三万六千昼夜操练异律得檄侦知内河已有备竟不敢报复然自是知粤市之不可复开翻然思变计矣不逾月遂复有厦门之事

论曰春秋之义治内详治外略夷烟流毒历载养痈林公处横流溃决之余奋然欲除中国之积患而卒激成沿海之大患其耳贪者争咎于勒夷缴烟其深悉夷情者则知其不由于缴烟而由于闭市其闭市之故一由不肯具结

二由不缴夷犯然船货入官之结悬赏购犯之示请将国王谕至之禀亦足以明其无悖心而犹必以化内之法一切绳之其求外夷也过详矣水师总兵奏褫审讯而仍免罪曷不以外夷没产正法之律惩之乎海关浮费数倍正税皆积年洋商所肥蠹起家不赀今既倾缴夷商千万之烟赀不当派洋商数百万之军饷乎诚皆暂宽市舶之操切以整水师之武备尽除海关之侵索以羁远人之畏怀奏仿钦差天监用西洋历官之例行取弥利坚佛兰西葡萄亚三国各遣夷目一二人赴粤司造船局火药局而择内地巧匠精兵以传习之如习天文之例其有夷船夷炮火箭火药愿售者听不惟以货易货而且以货易船易火器准以艘械火药抵茶叶湖丝之税不过取诸商损数百万而不旋踵间西洋之长技尽成中国之长技兼以其暇增修粤省外城内河之炮台裁并水师之员缺而汰除其冗滥分配各舰练习驾驶攻战再奏请徧阅沿海各省之水师由粤海而厦门而宁波而上海城池炮台不得地势者福建之水师冗缺裁并之一如粤省之例而后合新修之火轮战舰与新练水犀之士集于天津奏请大阅以创中国千年水师未有之盛虽有狡夷其敢逞虽有鸦片其敢至虽谗慝之口其敢施夫是之谓以治内为治外奚必亟亟操切外夷从事哉

或曰夷变以来惟林公之守粤邓公之守闽□□外省一兵一饷而长城屹然使江浙天津武备亦如闽粤则庙堂无南顾之忧岛夷有坐困之势子何不责江浙天津之无备与闽粤后任之不武而求全责备于始事之人且林公于定海陷后固尝陈以夷攻夷之策也矣陈固守籓篱之策矣又尝奏请以粤饷三百万造船置炮矣苟从其策何患能发之不能收之耶曰春秋之谊不独治内详于治外亦责贤备于责庸以外夷不足详庸众不足责也吾曰骤停贸易世俗亦言不当停贸易世俗之不停贸易也以养痈曰英夷所志不过通商必不生衅至于鸦片竭中国之脂何以禁其不来则不计也设有平秀吉郑成功枭雄出其间窥我沿海弛备所志不在通商又将何以待之则亦不计也与吾不停贸易以自修自强者天壤相越望之也深则求之也备岂暇与囊亘靳尚之徒较量高下哉夫戡天下之大难者每身蹈天下之至危犯天下之至危者必预筹天下之至安古君子非常举事内审诸已又必外审诸时同时人材尽堪艰巨则为之国家武力有余则为之事权皆自我操则为之承平恬熙不知修壤为何事破一岛一省震骚一省各省震抱头鼠窜者胆裂之不暇凭河抱虎者虚憍而无实如此而欲其静镇固守严断桧济内俟船械之集外联属国之师必沿海守臣尽林公而后可必秉钧当轴皆林公而后可始既以中国之法令望诸外夷既又以豪杰之云为望诸庸众其于救敌不亦辽乎驰峻坂则群儆善御之衔绥犯骇涛则群戒柁师针向故甫田慎其劳物唐棣先其遍反也

卷下

道光二十一年四月英夷之受款于广东也在我师则以救一时之危在夷则亦急欲银以济兵饷故通商章程彼此皆未暇议及夷兵大困于三元里自知己结粤民之怨又畏粤民之悍不敢复入内河贸易欲洋商赴香港而香港风浪不可泊舟洋商无肯往者夷遂欲以香港易尖沙嘴及九龙山将军总督以香港尚未奏允何况二地约其仍来黄浦夷遂不许我水师修复虎门炮台尽折横档各炮台之石移往香港筑台砌路修建洋楼且欲我拔去内河沙石桩筏彼此相持虽有通商之名无通商之实又余保纯与异律议先送军饷六百万圆其烟价在外将军止以军饷改称商欠奏闻其余未奏及也及夷船退出后内河填塞要害增修炮台守备日固不能如向时之闯突群夷皆咎异律议款时不别索他埠遂佯言英吉利国王谴异律无能改命璞鼎查为兵帅欲复往沿海各省必如上年在天津所索各款会六月香港有风飓之事大吏张皇入奏谓撞碎夷船无数漂夷兵汉奸无数所有账房篷寮新修石路扫荡无存浮尸蔽海朝廷方发藏香谢海神布告中外允广东保举守城文武至数百圆而夷船数十艘已全赴福建攻厦门矣

初上年夷艘之攻厦门也水师提督陈阶平日讲火药刊兵书贼至先告病贼退复视事邓廷桢督同兵备道刘耀春止守旧炮台迭沙垣据形势故贼攻不破及颜伯焘嗣任首劾陈阶平之规避与琦善杨芳之主款意气甚锐然故纨绔虚憍自大且轻邓廷桢之仅仅自守奏言用守而不用攻则贼逸我劳贼省我费大炮止可施诸岸上不能载之水中小舟止可焚诸内港不能施之大洋遂请饷银三百万造战舰五千余艘募新兵数千水勇八千欲与出洋驰逐又于口外之梧屿青屿大小档增建三炮台备多力分新铸千炮又多未就空船空台徒同废物适闻广东款议成奉撤兵省费之旨尽散水勇八千水师提督窦振彪亦出巡外洋内备单弱

七月初九日夷船数十艘突至投书令让厦门为夷埠俟上年天津所索各事皆遂再行缴还次早驶进先以数

火轮往返忽东忽西哨掠形势并试我炮路【官炮皆限于石墉孔内惟能直轰一线不能左右转运取准故先以舟试之】知其所值则避之也既而诸舟蜂涌齐进我守青屿仔尾屿鼓浪屿之兵三面环击沉其火轮船二大兵船一又伤其一桅夷遂以二三艘并力攻一炮台一台破再攻一台然新炮台本无重兵多炮其上年所守之旧炮台则土城矻然将士亦皆死战会夷船桅上飞炮从空坠颜伯焘刘耀藻即退走总督一退军心皆乱岸上散遣之水勇变为汉奸从中呼噪应之贼遂登岸反旋转我台上数千斤大炮回轰厦门官署街市皆毁颜伯焘刘耀藻退保同安厦门遂为贼据然夷得厦门亦不守不数日全队驶赴浙江惟留数艘泊据鼓浪屿

八月初四日颜伯焘以收复厦门奏闻然均知其潜处四乡未敢回署视事诏降颜伯焘三品顶带留任遣侍郎端华驰赴福建勘实以闻时鼓浪屿夷日招工匠增造小舟为驶窥内河计是月以大船五小船三十余驶入厦门之木椿港口炮沉我兵船五副将林大椿游击王定国中炮死提督普陀保总兵那丹珠督兵御之炮沉其大兵船一始退出外洋其福州省河外之五虎门潮至通舟潮退搁浅故夷船未敢驶入云初裕谦自正月赴浙江代伊里布为钦差大臣时夷船已去至定海总兵王锡朋郑国鸿万云飞以五千驻定海辑流移修城垒炮台为善后计裕谦任事则锐而不娴武略与颜伯焘同前此倾心于林则徐而林则徐旋有遣戍新疆改赴河工之命盖广东盐运使王笃入京故琦善党与于召见时力救琦而排林则徐去浙而浙事益无所倚定海孤悬海中本不必守之地徒分兵力提督余步云庸而猾素为裕谦所鄙一时无人可代姑令驻招宝山不令渡海调度三镇而三镇又皆武夫无远略裕谦所任随营知府王冕同知署定海舒恭寿皆吏才而非边才及是筑定海外城葛云飞欲包濒海市埠于城内左右抵山其三面则以山为城裕谦未渡海亲勘但据图指挥从之有诤之者曰守舟山【即定海】已为下策况所筑又必不可守之城乎天下无一面之城此乃海塘耳非外城也贼左右翻山入即在城内矣备多则力分山峻则师劳请但环内城为新郛勿包外埠勿倚外山度城足卫兵兵足守城度犹得下策随营知府黄冕初颇是诤者之言既而挠于群咻遂不力持至若捐舟山专守海岸之策【所谓不谙武略】更无暇筹及也是夏广东讲款奉旨撤兵省费时精兵五千皆在定海其镇海宁波仅兵四千分布各口

八月初夷船先犯石浦以礁险不利而退东西游奕十二日进攻定海甫入竹山门即为我炮迎击破其火轮船一即窜遁十四日连樯进攻晓峰岭开炮数百我兵皆隐崖侧未伤其小船登岸者为郑国鸿督兵扛炮击退次两日登海中五奎山立营又绕吉祥门入攻东港浦又攻竹山门皆为我炮所却然夷兵夜即归船休息而我兵昼夜防间山峻路险登降力竭十七日乘我兵守疲遂分兵由五奎山东港浦晓峰岭三路进攻以牵我且以小舟渡贼登岸后即去其舟以绝反顾前贼死伤后贼继进我守晓峰岭兵逆风下击枪不得力日午枪皆熟透贼遂冒死登晓峰岭入城三总兵相继战死舒恭寿服毒且死得民救苏之然自此守土之臣因失地自裁赖民救得生者比比皆是矣

定海复陷其镇海防兵仅四千余步云率其半守城外招宝山总兵谢朝恩率其半守隔江之金鸡岭裕谦目见招宝山建白旗知余步云贰志乃先期监绅誓众余步云托足疾不跪裕谦奏言夷船黑兵及汉奸不下万人贼可并帮来犯我必扼要分守贼可数日不攻我必昼夜防备彼众我寡彼聚我散彼逸我劳又海艘乘风潮而至前艘稍退则后艘必自相撞碎故有进无退我兵未历战阵各存一炮大难御之见是贼五船一心且众船一心而我兵则一人一心是以自粤至闽至浙臣何敢轻视惟有殚血诚厉士卒断不敢以兵单退守为词离镇海半步不敢以保全民命为词受逆夷片纸余步云心恨之二十六日夷船攻镇海金鸡山及招宝山每路数千裕谦登岸督战自辰至午惟金鸡山力战击死夷兵数百而余步云不许士卒开炮且两次上城请退守宁波裕谦不许贼甫由招宝山麓攀援登岸余步云即率兵弃炮台西走裕谦令城上兵以枪截之遂绕山后溃窜贼据招宝山俯攻镇海城于守金鸡山之兵见之亦乱总兵谢朝恩率亲兵三百力战死裕谦知事不可为令副将丰绅护钦差大臣关防赍送浙江巡抚而自沉泮池死之

二十九日夷兵船四火轮船二小舟数十进至宁波余步云复弃城窜上虞宁绍台道鹿泽长知府邓廷彩从之时宁波以西江渐浅狭夷船虽不能复西而杉板小船则可驶至慈溪余姚于是二城亦逃散空土匪四起讹言传播浙西大震余步云走后两奏尚以裕谦先走为词与其同乡知府邓廷彩合谋诬蔑及殉难事闻朝廷赐谥赐祠赐袭无可再诬则又流言此次夷兵至浙皆为裕谦夏间枭斩白夷嗢哩之仇凡溃兵难民之渡曹娥江者皆以此言诬蔑浙江官吏亦多惑其说巡抚刘韵珂至据以入告而无如夷之在广东先已败盟索尖河嘴索九龙山不许修虎门炮台且诡称国王褫异律官也改命他帅也又无如夷兵未赴浙江先破厦门也又无如在浙先后投夷书悬夷示皆以

欲索各省埠地为词无一言及裕谦也【明年伊里布在乍浦移书夷酋诘其何所再犯夷复书至亦一字不及裕谦】及明年余步云逮至刑部尚以贼炮未向招宝山我兵亦何必开炮向贼为词其意尚欲追咎裕谦适自供罪状乃伏刑诛可谓天夺其魄

九月命宗室大学士奕经为扬威将军侍郎文蔚副都统特依顺为参赞以河南巡抚牛鉴为两江总督怡良授钦差大臣驰赴福建办军务

九月十六日夷火轮船二轮船二小舟十余驶入余姚我兵望风皆溃十八日遂犯慈溪邑中空无人焚掠而去贼得余姚慈溪亦不敢守仍回宁波

十月奕经至江苏以官兵未集逗留苏州

十一月浙江大雪四昼夜平地五六尺夷酋濮鼎查畏寒驶船南赴福建其宁波城中夷兵仅千余若乘雪夜捣可以尽歼而奕经固逗留嘉兴不肯进又诏举沿海智勇之士广咨方略奕经船头设匦几上书言事者投其中翼日召见其间固无奇才奇策然几言及练兵选将申纪律购水勇备火攻者皆谓迂谈亦有宿将如福建水师提督王得禄者赴军皆不用惟以购汉奸反间为秘计而所用汉奸又非能质其家属得其死力凡贼情虚实皆不报闻而我军一举一动贼则无不预知其幕下随员如容照阿彦达杨希联芳等皆纨袴少年所至索供应征歌舞纵樗蒲招揽威福其门如市其所用外吏宁波镇海一路则泗州知州张应云主之嘉兴乍浦一路则海州知州王用宾主之张应云亦吏才而不知兵与王冕同王用宾则博徒也由海州入京拜奕经门下并为其长子寿籛关说寿籛使其来往探信至是应云用宾皆为奕经左右翼余步云亦不褫逮仍令领兵识者不待出师而忧其舆尸矣

十二月奕经至杭州惟与文蔚渡江督师定期

正月二十八日三路进兵时宁波二贼闻大兵至聚骁夷四千分三队日夜训练戒严而诸将方信汉奸之不需火器但俟官兵一至城中汉奸一时响应缚夷酋夷兵以献三城唾手可复其所预备复城后火攻夷船之具皆草率不堪有同儿戏及期奕经营绍兴之东关使文蔚以兵勇四千半屯慈溪二十里之长溪岭半屯西门外之大宝山以图镇海提督段永福以兵勇四千半伏宁波城外半屯大趋山以图宁波张应云率乡勇一千伏拟沉舟以断镇海宁波往来之贼其逾宁波西门入者尽为夷兵所杀南门则洞开纵我兵入直趋府署将取夷酋郭士利夷兵皆据街楼屋甍之上火箭两面雨下而我兵只有火器不能仰攻夷伏兵又自北门横截而至巷狭墙高前后受敌赖入城皆金山屯练兵骁悍死斗故阵亡者仅二百余段永福后至尚未反城闻风返走并不退保大趋山即直奔东关奕经亦不劾奏此宁波之师也其慈溪大宝山之兵则副将朱桂参将刘天保分领之天保率河南劲勇五百先发镇海城门寂然无人乡勇散乱杂入暗中或中伏枪始惊退出城取火器则天已黎明城外夷船及招宝山贼火器齐发我军踉跄四遁诡报杀入城内三次奏赏孔雀翎此镇海之师也至是始知堕汉奸空城计然死伤不过三百人于全局尚无大害时张应云率乡勇回屯慈溪城中朱桂率陕西兵六百回屯大宝山之右谢天桂领四川兵五百及刘天保残勇数百屯大宝山之左而文蔚复调张应云同赴奕经大营咨兵事于是慈溪城中乡勇尽散

二月四日夷兵二千自慈溪南路登岸长驱三十里至城城中无人遂进兵攻大宝山以马负炮当前约千贼鱼贯而行以其半横趋山右以其争山左将绕我阵后朱桂刘天保军断贼上山之路而天保军火器火药已皆抛弃于镇镇仅余小炮三谢天贵兵则距贼远即火器乱发不久告竭及夷兵死伤三四百若左右军夹攻其后可获全胜而夷兵近以马负炮遥击山上于是刘谢二军皆溃惟朱桂以红炮二十击退夷兵数百伤夷二百及刘谢军溃反冲乱朱桂之阵贼趋山上者攻其后其火轮船又绕出旁港悬炮桅上击其右朱桂父子皆中炮死其地距参赞文蔚营长溪岭营二十余里是日朱桂遣弁回请援兵六百截贼后路文蔚不应薄暮始允发二百兵及闻朱桂之败侍卫容照司员联芳皆争请退避文蔚遂弃军宵遁走东关沿途赏舆夫赏舟子惟恐夷兵追及参赞既遁全军遂溃妄以后营被汉奸焚毁奏闻其实至次日薄暮夷兵尚未至也长溪岭兵溃军气大沮丧即有献策请抽去溃兵刻刻斩逃将别选新到之兵将仍与夷一战再战以牵其北扰江苏以沮其骄索无厌之气而后方与议款者无如奕经心已乱言不入耳初七日即与文蔚弃绍兴走西兴奕经旋渡江回杭州而事遂不可为矣

其嘉兴一路本议由乍浦雇渔舟潜渡岱以复定海已渡兵勇四千余小舟五六百亦为夷所觉焚毁大半惟盐大使郑鼎臣忽报二月初四日三路火攻焚沉大兵船四艘杉板船数十焚溺死夷兵五六百我兵勇无一伤者鼎臣故定海殉难总兵郑国鸿之子也奕经奏闻奉旨优奖赏奕经双眼孔雀翎文蔚一品顶戴交部议叙其后巡抚刘韵

珂遣副将周某密访以不实奏闻而奕经又以郑鼎臣所获夷首夷衣及焚毁船板进呈且奏二月二十五日镇海知州孙叶堃等禀报火攻镇海夷船焚毁甚众其事皆无由验其虚实而报销军需已数十万余步云率兵二千驻宁波之奉化遇夷兵百余即全军争窜终夜喘呼遍野上复命提督齐慎赴浙参赞命尚书耆英为钦差大臣署杭州将军与巡抚参赞会办军务是月河南开封黄河决口堵合诏林则徐由工次赴戍新疆大学士王鼎由河南工次入京复命越五日发愤具遗疏暴薨

三月奕经复渡江至绍兴文蔚驻防曹娥江逆夷见将军旷日持久不战不和遂思弃浙北窥松江及长江日索浙江地图登范氏天一阁取一统志又购长江图黄河图兼造小蜑船数十为入浅河之用勒索宁波绅士犒军银二百万图许退出城池以三月二十七日弃城登舟奕经等复以逼退洋逆夷收复宁波入告盖贼自去秋破宁波后即遣火轮船归报国王其舟自中国至西洋往返六月可达至是三月初国王谕至令复往天津求埠地通商故是月退出宁波与官兵无涉也

四月朔镇海夷船亦弃城而北惟留四舟及夷兵千余守定海副将郑宗凯委员郑鼎臣复报初七日以火轮船十二排攻毁定海大夷船四杉板船十余殲夷兵三百余奕经复奏闻而初九日英夷犯乍浦先以兵船横列成阵开炮与官兵相持而遣小舟分路登岸攻东门我陕甘兵以扛枪击伤夷兵甚众乃转攻南门有福建水勇与官兵有隙潜通夷船之汉奸纵火内应贼遂踰南城入尽焚满营都统长喜乍浦同知韦逢甲死之兵备道宋国经退走嘉兴于是杭嘉并戒严原任大学士伊里布至乍浦夷船议款盖巡抚刘韵珂奏请也伊里布前以在浙半载老师养寇革职戍军台至是奏命复赴浙江夷船要挟侈不能成议诏将军参赞分一人前往嘉兴防堵于是奕经自绍兴渡江而北钦差大臣耆英方驰至嘉兴忽奉命前赴广东其杭州将军关防命特依顺署理盖据御史苏廷魁之言风闻孟拉国已攻殲夷船驻防印度之兵夷船将回兵救援因有退出宁波之事故命耆英前赴广东体察虚实乘机香港及江左告急复命中道折回防堵时香港夷船十四只杉板数十只夷兵千余汉奸海盗薮聚其间奕山等既招回汉奸三千余其香港汉奸头目内向者亦十之六各愿立功赎罪请包修虎门炮台并请乘冬令晦潮出其不意与香港汉奸表里和火攻夷船一举殲之而奕山听祁𡊮言恐触夷怒不许

六月诏责奕山视师广东半载毫无方略屡命收复虎门攻香港以牵制闽浙贼势皆以造船未就为词惟以填塞河道为事革去御前大臣都察院左都御司史而颜伯焘亦久未剿除厦门渟泊之夷船革职以怡良代之

十八日夷船弃乍浦而北五月初三日夷船至吴淞口牛鉴接奕经檄令权宜羁縻牛鉴迟至初七日始遣弁赍札赴夷船则已无及宝山县城在吴淞口外洋之面寥阔宝山知县周恭寿精遁甲请伏兵口内诱贼牛鉴不许是时宝山东西炮台有炮三百余劲旅七千提督陈化成亦勇敢海塘高厚数丈塘上土堆形如雉堞我炮可以中夷而夷炮不能透塘口悬桅上飞击亦冒空而过不能命中其小船登陆之贼涉滩涂爬峭岸我兵据高临下一可却百但能胆定心齐纵不能制贼死命亦可自守无虞故夷船初至观望数日未攻及初八日黎明闻炮提督陈化成击其二艘又折其二艘之桅夷兵溺死者二百余夷兵以小船绕攻小沙背其地亦有守兵五百即在浙从余步云弃招宝山之溃兵也牛鉴不为惩创反令守要害周恭顺请撤回易换他兵不听及陈化成中炮死总兵王志元在小沙背即率其兵望风溃遁贼遂由此登岸亦不过数百人而塘上数千兵皆望风而解矣牛鉴走嘉定县其东炮台之兵及江湾之兵皆同时溃贼遂陷宝山丧大炮器械军仗无算上海大震参将继伦率兵先弃城走兵备道巫宜禧知县刘光斗先后走松江惟典史杨庆思投水死所募福建水勇变为土匪纵火焚掠十一日夷船七八艘驶入上海城中已空虚无人十三日夷乘火轮船二杉板船四五驶入松江寿春镇总兵尤渤率兵二千整阵以待夷开数十炮尤渤令我兵伏避之炮过而起我炮齐发相持半日始退次日复至亦如之故松江得无恙贼又窥苏州使火轮船测水至泖湖渔舟引之入浅轮胶水草乃返于是二十日夷船退出吴松口图入长江矣贼未测江水深浅曲折又未审内地守备虚实逡巡未敢入乃劫沙船导火轮船两次驶探初探报诸险要皆无备次探诸汊港荻洲皆无伏始连樯深入

六月八日泊瓜洲其地城已空遂窥镇江镇江依北固山为城以运河为濠形势险固非宝山比驻防副都统海龄庸谬人也牛鉴既失吴淞口自应驰守镇江会参赞齐慎提督刘允孝之兵且节制副都统婴城固守夷船必不越镇江而轻犯江宁上之可以徐筹火攻次之即与夷款讲亦不致操我死命无求不遂牛鉴从丹阳句容直走江宁海龄又拒齐慎刘允孝使战城外惟以驻防兵守城内镇江繁富十万户海龄禁难民迁徒出城有出者皆刃夹而搜括之日捕诛城中汉奸阖城鼎沸凡木石油灰火器守城之具一切不备又不团民勇助守城中仅驻防兵千余与绿营

兵六百寥落如晨星始则城外西北登岸之贼尚有外兵相击相持二三日贼佯攻北门而潜自西南梯入城守者斫其一工贼已蚁附上守兵皆溃贼先焚满营海龄为乱兵所杀镇江陷杀掠惨甚夷酋璞鼎查在宝山欲北赴天津马礼逊尼之时夷船八十余艘炮声震江岸自瓜洲至仪征盐艘贾舶烧劫一空火光百余里扬州盐商许银五十万免祸

六月二十八日遂逼江宁东南大震朝廷厪念漕运咽喉及沿海流离之民敕耆英便宜从事是时夷酋已奉他国王谕至但得他省通商不忍更索兵饷与前烟价而鸦片亦不再至故夷帅三月即退出宁波及乍浦伪示亦有前往天津求和遵国王所谕办理之言至是伊里布遣张喜等至夷船议款夷酋言一索洋银二千一百万圆分三年交付一索香港为市埠并往广州福建厦门宁波上海贸易一夷官欲与中国官员敌礼其余与上年同张喜言烟价兵饷广东已结过六百万今索价更奢索埠太多若之何马礼逊【夷官之通汉语者】言此我国所索之价岂即中国所还之价耶此次通商为主志不在银钱但得一二港口贸易其兵饷烟价中国裁酌可也而诸大吏不速覆仍遣张喜往返传语越二日张喜还则夷船闻有增调寿春兵之信谓我借款缓敌如今日不定议者诘朝交战其言盖欲款议速成非望所求尽允而诸帅已不觉胆裂即夜发覆书一切惟命其禁约鸦片章程一语不及夷喜出望外诸帅会奏言夷设炮钟山之顶全城命在呼吸盖仿袭粤省失四方炮台之说其实绝无其事惟神策门外白土山有三假泥炮距钟山十余里并不临城夷兵退后假炮历久为雨毁且钟山距夷船数十里且顶极峻削大炮无路可上即有炮亦冒空而过若安于城内锁山之麓则满汉数炮林立岂有坐视敌兵扛大炮往据咽喉不一轰截之理夷兵岂有远舍其巢穴之船而自投绝地之理且奏称昔纯皇帝征缅无功弃关外地五千里尤是凿空无稽之谈诬祖德骇听闻【云南铜壁关上有额曰天朝中原地尽于此试披康熙铜板地图曾有铜壁关外五千里地失于乾隆者乎】夷又言讲款文书中国需用御宝彼国亦遣火舟归请国王用印夷船虽退出海口其舟山及鼓浪屿香港之夷兵必俟三年银数交峻方可撤归

七月初九日款议成耆英伊里布牛鉴及江宁布政司黄恩彤亲赴夷酋璞鼎查之舟越二日璞鼎查马礼逊等亦入城与耆英伊里布牛鉴等会于正觉寺连日分提江宁苏州安徽藩库扬州运库银数百万如数馈之八月杪夷船将出江诸帅复饯于正觉寺九月初夷船尽回定海诏以不守江口逮总督牛鉴治罪以耆英代之而伊里布以钦差大臣由浙至广东议互市章程褫逮领兵之奕山奕经文蔚余步云交刑部治罪惟余步云于是冬伏法其上海失守城池之道府县及领兵将官失事者以次惩处分别豁免沿海被寇州县钱粮

而是冬又有索台湾俘夷之事又有廓尔喀佛兰西弥利坚各国违言之事又有广东义兵焚夷馆之事台湾俘夷者二十一年八月及次年二月夷船两窥台湾一在淡水港遭触礁一在大安港为渔舟诱引搁浅皆为沿海义勇围攻擒获三桅大船二杉板船二白夷二十四黑夷百有六十五炮二十四门刀枪器械并宁波镇海营中官物盖攻浙之贼回窥闽洋者总兵达洪阿兵备道姚莹先后奏闻三月夷遂以十九艘赴台报复结海盗艇数十导之入港我兵先破其盗舟夷不敢入遥轰大炮而遁又屡遣奸细入台煽乱皆被禽斩一方屹然夷船不敢再犯屡诏优奖是秋江宁议款约所获民兵彼此交还而台湾黑夷百六十五人已于五月奉旨斩决惟以白夷还之夷酋璞鼎查遂讦台湾镇道妄杀其遭风难夷时江苏主款官吏方忌台湾功而福建厦门失守文武官吏亦相形见绌流言四起耆英遂据闽人故总督苏廷玉及提督李廷钰二人家信劾台湾道冒功勅福建总督怡良查奏怡良至台湾查原奏则皆据厅营及士民禀报之词无功可冒而怡良必欲镇道引诬以谢夷酋遂劾奏褫职逮至京台地众兵汹汹鼓噪达洪阿姚莹谕解之其时广东疆吏尚作书数十封偏鼓朝士极言台湾开边衅且力嘱刑部司员周重姚莹达洪阿之罪然朝士皆不直之台湾士民方环诉吁怡良皆斥不许然上固鉴二人枉不深罪达姚二人旋即起用

云廓尔喀者在西藏西南角与英夷所属之东印度孟阿腊接壤为世仇二十年秋闻英夷入寇即禀驻藏大臣言小国与底里所属之地相邻每受其侮今闻底里与京属构兵京属屡胜小国往攻底里所属以助天讨此粤事之第四转机时廷臣未知其所谓底里者即英吉利也所谓所属之地者即孟阿腊也所谓京属者即中国所属之广东也顾答以蛮触相争天朝从不过问于是廓尔喀遂不攻印度而英夷入寇之兵更无内顾忧及是秋款议成英夷归印度者以此大骄廓尔喀廓尔喀则反唇于驻藏大臣词甚詩嫚驻藏大臣惟羁縻之而已

佛兰西弥利坚者皆大西洋强国与英夷同市广东且世仇英夷而恭顺中国上年英夷入犯并阻遏诸国不许贸易诸国皆怨英夷言英夷若不早回去伊等亦必各调兵船来与讲理林则徐两次奏闻俄林罢职易琦善为总督

议遂中止及上年琦善褫逮甫数日而弥利坚即出调停故有但许通商不索一切之请乃广东诸帅夜攻夷馆反误杀弥坚数夷于是弥利坚不复肯出力而佛兰西夷官于英夷再次败盟之后犹屡在粤愿助造兵船是冬来兵船二兵帅一言有机事愿面见将军随有能汉语之僧二请勿用当地通事以泄机密将军奕山及总督祁𡎴与两会于城外屏左右密语言英夷阻隔诸国贸易国王遣兵船前来保护并命从中解散请赴江浙代款必能折服英夷不致无厌之求倘英夷不从亦可借口与之交兵此粤事第五转机乃奕山始则拒不肯奏及良久奏闻又言夷情叵测难保其非阴照英夷代探我虚实佛兰西自正月至五月待命半载及六月驶赴吴淞口则英夷已深入长江佛兰西请我舟导之入口我上海官吏反难之往返申请大稽时日及佛兰西易舟入江则款议已成数日尽饱英夷欲壑佛兰西闻之顿足而反是冬回至广东议互市英夷欲各国夷商就彼挂号始输税佛兰西弥利坚皆愤言我非英夷属国且从未猾夏冯陵何反厚彼而疏我于是弥利坚来兵船八只不数月佛兰亦来兵船八只皆上书求入贡面陈诚款盖欲效回纥助唐之谊此粤事第六转机而守臣再三却之时伊里布已死于广东二十三年耆英奉命驰往接办于是许各国皆如英夷之例不用洋商任各往海口与官吏平行英夷反以此德色于诸夷矣

广东义民者初英夷自困于三元里不敢入市广州及讲款后奉旨许广州贸易而粤民拒之是冬聚众数万杀白夷数人于市焚其夷馆掠其赀又杀其夷官夷兵于澳门海中督抚再三谕散之时璞酋兵船正在广东竟不敢报复而番禺绅士潘仕成独奋然捐赀延佛兰西夷官壬雷士于家造洋船洋炮又造水雷能在水中轰破船底先后奏闻进呈演试如法诏广东新造战舰一切交其承办毋令官吏经手以杜侵蚀旋亦中止故夷寇之役中国非无内助也非无外援也无人调度之则殴属夷以资敌国且化劲民为奸民且诬义民为顽民迩者沿海通商鸦片益盛于前其据定海及鼓浪屿之夷且胁官吏薮逋逃封豕横门户绸缪无桑土直未知所底止矣

论曰夷寇之役首尾三载縻帑七千万中外朋议非战即款非款即战从未有议守者何哉且其战也不战于可战之日而偏战于必不可战之日其款也不款于可款之时而专款于必不可款之时其守也又不守于可守之地而皆守于不可守必不可守之地琦善不议守而议款是浪款也奕山不筹守而即战是浪战也颜伯焘裕谦牛鉴不择地而守是浪守也诚能择利守坚垣垒练精卒备火攻设奇伏如林邓之守虎门厦门先为不可胜以待敌之可胜则能以守为战以守为款以守为战则岂特我兵可用则佛兰西弥利坚皆可用廓尔喀亦可为我用以外夷攻外夷也岂特义民可用即莠亦可用以汉奸攻逆夷也以守为款则我无耆于彼彼有求于我力持鸦片之禁关其口夺其气听各国不得贸易之夷居间调停皆将曲彼而直我怒彼而睨我则岂特烟价可不给而鸦片亦可永禁其不来且可省出犒夷数千百万金为购洋炮洋艘练水战火攻之用尽收外夷之羽翼为中国之羽翼尽转外夷之长技为中国之长技富国强兵不在此一举乎惟太上能先时惟智者能不失时又其次者过而能悔悔而能改亦可补救于来时也

战非其时守非其要【颜伯焘裕谦】

事后公评【能知塞漏卮者黄爵滋一人】

不许放炮【琦善王笃余步云牛鉴祁𡎴】

能拒能守能战者【林则徐邓廷桢关天培杨芳】

馈牛酒赴夷舟议款收夷书驰奏【伊里布耆英牛鉴黄恩彤】

广州尚义能制夷之乡绅【潘仕成等数人】

欲诬台功【怡良】

能守者松江总兵【尤勃】

镇江纵掠【都统海龄】

死难者【定海总兵张朝发宝山总兵陈化成】

遁走小背沙【总兵王志元】

殉难者【浙江抚院裕谦定海县姚褱祥定海典史全福上海典史杨庆恩】

巡船得规【韩肇】

台湾胜敌者【安平总兵达巡道姚莹先】

欲封关禁海者【曾望颜】

暂事羁縻者【阮元】

防海纪略①

卷上

西南洋有五印度者部落亚细亚洲西汉之所谓身毒东汉之所谓天竺也【古音天铁因切与身本同韵此为译音之对音】一名印度海总名西南其南印度有孟迈者为入东南洋之咽吭而东中两印度在其北中印度古名温都斯坦以兴都哥土山为界【兴都即印度之对音也】踰山则西北两印度地今回部之国在焉

国朝乾隆二十年英吉利灭东印度之孟加剌遂以次侵并东中南三印度之地东南两印度皆产鸦片烟土名曰波毕英之岁饷每年约一千数百万其初入关口一箱纳税银三两沿海居民争传其法展转效尤不数十年遂流行于各省粤督始闻于朝嘉庆初奉诏申立严禁裁其税额自此入口之鸦片悉暗中偷售而其价益增后查出叶恒澍夹带鸦片之案奉旨重申前禁凡洋艘至粤先由行商出具所进黄浦货船并无鸦片甘结方准开舱验货其行商容隐查出者加等治罪鸦片趸船遂改泊急水门金星门等处勾结内地奸民往来传送包买则有窑口说合则有行商私受土规则有关汛为之奥援包揽运载则有蟹艇资其护送洋商易货无多辄载银出洋回国内地银荒日甚朝廷忧之而一时九卿台谏之列谓其有伤政体于是内阁学士朱嶟奏请申禁鸦片例禁【其奏未见】给事中许球奏谓弛鸦片之禁既不禁其售卖又岂能禁人吸食若只禁官与兵而官与兵皆从士民中出又何以预为之地况明知为毒人之物而听其流行复征其税课堂堂天朝无此政体臣愚以为与其纷更法制尽撤藩篱曷若谨守旧章严行整顿自古制夷之法详内略外先治己而后治人必先严定治罪条例将贩卖之奸民说合之行商包买之窑口护送之蟹艇贿纵之兵役严密查拿尽法惩治而后内地庶可肃清若坐地夷人先择其分住各洋行著名奸猾者查拿拘守告以定例勒令具限使寄泊趸船尽行回国并令寄信该国王鸦片流毒内地戕害民生天朝已将内地贩卖奸民从重究治所有坐地夷人念系外洋不忍加诛如鸦片趸船不至再入中国即行宽释仍准照常互市倘仍前辙定将坐地夷人正法一面停止互市似此理直气壮该夷不敢轻视亦无所施其伎俩鸿胪寺卿黄爵滋奏谓近年各省盐务漕务之疲累官吏之亏空商民之交困皆由银价昂钱价贱向时纹银每两兑钱千零今则每两兑至千有六百而银少价昂之由由于粤东洋船鸦片烟盛行致纹银透漏出洋日甚一日此烟制自英吉利夷严禁其国人勿食有犯者以炮击沉海中而专以诱他国之人使其软弱既以此取葛留巴又欲以此诱安南被安南严令诛绝始不能入境今则蔓延中国横被海内槁人形骸蛊人心志丧人身家实生民以来未有之大患其祸烈于洪水猛兽积重难反非雷厉风行不足以振聋发聩请仿周官用重典治以死罪诏各省将军督抚会议速奏时湖广总督林则徐奏最剀切言烟不禁绝国日贫民日弱十余年后岂惟无可筹之饷抑且无可用之兵上谓深虑远识之言诏林则徐来京面受方略以兵部尚书颁给钦差大臣关防驰赴粤东查办海口节制水师初鸦片烟在康熙十年以前以药材上税乾隆三十年前每年不过二百箱嘉庆元年因嗜好日众始禁其入口嘉庆末每年私鬻者至三四千箱始则囤积澳门继则移于黄浦道光初严旨查禁复移于零丁洋之趸船零丁洋者在老万山内水路四达凡中外商船之出入外洋者皆必由焉夷船至皆以鸦片寄趸船而后以价入口又浙闽江苏商船即从外洋贩运其粤商则皆在口内议价而从口外运入始趸船尚不过五艘其烟至多不过四五千箱可筹火攻而总督阮元密奏请暂事羁縻徐图驱逐于是因循日甚其突增至二十五艘烟二万箱者则在道光六年两广总督李鸿宾设巡船之后巡船每月受规银三万六千两放私入口于是藩篱溃决及道光十二年总督卢坤始裁巡船奈水师积习不可挽

道光十七年总督邓廷桢复设巡船而水师副将韩肇庆专以护私渔利与夷船约每万箱许送数百箱与水师报功甚或以水师船代运进口于是韩肇庆以获烟功擢总兵赏戴孔雀翎水师兵丁人人充橐而鸦片遂岁至四五万箱矣大理寺卿许乃济曾任广东雷琼兵备道受大吏指奏请将鸦片烟照药材收税不报十九年正月二十五日林则徐驰驿抵粤传洋商伍怡和索历年贩运烟土夷商查顿及颠地二人查顿闻风先窜惟颠地随英吉利公司领

① 〔清〕王之春撰。据清光绪六年上洋文艺斋刻本。

事义律由澳门至省城夷馆林则徐派兵役监守之并于省河之猎得炮台筏断来往谕令将零丁洋所泊二十五艘之烟土勒限呈缴免其治罪否即断薪水而停贸易又采粤人舆论奏革水师总兵韩肇庆之职公司领事者英国派夷官管贸易者也他国皆夷商各自贸易惟英吉利通国富商合资出洋计本而分利故派领事官一员总管凡与中国官吏抗衡桀骜皆领事所为初议三十年为一局继议六十年为一局道光十三年公司局散粤中已无领事而总督卢坤听洋商言反行文英吉利国令仍派领事来粤司贸易初至者曰劳律以不法驱逐再至者即义律在粤三载夷商听其号令至是遂被围在省馆不能回澳始于二月十二日具印禀遵缴并寄信各夷船令将驶往东洋之烟尽驶回粤共缴鸦片烟土二万二百八十三箱计每船大者千箱次者数百箱于是林则徐会同两广总督邓廷桢亲驻虎门舟次验收至四月初六日收毕每箱酌赏茶叶五觔其烟土请解京师旋奉上谕即在海口销毁毋庸解京俾沿海民夷共见共闻咸知震悚林则徐会同督抚于虎门监视销毁就海滩高处周围树栅开池漫卤投以石灰顷刻汤沸不爨自燃夕启涵洞随潮出海其鸦片烟共四种最上曰公班土白土次之金花土又次之每箱四十枚又有小公班土每箱一百数十枚更贵于公班每箱百有二十觔共计鸦片二百三十七万六千二百五十四觔皆产于东印度之孟阿腊南印度之孟迈之曼达剌萨且检出印度夷埠发票有每月发至万有二千余箱者虽间售南洋各国而中国居其大半计载来中土者每岁不下五六万箱其烟在印度本地每箱价银二百五十元至广东则价五六百元为利一倍共烧毁本银五六百万元并利银千余万元时有各国夷商闻风来观作文记事颂中国之政林则徐下令尽逐外洋之趸船与澳门之奸夷不许逗遛内地其续到商船有鸦片者倘自揣不敢报验即日回国亦免穷追若仍沿旧以烟卸寄趸船则入口时丈量船旁水迹尺寸情伪立见必照夹带鸦片之新例人即正法船货入官所有进口之船均应照此具结并行文与英吉利国王词严义正时西洋弥利坚诸国皆遵具结于是义律由省下澳递禀言违禁犯烟之弊亟须设法早除如准委员来澳会议章程可冀常远除绝林则徐批示奖励而义律复禀请本国货船泊近澳门林则徐以澳门向例惟准设西洋额船二十有五艘若英夷援此例不入黄浦则海关虚设而私烟夹带更无从稽察严驳不许义律倡言不准泊澳便无章程可议因不受所赏茶叶不肯具结言必俟奉国王命定章程方许货船入口时义律已寄信附货船回国往返不过半年原可少需无迫也而五月内复有尖沙嘴夷船水手殴毙村民林维喜之事谕义律交出夷犯抵罪义律虽未交出而悬赏格银千圆购告殴犯之人亦非故意抗违也

七月林则徐与邓廷桢遵例禁绝薪蔬食物入澳并以澳门寓夷原为经理贸易今既不进口贸易即不应逗遛澳门义律率其眷属及澳内英夷五十七家同迁出澳寄居尖沙嘴货船于是义律始怨暗招夷埠兵船二艘来粤又择高大货船三艘配以炮械赴九龙山假索食为名突开炮攻我水师船我参将赖恩爵挥兵发炮击翻双桅夷船一杉板船二而奸夷所雇吕宋趸船逗遛潭仔售烟者亦于八月初为我水师攻毁人船并获义律遂托澳门西夷代为转圜愿尽遣趸船回国其货船亦愿具结如有夹私者船货充公此粤事第一转机而林则徐必令夷书人即正法之语且责缴凶犯旋有其国两船遵式具结验无夹带鸦片于九月晦入口而义律遣二兵船阻之且投禀请毋攻毁尖沙嘴之船以俟国王之信水师提督关天培以凶犯未缴掷还其禀时我师船五艘在洋弹压夷见前禀不收见我师船红旗即发炮来攻关天培令开炮应之击断夷船头鼻夷兵多落海死又击溺柁楼夷兵夷船旗落帆斜遁回尖沙嘴迤北有官涌山为我军营垒颇得地势轰毙夷兵无数时十月初旬我军连胜夷船恐我顺潮火攻又水泉皆下毒无可汲饮遂灭灯宵遁外洋前此九龙山之战奏奉批谕有不患卿等孟浪但患过于畏葸之语

十一月初八日诏曰英国夷人自议禁烟之后反复无常若仍准通商殊属不成事体至区区关税何足计论我朝抚绥外夷恩泽极厚英夷不知感戴反肆鸱张是彼曲我直中外咸知自外生成尚何足惜其即将英吉利国贸易停止并于原奏中夷船遵法者保护之桀骜者惩拒之之语批论云同是一国之人办理两歧未免自相矛盾此因禁烟而并断英夷贸易之本末也上又以大理寺卿曾望颜之奏欲封关禁海林则徐力陈不可自封港以后英夷货船先后至者二三十艘皆不得入口人人怼怨于是义律于十一月复遣人乞恩在粤办事多年实欲承平今诸事扰乱心多忧虑自后请遵大清律办理而仍无违于国王之法乞仍许英夷回居澳门俟王谕至彼时再开贸易此粤事再转机林则徐以新奉谕旨不便骤更复严斥坚与之绝其国货船先后起椗扬帆驶出老万山者约十余艘并续至之艘多观望留连寄泊外洋不肯去而粤洋渔船蛋艇亡命之徒贪薪蔬之厚值与鸦片之交易趋者如鹜时林则徐已奉命两广总督与水师提督关天培密筹师船未可遽出大洋不如以毒攻毒遂招募渔艇蛋户授以火船领以弁兵于二十年正月杪先赴各洋岛屿潜伏约候月晦之夜乘退潮往乘涨潮还游击马辰等四路分进出其不意突攻之

于长沙湾烧毁运烟济夷匪船共二十有三岸上篷寮六生擒奸民十余名其焚溺死者无数夷船带火仓皇开避我兵勇乘潮急还无一伤者是时吸烟罪绞贩烟罪斩之律已颁行一年六月之限已半各省查办日严纷纷戒食者已十之五六而英吉利国中闻广东罢市之信各埠茶叶皆囤积不肯出售市价踊贵我闽粤贩茶之商船赴南洋者皆倍利而返其伦敦国都银肆无银转输至借邻埠之巨万以供支发义律回国请兵女王令国人会议其文武官多主战其贸易商船皆不欲战连日议不决最后拈阄于罗占王神庙三得战阄始决计国王命其外戚伯麦为统帅率兵船十余号加以印度驻防兵舰二三十艘甫出兵而印度之兵目马哈他死改以布尔利代之

二十年四月林则徐奏闻尚奉有以逸待劳以主待客彼何能为之谕五月初九夜林则徐又遣火船于磨刀外洋以火船烧毁杉板夷船二毙白夷四又有一夷船桅帆著火弃碇驾逃先后延烧匪艇十有一擒获汉奸十有三

五月英夷大小兵船十二并火轮船三先后至粤泊金星门其余尽泊老万山外林则徐又以火船十艘每二艘絚以铁索乘风潮攻之洋面寥阔夷船皆驶避仅焚其杉板小船二而英夷自是不敢驶近海口林则徐自去岁至粤日日使人伺探夷事翻译夷书又购其新闻纸具知夷人极藐水师而畏沿海枭徒及渔船蛋户于是募丁壮五千每人给月费银六圆赡家银六圆其费则洋商盐商及潮州客商分捐又于虎门之横档屿设铁链木筏横亘中流购西洋各国夷炮二百余位增排两岸并购旧洋艘为式令水师演习攻首尾跃中舱之法又雇同安米艇红单船拖风船共六十备战舰又备火船二十小舟百余令必俟晦潮乘上风为万全必胜计林则徐亲赴师子洋校阅水师号令严明至是又下令每杀一白夷者赏银百圆黑夷半之斩首逆义律者银二万圆其下领兵夷目以次递降获兵艘者除炮械缴官外余尽充赏于是夷船之汉奸皆为英夷所疑忌不敢留尽行遣去其近珠江之内河在澳门西虎门东者尽以重兵严守其余海口多礁浅非洋船所能入夷船至粤旬月无隙可乘遂乘风窜赴各省是月夷船三十一艘赴浙江先以其半攻福建厦门时水师提督陈阶平先期告病总督邓廷桢督金沙兵备道刘耀春连开百余炮一炮击中其大兵船火药舱沉之又募水勇数百伪装商船出洋攻诸南澳港是夜无风夷船不能驶避且柁尾无炮我舟低又外蔽皮幕铳弹不能中遂坏柁尾掷火罐喷筒歼其夷兵数十会风起夷船窜避

六月全赴浙江攻定海陷之总兵张朝发中炮死知县姚怀祥典史全福投河死其分出之船游弋闽粤时时窥伺

七月夷船攻澳门后之关闸我守兵炮沉其数小舟伤其夷目夷兵数十

八月林则徐侦夷师士密之兵船五艘在磨刀洋遂遣副将陈连升游击马辰等率五大艘出洋剿之每艘兵六百时四艘阻风在后马辰一艘先遇夷帅之船即乘上风攻之炮破其头鼻船遂欹侧夷兵多溺围攻良久夷船铅弹已尽仅放空炮他处夷船以小舟十余来围马辰船小舟炮低止中我船外之木排内有盐糖包无损我船齐开子炮断贼绳缆不能驶进夷帅乘我兵与他舟相持即乘间窜遁捞获夷尸十余军器数十件旗一初七日奏遂奉杀人灭口之严旨盖定海失守后浙江巡抚乌尔恭额提督祝廷彪束手无策朝廷以定海孤悬海中非海道舟师不能恢复而水战又夷艘所长且承平日久沿海恐其冲突已有蜚语上闻言上年广东缴烟先许价买而后负约以致激变者又有言邓廷桢厦门军报不实者七月命两江总督伊里布为大臣赴浙江宁波视师且勅沿海督抚遇夷投书即收受驰奏又命侍郎黄爵滋祁寯藻赴福建查勘适七月夷酋伯麦及义律以五艘赴天津投书书乃其国巴厘满衙门寄大清国宰相之词词极桀骜多所邀索计六条一索烟价初次夷书中未敢显言尚以货价为名及见内地复书不及禁烟之事遂明索烟价二索广州厦门福州定海上海等口为市埠三欲敌礼平行四索犒军费五不得以外洋贩烟之船贻累岸商六欲尽裁洋商浮费直隶总督琦善收书奏闻且于复书即言上年广东缴烟其中必有多少曲折将来钦派大臣前往查实不难重治林则徐之罪盖授意夷酋欲其诬林以许价骗烟之词且以卸天津武备废弛之责而夷酋义律终以印文申缴在前不能凿空改诬也八月夷船自天津起碇其兵船半踞定海半赴广东诏授琦善钦差大臣赴粤查办革林则徐邓廷桢之职赴粤听勘并饬沿海各省不得开炮

九月义律回至定海入见伊里布于镇海城索俘夷安突德及七月间余姚所获黑白夷数十人不果而去伊里布于是遣其奴张喜赴夷船馈牛酒首贺以林邓革职之事酋伯麦摇首曰林公自是中国好总督有血性有才气但不悉外国情形耳断鸦片烟可断贸易不可贸易断则我国无以为生不得不全力以争通商岂为仇总督而来耶是时直隶山东争以夷情恭顺入告山东巡抚托浑布遣人馈夷船归至有各夷向岸罗拜之奏而广东裁撤水师之船已半途为夷船劫虏矣署总督怡良奏闻

而十月琦善至广东查上年义律先后缴烟印文欲吹求林则徐罪不可得则首诘劫船之役何人先开炮欲斩副将以谢夷而兵心解体矣撤散壮丁数千于是水勇失业变为汉奸英夷抚而用之翻为戎首矣撤横档水中暗桩屡会义律于虎门左右夷船得以探水志察径路而情形虚实尽泄矣听盐运使王笃之言尽屏广东文武专用汉奸鲍鹏往来传信其人故奸夷颠地之仆役义律所奴视益轻视中国无人矣义律与琦善信云若多增兵勇来敌即不准和于是已撤之兵不敢再调凡有报缉汉奸缉鸦片者辄被呵斥有探报夷情者则拒曰我不似林总督以天朝大吏终日刺探外夷情者所事一切力反前任之所为谓可得夷欢心而逆夷则日夜增造杉板小船招集贩烟之蜈蚣船蟹船数百此外火箭喷筒竹梯攻具增造不可数计水师提督关天培总兵李廷钰察其情均请增兵琦善恐妨和议固拒不许许偿夷烟价银七万圆而夷必欲索埠地琦善前以厦门及香港二地商之邓廷桢廷桢言厦门全闽门户不可许香港与尖沙嘴及裙带路二屿鼎峙为粤海适中之地形势环抱藏风少浪若令英夷筑台设炮久必窥伺广东琦善既据以奏闻至是不能自背前奏

义律遂乘其无备于十二月十五日突攻沙角大角炮台乃虎门外第一重门户也副将陈连升守之连升久历川楚戎行之老将兵止六百夷船炮攻其前而汉奸二千余梯山背攻其后陈连升于后山埋地雷机发轰死百余贼而不能再发贼后队复拥而上众伍倍于我我兵前后歼贼三百余而火药已竭贼火轮杉板船又绕赴三门口焚我战船十艘水师或溃或死其横档靖远威远各炮台仅能自保且俱隔于夷船不能相救陈连升父子战死贼遂据沙角大角两炮台时提督关天培总兵李廷钰游击马辰尚分守镇威靖各炮台兵各仅数百相向而哭李廷钰回至省城哭求增兵阖省文武亦皆力求琦善初仅允二百继增至五百黑夜以小舟偷度分布各处琦善愦愦且奏言贼歼我兵无数而我兵伤贼仅数十以张敌而胁款惟连夜作书令鲍鹏持送义律再申和议于烟价外复以香港许之并归浙江俘夷以易定海城

琦善与立契约遂于正月出虎门会议义律宴于师子洋既而正月杪批折回不允事复中变当琦善之陛辞也奉面谕以英夷但求通商则已如邀挟无厌可一面羁縻一面奏请调兵原未令其撤防专款也及逆夷攻陷炮台大肆猖獗上震怒于是有烟价一毫不许土地一寸不给之旨并调四川贵州湖南江西兵赴剿命林则徐邓廷桢随同办理夷务然琦善不与林则徐商议一事且英夷和议已绝尚不许关天培增兵为备而逆夷则号召日多器械火药日备凶焰百倍于前矣

二十一年正月初七日下诏暴逆夷罪恶特命宗室奕山为靖逆将军湖南提督杨芳尚书隆文为参赞大臣声罪致讨命刑部尚书祁𡊮赴江西总理兵饷杨芳于去冬入观出都行至安徽奉命先往以二月十三日驰至广东而英夷已于二月五日乘风潮先以兵船截攻横档炮台再破虎门炮台提督关天培死之虎门各隘所列大炮三百余门至是皆为夷有湖南兵千余新到琦善仓卒即遣御于乌涌甫交绥粤兵先走湖南兵且战且退后阻四河溺死者半提督祥福又死之广东省河广阔惟东路二十里之猎得二沙尾西南十五里之大黄滘河面稍狭可以扼守杨芳相度形势使总兵段永福率千兵扼东南十余里之东胜寺为陆路三面咽喉然其地距河五六里不能扼贼水路也又使总兵长春以千兵扼大黄滘后五里之凤凰冈惟筑濠垒横木筏沉石船下木桩夷船可闯而过也其猎得及二沙尾虽沉船塞石而无兵炮守御夷船至可拔而除之也贼初詟杨芳宿将威名又未悉内河虚实使白夷持书至凤凰冈议款从以汉奸沿途探水总兵长春收书送城中待报即掩帐而卧任汉奸导白夷偏历营垒尽得虚实归报无备于是分路探入破凤凰冈营进攻东西炮台海珠炮台尽扼猎得大黄滘两咽喉是时琦善已革去大学士拔去孔雀翎而怡良复以英夷香港伪示奏呈语绝狂悖于是上益震怒籍琦善家产锁逮来京逆夷见朝廷赫怒局势大变谅林则徐势必起用恐我军一振和议永绝且夷船兵费浩大急欲通商以济饷各国商船罢市久矣亦皆咎之乃于二十六日托弥利坚国夷目与洋商伍怡和调停递书言如欲承平不讨别情但求照旧通商盖并琦善所许之烟价香港皆不敢求矣杨芳谕令退出虎门义律言俟奉通商之旨兵船即退

是月杨芳怡良奏闻门户已失贼入堂奥兵溃民散炮俱乏用除暂款外无退敌缓兵之策而烟价埠地不索亦足申朝廷折冲樽俎之威是粤事第二转机而杨芳正月初行至江西时闻粤中和议将定先为给澳堆货之奏以遥附琦善固已不取信于上及是再奏又不陈明琦善开门揖盗自溃藩篱非权宜不能退贼收险之故与将来守备已固如再鸱张立可剿办之策上以其毫无方略未战先抚非命将出师本意不许是时定海之夷船亦至广东共五十大艘半泊外洋海半入虎门舳舻相接徧树出卖鸦片之帜将军奕山行至江西以各省兵炮攻具未集暂驻韶州以

俟

三月二十三日奕山隆文及新任总督祁𡒄并抵广州奕山问计于杨芳林则徐二人皆言寇势已深而新城卑薄无险可守宜遣人计诱夷船退出猎得大黄滘之外连夜下桩沉船岸上迅垒沙城守以重兵大炮为省城外障俾逆夷不能制我之命而后调集船炮兵勇以守为战俟风潮皆顺苇筏齐备再议乘势火攻庶出万全

是月林则徐复奉驰赴浙江军营之命盖去冬浙闽总督颜伯焘与浙抚刘韵珂署江督裕谦皆先后密疏陈林则徐琦善守粤功罪至是裕谦奉命赴浙代伊里布为钦差大臣故上命林则徐以四品京堂驰往会办以防粤贼败窜赴浙而是时粤贼方据省河咽喉我兵实无可操胜算且攻具未备其所募福建水勇千人未至近募香山东莞水勇三千亦未集杨芳不欲浪战奕山初至亦然之既而惑于翼长李湘芬西拉本段永福张青云等之言不战则军饷无由开销功赏无由保奏急欲侥幸一试遂不谋于杨芳并不探风色顺逆以四月朔夜半三路突攻夷船一屯西炮台外出中路一由泥城出右路一屯东炮台出左路日暮兵已出城奕山始诣杨芳卜休咎杨芳大怒拔剑忿诟而兵已不可挽回时水勇木筏未集先用四川余丁充水勇者四百广州水勇三百乘小舟携火箭火弹喷筒分路夜伏闻炮齐起以长钩钩其船底是夜又值逆风炮破其二桅大船一火轮船一溺夷数百义律自夷馆登舟窜免夷馆货物为四川兵掳掠一空并误伤弥利坚夷数人甫黎明而夷兵大集反乘顺风攻我我兵退走广州城粤城三面临河街市鳞栉繁丽甲南海至是火光烛天以及泥城港内所备攻夷之木筏材料数百油薪船三十余艘皆为夷火轮舟及汉奸所烬其筏材皆运自广西费数十万计第三日义律投书约诘朝大战至期夷船环攻城东西南三面佛山运至新铸八千觔大炮本夷所畏惧而安置不得地势依山者高出水面依水者前后受敌炮架不能运转取准兵丁点放不熟又用文吏西拉本李湘芬为翼长将各省之兵互相分配各离营伍兵将皆不相习溃走则互相推诿所发盐茶口粮厚薄不均祁𡒄又吝费令十五兵共一账房拥挤无纪律各择利便掳取货物奕山又尽派重兵于东南二路而西北泥城后路无守备于是天字炮台及泥城四方炮台一日皆失守守天字炮台者段永福守泥城者副将岱昌与参将刘大忠守四方炮台者总兵长春天字炮台上八千觔大炮未及一放即为夷兵锢以铁钉四方炮台者在城北后山之顶俯视全城国初王师攻围广州半载不能破及夺后山置炮俯击始陷之乃攻城之利守城之害也距水次十里层崖峭径一夫守险可拒千贼及夷自破泥城后绕东而北沿途官兵无一阻截至山下仅百余夷而守台之兵望风争窜陨崖坠死无数夷兵唾手而得险要连夜于台下筑土城运炮药于是合城军民如坐井中而听井上之下石矣将军参赞不斩一逃兵逃将反开城纳之连日城外之火箭炮弹与四方台上之炮声如雷如霆昼夜不息幸大雨盆注其箭弹非堕池塘即坠空地无一延燎内城储火药二万万觔汉奸以火箭火弹射之亦为雨所灭杨芳坐城楼督战每遇炮火最密处辄往以身当之炮不能中惟内城尚厚而外城低薄女墙卑于甍脊人无固志第七日夷兵遂并力专攻城东南隅若知将军参赞皆居东南者箭弹入贡院棂甍皆破诸帅避入巡抚署面无人色议使广州知府余保纯出城讲和款义律立索军饷银六百万圆烟价在外香港再议限五日内交银且约将军及外省兵先出省城夷船始退出虎门将军等一切允之城上改立白旗先令洋商出二百万圆余于藩库运库海关库发给会奏请罪惟续至之参赞大臣齐慎隔在佛山镇未列衔而烟价及香港亦皆未入奏云十三日四方炮台夷兵尽回船义律即促将军参赞离城十六日奕山隆文退兵屯金山离省河数十里先撤回湖南兵惟杨芳仍留广州弹压隆文于讲和时即愤恚成疾及抵金山不数日即卒临危时犹呼无面目对朝廷不绝口前日将军参赞之至粤也屡奏粤民多汉奸粤兵多贼党故远募水勇于福建多不用粤勇日令官兵擒捕汉奸不问是非而杀之有湖南兵误奸疯妇妄闻小儿血可愈杀而饮之者粤民久不平而逆夷初不杀粤民所获乡勇皆释还或间攻土匪禁劫掠以要结民心故虽有擒斩逆夷之赏格无一应命当夷兵攻城居民多从壁上观会南海义勇为湖南官兵诬杀义勇大哗数百人拥入贡院搜兵报复兵皆鼠窜将军参赞摘段永福顶翎慰解之始散而夷兵亦日肆淫掠与粤民结怨及讲和次日夷兵千余自四方炮台回至泥城于是三元里民愤起倡义报复号召各处壮勇云集枪械四面设伏截其归路夷兵终日突围不出死者二百殪其渠帅曰伯麦曰霞毕首大如斗夺获其调兵令符黄金宝星及双羽手炮而三山村亦击杀夷兵百余夺得二炮及浑枪洋刀九百余件义律驰赴三元里救应复被重围乡民愈聚愈众至数万义律告急于知府余保纯是时讲和之银尚只送去四分之一又福建水勇是日亦至倘令乘机应援夹攻围歼夷兵生获夷酋挟以为质令其退出虎门而后徐与讲款可一切惟我所欲而诸帅不计及此也反遣余保纯驰往解劝竟日始翼义律出围回船十七日夷船渐次退出其大船有拦滞浅沙者各乡民复思截而火之夺回讲款之银义律惧复移文总督于是

祁墳出示晓谕众始解散而新安县武举人庾体群亦于初四日夜半以火舟三队自穿鼻洋乘潮至虎门攻贼后路夷船惊觉甫开一炮我火舟已逼其后舱火药轰发双桅飞起空中全船俱毁余船皆弃碇窜遁又佛山义勇亦从陆路截攻夷于龟冈炮台先从上风纵毒烟以眯夷目歼贼数十又击破应援之杉板夷船当事先后奏闻诏责诸将调集各省官兵何反不如区区义勇其一切交部议处义律亦惭且愤强出伪示言百姓此次刁抗蒙大英官宪宽容后毋再犯粤民愤甚复回檄讨之曰尔自谓船炮无敌何不于林制府任内攻犯广东尔前日被围时何不能力战自拔而求救于首府此次奸相受尔笼络主款撤防故尔得乘虚深入倘再入内河我百姓若不云集十万众各出草筏沉沙石整枪炮截尔首尾火尔艘舰歼尔丑类者我等即非大清国之子民是时南海番禺二县团集义勇三万六千昼夜演练义律得檄侦知内河已有备竟不敢报复然自是知粤市之不可复开翻然思变计矣不逾月遂复有厦门之事

论曰春秋之义治内详治外略夷烟流毒历载养痈林公处横流溃决之余奋然欲除中国之积患而卒激沿海之大患其耳食者争咎于勒夷缴烟其深悉夷情者则知其不由缴烟而由于闭市其闭市之故一由不肯具结二由不缴夷犯然船货入官之结悬赏购犯之示请待国王谕至之禀亦足以明其无悖心而犹必以化内之法一切绳之其求外夷也过详矣水师总兵奏褫审讯而仍免罪曷不以外夷没产正法之律惩之乎海关浮费数倍正税皆积年洋商所肥蠹起家不赀今既倾缴夷商千万之烟赀不当派捐洋商数百万之军饷乎诚能暂宽市舶之操切以整水师之武备尽除海关之侵索以羁远人之威怀奏仿钦天监用西洋历官之例行取弥利坚佛兰西葡萄亚三国各遣夷目一二人赴粤司造船局火器局而择内地巧匠精兵以传习之如习天文之例其有夷船夷炮火箭火药愿售者听不惟以货易货而且以货易船易火器准以艘械火药抵茶叶湖丝之税不过取诸商捐数百万而不旋踵间西洋之长技尽成中国之长技兼以其暇增修粤省之外城内河炮台截并水师之员缺而汰除其冗滥分配各舰练习驾驶攻战再奏请徧阅沿海各省之水师由粤海而厦门而宁波而上海城池炮台不得地势者移建之水师冗缺裁并而选之一如粤省之例而后合新修之火轮战舰与新练水犀之士集于天津奏请大阅以创中国千年水师未有之盛虽有狡夷其敢逞虽有鸦片其敢至虽有谗慝之口其敢乘夫是之谓以治内为治外奚必亟亟操切外夷从事哉或曰夷变以来惟林公之守粤邓公之守闽不调外省一兵一饷而长城屹然使江浙天津武备亦如闽粤则庙堂无南顾之忧岛寇有坐困之势子何不责江浙天津之无备与闽粤后任之不武而求全责备于始事之人且林公于定海陷后固尝陈以夷攻夷之策矣陈固守籓篱之策矣又尝请以粤饷三百万造船置炮矣苟从其策何患能发之不能收之也曰春秋之义不独治内详于治外亦责贤备于责庸良以外夷不足详庸众不足责也吾曰勿骤停贸易世俗亦言不当停贸易世俗之不停贸易也以养痈曰英夷所志不过通商必不生衅至于鸦片竭中国之脂膏何以禁其不来则不计也设有平秀吉郑成功之枭雄出其间窥我沿海弛备所志不在通商又将何以待之则亦不计也与吾之不停贸易以自修自强者天壤胡越望之也深则求之也备岂暇与囊瓦靳尚之徒较量高下哉夫戡天下之大难者每身蹈天下之至危也犯天下之至危者必预筹天下之至安古君子非常举事内审诸已又必外审诸时同时人材尽堪艰巨则为之国家武力有余则为之事权皆自我操则为之承平安嬉不知修攘为何事破一岛一省震骚一省各省震抱头鼠窜者胆裂之不暇冯河暴虎者虚憍而无实如此而欲其静镇固守严断接济内侯船械之集外联属国之师必沿海守臣皆林公而后可必秉钧当轴皆林公而后可始既以中国之法令望诸外夷继又以豪杰之猷为望诸庸众其于捄敝不亦辽乎驰峻坂则群儆善御之衔绥犯骇涛斯倍戒舵师之针向是以甫田慎彼劳忉唐棣先其翩反也

卷上·附录林文忠请戴罪赴浙图剿奏疏

再臣渥受厚恩天良难昧每念一身之获咎犹小而国体之攸关甚大不敢不以见闻所及敬为我皇上陈之查此次英夷所憾在粤而滋扰乃在于浙虽变动若出于意外其穷蹙正在于意中盖逆夷所不肯灰心者以鸦片烟获利之重每岁易纹银出洋多至数千万两若在粤得以兴复旧业何必远赴浙洋现闻其于定海一带大张招帖每鸦片土一斤只卖洋钱一员是即在该国孟阿剌等处所出之区且不敷成本其所以甘心亏折者或云以给雇资或云以充食用并闻其在洋外各埠货船雇兵而来费用之繁日以数万计炮子火药亦不能日久支持穷蹙之形亦可概见又夷人过冬以毡为暖不著皮衣盖其素性然也浙省地寒势必不能忍受现有夷信到粤言定海阴湿之气病死

者甚多大抵朔风戒严自必舍去舟山扬帆南窜各洋商之在粤省自六月以来贸易为英夷所阻亦各气分不平均由该国派来兵船与之讲理是该夷现有进退维谷之势能不内怯于心惟其虚憍性成愈穷蹙时愈欲逞其桀骜肆其恫喝再生秘计冀得售其奸如一切皆不得行仍必帖耳俛伏臣前屡次体验颇悉其情即此时不值与之海上交锋而第固守藩篱亦更足使之坐困也夫自古苗民逆命无损于尧舜之教我皇上以尧舜之治治中外如鸦片之为害甚于洪水猛兽即尧舜在今日亦不能不为之驱除圣人治恶惩奸实为天下万世计而天下万世之人亦断无有以鸦片为不必禁者若谓夷兵来浙系为禁烟而起则彼之以鸦片入内地者早已包藏祸心发之于此时与发之于异日其轻重当必有辨臣愚以为鸦片之流毒内地痈疽之流毒于人身也痈疽生则以渐而成脓鸦片来则以渐而致寇原属意计中事若在数十年前查办其时吸烟者尚少禁令易行犹如未经成脓之疽内毒或可消散今则流毒已久譬如痈疽作痛不得不急为扶脓而逆夷滋扰浙洋即与溃脓无异然惟脓溃而后果其如法医治托里扶元待其脓尽之后自然结痂收口若因肿痛而别求消散万一毒随内伏诚恐患在养痈矣溯自查办鸦片以来幸赖干断严明天威震慑趸船二万余箱之呈缴系英夷义律递禀求收有汉夷字原本可查并有夷纸印封可验继而在虎门毁化烟土先期出示准令各夷观看维时各夷来观之人有纂为数千言以纪其事者大抵谓天朝法令足以服人心今夷书且载文谕外洋尽能传诵迨后各国来船遵具切结写明如有夹带鸦片一斤人即正法货船入官亦以汉夷字为凭具结之后查验他国洋船皆已绝无鸦片惟英逆不遵法律且肆鸱张是以特奉谕旨停其贸易未有浙洋之事或尚可以恩施今既攻陷城池戕害文武逆情显著中外共闻非惟难许通商自当以威服叛第议者以为内地船炮非外洋之敌与其旷日持久不若设法羁縻不知夷情无厌得一步又进一步若使失威不克即恐患无已时且他国効尤更为可虑臣之愚昧务思上崇国体下慑夷情实不敢稍有游移之见即以船炮而论本为防海必需之物虽一时难以卒办而为长久之计亦不可不先事预筹且广东利在通商自道光元年到今粤海关已征银三千余万收其利者必思预防其害若前此以关税十分之一制造炮船则制夷亦可以裕如何至尚形棘手臣节次伏读谕旨以税银何足计较仰见圣主内本外末不言有无洵足以昭垂奕禩但粤海关税既比五省丰饶则以通夷之银量为防夷之用从此制炮必求其利造船必求其坚似经费亦可以酌筹即裨益良非浅鲜臣于夷务办理不善正在奏请治罪何敢更献刍荛惟事苟有裨于国家虽顶踵捐縻亦复何敢自惜倘蒙皇上格外天恩宽其一线或令戴罪前赴浙省随营效力以赎前愆臣必当殚竭血诚以图克复至粤省各处隘口防堵严密察看现在情形该逆夷似无可乘之隙堪以仰慰宸怀谨缮片密陈伏乞圣鉴训示谨奏

按公受命办理洋务前后凡数十疏此则其获谴以后所上也时议者皆归咎于办理之过激甚或薏苡明珠谤言腾起而公不为怵方欲以浙事自任苟克成其志何至任该夷阑入内江致有金陵要挟之事哉是时义律递书于天津亟欲谋去公以得逞其志而当事者不知兵机不识夷性堕其计中迷而不悟迨公去粤而粤事不可为公离浙而浙事益不堪问矣至于尽撤炮台之守遣散新募之师则直授敌以瑕而令之攻无异以肉喂虎而戒其无噬也其可得哉君子是以惜文忠之不用而慨粤浙之两敝也

卷上·附录王廷兰与曾望颜论夷人犯粤省情形书

再启者粤省此番用兵所调各省之兵万有七千不可谓不多各库银款数百万饷不可谓不足木料买自广西火药枪炮解自江西安徽军装器械不可谓不备而卒至决裂溃败一至于此实由当事既鲜有章程用兵复漫无纪律有笔墨之所不能言而又有所不敢言者此邦乃足下桑梓之地自必望信甚殷特就当日实在情形有不可解之事四有可惜之事机二有可为痛哭者三为足下陈之广东设炮台以来大角沙角虎门三连横档乌涌猎德二沙尾以及省河各处皆为要隘古人相度地利棋布星列一气联络实今人所不能及夷船之初至省河也固汉奸所引进实因我无备使然琦相来粤先存一不敢战之心畏之如虎使早为未雨绸缪断不至此贼破虎门乌涌急撤猎德炮台之兵贼至二沙尾急撤省河炮台之兵以为我不撤兵兵必为彼所败所以姑退收兵入城以为讲和地步不知省之有炮台犹人家之有门户也贼到门而门不关可乎开门揖盗百喙难辞迨卧榻之前已被贼人鼾睡乃犹归咎于始事之人此不可解者一也夷船之进内河其初并不知内地虚实用一二杉板小船戴汉奸探水次第而入至我所载石沉船之处不见一将一兵以为守御故得将木桩碎石陆续起去放心前进此无人之境非如入无人之境也城守时有拿获汉奸多名讯知彼处每日有汉奸十六人分四班进城侦探我处探事终日诳报自相恐吓者居多故兵

船撤退之时望见夷船有搁浅数日不能动者或用小船起拨或用火轮船牵曳使平日有一二能事者探得实情用快蟹艇载水勇向其搁浅之船四面围绕用火焚之非易事与乃彼有用心探水之人而我无认真探者彼能用汉奸作内间而我从未闻有一夷奸作外间者此不可解者二也更不可解者贼踞香港盖帐棚百余间出有伪示初一日引水探报所盖帐棚忽折去大半又据报夷众纷纷上船凡夷船在猎德乌涌一带二十余只火轮船数只杉板船十余只云云弟早间行香时因于进见妄参末议以为夷众既由香港上船彼处现必空虚如能分兵一路暗袭其巢穴一面用重兵守泥城如省河打仗时可以出奇由花县兜其后路纵未必全胜亦可牵制其师奈当事以书生之见无应者迨事败之后群归咎于发令太早不知夷船已全数驶进虎门其意何在我不击彼彼必击我先发制人未为不可特布置失当耳初一日打仗后夷船稍退以火轮船二直趋泥城泥城为北门咽喉亦为佛山要路此重地也先是横档失守有参将刘大忠者兵败而逃当事以殉难闻奉旨赐恤嗣因其逃回始以受伤凫水得生为解复派伊与某协岱昌同守此地岱昌从未身历戎行一卑鄙无赖小人因系亲信派充营伍日日以算口粮争供应为事因制办火药木料可以沾润复夤缘而往雇一小艇逍遥于其间距泥城水口仅里余闻炮声即仓皇遁去至今未知作何区处又初五日贼逼炮台兵将卷炮而走夷船扬帆至天字码头放空炮数声亦皆遁去其实千把以上将官皆在城内不出是难以敢死大义责之兵丁也维时城门全闭五六七三日以来夜间贼用火箭火弹直打城中城外东西南三处火光烛天烧去民房千余呼号之惨不堪言状大帅有令官兵自城外逃回开门准进而城中百姓不准放出一人夫兵所以卫民今乃藉民以卫兵此不可解者四也义律住洋行十余日省河中夷船杉板数只而已不难擒也伊亦毫无准备有时义律乘轿买物往来于市廛间此时如遣敢死之士数十人擒之直囊中取物耳乃屡次进言于当路辄以现在讲和未可轻动是可谓宋襄仁义之师矣此可惜者一也初十日贼退出四方炮台将取路泥城三元里村众因其淫掠愤极鸣锣一时揭竿而起联络一百零三乡男妇数千人围之数重夷众仅千余冒死突围而出共毙百余人又斩兵目二人其余受伤无数百姓虽有伤亡然人众可恃愈击愈多斯时我兵在城者万余齐参赞新到有生力军五百名近在金山如其有令两路齐出接应乡民使其腹背受敌纵不克聚而歼旃当亦剿杀过半矣乃计不出此不知义律何时将余守请出属其弹压又不知何时余守私出城外为夷人解和彼百姓安知大义不过因其轮奸一老妇人起衅虽人众直乌合耳见官如此遂渐渐解散而夷众乃得遁回舟中盖逆夷自破虎门以来未有如此之受创者也事机之失至今扼腕夫逆夷滋事岂但汉奸引导实亦百姓使然盖粤东自少翁查办烟案以来禁兴贩杜走私未免操之过刻故兵怨之夷怨之其私贩之莠民亦怨之当积重之余以为绝我衣食之源也故当逆夷蠢动之时群相附和此等蚩氓不畏王章何知国法反恐逆夷不胜鸦片不行则前辙不能复蹈而该夷又四布流言以为与官为仇绝不向民加害于是奸民贪其利顽民受其愚虽督抚晓谕示以能擒逆夷者赏有差数月以来绝无成效及至贼破四方炮台复淫掠不堪始悟其奸操戈相向设使当时被围不解迟之数日必有内应而开门迎贼者食毛践土乃良者少而莠者多此可为痛哭者矣国家承平日久民不知兵官不知兵即兵亦不自知其为兵当粤中告警之时官民无不引领而望以为某处调兵数千某处调兵数百指日云集似此小丑跳梁不难即日荡平恃以无恐乃夷众未到以前只风闻路中有抢掠人财物者有殴伤差役者及到省兵不见将将不见兵纷扰喧哌全无纪律斯时心虽知其不可用而犹幸其不滋事也不料初五日后往往互斗放手杀人教场中死尸不知凡几城中逃难之百姓或指为汉奸或劫其财帛内外汹汹几至激变尤可异者初二日夷兵抢夺十三洋行官兵杂入其中肩挑担负遂有无数千百成群竟行遁去者点兵册中从不闻清查一二及至沿途讨要口粮竟有城外各处将逃兵数千重新应付回省反以追逐洋鬼迷路为词当事者犹以众兵追敌放赏试思追赶敌人理应向前岂有迷路反走者今日之兵如是则异日可知一省之兵如是则天下可知国家养兵千日用兵一时兴言及此能无痛哭乎某以辁才毫无远识然要好之心未尝不矢诸梦寐自到贵省于今四月乃竟有此际遇即有时自尽其分所当为并欲自效其力所能为无如分浅言轻徒多掣肘提库中之国帑惟有伤心竖城上之白旗能无指发既承乏于此地恐亦在众人清议之中然实有不可活不得死不敢病不能走之苦纳手扪心能毋痛哭以上数事皆系实情无一虚诳虽属贵省劫运使然实亦国家气运所关所虑一蹶不振从此为外邦所轻更恐无赖匪徒渐生心于内地侧身四望天下能当重任者更有几人欲著武功惟有慎选大将纵有小衅未可轻调重兵足下在同谱中未知鄙见有当否又福建水勇初五日进城适逆夷出陆路上四方炮台之时督抚持令箭饬令出城应敌无如司箓不开城门将其拦回而炮台从此不守亦一恨事

此粤事实在情形也时柄事者方一意主抚资敌以金不餍其欲则割地以予之又不能禁其不犯闽浙闽督颜

伯焘曾据此书以入告并将逆夷伪文伪示及粤省督抚节次文移摭拾附奏谓该夷请抚实非真情香港为商船驶进内洋必由之路倘被占据不独该夷往来自便即我师船出入反为所扼至虎门炮台为全粤门户尤不可不加意防范云云疏上时琦善之言已先入谓夷情安帖抚局可恃方饬各路官兵调回归伍即福建新募之水勇八千亦散遣殆尽不两月而厦门失守矣呜呼谋之其臧则具是违不臧复用谁柄国成使岛族贻患至今未艾哉廉访时陈臬粤东一切皆系目击兹将原函附录于右以资史乘异日之考证后之览者得无慨焉

卷下

道光二十一年四月英夷之受款于广东也在我师则以救一时之危在夷则亦急欲得银以济兵饷故通商章程彼此皆未暇议及夷酋大困于三元里自知已结粤民之怨又畏粤民之悍不敢复至内河贸易欲洋商赴香港而香港风浪不可泊舟洋商无肯往者夷遂欲以香港易尖沙嘴及九龙山将军总督以香港尚未奏允何况二地约其仍来黄浦夷遂不许我水师修复虎门炮台尽折横档各炮台之石移往香港筑台砌路建修洋楼且欲我拔去内河沙石桩筏彼此相持虽有通商之名无通商之实又余保纯与义律议先送军饷六百万圆其烟价在外将军止以军饷改称商欠奏闻其余未奏及也及夷船退出后内河填塞要害增修炮台守备日固不能如向时之闯突群夷皆咎义律议款时不别索他埠遂扬言英吉利国王谴义律无能改命璞鼎查为兵帅欲复往沿海各省必如上年在天津所索各款会六月香港有飓风之事大吏张皇入奏谓撞碎夷船无数漂没夷兵汉奸无数所有账房篷寮新修石路扫荡无存浮尸蔽海朝廷方发藏香谢海神布告中外允广东保举守城文武至数百员而夷船数十艘已全赴福建攻陷厦门矣初上年夷艘之攻厦门也水师提督平日讲火药刊兵书贼至辄告病贼退复视事邓廷桢督同兵备道刘耀春止守旧炮台垒沙垣据形势故贼攻不破及颜伯焘嗣任首劾陈阶平之规避与琦善杨芳之主款意气甚锐然故纨袴虚憍自大且轻邓廷桢之仅仅自守奏言用守而不用攻则贼逸我劳贼省我费大炮止可施诸岸上不能载之水中小舟止可焚诸内港不能施之大洋遂请饷银二百万造战舰五十余艘募新兵数千水勇八千欲与出洋驰逐又于口外之岖屿青屿大小档增建各炮台备多力分新铸千炮又多未就空船空台徒同废物适闻广东款议成奉撤兵省费之旨尽散水勇八千水师提督窦振彪亦出巡外洋内备单弱

七月初九日夷船数十艘突至投书令让出厦门为夷埠俟上年天津所索各事皆遂再行缴还次早驶进先以数火轮往返忽东忽西悄探形势并试我炮路官炮皆陷于石墙孔内惟能直轰一线不能左右转运取准故夷先以舟试之知其所值则避之也既而诸舟蠭拥齐进我守青屿仔尾屿鼓浪屿之兵三面环击沉其火轮舟二大兵船一又伤其一桅夷又以二三艘并力攻一炮台一台破再攻一台然新炮台本无重兵多炮其上年所守之旧炮台土城尚屹然将士亦皆死战会夷船桅上飞炮堕空颜伯焘刘耀藻即退回提署总督一退军心皆乱岸上水勇及遣散水勇变为汉奸从中呼噪应之贼遂登岸反旋转我台一数千觔大炮回轰厦门官署街市皆毁颜伯焘刘耀藻退保同安厦门遂为贼据然夷得厦门亦不守不数日全队驶赴浙江惟留数艘泊据鼓浪屿

八月初四日颜伯焘即以收复厦门奏闻然同知潜处四乡未敢回署视事诏降颜伯焘三品顶戴留任遣侍郎端华驰赴福建勘实以闻时鼓浪屿夷目招工匠增造小船为驶窥内河计

是月以大船五小船三十余驶入厦门之木樁港口炮沉我兵船五副将林大樁游击王定国中炮死提督普陀保总兵那丹珠督兵御之炮沉其大夷船一始退出外洋其福州省河之五虎门潮至通舟潮退搁浅故夷船未敢驶入裕谦自正月赴浙江代伊里布为钦差大臣时夷船已去定海总兵王锡鹏郑国鸿葛云飞以兵五千驻定海辑流移修城垒炮台为善后计裕谦任事刚锐而不娴武备与颜伯焘同前此倾心于林则徐而林则徐又旋有遣戍新疆改赴河工之命盖广东盐运使王笃入京笃故琦善党于召见时力救琦而排林林则徐去浙浙事并无所倚定海孤悬海中本不必守之地徒分兵力提督余步云其人平庸素为裕谦所鄙一时无人可代姑令驻招宝山不令渡海调度三镇三镇又皆武夫无远略及是筑定海外城葛云飞欲包濒海市埠于城内左右抵山其三面则以山为城裕谦未渡海亲勘但据图指挥有诤者曰天下无一面之城此乃海塘耳非外城也贼左右翻山入即在城内矣备多则力分山峻则师劳请但环内城为新郭勿包外埠勿倚外山庶城足卫兵兵足守城裕谦不介意至若捐舟山专守海岸之策更无暇筹及也是夏广东请款奉旨各省撤兵省费时精兵五千皆在定海其镇海宁波仅兵四千分布各口

八月初夷船先犯石浦以礁险不利而退东西游弋十二日进攻定海甫入竹山门我炮迎击破其火轮舟一即

窜遁十四日连樯进攻晓峰岭开炮数百我兵皆隐崖侧未伤其小舟登岸者为郑国鸿督兵扛炮击退相持两日登海中五奎山立营又绕吉祥门入攻东港浦又攻竹山门皆为我炮所却十七日贼遂分由五奎山东港浦晓峰岭三路进攻以牵我师且以我舟渡贼登岸后即撤去其舟以绝反顾前贼死伤后贼继进我守晓峰岭兵逆风下击铳不得力日午铳皆透贼遂冒死登晓峰岭入城三总兵相继战死定海复陷其镇海防兵仅四千余步云率其半守城外招宝山总兵谢朝恩率其半守隔江之金鸡岭裕谦先日见招宝山建白旗知余有贰志乃先期盟示众余步云托足疾不跪裕谦奏言夷船黑兵及汉奸不下万人贼可并帮来犯我必扼要分守贼可数日不攻我必昼夜防备彼众我寡彼聚我散彼逸我劳又海艘乘风潮而至前艘稍退则后艘必自相撞碎故有进无退我兵未历战阵各存一炮火难御之见是贼五船一心且众船一心而我兵则一人一心是以自粤至闽莫之敢撄臣何敢轻视惟有弹血诚厉士卒不敢以兵单退守为词离镇海半步不敢以保全民命为词受逆片纸余步云心恨之二十六日夷船攻镇海分犯金鸡山及招宝山每路数千裕谦登城督战自辰至午惟金鸡山力战击死夷兵数百而余步云则不许士卒开炮且两次上城请退守宁波裕谦不许贼甫由招宝山麓攀援登岸余步云即率兵弃炮台西走裕谦令城上兵以铳截之溃散兵已下而复却遂绕山后溃窜贼踞招宝山俯攻镇海于是守金鸡山之兵见之亦乱总兵谢朝恩率亲兵三百力战死裕谦知事不可为令副将丰伸护钦差关防赍送浙江巡抚自沉泮池死之二十九日夷兵船四火轮舟二小舟数十进至宁波余步云复弃城走上虞宁绍台道鹿泽长知府邓廷彩从之时宁波以西江渐浅狭夷艘虽不能复西而三板小船则可驶至慈溪余姚于是二城亦逃散一空土匪四起伪言传播浙西大震余步云走后两奏尚以裕谦先走为词及殉难事闻朝廷赐谥赐祠袭无可再诬则又流言此次夷兵至浙皆为报复裕谦枭斩白夷嘔哩之仇江浙官吏无识者亦多惑于其说而无如夷之在广东先已败盟索尖沙嘴索九龙山不许修虎门炮台也且诡称国王褫义律改命他帅先破厦门也又无如在浙先后投夷书悬夷示皆以欲索埠地为词无一言及裕谦也明年伊里布在乍浦遗书夷酋诘其何故再犯亦一字不及裕谦及余步云逮至刑部尚以贼炮未向招宝山我兵亦何必开炮向贼为词其意尚欲追咎裕谦适乃自供罪状伏刑诛可谓天夺其魄

九月命宗室大学士奕经为扬威将军侍即文蔚副都统特依顺为参赞以河南巡抚牛鉴为两江总督怡良授钦差大臣驰赴福建会办军务九月十六日夷火轮船二钓船二小船十余驶入余姚我兵望风皆溃十八日遂犯慈溪城中空无一人焚掠而去贼得余姚慈溪亦不敢守仍回宁波

十月奕经至江苏以官兵未集逗留苏州

十一月浙江大雪四昼夜平地五六尺夷酋璞鼎查畏寒驶船南赴福建其宁波城中夷兵仅千余汉奸二千余乘雪夜捣之可以尽殄而奕经逗留嘉兴不进又诏举沿海智勇之士广咨方略奕经船头设匭凡上书言事者投其中翼日招见其间固无奇才奇策然凡言及练兵选将申纪律购水勇备火攻者皆为迂谈亦有宿将如前福建水师提督王得禄者赴军皆不用惟以购汉奸反间为秘计而所用汉奸又非能质其家属得其死力凡贼情虚实皆不敢闻而我军一举一动贼则无不预知其幕下随员容照阿彦达杨熙等皆纨裤少年所至索供应征譎舞作威福其所用外官宁波镇海一路则泗州张应云主之嘉兴乍浦一路则海州知州王用滨主之张应云小有才而不知兵王用滨则博徒也至是皆为左右翼长识者不待师出而忧其舆尸矣

十二月奕经至杭州文蔚特依顺皆会特依顺至福建奕经不与商议令驻守杭州惟与文蔚渡江督师定期正月二十八日三路进攻时宁波二贼闻大兵至聚悍夷四千分三队日夜训练戒严而诸将方信汉奸言不需火器但俟官兵一至城中汉奸即时响应擒获夷酋夷兵以献三城唾手可复其所预备复城后火攻夷船之具皆草率不堪有同儿戏及期奕经营绍兴之东关使文蔚以兵勇四千半屯慈溪之长溪岭半屯西门外之大宝山以图镇海提督段永福以兵勇四千半伏宁波城外半屯大隐山以图宁波其踰宁波西门入者尽为夷兵所杀南门则洞开纵我兵入直趋府署将取夷酋郭士利夷兵皆踞街楼屋甍之上火箭两面齐下而我兵有刀矛无火器不能仰攻溃而退夷伏兵又自北门横截而至巷狭墙高前后受敌赖入城皆金鸡山屯练兵骁悍死斗故阵亡者仅二百余段永福后至尚未及城闻风反走并不退保大隐山即直奔东关奕经亦不劾奏此宁波之师也其慈溪大宝山之兵则副将朱桂参将刘天保分领之刘天保率河南乡勇六百先发镇海城亦开门以待夷兵火器齐发而我兵亦无火器城外招宝山夷兵亦应之刘天保遂卷甲而遁此镇海之师也至是始知堕汉奸空城计所死皆金川精兵然不过二三百人于大局尚无害时朱桂率陕甘兵六百回屯大宝山刘天保谢天贵分领四川河南兵勇各六百为左右翼

二月四日夷兵二千自慈溪登岸三里进攻大宝山朱桂军以扛炮数十击退者再夷兵死伤四百若左右军夹攻其后可获全胜而刘谢二军火药先竭仅从壁上观及夷兵分路绕出朱桂阵后左右军即惊溃反冲乱朱桂之阵朱桂父子皆战死其地距参赞文蔚长溪岭营仅十余里当鏖战时朱桂遣弁回请援兵五百截贼后路文蔚不应跪争久之始允发兵二百薄暮未遣及闻朱桂之败侍卫容照司员联芳皆争请退避文蔚遂弃军宵遁还东关沿途赏舆夫赏舟子惟恐夷兵追及参赞既遁全军遂溃妄以后营夜被汉奸焚毁奏闻其实次日薄暮兵尚未至也岭营既溃军气大沮丧即有献策请抽去溃兵劾斩逃将别选新到之兵将再与夷三战四战一以牵其北扰江苏之路一以沮其骄索无餍之气而后再与议款者奕经心已乱言不入耳初七日即与文蔚弃绍兴走西兴巡抚刘韵珂飞檄毋许一卒过江违者军法从事于是文蔚仍回绍兴惟奕经渡江回杭州而事遂不可为矣其嘉兴一路本议由乍浦雇渔舟潜渡岱山以图复定海已渡兵勇四千余小舟五六百亦为夷所觉毁焚大半惟盐大使郑鼎臣忽报二月初四日三路火攻焚沉大兵船二艘三板船数十焚溺夷兵五六百人我兵勇无一伤者鼎臣故定海殉难总兵郑国鸿之子也奕经奏闻奉旨优奖赏奕经双眼孔雀花翎文蔚头品顶戴其后巡抚刘韵珂遣副将周某密访不实奏闻而奕经久以郑鼎臣所获夷首夷衣及焚毁船板进呈具奏二月二十五日镇海知县叶堃及生员王师真禀报火攻镇海夷船焚毁甚多其事皆无左验而报销军需已数十万上复命提督齐慎赴浙参赞命宗室耆英为钦差大臣署杭州将军与巡抚参赞会办军务

是月河南开封府黄河决口堵合诏林则徐由工次赴戍新疆大学士王鼎自河南工次入京复命越五日发愤具遗疏暴薨

三月奕经复渡江至绍兴文蔚驻防曹娥江逆夷见将军等旷日持久不战不和遂思弃浙北窥松江窥长江日索江浙地图登范氏天一阁取去一统志又购长江图及黄河图兼造小蛋船数十为入浅河之用勒索宁波绅士犒军银百二十万元许退出城池遂于三月二十七日弃城登舟奕经等以大军逼退逆夷收复宁波入告盖贼自去秋破宁波后即遣火轮舟归报国王其舟自中国至西洋往返六月可达至是三月初国王谕至令复往天津求埠地通商故是月退出宁波于官兵无预也

四月朔镇海夷船亦弃城而北惟留四舟及夷兵千余守定海其大队火轮兵船悉由定海驶出大洋浙抚初遣人侦之不知其所往也未几夷船游奕于江苏之金山洋面吴淞戒严而英人谋进窥苏中以牵制江浙两省遂转入嘉兴之乍浦乍浦滨于大洋为两省之咽吭额设副都统一驻焉时杭嘉湖兵备道宋国经亦督兵增守四月初七日有洋艘数号驶至乍浦洋面游奕水师观望不敢迎击初九日复将大小船只排列阵势连樯而进与官兵相持又另以杉板小船十余号每船十人二十人不等分泊西山嘴唐家湾等处官兵分御众寡不敌陕甘调防之兵死者三百余人其驻防之兵分守天尊庙观山湾一带英兵开炮轰入口门我军水师不利乃调旗兵专守驻防之内城初十日英人分路舍舟由灯光山等处登岸火箭齐发突有潜通夷船之汉奸在内接应亦放火箭贼遂踰南城尽焚满营驻防兵乱凡力战阵亡及被火死者二百余人副都统长喜先在葫芦湾御敌受伤回至镇城城溃投水前锋抢救送至嘉兴越三十日卒其驻防左右营佐领防御官阵亡者七人乍浦水师右把总韩大荣力战死知县署乍浦同知韦逢甲率勇沿塘防堵中炮伤左腿越日死其它驻防及本镇士民妇女或被戕或赴水死者百余人盖变起仓卒迁避不及浙省被兵以来民人涂炭未有若是役之酷于是杭嘉俱戒严原任大学士伊里布至乍浦夷船议款盖巡抚刘韵珂奏请也伊里布前以在浙半载老师养寇革职戍军台至是奉命复赴浙夷邀挟甚侈不能成议诏将军参赞分一人前赴嘉兴防堵于是奕经自绍兴渡江而北钦差大臣耆英方驰至嘉兴忽奉命前赴广东其杭州将军关防命特依顺署理盖据御史苏廷魁之言风闻孟阿腊国已攻歼英夷驻防印度之兵夷船将回兵救援因有退出宁波之事故命耆英前赴广东体察虚实乘机攻香港及江左告急复命中道回浙防堵时香港夷船十四三板小船数十夷兵千余汉奸海盗数聚其间奕山等既招回汉奸三千余其香港汉奸头目内向者十之五六各愿请立功赎罪请包修虎门炮台并请冬令晦朔出其不意与香港汉奸表里应和火攻夷船一举歼之而奕山方听祁𡎴言惟恐触夷怒不敢

六月诏责奕山视师广东半载毫无方略屡命收复虎门攻香港以牵制闽浙贼势皆以造船未就为词惟以填塞河道为事革去御前大臣都察院左都御史而颜伯焘亦以久未剿除厦门停泊之夷船革职以怡良代之十八日夷船复弃乍浦而北

五月初三日夷船至吴淞口初五日总督牛鉴接奕经檄令权宜设法羁縻牛鉴迟至初七日始遣弁赍札赴夷船则已无及宝山城在吴淞口外洋面寥阔不如口内东沟江湾二隘之易于设伏然是时宝山东西炮台有炮三百劲旅七千提督陈化成亦勇敢海塘高厚数丈塘上土堆形如雉堞我炮可以中夷夷炮不能透塘即悬炮桅上飞击亦冒空而过不能命中其小船登陆之贼涉沙滩爬峭岸我兵据高临下一可却百但能胆定心齐纵不能制贼死命亦可自守无虞故夷船初至观望数日未敢进攻止遣火轮船四由外洋一路探水而入牛鉴方自沪来见其连樯内进枪炮相接其樯帆高出塘上丈余轮烟蔽天牛鉴惊疑束手提督陈化成亟慰藉曰无恐外洋所恃不过枪炮既有河南徐州江宁兵三千藤牌八百且某经历海洋五十年此身在炮弹中八死出生者数数矣今日火攻颇有把握愿以身当之苟得挫其锋援兵一鼓而进贼不足平也牛鉴闻之意稍定初八日黎明英舟排阵而入提督陈化成麾令开炮迎击首击沉其火药巨舰一又中其头鼻头桅之兵船三共毙夷兵三百余人英兵势却绕出小沙背后适牛鉴统兵出南门来教场观战提营将士皆欢呼踊跃战益奋须臾英舟自樯头瞭见制府乘舆在教场后乃以飞炮注攻逐其左右队而击之徐州兵先溃河南参将陈平川遂以藤牌八百拥牛鉴回城牛鉴亟弃冠靴杂军校而走一卒坐乘舆易之英夷遂由东炮台登岸绕而西时守备韦印福等守西炮台力战不克死之提督陈化成见军无后援抚膺顿足潸然而叹曰英夷频年猖獗今日得少挫其威内江全局关系匪轻不料垂成之功败于一旦制使杀我矣腹背受敌遂中铅子伤喷血死而塘上之兵亦溃夷兵乘胜入宝山牛鉴自西门逸出走嘉定有顷火起西炮台存储火药悉被焚烧其东炮台之兵江湾之兵皆同时溃宝山遂陷英夷入城查点各船轰毙之兵愤甚乃驱本地壮丁为之搬运军仗财物下船之后悉虏之以充毙夷之数上海距宝山仅八十里闻变大震参将继伦率先弃城走兵备道巫宜禊知县刘光斗先后走松江惟典史杨庆恩投水死所募福建水勇变为土匪纵火焚掠十一日夷船七艘驶入上海城中已空无人十三日夷乘火轮船二杉板船四五驶入松江寿春镇总兵尤渤率兵二千整阵以待夷开炮数十尤渤令我兵皆伏避之炮过而起我炮齐发相持半日始退次日复至亦如之故松江得无恙贼又将窥苏州使火轮船测水至泖湖轮胶于水草乃返于是二十日夷艘退出吴淞口图入长江矣贼又测江水深浅沙线曲折又未审内地守备虚实逡巡未敢入乃劫沙船导火轮船两次驶探初报诸险要皆无备次报诸汊港荻洲皆无伏始连樯深入

六月八日薄瓜洲城已空遂窥镇江镇江依北固山为城以运河为濠形势险固非宝山比驻防副都统海龄到任未久牛鉴既失吴淞口本应驰守镇江会参赞齐慎提督刘允孝之兵且节制副都统婴城固守夷船或不能越镇江而径犯江宁上之可以徐筹火攻次之即与夷讲款亦不致无求不遂乃牛鉴从丹阳句容直走江宁镇江繁富十万户海龄禁民间迁徙先以城险兵单上章求助又请圌山以下拦扎木簰惜皆未遂其志迨番舶至海龄亲冒矢石率兵堵御城中仅驻防兵千余与绿营兵六百寥落如晨星始则城外军击其西北岸之贼相持二三日贼遂佯攻北门而潜师由西南梯城入城上兵仅斫其数贼贼已蚁附上先焚满营海龄死战良久力竭回署跃入烈火而死镇江陷掳掠焚杀惨甚宁波宝山夷酋璞鼎查即欲出江前赴天津而马礼逊尼之遂不果是时夷舶八十余艘炮声震江岸自瓜洲至仪征之盐艘估舶焚烧一空火光百余里扬州盐商许银五十万免祸

六月二十八日遂逼江宁东南大震朝廷廑念漕运咽喉与沿海流难之民敕耆英便宜从事时英酋已奉国王谕至但得他省通商不必更索兵饷其鸦片烟亦不再至故夷帅三月即退宁波其在乍浦伪示亦有前往天津求和遵国所谕办理之言至是伊里布遣张喜等至夷船夷酋言一索洋银二千一百万元分三年交付一索香港为市埠并往广州福州厦门宁波上海贸易一夷官欲与中国官员敌礼其余与上年同张喜言烟价兵饷广东已给过六百万今索更奢埠太多若之何马礼逊言【夷官之通汉语者】此我国所索之价岂即中国所还之价耶此次通商为主并不志在银钱但得一二港口贸易其兵饷烟价中国酌裁可也而诸大吏不速覆仍遣张喜往返传语越二日张喜还则夷酋闻有增调寿春兵之信谓我借款缓敌如今日不议定者诘朝交兵其意盖欲款局速成非望所求尽允而诸帅已胆裂即夜覆书一切惟命其禁约鸦片章程一语不及夷喜出望外诸帅会奏言夷设炮钟山之顶全城命在呼吸盖仿袭粤省失四方炮台之说其实绝无其事惟神策门外有三段泥炮距钟山十余里并不临城夷兵退后假炮始为雨毁且钟山距夷船数十里又顶极峻峭大炮无路可上即有炮亦冒空而过若安于钟山之麓则满汉兵数万铳炮林立岂有坐视敌兵扛大炮往据咽喉不一轰截之理夷兵岂有舍离巢穴自投绝地之理且奏称昔纯皇帝征缅无功弃关外五千里尤以凿空无稽之谈诬祖德骇听闻云南铜壁关有额曰天朝中原地尽于此试披康熙铜板地图曾有铜壁关外五千里地失于乾隆者乎夷又言讲款文书中国需用御宝彼国亦遣火轮归国王用印夷

船惟退出海口其舟山及鼓浪屿香港之夷兵必俟三年银数交竣方可撤归

七月初九日议款成耆英伊里布牛鉴及江宁布政使黄恩彤亲赴夷酋璞鼎查之舟越二日璞鼎查马礼逊等亦入城会于正觉寺连日分提上下江藩库扬州运库银数百万如数馈之

八月杪夷艘将出江诸帅复饯于正觉寺

九月初夷艘尽回定海诏以不守江口逮总督牛鉴治罪以耆英代之而伊里布以钦差大臣由浙至粤议互市章程褫逮领兵之奕山奕经文蔚余步云交刑部治罪惟余步云于冬伏法其沿海失守城池之道府州县及领兵将官失事者以次惩处分别豁免沿海被寇州县钱粮

而是冬又有索台湾俘夷之事又有廓尔喀佛兰西弥利坚各国违言之事又有广东义兵焚夷馆之事台湾俘夷者二十一年八月及次年二月夷船两窥台湾一在淡水港遭风触石一在大安港为渔舟诱引搁浅皆为沿海兵勇围攻获三桅火舟二杉板舟二沉溺击斩无算并生擒白夷二十四黑夷百有六十五炮二十门刀铳器械并宁波镇海营中官物盖攻浙之贼回窥闽洋者总兵达洪阿兵备道姚莹先后奏闻

二十二年二月夷以十九艘自粤至台图报复结海盗数十艇导入港犯树苓湖兵勇破其舟夷不敢入遥轰大炮而去又数购奸人入台煽乱皆被擒斩一方屹然夷船不敢再犯屡诏优奖是秋江宁议款约所获兵民彼此交还而台湾黑夷百六十五人已于五月奉旨斩决惟以白夷还之夷酋璞鼎查遂讦台湾镇道妄杀其遭风难夷时江苏主款官吏方忌台湾功而福建厦门失守亦相形见绌流言四起耆英遂据闽人故总督苏廷钰提督李廷钰二人家信劾台湾镇道冒功勅福建总督怡良查奏怡良至台湾查原奏则皆据厅营及士民禀报之词无功可冒而怡良必欲镇道引诬以谢夷酋遂劾奏褫逮至京台湾兵汹汹鼓噪达洪阿姚莹谕解之士民环诉吁留怡良皆斥不许时黄恩彤已移广东布政使尚作书数十封徧致朝士极言台湾边衅且力嘱刑部司员周内姚莹达洪阿之罪以自文其附款媚夷之耻然朝士皆不直之上亦鉴二人枉不深罪达洪阿姚莹即起用云廓尔喀在西藏西南与英夷所属之东印度孟阿腊接壤世仇二十年秋闻英夷入寇即禀驻藏大臣言小国与底里所属之地相连每受其侮今闻底里与京属构兵京属屡胜小国愿率所部往攻底里所属以助天讨此粤事第四转机时廷臣未知其所谓底里者即英吉利所谓属地者即孟阿腊所谓京属者即中国之广东顾答以蛮触相争天朝从不过问于是廓夷罢攻印度而英夷入寇之兵无内顾忧及是秋款议成英夷归印度者以此大骄廓尔喀廓尔喀则反唇于驻藏大臣词甚誖嫚驻藏大臣惟羁縻之而已佛兰西弥利坚者皆西洋强国与英夷同市广东且世仇英夷而恭顺中国上年英夷入犯并阻遏诸国不许交易诸国皆憾之言英夷若不早回国亦必各调兵船来粤与之讲理林则徐两次奏闻俄林则徐罢琦善一意主和前议遂中止及去年琦善褫逮甫数日弥利坚夷目即出调停故有但请通商不索一切之请乃广东诸帅夜攻夷馆乃误杀弥利坚数夷于是弥利坚不复肯出力而佛兰西夷官于英夷再次败盟之后屡在粤愿助造兵船是冬来兵船二兵帅一言有机事愿面见将军从有能汉语之二僧请勿用通事将军奕山及总督祁𡎴与再会于城外屏左右密言英夷阻隔诸国贸易故国王遣兵船前来保护并命从中解散请赴江浙代款必能折服英夷不致无厌之求倘英夷不从亦可借口与之交兵此粤事第五转机乃奕山始则拒不肯奏及良久奏闻又言夷情叵测难保其非阴助英夷代探我虚实佛兰西自正月至五月俟命半载及六月始驶赴吴淞口则英夷已深入长江佛兰西请我舟导之入口我上海官吏反难之往返申请稽时及佛兰西易舟入江则款议已成数日尽饱溪壑佛兰西闻之顿足而返是冬回至广东议互市英夷欲各国夷商就彼挂号始输税佛兰西弥利坚皆愤言我非英夷属国且从未猾夏冯陵何反厚彼而疎我二十三年春伊里布卒于粤诏耆英往接办于是许各国皆如英夷之例不用洋商任往各海口与官吏平行英夷反以此德色于诸夷矣广东义民者即困夷于三元里者也讲款后奉旨许广州贸易而粤民拒之是冬聚众数万杀白夷数千于市焚其夷馆掠其货又杀夷官夷兵于澳门海中督抚再三谕散之时璞酋兵船到广东竟不敢报复而番禺绅士潘仕成独奋然捐资延佛兰西夷官壬雷士于家造洋艘洋炮又造水雷能于水中轰破船底先后奏闻进呈演试如法诏广东战舰一切交其承办毋令官吏经手以杜侵蚀故夷寇之役中国非无外援也非无内助也无人调度之则欧属夷以资敌国且化勍民为奸民甚且诬义民为顽民迩者沿海通商鸦片益甚于前其据定海及鼓浪屿之夷且胁官吏薮逋逃封豕横门户绸缪无桑土未知所底止

论曰夷寇之役首尾三载糜帑七千万中外朋议非战即款非款即战从未有专议守者何哉且其战也不战于可战之日而偏战于必不可战之日其款也不款于可款之时而专款于必不可款之时其守也又不守于可守之地

而守于必不可守之地琦善不议守而专款是浪款也奕山不议守而即战是浪战也颜伯焘裕谦牛鉴不择地而守是失守也诚能择地利守内河坚垣垒练精卒备火攻设奇伏先为不可胜以待敌之可胜则能以守为战以守为款以守为款则不特我兵可用即佛兰西弥利坚皆可用即廓尔喀亦为我用以外夷攻外夷也岂特义民可用即莠民亦可用以汉奸攻逆夷也以守为款则我无奢于彼彼有求于我力持鸦片之禁关其口夺其气听各国不得贸易之夷居间调停皆将曲彼而直我怒彼而昵我匪特烟价可不给而鸦片烟亦可永禁其不来更可出省犒夷之数千百万金为购洋炮洋艘练水战火攻之用尽转外夷之长技为中国之长技富国强兵不在一举乎时乎时乎失之可惜

东方兵事纪略[①]

卷一·衅始篇第一

自中国艮维左转斜伸入海是曰朝鲜而山川蟠薄郁积不尽起伏洪涛巨浸间东折而南播为岛屿为日本为琉球为台湾皆环峙东瀛而日本为大凡三大岛其北之对马岛与朝鲜之釜山仅隔海峡西之长崎与我浙江之普陀相值南之萨摩大隅与琉球三十六岛吞吐断续渺弥相望实为神州左臂台湾亘古洪荒我朝康熙时芟郑氏遂入版图置郡县设官吏如内地朝鲜琉球旧属中夏前明以来朝鲜事中国尤谨本朝龙兴噢煦覆育列藩东土世为外臣日本环海为国如琉球台湾风俗种族颇类中土自汉已通音问而以界越瀛海中国度外置之及唐宋间乃有我商民浮海贸易至元世祖命忻都范文虎相继东征为用兵之始师卒无功而贸易亦绝至明复通而江浙山东沿海寇钞之祸起于嘉靖间历数十年而后定然犹其奸民肆扰非出自国命也万历间其关白丰臣秀吉大举入朝鲜覆其八道值明季积弱极天下兵力不能扫荡会秀吉死罢兵朝鲜乃复

我朝定鼎燕京王师南下奠浙闽时郑芝龙及唐鲁二王叠往请援日本皆却之而我商船之东渡者日众日本设奉行三员于长崎领我诸商道咸以后中国海禁开泰西诸国立约互市市埠布江海各口

同治元年有日本官至上海因和兰国领事请贸易如西洋无约各小国例【日本长崎奉行遣傣属附和兰船赍货至上海因和兰领事谒上海道吴煦请曰向祗与和兰通商自英法诸国挟以兵威逼令六约利权为西洋占尽无如力不能制未能拒绝我官民等会商佥谓若自行贩货分赴各国贸易或可稍分西商之势今既到上海愿仿照西洋无约各小国例不敢请立和约惟求专来上海一处贸易并设领事官照料完税诸事】通商大臣苏抚薛焕许之是为日本通市之始

三年复因英国领事巴夏礼请许其商民自报我海关纳税七年英国领事复为请照料其游历过境官绅其商民亦自请入内地传学术营商业验护照听行是为日本交涉之渐然皆其霸府德川氏时事也盖日本自大将军秉政北条氏足利氏织田氏丰臣氏相继制国命号幕府称霸朝垂六七百年德川氏颇能以文治平其国故二百年来海波不警者以此当我道光时美英俄诸国亦叠以兵舶入其境劫盟霸府不能御于是攘夷议起继以尊王处士朋兴喧欢雷动外藩乘之迭起称戈霸府之权遂替

七年今日本国主嗣位改元明治十月其霸府德川庆喜归政遂削藩侯制郡县平内难改服饰制度一循西法称维新而我东方遂自此多故矣

九年【日本明治三年】日本遣其外务权大丞柳原前光赍其外务府书来天津谒大学士直督李鸿章通商大臣成林请通商立约成林鸿章上其书【书称大日本外务卿清原宣嘉从四位外务卿大辅藤原宗则谨呈书大清国总理外国事务衙门大宪台下方今文化大开交际日甚我邦近岁与泰西诸国订盟邻近如贵国宜最先通情好结和亲而惟有商舶往来未修邻交之礼不亦一大阙典乎我邦维新之始即欲遣公使修盟约内国多故迁延至今深以为感兹谨奏准特遣从四位外务权大丞柳原前光正七品外务权少丞花房义质从七品文书权正郑永宁等于贵国预商通信事宜以为他日遣使修约之地伏冀贵宪台下款接各员取裁其所陈述谨白】我总署许通商弗立约前光固请于鸿章成林总署乃允之

十年四月其使臣大藏卿伊达宗城来议约前光为之副上命鸿章为全权大臣江苏臬司应宝时津海关道陈钦为帮办议于天津初前光之来先呈约稿以两国利益为辞越一岁而宗城至则荟泰西诸约择其尤专利者作草约要我而欲废前稿【前光致应宝时陈钦书曰伊达大臣之发东都也各国公使送行谓此去当与大清连盟结衡我大臣应之曰但看他日约成当知其实今观来稿大约与西人同不同者亦不少交际之道万国只可划一不可轻重欲重之也西人妬而分之欲轻之也西人侮而诋之今两国均有西客旁观出入颇生枝节傥有参差非特不能通

① 〔清〕姚锡光撰。据清光绪二十三年刻本。

行且谓使者不力何面目归国复命乎当今之计我两国惟有内求自强外御其侮诚能心照意援规条章程不若姑从西人痕迹无事更张不露声色之为愈也】鸿章固却之【宝时钦覆以书曰贵国特派大臣前来原为通两国之好若以迹类连衡虑招西人之忌则伊达大臣不来更无痕迹自主之国应有自主之权何必瞻循他人鳃鳃过虑况条规中亦并无可令西人生疑之处也两国有来有往迥异泰西辽远有来无往者断不能尽同泰西且西人所得之利未尝独靳于日本今送去条规不知较西约何者重何者轻希即一一指开茅塞去岁送来约章均以两国立论此次章程全改作一面之辞荟萃西约取益各款而择其尤竟尔自相矛盾翻欲将前稿作为废纸则是未订交先失信将何以善其后乎我中堂又何以复命乎】至七月乃定修好规条十八条通商章程三十三款附以中国日本海关税则而与西约异者实只内地通商一事【章程内声明不准运货入内地不准入内地置买土货前光等坚以异泰西为辞鸿章面折以华人前往西国随处通行并无限制今日本系以八口岸与中国通商华人既不能到日本内地贸易日本人岂应入中国内地贸易此系两国从同确乎公允何得引西约为例前光语塞】宗城归日本意尚觖望宗城旋以事免官

十一年五月前光复赍其外务卿副岛种臣大辅寺岛宗则书来天津求改约鸿章讽以寒盟前光惭而去十月秘鲁国商船玛利亚留士自澳门诱我民三百余人为佣载赴其国舟师虐使会遇飓入横滨日本以公法截其行三百余人得生还我国深谢焉十一月日本以其外务卿副岛种臣为全权大臣力求改约朝廷竟允之

十二年四月改约成互换于天津倭人遂益轻我盖其自明治改政以来气器甚狡焉思逞而朝鲜琉球为我属国皆积弱不振朝鲜尤密迩倭久谋以通商为名将以兵劫朝鲜尚忌惮中国蓄未发会有台湾生番劫虐难民事遂决计称兵台湾以窥我强弱先是琉球船遇飓风于海上漂抵台湾死于生番者五十四人明年【同治十一年】三月日本小田县民四人亦漂至遇祸日本大哗至是种臣既成约天津遂入京呈国书随各国使臣观见贺我穆宗亲政乃令其丞前光来总署言生番事遽问生熟番经界于我我总署大臣毛昶熙董恂等答曰番民之杀琉民既闻其事害贵国人则我未之闻夫二岛俱我属土属土之人相杀裁决在我我恤琉人自有措置何预贵国事而烦过问前光因大争琉球为日本版图又具证小田县民遇害状且曰贵国已知恤琉人而不惩台番者何昶熙恂曰杀人者皆生番故且置之化外日本之虾夷美国之红番皆不服王化此亦万国之所时有前光曰生番害人贵国舍而不治我却将问罪岛人为盟好故使某先告昶熙恂曰生番固我化外民伐与不伐亦惟贵国所命贵国自裁之前光归报遂借端兴师

十三年【日本明治七年】三月日本置番地事务局于长崎以大藏卿大偎重信为综理陆军中将西乡从道为都督美国人李仙得为参谋以战船大功大有两艘益租英美两国船载陆兵三千六百人发品川会于长崎美国驻日公使芬堪谓日本曰贵国发兵入中国地彼必以为寇边贵国雇用我船舶人民彼必以我为援应我与中国亦同盟应守中立公法凡属美国所有悉愿收还并令其驻厦门领事捕李仙得英公使亦以为言日本内阁大阻令权少内史金井之恭内务卿大久保利通先后驰长崎止军行西乡从道不受命内阁亦听之而解英美船还李仙得东京别以洋银十六万圆议购英美轮舶各一曰社寮【可载兵五百】曰高砂【可载兵千】备运载其驻我厦门领事福岛九成驰书我厦门道呈浙闽总督李鹤年称假道至台问罪生番【书称去年副岛大使以下既报贵国政府今将起师问罪于贵国化外之地若贵国声教所暨则秋毫不敢侵犯疆场弥迩愿毋致骚扰鹤年覆书略谓台湾全岛我所管领土番犯禁我自有处置何借日本兵力为至贵国人民四名之遇祸者我台湾府吏实救庇之何可以怨报德请速收兵退我地勿启二国衅】五月二日日兵千六百人乘日进孟春三国三艘发长崎直赴台湾泊社寮澳三日毕登熟番迎降而生番时出狙击毙其伍长北川某时熟番仇生番导日兵深入生番出斗日兵发枪于丛莽中毙一人余皆奔窜熟番告以佯走有伏日兵不敢追遂移营龟山二十二日日兵自车城社入山攻竹社风口石门诸社石门天险生番垒石力拒日人绕道出其背杀生番三十余人会从道乘高砂舰继至凡有兵三千人分三道进尽焚村落越溪四深入至牡丹社生番伏灌莽间时出狙击日兵大阻从道乃退守龟山造都督府设病院修桥梁辟荒芜将为屯田久驻计方鹤年之得九成书也立以闻而总署及北洋大臣亦先后入告于是我海疆戒严征发号召络绎于道命船政大臣沈葆桢为钦差督福建水师赴台湾观动静令福建藩司潘霨台湾道夏献纶往就从道议六月初一日霨献纶挈法员二乘兵轮二艘抵琅峤湾明日登岸倭兵露刃夹道立霨献纶抵车城客馆就日营诘从道兵故反复论辩持不下初六日仍就营申前议竟日不决初七日日出而会日昳无成说从道崛强不可理争霨忿甚将拂

袖起从道止之从容谓我国暴师海外縻财劳师为贵国辟草莱锄顽梗费用耗损岂可胜计霨曰若然则将为日本偿军费乃约以证佐及昏成议三则一中国偿日本兵费一中国严驭台番令日本漂民无罹损害三立约后日本兵尽撤出台湾议定霨献纶登轮去而偿款之说起当从道东渡前光亦以公使来京师与我总署议不谐势将构兵日本即征兵诸道商购铁甲舰于英我则筑炮台于澎湖诸岛设海底电线于台湾购毛瑟枪三万枝于德国议购铁舰于丹国而欧美海客在两国者论彼我曲直强弱日付新闻纸乘机鼓煽船舰兵械价三倍日兵踞龟山者以暑雨疾病棺槥相望进退维谷我闽抚王凯泰将兵二万伍千将渡台倭人闻之大惧以其内务卿大久保利通为全权大臣来议李仙得从焉七月抵京师至总署先辩论番地所隶之经界尤龃龉两月不决利通乃宣言归国肆要挟而阴属英公使威妥玛居间利通之来踵赔款议要偿及三百万圆军机大臣文祥巡视台湾大臣沈葆桢固争之【葆桢奏称倭儁虽增倭情嘶怯彼非不知难思退而谣言四布冀我受其恫喝迁就求和傥大彼彀中必得一步又进一步但使我厚集兵力无隙可乘自必贴耳而去妇宽其称兵既往之咎已足明朝廷逾格之恩傥妄肆要求愿坚持定见力为拒却又贻书鸿章云大久保之来其中情窘急可想然必故示整暇不肯就我范围是欲速之意在彼不在我我既以逸待劳以主待客自不必急于行成云云】总署不能坚持卒以五十万两转圜成议【定约三条一日本国此次所办原为保民义举清国不指以为不是二前次所有遇害难民之家清国许给以抚恤银十万两日本所有在该处修道建房等件清国愿留自用先行议定筹补银四十万两三所有此事两国一切往来公文彼此撤回注销作为罢论至该处生番清国自宜设法妥为约束以期永保航客不至受害】九月十一日钤印换约日本兵归国行凯旋饮至礼户悬国旗庆成功以张之且褒赏利通倭既得志台湾而用兵朝鲜为益亟矣

光绪元年【日本明治八年】秋日本运扬兵轮突入朝鲜江华岛毁炮台烧永宗城杀朝鲜兵劫其军械而去复以兵轮驻釜山要盟方副岛种臣之来议约也曾乘间诘我总署朝鲜是否我属国若属国则匄我主朝鲜通商事总署答以朝鲜虽我藩属而内治外交听其自主我朝向不与闻至是日本乃以兵胁朝鲜而遣其开拓使长官黑田清隆为全权大臣议官井上馨副之赴朝议约

二年【日本明治九年】春定约十二条大要谓朝鲜为独立自主王国礼仪交际皆与日本平等互派使臣并开元山仁川两埠通商及日舰得测量朝鲜海岸诸事而朝鲜之祸实基于此是年我国始派翰林院侍讲何如璋驻日本设诸埠领事官护商民

三年【日本明治十年】朝鲜以天主教事与法国有违言请驻釜山日本领事官将意书称我为上国【书中有上国礼部并听上国指挥等语】日本大诘责朝鲜上其事我朝总署致辩日本【略谓朝鲜久隶中国而政令均归其自理其为中国所属天下皆知即其为自主之国亦天下皆知日本岂得独拒】

五年【日本明治十二年】日本人琉球灭之夷为冲绳县虏其王而还总署诘以灭我藩属日人拒焉是时我以伊犁故与俄罗斯久无成言势汹汹日本假之长崎泊兵轮将毒我久乃定是时诸国皆请通商朝鲜中国亦谕以因势利导勿固闭

八年【日本明治十五年】春朝鲜始与美国互市立约请莅盟鸿章奏派道员马建忠偕水师统领提督丁汝昌率威远扬威镇海三艘会美国全权大臣薛孚尔东渡朝鲜国王先以国书照会美统领【伯理玺天德】明其为中国藩属美使许之乃议约四月六日约成美使薛孚尔朝鲜议约官申櫶金宏集盟于济物浦汝昌建忠监之十四日其陪臣李应俊赍美朝约文并致美国照会来华呈礼部并北洋大臣代奏未几英使水师提督韦力士法驻津领事狄隆德使巴兰德先后东来建忠介之皆如美例成约是役也日本亦令兵轮来诇约事其驻朝公使花房义质屡诘约稿朝鲜拒之不得已叩建忠建忠不即答而订定约文及与西使诘议皆我主持日人滋不悦六月朝鲜乱兵入王宫并焚日本使馆日人有死者【朝鲜国王李熙由支派入继其本生父李昰应号大院君柄国颇拒外交及王年长亲国事王妃闵氏族称强宗大院君失柄常怏怏及朝鲜与各国立约互市且雇日本弁教练兵士昰应甚忿尤与闵氏相水火朝鲜财政窘竭八年夏屡月不给军饩六月朔颁饩仓吏以陈腐给且短斛量军主杀仓吏数人仓堂执致之法军士大哗大院君乘机使杀执政入王宫将杀闵妃胁王及世子不得通朝士遂杀练兵日本教师堀本礼造以下七人乱之作也高臣即密告日本公使花房义质令速避祸义质得为备及高民往焚日使馆日使得突围走出】其公使走回长崎时鸿章以忧去张树声署北洋大臣建忠以莅盟事成回华在沪树声电令会汝昌率威远超勇扬威东渡观变二十七日抵仁川泊月尾岛而日本海军少将仁礼景范已乘金刚舰先在时朝鲜臣民惶惧望我

援兵甚建忠上书树声请济师略言宜乘迅雷之势直入王京执逆首而我东渡兵至少须六营当辅以兵轮运船疾发否恐乱党蔓延且闻日本兵舶将大集汉江赴王京朝鲜必被祸如其定乱有功则藩服寒心国威益损会汝昌亦乘威远内渡请师七月初三日日兵舶先后来仁川者凡七艘陆兵屡日登岸分驻济物浦仁川其公使花房义质且率师入王京朝人大恐初七日我兵轮威远日新泰安镇东拱北鱼贯至继以南洋兵轮二凡七艘盖树声得朝鲜乱耗即以闻遂命提督吴长庆率所部亲庆军三千人东援便宜行事以兵轮济师是日登岸十二日我军薄王京十三日长庆汝昌建忠往候昰应减驺从示坦率昰应来报谒我军已部署定遂执之先解轮船载以归【安置保定十一年释归】而乱党尚踞肘腋金允植赍朝王手书来营乞我军速讨十六日黎明我营官张光前吴兆有何乘鳌掩至城东枉寻里擒百五十余人长庆自至泰利里捕二十余人乱党平日使花房义质之入王京要挟过当议不行义质恶声去示决绝朝人乞建忠留之仁川至是以李裕元为全权大臣金宏集副之往仁川就义质议约宏集请于建忠建忠授之辞以往乃畀日锋卒偿金五十万圆开扬华镇市埠推广元山釜山仁川埠行程地【四方五十里一年后百里】宿兵王京凡立条目七隐忍成约自是长庆所部遂留镇高丽是年秋给事中邓承修左都御史张佩纶请乘兵威伐日本责琉球事鸿章以海军未备渡海远征非计覆奏不果行朝鲜自启关纳使国中新进稍通外交轻躁喜事号惟新党目执政为守旧党相水火

十年【日本明治十七年】惟新党首金玉均洪英植濮泳孝徐光范徐载弼谋杀执政代之五人曾游日本昵倭人至是倚为援十月十七日延我商务总办各国公使并朝鲜官饮于邮署盖英植时总邮政也是日驻朝日兵运枪炮弹药入日使馆及暮宾集惟日使竹添进一郎不至酒数行火起外垣徐乱党入伤其国禁卫大将军闵泳翊杀朝官数人于座诸国宾惊散夜半日本兵排门入景佑宫金玉均濮泳孝徐光范直入寝殿谬告朝王我国兵至遂矫王教速日使入卫十八日天明杀其辅国闵台镐赵宁夏总管海防闵泳穆左营使李祖渊前营使韩圭稷后营使尹泰骏向午群凶自署官英植右参政玉均户曹参判泳孝前后营使光范左右营使戴弼前营正领官遂议废立英植欲幽王江华岛进一郎欲幽诸日本之东京议未决而勤王兵起十九日其臣民吁长庆保卫长庆责进一郎撤兵及暮不答朝鲜臣民固请我兵赴王宫平难甫及阙日兵于普通门发枪我军疑王之在正宫也狐疑未格斗而死伤已多乃驱兵进战于宫门外玉均等皆出助战王乘间避至后北关庙【值玉流泉后】我军士觇知之告营官某遂以王归我营斩洪英植及其徒七人以徇泳孝光范载弼奔日本而进一郎自焚使署走济物浦朝民弥仇日人长庆为聚其官商妻孥卫之出王京朝王具疏吁保护鸿章奏之上命大臣吴大澄副以续昌赴朝鲜平其乱日本全权大臣井上馨亦至有兵舰六艘并渡陆军登济物浦以五事要高丽【一修书谢罪一恤日本被害人十二万圆三杀其大尉矶林凶手处以极刑四建日本新馆朝鲜出二万圆充费五日本增置王京戍兵朝鲜任建兵房】高丽听命以平日本终碗我兵之援王宫也愤朝王之奔我营也

十一年【日本明治十八年】春遣其宫内大臣伊藤博文农商务大臣西乡从道来天津朝命鸿章为全权大臣副以吴大澄与议立约三条【一两国屯朝鲜兵各尽撤归一朝鲜练兵两国均可派员为教习官一将来两国如有派兵至朝鲜事须互先行文知照】我屯朝鲜兵遂罢归方己卯间俄人以伊犁故有违言兵舰驶辽海英人亦东踞朝鲜之巨文岛以泥俄人既而归于我约我终护朝鲜不滋他族至是日本瞰朝鲜日急十二年秋我驻英法德俄大臣刘瑞芬议约英俄共护朝鲜将有成言函报总署【瑞芬致鸿章书略谓朝鲜素称恭顺国家仅有此藩属毗连我东三省关系甚重而该藩奸党久怀二心饮鸩自甘已成难治之证中国能收其全国改为行省最为上策其次则邀同英美俄诸国共相保护不准他人侵占寸土则朝鲜已可幸存不然恐衅生仓猝为他人所攘夺后患更不可言曾以此意探美俄外部均乐从此已另函致总署当与师门接洽也】总署靳之【鸿章覆瑞芬电谓联络英俄保护朝鲜可称老谋深算敝处已将此意转达总署请示据覆称政府之意谓朝鲜为我藩属求邻国保护不合体例失此机会殊为可惜】

十五年【日本明治二十二年】秋朝鲜饥其咸镜道观察使赵秉式禁粜日人诟焉明年夏弛禁日人谓其元山埠米商【朝鲜元山产米谷日本商民多至其地贩米】折本银十四万余圆责偿朝鲜朝鲜为罢秉式官许偿六万圆日人哄不已三易公使以争偿金

十九年【日本明治二十六年】卒偿十一万圆事乃解是役也日本颇疑我驻朝道员袁世凯隐持之世凯以充长庆营务处东渡师旋世凯留朝遂充商务总办护我商民朝鲜倚中国其执政亦善世凯日本忌之谓执政为闵

妃族也谓其为守旧党也而昵其新进数人叛党如金玉均辈且曲庇之以是怨益深甲申十月朝鲜之难玉均泳孝等挟赀逃日本而义士李逸植洪钟宇分往刺之钟宇佯交欢玉均

二十年【日本明治二十七年】二月自日本偕乘日本西京丸商轮来游上海【钟宇英植子痛其父熸于玉均等谋叛而诛欲报仇】并寓东和日本客邸二十二日钟宇以手枪击杀玉均中国捕钟宇系之以诘朝鲜朝人谓玉均叛党钟宇其官也请归其狱自谳许之朝鲜超赏钟宇五品官戮玉均尸而以盐渍其首日本大哗乃为玉均发丧假葬执绋者数百人会逸植亦刺泳孝于日本未中日人处逸植极刑日朝如水火且怒我归玉均尸四月朝鲜东学党变起东学者创始于朝人崔福成剌取儒家佛老诸说转相衍授起于庆尚道之慈仁县蔓延忠清全罗诸道方我同治四年朝鲜禁锄天主教人并擒东学党首乔姓杀之其党益炽光绪十九年径赴王宫讼冤请湔雪以抚慰得解旋擒治其渠数人遂益惶急思逞朝鲜赋重刑苛民多怨党人乘之二十年三月遂倡乱于全罗道之古阜县朝王以其臣洪启勋为招讨使假我平远兵舰苍龙运船自仁川渡兵八百人至长山浦登岸赴全州初战甚利党人逃入白山朝兵蹑之中伏大败丧其军半贼由全罗犯忠清两道兵皆溃遂陷全州会城枪炮子药均为所得榜全州城以匡君救民为名传言即日进公州洪州直捣王京朝鲜大震四月二十八日乞援我国鸿章奏派直隶提督叶志超率兵三营东援屯牙山【详见援高篇】并告日本援朝师期循十一年约也【五月初三日我驻日公使汪凤藻照会日本外务衙门公文略谓北洋大臣李电开光绪十一年中东两国订立和约载明嗣后朝鲜有事中国当发兵前往必先咨照日本一俟朝鲜平定随即撤兵等语今准朝鲜王电咨以全罗道暴徒东学党作乱北犯全州敝国无能勘定诚恐蔓延愈广仍厪上国之忧查光绪八年及十年敝国内地寇盗皆仗天兵扫荡今仍请派雄师东下俾早廓清等语本大臣查朝鲜飞电请兵势已孔急我朝素宏字小之仁断难膜视当即奏奉上谕著直隶提督叶志超酌带精兵驰赴朝鲜之忠清道速平祸乱以绥藩属即寄寓朝鲜各国官商亦可有恃无恐叶志超擒获渠魁解散胁从后仍著克日班师等因钦此合行恭录上谕飞咨贵大臣并希查照中东和约备文咨照日本外务大臣等因准此合即照会请烦宣照】而日本恚朝鲜为我藩服覆书坚拒且遂告我出兵【五月初四日日本外务省卿陆奥宗光覆凤藻书略称查照明治十八年四月十八日中日所订和约贵国已发兵前往朝鲜备文照会等因准此本大臣查贵国虽指朝鲜为藩服然朝鲜王从未自承为属于贵国理合声明照覆云同日其驻我京师使臣小村寿大郎照会我总署文云接奉廷寄谨悉明治十八年四月十八日本国与贵国订立条约若欲派兵前赴朝鲜彼此须互相知照在案近来朝鲜内乱孔炽本国不得不派兵前往业已命将出师合即告知中国本署大臣奉此合即备文照会贵王大臣查照】自是与我日有违言而嫌怨为益深矣【五月初六日总署覆寿大郎公文略谓我朝以朝鲜王请救派兵前往此照抚绥藩服成例乱定之后立即班师贵国似可不必特发重兵且朝鲜王初未向贵国请兵故贵国之兵不必入其内地以我国兵鼓行而前如与贵国兵遇彼此言语不通军律互异或恐别有意外请贵大臣电奏贵国朝廷以免别滋事端五月初九日寿大郎覆我总署文云接本国覆电内开本国历来未认朝鲜为贵国之藩属此次派兵前往一系照日朝两国在济物浦所定之约一系照中日两国在天津所定之约办理来文所称派兵之数本国自有权衡我兵入朝鲜内地亦无定限至谓或有意外之事一节本国军律森严断不碍及华兵惟望贵国统将亦共留意】自我兵泊牙山东学党人闻之已弃全州遁朝兵收会城而日兵来不已五月初六日其公使大岛圭介抵仁川率数百人趋王京是时日本兵舰六艘泊汉江口初九日其陆军大至朝鲜骇愕止之不可中国以朝乱既平约日本撤兵而日本要改朝鲜内政【五月十四日日本外务省卿陆奥宗光致我驻日公使汪凤藻公文略谓东学党乱既定极应代整朝鲜内政拟两国各简大臣前往朝鲜稽查各弊同心整顿烦奏请施行】中国以内政应归其自主却之【五月十九日凤藻覆日本外务府文略谓奉京电朝鲜之乱今已平定本国既无庸暴师于外至内治作何整顿之处应任朝鲜王自为之即我中国亦不愿干预且贵国既认朝鲜为自主之国岂能预其内政此意不辨自明再彼此撤退戍兵一节光绪十一年中东和约早已订有专条今可不必再议准此咨覆】日本持益坚【五月十九日日本外务府照会我公使文略谓朝鲜王常蓄阴谋致酿祸变大为敝国之害乃为自主之力太薄不足膺重任是以代为设法为日愈迟为祸愈烈今两国退兵之先必须订定规条辨理就绪方可班师是举不但与天津约符合且合至理贵国若始终相拒断不能冀敝国职此之故自行撤兵】于是龃龉弥甚兵衅将启【六月十四日日本驻我公使小村寿大郎照会我总署文云本大臣与贵王大臣面谈各事辱承惠诲即于是日电告敝外部顷接覆电朝鲜之乱在内治不修若中日两国合力同心代为酌办事莫有善于此者万不料中国悉置不讲但曰请我国退兵而已近来英国以至仁

之道待我两国特命驻扎北京东京使臣力劝彼此持平商办但中国仍执须令日本退兵原议毫无合力整顿之意两国若启争端实惟中国执其咎不为我国咎也即录原电照会请察核办理】盖日本以朝王请援于我皆闵族所为恶其执政闵泳骏遂恶王妃并怨世凯因思假改革朝鲜内政去之收其国权故持之甚坚自五月中旬后日兵陆续渡朝凡八千余人皆屯王京据要害我兵逍遥牙山世凯志超屡电请济师不报求归不许且戒勿近王京撄日人锋时各国使臣居间平日本于我或责其撤兵胥无成议鸿章不欲战将以赔款息兵而日本索银三百万两朝士大哗于是和战无定计而日本已以兵劫朝鲜五月二十三日其驻高使臣大鸟圭介首责朝鲜独立自主勿认为我国藩属六月一日圭介要以五事【一举能员二制国用三改律法四改兵制五兴学校】朝鲜为设校正厅示听命十四日朝鲜照会日使先撤兵徐议改政日本不许复责以谢绝为我藩属并同力袭我牙山兵朝鲜以久事中国不欲弃前盟对二十一日圭介率兵入杀王宫卫兵遂掳朝王令大院君主国事以仇闵氏矫王令流闵泳骏闵炯植闵应植远恶岛凡朝臣不便日本者皆逐之政令无巨细皆入倭人箢钥方六月中旬王京危逼我驻朝道员袁世凯回华中国始为战备将渡兵朝鲜租英船高升以济至是为倭舰要击沉于海牙山兵亦旋败于成欢朝旨始决计宣战播告中外而敌焰炎炎遂不可遏盖浸淫酝酿以启戎心祸患之来非一日之积也爰胪颠末备著于篇

卷一·援朝篇第二

光绪甲午四月北洋大臣李鸿章大阅北洋海军周历大沽旅顺大连湾威海卫胶州诸隘二十一日回天津方以我海军之盛张皇入告二十八日朝鲜全罗道会城陷于贼请援电至【详见衅始篇】鸿章奏派直隶提督叶志超太原镇总兵聂士成率芦榆防兵四营往援

五月初三日士成率前锋八百人发天津由海道东渡初六日抵朝鲜越二日志超率军至合屯牙山县牙山者值朝鲜王京西南一百五十里而仁川澳左腋沔江口也仁川澳为王京门户群岛罗列与我山东之成山头相值从澳左转入汉江口即达王京汉江口之南迤东为仁川埠诸国商贾所萃自仁川南行稍西历南阳循广德而至牙山值沔口津曰白石浦乃仁川全澳之东南角地本偏区时朝鲜乱党在全罗我军以戡乱援高故自仁川登岸即趋驻牙山以就南道为循公州【高丽忠清道会城】赴全州【高丽生罗道会城】军行稍便不争汉江门户固不料日本之与我启衅也方朝鲜之请援我朝也倭人闻之亦以兵北渡先令其驻朝公使大鸟圭介【大鸟圭介时适回国】赴朝鲜五月初六日亦至仁川率倭兵四百人入王京十二日倭队大至陆续从仁川登岸径赴王京约八千余人【日本之第九旅团其司令官乃少将大岛义昌也】是时朝鲜贼党闻我兵至气已慑初九日为朝兵所败会我军出示招抚遂弃全州遁十一日朝鲜国王遣其陪臣李重夏来犒师明日倭兵已大至朝鲜君臣惧甚遂于十三日电止我牙山兵前进时鸿章议和于天津谋撤牙山兵【五月十四日鸿章致志超电云倭使欲颇奢已饬驻韩总办袁道商酌撤兵拟先撤五分之四留兵四百驻仁川宜与袁道妥商办理】而卒未果撤十七日驻朝总办道员袁世凯电戒志超速请北洋拨海军战舰来仁川助声威并添陆兵驻马坡或可詟服倭人志超电请北洋鸿章不报二十日我牙山兵拟以洋枪队四百人入王京护我驻朝公署并以四百人扎水原为接应世凯以倭议未成勿轻动止之时倭兵分驻力厘津龙山马坡千酒计环王京而屯势已张二十一日向晚复有倭人十余名至牙山海口一带测绘士成率亲兵十余人诇之倭登舢板飞棹去二十二日总兵夏青云率兵三百名马队百名旱雷兵百名自天津抵牙山二十三日鸿章电令牙山兵往剿全州余匪无庸顾王京于是志超留牙山二十四日士成拔队往全州是日驻安州朝鲜招讨使洪启勋遣使来犒师二十五日师次广亭倭公使大鸟圭介来诘我军抚贼示真伪立索咨复盖倭人时以扶朝自主为名而我抚贼示有朝鲜为我属国诸语也二十六日士成抵公州志超以倭事急电令回牙山二十八日志超复电告士成倭事稍宽二十九日志超电令士成仍往全州剿贼而总兵程允和自王京至公州言总办袁世凯属士成撤兵回牙免倭借口会同知史云龙亦自全州探贼回言贼党见我军告示皆愿投诚于是士成于六月初二日令允和代率队先回牙山而自率数十骑往全州

初三日抵全州明日乃发银钱一千八百余圆救难民九百余户有贼酋数人诣士成乞抚士成方治全州善后志超电趣之驰还牙山时倭已踞王京强其变法强横益甚我军孤寄牙山乃屡电请班师内渡以待和议不可得十二日鸿章以和议难成遣江自康率仁字营来会师方倭兵之初至也以卫商为名未敢昌言与我为难及踞王京扼险阻布置已定且知牙山兵力之寡薄也乃决计寻衅遂于汉江口遍下水雷而以兵塞王京诸门每中国人出入必

搜索我旅朝商民大骇争内渡驻朝公署员役逃散一空势岌岌十七日袁世凯赴仁川登轮回华二十一日倭人以兵入王宫掳朝王尽易朝臣而以大院君主国事和议决裂二十二日鸿章电令牙山速备战守先是鸿章奏请以大同镇总兵卫汝贵率盛军十三营继进而迟回不发至是朝廷决意用兵乃复有四大军赴援之命所谓毅军【提督马玉昆分统发自旅顺】奉军【高州镇总兵左宝贵统发至奉天】及二盛军也【一淮军之盛军大同镇总兵卫汝贵统发自天津一奉天之盛军副都统丰伸阿统发自奉天】于时兵形已兆海道虑不可行乃议尽由陆路自辽东分起前进渡鸭绿江入朝鲜兵机既钝且道迂远不即达我牙山之兵孤露无援不得四大军消息海滨一廛地势平衍不可守而距牙山东北五十里成欢驿为自王京南来大道且南通公州于是士成请于志超往扼守遂率武毅副中营老前营及练军右营于二十四日移驻成欢而英高升商轮载我兵两营并军装器械来援已先一日为倭击沉于海盖鸿章以议和不成始租轮载北塘防兵渡援以兵轮三艘翼之而东而倭人间谍时在津贿我电报学生某得我师期遂为所截我兵轮即逃回威海于是倭人既掳我操江运船而逼我在高升船之两营兵降我将士抵死拒倭遂以炮击高升船并以水雷沉之我两营殲焉【详见海军篇】

卷二·金旅篇第四

八月鸭绿江口外之战我海军丧失过当不复能军【详见海军篇】辽海海权尽畀诸敌倭人觇我海军之糜也乃于广岛集其第二群兵将以兵轮护至鼻子窝【金州东】登岸以袭我旅顺旅顺者我北洋重镇与山东之威海相望为畿疆门户先是光绪六年冬首筑旅顺黄金山炮台为旅防经始十一年中法和议成造大船坞于旅顺口内为海军分泊修理之所有海军提督署在焉其地自金州斜伸入海形如卷心荷叶卧波金州角则荷蒂也从金州向西南愈趋愈狭至南关岭而极中宽不过六里有若荷茎为旅顺后路要隘踰南关岭而西南则地势渐张亙西南而东北作三角形山海依倚磴道回旋乃天然形胜踰南关岭又西南行二十五里曰双台沟亦入旅孔道再西南行三十余里至水师营【以上为南关岭至旅顺口西道即倭兵入旅顺来路东大道则偏东北沿海岸行】水师营迤西曰椅子山炮台【此旅顺口后路炮台之一】山之东南曰大操场自大操场折而东南行而元宝房药库而白玉山而旅顺市而船坞循船坞石堤直南行至黄金山海岸炮台是为旅顺口东岸若自大操场折而南行稍西至大医药房再南至洋沱凹为旅顺口西北海岸循洋沱凹海岸南行而西至老铁山自老铁山角折而东转即馒头山诸炮台是为旅顺口西岸盖旅顺口门最狭【宽仅九丈由船坞石堤横量至老虎尾炮台径十一丈七尺】形如扑满而水深二丈以外内澳约周十四里可容铁甲兵轮澳之东岸建大船坞为海军根本澳之西岸有一沙舌斜伸自南而北插入澳内将澳分为内外两塘澳之南岸即白玉山适与口门相值口门两岸建立炮台口西【俗称海西】曰威远炮台有十五生特口径炮二【皆长三十五倍口径前砥柱海岸炮】口东【俗称海东】曰黄金山炮台有二十四生特口径轻炮二【长二十五倍口径】二十四生特口径重炮一【长二十五倍口径皆前砥柱海岸炮】十二生特口径围城炮四【以上皆德国克鹿卜炮】沪局仿造格林炮四并十五生特口径田鸡炮四【亦克鹿卜炮在黄金山山下东南之小岭另作一台】两台夹口而峙有如锁钥威远炮台之西迤南曰蛮子营炮台有十五生特口径炮四【长三十五倍口径前砥柱海岸炮】再西迤南曰馒头山炮台【此口西最当冲海岸炮台】有二十四生特口径轻炮二【长二十五倍口径】二十四生特口径重炮一【长同上】十二生特口径重炮二【长二十五倍口径】再西迤北曰城头山炮台有十二生特口径炮二【长二十五倍口径○以上皆克鹿卜炮】德国水师炮四而威远炮台之北循沙舌行至尽头处曰老虎尾炮台有德国二十一生特口径老炮二【长二十二倍口径】是为口西海岸炮台黄金山炮台之东曰摸珠礁炮台有二十生特口径炮二【长二十五倍口径】十五生特口径炮二【长二十五倍口径○以上皆克鹿卜前砥柱海岸炮】德国八生特水师炮四再东曰老蛎嘴炮台有二十四生特口径炮二【长二十五倍口径】又二十四生特口径炮二【长三十倍口径】再东曰老蛎嘴后台有十二生特口径炮二【长三十五倍口径○以上皆克鹿卜中砥柱海岸炮】是为口东海岸炮台东西炮台凡九座经始于光绪庚辰成于丙戌丙戌以后仍岁增炮位及甲午兵事起复于口西威远老虎尾两炮台相近增新台二于城头山炮台之西增炮台一【曰兰台炮台】又于口东老蛎嘴炮台之东增炮台一【曰番岛炮台】而各旧台复各增炮数尊通增大小炮位数十尊海岸之防綦密

兼防金州总兵张光前统亲庆军三营【亲庆副营左营右营甲午兵事起增副后营共四营】驻西炮台总兵黄仕林统亲庆军三营【亲庆前营中营正营甲午兵事起增副前营共四营】驻东炮台四川提督宋庆统毅军九营一哨专防旅顺陆路提督刘盛休统铭军十二营驻守大连湾皆辖于北洋大臣然恐仓卒不及禀节度乃设北洋前敌营务处兼船坞工程总办以道员充之尽护诸将实即隐帅旅顺前充是选者候补道刘含芳【后补登莱青道】继之者龚照玙照玙贪鄙庸劣不足当方面颇失人望

甲午夏东方兵事起六月宋庆部分统马玉昆率毅军四营会天津盛字等军从陆路援朝鲜由旅顺出金州赴之【后战于平壤见援朝篇】八月十三日我海军全军兵轮十二艘来旅顺十五日赴大连湾十六日夜卫刘盛休所部铭军十二营赴大东沟【其守台兵六哨留炮台】以接应我平壤大军【是日我平壤大军已败溃】十八日遇倭于鸭绿江口外大战明日回泊旅顺存者仅七艘入坞修整【详见海军篇】九月初二日上命宋庆赴九连城守鸭绿江【详见奉东篇】越日庆以所部行李鸿章令提督姜桂题【宋庆部分统】募桂字四营提督程允和募字三营以实旅顺又令提督卫汝成募成字六营并所部马队两营正定镇总兵徐邦道募拱卫军三营并所部马队两营炮队一营渡旅顺协守而以铭军分统赵怀益募怀字六营以弥大连湾铭军之隙朝廷促海军出洋侦敌二十日始出旅顺口旋威海而倭人第二群兵已自其国广岛北渡【其司令官为陆军大将大山岩】历朝鲜之大同江以兵轮十四艘护之二十六日袭据我花园港口【是日我东路兵正败于鸭绿江二十七二十八两日连陷九连安东等城】花园港西距金州约二百八十里距鼻子窝约一百五十余里倭人初拟从鼻子窝登岸以傍岸水浅不利渡登乃东移花园港港口居民见倭兵登岸骇奔倭人饵居民四人登船购乡民衣服使倭人能华语者服以入内地探我军虚实十月初旬倭兵至鼻子窝【十月初一日我东路兵已弃凤凰城走】方倭人之至花园港也以浮码头运炮马登岸甚艰阻凡阅十二日始毕登我海陆军无过问者

初十日黎明倭兵分三路攻大连湾我守台诸营先一日多逃亡是日余兵遥放数排枪怀益遽奔旅顺十一日倭海军至大连湾将攻夺而见炮台已立黑衣倭兵无复中兵旌旗矣

我海疆炮台大连湾式最新炮亦最利创建于戊子竣工于癸巳以屏蔽南关岭为旋顺口后路扃钥山形左右拱抱面东南作大海湾湾之右岬曰黄山迤左曰老龙头左岬曰和尚岛有炮台五座曰黄山炮台有二十一生特口径炮二【长三十五倍口径】十五生特口径炮二【长同上此皆长齿圈中砥柱海岸炮○以上皆克鹿卜炮】曰老龙头炮台有二十四生特口径炮四【德国克楼森齿圈中砥柱炮】曰和尚山西炮台有二十一生特口径炮二【长三十五倍口径皆鱼骨练中砥柱炮】十五生特口径炮二【长同上皆中砥柱一长齿圈一鱼骨练】曰和尚山中炮台有二十一生特口径炮二【长三十五倍口径皆鱼骨练中砥柱海岸炮】十五生特口径炮二【长同上中砥柱一长齿圈一鱼骨练】曰和尚山东炮台有二十一生特口径炮二【长三十五倍口径皆鱼骨练中砥柱海岸炮】十五生特口径炮二【长同上皆长齿圈中砥柱海岸炮○以上皆克鹿卜炮】是为海岸炮台陆路则徐家山炮台有十五生特口径炮四【长三十五倍口径仍克鹿卜鱼骨练中砥柱炮】专顾后路经营布置凡历六载最称巩固方倭兵将至时我金州大连湾储备军械自勇丁配执兵枪以外有海岸行营两种炮凡一百二十余尊大小炮弹二百四十六万数千颗而自沪局运至行营快炮封尚未启华厂自制枪并德国枪六百数十杆枪弹三千三百八十一万数千颗及马匹行帐诸式军储所蓄甚厚【惟饷银经赵怀益先经运去】严城巨防特两日间竟委之去大连湾有海军码头倭人据之其大小军资从此得登岸地转输前敌而辽东之祸愈烈矣

倭兵驻大连湾十日始向旅顺我旅顺诸将不亟以全力守南关岭扼旅顺咽喉乃舣渔舟海曲作逃计而各以粮台饷银移烟台其徐邦道之拱卫军粮台亦移避刘公岛士气大阻营务处龚照玙以金州陷旅顺陆道绝大惧逃渡烟台赴天津鸿章斥之复旋旅顺自照玙之逃旅顺军民滋皇惑船坞工匠群抢库银分党道掠旅顺大扰

是日(二十二日)驻旅之鱼雷艇八艘渡威海而照玙已先一日乘鱼雷艇逃烟台于是黄仕林赵怀益卫汝成三统领陆续潜逃内渡其部下游兵公掠玉成官银号船坞工程局大小员司各挟库储重贵料件争雇民船载逃内渡仓皇扰攘即非倭兵之来而旅顺固已不可守矣

二十五日黎明倭人以兵轮横排一字陈于旅顺海面包我东西各炮台之外而距岸甚远盖以眩我将士耳目牵我兵力俾得专注陆路尽力来攻……于是旅顺陆防尽堕倭兵遂入旅顺市循船坞召堤直指黄金山炮台守军奔溃倭人安步登黄金山其口东摸珠礁老蛎嘴两海岸炮台及口西之各海岸炮台均骇而奔方倭兵之入椅子山也我陆路分界守兵已纷逃不可遏各台炮勇见之奔溃相属其近东口者溃而东从东大道循海北去其在口西者溃而西循西面海边北去复扼于海面倭人兵轮炮火避入老铁山石洞及夜乃出南关岭越金州奔复州徐邦道张光前姜桂题程允和四统领皆杂乱军中大奔我军二十一日之胜曾斩馘归悬旅顺市倭人恫怨至是残杀甚惨我旅顺之防经营凡十有六年糜巨金数千万船坞炮台军储冠北洋乃不能一日守门户洞开竟以资敌自是畿甸震惊陪都撼扰而复盖以南遂遍罹锋镝已

卷三·山东篇第六

国家宅都燕蓟右枕辽海以天津为右辅同光之交缔造经营遂屹为重镇直督实兼北洋大臣光绪乙酉建北洋海军以奉天金州之旅顺山东福山县之烟台为辽海关键是为北洋前敌皆北洋大臣辖境烟旅隔海相望中罗群岛亘若户限烟台为互市地其西南距一百八十里之威海即前明威海卫故地最据形胜乃建设军府我北洋海军提督驻焉【海军北驻旅顺南驻威海两处皆有提督署】威海值烟台成山【成山头属荣城县】之间其海湾形若箕张两臂斜伸入海作半环形口外横刘公岛有若箕舌循岸山岭蜿蜒回抱水深至三丈以外【南口水浅最深处不过一丈七八尺北口深至三丈以外行大兵轮】海军全队驻泊于此朝廷以海军根本所在非水陆依倚不足控驭于湾之南嘴建炮台三曰灶北嘴台有二十八生特口径炮二【身长三十五倍】二十四生特口径炮三【身长三十五倍】曰鹿角嘴台有二十四生特口径炮四【身长三十五倍】曰龙庙嘴台有二十一生特口径炮二【身长三十五倍】十五生特口径炮二【身长三十五倍】是为南帮炮台湾之北嘴【南嘴北嘴隔海相距约十四里由南嘴循岸至北嘴约四十余里】建炮台三曰北山嘴台【三座】有二十四生特口径炮六【身长三十五倍】曰黄泥沟台有二十一生特口径炮二【身长三十五倍】曰祭祀台台【三座】有二十四生特口径炮二二十一生特口径炮二并十五生特口径炮二【皆身长三十五倍】是为北帮炮台【以上各台之炮皆德国克鹿卜炮】守之者为绥巩军统领道员戴宗骞自统绥军四营驻北帮炮台而以分统刘超佩统巩军四营驻南帮炮台威海一湾以刘公岛为屏蔽【岛距威海南嘴约八里距北嘴约四里】于岛设炮台二西曰黄岛炮台有克鹿卜二十四生特口径炮四【身长三十五倍】英国阿母斯脱郎地阱炮二台左设快炮二东曰东风扫滩炮台有二十四生特口径炮二【身长三十五倍】二十八生特口径炮一【身长三十倍以上亦皆克鹿卜炮】外并零星炮台数所是为刘公岛炮台守者记名总兵张文宣统护军两营驻焉【甲午兵事兴增两营】其刘公岛至威海南嘴之间曰日岛上建炮台一有沪造阿母斯脱郎地阱炮二英十二生特快炮二是为日岛炮台

于威海南北帮及刘公岛西岸各设火药子弹军械诸库而南北帮有水雷营电气灯武备学堂刘公岛有铁码头制造局水师公所并学堂于是威海为我海军建牙重地自威海南嘴循岸迤而西复折而东南趋约百四十余里直至成山头【沿岸皆山】自威海北嘴循岸西北转约及二百里至烟台驻有汉中镇总兵孙金彪所部嵩武军四营而候补道李统嵩武军五营驻登州登州镇总兵章高元统嵩武军两营驻胶州经营胶州炮台与威海刘公岛诸军皆隶于北洋大臣

甲午之夏东方事起朝廷忧山东为畿疆左辅起前署广西巡抚臬司李秉衡抚山东而移前抚福润安徽七月初九日夜半倭舰十二艘自西北来窥威海黎明作横一字陈前进距岸约二十里前却伺测无何以四巨舰猛进至口外十余里【时距口约八千密达〇每密达合中尺三尺一寸五分】发炮击我北山嘴台子落台前水际距台尚千余密达【其子母炮弹击伤我傍口小粮船一只】我北山嘴台发炮两出皆中之颇伤其军士其鉴东南移我南帮之灶北嘴台鹿角嘴台同时夹击中四出刘公岛南嘴炮台中一出一倭舰创最甚两舰掖之去辰刻全队始驶向东南逸是日驻烟台之嵩武军派左营并后营三哨往守双岛以固威海后路盖自烟台沿海东南行四十里至龙门港【此港上通宁海州】又四十里至宁海州又东南历孟良口【山隘要路】上庄【有港通海】凡六十里至旧馆又二十里至麓岛【山隘要口】踰麓岛而东南行至杨亭为往荥城大道若折而东行十里至双岛又东行三十里乃

威海卫故城皆山岭崎岖少坦道十二日上庄港口有倭兵七八人登岸测量时有李统领率所部福字两营驻守适在山操演遥见之不往掩捕而放排枪倭徐下船去李统领以捷闻三十七日黎明倭舰三艘来窥距北山嘴尚远我炮台开五炮皆未中倭船亦驶东南去八月中旬我海军以卫铭军赴大东沟遇倭舰队战于鸭绿江口外丧兵轮五艘存者多被创驶入旅顺船坞修治【详见海军篇】于是威海备愈虚

九月四日倭舰五艘从东南来我北山嘴台击之第一出中其头船望楼并毁其烟囱上半若连环追击可击沉乃次出误提操练样弹出库及易弹而倭舰已远是月杪我海军余舰归威海而口外时有倭舰窥伺三五日辄至惟避我炮台率距三十里外游弋十月巡抚李秉衡来驻烟台初六日巡视威海刘公岛诸炮台秉衡之抵山东也时我东征兵事已棘识者知倭祸必中山东其武定莱州登州诸府海面辽阔东省群吏有增募三十营以塞登莱诸海口之请秉衡不许及驻烟台辽东败耗日闻且知倭人将图山东戴宗骞以威海后路空虚非守台勇力所能兼顾亦请别筹一军分屯后路以固威防秉衡允之而仅调福字两营屯北帮后其增募惟襄字两营又两队【每队二百五十人】并福字三队【一队三百人两队二百人】皆驻烟台零星屯戌不足成军且军械不预具率配以旧土枪及故前膛来复枪将驱向敌饷亦寡薄士气阻退及警问日至巡抚始调河防营以阎得胜统之驻荥城河防营者河涨则集涨平则散无常饷知畚局不知行陈盖土夫非战兵也又以羽檄调青州驻防步兵千马队二百亦窳陋不可用于是山东沿海等于无兵自十月以来海氛愈逼初七日倭船二十余艘来威海距口约万余密达一艘直犯灶北嘴我炮台将开炮击之始转柁逸将夕俱驶至北山嘴西北山后下碇复以鱼雷夜袭北口见我有备乃遁初八日驶往东北去初九日复来窥测盖倭舰恒以夜自东来踰成山头即去桅灯候明假朝暾瞰我台垒意狡甚向晚仍驶往成山海面初十日奉天之金州大连湾相继陷倭逼旅顺山东防益急二十日秉衡调福字一营驻双岛令嵩武左营及后营三哨旋烟台而口外日有倭船循环探我二十五日或谓倭人于龙门港登岸复令总兵孙万龄率嵩武左营往驻龙门港是日旅顺失守溃弁逃将皆麕集烟台若龚照玙卫汝成赵怀业黄仕林皆匿渔舟南渡复震于秉衡之威微服亡去【是时倭氛渐逼戴宗骞思脱身去威海适有倭人将自龙门港登岸之信宗骞遂请以威防交巩军分统刘朝佩而自率绥军出为游击军丁汝昌刘朝佩侦知之力请于鸿章阻其行】

十一月初四日晨大雾倭船二十余艘驶近北山嘴我炮台击之未中倭舰即南行复近南帮炮台我灶北嘴鹿角嘴两台击之断其船桅其横杆风篷均落海面而刘公岛炮台不夹击致遁去是月海城陷奉天危急秉衡令登州镇总兵章高元率所部嵩武军北渡赴营口援辽东倭人以未能得志于山东也知威海之防尚严非兵轮所能闯入乃袭犯大连湾旅顺故智取远势登陆抄我炮台后路且知我炮台后路无游兵援应也

十二月初四日成山头右侧龙须岛来倭船一登岸者八人中有华人四操广东山东音者各半在近村购食物并鸦片烟与村民狎得威海成山兵防状以去盖登莱民多服贾辽东颇受倭人饵每归山东为之细作荧惑内地于是登莱民心颇浮动不惮倭至甚有仇视官军不愿诸营驻守其地者倭人以是随处登岸无顾虑宗骞侦倭自龙须岛登岸初九日抽绥巩军四哨往赴岛初十日秉衡令嵩武左营营官孙万龄自龙门港移屯旧馆为荥城威海声援而以襄字左营并新兵一营自烟台移驻龙门港以新募之福字三队【七百人】益万龄军于时金旅既失海城盖平相继沦没而倭人必欲蹦我威海以尽堕我北洋门户十二月十五日倭陆兵第二师团第六师团【仍称第二军其司令官仍陆军大将大山岩也】自其国广岛渡海集于大连湾合金旅踞倭数枝队几二万人以兵轮二十五艘卫之将赴山东意在成山登岸而先北击登州以缀我师不及南顾三十三日夕有倭船三艘【吉野浪速秋津洲】突攻登州甚急州濒海为城面临大洋夜二更许有开花弹一击入城内居民骇窜二十四日登洋倭舰驶往成山海面晚复来犯逼近海岸城上旧有明时防倭铜炮一【前明戚继光铸名日镇海侯】登防统领总兵夏辛酉【登州旧防嵩武五营本李统秉衡至撤李而易夏益以数营登防颇固】遽发是炮击之中其船面倭舰亦退盖倭以登州威海间阻烟台通商地不利行师原不欲于此登岸也二十五日晨倭船复至成山先是成山有倭人大兵船驻外海六日是日倭兵舰运船载陆军大至由龙须岛用小火轮带舢板渡兵我驻岛之绥巩军四哨以七生特半口径行营炮击之沉其舢板二其小轮遂折回而兵舰发大炮向岸轰击即于炮弹弧线之下仍以小轮船舢板登渡我军不支奔荥城【龙须岛至荥城县城三十里】倭人登岸者约千人亦踵至

初五日黎明倭人在虎口山外列横阵东自灶北湾西至西海套截我南帮炮台于虎口高山内倭人猝登山俯

瞰以快枪小炮直击守墙巩军及各炮台未几倭兵毕集我西路守南虎口选锋七百人伤亡略尽东路守长墙兵死亦众倭遂入长墙先趋杨风岭陆路炮台及各行营小炮台前受弹伤后者继进不退我陆路小炮台哨官势不敌弃台走武备学生褚修儒等死之分统刘超佩见势急驱弁勇回与倭搏击中山沟伏倭超佩受伤以小轮船奔北岸【即北帮】于是鹿角嘴台龙庙嘴台相继失守灶北嘴台以二十八生特炮用子母弹旋击鹿角嘴台踞倭败之倭稍却而我军死伤既多逃亡亦众不能扫荡仍为倭踞灶北嘴台亦继陷是时我海军诸舰驶至西海套用过山击法向岸击南帮各台踞倭倭死甚众而我南帮残卒亦藉海军炮力遮护由西海套【长峰迤东沙滩】冲出数百人不然皆包裹倭队中无噍类矣倭兵之逼也海军提督丁汝昌恐炮台不能守将祸我兵舰卸南帮巨炮机件以归宗骞争之复为配置至是倭人果资之以击我海军遗舰是曰巩军连亡管带三员【右营营官张友志后营营官周家恩副营营官何大勋】帮带四员【左营帮带杨得林副营帮带刘国良等】哨官哨长四十员勇丁二千余名其北帮绥军前敌两营【刘树德统带即甫自桥头调回者】见南帮之覆巩军死亡甚惨遂同时逃溃宗骞以令箭截之不可止树德委军去

初七日汝昌乘小轮船至挈宗骞往刘公岛麾炮勇等去以海军大炮毁北帮炮台尚未遗敌倭人遂平行至北帮是时威海之防自守口炮台及陆路炮台以外尚有行营炮五十余尊其台炮行营炮大小炮弹足击一百五十出水雷营电光灯枪弹饷银【北帮尚存银八千余两其巨款早经宗骞运寄烟台后其仲子某挈归寿州】凡军资器械储蓄甚厚尽以予敌于是威海之防尽堕而海军益不可支矣【详见海军篇○刘公岛之陷亦详海军篇】

初八日秉衡令斩阎得胜于旧馆未几复令孙万龄退驻宁海宁海非要塞不可驻兵乃进据孟良口孟良口左海右山形势甚险亦东道关键也于时自孟良口以东而南皆委诸倭任其纵横出入倭踞威海攻我海军益急炮声达烟台且谓将由海道来袭官民大恐十三日未刻秉衡西走十五日至黄县是日倭人袭入文登十八日秉衡退驻莱州复令万龄率所部自宁海移海阳万龄误视电文拔退莱阳于是倭人袭入宁海又西二十余里至沙鼻窝【近龙门港】大掠妇女财帛去倭之入山东东自荣城县之龙须岛南及文登西迤北至宁海之沙鼻窝而意实主威海其旁扰各县邑盖披枝叶而拔本根也及我海军之覆刘公岛之陷于是荣城文登宁海之倭亦相继退而敛兵驻威海卫云

卷四·海军篇第七

中朝议设海军经始于咸丰之季购英国战舰数艘并议聘英水师兵官奥士朋统之旋以事寝同治初元从大学士曾国藩浙闽总督左宗棠议开船政局于福州上海福州厂规模宏阔特派大臣董之招学生习技艺延洋员教授分设学堂习造船水师两事是为中国海军权舆七年闽沪二厂成船渐伙国藩奏调道员吴大廷督操轮船而是时轮船犹不可尽作兵船也十三年日本假生番事以兵闯我台湾驻军琅璚盖瞰我海疆无备也朝廷隐忍款之详见衅始篇是时闽沪两厂机器未备不足制大船且无能配置炮位总署乃请购外洋铁甲十艘有分立外海五军之奏卒以饷绌不果乃议先设北洋水师一军购甲船八艘而防长江口购中小铁甲二只时光绪元年也五年日本忽以兵船入我藩属琉球虏其王竟灭琉球而俄罗斯踞我伊犁索重赂行者失辞地不毕归议汹汹将启衅日本复结俄假之长崎屯兵轮购煤水以毒我而我海军久无成议海关总税务司英人赫德请购蚊船快船分驻大连湾诸处总署遂议以赫德总司南北海防道员薛福成谓赫德阴鸷专利兵权饷权尽入其手甚非计遗书李鸿章争之鸿章悟议始罢六年鸿章议减水师裁绿营以治海军遂设水师学堂于天津沿闽堂锢习学生仍多闽人于是请总署户部拨经费购铁甲四艘于德国克鹿卜厂

八年六月朝鲜乱毁日本使馆日本发兵轮诘责时鸿章以忧去位张树声署北洋大臣朝廷起鸿章还北洋树声已遣兵船东渡先日本至朝鲜难得平【详见衅始篇】而琉球案未结日本恐我诘责益购战舰是时我购制铁甲四艘未至南北洋见有兵轮共二十艘其中惟北洋之超勇扬威两快船南洋之超武扬武澄庆数船尚堪任战其余诸舰则练船运船居大半不足战大洋而学士张佩纶给事中邓承修以琉球之役先后请发兵东渡朝廷畀鸿章议卒以兵舰不备不果行十年法衅起我购制镇远定远诸船已毕工尚未来华法水师将孤拔乘我海军未成以铁

木战舰十余艘纵横南洋攻夺我台湾之基隆时我扬武济安飞云伏波福星振威艺新永保琛航福胜建胜兵轮十一艘驻福建马江口内侍讲学士张佩纶方以会办闽防驻船政局意气甚盛而法舰亦入马江与我兵船相错寄碇佩纶不先发又不设备法猝开炮毁我船政局我扬武九艘歼焉惟伏波艺新幸免法舰乃突出长门复追击我援台兵轮澄庆驭远沉于石浦港未几法款局成自同治甲戌台湾之役至是皆以无大枝海军我海疆七省袤延及八千余里动为牵掣朝廷乃以大治海军责疆吏大学士左宗棠遂疏请拓增船炮大厂而署船政大臣裴荫森复陈试造新式双机钢甲兵船

先是光绪庚辰【六年】冬经营旅顺分建东西各炮台为北洋海军根本讫丙戌十二年而工竣详见金旅篇适廷议锐意建海军十年立海军衙门于京师督办以醇贤亲王以北洋大臣李鸿章会办山东巡抚张曜奉天将军善庆皆帮办会前订德厂镇远定远两铁甲济远一快船亦陆续至十二年春醇贤亲王乃奉慈旨周历旅顺大连湾威海卫烟台诸要隘十三年续订英德厂致远靖远经远来远四快船并延英水师兵官琅威理均来华合超勇扬威凡得铁甲二快船七十四年乃定海军经制以丁汝昌为海军提督予英国水师兵官琅威理副将衔为海军总教习福建船政局学生刘步蟾等适出洋学习归尽与营官【一船当一营】乃编为中军左右翼后军四队中军三营【致远靖远经远三快船】左翼三营【镇远一铁甲来远超勇两快船】右翼三营【定远一铁甲济远扬威两快船】此战舰九艘后军则守口蚊子船六艘【镇中镇边镇东镇南镇西镇北】合以鱼雷艇六艘练船三艘【威远康济敏捷】运船一艘共大小二十五艘凡设提督一总兵二副将五参将四游击九都司二十七守备六十千总六十九把总九十九皆隶北洋大臣其俸饷并后路天津水师学堂及军械支应各局经费岁一百七十六万八千余两是为北洋海军而以山东之威海卫海澳为宿海军之所以奉天之旅顺口为修治战舰之所威海旅顺各建提督署光绪乙酉【十一年】乃经营威海炮台【详见山东篇】戊子【十三年】复经营大连湾炮台以固旅顺后路【详见金旅篇】于是威海旅顺皆为海军重地海军之建也琅威理督操綦严军官多闽人颇恶之右翼总兵刘步蟾与有违言不相能乃以计逐琅威理提督丁汝昌本陆将且淮人孤寄群闽人之上遂为闽党所制威令不行琅威理去操练尽弛自左右翼总兵以下争挈眷陆居军士去船以嬉每北洋封冻海军岁例巡南洋率淫赌于香港上海识者早忧之

二十年四月鸿章奉命阅海军南洋之南琛南瑞镜清寰泰开济保民六艘广东之广甲广乙广丙三艘皆来会操事竣鸿章旋天津而南琛等六艘返南洋广甲返广东【后广甲以解广东岁贡荔枝至天津仍留威海】广乙广丙留威海四月杪高丽全罗会城陷于贼来告急五月朔鸿章令我海军之济远率扬威平远往护朝鲜泊仁川旋以超勇翼图南载聂士成兵赴牙山初六日商船海晏海定载叶志超兵至仁川登陆鸿章以志超兵单令分扬威往牙山合超勇护之时在仁川者济远平远两艘而日本兵船六艘【松岛八重山千代田太和赤城筑紫】驻港内自是倭人日以兵轮卫其陆师自仁川登岸水雷鱼雷旱雷电线浮桥马匹纷至所泊战舰恒三倍我十四日济远管带方柏谦起碇逃归超勇亦旋回威海汝昌得日本兵在朝状电告鸿章鸿章谓日本不至与我开衅惟电令汝昌饬在朝各舰管带约束水手毋登岸致启衅端而已十六日鸿章令镇远铁甲率广丙超勇续赴仁川【十九日始至】是时倭事益急平远兵轮载驻朝道员袁世凯眷属回华二十八日鸿章召驻朝诸舰归自是朝境遂无中国兵轮矣

六月中旬倭人虏朝王汉江口已遍下水雷海道绝志超等孤军寄牙山鸿章始令江自康率仁字营往助以爱仁飞鲸两小商轮渡兵又租英国商轮高升载我北塘防兵两营辅以操江小运船分载炮械将先后东发令济远等兵船翼之进六月二十日济远广丙两兵轮偕威远练船往牙山明日济远等三船并爱仁飞鲸先后抵牙山内岛是日英兵船告我倭舰将来要截威远木质练船乃先出口方济远广乙之发自威海也汝昌电请鸿章率我海军大队继发接应二十二日已升火起锚戒严将发鸿章电泥之遂不行二十三日寅刻济远广丙自牙山出口辰刻时七点半钟出仁川驶抵丰岛西北望见倭兵轮吉野浪速秋津州横海来互相轰击历一时许广乙已受重伤敧侧弁兵死者三十余人伤者四十余人乃驶往东北逃避济远甲坚未受殊伤而受弹已多船之望台前炮台皆中炮大副都司沈寿昌二副守备柯建章学生守备黄承勋军功王锡三管旗刘鹍死焉弁兵死者数十人乃驶向西北逃避时我操江运船并雇英国高升商轮适至倭吉野快船方追我济远其秋津州乃截我操江操江本小船势不敌遂悬白旗任掠去而浪速迫我在高升将士降我将士严拒之倭遂以鱼雷沉高升我弁勇幸生者祗百数十人盖以法国兵轮之拯也广乙虽出险而受伤已重遂驶撞朝鲜海岸浅滩凿锅炉渡残卒登岸遗火火药仓自焚而管带林国祥以下兵官将渡登英兵轮复截于倭舰听命立永不与闻兵事服状国祥以下联署与倭乃得纵归济远之奔倭吉野追甚急

吉野为新式快船每四刻能行二十三海里势将及管带方柏谦乃树白旗继又树日本旗倭追如故时有水手王姓者甚怒而力素弱问何人助我运子又有一水手挺身愿助乃将十五生特尾炮连发四出第一出中倭船柁楼第二炮亦中第三炮走线第四炮中其要害船头立时低俯盖倭船之追我济远也意我尾炮已伤故鱼贯追逐以是我尾炮挂线毋庸左右横度故取准易而中炮多惜是时济远不知转柁以船头大炮击数出以收奇捷或可纾高升之急柏谦既庆生还归威海遂称击毙倭海军总统以捷闻七月初旬堵塞威海澳东西两口东口日岛以北设木阑二层环以铁练布水雷五层日岛以南木阑一层水雷五层西口木阑二层沉雷四层踫雷三层汝昌亲度之为固守计自济远翁岛之败倭兵轮纵横辽海朝廷令汝昌巡弋洋面六月杪曾督大队巡洋以未遇倭船报闻七月初九日复报巡海谓将驶鸭绿江口一带巡弋明日倭船至威海发炮击我炮台我炮台伤其一舰【详见山东篇】倭舰旋退十三日我海军全队回威海自是每值我海军出口巡弋倭舰恒来窥威海【详见山东篇】而我出巡之海军亦言未遇倭舰以为常

八月初九日全军复出巡海是日湖南巡抚吴大澂来威海相炮台盖大澄自请赴前敌北上时道出山东也十三日汝昌率全军抵旅顺是时我大军云屯平壤朝廷将以铭军十二营济师自鸭绿江口登岸十三日鸿章令海军翼之进凡商轮五艘为运船海军全队兵轮十二艘镇远【左翼总兵林泰曾管带】定远【右翼总兵刘步蟾管带】两铁甲致远【中军副将邓世昌管带】靖远【中军左营副将叶祖圭管带】经远【中军右营副将林翼升管带】来远【左翼前营副将邱宝仁管带】济远【右翼前营副将方柏谦管带】超勇【左翼后营参将黄烔臣管带】扬威【右翼后营参将林履中管带】平远【都司李和管带】八兵轮益以广丙都司陈璧光管带】广甲【都司吴敬荣管带】两艘又蚊炮船镇南镇中两艘鱼雷艇四艘翼商船而渡十六日夜午发自大连湾十七日午刻抵大东沟【鸭绿江口安东县地】镇远等十艘泊口外平远广丙二艘泊港口镇南镇中两蚊炮船并四雷艇卫运船五艘入港彻夜渡兵登岸十八日辰刻汝昌促卸兵并令全军备午刻起椗将归旅顺已刻见西南来黑烟一簇测望悬美国旗我军作战备向午船来愈近凡有船十二艘已尽易倭旗汝昌乃令起椗水手站炮位是时我战舰十艘【平远广丙在港口未及至】分五队镇远定远两铁甲为第一队致远靖远为第二队经远来远为第三队济远广甲为第四队超勇扬威为第五队倭船十二艘则快船四【吉野高千穗秋津洲浪速】兵船八【松岛千代田严岛桥立比叡扶桑西京丸赤城】其舰小于我而速率大于我大炮少于我而快炮亦多于我我最快之船为致远靖远每四刻行十八海里余各舰则或十五六海里或十四海里十海里不齐而超勇扬威广甲最弱小而钝镇远定远最坚大而每四刻祇行十四海里有半倭快船四艘吉野速率最大每四刻行二十三海里余三舰俱行十九海里上下其兵轮惟比叡西京丸赤城最钝弱余诸舰速率则皆十七海里又半以上至十九海里【倭海军司令官中将伊东祐佑坐松岛舰】时汝昌自坐定远为督船作犄角鱼贯陈进遥望倭船作一字竖陈来扑快船居前兵船继之汝昌谓其直攻中坚也以镇远定远两铁甲居中而张左右翼应之令作犄角雁行陈我诸舰速率各殊改陈之余遂不能整超勇扬威船皆弱小居右翼末不足自固我距敌约及十里遽开炮一排无一弹中者而敌畏我镇定两铁甲故于驶近时改道飞驶左行绕攻我军右翼瞬息已过我右翼绕及船后我扬威超勇相继中弹火起超勇未几沉没军士烬焉倭船之拂我右翼而过也其小船比叡扶桑赤城不及从而转出我左翼之侧我定远与经远来远夹攻之炮火迷茫之际我将士谓比叡赤城已为我击沉而定远复击沉其西京丸一艘【后比叡赤城曾复见于山东海洋】倭舰之攻我也以快船为利器而吉野为其全军前锋绕行于我船陈之外驶作环形盖既避我铁甲巨炮且以其快炮轰我左右翼小船为避实击虚计自我超勇沉后平远广丙亦来会而船弱不任战倭舰复分两枝以快船四艘为一枝兵轮五大艘为一枝左右环裹而攻于是我陈乱致远药弹尽适与倭船吉野值管带邓世昌粤人素忠勇且甚怨闽人之诈也谓倭舰专恃吉野苟沉是船则我军可以集事遂鼓快车向吉野冲突吉野即驶避而致远中其鱼雷机器锅炉迸裂船遂左倾顷刻沉没世昌死之船众尽殉时已逾申刻矣我福龙左一雷艇由大东沟驶至左一傍定远右侧以自卫亦不得力济远见致远沉大惧转柁将逃撞扬威舵叶扬威行愈滞敌弹入机舱立沉于海自管带林履中以下皆死以左一雷艇救获生者六十五人济远既逃广甲随之靖远经远来远不能支亦驶出陈地逃避倭快船四艘来追靖远来远避至大鹿岛侧而经远管带并大副二副先陈亡船行无主亦沉于敌得生者祇十六人方诸舰之逃也倭兵轮五艘萃于我镇远定远两艘鏖战一时许我定远击其松岛舰【倭海军将伊东祐佑坐船】几沉之而定远亦重伤遍船皆火炮械俱尽时已日夕暮色苍茫倭人惧我靖远诸舰合鱼雷之乘之也解而南去我军亦西归明日卯刻抵旅

顺济远先逃归已泊港内广甲之逃也避大洋傍岸行夜午已驶至大连湾三山岛外迫近丛石管带吴敬荣仍仓皇奔驶遂搁礁不得出越日为倭炮所碎是战我军凡失船五致远经远超勇扬威广丙也其存者惟镇远定远来远靖远济远合平远广甲共七艘已不能军而镇远定远凡受炮三百余弹来远毁及半余诸舰亦各创甚汝昌方告捷鸿章鸿章上其事请优奖我将士死者邓世昌最烈官弁亡八十七员水手死一千余人伤者四百余名而定远洋炮手宜格尔亦死于炮洋员受弹伤者十一名是役也德员汉纳根与战事偕汝昌驻定远舰汝昌先立望楼旋受弹伤股倒地扶入舱于是战事颇赖汉纳根指挥管带总兵刘步蟾闻战惶惧汉纳根劝入舱避旋色定复出亦能始终战事

二十四日斩方柏谦于旅顺时战舰七艘入坞修整九月十八日始竣工二十日出旅顺口回威海二十六日倭兵舰已袭据花园港渡其陆师第二群兵登岸盖自鸭绿江之战我海军将士胆愈慑且余舰七艘亦实不堪驰逐海上故虽屡奉巡海截倭之令而终不遇敌敌侵威海亦罔能出击倭舰益纵横海上无所顾忌倭之第二群兵既登岸遂经鼻子窝踞金州连陷大连湾趋旅顺【详见金旅篇】

十月初旬巡抚李秉衡来察威海卫刘公岛诸炮台中旬以后旅顺日益危逼汝昌知旅顺堕则北洋门户失大局震惊罪且不测自赴天津请以海军全力援旅顺决死战鸿章詈之谓汝善在威海守汝数只船勿失余非汝事也二十五日旅顺陷船坞沦于倭海军根本拨遂褫汝昌职自是我兵舰束于威海巡弋所及西不过登州东不过成山每值大队倭舰至且坚伏不出矣

十一月初十日朝命严守镇定两铁舰毋损伤盖从鸿章议也二十二日以巡登州洋旋威海时午潮正落且避水雷浮标镇远误触礁自船后伤及机器舱裂口三丈余宽五尺而我旅顺船坞陷于敌不可修治管带林泰曾畏罪仰药死二十八日来沪局船厂洋匠六名就滩修治强补葺八日竣事是时朝廷以海军久无功逮汝昌鸿章盖覆不遣

十二月初旬道员徐建寅自京来威海勘镇远盖军务处将以建寅代汝昌未果行是时日本之第二师团第六师团已自其广岛渡海集大连湾合其犯辽数枝队将以兵轮卫之渡成山头澳上陆以袭威海东抚李秉衡不戒备二十三日三倭舰【吉野秋津洲浪速】先攻登州以炫我耳目明日其水陆大队已抵成山陆军遂登岸陷荣城【详见山东篇】兵轮至者凡二十五艘【松岛严岛桥立扶桑千代田吉野浪速高千穗秋津洲高雄筑紫金刚比叡天龙葛城太和武藏海门盘城大岛摩耶爱岩鸟海赤城八重山】雷艇十六艘实则任战之船不能十艘余多木质小船猥以充数我海军驻威海者尚存镇远定远两铁舰靖远来远济远三兵轮平远广丙两小铁甲凡七艘皆任战并威远康济两练船镇中诸蚊炮艇六艘凡十五艘益以雷艇十二艘决命借一尚堪一战乃震于倭舰声势坚匿坐毙

乙未正月我陆师屡败倭逼南帮炮台【详见山东篇】初五日倭舰二十一艘自荣城澳起椗西扑威海【留成山头兵轮四艘护其运船】盖与其陆军约夹攻我南帮炮台扼于我刘公岛炮火不得逞而我南帮炮台是日竟为倭陆兵夺踞方日本陆军之未逼南帮也汝昌虑炮台不能守以巨炮资敌将遣海军忧遣弁至台卸其各炮之钢底钢圈以归统领戴宗骞固争复还置之是日南帮炮台陷大炮悉为倭有我海军炮毁龙庙嘴炮台而灶北嘴鹿角嘴两台大炮凡十余尊终以资倭我海军舰队之不守亦率基此南帮既陷北帮遂从风靡初七日汝昌乘小轮登北帮炮台时陆军逃散已空【详见山东篇】乃卸各大炮机要诸物并焚子药库毁炮台载宗骞归刘公岛自是倭兵尽踞威海陆地海军道绝而澳之东西口门外亘倭舰数重于是我舰队陷入重围矣南帮炮台之陷也倭人即以台之巨炮攻我澳内诸舰我诸舰驶往西口以避之由是东口不能守【南帮炮台逼近东口】倭人乃得以鱼雷艇卸我东口木阑并守口水雷诸物而其雷艇遂时得入口狙击我诸舰矣初五夜倭雷艇即入口劫夺我军觉刘公岛发炮击之未得逞初九日倭舰合南帮炮台踞倭攻我我舰队与刘公岛炮台相持竟日而刘公岛炮台兵弁伤亡甚众是夜倭雷艇复入东口袭我为我击沉者五艇而我定远卒中雷伤甚遂驶泊刘公岛岸旁而船已倾侧旋凿沉之十一日倭水陆复以炮猛攻我毁我日岛药库并地井炮而我刘公岛炮台亦击伤其两舰十二日侵晓倭雷艇复入东口来袭我来远并威远练船宝筏差船皆沉于敌时来远管带邱宝仁威远管带林颖启方登陆逐声伎未归也十三日我管带鱼雷艇王登瀛等率雷艇十二艘从西口驶逃倭舰追之尽掳以去其傍浅水淂凫渡者百余人自威海陆道陷刘岛居民惶惧兵轮管带不欲战者复交煽其间兵勇水手和之益以倭人雷艇时袭入东口沉我舰队是日我雷艇全队且逃兵勇水手乃纠党噪出鸣枪过市声言向提督匄生路岛中大扰在岛诸洋员请姑许乞降以安众心汝昌谓我知事必出此然我必先死断不能坐覩此事乃先出示抚众略谓援兵将至固守待援众亦稍定是时英水师

兵官马格禄方充海军副统带官与我兵轮管带数人并洋员浩威已密有成议将仍以众劫汝昌十五日倭水陆复以炮攻我击沉我靖远舰管带叶祖圭亦先去船在陆是日右翼总兵刘步蟾以手枪自击死时汝昌驻镇远

十六日弁勇拥护军统领张文宣至汝昌所合水手围之营务处道员牛昶炳并各舰管带踵至相对泣乃召西员计事以德员瑞乃尔能作华语令出抚众晓譬良久众喧噪不可解瑞乃尔入舱密告汝昌曰兵心已变势不可为不若沉船毁台徒手降敌较得计汝昌沉思良久乃令诸将候令同时沉船诸将不应盖恐沉船徒降取怒倭人也十七日倭水陆复以炮急攻我岛中愈惶急时岛中尚存镇远铁舰一济远广丙平远兵轮三镇中等蚊雷艇六凡十艘而药弹将罄是日得烟台密信始知东抚秉衡已走莱州援兵绝汝昌召海军诸将议鼓力蹴敌船突围出或幸存数艘得抵烟台愈于尽覆于敌诸将不允散去旋勇丁水手露刃慑汝昌汝昌稍慰之入舱仰药张文宣继之十八日晓夜四更许相继死牛昶炳召诸将并洋员议降瑞乃尔请如汝昌前令沉船毁台乃议降事诸将及英员皆不许于是英员浩威作降草仍托诸汝昌语管带闽人某译华文牛昶炳署以海军提督印黎明广丙管带陈璧光乘镇边艇悬白旗诣倭军乞降于是舰队十一艘及刘岛各炮台军资器械尽纳于倭我海军遂扫地尽矣倭人乃以康济练船载汝昌并宗骞诸榇还燕台纵水陆将士居民西渡而敛兵踞刘公岛与威海相犄角以扼我要害云

卷四·议款篇第八

十月中旬总署大臣侍郎张荫桓至天津驻鸿章行署议款事语秘外不得闻二十二日遣津海关税务司英员德璀琳东渡言款……璀琳遂赍鸿章致日相伊藤博文公文一私函一乘礼和商船【礼和即我招商局轮船】往日本三十日抵神户日本兵库县知事周布公平诘之为电达内阁内阁谓鸿章牍非国书也德璀琳西人非中国大员也苟非中国著望大员且钦派来东不与议也斥璀琳归十一月初一日璀琳乃起椗回华于是鸿章复有派员会议之之请……德璀琳之未东渡也美国任为我国居间日本方昵于美美总统【即民主所谓伯理玺天德也】遂命其驻我驻倭公使为中倭介绍时我旅顺既堕璀琳复归而析木城海城且陷诸将久无功议款益急而倭人须割地并偿款四万万圆诸说腾沸中外朝廷遂决计派大臣东渡议款倭人复要及国书款式并派全权使臣诸事皆许之均自美国公使道达且聘其前任外部大臣福士达助订和约遂命侍郎张荫桓巡抚邵友濂为全权大臣使日本会议十二月十二日荫桓等自山海关乘招商轮船赴上海【时天津口已封冻故绕道山海关】折而东渡乙未正月初四日抵长崎美员福世德已先至

(光绪二十一年二月)十九日鸿章挈其子经方并美员福世德参赞罗丰禄等【参议李经方参赞道员罗丰禄马建忠伍廷芳医官林联辉翻译卢永铭罗庚龄学生六人供事一名差弁九名跟役厨丁三十八名】自天津乘礼裕公义轮船【即招商局商轮】东渡二十三日抵马关【即长门】倭人仍以其内阁伊藤博文外务卿陆奥宗光为全权大臣俱集马关以春帆楼为会议所【倭馆鸿章于寺】

(三月)初五日订停战约惟奉天直隶山东暂止战【南洋各省不在内】以二十五日为限凡订约六款【……第四款海上转运兵勇军需所有战时禁物仍按公例随时查捕……】初七日博文宗奥递鸿章缔和条约凡十款【……六中国直隶顺天府湖北荆州府沙市湖南湘潭县四川重庆府广西梧州府江苏苏州府浙江杭州府俱开为通商口岸日本皆得派领事官前往驻扎日本臣民得往来侨寓上所开各口其水路可通者日本轮船皆得驶入搭客运货其日本入中国各口之子口税每值百抽二此外公私各捐一概豁除并日本臣民在中国所购土货一经声明保为出口除不纳子口税外公私捐亦一概豁除又日本船所载中国上货运中国通商口岸一经纳口岸通商税钞除勿庸纳进出口税外其公私各捐亦一律豁除且日本臣民在中国内地购中国土货或将进口商货运入内地欲暂行存栈除不纳税钞征派一切诸费外得暂借栈房存货中国官员不得干预而日本臣民在中国输纳税钞及规费得以日本银圆照官价输纳又日本臣民得在中国任便从事各项工艺制造又得将各项机器任便装运进口止交所订进口税其所制造一切货物即照运入中国商货税则并沾及寄存栈房之益一体办理至享豁除优例亦莫不从同其中国黄浦江口吴淞沙滩中国务速疏浚虽落潮时亦须深及二十幅……】限四日议覆是日鸿章两次电告总署略言日本已将条款出示其最要者一朝鲜自主二奉天南边各地台湾澎湖各岛均割隶日本三赔

兵费库平银三百兆两所欲过奢恐难成议请密告英俄法三国公使其第六款商约节目甚繁若添开口岸北京沙市湘潭重庆梧州苏州七所皆各国素所愿望不得者且要减子口半税为值百抽二并将一切税钞豁除又机器进口改造土货俱夺我利权请迅核允驳或密商赫德惟令勿告各国公使总署奏之十一日鸿章先覆博文宗光说略分四大端一言朝鲜自主应改日本所拟约文二言奉天南境难割弃【台湾未言及】三言贴款三万万非中国力所及四言通商权利减子口半税免内地厘金洋货入内地屯栈机器进口造土货并所造土货入内地免税课诸事颇碍中国国计民生俱请更议越日伊藤博文覆函谓中国自家为难之处非彼国所与闻而要鸿章以按所交和约底稿逐条陈明允驳或更改之处勿延缓十五日鸿章乃按和约稿条覆略如说略意而允割奉天之安东宽甸凤凰城岫岩四厅州县及澎湖列岛诸地赔库平银一万万两通商权利一如中西各国成约时鸿章创已愈十六日复会议于春帆楼博文面致尽头约稿谓其此次节略中国但允不允两言而决无多费时日约仍十款视其初送约稿大端于割地款内减去宽甸县地而赔款减至库平银二万万两分六期以七年归偿未偿以先给息五厘质地减奉天省城而要减子口税及内地厘税与浚长江口拦沙亦均删去是日反复互辩【此第四次会议】越日复函辩博文执甚坚且限四日覆二十一日复会议仍互辩博文乃于商约内日本人入内地租栈减去华官不得干预一语并删以日本银圆报关一事而日本人在华制造货物限以通商口岸并言兵费三年偿清停息辽河口界线以河心为界及换约后台湾两月交割诸事遂定议【此第五次会议】鸿章之议约也博文历私于经方【十四日事】及参赞伍廷芳【十九日事】略言彼国武员欲分道攻北京和议须速成又言彼广岛派运兵船三十艘赴大连湾其小松亲王等

【约文全稿……中国约将下开让与各款从两国全权大臣画押盖印日起六个月后方可照办第一见今中国已开通商口岸之外应准添设下开各处立为通商口岸以便日本臣民往来侨寓从事商业工艺制作所有添设口岸均照向开通商海口或向开内地镇市章程一体办理应得优例及利益等亦当一律享受一湖北省荆州府沙市二四川省重庆府三江苏省苏州府四浙江省杭州府日本政府得派遣领事官于前开各口驻扎第二日本轮船得驶入下开各口附搭行客装运货物一从湖北省宜昌溯长江以至四川省重庆府二从上海驶进吴淞江及运河以至苏州府杭州府中日两国未经商定行船章程以前上开各口行船务依外国船只驶入中国内地水路见行章程照行第三日夲臣民在中国内地购买经工货件若自生之物或将进口商货运往内地之时欲暂行存栈除勿庸输纳税钞派征一切诸费外得暂租栈房存货第四日夲臣民得在中国通商口岸城邑任便从事各项工艺制造又得将各项机器任便装运进口只交所订进口税日本臣民在中国制造一切货物其于内地运送税内地税钞课杂派以及中国内地沾及寄存栈房之益即照日本臣民运入中国之货物一体办理至应享优例豁除亦莫不相同嗣后如有因以上加让之事应增章程规条即载入本款所称之行船通商条约内第七款日夲军队见驻中国境内者应于本约批准互换之后三个月内撤回但须照次款所定办理第八款中国为保明认真实行约内所订条款听允日本军队暂占守山东省威海卫又于中国将本约所订第一第二两次赔款交清通商行船约章亦经批准互换之后中国政府与日本政府确定周全妥善办法将通商口岸关税作为剩款并息之抵押日本可允撤回军队倘中国政府不即确定抵押办法则未经交清末次赔款之前日本应不允撤回军队但通商行船约章未经批准互换以前虽交清赔款日本仍不撤回军队】

时中日和局美国居介绍英人依违其间实阴袒倭而俄法德三国恶倭人之攘我土地法慧其索台湾俄怒其据辽东而俄阻尤力四月朔三国驻倭公使公阻其据辽东迭以公文致日本外务府而俄舰队东来甚伙分泊日本长崎及我辽海日本畏之初十日许以辽东归我三国公使遂照会我总署辽东地不毕归毋批准换约会我中外诸臣亦连章阻款议朝廷意犹豫乃鸿章遣伍廷芳迎驻津倭领事于大沽密令其速电东京促我换约而毓汶等亦以属驻我新倭使林董于京师于是求御宝换约益急上乃命王文韶刘坤一议决和战文韶等奏颇依违且告海啸成灾……和议遂决乃以道员伍廷芳联芳为换约使赴烟台十四日倭换约使伊东美久治乘其兵舰八重山抵烟语及更易割辽条约谓未奉其国命马关约不可改持不下时俄舰泊烟台港内者凡十舰皆整衣理械卸舱面碍战诸物若即开战状美久治大恐鸿章等亦惶惧旋得倭电从归辽议夜午竟换约

卷五·台湾篇上第九

光绪乙酉中法和议成建台湾行省升淡水厅为台北府作会城驻巡抚经营铁路商轮屯垦开煤磺诸矿岁入三百数十万菁华咸萃台北以基隆沪尾为台北门户基隆澳设炮台四首社寮次顶石角次小基隆次仙人洞又筑陆路炮台于狮球岭以扼基隆台北之冲沪尾炮台二曰沪尾曰关渡【关渡在沪尾口内十三四里为台北沪尾水程要路】基隆值省会东北山海依倚最据形势商轮矿务诸局在焉铁道六十里至会城山岭复沓回环拱卫沪尾值省会北稍西四十里内港直达台北缘港皆坦途无阻隘循沪尾稍西而南为台中再南为台南并沿海岸港口纷歧不可枚举惟台南府之安平口【即鹿耳门】有炮台三再南打狗港有炮台一打狗港北岸之旗后有炮台一建省之始经营缔造则巡抚刘铭传铭传宿将所部淮军从驻台者四十余营继之者邵友濂友濂抚台屡遣撤存者仅二十余营二十年六月倭衅起海疆戒严台湾悬海外为东南洋屏蔽命福建水师提督杨岐珍广东南澳镇总兵刘永福率师渡守友濂又调南洋之南琛威靖两兵轮往护海面六月十二日抵台【威靖于甲午九月仍回南洋】七月永福率广勇两营至台北增募六营成八营仍称黑旗八月岐珍统所部十营亦至兵稍集乃令提督张兆连率十三营守基隆以扼社寮顶石角小基隆炮台台绅道员林朝栋统十营守狮球岭箢狮球岭炮台提督李本清统所部七营守沪尾本清固驻中路新竹而知府朱上泮固驻沪尾至是移上泮守中路未几本清与藩司唐景崧交恶本清求去乃以提督綦高会守沪尾八月复以提督廖得胜易高会特两月间沪尾凡三易将又改令上泮往澎湖偕总兵周镇邦以守而以台绅主事邱逢甲率土勇守彰化新竹兵冗将新人和地利皆失固窳敝不任战友濂旋闻援高诸将败溃入边凤凰九连诸城相继不守虑兵祸将及台湾大惧徘徊思去政府亦谅之十月调湖南巡抚以藩司唐景崧署台抚【电谕唐景崧既经署理巡抚责成綦重并著与杨岐珍刘永福妥为商办不得刚愎自用自以为是倘与僚属动辄龃龉遗误事机恐该署抚不能当此重咎也】景崧电调刑部主事俞明震【事在甲午十一月】副将陈季同【事在乙未二月】礼部主事李秉瑞亦至台求自効【事在乙未三月】三人先后至二十一年正月景崧令副将黄义德督弁目吴国华挈银二十万两内渡至广东募勇义德粤人吴国华者本粤洋盗知县唐镜沅介诸景崧谓其大侠知兵景崧昵之二月广勇陆续至喧扰无纪律不可统驭台湾兵事益坏初景崧以道员与永福同军事于粤西【永福归中国乃景崧说之】后积不相能至是移永福军于台南会台南镇总兵万国本守南路景崧自任守台北自张兆连一军以外专倚广勇命知县胡友胜【广西人】统广勇守狮球岭而移林朝栋【所部皆台湾土勇】守中路彰化其南路则责成刘永福云【是为三路分守之议】二月二十七日辰刻倭兵船攻澎湖我妈祖宫炮台击之伤其两艘盖倭人将于澎湖之文良港【即龙门港】登岸而先攻妈祖宫炮台以牵缀我师统领知府朱上泮等不察乃电台湾告捷景崧立保上泮道员并以银二万两犒军是日澎湖兵弁方争赏银倭已从文良港登岸我兵不能支二十八日已刻澎湖至台湾电线断二十九日辰刻倭遂入澎湖城澎湖既失台势益孤而广闽苏浙海道中梗于是中国凡购外洋军械尽截于倭委输将断而和议益亟矣上泮镇邦逃归台湾【由鹿港登岸】上泮以受伤免罪镇邦得严议【寻解福建】三月李文奎击杀中军方副将于巡抚署抚署大乱李文奎者原直隶保定游匪从淮军渡台得保外委充抚辕亲兵时方副将为武巡捕文奎犯禁令责革乃转事中军副将黄翼德充什长是岁正月翼德募勇往广东以方副将署中军副将文奎又以事责革去遂思乱其党布城中及抚署内外三月二十五日午后景崧之壻余姓者内渡令勇丁舁其装出抚署将入船文奎率党十余人持刀劫于道勇丁逃文奎令其党安置掠物关帝庙而自追勇丁直入抚署门方副将自出喝曰汝欲反耶文奎径砍其头方副将抱头反奔入门已踣中军护勇时屯署内将应文奎争出棚放排枪盖以为号也帮带某见事急自闭营门并闭抚署门景崧闻变不知颠末先遣差官出询甫及仪门已中刀返奔文奎徒党追及堂皇将入杀景崧时已黄绸帕首矣适景崧盛服出遇于堂皇其徒猝见巡抚矜持手不能下谬请安侍立云无事无事景崧奖以有胆命出为周旋台湾知府管元善闻变奔告杨岐珍岐珍率一营至喝开抚署门与乱党对施枪炮【勇在门外贼在门内】中伤百姓甚伙死者十余人【景崧给死者每人百金】先是景崧闻文奎徒党众将令充营官以安之令募缉捕一营至是卒用文奎命屯基隆而方副将之死仅以一捕贼示了之于是将领离心而健儿不可约束矣四月景崧分沪尾七营为两部以廖得胜綦高会分统而高会专箢炮台方鸿章之东渡言款也停战之约载明北洋而南洋不与焉意固专属台湾亦旋有弃台湾之论时台湾举人方以会试在都上书力争留中不报三月弃台信益急台人惶惧主事邱逢甲首建自主议登坛誓众于新竹出示告台民遂议立民主开议院制国旗四月和议成卒弃台湾朝命率兵民内渡台人乃有匄各国保护之议电告政府政府

谕以既能自立无庸奏请十八日陈季同介法国水师提督见景崧议保护台湾亦卒无成说二十二日景崧令台中官弁以五月初四日为断欲去者听留者录用薪银倍给踰时求去者以军法论于是省会道府县官相继纳印去提督杨岐珍亦内渡【俱在五月】斯时台湾藩库尚储银四十余万【三月间台湾曾兑银四十万至上海初次二十二万二次十八万皆善后局提调任某手兑不知何用】火药库储炮药土药共四万余磅各炮台储药尚资每炮击三十出枪弹存者尤多毛瑟枪弹尚储二百八十余万颗他子称是其订购械药未至者德国大田厂炮药【合同浑言炮药未指何名】二十万磅枪药五万磅哈乞开司一百磅快炮【合同内不言炮架】四尊皆已给价三分之一【后快炮运送南洋枪炮药不知究竟】五月一日台湾绅民将上总统印章于景崧以倭舰来犯未果是日倭兵轮二艘驶近沪尾炮台【正当我炮弹能及处】下椗时适统领綦高会去台以嬉其文案电告景崧于时有倭弁下小轮船入口至英兵轮【有英德兵轮先泊口内】约刻许旋下轮出口其大兵轮二遂亦起椗行是时景崧电至令取準开炮高会亦回营方据案食徐令往告台官曰抚台命放炮而倭船已驶非我炮力所及矣是夜倭舰即口外游弋倭弁之至英兵轮也盖询台中消息英船主告以台湾自立事倭舰乃亟去初二日景崧受台湾总统印章文曰台湾民主之章【初名日宝景崧改名曰章】绅民入抚署鼓乐赍送者百余人行两跪六叩首礼国旗蓝地黄虎文长方五幅虎首内向尾高首下改台湾藩司衙门曰内部设内部大臣筹防局曰外部设外部大臣别立军部设军部大臣台湾府县等官改署有差炮台升虎旗开炮二十一门申刻英商轮康姆萨出沪尾口台湾藩司顾肇熙台湾府知府管元善淡水县知县李淦皆乘以内渡船内有洋商七倭兵轮来追有倭酋率兵数十名登船搜索并探台中动静英船主告以皆商人内渡并台湾自主诸事倭酋去始展轮行初三日福建提督杨岐珍撤兵内渡【岐珍所部十二营至初七日始毕渡岐珍于初七日乘南琛内渡】于是前敌兵备益单基隆防兵仅绍良所部及土勇四营其东路三貂岭澳底诸处无兵驻守初五日倭兵轮运轮二十九艘驶抵台北海面分泊基隆口外澳底金包里沿八里坌大姑坎迤逦至沪尾凡可登岸之处皆有倭轮初六日倭兵轮并力击我金包里【值基隆澳西岸】张声势作欲登状以缀我【我师驻金包里者六营】而潜结教匪挖金砂匪从澳底登岸澳底本驻有岐珍防营至是撤兵去易以曾喜照【张兆连部分统】喜照新募土勇两营成军甫三日遇敌不战溃澳底值基隆东稍北当八斗澳西岸煤厂金砂诸厂环其后盖基隆一澳如狮之张口仰向西北澳西为金包里澳东为平波岛【岛南与社寮隔一港】平波岛如狮额其顶为全台极东北角循额而东折而南作海湾曰八尺门湾再循海而南曰八斗澳再南迤东曰劈岛角【原名鼻头】再南迤逦至苏澳则台湾全岛之东岸矣八斗澳南隅曰澳底西去基隆五十里路崎岖中隔三貂岭过岭分大小两道大道通瑞芳达基隆小道则通吴朱瑆暖暖街达八堵已绕及狮球岭后【狮球岭为台北省会屏幛光绪十年刘铭传据此守基隆拒法人台湾卒全】此由澳底西行山道若循海岸行则过庚子寮踰九芬山即抵社寮炮台于时登岸倭兵才二千人若以兵严扼三貂岭可聚而殲也乃三貂无一兵瑞芳九芬防兵亦单薄不足当大敌

卷五·台湾篇下第十

(光绪二十一年)闰五月三日倭船二艘窥安平口傍英德兵船停泊会永福巡炮台发二炮击断倭船桅杆船倭落水者十余人乃断铁索飞驶去

先是有倭舰三艘游弋台南海面二十八日泊安平口外旋起椗去向午突一艘驶近海口开炮二飞驶去永福令各台严防俟炮力能及始轰击勿轻发申刻倭舰复至凤山旗后旋陆续去七月一日复窥恒春县属之鹅鸾鼻枋寮诸海口由枋寮登岸行半里许黑旗伏兵从山后出倭兵来扑光忠闻警率队由大路进援恒春营刘游击黑旗营官黄副将分左右翼斜抄兜围倭兵倭舰望见连发大炮助战我军少却倭乘势突围去光忠追之倭惶急突凤山土匪麕至为倭援直犯黑旗军倭得遁去光忠转击土匪日暮匪来愈众会永福子成良率精卒驰至匪大创始逸是役也匪目邓蛮子林苗生等迎降倭故倭兵登陆无顾忌永福令成良光忠招抚邓蛮子等绝倭内应初二日酉刻有轮舶一悬英国旗入安平海口炮台不敢击诘诸英领事始知倭船将发炮击之会已日暮倭舰飞驶去初七日倭舰泊布袋口三十余人登岸入市捉台民诘永福所在少间去风急不得返渡复入市厚给土人赀属具饭越宿乃去时总兵谭少宗所部驻布袋距口二十余里罔觉察任其优游去旬日以来倭舰游弋海面登岸者二侦台南虚实亦以牵缀永福兵使不得北顾而以全力扑大甲溪也大甲溪自吴骧败倭后屡战互胜负

(七月初三日)彭年收队归道经海口见倭粮舶数艘泊港内亲兵吴正川者勇敢善战率七星队数人踊跃登竹筏将追及倭人格以枪正川避弹跃登倭船戮运兵水手略尽夺其艘

十二日薄嘉义县锋锐甚方八卦山之警景嵩请援永福察局储军械惟云者士得枪二千数百枝毛瑟枪数十枝林明敦枪三千数百枝余土枪土药半遭湿蒸不堪用急令潮州武举黄国华知州杨友琴【以字行】乘民船渡海赴香港购枪械初九日彰化失守警电至夜亥刻电令守备王德标统七星营防守嘉义副将杨泗洪统镇海中军正营后营前军右营武毅右军右营兼吉林炮队赴前敌援攻永福亲赴曾文溪筹防御是时前敌倭张甚其兵舰复窥台南以缀我军十一日以十艘分扰布袋嘴凤山旗后恒春鹅鸾鼻及安平海口其大铁甲直犯白沙墩海口炮声终日不绝永福闻警驰归台南

当三发诸军之逼彰化倭舰复来台南二十二日与我凤山海口炮台互击船卒台兵各有死伤仍驶去

(八月)十一日倭舰窥台南永福自驻安平炮台拒之十七夜倭舰分五路攻台南炮声震郡城永福历各台督防守十八日晓倭船驶去海岸解严未几前敌丧败云林苗栗相继陷

七月初旬日本台湾总督桦山资纪自英兵轮致永福书说其率所部去台谓将以礼送之内渡永福复书却之辞甚峻八月倭人渡兵澎湖二十三日其战舰运船三十余艘载兵械将以全力攻台南直指安平海口时陆路前敌诸军已饥溃不支嘉义将陷英驻台领事欧思讷复为永福与倭约和让台南听永福内渡已成言签名矣会嘉义复陷倭责永福徒手归命永福怒约乃绝二十五日倭舰攻旗后炮台永福之子成良登台拒守奸民夜引倭由僻径登岸突入大营陷之进围炮台台兵持两日死伤枕藉饥不能战成良乘间冲出

九月一日城中无食饥军悉溃初二日永福驻炮台城中土匪起倭兵亦集永福逃登德国爹利士商轮内渡【倭兵登船大索四次不得】从之者其子成良与陈树南柯壬贵诸部将及幕客数人而溃军台民数百万胥委之去台南亡

庚子海外纪事[①]

卷一·去电

【光绪二十六年五月起】**致总理衙门王大臣**【五月初三日】

西报言丰台芦沟车栈铁路被匪焚毁势甚猖獗闻克使请兵保护当赴外部阻止据云克电甚急现由青岛拨兵五十进京兵轮一艘已赴大沽本不愿派因各国皆派实不得已等语恐从此又生枝节谣诼纷起刻下情形请电示以释群疑海江

【光绪二十六年五月起】**致出使俄国大臣杨电**【五月二十二日】

两电均悉感甚昨晚柏林接烟台轮船自津来毫无所闻谣传疑因电断而起诚哉议赔已属不了余详函患难相共仍随时关照为叩弟海养

【光绪二十六年五月起】**致出使俄国大臣杨电**【五月二十三日】

顷报大沽炮台已失英船沉二俄船毁一各国兵均有杀伤未知华人伤若干大局可危都门如何情形俄外部如何议论如尊处有确信祈详电示盼祷海漾

【光绪二十六年五月起】**致上海道余电**【五月二十三日】

晋翁鉴请设法转总署贺电览否近日谣传更恶德都官民慌急各国协以谋我势甚危迫今闻续调赴华兵舰及陆军不少德又派步队约二千名炮船鲁克苏帖快船毕斯玛铁甲快船嘎则勒陆续开华阻止不住内患未靖外侮迭乘焦愤万分现在如何妥筹以维大局可否速密示仰恋廷阙忧心如捣海漾

【光绪二十六年五月起】**致铁路大臣盛转总理衙门电**【五月二十六日】

杏翁鉴北事急愤甚德公使无恙否彼国因电不通甚慌祈探明密示如有新闻并祈随时密告为叩总署电祈转漾电览否德又派海军步队两营来华时势日亟昨接李傅相电沽台互击并非奉旨转告外部切嘱停兵再议善后外部云中国违公法本不容再接待议事意甚怏怏告以中国保卫各公使并无疏虞沽台互击不可看作开衅彼闻傅相北上气色稍平似有虑中堂不克遄行之意又将岘帅与香帅力任保护长江一带教商之电转告并援前年德主遇事相助之言辩论再三彼始允一并奏知德主唯电音不通克使存亡未知彼甚注意究竟如何祈密示为盼海宥

【光绪二十六年五月起】**致出使英国大臣罗电**【五月三十日】

宙密艳电悉署行文各使出京尚认保护否各使已否出京如各国仿行尊处兼意比如何办法同舟谊切统乞电示海卅

【光绪二十六年五月起】**致**【直督李 鄂督张 湘抚俞 江督刘 皖抚王 东抚袁】**电**【五月三十日发武昌】

遵艳电译洋配华已交外部据云德并无战意长江一带如果力任保护商教确有把握决不派兵现派兵舰系

① 〔清〕吕海寰撰。据清光绪铅印本。

往北去李中堂各国素所信服均盼早日北上容日覆信等语长江有各帅威镇谅必无虞傅相此行关系安危大局早发一日民难早纾一日请转电各处为叩候覆到再电海卅

【光绪二十六年五月起】**致南洋大臣刘电**【五月三十日】

遵卅电切告外部据云长江一带果能力任保护商教平安决不派兵现派兵舰系往北去各领事尚未商云云长江有岘帅坐镇自无他虞唯盼早与各领事妥商催其速商本国更为妥实各国盼傅相北行甚切宜早发以维大局海卅

【光绪二十六年五月起】**覆南洋大臣刘电**【六月初六日】

外部覆云文三件悉中国待德使有违公法德人被困甚危现派兵遣舰保护使馆及德人并要回向来分内任使之益所有中国违法各事须照惩偿故会同各国并力合办必得欲一切实把握免再闹事德所注意在此现中国政府办事既自置身公法外各国即不能以公法相待至各督抚既认保护西人为已任办法与北京自异本部已立案务望践言并请奏明中朝速解危机惟华兵勾结匪党合攻西人德国在华应办事宜咸归统将主裁本部不愿分其权致掣其肘故江鄂两督拟订各章碍难径允两督美意倘能实践我国亦不忘情当即转达统将于军事覆酌办云北事近如何不胜忧愤请转总署并李张袁王俞海歌

【光绪二十六年五月起】**致南洋大臣刘电**【六月初七日】

德使毙德君甚怒又派铁舰四快船一赴华约兵二千名矢取北京为城下盟柏林民情汹汹势甚危请转署并李张海阳

【光绪二十六年五月起】**致上海道余电**【七月十七日】

和外部电北京和兰钦差大臣密码电我已收到甚慰和战船一只开往大沽接尔到上海居住以待后命外部大臣璞福

【光绪二十七年】**致铁路大臣盛电**【三月十九日】

洋货加税并将免税者酌抽轻税者酌增按照洋药税厘并征之法办理无论值百抽五抽十统以金交纳按时估价果能办到所增当甚巨以金交纳办法约有五端一货物在原造地方购价之数二该货由原造地方贩至中国海口所需车船运费之数三该货保险费驳船费及一切商家经手等费之数四以上三项共成若干总作为货殖之数照此核算抽税均以底帐为凭五税金每日所收若干即交各银行代存按日计息既可得有余利且免将来付洋债时用银买金镑抬价折耗之亏唯各海关火耗平余全免似应稍加津贴以免办公竭蹶方能永无流弊查此次赔款过巨借债亏折太多拟将偿款四百五十兆两匀分十年照各国应得之数经付各国国家如能不加利息更妙倘或稍加利息即在四五厘之间所付之利亦不过百兆零较七折借债可省三百余兆两乃为合算时事所迫不胜愤急愚见备采乞转枢垣译署用否代奏请卓裁并转庆李张海效

【光绪二十七年】**致南洋大臣刘电**【四月十五日】

覃电览否元电敬悉德瓦帅不日回国闻现包十三艘并搭用公司船陆续运兵约万八九千人西七月底可全登程暂留三四千驻华其兵船除四甲舰已调归外尚留华快船四大两小炮船四鱼雷三请转枢译庆李张海咸

【光绪二十七年】**上庆亲王电**【四月二十二日由俄转】

筱电览否静候覆电照会外部顷晤该部据称德君西八月下旬回柏林九月初二阅操届时醇邸来临相宜云

探闻德主有饬备皇宫驻节之意未知参随共几人然未便均驻于彼且礼节完后似以住外为便应另觅宽厂寓所以符体制至折努阿下船住店及赴德火车均须预为布置乞转商醇邸如已派人承办一切甚妙倘有饬海备办之事祈先电示以便遵行应送礼物想已备齐唯去年德储分宫大署四月江电所备礼物曾否颁发如能一并携来尤为周到致贺国书外部前言俟礼到后同递并闻海养

卷二・来电

【光绪二十六年五月起】**收上海道余电**【五月二十五日】

漾电已托盛杏翁设法转覆到另电闻近日英领欲派舰入长江兼护淞台经岘帅以力任保护教商镇静密防可保无虞却之乞转告德政府万勿派兵舰入江免江氓造谣生事百姓惊扰转于中外大局无裨为要傅相入京大约为善后事惟毁杀过多办结不易奈何沅有

【光绪二十六年五月起】**收南洋大臣刘电**【五月三十日】

长江一带各国商教坤与香帅力任保护不致疏虞现正与各领事商酌定约勿劳各国派兵舰入江以免地方惊疑匪徒乘机扰害祈转商外部电饬各领事遵照领事当已电商矣望电复切祷坤卅

【光绪二十六年五月起】**收南洋大臣刘湖广总督张电**【六月初二日】

北事危迫惟急保东南待转机坤洞饬沪道与各领议立九条一会商保护办法两不相扰以保全中外商民人命产业为主二沪租界归各国公同保护三长江及苏杭内地洋商教士产业两江两湖允认切实保护现禁谣办匪并咨各省饬属照办四各口已有各国兵轮者照常停泊水手不得登岸五各国如不待督抚商允竟派多轮入江等处致民怀疑启衅毁坏商教人命财产事后中国不认赔六吴淞及长江炮台各国兵轮不可近台及对台停泊操练免误犯七沪制造局一带各国兵轮勿往游弋驻泊及派兵捕前往此局军火专为防剿土匪保护中外商民之用督抚提用勿庸惊疑八内地偏僻未设防处教士洋人勿冒险往游九沪租界防护须安静办理云内地人心浮动一经惊扰伏莽蠡起祸患难测非此不能保全中外民命财产各领须电候本国示务请速商外部照办东南幸甚现奉电旨各使馆仍尽力保护坤洞东

【光绪二十六年五月起】**收南洋大臣刘电**【六月初八日】

各国政府允如能保护内地洋人可不扰及东南各省各国水师在大沽会议亦谓专弹压拳匪及自救本国人又杨星使东电各国既不直认大沽之役为开战只可姑与羁縻署电既有酌字诸公荩谋自必斟酌妥善如能暂留各国以通声气而知外情且为日后开议地步最好但请卓裁自行酌定不敢越俎代谋坤洞庚

【光绪二十七年】**收军机大臣电**【三月初四日】

加税一事德以为然英尚踌躇江督昨有电致贵大臣谅已接到此事上年盛京卿聂护抚与总税司已有成说希即晤商外部恳德廷极力劝商俾中国增出巨款方可凑集赔偿则感荷靡既枢冬

【光绪二十七年】**收湖广总督张电**【三月十二日】

密佳电悉承示德外部云闻偿款难筹如鄙意有实在办法当格外迁就顾全中国等语具见德廷顾念两国旧交曷胜感佩现闻赔款各国共索现银四百五十兆中国借票只能售七折须向银行借六百兆方得此数现银分卅年还每年须还本利三十兆共需九百兆闻之不胜焦灼中国民困债重德所深知惟前德相在议院宣言不肯尽中国财力并不愿令公司藉此牟利高情正义四海共闻若照九百兆之数则银行所得与各国国家相等殊非情理之平查大纲第六款云中国须筹定各国所能允从理财之法以为担保明系指赔款分年摊还若还现银何用担保中

国财政何必各国允从拟恳德劝各国先将赔款酌减此次德执牛耳德若减让各国从风并恳分为十年摊还勿索现银至筹款之策鄙人私意零星罗掘整顿见效必迟集款难巨无补赔款中国农民最苦地丁漕粮不便加征不如竟将关税厘金盐课旧有此数项入款均加倍征收无论洋货土货洋税常税洋药土药一并加倍惟洋货加税自应免厘最为简捷公平明白易行假如赔款能减至四万万两以内分十年还清则以上三项倍征之款必可敷还款之用此作确实担保各国当可允从除已经电商穆使并电商英美日外望转商外部切恳减数分年勿索现银至感以上办法乃鄙人私意外部意如何请速探询电复以便与政府及南洋商酌洞药

【光绪二十七年】**收南洋大臣刘电**【三月十七日】

岘复卅电并丰复电已函达兹再转如左又佳电并达中国财匮已久出入统计前已岁短六七百万两不增用已虑年亏一年应还洋债岁至二千数百万后难为继今复遭此大难贫困益甚以后整理一切需费已繁又须加以各国赔款为数甚巨若罄原有之项以为抵债之需则办事无费何以立国即谓理财法有未善只能次第改变操之过蹙转虑激而生事有碍商务为今计非筹增款之法不能济目前之急非洋货加税免厘照洋药并征无从增筹巨款北方拳匪未乱之先盛聂两公在京与总税司议加洋税已有成说坤亦与闻去秋英德驻使曾与盛京卿论及谓舍此不能为国实系笃论向来洋货完厘商嫌局卡留难国家难得实际归关并收事更直捷两有裨益此后还款愈多镑贵当难复贱洋货自应照时估价烟酒器用等项前因洋商自用免税今多售卖亦应区别征免以期悉昭公允此次之乱承英曲谅重敦睦谊俄约又承英助得作罢论无非顾全中国以冀振作为意顷镜宇电德外部云加税德以为然闻英不允当极力调停或筹一折中法以金抽税计可暗加厘五云金抽税即按时估价所增无几今欲筹款非加税无以为计加税之后一切政治兴革有资地方兴旺与英商务亦属有裨若虑税重销滞华民用洋货已惯购洋货又均系有力之家亦断无虑销滞此事非恳英始终帮助照允中国实难支持务祈谆商并择要电吕商德赞助祷切坤卅卅电并枢电遵敦商澜云洋货厘税并征深合事理鄙见亦同惟事大节繁议成必累月经年恐于凑集偿款缓不济急且厘税并征后外销款是否由部指拨如外省另立名目重征何以预防其弊中国变法需款必多如将加税尽供偿款将来何以为整顿之费等语丰答以加税本系修约应办之事发议在先可见并非专为偿款惟事逢其会加税愈不容缓查中外通商章程以洋药厘税并征为最善今将洋货仿办事涉烦琐一经英廷倡允各国相从款即有著毋虑缓不济急外销一项江帅自已筹及洋药厘税并征后并无另设名目重征之举洋货可以无疑江帅本谓若罄原有以抵债则办事无费加税后政治兴革有资与贵爵所谓整顿之费正合澜意颇动云候电商萨使后再议丰答盛聂二公与总税司讲求此事极熟惟望萨使奉有英廷照允办理训条俾可成议曷胜祷恳祈鉴转枢垣丰阳昨萨使电鄂督此次赔款各国索现银四百五十兆中国借票只能售六七折须向银行借六百兆方得此数现银分卅年还每年须还本利约三十兆等语如此核计共须九百兆现赔数加一倍在商务英国十居七八商务之盛衰全视地方之贫富此次赔款英国索数较各国独少照各国总数核计尚不及十分之一又复弛禁军火料物允商加税凡为中国计无微不至商民同深感荷今若因索取现银而使中国加受数百兆之亏从此商民膏血全尽无论洋货土货皆力不能办商务大坏非英国之利且索现各国均沾累商英独受损以十不及一之赔款害十居七八之商务损己利人尤为失计祈向澜侯切陈利害通盘筹划请其电萨敦劝各国勿索现银并将赔数减少由中国分年摊还中国尚有振兴之望英亦享商务之益关系两国实非浅尠并电秩庸设法商美谆劝各国勿索现均盼电复坤佳丰谏

【光绪二十七年】**收全权大臣庆亲王李傅相电**【四月二十八日】

四月十九日奉旨醇亲王载沣著授为头等专使大臣前赴大德国敬谨将命前内阁侍读学士张翼副都统荫昌均著随同前往参赞一切钦此当经知照穆使电德政府昨据称已接复电醇王可于六月初五日由沪附德公司船起程等语醇邸已料理一切并闻庆李俭

卷三·问答

(光绪二十六年五月)三十日午前十点钟海寰率参赞官赓音泰赴外部晤副外部大臣李和芬寒暄毕李

云近得中国确信否闻津直一带电线全毁各国均未接各使之信甚是著急告以本大臣顷接东南各督抚联衔之电言北方会匪滋事违旨与各国人民为仇致遭损害京内京外数百里华商华民财产亦被焚毁不计其数日本书记亦被戕害此乃地方官弹压不力之故实非我朝廷意料所及讵意各国兵舰进占大沽炮台恐各国误会致成决裂之势现在皇太后皇上已电召李中堂来京必系与各国妥商办理免致失和可见我朝廷并无开衅之意请各国政府力请各国国家暂行收兵停战俟李中堂到京必有办法事虽滋蔓甚大亦不难妥为了结只须各国不启战衅官兵自能专意剿匪目下长江沿海一带各督抚均力任保护之责诸国洋人均勿庸顾虑倘洋兵再进则东南必致牵动商务须吃大亏特命本大臣前来与贵部商量李阅毕云究竟中国朝廷谁为主政告以仍系皇太后皇上主裁李云依我所闻系端王刚毅等主持告以本大臣亦不得真信久未接总理衙门文函若系端王刚毅等违背谕旨擅自主持更可原谅我朝廷与各国并无失和之意李云后日查明自知其详现在亦无可辩论唯德廷虽派兵舰赴华却仍无战意至于在天津等处有无战事本部亦难悬揣只看地方官与各兵官如何办理若机会不凑巧亦不知将来如何结局告以总请各国原谅决非我国家之意即事会有不凑巧之处亦非国家意料所及仍求不再派兵舰前往为是李云兵舰是往北京若长江一带如果力任保护之责实有功效各国亦决不派兵前去告以各省督抚极力任保护商教之责必有把握请勿多虑李云但愿能践其言刻尚未接各领事不知江鄂二督如何商量办法告以一二日内当有确信李云李中堂能否北上告以有谕旨令其前往焉敢不去李云据我看来未必前去告以李中堂为国家大臣休戚相关焉有不去之理李云闻粤官民坚留告以留不住总须前往遂握手辞归

六月初二日午后三点钟海寰率参赞官赓音泰赴外部晤副外部大臣李和芬寒暄毕问以近来接北京信息否李云总未接信然而消息甚不佳告以本大臣昨接江鄂二督言北京事甚危迫现在省为商务辐辏之区可不极力保护现饬沪道与驻沪各领事议立章程九条未知贵部已见过否李云江鄂二督如何说法告以一会商保护办法两不相扰以保全中外商民人命产业为主二沪租界归各国公同保护三长江及苏杭内地洋商教士产业两江两湖允认切实保护现禁謡办匪并咨各省饬属照办四各口已有各国兵轮者照常停泊水手不得登岸五各国如不待督抚商允竟派多轮入江等处致民怀疑启衅毁坏商教人命产业事后中国不认赔六吴淞及长江炮台各国兵轮不可近台及对台停泊操练免致误犯七沪制造局一带各国兵轮勿往游弋驻泊及派兵捕前往此局军火专为防剿土匪保护中外商民之用督抚提用勿庸惊疑八内地偏僻未设防处教士洋人勿冒险往游九沪租界防护须安静办理李云沪领事来报不及此电之详然中有数条未能照允者俟各国商妥再复告以此系江鄂二督委曲保全中外商民起见别无他意李云其中不便处甚多中国不能保护西人反要限制西人不能往来自如殊属不妥告以北京如此紧急百姓风声鹤唳草木皆兵若各国船只再往长江一带游弋势必惊惶异常各国本以中国太平为主若不暂时照此办理是有意与中国为难了李云各国并无与中国为难之意刻下总盼先靖内乱为要告以贵大臣所见甚是

闰八月初十日奉到初二日由行在传来皇上致德皇国书一道派海寰致祭前驻京德国公使克林德并致惋惜不忘之意当即遣参赞官赓音泰赴外部定期呈递遂定于十二日午刻届期海寰率参赞前往副外部大臣李和芬出晤先述久未得晤并道歉忱拱手奉诵国书参赞官赓音泰诵译洋文一通坐定告以……即如前年胶澳之役中国臣民俱为愤怒群思与贵国一战然朝廷仍念贵国素来交好不肯决裂故情愿租与贵国毫无违言及本大臣到贵国后屡承大皇帝面谕中国遇有事故许为相助并准中国船只仍在胶澳停泊经本大臣奏闻朝廷极为欣慰深信德皇诚心交好臣民均为感泐此次德国兵舰由长江经过中国地方官并不阻拦者仍是信服贵国无他意也仍望追念昔好乃早议和为幸

(光绪二十七年二月)二十四日午后五点钟海寰率参议官金楷理赴外部晤外部大臣李和芬寒暄毕告以满洲事全仗各国之力得以暂缓李云满洲事正在妥筹办法而大局倏定故满约未成非各国之力实南省制台毅然维持之功俄于满洲现在布置一切虽能为所欲为究无条约之可据假使条约画押俄亦未必遽将满洲交还然究不如不画押之为妥各国出阻满约盖欲拯中国于濒危也闻该约所载非只满洲三省而已且有中国别处土地亦在其内问公约事现在如何李答偿费一端大致已妥不日可竣惟各国细数尚未汇齐耳据闻各国共索之款

约在英金六十四兆镑之谱至于中国如何筹付之处是否任凭中国自行设法抑由各国使臣代画一策现尚未定然各国偿款之数均系截至西历本年四月为止倘中国犹事迟疑不肯立认允行以致联军仍须久驻则届时各欵即照缓撤之日多寡核算增加查各国国家之意皆愿其兵速离华土并望中国早自为计以复旧业惟联军大队一日不撤中国一日不能行此志也问此次偿款为数过巨断非中国向来财力之所能及若不别开利源实恐难付洋关各税可否酌加李云加税一节论理可行我德早有此意已商英廷而英乃不谓然故迄未成议想将来或能混合英德之意筹一折中之法亦未可知即如中国进口税倘不收银而改以收金则值百抽五之数约为增加一厘有半似于中国税项不无小补也问公约载有禁购军火一条前曾译送南洋刘帅商请德廷酌减禁期一电贵部谅已阅悉不知德廷主意如何窃思中国土匪乘间窃发凡人烟稠密之地此辈最易潜藏而华洋通市之处甚且藉为逋逃之薮防范稍有不周则中外商民同受其害军火一节中国悬禁向来极严而若辈出没无定防不胜防故屡有偷运军火暗地私售之事惟土匪等众迄今未能猖獗肆扰者皆因各省军火充足且能购自外洋源源接济决无缺乏之虞今如外洋禁购军火中国官员谨守条约不复采购则巡缉弹压均无所恃而各处土匪反可以偷购军火是为虎傅翼也查中国全地只有军火厂数处各厂虽能自制然每月所出不多设使一时赶造不及而四处乱作其为祸之烈尚可言哉各国所以禁军火者原期弭乱也据本大臣看来不啻欲夺中国慑匪之具而使匪党得以作乱也不知贵部云何李云禁购军火一节德廷目下尚无定见俟偿款办妥始能筹议及此欧洲各国乃于此事意见纷歧禁期久暂亦复互异甚且有决意愿除此禁者其所发之论皆视各该国有无军火厂运售军火为断耳为今之计须先由各国互相妥商定一公见方好然我德决不难为中国也南洋刘帅电及贵大臣适言各节本部均必牢记临时当细参酌妥代筹划商减禁期究否能成亦在将来中国如何看待欧人也倘再有拳匪肇衅仇视洋人之事则军火禁期非但不能减或更加焉答以经此次变乱之后中国与各国睦谊更敦数十年内可保无事李笑云果能如此甚好遂握手辞归

(四月)二十一日午后五点海寰率参赞官赓音泰赴外部适外部大臣李和芬告假晤副外部大臣米尔伯西寒暄毕……又云即将来公司船以及火车等事亦必须预为招呼刻下公司船运兵回国人颇嘈杂俟醇邸有启节日期当设法嘱公司船酌量少载他客似可稍为舒畅途中一切事宜德皇已派瓦帅之中军官名骆赫者办理告以此意甚善本大臣敬先代国家道谢米云醇邸此行何时到德为宜以及随带人员名姓官衔本部当电穆使照会华政府并探听随带若干员再行奉告告以本大臣亦拟电告我政府其随带人员名姓官衔本大臣得信后亦即知照贵部也又询以闻克使灵衬回德不审何时可到本大臣前奉我大皇帝谕克使回国时著本大臣祭奠如有确音尚祈关照克使夫人处本大臣已函询何时可以往唁现经辞谢以在波剌达姆耽搁不久云云米云克使柩已出京何日可以运回尚未得有确信将来克使柩必由公司船载至勃雷门大众即约在该处祭奠俟定妥时再行知照克使夫人在波剌达姆耽搁本不久亦实无工夫见客

卷四·文牍【附西报论说】

二次和议条约

第十一款

华洋通商行船条约凡各国有欲增修删改之处中国须允商办

德国外部大臣照会【光绪二十七年五月十九日西历一千九百零一年七月五号】

为照会事照得穆使据称醇王偕其弟兄等及参随各员已在巴燕轮船已定舱位择于西本月十二号前赴上海候船放洋由折奴阿登岸换坐火车直抵弗郎夫地方拟即在彼听候德皇分示再作遵行也特此备文照会请烦查照可也

和兰国外部大臣覆文【光绪二十七年正月十四日】

为照覆事前准贵大臣本月十一号照会当经藩部转行南洋和兰属地地方官已奉到所开中国会匪名单本

大臣想不必赘言如有照会中之事中国国家可通知和兰南洋总督以便凭事交出此等人民至私运军火一节查自一千八百七十六年为始凡军器火药粮饷永远禁止运进和兰属地合并奉闻为此照复贵大臣查照施行可也须至照覆者

柏林民报

当今时势泰西各国非与中国拳匪争闹实与中国国家争战矣中国政府是否纵容拳匪抑系帮助西人剿除拳匪尚未揭明昨日大沽战事是否奉有训条不得而知然西人既已开炮其情形实系与中国国家开仗德国驻烟台领事云大沽炮台与各国兵船开战又云华人在大沽口外安置鱼雷并由山海关一带调集兵勇各国水师统领公递哀的美敦书限西六月十七日即中五月二十一日午后二点钟将炮台退出然十六夜间一点钟炮台开炮英法俄德暨日各兵船亦开炮迎击战至七点钟之久闻有英船二只被沉所有电线铁路均被拆毁水陆往来亦属危险香港电称中国兵丁现在拦阻各国兵丁前赴北京他处各电虽未言中西已开战然各兵前进甚迟足见开战事非无因德公使在京被害一节虽无实在消息然观以下各电可以为证烟台领事十八日早云据日本猎船传说各国驻京使署均被人占住等语日船所云是否有人嘱其知照抑系耳闻谣言不得而知……自德国占踞胶州始德国首先吞并中国地方俄英随之前占胶州之时国家总云和平商租议院卑博尔云并非商租实系夺取与英国夺檀地事同一律犹忆德皇前在西耳地方云与中国办事须用铁甲拳头其意须以兵力治之当时大众不以为然今请观以铁甲拳头办事究竟如何国家甚愿侵占中国土地有伤中国体面以至刻下生出如许多事克虏伯炮中国人亦能开放英兵船沉没可以为证当初德国国家专意保护制造之事今楚材晋用我欧人亦被攻击矣

巴兰德中国会党论

上年中国商务甚为兴旺海关税项较往年多收三百余万两此次闹事只在北省一区似与商务尚无妨碍

海防奏疏[①]

倭氛未灭防御宜周疏

为倭氛未灭防御宜周敬议濒海经制事宜恳乞圣明亟赐睿断以固万年金瓯事臣惟国家今日北患虏东患倭然虏所志在利我货财倭所志在窥我疆土虏黠而欲易厌倭狡而谋叵测缓急不可同日语矣顷东师三路进攻顿兵坚城颇遭挫衄此两奕相持之局未见有破竹必胜之势也我南北精锐业尽调东征行者苦锋镝居者苦运输此外实内虚之局宁必无乘间抵隙之谋也臣近循行海上查据各道开报防御兵马数目到臣窃见各镇抚臣增兵设将已稍有次第盖深为同心共济幸然画疆各保一区而全海之控制或经营弗及扼险聊备不虞而罅缝之补葺或草创未周此臣所蚤夜筹度寝食不敢自宁者也议者谓倭方垂涎朝鲜未必遽分兵内向然帝王御夷不恃其不来恃吾有以待之即国初创业全盛威灵万里倭虽有小犯不啻狗鼠乃卫所之分列勋侯之坐镇若皇皇不能一日安者矧今大寇在门犹可恃其不来乎议者又谓增兵则增饷恐民穷难复加敛然京师为天下根本以燕齐捍全海则难以天下卫京师则易即如嘉靖间倭犯直浙犹殚费六省钱粮数百万以协济之未尝顾惜矧京师门户所关非浙直一隅比乎议者又谓倭不得朝鲜必不敢扬帆飞渡然朝鲜之援剿止可御之于陆茫茫大海舟楫任其往来即国初犯山东嘉靖间犯浙直何必假道朝鲜矧兵行诡道涂有所不由乎故取朝鲜以渐窥上国藉兼并之强乘辽左之虚此倭之稳著也驾风帆以径侵内地乘腹心之虚牵制东征之旅此倭之险著也彼不得于稳著必出于险著况借险著尤可以成其稳著乎剥肤与震邻孰急捍外与卫内孰先备之而倭不来虽稍费民膏犹流布于民间未尝有漂损亡耗之患不备之而倭来则涂炭我生灵蹂躏我城邑民命既不可保而国费益不可支此又臣所再三筹度以为宁多备多费必不容已者也近据福建抚臣报称关酋已死内变将作似可为中国称庆然海外传闻虚实难必清酋狡悍恶焰方张况我师未尝得志倭将益肆猖狂即关酋果死犹恐罢兵无日信虚声而忽实祸毋论封疆之臣所不敢即廊庙运筹枢莞陈策亦不宜狃眉睫之幸而弛牖户之防也臣谨按沿海形势博采群谋酌以愚虑或要害当重或防守当增或应援宜密或转运宜慎或粮饷当设处或将士当振饬谨会同总督蓟辽保定等处军务兼理粮饷经略御倭兵部尚书兼都察院右副都御史邢整饬蓟州等处边备兼巡抚顺天等府地方兵部左侍郎兼都察院右副都御史李巡抚保定等右提督紫荆等关都察院右副都御史李巡抚山东等处地方督理营田提督军务都察院右佥都御史尹巡抚辽东等处地方赞理军务兼管备倭都察院右佥都御史李巡抚凤阳等处地方兼海防提督军务都察院右佥都御史李分列条款具议上请盖皇上不以臣为不肖谬付以艰巨之任臣敢不爱其死以仰报特达之知即人或谓臣为迂为怯臣弗敢恤期于预保疆陲安社稷而已伏乞我皇上履泰思否居安思危念岛夷之狡横未易制伏我兵之积弱未易振扬亟敕下该部逐款覆加酌议恭请圣明裁断速赐施行宁未雨而彻土毋亡羊而补牢庶海甸有金汤之固东师有辅车之倚狡夷寝其跳梁黎庶安于衽席而祖宗万年金瓯之业可永保无虞矣为此具本谨题请旨

计开

一鸭绿宜宿重兵以备非常盖鸭绿当辽鲜之界于中国为吭于朝鲜为背又饷道所必由也我师方与倭列营相拒然闲山既失水兵扼塞惟在珍岛倘倭以万众并力于水越珍岛而西乘南风直趋鸭绿以东结建州诸夷则倭虏交构而辽左危或反据平壤趋开城则我军腹背受敌而王京危今旅顺虽设有总兵所统水陆官兵不过五千又距鸭绿九百里而遥倘众寡不侔远近悬绝则安危之势已决于呼吸间矣及查鸭绿近地若宽奠副总兵所统兵马止二千五百镇江游击所统不过八百势力单薄恐难倚恃该道参议张登云曾议增兵防守第以钱粮难措欲俟有紧急于南兵南将中摘发今事势视前稍急两而□□东调者将尽过矣臣请于鸭绿增设水陆兵各三千各统以游击一员分驻于娘娘城王胡子嘴等处总属旅顺总兵统辖而旅顺原设陆兵二千名当汛期亦移驻黄骨岛与娘娘

① 〔明〕汪应蛟撰。据明刻本。

城相为接应遇有警息则随地堵截倘倭势重大则总兵周于德当亲督舟师东向杀贼宽奠副总兵把截要路使不得与虏通或贼趋平壤则督水陆二兵悉从陆追蹑其后盖一举而绝倭虏之交壮辽左之势备王京之援此目前第一吃紧务也伏乞圣裁

一山海宜设水兵以应辽左夫国家设关山海陆则备虏水则备倭循名责实二者盖并重焉永乐间流倭入寇杀掠官民乐亭抚宁诸县曾被之矣万历二十年倭始发难议者谓天津山海登莱宜各设水寨以□□鼎足所造福苍唬等船一百五十余只原为三处并用非独为天津也嗣以主封罢兵而前议遂寝至万历二十五年十月内该顺天抚臣题议于蓟密永三道各设海防专兵共九千余名分信画守尽称有备然臣闻南方御倭拒之于登陆不若征之于海上盖倭船篷桅拖滞捩舵驾风不如我便捷两舟相望火器齐发不如我迅利若一纵登岸跳踉纵横人自为战我兵什不当伍臣请于山海关添设水兵三千统以游击一员严加训练倘倭犯旅顺则可以东移接应即或飘洋越入又可以尾击其后计兵三千当用沙船一百只或常以三分之二驻守而用其一往来运饷尤为一举两得盖蓟镇边城距海不远春秋二防主客兵马十余万虏急则防边倭急则防海不妨通融调用惟当关无一苇之障将延贼入门而后与之斗于计已晚故陆兵□可少省而水兵必不容已也乞行该镇抚臣酌议设置庶内海增一屏蔽而天津登莱之防不致疎缺伏乞圣裁

一莱海宜增水兵以防流突查得旅顺至莱州循岛屿而行必由登之沙门岛而入故议者谓登设水兵则莱可稍缓顾臣亲问土人自莱之三山岛开洋用西南风一日可径达旅顺旧年九月内天津发苍船一只唬船二只初试海道其苍船经由登州而唬船则径从三山先至旅顺已灼有明验况登州三面临海水兵虽多分哨则少势不能兼顾莱州臣近与该道副使于仕廉再三面议除先设水兵五百外仍当增设二千合用沙唬船只亟行浙直地方买造并选募健兵驾练其沙船亦可用三分之一更番海运庶几兵饷两济及查该道地方原设陆兵似稍有余容臣会同山东抚臣就中裒益不必更议增饷其将领则有见任都司不必添设夫登旅既有水寨以扼门户而山海莱州复各设水兵议者或谓悬军无用然重门击柝易象垂训援孤救绝兵家所忌今二处设兵既可出援登旅万一朝鲜不支登旅之兵当分半东援而二处之兵又可为登旅分守盖臣身任海防当家视国事既不敢苟安燕雀而忽噬脐之隐忧尤不敢株守门庭而忘异域之策应伏乞圣裁

一成山宜增战卒以控孤悬照得成山卫逼临东海正与朝鲜汉江临津东西相对约海而不过千余里询之各岛辽人多有驾辽船往朝鲜窃掠者今年六月间有登州运船自义州回值北风飘洋一昼夜遂抵成山故倭不来则已或来而畏风涛循海北行犹以旬日计若其冒险张帆乘东风骤至不过一二日程耳成山城垣颇固城内军余不过二三百家倘贼至巢穴其中以蚕食近地恐远近震惊扑灭非易先该前抚臣万牌行该道会同该镇酌议去后臣近至登州与总兵李承勋面议谓增兵设将恐钱粮难处第以文登营守备王家将统领该营军兵并题留京边班军共三千余名遇汛移守成山然班军多猾惰未易振饬战守难恃应再募兵一千名责其合营教练而守备权轻应量加都司职衔管守备事庶驾驭得以展布臣复查前兵千名不必增募该镇标下北营水陆军兵共五千七百七十余名除水兵一千五百臣已督行该道分船驾练外尚有陆兵四千二百六十余名于内可摘发土兵一千入支登营合练遇汛期仍将该营原设军兵八百七十余名留一把总照旧防守文登而守备王家将统领土兵千名并京边军二千一百余名移驻成山遇警相机堵截仍策应靖海及大嵩卫所地方则兵饷不必加增而孤城自可保障合候复议将王家将量加都司职衔管事其□拨土兵及制造器械等务容臣等备行该道遵照施行至于大嵩以西若鳌灵胶州等卫所俱属莱州南海山东抚臣业分拨标下锋兵随地协守臣无容赘矣伏乞圣裁

一安东宜置重将以护运道臣惟国初置安东卫额设官军二千员名为其逼近淮甸宜慎扼守以安内地也比燕京定鼎岁漕数百万以淮徐为咽喉则其地益重而扼守宜益加密乃该卫见在官军不过五百余名山东抚臣复益以土兵七百创设守备统领在安常无事亦称有备矣然臣窃虑河漕关国家命脉当与两都并重自有倭警以来臣日夜思惟淮青二郡之交卫所空虚兵力甚薄万一有中行说教倭以捣批之计则中原不无震动顷臣巡汛胶州亲问安东守备乃该卫距宿迁河滨止三百里而近臣益凛凛寒心诚恐咽喉一梗虽头目四肢壮健无救于躯命也查得安东卫虽隶山东然设置在淮安赣榆地方去卫数里有荻水口淮安抚臣亦先设有水兵三百盖地当要害两镇皆知其当重第谓倭势尚缓不欲多兵费饷耳臣窃以为安东宜增土兵一千三百荻水口宜增水兵二千二百各二千五百人为一营各以守备管领而选设副总兵一员为之统辖南自东海所北抵胶州海界中间涛洛两城等管

悉属总理本官兼听淮安山东抚按及河漕军门与臣节制南北与登州狼山总兵颉颃同事首尾互应则淮青海上屹然增一重镇而漕运可保万全矣臣奉敕书当策应淮扬故淮海增兵臣敢并议及之伏乞圣裁一保镇宜练南技以资防援夫中国之与倭战形各有顺逆技各有长短善兵者常隐吾所短而用吾所长又避彼所长而袭其所短倭皆步兵也其跳跃轻捷我兵不能及又鸟铳发百步而百中利刃三尺所过无不披靡此其所长也今北方御虏之兵独快枪与弓矢短刀三器然快枪之命中不如鸟铳弓矢之伤人不如鸟铳是远战已短于倭矣比交臂接战乃欲以朽钝短刀而当三尺利刃势必不格所恃者独马上驰逐易于进退百子灭虏等炮利于远击然兵刃既接竟莫之能胜也昔总兵戚继光御倭闽浙视贼技长短而制器以应之视贼形飘忽而制阵以待之故远战则以鸟铳火箭佛狼机之类当彼鸟铳近战则以枪筅镋牌之类当彼长刃又视倭善诱伏吾亦与之为诱伏猝而逼之鸟铳无所施其巧火以先之长刃无所用其利故能歼倭数万为当世名将乃其法至今在也故称御倭者必曰南兵今臣于天津步兵尽以此法教战矣蓟镇新设专兵亦盖用此法矣山东步兵大半用此法矣保镇兵马当专备天津防援臣前为易州兵备亦常以前法练紫马两关军士第各营未及尽行合无容臣会同保定抚臣备行易井二道将紫马龙马等关挑选精锐共六千名真保二营共四千名在各关者坐委二参将在二营者分委二游击各募选南教师置器训练不由一干可得南兵一万既可备津海之援尤可省募兵养兵之费伏乞圣裁一水兵宜兼陆战以便追袭夫兵无定形惟将所用陆兵未必习水水兵未有不习陆者第训练有方器械预备则可以随机适用即如倭奴驾帆内犯未尝不与我战于海上比登岸则持刀铳横行陆寇水寇未尝分而为一也今我之陆兵既不宜于风涛而水兵又不习于陆战傥倭至舍舟登陆水兵将袖手旁视曰此陆寇非我所能及乎今天津水兵臣已督行将官尝于岸上教习南技矣合无容臣通行沿海道将凡已设未设水兵除操舵鼓棡演习铳炮外仍预备枪筅镋牌等器并预编行伍责令于近岸兼习贼至先以水技邀截于海洋傥贼舍舟登陆则量留舵椗等役守船余兵各循队伍以陆技追袭贼后与陆兵相为夹击此亦变寡为众先机制胜之一策也万一倭形前后隐伏或以数舟尝我而大艘在后则须探哨分明接应闲整或分兵袭陆或留兵备后此又在将官相机调度不可以胶柱而鼓伏乞圣裁

一运艘宜给兵器以防战斗夫东师一日未得结局则海运一日未得息肩运数之多寡臣不能兼理风涛之漂损臣不敢预必若防护转运使居常守法前进有警堤备无虞实臣责也自古用兵必以绝敌粮道为上计我东征建议常欲以此施之于倭安知倭不以此施之于我故自登州以北用兵护运似不容已第查登旅二营原设水兵共止万人而山东岁运二十余万约用船二百五十只当用水手三四千人天津永平岁运二十余万约用船五百只当用水手七八千人是运卒之数反多于水兵之数而管运各官亦系卫所职官及名色把总所不如水兵者第未有旌旗金鼓之节与铳炮御贼之具耳合无容臣通行沿海各道凡运船出海各设处色布旗号并量给铳炮刀枪等器仍慎选管运官必以精强颇识水战者充之沿途守风驻泊责令登岸演习器械傥遇有警息则各奋长技与防护官兵并力追截是运艘皆为战舰运卒皆为战兵以扬威海上则足以壮声援之势万一朝鲜更需水兵亦足以长驱珍岛效一臂之助矣伏乞圣裁

一钱粮宜议处派以苏偏累夫增兵非难议饷为难故当事者患贫甚于患寡不欲以未然之防而贾厉民之谤也然事势危急有不容不预图者若前所议鸭绿山海及安东卫增设水陆官兵势不得不议增饷然辽东残破弹丸之区顺永近畿腹心之地必不能加赋而保河六郡节议兵饷每亩加至二厘山东且加至四厘昨见报淮扬亦亩加一厘矣通计水陆增兵万二千余当费饷十八九万内帑之空虚不能外发地方之疲困难复重征则计将安出也臣近查长芦运司蒙户部题议暂加济边引十万以一年为止臣与该司运使何继高商确再四谓岁加十万必不能支傥减存五万或可勉行二三年以引价余没计之岁可得四万五千傥可充山海水兵之饷不足则听该抚臣于陆兵内通融调拨可乎安东水陆兵专为防护河漕而设河漕军门所辖六七省而水兵取足于本地渔盐陆兵亦取足上著视南兵月饷稍减傥于河漕所辖地方酌量摊派每亩不过丝毫或无致称累乎惟鸭绿增兵当与东师一体给饷酌盈济虚在司计大臣必有石画不然或东师与贼据险相持不妨摘留水兵一枝以为后劲此亦兵家长虑却顾之算当俟兵部酌议而非臣所敢擅定者也伏乞圣裁

一练兵宜明赏罚以示鼓舞夫卒不服习以将予敌器械不利以卒予敌自古记之故练兵必求其可战战必求其可胜以有能之将统有制之兵斯可以所向无敌臣近巡阅沿海兵马见士气颇觉奋扬而器械尚未尽备行阵虽多严整而击刺尚未尽精其可以待战之兵仅十之三四则申号令严训练固目前当急务已第营伍难于创始将吏

狃于因循不有荣赏以诱之于前则精神不奋不有褫辱以驱之于后则心志不肃查得辽镇事例每岁终通核各营兵马有无补足器械有无完备行伍有无精练将领以此为举刺中军千把等官以此为奖革近年蓟保两镇亦照例通行此实鼓舞将吏振饬边疆之大机也合无容臣等通行沿海各道凡器械未备者刻期置造齐备通将水陆各兵督行各将领严加训练务俾耳目习于旗鼓手足习于攻击胆气习于锋刃志念习于法纪每春秋二汛容臣巡行阅试岁终查照辽蓟前例会同各镇分别举劾中军千把总以下奖革有差如是而将领不殚心训练士卒不精强堪战者未之有也伏乞圣裁

一将材宜预选取以需急用古称三军之命悬于一将得其人则兵勇而谋固非其人则兵弱而谋疎胜负安危所关非浅眇也自旧年十月以来凡防海及东征诸将臣得而物色之其慷慨立功沉几多算者未尝无人而庸悍无谋者亦自不少臣尝致书部科及督臣宜远访水陆堪战之将致之幕下以备缓急更置之用盖匠石之室百器兼存医师之笼百药先备然后可以成大厦之功起垂死之疾若居常无备用之将临敌而后求之近者既未必宜远者又难猝至临渴掘井势将无及此臣所大惧也合无乞敕该部博访闽浙见任及废闲将领有身经战阵谋勇已试者速行咨取分发督抚衙门以待不时易置然跅跄之材或负遗俗之累必无以二卵弃干城无以尺朽弃合抱譬之乌堇毒药有时而暂借以攻沉痼其功效反胜于参苓也臣标下有听用废将有部咨材官等项议者谓冗员耗饷臣亦厌其杂滥方选试而去留之乃复敢为此议者盖庸懦虚谈之人不可有而沉鸷待用之士不可无清汰之与延揽固并行而不悖也伏乞圣裁

一信地宜定责成以图共济盖自先年海禁一严山东与辽左若别世然山海与旅顺若异域然声势之不相联属非一日矣今海防创设始议登旅设两水寨以锁钥海口此天津外户神京藩卫所责任于道将者至重也但恐地方人情狃故常而忽新图第谓寇不登岸则吾事已毕而海中阑入若不切己者又谓寇所至必掠财物而登旅海滨荒瘠寇未必来者夫持一不切已之心则凡舟楫器械之设将视为赘疣持一未必来之心则凡会哨互援之务将视为戏具万一鲸波骤至何以御之臣又查得永乐正统间多用侯伯镇守登州且久任各二十余年盖守门户以卫内地自视宗创制然矣倭志在抢掠则宜趋闽浙以饱其欲何必朝鲜盖今日启疆之倭非昔日掠财之倭明矣合无乞勅兵部申严约束通行臣等遵照备行沿海道将务各整顿水兵控截要害万一哨备不严致贼乘间而入如从登州信地循南岸内犯则罪坐登莱道将而臣与山东抚臣均任其责从旅顺信地循北岸内犯则罪坐旅顺山海道将而臣与顺天抚臣均任其责又或从旅顺飘洋从中路直抵天津则本地水陆官兵随地堵截真保兵马刻日东向策应不效则罪坐天津道将而臣与保定抚臣亦均任其责至于聯络声势互相救援尤不宜自分彼此推诿误事如有观望坐视致失应援者容臣等临时查核一体坐罪如此则军政严明人心震迭外固海防内保畿甸若泰山四维之矣夫倭方争利朝鲜臣遽忧其内犯若近于杞人之愚然倭谋狡横势有必至虑不得不远说不得不详如或臣才劣望轻夙令不行涣散难于联合要害难于控守臣当先自劾求罢必不敢贪位苟容以误边海大计伏乞圣裁等因奉圣旨该部知道钦此

酌议海防未尽事宜疏

为酌议海防未尽事宜汰虚糜定经久以永固神畿牖户事臣惟蓄兵耗财固有国之通患销锋撤备非盛世之所宜顷自倭奴败遁东藩底宁议者或谓沿海兵防可以渐悉罢臣亦念畿民重困欲庶几休息无为然夷性叵测清酋尚在近有闽人及被掳北兵从日本附商舶回者传闻倭兵虽散各岛倭将犹聚山城既济戒衂似不容已况今榷税繁兴自天津至临清徐州一带人心恟恟讹言时起商贾凑集之区即奸徒睥睨之所臣为此凛凛寒心不独外虞倭且内虞盗也狃眉睫之安而废绸缪远虑臣窃以为不可惟是兵不期多期于精练饷不期多期于济用俾民间无苦征求水陆常存警备倭动则可以应海上猝然之患倭不动亦足以销中原反侧之衅此臣所夙夜图维冀效愚忠于万一者也先是为海防方议裁并兵食宜加调节既条议六款仰荷圣明允行矣今东师渐撤臣当移镇中山除一应□过钱粮见今造册另奏外所有津海应议未尽事宜复逐一参酌谨会同总督蓟辽保定等处军务兼理粮饷经略御倭兵部尚书兼都察院右副都御史邢开列上请伏乞敕下该部覆加查议恭候睿断裁定行下臣等遵照施行臣愚不胜幸甚为此具本谨题请旨

计开

一议裁标营丁健臣前议减存天津兵马除裁革骑营外暂选留家丁力士八百名合用马六百匹行令中军官管理为倭情去来未定且一时精锐难于尽弃也今照真定标下原有马兵一营精简而实练之亦自足用则此八百人者其数固可裁苐其人不无可惜臣以为宜将见在家丁选留三百名及原骑□三百匹并入真定标营合伍操练而本营旧兵有稍弱不堪及续有事故即以前项家丁照数渐补不出半年家丁之实用犹在而标营之溢数自销其力士四百名原兼习南兵器技亦选留三百名容臣分发标下民兵各营而旧兵有逃亡事故亦照前例以渐填补其余剩马匹应查照兵部原议兑发蓟镇及细查骑营创设以来原兑太仆寺马一千五十七匹买过马骡一千三百九十五匹头向因营伍初设未行追桩朋买之法及臣于去冬十一月内东巡回镇始议定营规至今年二月遂议撤散矣除经理朝鲜抚臣带去马骡六百八十四匹头后先倒死马骡二百一十八匹头又变卖老病儿骒马六十七匹近兑过蓟保两镇马九百零七匹见今追过桩朋买补六十四匹实在马骡六百四十头除家丁留骑三百匹天津左右两营一百五十匹头仍剩一百九十匹头除标下杂流传报用马骡四十匹头实剩马一百五十匹容臣移会顺天抚臣刻期兑发以后家丁力士月饷及裁去马匹草料不必编派共岁减银二万二千余两庶闾阎久困亦获少苏其天津左右两营马骡一百五十匹头应照先年旧规及河间三营事例于饷司支给草料伏乞圣裁

一议并水陆将领照得葛沽原设陆兵三千统以参将一员海口见设水兵二千五百统以游击一员水陆兼备固足以资战守第两将同居海上两相须而不相下临事未必相救如左右手不若合水陆令一官兼统而分以裨校其调度为甚便也查得万历二十一年初设葛沽营统以总兵及都督等官各防汛官兵俱听节制事权重斯人心一号令专斯戒备严始未常不虑画周远而后稍頽玩也且天津距保定四百余里而保定总兵节年移驻天津颇称不便今宜于葛沽营仍设副总兵一员比照蓟镇三路事例加以协守职衔裁去水营游击并令本官统之一切水陆机宜及天津海防两营悉听节制而本官仍听保定总兵节制庶可臂指相使以近收万全之算况官有减无增廪饷通融自足假虚名以贵实用计无便于此者及照臣标下中军柯鹰杨旧以副总兵管该营参将事选募训练皆其创始相应以本官加协守衔管事而见任参将韩望东即改臣标下中军一转移间而职任各当其裁去水兵游击顾凤翔听兵部查酌劳资别行升用再照水陆两营宜各以二千五百为一师共合成五千之数其陆营见在兵三千应裁去五百容臣于真定民兵营内酌行汰补岁减饷约六千余两庶官无旷员兵无剩伍伏乞圣裁

一议并军储同知照得天津原设有清军同知一员自海防开镇前抚臣题议增设军储同知一员经时百度草创一切出纳钱粮稽核兵马非一手一足之力因事设官势固宜然今海防既分并矣官兵月饷尽属饷司收支制器造船等务尽停止矣清军同知原有管理海运一事今亦报罢矣所有增设军储同知一员相应裁省旧管钱粮文卷及逐月稽饷事宜悉并归清军同知管理原领军储关防另行缴进但清军同知设居海滨向未专责以海防职任相应比照闽浙及青登莱各府同知加以海防二字仍照例请给河间府海防清军同知关防一颗庶文移之上下钱谷之出入各有印信可据而吏胥不得为奸及照见任军储同知刘道自二十六年二月内到任适值清军同知员缺凡兵马器械及造船运饷等项交责于本官一身夙夜勤劳几于鞠躬尽瘁若复令赴部候调恐非所以酬劳勚而彰激劝查得保定府有管紫荆关通判见今员缺若将本官就近调补以同知管通判事在关塞实赖勗勷在本膏亦得以展雄抱合无敇下吏部将前项裁并同知及专责海防颁给印信事体覆加查议上请一面将本官调补紫荆关原官管通判事则于汰冗职劝劳臣一举而兼得矣伏乞圣裁

一议处战船修理天津苍唬等船原自二十二年创造久置河干几成弃物臣前任天津兵道亲勘各船尚堪修葺于是议请官银估修完固曾发二十只应援朝鲜犹赖冲锋斩馘之用今见在水营苍船五十七只唬船五十八只中有稍坚固者犹可支四五年稍坏者或可支二三年然春秋两汛随时修理不得不仰给公家而内帑外库尽称诎乏安能为无米之炊臣查得水营初创原募南兵与近海土民兼用除汛期齐赴水操出海轮哨外至撤汛之日略仿浙直事例南兵常川守船其土兵暂放下班生理止给月饷之半计土兵约千名每岁下班五月约省饷二千五百两行饷司另项收贮俟汛期预估各船大中小修召匹买料修理完整前银傥有余剩仍收贮听凑下年折造支用不许别项动支傥三四年后各船拆造数多任务料不足或请发部银或设法措处候临时另酌具奏定夺盖御倭利在水战即朝鲜马步数万竟以水兵收功可为明鉴自天津东连登旅茫茫巨海与倭共之臣愿国家无忘战舰之利庶几它日无贻噬脐之忧至于水陆两营节年修理旗帜器械及操赏并修公署等费容臣于陆营稍定下班之饷通融取给不必别行议派伏乞圣裁

一议处行粮料草照得水陆二营以今议兵数会计月饷岁该银七万一千余两悉当于所属州县照地均派臣不敢复持兵三之说以徼不可几之恩泽矣乃行饷尚有当议者查得天津左右二营额饷甚薄而边海递防甚苦其行饷除本色外照近议每名月支银一钱三分岁该银四千之饷通融取给不必别行议派伏乞分布信地旧例有本折行饷以今议兵数计之该银七千六百余两即臣自真定移驻天津随带标兵亦有行粮料草自万历二十年以来俱于部发银内支给今太仓诎乏已甚臣敢不协心体国以共图锱铢之济卷查二十六年十一月内该臣先任海防题为倭氛未灭防御宜周等事时因中路失利窃议于山海鸭绿江等处增兵万余又虑饷无所出欲于长芦盐运司暂加引五万约以三年停止后幸倭奴败遁兵饷不增而户部径据臣议札行该司加引如数各商尚逃避未肯尽应命也近蒙恩诏诸因东征加派钱粮一切尽令所司除豁前项加引自当尽豁无疑矣第前项折色行饷无从措办商与民同食土之毛□同济国之急合无仍行该司每岁量加引一万六千计引价余没共银一万四千四百两大□足□一年行饷之用而太仓可无捐发之费于国少裨于商亦不甚病以上行月二饷每月各营造册赴兵备道查明挂号送饷司支给每季终饷司一报户部一会兵备道报臣查考伏乞圣裁

一议定汛期巡驻夫防虏重秋防倭重春所从来矣春未尝无虏患而秋高马肥尤其骋瞀之时秋未尝无倭患而风和浪静正其扬帆之候臣所辖紫荆倒马等关与宣大接壤今西塞跳梁虏清永定臣当以秋月巡阅关隘操练兵马势不容已若天津去真定六百余里傥春汛不一巡行无论岛氛鲸浪倏忽靡常窃恐振厉渐弛人情渐玩水陆蜂屯之众将至于骄惰而不可用矣臣请比照浙省抚臣事例遇春月汛期量带标兵数百名前来天津驻札较阅水陆兵马督发出海俟汛毕回镇其秋汛之期臣既以防边为重责令天津兵备道会同将官操练督发傥有警息则星夜驰报相机调度庶门户之锁钥常严海外之鲸鲵自戢即草泽奸徒亦有所震慑而不敢肆至于严会哨之规肃传烽之法容臣查照节奉钦依事理会同山东抚臣每岁申饬沿海各道遵照施行伏乞圣裁

一议仿边关巡阅今居庸山海紫马等关岁遣御史一员巡察三岁一阅视凡台墙之缮修军马之训练器械之坚完钱粮之出纳悉听查核文武大小诸臣举剌有差盖饬戎机以振怠玩巩藩篱以卫京师如此其严也天津距都城二百里而近要害与各关同第以海防久废三卫官军向移为蓟镇递守无兵无将故不入巡阅数中今三卫官军既改为海防左右营矣益以水陆营兵五千众共万余且统以协守副将屹然为海上雄镇矣夫天下之事草创恒虑其疎积久又虑其玩臣今虽殚力经营宁敢必其无疎又宁必后日之无玩防海防边事同一体相应比照紫马等关凡津镇水陆兵马船只器械烽墩及钱粮等务悉听巡关御史巡历稽察仍增入敕书以垂永制遇三岁特遣阅视亦与各关一体严阅分别叙论庶宪度益明人心益肃将吏奉法惟谨而海上干城自固矣及照近例各镇有年终甄别而天津水陆二营向属海防专管未经通行今既并入保镇其将领及中军千把等官应照例分别举刺奖戒庶于政体画一伏乞圣裁

一议发军火器械夫器械不利不可以战前海防抚臣万熟达兵机题请部银制造坚利器械种种具备盖摧锋陷阵所必用也然器有不嫌久贮者若大小铁炮刀枪之类是也有利在速用者若火箭弓矢之类是也查得后先制完器械除随带东征及发各兵船领用出海外见在盔甲三百副应给家丁披戴及炮铳等项可久贮者另造神器库收贮待用至于大小火箭见在八万六千余枝计费工价三千余两大小弓见在一千六百余张大小箭一千二百余把计工价一千余两火箭藉硝磺以迅发久之则滞涩而不行弓矢合胶筋以成质久之则濡润而易解藏之二三年后皆损坏不可复用矣念倭虽暂宁而东虏鸱张播酋豕突四方兵革未息臣不敢以有用之物遂弃之无用之地也合无将火箭量留二万枝以备不虞仍剩六万六千余枝并前项弓箭听兵部酌定分发于辽东四川用兵之地以济急用庶工料不为虚费再照火器为中国长技焰硝为火器所资然皆出于北直山东地方臣收买见在焰硝二十余万斤计价一千余两相应委官炼成光净亦分解辽蜀两镇以为炮铳火攻之具夫臣既虞倭虞盗宁敢忘备忘战第以其不可久贮者速发之以济目前臣当渐补之以需后用若焰硝出自土产尤可以随取而随足也货恶其弃于地不必藏于已力恶其不出于身不必为已伏乞圣裁

一议处効劳官员自海防开镇亟于搜罗豪杰南北之材官骑士苟抱一能一艺者靡不云从响应冀乘机会以树尺寸矧召兵买马造舟缮器一时并举所藉文武诸臣及随事分委各官宣力効劳有不容泯没者除见任将领有司近经督臣题叙臣不敢赘而分委名色等官各司竹头木屑等务臣得以奖赏遣去者又不敢琐渎惟是二三听用将官除管造弓箭原任都司张效祖已经推用外如管造盔甲原任参将方时辉管造火箭原任游击吴梦豹管造铳

炮原任都司吴应祯管买弓箭等料原任都司黄文焕及专造铳炮所镇抚朱家臣等皆拮据殚二载之勤战守谙六韬之略今海防百务裁省俱应散回各卫合无容臣查开各官劳勚备咨兵部各酌量材力及时推用庶逸足无伏枥之叹且可以激劝将来又查得标下募兵坐营王芬志在立功气雄敌忾今海氛少息宜亟用之蜀中彼亦慷慨愿往合无将本官量加都司职衔咨送四川督抚军前听用原募力士有愿随者听臣仍选惯造火器火箭委官二员量带匠作数名跟随本官星夜驰去并各给与勘合应付傥彼中增兵设将即可以就近推补再照有司効劳惟军储同知刘道为最次则静海知县戴大槐盖一时修造战舰运艘三百余只办料稽工昼夜风雨不避虽臣子职分当然而劳苦似不容掩除刘道已经题叙外其知县戴大槐并一二効劳佐领容臣另咨吏部纪录庶文武咸奋任事之心而绥攘其永赖矣伏乞圣裁等因奉圣旨该部知道钦此

本卷系交通部交通应用基础研究项目成果

中国航海史基础文献汇编

（第三卷·杂史卷）

（3）

中国航海史基础文献汇编编辑委员会
大连海事大学中国航海史基础文献研究项目组 编

主编 孙光圻 副主编 刘义杰

海洋出版社

2012年·北京

图书在版编目(CIP)数据

中国航海史基础文献汇编. 第3卷,杂史卷/孙光圻主编. —北京:海洋出版社,2011. 9.

ISBN 987-7-5027-8054-8

Ⅰ. ①中… Ⅱ. ①孙… Ⅲ. ①航海—交通运输史—文献—汇编—中国 Ⅳ. ①F552. 9

中国版本图书馆CIP数据核字(2011)第128845号

责任编辑:刘义杰
责任印制:赵麟书

海洋出版社 出版发行

http://www.oceanpress.com.cn

(北京市海淀区大慧寺路8号 邮编:100081)

中煤涿州制图印刷厂北京分厂印刷 新华书店发行所经销

2012年4月第1版 2012年4月北京第1次印刷

开本:880mm×1230mm 1/16 印张:372

字数:10620千字 印数:1～1000册

定价:980.00元

发行部:62147016 邮购部:68038093 总编室:62114335

使西纪程[1]

卷上

光绪二年十月十七日甲辰麦华陀告知所定大矾廓尔公司船十八日子刻开行二点钟开至洪口属早登舟适宾客坌集公私料理备极匆皇管才叔周瀛士数百里枉送竟不及一答拜未刻由驿四百里拜发出洋日期一折并开用关防及派招商局员黄惠和转递文报二片咨总理衙门南北洋大臣风雨并作至晚尤甚李勉林郑玉轩派小火轮船送至洪口宾客送者十余人时已十点钟矣船主名巴拉得

十八日雨子正开行过浙江境大风颠顿随行人等皆至呕吐其能支持者刘云生黎莼斋德在初刘鹤伯四人而已予虽勉强起坐而头昏眼痛鼻端作痛尤甚亦极狼狈矣

十九日过福建境远望厦门诸山知台湾已过风力逾劲困卧竟日不能起间从风浪中开窗一望微辨山色而已

二十日过广东境汕头碣石数百里间山势绵亘相属有英国铁甲兵船尾追而至船主云水师提督赖得船也我船升旗来船见亦升旗我船随下旗来船渐趋而近两船并行相距可十余丈来船船人皆升桅舟中乐作我船复升旗来船横掠船首而过我船停轮候之遂扬帆驶去因询船主升旗何也曰所以告也彼亦升旗何也曰报也犹曰公使在船已谨知矣下旗何也曰既告则可以下矣彼船人升桅而立何也曰示敬也犹之列队也升桅而后可以示远乐所以作军乐也以为列队之节也掠船首而过何也曰趋而迎也停轮者以示让也彬彬然见礼让之行焉足知彼土富强之基之非苟然也

二十一日至香港在赤道北二十二度十二分视上海近九度有奇而寒燠迥异皆改著薄绵衣英国水师总兵蓝博尔得来晤曾至总署一见所部飞游营兵船当回国留候予至即行矣香港总督铿尔狄遣其中军阿克那亨以四人舆来迎偕刘副使黎参赞及翻译官乘坐所派十桨小船登岸炮台声炮十五大列队伍作军乐以迎……闻别有化学馆方拟往视而阿克那亨告言岸次列队相送已候久矣因即回船铁甲兵船复声炮十五作军乐相款接法国兵船亦作乐以和之记同治癸亥由海道赴广东巡抚之任所见香港房屋仅及三分之一十数年间街衢纵横楼阁相望遂成一大都会居民十三万余人西洋人户六千东西炮台各一铁甲兵船二一曰奥大喜阿斯一曰飞多尔曰曼奴尔意大利君名也英人尊之取以名船是夕有英商轮船入泊直撞船艄声如震霆坏后窗丈许有小船悬挂船尾遂成两橛后窗稍高不及水使当船身危矣

二十二日以修船耽延一日

二十三日卯刻开行午正行九十五里在赤道北二十一度二十二分船主以沙漏定每时分数而系尖木板于绳用辘轳转绳而投尖木板海中计绳之尺丈每沙漏尽则引绳觇其丈尺以辨所行之里数据云每一点钟行三十四里日以午正总计所行之里数而以量日机器测赤道远近每日一牌示遥见捕鱼船数十张帆一叶随波上下知距琼南万州一带为近也

二十四日午正行八百三十一里在赤道北十七度三十分计当在琼南二三百里船人名之齐纳细犹言中国海也海多飞鱼约长数尺跃而上腾至丈许乃下左近拍拉苏岛出海参亦产珊瑚而不甚佳中国属岛也系荒岛无居民同舟英人拍得斯里西得方绕地球一周附船回国询知专为游历盖亦英国之富民也是夕雨而热如盛夏不能盖被

二十五日雨午正行八百五十二里在赤道北一十三度过瓦蕾拉山安南东南境也海名七洲洋马格里出示英国一千八百七十五年经制所入中历之乙亥年也伦敦约二万一千余万印度约一万六千余万澳大利洲约一

---

① 〔清〕郭嵩焘撰。据清光绪刻《铁香室丛刻》本。

千余万英人谓之新金山也新嘉坡三处所入约百余万惟香港所入十八万余而用费至十九万余

二十六日雨午正行九百三十九里在赤道北八度十分距西贡南四百五十里西贡者法人所距安南埔头隶安南之嘉定府为澜沧江入海口古真腊地也自香港南行天气日热而雨亦多上海寒暑表五十三分至香港六十五分今则入热度八十一分矣不能著绵舟人皆单衣

二十七日雨午正行八百三十五里在赤道北四度三分计当暹罗外海意大里人阿拉多尼同舟询知在伦敦开设洋行亦由美利加至日本历中国各海口绕地一周其在本国为世爵得受一等宝星西洋风俗以营商为重即此可见同行英拿吉哥亦意大里人

二十八日雨午初行七百二十里至新嘉坡在赤道北一度二十分早过一岛曰浩斯白尔有灯楼浩斯白尔大西洋始寻地来中土者也马格里告言扬武轮船已前至新嘉坡甫至而蔡提督国祥与其弟国喜偕黄浦人胡璇泽来见黎召民有信致胡君遂以交之英国总督哲威里遣兵官以二马车来迎且请稍迟至四点钟以凭传令各营列队

二十九日雨雷哲总督又遣马车来迎并派其翻绎必麒麟陪同游历先至扬武船兵皆升桅声炮比登舟司教习英官拉克斯摩指示一切甚详并引至其学堂训练学生二十人又为演试炮兵指授阵法仍升桅开炮以相送……新嘉坡约二十万人西洋人二千番人及印度人盈万余皆闽广人也而粤人较多据胡璇泽云广属人已至七万之多总督所辖凡三处西为麻剌甲再西为槟榔屿则海中之一岛也麻剌甲之西与槟榔屿隔海相望为威诺斯里并归其所辖属新嘉坡有英国兵船二一名儒那总兵波兰管带一名马古稗副将安生管带哲总督申初枉过即时开行

三十日新嘉坡西北行二百一十里过麻剌甲即西行出印度海英国公司轮船取道槟榔屿稍折而北远至百余里船主以非西行正路不牌示禧在明见示伦敦代谟斯日报为西历十一月初十日中历之九月二十五日也正当京师启程之期属德正初凤夔九译出申论滇案一段其中叙英总兵勒尔斯探北极事以一千八百七十四年四月起【为中国之甲戌年】一千八百七十六年七月回国言至北极之八十二度尚见地土过此皆冰海矣其始舟行积冰中测度冰之厚薄有至十六丈者冉上则舟不能行凿冰为道凡两船三百余人牵倚以北每日约行三里许至北极高八十三度二十五分凡行两月余不见日者一百四十余日死者四人冻折足者数人至是不复能前进乃循来径而返其初议寻北极募能同行者得七百余人遣医视其筋骨血脉强固能任寒者三百余人挈之以行历二岁余君主下诏褒美赏给勒尔斯头等宝星

十一月初一日戊午巳刻至槟榔屿【洋人名之碧□】距麻剌甲九百三十三里在赤道北六度有副总督驻此亦名安生胡璇泽语知闽人王文庆经商槟榔屿兼司招商局事遣人问之则挈其乡人六七辈来见皆短衣番语居此已数世矣以停船片时即开行未暇一登岸询知居民十四万闽广人十万有奇余皆番人其地山水明秀逶南皆高山树木丛密闻有瀑布高十余丈惜未一往观也北岸为威诺斯里其地袤长而狭沿海约九百余里有兵官段熙奕由威诺斯里附船归国居民鼓乐登架小舟十余送之登舟必稍有惠爱留贻者申刻开行是夕风

初二日午正行六百八十四里在赤道北五度五十七分南望苏门答腊相距约四十里见大山绵亘如画即所谓万古鲁山也苏门答腊逶长二万余里起息力之南横出槟榔屿西千余里中间小岛不可纪数荷兰踞此数百年近年荷兰衰弱荷官之居苏门答腊者抚绥无术方相与攻战未已也是夕风雨大

初三日大风雨雷午正行七百七十四里在赤道北六度十六分至是始出大海所谓印度洋也俗名之小西洋是夕风逾劲船主见旋风起急停轮避之而方张帆以收风力帆急不可下船人上桅拽帆坚伤者三人旋风者闽广人谓之台风洋人谓之赛格栾风势盘旋而上陆地亦有之所谓羊角风也巨海盘旋或逾千里或数百里舟入其中掀腾回薄常至倾覆洋船见旋风起急以寒暑表之轻重制船之进退气重而上升则去风渐远可以免患马格里言西洋诸大国皆设密的阿罗奇格阿非司以觇风力凡风起处一点钟疾者行八十英里【每一英里当中国三里凡二百四十里】而电报顷刻千里如英国风起即由电报通知德法各国俄国风起亦然得报即通知各海口洋船准备出入之节阿非司者译言官署也

初四日风雨午正行五百四十六里在赤道北五度五十四分以先夕旋风停轮又值逆风不能依时计里船主

云行海三十年未遇旋风如此亦无若此行之多风者予笑曰以吾薄德累及诸同行者船主改容谢之从行诸君吐呕困惫多至废食而郁热加剧夜卧颠顿挥汗如雨不能成寐者十余日矣

初五日雨大风午正行六百六十三里在赤道北五度五十四分厨夫柳树仁患病数日手面忽见红颗召洋医视之曰痘也洋船最忌病证而痘尤甚有患此者悬黄旗禁舟人往来上岸医院延病者别居必留二十日俟其无传染也而后舟人得上下自由此去锡兰两日程当换船舟人皆恐船头一小房为予日间看书之所船主令病者迁居而闭其舱内所居之房禁同舱人不得出入受累者多矣

初六日午正行八百六十四里在赤道北五度四十分又行二百一十九里抵锡兰其地按察司路斯马力阔总兵克拉尔克传总督格雷戛理之命约至公馆小住以舟中一切须检理辞之泊船锡兰之南尽西处一海汉地名高诺总督驻扎科伦布相距二百四十里医院遣医来视柳树仁即令前赴医馆并递送茶水之陈炳祥一体扣留以防傅染仆从无多乃留二人锡兰一应用费议定由公司行垫付俟抵伦敦归还受累无可言者锡兰渡船皆刳木为舟有至四五间者每间仅容一人纳足其中而身坐其上旁施横木首尾各系树株束之舟上巨浪中亦无欹侧盖犹上古刳舟之遗制也初七日辰刻过船名北夏窝尔视原船大逾倍而新造成甫二年……酉刻开行大风

初八日午正行六百二十四里在赤道北六度四十九分

初九日午正行七百五十里在赤道北七度五十五分是日礼拜听讲者二十余人弹洋琴作歌以礼天神洋妇韦理勤歌声清越婉转悠扬历一时许始散德国水师兵官拍森及格尔里默及发拍尔三人就谈询知凡二十一人游历南洋推测天文海道及行船之宜兵头一人督率之名阿尔阿塔船费出自国家仍月给辛力银三磅香港厦门及澳大利洲各住一月或两月星度海程所至推验回国须一过考乃授官因问其国君威烈雅摩第一年八十丞相毕士马年六十四将军穆尔克年七十五兵部路得年六十五富国强兵皆此四人为之

初十日大雨午正行八百二十八里在赤道北九度五秒其地当值俾路芝回部在印度河之西

十一日午正行八百一十四里半在赤道北十度十一分十二秒

十二日午正行八百七里在赤道北十度五十五分其地当略涉波斯印度海泛人之海汉名阿勒富海土耳其两河之水注焉波斯阿剌伯夹海为国亦名东红海与马格里论及船主测量之精因言西洋各国有商部大臣有船政学馆学既成商部试之得高等乃令充当船主其次分司各职事皆有等第以次历次之或至再三充船主者必高等也造船之家无敢私请船主者凡船出海商部大臣视其所载之货所坐之人不至逾量否货逾其船之数人踰其房榻之数皆禁制之违者罚凡造船商部大臣亦视其工程坚固与所用之木良楛何如必皆如式而后定其行海年限或十年或二十年不如式者禁不得行海违者罚其行海所募水手所带食米必使足数以船身丈尺定人数多寡不如数者禁不得行海人日给米盐肉食皆有程序不如式者罚船主出海则船人赏罚皆假以行一切听命焉而日记其所行于册其有辨争商部大臣据其所记处分之西洋以行商为制国之本其经理商政整齐严肃条理秩然即在中国往来船主皆能举其职而权亦重所以能致富强非无本也运日风是日尤大十三日午正行七百九十二里在赤道北十一度二十六分其地当属阿剌伯马格里言红海口外英国属岛名苏克得拉距亚丁一千五百里计程距此二百余里海道广阔不能望见又言入红海三百五十四里有岛曰毕尔林法使其至亚丁者言其国人寻得此岛犹荒土也方谋据其地开垦亚丁以闻于孟买总督驰檄所部将官领兵十余负夜至其地树旗逾两日法使至见英国旗帜废然而返英人谋国之利上下一心宜其沛然以兴也船主怀德见示船单西历本年正月起英船出入海口案期排定北夏洼尔船以西历十二月二十五日由锡兰开行今初七日当西历十二月之二十二日盖先三日程矣船凡数百往来各国海口其行度皆有期限岁首汇次而标识之以何月往何处当附某船以往按册稽之无或爽者条理之繁密乃至如此是日大风天气稍凉可以著小棉袄

十四日午正行八百六十四里在赤道北十二度十六分早见亚得非山已入阿非利加洲北境矣至是为亚纲亚阿非利加海道交界处由此一折而入红海马格里言西洋交兵不杀俘掳其在官者皆有文凭佩之身被俘出示文凭则以官礼处之饮食居处以官为差或与约不任战事即纵遣之被俘者不允所约则禁制之使不得逃俟战事

毕释归或允不任战及归又请领兵主兵者责其失信常至罢黜盖各国常视彼此所以相处之厚薄以为报不欲失信于敌既允不任战而又遣之战则以后被俘者敌人皆引为前鉴而不复纵遣之而承其害者多矣而又有失信负约之名故于此常不敢违亦见西洋各国敦信明义之近古也英国教士法林斯以病卒于舟次船主为加棺敛而投之海其妻以距亚丁近乞葬之亚丁船主不允曰故事惟裹以衾棺敛以示厚也葬之土与葬之水均也为持经诵赞而投之

十五日午正行七百七十七里在赤道北十二度三十八分又行一百四十五里半抵亚丁亚丁与阿剌伯地势相连【瀛寰志略误为一岛】濒海一山皆石英人建炮台山尽处东西各为一山横出海面中广十余里可以泊舟英人距此以为红海口外一形胜地也洋人环东山为居山后海水泛入成一小荡亦建炮台凡炮台三座海岸亦皆列炮兵官亨德来舟宣述孟买总督之意此地亦孟买所辖也居民阿剌伯八千余人印度六千余人阿非利加亦三四千人西洋各国百余人奥民在此任工作者千人而设兵至二千人有炮兵步兵马兵之别大率为印度人此地本隶阿剌伯英人踞之为往来海道停泊之所阿剌伯回教剽悍劫杀不可测故设兵宜多有兵船一名伯尔德管带兵船者阿尔本也亚丁雨少晴多询之亨德居此六年仅三见雨沿山为小池导山流纳而潴之以供饮每雨涓滴无遗弃者地产驼鸟伸颈可长丈六尺卵容一斗羽毛供西洋妇人冠饰

十六日丑刻开行午正行四百二里在赤道北十三度十分正当阿剌伯之木甲为东岸海口最繁盛处地产加非贩运英美诸国两岸山皆赭色故以红海为名阿剌伯都城曰麦加回教所由起也亦濒红海是日礼拜诵经作歌礼天神西历以是日为十二月三十一日为岁尽日中土谓之除日也

卷下

十七日雨午正行七百七十一里在赤道北十六度四十阿剌伯所属时见高山隔海为阿伯西尼亚盖番土也

十八日午正行七百二十三里在赤道北二十度二十三分船主云红海阔约五百里时见岛屿而不著之图经瀛寰志略仅著马苏阿一岛阿剌伯属地也近年英人得毕尔林一岛其间小岛未开垦者甚多地无所属西洋图说亦无从列其名也过亚丁后天气渐凉以距赤道日远之故红海所以多热者以南界阿非利加皆沙漠无人居日炙沙石燥烈为南风所煽熏蒸之气逼入红海秋冬北风其热自减崇地山宫保以红海酷热深冬不解为言似稍失考

十九日午正行七百五十六里在赤道北二十三度五十七分早过麦加距海尚一程即阿剌伯都城也南岸阿非利加已入努伯亚境亦回部也为麦西兼辖之属国自新嘉坡近距赤道日长如春秋二分时入红海北行日长如故子午二时相为赢缩视中国争差一时许伦敦则差至两时有奇盖当地球极西见日宜稍迟也……其各国水师船旗商船旗又各不同水师亦视官品崇卑为画色多寡之等诸小国及各国属部旗帜亦时有异同以难于辨晰不详录然要皆长方其长处为横以杆竖则旗横故横当幅之长短而以其正幅为竖横长约七八尺竖四五尺其桅顶常挂之旗竖长而横缩以桅顶受风其长处系之于杆使不至为风缠绕也兵船旗或用长幅末作两坌如鱼尾式亦有锐角者有三角者有三角之尖仍作两坌者旗身皆方未尝用斜幅作尖角式有恶病则竖黄旗所至之海口候之即以医至禁舟人不得上下行海各国皆同此例因考周礼九旗有通帛者则一色者是也有杂帛者则错五色者是也尔雅曰长寻曰旐继旐曰旆郑康成谓旐末为燕尾则长幅末作两坌者是也西洋不必师古而天地自然之文无中外一也九旗之等以丈尺为差其制皆长方古旗无用斜幅者惟令旗尖角以便卷舒国旗尖角似不足式观瞻窃意古旗皆有旒而今无之旒即所以为镶也出使西洋自当避其所忌宜加红帛为旒而仿古制为升龙降龙绘二龙于旗存此以备他日考定旗式之一助

二十日午正行七百二十六里在赤道北二十七度三十二分至此海道渐狭两岸山势罗列时见岛屿距岸咫尺知已入麦西境西洋人谓之埃及海尽处分两汊东出曰阿喀巴地属阿剌伯西出曰苏尔士湾地属麦西两湾岐分各广数十里中有大山曰西奈山相传为摩西以十诫立教之地稍东即土耳其之犹太唐书所谓拂箖也为摩西生长之地西洋文物创始麦西犹太又教祖所从出东汉班超傅遣椽甘英往通大秦抵条支临海欲度安息西界船人以海水广大止之大秦即罗马国今属意大里安息今波斯条支今阿剌伯也所临之海即今地中海是汉时此地属条支而波斯西境直抵地中海汉唐以前西洋通中国者极罗马而止而安息条支自西汉初已通中土文教开辟

最先声息之所及其机先动而文物随之以启厄日多为西土文字之原亦天地自然之机与

二十一日卯刻行五百一十三里抵苏尔士湾口地为亚细亚阿非利加两洲一线相连处广约三百里介红海地中海之间同治三年法人赖赛朴以机器开河通舟楫广六丈深不逾三丈凡七年始成费至七八千万各国商人醵金为之以地属埃及阙与三分之一往来征船税按成分收其利同治十三年埃及以千二百万金鬻之英人于是英人合官民所出公费约得全股之半适有轮车赴苏尔士为埃及一市镇距湾口八里偕刘云生黎莼斋刘和伯张听帆德在初凤夔九一往试之至苏尔士洋行小坐行主特尔勒亦英人也洋楼及民居多土筑屋皆平顶远不逮西洋各口埔头之繁盛也居民长衣无前襟自下笼其首而衣之妇人则冒其首以前领当鼻用藤纽合之著于鼻端惟露两眼于外即乞丐亦然饮水仅一井法人于其地开造花园而用机器引水相距五里未能一往随雇小舟回湾口见开河机器二具登视之其一两船相并设机器其中高三丈许中为铁桥广六七尺两船相距适足容桥引桥上下可入水丈许取泥铁筐三十余环桥辘轳用转如水车之龙骨桥顶承以铁柜旁设铁沟约五六丈横出承以铁柱两旁为铁条交午若疏眼篱取泥转至橘顶倾入铁柜即从铁沟流出亦取土机器之巨观也其一一船中设机器亦高三丈许旁设铁相极宽而短马格里云此专取沙恐未然疑两旁土不必远出者用之盖两船相济以为用也左近立一石人高丈许云二百年前法人名瓦琛汉者始通两海相距之远立石以记之也红海以两岸皆红土为名夕阳返照见山色红紫辉映如胭脂图画亦一奇景也

二十二日船主守候孟买卫尼哈船巳刻始至盖轮船行程皆有限期卫尼哈船由孟买至亚勒散得其附船赴伦敦者于此过载故须一守候禧在明由轮车赴亚勒散得海口附船渡海至意大里之伯林的西由轮车三日程可抵伦敦即时辞去……酉刻开行由苏赛江口入新开河仅容一船中有湖数所来往船于此交互取道以相避沿江置计里牌以知行路之远近而于江南岸安设电报每十里许设一木板屋以处司电报者江路侧处或数里或数十里并于出入两口悬球于杆大如瓜以为表识船东至则报知西口悬球以示东行者择地便处停轮竢之船西至亦报如前禁止夜行是以江仅容船而无拥塞喧嚷入夜停轮必于湖荡宽处皆依成例以行无敢违者是日行三十六里泊小苦水湖

二十三日卯初开行入大苦水湖亦名盐湖适报有船名那木坦已入西口停轮待之又过阿美大赛拉宾二湖入剔木萨湖又遇一船交首而过一名阿玛诺尔林一名提格湖旁亦有开河机器船一具午过日斯麦里亚适当新开河之中轮车赴亚勒散得亦由此道市肆颇繁入苏赛江口募一引水者至日斯麦里亚当换一人而不停轮甫望见市肆有小轮船迎至即公司行所募之引水人也又入小江口有法王后宫【同治九年新开河成埃及王传报各国临视意大里王奥王皆至法王遣其后至而设行宫江次今尚完好】江路愈狭两岸沙山高十余丈舟行距岸不过数尺又多作湾回之势再过巴拉小湖至满萨磊湖停舟是日礼拜行二百二十里

二十四日卯初开行五十四里至波赛北岸有开河机器一压沙机器一南岸有开河机器二具取重机器一新开河故沙漠下游尼罗江积沙上壅岁淤数尺船主云海岸灯楼临海今海湖积沙已至七百余步故于新开河入海处两岸累石为长堤横截海面以拦沙北岸约二百余丈南岸又数倍之如连长桥远浮海溥之中以沙地不可得石乃用机器积沙压成之长方约七八尺宽厚二尺余并摹英文其上以记累石里数一皆以人力夺天工波赛市洋楼鳞次询知开河以后所新造江边引水机器一南引尼罗江水以供民食者煤气机器以市楼夜灯取给于此并为圆墩置圆本红桶其上围数丈而煤气桶另制铁架覆之市东山头见风磨一具随风旋转如飞轮市尽濒海处置灯楼一高五六丈形如方柱夜然灯以引海船有鬻埃及古迹图者得数幅……未初开行入地中海为亚细亚欧罗巴阿非利加三土交界处自此尽地中海之境北界欧罗巴南界阿非利加而土耳其中东二土透西北二千里遥与亚细亚西境相望欧罗巴人于此一海析分三洲之地亦天地之一大区限矣晚见南岸灯楼者再尼罗江凡分三口入海曰达密也得曰罗塞得曰阿勒散得船主云阿勒散得相距尚百余里

二十五日午正行七百八十九里在赤道北三十二度五十一分雨郁热亦时见日日西而虹东见长数丈地距赤道视上海远至一度许而了无冬意

二十六日午正行八百四十里在赤道北三十四度四分大风颠顿至不可耐地中海岛屿回环风浪相激薄洄漩而力逾劲也……是日径希腊而西东土耳其之马海为亚细亚分界地希腊横出当其冲至是始抵欧罗巴境

二十七日午正行八百四里在赤道北三十五度二十四分希腊之西以阿尼群岛为英人所踞其时希腊方属土耳其困于土政畔而交兵英人乘间取之其后英法俄三国保护希腊听其自立为国又历数年以以阿尼群岛逼近希腊炮台皆内向希腊不能安也其地固非冲要英人亦所不争因并以还之希腊是日历诸岛而西至意大里境

二十八日丑刻行三百八十四里抵马耳他岛在赤道北三十七度北界意大里之西治里岛其南与的黎波里都城正相值地形如臼中出一山四周环拱之长四十五里纵三十里横出枝脚泊船湾曲四五中设机器局环列炮台十一所英国地中海第一重镇也……未刻开行

二十九日雨风午正行六百九十九里在赤道北三十七度二十八分南岸山势迭起为突尼斯国亦土耳其属国也地势突出地中海境内一山横列海面下有伏洲仅中路可通巨舰洋船过此亦称险境过此北岸已近接法兰西矣

十二月初一日丁亥午正行七百二十里在赤道北三十一度二十分大风颠顿夜不能寐而郁热乃近春三月船主言土耳其与所属之塞也维构兵俄人意在挑衅而坐收其利英法德各国不利俄人之通海峡也力谋所以保护之盖恃君士但丁都城阨黑海之冲足以抵拒俄人英人尤所属心拨调铁甲兵船至马海者二十余俄人心慑英人之助亦不敢求逞近亦定议共平土耳其之乱当不至使各国交兵自突尼斯以西地势北出连山相属或远或近海中亦时见岛屿以地道求之北界法兰西南岸当已入阿尔及耳境亦回国也今为法兰西属部是日礼拜

初二日午正行七百二十三里在赤道北三十六度五十一分【以经度计之此地正与伦敦相值中隔西班牙葡萄牙二国地势畸出大西洋海伦敦转在其东故由法国马赛车路赴伦敦非独取道径直实亦近数千里程也】大风昏眩日苦不支上海十日劳勩过甚登舟后与病相守顷忽患牙龈肿痛牵及两耳又胃脘气痛头昏怔忡百不能适远望一山隐约船主指为西班牙马格里云山名西艾腊尼瓦大其山尖峰迭起加锯而积雪终年不消西艾腊者译言锯也尼瓦大者译言雪也同舟葡萄牙人墨克里阿附船回国人颇文雅询之官阿非利加东土之莫三鼻给按察司葡人于此分立七部而设大酋莫三鼻给统辖之晚见北岸灯楼忽明忽暗所过西班牙之加拉拿大有二埔头曰亚尔美里牙曰马里牙马格里云灯楼之设有二义一为海口引船一为避险避险率用红灯其引船之灯四面周转或随暗随明或稍停皆以分数计之使人辨知其为何口海口相连者各为定式以示区别

初三日午刻行八百三十七里抵奇巴答答在赤道北三十六度七分有石山崛起高一千四百余丈长七里有奇英人名之诺译言大石也与西班牙之诡美阿非斯卑阴山相望咫尺中隔一洲海水泛则别为一岛瓜达尔几河绕其右南与阿非利加之珥布斯赫德并横出海中对峙成海峡为地中海之门户……酉刻开行出海口有灯楼船主云此海名得拉法尔根英官威德林以兵船与法王拿破仑第三鏖战处也

初四日午正行五百九十四里在赤道北三十七度十四分过奇巴腊答海口入葡萄牙境南对阿非利加之摩洛哥亦回部也其地犹属地中海至是抵星子文生是为葡萄牙南境尽处始出大西洋海洋人以山尽处为岌水流当岌两相激荡浪益汹涌星子文生山石嵯峨横截海面舟行极为颠簸而西班牙西境地势微削而向北海方南趋为地势所遮遏数十百里间澎湃腾沸洋船以为至险晚见海口灯楼船主云里斯波亚海口葡萄牙国都也为德人河入海之口是曰郁热尤甚初闻红海炎酷隆冬一如盛夏心甚畏之此行亚丁至苏尔士尽红海六日程天气晴和风恬浪息为行海最佳之景其余三万余里多在风涛震撼之中至出大西洋而郁蒸之气转甚红海天时地气固有不可意测者与

初五日午正行七百八十里在赤道北四十一度三十分北过斗罗米虚二河为葡萄牙西北都曾兼两河为名再北又入西班牙西境晚过盖泼非尼士特远见灯楼波涛汹涌倍甚盖西班牙向北尽处地势深入汇成一大荡与法兰西壤地相接至罗亚尔江口又袤伸而出中广千余里海水奔腾而下驱入荡中回薄济激乃始折出南趋故此海湫千余里稍一见风则汹涛激浪相助飞腾尤以盖泼非尼士特为至险盖泼者译言尖处也非尼士者尽也特者地也风雨暝冥颠危倾险郁热尤剧心气痛甚此行上海患眼珠痛登舟而鼻准痛至十余日已而牙龈痛耳痛又苦心痛尽五官之用而皆受患若此异哉

初六日雨风午正行八百四十六里在赤道北四十六度一分经度距伦敦偏西至九度五十二分出大西洋折而北稍逶东行

初七日午正行七百三十一里在赤道北四十九度十一分过法兰西罗亚尔部正当地势斜伸入海处波涛激荡尤甚西人名之曰珥胜有引路灯楼过此即与伦敦之哥尔奴瓦里斯部隔海相望至是始稍有寒意……船主出示船单北夏洼尔船以西历十二月二十五日自锡兰开行正月二十一日抵苏士阿母敦海口此次锡兰开行实先三日程而云明日午正准至海口以日计之则正西历正月二十一日也盖自入红海后稍减机轮之刀以待孟买卫尼哈两船行度相值中间稍有参差而其终仍合也计此行所历之国十八曰安南曰暹罗曰俾路芝曰波斯曰阿剌伯凡五国隶亚细亚安南儒教暹罗佛教余皆回教也曰土耳其曰希腊曰意大里亚曰法兰西曰西班牙曰葡萄牙凡六国隶欧罗巴法兰西西班牙则地中海径其东南出大洋海又径其西一面土耳其回教余皆天主教也希腊又自为教为天主教别派曰阿伯西尼亚曰努伯亚曰埃及曰的黎玻里曰突尼斯曰阿尔及耳曰摩洛哥凡七国隶阿非利加皆回教阿伯西尼亚又自奉天主教近年法兰西踞阿尔及耳为属部所历英国属部十四在南洋者六曰香港曰拉布湾曰新嘉坡曰麻剌甲曰威阿斯曰槟榔屿拉布湾在七星洲南麻剌甲与新嘉坡相连威诺斯里与槟榔屿一岛相对皆不停船在印度者五英人踞有印度全土而濒海大部凡三曰孟加拉国曰麻打拉萨曰孟买岛二曰锡兰曰苏克得拉停船者锡兰而已麻打拉萨与锡兰岛相对余皆相距远而一海径达其地可指望也在红海者二曰亚丁曰毕尔林亦不停船在地中海者二曰马耳他曰奇巴腊答所在建耶稣堂番民皆习其教印度佛国乃习回教而孟加拉国之诃利萨与锡兰皆宗佛教以合掌为礼孟买则波斯火教之遗犹有流传【西洋习教各有宗主波斯为回部所踞禁其本教于是习火教者皆避至孟买】南洋群岛分隶各国者过琼州七洲洋与吕宋相望地属西班牙再南过广南湾西与西贡相望法兰西所踞安南嘉定省海口也东与文莱岛相望地属荷兰再南逶西过苏门答腊亦属荷兰其坿近小岛不记相距远不记各国海岛归所属者不记

初八日未正行四百九十五里抵苏士阿母敦过波子伦敦有两灯楼极奇丽为英水师屯泊之地入尼罗司海口有岛曰阿路威得为君主消寒地有行宫曰阿思本舟行搁浅又值大雾潮信稍晚故后一时许始至禧在明金登干枉接舟

曾惠敏公使西日记①

卷一

光绪四年戊寅七月二十七日奉旨赏戴花翎派充英国法国钦差大臣

八月初四日拜吕宋公使伊巴里久谈言过地中海后宜由马哂色二登陆不宜绕行葡萄洋险远之竟其人情挚亦可感也

二十八日丑初入朝……西太后问你打算那日起身东太后亦同问对臣因公私诸事须在上海料理齐备须早出都现拟九月初四日启程问走天津不走对须从天津经过且须耽搁十来日与李鸿章商量诸事旨李鸿章熟悉洋务你可与他将诸事细细讨论对是问上海有耽搁否对出洋路远应办诸事应带诸物均应在上海料理清楚又臣携带随行人员亦须到上海乃能派定所以上海耽搁较久大约须住一个多月问你携带人员到上海再奏否对臣携带人员有从京城同行者有从外省调派者其外省调派之员能去不能去未可豫定拟俟分派定局再行汇案奏闻请旨问天津到上海要走多少日子对招商局轮船快慢不一其快者从天津至上海不过三天半问你先到英国先到法国对臣拟于十月二十八日从上海动身赁法国公司轮船行至马赛儿登岸再赁火轮车行至巴黎巴黎即法国都城法国人见中国使臣至彼必有迎接款陪之礼臣若径行不顾颇有不便拟于上海发一电致郭嵩焘请其至巴黎交印臣在巴黎接印即可先将寄法国之国书交给然后再赴伦敦交递致英国之国书伦敦系英国都城……问香港安船不安船对臣赁法国公司轮船轮船总有载货卸货载人下人等事一路口岸必有耽搁但皆由该船作主

(九月)初四日挈眷起程酉初抵通州登舟与栗弟谈甚久论居家宜师陆梭山之法量月之所入以为出行李陆续来至仍未全到

初八日抵天津泊舟登岸至官亭中与司道出迎者如冠九年丈丁乐山郑一峰郑玉轩一谈拜李相谈极久并谒文正公祠行礼未正至吴楚公所寓焉饭后李相来谈极久冒雨回红船

十九日出门拜客五起登保大轮船

二十日舟自天津启碇午初抵大沽停泊候潮许仲韬罗耀亭来谈偕乘小艇观李相新购之蚊子船船身甚小而大炮六万余斤意取进退便捷而炮能及远可以制铁甲船也装药上子发火皆机器为之不须人力粗览一过与仲韬耀亭坐谈片刻二君送余回船同饭余言燃炮以机诚省人力然有时反不如用人之灵便者铸炮之法未甚精则后门不如前门法既渐精则前门又恐不如后门以前门入子膛口必松稍有不慎则子出摇动能使炮裂塞布紧子之法宜时时留意不可疏忽仲韬等皆以为然到欧洲仍当询之西人耳未正二刻起碇复行

二十一日舟抵燕台作汪芝房所撰文法举隅序登莱青道方观察东海关税务司辛盛先后来谈

二十三日舟抵上海莫善征徐雨之张叔和来久谈饭后刘芝田陈宝渠先后来谈亥正率内眷登陆至广肇公所寓焉

(十月)二十七日李质堂自松江特来枉送陪谈良久午初督仆役发行李申初登阿马松船法国公司轮船也上海官场及税务司各员均送登舟见客十余次

---

① 〔清〕曾纪泽撰。据清光绪十九年江南制造总局刻《曾惠敏公遗集》本。

二十八日送女儿广璇乘小轮船以登威靖轮船女儿哭泣甚伤余亦不禁流涕仍乘小轮舟回船税务司各员先后来送法翻译白福二人英翻译施本思禧在明均来送客去启椗出口写一章程谕巡抽等收发函牍凡十条阿马松船长一十三丈阔四丈有奇入水深浅约二丈内外载重三千四百余吨吨合一千六百八十觔也舱分五等头二等舱面宽狭与舱中陈设大略相似惟头等舱住二人食肴六品二等舱住四人食肴三品为异耳三等二十余人共一舱迭榻而居高者四层人得一榻而已烹饪不如二等之精美然亦不减三品四等五等住船面不能入舱四等食麦饼牛肉之属五等自携糗粮食之船主名提迭职视中国副将有一官专司邮政不受船主节制邮官公事未毕不许起椗船主不敢违也英人名公司船曰呋儿法人曰马而译即信袋也以信袋名船若曰此船专以递达音问为重云有一官专司医药每泊一埠则医官偕邮官先登于岸邮官收发文报而医官则报船中人有无疾疫医官未登则船主亦不敢先登也法至严也副船主以下船主皆得号令而赏罚之自船主至水手一百六十余人华人居十一焉主客日食五次巳初二刻为早餐酉初为大餐皆先二刻鸣铎以为号肴核既陈复鸣铎则客皆就坐矣午亥陈茶食三次有红茶咖啡牛乳糕饼之属午亥二筵亦鸣铎以为号卯筵不鸣铎主客晨起盥漱后自就坐而食饮焉英国人早餐多在午刻故午筵有麦饼牛肉火腿之属专为英人设以英人往往不就巳刻之早餐也

十一月初一日船摇甚不能治事牌示行一千三百五十里

初二日随从员弁祝余四十岁生日酬应良久舟行自昨日午正至本日午正三刻凡五百五十里安抵香港

初四日偕松生法兰亭及法国领事毕立雄同游山峰峰高一百五十余丈乘山舆而登峰顶有镫楼电架等物凭眺良久山势层迭甚远扼全粤之形胜较大沽海口尤为雄阔但无浅水处耳

初五日亨公将列队奏乐声炮以送余行自出而号令之亨公自乘舆送至小轮舟而归遣其中军巴尔门送余登大轮舟余偕其中军及子兴乘小轮舟至水师提督安乃师立舟次久谈舟为屯驻英兵之用旧式笨滞不能战也午初登大轮舟出港以后舟甚颠簸不复能治事矣

初六日舟荡益甚窗间常有浪入午正牌示舟行一千零五十五里

初七日内人以舟荡成病儿女辈亦皆不能起坐饭后风潮愈汹涌海客所谓飓风也浪时时从船顶越过舟子皆恐惧尽阖楼门以防水入又因雨不能见日不知舟行所届乃绕海南湾大洋而行黑水壁立余屡卧屡起绕至船头登楼冒雨至舵楼舱抚慰眷属傍夕飓风稍止而北风益狂夜毁船篷如拉朽船主因雨阴不能见星不敢前进竟夕在大洋中缓缓迎风鼓轮舟荡摇如故也

初九日登楼一坐舟溯澜沧江而上辰正抵西贡

初十日展轮复行阅使西纪程是日风不甚大船行颇平

十一日登楼看操演水龙因家人携带腊肉等件致舱中有秽恶之气不合行船章程船主怒令掷弃余自督仆役检视可存者存之当弃者弃之是日午正牌示行一千二百八十八里

十二日辰正舟行九百三十八里抵新嘉坡

(十三日辰正二刻)展轮复行香港总督不答拜新嘉坡总督既不答拜又不声炮皆非礼也

十四日午正牌示行一千零五十里

十五日舟行大洋波平如镜而摇荡颇甚盖缘马力太大故也午正牌示舟行九百九十七里

十六日午正牌示舟行一千一百二十二里

十七日午正牌示舟行一千零八十五里

十八日舟抵锡兰岛之巴德夹停泊在船面及楼舱坐极久热甚不能治事也酉初展轮复行行二百三十九里抵锡兰岛之格仑坡泊焉

十九日辰正偕兰亭乘小艇船主特放随船舢板以送余言本地刳木之舟棹行虽稳然往往溅湿衣襟不可乘也顾埠中小船往来如织皆刳木为之使西纪程所谓舟傍系巨木者乍见不得其解今目击之乃知所系之木亦为

船式但不刳耳远望之直是一艇之旁复扎一艇相距数尺方而并进也掉半时许抵岸步游城中市肆皆欧洲及印度人无复华人矣见英人所筑长堤障水避浪者方以火轮机运土石役人数百以为之工费甚巨然堤成则泊舟不畏风涛当亦有利惟大舟不能入埠尚须疏浚耳又见火轮车及铁路亦新设未久者午正二刻舟复启碇自新嘉坡至巴德夹五千三百七十二里巴德夹至科郎埠二百三十四里

二十日午正牌示行一千零五十里

二十一日舟甚摇荡上午西南风下午西北风午正行一千一百六十五里

二十二日西北风仍未息竟日偃卧看星轺指掌二卷学法语数句午正牌示舟行一千一百四十八里

二十三日午正牌示舟行一千一百九十里

二十四日见南岸群山盖阿非利加洲尾舟已入红海矣午正牌示行一千二百零四里

二十五日舟抵亚丁午正牌示舟行一千一百八十三里自科郎埠至亚丁共七千三百三十二里

二十六日偕松生兰亭乘小艇登岸乘车游亚丁市肆……已初回船观群儿水嬉如鱼如蛙掷之银钱则泅而取之申初启碇复行温法语良久二十七日午正牌示舟行九百三十一里

二十八日午正牌示舟行一千零八里

二十九日午正牌示舟行一千零五十三里

三十日午正牌示舟行一千零九十二里午后行三百六十里至苏爱斯泊焉

十二月初一日辰正启碇行入新开河法国人雷赛布斯凿通欧罗巴阿非利加两洲相连处为河以通舟楫者也自亚细亚至欧罗巴省却水程二万余里厥功伟矣闻昔时此处常苦亢旱往往十余年不得一雨自开河后雨水稍密盖地脉流通故也西人御旱之法曰凿井曰种树皆所以引地气应天气也收效虽迟而成功之后常得奇验英法诸国皆以劝民种树为大致伐一株者责种二株言多植树木不独可以除旱灾兼能减民间疾病云河窄不许畅行又不能并置两舟舟相遇须于宽处停轮以让是日仅行一百九十里夜暗不敢行仍停泊焉是日编电报二纸作宝星执照稿将赠四等宝星与法医官索布尔预为一牍拟于濒行时给之头二三等宝星例须奏请颁给四等则为私赠与中国功牌略等船医官食官俸不得受谢故以此法酬之

初二日午正舟行一百一十四里至波利寨泊焉是为新开河北口入地中海处地属埃及国数年前尚为一片沙漠今则各公司皆建立埠头取煤取水市肆贸易渐盛埃及人多清秀面白发黑无异华人相传为耶苏童时避难之地土人以香木为小器具市之其值甚昂云其木产于天主降临之山故西人特重之未正回船启碇复行俄顷入地中海则波涛大作诸人皆睡余亦偃卧竟夕屡睡屡起

初三日午正牌示舟行四百八十三里大风颠簸故不能速也

初四日午正牌示舟行九百五十二里

初五日看公法便览午正行一千一百九十里

初六日丑正舟过米新卡纳尔峡中北为意大利南为昔昔利两岸镫火甚繁兰亭言昔昔利产蒲桃甚良可以酿酒东北有船埠曰莫西拿多火山产硫磺为彼处出口货之一大宗又言苏爱斯河未凿通时公司船往往停泊于此河通后乃改赴拿波利也眺望片刻未正二刻舟抵意大利之拿波利岛泊焉与兰亭一谈申初偕兰亭登岸先至电报局发数语通知筠仙丈旋至水族院观所畜各种鱼虾蛤蚌之属以玻璃为墙贮海水养之伟观也匆匆遂归市肆极繁盛见华人皆相与惊异儿童有哗噪者亦犹昔年中国初见欧洲人也是岛为意大利陪都居人约四十余万国王有行宫时时驻焉是以宫室车马皆极华丽有大教堂大苑囿数处沿海炮台碑砚镫塔辉煌闻巴黎伦敦亦无以远过于此地也舟人言此处土产佳果海多珊瑚贸易极盛又言东南有火山惜时促不能往观回船遂已曛黑展轮复行是日午正牌示行一千一百三十七里自牌示处至拿波利七十七里

初七日午正牌示舟行九百一十三里

初八日丑正舟行六百五十里至马赛儿口夜暗不敢入口已正入口偕眷属暨随行员弁登岸……申初拜马赛总督雷狄芒一谈总督言马赛居人约三十万旧时海口窄狭不能安泊多舟近二十年帆楫渐趋而北为北新口口可容二千余艘为地中海一大都会新旧口各有炮台近今注重新台旧台几可废矣

卷二

（光绪五年己卯正月）初四日行抵加利海滨登舟而渡波浪颇大渡毕抵德福尔冒大雪登岸

（二月）初五日日意格来谈极久论蚊子船不便远出大洋不如铁甲船之适用亦自有理

初十日与赫德商议中国使馆器具宜稍搀用中国之物余欲购置次等之货但求坚固不须华美赫德以为运华物出洋定须最精之品使西人称羡乃佳否则有损又言中国器物精者包运出洋价值仅与西人寻常器具相等清臣亦言西人所以有赛珍会有博物院意欲使远国慕而购之所以广贸易而厚民生也使馆稍置中华精致之器所费虽多而暗中益处甚大余以经费渐形支绌犹豫未决请赫德回华时相机图之

（三月）十四日日本驻英公使吴雅娜来谈极久言日本密迩中华通商之利益彼此同享视与西洋各国通商更为紧要余言欧罗巴洲诸国幅员皆不甚广所以能强盛者同心壹志以御外侮得古人合从之义中华与日本皆在亚细亚洲辅车依倚唇齿毗连中华之富庶日本之自强皆欧洲之所敬畏也是宜官民辑睦沆瀣一气中华财产足以沾润于东邻日本兵力足以屏蔽于东海邦交既固外患可泯盖不独通商之利而已吴雅娜深然之又谈及高丽琉球诸国余言西洋各国以公法自相维制保全小国附庸俾皆有自立之权此息兵安民最善之法盖国之大小强弱与时迁变本无定局大国不存吞噬之心则六合长安干戈可戢吾亚细亚洲诸国大小相介强弱相错亦宜以公法相持俾弱小之邦足以自立则强大者亦自暗受其利不可恃兵力以陵人也

二十六日与金登干谈甚久言新造之蚊子船四艘西历六月杪可以竣工李相嘱丹崖选派学生护送本欲令学生历练海上风云沙线之术而金登干则言船未至中国不能作为中国兵船亦不能升悬英国兵船旗号例须仿照英国商船章程乃为顺便盖所雇用英国水手沿路须有章程以约束之中国学生所肄未精又无资格不能派以舟中紧要职业若所派过于轻微又于体制未合该学生衹能作为搭附商船俟抵华时再派职事如本人在舟勤学好问亦可微有进益所言不为无见当与丹崖妥商办理也又巴西国公使男爵白乃多来谈前数日新报言巴西国欲遣派兵船数只东行与中国换约通好拟招华人至其国垦辟田地云云今日白乃多来拜首言巴西幅员广阔与欧罗巴全洲相等物产甚富分运他邦源源不穷立国才五十年初时人民仅三兆今则十五兆有奇盖南亚墨利加洲极大之国昔属蒲桃牙今则自主也君主深愿与中华立约和好而事属创始无人为之先容谕其拜中国驻英公使订一和约余答以中国与各国订约皆系该国遣使诣华而中朝特派大臣相与商订断无两国公使冒昧订约于他国京都之理无论中国无此办法即欧洲诸国亦无此办法无论密俆司德勒无此权柄即安巴萨多勒亦无此权柄无论中国驻英法之使不宜擅专即中国驻美之使亦不宜擅专反复辨难甚苦白乃多乃言巴西欲通好立约之说贵爵能为转达总署乎答以使者职在通达中外之情贵公使若具牍来询使者断无不为转达之理但允许与否则非使者所能决也问具牍奉询而贵爵转达贵国几时可得回音能否由电报往询以便巴西船只赶早起程答以初议通好何事汲汲兹事重大必须详细商酌不能由电报往询也问未得总署覆音巴西船只可先开赴中国否答以通好之说尚未议定贵国先开船只赴华有何用处白乃多于余之答词似已了然明晓而于开船之迟早仍反复辨论不休窥其意似别有为难之处岂其船帮业已启椗不能中止耶将来中国不与定约必有径遣兵船前往挟制之事果与订约亦不免多费口舌之争濒行时又坚问贵爵揣度总署能速与敝国订约否答以据贵公使之牍以转达于总署吾之职也至于事之允否事之迟速则总署自有权衡非出使大臣所能参议以事势揣之兹事不能甚速缘西洋各国现多届修约之期当年所订之约中国百姓亦有不甚便者如果修约难免有更正之处贵国换约如在各国修约之后则参酌各国条约而立一约可期一劳永逸若匆匆办理则各国修约方有变更贵国此时何所适从乎送至楼门又问巴西船只将来可以出入无禁否答以日国古巴则招华工美国旧金山则议逐华人各邦意见不齐如此今贵国复有招工之说吾不知贵国民情土俗究竟如何若船只专为载工而招工之事有悖于中国定章则岂徒中国不能应允即英法诸国议禁贩奴者亦将行其近年所订之例主持公道以相阻截若招工事别无隐秘苛虐之意本国于贵国之船自当照通商各国之船一律看待二十八日与马清臣谈极久清臣言中国若改丝捐而税

桑树则厘课无亏而西人无可置喙其说甚有智术余答以中国自古迄今皆以劝课农桑为重税桑树犹之加田赋也百姓不知桑税之本意士庶将群起而哗噪焉策虽甚善未易行也清臣又言修约之事宜由中国发端明告西洋各国云某年之约有不便于吾民者现定于某年某月约期届满之时截止不复遵行则各国必求颁一新约易就范围西洋诸小国以此术更换英法之约者屡矣惟发函于各公使须在截止之前一年许庶彼国商人得以豫为料理不致临时以改约而受累焉此说赫德亦曾言之盖系西洋通例如此虽蕞尔小邦欲向大国改约大国均须依从断无恃强要挟久占便利之理盖壤地之借属如香港九龙司之类则系长约不变其余通商章程与时迁变尽可商酌更改以求两益并非一定不易者主人寻客名正言顺无所庸其顾忌也

闰三月初三日核定照会法外部稿请其转饬法驻京公使白罗呢不必干预中国丝捐之事反复经营久而后定旋思此事由吾华作主吾所不允则白使虽告知外部亦无如我何且外部有咨商中国总署之件必须由驻法公使转达余俟其来问然后折辩乃无流弊若先因白使有告知外部之言遂遽与外部商辩反示弱矣拟以此意还询总署暂不具牍即晤外部官亦以暂不谈及为是耳是日遣清臣至巴西驻英公使白乃多处语之曰闻贵国将派兵艘五艘前赴中华曾侯命余来询此事是何意见若贵国遣派商船多只赴华贸易则中国各海口向章本容无约之国商船出入其经商纳税等事统由中国税务司经理若通好立约之事果蒙本国总理衙门允许贵国公使必须乘坐兵船以示体制则用兵船一艘足矣何必遣派多艘以惊沿海之百姓乎白乃多言巴西新立水师一军共船五艘将使游历各洋面练习海上风云沙线如曾侯之意不以骤遣多艘悉赴中华为然则嘱其酌留数艘在新嘉坡一带停泊亦无不可

(四月)十九日偕清臣至日本公使吴雅娜处送行谈甚久问中国新制兵船事极详清臣言此公于中国兵船事最留意向郭筠翁处亦屡次询访矣其言蚊子船炮法能练上下远近之准的而不能照应左右云云余在天津见此船时亦以此事为疑盖船小炮大炮左右移则船将偏侧难胜是其病也余语清臣蚊子船但可名之曰水炮架而不必谓之兵船清臣言英人亦如是说也

二十九日赴董纳尔德客立茶会其人驾轮船常赴阿非利加之南其船最速而稳盖精于航海之术者尝献议于议院政府言苏爱斯新河不可恃一有阻塞关系匪轻英人改制船式专主行内海之计而于经行大海之舟不复措意是为失策所论亦甚有理与吾华论海运虽通而不可遂废河运者思深虑远异曲同工也

五月初一日蚊子船船主郎姓来久谈余在天津见蚊子船有二病一曰船小炮大炮口前向不能环顾左右则不甚灵必须船头转运便捷方可中的则是舵工当与炮兵相应如臂指之相使较他种兵船更难精熟也一曰船舱窄狭不能载兵勇多名船中虽列洋枪当有事之时直虚设耳盖炮兵专顾大炮无暇兼顾洋枪有时敌人小划逼近恐有坐困之势必须稍展舱间略添兵勇金郎皆以为然言新式船已略增舱间矣

二十二日理雅各布布来谈极久其人为倭格师福尔德书院教师专教中国学问即前寓广东三十余年曾译五经四子书者也自言诸经皆能通晓大意惟周易难于解说余告之曰易之深处未易骤谈请为君举浅处三数事证之可见西洋人近日考求者中国圣人已曾道破……水火既济火水未济二卦皆言曳其轮皆言伐鬼方未济又言利涉大川则火轮汽机以制舟车以勤远略圣人亦于数千年前见之矣易于中国学问仰观天文俯察地理形上谓道形下谓器探赜索隐钩深致远诚未易言即以西学而论种种精巧亦不能出其范围安得谓之无关学问哉

六月初六日巳初偕松生清臣湘浦子兴夔九莘耕赴英国水师隘口波尔子茂次阅看中国新制之蚊子船车至瓦德尔路车栈偕英国兵部官二员海部官三员同登火车午正抵波尔子茂次海口炮台战舰甚多以时日迫促不能处处细观将俟异日更来一次未初乘兵部之小轮舟行二十余里以登蚊子船税务司金登干及造船匠头某与新船主拉翁等接待使馆诸人金登干之夫人请女客数人亦登舟游观焉船凡四艘船身长一十二丈五尺余与清臣乘第一艘松生子兴乘一艘湘浦莘耕乘一艘夔九乘一艘出洋演试余登舟后与金税司等同饭饭后试炮炮重三十五吨吨合中国一千八百斤计重六万三千斤炮子重五百三十五斤食药二百三十五斤炮之进退高下以及装药盛子皆以汽机运之启闭其机极为灵便不过用斤许力耳第一炮装药盛子进炮皆余自启其机船进退各

然一炮然炮以电机炮声不甚震耳子出高者行三十余里乃濡于水复奋起三四次乃落海中第二船之炮然二次皆金登干之妻持电发机古人称妇人在军兵气不扬英人殆无是说四船进退各然二炮毕余船磨旋三次第一次专使暗轮第二次专使前舵三次专使后舵计方边或圆径三十丈之地足以旋舟舟旋一次时表三分五秒水兵再加练习当更速也

二十六日巴西公使白乃多偕其国派往中国之使喀拉多来久谈白乃多曰接君侯第二次来文不谓仍守前说不甚惬吾巴西之所欲也答云不惬巴西所欲吾心亦自歉然但事关国政实难通融办理国家命我转达之言自当一一传述刻下中国之意并非专驳巴西招募华工之事即居住别国之华工颇有受苛虐者中国犹将从容议定章程多方保护至本无华工之国何能遽议开招巴西与中国素无交涉本可不求换约喀大臣以不去为是白云喀大臣奉国命来断无不去之理答云中国各口通商即无约之国亦有船只来往何必定求换约白喀齐声云我国经议政院议定之事不可中止秘鲁小国尚承通好何独于巴西而拒之答云巴西若往中国求立通商之约事或可行惟招工断不能允耳白云巴西赴中国非专为招工二事久欲与中国立一和好之约两大国可源源往来中国可派公使暨正副领事等官前往巴西察看实在情形也答云巴西现赴中国只立通商和约中国可否本大臣尚不能悬揣若贵国必提及招工则并通商和约亦将不允矣白云巴西地广人稀必无妬忌华工不可因秘鲁古巴之故遂疑巴西亦虐华民尽可与中国另定章程保护华民何必坚执不允耶答云他国地广人稀中国生齿日众他国招华工前往果能善视吾民匪特有益彼国即与中国亦无所损是以前此中国于出洋之工不甚禁止无如近闻别国所住华工多受陵虐此次万难再准招工之议吾始终只此一说不能变也白云此次议约招工可提不可提中国亦不能永禁巴西提及招工之说答云永远之说我亦不能预言或巴西生齿日繁竟不再议华工亦未可知或因巴西政教仁秘鲁等国附近巴西者其先招之华工有迁移而入于巴西亦非中国所能遥禁总之现在由中国招工前赴巴西断不行耳白云昨接君侯来文及述船只一层云悬挂钦差旗号之一艘云云亦与前此面谈无异我国现派兵船前往中国敬依君侯之言只派小质兵船二只答云中国与巴西向无交涉既系通好何必多派兵船据贵大臣言两只亦犹可说但吾须函知本国贵大臣亦宜嘱船上兵役人等不可滋事白喀齐应曰诺余问之曰贵船前赴中国携有货物耶白喀同曰舟中无货余又问曰喀公使何时启程喀云拟于外国十月由伦敦启程白喀又同问曰此巴西人初次赴中国君侯可否给函照应答曰洋船经过安泊之地余皆可写信知会只要贵国舟中人安静中国必客礼相待白云我已将照会中要语电达本国如君侯别有指教吾固乐于传述者答云我言已尽书于照会别无言语劳君传述也又谦数语而散

（九月）二十九日德国人倭吉格士来谒论英法德人皆用黄金中国用银通市不便议欲铸万国通宝银钱定黄白金之价较铢两尺寸之数折衷一是以为标准余善其命意然一时不能通行缘中国近虽搀用外国银钱只是商民私相授受既不入于税饷则未立法律以防私铸私铸不止则无论何国银钱止能行于通商海口而不能通于内地乡曲隐僻之处倭吉格士又问麦西哥之银钱行于中国久矣中国既不禁麦钱亦必不禁法钱余曰麦钱虽行至今不入税饷法钱允行中国与否尚不可知入税饷一层则断不能允即足下欲铸万国通宝只要银钱铢两颟若画一久之中国海口亦或可行然云欲入税饷亦万不能允也

六年庚辰正月十二日拜巴夏礼巴言日本俄人皆谋高丽中国宜豫防之其法独有劝高丽与西洋大国通商则可藉公法以自全如高丽疑惧西洋则开口于轮楫不通之处亦可获益余曰高丽国小而贫西洋通商何益巴云君侯勿疑余言为英人求通商之利余以驻倭日久颇知倭人叵测中国及早图维非以利高丽且自固樊篱也余曰吾亦非谓英人求贸易之利盖日本不能独谋高丽必联结俄人分据其地俄踞高丽海口则英人每岁海上须添无数水军乃可敌俄保全高丽不得专益中国亦英人所日夕悬念也贵大臣窥日本之欲占朝鲜较法之欲图安南孰急巴云法距越太远损多益少谋心不齐日之贪心较法尤甚俄有内乱未遑远略日兵若起俄必出争是可逆睹余曰中国惟我大清能使高丽首先效顺前朝之征高丽者皆劳而无功可见蕞尔小国未易夷灭日纵胜之断不能有之贵大臣有未雨绸缪之心愿中华与英人同保该国则均受利益矣

（四月）十五日日意格云李相欲买某局水雷十具而该局必须整卖五十具并各项费用约须英金四万磅尚未定议余谓水雷之器制行未久各国大战事未闻以演放水雷奏功者效验尚不可知岂可遽捐多金购之日君深以为然

五月十一日与清臣谈及铁甲船事余思铁甲船为海防利器不能不购然此时俄事和战未定若有战事即在目前目前所急又不在铁船而在良枪巨炮防守浅水之器清臣以为然而言中国购办枪炮在兼取各国之长然有一大弊宜戒者炮子枪弹虑有不合膛口如英之阿马斯汤德之克虏伯皆天下良工精械也然局异法异规矩尺寸轻重亦多不同假如某营愦用阿马斯汤之炮及续请药弹而得克虏伯局所制则所异之炮成废物矣西洋有以此取败者故特论之

二十日编电寄译署言北洋电嘱缓行钞件虽到仍候尊电俄颇望一战藉索水陆兵费祈戒边师束士卒勿挑衅云云

（七年二月）十九日封缄转寄御赐印度郫邻德罗王宝星花瓶等件戌初离使署展轮亥正抵多福尔登舟渡海

三月初三日阅上海寄来函报知沈经笙相国作古为之惘然沈相虽规模稍隘然勤俭忠纯始终如一亦救时良相也四月十九日辰正偕内人率儿女自使署动身巳初至车栈因杜法尔海峡常患沙涌胶舟改道由法国之博陇英之佛尔刻师吞而行未正登舟风浪颇大人人呕吐申正渡海毕戌初抵伦敦

八年壬午正月二十日收检新购法海部所印中国各埠海道图

（十二年丙戌）九月十二日偕内人率儿女离罗毕阳寓抵阿筏轮船庆霭堂自巴黎来送行李伯行张听帆自伦敦来送行白德勒罗毕阳吕惕叶遮尔舟各携眷来送行巳正轮船启椗

十八日入苏爱斯河

二十四日抵亚丁

十月初四日泊哥龙埠

初九日抵新嘉坡左子兴奉其母率其侄来舟迎迓

十三日入西贡澜沧江口泊而候潮潮至舟行

十八日抵香港

二十三日抵上海往天后宫寓居

二十八日自寓启行登钧和轮船至吴淞口登岸乘肩舆阅炮台形势甚佳惜大炮不足又平衍之地工程颇艰耳阅毕登舟复行抵大沙泊焉

二十九日抵江阴登岸阅炮台山势极佳土坚易于兴工可以持久炮亦粗足阅毕至韶臣军门营小坐辞出登舟凌问樵吴朝杰田海筹送余往宁抵七濠口泊

三十日抵草鞋夹司道以下官来迎至下关登岸阅炮台至问樵营中一坐登舟复行抵旱西门叔父暨丰将军绅田织造广英皆迎于接官厅未正入督辕

十一月初三日出城至下关登舟展轮行

初四日抵上海

初七日登海晏轮船同舟者曹逸斋庄儆庵诸人申正启椗初十日抵天津李傅相吴清卿中丞偕司道以下文官镇将以下武官迎于官厅坐谈片刻偕李相至北洋大臣行辕寓焉

十九日入朝辰正召见皇太后问各国船械各国交涉又论海军事宜谕总理各国事务衙门尽心办理随问奏对

三洲日记[①]

卷一

光绪十一年六月十六日东明工次奉命出使美日秘国

（十月）二十四日到津晤李傅相筹商一切遇李仲约亲家于紫竹林往还数次不尽所言旋附海晏船南发途经烟台方右民登舟展别东海旧僚幕多来晤山农舅氏远在平度得信较迟赶至烟台海晏已展轮矣为之恋恋十一月初五日抵沪经费拨定拟为金陵之行函询南洋复以无甚要事遂于二十五日附英公司船二十九日至香港紫笙舅氏少萼表弟靖间际平叔秀村兄晴江小楼弟均在港相候先将行李附美船寄鸟约十二月初四日晋省会晤香帅筹议未定正月初七日复奉寄谕因留驻旬日改订船期二月初三晚与香帅面定会奏稿初五日到港初六日拜发起程折并续调各员片初七日赴港督马士之饮此数月中酬应纷如返里一谒先墓里居前后仅十七日余悉在省港倪豹岑中丞绘运甓斋话别图为赠并系两诗可感也倥偬行色未及逐日为记放洋后援笔编之

（光绪十二年）二月初八日壬申晴早起得李傅相电属援美约十八款以办朝鲜之件又念此去煞烦辨论特为吉语赠行旋往华安公司诸同乡处言别辰正返寓马士来寓送行朝鲜国戚闵泳翊来送并托寄郑光禄书午初始饭正饬家丁检点随身行李适香帅电询会派小吕宋南洋群岛委员薪水数目复以照三等参赞发电后委员王荣和又来电请示竟无暇复之矣未正一刻登舟诸父昆弟念兹远行先往轮艘为之料理香帅派海东雄兵轮导送由寓楼至海沿则英官列队以待并派政务司骆檄送至舟中华安公司自雇小轮舶拖曳民船沿海放爆竹以壮行色送行之客次第别去乘间至卧房易衣周览同役各员房位均安顿妥适矣申正船主来言放洋出香港西口绕太平山之南折而东行海东雄兵轮港口炮台燃炮相送是役同行者礼部郎中候选知府二等轻车都尉延龄号希九候选知府瑞沅号仲兰湖北候补知州易学灏号希梁广西补用知县梁廷赞号蓬云广西补用通判姚家禧号祝彭浙江候补盐大使程赞清号黼堂刑部笔帖式张泰号东岩候选按经历江鉴号藻亭候选县丞莫镇藩号力侯候选县丞彭承谟号禹廷候补守备觉罗绪龄号芝山同知衔何慎之号绯联候选县丞梁诚号震东通判衔刘玉麟号宝森举人许珏号静山候选县丞张桐华号子豫刑部郎中彭光誉号小圃荫用知县钱广涛号涵生县丞衔李之骐号驺选候选从九顾士颍号敬之邓廷铿号琴斋张佐兴号钱伯总署供事李春官张丕勋差弁陈吉胜马宏源二十六员另跟役十六人舟行无风尚无航海之苦同舟无西妇行坐尤便船主以右边两桌专备吾辈饮食不杂西人初九日癸酉晴舟向东北行午正悬牌行七百三十里为粤闽交界处戌刻雨微有雾渡厦门洋亥初停轮子正复行

初十日甲戌晴遥望台湾诸山如在云里巳初停轮刻许复行午正行八百八十里柁楼闲眺偶询船主却未置备各国旗志然此为入口不可少之物同行彭程两员工绘事善渲染因就船旗之光洁者裁制如式按图合作暄风扇和镜波朗澈临渊画龙几欲飞去世无叶公聊付船主

十一日乙亥晴午正行九百八十里船主约观机器制冰寒气逼人同舟有德商士布鲁士操织染为业游历中国博考良法人甚谨愿是夕忽置酒享客自言今日为母氏六十生辰举酒为庆询其父则年八十矣明发之怀西人亦不能恝然中外一理千古不易之经也

十二日丙子晴无风而浪十洲记水黑色谓之冥海无风洪波百丈其今日之境乎东方朔撰十洲记祖洲瀛洲悬洲炎洲长洲元洲流洲生洲凤麟洲聚窟洲又附以沧海岛方丈洲搏桑蓬丘昆仑五条已极荒远兹之所经乃复过之惜乏舒雅之才为补绘图说耳舟中时见小岛以海图按之当在琉球之北日本之南午正行八百八十七里夜

① 〔清〕张荫桓撰。据清光绪刻本。

窗骤醒朗月入帏海色殊佳

十三日丁丑晴船主约观医生种痘谢未往航海章程大舱华人须医生为种痘以防天花传染若舱有患者船不得泊岸此通例也惟上客或西人均免自香港展轮后皆向东北行今日向正东行望日本长崎诸山蜿蜒不断塔灯隐约于淡云碧水间午正行一千三十六里

十四日戊寅晴行八百八十七里辰正抵横滨停泊后风涛大作遥望来船如桔槔出没白波骇浪横滨理事官率随员来迓一舸冲荡无缘相过未正风息复来参赞杨星垣亦自东京来相约登岸仲兰震东宝森同至理事府饭毕坐火车赴东京子初抵使署下榻徐星使曾随陈副宪使美谈美事甚悉又历道水陆舟车劳逸之况并言埃利士党有截害荫桓之谣预为电告金山领事知会巡捕照料登岸更为添置棉夹衣行路所需之物东道之谊可感香港起程时衣夹衣舟中御棉抵东京寒甚竟御重裘

十八日壬午晴晨起驻日使馆横滨理事各员并来送行同驾小轮至大船小坐而别美水师兵官欲约晤而加力船将展轮矣已正展轮向东南行出东京海湾折向东北午正行四十七里自香港航海至旧金山向以出入横滨口为奇险过此则无触礁之虑虽飓风淫雾只要船主定静司机器人毋大意便稳渡太平洋粤人每于此地焚黄以答神贶日本诸山有灵慧气而乏雄厚

十九日癸未晴午正行一千一百二十里仍向东北是日东风大作浪打船篷飞溅舱里夜尤颠簸

二十日甲申阴微雨舟向正东行天气寒甚午正行一千零六十七里潢潒虹洞轧盘涌裔极混混庉庉之致

二十一日乙酉雨午正行一千零十三里绝无来船时见海鸟随波上下

二十二日丙戌雨午正行一千零三十三里夜大雾

二十三日丁亥晴午正行一千一百三十三里顺风扬帆西人鼓琴歌唱以答涛声

二十四日戊子晴午正行一千零八十里航海每眩晕此行却不甚苦只不能食间令庖丁制乡味亦不下咽水窗无俚与希梁奕以解烦念江皋别后不对局垂十年彼此了无进境可笑

二十五日己丑晴午正行一千一百五十三里晚观西人叶子戏两两相附若犄角若对垒其戏有王有君后有丞相自一点至十点红黑两色为方式为桃叶式为半朵梅花式牧猪奴外别创一格西历重一日

二十六日庚寅晴午正行一千零九十四里粤人甘霖操廾业客金山垂三十年陈弁导之来见述金山今昔情形颇详所营金矿以水机淘洗事半功倍因举莱莒矿事询之霖言金山无此佳矿惟须经理得宜渠九月回华因许以荐往山东矿局

二十七日辛卯阴晨雾午晴行一千零八十里甘霖复来谈矿事

二十八日壬辰晴午正行一千零二十三里船行快捷西人置酒以劳船主谓西历四月后便无大风

二十九日癸巳晴午正行一千零九十七里西人以舟行里数赌赛为乐船上医生每获隽咸嗤为潜诣船主房问信或未必然

三月初一日甲午晴午正行一千零九十里同使各员咸缮家书并劝余乘此余闲可以写信恐抵金山日夕须接晤宾客无握管之暇余感其意而有待也

初二日乙未晴清明节忆沈佺期诗海外无寒食春来不见饧为之怅然午正行一千零二十三里入夜风雨交作颠簸之甚柁楼卧房并不耐坐独与蓬云希梁就大餐房谈去年肇庆水灾肇罗道所筑堤埝及府关积弊事子正解衣睡船仍摇荡黑甜一觉侯波已平

初三日丙申阴雨午正行九百九十里晚饭后登柁楼遥见镫光如星昏黑无际涯西人指以相示云将进口饬家人预检行李

初四日丁酉雨晨起抵金山口领事欧阳明偕洋员傅烈秘翻译欧阳庚随员王国逊郑鹏程来见因约领事官至房舱询金山近事坐谈逾时旋登柁楼晤傅烈秘各员少顷船亦泊岸正在搬运行李而税司黑假以索阅国书为词阻碍登岸当诘以税关无接阅国书之权若欲展阅须予我以能阅凭据令傅烈秘与之辨论适中华三邑冈州阳和合和人和昭一各会馆绅董来迎遂下楼与晤周旋甚久而税司之见仍未销融复告以迟迟不登岸或原船回华未尝不可国书则断难给阅税司知理不可夺其总查官天年遂婉请登岸即驱车就馆舍寄榻九层楼锦堂傅烈秘

仍来照料因喻以税关如此无状当往诘之傅烈秘力述金山办事之难唯唯而去属锦堂电告郑光禄转达外部舟行逾半月泰西食品雅非所嗜且时或眩浪辄不能食旅居九层楼当市集之冲车雷彻夜并不能眠是夕订定火车即电李傅相转醇邸抵美一路平安六字

十三日丙午晴辰正早饭毕食士多苾利绝类桑椹颇清美随身行李既检拾又派定姚祝彭赴檀香山察看商务将金山钞案付之酌发盘川事竣乘马车渡海至屋仑附火车起程随使济济遂专雇两车不杂外人申初二刻开行金山六会馆绅商远送至火车头领事翻译随员等随车送至三十里而别酉正过钵哥士达海港船载火车径渡类中土摆渡特宽大有轮机耳戌初二刻至沙加免杜尖计程四百六十里尖顿仅二十五分钟车复行中夜停两时许修理机器

二十日癸丑晴巳刻至毕次界城尖戌初抵华盛顿郑光禄扶杖率从官迓之郊外同至使馆恭请圣安后即返鸦灵顿客寓随接见参赞诸客毕始谋晚食厨爨一空又不谙市沽饭店水陆行数万里甫下车能自为馔者殆不易易幸派员先一宿至汲汲张罗否则枵腹达旦矣使馆在华盛顿国都西北隅雕攀园之北颇高敞门外余地间植花木又为暗机喷水浅草如茵门内翻译会客餐饭跳舞打波诸房均备且华赡宽整故西人以此为美都广厦惟楼高三层绝无院落吾辈从中国远来惟深异乡之感而已曩在总署与荔秋副宪访美使杨约翰喜其园亭遐旷广荫嘉木厅事亦明窗净几间询荔秋中国驻美使馆有此憩适乎荔秋正色曰有过之无不及今至其地知所见不逮所闻且不独使馆一事自香港至金山水路二万一千零三十里自金山至美都陆路一万一千零三十三里水陆共三万二千零六十三里行次逐日纪事系以干支至此确为三月二十日而使馆壁悬中西合历则为十九日犹西人重日之说也许静山日记言前在舟时曾有中国人不当在太平洋重日之说后至金山登岸询欧阳领事则彼处官民咸以是日为初四日盖华人惟据舟行所历之昼夜为凭但知其地日出较广东早八点钟无所谓重日也及至华盛顿则署中方以是日为十九日云自陈副宪时相承不改副宪于涂中所纪东西经度既仍西人之旧故重日亦随西人之例其实华盛顿城在中国京师东偏一百六十六度距昼夜分线处尚十四度必过此十四度后交中国偏西一百七十九度之线方为重日以符华人西行至欧洲之历如由此赴日斯巴弥亚途中若不重一日则到岸之日与中朝驻欧各国使署之历不符然则我中国人之重日当在由美至欧之大西洋不当在太平洋明矣然虽持此论署中笺奏公牍仍以是日为十九日姑存是说于日记中以告后之游美者云静山建议颇诋荔秋不谙星历蒙亦疑焉细核荔秋循用之历衡以吾华星度皆不爽比接总署北洋电信日干悉符大抵京师之昼即华盛顿之夜似荔秋未可厚非既星度无参差便可中西通用西人重日亦以合星度耳以后日记视此编定力侯重日考地球纬线周二万五千二十迈分三百六十度每度六十九迈半日在中天为午刻次日再见日在中天为一日历二十四点钟凡地球一周三百六十度需二十四点钟每一度须四分钟譬如船在中国向东行每日约行六度以在船之人而论则自昨日之午刻至今日之午刻只二十三点钟三十六分盖日自东至西船已去东六度矣此船行之度非地球旋转之度也故船中先二十四分钟见日中国则后二十四分钟始至午刻方合二十四点钟之数船渐远则见日愈早船至旧金山去中国一百二十度故先八点钟已见日在中天矣至鸟约去中国一百七十度故先十一点二十分钟见日在中天矣至英伦又远七十度则又先四点钟四十分见日在中天矣算至回中国原始起程之处则是三百六十度见日当中应早二十四点钟矣是船行所见之日即中土次日之日也行船者以见日太早遂少一日因为重日之说以补其缺云所论尚浅显因并识之昔李之藻天学诸书留意西学却未预计后有使者远涉外洋为之推阐历日惟事考究理器惜哉

(五月)初八日庚午晴未初微雨寄曾劼侯书论墨西哥求通商事并询何日赴百灵乃郎肠痈痊否美国人扪力士曾在津教习水师数年津门司道多认识顷来谒云将管驾兵轮游驶赴华其船能装煤五百吨昼夜开行只烧二十吨每点钟行十迈殆旧船也傍晚答拜倭使不遇访揭斯谛久谈姚祝彭已回金山来电言檀香山之灾共赈恤银六千六百元夏威仁国主二千五百元洋商二千五百元华商千四百元教士二百元

(七月)初五日丙申晴金山华商苦税关苛政每米七十磅征银二元二角五仙香港华安公司曾两禀求商彼国量减余抵美询之郑光禄谓此为美国内治之政非使者所得言或由华商自倩律师赴该管衙门控诉却不悖公法坐是不便照会外部且税关之政亦非外部所能越俎前两月美有减税之议正拟函告众商趁此机缘设法控理讵美政纡缓久议无成此意亦未宣露今日金山领事据昭一公所之请恳达外部盖亦不悟公法窒碍也即以事势衡之彼方厌薄华人岂于华商而别加体恤哉忝持使节罔恤商艰愧闷更何有极前派姚祝彭赴舍路的钦巴洛士丙冷各埠察看命案损失并安抚被害残黎面托外部电致华盛顿歪阿明两属邦巡抚顷得回函已分别电寄

二十八日己未晴鸟约总巡科露臣遣巡海兵船渡送蒿尼挨伦饭后乘潮出海门凭眺两岸所置炮台均得地惟台式忒旧现已废弃仅于台后依山另筑蜿蜒如半月纯用青石亦得控制之宜海门不宽有浮桩一枝海兽随潮出没或曰海狗其头类牛其形如马或即海豨水兕之类耶晡时抵岸乘火车至万客顿晚餐戌初步行至烟火处中隔一河对岸列城郭炮台礼拜堂诸式均有门可以出进上下前环数柱横牵一绳一人持杆行绳上作跳舞旋起旋落或倒行或翻跳无不如意略如中华之绳技其旁有三人手挎翻踏层累跳跃亦甚灵捷台上为法俄争战事燃枪放炮直如交绥又有教士数十辈出而解纷卒无效寻至焚毁烟焰冲霄城郭楼堞俄顷而尽烟火架亦焚裂而以火珠编作熊虎形火箭纷坠均吐五色圆珠此则吾华固有之不足异也晚宿万客顿楼窗倚沧溟海风甚畅清眠达曙

二十九日庚申晴回鸟约饭后往博物院求如陈副宪日记所谓小鸟如蜻蜓五色咸备者殆拟议之词院中固多奇禽如朱鹤翠鹦均有奇采小鸟无虑数百极小者视蜻蜓相去尚远也另一博物院则陈设诸古器内多石像间有方柱如经幢亦有刊志中有石椁数具椁上镌人头略如佛像椁之两旁镌人物车马作争战状高髻长戟略如武梁祠画像其架所庋铜器矛头为多亦有方式图章大都腊丁文字又有宣德铜方炉一尚非赝也楼上列中国磁器颇富极旧者明磁而已亦有象牙雕泰诸器视华盛顿博物院略胜旋观光学画此为咸丰十一年南北花旗水战之状咸丰九年拿破仑第三曾以一战船名曰拉高飞亚盖之以铁随后英国战船窝利亚并挨伦稚继为铁甲当时铁甲惟此三船而未经战阵得力与否究未可知时有南花旗兵官布录略悉其奥欲加考验请于南兵部将前北花旗所弃遗之美利麦船从水中捞起修整并加铁甲以便回攻北花旗木战船之用此议既定潜行开工举动机密诚恐北人识其军情也未几北人探其消息即集议御敌之策有呈进一图者名曰铁甲望弥打议院嘉纳加工赶办其形状远视如一木排上架一圆箱别无他物近则长一百七十二尺高过水面不逾尺其船中敌楼四面能转其炮能藏十二寸阔一百八十磅重之弹子每点钟可行四五迈其管带房在船前高四尺能藏三人用九寸厚铁包固门口另加以二寸铁能开能阖以便出入四面小窗系用半寸铁卷尖藏人者此船经兵部允准后机匠日夜赶办而水兵各员尚无暇操练凡敌楼转捩及船内机器概未周知除管带窝顿帮带古连外余五十六人悉当时凑集或自愿投效者驾驶攻战均不熟识也美利麦北发之后一日北花旗之望弥打始工竣如北船早成南船后发则北人之木战船不致遽被轰沈也美利麦船身长二百三十尺船中之楼长十七尺高七尺系用尺四厚木创造加以二寸厚铁包裹船之尖首长四尺纯用坚铁铸成管带房之铁厚四寸此船虽大然行动不快吃水太深且内中机器并非全美每点钟只行五六迈惟较之木战船则胜万分矣船中只得管带宝间仁帮带吉时比熟悉驾驶此外亦非熟手即于三月八号礼拜六日开行往征北界一日赶到战场见有北花旗船钦巴伦与江纪利时两船相闲湾泊隔七迈之后又有三船曰棉弥疏打曰圣罗伦时曰胡老燕诸江纪利时与圣罗伦时两船俱装大炮五十口钦巴伦船只有三十口钦巴伦正管带适于是日公出其副管带摩利时一见美利麦形状初疑为鳄鱼细辨知为南花旗新造之铁甲即喝令兵丁防守迨美利麦行近一迈路即先燃大炮御之不料炮弹放中其船旋即撞回如皮球跳跃之戏屡放皆然于是美利麦渐渐而前凡开一炮动伤数人船头之撞车竟向钦巴伦　撞钦巴伦船头遽尔入水又继以大炮轰击钦巴伦殊死战船兵凡一班死后一班继之再接再厉美利麦高语钦巴伦甘心投降否钦巴伦即升红旗答以情愿沈死不能下降盖其船中装储军械不少傥为南花旗所获则以后水师受害不浅也嗣又战有两刻船中已流血成渠然无一兵一士自甘为败者迨后忽有一骰码打入厨房机器铜片爆击伤死者数十而船愈沈愈深管带摩利时乃呼其兵曰船无可救各人自寻生路可也兵士始散然得生者仍无几幸管带摩利时遇救登岸此船虽失然北花旗之国旗犹正立不坠可想其志气之坚矣钦巴伦既沈美利麦乃向江纪利时攻打未及半刻伤死者众遂即投降掳去

兵士三十人两船优劣相去天渊耳续经北人岸上陆兵急开枪炮故南人不能上船夺其船物只可抛掷药弹焚之两船既失余船亦甚危险明日且将凿去议院闻之惊惶无措正在焦急万分新造之铁甲船赶到战场驶入河口与棉弥疏打互通消息备闻本日战败情形兵士在船两日虽劳苦异常气力困惫亦莫不赫然思奋务雪前耻次日美利麦拟攻棉弥疏打时望弥打先进前抵敌美利麦以为微细之铁甲轻之未几望弥打先开一炮美利麦即行还答以后炮声不绝望弥打船小而活四边巡走欲寻美利麦可伤之处而攻之只放得数重弹而美利麦亦放中数炮一打伤大伙一毁坏管带炮楼之号令筒以致不闻号令美利麦之最得力者一弹打到望弥打管带房正管带伤目创甚因谕令将船旁驶交副管带接手预备再攻讵美利麦已向那科船厂窜去追放数炮迄未得力据南花旗则谓北船停战旁行即示败也北花旗则谓南船退出战场自归北方守御保护自己水师而美利麦不复再来以为胜也从此两船均未再遇南人终恐此船为北人所掳旋即焚之至望弥打一船亦于是年冬行海中为飓风沈去此为南北花旗始建铁甲船水战之大略此图绘画兵士败走凫水抱木缘桅坠缆诸状活活如生炮火烟焰蒸腾之间隐隐有硝磺气

卷二

八月初一日辛酉晴夜十一点钟乘火车四点钟至海汉换船至鸟波

十三日癸酉晴美属南省地震成灾英后贻书总统慰藉算学家云两月后仍有地震势渐偏西金山各埠亦不免云午后渡海观野人马戏观者约二万人略如斗马野人为烟甸种美之土著也状貌狞丑皆焦色黄头插鸟羽耳贯铜环乘马追逐或出而劫掠结布幕以居手鼓摇铃群歌踏跳但形其野而已有女郎自围外挟鸟枪登场演技百发百中以黑球为的用铁范作鹿形黑球即满缀于鹿之上下左右后悬一绳浮曳其上鹿形摇摇不定女郎于十步外然枪击球每击辄破碎观者击节续横一机以长绦悬系一球摇曳不可捉搦别一女郎背球发枪且置枪于顶手镜以验准的亦百不失一两女郎一为歪阿明属邦一为嘉利福尼省人两地皆悍华人屡受其害者不图女子亦具此奇技日晡返棹渡至中流牙医哈文指点两帆船相示曰纯白者为英船黑白匀者为美船岁于鸟约斗捷前日英又不胜计连负三十五年矣英美海国擅舟楫之利轮轴机巧层出不穷而帆船为航海始基故尤以此斗胜十年前美船往英演赛夺银鼎归嗣是则英船来美就赛而其屡负之故或船制失宜未可知也每年所斗皆各制新船视为故事

十四日甲戌晴牙医哈文约晚餐观水法酉初登台观者逾万西人聚水为池甃以砖石上穴数孔水从穴中喷出高可一二丈略如泲南趵突泉之法惟水成五色中或如球或成方柱此则以电气映之仍用机器转轴以运水西人每设奇技必于此中求利其主人请观机器并赠电灯两枝子初渡海回寓月色波光相映风趣不俗此种渡船日夜不息两岸各有埔头此往彼来不差晷刻船分上下两层船舷前后置小几便散坐船中明窗短榻便眺远且可避风合船可容四五百人马车货车亦并渡送散坐各五仙士马车半元泊船时刻与火车合抵岸即可登车大率船车共一公司

（九月）初三日癸巳晴昨日西人地震之说不验只朔夕风雨微有影响姚祝彭自檀香山回述该岛口岸轮船固不敢深入舢板亦不能泊岸登陟甚难岛人于岸上悬杆以长铁链系木斗人坐斗中略如秋千俟舢板来时波浪稍定摇曳作势以就之稍不慎则坠波中矣又沿岛皆山高或一二百丈恃马以行马多驯良且能负重山路崎岖往来如平地马性习之也水陆皆险阻惟于陈芳园中一啖荔枝岭南嘉果移植遐荒陈芳倡之矣近渐垦辟榛芜土人犹以树叶围项日啜芋浆无匕箸染指而饱亦荒外之民也檀主每顾田畴辄喟然曰此地华人流汗不少乃有今日殆天良发现之语然其国例一遵美教虐待华人殊苛

十一月初一日庚寅晴……近日太平洋来船甚多既坚既大从此商务日拓矣当答以太平洋商务华商居其大半若欲商务兴旺非保护华商不可虬蝬深然之又言田使来书据上海总领事禀欲与中国联办书信馆事亦畅

通商务之一助云答拜檀使瑞典使不遇在多福威露健臣处少坐精神尚可支持寒病或遂退矣晚与参赞重论古巴学堂章程详为考订

十四日癸卯晴粤海关税司贺璧理自粤来言粤中夏秋旱甚田禾尽槁入口之地厘金倍征商船裹足新监督接任后六礼拜内常关无一钱之税旧监督因家丁被罚贻累甚窘急卒罚二十万金了结又黄浦海口仍堵塞英领事以为堵塞之工有名无实徒碍商船无裨防务特遣人入水探视绘成一图送香帅阅意以促其毁拆香帅留阅斯图即就图中所云不结实者照图加筑此时更无改拆意云贺璧理系英人娶妇于美偕妇寓岳家叩以此次抵金山税关作难否贺云作难之至箱箧检视极其烦琐因自往见税司黑假仍不少宽见犹不见然总算留情同船有日本三人被其盘诘尤不堪也惟钦差所调两董事极优待特将衣物另搁一边无须搜检余笑语之曰尔在中国当税司无此认真也又询以香港稽查洋药事贺云须候澳门并行澳门新易总督故担搁与谈甚久不图此间遇此熟人美政纡缓外部又屡食言特致田使一书略言其状钞稿寄总署

二十一日庚戌古巴招工之初华人被诱卖而至不耐寮主苛虐愤而扑杀坐是获罪分押各省监陈副宪往查的实因达总署与日廷订约古巴设领事保护虐政悉除华人各得自主而各省监房仍有期满不释之患郑光禄派员往查分别省释其修打省格兰那达省两处被禁尚二十余人余属希九照会外部释却其五仍虑中有隐瞒特令邓琴斋亲往查看修打省尚有十八名格兰那达二名其一已释其一瘐毙此外思维洛省巴士隆省伯渊省备文外部再往查各省华佣流寓者一百三十一名工作糊口苦累之甚求赴古巴求送回籍又求寄家书其情可悯内有黄敬一名以久客思亲专禀求余代寄家信甚可嘉也若辈被拐远来暗无天日乃幸睹中国衣冠且为之设法保护几同再生弥见皇威远播小民受益无疆矣资遣存款不敷用当为另筹西人将度歳售年货之店频请往观遇总统与妇同车意甚自得民政之国洒脱乃尔各店铺所售略如货郎担目迷五色四围缚架支架铜线中缀一小船购物之银随手搁于船里随机转至楼上收银处有找赎零银零票亦随船而还呼吸而至每货摊皆如是故货场虽杂而收银不乱甚得以简驭繁之妙议绅巴拿蛮来言洛案赔款假期之前不能议及虮蝮托以转告

(十二月)初二日庚申阴鸟约华商公禀为张丁盛辨冤以所裁薪水为屈申正大雪上年墨西哥属境有地名地安打壁者扬言招工建铁路金山华商为所蛊惑遂有新宁人卫滋德以巨资创设荣华公司招雇华人前往受佣域多利埠去者二百人金山四十人至则地安打壁无工遂转泊麻士连埠以待渐有矿土可造而劳苦不堪其无工之徒则坐困麻埠狼狈可悯秋间曾饬金山领事檄令该公司将华人载回该公司既无可推诿由中华会馆与该公司特倩一人先往察看乃所言异词此事遂延宕顷领事来详有理喻势禁俱穷之语良可骇诧当批饬之刘湘浦函言秘鲁各部又复更换自嘉西勒士即位后至此而三易部臣民情浮动深以为虑幸各寮华工近免凌虐似新政亦不无可采

二十五日癸未晴金山电报前夕有帆船帕厘利入口触礁进退维谷夜潮湍急撼击至沈船载炸弹碰石自燃海口炮台堤岸为裂岸上救生棚三西人震之半空而坠死者一余重伤船上水手乃先逃免航海惟帆船肯载火器驾驶不慎竟遇此险船主不能无过矣……

卷三

(光绪十三年二月)初六日甲子晴许静山以余属集史传历代使事加之论断谓类于钞胥心思误用而别商译述美政导当事者习美邦之静默毋效欧洲之纷纭又愿编辑中美交涉旧事以谂来者言外之意总不甘以文士自居至谓使馆所用国帑民膏殊域光阴卧薪尝胆亦既痛切言之矣而静山自抵美后不操寸楮之劳拥书课子薪胆谓何也当率复之曰早间惠示手书以钞录二十四史中使事类于钞胥鄙人以之奉托又历指海外著书之无益必不得已俯商译述可为者一编辑可为者一崇论闳议如聆清梵汉人所谓穷该典籍不达予趣虽欲无对而义笃其词者也奉使欧墨本为创局试撮举历代使事可援证而或绝不相类者默为论断或非钞胥所办国初通经之

士大都援据古义旁加考证积日累月亦不免为钞胥固知著述一事甚非空谈高视所能济也四库著录使规一卷明张洪永乐四年奉使缅甸采古人奉使事迹勒为一编分忠信节义廉介谦德博古文学识量智慧威仪说词举贤谘访服善详慎勇略警戒为十六类各列事实断以己意此书虽罕传而四库并不诋其妄作若谓史传太繁难以抉择且证以近事虑触时忌犹为见道之言若谓误用心思鄙人窃所未喻航海远行张旃异域本非谈艺著书之时雕虫小技壮夫不为况执事哉猥以数万里相从方舟共济虽吴越异产犹相亲睦充迈往不屑之韵似无一事足劳清顾者念馆厨恰有全史拟师古人之意而一拓之敬以相属史学亦通人所不薄随事论断或亦客中破寂之一助不悟阁下等之钞胥固宜腹诽而丑诋矣偶然著录无与于国帑民膏尊意谓非有裨中外大局者不必为则诚有见地至日本地理兵志鄙人未寓目许星使各国师船图表曾涉猎一过似非尽属书帕本也中国未睹兵船形势者多更莫辨各国之优劣此书详考各国兵轮为之表以便查考尤非凿空一流尊论以为无益览未终幅令人废然盍摘示以启蒙也承示美国幅员襟海负陆大势与中国同其海防延袤东西两洋计其里数不啻倍于中国而气象闲静四境晏然每思体察其防海情形凡守险之炮台御敌之士卒需用之器械常年经费之制译为一书导当事者采用美邦之简静无效欧土之张皇炎炎大言抑何切要识时务者为俊杰诚千古不磨之论也鄙人愚陋窃有所思中国版图宏富而乏可守之险自外洋以达津沽可扼者何地哉美自南北花旗鏖战后兵轮炮台无非旧制其东西洋路虽广然西道则鸟约有险东道则太平洋混混无际中无添煤取水之地所联接者中国日本中间洋面却有俄罗斯一段中日固非图美之国俄船亦无从出没于此且美之西偏原为不毛之地近始渐开拓敌人得之不易经界故金山炮台坐视颓圮而不顾凡此亮非中国所能强同中国海疆无险而国库民财并非丰裕其能为黄老之学或如孟氏所云制挺以挞乎美为民政之国权操自下总统坐啸画诺而已中国能之乎至其偃然不设备者皆恃库储常数千万而轮路电线乡曲可通有警则民兵应响斯至彼盖先劳后逸阁下但观美之近境而忘其缔构始基谋国之道断未有无御侮之具而侈言镇静者也美之长技尤在枪炮此可仿效比日美亦长虑却顾议拨定四千万金专筹防海之用长袖善舞健羡而已语云六经之治贵于未乱兵家之胜贵于未战中国非筹防之误不预筹于无事时之误也若以美例之窃虑仪豪失墙鄙人既非当事亦非好事因阁下俯商译述聊摅鄙积季绪琐琐曾何足云又中美通使以来交涉各事择其有关系者如外交之礼节保护之章程各埠开办之始末条约限制之增损随事摘次开卷了然敬纫明诲美俗礼节甚简保护限制并载条约有保护而无章程有限制而无增损美只金山鸟约有领事他埠虽繁庶中国迄未设官历年所办之事案牍固不泯也此中各有典司西俗谓之权利同事假观何须关白若出自鄙人之口则庖人虽不治庖尸祝不能越俎而代之也况前使经营未必尽符高矩率加雌黄类于讦直随案选录犹是钞胥鄙人近政疵谬弥甚阁下若推袍泽之谊为掩著之词无以信今传后萧氏选楼所以不收二何之作也执事经朝邑相国之荐许为淹博之才曩在都门拜读大稿弥深敬佩窃幸远适异国晨夕可资教益鄙人谫陋原不值大雅品题既承枉教未便安于缄默庄生寓言惠子知我同付一粲可乎季怀诗文稿寄到幸见惠郘亭文集附览

十七日乙亥晴未正往晤䖮蝮告以限禁中美商人贩运洋药例美官驻华权利太重隐欲侵夺中国税关之权此时若不言明后来不免争执䖮蝮旋取例本复阅彼此折驳一遍告以随后给予详细照会䖮蝮唯唯又重申修约之请谓西省民人以赔款既定而限制之例不行纷纷唾骂有各省自行议例之说余答以中国系与美国立约非与各省邦立约设有苛虐之事只与美国讲论而已䖮蝮谓我之苦衷特相告语盖议院前议限制例不行系我极力遏之窃谓非两国互订不能公允我非举此相催促但此中难处一再详言之耳余答以总署已定三端甚费踌躇此亦我之难处俟将所拟条款晤商妥定再行照会䖮蝮又询何时赴日答以三月底今日问答甚长震东另记

二十三日辛巳晴昨检同治七年中美续约校阅志克庵日记与总署刊本间有一二字脱漏然大致不差且每条详疏命意惜美廷不克遵守耳克庵此记详于各国制造船械枪炮农具金银自来水煤气灯及织造毡毯布匹绸绫树胶器皿记载精细若并算法而引伸之裨益较大惟矿务不甚推求其时中国方以开矿为罪故不愿考究所载比利时海口炮台特详其式守国有险复建斯台庶几可以自固克庵驻法正当津案构衅时法人颇有仇视使者之意记辛未之冬余在鄂晤孙稼生述法兵败挫臣民离散土匪抢掠之状视克庵此记为详然此种札记总为有用之书足资考据溯克庵来时度金山附船至巴拿马换船抵鸟约水程多阅两旬当日金山至美都尚无铁路自蒲安臣

之约立华人纷至佣工然后铁路始成乃铁路成而厌恶华人之衅起矣……

二十四日壬午晴贺璧理复称中国税关拿获洋商违禁私贩货物即行充公无须知会该国领事若惩罚则由领事主政税关不专之也与余意吻合当将照会署名送外部适虮蝮来文以洛案赔款备齐候示订交因电总署代奏公使无代国行权之事何可专擅发电后赴英使之约仍是前在兵部宅集捐之英人意属克格伦而克仅捐二百金余以英使之交特捐百金助其提倡饭后赴外部晤虮蝮申明总署自禁华佣要以保护未缀减米税交逃犯两款共十五款草议付虮蝮斟酌华工日稀华商日蹙故须请减米税为华商稍谋生活至订交逃犯一层则美方与欧亚诸国订约有可援证也此虽与华工无涉既互订约款当连类及之虮蝮亦谓交犯一条原可照办但当另为专条并约下礼拜再谈……

三十日戊子晴字林中西历误刊二月小建三月大建谨遵历书正之申正往佐知探观布琅自置轮船形狭而长其行甚速每点钟能行十八迈自鸟约至荔华埔仅四日初制此船原为递送书信之用共四十艘久而散卖此船遂归布琅作游船月糜二千金西人豪举也船形视海东雄尚狭视澄练则过之然工本已十五万金宜结实可靠矣轮机坚固设海上遇风颠簸仍倍他船亦宜于内河汊港耳镫后得蓬云二十二日手笺略言自诗家谷起行经阿美河洛士丙冷恰鼻士顿卡伦屋顿离那六埠均有华人数十迎馈酒肉欢声载道咸言近日工作获安佣值且昂闻新领事经过醵资畅饮有从山里小埠间关来者喜其今日敬爱之诚益悯其当日流离之苦又传谕洛士丙冷工头勿以索得赔款为高兴勿以原报厚薄相诉争诸华佣均唯唯金山一埠有约之国均设领事竟有三十二员英义荷三国并设两领事其交涉之繁亦可想见士丹佛未回黑假近抱西河之悼蓬云均未相见锦堂于二十二日附茄力船内渡云近日鸟约禁赌甚严诸博徒乃欲输资恶党以为护符仍理旧业领事忧之而无权禁遏晚十点钟大风零雨几类地震

(三月)初三日辛卯晴吾华修禊之日觞咏风光未可期诸海外华谚上巳前后必有大风舟行所戒顷西人亦言西历四月二十八号必有大风航海者避之俄使将赴巴黎避此风信且有劝余日国之行宜在风信之后中外节候攸殊风信乃合此不可解者也余已定雇法公司船名波安船主佛弥治四月朔日自鸟约展轮直抵法之虾画埠距巴黎甚近不走荔华浦拟归途再经英伦西人避暑者群游欧洲此次法公司船极费力乃能定此舱位俄使亦云此船坚稳威地来书以昨晚之会误阅去柬迟到半点钟委婉道歉西人守信如威地者不愧为都察院矣

初九日丁酉晴夏湾拿日报言小吕宋土人厌恶华人近为公禀乞总督转达日廷将中日条约详酌一切俾小吕宋华人所得权利与日人在华者一体总督诺之今虽华人踊跃集资以驳案然内外商务有关当道主持公论当有法以逐之云华人谋生海外几成厌物然其召侮之处亦大可慨矣小吕宋设领事之议去冬咨粤督定用费之所出今春复咨请抡员电知照派不知何时见复顷将赴日当咨总署请示

十一日己亥晴沪局包对已发访阿希挨林士坚弥地柏立涂经檀使馆留刺答拜檀岛以华人流寓日多屡欲与中国通好立约檀地略如吾华一府国政又杂乱近准华人包收烟税其岛主得贿七万元既批准矣续有加贿者岛主亦准之举国哗然檀使前日来晤但云岛主喜用土人不甚崇重美人而已烟税事未相告今日已见诸鸟约新闻纸矣檀类美之附庸美亦卵翼之其外部为美逃人犯罪以檀为逋逃薮檀乃倚为硕辅美又喜其联络一气更可以为所欲为年前美定限制华工例檀亦欣然附和近据商董禀回华诸人须请护照乃能复返而须家赀千金者乃给照每照自二元起索至十元商董禀商由会馆代领以一事权

二十九日丁巳晴午初运行李交船主差弁仆从先发余晚饭后登舟科士达进斋蔼亭希梁宝森送至舟中为别船主升国旗志庆从此容与西行轮帆无恙诚多幸也

四月初一日戊午雨寅正出口无风同舟有瑞典国兵官曾在金山开矿用华工颇多曾游吾华略知拜手为礼

赠余映相余亦还畣之有古巴督署司员赠烟卷均萍逢之雅是日舟行三百九十八迈

初二日己未早阴午晴遥见鸟波诸山晡后亦见来船一叶船主午饭后戎装修谒极道展轮时忙甚且患小恙故迟迟求见如有支使之事静候指挥其词甚恭夜风微眩即睡

初三日庚申晴晨起渡鸟蚡伦无风而浪眩晕不能早餐登柁楼小立眩不止仍就枕寻睡申初睡醒略觉清爽晚餐尚不阙特不过食耳昨来船示旗告船主以冰山随潮而下容易碰撞适浓雾迷蒙船主有忧色

初四日辛酉晴无风早食稍适登柁楼爽挹清风西人以为养生妙诀也旋为手谈至申正少憩读杜诗数首晚饭时见来船从窗外过仍登柁楼遐眺远见帆影同行甚驶与瑞士兵官约明早观日出

初五日壬戌晴早起微风天脚阴翳观日之约不果午饭后风卷白浪舟行颠簸西人谓此为大西洋极深处过此入一海峡气候渐暖或曰暖海

初六日癸亥晴子刚早起欲俟日出邀余往观亦为海气所障然风已渐平饮食略多饭后登船棚小坐旋至医生房与谈医理并询金鸡衲霜功用医言欧洲鲜用此药其性主于温散美则无论何病辄用之又云寒热之病欧洲不常有惟近土尔其之地间患此耳余嘉是船之快医生谓究逊英公司晡后风浪较定晚听琴歌

初七日甲子晴风浪平静同舟有比利时布商赠俪面银钱一枚又留住址请游历时便道访之复举谅山之捷以为差强人意尚非泛泛恭惟者奉使以来两闻西人谈谅山胜仗矣晚餐之顷见一帆船从窗外过间询谈臣美俗开矿之利及房东士雕鹘骤富骤贫之状谈臣言士雕鹘以开矿而富买股票而贫开矿须靠矿师亦有非矿师识力能及者譬之火油一项初业矿者不知也向只盛产于俄近则美产不少矣即此可以类推又墨西哥一国独出银矿而无金且乏煤其银产虽旺成本不轻以须从美购煤镕化故也

初八日乙丑晴风浪平舟行三百九十二迈明日可抵岸船主为佳馔美酒以饷客午后见来船二联樯乘风其行甚快晚饭时亦见一船均恃帆以行已抵法境矣诸客醉饱欢呼跳舞间为手谈夜一点半钟至塔镫处停船二十分钟候引水人来入口

初九日丙寅晴渡英国海界波浪稍雄已历九昼夜遂不眩矣舟行三百七十二迈饭后登眺遥见西面诸山横亘波际断续不相接气脉似不贯也山上亦有塔镫白昼无光耳检拾衣箧付船上管舱人代运至巴黎客寓并犒赏侍役船主好名每次必求诸客署名于簿以嘉其伺应之周余已许之矣总管者请之谈臣乃不肯署总管大惭谈臣殆西人之直谅者也酉初将抵埠潮退不能入口用小火轮接运诸客各携皮袋候于船舷遥见龙旗一舸则希九驾小火轮来迓候公司驳船开驶逾时乃泊近大船适风雨暴至两船大小相悬艰于紧接从船篷上搭小木梯作桥极高而狭船主以木板填之又令水手夹侍两旁自立桥上扶掖而过其意可嘉登岸则同舟诸西人皆立候握手是晚暂寓哈画客店

十五日壬申阴寒竹筼因造船事回德国属勿往送……

十八日乙亥晴敬如导观博物院法之故宫也其水师院各楼房所制船式船图并资考究又搜罗各国船式有福州崇安炮台木样一座不知从何得来……

卷四

(闰四月)初七日甲午晴……又照会日外部为蔼亭子豫索准照晚赴美使之约谈至夜分美使已定六月十七日附英公司船返美愿余同舟遂将舟图见赠

十二日己亥晴竹筼书言有华人两名在美帆船佣工值满船主不照给工钱船抵哈画华人讼之法官船主诉诸美领事将华人拘留庆蔼堂告法内部与美领事辨论美领事谓法美和约美领事在法口岸有管理船只水手之权法无从致力两华人亦经美领事送回鸟约云即电希梁查该华人何时到埠

二十四日辛亥晴进斋书言美总统于本月五日挈妇外出游钓美署无事檀香山董事程汝楫等禀诉檀政苛

虐请予立约并咨粤中查理华人侨居绝域咸不相安檀岛亦须订约载书充栋矣当咨粤督并行金山领事函布香港东华医院查明自港赴檀是否每船只载二十五人再筹办法酉初雷雨逾刻即晴微有凉意日后回都希九商往迎迓间询各使惟奥使往后为奥人也外此多不往余亦从同查岛委员禀述所查荷属日里及柔佛国两埠为原奏所未载又般鸟虽奏而华人不多似可不往现赴雪梨诸岛往返需三阅月请展期五六个月等语当咨粤督转咨总署该员所查加拉巴三宝陇泗里末三埠情形甚详所称美斯甘库华人遗产千数百万不知凭何记载徒令筹海者厪望梅之思耳所请就香港汕头设护商官局给发自愿出洋华工照据自用工头招工以杜拐贩仍虑不免流弊姑候查竣再商南洋群岛华人百数十万未能遍设领事保护苟声息亦复隔阂微特拐贩滋害亦非所以示体恤

(五月)十三日己巳晴晨起西风仍不祛热檀岛华商唐举以七万五千金为该岛包烟税为岛主所赚禀求申理此事春间曾见之日报檀使阿楠亦以为愧而该商以数万巨资如此浪掷茫无把握可谓利令智昏矣姑告檀使能否索还未可必也曩饬希梁代傅相与余赙赠格总统鲜花鸟约新闻纸并夸颂

(六月)十二日戊戌晴晨起饭毕巳初登程舒春舫庆蔼堂陈敬如相送登车未正至福士敦海口登舟预赁三房舱足敷坐起展轮出口幸无风浪英法对渡诸水总汇之地西人过者以为奇险赫德曩告以饮三边酒可免呕吐颇嗤其迂近询西人亦有以此说进者因悟此酒能通胃气胃苟不逆自无呕吐理或然欤既以此为险涂即无风浪亦觉微晕凡事不宜著成见也呼酒解渴卧看海天无障两岸山背了然都化诸山堑岩狞恶渡都化则海程速二十分钟然不如福士敦之平顺将抵彼岸船主谒余致颂谓向来无此稳渡西人善谀笑颔之而已是日为彭祖飓粤谚舟行所深忌者阴阳怕蒙懂信然登岸乘火车为英国境税关亦不验行李……

十六日壬寅晴往英馆告别芝使为言新架坡设领事一事郭筠仙并未办竣曾劼侯接任后始为合尖至新金山等处则已言明不再设矣南洋群岛近邻闽粤而西人总以中国设官为虑曩过巴黎蔼堂亦言香港设领事一事外部首肯而藩部梗议当日噶拉巴拟设领事商诸外部亦未拒驳终为藩部所挠正与西班牙机局略同与芝使详论一遍旋即起行芝使率参赞随员远送立候火车展轮情谊可感酉初抵荔华浦旅寓美使额而特相候于此枉谈片刻约明日十点钟在驳船相见先将行李附轮船公司

十七日癸卯晴早饭后偕仲兰涵生震东差弁陈吉胜家丁吉祥阿觉洋仆钗利共八人同登驳船沿岸亦有赤足妇女持贱物求售略如吾华乞丐涂经石炮台形势甚固为船澳亦得地子刚送至大船而返此行搭客六百余拥挤之甚船上高悬国旗极尊敬房位收拾妥定美使暨日商泻班育来谈一点钟展轮晚十二点钟行二百四十迈至坤士探埠寄碇该岛为埃利士境美前外部佈嗹深恶华人者也春间曾至该岛联络挨党以为明年重举总统之助岛岸不甚宽广搭客间从此登舟或乘邮船之便各草家书附寄余自抵伦敦连日酬应登舟乃得小憩夜睡尚酣

十八日甲辰晴舟中人多登岸游眺是日西人礼拜早晚闻吽经前搭法公司船若无其事教规亦微有不同大洋舟行以教士多必有风雨谓教士能吁祷天必试以奇险之境以显其技然耶否耶舟中人言前一礼拜有英船自鸟约回荔华浦涂中猝遇飓风浪高五十尺为历来航海所无其时搭客惶恐或于船蓬跪求上帝或各觅太平圈幸此风浪仅十五分钟而息打折烟通一枝船仍行驶如故毋亦教士之功乎同舟有英商威路健臣织机为业手创大机房三处前月不戒于火焚其一丧二百余万金偕乃弟赴鸟约看视其子别谋展拓以相法衡之该商必有重兴之日其心地亦甚厚不致中落也一点钟游人回船遂起碇风浪平稳船主送阅海线图绘船行度数

十九日乙巳立秋阴晨起浪大强饭不饱登柁楼观眺一点钟大车揭报行四百二十四迈美使眩浪而睡同舟多眩者未申之交大雨房舱郁热仲兰耐之余就船面客厅少憩几作吐震东已不支矣涵生观书不辍雅健可喜薄暮雨止浪亦渐平十点钟睡

二十日丙午阴晨起涵生言昨晚同舟一教士心痛叫绝而死船主准八点钟投之海中余登船蓬英商威路健臣方为哭送且言船主检其衣襟得其妇手书历述穷困无火车钱不能到马头相迎属到鸟约即便回乡云漠不相识甚于吴越睹兹情境亦难泯恻隐之心矣教士名的腾由坤士探搭船回美无亲属同行船主例为水葬是日舟行四百六十二迈

二十一日丁未阴风浪不大舟中能为手谈美使同伴有故将军者名瑞人尚蕴藉美使眩浪此老每饭不阙舟次频与往还同舟人每日赌赛舟行迈数多奇中试拟以四百六十一至四百六十五是日果行四百六十二迈误中副车可笑也夜雾

二十二日戊申晴与陈弁晨登舵楼观日出不甚清朗但见云霞如绮倒映波光朝气极爽午后遥见小船十余出没巨浸皆渔船也地名鸟蚡伦英美连界两国均以捕渔致口舌闻每年渔人之利极四千万金固宜争之矣水手为言昨晚阴雾舟行稳慎仅四百五十八迈往来轮帆颇多有来船悬镫为号言鸟约大风又一船射火箭为号舟行定章云

二十三日己酉晴晨起无风而浪船极摇簸舟人多恐如此巨舰决无掀翻之理有法国医生折一足以他骨续之行甚蹒跚而喜与人亲近问询其医理尚隔膜当船浪高掀时该医生缕言英属前年有兵轮大于此者沈没无踪絮絮不辍盖兵轮旁炮风浪打归一边偏坠而没岂商船可同语哉医又言能凫水可三五迈座客厌之殊无谓也船煤将尽货物无多不能压载固宜动荡是日舟行四百八十三迈晚间威路健臣集同舟人歌唱为美教士醵金赡其寡妇琴歌既辍美使当稠人广众中论说一遍音节凄惋客有垂涕者余不谙西语微会其意赠五十金同舟亦多解囊合之得六百余金公推三人亲至的腾之家慰唁美使预焉义举也而船主绝不闻问人之欲善谁不如我恐难律之此辈夜雾甚重

二十四日庚戌晴晨起风浪平稳雾亦渐散震东言昨晚一点钟至船面四围昏黑阴雾可骇仰视繁星烂然莫名其理询之水手谓海中有热线船绕线外行寒热相激而成雾天气无预也饭后同舟人各检行李遥见鸟约诸山泻班育威路健臣并呼酒与余为别一点钟大车报行四百八十迈亦云迅速两点钟二十五分至山丹曲三十八迈入口仰视船桅仍悬国旗过此为人鬼关极言其险也舟行转缓至医局少停轮官医登舟视大舱搭客病则移居医药房不令登岸是日天色良佳出口船甚众舟行益稳得以详覧口门炮台形胜经石人像后用小轮船三只拖带两船曳缆前导一船护于尾梢极纡徐乃泊乘风破浪之余逮乎诞登尤当持之以慎微特舟行然也鸟约税关船来查验希梁宝森錢侄附此船来见均讶来船之速将登岸威路健臣遥见其子立候埔头不觉垂泪又指以示余悲不自胜乃弟酌酒以解之少顷其子登舟父子相抱而哭旋亦破涕为笑西人父子之情似此未易数觏虮蝨知余船期已先咨戸部转行税关照料与抵金山时情景顿异美亦以此补过也抵领事署拜发折子仍电署代奏并电复北洋尘劳暂憩略述使程所历饭后栉沐安睡尚酣自荔华浦至鸟约共三千零四十九迈合中里一万四十七里

二十九日乙卯晴闽厂学生分往英法学习水师制造律例诸务寓法者周子玉已带见多有可造之材其寓英者始在水师学堂续送入练船艺益精进而外部颇吃力刘芝使数次婉商而就欲再往水雷船则外部难之以练船原不准他国人往看中英谊洽既允闽厂学生就学日本则援以为请不能不允设俄亦以为言则大费周折俄之眈眈各国共知见者也水雷船之不能就学盖事势所不得不已者芝使又言今年英后得位五十年之庆奉旨致贺并有国书须亲递又寄赠珍玩各物内磁器两件涂次摔坏颇费踌躇余劝以权将使馆所陈设者补足此数芝使沈吟久之余谓为期太迟若电请续寄至速亦须三月且能保舟车搬运必不再摔乎但将碎破原物寄还总署声明自行补足总署既不疑使署托词更换且省却无数周折设余遇此等事即如是办理似无烦筹虑也芝使颔之适海军派来图南兵船为新制快船之先导闽厂学生既可相观而善带寄什物亦复妥便

卷五

（十月）二十四日丁未晴金山华人自相讼争被系三百余人曾令蓬云商诸嘉厘福尼省总督分别摘释二百人拘回原籍由华商筹给船脚七千余金华商能为此举良可嘉尚顷据来函仍虑若辈出狱寻仇余谓随释随登舟不能在金山复滋事回籍后则长吏执法足以惩之矣即详复蓬云具报以便咨粤

二十六日己酉雨墨使又函请立约近日华人潜赴墨境者领事穷于禁遏如能善为保护未尝不可与商查墨国记载明万历三年即西历一千五百七十五年曾通中国岁有帆船数艘贩运中国丝绸磁桼等物至太平洋之亚冀巴路高埠分运西班牙各岛其时墨隶西班牙中国概名之曰大西洋我朝乾隆五十年西班牙伐英而败太平洋

商船虑为英虏墨遂叛之刻乃自主

(十二月)初五日丁亥雪檀岛浮收华人入口费又闭置病房诸虐政昨准香帅咨复已派翻译辜汤生亲往香港询明英官并檀领事每船载二十五人之例檀已删除……

初九日辛卯晴外部照复傅顾两员游历来美已咨户部转行税关照料登岸免验行李……

(光绪十四年二月)初十日壬辰晴……谭子刚已到金山因同船有人出痘不能登岸……

十九日辛丑晴金山领事来书子刚仍无登岸之信西例船从有病之埠来虽船无病人亦须停泊海口外两礼拜以防传染柏立次子近得奇病晨起眉骨作痛不能仰视至日午即愈逐日皆然西医见所未见此又从何传染也……

(三月)初七日戊午晴秘鲁船期四月初十日船名鸟波智使以为稳妥即与订舱位……

十八日己巳晴秘鲁四月初十日船期抵巴拿马须候十一日乃有船往利马程期既促又当赶紧料量……

二十二日癸酉晴子刚自鸟约回言晦日之船至巴拿马仍须坐候七日且船身舱位小于前定之船姑与订定因此船须二十四日始抵埠也待渡之期仅差四日船亦忒小不如仍附四月十日之船近因南墨洲轮帆希少往系每礼拜一船近则两礼拜一船势不能不少停顿于巴拿马虽有瘴气义无可避也……

卷六

(四月)十一日壬辰晴晨起发行李巳初登舟桅顶悬国旗船身高而狭恐不耐风一点钟展轮同舟有中墨洲蒿士他路栎架国驻美公使丕利又美国派驻可仑比亚公使谟利余皆商旅于南墨洲或绕道至旧金山者以巴拿马至旧金山船价廉于车价又可多历一洲西人好游比比然矣出口后假寐片时起视海波澄澈风日晴美辄忆左文襄舟行镜里对此每饭加餐之句顿生中外之感晚饭后柁楼凭眺月色尤佳

十二日癸巳雨风浪大作晨起微眩如厕至船尾衣履沾濡盥沐后仍睡风雨益甚不愿早餐仲兰震东眩吐殊惫涵生略能支子刚携铁盂至余卧内作吐劝以少睡亦即免矣午后略觉饿侍者将肴馔赍至榻前既逼窄而加以腥膻之气不能下咽胃逆不适出至厅事少坐眩不可解戏如西人之术呼三宾酒以止眩讵眩不能止而果吐矣吐后安睡静摄俄而风雨愈急几榻皆漏舟人为加矾布移榻对面房略憩晚餐更不能食竟夕颠簸旋睡旋醒不饥而渴从者三人惟陈胜不吐阿角初尚健晚饭后亦吐矣仍能任支使吉祥则委顿不可思拟此船上下层皆大窗户略如游船窃谓此水必无风浪否则此船不作如是装式岂悟经大西洋海角遇此大风而船又漏子刚谓此船落水仅六年记初次启轮于古巴燕客曾预于会不应遽雕敝乃尔同舟之客是日不吐而能食者七人

十三日甲午阴风浪少息早餐会食仍不耐仅啖两橙自前日开船至今日午正共行三百八十二迈中饭后隐几厅事观书同行眩者渐能起仲兰仍惫晚饭后与西人作叶子戏今日开大舱可检取什物过此则抵岸始开

十四日乙未晴西人因风筝而悟电线之制因沸水而悟士颠气之制可云善悟近日德律风传音尤灵捷顷阅敬业堂随辇集赐观侍卫射虎恭记一诗有忽闻响应彻山颠天语遥传顺风耳之句下注西洋人所制五字意其时南怀仁汤若望辈已解此法今日风浪既平眠食如故午正阅牌行二百六十一迈薄暮过西印度岛遥见来帆一叶夜月甚圆德律风之器西俗盛行美都则各部院衙门及大小行户皆租赁一器悬于公事房旁置各街弄号数牌欲与何处问答即就筒口说明号数远近不爽租银不一美使馆岁需八十金日使馆岁需六十金家居而设此器者必富商大贾或新闻馆访事人通声气也类皆自用惟药房之德律风人人可借中国则惟津沪之地行之然亦不甚广此视贸易之多寡耳为用较电报为捷然不如电报之密且其施功之处必藉电杆不能独树一帜然美都之德律风

公司近乃大获利

十五日丙申晴晨起观日出霞光微绚云气翳之天色亦靡定矣早饭后齿痛不适西医为敷药亦谓略愈片时究无把握若期大效须觅专门名家法国谚谑其人若云能治齿痛即为荒诞之人知此技之无真诣矣吾乡有冼氏以治齿长子孙不仅三世俗目为冼分家以其得效索谢几与人半分家产也咸丰之季粤海榷使齿痛甚剧倩冼笑山治之应手而愈冼仅求赏一监生其后酬资亦为介绍者赚去强半冼分家之名确而不确也西医研精医理似专于华然能如冼氏者环球无两也今日舟行二百七十七迈晡后断虹东澈舟人竞观若甚诧异回眺西偏金碧层层云水光中烂若锦绮日已落矣夜雨幸不漏

十六日丁酉阴晨窗睡觉闻停轮声起视已抵英属哈士度路岛来往轮帆例泊片刻以候邮筒遥望一塔孤峙下环矮屋数间盖荒岛也中饭后船忽钟鸣各水手纷纷沿桅引水医生亦然殆操练救火之技舟行逢礼拜六必演习一遍安不忘危意也然虽曰试演不知者不无虚惊忆丙子秋烟台之役随李傅相登德国兵轮船主宽们士提督而伯爵者也亦令军兵操救火之式傅相自船舱出观余从柁楼下行方与徐传宗唐沅浦避让忽绳索一盘从头上掷下幸戴羽缨帽溜滑得免压仅伤手指船主令医生敷药是夕辄能屈伸追忆前事忽忽十三年矣晡时过夏湾拿口天气郁热舟行二百七十二迈

十七日戊戌晴晨起倚窗凭眺船主忽来就谈两翻译均未起余自与问答咸能领会所谓强不知以为知固非能人所不能也午后风雨幸不颠簸同舟有美国火车总管现赴智利承工者往来海面最熟问询以此水所经最险为何状此老谓记一次遇大风舟中满载咖啡米纷纷倒乱船主亦无把握只逆风以行十数日乃达哥浪此在西五月间其一次则同舟有马戏诸兽及风浪掀播时其马自相碰撞四十匹无一存者此在西十一月间或曰南墨洲海道较稳于欧洲殊不然也今日舟行二百七十六迈

十八日己亥阴晨起船主属各检行李统交货舱各客随身自带之皮袋亦欲并交殊不便彼意以皮袋小物亦已收载费固宜付之代运不悟各客随身皮袋要件为多岂肯遽付他人之手此船主不近人情之一端晚饭后热不可耐东偏电光白闪与子刚对座船舷谈乡园风景是日舟行二百九十二迈

十九日庚子晴晨窗微赪急登柁楼旭日初起光景奇丽舟将入口矣东面诸山蓊蓊出云有隙皆补绝好画稿也早餐后行李均检齐令翻译为洋文电鸟约即交英国驻哥浪领事阿厘代发此君同舟数日颇相得昨互以映相赠遗极纯正人也九点钟后遥见哥浪埠头楼阁隐见椰子巴且棕榈之属错杂相间沙际一楼即建议开河法人篱石之居也楼前一铜像曰哥浪为当时开埠之人此像由法国制送工作却不甚精沙觜四周悉环碎石仿佛黄河挑水石坝之式颇动郑工之思今日舟行一百七十六迈自鸟约展轮至此共一千九百三十六迈合中里六千三百八十九里十点钟船泊定有华商五人来谒衣履济楚时适美领事士他地偕该岛知府巴索来见询商登车时刻因火车公司已备专车伺应又巴拿马今日有船开往利马美总领事已留至五点钟云余答以既有便船即刻登车赶趁遂将行李并载专车有西客四人来共载诸之涂经哥浪埠中仰望龙旗招展则华人酒楼也车经开河之地畚锸未辍华人沿路列肆卖食物不一而足美领事及火车公司总管路厘辅送过哥浪而返十一点钟开车十二点半钟抵巴拿马美领事柯林臣备马车来迓同乘至客寓始知今日之船非往利马者士他地之言谬矣华商十数人来见略寒暄而去余乃栉沐华安公司馈茶点酒筵皆华制仲兰涵生大嚼余戏谓之曰若无此种食物吾辈不至涉此殊域直非菂酱比也相与一笑余亦薄餟两瓯假寐片刻晚饭后至永和昌一谈美总领事亦至余谢其频年照拂华商之谊渠谓中国不与可仑比亚立约华商究不免吃亏余以墨约未定答之该领事与诸华商甚融洽而颇厌此缺劳苦美事既繁又兼顾瑞士义大里诸国交涉微特华商累之谈次又以可仑比亚国政以贿成茫无纲纪甚欲赴华求余商诸虬蝮此老公正耐劳若到中国必能与地方长吏相得也柯领事行后乃询众华商贸迁情形盖入口无税又为南北花旗孔道过往之客多购华物近以浚河之役工商稍集故哥浪至巴拿马沿车铁路华人列肆皆恃此营生每逢发饷之期内埠华人小酒店有日售千金者惟半年一结帐以水土恶劣支持不易之故永和昌开庄最早生意最大其总管曹兆宾番禺李村人寓此十余年为言初到时草深没胫街市泥淖并乏马车尚不及现在光景华人谋利无远弗届由旧金山而秘鲁而巴拿马愈拓愈广亦不惮劳苦其志可矜特不甚联络终不足以敌西商耳十二点钟返寓睡不能酣雨声彻枕天将曙矣

二十七日戊申雨湿气郁蒸衣物多潮腻绝似江南黄梅天气陈勤自利马来知伊露船已抵埠属翻译往看舱位巴拿马哥浪两埠相接华人营生于此者垂五千人商多工少故不为彼族所轻郑光禄曩倩美总领事为照料尚能顾全生意余以该国通商之请骤难办到仍应于华商中择殷实公正者设正副商董两人为众商领袖略如檀香山之式……

三十日辛亥晴此岛商董已专派曹兆宾番禺人曾桂鹏顺德人皆殷商之诚实者余悯此间火灾赠百金为救火被伤及焚毙之家属抚恤交美总领事转送此与华商无预也两点半钟众华商均来送行美秘两总领事并到偕登马车至埔头下小轮舶美总领事有事先返秘领事候至小轮舶展轮乃别涵生扶病而行在小轮舶坐候太久又值骤雨五点钟至大轮船即卧憩六点钟晚餐不能食只索汤是夕舟中上下货物十点钟乃得安睡偶为数诗写怀非劳歌也

五月初一日壬子晴早起舟人仍上货喧聒不堪钱涵生病似略减起坐如常但言心乱作渴然眼眶红紫外溢始而左眼继而右眼日夕数泻心窃忧之天气奇热是日晚餐后八点钟开船有两客自鸟约赶来余益悔不在鸟约多住一旬候搭此船也

初二日癸丑阴晚饭后船主往视涵生病谓宜以热粥发汗汗透则病除窃喜其与张仲景医法暗合及吸粥时船主亲为料量粥热不能入口和以佛兰地酒连餟两瓯汗矣船主令先解衣裤汗则以毡裹之此船无医生船主粗知医理且非药物窃谓无碍少顷仲兰述涵生言亟呼子刚情状可骇趋视之适船主大副从柁楼持镫疾行而下惊问何事盖大舱一义大里国人自用手枪击毙连发两枪惟求必死诚莫名其故矣入视涵生但言易衣别无急需至两点钟船人睡静子刚复往问之则云汗后病已清爽问何时刻答以两点钟握其手已不热旋各睡去

初三日甲寅雨仲兰五点钟起如厕见涵生独坐船旁衣纱衣纳凉汗后甚非宜也八点钟侍者打埽房榻涵生复出坐房外亟令阿角为披斗蓬两次冒风受害已迫矣船主以其无溺重往视之涵生沉沉睡去咸谓汗后惫倦也船上有天主教士知医者船主约往诊视谓脉象甚微姑吸生菜油或可以溺徐以鸡粥为之养胃津至一点钟时阿角饮以鸡粥则神气顿变教士视之谓无脉船主大诧询知晨间冒风复感乃顿足急以高丽姜汤救之益以蛇姜皆不及船主令灌佛兰地酒略咽一口即回首向里泪微下而逝矣手指甲青黑诚不解受病如是之剧痛悔无极今早始将枪毙之人水葬行船通例不能停尸因与船主婉商用酒泡诸木器可免腐败俟抵惠爱矶再谋旅殡情形殊惨子刚为之经纪阿角尤得力

初四日乙卯阴雨差弁陈胜患腰痛自咽苏合丸已解又复冒风增剧急令静憩幸大小解尚通此行瘴疠之地动不如志同舟有美国机器师法国机器师住房相近时为余排闷特言语不甚通翻译又不暇仍闷而已

初五日丙辰晴晨抵惠爱矶该岛医生循例登舟船主告以涵生旅殡之意医生初有难色徐告以中国官员医生乃无词入口后另一医生来船主与教士仍如前告之遂令子刚登岸约华商来有宝安号司事潘节之南海西樵人甚稳练即以托之随与该岛将军提督商妥又托将军觅官医生为之装殓乃移柩至医院另为洗沐阿角回取衣帽袍靴为之装裹以金钱为唅医生从喉管灌以药水俾免发变棺内用铅匣外用木亦甚严整事竟医生索二千元然既免于水葬又得借地殡厝虽重费不惜也即诺之而行篋无此数船主乃函托该公司代垫时已深夜公司例不出银于是美领事毅然担认该岛属厄瓜尔多国久为美所控制故美领事得行其志也至此乃稍安俟抵利马为筹起运而已旅厝医院众华商晨夕为之焚香晚十点钟乃蒇事今日端午节震东尚为贺弥触殊方之感

初六日丁巳晴六点钟出口遥望该岛楼房一派中有街车马车生意似强于巴拿马然风色仍不佳昨入口时仰视平林数十里上凝黑气即瘴疠也早起易衣船舷少坐即感冒腹痛似将作利流汗不止今日出口遂高卧避风然为时忒久舟度平林后不得不起矣西人有携镜具映照者午后两点钟抵通芘士岛秘鲁境也少泊有小帆船来驳货并售鸡鹿之属为购甘蔗一枚质极粗味尚不薄晚饭后南风殊竞眉月苍凉自巴拿马至惠爱矶共行八百三十五迈

初七日戊午晴晨起大风八点钟舟泊派伊大岛有秘国知府哩希士来谒请登岸游览婉谢之此岛约三千人极荒瘠六年一雨无种植日用所需取给五千里外有房屋而无瓦纯用竹木片遮盖岛内有两湖储雨水足资六年之用云此可补山海荒经之一也轮舶往往泊此加煤英公司有趸船于此又加载牛百余头改大舱客位作牛栏移

搭客于船艄篷面几于露宿恃矾布为遮障耳总署奏定新章游历之员只准搭二等舱位即此情境也船泊至四点钟启碇岛民有以鱼牙雕画人物求售者颇工细又有陶尊捏成山水人物之式古朴类武梁祠堂画像因各购数枚价亦甚廉寄进斋书述涵生死事今日欧洲电报德嗣王崩于位晚饭月色殊清睡至中夜闻牛鸣亦将曙矣

初八日己未晴晨起南风船极摇荡九点钟泊暟定岛寸草不生潮落微露绿苔岛人支铁桥作埔头以上下货物大船不能泊用小船过载仍加载牛只架非之类两船相近以绳钩挽客欲登岸则缒绳而下水底多礁暗涌靡定也过至半载忽逸一牛浮游水面子刚甚窘急此岂人力所能挽回然此牛可免刀宰犹为之幸也四点钟起碇有搭客番禺陈氏久于外者为言墨西哥属内阿柯波古入口极险口门如五指山船须绕山而入海岛石华盈丈海底有柏树长不逾尺五色皆备得此足疗心气病其产橙子香味均在新会甜橙之上云晚八点钟泊百嘉米岛有华商五人来谒持中华联惠总局大柬领袖者为靳炳昭番禺市桥人商此四年矣语无端绪问非所答出观湘浦三函皆去年华人王照被迫作工事湘浦已为了之矣靳炳昭又言合延律师以备辨讼月修五十金律师之贱工也此岛华人千余若非晚泊则来谒者尤众舟人起卸货物又添载牛百头喧扰不堪有罪犯四名秘兵押之登舟反接而无镣铐与大舱之客并处舵工许以彻夜不睡巡逻之云十二点钟船仍未开疲倦辄睡

初九日庚申晴九点钟泊杜希猷岛仍是荒沙一片山无寸草沿沙岸有人家山麓架铁桥以上下货物暗涌甚急小船不能紧靠大船仍用木桶坐人以铁钩绳缒而上下一桶容两人一坐一立瞬息而过有以黑纱蒙眼者欲自忘其险也曩在鸟钵船同来之美国人先于巴拿马分手附便船径到此岛以乃兄任此岛领事别十二年特来趋候今日偕其兄来谒赠陶器二绝类古铜他日携回吾华供好古者考据亦南墨洲之雅器也此岛船头官来谒询登岸否婉却之一点钟船复开行涂经一石山绵亘约里许左右两小山若断若续即鸟粪山也乍视但见飞鸟十数旋绕于空窃讶积粪有限徐以千里镜视之则山脊黑点如豆者皆鸟也状如蚁聚不知此山何以能致群鸟亦理之不可解者数年前智秘之战此山已为智有矣晚六点钟泊潜钵地岛将入口时风浪极雄舟中摇荡入口乃定然暗涌又不适此水殆无畅快时初十日辛酉晴昨夜船泊至旦候船头官到乃驳货也晨起有华商四人来见其一高要人王姓已娶西妇育子女五人亦携一子一女来谒云将回华而子女皆不谙华语又云此岛糖寮颇大近日倒闭一家生意顿减又尽废银纸而用白银有富人立成穷汉者此岛形势颇类威海卫口门亦绝类刘公岛秘鲁在南墨洲版图不小惜政治人才皆不振遂至贫弱十二点钟泊萨盟哥岛地势不如潜钵地而沿山见青草矣海口多鸟粪山其麓则海狗出没甚繁同舟西人于此映照图画出口行两点钟遥见海心一石突出类海珠石而波涛洪涌过之此石孤生不知托根几许六点钟泊虾事麻岛居然有树尤出意表沿岛房屋皆木片作瓦犹是终岁无雨之地晚饭后登柁楼看月舟缘山行无浪而涌入夜风稍雄遂摇簸十二点钟睡

十一日壬戌晴早六点钟泊苏比岛有华商来谒云秘署诸官候于华造岛意今日抵秘都矣饬家人检拾衣簏十一点钟泊华造沿岛渐青亦有树木领事刘伟臣翻译莫力侯来谒盖在此岛相候六日矣舟旋开驶仍沿山东南行暗涌极大颇类都化海口力侯大吐余安睡获免五点半钟抵嘉里约遥望埔头似强于哥浪巴拿马诸岛少顷医生登舟询验搭客有无病人始准全船人登岸公使免验随使各员仍须到餐房问话余驳以随使各员非他项搭客之比医生不应过问医生唯唯西例船有病人则同舟人亦不能登岸秘例尤严前此美使至秘舟中有一人病足医生即禁止该船不得入口美使且携眷属美署诸参赞极力设法商之外部不可得适美兵船泊此欲令兵船先渡眷属格于秘例仍不果行秘久为美控制美使且耐此通例屈滞舟次两礼拜乃得诞登余此来不致此窘幸矣俄而船头官来谒参赞刘湘浦并来秘总统以三板小舟并小轮船来迓一武弁驾驶即乘此三板登岸留子刚陈胜阿角黑奴在大船照料行李登岸时有兵官在埔头候接诸华商分列岸坝候接乘马车绕至火车房约半里遂登火车七点钟抵利马使馆八点钟后行李亦到暂储税关秘例黑夜不搬运也饭后与湘浦谈一点钟睡

十六日丁卯晴连日客来不速均以未见总统却之此次所附伊露船仅二千吨船又忒旧落水已十六年矣逐日行船不报水程厕无纸房无火柴海船仅见之事唯船主却极周到

（七月）二十八日戊寅晴香港包揽华人出洋之局包至檀香山者每名九十元檀岛关吏作伪先将假照售于驻檀华商寄回香港售卖华人不知底里误买此等伪照及抵檀岛不得登岸其愚可悯现经董事程汝楫驳辨关

吏已革此种影射之技亦穷程汝楫禀请札饬金山领事转告东华医院遍贴长红知会华人毋蹈前辙自贻伊戚包揽局之害流弊不仅旧金山

八月初一日庚辰晴初拟取道旧金山回美以避巴拿马瘴气而船小又多礁石只可重寻旧路已定船期午访美使告以本月二十一日返美仍取道鸟约请函达虮蝮行知税关

二十一日庚子晴晨起早饭十点钟登车华商送者数十人李杰代检行李最得力总统派军官到舟中送行智使巴西代办法随员两人均到日使柯希特先登舟安顿既妥往与周旋三点钟展轮国旗高悬风浪平稳

二十二日辛丑晴早饭后泊萨罅猾儿地岛即杜希猷之海口也华人两名来递呈一东莞一新安询其呈禀之意乃茫然呈内有近扣工资每元五毫之说应予查理余皆老生常谈也船头官来送婉谢之并托代达外部晚与日国水师兵官卡多那手谈十一点钟睡

二十三日壬寅晴检绣画缕丝银篮赠日使志同使同舟之雅午泊派伊特前寄徐进斋书之地也船泊中流为时不久售物者不获来此出秘鲁境矣

二十四日癸卯早阴午晴泊惠爱矶钱涵生旅殡处感悼何极乡人潘节之来言钱柩回华时所需各费已由杨建勋开发清楚讵此五十四日犹在涂中也潘又言前晚地震约十分钟室中簏橱锁钥自开屋亦摇摇欲堕为时既久势亦甚烈每年一度但难定准某季无缘移避南墨洲人尚以惠爱矶为极乐世界果何所见耶中华会馆馈波罗椰子纳之

二十五日甲辰晴西人礼拜仍上下货物此间西例不严也跟役阿发购得海蟹数枚两螯八爪无异华产惟壳如霜柿爪如胭脂未熟而本色如此视鸟约之软壳者又别有致有鱼盈尺跃入舟中汪九得之欣然以献略如卫河之回网头扁须长无鳞而力甚猛今日为刘湘浦生日因令放之中流饭后为日使画山水册一帧船将启碇子刚在窗外絮聒因黑仆登岸未返也平生不耐者闻俗人谈雅事闻贪吏述政绩闻村夫作省会音入夜北风颇摇

二十六日乙巳晴晨起风渐小中饭后仍能手谈有英人作贾于惠爱矶者昨美领事黎士璧介绍来谒该商现办厄瓜尔多国铁路自惠爱矶至该国都城仅三百余迈而山路崎岖若无火车只能马渡向须八日程有铁路则两点半钟可达出观各图尚精细晚餐后船主述英国近行火葬之法省却身后无数烦恼此法本于佛国近日枯僧荼毗欲求舍利徒存其说而已秘鲁则穴墙而厝不知马鬣为何状殆终岁无雨故能久支亦各国风气之别舟中饭罢就饭桌吸烟妇女不避者亦惟秘鲁至巴拿马船能之他处几如厉禁

二十七日丙午阴雨刘湘浦谓寓秘三年久无此境午后风甚紧舟行颠簸天气渐热有黄雀一枚飞集船樯大海汪洋船主亦不解从何而至鄙意衡之或是化生之物

二十八日丁未晴未申之交抵巴拿马岛泊定乃大雨旋辍旋作入夜不止热不可耐日使谓往在中国曾阅六经惟易最难谙余谓不外理数象三者理则随人学识而悟浅深数却实有可征精之可以前知即射覆藏钩之微亦皆有验象则圣人因之以画卦亦确乎不拔者也日使谓飞龙潜龙之义西人实难索解殆亦略闻中学而未得门径者欤

二十九日戊申晴热甚巳初美领事来促趁潮登岸否则踩行泥淖甚不便纽阿连船期无定仍坿哥浪船至鸟约明日即开行云当与同舟人言别饬仆从检拾各物犒赏船上侍者水手正欲起行日使为公函赠船主述其好处属署名又复少留船主自驾小轮亲送登岸美领事导至永和昌子刚押行李先赴哥浪本拟即晚乘车去火车公司已备专车相候矣因巴拿马诸华商谒留一宿亦须回拜美领事遂仍寄拓蒨客寓夜雨连宵气候益坏客寓奇热劳顿之后幸能成眠或言此水逐日见山虽失事亦有可依傍不知有山之处暗礁林立每出入口则暗涌不止航海条规出入口系船主专责船主以此水为最难云

卷七

九月初一日己酉雨晨起八点钟美领事来寓同赴火车因头眩不获远送令伊子代行涂次停车十七次又分车头牵过高山遂多走一点钟抵哥浪方下行李未半而风雨暴至衣簏不免沾濡矣哥浪华商李干初鹤山人远贾

南花旗逾十年矣其居在佛山殆近邻也鸟约莲芳公司陈伯旒已写定船票船公司以美例近禁华人入口遂将船价还之不肯搭载陈窘甚余令译官与船主辨论以此等华商原有任便往来利益岂能不载船主谓作为公使跟役则无不可既缮票矣余终以华商本可任便往来不应改易名目隐似公使庇一私人复令译官重与申说乃就范而此华商其形状衣履又绝类华工美例固不情而华人在美工商无别亦难为之设处三点半钟展轮五点半钟晚饭睡至九点半钟起而觉饿嚼红绫饼一枚

初二日庚戌晴……今日风浪平稳舟行七百九十八里

初三日辛亥晴热甚晚饭后眉月初上银云欲凉来船鼓浪而过亦美公司船也彼此放气筒相应今日舟行八百七十七里

初四日壬子寒露晴晨度古巴诸山晚六点钟至例泊寄书处塔镫远瞰船仍驶遥见船桅一镫不辨为何船也船主放号火三次三色此船亦回放一次海风浪浪气筒不相闻者则各燃号火航海恒规也十一点钟又遥见一灯疑为来船子刚以火有明晦决为塔镫若船镫则一光而已船行近果为钵洛岛译言鸟巢

初五日癸丑晴热甚竟日不见山湘浦述其家藏端砚一枚琢为琴式砚材绝美有冰纹七条鸜眼十三恰符徽轸之数先世当乾隆时开坑所得子孙永宝载诸县志湘浦之族逾二万人已极蕃衍又藏兹佳器宜榜曰琴砚刘家

初六日甲寅阴雨晨起雷声甚烈舟行入热线度虽雨犹酷镫后大风船极颠簸莫力俟呕吐狼藉夜雨不辍房舱亦漏然视鸟钵船差胜矣屡闻船蓬放气筒昏雾四塞也风雨交至又值大雾行船极难全恃船主稳练耳此船主由水手递升垂三十年来往此水一百八十三次船小且旧而坐客安之

初七日乙卯阴雨风浪极大早饭懒起中饭两餐犹强食颠簸之甚刀匕杯盘皆倾倒饭后闲谈胡床亦倒船主言六点钟必有北风相激浪益豪宜戒备届时忽见星月雾雨并散偕湘浦登柁楼看月则西南风也船且张帆哥浪美领事曰再阅三点钟则热线过尽可以出险明当陡寒盖抵美境也舟有嫠妇十指只存其三贫甚诸客悯之为集票分掣得采者取回十金余概予之余适获隽尽举以赠合之得百余金

初八日丙辰晴西北风略如吾华高秋天气船亦稍定矣舟中一缧绁者系义大里人手刃别船大副因执解回美定罪以船为美船然大副亦美籍哥浪领事押解以行舟中供顿而防闲之闻海船行凶按美律尚可减较陆地为轻云今日两点钟船主尽将行客衣箧放入大船用药熏透乃准起运登岸虑巴拿马瘴气传染也夜月半规海色苍凉带水人来导引入口每费百金以柁付之如瞽者之相

初九日丁巳晴乘曙光起日将升矣景象奇丽五点钟小食后医生登舟验视无一病者遂无留滞忽烟雾迷蒙对面不辨船主频放气筒不敢急驶至九点钟时乃见石人像过此则天气开霁矣税关来查颇于华商陈伯旒有难色译官详与言之乃无异词船即抵岸计程六千五百二十四里半徐进斋等自华城来接傅棥元顾少逸并在马头相迓同至领事署少谈而散……

二十九日丁丑晴金山臬司批海上华工不准登岸案判甚长本月十四日北京船来续到华工百人税关仍嗔令回华香港包揽局只知人取百七十金及不克诞登而回索押头钱则又支吾不予乡愚无知被害殊惨此船经领事与臬司辨论得上岸者五十六人美廷废约行例之始自必加酷无论如何讼争恐骤难取赢……

（十月）二十日戊戌阴英使去非其罪深为叹惜今晨特赴车头相送法使日使暨余三人而已美部则水师大臣汨尼之妻余却漠然美俗向无迎送之礼各驻使亦各不相送英使此去为美迫逐固非寻常归国比也詹使挈妇同车避人先发燕尔言旋意味迥殊矣未正访虮蝮商禁火油虮蝮问中国欲禁民间不用抑禁洋商不运余答以禁民间不用此其末也必须洋商无此油入口民间乃不禁而自绝虮蝮谓火油贩运中国俄商亦有不独美商余答以俄商路远不如美商之近然销广东者大约纯是美商此时商禁亦自广东始因频遭火患光绪八年连烧数街损失赀财千百万上年烧一火船毙命七百余广东遂奏请禁止总理衙门令我来商虮蝮谓此事煞有关系余答以即备照会候复虮蝮唯唯又询其考究行船防险会各国已否派人来美虮蝮谓届时当必专员来此亦极要紧事中国专员来则更佳否则请公使赴会余答以咨商总署酌夺

二十三日辛丑雪照会虮蝮禁贩火油入中国电询傅烈秘美例行后来美华工提质公堂能否准其入境抑准其假道檀香山域多利等处谋生抑必须全载回华刘伟臣函言秘外部又有招华工之请已婉却以杜希猷埠办理尚多轇轕刻无可商

二十七日乙巳晴谭子刚十七日抵古巴途经纽阿连船小如鸟约之摆渡本三日可到延至五日沿途泊岸两次水程不及覃坝之速惟覃坝近有黄疫禁止车船云游员已自订覃坝船票即令参赞转告之听其自酌……

（十一月）初四日辛亥大雪晴金山领署查复旧年自中国口岸来美税货白米共税银八十四万零三百六十一元三角二仙丝绸共税银十四万九千八百四十一元鸦片烟税银七十五万四千零六十元中美续约华人不能运鸦片入美境此项或系过境之税非入口税否则华人托名洋商者也他项货物却甚寥寥晚访科律师倭使均不遇

（十二月）十五日壬辰雨科律师钞送美例四款第一款不准美国人招徕他国人订立合同来美佣工并不准设法协助来美违者照犯法论第二款声明此项合同一切视为废纸第三款凡立此项合同者罚银一千元第四款禁船戸运载此项工人来美违者按所载名数每名罚银五百元此例系西历一千八百八十五年二月二十六号立载在美国律书第二十三卷三百八十二页三百八十三页申初答拜科律师补交赔款酬劳诸费顺道赴各部公会

二十七日甲辰早晴车行甚驶十点钟至萨湾拿岛早餐后换车但就后车一移行李而已仍就车中午饭晚抵三佛岛下车就食微雨天气甚寒十一点钟抵覃坝登舟埔头作板桥四千尺火车缓行尽处即见船桅相距约半里时适大风登舟辄眩有两西人惧风折回是夜舟中簸荡似有台飓意船主稳慎不敢启碇

二十八日乙巳晴六点钟展轮仍颠簸早午餐不能食船主来谒略与寒暄晚十点钟泊奇威士特岛客有登岸者此岛约万八千人风气尚朴华人于此卷烟洗衣者佥云土人相待甚好夜凭柁楼遥望镫光隐现风浪已平薄饮三宾酒一杯略纾胃气仍不觉饿两点钟船复开行望古巴剪渡舟行最险无风亦眩略如英法都化海口

二十九日丙午晴六点钟抵古巴子豫子刚藻亭慎仪来迓云此两日大风海中电线亦断乃知前两日所历之境幸新船机器足船主亦不孟浪耳登车至领事署早餐毕栉沐少憩行李遗却一件属火车公司电促之约五六日可到美总领事来谈甚久呲问剃匠仅两人传呼半日而至年逾半百且戴眼镜倩之奏技不无戒心晚饫乡馔今日殆岁除也偶为一诗

（光绪十五年正月）二十一日丁卯晴早饭毕学堂诸童来见切实勖勉又酌助医院经费十一点钟起程至马头水师提督差官驾小轮舶候送领署先已备雇遂婉谢之领署各员及众华商并相送登舟后美总领事美副领事德商北士陆续来别一点钟展轮风日晴美仍觉微晕盖古巴至覃坝系对渡大西洋水直冲而下渡口极险恶喜其水程稍捷耳若取道鸟约则系绕越旁渡风静舟行尚稳仍经行覃坝之嘴舟人亦有戒心去年往返南墨洲并经此水西人谓无风亦浪者也晚八点钟抵崎威士特少泊登岸游眺直一荒岛黑人纷邀乘车粗野之甚回船时有土人售蚌壳花海桔诸物戏购数种十点钟船复行搁于沙碛极费力乃脱已渡大西洋海矣

（二月）初十日丙戌晴古巴领事电华商彭大苏等附船假道美国当告鸟署照料……

十一日丁亥晴沪局包封递回折片钦奉朱批钦遵咨行又吏部文钱广涛加赠知府衔荫子入监读书六月期满以州判注选又李傅相咨会北洋海军章程内多酌用英国法仍以宪庙军规为依归旅顺大沽两船澳次第工竣威海卫为提督驻扎之地规模井然国旗长方式尤壮观海外旗式亦拟奏明仿制也提督旗本画锚形刻乃绘龙其与外洋使领各署有关涉处摘录分行备案中国海军之权舆从此加拓武备日彰足以威强邻甸藩服诚当今之要

也……

二十三日己亥晴津商王世英杨思铎贩运古磁诸器来鸟约售卖驻津美副领事毕德格所怂恿也托一美商经手不由津商主持亏夲三万余金令翻译索阅货价单美商秘之云已统寄毕德格盖托词矣津商被其牵率赴欧洲王世英且扶病以行即到英法亦未必能获利托人不慎每致吃亏前准北洋咨会转行各口日前并欲亲到鸟约观其拍卖适美廷易统交际甚繁未暇遽往比电询之则三日内已卖竣甚不料折阅如是中西人合股生意多类此当在华订办时西人巧为迎合方深信之及抵外洋言语不通则事事受其挟制其不致亏本者几希矣上年华商杨兴等携什物赴日国赛会亦为西人所挟邓琴斋往与料理始得清厘此皆不谙西语之亏也……

二十六日壬寅晴沪局包对北洋咨会海军旗四图一式大小各异……酌定华人假道护照式前日有一华人舟行遇风飘至美境税关不准登岸当托律师与戸部言之戸部亦以格于前例为难律师驳以华人遭风系出意外税关不令登岸将长养活之抑令重回遭风之地投之水中乎戸部不能答即檄税关照准矣德尼使华之说不确即电复总署一百三十九字……

（三月）二十五日庚午晴发沪粤包封午后外部照覆已将中国海军旗式通行美国水师一体知照应咨覆北洋也……

卷八

（四月）初十日乙酉晴和兰有属岛曰苏里那么在南墨洲境向有华人佣工和使近商总署拟订章程声明与苏门答腊哈拉巴两岛不相涉总署函询应准应宕属派员查复等因当检舆图苏里那么洋语作苏里南其地毗连英法属岛咸丰同治之间有人在粤招工指为西印度其招致情形略如古巴该岛亦与古巴相近版图尚宽此时华人侨寓情形自应详查始能咨复当檄古巴总领事就近派员前往美有领事在彼并托外部转询之特往来该岛船只甚稀恐须三两月乃得回信

十二日丁亥晴……晚饭毕趁船往文劳炮台船极华丽一色电镫游客亦盛晡后展轮雾重而星月不为掩涂中所见石炮台半已倾圮大都南北花旗战事定后未经修葺者也

十三日戊子晴将曙大雷雨船幸不颠簸辰初抵岸旭曦莹然徐步旅寓总统亦泊舟于此各以避暑来不相闻问也……

五月初一日丙午晴……子豫函言苏里南之路自古巴起程四日抵波多利哥换船一日抵散多马士换船三日抵散多路施亚换船抵千里达四百迈抵地美拉笠三百迈抵苏里南由散多路施亚起计六日合计十四日二千四百八十迈船不常有屡烦守候往返约须三月当查鸟约有直抵苏里南之船水程却须二十三日即电复并将船图寄去

（六月）二十五日己亥晴总署咨回二月折片钦奉朱批钦遵咨行又美都集议航海会总署照赫德禀呈即派理船厅美民毕士璧赴会闽厂学生附焉招商局建议以航海章程夲极齐备只增舵尾汽筒便较周密口号则仍旧强于翻新援德船近事两船相对口号新旧不同遂致碰撞为证不为无见也毕士璧请假回美迄未来谒既不悉其住址又不知洋字姓名须接晤乃能照会外部借才他国实事求是而已

（七月）初十日甲寅晴检高丽姜赠伯行疗寒疾腹痛甚效申正附船至蒿埏挨伦海壖客寓晚饭伯行诧为英属所无以英国海汊不如美之多也饭罢观烟火亦胜英伦水晶宫所演仍罗马故事烟焰既熄有煤气火象一头能自行走摇尾卷鼻运掉如生仅见也渡海归寓已十点钟

十二日丙辰晴回吉士寄庐避暑仍由水道蔼亭拟差旋回粤经营省港轮船此种船式美制为良观此可悟矣晡后抵山居所植草花均活

十三日丁巳晴古巴供事张萱舫洋员拉乌自苏里南回查得该岛华人自咸丰三年起至同治九年止共到二千一百一十七名美利坚埠来华人三百余名大埠二埠糖寮大小一百一十五间内二埠华人糖寮一间华人执业掘金者不一其在各店佣工者二百余人开荒耕种二十余人大埠二埠田工四百余人在各埠烟馆游闲三百余人穷老院二十人广义堂赡养男妇二十人余或回华或旅殁不得其详现存九百余人多惠州籍建有广义堂会馆而不能置义冢馆董冯官祥禀求查理此岛气候略如古巴瘴厉甚重华人佣值银每日一钱五分亦忒微薄近以金矿渐旺因与英立约招印度人往以瘴盛不安于役所以转而求招华佣此荷使商请总署之意也萱舫到时该岛总督请宴备极周洽其土产税货兵额情形拉乌以英文记之译出补记萱舫此行往返两月余盛夏冒瘴局蹐舟中四十余日项后生疮当令暂寓鸟约医调拉乌则先返古巴矣

二十八日壬申晴美洲气炮前日在费城海壖威苏利亚兵船试演每两分钟能放一响能及一迈路运风机器修理较灵能连运十五响美廷派员往观极赞赏许为制敌利器外部照复中国所定官商旗式美国一体遵行

(八月)十三日丙戌白露雨秘鲁铁路议成需工孔亟近有华人周福汤傅与洋人合雇帆船载送华人回粤领事虑其贩载回秘严谕禁止并函致东华医院查验该船进出亦应有之义也傅烈秘以惠使到时税关要验行李特电商重托外部即为书致啼嗹

十六日己丑雨午后附船至鸟约内河行驶亦有风浪岸壖水涨数尺海帆益颠簸矣念子豫子刚方从古巴来不无悬系进斋已自盘谷回述勃耳哈画海口之胜强于岛钵近海诸山云气氤氲竟日不散乘马车登陟为云所阻甚惜斯游不豫也

九月初一日甲辰阴总署咨美国航海会南洋据沪关禀虑中国商渔各船不谙外国口号镫旗诸色又时有洋船碰撞民船之事恐一经入会定议便须一律照办宜豫为之地毋碍中国自主之权所虑极周到当查外部原议各国赴会之员各将会中所议具报本国候批又无论赴会若干员其所可否只算一国之可否等语赫德请派理船厅毕士璧赴会申文末云议成后华船能否照办系总署自订行止之事无庸该员作允合两说以观又推求美国设会本意似赴会之员无应允一体照办之权毫无疑义当咨复总署俟各该员到日由使署检卷示之俾有依据……

初八日辛亥晴早饭毕十点钟登舟易希梁宝森寿峰绯联鑶侄马宏蒋得胜亚角张五龙冈公所中华会馆绅商又张丁盛携其眷属子女杂沓相送咸各别去十一点半钟船起碇出山丹曲余语杨龚登舵楼眺览形势并观新制长方式国旗此余奏定者也

初九日壬子晴客秋九日自秘返美今年九日自美返华应为诗纪行乃乏兴致舟行大西洋总较南墨洲为适也船名辟地巴黎斯容万五百吨昼夜不闻机器声船主来谒云有美派驻希腊公使同舟拟偕来相见诸之龚仙舟曾习英文新闻纸之浅近者可以阅悉

初十日癸丑阴雾舟经鸟蚡伦遥见渔船出没同舟有美兵官莫理笨旧识也此行赴英谋办德律风公司纯用新法能达万数千里曾由美都传音至旧金山已有成效询以不假电报之线否却非然也夜雨雾散

十一日甲寅晴有英人好古之士宝藏埃及绿石一枚如鸟啄而无首云系二千余年物又黑石一枚状如刚卯而无字绝类吾华旧玉斑驳可爱又埃及印章一枚字三行皆不易识印背刻蝉浅绛色？桃花石西俗均难能可贵以余询埃及古迹特举以相质

十二日乙卯晴杨慎初亦有失眠之患为言福建延平府有草曰羊不吃土人以之治腰痛者服之却能安睡允为留记地名药性以便回华物色斯言果效大可高枕矣今日舟行甚速浪亦较猛早晚餐须紧按桌子否则食器尽倾

十三日丙辰晴早起舟極顛簸下等艙一客自投於海浪打船梢有西婦抱子立船舷爲浪捲去水手均無從救援美有木商名确士經行此水一百二十二次云此等風浪直不足訝大海無順流逆流之說亦不言潮信海中潮汐視双丸吸氣如日月正中則水氣上吸此内河港汊退潮時也日月行度既偏則吸力亦散此内河港汊長潮時也大海渾茫無關消長

十四日丁巳寒露晴舟中人为善会刊布说帖推余领袖聊赠两磅金钱中饭后微见岛屿晡时抵坤士汤有登岸者有搭船者舟停一点钟然已稳定矣阅日报知昨日有英公司船过此大风刮去舵楼搭客伤者数十此舟迟发一日否亦罹此惊险

十五日戊午晴早八点钟舟泊荔华浦方洗沐李伯行已来料量登岸附小轮驳载诸客急欲诞登挤壅之甚从舵楼回至烟室奇冷少顷船内驶仍附驳船稍疏通矣关吏来询行李数目伯行详语之余与进斋子豫先投客邸关吏不启箧惠及杨龚两员伯行之力也此英美海船入口处关章最严

十六日己未晴舟行八日殊委顿旅憩一日寒疾遽起自系昨晨感冒所致邓琴斋因照料华商赛会寓法都遂随伯行来迓

二十六日己巳雨午初赴湿罢亭英兵官谟士顿之约莫理笨之婿也园亭雅洁中饭后乘小轮船泛添士河两岸楼台林木相间清溪碧色游鳞可鉴沿河船舶极新奇精巧有类吾华满江红及粤中横楼者有如方亭上下两层者故非轮船拖带不能行也避暑时游人每于此水寻乐今则秋林已霜钓船三五而已涂经英君后行宫数处风景尚佳展轮时既雨而晴且无烟雾竟日游驶历三石闸略如运河设闸蓄水之法岸侧亦有涵洞舟将抵闸先放气筒闸门遂启入闸即闭静候长水船抵岸数尺乃开第二闸凡启闭均用机器甚便捷三闸既尽即距伦顿不远矣

(十月)十一日癸未晴十点钟抵马赛希九来迓同至客寓午餐并为希九补买上下两舱位日署使事云已交代清楚三点钟登舟船主来谒乃谓法国海部新例不为公使悬旗即法使在船亦不悬盖虑沿海炮台放炮设一船而有两公使则先后次序必致招怪皆饰词耳当告以搭法公司船不止一次从无不悬国旗之理前年自鸟约赴哈画距时不远尔之公司何以别有章程与辨数刻船主乃遵办殊狡猾四点半钟展轮两岸观者如堵敬如料量妥当偕轮船公司总办同返余登舵楼握手为别

十二日甲申晴风日暄美绝无风浪午后过一山峡义大里法兰西境也似亦地中海一门户旧有炮垒两岸民居甚朴沿山多帆船或曰此以捕鱼为业者山外有道可通此峡仍非要地

十三日乙酉晴法都会场刚散此船搭客搭货几满自马赛至上海水脚银五万余元而不敷用法廷仍须津贴推此则招商局船出洋恐亦无利德国派驻小吕宋领事阿苓谒瑞乃尔之旧交询瑞乃尔踪迹四月前已回华供差并携眷去又法国新派署上海总领事柏士其父为算学翰林敬如与有旧托余照拂

十四日丙戌晴法美同为民主而制度各殊法有内外商藩戸兵海学教农刑工十二部就中商兼藩学兼教近以赛会商部遂兼宰相大约宰相之任视时政缓急某部兼摄则知现营某事也岁俸一万二千各部亦然议院权亦隆重上院议绅三百五十六员下院议绅五百八十六员每员日俸五元微薄之甚陆兵口粮每月十五佛郎水兵四十佛郎持较美国已大相径庭矣法国向以卖酒获利近则法之佳酒各国皆能为之岁入略减而犹以纷华奢丽著名欧洲

十五日丁亥立冬晴有英商以贩丝为业者贾于沪二十余年为言华丝极佳而出茧不得法焙茧太老伤其外蚕蛹不洁污其内一茧仅中间一层可用耗损太过又缫丝粗细不匀此弊皆易整理且丝质最良各国皆逊稍求精进获利倍蓰何可坐失商利询其岁购华丝运销何国渠谓瑞士十之四五法十之二三余则运英耳中国山蚕黄丝西人初不适用近亦纷纷购求以制回绒甚光滑且能药之使白也明早此船少泊同舟人咸贻书亲旧余亦寄敬如一笺

十六日戊子晴早六点钟船泊亚鏄山打地为阿罗泊国土尔其属也希九登岸迷路雇一土人导之回船讹索六金自马赛至此四千五百八十七里沿岸白屋类炮台者土酋之居也街市甚长人则白布纚头而跣足携物登舟售卖舟中侍役呵斥之虑其窃物云吉祥与购镜照片二十幅略识此中形胜埃及古迹早饭后移寓船面房稍宽敞

能安笔砚十点钟船起碇两点钟行经耐宜河口此水发源亚非利加洲北流入地中海水色微黄西人谓河水之极远大者也晚十一点钟泊波西岛多酒家镫光甚盛亦有戏园博局舟中人辄登岸游震东托病力言不往旋亦潜去舟人上煤小船争渡喧嚷之甚

十七日己丑晴越南北宁省大壮社同人寺僧阮清高自法回越以玉桂三枚求售又出观赠行诗札一束约百数十首择其尤雅者录之如五言律诗云已学无生谛何心斗巧场风尘犹扰扰天海正茫茫放棹开新眼浮杯问上方须弥亲到处好载入诗囊北江山农杨立名奉饯同人上人西行成泰元年二月下澣七言律诗云东来冠锡过重洋杯渡相寻古佛场四大云烟双眼阔三千世界一莲藏禅心久悟虚空旨世事难为应赴忙迴首故山栖息稳松枝挂搭卧藤床同庆四月望前一日原北宁总督院玉班奉次大壮同人寺上人留柬元韵并以为饯又七言律诗云斗巧无端盛此行住持悟道独驰名波涛赤海千难重弧矢初心一举轻舍卫真传能目睹玻璃胜景入心经藩方游子如相遇为整归装共一程侍读学士东防副使叶扶阮文璳比玉恭和皇南成泰元年春三月望前二日七言绝诗云沧海春潮万里槎天风飞锡到欧巴即看马祖西来意奇语何妨粲舌花心比莲花不受尘飘然瓶钵老吟身潮州衣衲东城带且自逢场结胜因不甘拙我守蓬枢会览瀛寰五大洲想得拈花天女笑老禅放胆续西游铜墙铁壁簇玻璃星塔天船擅巧奇何似空王三昧乘拚将芥子纳须弥长风吹送火轮船直到西方极乐天从古焚书龙象法凭君妙笔补新编昨得留柬二章知上人有万里之行西望沧溟不觉悠然意远小诗五绝句庶当渭城三叠尚希郢裁己丑正月中浣周原阮启疆又集唐二律云浮杯万里过沧溟【刘禹锡】异国光阴老客情【刘沧】关塞极天惟鸟渡【杜甫】风波终日看人争【陆龟蒙】尊中美酒常须满【朱庆余】世上愁痕滴太平【陆龟蒙】乘兴轻舟无远近【贯至】愿君到处自题名【张籍】风随蕉叶下泷船【陆龟蒙】何处春光不眼前【王表】桂岭瘴来云似墨【柳子厚】蓝田日暖玉生烟【李商隐】孤帆远影碧空尽【李白】星汉通霄向水连【李频】愿得远公知姓字【卢纶】故园归去及新年【李频】同庆戊子一阳月杜瑰友又尺牍云善以会试届期即日就省领凭不能就候拜饯敬将乌龙茶二包聊以写诚希惟笑纳初年怡胜远祷平安同庆己丑春多牛阮惟善今日舟行苏彝士河两岸沙碛微有草树河狭两舟并行须善避就西例每点钟只行六迈午窗萧寂记兹诗翰以识同文之雅亦以见越南近状犹纪元设科未改步也间询阮思僩仍健在越南诗人之翘楚同治己巳纳贡来京曾于李仲约斋中相与倡和回首前尘不无今昔之感耳晡夕经两盐湖水面颇阔两旁浮标镫塔甚密能容轮艘之地亦无几夜十二点钟泊苏彝士岛停顿三点钟有小轮船驳载税关亦来查船犹土尔其装束也遥见楼屋林木当日浚河人所营至此而新开河尽矣计长七百二十六里旧例商轮不得夜行近则船嘴设大电镫光及十六里无碰撞搁浅之虑此法仅行之两年

十八日庚寅晴舟经红海两岸皆山水黝黑译言红海不知何所取义惟晚云郁蒸绛色而已气候渐热犹可御棉夹此为阿非利加洲迤北之境

十九日辛卯晴热寒暑表八十二度日轨稍长六点钟始悬镫法船饭菜逐日变换已较英船远胜惟西馔究难适口午后别煮鸡粥晚餟西谷米以清热

二十日壬辰晴热寒暑表八十八度至九十一度单衣且汗船上华佣二十人领袖者月得工钱二十元余则六元且扣饭食惟许出入带货略可弥补间令拉风扇薄赏一金喜不可支希九以房舱太热每夕幞被船面未尝不快久恐生病耳

二十一日癸巳晴寒暑表八十八度至九十三度连日吃西瓜颇讶非时热甚则甘之如饴耳希九言日都亦于此时以西瓜为上品一枚值价六金豪家宴客非此不欢日都冬令非热殊不解也又日国宫宴由宫官承办每一客开销四十五金烟酒在内亦浮糜矣

二十二日甲午晴寒暑表八十二度午正泊伊定又曰亚丁英之属土盖攘诸依拉卑亚亦土尔其旧部也地居亚细亚洲陆路可通中国由印度而西藏不隔海也土人多黑又善泅水投一钱则入水争取出没灵捷有售驼鸟羽者白色佳灰色次之可以制扇索价颇昂只购石华二枚镜片十八纸聊志此间景物其地六年一雨居人即储以为食得水甚难岛上遂无草树英人近作水池以饰观为功不易沿岛有楼房客寓亦有车马希九子豫立斋并登岸游眺此岛四面皆山口门不狭而法公司船于夏间与本公司两船碰撞遂没其一虽未伤人而货物至今乃起讫所损已百万金矣此船犹在山侧桅上仍有镫刘长卿诗沈舟侧畔千帆过病木前头万树春此之谓乎自红海至此四千五百二十一里今日因增煤泊至夜半乃发

二十三日乙未晴船行至十二点钟忽停轮拆换龙骨一节诸黑人在机器房同力合作却不忙乱对海为亚非利加洲两点钟复行

二十四日丙申晴东北风船颇动荡晡时见岛屿夜浪愈豪已入印度洋南行偏东

二十五日丁酉晴西俗贵少贱老而未始不以高寿为难得日国每年初夏有濯足会令都城老人六十以上者十数人至宫内教堂并约各公使观礼且须步行人众齐集日君后戴法冠从宫眷出诸老人鞠躬致敬教士导至浴房各予一盆濯足教士洗洒以水日君后亦手擎杯水分洒之濯毕各有赏赐日国大典也君主之国而信教者行之或曰此援马利亚故事却无可考或曰日君后亲为濯足亦传闻之讹要之敬老之意则大可嘉

二十六日戊戌晴同舟有倭兵官善奕偶与对局不觉三胜之囊在美都倭使九鬼屡欲对奕而无暇不悟舟次有此闲缘

二十七日己亥晴法俗不厌白发且有染以饰观者相传百年前法后霜鬓皤然自伤衰老其宰相乃集廷臣尽染白发使之晨夕相见者皆此类俾自忘其老可谓想入非非矣然染发之风至今未改明镜憎白发未可律诸殊域也法俗又有为人涂粉可以返老还少每年一涂费数百金然不能盥沐汗则以绢拭之亦苦人之具夜十二点钟有黑气横空际初疑轮船之烟细视之云也轮旁波澜白亮有无数金点如万星之攒或日此水近赤道中有琉璜轮铁激水而光焰出他水则无之然非天阴则不显二丈外亦无所见

二十八日庚子晴船主欲得中国带扣以为式检一枚赠之乃坚辞今日寒暑表八十六度亦不亚于红海四点钟行经蚊弥哥士岛树林颇密中有塔镫

二十九日辛丑晴鲁代伦国土尔其属也自为书通于中国托芝使代进译其文义无非仰慕结好之词土且无约况其属乎晚九点钟泊哥龙罢印度境也舟人纷纷登岸英人视印度人如狗马动加鞭扑遥望岛内镫光甚密岛南新筑石堤以杀水势舟泊堤内殊稳水中似多礁石船主谓系沙底其暗涌则来源使然云

三十日壬寅小雪晴晨起印度人之售钻石玳瑁银器者罗列船面索价十金者一金可买亦颇厌其浮伪进斋子豫登岸观卧佛像希九购得具叶经一张印度钱十枚相赠欲往锡兰须两点钟火车游客不果往也相传唐僧取经即此地其佛像与中土禅院无殊十二点钟起碇四点钟经锡兰山山势蜿蜒颇秀致夜色纯黑十点钟后乃见星

十一月初一日癸卯晴寒暑表八十六度午啖西瓜都中今日始貂褂矣气候相悬若此倭人步趋英法改易西装衣履固极趋时即行动坐立语默神理无不曲肖乃船主每于镫后辄曳倭服一英商亦然将以相形乎抑各适其适乎

初二日甲辰晴粤中新制银钱其文曰光绪元宝中为满文背镌盘龙文曰广东省造库平重七钱三分边阑西文译如此语若能通流足塞洋银漏卮且可获利又新制铜钱文日光绪通宝库平重一钱均精致此则成本颇重每铸一钱须加六工本囊中各得一枚周子玉延希九欲之不能分赠

初三日乙巳晴自伊定至此仅遇一轮船四点钟经嘉利坝岛地势绵延荷兰曾欲攘夺而伪岛人所败岛俗强悍能食人无教化之俗也出产亦不甚繁遥望林木郁翠油然作云至此而印度洋尽矣

初四日丙午雨舟行马离港水势较平西日谛离岛荷兰属东则暹罗与英属也地出锡甚佳华人营生于此颇众气候殊恶易生痁疾

初五日丁未晴未正入星驾坡口两岸极狭而不能自守可惜也英人所置暗炮台若无所见曾为俄人图其要妙至今遂不准外人往观备敌之意深矣船主为悬国旗其岸上公司望楼亦悬旗相答尖角旧式三点钟登岸车行里许遇衣冠来迓者知为领事左子兴闻刘芝使先巳函告矣热甚偕参赞各员同至华人酒肆小憩电达广东省城毕即访领事署胡璇泽之子心泉导往遂同游胡氏园结构平平惟池荷叶圆径五六尺又并头猪皆异种也荷叶软浮水面花则重台高瓣亦不见茎主人以莲米赠子豫回粤试种不知迁地能良否并头猪略如小兔用药水浸灌以玻璃瓶储之镫后子兴约饮酒肆复回领事署子兴谈曾劼侯前办俄约劾者纷然其棘手甚于余之办美约劼侯深谋远虑尚复如是诚出意外一点钟子兴送余回船又赠干荔枝吕宋烟卷星驾坡终岁衣葛镫后疾风暴雨几以为例雨后仍闷热奉使各国无冬夏均暖帽边沿或呢或羽纱略如行营式惟星驾坡则葛纱袍褂万丝冠

初六日戊申晴自渡星驾坡口西人名为中国海意必曾属中国外洋岛屿记载逸之耳泰西船主以能走此水者为好手风雾靡常又多礁石也早六点钟启碇船略北行气候仍热多见小岛均不知名华人旅居星驾坡约六七

十万皆闽粤籍会馆颇多坟墓碑识却不忘本惟人品不一地方官幸禁赌而售鸦片者月饷仍十一万金本巫来由土地亦有回回教堂其岛主极能和众厚结英廷岁往伦敦一次英不夺其自主之权而要以若与他国六约须先关白

初七日己酉晴午后暴雨虹见为函谢左子兴并寄一诗夜两点钟入西贡口有山踞口门颇奇耸

初八日庚戌晴六点钟起船行两岸曲折而狭口门之山可守越乃不善经度深可痛惜曩在巴黎有新会人李林游学法都书院习语言文字知余抵巴黎特来见自言乃父李佑宗贾于西贡求寄语平安托带一书顷八点钟抵岸饬陈胜送去李佑宗即驾车来迓至其家楼房宽敞希九适患足疾又为求医药备极殷勤与询越南情形甚熟悉现在越南自治者顺化十二省法人攫去者东京十三省嘉定等六省西贡提岸嘉定属也越之精华在东京刻仍无甚生发法廷岁输东京银五百万元西贡银二百四十万元如获石田耳法近拟开建铁路自河内而谅山意不可测也西贡一隅极力经营如花园戏馆架非馆皆备其为地方谋者则建桥梁疏沟渠两事育婴堂学堂亦具体而微教堂则入者主之而已越南人进教东京为盛以进教则教堂之利益视平民远胜也东京十三省土著约千万顺化十二省六百余万嘉定等六省仅百余万徒有省名生齿不繁法人全力注于东京西贡则现兵不满千时有三兵船自卫实不足以固圉西贡出口无他物只米为大宗又非外国畅销之货此地商务决无起色口岸决难增胜以法国割付德国两省衡之损益不可以道里计土产有盐价甚贱将谋运销星驾坡久恐充入中国境是当预为之防李佑宗又导游园亭及法兵官署观飞走之属有熊象极驯可喝令跪拜转侧但予之食辄随人指使矣法兵官署外越人古冢法并不毁留以饰观林树茂密花卉却鲜孔雀甚贱一头只值两金晚饮佑宗楼有星驾坡华商陈某来述星驾坡拐贩人口及舟中谋财害命各事为之愤懑子兴曾为言之特不如是之详归日当与粤督筹商办法饭罢陈某别去余亦回舟中睡希九不良于行寄榻佑宗许

初九日辛亥晴九点钟起李佑宗已来约往提岸李朴山来见金山旧识也其居在提岸即先返以待余偕李佑宗乘马车往途经广肇福建会馆义祠尚冠冕随至南隆楼小憩主人刘姓款洽殷拳族侄佳植振锡来谒始知族人贾于越南者多在提岸纷邀往访遂至济昌隆昌南隆三处天气且热颇难遍及也老友何竹年亦于提岸作帮长即商董之别名别已三十年不图于此作数刻谈提岸皆华商有日广东街者粤人尤伙甚惜为时太迫并李朴山之约亦不果往三点钟仍返李佑宗许饭毕回船佑宗厚为盘飧又见赠黄油伽南一枝余别购黑油一枚松皮玉桂半段伽楠附木而生白油最佳甚不易得沈香结尤难佑宗送至舟次为别即将陈敬如衔名书予之俾令通信照料其子敬如本以李林少年游学无人约束为言余稍暇亦为书代托之也族人赶来送时已七点钟船刚启碇遂于船舷为语

初十日壬子晴越南马极小汉书言乌秅出小步马孟康日种小能步也颜师古曰细步能蹀足所谓百步十迹者也持较越马功用略同西贡四时皆热异种良马仅能早晚行若在午未申之交则非此小马不能耐热然而车如鸡栖马如狗移赠恰当曩在日都博物院见有嘉定提督关防铜炮旗帜之属知越南曾被日人寇侵昨询李佑宗谓法日同谋日受法人之嗤日兵任攻会安土人从山上灌毒于河日兵饮之多死法人攻西贡应响而得日兵回泊西贡法乃怼其失机西贡之地日国无与焉南墨洲诸国日且无力制其叛而顾听法率牵从事越南舍已芸人得失究何如也

十一日癸丑阴晴无定船出西贡后船针向北正迎北风不免颠簸又小吕宋昨方发飓船主谓风线属东京然飓尾总不能不波及昨夜复大雨华人搭坐篷面约四百人风雨交侵情状可悯有高要人已从悦生号交船价而不谙换船票船主查对以为伪也欲苦之陈弁为说情并乞余给八金脱其窘今日船行二百零五迈以风浪故慢耳傍晚见星月船主谓明日必晴不甚戒备讵半夜狂飙仍恶大副急呼之起同在柁楼守更达旦乃睡此为七洲洋船行极险一月前法公司船自香港过此遇风船面房屋船旁铁柱均埽去

十二日甲寅晴西贡亦有闱姓岁投十二万金承充者闻尚有利此风由近及远粤中若不自谋则利源外溢更无底止西贡鸦片烟向亦华商承税岁百十五万元酒税在内近则法人自办而查私较严

十三日乙卯晴晨起绝无风浪申初抵香港诸父昆从亲串多来迓香港巡抚遣中军官驾小轮船来迓应接不暇匆匆诞登偕震东宿西人客寓进斋希九立斋子豫住名利栈自马赛开船至香港共行三十二日计程三万六百零七里半港官系巡抚新架坡乃总督耳而华人每误以港官为总督未深考也英自得占不那惰山已握地中海之

要过此为苏彝士河本法人篱石所凿法国股子较多英相威令士潜向土人搜罗股票至今英国股多于法西例此等公司股多者当事则苏彝士河之利英亦垄断矣格兰忒谓环球三宰相曰李鸿章曰毕斯默曰威令士即指此也过红海即为亚丁英之属土英船屯煤之地各国公司亦有煤栈然英实主之此地六年不雨寸草不生英船入印度洋中国海恃此为中站不惜百计经营特人力不能回天暵耳过此而印度而新架坡而香港英船游驶无可阻碍之者中英不同洲而海道若联接以形势论之尤不可忽海外来帆自以香港为归宿次则澳门近日雨岛情形从何设措此行历东西大洋环地球一周甚欲觅一海门能副闭关绝市之论竟不可得若是则海军之设其可缓乎南洋之吴淞口端山关宁波定海故有备北洋则兼营威海旅顺为津沽北塘添一重屏障南北一气足资控制更于台湾外海设重镇屯大枝水师敌船往来当不能无所顾忌若夫高谈制梃捻缨求妍徒滋惑耳荫桓蠡测管窥无当万一综计使槎所历美为民政之国出产日富课税日增鸟约一关日收银至八十万元通年匀计不爽此外坡士顿旧金山各口收数亦巨而通国额兵只二万六千余人此保富之道也又地僻在一洲其于欧罗巴则隔大西洋而鸟约入口之地又极险隘其于亚细亚则隔太平洋浑浑无际中无屯煤取水之地自旧金山至日本横滨始有埔头折而西北为中国境中日亮无侵美之意故旧金山一路美直可匽然不设备则其歳省边防之费为不少矣所以藏富于民渐臻强盛南则墨西哥再南则可仑比亚诸国美之势力足以控制之又巴拿马河道未通此为南北阿美利加洲天然界限所虑南北党门戸大严终恐久合必分耳日斯巴弥亚国自失地中海之险国势顿异南墨洲诸国纷然背叛各自立为民主日之属土祇古巴小吕宋两处入不敷出国债日丛而君主体制独尊积威有渐乎秘鲁本南美洲富饶之国而民性偷惰居处饮食之物多从他国运来本国金钱日流于外而不自觉本日抵香港即丙戌放洋之地日记从此结束亦默符总署奏案

出使美日秘国日记[①]

卷一

光绪十五年九月十二日晴

光绪四年二月总理衙门咨称自天津条约议定以来中外交涉事件无不照章办理而各国犹有辞因以货物出入内地厘捐不归管辖一体均沾四端反复辨论令告美外部可谓详尽

因按外国与他国交涉无不好占便宜中国于外洋入口之税所订至轻查内地江河泰西各国向不准他国之船行驶今准其运入内地乃欲并厘捐而除之是将求其货物成本愈轻以夺我出产之利也沪上租界章程其初议本未当乃欲推及他处干预我之内政此必不可行者一体均沾即泰西报施之约平等交涉岂有有施而无报者岂有不施而索报者彼族习于我国之宽大随处觊觎诚宜有以限制之也【陈任案】

二十一日晴

上谕福建船政局近来专徇情面滥竽充数提调监工不谙洋务所造轮船难以适用虚糜薪水出洋学生近来多入耶稣教等因

因按从前沈文肃尝言船政局讲求造船大臣不如监督监督不如工头其信然欤出洋学生入教由于提调失人近且有肄业学生失业之事废弛真不可问矣寻于光绪十一年撤回【陈任案】

二十二日晴

偕毕士璧陈恩焘贾凝禧三人往外部赴航海会并见总统

二十三日晴

赴航海会此会应推一人为主议英水师提督推美国水师提督为主议众允之水师以英为最强故创言由英而众不敢抗孙武子所谓勇怯势也强弱形也

因谨按美国创航海会其实美国兵船殊不足称而商船则差胜查兵船之数英国五百十六艘法国三百四十二艘德国二百五十二艘义国二百二十二艘俄国二百二十艘中国九十六艘日本国八十六艘查商船之数英国四千八百八十五艘德国六百四十艘法国四百九十艘美国四百二十五艘俄国二百二十艘日本国一百七十二艘中国四十二艘

二十八日晴中夜大风送雨

光绪六年二月古巴领事以古巴约成照会古巴总督由日国备船送回被拐之生员冼佐邦李贞元守备廖楚安杨大志老年陈罗等七名又释放监禁之华工若干名给以执照等因因于光绪十五年三月奉使美日秘曾至总理衙门考究前案知古巴之虐待华人始由美领事英国禁奴会发之各国皆不以日国为然日使初犹崛强继派员查明属实乃始就范立约而华人出水火矣【陈任案】

二十九日大雨天气转寒午正下烂雪至地而化

南亚美利加厄瓜多国惠爱基埠地方以华人入境日多议禁华人入境

① 〔清〕崔国因撰。据清光绪二十年铅印本。

光绪十五年十月十二日晴转凉

光绪七年八月委办轮船招商局为申覆事八月初二日奉此查前项库平银八万两当于本月初一日如数兑收听候随用随提不误

因查此款于光绪十一年八月结案【郑任案】

二十三日晴

六月总理衙门咨到奏厘定宝星章程单开头等第一专赠各国之君头等第二给各国世子亲王宗亲国戚等头等第三给各国世爵大臣总理各部务大臣头等公使等二等第一给各国二等公使等二等第二给各国三等公使署理公使总税务司等二等第三给各国头等参赞武职大员总领事官总教习等三等第一给各国二等参赞领事官正使随员水师头等管驾官陆路副将教习等三等第二给各国副领事官水师二等管驾官陆路参将等三等第三给各国翻译官游击都司等四等给各国兵弁等五等给各国工商人等

三十日晴

接江海关道龚照电云经费已拨十二月总理衙门咨为美国会商头黄经度事十年八月始开议英国日本专派人员余多以公使代集美外部衙门派定精通格致人员毕遂请决议一线界众国奉为中经线美国赴会博士鲁他科乃言于众请以英京格连濆除线为首线法员不从英员争之一时互相辩论颇为暄沸美国管理航海事务人员声言于众曰兹有请者贵员等若能以格连濆除为中经线请即定之不然勿议可也缘英美两国刊刻舆图向以该线为首今若更易中线则前图尽废在英则须一兆磅之银方能补改刻之费在美则须一兆圆之数也实属万难遵行遂定【郑任案】

因少时读尔雅四极尝疑之其文曰距齐州以南戴日为丹穴北戴斗极为崆峒东至日所出为大平西至日所入为大蒙考周天之度赤道温带皆戴日也且戴日之南为冰洋则地尚有在日之南者矣不止于丹穴也黄帝氏访道于崆峒山则崆峒非极北近年由那威国探得戴斗极者为北冰海其地实未见山焉测天者经线有尽处而纬线无尽处经线尽于南北极如轮之轴有两端以一端为南一端为北是也纬线如轮之匡循之无端如中国所谓大东洋美国以为大西洋也美国所谓大东洋欧洲以为大西洋也中国赴美由大东洋指东可到由地中海指西亦可至也中国之午刻即美国之子刻中与美互为昼夜则中国之日出即美国之日入合地球而论之无处非日出日入之地日出之地即日入之地日入之地即日出之地盖以地球每日旋转一周其初向日之地即为日出其初背日之地即为日入日本不动安有所谓出入者哉头黄经度美愿以英为中线而法争之亦以经线有南北而无东西随处皆可以为中线故可以争美之格致家但能以刊图经费借口而终不能以是非争者此也

光绪十五年十一月初二日晴

六月总理衙门寄到一案内载光绪四年五月初六日闽浙总督何文称美国佛叻士别喇帆船在恒春县红头屿地方触礁搁浅经琛航轮船并地方文武尽力保护旋报帆船自焚据台湾道夏献纶禀报前来于本年三月初六日咨呈贵衙门察照在案嗣据夏道禀称二月初二日夜诺挨士目睹该帆船被焚殆尽乘另雇之安湾小船鼓棹尽去驀赴香港领事鲁陵处呈控鲁领事据诺挨士一面之词判断华民焚抢属实山恒领事函知夏道订期赴台会查等语当经饬令夏道将帆船起火情形详查迅复会商妥办具报旋据夏道禀称恒领事于三月初八日抵台该道即往与会晤询知前此驻泊帆船旁边之美国兵船船名哒当提集琛船管驾林高辉等及英国领事费德里等到案会同逐细研问据李辞等佥称二月初二日诺挨士偕兵船官寻觅礁跡是夜十一点钟帆船火起该兵船放炮悬灯示将往救帆船上洋人不挂回号至初三日天明六点钟诺挨士由嗹兵船回入安湾小船即催喝何以尚不开船不问帆船如何被焚旋即开行等语美国兵船各兵官皆目睹其事船主诺挨士禀云该船于西历三月初五夜在龟仔角被土人放火烧毁该船并船内货物价值若干现欲向中国索赔等语嗣英领事不以为然美兵船亦驳之遂结【郑任案】

初三日雨

近有美国人殷尼奴文自越南归述越南近事云法得越南后设总督以治民派将军以守境文武不能和衷武员专事杀戮越南苦之商税又重商人裹足华人出港入港均收人税时有英商小轮船名凫利鸦在英只收船钞二十元日本长崎收七十元横滨收五十元香港收四元出入海防则须三百零二元二角可谓重矣

初四日雨

七月北洋大臣咨内开李攀桂撤回学生拨入水师学堂肄业乃因父病潜赴美国迅速勒令回津等因

因查李攀桂已与梁姓在纽约开设店铺名为梁李公司【郑任案】

十三日晴

十二月美外部来函言东京轮船抵金山税关于华人衣箱内搜出书信七八千封北京轮船抵埠又搜出三千余封奥顺匿轮船抵埠又搜出八千余封查照天下邮政章程应行议罚云云郑大臣复云中国未设邮政局书信均系托人代寄不知泰西章程以后应将来函所言刊于中国日报以后照此办理可也

因按中国未与地球邮政之会故书信无图印不能行于各邦于外国邮递不便也【郑任案】

十六日雨

二月外部照会云兹准户部所定外国驻扎本京公使请免税事章程嗣后凡有驻美公使什物请免进口税者须请于公文内附该物提货单一纸并请指明该物是否系公使自用抑其家眷应用之物再使署参赞除代理公使外不能有免税之益

因按泰西各国于理财一道剖析毫厘毫无假借非如中国之疏节阔目也即此可见一斑【郑任案】

十七日晴微雨天气骤暖不能著棉

三月照美外部李中堂代美国水师千总满宜士请假三年声明该千总现在中国水师助办教习水雷事件美国朝廷业经允准给假矣今李中堂来电云请再给满宜士千总假一年外部复函云查满宜士千总前曾准其请假今彼尚在贵国可再给假至西历一千八百八十五年四月一号止【郑任案】

二十日晴

下议员金山省议绅马卢新创条陈请查华人在美之数每人给与执照一纸以后有执照者准其安居无者监禁驱逐其水脚由带来之轮船公司是问出境后有执照者亦不准复来云当与律司商驳之四月直隶津海关道咨到山西抚部院启云盖闻经国以自强为本自强以储才为先方今万国盟聘事变日多洋务最为当务之急海疆诸省设局讲求并著成效查中外交涉事宜以商务为体以兵战为用以条约为章程以周知各国物产商情疆域政令学术兵械公法律例为根柢以通晓各国语言文字为入门云云

因读之言简意赅于泰西学术源流如桶底脱矣【郑任案】

二十三日晴

七月北洋广东电属购美国气炮始终未成录使馆代办上郑使书【时郑使在秘鲁】办理此事之不顺手有出人意外者炮价本系公司开出并未议减分文续拟五十尊始售亦经傅相核准照数向买限四个月成造亦系公司自订包运到华亦系公司自承理应毫无异言乃屡议试演八寸径炮屡请展期始言法人在此探听不便在此演试推之继言铜炮尚未做到推之昨忽言炮中紧要机器做坏又需更换推之【彼实因创造未妥初以为照四寸径仿造孰料不能】现约十一月初四五日可试届时尚不知可试否一也气机本在价内忽言汽炉在外另需加价二

也【此层已禀明另价将来拟只买四个】方奉多购之电前一日已接莼甫送到公司来函云将来如再多买则六寸径者需二万五千圆八寸者需三万圆恰似知我必多购者非真知之也实因彼六寸八寸两式受药多蓄气大不独工料宜精即制法亦非四寸可比闻几次制造未成费去工本不少欲藉此别开生面以图补价故预昂其价以居奇三也【公司本欲加价经莼甫饬驳故只言再买即加】幸桢密属莼甫将多购一层暂不宜露拟俟此起订妥后再与商买以免益彼贪心初议四寸径者装药二十五磅及中里六七里六寸者装药七十五磅及八九里八寸者装药一百二十五磅及十里外兹忽改言四寸者装药十七磅及一洋里【中三里三】六寸者装药六十五磅及二洋里八寸者装药一百磅及二洋里又四分洋里之一【大约六寸者及六里八寸者及七里中里之谱】一切与原议不符四也然此层需亲往试验不必徒以口争初议公司包运到华兹忽言如中途被抢只能代问保险赔偿又与原议不符五也【此层最关紧要将来必须妥议不然即恐受过】闻当初试演四寸炮时本有炮架其价自必在炮价之内兹又忽云八寸者炮架另银七千五百圆六寸五千五百圆四寸四千五百圆诚足骇人听闻六也初议四个月到华兹忽改为限四个月到金山七也【果能四个月到金山尚是快便】以上七层均系节节生枝时时变改此事之不顺手诚难意度桢微窥其意不但乘我急需故为居奇且恐实因八寸径创造不成故设此以阻难耳桢惟拿定一试看主意催其演试俟试验真属可靠再与议不符各节彼若不允即电山傅相作主处处踏实做去不求有功只求无过云云因录出以见购置军火之难而当自设厂也

二十九日晴冬至

十二月参赞官蔡国桢禀覆两广总督张云奉电谕委购黎意枪五千枝弹子五百万颗随带各件俱全限两个月运到广东黄浦交收等因奉此查此事先经本使宪郑饬令纽约领事官欧阳明查探黎意枪弹价值开明数目电复北洋李傅相察核在案惟当时未将程期运费查确具报嗣据欧阳领事函称续查得黎意枪一枝弹子一千共价实价美银三十二圆由美绕英赴华计枪一弹千共运费二圆并云近闻上海瑞生洋行代本国经办此项枪弹甚多其中浮开不少该厂管事人称中国官与本公司亲自交易两边均系真正主人并无厘头行用本公司自当格外公道计枪一枝该美银十五圆弹子一千该美银十五圆五角每枪弹盒四个其余各件俱全所有装箱上船均本公司自认费用船价有高低两起悉照从前别人承运一律给价保险亦照向章均由本公司出名代办由美绕英赴华两月必到亦系从前运过程期保险包至广东省城能保阻拦抢劫等事其枪弹价值运脚保费均在此交清以便代为办理参赞因与欧阳领事通盘合筹其枪弹价值与瑞生洋行承办者减少不可计数谅在明鉴之中计购黎意枪五千枝【每一枝价银一十五圆五角较外间十六圆五角之价议减一圆】共银七万七千五百圆购枪弹五百万颗【每千颗价银壹十六圆较原订十六圆五角之价再减半圆】共银八万圆两起轮船运费【由美国纽约绕英国伦敦运华以防阻止截留】共银七千六百一圆三角七分两起保险费【另抄洋文单据附呈注明包保抢劫】共银贰千五百六十四圆在纽约零用【电催保单换写提单及马车费用均在其内】共银八十九圆二角三分以上共支银一十六万七千七百五十四圆六角查此五款系由纽约领事支付据造细数清折另录附呈电报粤垣十五次【自上年十二月初七日奉委购枪以后始行开报】共银一千六百五十三圆五角三分山华盛顿赴纽约两次【往返火车睡床及上下马中等费均在其内共银四十七圆】以上共支银一千七百圆五角三分查此两款禀明在枪价余款内动支另有细数清折附呈通共开除七款合计支去美银一十六万九千四百五十五圆一角三分【郑任案】

光绪十五年十二月初二日晴

驻津美国副领事秘德格禀于外部据称现奉李中堂命以陆军水师现设立西医药房仿外洋式拟请外部转咨兵部海军部将美国陆军水师施药治伤救生章程并历年官报寄与中堂察核按照办行云云外部准此遵即咨照兵部水师部检备档案以便转复中国矣

初四日晴

三月美国飘节海口税官来信以该处有华人二万五千名欲设领事并荐举廷广可为领事郑大臣复书辞之

因查设一领事每年需经费银一万数千两不节则需二万飘节不过华人入美之境设之无益且近来美国于此地查华人私越入境其例渐严当时之不允盖有先见矣【郑任案】

初八阴

六月准北洋电中倭兵撤朝鲜聘美官教练兵士望晤外部速商如无即回复

十一日小雨

七月古巴领事禀称西班牙轮船到埠船有中国人十名相向哭问其情由据称皆闽人向在小吕宋谋生此次被人骗称雇工到此方知立约做工与卖身同即由译员向该公司提到领署问明属实即将杨协等十人所得工期银五十圆及船价十圆垫还船主留于古巴作工陆续扣还结案

因按此即洋人以招工为拐卖幸古巴已设官否则此风终不息矣【郑任案】

十二日雨

谒上议院绅八月出使英法大臣曾咨到内录奏稿议定洋药每箱税厘共征银一百一十两并在进口时输纳由海关给与凭单运往内地无须再完税项至货包开折之时如有应纳税捐等项当与土烟价值相较均算以昭平允

因查此即李傅相与英使威妥玛所订之约由英外部签定者也泰西各国凡于有害民生之物皆禁入口度其不能禁绝则重税之中美条约载明两国不准贩运鸦片而由香港入金山者其数甚巨美国既不能禁乃创税则每鸦片一磅【合中国十二两】征税银十二圆所收至巨中国加税于此用意甚善但较之美国尚不及百之一则势限之也【郑任案】

十六日晴天气燥热可著单衣

十月总理衙门咨称本衙门具奏采买外洋军火滋弊居奇抬价剥蚀愈多且有以贱价收陈货而诡为新制者有贱价购自外洋而浮冒报销者请饬各出使大臣就参赞随员内讲求搜讨所有订定各件必须出使大臣亲验以专责成等因

因查前此购买船炮其弊诚然且有缓不济急者如此办法近日诸弊已廓清矣【郑任案】

十七日雨

十月总理衙门咨内开历次出洋学生造诣究竟如何有无深通西艺熟谙制造管驾及水师操练之材等因参赞蔡国桢覆称童子无知受外洋气习越日既久玩视中学若忘其为华人不独中文未能讲求即华语亦不明顺纵于洋文有得于我不能适用初不过增一洋人耳授以差遣不受范围或且谓敦品励行为繁文甚有视政教彝伦为苛刻云云可谓切中时弊【郑任案】

二十一日晴

十二年三月新出使大臣张到金山当登岸时驻金山领事等员前往迎接美国巡海官名天年曰余顷接收税关电信命我不许新使等登岸必先将其国书送税关验看乃可傅烈秘禀商张大臣不允久之天年曰余愿肩干系请公使等登岸可也嗣由郑大臣诘问外部拜亚拜亚照覆引一千八百八十四年七月五号章程载中国官员可用文凭以抵护照云云又谓税关未失礼总领事所禀情节谬妄诚以为憾阅之可骇美其不国矣夫【郑任案】

二十七日晴天寒冰

窃以中华弛海禁而与外国通商原非出于本意实由泰西各国强令通商而美国亦与其例

二十八日晴

十二年九月为咨呈事据招商局盛道禀称织机局中辍现查运到机张尚未及半据洋匠丹科称订定合同必须照数购运前来万难中止但核价太昂为数甚巨郑陶斋等皆云订立合同主局者并未签字且合同订逾三载局务停止亦未见机厂中具禀公使催运来华其为丹科一已之私果否订立合同与价值置造事宜殊难凭信兹将丹科开呈所定织机厂名及价值银数另单译呈请即照单密查究竟合同如何订立厂中有无存机价值有无浮冒能否毁议停止均祈迅赐详示当派参赞官瑞沅翻译官梁诚前往照单密查已得端绪合将查开清折备文咨呈谨将织布局洋匠丹科开呈美国所定织布机器厂名件数银数译呈钧鉴计开美国罗未尔机器厂卜洛未登士机器厂搏郎机厂好京士机厂卜洛未登士火轮煤气管厂依笛生电灯公司六处所定合同订于一千八百八十三年三月分织机贰百张以及副件等项价值英洋拾贰万九千叁百九十壹圆五角二分照每洋八钱核算计规银十万三千五百十三两二钱一分利息租栈算至一千八百八十六年正月分计美洋二万六千圆核规银二万八百两云云【张任案】

三十日小雨

航海委员陈恩焘贾凝禧起行由纽约返中国珲春近地系西比利亚东南海口附近高丽东岸本中国属地三十年前让归俄国俄地近北极土气严寒海口常冰于操练水师驻泊兵船不便自得珲春近地即为屯水师之地三十年来极意经营已为重镇

卷二

光绪十六年正月初五日晴天气转暖

光绪四年二月十七日总理衙门咨开自天津各条约议定以来凡中外交涉事件无不查照条约各章办理然各国亦时有谓我不能遵守条约者大抵不外洋人被虐被殴之案征收厘税之事耳夫外国被诬枉之事系未可预知者亦系无法防范者且系无论何国均不能保其必无者征收厘税之事或因条约未经议及而意义两歧以致外国有是说也查条约每届十年准修一次其如何增删改换自系出于两国情愿同治八年本衙门与英国大臣初次将英国条约应修各款议妥虽和衷商酌将及两载之久而英国未允其大臣所拟各端是以新约未能照行近年来又有德国修约之事德国大臣商议各端有中国万难照允者往来论辨迄今亦无定说因思更修条约贵将两国之意先行说明而此事内有四要端准将已完正税之洋货运入内地其运入内地时或准逢关纳税遇卡抽厘与华商一律办理或准照则完纳子口税请领税单运入内地无论所往之地远近即可将地名呈明填入税单之内中途逢关遇卡均免重征洋商亦准赴内地置买土货傥系转送外国之土货或请有单照则可将所办之货运至通商口岸沿途各子口均只查验单照逢关遇卡一概免征至近口末卡照则完纳子口税若未请有单照则准逢关纳税遇卡抽厘照华商一律办理洋商亦准将置买之土货于出口时照则完纳出口正税后转送外国洋商亦准将土货由通商此口运至通商彼口在下船之口完纳出口税在转运货之口完纳复进口半税洋商亦准将复运通商他口之土货在复进通商之口完纳半税后将土货运入内地逢关纳税遇卡抽厘与华商一律办理此乃洋商现在贩卖洋土各货照约完税之大概情形也至洋货运入内地一节洋商有言以上所云自某口至单内所指之某处中途不重征一语未尽其事据称已完子口税之洋货日后无论在何处遇何项税捐不应向其抽收而本衙门不能以此解为然因思照条约章程洋商运洋货入内地或请领税单或不请税单均听自便如请领税单应将运赴内地何处呈明填写税单之内其故乃因税单只能保单内之货山通商口岸运送单内所指之地沿途免征税厘其货已经运至所指之地税单即应作为废纸嗣后该货即与无税单之货无异再洋商请领税单或不请税单既听自便则有领单之货亦有无单之货同时在内地一处者领单之货系由口岸运至单内所指之地沿途税厘一概照约准免无单之货各处税厘皆应完纳但有单之货已至所指之地其单即作为废纸该货遂与无单之货无异应与无单之货一律遵完税厘则税单到所指之地既经缴销各货均无税单是完子口税之货与未完子口税之货何所区别可知永远免征并非条约本意亦只有中途免征而已总之洋货运入内地一事据本衙门之意税单只能保其单内所开各货山口

至所指之地沿途免征耳洋商既准于完纳正税外衹须再纳一子口半税既准运入内地无论远近销货各处其自由之益已属不少矣至运土货出内地一事洋商又言土货虽非运往外国实系本地出售之物亦可请领单照运口甚至有言洋商寻常贩运至外国之土货虽无单照内地亦不应抽收厘税各等语因思华商运土货于沿途各厘税均应完纳则洋商运土货到口欲免沿途抽收必须携带单照方可获免是以凡属无单之货无论作何销售均应遵纳厘税再洋商领单运土货到口如准转运中国他处销售不送外国则洋商之货得免而华商之货不得免其于华商生计不无妨碍是以必须运赴外国之土货方准领单运口总之洋商之运土货与洋商之运洋货其事殊其税则一盖洋货入内地无论何处只须完纳正半两税即可随意贩运其土货出内地运送外国则准洋商赴内地无论何处置买亦系一律照完正半两税也再查厘捐一事外国常以为不然殊不知在中国之华商亦非所愿也而朝廷视为暂行权宜之举因思自主之国订其征课应视时之所需而现在时事多艰需款甚巨不得不格外设法筹划至如何筹款之处应由中国作主外国之不应干预议以为非亦与外国自行筹划借款加赋等事中国不应干预评论无异也洋商运洋货入内地或运土货出内地如欲免厘只须请领单照方能得免如无单照则凡有货物在内地既不能区别各处厘捐均应遵照完纳

且思此惩办之权中国既允由领事官在中国境内行用仍应由外国特选妥实人员充当此职方为允当乃各国之内有数国以商人派充领事官者查领事官分内所司如收发船只牌照报关请单雇辞水手等事商人虽无不可料理中国并不以商人代办此等事为非惟领事官犹有审鞫之责事关紧要似应派委真正官员充当此职方足以昭慎重况遇应行会讯之案出地方官应与领事官公同审断设今日在座之领事官即前日因偷漏受罚之商人或案情与其本行有关涉既属不成体统亦有诸多未便

贵大臣查照所有洋货入内地一事据本衙门之意税单衹能保单内所开之货由通商口岸至单内所指之地沿途免征税厘若已到单内所指之地后该货即与无单之货无异再遇关卡则应照无单之货一律遵完税厘土货出内地一事据本衙门之意土货尚未由洋人购到者或已经购买而未领有单照者各处税厘均应遵照完纳至洋人请领单照所运之货必须全送外国不得转运中国他口出售致与华商贩运无单各货之生意有碍厘捐一事据本衙门之意中国既为自主之国其如何筹定征收应听自便而此时格外筹划实因有格外之需如他国前来干预阻碍中国实不能以为公允也

初八日晴

英国教师某因中国重庆通商之事已定报知其国曰川地产煤铁极多若用机器开采复求载运之便其利几非人所能料各江中金亦饶自西十一月至西四月水少之时华人淘金者趋之如骛每日人可得金二钱其人皆为人所佣而月得其值此外盐井之多亦国家大利所在惟采取之法劳力费时不若用抽水机器由铁管抽出之为便其水道流通自宜昌而上三千英里之长毫无阻滞直可右达甘肃左通滇黔但以浅水轮船往来其间则四川二千五百万人民无不获通商之利云

十四日晴夜雨

闻俄廷大会陆路各军将领共议中国水陆军兵额数及强弱情形并查核中俄边界两国之炮台多寡利钝

二十一日晴

日本国家于英国船厂订造巡船一艘长三百十尺阔四十二尺深二十三尺八寸吃水十四尺重二千四百五十顿计有阿姆斯脱郎四寸七分口径快炮十尊四十七密理迈当霍斯开斯炮十四尊格林炮三尊放水雷之管三具船身之长三分之二护以钢甲其形如带厚四寸四分寸之三其机器舱与火药舱之上皆护以半寸厚之钢板二层其余一切新法皆备云

因查近日新法航海兵舰以一万顿为上取其船大炮巨非仅船坚炮利也行江河兵舰则取其入水之浅且可折开欲其便于驶而能入内地也日本初设兵舰试之我台湾而得利故沾沾自喜其实我之海军已过之矣

二十八日晴

因按二十年前法人垂涎越南欧洲各国皆知之至见于报中国亦知之矣爰派徐延旭往查始知东京已为法人所踞思有以防之而究无补于越南之灭亡者缓不及事也中国非无卓识之人而不免囿于缓之习及今日而振作尚未迟也虽然不可以再缓也兰白楼兵舰前在浙江洋面测探水线现奉水师提督之命仍驶各海道未经测量之处复行查探以竟全工云

光绪十六年二月初三日晴

因查新金山即澳大地亚法和两国始得之以为荒远旋即弃之英人乃经营之其地之广埒于亚洲华人趋之若鹜英政府按名收身税一百圆犹麕至也窃谓万物无不生于土天下之利莫大于地不善经营则货弃于地非地之不善也法荷轻弃新金山之地乃为英之外府宜其让英以富强矣

十七日晴

摘录出洋游历章程一各衙门人员愿出洋者先考试以定去取一游期以二年为限过限者自备赀斧一四品以上者虽自愿行仍由衙门请旨五品以下人员每月给薪水二百两准雇翻译一名月给薪水五十两一往返川资准按人用二等舱一位仆役三等舱一名准作正销一准预支薪水六个月公项银一千两备用不敷则在各使馆借支一游历之时应将各处地形之要隘防守之大势远近里数风俗政治水师炮台制造厂局火轮舟车水雷炮弹详记备考一各国语言文字天文算学化学重学电学光学测量之学格致之学亦可录备参考一游历回华择其才识卓著者奏请给奖

二十日阴

闻暹罗京中改设电灯因由沪至日本由日本至美至法舟中皆用电灯美法客栈亦电灯盖其光清其价廉而又无火患数十年后地球当无非电灯矣

二十三日晴

因查美国曾赛棉花会其种类甚多种固不同其实亦资人力中国棉花每年出口亦巨皆运至欧洲纺纱织布而又转售于中国也中国如自兴机器则独擅其利矣

二十五日晴

十三年八月总理衙门咨到中国与大西洋国约章一前所订大西洋国永居管理澳门之第二款大清国仍允无异一前所订大西洋国允准未经大清国首肯则大西洋国永不得将澳门让与他国之第三款大西洋国仍允无异一大西洋国坚允在澳门协助中国征收由澳门出口运往中国各海口洋药之税厘【张任案】

二十八日晴夜雨

檀香山商董程汝楫古今辉来函言该国立例苛制华人无约之国无从照会当即往见驻美檀香山公使公使许为函致政府而谆谆以立约为急

因谨按檀香山即夏威仁国外国名火苏鲁鲁太平洋中小岛国也国中不过数万人而华人已二万喧宾夺主既可虞矣邻近之美国方禁华人该国事事步趋美国有不则效之乎

三十日晴夜雨

奢士格阑脱来见照会江海关以所收容闳变卖学堂之八千余圆汇交

光绪十六年闰二月初四日雨

十四年八月总理衙门来函并抄到两广总督张函言美国贩来火油最多易于引火粤省人烟稠密动辄延烧数百家皆受火油之害请向其外部相商禁美商贩油来华即援伊禁华工赴美之法以抵制之当于二十三日照美外部并晤美外部未见结案闻已由田贝转圜矣【张任案】

初五日雨午后晴

前闻高王按照日高和约准将平阳一城开作通商口岸闻中朝驻高使臣袁世凯移咨高王谓平阳一城无论何事不得开口通商云

因谨按立约通商大国藉以牟利小国藉以免害强国藉以兼并弱国藉以图存墨洲小国多有小于高丽其民数尚不及十之一者通商以后钟虡晏然或曰兼并之风未启也然亦练兵教战保固封疆未尝敢听客之所为而藩篱尽撤也

初九日大风晴

闻印度种茶日广茶务日兴英人嗜之者亦日益众俄国茶船向运火油于印度者今皆载茶而回盖以印度之茶较中国茶价为贱也

因谨按中国之茶出口之税太重前此印度日本不出茶时外国之购茶者非中国不可得今四十年来各国产茶日多各国之例出口货物本国向不收税则成本较轻以较中国则价为贱故皆舍中国而趋印度日本中国出口之茶遂减于昔而种茶之地渐就荒芜矣物穷则变深识者宜知所变计也

十三日晴晨起有薄冰

美报言从前中俄定约俄人拟于黑龙江松花江等处驶行轮船以便疏通江以南之商务中国不允至今松黑两江并无轮船踪迹盖俄以无约不得入江而华船进江之处悉属俄人辖境亦不能往现闻俄国兵商等船时时入江海口之外巡哨测探而华船无一至者漠河金矿所需机器极形重大若由海道用轮船载往溯松花江而上一水可通颇为便捷若由陆路到吉林转运费重时延矿务已形棘手傥一旦有事俄人由海运兵运饷朝发夕至中国以何策御之于溟渤之中

十五日晴

俄报谓中国海防大非从前旅顺一口建炮台十一座陆可为直隶之屏藩水可为铁舰停泊其余力可遥护高丽盖由旅顺至高丽之济物浦仅三百五十英里也其次则大沽扼北河而固京畿江防亦渐兴筑炮台兵船日益云

二十日大雾小雨已刻又见日影未后大雨且有雷声

十四年八月准总理衙门咨称准美国田使照称本国上下议院现议定拟请各国派员会商保护行海船只之事特于华盛顿京城立一万国会定于一千八百八十九年四月十七日开会其所欲议之事系行船遇险及一切悬旗吹号并设法救生与考定除沉海报风险等章兹将节略译送请届期派员赴会其商等因前来查该国设立海船公会系为保护船只起见至中国可否派员赴商本衙门无从悬揣相应抄录来文节略各件咨行贵大臣酌量情形应如何办理即行声复嗣派洋员毕士璧贾凝禧陈恩焘赴会【张任案】

二十四日晴天气暖可著夹衣

律师来信言美国近简驻中国之汉口镇领事官名安多罗求作一书与江汉关以便和衷办事因允之

因查领事之设所以护商其费即取之于商商缴费于国国给俸于领事外洋均如是也中国力顾大体不屑为之不知欧洲各大国常预计来年出入两款量出为入有余则减民之输将不足则增外国入口之税盖取诸民者仍为民用上无所避其嫌下无所生其怨也

二十七日晴

十四年十二月北洋咨到海军旗式提督用五色长方旗诸将用三色长方旗旗之上角各饰以锚形者改绘五爪团龙头号横长一丈三尺五寸直宽九尺大船用二号一丈一尺五寸直宽七尺五寸二等船用三号横长九尺直宽六尺三等船用四号横长六尺八寸直宽四尺五寸小火轮大舢板用五号横长五尺四寸直宽三尺六寸舢板用照外部外部覆已照水师部海军章程一本旗式图四张附使馆用长方旗商人用斜幅龙旗【张任案】

光绪十六年三月初一日晴

十四年十二月北洋咨到海军章程一部内开原奏船制【战船守船练船运船附提标官弁】官制【附船上差缺】升擢【战官升擢艺官升擢弁目升擢】事故【丁忧回避告病终养修墓】考校【招考学生考校官弁招考练勇考升水手考升炮目考充各色当差兵匠】俸饷【官弁俸银兵匠钱粮船上差缺薪粮各船俸饷总数官弁伤废俸兵丁加赏行船公费医药费酬应公费恤赏工需杂费】仪制【冠服相见礼节国乐军乐王命旗牌印信】钤制军规简阅武备【船身机器军械国旗将旗通语旗金鼓】水师后路各局【张任案】

初四日晴

总统请见兵部水师部因巳初往午正而回

因考美国国例总统兼统领水陆全军故兵部水师部携带武弁照章谒见也

二十三日晴

东洋日本国所产紫铜海鲜樟脑中国皆产有兴其利者则可不资于日本而日本之进款大损中国银钱之漏卮亦减矣

因按日本与中国比邻不知辅车相依之义而为同室操戈之谋台湾琉球其明征也日本尝言海鲜一类欧洲各国无过问者而中国销售至多是得通商之利而不以睦邻为心中国若禁其入口或重税之亦塞漏卮之一端也

二十七日晴

是日黎明即起先饬武弁二人仆从二人附车于辰初先赴纽约因即偕参赞汪洪霆翻译利瓦伊格随员饶凤起于巳刻起行至纽约申初领事沈桓等已率同馆诸员在火车公司相待即附渡船过海至纽约乘马车至领事馆凡一切行李即山火车公司房径上轮船船名嵡司康业计七千二百顿因到领署即食面一碗遂乘马车谒格前总统之夫人格夫人兢兢以中国之富强为意谓俄人当防非铁路不可且以纸笔绘图示因意甚挚又谒邮政局之凡吴客脱并其夫人此公不阿埃党颇爱华人遂送丝绣巾十二幅茶二箱绢金折扇二柄询纽约邮政局每年可得进项四百万圆计用人二千余谒客后回至领署晚饭本订四簋乃加四碟其实太多饭后即上轮船船甚宽厂楼上一间需六百圆因与饶凤起共之楼下一间五百圆汪洪霆与利瓦伊格共之尚有每人五百圆者因不敢问也武弁仆役四人分居楼下二等舱

二十八日晴

拜发奏由美起程赴日折寅正开船开船后因谒船主告以不惯洋餐须派一人赴厨房自行造饭船主允之即

饬洋人与厨房说定准令自炊尚为合意此后汪洪霆等均洋餐

三十日微雨有雾

舟行多暇与船主考究大西洋路程计由纽约而至法国哈华埠约近万里又言地球自南极至北极经线计七千八百九十九英里赤道纬线自东至西计七千九百二十六英里赤道东西周围二万四千九百英里水面较陆面计多三倍陆面分七大洲计亚细亚欧罗巴阿非利加北亚墨利加南亚墨利加澳大利亚北极与南极陆地水面分五大洋计太平洋印度洋大西洋南冰洋北冰洋地球尽在是矣

卷三

光绪十六年四月初一日晴

天气骤寒缘舟行趋北也遥望两傍数十里时有冰山山有高至百丈者矗立水面或分为三峰或分为五峰皆峭直如笋间有不高者亦嵯岈尖耸大约无土故也

初二日晴

以后天气甚寒因只夹衣然亦觉畏冷矣

因谨按地球之气候以离日之远近为转移近日则热远日则寒南北冰洋日所不能正照者则海常冰南洋冰融惟冬至后一月北洋冰融惟夏至后一月此行趋北渐近北冰洋故多冰山两月后可化矣

初四日大雨亦有冰山

舟中英人经商于亚洲者言泰西购运亚洲之丝日本之丝几及中国之半日本前数年派人至法国学造磁器今其国中已能仿造云

因尝过美国市肆见中国商人有列肆者所售铜器磁器均目所未见异而询之则运自东洋者夫东洋之全土抵中国一大省耳其民尚不及中国十之一耳而所兴之利已如此中国如振兴之其凭借之基岂可以限量哉

初五日晴

舟中洋人以歌醵众谓行善举有捐至一二百圆者因以为不识洋曲不愿闻翻译利瓦伊格谓不便峻拒致讥吝啬因勉强助二十圆终不至歌处听歌也

初六日雨天气亦寒

舟中多德人有某爵颇谦和谈次言中国于京北造铁路俄人闻之颇有戒心谓铁路若至中俄交界之处则黑龙江珲春一带之地利中俄两国共之矣

初八日小雨仍晴

舟行因大雾不辨海线至于触礁险极急退回舟前艎已透一孔矣舟人谓幸本日无大风否则可虑

因见舟行此处水面不平其波纹如沸其水色黄而绿盖水激石而为是色也江行至浅处水亦不平但不如是之沸耳

初九日晴

辰正至哈华埠即乘火车至巴黎约申刻参赞陈季同已率各员至火车栈相迎并代觅客栈歇定即雇车赴使馆回拜并买火车票次日遂赴陈季同并其夫人之席遂乘车至火车栈陈季同仍偕各员相送上车

是日至巴黎访问时事知英人于春间去英而赴美国及新金山并英之属地者有二万人

初十日晴

午刻至日国界换火车日关因有巴黎日使照会尚不为难

二十一日晴

接参赞陈季同总戎信领事沈桓信

闻日国近欲增广水师已派水师提督乘元斯德拉铁甲船带领兵船五艘驶至中国南洋各处以保商船而示声威

因查日国民数仅十六兆地舆彷佛日本入款计银一万二千余万两而债息已耗费五千万实七千余万两耳水师视中国稍强然越国鄙远断不能胜中国过此以往中国水师当强于彼矣将何以示声威乎外洋多恫喝之言知其虚实亦安所售其技哉

光绪十六年五月初三日晴

回谒驻华西班牙公使比国驻日公使赴外部辞行

葡萄牙国新将各项税则加每百之六

因查葡萄牙地方民数均不敌中国百之一自明之末年租澳门之地以通商中国无知其国之形势者遂称为大西洋国殊可笑也其入款每年约银二千万两其债息每年需银一千余万两所以供国用者不满银千万两盖其国小而又贫矣其武备不齿于欧洲贫弱如此尚以大自居盖亦恫喝一派耳

十二日晴

卯初到轮船公司栈即先上船翻译照料行李卯刻展轮遽止俟至午初再开此船名蜡薄立端计七千二百顿其式与辩司康业相似因仍下榻船顶之舱汪洪霆饶凤起利瓦伊格以天气渐热人气熏蒸遂各占一房颇为安适是日风平浪静

十六日晴

风平水面但作皱纹船行至稳殊可乐也中夜微有风起

十七日晨起有小雨

西南风舟微侧已刻晴而雾起午后更重风止交申后斜阳西照而雾不开舟行则吹气筒凡舟中铁索布篷门窗濡染如沐滴沥不止一如夏暑园亭四五更时良以海气上蒸故也

十八日晴

以前五六日晨起衣服皆发潮湿扪之黏手夜卧则被亦觉湿至于蒸润徧身初以为衣被之久未浣故也今日晨起则衣不觉润矣想时值霉雨之候故百物回潮天道盈虚无往不复潮气发而必收而出霉之日亦近矣

是日海水如掌之平几如镜面不过略作簟纹舟行平稳海程不易得也未后小雨即起南风交申雨渐大风亦渐大船首北面挂帆一片乘风而行船遂向北而侧以致席上钟碟均不能稳天气骤热

十九日晨起雨止大雾风亦止

辰后水平如镜舟所过处时见碎苔浮起其色黄其形如鹿角菜又有小物浮于水上其长二三寸其形如蛤蜊

其质如玻璃其薄如蝉翼去年舟过东洋曾见之徧覆水面约数十里不绝今所见甚稀间有一二而已

本日船行尤稳可援笔作真书矣

二十日晴

近纽约百里外舟行即不敢速望见纽约尤为审慎直至午刻方到

二十三日晴北风

西报载中国今年春季十九关共收税银三百九十余万两

因谨按中国入口之税太轻故每年不上银二千万两夫税则者国之内政有自主之权欧墨各国增减从宜未闻行之数十年而不变者也此而不变洋货之入口者多夺土产之利则小民失业轻入口之税则经费不敷但取他国所收中国土彦入口之税详细比较则得失了然矣

光绪十六年六月十四日晴

字林报云闻湖广总督张之洞前向外洋聘得熟识制造大炮机师一员名米也由德国乘轮来华已于前数日抵沪即附商轮前往湖北赴新创铸炮之厂云

因按德国克虏伯厂炼钢之法秘而不传中国购船购炮之员曾详询之则游移不吐亦如新出之无烟火药也该机师如传此法则制钢获益多矣

十六日晴热

闻李傅相定于秋末冬初命驾至旅顺口阅验船坞以及兵轮湾泊之所云

因尝考泊兵舰之坞水宜深基宜广形势宜藏中国现少此地头等铁舰不能容也旅顺船坞聊以为目前兵船之需如制造万顿以上者尚须另营船坞矣

十七日晴

美国派兵船一艘名亚尽晏士由太平洋赴哥廷包埠顺至中国驻泊保护商民

卷四

光绪十六年七月初九日晴凉

英国之新铁甲战船名安生方于前年竣工下水近奉提督之命会操各水师兵法阵法及练操毕后觉船中机器有损嗣在提文炮船坞察验查其中机器多损兵部大臣谓此中必有取巧作弊者现已札饬某水师提督随带合同驰往制造原厂逐款辨驳以期更换损坏机器据闻安生铁甲当初造价计英金二百万磅炮位尚在外云

因查制造船炮各厂其利甚巨其弊亦多凡订造兵舰者非谙练之人则不适用日本于法国船厂所造之兵舰是也而不能以贞廉自持者每致中饱此则悉数难终矣

初十日晴亦雨

美议院议美与各国交易须利益均沾如进口各国向得免税者查其出产之处而请与国亦以利益相答茶叶向来免税而美国虐待中国之民知中国必不满意将以美之所以待华人者加之于在中国之美商今虽有议料中国断不允遂中止云

因尝考欧墨各国之税则无不随时变通惟中国则一定不易耳美于中国货物入口所抽之税有值百抽五六十者有几与成本相埒者宜其岁入至银三四万万圆矣

十二日晴天凉可覆薄棉

去年中国产丝较前四年为多盖观于上海广东二口出口之数而可知也广东出口之丝较前年为多日本则去年之丝较前二年为少然自一千八百八十五年至一千八百八十八年出丝日盛去年虽少无甚大损观东方出丝数目知大有起色矣

十五日晴

美廷电谕金山税务司加抽入口之鸦片烟膏每磅税银十二圆云

因查外国税则其轻重悬殊者非苟然也大约本国所必需之物其税必轻或免税以招徕之如美国之于茶叶是也夺本国土产之利者其税较重所以保本国之利如美于中国之米䌷是也其于无益于日用之物者其税尤重以其糜费于无用之地欲民间恶而绝之如各国之于烟酒美国之于鸦片是也凡此皆具有深心而各国一辙者也

二十一日雨中夜雨止云重

美国报单纪自一千八百二十年至一千八百五十四年华人至美甚稀其年始闻金山有金穴于是华人至美者一万三千人此第一次至多之数以后多寡不一每年约四千至七千之间至一千八百八十二年华人至美者三万五千六百十一人美国乃亟设例禁之云

光绪十六年八月初四日晴

俄太子亲带水师兵舰四艘由欧洲往新金山新加坡西贡以及中国各通商口岸云

初六日晴

俄国谕税关于进口英国铁器棉纱之税加重抽自百之三十至百之四十云

因查税则者国之内政匪特大国可以自主即小国亦可以自主也欧墨各洲于他国重吾入口之货税者则亦增彼国之货入吾境者以报之谓之抵制如法之于日欧洲各国之于美是于我国减收他国之货税者则请他国减收我国货税以报我谓之报施如美于各国报施之约是无抵制则弱弱则交涉者狎而玩之匪特不足以市惠也而并因以招侮难矣哉

二十六日晴

午刻谒外部为言美国兵船在朝鲜派兵送朝王太妃之葬为向来所无朝鲜颇怀疑惧请电止外部答曰本国未得驻朝使信未悉其详泰西之例两国有交谊例以兵队送葬为礼美与朝既通使则礼所宜毋庸电止

光绪十六年九月初三日晴

奉北洋冬电两次为朝鲜事当即与外部约订晤期订以巳刻到时已有南花旗公使先见因于第二起见外部先作寒暄语因曰贵大臣二十八日所言已电中国政府及北洋惟朝鲜葬事已逾二日贵国兵船之兵仍驻汉城且带有炮三尊药弹数箱兵官二员朝事正在危疑之际易启猜疑请贵大臣电止外部曰譬如美国兵船到中国天津上海地方中国如有喜庆之事派兵上岸入城以志欢忭中国不疑他国何必猜疑因曰时为之也升平无事之时人情本自怗然兵船派兵上岸且又不久何猜疑之有今朝鲜国事正属危疑美国猝然派兵上岸且带枪炮又如此之久焉得不疑外部曰美国持盈保泰匪特不贪他国土地并不愿干预他国之事无庸疑虑因曰中国之所疑虑者非虑贵国之兵虑他国之效尤而起也贵国能保贵兵船之无他不能保他国之一一如贵国也且贵国既不愿干预他国之事何惜此一言阻止兵船之兵如果阻止于贵国持盈保泰之名愈有益也外部笑曰本大臣并未据驻朝公使公文实属不知其事可见我国之无他今既据贵大臣屡次言之当照两次所言知会驻朝公使派兵入城中国既不

愿以后切勿轻易许兵入城可也因曰贵大臣如此办法益见贵国之善持盈保泰矣遂寒暄数语握手而退

初十日大雨大东南风

美国新定税则洗衣浆粉入口每磅抽银二分所以困华人也英国以美廷增税新章有碍英国商务已与美廷辨驳

美国费城保护华人会会首来信谢去年善捐并订西十一月十九号赴会又云已公呈上议院除苛待华人之例云

因谨按洗衣之浆粉每磅值银不过二分而入口之税如之且他国均无此物是专为中国而设也假使中国照美之税浆粉者税美国之麦粉即以每年五十万桶计之每桶成本银八两税亦八两则每年税银四百万两矣浆粉麦粉同一物耳中国如毅然行之美将何以措词哉

十二日晴

翻译利瓦伊格经出使日本大臣奏调赴东洋前月底已启行使署翻译一人力不能给查有以前肄业局学生容揆在美国理海学堂用功洋文尚优当即札调于今日申刻到署因谨按出洋肄业局始于光绪五年撤于光绪十一年费库帑数十万而所培植之人才甚希则经理非人故也

二十一日晴

金山二十日电云柯顺匿轮船由横滨至埠接日本大阪电报谓中国兵船两艘由釜山往仁山距仁山约一百八十里猝遭大风以致受伤又言俄国颇垂涎朝鲜云

二十二日晴

二十二号报英属域多利有华人三十二名附船至美之匹珠桑埠为该处税关查获又送回域多利而英税司须每名纳税五十圆方准入境是以美员仍押回美山轮船拨回中国

同日新公司帆船庇厘昃由金山赴香港载华人七百名华妇十名可见华人之回中国者多矣

午刻往送丁韪良行丁韪良已见外部矣

二十三日晴

新报载威海卫为辽渖之咽喉闻已与旅顺口大连湾均筑炮台驻重兵惟金州地方寥阔海口平夷明时日本兵犯辽东曾由该口泊船率师上岸明永乐间曾设城堡立烽火斥堠现闻李傅相深谋老算防患未形已派员勘地绘图兴办守备如能集事奉天吉林锁钥严固矣

因按外洋各国留心武备善于侦探中国如慎固封守无隙可乘亦可以消其侵陵之志是不战而屈人伐谋于先事也

二十五日晴

中国山东矿务局在美国钵仑埠购置开矿机器一副计银十四万运回中国

北京轮船由香港来美之金山搭客一百二十二人洋烟一百六十二箱照美国新定之税纳税六千六百四十二圆云

二十八日晴

因尝闻德国驻美公使言以前中国所派学生至德国武备院学习陆军阵法甫届三年乃又欲入兵船学习不

知陆军之奥妙进退纵横疾徐开合学之十年尚不能尽德国之民凡学习三年而出院者不过为当兵计耳若为统领者则终其身寝馈于中未敢舍而之他故陆军人员每全不谙水军之事者其心专也因忆其言因附志之

卷五

光绪十六年十月初二日阴

美商言中国每年入口煤油约值银二百万两由美至者居十之七八闻英员由直隶至山西陕西游哈什噶尔有日记记之

初五日晴

美国商人与华人合伙运木板至中国出售此事若成又夺中国之利矣

初九日晴

因昨阅美国户部出入之款因思中国今年洋关税款所入不满二千万两入口之货值银一万一千九百八十八万余两出口之货值银九千六百九十四万余两两比仍漏出银二千余万两当思所以挽之

十三日晴天气转暖

闻越南归法人保护后法国设关于各口征税华人至越南者每名纳身税五元以后按年照纳至出口时又纳三元近以华人到越日少又改为有法领事护照者可以免纳但须按期出境否则仍纳身税

十五日晴

因查华人之至美国也由广东至英属卡拿大需船价银五十两入卡拿大境又纳身税五十圆再由卡拿大潜入美境其费称是盖较新金山为尤多矣而源源而来禁之不绝者则以有利可图也

十七日晴

美国加力轮船由太平洋来闻中国镇远兵船触礁伤底船头亦坏幸驶到岸拟开往上海修治云

美国新定税则收取华人入口日用之物征税甚重当饬金山领事详查

二十六日雨雨中夜大雪

广东黄埔船局前已造成广戊广己兵船两艘今年又造成广玉广金两艘均系铁胁钢皮马力五百匹左右配以克虏伯炮每半时行四十余里风气渐开我国水师渐可恃矣

二十七日大雪约厚二寸

谒议绅好德言及中国谋国者欲加洋药之税良具苦心而不能强英之从也洋药一项英国独擅其利而中国大受其害民为之弱俗为之贫英国每年售银四千五百万两当中国禁种莺粟之年则增至五千四百万两中国雷厉风行禁种莺粟而英人暗喜子以为何如也

二十九日大雾

纽约新报云近来各国大兴兵轮以新易旧其评论水师者或以兵船之多少为衡或以船身之大小为断其实不足凭也盖新式兵轮与旧式者相角其用大殊其力或一可敌百新式之兵轮其益有五能容万顿一也护炮之甲厚至一尺六寸二也船身之甲全用钢板三也半时辰行至五十中里四也入水未久船料坚固五也由此而论则各

国水师之力可较其短长矣今天下各国之水师当以英为首法第二义第三德第四俄第五美之新造一万顿厚甲者三艘一千顿厚甲巡海者一艘此四艘者造成然后可居第六日斯巴尼亚第七中国第八惟中国尚未得法虽有坚船尚无把握日本之船不如中国而布置驾驶得宜如中日交兵中国尚难操必胜之算也云云

光绪十六年十一月初三日晴

杨约翰来见谈及议院前派上下院绅分往各处地方查考外国民人来美情形以便设法整顿整顿之道以禁止华人入境为最要兹上议绅司圭也称华人到金山准否登埠之案臬司断得不准者只百中之五实因华人形貌相似巡捕难为辨别又称华人由英属加拿大潜入美境者甚多该地与美之北界毗连戍守之兵甚少防范不周如欲禁华人来美须拨巨款添兵防守此陆地也又华盛顿省之西北海口名飘折者小岛甚多华人近多由此而入应拨快船巡查海面方可防间现在美国禁华人入境之例虽严而行之不得法故无效耳此外只作寒暄语

十三日晴

谒律师科司达查访美国派议绅至金山查各国人民果为何事律师谓此非定例然议院可创行其查各国人民者防有逃犯病狂之徒干碍升平之局也又询美国税则新订何意律师云此中有报施之意有保全出产之意所谓报施之意者如美国新订糖茶加非牛皮此四宗入口免税凡产糖茶各国固得便宜矣但必将询问所得便宜之国何以相报如有以相报则照新章免税以优待之如无以相报则即独收该国一国之税此物此志也所谓保全出产之意者如他国入美国之货多则美国自产之物滞即加税以阻其来近来限制华人及前此增收中国所来米绸各税即此意也

二十二日小雨晴

美国前议于华人由墨西哥国潜入美境被获者由国家出船资为附船送回中国兹由合众国衙门定例以后不给船资但送回原来之处

英属卡拿大轮船轮车公司禀请该省总督请改限制华人之例缘限制华人后到者日稀公司生意清淡也该公司所禀求勿限制华人而所抽身税五十元则未请减云

光绪十六年十二月初一日晴夜雨

希卡果有华人名亚梅者在美读兵书多年南北花旗交战时曾在兵船当兵事平入美籍颇有蓄积为美所重凡美国保举总统及大员之期准令亚梅投筹

初十日晴

日高两国立密约一为高丽红参准出口一为日本布疋准入口且减税二两高丽另于平阳省开通商埠头不知已商之中国否

十九日晴申刻大雨连夜

檀香山中国商董禀称檀香山新立招工之例派华人郑某赴中国招工到工之后立限五年出境除佣工外不准作别项商业且不得与土著一视同仁可谓苛虐查该岛系未立约之国无从驳诘遂一面函致两广总督禁其招工一面见檀岛驻美公使托其婉为致意删除苛例

二十四日晴

美国拟造三暗轮之兵船其轮装于船之中如单暗轮船之式余二轮装于左右如双暗轮船之式惟高于中轮

四尺六寸船中有三副汽机以运动之当游弋之时止动中轮已足如欲极速则齐动三轮汽机转动甚速复能省煤其速率为每一时行四十二海里马力有二万零五百匹然速率无定速率之多少视汽机转动之疾徐其马力之大则出于英国各船之上云

因于戊辰由沪航海至津计五日而到甲申由津航海至沪计三日而到由轮船之制益精而行益速也历考各国新成兵轮均速于旧外洋心思日出而不穷其机巧正不知何所底止矣

二十八日晴夜雨

俄国新造一快船名北斗星又一炮船名各络司才切均于五月下水又有一大巡船名鲁竟一大铁舰名南威利奴亦将成功俄人云中国旅顺口已造炮台十一座打狗与台湾均有坚固海防炮台云

三十日细雨

广东造成兵舰三艘福州之船厂江宁上海之机器局均有起色东三省防兵日事操演此自强之可见者也

卷六

光绪十七年正月初二日晴

午初上船同行者黎荣耀陆永泉凌善成武弁刘贤侯谏又洋仆阿斋小荣已送至船而因有病不能去遂听其回午正开船船名纽乎薄容二千七百顿客房不如大西洋轮船之宽而搭客亦寡所带随员人等尽附上等舱位均在船面行颇稳

初三日晴夜雨

夜看北斗其柄极下一星离地如全斗尺寸因此行直向南将来到秘鲁时只见南斗而北斗全入地故详志之每日约行八百里至九百余里天气骤热本船主为美国人谈及美水师部近饬船厂造钢甲船三艘除军械外每船价值不得过美银四百万圆各载重八千五百顿船身吃水二十四英尺其行海里至少须每半时十五里煤舱可装煤四百顿钢甲厚十八英寸驾炮之口径十八英寸并八英寸者各四尊又六英寸口径者四尊造船之一钉一木皆须用美国所产不得借材异国云

因谨按美之富足如此而其造船不准借材异国防银钱之流入外国也中国虽开船厂军械局而仍不免向外洋购买以银易铁长此安穷谋国者所当急筹善法也

初四日晴

斗柄极下一星离地也如斗杓之上一星离第二星盖渐近地球矣

初五日晴

斗柄下一星已入地但见第二星矣天气渐热不能著棉此地有小岛八处询诸船主则岛上皆黑人共三千余名口最大之岛有八百人岛人无所事事晒盐而已以盐易面为食暇则眠客船有泊此者则盗之美国设一领事以镇抚之防他国之占踞也

因谨按欧墨各大国思深虑远其心周于本境之外与百数十年之后此区区小岛耳而为他国得之则可以屯兵修船添煤储水为兵船之接济即足为我之患设官以镇抚之耳目远矣他国自默消觊觎也

初六日晴

斗柄三星均入地天热夹衣亦不能著但著单衣风浪渐大舟行向左右而侧

初七日晴

斗杓第二星入地自本日以后如中国六七月天气风浪尤大

初八日雨

北斗全入地不见未刻到个郎天气大热单衣汗出个郎总督来见美国驻个郎领事亦来见领事为因言曰我乃中国之领事耳

十一日晴午刻上船

商董曾桂鹏易佐才美领事阿丹信均送至趸船商董以经手代用之项列单交来计客栈之费每人每日五元因独按日十元洗浴啜茶点心犒赏尚在外也船价每人一百七十元伙食每人每日一元遂上船船于明日午刻开阿丹信交来个郎赴纽约船期单计每月三次西历三月四号十六号二十四号均有船赴纽约

十二日晴未刻开船

舟望东行行一时即指南而行此海海鳅至多时浮水面因望之以为长二丈余船主曰其长实有五丈也离船数十里海鳅矫首向海面喷水其高四五丈如烟如雾又如海舶之挂帆时隐时现亦可知其身大而力巨矣

十三日晴此数日中波平似镜舟行砥平

俄太子奉俄皇之命亲带兵舰四艘由欧洲展轮游新金山新加坡西贡以至中国各通商口岸以广见识冬初当可抵沪矣

十四日晴

此两日内不见山闻之船主今日午正舟过赤道午以后舟行赤道之南矣是夜船向西北折入怀纽而江

十五日晴

江行向西北巳刻到惠爱矾地颇平敞背山临水阛阓周密胜于巴拿马土人约万人华人居十之一盖厄瓜多国之所管辖也两岸树木青葱可爱华人叶文英陈忠华高静光来见言前此二年该地方官禁制华人赖英领事张百熙为之代缮藁具呈请于国王得以弛禁遂得安业因教以宜即联络英领事以资保护我国未与该国立约不能以公法绳之也此地至香港轮船两月可到帆船须五月华商约上岸因以开船甚速不便离船辞之

十六日晴巳刻细雨遽止热甚

抵萨拉埠【又名打拉埠】前一年尚未设埠亦无人民山系童山无草木房屋约百余家因询船主以此地何产则出火油也自近年方知之因开井取油每年运往各国渐运渐远船至此下机器为取火油各厂之用也申正开船戌正至比打埠已入秘鲁境矣自纽约至秘鲁各埠房屋多以薄铁为瓦其凸凹如瓦式而以铁为之长约一丈宽六七尺取其质坚而价廉也

因谨按一百年以前香港一荒洲耳二百年以前上海亦海盗出没之地耳迄今香港为大埠广厦云连其地几于计尺论银可谓盛矣上海为我国第一市镇其它皆不及焉所以然者其地近海而又为各国商贾货物往来之孔道耳或谓地气有盛衰而不知实由人事也

十七日晴天寒稍凉清晨可著夹衣

辰刻泊打拉尾岛亦童山而所下者多铁瓦之类地产棉花风渐大船行颇侧

本日发南风而天气转凉初以为异继思此地已在赤道之南则南冰洋在地之南此地之南风犹中国之北风也故凉

十八日晴

至阿村岛亦童山而其内出煤土人造铁路火车以运出口船至此稍泊以载煤备用巳刻仍开行稍向东南不似前此之直向南矣东南面多山皆童山也

十九日晴

未刻至白鸽尾装米四百余包牛百余只申正开船

二十日晴

卯正泊打辣美卸米百余包及木箱数十巳初开船此地山甚深望之有四五层其第四层在云外云环山腰如带山尖出云之上要皆童山全无草木而多沙舟过产鸟粪之山同舟英人亦赴利马与因接谈言至秘鲁已二十五年矣今将办铁路也又言秘鲁沿海之山荒秃无草木而内地美不胜收惜秘邦无政不能经理也十年前亦曾至中国中国民风勤俭万不能与其民争利惟拥赀厚者操其利权则得其利不若秘鲁之利之易争也其地荒则地利易兴其民寡则客民可容其俗嫩则土民之利可夺故舍中国而赴秘今拥赀过十万置田宅之外尚有余款以逐什一若铁路归英则利益溥矣云云此地秘国各寮至多华人之所聚也

二十一日晴

舟行黑水洋东面仍多山而无风浪计自元旦至今日舟行已两旬矣虽不眩晕而颇觉劳顿盖由颠簸颤摇无一日之息也屈指今日午刻当可抵嘉里约巳正抵埠叅赞吴浚领事张曾诏翻译黎熺洋员杜嘉尔来迓当坐小轮船上岸抵火车厂华商亦来迓遂共雇专车至利马都城

光绪十七年二月初二日晴

美兵船至中国烟台报中国南北洋兵舰共十二艘已展轮出口往各处巡历此去年八月事也又云中国兵舰将至朝鲜

因按泰西各国留心时事凡交涉各国之举动时时留心而于军务尤留心焉

初八日晴

巳正至嘉里约遂上船船名丕实乐船主升中国旗申初开行

初九日晴

舟至打辣尾华商来见云此埠华人约四千人

闻美国与巴西已立报施条约美国所产之五谷麦粉干羊咸肉咸鱼干鱼农具开矿器具制造器具格物书契火轮车器等物巴廷允准入口免税此外牛乳油饼火腿棉布钢铁器另计木器马车树胶则纳半税巴西所产之糖加非茶叶生牛皮等物运入美国亦免税云

因按美国如此之富而筦算如此之严其意不过防利源之夺于他人而已其五谷麦粉之运入他国欲其免税必有免他国之税则以相报施则他国亦防利源之为所夺也现在美国之麦粉运入中国者每年数十万桶皆不纳

税而中国之米运入美国曾不免税且加重焉报施之谓何

初十日夜雨

舟至白鸽尾华商来见言此埠华人约六千近因到者日希土人尚不妒忌又言各埠所销售多中国青绉纱袱及丝巾又洋人亦好服中国之山东紬取其坚而质也所见洋人多有服之者

同舟法国水师提督调赴墨西哥换班因与接谈法提督言以前驻扎上海十二年极喜中国民情之勤俭中国水师海军振兴当有起色因言中国向来以柔远为心不恃兵力故不愿以海军角力今风气既开自当整顿以饬戎行亦权宜之道也地球海军自以英法两国为冠其次则德俄义奥均有可观法提督曰论铁甲之多自然推英论海军之强法实不让盖以法国兵舰管驾得人运掉灵便争雄海面自以为尚胜一筹因不便直折但答曰此诚闻所未闻具见贵提督之晓畅军务该提督欣然而散

因按近年查考各国兵舰英之铁舰一百六十六艘法仅六十二艘不但大小不相等即多寡亦相悬且去年法国议员详查欧洲各国水师强弱情形而自知不得法见于报者屡矣乃恃意气而为虚词以恫喝中国以为中国不知其底细而不知因已见其肺肝矣于此知法国之霸气而欧洲人情莫能相下亦见一斑此因所以志切自强也

十一日雨

至阿村岛船上上下之人亦甚多货物亦多天气之热至于单衣汗浃因将过赤道而日正当顶也

十二日晴

至惠爱基此埠已在海峡之内实为长江人之上下最多又有盗物者为候涧所获并获其赃送交船主船主以为应由地方官办理无可交者释之是夜该船上货下货极多至开五门一时并力交卯初始毕辰初开行同舟有三十人须由巴拿马赴纽约恐船行迟而大西洋赴纽约之船先开则大费事相与筹商告之船主凡行船诸人自司机器及司炉以下均给重赏令其上紧一面仍电致个郎轮船公司属其停候一日当由该公司覆电允候十二时辰

十三日晴

卯初开船出内江入大洋

十四日雨

舟行大洋时有大鳖浮水面大如栲栳所过数百里不可胜数

英国属地考仑比阿去年所渔海獭之皮有数万张值英金四十余万磅其渔船二十余艘渔人六千余名若美国在彼处渔海獭之船仅有五艘所渔海獭不过数千德国之船仅有一艘所渔海獭不过数百

十五日晴

舟行大洋过赤道船主以午正用机器测天舟行至二十二度云十六日巳正可到巴拿马

十六日晴

巳正抵巴拿马领事阿丹信已先至码头用小轮船载人及行李抵埠易佐才已到为雇马车五乘载人及行李赴火车厂阿丹信则为写火车票并轮船票火车于申初三刻开行阿丹信亦坐火车送至半途因以路程太远谦辞阿丹信遂返中途大雨抵个郎巳戌初华商来迎代雇车送上船因自起爨船主已备饭从者七人均上等舱

十七日晴

昨夜至今日蕉果之入船者数百车以每车三百斤计盖十余万斤均运至美国出售查此地周围数百里人烟

稀少山果至繁如无火车则不能运出山如无轮船则不能运至美

二十日晴

舟至古巴岛口岸外海面有似小鸟而结队纷飞者因以为凫鹭之类船主曰此飞鱼也以远镜视之不甚明白嗣有飞于近船者始知为鱼其飞离水不逾丈长不逾尺望之如蜻蜓盖四翼也舟人获其一以药水制之不朽随以相赠即而视之则前翅生于胁而较他鱼为倍长后翅稍短然他鱼亦不能如此长也宜其能飞

二十二日晴夜雨天气骤寒可著棉衣此已过赤道之故也

西人有自奉天至天津者路经各海口见大连湾铭军新筑炮台六座坚而且精其老龙头炮台一座恰当敌船之冲三面临水工程尤难和尚岛东炮台徐家山旱炮台筑土取石亦不容易此三台之精坚尤为各台之最英法兵舰过此者均极口夸之

因谨按泰西各国造兵舰筑炮台讲求军械所谓安不忘危治不忘乱不战而屈人之兵者也兵船游历大抵觇其国之武备以知强弱风气如此虽欲弭兵耀德断不能矣

二十三日晴北风渐大船左右晃立足不稳矣

有帆船二艘自古巴赴纽约悬旗以求救援本舟见之即停轮帆船遂派小舟至舟中三人其一上本船言自古巴开行后北风不止已行三十二日船中粮已竭尚不知何日能到纽约故来乞粮船主给以面二大桶【每桶二百磅】薯二桶牛肉菜蔬面包茄非足敷一月之用然后开行

二十四日晴大北风船仍摇晃

同舟英商人言英法交界之海峡向来风波最大过此者无不眩晕今拟筹费三百万磅开通海底兴造铁路用火车往来海底以避风浪

二十五日晴

午刻到纽约税关已得外部照会即下船坐马车至领事衙门

光绪十七年三月初五日晴

闻俄皇之子三月可抵上海总理各国事务衙门已有文令江海关道款待又闻二月已由香港道出上海未作勾留乘船泝江上驶云

初九日晴

美国近查华人之居加利宽尼亚省者计有七万一千六百八十一人比前十年之数仅稍减耳其有眷口者不过百中一二因华人由香港附搭轮船先到英属加拿大地方潜入美境也近曾致书于英官请为禁阻据英官覆称华人来英属加拿大地方照例输纳身税则当任其往来自便地方官不能禁阻美廷因此拟于边境认真稽拿以期禁绝华人焉

初十日晴戌刻雷雨

智利国来电言智国港口阿利嘉之华人现因智利内乱无华官保护已托英国副领事该领事不分畛域推爱保护华人得免于难云

二十四日晴中夜大雨

光绪十六年庶中国户部查常年入款按年计之各省海关洋税银一千五百余万两

卷七

光绪十七年四月初四日晴中夜微雨

李傅相往威海卫旅顺口等处阅验炮台及船坞诸巨工各营军士

初五日晴

近年美国整顿水师造船制炮精益求精以兵舰之所恃者铁甲而铁甲之名目不一遂将现在天下驰名之铁甲逐加试验向来钢面铁甲不如全钢铁甲之坚而全钢铁甲又不如白铁钢甲之坚【英语名为尼克尔】今年遂将全钢甲与白铁钢甲比较试验试验之法即以此数种钢甲造成靶子长八英尺宽六英尺厚三英尺以大块坚厚之木衬于后钉使相著立于土坡之前用乞司开士连珠速放炮距靶三十五英尺之近轰击二十次验得各厂全钢靶尽被轰碎各厂白铁钢靶亦被洞穿惟夏玮所制之白铁钢靶竟无破裂而炮弹反被蹝碎【夏玮系美国宾省秘司堡埠加厄克厂主】

因以近年中国设立海军讲求战舰故于外洋铁甲及炮弹时常留心近日新出之法火药以无烟火药为最炮以全钢为最铁甲以夏玮白铁钢甲为最也考之于平时而后仿其法以制造则无苦窳之虞循其名以购买则得上等之器于海军庶有裨乎

初七日阴

上海来电芜湖土人焚毁礼拜堂数间洋人住屋数所当时适有货船泊于芜湖江面洋人因避于此船之中英国兵船名印干士田已调赴该处保护行旅

十五日晴天暖单衣汗出

俄国产火油之海口名巴屯水深二丈六尺其宽可容大船二十艘近年火油出产日多去年出油十三万五千石现将海口开阔可容大船三十三艘有贮火油铁池一百处用工人一千五百名其销路皆运中国及印度前此不过二三千人近日人烟之盛十倍往年且有兵弁驻扎居然一大镇市矣

十七日小雨

美之毗连地方名卡拿大者英之属地也十三日来电谓该地工商会议华人入境一事谓现在所征身税日短由华人规避之故且可仑比亚地方矿务之工人均不愿华人入境似宜禁之使不得来该地总督名麦克堂纳而得者云华人入境已令纳身税五十圆何至多来其假道者将以入美境耳我等甚愿与中国敦睦谊通商务不便阻禁华人众遂无言而止

因谨按自光绪十四年美国背约径禁华工华人之至金山者悉被税关阻遏折回遂由英属卡拿大潜越而入美境卡拿大于华人入境收身税五十圆每年计收十三万以上亦岁入一巨款也美之工党憎拒华人而卡拿大因以为利故英美意见不同耳

二十五日晴

二十四日接金山电云华商三人附船至金山美税关阻其登岸当日系美国清明节例不办事次日又系礼拜故约今日晤言因于午初到外部副外部已到因出电文令阅之外部曰领事无发照之权该商所带护照系领事之照故税关不准因答曰领事即中国朝廷所设之官不得谓其无权且美国但当查其是商非商如其是商即无领事

之照亦不能阻外部曰俟商之户部但须中国补一照会因曰可遂退是夜外部覆文已电金山准华商登岸矣

二十六日晴天气热

因谨按美国入款之多较之中国已有五倍其地不如中国之广也其民不如中国之多也其俗不如中国之勤俭也因始闻而疑之继而访之乃得其概其入款以关税为第一关税之多一由于入口之税重一由于经理之人精明耳试以中美两国较之美国收中国入口米税每包至二圆二角五分每年以五十万包计之税银百余万矣而美国之麦粉入中国口者曾不纳税焉以油计之中国之油入美国者计成本纳税百之二十五而煤油之入中国者计成本纳百之五两相比较则十万两之税中国少收八万两矣丝绸一项美国收百之五十焉中国于美之绸布则仍百之五焉两相比较十万两之税中国少收九万两矣烟酒二项美国收税极重而中国且不收税焉外国之药材如屈臣氏德记各号分布各省每年所售出之药计银数百万两一概无税而中国药材仅为中国人所用者其数甚微金山入口收税极重中国入口如衣服烟酒蜜饯始以为洋人自用不纳税者今则各洋行出售亦无税焉中国之衣入金山口者无不纳税已属不公平矣而华人附体之衣过五层者仍纳税焉何其锱铢必较一至于斯耶鸦片一物美国计两收税银一两中国仿之则每年收税一万万两矣

二十七日晴热夜雨

闻中国光绪十六年一年海关十九处共收税银二千零八十九万八千四百四十七两零较前十年多一百余万而以美国较之合十之一美人云中国北洋水师兵舰二十余艘之上祗有西人四名襄助其中云

光绪十七年五月初一日元吉雨

泰西兵船三月过威海言中国整顿海防该口已筑暗炮台安放炮位时时演炮各营兵械一律整齐更拟筑一铁马头本年即可兴工

因谨按我中国略有兴作外国必知固由其兵舰游历之勤新闻传播之远而亦当事者肯留心也

初八日晴

因谨按泰西学校均以致用二字为主而学分焉如矿学以采五金化学以镕金石重学以运机器算学以精句股天文学以考度数始以为淹博之道者今皆为富强之图中国近日讲求富强必向泰西聘矿师购钢铁机器而海上行船则非精识天文不能知所行之度故中国兵船尚未远出重洋则以算学未精而测天之法未熟也书云非知之艰行之惟艰因愿知此中之曲折者次第求精也

十四日时雨时晴

华人来美向以中国官员发照为凭准其入境嗣金山税关又不肯以此为准遂至废而不行来往愈梗此次税关以华人所持之照系中国驻横滨领事之照阻其登岸因见外部以前例辨驳外部派员商之户部户部允其登岸因复照会外部以前例申言之本日接外部文户部文准以护照为华人登岸之据是添一方便之门矣

十六日晴未后微雨

昨日横滨来电云本月初八日米旗马路轮船由横滨赴檀香山载有日本人一千二百名皆立有合同至檀香山糖寮佣工缘近来檀香山政府与日本订立条约招徕日本工人其意欲禁华人而用日本人且欲现在该国之华人佣工无路自然弃该国而他往也查本年日本人往檀香山者已有六千余名云

十八日晴

本日报馆述金山新报云本月十四日户部电饬金山税关认中国驻外国之领事所发华人来美护照准令华

人登岸查檀香山各糖寮华人计有二万但有中国护照均可来美香港华人亦可照办华人从此蜂拥而来岂不可虑情形如此惟有待今年下年开议院时亟令议绅将华人来美事情认真根究速立条例再加严密俾户部各员不能妄断云云

光绪十七年六月初六日晴

外部来文户部已电金山税关准华商登岸矣

十二日晴中夜大雨

金山领事来信言美关于中国靴鞋入口一概加税

本日新报载巴黎来电言近数年法廷曾立例美国猪肉无论咸干以及火腿均不准运入法国各口因其中有虫民食之者多生疾病故绝其来源以重民命曾经美国迭与法廷再三驳诘未除兹值法国增修税则法国外部大臣商诸议院复准入口每一百奇罗【一奇罗计两英磅又五分磅之一合中国二十六两四钱一百奇罗合中国十六担半】收税银二十佛郎【合中国银三两余】惟生虫者仍不准入口云

因谨按凡物之有害于民生者不准入口如鸦片之类是也至于税则随各国自定而他国不能置议焉以其均为内政也美于中国各货之入口者其税极重中国向未置一辞焉以其为美国之内政也中国于外国入口之货其税至轻盖由立约之时已议定也然而美之于各国也欲增则增之如一千八百九十年【即光绪十六年】所定新章是也各国之于美也欲增则增之如意大利于美之煤油墨西哥于美之牛羊法郎西于美之猪肉是也且欲禁则禁之数年以前法义于美之猪肉亦是也以其皆为内政而不妨由已改订也中国于各国入口之税应更张者多矣愿留心富国者一订之也

二十一日晴

轮船公司送到国书一道系覆秘鲁总统告即位之文舟车积压外椟已碎裂幸国书尚完好当即易包缝以布仍交该公司寄秘鲁

二十六日晴

闻日本国因中国会匪滋扰已拟派兵舰五艘往驻上海

二十九日阴未后小雨

金山税关以英公司轮船各唐那所载铁钉由纽约运至英国利华埠转运至金山金山税关按美例由本国此埠运至彼埠者须用美国之船载运今以英船即是违例且未纳税遂将其铁钉扣留计值银三万五千圆云

因谨按此事可备税关考证者中国于外洋货物入口后又准其运入内地至于茫无边际藩篱尽撤长江轮船货物既运至汉口已入内地五千里矣今新与英立约又准运至四川重庆则共万余里矣夺小民之利足外国之欲似非无碍于理财也税则者中国之内政岂不可以自由也哉

卷八

光绪十七年七月十一日晴

申正接总理衙门电云密申伦敦来电美派水师一军赴华以防闹事查美教在华均安辑现惟英法教案刻已次第了结美国此举确否希询外部即电覆真此时外部衙门已散明日又为西历礼拜遂定于十三日往见外部

因查咸丰十年之役英人以焚烧鸦片构衅而各国亦附和之盖其合兵以事挟制自昔然矣此次会匪所毁教堂非尽法国而法乃约各国之兵船以恫喝盖有见于庚申之役均得便宜故欲踵其辙也

十三日晴

午刻赴外部衙门外部大臣华顿亦到相见因告以中国会匪滋事久已敉平美国人民无受累者外部答曰亦接到驻上海领事电信已知之矣因又曰闻美国近派兵船一队赴中国是否尚因教案外部答曰非也美国驻上海之兵船本系旧式久应更换故派两船代且所派之船仍往檀香山游历又往日本然后到中国与教案无涉也因询该船何时起椗外部日前二日已有一船开行矣尚有一船仍稍缓则开也因额之遂辞出

发电与总理衙门云密申外部言两船常例巡海无关教案因

因谨按美国水师之力当无远略之能但附入各国之群则可虑耳美国不联合度欧洲亦必有不联合者法以一国为祸首将为众论所不直则亦难悍然行矣

十六日晴中夜大雨

外部总办布郎来见谈及昨日巴黎来电云法国近接公文以中国会匪闹教一案前此欧洲各国声明欲合水师交相保护现闻中国地方官认真弹压乱党办理各案因此各国无须联合水师以保护云

因谨按欧洲各国联合水师以至中华或开衅端此会匪所愿望者也今作罢论会匪之计不行矣然厝火积薪其志未逞其种终未除也愿绸缪未雨焉

十九日晴入夜大雨彻晓

昨日新报载伦敦来电谓各国驻中国公使因中国会匪作乱求中国政府派兵舰赴各处驻防以备后患中国政府允之

光绪十七年八月初一日元吉晴

本日美国接驻上海领事电言中国宜昌地方会匪又焚劫洋人请添调兵船往中国云

初四日晴

美政府以驻上海领事来电言中国湖北省之宜昌府城又有会匪焚劫教堂洋人逃避虽未伤人而财产悉遭抢掠遂拟添派兵船

十一日晴

美外部接美国驻华公使电谓近日会匪在宜昌闹事美国教堂被毁水师部仍拟添派兵舰赴中国保护教民现有泊纽约之兵舰名白脱厘耳即令赴华又英报言湖北汉口地方几酿事端幸英兵舰调兵带格林炮登岸弹压会匪寒心事遂解散云

二十三日晴天热

午刻赴美外部衙门见署外部华顿告以闹教之事实系会匪前十二日中国上海税关查获私运洋枪三十五箱乃由香港运至镇江者系英人梅生经办又于梅生行李搜出炸药五磅梅生为镇江关税司帮办当即解沪据供英人爱司美在香港代镇江会匪购办军火内有头目为英人泰山另有洋人六名均住虹口总署已照会英使速饬领事拿讯云云华顿云中有美人否因答曰似无华顿曰既无美人我可放心矣因遂询前贵大臣言不添派兵船至华似闻又有添派何也华顿云前未闻宜昌之事以为中国会匪已靖今闻宜昌会匪凶焰甚炽故略增一二浅水之船会匪如此猖獗我国向来有兵船五六艘往来中国岂可此时尚少于前如有过于受亏之处致伤两国交情事后之争论不如事前之绸缪也可共谅之因遂辞出

光绪十七年九月初九日小雨

本日新报云俄国商人以各国货物由黑龙江运入境者须增税则应于该处择地设立税关且西比里亚铁路将成将来贸迁必盛应加增入口之税以保本国利源

因谨按俄国之兵强矣而富尚不敌数大国者振兴商务不如数大国之缜密也今亦渐讲求矣所以开西比里亚铁路而于濒太平洋设船坞者盖非仅长驾远驭而亦期通商也惟黑龙江系中国地方而拟于各处设关收税已欲强富而侵削邻封乎然而俄人损人益己之心固不自今日始矣

十八日晴

金山领事来电云金山税关又附会户部新章不准持照商人上岸请速设法当即函致律师往见外部外部立照户部户部许电税关准华商登岸但须具结候总察院核定户部新章如何再为定夺遂电金山领署以户部之意详示之并发一函

二十日晴

美国新创电气轮船不用水火专以电气激动机器其行之速与用水火相似转折亦灵闻已带至中国矣是美国又辟一利源也

卷九

光绪十七年十月初二日晴

至外部大臣布连宅谢步又至律师利亚顿处在座美国官绅二人言法国近为日本造钢甲战舰三艘均容四千二百七十八顿又水雷船一艘又拟筹银九百万磅添造新式铁舰十一艘闻日本因此次中国兵船至横滨自知海军不及且仅有致意达一船每半时能行六十里其余均系旧式故不敢不添造也谈久因先告辞

因谨按此海军之效也前此日本觊觎台湾猝以兵船运兵犯境中国海军未立措手不及至费银五十万两今海军渐强日本深惧报复故急于筹添如所添之船告竣中国海军又似不及应审彼已之势及早图之

十五日小雨

闻暹罗朝廷新创一例收中国人身税现已议准夫暹罗中国之藩属也中国以字小为心而暹罗不以事大为礼岂夜郎自大哉盖自日本并琉球法人踞越南英人取缅甸暹罗知中国之兵力不行于四裔故悍然自由耳

二十日晴天气转暖

谒律司科士达以中国所发华商之护照金山税关有意挑剔因言美国既显禁华工又阴阻华商殊违中美和约第六款今议院将开应照会外部请问其故且禁工苛例自前任张使驳诘迄今已过三年何以尚无回覆因前此已面询外部大臣布连布连答以必覆今又两旬矣亦拟催之撰藁请商科司达以为是遂留藁候酌定又谒上议院绅多福

二十三日晴

日本来电云派兵舰赴中国从英法之约也领事沈桓接上海信欧洲各国兵船集上海者约四十艘因急谒外部布连询以前言不与欧洲各国联盟要挟中国斯言信否布连曰美与中国交情与欧洲各国不同安肯联盟要挟因曰审若是请发一电与驻中国公使田贝俾中国政府知美国之意则善矣布连曰美政府业行文与田贝令勿与各国联络今既欲速即发电可也因谢之遂辞出回使馆即发电致总理衙门云各国联合兵船要挟教案因见外部外部允电田贝不与联合云

二十五日晴

昨晚接总署覆电云各国联兵要挟教案其事渐息何以此时始商外部是否又有萌动抑新闻所刊敬当即覆电云沈稟兵船集沪美报日舰联欧赴华故虑因

光绪十七年十一月初一日大吉晴

本日巴黎来电言各国派员在法都议各国人民出洋业已成议凡人民欲由本国他往须由所往之国之领事验妥方准出洋美员又谓美国虽禁客民来美例尚未严当由议院另立新章而法国和国瑞士国已有新例禁罪犯穷民等他往矣

初三日晴天气转暖冰尽释矣午后雨酉刻止

日本谓与中国通商获益甚巨盖海鲜及山货欧洲以为无用而中国之销甚多中国不过棉花米粮等物行本至轻而物至笨且运至日本仍需日本之船水脚所得亦多自二十年来所得于中国者盖一百四十兆圆矣【合一万四千万圆】

因谨按此亦一漏卮也货物者日出而不竭银钱者有限而难继故地球各国均欲货物之畅销而虑银钱之出口其意深焉

初六日晴夜大风继之以雨

昨日巴黎来电言中国驻法代办照会法外部大臣力伯言中国各省会匪政府自能剿滅无须他国保护而法廷仍派兵舰一艘驶往天津自行保护法人该报又言法国约合各国水师以恫喝中国现已接义国覆文谓此举非出本心所愿且待他国合成后再商云

十九日晴

因谨按中国税则所取于入口之货均按百抽五无所分别此所宜亟修也

二十四日大雨至未刻而霁天气燥热如五月时

纽约本日报言伦敦来电谓英驻华之水师提督已赴朝鲜珲春一带为巴美尔事也又言中国如以台湾给英英国将助中以拒俄云

因谨按此英人之以言餂也中国断不为也如果为之是前门未能拒虎后门业已进狼矣窃尝兼权俄英之势焉俄为患在北英为患在南俄为患在陆英为患在水陆患尚可防而水患无可防也俄患远而英患迩俄之患也不过北边一面其进兵也难英之患则北省如天津南省如浙江江苏广东福建皆受之若泝江而上则安徽江西湖北又受之其进兵也易且英能助中以胜俄则要求无厌胜固受其患也英不能胜俄而俄入北境英人之狡将乘中国之力绌而趁势以求沿海各埠不胜亦受其患也且兵未交而先失地明者决不为也咸丰十年之乱俄人乘势以取黑龙江北岸地方此前鉴也故以为中国断不为也为今之计惟有造铁路以合南北之势筑炮台置水雷艇以固各海口之防及今为之尚未晚也

二十九日晴申正以后雨中夜大风

因谨按水师之用铁舰利战于海中雷艇利战于口岸一长于攻一长于守故英多铁舰而德多雷艇其志可知矣中国之创海军远略未遑但能保守各口岸使敌国战舰不敢轻来则足以固吾圉雷艇似尤重焉因闻其言切当特归而志之

卷十

光绪十八年正月初六日晴

日本轮船自同治十年起至光绪十七年九月止获利银二百零二万有余圆

因谨按中国招商局设立二十余年始则巨亏继而亦无大利则不得人之故也日本之船不过由横滨至上海中国之力尽可为之何难独专其利而使日本专之且即不能独专而与日本分之亦不甘让人之一道也乃中国内地轮船之利既与泰西共之而中日来往轮船之利又为日本专之利之所在拱手让人而不觉日朘而日匮也则商务之未讲求而草创未得法故也

初八日晴

戌正至覃坝上船亥初开船因于车中眺望见由华盛顿至覃坝三千里内悉属松林近覃坝数百里则近村落处多种橘柚盖开辟松林以后就其地而改种果实也此数百里中其土色白如粉如雪禹贡纪冀州白壤不能如是也上船之后渐近赤道气候渐热欲脱棉衣矣

初九日晴

申正至克物司岛岛为美属上下货物约两时仍开船此海风浪颇大船行颠簸舟中美商四人颇款洽言此次下议院议苛禁华人者甚多大抵多西省人西省客民之佣工者畏华人夺其利故禁华人其实此种亦非美国之民但以入籍之后能公举议绅并总统故自总统以下皆徇情而助虐惜华人之不入美籍遂至无援今实难挽回矣因询以议绅中亦有悦华工者何也美商答曰此中有两种人一为不觊觎为总统者故好直言一为东省之人其地垦荒现需华人故也因谢之

初十日晴

卯刻船抵古巴夏湾拿埠总领事等及华商已备小轮船来迎

十五日晴

美总领事来送行古巴总督来送行言以小轮船护送上船因谢之是日午初上船华商等均来送未初开船船行仍颠簸戌正至克物司查克物司为美属地美人经商于此

十六日晴微雨遽止

酉正至覃坝船主陪上岸至火车厂登车

二十八日小雨

闻英驻中国水师提督于十二月带兵舰赴珲春朝鲜一带侦察俄人动静云

光绪十八年二月二十二日晴

广东自铸银钱近日流通渐广有运至新加坡者商民均以为便入市日多新加坡总督遂立例禁止自本年始不准行用云

光绪十八年三月初十日晴

中国江海各口为外洋轮船专利者数十年兹江口之利虽收回三之一而海口轮船之利依然外国专之也欧墨各洲中国诚未易与争利矣何至上海日本来往轮船之利亦任日本专之中国向来于言利一节夷然不屑岂知

治国如治人也脂膏朘削体质无不羸焉且古之不言利者不欲与民争也今之夺吾利者乃敌国也二百年来渐入吾门而窥吾奥矣愿有心者筹之

二十八日晴

美户部由派赴英属域多利侦探华人入境人员递来消息言本月二十四日轮船入口载到华人五百余名将领取入英籍之执照来美户部已定新章凡华人持有入英籍执照者一例不准入境云

卷十一

光绪十八年五月二十五日晴入夜大风小雨而止

本日新报言英廷造成头等战舰一艘自兴工至成功只两年半因查法国造头等战舰每需十年极速亦需五年较之英厂天渊矣

因谨按从前中国驻德公使李凤苞于克虏伯厂订造铁舰至期不成一再展期以致中法之战不能得用固该厂迟延之咎亦该使考究未深也知其厂中向来之工程迟速则临时临事有把握矣

光绪十八年六月十五日晴

美自华盛顿开国至今仅一百十六年所订税章自不若欧洲各国之备此其所宜参互考订者也我国中外通商收海舶税仅数十年尝考其章诸多疏漏安得一为整顿乎

二十日晴夜雨

因查美国煤油至中国者约十之八至欧洲者十之二缘欧洲各国其繁盛之地皆电气灯次则煤气灯凡客寓轮车火车无用煤油者所以防火灾也且共收税极重已见于法国报矣

光绪十八年闰六月初六日晴热

美驻日本公使函致外部言俄国煤油公司新创油船载大桶煤油由欧洲取道苏彝士河运至印度中国日本南洋各岛发售此举若成必夺美国煤油之地以其运费较美为省也

初十日晴阴

因查海中荒岛向之以为弃物者今皆重之非地势之有变实时势之不同也自铁舰兴后行船不恃风而恃煤煤尽则船不行当无事时随处可以市煤固不忧匮乏也兵衅一开则随处皆当守局外之义不得市煤故当图之于早图之于早莫如随处有属岛存煤候用则有备不匮焉此争岛之事所以层见叠出也

十九日晴戌刻有风雷小雨

因阅此而知美之所由富墨之所由穷也因鉴此而愿为中国进一解也中国外洋运载之利全为英法各国所专日本运载之利则为日本所专内地江海运载之利则为英美所分虽轮船商局创设十年然收回者不过三之一耳幸中国根柢盘深不致精华尽朘然已非复昔日之富饶矣其亟思挽之哉

卷十二

光绪十八年七月初六日阴申正仍见日天气转凉

美国上下传闻俄已与中国增立新约于中国通商各口添设领事中国应派公使专驻俄都以合两大国体制云

因谨按俄为大国又与中国为邻专遣使臣理所应尔惟法国如援例则无以辞之是又不可不遣专使则遣使自此多矣

十五日晴中夜子刻小雨

美国嘉省忙得来埠有帆船名好根私运鸦片值三万圆并华人十九名入口于近埠之华人捕鱼所居之村名配司加得地方起岸为巡船所获帆船已逃云

二十一日晴

接金山电商董二人由粤来即照会外部以免税关阻滞

二十四日晴

美国年报纪今年正月至八月止出口煤油计值银二十六兆八亿四万七千五百八十七圆去年则值银三十兆一亿七万六千八百七十八圆又核一年之中中国之茶入口计值银十一兆圆英商细核情形中国所得茶价约三百万圆商贾行栈约得二百五十万圆洋商买卖运载利息约五百五十万圆

因按美国煤油每年值银三千万两可谓巨款今年逊于去年者俄出煤油日多夺其利也中国至美之茶售银一千余万业茶者所得不及三之一商贾行栈则中外均有人中国约得其半运载买卖全归洋人综计此十一兆中入中国者未及半也由商务不兴而无洋轮船让外国之独擅其利也

二十九日晴

因于此而叹办理交涉之不可无兵船也又叹兵船之不可不出洋也威内萨小国耳又与美同洲一水可到其乱党岂不知美国之强于已国百倍而胆敢掳美国之商民者以兵船未到姑玩之也兵船一到如泰山压卵不敢稍抗此明效大验也前日本乘我无备以兵船扰台湾我之办理颇为棘手至索兵费甚巨此已事也

光绪十八年八月二十九日晴

西报言日本制作日精大阪制铜铁器东京制绸布横滨制酒火柴等物其价甚廉故能运出外洋销售德国已畏其夺本国之利矣

因尝游美都之市见有粤人列肆者自谓出售中国货物详细察之则甆器古铜绸巾茶叶等物皆来自日本者问其何以不售内地土产则曰税重价昂不能销也阅此报因附记之

光绪十八年九月初八日晴

檀香山岛主愿与中国立约不允其岛地旷人稀中国民人趋之若鹜岛主乃立苛例以限制其利益又暗通华人之黠者招之使来华人不知贸贸然来来则受其苛虐日本国已与该岛立约华人寓该岛之便利遂远不如日本华商等禀求救援已数十次矣不得已为之转托美外部由其驻檀公使领事等保护自正月与商至今始妥从此华人当可安居矣

十二日卯刻稍见细点晴

查光绪八年英国购中国茶计一万一千四百四十六万磅购印度茶计五百四十九万磅至光绪十七年则购中国茶五千二百万磅已减过半购印度锡阑茶一万五千万磅已加至三十倍盖缘茶树至三年后其味即劣印度锡阑能于三年后另植故仍佳也中国如能讲求则不让印度矣

十六日晴

因查中国于洋酒入口无税乃至鸦片入口其税亦轻李傅相稍议增加英使威妥玛即肆挟持非李鸿以坚定持之几为所夺矣

十七日晴

闻秋初俄国兵船于浙江宁波招宝山海口外测量海道嗣又有英国德国兵船亦至该处测海云

卷十三

光绪十八年十月初四日晴

美绅言明年美国水师大会据驻华公使田贝已接中国总理衙门照会云中国海军新创驾船员弁尚未深谙海线碍难赴会云

初八日晴

初六日伦敦来电言中国漕粮由沪运津不准英船装运以为有违中美一千八百八十年之约中国政府以为美废约而禁华人中国此约亦废英廷遂询诸美外部外部以为禁华人事只废约中一款并未废全约云

因按此美外部欺饰之辞也美废约中准华人来美一款中国亦废准美船运粮一款中国之理甚正也且美首先废约而中国即废全约其理亦至正也虽然因尚有进于是说者美英于内地货物由彼运此均不准他国之船揽载由沪运津皆中国内地也例应禁也非他国所能干预也

光绪十八年十一月二十一日晴

因查海面风浪难得静时浪不静则船不相蹝或碎或散故海面不能添煤而必须泊也然人之聪明无限船之用帆者既易而为轮矣岂两船竟不能使相近耶如其能成则英法两国之到处踞埠者不如此之随处有煤我国方兴海军本境之外实无一埠但学其法则不虑无煤矣

光绪十八年十二月十八日日晴

美国新式铁舰名威稣魏阿士其式独异中有气炮三尊专放炸药弹子此种气炮向有武员决其不能命中故水师部特派员一一试验近日验得该炮出弹正直于三四里之遥命中甚准尚拟再验如始终如一则水师部拟照式再造一二艘云

因查光绪十年直隶广东均电美使馆属购气炮终以不能试验未成五年后英国曾购一尊美国亦间有置于战舰者而究未闻试验命中今居然命中矣因又考从前中国定购立合同时四寸径者弹及六七里六寸径者弹及八九里八寸径者弹及十里盖至小者亦不止及三四里矣今仅及三四里如八寸径者则不符甚远即四寸径者亦照原议减半然则购办军装可不慎哉

十九日晴是日封印中夜雨雪

上议绅英吉利士来见款以茶烟谈最久询中国民数最多每年入款若干因答以近一万万绅曰何以少耶因曰中国不言利故税甚薄取之于民者甚轻绅曰中国入口税轻故外国以中国为利薮而中国之工艺多失业美国税于本国之民亦薄且出口之货并不收税惟重税入口之货及无益之物耳

卷十四

光绪十九年正月初二日雪

查光绪初年中国货物运入美国者每年白米二百零五十三万三千包【每包五十磅】生油八万三千二百八十箱【每箱八十磅】杂货四十五万一千九百五十件洋烟四千五百九十箱【每箱五百两】至光绪十七年则白米六十六万六千五百包生油三万三千九百一十箱杂货一十四万七千三百一十九件洋烟一千五百六十二箱

因按米每包五十磅每磅征银二分合银一圆二百零五十三万三千包即征二百零五十三万三千圆洋烟四千五百九十箱每箱五百两即征银五百圆共征银二百余万圆此二项者已征银七百余万圆益以他项之税当可过一千万圆中国所征入口之税统各国而计之不上银二千万两美国所征于中国一国者已如是其多宜其足用也至近年之米入美口者较前仅六分之一洋烟则三分之一又可见粤人之嗜好焉

十八日晴

美国驻华兵舰名麦林巡海至珲春查得俄主之于珲春埠极意经营不惜巨赀筑城浚濠次第兴举其造西比利亚之铁路亦为将来疆埸之事使彼德堡与珲春声势相连大约五年之内必可成功珲春炮台水师兵房均不准外人往观故不得其中详细该埠之兵四千人皆按日操练可称劲旅埠外有兵舰六艘驻守云

光绪十九年二月初七日晴

因查春坎炮弹自上落下恒以炮口之斜度为落下之处之度冲船之冲必熟审两船相距之远近作势然后可洞敌船之胁惟海面寥廓目力失常以意度之殊不足准有镜测量自有把握矣赏以金牌所以劝后也

十九日晴

未刻江海关来电汇到经费外部葛礼生订见因偕翻译往见外部言盖力所定之例太苛拟商户部通融办理以期两国和好

二十二日小雨仍霁

美驻各国公使及随使人员因详考而志之其公使之俸不同者以所驻之国事之繁简不同也……同驻一国而俸之多少亦不同如驻上海香港之领事则五千圆驻福州厦门广东镇江汉口天津者则三千五百圆驻宁波者则三千圆盖量地而用人即量材而受禄禄之丰杀视其缺之繁简而分其不强同者正所以求其当也

光绪十九年三月初九日晴

因按光绪十年中法开衅粤省于美国购黎枪美厂不敢运粤仅交香港台湾所购之枪将到时为法国兵舰追查乃尽弃之海中则缓急难恃之证也方今边防日亟偃武无期枪炮兵船水雷诸械购自外洋有限锱铢去而不返漏卮之弊长此安穷譬如久病之人元气日亏体质安能强健美国所策其有所见于斯乎

初十日小雨

因查日本商船向往来上海长崎横滨近年至檀香山又至美国之金山渐推渐远商务渐扩矣

十九日晴午后大雨

因闻美商欲于大西洋分欧洲各国轮船之利不令独揽利权正筹集股创设轮船公司而德和两国已先为之所谓明者所见略同欤又查中国土产苦于出口税重不能与各国争利而又无出海商船以致运载之利又为异国

所专即近邻如日本者两国通商人民货物往来亦仅由日本之船而无中国之船日本自谓与中国通商所获利者甚巨此共闻共见也

卷十五

光绪十九年四月初五日晴

江海关来电云二万库平绢

十五日阴雨申后见日晴

兹闻巴西政府拟派使赴中国并设领事招工现有富商嘉莱尔由金山附船往中国拟招工数万名载回巴西分拨各寮云

因按前此卡拿大轮船公司来谒言将为巴西国赴中国招工请为行文当路

十六日晴

因按海军管驾机器诸职固有水师学堂教育之矣然欲其谙沙线习风涛实非久于海舶者不能也英之商船法之渔船其数皆甲于他国实备兵舰之所取材其人毕世以航海为事童而习之壮而行之不知其苦而常觉其乐有不可一日离者真所谓少成若天性习惯成自然矣因生长山村见入山采药为业者其行削壁悬崖如履平地望者寒心而采药者不以为险值粤匪之乱见黑龙江马队之剿贼其人与马一气呵成进退周旋无不如志因尝询其颠摇之苦罄控之能彼则曰乐此不疲无所谓苦也从心所欲无所谓能也询以所乘之马倘为枪炮所伤能步战否彼则曰无马则无命矣然则其人与马固已合而为一宜其善于马战也中国方兴海军而商船无出海者往来津沪不足为大洋也闽浙津粤亦有渔船而少有度重洋者然则此项人材似宜早为之计矣

十七日雨

十三日香港来电言墨西哥国在中国招工现中国地方官已出示严禁俟中墨两国有约后方准兴办以招工之事墨洲各国当其需工孔急始则恐华人之不来及见华人来者日多又欲驱华人而使去美国之事即前鉴也故严禁华人出洋云

因又查泰西各国于入口之税均可任意轻重非若中国之一成不变变则外国挟持之也中货入美纳入口之税有过于成本者有值百抽六十者准以中国所收入口之税几至十倍二十倍此亦不可不先订者此三者订明后患必少庶几中国可稍纾人满之虑而外国可不效驱逐之尤如果华民出洋而身安中国地产之出口者必日多而银钱之漏卮者必日少亦救时之一策焉

二十三日晴

近日华盛顿省关吏查出域多利轮船名海代者常私载华人及洋药由卡拿大偷入美境讯出上年十二月十六号曾运入烟膏值一万圆华人八十五名今正九号运入烟膏值一万八千圆华人三十三名二十四号运入烟膏值银三万圆华人五十六名二月十七号运入烟膏值四千圆华人十七名关吏已将该船扣留矣

二十五日晴

因谨按周礼冬官言智者创物创诚未易言也泰西之创轮船近百年矣其初创数十年犹不适于用也兵船之铁甲亦屡更改铁甲易而为钢甲钢甲易而为康邦康邦今又易为白铁【即尼克尔】求其坚而又坚也昔中国向德国船厂所造兵船英厂诋之其实制造之理精益求精欲其毫发无憾必不能也海虫附著船底减行船之速力十

年前已闻之当时谓有一种药物抹于钢面可以却之今久不闻用岂其用之而不效欤然则事非亲历诚未易言也

光绪十九年六月初三日晴

阿利干省律师于前月十六日来电言有华人六十五名乘船潜入美境为税关巡差所获搜其船载有烟膏华人均无护照乃没其船入官查拘船主归案定罪而船主已逃逸华人不能登岸又不能乘原船而返且无人供给饭食请速设法因即请梅律师往见户部户部随电该省饬令据实函覆昨日覆到即咨外部外部故订晤商葛礼山日本大臣言不拘拿监禁驱逐华人此等华人即在盖力例所定拘拿监禁驱逐者地方官已不肯行顾华人辄以资粮俱绝为辞美政府安能给以川资供其衣食贵大臣既为诘问请作如何处置因答曰华人既带烟膏非尽落魄之辈应由地方官查明可入境者准其入境不可入境者令其折回勿令进退维谷葛礼山曰华人无便船载回亦无去志又无护照入境不能去又不愿除非贵大臣出资给其衣食为之筹资派员押送出境方不失所因思此事万不能行川资一项约银四千五百余两尚可为措派员押送如其中路脱逃嫌于失信且似同谋又此例实不可开华人之由卡拿大各处潜入美境者每年七八千人卡拿大政府每名收身税银五十圆岁至数万以后如均由本使馆送回其费需银五万两安能为继遂答以中国本不准华人潜入美境且贵国开议院在即请熟筹之给资押送一节应毋庸议葛礼山颔之遂辞出

初九日阴辰刻小雨仍舜

戌正接上海口电云钦差从官眷属跟役共八十二人附加力来美请照会美政府

卷十六

光绪十九年七月初八日晴

查光绪十八年中日两国互市日本入中国货物值银六百三十万两较上年增银五十余万两中国入日本货物值银一千二百万两两相比较中国实多入银六百余万两商务渐盛矣

因查十年以前日本兵船胜于中国故有台湾之役日本商务亦胜中国中国招商局轮船初到日本日本畏夺其利即肆诋毁今阅十余年商务军务已驾而上之者何也中国地大物博向也不言功利一变计焉如有本原泉扩充固易甚也日本之功效如郗夫人所言倾囊倒箧而出之者本难为继也

二十一日晴辰刻雨

因按欧洲各国以商为本断无有不恤商者掳商船之谋所以遏敌国之轻易开衅也往年拿破仑第一禁各国与英通商英人亦禁各国与法通商由其兵力足相抗也中法越南之衅法以兵舰阻中国漕船无以抵制遂至竭蹙美国此举其为未雨绸缪也夫

光绪十九年八月初四日

午刻上槎那轮船眷口共五人何汝霖随行领事黎等送上船舟行向西每日约行一千二百至三百里甚稳

出使英法义比四国日记①

卷一

光绪十六年庚寅正月十一日记

光绪十五年四月福成奉出使英法义比四国之命……方拟于十二月十四日乘坐法公司扬子轮船启行已购船票矣忽接前任出使大臣刘芝田中丞来电云德法时疫正盛英亦传染望明正起程为妥同时李傅相亦接是电遂为电奏请旨接准电开奉旨李鸿章电奏请旨已悉薛福成著准于明正起程钦此因复居沪静养一月购定法公司伊拉瓦第船票以是日戌刻登舟眷属同行者内子与第二女也参赞则候选知县许珏静山随员则廪贡生顾锡爵延卿举人赵元益静涵直隶候补县丞钱恂念劬优廪生张美翊让三浙江候补盐大使杨振镳叔平江苏候补县丞沈翊清逋梅候选通判左运玑子衡候选府经历潘承烈景周翻译学生则举人胡惟德馨吾候补千总王凤喈仪亭附生王丰镐省山同文馆学生世增益三监生郭家骥秋坪供事则候选直隶州王锡庚鹏九武弁则赵占魁王铎也其余尚有家人二名庖丁二名成衣一名整容一名女仆二名婢一名复有参赞二品顶戴分省补用道黄遵宪公度翻译候选直隶州知州那三华祝籍隶广东随员内务府员外郎联豫建侯赴粤省亲皆订明在香港守候随员补用直隶州知州王咏电子裳在丁忧期内订明俟明年服满出洋学生举人陈星庚钧俟俟会试后出洋伊拉瓦第船能载三千五百三十二吨在公司船中号为中等其大者能载四千三百吨闻法国公司船在中国海而者共有十余号约计成本五六百万金揽载客货所入尚不敷所出由国家每年津贴一千三百万佛郎盖其意在练习水手俾熟谙海道沙线为用武之备也伊拉瓦第一作伊鲁埃提又作厄勒瓦谛即缅甸大金沙江之别名在暹罗湄南河之西印度恒河之东南流入马尔达般海湾法公司船大抵以地球诸大江为名如扬子等船是也船长一百二十七法尺【每一法尺即一迈当合工部营造尺三尺有一寸】广十三法尺有半马力二千四百匹气力【气力即压力】得马力四分之一吃水七十二法尺每一点钟行十四海里【每三海里抵中国十里】船主布礼戴乃法国水师中之有官级者派充公司船主其管事及水手等并系水师中员弁兵士俾在海面练习风涛沙线驾驶测量等事其用意亦深矣法公司船行澳大利亚及马达加斯加者八行中国日本者十三行安南者五行大西洋者六行地中海者二十五共五十七艘已有船名造而未成者五艘

十二日记

晴已初展轮已正二刻出吴淞口南行申初入浙江境望见诸岛西名果腊夫【近普陀山】船主至此始自能识涂不须引港人矣西正过镇海口两出对峙形势自雄舟右视虎蹲山塔灯甚近入夜风浪较大

十三日记

晨微雨午后晴午前舟颇簸荡晕者吐者较多舟南行偏西二十七度午正在赤道北二十六度三十一分北京偏东四度八分【即巴黎偏东一百十七度十七分】戌正初刻舟右诸山绵亘已抵福建泉州境盖当台湾之西北云自昨日午正至本日午正共行三百三十二海里寒暑表六十三度【每日寒暑但记午正】

十四日记

晨大雨午后晴风浪平静辰正过汕头已刻舟行偏西七十四度舟右诸山隐见午正在赤道北二十二度四十八分北京偏西一度二分【即巴黎偏东一百十三度五十七分】自昨午至本日午正共行三百四十一海里寒暑

① 〔清〕薛福成撰，据清光绪十八年铅印本。

表六十七度复行一百二十七海里戌正抵香港下碇在赤道北二十二度十五分北京偏西二度十七分由上海开行越六十点钟而达此计程八百七十海里香港与九龙山对峙山势四面迥抱极占形胜英人以为绝好哈勃涎睨已久哈勃者译言航海避风处也道光壬寅年为英所据初祗一荒岛耳周围仅数十里英人招徕垦辟尽力经营遂成巨埠洋楼攒倚山岭如蜂窝有上环中环下环之名其内大街名维多利亚尤为贸易总汇瓌货骈集阛阓云连居民凡十二万人船户三万人综计十五万人内西洋人仅有三千其余皆华民也又水陆操练兵三千由英调来香港为闽粤逋逃薮虽与粤垣相距咫尺而华洋隔绝中国官不能拿问必须设一领事官严缉奸宄保护商民既合公法最于中国公事有益然前任使臣屡争之不能得也此事当相机待时而行之

十五日记

晴寒暑表七十四度翻译那三华祝随员联豫建侯由粤省来登舟余遣那华祝世益三先赴英总督署中告以将订时往拜午正二刻英署以小火轮来迓抵岸英兵约七八十名排队作乐为礼炮台声炮十五以轿迎余至署余与总督傅卫廉相见各道寒喧数语傅君言仰慕已久渴欲一见并言驻港二年身体不甚舒畅拟附下次法公司船回国养病申初三刻傅君率将弁澳屏翻译官梅埃来船答拜坐谈片刻款以酒果而散香港有学堂有监牢郭筠仙侍郎已记之又有兵房有大花园有博物院随员等皆往观之香港对面有船坞似另建一小岛上盖与九龙山相近余欲往观而未得暇望见之焉

十六日记

晴寒暑表七十四度参赞黄遵宪公度携一子一仆由嘉应州来登舟午正一刻开行未初二刻出口风顺船平水见黑色

十七日记

晴风顺浪平舟行偏西一二十度昨夜已过琼州已正入越南境自昨午至今日午正共行三百四十三海里寒暑表七十四度在赤道北十七度二十五分北京西五度二十四分水见翠蓝色日本人重野绍一郎与学生王丰镐谈据称日本驻法公使曰田中不二磨驻英公使曰河濑真孝日本国皇名睦仁

十八日记

晴风顺浪平舟南行偏西一二十度水见绿色辰刻后舟右诸山或远或近连绵不断者数百里其崖皆童其土或赭色午初所过者曰平顶山属越南顺化府境自昨午至今日午正共行三百五十四海里寒暑表七十六度在赤道北十一度四十九分北京西七度十二分巴黎东一百六度五十七分未初过白大兰海角【洋文译为派达姆角】有大鱼在舟右约十丈外浮沉隐见傍船而行䮞然跃起长三四丈扬鬐喷沫有自得之意或曰轮船行处必有小鱼随之俟船上掷下食物而食之此鱼大者盖来食小鱼者也或曰昔安南有王子溺水两鲸鱼翼而起之由此土人奉鲸鱼为神相戒不敢捕故鲸鱼尤大斯殆鲸鱼也亥初舟右见塔灯盖距西贡口近矣

十九日记

晴子正进西贡口舟折而北西望水面数十里沙水浅阻不能畅驶惟顺东岸山麓曲折缓轮而行入日里许半山凹处有法国兵房炮台颇占形胜寅初二刻停泊码头自昨午至进口共行二百三十二海里由香港至口共行九百十五海里又行十五海里而停泊焉土人云此口有七十二湾与大沽口彷佛其盘旋极狭处祗容一轮法人于此睥睨已久咸丰同治间越南杀教士之案起法兵舰始往攻顺化不克而退遂入此口凡启衅两次割地六省设西贡总督治之越南有此险而不能守宜其弱也西贡出口货为麻豆米糖锡象牙胡椒棉花榆树檀香石油树膏槟榔玉桂燕窝进口洋广货鸦片茶叶而洋广货为大宗上年价至洋银八十万员民奉天方教者【即回教】居多土人男女蓄发跣足女子长衣窄袖颈足饰圈镯喜食槟榔居民二十万内有华民五万印度人数万其余皆安南土人法驻

防兵三千炮兵四百越兵一千二百法商二三百人马路四辟洋楼毘连距此十四有巨市曰堤岸粤人贸易之旧街也土人惮与洋人往来必藉粤人居其间故土货广货荟萃于斯乃开铁路以火车载客每一时往返一次余先乘马车往游大花园地极宽广树木苍老多百年物广蓄禽兽水族百余种有虎豹狨熊猩猩象猿狸狼羊鹿田鼠山猫箭猪袋鼠孔雀鹦鹉鹧鸪鹤鹰鹅鹤鳄鱼穿山甲之族其花木则有木棉秋海棠梅榆蕉竹槟榔之族法人自得越南后以西贡巡抚辖南圻六省设东京巡抚辖北圻十三省又设一巡抚名为保护越南辖越南十二省而柬埔寨一国已服属于法亦设一巡抚名为保护柬埔寨辖五十州其原设之西贡总督则改为总督四处往来西贡东京之间该总督现往东京余乃于午后带那世两翻译往拜巡抚逮暖【一译作淡能尔而法馆翻译则呼之曰达大人】逮君先遣其武员以马车来迎复导游花园及总督署然后与逮君相晤须臾即来答拜各叙谈片时而别逮君人颇诚悫惟接任未久不娴外务并未声炮相迎为失礼焉余固谅其非有意慢余也戌刻香山人道衔兼办招商局务张霈霖以马车迎余及参随等赴堤岸美南楼聚燕述西贡近事颇详霈霖字沃生居西贡三十年以商致富有十子两子已举于乡沃生为人诚笃款中国过客尤殷挚云西贡在赤道北十度四十六分北京西九度四十六分进口港与澜沧江下游【一名柬埔寨江】平行相距甚近其地旧名柴棍西音译转为西贡而越南土音谓柴曰堤谓棍曰岸故其内街又名堤岸有公所五曰广帮潮帮琼帮嘉应帮闽帮凡华民五万而分居法属各省者尚有二十余万人土产以米为大宗余则燕窝鱼肚槟榔豆蔻等物法人征税凡六项曰进口税地基税招牌税身税贸易税房税华人身税分三等上等每年八十五员次四十员次九员半出口货无税惟米有税每石洋银一角半上年出口米至一千八百万石之多而鸦片烟税每年征一百二十万员酒税每年收六十万员柬埔寨有五十州地约二千里从前入贡越南暹罗两国在西贡之西暹罗之东今法既设官保护几已夷为法之属地国王坐食廪禄而已土产多鱼米棉花象牙犀角豆蔻之属柬埔寨国土音转为金波乍国又因金波之音转为金边国或曰该国建都金边埠因其俗尚佛教多建高塔饰之以金故又名金塔国亦曰甘孛智国实即古之真腊国也又因地产棉花土名高棉国而地图或遂讹写为高蛮国由西贡至柬埔寨轮船二日程由柬埔寨至暹罗轮船四日程

二十日记

寅正一刻展轮辰正二刻出口舟南行偏西十五度午正寒暑表八十度船左见小岛数座自展轮至午正行九十九海里在赤道北九度二十九分北京西九度三十二分未初舟右见山盖柬埔寨角也船在西贡添法国换防回国兵百五十名皆居三等舱盖彼戍兵二年一换班也兵头袖口有金线四条是日晴风逆舟荡午正阴

二十一日记

晴风顺船平寒暑表八十六度自昨午至今日午正行三百四十五海里在赤道北四度四分北京西十一度十一分【巴黎东一百零二度四十七分】偶阅瀛环志略地图念昔邹衍谈天以为儒者所谓中国者乃天下八十一分之一耳中国名曰赤县神州赤县神州内自有九州禹之所奠九州是也不得为州数中国外如赤县神州者九乃所谓九州也于是有裨海环之人民禽兽莫能相通者各为一区乃为一州如此者九乃有大瀛海环其外为天地之际焉司马子长谓其语闳大不经桓宽王充并讥其迂怪虚妄余少时亦颇疑六合虽大何至若斯辽阔邹子乃推之至于无垠以耸人听闻耳今则环游地球一周者不乏其人其形势方里皆可核实测算余始知邹子之说非尽无稽或者古人本有此学邹子从而推阐之未可知也盖谕地球之形凡为大洲者五曰亚细亚洲曰欧罗巴洲曰阿非利加洲曰亚美理驾洲曰澳大利亚洲此因其自然之势而名之者也亚美理驾洲分南北中间地颈相连之处曰巴拿马宽不过数十里皆有大海环其外固截然两洲也而旧说亦有分为二洲者即以方里计之实足当二州之地是大地共得六大洲矣惟亚细亚洲最大大于欧洲几及五倍余尝就其山水自然之势观之实分为三大洲盖中国之地东南皆滨大海由云南徼外之缅甸海口溯大金沙江直贯雪山之北而得其源于是循雪山葱岭天山大戈壁以接瀚海又由瀚海而东接于嫩江黑龙江之源至混同江入海之口则有十八行省盛京吉林朝鲜日本及黑龙江之南境内蒙古四十九旗西尽回疆入城暨前后藏剖缅甸之东境括暹罗越南南掌柬埔寨诸国此一大洲也由黑龙江之北境讫瀚海以北外蒙古八十六旗及乌梁海诸部西轶伊犁科布多塔尔巴哈台环浩罕布哈尔哈萨克布鲁特

诸种自咸海逾里海以趋黑海折而东北依乌拉岭划分欧亚两洲之界直薄冰海奄有俄罗斯之东半国此又一大洲也雪山以南合五印度及缅甸之西境兼得阿富汗波斯阿剌伯诸国土耳其之中东两土此又一大洲也夫亚细亚既判为三洲余又观阿非利加洲内撒哈尔大漠之南有大山起于大西洋海滨亘塞内冈比亚之南境几内亚之北境尼给里西亚及达尔夫耳之南境延袤万余里直接于尼罗江之源此其形势殆与亚洲之雪山葱岭界划中外者无异尼罗江又曲折而北以入于地中海是阿非利加一洲显有南北之分矣今余以志略所称北土中土者谓之北阿非利加洲志略所称东土西土者谓之南阿非利加洲此又多一大洲也而南洋中之噶罗巴婆罗洲巴布亚诸大岛则当附于澳大利亚一洲夫然则大九洲之说可得而实指其地矣虽其地之博隘险易不同人民物产之旺衰不同然实测全地之方里谓其八十倍于昔日之中国自觉有盈无缩所谓裨海者若红海地中海皆是矣即有沙无水之瀚海亦可谓之裨海即中国东隅之黄海渤海有日本三岛障其外亦可谓之裨海是裨海与大瀛海殆一而二二而一者也而彼所谓大九州者在邹衍时岂非人民禽兽莫能相通者乎至于禹迹之九州要不出今之十八行省若福建广东广西贵州诸省则禹贡并无其山川今以置余以上所叙一州之中约略计其方里要亦不过得九分之一然则禹迹之九州实不过得大地八十一分之一而禹贡所详之一州又不过得大地七百二十九分之一其事殆信而有征也舟中无事覩大海之汪洋念坤舆之广远意有所触因信笔书之

二十二日记

丑正到新嘉坡停轮候潮卯正进口泊码头在赤道北一度二十分北京西十二度三十八分自昨日午正至此行二百海里距西贡六百三十七海里领事官盐运使衔分省知府左秉隆子兴率其侄随员即选知县左棠树南来谒御亮纱袍褂纬帽翎扇据云终岁衣服如此……酉初一刻启椗炮台相距较远遥望见冒白烟风又不顺谛听似有十数声是日晴午后雨即止寒暑表九十二度

二十三日记

晨雨旋晴风微舟平寒暑表八十六度自展轮至今日午正行二百六十二海里在赤道北三度二十九分北京西十六度十五分【巴黎东九十七度五十四分】舟向西北过马六甲海峡盖右马六甲而左苏门答腊也水见淡蓝兼黄色

二十四日记

黎明薄雾频响气筒不一刻即出雾界舟西北行午正在赤道北五度四十七分北京西二十一度四分【巴黎东九十三度五分】自昨午至今日午正行三百四十一海里寒暑表八十六度船右见山树木葱翠洋人名之曰渭船左岛上有塔灯乃苏门答腊之西北尽处西名勃腊司也过此入印度洋矣是日晨大雨旋晴屡逢阵雨风逆舟荡

二十五日记

乍雨乍止舟指正西风大舟甚荡呕者极多寒暑表八十四度昨午至今午行三百三十一海里在赤道北六度四分北京西二十六度三十一分【巴黎东八十七度三十八分】余与同人谈及昨所经之香港新嘉坡等埠五六十年前皆荒岛也洋人藉经营商务辟荒岛为巨埠而英人尤擅能事以英人于商务最精也当缔造之初必审其地为水陆要冲又有泊船游风之澳有险要可以扼守有平地可以建屋于是招致商民创辟市廛未几而街衢桥梁阛阓园林无不毕具又未几而电线铁路炮台船坞无不毕具寖至商税之旺民物之殷辄与中国之上海汉口相颉颃夫商为中国四民之殿而西人则恃商为创国造家开物成务之命脉迭著神奇之效者何也盖有商则士可行其所学而学益精农可通其所植而植益盛工可售其所作而作益勤是握四民之纲者商也此其理为从前四海之内所未知六经之内所未讲而外洋创此规模实有可操之券不能执中国崇本抑末之旧说以难之因思神农氏日中为市交易而退各得其所以王天下齐太公劝女红管子正盐筴而诸侯敛袂朝齐是商政之足以奔走天下古之圣贤有用之者矣盖在太古民物未繁原可闭关独治老死不相往来若居今日地球万国相通之世虽圣人复生岂能不

以讲求商务为汲汲哉

二十六日记

乍雨乍晴舟仍西指风微舟稍平寒暑表八十四度昨午至今午行三百十三海里在赤道北六度七十七分北京西三十一度四十八分【巴黎东八十二度二十一分】

二十七日记

晴风小舟平丑正过包恩得葛拉【似即曾侯日记之巴德夹】印度之东南境也卯初舟右见来无塔灯盖锡兰东南境山峦起伏障海而西午正抵锡兰岛之克伦伯【一作格仑坡曾侯日记谓应作科郎埠】自昨午至此行三百五十三海里寒暑表八十七度埠无码头檥舟海中锡兰一岛长二百五十英里阔百五十英里周围得二万五千方英里人丁二百五十万克伦伯其大埠也距新嘉坡一千五百九十七海里人丁二万有奇种类约有六等英吉利人新格里人印度人【一名探末尔一名麻矮司】新嘉坡人荷兰人惟新格里人最旧昔有新格里王居开殿城初为葡萄牙所吞并继属荷兰嘉庆元年英又夺踞之

二十八日记

子初开行至午正行一百七十五海里在赤道北七度三十二分北京西三十九度三十一分【巴黎东七十四度三十八分】是日晴风小船平寒暑表八十四度

二十九日记

晴寒暑表八十三度昨午至今日午正行三百三十九海里舟西北行浪静风微海天如镜午正在赤道北八度三十一分北京西四十五度二分【巴黎东六十九度七分】

二月辛未朔记

晴西行少北舟平如砥寒暑表八十三度昨午至今日午正行三百四十海里在赤道北九度四十九分北京西五十度三十五分【巴黎东六十三度三十四分】

初二日记

晴西行少北风小船平寒暑表八十一度昨午至今日午正行三百四十海里在赤道北十一度十二分北京西五十六度八分【巴黎东五十八度一分】

初三日记

西行偏北昨午至今日午正行三百四十六海里寒暑表八十一度在赤道北十二度三十四分北京西六十一度四十八分【巴黎东五十二度二十一分】舟左傍沙各脱腊山【使西纪程作苏克得拉岛】是岛亦隶英国长六十洋里阔二十洋里土著约四千人俱阿剌伯种也山脚有一德国轮船搁滞浅沙几及两年规模尚未全损西人因言由此山起至阿非利加之山角【名曰嘉特分】止海底沉沙倏忽聚散行船者俱有戒心焉是日晴夜半舟微荡

初四日记

舟指西北水深蓝色昨午至今日午正行三百三十九海里寒暑表八十度在赤道北十二度四十五分北京西六十七度三十九分【巴黎东四十六度四十分】海面两飞鱼飞入舱中长不盈尺背有两翅吕氏春秋雚水【注雚水在西极】之鱼名鳐其状若鲤而有翼殆即此耶是日晴风小舟平

初五日记

寅正抵亚丁湾进口下椗在赤道北十二度五十二分北京西六十七度三十分【巴黎东四十六度四十分】克伦伯至此计程二千一百十七海里由昨日午正至此行二百三十八海里童山不毛奇峰壁立水深绿色英人建屋东南山麓为往来舟舰接济煤水之所本阿剌伯海口山后故城在焉道光十八年【西历一千八百三十八年】为英人所据缔造经营建炮台三座于山上开山凿径由山脚以至山顶盘旋曲折筑石城设铁门置巨炮徙印度犯罪人于此令修炮台山顶有蓄水池近行蒸水之法以海水化为淡水焉……海面有沉舟一名爱纳特者去年七月法公司两船相碰失事于此而其一无恙云辰正大雨约一刻止闻此间从前二三年一雨今则半年一雨而余此日独遇雨焉殆偶然欤自西贡至亚丁土人皆驾独木小舟并见群儿戏游海面如鱼如蛙因郭侍郎纪程曾侯日记已详著之故不复赘午正寒暑表八十五度酉初启轮子正入红海口海颈名勃白尔门又名哭海颈【中国地图日流泪门】两山南北矗立以海面望之约三洋里然水底皆有礁石中间可行者仅一洋里也由欧洲入中国者此颈坏船最多故以哭颈名之南山名丕立姆英人亦设炮台有兵百余扼守兼设塔灯二座行五六洋里？入红海两边尚见岸左阿非利加而右阿剌伯也

初六日记

晴风小舟平寒暑表八十三度午后八十七度开轮至午正行二百八十九海里舟右见小岛突出海面皆沙石无草木午正在赤道北十五度十八分北京西七十四度三十四分【巴黎东三十九度三十五分】海水不见红色仍深蓝色两面不见涯岸

初七日记

晴寒暑表七十九度最凉时七十三度昨午至今午行三百三十三海里在赤道北二十度北京西七十七度三十七分【巴黎东三十六度三十二分】入夜风大浪涌

初八日记

晴舟指北少西东北风大颠簸殊甚寒暑表七十三度最凉时六十九度旧云红海炎热而此次气候独凉盖因北风来自欧罗巴也倘南风从阿非利加而来必热矣两洲空气冷热悬殊风之激荡挟空气以俱来也昨午至今日午正行三百零七海里在赤道北二十四度二十五分北京西八十度十六分【巴黎东三十三度五十三分】自入红海以来两边并不见岸海水由深蓝变深青色日光所映翻出波浪亦间有似淡红色者惟谛视之则非耳偶与黄公度谈及美国限制华民之事公度言前为旧金山领事时查银行汇票总簿华民每年汇洋银至广东者多则一千五六百万员少则一千余万员四年扯算每年洋银入中国者可一千二百万员然此仅就旧金山言之耳他如古巴秘鲁西贡新嘉坡及南洋诸巨岛华民不下数十百万其商佣所得之银输回中华者奚啻数倍于是盖近年通商以出入货相准华银每岁流出外洋者约二千余万两惟出洋华民商佣所得以之相抵尚觉有赢无绌近闻新金山有华民四五万英人援美国之例亦有限制苛待之意此事终恐棘手必不得已只可另筹抵制之法

初九日记

子初过来北赖灯塔辰初过阿要腊非灯塔已进苏彝士海湾矣船左右皆有山罗列直接至新开河止海面阔仅十余里或二十余里不等昨午至今日午正行三百二十海里寒暑表六十八度午后七十五度申刻后日光斜照浪无微纹如蕉之翠如镜之清时有水母浮沉海面此处为土耳其之埃及总督所辖埃及即麦西也麦西古称名国观其山水清华人亦明秀颇有江浙景象宜其开西洋文物之先声矣惟地多沙漠尚近红海之尾每东南风一起挟阿非利加之空气以俱来令人异常烦热耳午正在赤道北二十八度四十三分【巴黎东三十度三十九分】又行七十九海里酉初抵新开河【即苏彝士河】口距亚丁一千三百二十八海里有小轮舟来收进口税是船能容三千五百吨应纳税洋银七千员又船上约有人五百应纳税洋银一千员计纳八千四百余员合三万五千佛郎其费

可谓重矣然经理此河者费用亦巨河中挖泥机器船分布各段恐浮沙之淤积也岸旁电线相接十里设一电局见有来船则电告前船使停泊以相待以两船不能并行也又于江路窄处悬球于杆大如瓜以为表识与电线相表里者也入夜红绿灯沿河排列【红左绿右】恐黑暗不能见浮筒也所收之税除费用外各股主均分其利每岁不下数百万镑闻赖赛朴斯【一作里息勃斯】开河之时每股分票一纸五百佛郎者今已涨至三千佛郎矣戌初进河口【河长八十七洋里广七八丈深约三丈】亥初船主导观电灯及罗盘星图地图之属【从前禁止夜行近有电灯夜间并不停泊电灯在船首照耀可二三里】苏彝士埠乃新开河之南口也有市镇贸易颇盛距口八里通以钱路在赤道北二十度五十七分北京西八十三度五十七分埃及总督本属土耳其今立为附庸之国故亦称王岁纳贡税而已族及有海口三曰达每太曰苏彝士曰亚勒散得

初十日记

晴舟甚平寒暑表八十六度水翠绿色乍行乍止因来往舟甚多随处停避且缓轮而行夹岸沙滩昼时适值南风热气随风沙扑而令人躁闷难受此河之东为阿剌伯西为埃及地

十一日记

子正舟抵波赛【一作钵碎】亦名波脱赛德波脱译言埠赛德其地名也在赤道北三十一度北京西八十三度五十九分为苏彝士河之北口距南口八十七洋里是处有大湖出口即地中海也泊舟甚多居民约三万有奇其西为达每太又西为尼罗江口又西为亚勒散得按尼罗为地球大江之一与苏彝士河并行相距约九十洋里发源阿非利加南境盘屈曲折而入埃及北流入地中海盖天下大江以美之密昔昔比【一作密司失毕】为最长四千四百洋里入墨西哥海湾次南亚美理驾之阿美上入大西洋次尼罗江长三千六百洋里次俄之远尼舍入北冰海次中国之扬子江长三千三百洋里实中国之万一千里入太平洋停波赛三点钟寅初解缆入地中海舟指西北午后为薄雾所迷舟人测水浅深知西行太过复拨舵而东申初二刻始抵亚勒散德【埃及总督驻此】下椗在赤道北三十度九分北京西八十六度三十五分居民十万余人洋房毘连帆樯云集近岸处东西长堤各一以障风涛炮台塔灯参差罗列土耳其所属一大口岸也波赛至此约有一百八十海里寒暑表七十五度水翠绿色是日逢土耳其国王诞辰各舟皆满悬彩旗为贺酉初小雨即止展轮复行有公司行派运淡水来船之小火轮缆挂船尾未及解放被撞顷刻沉没幸未伤人足见行海之险

十二日记

晴风大舟荡向西北行昨酉至今午正行三百三十九海里寒暑表六十八度在赤道北三十三度三十四分北京西九十度二十四分【巴黎东二十三度四十五分】戌正舟右横山一带塔灯荧然乃土耳其之开恩特岛也【一作康第岛在希腊境外】自入地中海后水淡蓝色骤望之似黑色盖深故也日光耀之或作淡绿色入夜舟荡尤甚呕吐者十有七八

十三日记

晴东北风仍大昨午至今日午正行三百十六海里寒暑表六十一度在赤道北三十六度五分北京西九十五度五十五分【巴黎东十八度十四分】酉初风息船平

十四日记

清晨船向西北过枚息那海峡左为昔昔利【一作细细来】岛其巨镇曰梅新右为意大利之南省卡腊勃来【一作铅来勃山】其巨镇曰而爱及两岸皆山火车往来如织丛林滴翠楼阁参差岭头积雪未消舟人谓春夏之间花放满山香闻百里诚胜境也昔昔利岛之南约六十海里即英属之麻尔太岛其北一岛中有火山恒腾烟雾望之在舟之右昨午至今日午正行三百四十四海里寒暑表五十八度在赤道北三十八度四十五分北京西一百零

一度五十二分【巴黎东十二度十七分】午后大风雷雨约逾时止入夜风浪尤恶船倾侧时至二十九度半边轮盘但闻干响船外波涛震撼之声与船内器皿毁坏之声终夜不止令人心悸丑正过意大利之拿波利海口昔许竹筼星使由此登岸乘火车至伯灵拿波利西北一百二十洋里即意大利之罗马都城也

十五日记

晴黎明风渐息昨午至今日午正行三百十五海里寒暑表五十八度在赤道北四十二度四十八分北京西一百零六度四十一分【巴黎东七度二十八分】船左望见考息卡岛山颠积雪高与云齐乃法之属岛也入夜西北风大作同人皆惊晕呕吐狼狈不堪惟余尚无恙

十六日记

晴卯正抵马赛计昨午至今凡行二百三十二海里在赤道北四十三度十七分北京西百十一度七分距亚勒散得一千四百零八海里马赛开地最古考西历前五六百年希腊人由亚细亚而来者先至是处遂成都会以后法人得阿尔及耳【在马赛对岸隔地中海阿非利加地西一千八百三十年属法】而商务日盛开苏彝士河而帆舶又加多焉驻法二等参赞陈季同敬如由法馆前来相迓并照料一切辰刻登岸

十七日记

晴寒暑表如昨午后法国工部所派管理桥道工员二人邀余观马赛海口二人盖陈敬如友也余约敬如及黄公度许静山胡馨吾王省山同往车至河滨易小轮舟沿岸而西至老海口两岸炮台南北对峙一名纳可来一名其恩复折而北河面甚窄在新筑长堤之内过水栅四皆有铁桥机轮开合甚为便捷最后一栅河面较宽铁桥亦最巨系前年造成长七八丈阔二三丈重一千四百吨此为欧洲桥工之最大者以水压力运动开合中一枢纽铁练盘转桥即横亘余入观其机器房一人以羊角吹之机器即能吸水灌于桥下两大铁管练自运动桥即与之俱动矣百余万斤之力一人可以运之可谓至巧新筑长堤两道形如曲尺用障海中风涛两端一指西一指南长一千一百十丈以塞门土杂以小石筑成堤砌石街阔近一丈闻法人经营长堤铁桥用费一万二千万佛郎谓之新海口而老海口遂仅泊帆船矣自筑新海口后各国公司轮船以其停泊稳便多集马赛关税大旺岁入至六千万佛郎云又观起重机器亦用压水机器运转之水力至极处可标二百丈又观船坞不甚广大衹容四艘又至一山顶大礼拜堂山脚至顶共一百七十九级马赛全镇一览无余矣东南北三面皆山西面即地中海口外灯塔一座正对山之西颠离岸约五十洋里

二十二日记

辰正接受大清钦差出使大臣铜质关防并法馆文案卷宗余亦派参赞陈季同将木质关防一颗送交刘中丞接收以便带回呈缴总理各国事务衙门循旧章也

二十九日记

法与英隔海相望沿岸胪列炮台五处曰哈富曰白海士登曰削浦曰罗淑佛曰罗里温棱棱齿齿盖不特防英亦防俄也其南多郎临地中海各国舳舻往来要地防守更严其炮台分为三等一曰常练之台日夜防守者也一为有炮无兵之台临时调派者也一为有基无炮之台临时方造垒设炮者也海港内既有石坝临时填塞复有沉雷累累分布其台统共三十余座由海口环上山颠首尾相接

闰二月辛丑朔记

候补翻译武巡捕守备衔候补千总王凤喈前以出洋学生从陈荔秋星使赴美国学堂肄业八年英文英语皆能精熟又在天津水师学堂当教习八年去年咨调出洋派充武巡捕兼候补翻译讵意舟到锡兰时即因遇风寒抱

病及抵马赛病渐沉笃既到巴黎延医调治无效遽于是日申刻奄逝从行于数万里之外席未及暖一病不起良可悯也

初三日记

西国制造皆有验器之器大要船则验之驶行枪炮则验之演放机器则验之旋动惟锅炉不准试烧则以水代火验之验船之法以平水测定海里之地推其速率以指力表计其马力以涨表定其汤气涨力其至密者以实试侧度较其摆心重心距数

十八日记

查旧卷乙酉十月总理衙门奏明自办理海防以来一切军器各省委员赴上海等处购买洋行既居奇抬价或华人居中说合剥蚀愈多有以贱价收积年存货而诡为新制者有贱价贩自外洋而浮冒报销者若不豫杜弊端漏卮何所底止近来船只枪炮军火等物购自德美英三国之厂居多此皆有出使大臣驻扎请令各该大臣就其参赞随员内选派熟悉制造精通汽机之学者每国一二人平时常与制造厂讲求探讨各省有采买之件由该督抚筹款知照南北洋大臣转行出使大臣即饬专管此项之员径向该洋厂购办议价订限包运来华尤须出使大臣亲验是否适用以专责成并于上海天津等海口设局验收万一造成之际略伏瑕疵应由出使大臣亲验时驳回另造若运送抵华中途伤损即由海口验收局员指明具报或扣付价值或责包送洋人重修候南北洋大臣酌夺办理

二十日记

许竹筼同年于泰西制造之学励志研求上次出使德法诸国经办船炮故其考之尤详查旧卷竹筼于丙戌二月条陈海军船炮应办事宜一疏颇多精要之语兹录其大略云一大沽海口宜设铁甲炮船也西国巡海快船而外另有炮船一类其大者亦能行远小者专以往来浅水扼守口隘英国号曰蚊子船俄美等国护以铁甲号曰玛尼托耳船吃水不过十英尺内外船置巨炮或一或二力能洞击铁甲嗣德国以蚊子船无甲易为敌炮击毁玛尼托耳船系旋台旧式不合近制乃造威斯伯等船改用露台水线带之式法国近造胥塞等船亦仿其制盖海口阻浅之处敌人往往用吃水甚浅之船袭逼滩岸必有铁甲炮船游弋策应乃足增炮台之声援济大舰之不逮查大沽北塘一带距口二三十里间有拦沙界隔水深三四英尺潮汛大时亦祇十三四英尺现在新造甲船吃水最浅如济远者只能悬泊口外该处屏蔽畿疆形势最关重要而内日空虚不能收铁甲之用似非所宜拟请仿法德新制增设铁甲炮船六号或四号合以旧有蚊船四艘足成一军设遇战事以铁甲船快船鏖逐海中以炮船蚊船专扼内口并附近狙击庶几重关叠锁屹若金汤一铁甲船快船吃水不宜太浅也中国海岸不如外洋之深广船身吃水须有限制然所限尺寸取其可以收口而已若过于求浅则煤斤不能多装铁甲不能厚护汽机舱不能宽深船遇风浪摆侧较多放炮不易取准大沽海口仅容十二三尺之船若造外海战舰无论如何节缩断不能办至旅顺一口二十尺以内之船可以乘潮驶行近时拦沙挖深出入尤便此外烟台吴淞福州广州诸口则视旅顺为深是铁甲船快船吃水之数应但准旅顺口为度无庸过为缩减转致利不偿病上年七月间李鸿章致臣书商榷船制谓吃水不可深于十六尺至十八尺实斟酌得宜之论拟请嗣后造次等兵舰应限船载全重时吃水不得过十八英尺造一等战舰应略准定远镇远等船吃水之制则造船既得展舒屯船仍无窒碍固两利之术也一铁甲船式宜分别仿制也泰西铁甲竞求新制船式屡变其初列炮船之中腰周环以甲谓之炮房嗣于船面环甲为台下有机轮使台炮俱转谓之旋台其后又有水线带铁甲堡二式而改旋台为露台水线带者通船水在线下围甲如带也铁甲堡者船中腰围甲为堡前后参用穹面平甲者也近时渐有全用穹甲以兼快船之用者除穹面旧式不论外现式又分为二两旁为斜坡中作平顶高出水线以上者英船用之就平面为弧形其穹处略与水线相等者德船用之以上诸式旋台费甲过多新式长炮难于安置炮房不如台炮之灵便此二式者各国近渐停造其余三式则兼施并行各有所取惟作铁甲堡者费较水线带稍省作穹甲者欲增汽机之力则用英制欲取斜度之少则用德制拟请嗣后造船照外洋近用各式审择订制一海军炮位宜一律也西国从前铸造大炮皆用熟铁后乃以钢为内管熟铁为外箍英国阿姆斯脱郎厂最为著名但

钢铁殊性冷热涨缩不能融洽演用岁久或致箍管松离之病德国克虏伯厂始创钢管钢箍之法近阿姆斯脱郎亦改用钢箍并称利器惟二厂之炮后膛门塞各殊炮架用法全异其口径相同者以药弹速力参差度尺亦不能合一切测算之准演放之程迥若分门别户若一军之中船各异炮既难通力而合作亦恐迁地而弗良臣经涉诸国询悉义国则陆炮用阿姆斯脱郎船用克虏伯和兰则船炮新改克虏伯奥则小炮自制水陆大炮均用克虏伯方今整练水军炮为当务之急拟请嗣后兵船专用克虏伯炮而陆路参用阿姆斯脱郎炮使将卒得以专门练习至兵船应备连珠小炮旧有美之格林英之虏登飞二种口径太窄均不及哈乞开司之良嗣后亦应一律购配方为周密一船厂机器局制造宜由渐扩充也十余年来各省厂局讲求制造正宜开拓规模广营新制以为自强根本然谋之太亟亦有二弊西法制造全借机器而成一求其备则增购机器之款先已不赀其弊在于糜费铁甲船推测重心谋算速率虽本学术亦资阅历后膛大炮炼钢套箍洋厂各有秘法勉强为之不适于用其弊又在于无术窃计目前办法宜在外购料而自我举工宜就小者试为而后及于大者福建船厂造巡海快船均系铁胁木板现在外国新制多用钢铁以取轻利船之下舱另覆钢板以护汽机近时又有穹面之式宜令嗣后改造新式其钢板片角条等料仍暂在外洋购买无庸自制其铁甲宜用康邦式应暂与船料一并购买北洋前年在德厂购造鱼雷艇数号系令拆运到华雇洋匠合拢颇省运费若仿式自制当更简便该艇汽机精巧如厂匠未能猝办应订定速率暂在洋厂包造至快船铁甲船所用汽机如轮轴曲拐等件洋厂皆非一一自制试造之始如遇厂内机器不及应用者亦可酌量购买此扩充造船之大概也上海机器局曾仿阿姆斯脱郎式造铁箍钢管前膛大炮金陵局曾用熟铁仿造克虏伯式后膛小炮此类炮式外洋均已停造是各局造炮亦须仿制纯钢后膛方能得力查克虏伯自炼罐钢既秘为独得即他厂所用西门士与别色麻钢亦难骤精其法应就英法名厂定购钢料先造克虏伯式十生的以内后膛小炮必俟所造确有成效再造十二十五生的等炮再推及二十一生的以上之炮此扩充造炮之大概也至刷次考甫之鱼雷哈乞开司之五管炮及乌哈戚育司式之钢铜炮各种或工细而繁或需用非亟均暂无庸自制庶免骛博不精之失一山东之胶州湾宜及时相度为海军屯埠也外国屯扎水师必不与通商之埠同在一口则有事封港无所牵掣其规择形胜必取外口严密内澳深广盖先令我之师船屯藏安固乃可蓄锐以击敌船兵法所谓自立于不败者也西国兵船测量中国海岸无处不达每艳称胶州一湾为屯船第一善埠该处为大小沽河胶莱南河会流入海之处前明于此设立卫所东曰浮山所西曰灵山卫以资控扼其外群山环抱口门狭仅三四里口内有岛中峙实为天然门户周湾之地约数十里水深八九拓至四拓不等当烟台未开口岸时航海商舶凑集颇盛本非散地荒陬可比且地当南北洋之中上顾旅顺下趋江浙均一二日可达若酌抽北洋江南海军合以山东一军扎聚大枝则敌舰畏我截其后路必不敢轻犯北洋尤可为畿疆外蔽其胶莱南河与北河海口通连元时海运曾由此取道避成山大洋之险将来浚治淤浅使雷艇小轮船在内通行则与直隶海面号令策应更为灵捷溯自浙之温州以北至于青齐滨海各处非口门坦漫即港路浅狭惟该湾形势完善又居冲要似为地利之所必争应请渐次经营期于十年而成巨镇

二十七日记

南圻出产以米为大宗商务亦以米为关键岁产米除供民食外出口米价约可得银洋一千二三百万员均系运往中国与南洋各岛售米经华商手者十之八九故南圻米市之利华商独擅之法人论南圻事者有舍粟米无出产舍华人无生意之说米麦麻豆之外产皮革材水鱼盐木棉骨角毛羽漆丝靛椒燕窝鱼翅之类岁得出口价约洋银四百万员进口货以洋布鱼网为大宗次五金之属次煤次杂货

卷二

三月初四日记

余于本日率同眷属及参赞黄公度翻译那华祝随员赵静涵杨叔平供事王鹏九等乘马车至火车北栈遂登火车行二百洋里至葛赖【一译作坎来司又作加利】海口易轮舟渡海峡约一点钟零十分行二十洋里至英国之多甫【一译作都发又作渡浮】海口仍坐轮车行七十八英里抵伦敦之维多利亚车栈芝田中丞已在此相迓遂与同坐马车至使馆由法赴英渡海有两口一由葛赖至多甫仅行一点钟有奇峡稍窄而涛浪掀激船易颠簸一

由法之布伦海口至英之福克司敦约行两点多钟峡稍宽浪亦稍平

初九日记

刘芝田中丞启程归中国盖将由巴黎赴马赛登法公司轮船也

二十二日记

中国茶之到欧洲始于明万历四十年荷兰之东印度公司携归少许以供玩好国朝顺治八年荷兰始载茶至欧洲发售越十年茶市益行英京始立税茶之律当时甚为珍贵馈送王公不过一二磅而止又越三十年茶务益盛英京始多收茶叶之税

四月初七日记

自中国航海至欧洲凡海口紧要之地若香港新嘉坡锡兰亚丁等处无不为英人所扼据盖英人以通商为性命而又善审地势有水师以为之先导数十年间濒海要害之区几无不入其囊括者

十七日记

凡乘舟车自西而东不啻迎日而行亦即背日而行由上海东行经日本越太平洋抵美国之三藩谢司戈城【即旧金山】计程二万二千一百余里舟人测日度准时刻每日日递早十七分有奇上海午正三藩城已交戌正再由三藩城东行一万七百十五里抵美国之费地里费城则三藩城午正为费城申正较上海约差六时矣再由费城涉大西洋又一万一千七百余里为英之伦敦则费城辰初英已午正再由伦敦东行出地中海过新开河历红海渡印度洋抵香港而回上海计程三万六千七百余里则英始卯初上海已午正较费城亦约差六时水陆共八万二千三百余里故凡环行地球一周较之常住一处者必增多一日非真多也其按日时刻较短积之而赢一日也若自东而西环行地球一周不啻逐日而行较之常住一处者必减少一日非真少也其按日时刻较长匀之而缩一日也

二十二日记

午正抵多甫海口计程七十八英里【未到多甫之前先过福克司登停车五分时候此处亦英法往来之海口也自此傍海而行即抵多甫】易比国轮船行四点钟时候计程约六十四洋里申正抵比国之澳斯唐脱海日又乘火轮车约行八十五洋里酉正二刻抵北车栈复换马车酉正三刻抵客店楼房三层颇轩敞精致地在王宫之后【街名拜来司台乌矮】比国都城名伯鲁色尔在赤道北五十度五十二分伦敦东四度零二十分北京西一百十二度九分街道亦闳整精洁在欧洲有小巴黎之称

五月己巳朔记

查得小吕宋入口货物由华人自香港运往销售以米为大宗每年价洋银二百余万员至三百万员不等因土人性懒不肯耕种之故面粉每年五六十万员其余中国物产如紬疋油蜡食物纸张之类祗销三十万员以内洋布入口最多则由欧美各商运到而华商为之运销全岛各内埠每年价自五百五十余万员至七百余万员不等至出口货物以白糖烟叶两项为大宗每年价自四百余万员至五百余万员不等其次加非出口每年销至二百余万员又白麻绳索每年销价数十万员或百万员不等以上货物运售欧美各洲洋人居十之六七华人居十之二三而白糖加非则皆运销内地者也为洋商经纪者华人居多此小吕宋近年出入口货物之大较也至海关出入口税饷每年共得二百十余万员此外华人店税每年纳银六十余万员华人丁税每年三十余万员小吕宋省城即马尼喇大埠也

初二日记

巳正由法馆乘马车至火车栈换坐轮车午初三刻抵阿明停二十分钟未正抵布伦海口亦有法国海关街市繁盛上轮船未正一刻启椗渡海面二十八洋里申正一刻抵英国福克司登海口又有英国海关乘火车开轮酉正一刻抵采令克路司【即车林克洛司】车栈换马车酉正二刻至使馆

十七日记

查旧卷丙戌之春英外部尚书伯爵劳偲伯力照覆曾侯大略云……已商问印度总督或可听中朝设一船埠于厄勒瓦谛江上为中国通海之埠英廷盼望驻缅甸官员于此节速有回音并望商议如何可使中缅商务日见兴旺按瑞丽江即龙川江下游也

卷三

二十三日记

迩年以来中国整顿海防兼及江防顷阅邸钞光绪十年皖省筹防案内在安庆东门外造明暗炮台各一座石营一座拦江矶突起江中洲上造明炮台二座石营一座南岸造明炮台一座土营一座西梁山造明炮台四座石营一座土营二座台左右各建药弹兵房前后筑驳岸护堤东梁山造石城炮堤各一道并药弹兵房护以驳岸做法均照外洋式样现因风涛震撼土松岸坍根脚多有刷洗下空桩折墙塌岌岌可危沈仲复中丞奏明筹款四万余两设法修理或拆卸截改酌量移建

二十五日记

海里六十等于洋里【即买尔】六十九又半此但用于行海日记簿至海道图及船主每日牌示仍按洋里非海里也英国如此不知他国如何每洋里【即买尔】合五千二百八十英尺【即一千七百六十码每码三英尺也】每海里合六千零八十六英尺又十二分之七

六月初十日记

就中国而论古之诸侯营筑宫室椅桐梓漆皆可就地取材今则中原千里濯濯未闻有巨材可伐东南数省民间营造皆用江西闽广之木远者运自南洋诸岛足征腹地之无材汉萧何造未央宫规模闳丽而终南山巨木用之不穷不过藉民力伐之运之而已明代营造宫殿始采木于黔楚川滇诸省迄今观明旧殿有叹其无从再得此巨材者窃恐数百年后川滇黔楚以及江西闽广采伐又将罄竭矣古者圭璧璜琥礼数綦详雍州贡球琳琅玕梁州贡璆而大夫士皆佩玉若不产于中国岂能供用如此之广今遍稽十八行省未闻有产玉之地惟云南尚出翠玉此外玉料则须采之缅甸和阗矣禹贡荆扬二州贡金三品今则湖广江浙等省未闻有著名产金之地户部铸钱专恃滇铜倭铜而西洋钢铁之岁运中国者至值银六百余万两

十三日记

查旧卷丁亥四月总理衙门奏定酌拟出洋游历人员章程十四条一设法节省出使经费每年四万余两以供派员游历之费除翻译外当以十员或十二员为定额一除翰林人员由本衙门咨送外其各衙门人员俟保送名单汇齐后由总理衙门定期考试以长于纪载叙事有条理者入选一京官四品以上及有紧要职事者届时请旨方定行止五品以下每月薪水银贰伯两准雇请翻译生一名月支薪水伍拾两一往返船价及游历火车价准开公项每人给二等舱价每官一员准带仆役一名工价自备仍给三等舱价雇船雇车责成文报局使署领事署经理一游历至久以二年为限往来程途均在限内过限即自备资斧过一年半后先归者听一各员准豫支薪水六个月公项银一千两其或不敷准在各使署借支一船价车价由各员分两次造册报销一各国可游地方应支车价若干可于使

署领事署询明一游历应将各处地形要隘防守大势以及远近里数风俗政治水师炮台制造厂局火轮舟车水雷炮弹详细纪载以备查考

二十二日记

查旧卷光绪十二年六月准两广总督张芗帅咨开南洋各埠华民商务情形现经奏派记名总兵王荣和内阁侍读候选知府余瓗前往小吕宋苏禄衣琅禄奈新嘉坡马六甲槟榔屿仰江卑力新金山雪梨噶罗巴泗里末三宝陇般乌西贡等处访查体察详细禀陈等因兹将王余二委员先后所禀闻见实情摘录如左新嘉坡铺户房产田园足称饶富除英官衙厩公产之外华人实业八成洋人不过二成闽省漳泉帮贸易甚大粤省潮帮次之广帮又次之通埠华众有十五万人近年英设华民政务司专理出入华工事宜定章尚称公允而华人招工客馆作奸欺骗之事尚难杜绝由此西北至马六甲轮船十二点钟海程又至槟榔屿轮船三十六点钟海程三埠相连华人商业房产居多槟榔屿繁盛足与新嘉坡相埒马六甲生意不多不过商人住宅田园而已十一年前附英之巫来由种如石郎阿国之吉垄埠卑力国之罅律埠华工采锡矿者十余万因其国王贪诈屡启战争被华众削平土地英官入而代之拔山通道保护华人征收锡烟酒税华工均利赖之今吉垄罅律等埠商务亦与三埠相表里至屿埠巨贾甚多兼通仰江米货生意就近各小埠物产亦皆汇集于此即坡埠市面亦听屿埠号商信息也罅律埠锡矿甚旺开矿华人约有三万而属粤人郑贵者三分之一

二十三日记

仰光即仰江亦谓之南缅甸出口货物甚富米为大宗去年出口九万余吨值价洋银四五百万员每包纳税银一钱八分约十一包方足一吨每吨税银二两零此外玉石棉花油木牛皮类甚多收税更重田税亦重于新嘉坡等处每年入项除本埠支用外闻尚溢出金钱三十万磅解送伦敦此地一望平阳可英里二百余至三百迈现垦熟田未及三分之一足称沃壤英乘其无备而取之经营三十五年竟灭缅甸今驻英兵由华城至新街密迩腾越大为近忧仰光缅人尚守旧历朔望颇宗唐风衣服与中国无异华人在此者三万有奇英德两商最大华商次之爪亚即爪华即古爪哇国岛内之噶罗巴三宝陇泗里末等埠皆属于荷兰此岛甚大瀛环志略统谓之噶罗巴而洋人则谓之爪亚岛云荷兰有总督驻噶罗巴该处有华民七万有奇衙署在茂物山顶总督兼辖三宝陇及疏罗及麦里芬及泗里末及嗻架等处皆荷兰属地华民其二十余万华商华工在仰光者三万余人闽商居三分之一生意较大粤人虽多而生意次之此埠距腾越厅最近由仰光坐浅水轮船溯流而上六七日可到华城又陆行三四日可到新街又逾野人山不过三四日可抵腾越现英人袭据华城收饷设戍直驻新街矣仰光粤商以新宁人为最多建有宁阳会馆此外建立合省公司名目举董收费以备延请状师及保护同乡等事至此埠英官向设头等委员为最大属于加剌吉打总督

二十四日记

北般鸟一埠英国设总督驻之此处仅有房屋四百余间华人千余土产金沙燕窝冰片及沙藤等项而盐为最贵以其每担纳入口税洋银两员也拉畔湾一埠近北般鸟亦属英全系华人铺户华人在此开埠贸易逾五十年至道光三十年英官得此地于文莱岛主遂将埠内外三十英里全割归英辖英设礼时典一员管理地方今埠内有华人五六百名生意未甚兴旺出口货物谷米沙藤冰片树胶煤炭最多其省城曰山打根埠内华人不过数百散处内地作工者千余人土产有坚木冰片沙藤树胶燕窝海参等项近年又在诗家妈河觅出金矿但开埠仅六年地广人稀全未开辟水土尚有毒气伐木华工多染脚气等症是以未甚畅旺政治之坏莫如设立赌税又山打根本系英公司租地所租在般鸟全岛不过四分之一地势偏北号北般鸟周围有十万方里而山打根本港内地河道甚多宜于种植港门外一河长四百五十里左右两岸皆金沙也

二十五日记

新金山之雪梨地方官有请中国速派总领事之议美利滨之英总督有劝中国赛会并派兵船巡行之说亚都

律及衮司伦两省华民见中国委员如睹汉官威仪均甚欢悦盖英属新金山共有五省均设总督巡抚布政司及水陆提督其各埠各岛已经查看者曰纽所威路曰雪梨曰纽加士均属纽所威路省曰域多利亚曰美利滨曰叭拉辣曰仙大市【即大金山】曰哋治活曰旺加拉打均属域多利亚省曰衮司伦曰庇厘市槟曰洛坑顿曰勃大唓曰麦溪曰坚氏曰波德忌利市曰汤市嘁路曰谷当均属衮司伦省曰亚都律【即南澳士地利亚省城】曰砵咑稳均属南澳士地利亚省南澳士地利亚省亦曰亚都律省又有西澳士地利亚省砵咑稳埠华商华工约有千余在坑内掘金者亦千余合共不过三千余人埠开不久商务未旺所收华人米税甚重每吨英金九磅每担约税洋银三员有余其身税每人十磅因华人裹足不前已除之矣纽所威路税饷以烟土为重鸦片土每箱收英金四十八磅合洋银二百八十余员吕宋烟每十二两收仙令六枚合洋银一元半米税每吨收英金三磅华人新到者每人收身税十磅雪梨粤商二十九家华人商工共四千其在内地开店及种植者亦六千余其苛政尤无理者华商由雪梨往美利滨又须重收身税十磅往衮司伦省重收三十磅域多利亚总督驻扎美利滨按雪梨距中国约二万里轮船二十余日海程南极之区晴雨不齐寒风聿至巨浪拍天船甚颠簸距赤道四十三度夏时天气如中国仲冬时候至冷之日可御重裘土人云若到六月寒气更甚也由砵咑稳至雪梨海程二千七百英里由雪梨至美利滨火车路五百四十英里由美利滨至亚都律火车路五百五十英里澳士地利全洲五省即瀛环志略之澳大利亚西人又谓之新金山纵二千英里横三千英里雪梨美利滨英商最大美商次之近年金矿渐稀惟马牛羊生意甚盛出口以羊毛为大宗每埠岁得金钱五百磅入口以铁为大宗纽约运来木板亦不少粤人在此两埠共二万余口亚都律衮司伦及近岛纽诗伦美市打聂等处尚有二万余人商业少而佣工多来货旺而出口少雪梨华商运售茶叶荳油居多视美利滨较大埠内华人种植烟叶者近年稍有起色又叭拉辣埠为美利滨英督所辖地多金矿矿深者六百尺至千尺不等华商工人约七百余名散处挖金种植者亦数百人亚都律埠中不过二百余华人新到者须各纳身税十磅大金山亦多金矿华商十余家挖金种植者千余人哋治活埠属域多利亚省华商仅数家种植及挖金者七八百人此处与大金山及叭拉辣三埠向时金矿最盛华人约逾三万今金矿已稀又加身税华人艰苦甚矣惟犯案者英官以其不知英例多从轻办理

二十六日记

纽加士埠属纽所威路省华人二百余名市丹塔埠属衮司伦省华人开锡矿及开店者七八百人庇厘市槟即衮司伦之省城埠内华人二三百名合计该省共有华人万余散处洛坑顿及汤市嘁路谷当等埠自二三年前增收身税每人三十磅续到者七十二人耳进口货亦渐少税务日减色矣汤市嘁路埠有华人三四百附近采锡种植者又五六百波得忌利士埠有金锡铁等矿华人六七百种植居多谷当埠属衮司伦省华商华工约千余身税与该省无异南洋诸岛各埠林立商务工务均赖华人为骨干合英荷日斯巴尼亚各属埠暹罗属埠所在华民或经商或佣工或种植园圃或开采锡矿统计约有三百余万而尤以新嘉坡槟榔屿为要冲其荷属苏门答腊之日里埠每岁所到华工以八九千计皆从英属埠华人猪仔馆分雇前往猪仔馆之人半由拐卖荷之园主虐待华工往往终身为奴非英属地华人雇用华工可比园主弊端有四一违例虐殴二令工头纵赌诱工人输银三纵赌为害年年借欠永无脱工之日四官定条例亦尚平允园主不肯张挂华工出口每岁十余万人由汕头来者十居七八由厦门来者十居二三而总会之区实在香港然关系南洋地方利源不浅所以英人在新嘉坡特设护工司衙门以卫护华工

二十七日记

北般鸟系英国商人丁地等联集公司于光绪七年与般鸟岛主议定将北般鸟三省之地割归英公司管业任从开埠及种植每岁纳般鸟王地租洋银一万五千余员又与苏禄王议定将东般鸟一省之地割归公司管理开埠种植每岁纳苏禄王地租洋银五千员四省地形相连周围方里共有三万二千英里比之英伦苏格兰尚盈余二千英里自英公司禀准英廷在山打根开埠并请英廷派官监理港务不过六年华人数百板壁铺户二百余家生意未见繁盛察看北般鸟英公司四省之地此时全未开垦即西般鸟色拉洼系英人拉乍布碌之地华人虽逾二万仅种甘蜜胡椒所开不及十分之一此二处地土肥饶开垦之利必赖华工英官皆能知之澳士地利四省华人约有三万

六七千附近英属岛纽诗伦等埠约有华人六七千综核澳大利亚全洲民人共三百六十七万二千有奇华民旅居各地者共四万九千七百余人

三十日记

噶罗巴城为爪亚全岛之都会亦即荷属南洋各岛之都会流寓华人七万有余多衣洋衣隶荷籍荷择其贤能者为马腰甲必丹等官专理华人事务而审断之权仍操自荷人华人往巴贸易须有荷领事执照方许留住一年既留一年即勒令入籍南洋诸岛棋布星罗除澳大利亚一洲外其最大之岛有四曰婆罗洲曰苏门答腊曰爪亚曰西里百四者之中各有大埠若昆甸若马神此婆罗洲之大埠也若日里若亚齐若茫古鲁若叭当若巴邻傍此苏门答腊之大埠也若噶罗巴若三宝陇若泗里末此爪亚之大埠也若望加锡则西里百之大埠也以上皆属荷国皆为华人流寓之区似应在噶罗巴设一总领事而各埠选派商人充当领事噶罗巴本巫来由部落明季为荷兰所踞遂占台湾为泰西人入我中国之始近来荷兰开辟亚齐蚕食渐广招募华民充兵勇入西籍日里埠约有华工六万余人

七月己巳朔记

近闻粤省虎门渔珠沙角各炮台连日排队操演甚勤中流砥柱炮台及海珠炮台为省河屏障因沙土尚未结实规模不尽合宜须仿洋式改建已估工矣……黄埔船厂造成兵轮一号命名曰广金闽厂造成钢甲轮船一号命名曰龙威

初四日记

柔佛一国居麻剌甲之西南与新嘉坡仅隔一水由坡至佛仅两点钟地颇寥阔华民在彼贸易种植者十余万

初九日记

北洋水师洋员提督衔琅威理本系英水师游击在中国当差数年恐于本国水师官阶升转有碍经前任刘大臣于去年二月照会外部咨商海部准免扣资又北洋水师学堂管轮洋教习霍克尔希耳顺二员自光绪十年九月到华去年九月已届五年恐照英例休致旋商外部咨准海部饬司员将该二员之名列于英国驻华统领兵船册内七日俾不至移入休致人员册内鱼雷水雷学堂教习罗觉斯光绪十三年正月到北洋水师行营合同以三年为期每月俸薪三百五十两雷匠威廉在英雇募教授北洋水师施放水雷一切用法并装配拆卸修理水雷等事合同以三年为期每月薪水一百五十两操炮教习雷登费纳宁赖世锡伦司希勤司古伯尔共六员于光绪十二年十一月到营合同以三年为期每月薪水各一百三十两鱼雷教习纪奢贝孙海麦尔共三员于光绪十三年正月到营合同以三年为期每月薪水各一百三十两

十三日记

验收铁甲船之要有三一在考究全船究重心之斜正隔堵之布置碰锋之坚利舵机之灵捷炮位之运动及机器水缸水门药弹舱战台鱼管等处位置一在讲求炮械德国克鹿卜大炮制成先用满药试放藉审炮身之坚及贯甲之力德国水师俱用克鹿卜炮械虽操法与英国大同小异而专用是器者定臻精密一在慎重试洋俾知轮机之满力转圜之大小船性之左右炮弹之迟速

十四日记

光绪十二年北洋在英国雅罗厂定造一百二十五尺长水雷艇一只价英金六千磅另购艇内应需电灯炮位雷筒磷铜水雷各项器具统共支用英金一万九千一百五十七磅英海部验收雷艇章程于水置浮桩岸置木表相隔一迈之远将船装满临阵时应需对象然后艇走两桩间顺流逆潮各走三匝岸上木表各置一人记明时刻如是合法之后仍须开洋满汽径驶三点钟以水程表计算若干迈前后所得之数每点钟均不得少原约二十六英迈或

二十二英海里倘验收不及此数可将原艇退还试验北洋所造雷艇每点钟行二十三海里八八二合英里二十七里半又照二点钟久行试验每点钟行二十二海里九四零合英里二十六里又十分之四又将该艇驶入船坞用木架起拆验船壳内外船身船底及轮机锅炉均无瑕疵

十五日记

查旧卷光绪十一年六月电传谕旨著照济远穹甲船式在英德两国制造钢面快船各两只备台湾澎湖之用其在英国阿模士庄厂制造者系曾大臣承办曰致远曰靖远其在德国伏耳铿厂制造者系许大臣承办曰经远曰徕远致靖两舰价英金三十六万四千一百十磅外添两船所带小划上安置特御水雷之霍智记士小机器炮【即荷乞开思炮】价八千九百五十磅除大炮六尊在克房伯厂另购外又与该厂添制两船应配六寸径旁炮四尊又旁炮及正炮共十尊之架及一切机炮杂械电灯磷铜水雷等件价共七万八千余磅自立合同之日起第一船十八个月造成第二船二十一个月造成每点钟行十八海里经徕两舰第一船价德银三百万马克第二船价又减六万马克仿各国通行善式详拟中腰水线处围厚甲九英寸半上覆平钢板前后覆穹板用双层底炮台令台全护厚甲比前定式加宽长炮可加多吃水仍浅每船加价四十七万马克自立合同之口起第一船十八个月交收第二船二十个月交收每点钟行十六海里曾侯派员考究造船之法先诣抱士穆斯海口次由卜利门司至里次暨纽卡塞尔海口各厂询访情形知英国造船大厂二十余处有专精机器者有专制钢料船壳者有讲求烧煤炼铁者有专制炉火炮弹集上等物料者皆系承造国家船械之厂分门别类制造一船必须分购各厂材料及原厂匠人经手承办始能成功惟造船壳及炮则推阿模士庄为最

十六日记

英德两国之厂势不相下中国济远快船德厂所造也而英厂颇訾议之固多过当之论然亦有裨船学按阿模士庄厂匠师槐特说帖云济远船内有数处不及同时兵船之造法一则分舱御水之法未妥也尤可虑者穹甲下之各舱如锅炉舱长约占船身三分之一若于其下面薄铁板处打一孔水即入之或至全船沉没近时战船无此造法又轮机房一间长四十四尺倘下面板穿水入轮机俱不能动矣一则穹甲舱面虽极坚固然全装于水面之下其浮力与平稳均无有焉倘战时船边有水处击穿则水入船内穹甲之上甲未损而船或沉矣一则舵柄未经保护也盖装舵柄及攀舵机于穹甲舱面之上可受各种炮子之击即令船不能行驶一则无妥当望台难保护驾驶之人也此处高出于众舱本易受炮子之击此房铁甲之厚仅足御枪子不能抵炮子一则前面两炮台及烟通舱口风舱口轮机舱日等处周围不宜用直甲保护也今用之价值既贵斤两又重不获相等之益是虚糜巨赀矣若将水面下之穹甲舱面筑高于水面之上则船边有水处既可保护而轮机锅炉等舱口周围可不用直甲板矣至前面甲板炮台造法亦误缘穹甲舱面如是之低而欲使其炮高出水面相应之度其势不能岂知保护转轮炮盘不须一半之深即足矣一则八寸径六寸径炮之转轮炮盘皆有薄钢片之旋转遮盖御弹不足反招灾险也炸弹入之必于其内轰发贻害甚巨不如无此遮盖炮子可飞越而过也一则煤舱应加大也一则炮台上所用厚重之直甲片既多有上重下轻之势也且战船有时须加猛火力赶紧速行彼时易遭覆没即寻常行驶亦难平稳该船转舵时及移动重硾较准船身斜侧时必觉摇动不定想船上人皆知之矣以上皆槐特之言也夫外洋匠师务求相胜亦犹自古文人之相轻虽有佳文欲指其瑕不患无辞制造之学求一利或生一弊乃理势之自然济远船上重下轻之病诚不能免厥后闻有补救之议似已稍改其式矣惟槐特阅历既深语多心得余故摘其大要以备后来造船者之参考

十七日记

阿模士庄厂匠师新任英海部验船官槐特建议造新式两舰【即致远靖远】说帖云新船长二百五十尺阔三十八尺吃水前面十四尺后面十六尺船边中段离水面高六尺三寸船身占水之地位约二千三百吨速率每点钟十八海里轮机马力五千五百匹船中人手连兵官一百八十名系英国最新最上之造法名曰蜂窠法有夹层底自此边直达至彼边即为积水舱内分许多小间虽遇搁礁及水底攻击不至沉下又有双边由船边下面直至穹甲

处皆有御水直格舱即为煤舱之边如此则保护机器及锅炉之法更妥蜂窠法亦装于穹甲舱如直隔板并煤舱出穹甲舱面直至上层舱在水面上六尺御水共有十横格分舱平面舱板亦多用御水法每副锅炉皆有御水分间装开即一边被水漏入亦无惧也即使船底外层受损尚有里层舱底水仍不能入锅炉房倘里层底被损尚有彼边锅炉可发水气令船行走轮机装法亦然各有御水房间穹甲下之御水分间亦装建极妥火药炸弹各房俱分开存储穹甲上之分间亦甚多战时可用甲板盖护各舱口且周围有斜板保护即日开而水亦不易入至穹甲舱之中段高出水面之上各舱口皆开于此能令其船有浮力且平稳煤亦装于穹甲舱面并两边空处两边斜而之上用四寸厚之甲板以护轮机锅炉前面望台建以三寸厚钢板船主居之内装把舵轮船之前后俱有高舱遇风时行驶加快置炮亦高可以与敌相攻船头高舱上离水面十九尺有二十一生的炮二尊有二寸厚钢板之罩可与炮盘同转用以保护炮手并有水力机器可以装药送弹放炮其机装于穹甲舱之下船尾高舱上装六寸径炮二尊与船头一样船之中段亦拟加炮二尊分装两边凸台上离水面约十尺可以击远又拟加霍芝纪司之急放炮六尊装于极好地段所有大炮之药弹皆储于船之下段穹甲之下备水雷炮四尊水雷十二个四尊雷炮以一尊装船头一尊装船尾又两边各一尊电火查察灯亦不可不备轮机备一种三倍涨力机器用煤极省煤柜装煤四百五十吨可行二百四十点钟之久至船之平稳即加猛火力亦无摇摆之虑其炮位药弹霍芝纪司炮机器炮水雷家伙电气灯一切军器均在船价之外总论新船与济远异同之处一外面形状虽相似然新船首尾二端及炮位出水面较高二军火无殊或添六寸径炮三尊亦极要紧炮架装法亦胜三造法远胜处在蜂窠法之分间四穹甲同一坚固而新船浮力平稳五新船不用直甲板无济远上重下轻之弊六新船可保护把舵机七保护船主之望台八新船轮机系行海之最上者既可省煤且锅炉房皆有隔间九速率加三海里马力亦两倍十装煤三倍济远造船之事以监督工料为最要材料之良窳制造之精粗全恃监验之员随时稽察遇物拣择乃不至有苟且搪塞之工料傀羼其间

十八日记

曾侯在克虏伯厂定购致远靖远两舰所用之三十五口径之二十一生的迈当后膛螺纹大炮六尊【准头全备】装炮及净炮用各零件六副各种弹子三百个【内平常铸铁炸弹九十个钢炸弹三十个石榴钢炸弹三十个穿甲炸弹一百三十八个盒弹十二个】火药三百包炸药若干包配弹子三百个之用记时引线及击撞引线亦照弹子配齐自来火四百个共计价银四十九万九千八百十三马克除每八分扣七分半净计实银四十六万二千三百二十七马克曾侯与阿厂所订草合同两舰正价系英金二十八万五千磅与续订正合同两舰计三十六万四千一百十磅数目不符者初订时仅议制造两船正价其后两船添配六寸径之旁炮四尊又正炮旁炮共十尊之架与一切机炮杂械电灯磷铜水雷【系磷铜所制之水雷】等件各价并入船价摊算故有此数

十九日记

讲求炮学之进益在察火药之性及炮膛前段后段之大小并火药弹子之分两多寡阿厂总办云克虏伯炮之后膛关门处用梢子一法不合用料之理而且炮尾必至加长炮后多占地位在船上最有关碍敝厂后膛炮之装法用中心螺塞不占炮后地段亦能保护炮手船价内有克虏伯炮六尊之架及各项机器共价一万七千六百磅六寸径后膛螺纹阿模士庄大炮四尊连准头炮架并药弹引药自来火一切零件共价九千八百八十二磅六磅弹霍智纪士急放炮八尊连架及药弹钢盒炮车一切零件共价一万三千七百十六磅百分寸之四十五径格林急放炮六尊连架及车及药一切器具共价七千三百三十二磅马丁尼韩利螺膛枪四十杆梅花手枪十五枝连皮带药包药弹火箭一切零件共价一千二百四十磅水雷炮四尊十四寸径磷铜所制刷次哥甫白头自行水雷十二个连抽气机器净气积气器御水闸水管雷气放水雷机发号机安置水雷板铁路辘轳绳索木桩配件一切零件共价二万零二百四十磅水雷应配各件共价三千一百八十磅电气查察灯两盏玻球电气灯一百五十盏连轮机发电机水气管气门装设架子等件电钥回光镜电缆铜线共价五千九百二十磅统计致靖经徕四舰及炮位各项定价用费除拨神机营所借洋款银二百四十八万两外又续拨银一百万余两初次汇至英馆银二十一万一千磅汇至德馆银十四万八千磅后又找汇英馆银十九万五千磅又抵付克虏伯厂息款二千余磅找汇德馆银二十六万二千磅

二十四日记

福建船厂所造龙威钢甲兵轮船前经北洋副统领琅威理验视驶回闽洋照兵船新式增修镶配约有百数十件之多任务竣后接北洋电归并北洋操演改名平远闽省于青洲地方创设石坞以备修理铁甲巨船前因费绌停工今又于二月开办备北洋兵船避冻南下及时修整之需议以闽关六成项下两个月六万金作为按年筹办船坞之资

二十六日记

赋税与北圻大致相同有法官代征者关税船钞是也有越官自征者地丁土贡杂课是也有华商包办者矿租盐课洋药等税是也地丁杂课岁征洋银约一百五十万员例禁之物如肉桂鹿茸燕窝象牙洋药宝石矿产之属大半华商包税开采岁交税课共一百万员税关十有一处皆由法设税务司尽征尽解悉输越王岁得二十余万员地瘠民贫入款不过如此至于山海之利颇产金银铜铁铅煤多用华商开采山中药材亦为华商利薮而沿海之盐场海岛之燕窝亦多由华商包办今法人苛征华商限制华船华民生财之道渐逊矣出口货岁值一百五六十万员肉桂丝棉为大宗盐糖燕窝竹木果品之属次之进口货岁值二百余万员粟米为大宗洋布洋药次之中国纸茶陶器又次之此食货出入之大较也

二十九日记

江南创设水师学堂在仪凤门隙地择址兴工招募聪颖子弟一百二十人分驾驶管轮两班学习每六十人为一班五年后咨报海军衙门考选……前年北洋订购阿模士庄厂九寸二分三十五倍口径后膛升降活架地阱钢炮二尊用电线演放三次炮架运动升降甚灵

八月初四日记

查旧卷光绪十二年署洋监督师恭萨克禀曾侯云查闽厂初次续次出洋学生除改充出使差事者陈季同马建忠罗丰禄三名不计外实有学生四十五名内能造船者九名能开矿者五名能造火药者一名通晓军务工程者二名能造炮者一名能充水师教习者一名能充驾驶者十三名能充匠首者九名调往德国肄业无从考察者二名病故者二名其节略云制造船械学生九人除梁炳年病故外考试以陈兆翱魏瀚为最出色可与法国水师制造监工并驾齐驱郑清濂杨廉臣吴德章次之林怡游李寿田陈林璋又次之郑清濂林怡游堪胜船厂总监工之任亦可派制造军器杨廉臣吴德璋堪胜总监工之任亦可管理造炮之事李寿田陈林璋堪充总监工或造船或造水师机器……水师管驾学生二十人以刘步蟾林泰曾严宗光蒋超英为最出色萨镇冰方伯谦何心川叶祖珪次之林永升林颖启江懋祉黄建勋又次之刘步蟾林泰曾知水师兵船紧要关键足与西洋水师管驾官相等均堪重任不但能管驾大小兵船更能测绘海图防守港日布置水雷严宗光于管驾官应知学问以外更能探本溯源以为传授生徒之资足胜水师学堂教习之任萨镇冰叶祖珪林永升勤敏颖悟历练甚精均胜管驾官之任方伯谦可谓水师中聪明谙练之员何心川因病回华蒋超英林颖启江懋祉黄建勋堪胜水师管驾之任艺徒刘懋勋凡上等匠首应知之艺皆能通达可充铸铁局匠首或派绘画船图郭瑞珪始终勤学可派充汽锅局匠首或绘画船图裘国安大致同郭瑞珪而沈静稍逊之王桂芳任照吴学锵可派入拉铁厂充当查工或在机器局襄助三人以王桂芳为领袖陈可会学艺可观堪充制造战船匠首张启正聪明稍次可为其副叶殿铄与张启正相同以上学生二十六人艺徒九人皆于光绪二年第一届出洋者也又制造学生除陈伯璋陈才鍴调往德国王庆端因病身故外黄庭王回澜李芳荣三人以黄庭为最优宜充学堂教习而不能在营练兵李芳荣聪明而好动可在军营当差或制造枪炮王回澜派管制造军器火药各厂必能胜任并与黄庭皆通晓炮台工程王福昌派管火药爆药棉花药各厂必能胜任魏暹堪胜造船监工之任惜其未竟所学因病回华学习驾驶学生仅李鼎新陈兆艺二人皆学有心得李鼎新尤明决严重有管驾大船之才陈兆艺谨实可靠能胜管驾二人兼可充船学炮学及炮台学教习以上共学生十人皆光绪七年第二届出洋者也

初五日记

去年监督肄业事宜福建补用道周懋琦禀称第三届出洋津闽水师学堂官学生分赴英法各国三年学成援案请奖据开清折学习测绘海图巡海练船兼驾驶铁甲兵船者三员陈恩焘贾凝禧文武兼资最为出色周献琛于练船用飘驶风之学尤肯不惮劳苦习操放大炮枪队阵图大副等学兼驾驶铁甲兵船者八员刘冠雄黄鸣球邱志范王学廉郑汝成陈杜衡沈寿堃郑文英考试皆屡列高等学习兵船管轮机者一员王桐考试甚优习水师兵船算学格物学者三员伍光鉴最为出色陈燕年曹廉正次之学习水师海军公法捕盗公法及英国语言文字者三员张秉圭罗忠尧较优陈庚次之习海军制造家算学化学格物学者二员【以下皆在法国者】曰郑守箴林振峰习海军制造之学者四员陈庆平李大受可胜轮车铁路总监工之任陈长龄卢守孟可胜轮船监工之任

初六日记

英国海部兵船测量定章自船主以及生徒每日早五点钟起工晚六点钟止工凡距海岸三十里外者则驶大船同行若近在二十里以内只派小轮前往或测远角必开路刊林或验潮汐必历深树表或占日星以定针度或循沙脉以探伏礁每遇风急浪涌不但保护仪器恐稍遗失亦必详志涨痕以备比较盖小轮时有掀翻尤极艰险晚间作为说帖更费研求全年甄别一次或荐调或留学或撤退示赏罚焉北洋定远兵船大副陈恩焘光绪十二年出洋毅然请学海图由英海部派上依纪理亚兵船学习由地中海驶入印度海测出前图未载礁石两处又驶入亚洲南洋各岛由噶罗巴测至太平洋得一新岛岛中无土番无大兽林木蓊翳禽鸟喁伏持械裹粮随山刊木因涉其颠苦搜山泉不得绕岛一周约二百里行经马达加斯加尔岛折而东循赤道南四十度行至四十二度五十四分伦敦东一百四十七度二十一分始望见河北镇山中国谓之新金山坤舆图所称澳大里亚洲也自新加坡开行至此凡历三十七昼夜海程一万三千余里不见一山不遇一船悉凭纬度以定罗盘凡遇狂风大雹十有二次陈恩焘自用大索缚身桅杆间随同船主占针揆度测海驶风从容料量不爽毫厘蒇事而返期满甄别出考给照竟列上等派赴海图房观刻图等法学成回华

初八日记

总理衙门奏筹办重庆通商停止轮船上驶一疏略云光绪十三年六月英国使臣华尔身照称英商立德自置小轮船拟由宜昌试行上驶重庆请照烟台条约给发准单并转令沿途地方官员弹压保护等语条约既有明文本无辞可以阻止当经咨行四川总督派员前赴宜昌与英领事会商行驶防碰章程四川督臣屡次来电以轮船入川民情惶急万不可行旋经总税务司赫德从中调停将烟台条约中轮船上驶一节酌量变通改议专条自宜昌至重庆准其用川江常行船只运货通商而罢轮船之议盖洋人在重庆本已早有贸易今即允其作为口岸在彼不过有开设行栈之益在我亦无所损而轮船不行可免多少枝节惟立德所买固陵轮船必须设法安顿因嘱总税务司电商立德仍以十二万金买留船栈先在出使经费项下垫付以了此事英使遂将重庆专条节略开送前来臣等复与北洋大臣函商酌加删改又与英使反复商议订为六条第一条言明雇用华船及自备华式船只则川江往来既无撞碰之患船户水手仍用华人亦可资其生计第五条声明俟有中国轮船往来重庆亦准英轮驶往一节其权操之自我此时中国未用轮船入川彼自无所借口其余各条亦与历届条约相符似可就此完结所议续增专条一重庆即准作为通商口岸英国自宜昌至重庆往来运货或雇用华船或自备之船均听其便一凡此等船只自宜昌至重庆往来装载货物与轮船自上海赴宜昌往来所载之货无异即照条约税则及长江统共章程一律办理一凡此等船只所执船牌旗号应领货照及拟运宜昌以上货物如何拆动另装并宜昌至重庆贸易之人应遵守一切规则俾获保护利益之便一凡雇用华船在宜昌重庆两处完纳船料其有能悬英国旗号之华式船只应照条约章程完纳船钞所有英人雇用华船及自备华式船只由宜昌至重庆往来运货者务须在海关承领船牌关旗倘无海关所发船牌关照均不准享此次利益并禁华人船只冒用英国旗号一俟有中国轮船贩运货物往来重庆时亦准英国轮船一律驶往该口一现在议定此项续增专条应与烟台条约视同一律

初九日记

明太祖洪武十七年始设商船律法嘉靖九年始至亚美利加洲之白来齐通商二十九年与瑞典合约通商三十二年始与俄国通商万历二十二年始设银号商人便之国朝顺治八年始定市舶赋税颁定律于国中……康熙五年始贩中国茶叶至英……英建轮船公司往来各处十年轮船初至印度水师总统纳白尔始至中国之广东虽未必有心于窥伺然其谋肇于此矣……(康熙)二十二年中朝与定和议许英人在上海广州福州厦门宁波互市通商二十五年与昔西利立约通商当此之时通商船舰三万八千艘水手二十九万人其富如此迄今数十年来经营开拓又加倍焉自有地球以来商务之盛未有如英今日者也

卷四

光绪十六年庚寅八月十一日记

总理衙门五月十四日咨开准北洋大臣咨据北洋海军提督丁汝昌文称去冬奉令巡洋抵新嘉坡各岛目击流寓华民交涉懋迁尚称安谧惟未设领事之处多受洋人欺陵剥削环求保护未便壅不以闻查新嘉坡附近英属各岛曰槟榔屿曰马六甲曰柔佛曰芙蓉曰石兰莪【即石郎阿国】曰白蜡【即卑力国】华商亦颇繁多新嘉坡领事既无兼管各埠明文亦遂无遥制各埠权势拟请以新嘉坡领事改为总领事其余各岛设立副领事一员即以华民公正殷实者摄之统辖于总领事每年经费若干由总领事查明撙节议章禀办仰祈咨商核办等因本衙门查外洋各属境添设领事均须先与彼国外部商定核给准照方能次第筹议相应摘叙原文咨行贵大臣酌度情形试与英国外部商议如能办到实于华民有裨须至咨者

十二日记

余查中国从前与各国订立和约但有彼在中国设领事之语而无我在外洋设领事之文盖因未悉洋情受彼欺朦郭前大臣初设新嘉坡领事时与英国外部文牍往来互相辩诘殊费周折曾惠敏公拟设香港领事行文数次英国外部以咨商藩部为辞藩部以官民不便为说管秃唇焦终无成议余与参赞等筹商以新嘉坡旁近各岛华民固须保护而香港一区尤为中外往来咽喉凡华洋各商货物均先至香港然后运转各省而交涉事务之紧要者一曰逃犯一曰走私一曰海界粤省每出巨案派员至港只以未设领事声气隔绝动多扞格所以粤东全省政务往往为香港一隅所牵掣此处添设领事万不可缓其次则新金山及缅甸之仰江亦须相机推广逐渐设员惟是设立一处商议一处枝枝节节徒费唇舌尚难确有把握英文参赞马格理请先办文照会外部援照公法及各国常例声明中国可派领事分驻英国属境暂不必指明何地且日本暹罗等国皆已有领事在香港而彼独坚拒中国本不公允今但与之泛论通例彼必无辞以难我一经答允则无论何处领事惟我所派矣余以为然因属马参赞代拟英文照会稿照会英国丞相兼外部尚书侯爵沙力斯伯里

二十日记

今天下战守之具曰枪曰炮而置炮以守者则有台载炮以战者则有舰防巨炮之轰击而亦能自用巨炮者则有铁甲船五者战守之具之大较也若夫工价廉于巨炮较之筑台造舰之费更减十倍其功用则与炮台铁舰相若或尚过之者莫如水雷水雷有三项曰伏雷曰送雷曰行雷伏雷有三种一曰伺发之雷以电线通于岸舍【须藏炮台中或敌船不及处】各用弧镜朝夕【夕用电灯】窥伺用三角测量之理敌船一至急联电线轰发不待其触也【用于潮汐高下悬殊处尤宜】操纵由我最为稳当然有三弊一恐敌分派小艇捞割电缆一电线总散头绪繁多风浪易于冲断一窥望不真难以命中也一曰触发之雷不必通至岸上只有玻璃管电池相连有触必发不必伺察不必定设于炮子所及处可多设于沿岸【以防舢板偷行上岸】旁流【以防抄袭】浅水【以防结筏偷渡】及已船不到处或已船亦到而中留一路另设浮表以免误触此雷有五便一省伺察二省电缆虽捞不过一枚三逐日移置敌难辨虚实四无总散电线轇轕风浪不至冲断五各雷不联起落较易常可查看修理然有六弊一敌用破船先发二潮高不易触三风浪移动浮表我船易于误触四捞起放落偶不留心即致误发五已发者不辨其处不易补入六

设雷之处不便常以已艇巡逻也一曰伺触兼用之雷只以电线通至岸舍昼派人伺察敌船将到则联其电一触即发夜则常联之有触必发矣然于伺发之雷三弊之外又有二弊一潮浪太高去船太远则难触发一敌人夜放破船先发其雷大船即可长驱直入也以上伏雷三种相需为用不可偏废又宜多设浮表疑雷以误敌人送雷亦有三种一曰杆雷即雷船所用【有艇首杆艇旁杆单杆双杆之异】一曰拖雷【用长索拖于艇后之左右去艇三四丈驶送于敌船之下英人哈氏所创】一曰鼓雷【亦英人所创储药于花鼓桶中络于电气转舵之艇旁或快艇之旁载往敌船下抛弃之少选即发此雷不易深入船底】行雷又有三种一为怀台氏鱼雷一为黎氏箭雷一为马克登那水炮【即蒲恩请试未成者也】皆所以济伏雷之穷也

二十一日记

鱼雷乃行雷中之一种奥国人怀胎脱所造法国得其秘法较早然尚以购者为便宜故法无制雷之厂十余年前日意格代中国与奥商订议至少须购五十个每个一万二千佛郎中国若欲仿造又需售法之价数十万佛郎惟德国伯灵之刷次考甫厂仿其意而修改更精用磷铜以代铜不生锈而更准李丹崖星使遂代北洋定购二十个每个一万马克外加装射各器不索售法之价允许中国仿造惟此器机簧繁密断非仓猝所能试用故北洋设鱼雷营于威海卫以练之又德国射鱼雷之艇长二十七迈当与法国同由士旦丁厂承造

二十二日记

水雷有鱼雷伏雷浮雷撞发点发机发药发电发各种而电气又有吸铁化电摩电淡电浓电名目繁多水雷之壳浮于水中者常作圆锥形内容棉药一百磅上连药水电池五枚大约每个价五六十金又有伏于水底者其形如龟用药五百磅至二千磅每个价百金数百金不等夫置一水雷岂必尽能得力然价如此其廉不妨多备以收其效即使获什一之效百一之效而其效胜于炮台铁舰多矣是故有兵船之责者不可不防水雷有守口之责者不可不知水雷之用法国地中海水面射雷之艇每只价合规银二万二三千两

二十四日记

外洋银钱之流入中国者向惟日斯巴尼亚所铸华人名之曰本洋咸丰年间始行墨西哥银饼以其面铸一鹰呼为鹰洋近来广东购机器铸银钱已有成数所铸钢模将洋文改錾蟠龙文外正面改刻广东省造等字一面由善后局陆续拨给纹银本年四月开炉试铸每一员重库平七钱二分配九成足银次则三钱六分减配八六成足银再次则一钱四分四厘七分二厘三分六厘三种均减配八二成足银陆续解还善后局搭用今津闽等处均已行用

二十六日记

英属香港洋人不及华民十分之一然华民亦归英官治理……有船务厅……海各船编列字号每岁收税十八员至十二员不等

二十八日记

暹罗自乾隆以后入贡中国咸丰年间因道路梗塞贡使被劫遂不复入贡然非暹王意也顾以缺贡既久恐被责问故不敢来光绪五年三月接到中国催贡札文乃由驻暹英领事转递者或曰是年英官以战船假中国旗号伪云责贡之师以胁暹人使之求助于彼则札文虚实似尚未可知然暹王向其臣下具道所以历年欠贡之故因贡表内前用跪具字样近已改用西礼不无窒碍盖其意未尝不思转圜也然卒莫为代达于中国者故不能不与英人倍加亲密云先是暹王因势孤意怯下令臣民俱易西服大臣日夜泣谏王太后出为调停许以下半体衣裳仍其旧制今亚洲各国仿效西法者东洋则有日本南洋则有暹罗暹罗王城在曼谷亦曰船城弹丸之地也城外地名班考克为通商巨埠十余年前阖境华民约有三十万人商务枢纽大半归之其地每值夏令有黄水自海中来及时播种水退苗熟不事耕耘谷米之丰甲于南海每米一石价银二三钱故自康熙以来闽粤等省皆赖暹米接济其国史所纪

自鲁襄公时起迄于今日凿凿可考也

九月戊辰朔记

本年长江各埠所出新茶计英商美商采买比往年少英权六百万磅俄商采买比往年多英权六百万磅适足相抵运英之茶一千七百三十一万九千余磅运美之茶二百七十六万五千余磅运俄之茶二千一百六十六万五千余磅盖印度种茶日旺而美商又往日本采买致夺中国利益也

初十日记

拜发恭谢天恩一折云南蒙自关税务司哈巴禀总税务司赫德称蒙自城建于云南之高处约高过海面英度四千五百尺四面有大山环绕无树木其城横计英路二十里直十二里形势与美国之咸湖相仿云南一省四围有连珠大山中央之平原高地层迭而成地仍肥泽中央地盘之至高者高过海面英度六千九百尺至低者过海面六千四百尺云南府大理府均建在内地之河滨洋货入云南之路有五一由汉口至洞庭湖经湖南贵州陆路至云南省城行程需四十日内以骡马负货之日过半输纳经过关卡之税厘甚重二由川江入永宁河已需水程十九日起货永宁城外由陆路运至云南省城又需二十日三由长江至宜昌起旱经施南至永宁此路经行者尚少四由北海起程十四日至南宁十七日至百色三日至保义八日至广南十二日至云南省城此路共计行五十四日五由越南海防附轮船运货一日至河内又附越南民船二十日至保胜又附民船七日至蛮耗又以骡马负货三日至蒙自九日至云南省城此路共需行四十日不但路程稍近且税厘较轻入口洋货系每值洋银百员抽税五员土货在蒙自纳进口税一次较在通商别口减十之三若由蛮耗顺流至河内只须十二日或十五日而已华货除鸦片烟外由云南广西出口经东京运往香港各处者法国海关概免抽税

十一日记

今外洋各国设中国领事官者英国有新嘉坡领事官一美国有旧金山总领事官一纽约有领事官一日斯巴尼亚国有古巴总领事官一马丹萨领事官一秘鲁有嘉里约领事官一嘉里约领事暂驻利马并居驻秘参赞署中俟中秘议有招工善章再令专驻海口稽查拐贩日本有长崎横滨神户理事官各一箱馆等处副理事官一

十五日记

海军衙门于京都蓝靛厂鸠工庀材创筑铁路一道七月间告成计长八里由外火器营达健锐营沿路筑垣墙以护之

十月初八日记

旅顺兴办船坞大工丙戌夏秋间由法人德威尼包办工程计价一百二三十万金现届四年大工甫竣工料尚称坚实惟机器房与船澳毘连基址用砖石西门土筑成砖石缝中有水沁入尚须设法至其规模宏敞实为中国坞澳之冠

初九日记

法人于越南与云南通商之水道近寻得一快捷方式据称可由红河直达附近滇边之桃架地方此乃通商居中之路海防运货到滇祇须二十六日较旧路可省十四日英人闻之甚为著急拟由缅甸筑铁路直达昆仑渡以通滇缅之货云

十一日记

直中国驻英税务司金登干送到光绪十五年通商各关贸易总册计共征收各项税钞二千一百八十二万三

千余两较之十四年约短银一百三十四万四千余两较之十三年约赢银一百二十万二千余两内分七项计进口正税三百五十八万五千八百余两出口正税八百二十一万三千九百余两复进口半税七十九万四千二百余两洋药税二百二十八万三千三百余两船钞三十二万六千四百余两内地半税四十一万六千余两洋药厘金六百八万五千二百余两至洋货进口价值共一万一千三百二十六万九百余两内除转运出洋之数外计洋药价三千四十四万四千余两棉布纱类价三千六百十三万五千余两呢羽绒毡类价三百九十七万五千四百余两杂样布类价十二万三千一百余两铜铁类价六百七十二万八千三百余两杂货类价三千三百四十七万六千余两计共进口货价一万一千八十八万四千余两土货出洋价值共九千六百九十四万七千余两内以丝茶二项为大宗紬緞次之棉花次之糖纸又次之草帽缏爆竹又次之牛羊皮骨毛及皮货瓷窑器药材又次之以入抵出此年中国之银应耗去一千三百九十三万七千余两今以所征进口货税及洋药税厘抵之其数乃无甚出入若无洋药之浸灌则中国之银固可年多一年而无如此货骤难拒绝也从前中国以丝之出口抵洋布洋纱之进口以茶之出口抵洋药之进口均尚有赢无绌今者丝茶贸易日衰以抵纱布洋药岁各不敷数百万两然补以所征洋药厘金约略足以当之果能多购纺纱织布机器劝导华民广开风气暂勿过重土药税厘而于民之嗜此者徐徐设法禁戒以杜其源再于育蚕缫丝种茶制茶之法讲求整顿则中国之利源尚不至见夺于外洋也他若多购机器教民制造则呢羽绒毡之利可渐收也振兴矿务则铜铁之利可渐收也能于腹地兴造铁路俾土货运销日畅出产日多则一切意计所未及者如天津草帽缏等物之利亦可渐收盖草帽缏在三十年前土人视为弃物今乃岁售得银二百余万两此商路通畅之故也又查各关所征税钞厘之总数江海关绾毂长江之口又有名为代镇芜浔汉等关征收之银故为最多征银至五百六十八万一千余两次粤海关征银二百三十九万八千余两次江汉关征银二百一万三千余两次闽海关征银一百九十二万三千余两次汕头即潮海关征银一百四十二万八千余两次浙海关征银一百十五万五千九百余两次九江关征银一百十二万八千余两次厦门关征银一百六万五千余两其余各关则皆在数十万两以内而淡水打狗两口则合征至九十九万余两颇有蒸蒸日上之势粤海关近两年所征视旧征之数加倍而又过之汕头征数亦倍于旧皆以归并洋药厘金核实征收之故也

十六日记

直黎莼斋星使由日本寄到自奈良至纪州之新宫访徐福墓绝句十二首颇有奇气考证亦确奈良即神武天皇始都之橿原或称南都其地有飞鸟山莼斋于此访徐福墓不得乃附轮遵海而南至新宫得之墓在田坝中央并非高冢止平土三四丈耳有古树二株为记父老云福初到时在新宫东北海岸七里许故其地名秦须或言福之子孙多姓秦者或言藤泽驿福冈平一郎系福之后人或言有徐姓在和歌山为医士云相传捕鲸之法得自徐福故今渔船得鲸必至墓前报赛又日本人或写福作芾始知前史称徐市者乃芾之讹偶脱草头耳盖福芾本同音也

卷五

二十二日记

直出洋以来所见各口炮台不下十余处迩来营构日精往往不惜工费甚至有以铁造台者然尝考其源流权其利害则台式究竟明不如暗高耸不如低平铁石不如三合土按丁雨生中丞疏云炮台宜建于地险水曲敌船必旋转如之字而后能驶行者之前方能使彼多受数炮又可从前面后面为通行之打若台设于水路径直之地则敌船瞬息即过岂能炮炮中其要害北洋惟大沽口水道最曲大江自镇江以下惟圌山前水势　環均可建筑炮台焦山四面受敌似不如也造台之法极内一层须用灰墙外墙用三合土厚在二丈以外高低则视地势之低昂与水路之中线护墙必须成交角而不可成正角斜至五分之一敌炮若来自可斜拂而过其炮位及火药仓上必设太平盖以御自上而下之炮子下必设高隔堆以御横扫之炮子其最下层之地隧加筑坚固四面俱通沟外之小炮台大沙堆亦必迤逦照应敌用陆兵闯入尚可侧轰横截然使专用炮台而无木桩水雷浮坝等物阻于前则炮台亦断不能得力也合肥李傅相疏云水师以船为用以炮台为体有兵船而无炮台庇护则兵船之子药煤水一罄必为敌所夺有池坞厂栈而无前后炮台亦必为敌所夺海口之台须格外坚厚上置八寸至十二寸口径新式长筒巨炮下藏子

药小库内包陆兵外筑斜坡凡敌船窥口我必有三处炮台掎角击之各国台式皆五角六角形其旧式之四角菱花样者久不用矣张芗涛制军疏云西式之台不一或尖或圆或盖或露或作联堡子堡或陆路当冲作大炮垒可以启闭往来或水路当冲作浮炮台可以迎头击敌此两式最得力而费太重骤难仿造至西人之论炮台甚备其紧要者约有数端一山坳岭曲隐蔽击敌不宜孤露一台外须作坦坡不宜壁立一扼要处须有数台掎角不宜聚炮于一台一连台多作犬牙形以便两台炮力相接夹击一台后不宜背山以免敌弹反击一台上不宜多人以免多伤将士一台上炮堂不宜宽以防炸弹堕落一台后宜有回击小炮以防敌袭一台旁登岸处宜作濠堤伏连响快枪快炮以防敌人舢板登岸一台成后以炮轰试坏则更造合以上三疏观之而西人造炮台之秘要大旨已可概见近年英厂新出地阱炮一种坎地为台藏炮于中上施铁盖适与地平人伏地中其炮以水机升降见敌船至则升炮击之既可乘敌于不及觉又使敌有防不胜防之虑而筑台工费可省倍蓰是亦出奇制胜之一术也

十一月十四日记

兵轮商轮形式截然不同凡运货之商船货重必置下舱则出洋安稳中层亦全装货物无须置炮上层则分置房间谓之客舱船身略短而中宽故食水不深兵船舱而置炮既恐其上重下轻而暗轮宜在水线之下以避轰击故船身较长而中狭舱下多压重物食水较深轮船置货不若夹板船之多以其所置机器锅炉煤舱几古全船三分之一也故商轮宜大不宜小以二十五丈至三十丈外者为宜又轮船以煤炭为性命有一种暗轮兵船其轮能起能落遇顺风则提起轮叶只用风帆或于驶轮之外加张风帆以助轮力均省煤炭之一法也

十五日记

行船最畏触礁不独铁甲船为然铁甲船隔舱之法在船旁铁甲之下者所以御水雷鱼雷在首尾无铁甲处者所以御炮弹在船底作夹层而隔成多舱者可以免小触礁之患而仍无救于大触礁之险也盖既有夹底隔舱则虽触礁而成大孔仍可行归修理不致沉没若遇惊天之风卷海之涛驶行不慎而致触礁则全船击成齑粉虽有隔舱亦无所用然此等风浪究系罕逢之事近闻有一铁舰由海参崴驶赴北洋触碍摩拉押山嘴外之石此船本有夹底及隔舱近船首之外层已破其内层亦插入石骨尚能驶行入坞修理则隔舱隔底之效也然则此为外洋造船之要诀而兵轮铁舰尤不可缓御礁之法舍此竟无他术矣

十七日记

外洋水师屹然能成一军者必须有铁甲船以扼中权有快船以便迎敌有碰船以作冲锋有蚊船以守海港有运船以接济饷械有书信船有暗接电线之船以灵通消息有雷艇而行雷可以出奇伏雷可以致胜又必有炮台以作靠山有岛澳以屯全队有厂坞以修巨舰而后海军乃无缺陷一旦有事可进可退可战可守矣盖铁舰无碰船快船为辅佐必转为敌之碰船快船所困是直孤注而已而碰船快船又必得铁舰数号始足壮声威而资坐镇蚊船炮大船小浅底平可作守港利器但行驶既缓风浪宜避只能在海口及沿岸浅水处驰逐接战难为洋面制敌之具一中炮子即有沉破之患碰船亦有蒙铁甲者船稍小而甲厚专为冲陷敌船而设谓之铁甲冲船快船有巡海快船钢壳快船二种首尾设大炮二尊船前吃水之下暗设冲头可以碰坏铁舰每点钟行四十五里洵称迅捷总之以上各器凡经营大枝海军者缺一不可合之则相济为用离之则独立无功至西国水师择地建阃其要有六水深不冻往来无阻一也山列屏障可避台飓二也路连腹地易运粮粮三也近山多石可修船坞四也滨临大洋便于操练五也地出海中以扼要害六也兼此六要者其惟北洋之旅顺口及威海卫乎

十八日记

南洋各岛星罗棋布较之东西洋各邦形势尤与中国切近华民往来居住或通商或佣工或种植或开矿不下三百余万人凡荷兰所属之地应专设领事者三处曰苏门答腊之日里埠曰噶罗巴曰三宝垄兼辖泗里末等埠日斯巴尼亚属地一处曰小吕宋法国属地一处曰西贡英国属地四处曰香港曰新金山曰缅甸之仰江曰印度之嘎

尔格达此外各埠可相机设法或以就近领事兼摄或选殷商为绅董畀以副领事之名略给经费统计全局只须设领事十数员大势已觉周妥加以略有添派岁费当不过十万金而中国之隐获裨益奚止十倍百倍即如新嘉坡一埠设立领事已十三年支领经费未满十万金然各省赈捐海防捐所收之款实已倍之而商佣十四五万人其前后携寄回华者当亦不下一二千万两然则保护华民之事顾可缓乎

二十八日记

近来中国海关每年进口洋药约有七万三千余箱而内地所种之土药销售者当加四倍统计每年所销洋药土药当不下三十六万箱是每日销一千箱也每箱以百斤计算则一千箱当得一百六十万两牵多搭少以每人每日吸烟四钱计之是有四百万吸烟之人也合十八省男女老幼人口不下四百兆是吸烟者百人而得其一然以余所见有此瘾者似断不止百中之一则或者土药之销售尚不止四倍洋药也然即以洋药价值计之每岁出洋之银三千万两以三十年计之则九万万两此九万万两之银皆一往而不还者宜中国之日趋于贫也吁可不惜哉可不惧哉

十二月初二日记

午初余率随员供事数人至车林克路斯栈乘坐火车未初一刻至都甫海口坐轮船渡海风静波平未正二刻至法国之加利海口……先是余在伦敦连日大雾者已两阅月伦敦数百万户燃煤之烟为雾所罩猝不能散往往白昼晦冥烟气四塞受之者无不咳呛余颇不能耐亟欲避去是日亦烟雾蔽塞讵知出伦敦未及十里则旭日晴朗天无纤云余以数月未睹此景神气为之一清比入法境亦觉天高日晶惟气候较伦敦稍冷云

卷六

光绪十七年正月十三日记

近闻西人谈及旅顺口形势不及威海卫之扼要将来北洋似应以威海为战舰屯泊之区而以旅顺为修船之所较为合宜又闻大连湾业经铭军新筑炮台六座坚而且精甲于北洋老龙头一座当敌船之冲三面临水填筑非易和尚山东炮台徐家山旱炮台筑土取石亦形艰窘此三台之精坚尤胜于各台皆总统铭军刘军门盛休之所经营也英法兵舰驶阅各炮台皆啧啧称之威海卫距了芦蛇岛六十余里在双公滩及深水湾之中水土温和巨舰出入极便门户有二双公滩之东西各一均设影灯以照船艘出入城建于近西山麓而西面门户尤窄水势甚深盖威海在八年前不过渔民耕户所结茅屋耳今则经营周密商旅辐凑有屯营有操场有水师学堂有巨店广厦有数日一往返烟台之轮船有通连内地之电线岸上要隘建台置炮水面建筑铁码头为兵轮停泊之所各轮寄碇皆在刘公岛以其水深风静虽遇东北风大作无虞也此岛亦已度地议筑炮台由威海至烟台水路一百三十里轮船行四点钟陆路乘马约十点钟可达

十八日记

李傅相来函云琅威理因要求不遂自行告退现拟托蓝博德布勒塞【二人系英国水师学堂教习】另募曾充兵船管驾技精品优者为总教习至琅威理书谓兵船管驾不应专用闽人近日谈时务者多论及此黎召民言闽学生如词林哂其不类材武也然海军人材必由学堂造就闽厂开学堂最早故不得不就中择用曩者台湾之平海寇之靖闽将辈出赫耀于时谁谓闽人不可用邪但不应专取之一隅耳沿海七千里何地无才而闽开风气独先前二十年之学生积资当为裨将张孝达力言用北将究未求教练之法不足骤领舟师现在津学堂中多取北产粤学堂亦兼用闽广前移书沅帅谓南洋选士宜在宁粤各处不必专主用闽异时南北教练有成自无偏重之虑矣

出使日记续刻[1]

卷一

光绪十七年辛卯三月乙丑朔记

法属西贡暨南圻六省共有华民五万余人而柬埔寨一国有华民十六万之多华商贸易较西贡尤为畅旺

初三日记

广东沿海各炮台皆系灰石筑成恐难持久现拟改建铁炮台已有洋员偕同善后局员驰往海口履勘工程

海河回环缭曲沙土停淤凡轮船入水一丈者两年来已不能入口现拟裁湾取直以利遄行天津道胡燏棻等已赴挂甲寺等处查看地段矣

奉天厘捐为抵补额饷收款大宗以商贩外来粮石及本地产粮为主杂货收捐不过得十之一二自咸丰六年开办起岁收厘捐钱约在一百二三十万千有奇同治年间亦得百余万千【似俱指东钱而言】近年海禁大开粮货云集每年转仅收钱七八十万千其故由奉天各河口自开办河运以来商民贩粮知城市设有厘捐取巧绕避阴赴沿河村镇与农民私相交兑不惟漏厘即斗租河税亦无从征收现据盛京户部侍郎绵宜奏请在奉天牛庄之三岔河口设立补征分卡每粮一石补收东钱一百文杂货按粮一石之价亦补收东钱一百文

十一日记

鸦片烟之类有三一曰公班出明雅喇一曰孟皮出孟买一曰红皮出曼达喇萨均由英属印度制成为土运入中国以每年十万箱计算约合价银六千万两

十六日记

金陵水师学堂之旁增设一厂以造鱼雷鱼雷者其形似鱼头身尾各一丈有奇以机关合而为一中实火药上有玻璃管沉伏水底遇铁甲则管破而火发其力之巨数倍水雷且近来铁甲前多用铁网以蔽水雷而鱼雷则前有利刃两柄以破铁网其功用益宏矣

十九日记

日本出疆贸易始于孝谦天皇神护景云二年初唐大历三年赐锦帛于左右大臣使其易买新罗之物至仁明天皇嘉祥二年即唐大中三年始有华船至筑前国迨醍醐天皇践祚禁私买唐物遂绝邦交洎乎明治维新与各国立约海禁大开越四年即同治十年遣全权大臣从二位大藏卿子爵伊达宗城至天津与我全权大臣李傅相订立修好条规十八则指定中国通商口岸与泰西诸国相同日本则以筑池横滨长崎神户大坂箱馆新泻夷港八口为商埠中国驻日大臣则何如璋张斯桂副使黎庶昌徐承祖黎庶昌再任李经方先后持节而往其横滨神户长崎三理事由何星使派设箱馆新泻夷港则徐星使始设理事然仍驻使署惟以时往巡日本派来公使则自伊达宗城后有副岛种臣井上馨伊藤博文宍户玑榎本武扬大鸟圭介分设领事于各埠而以总领事驻上海其往来中国之轮船向只尾张丸横滨丸东京丸萨摩丸四艘近又添西京丸神户丸肥后丸为七艘观明治十九年海关册中国出口运日本货值银七百十万余两日本出口运中国货仅值银九万五千余两迨至去年日本货进中国口者增至七百

---

① 〔清〕薛福成撰。据清光绪二十四年刻本。

三十八万八千余两华货运日本者只四百八十三万二千余两良由中国但听商人之自为而国家不为经理日本农务商务则有农商务省以筦摄之保护之其署有官房有总务局有农务局有商务局有交务局有水产山林地质矿山专卖特许会计丛林制丝制线诸局其官自大官以迄技手有条不紊秩然井然日集善于营运之人采其所长去其所短又仿造各种洋货精益求精使外洋不能贩货而来且更贩仿造者出洋充作洋货是以能扩充利益商务日兴

二十六日记

午初二刻余率随员学生等由巴黎赴车栈登火车启行未初十三分至阿民城稍停申初三十五分至法国加利【一译作喀雷又作葛赖】海口登舟又阅十分开轮渡海峡酉初十五分至英国杜甫尔海口……戌初三十五分抵伦敦采林克鲁斯栈换马车至使馆

光绪十七年四月初二日记

俄属珲春地方因无便当口岸停泊铁甲兵舰及商轮各船无从运货进口俄廷之意欲封闭该口作为屯扎陆兵积储军粮之所另择新地在珲口之南英里四十买尔口名喊斯开的作为新辟海口以便大舟得以直達惟此口水鸿甚浅口内泊船不甚方便亦不能佳于珲春也

初四日记

据禀称印度一区地当热带物产之富甲于五洲埠之大者有三在东曰甲谷他【即加尔各搭】在西曰孟买在南曰马搭剌【即麻特拉萨】皆濒海繁盛之区为亚欧两洲通商之枢纽孟买及马搭剌驻有英国大员本两大省会甲谷他乃孟加拉国省之会城其大员驻此者有统辖全印度之权体制之尊拟于王者凡印度营销四远之货俱从此三埠出口华人之商于印度者亦以此三埠为多西洋人称亚洲大埠以甲谷他为第一而上海次之然孟买一埠亦足与甲谷他相埒查华商出洋开埠最早者惟甲谷他及孟买两埠远在新嘉坡开埠之先今新嘉坡设领事已逾十年而此两埠尚未议及盖因其地为使节所未经故商情无由上达耳且印度北通西藏东逼云南由甲谷他至西藏边外之大吉岭火车一昼夜可达由甲谷他至云南边外之新街轮舟十余日可达昔年英人北取锡金东灭缅甸调兵调饷均以甲谷他为总汇若于此埠设一领事不但维持商务亦可裨益边防查甲谷他西至孟买轮船绕道甚迂而陆路有火车可通不过九百余英里甲谷他南至马搭剌火车略须绕道而沿海有轮船可通不过七十余海里苟使甲谷他有一领事驻扎即可以一埠遥控两埠不必再议添设以节縻费

初五日记

姚文栋又禀请在仰光设立文报局一处在八募设立分局一处俾云南与外洋往来文书得一快捷方式英国信船自大西洋入孟加拉国海湾者或从槟榔屿经过并无径达仰光之线路查仰光华商闽帮最大闽帮商家胜茂号最大现举其经手人监生林作秉经理文报事宜凡递文报由仰光西达英京北通八募轮舟火车俱有定程不致迟亦不能速惟野人山须候商队带过颇费踌躇然遇有紧要公文亦可雇用猓夷专送【费亦甚轻】猓夷之于野人犹生番之于熟番也计自英京至仰光轮舟二十余日仰光至阿瓦火车一昼夜轮舟须行六七日因水浅之故阿瓦至八募轮舟五六日八募至腾越商队行八日如雇猓夷不过两昼夜腾越至省城云南府共约二十八站递送文信不过十昼夜统计西洋达云南大约五十日左右断不出两月也惟传电之法须至新街阅看情形后再定现闻印督派员名华丽者查看康东一带之地彼总先我一筹耳

十四日记

徐筱云少司农来信云重庆通商之约吃亏甚大当时若听其试行轮船川江极险势难上驶即使能行后准其通商而浅水轮船装货无多秋冬水落船即难行彼亦不甚得利无如川督力阻行轮不得已准其用华式船只通商

彼可常年运货自汉口至重庆数千里只能征收正子两税沿途厘金所亏不少且洋商免厘华商征厘生意亦必为其所占官民两受其损事既至此亦无可如何矣

二十一日记

叻报云防海之法宜筑炮台于平地炮在地面之界线下与水面之界线平就地挖坑使炮弹由坑内冲出直击敌船炮上用太平盖以避田鸡弹其盖与地面平炮后与墙相距数尺以通风气取其易散火药之烟虽今船内康邦机器均在水线之下平击不能坏其机器然船可毁坏人必痍伤敌如击我高则弹子飞空低则入地我击敌遥则仰炮近则平炮凡从高击低难以命中从下击上易得炮线平原旷野宜用克鲁伯八生后膛及五管哈乞开司车轮炮大毛瑟枪可以击远若山路崎岖宜用火箭及呍啫士打快枪单管哈乞开司炮改用单轮以行山径傥守营垒隘口宜用鱼雷及四管拿腾飞炮

二十八日记

安徽拦江矶地方形势扼要沈仲复中丞奏请建造炮台刻下工程告竣中丞驰往验收印度报云西历一千八百八十八年印度茶锡兰茶运进英国口岸者重英权一百十三兆磅八十九年进口者一百二十七兆磅九十年一百四十六兆磅而中国茶进英口者一千八百八十八年一百五兆磅八十九年八十八兆磅九十年七十四兆磅恐将年少一年矣

二十九日记

法属越南之南圻度支岁入净银七百五六十万员而地方公□杂派不与焉岁出不及七百万员而地方公费不与焉计入浮于出者七八十万员岁入以出入货税为大宗约得四百万员次地丁两税约一百二三十万员次工商之税约七八十万员次杂税如洋药材木之属约五六十万员次华民身税约三十五六万员又华民进出口及寄居执照税约六七万员又华民于常例之外另交身税照税等项岁约四十万员有奇度支出款以俸饷为大宗工程之费次之

三十日记

南圻赋税之制十有六种现开稻田约九十万顷【每法地一顷计中国方一千八百丈】岁开新田以万顷计岁产米九百五十万石至一千万石不等除供民食外出口之米岁约八百六七十万石共得米价约一千二百五六十万员运往中国者十之六七往南洋者十之三四售米经华商手者十之八九经西商手者十之一二故南圻米市之利华商独擅之粟米之外产皮革材木鱼盐木棉骨角毛羽漆丝靛椒燕窝鱼翅之类除本地需用外每岁出口值价四百万员左右进口货以洋布鱼网为大宗岁价约五百万员次五金之属值二百万员次煤次杂货每岁进口价值七八百万员凡南圻商务之利华商得十之七西商得十之三

光绪十七年五月初二记

姚文栋禀称缅甸海口之埠凡三处而仰光扼其要沿江之埠二十二处小者二十九处而阿瓦与新街扼其要海口商务闽商主之沿江商务滇商主之粤商生意之大不如闽人数之多不如滇等诸自郐以下而已

附近澳门有青洲海岛系香山县属地周回二里许矗立海中在澳门租界之东葡人踞而有之英人于岛中建筑楼台为避暑之地现闻英葡议填塞海而正对澳门莲峰庙筑马路以达彼岸

初八日记

李伯行星使奏称中国与日本通商口岸横滨神户长崎设正理事官外嗣因箱馆新泻夷港商务渐兴添设副

理事官一员

十五日记

越南之北圻以宁平清华两省为中圻之分画

十六日记

故二省(宁平清华)民数华民居三之二越民不及三之一其在各口者则来自闽广琼州而粤人最众大抵海道来者为通商陆路来者为开矿从前华民在谅山广安高平太原北宁诸矿者十余万而在河内北宁海阳南定各口贸易者三四万开衅以后矿厂大半停工商务为之阻滞目前各口华民二万有奇以海防为总汇各矿厂及边界华民约五六万而佣工无几

二十二日记

通商以来论者虑银钱流出外洋固矣然外洋之耗中国乃黄金非白银也西洋制币皆以金钱计数零星交易始用银钱英美诸国皆然法国银币较重仍不敌金

光绪十七年六月十一日记

法外部总办倪萨尔称上海领事来电南方各省会匪蜂起其扰害西人者皆会匪之党恐于中国大局有碍是以各国协力自守调兵船二十余入江巡防

二十七日记

重庆自通商后凡挂洋旗之船驶入川中者须完落地厘金而商人尚不甚愿挂旗入川者寥寥近始有两船前往尚未知到埠后如何办法若照旧章完正半税而不完落地厘金则挂旗之船自必异常踊跃

三十日记

俄报云欧洲商务以伦敦为最盛中国以上海为最盛英沪往来若经苏彝士河须历程四十四日若取道纽约大西洋则历程三十四日而川费较巨

卷二

光绪十七年辛卯七月初六日记

前浙海关税务司葛显理来谒余在宁绍台道任内时曾与同筹防务人甚稳练据称此次请假三月回英养病由上海五日到日本又十三日到旧金山乘汽车五日到纽约又附轮船七日到伦敦共行三十日今回华拟由加那大一路行走仅须二十八日云

十一日记

埔寨民分四种一曰柬民本华印之苗裔华裔来自秦汉时取道黑水称扶南人印裔来自汉晋时取道南海称裥莫人盖随佛教而至者历年既久化为土著二曰华民乃近代航海贸迁而来者三曰越民乃越南流寓之众而风教语言则迥不相同四曰杂夷陆有苗蛮来自北境水有岛夷来自南洋约计柬民一百四十万有奇华民十四五万越民十二三万杂夷七八万共得一百八十万众此户口之大略也

十七日记

中国海关自光绪五年至十六年通共十二年中进口货值银一千一百二十二兆十七万八千余两出口货值银九百三十兆八十六万五千余两实多出口银一百九十一兆三十万两有奇收税银一百二兆六十五万二千两有奇

光绪十七年八月十二日记

昨接总理衙门来电云接鄂督电英领事偕水师总兵来呈节略以奉本国札饬会同地方官保护各国民人遇有匪徒聚众滋闹于洋人身家性命遭有危险即用枪炮击散等语鄂督告以保护弹压责在有司即或焚毁受伤亦必办匪恤偿现中国正力任保护若外国兵船卤莽用武难免伤及无辜别生枝节等语即祈转告外部电诫兵官非有华官知会约其帮助万不可轻率登岸致伤及无辜办理更形棘手除由本署面告英使外特电候覆余遣马格理往告外部据云系海部之意再三与商始允劝海部电告兵官审慎行事非到万难忍之时暂缓用武外部又密告云接华尔身电称各使接总理衙门覆文心滋不悦订期会议以为无可复商

十七日记

南洋群岛中有白蜡者一名卑力国又译作霹雳近接槟榔屿由屿对岸陆路可通绵亘数百里层峦叠嶂向为巫來由【一作穆拉油】人所居洪荒初辟近属于英同治间华佣始来采锡苗旺产多英人设关征税岁得数十万金通岛分大白蜡小白蜡二境以一河为界草创之初民多茅舍今始有灰泥版筑者土产槟榔椰山竹榴连婆罗诸果此岛产锡最多惟彭亨兼产金白蜡亦偶产翡翠玉石土番无部落不相统属间有强酋亦自君其地不能兼辖他境其地无官无兵故其酋与民无所区别性悍戾好斗亦常劫杀过客英人得白蜡后虽有轮船往来不能驶入内河近拟造车路以便行旅

二十八日记

马来斯即巫来由之转音南洋之人多巫来由种也因以名其地焉实即梁书海南诸夷传所称扶南海崎上之顿逊国元史外夷传所称之麻里予儿国按曲岸曰崎泰西地志称马来斯或谓之土股或谓之地嘴以其三面临海一面濒岸也则梁书所谓海崎者是已元史言麻里予儿与暹人旧相雠杀后渐归顺今马来斯诸国虽多属英然昔固属暹也则西志所谓马来斯以音求之盖麻里予儿是已至明史外国传之满剌加只据今马六甲一城言之非马来斯全境也其地狭而长斗入海中海水环其三面惟北面接暹罗东有暹罗海湾及中国海西有秘古海湾及马六甲海峡与苏门答腊隔海相望自赤道北十三度三十一分暹罗海湾起至赤道北一度二十二分三十秒阿罗马尼角及新嘉坡岛止共长一千五百三十启罗迈当【合中国三千余里】地形自北趋南又自南斜伸稍向东其极狭处曰克老在赤道北七度宽只七十启罗迈当其极宽处曰卑剌克在赤道北五度自北京西十二度零七分至十八度零七分宽约三百三十启罗迈当马来斯诸地有旧属暹罗或进贡之国有新属英吉利或保护之国有马来斯苏丹自主之国暹罗所属之地自赤道北三十度三十分起至四度止约长一千一百四十五启罗迈当克老以北各部其民多暹罗人其酋皆由暹罗派之六昆以南各部其民与酋多马来斯人皆进贡暹罗为其属国至基德大呢吉兰丹诸国则系自主虽亦入贡暹罗然一年一次不过金花银瓶而已若英国属部则有威利斯雷省马六甲丹定斯槟榔屿新嘉坡诸地归其保护者则有白蜡石兰莪芙蓉诸国昔时以印度总督辖之今则别立海门属部复设一总督治其事焉

光绪十七年九月初三日记

昨初十日沪关盘获私运洋枪三十五箱由香港运至镇江系英人梅用【一作梅生】经办又经镇关于梅用行李搜出炸药五磅梅为镇关税司帮办当即解沪据供英人爱司美在香港代镇江会匪购办军火内有头目英人泰山另有不知姓名洋匪六名均住虹口现经本署照会英使迅饬领事捕拿会讯并饬赫德电沪镇各税司究查

初八日记

泰唔士报录上海电云中国不知时势之吃紧所筹兵备尚嫌不足恐仍不免多事盖刻下北洋余剩之兵船皆仍在波得阿尔达【即旅顺】海湾内停泊在上海及吴淞者统共兵不满五千人

十一日记

庐山在九江南康间磅礴郁积峰峦层叠其支干绵延在鄱湖中曰虾蟇石在长江侧有迴风乌石等矶或显或隐迴风矶去湖口十余里颇宽广居民环绕成村落循南岸而上距九江二十里许为乌石矶矶分三墩在上为拦江矶洋关设塔灯于此以利轮舶中即乌石矶矶小而坦上有古庙名白石矶最险恶舟误触之立碎光绪十六年四月德晓峰中丞馨阅兵至此筹款委前南城知县任国铨购立铁柱为标识会水涨不能立署德化知县张鸣珂先置水鼓于江面复就岸旁架琉璃镫以烛之入冬水涸矶石毕露乃获竖立铁柱于上而矶之左右巉石齿齿岝崿怪伟不可名状以篙剌之坚逾镠铁遂募石工凿孔纳火药于中然之轰去大小礁石七八十处而舟行无滞化险为夷则德中丞与任张二令之力也

十三日记

光绪十六年由香港出洋华工四万七千名往南洋者为最多由外埠过香港回华者九万九千人香港土产虽少而地当津要实为商货总汇之区港界连穗垣之东南海濵其地面丁方十英里居民约四十万每年出入口货物约值银四千一百万镑总督每年养廉三万二千员

十四日记

俄于珲春设立船厂兵船损坏可以就近修整轮船之取道也由黑海地中海红海经印度太平洋直抵珲春

十五日记

沪电云北洋兵轮由波得阿尔达即旅顺海湾开来仅有二只

二十日记

阅光绪十六年通商各关贸易总册合进出口税船钞半税洋药厘金计之统共收关平银二千一百九十九万六千二百余两较之十五年多收十七万二千四百余两进口洋货较十五年货价多至一千六百二十万九千余两内有进口免税之洋米值银五百万两之多以顺直等省荐饥故也棉货进口价值骤增至四千五百万两较之上年溢九百万两其故由棉纱运进更多而推印度为最盛进口值银一千九百三十余万两较上年增至六百万两之多中国若以机器纺纱定获厚利又洋米进口过九龙关运销于广东一省者值银至一千一百五十万两之多足征该省人民繁盛贸易畅旺出口土货较十五年价细九百五十万两其税少征七十五万九千余两茶叶出口值银二千六百六十六万三千余两较上年短银一百六十万余两矣追溯至光绪十二年则出口茶价尚有三千六百五十万两也湖丝出口值银三千二十五万余两较上年短银六百十五万余两

二十一日记

光绪十六年天津一口洋货进口价值银一千七百十三万余两而十五年则系银一千五百三十七万余两十四年则系银一千三百五十七万余两所以年多一年者缘是年顺直各属水灾极重出产稀少不能不仰给于进口之货且洋货俱出本口运往河南山西陕甘等省故能畅旺若此土货出口价值银四百九十七万余两较上年多银二十七万余两其中径运外洋之货仅有七万三千余两而运往通商各口者乃有四百九十万五千余两盖天津一口情形向来大致如此……烟台一日洋货进口价值银八十九万余两较上年少四十四万九千余两以洋布棉纱

减色也土货出口价值银三十九万四千余两与上年无甚悬殊其沿海贸易原出口之货共价值银四百四十二万余两较上年少一百一万余两复出口之货共价值银二十三万六千余两较上年多八万余两复进口之货共价值银七百三十九万九千余两较上年多一百七十万余两综计洋货进口实估值银五百八十一万余两土货进口实估值银二百二十三万余两二共关平银八百四万余两除去完纳本口税厘十三万五千余两再除赚利及各费【以每百两去七两计之】共五十五万三千余两实估银以上岸为定计七百三十五万八千余两综计出口货物市价银四百八十一万余两加完纳本口税银十六万七千余两二共四百九十八万余两再加赚利及各费【以每百两加八两计之】共三十八万五千余两实共估值以下船为定计五百三十六万七千余两

二十二日记

上海一口洋货进口按时价估算共约关平银二千二百二十六万余两如除去进口税三百四十二万余两栈租零费等项计百分之七约一百三十一万八千余两起岸时计净值银一千七百五十二万余两土货出口按时价估算共三千二十万余两加出口税八十二万九千余两又栈租零费等项计百分之八约二百四十一万余两下船时共估值银三千三百四十四万五千余两至进口货因夏秋间镑价较贱商人有利可获是以生意甚旺华商恐日后镑价昂贵乘机置货因此存栈货多来岁销场恐须滞塞出口之红茶货色似较往年精进内以下等之红茶为最绿茶相同平水茶货尚均匀恶劣者少丝项生意总未见佳新设织布纺纱两局一照英美两国之原布组织成布所纺之纱闻与印度之货可以相比两局作工均尚未全其能否畅销获利尚难预拟深盼中国实力保护以至畅旺从前总办局员未能得法据西人观之纺纱局之利较织布局尤厚耳现闻各国兵轮在沪者十艘在长江各口者八艘

二十三日记

宁波出口绿茶十五万一千余担闻所产较佳炒制亦似精洁内地收价廉商人得少沾利益福州一口十六年进口货价计银五百三十四万九千余两照卸船时估计已将税银及经手七厘用金各费并加在内实仅四百九十一万余两也出口货价六百四十六万九千余两再加税银一百六万九千余两经手八厘用金各费五十一万七千余两则出口货实价八百五万余两矣茶叶一项光绪六年出口七十四万担十二年减至六十六万余担十四年减至五十五万余担十六年减至三十九万担较之前十年商民少得之银约有四百万两税厘少征之银约一百五十万两

二十四日记

淡水一口进口货价银二百二十二万余两除去税厘各项并该商所得利息溢款应作实价银一百八十三万余两出口货价银三百三十万余两增添完税并该商所得利息溢款应作实价银三百八十九万七千余两出口以茶煤樟脑三项为大宗余货寥寥……打狗一口进口货银一百六十二万余两除去完税及各用实一百四十九万三千余两出口货价银一百九十五万余两再加完税等项实二百二十万九千余两进口以洋药为大宗火油次之出口以糖为大宗樟脑次之

二十五日记

去年厦门一口进口货除复出口之外值银九百二十一万九千余两除进口税及洋药厘金并杂费实银七百八十一万余两出口货值银二百二十二万九千余两加税饷及杂费实银二百五十八万余两出入货价相去悬殊盖闽南山多地瘠之故然洋货除洋药火油两宗余者亦属寥寥进口货中土货由他口来者值银至五百五十余万两以淡水茶叶北口豆饼上海棉米为大宗然不尽销于厦门也汕头一口洋货进口价共关平银八百九十四万八千余两土货进口价银八百十七万八千余两共一千七百十二万余两除去税项及各费及洋药厘金实银一千四百八十三万余两土货出口价银七百七十八万八千余两再加税项及各费实银八百八十一万余两复进口之货以荳饼荳子为大宗是年运到荳饼二百八十七万余担潮人用以粪蔗故甘蔗旺则销荳饼愈多土货出内地商人

不向洋关请给税单故土货不由轮船出口者洋关即不能知其数各关所载土货出口之数实尚不止此数也

二十七日记

去年广州一口进口洋货价银一千一百二万余两进口土货价银九百九十九万五千余两两共二千一百一万余两除去税厘及各费实仅一千八百四万余两土货出口价银一千七百四十六万六千余两再加税项及各费实共银一千八百十六万余两所产红茶内工夫茶一项味可中等花香茶一项色美力胜惜其搀末太多计此年税厘併算大约按值百抽二十一之谱比十五年按值百抽二十九之例则见轻矣【原定值百抽五因茶价年减一年而税不减所以见多每年茶价低昂不同所以按值所抽之多寡亦不等】澳门葡官议招徕商旅之法欲设轮船往来墨西哥国以为该国招工开造铁路之用有德国轮船至澳装载华工四百七十名前往墨国旋又有轮船至澳欲载华工六七百名赴墨或谓数万之众佣工于无约之国并无领事官弹压保护诸多可虞不若先订和约然后赴工始无窒碍

二十八日记

琼州一口进口货价值银一百二十三万九千余两除去税项洋药厘金及经手七厘用金并各费实银一百六万余两出口货价银八十四万余两再加税项及经手八厘用金并各费实共九十三万五千余两北海一口进口货价银三百七十一万余两除去税项药厘及各费实银三百二十二万八千余两出口货价银八十三万余两再加税项及各费实银九十三万七千余两龙州一口进口货价实银一万九千余两出口货价实银一万二千余两查广西全省销售洋货每年约值银二百万两土货出口每年约值银五十万两洋货价甚昂贵有逾香港三倍甚至七八倍者以厘金重叠故也

二十九日记

蒙自一口每到冬令须封河数月又红河间有劫盗之虞而所收税课仅四万三千余两因照丁亥续议商务专条减海关税则减三成收纳出口土货减四成收纳进口货价实银五十七万七千余两出口货价实银五十二万八千余两九龙一口查核去年粤海关各厂贸易情形最为畅旺综计进出口货物估值银三千八百五十万余两较上年增至六百三十七万余两较前年亦增三百二十九万余两是年进口货价内洋米已居其大半足见内地各县收成非甚丰足居民购食洋米其资财亏耗已甚似非兴旺之象

光绪十七年十月壬辰朔记

巴黎报述伦敦接沪信云英人梅生私运军火至镇江接济会匪一案现定二年苦工之罪并罚洋五千员驱逐出境其同党之欧洲人不少业已密查暗访矣据梅生自供情节云伊所以干涉此事实因用此军火者诱之以良法美意也谓会匪如能成事所拟章程一判划封疆分裂土地二裁撤厘卡进口货税则值百仅抽一厘半三裁减茶捐惟外国之白糖葡萄酒仍应照征煤税暂免棉花纱线税裁减四筑铁路筑坦衢创行马车并浚河渠五海军陆军海关巡捕及征收钱粮等职准用西人并准西人入内地贸易

初二日记

本年八月朔日申刻日月合璧五星联珠惟木星稍远考日月合在张五度火星在星三度土星在张十五度金星在星四度水星在张十三度木星在危十二度斯时日月南北并行五星东西一串福建邵武府知府董毓琦谓会合在八月朔且在张宿文昌之宫为数百年罕觏之事应在今科乡试可得经天纬地之才因上条议于闽浙总督请变通考试章程第一场先考古学兼及机器算法船炮如已入选即出榜示有名者始准入考第二场再考文章两美兼收始能中的第三场策论半出天算机器船械炮法矿电各题武试于弓刀石之外另试后膛枪炮默武经时亦询以船械炮法沙线风云庶异日可为轮船管驾

初三日记

从前法越之衅粤省之虎门海口用船石堵塞以阻法船进口今年大宪饬令员弁工匠速将船石捞起以利舟行刻下已起尽矣无论大小舟楫可以照常行驶不必再行绕越

初十日记

海战要诀有六一与敌船相近须用轻而速放之炮势若连珠使彼水手兵丁无论在舱面桅上或炮门处皆不得停身势必走避又必细看敌船大炮显露之处并烟通与各瞭望孔及露置炮架处多放轻小快炮二与敌船近至二千码始放中号炮即六寸炮宜向望台舵房螺轮或无铁甲处连放不息三离敌船一千二百码始放大于六寸之炮若到六百码以内恐易受敌水雷之害四战时切勿以本船撞敌船空费撞力我船行过彼船或左或右反可施放水雷即使撞著亦难免本船受伤利不胜害若已击伤敌船宜再用大炮打穿其船壳彼若放大炮宜用机器炮连珠炮连放不息使彼不及放大炮五见敌败遗有小船等物不可往取恐遭爆药水雷等害六我船最宜慎者摆舵之器须备双副且须易拆易换受伤可赶速修补智利秘鲁之战凡兵船败者皆因击毁制舵之器不能急修也

十三日记

制造战舰最要之事如船上要害处必护以铁甲放炮之人必设法遮护多备小炮与中号炮俱用速放法或机器放法最大之炮可不必备因其弊多利少也凡用大炮必有压水器起落之法又另备手工起落法装放者身藏不露压水器为敌击毁时仍可以人力起落惟装放较慢耳

二十三日记

香港新嘉坡两地均为英属东南洋要埠据核本年税饷香港可收至二百零三万九千员新嘉坡可收至三百八十九万七千员港税加于去岁二万七千员坡税减于去岁三十七万二千员观其一增一减而两地之衰旺情形可见矣

二十四日记

余率翻译随员等四人以十一点钟由伦敦采林克路斯栈登汽车开轮是日白雾氤氲大街行人对面几不相见既出伦敦行半点钟之久天气晴明豁然开朗一点十五分钟到度甫海口登舟开轮二点三十五分钟抵法国之加利海口登车五十二分钟开轮七点三十五分钟到巴黎火车栈换马车八点十五分钟抵使馆是日渡海时稍遇顶风十人中有一二人呕吐者

二十八日记

法报录伦敦斯丹达报云柏林访事人谓各国兵船在中国海面拟示声威一节因俄国不允共事作为罢论矣各国现拟各自保护其商民

二十九日记

爪哇故南洋巫来由番国宋文帝元嘉中始通中国当时皆奉佛教厥后改奉回教唐昭宗天复间全岛归一土酋治之明洪武初东西二王分治其地未几西王攻灭东王万历二十四年荷兰人始至万丹地在岛之极西后设商埠以兴贸易造炮台屯兵丁越二十年荷兰遂设总督驻扎于噶罗巴改称为巴达维亚为荷兰属岛要口岛中商务兵事总汇于此复分占全岛各部服属附近各岛其故有之土番苏丹或归建置或就灭绝鲜有存者国朝嘉庆十四年英吉利以舟师大炮攻巴达维亚夺之荷兰不敢与敌越四年议和还地复属于荷凡华人至其地者自明迄今已数百年置田园长子孙其魁杰者为荷之甲必丹故今爪哇二十三省无一处无华人

卷三

光绪十七年十一月初八日记

江督电称七月二十九日宜昌游姓失落小孩在圣母堂查出又搜出男女六十五人内有数人闭月堂内及西人住屋旋即火起县镇护教士上船法国巴教士被石伤额已平复讯据女教士云孩系吴有明抱送曾给吴钱二千现悬赏缉犯等语英法以此事各派兵轮前往江督电商派拨兵轮自护北洋派两轮往沪递换南轮赴鄂南洋派南瑞驻鄂测海往来游巡

初十日记

梅生私运军火一事英领事以案无原告不能会审须令见证人作证始可延请律师总理衙门商之南洋案由沪镇两关盘获该税司及洋关委员均可作为见证八月十四日聂道与裴税司讯录梅生【即梅用又名翼升】口供二十六日赫德又将梅生与裴税司所谈节略送到总署大抵谓洋人入会甚多镇江各处购藏军火不少并牵涉镇江委员陈兴嗣焦山炮台兵官易某并译六洋人名姓曰泰森曰计因曰马革里戈曰莫里森曰里得曰敖斯瓦而沪关译出劳税司面交梅生杂记内又有约福建海关细崽徐春山镇江细崽徐春庭起事之语并未叙及陈易此事亟应澈究乃英领事既托词推卸华使复文绝不提及赫德言华使先欲派员往办继谓沪关既经拘讯即不与闻而领事接外部电令其国家律师威金生主控梅已拿禁律师谓须押候缮供齐后审讯九月初又据法使及赫德到总署言福州罗星塔有匪徒谋踞船厂天津紫竹林洋人夜半忽然惊徙德税司复于进口之太古轮船名松江查获来复枪五百杆不悉私贩姓名船主已罚五百金似系私贩图利无从根究沪道知照领事将船主及大小副水手买办人等研诘究办并咨粤督照会港督查察华洋商及各轮船岩防私售军火福州城内洋人亦一夕数惊密查实无匪党踪迹

二十三日记

轮舟往来天津因北河日浅难到码头或云码头恐将移于唐沽则紫竹林必寂寥矣若以开平铁路接至唐沽其势甚易则煤之销运亦必加广唐沽距大沽口仅八里去紫竹林二百余里陆路亦有百余里北河水势日浅又有沙埂以阻之近来唐沽之地价渐昂盖有逆料码头将移此者故皆购地以谋获利也

明季西人之首至京师者葡萄牙则有阳玛瑙日耳曼则有邓玉函意大利则有熊三拔而英法无闻焉万历二十四年英女主欲修好中国遣使具书弊驾巨舰途遇飓风而没事遂寝崇祯十年有舟师率货船五艘由苏门答腊至澳门葡人阻之又至虎门具道通商意复为葡人在粤者所沮故明史谓有洋船四艘由虎跳门薄广州而西而西人马利逊约史略亦谓英来通商始明万历间盖本诸此国朝康熙二十二年既平台湾英人颇通市于浙粤焉明史南洋有满剌加者法人欲开通市埠据而有之东行入澳门粤东等处正德十三年遣使来贡请封诏给其方物之值而遣之久留不去十六年又携土物求市复拒之万历初巡抚林富陈许佛郎西亘市四利部议从之遂得入香山澳为市又越境商于闽往来不绝二十六年巡抚朱纨严海禁其人无所利遂内犯漳州之日港梧屿副使乔柯等御之纨被劾而海禁复除法人益逞遂于香山澳筑城台以自固

二十五日记

华人愿往墨西哥国开垦者墨人永免田赋遂有华人挟赀至墨南境招徕彼处华农设法开辟新疆

光绪十七年十二月初四日记

海军衙门本假煤渣胡同神机营后院以资办公前经醕贤亲王择购西四牌楼粉子胡同奕将军宅拟建海部京廨迄未开工近甫由庆邸饬移衙门于此将原屋拆去改建署门大堂二堂各股公廨及档房库房

十八日记

沪报云户部将常年入款逐细核计每岁各省海关所征洋税银一千五百余万两

二十五日记

八月十六日字林报云致远轮船由香港到沪被海关查出军装实系镇江洋关写字梅生所运由香港装船出口共有三十五箱诡称钢条尚未露出破绽其时德臣西字报已有风闻由香港电达沪关及致远抵沪起出快枪百杆弹万颗对而笑五十杆弹五千颗洋枪五十杆弹万颗另有炸药约二十五磅在梅生行李中梅生由沪回镇经官拘获置之英国来的茂克兵船上又以三轮船押解抵沪禁之沪关凌风小轮船中

三十日记

中国已开之矿开平煤有九层可开现只开五层煤质之佳甲于各处南北洋兵轮大半用之视洋煤尤胜近又开出佳泥一种可供涂修锅炉之用基隆之煤火力甚猛可合轮船之用以上二处皆有铁路以便运出海口潍县煤质颇佳开出者日以吨计惟不用机器距海口甚远又无铁路仅供周围百里之用积煤甚多销路甚缓入夏遂停开挖淄川之铅所出亦饶可中炮弹之用近运沪局镕炼其用不亚洋铅而价则较廉云南铜锡诸矿日见起色京铜不但无欠解并可豫解个旧之锡运至上海虽不甚多而汉口则销用甚广徐州利国之铁矿产虽美限于资本未能大举漠河金矿如照旧章所获必可如前贵州青溪铁矿仅开小炉尚未能开大炉闻因布置未善运路窎远恐亦将以款绌停止殊可惜也惟沪局开炉炼钢极为得法前时试炼所开者小炉也而所炼之钢与外洋无异价又廉于洋钢故近日大开炉火决计自炼可勿需洋钢矣

光绪十八年壬辰正月辛酉朔记

婆罗洲为亚细亚群岛之至大者正在赤道之下自赤道北七度六分起至赤道南四度十一分止京师东二度五十二分二秒起至西七度二十九分十八秒止【巴黎东一百六度三十八分起至一百十七度止】合附近小岛共得七十四万八千七百启罗迈当方里较之法国之地盖半倍之西界中国海北界苏禄海过此即吕宋群岛东界望加锡海峡过此即西里百岛南界爪哇海过此即爪哇岛其地北境今属英国东西南沿海各地皆属荷兰或归保护内地尚有土番部落有人所未至者地湿多雨南境尤洼北境稍高居民皆处海岸缚木水上筑室以居岛中有大山自东北而西南划分界限土番称为一千一百岭即志略息力大山也明史封浡泥国后山为长宁镇国之山当即指此其江河在浡泥者曰浡泥江在东北岸者曰庆那伯当冈此北般鸟萨巴之河在西北岸者曰色拉洼克此西般鸟色拉洼之河在南岸者曰班热马生此马神之河曰达亚哥此戴燕之河在西岸者曰马当曰邦的亚那在东岸者曰哥的曰巴昔尔皆河之大者也天气渐热不能养人濒海寒暑表二十七度至三十二度【法国表度】

初二日记

婆罗洲在唐曰婆罗【唐书南蛮传】在宋曰勃泥【宋史外国传】虽据全岛而言其实古婆罗国即今埔尼国【外国史略】只有北岸之地古大今削固尚存也在明曰婆罗曰浡泥不知其为岛之北境一国曰文郎马神即今班热马生【制造局图】则在岛之南境洋文译音则称般鸟或称慕娘土人自称蟠尼阿盖皆婆罗勃泥一声之转耳自唐迄明土番分部而治或奉佛教或奉回教其大者朝贡中国明正德十六年葡萄牙人墨瓦蜡始至浡泥后西班牙人亦至焉然未据其地也万历三十七年荷兰始至西岸由是而南而东或踞其土或夺其权寖削寖灭濒海之地皆为所有昔日诸部土酋今皆归荷兰保护道光二十六年遂定为荷兰属部今所称东西南般鸟皆是也岛之北岸则东为萨巴今属英即所称北般鸟西为色拉洼克今属英亦称西般鸟其中埔尼国即古浡泥已归英保护为属部焉内地多戴燕人沿海多巫来由人华人则处处有之凡开矿经商种植诸事皆赖以办亦已渐入渐深然岛中大半榛狉未尽辟也

十八日记

乃于本日十一点半钟挈翻译武弁各一人由巴黎启行赴喀雷海口渡海至都甫口以晚八点钟抵伦敦使馆海中风浪甚大余亦为之呕吐頗觉疲惫然巴黎伦敦同日得雪疫气当渐息矣

光绪十八年二月初八日记

十一点钟率翻译武弁等坐汽车于一点钟抵都甫海口登舟渡海二点二刻抵喀雷海口登岸复坐汽车于七点二刻抵巴黎换马车八点钟抵使馆是日海中风静波平天日晴丽惟值两次降雪之后寒气侵人

十一日记

缅甸海口有三埠曰暮尔缅【即马尔达般】日德瓦【一名吐瓦】日丹荖【本暹罗滨海西境】以漾贡握其总核计海口华商约二万四五千人巨商则闽多于粤至沿江各埠生涯全属滇人计轮船停泊装卸货客之大埠二十三小埠二十九而滇商之众首数阿瓦约万二千人次则新街猛珙不下五千其余各数十百人至行商货驼年常二三万秋出春归

十五日记

自道光季年华民闻古巴易于谋生陆续前往截至同治十二年止来古巴者共计十四万三千有奇光绪六年查办以后华人始知古巴官吏之苛虐裹足不前今虐政虽革华人仅有四万余名为商者百之一其余尽属佣工

二十五日记

湖北江夏县之马鞍山煤矿自辛卯夏开采以来出煤极旺大冶县之界山出煤亦佳又兴仁港地方煤苗颇旺现正开挖用泰西机器凿孔之法做井字架掘采而下工省利倍各矿煤炭质极佳可供轮舟生火之用官设矿局委员监销无论绅商准自集资本采贩去腊帆樯络绎运出之煤数百万石载往湖南江皖销售黄石港下游道士洑设有官局监督销售以兼顾运出长江之总口黄石港内数十里某山铜苗极佳富池口有银山者苗亦甚旺均议筹款采炼

去年英国各口岸与东方互市之数由英运华花纱比上年约少一百五十万磅疋头约少三千六百万码惟羽毛织造之物比上年略增锡及铁路等料亦远逊于前华茶运英以银数计比前年约少四十万磅华糖停止运英已两年矣

二十七日记

中国总税务司赫德曾于海关创为邮局寄送各处信件一例洋码五分仅寄本处概取二分

卷四

光绪十八年三月十四日记

鱼雷创自德国匠师白头外具鱼形内镶机器首配爆药其力甚猛中蓄空气其机最灵冲锋摧敌莫利乎此北洋设立营厂延请德国匠师哈孙克遴选生童传授新法

二十二日记

俄人于珲春一埠立船厂筑炮台修造船坞二处炮船分巡洋守口两项又有小炮船水雷船以辅之珲春内地广开铁路以便转运俄国炮船分头二三等头等三十六艘派驻波罗的海者二十八艘驻黑海者八艘二等四十八艘派驻波罗的海者三十八艘驻黑海者十艘三等八十八艘派驻波罗的海者四十九艘驻黑海者二十九艘余七

艘驻里海五艘驻珲春去年招商局与怡和太古两公司贬价招徕互相倾轧货价只取三分之一计三公司共耗去洋银二百六十万员今已议和另订合同

光绪十八年四月二十三日记

旅顺船坞近忽损坏水势骤涨用大吸水机器吸之无效德人所筑之坞基法人所加之西门土已全功尽弃有一兵轮亦乘流浮出

二十六日记

闽省织局每年约出土布四十余万疋惟官局售布已有利益民局售布尚少盈余现又奏定土布进口免其再征税厘其运售出口土布减为四折征收

光绪十八年五月初八日记

英国禁烟会绅云目下拟请国家饬印度减种莺粟无论中国之能自禁与否而在印度总不宜种烟以售于中国去年已减种三千箱然闻去年印度出口之数较前年减四千箱而中国进口之数较前年转增六千箱此一万箱不知何自而来或云恐印度运往南洋诸岛后复由南洋转运中国者否则南洋各岛自种之鸦片销运入中国者均未可定然闻中国自种之土药又四倍于印度所产故去年中国进口洋药虽增一万箱而所出之价转稍减于前年以洋药价日贱也

二十八日记

法国出使随员有游历珲春者览其形势归告人曰俄国已有里海铁路运兵只数日程即达印度北界珲春一口现又添造快船船成之后俄国旌纛即飞扬黄海之中可制英香港之兵矣珲春各处炮台水陆炮局船厂运兵之铁路及一万士卒所用之营房等项现均迅速营造且筑船坞二座亦将告成珲春水师分两帮一名水师船帮有大快船六艘一名悉毕尔船帮有炮船雷船两种分泊口岸

光绪十八年六月二十一日记

今年春季中国各海关所收税银共四百十八万一千七百余两比较前三年均有赢余内进口税银八十四万五千八百余两较上年多六万八千余两出口税银九十五万余两较上年短八万八千余两又半税银十一万六千余两洋药烟税六十万八千五百余两洋药厘金二百四十六万七千余两转运税钞十一万三千余两船钞七万九千九百余两通计通商口岸二十处除牛庄收税无多不计外天津征银六万四千六百余两烟台六万八千四百余两重庆三万八千三百余两宜昌四万一千余两汉口二十万二千四百余两九江十四万六千余两芜湖十五万八百余两镇江十四万八千余两上海一百三十九万二千余两宁波二十一万六千余两温州四千五百余两福州二十二万九千五百余两淡水九万一千余两打狗口十四万一千六百余两厦门二十二万三千余两汕头三十六万六千余两广东五十六万七千余两琼州二万九千四百余两北海五万八千七百余两合计烟台宜昌汉口九江镇江宁波温州福州淡水打狗厦门十一处均胜于去岁余则略逊

卷五

光绪十八年闰六月二十七日记

（中国）所以扩商务之用者则尤有八焉……一曰改税则宜乘各国换约之时渐改值百抽五之例稍重洋货进口之税则而于洋酒洋烟之税更加重焉丝茶二项宜稍轻出口税以减成本而广销流一曰导商路招商局轮船既已畅行江海宜渐多置轮船派往南洋诸埠以及外洋诸国装货搭客稍分西人之利而华民之旅居外洋者亦

得声气联络裨益岂浅鲜哉

光绪十八年七月二十一日记

景迈为老挝西面部落之最富足者即古大八百媳妇国元明间称为八百土司者也城在湄南江上游湄滨江左岸今地已入暹罗为暹地极北之境东南距曼谷一千七十八里值赤道北十八度四十八分京师西十七度三十四分滇商暹商转运货物必以景迈为中路行栈土地肥沃产米颇多山中楢木尤盛附近有银矿居民三十万人滇商运售紬缎及五金各货转贩米棉花象牙紫梗白蜡香料以归至坚硬木料多由水路运至穆尔门为外洋造船之要需云景线古小八百媳妇国也城值赤道北二十度十三分京师西十六度三十八分其地水陆交冲自北往南以景线为必由之要路土沃人稠物产繁伙稻米充溢

二十五日记

中国与各国衡富强之术百不如西人然有一事足以自豪者则国债独少于诸国也二十年以前中国本无所谓国债左文襄公西陲之役需饷紧急始派道员胡光墉商借洋债两次然不过数百万金耳光绪甲申乙酉之间法兰西争越南驶其兵舰扰我海疆各省调兵设防糜费甚巨于是广东福建诸省皆向洋商挪借巨款而神机营总理衙门亦或属出使大臣贷诸西洋为购炮造船之用奏明由各省各关按年归还本利计国债最多之时约有二千余万金迄今逐渐偿还当已不满一千万矣

光绪十八年八月壬辰朔记

日本步趋泰西制造一项更锐意讲求如大坂制造铜铁等物东京制造绸缎布匹横滨制造蜜酒荷兰水火柴等物其出口货载往香港及中国各口者以铜纽铜镫管洋伞火柴为最盛

初十日记

甲申乙酉间中法之衅法之水师颇在海面拿获英船运华之军火是时中国各省在英厂订购军火甚多相戒不敢起运后乃先运香港起货存栈再相机运至中国地界于是军火络绎于途法人虽明知其为中国所运亦无如之何盖英给护照运往香港而法船捕之英水师可与开仗此项公法尚未废也

光绪十八年九月初二日记

防海有四要曰筑炮台精火器储人材节财源炮台必与船坞相辅船坞须地基宽广形势巩固转运近便地险水深海口辽缓而纡细能与内地相联络则妥善矣造台必取材异地洋师洋匠德为最宜美丹次之英制最良原可取法然其人或难驾驭必有经纬以用之台炮重足以镇守长足以及远必使敌船之炮不能及我而我炮足制其死命台后必设重炮台所用者为攻炮战炮连珠炮务使近炮与远炮相间长炮与短炮相维水雷以鱼雷为上其兼船炮雷三项之用者德国之艇裹以铁甲并安大炮可攻铁舰且可御哈乞开思连珠炮每艘费约需九万两枪炮式宜一律不可参差至用器之人船舶贵能驾驶枪炮贵能施放进退疾徐皆以敌船为准能占上风者胜此外在能辨识风云沙线测量经纬度数预知趋避之方则储材不可缓矣平日宜于海口设水师学堂武备学堂渐收其效节用之法曰裁撤废舰如拖罟红单鹰嘴等船宜省修葺添制之费专造炮艇即英人所谓根砵也亦以火轮行驶甚速狭流浅水无不可用曰汰除冗费曰归并额兵曰酌收丁税曰遍查渔船

十一日记

驻英税务司金登干送到光绪十七年通商各关华洋贸易总册凡进口正税七百十五万九千八百余两较上年赢六十三万九百余两出口正税八百二十万五百余两较上年赢六十六万七千三百余两复进口半税一百三万九千九百余两较上年赢九万四千一百余两船钞三十九万一千五百余两较上年赢六万一千七百余两内地

半税五十二万八千二百余两较上年短一万二千九百余两洋药厘金六百十九万七千余两较上年赢六万八千八百余两统共二千三百五十一万八千余两较上年赢一百五十二万一千八百余两总校华洋贸易货物之价值计合关平银二万三千四百万两此为通商以来鼎盛之年亦居税课最优之数至洋药税征二百三十五万五千余两此即括在进口正税之内

是年进口洋货之价值总计关平银一万三千四百万两较上年多七百万两出口土货价值一万零零九十四万两较上年多一千三百八十万两

十三日记

光绪十七年各洋关征税统共二千三百五十一万余两内江海关征六百八十三万余两比前数年加百万两内外江汉关征一百八十二万余两比前约减二十万两闽海关征一百六十四万八千余两比前数年减三十万至五六十万两不等潮海关征一百六十四万四千余两比前年约加二十万至八十万两不等浙海关征一百二十二万余两九江关征一百十五万余两厦门关征九十九万余两芜湖关征七十一万余两津海关征六十四万余两淡水关征六十三万余两镇江关征六十万余两九龙关征五十九万余两牛庄即山海关征五十八万余两台南即打狗关征四十七万余两拱北关征四十六万余两东海关征三十二万余两北海关征二十六万余两琼海关征十一万余两宜昌关征十万余两重庆关征九万余两蒙自关征六万余两瓯海关征三万余两龙州关征一千九百余两查沪粤等关之所以骤旺者以洋药厘金归并之故闽汉等关之所以骤减者以茶叶销路日衰之故

十四日记

洋货进口价值一万三千四百万余两内洋药价二千八百三十三万余两洋布羽绫棉纱棉线类价五千三百二十九万余两【内棉纱棉线价得二千零九十八万余两】呢羽哔叽绒毡类价四百六十九万余两钢铁铜锡类价七百二十五万余两杂货类价四千零三十二万余两【内米价六百五十九万余两煤油价五百二十六万余两煤价一百七十万余两海味价五百三十万余两自来火价一百五十万余两】综此观之则棉布呢羽等几居洋货价值之半而洋药亦几居四分之一为中国计须设法渐杜洋药之来而购机设厂织布纺纱尤为第一紧要关键其次则开矿其次则炼铁其次则纺织呢羽绒毡其次则仿造自来火及制炼煤油之属均开其风气而致富之能事尽于此矣至以一万三千四百万两之价而进口正税得七百十五万两核诸值百抽五之数尚多得四十五万两则以洋货之价较减于初定税则之时之价譬如货价百两实已抽至五两三钱三分六厘以外矣

十五日记

土货出口价值一万零零九十四万余两内丝茧价二千九百八十八万余两绸缎丝货价七百零一万余两茶价三千一百万余两杂货价六百八十四万余两棉花价三百八十四万余两纸价一百五十七万余两草帽鞭价一百六十万余两糖价二百五十九万余两衣服靴鞋价一百四十万余两骆驼棉羊毛价一百十一万余两烟叶烟丝价一百五万余两爆竹价一百一万余两席价一百三十一万余两其余如瓷器药材皮货等项价皆不满百万者矣综此观之则丝茶两宗【合绸缎在内】尚几占土货价十分之七如欲整顿土货仍须就丝茶著力庶能握其纲领其余如棉糖纸席草帽鞭等类虽皆系利源所在尚无绝大关系然能随事讲求随时整理必有大益

十六日记

光绪十七年进口洋货价值银一万三千四百万三千余两内除复运往朝鲜货价九十七万四千余两再除进口税银四百八十三万五千余两洋药税厘四百五十一万二千余两又除经手七厘用金八百六十五万七千余两统计进口货于起岸时净值一万一千五百二万三千余两至出口土货价值银一万零零九十四万七千余两内加土货往朝鲜之价值银三十七万八千余两又加出口税银六百十二万余两再加经手八厘用金八百十万六千余两统计出口货于下船时净价值银一万一千五百五十万三千余两总计出口货之价值比进口货之价值尚多五

十余万两十六年进出口照此扣算进口货价较多于出口者尚有九百余万两之数又综核光绪十四十五十六三年进口货价合计三万一千三百八十一万五千余两出口货价合计三万一千七百五十八万五千余两出口之价尚较多于进口之价三百七十七万两此皆已将关税用金扣算在内矣

十七日记

前谓洋货进口税已值百抽至五两三钱三分六厘以外此乃将洋货与洋药合併言之实则原定洋药之税本不止值百抽五今再分别言之按进口洋药税征银二百三十五万五千余两其价值银二千八百三十三万三千余两约计值百抽至八两三钱以外再加洋药厘金六百十九万七千余两税厘併计共得八百五十五万三千余两是殆值百抽至三十两零一钱矣至于进口洋货价值银一万零五百六十七万余两进口正税银四百八十三万五千余两核之值百抽四两六钱之数尚稍歉矣此非必洋货之价昂于初定税则之时之价吾料彼时中国官员未必不受洋人之欺蒙所定税则虽名为值百抽五实断不到抽五也

十八日记

光绪十七年出口货价与十六年相比较茶价多四百三十六万五千两丝价多五百九十二万八千两绸缎价多一百十四万三千两棉花运往日本价多八十五万二千两驼绒羊毛价多二十五万八千两樟脑地席麝香三项价各多十七万两此为历年来最优之数至进口货价与十六年相比较纱布价多八百二十七万两绒毡呢羽价多一百五万三千两铜铁类价多三十八万二千两

欧洲各国中俄销红茶年多一年是年英国及印度及南洋英属地共销红茶【茶砖茶末在内】绿茶七十六万余担俄国共销红绿茶六十四万六千余担美国共销二十七万五千余担其余皆系小数是知华茶销路英日减而俄日增亦盈虚消长之数将来必有俄胜于英之日也

十九日记

光绪十七年牛庄出口货价共八百六十万九千余两较十六年赢五十九万余两其中运往南省之豆饼二百八十四万余担豆子三百八十二万余担豆油九万余担径运外洋之豆饼二十二万担豆子三十三万担又关东人参价十一万一千余两高丽参价十八万二千余两进口洋货径由外洋运到之货估值三十七万九千余两复进口之洋货由上海来者为最多估价五百六十九万二千余两又土货进口估价二百九十三万四千余两其中棉花最多糖纸次之药材玉器又次之

天津进出口货价共三千七百四万余两内进口洋货价值共银一千八百四十万九千余两出口赴外洋之土货价四万七千余两出口往香港之土货价三十九万六千余两复出口洋货价八百余两沿海出口土货价五百五十二万余两【内开平煤出口者七万余吨】复出口货价三万八千余两复进口之货上海货价七百七十八万余两汉口货价三百七十一万余两【内往俄茶叶之价最多】福州货价银一百八十万余两九江货价银六十五万余两

二十日记

烟台进口洋货价银一百二十九万五千余两出口土货价银三十九万七千余两复出口洋货价银一千七百余两沿海贸易出口土货价银三百八十七万三千余两其货以豆饼豆油枣子豆子皮张蚕茧黄丝草帽鞭为较多复出口之洋货价银二十一万二千余两如洋布棉纱糖铁鹿茸自来火之类复进口货价银七百四十四万九千余两洋货以洋布棉纱铜铁锡自来火为较多土货以开平煤沪局仿织布纱及糖麻丝棉花夏布为较多综计洋货进口价银五百九十八万八千余两土货进口价银二百五十四万余两出口货物价银四百二十七万一千余两

重庆自开关后半年中出口货价约银一百三十万九千余两以猪毛青麻麝香五棓子大黄红花黄白丝茧壳川土药材为大宗【药材值银十七万八千余两】复进口之洋上各货均由宜汉运来洋货约值银一百三十七万

余两土货值银九万四千余两洋货以布纱呢绒为大宗土货以棉花海味药材为大宗

二十一日记

宜昌一口进口洋货净值二百三十四万余两【复出口之货价已除】进口土货净值银四十一万五千余两出口土货净价一百十八万余两【内挂旗赴重庆之货价二十二万余两】又由川省下水出口货与复出口货共值银二百四十九万余两此皆由重庆来者与宜昌无值也进口货以洋纱洋布为最旺出口货以麻木耳皮油三项为较多

汉口进口洋货净价一千一百七十万余两进口土货净价六百万余两出口土货净价二千七十七万余两洋货由外洋直抵本口者只有日本煤炭一宗【系俄商制砖茶所用】其余皆系复进口之货火油最旺呢羽倭铜荳蔻砂仁鱿鱼洋颜料自来火亦多土货以茶叶为大宗径往英俄二国者二十六万余担俄商生理年盛一年遇有好货不惜重赀争购如宁州茶安化茶高桥茶聂家市茶羊楼峒茶皆胜往年其余如煤枣子花生石膏麻牛皮药材米麻油柏油乱丝头烟叶白蜡等逊于上年豆子五棓子茯苓桐油牛油颜料芝麻白丝黄丝烟丝杉木寿木胜于上年复进口之土货黑胡椒绸缎等物胜于上年药材檀香糖等项逊于上年复出口洋货无土货出内地无

二十二日记

九江一口洋货进口价四百五十四万余两土货进口价一百三万余两土货出口价八百二十六万余两出多于进二百六十八万余两而进口之金银较出口者多至二百五十四万余两比较前两年亦大致若此民间能以土产易金银足见富庶景象出口货以茶叶为大宗本年出产颇旺货亦畅销共计出口红茶十九万八千担估价银五百七十四万两之多其余毛茶砖茶茶末均不甚多洋货皆由上海复进口者洋布手帕铜铁颜料玻璃煤油羽毛皆见加增土货进口则墨鱼白糖亦见加增

芜湖进口洋货价银三百三十五万余两复进口之土货价银一百六十三万余两出口土货价银五百二十六万余两【内米价得三百九十万余两多运往广东者】洋货前数除洋药外值银二百十三万余两棉纱煤油年增一年洋布绒羽铜铁无甚增减土货运往上海者以茶丝毛货为大宗又茶丝棉花药材纸张亦运往汉口土煤运往镇江沪浙复进口之土货赤白糖最旺土布次之桐油次之夏布柏油又次之

二十三日记

镇江进口洋货价银九百二十万余两土货进口价银四百九十五万余两土货出口价银一百六十七万余两洋货以洋布棉纱呢羽旧铁火油为大宗出口土货以豆子花生金针菜为大宗草帽鞭将来亦可为出口大宗又山羊皮由东豫皖省办来运往美国为制造皮纸等用至金银出入己丑年进口银数一百六十一万余两出口银数二百五十九万余两庚寅进口银一百九十六万余两出口银四百十五万余两辛卯进口银九十八万余两出口银二百六十一万余两

上海进口洋货价银二千五百十四万余两【除去税费净值一千九百七十四万余两】出口土货价银四千八十三万余两【再加税费估值四千五百三十四万余两】洋货以布匹棉纱绒羽机器旧铁煤油为大宗日本各货价廉物美销售亦广土货以丝斤为最旺茶叶次之棉花又次之【运往日本】草帽鞭苟能认真拣选亦可畅销复进口复出口之土货如豆子绿豆猪鬃毛红黑枣湖北煤开平煤【有几种较东洋上等煤尤佳】鲜鸭蛋五棓子【为外洋制牛皮之用】花生油均畅旺米进口数大减而出口者有五百八十二万担以本省年丰也硫磺进口较多烟丝销路渐绌

二十四日记

宁波进口洋货估值银六百十五万余两进口土货估值银一百八十万余两出口土货估值银四百九十一万余两洋货由外洋直运宁波者煤为大宗【计二千四百余吨】来自日本其余白糖靛青沙藤之属仅装两轮船复

进口之洋土货布匹【内有沪织之布六百疋似甚厚实又无浆粉涂刷之弊】火油自来火糖豆饼为最盛土货运沪出口以明？帶子棉花墨鱼纸扇草帽药材花生绸缎绿茶酱豆腐鱼干鱼肚鱼胶草席纸张为大宗复出口之土货木耳药材较多现银进口者七十六万余两出口者二百五十三万余两两年来出赢于进者一则经过常关各船运进之款可敷宁地之用一则内地商贩将土产运沪汇银来宁就地收买进口之货市面来源得以不匮

温州进口洋货估值银三十七万余两进口土货估值银十万二千余两出口土货估值银十六万四千余两内茶叶价银十万一千余两次瓯柑杉木雨伞洋货以煤油洋布洋药自来火为大宗

二十五日记

福州进口各货价银五百七十二万余两出口土货价银六百二十九万余两【再加税费实银七百八十一万余两】土货首重茶务近有江河日下之势若非认真讲求种制恢复本来货色之佳必至一蹶不振今年较上年又减少三万担适如向所运销英国之数其贩往英属南洋各岛者虽稍绌而贩往欧洲美洲者则稍赢又戊子年官倡织布局系用印度棉纱每匹布值洋四角既免厘金尚觉畅销其余如竹竿鸭毛古玩水菓不过小宗洋货棉纱最旺洋布煤油【美六俄四】次之前现银进口岁计四百万两皆为购茶而来今则茶市萧条竟短其半

厦门进口货价银八百四十三万余两【减去税费仅七百十二万余两】出口货价银二百三十三万余两【再加岁费实银二百六十八万余两】土货以茶叶为贵物台茶为厦门出口货之大宗各茶出洋者共十七万五千余担比上年增三万八千余担兴旺如此全靠台产厦茶出口已落到极少之数艺茶者未见整顿恐日益衰减其运往沿海各口者以糖为首计二十万担价银七十九万余两余如麻布麻布袋桂圆鲜柚子烟丝纸张等亦不少洋货棉纱最旺自来火火油洋布铜铁昵羽等次之

二十六日记

淡水【即沪尾口】进口洋货价银一百六十九万余两进口土货价银五十万余两出口土货价银三百十万余两【再加税费实银三百七十万余两】出口樟脑畅旺计一万六千担值银二十五万三千余两产脑在内山生番之地须驻兵防护现定每灶月缴防费洋八角至五角【合算防费每担约需洋银九员】茶叶出口稍添而品色未见精美恐将衰减基隆出口之煤现俱采自民井前开之八斗官井煤苗已竭拟在暖暖另辟新井非集巨本难收实效铁路自台北抵基隆一律告成日开三次南路亦造至龟仔岭约二十七里其余铁轨已设至桃仔园地方又自十六年夏基隆八堵创建铁桥始于夹溪中见金砂男女云集竞相淘洗自三貂岭下直达溪口节节俱有计至年底所获金价约值银数十万两【运往香港之金砂重四千五百十九两估值银六万五千余两】

台南【即打狗口】进口货价银一百四十九万余两出口土货价银一百六十三万余两土货赤白糖为大宗桂圆樟脑果子次之

二十七日记

汕头进口洋货价银八百八十九万余两进口土货价银九百八万余两出口土货价银八百二十三万余两【再加税费实银九百二十九万余两】洋货以洋布棉纱火油为最旺铁锡次之昵羽绒毡又次之土货出口赤白糖共一百六十四万余担最为大宗茶叶橙子柑子次之土布神香锡箔墨鱼又次之复进口土货豆饼【三百二十六万余担】豆子【一百十三万余担】为大宗白米麻子棉花次之

广州进口洋货【复出口者已剔除】估值银一千二百四十一万余两进口土货估值银一千五百三十八万余两两共二千七百八十万余两【减除税费实银二千四百十九万余两】出口土货【复出口者不加入】估值银一千八百十五万余两【再加税费实值银二千零二十九万余两】洋货惟布铅两项大减棉纱【织作土布所用致占洋布销场】自来火火油销流极畅复进口土货由北洋三口运来者值银四百二十五万余两由长江等口运来者值银一千四十六万余两以豆饼豆子豆油米麦为大宗米较上年多进二百五十万担出口土货如地席土丝桂皮及他项俱增于上年茶叶爆竹赤糖俱减于上年又土货运北洋三口者值银二百七十五万余两运上海及长江

各口者值银一百十四万余两运宁波及南洋各口者值银十七万余两

二十九日记

九龙关进口洋货十六年值银一千七百九十六万余两十七年仅值银一千三百二十九万余两所少之价则惟米火油洋药三项也其余洋布棉纱铅铁等类颇皆增旺出口土货均系运往香港值银一千七百一万余两较上年多二百余万两此项增多之数茶叶实居其半土丝一项出口者四千四百余万担价银一千四百六十余万两绸缎赤白糖烟叶烟丝均有起色由香港复进口之土货价银三百三十七万余两由本口运往各口之土货价银一百八十五万余两

拱北一关除港澳往来之货共值银三百六十七万余两不计外其进口洋货值银三百六十五万余两如洋药洋布棉纱棉花火油均较前减色出口土货值银一百九十一万余两生丝红茶较前增旺花生油蚕茧较前减色

卷六

光绪十八年壬辰十月乙卯朔记

琼海一关进口洋土货价银一百十三万余两内洋货价银八十五万余两以百成分计洋药得十九成棉货得四十七成绒货得五成五金类得一成杂货得二十八成出口土货及复出口洋土货共价银九十四万余两内本口货价银九十万余两猪得二十七成余以熟牛皮芝麻赤糖三项为大宗

北海一关洋货进口价银三百二万余两以洋布棉纱自来火火油为大宗呢羽铅铁棉花次之或由西江转运广西或由钦州改包挑运广西出口土货价银八十万余两运香港者三十万两运各口者五十万两

初五日记

光绪十一年朝鲜进口货价洋银一百六十七万余员出口货价三十八万余员十七年进口货价五百二十五万余员出口货价三百三十六万余员三关共征税钞洋银五十四万九千余员进口价内洋布棉纱得二百六十四万余员中华丝绸缎货得五十万员至各国进口货价英国及所属印度等得二百九十三万余员日本得九十七万余员中国得七十九万余员德美等七国自二十四万员至数千员不等出口土货价以百分计算米及杂粮居五十五分豆粒居二十七分牛皮居六分杂货居十二分食米一项均运往日本销售计九十二万余担估价一百八十二万余员此外金沙为最多运至中国者亦不少

光绪十八年十一月初五日记

前驻德随员姚文栋于去年正月销差回华道出法京巴黎經余札委查看印度緬甸各埠華商情形並密探雲南邊外與緬甸交界地勢兹据禀称自光绪十七年正月二十八日由马赛登法公司轮船经地中海红海历意大利奥地利希腊土耳其等国又过埃及国京城之南阿喇伯国京城之北二月十七日抵锡兰换轮船入孟加拉国海皆印度境二十日抵本地舍黎二十一日抵马搭拉斯南印度之都城也二十五日抵嘎尔格达东印度之都城也凡印度境内商埠大者三处小者十余处闽粤流寓商民约六七万人此即度之情形也三十日自嘎尔格达登英公司轮船三月三日抵仰光初九日换轮舟入伊勒瓦谛江十五日抵阿瓦缅甸之都城也二十日换轮舟二十二日抵新街洋名八募通商之要埠也凡缅甸境内商埠海口三处沿江大者二十二处小者二十九处其腹地深山之中商埠亦不下数十处闽商粤商多在海口约有万人滇商散布于沿江及山中各埠几与缅商相埒约在十万人左右此缅甸之情形也四月初五日由新街雇民船人大盈江初六日抵蛮弄登岸是为野人山之西麓初七日乘竹兜度野人山山中皆赤发野人地形极险为中外之界限初十日抵蛮允是为野人山之东麓过此则一望平夷无险可扼矣十三日抵盏达十四日抵干崖十五日抵南甸皆土司也十六日抵腾越始为云南边境渡龙川江潞江澜沧江皆极边烟瘴之地五月二十七日始抵云南省城是役也自欧洲海程入亚洲共行三万八千余里行大江中三千二百六十余里山程二千余里阅时四月有奇

十三日记

南洋各岛自汉以来世通中国唐设结好使于广州税其市舶收其珍货南宋以后遂为国用所资明自正德年间外备寇盗迁于电白以为互市之所嘉靖中始迁于香山之濠镜而葡萄牙佛郎机得以阑入迨佛郎机并吕宋满剌加二国雄据海上诸国人皆畏之

国初以海孽未平禁南洋互市康熙十八年平定台湾蓝鹿洲始倡开禁之议谓南洋诸国不能为患宜大开禁网听民贸易以海外之有余补内地之不足其救时之谋可谓宏矣

二十八日记

英领事查默生报英商在华运出茶叶之价得一千一百万两丝绸值银二千六百万两运进棉花布匹值银三千六百万两鸦片烟值银一千六百万两红茶在庚寅辛卯两年运至英国者共七千四百五十万镑本年运英仅二千六百七十五万镑华茶每担成本约银十三四两所抽税厘约银五两若比较次等茶叶税厘已抵货价之半绿茶亦如此日本茶则每担仅抽税银一员耳

光绪十八年十二月初七日记

机器之足以制敌者莫如钢船钢炮船之行于海者大宜七千二百八十吨阔宜五十九尺长宜二百零八尺钢甲厚宜二十寸吃水深宜二十尺始能出奇制胜远涉风涛行于江者大宜二千二百吨阔宜二十八尺长宜二百四十尺吃水宜十二尺钢甲厚宜十八寸其船皆宜置活钢炮台台宜少不宜多首尾各置一大炮则猛烈异常惟钢船尤宜配以雷艇

十一日记

昔轩辕氏见飞蓬而作车见落叶而作舟即中国制造机器之始

二十二日记

本年西十月内由中国运入英属之金值银十三万零三百八十二镑

光绪十九年正月二十七日记

有刷次考甫厂之鱼雷必配以什好厂之船方称双美然什好厂之都料匠犹欲然不敢自是知法国于一千八百八十七年曾造数十艘在地中海会操有沉没炸裂之虞英国亦创二十余艘在海面比较迟速因机笨重无甚大效于是探悉精微参酌尽美因将汽鼓马力加大锅炉用煤减省烟囱缩短吃水改浅另加吹风机器俾得煤火磅力加猛机器汽鼓改用三连法轮括改加灵活极意经营始告厥成于是呈德国海部试演行驶迅速实超各国诸船之上海部颁给奖牌俄奥意士等国纷纷定购中国广东亦定九艘续定一艘闽厂定大鱼雷一艘舱面长一百四十四尺四寸宽十六尺五寸吃水七尺二寸五落成于千八百八十七年六月均由上海泰来洋行承办盖什好厂之鱼雷船在海面驶行甚捷形声不露临阵之间船行愈速机声愈微飙忽往来务使敌人不觉该厂近又另辟新基特建大厂制造铁甲轮船无论商舶兵轮汽机均可承造

卷七

光绪十九年二月初二日记

吕宋南洋大岛也北对台湾沙马崎南连斐猎滨群岛东滨太平洋西沉中国海其北角在赤道北十九度南角在赤道北十二度其西而值京师东四度东面值京师东八度共有十万二千六百九十五启罗迈当方里本巫来由番国明初始通中国朝贡时至隆庆年间西班牙屡遣兵船窥吕宋取马尼剌筑城踞守吕宋始服属西班牙久之遂

为所并擅工商之业者华人为多华人之至吕宋实先于西班牙人皆娶番妇长子孙今华种人约二十一万有奇西班牙种人只一万有奇

二十一日记

去年上海湖丝销路颇有起色由沪出口者约五万包芜湖米市亦甚起色出口者约三百万石运粤者十之八九

光绪十九年三月初五日记

议者或云中国茶叶销数俄居其七英居其二各国居其一考去年中国红茶售于英者只五千二百五十万磅比之一千八百八十年售英一万六千九百万磅之数减至一万一千六百五十万磅之多是十二年间统扯每年少售一千三百万磅矣若仍照此数逐年递减四年之后中国红茶之售于英者从此绝矣推其病源西人皆曰在税厘过重红茶每担出口纳税关平银二两五钱厘金又二两二钱五分合计约规银五两红茶售价连税厘在内交到通商口岸每担二十两是每担抽税厘四分之一矣平常茶叶每担售价约十一两是每担抽税厘十一分之五矣按江宁天津和约注明茶叶每担按价抽税五厘照彼时茶价固应抽二两五钱照今日茶价只应抽七钱半而已查天津和约第二十七款本可更定税则故西商颇尤各国公使之不能乘时驳论云

初六日记

光绪十三年总理衙门咨询各国公使以整顿茶叶何者为先各使皆举减税答之总税务司赫德亦禀总署称中国当先计民生而后筹税饷自应减税以卫茶业次年秋间忽又禀称茶叶出口税厘即使减少亦恐无益于事总署本无减税厘之意于是遂作罢论或又谓使英国不销华茶他国尚有销路此殆不然查澳大利亚洲于光绪六年购华茶二千一百万磅去岁仅购一千四百万磅盖因印茶价廉改用印茶故也北美洲去岁销中国红茶三千一百万磅较之光绪六年约增七百万磅红茶售于俄者去岁有二千五百万磅较之光绪六年约增一千万磅所以然者因两国喜用红茶者日众又无印茶与之争市也至中国绿茶之售于北美洲者因日本轻税绿茶每担仅税一员以与华茶抗衡去岁中国绿茶销数有一千五百七十五万磅较之光绪六年之销一千九百五十万磅约减四百余万磅日茶则光绪六年曾销三千九百五十万磅去年涨至四千七百万磅十二年间骤添七百万磅矣可知华茶销英为最除英之外余不足论也

二十五日记

十数年前巴西与中国立约后华民往者三百人工期五年既皆届满今乃各业所业大都皆小本营生及捕鱼垦田之事云

光绪十九年四月二十三日记

字林报云吴淞口内之高桥沙又名鸭坞沙淤浅日甚无论大小船只非有大潮竟不能驶进黄浦实关上海通商全局若不设法开浚恐西商必移至他方另择便当之处而上海市面冷淡矣

二十五日记

上海轮船招商局第十九届帐略综结一该股分资本规银二百万两一该保险股款规银二十万两一该洋商存款三十二万余两一该往来存款四十六万余两一该股分存息银二十二万余两一该自保船险一百三万余两一该彩结公积规银六十九万余两又有零款三小宗共结该各款规银四百九十七万余两一存往来欠款规银三十九万余两一存朝鲜借款十二万余两一存旧帐股票产契抵欠银十万余两一存现有银洋五万余两一存借发轮船保险二项股息银二十六万余两一存华栈资本五万两又有零款七小宗共结存规银一百十万余两一存船

二十七只共计本银一百八十二万两一存各口小轮船趸船驳船各局生财漕米麻袋共计九万两一存上海东栈本银二万两北栈二十八万两中栈十三万余两南栈七十九万两一存天津栈房十六万余两一存汉口栈房十七万两一存九江栈房七万两一存镇江栈房五万两一存香港栈房七万四千两又各口栈房十余处共计栈本一百九十二万两统计结存各款规银四百九十七万余两

二十六日记

招商局第十九届彩结一进各船余款规银四十九万余两一进漕运局帐四万六千余两一进拨补各船运漕驳力二万余两一进北栈余款六万余两一进客货栈租六万余两一进各口产租五万四千余两一进售旧物料六百余两共计结余规银七十四万余两一支上海地租二万五千余两一支各项修理二万七千余两一支各项缴费十二万余两一支各项息款四万九千余两一支股本官利十二万两共计结支规银三十四万余两除支结余三十九万七千余两一各船栈折轻成本二十六万八千余两一提派股分余利八万两除支净结余规银四万九千余两一提派各执事酬劳奖赏四千九百余两实计结余四万四千余两一上届结存公积银六十六万余两除赠恤唐景星观察一万五千两统共实存公积银六十九万两

二十七日记

招商局现有轮船计存永清船本规银四万两日新船本银五千两丰顺船本七万五千两江宽船本七万五千两江永船本七万五千两镇东船本四万两海晏船本十万两海琛船本五万两海定船本五万五千两江天船本八万五千两江孚船本六万五千两江通船本三万两海昌船本一万两江平船本五千两致远船本七万两拱北船本四万两图南船本七万两普济船本四万五千两江裕船本十二万两富顺船本十一万两广利船本十一万两美富船本四万五千两广济船本三万两新裕船本十四万两固陵船本三万两新丰船本十五万两新济船本十五万两以上共商轮二十七号结存船本规银一百八十二万两

光绪十九年五月壬午朔记

光绪十七年英国运到中国之货值银二千九百六十二万余两香港运到之货值银六千八百十五万余两印度运到之货值银一千二百四十七万余两新嘉坡来货值一百七十六万余两新金山纽西兰来货十一万余两加那大来货九十三万余两以上英国及英属地来货共值银一万一千三百零六万两中国运往英国之货值银一千三百七十七万余两运往香港之货值银三千七百七十万余两运往印度之货值银一百五十六万余两运往新嘉坡货值一百三十七万余两运往新金山货值一百十九万余两运往大浪山货值十八万余两运往加那大货值五十一万余两以上运往英国及英属地货共值银五千三百三十二万余两出入相抵中国应亏银五千九百七十四万余两美国运到中国之货值银七百七十三万余两中国运美之货值银九百三万余两出入相抵中国净赢银一百三十万两俄国运到中国之货值银一百零六万余两中国运俄之货值银一千一百十二万余两出入相抵中国净赢银一千零零六万余两欧罗巴【除英俄二国外】运到中国之货值银四百三十八万余两中国运欧【除英俄二国外】之货值一千四百八十九万余两出入相抵中国净赢银一千零五十一万余两日本运到中国之货值银五百七十万余两中国运往日本之货值银五百八十万余两出入相抵中国净赢银九万六千余两

初二日记

澳门运到中国之货值银三百六十五万余两中国往澳之货值银一百九十一万余两出入相抵中国净亏银一百七十三万余两吕宋运到中国之货值银五万七千余两中国往吕之货值银二十三万余两出入相抵中国净赢银二十万余两越南运到中国之货值银二十五万余两中国往越之货值银二十万八千余两出入相抵中国净亏银四万二千余两暹罗运到中国之货值银二万九千余两中国往暹之货值银三十五万余两出入相抵中国净赢银三十二万八千余两爪哇运到中国之货值银三万六千余两中国往爪之货值银三十七万余两出入相抵中

国净赢银三十三万余两埃及运到中国之货值银四千余两中国往埃之货值银六十六万八千余两出入相抵中国净赢银六十六万余两

统计洋货值银一万三千六百零一万余两土货值银一万零零九十四万余两除洋货转运出洋值银二百万余两外出入相抵中国实亏银三千三百五万余两

初三日记

光绪十六年英国运到中国之货值银二千四百六十万余两香港【转运来往各国】运到中国之货值银七千二百五万余两【并印度洋药在内】印度来货值银一千零三十万余两新嘉坡来货值银一百七十七万余两新金山纽西兰来货值银二十二万余两加那大来货值银六十一万余两以上英国及英属地来货共值银一万零九百五十七万余两中国运往英国之货值银一千三百零九万余两运往香港之货值银三千二百九十三万余两运往印度之货值银一百五万余两运往新嘉坡之货值银一百四十六万余两运往新金山纽西兰之货值银一百二十六万余两往大浪山之货值银二十一万余两往加那大之货值银四十八万余两以上运往英国及英属地货共值银五千零四十九万余两出入相抵中国应亏银五千九百零八万余两美国运到中国之货值银三百六十七万余两中国往美之货值银八百十六万余两出入相抵中国赢银四百四十九万余两欧罗巴【除英俄二国外】运到中国之货值银二百四十七万余两中国运往欧罗巴之货值银一千一百六十二万余两出入相抵中国赢银九百十五万余两俄国运到中国之货值银八十九万余两中国往俄之货值银八百八十五万余两出入相抵中国赢银七百九十六万余两

初四日记

日本运到中国之货值银七百三十八万余两中国运往日本之货值银四百八十三万余两出入相抵中国亏银二百五十五万余两澳门运到中国之货值银四百二十七万余两中国运往澳门之货值银一百八十四万余两出入相抵中国亏银二百四十三万余两吕宋运到中国之货值银三万八千余两中国运往吕宋之货值银二十二万余两出入相抵中国赢银十七万余两安南运到中国之货值银三十四万余两中国往安南之货值银十三万余两出入相抵中国亏银二十万余两暹罗运到中国之货值银九万余两中国往暹之货值银三十五万余两出入相抵中国赢银二十五万余两爪哇来货仅值一百余两中国往货净赢二十二万九千余两埃及来货仅值四千五百余两中国往货净赢三十六万余两

统计洋货值银一万二千七百零九万余两土货值银八千七百十四万余两出入相抵中国实亏银三千九百九十五万两

初六日记

光绪元年英国运到中国之货值银二千一百十三万余两香港运到中国之货值银二千七百五十二万余两印度来货值银一千四百八十五万余两新嘉坡来货值银六十九万余两新金山来货值银五十五万余两加那大来货值银六万余两以上英国及英属地来货共值银六千四百三十一万余两中国运往英国之货值银二千九百十六万余两往香港之货值银一千二百七十四万余两往印度之货值银二十四万余两往新嘉坡之货值银七十九万余两往新金山之货值银二百四万余两往钮西兰之货值银十七万余两往大浪山之货值银九万余两往加那大之货值银四万余两以上运往英国及英属地货共值银四千五百三十万余两出入相抵中国亏银一千九百零一万余两美国运到中国之货值银一百零五万余两中国往美之货值银七百六十七万余两出入相抵中国赢银六百六十二万余两欧罗巴【除英俄二国外】运到中国之货值银七十六万余两中国往欧罗巴之货值银八百五十七万余两出入相抵中国赢银七百八十一万余两俄国运到中国之货值银十万余两中国往俄之货值银四百四十六万余两出入相抵中国赢银四百三十六万余两

初七日记

日本运到中国之货值银二百四十八万余两中国运往日本之货值银一百九十五万余两出入相抵中国亏银五十三万余两吕宋来货值银六万余两中国往吕宋之货值银二十三万余两出入相抵中国赢银十七万余两安南来货值银十二万余两中国往安南之货值银七万九千余两出入相抵中国亏银四万余两暹罗来货值银三十三万余两中国往暹值银十万余两出入相抵中国亏银二十二万余两爪哇来货值银二十三万余两中国往爪之货值银五十万余两出入相抵中国赢银二十七万余两埃及来货值银八千余两中国运埃之货值银一万一千余两出入相抵中国赢银三千余两统计洋货值银六千七百八十万余两土货值银六千八百九十一万余两出入相抵中国实赢银一百十万余两

初十日记

光绪元年进口洋货洋药价银二千五百三十五万余两洋布棉纱价银二千零零六万余两【内棉纱价银二百七十四万余两】呢羽绒毡类价银四百五十六万余两杂样布价银十七万余两铜铁铅锡类价银四百二十二万余两杂货价银一千三百四十二万余两统共洋货价银六千七百八十万余两光绪九年进口洋货洋药价银二千五百三十四万余两洋布棉【纱线】价银二千二百零四万余两【内棉纱棉线银五百二十四万余两】呢羽绒毡类价银三百八十九万余两杂样布价银八万余两铜铁铅锡类价银四百六十七万余两杂货价银一千七百五十二万余两统共洋货价银七千三百五十六万余两光绪十六年进口洋货洋药价银二千八百九十五万余两洋布纱线价银四千五百零二万余两【内棉纱棉线价一千九百三十九万余两】呢羽绒毡类价银三百六十四万余两杂样布价银十三万余两铜铁铅锡类价银六百八十七万余两杂货价银四千二百四十六万余两【内米价一千一百四十四万余两】统共洋货价银一万二千七百零九万余两光绪十七年进口洋货洋药价银二千八百三十三万余两洋布纱线价银五千三百五十九万余两【内棉纱棉线价银二千零九十八万余两】呢羽绒毡价银四百六十九万余两杂样布价银十万余两铜铁铅锡类价银七百二十五万余两杂货价银四千零三十二万余两【内煤油价银五百二十六万两米价银六百五十九万余两】统共洋货价银一万三千四百万余两

十一日记

光绪元年出口土货湖丝经丝价银一千九百四十八万余两【另有粗丝等一百二十万余两】绸缎价银四百零二万余两红茶价银二千九百七十三万余两绿茶价银四百九十六万余两磚茶价银一百九十七万余两草帽缏价银四十二万余两糖价银一百六十一万余两合别货共银六千八百九十一万余两光绪九年出口土货湖土生经丝价银一千六百九十五万余两粗丝等价银二百二十九万余两绸缎价银四百零二万余两红茶价银二千六百七十三万余两绿茶价银三百九十万余两砖茶价银一百五十万余两草帽缏价银一百四十六万余两糖价银二百三十三万余两合别货共银七千零十九万余两光绪十六年出口土货黄白生丝价银一千八百五十八万余两野丝等价银五百九十万余两绸缎价银五百九十六万余两红茶价银二千零五十七万余两绿茶价银三百七十万余两砖茶价银二百三十四万余两草帽缏价银二百万余两糖价银二百六十六万余两合别货共银八千七百十四万余两光绪十七年出口土货黄白生丝价银二千四百五十一万余两野丝等价银五百三十六万余两绸缎价银七百零一万余两红茶价银二千四百九十七万余两绿茶价银三百五十四万余两砖茶价银二百四十八万余两草帽缏价银一百六十万余两糖价银二百五十九万余两共银一万零零九十四万余两

十二日记

光绪六年进口洋货洋药价银三千六百五十三万余两洋布纱线价银二千二百五十九万余两【内棉纱棉线银三百十九万余两】呢羽毡绒价银四百九十五万余两铜铁铅锡价银四百十三万余两杂货价银一千三百八十八万余两统共洋货价银八千二百二十二万余两光绪十二年进口洋货洋药价银二千四百九十八万余两洋布纱线价银二千九百零四万余两【内棉纱棉线银七百八十六万余两】呢羽绒毡价银五百六十三万余两

铜铁铅锡价银五百三十一万余两杂货价银二千二百四十一万余两【内火油二百二十一万余两米价八十九万余两】统共洋货价银八千七百四十七万余两光绪十四年进口洋货洋药价银三千二百三十三万余两洋布纱线价银四千四百四十三万余两【内棉纱棉线价一千三百七十五万余两】呢羽绒价银五百零九万余两铜铁铅錫价银六百八十八万余两杂货价银三千五百九十万余两【内米价九百六十三万余两火油二百二十一万余两自来火一百零八万余两】统共洋货价银一万二千四百七十八万余两

十三日记

光绪六年出口土货湖土生经丝价银二千二百五十九万余两野丝等价银一百二十七万余两绸缎丝带价银四百七十四万余两红茶价银二千七百五十二万余两绿茶砖茶价银五百七十四万余两草帽缏价银九十六万余两糖价银三百零四万余两合别货共银七千二百二十八万余两光绪十二年出口土货湖土生经丝价银一千七百九十二万余两野丝等价银三百九十一万余两绸缎丝带价银七百万余两红茶价银二千七百六十九万余两绿茶砖茶茶末价银五百八十一万余两草帽缏价银二百零八万余两糖价银一百六十八万余两合别货共银七千七百二十万余两光绪十四年出口土货黄白生丝价银一千八百七十万余两野丝等价银五百零五万余两绸缎等价银八百四十一万余两草帽缏价银一百九十九万两糖价银二百四十八万余两红茶价银二千三百七十三万余两绿茶砖茶六百五十五万余两合别货共银九千二百四十万余两

十四日记

光绪六年中国运英红茶九十三万余担运俄四十二万余担运香港十六万余担运北美国十四万余担运新金山九万余担共计一百八十万余担光绪十二年中国运英红茶【砖茶茶末在内】八十九万余担运俄五十九万余担运北美国十八万余担运香港十五万余担运新金山十二万余担共计二百零二万余担光绪十四年中国运英红茶六十三万余担运俄六十七万余担运美十八万余担运香港十七万余担运新金山十六万余担运澳门四万余担共计一百九十五万余担光绪十六年中国运俄红茶五十八万余担运英三十八万余担运美十六万余担运香港十三万余担运新金山十万余担共计一百四十六万余担光绪十七年中国运俄红茶六十三万余担运英三十六万余担运香港十七万余担运美国十六万余担运新金山十万余担运澳门三万余担共计一百五十四万余担

十六日记

上年由中国运入英国之金值银二百零九万六千余磅前年中国运英之金值银九十万九千余磅

十九日记

洪范言稼穑作甘其时甘味只用饴即今之饧是也自宋以来始有糖霜产于闽地以蔗制成所出尚微颇为贵重近世贩之东西洋而生意甚巨泰西用莱菔制糖霜以莱菔亦有甜味也如是则中国之莱菔亦可制糖矣又有芦粟產於沿海各处崇明擅利尤厚细腻虽不如蔗而甜味不让似亦可以制糖又如纸之一物需用更大江西福建产纸尤多制纸之料人但知以竹以草或以树皮西人纸料乃有以烂布制成者则更化朽腐为神奇矣中国之弃物非不多而不思造为有用之物何也

卷八

光绪十九年六月初七日记

江南制造局新制一出五枪曰快枪连环不绝命中及远可驾乎林明敦毛瑟诸枪之上矣又试放之炮计两种一为八百磅弹子之后膛大炮一为四十磅弹子之快炮大炮则长式者重五十二吨口径十二寸长三十六尺短式者重四十八吨口径十二寸长三十尺每试一次食六角一孔栗色火药三百磅弹出口时每一秒行二十尺如于相

去一千码远近可击穿十九寸厚之铁甲弹力所到可击三十余里若近海炮台置一二尊无论何等铁舰皆将望而气沮快炮重二吨有奇长十六尺二寸口径四寸七分食黑色火药十二磅食无烟火药仅五磅半一秒时可连放十二尺弹出口时每一秒可行二千零八十尺弹力能击十八里之远此项快炮最利于兵船盖兵船所畏者雷艇耳海面雷艇每千码行时八分半而兵船欲瞭见雷艇须在一千五百码之内发炮三击不中则雷艇逼近矣有此快炮则一二分时内能放二十余出每兵船安置三四尊则雷艇万不能近逼矣

十七日记

元至正六年【西一千三百四十六年】法兰西始用炮于陆路又四年始用炮于水师自是海战以轰破敌舟为胜无复短兵相接矣

我朝道光元年【西一千八百二十一年】概用十八磅弹之炮嫌其太小至道光三十年概用喀伦炮三十二磅弹自是逐渐改大船炮愈重愈得力如法皇拿破仑之来复炮克滑礼来复炮来克斯德来复炮策度滑来复炮爰墨斯德伦来复炮以及比利时藕心炮格托林连环炮普国克鹿卜炮皆无远不中无坚不摧在制之得其法尤在用之得其人用炮之法在详审定准凡用炮者先向左右磨令炮恰对所击之物然后升降其炮口以定之升降时仍合物之垂线谓之割面然必两耳与地平合毫无偏倚可使割面与垂线恰合望准者于炮之前段隆起令与尾箍半径同高不用炮面线而用炮轴平得之线也旧时用木板于炮口之上作望准继用铁钉有法国人改用短柱上划尺寸内函横条可升降而表尺不动表尺最高与横条最低参直为度数最远约三千三百尺或三千九百尺表尺最高与横条最高参直即礮軸平行之線審此定準自能命中百不失一矣

十八日记

用炮之法又宜慎防误炸凡敌船发炮时如有实弹堕于开花弹之舱中则船必炸沉故储弹之舱须在中间近底处否则恐船侧时仍被实弹击中凡遇敌时不可将开花弹豫置舱面几移动开花弹须加意谨慎勿稍疎忽至于本船发炮开花弹或在炮管或初出炮即炸则因药力太猛骤增热度所致凡装开花弹炸药须用油布擦净用漏斗镶入引门纳以炸药不可稍有药粒黏于引门庶免误炸之患又发炮时有迎风背风之别如敌船在上风用迎风一边之炮击之其摆动渐高时正船在浪窝时斯时不宜发炮其船在下风摆动较速者一因顺风一因背风面之浪甚陡其船向上风摆动较迟者一因风阻一因迎风面之浪斜坦故须俟迎风之船旁高定而将复低之时放炮则船在浪頂恰能望見敵船發無不中矣如敵船在下风用背风一边之炮击之其船在浪窝时不宜发炮其向下风摆高较速故须俟背风之船旁低定而將復高之時放礮則亦船在浪頂恰見敵船发无不中矣其余如跃起越击击焚帆樯杈宜发炮之法甚多要在因时制宜用得其入耳

二十九日记

叻报客有谈边防者兹摘其大略云黑龙江真塞外天堑也其源出自西域不入中原经行边界东入于海盘旋曲折劈分南北界乎中央江之北为俄地崇峦迭岭人迹罕至荒山旷土不知几千万里江之南山川秀发林木葱蔚栋梁之材取之不竭五金矿产棋布星罗沿江居民或耕或渔亦鱼米之乡也惜开垦成田者不及十之二耳乾隆初年划江为界沿江设卡伦置台站黑龙江形胜我独踞之厥后俄人窃踞江之出海口岸今称之为尼格兰斯于是俄界渡江而南自乌子江【疑即乌苏里江】以下南北两岸数千里尽为俄有虽乌子江上游界限崭然俄人未敢侵越然江中险要我已与俄共之俄自踞尼格兰斯经营商务因海轮不能行江乃创造小轮船公司以资转输西人旅居者各国咸集而德人尤多自尼格兰斯迄于红土洼沿江而北直至俄之金沙厂为止

三十日记

俄人用计易我珲春地四百里兵舶商轮得出入溟海以海参崴为进泊之所辟成一通商大埠招募朝鲜土民为兵合本国戍卒不下十万炮台大者十余座小者不可枚举缘山环列水程自海参崴而进九十余里至原溪河刳

木为舟可容千百石货为群商必经之处亦有重兵屯守

光绪十九年七月辛巳朔记

黑龙江水清浊不一深浅悬殊松花江间有淤浅处自宜设法淘深更宜自造行江轮船以利水师今中国未有江轮故漠河金矿仍雇用俄船以乌子江下游为俄界至中国旗帜不得悬挂诚非久计曷若自造自行以权其利哉

初七日记

去年中日两国贸易日货运华值银六百三十余万两比之上年只增银五十余万华货运日值银一千二百余万两比之前年殆增四百余万两华货销于日本者以棉花豆类及油槽草席赤糖为大宗近年颇能获利

二十六日记

光绪九年张靖达在粤督任内电致李丹崖星使定购鱼雷雷艇相度虎门沙路鱼珠各要口形势订购守口之沉浮水雷电线等项延订洋师在黄埔设局考取学生选募水勇认真练习查鱼雷之用可以轰敌船可以作埋伏而安放运用亦不甚易粤省鱼雷雷艇皆为重价购得式类繁多皆系钢料不可轻视北洋本有旱澳船台鱼雷厂屋分别安放章程井井粤省亦应妥筹收藏之地勿令珍物常浸水中致多损坏虽常油饰究难持久前因厂澳工程浩大未能因时建造继议在黄埔设厂买田填筑盖造旱澳船台一区内分为二一日正台一日副台正台用铁路四条可安置雷艇九艘尚余二艘轮流停泊水面以备操演副台用铁路两条以备抽换操演时前后腾挪安置艇架之用四旁余地分建住屋并存储船板艇台料件等屋共七所又建鱼雷厂屋一所厂前临江建桥一座人字架一副俾鱼雷水雷均可在此起落

光绪十九年八月初十日记

汉口信云荆州霪雨连绵江流暴涨六月初二日荆州南学太平日之戴家场迤东之杨家滩公安所属之黄金口先后决口惊涛骇浪平地横流远近乡镇俱遭淹没西垸之龙王庙周家嘴水德寺西流湾萧家台邓家台等处水深六七尺东垸附近各村较西垸尤低水害过之堤内汪洋浩渺居民登屋避水坍屋数百椽沉船百余艘此特就江陵言之所有受水之公安石首枝江松滋尚不知作何情状

光绪十九年九月十三日记

是年牛庄洋货进口价值【转运出口之数不计】银五百十六万余两土货出口价值银【出口并往别口在内】九百六万余两天津进口洋货价银一千七百八十六万余两出口土货价银六百四十一万余两烟台进口洋货价银五百八十七万余两出口土货价银五百十六万余两重庆进口洋货价银五百八十二万余两出口土货三百三万余两宜昌进口洋货价银六十万余两出口土货三十五万余两汉口进口洋货银一千一百九十万余两出口土货一千九百五十六万余两九江进口洋货银四百七十五万余两出口土货银六百二十一万余两芜湖进口洋货银三百九十三万余两出口土货银五百二十四万余两镇江进口洋货银九百八十九万余两【镇江少出口土货一句】上海进口洋货银一千五百零一万余两出口土货银三千八百八十五万余两宁波进口洋货银六百六十九万余两出口土货银四百九十四万余两温州进口洋货银四十万余两出口价银十八万余两福州进口价银四百三十二万余两出口价银六百七十万余两淡水进口价银一百七十八万余两出口价银三百四十二万余两台南进口价银一百二十万余两出口价银一百五十三万余两厦门进口价银五百七十一万余两出口价银二百二十三万余两汕头进口价银八百三十四万余两出口价银六百八十一万余两广州进口价银一千二百四十一万余两出口价银一千八百八十八万余两九龙进口价银一千三百四十六万余两出口价银一千七百二十九万余两拱北进口价银三百十七万余两出口价银三百八十三万余两琼州进口价银八十六万余两出口价银一百万余两北海进口价银三百十二万余两出口价银一百零九万余两龙州进口价银二万六千余两出口价银一

万零九百两蒙自进口价银八十八万余两出口价银七十三万余两

二十一日记

印度自汉始通中国武帝明帝皆尝遣使天竺晋唐以后中土请经求律之僧踵趾相接凡有三道一由和阗南行经毒龙池蹑悬缏过沙河入罽宾国是为东道即晋法显北魏慧生所行之程也一由伊犂西行历霍罕至赛马尔罕折而东南踰铁门渡缚刍河越兴都哥士大雪山入克什弥尔是为西道即唐僧元奘及元邱道人处机所行之程也一由叶尔羌西南行循徒多河而上陟葱岭至塞勒库儿泊再南踰印度河是为中道即唐僧元奘归途所经之程也中国用兵印度惟唐太宗元太祖俱获全胜宪宗之世屡征印度然终以雪山之隔鞭长莫及旋得旋失

二十七日记

中国山西湖南两省煤铁矿脉甲于地球一省可敌欧洲全境之所产惜山西距海较远又无铁路运费浮于工费惟湖南滨湖通江由江达海无处无矿德人蕊克士妥芬所著矿学书尽湖南六十三州县矿产皆详述焉可取而译也

卷九

光绪十九年十月二十九日记

英属印度商务甚大东南西洋各处轮船皆通运英之货以生棉花羊毛麻皮革丝靛柚木硝米糖茶加非胡椒油香水香料为大宗鸦片贩于中国约岁值英金一千二百万镑【贸易总册无此数似有偷漏】

光绪十九年十一月十四日记

北洋海防如金州大连湾大沽北塘山海关皆翼蔽畿辅而要害则尤在左延之旅顺口与右袤之登州成山卫烟台威海卫威海与旅顺南北隔海对峙其间有小岛断续如带浮于海面而泊轮亦惟旅顺威海为善宜乎北洋海军屯聚于此也且此海纵横二千五百里其中若老铁山前后并搭连岛长子岛及烟台外威海崆峒诸岛又辽海东之皮岛均有泊兵轮之锚地防此则津沽山海关鸭绿江之门户固矣昔汉杨仆之击朝鲜魏田豫之讨公孙渊秦苻坚之袭和龙唐张亮之趋平壤薛万彻之入鸭绿水皆得此要害者也又如海州以下庙湾以上为黄河入海之口亦登莱淮海之要冲以有五条沙之保障故设防可缓焉

十六日记

南洋海防如扬子江口之内狼山外崇明锁钥长江其由海入江之门户厥有四重第一重有廖角觜营前河两河相对第二重狼福两山相对第三重江靖两邑相对第四重圌山永生洲相对至京口瓜洲则为阃阈之内地崇明东有陈钱山者海中之标也航海者东南望陈钱东北望陈山至陈钱则可进泊洋山山形如箕周围百里有屿十八山巅有泉可汲水觇风凡海寇随风入苏松常镇者发碇必于洋山山固由海入江之阃限也江浙外海分界处为马迹山山北属苏山南属浙而陈钱外之尽山普陀直东外之东霍山其南自崎头至昌国卫外之韭山吊邦皆宁属之险要也他如温台所属之内海外海均防海者所宜留意惟舟山为海军重镇尤为扼要吴徐承率舟师自海入齐越范蠡古庸沿海泝淮以绝吴路唐强伟自峡抵江扬趋莱州皆得要害者也

光绪十九年十二月十二日记

印度鸦片官制官售已百余年其地在孟加拉国之巴哈尔与西北各省之皮拿司约五十万英亩种者以浆入官官取其浆而干之约重百四十镑为一箱运至嘎尔格达招人往购然后出口【俗名拍卖】光绪庚寅年出口五万七千箱得价印银五十九兆四万罗披【合印度银一千三十罗披为一箱】辛卯年每箱匀计价值增至一千五

十八罗披壬辰年箱数减至五万四千其在印度本地销售者得印银二百十万罗披此英地所产政府取其值以充国用更有由孟买出口者三万七十九箱总名曰马尔漥鸦片【马尔洼阿日迷尔阿米代拔三处所产专言马尔洼从多数也】此土邦所产英则但征其税每箱征六百罗披至六百五十罗披实得印银十七兆五十四万罗披以上英地与土邦鸦片英政府除各费用外入银五十六兆九十八万罗披视十年前岁得八十四兆五十万罗披者已稍减矣

光绪二十年正月初十日记

日本自罢遣唐使而吴越王钱元瓘钱俶常遣使附贾舟与日本互通书问商务大通唐物骈积特设唐物使一官驻于筑紫以检查真伪而彼此高僧云游往来者日众宋太宗时一贡方物厥后聘使遂稀逮元世祖遣使征朝征贡至于三四颇不惮烦而北条氏方执政权两次执斩元使或留不遣世祖怒遣经略使忻都等以兵二万三千战舰九百攻日本拔对马岛破壹岐遂及肥前沿海郡邑矢尽而还越数年元复多造战舰命阿塔海范文虎忻都等率兵压境会于壹岐平户等岛日本遣官告国难于神宫勅诸僧修炽盛光法以禳兵祸忻都兵先进壹岐而元将惮航海议攻议退多不决会青虬见海中硫磺气腥臊怪云走空盖飓征也至夜西北风大作明日益甚风涛振撼元舰自相击撞溺死无算文虎择坚舰先走得脱惟都元帅张禧所部独完是役也全军十五万人归者不及五之一文虎军十万归者三人耳

十一日记

元兵既败之后世祖复以阿塔海为日本行省右丞相募兵峙粮造大小舰三千艘谋再举大臣交谏不听姑遣使往谕之卒不得至日本民间流言元兵大至众情凶惧十余年间众寺祈禳无虚岁所费不赀元兵迁延未发而世祖崩成宗复遣僧赍诏谕日本亦被留是时日本禁不通商海舶往来皆奸利小民元亦悬禁久之遂流为海寇其后日本内乱分南北朝盗贼竞起频扰沿海郡县至明而患滋甚明太祖遣行人赍诏书至太宰府不报及再遣使日本乃遣僧九人奉表称臣贡马及方物太祖赐以大统历及文绮纱罗后日本屡遣僧入贡太祖以无表命郄之胡惟庸谋反潜遣招倭未发而败由是恶日本特甚著祖训列不征之国十五日本与焉建文永乐间尝称臣修贡后遂告绝于明成祖听之宣德成化间日本所在用兵使命不通而往来通商者皆周防大内氏丰后大官氏为多

十二日記

宏治正德间日本亦尝遣使入贡初大内氏独有勘合【勘合者木契也】迨义隆死亡于兵燹通商遂绝诸奸民久狃互市之利私航络绎汉奸多为之导虏劫放火千百成群攻陷州县江南北浙东西所在骚扰别有侵山东犯日照各县者海寇汪直陈东等皆与潜结用倭服饰旗帜人呼曰八幡船胡宗宪为总督奏请遣使谕日本禁戢海寇招还奸商许立功免罪宗宪遂计擒陈东汪直等逾年新倭大至寇犯浙闽蔓延潮广诸将讨击久而后平盖自嘉靖二十六年至万历十六年沿海郡县被祸尤酷云无何丰臣秀吉既平内乱造大舰会诸军直入朝鲜陷据王京八道尽没旦暮渡鸭绿江曾明提督李如松大捷于平壤复其四道乘胜趋碧蹄馆败而退师于是封贡之议起已就款而中变秀吉复大起兵攻朝鲜明诛沈惟敬等总督邢玠扼守王京而经理杨镐奔溃秀吉稍稍召还诸将会秀吉死诸军引退明将刘綎追败之朝鲜乃安

十三日记

国朝定鼎之初明之遗臣屡为唐王桂王乞援适当德川氏执政权方欲以文治致太平皆不从二王既亡音问遂绝而华商赴日本者众有船百八十四艘德川氏设官董理限以七十艘最后限至十三艘十艘初限输出货物岁值银八千贯继减至二千七百四十贯华商输入之货绵糖绸缎书籍文具为多输出之货糖为大宗余则昆布【即海带】鳆鱼及铜漆杂器而日本商人绝无至中国者盖德川氏专以锁港为国是长崎通商惟中国及荷兰余皆禁绝三十年前美舰俄舶以兵劫盟国内纷扰遂废幕府尊王室与泰西诸国互结条约同治九年为明治三年日本遣

外务权大丞柳原前光来求通好明年四月日本以大藏卿伊达宗城为钦差大臣柳原前光副之来缔盟约六月至天津七月定修好条规十八条通商章程三十三款附以海关税则

十四日记

杨子通星使来信云美国北境毘连英属昨有可伦比亚之智利领事官寄到一函据称可伦比亚境内中国工商已及万人该境所辖之万古发埠西滨太平洋为华人来英登岸马头即加那大铁路西边尽处此地华商尤众现拟禀求设立领事官以资保护等因

万古发七年前尚未开埠现甚兴旺轮船开往中国日本夏威仁新金山等埠几于每礼拜皆有本埠乃加那大铁路之尽头木器鱼类出产甚富去岁出口帆船运木者七十艘载鱼者十艘有赴中国者数艘

卷十

光绪二十年二月初六日记

自滇缅条约画押后余将英馆公事摒挡了结拟赴巴黎静候交卸不复来英午刻挈同眷属并率随员翻译武弁等赴车栈登火车驰至都甫海口坐渡船渡海抵加利海口复登火车戌刻至巴黎车栈换马车入使馆是日海中颇有风浪舟稍颠簸余幸未呕吐然登岸时感冒风寒体中不适者累日

十五日记

去年西七月二十二日总署接美使及各公使来文谓沪道不准轧花机器等进口一事有背和约请即除去等语西八月二日总署覆文云照和约而论并无准各国在通商口岸做此生意之条查一千八百八十三年有一德商在厦门私运机器拟在该处拟造铁盆经本衙门详辩禁止一千八百八十二年有一英商欲在上海起造缫丝厂一千八百八十八年有西人格兰脱欲在上海开轧花厂均经本衙门按照和约力行禁止一千八百八十三年二月即光绪六年三月本衙门行文各国钦使不准洋人在中国制造各项货物贵大臣谓只准中国人独做独享其利不知禁止机器进口是为保护极贫做苦工人起见来文误会其意谓此机器仅轧去其子并非做成洋布然轧子后即可做布所以此等机器应得禁其进口按照和约洋人至通商各口其从手工做成各货者一概不问如以机器来华制造货物即在中国销售实属违背和约应请贵大臣善体此意即如海关章程谓不在禁止进口之例亦不在免税之例当提五厘完税然海关章程是指货物来往而言此等违禁之货海關章程内书不胜书此事实为保护贫苦工匠性命起见中国有可以禁止进口之权请贵大臣明白此意转达各钦使当亦可以释然矣

二十三日记

近年中国出口货与入口货相准每岁亏银至三四千万两之多溯查七八年前山入口货往往相抵亦有出口货价转赢于入口货价数百万两者近来入口货如潮之涨如云之升不外数端曰米布纱线火油自来火也洋米之来岁价约一千万两左右此系昔年所无者洋布棉纱棉线之来岁价至四五千万两左右昔年不过一二千万两骤增至三千万两则洋布添价居其一二而纱线添价居其八九也火油自来火之来岁价亦各数百万两从前不过数十万两耳余惟亏银之故大端尽在棉纱棉线他货之旺中国尚可多销各货以与之相抵若纱线则为数骤增竟有日长炎炎之势又非来自英国而实来自印度所以然者以其用机器纺成工价较轻匀细洁白又胜于人力所制者是以人争购之以织土布则工费省而销售速若不设法拒遏则洋纱洋线之源源而来者尚恐日多一日无穷期也而中国之织女机妇恐多束手以待饥寒矣然遏之固无他法不外设厂招工广购机器自纺洋纱洋线渐推而至于织布则风气开而利源溥矣余是以有用机器殖财养民说也

光绪二十年三月初六日记

去年伦敦共享各色茶叶计二百三十五兆镑内计印度茶得百分中之五十一分锡兰岛茶得三十一分中国

茶得十六分别国茶得二分年来印茶较前胜至十分中之七锡兰茶商亦竭力整顿比前销货多至五倍

光绪二十年四月二十三日记

二十一日戌刻余赴车栈登火车仰使率参随等已在车栈拱候相送一揖而别二十二日巳刻抵马赛暂寓客店二十三日申刻登堪尔图宁轮船船主曰弗冷腾爰弥而酉刻起椗驶轮出口风紧浪涌船稍簸荡同人颇多眩晕至有辍晚餐者夜半丑刻后风稍息

二十四日记

堪尔图宁船可胜重儎四千二百三十二吨马力三千四百匹戌刻后骤雨海面甚黑

二十五日记

未刻过昔昔利岛暨卡腊勃来山两峡之间

二十八日记

辰初抵亚勒散得停舟卸货巳初复启轮亥正抵波赛始出地中海矣复停舟卸货添煤丑初起椗驶入苏彝士河

二十九日记

舟行苏彝士河内不能甚速此河广不过十丈左右仅容一大轮船行驶若两船相遇则一船引避于旁让来船驶过方能开行凡公司所具电线火车挖泥机器之属甚备公司收捐每吨须输英银八先令如此船能儎四千二百三十二吨照此核算每客一人亦输八先令【由轮船代输客不过问】酉刻抵苏彝士埠停舟戌初开驶入红海是日寒暑表一百零四度

三十日记

行红海中寒暑表九十余度舟甚平稳时有西北风从舟尾送来人颇爽适

五月丁丑朔记

午刻寒暑表九十余度船行甚稳时有微风披拂人颇畅适红海皆蓝色并无微红旧说所称有小虫数十百万皆红色又云海底有珊瑚映出红光又谓日光所照极热而红者皆传闻之误也

初二日记

午刻寒暑表九十八度

初三日记

寒暑表如昨日水深绿色未初过流泪门流泪门者红海之口一面碧灵岛一面绿地相夹而成者也舟入亚丁湾向正东行戌正抵亚丁

初四日记

辰正启轮夜间颇凉爽舟微荡

初五日记

风大甚凉爽然舟已荡矣入夜舟荡尤甚如是者四夜三日余与同人皆不欲饮食

初八日记

风稍息舟稍平然仍滉漾莫定

初十日记

亥正抵锡兰岛之科伦埠

十一日记

巳正登岸游大花园及卧佛寺酉初回船酉正开轮舟仍滉荡未定

十二日记

舟微荡如故

十四日记

清晨舟始平申初见群山错峙横亘于船东南面者苏门答腊岛也酉初北面又有一岛曰渭岛绿树葱蒨可爱与苏门答腊相夹舟行其中酉正苏门答腊岛始不见

十六日记

申初到新嘉坡总领事黄公度率随员那三等来见旋以马车接余至领事府憩息夜设筵席至十一点钟始回船

十七日记

辰正开轮

十九日记

午正抵西贡招商局员道衔张霈霖字沃生者来谒以马车接至其家小憩导游大花园驶往堤岸市镇纵观全街复回沃生家设宴款客直至子正冒雨回舟

法属西贡六省每岁由西贡出口之米约一千万石可得米价洋银一千八百万员法人收米税一百二十万员其六百万石运至香港销流中国粤闽等省种稻田者多系潮州人而土人甚少

二十一日记

辰正开轮旋入中国海共行三日无大风浪

二十四日记

寅正抵香港口外停泊以香港有疫气不进内港亦不许人登船酉正开轮

二十五日记

风浪较大船颇颠簸

二十六日记

寅初风浪极大行船颇险又在西贡已闻电信知吕宋陡发台风计期今日当过台湾以北洋面而至东洋遥望东北云雾窈冥若复驶船前进恐适入风界之内而大洋又不能抛锚乃减火缓轮随风微动卯初又撤去全船布帐以减风力然船尚异常簸荡船外高浪万叠如驾山云辰刻以后时逢骤雨亥初始添火展轮冒风前进

二十七日记

风涛汹涌船簸荡如昨日午正后驶出闽洋入浙洋风浪颇减三分之一日光稍稍透露酉正过畲山风浪仍未见平戌初过镇海口外之游山七里屿招宝等山其东则岱山金塘等山连延不断亥初停轮避雨大雨终宵不止

二十八日记

寅正雨稍止乃展轮卯正暴雨复至又停轮午初雨止展轮未正抵吴淞口家人以钧和小火轮来接酉正抵上海暂寓天后宫

舆地纪胜[①]

卷二·临安府·市舶司

提举市舶衙旧在城中淳化三年移杭州市舶司于明州定海县以监察御史张肃领之今存市舶务在小堰门外

卷二·临安府·风俗形胜

人性脆水行山处以船为车以楫为马【吴越春秋云云】

余杭有海陆之饶珍异所聚故商贾并凑【隋书地里志】

环以湖山左右映带而闽商海贾风帆浪舶出入于江涛浩渺烟云杳霭之间【有美堂记】

前有江海浩荡无穷之胜浮商大舶往来聚散乎其中【蔡君谟清署堂记】

杭中二浙为大州提支郡数十而道通四方海内诸国物化丛居【蔡君谟双门记】

吴郡余杭州泽沃衍有海陆之饶【隋志】珍異所聚商贾并凑【隋志】

江帆海舶蜀商闽贾水浮陆趋【葛沣帝都赋】

卷二·临安府·景物下

舟航山【在余杭县北二十五里高百七十六丈环宇记云夏禹东去舍舟航于此山顶有石穴相传云禹维舟石也】

卷二·临安府·古迹

秦始皇缆船石【在西湖陆羽武林山记云自钱塘门至秦皇缆船石俗呼为西石头杨蟠诗云欲问东游事今犹不敢言】

卷三·嘉兴府·市舶司

系年录云绍兴二年三月甲午诏两浙市舶就秀州华亭县置市舶司

卷五·平江府·景物下

开元寺【在吴县西南寺有晋时浮海来二石像及佛钵寺中世宝之梁简文有石像铭皮曰休有佛钵序云晋建兴二年二圣像浮海而至沪渎尼辈使渔者于沪渎获之石钵迄今并存有佛像见于外】

---

① 〔宋〕王象之撰。据中华书局1992年版。

卷七·镇江府·古诗

水国逾千里　风帆过万艘【李德裕游北固】

尘埃稍去眼
云景日萧疏
扁舟乘长风
倏忽遍三吴【司马】

天远楼台横北固
夜深灯火见扬州
回船却望金陵月
独倚牙旗坐浪头【杨公济】

禹凿隋穿今古利
吴樯楚楫去来通【熊叔茂】

卷九·江阴军·风俗形胜

三吴襟带之邦百越舟车之会【环宇记】

北抵江淮东连海道【图经云江阴形势——自六朝与五季皆为置兵之地】

边临大江正是下流北与通泰相对东连海道西接镇江最为控扼【乾道八年知军向子丰奏劄】

大江横其北太湖处其东而挹北注之潮汐【政和河沟记】

据北江上游洪涛怒澜极目无际【绍兴壬戌重修由里山庙记富元衡文】

风樯万里顺流而纵者朝江海而夕毗陵【黄田港记】

长栰巨舶辐凑城中【大观中蒋静黄田港闸记曰富商大贾——夷蠙海错鱼盐果布之属——故居民富饶井邑繁盛】

北淮海船十百相衔长江接天不可涯涘【浮远堂记】

卷九·江阴军·景物下

覆酒山【在县东二十里祥符经曲阿有——高丽人山传云昔高丽国女美东海神乘酒船礼聘之女不肯海神拔船覆酒流入曲阿故曲阿酒美】

卷九·江阴军·官吏

李宝【中兴小历云绍兴三十一年逆亮犯边朝命浙西总管——驻江阴军以防海道敌命工部尚书苏保衡统水军以元颜郑家奴副之由海道趍二浙七月宝以舟师三千发江阴十月至胶西县之石臼岛而敌舟已出海口

泊唐岛相距止一山候风即南不知王师之猝至也宝祷于石臼神祈风助顺丙寅风自南来众喜争奋鼓声震薄敌惊失措敌帆皆以锦缬为之弥亘数里忽为波涛卷聚一隅窘蹙摇兀无复行次宝命以火箭射之烟焰隋发延烧数百艘火不及者以短兵刺击殪之舟中其佥军降者三千余人获酋首元颜郑家奴等六人斩之惟统军苏保卫未发不可获旋闻自经死奏捷至诰除宝靖海军节度词略云千艘电击威名远继于伏波万舸灰飞伟绩更高于赤壁又云歌出车以劳远率腾方施不次之恩誓击楫以清中原尔尚建非常之绩广陵志云周麟之作破敌凯歌著逆亮渝盟本末有诗曰云航飞下北通州弛檝胶西一战收千七百艘同日烬始知飞将有奇谋北通州燕山府潞县也地并海亮累年于此造船因改为州尽发所造战船至胶西阅习为南下之计——自海道焚其战舰一十七百余只】

卷九·江阴军·仙释

泛海观音【在乾明寺天圣中寺有——自海浮流托梦李氏奉安于寺】

卷九·江阴军·诗

黄田港口水如天
万里风樯看贾船
海外珠犀常入市
人间鱼蟹不论钱
【王荆公酬朱昌之诗】

卷十·绍兴府·风俗形胜

航瓯舶闽浮鄞达吴浪桨风帆千艘万舻【王十朋赋】

卷十一·庆元府·府沿革

中兴以来高宗幸海驻跸于此【中兴小历在绍兴元年】兼沿海制置使【绍兴二年五月丁亥仇悆充沿海制置使请置司平江之许浦镇吕颐浩言敌舟从大海北来抛洋直至定海此浙东路也自通州入料角放洋至青龙港又沿流至金山村海盐县直泊临安江岸此浙西路也万一有警制置一司必不能照应望令专管淮东浙西路别除制使一员专管浙东福建路九月吕源浙东福建路沿海制置使置司定海县十二月诏源俟来春结罢寻命悆移司定海并浙东罢之三年五月客省张公裕兼沿海制置副使六月罢沿海制置司又系年录公绍兴三年九月郭仲荀知明州兼沿海制置使仍诏以绍兴府温台明州为地分又云绍兴六年十二月知明州分悆改兼管内安抚使】

卷十一·庆元府·市舶司

临安志载淳化三年移杭州市舶司于明州定海县以监察御史张肃领之中兴小历建炎二年复置两浙福建市舶初咸平二年九月庚子令杭州明州各置市舶司听番客从便长编

卷十一·庆元府·风俗形胜

东渐巨海西通五湖南畅无垠北渚浙江【吴虞翻】

郡当海道之冲界乎北洋【王伯庠记】

四明在浙东最为濒海宜有环奇伟特之观快登临者之心目【潘良贵三法亭记】大江横其前群山拱其外岛屿出没云烟有无浪船风帆来自天际又州之井屋尽在目中【同上】

通蕃互市珠贝外国之物颇充于中藏云【三朝史志】

据三江之险【图经云晋末孙恩海寇也其犯会稽则由上虞以入不由乎明州者亦以此城】

蛟门虎蹲天设之险亦东南之要会也【四明图经明之为州乃海道辐凑之地故南则闽广东则倭人北高句丽商船往来物货丰衍东出定海有云云】

四明据会稽之东抱负沧海枕山臂江重阜崇岭连亘数千里山川之胜雄傑茂异所以人才英拔比他郡为甲【李璜修学记】风飘海舶夷商越贾利原棥化纷至还来【同上】

负溟渤控扶桑倚巨镇吞长江【九经堂记】

肃清海道【李心传朝野杂记云沿海制肃清海道节制水军】

卷十一·庆元府·景物上

东海【环宇记云——上有野人名为庚定子旧说云昔从徐福入海逃避海滨亡匿姓名自号庚定子上人谓之白水郎脂泽悉用鱼膏衣服兼资绢布音讹亦谓之卢亭子也】

鄮山【在鄞县东峰上有佛左足迹十道四蕃志云以海人持货鄮易于此故以名山】

卷十一·庆元府·景物下

梅岑山【在昌国县四回环海高丽日本新罗渤海诸国皆由此取道守候风信】

蓬莱山【在昌国县西面大洋徐福求仙尝至此孙绰天台赋云登陆则四明天台入海则方丈——岂其所乎】

赤苋山【元和郡县志云在奉化县东十里夏侯会先地志云秦始皇遣徐福访神仙尝至于此】

卷十一·庆元府·古迹

释迦如来真身舍利塔【云麓漫抄云补陁落伽山自明州定海县招宝山泛海至昌国县自昌国县泛海到沈家门过鹿狮山正南一山曰翫月岩循山而东曰善财洞又东曰菩萨泉又东曰潮音洞即观音示现之处又东曰补陁寺自妙应峰西曰石观音下即佛迹】

卷十一·庆元府·仙释

亶洲山【鄞县东在海中汉武洞穴记言秦始皇遣徐福将童男女入海求蓬莱神仙及仙药止此洲不还世传今日本国是也东方朔云山有不死之草人死三日以草覆之即活】

卷十二·台州·景物上

浮门【在宁海县南一百九十里士多陈盖六朝时霸先之后隋灭陈尽室避乱于此绍兴十五年渔人于海上获一琴视其腹题云臣雷某造县以献于朝高宗见之泪下乃建炎时渡海所失物也】

卷十二·台州·古迹

金鳌山善济院御座【在临海县东南一百二十里金鳌山本祥符塔院建炎四年高宗游幸赐今额洎金三十两度僧三人有御座尚存西有如画轩下瞰长江前挹海门诸峰寺壁旧有诗云壮砺滩头一艇横夕阳多处待潮生与君不负登临约同向金鳌背上行云麓漫抄云章安镇祥符寺法堂有高庙御座寺僧师颜言建炎四年天子航海泊金鳌山幸金鳌留十四日幸永嘉幸金鳌捷书至航海由四明还绍兴寺壁间有诗云黄帽当年驾舢舻东浮鲸海出三吴中兴世业风波恶好作君王坐右图不著姓名】

卷十七·建康府·历代诗

王濬楼船下益州　金陵王气黯难收
千寻铁锁沈江底　一片降幡出石头
人世几回伤往事　山形依旧枕江流
而今四海为家日　故垒萧萧芦荻秋
【刘禹锡金陵怀古】

卷十八·太平州·风俗形胜

吴初以周瑜屯牛渚晋镇西将军谢尚亦镇此城【淮南记云——袁宏时寄运船泊牛渚尚乘月泛江闻运船中讽咏遣问之即宏诵其自作咏史诗于是大相赏叹】

江津之要【环宇记无湖县沿革下云】

卷十八·太平州·景物下

采石山【在当涂县北二十余里牛渚北一里江源记云商旅于此取石因名——北临江有矶曰采石曰牛渚上有蛾眉亭下有广济寺中元水府庙及承天观元和郡县志采石戍在当涂县西三十五里西接乌江北连建业城在牛渚山上与和州横江波相对隋师伐陈贺若弼从此渡六朝以来为屯戍之地国朝南渡以水军屯戍于此中兴小历绍兴三十一年逆亮入寇欲由采石渡江时朝廷诏王权至行在以李显忠代之命中书舍人虞允文趣显忠交军时防江诸军未有统属允文自建康至因督统制官时俊盛新等以海鳅船逆系之士皆死斗敌舟沈溺者万数其回北岸者亮皆杀之遂不能济】

水府庙【在采石山无为军杨无为集载牛渚矶有水府祠南唐保大中封其神为王舟人将过之必具牲币以祷焉及庆历初朝命开新河于矶后而获安济祷者渐疏祠宇隳绍兴三十一年元颜亮犯淮西造舟江北乘使风流至中流俄而风转沙窒其渎首尾不继我师乘胜败之皆神之阴助也加封显灵顺圣忠祐平江王】

卷十八·太平州·官吏

刘光世【绍兴五年加少保静武宁国节度使淮西太平州宣抚使初水赋邵青扰通泰有大小战船三千余至是抵太平州城下诏遣公讨之贼又犯江阴军及崇明镇遂为公兵所围势蹙乃降见言行录】

卷十八·太平州·诗

海潮南去过浔阳
牛渚由来险马当
横江欲渡风波恶
一水牵愁万里长

【李白横江诗】

卷二十·徽州·人物

许元【为丹阳令练湖决水一寸为漕渠一尺大旱元请借湖水溉民田不待报决之岁乃大丰元长于治财命主榷货元请持轻重之术以足塞下会京师岁漕不给范仲淹荐元为发运使发千艘浮江而上所过州县留三月食以相补未几京师足食又东轩笔录云——初为发运判官每患舟多虚破钉鞠之数盖陷于木中不可称盘故得以为奸一日元至船场命拽新造之舟纵火焚之取其钉鞠折秤之比所破才十分之一】

卷二十二·池州·景物下

石牌口【开宝七年王师伐江南曹彬入池州先是上遣郝守濬率丁匠自荆南以大舰载巨竹絙并下朗州所造船于采石矶跨江为浮梁乃先试于——既成命陆万友守之彬等及江南兵战于铜陵败之获战舰二百余艘生擒八百余人长编云】

卷二十五·南康军·仙释

吴猛许旌阳【许旌阳传云旌阳与吴猛乘铁船自金陵还豫章二龙挟船而行戒舟人曰瞑目勿妄视至紫霄峰舟为茂林戛击有声舟人窃视之龙即委去船破橹折堕于岸下故亘伊为九江刺史遣人访庐山灵异岸下犹有败骗】

卷二十六·隆兴府·监司沿革·转运司

转运使始于唐【开元十八年以宣州刺史裴耀卿为江淮转运使仍以崔希逸萧炅为之副】国朝因之考之实录初命知升州杨克逊兼江南诸州水陆计度转运使事【在开宝九年时兼东西两路故治不在豫章】又命知洪州王明兼江南西路转运使【在太平兴国元年时止以郡守兼之故漕台未有治所】自杨缄为江西漕始治焉【雍熙中】

卷三十·江洲·风俗形胜

据三江之口水陆十数路舟车所聚实为冲会【吕诲奏劄】据江湖之口三巴二广沿泝上下仰给于此可谓舟车冲要之地【同上】

卷三十·江洲·古迹

五百铁罗汉像【开宝九年曹翰既拔江州因请载庐山东林寺——归至颖川新造佛舍遂调发巨舰十余艘尽载金帛铁像于其上时号为押纲罗汉长编】

卷三十一·吉洲·人物

严颢【吉水人为惠州河源县令持身以廉邑人惜其去饯以海错舟行十余里家人发缶得黄金以告颢亟掩缶停舟召餽者还之】

卷三十一·吉洲·四六

维是庐陵介于楚甸土膏而人瘠物伙而俗贫万室连甍剽夺时鸣于桴鼓千艘衔尾转输日困于舳舻【吉州到任谢表】

卷三十三·兴国军·景物下

黄龙洲【山顶有台曰仙女台在富池大江之中乾道新生意非神龙莫能故名曰——屹然大江之中舟楫皆夹洲而下自是无风涛之虞】

卷三十四·临江军·人物

萧注【字岊夫新喻人贺之从姪也少侍父之官康州过悦城题五龙庙诗云五龙兄弟古英明今日拿舟过悦城莫向草茅久盘屈早施霖雨活苍生孔道辅见其诗曰未可量也登庆历第为番禺令侬智高围广州注突围出募海上壮士二千人解围与贼格斗焚其舟数百斩首五千级后知邕州结溪洞首长擒智高及其弟智光子继宗以献】

卷三十六·南安军·景物下

南康山【通鉴晋義熙六年初徐道覆使人伐船材於——中至始兴贱卖之居民争市之船材大集而人不疑至是悉取以装舰庐循寇长沙道覆寇南康然此曰——虽非山名亦因附见焉】

卷三十六·南安军·诗

今日平安出岭时
瘴氛犹觉润征衣
一条路入江南去
万里人从海上归
【程师孟】

卷三十七·扬州·风俗形胜

迁徙贸易皆出扬州【沈存中谓自举淮南之西大江之东南至五岭蜀汉十一路百州之迁徙贸易之人往远皆出扬州之下舟车日夜灌输京师者居天下之七】

卷三十七·扬州·景物上

邗沟【左传哀公九年吴城——通江淮注云于邗江筑城穿沟东北通射阳湖西北至末口入淮通粮道也今广陵韩江是元和郡县志云合渎渠在江都县东二里本吴掘——以通江淮之水路也昔吴王夫差将伐齐北霸中国自广陵城东南筑邗城下掘深沟谓之邗江亦曰——自江东北通射阳湖今谓之官河亦谓之山阳浊又云漕河贯城中即邗沟也】

卷三十七·扬州·官吏下

薛奎【天禧中为淮南转运副使迁江淮发运使疏真扬漕河废三堰舟楫便之岁以八百万食京师事略】

卷三十七·扬州·总扬州诗上

故人西辞黄鹤楼
烟花三月下扬州
孤帆远影碧山尽
唯见长江天际流【李白送孟浩然之广陵】

王出三江按王湖
楼船跨海次扬都
战舰森森罗虎士
征帆一一引龙驹【李白诗】

樯出江中树
波连海上山
风帆明日远
何处更追攀【孟浩然广陵别薛八】

万艘江县郭
一树海人家
挥袂看朱绂
扬帆指白沙【刘长卿】

蜀国春与秋
岷江朝夕流
长波东按海
万里过扬州
扬州富淮甸
楚俗饶歌宴【武元冲】

扬子江头南北路
木兰船上往来人【蔡襄诗】

卷三十八·真州·州沿革

周世宗再征淮南如迎銮镇屡至江口遣水军击唐军破之【通鉴在显德五年】

卷三十八·真州·仙释

达磨【泛海自广谒梁武不契而东折芦渡江过长芦来定山面壁九年过少林又九年西归后魏明帝使何洪简至梁告哀时大同二年也命昭明太子撰文祭之今定山有真如禅院】

卷三十九·楚州·风俗形胜

淮阴旧镇地形都要水陆交通易以观衅沃野有开殖之利方舟漕运无他屯阻【晋荀羡北征议见南齐志北兖州下】

擅利巨海用致沃饶【阮升之南兖州记云盐城海水有南兖州盐亭百二十三所县人以渔盐为业略不耕种——公私商运充实四远舳舻往来常以千计此吴所以富国强兵而抗汉室也】

卷三十九·楚州·景物上

邗沟【自宝应县北流入淮左氏哀公九年吴城——通江淮杜预注云于——筑城穿沟东北通射阳湖入淮

通粮道隋大业元年发淮志民十万开——自山阳至杨子入江渠广西十步荆公诗将母——上留家白紵阴月明闻杜宇南北总关心】

卷三十九·楚州·官吏

国朝乔维岳【雍熙元年为淮南运使先是淮河西流三十里曰山阳湾水势湍悍运舟多罹覆溺維岳开故沙湖自末口至淮阴磨船口凡四十里又建安北至淮澨总五堰运舟重载者皆卸粮而过舟坏粮失——命创二斗门于西河第三堰设悬门蓄水俟故沙湖平乃泄之自是运舟往来无滞矣】

卷四十·泰州·人物

国朝许元【元字子春其先宣人自元徒居如皋通略庆历三年江淮岁漕不给京师乏军储范仲淹荐国子博士海陵许元为发运判官元至悉发濒江州县藏粟所在留三月食远近以次相补引千余艘转运而西未几京师足食欧阳公撰许氏南园记曰公之美众矣特书一节以示海陵之人取其孝悌著于三世也】

卷四十一·通州·州沿革

南唐李氏于海陵县之东境置静海都镇制置院【五代史云通州本海陵之东境置静海制置院通川志云海陵之东有二洲唐末割据存制居之为东洲镇遏使制卒子廷珪代之为东洲静海军使廷珪始筑城钱镠遣水军攻破之虏廷珪而吴又命廷珪犹子彦洪为静海都镇遏使修城池官居解号静海都镇今城是也改东州为丰乐镇顾俊沙为崇明镇布洲不大安镇狼山西为狼山镇至南唐李璟嗣位始补静海制置使通鉴显德三年唐静海制置使姚洪帅兵民万人奔吴越之地】

卷四十一·通州·风俗形胜

淮南形势据江海之会握襟带之薮者吾州为多【元丰元年郡守狄遵修海隄祭文】

通为州极淮之南距江海之滨其地舄卤而瘠无丝粟之饶其民苦窳而贫有鱼盐之利【大观四年郡守朱彦海山楼记】

通之为郡濒海控江南通闽粤北通齐鲁民以鱼盐为业【俞授能徽宗时上殿劄子乞修通州城壁守备】

南濒吴会列壤相望旁通吴越迨于外邦风帆海道瞬息千里【崇宁中郡守杨阜作通州图序】

通州地界东北正当海口南接大江最为要害【知通州郭凝言见系年录】

盐利之获不赋而羡风帆浪舶奔走附集【见人物门将司徒下】

搭山隔海【环宇记云在州北元是海天祐中沙涨今有小江自东北出大海也】

卷四十一·通州·景物上

料角【海门有——昔号形胜控扼绍兴间差舟船把搤其沙脉坍涨不常潮小则委蛇曲折水路可见潮水大则一概淹没非熟于往来舟师未易及此向来胶西之捷盖由于此】

卷四十一·通州·诗

飞来灵鹫岭　化在宝陀山

【通州狼山广教寺在唐为慈航院江中山上昔人有诗云——山前后乃江海相接处舟出二山闲多覆溺者昔有僧率其徒操桨以护之舟免触石之患故有慈航之名】

昔年船底浪　今日马蹄痕

【慈航院江水南徙册之前后皆陆田后人有诗云——皆纪实也见渑水燕谈】

卷四十一·通州·四六

望北斗以乘楂　初离下国

指桃源而迷路　误到仙乡

【熙宁四年高丽遣使修贡将由四明登岸为海风飘至新港先以状致通州太守云云词甚切当】

卷四十三·高邮军·风俗形胜

惟彼高邮古称大邑舟车交会水陆要冲宜建军名以雄地望【太祖实录开宝四年建高邮县为军诏文】

高邮之北水深而岸峻【昔唐令狐綯之节度淮南徐卒庞勋等逃归裨将李湘曰徐卒无故逃归必且为乱——我以锐卒焚荻舟塞其前劲兵蹙其后可尽殪也綯不能用】

高邮由永徽以来号舟车之会【崔伯易玉女并记】

卷四十三·高邮军·景物下

得胜湖【张荣贾虎率山东彊壮号义军由梁山泊与金人转战至于承楚师皆舟舰时敌监军挞辣在泰州义军切之敌浸苦之荣等亲统精甲万人设伏掩系于率头湖出敌不意只舸匹马无远者湖水为之变色杀护敌附马芦巴等万余人生擒万户千户并挞辣亲弟破辣叔等湖因改名——】

卷六十三·茶陵军·官吏

彭友方【潭州攸县人熙宁九年主茶陵簿县管七乡有上三乡民贫而山居输潭州造船木以折岁租江行千余里其费数倍民益困友方白护漕朱初平请均出木即县造舟漕而出之公私两便初平是其言闻于朝茶陵造舟上供议自友方始见彭天益所作行状】

卷六十四·江陵府上·景物上

漕河【在江陵县北四里旧经云王处仲为荆州刺史凿——通江汉南北埭皇朝郡县志云高季兴于城西柳门及子城置仓开漕入仓步高从诲又以龙山门近城开白剀河水入城北向东——绍兴元年省劄云江陵府城下旧有——若略加开淘则江陵城下纲运顺流从江汉直达襄岘契勘本府——乃晋元帝建武初所凿自罗堰口出大——由里社穴沌口沔水口直通襄汉二江又张孝芳修渠记云国朝端拱元年阎文逊奏开东漕渠有师子口以入于汉以达襄阳遂发丁夫治荆南——至汉可胜二百石舟上游之人利焉天禧末尚书郎李夷庚濬古渠格夏口以通赋输盖自湘而鄂顺流也势易也自鄂而襄遡流也势难也且有风涛测之险】

卷六十五·江陵府下·古迹

仲宣楼【皇朝郡县志云望沙楼在府城东南隅后梁时高季兴建以望沙津即其下造战船陈尧咨更名——

杜甫将赴荆南寄别李剑州诗戎马相逢更何日春风回首仲宣楼】

卷六十五·江陵府下·仙释

万寿寺金佛【张商英无尽赞曰高氏清泰中吴商曰叶旺具舟诣江陵有僧请偕往高帆疾驾朝发石头城暮达息壤僧仆溺水中涝获金像是为弥勒尊主乃建梵宫迎置值供养今为万寿寺】

卷六十五·江陵府下·总江陵诗

游人出三峡楚地尽平川北客随南贾吴樯问蜀船【王荆公诗】

卷七十·沣州·仙释

太津【澧州人来淳元年振锡南海与唐使者相逐汎舶月余达尸利佛逝州颇习梵书天授二年附舶回长安有附译杂经十卷南海内传四卷西域求法高僧传二卷见高僧传】

卷七十三·峡州·官吏

许绍【大业中为夷陵通守流户归者数十万其后为峡州刺史萧铣围峡州绍击走之铣又具大舰遡江略巴蜀遣其子仁智追战于西陵覆其兵悉获战舰】

卷七十三·峡州·诗上

黄牛来势泻山川　叠日孤舟逐雨前
雷电夜惊猿落树　波涛秋恐客离船
盘涡迸入空虚地　断壁高分缭绕天
多少旅人经此去　一生魂梦怕潺湲
【李白过黄牛峡】

卷七十三·峡州·诗下

舟行三峡乱峰间
雪浪如山毛骨寒
一帆喜见楚天阔
回首长吁蜀地难
【陈栢年楚塞亭】

五月江流万里船
迅如飞电擘群山
荆云峡两须臾过
白帝江陵朝暮间
【范太史诗见资州志】

卷七十四·归州·官吏

赵诚【天圣丙戌州东二十里赞唐山崩蜀江断流沿泝易舟以行皇祐间郡守——首以此留意躬亲督责附薪石根火纵石不半载而功成江开舟济名曰赵江有磨崖铭今新滩有双庙在秭归县东二十朝左祠江渎黄牛二

神象之窃谓赞山壅江流沿泝皆易舟故上祀江渎下祀黄牛自——凿开新滩之后沿泝无易舟之苦皆赵史君诚之功而祀典不及第祀二神失其旨矣】

卷七十九·汉阳军·景物上

赤壁

荆州记临嶂山南峰谓之乌林峰亦谓之赤壁周瑜破曹操处元和郡县志云在汉川县西八十朝左古今地里书多言是曹公败处象之按三国志则赤壁不在汉川也何则曹公既从江陵水军至巴邱赤壁又在巴邱下军败引还南郡周瑜水军退并是大江中与汉川殊为乖缪盖是侧近居人见崖岸赤色因呼为赤壁曹公败处也旧经引荆州记云临嶂山南有乌林峰亦名赤壁又寰宇记引江图经云乌林为赤壁新经云今江汉间言赤壁者有五黄州嘉于江夏汉阳汉川其说各有所据惟江夏之说近古而合于史汉阳之说盖出于荆州记汉川之说盖以赤壁草市为赤壁【草市说见元和郡县志】今共近处亦有乌林而唐汉阳图经云赤壁城又名乌林在汉川县西八十里跨汉南北【汉川即今汉川】据此二说相去不远然曹操初败赤壁再败乌林乃二地今以为一地二名既已失之况曹操舟师自江陵顺流而下周瑜自柴桑【柴桑江州】泝流而上两军相遇于赤壁则赤壁当临大江今临嶂及汉川各非临江处能典及元和郡县志皆尝辩汉川缪则临嶂之缪亦可知黄州之说盖出于齐安拾遗以赤鼻山为赤壁【赤鼻山见水经】以三江下口为夏口以武昌县华容镇为曹操败走华容道其说尤缪盖周瑜自柴桑至樊口【在武昌县】而后遇于赤壁则赤壁当在樊口之上今赤鼻山止在樊口对岸何待进军而后遇之乎又赤壁初战操军不利引次江北而后有乌林之败则赤壁当在江之南岸今赤鼻山乃在江北亦非也又曹操既败自华容道走退保南郡汉南郡今江陵华容今监利也武昌华容镇岂赤南郡路乎东坡赤壁赋中皆疑似语嘉鱼之说盖出于唐人章怀太子注东汉刘表传云赤壁山名也在今鄂州蒲圻县通典引检地志亦与此同元和郡县志则云赤壁山在蒲圻县水经述江水源流至今巴陵之下云江水左迳止乌林南郦道元注云石迳赤壁山北昔周瑜与黄盖诈魏武大军所起处据此则赤壁乌林相去二百余里然疑乌林赤壁一战相继乌林之捷又自赤壁始及观江表传赤壁败后黄盖与操诈降书始操以众寡不敌交锋之日盖为前夕至战日盖始用火攻之策操乃败走如此则二战初不同日后汉纪总书为乌林赤壁观者不审故指乌林赤壁为一地要之道元乃后魏人去三国尚近考验必得其真

卷八十一·寿昌军·风俗形胜

杜预尝恐吴徙都武昌【图经云晋——修备诸城积大船于夏口则计无所及】

武昌实江东镇戍之中非但捍御上流而已【晋庚翼欲移镇乐乡王述与庚冰牋】

卷八十一·寿昌军·景物上

寒溪【寰宇记在武昌樊山下山溪夏时凛然常有寒气故名图经云——之上有晋旧寺曰寒溪寺陶侃为置文殊铜像今别为西山寺有菩萨泉东坡有泉铭云陶侃为广州渔人夜见神光海上迹之得金像初送武昌——寺后惠远禅师迎像于庐山】

卷八十二·襄阳府·景物上

檀溪【皇朝郡县志云蜀先主乘的颅马西走坠于斯溪一跃而过元和郡县志云在襄阳县西南初梁高祖镇荆州闻齐始安王萧遥先等五人辅之谓之五贵叹曰政出多门乃潜造器械多伐斫竹木沉于——为舟装之备参军吕僧珍独悟其旨亦私具橹数百张义师起乃取——竹木装战舰诸将争橹僧珍每船付二张事克集今溪已干涸非其旧矣】

卷八十九·广州·州沿革

安帝时卢循陷番禺执广州刺史吴隐之【隐之拒守百余日城陷】循自称平南将军摄广州事【通鉴在晋安帝元兴三年】循用徐道覆计举兵向建康【通鉴晋安帝义熙六年刘裕伐南燕徐道覆劝循乘虚袭建康会刘裕破南燕引兵还循兵至蔡洲为裕所败遂还寻阳】刘裕败之于蔡洲裕又治水军遣孙处沈田子自海道袭番禺倾其巢穴【通鉴在义熙六年八月】孙处乘海奄至番禺攻拔其城【通鉴在义熙六年十一月】卢循既败收兵至番禺围之二十余日不能拔乃走交州至龙编败死【通鉴在义熙七年】

卷八十九·广州·提举市舶司

台治在城中按通鉴唐代宗广德元年有市舶使吕太一太祖实录开宝四年下广南以同知广州潘美尹崇珂并兼市舶使通判谢处玭兼市舶判官陈了斋父偁传云熙宁中诏泉人贾海外者往复必使东诣广否则没其货元丰三年诏书言广州市舶条已修定乞专委官推行广东安抚更不带市舶使后专置提举而转运亦不复预矣中兴小历云建炎诏两浙福建市舶归转运司而广南如故中兴会要载高宗问张阐舶司岁入几何阐对云以岁计之约二百万缗如此则三路所入已不为少

卷八十九·广州·风俗形胜

外国之货日至珠香犀象玳瑁奇物溢于中国【韩送郑权序】

滨际海隅委输交部【南齐志】

南海交趾各一都会所处近海多犀象瑇瑁珠玑奇异珍玮故商贾至者多取富焉【隋志扬州南海序】

环水而国以百数则统于押蕃舶使焉【柳宗元】

番禺控引海外诸国贾胡岁具大舶齐奇货涉巨浸以输中国【许得已南海庙达奚司空碑】

卷八十九·广州·景物下

十贤堂【在子城上元祐经略张露面取前代贤牧十人胜修吴隐之王綝宋璟李尚隐卢奂李勉孔戣卢多萧仿立祠南海集十贤赞后序云番禺负山带海夷舶岁至珍异丛伙而数人者皆能以廉清为吏民师表】

卷八十九·广州·古迹

南海广利王庙【韩文公南海王庙碑云庙在广州治之东南海道八十里扶胥之口黄木之湾唐封为广利王长编开宝四年命司农少卿李继芳祭南海刘鋹先尊海为昭明帝庙为聪正宫其衣饰以龙凤诏削去帝号及宫召易以一品之服图经云绍兴七年加号宏盛广利昭顺威显王】

助利侯庙【木达奚司空也梁晋通中菩提达磨由天竺与二弟航海而至司空其弟也】

大奚山【南海志在东筦县海中有三十六屿居民以鱼盐为生朝野杂记云大奚山者在广东岛中庆元三年提举徐安国捕盐岛民啸聚为盗劫高登为首杀平民百三十余人经略雷潨与安国素有隙以生事闻于朝尽执岛民戮之无噍类诏罢安国以钱之望知广州象之尝闻婺之士友郑岳云岳曾作馆于广州是岁贼势猖獗福州有延祥寨水军海寇畏之钱帅申请于朝乞差延祥将官商荣将兵以往而——之人用木支格以钉海港官军不知蹊径竟不能入而岛民书用海舟载其弩以广州州兵败止再潮达城下州民散避贼会官船水手者善跳船与贼首之船

遇乃从樯午上飞过斫断其帆索帆坠船不能进贼船遂乱商荣因用火箭射之贼遂大败】

卷八十九·广州·官吏下

苏缄【泉州人为南海簿广州领市舶司每海商至选官阅实缄以选住有大商樊氏入见遽升阶就榻缄捕击杖之樊诉于州将责以专决缄曰主簿虽卑邑官也船商虽富部民也部民有罪而邑官杖之安得为专州将慰谕遣之】

余靖【五朝言行录广之番舶装船旧皆取税公罢之以徕远商又请立法戒当任官吏不得市南药及公北归不载南海物行状】

周穜【徽宗朝知广州番舶以象犀香珠呈样穜一无所受终任不至舶务及归部人试诗送行有三年清似镜之句见泰州图经】

卷八十九·广州·仙释

杯渡禅师【世传杯渡禅师渡海来居盃渡山】

达磨禅师【梁普通中达磨航海至其地指示人日下有黄金万余两贪者力凿今汲者不绝号为达磨井今大通正觉院存——化身在焉】

休咎大师【姓梁氏新兴人武后时游罗浮山元和闲至番禺县扶胥镇夜憩南海庙师语王曰闻王性严急舟楫遇风溺死者众愿王勿为师授三皈五教而行至广州住海光寺卒赐谥——寺今为灵化寺】

卷八十九·广州·总广州诗上

海花蛮草连天有　行处无家不满船【张籍送侯判官赴广州】

连天浪静长鲸息　映日飘多宝舶来【刘禹锡】

番禺万里路
远客片帆过
盛府依横海
荒祠拜伏波【刘文房送人赴岭南】

猿啼山不断
鸢跕路难登
海岸出交趾
江城连始兴【高适饯送判官之岭外】

卷八十九·广州·诗下

花多外国名
【汪云异花皆舶上所来岭北无之余靖题广州田谏议西园】

越地春生草　春城瞰渺茫
朔风惊瘴海　雾雨破南荒
巨舶通蕃国　孤云远帝乡【张俞】

卷九十·韶州·州沿革

东晋安帝时卢循陷广州徐道覆陷始兴【通鉴在安帝元兴三年】道覆使人伐材于南康山至始兴贱卖之居民争市之船材大集而人不疑及刘裕北伐道覆劝卢循乘虚入寇悉取以装舰旬日而办循遂自始兴寇长沙道覆寇南康【通鉴在义熙六年】

卷九十·韶州·景物下

南华寺【太平兴国塔梁天监元年有天竺国僧智药自西土来泛舶至汉土寻流上至韶州曹溪水口闻其香掬尝其味曰此水上流有胜地寻之遂开山立石名宝林

卷九十三·南雄州·诗

今日平安出岭时
瘴氛犹觉润征衣
一条路入江南去
万里人从海上归【程师孟】

卷九十八·南恩州·风俗形胜

恩平古郡汉属合浦南濒巨海耳目远于中朝民庶侨居杂处多瓯闽之人【绍圣四年郡守丁琏建学记】

当五州之要路【投荒录云当海南五郡泛海路又云当五州之要路颇有贾入循海而至】

吴越所产不乏于斯【寰宇记云恩平既当五州之要路由是颇有广陵会稽贾人船循海东南而至故吴越所产之物不乏于斯】

卷一百·潮州·古迹

绥安县【南越志云在郡之东千里海道也东接泉州晋安县界北连山数千日月蔽藏昔建德伐木以为舟船之处又绥安县北有连山昔越王建德伐木为船其大千石以童男女三百人牵之既而船俱坠于潭时闻来得船者有唱唤督进之声来往有青牛驰回船侧】

卷一百·潮州·诗

不觉离家已五千
仍将衰病入泷船
潮阳未到人先说
海气昏昏水拍天【韩诗】

卷九十九·惠州·古迹

铁佛像首【唐开元中有西竺僧乾末多罗以铁释迦像一躯泛海至番禺不动置之罗浮山其像为人所毁以

铸农器独其首今在延祥寺】

卷九十九·惠州·仙释

单道开【晋书艺术传单道开敦煌人也石季龙时从西来日行七百里昼夜不卧佛图澄与语不能屈也季龙末南渡至南海入罗浮山后卒以尸置石室袁宏为南海太守登罗浮山至石室见道开形骸如生宏曰法师正常如蝉蜕耳乃为之赞】

卷一百三·静江府·景物上

灵渠【昔秦始皇南戍五岭史禄于湘源上流漓水一派凿渠渠内置斗门三十六所每舟至一斗门则复闸之俟水积舟以渐西进故能循崖而上达而下以通南北之舟楫名曰灵渠唐志在理定县云——引漓水故秦史禄所凿后废宝历初观察李渤立斗门十八以通漕俄又废咸通九年刺史鱼孟威以石为隄亘四十里植木大为斗门至十八重乃通舟】

漓水【舆地广记云——湘水二水皆出海阳山而分源南流为漓北流为湘汉讨南越戈船下濑将军出零陵下漓水即此唐书桂有——出海阳山世言秦命史禄伐粤凿为漕马援讨征侧复治以通馈后为江水溃毁渠遂废浅每转饷役数十户济一艘李渤洒浚旧道鄣汇有宜舟楫之利焉又清湘志载柳刺史开舟抵岭下问其岭之名即分水岭也分水是湘——也二水异流谓其东出海阳至此分南北是离也二水之名疑昔人因其水分湘淳而命之曰湘水——】

卷一百七·昭州·景物下

白鹤观【在恭城县东口里有石圣母像与侍童三躯像本出南蕃唐开元中蕃舶归番禺卜留不吉以舟载像至漓口舟挽不动遂归是观】

卷一百十·浔州·官吏

胡则【景德中知寻州与丁谓厚丁谪海外士夫莫敢遣书惟则遣人渡海往来不废见衢州志】

卷一百十一·贵州·古迹

郁林石【三国陆续为郁林太守罢归无装舟轻不可越海取石为重人称其廉号——】

卷一百十八·雷州·官吏

王趯【中兴遗史绍兴二十年王趯知雷州赵鼎入界趯留鼎饭鼎轿坏趯假一桥雇四夫送行通判申朝廷秦桧委经略方滋鞠勘趯坐夫轿送鼎得责全州王明清挥尘录云胡邦衡在新州常赋词为太守张棣缴上移送吉阳军棣乃择使臣之刻核者游崇押之过海至雷州太守王趯以使臣者行囊中有私茶遣人捕获送岳奏治别差使臣护送仍厚馈以济其渡海之费邦衡赖以少苏繇此贤士大夫多推重趯云】

卷一百二十·廉州·景物下

铜船湖【寰宇记云马援铸铜船五只一留此湖中四只将过海征林邑】

卷一百二十一·郁林州·景物下

北戍滩【在博白县昔高骈平蛮取海道由合浦而归见其湍险嘱防遏使疏治之人赖其利】

卷一百二十一·郁林州·官吏

吴陆绩【事孙权以直出守郁林唐陆龟蒙传云其远祖——事吴守郁林归装舟轻不可越海取石为重人称其廉号郁林石宾州图经载古琅琊县有姓陆者绩之遗嗣有轩冕之风】

卷一百二十一·郁林州·碑记

唐乾符中碑【北戍滩在博白县西南一百里马门滩之下唐咸通末安南都护高骈既平蛮獠诏归阙自海路由合浦而上经是滩险不可行又中伏巨石骈因留俸钱遣海门防遏保镖难营治之至今州楫通行人无艰阻乾符中俊立碑以纪其事碑今存焉】

卷一百二十四·琼州·景物上

焚艘【平黎记云汉武帝发兵南来到雷州海岸造艘船渡兵过海上岸黎人并不出降亦无兵粮李将军于琼州海岸焚舟而回今号为焚艘】

琼台【在谯楼下临放生池图经云琼州自唐以为都督府琼崖振儋万五州招讨游奕使本朝号琼州提举儋崖万安等军水陆转运使兼琼管安抚都监今郡城有琼台盖置使时以使台为名耳】

卷一百二十四·琼州·景物下

神应港【琼州白沙津蕃舶所聚之地其港自海岸屈曲不通大舟而大舟泊海岸又多风涛之虞王帅光祖欲直开一港以便商旅已开而沙复合人亦难之忽飓风作自冲一港尤径于所开者神物所相如此遂名——时淳熙戊申也】

卷一百二十五·昌化军·诗

我迁海康郡　犹在寰海中
送君渡海南　风帆似张弓
笑揖彼岸人　回首平生空
【颖滨先生次韵子瞻过海】

朝宗于海固愿也
一苇杭之如勇何
著浅惊呼过又喜
此生是等事尝多
【折彦质渡海诗】

去日惊涛远拍天
飞廉几覆逐臣船
归舟陡顿能安稳
便觉君恩更涣然
【折彦质北归渡海】

卷一百二十六·万安军·景物下

赤土国【寰宇记云在州南海便风十四日经鸡笼岛即至其国亦海中之一洲也】

卷一百二十六·万安军·仙释

交趾道士【城南并海口崖中旧传有道士年九十九自言本交趾人因渡海船坏于此遂菴焉养一鸡大如倒挂子日置枕中啼即梦觉又畜胡孙小于蝦蟇风度清癯以线系几案间道士饭已即登几危坐而食其余又有龟状如钱置合中时揭其盖使出戏衣褶僧惠洪谒之示出三物洪戏之曰公小人国中引道神也】

卷一百二十六·万安军·碑记

琼州华远馆题壁【李丞相纲以建炎二年自澧州移万安军十一月十十有五日南渡次琼管后三日只奉德音听还以十二月五日北归万华远馆凡十日载惟自唐以来宰相有罪谪海上多矣得生还者以一二数又皆积年始内徙而今者往返曾不踰旬天恩宽大感极而继之以泣云】

卷一百二十七·吉阳军·风俗形胜

其外则乌里苏密吉浪之洲而与占城相对西则真腊交趾东则千里长沙万里石塘上下渺茫千里一色舟船往来飞鸟附其颠颈而不惊【琼管志】

卷一百二十七·吉阳军·官吏

赵鼎【绍兴九年与秦桧议论和戎及议宗子出合不合安置潮州后移吉阳军又中兴遗史云绍兴十七年八月——安置在海外者几数年秦桧降朝旨令吉阳军月具鼎存亡申尚书省鼎遣人呼其一子至委之曰桧必欲我死也我若不死必当诛及一家死则汝曹无患矣付以后事不食而死年六十三又容斋随笔云绍兴中赵忠简公谪朱崖士大夫畏秦氏无取张渊道为广西帅遣书持药及酒面为餽忠简答书今存于张氏又夷坚志云赵丞相居朱崖时桂林帅遣使臣往致酒米之馈自雷州浮海而南越三日方张帆早行风力甚劲顾见洪涛间红旗靡靡相逐而下极目不断远望不可审疑为海寇或外国兵甲呼问舟人舟人摇手令勿语愁怖之色可掬急入舟被发持刀出蓬背立割其舌出血滴水中戒使臣者使闭目坐船内几经两时顷闻舟人相呼曰更生更生乃言曰朝来所见盖巨鳍也平生未尝覩所谓红旗者鳞鬣耳世所传吞舟鱼何足道使是鳍与吾舟相值在数十里之间耳一展转则已沦溺于鲸波中矣吁可畏哉是时舟南去而鳍北上相望两时彼此各行数百里计其身当千里有余庄子鲲鹏之说非寓言也时外舅张渊道为帅云张子思说得之于使臣外舅不知也】

卷一百二十七·吉阳军·诗

屡上仙游亭上醉
仙游洞里杳无人
他时驾鹤游苍海
同看蓬莱岛上春

【名贤诗话云晋公旧有园在保康门外园内有仙游亭仙游洞景趣潇洒有道士刘遁相往来遁作仙游亭诗赠公云公莫晓其诗公南迁遁往见公于崖公方思其诗乃知遁异人也与之泛舟海上而饮公曰今日之游成子之诗意也】

卷一百二十七·吉阳军·四六

相逢海上既同是天涯人且喜坐中亦复有江南客【胡澹庵答张先生启】

卷一百三十·泉州·市舶提举司

哲宗即位之二年始诏泉置市舶职源云后尽罢提举官九朝通略云崇宁二年泉州复置市舶建炎时政记云

建炎中兴诏罢福建市舶司归之转运司中兴小历云建炎二年复置福建市舶系年录云绍兴二年罢福建市舶令宪臣兼领又云二年诏福建市舶令提举兼领十月诏福建市舶仍移司泉州中兴小历云十二年茶事司归建州而提举市舶以次复矣中兴会要云绍兴二十一年李庄除福建市舶又云高宗问张阐舶司岁入几何阐对抽解与和买以岁计之约岁入二百万缗

卷一百三十·泉州·景物上

海道【唐志云自泉州正东海行二日至高华屿又二日至龟鼊屿又二日至流求国】

泉郎【寰宇记云即此州夷户亦曰游艇子即卢循之余晋末卢循为刘裕所灭遗种散居山海唐武德八年都督王义童遣使招抚令相统摄不为寇盗其居止常在船上兼结庐海畔随时移徙】

卷一百三十·泉州·诗

苍官影里三州路　涨海声中万国商【清源集李文敏】

泉州人稠山谷瘠
虽欲就耕无地辟
州南有海浩无穷
每岁造舟通异域
【谢履泉南歌】

卷一百五十四·潼川府·景物下

覆舟山【在中江县西南三十里李膺蜀记禹治水泊舟覆焉图经云山腹有风穴人往视风风从穴而起以发木折屋】

卷一百五十九·合州·诗

数杯巫峡酒　百丈内江船【杜甫送十五弟使蜀注云水自渝上合州者谓之内江自渝由戎泸上蜀者谓之外江】

卷一百七十四·涪州·景物上

盐泉【在武龙县距白马津东三十余里江岸有——初康定间有程运使舟次鹳岸间江中有硫黄气袭人太甚谓此必有——驻舟召工开之果得卤脉是时两边山水相接薪蒸赡足民未知烹煎之法乃于忠州迁井灶户十余家教以煮盐之法未已有四百余灶由是两山林木芟薙悉成童山】

卷一百七十四·涪州·诗

涪江江上客　岁晚却还乡
暮过高唐雨　秋经巫峡霜
急滩船失次　叠嶂树无行
【张祜送李长史归涪州诗】

卷一百七十六·黔州·风俗形胜

为楚西南徼道【权载之集黔州观察使新厅记黔中云云在汉为武陵庄蹻循江以略地唐蒙浮船以制越五

谿褋束为一都会】庄蹻循江以略地唐蒙浮船以制越【同上权载之】

卷一百八十六・隆庆府・景物下

停船山【在劒门县八十里地志有观号冲寂唐时李真人于此炼丹得道仙去真人手植柏十八株或云以谶唐十八帝有石刻乃皇朝乾德僧怀义撰云大禹治水船泊峰峦故名】

卷一百八十九・金州・诗

簿书岚气里
鼓角水声中
井邑神州接
帆樯海路通
【姚合金州书事】

补阙卷二・建康府・人物

后汉陆绩　归舟取轻不可越海　张氏鉴云取字似有误　按据唐书陆龟蒙传取字乃装字之误张翰　为吴王曹椽　张氏鉴云椽当作掾

补阙卷五・琼州・景物上

海【江浙之间潮有定候钦广则朔望大潮其余日止一潮琼海之间则半月东流半月西流潮之大小随长短星不系月之盛衰】

一统志二百八十六琼州府　按纪胜此卷本无阙页风俗形胜门云琼海之潮半月东流半月西流潮之大小随长短星初不系月之盛衰岂不异哉注云岭外代答云江浙之潮自有定候钦廉则朔望大潮谓之先水日止一潮谓之小水顷刻竟落未尝再长琼海之潮云云与此条叙述不同一统志引此条以海为标目故系诸景物上以俟考

肇域志①

卷一·南直隶·凤阳府

(楚昭公)二十四年楚子为舟师以略吴疆

卷一·南直隶·凤阳府·盱眙县

新河在彭城乡宋发运使蒋之奇开浚以避淮流之险

龟山运河一名新河在龟山镇东北二十里宋熙宁四年发运副使史公弼奏开自龟山蛇浦下属洪泽凿为复河亘五十七里以避淮流之险元丰六年发运副使蒋之奇复请开治苏子瞻诗新河巧出龟山背谓此

卷一·南直隶·苏州府·太仓州

刘家河自州治东北出海即古之娄江元时海运船皆驻泊于此今已湮塞盖海小日渐壅沙为土岁久地气凝结

卷二·南直隶·扬州府

禹贡扬州沿于江海达于淮泗是里江淮未通故其贡道沿江入海沿海入淮自淮入泗因以达河

瓜州镇在南四十五里本大江之沙碛南对京口为运道襟喉隆庆初自时家洲开渠达花园港长六里免车盘之苦万历初又于闸外开港以泊运船

卷二·南直隶·淮安府

晋荀羡言淮阴旧镇地形都要水陆交通沃野有开殖之利方舟运漕亦无他阻本朝以文武重臣开府作镇【谢安萧道成尝镇此】虽职司转运亦示控扼之势焉

卷二·南直隶·淮安府·山阳县

漕运总督理刑分司与粮储海防二道驻札

卷二·南直隶·和州

余又考之宋元嘉二十七年魏人欲渡江宋人大具水军使左将军卢弘守横江卒恃无患又宋绍兴三十一年金主亮亲统细军驻和州之鸡笼山临江筑坛刑白马祭天必欲渡采石张振王琪以海鳅船击败之

卷十一·南直隶·池州府·贵池县

新河在城西六十里江之中流有石槎杈横突据为拦江罗汉二矶奔流激荡运饷危之晋发运使周湛役三十万夫作支流以避其险自是往来无覆溺之患

---

① 〔清〕顾炎武撰。据清抄本,参考上海古籍出版社2004年谭其骧等点校本。

卷三·南直隶·应天府

陈史永定初王琳聚兵窥台城造黄龙舟千艘泊于荻港西南风急琳谓得天助张帆直下陈将侯瑱泊舟芜湖逐后而发战于烈山之下用拍竿撞琳船琳掷火炬焚之风逆自焚遂大败奔齐

新开河宋元凿自三山桥历石城桥定淮诸门由草鞋夹以达于江又自三汊河而南过江东桥与元运道合元运道在阴山下至元间开以通粮运由大成港入江

城外惟上新河龙江关二处为商帆贾舶所鳞凑上河尤号繁衍近年以税重客多止于芜湖上河

今城之西北有宝船厂永乐三年三月命太监郑和等行赏赐古里满剌诸国通计官校旗军勇士士民置办书手共二万七千八百七十余员名宝船共六十三号大船长四十四丈四尺阔一十八文中船长三十七文阔一十五丈所经国曰占城曰瓜哇曰旧港曰暹罗曰满剌加曰阿枝曰古俚曰黎伐曰南渤里曰锡兰曰裸形曰溜山曰忽鲁谟斯曰哑鲁曰苏门答剌曰那孤儿曰小葛兰曰祖法儿曰吸葛剌曰天方曰阿丹和等

卷三·南直隶·应天府·高淳

沙河在县东三十里宋天禧中范仲淹领东南漕涉大江风涛之险乃开此河

卷十一·南直隶·和州

横江河在州南一里许旧志宋开宝八年九月伐南唐从西京转运使李符言发和州三县丁夫凿横江河以通粮道即今环江门【即偏南门】外河南经当利驿入于江岁久淤塞国朝正统元年重复五年复凿小河旁出通江以便舟泊

卷三·南直隶·应天府

古漕河一名靖安河自靖安镇下缺口取道入仪真新河八十余里吴章靖安河纪略云中江自湖口合流而下奔放荡潏吐吞日月山或矶之则其势悍怒冲突中流遇风四顾茫然无所隐避自金陵抵白沙其尤者为乐官山李家漾至急流浊港口凡十有八处虽平时号称老风波而玩险阻者至此鲜不袖手东南漕计岁失于此者计二三宣和六年发运使卢公访其利病得古漕河于靖安镇之下缺口谓其取径道于青沙之夹河趋北岸穿坍月港由港尾越北小江入仪真新河以抵新城下往来之人高枕安流八十余里以易大江百有五十里之险实为万世之利

潮沟吴大帝所开以引江潮东接青溪南抵秦淮西通运渎北连后湖……东南利便书曰古城向北秦淮既远其漕运必资舟楫而濠堑必须水灌注故孙权时引秦淮名运渎以入仓城开潮沟以引江水又开渎以引后湖又凿东渠名青溪皆入城中由城北堑而入后湖此其大略也……运渎在上元县西北一里吴大帝赤乌三年使左台侍御史郗俭监凿城西南自秦淮北抵仓城名运渎达于苑仓

晋陶侃讨苏峻与温峤庾亮等率舟师四万旗鼓百里次于蔡洲杨佺期桓玄兵至石头刘牢之帅北府之众驰赴京师军于新亭佺期玄见之失色回泊蔡洲卢循作乱战士十余万舟舰数百里连旗而下刘裕登石头以望曰贼自新亭直上且将避之若回泊蔡洲此成擒耳时徐道覆请于新亭至白石焚舟而上数道攻裕循曰不然不如按甲蔡洲以待之裕登石头城望循军初见引向新亭有惧色及见回泊蔡洲喜曰贼落吾下也遂率兵进战缚以大筏因风逼之大破循军于江中循遁走

余家堰在溧水州东南一百十五里长十里春冬载二百石舟昔阖闾伐楚因开此渎运粮东通太湖西入大江

吴大帝赤乌八年使校尉陈熏作屯田发屯兵三万凿句容中道至云阳西城以通吴会船舰六朝漕输由京口泛江以达金陵则有风涛之险故开云阳之渎以达句容号破冈渎

卷七·南直隶·苏州府·太仓州

元行海运海外番舶皆于此市易俗谓之六国马头元贞二年升昆山县为州徙治太仓至正十二年海贼方国珍入寇十三年立水军万户府镇之

卷七·南直隶·苏州府

宝山在嘉定县东南八十里永乐十年平江伯陈瑄督海运筑为表识赐名宝山御制碑文

运河一名漕河南自嘉兴由石塘北流经府城又北绕白公堤出望亭入无锡界达京口隋大业六年敕开江南河自京口至余杭郡八百余里面阔十余丈拟通龙舟巡会稽即此

漕湖本名蠡湖寰宇记范蠡代吴开蠡渎通此湖故云唐书地理志元和八年孟简开太伯渎并导蠡湖故以渎为孟渎湖为孟湖其实古之蠡湖也故其东有蠡口西贯无锡之太伯乡亦有蠡尖口其称漕湖或云以通漕运也

大江在常熟县之北与通州对境自福山江口至县三十六里福山居长江下流险莫甚焉然自古国于东南者类置而不问吴孙权时西陵举火达吴郡南沙晋赵石堪遣兵寇南河海虞虽此备彼寇皆通江道然未尝专以福山为虑也钱镠有国始于福山置戍以防南唐之寇宋初混一戍皆省罢建炎初尝分江阴水军戍福山议者谓虏骑入通州势如牛角尖退有腹背受敌之患故其戍不常置绍兴中吕祉乃请于福山置战舰不果行淳佑壬寅虏犯通州议臣复有福山把隘之请特遣御前军八百戍福山阅月而撤戍淳佑庚戌复置兵三百人号忠节建寨于福山南沙【常熟】吴志载庾阐扬都赋注曰孙权时合暮举火西陵三鼓竟达吴郡南沙南沙吴时名沙中晋以为县晋书石勒载记寇南沙海虞俘获五千余人通鉴晋成帝咸和五年赵将刘征帅众数千浮海抄东南诸县杀南沙都尉许儒六年复寇娄县掠武进郗鉴击却之六年正月石勒杀略娄武进二县人明年石勒众又抄略南沙海虞晋书成帝纪咸和五年五月石勒将刘征寇南沙都尉许儒遇害进入海虞六年正月刘微复寇娄县遂掠武进七年三月勒将韩雍寇南沙及海虞通鉴唐昭宗乾宁三年苏州常熟镇使陆郢以州城应杨行密晋刘澄浮海入寇害南沙尉则海道之防吾邑尤所急也

卷八·南直隶·苏州府·常熟县

奚浦市在县西北七十里北通大江有鱼盐之利有通州泰州商船

卷九·南直隶·松江府·上海县

上海志永乐十六年倭入金山指挥侯端击破之嘉靖三十一年倭自宝山南入县境三十二年闰三月倭自宝山登岸杀掠自是连月入犯……其秋始筑城奏设海防道以六合知县董邦政有战功超升按察司佥事专理海防

卷八·南直隶·苏州府

宋史苏轼传……吴江松江实海口故道潮水久淤凡漂塞良田百有余里况海运亦由是而出宜于租户役万五千人浚治岁免租人十五石仍设行都水监以董其程从之十年正月丙午浚吴松江等处漕河

宋史高宗纪绍兴三十年七月戊寅遣明州水军三百戍昆山黄鱼垛巡捕横船之为盗者

许浦【常熟】去海为近东出海门料角之间势与胶西相直实今日要害之地绍兴辛巳淮浙东西路通泰海州沿海制置使李宝尝任招讨之责领军驻许浦从大洋进山东遂奏胶西之捷乾道中用冯湛计始分定海水军为许浦置屯【许浦水军寨在县东北七十五里乾道六年初自明之定海分屯于此时值孝宗锐意中原而以海道为虞故用冯湛计使度地形以立此军元史李坛传宋人聚兵粮数十万列舰万三千艘于许浦】时许浦深阔可藏战舰比年以来颇觉淤塞外沙潭隆起潮虽盛大舰装重不能出海道有变接应非便于是乃有分屯寨兵更戍顾径之议

嘉定三面阻海称江南重地故老言夷亭以东旧为斥堠之场而俗称刘河为六国马头谓为海外诸夷交易之处实县之北境国初市舶提举司在黄窑高皇帝言不宜以险要示远人命迁于宁波是知县之形势自中土言之为裔裾自薄海言之为要领

江湾镇在县东南六十里其水自吴淞江屈曲入虬江故名宋尝于此置忠节水军寨绍兴间韩世忠以中军驻江湾即其地也国朝设巡简司于此

永乐九年十月戊午初平江伯陈瑄言苏州府嘉定县濒海之墟正当江流冲会海舟停泊之所其地平迤无大山高屿漕舟于此或值风涛触坚胶浅辄致倾覆乞于县之青浦筑土高山立堠表识从之命有司征军夫令瑄督其役至是成方百丈高三十余丈赐名宝山上亲制碑文纪之

施翘河渡一至太仓陶家港约海面三十里一至旧县平洋沙约海面六十里斜洪渡自城至渡口计路八里长渡至太仓南马头约海面四十里短渡至刘河张家行公文悉于此来往渡船港渡自城至渡口计路三十里至旧城平洋沙界沟约海面十里余已上在长沙黄家港渡一至太仓璜经约海面四十里一至本县约海面六十里旧城河渡三沙县后沙蒲沙山营前沙悉由往来总计海面一百余里界沟渡至本县渡船港约海面二十里已上在平洋沙烂沙渡自城至渡计路二十里至阜安沙约海面五六里

隋书燕荣传伐陈之役以为行军总管率水军自东莱傍海入太湖取吴郡

正德七年大盗刘七等自武昌夺商舟顺流而下劫沿江州县南京守兵不能制六月至江阴常州守李某使壮士夜泅水凿沉其舟乃引去至狼山将窥吴会七月二十一日大风雨贼舟皆击碎是时都御史陆完以辽卒自山东至遣副总兵刘辉游击将军却永等以江阴所募水兵渡江捣狼山斩齐彦明刘七赴水死盗平

弘治十七年崇明人施天泰兄弟四人居半洋沙贩盐江海为同县董企所讦告府捕之急七月十五夜月食天泰以十二舟乘潮入纵火西驱至天明子铺乃还都御史魏绅檄府州招降之免死戍滇南踰年其党施安钮东山等复作乱都御史艾璞等移驻太仓率舟师讨平之改半洋沙为平洋马腰沙为马鞍嘉靖十九年有通州人秦璠常熟白茆人王艮并居崇明南沙南沙广十余里长八十里多稻菽萑苇之利捕鱼煮盐为奸为同县人所告兵备副使王仪招之不至乃大集舟师使太仓州判官石巍与太仓镇海卫吴淞所千百户等六人分五营进兵戒巍等贼舟出没惟蒋六洪口第坚守贼乏食自降毋轻战即战当以号衣衣之使可辨识六月二十七日巍等兵至南沙二十九日舍舟登岸忘与号衣贼率众突至我兵陷涨泥贼乘之大败诏逮巍等刑部狱以汤庆充总兵官将邳兵千余人捕之仪乃令知州万敏至崇明招其党沈惟良等贰璠艮九月总兵庆及巡抚都御史夏邦谟操江都御史王学夔巡按御史赵继本巡江御史周伦备倭都指挥李俊咸集太仓璠艮度不能免十月十三日攻吴淞江横泾七了军营刘家河等处焚劫守船民居十七日至塘子桥十一月三日以二十九舟直抵刘家河四日庆率兵与战师大集贼不支遂遁及之于大洋斩首二百三十七璠死艮以六舟遁其党宋文盛杀之以降二十四日师至南沙搜其余党百七十人以归捷闻升赏有差太仓人王泓嘉靖二十四年与其弟海及太仓卫舍余傅好义等俱坐事系狱七月三日晡时其党许

为投状者杂众中会兵备道械送江阴人许贵至贼乘之破狱门出从小北门东走夜至海上官兵追之不及贼得六舟肆焚掠十六日入刘家港太仓卫指挥马子龙御之败死贼谋乘胜犯太仓兵备副使敖璠亟具戎舟四十遣太仓卫指挥文相统之至龚塘港再合战杀泓生获海贼溃走后三日福山逻卒擒好义八月江阴得贵赐璠及相白金文绮三十二年闰三月贼首汪直自烈港走白马庙掠宝山所至刘家河守备解明通六合知县董邦政率兵迎击追及吴淞口别队贼自彩绹港来与合势益炽都御史蔡克宽遣府同知任环与贼战俘斩百余走之四月贼首萧显自浙而来巢柘林入刘家河寇太仓克宽自郡星驰至太仓贼围城凡十七日烧东南西三门克宽乘城督战乃解五月贼破吴淞所据之越十日解明道袭破之斩首百余杀二酋复其城贼遁出海复为州判金汝舟千户杨循礼所败擒斩八十余人十一月贼据崇明之南沙三十三年正月萧显攻嘉定攻上海兵备任环救上海贼复据南沙四月贼首汪直等巢柘林时老鹳嘴七八团之间连二百里皆贼屯贼一支自青浦白鹤港而北出太仓一支自刘家河入趋昆山州判金汝舟指挥姜统败之于刘家河斩首百余而松江之贼出青鱼泾遇贼船自刘家河入者六十余十五日合攻州城已复散入七浦由河头直塘至双凤往来屯聚四十余日堙井夷灶又自梅李福山进攻常熟其趋昆山者进掠府郭围昆山知县祝乾寿力御殪其魁二大王五月各县围皆解遁出刘家河州同知张魁千户田应山追败之斩首四百四十余六月贼首陈东自松江越太仓复掠府郭由鲇鱼口出太湖过嘉善而去三十四年正月佥事董邦政捣川沙洼贼巢破之贼又自嘉兴来兵备任环太仓知州熊桴吴江知县杨芷御之于梅堰莺脰湖皆胜之贼夜入崇明县知县唐一岑力战却之一岑伤重死居二日贼复入县民合力杀二百余人四月贼首徐海屯三丈浦攻常熟兵备任环督保靖应袭彭守忠为中哨太仓民兵为右哨知县王铁率常熟兵为左哨俘斩二百八十余人柘林贼复败于浙走王江泾大破之斩首二千乃取道吴江之平望浙直兵合击破之斩首七百抵府城东之陆泾坝任环大破之斩首五六百知州熊桴又败之于登州沙俘斩百三十余人八月七了港吴淞江贼俱遁出海把总杨尚英追之沉其舟六十俘斩三百余人三十五年二月倭入犯七浦三月兵备任环参将乔基破贼于庙湾时新至贼一犯漴缺一犯七灶洪一犯南汇环累败之五月贼万余复屯柘林乍浦兵备环与同知熊桴追击于淀山湖东七了港吴淞江之贼相继出海总吴俞大猷设伏刘家河海洋及于茶山东北沉其舟六十三十八年四月贼遇风飘至崇明三丬河总兵卢镗把总杨尚英迎击斩首百余通政唐顺之帅兵下海与贼相持逾月会风贼遁复犯扬州八月败于白驹场遁出蓼角嘴兵备熊桴败之四十四年四月倭犯通州吕四场我兵却之转掠至江南三河副总兵郭成邀于海沉其舟擒斩百三十人巡按温御史复殲之南沙顾荣崇明人故黄氏驾船佣号三麻子与其徒行劫海中崇祯十四年五月朔以十八舟犯双江泛烧哨船杀伤官兵众推崇明大安沙人陆八为主号扒平王七月二十九日直抵施翘沙焚居民守备陈安国一箭殲其渠贼退至当河头港次日风霾吴淞兵船骤至乘风纵火焚其五舟贼小创十月犯南沙窥崇明不得上南掠青村柘林漴缺等处已而陆大为其下所杀推荣为主众近万人十五年三月十日犯阜洪两沙十四日焚靖江城外民居逼江阴杀营官陈竑复犯崇明守备安国营施翘沙知县陆一鹏乘城守不得入二十九日犯新开河杀把总王百度四月四日犯福山复逼江阴兵备副使程峋募渔丁二千号渔勇以崇明守备安国刘河守备罗万卷统哨兵守备傅介子统渔勇十八日出兵遇贼高家嘴总兵王之仁哨船发大炮破贼一船安国等夹击败之焚获十五舟贼遁官兵追击又败之大安河败之江北新港败之楞头六月十二日荣降散其党二千人授荣把总

崇祯十三年崇明人沈廷杨上疏言海运使户部引万泰议覆请试运有旨这所议暂募运以省排造先试运以通故道说的亦是其松太等处河船鹏船是否可用每岁拨运若干经费作何措处运官作何遴委海上联络防护事宜通著总漕臣恪遵前旨一并确实详画酌妥连奏漕臣奉旨檄太仓州拨粮一万石委官募船由海试运适太仓漕先已毕廷扬遂领淮河粮一万石由淮入海皇明漕法每岁数正粮四百万耗米一百六十万共五百六十万而历年加耗之则增减互异自始漕至今凡六变一由太仓入海次兼海陆陆由阳武至卫辉次令苏松浙江输淮仓镇江庐凤淮扬输徐仓徐兖济宁仓河南山东临清仓浙直南京山东河南官军节级支运一年四次后令民运于淮安瓜洲补给脚价兑军领运又令江浙等船各回水次南京江北于瓜淮河南于小滩山东于济宁各领兑淮徐四仓仍支运十之四最后都御史滕昭议令里河官军悉诣江南水次交兑支运七十万尽改兑与军

唐咸通元年南蛮陷交趾征诸道兵赴岭南诏湖南水运自湘江入澪渠并江水运以馈行营诸军泝运艰难军

屯广州乏食润州人陈磻石诣阙言海船至福建不一月至广州得船数十艘便可得三五万石胜于江西湖南泝流运粮又引刘裕海路进军破卢循故事乃以磻石为盐铁巡官往扬子县专督海运于是军不阙供

卷九·南直隶·松江府

松事丛说云青龙自唐宋以来为东南重镇宋设水监于此以治水利兼领市舶

【顾光禄从礼疏言上海县黄浦环其东吴淞绕其北二水会合东流入海不过四五十里实据东海上游故曰上海宋时为海船所驻之地故置市舶提举司元朝禁网疏阔江南数郡顽民率皆私造大船出海交通琉球日本满剌交趾诸番往来贸易悉由上海出入地方赖以富饶……】

柘林镇在十二保去县东南七十二里地连柘山右距戚睦泾曹泾为海人辐辏之处凡浙闽客商贩海木至柘林漴缺地方必由该保把总官验放过塘近年进香普陀者岁首多从漴缺取道入洋比之转入浙江定海者虽为便道海船出没亦禁防疏密之要也曹泾镇在县东南七十里介于柘林金山之间逼处护塘之内居民皆煮海为生家率饶裕但为盐徒渊薮其操艘出入波涛间习如御马海贼颇畏之往年倭夷内犯尝被此地盐艘驱迫一小岛中围之数匝焚其舟绝其粮贼大窘适大艅至遁去

青龙镇孙吴造青龙战舰于此故名宋政和间改曰通惠后复旧名市有镇学巡司税务酒务为海船辐辏之地人号小杭州是镇瞰吴淞江上据沪渎之口岛夷闽越交广之途所自出富商巨贾豪宗右姓之所会古称雄镇自韩世忠屯兵于先陈友谅率苗军平吴于后胜概十不存一已而市舶之区徙于太仓又迁于杭越而此地遂鞠为茂草矣盖潮淤水涸民业渐衰嘉靖初尝建县于此不久寻废

双塔在四十二保因商人往来苏松适中之地至夕住比停塌故名商塌镇民多驾船为生船遂名商塌又讹为双塔去县四十五里自松至苏水道必由之境又宿歇必舣之地而四面湖荡旷野盗常不测土人多驾船为生或务渔为业有议以保甲之法联合渔舟盗发责令救擒是或一策也况昔年倭趋苏从此此为要之一

金山在府东南海中距府治九十里平坡列坐二十人其北有寒穴泉水甘洌国朝设金山卫以此得名每岁武臣率兵入山巡逻海寇谓之搜山宁绍诸州渔人多栖泊其间云

大海环府之东南黄浦与吴淞江合流跄口以归注焉自金山东过胜山为南洋又东至洋山又东南为南大洋北至高家嘴为苏州洋又东为东大洋潮水北入于江为淞苏州洋西入许山过独山入于江为浙【吾郡之水上源天目下委海王相距数百里其间承受源水之来者为湖为泖而导引委水之去者为渚为江此一郡大脉络也浮山胜山在金山西竹屿山距海东南七十八里在许山左达岸山距卫东南八十里苏山距卫八十八里洋山一作羊山右七山皆在海中羊山尤大海舶时或至焉】上海县志曰海在县东七十里北起嘉定南抵华亭东接诸番而日本最近宋元间入贡皆由青龙市舶司后渐徙于四明贡者不复取道沿海皆浅滩物产不逮闽浙百一俗号穷海独盐利为饶自清水湾以南较川沙以北水醎宜盐近有沙堤壅隔其外水味寖淡而煮海之利亦微

按今江盖故汇遗迹虽以江名仅同沟涂而已】青龙江西接大盈东接顾会下流合浦家江浦家之西为赵浦而泄于沪渎以入海元宋以前浩瀚无涯图经云孙权尝造青龙战舰于此故名宋韩世忠拒兀术于秀州以前军驻青龙中军驻江湾后军驻海口其土为巨镇海舶百货交集置市舶司

盐铁塘在泖泾东去县东南一十八里南至松江叶谢北达太仓江阴入江世传吴越王于此运盐铁故名

松郡东南濒海西襟湖泖盗贼出没尤急于防海寇以一郡论之上海当贼之来华亭当贼之去青浦当苏松二郡往来之冲贼由大海而来登泊海岸者必零贼也从江口而来径入者必大䑸也零贼登陆以渐而积易于剿除大䑸入江其势必甚扬帆直入城下然后分䑸掠华亭诸镇此必然之势也故上海当贼之来华亭附郭不当要冲然其西北淀山三泖可以通苏州西南吕港独树可以通嘉兴贼如转寇二府必由此进故华亭当贼之去青浦北通昆山东通吴淞西通湖泖若由二郡出入此乃必由之路故青浦当二郡往来之冲然嘉靖间贼连岁犯上海及府城未尝竟往他郡者惟水备吴淞所李家浜黄浦口而归重于宝山陆备青南川柘蔡庙独树营而归重于金山此一郡险要之完策也上海与华亭形胜迥异贼多从海子口入不五十里为吴淞江为黄浦黄浦逼县东门贼至即抵城下然后分䑸或循而南或由江而西皆可达郡城是一郡之要害在上海上海之要害在黄浦黄浦之要害在吴淞所吴淞所之要害在李家口守李家口以拒贼上游守黄浦口以遏贼横渡守御之策不出乎此嘉靖甲寅设海防道以佥事董邦政领之募战兵三千人备倭丁巳改海防道为海防同知存兵一千二百名己未因上海无警汰存兵六百名海防厅仍驻本府增派兵银支应隆庆己巳至壬申渐次减革止存兵二百七十名改于本县均徭内支应分为水陆二哨水兵七十名随海防驻本府陆兵额少不足防守邑治襟江带海盐盗出没无常城守时有寇警万历癸酉兵道调百户瞿彦威防守请归松江水兵复原额兵六百名六门设正兵六屯周城要害处设伏兵七队水兵分两翼上巡龙华港下巡东沟口以防外御万历乙亥因上海兵银不足议以徭银凑补遂复割本县兵额以一百六十名补川沙堡五十名补宝镇堡存兵三百九十名

卷九·南直隶·常州府·武进

奔牛闸在县西三十里上达云阳京口为运河按镇江志云吕城奔牛诸闸莫详所始宋嘉定修渠记云唐漕江进撤插置闸堰开元中徙漕路由此宋淳化元年武进尉凌民瞻奏议废京口吕城奔牛望亭四堰又即望亭置闸而常州守王诜开珥渎河通常润运道卒无成功皆坐免元佑四年移筑吕城闸于奔牛河水顿竭废之元符二年两浙运判曾孝蕴请建奔牛澳闸以便漕运商贾从之复置闸本朝洪武二年闸废更导其支流东北出于堰为坝自是运河不复通重载漕舟多出孟渎济江江行险远岁不能无覆溺天顺三年巡抚都御史崔克让复建五闸其在常境者为奔牛下闸成化四年都御史邢克宽复建上闸

卷九·南直隶·常州府·江阴

夏港镇在来春乡帆樯相属恒亘数里盖上游之入于闽越者必经泊焉今利港巡检司移置于此

唐韩滉镇润州造楼船三千以舟师由海门大阅至县西三十里申浦乃还

卷十·南直隶·镇江府

京口闸在城西北京口港口距江口里许莫究其所始唐撤闸置堰开元中徙漕路由此【唐书开元二十五年齐澣迁润州刺史州北距瓜步沙尾纡汇六十里舟多败溺澣徙漕路由京口埭至伊娄渠以达扬子岁无覆舟减运钱数十万】按今扬州西南二十里有瓜州所谓瓜步沙即此伊娄渠今无其名疑今瓜洲北至扬子运渠是其地当时瓜洲遥隶润州故澣得以改置【润州北界隔江至瓜步尾纡汇六十里船绕瓜步多为风涛所漂损澣乃移漕路于京口塘下直渡江二十里又开伊娄河二十五里即达扬子县自是免漂损之灾岁省脚钱数十万又立伊娄埭官收其课迄今利济焉】宋淳化初废堰绍圣元符间仍为堰【宋四朝史曾孝蕴传绍圣中管干发运司粜籴事建言扬之瓜州润之京口常之奔牛宜易堰为闸以便漕运商贾役成公私便之】嘉定中更葺宝定中重建元初闸废天历二年复置国朝天顺己卯因浚漕河作闸一每岁以时启闭【按宋嘉定八年郡守史弥坚浚渠记云沿渠而闸者五曰京口闸次曰腰闸又其次曰上中下三闸海潮登应则视时节次第启闭以出纳江之舟腰闸久废余四闸更葺今止存京口闸余并废】新闸在南水关外天顺己卯浚漕河作闸以杀水势

西津渡去府治九里北与瓜洲对岸旧谓之蒜山渡宋乾道中郡守蔡洸置五艘以御风涛之患【先是船舫小而多虞洸乃置巨艘五仍采昔人遗制各植旗一以利涉大川吉五字为识其受有数其发有序又别浮轻舸以送邮传遂鲜有波涛之患】国朝正统间巡抚侍郎周忱作舰二签水工三十余以济渡

唐书李敬业传敬业奔润州潜蒜山下将入海逃高丽抵海陵阻风遗山江中其将王那相斩之

长编建炎四年夏兀术回至镇江韩世忠提兵驻杨子江金山以邀之虏众数万世忠战士才八千兀术约日会战世忠募海船百余艘泊金山下预命工锻铁为长绠贯大钩比合战世忠分海舟为两道每縋一绠则曳一舟而入虏不得渡以轻舟绝江而遁俘获杀伤甚众

漕渠前已见大抵在丹徒界者四十五里在丹阳界者九十里地势如建瓴上置京口闸下置吕城闸每冬闭闸蓄水以济漕艘不足则以河水助之又去吕城十八里设奔牛闸水利官亲临闸上俟漕艘毕入先闭奔牛闸后启吕城闸以防水浅

旧唐书韩滉传筑石头五城自京口至玉山造楼般战舰修坞壁

宋史郑向传为两浙转运副使疏润州蒜山漕河抵于江人以为便

元史世祖纪阿术集行省诸翼万户兵船于瓜洲阿塔海董文炳集行院诸翼万户兵船于西津渡宋沿江制置使赵溍枢密都承旨张世杰知泰州孙虎臣等陈舟师于焦山南北阿术分遣万户张弘范等以拔都兵船千艘西掠珠金沙辛未阿术阿塔海登南岸石公山指授诸军水军万户刘琛循江南岸东趋夹滩绕出敌后董文炳直抵焦山南麓以掎其右招讨使刘固杰趋其左万户忽剌出掎其中张弘范自上流继至趋焦山之北大战自辰至午呼声震天地乘风以火箭射其箬篷宋师大败世杰虎臣等皆遁走追至圌山获黄鹄白鹞船数百艘宋人自是不复能军宋冯都统等自真州率兵二千战船百艘袭瓜州阿术遣万户昔里罕阿塔赤等出战大败之追至珠金沙得船七十七艘冯都统等赴水死

卷十・南直隶・扬州府

大海北自盐城界南经兴化泰州如皋折而东通州海门诸盐场皆其滨也至吕泗场东南廖角嘴始与江合其大则南历浙江福建通东粤交趾北历山东登莱通辽海朝鲜今通州狼山有黄泥山有两石门相对即元朱清张瑄海运故道由此以达直德者也

运河即古邗沟也一名官河一名漕河隋书高祖纪开皇七年扬州开山阳渎以通运漕其西南一路自仪真县江边起东行四十里入石人头入江都县界又十五里至扬子桥其南一路自江都县瓜州镇站船坞起北行三十里亦至扬子桥二河始合东转又北行六十里入邵伯湖又北行六十里入高邮湖又北行四十里自界首入宝应湖又北行至黄浦接淮安府山阳县界由清江浦入于淮运盐河亦名运河本府所属江都县湾头去府东北二十里自湾头起东行七十里至斗门入泰州界又东行一百六十里至海安入如皋界又东南行一百一十里至白蒲入通州界又东行七十里至新寨入海门界又东行八十里达吕泗场其支派通各盐场者皆为运盐河

圌山东接海洋北连扬泰西接瓜仪四通八达惟三江会口江面稍狭可以据守而流急难以泊舟中有顺江一洲南属镇江北属扬州嘉靖中倭犯扬郡皆由州北自新港登岸故有沙船防守

王播传播为淮南节度使时扬州城内官河水浅遇旱即滞漕船乃奏之

旧唐书张延赏传边江之瓜洲舟航凑会而悬属江南延赏奏请以江为界人甚为便

李溥传高邮军新开湖散漫多风涛溥令漕舟东下者还过泗州因载石输湖中积为长堤自是舟行无患

曾孝蕴传绍圣中管干发运司粜籴事建言扬之瓜州润之京口常之奔牛宜易堰为闸以便漕运商贾役成公私便之

梁均王贞明五年钱传瓘与彭彦章战于狼山江【注今通州静海县南五里有狼山山外即大江绝江南渡舟行八十里抵苏州界自江顺流出大海】

笔麈吴王夫差沟通江淮以窥中国后人以淮水低沟水高故立堰以防之舟行度堰入淮谓之凡神堰在淮安城北五里即今土坝之所始也周世宗南征以舟师自淮入江阻于此堰乃凿楚州西北老观河水以通其道而淮水之舟皆达于江矣江淮之通古盖有之沟水不知所在当是高宝湖耳

卷十·南直隶·扬州府·泰州

嘉靖三十三年倭大举入寇再被蹂躏巡抚郑晓奏设把总三十八年巡抚李燧奏改守备统东西二营召募民兵三于余名设战船一百余只后经承平渐加减汰尚存水陆官兵六百余名万历十九年倭犯朝鲜沿海增备复召兵男千余设战船六十只增置马步军五百六十有奇事平旋罢见存水陆营兵五百名沙船八只战马二十二匹所辖信地南至石港北接丁姜舍西达如皋东抵大海洋

卷十·南直隶·扬州府·如皋

宣德四年八月甲午监察御史陈祚奏扬州府邵伯闸坝旧设官二员民夫二百三十人盘车挽过舟船令高邮湖堤及仪征瓜洲坝岸高固河水积满舟经邵伯皆是平流闸坝官夫尽为虚设而白塔河上通邵伯下注大江凡直隶苏松常州及浙江诸郡公私舟楫以孟子河至瓜州江涛险恶多从白塔河往来然河既浅狭且有不平之处若遇少水未免艰阻如以邵伯闸坝官及夫移于句塔河稍加疏浚又置闸积水以通浙江苏松之舟实为利便上命行在工部勘实果利便则从之十二月设句塔河巡检司时两淮运使何士英等言军民贩卖私盐自通泰高邮从瓜洲等港出江皆经江都白塔河其地宜设巡检司庶革其弊故有此命

卷十·南直隶·扬州府·通州

通济闸在塔山西下通大江乃故海运出舟之所

卷十·南直隶·扬州府·宝应

运河即古之邗沟也左传哀公九年吴城邗沟通江淮杜预注云吴于邗江筑城穿沟东北通射阳西北至末口入淮吴越春秋云吴将伐齐自广陵掘江通淮运粮之水路也隋大业元年炀帝幸江都命尚书左丞皇甫议发淮南诸州丁夫十余万通开邗沟自山阳至扬子入江渠广四十步旁筑御道植以杨柳盖前此扬州西北自末口达六合入江东北自射阳湖入进是时始自扬子达六合自山阳渎入淮矣邗沟一名邗江亦曰寒江弘济河在氾光湖东西为旧堤东为新堤延袤三十六里万历十三年开筑次年工成赐名弘济俗呼为越河

卷十一·南直隶·淮安府

北史隋文帝开皇七年四月庚戌于扬州出山阳渎以通漕运

宋史乔维岳传维岳为淮南转运使淮河西流三十里曰山阳湾水势湍悍运舟多罹覆溺维岳规度开故沙河自末口至淮阴磨盘口凡四十里又建安北至淮泗总五堰运舟所至十经上下其重载者皆卸粮而过舟时坏失粮纲卒缘此为奸潜有侵盗维岳始命刱二斗门于西河第三堰二门相距踰五十步覆以厦屋设县门积水俟潮平乃泄之建横桥岸上筑土累石以牢其趾自是病尽革而运舟往来无滞

洪武二十七年九月浚淮安山阳县支家河水南入淮北通安东海州二十八年十月丙辰置淮安府支家河至安东海州赣榆县濒河水驿五递运所三罢山阳县淮北下关至赣榆卢家庄陆路递运所六先是山阳县民夏坦言本县至赣榆濒河水路四百余里已通舟楫如罢车站改造舟船置递运所庶客使便于往来于是遣使验其道里远近置水驿五递运所三仍以淮北下关六递运所民夫充役旧役夫一千五百六十人至是五驿三所减其夫之半人称便焉永乐二年十一月镇守淮安都指挥施文言海安诸坝舟航往来每遇天旱坝下淤浅重劳人力近城旧有清江浦二闸比年坍坏乞命有司修砌以便往来从之十三年五月乙丑开清江浦河道凡漕运北京舟至淮安过坝渡淮以达清河口挽运者不胜劳平江伯陈瑄时总漕运故老为瑄言淮安城西有管家湖自湖至淮河鸭陈口仅二十里与清河口相值宜凿河引湖水入淮以通漕舟瑄以闻遂发军民开河置四闸曰移风曰清江曰福兴曰新庄以时启闭人甚便之十四年四月壬午设淮安府山阳县之清河福兴清河县之新庄邳州之干沟徐州之沽头上沽头下沛县之金沟山东济宁州之谷亭孟阳泊鲁桥十闸置闸官各一员陈瑄传建议于淮安城北开清江浦由管家湖入鸭陈口以达清河免渡坝及风涛之患又缘管家湖筑堤十余里以蓄水益河且便行者于清江浦河上及徐州临清通州皆置仓受粮以次转运疏仪真瓜州坝下渠凿吕梁徐州洪旁乱石于刁阳湖南望湖皆筑堤缘河多置闸以时闭泄利舟楫凡所经营具有条理

卷十一·南直隶·淮安府·山阳

宋史马仲甫传为发运使自淮阴经泗上浮长淮风波覆舟岁罹其患仲甫建议凿洪泽湖渠六十里漕者便之

卷六·南直隶·凤阳府·虹

坤元录曰汴渠亦名莨荡渠隋大业元年开导名通济渠首受黄河至泗州入淮是则导汴入淮自隋始也唐宋之世皆为漕渠宋漕运尤以汴河为急岁运六百万石今河淤塞有故堤存焉

卷六·南直隶·凤阳府·天长

海涵万象录曰南京浦子口入六合天长有河出高邮与湖水势平只移邵伯闸入河口则漕船免仪真过坝

周世宗显德五年浚汴口为渠导河流达于淮于是江淮舟楫始通

宋制东南水运于真扬楚泗州置四仓以受其输而分调舟船泝汴入京又始置发运司领之谓之转搬仓而汴舟诣转搬仓漕米达京师

卷十四·山东·兖州府·鱼台县

运河在县东二十里谷亭镇北抵南阳嘉靖四十五年淤塞工部朱口奏疏新漕即今南阳运河旧漕遂废南阳新河在治北二十里下接沛县上溯济宁为转运孔道多设河铺泉溜堤夫

卷十五·山东·兖州府·济宁州

会通河在州南元时创开以通漕运南抵徐州达清河以入于淮北经东昌府临清州与卫河合流入于海

会通河在州南元初由任城闸渠至安民山【即安山】一百五十里复自安民山之西南开渠由寿张西北至东昌又西北至临清凡二百五十里引汶绝济直趋漳卫洪武二十四年河决原武县黑阳山由旧曹州郓城县河口漫过安山湖而会通渐淤国初转饷辽右以至永乐初漕粟北京皆由海运永乐九年济宁州同知潘叔正建言旧会通河四百五十余里其淤者三之一可浚之以通漕乃命工部尚书宋礼都督周长往治礼用老人白英计筑坝于汶上县之戴村横亘五里遏汶而东流今尽出于南旺至分水龙王庙分而为二水四分南流以接徐沛六分北流以达临清相地高下增备水闸以时启闭便蓄泄自分水至临清地降九十尺为闸十有七而达于漳御南至沽头地降一百十有六尺为闸二十有一而达于淮河自永乐十二年始岁漕至四百余万石

卷十一・山东・东昌府

会通河在府城东南自兖州府阳谷县入境北流经博平清平县界至临清州入卫河治东距运河三里有通桥闸上接堂邑之上桥闸下抵阳谷之七级下闸各五十里凡二百五十里建闸三十有一岁久淤塞本朝永乐九年工部尚书宋礼疏凿以复故道十四年平江伯陈暄又加修浚沿河置浅铺筑牵道树柳穿井由是漕运称便

卷十六・山东・莱州府・胶州

自漕运多阻于是有开胶莱新河之议以为海运由安东循灵山历陈家岛缘岸而东则触浮劳之险放舟大洋入黑水夹延真白逢头经成山沙门波涛巨浸未易涉也新河由麻湾至海仓相距才三百余里非若远数千里之阻也下款三沙之洋上接三山之渤水势自然非若引汶绝济强决细流以蓄注也

卷十六・山东・登州府

登州府古名东平府北一里至海由海道至辽东旅顺口约一千里至盖州套约三千里……自成山以东通朝鲜诸国直抵扶桑一望无际自沙门岛以北势控金辽宋人于此屯重兵习水战而国朝亦设三营登州营在府城北以控北海之险文登营以控东海之险而即墨营南望淮安片帆可至视二营尤重若沿海岛屿环抱可为天造之险亦为通逃之薮利害等也水城在大城北相连原名备倭城由水闸引海入城中名小海为泊船所

卷十六・山东・登州府・蓬莱县

抹直海口在县东北五相传唐将张亮伐高丽南还停舟于此元为客商兴贩渔樵采捕出入之所今戍守严舟楫不通又东有湾子海口刘家湾海口平畅海口芦洋海口皆近蓬莱东境石落海口在丹崖山下西有山西海口又七里为西王庄海口又二十里栾家海口又十里孙家海口皆蓬莱西境

齐乘沙门岛在登州北海中九十里海艘南来转帆入渤海者皆望此岛以为表识其相联属则有鼍矶岛牵牛岛大竹岛小竹岛历历海中苍秀如画海市现灭常在五岛之上长山岛在北三十里海中东西长四十余里多产鹿莫邪岛在县东北又有高山岛宜岛虎岛钦岛半洋岛皆近县潩岛在县东北海中五百里许与辽东接界海运所经故道也……沙门岛在西北六十里海中凡海舟渡辽者少泊此以避风宋史云开宝中女直入贡太祖蠲岛中居民租税造船以渡贡马后亦流放罪人于此元人通海运于沙门岛设监置戍其时与城北为二社国初移二社之民附近郭而空其岛后为辽人据而居焉其相联属有鼍矶牵牛大竹小竹四岛太祖本纪建隆三年索内外军不律者配沙门岛乾德元年女直国遣使献名马蠲登州沙门岛民税令专治船渡马……宋庆历二年郡守郭志高奏置刀鱼寨水兵三百戍沙门岛备御北虏每仲夏仍居鼍矶岛以防不虞秋冬还南岸国朝洪武九年知州周斌奏设登州卫置海船运辽东军需指挥使谢规复疏通海口湾泊海船装运登州府库物至辽东交卸供备军饷立为登州营环以砖城设备倭都指挥一人总登莱沿海军焉

卷十六・山东・登州府・宁海州

崆峒岛在州北海中相近又有栲栳浮山东清西清竹筥鹿黄诸岛莒岛海口在州东北旧海运往来经此

卷十六·山东·登州府·文登县

成山在东北一百六十里海滨海艘经此遭风多覆海道极险处也

齐乘成山在县东北一百五十里古不夜城侧史记秦始皇过黄腄穷成山汉志亦作盛山神七曰日主祠成山成山斗入海最居齐东北阳以迎日出云武帝太始三年幸东海礼曰此山山在海岸旁多椒岛海艘经此失风多覆海道极险处也五垒山在县南五十里南北成行入海如垒

卷十六·山东·登州府·栖霞

大竹岛在小竹岛东中产竹故名海市从此起小竹岛在长山岛东亦海市所现处牵牛岛在大竹岛西北长山岛在县境北海中三十里东西长三十余里若马鬣然故名中有屯田昔时营军佃种沙门岛在县境北海中五十里昔海运故道也上有天妃庙历代皆有封额辽运粮船先经此停泊黑山岛在沙门岛西又联小砠岛近俱招民开种鼍矶岛在庙岛北七十里中产美石可以作砚苏轼有北岛十二石记羊驼岛在鼍矶岛北七十里海运所经处钦岛在羊驼岛西汉岛在县东北海中五百里许与辽东连界海运所经故道魏明帝太和六年田豫以兵屯据成山隋开皇十八年汉王谅军出榆关值水潦馈运不通周罗睺自东莱泛海大业七年敕幽州总管元弘嗣往东莱海口造船三百只唐贞观二十二年将伐高丽具舟舰为水运遣长史强伟于剑南道伐木造船自巫峡抵江扬趋莱州晋书载记石越率骑一万自东莱出石径袭和龙海行四百余里

兵备道原设于莱州至嘉靖四十一年始专设海防道于登万历二十年因倭寇朝鲜调集南北水陆官兵防海登遂为重镇与诸边等四十六年加兼海运凡济青濒海州县悉隶焉备倭都司在水城内永乐六年始命都指挥王荣总领之其后宣城伯卫青永康侯徐晬镇之副是职任不一或署即指挥或以都指挥体统行事永乐七年给符验九年加总督万历二十年后或以游击或以参将或以总兵副总兵统领焉登志陶朗先登辽原非异域议亦可观内言登辽防信登兵出城五百里至皇城岛为信地辽兵出旅顺四百里亦至皇城岛为信地

卷十六·山东·济南府·德州

卫河在县城西盖卫漳黄河诸水合流者也汉名屯氏河隋疏为永济渠又名御河自河南卫辉府东流至临清武城县界与会通河合流北经河间府至直沽入海东南漕运商贾宾旅与凡外夷朝贡皆由于此

卷十六·山东·兖州府

兖州府城五里旧有坝曰金口坝坝之上西偏曰金口闸俗所谓黑风口者是也坝以堰沂泗二水导入闸口抵府城东门绕城南复折而北经西门会阙党蒋诩诸泉西流七十里有奇抵济宁东城外绕西南与洸汶水合而东出天井闸者曰府河盖元人遗迹也府河与汶河合流以资转漕总名曰会通河

宋河渠志漕运之法分为四路京东之漕自广济河入京师太祖二年给事中刘载督漕军丁夫以通东方之漕而南梁之洪村南下有石崖高二尺余不可舟当是此时开渠北转耳国朝都燕漕挽江南粟入京山东皆折租钱如元制不复漕以故渐塞水得南下复故道旧不与滁水会自嘉靖间漕河东徙而又遏滁水导之北出赵沟故得会而入于漕

卷十六·山东·莱州府

海中浮岛甚多其近掖县者有三山蜉蝣二岛近胶州者有石臼青泥桃林陈家李家薛家古镇及黄岛唐岛其近即墨县者有田横颜武塔沙竹槎及鼍岛阴岛福岛管岛香岛虎头崖海口在府城西北二十里小石嘴海口在府城北四十里三山海口在府城北六十里三山岛下海仓海口在府城西北七十里唐家湾海口在胶州南门外【即墨县南九十里】东流入海宋元时海船往来皆由此

卷十七·山东·登州府

登州三面距海去城三里许惟西南地接莱州府海中浮岛不可殚述其近蓬莱县则有沙门鼍矶牵牛大竹小竹半洋长山及苴岛虎岛其近福山县则有海洋宫家潘家胡家韩家诸岛其近宁海州则有崆峒栲栳浮山相连东清西清及竹岛莒岛鹿岛黄岛其近文登县则有海牛海驴刘公镆铘五里玄真鸡鸣苏心及双岛柘岛其近黄县者则有坶屹岛桑岛

卷十七·山东·济南府·定陶

五丈渠宋太祖建隆二年命给事中刘载往定陶督漕丁夫三万浚五丈渠以通东方漕运

卷二十·山东·青州府·诸城

越王国相传在琅琊山下即琅琊城是也……城止有东南二门东门逼临海水土人谓勾践运粮之处以吴越之粮航海而来储于此城理或然也

斋堂在琅琊山东五里海水中岛名也岛南产苦竹北产金竹又产黄精海枣堂建于上乃秦皇汉武祀神斋宿之所故后改为龙母祠元时海运粮船悉泊于此

海在县东南唐书穆宗长庆二年青州奏海冻二百里其距县一百五十里者南龙湾海也一百三十里者信阳场海也场南十五里为宋家海口又南一里为安家海口又南十五里为尹家海口安尹二口属日照境内惟宋家口属诸城为本处及江淮客商往来泊船装卸货物之所其商例纳税银于官谓之桩木银每岁多寡不等

龙湾镇东据海口西枕琅琊山麓国初漕运船泊此设有巡简司

东大海口在信阳场南一里客商泊舟之所南通淮安苏杭北通辽左风顺皆一二日到

斋堂岛见上榛莽郁塞人迹罕到惟海滨樵者稍趋之嘉靖二十三年辽左大饥辽民泛舟而来居于岛伐木垦田占据数十年辽丰辄返凶又复来后渐出没为盗为濒海患万历二十九年岛寇杜承宗杀南商十三人劫银五六百两捕获正法今虽稍戢宜设法驱逐令远本地勿任久占岛中以滋祸乱【陈家岛在海垠上有墩台近岛有纪丘山】

卷十八·山东·青州府·沂水

按贞观十八年使刑部尚书张亮率江淮岭峡兵四万长安洛阳诸郡募士三千自莱州泛海趋平壤此其必出之道也

卷十八·山东·莱州府

寰宇记城在海水祠北约五六里去海二十里然今海庙宋初所建去海才二三里与古不同矣幸台汉武帝尝游海上访安期生幸此台故名碑刻剥落即今城南门也掖西南二十里又有幸台

隋炀帝大业七年勅幽州总管元弘嗣往东莱海口造船三百艘八年命总管来护儿率楼船由东莱渡海讨高丽右翊卫大将军来护儿率江淮水军舳舻数百里浮海先进入自浿水唐太宗贞观十八年十月以张亮为平壤大总管帅兵四万舰五百自莱州泛海征高丽是年太宗驻跸唐岛二十一年以左武卫大将军牛进达为青丘道行军大总管发兵万余人乘楼船自莱州泛海而入二十二年以右武卫大将军薛万彻为青丘行军大总管将军三万余

人及楼船战舰自莱州泛海以击高丽闽王审知岁自海道登莱入贡没溺者十四五宋高宗绍兴三十一年李宝大破金人于胶西陈家岛时上命副总管李宝督海州捍御金兵宝至石臼岛敌舟已泊陈岛相距仅一山时北风势甚盛宝祷于石臼神俄有风自柂楼中来如撞钟声众咸奋起引舟握刃待战风驶舟疾过山薄卢宝命火箭环射延烧敌船百艘叱壮士跃登其舟短兵击刺杀溺者甚众今有石臼泊在焉

元世祖至元十七年从莱人姚演言命演自胶西陈村等处开胶河开运二十二年诏罢胶莱新河是年勅枢密院计胶莱诸处漕船备征日本国朝嘉靖十四年副使王献开胶莱新河未竟开隆庆四年以尚书刘应节言遣侍郎徐栻开胶莱河寻罢是年参政潘允瑞行海运万历三十年诏开新河寻罢之

卷十八・山东・莱州府・胶州

石臼岛在州南一百里海中金主亮将由海道袭浙江兵围海州宋高宗令副总管李实督海舟捍御宝至胶西石臼岛敌舟已泊唐岛相距仅一山时北风盛宝祷于石臼神俄有风自舵楼中来如撞钟声众咸奋引舟握刃待战风驶舟移过山薄虏宝命火箭环射焚溺甚众

胶水出五弩山亦胶山之别名云北过高密县注潴泽与张鲁河合白泽北入新河经平度州西北七十八里经昌邑县界北入海元至元时海运故道入海处尚有海仓遗迹

嘉靖乙未宪使主公按部郡邑稽阅图志访胶莱新河之故迹以及于马家口父老进曰昔在有元专仰海运以灵山之东浮山劳山北至于成山西至于九皋大洋之险乃议开胶莱新河南自麻湾北至海仓三百余里出北海以避之然浮山之西有薛岛陈岛相接百数十里石礁林立横据大洋若桥梁然尤为险阻薛岛之西十里许连海涯处有平冈焉曰马濠者南北五里元人皆凿之遇石而罢今若凿马濠以抵麻湾浚新河以北北海则舟楫可通公又询之乡士大夫皆如父老言公南登琅邪台观之见沿流海淄宛如素练萦转纡回北至马濠而止父老曰海淄者旧运道也爰以其议请于抚按乃檄公成之公虑材计徒用取诸赎金而不敛于民募民以役而阴以寓赈选文武将吏之有才力者以督其成公复相形度势去元人之旧迹少西七丈许开之其始土石相半其下则皆石也取彼巨石焚以烈火沃以水潦摧坚破顽化为灰烬而石渠成矣经始于丁酉正月二十二日毕于四月二十二日凿石成渠者一千三百余步浚南北之滩碛二千五百余步潮汐日至护以木桩其为阔六丈余其梁半之海波流入宛若天成地列有神明阴相之者自兹南北商贾舳舻络绎百货骈集远迩获利矣

卷十八・山东・莱州府・高密

亭口河在县东北五十里海运故道有闸

卷十八・山东・莱州府・即墨

海道经元至元二十年克取江南二十一年起运海粮擢用朱清张瑄万户之职押运粮船三万五千石赐立海道万户府所千户所百户所虎符铜牌素银牌面各领品职成造船只大者不过一千石小者三百石自刘家港开船出扬子江盘转黄连沙嘴望西北沿沙行使潮长行船潮落抛泊约半月或一月余始至淮口经过胶州海门浮山劳山福岛等处沿山一路东至延真岛望北行使转过成山望西行使到九洋收进界河两个月余才抵直沽委实水路艰难深为繁重二十六年增益粮米八十万石是岁正月装粮在船二月开洋四月到于直沽交卸五月回还复运夏粮至八月又回本港一岁两运是时船只鲜少人民恐惧二十七年朱万户躬请长兴李福回朝奉押运指引自扬子江开洋落潮往东北行使出离长滩至白水绿水径至黑水大洋望北寻望延真岛使转成山正西行使流入沙门岛开于莱州大洋收进界河远不过一月之期近不过半月之限俱至直沽以漕运利便是岁加封朱万户为浙江省参政张万户为浙江盐运司都运之职每岁专从此道驾使船赴北京将及二十余年至大德七年当蒙官司招雇两浙

上户造船运粮分拨春夏二运延佑以来各海运船大者八九千石小者二千余石是以海道富盛岁运三百六十万石供给京师甚为易便迤南番海船皆从此道贡献仿效其路矣

国朝洪武十三年海运粮七十万石给辽东军饷永乐初海运粮七十万石会通河开始罢海运弘治间丘浚请复通元人海运故道未果行隆庆四年邳州河道淤平一百八十余里复议海运五年踏看新道自淮南入海傍海岸间泛洋中与元人起自苏州泛大洋者不同行岁余以得失相半罢

海岛十三田横岛相传田横所居旧有田横庙今圯管岛在县东一百里有大管小管福岛在县南五十里以上三岛常有辽人聚集为患嵬岛在县东九十里颜武岛白马岛有白马庙青岛竹槎岛在县东一百里俱在县东海中香花岛塔沙岛谷积岛东牛岛在县东九十里阴岛在县西九十里俱在县南海中

海口十四唐家湾董家湾俱在县南九十里三月后土人在此行船筏捕鱼海岸葺庐舍市鱼车舟辐辏至五月终止天井湾在县南六十里【府志西南】徐家庄在县西南七十里金家湾在县西南四十里于此泊商船大任【府志西南四十里】陈家夼【府志东六十里】俱在县东五十里鹅儿湾在县东九十里栲栳岛颜武【渔时筏网聚处】俱在县东北一百里周疃在县东七十里松林浦在县东南七十里青岛在县东一百里宋家庄在县南四十里以上海口俱临近居民捕鱼煎盐之所

金史宣宗纪兴定元年即墨移风砦于大舶中得日本国大宰府民七十二人因籴遇风飘至中国诏给以粮俾还本国

知县许铤地方五议本县东南地方滨海岛屿罗峙其间岛之可人居者曰青曰福曰管曰白马曰田横曰香花曰颜武而田横岛方三十余里尤宽阔坦平地可耕而食山可穴而居可樵可渔且由岸抵岛路夹劳胜多礁石纡曲不可联舫直达嘉靖间辽之逋徒觇知其利携妻子入岛以状乞为编氓有司过听许其留而税其租久之辽人视此中即故乡矣辽人故畜坚舟乘顺风不十日可抵高丽界盗其松杉诸美材以归则货诸边海居民因得熟知民家虚实往往乘其不备抢人牛羊掳人财物甚至公行强劫出没岛中有司以其状白当道檄该营以计诱之登岸悉擒其人火其居并田横庙毁焉于是海畔始得宁息

本县淮子口董家湾诸海口系淮舟必由之路而阴岛会海等社则海口切近之乡嘉靖十八年本县城阳社民牛稼告允行海舟自淮安觅船两昼夜直抵城阳之西金家口通贸易是岁大饥沿海之民赖之以不死行之数年牛氏以富附舟者咸利之厥后倭夷称乱其利遂止隆庆六年议行海运胶之民因以造舟达淮安淮商之舟亦因而入胶胶西由此稍称殷富每船输桩木银三两于州以为常今虽有防海之禁而船之往来固自若也独本县则拘守厉禁而无敢通商然淮商之船亦不能越县之淮子口等处而径达州也但本县地方不得停泊而本州地方则任其交易何海境之宽严独异耶

议开新河则县之西陈村乐村数处即商贾贸迁之所议行海运则县之东刘王村一带即鱼米交易之乡

卷十八·山东·莱州府·潍

宋明帝泰始三年沈文秀攻青州刺史明僧暠帝遣辅国将军刘怀珍浮海救之进至黔陬文秀所署长广太守刘桃根将数千人戍不其城怀珍军于洋水【即巨洋冰】遣王广之将百骑袭不其城拔之按此洋水即胶州之洋河而注以为巨洋者误四年春以崔僧佑为辅国将军将兵从海道救历城至不其闻历城已没遂降于魏四年秋以沈文静为辅国将军自海道救东阳至不其城为魏所断因保城自固诏分青州置东青州以文静为刺史十二月魏人拔不其城杀沈文静

唐太宗贞观二十二年乌胡镇将古神感将兵浮海击高丽注乌胡镇当置于海中乌胡岛自登州东北海行过大谢岛龟歆岛淤岛而后至乌胡岛又三百里北渡乌胡海金史海陵纪正隆五年东海县民张旺徐元等反遣都水监徐文步军指挥使张弘信同知大兴尹事李惟忠宿直将军萧阿窊率舟师九百浮海讨之命之曰朕意不在一邑将试舟师耳六月徐文等至东海与贼战败之获徐元张旺

元史世祖纪至元二十二年二月丙辰诏罢胶莱所凿新河以军万人隶浙江行省习水战万人载江淮米泛海由利津达于京师

三国志田豫传督青州诸军讨公孙渊豫度贼船垂还岁晚风急必畏漂浪东随无岸当赴成山成山无藏船之处辄便循海案行地形及诸山岛徼集险要列兵屯守自入成山登汉武之观贼还果遇恶风船皆触山沉没波荡著岸无所逃窜尽虏其众

秦始皇本纪二十八年始皇东行郡县乃并勃海以东过黄腄穷成山登之罘立石颂秦德焉而去二十九年登之罘刻石三十七年自琅玡北至荣成山至之罘见巨鱼射杀一鱼遂并海西至平原津

齐世家和迁康公于海上食一城以奉其先祀

田儋传田横与其徒属五百余人入海居岛中

汉书元封二年秋遣楼船将军杨仆从齐浮渤海兵五万人讨朝鲜

元封元年东巡海上封泰山复东巡海上二年春至东莱五年北至琅玡并海

太初元年冬东临渤海望祠蓬莱三年春正月东巡海上大始三年礼日成山登之罘浮大海山称万岁四年幸不其征和四年幸东莱临大海

卷十八·山东·登州府·蓬莱县

沙门岛在城西北六十里海中凡海舟渡辽者必泊此以避风上有龙女庙历代皆有封额宋史太祖本纪建隆三年索内外军不律者配沙门岛乾德七年女直国遣使献名马蠲登州沙门岛民税令专治船渡马元人通海运于沙门岛设监置戍其时与城北为二社明永乐中移二社之民附近郭而空其岛后为辽人据而居焉

齐乘云岛在登州海中九十里上置巡简司海艘南来转帆入渤海者皆望此岛以为表识其相连属则有鼍矶岛牵牛岛大竹岛小竹岛历历海中苍秀如画海市现灭常在五岛之上岛中多产美石今人呼为庙岛长山岛在城北三十里海中东西长三十余里若马鬣然山多产鹿中有屯田又有岨岛虎岛半洋岛皆近蓬莱界小竹岛在长山岛中大竹岛在小竹岛东牵牛岛在大竹岛西北黑山岛在沙门岛西鼍矶岛在沙门岛北七十里其石可作砚羊驼岛在鼍矶岛北七十里海运所经处钦岛在羊驼岛西高山岛在沙门岛北百里许汉岛在城东北五百里许海中与辽东连界海运所经故道【以上诸岛皆详志者以备海道往来之标识也】

新开海口在城北丹崖山左宋庆历二年郡守郭志高奏置刀鱼巡简水兵三百戍沙门岛备御北虏每仲夏仍居鼍矶岛以防不虞秋冬还南岸相传此海口即旧屯刀鱼战棹之所国朝洪武九年知州周斌奏设登州卫置海船运辽东军需指挥使谢规复疏通海口湾泊海船装运登州府库物至辽东交卸供备军饷立为登州营环以砖城设备倭都指挥一员总登莱沿海军士

大谢戍在城北三十里海中乌胡戍在城北海中二百五十里乌胡岛二戍皆唐太宗征高丽所置后遂为镇永徽初废按通鉴太宗贞观二十二年乌胡镇将古神感将兵浮海击高丽胡三省注云乌胡当置于海中乌胡岛自登州东北海行过大谢岛龟歆岛淤岛而后至乌胡岛又三百里北渡乌胡海高丽馆宋史高丽传大中祥符八年诏登州置馆于海次以待使者

峒屺岛在县西北二十里抵海岸又沙路二十里至岛四面皆海水中间惟一线可通有淤田茅屋相传为勋臣牧马场桑岛在县北二十五里抵海岸又水路四十里至岛其中多山桑石田可耕

卷十八・山东・登州府・栖霞县

金史仆散安贞传杨安儿与汲政等乘舟入海欲走岠嵎山即此山也

卷十八・山东・登州府・宁海州

崆峒岛在州境北海中又有栲栳浮山东清西清及竹岛莒岛鹿岛黄岛莒岛海口在州东北境旧海运往来经此

卷十八・山东・登州府・文登县

山斗入海旁多确岛海艘经此失风多覆海道极险处也吴志嘉禾元年遣将军周贺校尉裴潜乘海至辽东魏将田豫要击斩贺于成山

刘公岛在县北九十里海中岛中多林木四五月间舟人入采之旧有辛汪二里居民国初魏国公徐辉祖徙之今遗址尚存海牛岛在县北海中

齐乘云文登东北海边有鸡鸣岛北海中有海牛岛郡国志云海牛无角长丈余紫色足似龟尾若鲇鱼性捷疾见人则飞赴水皮堪弓鞬脂可然灯与海驴岛相近海驴常以八九月上岛产乳其皮水不能润可以御雨并见寰宇记海驴皮今有获之者浅毛灰白作鲈鱼班又有海狸亦上牛岛产乳见齐记

宋史高丽传淳化四年遣陈靖等使高丽登舟自芝冈岛顺风泛大海天禧三年九月登州言高丽进奉使礼宾卿崔元信至秦王水口遭风覆舟漂失贡物诏遣内臣抚之

正统七年三月先是山东备倭置都督佥事李福奏即墨三营备倭官军距各卫所远者至一二百里其间道多沟渠遇夏水长不可渡恐误策应青登莱三府有渔舟方春而渔及夏则止乞令所司佥渔户舟以渡免其杂徭事下山东三司及巡按御史覆之以为渔有税课不可重役其沟渠浅者不必舟渡惟莱阳县南五龙河胶州东新河宜令有司出官物造舟付守墩军操渡诏从之

卷十八・山东

东平安山左右乃盗贼渊薮客舟屡遭劫掠武德亦多盗之地以北直河南三界往来易于窜匿然其来也必有富家窝引之如近日路絅之败千里闻名有司皆折节下之亦古者大侠郭解之流

长山沙门诸岛在登州外大者延袤十余里小者二三里皆有饶沃田以千万计犹闽浙之金堂诸山也往者皆有禁后郑中丞因新兵乏饷疏垦以助之亦山左一益此田皆当于农时搭厂以居隙则毁之而归若架屋常住恐窝引海寇为患闽开矣而浙拘挛甚则当事者之见殊也

漕河塞决不常先司寇督漕疏请试海运其试海运者非遂以海代漕云必无漂流也二三丈之河风水不无损失况大海乎不过欲为国家另寻一路以为漕河之副如邱文庄所云者行之二年竟格今自登州东南大洋至直沽详其路程以备采摭自玄真岛始玄真岛者大嵩静海二卫之东南洋也海船至此转杵岛嘴如收洋入套一程北过成山头西北望威海山前役刘公岛二百余里用南风为顺风一日而到内可小湾泊十处当回避十处二程自刘公岛西行远望之罘岛约二百里用东风东北风半日而到内可小湾泊四处回避四处三程自之罘岛开船西六十里过龙洞直西此备倭府外洋也远望常山岛西投沙门岛约一百八十里用东南风一日而到内可小湾泊三处回避六处四程自沙门岛开船西南远望三山岛约二百余里用东风半日而到内可小湾泊二处回避四处五程自三山岛开船过芙蓉岛直西投大清河口约四百余里用东风与东北风一日而到内可小湾泊二处回避三处六程自大

清河开船投大沟河约一百六十里用西南风一日而到内可小湾泊三处回避一处七程自大沟河开船投大沽河约二百余里望见直沽俱无回避此言湾泊者大船避风若小渔船可乘风破浪而去

胶莱河与海运相表里若从淮口起运至麻湾而径渡海仓口则免开洋转登莱一千五六百里其间田横岛青岛黄岛玄真岛竹岛宫家岛青鸡岛刘公岛之罘岛八角岛长山岛沙门岛三山岛此皆礁石如戟白浪滔天其余小岛尚不可数计于此得避岂不为佳奈胶莱浅湿开凿之难盖自元至元阿合马集议以来佣费不资十载而罢及今徐司空栻胡给事槚屡举屡废或谓下有礓数十里斧凿不入或谓凿时可入凿后旋涨或又谓开凿原不难第当事者筑舍道旁余观唐宋漕政皆代经六七更水陆不常舟车相禅若可以此例举则南北用舟于中以车辆接之其说亦似可存以备临渴之一策

山东备倭府立于登州癸巳甲午间倭方得志朝鲜东人设备往往于是余谓客曰此非山东之所谓备倭也曰祖宗不建府于登乎曰登州备倭之设祖宗为京师非为山东也海上艨艟大舰乘风而来仅可抵登州东面而止过此而入海套则大舰无顺风直达之便欲泊而待风则岸浅多礁石难系缆故论京师则登州乃大门而天津二门也安得不于登备之曰然则山东备何地乎曰以山东筹之则登乃山东之北一隅犹人家之有后水门也尚有前堂在倭从釜山对马岛乘东风而来正对淮口然淮有督储部府尚宿重兵倭不遽登岸也其登必从安东日照此数百里无兵然中国之虚实险易倭必有乡导预知之而泰山香税外国所艳闻者也则必驰泰安州次则济宁商店咸在城外倭必觊之而走济宁又次则宁清大贾所必觊也而驰临清刼掠既饱然后入省城此山东大厅堂而倭所必由之道也不备前门而先后门乎曰然则当何备之曰总府立青州既祖法不可改当从倭汛议以关中防秋例处之登州至安东惟胶州为中南北救援咸相去五六百里今遇汛时当调登州总戎驻胶州以南援安东日照安丘诸城一带而北仍不失旧援随遣随发而调临清参戎于登州坐镇之如总督出花马池巡抚出固原例汛毕仍归本镇是于备京师山东经权两不失也曰临清不有粮艘当护乎曰此非倭所欲也据临清以绝粮道邱文庄为中原不逞者言倭隔海只利掠金耳曰何以知倭不入登莱也曰登海浅水行二十里皆淖途前所云多礁船不得泊即起岸而登州地广人稀鲜富室若清野待之一望萧索四五日必回舟而大舟必漂去又无渔船客船可拿用之故倭不走登州也曰登遂可无备乎曰不在今日也倘倭得朝鲜则登与旅顺口相对一岸不用乘风不须巨舰只艄艉舴艋一夜而渡抵岸方晓此时难防又特甚焉则非今日之比故备寇者须知我险须知彼情难与刻舟求剑者道也后人与郑中承言之设安东备倭

黄县志海鱼莫大于鲭长或一二十丈三五成群顺流喷浪如雪山脊翅浮红水面如百十赤帜舟遇之速避稍迟即可吸口吞舟故俗名吞船鲭人不敢取间有自毙潮至沙滩者土人以柱撑口入内割其肉为膏油然灯不可食利刃数割即为油腻沾滞骨大可作桥梁屋材岛中有鱼骨庙

赵无声焚余稿余以计偕老于道涂水陆之程多所亲历陆路劳而速水路逸而迟其大较也然从若附官船货船诚迟如近日浪船则迟极不过四五十日耳回南当更疾计自家中发棹吴门四日可抵京口又四日可抵清江舟子于清江料理出河家伙及整备行粮一二日决要停出黄河便一意趱路程矣自清口抵宿迁不及三百里苟非斗风三宿可收新河既入新河自夹沟以上虽水溜闸多而河面甚狭尽可著力即闸上粮艘为碍月河可转也挨过韩庄不复守闸矣总之自清口抵济宁不满千里十日未有不至者济宁闸漕规甚严即官船不得飞渡舟人至此亦必各有所事大约一二日决要停既过济宁去临清仅四百里然南旺南北水甚浅湿此处守闸有一日止行五里十里者必过张秋始无甚碍此四百里内非十日不能过也临清讨闸少有耽搁一二日亦要停止北闸更无他阻河平水顺昼夜可行二日决抵德州又三日决抵天津又三日决抵湾矣虽潞河水浅沙涨而浪船无不可渡大约自临清抵湾虽千里而遥断不出十日外合之自家抵京不过四十日而饭米一切俱可多带沿途食用费少而物充视陆路才迟十许日耳

卷十九·山东·济南府

泉河史都水古司空之职周礼遂人属于大司徒秦汉以后改置不常唐宋为水部掌川渎沟洫津梁舟楫之政今元创会通河令都水监掌之始出署于外矣国初都水清吏司亦曰水部设郎中员外郎主事分理之凡四方闸堰陂池泉泺洪浅桥梁之务得以赞尚书而诏于人主迁都之后尤重漕政始差主事一员疏导山东泉源及分汶水以利漕渠其后或以通政或以郎中无常职寻罢不遣宣德中设济宁管闸主事【按弘治以前因闸河军民强横号为难治本部札付并精微批内虽设郎中提督而济宁主事仍令兼管河道】正统以后复设管泉主事以济宁分司领之未几复遣如故先是议者以南旺当分水要津启闭宜严因命泉司莅其事【管泉主事原住宁阳今题定每年三月以后八月以前粮运盛行时月前来南旺南北二闸严督官夫以时启闭】至嘉靖中为特设主事一员管理亡何复罢仍隶于泉司隆庆初科臣郑大经建议济宁闸务宜并于管泉主事上是其言遂改称南旺分司其官属在闸河则府卫州邑文武佐吏各有司存泉司别有兖州管泉同知及州县督浚佐吏后改管泉同知为黄河同知而事隶于南旺管河通判已又另设新河同知通判遂罢而泉闸诸务亦合于一初三司并建止奉工部札付以往万历十六年科臣常居敬勘河事竣附奏夏镇南旺各宜给关防以重事权报可其后黄河南徙仰藉汶泗之流于是议复管泉主事不果为设东平湖泉判官一员受节制云

卷二十一·辽东都指挥使司·复州卫

先是登州海道岁运花布给辽卒辽人登人两利之后以辽左亡命逃入岛中为害万历二年巡抚张学颜镇守李成梁招降散之金复间焚烧屋庐凿舟塞井沉其器具于海海患平而禁海不得通登辽遂绝每岁九月金州守备稍发舟师搜岛烧荒以为常万历十九年倭据朝鲜乃征浙直水兵统以大将由登州渡旅驻防天启元年辽东陷游击毛文龙自广鹿长生进克镇江而海上之议始开虽非正兵而犄角之谋固亦兵家所不废矣

卷二十一·辽东都指挥使司·金州卫

旅顺口与东州相对其东则平岛三山广鹿诸岛在焉其岛口宽广可住船屯兵者惟广鹿长山悬在海东距老岸六七十里旅顺以西其近峙者有半须凹山连老岸不可泊舟更西则双岛环岛皆山不虞风飓而薪水取给老岸则艰转而西北有麻阳口更北则林木汊闷岛狭而浅水不任屯驻更北则中岛南泛北泛口也三岛皆四周环海其去老岸远者六七里近则三四里陆抵复州一舍耳盖州二百里而近水抵盖州可半日程三岔觉华乘东南风一夕而达由盖套入州十里由三岔入海州四十里自海入辽阳一百二十里

洪武中都指挥马云叶兴旺自登州渡海屯金州招降之参政叶廷秀败走平章高家奴遂克辽东后马云再破纳哈出梓河连云岛亦何尝不由海道第沿海一带猛礁带沙往往为害一沙船受卒百人百船之卒辎重称是风迅则逝风止则尼此韩世忠之所以败于黄天荡也中流相持风涛莫必此张世杰之所以溺于厓山也藉之登岸敌众我寡而济师无人纵克二口孤城难守此毛文龙所以入镇而不能有也此数者海之大要不可不知也

自旅顺关口南至登州新河水关径五百五十里其适中海岛名曰羊埚自旅顺口起抵羊埚黄城二岛约三百里又南抵钦岛鼍矶岛约三十里又南抵井岛约七十里又南抵沙门岛约一百三十里沙门岛抵新河水关二十里各岛相接如驿递而岛之住户俱纳水利银两于金州

卷二十一·辽东都指挥使司·广宁卫

本卫东二十里至海州东昌堡凡一百七十里缘路浚河谓之路河先年海运由此直达广宁外御虏马内泄潴水而达于海其后海运罢而河日湮虏得乘隙入而水无所泄辄潴为河地不可耕矣

卷二十一·辽东都指挥使司·宁远卫

桃花岛在东一十五里滨海登莱运舟皆泊于此觉华岛在东南二十里海中

卷二十一・辽东都指挥使司

辽抚阎鸣泰疏云辽地自关以东平川相望惟宁远首山突起海上形势最高首山而下为窟笼山两峰横亘二关中开此咽喉之地也对山而南为觉华岛峙大洋通口口北此腹心之所也两险水陆相去止二十六里

长安客话辽镇孤悬一线东西千里山海关绾真口未有贩粟而出者军民之所衣食达虏之所剽掠不过取之地耳顾北为战场有可耕之地而无其人南为海壖有欲耕之人而无其地惟鸭绿江以西九联城以东地称腹里田膏腴开种颇易收获为多屯田之策所宜亟举辽东之隶山东先朝有深意辽山多苦无布山东登莱宜木绵少五谷又海道至辽一日耳故令登莱诸处田赋止从海道运布辽东无水陆舟车之劳辽兵喜得布回舟又得贩辽货两便之后以夹带私货故禁止海船遂废今布运者须经山海关入辽真劳苦视海道何啻百倍此以人事言也若论地利辽东须直隶京师为东辅

洪武四年以都指挥使马云叶旺率兵渡海自金州而至辽阳设定辽都卫既而分设定辽左等五卫并东宁卫金复海盖四卫于沿边已而改设都指挥使司而统属之

卷二十一・大宁都指挥使司

至元二十八年勅疏浚滦河漕运上都量拨水手先以五十艘行之

卷二十二・山西・平阳府・平陆

唐书李齐物传天宝初开砥柱之险以通漕运

卷二十五・山西・大同府・广昌

大金国志天会十三年兴燕云两河夫四十万之蔚州交牙山采木为筏由唐河及创开河道运至雄州之北虎城造战船欲由海道入侵江南以百姓大困啸聚蜂起其事中辍

卷二十六・山西行都指挥使司

元史世祖纪至元元年十二月戊辰命选善水者一人沿黄河计水程达东胜可通漕运驰驿以闻四年七月丙戌朔敕自中兴路至西京之东胜置水驿十

卷二十七・河南・开封府・河阴县

唐开元二十三年徙治输场之东渠口其下有莨菪渠随炀帝开引河汴以通南方漕运名曰通济渠

卷二十七・河南・开封府・陈留

旧唐书食货志开元二年河南尹李杰奏汴州东有梁公堰破江淮漕运不通发汴郑丁夫以浚之省功速就公私深以为利

郑州荥阳县西二十里三皇山上有二广武城相去百余步汴水自两城间小涧中东流而出晋桓温北伐将通之不果刘裕西征浚之而漕隋大业时起荥泽入淮千余里为通济渠唐改为广济渠开元中裴耀卿用以输纳江淮租船开元末齐澣浚渠下流寻亦停废宋漕四路而汴河为最重

卷二十七・河南・开封府・尉氏

惠民河宋史蔡河贯京师兼闵水洧水以通舟闵水自尉氏历祥符开封合于蔡是为惠民河今北自祥符朱仙

镇东南迤逦至白家潭【东南五十里】始出尉氏境南通江淮即此史珪传督浚惠民河自尉氏达京九十里数旬而毕俗名小黄河不知是宋故漕之一

卷二十七·河南·开封府·扶沟

惠民河一名小黄河源自郑州京水河径白沙坡朱仙镇至白家潭【西北四十里】入境由县北董家桥东【北二十五里】至吕家潭【县东北十八里】入蔡河故道直达西华其后蔡河湮淤泛溢为患成化中知县李增自吕家潭南地名张单口【在吕家潭南二里】另疏新河迤逦西南至县东五里许仍复东南至张会桥与双洎合流出境绕西华三面下至周家口入沙河达颍州及淮及泗遂至淮安故江南商货皆由此通汴每岁荒江淮之粟藉以转输百姓赖之

夫阴沟即蒗荡渠一名通济渠皆汴水别名在今祥符界此即会象水以通漕运者为涡为沙皆自此别出

卷二十九·河南·河南府·陕州

公主河在州东北四十里三门北唐开元凿河通漕以避三门之险

卷三十·河南布政使司

涡河在淮之南商船自淮入涡至河南祥符县铜瓦厢以达阳武阳武去卫河只六十里此元人陆运之故道也倘漕河中梗河道未能遽复而又不经黄河之险此亦备急之一策也

卷三十四·陕西·西安府·咸宁县

通鉴隋文帝以渭水多沙深浅不常漕者苦之招太子左庶子宇文瑾师水工凿渠引渭水自大兴城东至潼关三百余里名曰广通渠漕运通利关内赖之北史隋文帝开皇四年六月壬子开通漕渠自渭达河以通运漕隋书郭衍传为开漕渠大监部帅水工凿渠引渭水经大兴城北东至于潼关漕运四百余里关内赖之名之曰富民渠旧唐书天宝元年韦坚为陕郡太守水陆转运使自汉及隋有运渠自关门西抵长安以通山东租赋坚奏于咸阳壅渭水作兴成堰截灞浐水傍渭东注至关西永丰仓下与渭合于长安城东九里长乐坡下浐水之上架苑墙东面有望春楼楼下穿潭以通舟楫二年而成坚预于东京汴宋取小斛底船二三百只置于潭侧其船皆署牌表之凡数十郡各以土物堆积其上驾船人皆大笠子宽袖衫芒屦如吴楚之制广集两县官使妇人唱得宝歌使县尉崔成甫作歌词十首白衣缺胯绿衫锦半臂偏袒膊红罗抹额于第一船作号头唱之和者妇人一百人皆鲜服靓妆齐声接影鼓笛胡部以应之余船洽进至楼下连樯弥亘数里观者山积坚跪上诸郡轻货又上百牙盘食府县进奏教坊出乐迭奏玄宗大悦赐名广运潭

卷三十四·陕西·西安府·朝邑县

汉漕渠孝武帝时郑当时奏引渭穿渠起长安旁南山下至河三百余里且漕且溉上以为然令水工徐伯表率卒数万穿之二岁而通以漕便利民亦得以溉隋漕渠开皇四年于县西北渭水作兴城堰引渭水至都名富人渠仁寿四年改曰永通渠唐漕渠天宝二年京兆尹韩朝宗引渭水入金光门置潭于西市曰广运以贮材木

按汉书及西京杂记云昆明池汉武帝元狩三年所穿也初汉欲求身毒国为昆明夷所闭昆明有滇池方三百里曰滇河汉将伐昆明以通身毒使谪卒伐棘上林象滇河作昆明池以习水战池周围四十里【汉武帝平昆明夷以其地为益州郡滇水源深广末反浅狭有似倒流故曰滇河】潘岳关中记曰昆明汉武习水战也中有灵沼神池云尧时理水讫停舟此池盖尧时已有滇池汉代因而深广耳曹毗志怪云汉武凿昆明池极深悉是灰墨无复土举朝不解以问东方朔朔曰臣愚不足以知之可试问西域胡人帝以朔不知难以移问至后汉明帝时外国道人入来

洛阳时有忆方朔言者乃试以武帝灰墨问之胡人云天地大劫将尽则劫烧此劫烧之余乃知朔言有旨池中有戈船楼船各数百艘楼船上建楼橹戈船上建戈矛四角悉垂幡旄旌葆麾盖照烛涯涘又作二石人东西相对以像牵牛织女又刻石为鲸鱼每雷雨鱼常鸣吼鬐尾皆动汉代祭以祈雨有验至昭帝幼冲不复习战于中养鱼以给诸陵祠余付长安市鱼乃贱三奉记秦始皇作长池引渭水东西二百里南北二十里筑土为蓬莱山刻石为鲸鱼长二百丈上建楼橹戈船上建戈矛四角悉垂幡旄旌葆麾盖照烛涯涘又作二石人东西相对以像牵牛织女又刻石为鲸鱼三奉记秦始皇作长池引渭水东西二百里南北二十里筑土为蓬莱山刻石为鲸鱼长二百丈

卷三十一·湖广·荆州府·江陵县

荆州漕河在县北四里晋元帝凿自罗堰口入大漕河由里社穴达沔水口直通襄汉江

卷三十二·湖广·武昌府

至元十一年九月丙戌行中省以大军发襄阳癸巳师次盐山距郢州二十里宋兵十余万当郢夹汉水城万胜堡两岸战舰千艘铁絙横江贯大舰数十遏我舟师不得下惟黄家湾有溪经鹞子山入唐港可达于江宋又为坝筑堡其处驻兵守之系舟数百与坝相依伯颜督诸军攻拔之凿坝挽舟入溪出唐港整列而进十月乙丑破沙羊堡翌日攻新城拔之乙酉次复州降之十二月丙午次汉口宋淮西制置使夏贵都统高文明刘仪以战船万艘分据诸隘都统王达守阳逻堡荆湖宣抚朱禩孙以游击军扼中流师不得进用千户马福言自汉口开坝引船会沦河口径趋沙芜遂入大江

伯颜传伯颜与平章阿术由中道循汉江趋郢州万户武秀为前锋遇霖雨水溢无舟不能涉伯颜曰吾且飞渡大江而惮北潢潦耶乃召一壮士负申仗骑而前导麾诸军毕济次盐山距郢州二十里郢在汉水北以石为城宋人又于汉水南筑新郢横铁绳锁战舰密树桩木水中下流黄家湾堡亦设守御之具堡之西有沟南通藤湖至江仅数里乃遣总管李庭刘国杰攻黄家湾堡拔之荡舟由藤湖入汉江诸将请曰郢城我之喉襟不取恐为后患伯颜曰用兵缓急我则知之攻城下策也大军之出岂为此一城哉遂舍郢顺流而下宋淮西制置使夏贵等以战舰万艘分据要害都统王达守阳逻堡荆湖宣樵朱禩孙以游击军扼中流兵不得进千户马福建言沦河口可通沙芜入江伯颜使视沙芜口夏贵亦以精兵守之乃围汉阳军扬言由汉口渡江贵果移兵援汉阳十二月丙午军次汉口辛亥诸将自汉口开坝引船入沦河先遣万户阿剌罕以兵拒沙芜口逼近武矶巡视阳逻城堡径趋沙芜遂入大江壬子伯颜战舰万计相踵而至以数千艘泊于沦河湾口屯布蒙古汉军数十万骑于江北诸将言沙芜南岸彼战船在焉可攻而取伯颜曰我亦知其可必取虑小辈贪小功失大事一举渡江收其全功可也遂令修攻具进军阳逻堡

卷三十二·湖广·黄州府·蕲水

案三国志吴主与周瑜会议柴桑谓瑜曰船粮战具俱备卿当前发孤即续发为卿后援当时瑜以舟权以陆故经此迄今师旅由九江趋江夏者必首江北蕲为南北交冲之地自古然矣

卷三十二·湖广·郧阳府

正始二年蒋琬以诸葛亮数出秦川道险运粮难卒无成功乃多作舟船欲乘汉沔东下袭魏兴上庸会旧疾连动未行众不可乃止

卷三十三·湖广·岳州府·华容

华容河在县北一里亦称沱水夏水一统志以为杜预所开以通零桂之漕者及考预传预以巴丘湖沅湘之会荆蛮所恃乃开杨口起夏水达巴陵内泻长江之险外通零桂之漕百姓歌之

卷三十三·湖广

元史世祖纪至元十一年师次盐山距郢州二十里宋兵十余万当郢夹汉水城万胜堡两岸战舰千艘铁絙横江贯大舰数十过我舟师不得下惟黄家湾有溪经鹞子山入唐港可达于江宋又为坝筑堡其处驻兵守之系舟数百与坝相依伯颜督诸军攻拔之凿坝挽舟入溪出唐港整列而进伯颜大军次汉口宋淮西制置使夏贵都统高文明刘仪以战船万艘分据诸隘都统王远守阳逻堡荆湖宣抚朱禩孙以游击军扼中流师不得进用千户马福言自汉口开坝引船会沦河口径趋沙河遂入大江

卷十二·浙江·杭州府

旧有市舶提举司一隆庆元年革

龙山河自府南凤山水门直至龙山闸旧有河宋以近大内不通舟楫元延佑三年行省丞相脱脱浚之长九里三百六十二步为石桥八立上下二闸以限潮水本朝洪武七年参政徐本都指挥使徐司马拓而广之舟舰出江始便今以河高江低改闸为坝运河自府东南候潮水门至跨浦闸乃宋旧道本朝洪武五年开浚寻改闸为坝今止小船经行大船皆不由

南京户部主事一员驻武林门外【为仁和县地】江涨桥之北掌榷商税【北关镇去府北十余里俗称北关附关有桥曰北新故以名关】国初差御史监生闸办课程或户部官监收船钞未有定置景泰元年差户部主事于苏杭二府专掌之如建钞关于此六年罢主事岁委府官收钞成化四年并钞关罢之七年复钞关弘治六年命南京户部差官遂为定例关志北新关之立自宣德四年始成化四年废寻复设其初止收船料至正德六年因大使李瓒建言该巡按御史张承仁奏奉钦依本关主事兼收商税迄今遂为定制北京工部主事一员驻候潮门外俗称南关先是漕船木料及京师坛殿仓库器皿等每岁坐派军民出办成化七年千户汪礼奏乞于杭州荆州太平等府设关抽分商木应用以免军民之扰从之始有抽分之令其在杭州则建分司于此岁差工部主事主之二十二年差御史弘治五年差太监相兼取办正德十六年专委工部至今仍之凡商贩竹木十取其一初时解银四千两递岁增之乃至一万四千余两

卷十二·浙江·嘉兴府·海盐县

元史伯颜传参政董文炳等为左军以舟师自江阴遁海趋澉浦华亭

海宁卫左右中前后五所【治四十步】澉浦守御千户所在南三十六里城周八里十七步乍浦守御千户所在东北三十五里城周八里三百三十二步【府志九里三十步】元至正间番舶皆萃于此

卷十二·浙江·绍兴府

蕺山在府西北六里王稗登客越志此地舟行如梭卷蓬蜗居不可直项插一竹于船头有风则帆无风则纤或击或刺不间昼夜

卷十二·浙江·宁波府

古名明州庆元国初有昌国县即故翁山洪武二十年废海环郡境鄞慈定象四县皆滨海日本诸番航海朝贡者皆抵此登陆今倭夷入寇率多由此元为庆元路本朝吴元年改为明州府洪武十四年又改为宁波府据会稽之东环抱沧海枕山臂江重阜崇岭亘数十里东出定海有蛟门虎蹲天设之险波涛万里南则闽广东则岛夷诸国商舶往来物货丰衍城周十八里东北阻江西南引它山之水为濠县五巡视海道与参将驻札浙江市舶提举司

卷十二·浙江·宁波府·鄞县

汉鄮县本治贸山以海中百货萃是山为贸市改名因邑焉

卷十二·浙江·宁波府·奉化县

栅墟岭在东南六十里宋建炎中立寨于此守戍亦海道一要冲也

卷十二·浙江·宁波府·定海县

招宝山在东一里【省志六里】以番舶百货所集故名元吴莱记曰或云他处见山有异气疑下有宝或云东夷以海货来互市必泊此山山故有炮台曾就台蹠弩射夷人洞船犹入地尺又别作大筒曳铁锁江水夷船猝不得入前至浃口怪石嵌险离立南曰金鸡北曰虎蹲又前则为蛟门峡东浪微风水相斗舟不能咫尺一撞礁石且靡解不可支持

巾子山在东五里虎蹲山在东五里屹立海口状如虎蹲蛟门山一名嘉门在县东四十里出此即大海洋古称蛟门虎蹲天设之险即此山也伏龙山在西北八十里山跨东西两海门状如卧龙施公山在西北九十里北瞰大洋元设巡简司以防海寇今置烽堠于上舟山在县东北海中二潮可到古甬东地唐开元中置翁山县宋改曰昌国元升为州洪武二十年信国公汤和徙其民于内地县除有砥柱屹立中流望之如人拱立水汇于此旋涌若沸名曰灌门海补陀山在县东北海中去县约二百余里周四十里东望小洛伽山南望月岙山西望舟山北望霍山大浃江在治南晋刘裕与孙恩战退还浃口即此莲花洋在县东海中补陀岩佛书所谓海岸孤绝处也四方沙释春月渡海进香以数万施舍亦累千金创建梵宇极其雄丽山林田园数十顷可耕可蔬足供数百人

卷十二·浙江·台州府

金鳌山在东南一百二十里宋建炎四年高宗航海尝泊此山四十日

卷十二·浙江·宁波府·宁海县

凤山在县南一百三十里洪武中设兵备以控制海道城其山为健跳所

卷十二·浙江·台州府·太平县

娄崎山在西北二十里一曰楼旗山雄峙霄汉海舶率视为向背

卷十二·浙江·温州府

省志有市舶司

卷十二·浙江·温州府·乐清县

石帆山在县东三十里山后有大石如帆又东十五里曰黄塘山双溪自西北来沿流于其下又东五里曰大嵷山小嵷山赤水川之源出焉又东曰窑岙山高数千仞海舟望以为准

卷十二·浙江·温州府

贼之初至也士英以城外无钓桥仓卒难以限防又门皆中虚其厚不过寸贼或叩其下则矢石不能及遂编木为闸取齐城壁以时上下启闭裹以铁皮使类金门因并两水门为之又虑贼若弃舟东下一日可到乃令石砺亲往海滨劝谕得海船五十余只分屯梅岙白沙二处以御之其再至也统制郭仲荀以水门虽已置闸贼舟亦可逼近遂

于门外四丈余暗设桩两行贼用火船为暗桩隔断城下矢石俱发乃退

卷十二·浙江·宁波府·象山

天门山在县南一百二十里海中即汉书所谓东门山也先未析象山时以山在宁海之东境故名东门高二百余丈周二十五里两峰对峙如门下有横石如阈惟风息浪平可渡番舶往来必经由之为海道之要冲国初建卫于此有昌国旧城白石山在县西北六十里海港中奉象分界于此乌屿在县西北八十里海中圆小如珠鄞象分界于此

南田四面悬海周围环一百余里山名大佛头高出海中诸山数百丈日本入贡船望北行以此山为向道

卷十三 ·浙江

本朝于省城置都指挥使司统诸卫所卫所之在内地者主守御沿海者主备倭卫在内地七而沿海者九卫各五所其外又有特设所三十四在内地者六而沿海者二十八卫所之中各有定员而沿海则设总督都指挥一人把总指挥四人温处金衢即以分巡兼理兵备而沿海则特设巡视副使一人卫所之军各有总旗有小旗有操军操有演武场有运军运有船有屯军屯有田有地有池有荡军器有扁而沿海则又备战有船守瞭有寨传警有烽堠墩台卫所之外有巡简司司有弓兵而沿海居其半

宋史苏轼传杭本近海地泉咸苦居民稀少唐刺史李泌始引西湖水作六井民足于水白居易又浚西湖水入漕河自河入田所溉至千顷民以殷富湖水多葑自唐及钱氏水辄浚治宋兴废之葑积为田水无几矣漕河失利取给江潮舟行市中潮又多淤三年一淘为民大患六井亦几于废轼见茅山一河专受江潮盐桥一河专受湖水遂浚三河以通漕复造堰闸以为湖水蓄泄之限江潮不复入市

浙江潮自海门东来势如雷霆而浮山峙于江中与鱼浦诸山犬牙相错洄洑激射岁败公私船不可胜计轼议自浙江上流地名石门并山而东凿为漕河引浙江及溪谷诸水二十余里以达于江又并山为岸不能十里以达龙山大慈浦自浦北折抵小岭凿岭六十五丈以达岭东古河浚古河数里达于龙山漕河以避浮山之险人以为便奏闻有恶轼者力阻之功以故不成

卷十三·浙江·杭州府·海宁

海昌亭在西北二十五里长安上闸之旁自杭循东道行上湖必于此役舣缆以需启钥案今之漕运及使节往来皆取道下河长安古驿湮废已久但自崇德而南凡取道上湖者信宿抵杭比下河实便故今之商旅由上湖者往往十六七异日沧桑变易事固难知仍存以备考

卷三十一·浙江·嘉兴府·海盐

长墙山周十九里澉水志云黄道山与长墙山相连下有龙眼潭旧名白龙窟乃宋时番舶所聚国初沙涨潭塞嘉靖癸丑潭复开今出汛舟师泊焉

卷三十一·浙江·嘉兴府·平湖

乍浦在县东南二十里元时番舶辏集居民互市本朝洪武中城守其地以备倭寇嘉靖三十五年八月总督尚书赵文华右都御史胡忠宪擒斩巨寇徐海陈东于此

卷三十一・浙江・宁波府・定海

普陀落伽山一名梅岑山佛书所谓海峰孤绝处也往时高丽日本新罗诸国朝贡皆由此取道以候风信自舟山以下诸山倭寇出没嘉靖三十五年冬总督胡宗宪遣兵雪夜焚剿芦花屿久据之寇自是始知畏惮灌门海在县东北故昌国县东接三韩日本南通闽广诸夷西北抵直沽海中有砥柱屹立中流水汇于此旋涌若沸风雨将作有声如雷海石塘在大浃江东蛟门虎蹲两山之畔宋淳熙嘉定间筑本朝洪武初重修运河在县西北四十五里源出慈溪香山经澥浦山之北接龙头盐场便于柴盐之运故名运河

卷三十一・浙江・台州府・宁海

三门山在县东二百五十里海中三峰鼎立故名海舟出入必经此

卷三十一・浙江・台州府・太平

新建河在县十五都发源自大溪桃溪诸山谷东行会于月河北通黄岩官河西南达温岭东南抵县治盖舟楫交会之冲也迂江在新河城外阔二里凡水乡月河及山谷诸水皆至此入海温岭江在温岭南俗称江下南出山门港楚门港入海凡海舰西去乐清北至台州黄岩率于此舣舟云大闾港在长沙海口南有骊洋其下有骊龙窟出此茫无畔岸中国外夷靡所不通永乐间征西番官军舰舶自福建长乐港过骊洋遇怒涛即此地也

卷三十一・浙江・温州府・乐清

凡海舟西入温州至岐头必舣舟谓之转岐自折叠岙次黄门次钱坎次小鹿次茅岘次驴洋则至台州松门寨矣

卷三十一・浙江・严州府

(宣德)十年三月己卯罢浙江水寨海船守备时有吏周颂言浙江沿海地方洪武间设立卫所置造哨船令各守分地有警递相应援倭贼不敢犯永乐间因内官王镇奉使日本国回奏调诸卫官军驾使海船于县海沈家门等处建立水寨守备后有倭贼登岸杀掠皆因城守乏人及水寨海船重大非得顺风便潮卒难驾使不能赴援宜照洪武时例各依卫所守备改海船作快船于港口哨瞭彼此应援则倭贼畏慑人民奠安矣至是会官议从其言罢之正统八年八月先是浙江备倭都指挥使李信奏永乐中原于沈家门等处立三水寨合兵聚船以备倭寇海道一向宁息正统二年始掣散水寨各守地方自此海寇益多又况海宁临山等卫无港泊船遇有警急拒御良难包复旧为便事下兵部移文侍郎焦宏审实宏奏信言非是且定滨海卫所泊船港次以闻从之

卷十三・浙江・宁波府・慈溪

大忌山在县西北八十里下有暗石往来舟航所忌旧在大海中今近岸

卷十三・浙江・宁波府・定海

招宝山在县东北二里旧名候涛后以诸蕃入贡停泊改名招宝山颠原设台堠嘉靖己未镇守都督卢镗与海道副使谭纶筑城以防海患山之东南峙一小山仅高寻丈名昌国山潮汐至此分流舟行可达昌国蛟门山在县东海中约十五里一名嘉门山环锁海口吐纳潮汐有蛟龙穴处时兴飓风怪浪舟行避之

大浃江在县南城外自蛟门海洋分派为支江向西泝流七十里抵府城三港口分流西南六十里至鄞县它山堰西北二百里抵绍与上虞县通明坝晋安帝时孙恩寇上虞刘裕戍句章出战退还浃口宋高宗航海亦由浃口而出

招宝山雄据海口与竹山对峙为江海之咽喉郡治之门户诚保障要害处也先是卢镗以福建都司督舟师平双屿夷寇寻以参将分守东浙又进镇守都督屡平倭难备知陀塞与海道副使谭纶议以招宝俯瞰县城相去不数十武贼一登据置火炮其上县城可不攻而破即夷船络绎衔尾入关我辈亦无以制之矣乃于庚申春请于总督胡宗宪于招宝山甃石筑城三阅月告成凡二百丈东西为门二内建戍屋四十余楹扼截海口与县城唇齿相应名威远城复于山麓西南展筑靖海营堡周回二百四十丈建屋四十余楹以时教阅于大小浃口

卷十三・浙江・宁波府・象山

后门山在县南一百里跨山而城为昌国卫大佛头山高出海中诸山数百丈周一百余里日本入贡以此山为向道大洋东曰钱塘南曰大睦西南曰东门皆番舶闽船之所经自钱塘而北则定海自东门而南则台温北港东达于洋西距鲒崎由陈山渡一潮至方门再潮至乌崎三潮至府城下

卷十三・浙江・宁波府・舟山

建炎四年高宗航海舟次昌国县金人自明州引兵攻定海县破之遂以舟师绝洋犯昌国欲袭御舟至崎头风雨大作和州防御使枢密院提领海舟张公裕引大舶击散之虏乃去

水程定海关东约六十里至金塘金塘约九十里至舟山舟山约一百四十里至普陀定海关南约三百里至昌国青门青门东约一百五十里至韭山青门南约二百里至牛栏寨牛栏寨约一百里至金齿门定海关北约六十里至烈港烈港约百里至两头洞两头洞约二百五十里至羊山旧设参将一员驻札定海分守宁绍地方嘉靖三十四年倭破临山卫城添设总兵官一员驻札临山三十五年改总兵驻定海参将驻临山隆庆二年改参将驻舟山胡宗宪舟山论信国公汤和经略海上区画周密独于舟山似有未妥者盖洪武间倭犯中界犯玉环犯小参寨皆浙东海滨信国所亲见也其来也自五岛开洋冲冒风涛者数日至下入陈钱而始少憩然孤悬外海旷野萧条必更历数潮泊普陀乌沙门之间而后得觇我虚实以为进止若定海之舟山又非普陀诸山之比其地则故县治也其中为里者西为岙者八十三五谷之饶鱼盐之利可以食数万众不待取给于外乃倭寇贡道之所必经寇至浙洋未有不念此为可巢者往年被其登据卒难驱除可以鉴矣我太祖置昌国卫于上诚为睿算信国徙之内地止设二所兵力单弱虽有沈家门水寨然舟山地大四面环海贼舟无处不可登泊设乘昏雾之间假风潮之顺袭至舟山而哨船不多岂能必御之乎愚以为守海乃宁绍之门户舟山又定海之外藩也必复旧制而后可

金史刘豫传宋合门宣赞舍人徐文将大小船六十只军兵七百余人来奔至密州界中率将佐至汴豫与元帅府书曰徐文一行久在海中尽知江南利害文言宋主在杭州其候潮门外钱塘江内有船二百只宋主初走入海时于此上船过钱塘江别有河入越州向明州定海口迤逦前去昌国县其县在海中宋人聚船积粮之处今大军可先往昌国县攻取船粮还趋明州城下夺取宋主御船直抵钱塘江口今自密州上船如风势顺可五日夜到昌国县或风势稍慢十日或半月可至宗弼传阿里蒲鲁浑破宋兵三千遂渡曹娥江去明州二十五里大破宋共追至其城下城中出兵战失利宋主走入于海宗弼中分麾下兵会攻明州克之阿里蒲鲁浑泛海至昌国县执宋明州守赵伯谔伯谔言宋主奔温州将自温州趋福州矣遂行海追三百余里不及阿里蒲鲁浑乃还斜卯阿里传宗弼至余杭而宋主走明州阿里与蒲卢浑以精骑四千袭之破东关兵济曹娥江败宋兵于高桥镇至明州颇失利宋主已入于海乃退军余姚宗弼使当海济师遂下明州执宋守臣赵伯谔进至昌国县宋主自昌国走温州由海路追三百余里弗及遂隳明州与宗弼俱北归

杭嘉湖平原水乡是为泽国之民金衢严处邱陵险阻是为山谷之民宁绍台温连山大海是为海滨之民三民各自为俗泽国之民舟楫为居百货所聚闾阎易于富贵俗尚奢侈缙绅气势大而众庶小山谷之民石气所钟猛烈鸷愎轻犯刑法喜习俭素然豪民颇负气聚党与而傲缙绅海滨之民餐风宿水百死一生以有海利为生不甚穷以

不通商贩不甚富闾阎与缙绅相安官民得贵贱之中俗尚居奢俭之半

卷十三·浙江

台温二郡以所生之人食所产之地稻麦菽粟尚有余饶宁波齿繁常取足于台闽福齿繁常取足于温皆以风飘过海故台温闭籴则明福二郡遂告急矣

浙渔俗傍海网罟随时弗论每岁一大渔汛在五月石首发时即今之所称鲞者宁台温人相率以巨舰捕之其鱼发于苏州之洋山以下子故浮水面每岁三水每水有期每期鱼如山排列而至皆有声渔师则以篙筒下水听之鱼声向上则下网不则否柁师则夜看星斗日直盘针平视风涛俯察礁岛以避冲就泊是渔师司鱼命柁师司人命长年则为舟主造舟募工每舟二十余人惟渔师柁师与长年同坐食余则颐使之犯则棰之至死不以烦有司谓之五十日草头天子也舟中床榻皆绳悬海水咸计日困水以食窖盐以待鱼至其地虽联舟下网有得鱼多反惧没溺而割网以出之者有空网不得只鳞者每期下三日网有无皆回舟回则抵明之小浙港以卖港舟舳舻相接其上平驰可十里也每舟利者一水可得二三百金不则贷母子息以归卖毕仍去下二水网三水亦然获利者鏦金伐鼓入关为乐不获者掩面夜归然十年不获间一年获或偿十年之费亦有数十年而不得一偿者故海上人以此致富亦以此破家此鱼俗称鲞乃吴王所制字食而思其美故用美头也

倭以丁未寇浙始以朱公纨巡抚朱至严禁巨家大侠汛海通番者又立钩连主藏之法以双樯大舰走倭岛互市向导者长屿人林恭等若干人正典刑于是海上诸大族咸怨少司马詹荣希分宜指覆犹豫御史周亮遂劾纨擅杀乖方遣给事杜汝祯就讯之拟闽海道柯乔都司卢镗死朱惧逮仰药此浙立巡抚杀巡抚之始也代朱者止王公忬得善政亦以他事死其后张公经论死李公天宠论死胡公宗宪逮系死十五年间无巡抚得全者至赵公孔昭岛寇不来始身名两完耳

市舶司国初置于太仓以近京后移福浙虽绝日本而市舶不废海上利之后夏公言当国因宋素卿宗设仇杀遂罢市舶自后番货为奸商所笼负至数十万番乃主贵官以耆商而贵官取负更甚番人失利乃为寇贵官则让有司不御寇及出师又设计以恫喝番人于是番怒日焚掠一二不逞儒生导翼之而王五峰毛海等遂以华人据近岛袭王者衣冠假为番寇海上无宁岁矣朱公纨严禁之骤不得法为贵官所反陷御史董威乃复请宽海禁是浙倭之乱咸浙人自致之倭寇浙始丁未止辛酉破黄岩仙居慈溪昌国临山霩霱乍浦青村柘林吴淞诸处围余姚海宁上海平湖海盐台州诸处十五年间督抚踵死盖前此皆仓卒无备至壬子王公忬始练兵选将得俞大猷汤克宽卢镗等焚之于补陀击之于太仓杀萧显败尹凤而浙人始知兵甲寅忬去代者非人又复蹂躏仅得王江泾之捷丙辰胡公宗宪雄行阔略始败之于皂林击之于梁庄杀徐海擒麻叶降王直毛海峰而谭公纶与戚继光刘显相继至又有白水洋之捷崇明沙之捷浙人始力能胜倭志在杀倭至今称南兵故论浙中倭功当首祠胡公谭公以及俞汤卢刘戚等而戚功在闽其方略又出诸将之上似此名将今何可得而抑之使愤懑以死安得不解壮士之体为此厉阶者谁耶

卷四十九·福建·福州府

府志有柔远驿在水都门外河南国初建为外国使臣馆寓之所省志作怀远

卷四十九·福建·福州府·侯官县

芋原驿在城西一都【一都在府西十里】江边上司使客自水口而下者至此登驿自郡城而出者至此登舟

卷四十九·福建·福州府·长乐县

太平港在县西即古吴航头国朝永乐十一年遣内臣郑和使西洋泊舟于此奏改今名太平港嘉靖中倭夷屡

犯县界并由此

卷四十九·福建·泉州府

海在府城东南自府正东海道行二日至高华屿又二日至龟鼊又二日至琉球国

卷四十九·福建·泉州府·晋江县

【人文甲子诸邑石湖安平番舶去处大半市易上国及诸岛夷稍习机利】

白屿在东南海中二峰相连距江中心正洛阳圣姑北镇石湖诸水湍流分汇之处左右多沉沙迁徙不常屡为商舶之患彭湖屿自府城正东出海三二曰程其屿在海中环岛三十六如排衙然昔人多侨寓其上以苫茅为庐舍推年大者为长不畜妻女以耕渔为业其地宜牧牛羊散食山谷间各蘩耳为记讼者取决于晋江县城外贸易岁数十艘时谓泉之外府

宝盖山在东南四十五里绝顶有石塔宏壮突兀海舟以此为准

卷四十九·福建·泉州府·惠安县

岱屿在县南大海中舟楫必经之地常有戈船守之

卷四十九·福建·汀州府

水路自济川桥下顺流至三洲驿前一百里自三洲顺流至蓝屋驿前又一百里自蓝屋顺流至上杭县城外又一百里滩势湍急山通三板小船所载不过八九担若自长汀顺流而下两日可至上杭泝流而上五日可至长汀

卷四十九·福建·汀州府·宁化县

水路大溪自县前顺流至清流县六十里中七孤龙逶迤七曲舟师惮之所盛载亦三板小船比长汀者稍大顺流不半日至清流

卷四十九·福建·汀州府·上杭县

水路水自长汀来上通府城下达潮州自县前至大孤头可七八十里乘三板小船一日可至此以下滩势愈峻上流舟师不敢下至是必易舟以行又数十里至石上属上杭界登岸过岭至神前仍舟行至潮州

卷四十九·福建·汀州府·武平县

水路自县前一百里至羊角水船行下会昌抵江西

水路自清流县上通宁化六十里下达永安一百二十里自县后顺流至九龙八十里上六龙属清流下三龙属永安九滩上下二十余里每遇一龙两崖石峡逼窄如关隘宽仅丈余而石龙横截水中高可数丈乘舟下龙如在高山跌下平地每商人至此停舟在龙上别雇本地惯熟水手一人拦头仍以竹编箬叶箱包船头以拒怒浪然后敢下其甚险者龙间屈曲如之玄篙师一失手则百死莫救虽瞿塘三峡之险莫之能过上六龙俱险下三龙稍平易龙皆有一陆路十余里可抵龙尾畏险者多舍舟登陆以行至龙尾复登舟抵永安下延平以至于福

卷四十九·福建·汀州府·连城县

水路自姑田里路经秋家岚二十里至小桃乘舟行二百二十里至永安下延平抵福州

卷四十九·福建·汀州府·归化县

水路自县前合众流至沙溪始大可通小舟自沙溪历岩前【岩前市在县东】至沙溪口三十里会九龙大河下延平入福州

卷四十九·福建·汀州府·永定县

水自文武溪高陂与境内水会经县前至锦丰窑八十里与上杭溪合惟有小舟可通漳州

卷四十九·福建·兴化府

介泉福之间海道舟车所会

卷四十九·福建·兴化府·莆田县

南日山水寨在吉了巡简司之东滨海洪武初设于南日山后移置今所名仍其旧地名南啸城周八百六丈七尺三面际海北据高山出莆城东门三十里为黄石从黄石东行六十里为平海卫从南行六十里为吉了巡简司皆负海而城平海正当大洋东西三面了无障蔽登城东望日下隐隐一点青为乌墟倭夷所经行处也天清山明琉球亦隐隐可见云海风日夜吼山为震动树皆西靡吉了多山战舰可泊民居稍稠南日寨以收泛时托焉

南日山旧名南匿在平海卫东大海中与琉球相望国初设寨于此为会哨之处今徙入内地湄州屿在东南七十里海中与琉球相望华胥山在吉了莆地至此而极复崛起为此山丰险突兀下有东西二澳阛市辐辏吉了巡司南日山水寨在焉其山与湄州屿隔海相望海上可居地南日山湄州屿上黄竿下黄竿数处洪武初以备倭设寨屯御成化中废嘉靖末总兵戚继光奏复之今屯哨及焉湄洲垦田尤广

卷四十九·福建·兴化府·仙游县

太平港在县东南五十里枫亭市之北海潮至此首受枫亭溪沙溪二水并入于海而吉了小屿莆禧平海商贩船只皆集于此

卷四十九·福建·福州府·连江县

守御定海千户所在县东北八十里城周六百丈隶福宁卫二十都堤南湾在二十六都去县东一百一十里城周一百五十丈北茭巡简司小堤湾水寨在定海所前每岁分附近卫所军士更番备倭以指挥之有才略者总之

卷四十九·福建·漳州府·平和县

大峰山在县东□里一名大峰溪山高峻巉岩有石峰十七自山麓至颠可五十里海中番船望见此山即知闽境

卷四十九·福建·漳州府·海澄县

嘉靖四十五年置本龙溪县八九都地旧名月港正德间土民私出海货番致寇嘉靖九年于海沧置安边馆岁委通判一员驻守三十年建靖海馆以通判往来巡缉三十五年更设海防同知

卷五十·福建·福宁州

沙堤为南北咽喉凡商舶往来闽浙必由之地咸泊此贸易例设榷征沙堤市在州东十二都当闽浙之交贾客四通船货所聚

卷五十·福建

浯屿水寨每岁分永宁漳州二卫官军一千八百九十八员名更番备倭领于把总指挥浯屿水寨原设于海中浯屿山外可以控大小坦屿之险内可以绝海门月港之奸不知何年移入数十里在中左所地方与马浦所止隔一潮致月港松屿无复门关之限任其交通而旧浯屿乃为贼之巢穴是自失一险也浯屿在同安县界自岱屿以南接于漳州皆辖焉

南日水寨原设于海中南日山北可以遏南茭湖井之冲南可以阻湄洲岱坠之阨每岁分兴化平海泉州三卫官军一洋皆辖焉正统九年侍郎焦宏以其地风涛汹涌不便栖泊徙今松山寨地方其后官井洋虽添设水寨而沙堤罗江古镇罗浮九澳等险孤县无援势不能复旧矣须官井罗浮沙堤南北中三哨罗江大镇两哨联络策应庶可恃为福州之藩户也

铜山寨每岁分镇海卫玄钟陆鳌二所官军一千八百六十员名更番备倭领于把总以都指挥行事

漳州府所辖地方漳浦一县最近海设水寨者二铜山西门澳为把总水寨而玄钟则受其节制者也故今止以五寨为名初设在井尾澳景泰间移今西门地岁拨镇海漳州永宁卫及玄钟铜山所军分番巡哨而北自金石以接浯屿南自梅岭以达广东险要皆系于此小埕北连界于烽火南接壤于南曰连江为福郡之门户而小埕为连江之藩蔽也海坛连盘雄峙若南屏然为贼船之所必泊其所辖闽安镇北茭焦山诸巡司为南北中三哨

三四月东南风汛番船多自粤趋闽而入于海南澳云盖寺走马溪乃番船始发之处惯徒交接之所也附海有铜山玄钟等守哨之兵若先分兵守此则有以遏其冲而不得泊矣其势必抛于外浯屿外浯屿乃五澳地方番人之巢窟也附海有浯屿安边等哨守之兵若先会兵守此仍拨小哨守把紧要港门则必不敢以泊此矣其势必趋于料罗乌沙料罗乌沙乃番船等候接济之所也附近有官澳金门等哨守之兵若先会兵守此则人不敢以泊此矣其势必趋于围头峻上围头峻上乃番船停留避风之门户也附海有深扈福金哨守之兵若先会兵守此则又不敢以泊此其势必趋于福兴若趋于福兴计其所经之地在南日则有岱坠湄洲等处在小埕则有海坛连盘等处在烽火门则有官井流江九澳等处此贼船之所必泊者也若先会兵守此则又不敢泊矣来不敢停泊去不得接济船中水米有限人力易疲将有不攻而自遁者矣

福建五澳水寨乃江夏侯所建福宁曰烽火门福州曰小埕泉州曰南日山曰浯屿漳州曰铜山是也后以海中辽阔迁烽火南日浯屿三寨于海边而自失其控制之险且资之以为寇巢年代寖远屯戍为墟卒难议复于是不得下以海岸之守为中策矣或曰三寨孤悬海中又鲜村落一时倭寇攻劫内地不知赴援不及是与无寨同且信国公不设险于下八山等处而设险于舟山之沈家门岂信国之计不若江夏哉诚虑之矣此皆承平之习见非开物之远国也不闻昔人之言防海有三御之海中为上策近岸为中策登岸而击之为无策乎夫兵有守有哨一者为屯一者为哨往来于海上而循环无端何患乎内地之不闻也且资之以为巢使我螯贼之逼处此土之不为患而我得以据之顾忧盗之越此茫茫者而袭我也其计亦甚左矣故御得其道则南澳可戍金塘可田则翁山可县而况祖制之旧设者也

各水寨军国初设沿海卫所防倭寇然各自为守缓急不相及于是选水军教习船聚于水寨统以把总指挥而各卫岁轮指挥一员以其军往听节制焉无事往来哨视有警协力出战与卫所营军相表里凡寨军分三班更迭上班今年二月上明年二月下下班替之中班今年八月上明年八月下上班替之下班明年二月上后年二月下中班替之叁差轮转大约一年有半年休息休息者月办料银一钱以备战船千户以下轮班如军士之法卫总指挥各以八月更代惟把总五年一代

各巡简司弓兵濒海要害地重者置卫次者设千户所又其次者设巡简司司各有弓兵百名或六十名其山路冲要人所往来者亦乘险置司以盘结奸宄而名数特杀其大半墩台既有沿海卫所及巡司守要害处复度地理远近因高为墩台使夜遇寇至则举火昼遇寇至则举烟数百里之内得以知而为之备凡墩台皆有守军及军役之犯徒罪者罚之使哨守止统间始罢军令巡简司拨弓兵代之

各县机兵郡城已有官军复虑诸县卒有变故官军远不能及于是县各编机兵若干专司巡捕防御丞簿一员掌之

卷五十·福建·福州府·古田

水口溪流自县而出与嵩溪合均名水口宋太平与国中尝迁县治于此盖水势至此少缓滨溪之地少宽剑溪之水至此渐平下无滩石故上下舟楫于此泊焉居民辐辏

卷五十·福建·福州府·福清

小练山在县东海中旁有大练门小练门山当要冲商舶多会于此号小扬州后与海坛门同徙又东大海中有山曰大姨山滨于小琉球人迹罕至省志每风色晴定日木出之先于山上东望见一山如空青微出海面乃琉球国也俗谓望见则三日中必有怒风其下水深碧色东流而不返有浮沙错织水上舟不容转舵必刳水为盂乃能旋开浮沙以行或海上风暴作渔船漂泊必至此而后止人为其国所获则以藤串其足令耕作山间故此山夜忌举火虑其国人望之而至也

卷五十·福建·泉州府·同安

海中有屿十数曰汭洲屿【十一都距县三十五里】曰白屿【十三都距县四十五里】曰宝珠屿曰离浦屿曰小担屿【二十都】曰槟榔屿曰大担屿【二十都距县八十里隔海一半浯洲地方一半烈屿地方】曰嘉禾屿【在县南嘉禾里二十一二三四都广袤五十余里】曰古浪屿【二十四都】曰大登屿【十五都距县五十里】曰小登屿【十六都距县六十里】曰浯洲屿【去县治九十里水路五十里在大海中分翔风里十七十八十九都并距县八十里隔海】广袤五十余里有山十数洪武二十年置金门千户所陈坑峰上曰浦官澳巡简司四所盐场司一所田地稀少多产鱼盐民以为业曰夹屿曰烈屿在翔风里二十都【距县八十里隔海】

卷五十·福建·延平府·沙县

佛子滩一名团仔滩中流一巨石状如蟾蜍相传每遇暴涨有二小竖格斗石土篙师见之舟往往溺于回洑后有异人经此绘金仙像于石其怪遂灭上书佛子滩三字行舟以见金佛为候谚云水没佛肩不敢行船水浸佛足舟行宜速

卷五十·福建·漳州府·漳浦

其海外有鱼肠屿竹屿居民数百家岁获鱼盐之利俱在七都海门中石城屿莱屿将军屿盘石叠耸舟舶不通滨海者多乘筏以取海蛇俱在县东南十五都【十五都县东南四十里】大海中大桑屿小桑屿俱并尾港内今讹桑为嵩大濑屿小濑屿俱并尾港内聚沙成屿俱在十七都

卷五十·福建·漳州府·诏安

大帽山在五都南百【泊】浦村其山高耸为五都山第一宋帝昺泊舟于此川陵山【县志作苏尖山而川陵山在其旁】在五都东海滨半入海俗传帝昺南渡将都南澳筑此为东京地遂缺陷为海今城堞尚存自山颠下向海莫穷其际海中尚有木头竹藁潮退风静都人驾舟取焉

卷五十·福建·漳州府·海澄

浯屿在同安界海中上有天妃庙官军备倭者置水寨于此今迁在嘉禾此地遂为盗泊舟之所出没可虞胡使二屿在一二三都海门上下延袤数里先是居民凭海为非正统初郡守甘瑛奏移其民虚其地旧志谓之荆屿梁屿今呼为海门南北山上多荆木或时有水人水马嵩屿长屿俱三面临海居民各数百家丹霞屿亦名赤屿鸡屿在海口中央其状如龟浮水面亦名龟屿隆庆六年罗知府议移海门濠门二巡简司筑城其上后以势右移缮私城今宜复港口大溪源自延汀数百里而来合九龙江及西南溪之水同入于海月港在八九都外通海潮内接淡水其形如

月故名

卷五十·福建·漳州府·宁洋

遵海而东为陆鳌所三面皆海惟正北可以陆行所城如巨鳌戴山旧名青山亦名鳌山【所旧为青山巡简司】其北为大澳山一名罗崎山土色纯赤先欲置城于此后移今地其辅为虎头山与古雷对峙商船渔舟皆经此横屿在海中长亘可一里菜屿在海中双洲俗呼为洲门自广入闽船舰必经此

迤南为铜山【土名东山】川陵山在城南十里屹峙海中【见诏安】瞭望山在西城外乱石堆积上下官道通水寨东岭山在水寨之右与东坑接壤水寨大山距城二里前有幞头石通接官亭平处有田海中为鸟石平山周围数里大甘山小甘山晴明望见风涛则隐如无一潮水乃可至东门屿蒙如龙头流浪冲急俗呼大惊门其下为沙岛铁钉屿五屿鸡心屿川陵之东南屿沄有沙湾环带后澳港在水寨之旁大小船只于此可避风涛之险

诏安志梅岭山在四都去县三十里距玄钟所十里濒海有公所今废漳之洋舶先实发于此原有主簿镇于此后设县镇除以其地屡为倭寇所凭今发船在海澄

内屿状如神龟中有巨石如牛潮满则沉潮退则见以塞水口外屿胜澳在城西南面对南澳水通柘林等处其上为南山墩其平处为天妃庙由诏安海门出西南半日程为南澳山砥柱海中周二百余里【万历四年筑城周五百丈有总兵府巡海道海防馆衙门副总兵一员驻焉】南澳虽多属广潮而与玄钟所对峙一苇可济实八闽之门户而漳郡之咽喉也【详见兵防考】南澳在闽越交界其地距岸四十余里海中突起一山设一副总兵带闽粤之衔领水陆二兵以控制之其山之远者曰黄芒山【长三十里逋逃之民居焉伏险窃发信地之最切者】曰青峙山曰猎屿山高百余丈长二十里山中可樵牧田水三里至其环于城之左右者为白沙湾隆澳【中多平田贼萸许朝光旧巢曰洋峙中多平田漳潮民杂处耕佃于此】曰钱澳曰宰猪澳【即吴平旧巢】其递南则为潮之澄海潮阳焉由海澄县海门东出二日水程有岛曰彭湖【在巨浸中周环三十六岛昔人侨寓其上苫茅为屋以耕渔为业有词讼必赴泉之晋江后以倭夷出入遂墟其地乡落屋址尚存每冬月井尾白石之人往彼捕鱼满载而归其山多麋鹿山猪野犬野牛芥子野谷不种自获相传江夏侯徙民内附其畜产不及携归故相生不绝云今漳之泛守岁亦再至】

卷五十·福建·福宁州

松山在州城东南一都昔在海中今流沙已合有径可行正统九年徙置烽火寨于山下嘉靖间徙寨于箬头沙飞去及复寨沙复如故松山后亦有沙径潮以可行东南海中有断屿曰火焰山嘉靖已未参将黎鹏举迎敌倭寇于中流大破之七八都之南海中有屿曰嵛山山高而中坳如钵盂地肥产繁中有三十六澳居民稠密国朝洪武初江夏侯周德兴以其孤悬海中徙其民于七八都此地遂废为荒榛与邻邑海坛山同为禁地嵛山之旁有小山曰良山有屿曰日屿东至七星山州南五十五里有罗浮山在海滨泊舟可避北风若南风则石崖齿齿难近有文崎山与武崎相尚海中广袤五里有泷山【一作礵】立间峡东南海中六七十里凡东西南北四泷惟东北一泷可泊舟倭人必取汲于此为防守最要地有筋竹山在高罗之东洪涛澎湃舟可暂泊而不可入东有旧烽火门【皆屿门通志烽火门水寨永乐十八年刱设于三沙海面正统九年侍郎焦宏以其地风涛汹涌泊舟不便移州东一都松山【五六都三沙海面】按旧时烽火门水寨移居三沙寻废再迁松山识者谓沿海设烽大五寨皆在海洋之中如处弓弦之上故声势联络可以互相应援承平弊滋正统间倡为孤岛无援之说移各寨内港今寨名虽是寨地则非内港山澳崎岖每被贼舟径趋浅水而吾大舟为无用之器故迎则不支追则无及由失势所致也万历癸酉年松山之败绩其后车之当戒乎州西南五十五里有泛屿突出海中形势奇特潮退沙径可行泥泞中长可一里地无田民皆业渔州南七十五里有大金山广袤二十里海中有浮膺山上有四澳控压海道宋元间居民甚蕃亦有显官者国朝洪武二十一年江夏侯周德兴奏迁其民于大金山浮膺延袤四澳控压海道一要地也国初以防倭故尽徙其民后议置戍

竟为筑室道谋因循至今遂弃其地而不守能无虞他盗之据以为穴乎州南百里曰南北港三面皆海惟一隅地接大金白水江【以下通志】在州西南一百七十里昔时白水郎停舟之处旧记云闽之先居海岛者有七种卢亭白水郎乐山莫傜游般子山夷雪家之属是也或云白水郎乃卢循余种散居海上以船为家冲波逆浪略无惧惮唐武德中招其首领降之二说不同霞浦江在四十六七都江中有青赤黄玄四屿长溪在州西门外源出白岩流经建善寺前迤逦至沙塘溉田有数百顷松山港在州东南【州志一都】其上流接白岩前溪之水至松山前两潮会合有沙洲今海航多泊于此

卷五十·福建·福宁州·宁德

承平日久劫掠之害乃不在倭寇而在吾人兵哨盐哨之为暴不可究诘而盐哨尤甚曰乞羹曰巡逻曰搜私盐曰巡缉接盘皆其为暴之名色由是则有假称兵哨盐哨而肆害者稍拂其欲则多方虐之甚至有溺其人沉其舟者以至渔航贾舶相戒不敢航海

卷五十·福建

云霄城在六都云霄驿城周八百二十五丈【在漳境最南北去府南由南诏入潮各二百里】有海防馆初嘉靖四十二年军门谭纶以海上多事而月港居民复乘机煽乱请设海防同知于月港专理海上之事即巡捕通判故靖海馆为海防馆居焉已而月港置县曰海澄而云霄以南往往为盗贼往来之冲当事者欲置南路参将于其内不果乃请设海防馆于此今与月港岁各半驻调度云

卷四十七·广东·广州府

总督沿海东中西三路备倭以都指挥体统行事指挥一员广东市舶提举司【怀远驿属市舶司】

卷四十七·广东·惠州府·归善县

船澳在上下淮都海滨宋丞相文天祥尝驻师于此

卷四十七·广东·惠州府·博罗县

泊头墟距罗浮山十五里即宋泊头镇也广惠二郡舟楫及自陆路至者莫不泊此食货毕集登岸即可见山

卷四十七·广东·惠州府·海丰县

丽江在县西南五十里一名长沙海口合龙津赤岸大小液诸水入于海宋文天祥尝驻舟师于此甲子门水在县北二百五十里两山夹石范港港北接大陂溪龙溪龙江诸水入于海海口有大石壁立上下各有六十甲子字故名宋景炎丁亥端宗驻跸于此

卷四十七·广东·潮州府·大埔县

水寨城在县南苏湾都白塔寺之右城周三百一十三丈八尺凿池于内置水关于西北隅内通海港自南而西转入水关潴于池以泊战船洪武三年指挥俞良辅建此以泊战船今废旧有三河水驿在递运所左饶平北二百里万历九年革三河【县西新寨社】大产【县南大产村】乌槎【乌槎村】虎头砂【志无】四巡简司三河城城周四百九十丈襟喉惠潮扼吭汀漳舟车繁会为南北要津嘉靖四十二年建

卷四十七·广东·肇庆府·阳江县

侨寓多江广之人故其俗渔商而盐贩狥利而犯禁【省志】其外即大海西南自电白至双鱼所又至海陵过

北津至海朗所大澳东南即新宁县界中有柳渡三洲大金门上下川皆倭夷泊处戈船常戍守之

北津港在南三十里上自港门直通阳春县下出港门通独石每潮起汹涌而入遇风则其声砰击如雷舟楫往来重防险碛盖东南大海港口皆乱石舟可行者仅丈余必候大潮始进故海寇不敢睥睨

卷四十七·广东·高州府

北倚层岭南距巨洋石城以东戎伏于莽电白沿海贼舰充斥

卷四十七·广东·高州府·吴川县

限门在县南三十里其门狭隘曲折纳三川之水放于海故名水道曲狭值潮退沙碛浅露或潮满风急舟楫皆不敢来往

卷四十七·广东·廉州府

铜船湖在废石康县界县北四十里交州记湖去合浦四十里每阴雨日百姓樵捕即见铜船出水上俗传汉马援铸铜船五

卷四十七·广东·雷州府

元雷州路本朝洪武元年改为府北枕高凉山直达广右山寇之来必经石城是以石城为藩蔽无足患者惟东西南三面滨海海寇乘风而至无常时亦无定处故防御为难议者欲设哨船立营兵计亦善矣然道里相及风势不相值乃欲以十数艘之力而周回六百里之间是以卒鲜成功惟在沿海居民立保伍自相为守以逸待劳庶克有济雷州突出海中三面受敌其遂溪湛川涠洲乐民等四十余隘固为合卫三道门户而海安海康里石清已并徐闻录橐许溢亦不可缓

卷四十八·广东·琼州府

郡在海中为雷廉之外户五指腹心尽为黎据郡邑无不滨海本古雕题离耳二国汉武帝平南越遣军往涨海洲上略得之始置珠崖儋耳二郡

海口后千户所城在府北十里琼山县海口都海江之南【琼州府右】洪武二十七年都指挥花茂奏筑防倭周五百五十丈东北临海陶公山即扶石山在府东南五十里道书谓此天下第二十四福地有陶公开之得道而去故又名陶公山下有巨潭水流三十六曲以达于江琼山在县南六十里土石皆白如玉而润种椰蔬味特美县以此名琼崖岭在南一十里下有古珠崖郡城址南渡江在县南一十里源出五指山历临高澄迈定安三县会诸水至此北入于海海口江在县北一十里北接雷州徐闻县境舟行一日可抵岸又名海口渡

卷四十八·广东·琼州府·文昌县

七里山在县北一百五十里大海中峰连有七一名七洲洋山下出淡泉航海者必于此取水其东七里泉昼夜混混不涸

卷四十八·广东·琼州府·万州

独洲山在州东南五十里海中风帆半日可到峰势插天周回五十里鸟兽蕃育舟多泊焉

小海港在州东二十里港口石山对峙为南北二门上有石神庙内有一石船三石簾神应如响商舟往来多祷之

卷四十八·广东·琼州府·陵水县

双女屿在县东一百里大洋中去岸半日周回数十里两石对立如人上有淡水商舟往来汲之

卷四十八·广东·琼州府·感恩县

石排港在县西南四十里海边有巨石排列环海一里中可泊舟

卷四十八·广东

广东沿海之府有七分为三路东路为惠潮二府与福建连壤番舶之所必经而柘林为尤要盖柘林乃南澳海道门户据三路之上游番舶自福趋广悉由此入旧例风泛之期各澳皆设战舰秋尽而掣回泊水寨此在他澳犹可柘林去水寨一日之远警报未易达倘贼视我无备批亢捣虚不亦危乎无柘林是无水寨也无水寨是无惠潮也为今之计东路官军每秋掣班必以柘林为堡慎固要津附近大城所戍卒互为声援不得规避若遇飓雾尘霾尤宜加意岭南滨海之郡左为惠潮右为高雷廉而广州中处于此置省地綦重矣环郡大洋风涛十里皆盗薮也可勿备乎尝考之三四月东南风泛日本诸岛入寇多自闽趋广柘林为东路第一关锁先会兵守此则可以遏其冲而不得泊矣其势必越于中路之屯门鸡栖佛堂门冷水角老万山虎头门等澳而南头为尤甚或泊以候风或据为巢穴乃其所必由者附海有东莞大鹏戍守之兵使添置往来预为巡哨遇警辄敌则必不敢以泊此矣其势必历峡门望门大小横琴山零丁洋仙女澳九灶山九星洋等处而西而浪白澳为尤甚乃番舶等候接济之所也附海有香山所戍守之兵使添置往来预为巡哨遇警辄敌则亦不敢以泊此矣其势必历崖门寨门海万斛山纲洲等处而西而望峒澳为尤甚乃番舶停留避风之门户也附海有广海卫新宁海朗所戍守之兵使添置往来预为巡哨遇警辄敌则又不敢以泊此矣夫其来不得停泊去不得接济则虽滨海居民且安枕而卧矣况会城乎此应援联哨为中路今日之急务也议者曰广东三路并峙海防今日倭奴冲突莫甚于东路亦莫便于东路而中路次之西路又次之此对日本倭岛则然耳西三郡逼近占城暹罗满剌诸番岛屿环列日伺内地之隙未可少弛防御

卷四十八·广东·肇庆府

北洋水寨叶春及记粤缘海旧有六寨潮有柘林惠有碣石广有南头雷有白鸽门廉有乌兔琼有白沙上下联络第所则海朗双鱼相去二百里寨则南头白鸽门相去一千三百四十里而北津居其中故岁调东莞戈船发神雷阳江双鱼海朗军士戍戙船澳为北津外藩嘉靖三十五年撤戍自此盗贼如履堂皇一陷海朗再陷双鱼三寇阳江入其郛北津海陵民无噍类万历四年督府陵公奏言阳雷缘海虽隶白鸽门部未免鲁缟之弩请以北津为寨以雷廉参将兼水寨事乌兔虽近珠池遣一校守海康可无患请罢之以兵补北津之阙制曰可八年督府刘公请革参将置钦总十四年海防同知方应时始筑城周二百二十丈总督陵云翼疏沿海六水寨柘林一寨与闽为邻近设漳潮副总兵分割管辖其惠州之碣石寨琼州之白沙寨雷州之白鸽门寨三府各有陆路参将即以水寨就近分属兼理罔不称便南头寨为省城门户听广州海防参将专一督理惟阳雷一带倭夷海寇出没之冲先年属白鸽门寨信地兵寡地阔管顾不周近双鱼神雷连陷虽经前督臣以抚民设寨把守乃一时权宜之计未为万全乞将西路巡海参将改为海防于此增设一水寨名曰北津信地自海朗所界起西至吴川遂溪界止亦如南头兵船则大小六十官兵则二千三百余名乌兔寨僻在海角虽近珠池雷廉参将委官领兵船十只移驻海康自无他虑裁革乌兔得官兵一千五十四西路巡海船又得三十二就为阳雷参将之用不足拨补

卷四十八·广东·广州府·东莞

南九十里曰杯渡山本名屯门山宋元嘉中杯渡禅师来居此因名唐韩愈诗乘潮破扶胥近岸指一发两岸虽

云牢木石俱飞发屯门虽云高亦应波浪没南八十里有合兰洲在靖康场海中与龙穴洲相比旁有二石海潮合焉蜃气凝焉南五十里大海中曰武山每潮汐消长高低可辨余靖曰尝于武山广州望船之处月加午而潮平者日月合朔则午而潮平上弦则日入而平望则夜半而平上弦以前为昼潮上弦以后为夜潮月加子而潮平者日月合朔则夜半而潮平望则午而平上弦以前为夜潮上弦以后为昼潮此南海之潮候也南四百里曰大奚山在海中有三十六屿峒民杂居之专事鱼盐宋庆元间尝作乱提举徐安国讨灭之地遂虚庆元三年广东提举茶盐徐安国遣人捕私盐于大奚山岛民遂作乱知广州钱之望遣兵尽杀岛民南二百五十八里大海中佛堂门海在其左源于牂牁经官富山西南入于海在官富巡简司东有岛上有天妃庙分为南北二门凡潮自东南大江西流经官富止而入于急水门海番舶至此无漂泊之虞故号佛堂云

又西南四十里有龙穴洲洲有三石罅泉流番舶回者汲以过海又西南五十里大海中曰虎头门山通鉴载帝舟迁于秀山行朝录十二月世杰奉帝退保秀山即大小虎头山也又西南六十里曰三门海海上有三洲潮来自东南至此三分过此复合连至于三门海又西南八十里大海中曰梅蔚山景炎二年正月帝南狩幸此其上有宋帝石殿存焉又西南八十里大海中曰官富山景炎二年四月帝舟次于官富场在山之左合东南牂牁大洋是为南海

卷四十八·广东·广州府·香山

北七十里海中曰浮虚山与波上下【南海有浮石之山疑即此】西南七十里曰黄杨山其阳有赤坎冈宋张世杰葬地南有第一角海海门浅隘南抵大洋乃南鄙之咽喉也旧尝防寇于此又南百里曰金星门山二峰相峙豪贵率渔蛋为寇者千余艘又南一百里曰大小横琴山其下有井澳宋端宗御舟尝至此又南二百里曰三灶山乌沙山在其东林木葱翠中有三石如灶洪武中居民通番寇奏革其田税永不许耕成化中番舶自乌沙海侵扰岁令官军守之西北接浮处曰石岐海海中多洲潭种芦渍坭成田他邑多据之最为民害南入于牂牁大洋是为南海

卷四十八·广东·广州府·清远

山海经曰黄帝生禺阳禺号禺号处南海是为海司任姓生淫梁淫梁生番禺是始为舟【禺号生禺京淫梁儋人京居北海号处南海淫梁生番禺番禺是始为舟番禺南极海故主为舟儋人生牛黎今儋人近有黎也】

卷四十八·广东·潮州府·惠来

县东北六十里【一作东五十】曰金刚髻山尖峰秀拔渔舟出海归视此为准神泉港【中有石潮没而汐见人谓之石龟】赤沙澳【沙堤可蔽海涛海艚不时湾泊登岸劫掠】

卷四十八·广东·潮州府·饶平

东南有鲤鱼山又二里有红罗山蟠延四十里倭夷海寇常泊巨舟为患今调拨潮碣二卫军士更番哨守益以募夫以指挥一员领之

柘林澳暹罗诸倭及海寇常泊巨舟为患今调拨潮碣二卫军士更番哨守益以募夫以指挥一员领之水寨在县南凡舟之过秋溪及樟水港者必由之洪武初置石城造战舰以御番舶今官军往来防御以夏秋为期

卷四十八·广东·潮州府·大埔

狮子山在县西一里许上连麻子栋山至江滨对耸左类狮右类象昂伏水口为县襟喉转东北三十里有阎罗石舟楫戒焉右达福建永定界左达上杭界其石欹斜如砖甃人不可行凡舟至此人必登岸

卷四十八·广东·潮州府·澄海

牛田洋在县西北四十五里东南流通海内河汕九条曰沙马横在洋中激流而湍急能覆舟产诸海错小民利之鮀浦巡简司之南西受揭阳南北港二溪之水东南通海沙马在牛田洋中脉自龙船岩来有沙汕九条横洋中鸣洋在外沙南湾海中时或震动如雷鸣东则风鸣西则雨息则霁海人以为验

卷四十八·广东·广州府·南海

博大山在番禺东山东南有卢堠循浮海与吴隐之战立烽堠处黄巢矶在清远南

仙女湾在香山南海中宋益王南迁泊仙女湾丞相陈宜中欲奉王奔占城飓作王殂葬香山宜中遁殿帅苏刘义追宜中不及夜有火烧仙女湾舟几尽大奚山在东莞南大海中一曰碙洲山有三十六屿山民业鱼盐不农宋绍兴间招其少壮置水军啸聚遂墟其地今有数百家徙来种藷羊麝麋鹿时载所有至城易醯米去

卷四十八·广东·广州府·新宁

广海卫地名乌峒在广州府西南海澨四百余里原隶新会县宋置巡简司于此是乃古溽洲地一面枕山三方濒海铜鼓大牌海面汪洋无际上下二川矗立于前上川之左曰大金门右曰小金门诸夷入贡遇逆风则从此进然而倭奴红夷乘风煽祸最为险要

卷四十八·广东·潮州府·潮阳

钱澳山在县东十五里即海门山【莲花峰在其间】为海船湾泊之处内为海门千户所又东十五里曰广澳山其北为招收山三面距海盘据数十里无草木多砂石其地斥卤不可以稼河渡在其内河渡溪长数十里南北通大海南为钱澳北为马耳为磊口皆航海者往来湾泊之所近盗贼多占据大为民患

卷四十八·广东·肇庆府

蜑蜑其种不可知考秦始皇使尉屠睢统五军监禄凿河通道杀西瓯王越人皆入丛薄中与禽兽处莫肯为秦意此即丛薄中遗民耶以舟楫为宅捕鱼为业见水色则知有龙故又曰龙户齐民则自为蜑家洪武初编户立长属河泊所岁收鱼课然无冠履礼貌不谙文字不自记岁年此其异也

嘉靖三十二年以左参将分守高肇兼管广肇海南参将兼管雷廉四十三年设练兵游击隆庆六年设恩平守备以西路巡海参将驻阳江万历二年设海防同知四年设北津水寨改西路巡海参将为阳电海防参将五年以按察司副使为岭西道兵备兼理分巡罗高肇参将德庆泷水守备以阳电海防参将兼管陆路八年设北津水寨把总裁革阳电海防兼管陆路参将以恩平守备兼管阳电驻阳江

卷四十八·广东·廉州府·合浦

冠头岭在县南七十里形势穹窿山色赤黑如冠故名脉自大廉来南行至牛尾岭渐伏而西跃出大海三十里当郡城之坤维若郡之外郛其形隆起如冠南北皆有澳海舶舣焉

涠洲在珠母海中周围一百里当冠岭之南昔有野马渡此又名马渡去海壖大约二百里每天将阴雨辄望见之晴霁则否洲之东南数十里有斜阳岭纯石峙海中然不若涠洲有澳可以泊舟【交州记曰涠洲有石壁其里一石如鼓形榴木杖倚杖著石壁采珠人常致祭焉今遂溪县西南二百里特起西海中周围七十里古名大蓬莱其洲四围皆海故名之洲上有温泉黑泥可以浣衣令白如雪】

卷四十八·广东·廉州府·钦州

淡水湾在龙门之外东七十里南通大海乌雷岭旁有巨石淡水出焉往来舟楫于此汲水

卷四十八·广东·廉州府

郡东水路自榕根大廉港一日至永安一日至凌禄日半至雷州少南二日至琼州正北十日至广州西水路自大潭口半日至大洸港少北一日至平银渡正西二日至钦州历猪沙南沙大石三娘湾乌雷三墩篼簩湾水急湾麻蓝头牙山七十二径龙门小海茅墩官渡等处又自乌雷正南二日至交址历大小鹿墩思勒隘茅头捍门入永安州茅头少东则白龙尾海东府界正南大海外抵交址占城二国界泛海者每遇暴风则舟飘七八昼夜至交址青化府界如舟不能挽径南则入占城又自郡城西桥下舟沿海而东至永安千户所则历乾体高德港冠头岭龙潭武刀白沙珠场陇村禄村等寨地方琼志又云儋海之西与廉境对顺风一日可至据此则廉之东实与琼之儋州相望雷琼海路不可遂通人谓走马武思之间有陆道焉凿而撤之仅三数里会于香江则二广之物皆得舫入于廉廉可使富也

卷四十八·广东·琼州府

郡居海洲中东西广九百里南北袤一千一百四十里绵亘三千余里自雷渡海二日可至

卷四十八·广东·琼州府·文昌

石栏港一名北岭滩限头在县北一百二十里北岭东山下乱石出海洋中阑障水中开三门商贾舟过最为险要俗呼鬼叫门今航海者过此每加提防

卷四十八·广东·琼州府·昌化

峻灵山在县东十里旧名落脯冈为县主山汉封其山之神为镇海广德王宋改封为峻灵王故曰神山上有石池石峰石船

昌江在县南十里源自五指山流经抱万村转北至坝复西折达自南村会古镇州溪水转北又纳峨娘溪水合流至居侯村始分为南北二江南江西流经赤坎村转出三家村会潮入海故名南崖江又名三家港西南有吉家浐不时湾泊海船北江绕县治流至乌泥浦会潮入海故名北港又名乌泥港

卷四十八·广东·廉州府·钦州

涌沦江在州西南六十里源出涌沦村山下合渔洪凤凰二江注于海路通防城商船多泊于此

卷四十八·广东·罗定州

宋史陈尧叟传尧叟为广南西路转运使先是岁调雷化高藤容白诸州兵使辇军粮况海给琼州其兵不习水利率多沉溺咸苦之海北岸有地角场正与琼对伺风便一日可达与雷化高太平四州地水路接近尧叟因规度移四州民租米输于场第令琼州遣蜑兵具舟自取人以为便

一岭南北顿殊凉燠矣故注又称此岭凉热山涟溪即大庾峤水之南津也注谓其下船路名涟溪涟水南流注于东溪

曲江县南三十里江左有削崖壁直洞穴梯连时见烟墨山下有曹溪东来注江萧梁之世有胡僧泛舶此溪闻异香谓上流必有胜地遂乃开山栖寻谓百七十年当有异僧来此演法其后果有大鉴禅师传衣南归于溪源立宝

林寺沙门称为六祖者也寺去江三十里禅栖者萃焉

自岭以南男女同屐舟人之妇一手把柁一手煮鱼橐中儿在背上终日垂垂如负米扳罾摇橹批竹纵绳儿在背上恶踏索乳啼亦不遑哺地气恒燠既省絮衣之半又素足临流不履不袜男子冬夏不过一裤一襦妇人量三岁再益一布裙如是则女恒余布地惟秔稻土厚获多人日计米一升加以鱼蚌乌菱芰橘橄榄减炊米十二三如是则男恒余粟故古今称饶富必首南海也

五羊门外海际于衢宿舶无虑万数商舟鱼艇青帘酒船交织错杂日中如市城虽近海然洲屿萦回去洋水尚远江水之未归洋者遇潮不前退潴城下故潮水未咸

卷四十八·广东·广州府

崖山新志雷州将王用降于元言宋士卒止万人而硇洲无粮储闻琼州守臣欲供粮二万石而海道滩水浅急难于转运止有沓磊浦可通舟楫宜急守之以兵雷州总管忙兀觧从之张世杰以雷州既失守而六军所泊居雷化犬牙处非善计崖山在大海中去新会县八十里与奇石山对峙势颇宽广中有一港其口如门可以藏舟遂以己未发硇州乙亥至崖门驻驆遣人入山伐木造军屋千间立行营三十间正殿曰慈元殿杨太后居之

广州城在蜃楼边闳廊壮丽人烟雾绕廛市星罗东南一大都会出郭则大浸浩渼戎珠寺矗立波心戎舰海舶栉比鳞次小艇飞棹如奔马渴骥橹声夹人语几不可辨

卷四十八·广东·肇庆府

韩退之诗衙时龙户集上日马人来按广有蜑户者以舟楫为宅捕鱼为业或编蓬濒水而居谓之水栏见水色则知有龙故又曰龙户齐民则目为蜑家晋时广州南岸六十余里不宾服者五万余家皆蛮蜑杂居国初编户入里长属河泊所岁收渔课然同姓婚娶不谙文字不记岁年此其异也东莞诸县以至惠潮尤多今人过潮买舟谓蜑家船者即此也

马人本林邑蛮从伏波流寓后随众来附者也始十户后蕃衍至三百皆姓马其人深目猳喙散居峒落中献岁时至军府听令猺獞不与同群退之诗正元旦听令时也余又见吴渊颖南海记龙户即卢亭谓其祖循字符龙故亦曰龙户广州志卢亭亦曰卢余相传为循遗种能赤身伏水中三四月不死盖化为鱼类也其捕鱼使张罾数人下水引群鱼入罾内既入引绳示之则举罾并其人以上其人自一种与龙户别

昆仑奴一名鬼奴人黑如墨与龙户亦自不同

嘉靖二十年封莫登庸为安南都统使赐从二品银印世袭二十一年登庸卒以孙福海袭二十五年福海卒三十年始以子宏瀷袭先是阮敬专兵挟瀷自恣登庸次子莫正中与莫文明攻之弗克奔钦州奏发肇庆清远安插其臣范子仪诈称宏瀷卒拥兵迎正中嗣职寇钦州官军诛之至是始护宏瀷赴镇南关勘明奏令袭职后出奔海阳自是不能赴关领职贡使亦不通矣今旧臣郑松径立黎民后复修贡

十四年五月庚戌交址总兵官英国公张辅言自广东钦州天涯驿经猫尾港至涌沦佛淘从万宁县抵交址多由水道陆行止二百九十一里比丘温故路近七驿宜设水马驿传以便往来

卷四十八·广东

香山岙乃诸番旅泊之处海岸去邑二百里陆行而至瓜哇渤泥暹罗真腊三佛齐诸国俱有之其初止舟居以货久不脱稍有一二登陆而拓架者诸番遂渐效之今则高居大厦不减城市聚落万头虽其贸易无他心然设有草泽之雄睥睨其间非我族类未必非海上百年之隐忧也番舶度海其制极大大者横五丈高称之长二十余丈内为三层极下镇以石次居货次居人上以备敌占风每一舶至报海道檄府倅验之先截其桅与柁而后入岙若入番江

则舟尾可阁城垛上而舟中人俯视城中又番舶有一等人名昆仑奴者俗称黑鬼满身如漆止余两眼白耳其人止认其所衣食之主人即主人之亲友皆不认也其生死惟主人所命主人或令自刎其首彼即刎不思当刎与不当刎也其性带刀好杀主人出令其守门即水火至死不去他人稍动其扃鐍则杀毋论盗也又能善没以绳系腰入水底取物买之一头直五六十金

卷四十四·云南·云南府·昆明县

史记滇水源广而末狭有似倒流故曰滇汉武帝欲伐滇国于长安西南穿昆明池象之以习水战

天下郡国利病书[①]

北直隶上

徐问百川考

禹时江淮未通赋沿于海至吴夫差与晋会盟黄池始开苏之邗沟今为运河自常之孟渎镇之京口以通于江江自扬之仪真亦开沟以通于淮隋因广之今贡赋皆自江淮以达于京师也

元史

世祖至元三年十一月戊戌濒御河立漕仓

十九年十月由大都至中滦中滦至瓜州设南北两漕运司

二十六年五月辛丑御河溢入会通渠漂东昌民庐舍

七月辛巳开安山渠成河渠官言闻魏博之渠通江淮之运古所未有诏赐名会通河置提举司职河渠事

英宗至治三年二月己巳修广惠河闸十有九所

泰定帝泰定二年闰月己巳修滹沱河堰

四年正月丁卯浚会通河

至元三年七月六日都水监言运河二千余里漕公私物货为利甚大自兵兴以来失于修治清州之南景州以北颓阙岸口三十余处淤塞河流十五里至癸巳年朝廷役夫四十修筑浚涤乃复行舟今又三十余年无官主领沧州地分水面高于平地全籍堤堰防护其园圃之家掘堤作井深至丈余或二丈引水以溉蔬花复有濒河人民就堤取土渐至阙破走泄水势不惟涩行舟妨运粮或致漂民居没禾稼其长芦以北索家马头之南水内暗藏桩橛破舟船坏粮物部议以滨河州县佐贰之官兼河防事于各地分巡视如有阙破即率众修治拔去桩橛仍禁园圃之家毋穿堤作井栽树取土都省准议

至元二十八年敕疏浚滦河漕运上都量拨水手先以五十艘行之

会通河起东昌路须城县安山之西南由寿张西北至东昌又西北至于临清以逾于御河至元二十六年寿张县尹韩仲晖太史院令史边源相继建言开河置闸引汶水达舟于御河以便公私漕贩省遣漕副马之贞与源等按视地势商度工用于是图上可开之状诏出楮币一百五十万缗米四百石盐五万斤以为佣直备器用征旁郡丁夫三万驿遣断事官忙速儿礼部尚书张孔孙兵部尚书李处巽等董其役首事于是年正月己亥起于须城安山之西南止于临清之御河其长二百五十余里中建闸三十有一度高低分远迩以节蓄泄六月辛亥成凡役工二百五十一万七百四十有八赐名曰会通河二十七年省以马之贞言霖雨岸崩河道淤浅宜加修浚奏拨放罢输运站户三千专供其役仍俾采伐木石等以充用是后岁委都水监官一员佩分监印率令史奏差濠寨官往职巡视且督工易闸以石而视所损缓急为后先至泰定二年始克毕事会通镇闸三土坝二在临清县北头闸长一百尺阔八十尺两直身各长四十尺两鴈翅各斜长三十尺高二丈闸空阔二丈中闸南至隘船闸三里长广与上闸同隘船南至李海务闸一百五十二里闸空阔九尺长广同上土坝二李海务闸南至周家店闸一十二里长广与会通镇闸同周家店闸南至七级闸一十二里长广与上同七级闸二北闸南至南闸三里长广如周家店闸南闸南至阿城闸一十二里

① 〔清〕顾炎武撰。据《四部丛刊》影印稿本。

长广同北闸阿城闸二北闸南至南闸三里长广上同南闸南至荆门北闸一十里长广上同荆门闸二北闸南至荆门南闸二里半长广同南闸南至寿张闸六十三里长广同北闸寿张闸南至安山闸八瑞安山闸南至开河闸八十五里开河闸南至济州闸一百二十四里济州闸三上闸南至中闸三里中闸南至下闸二里下闸南至赵村闸六里赵村闸南至石佛闸七里石佛闸南至辛店闸一十三里辛店闸南至师家店闸二十四里师家店闸南至枣林闸一十五里枣林闸南至孟阳泊闸九十五里孟阳泊闸南至金沟闸九十里金沟闸南至隘船闸一十二里沽头闸二北隘船闸南至下闸二里南闸南至徐州一百二十里三汊口闸入盐河南至土山闸一十八里土山闸南至三汊口闸二十五里入盐河兖州闸墹城闸延佑元年于沽头置小石闸一止许行百五十料船禁约二百料之上船不许入河行运至治三年议于金沟沽头两闸中置隘闸二各阔一丈以限大船若欲于通惠会通行运者止许一百五十料违者罪之仍没其船其大都江南权势红头花船一体不许来往准拟拆移沽头隘闸置于金沟大闸之南仍作运环闸其间空地北作滚水石堰水涨即开大小三闸水落即锁闭大闸止于隘闸通舟果有小料船及官用巨物许申禀上司权开大闸仍添金沟闸板积水以便行舟其沽头截河土堰依例改修石堰尽除旧有土堰三道金沟闸月河内创建滚水石堰长一百七十尺高一丈阔一丈沽头闸月河内修截河堰长一百八十尺高一丈一尺底阔二丈上阔一丈

通州志

漕渠　外漕河即潞河也流经州城东至天津接御河以南通江淮舳舻由此而达元史所谓通州运粮河全仰白榆浑三河之水名曰潞河是也【榆河即今富河之上流然浑河今在州城之南相去潞河甚远不知当时何以会同也】河设浅置铺以时挑浚河道指引河洪　东关苇子厂浅　赵八庙浅　花板石厂浅　供给店浅　白阜圈浅　白阜圈下浅　已上系通州地方军浅通州左等四卫佥拨军夫每浅十名　荆林浅　南营浅　卢家林浅　里二寺浅　王家浅　马房浅　杨家浅　和合驿浅　萧家林上浅　萧家林下浅　已上系通州地方民浅州佥民夫每浅十名　长陵营浅　老河岸浅　马头店浅　已上系漷县地方　土坝一处在州东城角防御外河通仓粮米就此起载　　土坝剥船一百五十只船户一百五十名自张家湾起剥到土坝每粮一石脚价银六厘五毫石坝剥船【石坝在里漕通惠河而剥船在外河故附于外河下】一百八十只船户一百八十名亦自张家湾起剥至石坝过剥每粮一石脚价亦六厘五毫　外河官粮剥船嘉靖年来始置正德以前运船至五月以后俱到通州城下自城东北角停泊迤逦而南七八里许挨次于东关庙起车无栏河委差之扰无起剥脚价之费近因三四月间河常水浅始置外河剥船若河浅起剥亦权宜之利是也及河至五六月水必涌涨运舟可以长行仍令照旧俱至通州城下过粮就船起车京粮船令至城北角就近石坝起剥则剥价可省而运军甚便今置有栏河之官乃不论水之深浅运船可否通行一概栏阻通令自湾起剥其故何哉　车户一百五十名自土坝起粮至中东仓每百石脚价银一两一钱至西仓南门北门南仓东门每百石脚价银一两二钱至西仓西门南仓北门每百石脚价银一两三钱

里漕河即通惠河也河之地方虽半属在京大兴县然河运事务俱隶通州户工二部分司总理而委用管闸管坝俱通州各卫之官经纪水脚之役则京通人民充而通人居多一河之事通用纪之　石坝【在州旧城北门外嘉靖七年建】通流闸【在州城中心船运不行惟时蓄泄以助内河之水】普济闸【在通流闸西二十里】平津下闸【在普济闸西十三里】平津上闸【在下闸西四里】庆丰下闸【在平津上闸西十一里】庆丰上闸【在下闸西五里】大通桥【在京城东南角以东一里许已上桥闸俱元时建】每闸剥船六十只经纪六十名普济平津上下庆豊上下五闸共剥船三百只经纪三百名每经纪一名领船一只看管修理每粮一石脚价银二分一厘一丝八忽二微水脚五闸每闸十七名石坝三十六名共一百二十一名搬抗粮石每粮一石脚价银九厘一毫三丝九忽一微御史吴仲曰臣谨按通惠河即元郭守敬所修故道也入国朝百六十余年沙冲水击几至湮塞但上有白浮诸泉细流常涓涓焉成化丙申尝命平江伯陈锐疏通以便漕运漕舟曾直达大通桥下父老尚能言之射利之徒妄假黑眚之说竟为阻坏正德丁卯又尝命工部郎中毕服户部郎中郝海参将梁玺后疏通之所费不赀功卒不就其势虽压于权豪要之三人者亦不能无罪焉嗣是屡有言者多不得其要空言无补嘉靖丁亥臣巡视通仓往来相度因见水势陡峻直达艰难踵御史向信之言为搬剥之说【向信疏见通惠河志】恭遇皇上神明言入即悟贤宰相实力赞之随命臣暨工部郎中何栋户部郎中尹嗣忠参将陈璠同往修之工兴于戊子二月告成于本年五月不四月而粮运通

行上下快之是年所费才七千两运粮二百万石所省脚价十二万两功完仍命臣供职如旧又逾年而始得代初年止运军粮今则并民粮亦运之要之水能行舟舟能负重所谓多多益善断乎无不可者其有所不可者乃治河者之罪非河之罪也但地形高下不无冲击之患欧阳玄所谓势如建瓴壹蚁穴之漏则横溃莫制诚如是言也随时修浚防守之功尚有赖于后之臣工焉

仓厫　大运西仓在旧城西门外新城之中俗呼大仓永乐间建厫九十七连三百九十三座计二千一十八间囤基八百四十四个内有大督储官厅一座监督厅一座各卫仓小官厅六座筹房各二间井二口各门攀斛厅各一座西南北三门各三间　大运中仓在旧城南门里以西永乐间建厫四十五连一百四十五座计七百二十三间囤基二百二十二个内有大官厅一座东门攀斛厅一座南北二门内各有增福庙前接一轩作拳斛厅各卫仓小官厅五座各筹房二间井一口东南北三门各三间　大运东仓在旧城南门里以东永乐间建厫一十五连四十一座计二百五间囤基一百八个内有神武中卫仓小官厅一座挚斛厅一座神南右北三门各一间　大运南仓在新城南门里以西天顺间添置厫二十八连一百二十三座计六百一十五间囤基二百九十二个内有各卫仓小官厅四座筹房各二间各门挚斛厅各一座东北二门各三间内板木厫一处门一间官厅一间每年收贮各运松板楞木专备铺垫各厫用　晒米厂一处在新城外西南角向北门二座周围墙垣计地五顷六十亩　东黑窑厂在城东南八里先年领价烧造砖瓦以备修仓之用则不惟费用不赀且多逋负自嘉靖七年间将官民船顺带砖料除收发外其半段者修仓取用则费省而事便　西黑窑厂在城西南二十果许昔尝烧造砖瓦缘土性粗恶今亦停止　土坯厂三处东伾厂在旧城南门西南坯厂在新城南门西北坯厂在新城西门北俱有官地打造土坯修仓应用

粮额　漕运粮储每年四百万石正兑京仓七分通仓三分除京仓不计外通仓收粮一百四十五万六千六百二十石内　粳米一百一十七万八千三十六石　粟米二十七万八千五百八十四石　改兑京仓四分通仓六分

设官　内总督宣德年间设太监一员总督仓场正统间添设一员或二员提督后为常例嘉靖十四年言官上疏户部查议裁革　内监督正统元年设太监监督仓粮景泰以来又设一员或二员至正德间陆续添置十七八员嘉靖初裁革止留二员嘉靖十四年尽行裁革　外总督宣德间设通政一员总督粮储正统元年令南京户部侍郎一员提督仓场正统三年以来令本部侍郎或尚书总提督京通仓场粮草提督修仓工部左侍郎一员领敕修仓往年常出巡通州近惟在部代管巡仓御史景泰二年设差一员专管通仓其京仓巡视东城御史带管嘉靖七年改属一员加以提督字面巡历京通二仓坐粮员外成化十一年本部初委员外郎一员专管通仓坐拨粮斛禁章好弊续于嘉靖十年领敕会同巡仓御史督理粮运兼管通惠河事务验给轻赍给散余查解扣省银两　监督主事四员专管收放粮解禁革奸弊协助进士每年遇粮运涌至户部量差办事进士三四员协助收粮粮完回部　修通仓主事一员常在通州驻扎三年二换系设选专管修理大运各仓　经历宣德间设六员通州卫一员通州左卫一员通州右卫一员神武中卫一员定边卫一员武清卫一员至嘉靖八年御史吴仲奏革止存三员通州卫带管武清卫仓通州左卫带管通州右卫仓神武中卫带管定边卫仓　仓副使共二十二员经收粮斛周岁任满守支攒典共二十二名周岁后满起送吏部冠带仓守支此于通州等六卫仓分为二十二官下每一官下副使攒典各一员名故各二十二员名此为见任余各为守支修仓委官把总通州卫指挥一员通州右卫百户一员

置役　军斗每一官下每年额佥通州等六卫军余一十五名应当看守钱粮　歇家每一官下额设一十五名共三百三十名专管包囤粮米进厫修理仓墙小脚每一官下额设五十名共一千一百名专管抗粮倒囤晒夫无定数俱于近仓居住军民听坐粮员外佥充铺军二百八名系通州等六卫正军内拨送各仓墙外守铺昼夜巡逻　仓门守把官军宣德九年户部奏行吏部取拨办事官兵部取拨致仕军官守把计四仓共九门每门各二员老军余丁共十名一年一换办事官半年一换嘉靖九年御史吴仲奏改各仓官攒各一员名军斗八名守把先年三月更换今每月一换　修仓官军四百五十员名通州卫十八名通州左卫二十七名通州右卫六十九名神武中卫一百八名定边卫八十五名营州左屯中屯前屯后屯四卫每卫二十四名兴州后屯卫一十三名密云中卫二十四名涿鹿左卫一十名每年额修仓厫五十五座如有损漏随时修葺者不在此限修仓军夫做工八月至冬寒冱难以兴作则令办料四月

关支　每年除正六七八十一月于京仓放支外其二三四五十月俱于通仓放支九月十二月于太仓库放银折粮如太仓缺银通仓粳米放支其关粮衙门在京者锦衣卫武骧左右二卫腾骧左右二卫府军卫府军左右前后

四卫金吾右前后三卫旗手卫燕山卫燕山左前二卫龙骧卫豹韬卫济州卫大宁中前二卫忠义右前后三卫会州卫神武左后二卫牧马所大兴左卫镇南卫富峪卫义勇卫武功右卫留守左右中前后五卫羽林左右前三卫义勇左右前后四卫兴武卫应天卫永清左右二卫武德虎贲二卫和阳卫牺牲所蕃牧所寛河卫骁骑卫蔚州左卫彭城卫神策卫鹰扬卫武城中卫济阳卫沈阳左右二卫虎贲左右二卫龙虎卫光禄太常二寺印绶钦天司设尚衣御马御用司礼内官共八监供用库巾帽织染二局织染祈兵仗银作针工三局承运库雍府大军御马二仓太平库宝钞提举司都税司等衙门申府教坊司长安等四门西城坊草场通州卫在外者通州左右二卫神武中定边武清三卫通州合属营州左屯中屯后三卫通州左等卫修仓密云中卫张家湾税课司北草场仓张家湾批验所郑家庄金盏儿自坝上东坝上南坝北坝上北马房坝上南石渠泽石桥峪口官庄峪口张家庄南石渠西共十二仓北草场北高仓兴州后屯前屯二卫∯ 石仓义合吴家桥二仓

香河县　邑境滨河东南运艘从是以达京通

附海运【洪武初徐武宁开运马头庄有行舡遗址后承平禁海闭塞万历庚申运道不给总督文球令关道陶珽开运自天津至山海关南海口或直抵宁远军民大便】南海口龙武营【天启壬戌阁部督师孙承宗设舡兵以防海沙唬连舡五十号】

山海南海口明季原设海防三营官兵三千员名　顺治三年经制官兵贰百零三员名　本口分防汛守肆处老龙头【极冲】上有望海楼一座安设目兵五十名西至南海口五里　南海口【极冲】建天妃圣母行宫一座三官行宫一座小圣行宫一座设立守备一员目兵一百名西至秦王岛三十里　秦王岛【次冲】建望海观音殿寺一座安设把总一员目兵二十名西至白塔岭十里　白塔岭【极冲】海岸建有小圣庙一座安设把总一员目兵三十名迤西系蒲河营分防汛守

蒲河营

本汛海口地方东自金山嘴起西至小滦河交界止共计贰百里汛长极冲海口二处洋河口蒲河口明季设有副将一员兵三千名旧有营房仓厫基址见存次冲海口四处沙崖口野猪口胡林河赤洋口内牛头崖赤洋海口明季各设坐营官一员兵各八十名驻防海口旧有土墩六座今经年久俱各倒壊基址见存　顺治新更经制蒲河口一带设都司一员千总一员把总二员目兵四百名按汛冲缓安设官兵修盖窝铺垒砌炮台督率目兵昼夜瞭望巡防各县设有木楼十座旧基土墩六座见今奉行各县补修　金山嘴土台一座　金山嘴西岭土墩一座西至戴家河二十里　联峰寺土墩一座　戴家河木楼二座西至蒲河口四十里　洋河口西土墩一座　苏家鏜西木楼一座　蒲河口旧修木楼一座　口南木楼一座西至沙崖口七十里　沙崖口木楼一座　口东木楼一座西至野猪口二十五里　野猪口补修土墩一座西至胡林河十五里　胡林河补修土墩一座西至刘家墩三十里

北直隶中

洪武三年符下山东行省募水工于莱州洋海仓运粮以饷永平卫　八年颍川侯傅友德疏陈转输之法由鸦洪桥至永平道里颇远宜通青河滦河故道漕运则用力少而成功多　上嘉其言　嘉靖三十七年巡视郎中唐顺之疏滦河自永平可通滦阳营省陆运一百五十里【后巡抚温景葵巡按孙丕扬梅惟和各疏请之】隆庆元年巡抚耿随卿议复巡按鲍承荫并勘　挑它青河自王家闸至新桥海口止凡百四十里乃漕运故道　滦河海口至天津卫四百二十六里纪各庄通海潮处至府西门一百五十四里沙浅一十八里半又勘自天津卫至新桥海口盐船往来民船亦通无滞海洋百二十里中流遇风有建河粮河新挑大沽小沽可避其船撑驾必须滦州乐亭昌黎附海捕鱼装载惯习海道人民酌量人丁身家坐派大船八名小船三名各领官船粮令其驾运粮完听其捕鱼如年久损壊动支官银酌量修补则改滦河省便无容别议但中间倒载之所未免关隔如海口卸至纪各庄约有二里滦河卸至永丰仓里亦如之船运脚价临期听管粮郎中处给其该镇岁用本色军粮数多运道既通则前项粮石应该户部

酌派漕运然山海离滦仅二百里私越易便则海防不可不谨合令府清军同知兼管海防仍听兵道督率巡视及山海主事督巡捕把截违禁如律部覆从之【御史刘□题海道险阻罢】

知府孙维城议本府躬视滦河迤东二十里马城堡西为王家闸其南闸相距十里原系海运入滦故道闸迹尚存　原运皆由口北上王家闸今马头营固其旧囤仓处　李家庄西民田约数十余里过即王塚坨河滦河涨入青不能容必从李家庄西泻遂下注之　自樊各庄起凡四十余里至杨家庄南有沙坨长一里高河五尺若穿之即艾家青沟东西长七里其地多无钱粮堪浚为河过即梁各庄而靳家河流经焉　河名交流者由海潮而成故微有五里淤浅外则大潮所至横斜行七十余里入黑洋海口又三十里则建河海口又四十里则堂儿上海口又四十里则大沽海口出口入通州运粮白河百余里天津卫矣是此道一通不过三百余里舟可径天津抵滦北西由芦台河其道岂但倍近且惟黑洋海口至大沽百十里由海随盐船出入当保无他虞比由绿洋海口造湾其远近险夷安危亦不啻十百相悬焉中间应挑之处计大费工力者不过交流河接靳家河五里黄坨抵艾家青沟十二里李家庄抵樊各庄十里暖泉抵南闸头八里与夫王家坨河之经杨家庄印步店狗儿村贾各庄土淤高厚者十二三里耳其余或止应挑深五六尺七八尺阔五六步七八步者约以河五丈计之论工大小折半通算阔三丈深一丈者总不过百三十余里耳工固不甚多也况下因川泽不损民居妨田不及五顷其价未足百金验河所经惟李家庄西有沙三里扬家庄南有沙一里其余俱土脉胶固无忧其善崩河之所自若暖泉若沂河若陷河若靳家河俱水性如常可弗苦其变迁则语有利无害又孰以踰乎此惟王家闸一处议者每言挑接滦河虽便通舟然滦河西下平岸一丈八尺焉能使之逆流而上入青河哉且滦暴湍常带沙石涨则闸不能制退必遗沙填积将来岁挑繁费恐反为青梗莫若挑青至马城本堡方议修壕以壕土筑城而借壕为河使可容数十舟南来运艘俱住此焉虽隔滦尚五六里道不甚多且平坦便车至滦易舟而运则青不受沙石扰而挑夫可省岁费似于计两全也

辽东海运尝苦损舟若永平运通则由府城而车至山海或舟车至辽东皆免风涛之险其士饷尚亦有赖是所谓无穷利也然而不为者不过惜财力耳盖浚河非夫不成募夫非财不济今议动官帑则匮无所资议用民力则穷非可任惟财力之俱诎故议者多难之然咽喉不进则腹终不饱可惜一时之劳费而失无穷之富饶乎惟今永镇入卫客兵万余春秋防守不过分修边工今议通永运者非为之乏食虑乎倘借各兵之力而通边饷之道揆之于义岂曰不然合行各路客兵应修边工暂行停减或量分主兵代修而移其众以浚河计名限日画地分工若倘有不足则量加民夫三四千佐之仍委贤能有司分督如法则众力竞劝可不月而成无烦奏请无费帑金于客兵未为劳于边方实为永赖矣【皆出委官王弘爵所稽访】

管府事徐准议　洪武八年颍川侯傅友德疏陈宜通青河故道上嘉其言是后抚按道府屡屡建议行勘职亲体踏自滦州城南十里马城地方原系国初囤运之处人烟辏集城郭遗址尚存自马城南八里至暖泉即运粮故道虽年久淤塞可以挑浚暖泉即青河源头自暖泉至新桥海口不及百里河水通流但河身阔狭深浅不同稍加开浚即可行舟自新桥下海西至黑洋海口百三十里矣西至大直沽百二十里不二百四五十里间顺风一昼夜可到又藉海滨之水不甚深中流遇风即下铁矛拉住舟自无恐且无礴石撞舟即今为商贾贩卖粮食通行之路不以为险船到新桥即便乘潮入青河起粮贮马城仓内惟马城东北至滦河六里地势颇高难于浚凿便赁车辆骡驴驮至滦河上船分运诸仓以实塞下查得洪武三年符下山东行省募水工于莱州海洋运粮以饷永平卫此漕一复则居民省挽输之劳军士壮饱歇之气所谓一劳而永逸事少而功多者也且一帆之便船只往来有无贸迁又足以通商阜财此漕当复甚明当复而久不复其故伊何以议事非难任事为难合无于府佐或州县正官内有才干者择选一员以董其事复选䝉能佐贰分效其劳俟事告成论功叙録该挑丈尺约计九万余丈所费钱粮即于丈尺可会惟是国家大务闾阎不堪朘削宜出帑藏以需之既有专官又不乏财不数月间便可底迹其所利赖于永者则千百世也

自万历年间议开漕通海未行而罢至天启崇祯间因添设沿边兵马需粮甚多青河卒难挑浚乃从海运由天津航海三百余里至乐亭县刘家墩海口入滦河二十五里上至银夯柳仓交卸改用河船运至府城西门外盘入永豊仓计水程自银夯柳至府西门百八十里春夏秋三时水运至冬冰坚难行设陆运车夫自银夯柳挽输永豊仓海漕既通商舟乃集南北物货亦赖以通荒瘠之区稍变饶腴若云海道风波险阻乃行之几二十年未闻有覆溺之患此海运可行之明验也至顺治初年边圉无警兵卫日削需粮不多海运遂废而沿河仓房因历年不行修葺坍毁无

存其乐亭刘家墩海口为登莱津远海道极冲崇祯年间设海防一营驻札汛防今革

北直隶下

碣石丛谈

元许有壬圭塘集载喜逢事今关名喜峰失厥义矣其与丁文苑同科为哀词曰文苑移官山北山北置大宁古曰霫地去京师东北尚八百里陆不可以挈家水萦纡五千里扶病拥幼殆不能为谋即斯辞也岂舟可通乎按史将由滦通漕于上都造船视为不可而止矣今滦河之浒尚有系缆铁桩或以为系浮梁或以为系行舟正德初年渔人获一铁缆予重三百余斤则昔滦或深于今矣岂亦以系浮梁者哉元通漕舰或不可至上都岂其不容刁以达于大宁乎若召闽中清流之舟之手今必可达小喜峰而至大宁亦未可知也

祖宗法严禁不私亲防不忽微于地方二条今视若缓实切焉洪武三十年七月以郭驸马使辽回私带榛子三扛沿途擅用驿夫递送事觉令自备钞贯给还役人工食仍敕兵部于山海松亭等关古北旅顺口悬挂榜文凡公差人员不许稍带松榛等物进口渡海违者一二斤三五两俱分尸号令所过官司纵容一体治罪

苏上

嘉靖中昆山郑若曾作太湖图而为之论曰太湖延袤五百余里雄跨苏常湖三境全吴巨浸无大于此论水利则三郡田赋丰歉系焉论兵防则三郡封疆安危系焉全吴利害亦无大于此况今日倭寇志在卤掠而村镇已尽则必趋于未经兵火之地而自太湖入宜兴以至金陵为道甚捷不可不先事而为之防也或曰湖中风波与江海异若之何其御之曰此非渔网船不可也何也江船与海船不同海船与内河之船不同内河之船与湖泖船又不同内河之船即今之官航民舶是已江船大者为川为襄小者为满洪为摆渡之类海船十余种【广东新会船东莞船大福船草撇船海沧船开浪船高把稍船艑船苍山船八桨船鹰船渔船蜈蚣船两头船网船沙船】曾已图形于筹海图编可览而知若湖泖之船虽生长吴地者问之多不知况以宦游之人而知用之乎请详言之夫湖泖之船大小不齐运石者谓之山船运货者谓之驳船民家自出入者谓之塘船卫所巡司所用者谓之巡船乡夫水兵所驾者谓之哨船往来津口者谓之渡船之六者虽皆习知湖中风涛之性尤未若渔船之便利也渔船莫大于帆罟其桅或六道【可装二千石】或五道【可装一千四五百石】或四道【可装千石】无间寒暑昼夜在湖每二只合为一舍素为贼之所畏联而艅之太湖攻战此其最善乎此船小者亦可入港桅三道【可装五百石】二道【可装百石以下】是也江湖中皆有之若风息时无问大小皆不适用盖罟之所利者狂风怒涛也其尾无橹其旁无桨风息帆弛即不如巡哨船之击楫为有用矣其次为江边船【大者可装二千石以渐而降至于百石】自五桅以至二桅亦专使帆无橹与桨其中号以下者可入港最大者不可入港若欲出扬子江则由锡山高桥下江水宽处行然须重载压船吃水方可过高桥也其次为厂梢船【大者可装六七百石渐降至六七十石】又其次为小鲜船【即湖中航船自也大者不满百石】二者皆有帆而有橹又其次为剪网船【亦合二只为一舍】船虽狭小第一迅駃又其次为丝网船驾使不过三人而风帆迅駃人亦堪用此二者各湖所共有也又其最小者为划船三四人荡浆如飞疾于剪网但不用风帆不利湖浪用之以探报诸舟所不及矣其遇贼也以桨超淖泥泼贼舟舟滑难立大为贼之所惮此船惟吴江长洲有之他县皆无而吴江之二十九都者惯一行劫至为可恶凡此皆渔船之可用者也其它湖泖内港渔船尚有辄网【一人坐于船首辄鱼者是】赶网【一辄一赶者是】逐网【一二口网在于船头者是】罩网【秋冬罩鱼夏月则歇而捕田鸡者是】江网【立木于吴淞江鲇鱼口水中两两相峙其人登架其船下泊是也】溏网【一只带头一只安坐溏岸上起纲者是】六者皆迟钝不适于用所适用者惟鸬鹚船【一名水老鸦一橹一桨或二桨】出于吴江长州二县其驾使不过二三人其駃埒于剪网善用之大为军旅之助或又曰周湖港口无虑百数焉得港港而备之曰不然湖口虽多通舟往来者不过如吴江之韭溪叶港雪落洪栅关鲇鱼口吴县之莫舍溇胥口港无锡之独山浦岭吴塘门武进之马迹山宜兴之荆溪东蠡河忻溪直渎之类可指而数也各练乡兵守之而以巡哨船为之探报帆罟边江等船常居深水贼岂能入湖也哉然大小渔船未经刷集一旦用之欲望其出死力不能也须平时籍之于官蠲其

重役专委一廉仁有司点闸之则庶乎不敢规避耳

娄江或曰自府城东经昆山太仓入海今名刘家河者是今府城东门名娄门亦其证也元海运国初下洋皆由此

政和六年以户曹赵霖提举常平开修平江诸浦

霖上言三说一曰开治港浦二曰置闸启闭三曰筑圩裒田三者阙一不可又各有先后缓急之序其置闸篇曰……港浦既已深阔积水既已通流则泛海浮江货船木栰或遇风作得以入口住泊五利也复有二说昆山诸浦通彻东海沙浓而潮咸当先置闸而后开浦一也闸之侧各开月河以堰为限遇闸闭小舟不阻往来二也

运河南自杭州来入吴江县界由石塘北流经府城又北绕白公堤出望亭入无锡界达京口隋大业六年敕开江南河自京口至余杭郡八百余里面阔十余丈拟通龙舟巡会稽宋史浙西运河自临安北郭务至镇江江口闸六百四十一里

兵防

郑若曾曰或问苏之险要有几曰倭寇之犯郡城也水港浩繁塍路交错所当控扼者不过十四处而已请详言之贼若自海口而入则嘉定之吴淞江黄窑港太仓之刘家河七丫口四者其险要也若自大江而入则常熟之福山港许浦三丈浦三者其险要也此皆本府险要之在外境者也能守此七处不容贼舟轻入则一州六县皆晏然无虞况府治乎但海滨不止于嘉太两邑在南则嘉兴之海盐平湖在东南则松江之华亭上海皆是也江口亦不止于常熟在西北则常州之江阴武进镇江之丹阳丹徒皆是也镇江路远且置勿论嘉松常三郡江海口岸贼一内犯则长驱至苏苏之所恃以御之者不在于交界设险乎此之谓腹内险要也若不能守而纵贼过界则海口江口所设之险均为无用与不设同故设险外境制敌上游策之上也而腹内险要亦不可视为轻缓在南方则吴江之平望所以御海盐平湖之冲长洲之周庄所以御华亭南路之冲在东南则长洲之陈湖所以御华亭中路之冲昆山之碛礇安亭所以御华亭上海之冲为途不同同于备海寇之深入也在北方则长洲之蠡口所以御无锡间道之冲长洲之望亭所以御江阴南来之冲吴县之太湖洞庭两山所以御江阴无锡武进寇舟逸入之冲为途不同同于备江寇之深入也总而计之外境之险要有七腹内之险要亦有七皆苏郡之安危所系也

福山在县北三十六里下临大江与通州狼山相对宋置水军寨今为福山镇嘉靖中为倭寇出入之道乃筑堡设把总水兵于此

□□曰尝熟为苏之北门而福山又尝熟之北门也旧有巡司而嘉靖中又设把总指挥统水兵在江巡哨府县官统陆兵在镇屯守可谓密矣然寇犯本港须自三爿高家县后以至三沙然后西至本港则三沙之防守尤所当重必须奏分苏州一所官军尝川住札如吴淞江事例方为长策又修复五代钱氏建闸之制外可以限海舶之来而内可以节水兵农两利之道莫善于此

□□□曰港口(白茆港)西距县治九十里东临大海洪武初本港原设巡简司天顺初因江面水阔倭船乘风而上辄抵城下添设官兵立教场操演为防春之计成化中置营寨官官鼓搂军房七十余间嘉靖中因倭寇复拨卫所官兵及游兵把揔广福苍沙等船水陆防守且建朱家堡于近地较之国初声势十倍然寇所从入之路必自东北洋乘轻舸道三爿高家县后以至三沙视风汛之顺逆以犯福山白茆而犯本港之路则登舟沙其紧要门户也若遏之于登舟之东北贼不能登犯本港矣此又拒寇于上游之策也

许浦在县东北七十里西接梅李塘北入大江宋设水军寨二以都统制领之国初改为巡简司

□□□曰许浦要害与白茆同宋详于本港而略于白茆我朝则反其制何也许浦在宋时为大道故苗刘之变

韩世忠提兵勤王李宝奏胶西之捷皆由此入今其壤半啮于江存者亦涨而为田矣近年倭寇屡从此岸陆行至梅李盖避白茆福山兵船之阻而乘我之无备也本港司兵不足以当之寇遂横行掳掠或直捣城下今宜设兵船于此防御而团结乡兵为扼险之计水陆两利矣

耿橘平洋策曰昔龚遂治渤海悉罢逐捕盗贼吏诸持鉏钩田器者皆为良民吏毋得问持兵者乃为贼于是群盗解散复为良民不杀一人不费一饷而大盗悉平然则治今日江海之盗者亦宜略仿此意而行之耳吴中风俗农事之获利倍而劳最愚懦之民为之工之获利二而劳多雕巧之民为之商贾之获利三而劳轻心计之民为之贩盐之获利五而无劳豪猾之民为之吁私盐之行官盐之滞势不得不设为重禁添兵巡捉名之曰贼然其实皆良民也夫盐之为物乃人家常用如水火之不可缺也故禁之愈严而价愈涌价愈涌而私贩愈多大利在前走死地如骛无足怪者而自有诸巡役以来兵舡周游列械张旗而贩者之船亦各具旗械以应之矣应者人日益众势日益张而巡者止有此数奚啻止有此数而已始婪常例以纵之贩继且躬为贩而假之巡终且寻一二愚懦买盐自食者而诬之贩甚且以已盐计趁商民船中而诬之贩彼贩者视诸兵役之往来巡视直蝇翼过前耳始具械以应诸巡已而巡无足应械有可恃往往于空阔之处波涛之中劫掳人财矣势大党多横行江海如无人矣至于今日名为贩而实为盗矣故愚以为不大弛盐禁而欲靖江海之盗必不得之数也惟盐禁弛则贩盐者无不讳之名得与诸商贾等与诸商贾等自无用多招亡命厚设兵械亦不必豪猾之民始为之吾乃视其船有旗械者即为贼无旗械者即为商贾商贾通盐价平彼豪猾者将驱之贩而亦不为已此令一申而诸盗可保十九为良民也即有一二怙终不悛者其势孤其擒剿易易耳第盐法之设乃祖宗之制臣子不得议弛若论其实祖宗之所以设行盐法者不过得盐之利以济国计耳若查各州县旧例如每年应获囚盐若干应卖官盐若干定为规则其囚盐令有司均派各贩名下如典税之法四季易银类解其官盐引到日仍发各贩易银交付商人于国计何损不然争锱铢之利陷赤子于不赦之条而以诛杀从事即能胜之于元气必有所损万一不胜其所损可胜道哉夫天下有禁之而反以炽弛之而反安于无事者此计是也此化盗为良之最上策也

□□□曰嘉定东滨大海南据吴淞江北枕刘家河诚三面受敌之地倭舶之来也大海渺茫难于收泊以宝山为表识故苏之寇患惟嘉定受之　嘉定沿海地方共七十里吴淞江口乃适中之处也由江口延袤而南则自老鹳嘴以至宝山南汇金山出江口迤逦而北则自彩淘以至黄窑刘家河由江口而深入则南迤五十里即为黄浦直至上海由黄窑而登岸则嘉定太仓昆山苏常连数百里是吴淞江者南为上海门户西为苏常籓篱乃东南第一险要备吴淞江即所以备上海备上海即所以备苏常也旧制原设吴淞江千户所守御于江之西岸嘉靖十九年海水决啮所城仅存西南一隅乃复建新城避水患周围四里当大江之傍或曰均之海滨也险要莫如刘家河而以此为第一何也曰海中诸夷狡猾莫如日本入寇亦莫如日本山东浙直与寇为邻然山东之海水势湍悍山脉联络非熟其径者不可行且勾引接济之人未尝有也故倭患独浙江之海山屿为多而通番者独众故寇舶自外海而来以洋山为入犯之的必至此而后分艅若直之崇明则诸沙错落延袤三百余里暗涂相贯有若为华夷之限者惟三爿高家一路可以通舟而不可重载惟此一路宽深可行无有壅碍【宝山之外沿海有杨家路者是也】而竹箔一沙横亘其外隐然为之外护焉国初海运特筑宝山以为准的盖为此也故竹箔之南吴淞之要道也竹箔之东刘家河之门户也若设重兵于此防守贼岂惟不能侵犯内地虽二江之口亦得息肩矣

苏下

嘉靖甲寅乙卯之岁倭舶辄由此(石湖)进退幸吴江令杨公芷帅乡贡士周大章诸生吴诘督水师拒战鲇鱼口生俘馘献大挫贼锋

宋绍定六年知平江府杨烨奏乞于吴淞口置寨以备海道曰乡者逆全多就顾泾运米自海洋窥吴淞江口平江必为震惊据此乃知吴淞入海原有其所又考云门志载青龙江上接吴淞江下通沪渎吴孙权尝造战舰于此

通蕃事迹石刻在刘家港天妃宫壁明宣德六年正使太监郑和王景弘副使太监朱良周满洪保杨真左少监张达吴忠都指挥朱珍王衡等立后记永乐三年统领舟师往古里等国时海寇陈祖义等聚众三佛齐国抄掠番商生擒厥魁至五年回还永乐五年统领舟师往爪哇古里柯枝暹罗等国其国王各以方物珍禽兽贡至七年回还永乐七年统领舟师往前之国道经锡兰山国其王亚烈苦奈儿负固不恭谋加害舟师赖神显应知觉遂生擒其王至九年归献寻蒙恩宥归国永乐十二年统领舟师往忽鲁谟斯等国有苏门答剌国伪王苏干剌寇侵本国其王遣使赴阙请救就率官兵剿捕生擒伪王至十三年归献是年满剌加国王亲率妻子朝贡永乐十五年统领舟师往西域其忽鲁谟斯国进狮子金钱豹西马阿丹国进麒麟番名祖剌法并长角马哈兽木骨都束国进花福禄并狮子卜剌哇国进千里骆驼并驼鸡爪哇国古里国进麋里羔兽各进方物皆古所未闻者及王各遣王男王弟捧金叶表文朝贡永乐十九年统领舟师遣忽鲁谟斯等各国使臣久侍京师者悉还本国其各国王贡献方物视前益加宣德五年仍往诸番开诏舟师泊祠下思昔皆神明护助之功勒文于石

(刘家河)元至元间朱清浚之以通海

永乐中会通河成始罢海运苏州之粮用民运至济宁以里河船递送至京师谓之转运农民不习河淮之事多触风波陷没且往复经岁失农时劳费于正粮数倍民以为不堪用平江伯陈瑄议令民运至淮安瓜洲出耗脚搬剥芦席楞板之费对船贴兑与军谓之兑运民犹以为不堪成化七年用都御史滕昭议罢淮瓜之运令官军于水次交兑而加过江之耗所谓长运也

嘉定在江海之间天下有事非必争之地往者江淮以南闽粤以北暴骨蔽野而兵燹之祸不及焉然东晋时刘征以浮海入娄孙恩出没海上袁崧筑沪渎垒宋南渡都临安完颜亮欲从海道窥两淛则嘉定遂为重地

兵防考

用兵之道不识远近之势者不可以制敌不识众寡之用者不可以决胜国初殪方于越殲张于吴其余孽多亡匿海外说倭奴以为寇之利当其时窃发东南者多不过数百人乌合兽散视所不备者则得志焉故置守吴淞复分戍青浦【即今宝山所】譬之备穿窬者间旷之处多为籓篱而已嘉靖中贼之来者舳舻连云锋刃耀日万室之邑三军之众往往婴城自守乃欲以数百人逆其至邀其归不亦难乎盖吴淞之溃前事之明鉴也自置镇以来屹然遂为三吴之锁钥矣乃宝山孤悬江海之间守则难固援则难达万一蹉跌所谓藉寇兵赍盗粮者也语有之五指之更弹不如奋掌之一挟故兵志曰无所不分则无所不寡今智计之士谓宜并于吴淞盖分则俱弱合则并强自然之势也且文皇帝遣使异国乃筑宝山以识出入之道非所以防盗也后贼欲寇苏州辄望此山而泊当时半沦于海居人以为天幸夫祖宗之法不得不变者多矣乃者利害之形昭昭可覩胡不熟计哉

战舰 福船最大可容百人底尖上阔昂首耸尾其行全倚风力矢石火炮皆俯瞰而发敌舟相直辄冲压沉之然回翔不便不能逼岸而泊须借哨船接渡 草撇即福船之小者 苍船隘于福船而阔于沙船首尾相等帆橹兼用顺风扬帆风息荡橹轻便易使曲港浅沙此为利器可接济福船之所不及 唬船一名八桨头尾俱尖而吃水甚浅桨橹交发其行如飞可供哨探之用风潮顺逆皆可使也 网梭船形如织梭竹樯布帆容仅三四人中藏鸟铳蚁集鸟散颇便攻击里港窄河尤所利也 沙船能使斗风行浅水以其底平也沙民驾之

汛期 海洋要害莫过陈钱倭舟来率以此为停汲之所觇伺风候以决所向【如东北风利则向大衢西行过乌沙门以犯浙江东南风利则向竹箔稗草以犯苏松】过此则羊山矣羊山去镇城犹数千里为竹箔外藩春时渔舟鳞集无虑万艘贼艇集入其中辄恣摽掠乘东南利风径日可达竹箔竹箔在崇明南徼与高家嘴相对贼所必由从此西向则吴淞首祸北向则刘河受敌于此置重兵焉扼之使不得度而江南可高枕矣至于宝山尤收泊标识异时文皇帝以海运茫无涯涘筑此示准而贼遂望为指归守此可以绝其登陆凡备御哨侦分布宜严岁以二月下旬

调遣游兵水营诸军出守羊山陈钱蒲岙苏窦马迹竹箔稗草李家洪马沙墩等处而把总亲率中军往来督察远至落华花脑外洋而陆兵专守宝山川沙余听随宜策应至五月终旬而罢秋防止于内地巡缉盐盗此汛期之大略也

知县杨旦条陈五事

其三重水战

今日之慎守藩篱者惟有水战一节耳今吴淞江刘家河福山港青村南汇等处皆有福船苍船沙船以为哨守分布非不密也但海洋空阔不守要害则贼来不能知贼去不能追纵使能追亦已晚矣且贼船之来乘风渡海势难联络飘荡既久筋力困怠故必于陈钱山丁兴马迹寺山会集调理数日方始入寇为今之计如大样福船各港共得几十只此船惟利于深水大洋则为之修其贡具坚其篷缆预给两月口粮得熟惯忠勇将官一二员率领各船直至陈钱马迹洋山等处择其避风粤港停泊窥伺以小巡船十只四面哨探遇贼流来则击之此第一层藩篱也但此计虽善而劳险难行人多阻之咸谓海岛中不可泊船是以计虽善而终不行也其次样苍船各港共得几百只此船极利于乘风巡哨则为之分为三班每日一班出哨直出高家嘴外如一班三十只遇贼来时则以二十九只与贼对敌其一只飞回本港通报尽发各船出应此第二层藩篱也其小样沙船惟利于沿涯浅水则亦分与信地延袤往来巡哨遇贼来时有福船所不尽剿苍船所不尽御者则沙船共击之不使登岸此第三层藩篱也沙船又不能御贼有登岸者始以旱兵剿之此第四层藩篱也如此贼来虽多恐得登岸者少矣

其四据险要　夫浙江与直隶地不同而备御之法亦宜有异卑职生于浙东之濒海官于直隶之濒海其间形势险阻皆目覩其详而非按图遥度者也浙东自温台延袤至宁绍一带皆有海塘田南海低内河与外海不相通塘外有沙涂少者十余里多者二三十里略无港汊可以湾泊贼船若至百姓望见皆收其赀货挈其妻孥豫先走避贼至烂涂二三十里力已怠倦及至民家掳无所得船泊海滩潮退则阁浅遇风则打碎是以浙东之倭患略少者非兵之强备之善职此故耳若浙西与直隶自乍浦青村南汇以至上海嘉定太仓常熟江阴靖江延袤一带内河与外海相通一里之内有港三四皆可以停舟避风塘外无沙涂贼船倏忽直抵海岸民不及知知不及避掳有所得则因粮于我结为巢穴官兵攻之则彼据其险我失其利及其深入则结伙数千势莫能御是以蔓延而不可遏也故浙东防御之法止于定海普陀沥海三江等处各得数十兵船以守之即可以无事矣若直隶沿海一带乘今贼退之时急宜设备如吴淞江刘家等港极大者已有兵船抵御其余港汊如柘林七八团青水洼等处皆须设法堵塞或椗桩于港口投以连根大木或泊舟于洼内使我先据其险其海岸上每三十里内择要害之地屯兵一枝各县各率其人民各守其封域其势大不能支者军门发兵剿之必须初登海岸乘其饥倦势易为图若既登岸后即难为力矣此据险要者诚今日之急务也

崇明县志　协守地方把总一员　守御千户五员百户二十员　苍船七只【由福建改造】　沙船三十只【旧额二十只万历三十年今县令张公因地方险要申请新增十只】　桨船五只　唬船十六只【帆用布桨用入海洋中往来极便】　划船五只【状似唬船而小已上诸船分为两哨统领官二员】

永乐十四年倭贼入城虏杀官民三百余人千户徐□死于难　弘治十五年施天泰钮东山据半洋马腰二沙为梗居民罹害巡抚艾璞知府林世远知县陈元宪协谋剿捕改半洋沙为平洋沙马腰沙为马安沙　嘉靖十九年南沙人王艮松江人秦璠合党构乱兵备王仪总兵汤庆发兵剿灭　三十二年四月倭寇登南沙盘据经年长享诸沙密迩罹害耆民施珽率兵力战死之阵亡者千人　三十三年四月初十日倭寇登水窦港劫烧杀死无数五月初三日攻东南水门勇兵陆朋战死百户田九畴斩首若干初七日夜攻东北栅城陷知县唐一岑死之　三十四年四月十七日倭寇登平洋沙烧毁劫杀攻新城东门甚急署县事本州同知张魁署所事千户陈袍协力死守　三十六年倭寇登营前沙本府同知熊桴坐镇本县发兵围剿斩首数十级余悉夜遁　三十八年四月倭贼千余由水窦港登岸盘据三沙兵备熊桴驻营孙昂港总兵刘宪驻营三沙督视军前通政唐顺之调度其间设法剿御官兵死者不可胜数困守三月贼势穷蹙七月十七日夜乘风遁去　四十四年倭寇据县后沙总兵郭成督战擒获献俘百余戮于本州大教场

上海县志　海在县东七十里北起嘉定南抵华亭为县所辖松江与黄浦合流入焉东接诸番惟日本最近宋元间入贡皆由青龙市舶司后渐徙于四明贡者不复取道

天启元年七月巡抚王象恒东南赋役独重疏　据四府册开每岁漕粮正改兑并耗米共一百五十三万一千九百七十八石八斗一升零白粮并耗脚夫船及各王府禄米共二十七万七千七十二石八斗八升零南粮并耗脚等米六万四千三百九十一石二斗零军储存留恤孤等米一十二万三千八百三十二石三斗七升零此四府本色之概也

(天启)四年五月抚按题水灾疏内称嘉靖七年灾伤蒙允将本年起存钱粮尽行蠲免稍轻者诏依分数勘实即便停征或量为折征三十三年灾伤蒙允将本年存留钱粮尽行蠲免起运额派大半改折复将本色及三十二年以前未完起存停征又将内府粮银赈恤四十年水灾蒙允特本年兑军粮米民运白粮尽行改折宗人府米折并京库草折布绢等银俱准停征仍将钞关船税与各府引价事例等银俱留赈济万历十年水灾蒙允将本年起运漕粮并南京各卫仓粮改折又留关税各府事例等银赈济十七年灾伤蒙允将本年起运漕粮尽数改折内停征五分见征五分余宗人等府衙门俱准停征又蒙专差科臣杨文举赍银三十万两赈济三十六年水灾蒙允将本年起运漕粮尽数改折其余各项俱分别停征又于山东解进内帑留银五万两差官解赍赈济苏松四府又钦准浙江盐课税银拨一半赈济灾民

东南之米有军运有民运军运以先六军之储民运以供百官之禄也夫军运以十军仅运米四百石或五百石民运以一民而亦运米四百石或五百石军运以军法结为漕法一呼百应人莫敢犯民运以田里小民供役远道语言鄙俚衣服村贱人人得而凌之军运经各该衙门无抑勒需求民运经各该衙门动以迟违情由问拟工价并诸杂色使用每一处辄费银十五六两少亦不下十两军运过洪闸一钱不须且洪夫闸夫共与挽拽民运每过一洪用银十余两过一闸用银五六钱所过共三洪五十余闸而费可知矣其最苦者船户皆江淮奸民惯造此船装载白粮粮一入船其驱使粮长不啻奴隶每日供奉船户及撑驾夫不啻奉其父母盖粮在船中即粮长身家所系吞声忍气曲为顺从势不得不然也其最所畏者军船凌虐豪恶之军故将已船撞擦微有损伤即便蜂攒民运之船百般挟诈不厌其欲不止也此其苦之在途者至入京揽头之需索入仓交纳之艰难又有不可胜言者凡充是役鲜不倾家为今之计宜将白粮并运军顺带使民出所有以益军之出余力以代民

北运白粮【上上役】

每岁粮长领运上供白熟粳糯米及府部等衙门禄米实该正米若干石算加岁用白耗米每石若十舂办米每石若干二项共该米若干石准糙米若干石华亭县该糙米三万六千三百石有奇上海县该糙米二万三千八百石有奇青浦县该糙米一万三千九百石有奇此项县派该保区图该役自收不烦收兑出入又领夫船车脚银两每石该银若干华亭县该银二万四千六百两有奇上海县一万六千二百两有奇青浦县九千五百两有奇此项征收在柜奉票支领是役也在家有收贮舂办之苦在途有风波剥浅之苦到通州剥船由闸车运到仓有亏损之苦交纳有折耗铺势歇家勒掯盘缠守候之苦又途遇军船官船捱挤不前来年守冻之苦须得家厚丁壮往年熟惯水路人户充之议将熟区田千亩内外者编此五年之内华亭应编北运一百四十名上海应编九十名青浦应编五十名

成化以前解户上白粮及各物料户工二部委官同科道验收解户不与内臣等见面故军较不得胁勒内臣不得多取小民亦不至亏害成化以后部官避嫌粮料不肯验收俱令小民运送内府而害不可胜言矣　粮长之害李康惠疏之最详曰家有千金之产当一年即有乞丐者矣家有壮丁十余当一年即有绝户者矣民避粮役过于谪戍官府无如之何有每岁一换之例有数十家朋当之条始也破一家数岁则沿乡无不破家者矣读其言真堪流涕

万历庚戌华亭聂公绍昌北运议　东南之役最险最危而又有极重极大之费者莫甚于北运有三千余里之苦有洪闸浅溜之苦有经年隔岁之苦比之在乡诸役更险更远正米外又有私耗舂办每石约赠七斗车水脚等银每石约贴八九钱其使用似觉充足而往往至于破家者何故盖其在乡则苦于漕军之争兑候米候银之耽延船户

水手之需索其在途则苦于漕船之压阻漕军之吓诈关津官店之索税其到京则又苦于车輦之狼籍盗窃歇家之积奸朋诈内珰之横肆攫取批回之守候淹迟守冻之赔费百倍而尤最苦者曰银米缓发曰船帮开迟盖粮役不过中人之家岂有赢余自雇夫船自备蓬樯索缆专待公家贴银以为用而往往以钱粮不敷至于担阁今本职先将北运粮长本户粮米免其兑漕尽数除作白粮外次将白粮正耗米与收兑漕米拈阄分派必不使总书作弊专派荒区荒图有苦乐不均之患惟车水脚等银常苦征纳不前或有迟误不发及既解银至部运衙门又不全给半留上鞘以待中途徐给所以粮役延挨时日至三四月中乃始开帮甚有五月而开者夫五月正当山水尽发泇河会通宜乘大水遄行之时而粮船方在江淮以南逗遛不进及达泇闸水已浅涸则安得而不迟延守冻哉今本职议请颁定限期规则务于十月即阄派白粮应收区图派定即听粮役及早春办决不许漕粮借兑而车脚水脚尽除本户白银外其余银两自十二月至正月即尽数一顷与之必于十一月春办十二月下粮完足至正月即摆帮二月即一齐开帮则三月抵淮四月入泇五月而过会通河六七月从卫河而直抵张湾刻期遄发毋容违限至于途间当遵历年具题钦定各船头立一大牌明谕以漕粮系三军之刍糗白粮系尚方之玉食并不许漕舡争压白粮之前又不许漕船以腐烂船木故为挨擦以滋诈害有争压诈害者卫官参题漕军重究又遵屡题免于途中留验以妨严程则粮船可以如期而进而至于榷关官店当念御用廪饩何乃困之以税合请宪檄照会关税衙不得索税分毫永无扰累其抵京则又在风力仓场部院痛革歇家之朋索内珰之多取批回之久稽而十月中各使竣役获批以南则御用得以及期粮役可以补救亦东南一大利益也

收兑粮长【上等役】

每岁阖府兑军正耗米淮米卫仓米辽米行粮共该若干石除官甲书册民甲囤户本名田粮常年例应自囤自兑外其各保区图民户田亩推收不等大约收兑粮长一名约兑漕粮一千二三百石或千石是役也自本年十月至十二月有守候交纳之苦每名约雇书算斛手搬运看守人夫数名并借赁仓厫置买芦席木板食用诸费之苦自明年正月至三肆月有守候交兑之苦又有旗军勒措赠耗横索使用之苦又有顽户插和粞谷水浆米多湿热在仓蒸黑之苦又有船钱担钱之苦又有旗军踢斛淋尖之苦但收支不出本乡比之北运不同今议官甲田九百亩编充一名囤户惯役有千亩者亦类编充五年之内华亭县应编收兑粮长三百名上海应编一百九十名青浦应编二百十五名

宣德六年辛亥十一月行在户部定官军兑运民粮加耗则例先是平江伯陈瑄言江南民运粮赴临清等仓若与官军兑运加耗与之民免劳苦得以务农军亦少有赢利命侍郎王佐往淮安与瑄等再议以为可行上复命群臣议至是吏部尚书蹇义等议奏其法实便军民加耗之例请每石湖广八斗江西浙江七斗南直隶六斗北直隶五斗民有运至淮安兑与军运者止加四斗如有兑运不尽令民运赴原定官仓交纳不纳兑者听自运官军补数不及仍于扬州卫所备倭官军内摘拨其宣德六年以前军告漂流运纳不足者不为常例许将粟米黄豆小麦抵斗于通州上仓军兑民粮请限本年终及次年正月完就出通关不许迁延妨误农业其路远卫所就与本都司填给勘合从之

万历庚戌华亭聂公绍昌收兑议收兑之役不苦于收之难苦于兑之难而其实兑之多费由于收之不精盖漕军见米之不精也多勒赠耗以为利粮役因兑之多费也益插秽杂以售欺所以一当交兑烦费猬起有纲司话会有踢斛淋尖有网圈后手使用不可胜记风力官员欲为民必减赠耗即环拥嚣呼张拳犯上而莫谁何其在旗军则利归旗甲不过恣一时之浪费及至兑米入船中途浥烂反累运官揭债赔补回卫之日累小军扣除月粮以抵京债此不平之在军者也其在粮长诸用不赀常至卖产鬻业尽荡其家其在国用则军粮之所交于京通诸仓者皆滥恶不堪积久尽腐而其病又在于国矣然军之所以得为民害者又皆由傍仓奸棍斜引漕军大开诈局漕军利奸棍以为腹心奸棍利漕军以为囊橐互相勾引花街闹市浪掷金钱未及交兑漕军地头之费已百孔千疮专待多勒赠耗以偿所用于是仓棍输情指点曰某某是粮役渠魁一赂此人即为多耗多用之倡而兑军之费始骚然烦重而不可以禁止今幸抚按漕台刻列告示严行禁戢若纳户米既干洁不得耗赠之外多勒升合违者一体责治悉遵漕运议单每百止加湿润米三石五斗或外再加三石五斗而止又严申漕规止许一旗一军到仓交兑其纲司话会踢斛淋尖网圈后手之类一切禁约通完之日即催？开帮前去如此则漕粟干洁军无腐坏累赔之苦漕令严肃仓无讲兑喧

扰之虞

陈继儒查收兑事宜　收兑者糙粮也谓粮长收之于仓而兑之于军也统计松江府华上青三县兑运米二十万三千石改兑米二万九千九百五十石改兑粮运纳通州仓每石正粮外加耗米三斗　兑运粮亦运纳通州仓或拨京或拨边京粮由内河六闸盘剥然后到京为此每石正粮外加耗米四斗边粮又入泓船剥至巩华城密云然后到边为此每石正粮外加耗米四斗已上二项此正耗也每临兑时又于每百石正耗粮米外加几担名曰湿润以补沿途蒸折之数此又耗外之耗也正耗若干淮抚派之外加湿润若干府县主之

一某卫所粮船一只佥点旗甲一名运军九名运军撑驾旗甲总管每人一月口粮八斗每名共十二个月共九石六斗县官给卫官卫官给各军编入会计皆于彼处地方支领于华上青无干如松江所官军派运别处则于松江三县支领行月二粮亦与彼处无干

一查得淮抚议单一款每年漕粮俱限十月开仓十二月报完粮船限三月终过淮四月终过洪近因漕政久废万历四十年又立漕单开兑之期船到水次大州县限十日小州县限五日兑完不兑完者责在有司兑完之后即限过淮日期江南限二十日漕院坐京口催督运船运官有能如期过淮者淮抚印给荐票一张或奖票一张统候粮完如期奖荐如有司无粮军卫无船督粮司道及府州县掌印管粮官并领运把总指挥千百户各罚俸半年此题准事例也漕规虽严或以空船未来或以遏勒耗赠遂至耽延日久蹉过漕期运官无所借口捏称仓厫无米米色粗恶又捏称有司故意抑军毫不加耗触怒各台希脱已罪故某卫所空船以某日到水次当报也某卫所船到而卫所官未到当报也某船某日兑完当报也某船兑完开帮或未开帮当报也如此十日一报则运官无所容其譖而府县之贤劳者自然有荐而无罚矣

一湿润之外又有所谓纲司话会此向来套名盖收兑粮长与旗军私相授受每米一石出银二三分以充酒饭之费此府县虽知而不问者也但向有傍仓积棍名曰仓老鼠惯在就中刁唆撺掇为强军之向导细作先期访出此等积棍分调监侯粮船开完乃始释放昔年毛司理掌印常行之矣　往年收兑称中役仅费百金四五年来费及五六百金以至破家者一年六十名收兑岂堪破六十家之产乎此无他旧派太多每仓收米一千七百石故耳粮长承役修仓砖瓦芦席楞木有费雇募斛手有费雇募仓书有费工食有费使用有费自十月至五六月费已无经而纳户尚多挂欠收米如此其难也已而漕船既到县总仓棍暗通漕卒正耗之外吓诈多端明加踢斛淋尖阴讲纲司话会每百石米增十担外每一石银增一钱外稍不遂意凌虐粮长侵侮县官不满其欲不巳兑米又如此其难也至于大保大区借改折之名倩人代杖延挨不肯纳粮直待旗军催兑比较通关之时于是有折银减价使之不得不收者名曰抢收有先赊粮若干方纳粮若干使之不得不赊者名曰赊串若不抢不赊且并其抢收赊串之银米而俱无之矣派额米缺一石粮长自赔一石缺百石粮长自赔百石米价日踊赔价日多米不能赔而借债鬻产卖男鬻女随之矣虽欲不破家亡身得乎若使本区收本区行区运法派额既不至隔区寫保顽户不至旧口荒区奸民又不至望观抢收赊串此亦清弊窦之一策也又闻之运军与淮上漕书构同拣择用贿派船派江北淮泗之船至江南四郡之内抚道不得弹压则气必定咆哮往返二千余程则官弁反多违限何如常镇苏松自相更调以近附近视以远调近者果孰便孰不便耶此特在抚按仓漕一斟酌间而收兑受福不浅矣

寨有五

白茆寨在常熟县东北九十里海口天顺五年镇守都指挥使翁绍宗奏置每春夏苏州卫分委指挥一员千户二员百户四员领军士四百余人至此操练备倭置船四艘巡哨官军俱至秋末还卫

刘家港寨今称水寨在刘家港海口即娄江也去昆山县东七十里与嘉定接境河北岸元置分镇万户府于江北岸至正初又于江南北岸各立万户府共三区国朝罢万户府置巡检司三每司设弓兵百名又立烽堠六正统初金山有警侍郎周忱都指挥翁绍宗议此为吴地襟喉乃设寨苏州卫分委指挥一员千户二员百户四员领军士五百人海船八艘春秋分番巡哨备倭又开教场操练悉如白茆制

青浦寨二在嘉定县东南四十五里八都青浦洪武十九年镇海卫指挥朱永建堡城高一丈六尺广二丈五尺周回一百八十步镇海卫分委指挥一员千户二员百户四员领军士四百人守備一与前堡对峙洪武三十年太仓

卫指挥刘源奏建令太仓卫拨官军守備如前正统初翁绍宗遣太仓官军守崇明遂委镇海卫官军兼管

水寨在崇明沿海本处千户所委千百户领军士一千人管驾船出海巡哨

营有二

长沙营在崇明县东北四十五里海中为土堡一内设烟墩一座上为二铺戍卒二十名瞭望分委千户一员百户二员军士二百人驻札守備

明威坊营在崇明县治西明威坊内太仓卫分委指挥一员千户二员百户四员领军士四百人驾备倭船十艘守备又小船十马八十四正统八年翁绍宗奏置

墩台有二百三十四【隶巡检司者各系其下】

崇明县沿海共七十一处环东南北海岸每处相距二里筑土垒高五丈周围二十丈上建屋一间军士五人苇五束昼夜守望正统初翁绍宗置

烟墩在崇明县其制大略同前【围四十丈】沿海八座

上港　南海　曾姚港　张家港　下界浬港　大套　清潭港

西沙十座【卢志作东沙】

下桩港　东滑　钟家窊　出水套　鰕港　水窦港　南大港　陈八港　沈婆浜　潭子港

巡简司有二十九

吴塔巡简司在齐门外蠡口旧在吴塔移此【管阊门下塘山塘并娄齐二门外】

陈墓巡简司在陈湖东【管葑门外独野大姚至陆直浦已上属长洲县】

木渎巡简司在县西二十七里木渎镇【管阊胥盘三门外木渎横塘新郭三镇】

横金巡简司在县西南四十二里横金村【管二都三都并沿太湖地】

角头巡简司在县西南八十五里洞庭西山上【管洞庭西山】

东山巡简司在洞庭东山成化中巡抚王恕奏置【管洞庭东山已上属吴县】

石浦巡简司在县东南四十里浬川卿七保石浦镇宋祥符间设国朝洪武间于真如观署事二十二年巡简舒琇始建景泰二年移置千墩浦口烟墩十一座

石浦口　夏驾口　陆巷泾　唐梨泾　新塘口　张浦口　刁婆舍　太直港口　诸天浦口　潭港口　千墩浦

巴城巡简司在县西十五里朱塘鄉三保高墟村洪武三年置今徙置真义村烟墩十二座

状元泾　绰墩　圆村　真义　夏尖　景村　黄巷　李长坟　新村　严家桥　俞港村　徐公桥【已上昆山县】

白茆巡简司在县东北九十里抵海洪武初置烟墩十一座

白茆港口　新河　北港　金泾　唐浦　旧衙前　双浜　义塘　长亳　芝塘　河舍

黄泗浦巡简司在县西北八十里抵扬子江烟墩九座

顾沙港　黄泗浦港西　洋拗　新庄港　奚浦港　西洋浦　黄港　小陈浦　黄泗浦港东

福山港巡简司在县北四十里北抵扬子江东抵海烟墩十座

墅桥　新妇　陈浦　福山港口　顶山　龙王庙　曹桥庙　曲塘　兴福　兴塘泾【卢作新塘】

许浦港巡简司在县东北七十里北抵扬子江东抵海烟墩十五座

青墩　大弘　衙后　耿泾　九里　尚墅　陶舍　丁泾塘　双庙　四义　低坝　徐巷【卢作港】十里程　胜法　海洋塘【已上常熟县】

长桥巡简司在县东二里松陵驿东【管三都东西二十三都二十五都】

简村巡简司在县东南十五里充浦【管一都二都四都十九都】

因渎巡简司在县东南一百里吴溇村【管五都六都七都八都】

震泽巡简司在县东南八十五里震泽镇【管九都十都十二都十三都】

平望巡简司在县东南四十五里平望镇【管十八都二十都二十一都二十二都二十四都】

汾湖巡简司在县东北四十五里芦墟村【管二十八都二十九都】

同里巡简司在县东北十五里同里镇【管二十六都二十七都】

烂溪巡简司在县东南九十里严墓村【管十四都十五都十六都十七都已上吴江县】

顾径巡简司在县东三十里烟墩四座

月浦　烂仓　顾径沟【卢作经港】五岳塘

吴塘巡简司在县西南三十六里烟墩九座

青冈　黄泥泾　外冈　城西　石门冈　马陆　冯家桥　黄渡　沙冈

江湾巡简司在县东南六十里烟墩一十七座

沙浦　汤字圩　吕字圩　生字圩　南翔　周家浜里　周家浜外　衣有字圩　致字圩　东潜字圩　中潜字圩　西潜字圩　大场　胡陆湾　江湾　五圣庙　秦家店【已上嘉定县】

茜泾巡简司在州东北四十五里湖川乡即宋杨林寨吴元年改烟墩五座

七浦塘　花浦口　谢家塘　杨林塘　大赦口

唐茜泾港口巡简司在州东北五十四里新安乡即昆山镇巡简司洪武七年设成化间迁置东花浦口烟墩十二座

日字圩　向字圩　露字圩　新塘　职字圩　空字圩　风塘　上杜　寒字圩　同字圩　吴字圩　李字圩

刘家港巡简司在州东七十里烟墩六座

杨家桥　薛市门　小钱门　二十三都　二十五都　二十六都

甘草巡简司在州东七十里东抵海烟墩四座

黄浜　唐茜泾　钱泾　陆鸣泾【已上太仓州】

西沙巡简司在西八十里烟墩十三座

南沙　薛家港　茆五港　第八港　第九港　界沟港　水洪港　道堂港　陈子中港　秦坟港　川洪港　石家浜　第三小桐板

三沙巡简司在县北五十里烟墩七座

长敢　徐公浜　清水浜　北新河　新港　北白滑　澳□【已上崇明县信地】

水营中哨专守刘河海口讥察海船出入左哨派守川港防海南至施翘港一里北至牛角尖十五里东至大海右哨派守七丫港防海南至刘河三十里

陆营前左二哨尝日本营操练有警听调左哨分守六公填东至海口五里西至本填地十里北至甘草司界十二里南至茜泾界十八里后哨分守牛角尖东至海口五十步西至海口六家行五里南至川沙港三里北至刘河十里

嘉靖三十二年九月倭夷入寇远近震恐莫敢对敌明年三月由昆山直抵青阳港知县杨芷以飞舰断其上流勿令西过复命兵快诱战斩首十八级既又战于陈湖生擒二酋自是吴人始有斗志五月贼众九十二人由乌镇突入烂溪趋平望欲迫县城芷令沿塘举火赋疑有备奔钱田我邑水兵及嘉湖兵围之贼困三日自分必死是夜大雨因各收兵贼乘间夺湖州兵船屠戮甚惨芷知贼未可以力碎乃令射书贼营谕以祸福贼亦款答译其文云不敢相犯夜列帜贼见烧营由黎里走泖湖六月十一日贼犯石湖当事者以势不格利其西走芷独驾小舟率兵出瓜泾港邀战时湖水枯涩贼列伍逆上芷以钩攒抟之斩首十六级驰入城明日贼至夹浦桥转至三里桥登岸焚掠停舟顾公祠下舟皆重载逼县城会增筑城工匠兵夫蚁集贼度不能攻乃烧仓厫连掠民财而去居民妇女恐怖有自溺死者十三日至八斥十四日至平望所过焚掠甚众芷率哨兵蹑其后斩首六级十二月贼自柘林抵王江泾寻入烂溪至平望焚掠而返三十四年正月贼陷崇德掠五百余舟从南浔经梅堰至平望六里桥兵备参政任环伏沙兵将击之僧兵泄其机沙兵被害及溺死者甚众芷督兵船分列于桥之东西荡中夹攻斩首十五级飞礮击死者二十余人贼所掠财宝亡失殆尽会新城雨裂城隍庙灾恐贼弃舟窥城乃绕朱家桥据盛墩以扼之贼夜遁复屯柘林四月二

十六日贼复从嘉兴至唐家湖湖水汹涌贼不能渡芷又引兵阻战贼骇奔平望夺舟横渡芷令泅水者凿其舟而自屯兵截盛墩断其堤并布钉板于水底贼不敢渡会幕府调遣宣慰彭荩臣率兵二千来援我兵势合与贼战于平望荩臣为先锋斩贼首百余级转战至杨家桥斩首三千余级荩臣被创死我兵乘之生擒一贼斩首十八级远近称快皆谓盛墩捍御之力居多故更其名曰胜墩先是新城西北隅裂可四五丈贼势方张士民骇愕争欲弃城去守城推官何全劝缙绅出石协修而以寺丞吴涝督之一夕告竣人心始安六月七日贼在杭州掠官船载辎重而北由乌镇经烂溪抵平望十四日芷督水兵与贼战斩首三十六级生擒四人十五日夜由黎里出汾湖遁去二十三日贼由福山港突至郡城娄门拥入接待寺夺火器而去官兵追至阊门贼入太湖泊洞庭山下芷复于湖中率兵防御是夜贼复由枫桥经娄门还福山八月十五日贼众五十余人自南京而下掠十七州县至浒墅钞关十七日由枫桥直抵灭渡桥屯陈家庄官军毕集贼计穷迫十九日夜过五龙桥不知所出适有一人为之乡导遂入行春桥屯跨塘桥徐文奎家时与我邑仅隔一水日夜忧其突至幸官军追之急转至木渎佥事董邦政追及于荷花池贼扰乱自杀官军乘机殄灭之三十五年七月零贼五六十人突至牧犊潭掠吴知府庄又至汾湖掠叶主事家一鹿及伤人一臂而去遂掠周庄抵平湖九月贼屯沈亨家二十五日督察赵侍郎文华总督胡侍郎宗宪合兵进剿宿寇悉平

职方考镜　苏松为畿辅望郡濒于大海自吴淞江口以南黄浦以东海壖数百里一望平坦皆贼径道往故不能御之于海致倭深入二府一州九县之地无不创残其祸惨矣今达议松江之有海塘而无海口者则自上海之川沙南汇华亭之青村柘林乃贼所据为巢宜各设陆兵把总屯守之而金山界于柘林乍浦之间尤为浙直要冲特设总兵以统领又添游兵把总专驻金山往来巡哨所以北卫松江而西援乍浦也至于苏州之沿海多港口者则自嘉定之吴淞所太仓之刘家河常熟之福山港凡贼舟可入者各设本兵把总堵截之而崇明孤悬海中尤为贼所必经之处特设参将以为领袖又添游兵把总二员分驻竺泊营前二沙往来会哨所以巡视海洋而警报港口也内外夹持水陆兼備上可以御贼于外洋下可巡哨而相守亦既精且密矣但调募客兵不如练土著之兵可驯习而有常官造战船不如雇民造私船反坚久而省费是在当事者酌行之而已

海防志曰青柘南川达于宝山延袤二百五十余里一望平陆随处可登其川沙洼水深丈余翁家港虽浅然潮涨即可泊岸二港最深危急各该信地虽设兵往来巡哨第恐风雨晦冥之时巡兵各归信地而二处港口万一有警误事匪轻旧规南汇拨兵五十名委官一员带领专守川沙洼青村拨兵五十名委官一员带领专守翁家港俱听委官约束委官听该总约束遇警驰报各路官兵令剿每年春汛依期选拨汛毕歇班

李家洪孤悬海口东至宝山六里东北至吴淞所一十二里此口间隔在宝山吴淞所之中两难照顾贼若乘潮突入不移时直抵上海城下岂可不豫为之地近议大汛时吴淞所拨兵一枝哨守如遇有警听总镇提兵剿截而宝山兵亦星驰夹击庶几得策矣

翁港离羊山仅隔一水之遥岛彝望港门为便昔年倭从此登岸故议兵防守今海沙泛碛人呼为汇觜益称险地募浙兵五十名委官一员统练守之

川沙当年山一带水势潆洄亦昔年倭所从登因据川沙为巢万历十九年又倭艅特犯故议复洼兵一百委官一员统练守之

清洼深阔内可泊船连年海盗于此登劫应如昔年特造南北厂川沙宝山拨兵上海嘉定出饷以守之

李洪万历中海潮冲成大口吴淞之险移于是矣题设沙船五十只未几改调别用

海防之策有二曰御海洋曰固海岸何谓御海洋会哨陈钱分哨马碛大衢羊山遏贼要冲是也何谓固海岸修复备倭旧制循塘拒守不容登泊是也总督胡宗宪云防海之制谓之防海必宜防之于海断乎以御寇羊山为上策其言是也盖苏松事体与福浙不侔夫倭船之来必由下八山分艅若东南风猛则向马迹西南行过韭山以犯闽粤若正东风猛则向大衢西行过乌沙门以犯浙江若东北风猛则向殿前羊山过淡水门以犯苏松羊山在金山之东

大七小七之外吴淞江顺帆不过一潮而已其为贼之要冲虽与马迹大衢相若而淡水门捕黄鱼一節乃天设此以为苏松屏捍岂可谓远洋备御之难而以羊山与马迹大衢例论哉盖淡水门者产黄鱼之渊薮每岁孟夏潮大势鱼则推鱼至涂渔船子此时出洋捞取计宁台温大小船以万计苏松沙船以数百计小满前后凡三度浃旬之间获利不知几万金故海中常防劫夺海渔船必自募久惯出海之人以格斗则勇敢以器械则锋利以风涛则便习其时适当春天之时其处则又倭犯苏松必经之处贼至羊山见遍海皆船而其来舟星散而行以渐而至孤势气夺必远而他之敢复近岸乎不募兵而兵强不费粮而粮足不俟查督而自无躲闪之弊三利存焉此在他处皆无而惟苏松洋有之岂非天生自然之利也哉或问约束之法奈何曰迩来渔船出洋辅以兵船相须而行协力而战取甘结给旗票谨盘诘验出入船回之日当道委官抽税以助军饷此法必不可行也何也渔船专欲觅利兵船专司击贼其志不侔其力不协况所税能几何而欲分其所有也哉莫若兵船专于把港勿用出洋但令愿捕鱼者籍名于官立首领编旗甲保以耆民示以盟约如杀贼而有功也照例升赏永采捕若纵贼近岸则一体坐罪永不许其出洋凡渔利与所获贼资悉以畀之如此则渔人皆以御倭为已责感恩畏罪舍死直前岂不愈于专督兵船邪然吾郡所设松江海防又与苏州不同松江有海塘而无海港其设备也以陆兵为主苏州有海港而无海塘其设备也以水兵为主何谓有海塘而无海港盖松江之海起于独山而迄于小汤洼迢迢二百四十八里皆有护塘为之限隔高厚如城别无港以可以通海护塘之内外相夹皆水也在内者谓之运盐河又谓之横港在外者谓之堑濠又谓之护塘沟昔人所以筑此塘者为捍盐潮恐其害苗也明初用为金汤以备倭患设卫所墩堡于堑濠之外倭至则捍御于海岸滩涂不容登泊万一不支则踰堑而守倭进不得攻退无所掠护塘之功用岂小小哉迩年堑濠多湮护塘海岸合为一片寇至即聚于护塘而运盐河之内水田狭塍难于屯御为今之计必须浚治堑塘丕复卫所墩堡之法选陆委知兵参将精练于平时遇汛则分布信地协守互援无容登岸则松江海防庶几其无误乎

御海洋之说有言当泊舟于外洋山岛分乍浦之船以守海上羊山苏州之船以守马迹定海之船以守大衢则三山品峙哨守连联可扼来寇者总督胡宗宪也有言文臣不下海则将领畏避潮险不肯出洋合无春汛时令苏松兵备暂住崇明宁绍兵备暂住舟山而总兵官尝居海中严督会哨者中丞唐顺之也有言聚船于马迹山以为诸路水军老营仍于羊山设水营以扼贼入乍浦川沙洼由吴淞江口入苏松之路于大衢山设水营以遏贼入宁波温台之路专设海上总兵特造出海大舰如古拿飞舰飞虎舰戈船楼船将军之制仍大申出洋之令修复大晴风灾八桨等船以便行使者尚书马坤也有言守海者必先设险于险之外守之所谓海战之重兵必治战船備火攻而谨斥堠迎击于沿海之上贼未泊岸则为夹水而阵以遮击之贼既登岸则当随其贼艘所泊之处而直捣之是谓海上格斗之兵副使茅坤也但海中无风之时绝少一有风色即白日阴霾且飓风时作全军往往覆没虽以元世祖之威伯颜之勇艨冲千里皆为鱼鳖则海战亦未易言也故郑若曾云哨贼于远洋而不常厥居击贼于近洋而勿使近岸两言颇为知要

海中以风潮为主水操之法欲进则进欲退则退欲转折则转折回翔如飞横风斗风皆能调戗者惟沙船也其次则苍艟之类帆橹兼用亦可操演若广船福船皆不设橹所恃者帆耳其船重大顺风而往逆风即不可回乘潮而往送潮即不可回进退转折皆非所便也将欲操之于内港欤则又港形甚狭潮势甚迅兵船操者甚多大船顺风其迅如矢向前冲系舟遇即碎故断断不可行惟募柁工得人夺上风施火器迎而犁或或尾而追或合而围或横而冲总副参游注意遴选赏罚则可耳

松郡称水乡边则大海腹则泖浦尤不可不习水操法然古今论操法战法皆详于陆地而略于江海以风潮为主分合进退难也胜之之法惟有斗船力不斗人力如遇贼舟之小者则以吾大舟犁而沉之遇贼舟之大者则使调戗夺上风用火器以攻之当前冲敌者一舟之人皆赏观望不应援者一舟之人皆戮其赏其戮尤以督哨之人与舵工为重每船必设舵二副以备不虞每舵工必设二三人以防损失此战之之法也其在平日置船于陆地上集水兵演而教之兵械火器如何而设施金鼓旗帜如何而照会前后左右如何而列哨饥饱劳逸如何而更代昼夜风如何而防守山岛沙碛如何而收泊号令约束如何而转报习之于平陆用之于江海此操之之法也

奚杖蟾云海中有风时多无风时少舟易散而难且逐潮势而行若风猛潮平则以风为主潮勇风微则以潮为主风潮皆逆则回船向后而行风潮顺则一泻千里每日所行程途之数与东南朔南方向皆不可料敌船亦然故吾行若千里敌亦行若千里愈追愈远愈求战而愈不得况兵船分行大海渺茫有与我相望而见者有不可望见者昏

黑之夜起火为号则隐隐见之然亦不能辨其为贼船与我兵船也有时遇贼欲战而吾同哨离违则势孤有时邻哨相近敌舟又远难于攻击有时我兵遇合敌舟亦近可以战矣而风或大作舟在浪漕中低昂起伏方欲仰而攻敌瞬眼之间吾舟忽抬高一二丈敌舟反在下矣船出浪漕之时船首向天落漕时船尾向天兵士竚立且难况战乎亦有风不甚猛而怒涛为虐两舟相击即碎亦不敢战惟是舵工巧妙能战上风撞碎贼舟或乘风火攻或扬灰沙以迷贼目方得胜势所患者一舟冲前而余舟不至或一哨接战而余哨不援方其战时或兵四散远望麾旗而招之弗顾也张号以呼之弗听也战败则终不禁战胜则聚而分功及责之则托诸风帆不便今又皆传海战利用火箭与铳炮弓弩殆非也火箭惟微风可用若无风则帆不可焚风急则火亦反熄皆无益也銃炮弓矢因舟荡瀑发去无堆皆虚掷于浪中枪钯之类亦无用惟镖枪钩枪挠钩三件舟在上风者以挠钩钩住下风之舟以钩枪钩扯贼人之足以镖枪镖射贼人之身胥为有用之器

武经总要曰凡水战以船舰大小为等胜人多少皆以米为准一人不过重米二石帆橹轻便为上金鼓旗幡为进退之节其战则有楼船斗舰走舸海鹘其潜袭则有艨艟游舸其器则有拍竿为其用顺流以击之诸军视大将之旗旗前亚闻鼓进则旗立闻金则止旗偃则还若先锋游奕等船为贼所围以须外援则视大将赤旗向贼点则进每点一船进旗亚不举则战船徐退旗向内点每点一船退若张疑兵则于浦海广设旌旗樯帆以惑之此其大略也

游艇无女墙舷上桨船左右随艇子大小长短四尺一床计会进止回军转陈其疾如风虞候用之夫拍竿者施于大船之上每舰作五层楼高百尺置六拍竿并高五十尺战士八百人旗帜加于上每迎战敌船若逼则发拍竿当者船舫俱碎

艨艟以生牛革当战船背左右开制掉空矢石不能败前后左右有弩窗矛穴敌近则施放不用大船务在捷速乘人之不备

楼船船上建楼三重列女墙战斗树幡帜开弩窗矛穴外以毡革御火制炮檑石铁汁状如小叠其长者步可以奔车驰马若遇暴风则人力不能制不甚便于用然施之水军不可不备以张形势

走舸船舷上立女墙棹夫多战卒皆选用勇力精锐者充之往返如飞鸥乘人所不及金鼓旌旗在上

鬬舰船舷上设女墙可蔽半身墙下开棹孔船内五尺又建棚与女墙齐棚上又建女墙重列战士上无覆背前后左右竖牙旗金鼓

海鹘船形头低尾高前大后小如鹘之形船上左右置浮板形如鹘翼翅肋其船虽风涛怒张而无侧倾覆背左右以生牛皮为城牙旗金鼓如常法

已上俱古制

福船高大如楼可容百人其底小其上阔皆护板护以茅竹竖立女垣其帆桅二其中为四层最下层不可居惟实土石以防轻飘之患第二层为兵士寝息之所地枢隐之须从上蹑梯而下第三层左右各设水门置水柜乃扬帆炊爨之处也其前后各设木锭系以棕缆下椗起椗皆于此层用力最上一层如露台须从第三层穴梯而上两傍板翼如栏人倚之以攻敌矢石火炮皆俯瞰而发贼又难于仰攻诚海战之利也戚继光曰福船乘风下压如车碾螳螂斗船力不斗人力每每取胜若使贼船相等未必济也且吃水一丈二尺惟利大洋不然多胶于浅无风不可使是以贼舟一入里海沿浅而行则福舟无用矣故又有海沧之设

广船视福船尤大其坚致亦远过之盖广船以铁力所造福船不过松杉之类而已二船在海若相冲击福船即碎不能当铁力之坚也故倭船亦畏之但广船难调不如调福船为便易广船若坏须用铁力木修理难乎其继且其制下窄上宽状如两翼在里海则稳在外洋则动摇此广船之利弊也黄鱼船非以御寇也每年四月出洋时各郡鱼船大小以万计人力则整肃器械则犀利唐公顺之捧敕视师纳军门每府鱼船若干辅以兵船若千相须而行协力而战取甘结给旗票谨盘诘验出入船四之日该府差官收税于军饷大有助焉黄鱼出处惟淡水门在羊山之西两山相峙如门故曰门羊山在金山东南大七小七之外今渔船出海皆在松崇缺口孟夏取鱼时繁盛如臣镇然亦须候潮潮大势急则推鱼至涂否则无有盖月出潮长月没潮落月直潮平月斜潮退此利素为沙船所占夫羊山淡水洋乃倭奴入寇必经之道黄鱼出时乃春汛倭至不先不后之期此殆天意有在假手于山沙精悍之人出捍吾边鄙柔脆之民焉天时地利人力三者兼得亦东吴御寇之一策也

沙船沙民生长海滨习知水性出入风浪履险若平但此船惟便于北洋而不便于南洋亦仅可以协守各港出

哨小洋而不可以出大洋虽能接战而上无壅蔽火器矢石何以御之不如鹰船两头俱尖不辨首尾进退如飞其傍皆茅竹板密钉如福船傍板之状竹间设窗可以出镜箭窗之内舱之外可以隐人荡桨必先用此冲敌入贼队中贼技不能施而后沙船随后而进短兵相接战无不胜鹰船沙船乃相须之器也

王在晋类述云福船之小者为草撇船今名哨船又为海沧船今名冬船其再小者为苍山船卑隘于广福船而阔于沙船用之冲敌颇便温人呼为苍山铁船贼船入里海我大福海沧不能入必用苍船追之又可捞取首级近又改苍山船制为艟𦪇船比苍船稍大比海沧较小而无立壁得其中制艟𦪇之稍次者为铁头船首尾皆阔帆橹并用深浅俱便人呼为铁头以其坚而有用也闽人将草撇苍船改造鸟船式如草撇两傍有橹六枝尾后惟稍橹二技不畏风涛行使便捷往来南北海洋福草苍艚等无出其右温州有艚艚船亦不如鸟船之疾速可与沙唬船并驾焉唬船头尖稍锐舱阔桨多风顺扬帆风息荡桨吃水惟止三尺惯走远洋体式低小虽无冲犁之势进退殊捷可備追逐之需闽浙有叭喇唬船兵夫坐向后而棹桨其疾如飞有风竖桅用布帆桨斜向后准作偏柁亦能破浪甚便追逐哨探倭号曰軦帆盖惧之也轮船式如唬船而与唬船并速开浪船式如鸟船而比鸟船差小

兵船之能任重者为蜈蚣船东南彝用以驾佛狼铳铳重千斤小者亦百五十斤万稚川曰蜈蚣之气能逼蛇彝之制为是故兴

彀哨船为温州捕鱼船纲梭船乃鱼船之最小者鱼船于诸船中制至小材至简工至约而其用为至重以之出海每载三人一人执布帆一人执桨一人执鸟嘴铳布帆轻捷无垫没之虞易进易退随波上下敌船瞭望所不及是以近年赖之取胜擒贼者多其力焉

常镇

武进县志

秋粮本色起运兑军僨运糙正米内官监白熟细正米白熟稉正米供用库白熟稉正米光禄寺白熟稉正米白熟糯正米景府泾府养赡禄白稉正米府部等衙门糙正米牺牲所糯稻谷准糙正米南京各卫仓糙正米　秋粮本色存留存恤孤老口粮米　秋粮折色起运京库米折金花银阔白棉布折色布银府部等衙门米折银宗人府米折银公侯禄米折银甲丁二库朱漆料银供用库本色蜡茶银折色黄蜡银光禄寺篆笋料□□料银工部四司织造料银箭枝料银砖料银岁造段匹银南公侯驸马伯府部等衙门俸米折银禄米折银南光禄寺蜜糖料银柴薪脚价银南户部茶课银马役银扬州府仓米折银镇江卫浅船料银江北河工米折银轻赍银过江水脚银芦席银　夏税折色起运京库麦折金花银农桑丝折绢银户口食盐钞价银公侯麦折银南山川坛籍田祠祭署正麦折银扬州府仓淮安府仓凤阳府仓寿州仓亳州仓镇江府仓各麦折银马草折色起运京库草折银南供用库酒醋面局草折银南户部定场草折银镇江府草折银　衙门岁用起运修河米折银甲丁二库朱漆铺垫银官布铺垫银山川坛耗麦折银白粮车脚银贴役解扛银　衙门岁用存留府县官吏两学师生吏折俸银练兵并新增兵饷银芦滩课粒银　另解进籼银米以上惟兑军轻赍水脚芦席属军运余俱民运

万历五年巡抚宋仪望令行图运于时武进知县茹宗舜无锡知县周邦杰皆久于其事悉知其不可力止不行惟宜兴知县丁懋建新任求知于上始立图运法本县三百六十里里为图图审其人户田多殷实者为十甲甲轮为十年粮长以三百六十人代三十二人之役以十年纾五年之劳钱粮递相交纳官户运自县头而又每亩加编贴役银一厘有奇以帖通县烦役有差则运轻于众力均于分交纳不得愆期势家不得逋负小民无攀累之虞粮长无倾家之累法莫善于此矣独寄庄无籍囤户无人点解者止论区额不论丁田多寡稍有偏重而上革贴役运稍称烦唐鹤征曰每年审编奸民辄以图运法纷纷告扰余止之者屡矣或问曰以图易区人之多寡不等以十年易五年力之劳逸不等曷为图运之不可行也余曰五年一编审子其谓上户尚有役之所不及者乎抑已尽上户而概及中户间及下户矣乎或又曰焉有上户而役不及者实已尽中户而且波及下户矣余曰据宜兴之言谓岁以三百六十人代三十二人之役审然则以图易区其所役之人已十倍于昔以五年易十年其所役之人不二十倍于昔乎夫以一番编审已尽上户而及中下户矣今且欲二十倍其人不尽藉下户以充之一时上中户将从天降将从地出邪或又曰运轻于众力均于分虽以中下户充之可也余曰是诚昧之昧矣谓之运轻于众则明知运者之众矣运者之众安

能悉得其力之胜任者以中户任解即分轻而亦重矣今有百钧于此以乌获一人举之而有余令众懦舆之而不足乃均乌获于九懦之中而人令举十钧焉谓之均可乎虽三尺孺子知其不可者是人非不众也本懦则人虽众派分虽轻亦不能举矣或又曰富区富甲或一甲而几解业当粮长之实贫区贫甲止于催粮不失下户之常何至令乌获与懦夫均力也夫曰富区富甲一甲而几解业当粮长之实信矣然编审时之上户可当粮长之实者供伍年而不足乃图运时可当粮长之实者供十年而不乏虽以仪愕驾说鬼魅涨空欲掩借中户以代上户五年之劳不可得矣若贫区贫甲止于催粮则何县何州不责经催而独于图运乎或又曰粮长之害不过势家逋负民运重繁今官户自运贴役过饶即害亦轻独小民畏粮长如猛虎甘为鱼肉无有已时至无安食之家余曰夫言粮长之害即害亦轻既已明知粮长之利矣言小民之畏粮长如猛虎甘为鱼肉不知自攀报之时言乎抑自征收之时言乎自攀报之时言则必其索诈所费不及充役之费而后任受索诈求免充役耳此择祸莫若轻之说也苟索诈之费甚于充役人胡不任役而甘于索诈也且索诈所及亦必在可充可释之间万无及于繿缕褴褛之理编审之用人少则此辈犹可以贿求免若图运之用人二十倍于编审此辈之必不幸免可知矣以前择祸之道揆之其得失何如也且既行图运则十年审图其求免亦何异五年之编审谓其独无索诈可乎自征收之时言则粮长之抑勒加耗诚苦小民曾闻里甲独能视纳户如子乎其以钱粮之名挟里长之重抑勒需求数倍于粮长恐未已也或又曰图运行则交纳不得愆期势家不得逋负余曰此尤不情之甚矣夫图长何力能压势家使不逋负且谓之势家必官户也子不言乎官户既已自运矣则图长所压之而使不敢逋负者何等势家也交纳不得愆期则在有司之追比严与不严耳其在图长粮长乎据余所见除前诸害其不可者尚有五焉中人之家猝有水火疾病盗贼讼讦奄然替矣五年一编犹有始任而卒不任者矧以十年则其消长奚啻天悬宁复任役其不可一也图运必十甲轮运十甲之长焉得等富等贫间有富者其收九甲直其家所输之奇零余羡耳贫者轮收耗羡稍有不足其何以兑况一乡独富必多土豪其余里甲曾不敢望齿其仆隶强弱相凌何所不至其不可二也曩者屡禁里甲之团收犹恐不能尽禁今时令之主收其有侵欺花费谁得而禁之官一追比贫者有逃而已即令捕获岂能以其齑粉充我国课势不免复责之九甲矣其不可三也编审总部则其所解必多多则人辖一舟总部为政而舟人听命其避风波而急完纳理所必然图运则其所解必少少则众共一舟舟人为政而图长听命其任风波而不恤利俄延以侵盗事且迭见矣故十年以来独宜兴守冻者三他县总部一未之有也每一守冻则举县加银三四千两孰非民膏而若此横费哉其不可四也上户素习于运犹易集事中户乍任其役则途路之风波歇家之播弄内监之胁诈吁天无地欲不破家不可得已其不可五也或又曰然则何宜兴之曹言其利也余曰是何难见哉言而能达达而能诤必富有力者也富者利于以五年之中户代其十年再役之劳安得不称便宜兴船户皆有定额率有力者之舟不亦有力者之所挂名者也一年之运获数百金其尤贪横者运户不敢附其舟则以有司之势迫之甚而已附他舟中途犹飞檄追归其舟非以获利之重奚为而然也又甚而贫甲运户不能自行船户因而包揽倾家贴之途有疏失仍累运户幸而完解则执批需索至有鬻子女偿之而不足者船户之横如此有力者安得不称便也大都富有力者之言易闻贫甲受苦之言难达余具为难达者达其情不敢复顾富有力者之纷纷已

无锡都给事中侯先春书民运事宜考曰……京师在西北上游道路迂徐三千里余矣于是沿途有阻滞之患淤浅有盘剥之费暑湿有浥烂之虞风波有丧失之险关津有船料之税带砖带瓶之烦船户有抑勒之害水手有索诈之扰夫褁粮褚粟操艅艎之舟漫澜于江淮河济之间邅回困顿日与死为邻而复耗费无算舟抵丁字沽已脱万死一生之幸而白河之剥船通州之过坝其狼戾于船夫之手又无算自大通桥抵京以至投解内府各监局库其奸枝弊窦益又无算民命几何而不燋烂于灌输之役耶夫白粮一石加耗夫船车脚已费米九斗六升银八钱通正米四石始当一石则此二十余万石实为八十余万石矣又每石在途费民间米三石而少在京一石而余共四石通计前八石始当一石则此二十余万石实为一百六十余万石矣五郡之民独何辜而偏蒙赎累之极至此也议者谓当破拘挛之格以白粮寄派运艘则可以免解役之破亡而宽东南百一之费其说果行诚万世利然而未易言也顾民运之费浮滥不经利不归于国而害独丛于民如前所云者独不可一起而裁省之乎

土贡　白熟细米五百三十石零　洪武初内官监白熟细米系上方自膳岁独派常州府每进一千石武无宜

江四邑均输时定鼎金陵常在毂下故属之民运以地近而用力少永乐间行在北征命随驾起纳四县粮长僦民船装载运之累岁愆期宣德八年巡抚侍郎周忱请建红船二十只装运所在官司应给人力民甚便之弘正间以官司给力不无需候各瞻以撑夫工食之赀嘉靖初夫船尽革加添船钱贴夫诸费听粮长自行雇募初进正米三百余石日渐有加嘉靖末年加至六百七十余石后减至四百余石今岁进五百二十九石有奇

额兵　唐鹤征曰江南诸郡皆有卫吾郡城国初第设千户所僭乱既平所亦遂革谓在腹里也然澡港边江华渡边湖南湖西滆尤称浩淼若孟河则宛然接江之上流而当海波之冲矣不可谓为腹里也国初额设民壮一千二百有奇正德间裁其三之一嘉靖初又几裁其半而府县役占半之于时民俗殷富桴鼓不闻以司关门之启闭以备武事之观饰已尔嘉靖壬子海氛顿起焚掠郊保锦绣名邦几成墟烬始议召募县至三千人人费四五十金士既乌合将不知兵见敌辄奔不敢回顾稍后则皆负创死矣流血成川哭声震野乃议征兵远方则青齐之长戟燕赵之材官楚之组练韩之溪子龙渊蜀之巴賨叟兵夜郎百粤驰冰踏箐弯弩洞箐之酋罔不毕集又佐之以吴之艅艎未收全胜盖澄平日久即彼诸兵未尝见敌也幸主者决筴以夷攻夷始克扫荡然首尾七八年江南之兵迄无成效虽由其俗素勇于私斗怯于公战夫亦练之不得其道也不然破楚入越争长潢池吴人何以得志哉海寇既息兵亦日销县仅存若干名陆有总练则以指挥充之日以训练夜以扞掫水有水兵十里一舟舟有五人北至京口南至浒墅中自白家桥画为两总亦以指挥摄之以备水盗其余通湖通江诸港设有兵官皆自指挥以下军门所委用者乃倭入朝鲜声言分道入犯浙直闽广骚然烦费吾常亦议增兵余为督抚备陈往鉴止之不得盖时方奉旨饬毖傥不增兵虞人以慢事议之也然余意非谓慢不增兵也谓不宜增兵宜多积饷也自兵兴及今所费兵饷何止百万曷尝得一兵之用今虽渐销吾邑岁费尚万有二千余金即问诸总练万一有儆畴堪战乎吾知其必无以应也盖烽烟之息四十余年杀戮之惨人不复见额兵之设等诸役占十金买之岁可得工食银七两二钱以其半募人应役擅其半入已世间子钱畴妥于是然为此者率凭城社非特总练不敢谁何督抚监司知而弗问也彼受募者日银一分自非流乞不赡之辈谁忍就之此可称兵乎水兵所泊则土人悉为侵搅舟即供其私载舟不知操何况于战楫不能具何况于戈及以失事见督辄借盘诘之名恣需掳掠贾舶村舟不胜其困摄兵之官不无私焉即令增兵何以异是惟能积饷临事召募则依凭之徒必且不敢前而重赏之下其有勇敢乎

(唐鹤征)又曰夫寇贼奸宄虽至治之世不能尽弭然弭之之术不可不讲也吾常北滨江南滨湖四通八达绾毂舟车之口无有阻塞故滨江则有江盗滨湖则有湖盗由南而至者则浙之衢人为甚由北而至者则扬之渔舟为多凶年饥馑救死扶伤而起者不与也滨江之人不知礼法骋其雄勇习于济汨望两淮诸盐场盈盈一水凌风驾涛朝发夕返令食浙盐贵而且恶虽有密网乌能禁之故千石之舟百尺之樯一时鳞次捩柁扬帆之夫走死如骛之士中坚洞骨之器不戒而集盖其始未尝不以自御而乘便则以御人寻常以御人于江而伺巧则亦窃发于内地其行劫多至一二百人少亦不下五六十往年劫泰兴劫金坛且劫郡城无锡诸富室一夜劫宜兴河桥镇九十余家皆此辈也滨湖之寇悉在归乌长兴然亦二途归乌多水非舟不行故贫家亦具一舟富室或至数百小者仅受三四人大者可百石操之常用三十余人四橹八跳益之以桨日可三百里秋冬间时有三四舟或六七舟经行各郡县不问昼夜唱号鸣锣无所顾忌遇舟则劫舟有导之陆亦登陆……扬州鱼船春秋两至舟亦可受五六人然常联舸数十而至以西湖及宜兴诸氿捕鱼为由土人渔舟往往为之向导遇客舟则数舟攒之虽有勇者不胜其四面受敌矣迩年游方僧道更多为盗然亦非有土人和之不能独骋也衢盗似久不至惟日劫宋典者类之渔盗亦不能为大害即禁之俾不至无难也独濒江濒湖之盗弭之不易耳嘉靖末年江盗猖獗诸当事颇以为忧设法剪除二三年间诛戮流窜几无遗类既而长子养孙复守其业盖习以成俗势不能革乃者永生洲拘官缚卒几至大乱其焰之复炽可知已归乌水盗往尝一创于哨官姚恕矣时恕以捕盗功新任哨官督兵华渡恕亦多募吴江水兵自随湖寇适至谓往时水兵尔甚易之迎敌见恕兵便习器械犀利遂为夺气不数合杀死一人生擒九人余悉弃舟遁恕复用类推迹其所过抵因而捕获者又十余人余党唱言大举入报恕亦备之惟谨然诸盗实有势豪为渊薮会势豪父子相继死家败众散亦不复至郡境稍宁惟长兴之盗日炽……

内运河有常镇巡河指挥一员自白家桥上至京口皆其信地　西滆沙子湖哨船万历十年设委武举官一员哨守　华渡哨东南去城六十余里其地河道丛杂溧阳宜兴粟麦货船欲渡苏湖往来必由此河盗船多自湖州渡湖入港假充哨船每至辄有五六只每船一二十人结艅行使多入下埠以进内地或由无锡径越宜兴溧阳白日公行劫杀万历十五年添设兵船委哨官一员往来巡守　南太湖哨万历十六年添设兵船

正统八年三月漕运总兵官都督佥事武兴巡抚侍郎周忱等奏常州府武进县民言漕舟出夏港泝大江风涛险阻害不可胜言常州城西有德胜新河北入江江北扬州府泰兴县有北新河中间有淤浅有俱宜浚之以避大江险阻浙江都司署者指挥佥事萧华言永乐宣德间漕舟自常州府孟渎河出江入白塔河江行不踰半日今孟渎河游浅请浚之广东按察司知事黄武浙江处州卫指挥使牛通皆以为言事下臣等计议华等所言皆有据请先浚孟渎河其白塔河有四闸可于其中大桥闸筑坝候运河水泛则开闸行舟水落则仍闭塞德胜河亦宜修浚惟北新河计当役一十五万五千人一月方完比者连年灾伤不可兴大役请俟浚理孟渎河白塔河德胜河完再议上从之

宣德四年八月御史陈祚言扬州府邵伯闸堨旧设官二员民夫二百三十人置盘车挽过舟船今高邮湖堤及仪真瓜洲堨岸高固河水积满舟经邵伯皆是平流闸堨官夫书为虚设而白塔河上通邵伯下注大江凡直隶苏松常州及浙江诸郡公私舟楫以孟河至瓜洲江涛险恶多从白塔河往来然河既浅狭且有不平之处若遇少水未免艰阻如以邵伯闸堨官及夫移于白塔河稍加疏浚又置闸积水以通浙江苏松之舟实为利便上命行在工部勘实果利便则从之

六年九月直隶武进县民奏闽浙官民船只及今漕运必由本县孟渎河出逆行三百余里始达瓜洲坝往往为风浪漂溺县旧有新河四十余里出江正对扬州府泰兴县新河入至泰州坝一百二十余里至扬子湾出运粮大河比今白塔河尤为便利第岁久泥淤难通重载乞加修浚实为便利命平伯江陈瑄侍郎周忱审计

天顺元年十二月尚宝司少卿凌信奏江南运粮者泛大江至瓜洲堨有风浪之险宜从镇江府里河而里河自新港至奔牛一百六十余里河道浅狭又有三堨大不利车盘七里港口又有金山横阻江水不得入以故粮舟多冒险损坏宜通七里港口引江水灌入浚新港至奔牛一带为便奏下工部覆奏宜令管理粮储河道官佥都御史李秉及郎中沈彬提调附近有司通浚从之

正德二年九月复开白塔河及江口天桥潘家通江四闸先是总督漕运都御史洪钟言苏浙运舟由下港口并孟渎河泝大江以达于瓜洲者远涉二百八十余里往往覆于风浪惟孟渎河对江有夹洲可抵白塔河口旧设四闸径四十里至宜陵镇折而北郎抵扬州之运河于舟行甚便请开浚如旧至是成

独山在无锡西南三十里梁溪之水至此入太湖盗艘必走处也谓宜添设巡检司严其守御太湖内外之寇可以无患矣

练兵　嘉靖三十三年会计坐派海防银四千九百七两三钱九分九厘征收备用三十八年巡抚翁大立批开原派海防养兵等项名色一切革去仰县即于实征平米上每石征银六分俱作练兵是年该银一万四千七百二十一两有奇此后数目大略相同隆庆元年减派银七千二百十三两五钱六年减派银二千四百八十七两九钱四分以后年分兵银递减会派征解　按练兵之银始因御倭而设本非得已而亦未见实有可用之兵也况寇炽之时止征四千有奇寇平之后反增一万诚为无据乃今郡邑以抚字为职抚院重邦本之思递年减派岂亦有裁革之渐邪

靖江县志

沿江要害西有圌山门永生洲【属镇江】在江北则黄家港【属泰兴】江南则俞塘等港【属武进】而邑之小沙团太平夹黄等港逼之　东有巫子门【系海口】江北则狼山【属通州】江南则福山【属尝熟】杨舍【属江阴】而邑之永庆团青龙等港逼之防上流须守小沙团太平等港防下流须守永庆团青龙等港其西北接壤维扬处则有镇海市生祠堂永定营阴沙等处为江南北丛杂之地最易生奸

本县信地南自皇都港至天生港【计里三十】东南自天生港至青龙港【计里四十】东北自青龙港至孤山

港【计里四十】北江自孤山港至侯家港【计里三十有奇】各以兵舡布列

【按小沙永庆两团去邑最远奸宄易生而黄家港俞塘港与夫刘家沙唐沙等处尤为盗薮亡命逋儿日飞帆出没于烟飙波浪中声势不相犄角谓宜于小沙团设一重兵兵舡分置太平夹黄等港与隔江孟河相联则上流截矣复于永庆团设一重兵兵舡分置青龙等港与隔江杨舍相联则下流截矣今计不出此总司两哨俱安坐邑治而兵舡数只俱集澜港徒取便宜不顾要害亡论东西有警鞭长莫及亦岂固一隅以卫金陵之意哉况斗大一城仓库巡警自有巡捕员役卒有不虞居中策应复有总司是宜断断改图者至西北永定一营向为争界设今连年寇氛江淮为梗关系更重第土兵百名不当一旅且不谙步伐不习止齐櫌锄数事信可刮干戈鋋乎是可不为绸缪阴雨计也】

总练司万历十九年以倭警设统练水陆官兵　实存水营官目兵二百二十五员名陆营官目兵一百八十五员名

永定营天启七年设在靖泰分界处统辖哨官一员识字一名百长一名哨长五名土兵一百名官廪兵粮地方有田人户出

【朱得之曰国初惩倭之诈缘海备御几于万里其大为卫又次为巡检司大小相维经纬相错星罗碁布狼顾犬防故所在制有数百料大舡八橹小舡风尖快舡高把稍舡十桨飞舡凡五等至如定海昌国贡道所经切近彼岛则舡数倍蓰他处而以时出哨各有限准至各港次沓所又设水寨营栅以止舍之所以制御之者綦密矣岁久人玩法去盗生二十年来山颓澜倒当事者见不可用遂别募以充远征以御改造巨舰一切从宜而旧法因废不讲则亦惩咽之过矣愚窃谓卫所军壮巡司弓兵之类宜因旧法务足故伍或抽羡丁或佥壮士而以其半哨守其半团练更迭肄之俾皆可战或虑一时未习不足应猝则量留旧募与新调之选以备缓急久之或可尽罢一守石浦而循焉虽然此特治标云耳若夫约己裕人宜民酌损修明法纪变易风俗力挽衰颓黩冒之习务敦忠实节爱之政是谓自治是谓先为不可胜则存乎其人焉耳矣

陈侯函辉议　靖江三面临江东北通圌狼东南接江阴战舰艅艎久宜日习若陆行出西门延袤而北通泰兴不过六十里耳其间别无险阻可凭关河足恃惟是泰靖交界之地有河一线划分南北原有永定一营民兵百人屯集其地使此河不塞固垒深沟尽可界限戎马奈连年淤塞仅存河形不独旱涝无资封豕长蛇不犹枕席过乎更二十里则有镇日生祠堂系北来便道为盐盗出没之地关切尤近于此设立营堡因林就薮可以设伏稍折而东则孤山一垒亦可乘上临下处处伏兵所谓守在藩篱者也】

镇江府奉旨增造座闸记

我镇江府丹徒丹阳两县所通舟之河为漕河河绾东南运道口地形高于常苏不啻三四五尺每冬月水辄东西泻西以江潮冬枯则泻而西入于江常苏霜降水落也则又泻而东下如建瓶然西下京口闸之板谓可防水西走矣东注则无可奈何以漕舟之艰于行也往往议挑河两县河身亘长百五六十里不问河流浅深率多为坝以戽水河浅深不一又亘长难于水之去比挑未及半而漕舟首尾相衔至辄又停工以放运水既戽去时则又难于来每年循习如此国计民生两有妨……

江宁庐安

江防【徐孚远】

长江自蜀峡而下至于瓜仪首尾数千里国家无处不设守兵分守地然特以备小偷出没期于会哨无大警而止耳不足以当巨寇也何也沿江之守聚则不少分则不多扼险不过数处而分地乃有百千宜其无所恃缓急也承平既久武备日弛近者流寇发难往来攻掠无所禁御而自长江以南限以一水仅而自完然贼之欲窥此非一日矣蕲黄之间为其孔道不足复言又尝下至淮浦上遡井络竟长江所极无地不控一处不牢则所至靡烂矣然不据我要地示以形势而缘江为守此正宋臣汪立信所言长江七千里百里万人当七十万乃足也即国家安得此兵力哉愚尝考之自汉以来至于国朝缘江而渡与扼江而守之事而后贼所欲渡之处我得据崄以制之缓急轻重之势可验而知也贼今者分半自郧房而至洋梁将入夔州使蜀人拒之不得入峡则乘江而下其一道也刘先主伐吴令将

军黄权督江北诸军而自率诸将自江南巫峡而出晋人伐吴王浚唐斌以巴蜀之师由峡江隋伐陈杨素以舟师下永安出蜀江唐讨萧铣李靖自夔州顺流东下峡江吴曦举蜀降于金约以舟师由嘉陵东下是也既已出蜀江则由荆门夷陵而至江陵其一道也魏文帝伐吴吴将朱然守江陵时江水浅陋魏将夏侯尚作浮桥以攻城晋伐吴杜预向江陵宋南郡王义宣荆州刺史沈攸之皆自江陵下西魏伐梁元帝于谨渡汉自黄华四十里至江陵隋伐陈荆州刺史刘仁恩出江陵唐伐萧铣李靖自荆门宜都进至江陵黄巢在荆门为曹全晸所败收众渡江宋太祖伐江南遣曹斌自荆南发战舰东下元伐宋伯颜已东下宋将高达以江陵降元主喜曰荆南既定守鄂之军可以无忧是也由江陵北至襄阳其一道也晋杜预镇襄阳以图伐吴梁武帝自襄阳起兵隋伐陈秦王俊出襄阳元伐宋围襄阳数年而后下是也自襄阳至竟陵出汉口其一道也隋伐陈秦王俊屯汉口节度诸军梁武帝遣王曹诸军自汉口济江元伯颜由襄阳入汉声言取汉口渡江遣奇兵袭沙芜口夺之因同汉口开坝引船入沦河转沙芜口以达江是也由汉阳北至黄州府循西陵旧迹以下其一道也陆抗表吴主曰西陵国之藩表既处上流若一旦失之敌便顺流星奔电迈此安危之机也元世祖南伐至黄州渔人献舟为乡导世祖登香炉山俯瞰大江元将董炳文言于世祖曰长江宋所必守臣请尝之率艨艟鼓擢疾趋北军遂渡江是也既已渡江即抵武昌其一道也魏武帝临江周瑜住夏口宋荆州刺史沈攸之南下齐高帝以夏口冲要乃以柳世隆行郢州事以拒攸之梁武帝起义自围鲁山以拔夏口黄巢渡江攻下鄂州元人渡江亦先取鄂是也夏口既下或顺流至九江其一道也沈攸之南下齐武帝曰寻阳地居中流密迩畿甸乃留屯湓口梁武帝拔夏口即缘江上道至寻阳江州刺史降金兀术南寇一军自蕲黄犯九江是也既至寻阳即直指石头其一道也宋孝武之讨元凶桂阳王休范之起兵皆自寻阳抵石头是也至芜湖据姑熟其一道也梁武帝受江州降遂至芜湖是也或掠江西亦一道也黄巢渡江掠饶信等州金人渡江由大冶趋洪州是也如我军固守襄汉贼无顺流直下之势复从蕲黄步来则庐州其一道也吴人时从合肥以攻魏而作堰濡须以自保魏武军居巢吴大帝守濡须隋伐陈韩擒虎出庐州扬行密在庐州自铜官渡江袭宣州金人自柘皋河入寇刘琦拒之于此金主亮南侵入庐州是也和州其一道也苏峻自历阳反陶回请庾亮守江西当利诸口亮不从峻济自横江登牛渚宋元嘉中魏主南侵遣永昌王仁出横江侯景攻拔历阳自横江济采石陈高帝秉政梁任约等自采石径向石头隋伐陈韩擒虎自横江宵济采石隋辅公柘自历阳渡江取丹阳宋曹彬自采石以浮桥渡金兀术南寇分一军自滁和入江东宋虞允文舟师败金主亮于采石开禧构兵金人进围和州屯于瓦梁河我太祖自和阳渡牛渚矶以拔采石是也太平其一道也王敦反举兵姑熟苏峻袭破姑熟以取盐米梁武帝东下据姑熟侯景自采石袭破姑熟韩擒虎自采石进攻姑熟半月拔之金人乘杜充无备渡江拔太平元人败贾似道于池之丁家州太平遂陷陈友谅陷我太平奄至石头是也扬州及瓜仪其一道也魏文帝伐吴亲临广陵者再桓玄篡晋刘毅等袭斩桓弘于广陵即济江宋文帝元嘉中魏主南伐遣鲁秀出广陵魏主自出瓜步宋废帝之乱崔慧景自广陵济江隋伐陈贺若弼于广陵济江金主亮南侵至瓜州临江筑台李全谋反欲取扬州以渡江既闻二赵入扬州攻之不克是也通泰其一道也唐江淮都统遣将邓景山自海陵济江趋常州以拒刘展金人南下宋高宗在镇江问群臣去留吕颐浩欲留王渊言镇江止可捍一面若金人自通州渡江以据姑苏则奈何是也既已渡江不趋金陵而趋京口亦一道也宋崔慧景渡江至京口徐州刺史开门纳之唐刘展邀节钺举兵自广陵渡江袭下蜀陷润州而后攻升州孙儒举淮蔡之兵渡江至润州而后南攻宣州虞允文已破金人谓李显忠曰敌入扬州必与瓜州合京口不可无备显忠分兵允文还镇京口是也凡此诸道自来入江之事备其变矣要而论之则有二焉自荆楚入江者顺流而下全乎用舟楫者也自淮甸入江者截流而过不必预谋水师掠舟而济济则弃之可也从荆楚而来者彼则聚众而进我当量远近而为之备远则鏁绝襄樊已过则立栅湓口近则屯守梁山又近则保石头据新亭此江左立国守御故事也从淮甸而来者彼则无所不攻我则无所不守当宿重兵于淮南就其缓急而为之分配使我常有出而向之之势昔韩世忠屯兵八万于山阳而金人不敢南下保江之要无出于是也若退而自保则形势与敌共之矣叶边知建康上言孙氏尝以江北守江自南唐失之今乞兼制江北宋朝从其言赵范上书史弥远曰敌若有淮则长江以北港汉芦苇之处皆可潜师江面数千里何从而防即此知守于江外不当守于江内也从荆楚而来者非有强敌即大将握重兵而轻下流者也如其来也势必重大未有偏师出不意而至者也故不宜轻与接战须扼险以老之昔之善守者每避其始至而击其惰归敛我实力而聚于坚城也从淮甸而来者则不当以势力多少论也自曹氏父子及符秦元魏拥众百万而不能渡江而苏峻侯景之徒轻兵数千径至京邑莫可控御故扼崄而不进虽众不足越崄而卒至虽少有余我太祖既渡江谋下集庆

或有以晋隋之事谏　上以兵力不足者　上曰我已控上流可遂克也卒不烦攻而下此二路用师多少之数也荆襄远而乘水竞下则似远而实易淮甸近而水陆兼进主客相持则似近而实难昔郝经为元世祖谋下江南欲以轻兵缀襄汉而别出二军一军出寿春一军出淮扬以渡江以虚用襄汉而以实用淮扬者远近之势也然其后伯颜南伐自率大军由襄阳入汉令刘整一军出淮南整白伯颜欲自扬州渡江伯颜不可而遣阿术溯流至青山矶渡江遂入鄂刘整以功后阿术为恨此则淮南渡为难而襄汉渡为易也今观流贼乌合乞活之徒饥则四掠饱则他徙乘瑕而进遇坚而退非有牵此出彼之奇非有用实击虚之势其所赖枭贼皆以骑取胜则一意用骑虽从贼之人所在如云然不能整练步兵为一军使步骑兼济而况能释鞍马而事舟楫以与我争江湖之利也唐末之乱剧贼黄巢始自淮南渡江入宣浙至湖南沿湘江而逼荆襄复渡江而西大掠诸州又自采石渡向北且水且陆时北时南岂尝豫蓄舟楫临渡而用之乎则其实有过人之材能因势而设奇也今此流贼其不能已可见矣特其在楚既久穷困无所掠或欲沿江东下以延旦夕之命江湖群盗及舟师贾客可掠以载者所在不乏如其顺流缘道乘隙登岸西则饶信东则宣歙无向不可我岂得坐守石头不为之所哉愚以为御荆楚入江之贼当于樊襄二口练治水军张设形势断其来路如宋人之所以拒元师者则贼必不敢舍长用短窥我江道矣不然而縱其入江从下拒之则气夺而易溃从上邀之则已过而难及未见其得算也虽然江南之立国自上流下攻者九而成事者三而已若自历阳姑熟而至者往往一举而破石头秦毕孙杨之时江淮云扰南北无复障蔽固其所也至于王敦苏峻之徒京邑清閟藩镇森立而一旦发难遂已不支然则金陵之守不足恃也贼若自淮而窥江则江外重地上自寿春合肥下自真州瓜步必得精兵数万分所其间自为首尾往来击应而又先搜巢湖之水贼练通泰之盐徒安插溧水阳羡之怨民无使从贼为之接济则虽有强敌犹不能不临江叹息况于此辈蚁聚豕突能为我患乎宋自瀛公之时元人势重然其谋臣犹谓不当一路进军欲下襄樊必出淮南以牵之欲下淮南亦先绝襄樊之援然则使荆楚之贼不临江汉则虽突至江北未敢遽图截江使江北之守屹成重镇则在楚者亦未敢肆志南下也

守江犹守边惟当扼其险要不能尺尺寸寸为守也贼不知大势岂能出古人用兵牵制之法以困我但方今江楚二省皆大阻饥万一内变小动便枕席上渡贼矣故重兵镇要害固是长策而有司抚绥之功尤至急也

长江天险虽限南北然必待人而守不然投鞭而渡直易易矣请于古今形势而凿凿出之谭江防者应无能出甚右

张虞卿曰历考前世南北战争之地魏军尝至瓜步矣石季龙尝至历阳矣石勒寇豫州至江而还此皆限于江而不得骋者也然江出岷山跨郡十数备之不至一处得渡皆为我忧使我斥候既明屯戍惟谨士气振而人心固矣恃江而阻可也虽无长江之险亦可也符坚百万之众马未及一饮江水谢玄八千锐卒破之于淮淝岂非其效欤不然五巢以奇兵八百泛舟即渡吴人有北来诸军乃飞过之语韩擒虎以五百人宵济采石守者皆醉遂袭取之由是观之徒恃　不足与守鲜克有济矣曹操初得荆州议者曰东南之势可以拒操者长江也操既得荆州蒙冲战舰浮江而下则长江之险已与我共之独周瑜谓舍鞍马而仗舟楫非彼所长赤壁之役未有成功至于羊祜之言则以南人所长惟在水战一入其境长江非复所用他日成功略如祜言故臣以谓有如瑜者为用则祜之言谓之不然可也无如瑜者则祜之言不可不察也彼　说者谓敌人以马为强而江流迅急渡马为难敌人便于作栰而江流迅急非栰能济是未知侯景以马数百一夕而渡王浚自上流来未尝作栰也州县一也有最为要害者津渡一也有最宜备豫者符坚自项城来寿阳侯景自寿阳移历阳孙恩自广陵趋石头王敦渡竹格苏峻泛横江侯景渡采石考前世盗贼与夫南北用兵由寿阳历阳来者十之七由横江采石渡者三之二至于据上流之势以窥江左者未论也

宋之论边防要害者有曰自古倚长江之险者屯兵据要虽在江南而挫敌取胜多在江北故吕蒙筑濡须坞而朱桓以偏将却曹仁之全师诸葛恪修东兴堤而丁奉以兵三千破胡遵之七万转弱为强形势然也淮甸郡县不必尽守故城各随所在择险据要置寨栅守以偏将敌来仰攻固非其利若长驱深入则我缀其后二三大将浮江上下为之声援敌之进退落我计中万全之策也又有曰无为军巢县之濡须及东西关山川重复盖昔人尺寸必争之地大率巢湖之水上通焦湖濡须正扼其冲东西两关又从而左右辅翼之馈舟既已难通故虽有十万之师未能便寇大江得逞其志淮西虽号地平而水陆要害皆可战守稍加措置未易轻犯又有曰若金重兵出淮西则池州军出巢县而江州军出无为军便可为淮西官军之援又有曰自建康至姑孰一百八十里其险可守者有六曰江宁镇曰碙

沙夹曰采石曰大信口其上则有芜湖繁昌皆与淮南对境其余皆芦荻之场或碕岸斗绝水势湍险难施舟揖又有曰采石渡在太平州界下马家渡在建康府界上宣化渡在府界下采石江阔而险马家渡江狭而平相去六十里皆与和州对岸昔金人入寇直犯马家渡杜充以万众不能捍亦尝分兵犯采石太平州以乡兵御之遂退虽杜充处置有未尽善亦形势使然马家渡比采石尤为要害又有曰和州乌江县界可自江北车家渡径冲建康府马家渡徐州金□县可自江北宣化渡径冲建康府之靖安兼泗州盱眙有径小路由张店上下瓦梁盘城亦可径至宣化不满三百里兀术曾于此路来至六合下寨并自上瓦梁下船直至滁河口可以入江宜于靖安渡硇沙夹相对三处防守所有北岸滁河口宣化两处来路应和州东地分宜严切堤防【又有曰昨来金人自黄州张家渡渡江由湖北鄂州武昌县上岸方入兴国军大冶县界取山路以犯江西宜于兴国军大冶县通山等处摆布防拓又有言曰汉阳沌口系汉江下流湖北帅司所隶尤宜严切堤防】

嘉靖二十九年定沿江信地责令将领防守南湖觜守备南岸自城子镇至马当北岸自龙坪至小孤山二百六十余里领原设兵船而以九江一卫属之安庆守备南岸自香口至池口北岸自小孤山至六百丈二百九十里领水兵五百名而以安庆一卫属之新复荻港把总南岸自池口至大信北岸自六百丈至西梁山三百二十里领水兵六百名而以建阳一卫属之游兵把总南岸自大信至高资北岸自西梁山至黄天荡三百三十里领水兵一千二百余名而以游巡军兵相兼分布圌山把总自高资至安港一百五十里领水兵民壮八百名而以镇江一卫属之仪真守备自黄天荡至新港一百四十里领水兵三百名而以仪真一卫属之瓜洲镇巡江卫总操江水兵亦属焉仍与扬州府江防同知协同防守本镇民事则同知理之守备不与三江会口把总自新港至庙港一百五十里领水兵八百名南湖觜守备驻札湖口安庆守备驻札雷港荻港把总驻札荻港游兵把总驻札上新河仪真守备驻札仪真江口圌山三江会口各驻札本处不许仍前住居城市

建炎南渡司谏吴表臣上疏言大江之南上自荆鄂下至常润不过十郡之间其要不过七渡上流最急者三荆南之公安石首岳之北泽中流最急者二鄂之武昌太平之采石下流最急者二建康之宣化镇江之瓜洲此七渡当择官兵守之其余数十处或道路迂曲水陆不便非大军往来径捷之处

足兵训武疏

一曰增战船以防水攻长江天堑舟战为上高穑巨舰驾用多人旋转不便若沙唬二船沙船阔底平可贮正兵唬船形尖身疾可贮奇兵为用甚亟旧制十年一造五年一修然而旋坏旋修则兵得船之利而官亦省造之费似不必尽拘年限新江口船旧四百有奇今存者百十只耳作头图侵恣意延阁风雨朽壞薄板稀钉竟难冲浪水营兵船多不满百贪弁染指柳质易腐近更修饬载兵无几篙师舵工手疏目炫胶舟可虞合无以造船职掌总属兵曹专督岁修江海之滨舟操若神者实繁有徒与兵偕选双轮激水之类并考形同造此水军之急务也更有宜议复说者诸营外列江口最要成祖屯重兵江上以文武重臣统率之旧例官军住宿早晚点闸步难离今厌薄险远如御魑魅官弃伍而家居卒舍舟而城处缆舟漂泊寂无人知诘其所以则江岸倾滩营场圮坏将台军垒湫淋泻湍重镇军机废弛至五六年矣徼天之幸时不再得亟宜培拓迭基容畜操众疏开两河停泊舟橹修复窝铺顿插巡军卯酉如故舟师箭射火攻逐梓习把总六员缒舟画地方分守仍与水营游兵营绳贯聪为常山蛇势以六分中守以四分为两支同水游兵防观音港河口龙潭诸处而哨官带领一出哨于梁山与荻港营兵会一出哨于天宁州与仪真兵会上下江注来搜捕贼窝更番迭出首尾交错血脉流荡汛地游兵营亦期会适中处随众习操免致抛零武艺生涩庶江险为我兵所据而敌不得乘耳又查嘉靖年间兵部因事预防有四面营盘选锋伏场之建南如石子岗东如土山西如望江楼北如仙鹤观麒麟铺东山寺等处墩台累累一以控扼地形一以埋伏人马承平日久或土民侵占或荒芜积草今西尚有而东南北三面旷然失陷旧趾可寻可不亟行查覆整立守望春秋阅视播威武以摄不轨之民乎新江口抵江浦驿三十里程耳近闻新河相望颇近一苇可渡宜有重险以限长流得无新江口船额告复其旧分支船以卫浦口东西两岸对守戒严贼泥水则夹击之便从陆则摧遏之易乎

夏曹纪事

国初起运漕船皆造于南京龙江关提举司永乐年间省直粮米民运至淮派拨军船因改建清江厂于淮安宣德间各省粮俱改本地交兑船亦撤回团造惟南京军船不过江止寄泊瓜仪二坝江南粮米仍民船装至坝交卸故船仍在淮成造至万历元年改瓜洲坝为通江闸南京军船径过江直抵水次领兑漕运都御史王廷瞻题请工部复议遂将南京各卫运船复归龙江厂修造缘各卫军住南京费出南部木由南关抽分以便就便故费省而船坚二十八年淮厂匠作鑚谋运总条议改归清江厂木价既多且匠作不坚板薄钉稀不久辄壊兼以军士守候经年运官监督不便而空船回坞看护尤难南科祝世禄随疏其苦下部未覆迩年丁甲疲累日甚万历四十三年南大司马黄钟梅公乃上疏请复归龙江厂听南工部自造此诚苏军救运之急务乃命下工部竟置不覆众所称便而庙堂之上若不与之便所未解也

年来运务废壊极矣船缺甲疲苦累运官降革监禁破家亡身者相望不绝每遇选用即赴汤火不啻畏也万历四十三年武选郎王宇议将各卫船甲酌量丁力通匀增减以救之盖诸卫运船不齐有多踰百六十只者有小不及二十只者向原随丁力而派日后人户消长卫事变更昔繁今简者虽增之不病其厉昔殷今乏者非减之莫苏其困矣况增者仅数只而减者间至数十只酌盈济虚实急救运困第一议大司马黄公慨然举行乃移咨漕抚值人言杜门遂高阁置之抑亦运卫之不幸也穷则变则通以俟后之贤者

条议上元县事宜四款　前任知县程三省……一改漕粮照得兑运乃惟正之供漕粮实国储攸系事体重大上江二县难应独免但人臣谋国惟择便宜事苟利民无嫌易辙使外郡之粮不运南都则上江兑粮无从抵补仍旧可也查得各省粮米岁运南仓者不下百万余石而上江之粮复从北兑无论常例有费耗折有费水次有费以至淋尖踢斛等弊刮尽民膏即过江芦席楞木脚价之需总计十分有六倘以在京之粮实在京之储前项皆可省也若外郡粮米则不然既已运至南都仍复搬至仓所耗费不赀兑运尤便矧上元平米正副不过二万有余以彼易此甚觉轻便亦何所禁而不为之一转移哉先经大司农山西王公条奏事宜曾议及此竟以事件颇多概未议覆今若择其相当者一更易之亦万世之利也

改兑议　前人　国家两都并建于是粮运有南有北南粮皆来自湖广江西浙江等处至于上江两县则又有过淮米而付军兑运查得两县改兑正粮上元止该三千六百七十石江宁止该三千二百七十石因兑【与军】于是有过江脚价船价芦席铺垫加耗等项于是上元共该本色米四千八百五十余石又折色银一百七十二两准米三百四十五石江宁共该本色米四千三百一十余石折色银一百五十三两准米三百七石几增三分之一矣若使将二县之粮尽改为南粮则加派可免而官军又可免役一岁所省亦不赀矣或曰过淮有定数改此则将何以补之查得嘉靖庚申年分因南粮不足供军蒙总督侍郎黄公奏将湖广等处过淮粮改为南粮若干石卷案尚存惜乎当时议不及此而两县又不以上闻遂使良法美意湮阂至今今若将原改之数照旧仍令过淮而以两县运数抵之岂不两便乎上江两县乃国家根本重地其差粮虽与各处等而杂役则倍之盖有内府及各衙门人役供应皆取给两县此他方之所无而此方之所独者今既不能减免而借此一转移间少苏其困岂非不费之惠乎矧今诸司建白纷纷苟有利于生民庙堂无不采而行之顾未有议及于此者倘不弃刍荛以之转闻焉地方曷胜幸甚

万历二十九年知县茅一桂建闸说略……即本县（句容县）之兑运本色米三万三千余石皆可由三岔河入闸水运至铺头起陆以达龙潭仓省车脚费约八九十里石计一二斗溧水等四县岁运食盐三万余引由仪真渡江新河口起陆至铺头入闸水运至三岔河以达各县亦省车脚费约八九十里计四钱零此其明效大验也且河不假开凿水不假穿引识者称天造地设之利句容有焉士民之请建闸其略如此

高淳县志　韩邦宪东坝考

明兴　高皇帝定鼎金陵以苏浙粮自东坝入可避江险洪武二十五年复浚胥溪河建石闸启闭命曰广通镇设巡司税课司茶引所当是时湖流易泄湖中复开河一道而尚阻溧水臙脂冈乃命崇山侯凿山通道引湖水会秦

淮河入于江于是苏浙经东坝直达金陵为运道云崇山侯者李新濠人也初以建孝陵功封侯焚石而凿之费油麻不赀石尽赤冈脊本易通有严氏者虑损其田以女赂侯故迁其路侯坐极刑死时洪武二十八年也明文皇帝迁都于北运道废永乐元年苏人吴相五以水之为苏常患也引单锷议奏改筑土坝增设官吏岁佥溧阳溧水人夫各四十看守自是宣歙诸水希入震泽矣而坝犹低薄水间漏泄舟行犹能越之正统六年江水泛涨坝大决苏常潦甚国税无所出周文襄杨贺一大集夫匠重筑之钦降板榜如有走泄水利渰没苏松田禾者坝官吏处斩夫邻充军十二年张惠等奏复故河道勘行屡岁未决成化四年施普奏阻之十二年牟都御史时溧阳令靳璋又议复常民张湍又奏阻之大抵利塞者坝下诸郡利开者坝上也后车夫与商争利于陆行正德七年给都御史俞以故例乃令镇江判齐济舟督责增筑坝三丈自是水尽壅高淳之圩田日就圮矣顾其时愬辞往复在开坝未有言减税者里甲顿耗其半嘉靖初宫保李公充嗣奉敕徧询水利有白子俊者呈复坝河乃命治中周通判吕勘行开浚会岁歉止欧夏两抚台时程仪凤再愬之然意在通舟耳三十五年倭入寇商旅由坝行者络绎不绝沿坝居者利其盘剥复自坝东十里许更筑一坝【即古分水堰处】两坝相隔湖水绝不复东今坝官及溧阳坝夫俱不存矣

庐州府志

江防　本府所属无为州东南滨临洋子江上接桐城六百丈巡简司下距和州裕溪巡简司计二百三十余里江心与铜陵繁昌等处为界沿江原设土桥泥汊奥龙河三巡简司官兵巡缉迩年江洋多事万历元年操江都御史洛阳董公尧封建议题请以本府同知兼管江防并改无为州同知移住泥汊司专管其事仍以徽宁兵备道督理增置兵船分布防守　土桥河巡简司上自石灰河起下至鲤鱼口共七十里中有化鱼口宋家湾对江十里为杨林洲与江南信服洲白沙洲相近号为三江口芦苇丛生乃盗贼渊薮　泥汊河巡简司上自鲤鱼套起下至薛家湾共五十里中有小河一道通本州及庐江船只往来　奥龙河巡简司上自薛家湾起下至奥龙墩共八十里中有小河一道通本州船只

凤宁徽

宿州志　宿之诸河惟睢河为大巨舰恒榛集焉东流至灵壁北境则谓之小河以其通于宿迁大河故以为小浍河至灵壁之固镇其流始大亦可通巨舟余俱涨涸不常而灵壁之汴沱蠏洨则又淤塞过半惟可以泻湖水耳宿之诸湖亦多淤而为地军民杂耕有年矣然潦则无收故未尽征其赋自睢河至浍河南北相去五十余里运粮二沟界其甲因故道而开浚之则二河舟楫可抵州城宿之军民欲举是役者众以用力少而为利多也或谓睢水泛溢恐有灌城之虞故当事者未敢主议云

淮安

淮南水利考

禹贡曰沿于江海达于淮泗注曰顺流而下曰沿沿江入海而入淮禹时江淮未通故沿于海至吴始开邗沟隋人广之而江淮舟楫始通也丘文庄公云此则禹时已有海运矣愚按常镇淮扬金陵皆有邗沟与江淮原自相通但由射阳湖屈曲多险吴开扬城下取其直尔三国时以无运而塞隋因平陈而广之五代时以无运而堙周以平吴而浚之元以兵阻而废洪武永乐间以漕运而复之以后覗前则春秋时以无贡而塞吴因取齐而开之非创开于吴也以水道观之六合仪真瓜洲白塔河皆可达淮设使禹果运海不过出狼山收料角不半日即入邗江何必犯海涛收淮口而后入淮泗邪

左传哀公九年吴城邗沟水经曰淮阴县有邗江东北通射阳西北至末口旧志云邗江在清河治东一十里龟山镇后入淮所谓末口也齐书谓之官渎一统志云隋大业间开邗江自淮阴山阳至于扬干江谓之官河唐宋以来利于转输我朝侍郎王恕作漕运志始专以运河名之宋殷蟠等议因舟渡北神堰外至末口有山阳湾之险乃开里河由淮阴至末口通鉴注云北神堰在楚州城北五里吴夫差于此立堰者盖淮水底低沟水底高恐其泄也舟行渡

堰入淮今新城【洪武初创建】北辰坊【北神史作北辰】有北闸亦为末口其堰则今五坝西长堤皆因夫差之意而置者【南北对境图曰淮阴县北距淮五十步此水经所指之淮阴也末口在此宋志云淮阴县在磨盘巷今清江浦也殷蟠所指之淮阴也运河由此以出末口吴开邗沟为取齐也淮北为齐地故由此口为正东北口为奇或谓木口在江都通六合不能通淮且非取齐之道也】

魏与吴战不克而还帝到精湖水稍退留船付蒋济而先驰去济凿地为四五道蹴船令聚豫作土豚遏断湖水引舡一时遏入淮中乃得还帝至洛阳谓济曰吾前决谓分半烧舡于山阳湖中矣愚按土豚一作土塍一作土坉土坉注云以草裹土筑城及填水也若今之为埽堤遏湖水令聚以通船也分半烧舡谓不得全舡入淮将烧其半也宋白曰山阳本射阳地晋义熙置郡及县因境内有地名山阳因以为名也戴延之西征记曰山阳津名在郡城之西即山阳湖也又名精湖又名津湖盖魏时舡行于郡城之西其时水浅故济于湖中为土豚聚水以行舟虽一时之法而后人堰湖以通运舟殆其意也

运道径宝应湖而北穿河行舟过白马湖自白马湖而北穿河行舟至淮城之西南泛津湖抵板闸穿河行舟至清口入淮【史志皆用古地名读者一时难考今直以今地名言之今人易知耳古地名前后各条具有矣】缘津湖多风险宋人于湖中心筑土堤至天顺间易以石名曰新路舟行舟泊安稳如堂奥不觉其为湖而直谓之运河矣其堤间有数闸平时不令河水入湖涸时则引湖入河盖自扬至淮皆资湖以济运而清口以南数十里最忌河淮带泥沙以入故为五闸以防之犹有浅淤穿淘不免但运河乃国家大计而独役山阳之夫所谓行夫者日点月调不胜其苦倡为由闸之说放河淮以入内以苟一日之安久之水去沙渟河底反高于平地益费挑浚之力而自苦也大抵运河惟浅涩为患魏之土豚宋之车畎近时之牛牵【车畎详后牛牵以牛挽舟也盖水涸人疲而以牛代人也嘉靖初年用之既而掘地引湖乃已】

运舟日行尺寸考之洪武永乐天顺屡浚皆调江南之夫正德嘉靖以来皆调山东河南江北夫每大浚一次辄通利数十年今久不大浚自清口至宝应数有浅阁迄今不浚将恐寘灭宜用汉人之法不必多调各处不必独累山阳惟募远近贫民为夫而不吝其值志谓可以事诸浮食无产业民空居与行役同当衣食县官而为之作乃两便正此意也闻之故事皆科部典其议朝命大臣或漕臣董治之今漕臣知而不敢言科部又未必知愚以国之利害故备论其事以俟云

水经云淮阴县有中渎水谓之邗江亦曰韩溟沟自江东北通射阳地理志所谓筑水也……愚按中渎水又谓山阳浦又东入淮谓之山阳口与邗江筑水皆今运河也

齐书云官渎在山阳西一名直渎按齐书曰渎曰涧皆今运河也

一统志云古邗沟多迂曲隋大业间发淮南兵夫十余万开邗沟自山阳淮阴至于扬子江三百余里水面阔四十步而后行幸焉此后世运道直径之始也

唐睿宗大极元年敕使魏景倩引淮水自黄土冈以通扬州黄土冈在清江浦北直河今运河也是时清河县南地为盱眙界唐书云楚州盱眙县有直河是也

开元中刺史齐澣开伊娄河旧河在州北绕瓜州回远六十里今为运河也

开元末利史齐澣以江淮漕运经淮水波涛运舟沉损请浚汴水下流自泗州虹县至楚州淮阴县八十里合于淮既成而水湍急舟楫艰难寻乃停废却行旧河

肃宗上元元年户部侍郎兼河南道水陆转运刘使晏自按行淮阴达河汴为通济渠

德宗贞元四年节度使杜亚自江都蜀冈之右引陂水趋城隅以通漕挽溉夹陂田

敬宗宝历二年盐铁使王播自扬州阊门外古七港引渠东注官河以便漕运

天复二年杨行密攻朱全忠之宿州以巨舰运徐温以为运路久不行萑苇堙塞请用小舟庶几易达既而巨舰不至而小舟达按此乃宿迁之小河也古曰符离河为濉水之尾今则分黄河之涨矣嘉靖乙卯黄河水溢邳以上多沙阻运船乃小河口经高栅镇睢宁县毛竹冈子仙桐君开河孟山高沟陶沟卢子三村灰骨堆符离宋滩徐晋口曲河集瓦子集萧县萧县所南下小浮桥入运河若黄河水大亦各分涨入桃源清河泗州之汊河诸小渠然黄河淘渲已久底面深阔虽间有浮沙淤淀明年水发又自通利宿桃清泗诸小渠水发时蹔可行舟水退旋即淤平非人力之可为也

嘉靖壬子邳宿淤淺余泛舟自徐而下忽随决水东至鲤鱼山舟为沙翕不可行越二十日乃驾小舠由上邳墩至下邳其险至甚幸而无恙余舟千百皆不能出矣

隆庆四年邳州河决而浅舟皆由小河经高栅至徐官屯复入黄河比时抚院阶所陈公欲令运船于此北上令余试之余挐舟半日而达亦一时之便也余在舟中望黄河在邳山之麓高过于顶数丈此所以常决常淤也诚使此亦漕路之幸也

右二道不免黄沙之害若循禹貢沂沐之道超出茶城則一路清流汜舟甚利比海運盖千萬矣

周世宗显德五年上欲引战舰自淮入江阻北神堰不能渡欲凿楚州西北灌水以通其道遣使行视还言地形不便计功甚多上自往视之授以规制发楚州民夫浚之旬日而成用功甚省巨舰数百艘皆达于江唐人大惊以为神

宋志云初楚州山阳湾水尤迅急运舟多沉损之患雍熙中转运使刘蟠议开沙河以避淮水之险未克而受代乔维岳继之开河自楚州至淮阴凡六十里舟行便之按沙河今山阳运河也

真宗天禧二年江淮发运使贾宗言诸路岁漕自真扬入淮汴历堰者五粮载烦于盘剥军民罢于牵挽官私船舰由此速坏今议开扬州古河缭城南接运渠毁龙舟新兴茱萸三堰【三堰当河中为坝以车盘船只也】凿近堰漕路以均水势【凿漕路为减水闸畜水济漕有余泄之平水法也】岁省官费数十万功利甚厚诏屯田郎中梁楚阁门祗候李居中按视以为当然明年役既成而水注新河与三堰平漕船无阻公私大便按禹均江海唐平津宋均水皆运河之法也

神宗熙宁九年刘瑾言扬州古盐河高邮陈公塘等湖又天长县白马沛塘楚州宝应县泥港射马港山阳县渡塘港龙兴浦淮阴县青州涧等可兴置欲令各路转运司按覆从之

元丰六年正月戊辰开龟山运河二月已未告成

旧志云清口南岸有洪泽闸三座经元而废永乐十二年平江伯仿其制建新庄等五闸则宋之洪泽以闸名非今之洪泽镇也不置闸者外有二坝平江伯于闸外有坝亦其意也盖坝以护闸乃硬坝非车盘之软坝也水发时势倾入闸板不能下暂闭一时而已又云邗沟去清河十里龟山镇后入淮则宋之龟山以镇名非泗州之龟山也考之也理今洪泽镇在阜陵湖尾阜陵湖尾浸泗州龟山之麓至宝应淮阴俱无宋运河形迹而人每以为言者盖水发时

平地湍流私艖巨舰于此往来而商船税料亦于此漏小人乐之岂知漕规盐法课额正所禁也

宣和二年九月以真扬等州运河浅涩委发运使陈亨伯措置三年诏发运副使赵亿以车畎水运舟三月中三十纲到京宦者李琮言真州及外江纲运会集要口以运河浅涩故不能速发按南岸有泄水斗门八去江不满一里欲开斗门河身去江十丈筑软坝用人工车畎引江潮入河以助运水从之四月诏曰江淮漕运尚矣春秋时吴穿邗沟东北至射阳湖西北至末口汉吴王濞开邗沟通道海陵隋开邗沟自山阳至杨子入江雍熙中转运使刘蟠以山阳湾迅急始开沙河以避险阻天禧中发运使贾宗始开扬州古河缭城南接运渠毁三堰以均水势今运河岁浅涩当询访故道及今河形势与陂塘潴水之地讲究措置悠久之利以济不通可令发运使陈亨伯内侍谭稹条具措置以闻按运河通利以澳闸畜水啓闭有节之故承平日久权势自由不复知有国计故朝廷屡有提举澳闸修复斗门之诏而转运使莫能恪守旧制由是水不归澳运河浅涩及奉诏询问转运使稍得以尽职率循旧章且值时雨水遂足用于是六月臣僚言比缘淮南运河水涩踰半岁禁纲舟篙工附载私物今河水增涨其令如旧未几怠玩复浅涩矣

初淮南连岁旱漕运不通扬州尤甚诏中使按视欲漕运河与江淮平会两浙有方腊之乱内使童贯为宣抚使谭稹为制置使贯欲海运陆輂稹欲别开一河自盱眙出宣化朝廷下发运使相度亨伯遣其属向子諲视之子諲曰运河高江淮数丈自江至淮凡数百里人力难浚昔唐李吉甫废闸置堰治陂塘泄有余防不足漕运通流发运使曾孝蕴严三日一启之制复作归水澳惜水如金比年行直达之法走茶盐之利且应奉权幸朝夕经由或启或闭不暇归水又顷毁朝宗闸自洪泽至邵伯数百里不为之节故山阳上下不通欲救其弊宜于真州太子港作一坝以复怀子河故道于瓜洲河口作一坝以复龙舟堰于海陵河口作一坝以复茱萸待贤堰使诸塘水不为瓜洲真泰三河所分于北神相近作一坝权闭满浦闸复朝宗闸则上下无壅矣亨伯用其言自后滞舟皆通利云

五年四月诏东南陆路诸闸启闭有时比闻运纲及命官妄称专承指挥抑勒非时启闭走泄河水妨滞纲运误中都岁计宜禁止之五月诏以运河浅涸官吏互执所见州县莫知所从其令发运使提举等官同廉访使者参订经久利便列奏【宋之漕规闸有启闭盖一定而不可移者宣和间有所谓互执盖转运使守漕规之旧而花石纲使欲乱之也】

高宗绍兴初以金兵蹂践犹未退师四年诏烧毁扬州湾头港口闸泰州姜堰通州白莆堰其余诸堰并令守臣开决焚毁务要不通敌舡又诏宣抚司毁拆真扬堰闸及真州陈么塘无令走入运河以资敌用

五年诏淮南宣抚司募民开浚瓜洲至淮口运河浅涩之处六年淮东提举徐子寅言淮东盐课全仰河流通快近运河浅涩自扬州湾头港口至镇西山光寺垛头计四百八十五丈乞发卒五千开浚从之

七年二月诏令淮南漕臣自洪泽至龟山浅涩之处如法开撩【洪泽今清江浦龟山今清口南龟山镇也宋运河在此今洪泽镇至泗州龟山无河可通清江浦亦不能通舟于洪泽】

八年提举淮南东路常平茶盐赵伯昌言通州楚州沿海旧有捍海堰东距大海北接盐城袤一百四十二里始自唐黜陟使李承所筑遮护民田屏蔽盐灶其功甚大历时既久颓圮不存至本朝天圣改元范仲淹为泰州西溪监日风潮泛滥渰没田产毁坏亭灶具请于朝调四万余夫修筑三旬毕工遂使海濒沮洳舄卤之地化为良田民得奠居至今赖之自后寖失修治才遇风潮怒盛即有冲决之患自宣和绍兴以来屡被其患阡陌洗荡庐舍漂流人畜丧亡不可胜数每一修筑必请朝廷大兴工役然后可办望令淮东常平茶盐司今后捍海堰如有塌损随时修葺务要坚完可以经久从之

孝宗淳熙八年置都灌塘于淮阴县西南渎头村以灌田民享其利

九年淮南漕臣钱冲之言真州之东二十里有陈公塘乃汉陈登浚源为塘用救旱饥大中祥符间江淮制置发运司治于真州岁籍此塘灌注长河流通漕运其塘周回百里东西北三面倚山为岸其南带东则系前人筑迭成堤以受启闭废坏既久见有古来基址可以修筑为旱干溉田之备凡诸场盐纲粮食漕运使命往来舟舰皆仰之以通济其利甚溥本司自发卒贴筑周回塘岸建置斗门石𥕢各一所乞于杨子尉阶衔内带兼主管陈公塘六字或有损坏随时补筑庶几久远责有所归

十四年扬州守臣熊飞言扬州运河惟籍瓜州真州两闸潴泄今河水走泄缘瓜州上中二闸久不修治独潮闸

一座转运提盐及本州共行修整迫近江潮水势冲激易致损壊真州二坝亦复损漏令有司葺理上下二闸以防走泄从之

维扬志论其略曰孟子以江淮河汉为禹功今江合汉河合淮俱抱淮扬以入海视古形势盖亦雄矣邗江半湖半沟居淮南运渠之首而运盐河乃其支流农沾溉焉邗江之间有湖五十四有溪涧荡港踰百不止汉创陂塘以资稼而辅漕渠第漕渠止仰天雨而水无源泉泄多则浅而滞舟潦多则坼防害稼故历代有堰闸斗门石磋涵洞之制以为之节宋废三堰闸无启闭阻运舟者久之朝廷方议陆輂海运陈亨伯奏复堰闸而运舟自利则堰可轻费而闸可妄启也哉瓜仪诸坝悬峙江干之上若口一决则运渠涸可立竢故漕抚唐公龙及千户李显皆奏置闸于三汊河上游之地及扬之东关亦改为闸有事则两闸下版畜泄得宜有利无害……

元世祖至元二十三年以张瑄朱清并为海道转运使馈运多由海道淮扬运河堙废不修至正末遂为张士诚将史文炳所据者十有五年国朝洪武三年知府姚斌开淮安城东北之菊花沟以通海运是时朝廷以淮安侯华云龙掌淮安卫事镇淮安以航海侯张赫舳舻候朱寿督海运供辽蓟而已菊花沟俗名涧河临河有闸启闭畜水以济运船有余则泄之而东方诸乡及诸州县之米刍赀货亦由此通俗号为柴米河是时诸凡船只由此车盘入淮旧志谓一时称为水陆之便者也【盐城县粮于此兑运浚河夫二县分任后盐城兑粮徙于泾河定于宝应而山阳独任其役矣】

九年命扬州府所属州县烧运砖灰包砌高邮宝应湖堤六十余里以捍风涛

十六年仪真县重建清江闸惠桥腰闸南门□潮闸以畜泄水利便漕舟致仕兵部尚书单安仁奏建

二十三年命起苏松淮扬丁夫修筑捍海堰以后时常修筑

二十八年宝应县老人栢丛贵建言发淮扬丁夫五万六千余人开宝应直渠【即月河】初自淮楼抵界首沿湖一带堤岸屡修屡圮民甚苦之操舟者亦甚不便由是就湖外直南北穿渠四十里筑一长堤长与渠同期月而成引水于内行舟自是堤无溃决之虞民亦休息而舟行称便按湖外即湖东今其渠尚存是时不漕而且穿今漕舟盛行屡有风险而渠不复何也

永乐二年命平江伯督海运由山阳之东坝入淮【时瑄为把总官十二年于会道河运始为总兵官总督漕运镇守淮安地方是时五府重于六部以尚书宋礼督河道盖副之也】

七年平江伯陈瑄修筑海门至盐城抵堤八百余里筑高邮宝应范光白马诸湖长堤于高邮湖内凿渠四十里构梁以便牵道【按此云高邮湖内渠则弘治间白侍郎所开高邮之康济渠乃陈平江永乐时所开之旧道也】开扬州白塔河以通大江建置新闸潘家庄大桥江口四闸江南运舡由常州西北过江自运河至湾头入漕河以省瓜洲盘坝之费【其后道淤浅反泄漕水及私盐舡只从此入江难于防捕累修累废不宜重开也】

八年平江伯陈瑄置转搬仓于淮安江南运舡由五坝车盘入淮【转搬仓即宋之上供仓在仓巷欧文忠公于役志所谓遂次楚州泊于西仓饮于仓亭者也后因建常盈仓于清江浦此仓遂废】

十三年平江伯陈瑄疏邗沟引舟自大江历扬州至淮安以通漕运询山阳耆民得宋转运使乔维岳所开沙河之故道引水自管家湖之马家嘴至鸭陈口入沙河易名清江浦就湖筑堤以便牵挽仿宋洪泽闸制创新庄福兴清江移风四闸递互启闭【或云初议欲由滁州六合县凿河通运缘河多石阻涸则损舟涨则尤险于是平江伯决意复唐宋之故道以为虽有湖险人力可为乃罢彼行此按洪武时已由之淮安之菊花沟通运永乐初又于淮安之五坝车盘运舟何缘至今而有他议也】

十四年平江伯陈瑄奏建板闸并前四闸为五闸盖漕河全用诸湖之水以济运舟而五闸递互启闭转为避黄淮之水以其多沙泥易淤塞也

运河虽用湖水而湖水或多又于淮扬运河东岸为减水闸减水洞限则水势七尺以下畜以济漕七尺以上减入诸湖会于射阳湖以入海用水有节漕运既便岸东西之田皆利焉其法在淮则有高家堰有西长堤有五闸有诸坝以隔黄淮之水于外而泛舟其间在扬则有陈公塘以收三十六水之利在山阳宝应盱眙天长之界则有唐堰以

节四县之流湖水苟多则自运堤之减水闸洞以下于溪东至于射阳湖又东入于海扬之海口去黄淮也远故皆通利惟淮之射阳数受黄沙港汊葑淤距海常缓考之旧法新庄闸口阔二丈二尺则水之入者亦二丈二尺无事闭之有运舟而启舟过复闭所入之水从减水闸洞而泻去者总计其口阔八九丈至于庙湾石䃮之海口其阔又十倍之此一定之法永为利者若新庄闸常启而不闭则水多或堰堤溃漏则水口之来者常千百丈区区海口焉能泄之为运道之长计者复用湖之旧法而已

右五坝皆软坝也纪事云永乐元年运道由江至淮安贮于旧仓车盘过坝复装舡入河淮至阳武县陆运抵卫辉自卫河达于京师九年开黄河故道自开封城北鱼台县塌场口入会通河与海运并行十年尚书宋礼因济宁州判官潘叔正言奏开会通河十三年始罢海运专于会通河运是年平江伯于山阳开沙河以达清口建五闸以出入而无车盘之艰矣

南锁坝在郡城西南三里国初废宋砖闸而为此又于东岸立抽分厂于城西门外设浮桥盖宋于湖中通行运舡我朝不复由湖恐商货船料往往由湖而漏故设坝以遏之设厂桥以防之又湖水乘时雨而涨自西而来直冲包家围一带运堤此坝之设又以御湖冲而防运堤也

满浦坝旧志云在淮城西北四里宋时有闸魏胜守楚州调运兵粮由此宋河渠志向子諲奏请权闭满浦闸遂为软坝防内水之泄也河防议不欲开恐黄水灌入沙泥淤塞也

淮安坝旧志云在淮城西七里景泰二年裁其利害与满浦坝同二坝即今方信二坝之地据河渠志河防议凡谋国者皆以为二坝与渠俱不可开而牙店脚夫必欲开之区区所得几何而运道之涨淤军屯民田场灶之渰没岁损公私不啻百万故志议之言不可忽也清江坝旧志云宋洪泽闸外有新坝我朝平江伯新庄闸外有新庄闸口坝成化七年秋淮河水涨入新庄闸口忽尔而退自此至清江闸内二十余里沙淤不通舟揖遂筑清江坝以畜水运舡由仁义二坝车盘又于清江浦置东西二坝以助不及漕运通志之言如此漕舡志又云清江二坝在淮流南岸去厂仅里许成化七年河院漕司集议设坝于此以车运舟近年河流数派皆会注新庄闸口每将闸河淤浅若因时封闭以阻浊流使运舡由二坝车盘与清河对岸而渡不惟可以避长淮之险亦可以省闸河挑浚之费矣嘉靖年间漕河二院具奏行之

清口土山清口洪阔昔人筑此以为表识又水自西北来运舡乘东南风而至因土山之障风微水平往来便云余数泛舟其间乃知古人精思一至于此

漕舡志云永乐十五年例凡闸惟进贡鲜品舡只到即开放其余舡只务要待积水而行若积水未满或积水虽满上面舡未过闸或下闸水未满不得擅开若豪强之人逼胁擅开走泄水利与门已开不依帮次争先斗殴者听所在闸官将应问之人拿送管闸并巡河官处究问因而阁坏舡只损失进贡官物及漂流系官粮米及伤人者各依律例从重问拟干碍势豪官员参奏以闻运粮旗军有犯非人命重情等候完粮回日提问其上闸舡已过下闸已闭积水已满而闸官夫牌故意不开勒取官舡钱物者亦治以罪

北神堰吴夫差所筑在郡城北五里宋曰平津堰我朝为新城北闸唐以前漕舡俱渡堰入淮至宋始为直达之法漕舟由六闸以入淮云万历四年筑西长堤即其地也

径口堰去县治西二十里冈门镇东连运河西连马鞍湖通商货民多便之

弘治二年户部侍郎白昂奏以会通河之余赀开复河于高邮湖堤之高邮州运道九十里入新开湖湖东直南

北为堤舟行其下自国初以来障以桩木固以砖石决而复修者不知其几其西北则与七里东名康济河大学士刘健记大略云张良珠甓社石臼平阿诸湖风通每西风大作波涛汹涌舟与桩石遇辄坏多沈溺险于是开河避之自州北三里之抗家嘴至张家沟湾长竟湖广十丈深一丈有奇而两岸皆拥土为堤桩木砖石之固如湖岸首尾有闸与湖通岸之东又为闸四涵洞一每湖水盛使从减杀焉而漕舟往来皆安流矣按高之复河乃洪武中之旧道而今重辟之者世只曰白公云

(嘉靖)五年御史戴金请浚仪真瓜洲宝应堤下久壅河道若子婴沟接潼河长沙沟通官庄俱入广洋湖刘家沟通瓦沟溪望直沟出官河三里沟通七里沟出葛头沟宝应县东门外起至流星沟君师庙起至章思荡葛头沟起至射阳湖以便泄水以通舟揖

七年宝应县知县闻人诠请于宝应县范光湖东开筑越河就中建减水闸五座浚赴海渠五条使行舟皆由越河湖水减于五闸闸水下于五渠则舟免风波之险水得潴泄之宜御史王鼎奏开内河行舟以保漕运建闸座以固河防是年漕运御史唐龙奏乞于三汊河口仪真上游之地建闸座以尽漕利

八年督河侍郎潘希曾奏准漕抚都御史唐龙咨称成化七年因漕河水涸将新庄闸筑闭在清江闸设东西二坝于漕河之北岸淮河之南岸顺淮河而浚之以为月河出于淮近日水涨坝埂倏决往来舡只径行乞将河口一带淤沙挑浚疏通仍将新庄闸增筑高广伺来岁水涨即立用土填塞以遏流沙之入舡只照前俱由月河往来水消仍复开行自后凡遇水涨则闭水消则开而以为常则径久之计庶或在此该河院具题工部覆奏准行【以嘉靖三年开方家坝及三十二年开清江坝及唐公此奏而合观则方坝不必开开亦无用河防议之说诚有见也】

(嘉靖)十七年都御史周金奏修宝应湖岸浚山阳运河自清江至十字亭长三十里深一丈阔二十丈役夫十三万自弘治以来始此大浚通利者数十年修山阳运河减水涵洞闸旧为石限七尺以上减入射阳湖今拟为九尺修新庄等五闸严启闭之节惟通运舡余皆由坝车盘运河无淤浅涨溢是时高加堰惟募乡夫为之时时补葺后省募金岁数百而调牙夫甚众堰不时修于是决甚而工巨矣周公在淮六年知漕渠水利甚悉人至今称之

(嘉靖)三十二年淮安知府姚虞筑清江坝并开月河商舡便于盘剥而旧时方家坝口外日淤生理尽归于此

夫运河为邗江自成周以来史传明白我朝直名曰清江又何疑乎【详在哀公九年】或以为盱眙曾通运又以为洪泽在盱眙甚至以为扬城以北非邗江者何也高加堰淮扬之第一防也曰可修者什一曰不可修者什九何也盖运河至淮城之西屈曲而北又屈曲而西又屈曲而西北以出清江口中间于南锁坝设抽分厂于西门外设浮桥于板闸分南署于清江分二署于淮北立分司于马头设巡司重关迭防有人守之而于镇城之中开府设帅分署参藩臬列郡县卫所而台察以时察殆以漕运为国家之大计课额以资京边税料以助漕艘至紧也今私鹾之家及利税料之漏者以此为大忌夏秋之间大浸稽天士君子方以为戚而彼风帆便利自黄浦以北抽分厂以南凡拦卒不到之处任意南北出入堰口故以为运河在盱眙在洪泽而曰非邗江曰堰不可修其言如此其心必欲无闸也无堰也无官府也而后快今上司坐牙皆彼所不顾之地而彼所自縱之地一切无禁其诐邪之党谬言曰出上之人方降颜色以来之层迭出以询之噫我怀禹稷之虚心而岂知其为桀跖之说间也愚以为言之不详则上之人无由闻知上不知矣安能复漕规三百年之旧而救淮扬数千里之溺哉

愚以为我朝立法莫详于运河一带而莫不详于高堰之间自高堰而北由板闸则通淮北诸盐场自高堰而东由泾河黄浦则通淮南诸盐场自堰而西则通盱眙自堰而南则通天长东西二百余里南北四百里其地至为要害中间止设洪泽巡司岂能兼制故高堰修虽驮负之私未能尽绝而巨舰连樯之大猾可敛也

海道自兖而北以至于蓟自杨而南以至于广其海口内外皆有山有岛惟淮口独有沙潮落微露其形潮来则涛翻其上势若排天海口之水视堰闸之废兴以为迟疾盖修堰闸以抗黄淮不南分而东去东去疾则海口之水亦

疾疾则无淤矣

(万历)三年都御史王宗沐从知府邵元哲议重修高加堰又开菊花沟以泄三城之水凡东方之米薪舟揖皆通民称便焉

五年侍郎吴桂芳知府邵元哲同知刘顺之通判王弘化增筑山阳运堤毗高厚自板闸以南至黄浦长七十里闭通济闸建兴文闸及修新庄等闸主事张誉筑清江浦南堤以御湖水加河岸以御黄淮之水加清江闸土岸以便运舟之牵挽者主事陈瑛加板闸漕堤北接平江伯陈瑄旧堤南接侍郎翁新堤新堤因挑河出土而为之也

尚书吴桂芳复政府书

伏承下询河淮分流导淮入江事宜谨摅鄙愚用俟裁察夫河淮分流虽可分北黄河足纾目下淮人受黄之患然职反复思惟至于浃旬大抵揆之时势稽诸事理窃见淮黄有不可不合者二淮河有不可入江者亦二盖前代治河皆以民患为急而我朝治河又当以运计为先河既从崔镇自投老黄河鱼沟浪石故道恐将来正河渐次就淤则自崔镇至天妃闸八九十里之间正河且干断矣若淮水如故尚可委曲图济故或三里五里一闸逆挽淮流以合黄或放运舟从天妃庙乱淮从大河口入老黄河以济运无不可者今任淮南徙则将来委曲图济之计一无所施漕挽不通所关非细其不可绝淮入者一也……

乡人知府胡効谟请复闸旧制书

夫高加堰修筑后堤又已修筑草湾河今亦开浚山阳水祸十除其五其未尽除者由闸更改启闭未复旧制也何也然河与淮北略山阳入于海山阳去海不二三百里江与汉南略通州入于海山阳去通州不四五百里中间有南北白马宝应邵伯高邮诸湖幅员七八百里山阳地势卑下不满东南者实自此始常忧水潦为败禹故沿于江海达于淮泗至吴阙邗沟沿江泝淮毒逐中原隋踵修之皆非社稷完计唐之漕运刘晏称最然亦江舡达扬州汴舡达河阴河舡达渭口渭舡达太仓不必通者通必鲜利较然矣故我朝于仪真置坝六瓜洲置坝十一使江与汉南隔于诸湖山阳置坝十使河与淮北隔于诸湖后又置闸五曰板闸移风福兴清江新庄启闭有期或二三日或四五日且迭为启闭如启板闸则闭新庄等闸如启新庄闸则闭板闸等闸闭新庄等闸则板闸为平水闭板闸等闸则新庄闸为平水故启闭甚易易也令官舡由闸唱筹挨帮序行民舡悉令过坝自便又有报水头之制如淮水始发河水入河南界所在之人必报报必先水至报至新庄闸即下板帖席实土闸外又有土坝亦复实筑之必俟旬时水头已过犬势已退然后启闭如常故河与淮非异常大发潢闸坝堤堰不得入山阳縱入山阳平地上水不一二尺旬时则定浊水泥沙淤浅至通漕门止挑捞烦费四五十里而已近有议废新庄闸塞而不用绝河之浊水免其泥沙淤浅置通济闸启而不闭受淮之清水省其挑捞烦费是以经清河来者为河经泗州来者为淮事之大谬亦至如此典籍记载多未暇论按我朝河渠典云弘治五年从黄河南浚孙家渡口别开新河一道导水南行由中牟至颍州东入于淮又浚四府营淤河由陈留至归德分为二派一由宿迁小河口一由亳县涡河会于淮河同与淮从来久远岂今日清河泗州而始分清浊耶但河淮从泗州来者直南射高加堰至置通济闸之所始稍西回合清江口而北向草湾东折以入海新庄闸正在西回北向之间土人所谓回溜者也虽在河淮之中独无河淮之险泥沙不停风浪不及乃地势水性之自然非人工巧力之可致新庄闸置此又加之启闭有制故垂二百年无大患耳今通济闸正当直南射之冲又启闭失制故频年河与淮建瓴下山阳浊水泥沙直向宝应之南山阳北顾运道劣容舟矣或一年全河走飞龙桥或小浮桥自徐州径下清河口震电凭怒悦惚鬼神狠撞南岸斗折东转水心丈余横截淮水淮水性弱差缓于河水或大发或未发皆勒使倒流漾满洪泽湖此湖幅员二百余里大势奔通济闸灌注山阳又支分数派入白马宝应湖故自开通济闸及洪泽湖支分数派入白马宝应湖者未塞山阳平地常停水三四尺南北白马宝应邵伯高邮七八百里湖面亦常多水三四尺西风起恶长浪打湖堤一线客土破碎不可收拾自山阳至高邮沿湖有堤自盐城至通州沿海亦有堤中间田地八九百里大都低湖面五六尺新又于淮堤多开大闸减水水悬倾滚迸泻满其中与海相涵沿海之堤淘洗殆尽湖之余堤为海游波之底柱也海水潮汐常高于田地之水故田地之水莬为大浸昔之膏腴稻麦良田今乃方舟非风不渡每东风作海潮翻上瀑浪旁飞簸扫村落凭剔草木万有俱化不但沸腾崒崩矣今开通济

闸山阳通河与淮矣往年仪真置闸近年瓜洲置闸山阳通江与汉矣山阳每至雨集平地便水深丈余既已饮河咽淮加之漱江吸汉吞吐潮汐噫吼万里贯串四渎掣曳左海民其无鱼得乎皆由闸之更改启闭未复旧制也如曰多张水门亦治水中策曰旧制瓜洲无闸仪真闸及新庄等闸各启闭以时必使江淮河汉不得入诸湖沿湖堤故各有邗洞不过尺寸下诸湖运舡已过无用之水以济农工所谓举闸为云决渠为雨者也今开大闸数十口皆丈余下混混不舍昼夜之四渎于洼田以就海尽山阳四境以为闸亦不能减毫毛况万分之一可种之田旧时邗洞沟洫犹存用水栽插涓滴不与至秋收割开闸放水漂没成熟田禾实与洪水无异传曰塞水不自其源通济等闸山阳之源也况漏天不足西北十九之水为源乎或曰闸复旧制山阳盐城兴化宝应高邮通泰等田地当减水三四尺是运河亦减水三四尺不无浅耶曰运河以浅为虑者不过通漕门至移风闸上下三四十里之间惜民力而不浚三四十里之河听水潴千里之良田计亦过矣水一也或为图书之渊或不由地中行各遇其时也舍今时而不复更俟后时而复之其难哉唯采察幸甚

南海庞公尚鸿治水或问云运道自瓜仪则资天长诸山所潴高宝诸湖之水

或问决汝汉排淮泗而注之江今何以会黄流注之海也曰淮泗未尝不注之江也注江之路有三今由高邮邵伯白马草子湖从瓜仪闸一也由盱眙天长六合一也由邵伯入芒稻河入江一也

或问史称隋炀帝凿汴梁以通扬州看琼花阅龙舟渠成剪采为芰荷锦缆牙樯美人摔拽则自汴至扬州有河无疑世传自天长六合间以达扬州观音阁为聚舟马头今罗泗桥之西北河身犹存循而寻之径自河南分势下泄或直达扬州仪真或中出泥汉河以泄淮泗之水可乎曰此弟一义也四明黄润玉著海涵万象内载南京浦子口入六合天长县有河出高邮与湖水势相平只移邵伯两闸置湖口亦可则漕船免仪真过坝前陈御史具奏二次俱被仪人嘱部不行

郭相奎蠙衣生别记云世传古运河从六合入天长出盱眙入淮可避扬子口黄天荡高邮湖邵伯湖之险除瓜仪闸坝之阻或谓其中有陆地难开者一曰铁牛墩言其形之黑似铁耳实不止数寻分水岭虽界于湖中高不满数十尺若冶山离河形则五里许为此说者皆未睹其形随众道长短耳今细问之应宗桥起至杨家桥闸口团山下石桥六合县界共约水程四里系小涧至贵家集西王桥牛头山铁牛墩八伯桥冶浦桥关王庙六合县瓜埠口洋子江洋子江至淮河共约三百余里福胜塘起至叶家庄分水岭杨家桥金家庄金家坝应家桥共约陆程一十二里俱军民田地蔡家桥起至费家墩西马厂观音桥七里寺周家庄杨家桥隐峰庵番闸口张思塘福胜塘共约水程二十五里俱系小涧宽窄浅深不一大河湾起至胡家渡龙王庙得胜河鱼巷口戴家窑北门东南蔡家桥共约水程二十三里俱系官河宽窄浅深不等刘家湾起至曾家塘曾家冈曾家冲梁家坡陈州塘大河湾共约陆程五六里皆系军民田地王家坝起至三九涧刘家湾共水程四里俱系小涧宽窄深浅不等小涧口至西溪小溪冯家庄刘家庄清塘胡家坝曹家冲张塘顾甫塘戴家塘金塘刘家塘王家坝止共约陵程一十七里俱系军民田地高低不等天长县北至盱眙界七里店胡家坝起至辛家桥瓦雪坝小涧口止共约水程九里俱系小涧宽窄浅深不等……

淮徐

淮安府志河防　按淮之源西自桐栢东经凤阳泗州稍北经清河县南又稍北趋郡后襟安东县入海者其本体也其北自徐邳经清河县北稍东而南趋于淮则山东泗沂诸水合流南行淮所受支河也本皆清流黄河则西源昆仑东经天津卫入海汴河则西源河南荥阳东经千乘今青州乐安县入海固河汴之本体也后山西沁河南冲决断黄河黄河决断汴河自朱仙镇东溃南经留城超徐邳乱洸沂直下其势奔湃不能复东过清河县北乃径决县西而南入于淮以趋海故直谓之黄河与淮敌体非复泗沂之旧清河以东之淮身亦皆黄流而支河反为主矣加以南接运河穿塞代变土脉水汛斗噣有由何恠乎水患日甚耶以淮之运河言之胡元故道由扬州直北经郡东入淮虽达海有遮洋之险达徐有清口之险然两运并行各有利害国朝海运寝废专力漕渠平江伯遂改经郡西提管家湖西湖凿通清河县南之淮河设河口坝建新庄闸接黄河口为运道出入又自淮安至宝应以南作涵洞数十余处以时启闭干不病饷潦不妨农一时称便然黄河势高南趋益顺而东流之势浛杀郡后大河北岸淤涨浛徙南偏春夏水盛不惟郡西之南入运河者势不可支其遡大河而东者缘北岸势高障之使南南岸势低旧堤坍塌更无拦阻郡

城迤东漫焉南侵故大河之委流益障入海之故道益微郡之东西南三境岁有水患淤梗无常此之故尔顷年议者因运河坝口北接黄河口春夏黄流泛溢及其水消涸流势缓淤沙冲射直入运河岁烦桃浚遂筑塞之稍却而东乃南凿三里沟西接南来之清淮建通济闸为运舟出入之口以避黄河之淤沙似矣殊不知运河之水必赖黄河以充乃使黄河之水西入清淮接通运道其势西分则东流益缓自郡北而东入海故道仅可以舟遂致关套所在葭苇积沙牢不可破而尾闾几于不泄且黄河俯就淮河其势不盈咫尺虽高卑之形有定然自黄河来水多四五月发风泗来水多七八月发则消长之时不齐故河长固当溃淮淮长则亦溃河不可以定形求之顾其交蚀伤而未痛至若泗州河身视三里沟运河高余一丈自高趋下其势陡激以区区之漕渠为凤泗之归宿故辄令决岸坏庐横逆四出而莫之或御其或溃运河而北则必崩五坝扫河头湖嘴诸市复与淮为一矣此则泗河独发之害犹可言也倘黄河并发南北交溃于是桐栢之委沁汴泗沂黄河诸横流汤汤滔天势不能南越维扬之高而入于江也其不渟洄淹灌于全淮之境乎其水郡西有管家湖西湖满而易溢郡南东有射阳湖广三百里东接庙湾亦入海别径也然射陂虽大淤斥已多土人障之截回西流水小溢则不能满其量大溢则不能容不满量则不接庙湾而入海无径不能容则庙湾亦复涨溢而其下流又为范公捍海堤所持故水无问大小至淮南而止听其自落势使然也岂有海高于淮之理哉使海而高于淮也是海之量有限矣乌能纳百川哉此浚海之说所为迂也盖淮水今日之大较云　或谓山阳水患莫切于清江口莫急于北河之老岸堤旧口实平江伯创挑运河【运河即今里河】至惠济祠南凿开以接北河【北河即今外河】其法全仗水平清江口自新庄闸而下因其卑高递为五闸板闸而下取淮阴驿至平河桥南抵瓜仪堤湖凿渠置闸设洞水各相平以时蓄泄又虑北河溢涨则南侵漕河于是堤北河之南岸起清江浦沿钵池山过新城柳浦湾迤东长四十余里以护漕河而石甃鸡嘴于草湾对岸之冲以护堤虑南河涨溢则北侵漕河【南河即泗州来淮河】于是筑漕南之高家堰起武家墩经小涧大涧至阜宁湖迤南长二十六里二分里之半以护漕河而砖甃涵洞于高卑有辨之界以护堰一防北河黄流入口不免泥淤一防各闸启闭无时不免浅涸故运河只许粮船鲜船应时出口都漕遣官发筹或三五日一放运船过尽口即筑塞五闸匙钥掌之都漕口之出入监之工部其大小官民船只悉由仁义等五坝车盘以出外河清江瓜仪口子有敢私擅出入者罪至重而嘉靖初年士大夫过淮尚盘坝云乃今有大不然者议者不察遂塞旧口开新口且不究水平法度大约水与通济闸齐则皇华亭前已深三四尺矣而南河北趋之势反却流而南夫南河主也自黄河南溃而北河始大又使南河却流兼引北河变同趋于海之性而同注于漕渠即两河无事之时东流势缓海口淤涸加于昔时或南河水发则尽新口汹涌奔湃往往冲闸决堤漫湖坏坝不扫河头湖嘴诸市而溃入北河则南出高家堰席卷湖荡破诸涵洞而越包家诸围北河岸堤撼啮颓圮日甚一日时或北河水发其西则注南河破运道泛滥于高家堰而其东则薄北河撼鸡嘴破堤岸泛滥于钵池河头湖嘴诸市此则南北独涨之患也时或两河并溢则上至清河邳宿下至高宝盐城荡然一壑故旧口宜复闸钥宜谨也又谓郡城之西漕渠之北就老岸之堤筑五坝之口以复车盘之旧浚五坝久塞之渠通官民舟载之便因浚出之土夷零积之沙以实堤内之洼则生意庶见繁盛又谓郡城之南漕渠之西有泾河有管家西南诸湖湖满则入漕渠渠东岸堤自城南包家围至宝应界可六十里有涵洞有平水闸水满则过闸入洞洞外有沟接受闸洞余水会诸圳洫不妨田畴且资灌溉与泾河并横走而东并入射阳湖泊盐城县南出朦胧口以入海郡城之东有涧河有马逻建义诸港各顺趋南下涧河则盐城兑粮旧道两县货贿所通马逻诸港则东偏诸乡落高阜回流所经中间各有田畴各有沟洫或顺涧河或顺诸港各入射阳湖由庙湾泊盐城县北出捍海堤以入于海河港闸洞沟洫之迹所宜修复此一说也或谓宿迁而下河流汛溜盖黄河上流往自归德出沛下徐地形高卑不甚相远虽泛滥可支厥后黄河徙出萧砀直下徐邳地高势猛冲淌新堤不啻拉朽所冲堤缺滚为深渊下埽植桩百计难塞幸而堤就虽能束水在堤其实水行地上急如建瓴则故道宜讲此一说也或谓清河县北有老黄河本洙泗东趋赴淮入海故道也治河者诚能又开此河赴海必勇云梯关下淤套苇场当自涤而海口廓矣桃宿以上不忧停淤此一说也或谓邳州下流有锄头湾河流二十余里行缓沙留故邳徐涨塞然锄头一湾又系邳城风气所钟不可改易当于黄河水落之时姑截住上流任其漫散直须从邳州以上力浚河身之积淤河中必见老底两傍必见老岸则水由地中而缺口自出河底既深则老岸即堤岸外即田矣直以筑缺之力而浚老底以打堤之力而清老岸此一说也

天启六年自六月并闰月南旱北淫淮涸黄涨黄高于淮数尺倒侵逆淮三十余里而通济闸外出口之处泥淤

壅塞几不可舟上下焦虑于是条议纷纭有云开天妃闸开庞家湾开乌沙河傍旧渠以通黄河者但细核嘉靖以前水由里河出清口而入外河形势内高故建新旧清江等闸蓄高宝诸湖清水济运既而黄流淤垫河身日高水由外河进清口而入里河故淮城高宝常患泛溢而三闸反为捁水之关是水反注而开亦反用也黄水漫衍凡里河一带渐致积淤年勤捞浚方能疏利既因黄泗交驶而天妃口闸不便受汪洋之入遂将口闸改建于南河嘴上避黄流而就清淮盖藉淮以刷黄之沙泥似为永赖时遇淮强黄弱犹见顺导稍黄强淮弱仍有倒灌之梗抵遏泗水淹侵皇陵又开桃源黄家嘴新河一道分黄导淮而入安东潮河下海忧低处逼近易决又开草湾河口分泄于颜家河是分杀之法周防具备矣但黄涨每发四五月间往岁粮船春往冬旋重运北竣于六月初一日将口闸塞闭以避黄灌里河其外口虽淤此时不用行船待伏秋水退九月开闸回空冬深水消挑浚河道以备新运此昔日之两便也迩来粮运愆期秋去春回六七月正在盛行之际闸座不得及时启闭河道乌能及时浚辟口闸开而不阖任其倒入水缓沙停泥塞浅阻理必至也天启三年通漕加浚未久值今天亢淮耗仍患淤浅运船艰涩旁皇拮据遂有议弃黄流而就上源武家墩开通一口引清水入永济河行运者但出口虽便而南河湖口犹是倒塞不能入黄此不通之论必不可行也若在下源酌通一口则阖郡百万生齿所系往狂澜陡发先有金河黄铺之决后有湖西南门玉露庵前之溃虽藉涧河宣泄但衣带容受亡几卒难尾闾宽纵三城鱼鳖莫免此亦必不可行也若天妃闸庞家湾地势里外河隔只十余丈若乌沙河傍渠数支达仁义方信等坝里外河隔只百十丈开辟非难但古时此渠设为天妃闸闭时备空船车盘径路原未尝通水通舟正虑一通则洪流泛滥不支此皆不可行也还仍河口故道及时疏瀹为长策耳至七月初一二滂沱连澍西南风迅淮流骤涌沙壅尽涤运艘飞渡诚河伯之著灵亦爬捞之底绩也

总督漕运兼巡抚后题名记　吕兆熊　明兴之创议河运也自唐顺始也其卒开今运河北即元会通河自济宁达之通州南即宋沙河疏邗沟通江淮达之济宁也自尚书宋公礼平江伯陈公瑄始也其遂开府淮阴总兹漕务颛用支运罢海运也亦自陈公瑄始也其以总宪文臣代之用总漕兼镇抚也则自王公竑始也其兼提督军务也则自胡公植始也维宗社之咽喉军民之命脉实于是焉枢纽故底绩僦落除拜氏名略见国史然多佚而不属正德四年邵文庄公宝来莅兹土惧其久而遂湮不可考也始鸠王公竑而下至文庄公凡二十四人爵里镌之石而自为文以记之并及漕事大都焉自文庄迄今又百十余年所追熊又六十二人中多人为名公卿熊不敏窃尝向往之今一旦以薄劣代匮得厕名诸君子末岂不幸幸然旧石矣不胜载自王公纪而后遂阙焉未书所以更砻贞珉续文庄之举使后有考者责实在余其可以不文但已然余曰是而有概于天下之事难于识难于任也转漕之利无踰水浮禹贡纪州从来尚矣秦汉迄唐历历可镜砥柱三门其覆溺之险凿挽之劳人徒之费至一舟百日乃能上难何啻百倍今之海运间或用车用驮厥难益巨当时有斗钱运斗米之苦甸农或掇穗供禁膳然不能为他策者其都关之势然也宋以四河通运处地夷旷岁入至七百余万石忧不在食漕渠之効亦较可睹矣元之都燕固即今日之京师也虽去江南转漕甚辽远然无三门砥柱为之隔绝夷考其当日运道初则涉江入淮逆黄河至中滦站陆挽至洪入御河达京师不便也又开济州泗河由大清入海旋以海口沙壅复从东阿陆挽至临清入御河不便也又开胶莱河道通海劳费久之讫无成效复始专用海运矣然风涛不测盗贼出没剽劫覆亡相仍至有非我族类挤衣裳以噬介鳞之疑而京师常苦食不继何其置今济宁河道至易且利者不顴而日为海与陆之纷纷也则伯颜张瑄之识所为不逮宋公礼陈公瑄也岂天特留之以成我明一代豊享豫泰之盛哉恭襄业开此万世之利矣其储设安山南旺马场昭阳诸湖名为水柜以时潴泄东控泰山诸泉南引邵伯高邮宝应诸湖北会文卫白洋阳城洸浮滹沱桑干诸河以廓委输虽厥淤时有供役频繁不无民实劳止岸乃善崩之患然天下事无全利循已事轨则导流培岸功易易耳视之□□霹雳之白勃与人畜蹄踵之道敝劳逸难易省费为何如而议海议陆议胶莱者且葸葸焉且其说曰防意外开别门亦有深意见为不可废假当漕河之初开能无挠道谋哉即恭襄当兹世非有文皇之庙断毅然为之主持而黄牛才挥白简狎至非常之原黎民惧焉安保无一二道路蜚语而遂创百代之未有开万世之永利耶漕河其昭昭有形埒可见者也况万里外之机宜百年后之推测彼此互执是非樊然之难知利害且十百此者乎故余因是役而重有概于天下事之难于识难于任也其在今日又且无暇论于漕之外矣东之奴西南之奢安厪天下以赴之军饟外迫财内屈则漕不易为也北二三千里则病旱南二三千里则病水足民足国固自不能左画方右画圆则漕而抚又不易为也淮阳绾毂南北最天下要地锁钥十里之众岂曰虚拥无事则引漕有事则应援今天下无事非也马穷则

逸三方苐难端耳邹滕其微见者也一旦内讧外侮千乘淮阳其首受之矣则漕而提督军务尤不易为也此皆余今日事总非识与任不可而余非其人也余滋惧矣何暇言天下事石既成次其说而书之以自警且以俟后之君子其诸品秩差次代迁后先具详系下不书

通清新河记

万历四十二年狼矢沟决黄河全注刘口由且口归旧河故两口之怒涛险溜大为运梗一艘挽拽几至二三百人一日过溜不满数只设舟子弗戒篾缆中断船随粮推一舟而撞损尾后者三五相断粮糈生命须臾归之鱼腹天启三年四年王家集磨庄等险溜尤甚漕院躬驻催督阻压船以千计日费公帑拽纤之用以百计至十月朔运事始竣

清河志

通济闸在马头镇东南半里嘉靖三十年漕运都御史连公矿因旧河淤塞开三里沟以避浑浊通运艘建闸一座

万历三年三月科臣郑岳请疏黄河海口之沙言国家借黄河为运道上自茶城下至淮安五百余里乃茶城有倒淤之患徐州有淹城之危邳州有淤塞决口之虞稽之历年可考也臣去年奉差经过淮安正值水发之候民居飘荡询之地方父老皆言自嘉靖四十四年五年河水大发淮口出水之际海沙渐淤今则高与山等此沙既壅自淮而上河流不迅水泥愈淤其邳州之浅房村之决吕梁二洪之平茶城倒流之弊皆由此也今不务海口之沙乃于徐沛吕梁地形高处日筑堤岸以防水势桃源宿迁而下聰其所之则水安得不大而民之为鱼未有已时也臣闻之侧然尝见宋人李公义王令图曾献浚川耙法以圆扒八尺横于中以铁为齿齿列三行两端有轮以舟驾之行浅水中舟驾之行浅水中舟过则泥去此古人已试之法试访而用之能疏淮口横沙而去其最下之塞则徐淮自无淹溺之虞能疏吕梁积淤而得具高低之形则茶城自无倒流之患此固言之可采理之必然者工部复议咨河道侍郎亲诣海口踏勘具奏从之

七月御史刘光国议以天妃闸地势高于通济淮水灌溢多于黄河谓宜将通济闸及福兴新庄二闸增卑倍薄务令高厚坚固仍令清江厂分司专司启闭每五月以后九月以前二水盛发之候严加封闭官民船听其所自行转盘惟回空船每至二日启放一次随放随闭不许官民船越规擅进以贻水患从之四年二月御史陈世宝条陈河道一复老黄河故道先是河自三汊镇历清河县北出大河口与淮水会流出海运道自淮安天妃庙乱淮而下十里至大河口从三汊镇出口向桃源大河而去谓之老黄河至嘉靖初年三汊镇口淤而黄河改趋清河县南与淮会合入海自是运道不由大河口而径诣清河县北上矣迩者崔镇屡决河势渐趋故道若仍开三汊镇口引河入清河县北或今出大河口与淮流合或从清河县西另开一河引淮水出河二流会今则运道无恐而淮泗之水亦不为黄河所涨民难其永纾矣一修宝应湖堤补古堤以固其外于古堤东再起一堤以通越河而使运舟于此径行一清复上下练湖一复开孟渎河一增建仪真二闸因江口去闸太远欲于上下江口迤里十数丈许各建一闸潮始来预起板以纳之潮初退部下板以闭之使出江之船尽数入闸以免迟滞一开瓜洲河港将屯船坞挑浚深阔使船之先入者屯聚于内又于监坝之东开一曲港与新闸外港相合使船之后至者续泊于内以免金山挂江之险部覆允行

五年九月管理河南工部郎中施天麟言淮泗之水原从清口会黄河入海今不下清口而下山阳从黄浦口入海浦口不能尽泄浸淫渐及于高宝邵伯诸湖而湖堤尽没则以淮泗本不入湖故也淮泗之入湖者又缘清口向未淤塞而今淤塞故也清口之淤塞者又缘黄河淤淀日高淮水不得不让河而南徙也盖淮水并力敌黄胜负或亦相半自高家堰废坏而清口之内傍通济闸又开朱家等口引淮水内注于是淮泗之力分而黄河得以全力制其敝此清口所以独淤于今岁也下流既淤则上流不得不决每岁粮艘以四五月尽运堤以六七月坏水发之时不能为力水落之后方图堵塞甫及春初运事急至仅完堤工于河身无与河身不挑则来年益高上流之决必及于徐吕而不止于邳迁下流之涸将尽乎邳迁而不止于清桃须不惜一年粮连不惜百万帑藏开挑正河宽限责成乃为一劳水逸至高家堰朱家等口宜趁时筑塞使淮泗并力足以敌黄则淮水之故道可复高宝之大患可减若于兴化盐地城

方海口湮塞之处大加疏浚而湖堤多建减水大闸堤下多开交河以行各闸之水庶乎不至汗漫总之未有不先黄河而可以治淮亦未有不疏通淮水而可以固堤者也部覆河内疏浚苦无良法惟先臣刘天和用平底方舟横排河中为一层四维拴击以长柄铁爬浚之浚深数尺移舟再浚后数丈复为一层如前法则水中与陆地施工略同宜行河道等卫门会议具奏定夺报可

十二月淮水南徙泛滥淮扬间已而漕运侍郎吴桂芳报称草湾开通淮水淮水消落至是淤垫如故给事中刘铉言治淮以开通海口为策宜简方略大臣一员会图河漕诸臣相踏咨度为新运计上令吏部推有才望实心任事者以闻于是吏部请以总督漕运兵部左侍郎吴桂芳为工部尚书总理河漕得旨近来当事诸臣意见不同动多掣肘以致日久无功今以此事专属吴桂芳经理河道都御史暂行裁革李世达改权别用其选任部司处置钱粮俱许以便宜奏请若明岁运道有梗户部查先年海运事宜行

六年八月总河潘季驯言复故河其利有五盖河从潘家口出小浮桥则集新迤前一带河道俱为平陆曹单丰沛文氏永无昏垫之苦一利也河身深广受水必多每岁可免泛溢之患曹单丰沛之民得以安居乐业二利也河从南行去会通河甚远闸梁可保无虞三利也来流既深建瓴之势易涤则徐州以下河身亦必因而深刷四利也小浮桥之来流既安则秦沟可复冲而茶城永无淤塞之虞五利也议下所司

十一年二月工部覆漕运尚书凌云翼题称徐州戚家港溜急运艘难行议开新渠建闸境山废闸曰梁境闸新河中闸曰内华闸新河口闸曰古洪闸乞移咨吏部于梁境闸专设闸官一员内华古洪二闸共设闸官一员并铸给条记从之

十六年礼科王士性请开复黄河故道以图永利谓自徐而下河身日高而为堤以束之水行堤上与徐州城等乘急流益迅委全力于淮而淮不任故昔今之黄淮合今黄强而淮益缩不复合矣黄强而一启天妃通济诸闸则黄捣运河如建瓴淮缩则退而浸泗为祖陵计不得不为石堤护之堤增河益高根本之虑不亦可虞乎哉河至清河向南冲者凡四折而后出海淮安高宝盐兴盖不啻数百万生灵之命托之一丸泥决则尽成鱼鳖将奈之何而纷纷之议有欲增堤泗州者有欲开颜家河灌口河永济河南甃高家堰北筑滚水坝者近议开月河章湾落崔镇三坝如蚁穴漏卮补救迄无宁岁总不如复河故道为一劳永逸之图也河故道由桃源三义镇达叶家冲与淮合在清河县北别有济运一河在县南盖支河耳河强夺支河直趋县南而自弃北流之道久且断河形固在也自桃源至瓦子滩凡九十里地下不耕无室庐坟墓之碍虽开河经费视诸说稍倍而河道一复为利无穷矣疏下行河官议

总河潘季驯题黄河之水浊而强汶泗之流清且弱交会之处则茶城是也每伏秋黄水盛发则倒灌入淮沙停而淤势所必至黄河消落漕水随之沙随水刷不待浚而自通矣纵有浅阻不过旬日如万历十年中河郎中陈瑛创建古洪内华二闸每遇黄河暴发即下板以遏浊流之横而闸内无壅阻之苦黄河消落则启板以纵泉水之出而闸外有洗涤之功去伏稍失开闭之防遂至漂壅失常廑怀当宁臣于前月望至宿迁阅视同知徐甲谓本月望前黄水偶长丈余漫入洪口即令严下闸板至二十一日报黄水稍落于是启板通漕冲刷成河通行无滞此即二水胜负通塞之故也勘科常居敬复建口闸一座去河愈近则吐纳愈易足为水利但建闸易守闸难运贡之驰行固急势豪之开放不时数日之羁程不能待而千百年之利害且决裂矣乞特赐纶音如万历八年清江浦三闸之法以严启闭庶河渠永有赖矣部覆如请

二十年勘河给事中张贞观奏祖陵为国家根本即运道民生莫与较重然岁漕四百万赖一线以给京师凤泗淮扬又汤沐襟喉重地则运道民生所关亦非细也臣展谒祖陵见淮水一望无际虽闻祖陵玄宫高耸乃自神路至三桥并诸仪卫丹墀无一不被水矣且高堰一堤危如累卵倘溃则里河之民生运道立尽此又高宝意外隐祸也今欲泄淮当以辟海口积沙为第一义然泄淮不若杀黄而杀黄于淮流之既合不若杀于未合但杀于既合者与运无妨杀于未合者与运稍碍别标本究利害必当杀于未合之先至于广入海之途则自鲍家口王家营至渔沟金城一带地势颇下因而利导之似当并议者

二十三年工科都给事中吴应明奏淮黄二流会于清口而海口一带则淮黄之尾闾也先因黄河迁徙无常设遥缕二堤束水归漕乃水过沙停河身日高徐邳以下居民尽在水底今清口以外则黄流阻遏清口以内则淤沙横截强黄倒灌上流约百里许淮水仅出沙上之浮流而潴蓄于盱泗者遂为祖陵患矣先年科臣张贞观所议自腰铺开一支河归之草湾河或从清河南岸另开小河至骆家营马厂等处出会大河建闸启闭一遇运浅即行此河亦策

之便者至治泗水则有议开老子山百折而入之江者即排淮泗注江之故道也宜于此处建闸淮平则闭秋涨则开使不得为陵泗患又考河形北高南下张福口居淮河北流与清口对堤张福则水向南而淮病堤清口则水向北而淮不病故折张福堤而于清口造堤以東之亦两利也报闻

二十四年河道尚书杨一魁奏酌复漕河旧制谓黄堌口一股由虞城夏邑接砀山萧县宿州至宿迁出白洋河一小股分萧县两河口出徐州小浮桥相去不满四十里且系先年河经故道所当疏浚与正河会接济运道夫役之用集山东河南徐邳徭夫二万银止两月更于镇口闸以里诸湖之水通故与小浮桥二水会则黄堌口不必塞而运道益无阻滞之患部覆如议行

按黄河者运河之贼也用之一里则有一里之害避之一里则有有一里之利以二百六十里之泇河避三百三十里之黄河挽运通而资泉湖之利计之善者也隆庆时翁大立倡议开之差勘而寝嗣后朱衡万恭会勘未决至万历三年都给事侯于赵巡漕刘光国勘议费奢亦不果递年汶泗泛溢堤溃运阻总河舒应龙题准挑韩庄中心沟通彭河水道以入黄而泇口始开其后二十五年河决黄堌二洪告涸粮运浅阻总河刘东星寻韩庄故道凿良城侯迁庄及挑黄泥湾至宿迁董家沟以试行运而泇脉始通至三十年河决沛县大堤横冲运道总河李化龙以黄失故道运不可恃将寻舒刘旧绩而都水司主事梅守相为陈泇河利运状谓其善有六大约谓泇不己复议保堤保堤不已仍议分黄不但祛民灾亦以保运道也其议起自夏镇讫于直口费仅二十万计而泇之运始行总河曹时聘复建坝修堤置驿设巡增河官立公署而泇为坦途总河刘忠复虑其易淤议以每岁三月开泇以行运九月闭之以修浚开吕坝令回空由黄于是泇黄并用云至四十年复议新开骆马湖第以终泇河一段未竟之功耳

淮关志

庙湾镇税【镇在山阳东一百八十里有河通南北商船收税则例照依清江府城税课司商抽四钞收受每岁本府委官大约收银二千余两解府并入军饷项下支用】

清江浦工部抽税【景泰中淮安设抽分厂凡竹木等物应干造船者三十税一以为供造漕船之需视芜杭十税其一者减三之二以宽商力税无定额每岁以货之多寡为舒缩天顺间议于淮安府税课司添设副使一员吏二员专理抽分事务每季解府类解本部分司转发提举司八年所抽木料不堪兼商人走水匿税课司不能制奸弊日甚本分司官始五日一次监抽矣凡商货自南而北者俱于南琐厂泊自北而南者俱于清河口泊赴厂报抽方许放行后因额课不敷支用遂税及于民船报其梁头估定价银亦系三十税一自是无遗税矣】

应抽船只【国初止抽船料以供成造漕船之用后因额课不敷遂税及于船除官座站船给有批文照免外凡民座民船俱报梁头或报价银纳抽其中桅篷锚橹等项逐一另报数目繁琐上难稽查下滋奸弊近议民船不拘大小楠杂各色止报梁头估定价银俱三十税一其余什物总括在内商民颇便白粮船出口报单银白粮船进口由闸银空民船出进口银装货民船梁头银由闸银淮安厂户报纳梁头其买主照契报抽三十税一收买拆船木板者论丈抽将此板造小船者买主照梁头报抽】

淮安钞关【重河赣剥航棹等船验梁头收银五尺者二分九厘有奇以上渐加重长乌船验梁头收银五尺者五分八厘有奇以上渐加】

徐州志

山南有運铁河【宋置利國監铁冶開以通舟楫淤久嘉靖二十年因運河涸復濬通新桃溝】

漕政　漕運府在州城東門外泗河東岸总督漕運都御史總兵参将巡歷駐節之所

吕梁洪志革代役议

南京每年进贡舡只过洪者其一则司礼监曰神帛笔料其二则守备尚膳监曰鲜梅枇杷杨梅鲜笋鲥鱼其三则守备不用冰者曰橄榄鲜茶木犀榴柿橘其四则尚膳监不用冰者曰天鹅腌菜笋蜜樱苏糕鹚鸪其五则司苑局曰荸荠芋姜藕菓其六则内府供用库曰香稻苗姜其七则御马监曰苜蓿后加以龙衣板方等船而例外者亦多夫物数以三十而舟则以百艘此固旧规也今则滥驾者不减千计矣呜呼岂特洪夫之勚哉两河递送夫役其困可知矣　天下十总粮船每年过洪者一万二千一百四十三只其一则南京总曰旗手卫羽林左卫金吾前卫府军左卫沈阳卫应天卫以及兴武卫共十三卫其二则中都留守总曰凤阳卫怀远卫留守中卫长淮卫以及颍上所共十二卫其三则南京总曰留守左卫虎贲右卫锦衣卫鹰扬卫以及虎贲左卫共十九卫其四则浙江总曰杭州前卫绍兴卫宁波卫处州卫台州卫以及海宁所共十三卫其五则江北直隶总曰淮安卫大河卫徐州卫以及归德卫共八卫其六则江南直隶总曰镇江苏州太仓镇海等十一卫其七则江北直总总曰扬州通州泰州盐城高邮等十卫其八则江西总曰南昌袁州赣州安福等十二卫其九则湖广总曰武昌岳州黄州蕲州荆州等十二卫其十则遮洋总曰水军龙江广洋等十三卫是皆洪夫所以效牵挽之力以供王人之役者自春徂秋舳舻千里帆樯蔽江

按洪武初年四方贡赋漕于江左三十年始开海运以供辽东军饷及永乐初年则漕引江南之粟一由江入海出直沽口白河运至通州一由江渡淮入黄河至阳武县陆运至卫辉府由卫河运至通州九年浚元会通河以达漕舟于京通十三年乃罢海运悉从内河一浚真楚诸湖引江舟入淮再浚徐吕二洪引淮舟入济最后疏汶河达清卫漳御而济舟长抵于直沽矣至于漕运之规随时更变盖国初海运犹因元之故也海运不给于是济之以陆运陆运未便于是继之以兑运兑运未通于是加之以长运所谓长运者由江入淮由淮入济由济入直沽之舟也千里帆樯三时不绝于以见国家统御之广东南财赋之盛永国脉而壮国威者在此举矣岂前代所能及哉然富盛之余民财必耗征役之数民力多穷故食粟之士不节何以纾东南之财逋负之累不拯何以纾漕卒之苦滥驾之禁不严何以恤两河之夫黄河之溢未平何以祛淤塞之患所谓图久安长治之术于雍熙丰皞之日庶运事有赖而河道无滞矣经国者其长计熟虑之哉

扬州

扬州府志

芦洲　扬郡滨江之有芦洲者惟通州江都仪真泰兴如皋五州县在通州之洲十有六曰芦泾沙曰烟墩港曰任港沙曰破围沙曰芦潭港曰桃花港曰牛路曰韩家港曰暂港曰姚港曰潋港曰周家港曰灰港曰葛家港曰潘灶港曰刘家沙又名青草沙江都之洲十有五曰花园港曰新兴洲曰卞家洲曰裕民洲曰保固洲曰永豊洲曰后宁洲曰复业洲曰永兴洲曰小新洲曰顺洪洲曰家家洲曰鞋底洲曰自升洲曰复业砥柱洲仪真之洲有十曰青山嘴曰一创港曰朱辉港曰旧江口曰铁锭港曰马家港曰黄连港曰新港曰何家港曰仪真卫东沟洲场如皋之洲十有四曰北沙曰南草滩曰钱家圩曰短脚圩曰北草滩曰南扒头曰东北扒头曰北扒头曰三角沙曰张家圩曰杨家圩曰薛家圩曰吴家圩曰骆驼沙泰兴之洲十有一曰蒋家洲曰新河口洲曰新王洲曰华光洲曰烟墩洲曰姜溪西洲曰姜溪东洲曰永生老洲曰永生南官洲曰永生三洲曰永生四洲

河渠志　昔者禹抑洪水平九州任土作贡扬州沿于江海浮于淮泗于时江淮各自为渎贡道未通沿江入海而入淮达于河也治古国用简赋取足于王畿无所事漕虽江海险阻不为害春秋之际吴王夫差将北伐齐霸中国于邗江筑城穿沟其东北通射阳西北至末口江淮之通自此始或云北神堰亦夫差所筑也【注北神堰在楚州城北五里吴于此筑堰者盖淮水底低沟水高防其泄也】是后吴王濞开邗沟自扬州茱萸湾通海陵仓及如皋蟠溪濞以诸侯专煮海为利凿河通道运海盐而已三国以后道湮塞水经注所载淮阴县有中渎水谓之邗江亦曰韩溟沟自江东北通射阳固已略焉弗详隋既平陈炀帝幸江都乃命尚书左丞皇甫大发淮南诸州丁夫十余万开邗沟自山阳至扬子江径三百余里自是始自扬子达六合由山阳渎入淮矣唐都关中漕江南粟每以岁二月至扬州斗门四月始渡淮入汴置巡院发运使于扬子于是刺史齐澣以润州北距瓜步沙尾淤塞者六十里舟多败徙由京口

埭治伊娄渠达扬子即今爪洲河以岁无败舟减运钱数十万先是汉陈登守广陵治山阳筑塘为田号陈公塘谢安镇广陵之步丘【今邵伯镇】亦筑埭溉田民以比于邵伯其棠曰邵伯埭其后杜佑决雷陂李袭誉筑句城塘及元和中李吉甫为淮南节度使复大修陂塘筑堰于高邮泄有余防不足以通利漕挽旁灌田千余顷今所谓平津堰者也宋都汴梁岁漕东南粟六百万斛于是江淮漕最重太宗时发运使乔惟岳于建安军创斗门二筑三堰设悬门积水潮平乃泄之以便漕天禧中发运使贾宗言诸路岁漕自真扬入淮汴历堰者五粮载烦于盘剥船舰速坏请开扬州古河缭城南接运渠毁龙舟新兴茱萸三堰凿近堰漕路以均水势岁可省官费数十万诏从之明年役成水注新河与三堰平漕大便利其后漕规寖弛河浅涸日甚宣和中诏发运使以车畎水运舟寻遣中使按视欲浚运河与江淮概平或议于盱眙凿渠出宣化镇口下发运使陈亨伯议亨伯遣其属向子諲视之子諲曰运河高江淮数丈自江至淮数百里人力难浚昔李吉甫废闸置堰曾孝蕴严三日一启之制复作归水澳河惜水如金比年行直达之法走茶盐之利且应奉权幸朝夕经由或启或闭不暇归水又顷毁朝宗闸自洪泽至邵伯数百里不为之节故山阳上下不通欲救其弊宜于真州太子港筑坝一以复怀子河故道于瓜州河口作坝一以复龙舟堰于海陵河口作坝一以复茱萸待贤堰使诸塘水不为瓜洲真泰三河所分于北神相近作坝权闭满浦闸复朝宗闸【在淮安界】则上下无壅矣亨伯用其言于是运舟复通利绍兴初以金兵蹂躏内地诏毁拆真扬闸堰及真州陈公塘无令走运河以资敌用于是扬州湾头口闸及通泰白蒲诸堰并决毁顾势不能遏敌骑徒废堰以漫浸民田于御虏之策末矣绍熙中淮东提举陈损之始言楚州高邮之间陂湖渺漫茭葑弥满宜创立堤堰以为潴泄乃筑堰自江都经高邮楚州宝应北至淮阴达于淮凿新河自高邮入兴化东至盐城极于海又于扬州墟镇创斗门引水由泰州海陵南至泰兴彻于江所经画甚具溉泽卤田以百万顷【近日议入江入海水道当以此为据】两淮之民赖焉自春秋邗沟之役迄于宋千有余年河或通或塞诸堤堰或时废置不常大较广陵地高阜西自盱泗寿春诸汉涧泉潦之水越十四塘注于高宝之三十六湖东北趋射阳盐城入海东南入江水顺流径直易泄宋胡宿所谓江刁下而河踞高若堤防一决涸可立而待为运道梗故以塘潴水以坝止水以澳归水以堰平水以涵泄水以闸时其纵闭使水深广可容舟有余则用浸灌以无阂运道而止矣且于时黄河未徙而南宋咸平熙宁中一决郓州入淮泗再大决澶州合南清河入于淮俱遣使者捍筑而塞淮水自楚州以北倚高家堰为捍蔽淮独趋云梯关下海不阑入于诸湖故淮南河虽时有泛溢不为灾乃今昔之利害殊焉元置海道转运使凡东南漕俱仰海运淮扬河复湮废

明兴高皇帝定鼎金陵引江带湖运艘尾衔鳞次进江以北不事漕洪武九年用宝应老人栢丛贵言发淮扬丁夫五万令有司督甃高宝湖堤六十余里以捍风浪已栢丛贵又言宝应自槐楼抵界首沿湖堤屡修屡圮民苦役无已时开宝应直渠便从之由是就湖外直南北穿渠四十里筑长堤一长与渠等期月而成引水于内行舟盖以休息民力且令舟行者免湛溺之患于忧人至矣　成祖择天下形胜都北平京师百司庶府卫士编氓仰东南漕粟为最急永乐中用济宁州同知潘叔正言罢海运复元会通河故道又徙河故道自开封北循鱼台塌场口入会通河南与淮会于是运河跨江绝淮经河越济兼四渎之水为漕用而邗沟为其员官视唐宋时益重矣先是平江伯陈瑄督海运及会通河成命瑄理漕河事瑄既疏清江浦遂浚瓜洲仪真二坝祛潮港之湮筑高邮宝应范光白马诸湖长堤于高邮湖内凿渠四十里构梁以便牵道【后康济河因此】开扬州白塔河以通大江置江口四闸江南漕舟由常州西北孟渎河渡江自运盐河至湾头入漕以省瓜洲盘坝之费【后以分泄漕水及私盐船盛行遂废】又仿宋平水法于运河东岸为减水闸洞以限则水势七尺以下畜以济漕水长则减入诸湖会于射阳湖以入海用水有节灌溉尤便岸东西之田皆利焉初治邗沟时有欲由滁州六合县凿河通运瑄以六合多石阻涸辄损舟涨则尤险易为败乃决复唐宋故河自淮南抵北通州数千里漕渠皆瑄所经综至详悉迄于今是赖自是以后黄入淮沙泥垫淤势渐高于里河淮入海滋不利时破高家堰而南又挟黄入新庄闸黄水内灌而扬州陈公句城诸塘久寖废附塘民或盗决防种莳其中诸水悉奔注高宝邵伯三湖漭潒三百余里粘天无畔每伏秋水发西风驾浪砰訇若雷鼓舟触堤辄碎又势不能无决堤堤决而迤东之田没焉甚则冲城郭漂室庐其为害已剧弘治中黄河大决原武弥漫四出命户部侍郎白昂往治之昂既防塞诸决口分黄河使南入淮患稍宁乃奏以会通河余赀开复河于高邮堤之东自州北之杭家嘴至张家沟长竟湖两岸拥土为堤桩木砖石之固如湖岸引舟内行以避甓社诸湖之险功成赐名曰康济河盖即平江伯瑄所凿故河也是时洪武中栢丛贵所议开宝应越河亦湮废日久正德十六年提河郎中杨昶言宝应湖极险当仿高邮弘济河例筑越河嘉靖中御史闻人诠员外郎范韶按察使仲本屡以为言事因循不果行而五

塘或修或废大较不能发长策复旧制为国计长远之虑仅补苴堤闸为文具已耳嘉靖末塘益废民请输官租为田然湖积水愈多引而入江不虞涸故运道亦通隆庆四年黄河决崔镇淮大溃高家堰水洚洞东注溢山阳高邮宝应兴盐诸州县漂室庐人民无数淮扬垫焉淮既东黄水亦蹑其后决黄浦八浅沙随水入射阳湖中胶泥填阏入海路大阻久之乃东漫盐城之石䃎口及姜家堰破范公堤而出入于海自邵伯湖南奔瓜仪入江又旁夺芒稻白塔河以去每岁夏秋之交诸郡县实土楗城门城不没者数尺盖灾甚矣万历六年上遣督河都御史潘季驯行相视乃申平江伯故画筑堤起武家墩经大小涧至阜宁湖以捍淮东侵筑堤清江浦沿柳浦湾迤东以制河南溢自淮至徐筑遥缕堤亘六百里以束水归漕河暂安唯宝应越河议尚寝十年湖益汹涌溺舟抚按臣相继题请给事中陈大科上疏极言利害议始决以十二年筑新堤一道西仍旧堤加高厚南北建二石闸其明年役成奏闻赐名弘济堤于是运船入高邮宝应经两越河不复苦漂损如异时然后知建言者之为利也其后黄势强夺淮入海清口阻淮水漫泗州城浸祖陵树木事闻上震怒为谴罢督河大臣于是议者汹汹有欲撤高堰复引淮入湖淮扬民大震恐曰往年溃堰事可鉴今以二十年积潴之水令建瓴而下朝廷即以泗为重顾可使运道决裂且忍二郡亿万生灵尽为鱼鳖耶于是上再遣科臣与漕抚臣共勘议始奏言分黄导淮事矣分黄者自黄家嘴导河分为一支趋五港灌口径入海以杀黄势毋尽入淮导淮则自清口辟积沙数十里又于堰旁若周家桥武家墩稍引淮支流入于湖为豫浚入江入海路以分泄之而若山阳之泾河宝应之子婴沟皆可达庙湾在盐城则开石䃎口兴化以东开丁溪河为入海路凿江都淳家湾【即金家湾二十一年新开以护湖堤是年复加浚深广】横绝运盐河入芒稻河径达江其射阳湖淤已久浚罔功则就欧阳东凤所开神台河为深广之画逾年始定二十三年奏括帑金五十万役山东河南江北丁夫二十万计诸役毕大举其明秋工告成淮果大出清河口祖陵水寖退而泗患宁焉已叙诸臣劳咸赏赉进秩有差时河漕臣各分主一议【总河主分黄议总漕主导淮议】然淮实以黄力分及辟淤沙而出不以周家桥通塞为增减异时潘中丞季驯所力持毋轻议高堰意深远矣邵伯湖故无越河其险如高宝湖堤数败及是督河科臣请之业有旨允行而分导工大举未遑二十八年总河漕尚书刘公东星申前画明年邵伯越河亦成自唐宋通运以来治河策凡屡变然蓄水惟恐不足至国初犹未甚远故于瓜仪则复拦潮通江诸闸于通泰泰兴海门则修江海诸堰于高宝则仿平津之法而兴化为秔稻区乃百余年而独苦水害环三百余里巨浸以漫衍于腹心其受无涯其归无所遏上流而无所涸潴导下流而无所输泻若病蛊然失今不治势将日深昔害一而利什今利什而害百不可同年而语矣诸发治水议不可殚记其大者无如固高堰复诸塘疏海口捞浅积修石堤李少师春芳尝主固堤复塘之议【兴化志载复五塘初议非文定笔】其序高堰定议曰甚哉前人之制不可轻变高堰创自汉陈元龙唐宋以来莫之有改国朝陈恭襄经画尤详所恃以障淮泗而翰漕渠者关系尤重或以为无益而废之近则黄河南徙协淮内灌无论冲决湖堤浒没下邑其势必至慓悍难制漕挽艰阻所忧不独在民则变法之过也高堰筑矣十四塘不复犹之无堰盖西来诸水由天长六合而下有诸塘以畜之旱则泻入漕渠以济运潦则南注之江一经隳坏西水径迫三湖涨湖溃堤为运道忧乌可不复是堤堰塘闸皆相成以为运河之利旧法具在行之在人惟扬之忧其少释矣乎海口议则兴化令欧阳东凤建言射阳湖葑泥淤塞捞浚为难宜于射阳之傍二十余里开神台河自披丝网以至神台庄迤北由葫芦港迤西出朦胧喻口直走庙湾为入海要道其后祝给事世禄又疏言兴化起大宗湖由旧官河历冈门镇至石䃎五十余里宜展开数十丈浚深丈余则釜底尽倾而附䃎者不苦浅渴可以常俾通流滔滔赴海诸郡县之昏垫庶有起乎事勘议未报捞浅积则高邮人王儆之议以为国初平江伯理漕运时置平水闸以三尺五寸为制仍置浅船编审浅夫以时捞浅俾无壅塞夫何迩年以来法久寖敝闸故犹在制不如前而浅夫有名无实矣夫以客土培岸岸日益高河日益壅将以为漕之利而不知为漕之害也盖河底高则塘岸转或弗固蓄水盛则输泄时或不及一值久阴水势腾涌上河先没下河继之遂使膏腴沃壤尽为鱼鳅之区漕舟阻险亦增损坏宜仿先年规格添修平水闸座酌为定制恒存六尺之水水但过格自然下流渐长渐泄永无淹漫责令浅夫专务捞浚䑲棹搅泥令帮岸益厚不许加高河底日益浚深纵遇旱亢亦不虞塞俟运舟过尽乃放闸洞之水灌下河之田利之大者也而郭参政光复守杨时为砌石堤议曰扬属河道延袤二百余里诸湖所汇巨浪排空所恃者一线之土堤耳往年溃决之患可为寒心已议包砌砖石以河工多事灾沴相仍所包砌无几其余止用桩板芦笆易于朽烂日遭冲刷鲜不崩裂是岁修之功无宁日而溃决之患无时已也与其岁岁修守费工力于不赀孰若一劳永逸以保万全之安除已完石工其余应议险要约万七百余丈宜行治河官核实尽行甃砌计岁过运船七千余艘议令减装土宜量带砖石其砖议于近河适中处所烧

造应用价值即于轻赍处给计岁可带砖百十万不数年而工可通完长河屹然成金汤之固此百世利也如数君子言皆良画或格不行或行而未尽主河渠事者亟留意焉

赞曰昔司马迁从负薪宣房悲瓠子之诗而叹之曰甚矣水之为利害也而作河渠书旧郡志列河渠于山川盖其事难言之余在淮南时所闻分黄导淮议颇详惧久而湮没乃次昔人治水之变庶言淮南河者知所折衷乃今天下所隐忧而不可测莫大于黄尽徙而南倘蚀归仁堤乱淮泗而下汤汤怀山襄陵将见于他日余未敢深言之也

江都　运河【在城东南邗沟也漕运志作漕河一统志作官河又名运河西南自仪真江际东行四十里至石人头入江都界又十五里至扬子桥南自江都县瓜洲镇北行三十里亦至扬子桥二河始合东折北行六十里入邵伯湖又北行六十里入高邮界又北行四十里至界首入宝应湖又北行至黄浦接淮之山阳界由清江浦入于淮】沙河【城东十里宋雍熙初淮南转运使乔惟岳开沙河四十里以蓄泄水利自运河通扬子江今废旧基犹存】七里港河【城东北十里唐长庆间节度使王播开长十九里以便漕运】淮子河【东北十二里方舆胜览亦云仪真有怀子河但不考其处按疆域图盖界乎句城陈公二塘间会东湫之水以入运河者也】槐家河【东北十五里自陈公塘接雷塘引水至湾头入运河】运盐河【东北二十里汉吴王濞开邗沟自扬州茱萸湾通海陵仓及如皋蟠溪此即运盐河之始诸堤坝具通泰志河自湾头起东行七十里至斗门入泰州界又东行一百六十里至海安入如皋界又东南行一百一十里至白蒲入通州界又东行七十里至新塞入海门界又东行八十里达吕四场其支派通各盐场皆为运盐河】白塔河【东北六十里宣德间平江伯陈瑄所穿南入扬子江北际官河建新开大桥潘家江口四闸以蓄泄水漕后废嘉靖三十年郡守吴公桂芳开浚故道置巡简司属两淮运使以防兴贩】新河【在城南二里万历二十五年巡盐御史杨公光训题请发赀七千缗檄扬州知府郭光复开浚自南门二里桥入西向折而南又折而东周廻共六七里从姚家沟入旧官河】伊娄河【南十五里唐开元间润州刺史齐澣疏请穿伊娄河通运】邵伯新河【北三十五里邵伯南五里许曰金家湾下通江先河臣奏准发淮扬帑金三万有奇募工挑浚自金湾至运盐河十四里入芒稻河又十八里入江由山阳南淮水入江之道莫捷于此】邵伯越河【万历二十八年总河刘公东星檄中河郎中顾云凤于运河东筑越堤引河行舟以避湖险是年工成】

港　第二港【城东南二十里在永贞沙】第四港【东南三十里】第八港【东三十五里】华家洋港【东南十五里】倒流港【东南四十五里】双港【西南一十五里】蚬子港【东四十五里】深港【南一十五里】马泊港【南接深港北接三里沟洪武二十六年工部遣官刘子玉浚】十里港【王播镇扬州日浚以便漕引】进水深港【东北四十七里与上十港俱通扬子江】

仪真

运河【即官河自县治西南迤东行四十里过乌塔沟入江都界有南北两汊一通灵潮堰一通扬子江】大横河【在鉴远亭沙洲上绍兴初郡守吕诗始开浚以便江船艤泊者按图又有小横河者距大横稍东盖与之对今湮水皆入江】

靖安河【旧在七都即沙河江涛之险惟乐官山李家港与黄天荡为最宋宣和六年发运使卢宗原请开此河舟人遂免覆溺之患】

港　戴子港【县东二十里旧传陈登尝役五龙以开此港为陈公塘之下流有二湾一曰望儿一曰相见凡五都六都河北畎浍之水皆会焉南入于河】麻线港【在县东三十五里运河南境】何家港【县东南二十里接运河南境其下口一名港】黄连港【县东南二十五里有桥道通新城】铁钉港【县东南二十里即宋珠金沙边地】一戗港【县西南二十五里与青山港并为神山青山诸水所经南入于江】朱辉港【先是漕舟鳞次江外风涛漂损万历八年间当事疏请开浚邑人云浚之无益】

闸　罗泗闸　通济闸　东关闸　拦潮闸【以上四闸先是洪武十六年兵部尚书单安仁请因宋张颜石闸故址重建清江闸一广惠腰闸一南门潮闸一以分济漕挽后废成化十年提河郎中郭升建议置仪真外河罗泗通济响水东关四闸一时称便后复废弘治中撤去响水闸仍复三闸舟颇通利成化十四年漕运都御史张敷华建创拦潮闸十八年漕运都御史张缙工部员外郎何厔重建通济东关二闸正德年主事杨廷用重修凡四闸万历二十八年知县苏守一甃砌拦潮闸迤东至罗泗闸石堤六十余丈以便挽运】

珠金沙【在珠金里元将张弘范以兵船掠珠金沙及宋将冯都统与阿木战处】长风沙【在二都按欧阳文忠集钱镠传载周世宗征淮南诏钱俶攻取李璟俶治国中兵以待璟闻周师将大举乃遣使安抚境上皆戒严周师渡江俶乃益兵使邵可迁以舟兵出瓜步迎銮镇长风沙与周师会】

高邮州

港　烧香港【一在州治西北十里通鹅儿白湖一在州东二里南接城子河北抵运盐河西入庙桥以便东岳行宫烧香故名】卖菜港【在州治北九里】吴城头港【在州治西北四十里】马踏港【在州东北七十里】茅塘港【在州西十五里】罗家港【城西二里】五汊港【在城西十里】杨丝港【在州西七十里】洋洋港【在州西】黄白港【在州西北四十里】大师港【在州治西南三十里】小堰港【在城西北三十里】曹车港【在州北七十五里】

宝应

望直港【县东十五里东南通成子河宋嘉定八年港湮塞知县贾涉曰望直港与射阳湖通商旅辐辏入市百物尽通居民繁伙今既塞舟航阻绝大为民病因浚之】

泰州

南运河【州治南东抵通州及各盐场入海西通西运河】西运河【州治西南旧称吴王濞开以通运至海陵仓按阮胜之记云即湾头至城下运河是也】北运河【州治北自北关厢东西二坝迤东至西溪镇一百二十里分为二河一去东二十里至梁垛场止一去东北　东台何垛丁溪等场又　过盐城县至新兴场】

如皋

郑公滩【在豊利场宋治平二年富郑公以使相判扬州备海寇战船每坏于海涛因凿滩以避之习水战其中】

兵防考　扬州故春秋时吴越兵争之地秦置郡国销天下兵汉都关中江淮之间为藩服故兵制略焉晋氏南渡谢玄镇广陵统北府兵玄尝以五千众破秦师十万于淝水上以扬州为江左外郛称重镇唐时制府兵在淮南者折为四屯【仪真方山屯扬州邗江屯泰州新林屯泰兴平江屯每府列为三等兵千二百人为上千人为中八百人为下无事则散兵归农有事则遣将戍守制最善贞观后变为方镇又变为彍骑】兵最强其后吴南唐所窃据迨宋南渡复以扬为边镇有禁厢军强勇武锋敢勇雄胜军之属而淮南军为诸路最金虏数犯扬州韩世忠一败之江中再败之大仪镇刘琦败之瓜洲皂角林于时阻淮为守自广陵而抵淮阴为全淮右臂京口秣陵藉捍蔽故战守诸策往往急淮泗而缓江海者亦其势也【宋制枢密所统凡有四隶侍卫者为班直隶边防者为屯驻隶诸司者为役兵隶诸州者为乡兵崔与之节度淮南选厢禁军有材艺者充亲军额亲军即班直也扬之禁军有四曰効忠军威果军忠节军武锋军厢军有三曰宁淮军装发军牢城军各军俱有指挥统之其屯驻曰强勇军以流亡盗贼充役武锋军以他州军调拨敢勇军以敢勇茶客充隶雄胜军迁驻宝佑城者武定军嘉熙间移屯扬州者游击水军乃御笔立额屯驻扬州者神武军乃汤东野出戍扬州者护圣马军钱端礼出戍扬州者雄边军赵范以雄边民兵招充者其它又有水军忠节军保胜军忠勇军宁淮军并隶屯驻大军各有统制官一以钤其属其役兵有淮东司江淮司马军司左军殿前司左军步军司郭振步军司选锋军神武库军俱看守城堡者其乡兵有制胜全军客军民船部南船部水军

澳河水军俱于诸州招充总戍扬州者其它如围子部簇帐部亲弩部皆赵范立额不相统摄又江都有巡简七泰兴如皋巡简各一以分巡要害以司兵柄于上州兵运于下此宋扬州路兵制之大略也】

明兴高皇帝都金陵以维扬辅畿近郡丁酉置淮海翼元帅府命大元帅缪大亨元帅张德林镇之庚子改淮海翼元帅府为江南诸处枢密院仍命缪大亨同佥枢密院事乙巳以大都督府经历陈瓘总制真州军事自后行枢密院总制官皆罢而扬州高邮仪真三卫径属中军都督府焉其卫所之制曰扬州卫指挥使司一其属经历镇抚司为千户所者五五千户所各统百户所十镇抚所一高邮仪真卫制如扬州于通泰兴化盐城置守御千户所者四统吏目镇抚及十百户所与诸郡县犬牙错处以军为民卫而军有从征有归附有谪发著籍各卫俱以十分为率八屯种二守城更迭番休均劳逸且耕且守盖仿古屯营法为固圉策甚具然于时方国珍张士诚甫禽灭其逋贼皆滨海郡人习兵悉航海附倭数引倭寇并海郡县始由山东淮北转掠浙闽粤诸郡至遣使诏谕彼国不为止于是上命信国公和行视师筑海上备倭城籍民四丁调一为戍兵而如皋掘港始设备倭军营堡斥堠与通泰诸所并列矣永乐中左都督刘江大破贼于望海埚倭稍戢然夷终猾狞时时拿舟载方物戎器以来遇防守严辄陈方物云入贡得宴赐市易去后再至亦如之伺无备持戎器出剽掠杀掳亦满载去无问得间不得间无不得意去者故沿海所在防倭严而杨子江上自九江下至通州海门数千里江南北远者数十里近亦拾余里中隔洲渚港汊丛杂诸奸侠亡徒窜其中伺间为劫商旅船往来辄被掠甚则贼杀公吏不顾在扬州境者黄天荡孟渎河其要害也海滨故饶鱼盐其豪不逞者规私贩为厚利张高桅巨舶出没怒涛骇浪中什伯相聚为越境兴贩船回则因而劫客或党与自相凌暴剽攻于海屿中有司者莫可如何盖利之所集而害生若山矿徒海盐徒所从来矣

自文皇帝迁都北平念留京根本重地于新江设水操军以万计而都御史督之自九江以抵苏松通泰凡地方缓急寇盗盐徒出没听调兵禽捕盖督臣兼综江海诸务于事权至重是时卫所军已有城守操江备倭诸役永乐末始令民运粮储于瓜洲给军船脚价为兑运于是有运粮军岁一转输京师以为常正统十四年虏犯顺又调扬州各卫所军分春秋两班更番入戍名京操军而卒伍疲甚其后军政日益废圮丁壮困诛求屯田苦兼并诸隶卫尺籍者率逋逃亡耗居半其仅存著伍亡虑皆枵腹窭人倚月粮以糊其口又不能以时给即力稍自赡又不能当转饷更戍无已之役而武弁婪者之日朘月削也虽岁有清军勾补及屯政仓政诸令甲甚严而弊蠹萌生无由诘卫所军之不可复驱以即戎无论淮以南即天下犹是矣正统末令府州县招募丁壮为民兵【或名快手或名会手】而巡司故有？兵俱有司率领操练然民壮祗供公门役使弓兵所缉里闬鸣吠及负担兴贩而已正德中蓟盗刘六刘七齐彦明寇齐鲁间转掠河南襄阳所过屠城破邑杀抚臣遂率众浮江东下泊狼山欲自通泰登岸还山东时总漕尚书张缙督兵扼淮口贼不敢渡乃自通州泝流至九江又下南京往返者三操江兵愕眙无敢近而兵侍郎陆完调沿边诸镇健卒讨之尾贼行驻福山隔江而陈仅移檄往来通州城危甚忽夜半海飓风大作贼舟覆溺死无算完遣裨将袭其余党尽殲之以捷闻遂奏凯献俘勒碑铭狼山上州人恧焉

嘉靖初倭贡使相挺起为变蹂宁绍诸郡县已倭市舶据海洋不去而中国大猾汪直毛海峰等以财物役属倭恶少行海上为乱壬子破黄岩象山诸邑浙东骚动遂蔓延苏松间其党徐海者屯松江柘林始分掠江北甲寅犯如皋通州海门时承平久扬俗日渐于纷华上下巽懦偷安沿海备不复设猝闻变皆望风奔溃贼率不过数百人所至焚烧斩戮荼毒不可道每战倭辄赤体提三尺刀舞而前善设伏能以寡击众反劳逸客主而用之远近传相恐言贼有神不可与战率蒲伏受戮而县无城守者毒尤惨先是操江臣以倭患棘势不能兼理海防军务朝议于江南北设二巡抚与提督操江画地而守扬州三江会口以上操江统之周家桥以下江北抚臣统之而都御史郑公晓始以巡抚兼海防知府吴桂芳为言自倭犯并海郡县有城则守无城则残城之为利必矣使寇逾廖角而漂北海犯盐场而南则如皋弗城为可虞道南江而西舍舟而北犯口岸则泰兴弗城为可虞风帆西下直抵西市则瓜洲弗城为可虞况海门僻处东偏为海寇必由之所弗城安恃乎抚臣然其议始奏筑如皋海门泰兴瓜洲四城逾年城成民稍恃无恐

乙卯倭猝薄扬州城民敛避不及被杀及溺死者数千人尸断流焚掠大东门外尽烧毁盐堆而去府同知朱衮及高邮卫经历以率兵御贼死焉淮南北大震于时卫所军无所用而各州县乡团民兵或时时扼杀倭及婴城时击却之始筑东关新城其明年参将王完伯率所部徐兖精锐兵守扬州设伏于铁盘厂引弱兵转战至伏所麾骑兵冲击倭大破之贼稍戢又刘显击破之泗州而逋明年都御史李公遂抚江北以土兵客兵俱脆弱疏调山西边兵三千

戍如皋明年贼大举万众分道入遂与海防副使暨诸将佐约曰贼业入海门必集如皋夫江淮根本在凤泗贼若越泰宜陵窥江都则天长以北震是惟予自督御咎弗在将吏瓜仪漕挽津会南北襟吭抑又陪都之屏辅焉贼若压黄桥奔泰兴西扰即诸重地危海道游击任之二路既抗贼宜却出富安并海岸东驰我振旅淮安出其不意贼成禽矣画既定部署诸将令声援相掎角于是倭入丁堰镇趋如皋游击丘升击败之已又犯海安镇副使刘景韶率丘升兵追剿尽殲之贼果不敢西掠而折循富安并海堤东出抚臣夜提师至淮城适所调青沂曹邳兵并集贼猝见兵众盛大愕麾突骑横搏贼斩首千余级贼退据庙湾夜乘风窃舟去亡何而江南倭据三沙者千五百余辈忽北犯通州参将丘升战殁民悼痛甚会副总兵刘显以御江南倭失利乃渡江赴援请自赎诸将欲拒弗纳抚臣令予卒助攻显感奋首礫入贼垒壮士乘之贼溃围走追攻之白驹场又追及之七灶茅家墩先后俘斩六百余夺器物无数贼逸窜海堧为土兵格杀殆尽于是三沙贼并散殄无遗类而江淮靖焉

自甲寅以至已未五六年间江北横罹倭祸未有甚于此时以督抚道臣将佐僇力勛攘而定然负海千里焚荡萧然民被杀戮僵尸如积诸将吏士卒捍御死者亦复不数以仅无陷城屠邑至今言倭事者犹惨栗云自是沿海益增置营戍设将领通州有副总兵及水营把总掘港有守备大河周桥有把总扬州有参将而仪真守备及三江口把总瓜洲营卫总隶操江如故所统兵或招募土著或以义乌东阳习水战者充之自江达海分信地列战舰严会哨所在襁属棋布而倭以入犯鲜生还寂不窥海者几三十年其后营兵制复浸坏凡土著兵率豪有力者所诡寄以势要挟将领无敢诘临阅期则雇丁壮习技者虚应或多蓄佣奴居恒为作百役使时嘱免其操戍当散饷则尽括以肥已而什三给之其力能修艌官船及以私船应募者为耆民捕盗诸水兵皆听役属率没其月饷之半为治船费稍违咈则擅榜掠驱逐或更为募补弗以白于主将弗敢问也浙兵性骄悍与土著不相能时时扰闾左细民急之则亡匿去难控驭盖自戎政圮而将官非纳贿夤缘无由进多者费千余金势不得不取之营伍以偿借贷【语云债帅】又岁有赂遗交际诸当道主文胥役有常例偏裨将月廪几何势不得不克取之兵人克取则惧丛怨则又于队伍中逃亡阙者诡寓其十之一藉虚兵粮为用度而自哨队伍长以下转相仿效以彼此挟恐相制毋敢发其有律已严厚绳下以法则众喙蠭涌为蜚语以闻于廉访者无何而挂弹劾若影响甚则连名牍具懟众为证而互讦之将官或坐褫职及以飞赃抵罪后来者益蓄缩畏懦以营伍为传舍苟得利以图复为夤缘安望桓桓不二心之臣缓急为国家出死力者乎江海故多剧盗其点猾者以所掠余赀厚赂诸哨船辄故纵诸盐徒亡虑皆其亲戚子弟或耆捕窜入其中倚兵船为盗贩遇诘责严则时缉其盗之被勾诱为役使者私盐之势单弱及弗输月钱者以邀为功得厚赏沿江海所在皆然而淮南北其著者矣

今上之二十年倭酋关白专其国山城君不能制遣二将清正衡长以兵袭朝鲜之釜山据之属国告急上遣帅督兵征之师少挫辽左戒严而倭伪乞封贡为缓师计比遣使而悖骜益甚于是天子震怒令大集郡国兵若江南北浙东福建俱募兵船赴援议者谓倭不得志于朝鲜必分兵内寇若天津登莱淮扬将无所不犯于是所在增兵置堡严戍守如异时然营伍兵皆恇怯甚与卫所卒无异幸倭不来来即先亡魄委甲而遁耳知府郭光复乃申防倭十二议曰修城池缮军器佥门夫严保甲复副役【凡里甲壮快等正役外许帮副役一名分工食之半演习操备】补额兵练乡兵厉灶勇复沙船留粮饷议召买阻险要诸建议皆奉文举行而抚按臣复疏请于江中永生洲添水兵游击一员统南北水兵共千人以上下应援无南北彼此之委疏报可二十五年上复用言官言以总河臣兼漕务而江北专设督抚臣治军务盖武备稍振焉会关白死倭将狼狈内顾战不利遂燔釜山栅寨移辎重而去而东征兵渐撤诸所题留马价盐课备饷银户部以帑藏诎乏催征解严于星火而新增饷科派民间者业有旨停免顾诸营兵枵腹以待东征兵撤回者猝未易散团聚海上虑为变当事者益难之矣呜呼时平而养兵兵易集而饷不得继及时急而募兵饷易办而兵不得精不经挫刃败衄城陷邑破之后未有能先事预防者也善夫盱郡邓元锡之论兵制盖伤之矣【邓论不为扬州而发然近事有类故引以示鉴】以为国家分军民籍而来民力农养兵兵戍守卫民天下久平卫所军日耗而变剧于卫兵外复取民财购民而为兵其后天下益多故财耗兵脆卫军仅名额而机快徒虚文力不能有所捍御每腹里盗发辄请调土汉狼达兵以已难调且至盗辄鼠伏去复横放而所调者兵性狼戾多暴又羁旅怨旷所过骚动被劫有司不敢诘将领莫能制故谚有盗来放火军来杀我之謡而糜费不赀【近日征东兵类此】故召外兵以除内寇寇未平而民已大受其祸矣其又后申严保甲自相维辖而要害地诸选兵结寨立墩台备器械共追胥一专之于民国有事总兵者惧丧师难讳而见短其将领又惮失伍当坐而受诛且营伍空久不任调于是诸大

盗起额军不复遣独遣州郡所佥民兵以行即卒积死得不报也其最后国储殚乏适有故则名增兵饷兵银取之民急练募以已难事稍靖则又名革兵减兵银籍之以上供而费出于民者一增而不复减也呜呼国家养兵二百年此其费安出出于民也养兵以卫民曾不得一旅一卒之用又益之以机快民壮机快民壮者朋户醵金而充之者也不足又益之以保甲于是乎尽民而为兵既尽民为兵矣乃其初亩征税敛以养卫兵户醵金以充民兵者如故曾一不少贷也是为官兵者既已养之又从而骄之为民者既仇敛之又驱使为兵又驱而代之死也岂不泰甚泰甚也哉则知古寓兵于农因地为守固自然之符地水之象终百世不与易也其议惋切深至然或缓难行为方今计若夫有能之将有制之兵得数千人焉督抚重臣日置标下而训督之卒有警可调发诸要害地则姑仍其旧慎汰羸弱严哨探使不遑知有所慑亦无负国家所以养兵卫民之意转弱为强存乎其人若其守成说以言方略按地名以求要害者不可以言知兵故无载焉

赞曰维扬倭患至嘉靖甲寅以后极矣闻之土人官兵所俘斩倭大率皆胁从华人其魋结者无几岂直胁从其造谋而导向之者皆吾人也近时或言海上盐徒可御倭异乎所闻彼皆奸盗之魁悍而无义复怯死若迩所募应援趋朝鲜者皆图饷为利人与船不相离遇敌则先逃调沙船兵以御敌者靡不败识微者慎之焉至若釜山之倭以内难自归非我力能制其死命而业为献俘宣捷沿海备且渐撤虽齐民犹知寒心况司枢画者乎余所述兵防事不能详志其大者后之君子亦足以知其意之所存

营寨　标营即军门中军营也旧以凤阳巡抚兼总督漕运驻札淮安府而中军大营则以都司领之万历二十六年并漕运于总河分设巡抚于泰州而中军营仍留于淮因置标营于泰州又谓之内中军择废闲将领统其众原设官兵七百员名近增一千余员名　泰州营即海防道中军营嘉靖三十三年以倭入寇题设海防兵备道驻札泰州原设官兵一千二百员名择各卫指挥贤能者为中军后减至四百九十员名万历二十五年新增三百名二十八年复裁去八十名止存七百余员名　通州副总兵府在州城嘉靖三十三年以倭寇故巡抚都御史郑晓奏设按察副使为海防道及参将为分守通泰海防至三十七年倭益甚乃改参将为提督狼山等处副总兵与海防道相策应统狼山掘港周桥大河守备把总等官旧额设水陆营兵八千余人今裁减　扬州参将府初制扬州有守城坐营指挥一员操习马步队正军其教场在小东门外嘉靖间以倭变增筑新城遂包隶城内于教场右置参将府设署参将一人近多以游击代署又名游击府用操演水陆军马以防御外寇凡卫所等官皆以军法节制之原额官兵一千名近照旧　仪真守备府洪武初议者以地富要害大军甫经宜建统帅一秩以临辖军卫始权置守备员御于仪真初以都督自后或以都指挥或署都指挥咸授敕谕宣德间尝裁之成化初复置寄寓于天宁禅寺弘治初始以马厂改守备署焉守备一人于浙江都司列衔旧额官捕耆兵共六百六十八员名近增减不常　三江会口把总司嘉靖四十二年南京兵科给事中范宗吴题议上自九江下至江南圌山江北三江会口每年防春调取各府州县健勇二千余名征银雇募水兵防守至四十三年兵部覆水兵内拣选精壮者四百名分为二班一班专守江南一班坐委指挥协守江口隆庆三年都御史吴时来题请三江会口兵务设钦依把总一员统领之额兵七百五员名瓜洲营卫总旧设陆兵与常操民壮各一百七十五名水兵四百八十六名巡江军舍八十名大小战船五十余只万历二十六年议增水兵三百名沙船十只选指挥一员统领共为三大哨一驻沙河港一驻花园港一驻马头为犄角应援之势其昔年所谓脚斛二行骁勇则前已一切罢去令其纳银以充兵饷近改仪真守备为瓜仪守备督率操防　周家桥把总在泰兴周家桥原因兑粮于此每年拨泰州兵快一百名与彼处民兵一百名防守后因倭变筹海图篇云泰兴周家桥乃沿海冲要之区据守所当先须添设把总堵截海寇遂设把总一员领兵三百复增百余又添福兵船四十余只　掘港守备在掘港场东迤海洋五十里为倭寇首登要地旧惟扬州卫遣指挥千户防御嘉靖三十四年倭夷大举巡抚都御史郑晓奏易把总三十八年巡抚都御史李遂复奏易守备统东西二营　大河营把总司在海门县境内初无城堡倭难后巡盐御史崔栋题准遂筑正场及卢便仓二堡东西相望俗名为东西场东场堡内嘉靖间设大河把总官一人领兵千人镇守万历间裁减　狼山把总司把总一人驻通州亦设于嘉靖中副总兵中军所统陆兵为陆营而守备则专管水寨操演水兵之事　永生洲游兵把总万历二十五年因倭警及江海寇盗出没知府郭光复议以永生洲中踞大江置游兵把总统船兵一千人为南北应援督抚都御史褚公鈇题准以江南北各兵五百名饷亦均出近复题革镇江参将并为永生洲参将

禹贡曰淮海惟扬州其贡道沿于江海达于淮泗盖兼后世吴越之地而为言也春秋南为越北为吴哀公九年【周敬王之三十四年】吴城邗沟通江淮【按是时江水由六合流入扬城故曰邗江北则上下雷塘邵伯武安高邮甓社宝应范光诸湖以连淮壤故夫差欲霸中国乃于邗江筑城穿沟东北通射阳湖入淮西北至末口达六合遂为后世运河之祖】汉吴王濞开邗沟自扬州茱萸湾抵海陵如皋蟠溪以通煮海之利隋炀帝幸江都发兵丁十万余开邗沟【是时扬子镇尚临江盖前此邗沟于扬州西北自末口达六合入江东比自射阳湖入淮至是乃自扬子达六合自山阳渎入淮矣】唐开元二十五年开伊娄河【今瓜洲至扬子镇运河是也时以润州北距瓜步沙尾圩汇六十里舟多败溺乃徙漕路由京口渡江开河二十五里以达扬子盖前此扬子临江至是江徙已远而瓜洲遂与扬子接壤故开此河及作伊娄埭为后世由瓜洲渡江之始】宋太宗雍熙初淮南转运使乔惟岳开沙河四十里【创二斗门于西河设悬门以蓄泄水利即今江都县东自运河通江一路也】真宗时江淮发运使薛奎疏真扬漕河废三堰以便饷运转运副使吴遵路于真楚泰州高邮军置斗门九十以蓄泄水利神宗熙宁七年诏浚真州运河元丰二年诏浚淮南运河【自邵伯堰至仪真凡十四节按邗沟旧达六合入江今六合江口已堙为平沙而邗沟入江则一由扬子桥南入伊娄河至瓜洲一由扬子桥西过石人头至仪真其扬子桥之北则经府城南门东过钞关复北至湾头以达邵伯诸湖至黄浦入山阳故自雍熙而后所开浚者皆此河也】徽宗宣和二年九月以真扬运河浅涩委发运使陈亨伯措置三年春诏发运使赵亿以车畎水运河亨伯于真州瓜洲海陵河口作三坝【向子諲议于真州太子沟作一坝以复怀子河故道于瓜洲河作一坝以复龙舟堰于海陵河口作一坝以复茱萸待贤堰使诸塘水不为瓜洲真泰所分又于牝神相近作一坝权闭满浦闸复朝宗闸则上下无壅矣亨伯用其言是后滞舟皆通利云】孝宗淳熙十年开真州大横河【以便江舟舣泊】元都于燕军国之需悉仰给于东南粮道自浙西涉江入淮而上故大德泰定之间屡浚真扬漕河取钞于盐商以为佣直国朝设工部都水司官掌天下陂池川渎之政令洪武九年甃湖堤以捍风涛十六年重建仪真五坝与清江惠桥南门里潮之诸闸以蓄泄河水成祖迁都讲求河政日益精详岁漕东南米四百万石皆由江入邗沟乱淮而渡上清口经徐吕二洪泝沁泗顺流而过漳御至直沽泝白河抵潞以达于京师命大臣以总理其事永乐七年平江伯陈瑄开扬州白塔河寻废【在府城东七十里置闸凡四江南粮船由常州府西北过江自白塔河至茱萸湾入漕河以省瓜洲盘坝之费成化十三年因徙钞关于湾头镇其后河道淤浅反泄漕水且私盐从此入江莫可防御遂废弗浚钞关复旧】正统间重筑瓜洲十坝成化三年定浚仪真瓜洲二港之例【先是仪真坝下黄泥滩直河口二港瓜洲坝下东西二港江潮往来通沙填淤潮不登坝船不能行是年始定每三年冬月江涸之时发军民人夫挑浚一次】复建江都朝宗上下二闸仪真罗泗响水里河减水诸闸弘治闸复修通济新闸滨江拦潮诸闸始尽复宋人之旧而以主事监之嘉靖四年改修瓜洲之留潮闸曰瓜口闸其邗沟支流则通泰诸州如皋泰兴海门兴化盐城诸县余西吕四安丰石港白驹梁垛刘庄诸场皆有运盐河盖自刘濞以至今日其来久矣累朝盐法御史兼巡河道故由吴公哲李公盂晊而来递加疏浚焉

仪瓜工部分司志

洪武十六年建仪真五坝及清江闸广惠桥腰闸南门潮闸

盖自伯禹流川导滞居水丰物于是有陂唐污庳以钟其美今之堤坝水门是也若曰治水有决河深川而无堤防壅塞之文亦见其固矣邗沟故南北冲渠水势邪直填淤反壤之害自其宜也周汉来唯是为务深从便宜以相极难大氐江承河下流河高湍悍苟不准高下下无外闸上无坝堰何以使水绝壤断功施不穷哉任土作贡扬州则沿于江海达于淮泗当是时江淮未通诸贡赋沿江入海沿海入淮自淮入泗而因以达河迄春秋时吴始穿邗沟则扬之东北通射阳湖西北至末口汉以淮南封诸王吴王濞开邗沟则通运于海陵是时贾谊言汉以淮南为奉地然未漕江淮正始四年邓艾言于司马懿开广漕渠大便利东南有事兴众泛舟下达于江淮资食有储而可避水害后魏自徐扬内附是后经略于兹不废转运中州百姓咸被其劳至隋大业元年引河通于淮海广开邗沟则自山阳至扬子三百余里水面阔四十步入江以便转输而行幸作矣唐因之置巡院发运使于扬子属淮南道而江南租庸皆由扬子入水门以渡淮入汴开元十八年宣州刺史裴耀卿朝集京师帝访以漕事耀卿条上便宜曰江南户口多而无征防之役然送租庸调物以岁二月至扬州入斗门四月已后始渡淮入汴常苦水浅六七月乃至河口而河水方涨须八九月水落始得上河入洛而漕路多梗船樯阻隘江南之人不习河事转顾河师水手重为劳费其得行日少阻

滞日多今汉隋漕路濒河仓廪遗迹可寻可于河口置武牢仓巩县置洛口仓使江南之舟不入黄河黄河之舟不入洛口而河阳柏崖太原永豊渭南诸仓节级转运水通则舟行水浅则寓于仓以待则舟无停留而物不耗失此甚利也贞元四年李泌言于德宗曰江淮漕运自淮入汴以甬桥为咽喉其地属徐州是时刘晏领东都诸道法益详密江南之运积扬州不入汴不从渭中入太仓者惟渭河漕不涸岁转粟无升斗溺者自晏后江淮米至渭桥寖减矣先是扬州疏太子港陈登塘凡三十四陂以益漕河辄复湮塞淮南节度使杜亚乃浚渠蜀国疏句城胡爱敬陂起堤贡城以通大舟河益庳水下走淮夏则舟不得前节度使李吉甫筑平津堰以防不足猥盛则泄之发运使严三日一启之禁始作归水澳河时有惜水如金之谚杜亚王播诸人引陂穿渠以灌河皆可以行舟然漕亦少矣宋太宗朝淮南转运使乔惟岳以建安军创斗门二于西河筑三堰以通漕船设悬门积水潮平乃泄之真州干兴中左监门卫大将军陶鉴掌真州水利始易堰为通江木闸二天禧间范仲淹领江淮发运使以真州江大折水波所游荡险甚乃率水工凿长芦西河以避其患鲁宗道为发运使通浚真扬漕河乃发三堰徽宗崇宁元年诏江南开遇明河自真州宣化镇口至泗之淮口宣和二年真扬漕河涸车挽畎水以济运舟岁漕多梗寻诏中使按视欲浚运河与江淮概平会方腊寇两浙内侍童贯议为海运陆辇内寺谭积议于泗之盱眙凿渠出宣化镇口向子諲曰运河高江淮数丈自真至淮且数百里民力为难宜于淮之带子港筑坝一以复怀子河故道于瓜州河筑坝一以复龙舟堰于海陵河口筑坝一以复茱萸待贤堰使真州诸塘之水不为他河股引而分措置使陈亨伯行其议由是滞挽皆通六年发运使卢宗原建议于州西五十里开靖安河八十里通江径易以避黄天荡之险国家飨其利又于江壖凿渠由何家穴筑石堰自黄沙潭以达于州孝宗淳熙十年知州事左昌时开大横河以便江舟舣泊宁宗庆元五年知州吴洪于董家渡至黄池山对境开新河二十里州人称便矣元大德十年浚真扬漕河泰定元年珠金沙河淤堙诏发民丁浚之明兴设工部都水司官掌天下陂池川渎之政令洪武九年甃湖堤以捍风涛十六年兵部尚书单安仁请浚开河道于仪真城南重建五坝清江惠桥南门里潮诸闸以畜泄河水成祖迁都金台讲求河政日益详密岁漕东南米四百万石皆由江入邗沟乱淮而渡上清口经徐吕二洪泝密泗迎流而过漳御至直沽泝白河抵潞以达于京师命大臣总理河事亦云重矣顾说者以漕河之患与北虏埒以此言便宜者甚众然方略疏阔莫得其要领盖今之河道非昔河道昔所患在河南山东今则移之徐邳淮扬昔所患惟河今则并淮患之昔所理惟河今并淮理之官有定守而势无常事相关而权不合其当更易变置明甚犹然泥建设之旧忽通变之宜执拘挛之谈责平成之劵何以异乎按商弦以索羽调言适于越而辕乃北之也欲求必效难矣适漕臣有开草湾浚海口之役于溢者有容壅者有归似为有得讵意河身之垫已非一日及其开也水势如轶则泥沙愈甚所谓善渠者水嚙之善防者水淫之非诬也乃并引五港口云梯关二道以入海而淮为河阨沙壅如堤水无所从出尽倾注山阳高宝间而清河口故道无复全淮之涓滴此可预睹也于是有请开老黄河故道使河自为河淮自为淮各有经行曲为接济者有欲引河从崔镇入渔沟取平望河以入海者有谓河决崔头势己尽东行不复西向当由通济闸外马头巡简司别穿一渠令漕舟入成子河谷庄湖出孙家湾会黄河于崔镇之上而中建一闸以时其蓄泄者有谓引河由三议镇出鱼沟至大河口与淮水会者数家之论互有短长宜详考验皆可豫见顾渔沟去海二百余里地形参差而土疏恶即费巨万万功难必成出孙家湾会黄河为近第河身日垫内地或卑壤接泗州祖陵在焉草荡湖洼牵连百里无一冈阜之隔而开渠置闸引之相通万一木石不支黄流内注势若瓴建莫可前遮其为国家之忧不止于淮扬之鱼鳖已夫河辟北虏远之不暇可招之使来邪或者从盱眙之龟山蛇浦口经宝应天长县界至六合瓜埠出江隋唐以来行之河迹尚存但地当祖陵朝冈迄今东放淮南泻不宜即形家之说无足尽信而望气用数者亦以为然或谓原隰江壖连瓜埠穿瓜埠渠水自充足北行抵六合引六合入天长由天长出新沟七里湖入高宝于祖陵朝冈阔远此渠一成道理便宜尤称径易转运多而以其余溉百姓飨其利瓜仪二坝闸可亡事事此亦一说也又有为复诸塘之说者当汉陈元龙开塘唐李袭誉筑句城塘暨北山茅家山塘本用以溉然水污畜亦可济瓜仪运舟今旧迹俱在而佃民畊艺输赋有定额卒难急复姑存其说俟考焉

作瓜洲土坝　旧志瓜州车船土坝十条洪武间平江伯陈瑄开筑

永乐五年诏平江伯陈瑄督浚仪真运河

七年开扬州白塔河寻废白塔河亦平江伯开也河自仪正东至扬七十余里自扬东南至白塔河十五里许盖古运河也

成化三年定浚仪瓜二港之例先是仪真坝下黄泥滩直河口二港瓜洲坝下东西二港江潮往来通沙填淤潮不登坝船不能行是年始定每三年冬月江涸之时发军民人夫挑浚一次

十年春二月撤罗泗桥建通江通济向水里河口四闸六月四闸成寻废吏部左侍郎钱溥记曰事有出于昔人之所难而成于今人之独易者在力办浮议之非坚持公道之正故能利今而益后若提河工部郎中郭君升奏扬州仪真置造罗泗等闸下总督漕运兼巡抚都御史李公裕议而成之是也仪真面江背淮为一都会凡南京供应江西川广云贵等处粮货及并海诸番贡献悉从江车坝入淮以达京师其各船至坝经旬需次起若凌空投若入井财废船坏不可胜算唯罗泗桥旧有通江河港距里河仅四里许宜开通置闸乘潮启闭以便往来船可免患于是都宪公檄知府周君源会勘皆宜访及故老亦便遂不惑群议俾从厥事给军民夫五千浚通河面阔十二丈下阔五丈高一丈撤罗泗桥石为闸身及两翅共长二十二丈中通济闸长一十八丈向水闸长二十二丈各高一丈二尺里河口闸长十二丈其闸底两旁各用油灰麻丝舱缝牢不可坏其兴工于成化十年甲午二月而讫于其年六月是月涓吉开闸其船鳞次矢往无复盘费损坏之虞而军民驩震若雷其奈市户胶于坝利往往啖管河官兴言鼓惑意在塞隳郭君乃复条陈置闸有五利以闻其一船肯至坝虽遇水平其粮货亦雇挑堆囤过则复挑其费不一今乘潮罔费其二昔各坝设法日不过百船一遇风雨又不及半今开闸即过岂下千数其三昔船过必损须办灰麻备舱今泛安流亡虑其四往年遇旱甚至掘坝接潮以救粮运今闸开以济其五往年里河水溢决岸倒坝修费桩草动辄千万今遇涨开泄不伤田稼以此五利可利天下岂浮言泄水过盐之足虑哉宜禁革以厉将来上可其奏得夏潮开运冬涸封闭以为常倅鲍克宽由地官主事来恐泯其兴造岁月乃伐石遣史过金陵请记昔晋谢安镇广陵筑埭北人思如召公名召伯埭唐李吉甫节镇淮南筑平津堰宋吴遵路转运淮南于真等州置斗门十九是皆有功于扬然止蓄泄如坝不免旱涝溃决之患岂若郭君置闸启闭以时不亦昔人所难者而能不惮其所难而成之为独易乎然非都宪公舍己从义力扶公道则郭君何以成利民卫穑之闳休伟绩哉皆可记也故书

二十一年塞通江闸

二十二年开通江闸复罗泗桥改名曰济民自拦潮至此计长二百八十三丈厅三间北向闸板九块麻绳十八条铁镮十八个空地二尺五寸守闸夫六十八名闸耳等用如拦潮闸之高下长短详钱侍郎溥记中主事夏英记曰仪真县治东南隅五里许旧有桥曰罗泗桥桥上有港抵漕河二里余港两岸多民田田以潮灌潮以桥入成化壬辰郎中郭升建议废桥置闸名曰通江闸比因权贵者不顾漕水盈缩舟一舣闸辄欲开放遂使水利走泄而军士因于漕运启闭不时而民田困于旱暵乙巳少司空杜公奉命理河道访知其弊用闸坚筑以土虽可以御权贵之势而潮以不通民之田愈困马丙午春三月予以部牒来司仪真不数日民有包浚苦岁旱乃率数十人诣予告请开闸通潮以济田询之卫县俱难其请越数日告者又至辞甚切予遂躬诣其地为之区画乃率包浚等至前吁曰汝辈能各出所资以自理乎举稽颡应曰某有田数畝以半鬻而为费则半可获否则并数畝而俱丧矣乃计其费而以田之多寡为出择其中公勤者三四人掌其事命耆老陈荣者总督之予日稽其成功乃于是闸去其所筑之土以通潮潮通则田有灌溉之益矣闸上置板而树以亭亭树则人无擅开之念矣一日予视厅事见有蓬头跣足者十数辈荷锄执锸跪拜于前曰我辈得生矣问其故则曰田得潮水而来谢予曰是不过因汝辈所利而利之于我何与而以谢为麾之而去桥将成告者曰欲得一榆木横置闸口以防舟楫伤桥之患其木遍求缺市一夜潮起闸内有木旦视之即榆木也时闸下之舟首尾相衔不知此木从何而入众皆以为某之积诚所致始工于是年夏六月毕工于冬十有一月因其桥有利于民易其名曰济民

二十三年建东关闸　东关闸即里河口闸也坐落城以东向水以西北扼漕河之上流南通五坝之江脉凡舟之自河而下由江而上者悉于是乎统会之旧名莲花池兹其地也浮桥一座以时启闭仪真县审编桥夫二名翰林院检讨定山庄昶记曰仪真东关闸工部主事夏公育才所建也公以上命来督仪真谓仪真京师喉襟之地转输漕运之所必由朝观商贾之所必涉有京师不能无仪真也然仪真五坝又非取给于东关不可五坝盈则蓄东关以待其涸五坝涸则泄东关以济其急有五坝又不能无东关也是五坝者用于仪真东关者用于五坝也公之汲汲于此岂为仪真计哉京师计也天下计也公之用心朝廷可谓至矣公既闸人有谓公于某者曰仪真五坝之地一洼沼也以京师之大赖其力如此寻丈之济岂可深虑哉然欲为京师计使仪真五坝不费余力而国用自充岂有难者昔虞文靖公送祠天妃二使者谓国家之东萑苇之泽滨海而南者广袤相乘淤沮可稻之地何啻千数百里使东南之人

堤圩而田之给牛种农具为之屯种宽其赋之入可省江南漕运之半而仪真五坝之力当亦不可费也余谓仪真距急河水之地高下不下数丈使塞瓜埠决六合野浦桥之淤塞乃自急水河以达于仪真长江大河风帆浪舶瞬息千里孰之能御而仪真五坝又将可以并省矣公之所以为朝廷计者乃不于此而于彼何哉某曰不然子将以已之所涉者以料公也公岂不知乎此哉某以病废所谓国家滨海而南之地足迹未尝一至不知果可以屯田否也又不知虞文靖公之说行于古者而亦可以行于今也使其可行从前之说则屯田之入但可以省夫江南漕运之半而其半又果能不藉夫五坝之力哉从后之说其策虽无可议然水之高下亦未可遽以口舌而争使果如是则江空水落之时而视夏潦弥漫之日又不知其能同否也苟有不同而五坝又可废哉而东关之闸不可废也盖公之学有本末故其政有缓急缓者效大而用力常难急者效用力常易公知三者皆善故先其易而后其难而若所谓以急水河达于仪真公之友夏官主事娄君元善已上闻矣元善之论而公成之公之功也至若文靖之说真不甚易非有回天倒海之力不可以某观之公可辞乎使公不以为难而又极其力焉则国用尚何不充之有公殆将以是三者次第行之而谓公不知出乎口舌而争使果如是则江空水落之时而视夏潦弥漫之日又不知其能同否也苟有不同而五坝又可废哉而东关之闸不可废也盖公之学有本末故其政有缓急缓者效大而用力常难急者效用力常易公知三者皆善故先其易而后其难而若所谓以急水河达于仪真公之友夏官主事娄君元善已上闻矣元善之论而公成之公之功也至若文靖之说真不甚易非有回天倒海之力不可以某观之公可辞乎使公不以为难而又极其力焉则国用尚何不充之有公殆将以是三者次第行之而谓公不知出乎周公实可其谋管河御史姜公郎中曹公实赞其成守备都指挥昌公实同其事而管理则有指挥张旺知县陈吉千户郭真县丞谢宾主簿李俊刘兴典史史述而奔走执事吏则丘纪老人则潘宣钟镇俞悌陈沧而吉则尤为勤事者也公求记某于公非泛爱者遂与公以商榷天下事如此公其以某为迂阔否哉公名英世家吉水育才其字云

弘治十四年二月建拦潮闸　总漕都御史张　题为添设拦潮闸座便益粮运事据南京工部主事邹韶呈照得本职奉本部委来仪瓜二厂收放砖料兼管河道闸坝切见仪真设有罗泗桥等闸三座旧例夏秋江涨则启闸以纳潮冬月潦尽则闭闸以潴水固为便益但方春粮运上京闭闸过坝则利归塌房穷军受疲冬粮船回还过坝船多损折况水涸冰冻浅阻河道经月不得尽绝是闸便于夏秋不便于春冬然以春冬不可开闸者以上河为有限之水而下江无抵坝之潮考访图志仪真东北二十里汉建安中凿有陈公塘筑堤造碔蓄聚山水灌济运河近年以来碔座废弛多被军民占为田产以致水道不通赖有高邮宝应邵伯湖水支分接续递年冬月回空粮船到来必须大江口关王庙前打筑土坝开沟放水方得车绞船只过毕未免拆卸一年一次劳民伤财不能经久常便为今之计合将关王庙前土坝基址置造石闸一座上接三坝四坝五坝至罗泗桥闸口下通黄泥港口并直河口俱通杨子大江每年春月潮信速来速去时候如赴京重载粮米到来乘潮放进将此闸下板关闭水满则开罗泗桥等闸打放省免塌房挑担脚力之费若冬月回空船到来正值潮涸之时将关王庙前一闸下板堰闭后开罗泗桥等闸放下待潮来相接方开关王庙前闸放出大江纵使春冬水涸闸不可开若得关王庙前一闸关闭则潮水积聚赴京粮船得以抵挑盘免被阁浅回空之日亦得藉水绞车过坝不致虚费土坝桩木人力一闸之添四时之便其造闸石桩之类挑浚河港项下见存余剩顾工银两取给于斯亦甚为便人夫于附近府卫州县起取桩草缆银照旧收贮以便每年修闸之用一劳永逸据扬州府同知叶元呈照得南北军民船只运粮载货俱从仪真各坝车放关王庙鸡心觜乃各坝会流之所设造流潮一闸其实便益军民即今挑浚河道工程已完见有余剩工食银二千余两趁时选委廉干官员督造前闸事干便益粮运重务已经行据镇守淮安漕运总兵官都督同知郭鋐议得仪真闸坝上高下卑潮大时月水与坝闸相平往来船只易于车放冬月潮小江水不接势颇陡峻回空粮船不无守候迟误今主事邹韶等各呈要于关王庙鸡心觜闸坝会流去处设闸留潮放船一节既已会勘官民甚便粮运有益应合准令添设且浚河余银积有二千余两尽彀资造不费官库财物除行直隶扬州府转行委官同知叶元就于原报挑河余银内查照估定料数动支委官分投领赍买办并将该用大石著令直隶徐州掌印官公同收买量派顺便军民船只带至造闸处所交收雇倩匠作量起附近人夫择日起工如法砌造具本顺差舍赛礼亲赍谨其题知竟如议建

吏部尚书杨一清记曰弘治辛酉春二月二十四日仪真县新建拦潮闸成便漕事也仪真为漕河自前代已然我国家定都北方岁漕东南粟以供京师多此焉道盖喉襟最要地也顾漕河之水至是当入江高卑势殊河易泄且涸宋嘉定间守臣建白置三闸为蓄水计寻废再废再举国家洪武辛亥始即其地筑而坝之舟下上必车坝乃达不

尽剥载则不敢以举力稍不济舟辄坏由是仪真之地舸舰云委贩鬻喧阗罔利之徒萍聚而蚁附居货食功成坝是便闸不复讲矣成化甲午巡河郎中郭君升建议置闸为东关为向水为中闸为罗泗桥以通于江一时称便独妨罔利者煽为泄水之说任耳者和之闸遂不用弘治戊申朝廷用言者下工部檄郎中施君恕相所宜复东关罗泗二闸废向水拓中闸而新之舟复通利焉然江滨无闸潮无所潴上闸既启注不可遏于是复起泄水之议漕运总戎郭公鋐尝欲增置滨江拦潮闸或谓江滨多浮沙不果弘治己未冬都察院右都御史张公敷华奉敕为巡抚总漕事有以拦潮之策献者公访于众扬州府同知叶君元进曰元尝承檄董浚及江滨深七尺土黄壤无沙闸必可置公曰然遂具疏以闻既得旨乃会郭公檄叶君任其事君受命惟谨会藉程物卜以庚申十月八日始事属仪真主簿谢聪董工役耆民许晟辈七人分董之地势定造闸之规高一丈八尺广二丈八尺袤三丈翼两东西亘加袤之二爰琢爰甃大牙相入磨礲铲碘匡削底平又迭石数重以固其涯松樠栉比以固其底凡用物以段计者石八千九百九十以株计者木五千四百七十以片计楠板四伯九十以斤计铁二千九百八十麻一千六百七十篾六百七十桐油一百以担计石灰二千一百三十糯米四百八十秫三十三诸佣售所取直得先年浚河羡余银千两有奇不责办有司故工巨而官不知费方役之兴监察御史冯君允中行河至顾瞻称善为之指画俾急图厥成巡河郎中刘君浩继至偕工部主事邹君韶亦胥督劝群僚向水风百工子来故事集而人不告劳距经始之期才四阅月耳冯君谓闸启闭宜有定规乃会刘君议当河溢潮涨则四闸昼夜启勿闭如江势平河水未溢则以潮之长落为启闭放舟潴水两无所失至冬寒水枯落则闸闭勿启传檄有司遵行之是岁江河会通舟无留行扬旗伐鼓数千百艘于饮食谈咲之顷视车坝之劳固有不待较者比秋霖潦浃旬潮水大涨则以时泄不横决为堤堰害亦惟是闸赖焉所省漕士之费岁当若何民船贾舶所省又当若何以岁继岁吁其不可量已于乎天下无难为之事顾为之何如耳其始也存乎志而其成也决书曰功崇惟志惟克果断是也安常习怠者不能为瞻前顾后者不敢为若是夫孰与有为者昔虞文靖公尝言善为政者当为其所不可不为而不敢擅为其所不得为与轻为其所不必为斯可矣是闸为漕运计为天下计在公诚不可不为者然非志之崇则曰曷仍旧贯非力之断则曰曷为敛怨欲其果于有为难矣不然自有闸议以来凡历数政终以异议者众莫适任责故亟举亟罢迄无成功公始至而即图之谋定而身任之择人而委之劳群咻众关屹不为变其志与断有过人者不于是乎征耶然我每见世之仕者有所举动辄为异议所沮其同事者谓功不已出从而媒蘖之唯恐甚焉况奉行其下又无良有司虚文取办徒劳无益以增兹多口者皆是也坐是以隳厥成者多矣公兴是役冯君诸贤既赞其决于上又为之规议以图其永于下未尝有所阻挠而奉以周旋又有若叶君心计目揣举无遗力经营结构无一弗当异者暂费而大蠲百十年来所当为而未及为者一旦从容为之腾口之徒屏息不敢复出一语是虽公之忠信所孚风声所动而诸君协谋宣力其功顾可诬哉故并书之石告来者俾嗣守之勿复惑于浮言以隳前人之功也张公名敷华江西安福县人

十八年春正月复建通济闸　兵部侍郎黄瓒记曰仪真县城东南自成化甲午提河工部郎中郭君升疏言于朝置闸曰临江曰通济曰向水曰里河口而通济当其中方其置闸也闾阎驵侩之家狃于坝利往往浮言喧腾谓有泄水过盐之患若无事于置闸然者及闸成仅踰两纪而通济遂废盖置之既不协于其心则废之适堕其计虽有吁谟远识知其不可废者亦谩无谏正听其废焉而已矣夫通济之所以不可废者何也潮之至也不踰时而遽退船之群次于闸也衔舻接舳无虑二三百数以无虑二三百之船而当倏退之潮苟无通济纡汇潴蓄有以逗其势遏其冲将使跬步隔于千里顷刻淹于旦暮前向水而弗及后临江而已远其不贻浅涸损坏之患也者几希癸亥之厄何鉴也故临江诸闸不可无而通济尤不可无尤不可无则尤不可废也废之者私智也纵其废之者私意也夫事不更变曷见其的于是南京工部分司署员外郎事何君白于总督漕运兼巡抚都察院右副都御史张公公韪其议檄通判扬州府事韩侯知仪真县事马侯协力起废而主簿唐侯暹义官许成夏麟耆民柳瓒夏傧盛清臧恕张伦共莅厥事肇事于弘治乙丑正月朏未四阅月讫工虽闸址仍旧而规制加壮适提河工部郎中张君至捐吉启闸飞艘舞舰与潮下上烝徒称便无复浅涸损坏之溷其虑马侯以余县人也请书前贤置闸之难后人废闸之易而复之者之有光于置之者焉且俾嗣今修饬毋骛私効尤贻患于无穷余谓柳子有言贤者之兴而愚者之废废而复之为是习而循之为非恒人且犹知之不足列也然而复其事必由乎贤者斯今之所以复通济之意乎殴阳子有言作者未始不欲其久存而继者常至于怠废自古贤智之士为其民捍患兴利其遗迹往往而在使其继者皆如始作之心则民到于今受其赐天下岂有遗利斯今之所以镵石昭后之意乎张公名缙字朝用阳曲人成化己丑进士历总台宪式惠淮

土寻入为工部右侍郎何君名垕建昌人张君名玮吴人韩侯名琚河南人马侯名论辽阳人

正德十三年复建向水闸

嘉靖五年建瓜口闸　瓜洲通江上闸一座成化年间添造通江下闸一座宋徽宗修建花园石岗轴轳于淮汴尉迟公监造减水石礁一座弘治年间添造瓜洲闸一座嘉靖五年漕运参将张奎奏准添造

六年四月诏每岁以春三月开仪真闸　嘉靖六年四月钦奉诏书内一款粮运船只经由仪真瓜洲二坝盘剥雇脚所费不赀仪真设有拦潮闸座春三月以后潮长之时可以通舡近年工部委官偏听脚夫店家之言指以泄水为由不肯开放管河官查照建闸初意上河水小自难开闸若潮长河溢军粮民粮官民船只一体循次开放无故阻当者罪之钦此

论曰肃皇帝诏限以三月开仪真闸座甚合天道诞章恢恢岂不大哉在万世所尊守讵容冒焉后漕臣乃为疏请开闸率以冬杪春初以避夏月淮洪之涨诚为上计然冬月楚舟溺杨子间有焉隆庆以前不得记之矣万历四年十二月飓风作江西湖广运船薄仪真江口沉溺者三十余艘坏民舟不可胜计今年正月元日所坏溺运船至四十有四皆以冬月来闸河水浅运舟不能进而江壖一带邪直无湾港可藏舟故也每计苏浙之舟从瓜闸入全楚之舟从仪闸入不得相溷以杜争端善矣顾当初春时舳舻鳞凑一遇风涛全楚之舟坏于江口由舟多路少故也无如为之限列苏浙之舟以十二月至度正月过讫全楚舟以二月至度三月过讫如遇水盈从二闸俱入仪浅则从瓜入瓜浅则从仪入何至停泊大江为风涛摧击乎且也扬子江间惟北风最烈季冬运船入江正当其锋少避之以俟春深则南风必多闸水必盈俱以四月过淮则淮涨率在五月可无虑也若今况仪真有开坝薄舟之筴筴果行又万年利也为附于篇

仪真县知县况于梧陈议运漕一事关国大计县控扼大江为南北咽喉地最下水势易涸故自江口抵东关建闸四座蓄水通艘惟夏秋江潮独盛通闸可行冬春潮落必蓄济而后舟楫可通往岁江西湖广并南京等处兑运粮米计三千余艘每以四月渡江正潮盛时随到进闸无俟停止迄今改运冬春之交江潮正落运艘辐辏至必停泊江干挨帮候进每日夜乘潮至开一闸进一度随闭闸以俟前闸之开缓则潮落而不及进计一月朔望前后潮颇盛大一日一夜可进百余艘其它日虽拾数艘亦必挑盘殆轻而后能入此群艘鳞集外江逗遛经月而风涛之患所不免也备查万历肆年拾贰月内风坏运船叁拾余号今年正月初一日风坏肆拾余号上亏国课下毙旗军缘以湾泊无所狂风易摧某历览沿江处所可开成河便于湾泊进闸足避风涛之险有裨漕务者谨条陈陆事一曰开新河以便进泊上下江虽有二口进闸然以咫尺之地数尺之水舟可以泳行不可以停泊是闸外之艘拾壹而江上之艘拾玖风涛时作卒难退避今查得上江迤西地名邓家窝至冷家湾相去地计长贰伯柒拾丈合用开挑成河径阔拾丈两堤岸各贰丈底阔陆丈长与阔共计贰千壹百陆拾丈约银叁千肆百余两于中民田陆拾三亩相干开没查照原价每亩肆两共合给价银贰百伍拾贰两以还各主另置额粮例难蠲除仍分派概县替纳则田虽废不至于损民粮虽摊不至于害众此一劳永利之道也一曰因旧港以加瀹拓查得邓家窝水既入冷家湾则自冷家湾起至新济桥止系流水小涧计长柒百五拾陆丈用挑河心阔陆丈长与阔共计肆千伍百叁拾陆丈约共享工银壹千捌百壹拾肆两肆钱自新济桥至钥匙河口止亦系涧流长叁百壹拾丈伍尺用挑河心阔陆丈长与阔共计壹千捌百陆拾叁丈约用工银伍百贰拾壹两陆钱肆分钥匙河口与奶奶庙河合流自奶奶庙起至九龙庙止长肆百壹拾丈水虽通江亦多淤浅仍用挑河心阔陆丈长与阔共贰千肆百陆拾丈约共享工银肆百玖拾贰两自下江口起至拦潮闸止计壹百肆拾丈久未捞浚壅滞日积合用挑河心陆丈长与阔共捌百肆拾丈挑深伍尺计肆千贰百丈共享工银壹百陆拾捌两已上肆处通该工银贰千玖百玖拾陆两肆分如是则大江水自邓家窝入冷家湾达新济桥蹈钥匙河会上江口奶奶庙抵九龙庙河而下江口水亦流入交会于闸口迢递拾余里可容贰千余艘鱼贯进泊渐次入闸庶几避险道泛安流而风涛不足虞矣一曰设板桥以利攸往邓家窝一带既挑则新济港为运艘必由之处而石桥间阻殊为不便合将前桥中圈拆开仍设板水拖桥壹座船到掣去船过搭行上不妨商民之往来下不阻运艘之出入一曰去淤塞以遄漕行看得拦潮闸起至东关向水闸止一路漕河并各闸底久未捞浚日甚淤滞又看得东关起以及梅家沟梁家湾太子沟至石人头止计长肆拾伍里隆庆肆年虽经修浚今复寖淤通流水深不过贰尺余至于梅家沟约壹里许太子沟约里半许水不踰尺淤浅尤甚但查合用工费不下叁千余两而数千艘赖以永济亦非小补一曰修旧闸底以免盘剥闸板宜高用以障水而不泄闸底宜低便于进艘而无碍看得向水闸外潮鲜至内流愈涩船

艘经过必须挑盘罄空方可挽拽而进缘以闸底高昂水不满尺五无惑乎度越之艰也且逐壹挑盘前艘既滞后艘益壅不惟糜费军需抑且稽迟运务合无将本闸拆开重加浚凿闸底深下贰尺砖石板木添新换旧量加修理其工价亦俟临时修举估用庶蓄济深艘行无阻下便商民上益军国其利溥矣一曰建新石闸以裕蓄济湖水至三汊河口分流一去瓜洲一来仪真瓜地下水去峻急仪地稍平流来迂缓备查东南运艘由瓜闸进西南运艘由仪闸进瓜闸壹开水易奔赴不惟仪闸之流枯涩而杨子桥壹带河身亦致浅涸艘行至彼辐辏鳞叠又成壅阻揆厥所由盖水直泄于瓜故尔合无将三汊河通瓜洲口上建石闸一座粮艘至则开此闸以导其入粮艘过则随闭此闸以待其停蓄则水不泛行流可长逝纵群艘纷至而行道九达又岂有排挤不前之患也

隆庆四年七月始榷仪真船税　隆庆四年七月初六日总河右副都御史翁　为设处钱粮以济工事疏略曰漕河之工在宝应则当开越河以避湖险在瓜洲则当建闸座以通漕船在清河则当疏鱼沟以杀河势在丰沛则当筑华山以遏横流臣又欲在徐邳滕峄之间开凿新河以远河横之患通计所费约数拾万金而堪动钱粮则百无一二顾成大事者不惜费图永逸者不辞劳敢谓钱粮难继不思区处乎臣查得淮安设有东坝者平江伯陈瑄恐新庄闸口淤塞即令粮运与官民船只车坝往来未尝曰民船由坝官船由闸也正德年间奸民射利曲禀漕司于清江浦别建仁义坝一座乌沙河又建方家闸一座市井虽遂车盘之利而商旅受困矣去年漕河既阻盘剥愈难烦费益多商旅益困每央士夫嘱放辄费银七八两乃知黄水坏漕皆从新坝漫入是设新坝之害也通济闸内外每每淤淀是不通船之害也臣今先挑东坝以便车挽又于新坝之上筑有大堤以防决溢若明著条例除夏月粮船盛行商船民座俱不许由闸外其余月分梁头一丈六尺以上者税银五两一丈四尺以上者税银三两一丈以上者税银一两由仪真闸者递减税之民座船虽有私批一体征税听管闸主事监督淮扬二府查收一丈以下者俱令由闸大约一年可银数万两且商船利涉户部钞税愈多若以泄水为言则江潮淮水皆从外河进入湖水患其太盈臣所亲视商旅愿出于途在此举也疏奏下工部复议上如部议遂定船税翁公名大立浙江余姚县人今官南京兵部尚书

六年八月建瓜洲二闸始榷瓜洲过闸船税总河侍郎兼右佥都御史万　题为恭报瓜闸告成速济新运事据南河工部郎中吴自新管漕参政潘允端扬州府知府贾应元会勘得瓜洲花园港猪市二处皆可通江但猪市临江最近河水直泄中无盘旋之势不无可虑花园港至时家洲相去六里河身宛转水不直下再将河道开辟以便停泊相应于此创建二座具呈详允随督率扬州府知府贾应元同知陈可大等各督役催工采石运料浚河开渠分投任事群力毕集于隆庆六年八月二十六日兴工至本年十二月十二日二闸河渠俱告完理合呈报臣惟国家漕运四百万石而过瓜洲坝者独二百万石百七十年挑掣车盘军民劳苦船泊江岸累患风涛湖水弥漫堤岸冲决科道诸臣屡经条议建闸竟成道谋仰荷我先皇圣谟独断成二百年未成之功庙堂主持决五十年不决之论一时在工诸臣或议于始或成于终惟早运以为期乘冬融以敏事不百日而二闸之功屹屹踰六里而新河之水滔滔吴浙方舟之粟直达于湾高宝巨浸之流建瓴而下既免挑盘雇剥之苦又无风波险流之虞新河所占虽失之民田运堤偿还又得之铺店粮运方竣商舶由之远近喧腾上下感激此成我皇上万世之图军民百姓之利也先是臣等虑恐江北瓜洲之闸既已速建而江南京口之闸不能早开未免滞运已经案委潘允端将苏松常镇一带河道大加开浚又虑瓜仪分水三汊河水势大趋瓜洲未免分夺仪真河流以致浅阻又经牌委贾应元于三汊河创建吊桥一座东流水势务令平分是从浙江以至张家湾水路三千余里冬间亦可直达即吴浙之运十一二月亦可开帮自此与江西湖广征发相同皆由新皇御极地道变迁血脉通贯臣等目击其盛惟有感荷福泽而已再照仪真之闸抽分船税河道大工全赖于此今建瓜闸办料雇夫费及万金悉取诸宫中而用之全不累民工得连就今瓜闸既成相应比照仪真事例使昔之由坝者许之由闸一体抽分则仪真无走船走税之虞瓜洲得修河修闸之利在商舶就安而去险欢呼乐从在编氓取盈以济虚分毫无累其瓜闸船税就令仪真主事带管该闸应设闸官闸夫即以本镇原有闸坝官夫改用不必另行铨选编佥此尤全利而至便者也伏乞敕下该部复议施行国计幸甚河漕幸甚民生幸甚疏入下工部复议上如所请

九月革瓜洲添设关税　论曰罢瓜关税善矣然以仪东关视之犹所谓甲乙陂也在原题俱所未载在诏书俱所宜裁论税者乃一彼一此是言二五而不及十政之平宜者若是与或曰詹弋阳请之而不果徐宣城革之而未竟子何不遂竟之嗟乎难言矣

万历元年八月筑闭瓜洲闸罢过闸船税　议者以闸开水数为泄每岁运船及白粮船过时度可三月而尽于

是仅开三周月运船过讫即塞之遂罢过闸船税

正统八年三月癸未浚瓜洲坝东港洪武间瓜洲坝有东西二港永乐间废东港坝为厂以贮材木正统初廷臣议徙木浚港未果至是督漕总兵官都督佥事武兴言坝废港塞惟舟往来迟延且舣泊大江有风涛之虞请俟秋成于镇江扬州二府佥夫亡千余人修复从之

泰州志

论漕河建置　图所列南起大江北抵山阳漕河形势大略也漕河惟扬州城迄杨子湾一带可四十里地势高阜延袤至邵伯镇而北内外东西则皆诸水所汇而外自高宝内迄兴泰盐城地形洼下共一沮洳之区也自宋天禧中江淮转运使张纶因汉陈登故迹经画就中筑堤界水俾堤以西汇而为湖以受天长凤阳诸水由瓜仪以达于江为南北通衢堤以东画疆为田因田为沟高泰宝兴化盐五州县联络千余里而遥而五州县之水有广洋射阳等各湖以潴之有庙湾石垯等海口以泄之不为田潦具称沃壤矣此前代之所疆理而历世因之不能易者也至国朝复大治堤以通转漕是为咽喉要害而鹾利民生胥于此焉依顾不重欤夫湖藉以资漕则堤以外不使水得出而后漕之通利也无壅遏浅涩之虞不然滔滔东注其有不决堤梗运者乎因田以定赋则堤以内不使水得入而后田之菑畬也无淹没漂溺之患不然混混西来其有不伤禾废耕者乎何也以五州县之水溉五州县之田其潴也有限其泄也亦有限一遇霪雨尚尔泛滥湖决而下势若排山四望汪洋总成一海当斯时也潴不胜潴泄不及泄数千里之内几何其不载胥及溺也而漕计且坏不可支矣是缕缕一线之堤者四百万之军需所藉以灌输而国脉系焉百亿万之生灵所藉以待命而国本关焉故堤固则漕无害而淮南赖以平成堤坏则漕事阻而淮南胥为鱼鳖此其利害不啻烛照数计而龟卜也所从来矣

论正改漕兑　图所列五州县历年之水颠末业已备具论中矣洚洞之警平成无日赋役之数一定不移万姓所日夜延颈而待者独望有朝廷浩荡之恩而已顾钱粮额派于县官为维正之供于百姓为有常之赋则起运存留两端耳起运如内库上用及京边军需是已存留如官生俸廪及地方经费是已数者有一之可缺乎缺一不可奈何得轻言蠲大司农于四方奏报灾伤往往急起运而缓存留而不知存留之于地方即起运之于京边无得而缓焉者也故急起运者实征也缓存留者虚文也然则所望浩荡之恩者何由漕粮之改兑改折是已何言乎改折也漕粮正兑以石为律有补闰二六等费纳银一两二钱有奇而改折重则七钱轻则五钱止矣何言乎改兑也漕粮正兑以石为律有水脚过湖等费计纳米一石七斗三升有奇而改兑则加耗米二斗五升又加变易米二升止矣改折之数年例若干漕司留以待四方不时之灾而改兑之数均派各省听其临时自相酌量调剂而已故改折非抚按勘实灾至九分五厘以上者不得轻许然大司农犹有严禁之请改兑听之司府就地之原额为派单之多寡大都不相上下予不识漕计此其大略之数如是也今兴化以频年被水漕粮尽从改兑矣改兑未已并改兑尽从折色矣折色未已并折色又尽从永折矣浩荡之恩广被于兴化者如此顷当路又因兴化以及地方同有是灾者俾高宝漕粮亦尽从永折之例矣是浩荡之恩推广于高宝者又如此而独泰州一不与也士民思之不得其故相聚而扼腕曰使州田而异于兴化也无怨也使州粮而轻于高宝也无怨也今田之沉于水也于兴化非有疆界之别粮之出于田也于高宝且有轻重之殊何乃见弃当路不蒙体勘岂不沉冤于覆盆而号泣于向隅也乎哉矧复使为兴化代粮抑又冤之冤矣请得肆言之维扬一郡三州七县秋米共二十一万八千八百九十六石二斗二升于内额坐起运正兑米六万石改兑米三万七千石以均平之法言三州七县视额粮为例每粮一万当得正兑若干改兑若干石此一定自然之数也以通融之法言三州七县年视丰歉为例丰者加正兑减改兑歉者增改兑减正兑此临时剂量之数也于征输之内寓轻重之权要以不失维扬九万七千起运之额以足国家漕运四百万之储而已漕规立法之善所从来矣故泰州额粮五万二千有奇当得正兑不过一万五千改兑不过九千二百而已嘉靖三十年以前此数未之或爽虽准通融之法临时微有增减计于均平之法成数无不吻合各年派单由票府州见存卷案历历可稽也其后正兑忽派至二万九千六百视原额骤增一万四千石而奇矣改兑忽派止一千九百五十视原额骤减七千石而奇矣悬绝已甚奉单之日靡不骇而且疑然竟莫知其所自起聊一具诉而当路辄不报也嗣是年年因仍遂为常例而不闻有所更订者夫以一郡正兑六万石而泰州止二万九千是十分而五也一郡改兑三万七千石而泰州止一千九百不十分而

一也增正兑一万五千石岁计多征银一万六千两多征米九千五百石则十分而又加七也民之重困不啻涂炭而倒悬矣顾不知漕规于各省果如是偏重而不均否耶假曰奉旨则必有题奏章疏可据也假曰额例则三十年以前不应有异同也假曰应增则维扬总赋未见部文奉有事例续派也三州七县一也此既有所加彼必有所减此既蒙其害彼必蒙其利盖尝得其故矣先是兴化政府及第笃厚桑梓维时水灾尚不似今时之困然已力为之地而当路因以一郡改兑漕额尽三万二千派于兴化余五千有奇派于三州六县尔夫兴化既以改兑易正兑则应得正兑原额仍就三州六县公分之可也三州六县既通减改兑则应得改兑原额仍就起运正兑内递加之可也乃不一衡量而径以兴化一万五千正兑举而尽栽之泰州彼两州六县者正兑未尝一失故物而起运骤反递减有差此何以说也对兴化言是泰州为兴化全代正兑也对各州县言是泰州为各州县分代起运也揆之天理则不通质之事体则大谬不知当路何以会计也抑有由也盖众怒难犯加粮于众邑则群起而噪者必多殊费居解不如一邑之可欺也编户之远无如泰州也额数之重无如泰州也絜而与之足可掩覆不如各邑之难敌也故兴化宣言曰泰州有上河富郡也非兴化所得望也当路信之谓泰州真富郡也果兴化所不得望也噫何其冤之甚也蚩蚩之民亦将何所控告哉当是时犹未沉水也民力尚未殚竭也耽燕雀处堂之安而无鸿鴈集泽之感则亦因循已尔今则沉尔田矣倾尔家矣叫阍无自泣路堪怜谁生厉阶至今为梗能不追怨当时之首事者乎粮非洪武之旧强代兴化之赔兴化政府所以为兴化则得矣其如贻怨于邻境何势穷数极返本还原不当复泰州之故物耶若终念兴化之不能复也破格题请令两有所存不亦无偏无党之政乎如不其然则请当路亲举玉趾特诣泰州兴化之境履亩而勘周询而咨度焉地之高下同否田之被水同否正兑之独加于泰州顺否改兑之独存于兴化安否起运之并代于两州六县是否然后以先年具题之疏及所以摊派之由的然示以当加当减之故毋使不知而暗赔晓然谕以公平正大之理务令心悦而诚服即虽不蒙一体蠲恤而亦可免退而后言矣

外史氏曰泰自昔号泽国与高宝兴化天水相连风飘直达非有涯涘可施牵挽余数问渡于此是以知之而州治南面独据上游外凿漕渠以一衣带水通輩挽之利即巡方直指从上河来入茱萸湾东走如皋通州者是而不知其赐履西迄江都仅二十五里而止南迄泰兴仅二十里而止其为上河析壤几何自守土者传舍其官秦越相视有习覩萸湾以东两岸禾黍芃芃黄云被畮而忘其非泰州者矣况可责之輶轩过化者乎今下河岁岁苦阳侯高宝岁岁蒙蠲折而泰州题灾独不与抚按之责乎抑监司之责乎甚至最剥肤者金家湾一堤岁被土著盗决激水罔利而一切莫之省忧沉璧无能高岸为谷竟弃下河五万三千之漕粮于沮洳一壑而犹不能与三州县均望复租之惠尚可诿曰非距心之罪耶试令冏卿而在不知又如何痛哭流涕而长太息也余故阅水郷图而并论次其说三复低留以志其咨昏垫之慨云

泰州志河渠考

海陵水利来自淮泗其自高邮卲伯灌入下乡者为下河田土居多而海为之泄其自湾头东折者为上河田土无几而江为之泄此其大较也上下河俱为盐运故道盖不独民田藉其灌溉而盐场万艘往来如织实为国家命脉之所系云顾海陵虽号为泽国乎然河腹甚浅易盈易涸闲万历二十二年以前盐官三年一大开一岁一撩浅故因势利导而飞挽裕如此其成効之彰明最著也今则挑浚绝响矣以故一遇暴雨亘亩皆盈若数月不雨而焦原铄金又赤地千里矣考之府志谓泰之水自运盐河东来旱则宜筑塞白塔芒稻二河庶无为运盐之梗夫非独为盐病也漕运转输秪争此一衣带水而芒稻河奔江不息蚤已决之于上流况潦时少而旱时多其可不为留心潴蓄之计哉余故将上下河并市河三款胪列于左

一下河计水道有三其自新城殿折而东北者为通场运盐河经于溪秦潼镇西溪巡检司以抵场下东渐于海盐场万艘自串场河装运直达泰州西坝而止前此盐官动费金钱岁岁挑挖不为无见盖泰形前高后低故州治北有东西二坝所以界限上下则十场转运惟取给于淮流矣顷自牙桥闭塞则长淮断隔别无支河可通惟寄命于下河如线之带水而已况此缓弱之水又一泄而尽数年以来则陆海扬尘运盐通津且轮蹄相错矣蒿目国计者计将安出乎　其自新城殿折而直北者为兴泰往来官河经鱼行北去十八里为港口镇过此则为港口白矣此泽茫无涯涘似百川灌河平时深不可测虽枯旱水亦以数尺计为海陵一古迹云踞白之东北者为董家潭上溪下溪靳家潭数处其水虽旱不竭独饶秔稻之利至于莲沼参差菱芡历乱在旱时亦然此亦一武陵源也过此则宁乡巡检司

矣迤北十数里则兴化所筑长堤一道在焉堤由兴化至高邮计延袤百余里昔以曲防遏泰之流者今则陆海尘飞亦不获沾泰九里之润惜哉过此则凌亭阁矣是为兴化之分界高宝之通津世相传为海陵溪者其在斯欤　自新城殿折而西北者田近膏腴多富人之稼不可以里数计也西北直尽乎泰之樊汉通江都之永安镇与邗江接壤焉

一上河此河始吴王濞开邗沟自扬州茱萸湾通海陵仓及如皋磻溪时濞以诸侯擅煮海为利凿河通道运海盐今其故道也考诸芒稻河未设之先盐官犹岁募丁夫日以挑浚为事嗣后芒稻河设矣湖淮之水泄之于大江虽治河使者日下闭塞之令而地豪贪竹木商贩之利盗决如故也山洋河坝之在宜陵镇者亦有名无实泰州之岁征看坝夫银至今不废而地豪之缘为奸利者亡从诘也甚至借竹木便民反告官给帖付照公然身充牙侩至私盐夜行商船径渡而江都有司不知其有宪禁也山洋河而上其直达下河者一曰赤莲港一曰戴家坝一曰徐家邗子【徐家涵坐宜陵西二十里铺汪洋大河地豪拥为通津首为上流害】各据为利窟而不顾泰之肥瘠也然俱在江都境内者也盖泰州西界最偏小起自斗门镇仅仅二十五里为海陵赐履地今专以境内言之而泼绰港之通江者已泄之于斗门镇海子沟之通江者以新凿一渠又决之于九里沟此不独忧在盐漕而忧在农家之水利不独忧在水利而并忧在风气矣夫城西负郭居水之上流业已滥觞不可禁止又按父老卢惟宝所条陈一为坛场西首之通江港径入宝带桥口岸大河略无限隔据称于此通行商贩决水入江此尤其遗害之最先者也一为凌家闸在高桥东坐落夏家桥据称司启闭者鬻水为利若此闸不塞则茫无底止又何怪远在东偏者不获沾上流之润一遇岁旱三农坐困哉

掘港营在如皋城东一百三十里距海大洋五十里东南北三面环海唯西一路接如皋为倭寇首犯要地旧设土堡每岁汛期委扬州卫提督指挥一员领军一千三百名守堡防御天顺间挑选精壮入卫京师止存军五百五十名嘉靖三十三年倭夷大举入寇再被蹂蹦巡抚都御史郑晓奏设把总三十八年巡抚都御史李遂奏改守备统东西二营召募民兵三千余名设战船一百余只后经承平渐加减汰尚存水陆官兵六百余名万历十九年倭犯朝鲜沿海增备复召精勇千余设战舡六十只增置马步军五百六十有奇事平旋罢见水陆营兵四百名沙舡八只战马二十二匹所辖信地南至石港北接丁美舍西达如皋东抵大海洋

土堡一座周围二百七十五丈五尺

本营旧制南援石港狼山北救拼茶角斜李家堡西应马塘丁堰如皋但石港有港之名而岸高潮小港口悉为淤沙泛涨船不可泊人亦不可登间于七八月风急潮高或乘势可入若拼茶角斜李家堡三寨虽地居肘腋而实出掘港之背俱非安营善地欲议安营以便堵绝唯有本港中方前旧址此地水草两便置砦无难循港而前陈家丫川腰等港十余处俱系津头丫角亦应设兵防汛若举其最险者又有东凌港埃沙横南坎北坎此尤独舌大洋之两颊也坎中有小市民居可以聚众蓄威乘机夹击至于拼茶角斜李家堡止堪后应难委前锋度势相形临时制变是在当局者胜算谓何未可以胶柱论也

嘉靖三十三年以倭故故巡抚都御史郑公晓奏设按察副使为海防道及参将为分守通泰海防至二十七年倭益甚乃改参将为提督狼山等处副总兵与海防道相策应沼通州下统狼山掘港周桥大河口守备把总等官皆钦依

狼五山志　狼山东西所辖信地如任家港姚港毛港桃花港生水港芦潭港溆港王灶港清水港小海口大横港掘头港烂泥港夹港赵港犁稍港小张港大张港新港王灶河新灶港裘灶港竖河港东接大河营与江南崇明刘河吴淞等营往来会哨此皆旧制者也如唐港天生港石庄港阚家河又江中一带刘家沙西接周桥营与福山杨舍永生等营往来会哨此皆新制者也

乙卯夏四月倭众五百寇州由单家店趋狼山杀巡简尹鼐官军截其后舸于军山歼二十余人生擒二人丙辰夏四月倭众三千余栖狼山官兵剿之斩首四十余级众遁去己未夏四月二日倭数百艘乘汛大至志图西上狼山总兵以舟师往遏之贼乃焚舟登岸辄捕杀之贼遁

自大河营而东至廖角嘴中间若秦家营旧地直对日本扬帆仅数日可至实江北一大门户兵道豫章熊公尚文时立新营设官兵以扼其要且与狼大互为声援

永乐二年倭犯通州　成化五年三月盐贼钱厚作乱称江海上公备倭都督佥事董宽禽之　正德七年秋七月蓟盗刘七齐彦明等浮江东下舟狼山港总督都御史陆完提兵征之贼为海潮所没　嘉靖三十三年三月倭入掘港犯如皋主簿阎士奇率乡兵迎敌于曹家庄击败之四月倭困通州城参将解明道守却之　倭屯掘港肆掠守备张寿松杨缙先后御之败绩五月倭犯如皋主簿阎士奇率乡兵迎至东陈镇败之已又犯县治值颍州甲兵至击败之　城如皋海门奉兴瓜州　三十四年四月倭犯海门知县赵卿率兵败之　五月参将乔基等击倭于吕四场败之　三十五年四月千百户戚继爵等提兵戍通州狼山遇倭死之　扬州卫千户洪岱文昌龄领军至通州遇倭死之倭薄扬州城都指挥张恒千户罗大爵曾沂御之于教场兵溃死之　五月倭犯瓜洲民夫击走之　倭复犯扬州府同知朱裒高邮卫经历晏锐死之　无为州同知齐恩与倭战于圌山之北江中死之　副使马慎追倭于狼山败之都指挥邓城又败之　增建扬州东关城成　三十六年四月倭攻海门县应袭百户俞宪章死之　倭入宝应县【倭见扬州东关及瓜洲俱设添城堡不得肆掠乃从高邮至宝应县旧无城焚掠殆尽后始建城】　六月副使于德昌参将王介刘显击泗洲倭破之倭遁出海追至安东庙湾又败之　三十八年四月倭犯海门通州副总兵邓城败绩　倭犯丁堰毛兵败绩千户王良吕忠战没参将丘升击却之　倭犯如皋城丘升背城击败之邓城再战败绩升复追击败之　倭犯卢家场千户汪时中击却之　参将胡宗义与倭战于海安兵溃千户赵世勋镇抚韩彻死之　六月副使刘景韶统兵追倭于刘庄场等处尽殲之参将丘升战殁　八月巡抚都御史李遂督副总兵刘显曹克新等击倭于句驹场大破之倭悉平

山东上

禹贡冀州夹右碣石入于河兖州浮于济漯达于河青州浮于汶达于济徐州浮于淮泗达于河山东漕运其昉于兹乎秦欲攻匈奴使天下飞刍挽粟起于黄腄琅邪负海之郡转输北河汉高祖运山东之粟以给中都岁不过数万石至武帝通西南夷灭朝鲜击匈奴城朔方转漕甚远而山东咸被其劳矣宋初都汴京东之粟历曹济及郓入五丈渠至京师真宗时京东分广济河由定陶至徐州入清河历吕梁滩碛之险至理宗时于堽城作斗门以遏汶流益泗漕以饷边众而漕渠开矣元初开济州泗河至新开河由大清利津诸河入海既而海口沙壅复从东阿陆挽至临清入御河又开胶莱新河以通海道劳费不赀少有成効伯颜始创海运与济州河并行未几又用韩仲晖等言自安民山开河北抵临清引汶绝济直属漳御名会通河夫汶水自古东北入海以智力导引使南接淮泗北通白卫自元人始然河渠浅涩舟不负重岁运不过数十万石终元之世海运不能废也国朝初给饷辽卒海运如故永乐徙都于北亦尝行之后尚书宋礼等复浚会通河于是漕利通而海运罢胶莱故道亦遂堙废夫河漕诚利矣然泉源壅塞有疏浚之劳堰闸蓄泄有供役之繁徐吕洪流之泛溢淮扬襟喉之扼塞意外之患有不可不防者海运其可不讲耶是故漕河者万世之通利也海运者備不虞之变也胶莱故道者翼海运以成功也皆不可废也天下之事居常者必虑变择利者必思害轻重缓急达乎其势而已矣独漕政为然哉

漕河

漕河自大江瓜洲埭仪真堰埭俱入邗沟经广陵至淮阴渡淮入清河经吕梁彭城至沛乃为山东境由疏凿而成者名会通河凡七百一十里入于卫河又四百里始出境达于京山东为府者三为州者四为县者六由鱼台至临清得洸汶泗沂四水其泉百七十余会于四水而分流于漕渠有水部郎一人以掌之为闸凡三十有守津吏以启闭为浅二百二十各有津老以时疏治又黄河常决张秋决漕单鱼台其道非一有司空兼御史台一人水部郎一人按察副使一人统州邑判官主簿以分治其事岁出夫役万四千一百五十余人计银三万五千一百余两漕河之有藉于山东者烦重如此可无载乎乃作漕河志

宋理宗宝佑五年【蒙古蒙哥七年】济倅奉符毕辅国于堽城作斗门以遏汶水入洸至任城益泗漕以饷宿

蕲戍边之众由是汶有南入泗淮之派【此汶南流入淮之始】元世祖至元二十年以江淮水运不通命兵部尚书奥鲁赤等自任城【今济宁州】委曲开穿河渠导洸汶泗水北流至须城【今东平州地安山【即安民山】入清济故渎经东阿至利津河入海【今戴家庙镇减水闸即引汶入利津故道】后因海口沙壅又从东阿陆转二百里抵临清下漳御输京师【此汶北流入卫之始】二十六年以寿张县尹韩仲晖暨大史院令史边源言复自须城县安山西南由寿张西北至东昌又西北至临清开渠凡二百五十里引汶绝济直属漳御为闸十六以节水赐名会通河国朝永乐九年命工部尚书宋礼都督周长等发山东济兖东青四府丁夫十五万登莱二府愿趋事赴工之人一万五千疏浚元会通河引泰安徂徕十八州县诸泉水自汶上县过安山西南经寿张城东门折回西北由东昌新开河乃自汶上县袁家口徙左几二十里至寿张县沙湾复接旧河又用汶上县老人白英计于东平州东六十里戴村旧汶河口筑坝遏汶水西南流由黑马沟至汶上县鹅河口会通河南分流遂通舟楫【县设主簿一人】

清平县

治漕艘厂二十有八【临清平山济宁东昌兖州护卫濮州所天津天津左天津右通州左通州右神武中定边德州德州左应天龙江左龙江右水军左水军右横海江阴广洋长淮维安高邮大河扬州等卫厂俱治州城西北其事系于各卫官总隶于督漕都御史焉州设判官一人】

海运附　登莱运道　一自南京龙江关一自福建布政司长乐港一自太仓州刘家港开船俱经扬子江口盘转黄连沙嘴望西北沿沙行使约半月或一月余历淮口入山东界过安东灵山胶州浮山望延真岛九峰山向北一带连去有劳山赤山二处皆有岛屿可以抛泊劳山北望有北茶山白蓬头石礁一路横开百余里激浪如雪即便开使或复回望东北行使有北马鞍山竹山岛南可入抛泊北是旱门亦有漫滩可抛泊但东南风大不可维系北向为成山如在北洋官绿水内好风一日一夜正北望见显神山西见赤山九峰山西南洋有北茶山白蓬头即便复回望东北行使好风半日便见成山转过望正西行使前有鸡鸣屿内有浮礁一片可避往西有夫人屿不可在内使船收到刘公岛西小门可进庙前抛泊刘岛开洋正西行使好风一日到芝罘岛东北有门可入西北离有一百余里有黑礁一片三四亩大避之收到八角岛东南有门可入自芝界岛有好风半日使过抹直口有金嘴石冲出洋内潮落可见避之至新河海口到沙门岛东南有浅可挨深行使南门可入东边有门有暗礁二块日间可行西北有门可入庙前抛泊沙门岛开洋望北径过鼍矶山钦岛没岛南半洋北半洋到铁山洋往东收旅顺口东收黄洋川西南嘴有礁石一路山东进口过黄洋川东收平岛口外有五个馒头山进口内抛泊南边一路老岸外洋有一孤望成儿岭尽东望有三山正中进入内有南北沙带一条相连陡岸深水可以抛泊三山西有南山收进青泥洼西有松树岛北有孤山东北望见凤凰山便是和尚岛烽墩下占西有礁石西北有仓庙外有浅滩乱礁避之三山北看青岛一路山望海驼收黄岛使岛若铁山往西收羊头洼双岛有半边山艾子口望塔山看连云岛东北看盖州一路山看盐场西看宝塔台便是梁房口进入三义河抵直沽交卸元至元二十年克取江南至元二十一年起运海粮擢用朱清张瑄万户之职押运粮船三万五千石赐立海道万户府千户所百户所领虎符金银牌各领品职成造船只大者不过一千粮小者三百石海行两个月余抵直沽至元二十六年增益粮米八十万一岁两运至元二十七年朱万户躬请长兴李福回朝奉押运远不过一月之程近不过半月之限以漕运利便每岁专从此道至北京将及二十余年至大德七年蒙官司招顾两浙上户造船运粮分拨春夏二运延佑以来各造海船大者八九千粮小者二千余石是以海道富盛岁运三百六十万石供给京师甚为易便迤番海船皆从此道贡献仿效其路矣国朝洪武三十年海运粮七十万石给辽东军饷永乐初海运七十万石至北京至十三年会通河通利始罢海运云

舆地志云登莱本海运故道然势险难图稽之往迹平度州东南有南北新河水源出高密县至胶州分为二流北河西流至莱之海仓口入海以其自胶抵莱故名胶莱盖元时所浚可避迤东海道数千里之险世固未能举其说也嘉靖十一年巡按御史方远宜巡历登莱访兹遗迹乃檄使采询直抵淮海始得其详为图表之于是水源之通塞山川之险易道路之远近闸坝之废置若指掌然嗟乎使漕运尝通无容议矣万一有梗塞焉海运其容已耶海运行则胶莱之故道不可不复矣

安平镇志序　于慎行　安平在胜国时为景德镇尝置都水分监以居行河之使盖亦大聚落也国朝开会通河特遣水部大夫一人驻节其地以总漕渠之政南北几二千里辐辏而受成焉则尤称要重哉乃其地籍东阿而错丽于阳谷寿张之境三邑鼎峙而有之故其文献故实亦散见于三邑之志而猝不能稽则训方之籍阙也万历癸巳水部大夫槜李黄公奉命分司既著河漕通考以播鸿猷复以其余咨诹网罗躬操觚翰而镇志亦成焉谓于子邑人也遣郑生国熙奉书请序于子中览而叹曰于都哉体简而明文丽而则信艺林之珍典方舆之巨观也矣夫志者一郡一邑之史也无郡邑之名而有其史则所系有重于郡邑者焉何者漕渠出于齐鲁之郊旋之若带张秋其襘结也北二百里而为清源而得其贾之十二南二百里而为任城而得其贾之十五东且三百里而为泺口而盐筴之贾于东兖者十而出其六七此亦迁史所称陶宛邯郸都会之区也而又当汶济之交受濮澶之委河伯望海假为北道景泰弘治间朝廷再遣重臣大兴人徒临塞决口玄圭告成乃赐名安平而复号为镇即宣房瓠子之筑不殷于是矣奈何视非郡邑而弗之志也志成而吏有法守事有章程文物有征货食有纪漕渠之要亦因有考据焉此岂一郡邑之所系也哉繄犹有进于是夫上之域民犹制水也水之为道固必浚为沟浍遏以堤防而后翕犹顺轨以趋于下然其旁出羡溢亦必得巨薮大泽而潴之使其游波宽缓有所休息而后不至于溃夫民亦然居之郛郭画之经界此大纲大纪万世不能易也至于五方之游轶百贾之转鬻亦必就闲旷四通之地以有所猗靡曼衍而不束于有司之三尺然后其志安焉而利可久故圣王体国经野亦往往解其罗之一目而有所不尽则是地也固亦民之薮泽乎哉自余少时睹记生聚繁殖灵阛充碗比年以来日益雕敝文化为陋丰化为啬若将有索然不足之心其故安在志所称时诎举赢闾阎烦费及谓新城改建财力耗屈此不可归之天数也画地而守者其亦有永思乎夫镇者重也填之而使不弛又镇者定也奠之而使不挠域民之道也故夫无郡邑之名而有郡邑之政有郡邑之政而不纯用郡邑之法则镇之义居焉而不然者是峡薮泽而溃之也其亦有系于漕渠而非但一郡邑之故矣黄公之职治水而开府于镇讨典稽常以告有土意在斯乎黄公当世英流博物闳览娴于文辞而器度粹精才猷玮卓有非文学所能概者兹盖其一班云

盖言张秋河政者其利在汶而其要害在黄河夫古黄河自大伾而北从信都沧瀛北入于海去镇远不相及也即汶水故道亦从东北合济渎以入海与镇无涉焉时境上之水惟汴渠及北济之支渎尔自后河渐南徙溃金堤至汉元光中决瓠子注巨野建始中决馆陶灌东郡而害始左右波及于张秋矣于时河汴决裂东浸弥广至永平中乃诏乐浪王景修汴渠堤自荥阳至千乘海口千余里【此即金堤也今南关外有堤坟隆起绵亘郓濮俗称为始皇堤疑即景所修也】河汴分流复其故迹而阿鄄之间得免于河害者几七百年至五代北宋时河复南决百余年中凡四决杨刘七泛郓濮而张秋非当其津口则首受其下流被害尤极故后周遣宰相李谷监治堤则起阳谷属之张秋宋设郓州六埽则张秋居其一孑遗一镇何啻今日之徐邳也自南渡后河益南徙由涡入淮而东流故道遂涸至胜国至元二十六年始用寿张尹韩仲晖议自安民山西南开河由寿张西北历张秋至临清引汶绝济直属御漳赐名会通又特设都水分监于景德镇【即张秋也】以饬渠闸之政令而张秋始称襟喉重地矣我国初北征舟师饟道俱径此途至洪武二十四年河决原武黑洋山由旧曹州郓城西河口漫安山湖而会通河塞永乐九年复命尚书宋礼等浚其故道自沙湾南暨袁家口则稍北徙二十里而又改坝戴村遏汶水分流南旺而运道复通八百斛之舟迅流无滞岁漕东南数百万石以给京师盖会通之业自我朝收其全功而利十倍于胜国矣然是时犹堰黄河支流自金龙口至沙河入运以济汶水之不足既资其利能尽祛其害乎故至正统十三年河决荥阳自开封北经曹濮冲张秋溃沙湾东堤以达于海遣侍郎王永和塞之弗绩景泰之二年遣尚书石璞往治两年之中再塞再决迄无成功乃复辍侍从臣徐有贞以佥都御史往贞至则上言河自雍而豫出险即夷水势奔放又由豫而兖土益疏而水益横沙湾之东所谓大洪口者适当其冲故决而夺济汶以入于海今欲骤堙之不可请先疏其水水势平乃治其决决止乃浚其淤制曰可贞于是度地行水浚广济渠起张秋金堤达于大潴踰范暨濮经澶渊上接河沁为设九堰以节其过而导其微俾不东冲沙湾更北出通源闸以济漕渠之涸而又作大堰【即戴家庙三空桥又名金线闸】杀以水门入大清以达于海水势既平乃浚漕渠四百余里贞先后临治凡四载工始成先是沙湾之决垂十年时侥有天幸河南徙入淮势少杀故贞得竟其功然犹踵前人故智引河入漕强半欲资其利也故贞之言曰水势大者宜分小者宜合今黄河势大故恒冲决运河势小故恒干涩必分黄河合运河则可去其害而取其利嗟乎河不两行事无两利见其利而遂忘其害君子是以知役之不终矣至弘治之二年河果复决金龙口径曹濮下趋张秋命侍郎白昂治之遂

塞金龙口于荥泽开渠导河由陈颍入淮而张秋赖以稍宁至六年河复决张秋镇溃东堤夺汶入海咽喉几绝讹言沸腾谓河不可治宜复元海运而朝议弗之是也命都御史刘大夏及太监李兴平江伯陈锐协治之时河流湍悍甚决口悬九十余丈大夏行视之曰张秋是下流襟喉未可辄治治上流导之南行候其循执而后决可塞也乃发丁夫一浚贾鲁河出彭城入泗一浚孙家渡由颍寿入淮一浚四府营淤河一由小河口一由涡河入淮于是沿张秋两崖东西筑台立表联巨舰实以土石穴而沉之压以大埽合且复决随决随筑凡三昼夜乃成又于上流黄陵冈筑堤二百余里以断其流于决口迤南建减水石坝【即五空桥】以杀其势盖不藉其利而亦不被其害河始全趋归德徐淮以入海而涓滴不及于会通张秋遂无河患工成赐镇名曰安平夫自国朝以来张秋决者三而弘治癸丑为甚诸臣塞决者三而刘公大夏为最迄今百有余年远祛何害而独资汶利狂澜不惊岁运如期伊谁之力哉即闸河淤浅固时有之要之可人力为者非难也然则守黄陵冈之旧堤时泉湖之蓄泄其张秋今日之急务矣

宣德五年十月平江伯陈瑄言自临清至安山漕河春夏水浅舟涩张秋西南旧有汉河通汴旧常遣官修治遇水小时于金龙口堰水入河下注临清以便漕运比年缺官遂失水次漕运实难乞仍其旧从之　十年九月廷臣会议漕运事宜言沙湾张秋运河旧引黄河支流今岁久沙聚河水壅塞而运河几绝宜加疏凿从之

正统元年九月漕臣会议复言金龙口水接张秋是引水通运之处宜令工部委官一员巡视提督遇有淤塞会同河南三司鸠工疏浚上命允行其遴选公廉干济之人以往毋使因而扰民违者罪不宥　十三年七月河决荥阳从开封北经曹濮冲张秋溃沙湾之东堤决大洪口诸水从之以达于海事闻上命工部右侍郎王永和往理其事十二月给修筑山东沙湾军匠夫役口粮月三斗五升从王永和请是月永和修沙湾等堤未成以冬寒停工且奏河决自卫挥八柳树口宜敕河南巡河及三司官修塞上敕责之曰八柳树河决不由金龙口故道东流徐州吕梁以溢运河致妨漕运患及山东特简命尔往董其事冀在急恤其患预定其谋躬询其源以副朕意乃辄以天寒罢工且以筑塞之工诿之他人不知朝廷所以委任尔之所以尽职何在且治水有术当先其源先治八柳树口然后及沙湾则易成功苟治其末不事其源朕知春冬水小暂能闭塞夏秋水涨必仍决溢今正用工之时其令山东三司筑沙湾尔即往河南督同三司等官措置八柳树上流如何修塞金龙口等处如何疏通务在河由故道不为害民仍先以尔等经画方略及合用军夫物料之数以闻或尔不能独理宜添重臣亦可奏来　十四年三月永和奏黑洋山西湾已通其水由泰黄寺资运河东昌之水复置分水闸设三空放水自大清河入海其八柳树未宜用工沙湾堤宜常启分水闸二空以泄上流之水则不为后患上从之仍戒永和等速修完工以休军夫毋令久愈误其生业　五月上闻沙湾河修理略有成绩诏工部臣曰河道既通漕运今农务方殷其令军夫休役

景泰元年四月御史陈全上言初河决沙湾堤已修其大半止流二决口泄水近者东阿县以西大洪口鲤连河水落河身渐露与决口相去甚近恐掣会通河水东去病漕乞筑二口便从之　二年正月陈全复奏运河沙湾尝以冲决修置土坝故今损坏不能蓄水致妨漕运请以拆毁旧船改造板闸二座从之　二月敕山东左参政王总按察司佥事王琬督工浚沙湾运河以河决水浅故也　八月给事中张文质劾巡抚河南山东都御史王暹洪英治水无绩宜别命官以责其成【质之奏曰沙湾之决宜于潘家渡以北浚支流以减水势其沙湾浮桥以西开筑河口闸座引水以灌临清】诏不允仍令暹英调度戒其毋偏执误事　三年正月山东参议刘整佥事王琬塞沙湾决河久绩弗成人多逃逸为都御史王竑所劾诏宥其罪随尚书石璞立功　自劾自河决沙湾水径趋海运河胶浅或言沙湾以南地高水不得南入运河或言引耐牢坡水可灌运河但不免复径沙湾宜别开河以避其冲决之势或言引耐牢坡水南去则自此以北枯涩矣或言沙湾水势湍急石铁沉下若羽非人力可为宜以戒行僧道设斋醮符咒命工部尚书兼大理寺卿石璞治之封河神为朝宗顺正惠通灵显广济河伯之神璞至以决口未易筑浚自黑洋山至徐州以通漕舟而沙湾之决如故乃命内官黎贤阮落御史彭谊往协璞等于沙湾筑石堤以御决河开月河二引水以益运河且杀其势至是水流渐细始克筑塞之五月堤成修河官工部主事王鉉等十一人进官有差六月大雨浃旬河复决沙湾北马头七十余丈掣运河之水以东旁近田地悉皆渰没　初训导陈晃以治沙湾河升教职至是沙湾复决晃奏欲息斯患在用臣言该部恶其诈妄请递发当事者责其成功否则械至京师惩治给事中陈嘉猷言朝廷尝降旁求治河之略然而未有言者晃一言而工部嫉之必欲置诸有罪之地臣恐圣谕虽切人皆缄口不言其河道通行方略终不得以上闻而其它利病有甚于此者孰肯复言哉晃不足惜而国体所关甚重伏望令冕协同巡抚等官设法修筑为巡抚者毋贱其卑而自尊为冕者亦毋是其言而自肆在和同计议以求成功果有优绩量加赏擢若然

臣将见凡有长策者俱为陛下言也又何忧乎功之不成哉从之先是总兵官都督佥事徐恭奏沙湾北马头复决乞敕有司修筑诏巡抚山东右都御史洪英督三司官理之八月英言水势汹涌未易用工请俟冬月水消量添夫料修筑奏下工部请如英言从之　九月命都御史王文以太牢祭朝宗顺正惠通灵显广济河伯之神　十二月以沙湾河决久未成功而运河胶浅有阻漕运复敕内官武艮工部侍郎赵荣往理之是月遣荣祭河伯之神　四年正月河复决沙湾新塞口之南　二月以沙湾累修累决诏加封河神为朝宗顺正惠通灵显广济大河之神命巡抚山东刑部尚书薛希琏以太牢祭之　二月赵荣言黄河之趋运河势甚峻急而沙湾抵张秋旧岸低薄故此方筑完彼复决溢不为长计恐其患终不息也臣等议请于新决之处用石置减水坝以杀其势使东入盐河则运河之水可畜然后高厚其堤岸填实其缺口庶无后患从之仍命原厂给铁牛十八铁牌十二与之　四月户部以山东东昌及直隶凤阳等府民饥又沙湾修筑河道夫匠众多粮储当为樽节奏请移文山东巡抚薛希琏并布按二司各委官于济南有粮官仓支粮一万石起倩递年里长有丁夫户运赴沙湾备用　是月复筑沙湾决口工毕御史彭谊言河堤仅完人力实罢今民夫虽已疏放宁家而原设看桥捞浅者尚在贫且乏食乞每人月给粮三斗从之　五月山东布政司右参议陈云鹏奏运河之水偶尔泛涨三月四日败沙湾减水坝越七日又败南分水墩抵五月水溢浩瀚埽岸桥梁皆被冲坏而北马头决五丈有奇漕舟今虽暂通臣恐此后水势益大一带堤岸皆未能保其无虞宜预积工料为修筑计竹木之类己于浙江等处顺带其石料柴草动亿万计虽有山东诸司罪人折纳恐不足用臣谓在京造作已息请以山东河南直隶等处该班石铁等匠量发前来于附近山场采运准其班次其河南囚犯亦如山东之例运石于沙湾赎罪事下工部言河南北直隶旱涝人民艰食听其于山东起取匠二万人采运物料务在修筑坚完漕运不阻从之　是月沙湾大雷雨复决北马头河岸四十余丈运河水掣入盐河漕运之舟悉阻　七月户部奏比者集丁壮于沙湾浚治漕河该给口粮已令山东河南及直隶大名等府粮税并山东囚犯赎罪米及中纳盐粮等米俱于临清济宁二处上纳备用然沙湾之去二处动隔一二百里支运诚有不便请令山东布按二司官于沙湾相视空间房屋收贮支用从之　是月漕运总兵官徐恭奏沙湾河决水皆东注以致运河无水舟不得进者过半虽设法令漕运军民挑浚月河筑坝遏水北流然北高东下时遇东南风则水暂北上舟可通行设遇西北风则水仍东注舟不得动况秋气已深西北风日竞行舟更难诚恐天寒水冻不敢必其得达京师乞早为定计事下户部议宜敕恭与石璞王竑计议如舟可前进则令运赴通州上纳如不得进则令沙湾以北有于临清上纳以南者于东昌及济宁上纳漕挽军民令回本处运次年粮储从之复命太子太保兼工部尚书石璞往治沙湾决河时有旨命工部司务吴福往治已就道给事中国盛等言沙湾之决累敕大臣尚不能为经久计吴福庸下岂能济事况决口颇大费用工料甚繁亦不宜独仗山东其河南并南北直隶人匠淮安临清及龙江瓦屑坝诸抽分木料亦宜许其取用诏是之乃征福还而以璞往时御史练纲言沙湾之决昨见教谕彭埙请立闸以节制水势开河以分析上流其言颇似近理又往来舟人淹留日久必皆愁困躁急但得设法前进虽或稍伤财力无不乐趋事功者可因借用之诏是其言令与尚书石璞措置　八月命太监阮安治张秋决河道卒　九月沙湾复决尚书石璞等凿一新河长三里以避决口上下与运河通其决口亦筑截令新河运河俱可行船至是工毕工部欲取璞回上恐不能经久令璞且留处置　十月升右春坊右谕德徐有贞为都察院左佥都御史往治沙湾　五年五月山东济宁卫知事黄泰言沙湾决口民壮夫匠及囚徒无虑十万余多有持兵器者恐官吏虐之则为变不小都察院谓泰言虑患于未形宜令总督漕运副都御史王竑佥都御史徐有贞等悉收其兵器从之　九月总督漕运都督徐恭左副都王竑言运河胶浅南北军民粮船蚁聚临清闸上下者不下万数盖因黄河上源水啬亦以沙湾阙口未塞而修治者之弗克事也臣惟治理之要有经有权以沙湾阙口不可合留之以泄大水之势经也姑塞沙湾阙口引水注运河以通漕舟权也苟惟常道是执臣见粮船浅冻不惟有悮今岁之粮来岁之计亦必误矣请敕有贞将阙口趁令水小督工筑塞庶不败事诏是之敕有贞务博询众策毋僻守已见有贞言临清河浅自昔已然非谓阙口未塞也亦非臣僻守已见而固欲不塞也竑等不察而以塞阙口为急殊不知秋冬虽仅能闭明年春夏亦必复决劳费徒施而无用此臣所以不敢邀近功也如塞而无患臣虽至愚宁不蚤为之诏从有贞议粮运亦无阻焉　十一月有贞言沙湾治河三策一置造水门臣闻水之性可使之通流不可使堙塞者禹凿龙门辟伊阙无非为疏导计故汉武之堙瓠子终弗成功汉明之疏汴渠逾年著绩此其明验也世之言治水者虽多然于沙湾独乐浪王景所述制水门之法可取盖沙湾地土皆沙易致塌决故作坝作闸皆非善计臣请依景法为之而加损益于其间置门于水而实其底令水常五尺为准水小则可拘之以济运水大则疏之使趋于海如

是则有通流之利无堙塞之患也一开分水河凡水势大者宜分小者宜合分以去其害合以取其利今黄河之势大故恒冲决运河之势小故恒干浅必分黄河合运河则可去其害而取其利请相黄河地形水势于可分之处开成广济河一道下穿濮阳博陵二泊及旧沙河二十余里上连东西影塘及小岭等地又数十余里其内则古大金堤可倚以为固其外则有八百里梁山泊可恃以为泄至于新置二闸亦坚牢可以宣节之使黄河水大不至泛溢为害小亦不至干浅以阻漕运一挑深运河臣惟水行地中避高趋卑势不能遏故河道深则能蓄水浅则勿能今运河自永乐间尚书宋礼即会通河浚之其深三丈但以流沙恒多淤塞后平江伯陈瑄为设浅铺又督军丁兼挑故常疏通久乃废弛而河沙益淤不已渐至浅狭今之河底乃与昔之岸平其视盐河上下固相悬绝上比黄河来处亦差丈余下比卫河接处亦差数丈所以取水则难走水则易诚宜浚之如旧　六年三月谕工部臣曰国家重务在漕运今里河自沙湾抵临清皆淤塞不通其集文武共议疏治方略以闻于是工部尚书江渊会府部官议言运河之阻在疏浚之而已但今山东河南人力已罢难起夫役请将在京存操步队官军五万人敕内臣文武大臣各一人往同徐有贞计度疏浚期明年二月兴工四月毕工其器具量给银两令自置之仍先敕河南山东有司预积物料蓄军粮以俟上遂敕有贞集河南山东殷实余夫民壮各一万人先治之有贞言宜以渐疏浚工力相继若官军一动粮储银两辄有千万之费遇水涨则复坐费无所施功今泄口已合决堤已坚挑河者已如命用工臣请仍旧例置捞浅夫惟用沿河州县之民免其徭役牧养之事使专事于此付管河官督领役小则量数起之役大则举户皆行其非近河之人皆休放使力农亩如此将远者得安生业近者乐趋河工有不久利无弊者臣未之信也上以为然工部之议遂寝　五月有贞奏运道疏浚功成上谓工部曰河虽暂通恐不能久其移文有贞尚宜督沿河夫役以时挑浚勿致沮滞舟船　筑沙湾之决垂十年至是始克奏功上以河道虽完恐未坚固命有贞明年春仍往视之七月以治沙湾功赏工部主事孔诩山东参议陈云鹏佥事陈澜及同知张方等一十五员各绢二疋钞三百贯　十二月徐有贞复巡视沙湾　七年四月沙湾堤成九月有贞奏京畿及山东自七月大雨至八月诸河水溢虽高阜亦有丈余堤岸冲决田庐渰没商船漂溺者无算幸新造水门一带堤堰无患其冲决不甚害者臣已率有司督工修理惟感应祠旧堤所决既大所系尤要必置御水埽如水门埽堰之制仍于济宁抵临清增置减水闸始可经久上是之仍敕有贞等督军卫有司措置物料务在坚完勿遗后患　十二月升主事孔诩参议陈云鹏知府郭鉴通判王叔田懋王禧推官田畯林琦知州杨忠知县毛骥徐思孝彭述府经历霍琏县典史赖忠俸俱一级医学典科刘瓒辛寛办事官顾海等俱赏有差从有贞修河有功故也

天顺元年正月诏减沙湾巡河主事从定襄伯郭登言也

成化七年九月户部会议漕运事宜言寿张县自沙湾至戴家庙仅一十八里地岸平实素无他患今宜改寿张县管河县丞于巨野照旧管河从之　十五年十月升工部郎中杨恭为通政司右通政仍管河道恭管理北河直抵济宁一带河道恭六年考满漕运总兵等官奏保升职仍任旧事吏部议以通政司参议诏曰恭既管河勤能准升右通政恭在河道承奉大监汪直故有不次之擢也

弘治二年河决封丘金龙口漫祥符下漕濮冲张秋命户部侍郎白昂塞之　五年七月河复决金龙口溃黄陵冈东比入漕河遣工部左侍郎陈政兼佥都御史往治之未几政卒六年二月升浙江右布政刘大夏为右副都御史往治决河时大夏议筑黄陵冈及减水石坝疏曰臣等议得河南山东两直隶地方西南高阜东北低下黄河大势日渐东注究其下流俱妨运道虽该上源分杀终是势力浩大较之漕渠数十余倍纵有堤防岂能容受若不早图恐难善后其河南所决孙家口杨家口等处势若建瓴皆无筑塞之理欲于下流修治缘水势已逼尤难为力惟看得山东河南与直隶大名府交界地方黄陵冈南北古堤十存七八贾鲁旧河尚可泄水必须修整前项堤防筑塞东注河口尽将河流疏导南去使下徐沛由淮入海水经州县御患堤防俱今随处整理庶几漕河可保无虞民患足为有备仍于南北各造滚水石坝一俱长三四十丈砌石堤一拟长十四五里虽有小费可图经久若黄陵等处堤防委任得人可以长远仍照旧疏导汶水接济运河万一河流东决坝可以泄河流之涨堤可以御河流之冲倘或夏秋水涨之时南边石坝逼近上流河口船只不便往来则于贾鲁河或双河口径达张秋北上以免济宁一带闸河尤为便利臣等仰知皇上洞见黄河迁徙之害深为国计民生之戛凡智力所及不敢不尽但欲兴举此等工役未免劳民伤财今山东等处荒歉之余公私匮乏人夫尚可请倩财用无从取办况好逸恶劳者怨谤易兴听声蹑影者议论难据乞敕户兵二部会同在廷群臣从长计处斟酌前项工程于理应否兴止倘以臣言可采则事宜速举其买办木石等项银两

应于何处取用匠作等项口粮该于何处支给或此外别有治河长策可以不费财力逐一处分明白定夺行令臣等遵守施行　七年二月河复决张秋从沙湾之下千里溃东堤入海运河水涸尽入决口漕舟不通四月复遣太监李兴平江伯陈锐协同大夏督治张秋决河　十月山东按察使司副使杨茂元奏张秋之役官多而责任不专供亿甚巨乞取太监李兴总兵陈锐回京专任都御史刘大夏以责其成功又言黄河必浚上流使复故道则漕运可通今欲作滚水坝徒费工力又言河南之民不欲黄河入境但见山东委官往彼增筑贾鲁堤即谋欲杀之此非细故乞令严加禁约且谓水阴也其应为宫闱为夷狄宜戒饬后戚防御边患疏上兴等切齿之诬奏茂元妖言逮系锦衣卫科道交章论救乃谪长沙　是月李兴陈锐刘大夏奏河防粮运事宜谓济宁迤北南旺开河戴家庙一带比之他处最要而安平镇地方土脉疏薄新筑决口尤须提调官员不时简点今自济宁直抵通州相去一千八百余里而天津北上逆水尤难若止责一人提调恐致误事乞敕该部依臣等前奏仍分其地为三南北各该工部郎中一员中间增设通政一员提调工部覆奏俱从之　十二月筑塞张秋决口功成遣行人赍羊酒往劳之以张秋决口虽已塞完但今天寒土东恐来春冻土融化或雨水泛滥复有后患其黄陵冈在张秋上流亦宜筑塞但水势汹涌随筑随决恐非一时所能成功请仍留兴等三人来春量起丁夫再培筑张秋决口及新旧河岸务令坚厚以期永久　是月升山东布政司参议张缙为通政司右通政提调沙湾至德州河道太监李兴等言缙修河有功今决河已塞仍须令管理河道因命之　八年二月塞张秋决河功成赐镇名曰安平　九月以修河工完命太监李兴岁加禄米二十四石平江伯陈锐加太子太傅仍岁加禄米二百石都察院右副都御史刘大夏升左副都御史各赏银二十两纻丝二表里　十三年八月升南京通政司左参议韩鼎为通政司右通政提督沙湾河至德州河道　十四年二月修筑安平镇显惠庙地基并濒河堤岸从韩鼎奏　十七年五月工部复议御史何天衢裁革管河冗官之奏谓先年安平镇冲决始则甚微本处官司互相推调遂成大患朝廷时遣大臣修筑动费万计终年不已今天衢所言固节财省费之意但管河郎中比别项官不同专选主事止是分管洪闸其余河渠坝堰堤岸决口或溢或涸与夫桩草之征需官夫之代替至如蓄少泄余兴利除害专管督理尚恐有失设若革去万一有如先年冲决及今年旱干舟楫阻滞谁任其责况经廷臣议奏专设之数未可裁革从之嘉靖三年十二月总理河道侍郎李瓒言前年河决安平故开北河以杀水势中建闸四浅铺二十设闸官四员闸夫二百二十名浅铺夫二百名今河归故漕前项夫并宜裁省工部复议从之

漕河【即会通河南自戴家庙入境北至七级共长七十里自戴家庙至沙湾二十里属寿张自沙湾至荆门上闸二十里属东阿自荆门上闸至七级下闸三十八里属阳谷】月河【镇城迤南运河西岸弘治中河决东堤决口奔猛舟不敢越刘公大夏开之轶决口而属之河以便漕挽长可三里与运河仅隔一堤相为表里】金线闸河【去镇南三十里亦黄河旧决之道也由寿张集东北至戴家庙泄而东出贯漕以入于大清作金线闸于上】小盐河【镇东岸县志云即古马颊河故道也宋时黄河及国朝正统弘治间决河皆由此今源自黑龙潭东流由决河故道至陈琦口受五空桥水又东径鱼山南入于大清河平时不通舟楫雨水泛涨则鱼山盐舟稍上得至张秋故俗谓之小盐河云】沙湾里河【即灉河下流亦黄河决道也由郓城寿张境而来受廪丘诸坡之水径黑虎庙故范城又名范城河东至张秋南沙湾小闸入运其水源颇盛冬春不涸夏秋水涨商贾舟楫径通】

漕河正闸七荆门上闸【去镇北十里元大德六年建永乐九年重修】荆门下闸【南距荆门上闸二里元大德三年建永乐九年重修】阿城上闸【南距荆门下闸十里元大德二年建永乐隆庆中重修】阿城下闸【南距阿城上闸二里元大德三年建永乐九年重修】七级上闸【南距阿城下闸十二里元元贞二年建永乐成化间重修】七级下闸【南距七级上闸二里元大德元年建永乐嘉靖间重修以上并属阳谷县】戴家庙闸【去镇南三十里嘉靖十九年建属东平州】　小闸三通源闸【在城南百武运河西岸旧广济渠口黄河所出景泰三年佥事古镛建自黄陵冈筑塞久已断流每遇伏秋雨涝范濮一带之水由此入运】积水闸【在沙湾运河西岸旧黄河口成化七年佥事陈善建每岁伏秋郓濮等处倒坡之水接流至此入运闭闸蓄水俟春夏之交运河水涸放水济漕】减水石闸【又名金线闸在城南三十里戴家庙闸迤北运河东岸景泰五年左佥都御史徐有贞建以杀水势弘治五年参政熊绣重修每遇运河水溢由此闸泄入盐河东入于海】　坝三减水石坝【在城南五里运河东岸弘治十年都御史刘公大夏既塞张秋决河时于黄陵冈筑两长堤蹙水南下由徐淮故道又议以为两堤绵亘甚远河或失守必复

至张秋为漕河忧乃于旧决之南一里许筑为减水石坝广袤各十五丈又于其上甃石为五窦以泄漕渠溢溢之水入之小盐河东入于海少师李东阳为之记别见艺文】师家坝【在沙湾西南二十五里竭黄河水使入通源闸以分沙湾水势今废】李家坝【在沙湾东大洪口今废】

水次仓凡傍近邑岁额转漕京师者则输之安平水次以发兑每岁冬有部使者监临之仓凡十有四其在镇者九曰曹州水次仓　曹县水次仓　定陶水次仓　郓城水次仓　寿张水次仓　范县水次仓　濮州水次仓　朝城水次仓观城水次仓　在七级者五曰东阿水次仓　阳谷水次仓平阴水次仓　肥城水次仓　莘县水次仓

工部分司　北河郎中一员驻札张秋掌卫河会通河漕政北至天津南至鱼台一带凡泉湖闸坝堤浅之事皆隶焉永乐间设员外郎主事二员分理成化初改命通政旋以山东副使兼摄之已设都水郎中弘治间罢郎中两以通政任至十八年始定注选郎中一员领敕行事以三年为期满则请代著为令

兖州府志漕渠图说

论曰禹贡济河惟兖州浮于济漯达于河海岱及淮惟徐州浮于淮泗达于河九河南徙淮泗变迁遐哉不可寻矣国家定鼎燕京仰给东南岁漕四百万石以给京师惟会通一渠为咽喉而兖以全郡受之亦甚要矣间尝综其大都漕之行于郡境其利在汶泗其要害在河可坐策也汶水由东平北流合比济故渎以入于海泗水由曲阜南流合南济故渎以入于淮此水经故道也自元宪宗七年济倅毕辅国始于汶水之阴堽城之左作斗门一所遏汶南流至任城入泗以饷宿蕲戍边之众谓之引汶入济此堽城坝所由始也世祖至元二十年以江淮水运不通自任城开渠达于安山为一闸于奉符以导汶水入洸为一闸于兖州以遏泗水会洸合而至任城会源闸南北分流此天井闸所由始也二十六年又用寿张尹韩仲晖言复自安山西南开河由寿张西北至东昌临清直属御漳谓之引汶绝济此会通河所由始也国初河决原武会通河塞永乐九年命尚书宋礼等浚其故道遏汶水全流南出汶上之西入于南旺分而为二六分比流以达御漳四分南流以接沂泗此南旺所由分也然当会通初开未受河患行之百年安流无警至正统景泰以后河往往决祥符黄陵诸口横贯张秋运渠东流入海而运受河患于此于是徐有贞刘大夏相继筑塞此张秋决河所由平也正德嘉靖以后河往往决曹单诸口直贯鱼台塌场口东南入淮而运受河患于南于是盛应期朱衡相继治之遂于昭阳湖东岸开渠百四十里以避河水之险而运道始安此夏镇新河所由成也总之漕在东省出入郡境十居其七而沂泗汶洸诸水挟百八十泉之流互相转输以入于运环千里之土举名山大川之利以奉都水滴沥之流居民无敢私焉兖之于国家亦不轻矣哉夫金口之堰修而泗水尽入于漕戴村之堰修而汶水尽入于漕张秋之功成而河之北决塞夏镇之功成而河之南道徙故漕之利在汶与泗其要害在河可坐而策也以漕渠为经以诸水为纬从其出入志其源委而河别纪焉

汶上县志

漕河之间递置之以防胶舟者浅铺也曰南界首浅曰石口浅曰柳堤浅曰南旺浅曰鹅河口浅曰田家口浅曰阚城浅曰开河浅曰刘家口浅曰袁家口浅曰关家口浅曰张八老口浅曰步家口浅曰北界首浅凡十有四列舍居夫习沙阻以招呼运卒而堤树木盗警邮传亦并责之防守云　其建于水以酌启闭蓄泄者则有闸有坝漕之闸五曰寺前【旧名棠林西距南旺上闸十五里正德元年建】曰南旺上【在分水口南距下闸九里】曰南旺下【在分水口北距开河十五里俱成化六年郎中杨恭建】曰开河【北距袁家口十二里元至正间建永乐九年重修】曰袁家口【北距靳家口十八里正德元年建】月河之闸二【在南旺上下成化间建】减水之闸九曰焦栾曰盛进曰张全曰刘玄曰孙强曰彭室曰常名曰关家大曰兼济【俱在漕河西岸】漕之坝一曰滚水石坝【在南旺河西岸水大泄入西湖万历十七年建】汶之坝二曰何家石坝【在汶河西岸】曰草桥土坝【一名草桥堰汶水旧有支流东南入城濠趋蜀山湖始入漕万历二十二年塞之濠池遂涸】其接邻境而关于邑之利害者三曰坎河石坝曰戴村土坝【俱接东平境】曰长沟石坝【接嘉祥境】按自沙坝废而汶流入海之道遂塞于坎河浊潦怒湍沃壤为浸长沟之间又私增土坝以捍其壑此邑之所以叹怀襄也陆水部撤土坝害减十二乃汶犹挟潦括沙底于分水以为漕梗故

大挑之役岁为民病而始则筑隔继则起水终又挑隔每用力于无益之地曷若于上源筑坝之处建石闸一座欲行浚捞扎板断流不用桩草夫力之烦又无旷日稽迟之苦即不能如沙坝时浅不岁淤不犹力少而功多乎

山东下

河渠考　元初粮运自浙西入江淮遡黄河至中滦陆运至淇门由御河舟达于燕世祖至元二十年以江淮水运不通命兵部尚书奥鲁赤等自任城穿渠导洸汶泗水北流至须城安山入清济故渎经东阿至利津河入海后海口沙壅又从东阿陆转二百里抵临清下御漳以道经茌平夏秋霖潦转输艰阻二十六年用寿张尹韩仲晖太医令史边源言复自安山西南开渠田寿张西北过东昌又西北至临清凡二百五十里引汶绝济直属御漳建闸节水名会通河国朝洪武二十四年河决原武黑阳山田旧曹州郓城西河口漫安山湖而会通河塞永乐九年以陆运劳费不赀用济宁州同知潘叔正言遣上部尚书宋礼等发山东丁夫十六万余人疏浚元会通河故道自济宁至临清三百八十五里又筑坝戴村遏汶水分流南旺北达临清会通河始复正统十三年河决荥阳自开封北经曹濮趋漕决沙湾东堤入海景泰四年左佥都御史徐有贞奉命往治浚广运渠起张秋金堤达于大潴踰范暨濮上设九堰建泄水诸闸于东昌龙湾等处以宣其流而沙湾塞至弘治六年都御史刘大夏筑堤黄陵冈田是河南徙始不病漕卫河即御河也始隋炀帝导卫辉百门泉东北引淇滏漳洹之水御以巡幸赐名御河卫流湍悍益以汶七八月间洪涛峻泻水势冲激数败舟弘治三年侍郎白昂出治河建临清东闸正德间都御史刘恺建南版新开二闸以后岁遣都水司主事一员治河嘉靖七年主事郑允璋奏革闸务并隶砖厂营缮司河道改属张秋都水司三十一年大水卫河决工部员外郎周思兼督众筑塞隆庆三年总理河道都御史翁大立檄州县各裁闸坝夫役无事之食者改编银差贮府备用津老罢弗设万历十九年漕流艰涩工科都给事中常居敬行河疏请府北二十五里增建永通闸一自会通河开迄今二百余年决塞不常前后治河诸臣经营无遗力境内诸役以间征调徐兖挑筑岁食不足百姓私益其直濒河诸州邑困甚河道经由凡一州七县

临清志

国家漕运之渠其大派北惟黄河南惟大江帝都始创大江之东继据黄河之北适二流会极入海之地故曰天下之水涓滴皆漕吾州又汶卫二流之中会故曰第一津汶流者会通河也元至元间自安民山开渠导汶绝济直抵临清建闸三十有一度地高下远近以节蓄泄永乐九年用济宁同知潘叔郑议命尚书宋礼都督周长发山东丁夫六十万五千浚而通之以罢海运者也卫流者永济渠也始隋煬帝导卫辉苏门山百门泉东北引淇滏漳洹之水为大河御以巡幸赐名御河或曰汉屯氏河即此流八百里为元城又百五十里入临清会汶水以达京师者也二水各能为利害初会通入卫自吾州北河也中缩而尾回数坏舟乃凿南河南河值涨则势若建瓴或卫之洚流滚沙以塞涸则闭　蓄水百夫挽进曰不数船卫水既湍悍而　河近复增入七八月之间洪涛奔驶堤下处一啮而衍漫常数百顷土人谓之决口子既漂民室庐没禾稼漕艘力不支或流入则数百之众水牵浃旬不可出嘉靖壬子大水工部员外郎周思兼杀牲为文与河伯誓日三出浮小舠犯波涛间身自罢之而督塞隃急至废寝食郡尉治水弛即市杖之民争畚土负薪以献州南白庙口北八里圈尤最决处屡以身当水中民固止之曰国计诚不损又而等出水患宁灾我躬不恤也民万人遮道以首抢地是岁河不决　置闸四曰会通曰临清皆胜国旧址永乐九年尚书宋礼复置【在汶北支今废】曰新开上曰南版永乐十五年平江伯陈瑄创【在汶南支】　桥五曰广济兵备副使陈璧创曰德绍旧设久废工部员外郎封祖裔复造【在卫河】曰弘济都御史翁世资创【在汶河南支】三桥皆造舟也曰永济知县奚杰创以木四十尺撑水中上为大筏绝河望之如飞虹俗名天桥曰通济当汶水北泻处初副使陈璧以造舟嘉靖戊申工部郎中严中通判程鸣鹤议改石桥如闸制水涨涸以时蓄泻【在汶河北支】　浅浅铺十有九破闸口沙湾潘官屯潘家桥【在汶河】北土门郭家庄上口厂王家浅丁家马头陈家庄白庙夏杖柳赵家口孟家口罗家圈吊马桥尖塚房村厂撞圈【在卫河】　渡七窑口新开口沙湾【在汶河】长虹通济新开真武庙【在卫河】　坝一在中洲元人设以掣船国家朝犹用之正统间工部樊郎中议罢　洲一盖汶卫环流其中有可居之地也延袤二十里财货聚焉自胜国来名之曰中洲其东砌以石如鳌头突出筑观音阁其上四闸建左右如足广济桥尾其后知州马纶题曰鳌头矶俗谓之观音嘴

大学士刘珝小清河记略　济青之区有河曰大清曰小清小清源出历城之趵突泉东北抵乐安高家港入于海大清则济水渠也自东阿之张秋东北抵利津富国盐场入于海往年舟楫于二河商盐通于齐鲁诸道水利鲜与为俪自永乐以来堙塞不通水失其经一值大雨茫茫巨浸坏民田庐成化癸巳参政唐言相视地形令水工准高下自历城浚至堰头又至乐安小清通矣自张秋浚至平阴之滑口大清通矣大小清既通水循故道退出各县官民可耕之田数万顷民用大悦其河内备浅又置潴水闸防溢置减水闸闸傍各凿月河总闸三十有八浚通水路五百二里于是青船入于济济船入于张秋人称大便

捕鱼　海上渔户所用之网名曰作网以绳结成其目四寸以上上纲有浮木下纲有坠石每纲一贴约长二丈阔一丈五尺数十家合伙出纲相连而用网至百贴则长二百丈乘海潮正满众乘筏载纲周围布之于水待潮退动鱼皆滞网中众齐力拽网而上若鱼多过重拽不胜能胜则稍裂纲从鱼少逸去然后拽之登岸可得杂鱼巨细数万堆列若巨丘贩夫荷担云集发至竟日方尽作纲之外又有蒲名其法用楷条葛绳编若疏帘形每方阔四五丈高五六尺亦相接用乘潮未至先于滩内下椿木隔数步一下下至二百余步以蒲立缚于桩鱼随潮浮水面而至皆入蒲中及潮退鱼从水底寻溜而出为蒲所隔不得出众悉下水以手摸之或以网打之得鱼亦多然视作纲所得之多相去远矣

登州府志　元人通海运于沙门岛设监置戍其时与城北为二社皆蓬莱之民也我国朝漕会通河海运寝废二杜之民无约束之官乏通济之利遂移附近郭失有恒业而岛屿聿空矣

船只　有淮船有辽船有鱼船有塘船有太仓船有瓜洲船船无定数以粮为数大者载粮千余石次七八百石又次四五百石或二三百石雇募者什之七官造者什之三

嘉靖十七年二月山东巡抚胡缵宗奏青莱登三府地方旧有元时新河一道南北距海三百余里舟楫往来兴贩贸易民甚便之比岁淤塞不通商贾皆困原设闸座故迹犹存惟马家濠中多顽石乃元人疏凿未竟者今已募夫凿通尚有停口窝铺浅隘者一百余里淤塞者三十里乞动支官帑开浚永为民利工部复如缵宗议诏从之

三十一年十二月工科右给事中李用敬奏开胶莱新河其略谓迩者河道湮塞深妨国计闻之胶莱之间有新河道在海运旧道之西乃无人欲开通以避海涛岛屿之险而未成者先是一东巡海副使王献悯登莱之民土瘠人稀生理不足皆由舟楫不通尝按元遗迹凿焉壕石底以通淮安商贾建新河等闸八座以畜泄水患导张鲁白现诸河以济水道见今淮安之船由淮河直抵麻湾即新河之南口也由海仓直抵天津即新河之北口也自南口以至北口仅三百三十余里各有潮水深入中有九穴湖大沽河诸流可引其淤塞未通宜量加浚者一百五里宜深加浚者三十余里元人用功已开其三今之用功当任其二此皆彰明可见者乞选才望官一二员会同抚按官亟为修举疏入工部覆行所在抚按详议具奏

三十四年二月罢开胶莱新河议先是御史何廷钰请疏浚新河诏遣廷钰往会山东抚按官勘报至是言胶莱新河一带系元人已开故道特因马家壕南北长四里内有石冈难凿而止前海道副使王献曹鸠工聚财焚以烈火凿通此濠随于分水岭南北河道并力挑浚设立闸座八处工已十之三四寻以本官迁去土竟未就即今此濠旧迹犹存特两岸沙土日久颓下遂致淤塞挑浚亦不甚难至于分水岭地本高阜故白河之水至此分流然度其地势终不甚峻今在南者为积沙所淤水惟北流若加开浚深广中间虽有礀滩濑诸反亦自人力可施司诸道臣至称旧估二百七十余万恐必有增无减其委官通判罗士贤等所估亦称一百六十万两臣虽心计不足如士贤所拟数三分之岁给一分年终总挈工费几何而次岁固可定矣其通海一节则中间地势既高若必使两潮相接须浚深及八九丈恐滨海之池凿下数尺水泉溢出人无所置足势必难成而所费真不下数百万矣计惟一味引河添设上下闸座疏理各处泉源随宜因势而为之虽未免重费而视凿通两潮犹为稍省第现河之流不雨即涸而白河其流亦微遇夏秋水泛则二河自合而沙恒多其胶河无沙视现白二河源亦稍盛顾人在分岭以北不达于南张鲁河虽无源而中有泉亦必从东都伯之地引之计二十余里然后可通沽河水势大而沙尤多若于吴家口闸之下因小派而引之

可以济南行之水但恐沙随水走河溢受淤盖新河原系人力所开南北俱潮水所入之地惟其势不甚峻故水泛不甚冲决而水因潮逆则沙虽随水泛而流亦因水缓而停必须岁岁挑浚而后可此司道诸臣所虑泉源者也臣意于疏理之时广加寻引而于王副使所设八闸如陈村杨家圈已损坏者兴而葺之其余完存者添而修之及胶河等处之口亦添设小闸大约共计大小十三四座所增既密启闭以时自足济用若犹虑水泉微小闸不足恃则如委官筑坝之说亦可潴蓄不泄诸臣乃复虑山水骤发冲激之虞及出入河海船只搬剥虑患计费至此可谓纤悉无遗矣至于南北两海臣备查博访知之颇悉在北者无风可以篙行南自淮安海口由云梯关至马家濠风便不过三四日之程中有莺游山可以湾避又沿海岸一路系行盐地方少加疏达而行尤为稳宜且新河南北迂回计二百四十余里俱挑深广为力固难然不计工费而为之则亦无不可成者其所难者则如诸臣之虑所引泉源恐或未足岁加挑浚其费无穷兼之此时南北兵革未宁而近日灾伤尤异常时工役今且暂停此役一兴虽假以三年之从容亦须每岁给以银两五十余万当此财力诎乏之时何从出办又况开河建闸所费已百万以上之财而三四次转剥必须多造船只其费益无所出东土穷荒公私俱竭此河若开又必循会通河设官编夫体例方可永久通行不无愈增亏损此则又当相时审力而治之者也乞下工部酌其行止得旨报罢万历三年八月南工部尚书刘应节等为漕渠可虞议开新河以永裨国计事仰惟我朝定鼎燕京势极西北一切军国重需悉皆仰给东南在祖宗时犹藉海运之利转输万里以给边饷自会通河开海运始罢致使国家万年之命脉仅恃一线之咽喉于是有识之士谓宜别通海运一路与漕河并行以备意外之防后竟留遮洋一总者存此意也其虑远矣矧今黄河不驯漕渠多故经理无策至厪宵旰万一河流他徙转运不通彼时仓皇而后为计不亦晚乎近该河道都御史傅希挚有见于此广求运道议开泇河亦思患预防之意职等愚陋无知谬有一得敢为我皇上陈之切谓海运之所以可虑者特以有放洋之险覆溺之危二者而已欲去此二患而坐收转输之利惟山东胶州一河南自淮子口入海由斋堂岛鹰游口入淮以抵淮扬贾各往来殆无虚日风顺不过五六日之程亦人所共知也中间未间者不过胶州以北杨家圈以南计地约有一百五六十里其间深沟巨浸尚居其半应挑浚之工不过百里且平原疏通无高山长埧之隔也畚锸易施工费不剧非有甚劳民伤财之患也往时诸臣建议盖屡及之朝廷亦屡遣重臣往勘之矣然累年经营迄无成效此其故何欤缘勘事者未睹开河之利过计未形之害止据见在故河而未暇别求便道殆不知故河纡曲长亘二百六十余里岁久积沙阔至三十余丈且一水中分两海浚之浅则潮不通浚之深则力难措水至则必淤沙高则必崩于是有人力莫施之议潮既不通河复浅阻于是有引水灌输之议既而潮必不通河不可浚求诸远近又无水可引于是开河之举因而报罢兹事有因非当事臣工任事之不力也臣等之愚以为欲开胶河必通潮水必舍故河西寻便道查得胶州南自淮子口大港头出海由州治西西抵匡家庄约四十里俱岗沟黄土宜用挑治自刘家庄北抵抬头河张奴河至亭口闸三十里俱黑泥下地水深数尺宜用挑浚自亭口闸历陶家岨陈家口孙店口至玉皇庙约六十里河宽水浅宜从旧河之旁另开一渠玉皇庙至杨家圈二十里水势渐深约五六尺宜量行疏浚杨家圈以北则悉通海潮无烦工程矣大抵此河以工计力之宜开创者什五挑浚者十三量浚者什二以地势论之宜挑深丈余者什一挑深数尺者什九以水圭测之高下悉有准以锥探之上下皆有石似的然可开无复可疑矧此功一成几有数利也海潮所至划然成渠以后可免剥浅之费挨帮之守挑浚之劳其利二也循港而行遇风而止外无放洋覆溺之害内避黄河迁徙之虞其利三也漕运之粟率钟而致一石海运脚费既省则免支加耗自宜减省其利四也吴越荆湖诸省之粟查照先臣丘浚所载议一半入海一半入漕海既通便可复迅速彼或有滞此尚可来是两利而俱图之其利五也海舟一载千石足载河舟所载之三海舟率十五人可减河舟用人之半退军还位俾国有水战之备可制海边之寇其利六也仍查复国初济边事例每年改拨数万石以济辽蓟军饷亦可省空运之费免招买之苦其利七也要之以万夫之力兴数月之工掘地止数十里所费仅数金万审时量力似无甚难亦何惮而不为耶窃惟胶河之设事理甚明若往还会勘则筑室通旁竟成聚讼若委用不得其人则推艰避事又成尽饼合无免行覆勘但简命实心任事大臣一员往督其事一切河海运道查照前议并未尽事宜悉听便宜行事应会议者会同漕河抚按诸臣计议妥当而行则任用既专肤功可奏若治无効愿请并治臣等之罪又查得班军四枝除二枝赴边外尚有六千在籍操练一枝屯住胶州一枝屯住青州及查即墨一营亦为附近今于该营起军数千连前班军约近一万之数然后度地以分工量工而论日免其操练专事工作仍于月粮之外每日给银四五分以佐其费而作其气庶众竟劝不世之功将不日可成矣倘蒙圣明允纳敕下该部详议速赐施行得旨这胶莱河议节经行勘俱为浮议所阻刘应节等既的有所见不必覆勘就

著徐栻改工部右侍郎兼都察院右佥都御史会同山东抚按官将开浚事宜一一计处停当具奏来行朝廷屡议开河止为通漕与治河事务不相干涉再有造言阻挠的拿来重处

四年正月开浚新河工部右侍郎兼石佥都御史徐栻等议新河二百五十八里中间凿山引水筑堤建闸工必不可议省漕河旧规每方广一丈深一尺为一方每方二工计工给银四分共该银九十万八千七百六十六两八钱费必不可不储得旨胶河在嘉靖间该道官自行开浚工已十之六七当时未闻请给钱粮多用夫役今特竟其未成之绪纵工费艰巨何至动称百万据所委勘各司道官多推艰避事其中工程道里丈尺大率虚估未见详确显是故设难词欲以沮坏成事且就近有司官员岂无堪用者乃委及王府长史长史以辅导为职岂宜侵有司事徐栻始议云何今观其所措画殊无诚任事之忠户工二部其会同原建议刘应节并工科勘议以闻

徐栻又言前题匡家庄地委高峻难于施工改扦黄阜岭道里梢近而高处亦复不减泉水仍不可通惟治都泊由船路沟一带原系便路相传都泊为水所汇船路沟为行舟处似有待于今日在黄阜岭迤北既远共高峻在分水岭迤南又避其淤沙地形平衍水势浸漫且旁有可济之河水有可引之源泉其上流为沽胶等河浚之以为血脉其下流为张奴等河浚之以为经络各建闸座以通其咽喉广开水柜以滋其荣卫立堤塍以障其流沙开月河以泄其溃溢或遇大旱水浅仍照会通河事例预造剥船以备剥浅每年春初大挑务期通利其海仓口等处俱有旧设仓厫仍查复制造以备积贮是可以备海运之长策称转输之便途矣报可

刑科给事中王道成言新河一事刘应节主通海徐栻主引泉臣愚以为胶州在两海口之中土最高厚万一坚石隐伏挑浚安施至于漕运纡长河泉脉息易盈易涸闸柜徒劳况海船河船决难通用而山东钱粮不满二万即南北区处百万易备使复有不足其将再请乎疏入上曰人臣任事最难已令虚心议处不当预为难成之说以恐之命仍前议

新河之工巡抚御史商为正力言不可开刘应节亦请停止部覆委应停罢上令召应节及栻还应节复上疏曰伏念臣至愚极陋无所知识顷以运道梗阻辄不自量越俎而陈胶河之议继用当事诸臣议处未妥又蒙皇上任使赍敕前往胶莱地方勘议河工臣复不自量力陈胶河可开之状期为我国家永建转输之利讵意众见不同流言蠭起庙堂主持不定漫然两可而中止焉窃惟今之运事自徐邳而南以至淮扬溢决淤塞之患盖无岁无之矣顾黄河未至遽迁运道尚无大阻又其时海上多瘟疫之灾国帑乏羸余之积新河报罢孰曰不可但谓河不必开可也若乃归咎于河而曰河不可开则诬甚矣河形俱在众目共睹非微难见之物也水土之工即庸众与知非有神幻不可测度之事也是役也在元人已为之建闸置坝故迹犹存比因淮子口石砑森立伤船甚多遂以罢运是元人之无成其患不在开河之难而在淮子口伏石之险也我朝嘉靖间海道副使王献复举而行之其用工次第不急于治河而首务于开山于是凿通马家壕无复伏石之虑矣乃南北引潮舟楫毕达中间未及通者仅三十余里而本官不留以升迁去任是王献之无成非河之不可尽开欲尽开之而无及也臣生长胶莱之间徧历河海之上奉朝廷之简书藉国家之全力目击可为之状又得仕事之人乃竟不能寻元人已试之迹收王献垂成之功徒为此河增一不可开之案且重杜后来任事者之心臣等之罪大矣夫事苟利国家死生以之今河是非不明臣之心迹弥晦辄敢不避嫌怨冒昧再陈惟陛下少垂察焉谨按胶莱新河南北海口相照约三百里除麻湾口以南直抵淮扬海仓以北直抵天津贾客往来岁无虚日无容别议外其壁沟河以北应该量挑者约一百七十五里深挑者约五十里共二百二十五里其河两岸之土如胶一水中流若练下无流沙旁无疏土谚谓铜帮铁底殆非虚语止有沽河积沙一段约长五里乘潮行舟本自无碍当事者以为不然乃议开壁沟河十三里直接黑龙潭正以避沽河之沙也又有白河一道正当分水岭之冲岁久积沙约长三里初议水之来处叠坝建闸足以障之当事者又以为不然乃议创开船路沟七里正以避白河之沙也夫河之有沙犹山之有石也但问其为害不为害可治不可治而已今以数百里之河经千百年之久流沙之积才有此数一除可尽则亦何害于河哉此南北全河形势之大较也夫地有定形则高下有定准然而每一丈量则逐手高下辄至相悬臣督同部道诸臣约量地势截水为坝使坝坝水水自为平水与海面相照乃知由麻湾而北以至壁沟河口地面高于海面者才得制尺五尺由壁沟河以至吴家口地高于海面者约一丈五尺由吴家口以至分水岭地高于海面者共约二丈二尺四寸正与王副使原丈数目相符止多四寸过此而至崔家口则渐低五尺四寸由崔家口而赵至家铺则渐低一丈五尺由赵家铺而至刘家铺则渐低二丈由刘家铺而至海仓口则渐低二丈四尺四寸又与南海平矣此以上但对海面而言臣等先估谓当视海面仍挑深五尺使海水流通是无问潮不潮

常有五尺之水也再益以潮是常有丈余水矣如此则引水建闸皆可勿问此南北地形高下之大较也每地一里约三百六十步每步折制尺五尺共约一百八十丈今全河应修之地二百二十五里六十六步以深阔折算共约四万五百三十三丈照依西河规格每地方广一丈深一尺为之一工共约五百七十五万七千四百一十四工每工给银四分共该银二十三万二百九十六两有奇此修河相沿之通例也大约以人夫四万为准每日约工四万计一百四十四日约工五百七十五万七千四百一十余工可以竣事此又以深于海者言也若乘潮放船但以海面为准不必更深可当前工之半又或括取地方见在班军壮快等项可约万余人每月除原有月粮工食外量给盐菜银一二分则所省又十之八九矣此全河总会工费之大较也夫河之为患惟海潮不通耳海水既通潮水继之朝夕而生万古不爽非若秋水行潦盈涸无常之可虑也是河也地形中高帮底既固稍加堤防功可经久非若浮沙疏土崩决无常之可虑也由是新河既成两河并运以居常言之在新河则南北直隶输转甚便可省数月之程及一切盘制折耗之费其在西河粮数既分运事白速亦可以免挨帮之守与积水之艰以遇变言之彼或有滞此尚可来既可以备漕河改徙之虞亦可以防奸宄意外之患其在东土则商贩悉通足资贸易荒歉有备不致流移以之而通运于边方则蓟之永平辽之广宁等处一水可达亦可免招买之难匄运之苦若此新河利害之大较也要知今日开河之议虽经由南海一日北海三五日沿涯循港万无一失原非元人黑海开洋之比是役也系河运非海运系疏导非开凿可用海船亦可用河船有裨于西河非欲废西河也若兹岂惟宦游者不能知即土住者亦未之尽知况前河先系山东抚按揭报以为便利臣奉命往勘亦多用诸臣之议中间但稍易其凿湖引泉之谬转为通潮之策其称海口淖沙查无踪迹分水岭视之海面亦尚高二丈余别无异说也不意臣所措画尽成谬妄流言飞语传布两京以致通漕大计因而中止夫西河之告变者屡矣庙堂岌岌求善后之策亦甚殷矣万一黄河改徙运道艰难即有深谋远虑之士出而应卒然之变既将以今之公案为后之殷鉴谁能复任天下事哉伏乞敕下该部将臣终议与前案并存庶是非不淆利害易睹即此河今虽不开后必有开之者矣

三十七年巡漕御史颜思忠疏陈新河可开之状先是议者以国家漕运专事会通一河欲开更胶莱以防不虞会以人情不调报罢思忠言胶莱新河南自麻湾通南海北自海仓通北海地之相距计三百四十里中间河宽水深工力省便者麻湾至把浪庙等处约共百九十里河窄水浅及全未挑修者把浪庙至陈村闸等处约共百五十里分水岭地形颇高尤宜深浚约略其费可不及十五万大都小沽河以灌中段大沽河以灌陈村之南白水以灌分水岭高旺山河以灌新店之北以及中间诸河泊之水以济助之凡有水来必挟沙至黄伽二河岂无冲沙焉得一一躲避惟当仿临清济宁事例建闸设夫时常修浚于大小沽河上源修置土坝以障沙未或建造斗门以防水涨因势利导随机曲防在临时酌量行之耳

隆庆五年河道溃决户科宋良佐请复海运时山东巡抚梁梦龙极言可行谓海道多濆犹陆地多岐海人行海犹陆人行陆傍海而行非横海而渡今踏出海道傍海居多较元人殷明略踏出之道尤属稳捷遂以山东布政王宗沐为总河专司海运至万历元年以龙关伤船七只议罢海运既罢宗沐请复遮洋总言国初海运岁运七十万石以给辽东后会通河成海运遂废然尚留遮洋一总原有深意至嘉靖末年给事胡应嘉建议裁革并入山东江北诸总前制尽罢应嘉以乡土之故忍变成法有识者未尝不扼腕而叹近因河道淤阻当事诸臣复起新议劳费更多海运二年道路稍谙今虽议罢宜查复遮洋一总即改海运把总为遮洋把总领兑河运北粮从之越二年亦罢

崇祯十二年十月沈廷扬奏言从高邮城北二百七十里以达庙湾入海七百里达胶州之麻湾入新河二百七十里至海仓绕过马家濠不惟避成山之险而淮口阴山诸险皆避之此二百七十里皆低洼易开由海仓入海至天津一十八十里共二十八百里则河漕不如海运之便开胶莱又不如高邮径至麻湾入新河之尤便下部议

十三年七月临清副总兵黄胤恩上海运图云海运当讲者三臣见河渠淤浅必加挑浚而海无之河水旱干必藉湖泉而海又无之此难易审矣海中之险共畏者成山尔山内有曲径可通山外更大洋可行淮沙船直走大洋转列公岛至登州此夷险明矣当日辽事初起陆运费每石至二两五钱臣改海运每石一钱七分辽饷三百四十余万计省金四百余万此省费较然矣

又疏海运将淮扬重船运至胶河轻船接至莱河其间通浚小河多造脚船如通州抵坝故事于岭上建仓驾车仿古河阴洛口之运待回空受载自淮河抵胶自海仓抵津计日直达即成山一转亦缩近倍数每年三运四运无不可者

十六年十一月十五日考庶吉士毕上于德政殿召对因问曾樱曾请开胶莱河已发银十万两曾否支用昨计臣倪元璐奏有养鱼池通漕便道欲遣贺王盛踏看是否可行蒋德璟对胶莱原有马家濠元时所凿嘉靖万历中皆再凿欲以避成山之险然尚未通陈演奏闻尚有数里德璟奏只有十四里未通演奏对即凿通如沙潮一冲恐又淤塞璟对前倪元璐奏欲于未通处所用陆运将漕米搬过亦是一策然两边船只及车夫亦费区处上曰养鱼池见在何处璟对在文登县因贺王盛曾令文登故知之上曰即遣贺王盛去勘来并前户工二部所发银十万两通查来看先生每拟旨行按胶莱新河开之欲避成山之险耳忽议及文登之养鱼池此贺王盛之妄

大学士丘浚海运论　海运之法自秦有之唐人亦转东吴粳稻给燕幽然亦给边方之用而已用以足国则始于元焉初伯颜平宋命张瑄等以宋图籍自崇明由海道入京师至元十九年始建海运之策命罗璧等造平底海船运粮从海道抵直沽是时犹有中滦之运不专于海道也二十八年立都漕运万户府以督岁运至大中以江淮江浙财赋府每岁所办粮充运以至末年专仰海运矣海运之道其初也自平江刘家港入海至海门县界开洋月余始抵成山计其水程自上海至杨村马头凡一万三千三百五十里最后千户殷明略者又开新道从刘家港至崇明州三沙放洋向东行入黑水大洋入界河当舟行风信有时自浙西至京师不过旬日而已说者谓其虽有风涛漂溺之虞然视河漕之费所得盖多然终元之世海运不废我朝洪武三十年会通河通利始罢海运考元史食货志论海运有云民无挽输之劳国有蓄储之富以为一代良法又云海运视河漕之数所得盖多作元史者皆国初史臣其人皆生长胜国时习见海运之利所言非无所征者窃以为自古漕运之道有三曰陵曰河曰海陆运以车水运以舟而皆资乎人力所运有多寡所费有繁省漕河视陆运之费省十三四海运视河运之费省十七八河漕虽免陆行而人挽如故海运虽有漂溺之患而省牵率之劳较其利害盖亦相当今漕河通利岁运充积固无资于海运也然善谋国者恒于未事之先而为意外之虑今国家都幽盖极北之地而财赋之入皆自东南而来会通一河譬则人身之咽喉也一日食不下咽立有死亡之祸况自古皆是转般而以盐为佣直今则专役军夫长运而加以兑支之耗岁岁常运储积之粮虽多而征戍之卒日少食固足矣如兵之不足何迂儒为远虑请于无事之秋寻元人海运之故道别通海运一路与河漕并行江西湖广江东之粟照旧河运而以浙西东濒海一带由海通运使人习知海道一旦漕渠少有滞塞此不来而彼来是亦思患豫防之先计也家居海隅颇知海舟之便舟行海洋不畏深而畏浅不虑风而虑礁故制海舟者必为尖底首尾必俱置柁卒遇暴风转帆为难亟以尾为首纵其所如且暴风之作多在盛夏今后率以正月以后开船置长篙以料角定盘针以取向一如蕃舶之制夫海运之利也以其放洋而其险也亦以其放洋今欲免放洋之害宜预遣习知海道者起自苏州刘家港访问傍海居民捕鱼渔户煎盐灶丁逐一次第踏视海涯有无行舟潢道泊舟港汊沙石多寡洲渚远近亲行试验委曲为之设法可通则通可塞则塞可回避则回避画图具本以为傍海通运之法万一可行是亦良便若夫占视风候之说见于沈氏笔谈每日五鼓初起视星月明洁四际至地皆无云气便可行舟至于已时则止则不遇暴风矣中道忽见云起即便易柁回舟仍泊旧处如此可保万全永无沉溺之患万一言有可采乞先行下闽广二藩访寻旧会通蕃航海之人及行广东盐课提举司归德等场起取惯驾海舟灶丁令有司优给驿遣既至访询其中知海道曲折者以海道事宜许以事成加以官赏俾其监工照依海舶式样造为运船及一应合用器物就行委官督领其人起自苏州历扬淮青登等府直抵直沽滨海去处踏看可行与否先成运舟十数艘付与驾使给以月粮俾其沿海按视经行停泊去处所至以山岛港汊树幖帜询看是何州县地方一一纪録造成图策纵其往来十数次既已通习保其决然可行无款然后于昆山太仓起盖船厂将工部原派船料差官于此收贮照依见式造为海运尖底船只每只量定军夫若干装载若干大抵海舟与河舟不同河舟畏浅故宜轻海舟畏风故宜重假如每艘载八百石则为造一千石舟许其以百石载私货三年之后军夫自载者三十税一客商附载者照依税课常例就于直沽立一宣课司收贮以为岁造船料之费其粮既从海运脚费比漕河为省其兑支之加耗宜量为减杀大约海舟一载千石则可当河舟所载之三河舟用卒十人海舟加五或倍之则漕卒亦比旧省矣此又非徒可以足国用自此京城百货骈集而公私俱足矣考宋朱子文集其奏札言广东海路至浙东为近宜于福建广东沿海去处招邀米客元史载顺帝末年山东河南之路不通国用不继至十九年议遣户部尚书贡师往福建以闽盐易粮给京师得数十万石京师赖焉其后陈友定亦自闽中海运进奉不绝也况今京师公私所用多资南方货物之来苦于运河窄浅舳舻挤塞脚费倍于物直货物所以踊贵而用度为艰此策既行南货日集于北空船南归者必须物实

而北货亦日流于南矣今日富国足用之策莫大于此说者若谓海道险远恐其损人费财请以元质之其海运自至元二十年始至天历二年止备载逐年所至之数以见其所失不无意也窃恐今日河运之粮每年所失不止此数况海运无剥浅之费无挨次之守而其支兑之加耗每石须有所减恐亦浮于所失之数矣此策既行果利多而害少又量将江淮荆湖之漕折半入海运除减军卒以还队伍则兵食两足而国家亦有水战之备可以制服边海之夷诚万世之利也章句末儒偶有臆见非敢以为决然可行万世无弊也念此乃国家万万年深远之虑姑述此尝试之策请试用之试之而可则行不可则止

海道经　元至元二十年克取江南二十一年起运海粮擢用朱清张瑄万户之职押运粮船三万五十石赐立海道万户府千户所百户所虎符铜牌素银牌面各领品职成造船只大者不过一千粮小者三百石自刘家港开船出扬子江盘转黄连沙嘴望西北沿沙行使潮长行船潮落抛泊约半月或一月余始至淮口经过胶州海门浮山劳山福岛等处沿山一路东至延真岛望北行使转过成山望西行使到九洋收进界河两个月余才抵直沽委实水路艰难深为繁重二十六年增益粮米八十万石是岁正月装粮在船二月开洋四月到于直沽交卸五月四还复运夏粮至八月又回本港一岁两运是时船只鲜少人民恐惧二十七年朱万户躬请长兴李福回朝奉押运指引自扬子江开洋落潮往东北行使出离长滩至白水绿水经至黑水大洋望北寻望延真岛使转成山正西行使流入沙门岛开放莱州大洋收进界河远不过一月之期近不过半月之堤俱至直沽以漕运利便是岁加封朱万户为浙江省参政张万户为浙江盐运司都运之职每岁专从此道驾使船赴北京将及二十余年至大德七年当蒙官司招顾两浙上户造船运粮脚价一十一两五钱分拨春夏二运延佑以来各运海船大者八九千石小者二千余石是以海道富盛岁运三百六十万石供给京师甚为易便迤南蕃海船皆从此道贡献放效其路矣

预备缓急　如遇顺风使帆之时水势颠猛便减帆幔投奔港汊稍泊不得贪程恐风势不止天时昏暮迤逞前行不知宿泊多有疏失不可不知遇顺风正使帆间忽转打头风便当使回风寻港汊为稳勿得当洋抵睡指望风息恐致疏虞如缓急猝暴风奔港滩不及之时急抢上风多抛铁猫牢系绳缆如重载船则频频点看水仓怕有客水侵入随处札舱如小船则看风色如何别寻泊处如春夏间于港汊内泊船须要多用壮绳深打桩橛不以早晚恐有山水发洪冲突之患

海运志序

余往嘉靖辛亥视学广右时吏事寡暇辄取全史读之睹古人攻战处以按覆舆图其地里险夷远近如在几席间后移官江西罗文恭公出广舆图相质正余为刻于省中因益知海道自淮循岸屿薄燕蓟便甚宋宣和间议攻辽而诸臣不知出此仅遣高药师以一舟使金往返若陆其后元人通海运于都燕为得策且悉考当时载籍无言海中坏运舟者意即有之不多故不道也藏其语二十余年隆庆辛未余起家复守藩山东会河漕告病朝廷遣科臣按视欲开胶莱河以避大海道运事不就余曰即大海可航何烦胶莱河也叙其说上抚台以米试之验语闻会科臣疏上遂下通运之命而余亦叨转督漕身践初议募舟集粮时中外尚疑骇谓不知何若乃行仅踰月十二万石悉安行抵岸而天下臣民始信海道之可通矣开久废以佐河漕安六军之心销奸萌之志国家都燕大海在左肱此专利也一百六十余年来群臣论著多而未果行兹遇圣君贤相英谟立决而微臣木适奉庙略叨奔走再辟兹途在国输常暂多寡惟意所施非宗社万年灵长宁遂效斯计耶今而后始敢布其说取前后题请移册及海上道里行计类为志凡二册檄庐州守张君大忠刻之以识大都云时隆庆六年七月吉钦差总督漕运兼提督军务巡抚凤阳等处地方都察院右副都御史临海王宗沐书

山东布政使司左布政使王宗沐呈为海运事近接邸报见户科给事中李贵和有闻胶河之疏随经工部覆题奉有钦依差工科左给事中胡槚亲临相度窃计朝廷以邳河近年间多淤塞漕舟不通故欲为国家虑至深远别通一路以防不虞诚大计也该职查得胶莱河之开始于元世祖至元十七年七月总管姚演奏事下丞相阿合马与百官集议开凿以钞万锭为佣直仍给粮食世祖从之十八年九月丞相火鲁火孙又奏请免益都淄莱宁海三州一岁赋入折佣直以为开河之用三十一年御史台言胶莱海道浅涩不能行遂废而所恃以漕达于京师者惟恃阿八失

所开济州河其后漕臣囊加解孙伟言漕海舟疾且便而右丞麦木丁亦言阿八失所开河益少损多是时漕臣忙兀解遂招集南人运达万石与囊加解孙伟言合诸臣请用军验试遂移阿八失河所用水手及军万人船千艘畀扬州省教习漕运以平滦船从利津专事海运而济河亦废夫以元人之虐用其民其开胶莱河史臣称其所费不赀而卒无成效固不能强以全盛之力与河争利者此其终不可成之明验也夫邳河既未能猝通而胶莱又恐不足以济故以愚见莫如径通海运今诚得二万金以六千余造船六只以余银募登莱海岛居民约船大小每船须五十人上下以三只自登州而北至直沽三只自登州而南至淮安每船皆给以公文及赍带重物到彼处官司交投为验还归登州凡可往返三两转即系海道通行然后通议造船派运之法悉依元人规制详见后条银发海右守巡及海道督造募招每船给一大牌通书船上水手姓名又每人给一小牌俱书年甲籍贯以防改替仍每船给画工一人以便图录摽记停泊山崖之名则明年之春即可以所造之船先赴淮安兑运止数万石如元人初年之例其事之必可成及悉查历代成算与较量本朝河运利害俱逐款开载于后职以为有十二利焉自古运漕以建都为向往汉唐都秦则通渭宋都梁则通汴我朝定鼎幽燕地势极北所恃者在邳河一线之路近又淤塞有识寒心今所费不多而别通海运两漕并输国计益足彼不来而此来先臣丘浚固已言之此国家至深至远之计一利也漕河身狭闸座珠联漕船势必立帮以防争越挨守日久则百弊生而军食费今海运开洋不必挨帮二利也查据议单每岁漂流挂欠不下数十万挂欠由人漂流由天然即漂流之中论之有人船米俱在者有人在而船米亡者有船坏而米尚可捞于湿者情态万状报入户部不过行勘然有司之勒停与吏书之隐匿有实漂流而以为虚至死狱中而责偿不获有不漂流而以为实各分其利而亏损在官今海运既通则虽有漂流而无挂欠而漂流亦不待于勘报稽违以悮总计三利也今漕河浙江苏松常镇宁国太平共粮一百八十六万石每石扣过江米七升共该费米十三万二百石而入淮以后遇浅盘剥脚价之费不与焉今海运既通则过江米与夫盘剥之费省者不下数十万四利也漕河运军兑米已毕惮于空归牵挽之劳往往将船凿沉而逃每岁计费不赀今海运无船将不能归则沉船可省五利也宋人运船归则带盐丘浚亦有此论其事体未敢遽议然今各军有行粮有赏钞有安家今诚通海运舟大而人多计其稍带南货免其抽税而渐减行粮诸色每岁之省亦不可计六利也漕河运军行粮有派在水次随支者每每征收不齐其后改征本色四五钱不等而官给不时守候颇艰今通海运则须尽给而后开帮凡一应料价轻赍月粮等项有司皆不容缓料理自齐七利也议单浙江江西湖广随船耗米每石至七斗六升其余道里渐近虽有递减轻赍然其费亦不赀矣所以然者为其行日久而耗多故也今海运乘风势甚汛急则耗米亦可稍议裁节其赢亦多八利也京师王畿四方走集近者累岁为行户市买民间负累辅臣曾形章奏今海运既通百货合凑则物价稍轻行户亦宽自成富盛往唐陆贽当德宗之乱以京师米贱奏请出粜关中为之价平今国家承平万无此理然以货推米则深计者所不废九利也辽东孤悬饷馈甚艰往年灾荒天子为之宵旰东顾海运既通则辽东缓急可饷如洪武三十年故事十利也历朝漕运皆率顾募而惟本朝用军历朝漕运率皆转搬而惟本朝直达军无更休而直达路远在途更时牵挽疲劳还家未暖席而官司已点再运矣今海运既通则每行五皷开船而已时即泊每岁止春初入兑而夏尽即休疲困亦苏十一利也兑运之时军弊百出盗卖侵克甚或官军俱逃其有军市而官不知则拖欠之官在刑部狱者往往相比也今海运自开洋之后欲盗而谁与为市已盗而逃将焉往十二利也国家承平二百年矣私忧诚不胜惓惓顷岁久卧林下颇考其详兹辄因胶莱之议用布始末以仰慰庙堂不惜帑费为国家建长远不拔之盛心此系元人与国初已享之成利犹之耕熟田也而管见迂疏又以为万万必可成就所有考据利害详悉俱载后条伏惟钧台赐裁择焉倘可转闻再加酌议见之施行则宗社幸甚职愚无任仰望昧冒之至

计开

一海运在先朝始末　查得海运之说倡自唐咸通中议而未详至宋神宗熙宁七年京东路访察邓润甫等言山东沿海州郡地广丰岁谷贱募人为海运山东之粟可转之河朔以助军兴诏京东河北路转运司相度卒不果其后元世祖至元十九年伯颜思灭宋时载图籍由海之事以为海运可通力请于朝遂命上海总管罗璧朱清张瑄等造平底海船六十艘运粮四万六千余石从海道至京师然创行海洋沿山求岙风信失时明年始至直沽朝廷未知其利是年十二月立京畿江淮都漕运司二仍各置分司以督纲运每岁令江淮漕运司运粮至中滦京畿漕运司自中滦运至大都二十年又用王积翁议广开新河然新河候潮以入船多损坏民亦苦之于是罢新开河颇事海运立万户府二以朱清为中万户张瑄为千户忙兀解为万户府达鲁花赤二十四年始立行泉府司专掌海运增置万户

府二总为四府二十五年内外分置漕运司二其在外者于河西务置司领接运海道粮事二十八年又用朱清张瑄之请并四府为都漕运万户府二止令清瑄二人掌之其属有千户百户等官分为各翼以督岁运至大四年遣官至江浙议以嘉兴松江秋粮并江淮江浙财赋府岁辨粮全充运海漕之利至是始博而到京者已三百万有余矣初海运之道自平江刘家港入海经扬州路通州海门县黄连沙头万里长滩开洋沿山嶴而行抵淮安路盐城县历西海州海宁府东海县密州胶州界放灵山洋投东北路多浅沙行月余始抵成山计其水程自上海至杨村马头凡一万三千三百五十里至元二十九年朱清等言其路险恶明年千户殷明略又开新道从刘家港入海至崇明州三沙放洋向东行入黑水大洋取成山转西至刘家岛又至登州沙门岛于莱州大洋入界河当舟行风信有时自浙西至京师不过旬日而已视前二道为最便云但风涛不测粮船漂溺者间亦有之然视河漕之费则其所得盖多矣历岁既久弊日以生水旱相仍公私俱困疲三省之民力以充岁运之恒数而押运监临之官与夫司出纳之吏恣为贪黩脚价不以时给收支不得其平船户贫乏耗损益甚兼以风涛不测盗劫覆亡由是岁运之数渐不如旧至正元年益以河南之粟通计江南三省所运止得二百八十万石二年又令浉行省及中正院财赋总管府拨赐诸人寺观之粮尽数起运仅得二百六十万石而已及汝颍倡乱湖广江右相继陷没而方国珍张士诚窃据浉东西之地虽縻以好爵资为藩屏而贡赋不供剥民自奉于是海运之舟不至京师者积年矣至十九年朝廷遣兵部尚书伯颜帖木儿户部尚书齐履亨征海运于江浉由海道至庆元抵杭州时达识帖睦迩为江浉行中书省丞相张士诚为太尉方国珍为平章政事诏命士诚输粟国珍具舟达识帖睦迩总督之既达朝廷之命而方张互相猜疑士诚虑方氏载其粟而不以输于京也国珍恐张氏掣其舟而因乘虚以袭已也伯颜帖木儿白于丞相正辞以责之巽言以谕之乃释二家之疑先率海舟俟于嘉兴之浦而平江之粟展转以达杭之石墩又一舍而后抵浦乃载于舟海滩浅涩躬履艰苦粟之载于舟者为石十有一万明年五月始抵京是年秋又遣户部尚书王宗礼等至江浙二十一年九月又遣兵部尚书彻彻不花侍郎韩祺往征海运一百万石二十二年五月运粮赴京视上年之数仅加二万而已九月遣户部尚书脱脱欢察尔兵部尚书帖木至江浙二十三年五月仍运粮十有三万石入京九月又遣户部侍郎博罗帖木儿监丞赛因不花往征海运士诚托辞以拒命由是东南之粟给京师者遂止于是岁此载在元史大略也又考元臣罗璧传曰璧与朱清张瑄首部漕舟由海洋抵杨村不数十日入京师赐金虎符进怀远大将军管军万户兼管海道运粮二十四年乃颜叛璧复以漕舟至辽阳洋海抵锦州小凌河至广宁十寨诸军赖以济加昭勇大将军二十五年督漕至直沽仓潞河决水溢几及仓璧树栅率所部畚土筑堤捍之升昭毅大将军王艮传曰艮迁海道漕运都万户府经历时绍兴之官粮入海运者十万石城距海十八里岁令有司拘民船以备短送吏胥得并缘以虐民及至海次主运者又不即受有折缺之患艮执言曰运户既有官赋之直何复为是纷纷也乃责运户自载粮入运船运船为风所败者当核实除其数移文往返不绝艮取吏牍披阅即除其粮与钞运户乃免于破家王克敬传曰克敬擢湖南道廉访使调海道都漕运万户是岁当天历之变海漕舟有后至直沽者不果输复漕而南还行省欲坐罪督运者勒其还趋直沽克敬以谓脱其当年而往返若是信可罪今蹈万死完所漕而还岂得已哉乃请计石数附次年所漕舟达京师省臣从之黄师泰传曰师泰江浙行省参知政事二十年朝廷除户部尚书俾分部闽中以闽盐易粮由海道转运给京师凡为粮数十万石朝廷赖焉张思明传曰初立海道运粮万户府于江浙受除者惮涉险不行思明请升等以优之因著为令又查得宋史开载建隆中女直尝自其国之苏州泛海之登州卖马故道犹存至重和元年汉人高药师者泛海来言女直建国屡破辽师登州守臣王师中以闻诏蔡京童贯共议遂使武义大夫马政同药师由海道如金金主与粘没喝议遣渤海人李善庆女直散睹持国书并北珠生金等物同马政来修好诏蔡京等谕以攻辽之意善庆等唯唯居十余日遣政同赵有开赍诏及礼物与善庆等渡海报聘行至登州有开死会谍者言辽已封金主为帝乃诏政勿行止遣平海军校呼庆送善庆等归金职惟元人开国幽燕享海运之利已几百年其全盛之时固无庸论及至正之末天下分崩犹能使张士诚运给数年若夫宋之赵有开马政又以孤舟凿空开道由海往来报命则海道之可通又不待元而始可信矣

一海运在本朝始末　查得我朝洪武三十年海运粮七十万石给辽东军饷永乐五年礼部会官议北京合用军饷本处税粮子粒并黄河漕运未能周急必藉海运然后足用即目海船数少每岁运不过五六十万石且未设衙门专领事不归一莫若于苏州太仓城内专设海道都漕运使司堂上官于文武中择公勤廉干者以充行移与布政司同各处卫所见有海船拜出海官军俱属提调以时点检如法整治奉太宗文皇帝圣旨运粮的事再议了来说至

九年以济宁州同知潘叔正言命工部尚书宋礼都督周长等发山东丁夫十六万五千浚元会通河自济宁至临清三百八十五里于是漕舟始达通州十年礼以海船造办太迫议造浅船五百艘由会通河运淮扬徐兖等处岁粮一百万石以补海运一年之数十二年平江伯陈瑄等始议原坐太仓岁粮苏州并山东兖州送济宁仓河南山东送临清仓各交收浙江拜直隶卫分官军于淮安运至徐州京卫官军于徐州运至德州各立仓厫收囤山东河南官军于德州接运至通州交收名为支运一年四次十三年增造浅船三千余艘海运始罢遮洋船每岁于河南山东小滩等水次兑运粮三十万石内六万石于天津等卫仓收二十四万石内十四万石连耗折银六钱俱从直沽入海转运蓟州仓收其后巡抚侍郎周忱言里河民运多失农月请如永乐初令民运于淮安瓜洲补给脚价兑与军军民两益卫所出给通关付缴从之宣德八年参将吴亮言江西浙江湖广江西船各回附近水次领兑南京江北船于瓜淮领兑其淮徐临德诸仓仍支运十分之四浙江苏松等船各本司府地方领兑不尽者仍于爪淮交兑其北边一带如河南彰德府于小滩山东济南州县于济宁其余水次仿此成化七年都御史滕昭议罢瓜淮兑运里河官军雇江船于江南水次交兑民加过江之费视远近为差十年议准徐临德四仓支运粮七十万石改就水次兑与军船名为改兑每年议派多准其数然不为常例又查得平江伯陈瑄传载永乐初充总兵帅舟师海运岁米百万石饷京师辽东请建百万仓于直沽尹儿湾城天津卫籍兵万人戍守舟经海岛下令交市人不敢哗两便之江阴侯吴祯传载戍定辽时总舟师数万由登州转饷海道险远祯善调度兵食充足未几召还自此遂罢海运然山东登州卫海船犹设一百只正统十三年减免止存十八只岁拨五只装运青登莱三府布花钞锭一十二万余斤至辽东余泊海滨以备海寇弘治十六年又减四只其十四只分派湖广江西各四只就彼成造浙江福建各三只每只解银五千两赴部买料成造正德四年题革各布政司每三年征价解部三府布花准收折色正德五年仍旧打造嘉靖三年本部议得海船之设本为装运布花防御海寇今布花已收折色若资此以为战舰恐遇风则奔驰莫止临阵则重大难旋题请停罢夫登州船至嘉靖三年而始革遮洋船至嘉靖四十五年而始废今漕河浅船亦自海运四百料鑽风船改造则海运虽罢不行而其余规尚有考故职以为譬耕熟田者诚以二祖之神谟不可终废也

一漕运既久势必变通　查得开国定都必通漕运运法既久势须变通故历代漕法因时改张汉人尚矣唐都关中江淮漕租米至东都陆运至陕而水行至开元十八年裴耀卿始一变而为转搬自江淮漕者皆输河阴仓自河阴仓西至太原仓谓之北运韦坚二变迨汉隋运渠起关门抵长安通山东租赋乃绝灞浐并渭而东至永丰仓与渭合刘晏三变由润州陆运由扬州簿送至河阴李泌四变为入渭船方五板输东渭桥遂罢南路陆运牛仙客五变为和籴而其后遂终唐世宋人都大梁初开四河以漕而汴为重开宝八年一变而为纲运嘉佑三年二变而为造船补卒团本路纲熙宁二年薛向三变而为募客舟与官舟分运元丰五年陈佑甫四变而为汴河量纲崇宁三年曾孝广五变而为直达纲而亦终宋之世我朝初仰海运永乐十一年始为海陆兼运继而为支运为兑运为改兑即今不惟运之在官军者弊端百出耗折数多而河之渐南徙者决壅不常梗塞为病酌时事之急以求必济之经舍海运则安所求哉通计河海二运俱不能无利害然圣人立法不能使天下之纯有利而无害惟酌其多寡之分而决其权使不可穷而已河运之利在腹里无盗贼之警在安流无风涛之险然近年风水之漂流官军之侵盗岁亦不下十余万在户部不过扣羡余起存各项以补足四百万之额然直达之旷日持久则军无宁岁洪河之转徙无定则期限难必而况侵盗而逃利归刁奸之手摊派及众偿出在运之人是以官军交病岁渐凋瘵以职前所述十二利者详筹度之则利在海行为多而其所患者不过风涛之漂没而已行之既久湾泊得地占风顺时则可以保自完归而每年早定兑期必开洋于首春之候则又不待规避而猛恶之风涛亦不相逮矣且又计之今运河之梗见储于邳州之下者已三十余万而停之二年即使海河二运利害相当犹当询求以纾南顾之忧而又况其利害相十五也伏惟筹国者幸加意焉

一初寻海道之议　查得海运不行已近二百年固未敢遽造舟载粮而长往也自闽浙而至苏松自苏松而至淮安自淮安而至登州其间虽未直达而本界往来固未尝乏绝特自登州而至直沽则已绝北海途遥而利寡民或未之常经尔即今春半则自登州发舟尚可南北分行北尽直沽南尽淮安即如前募人造舟可以寻导而验试之稍涉夏初则但可北行而南向之舟不可发势须自淮安发舟寻道至登州今登胶之间往往有淮货则民间小舟未尝不通故识谓募人初试仅二万金而足者此也如募人而自有舟则兼给以其舟之直赍持百给皆应优厚但欲使人乐于应募而通行凡中道礁梗之处停泊之岛悉加摽记往来三数次则即可载粮以试舟为引导可也以试舟之水

手分布粮船亦可也又行之二年则人益习其险而粮舟因可云集故元初止四万而其后乃至三百万余我朝一统而南运为富即今扬州以及江西湖广皆仍旧由仪真入河而但以浙江苏松常镇宁国太平自海运出则固已一百八十六万矣自此进退损益惟吾所欲而尚何难之有哉初造试海船人与费皆不多无庸设专官及估费故不悉道

一海道既通造船通运之议 查得海道前已试验通行因可造船开运但山东登州颇据海道之中北入直沽而南至淮安约量适均但登州无木舟但可以小试而不可以供载粮登州人寡募但可以初试而不可以足漕数则须于江淮间更造船只而别选水手此其所当议者一也元初水道称刘家港在今嘉定县元末贡师泰则出福宁州我朝永乐间则漕粟皆顿太仓州见今河漕则淮安为聚集拟运海运则须定起帮之地此其所当议者二也漕舟既通南货渐富则盗贼出没势不能无故元有仙鹤哨船而国初环海列有备倭屯戍徼巡之官兵所必修复此其所当议者三也运船带盐始自宋人其后丘浚亦有此议然于盐法不无稍碍而运军航海冒险非有以稍酬之又无以使之鼓舞而尽其力非盐则货此其所当议者四也河运用军则各卫自有官统押故可但以都御史纠绳之而已若海运风涛官非久习则辄眩吐不支故元人设专官为都转运司秩正三品而朱清张瑄但加职而不易职此其所当议者五也海行习险必海旁之人故元人雇募水手移置扬州尤须教习而丘浚亦云须募闽广之人募则有费抑移河运之军粮以充募乎抑宁教习水军乎此其所当议者六也河运以近多淤塞故求海运而元人亦以江南诸郡粮充运额如必以淤塞为虑也则湖广江西淮扬真庆皆在黄河之南以及白粮船禄米仓府部等衙门粮米将拜归海运乎此其所当议者七也江南海运粟输太仓开洋此永乐间故事计亦以避丹阳奔牛一带浅涩也并归淮安出海则船厂总运皆聚于一处若江南仍自刘家港太仓启行则厂官势必分建此其所当议者八也海运粮船至直沽交卸元人于此置广运仓停顿转搬各有经费拟今河运议单桃花浅以北事体或官另设船或雇民经纪其所当议者九也元人分荥阳等纲为三十每纲皆设押纲官二员每船三十只为一纲船九百余只运粮三百余万石船户八千余户纲官以常选正八品为之此元人全额也今截淮北之粮归于河运则船之大小与户之多寡差有节裁此其所当议者十也事当新建则百议俱出规条纷拿必当究尽利害始可以久自十事之外有未详者俟运行议运之日博采群策以成画一固不得惮于更张而坐失大计也夫海运之利较著如此而久不及者夫岂狃于河运之安行且惮于更张之烦费哉户部总司天下之大计而必得在外任事之臣淮漕虽据运道之中枢而未悉登州以北之路谈风涛之险则听者易容戒首事之端则言者噤舌然不知久而狎之自当益习此赵充国所以云屯田久住从枕席上过师也不然元人立国固亦有六宫百司之饷给而自至元以迄至正享其利已几百年而虽二祖之冠绝百代犹不能弃其成功而据其见利故职谓欲切时务而虑深远以为足国之资计无便于此者矣

海运里程

第一程自淮安府开船至八套口共计三百余里系河道可为一程

第二程自八套口开船至莺游山共约二百四十里用东南风一日可到为一大程如风不便九十里可投五丈河又西北一百余里可投狭口湾泊容船五百余只

第三程自莺游山起东北远望琅琊山前投斋堂岛湾泊约四百里用西南顺风一日可到为一大程岛西面泥滩二里可容船百余只如船多岛东北三十里有龙湾口可泊船二百余只中间所过水面东北涛落口约一百九十里可容船十余只又东至夹仓口二十里可容船二十只回避望海石又东至石臼海口三十里可容船六七只回避石臼拦胡家拦曲伏桃花拦又东至龙王口四十里可容船三十只回避黄石拦又东至龙潭二十里可容船百余只回避木瓜岛又东至二十余里回避胡家山以上堪湾泊海口五处应回避七处俱用西南风回避西北东北正北风其余滴水口沙湾口二处系西南径过避路如遇紧急亦可湾泊

第四程自斋堂岛等处开船正东由胶州灵山岛东北望远劳山前投福岛湾泊共约二百余里用西南顺风半日可到为一大程此岛方圆二十里西南有泥滩二里半可湾船六七十只如船多岛迤西五十里董家湾阔大堪湾船三百余只中间所过水面东四十里回古镇海口可容船三百余只回避梅子嘴又东至灵山岛五十里岛西南嘴可容船二十只回避东北正东风岛东北鼓楼圈容船十余只回避正北西北风此处虽可容船不宜久住又东北至唐岛六十里可湾船二百余只避东北正北风回避露明石又东至小青岛五十里可容船三十只避正北东北风又至董家湾六十里回避捉马嘴以上堪湾泊海口五处应回避三处俱用西南风避西北正北东北风

第五程自福岛开船东二里回避老君石远望田横岛约一百五十里用西南顺风为一大程半日可到此岛方

圆三十里河湾船二百余只如船多岛东北十里有阔落湾容船二百余只中间所过水面东北由小管岛六十里可容船二十只又东由大管岛十里可容船十余只又东至田横岛七十里以上堪湾泊二处回避一处余有淮口港可容船十余只系背路遇紧急亦可湾泊

第六程自田横岛由青黄岛远望槎山前投玄真岛湾泊共约四百余里用西南顺风一日可到为一大程岛东西长五里遇北风湾南面遇东风湾北圈可容船百余只东北岸下水底三孤石傍多隐石该回避遇船多岛迤西五里朱家圈可容船百余只又西五里宋家圈与草岛前可容船五六十只中间所过水面东十二里阔洛湾容船二百余只又东至杨家沟港三十里可容船三十余只又东至十里回避刘家岭又东至草岛嘴三十里可容船五六十只又东至青岛三十里西圈可容船十余只又东至黄岛三十里西南滩可容船十余只又东北至宫家岛三十里可容船三四十只又东径过苏岛直至玄真岛朱家等圈一百五十里回避朱家圈西柳蒲与沙嘴玄真岛西嘴与岛东岸三孤石以上湾泊六处回避五处其余行村寨马公岛与何家马头乳山寨上港口及靖海卫北张蒙岛皆是背路去处如遇紧急亦可湾泊回避靖海排乂石里岛娘娘庙嘴

第七程自玄真岛开船稍放洋行东转杵岛嘴北过城山头西北望威海山前投刘公岛湾泊二百四十余里用南风为顺风一日可到为一大程容船六七十只如船多岛迤西十里威海东门口教场头坞口可容船三四百只中间所过水面东至镆鎁岛西头季家圈三十余里可容船二三十只避东北东南风南三里回避矾石又东三里鹿岛可容船一二十只避北风与东风又东七八里回避凹屋港又东十五里回避墨石岛又北十余里回避杨家坟又北二里回避饿狼鸥石又西北四十余里养鱼池可容船二百余只避东风与东北风又东北二十余里黄埠嘴可容船一百余只避东北与北风又东南一里回避成山头又东七八里回避殿东头此二处稍险须放洋远避过此转西三十余里骆驼口圈里东岸下可容船七八十只避东北风又西三里李丛嘴可容船二三十只避西北风又西十五里柳夼海口可容船五六十只避西北东北风又西七八里回避青鸡岛与鸡鸣岛相联水底礁石又西直至刘公岛一百里回避岛东南礁石嘴又西六七里黄泥崖可容船二三十只又西六七里沙嘴儿可容船二三十只俱避东北正北风又西二里小黄岛里口可容船三十只避四面风又西十里卫东门口教场头坞口湾船四百只避西北风以上湾泊十处回避十处其余宁津所西北崮山海口寻山所西南青鱼滩家鸡汪皆是背路去处如遇紧急亦可湾泊

第八程自刘公岛开船西北十余里回避王家嘴又西十余里回避靖子嘴又西十余里回避小杵岛绕绕嘴西南远望芝罘岛湾泊共约二百余里为一大程用东风东北风为顺风半日可到岛东西长二十里东头回避胜子嘴圈又西大口婆婆口可容船一百余只避北风西北风又西三里回避宅窠如船多岛迤东三十余里崆峒岛前可容船二三十只回避东南沙港又北三里夹岛可容船六七十只避北风中间所过水面迤西一百四十里养马岛东拐上老鸦港可容船三四十只避西北风又岛西头回避炼石嘴又转岛里龙王庙前可容船二三百只避西北东北正北风又西北五十里系崆峒岛又西三十里系芝罘岛以上湾泊四处回避六处

第九程自芝罘岛开船西六十里过龙洞直西远望长山岛西投沙门岛湾泊共约一百八十里为一大程用东南风一日可到岛东南汪周围二三里可容船一百余只避西北东北正北风如船多岛迤东南六十里新河海口可容船五六十只口外不宜住船口里避四面风中间所过水面西六十里八角嘴可容船六七十只避西北正北风又西五里回避龙洞嘴又西五十里回避四石又一二里入刘家汪海口可容船一百余只避四面风又西二十里迴避湾子口东北沙港又西二十里回避抹直口金嘴礁石又西三里入新河海口回避观音嘴石西北四十里回避长山岛东南嘴沙港又西十里系沙门岛以上湾泊三处回避六处

第十程自沙门岛开船西南远望三山岛约二百余里计为一大程用东风为顺风半日可到岛南面黑港可容船三四十只避北风中间所过水面南三十里回避大石拦又西六十里桑岛前面可容船五六十只避东北西北正北风回避岛东北二处礁石又西四十里屺峨岛回避岛东西北三处礁石岛南宋港可容船四五十只又西四十五里回避羊拦礁石又西十五里系三山岛以上湾泊二处回避四处

第十一程自三山岛开船过芙蓉岛直西投大青河口湾泊共约四百余里计为一大程用东风与东北风为顺风一日可到可容船五百余只避北风与东北风中间所过水面西五十余里芙蓉岛回避东沙港转西南面可容船四五十只避东北风又西五十余里回避虎头崖与东北碎石又西五十余里回避海仓口桩木闸石又西一百一十里系洱河口河口外有沙岭船难进泊又西四十余里系小清河船难进泊以上湾泊二处迴避三处还有三处小河

口俱不堪湾泊

第十二程自大清河开船投大沟河约一百六十里用西南风一日可到为一大程可容船一百余只如风不便六十里投降河可容船二百余只又至大沙河三十里可容船一百五十只靠北岸有沙岗回避以上湾泊三处回避一处

第十三程自大沟河开船投大沽河湾泊约二百余里可容船二百余只如风不便七十里投乞沟河湾泊可容船一百余只俱无回避其桑句河窄小不堪湾泊

自淮安府起至张家湾止海道水程共计三千四百五十里

钦差整饬登州海防总理海运兼管登莱兵巡屯田道山东等处提刑按察司副使陶朗先为海运事照得海运初行庙议止令三犋牛交卸本道以三犋牛陆路抵辽阳七百余里脚费尚多且一路山径崎岖恐不能急达因查出由登莱直抵盖州套一途在水运者未免独任其劳而由盖套至辽阳止二百七十里陆运者实大省其费业已查完海内运道全图刊布员役不拘南北直隶山东辽东凡可通舟楫之处一一载入图中不啻详矣但前图合海内而言则于山东不能独详故止及路径而不及各属上载海口搬运里数也今东省粮数加至六十万石而沿海州县皆属凋罢甚至新派承运者且目眩心骇而未知所措动称离海窎远转输不便押运员役因而任意耽延众口一词惟不运之为快殆未知水陆路程非溟无稽查之物辽左一区亦非星河天汉必不可到之乡也今本道通将济青登莱四府逎粮州县各上粮海口及运行里数逐一考镜编辑并海路画图及风候口号彙为全书刊发州县暨运官运役令其省览遵行其淮安截漕由海入山东界者自莺游山以西皆属通衢本道于莺游山以东接引入辽天津截漕由海入山东界者大沽河以北皆属通衢本道于大沽河以南接引入辽俱另设员役拨给向道其程图亦即具此册中矣须至册者

计开

济南府运粮州县

齐河县　东门外大清河上载　至洛口四十里　至济阳县八十里　至齐东县八十里　至蒲台县一百五十里　至利津县五十里　至牡砺嘴一百二十里　至大海口十五里　至丝汪口七十里　至汪河口七十里　至米河口三十里　至鱼儿铺淮河口八十里 至海仓四十里　至芙蓉岛一百二十里　至三山岛八十里　至鼍矶岛一百二十里　至桑岛八十里　至庙岛七十里　至鼍矶岛一百七十里　至羊砣岛二百五十里　至皇城岛一百里　至铁山六百五十里　至西北老猫圈五十里　至牧羊城一百里　至羊头凹八十里　至双岛六十里　至猪岛一百五十里　至中岛二百五十里　至北信口一百八十里　至盖州套三百二十里

历城县　正北陆路十八里洛口上载　至济阳县八十里【前进与齐河县同路】

济阳县　东门外大清河上载　至齐东县一百五十里【前进与齐河县同路】

齐东县　北门外大清河上载　至蒲台县一百五十里【前进与齐河县同路】

青城县　正北陆路二十里大清河上载　至蒲台县一百里【前进与齐河县同路】

武定州　正南陆路六十里大清河上载　至蒲台县七十里【前进与齐河县同路】

阳信县　正南陆路一百二十里大清河上载　至蒲台县七十里【前进与齐河县同路】

章丘县　西北陆路六十里至济阳县上载　至齐东县八十里【前进与齐河县同路】

滨州　正南陆路二十五里大清河上载　至利津县五十里【前进与齐河县同路】

蒲台县　北门外大清河上载　至利津县五十里【前进与齐河县同路】

利津县　东门外大清河上载　至牡砺嘴一百二十里【前进与齐河县同路】

海豊县　东北陆路八十里大沽河上载　至绛河一百二十里　至牡砺嘴七十里【前进与齐河县同路】

沾化县　东北陆路九十里九山河上载　至绛河十五里　至牡砺嘴七十里【前进与齐河县同路】

青州府运粮州县

高苑县　西北陆路五十里大清河上载　至牡砺嘴一百八十里【前进与齐河县同路】

博兴县　东北陆路六十里三岔镇上载　至牡砺嘴一百五十里【前进与齐河县同路】

乐安县　西北陆路一百里至蒲台县上载【前进与齐河县同路】

寿光县　东北陆路八十里米河口上载【前进与齐河县同路】

临淄县　西北陆路一百二十里至蒲台县上载【前进与齐河县同路】

益都县　西北陆路一百八十里至蒲台县上载【前进与齐河县同路】

临朐县　西北陆路二百里至蒲台县上载【前进与齐河县同路】

昌乐县　正东陆路一百三十里鱼儿铺淮河口上载【前进与齐河县同路】

安丘县　东北陆路一百五十里鱼儿铺淮河口上载【前进与齐河县同路】

日照县　西南陆路四十里淘洛口上载　东南陆路二十里夹仓口上载　至宋家口五十里　至斋堂岛二百里　至塘岛一百里　至青岛九十里　至符岛四十里　至管岛六十里　至田横岛八十里　至蒲岛一百四十里　至黄岛三十里　至坑岛四十里　至瓮岛六十里　至靖海卫张家口四十里　至马头嘴四十里　至嘉鸡汪一百二十里　至倭岛二十里　至养鱼池六十里　至成山嘴六十里　至招羊口四十里　至鸡鸣岛四十里　至刘公岛六十里　至养马岛一百六十里　至芝罘岛四十里　至八角口八十里　至庙岛一百里【前进与齐河县同路】

诸城县　东南陆路一百二十里董家口上载　正东陆路一百四十里夏河城上载　至斋堂岛二十里【前进与日照县同路】

莒州　正南陆路一百六十里夹仓口上载【前进与日照县同路】

沂水县　东南陆路二百里夹仓口上载【前进与日照县同路】

蒙阴县　东南陆路一百四十里至沂水县转运夹仓口陆路二百里上载【前进与日照县同路】

莱州府运粮州县

潍县　正东陆路一百二十里鱼儿铺淮河口上载【前进与齐河县同路】

昌邑县　正东陆路六十里鱼儿铺淮河口上载【前进与齐河县同路】

平度州　正北陆路一百二十里海仓口上载【前进与齐河县同路】

掖县　西北陆路五十里新河口上载　东北陆路八十里三山海口上载【前进与齐河县同路】

胶州　东门外陆路三里淮子口上载　东南陆路六十里女姑口上载　至青岛九十里【前进与日照县同路】

即墨县　西南陆路五十里女姑口上载　正南陆路九　十里董家湾上载　正东陆路六十里金家口上载　至蒲岛一百五十里【前进与日照县同路】

高密县　东南陆路二百里淮子口上载　至青岛八十里【前进与日照县同路】

登州府运粮州县

招远县　正北陆路一百里峭矶岛上载【前进与齐河县同路】

黄县　东北陆路二十里黄河口上载　至庙岛六十里【前进与齐河县同路】

蓬莱县　正北天桥口上载　至庙岛六十里【前进与齐河县同路】

栖霞县　西北陆路一百五十里至天桥口上载　东北陆路一百二十里八角口上载【前进与日照县同路】

福山县　西北陆路四十里八角口上载　至庙岛一百里【前进与日照县同路】

宁海州　正北陆路十里养马岛上载　西北陆路二十里龙门港上载　至芝罘岛四十里【前进与日照县同路】西南陆路一百三十里乳山寨上载　东南陆路一百三十里郎郎口上载　至马头嘴七十里【前进与日照县同路】

文登县　正南陆路五十里望海口上载　西南陆路八十里长湾口上载　东南陆路一百二十里马头嘴上载　正东陆路一百里倭岛上载【前进与日照县同路】

莱阳县　正南陆路一百一十里金家口上载　东南陆路一百里行村寨上载　至黄岛一百里【前进与日照县同路】

一附潮汐

潮汐乃天地呼吸之气即运艘趋避之关舟人泛洋不可不察以南海而言每月二十七日潮生渐长至初一日寅时大潮辰时潮退大潮自初一初二初三初四日渐消至初五日潮落小信潮至十三日十四日潮生子时潮满丑时潮退十六日十七日十八日大潮十九日渐消二十日小信潮午时满未时退每月如此东海亦然以北海而言与二海稍异每月十三日大潮渐长至十七日午时潮满申时退二十日退潮至二十七日为小潮二更潮满寅时退至二十八日又渐长为大潮至初一日初二日午时长满未时退初三日渐退初四十二日退为小潮二更潮满寅时退周而复始每月如此

一附占候

八卦定八门　八门用九星得三奇

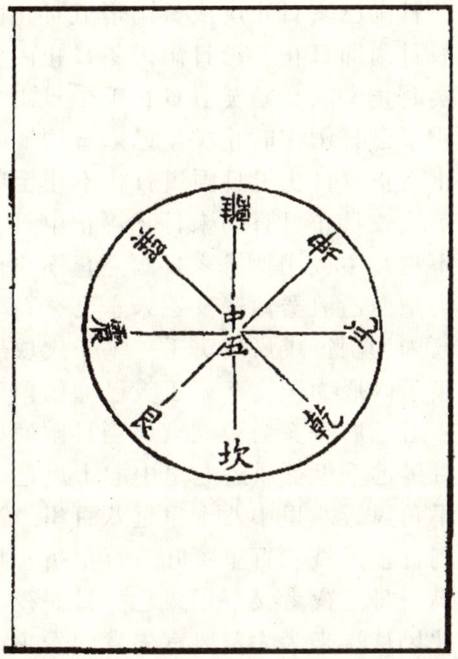

八门诀曰甲戌壬子居坎丁辛乙卯坤传戊庚甲马震相连丁癸辛鸡巽伴丙庚鼠行干位已癸卯至酉边丙壬骑马去游山乙巳鸡飞离面　九星诀曰甲子回头起艮甲戌飞入离宫猿猴走入水晶宫甲午坤中不动曾见龙兴震地更看虎啸生风九星各自显奇功主曜临之发用

一宫休门居坎水八宫生门居艮土三宫伤门居震木四宫杜门居巽木九宫景门居离火二宫死门居坤土七宫惊门居兑金六宫开门居干金【以上八门属五行解】坎宫天蓬水艮宫天任土震宫天冲木巽宫天辅木离宫天英火坤宫天内土兑宫天柱金干宫天心金中宫天禽土【以上九星属五行解】冬至起阳遁九局用事夏至起阴遁九局用事遁时法语所谓甲巳还加甲乙庚丙作初丙辛生戊子丁壬庚子俱戊癸推壬子遁时从子数是也以年月节候照此法推之以定吉凶百不失一

凡孤虚之乡及日时俱忌之

年孤虚　甲子旬中孤在戌亥干虚在辰巳巽　甲戌旬中孤在申酉兑虚在寅卯震　甲申旬中孤在午未离虚在子丑坎　甲午旬中孤在辰巳巽虚在戌亥干　甲辰旬中孤在寅卯震虚在申酉兑　甲寅旬中孤在子丑坎虚在午未离

月孤虚　正月孤在艮虚在离　二月孤在艮虚在坤　三月孤在震虚在兑　四月孤在巽虚在干　五月孤在巽虚在乹　六月孤在离虚在坎　七月孤在坤虚在艮　八月孤在坤虚在艮　九月孤在兑虚在震　十月孤在干虚在巽　十一月孤在乹虚在巽　十二月孤在坎虚在离

日孤虚　子日孤在亥虚在辰　丑日孤在子虚在午　寅日孤在丑虚在未　卯日孤在寅虚在未　辰日孤在卯虚在酉　巳日孤在辰虚在戌　午日孤在巳虚在戌　未日孤在午虚在子　申日孤在未虚在寅　酉日孤

在申虚在寅　戌日孤在酉虚在卯　亥日孤在戌虚在辰

时孤虚【与日同】东方朔占子日东风卯日雨丑日东风辰日雨寅日东风巳日雨卯日东风午日雨辰日东风未日雨巳日东风申日雨午日东风即日雨未日东风申日雨申日东风子日雨酉日东风丑日雨戌日东风寅日雨亥日东风辰日雨　又曰甲子日雨丙寅日止乙丑日雨丁卯日止丙寅丁卯日雨即日止戊辰日雨夜半止巳巳日雨立止庚午日雨辛未日止辛未日雨戌时止壬申日雨即日止癸酉日雨甲戌日止甲戌日雨实时止乙亥丙子日雨即日止丁丑日雨至夕止戊寅巳卯庚辰日雨实时止辛巳日雨壬午癸未日止壬午日雨即止癸未日雨甲申日止甲申日雨即止乙酉日雨丙戌日止丙戌日雨夕止丁亥日雨实时止戊子日雨庚寅日止巳丑日雨壬辰日止庚寅日雨实时止辛卯日雨癸巳日止壬辰日雨辛丑日止癸巳甲午日雨夕止乙未日雨丁酉日止丙申日雨夕止丁酉日雨巳亥日止戊戌日雨辛丑日止巳亥日雨实时止庚子日雨壬寅日止辛丑日雨壬寅日止壬寅癸卯甲辰日雨即日止乙巳日雨丙午日止丙午丁未日雨实时止戊申日雨庚戌日止巳酉日雨辛亥日止庚戌日雨实时止辛亥日雨癸丑日止壬子日雨癸丑日止癸丑甲寅日雨实时止乙卯日雨丙辰日止丙辰日雨丁巳日止丁巳日雨实时止戊午巳未日雨实时止庚申日雨甲子日止辛酉壬戌癸亥日雨实时止　又曰子日雨立止不止寅日止丑日雨寅日止不止至卯日止寅日雨立止不止卯日止卯日雨立止不止巳日止辰日雨立止不止戌日止巳日雨未日止不止申日止午日雨立止主十日阴未日雨申日止不止戌日止申日雨夕止见月不见月主久阴酉戌亥日雨立止不止俱主久阴　又曰五岳之风以纳音为论甲子壬申甲午庚辰壬寅庚戌为阳商乙丑癸酉辛亥乙未辛巳癸酉为阴商丙寅戊子甲辰甲戌丙申戊午为阳征丁卯巳丑乙巳乙亥丁酉巳未为阴征戊辰庚寅壬午壬子戊戌庚申为阳角巳巳辛卯癸未癸丑巳亥辛酉为阴角庚午丙戌戊申戊寅庚子丙辰为阳宫辛未丁亥巳卯巳酉辛丑丁巳为阴宫甲申壬辰丙午甲寅丙子壬戌为阳羽乙酉癸巳丁未丁丑乙卯癸亥为阴羽宫风当日雨商风七日雨角风九日雨征风三日雨羽风五日雨　又曰宫风近十里中百里远千里征风近七里中七十里远七百里羽风近六里中六十里远六百里商风近九里中九十里远九百里角风近八里中八十里远八百里　又曰凡风发初迟后疾者其来远初急后缓者其来近动叶则十里鸣条则百里摇枝二百里落叶三百里折小枝四百里折大枝六百里飞沙走石千里拔木五千里又曰凡大雨非常满三日三夜者又下尽风也一日一夜者千里之风也　京房曰干位西北风从乹来为折风主人不利坎位正北风从坎来为大罡风宜先发同发主人不利艮位东北风从艮来为小罡风主人不利震位正东风从震来为究风亦名婴儿风主人利巽位东南风从巽来为小弱风宜后发主人利离位正南风从离来为大弱风宜后发主人利坤位西南风从坤来为谏风宜后发主人利兑位正西风从兑来为冲风宜先发为客利凡子日风从午上来午日风从子上来甲日风从庚上来壬日风从丙上来皆为冲破甲乙日风从庚酉辛申上来壬癸日风从辰戌丑未上来皆为刑克余皆仿此　李淳风曰凡海中气如鱼龙形或如积土或如累盆朝东暮西日或掩之此皆风雨之气也　朝视日上有黑翳如雾或日色旁射或惨淡黄白者其日有风雨己晚日欲有之其夜风雨云气如乱穰大风将至视所从来避之　云厚而润大雨暴至　四始之日有黑云气如阵厚重而润者旬中多雨　日始出有晕如车者其日雨　云气如黑蛇冲日者其下有大风雨月初生色青多雨白而润者大雨　苍白气入斗门者多大风　黄云蔽北斗明日雨　白气掩北斗三日内雨青气掩北斗五日内雨　天无云而北斗上下独有云五日内雨日入后有白光如气自地至天直入北斗其夜必有大风　太白出气必有风雨【所指处必有变】辰星出气大雨水　先雷后雨其雨必小先雨后雷其雨必大　苍黑云细如栉绵蔽日月五日内雨　云如两人提鼓持桴有暴雨　黑气如群羊奔如飞鸟五日必雨黑气如浮船必雨　黑气如牛彘主暴雨　黑气如水牛不出三日有大风　四望见青白云名曰天塞之云雨征也　六甲日无云一旬少雨　月离毕之阴则雨离毕之阳则晴　日旁有赤云如珥不有大风必有大雨

世俗出行有大小红沙之忌大红沙曰春鸡亥子忌行装夏兔龙蛇不敢当秋马未羊冬牛狗行船走马谨须防小红沙曰孟月常居酉仲月巳上加季月归丑上此是小红沙

海上舟人不辨南北教之趋避瞢然罔知编有口号歌以教之　其占晴曰早起满天晴日出渐渐明早晨雾露云晌午日蒸曛日光明又彩久晴定可待暮日光烛天晴明且又炎暮看西边清次日主晴明红云日暮起晴明便可许夜观魁斗净明日天色正电光起西南明日天炎炎游丝天外飞久晴定可期白虹若下降恶雾尽消亮西南北微

风可喜天晴融　其占风曰魁罡气白黄堤防风势狂早间日晒耳狂风实时起早白与暮赤飞沙及走石午前日忽昏北方风怒嗔午后日昏晕风起须当慎日月忽然圆风来不等闲云掩日不动风势如山重返照色黄光明朝风必狂天道忽昏惨狂风时下感天色黄复赤狂风在顷刻黑云片片重眼底主狂风黑紫云如牛狂风急似流云势若鱼鳞来朝风不轻黑云北方簇暴头风太毒黑云半开闭大飓随风至云起乱行急风势难支直乱云来似绞狂风来不少辰阙电光飞大飓必可期连日雾朦胧必定起狂风星辰若昼见顷刻狂风变　其占雨曰雨自云中出须兼风信测节令方位从便知吉与凶春嫌逢虎啸夏忌龟蛇到干亥怕交秋纯金冬更愁先风后复热雷雨将訇砉风东云却西大雨不须疑日落云堆里晴明未敢许朝霞照地红午后雨相逢海水忽然黑恐有蛟龙出黑云风后生须臾雨不轻白鸟桅杆站半夜天须变雨脚忽斜连三日雨绵绵雨后风仍暴来朝还有雾后色仍昏来朝雨必倾虹见雨不止霪霖从此始雷重电不高次日雨滔滔月晕明而阙来朝雨可决太白角放光风高雨亦狂忽然腥风喷大难投迸无端寒气冲风雨斗蛟龙海鱼吐沫起越日必风雨黑雾罩船头须防风雨稠雨中黑复亮倾盆难计量细浪忽回环前途风雨滂　其占报曰正月三至八行船去还泊十三至十七观灯风最急二月二与九玄武风必有三月三日晴还要过清明四月浴佛雨初八十八里五月端午前风高雨亦涟二九是分龙须防风雨冲更有雪至忌即将正月记六月忌彭祖十二前后数七夕降黄姑望后风始和八月大潮日南北各不一七八两月中三日一换风九月重阳舟子须停棹前三与后三劝君莫等闲十月忌初五海猪要起舞十一二月间铁汉也停船

海运故道　一自南京开洋出龙江关靠东边行使到观音山中洪一路好行至矾山北有浅滩中洪可行望方山东边中洪一路浅滩直过斩龙庙止至鲥鱼厂东路至龙潭驿一路水紧北边中洪可过径到仪真中洪北到金山寺西首十里余水紧不可抛猫寺北中洪都可行到焦山门仔细戳水行西南嘴有浅滩唤做姜婆沙西北下戳水中洪好行南有浅滩过山中洪一路好行转往南有水是洪至丹徒县南有隔壁沙滩中洪行使到五圣庙中洪好行围山西南嘴一路浅滩中洪到孟子河西南好行东北中间浅滩沙嘴占多是洪有芦青嘴东南冲出有三四里转过南中洪戳水行使便是黄山东北浅滩冲出大江中洪行使望西边紧水洪过东有马驮沙西南嘴冲出带一条东南也有沙带一路中洪可行南有江阴县地方抛船江阴县西边是夏港过江阴县中洪到巫子门浅塞打外洪过唤做宝船洪望见西北虾蟆山可转中洪到虾蟆山西有浅滩望北好行南是谷渎港中洪有浅滩舟行多碍可防占南有洪照黄思铺占南岸行使到夷铺港南有浅滩北边是洪到福山港中洪到白茆港北有狼山望东北戳水中有浅北有洪径到瞭角嘴南路于刘家港抛泊　海运新道　元史初海运之道自平江刘家港入海经扬州路通州海门县黄连沙头万里长滩开洋沿山岙而行抵淮安路盐城县历西海州海宁府东海县密州胶州界放灵山洋投东北路多浅沙行月余始抵成山计其水程自上海至杨村马头凡一万三千三百五十里至元二十九年朱清等言其路险恶复开生道自刘家港开洋至撑脚沙转沙嘴至三沙扬子江洋过匾担沙大洪又过万里长滩放大洋至青水洋又经黑水洋至成山过刘家岛至之罘沙门二岛放莱州大洋抵界河口其道差为径直明年千户殷明略又开新道从刘家港入海至崇明州三沙放洋向东行入黑水大洋取成山转西至刘家岛又至登州沙门岛于莱州大洋入界河当舟行风信有时自浙西至京师不过旬日而已视前二道为最便云然风涛不测粮船漂溺者无岁无之间亦有船□而弃其粮者元至元二十三年始责偿于运官人船俱溺者乃免然视河漕之费则其所得盖多矣

山西

河运　冀州尧舜禹所都三面距河其八州贡赋皆以达河为至秦使天下飞刍挽粟转输北河汉兴张良以河渭漕挽为便其后番系言漕更底柱之险败亾甚多而底柱之东可无复漕成帝绥和二年求能浚川疏河者待诏贾让奏析底柱隋开皇二年沿河置仓运米以给长安陕州置常平仓华州置广运仓遣仓部侍郎韦瓒向蒲陕募人能于洛阳运米四十石经底柱之险达于常平者免其征戍十五年六月凿底柱唐亦转东南而河有三门底柱之险贞观十二年帝发洛阳观底柱祠禹庙显庆元年死西监褚朗议凿三门山为梁可通陆运发卒六千凿之不成其后杨务廉又凿为栈以挽漕舟开元十八年宣州刺史石耀卿上漕事便宜曰汉隋漕路濒河仓廪遗迹可寻可使江南之

舟不入黄河黄河之舟不入洛口而河阳柏崖节级转运水通则舟行水浅则寓于仓以待则舟无停留而物不耗矣玄宗未俞二十二年耀卿为京兆尹请罢陆运而置仓河口河口在郑州使江南漕舟至河口者输于仓而官为顾役分入河洛置仓三门东西漕舟转其东仓而陆运以输西仓复以舟漕以避三门之险玄宗然之至是以耀卿为江淮河南转运使置河口输场场东置河阴仓西置柏崖仓三门东置七津仓西置盐仓凿渠十八里以陆运自江淮漕者皆输河阴仓自河阴西至太原仓仓在陕州西六里谓之北运自太原仓浮渭以实关中玄宗大悦天宝元年穿三门运渠

开元新河在三门北一中河俗名公主河唐陕郡太守李齐物凿底柱为门以通漕开其山巅为挽路烧石沃醯而凿之然弃石入河激水益湍怒舟不能入新门候水长以人挽舟而上　米堆山在三门东德宗时奏漕不可改岁运经底柱多覆河中有山号米堆运舟入三门顾平陆人为门匠执标指麾一舟百日乃能上　集津唐贞元二年李泌开运道成泌为陕虢转运使自集津至三门凿山开道十八里以避底柱之险益开集津仓山西径为运道属于三门仓治上踏以为空车费钱五万缗下路减半

陕西上

漕运　汉【娄敬说高帝西都长安张良进言曰关中阻三面而独守一面东制诸侯安定河渭漕挽天下西给京师诸侯有变顺流而下足以委输敬说是也上从其议定都焉】武帝【时大司农郑当时言于帝曰异时关东漕粟从渭上度六月而罢渠下民田万余顷可得以溉此损漕省卒而益肥关中之地得谷上以为然发卒穿渠以漕运大便利　人有上书欲通褒斜道及漕事下御史大夫张汤汤问之言抵蜀从故道故道多阪回远今穿褒斜道少阪近四百里而褒水通沔斜水通渭皆可以行船漕从南阳上沔入褒褒绝水至斜间百余里以车转从斜下渭如此汉中粟可致而山东从沔无限便于底柱之漕且褒斜材木竹箭之饶拟于巴蜀上以为然拜汤子卬为汉中守发数万人作褒斜道五百余里道果便近而水多湍石不可漕】隋【开皇元年为开漕渠命太监率水工凿渠渭水经大兴城北东至潼关漕运四百余里关中赖之命名曰富人渠　开皇二年以京师仓廪尚虚议为水旱之备诏于蒲陕以东募人能于洛阳运米四十石经底柱之险达于常平广通仓者免其征戍其役以渭水多沙流有浅深漕者苦之四年诏左庶子宇文恺率水工凿渠引渭水自大兴城东至潼关三百余里名曰广通渠转运通利关内便之】炀帝【大业元年发河南诸郡男女百余万开通济渠自西苑引谷洛水达于河又引河通于淮海自是天下利于转输】唐【漕运渠在长安县天宝二年京兆尹韩朝宗引渭水入金光门置潭于西市以贮材木大历元年京兆尹黎干自南山谷开漕渠抵景风延喜门入苑以运南山薪炭　太和初岁旱河涸掊沙而进米多耗秦汉时故漕兴城渠在咸阳西十八里李石为相奏咸阳令韩辽治之东达永豊仓自秦汉以来疏凿为漕渠自咸阳抵潼关三百里可以罢车挽之劳其后湮废自此复之宰相李固言以为非时文宗曰苟利于人阴阳拘忌非所赖也议遂决堰成罢挽车之牛以供农耕关中赖其利　五节堰唐地理志汧源县有此堰引陇州水通漕武德八年十二月水部郎中姜行本奏开通运许之　广运潭明皇杂録天宝元年韦坚为陕西郡太守兼水陆运使以坚治汉运渠起关门抵长安通山东租赋乃绝灞浐并渭东注永豊仓下与渭合又与长乐坡濒苑墙凿潭于望春楼下运漕一年坚命舟人为楚服作歌而陕县尉崔成甫又广之使人立第一舡为号头又使人鸣鼓吹笛以和之众艘以次辏楼下明皇升楼诏群臣临观大悦赐其潭名曰广运宝历中敕太仓广运潭今后令司农寺收管是岁漕山东粟四百万石至京师　华州华阴有漕渠自苑西引渭水因石渠会灞浐经广运潭至县入渭天宝三载韦坚开　天宝元年陕西刺史李齐物穿三门运渠正月辛未渠成　户部侍郎裴休为转运使以河濒县令董漕事自江达渭运米四十万石居三岁米至渭者百二十万石凡漕达于京师如此而已】代宗【广德二载刘晏领漕事晏即盐利雇佣分吏督之随江汴河渭所宜江船不入汴汴船不入河河船不入渭江南之运积杨州汴河之运积河阴河船之运积渭口渭船之运入太仓岁转粟百一十万石无升斗溺者】德宗【真元初关辅宿兵米斗千钱太仓供天子六宫之膳不及十日禁中不能酿酒以飞龙驼负永豊仓米给禁军江淮米不至六军脱巾于道上忧之会韩滉运米至陕上喜谓太子曰米已至陕吾父子得生矣】皇明【天顺中延绥用兵日久户部尚书杨鼎上言曰阿罗出住牧河套入寇迨今三年费用浩繁凡银两引盐牧马征运之法尽行尚为未足又起预征之利民困财竭所不忍言惟黄河乃汉唐漕运河即今盐船木筏往来不绝其间虽有三门折津之险而古人倒仓之法为当三门之上有小河径通延绥如以所运粮草各贮水次遡

流儧运庶几运饷可足而民力苏或摘漕运数千粮赴陕就令教习山西陕因河南之人待舟楫通乃许回运且可顺带解盐数十万以充淮课则国利大有增矣诏悉从之或曰此难事也他人不能达所司复请举行吁亦晚矣竟沮其议】

旧唐书食货志开元十八年宣州刺史裴耀卿上便宜事条曰江南户口稍广仓库所资惟出租庸更无征防缘水陆遥远转运艰辛功力虽劳仓储不益窃见每州所送租及庸调等本州正二月上道至扬州八斗门即逢水浅已有阻碍须留一月已上至四月已后始渡淮入汴多属汴河干浅又般运停留至六七月始至河口即逢黄河水涨不得入河又须停一两月待河水小始得上河入洛即漕路干浅船艘隘闹般载停滞备极艰辛计从江南至东都停滞日多得行日少粮食既皆不足欠折因此而生又江南百姓不习河水皆转顾河师水手更为损费伏儿国家旧法往代成规择制便宜以垂长久河口元置武牢仓江南船不入黄河即于仓内便贮巩县置洛口仓从黄河不入漕洛即于仓内安置麦及河阳仓柏崖仓太原仓永丰仓渭南仓节级取便例皆如此水通则随近运转即且纳在仓不滞远般不忧久耗比于旷年长运利便一倍有余今若且置武牢洛口等仓江南船至河口即却还本州更得其船充运并取所减脚钱更运江淮变造义仓每年剩得一二百万石即望数年之外仓廪转加其江淮义仓下湿不堪久贮若无船可运三两年色变即给贷费散公私无益疏奏不省至二十一年耀卿为京兆尹京师雨水害稼谷价踊贵玄宗以问耀卿奏称昔贞观永徽之际禄廪未广每岁转运不过二十万石便足今国用渐广漕运数倍犹不能支从都至陕河路艰险既用陆运无由广致若能兼河漕变陆为水则所支有余动盈万计且江南租船候水始进吴人不便漕挽由是所在停留日月既淹遂生窃盗臣望于河口置一仓纳江东租米便放船归从河口即分入河洛官自顾船载运三门之东置一仓三门既水险即于河岸开山车运十数里三门之西又置一仓每运至仓即般下贮纳水通即运水细便止自太原仓泝河更无停留所省巨万前汉都关中年月稍久及隋亦在京师缘河皆有旧仓所以国用常赡上深然共言至二十二年八月置河县阴及河阴仓河西柏崖仓三门东集津仓三门西盐仓开三门山十八里以避湍险自江淮而泝鸿沟悉纳河阴仓自河阴送纳含嘉仓又送纳太原仓谓之北运自太原仓浮于渭以实关中上大悦寻以耀卿为黄门侍郎同中书门下平章事充江淮河南转运都使以郑州刺史崔希逸河南少尹萧炅为副凡三年运七百万石省陆运之佣四十万贯旧制东都舍嘉仓积江淮之米载以大舆而西至于陕三里百率两斛计佣钱十此耀卿所省之数也明年耀卿拜侍中而萧炅代焉二十五年运米一百万石二十九年陕郡太守李齐物凿三门山以通运辟三门巅输岩险之地俾负索引舰升于安流自齐物始也天宝三载韦坚代萧炅以浐水作广运潭于望春之东而藏舟焉

顺治十七年八月御史高 疏言当年蜀省初辟地荒民逃大兵云集粮饷为急故议岁发银两于秦汉巩等属招买粮米运送略阳转输川北为进取之资每米一仓斗价银一钱三分运价银一钱五分各府州县距略近者数百里远者不下千里其间山径崎岖车载难行多用驴运每壮驴一头止驮五斗穷民肩荷不过二斗有余跋涉长途苦楚万状方得抵略交仓盘费数斗始完粮一斗大约往返月余皮骨消磨殆尽至饥寒老弱病死中途者年来不知凡几矣以秦民如此之难然仅达略阳耳自略阳以及保宁又经千里虽设有营将督理运事而挽船水夫仍用秦蜀之民至由保宁复运重庆又经二千余里船则官船水手水夫实皆派取百姓计每运米一船用水手二名每名工食银十三四两不等水夫六名每名工食银十二三两不等凡此皆里下私相帮贴控诉无门者夫川北州县罹灰烬之后只此一事每岁运至四五次赔累至千百两苟有济于兵食民苦亦所不辞然仓米屡经船载浥烂陈朽半不堪尝散给兵丁率贱鬻于市买应口熟食为一时充肠之计是以有用之金钱填无益之溪壑无怪乎两省岁岁转输而川兵时时困乏也

崇祯二年知县路振飞申文窃照泾阳迤南有泾河一带直通渭水渭水商卖舳舻相望而泾则任其安澜弗载舟楫是天地以自然之利予泾人而不知也其可以运粮筏木姑勿论即如石炭一节泾邑人稠地狭莫可樵薪而止藉于任辇之些须供炊爨往来之刀甚艰故每炭一石贱不下四钱贵则五七钱不止矣民间有淫雨冰雪而不能举火者非尽无米之苦也本县有见于此每至泾岸则临流相度问之舟于舟子曰泾河水急石多浅深不一商船不敢

往来本县便吏同水夫沿河踏验虽甚浅处水亦尺许深者竟蒙冲臣舰一毛矣职欣然谓是可舟也然又恐偶尔难行民间惜此小费反阻后来兴利之端乃先自为刀船便水夫驾之临潼县地名交口运炭一次往来止三日而炭已卸装视任辇者盘费省什之七又令水夫马守仓等各渡余船并前船预支以工食连运数次在前每斗炭四分今止工分五厘至于雨雪载涂轮蹄阻碍其为利益尤倍平日况河道疏通而渭川之粟之木之杂货亦安往不供泾民用哉伏乞批示今后造船往来任民自便商贾无税私船不扰河中偶有沙石处官为设法疏浚庶今民情欣然乐就而利益弘矣

汉武帝元光六年大司农郑当时言异时阙东漕粟从渭中上度九百余里时有难处引渭穿渠长安并南山下至河三百余里径易漕度又可溉渠下民田万余顷天子然之发卒数万人穿渠三岁而通人以为便　按渭南旧志谓汉漕渠在县北一里则当时渭河去县远可知泾阳志谓秦时郑国渠水注雒汉时由石川河注渭今考石川河乃在下邽西北而当时渭水故道今不可详矣

陕西下

索桥堡在芦塘东四十里黄河北岸本年同建转输民运以便支给防守官一员领军一百名专一防河管理船只

浙江上

江防辑略浙江之源始于黟县林历山一线之微合流万壑终于钱塘江之鳖子门而入海焉故鳖子门者乃省城第一门户石墩凤凰外峙乃第二门户此外无山惟羊许山独立海中东接衢洋西控吴淞江口此为第三门户羊许二山有防然后石墩凤凰有蔽石墩凤凰有蔽然后钱塘鳖子门可守鳖子门可守然后省城无恐此其大略也沙起钱塘东至吴淞曾无间断海外诸沙亦向此而转惟平坦延旷故贼皆可登是苏松杭嘉四府连壤一脉利害安危辅车相倚者也然险要之防有二曰海洋曰江洋往者倭寇结巢金山柘林贻害浙之昌化富阳石墩渔浦此海洋之患也沿江多盗劫掠客船此江洋之患也今欲求省城无虞当守附海之三关欲求三关宁谧先防大海之羊许羊山孤悬大海去乍浦太远我舟顿此设遇东北飓风贼舟便捷彼此齐驱胜负难必许山岙门浅狭止可避东南之风贼乘东北风利吾开舟亦为并驾惟海盐白塔山去秦驻山不远四风皆便贼由大洋而来随处可击是海盐一关尤四面之控制也惜乎逼于内地非早见预待之所贼由羊山直进犯海盐者必藉乍浦三关兵船以御之乍浦海中有山至下八山为极远此外则茫洋无山矣倭船之来必到八山之尽陈钱壁下山取水候风流犯先年兵船畏彼中风涛危险止分守八山之内港每年黄鱼生发之时各府渔舡俱聚八山相近内洋下网遂致倭贼抄掠人船引劫各处隆庆三年军门谷公中虚设立游哨兵船委把总一员直哨壁下等洋遇贼即剿然后内港无虞若八山无哨逻之兵万一倭贼掳渔樵人船扬帆至鳖子门再驱土人驾使入江为害不小虽有绍嘉二区防范兵船然遇雾雨黑夜咫尺难辨海洋辽阔深有可虞是鳖子门之险与下八山之哨首尾相应尤为紧要者尝闻之海宁父老言邑中南有赭山实惟江门东有黄湾尤通海港两端相距百四十里而中无城守先年岛夷屡犯首趋龛赭后据石墩人民死徙不可胜纪苟有岩城扼其险要使贼无驻足之地东不得以过袁花而至硖石南不得以犯省会而浮钱塘县治得此两翼庶不独当风涛之冲凡此皆防海之总要也江洋之患须严督巡江兵船之哨探戒备沿江渔船之剽掠是防江之总要也又闻之钱塘江兵船二十艘原议汛期出鳖子门哨探平时分定地方上抵富阳遆南与严州兵船交会捕盗近来玩愒殊甚每日泊船徐范二村江滨专攻手艺不习兵防且目兵脆弱船械朽敝岂惟不能出洋江上亦难展布虚糜粮饷恐误军机所宜速行议处者也若训练江洋之水兵控扼海洋之门户庶乎江海互摄内外交防省会无虞两浙无恐守两浙者即所以犄角苏松守苏松者即所以巩固金陵唇齿两全首尾相应制内御外之长策无踰于此矣

联苏松常镇并浙之嘉湖杭严八府属一督抚以保江南腹心议　今西北尽戎马之场矣识者谓江南□豐芑

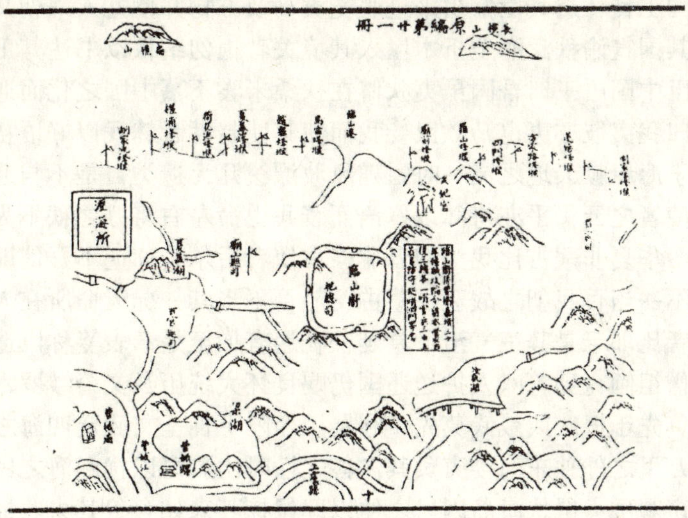
原編第廿一冊
臨山衛

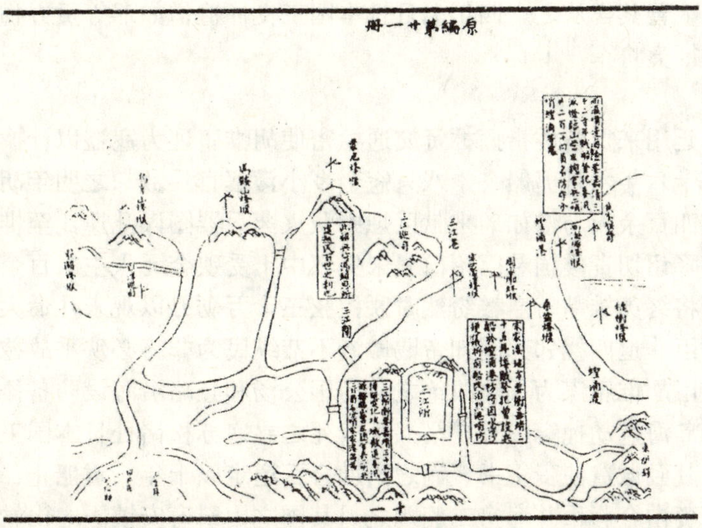
原編第廿一冊
三江所

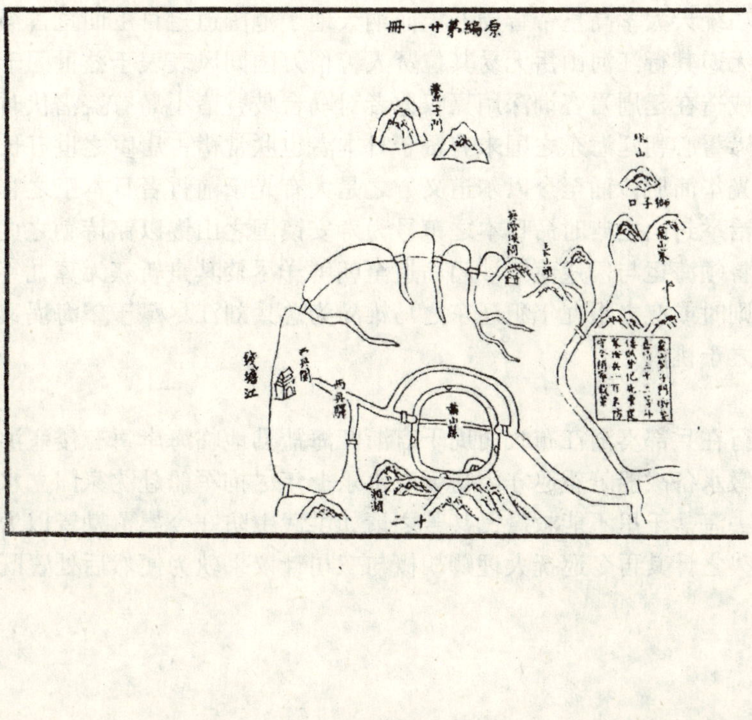
原編第廿一冊
蕭山縣
錢塘江

洪武四年十月日本国王良怀遣其臣僧祖来进表笺贡马及方物并僧九人来朝又送至明州台州被虏男女七十余口先是赵秩等往其国宣谕秩泛海至折木崖入其境关者拒勿纳秩以书达其王王乃延秩入秩谕以中国威德而诏旨有责让其不臣中国语王曰吾国虽夷狄僻在扶桑未尝不慕中国之化而通贡奉惟蒙古以戎狄莅华夏而以小国视我我先王曰我夷彼亦夷也乃欲臣妾我而使其使赵姓者訹我以好语初不知其觇国也既而使者所领水犀数十艘已环列于海岸赖天地之灵一时雷霆风波漂覆几无遗类自是不与通者数十年今新天子帝华夏天使亦姓赵岂昔蒙古使者之云仍乎亦将訹以好语而袭我也命左右将刃之秩不为动徐曰今圣天子神圣文武明烛八表生于华夏而帝华夏非蒙古比我为使者非蒙古使者后尔若悖逆不吾信即先杀我则尔之祸亦不旋踵矣我朝之兵天兵也无不一当百我朝之战舰虽蒙古戈船百不当其一况天命所在人孰能违岂以我朝之以礼怀尔者与蒙古之袭尔国者比耶于是其王气沮下堂延秩礼遇有加至是奉表笺称臣遣祖来随秩入贡诏赐祖来等文绮帛及僧衣比辞遣僧祖阐克勤等八人护送还国仍赐良怀大统历及文绮纱罗六年倭夷剽掠海滨德庆侯廖永忠上言曰臣闻御寇莫先于振威武威武莫先于利器用今陛下神圣文武定四海之乱君主万国民庶安乐臻于太平而北虏遗孽远道万里之外独东南倭夷负其禽兽之性时出剽窃以扰濒海之民陛下命造海舟剪捕此寇以奠生民德至盛也然臣窃观倭夷鼠伏海岛因风之便以肆侵掠其来如奔狼其去若惊鸟来或莫知去不易捕臣请令广洋江阴横海水军四卫添造多橹快船命将领之无事则沿海巡徼以备不虞若倭夷之来则大船薄之快船逐之彼欲为寇不可得也上善其言从之十四年七月日本国王良怀遣僧如瑶等贡方物及马十疋上命却其贡仍命礼部移书责其国王及征夷将军

十五年倭国使臣归廷用来贡备倭指挥林贤交通枢密使胡惟庸诬为寇盗以计擒之遣还夷使私其货物中书省举奏其罪流贤日本十六年六月夷船一十八只寇金乡小濩寨官兵敌却之明年胡惟庸伪差庐州人李旺充宣使以还林贤贤率倭兵四百余人与僧如瑶来献巨烛中藏火药兵器图谋乱逆比至惟庸被诛朝廷治其逆党处贤极刑夷兵发云南守御降诏切责倭国君臣诏曰曩朱失驭中土受殃金元入主二百余年移风易俗华夏腥膻凡有志君子孰不兴忿及元将终英雄鼎峙声教纷然时朕控弦三十万砺刃以观未几命大将军肆九伐之征不逾五载戡定中原蠢尔东夷君臣非道四扰邻邦罔知帝赐傲慢不恭纵民为非将必殃乎故兹诏谕想宜知悉仍著训典曰日本虽朝实诈暗通奸臣胡惟庸谋为不轨故绝之命信国公汤和经略沿海设防备倭尤严下海通番之禁 永乐二年四月对马望岐等岛海寇劫掠穿山百户马兴拒战死之寻寇苏松诸处日本国王源道义出师获渠魁以献而尽殲其党类四年上嘉其勤诚遣使赍玺书褒谕之给勘合百道定以十年一贡船止二只人止二百违例则以寇论仍命俞士吉充都御史赍白金彩币并海舟二艘赐之封其国之山曰寿安镇国之山勒碑其上上亲制文曰朕惟丽天而长久者日月之光华丽地而长久者山川之流峙丽于两间而永久者贤人君子之令名也朕皇考太祖圣神丈武钦明启运俊德成功统天大孝高皇帝智周八极而纳天地于范围道冠百王而亘古今之统纪恩施一视而溥民物之亨嘉日月星辰无逆其行江河山岳无易其位贤人善俗万国同风表表于兹世固千万年之嘉会也朕承鸿业享有福庆极天所覆咸造在廷周爰咨询深用嘉叹迩者对马台岐暨诸小岛有盗潜伏时出寇掠尔源道义能服朕命咸殄灭之屹为保障誓心朝廷海东之国未有贤于日本者也朕常稽古唐虞之世五长廸功渠搜郎叙成周之隆髳微卢濮率遏乱略光华简册传诵至今以尔道义方之是大有光于前哲者日本王之有源道义又自古以来未之有也朕惟继唐虞之治举封山之典时命日本之镇号为寿安镇国之山锡以铭诗勒之贞石荣示于千万世明年倭复入寇平江伯陈瑄督领海运与倭寇值于沙门岛追至朝鲜洋尽焚其舟斩获无算九年以后贡者仅一再至而其寇松门寇沙园诸处则时或有之十九年犯辽东之马雄岛为总兵刘江尽殲于望海埚又明年复寇浙东为朱亮祖破之于温州徐忠破之于桃渚

宣德三年闰四月行在兵部奏浙江布政司周干言浙江海盐县地临海岸每有倭寇洪武中设海宁卫及澉浦乍浦二千户所陆置烟墩水备战船瞭望巡守因得无虞永乐七年尽拘军船赴沈家门立水寨防守撤去烟墩倭寇乘虚连年纵掠水寨相去海盐千里不能救援民甚苦之请如洪武中防守今累覆勘皆以为便上曰古人云利不什不变法凡谋事须为永久之计其再令巡抚大理卿胡概与三司计议果孰为便然后处置既而倭国入贡踰额复增

定格例船毋过三只人毋过三百八年倭王源道义卒遣使吊祭十年嗣王上表谢恩正统四年五月倭船四十余艘夜入大嵩港袭破所城转寇昌国城亦陷时备倭等官以失机被刑者三十六人惟爵溪所官兵擒获一贼首名毕善庆诛之　七年倭船九艘使人千余入贡朝廷责其越例然亦冀其慕化姑容之

景泰六年倭夷寇健跳官军城守不得入　天顺二年遣使来贡　成化二年倭称入贡遂破大嵩诸处官兵因潮落沙浅夜围其舟樯灯达曙不移舟已乘潮遁去灯皆悬于篙尾篙皆卓于沙上乃诈设以疑追兵台阃大臣坐失机获罪　十一年遣使周玮入贡敕谕倭王宜恪遵宣德中事例

(正德)四年倭使宋素卿来贡请祀孔子仪制朝议弗许素卿即鄞人朱缟丁鬻于夷商汤四五郎越境亡去至是充使入贡缟在倭国伪称宗室苗裔倾险取宠争贡要利沿海奸豪效尤通番遂习以为常云

嘉靖二年四月倭船三艘译称西海道大内谊兴国遣使宗设入贡越数日倭船一艘使人百余复称南海道细川高国遣使宋素卿入贡导至宁波江下时市舶太监赖恩私素卿重贿坐之宗设之上且贡船后至先与盘发遂致两夷仇杀毒流墨市宗设之党追逐素卿直抵绍兴城下我兵戒严倭乃还至余姚遂絷宁波卫指挥袁琎越关而遁时备倭都指挥刘锦追贼战没于海定海卫指挥李震与知县郑余庆并力固守一日数警而城卒无患既而倭为暴风漂入朝鲜国王李怿擒获中林望古多罗械送京师发浙江按司与素卿监禁候旨法司勘处者凡十数次而夷囚竟死于狱倭奴自此惧罪逋诛不敢款关者十余年　十七年五月倭船三艘使僧石鼎周良来贡朝廷复申十年一贡之例责令送还正德以前勘合更给勘合遵照入贡二十三年四月使僧释寿光等百五十人来贡验无表文且以非期却之二十六年四月倭船四艘使臣周良等四百余人来贡仍以非期发外海岙山停泊一年期至方许入贡十九年福建系囚李七许一等百余人逸狱下海同徽歙奸民王直【即王五峰】徐惟学【即徐碧溪】叶宗满谢和方廷助等勾引番倭结巢于霩衢之双屿出没为患巡视都御史朱纨调发福建都指挥卢镗统督舟师捣其巢穴俘斩溺死者数百余党遁至福建之浯屿复帅镗剿平之纨仍躬督指挥李兴帅兵发木石塞双屿港贼舟不得复入诸奸豪通番贸易者各以失利口语籍籍纨解官去东南自此多事矣　二十七年王直仍招集倭夷联舟栖泊岛屿与内地奸民交通贸易时广东海贼陈四盼等自为一党王直用计擒杀叩关献捷乞通互市官司弗许三十一年二月王直令倭夷突入定海关移泊金塘之烈港去定海水程数十里而近亡命之徒从附日众自是倭船遍海为患是年四月贼攻游仙寨百户秦彪战死已而寇温州寻破台州黄岩县东南震动三十二年四月贼薄省城指挥吴懋宣率僧兵御之于赭山力战死之贼陷昌国城百户陈表持兵相拒毙贼数人死之自是倭船至直隶苏松诸处登劫皆依烈港王直为窝堵参将俞大猷以舟师捣之直复至倭岛是月复攻陷临山城六月寇嘉兴海盐澉浦乍浦直隶上海吴淞江嘉定青村南汇金山卫苏州昆山太仓崇明诸处或聚或散偏于川陆凡吴越之地所经村落市井皆为丘墟而柘林八团诸处胥作贼巢三十三年二月贼由赭山钱塘至曹娥涉三江沥海余姚直走定海之王家团复有盘据普陀山焚劫海盐龙王塘乍浦长沙湾嘉兴嘉善诸处者有攻直隶之昆山苏州松江诸城者既又奔萧山分寇临山沥海上虞转攻嘉兴官兵与贼战于孟家堰指挥李元律千户薛絅宋应兰死之又贼徒四十余突至百家山百户赵轩梁瑜战死又寇沈家河智扣山黄湾诸处都司周应祯战死又寇蒲门壮士所乘舟遁出金山洋突入松门关薄于灵门台州又贼二百余人登自海门港直趋台州仙居新昌嵊县屯于绍兴柯桥村又贼二千余人焚劫嘉善广西领兵百户赖荣华战死三十四年正月领兵佥事任环与贼战于吴淞江采淘港斩首二百余级既而我军失利四月贼众四千攻围金山城寇常熟先是徐惟学以其侄海【即明山和尚】质于大隅州夷贷银使用惟学至广东南岙为守备指挥黑孟阳所杀后夷索故所贷于海令取偿于寇掠至是海乃偕夷酋辛五郎聚舟结党众至数万入南畿浙西诸路据柘林乍浦余众数千寇王江泾巡按浙江御史胡宗宪令人载药酒诱贼贼中毒死者过半仍督参将卢镗与总兵俞大猷统浙直狼土等兵大战贼大败斩首三千级贼复一支走崇德以向省城一支寇苏州常熟多内地通番奸民为之向导常熟知县王鈇与致仕参政钱泮俱为所杀已复攻围常之江阴连月不解县乞援兵于府兵不至知县钱錞死之贼复寇唐行镇游击将军周璠迎敌死之别有贼九十三人自钱塘白沙湾入奉化仇村经金峨突七里店敌杀宁波卫百户叶绅由甬东走定海崇丘乡复折而趋鄞江桥历小溪樟村敌杀宁波卫千户韩纲走通明坝

渡曹娥时御史钱鲸便道将还慈溪适与之值遇害已而过萧山渡钱塘入富阳严州寇徽州之绩溪县卢镗先以劲兵出油口溪扼之贼奔太平府渡采石江道南京城下京营把总朱襄蒋升被杀城门昼闭贼鼓行东掠苏州复有贼千余由掘泥山登犯观海慈溪龙山定海县诸处六月复有贼数千自柘林走海宁直抵杭州北关外屯聚劫掠时朝廷以御史胡宗宪有才略可大任遂进都御史提督军务与督察军务工部侍郎赵文华协谋奏乞遣使谕倭王以弭边患令生员蒋洲陈可愿充市舶提举以往是年九月贼徒二百余人登据舟山之谢浦复有贼数百由海门登劫仙居黄岩官兵追之贼奔奉化走鄞江桥出四明山至绍兴之龛山宗宪督参将卢镗帅梁高等兵击斩之十一月贼众二千余人乘舟遁出南汇口复有攻犯温州瑞安者守备都指挥刘隆战死随流劫仙居天台至嵊县之清风岭宗宪督容美兵尽殲之又有福建流贼由台温至宁海抵奉化之枫岭敌杀慈溪领兵主簿毕清义士杜文明与象山流贼合伙突过四明山攻犯上虞渡蛏浦港寇萧山壁于钱清胡宗宪亲督兵备副使许东望等统麻阳土兵进剿陈可愿偕毛烈及夷商松柴门妙善等七百余人乘舟进泊于马墓港自言直抵倭岛遍谕豊州马肥前平飞兰诸岛悉已禁止寇掠然无稽之语漫不足信开市之议私相许诺纳款请罪之表未至而福州直隶沿海告警者踵接据夷商自日本来者云日本国主懦弱不制诸岛各恃强争据王直所窜即西海道有豊前豊后筑前筑后肥前肥后萨摩日向大隅九州其所称曰前平曰马肥曰飞兰曰花脚踏曰鸟渊曰太村津曰何马屈沙曰他【家是】曰卒之毛儿曰沉马曰美美曰空居止曰通明曰巨甲曰庙里曰日高诸处皆筑肥豊州之地总辖于豊后州王大隅州悬隔一海亦为听命山口王居日向萨摩之间亦渐并于豊州王矣九州入日本国越断港而东水陆程途计经旬月舟行而西仅五六日而已入我浙江直隶界矣天朝颁赐勘合贮肥后州亦有贮山阳道周防州者各道入贡必纳赀请取勘合而行频年寇边实九州夷也时徐海久据柘林乍浦是年四月将寇南京浙西诸路出嘉兴至皂林遇游击将军宗礼帅骁骑五十人突之杀贼甚多既而复战死之贼遂攻围巡抚斩首五百余级余孽复由诸暨出东阳临海至太平蒲岐巡简司得舟而遁三十五年二月使夷生员浙江都御史阮鹗于桐乡窘甚时胡宗宪新受总督军务兵部左侍郎之命旧兵不满千人乃用计啖贼围解贼乃别遣夷船二十三艘领众千六百登劫鸣鹤场又夷船八艘贼众千余登劫临山三江越数日两贼合攻观海龙山城突入慈溪县治时县原无城郭知县柳东伯负印而走贼杀乡官副使王镕知府钱焕焚劫士民极其惨毒从丈亭港出欲窥宁波府城卢镗帅兵乘轻舟沿江上下随贼向往用鸟嘴铳击之贼疑退屯海口掳掠货财多所遗弃贼后至者拾取之是月贼众五百余冲突南奔将往福建温州府同知黄钏领兵至分水岭堵截被贼伏山谷中绕其后杀之贼遂趋莆田之广头登岸流劫而西复入浙境据仙居县时阮鹗始出自桐乡围中宗宪檄咨鹗统督兵备副使许东望参将卢镗台州知府谭纶指挥伍维等进剿尽殲贼于仙居又贼一支寇直隶江北扬州又一支寇江阴无锡诸处所向焚劫先是赵丈华督察军务复命至是进工部尚书奉敕提督军务许以便宜行事总领涿州保定河间及河南山东徐沛等兵南来各贼闻大兵至退遁常州桃花港陆续出海洋去讫时宗宪日与徐海对垒数遣死士入海营中反间海果缚其党陈东等八十余人乞降宗宪计征兵且至佯许之及文华至遂与定谋进剿大殲贼于沈家庄徐海溺死获其尸枭示于是辛五郎帅余党乘舟遁至烈港宗宪约文华复用兵要击之俘斩三百余辛五郎与叶麻等囚至京师献俘告庙剉尸枭示余贼据定海丘家洋夜溃围踰桃花岭渡李溪走鄞之西乡由元贞桥走奉化宁海与官兵战于台州之两头门把总范指挥死之遂从宁海走温州至福建得舟而遁谢浦之贼移据吴家山自秋及冬屡攻弗克胡宗宪督麻阳兵当岁除乘雪夜袭破其巢悉斩之三十六年四月贼寇直隶之通州海门突流扬州庙湾港宗宪遣副总兵卢镗追击冲沉其五舟斩首四十余级贼出东安县复依船为巢池河守御刘显将百人击破之斩首百余级余党遁去七月生员蒋洲与倭酋德阳左卫门善妙松柴门等五十余人乘舟进泊舟山宗宪上其事于朝九月王直等亦偕夷商水手千余乘舟进泊岑港声言欲诣军门乞降然而五旬不至宗宪乃设间谍委曲谕之直乃遣其养子王激来见仍遣之还十一月直乃桀然诣军门遂执之下按察司狱上疏得旨诛直于市枭示海滨妻子给功臣之家为奴

绍兴府志　倭至绍兴城下月余不能入素卿匿于城西之青田湖宗设求之不获退泊宁波港指挥袁进邀之败绩贼攻定海城不克遂出备倭都指挥刘锦追击于海洋复败没贼舡去被风漂一艘于朝鲜朝鲜王李怿擒其帅中林望古多罗械致京师先是素卿已下浙江按察司狱遂下浙江并勘讯久之皆死于狱十九年闽人李光头歙人许栋逸福建狱入海引倭结巢于霩衢之双屿港出没诸番海上屡警二十七年巡视都御史朱公纨遣都指挥卢镗

等擒李光头焚其营房战舰六月又擒许栋贼渊薮空焉而歙人王直收其余党为乱三十一年叩定海关求市不许遂移巢烈港官兵袭之移马迹潭三十二年四月贼萧显自平湖来参将汤克宽邀击于鳖子门破之是月乙未贼陷临山卫已亥参将俞大猷破走之八月贼林碧川等自崇明修船为归计都御史王公忬度其必入浙预令都指挥刘恩至指挥张四维百户邓城分为二哨一自观海临山趋乍浦遏其来一自长涂沈家门设伏邀其去贼果南遁官兵与遇于普陀临江海洋败之十二月贼寇沥海所城千户张应奎百户王守正张永俱死之三十三年正月萧显败于松江南奔入浙镇抚彭应时御之败死贼进至海盐之二十里参将卢镗追击败之贼由赭山遁走止屯三江历曹娥沥海余姚挫于龙山围于定海困于慈溪卢镗及刘恩至张四维潘亨分道夹击大败之斩萧显九月林碧川沈南山等率众自杨哥入掠浙东萧山临山沥海上虞十月寇观海卫十一月贼自仙居向诸暨知县徐榧用赞画周述学计鸣金鼓发火炮贼遂由山径入山阴境至府城南疑不敢入乃往柯桥遇乡民姚长子贯其肘使为导长子给之西而密谓乡人曰俟贼过某桥若等急毁之我死不恨遂陷贼于化人坛四面皆水总兵俞大猷会稽典史吴成器各率兵奋击悉剿之斩首二百余级贼竟杀长子三十四年四月松浦贼自钱仓白沙湾抄掠宁海趋樟村百户叶绅刘夢祥韩纲俱死之遂至上虞东门外烧居民房屋渡江遇御史鄞人钱鲸杀之至皋埠兵备副使许东望知府刘锡典史吴成器各率兵围之至夜贼乘兵倦遁走五月扬哥贼犯余姚省祭官杜槐率乡兵御之斩酋一人从贼三十二人槐力竭死既而贼犯鸣鹤场卢镗击败之松浦贼寇爵溪所不克进寇余姚初余姚后清门外有桥先三日毁之贼至适潮涨甚不能渡望洋而叹江南乡兵奋击之贼去寇三山所把总刘进恩受院檄他部甫离所一舍许闻报即驰还固守霖雨城圮数十丈或劝朝恩突走朝恩曰世受国恩今正报效之秋岂可以事权去辄规避也遂躬捍圮所督战复作木城障之城上矢石如雨不能中贼朝恩曰此幻术也投以生犬首发矢中其酋贯喉而毙贼惊溃走朝恩追斩数级六月杨哥贼自观海出洋都指挥王霈等邀击于霍山洋败之沉其舟是月参将卢镗败贼于马鞍山新林复追败于胜山龟鳖洋十一月松浦贼复自温州登海历奉化遂犯余姚参将卢镗遇于丈亭令所部兵能倭语者倭饰绐贼曰余姚兵盛不可敌吾等宜南行遂透迤入四明山中兹地险巇僻远避寇者恒之马居民弗虞寇至不为备焚劫尤惨时天大雪镗尾其后经历文某与接战于苦竹岭副使孙宏轼又调奇兵与战于析开岭于翁家村皆不能胜至斤岭余姚谢生军及之谢生者太学生名志望文正公曾孙也捐家赀募勇敢五百人分三队张左右翼御贼酣战自卯至午杀贼九人射伤二三十人矢尽力疲犹奋呼陷阵生貌美皙贼意其帅也丛刃杀之会卢镗军亦至复战于斤岭于梁衕贼少却走龚家畈复至上虞东门河南毛葫芦兵迎战于花园损二百余人贼遂从北城外由百官渡曹娥江余姚庠生胡梦雷与从兄应龙操六等率乡兵邀贼战于东关死之贼顺流而西是时提督胡公宗宪方在浙西剿川沙之贼移檄诸将无力战者乃身率大兵至于是佥事李如桂王询指挥杨永昌知事何常明典史吴成器等并力追战于瓜山又大战于三界先是许东望请以山阴人金应肠为赞画团练乡兵千余人宗宪又益以武生项益隆所领处州兵二百人至是与贼迎战于五婆岭时贼百余官兵数千见贼即走处兵与贼血战自辰至巳五十六人死于阵而应赐手刃数贼竟死之贼亦被杀死十余人是日宗宪斩不用命者兵五人于五云门翌日贼遁丁村卢镗追击之斩首二十六级贼大惧以银物饵之我兵溃次日暮何常明哨贼被杀宗宪督兵次长山闻报大怒拔剑欲自刎李如桂夺剑救免丙午宗宪壁龛山之巅卢镗以丁村功献宗宪恐贼渡钱塘江也促镗再战镗曰士疲矣休养数曰乃可料兹贼须镗了非兹毛头所能也宗宪佯诺与山阴人故郎中王畿计之畿密谕亲兵曰尔等豢养久未立战功今贼将灭而诸将逗遛不进且卢参戎以毛头目尔尔能无耻乎乘其不意袭之贼可尽也众踊跃请效死即令吴成器兼率以进不数里遇贼死战无不一当十贼遂大败循海而走奔匿于龛山之坡下小堡内我兵乘势围攻之贼登屋掷瓦瓦尽继之以枪枪尽投刀刀尽乃下死守我兵急攻破之悉斩首以献时日且暝宗宪命取贼心啖之选狰拧首级二十余颗置案上每颗为饮一觥暨晓诸营方知破贼相率入贺宗宪谓镗曰再迟一二曰何如镗大惭服闰十一月松浦贼复自温州南麂山来至平阳之三港守备刘隆千户郑纲百户张澄皆战没贼遂趋台州渐北向欲与绍兴贼合提督胡宗宪令天台以南知府谭纶兵击之新昌以北容美宣抚田九霄兵击之吴成器为先导十二月乙未贼抵新昌焚民居杀戮一二百人屯醴泉知县万鹏率民兵拒之不克贼亦去闻绍兴贼已破畏谭兵及土兵犹豫莫定所往至嵊之上馆岭会容美兵陈而待田九霄以正兵当其前田九章援兵继进左翼则留守王伦伏兵当之右翼则经历毕爵伏兵当之以一部诱贼出战良久伏兵起左右夹击而指挥吴江率部兵逸贼后且多张旗帜为疑兵贼四面受敌遂大溃且战且走我兵追之入清风岭俘斩一百七十余是贼之未败也淞浦贼又有自福宁州来者越平阳仙居

至奉化与钱仓贼合几七百人入绍兴势益滋蔓田九霄既破贼清风岭提督胡宗宪复命副使许东望杭州府同知曲入绳同九霄往邀之遇贼于西小江桥仅隔一河宗宪于马上自待一帜作指挥状示之贼止聚观宗宪笑曰此易与耳若不顾而南其气未可乘也即率兵渡河九霄邀其前入绳袭其后贼见两兵夹至大怖走后梅匿民舍官兵围之三匝纵火夹攻死者甚众周述学曰贼至夜必南逸急设伏邀击山阴知县叶可成曰西岭之巅可伏也从之时值天雨夜二更大雾咫尺莫辨贼乘黑冲围典史吴成器故善战驱兵奋击颇有擒斩然脱走者众果由西岭南遁夜将半岭畔伏兵起贼惊溃遂大败之斩首及焚死者二百有奇余奔太平蒲岐港官兵追之贼坚壁不出乃夜逼垒投以火器贼惊起自相攻杀比明乃遁出洋得脱者无几矣三十五年四月贼周屹勾引豊洲贼数千人自鸣鹤临山三江登掠次日合寇观海卫弗克寇龙山所庠生李良民率兵御之乃解去掠慈溪县时县无城被害甚惨酷知县柳东伯募都长沈宏举族御之斩首数百级贼遁欲入掠余姚卢镗遏之于丈亭大败之五月贼分二支复入一扰慈溪县一攻龙山所所中兵击贼数十人死乃解去卢镗复追败之擒周屹余党遁入五峙洋八月庚寅卢镗击苏常遁贼及宁绍余党至夏盖山三江海洋与战于金塘马墓之间大败之沉舟数十斩首六百五十有奇乙未贼八百余至慈溪据丘王二家为巢进寇龙山所参将卢镗戚继光副使许东望王询各率部兵二千把总卢锜等亦率部兵二千游击尹秉衡率北兵三千遇于鴈门岭等处连战皆败九月已未提督阮公鹗亲督官兵来稍稍破之贼夜遁鹗又督秉衡锜追至桐岭误中伏贼夹击我我兵大败贼至乐清出海三十六年十一月壬子王直款定海关执无印表文称丰洲王入贡且要求互市先是军门大臣以直为乱因于徽州收其母妻及子下金华府狱后胡宗宪为提督乃出之给以美衣食奉之为饵会朝廷遣宁波庠生蒋洲陈可愿充市舶提举宣谕日本国王宗宪因密谕令招徕王直至是直来宗宪已晋总督列状上请诏不许命相机擒剿宗宪奉诏秘而不宣驰驻余姚以夏正为死间谕直来见直遣义子王激及叶宗满先来至余姚宗宪盛陈军仪纳其降且与连床卧因露诸将请战书十余通于几上而含糊作寐语大略欲全活直之意然激出犹询城守具察兵数宗宪恐其逸去乃命二人同往见按院藩臬延缓之又命直子澄以血书谕直复发金帛间其党直乃因夏正报曰即归命但部兵无统欲得王激摄之卢镗曰以犬易虎不可失也宗宪遣之越数日直不来复命刘朝恩陈光祖夏正吴成器陈可愿往说之且以夏正娄楠为质直乃入见卢镗于舟山中所城宗宪驰至定海直来见宗宪温语慰之遂执送按察司狱疏直罪状上请三十八年十二月得旨斩于杭州市

嘉靖三十一年倭有犯吾境者海洑徐经十持大梃踣其二帅其赀殊巨三十二年倭登自胜山港掠第四门四月攻临山卫陷其城三十三年倭大掠梅川上林龙泉等乡三十四年五月省祭官杜槐率乡兵御倭斩酋一人从贼三十二人槐力竭死邑城戒严时黄山后清二桥甚雄壮乡荐绅以倭将至议毁之人犹二三已竟拆焉后清桥压没十余人怨詈盈道后三日倭至适潮涨甚不能渡江南乡兵遥为声援不敢逼倭列江滋间邑募猎夫射虎者踞城楼上发弩射中一人其矢傅毒血濡缕立死倭舆尸厺其冬倭复历奉化转战至四明之斤岭先是邑人以四明山僻多避寇于此倭猝至各鸟兽窜被祸尤惨时太学生谢志望文正公玄孙也募勇敢五百人分三队张左右翼御倭酣战自卯至午杀贼九人射伤二三十人矢尽力疲犹奋呼陷阵生貌白晳倭意其帅也丛刃杀之生之客身拥蔽生而被杀者亦十数人会参将卢镗兵追及与倭战于斤岭于梁衕倭尽焚其庐舍却走已复由百官渡曹娥江邑庠生胡夢雷与从兄应龙操六等率乡兵邀战于东关死之三十五年倭掠云楼乡之乐安湖乘夜至城下黎明西门将启时倭执诸生王某为导大呼寇至急闭门拒之倭亦引厺某竟得脱是时死事鴈门岭者则有邑庠生倪泰员三十六年总督胡公宗宪以贼由王直设计招之直先遣养子激及叶宗满来见宗宪驰驻邑城纳其降慰谕之已果自至倭患遂渐息矣

浙江通志

杭嘉宁绍台温六郡濒海倭奴岛夷频年骚动固当慎固封守矣

西溪丛语　旧于会稽得一石碑论海潮依附阴阳时刻极有理不知其谁氏复恐遗失故载之观古今诸家海潮之说者多矣或谓天河激涌【葛洪潮说】亦云地机翕张【见洞正二真经】卢肇以日激水而潮生封演云月周天而潮应挺空入汉山涌而涛随【施师谓僧隐之之言】析木大梁月行而水大【见宾叔蒙涛志】源殊派异无所

适索隐探微宜伸确论大中祥符九年冬奉诏按察岭外尝经合浦郡【廉州】沿南溟而东过海康【雷州】历陵水【化州】涉恩平【恩州】住南海【广州】迨由龙川【惠州】抵潮阳【潮州】洎出守会稽【越州】移莅勾章【明州】已上诸郡俱沿海滨朝夕观望潮汐之候者有日矣【汐潮退也】得以求之刻漏究之消息【消进息退】十年用心颇有准的大率元气嘘翕天随气而涨敛溟渤往来潮随天而进退者也以日者众阳之母阴生于阳故潮附之于日也月者太阴之精水乃阴类故潮依之于月也是故道日而应月依阴而附阳盈于朔望消于朏【敷尾切】魄虚于上下弦息于辉朒【女六切朔而月见东方也】故潮有小大焉今起月朔夜半子时潮平于地之子位四刻一十六分半月离于日在地之辰次日移三刻七十二分对月到之位以日临之次潮必应之过月望复东行潮附日而又西应之至后朔子时四刻一十六分半日月潮水俱复会于子位其小尽则月离于日在地之辰次日移三刻七十三分半对月到之位以日临之次潮必应之至后朔子时四刻一十六分半日月潮水亦俱复会于子位是知潮常附日而右旋以月临子午潮必平矣月在卯酉汐必尽矣或迟速消息之小异而进退盈虚终不失其期也或问曰四海潮平皆有渐惟浙江涛至则亘如山岳奋如雷霆水岸横飞雪崖傍射澎腾奔激吁可畏也其涨怒之理可得闻乎曰或云夹岸有山南曰龛北曰赭二山相对谓之海门岸狭势逼涌而为涛耳若言狭逼则东溟自定海【县名属四明】吞余姚奉化二江【江以县为名一属会稽一隶四明】侔之浙江尤甚狭逼潮来不闻涛有声也今观浙江之口起自纂风亭【地名属会稽】北望嘉兴大山【属秀州】水阔二百余里故海商舶船畏避沙潬不由大江【水中沙为潬徒旱切】惟泛余姚小江易舟而浮运河达于杭越矣盖以下有沙潬南北亘连隔碍洪波蹙遏潮势夫月离震兑他潮已生惟浙江潮水不同月经干巽潮来已半浊浪堆滞后水益来于是溢于沙潬猛怒顿涌声势激射故起而为涛耳非江山浅逼使之然也宁

北新关志　建置

前主事高凌汉曰弘治前船税之收者钱与钞正德间船税之收者则折银也北新关在正德以前船料输户部者不过三四千两商税发布政司者亦不过四五千两初未有余银解之南部……夫税出于商而船料所出亦商也且税出产税行货税住卖总一物值而输于官者宁止百一此岂立法初意哉愚谓税从重者可比例增收则税从轻者亦可比例蠲免小船免矣负贩小商独不可免乎零寸蠲矣畸零折估独不可蠲乎今国步多艰大农仰屋廷议且资饷各关何敢遽议裁损要于则例之中常存宽恤之意通于情与法之间度本末而立之衷是亦催科中抚字也

课额

宣德四年本関初立亦取本色船鈔解送内府交納

嘉靖二年始以商税余银解本部八年船料钱钞改解折色二十二年始解钱钞余银以后额课岁增本部酌各年之中计一年船料买钱钞银四千七百五十四两三钱八分九厘二毫五丝余银一千五百六十四两八钱一分七厘七毫五丝商税原额银四千七百七十六两一钱六分一厘九毫六丝二忽附余银二万三千八百七十九两八钱八分七厘九毫一丝共银三万四千玖百七十五两贰钱五分六厘八毫七丝二忽著为额继因兵燹稍损于旧迩年以来渐逾志数然亦不可为准其解存互有因革嘉靖二十三年令船料量征折银解送南京工部帮助铸钱之用二十八年户部题准船料本折递年轮流征解三十三年议支船料折银一半解南京工部铸钱三十四年题奉钦依存留商税余银之半备本省兵饷四十年议留船料折银赈济直隶饥民四十三年令商税余银尽解户部接济边储

隆庆元年令船料尽数折银解部济边各路费俱于余银内支给近行杭州府收解量议裁减

区行　关法旧有区行区者照省城内外小河剥运船只起科行则牙人报名给票为商货贸易者也大明律私充有禁各区行始赴关告帖焉许天赠曰前主事高君凌汉论本关船料正德以前岁折银仅三四千两所征料止船之出入本关者而已乃其后将城河剥运船及诸牙人皆输钞而区行之名始立嘉靖初年钞尚少课亦稍增今岁料六七千两而区行一千六百余两已居四分之一其于国课不为无裨矣总而计之区船一千二百余只行户三千五百余名每名季钞少者仅二三十贯查核稍不至则经收管数催征诸役并得侵渔为奸故记籍必明上纳必稽给票

必审庶可绝诸弊且区钞责纲首其办纳为便独行户四散或居山僻之乡或在浙直之界夫有司止征一州县钱粮犹往往逋负矧部臣督收于政令不及之地乎窃意省城行肆未必人人办钞何必远求莫若立为定制限以道里市镇在百里内许牙行不时告认其余隔属地方一切停罢可也催征之法附关定立行首稍远责诸保人庶亦省事之一端欤

浙江下

海盐县志食货篇

税粮　国初江南正赋止有两税而转输之费俱不入额盖其时奠鼎金陵地近易达故即以运纳借之民力不称厉也迨改宅幽燕道里艰阻小民远运抵京正粮一石率用米至于三石财殚力罢势须厘改宣德五年周文襄公忧始于额外加征耗米用以兑军支运而漕政因之渐定其法正粮一石加耗七斗而支兑远近就中伸缩有差于是民得免远漕之苦法行至今所谓税粮改为增耗者此也

北运历年条议　按北京白粮押运一役惟东南五郡有之吾邑粮仅四千船止十篷而大家巨室立破于是役者不知凡几矣万历三十五年郡绅徐公必达为光禄寺丞管理白粮因上疏极陈其弊一曰军前民后之狃成说二曰监兑供亿烦费三曰官户难催四曰船难雇觅多索诈延挨五曰水脚短少不时给六曰各关搜货纳税稽留七曰风涛漂没八曰丁字沽剥船张家湾车运繁难九曰到京露积最苦风雪偷盗十曰批文耽阁十一曰差解烦多殷实不足并切中利病得旨多所厘革今嘉湖巡道方公应明尝身董是役悉利弊尤深因采公疏及前后台省疏附以已意为北运便民总略颁六议属邑蕲在必行撮其大要于左礼科都给事中陆树德疏曰东南财赋之来有军运以充军储有民运以给宫府人皆知军运之重不知民运之苦尤有深可悯者夫军运以十军运米四五百石民运以一民亦运米四五百石军运船皆官所造而军不知民运船则民自雇而官不知军运以军法结为漕法一呼百应人莫敢犯民运以田里小民供役远道语言鄙俚衣服村贱人得而侮之军运经各该分司衙门无抑勒需求之苦民运经各该衙门动以迟违情由问拟工价并诸杂色使用每一处辄费银十五六两少亦不下十两军运过洪闸一钱不烦洪夫闸夫共与挽拽民运每过一洪用银十余两过一闸用银五六钱所过三洪五十余闸费可知矣其最苦者船户皆江淮奸民惯造此船装载白粮每雇船价及撑驾夫价计不下二百余两粮一入船其驱使粮长本啻奴婢每日供奉船长及撑驾夫不啻奉其父母盖粮在船中即粮长身家所系吞声忍气曲为顺从势不得不然也其最所畏者军运每凌虐民运有等豪恶之军故将已船撞擦民运之船民船板厚而军船板薄微有损伤即便蜂攒鸦拥尽入民船百般挟诈不厌其欲不已苦之在途者缕缕若此其它入京揽头之需索入仓交纳之艰难又有不可胜言者尽斯民筋力之脂竭斯民愁叹之气米始就仓困苦极矣嘉靖十年以前民运尚有保全之家至嘉靖十年以后凡充是役未有不破家者近来东南流离日众逋负日多邑里萧条盗贼滋起莫不由斯根本重地一至于此诚不可不深虑也臣产东南亲见此苦常切痛心询诸父老咸谓宜将白粮并入运军顺带使民出所有以益军军出余力以代民似亦无不可者但今年限期已迫尚未敢轻议上请今所富议者合无将民运并入议单兼责之漕臣令各该参政一体督促进闸总运参政督催至京则军运不敢肆其凌虐船户不得恣其奸贪而洪闸亦可无需索之患如有此等许不时呈告以凭警治伏乞敕下该部会议施行仍要申示各该衙门人役不得过为抑勒以滋民怨以生物议庶乎民困少苏民心欢趋而益以彰我皇上惠养元元之初政矣工科给事中归子顾疏曰职惟国之赋役莫重于东南而赋役之艰难莫重于民运民运之苦弊不在额外之有加益而在额内之有亏损救弊之方计不必议加以其本无而但当议还所固有试举其受累之甚大都有三一曰水脚之侵没二曰沿途之需诈三曰交纳之留难请不避烦缕一具陈焉夫运粮之有水脚每船不下百金一无亏损似亦可济舂办之耗拆长途之劳费交纳之赔偿独奈何侵渔者众也米未下船而先行盘诘牌票百出索取千方船尚未募而妄为好歹胥吏哆口而谈长令拱手而听各官原有费额另纳公堂使费银两各项原有编银复索轿夫修船工食既有总部协部之官已而添官押役廒长立而马益癯原有儹运儹帮之役已而添役押帮役人多而羊益瘠且扛头把持而水手任其雇募兜揽纷纭而撑驾听其迟速盖粮未行而水脚已耗过半矣是水脚之侵费不可不重加裁革也至如粮船之行往返六千余里涉险数十余处其间触石惊涛之险栉风犯雨之危小民已不胜匍匐而皇店皇木之暴戾抑勒关津闸坝之阻滞留难快船官座船之欺凌需索重至迭

出不惟诈财且阻去路而早则起车迟则守冻耗费不赀且州县查验矣又有淮安理刑之验通州粮衙之验何为者也况淮安之验验其少少则罪之通州之验验其多多又罪之少不可多不可为之民者安所逃罪乎若不于沿途一带禁革使得于受害地方官处告明重惩以法民困何苏是沿途之需诈不可不重为议处也若夫交纳之累尤有不可胜言者五经科道七经内官挂号三十二衙门亦云琐矣烦矣而粮米入城先讲使用初入仓庾各役先索常例管门者有钱把斛者有钱夫收粮用斛耳而有数铢粒于掌上有选铢粒于盘中者选毕则每石而收之收重有罚收轻有罚总之各衙门之收米不一有每石费五钱者甚至有一二两者况近时之新斛比国初之斛多有异同赔补甚难且迟留有罪违限有罪京中之罪未偿而府州县销批之罪又至噫可叹也则交纳之弊又不可不重为裁革者也

浙江巡按方公大镇疏曰臣尝咨访白粮解户之苦大都二端其一在未解之前苦于水脚之侵分其一在既运之后苦于关津之多故水脚侵分之弊近在地方臣等力得而禁之而关津多故之弊远在道路臣等口得而言之力不得而祛之臣召经知解户细询其状则曰自南而北有浒墅关纳料之税有扬州钞关验契之税有淮安工部板闸纳钞之税有清江浦户部纳钞之税工部抽单之税有徐州户部报舱口之税普宁店之税有临清纳钞纳公堂之税有广安店之税有工部领砖之税有丁字沽皇店之税巡简司追纳底载之税计每船费银七十余两而临清一关尤甚焉此外又有新河倒班雇募短纤撑夫之苦有台儿庄济宁南旺袁老口阻浅起剥之苦有河西务另雇民船倍出水脚之苦有王家务遇冻赁房冻米搬运狼藉之苦有起车陆运倍出脚价并车夫偷盗之苦有德州河西务等处皇店照票勒索之苦有军船凌挤暑雨蒸拆之苦有交纳内供用库光禄寺保识多索使用及勒耗米之苦有交纳禄米仓筛头歇家长班拿桩掣斛之苦有南北十五衙门批回投销守候留难之苦计每船又费银三百余两而雇船雇夫与席草包索饭食神福一切诸费又不与焉盖白粮一船负富户之虚名到处以为奇货而渔猎之不厌在上在下惟不体念且加齮龁也此所谓远在道路臣等口得而言之力不得而祛之者今若不察道路关津之弊为之区处而但于地方议津贴议造船喋喋不休是地方施之于粮解者日弥厚而粮解施之于道路关津者亦日弥多漏卮尾闾终无益于粮解之毫厘而牟食茧丝徒有损于地方之什伯矣何以起吴越之瘠于沟中而衽席也　方公北运议曰或问曰役莫苦于北运身既亲之矣可得历历而言与对曰北运之不先也始有所羁而不能先也中有所阻抑而不敢先也前有所畏避而不欲先也何谓始有所羁而不能先夫运必资舟楫无水脚价则失其资矣今不请托则不得也不兑支民间则不得也不营求比限则不得也不鑽求放单则不得也不扣除公堂则不得也未涉江淮已为鱼肉安得冬理舟米春济东风之便乎是水脚价为北运之命脉最宜当官而见给粮时而蚤给破陋规而全给者也何谓中有所阻抑而不敢先白粮上供漕粮军饷轻重自殊乃先漕后白强军既逞横江湖之上而上人更助漕沮白不买帮则不得行也打诈欺凌百疏而不一戢其最苦者漕白相值遇险破舟而令白赔漕私诈未遂鑽求公断私诈十余金而不得公断百余金而莫谁何此窦一开则从来漕规一变是倒授强军以恐喝之柄也后之粮解将益喘息而不敢动矣第不知白粮遇漕破舟将借谁以偿其苦也不宁惟是淮上游徒贿得缉盗未消之批遍搜粮艘沿河刁棍怙恃村里乌合之众强御粮行部官亲身而目击之非不执有三尺彼借口差委将解诸院道实繁有徒将发问该管有司又非所属之吏也不过稍加督责否则惟听饱其欲去矣即去已羁程数十里矣甚至关闸之间止司启闭商贾攸往一见粮艘无禁而生禁必得重贿以导之行则觊奇货而思居不啻布无赖之人也是处处皆北运之强御何如重部官之权俾得直陈军丁强横诈害之状以为军官殿最备两台考察之一端则军官自为制以民粮分入军帮可以一府之民粮合入军帮亦可也至关闸为扰彼自以官品偿之若棍徒为梗则有司之不自戢其宇下也在两台一传示而有司禁之自止由是运官更时其起居审其风波无怠无急则众役无险危之苦自无死亡之患也何谓前有所畏避而不欲先也苦莫苦于守冻彼何敢后而忘其苦意必较守冻而苦又甚焉者矣盖守冻临济每名打点不过五十金而一至河西天津之间则内监以起车为例所费不赀每名非二百金则百五十金也照顾不及搀和水土窃取米数且有连车推入私室者矣且有抢夺近地而无人问之者矣且又日亩月运不及其半而春融冰解数万可旦暮至者矣即部院布以宽政或车十之一或始议终免而一闻起车之议则一番催促一番打点未几而催促随之是以起车为虚名而吏书受实利先至者首被害也何如守冻远者用五十金而不惊其心也且勿论往岁即今之役议起车者数矣民之私用不知其几而所车不过二千石不识内府何以支其虚以待冰泮之际哉似不如永裁起车之利以塞吏书口实则各役无陆运之费争脱守冻之苦又何乐栖栖河上踰岁而不得至也然愚又有说焉白粮之弊国家利于早各衙门吏书利于迟迟则安受守冻之金故先至者非起车别无苦之之术矣甚至交纳衙门及一切保识

欲借先至之人开增例之端势不得不倍加摧抑而使之遂所求也所以然者何也彼皆视条陈为虚文徒指弊立法而事竣之日无人据往议而按其实信其赏必其罚是以小人无忌指弊而弊在立法而法亡矣使诚能悉粮解始末之苦则人人踊跃而前未离本地所省已多然后照往岁有司扣除水脚之数改造粮船如漕船式则不数年可造轻舟数十白粮未有不早供公家之需而勿重烦庙堂之议也

戍海篇　倭亦名日本其国西南至海东北大山地分五畿七道三岛即班固书所云会稽海外有东鳀人者是也其人魋头断发跣足轻生好杀多狡谋喜为盗贼汉唐来通贡中国未闻入犯后至宋沿海开市舶径道益通元人承之奸阑出入者寖多勾引广于是患始兴先是元至大中有倭泊庆元焚掠衅蚤兆矣而国家初平海内所殲灭群雄方若张皆在海上故部党逋诛不能出者则窜而之海岛纠群倭入寇掠以故警之发乃在开国时高皇实录载洪武二年倭犯山东淮安明年犯浙东福建其五年寇我澉浦杀略人民而长老亦言洪武四年有海民沈保童用竹筏载倭登掠海盐事县首被倭患如此上念区寓新奠海堧独婴虿毒亟遣帅巡御又即家起信国公和相视并海要害筑城置卫所统官军各占信地戍守其法甚备于是盐之卫所始建一曰海宁卫指挥使司在县城内一曰澉浦守御千户所在澉浦镇一曰乍浦守御千户所在乍浦镇今析属平湖二所隶卫卫隶浙江都指挥使司以内隶于左军都督府有烽堠有寨凡五十有七联布海岸南属之海宁所北属之金山卫境汛月各以军五人守之瞭海洋船火报声息有战船为大青为风尖为八桨凡七十有二其五百料者以军百人驾之汛月出海洋巡倭大汛二三四五月小汛九十月此五月风多从东北来倭入犯易也之三城鼎足称重其后澉有小警旋就晏宁先臣郑晓曰洪武末年海中方张诸逋贼壮者老老者死以故沿海郡县得休息谓此也永乐中益严汛守其七年有沈家门远哨之议沈家门在定定海洋外舟山普陀间往倭人入贡每泊船于此信国经理时因立水寨防御至是调卫所战舰协哨盖欲聚重兵一处壮两浙声援然此山去东浙为近去西浙实千里而遥非本卫冲要必守之地洪熙元年巡抚浙江右布政使周干请撤归近海各守信地宣德初行在兵部又以为言皆未果撤至正统间倭警作频年寇大嵩寇桃渚且寇我乍浦者再朝廷命侍郎焦公宏巡视海防因渐有厘改焉先是卫五所并在卫署至是以乍浦新中患所军单弱奏调后所移署乍浦城贴守其北十里梁庄堡地尤冲增拓为城以指挥一人统官军戍焉【徐泰曰浙西并海之地海盐为要海盐乍浦为要乍浦当西海口可泊往往致寇国朝既设守御所正统间倭夷登岸吏兵不能支故复以后所协守至今海口梁庄等岩岁必专官设备监往事也】而澉浦所亦调湖严海宁三所军遇汛协防添筑二所城及县城南北二瞭望台并省烽堠与寨为三十七所其沈家门戍亦以其时撤回增设骑操马一百五十四疋传递塘报在海岸设防而战舰则减为小尖哨船二十备乍之西海口不复远汛申饬虽详事稍异开国时矣成弘而后海上久无事罢三所之戍澉者诸弁寝尚文雅绌言兵军亦服四民业者多虚尺籍【大司马谭公纶有云自昔卫所空虚徒存尺籍非真无军也家道殷实者读书求举而外往往纳充吏承其次赂官出在为商其次业艺其次役占其次搬演杂剧又或通同卖放回附近原籍岁收常例皆不操守至于补伍食粮则反为疲癃残疾老弱不堪之辈军伍不振战守无资弊皆坐此至于逃亡故绝此特其一节耳】至嘉靖中海船废尽马额亦减武备衰耗极而倭变适大作初国家彷宋元遗制开市舶宁波嘉靖之二年因是有宋素卿宗设之关既而革舶司禁番船往来顾不能尽如禁率泊近岙私与内豪市内豪更狡积渐赊负弗偿诸奸商益雠愤起为贼勾倭人沿海寇犯不休朝廷为设巡抚及总制大臣兼辖浙直福督剿若朱公纨王公忬张公经李公天宠及胡公宗宪先后来莅师而卫所军不堪用则募民为兵用之兵制因大变【都督万表云向来海上渔船出近洋打鱼樵柴无敢过海通番近因海禁渐弛勾引番船纷然往来海上各认所主承揽货物装载或五十艘或百余艘成群合党分泊各港又各用三板草撇脚船不可胜计在于沿海兼行劫掠乱斯生矣自后日本暹罗诸国无处不到又诱带日本岛倭奴借其强悍以为护翼徽州许二住双屿港最称强后被朱都御史遣将官领福兵破其巢穴焚其舟舰擒杀殆半就双屿港筑截许二逸去王直亦徽州人原在许二部下管柜素有沉机勇略人多服之乃领其余党改住烈港渐次并杀同贼陈思盼柴德美等船伍遂致富强以所部船多乃令毛海峰徐碧溪徐元亮分领之因而海上番船出入关无盘阻而兴贩之徒纷错于苏杭近地之民自有馈时解馈酒米献子女者自陷黄岩屠霩衢而其志益骄其后四散劫掠各通番之家则不相犯人皆竟趋之杭城歇客之家贪其厚利任其堆货且为之打点护送如铜钱用以铸銃铅以为弹硝以为火药铁以制刀枪皮以制甲及才帛丝绵油麻酒米等物无不赍送接济而内地之人无非倭党矣按郑晓吾学编日本考言海寇之起由于内豪赊欠其货因而雠

愤劫掠据万都督所云又起于自相防卫自相吞并遂尽变为盗贼合观两说当时寇起之原始尽】先时浙有把总四临诸卫即选卫指挥充之至是分六总改钦依以都指挥体统行事重其权浙西者曰海宁总驻乍浦【海防类考云两浙原有考选把总四员分为定临观一总松海昌一总金盘一总海宁一总嘉靖二十八年分定海临观为二总松海昌国为二总共六总三十六年以六把总事权不重题奉钦依以都指挥体统行事始由朝授焉】先时设总督备倭都指挥临各总列御都司至是以都司权轻设总兵定海节制两浙别设参将四奉敕统领六总浙西者曰分守嘉湖参将驻县城【海防类考云洪武三十年设总督备倭都指挥一员于都司统沿海各把总嘉靖三十一年倭变以督阃权轻策应不前添设参将驻定海三十五年复设总兵官于定海改参将于临山总督备倭都司裁革寻设杭嘉湖及温处台金严参将共四参分守统御而定海总兵居中调度节制各参总焉会兴云嘉靖三十二年添设杭嘉参将三十四年改为嘉湖参将三十五年改设专驻海盐建置年岁较类考尤详】先时有海道副使兼巡两浙已分设参政理浙西至是复增设副使备兵杭嘉湖名其兵之区曰嘉兴区用上承督府下监本区之总恭驻郡城【海防类考云巡视海道旧制以侍郎都御史领之洪武三十年后始领于按察副使嘉靖初年驻省城遇汛巡历全浙沿海地方二十三年驻台州二十七年改驻宁波仍巡历沿海至三十二年间以倭变始添设杭嘉绍台名府兵备而海道所辖止宁绍区矣添设参政事类考不载惟景泰旧志云正统七年倭奴登乍浦初设布政司参政一员奉敕专一提督海道因设分司公署又钱薇集云正统间奏设藩参一员驻札盐城理海防自刘瑾革去而经理遂泯必有所据】而陆兵则郡城设五营县城设二营乍浦二营澉浦一营合十营营各五百余人【遇汛分派沿海循塘拒守汛毕仍守城池】水兵郡城亦五营营之人数同陆营【平时截守郡境水港遇警听调邀击】而海上募福苍船七十七艘兵二千余人立海盐乍浦澉浦三关分三总戍守兼出哨羊许二山羊山至许山一潮许山至乍浦亦一潮倭来至陈钱山合艅自陈钱至羊山复占风分艅犯浙直故羊许尤浙西门户永乐时哨沈家门则已远正统时撤而泊乍之海岸则已近惟哨羊许于浙西海径有合尔【海防类考各区战船先年俱于卫所食粮旗军内选驾海宁总计二十只后损者不修缺者不补嘉靖三十一年倭变船无可用海宁总改募福苍等船七十七只官为给税】至其佗征调客兵如坑兵邳兵漳兵广东山东兵狼土兵及横江乌尾船兵往来游击者又不在前所设营哨数【坑兵处州守银坑之兵刘大仲尝统五百人守盐屡有战功后败殁邳兵参将汤克宽家丁也守城却敌甚得其力时凡三百人漳兵漳州兵参将卢镗张铁部下皆有之倭中多漳人战时兵有与贼通败事者广兵三十五年调至守盐一千二百人山东兵故老言三十四年尝调至宿城外掠奸索食不减于贼广西田州狼兵亦三十四年调至土妇瓦氏率之过盐进擒金山贼失利而归广东乌尾横江船较福船尤大三十五年调一百八十艘分拨浙直海洋在前给税海舰之外此外又有湖州水兵指挥徐行健所统有四百人然用之陆战不可晓】尝考胡公用兵时故籍岁费饷六十八万有奇而嘉兴七邑所增田亩额饷几五万搒括奇羡充饷银又不下二三万并以给本区增设兵则兵数之多可知已【宋九德倭变事略云时每田一亩出兵饷银一分三厘沿海之民膏血几尽】惟时县境大小战不知凡几砂腰新塘两战杀指挥三人【满朝马呈图采炼】千百户七人【王继隆姜梣杨臣康绶王相吕凤娥岑】孟家堰杀指挥一人全军并覆【指挥李元律与处州千户薛炯宁波百户宋应兰并死于阵时兵士死者一千四百七十五人】北王桥之战亦杀指挥一人【徐行健又指挥姚弘战于松江陶宅死】卫城澉浦再被攻赖参将汤克宽令郑茂指挥徐行健尉李茂力守得完而攻乍乍竟破城中人大半殲于后诸贼以掠饱不得去诱之伪降离解其党使自相缚以効功于是陈东叶麻綮徐海亦燔王直受饵就阱诸主名贼帅及群倭相继尽海上始就宁胡公功实多然东南郡县大抵皆残我三城四郊外民庐稀烟火欲断矣嘉靖末以警息有销兵之议始汰兵备令巡道兼摄【初称杭嘉湖兵备今以嘉湖分巡道兼摄因称嘉湖兵巡道乃驻郡城云】隆庆三年汰诸营郡城及卫所三城合留兵五营又汰海盐澉浦二关水兵留乍浦一关居平泊守临汛出哨且有抽选军丁补兵之议四年巡抚谷公中虚始定嘉兴区兵制曰陆兵凡一营五总中总守嘉兴左后总守海盐右总守澉浦前总守乍浦曰水兵一关凡四哨一哨羊山一哨许山一哨乍浦西海口一哨白塔港其哨守之规则每遇汛月各总递移屯就远以资防御中总屯海盐左总屯盐之龙王塘前总屯梁庄后总屯乍浦城右总屯澉之南海口水哨兵远出海洋各哨所占山岙南与临观海哨会北与直隶金山吴淞海哨会哨陆有筹哨水有符稽验各有法而陆兵募兵一总军兵与民壮兵各二总水兵耆舵募兵贴驾用军兵时当事者以军与民壮并元在食粮之额用以充抵民兵则兵数不亏饷数自减盖于总参新法中仍参用军伍存卫所初建意兵制有变而得其善者此制也【海防类考云倭乱时两浙召募陆兵不下十万余续因减免饷银议将水陆募兵渐

次汰减选取民壮弓兵军兵抵用至隆庆四年督抚军门谷题准各区水陆官兵内嘉兴一营五总募兵一总民壮军兵各二总海宁总水兵留用民捕耆舵兵九百一十五名加添军兵五百二十三名谓之贴驾军是以饷数减除而兵数反加足敷防守又王兵宪樵檇李记曰自倭乱平三关改为四哨白塔港为一哨兵船九艘哨官一人领之乍哨为一哨兵船八艘参将中军把總领之许山为第二层门户立为一哨用苍船二艘沙船小哨船叭喇唬船共十六艘水兵把总一员领之以羊山为茅一层门户立为一哨用船如许山之数以备倭把总亲督领之据此则当时船亦减为五十三艘数有可稽者民壮始于正统时后正德中每县额十人寻又定为每里一人初为力差嘉靖五年工食派秋粮中带征始有额饩会典隆庆四年题准浙江通省额设民壮除留看守各府州县城池库狱外其余征收工食挑选精壮之人设立队伍听各该总参都把总官与军兵合营操练县旧志隆庆三年以兵饷缺乏奉文议革民兵在于海宁卫并澉乍七所军兵挑选足数各总以海宁卫指挥统领哨官以各所百户统领军兵粮在于军储仓本折关支】万历初水兵贴驾者复改用民兵仅存军兵之半【军院方议革水哨军兵一百八十名募民兵补之在万历二年】时以倭警久息始裁五总中哨又裁白塔港哨船之半不数年釜山见告海上复修备旧所裁者多补又有乍浦地尤冲兵止一营为弱增设军兵一总名左营而称旧左总为中左营旧中总为标营汛时左营屯乍后营改屯龙王塘南标营自守郡城听调发移屯之规稍变其黄道关旧置澉浦关处亦增设哨船以白塔港为中游左哨此为中游右哨而每遇汛期督抚军门檄嘉湖兵巡道同分守参将督发兵船出戍海洋督抚则间岁一亲行焉【陆兵练习每总以中哨三队习鸟统每什以二人习刀牌二人习狼筅四人习长枪二人习钩镰短枪暇时俱习弓弩临敌鸟铳冲阵则刀牌手护之刀牌手冲阵则长枪手护之弓弩枪镰手冲阵则狼筅手护之长短必相间而进而火器尤利于用其各营百子铳鸟铳火药火绳铅弹喷筒及水哨发船税本区嘉靖中贡将军铣佛郎机之类皆官银造发各有成额所募福苍等船皆官为给税隆庆后改为官造官修以致侵克弊多不堪经久万历二十五年议令各捕预领税银自造充为私船庶免他弊定限三年燂洗四年轻修五六年重修七年折造遇修造年分船兵照限放班舵兵改食兵粮扣省余饷抵凑船税今计各船每年每只税银福船七十四两三钱四分苍船二十四两沙船内一等二十五两二等二十二两小哨船一十二两唬船四两本区船税共该银一千一百二十二两六钱八分其银于嘉兴府额派料银并扣省月粮银内支给网船系各队兵自造自修例不给税按福船中为四层高大如楼敌舟小者相遇即犁沈之沙船能调戗使斗风苍山船有二层隘于福船而阔于沙船用之冲敌颇便而捷叭喇唬底尖首尾如一旁有十桨破浪如飞尤便追逐哨探之用】

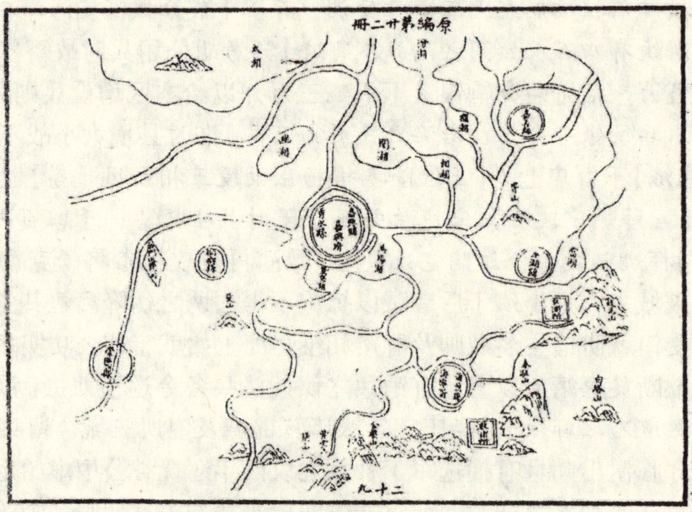

绍兴府志军制

嘉靖初巡视海道副使驻省城巡历全浙沿海二十三年移驻台州二十七年改驻宁波三十年后地方多事分守参议驻绍兴寻改副使整饬兵备称兵巡道隆庆二年以海道兼理宁绍兵备绍兴仍以参议分守　先年浙江沿

海原设总督备倭都司一员考选把总指挥四员统辖卫所而分定临观为一总嘉靖三十八年分守定海总临观总全浙共六总三十一年添设参将一员驻定海分守宁绍等处三十四年贼破临山卫则添设总兵官一员驻临山三十五年移总兵驻定海而恭将驻临山专统陆兵三十六年六把总俱授以都指挥体统行事隆庆二年参将改驻舟山专统水兵以定海游兵把总调临山领陆兵万历十二年裁革陆兵把总俱属临观把总统辖驻临山

兵部尚书谭公纶昔为海道副使尝建议云卫所官军既不能杀贼又不足自守往往归罪于行伍空虚徒存尺籍似矣然浙中如宁绍台温诸沿海卫所环城之内并无一民相杂庐舍鳞集岂非卫所之人乎顾家道殷实者往往纳充吏承其次赂官出外为商其次业艺其次投兵其次役占其次搬演杂剧其次识字通同该伍放回附近原籍岁收常例其次舍人皆不操守即此八项居十之半且皆精锐至于补伍食粮则反为疲癃残疾老弱不堪之辈军伍不振战守无资弊皆坐此至于逃亡故绝此特其一节耳今可委贤能有司同该把总官往各卫所督同掌印等官不必论其伍分先核城中街巷计有若干每街每巷共有门面若干户分格眼纸一张谕令自开房屋几间男妇几口某系精壮某系老弱至于釜灶床铺若干亦俱实开贴于大门上乃各委官持簿籍领各伍官旗沿街履户逐一面诘该管官旗有无隐漏并执结明白然后比对户口文册庶几可得十之七八于是取其见在人数通行挑选精壮者存留食粮老弱不堪者通行革退即以户丁精壮余丁选补如果在营故绝无丁者除本省地方照旧行勾外其它省人民屡勾无解者不必驾言单勾即查照近例严选别户精壮余丁补伍至于充纳吏承违例役占者通行禁止其卖放逃出外行商业艺投兵搬戏及隐容在籍收取常例等项俱责令该管官旗及家属人等免其前罪通行勒限招回一体选补务使食粮者皆精锐之士无复以老弱充数不食粮者照依保甲之法编定守城如百姓守城之例不得以无粮籍口该管守旗招徕补充至五分以上即量行奖赏其有仍前纵容卖放者掌印及诸伍官旗听各道从实查参轻则问罪降级重则绑解军门治以军法如此庶军政可肃战守有人不至临时纷纷请兵矣自嘉靖三十一年以来两浙召募陆兵不下十万近年渐次汰减选取民壮弓兵正军抵用在绍兴募兵民壮军兵各一总临觀总留用民捕耆舵兵五百二十四名加添军兵二百三十九名并原用军兵一百二十一名万历二年加复临观总民兵一百四十三名【今查总数不甚合】倭乱之后民财竭矣减兵而选军盖取足于正例原在食粮之额虽加至一石比之全给兵饷者已省矣乃日久弊生正数逃亡余兵夤缘补役月给之储与民兵无异且强悍难制是以又有复民之议云训练之法临观一总水兵每春防汛毕六月中兵船收港七八两月留舵稍守船俱听把总督同哨官在定海卫教场至九月初上船防遇小汛十一月中起至来年正月止俱在定海关水寨同定海总三日一次训练临山营陆兵每年汛期调发沿海防守听把总督同卫所官与宁波兵合营训练汛毕回营遇三六九日临山把总自行训练水兵长技军火互用如贼船离远则以鸟铳百子铳发贡为先贼船逼近则以长枪镖箭藤牌为便各派器械泊守本境遇掣与陆兵齐操陆兵长技长短相济中哨三队俱习鸟铳每什以二人习刀牌二人习狼筅四人习长枪二人习钩镰短枪暇时俱习弓弩如鸟铳冲阵则刀牌手护之刀牌手冲阵则长枪手护之弓弩枪镰手冲阵则狼筅手护之兵制之常经也

哨探之规各区官兵分拨小哨叭喇唬网船轮流远出外洋往来哨逻仍与邻近兵船交相会哨烽堠拨军瞭望遇有警急通行飞报其出哨者抚台有单汛兵皆会哨取单宪司仍刋刷哨符发各总照依派定处所给符往来会哨交符俱填发日到日时刻汛毕简核不许近洋交单其沿海烽堠台寨置立循环哨筹每日南北各递发一筹彼此循环毋分雨夜逐墩递送传报有无声息责令陆路官置簿登记递到筹号姓名曰时每五曰类驿飞报各将领皆亲督兵船出洋哨探遇贼船经由信地即从实飞报某处贼船几只大约贼有几何传报邻境分投防御应援即急督官兵相机夹剿其远哨兵船见贼即报不拘定信地其虚张声势及望风轻报者覆实治罪若贼在洋抢掳而隐匿不报者处以军法

沿海渔税　永乐间以渔人引倭为患禁帆寸板不许下海后以小民衣食所赖遂稍寛禁嘉靖三十年后倭患起复禁革三十五年总督胡宗宪以海禁太严生理日促转而从盗奏令渔船自备器械排甲互保无事为渔有警则调取同兵船兼布防守先是巡盐御史董威题定渔船各立一甲头管束仍量船大小纳税给与由帖方许买盐下海捕鱼所得盐税以十分为率五分起解运司五分存留该府听候支用每年三月以里黄鱼生发之时各纳税银许其

结䑸出洋捕鱼至五月各令回港万历二年巡抚都御史方弘静复题令编立䑸纲纪甲并立哨长管束不许搀前落后仍拨兵船数只选惯海官员统领于渔船下网处巡逻遇贼即剿说者曰海民生理半年生计在田半年生计在海故稻不收者谓之田荒鱼不收者谓之海荒其淡水门海洋乃产黄鱼之渊薮也每年小满前后正风汛之时两浙渔船出海捕鱼者动以千计其于风涛则便习也器械则锋利也格斗则敢勇也驱而用之亦足以捍敌缉而税之尤足以馈军向乃疑其勾引而厉禁之遂使民不聊生潜逸而从盗矣故缉名以稽其出入领旗以辨其真伪纳税以征其课程结䑸以连其犄角而又抽取官兵以为之声援不惟听其自便为生且资其捍御矣岂其取给于区区之税以助军兴之万一耶

说者曰剿倭之策海易陆难然水战又以犁沈贼船为上计缚贼次之陆战以摧锋陷阵为上计斩获次之惟重水战之赏则贼不得登岸边民不知有兵四境晏然矣此海防要策也

山阴柯桥西去府城三十里水汗漫多支流破深堰曲难以屯兵利主不利客

三江闸北去府三十八里山会萧赖此蓄水宜防守

古博岭西南去府城四十五里与诸暨枫桥接壤国初胡将军大海克诸暨自兹路来戡越郡嘉靖三十三年倭夷扰山阴亦由枫桥进山间寇盗俱由此入境旧有枫桥巡简司今基址尚在似宜复设

抱姑堰西去府城五十二里上连镜湖下接小江

会稽曹娥埭东去府城九十二里江水湍急隔断两岸逼江而营利守不利战

石堰东去府城三里诸水之会可驻兵卫城

驻日岭西南去府城八十里诸暨界元末裘廷举聚乡兵处

萧山西兴镇西去县城十里逼钱塘江险宋时有寨

新林铺东去县二十里宋时有寨

黄岭巘下贞女三镇西南去县一百里唐刘汉宏尝分兵据守钱镠击破之

诸暨长清西南去县城五十里元时有关

阳塘西去县城五十里元时有关

湖头铺南去县城五十里元时有巡简司

管界东去县城八十里唐宋有寨

五指巘西南去县城六十五里国初李将军文忠筑新城拒谢再兴

余姚李家闸东南去县城三十里是四明东门元时有巡简司

梁弄西南去县城四十里人烟凑集亦一巨镇是四明西口

筀竹岭西稍南去县城三十里与上虞接境

上虞梁湖西去县城三十里是曹娥江东岸

百官渡西南去县城四十里亦邻于江唐时旧县址

縻家山东南去县城四十五里元时有巡简司当三县界地甚僻

佛踪山西北去县城四十里宋元有寨

智果店东北去县城十五里

清风岭北去县城四十里

白峰岭西南去县城八十里唐宋有长乐寨元有巡简司

三界北去县城六十里

新昌黄罕岭北去县城五十里其地形可入而难出唐王式败裘甫于此

三溪渡西去县城十二里唐裘甫败三将处

关岭东去县城七十里接天台界以上皆内地宜设备者也

三江所不滨于海地滨稍缓然去省城八十里海上有警烽火于此通焉嘉靖三十五年倭寇突犯攻城我兵敌退

临山卫坐当冲要东接三山西抵沥海嘉靖三十二年倭贼攻陷

沥海所东卫临山西捍黄家堰

三山所界于临观之间东西策

观海卫三山为右翼龙山为左翼居中节制应援地属慈溪而辖于绍兴犬牙势也不欲以全险与宁波也

龙山所北对金山苏州大洋东对烈港

伏龙山独临海际去所仅十里乃贼船往来必由之路临观一总之咽喉也封守慎固省城安枕而卧矣地属定海嘉靖三十四五年间倭贼屡登犯

金家岙丘家洋连界东对烈港海洋北望洋山三姑大洋嘉靖三十六年倭舶盘据月余为我兵所捷若突腹里由鴈门岭凤浦湖一带至慈溪县直抵宁波府极为险要今汛期拨标兵分哨若渔船下海捕鱼则轮拨临观兵船一枝系泊澥浡海洋盘结奸细

关四三江所一曰大闸关观海卫三曰丈亭曰长溪曰柱湖

隘六临山卫三曰泗门曰乌盆曰化龙　三山所一曰眉山　沥海所二曰施湖曰四汇旧以二处海水冲激夷船易泊特立寨委官一员旗军五十名守之今废

敌台四三江所一曰蒙池山　临山卫一曰罗家山　沥海所一曰西海塘　龙山所一曰龙山

烽堠三十七三江所六曰航乌山曰马鞍山曰乌烽山曰宋家溇曰周家墩曰桑盆

临山卫九曰赵岙烽堠曰乌盆曰庙前曰荷花池曰方家路曰道塘曰周家路曰四门曰夏盖山　沥海所三曰槎浦曰胡家池曰樋树

三山所八曰历山曰眉山曰徐家路曰撮屿曰胜山曰蔡山曰吴山曰浒山观海卫六曰向头曰？誓曰西陇山曰新浦曰古窑曰西陇尾

龙山所五曰龙头曰龙尾曰石塘曰青溪曰施公山

寨一萧山县曰龛山寨扼钱塘江下流实郡西臂嘉靖三十二年贼登犯三十四年复殲贼于此彼时尝置寨焉有委官一员军一百名守之今裁革

厂一曰矿山厂

以上皆海岸宜设备者也

浙江沿海先年原有战船五百四十八只内有四百料【用军一百名】二百料【用军七十五名】八橹风快铜斗高把梢十桨【用军五十名】风快【用军二十名】等项名色俱于卫所食粮旗军内选驾后因驾哨不便损缺不修补嘉靖三十一年来临观改募苍山平底船一百二只嘉靖三十五年又调广东乌尾横江大船一百八十只分拨浙直海洋哨御后临观总又议定福苍沙渔叭喇唬船二十八只【内细数见前俱系私造给税福船以钞尺自面梁为界每尺税银一分苍船二十四两沙船并铁头船十九两小渔船十六两小哨船梁头一丈以上者十二两八九尺者九两五钱叭喇唬船四两每年共该给银六百五十五两四钱又闰月银三十三两五钱将绍兴府额征民六战船料银五百二十六两五钱并临观二卫军兵扣抵战船粮银及各总造船停支税银辏给】旧例三年小修六年重修九年拆造今改为一年二年熚洗三年轻修四年重修五年拆造【私税兵船每年出海防过大汛不准借税俱令该管捕盗自修出防小汛回关福船拆造限六十日行府量借税银三十两重修限四十日量借税银一十五两轻修限三十日不准借税苍沙渔船拆造限五十日苍船借税二十两沙渔船借税一十五两重修限三十日苍船借税十两沙渔船借税八两轻修限二十日苍沙渔船俱不准借税小哨叭喇唬船拆造限二十五日小哨船借税五两叭喇唬借与年给税银三两重修限十五日轻修限十日不准借税其口粮捕盗者民队长照旧全支造修限内将舵工暂改支给兵粮帮工拆造福船与帮工民兵五名军兵五名苍渔船各民兵四名军兵四名沙船民兵三名军兵三名小哨船民兵二名军兵二名叭喇唬船原无军兵贴驾止准民兵二名其余民兵薪水俱行停止不给其重修轻修止准捕盗者民队长口粮一名余兵俱行住支不准帮工之例各船税银自拽船上坞之日住扣所借税银限一年之内扣还船若过限不完捕兵口粮截日住支船完出水开支通限正月十五日齐完】说者曰探哨莫便于刀舸冲犂必资于楼舰福船形势巍峩望若丘山建大将之旗

鼓风行瀚海扑贼艇如鹰鹯此海防第一法也然而转折艰难非顺风潮莫动或造作脆薄又苦飓浪难支惟利深洋耳若小哨叭喇唬之类则追勦便捷易于趋利故好事材官遂为小船当增大船当减且云于料作为省岂知小船止利于零贼之追捕而不利于大举之仰攻岂可因噎废食耶

浙江通志

……且又往时运道一在湖中一在江海上在湖中者东自曹娥循湖塘经城南至西兴在江海上者宋都钱塘时凡闽广【漕运】入钱塘者必经绍兴北海上凡塘下泊处辄成大市今皆废矣

宁波府志海防书　祖宗之制于边海郡县经营控制为备盖至严也语形势之远起辽海而终琼崖考浙之东西首澉乍而达蒲壮吾郡南达台温北连溟渤并海几六百里置卫者四曰观海曰定海曰昌国而宁波卫则附于郡城卫之隙置所者十曰龙山曰穿山曰霩衢曰大嵩曰钱仓曰爵溪曰石浦前后所舟山则悬峙海中而中中中左二所在焉所之隙置巡简司一十有九曰螺峰曰岑江曰岱山曰宝陀【四司环置舟山之四面隶宁波府】曰甬东曰大嵩【隶鄞县】曰松浦曰向头【隶慈溪】曰鲒埼曰塔山【隶奉化】曰长山曰穿山曰霞屿曰管界曰太平【隶定海】曰爵溪曰陈山曰石浦曰赵岙【隶象山】莫不因山堑谷崇其垣墉陈列兵士以御非常复于津陆要冲置为关隘曰东津曰西渡曰桃花【隶鄞县国初皆置船防守后裁革今复置列兵船以备倭寇冲突】曰定海关【在南熏门外最为冲要旧制额设指挥一员旗军五十名盘诘舟航以防奸细官哨战船亦泊于此今增协守民兵福苍大小战船悉为停泊】曰舟山关【旧制额设官军盘诘停泊战船今增置福苍等船防守】曰丈亭关曰长溪关曰杜湖关曰石浦关凡九曰湖头渡寨【今迁塔山巡简司于此】曰竹头寨曰长山寨曰小浃港隘曰青屿隘曰碶头隘曰钱家隘曰梅山隘曰慈岙隘曰横山隘曰螺头隘曰破齿隘曰小沙隘曰沈家门水寨曰路口岭隘曰岱山隘曰大展隘曰何家缆寨曰仁义寨曰赤坎山寨曰黄沙寨曰松岙寨曰土湾寨曰南堡寨曰游仙寨凡二十有五皆屯兵置舰以为防守其中若定海关丹山关湖头渡寨沈家门水寨游仙寨南堡寨小浃港隘最为要害自昔至今尤致严焉定海置烽堠一十三穿山烽堠十霩衢烽堠六大嵩烽堠六舟山烽堠二十五观海烽堠六龙山烽堠六昌国烽堠三石浦烽堠二钱仓烽堠五爵溪烽堠四咸设旗军以瞭望声息昼烟夜火互相接应若霩衢之三塔山舟山之朱家尖矗峙最高所望独远故设总台多拨旗军戒严尤至设总督备倭以公侯伯领之巡视海道以侍郎都御史领之【洪武三十年以后总督领于都指挥海道领于宪臬】定临观三卫设一把总指挥松海昌三卫设一把总指挥金盘二卫设一把总指挥海宁卫设一把总指挥分方备御各有攸司海上诸山分别三界黄牛山【在慈溪县北大海中与海盐县海洋为界】马墓长涂册子金塘大榭兰秀剑山双屿双塘六横韭山坛头等山为上界滩山浒山羊山马迹两头洞渔山三姑霍山徐公黄泽大小衢大佛头等山为中界花恼求芝络华弹丸东库陈钱壁下等山为下界率皆潮汐所通倭夷贡寇必由之道也前哲谓防陆莫先于防海沿边卫所置造战船以定临观三卫九属所计之五百料【止定海港一只】四百料二百料尖等船一百四十有三昌国卫四属所四百料等船六十有七量船大小分给兵仗火器调拨旗军驾使而督领以指挥千百户每值风汛把总统领定临观战船分哨于沈家门初哨以三月三日二哨以四月中旬三哨以五月五日由东南而哨历分水礁石牛港崎头洋孝顺洋乌沙门横山洋双塘六横双屿□□□乱礁洋抵钱仓而止【每哨抵钱仓所取到单并各处海物为证验】凡韭山积固大佛头花恼等处为贼舟之所经行者可一望而尽由西北而哨历长白马墓龟鳖洋小春洋两头洞东西霍抵洋山而止【哨至亦取海物为验】凡大小衢滩浒山丁兴马迹东库陈钱壁下等处为贼舟之所经行者可一望而尽即由此南通于瓯越北涉于江淮皆以南北两洋为要会而南北之哨则以舟山为根柢昌国战船南哨则抵于松门北哨则抵大嵩分哨之期有同于三卫而与松海哨船别统于把总至六月哨毕临观战船则泊于岑港定海战船则泊于黄崎港昌国战船则泊于石浦关【海中至六月十二日为彭祖忌飓风大作舟必避之】仍用小船巡逻防守备至密也今日之倭奴更不可以春汛期【自三月至五月为汛期六七八月风潮险恶舟不可行九十月小阳汛复可渡海亦有停泊海岛乘间而至者故今四时防倭也】而备御宜益加严矣皇上轸念元元震耀神武命将兴师以诛不庭举祖宗之旧章而振饬恢弘之设总督直隶福浙军务大臣及巡抚都御史命卿佐以督察军务督视军情【三十四年命工部尚书赵文华督察军务三十八年命右通政唐顺之督视军情】以藩臬分任兵备调发广东横江乌尾船二百余艘改造福清船四百余

只【停造五百料等船于军四民六料银增给价值改造福船】雇税苍沙民船复数百只召募福建两广邳徐山东松潘保靖永顺桑值麻辽镇溪大康及苍处等兵不下十万敕镇守总兵驻札临山【今改札定海责任与巡抚同】协守副总兵驻札金山【今改札吴责任与巡抚同】参将分守各府【杭嘉湖一参将宁绍一参将台州一参将温处一参将责任与兵备同】把总统辖诸卫【旧制四把总今分为定海为昌国为临观为松海为金盘为海宁六总裁去备倭总督而各把总俱以都指挥体统行事】复有游击游兵统兵等职以督水陆之兵【皆题奉钦依以都指挥领之】一时任事之臣非不摅殚谋画务底安攘而豺豕日繁烽烟未靖者盖以蹊径日开而告急者多则疲于奔命庾帑日匮而资用者之则窘于设防粮饷不时而冻馁者众则怯于应敌主兵不实而召募者多则难于行法此皆用兵之大患也试举目前之事筹之倭奴入寇自彼黑水大洋舟行一二日抵天堂山复一二日渡官绿水抵陈钱壁下渐经浊水西北过步州洋乱沙入盐城口抵陈可犯淮安入庙湾港可犯扬州再越而北则犯登莱矣西南过韭山大佛头积固山入黄华港可犯温州入桃渚海门松门诸港可犯台州再越而南则涉闽广矣正西过茶山入瞭角嘴大江口涉谷椟狼福山诸港可犯通泰瓜仪常镇过马迹滩浒羊山历崇明七丫白茅刘家河吴淞黄浦白沙湾诸港可犯苏松过大小衢徐公石塔山马鞍山登梁庄西海口西嘴头可犯嘉湖入鳖子门赭山钱塘江则薄于省城登龛山乌嘴头可犯萧山县过渔山两头洞三姑山入蛏浦三江可犯绍兴临山沥海三山过霍山洋五屿烈港表登掘泥乌山平石则薄于吾郡之观海龙山慈溪登丘家洋官庄龙头则犯定海之西北界过岱山长涂兰秀山剑山登干大小展则东北一面可入于舟山过乌沙门顺母涂登沈家门谢浦则东南一面可入于舟山过大小干山十六门岙山盘屿登关山螺头则西南一面可入于舟山过东西肯长白礁马墓港册子山登岑江碇齿则西北一面可入于舟山由舟山之南经大猫洋入金塘蛟门则竟趋于定海城下过穿鼻港入黄崎港则犯穿山过崎头洋双屿入梅山港则犯霩衢过青龙洋入大嵩港则犯大嵩由东西厨入湖头渡则犯奉化县及象山县之东界过韭山海闸门乱礁洋登蒲门则犯钱仓所过青门关登白沙湾游仙寨则犯爵溪象山之南界入石浦关则逼石浦城与昌国卫宋时尝于招宝山抵陈钱壁下置十二水铺以瞭望声息在当时已病海气溟蒙风雨冥晦难于接应今浙直兵船督领于游兵把总等官谓宜自春历夏及小阳汛期直隶船北哨至茶山瞭角嘴海洋【江北淮扬沿海复设总参游兵等官督领兵船哨守各洋港】南哨至羊山马迹滩浒衢山等处【苏松常镇兵船于游兵外又分别枝哨守各洋港】浙船南哨至镇下门南麂玉环乌沙门普陀等山【温台兵船又分别枝哨守各洋港】北哨则交于直海【宁绍兵船于游兵外又分一枝哨守马迹一枝哨守两头洞一枝哨守衢山一枝哨守长涂一枝哨守普陀】陈钱为浙直交界分路之始复交相会哨远探穷搜遇有贼舟即为堵截驰报内境俾为预防复于沈家门列兵船一枝以一指挥领之马墓港列兵船一枝以一指挥领之把总则驻札舟山兼辖水陆而总参标下各选练精兵三千以听征剿定海则屯聚重兵屹为巨镇贼或流突中界则沈门马墓兵船迤北截过长涂霍山洋三姑与浙西兵船为犄角而吾郡之北境可以无虞迤南截过普陀青龙洋韭山青门关与昌国石浦兵船为犄角而吾郡之南境可以无虞贼或流突上界则总兵官自烈港督发舟师北截于七里屿观海洋而参将自临山洋督兵船为之应援南截于金塘大猫洋崎头洋而石浦梅山港兵船为之应援则沿海可以无虞是故今日之海防会哨于陈钱分哨于马迹羊山普陀衢山诸处为第一重出沈家门马墓之师为第二重总兵督发兵船为第三重巨舰云驰倭夷之舟航弗与也火器飚发倭夷之短兵弗与也以我之众制彼之寡以我长技制彼短技折蛇豕之势而免内地震惊之虞斯策之上者也万一疏虞而贼得登陆由掘泥历乌山鸣鹤场逾杜湖岭入慈溪由平石历沈思桥逾孔家岭入慈溪渡丈亭走车厩稠岭寨石塘湾涉鄞之西乡可达于郡城则观海向头松浦之守不可以不严而慈溪新城之建实所以扼其冲由丘家洋越雁门岭由官庄越桃花岭由龙头越凤浦岭渡青林李溪可达于郡城则龙山管界之备与岭口把截之兵不可以不严而丘洋金岙石墙之筑实所以扼其冲由定海港可直走宁波则西渡东津梅墟桃花渡之备不可以不严而招宝山筑城设险实所以扼其冲由夏盖山走梁湖通明坝入四明梁同出樟村小溪栎社可达于郡城则临山沥海庙山之防不可以不严由四门石堰渡姚江入樟村以达于郡城则三山之防不可以不严由小沙港循长山桥鄮山桥七里店走甬东可达于郡城则港口置兵船防守【港口置铁发贡重五十斤者一座调发福船二只苍船四只防守港口添设本港民八桨船十只汛期则巡逻哨探暇则容其樵采】与甬东巡司之备不可以不严由穿山碶头逾育王岭历宝幢盛店可以走甬东则穿山横港水陆之备不可以不严由尖崎逾韩岭涉东湖可以走甬东则霩衢大嵩霞屿太平之备不可以不严由赵岙白沙湾走象山渡黄溪历仇村道陈岭入干坑横溪桃江可以走甬东则钱仓爵溪诸滨海之备不可以不严

由昌国石浦桃渚健跳黄岩宁海经铁场缸窑黄溪青岭入奉化渡蒋家浦越鄞江桥达郡城之西南则缸窑黄溪口与诸险隘之防不可以不严【近设蒲门青门锯门金井头等隘】凡此皆倭寇所经之故道为郡城根本之虑凡在事任者所当宣猷而致力也然郡之舟山故县治也四面环海其中为里者四为岙者八十三其五谷之饶鱼盐之利可以食数万之众不待取给于外初以承平无事止设二所守之军卒不过二千四百有奇而岁月既久逃亡且太半矣重以城垣低薄不足为固万一夷且生心据以为穴则险阻在彼非有劲兵良将卒未易以驱除而彼方挟其利便四出攻剽则滨海郡县容得安枕而卧乎此今日之所当首以为忧盖不止如双屿烈港之为贼窟而已也夫海防莫急于舟师合定临观昌各港福苍官民船可二百艘八桨小网船倍之今复增造福苍沙船五十只旧例船价六分则征于里甲四分则扣于军储以充造作三年则轻修六年则重修九年则拆造其价扣除于月粮变卖于钉版而仍给公帑以佐之今之造船给税又数倍于昔矣昔之出海旗军食粮八斗五斗安家三斗随行今之给饷水兵者又数倍于昔矣公私安得不困哉且昔日之水军固皆尺籍之编伍未始征兵于外方也间有老弱杂揉佣夫冒充固可简而汰也自巡抚朱纨过惩前弊谓土军积脆不振乃悉从罢免专募福清兵船用之戍□用之攻击率以亡命副掠之徒而充敌忾干城之役于时识者已谓前门拒狼后门进虎而将来之患至不可祛除矣即今分舟而伍则诡名以冒粮一或不遂即有脱巾之变奉调而行则劫掠以饱欲一或抗拒即有杀戮之惨及其临阵格贼也非其生同里闬则其素所交通之人也啖以甘言尝以隐语即倒戈而反走矣故屡战而屡北自兵兴以来以福兵而取胜者能几何哉夫习知其不可而必欲用之有御寇之名而无御寇之实此诚所谓大舛也为今之计渐罢客兵而兼用土著使久而习其扬帆捩舵之法战攻冲击之技宜无不便者况宁绍之民流亡直隶投充水兵者亦不下万计彼闽人固能施长技于浙海也浙人又能施长技于直海也归吾浙人而行于浙海又奚不可哉【此言用土人可以省募水兵】或谓今之水战止能要击去贼而于来者未能遏其锋夫来贼锐而去贼惰击惰易而攻锐难人情所习知也然击来贼者譬之扑火于方然之始火灭则栋宇可以无虞击去贼者收燎于既烬之后此其利害则有间矣自海上用师击来贼者仅一二见【戊午参将张四维擒朱家尖之寇已未总兵卢镗殲三爿沙之寇】而要去贼者亦不过文其纵贼不追之罪耳今若以击来贼之赏优于追去贼之赏以纵来贼之诛严于纵去贼之诛而当事者同心僇力急如救焚尽遏海外方来之寇则边鄙又何不宁耶【此言水战以击来贼为奇功】或谓我兵陆战每退怯而鲜成功夫倭奴常败于水而得志于陆者非其勇怯有殊也交兵海上吾特以战舰之高大帆樯之便利火器之多取胜耳至登陆而沉船破釜所以一其志也环龟自守专其力也顾能饱以饥我逸以劳我伏以伺我佯北以诱我盖其以狡狯习兵深入重地之穷寇与吾柔脆之兵相角逐胜负之数可坐而策也诚能察彼己之情即以其胜我者而胜彼握符驭众者复以威克厥爱行之宁不足以殄灭凶顽耶【此言陆战当以谋勇兼全胜】古之善用兵者必先明其赏罚故金帛之锡茅土之封非滥捐之也庄贾之诛宫嫔之僇非妄以立威也以为不如是无以驱之死地耳国家著令于败军之罚严矣【见兵律飞报军情条下】今复奏拟五等赏功之例曰论首级【凡水陆主客官军民快临阵擒斩有名真倭贼首一名颗者升授三级不愿升授者赏银一百五十两获真倭从贼一名颗并阵亡者升授一级不愿者赏银五十两获汉人胁从贼一名颗者升授署一级不愿者赏银二十两】曰论奇功【如在海洋遇贼有能要击冲沉船只或追逐登山使贼不得登岸如贼既登岸有能冲锋破阵奋其声势或追出境或逼下船使地方不致受祸或所部兵少而擒斩多者均以奇功论听总督实时具题巡按作速勘报超格升赏】曰分信地【凡守备把总及海防民兵府州县佐各有信地如贼至不能拒守致贼突入者固当律以守备不设之罪若能奋勇鏖战获有首级功罪相当者亦许湔赎若罪小功多者仍以功论如贼从别港路出境有能邀截擒斩打获船只所得货物尽行给付仍照例升赏至于故纵出入本港专图邀取贼赃者听督抚官参究重治】曰计职任【如武将自守备把总以下文官自海防民兵同知以下所领军兵民勇五百名部下临敌擒斩真倭每五名颗升一级十名颗加一级千名部下每五名颗升署一级十名颗升实授一级各以则例递升至三级而止如获功之前或以后失事革职者准收赎若总兵副总兵之与巡抚参将之与兵备水陆士卒俱听统领战守机宜俱听调度除在下有违节制者免究外其余功罪参将照所属分论兵备随之总副合所属通论巡抚随之但今经理之初暂将临山总兵分理海防金山副总兵分理陆地其功罪亦当查照分别重轻俱听总督巡按酌量时势究核情实明白具题】曰处报效【凡有官员举监生员人等督领家丁赴军门随贼截杀得获功次及仗义输粟者俱听军门及抚按官临时酌拟奏请从厚升赏以为怀忠慕义者之劝至于耆民统领沙兵或属把总或属府县官管辖者所获功次仍照部下功论拟升赏】必如是而行之则有功不至于滥赏有罪

不容于幸免而将士戮力用命矣【此言赏罚之令当严】或谓定海沿边旧通番舶宜准闽广事例开市抽税则边储可足而外患可弭殊不知彼狡者倭非南海诸番全身保货之比防严禁密犹惧不测而况可启之乎况其挟赀求利者即非脯肝饮血之徒而捐性命犯锋镝者必其素无赖藉者也岂以我之市不市为彼之寇不寇哉殷监不远元事足征当商舶未至而绝之为易贸易既通而一或不得其所将穷凶以逞则将何以御之耶今之寇边者动以千万计果能一一而与之市乎内地之商闻风胆落果能驱之而使市乎既以市招之而卒不与市将何词以罢遣之乎夷以百市兵以千备夷以千市兵以万备犹恐不足以折其奸谋我之财力果足以办此乎且市非计日限月之可期也彼之求市无已则我之备御亦无已果能屯兵而不散已乎此皆利害之较然者也乃谓可以足边储而弭外患不已大缪乎此言番船不可通是故修治垣隍慎固城守一策也编立保甲内寓卒伍一策也讥察非常严禁阑出一策也绥抚疮痍固我根本一策也此皆所以治内也修复墩堡严明烽堠一策也缮治器械查复战船一策也出哨会哨悉遵旧规一策也据险守要联络响应一策也此皆所以治外也至于练主兵而免调募之扰足财用而资军兴之需聚刍粮而给饷以时严赏罚而功罪不掩设画树防出奇应变为吾之不可胜以待敌之可胜则在中外任事之臣加之意可也

兵政书

夫吴越之人以舟楫代舆马以江海为坦途伍员对阖闾以舟军之教比陆军之法大翼当陆军之车小翼者当轻车突（中缺）行楼车走舸者当轻走骠（中缺）为长技以火攻为要术乎旧制官哨战船势钝而难进铜銃碗口力疏不足以及远迩乃更用福苍等船即大小翼楼船之遗制用八桨小渔船以突冒周旋其轻捷视骠骑以发贡佛狼机代炮石以鸟嘴铳代大黄参连弩而奋迅著物无坚不碎

生员丘绪东钱湖议

……而所去茭葑必募船装载出湖直至江浒交卸差其船之大小而优给以直令细民乐于应募

宋吴潜以观文殿大学士沿海制置使判庆元府宝佑六年准枢密院札子勘会边声日急贼谋叵测合严行措置仍自金山以至徘徊头刱立烽燧接连澉浦行下定海水军一体措置联络声援专委官同统制按视险要均布地界置立烽燧分为三路皆发轫于招宝山自招宝山至海洋壁下山者共十二铺招宝山带东北取至烈港山一铺约一潮可到傍近虽有七里屿铁杵山俱是小山每有风潮海浪皆冲激而上不可置立烽燧烈港山西北取至五屿山一铺约一潮可到傍近别无以次山屿五屿山东北取至宜山一铺约一潮可到傍近别无以次山屿已上三铺若天气清明烟火旗号仅可相应遇海气冥蒙雾露遮蔽风雨晦暝皆难应号宜山西北取至三姑山一铺约两潮可到傍近别无以次山屿相隔稍远不问晴明阴晦烟火旗号皆难相应三姑山东北取至下干山一铺水路约一十五里下干山东北取至徐公山一铺约一潮可到傍近别无以次山屿其二铺汛息与烈港至宜山三铺同徐公山带西北取至鸡鸣山一铺约四潮可到傍近别无以次山屿其汛息与宜山至三姑山相类鸡鸣山直东取至北砂山一铺止隔一港烟火旗号皆可相应北砂山直北取至络华山一铺约一潮可到傍近别无以次山屿络华山东北取壁下山直西至石衕山一铺风水便半潮可到稍逆一潮傍近别无以次山屿二铺汛息与徐公山至鸡鸣山铺同自石衕山东北以至西北别无山屿皆深洋大海浩浩无垠是为壁下山一铺其自招宝山沿海抵向头寨者共九铺招宝山二十里至陶家酒店一铺陶家店约十八里至贝千念五家前一铺贝千念五家前约二十余里至澥浦山正觉寺前一铺澥浦山头约一十五里至沙角山头陈亚三家前一铺沙角山头约一十余里至伏龙山尾徐亚三家前一铺伏龙山尾约一十五里余至施公山王友二家前一铺施公山约一十八里至周家塘盐场周太家前一铺周家塘盐场约二十里至下泽山头林太家前一铺下泽山头约一十余里至向头山分戍营外翁太家前一铺其自招宝山沿江达本府看教亭者共五铺招宝山约一十五里至石桥渡沈季二太家前一铺石桥渡约一十五里至马阻汇徐盐户家前一铺马阻汇约一十里至路林杨再八太家前一铺路林约一十二里至白沙王太家前一铺白沙约八里至本府看教亭一铺用兵五名合干人一名往来照管巡辖及招宝山一铺增差合干人一名沿海以至向头沿江以至府城亦如之铺兵口券每半月一番支给每夜发更时自看教亭赍号火平安牌至帐前传入押教报覆盖法当于奉国楼置

立一铺相映以内郡耳目易骇遂从看教亭密传一牌竟达辕帐而沿江沿海号火疾驰观者悚慑

舟山志

舟山古邑治四面环海东接普陀桃花南连崎头横水西接长白马墓北连长涂剑山自所城至东塘头烽堠程一百里至南舟山烽堠程三里至西碇烽堠程六十里至北干烽堠程三十里其地之险者东则塘头螺门一带地势辽阔而塘头极险逐利者常于此处勾引盗艘南则曹山谢浦梅家墼螺头天童密迩所城关系匪轻而梅家墼直对曹山大洋倭奴曾经入据西则岑江碇大沙小沙干马岙一带地形广远虽有马墓兵船然相去遥远嘉靖时王直辈曾自岑江登岸窃据芦花岙结巢北则柯梅白泉大岙钓屿等地而柯梅亦曩时倭夷蟠踞为巢穴所当在在严防者也盖舟山周围皆海贼舟无处不可登岸而东之沈家门切近乌沙门去普陀不远一望海洋浩森无际岛夷相连嘉靖乙卯夏倭船百余只突犯普陀而入据之遂至东陲鼎沸及征兵七省费金钱四十余万幸而扑灭皆由平日无备致此祸患实南北两洋扼要之区为舟山最冲险之地宜设重兵以守之今参将标下官兵分派三信一时有警策应不前深为可虞按地之极冲者沈家门诚重矣而渐出塘头亦正不轻皆昔系倭奴流突之处今属盗贼窥伺之区次冲者岑江碇二处涂浅易登入犯为易且自蛟门至横水崎头等洋海面四达均宜设兵船防守夫定邑为宁郡咽喉而舟山为定邑门户攘外正所以安内舟山固则定邑固定邑固则宁郡以达绍郡俱固有地方之责者不可不深长虑也

水程　定海关东约六十里至金塘金塘约九十里至舟山舟山约一百四十里至普陀　定海关南约三百里至昌国青门青门东约一百五十里至韭山青门南约二百里至牛栏基牛栏基约一百里至金齿门　定海关北约六十里至烈港烈港约百里至两头洞两头洞约二百五十里至羊山

岑江岙【冲要海口贼累登劫嘉靖丁巳冬倭夷据此焚掠一空今居民虽筑墙自卫岁久亦坏须备御以遏贼冲】

杜家岙【窄瘠嘉靖壬戌春把总章廷廪斩倭夷百数于此】

柯梅岙【向年倭夷所巢之地】

钓屿岙【土旷而肥多渔盐之利因近海口每被登劫】

邵岙【地腴嘉靖丙辰春倭夷百余自谢浦梅家墼徙巢于此冬十一月参将张四维统湖南桑植兵剿殲之】

港

舟山关港【城南三里官哨船只停泊于此】岑港【去城北四十五里相传六国港口南北舟航鳞集于此潮自桃摇西后二门会竹屿溪头之派而漫涨于西南之大洋谓之横水】双屿港【去城东南百里南洋之表为倭夷贡寇必由之路嘉靖间总制军务朱公纨命备倭都指挥卢镗率兵众堵塞之】烈港【去城北百十五里逼近金塘山嘉靖三十五年都督卢镗擒斩倭酋辛五郎等三百八十余于此勒石更名平倭港】马墓港【去城北海中百余里】长峙港【去城南关外一二里鱼盐樵猎之利颇饶】长涂港【在岱山西南】穿鼻港【潮入松子渡舟过横水风色不堪率泊此】沈家门港【总哨兵船驻此】白沙港【大小渔船泊此】石牛港【总哨兵船泊此】岙山港【通城樵渔络绎之处】青龙港【兵船停泊】沍泥港【兵船会哨】黍吞港【在盘峙之东南北潮流汇处】

烽堠二十八

舟山　外湖　螺头　鹿头【近海民少势孤常被贼登犯】蒲沙　西山　碇齿　崎岙【即大沙地方贼常于

此登舶】郎家碶　袁家碶　山江【与沙岙相连贼常登犯】干礅　朱家尖【已上属中中所】青雷　谢浦　石墙　包家　石衕　沈家门　接待　赤石　小展　钓屿　程家　石塆　塘头　西碶　顺母涂【已上属中左所】

寨三

沈家门寨【原系水操之地有军防守近皆取回番船去来皆泊于此内有赵岙南岙芦花岙大岙去寨三五里向居民筑墙大岭阻截总路近径由水路或间道而入屡被劫掠更须慎御庶克有济】干礅寨　西碶寨

隘六

碇齿隘【与外港相对居民势孤累被登劫】螺头　小沙　路口岭　岱山　大展　台一　青雷头

建炎中高宗航海舟次昌国县金人白明州引兵攻定海县破之遂以舟师绝洋犯昌国县欲袭御舟至崎头风雨大作和州防御使枢密院提领海舟张公裕引大舶击散之虏乃去

自宋元以來倭夷微弱不足为患畊漁之民惟知供賦各安其生國初夷氛漸熾我太祖绝其朝貢嚴以備之洪武二年增葺昌國城池改州为縣設立衞所練兵恤民以固封守

洪武二十年废昌国隶定海县议得沿海地方原设总督备倭都司后倭寇为患督阃权轻策应不前添设参将一员驻札定海分守宁绍地方嘉靖三十四年倭破临山卫城抚按题请添设总兵官一员驻札临山三十五年又议得定海为倭夷贡道关隘尤冲乃改驻定海其参将改驻临山隆庆二年军门谷题改驻舟山

胡宗宪舟山论　信国公汤和经略海上区画周密独于舟山似有未妥者盖洪武间倭犯中界犯玉环犯小濩寨皆浙东海滨信国所亲见也其来也自五岛开洋冲冒风涛困眩精神者数日至下八陈钱而始沙憩然孤悬外海旷野萧条必更历数潮泊普陀乌沙门之类而后得觇我兵虚实以为进止若定海之舟山又非普陀诸山之此其地则故县治也其中为里者四为岙者八十三五谷之饶鱼盐之利可以食数万众不待取给于外乃倭寇贡道之所必由寇至浙洋未有不念此为可巢者往年被其登据卒难驱除可以鉴矣我太祖神明先见置昌国于其上屯兵戍守诚至计也信国以其民孤悬徙之内地改隶象山止设二所兵力单弱虽有沈家门水寨然舟山地大四面环海贼舟无处不可登泊设乘昏雾之间假风潮之顺袭至舟山海大而哨船不多岂能必御之乎愚以为定海乃宁绍之门户舟山又定海之外藩也必修复其旧制而后可

永嘉县志　先是浙东设总督一员金盘名色把总一员嘉靖三十五年始改设参将驻札盘石卫复设钦依金盘把总专管水关统领兵船驻札瑞安隆庆年间移驻宁村所其南北要隘如黄华蒲岐石马梅头飞云镇下门等处俱设名色把总带领水陆官兵画地防汛每总不分水陆俱设兵五百名以募兵兼卫所选军充之　黄华关飞云关江口关镇下关各设总哨官一员哨官一员黄华关属乐清县地方原系水寨派盘石卫官军防守嘉靖三十一年改设总哨官带领民捕军队舵兵泊梁湾海洋飞云关属瑞安县地方原系水寨派温州卫官军防守嘉靖三十年改设总哨官带领民捕军队舵兵泊凤凰海洋江口关属平阳县地方原系水寨嘉靖三十八年改设总哨官带领民捕军队舵兵泊洋屿海洋镇下关属平阳县地方原系水寨该金乡卫官军防守弘治年间废隆庆四年题设总哨官带领民捕军队舵兵泊官岙海洋　参将标营左右中前后五营每营设名色把总一员哨官五员各领官兵一枝标营平时屯插盘石卫汛期出守黄华蒲岐梅头海口专御洋田岙曹田日团一带地方

左营平时屯插蒲壮二所汛期出守上魁海口专御盐浦镇下一带地方并哨福建流江界右营平时屯插盘石后所汛期出守石海口专御三屿盐盘沙角南渎平山白沙一带地方中营平时屯插金乡卫汛期出守大濩海口专御石塘潼头七溪大小渔埜一带地方前营平时屯插平阳县汛期出守仙口海口专御栢城汶路口舎右宋埠陡门江莱一带地方后营平时屯插海安梅头汛期出守前后冈海口专御场桥长沙永嘉场沙村黄石浦一带地方　珠

炎营名色把总一员哨官五员领民兵一枝平时屯插炎亭专御珠明石坪大岙舥漕洪岭一带地方【往年每大汛军门调发标下二营前来协守此处万历十九年因警息议免调发以本处民兵分布防守省费不赀】大汛以春分二月中此阳和方深东北风盛作日本岛夷与诸国互市或乘风剽掠可以猝至温台故防之夏至后南风盛海水热蛟龙起飓风作彼既难来我亦难哨故此时撤防小汛以十月小阳东北风与南风时或连作故防之冬至后海寒北风欲沍故十一月撤防惟四月渔船出洋乘掠盐米壮男不敢深入内地九十月海外诸国互市者皆乘东南风之广中香山遇船劫掠故小汛亦不可不防也镇有三关曰黄华曰江口曰飞云而黄华悬于海外倭船外洋来者必经其地故于黄华海口联舰哨守则北可以扼梁湾之冲南可以扼南麂之冲分布制截寇自不得深入此御倭之策莫先于防海也　又按民间田地起科征税岁供官军月粮承平日久徒籍虚名以糜廪食自有倭患以来官军一无所用于是酌议募兵率用土著间收义乌武义之民分拨各总大约共若干名又于常赋之外科派练兵银以给兵饷视官军月粮不啻倍之而督兵诸官类选民人稍知兵事者充为名色把总世官指挥千百户等间一委用迄今四十余年海上不无警报募兵不敢议撤而卫所官军尽为虚设此东南疆圉安危至计不可不加意而振刷也又稽初设官军时行伍悉充而民赋所输计足供给今官军消耗将半而民间赋额然犹不减此其故非奸胥侵渔则豪军冒领近议欲查追余粮以充运军之需是岂法纪所宜哉

沿海巡简司一十处管烽堠九十三所　馆头巡简司管拨白沙山　南岸山　三屿山　屿头山　黄华山　洋田山盘屿山　田湾山　馆头山　茅竹山　下关山　上关山瞿屿山　中界山巡简司管拨　枫叶山　东白山　密辣山　黄家山　殊磊山　川石山　大奥山　长沙山　沙下山　沙汇山　洛湾山　北监巡简司管拨　楚门山　茗坑山　乌岩山　苏家冈　后轿山　西团山　湖头山　礵头山　前山　化山　下山头　芦湾　小鹿巡简司管拨　马鞍山　灵门山　鱼井山　于江山　丫环山　三山　石桥　西门　乌沙门　亭头　东门　蒲岐巡简司管拨　岐头山　水奥山　高松山　南浦山　缆屿山　蒲奥山　栀头山　梅头巡简司管拨　鲍田　前山　钱家步　前塘路　岩井山　白岩　南岸渡头　横河　塘路　郑家庄　下村巡简司管拨　拦头　蒙湾　刘家山小王孙　大王孙　后嵯　关山　玄中岩　下村头　小渔野巡简司管拨　大濩山　卑湾　上洋山　奠山　凤凰山　白崎山　浪荡头　半塘　江口巡简司管拨　屿门山　蔡家山　麦城山　福全山　司前塘　塘岸　仙口巡简司管拨　白洋　石刺山　斗门　风门　塞平山烽火山　防御倭寇官军战船于莆门小渔野青奥门中界山楚门等处海口湾泊堤备遇有警急即便策应追捕

江西

九江府志　设关用钞法料船丈尺榷之自宣德四年始九江关与临清淮安金沙并设户部主事分司监之岁周而代自景泰元年始至者自李蕃始初以部题领精微批行事其奉敕书并给关防自隆庆三年始关时罢时复之时分司时易以府佐其遣分司不复易自正德五年始隆庆三年命九江杨杭近府三关商税行各府掌印官收解其河西务临清淮安浒墅委廉干佐贰五日一送贮府州库府州正验解移文主事稽查各具数报部万历二年以九江关去府城二里许大江洪波激舟维缆无处所乞照河西务等例诏许之今每季开府佐名谓之协关然亦未尝与关事敕书仍令主事填单发九江府掌印官验收解如前例矣

船料不下五尺大不溢三丈六尺五尺钞二十贯五百五十有五钱四十三文奇十之一【钞一贯折银三厘钱七文折银一分】大则渐差上之初本色既折色既兼本折以为常【今每解至京必易钱钞入内承运库遂以有用化无用矣】诸关空而不课九江课空课脚船凡船盐船大苗船速苗船上水输下水下水达行免船九尺以下者月二行一丈以上者月一行余行不免木簰无涨船不料涨船料如常船【今不尔也】划船达行旧课岁一万有奇累增二万五千两天启元年军兴用不足加增课之半

嘉靖四十二年给事中张鸣瑞建言请移关湖口下抚按议未便添设湖口厂算安庆入鄱阳湖往来舟船府佐董之以其料附关隆庆元年御史张启元言湖口两山夹峙岸石巉阻无迁江水激励厉商遂罢湖口厂

万历戊戌春九江奸民冯万善先以领解鹿皮胖袄入京耗蠹尽计无所出与其党朱国泰熊文耀杨华春诱中人以矿税之利进湖关图上俞之为遣奉御李道万善等号为本头翼以都下无赖秋九月至湖口始立厂初料船中

分江关额抄既见货税可居奏请征商遂有督理湖口蕲黄安庆之号括行旅舐肤入髓稽盘泊久暴雨疾风漂没相继风激涛奔舟维絷不及施有阑上下者辄张弓火射之痛哭之声不绝开黄牛洑为文昌洑杨港为武曲港拦佗鹅洲八里江名为蚁舟实令近岸得洞悉货物之底里而锱铢算之巡拦刘世臣追粮舟入湖不及驾言南康纵之奏入有旨逮南康守吴宝秀星子令吴一元巡司某逮之日宝秀夫人投缳死壬子武林葛寅亮兵备江州绝道使不受馈遗檄守备江西同知湖口县为约束时缉其横魁毙之狱次者椎楚囊三木市中先是税厂独本监功令见者咋舌葛下车发禁缉告令数十楮重揭之厂壁商民始知有宪台纪纲矣久之抚按交章奏请撤监税最后道亦自辞诏暂令南九有司领其事以其金钱附省监潘相泰昌登极尽罢之

烟墩　正德间江上多游寇兵备副使冯显十里设墩效边陲之制滨江十余所白石矶一回风矶一柘矶一茭石矶香炉墩时家路口一官湖一凤凰山高庙一赤湖港一江南地形蛇曲林木密蔽水气昏暖不便侦瞭寇之来也以舟乘风之便待举烽火缓不能先墩无所用之今废

湖广上

岳州府古有苗氏之地九江翕会介潭鼎巴陵之交曰洞庭盖实建康上游东南巨浸【左司谏吴表言江南七渡上流最急者岳之北津】宋绍兴间杨么据以为衅岳制置击之其技始穷【杨么乘大水破鼎州仍走入洞庭浮舟以轮激水其行如飞旁置撞竿官舟迎之辄碎湘州制置使岳飞伐君山木为巨筏塞诸港汊以腐木乱草浮上流而下择水浅处遣善骂者挑之且行且骂贼怒乃战则草木碍塞舟轮不行飞急击之贼奔港中为巨筏所拒官车乘筏张牛革以蔽矢石举巨木撞其舟尽坏么计穷赴水死】每岁夏秋之交岷峨水溢自荆渚泛湖波涛浩渺往往寇盗乘之操舟啸聚莫可诘御【按荆寇入湖有三道或由荆江顺流直指城陵矶或由调弦口入夏水经华容或由虎渡达会口下安乡溯景港黄洋入赤沙故成化中指挥卜马祥刘震三面受攻身死士溺而盗卒莫获也】乃今设立江防统率守备而禁斯厉矣【洞庭湖延袤千里自古盗贼渊薮东接长沙府设有鹿角营田乔口三巡简司及湘阴磊石六子口鹿角四哨官军防守西南接常德府设有古楼鼎港小江三巡简司及洪沾沅江明山三哨官军防守东北下流通嘉鱼武黄一带长江湾汊尤多径通沔阳湖流贼出没沿江设有城陵白螺鸭栏茅埠石头簰州新滩百人矶八巡简司及东江茅埠竹林湾三哨官军防守西北上流荆河设有瓦子湾窑圻黄家穴三巡简司及华容安乡羌口三哨军兵防守嘉靖初设江防兵备佥事统摄之先是成化间设巡视戎职以都指挥体统奉敕守备自设江防而守备之敕裁矣其守备所辖自湘阴沅江下通监利嘉鱼云】

福建

海防总论　周弘祖

沿海自广东乐会县接安南界起历海条粤为文昌界铺前港为会通界神应港豊盈浦为琼州界麻头浦吕湾浦为临高界田禾湾为儋州界峩诈山为昌化所界历白沙营为感恩县界大洞天小洞天为崖州界牙娘湾双洲门为凌水县界七十二径牙山淡水湾为钦州界革木营乌雷山为灵山县界青婴池杨梅池平江池为廉州界邵州为永安所界泖洲为康海所界涠洲为锦农所界调洲独猪山为石城千户所界硇洲小黄程汾洲为宁川所界青聚山罢浮峰为神电卫界海凌山为双海所界小获山为海朗所界中获山为阳江所界大获山为新宁县界西熊山鹗洲山为新会县界万斛山上川山为顺德县界石岐峰为香山县界蛇西山大南常山为南海番禺泉乌沙洋为白沙巡司九星洋为福永巡司界珊瑚洲渡柸山为东莞县界合兰洲为大鹏所界马鞍洲为铁冈驿界宁洲山桔州山为惠州界记心洋为平海所界徐娘山为海豊县界大星尖山为捷胜所界吉头峰为碣石卫界前标峰为甲子门所界陶娘湾靖海岙为靖海所界大浮山玉屿山为朝阳县海门所界小柑牛为蓬州所界大柑山为大城所界犬京山九猴山为饶平县界计五千里抵福建南澳山为玄钟所界历侍郎洲石城屿为铜山所界历鸿儒屿沙汭岙为陆鳌所界大澉屿壁洲山为镇海卫界小澉屿为月港界旧浯屿为高浦所界嘉禾山大担山为中左所界小担虎头山为金门所界大登山小登山为福全所界大捕山小捕山为永宁卫界埕埭峰獭窟峰为崇武所界沙塘湾为惠安县界嵊屿

白屿为峰尾巡司界湄洲山为南泉寨蒲禧所界石狮峰小湾峰为平海卫界埕口三江口为冲心巡司界纲山王家屿为万安所界六湖山碧水岛为镇东卫界蹱门山为蕉山巡司界日屿月屿为梅花所界即会城三波礁五虎粤为连江界下干塘四屿为定海所界花瓶为北茭巡司界飞鸾渡为宁德县界青山峰为大金所界天干山丁家桯大俞山三星山流江为福宁州界计二千里抵浰江悬中峰为蒲门庄士二所界历长沙门大昆山为金卿卫界凤凰山为平阳所界铜盆山为沙园所界仙口峰飞云渡为瑞安所界大衢山海安港为海安所界霓岙披山为宁村所界黄华港为盘石卫界大岩头为盘石后右界前山霓斗门为蒲岐所界九眼塘斗门关为三山巡司界丫髻峰为楚门所界临门溢为隘顽所界省梅坑为沙角巡司界大陈山石塘港为松门卫界金清闸西屿闸冰豊闸皆朱文公所造为新河所界金沙滩铛礁为海门卫界海门港为海门前所界五屿为桃诸所界三门山为健跳所界石蒲港为前后二所界青苔湾为昌国卫界小目山为爵溪所界西厨山为前仓所界孝顺洋白涂为大嵩所界大射山为穿山后所界洛茄山长白山为中左所界大鱼湾长山巡司界招宝山巾子山为定海卫界金家岙为宁波界丘家洋为慈溪界金塾浦为龙山所界松浦港为松浦巡司界黄山为观海卫界破山浦为三山所界化龙浦为余姚界临山港为临山卫界西海塘为上虞界渔山蒙池台为绍兴三江所界鳖子山为萧山界和尚山栲门为会城界茶浦门为海宁所界大衢山小衢山为澉浦所界桑扶山为海宁卫界西海口马迹山北丁兴殿前山淡水门为乍浦所界计二千七百里抵南直隶三姑山为金山卫界胡家港为金山巡司界上钓山中钓山下钓山大盘山为青村所界蒲岙为南汇所界陈前山茶山为跄巡司界宝山为上海界永字山分水礁海礁山彩淘港为吴淞所界浪冈山顾泾港为嘉定界竺箔沙送信嘴小團沙新安少为太仓界太阴沙管家沙为崇明界福山狼山三槿口为通州千户所界唐家港海门岛为泰州界乱沙新洋港为盐城界开山淮河口莺山为安东界蚄山高公岛为海州所界清河口已头河为赣榆界旬岛劳山岛为安东界孤耆山为石臼所界计一千八百里抵山东青沉峰界历胡家峰为高港巡司界沙嘴峰为灵山卫界黄埠峰为夏河寨界洋河峰为胶州界大劳山田横岛为鳌山卫界走马峰为即墨界马山为浮山所界旬岛赤岛为雄崖所界吾岛徐福山为大山所界巨高岛为大嵩卫界竹岛为海隅所界松岛莫岛浸鸡岛为靖海卫界佛岛为津宁所界五迭岛下劳山为寻山所界歇马墩洛口堡为成山卫界海牛岛为不夜城界窦家峰为百尺岩所界古陌顶为威海卫界父岛为金山所界新安堡戏山峰为宁海卫界海鸡山为灶河寨界武家庄为马埠寨界洋山为莱州界八角岛碗蚁岛为登州界刘家洼为卢洋寨界沙门岛为解宋寨界单山为黄县界桑岛为马停寨界龟岛为昌邑县界歆末岛为寿光界都里镇为蒲台界青岛为利津界黄岛为宾州界直沽口为宝坻县界塔山为卢龙卫寨界南半洋山为昌黎县界计一千二百里抵辽东北半洋山为山海卫界蔬莱岛为中前所界牛车岛为中后所界孤山为中右所界向阳岛罗儿岛为金州卫界石滩岛为左所界东云岛黄驼岛为盖州卫界屏风山为复州卫界凤凰山为中左所界女儿河为中屯卫右屯卫界辽河渡古寺岛为广宁卫界麻田岛平岛为海州卫界汤站堡为镇辽所界临江为义州界计一千三百余里为鸭绿江朝鲜界总其入寇则随风所之东北风猛则由萨摩或由五岛至大小琉球而视风之变北多则犯广东东多则犯福建正东风猛则必由五岛历天堂官渡而视风之变东北多则至乌沙门分艅或过韭山海闸门而犯温州或由舟山之南而犯定海犯象山奉化犯昌国犯台州正东风多则至李西岙壁下陈钱分艅或由洋山之南而犯观犯钱塘或由洋山之北而犯青南犯太仓或由南沙而入大江犯瓜仪常镇或在大洋而风欻东南也则犯淮扬登莱若在五岛开洋而南风方猛则趋辽阳天津防倭者以三四五为大汛九十月为小汛向之入寇者萨摩肥后长门三洲之贼居多其次则大隅筑前筑后博多悖人善造舟而豊前豊后和泉之人间亦有之乃因商于萨摩而附行者　广东列郡者十分为三路高雷廉近占城满剌诸番烟烽希旷中路东莞东路惠潮皆倭寇不时出没之地而东路尤为要冲若柘林者则又必东路控贼之咽喉门户也无柘林是无水寨矣无水寨是无东路矣琼州四面环海东西九百里南北一千一百四十里长山峻岭三黎错居其间而五指腹心尽为黎据群冈之中定安尤险稍或撤备门庭皆勍敌矣顷因辛丑之乱举兵讨平事虽大定险终在夷议者欲于罗活岗据以重兵断其往来揕伏嘻必如是而为久安之计乎福洋烽火门寨设于福宁州所辖官井沙埕罗浮为南北中三哨后官井添水寨则又以罗江古镇分为二哨是在烽火官井当会哨者五小水寨设于连江所辖闽安镇北茭焦山等七巡司为南北中三哨是在小当会哨者三日南水寨设于莆田所辖冲心蒲僖崇武等所司为三哨而文湾港则近添设于平海之后是在日南当会哨者四浯屿水寨设于同安上自围头以抵日南下自井尾以抵铜山大约当会哨者二铜山水寨设于漳浦北自金山以接浯屿南自梅岭以达广东大约当会哨者二由南而哨北则铜山会之浯屿浯屿会之日南

日南会之小小会之烽火而北来者无不备矣由北而哨南则烽火会之小小会之日南日南会之浯屿浯屿会之铜山而南来者无不备矣哨道联络势如长蛇防御之法其能踰此耶总计八闽之地二面当海者二兴泉是也一面当海者二福漳是也其要害地如晋江深扈獭窟兴化冲心平海龙溪海门漳浦岛尾南靖九龙寨溪是也然莫有如福宁之尤险者三面孤悬海中如人吐舌贼入必首犯之旧寨设于州东北六十里三沙海面后焦宏倡议弃徙松山今必复旧而后可乎浙江沿海旧设四总今增为四参六总矣四参者杭嘉湖一宁绍一台一温一也六总者定海昌国临观松海金盘海宁也悉其防御之制自内达外有三重焉会哨于陈钱分哨于马迹羊山普陀第一重沈家门马墓之师为第二重总兵督发兵船为第三重备至密也乃若定海者是宁绍之门户舟山者又定海之外籓其地则故县治也为里者四为岙者八十有三五谷之饶鱼盐之利可供数万人不待取给于外非若普陀诸山比也国初置昌国卫于其上屯兵戍守诚至计也信国经略海上以其民孤悬徙之内地政隶象山识其小而未见其大也苏松为畿辅望郡滨于大海自吴松江口以南黄浦以东海壖数百里一望平坦皆贼经道往因不能御之于海致贼深入其祸惨矣今建议者曰松江之有海塘而无港口者则自上海之川沙南汇华亭之青村柘林凡贼所据以为巢穴者各设陆路把总以屯守之而金山界于柘林乍浦之间尤为直浙要冲特设总兵以为陆路各将之领袖又于其中添设游兵把总一员专驻金山往来巡哨所以北卫松江而西援乍浦也至于苏之沿海而多港口者如嘉定之吴松太仓之刘家河常熟之福山港凡贼舟可入者各设水兵把总以堵截之至于崇明孤悬海中尤为贼所必经之处特设参将以为水兵各将之领袖又于其中添设游兵把总二员分驻行治营前二沙往来巡哨所以远哨海洋而遮蔽港口也外内夹持水陆兼备上之可以御贼于外洋下之可以巡塘而拒守亦既精且密笑乃若淮扬二郡介于江淮之间东濒大海三面堤防考其形势起自东南蓼角嘴柢姚家荡绵延四百里除安豊等三十六场俱在腹裹未为要害要害之处乃通州也狼山也杨树湾裹河镇也余东余西等场也蓼角嘴吕四场也掘港新闸港也庙湾刘家庄金沙场也其尢要者有三曰新场为其出入至近逼扬州也曰北海所其通新闸港且有盐艘聚泊也曰庙湾为其为巨镇而通大海口也须设三把总以驻之仍用陆路游击一员驻札海安则东可以控狼山通州海门之入而西可以捍御扬州矣倭患之作岭峤以北达于淮扬靡不受害而东独不之及者岂其无意于此哉良以山东之民便鞍马不便舟楫无过海通番之人为之向道接济耳所虞者登莱突出海中三面受敌且危礁暗沙不可胜数非谙练之至则舟且不保何以迎敌而追击乎故安东以北若劳山赤山竹篙旱门刘公芝界八角沙门三山诸岛乃贼之所必泊而我之所当伺者若白蓬头槐子口桥鸡鸣屿夫人屿金劳石仓庙浅滩乱矶乃贼之所乙避而我之所当远者当事诸臣无恃其不来恃吾有以备之造舟选卒练习故当将来庙堂或修海运以备不虞亦大有赖焉独御寇云乎哉辽东古营并地也其背为沙漠花当吉列迷诸部落在焉其面为沧溟其余气为朝鲜国朝设沈阳辽阳三万铁岭四卫统于开原以遏北狄之冲金复海盖旅顺诸军联属海滨以防岛夷之入东北藩篱可谓固矣洪武初倭奴以玩南方之心而玩辽东辽人以御北狄之法而御倭寇斩灭无遗海氛荡熄刘江金线岛之捷是已二百年来边备无故倭敢遽犯哉但地方千有余里马步官军九万员名止藉山海关一路馈饷我朝北都燕而远漕江南粟又自京师达于辽阳飞挽不继何以食之此其患非渺小矣迩者登莱运米达辽甚便惜未多耳愚谓国初军屯商中之制至为精当而大坏极敝司国计者当深念而亟图之不当专责幕帅而已也

（兵事　泉州）

（嘉靖）二十六年剧寇陈日辉聚党据安溪覆鼎山大小尖白叶坂诸崮是冬寇同安分巡佥事余爌督兵讨平之时漳州月港家造过洋大船往来暹罗佛狼机诸国通易货物海道不靖是年新设总督闽浙都御史厉禁通番获通番者九十余人都御史朱纨行海道副使柯乔都司卢镗就教场悉斩之寻论发柯乔卢镗皆拟重典后恤刑即中陆稳乃奏释之漳泉寻复通倭倭亦以巨航至漳泉人往往有诈负其直者遂生嫌隙而倭患萌矣　三十五年倭自福清海口入寇泉州卫指挥童干震引兵迎战死之倭复至郡城下陷崇武入永春安溪　三十七年四月倭犯安平市陷福清南安惠安知县林咸御贼于鸭山死之遂犯郡城　三十八年倭犯郡城同安　三十九年四月陷崇武入永春七月陷安溪　四十年倭掠同安晋江仙游叛民吕尚四聚党攻陷永春掳知县林万春贼褚铎攻南安执招抚千户王道成遂攻德化知县张大纲戒壁严垒乘机出战大破之直追至巢尚四走死擒铎二贼悉平　四十一年二月倭陷永宁卫　是时土贼谢爱夫等并起掳人发冢挟赎指挥欧阳深参将黎鹏举等合兵连破七寨斩贼首韦

老等六月深遣人抚谕其党夜解散万余人黎明进击擒江一峰李五官等斩之　十二月广贼陈绍禄三千余犯永春　先是倭在福清未回者适浙直总督遣参将戚继光领金华兵来援兴化至次宏路驿一夜剿之兵无所犒赏寻还浙江新倭自海口登岸遂攻园兴化城数月时都督刘显屯江口距城四十里不敢进遣五兵诣城约援为倭所获杀之以从倭汉人诈为刘兵入城分守参政翁时器参将毕高并中其计十一月二十八日夜五人在城杀人倭乘乱攻城城遂陷据城三月凡杀署印同知一人士夫十余人大家小民无数至正月始去屯平海卫上命戚继光以都督总兵福建提浙江兵未至时广东总兵俞大猷奉遣应援以南赣兵为军门所留新募漳兵未可以战帷先把截海港毋令船得脱去指挥欧阳深奉遣应援与贼战于平海之东萧死之戚兵至遂直抵平海卫城破其巢殲灭无遗　四十二年十月倭复攻仙游五十余日时浙兵更番未至戚总兵俟久恐城中力竭乃率见在兵破其西寨遂与谭巡抚连兵尽破其东南二寨贼遂溃　四十三年正月贼入泉郡境攻安平戚总兵兵续至贼闻引去戚追剿直至漳州贼复奔潮州为广东总兵俞大猷截杀无余　四十五年春有倭航百余徒突至永宁戚总兵截杀之　隆庆三年四月倭二百余犯同安分巡佥事苏愚遣指挥张奇峰督土兵往殲之自是倭绝迹矣

(兵事　兴化)

(嘉靖)四十一年十一月二十八日夜倭陷府城同知奚世亮训导刘尧佐死之贼复破平海城罢游巡抚逮翁分守谪戍

(兵事　漳州)

(嘉靖)三十五年十月倭犯诏安　三十六年六月海寇许老谢策等焚月港　三十七年冬有海寇谢老洪老【即洪迪珍】等诱倭三千余人船泊浯屿次年正月由岛尾渡浮宫直抵月港夺港中大船散劫八九都珠浦及官屿等处复归浯屿自是连年焚劫府属各县　三十九年五月饶贼张琏僭称伪号袭陷云霄城是年龙岩南靖平和诏安各处俱被倭饶杀掠草寇乘风窃发郡无宁土　四十年正月月港二十四将反先是丁已年间九都张维等二十四人共造一大船接济番船官府莫能禁戊午冬巡海道邵梗差捕道林春领兵三百捕之二十四将率众拒敌杀死官兵三名由是益横遂各据堡为巢旬月之间附近地方效尤各立营垒各有头目名号曰二十八宿曰三十六猛是年春攻破虎渡城又攻田尾城合浦渐山南溪诸处滨海之民害甚于倭是年龙溪县二十三四等都并海沧石美乌礁等处土民俱反闰五月饶贼袭陷镇海卫八月陷南靖县　四十一年三月饶贼复入南靖县　十月海贼吴平引倭袭陷玄钟所　四十二年十二月龙岩县土贼苏阿普曾东田等作乱杀漳平知县魏文瑞　四十三年二月倭贼数千人自兴化仙游县来总兵戚继光追至无象铺大破之斩倭首三百余级是年斩二十四将贼张维　四十四年剿杀龙头寨贼首曾东田马元湘等　四十五年五月吴平伙党林道乾等犯诏安十月总兵戚继光剿灭之隆庆二年吴平伙党贼首曾一本犯诏安九月复寇饶平诏安副总兵张元勋领兵由陆路截杀于盐埕又大败之于大牙湾　三年五月内曾一本贼船数百屯于云盖寺柘林等湾闽广军门会兵于六月内进兵剿灭之边境始安

(兵事　福宁州)

自嘉靖三十四年以后倭无岁不犯州境三十八年三月倭数千攻州城署州事武平县知县徐甫宰悉力御之倭退四月陷福安丁已参将黎鹏举自嵛山冲倭舟为两截压沉其一舟追驰三沙至火焰山以火攻大破之六月鹏举被逮去七月倭破桃坑寨八月连攻柘洋堡不克　四十年三月倭据云淡门十月陷宁德　四十一年八月浙江参将戚继光帅婺士八千殲倭众千余于横屿　四十二年五月倭寇流江沙埕烽火寨把总朱玑率舟师破之把总王如龙追倭贼于小石岭大破之　四十三年四月参将李超破倭贼千余于水湾

闽中兵食议

泉有市舶提举司在水仙门外宋元佑初置后废崇宁初复置南渡时罢而复置其提举多儒绅为名吏者众而所来之国必所市之货具于志可考泉在宋富饶本此自元以夷人提举而诸夷为虐人或惩之因废市矣国初立市舶司七年罢仍复之为琉球入贡其国与泉之彭湖山直而受贡于此不使外夷窥省城犹浙置之宁波是也后番舶

入贡多抵福州河口因朝赐通事三十六姓其先皆河口人也故就乎此而内官提举其事成化都御史张瑄奏移省城内则失策矣尚有进贡厂怀远驿于城外使臣容其入见余则停居于驿而今此禁尽弛贡夷纵横城中矣浙尝有日李广有佛郎机之变琉球今虽恭顺不可不预为防也闽因罢诸番市而利皆归于广漳人垂涎而引广入境正德广之禁严番舶入漳泉而广失利于是两广都御史闽人林富奏言通之有四利语在奏疏中而舶复通焉嘉靖初革市舶内官而言官因请并罢市舶善哉尚书郑晓之言也所当罢者内官非市舶也夷中百货皆中国不可缺者夷必欲售中国必欲得之以故圣训虽绝日本而浙福广三市舶不废盖东夷有马市西夷有茶市江南海夷有市舶所以通夷狄之情迁有无之货收征税之利减戍守之费又以禁海贾柳奸商使利权在上可谓吁猷矣朱纨之忠清卿执所不敢轻议特审画未宜此海邦之所追叹也即今浙闽夷祸为酷而广多其土首市夷之助虐者寡则可概见故漳之安边馆初为禁之今为通之而海澄为县乃戢其明效可睹也第漳听其便而无重臣为辖利之所丛其害之蘖乎不如复祖制市舶仍立于泉移安边馆于此焉而军门镇之贡使由此入省而藩臬可以亟边他番如宋旧规许通其互市而榷从广例此又出鱼盐之外其利如川方至以佐军兴而奇赢所操多矣噫民之常赋不加鱼盐处之得宜而市舶又善通之何不安生而为盗乎

上南抚台暨巡海公祖请建彭湖城堡置将屯兵永为重镇书　沈鈇

谨陈为处置彭湖启基善后永固闽疆事红夷潜退大湾蓄意叵测征兵调兵殊费公帑昨偕陈移檄暹逻委官宣谕约为共逐一节未知可允行否若彭湖一岛虽僻居海外实泉漳门户也莫道红夷湾泊即日本东西洋吕宋诸夷所必经焉地最险要山尤平坦南有港门直通西洋红夷筑城据之北有港门名镇海港官兵渡彭居之中间一湾从南港门而入名曰暗澳可泊舟数百只四围山地人云可开作园栽种黍稷爪菓等物牧养牛羊牲畜未可遽垦为田以山多顽土无泉可灌故耳今欲使红夷不敢居住彭湖城诸夷不得往来彭湖港其策有六一曰专设游击一员镇守湖内二曰召募精兵二千余名环守湖外三曰造大舡制火器备用防守四曰招集兵民开垦山场以助粮食五曰议设公署营房以妥官兵六曰议通东西洋吕宋商舡以备缓急此六议似宜斟酌举行者夫彭湖险地什倍南澳南澳地在海岛夙盗薮也万历初年抚台刘凝斋公祖移会广东制台题设副总兵坐镇于中抵今兵民完聚田土开辟屹为海挹重镇倭夷不敢窥伺漳潮赖以安枕信明验矣今彭湖可仿而行之请设游击一员坐镇湖内仍设左右翼把总哨官为之辅佐择闽中惯历风涛谙练水路者充之无事则演艺守汛有事则料敌出奇俾诸夷不得窥中土并议久任责成凡兵之进退粮之出入咸游击是赖三载皆加衔六载成绩特升大将每岁或委廉干佐贰不时查点如兵士有虚捏月粮有克减参处查究追出银两以充兵饷庶知劝惩永奠沃壤殆与南澳一镇并为闽中屏翰矣此设游击之策一也夫有官守必有兵戍戍守哨探之兵非二千余名不可每名月粮九钱此定例者其粮饷或出自漳泉二府或支自布政司库原有定议沿海滨捕渔之民慎择以充之或拨出洋远探若干名遇贼则攻击之或拨港内守城若干名有警则应援之游击标下亲兵与把总哨官人役各自另设不许占用水陆戍兵一人不许虚冒戍兵月粮一分其月粮按季关支该道委海防馆照名数鏨凿包封逐名唱给不许将官总哨代领以防克减尤不许防馆吏书需索常例以夺兵食此游兵营堡宿弊亟宜申明禁革之凡汛地之守探具数总报院道以便查考夷情之缓急飞报院道防馆以便调度一或误事自有军法庶水陆并进犬牙相制彭岛一带可保无虑此议戍兵之策二也夫各寨游每舡板薄钉稀委官制造价银十不给半一遇海涛便自溃裂安可出战今宜令驾舡者领价监造每船历几汛方许修理载几汛方许改拆而拆造仅给半价则造舡驾舡均出一手或不敢以敝漏之舟自试蛟龙之窟耳若火药尤红夷所惧者中左所火攻已破其胆大舟四集自尔宵遁则火舟当多备明甚而大铳大舡尤不可少者宜造大舡十余只安置大铳十余门布列港口俟寇至夹之夷酋惮我长技不惟不敢侵我疆土且远遁无敢再出矣此议造舡火器之策三也彭湖山地虽云祯士不堪垦田乎而遍度膏腴之区或可布种禾谷者即黍稷麻头豆柑樜菓木均可充兵民口食之需须广招同安海澄滨海黎庶乏田园可耕者多四五百人少亦二三百人俾挈犂锄种子以往就居拨地听其垦种每人量给二三十亩仍带妻子方成家业并畜牛羊捕钓渔利少资糊口仍禁游击总哨各官不许科索粒食各戍兵下班之日有能用力种植者亦听之明示十年以内决不抽税俟十年以后田园果熟酌量每亩抽银二三分以为犒赏官兵之用务使兵民相安永远乐业此议召民开垦园地之策四也若官既守海必有公廨居之戍兵寓民亦须藉营房寮舍为藏身计今议盖游击府公署或在镇海港口或在娘妈宫前当查旧基拓充之标兵量拨百

名环札左右仍设仓厫数间为贮粮之所择宽广为教场以备操练而暗湾口相对二铳城及东北面大中墩各量置营舍以为守御方免各兵暴露舡兵营兵轮流拨用少均劳逸即召募种植居民或令自盖房舍或官量给房价咸附兵营居住相依为命守望相助此议设官廨兵营之策五也夫彭湖大湾上下官兵舡只把港则番舡不许出入红夷不许互市无待言者然泉漳二郡商民贩东西二洋代农贾之利比比然也自红夷肆掠洋舡不通海禁日严民生憔悴一伙豪右奸民倚藉势宦结纳游总官兵或假给东粤高州闽省福州及苏抗买货文引载货物出外海径往交趾日本吕宋等夷买卖觅利中以硝磺器械违禁接济更多不但米粮饮食也禁愈急而豪右出没愈神法愈严而衙役卖放更饱且恐此辈营生无路东奔西窜如李旦黄明佐之俦仍走夷乡代为画策更可虑也不如俟彭湖岛设兵镇后红夷息肩暂复旧例听洋商明给文引往贩东西二洋经过彭湖赴游府验引放行不许需索阻滞回舡之日若带有夷人在船即拿送上司以奸细论庶可生意饱商民之腹亦可以夷货增中国之利俟彭湖设官建城之后可徐议为之此议通商便民之策六也以上迂议六款前五款似可为彭湖善后之一助后通商一款亦聊备后日通变之微权伏望台不弃迂朽仍会藩臬巡海守巡司道洎总兵副参等衙门面议停妥面题请一面举行匪但彭湖一岛堪与南湾并并重镇而八闽士民永有攸赖矣

崇祯十二年三月给事中傅元初请开洋禁疏言今军需孔亟徒求之田畝加派编户此亦计之无如何也然利害有宜剖晰时势有宜变通如闽中洋禁曾奉明旨然臣闽人也谨查先臣何乔远曾有疏议谨其详概则又未始不可实行者臣请得按论之万历年间开洋市于漳州府海澄县之月港一年得税二万有余两以充闽中兵饷至于末年海上久安武备废弛遂致盗贼劫掠兼以红毛番时来倡夺船货官府以闻朝廷遂绝开洋之税然语云海者闽人之田海滨民众生理无路兼以饥馑荐臻穷民往往入海从盗啸聚亡命海禁一严无所得食则转掠海滨海滨男妇束手受刄子女银物尽为所有为害尤酷近虽郑芝龙就抚之后屡立战功保护地方海上颇见宁静而历稽往事自王直作乱以至于今海上固不能一日无盗特有甚不甚耳海滨之民惟利是视走死地如鹜往往至岛外区脱之地曰台湾者与红毛蕃为市红毛业据之以为窟穴自台湾两日夜可至漳泉内港而另宋佛郎机之夷见我禁海亦时时私至鸡笼淡水之地与奸民阑出者市货其地一日可至台湾官府即知之而不能禁禁之而不能绝徒使沿海将领奸民坐享洋利有禁洋之名未能书禁洋之实此皆臣乡之大可忧者盖海外之夷有大西洋有东洋大西洋则暹罗东补诸国道其国产苏木胡椒犀角象牙诸货物是皆中国所需而东洋则吕宋其夷佛即机也其国有银山夷人铸作银钱独盛中国人若往贩大西洋则以其产物相抵若贩吕宋则单得其银钱是两夷者皆好中国绫緞杂缯其土不蚕惟藉中国之丝到彼能织精好緞疋服之以为华好是以中国湖丝百斤值银百两者至彼得价二倍而江西磁器福建糖品果品诸物皆所嗜好佛即机之夷则我人百工技艺有挟一器以往者虽徒手无不得食民争趋之永乐间先后招徕东西二洋入贡之夷恭谨信顺与狡悍不同至若红毛蕃一种其夷名加留巴与佛郎机争利不相得曩虽经抚臣大创初未尝我怨一心通市据在台湾自明禁绝之而利乃尽归于奸民矣夫利归于奸民而使公家岁失二万余金之饷犹可言也利归于奸民而使沿海将领不肖有司因以为奇货掩耳盗铃利权在下将来且有不可言者窃谓洋税不开则有此害若洋税一开除军器硫磺焰硝达禁之物不许贩卖外听闽人以其土物往他如浙直丝客江西陶人各趋之者当莫可胜计即可复万历初年二万余金之饷以饷兵或有云可至五六万而即可省原额之兵饷以解部助边一利也沿海贫民多资以为生计不至饥寒困穷聚而为盗二利也沿海将领等官不得因缘为奸利而接济勾引之祸可杜三利也倘以此言可采则今日开洋又议洋税给引或仍于海澄县之月港或开于同安县之中左所出有定引归有定湾不许窜匿他泊即使漳泉两府海防官监督稽查而该道为之考核岁报其饷于樵臣有出二万余之外者具册报部以凭吊用臣乡弁郑芝龙屡立奇功既受延世之赏仍责以海上捕盗贼诘奸细使人与船无恙计年量加升赏窃考有宋之季市舶司实置在泉州载在旧制可考广东香山湾亦见有税额闽广一体耳此非臣一人之言实闽省之公言也伏乞敕下闽省抚按查洋禁果否尽阂开洋果否无害有利广询泉漳士民箸为一定之规庶奸利可杜兵饷可裕矣

福州府志

海防 水寨自洪武初命江夏侯周德兴经略海徼备倭卫所巡简司筑城数十防其内侵又于外洋设立水寨

初惟烽火门南日山浯屿至景泰间增置小埕铜山共五寨成化末当事者以孤岛无援奏移内港内港山澳崎岖贼舟窄小易趋浅水而兵船阔大难于迎敌遂致失利嘉靖四十二年巡抚谭纶始请复旧制五寨以扼外洋其原属福州者烽火门与小埕后烽火改属福宁惟小埕专属焉【南日旧隶福清今属兴化浯屿属泉州铜山属漳州】隆庆初始添设海坛浯铜二游兵万历初寻增南澳嵛山湄洲三游海坛游则属福州【嵛山属福宁州湄洲属兴化浯铜属泉州南澳属漳州】寨游各有把总一人统其众寨总由武进士或世勋高等题请升授以都指挥体统行事谓之钦依游总由抚院差委或以指挥及听用把总督领谓之名色各为分汛地严会哨贼寡则各自为战贼众则合力以攻时值春秋二汛必驾楼船以备海外宪司巡海道与郡海防馆视防守之疏密而差次殿最焉　小埕水寨在连江县定海所前今定额船四十六只官兵一千六十四名北与烽火门会哨南与南日会哨西洋下目下竿塘白大皆其汛地省会之门户也　海坛游在福清海坛山【山故唐牧马地宋初置牧监寻罢听渔民就耕增兵守之洪武初守备李彝要金于坛众弗与彝奏徙其民于内地遂为盗种之区隆庆初年始建游兵于此】额船三十只官兵六百六十九名泊海坛汛地与南日兵船协守　桉寨与游之初设寨必用世胄及勋升者欲尊其体统令有以御舟师慑众志也至游第用材官及良家子所以便吾鞭弭可使飞伏应援耳故寨为正兵游为奇兵寨可以分疆言游难以汛地执也近概题请钦依其说一游一寨相间以居俾分疆不淆而汛地各守此徒足涂观听耳夫指臂不联则秦越异视辅车既隔将唇齿莫依幸无事也若势成犄角傥变起仓卒而观望参商庸足赖乎殆与先臣请设立之意异矣　把截寨凡十有一　长乐四【广石　黄崎　仙崎　东山】连江【光临里】福清六【松关　永平　白鹤　峰头　大垳　牛头】捍寨凡十　闽县一【古岭】长乐一【大祉】连江一【北茭】福清七【松下　平北里　平南里　沙坞　连盘　长沙　峰头】烟墩凡六十有七　闽县十一【凤埔　长崎　琅崎　海屿　象洋　拱屿　东崎　猴屿　旺崎　盐仓　鼓山】长乐二十有二【醢酢　广石　魁洞　碁山　斗湖　浪头山　琉山　大屿　甲峰　塔山　蕉山　牛山　湖头　圣浪山山亭山　流水　壶井　小祉　江田　石门　石浓】福清二十有七【松下　峰前　大垳　后营　白鹤　大娘　垄下　汶流　桃屿　茶林　燕积　仙岩　前晏　白沙　塔山　马头　灙头　蟹屿　前村　洪坑　峦山　西岭蒲海　石马　陈塘　双屿　峰头】

防海之舟曰官船曰快船曰哨船委指挥一员造之三卫旧各有厂景泰间始并为一厂在河口隆庆元年改设于橘园洲郡寨游外更烽火南日浯屿铜山四寨不隶福州卫亦造舟于此

论曰郡之戎器岁有督造顾器一而直十工之家四胥之家六甲胄苦恶器械朽钝所从来矣上下相蒙刓弊相续久之皆乌有也至于战舰其费倍蓰岁縻金钱秖实奸橐收汛撤兵守之则羸卒连艘积水触之则虚舟也夫器不坚好卒不服习趋利弗及避难弗毕尘饭涂羹直儿戏耳噫安得临敌合办如楚之剑戟利而教习水战若越之舟师也岂忧倭奴哉

福州潮汐　闽之水海为最大自东迤南襟带五县闽之东南长乐之东北连江之东南罗源之东福清之东南东北皆海也海潮从东南来南则由粗芦门北涌东则由闽安镇西涌皆会于马头江复分为二一入西峡一入南台复合于马渎竹崎与水口下之溪相接乃回流而汐焉是潮也在永北合北地方犹兼咸卤至马头江则皆淡矣濒海可田之地唐太和中闽县令李茸筑石堤跨闽与长乐东界以障咸卤垦田无数又有一等洲田潮至则没禾汐而无害于禾不假人牛而收获自若有力之家随便扦插但东流西复迁徙不常利害亦相当云今将潮信具列左方　每月初一　十六　寅正三　申正三　初二　十七　卯初三　酉初三　初三　十八　卯正三　酉正三　初四　十九　辰初三　戌初三　初五　二十　辰正三　戌正三　初六　二十一　已初三　亥初三　初七　二十二　已正二　亥正二　初八　二十三　午初□　子初□　初九　二十四午初三　子初三　初十　二十五　午正一　子正一　十一　二十六　午正四　子正四　十二　二十七　未初三　丑初三　十三　二十八　未正二　丑正二　十四　二十九　申初一　寅初一　十五　三十　申初四寅初四　此海潮之候也江潮常缓海潮三刻至入府城内外诸河则愈缓矣又当视其近远为先后各以意推其它海舶贸易往来淮浙交通之间各以十五潮为率

兴化府志

墩台【旧志所载凡墩台五十九所万历二年分守宋豫卿巡历沿海查出见存仅一十七所俱已倾壊行本府动支帑银从新改筑】小澳 蔡山 石城 砺前 埕口 石井 三江 新浦 石狮 湖边 澄港 崎头【凡一十二所属平海卫】文甲 山柄 西山 火头 东湖【凡五所属莆禧所】

客兵 闽中陆设卫所海立水寨皆是本地军兵原无客兵名目自嘉靖寇起始设参将游击带领各处客兵四十三年专设中路守备一员以都指挥体统行事辖福州兴化平海泉州永宁各卫所军并兴泉二府陆路客兵守备衙门坐镇本府取道里适均有警便于应援除泉州一营外本府二营初只分札城内民舍隆庆六年始置营望仙门外旷野去处每遇操练调入城内教场较阅春秋二汛移屯平海莆禧吉了城内万历十九年添设一营曰兴泉营本府北门外安置至二十年改为兴化新营俱守备领之二十五年以有朝鲜之警复设右营一营北门外西庚地方屯札以旧营为前营新营为左营共三营设游击领之【游击二十四年冬军门金学曾奏立革守备】三十一年军门朱运昌将右营一营调守平海建城安插前左二营仍驻守府城团练防御汛期每营拨守一哨出守贤良文甲滨海扼要地方量拨兵队分扼三江汛毕拨兵二三十名哨探信地以防不虞收汛全营操守

水兵 国初立水寨三烽火门【属福宁州】南日山【属兴化府】浯屿【属泉州府】景泰间增置小埕【属福州府】铜山【属漳州府】共五寨后以各寨在涨海中无援奏移内港本府南日一寨移入新安里吉了湾官府文移仍以南日水寨称当时拨兴化平海泉荆三卫旗军充为舟师各卫拨指挥一员总管所部之军谓之卫总又选各卫指挥才能出众者曰把总行事视都指挥而卫总听节制焉兴化卫指挥一员平海卫把总指挥一员泉州卫把总指挥一员南北海洋哨捕百户六员守备双屿改移三江口指挥一员成化年间巡抚都御史张瑄欲军休息分为三班【上班今年二月上明年二月下中班今年八月上明年八月下下班明年二月上后年二月下】轮流更代卫总一年一换把总五年一代不欲数易以废寨事昇平日久武备废弛倭舶多由内港登岸盖内港山湾崎岖贼舟窄小易趋浅水而兵船阔大难以迎敌皆为无用之器嘉靖四十二年军门谭纶巡按李邦珍总兵戚继光会议题请复旧制五水寨以扼外洋将烽火门南日山浯屿三艅为正兵铜山小埕二寨为游兵选各卫指挥千百户有才力者充五寨把总以都指挥体统行事分信地明斥堠严会哨定功罪五寨兵船每寨各屯札二哨又分二哨屯札大洋贼船必经之处其余各寨附近紧要港湾则分哨往来以防内侵又于道里适均海洋定为两寨会哨之地盖倭贼由浙而南则烽火门为先故分兵屯札于烽火以上之井下门而与浙船会哨南则与小埕会哨于西洋山【属罗源县】小埕则分札于西洋而与烽火会焉南则与南日会哨于梅花所之南茭南日则分札于松下又移至南茭与小埕会焉本寨屯札兵船则移至平海卫前与浯屿会哨浯屿则分札于湄洲山而移与南日会焉又兵船二哨屯札于料罗移至担屿与铜山会哨其铜山兵船则二哨屯札浯屿又二哨屯于沙洲山由此而南则为广东界矣信地既定兵势联络贼寡则各自为战贼众则合力并攻以击外洋之来贼为第一击去贼次之失贼弗击与致贼登岸者查照信地论罪五寨把总俱属督府监军道提督惟铜山一寨去省路远听该道于漳州调阅随汛督发本寨坐驾官员把总以都指挥体统行事指挥佥事一员协总一员前后左右各哨官一员各卫所抽充本寨征操军共八百九十八名分驾哨船十只自是夷遭创距【嘉靖四十二年为总兵戚继光所破灭】边境稍宁万历二十四年夷酋关白侵犯朝鲜羽书杂沓海上戒严巡抚都御史金学曾委分守张鼎思都司邓钟躬历信地规画万全议题请添设嵛山海坛湄洲浯铜玄钟台山彭湖诸游于一寨之中以一游间之寨为正兵游为奇兵错综迭出巡徼既周声势亦猛且寨与寨会哨东西相距南北相抵而支洋皆在所搜游与游会哨东西相距南北相抵而旁湾皆在所及如闽浙分界则烽火门为先盖倭船必由此南下扼要津守门户城关防之一大关键也【始倭之通中国实自辽东今乃从南道浮海率自温州宁波以入风东北汛自彼来此可四五日程盖其去辽甚远而去闽浙甚迩也】故烽火全力守官澳北与浙船会哨而南与小埕会于罗浮小埕兵船二艅一艅屯西洋一艅屯竿塘北与烽火会哨而南与南日会于松下南日兵船二艅一艅屯苦屿一艅屯旧南日北与小埕会哨而南与浯屿会于大小岞浯屿兵船二艅一艅屯崇武一艅屯料罗北与南日会哨而南与铜山会于担屿铜山兵船二艅一艅屯镇海一艅屯沙洲北与浯屿会哨而南与广船会若诸游屯札则嵛山屯西洋礵山台山屯东东涌官澳海坛屯苏澳龙王宫湄洲屯贼澳大小岝浯铜屯担屿等处而会哨则北

标与海坛会于下木海坛与湄洲会于西寨湄洲与浯铜会于围头浯铜与南湾会于陆鳌信地分明兵势联络犬都规模建置不外戚总戎范围中也寨游俱属分守巡海二道总镇游击提督及清军海防同知稽核

自倭变之后议者以三江地方为吾郡门户海流至此分为三路一路稍北通端明陡门入北洋涵头等处一路稍南【通林】墩陡门入南洋黄石等处中流通宁海桥直抵熙宁桥白湖等处距郡城二里许计自海洋入三江口自三江口入郡城不半日可到议设指挥一员守备防汛之时拨军一百二十名濞船六只坐驾防御至收汛之时拨军三十名调船二只巡守万历二十七年分守漹孜以指挥无益防御徒肆渔猎遂议裁革然亦因噎废食之论近同知汪懋功议春秋二汛收泊三江之刘濞有警便于四应已经题允遵行

海防馆同知汪懋功条陈南日寨兵船收泊刘湾及区画南日山事宜夫兵船当汛时棋布星列在在周防可无置喙惟收汛时寨游之船尽入泊吉了内湾但湄游与吉了不远泊之于此或发或收无甚阻阂至若南日四十余艘并聚此湾既非五都之冲又无扼要之险不过藉以避飓台免震荡耳然自吉了沿崖一带以至莆禧平海三江远及万安苦屿五六百里无舟停泊瞭守空虚万一当发汛之时北风汛烈大艅团聚吉了之中卒难出湾倭帆据我上游虽有一二小防船只巡徼在外犹孤羊而遇群虎也合无于汛毕之时将湄洲游兵船原泊吉了以南日寨船撤泊三江今复亲履其地遍览形势去三江不远曰刘濞者四山藩蔽又且寛广更善于三江昔戚总戎曾泊船于此矧在三江口外为南日右哨信地况南日前哨苦屿去此仅二潮水左哨万安去此仅一潮水右哨南日山西寨去此止半潮水后哨平海亦一潮水居中四达随发随至孰与远停吉了之阻哉若夫南日山居民始焉浮居今成土著徒膻沃饶之利罔顾堂幕之灾今既不能徙而之他独不可预为安全之策诚如宋时沿边弓弩射之法仿而行之择其丁壮时其训练获倭者叙之擒盗者赏之若虞其犷悍也则以乡保倡乡民未必逆也若虞其艰费也则以船器充兵器未必乏也若虞其鸟兽散也则南日山四面阻海势无所逃也惟弓矢之备于民难需古云矢石如雨则石亦戎事所不废况从高捣下尤捷于矢取之无禁用之不竭乎至于筑堡之议诚为万全但费巨工烦取民则敛怨取官则无赀有未易言者惟择要地刱一墩台取其足以备一时之瞭望蚤知备御可也如此则乡兵虎视于南日楼船龙矫于要津陆营鹰杨于沿岸声势相倚应援交济藩篱设而门户固矣

中路游击　嘉靖间倭薄兴化福建抚按请置参戎以专统将领复罢参戎而置守备以都指挥体统行事万历二十三年题请改游击衙门钦降旗牌三面敕书一道加设中军把总一员哨探把总一员掌号把总一员以便弹压其管辖水陆南日一寨海坛湄洲二游兴化前左右泉州新旧共五营钦依名色各把总悉听节制自福州左右中镇东兴化平海共六卫莆禧万安梅花共三所巡简一十八司犬小职官凡有淡削月粮及包军占屯大者申文小者辄自约束

福宁州志

军政　州初惟有卫军与民壮无所谓土客兵也嘉靖间倭变选军余五百名于本等月粮外各给饭食银三钱谓之军兵又选民壮及募乡兵共五百名各给饷银有差谓之民兵巡道舒公春芳令习边铳鸟铳倭贼攻城而不能犯铳之力也嘉靖三十六年倭寇犯闽孔棘于是军民两兵罢而土客两兵出矣嘉隆间土客更易不常万历初年募松溪政和等处土名一营驻札城西名左营后增募一营驻札城南名右营十九年军门赵公参鲁以倭警复从本道李公管议募浙兵以一营防守鉴江为一州二县之应援汛毕撤回团练驻札城东名福宁营三营并峙兵威振矣不戢而焚尚厪当事者之虑也　五年考选军政卫所指挥千百户才堪备倭者即署备倭职衔烽火寨把总以福建十六卫中选一员任之卫总听把总节制以福宁卫福州左中二卫中选一员任之又选千百户分守海洋要害至嘉靖末年议把总奉钦依一员卫总罢设协总一员至万历初年亦罢而千百户诸员不用矣

论曰州之沿海有墩台以瞭外洋各路则有厂隘分兵哨守此陆路之阨塞守在堂阶矣至于海洋则官澳镇下门闾峡大金为内地之咽喉台山嵛山七星礵山为外洋之门户既入内地则东南之陆路寨屿三沙为最要至松山则去州十里而近西南之陆路闾峡犬金黄崎下浒宁德鉴江为最要至渔洋则去州亦二十里而近倭奴之来也不乘南风则乘北风然南风则入吴越为最便北风则入闽为最便旧制设烽火于五六都三沙海面正统九年以海面风波不便泊舟乃移寨于一都之松山把总一员则由两院荐举兵部选差奉钦依以都指挥体统行事仍设中军游把总一名领兵哨守往来应援各处要害故不谓之寨而谓之游万历二十年改守备为参将节制水陆改中军游为嵛山游二十八年增设台山一游春秋二汛参将总镇嵛山分遣陆兵守各要害水兵则烽火寨把总案屯松山分前

哨于官澳后哨于斗米澳左哨于镇下门右哨于三沙旧烽火台山嵛山两游各守本处可谓周于虑矣戚都护元敬有言曰防海有三策海洋截杀毋使入港是得上策循塘拒守毋使登岸是得中策阻水列阵毋使近城是得下策不得而守城则无策矣吁格言哉

海潮之候每月以朔望为期以涨半满退半干六字为准如初一日寅时涨卯时涨半辰时满巳时退午时退半未时干大率两日同一潮汐之时候以掌轮之自寅逆数至丑周而复始一定不差一月合而一周月大月小潮亦随之但外海内海大港小港之期候稍有不同總不差晷刻耳渡海者亦以此法算行舟泊舟之程若邮舍然海边捕鱼者则有起水小水之说如月头以十一二为起水至十八九止为小水月尾以廿七八为起水至初七八为小水起水则捕鱼小水则止也

海潮人皆言因月唐卢肇独言因日金尝游海上询之故老月初出则潮初上月卓于则潮满月西转则潮渐退月没则潮退尽北方月出则潮复上斗北月中则潮满月东转则潮渐退月没则潮退尽卢肇言日是太阳水是纯阴日西入地时阴避太阳东海潮上日出时水乃西流东海潮下且箭之急疾昼夜不能行万里海之深阔洪波荡漾如何日夜能行数万里乎又肇之所言昼夜方是一潮知肇不曾海上游行其文经进朝臣无有诘难者余曾较勘东莱与胶西陆地相主二百里许水行迂曲则千里许潮信不同莱北潮上即胶而潮下胶西潮上即莱北潮下北到南海约近万里据大体北海潮上则江淮以北皆潮满南海潮上江淮以北皆潮下即是如何登莱即墨盈缩不同又见四方大海潮流各异耳世间之事尚不能究况天外之事乎大抵海水盈缩譬干象纵擴耳于理则无有边际随风飘荡莫能定准何乃昼夜循环不差度数亦圣功道力不可思议耳丘长春之说如氏可与卢肇余靖及大原发微之说相参互故备录之【升庵集】

泉州潮汐总叙　泉州大海浸于东南百川悉自西北归焉惟德化水隔阳垄返归永福安溪永春地高潮不能达其流至南安双溪始与潮接纳潮者惟晋江同安惠安三县尔南安之潮则接晋江之潮者也晋江之潮北入洛阳江西入浯江笋江【二江无限界只上下流尔总名曰晋江】东南入安海港南安仅抵双溪口同安仅抵县前东西二溪惠安则溪不入潮其所入之处则添崎峰崎二港辋川仪场大岞獭窟四澳然南安自双溪下接金溪黄龙溪晋江则笋江下接浯江两涯小港潮皆可通与同安东西溪之潮去海道远水淡可耕若洛阳江安海港及惠安诸港澳近海则水咸矣其潮候则溪江港澳及海亦差有先后云

海潮候

初一十六辰戌中　初二十七已亥初　初三十八已亥中初四十九已亥末　初五二十子午初　初六二十一子午末　初七二十二丑未初　初八二十三丑未中　初九二十四丑未末　初十二十五寅申初　十一二十六寅申中十二二十七卯酉初　十三二十八卯酉中　十四二十九卯酉末　十五三十日辰戌初　此以潮平时为候洛阳江安海诸港澳缓海潮三刻浯江笋江东西溪又缓三刻金溪又缓一刻双溪又缓一刻此诸潮先后大略也近潮居民以指掌布十二时复以长半满汐半竭六字顺推亦准但潮有小大候因之而有迟速尚当按刻为正

泉州府新志

市舶税课宋开宝二年置市舶司于广州雍熙中遣内侍八人赍敕书金帛分四路招致商人之往番国贩易者元佑中置市舶司于泉州南渡后舶司岁入充碗然金银铜铁海舶飞运所失良多元至元二十一年设市舶司于杭泉二州独泉州于抽分之外又取三分之一以为税凡金银铜铁男女并不许私贩入番大德七年罢寻置寻罢者三四国朝禁海船不许通番其诸番入贡者至泉州惟大琉球所贡番物则市舶司掌之成化八年市舶司移置福州而比岁人民往往入番商贩所贩国名曰吕宋诸番以时萃焉其税则在漳州海澄海防同知掌之谓之市舶司可也万历三十二年矿税役兴有妄男子张嶷上书言夷中有机易山者产金可采因入吕宋国中漳泉二郡贾客奉以为天使吕宋夷人虑我欲图其国俟嶷去尽屠诸贾人而近日之趋利者航海不休将来隐忧非小

（盐课） 万历二年朝旨设运判一员驻札黄崎分司运副移驻水口运同移札泉州专督理泉漳二府盐务给票抽税顾泉州所产盐由海入溪溪船所通不远贩徒赀本有限所载盐货仅可聊生而已其利甚薄而法终不可行八年裁革福建添设运判一员运同仍驻水口副使驻札黄崎各分司管理如旧

武卫 国朝洪武初以郡治建泉州卫旁列五所已乃城水湾为永宁卫城小兜为崇武所城厦门为中左所复于大担南大武山外建浯屿水寨扼大小担二屿之险绝海门月港接济之奸与福州烽火小埕兴化南日漳州铜山声势联络其为全闽计甚周先年烽火南日二寨移入内湾浯屿寨复移厦门纵贼登岸而后御之无及矣嘉靖戊午浙江舟山倭徙巢梅柯复驾舟出海泊于浯屿负嵎莫撄四出剽掠兴泉潮广并受其害越一载乃扬帆去此已事之殷鉴也谭巡抚纶总兵戚继光议请复旧旋复旋罢近又移浯屿水寨于石湖说者谓滨海四郡隔藩篱而怀鸩毒原非便计乃石湖则于内地尤近置鲸波若罔闻矣倪亦一长虑乎

旗军 隆庆志云国初泉永二卫尺籍有归附军有投充军有谪发军有改调军或为正管军或为带管军共万二千有奇比制额过之其训练岁二月中旬至夏至止七月中旬至冬至止出海备倭以中下班更迭月支亦有定制石二斗为军总旗八斗为差操正军加行粮四斗为出海备倭军六斗为只身纪録军三斗为老幼存恤军三分守城七分屯种粮出于所种田而以余粮输官为不支粮屯军本府原派广平等七仓秋屯盐本折色九万四千有奇亦定制也

巡司 隆庆志云洪武至正统年间经略诸臣江夏侯焦侍郎等官自福宁州以达漳泉置卫所共二十五巡司四十有五水寨五处卫所巡司以控贼于陆水寨防之于海则知巡司衙门虽小而与水寨同时建设所以联络声势保障居民也迩年兵饷缺之扣银解充似亦一时不得已之权今海防无儆生齿日繁彼处离城窎远则流官弹压与弓兵防守皆似难免者况土民鱼盐为生惯习风涛尤堪水战飞石放镖乃其长技近年屡与贼斗贼亦畏之若以弓兵工食就彼招募土民籍之于官且耕且守禁其克削作其锐气即胜兵千余不召而集恐客兵不及也

客兵 闽中陆设卫所海立水寨皆系本地官兵原无客兵名目自嘉靖季年都督戚继光用浙兵剿倭寇著绩嗣而抚按请设参将游击等官带领各处客兵来去不常至隆庆四年院道议募浙兵一营题设名色把总一员哨官四员招募客兵六百名札守府城

水寨官 旧制水寨统以指挥一员谓之把总嘉靖四十二年军门谭纶题奉钦依比照浙江定海等关把总以都指挥体统行事于是浯屿寨为钦总其浯铜游兵把总及万历二十五年新设彭湖游兵把总俱军门札给名色者

水寨军兵 旧时水寨舟师皆拨各卫所军南日寨则拨泉州卫合兴化平海二卫共一千五百余人浯屿寨则拨永宁卫福全所合漳州卫共二千五百余人近来军伍缺乏寨卒悉系募兵而卫所军止贴驾船浯屿兵一千七十名【粮每月九钱布政司发给】贴驾军五百八十名浯铜游兵五百三十六名【粮俱布政司发给】贴驾军三百名彭湖游兵八百五十名【春汛粮支给于泉冬汛粮支给于漳】

兵船 浯屿寨管福哨冬鸟等船四十八只浯屿游管冬鸟等船二十二只彭湖游管哨船二十只 按福船势力雄大最便冲犁所以扼贼船于外洋事久备懈皆放贼船入港始议迎击港中山湾崎岖贼船窄小反易趋避而大船转动多碍皆为无用之器故寨中有福船又有次号哨船冬船以便攻战小号鸟船快船以便哨探或助力袭击如福船出洋犁贼贼船势将内逼哨冬船与鸟快船急抢上风又出贼船之内向外逐打务逼使出洋内外夹击收功如一概从外追打逼贼登岸具有军法

信地 浯屿寨兵分四哨出汛时一屯料罗一屯围头一屯崇武一屯永宁每汛与铜山南日两寨及浯铜游兵

合哨稽风传筹浯铜游兵分二哨出汛时一屯旧浯屿一屯担屿每汛与浯屿寨兵合哨惟彭湖游兵专过彭湖防守凡汛春以清明前十日出三个月收冬以霜降前十日出二个月收收汛毕日军兵放班其看船兵拨信地小防 按泉郡滨海绵亘三百里与岛夷为邻其最险要宜防之地有三一曰崇武在惠安之东北接湄洲与兴化连界西通泉州大港东接海洋南与祥芝对峙正当泉之上游海寇入犯首当其冲一曰料罗在同安极东突出海外上控围头下瞰镇海内捍金门可通同安高浦漳州广潮等处其湾宽大可容千艘凡接济萑苻之徒皆识其地以为标准嘉靖间倭寇由此登岸流毒最惨一曰旧浯屿在同安极南孤悬大海之中左连金门右临岐尾水道四通乃漳州海澄同安门户国初设寨于此最为远虑至崇武而南有永宁料罗而上有围头旧浯屿之北有担屿烈屿南有卓岐镇海皆海寇出入之路抑其次也今汛兵屯崇武永宁分哨则獭窟祥芝深沪福全一带有赖屯料罗围头分哨则汭洲安海官湾田浦峰上陈坑一带有赖游兵屯旧浯屿担屿巡哨则镇海岐尾乌沙港一带有赖彭湖绝岛旧为盗贼渊薮今设有游兵防守则贼至无所巢穴又泉郡藩篱之固也乃若选将校核卒伍修艨舰明赏罚使水军狎风涛而不敢偷安内湾则在人而不在地

(寨隘)按泉郡西北负山安永德三县与汀漳延平为邻各处逃民间作不靖先年在在设有寨堡或遏贼所必由或守贼所必据其建立防守大抵出于民为多东南濒海接近岛夷晋南同惠诸寨皆为备倭如围头乌浔深沪蚶江等湾其土民惯战海贼所畏兵亦赖之嘉靖季年倭寇充斥村落之民多以寨坚人强得免者承平以来各寨堇存其名迩年巡抚朱徐二公曾屡行申饬各乡都筑堡防虞然上有经营之勤常患于民不可使知下有出办之繁常苦于官不能尽亮非蚤计而预筑不得坚完然无故而兴役又涉谤端自非瞭若观火忧切桑土之长孰能曲突徙薪于必然而未然之际哉

洋税考 嘉靖中有佛郎机船载货泊浯屿漳龙溪八九都民及泉之贾人往贸易焉巡海道至发兵攻夷船而贩者不止总督闽浙都御史朱纨获通贩者九十余人悉斩之而海禁严三十六年海寇许老谢策等突至月港大杀掠明年冬诱倭寇三千人再抵月港散劫八九都往来浯屿间寇累岁不息土人乘机为叛号二十四将沿海骚然四十三年巡海道周贤宣计讨平之其明年奏设海澄县治隆庆初年巡抚福建涂泽民题请开海禁准贩东西二洋通政唐顺之有云国初浙福广三省设三市舶司在浙江者专为日本入贡带有货物许其交易在广东者则西洋番舶之辏许其交易而抽分之若福建既不通贡又不通舶而国初设立市舶之意漫不可考矣舶之为利也譬之矿然封闭矿洞驱斥矿徒是为上策度不能闭则国收其利权而自操之是为中策不闭不收利孔漏泄以资奸萌啸聚其间斯无策矣今海贼据浯屿南屿诸岛公然番舶之利而中土之民交通接济杀之而不能止则利权之在也宜备查国初设立市舶之意毋泄利孔使奸人得乘其便其于海禁利害晰如也然市舶之与商舶其说稍异市舶者诸夷船泊吾近地与内地民互为市若广之濠镜澳然商舶则土著民醵钱造舟装土产径望东西洋而去与海岛诸夷相贸易其出有时其归有候广洋巨浸船一开飘四望惟天水相粘无畔岸而海人习知海道者率用指南针【即罗经】为其导向相传有航海针经针或单用或指两辰间以前知某洋岛所在约更时当行水路几许打量水深浅几托【方言几仞为几托】海中岛屿作何状某洋礁险宜慎或风云气候不常以何法趋避之异时海贩船十损二三及循习于常所往来舟无恙若安澜焉盖海滨民射利精如此东洋若吕宋苏禄诸国西洋暹罗占城诸国及安南交趾皆我羁縻属国无侵叛故商舶不为禁【东洋有吕宋 屋同 沙瑶 玳瑁 宿雾 文来 南旺 大港 呐哔啴 磨荖英 笔架山密雁 中邦 以宁 麻里吕 米六合 高药武运 福河仑 岸塘 吕蓬 西洋有下港暹罗 旧港 交趾 东埔寨 丁机宜 顺塔 占城 马六甲 顺化 大泥 乌汀礁林 新州 哑齐 交留吧哪 彭西宁 陆坤 占陂 高趾州 篱木 高堤里邻 吉连单 柔佛 吉宁邦日隶 安丁义里 遅闷 苏禄 班隘 又有鸡笼淡水 不系东西洋船数】而特严禁贩日本者比于通番接济之例先是海澄未置县时有靖海馆以通判一员司巡缉其后请设海防同知易靖海馆为海防馆万历二年巡抚刘尧诲题请舶税充饷岁以六千两为额委海防同知专督理之刋海税禁约一十七事【时海防同知沈植条陈】其禁压冬议以为过洋之船以东北风去西南风回虽回缓亦不过夏惟自倭回者必候九十月间风汛且日本无货祗有金银凡船至九十月方回又无货物者明系展转交倭纵有给引仍坐以通倭罪同艌船伙及澳甲等许其举首给赏之于时凡贩东西二洋

鸡笼淡水诸番及广东高雷州北港等处商渔船引俱海防官为管给每引纳税银多寡有差名曰引税【东西洋每引纳税银三两鸡笼淡水及广东引纳税银一两其后加增东西洋税银六两鸡笼淡水税银二两万历十八年革商渔文引归沿海州县给发惟番引仍旧】每请引百张为率随告随给尽即请继原未定其地而亦未限其船十七年巡抚周宷议将东西二洋番舶题定只数岁限船八十八只给引如之后以自变量有限而私贩者多增至百一十引矣其征税之规有水饷有陆饷有加增饷水饷者以船之广狭为准其饷出于船商陆饷者以货之多寡计值征饷其饷出于铺商又虑有藏匿禁船商毋辄起货以铺商所接买货物应税之数给号票令就船完纳而后许鬻卖焉【西洋船面阔一丈六尺以上者征饷银五两每多一尺加银五钱东洋船颇小量减西洋十分之三陆饷胡椒苏木等货计值银一两者征饷银二分鸡笼淡水名曰小番地近船小每船面阔一尺征水饷银五钱陆饷亦如东东西二洋之例】加增饷者东洋中有吕宋其地无出产番人率用银钱【钱用银铸造字用番文九六成色漳人今多用之】易货船多空回即有货亦无几故商贩回澳征抽水陆二饷外属吕宋船者每船另追银百五十两谓之加增【后各商苦难输纳万历十八年量减止征一百二十两】每年至五六月七八月间风汛届期各商船回至海外俱由南澳浯铜诸水寨及岛尾濠门海门各巡简司信地经过随报府县及海防馆逐程拨船护送防寇掠其实稽察隐匿饷税者云自万历四年饷溢额至一万两刋入章程录至十一年累增至二万两有余二十一年报倭警禁止通贩而海滨民苦为生难辄违禁私下海或假借县给买谷捕鱼之引故越贩于是巡抚许孚远深念之恐复为变如嘉靖时出示招谕凡留贩人船不论从前有引无引日远日近俱准驾回照例报官纳饷一切私通及压冬情罪悉宥免是时越贩商人胡台谢楠等二十四船闻抚绥令皆驾船回澳报饷与正引之商一例征纳二十二年饷骤溢至二万九千余两然则海民趋利之情与商舶通塞之利病其大略可睹矣其后当事者疑税饷多寡海防馆所报不尽始议仿各处关税之例岁委各府佐贰官一员轮管之示清核毋专利窟而泉州以兵饷告匮分巡兴泉道建议于泉州中左所设官抽饷如漳之海防例令漳民贩西洋泉民贩东洋毋相搀越事并下府议时漳民纷称不便乃具详言本府属县岁派额饷数少民又多逋军需往往告匮即隆庆间开设海澄船税仅数千金万历间增至一万两以此佐之犹且不敷动请司饷济给考之累年各请发司饷二万两往牒具在也迨十三年以后舶税增至二万余两兼以概府尺土半廛凡属官者靡不括以充饷即铁炉牛行渡船网税搜无遗利始免仰给司帑然亦必县饷舶税尽数征完方克有济查见在十县饷额共三万七千七百九十余两凑舶税二万余两大都在六万上下而水陆官兵月粮修船置器犒赏诸费岁不下六万两如万历二十一年禁海饷绌则括府县帑藏及借诸站剩等银支用岂有赢余积藏于库哉漳泉均为海郡兵饷并属吃紧饷在漳则漳利饷在泉则泉利其便均也漳饷匮则请在漳泉饷匮则请在泉其不便亦均也今欲以东西洋分属漳泉割漳饷以赡泉兵不惟漳之兵食无所措给从此私贩之徒缘为奸利不漳不泉东影西射公然四出不可究诘者又当什百于昔日本府筹之未见善画在彼府计其无弊何如耳惟是榷税不专责于海防官听上裁于是漳泉分贩议罢不行而题请改设饷馆给关防会上方大榷天下关税二十七年中贵人衔命至闽凡山海关津之税毕搜罗以进内帑而舶税归内监委官征收矣【时议委三司首领一员与内监委官协管】于正税外派办进方物费不赀重以委官需索土人狡谲无忌惮者投充为巡拦恣扰害漳民情用汹汹焉赖有司调停安辑之不为变而是时漳泉民贩吕宋者或折阅破产及犯压冬禁不得归流寓夷土筑庐舍操佣贾杂作为生活或娶妇长子孙者有之人口以数万计而同安人张嶷者缪奏言海有机易山与福建相近地产金若采取可得成金无算有诏遣中贵人委官往勘视而吕宋番闻之大恐以中国将略取夷地诸流寓人皆内应也于是尽坑杀漳泉民之在吕宋者以二万人事闻张嶷以欺罔首祸寘极刑三十四年有旨封闭天下矿洞其各省直税课令在所有司照常征解命甫下海内忻忻有更生之望而所在税监仍奏请转解税课及办进土产方物且言税归有司于地方无所事事乞召回于是旨纷出先后互异税银准解工部又总解税监分进内库土产方物准折办又敕该监照旧办进其布政司银既彚解而税监者又欲州县有司径解及代办方物有司莫知所适从事纷然久之布政司乃具咨呈户部请画一而部咨回复以藩司一邦之主若金花税粮等银何莫不由藩司而州县敢于径解乎近者南赣巡抚题奉明旨各处税课都著类总解税监分解应用是各处者指各省直言也类总解监者明令布政司类总也若田州县径解当云各解何须类总为乎土产方物乃税监芹曝之诚非有司贡献之礼抚臣既题准折办及措处加平等费续奉明旨照旧办进并未有有司备办之旨谨始虑终正在今日该省抚按亟当移会该监备将历来明旨开导其详使知类总二字旨意昭然径解之举终属悖谬矣自是议稍定当事复申前饷馆委官之议以海澄洋税原议轮委各府佐贰征收但外府之官

远来住札非便而增设供应人役所费亦繁不若于本府佐贰五员内岁委一员管理事无专属既于原议不悖且于事体为宜议允行本府官承委岁一更代云先是投矿税为羽翼者探知海夷有别种号红毛番饶财宝擅给中使文移招谕以来船泊彭湖其人非东西洋种人发纯赤强而多力以船为家于海岛诸港门贩鬻为生涯其船宏壮甚出没海洋怒涛中亡所损为兵器自护卫若佛郎机铳发贡铳之属亦甚具其交易颇以信义怒辄杀人海岛中诸夷恒畏避之利中国罗绮缯布器皿诸货诸奸人啖以利谓漳之南湾彭湖岛可以市舶红夷者以为信至凡数船事闻抚按行守巡道议以市舶必不可许且奏下兵部覆疏请明旨诘责中使令所在守将督信地兵严拒之红夷船始去而漳泉间射利者意觖觖以为此不费航海而坐收远夷珍宝利百倍若之何乎失之呜呼其亦不思甚矣哉夷性无常非我族类而海边恶少民尤习狙诈无事犹将勾引接济为寇攘地况日夕与豺狼处非欺负货物激怒夷而至为变则将为阴阳播弄啖夷以玉帛子女而为之向导患之至也其何日之有若嘉靖中倭寇藉入贡蹂躏宁绍间皆起于市货不售土人贪戾无行者为构诱煽乱祸蔓延至不可解殷鉴不远为闽计可复尔耶或曰红夷性扑直非狡倭比是又不然独不闻广香山之有濠夷乎其初亦寻常贩易今结聚日众盘据濠镜濠诸作奸犯科者悉亡命藏匿其中筑崇城百雉阨险阻兵势寖迫于省会若瘿之附项疽之附骨治之不可养之日深当事者屡以为忧矣今之红夷其疆鸷出濠夷上迩年与濠夷争市舶地相贼杀广之海上濠夷辄不胜而高峻其城郭以防御之其人魁伟者殆防风氏之骨专车焉可玩其狡不如倭而垂涎以为利薮此奸人之以国为眚者也第今东南隐患又不但此顷抚臣奏言闽地斥卤硗埆田不供食以海为生以洋舶为家者十而九也况今军需国课半取给于市艘岂能禁之不去但奸民有假给由引私造大船越贩日本者矣其去也以一倍而博百倍之息其来也又以一倍而博百倍之息愚民蹈利如鹜其于凌风破浪直偃息视之违禁私通日益月盛有暗结婚姻有私受夷职甚者或卖船以资敌我无晋魏绛之五利而彼饶中行说之三窟长此安穷况今琉球告急属国为俘而沿海奸民扬帆无忌万一倭奴窃据窥及鸡笼淡水此辈或从而勾引之门庭之寇可不为大忧乎请申饬沿海清查由引严禁压冬不许私造违式大船及以引饷事权归海道管核便疏下兵部覆如议行而沿海民大点猾及凭藉有势力者借东西洋由引而潜趋日本时时有之禁虽严未全戢　论曰海舶非正赋也而志之赋役何居嘉隆之际月港之乱余不忍闻焉自设县弛海禁以来使穰穰者鹜于利潜销磨其不逞吾又得操其什一以资军匮庸讵非算乎顾今东西洋利寝薄贾人侵假而阑入倭境又重设额外之征横征敛以困辱之兽穷则逸鸟穷则攫况轻悍习乱者其又曷不至焉呜呼谨衣袽者念之哉

兵防考　洪武三年置漳州卫指挥使司其属为经历为镇抚为千户所者五五千户所各统百户若镇抚后设镇海卫所统亦如之又置陆鳌铜山玄钟守御千户者三卫军可五千余人所军可千余人耕其屯田而食之成弘间又调镇海之后千户所戍龙岩而以漳州卫之后千户所戍南诏此卫所始末之大较也铜山漳滨海之重镇也国初遣江夏侯周德兴入闽筑城备倭置五寨铜山其一焉寨在井尾澳景泰间移今西门澳初以卫官有才望者统其事而后更以钦依把总一人玄钟澳属焉【筹海图编曰漳州府所辖漳浦一县最近海屿设水寨者二铜山西门澳为把总水寨而玄钟则受其节制者也故今止以五寨为名岁拨镇海漳州永宁卫及玄钟铜山所军分番巡哨而北自金石以接浯屿南自梅岭以达广东险阨所系匪浅浅也】隆庆六年知府罗青霄议置土兵五营分镇诸处或废或存万历初年又为铜山置浙兵营而郡西之浙兵营则自万历十一年为吴双引唱乱而设盖主与客交驻云彭湖在漳泉海外与倭仅隔一衣带水嘉靖以来曾一本林凤辈往来啸聚其间数为边患壬辰朝鲜告变时传倭且南侵当事谓不宜坐弃彭湖为设官兵据险戍之又虑孤岛遥悬汛期分诸寨兵递为声援以水犀杜其凫豨此营寨始末之大较也漳入明故领县五成化间以温文进之乱割龙岩居仁等五里置县漳平谓险远难制也正德间象湖诸处乱起虔抚都御史王守仁督兵讨平之复采乡三老议以为芦溪等处地里遥远政教不及酿成大祸今动三军之众合二省之威虽曰殲厥渠魁扫除党类特一时之计未为久远之规乞于河头中营添设县治引带汀潮喉襟清宁政教既敷盗贼自息上疏请于朝置平和县嘉靖初以南诏广寇出没置诏安县月港者龙溪海上一大都会也自内外贼盘据为难烽燧传警岁无虚日都御史朱纨疏请建邑不果后郡守唐九德力持其议都御史汪道昆为更请置县海澄而是时又以初平苏阿普等于杀狐岭割龙岩之集贤里置县宁洋国家剖牧民之符非惟临长百姓夫亦以父母孔迩威信易敷赤子潢池弄兵自息设险守固胜于数十万甲兵也郡又有海防同知春秋防汛近又特设督捕通判驻云霄丞主海上事而别驾职内贼此郡邑始末之大较也漳初未有大帅建牙者嘉靖二十八年以军兴设参将一

人三十五年益以水陆参将二人三十八年请分福建为三路三将军主之其驻漳者为南路所辖自诏安广东界北达祥芝盖镇漳而兼控泉矣先是南澳尚未开府每汛期专驻玄钟后南澳既设移驻铜山万历二十年议者谓偏处一方移驻鹭门居中调度焉而南澳者在闽广交夙为逋薮吴平许朝光巢穴于山曾一本林道乾游魂于海至合两省会剿始平迨议善后题设副总兵官协守漳潮拓地邠镇无事则玉斧弹压有事则金钲穷追兼制两省秩亚骠姚此将帅始末之大较也夫弘正以前承平既久人不知兵故规制尚略嘉隆之间所部云扰岁岁苦兵故规制寖详然卫所官大则金绯小亦列校岁糜月俸钱甚奢其铮铮者多脱颖以出树勋他处而卑者长旁桀戟乘坚策肥刻削自封恣睢自豪至不识韬钤为何物战场为何事告以鼓鼙声心悸欲绝且凭空顿于户下安望其缓急使乎若正统邓茂七之寇指挥顾斌拥兵铜陵募敢死士入卫遂大破贼二百年来一人而已彼镇海为饶贼所陷诸将束手坐观板荡此曹之肉岂足食哉至于卫所军世守尺籍执其钝器不能刑鸡鹜无论即戎脱有变弃甲不暇耳国家养兵世世仅得其空名宇内皆然不独漳也正统天顺间所在招募丁壮为民兵【即快手机兵之属】而巡司故有弓兵俱有司操练然今民壮仅供公门役使弓兵所缉里闬鸣吠及负担兴贩而已议者始复仰借于客兵乃客兵之大利大害亦略可言方嘉靖鼎沸时海内名将如戚继光俞大猷俱统重兵入漳征剿海上父老犹能言继光时事贼围孤城急复四出摽掠父老扶携登望女墙上冀援兵旦晚且至嗣见远烟数点影响似旌旗状忽炮响官兵业抵近郊与贼接战大破之盖继光每出师或急或缓人莫能测贼侦继光方与所在当道欢饮解甲犒师似未即发继光已夜从间道急进出没甚神贼猝不意辄狼戾死甚众云蔡陂之役贼又预度继光当至设伏待之卒然蠭起兵为少却继光斩前怯者数人身自督战贼竟溃四十四年海寇吴平据梅岭继光兵来贼遁入南澳继光追击之俘斩万五千人贼潜遁赴海而漳遂平自漳中贼奴而继光之功亦与之终始漳人为之语曰俞龙戚虎杀贼如土皆他路兵也然事急则征召事平辄复遣去征召至而屠戮者已饶受其祸矣故迩者为客兵置营居守如土著顾在壬戌参将杨缙以东莞兵来愿为漳备御贼实约东莞兵为内应缙下令漳民不得夜开门开门辄兵之漳大骇诸生相率诣当道固争富家夜自为登埤固守不呼而集次日清明东莞兵从南郊辱人妇女睥睨杀人郡守始下令乡兵截杀之须臾东莞兵头脑被地几尽所部始宁万历癸未吴双引之事觉就诛也有司者虑之议驻客兵于西郊其后长泰囚越狱刺杀县令囚实与客兵约为外应先一口客兵以庭殴罗中军有信改期不得达囚出登城四顾外无援者始就擒虽社稷有灵未焰旋熄不可不谓往事之明鉴也夫漳所最苦者莫如倭嘉靖时闽浙初置巡抚则以倭故倭非能自来也起于中国之民为之乡导都御史朱纨练兵甲严斜察按诸通海者若干人悉诛之纨竟为朝议所中忿恚自杀舶主土豪益自喜为奸走波涛中交相往来后乃大举入寇而海寇应之至陷城郭祸坟墓男女骈戮远近震骇此亦神人之大痛矣网以乱至而密密则已晚网又以乱解而疏疏则安穷比岁海滨人视越贩为常事诡给沙埕引无不诣山城君者当事忧之严为令与民更始有更犯者无赦夫越贩起于富人射利其意元非勾贼唯是输其宝货露其情形此其渐不可长者耳禁越贩自是防倭急务未可谓越贩之门一杜而倭便不复来也海上行劫何处无倭奴犯渔舟居贾舶旋复散去不逞之徒搏手无生活日觊波心与夷杂处彼狡焉有窥中国之心何日忘之中山之藩破矣长蛇封豕荐食未央故待敌宜预也向者夷从西方来贾胡别种也发尽赤巨舰迎波结中贵人以互市请如东粤香山故事当事持不可参将施德政躬抵彭湖宣威耀武与夷相持者久之夷乃去其后数岁更入海上申前请益力当事严缉居民不得与售一钱乃更掉指东粤以往若辈仅以声势恫喝然舟大不便动转即有变火攻可烬耳防之无使登岸彼将自消其食指威之无使见瑕彼将自戢其杀机后此出没尚未有常也故防敌宜周也国家皇灵旁畅然二百年中深山穷谷之区小丑间发始而鼠窃继而狼噬驱之则终兽散至二十四将而祸烈矣【丁巳间洪迪珍等二十四人共造二船接济番舶因以为号其后据巢杀掠官兵不能制详见兵乱】鲸鲵之不净以烦县官安能便置反侧于度外万历以后带牛佩犊之萌旋就诛灭然余党尚未悉散往者漳浦见告人或讶其太张皇然与其张皇也犹胜坐视必以踪迹之尚未露也而概置之罔闻人心愈怠城守愈疏脱有真双烽火在庭而不悟矣讵细故哉语云涓涓不止流为江河今近郊之内夜半杀人劫掠财物肆行无忌比比有之夫固揭竿之渐也故缉敌宜严也漳浦林太史偕春之论兵防曰筑土堡练乡兵而又以外贼宜守内贼宜攻丽丽甚悉此自倥偬时事非所施于承平且卫所营寨诸军是亦乡人也是在练之而已客兵久于吾土耳目肝肠岂尽异类是在制之而已张万纪为铜山把总每雨云阴晦意贼且出辄驾小舟身携一剑以骁勇数辈自随装束如渔人因以诱贼贼相遇手自击杀之或死或缚万纪虽屡经险阻神意逾王海上数年间得安枕无恐者则万纪力为多是外贼未尝不可攻也顷岁中丞台巡历海上一切与将士综核

名实乃其选将仅骑射故事所选兵令抱石以试勇怯著令甚迂而所用又非所择则何取焉往事材官及兵目人缺应补者将军与郡国议上主者裁决之比岁多自旌门出所不知何人坐名送寨彼其人与地既不相习而部曲侪伍又不相能安望得其熊罴之用哉谚曰文臣宜不爱钱武臣宜不惜死然吾谓武臣爱钱正军政所为败坏而难于收拾第必自文吏大臣始夫将将者之原既清下方自肃不然主者以缛节望之大帅大帅以望偏裨偏裨以望卒伍转相克剥尤而效之而兵日贫因以日怯虽今日更张明日整饬徒侈縻文何裨廓清之方略矣郑尚书晓曰福建海抱东南汀漳外寇内逋与南赣声势联络海物互市时起兵端此其治乱非徒一方之机局者诚哉是言也故为差次梗概以备稽阅如此

监司　本朝所在郡县置监司弹压之曰分守曰分巡其在滨海则又有巡海漳在国初属福宁道成化六年汀漳潮赣诸处盗贼出没始设分守漳南道驻上杭辖汀漳二郡遥制江西之赣州而巡海道旧驻会城嘉靖九年都御史胡琏议以漳州海寇纵横巡海使者远在数百里外缓急非宜疏请开镇于漳是巡海虽全制闽中海上事而漳若其专制者盖四十有余年万历间承平既久巡海道复归会城而漳州奏请特设分守漳南道自是而率属兴治莅兵抚民守巡并主其权巡海道但司海禁春秋防汛耀其甲戈或间岁一至他郡邑事不复相关矣近三十八年抚臣陈子贞议重巡海之权疏请一切军政俱巡海主之守巡勿复与知然营寨事无巨细欲尽赴会城上下辽隔不若守巡就近料理为便且巡道故尝奉敕称备兵使者安得不问兵事哉故疏虽下部竟不果行焉守道初设布政司参议后间出以参政近有自按察使或副使兼官至者巡道初设按察司佥事后间出以副使近有自参政兼官至者巡海道初设按察司副使近有自布政司兼官至者

南路参将【按参将官级亚于漳潮副将而序次在前者以漳为所专辖也】漳州南路参将原未有专设嘉靖二十八年浙直军门朱纨题请福建添设参将一员至三十五年巡抚王忬题改设水陆参将二员然未有专管汛地三十八年巡抚刘焘题请福建分南北中三路添设参将三员以漳州为南路并水陆为一参将奉敕分守所辖铜山浯屿二寨浯铜彭湖二游漳州铜山二浙营陆鳌一土营漳州镇海泉州永宁四卫南诏龙岩陆鳌铜山玄钟崇武福泉金门中左高浦十所自祥芝以至大城皆为汛地盖控漳而兼制泉也先是南澳未设副总遇汛则参将专驻玄钟调度水陆防御南澳设后移驻铜山万历二十年倭躏朝鲜议者谓铜山偏处一方始兼移驻中左所居中调度焉

铜山寨　洪武初年皆以卫官考选备倭带领军兵出守铜山嘉靖四十二年题准改设钦依把总一员非汛时月团泊寨湾轮番出哨小防缉盗汛期则分四哨前哨镇海左哨陆鳌右哨沙州后哨鲎殼各防汛信地皆险要而横屿莱屿井仔湾大小甘山则外洋岛屿之最险者

漳州浙兵营　府城外浙兵营始于万历十一年因叛民吴双引等谋为变当事集议时设浙兵一营驻札团练营设于西教场迩以浦头至镇门一带河道萑苻窃发肆掠商舶议设哨船二只轮营兵坐驾随潮往来巡缉平时则府城内外以至镇海井尾等沿海万松岭岩亭孔道皆更番哨守有事则专听征调随贼所向相机征剿

铜山浙兵营　铜山浙营始于万历九年为沿边海警而设驻札铜山所城外平时则团练弹压自铜山以至玄钟诏安等沿海油柑岭凤山等孔道皆其哨守有事则专听调度征剿

陆鳌土兵营　陆鳌土兵始于隆庆六年因诏安县五都土瘠民贫寇盗蜂起当事者议设土兵一营抽选贫民充之为弭盗安民计初守铜山续与浙营对调札守陆鳌城外平时则操练弹压自该营北抵莆头南至古雷等沿海与内地云霄堡皆其哨守有警则随贼向往剿击用为哨探向导耳目

彭湖游兵　彭湖一岛在漳泉远洋之外邻界东番顺风乘潮自料罗开船二昼夜始至山形平衍东南约十五里南北约二十里周围小屿颇多先年原有民居隶以六巡司国初徙其民而虚其地自是长为盗贼假息渊薮倭奴

往来停泊取水必经之要害嘉隆之季万历初年海寇曾一本林凤辈尝啸聚往来分𦨭入寇至烦大举捣之始平盖闽海极远险岛也去辰岁倭犯朝鲜时有侵鸡笼淡水之耗鸡笼密迩鼓湖当事者集议不宜弃乃设官兵先据险戍之二十五年冬初𠜂一游一总四哨冬鸟船二十艘目兵八百有奇二十六年春又虑孤岛寡援增设一游总哨舟师称是又于海坛南日浯屿浯铜铜山南澳六寨游各抽哨官一人领坚船三只汛时远哨该岛以联声势后虑兵饷难继裁去一游而海坛南日南澳三处远哨船渐各停发今仅有一总二哨冬鸟船二十艘官兵八百五十有奇月糈则漳泉共饷之

南澳副总兵　南澳在闽广之交夙为盗贼逋薮先年山寇吴平许朝光海寇曾一本林道乾等聚众为乱荼毒生灵至合两省会剿姑平万历四年建议善后题请设协守漳潮副总兵官专驻南澳始𠜂镇城无事坐镇弹压有警督兵穷追兼制两省事权归一居然海上一重镇也所辖南澳游兵拓林守备二寨防倭中哨二游福广二营陆兵按癸酉志南澳去玄钟澳口约三十余里属广东饶平洪武间居民负险作乱遂墟其地其澳周围六七百里有青澳后泽澳夷船多凑泊于此而深澳尤为形险小舟须鱼贯而入官兵攻剿势甚掣肘嘉靖间潮州府用木石填塞澳口未几倭人用善水者捞起木石澳口复通嘉靖四十四年剧贼吴平鸠集结巢大兵征剿贼党虽散其地尚为贼窝万历初同知罗拱辰相视其地议设参将一员统兵屯札筑城三座一在深水澳一在云盖寺一在龙眼沙互相联络立墩台瞭望调兵哨守计三处田约四五万亩可召军民给牛耕种罗公当时计划可谓周悉自后题设协守副总兵驻札遂岿然重镇矣

南澳游兵　南澳游兵设于万历四年见额福哨冬鸟船三十四只官兵八百七十四员名遇汛贴驾征操军四百二十名非汛时月团泊游澳轮番出哨汛期则分布宫仔前胜澳清澳云盖寺等信洋防守并专属副总兵统辖调度

海澄县筑塞港口议　癸酉志云县治之设业有成绩且城垣壮固亦似可守但凡设城邑必以水泉为先今城中卤地不可为井惟汲淡潮城外万一寇至水门关闭安所得水又县治去海咫尺贼舟无所防限乘风顷刻直至月港潮涨之时舟高于城深可危惧所以议者辄有筑塞港口之说但其间利害相半众论不一具载如左一议云今县治滨海潮水由海门入中流有泥仔乌礁许茂三洲分为二派一派迤东从海沧而上一派迤南而西约十里许至月港咸水夕涨沿边土田失收且奸徒驾艇为非往来不测贼舰乘潮瞬息可至若从下流于泥仔尾隘处设法填塞海咸不通淤泥数年可以成田西溪并南溪淡水汇于八九都灌溉永赖且海船必由东北沿海沧石美而上横过福河下至港口水道迂曲信宿方达月港奸贼出入势甚掣肘况堪舆家谓此方闭塞可固内气若此举可成亦兴利扼险为新县奠安之良策也查得嘉靖十六年乡民曾请乡官御史陈迁鸠工垒石兴筑未及成工今一带基址俱生泥泊因而为之其力为易一议云县治所以设于月港者正以其地近海潮汐吞吐气象豪雄舟楫流通商贾辐辏今若填塞则商贾舟楫无所停住或泊于坝外则有风波冲击之虞若由福河入月港水道迂远其势非在福河必在石马而近县之处泉货不通生意萧条深为未便且江流泛涨功恐难成即幸而成势必溃决三洲地方先受其害就使不决北边石美一带不能免于崩颓且旧有二港泄水江东南门二桥以里尚有洪水之灾若止留一港则下流壅塞水灾愈甚今若欲兴水利须另设法疏通若欲为县防患莫若查照当日原议于港口再立一桥筑垣其上接连港口九都二堡下设水闸以通小船其大船止泊于闸外仍于闸外多布石钉不许大船近闸如此则不惟城中居民无乏水之忧贼船不得突至城下而港口九都二堡亦可恃以无虞矣查得近日修造浮桥势难御贼且滞商船又有修补之费恐非长策按二说俱存之以俟采择

诏安县志

兵防　蒲葵关百里而遥控漳引潮则浦治之南诏场也周汉之职方无考唐嗣圣【即垂拱】三年左郎将陈元光筚辂篮缕以建州治立行台于四境命将分戍四时躬巡南诏保其一也自下游抵潮之揭阳宋置有沿海寨元为万户府俱调官兵屯守时代堙沕故垒无传国初仍谓南诏场弘治甲子【十七年】冬寇盗充斥地方骇鹿始调漳州后卫所官军置守御南诏千户所嘉靖十年设诏安县治从县治而东三十里至玄钟千户所洪武二十年江夏侯周德兴为备倭而建也所之城外又有南澳游营专治水兵距南澳总戎镇一苇航之与柘林铜山诸营所鼎峙相

望百里之内札以二所兼连营镇不可谓无兵而统兵诸将大则开府建节小亦分符列较不可谓无将此何论弹丸之安堵以之保障遐荒折冲瀚海而有余矣而频年以来鲸氛屡煽兽莽时伏吴平曾一本诸贼构乱东南二十余年军兵莫敢谁何俞【讳大猷】戚【继光】两将军以客兵入援而后海静山宁崇祯初年海寇周三老刘香复发沿海等处地方窜逃则山谷皆满【各处皆然】屠僇则城堡俱空【岐头堡】十里内外营所谓诸军兵环列也立视其毒而莫之救毋论民不得而请之官亦不得而责之盖所则借口于钥城而不肯援乎野营亦驾言于汛海而不肯援乎陆迨各逼其圉司钥者或逃城而之野守汛者多弃舟而奔陆征拨则交有所委战守又两无所效其势且至于募土兵藉乡兵乡兵之藉官无养兵之费民有备兵之用岂不甚善但须听民间之自卫不宜属官府之调拨自卫之则民也而调拨之即兵也既出赋以养兵复出身以当兵弃本业而间戎行兵民交戾其制决无以善后而多行召募亦未为计之得也使军尽有用亡待于兵使军尽无用亦亡庸于军今卫所之尺藉继世縻稍旷而不驭更觅亡命之恶少以为兵抱石以试之纷呼以阅之其揭旗而奔驰者仅同儿戏不知养之者何需而练之者何为也近日当事者蒿目时艰廑沿海之隐虑于是有听县节制拨守要害之议此其制甚善要须度营所地方之远近酌军兵劳逸之机宜不疲其力而有以耀其武如万历甲寅天启乙丑已行之实效每险置铺更番轮守远不过数十里多不过数十人合营与所而均调之一岁一人不过十余日计程责守赏罚随之军兵习险要之防而寇盗潜啸聚之踪其振武备不犹愈于揭旗而驰抱石而试乎况乎文武合筹则兵民安利害相关则同仇切措置得其宜绿林之豺玄海之鲵将缩瓜解髻而不敢逞矣故尝论之山海之寇縦之则滋蔓扑之则立烬何者寇能荷戈而逞不能负耒而耕伏山之寇由于近村之窝囮帆海之寇由于奸商之接济及蠢兹之方萌制附近之奸严出海之禁彼亦焉能枵腹而求逞也哉毋论内寇即如嘉靖之季倭夷内讧能有片帆还者乎向令当事者蚤从巡抚朱纨之议尽法通倭之豪右严行保甲之规条闽浙之高枕岂待俞戚而收功顷者红夷间至朝泊夕殲不移旬日彼利水而不利陆扼之无使登舟将自销其食指何况师武臣力之用命乎大约天下之事豫而图者易为力溃而维者难为功东南无大盗而有小奸小奸者大盗之渐也惟其小而不足畏故其发也恒足以乱天下涓涓不息遂为江河理势固然无足怪者今日沿海之民以保甲为故事以小逞为习惯啸而往挈而还设财自卫官不能问坊里之间祀神结会者动数十人计数十方一人忿恚一会閧起礼让不能化法令不能戢缓急有变化为异类也不难是不可为寒心乎故今日之民有乱之萌无乱之形则饬法宜肃也今日之军有军之费无军之用则征调宜参也今日之兵不必广饷以募兵但须选兵而核饷则冒滥宜清也而后桑土绸缪封豕不突潢池无弄制治保邦之猷其在斯乎其在斯乎

要害守兵　县治丛山阻海寇盗出没设险守要置为关隘墩堡或调官兵协守或召民兵共守关隘以防奸细备寇盗近卫所处则拨旗军轮守无卫所处则拨乡夫把守城堡旧惟巡简司及人烟凑集之处设有土城自嘉靖辛酉以来盗贼生发民自为筑在在有之凡诸关堡俱缘升平日久今昔异宜废圮者多惟要害地方不当废圮自凤山岭一路至磨西桥等处地险民嚣伏苻窃发万历甲寅年间漳之防海卢申请每五里置一警铺召铜山浙营分汛迭守天启二年六月汛兵撤回派附近居民把守而责守不严去住不以其时其点者往往藉兵为寇至天启六年而寇盗之猖獗极矣知县朱始建议详行拨南诏所军五十名汛守半沙古林相见岭深田铺等处崇祯八年所军停止知县王又就近村拨乡兵轮守日差快手二名执循环二面巡视督守今复日自大兴至云霄仍调铜山浙营兵一百名汛守道路渐清乡兵营兵之防守其得失利害盖可睹矣

南澳游兵　寨游之设古未有也洪武二十年为闽海防倭至计遣信国公汤和江夏侯周德兴分行海上置水寨三曰烽火曰南日曰浯屿置游营三曰海坛曰浯铜曰玄钟岁拨卫军操驾巡哨选各卫指挥才能出众者充把总领之弘治间海宇晏清倭不为患民狃承平寨游俱废嘉靖四十二年倭寇交讧督抚谭纶巡按李邦珍总兵戚继光奏复寨游以钦依把总领之游以名色把总领之玄钟游听铜山寨节制万历四年巡抚刘尧诲建议改玄钟游为南澳游题授钦依把总视都指挥以重其权听漳潮副总兵统辖调度澳之东南属游哨守澳之西北属广东柘林寨哨守专治水兵非汛期月团则泊游澳轮番出哨汛期则分布防守原额福哨冬鸟船四十只官兵一千八百三十五员名自万历二十四年至天启二年陆续裁减外尚存冬鸟船三十四只官兵八百七十四员名遇汛贴驾征橾军四百二十名自天启末年崇祯初年船被海寇杨六周三钟斌刘等相继焚毁不复造偿崇祯六七年只得奉文裁减二十

四只惟余十只十年八月又减二只只存八只因饷诎只定哨官四名捕盗十名共官兵七百二十一员名每月支粮银七百六十四两七钱岁支银九千一百七十六两四钱其贴驾镇海卫陆鳌铜山玄钟三所征操军四百二十名俱停止不调

本游汛地　汛有春冬二期春以清明前起计三个月而撤冬以霜降后起计两个月而撤期至则整搠舟师听漳潮副总兵与漳南分守道海防馆督发汛地四哨轮守一哨守云盖寺等处一哨守青澳等处一哨守娘宫前走马溪等处一哨守胜澳及前浯等处各有会哨上自胜澳以至娘宫前二哨兵船赍筹薄与铜山水寨会下至清澳以及云盖寺二哨兵舡赍筹簿与广东柘林防倭兵舡会瞭望鲸氛剿捕倭寇自汛守不严寇盗无警海上脊脊多事矣

一胜澳在衔石湾之海口相去里余有水源一处无论发汛收汛兵舡俱札于此可泊东北风舡五六十只内通诏安外通大海及前浯礵屿云霄等处小寇屡屡窃发去娘宫前约水程五十里信地次冲一哨兵船防守

一娘宫前可泊东北风兵舡四五十只一面汪洋一面大山山有水源一处倭寇取汲于此上至铜山鲎殼澳约水程三十余里信地极冲一哨兵舡防守

一青澳在南澳之外内有大湾可泊西南风舡数只其地浅狭出入取水甚难东有墩台拨兵瞭守其地居民数百家田园数百亩外有小屿三里至九归澳九归澳五里至金较椅信地次冲一哨兵舡防守

一云盖寺在南澳山之东南可泊西北风舡五六十只其地出有水源二穴相联倭寇常汲于此旧有三宝寺时有云气遮盖故以得名不知建自何代废址犹存信地极冲一哨兵舡防守

以上汛地俱属本游哨守此外又有彭山与南澳相对西至云盖寺约四五十里北至胜澳约百余里顺风一潮可到其山有三曰南彭曰中彭曰北彭三山列峙海中周围各一里许又一小岛曰北尖尾四面皆危石暗礁可寄泊不可久住中彭上有泉海舶过者必取汲水于此其下即黑水外洋乃商渔同集夷船必由之处原设远哨官一员驾舡往来防守以饷诎议裁

按海上防守莫急于舡而所造战舡大号者官给五六百金其次亦三四百金每岁收葺一船且数十金然皆侵欺隐匿苟且荅应防海使者岁一阅视只壊舡而饰以新灰望之若新整即之实破溃故其船秖可泊港不堪征战贼人目官舰为草坪谓其冲之则立散燎之则速烬也诸将领亦利舡之速壊冀其新造可以滥支崇祯元年以来海氛屡煽焚毁殆尽当事者不敢建议更造只饰议裁减并其所谓草坪者而尽去之矣原额四十只今只八只猝有叵测如杨六刘之猖獗不知能以桴筏御海否也东南半壁未得高枕而卧矣

南澳副总兵　南澳在闽广之交去玄钟水口约三十余里洪武间居民负险作乱遂为贼薮其澳周围百余里有青澳后泽夷舡多泊于此而深澳九险小舟须鱼贯而入官兵攻剿势甚掣肘嘉靖间潮州府用木石填塞澳口未几倭人用善水者捞起木石澳口复通四十年间剧贼许朝光曾一本林道乾吴平等聚巢出没荼毒生灵至合两省会剿始平然余党虽散尚为贼窝万历四年漳州海防同知罗【讳拱辰】相视其地议设参将一员统兵屯札筑城三座一在深冰澳一在云盖寺一在龙眼沙互相联络立墩台瞭望调兵哨守有田三处约五万亩召军民给牛耕种可以厄寇盗之险而免输将之劳计划甚周自后题设协守漳潮副总兵专驻此地无事坐镇弹压有警督兵穷追兼制两省事权归一海上一重镇也所辖南澳游兵柘林守备二寨防倭中哨二游福广二营陆兵标下额设中军把总旗牌掌号哨探队目兵丁塘健共一百四十一员名

铜山浙营【虽属铜山而汛守地方俱在诏安故并志之】

浙营距铜山城里许万历元年为沿边海警而设官兵原额裁减外壬子志记存四百五十员名平时则团练弹压自铜山以至玄钟诏安等沿海油柑岭凤山古林等处地方孔道皆其哨守有事则专听调度随贼所向相机征剿

兵事

(嘉靖)三十五年有倭寇自漳浦地方登岸屯住诏安及六都后江头土城焚掠无计漳倭患自此始

三十六年十二月有倭船泊于浯屿寻去潮州澄海界登岸袭陷黄岗土城劫掠诏安地方

三十七年三月有倭寇数百人自潮州突至三都径尾村屯聚杀伤男妇二十一人本年五月倭劫五都东坑口土楼杀掠男妇五十余口十二月倭由四都至县治四关外烧毁房屋二百余间杀死男妇一百余口又连劫港西土楼杀掠五十余口本年百户邓继忠督兵与倭遇于深田隘擒其从陈来成等四人斩真倭首级二颗

三十八年二月倭寇数千自潮州来屯住西潭村烧毁房屋一百五十七间掳掠男妇九十口杀死四十三人又攻破岑头土围烧屋杀人无计

四十一年六月海寇许朝光犯玄钟所本年十月倭寇数千攻围本县木栅知县龚有成御退之本月二十二日海贼吴平引倭贼袭陷玄钟所城百户罗伦等被执千户周华死之

四十二年海寇许朝光自铜山登岸攻围畲安土堡杀掳六百余人四十三年倭突劫点灯山白叶洞等处百户邓继忠讨之擒其倭呿吱咾咜咾等又有流倭突至金溪东西沈等地方千户张凤督兵剿御同梁知县家丁梁锡等擒其真倭四人通事一人又斩倭贼首级四颗本月年五月贼吴平假以招抚为名入据梅岭堡劫掠各村拆毁房屋数百间载回梅岭构为贼巢

四十四年吴平谋入梅州土围劫掠一空五月攻破厚广上围六月内吴平贼数千围攻县城烧毁木栅及西关外房屋知县梁士楚御退之【本年巡抚汪道昆决策命戚继光计吴平旬日贼缚其枭党陈进卿献于师诸军夜从间道夹进大破之贼遁入南澳继光追击之俘斩万五千人贼首吴平潜遁都司傅应嘉把总许瀚等率舟师追至交址洋而还】

四十五年三月吴平伙党林道乹等舡五十余只自走马溪登岸攻陷五都山南村土围又攻廐下村土围焚杀不计本年吴平伙党曾一本等舡百余只自泊浦湾登岸劫掳港口等村

隆庆二年九月曾一本伙贼劫掠饶平诏安县境副总兵张元勋领兵由陆路截杀于盐埕斩首三百余级又大败曾一本于大牙湾斩首三百余级

三年五月内曾一本诱倭千余泊舡于云盖寺栢林等湾闽广军门会兵舡剿灭之

五年六月广贼杨老等大舡三十余只来泊南澳月余谋犯闽地佥事梁士楚督同海防同知罗拱辰统发兵舡追杀之

万历三十二年海贼周四老猖獗知县黎天祚擒其二魁缢杀于城上以徇贼平

四十六年海贼袁八老大舡数十只沿劫诏安海滨地方后招抚之

(天启)六年海寇杨六杨七等舡百余艘直至玄钟胜湾卸石湾等处烧兵舡二十余只仍登岸焚毁居民房屋店舍四十余间沿劫海宾地方杀戮无计

崇祯元年五月初三日海贼周三老驾舡百余只泊卸石湾港内登岸焚屋六十余间杀伤二十余人掳去十余人拥贼众直抵玄钟所北城下呐喊城上失炮交下及乡兵设伏合攻乃退本年有贼数十人驾小艇直至城外东溪劫掳人人莫敢敌后自退去本年五月初七初八两日周三老贼舡奄至内港象头仙塘东崎头西崎头等处焚掠甚

惨西崎头土城内人遁去仅存十四人贼尽屠之

六年海贼刘香有船千余艘沿劫诏安玄钟各处杀戮无计本年十月初十夜刘香驾舡二百余只泊卸石湾登岸焚屋三十余间拥至玄钟北城下城上射却之

七年有红毛番舡泊铜山及五都地方焚杀甚惨后被官兵縱火焚之舡毁被掳夷无一人还者

剧贼吴平四都人为人短小精悍有智略为儿与群儿牧即部署诸将号令皆如法群儿已畏服之往往多奇异已为人家奴厌之去为盗盗掠其主人德主人翁善遇之其主母尝苦平平令贼以壶水系其两乳令裸身磨米身动则壶水摇以此为乐平既为盗不肯居人下先后巨贼如许朝光林道乾曾一本等皆骁勇胆力过人然必推平平亦偃然居群贼上戚南塘号名将犹惮平平所设奇皆与相当号为劲敌此其英雄必有大过人者平败遁南湾料大师且追之与其徒百余人驾小舟遁去舟用短桡如今俗名鲎脚桡百人齐荡舟小力疾虽淤泥浅水其行如飞平竟以此得脱或言林道乾今王东南海岛中平亦变姓名浪游江湖间皆不可知然往有人亲见平鲜衣怒马在京浙间为富商大贾平已炙其向面皆炙疮人无有识者后平又乘肩舆过故友处掘取金银诸宝物后不知所之

广东上

通志

永乐九年春正月倭贼攻陷昌化【千户王佛等战败被杀指挥千户徐茂等捕寇赎罪】十九年春正月辛巳倭贼寇靖海副总兵指挥李珪擒之【生擒十五人斩首五颗并所获器械送北京】

(景泰)三年夏四月海贼寇掠海豊新会总捕都指挥佥事杜信与战死之参政谢佑副使项忠遣指挥张通等往剿贼遂遁去备倭指挥佥事王俊有罪伏诛【镇守广东左监丞阮能左副总兵董兴使杜信往剿海贼被杀复遣指挥欧信等分路追之惟王俊追至清水澳不获还至荔枝湾海面获白船一只俊取其槟榔苏木等物纵贼开洋而遁为中盐锦衣百户许升告发佑忠等追得俊赃阮能等奏闻俊当斩有旨就彼处决号令于是诛俊枭之】

天顺二年春二月海寇犯宁川守御千户所　三月海寇犯香山守御千户所【翁信奏海贼四百余徒犯香山守御千户所烧毁备边大船上命张通杀贼赎罪】

(天顺二年)冬十二月海寇平

(天顺三年五月)广东按察司佥事谢瓛备倭都指挥同知张通讨海寇获之

广东三面皆濒海地也禹贡三江皆从会稽入于南海会稽之南五岭复有三江又从广城南一百里合流入于南海分东西二道焉东道八十里出古斗村南自此浩渺无际【增城志南海在县南八十里至沙贝二十里遡波罗水出虎头门外波罗水近古斗村】又东南二百里抵东莞南海卫又南六十里出虎头门又南一百五十里抵南头城【有东莞守御千户所一名城子冈南道牂牁其西南有佛堂海门经官富山流入急水门海】下海可抵瓯越【山海经瓯在海中郭璞注今临海永宁县即东瓯故地也汉书闽越国围东瓯东瓯告急天子天子遣太中大夫严助发兵往救未至闽越止兵东瓯乃举国徙中国处之江淮间而后遣人往往渐出乃以东瓯为回浦县今按一统志永宁令黄巖回浦今临海宁海二县海在台州府城东三县皆濒海海中有尾闾与海门马箸相直自高山望之其水湍急陷为大涡者十余乃东海泄水处北至宁波鄞慈溪定海象山四县皆滨海倭夷诸国皆抵此登陆西至会稽山阴县北则浙江入于海口】自岭东惠州府海豊县南八十里出甲子门又东至潮州府城南一百五十里出潮阳东北可抵闽越【博物志东越通海处南北尾闾之间三江流入南海通东北山高海深险绝之国也今按一统志漳州府龙

溪漳浦二县滨大海与潮相接然山多于东瓯故闽越至东瓯东瓯不可以入闽越又东至泉州府城东南下海行二日抵彭湖屿自府正东海道行二日至高叶屿又二日至龟鼊屿又二日至琉球国】又东则抵青济以至登莱岛屿环抱爰有蜃楼鲛室【汉书海傍有蜃气为楼台木华海赋天琛水怪鲛人之室】是为东海其别则渤澥故东海又名渤海云海运自金陵之龙江为通路东往海门而南行可以至广州古斗海晋刘裕灭南燕还建康遣孙处袭卢循至东冲即此道也【东冲在番禺江中今东庙前俗字以冲为涌】西道七十里出上弓湾见西海壖【南海志斜西海近东莞县】又西南二百里抵新会县出城南八十里为崖门【崖门在海中俗呼海为乌猪洋】又南七十里广海卫扼其要冲官军每征海寇必集于此又西蚬冈至南宁有夜郎豚水出牂牁江【一统志广西南宁府夲古邕州其西南鬱江一名大江即夜郎豚水】可通巴蜀汉武帝发夜郎兵会番禺即此道也【鬱江合黔江通四川】其西南由凭祥海路可抵骆越【郭璞谓瓯在闽海中鬱林郡为西瓯今邕州与思明府凭祥县接界入交趾海皆骆越地也唐咸通末安南都护高骈奏开本州海路从之初交趾以北距南海有水路多覆巨舟骈往视之乃有横石隐在水中奏请开凿以通南海之利诏从其请骈乃召工啖以厚利竟削其石凿为五道交广之民至今赖之】又自岭西阳江县西南【阳江西南本吴海安县南越志县南小水南注于海极目沧屿渺望溟波】抵电白县东一百里而往西南出限门则川流皆放于海爰有海騂水犀龙鲤【南越志海中出騂马似马一角而牛尾水犀似牛出入有光水为之开鱼似龙者曰龙鲤海在电白县东连茂名吴川二县限门则在吴川县南三十里】是多文魮珠鳖【南越志海中有文魮鸟头而鱼尾鸣似磬而生玉又多珠鳖状如肺四眼六脚而吐珠】有海人焉见之则风【形如僧而小登舟而坐至则戒舟人寂然不动少顷复沉于水否则大风翻舟】有鱼焉腹有两洞皮可饰刀剑其名曰鳍【长二丈两洞贮水以养子子朝出食暮还母腹常从脐入口出】中有轩辕之丘鸾自歌凤自舞是为天乐其外有炎洲洲上有兽焉如狸而青铁椎击之辄死张口向风而活其名曰风生可以已疾【常持一小杖遇物指之飞走辄不能去有人得之所指必有获若椎破其脑急以菖蒲塞鼻乃死脑和菊花服之益寿以酒浸则愈风疾】洲之下多鲛人蜃气或蒸为海市【海旁蜃气时结为城廓楼台人马之状谓之海市】去海康县东十里对面即为琼海郡邑则居岛上又南则通岛夷藩服之国以千百数【占城暹罗诸蕃皆古林邑等国极多更易不可枚举见星槎胜览】自巴蜀而抵于寘之西则水皆西流注于西海【史记西海其东水东流注盐泽盐泽潜行地下其南则河源出焉】海一而已自青齐北至沧洲则为北海亦曰瀛海其别至于极北为瀚海南与渤海合自碣石通朝鲜诸国直抵扶桑一望汪洋溟涬三神山在焉【博物志海中有蓬莱方丈瀛洲金银宫阙仙人所集】其西海则通西域楼兰姑师邑有城廓临盐泽至条支则临大海【洪迈容斋随笔海一而已地之形势西北高而东南下所谓东北南三海其实一也北至于青沧则云北海南至于交广则云南海东渐吴越即云东海无由所谓西海者诗书礼经所载四海盖引类而言之汉书西域传所云蒲昌海疑亦渟居一泽班超遣甘英往条支临大海盖即南海之西云按迈止据汉书不考史记故云无西海可谓谬矣以条支所临大海为南海之西则得之】惟南海居东南委输之极为万水所宗故出虎头甲子二门则东西二洋随舶所之东可以至倭国西可以通西蕃故曰海为百谷之王以其下也翕受自北而东西迤演夹乎左右故南海独弘且远称天池焉

海寇有三路设巡海备倭官军以守之春末夏初风迅之时督发兵船出海防御中路自东莞县南头城出佛堂门十字门冷水角诸海澳【海语自东莞之南亭门放洋至乌潴独潴七洲三洋星盘坤未针至外罗坤申针则入占城至昆仑洋直子午收龙牙门港则入暹罗若番贼海寇则入十字门打劫故防之】东路惠潮一带自柘林澳出海则东至倭奴国故尤为濒海要害【漳州番舶北风过洋必经此路水寨去此尚离一日之程彼处海寇出没水寨一时何知倘视我无备乘虚而入无柘林则无水寨矣东路官军宜于九月无事掣班之时定以柘林为堡阻其咽喉之路且附近大城所管军互相哨守庶保无虞各据险把隘】西路高雷廉海面惟廉州接近安南占城为重地焉【廉州东水路自榕根大廉港一日至永安一日至凌禄日半至雷州少南二日至琼州正北十日至广州西水路自大潭口半日至大洸港少北一日至平银渡正西二日至钦州历猪沙南沙大石三娘湾为雷三墩蒠簩湾水急湾麻蓝头牙山七十二泾龙门小海茅墩官渡等处东经乌雷头而达合浦又自乌雷正南二日经涌沦周墩而至交趾永安州历大小鹿墩思勒隘茅头少东则曰龙尾海东府界至南大海外抵交趾占城二国界泛海者每遇暴风则舟飘七八昼夜至交趾青州府界如舟不能挽径南则入占城又自郡城西桥下舟沿海而东至永安千户所则历干礼高德港

冠头岭龙潭武刀白沙珠场陇村禄村等寨地方琼志又云儋海之西与廉境对顺风一日可至唐置廉州地控海口有獐江西南置鹿井寨东南置三村寨以守之东至白州百二十里西至钦州三十里南至大海六十里北至钦州界百四十里西南即儋也据此则廉之东实与琼之儋州相望】

高明县都含海口营【在县治东四十里清溪甲地方近大河防海贼】长圳营【在县治北五十里罗格阮埇二甲扶丽苏村等村近大河防江贼】

抱驾港白沙湾【在县南外水深寇船易入】

铺前木栏抱虎七星港澳【与琼山连洋大海贼船易入】

南港莲塘莲岐大塘新潭港澳【通海贼船易入】

水口黎庵港门【通海贼船易入议者谓万州等处多盗惟陵水牛岭犹人心腹之疾盖海弯平阳之地贼据险杀人劫财岁无虚日宜于牛岭之南曰南崮建一镇南营而以南山千户所领哨百户一员领原哨军五十名就迁牛岭巡检司佐之牛岭之北曰杨梅建一驭北营而以万州千户所领哨百户一员带领哨兵五十名就迁莲塘巡检司佐之凡军民客商往来则量拨军兵护送交割】

海道江道哨兵

东莞县南头屯门鸡栖佛堂门十字门冷水角老万山伶仃洋等澳　香山县浪白澳　广海卫望峒澳　潮州柘林澳碣石海澳　惠来县靖海澳　石城县两家滩海澳　吴川县广洲湾　钦州龙门港　琼雷二府白沙石矡埴头文昌各港　雷州海安海康二所海港　德庆州南江　泷水小口

新宁

本县阻山滨海前时寇盗窃发地方不宁弘治间立白石堡于县东调军哨守既建县后设那银荷木二堡迁望高巡司于海晏巡守然地方广阔武备疏略守之不足嘉靖十年拨广海卫左所官军来县守御又设城冈堡甘村苍步等营调集客兵哨守三十五年剿平石鼓等寨复置三合那西羊公径更鼓水老榕径苔村六营以防余寇窃发后因兵多虚冒地方粗宁隆庆间前项营堡废撤殆尽尚存募兵百名屯县且哨且守其时民获安枕者职此之由自募兵撤而所赖为卫止孤军耳军止守城城外毫不能力而地方遂复脊脊多事万历十六年知县揭廷植以分猪坑险要多警置营而轮拨余丁守之又申设哨船二只兵四十名以哨那西旺北一带海上二十年知县王学尹申复三合营三十四年知县熊文华申复荷木堡增置官步营皆扼西南险要之塞但盗多兵少且统者非人而虚冒过半缓急未可恃议者谓当及今权酌粮食复原募兵百名平时屯守城池有警则哨捕四境庶几奸宄知戢而鸡犬有宁日乎

广海卫水寨汛地二百里东至新会厓门界又二十里至香山虎跳门竹篙尾界一百一十里西至阳江娘澳界二百五十里南至外洋三十里北至新宁坤蒌界

潮阳　河溪隘在县北二十五里地与大化山连山与洋海相接村烟辽旷时有寇窃隆庆三年知县黄一龙始于斗崖高处设为瞭望之所募民丁戍守以望海艘遇至举旗为号行者即止于是前患少息往来称便

澄海　总兵府万历四年置在南澳山之深澳山孤悬海中界在潮漳之交而属潮居多旧为饶平县信宁都四山高耸可避风汛周遭水面约三百里沿山腹田数千顷颇擅山海之利历代居民殷富宋避元兵驻此数月国朝洪武二十六年信国公汤和奉命经略海上谓其窠倭遂徙其民而墟其地其田粮则泒之海阳各县至今街衢遗址尚存渔猎往来其间称为水国以其界在两省之交鞠为盗区弃而不守嘉靖三十七年海寇许朝光吴平曾一本辈相

继窃据勾引倭奴泊舟为患是年闽广军门殷公正茂刘公尧诲会剿平之奏立南澳副总兵协守潮漳合用部兵即以潮之柘林寨水兵漳之铜山寨遊兵共船八十二只官兵三千六十六员名充之分拨信地海上防守又增专守深澳中军水哨哨官一员大小船十一只捕兵四百名专守城池把总二员广营福营队兵各三百名此镇既设不惟海寇驻足无地抑且逋贼出没不便虽从此以为以安可也　论曰余志建置有重慨焉郡县之设非为弭寇安民计邪国初潮绕县四后以盗故增而亡矣今复十之犹不足收保障功邪而所邪司邪海防邪总府邪百里内又何莪弁而莅者之碁置星罗邪岂不谓海滨旷莽地大防疏不得不分封以便控制也尝考孙吴时钟离牧守南海先是揭阳贼帅曾夏等聚众数千历十余年以侯爵杂缯千所购募绝不可得牧至遣使慰譬悉皆首服自改为良善夫揭阳王南海千里而遥岂易以控制者而牧驰一介使谕降十余年逋寇何曾恃众达之力哉时始兴太守羊衜称其恩威智勇有古人风以今多才岂无一恩威智勇如牧者于以折衡千里而日割裂寓县广置职员以冀治乎岂今昔势异欤余不能无慨云

惠来

(嘉靖)四十三年海贼吴平等挟残倭犯城　隆庆五年九月海贼杨老攻破甲子所千户董某死之　十月海贼林凤攻陷神泉司城

新宁县志

水路

自县治西绕北至东踰紫霞法竹那西斗峝浔阳凡由海顺风可一日夜逆风可一三日达新会自西绕北至西由交获嘴可一日达蚬冈而上小水至恩平

昔成化间邑治未分县丞陶鲁以新会至广海由厓门出大门洋有风涛之险且多海寇舟惮来往建议由法竹上流三合水因其故流小水开凿由渔塘至黄塘二十余里通耳竹水然水势高下莫能注接竟不成功

阳江东通恩平西电白北阳春南大海山海寇并为患旧设海陵巡简司今革其营寨军门志有永安营

戙船湾【近大洋民壮及神电双鱼海朗阳江卫所官所防番寇通志同旧志无马牯径营】

北津水寨见海防烽堠阳江所六白沙北津南乐那贡南津黄村海朗所六那苏平山三丫北环湾仔东稔双鱼所四石门将军帽白沙施村　高明之东通南海西新兴南新会北高要旧猺浪贼出入之路设太平巡简司其营寨军门志有都含海口营【在县东四十里清溪甲近大河设弓兵驾船以防海贼】长圳营【在县东五十里罗格阬埇二甲扶丽苏塘等村近大河设打手驾船于中围石子洲等处以防海贼盐贼】

今部署北岸营兵五哨四哨皆分水陆一哨水自德庆州下至靖蛮营陆自教场营至甘塘麻墟营一哨水亦自州至七把连靖蛮营陆自七把连营至青榕大河营一哨水自靖蛮营至连埇新村驿陆自龙目营至辣头雍沙营一哨水亦自靖蛮营至三洲新村驿陆自三洲营至田心雷公埇营其一哨则皆陆兵自马地营至封门罗孔茨径营焉每哨兵皆一百二人水哨船艇各二上江以南雄上班官军哨守千户一人军九十二人船艇各四　封川之东路通德庆西苍梧北开建南大江通西宁设巡简司一文德其营寨军门志云麒麟白马二山贼嘉靖二十四年剿尽今无边患营堡俱废

今部署哨官领陆兵一百人守南龙锣鼓等营民壮二十人弓兵四人船艇各二只巡守苍梧双鱼界至德庆都城界

江防　自德庆州前上至都城为上江下至杨柳为下江上下凡二百里以其在州之南又谓南江往罗旁未平猺贼每以急榜横江夺舟越货即制帅大吏不为惮故江防最急通志打手六百人战船二十哨船四十以防南山徭贼旧志上江守各埇口船一十九巡哨船二下江守各埇口船四十九巡哨船三又言上江埠九下江二十五埠大都埠船二矣每船打手二十人上下江提调指挥各一人巡哨千百户各一人其重如此今徭已平自苍梧至高明舳舻不绝兵备道所部署已见上复联络书之苍梧双鱼界起至都城巡简司封川县民壮弓兵巡守南雄所上班官军则自都城至德庆州北岸营兵二哨自德庆州至靖蛮营又二哨自靖蛮营至新村驿高要界也惠州卫及捷胜所上班官军则自新村驿至白沙潮州卫上班官军同游击部复自白沙过肇庆府至羚羊峡游击水军复自羚羊峡外高榕头贝水清岐至石排头一水南下为大路峡横查古耶二巡司弓兵乃自大路峡至石洲脚高要境至此高明打手则自石洲脚至三洲焉其广宁水哨自东乡水口至程村入四会出于清岐兵备副使黄时雨分水军为游正二哨给以号票号簿正者画地而守日则侦寇夜则击楫中流游者昼夜往来会哨投票簿于附近官司填注时日印盖之季一核

海防　阳江县滨海东海朗西双鱼皆海堧也旧制三所备倭官各一人每岁四月风汛之时各率旗军出海防御阳江所旗军七十人海朗所旗军八十二人双鱼所旗军一百人各战船一哨船一霜降后撤回军分二班一班仍旧防御一班办备倭料银又每岁调东莞乌艚船十雷州神电宁川锦囊等九卫所官军乘之俱赴戙船湾防汛嘉靖二十七年掣三十五年复掣阳江双鱼所军船自此多事隆庆六年都御史殷正茂以神电双鱼连陷奏设东西巡海参将以西路参将驻阳江万历三年设海防同知亦驻阳江四年始设北津水寨改西路巡海参将为阳电海防参将八年设北津水寨把总而阳电海防参将罢初船乌艚横江白艚玄钟哨马叭喇唬共七十四只【每年省河一修】兵二千二百七十人【修船则放班】正二七八九十二月收汛三四五六十十一月出汛所分信地东至三州上下川与南头寨会哨西至吴川限门山与白鸽门寨会哨又以海阔分为三哨中哨泊于戙船湾丰头港左哨泊于寨门湾右哨泊于电白之莲头湾军器火药咸具自是县所军壮掣而不用【每岁船就附近估修不必至省】收汛亦免放班止给大半工食然自七年以后船兵屡有裁减又裁船大小二十捕兵六百三十三人益白鸽门以守乌兔至十五年尚存大小船三十五只官兵九百九十七人先是总兵戚继光改三哨为三司每司左右二哨中司复有中中哨凡七哨今仍左右司之名而中司止一哨凡五哨岭西分守道以右哨原守电白县莲头赤水等信地其船九兵二百四十八与镳宜属高州海防同知于是肇庆海防馆所属止船二十六只官兵七百四十九人中哨船五只兵一百五十二人守北津港分哨南津等港左司左哨船八只兵二百一十人信地东自大湾迤西至马拇石每月东与广海游兵会于海朗西与左司右哨会于马拇石左司右哨船七只捕兵二百人信地东自马拇石迤西至笞杯山每月东与左司左哨会马拇石西与右司左哨会笞杯山右司左哨船六只兵一百六十人与高州海防所属船二只兵五十人为一哨信地东自双鱼角笞杯山西至莲头角每月东与左司右哨会笞杯山西与右司右哨会莲头角右司右哨船七只兵一百九十五人信地东自莲头角西至暗镜山每月东与右司左哨会莲头角西与白鸽门寨兵船会暗镜山则高州海防所属者也各哨虽有信地仍哨外洋会哨兵备道给有簿所至结报

广东中

冒起宗阳电山海信防图说

阳电地方北枕山南面海东接广肇西通雷廉盖岭西二郡之咽喉也水陆迂回不下二千里粤稽祖制神电一卫以及阳江海朗双鱼宁川四所皆附于边海又设新兴阳春信宜高州石城五所皆附于边山水陆犬牙相制有司泛中协守亦一尉一史之意哉而泄泄至今日仅存其名矣试言陆信北自新兴捻村兵营接蓝坑营交界起东自恩平官末迳接新会信界起歷琅营而西抵石城之高岭营与富廉接界止郊洞辽旷丛阴莽薄计程一千二百余里设有恩平阳电高州吴川肆兵营分布信防据险扼吭此则陆信之大略也以水信言之东则自广海寨芒州接界起西至白鸽寨州交界止汪洋瀚海寇盗出没计汛凡八百里设有海朗双鱼限门莲头肆水寨札船分守扼要哨防此则海防之大略也盖海广则隙多地广则险众也近年兵额日缩饷额日亏船额日减军额日缺虽规制如初而迹类象人涂马所谓指臂使而首尾应者则茫乎未之讲也

海朗寨所图说

按海朗兵册现在官兵计百五十四员名战船一十二只东接广海西界双鱼楼船组练雄据上游屹然一天堑哉第本港内通阳江阳春等处商贾辏集奸宄易生港中虽设有镜城城设有铳台三座港门津要似可资控守但港外无台可振势既孤悬由港门而越锐城即北津抚民环居其地此辈鹰眼未化枭气犹存每以缯艚出海捕鱼为生若邀劫若接济若勾引未可信其必无也况乎土宄敢于扞网旗军串青衫子复从而翼之哉今协总许三才任事方新应申严号令凡渔舟出入朝往暮返不许遨游逗留致开衅际此为捄时之第一要著若本寨去县城三十里去所城二十里所去县城则五十余里所军弱不能支而銃军少有可用一值汛期督发海朗陆哨官兵为之犄角庶几孤悬者不至为孤注耳

双鱼寨所图说

双鱼寨设有寨城一座内置発汛公晋及寨署哨捕兵房守险之制亦云密矣兵船一十二只官兵四百四十四员名左哨派守双鱼港内通双鱼所城港门两山对峙镜台三座复有东山官兵据险而贼未敢卒犯也去寨八里则有双鱼所城离阳江县一百七十里离电白县九十余里声援遮旷实为边海孤城外洋势难遥控觉察责在瞭军每岁春汛除督发双鱼一哨官兵外又例调东西两山各营兵协守所城并一带海岸若冬汛则止双鱼一哨虚应故事矣右哨派守丰头港与海朗寨接界港内通织箐墟五余里则至太平驿防奸缉盗未可刻疏况龙高山夙号盗薮山势延绵路通双鱼信海奸宄窥伺疏防常驾客船藏盗出入相应严饬海朗会哨分防毋以一港为秦越可也

高属山海图说

自儒垌分界电邑错壤于是有阳电营官兵接防自大墟历麻缌等营皆地当要冲时闻劫掠历营而西至夏蓝及麻西营凡一百二十里而抵电白县南有莲头海面在焉港门辽阔非他处可比也自电城西出乌石历箸竹夹吴川之那蓬等营南至上廓凡一百五十里而抵吴川县去县南二十五里则为限寨港门设有铳台新营设有戍卒乃吴川一哨官兵为之分防也本港内通芷节及梅禄墟皆盗贼豖突之区又自电城之乌石历苦藤营西至平岗北入高州菜营而抵高州府城乃阳电官兵信地一百三十里也高州而北由狂逻营至淋水营凡八十里抵信宜县则与广西之博白陆川为界与猺獠集居笑驾驭堤防惟以不疏不扰为善策焉高州而南自滁田歴樟木等营接阳电兵防而西入化州再歴兵营而至高岭凡一百三十里西抵石城县深菁丛林豺虎窟穴非申严斥堠不免西贼之冲突自此西下三十里为太安中火又西去五十里为横山堡皆雷州交错之地地方互相诿卸每致疏虞若西北之廉州三了那网等处以至息安堡官桥红岭一带地方原有高州官兵一哨守之近日又移札石城遏入犯之西贼笑统而论之高郡南控沧溟北负丛菁故大小放鸡莲头赤水限门海陵皆高凉之唇齿其新兴恩平石城信宜阳春诸邑则高凉之门户也

莲头寨港图说

莲头港近在电白县城之南设有铳台三座战船一十七只官兵分防信海东接双鱼西界限门二百余里左哨则山厚港为信右哨则以赤水港为信各分领兵船五只而把总官则领兵船七只札守莲头三港之中盖以莲头港门辽渺无可据也然铳台虽设仅可虚张声势无能及远况港外海洋如大小黄埕鸡山博贺青洲皆环对城南号海洋之最险者议者谓筑桩塞港效往故事庶备电城一重之藩篱是矣然而水深港阔未易用力且言之易行之难行于有事之日易行于无事之日难为目前计惟应练舟师习水战勤哨探严汛防多积糗粮使土兵不敢私家客兵不敢登岸更整备快舰遇贼必追有警必应何难禠小丑么么之魄哉今点验大船止存陆号一只七号二只其余尽改八号艟艚小船笑原其将大改小之意亦欲以橹楫代风涛捷于追给耳此可角胜于里海波平浪静之处非可施于汪洋万顷长年袖手之处也且本寨凡有突犯必系广料联艅大船楼棚高至二三丈艟艚卑小势不及三之一能仰面而击之哉至于海船火器莫过班鸠铳而现在所存者仅一十四门尚不及海双二寨一船之器计非增造五六十门不可议者欲扣本寨官兵之粮以备料价针头削铁不堪令贼闻也再查本寨官捕兵原额四百四十员名而悬额不补虚伍充数者居其半即见伍捕兵皆捕鱼土人虽习惯不畏风波而穷馁不堪鼓厉且暮夜归家擅离汛守诛之

不可胜诛今欲一兵得一兵之实用非募广肇习水之客兵不可也若夫岸贼则有窝主海贼则凭接济在电白海滨如莲头白蕉南海山厚等村之民专以捕鱼为业中有一等奸民凡遇有贼在海便轻身投入诈稱被掳使家属告案假为勒索张夲公然多运酒糈与贼交通使官兵不敢盘诘教猱升木导虎为伥勾连盘固习为固然恐非五日京兆所能彻底破除也敢以告后之君子

限门寨海港图说

限门之要害两屿夹峙厥口水浅屈曲为蜒必俟潮涨舟始放转数回而后进屿寨防官兵共四百四十员名战船一十七只以八只派守本港上接莲头下至堤门港口东西错置铳台四座内通芷芎吴川县城以及梅禄墟埠并化州高州一带港门离县治仅三十里每岁三四间闽艚贩柒数百人如风雨之骤至人非土著奸伪易滋司是港者塞萌杜渐视之如敌至可也右哨领船仅九只派防新门接连白鸽寨信海北港去吴川县九十里内通石城之梁家滩奸宄不时窃发外海尤极汪洋该哨一官尤宜慎选可令阘冗之庸材鑽营之积猾充之哉大都本寨据限门之险扼铳城之要大寇未易窥犯绝内港导引察外海情形是在得人而已笑

石城所山海图说

本所隶石城县治洪武年间奉调雷州卫后千户所官军镇守以邑在山峒间猺獠编氓错壤杂居且使节络绎商贾征逐为四郡之通衢故也城之北雉堞绕建于山巅东百里抵化州西百里抵乐安所南七十里抵遂溪北一百二十里抵广西之博白县东北九十里抵陆川县东南一百五十里抵吴川县西北一百五十里抵广西之旧林曹村西北百余里抵乐民所所虽附县官军以隔属相推诿刁疲散漫城守空虚故西贼时时突扰截御罔闻查东北六十里有曰三合堡者地接博白陆川之边界猺狼盗贼更番骚动曾设官兵防守旋复掣回遂致乘瑕捣虚岁无宁日非仍复堡兵无以杜鸱张也其正西六十里曰横山堡当廉路之冲邃谷丛林逃亡恃为渊海又西一百二十里曰吴浦墩近博白县之边界狼猺逼处地方土贼构之出劫此皆西隅原守之险要亦有原守之军兵核实而整顿之则石城之卦畛固矣此外若东南之梁家滩壤连遂溪商船湾泊县西之凌禄司近枕珠池尤剧盗横骜之地因并及之

宁川所山海图说

宁川所即附宁川县东南濒海西北负山县城南去二十五里有限门海港有沙脊两行自外达内凡二十余里贼若舍舟登岸步抵芷芎距县所仅五里许耳县之有墟曰梅禄生齒盈万米谷鱼盐板木器具等皆丘聚于此漳人驾白艚春来秋去以货易米动以千百计故此墟之当庶甲于西岭乎盗贼之垂涎而嵗图入犯也计本所见在旗军屯驻郭内者仅二百八十余名鹑形鹄状何足为有无惟合限门为截御联海港之侦巡水陆交防宁民协力耽耽者庶有惮乎

海朗双鱼莲头限门四寨图说

水汛东自广海寨起西至白鸽寨界止合计四寨为程共八百余里没海置戍虽稱鹤列而所守者不吴川限门次之阳江海朗次之双鱼又次之信地中惟岛屿山湾贼船潜泊如上自海朗则有娘澳大澳海陵戙船澳若双鱼莲头则有独州青洲大小黄埕放鸡山下而限门则有新门三合窝硐洲广州湾等处皆可札船贼每寄椗其中窥伺货艘往来即为掩袭剽掠之事以故阳电特设一参将居中调度傥不时申严各寨把哨务令兵不离汛更选备坚整快船数只多设損椇铳器精选惯历波涛善摇橹谙放镜之目兵共五六十名一遇贼警即飞驾出洋冲锋追截而各兵船复合力夹攻之贼未有不披靡就擒者固卦疆以安堂奥其在廉勇之将领乎

北津抚民协总图说

北津即今海朗寨港也先年海贼许恩受抚因令插住港口海岸且耕且渔复给其子许应举以协总名色责以统驭抚民协守北津原议递年将自造料船并渔船共十只目兵二百名往守戙船澳海面口粮以出汛日起支收汛日止此澳孤悬大海中系双鱼寨信地贼船每抛札其中故以习惯之抚民守之适来抚民官亦久不到汛海贼有无

之情形亦无一字具报浸成故事矣但抚民一枝善鸟铳出八蛟宫蜃宅若平地今宜申严责成令之备船练兵出洋守汛不时侦报一遵受抚之初议不则治以弛防梗令之罪无少贷野心狼子庶不至以万顷为三窟矣

廉州府

珠池　珠池七曰青莺曰杨梅曰乌坭曰白沙曰平江曰断望曰海渚【俱在冠头岭外大海中上下相去约一百八十三里】守池巡司一曰珠场寨十七曰乌兔曰凌禄曰英罗曰萧村曰井村曰对达曰豊城曰黄坭曰川江曰陇村曰调埠曰珠场曰白沙曰武刀曰龙潭曰古里曰西场

珠考【沈怀远南越志珠有九品大五分以上至一寸八分分为八品有光彩一边水平似覆釜者名珰珠珰珠之次为走珠走珠之次为滑珠滑珠之次为磊砢珠磊砢珠之次为官两珠两珠之次为税珠税珠之次为符珠徐衷南方草木状凡采珠常三月用五牲祈祷若祠祭有失则风搅海水或有大鱼在蚌左石自蚌珠长三寸半在涨海中其一寸三分其光色一旁小平形似覆釜为第一珰珠凡三品其十寸三分虽有光色形不圆正为第二滑珠凡三品　万震南州异物志合浦有民善遊采珠儿年十余便教入水求珠官禁民采巧盗蹲水底剖蚌得好珠吞之而出　菽园杂记珠池居海中蛋人没而得蚌剖珠盖蛋丁皆居海艇中采珠以大船环池以石悬大絙别以小绳系诸蛋腰没水取珠气迫则撼绳绳动船人觉乃绞取人缘大絙上前志所载如此闻永乐初尚没水取人多葬沙鱼腹或止绳系手足存耳因议以铁为耙取之所得尚少最后所得今法木柱板口两角坠石用本地山麻绳绞作兜如囊状绳系船两旁惟乘风行舟兜重则蚌满取法无踰此矣】

廉州府志

永乐七年夏四月交趾万宁贼寇钦州巡海都指挥李珪讨平之【交趾贼阮瑶舡至钦州如洪村焚劫居民及长墩林墟二巡司廨舍寨栅殆尽珪奉命以楼舡百艘提兵万人自广达雷而至遣官军追及交趾万宁县海上破之获舡二十七艘俘获贼首范牙阮边及家属男女一百六十人送京师诛之】八年冬十二月倭贼陷廉州府学教授王翰死之　十四年夏五月庚戌增置钦州驿递【交趾总兵官英国公张辅言自广东钦州天涯驿经猫尾港至涌沦佛淘从万宁县抵交趾多由水路陆行止二百九十一里比丘温故路近七驿宜设水马递转以便往来从之设钦州防城佛淘二水驿宁越涌沦二递运所佛淘巡简司灵山县龙门安迁二马驿安河格水二递运所改天涯水驿为水马驿】

(正德)八年秋八月安南入寇钦州百户谢惠帅兵往御败于淡水湾死之【时官军仅满百而贼兵多于我惠不量彼已遂败没免者四五人上状当路匿不以闻】十一年冬十月交贼寇西盐场指挥范铠击败之　十四年秋八月交贼入寇舟至方家港钦州千户赵瑾击败之

(嘉靖)十六年夏安南黎太阳黄父命黄父郡来奔【时莫登庸内乱】十九年春命兵部尚书毛伯温咸宁侯仇鸾如广陈议处安南　冬安南莫登庸降纳之【十一月初三日登庸素衣系组率小目耆士等各以尺帛东头赴镇南关投钦遥望龙亭恐惧制伏脱履跣足北面五拜三叩头毕随向军门再拜时布政杨铨祀债参政萧晓张岳翁万达副使郑宗古佥事许路总兵张纯参将李荣都指挥石泫等谕朝廷恩威暂令待罪还国登庸遣亲侄莫文明旧臣许三省等二十八人奉表入朝愿请正朔去僭号归钦州四峝侵地伯温纳降奏闻诏从之】二十一年夏六月收复四峝民归籍　二十六年安南夷裔莫正中莫文明莫福山率其家属百余人来奔【登庸等奔钦州投诉解赴军门提督侍郎张岳奏发韶州肇庆清远安住给米有差】二十七年冬十月安南叛贼范子仪范子流等率众寇钦州百户许镇与战于龙门港死之命都指挥俞大猷督兵剿之伏诛【子仪子流率舟师拥众至钦州诈称宏瀵已卒以迎莫正中嗣位为名围城劫聚杀伤官兵提督侍郎欧阳必进请改福建指挥俞大猷于广东都司督调汉达土兵一万御之生擒范子流俘斩一千一百名级子仪乘风遯走既而宏瀵擒斩之函首军门】四十年春三月海寇至大石屯登岸逼近郊知府熊琦率官兵御之贼乘潮走　四十四年冬海寇吴平劫略入廉州界参将汤克宽都指挥傅应嘉率舟师追之　四十五年春二月师次龙门追及于交趾破之

（万历四年）冬十一月倭寇攻永安所城指挥张本守之遂及海川营新寮开海兵备佥事督兵御之势盖猖獗杀狼目韦真官军不能制　十二月副总兵张元勋追倭贼于廉州香草江大破之

（万历）二十一年夷人莫登让为黎氏所逐携其妻仆来奔钦州知州董廷钦纳之后潜遁他境　三十五年冬十二月二十七日交趾贼突陷钦州城廉州指挥当弘谟将兵御之雷廉副总兵杨应春兵及钦州而还涠州游系张继科自永安发兵次葛麻山不进【交趾贼翁富构党乘小舟百余众至数千人经龙门入州城遂陷百户吕朝炯狂走吏目挺然被获随释学正李嘉谕骂贼而死杨应春但兵及钦境还】三十六年正月夷贼复侵钦州围其城同知曾遇指挥当弘谟力保孤城有数十人望城指画者谟引兵射杀之贼退　二十八日夷贼复寇中军祝国泰百户孔榕御于龙门大战死之哨官朱子连战于南屯之朱家巷死之【是时守龙门哨百户孔榕巡海中军把总祝国泰率舟师截其归路是夜雾气黑蔽官兵以铳炮击之贼死伤亦多及天明贼见我师船少外无援兵贼四面绕迫攻打矢石俱尽二将皆死哨官朱子连战于南屯亦死之】

（崇祯）八年四月海寇平【海寇刘香流毒三省猖獗七年致惠潮守巡道二参将登舟挟留都御史熊佯示招抚以缓其密檄福建五虎总兵郑芝龙会剿贼舻群绕死战芝龙奋力一鼓殲之余党悉平】

备倭　皇明洪武二十七年七月始命安陆侯吴杰永定张金宝等率致仕武官往广东训练沿海卫所官军以备倭寇【是时方有备倭之名】天下镇守凡二十一处广东曰备倭巡视海道副使一员都指挥一员卫指挥一员专管巡海听广东巡视海道副使备倭都指挥节制所辖永安钦州二所每所各官一员督管军船三艘旗军三百名各分上下班出海巡哨以防倭寇

运道遗迹　合浦大洮港有潮西通名九河江江口有赤羊整蛋人取蚝于此又名赤蚝整父老相传马伏波征交趾时合浦由外海运粮至军恒苦乌雷风涛之险及海寇攘夺之患遂以昬夜凿白皮蜂腰之地以通粮船乃束羊于鼓系铃于鸟置之墩上以疑寇此河直通龙门七十二径抵钦城其掘凿处约长七八里阔五六丈深三四丈其两头潮水尚通但中间木植交生耳此水一通实钦廉舟楫之利嘉靖己亥太守张净峰公与义民文通尝亲至其地踏勘欲疏凿之不果予以为廉境之山由东迤逦而南直出海上曰冠头岭由西迤逦而南直出海外曰乌雷岭今二山对峙相去可二十里古谓合浦为海门迨谓此耶诚华夷之强域南徼之阨塞附海之邦所无者冠头之东地亦蜂腰大潮亦没假令二地以不便舟揖之故皆可凿之使通皆可不必踏外洋之险若为边圉久远计其无乃非先王设险守国之义耶谩记诸此

入交三道　一由广东自马伏波以来水军皆由之自钦州南大海扬帆一日至西南岸即交州潮阳镇也又云自廉州发舟师进都斋一由广西至宋始开广西路亦分为三自凭祥州入者由镇南关一日至文渊州自思明府入温丘者过摩天岭一日至思凌州自龙州入者一日至平西隘一由云南至元始开云南路亦分为二由蒙自县者经莲花滩入交之石泷由河阳隘者循洮江左岸十日至平原州然皆山径难行张辅则由凭祥沐晟则从蒙自以抵白鹊县皆不循伏波故道彼用夹攻之策故也

西南海道　嘉靖中知府饶岳访得广东海道自廉州冠头岭前海发舟北风顺利一二日可抵交之海东府若沿海岸行则乌雷岭一日至白龙尾白龙尾二日至土山门又一日至万宁州二日至庙山三日至海东府二日至经熟社有石堤陈氏所筑遏元兵者又一日至白藤江口过天寮巡司南至安阳海口又南至多鱼海口各有支港以入交州自白藤而入则经水旁东潮二县至海阳府复经至灵县过黄径平滩等江其自安阳海口而入则经安阳县至海阳府亦至黄径等江由南策上洪之北境以入其自涂山而入则取古斋又取宜阳县经安老县之北至平河县经南策上洪之南境以入其自多鱼海口而入则由安老新明二县至四岐遡洪江至快州经咸子关以入多鱼南为太

平海口其路由太平新兴二府亦经快州咸子关口由富良江以入此海道之大略也盖自钦州天涯驿经猫尾港七站至若由万宁抵交趾陆行止二百九十一里　宋设寨二鹿井寨在钦州西南控象鼻沙大水口入海通交州水路三村寨在钦州东南控宝蛤湾至海口水路东南转海至雷州递角场钦州西南边有水口六谭家水口黄标水口藏埇水口西阳水口大湾水口大亭水口

寰宇记俗有四民一曰客户居城郭解汉音业商贾二曰东人杂处乡村解闽语业耕种三曰(俚人)深居远村不解汉语惟耕垦为活四曰蜑户舟居穴处亦能汉音以探海为生

夫廉古珠官也扼塞海北远镇交南视岭外诸郡最为枢筦凿山为城践海为池有天险焉飓风一作百里震动南登海角西望天涯【海角亭在郡南天涯亭在钦州】真南裔也汉马援既平征侧之乱标于分茅岭铜柱以为华夷之限于今赖之【水经注昔马文渊积石为塘达于象浦达铜标为南极之界俞益期笺曰马文渊立两铜柱于林邑岸北】惟宁越四峒陷入交址守土之臣邀功喜事直欲犁庭捣穴郡县之赖我圣明谢绝其请憬彼荒夷归我侵地【嘉靖二十一年夏六月莫登庸来降收复四峒民归钦州版籍】民得免于汤火谁主赐与媚珠海寨宝藏所兴领以内臣虽尝厘革迄今未闻投珠于渊也昔人以为所获不补所亡近事足为明鉴【嘉靖二十二年诏采珠二十四年复诏采珠廉州府知府胡鳌议得共享过官民银九千余两仅得珠四千两碎小喝匾皆不堪用】若夫严永安之军卫以防四达之冲谨沿海之防以备倭夷之扰复砖白于我土以均道里之劳皆安攘之不可废者也今兵备特札于灵山达堡增屯于卫北交寇峒獠惟廉为重可以其僻远而易视之哉

雷州府

雷三面距海东通闽浙北负高凉有平田沃壤之利然雷出而震地湿而热盖五岭之地南尽于此积土薄而阳气泄也廉雷之交飓风最大驱潮则咸流逆上挟雨则拔屋撼山东洋之地弥望渺漫凶祲之至不系于人事矣所持以保障者其捍海之堤乎故西湖以潴其泽二渠以酾其派然后斥卤之地化为耕桑而雷之民亦可免于为鱼堤防之饬是在司牧者他如永安宁川以达石城三道皆陆所以卫遂溪而守隘之禁当严齐康永宁海澳之冲也备倭之责九重国初重臣经略之迹犹有存者【安陆侯吴杰等】选练而简稽之以固沿海之防非惟雷郡安而廉琼亦资其控制之利矣

琼州府志　沿海冲要

府城北十里曰白沙港宋设水军赵汝珞拒元兵于此国朝隆庆初始设白沙寨兵船防守与海口层齿相通凡大商舟船皆住泊焉是琼治之咽喉也　东六十里曰铺前港深广可容商船凡倭寇贼船常从此入即李茂湾党住泊为患处势与白沙相倚是琼治之胷项也　铺前东去二十里至文昌白峙湾四十里至木兰湾五十里至急水门八十里至抱虎湾一百里至抱陵港不数里至铜鼓角一带以来常有贼舟湾泊登岸取水乘间暴掠至于清澜一港海门宽阔水道逶迤内达文昌县治外通大海七洲洋贼船倭寇顺风南抵此其先据盖琼郡之肘腋最宜加关防者也　清澜南去六十里至冯家湾四十里至会同哆南八十里至乐会博敖屡被寇害其为要地更当备守八十里至万州那鹿港那鹿出外洋有南北二湾贼船常于此取水四十里至大塘湾六十里至旧陵水三十里至牛头岭突出海口六十里至桐栖盐水港六十里至黎庵港四十里至玡琅湾六十里至榆林港常有贼船寄泊遇警便于各处防之惟三亚一港东至万州西达昌化东南风发时有大泥诸番沿海登岸抢夺滨民最宜防守　三亚一百二十里至崖州大蜑保平二港上一百二十里有黄流抱驾二港六十里至莺哥嘴数十里至吉家澈八十里至感恩深田湾又八十里至北黎港三十里至鱼鳞洲皆属三亚信地距昌化英潮有百里焉　府城西去七十里曰澄迈石深广可泊船约五十里至马袅三十里至石牌又百余里至临高县博顿港有兵船防于此百余里至儋州洋浦三牌石海口入新英港港口有二沙线不识水道则坏舟泊船虽稳便但闻警出船不及故海上多故须轮哨船时出海口瞭守亦琼郡之腰络不可疏备者也南去约八十里至海头港内岸石壁难以进舟一百里至乌泥港逼昌化城又三十里至英潮湾俱贼船出没处　按琼郡州县俱附海滨周回数千里时有倭寇番船之警今设东西二路左右前司分哨防守策应而统领于白沙寨兵家所谓星布碁置之势况加以天堑之险第夷情叵测风波靡常尤当于冲要处整饬兵船

精选器械查喆墩堠巡察海道始可保孤屿之金汤也故特详之于篇以备防海者采焉

海寇　嘉靖四十五年贼吴平寇昌化五月总兵汤克宽破吴平于崖州擒其妻子十二月贼何乔林容等掠陵水犯崖州　隆庆元年贼曾一本何乔等掠文昌犯临高陵水十月指挥石子方以计擒何乔　三年七月林容败死其党苏大李茂等收集余众九月犯清澜杀指挥崔世承　五年八月指挥高卓战死于煎茶头　六年贼许万载犯澄迈围昌化李茂犯万州攻乐会漳寇庄酋引倭犯琼山文昌李茂降击倭走之　万历二年四月贼林凤入清澜杀百户蔚章及军民二千余人　十七年游击沈茂令珠贼供扳陈德乐李茂盗池诱擒之其党陈良德及茂家人那么等复叛犯清澜文昌万州寻讨平之

夫琼中国外境也大海是环番夷四达广袤三千余里西南雄郡无逾此者且边海之饶见称往古【史志越处近海多犀象瑇瑁珠玑银铜果布之凑韦昭曰采龙眼荔枝之属布葛布也】风潮虽异而气候无恶【方舆志周岁皆东风寰宇记云琼海之潮半月东流半月西流潮之生随长短星不系月之盛衰】汉人所谓鳞介易我衣裳者岂其然乎隋唐之际冯冼内属荒梗之俗为之一变明兴圣谕称为南溟奇甸有华夏之风【御制文集敕劳海南武臣曰南溟浩瀚中有奇甸数千里又谕海南臣民曰海南习礼义之教有华夏之风】自是鼎臣继出名满神州至诚前如信有征矣慝惟俚峒盘据腹心而我之控制反石其外生熟杂糅屡为榛梗【元时俚寇海南画陷止余琼耳】五指珠崖最称险恶文昌万州尚易驯制特以诸邑营戍寖成废弛恣其趦趄耳沿边海防尤为诸夷观望名存而实亡者不独琼管为然也尝闻之珠崖之变起于发髢【应劭风俗通曰珠崖之废起于长吏观其好发髢以为髲】方今香蜡藤葛皮毛齿革取办于琼者不一故齐民腹背受敌而息肩亡由柔远能迩盍豫图之

广东御史庞尚鹏抚处濠镜澳夷疏窃惟广东一省西北联络五岭东南大海在焉蛮夷杂居禁网疏阔山海之寇啸聚不时诗曰迨天之未阴雨彻彼桑土绸缪牖户夫智者镜几以先图勇者乘时以自固此何时也而诿之曰阴雨未至可乎臣生长海邦习闻已久除倭夷山寇出没扰攘见在经略者臣不敢烦渎外谨摘其祸切门庭履霜坚冰者著为论列窃效诗人桑土预彻之义惟陛下试垂听焉广州南有香山县地当濒海由雍麦至濠镜澳计一日之程有山对峙如台曰南北台即澳门也外环大海接于牂牁曰石峡海乃蕃夷市舶交易之所往年夷人入贡附至货物照例抽盘其余番商私赍货物至者守澳官验实申海道闻于抚控衙门始放入澳候委官封籍抽其十之二乃听贸易焉其通事多漳泉宁绍及东管新会人为之椎髻环耳效番衣服声音每年夏秋间夷舶乘风而止往止二三艘而止近增至二十余艘或倍增焉往年俱泊浪白等澳限隔海洋水土甚恶难于久驻守澳官权令搭蓬栖息迨舶出洋即撤去近数年来始入濠境澳筑室以便交易不逾年多至数百区今殆千区以上日与华人相接济岁规厚利所获不赀故举国而来负老携幼更相接踵今筑室又不知其几许而夷众殆万人矣诡形异服弥满山海剑芒耀日火炮震天喜则人而怒则兽其素性然也奸人则导之凌轹居民蔑视澳官渐不可长若一旦豺狼改虑不为狗鼠之谋不图锱铢之利拥众入据香山分布部落控制要害鼓噪直趋会城俄顷而至其祸诚有不忍言者可不逆为之虑耶议省欲于澳门狭处用石填塞杜番舶潜行以固香山门户诚是也然驱石塞海经费浩烦无从取给举事当待何时或欲纵火焚其居以散其党为力较易然往年尝试之矣事未及济几陷不测自是夷人常露刃相随伺我动静可复用此故智耶议者又欲将澳以上雍麦以下山径险要处设一关城添设府佐官一员驻札其间委以重权时加讥察使华人不得擅入夷人不得擅出惟抽盘之后验执官票者听其交易而取平焉是亦一道也然关城之设势孤而援寡或变起不测适足以为鸳鸯之资岂能制其出乎安边者贵消祸于未然怀远者在伸威于既玩臣愚欲将巡视海道副使移驻香山弹压近地曲为区处明谕以朝廷德威厚加赏犒使之撤屋而随舶往来其湾泊各有定所悉遵往年旧例如或徘徊顾望即呈督抚军门亲临境上慰谕而譬晓之必欲早为万全之虑而后已若以启衅为忧则祸蘖之萌亦当早见而预待之况有旧澳见存皆其耳目所亲见闻者彼将何从执怨乎番船抽盘虽一时近利而窃据内地实将来隐忧党类既繁根株难拔后虽百其智力独且奈何或谓彼利中国通关市岂忍为变孰知非我族类其心必异此殷鉴不远明者覩未萌况已著乎急则变速而祸小缓则变迟而祸大惟督抚军门加意调停从议酌处毋逆其向慕中国之心就于通事中择其便给者优以殊格使掉其舌锋为说客开示祸福以阴折其骄悍之气自后舶入境

仍泊往年旧澳照常交易无失其关市岁利复严布通番之令凡奸人之私买番货畔民之投入番船及略卖人口擅卖兵器者悉按正其罪俾人皆知有法之可畏而不敢为射利之图区画既定威信潜孚查往年禁制而防御之者悉遵旧例施行诸夷自将驯服而黙夺其邪心即祸本潜消矣伏乞敕下该部覆加详议转行督抚衙门参之舆论酌以时宜如果臣言可采即便举行此岂独岭海一隅之福实宗社无强之福也或有为臣私忧者谓事关地方休戚今海岛晏然恐无故而发大难之端谁执其咎建言者殆祸不旋踵矣臣窃念督抚重臣威名动夷夏每孜孜焉为海邦万世计熟思详处已非一日若不及今早图将来孰有能任之者臣揆诸事势如此若复有所顾忌缄口待时是徒计一身之利害而忍忘全省之安危视天下为一家恐不若是也此臣所以披沥尽言不敢卷舌藏声坐待滔天之祸

广东下

东莞县大奚山在县南大海中有三十六屿周三百余里旧志云居民不事农桑不隶征徭以鱼盐为生宋绍兴间招降其人来佑等选其少壮者为水军老弱者放归立寨寨水军使臣一员弹压官一员无供亿宽鱼盐之禁谓之腌造盐庆元三年盐司峻禁遂啸聚为乱遣兵讨捕徐绍夔等就擒遂墟其地经略钱之望与诸司请于朝岁季拨摧锋水军三百以戍季一更之然兵戍孤远久亦生乱庆元六年复请减戍卒之半屯于官富场后悉罢之今有姓万者为酋长因名为老万山过其境者悉与鱼盐云苍梧军门志

杂蛮

海獠凡浮海自东西二洋而来者皆是也南有八蛮曰天竺曰咳首曰僬侥曰跛踵曰穿胸曰儋耳曰狗轵曰旁春凡此八者自有荒服以来名号不知其几变矣周官设象胥掌之其语言可译而知也然其号之变史不能详惟汉明帝时天竺浮屠胡法始入中国其俗舍身焚尸谓之荼毘至今僧学佛者犹然小民火葬效之华风坏矣永年十七年儋耳僬侥等国贡献由元帝先此弃朱崖故儋耳复为岛夷今则已属琼州皆中国人居之声名文物化于华夏无复缓肩镂頬之状而西北贾胡有鑴耳垂环而至者【山海经儋耳之国在大荒北任姓号禺子食谷北海渚中郭璞注云其人耳大下儋垂在肩上朱崖缕画其耳亦以仿之也】僬侥乃永昌徼外夷其人长三尺而诸番黑小厮或充贡物而咳首等种大氐皆海獠也日南徼外占城以至西域黙德那国其教专以事天为本而无像【设其经有三十藏凡三千六百余卷其书体旁行有篆草楷三法今西洋诸国皆用之又有阴阳星历之类】其地虽接天竺而与佛异俗重杀非同类杀者不食不食豕肉谓之回回色自教门今怀圣寺有番塔创自唐时轮困直上凡十六丈五尺每日礼拜者是也然亦有占城诸国人杂其间多蒲及海姓渐与华人结姻或取科第宋余靖尝言越台之下胡贾杂居岳珂桯史则谓为番禺海獠云【桯史番禺有海獠杂居其最豪者蒲姓号曰番人本占城之贵人也既浮海而遇风涛惮于反复乃请于其主原留中国以通往来之货主许焉舶事实赖给其家岁益久定居城中屋室少侈靡瑜禁使者方务招徕以阜国计且以其非吾国人不之问故其宏丽奇伟益张而大富盛甲一时绍熙壬子先君帅广余年甫十岁常游焉今尚识其故处层楼杰观晃荡绵亘不能悉举矣然稍异而可纪者亦不一曰録之以示传奇獠性尚鬼而好洁平居终日相与膜拜祈福有堂焉以记名如中国之佛而实无像设称谓声牙亦莫能晓竟不知何神也堂中有碑高袤数丈上皆刻异书如篆籀是为像主拜者皆向之旦辄会食不置匕箸用金银为巨槽合鲑炙梁米为一洒以蔷露散以冰脑坐者皆寘右手于褥下不用曰此为触手惟以溷而已群以左手攫取饱而涤之复入于堂以谢居无溲匽有楼高百余尺下瞰通流谒者登之以中金为版苑机蔽其下奏厕铿然有声楼上雕镂金碧莫可名状有池亭池方广凡数丈亦以中金通甃制为甲叶而鳞次全类今州郡公宴燎箱之为而大之凡用铿镯数万中堂有四柱皆沉水香高贯于栋曲房便榭不论也尝有数柱欲𦈡于朝舶司以其非常有恐后莫致不之许亦卧庑下后有窣堵波高入云表式度不比它塔环以甓为大址絫而增之外圆而加灰饰望之如银笔下有一门拾级以上由其中而圆转焉如旋螺外不复见其梯磴每数十级启一窦岁四五月舶将来群獠入于塔出于窦啁号嘑以祈南风亦辄有验绝顶有金鸡甚巨以代相轮今亡其一足闻诸广人始前一政雷朝宗环时为盗所取迹捕无有会市有屡人鬻精金执而讯之良是问其所以致曰獠家素严人莫闯其藩予栖梁上三宿而至塔裹麨粮隐于颠书伏夜缘以刚铁为错断而怀之重不可多致故止得其一足又问其所以下曰予之登也挟二雨盖去其柄既得之因天大风鼓以为翼乃坠平地无伤也盗虽得而其足卒不能补以至今他日郡以岁事劳宴之迎导甚设家人帷观余亦在见其挥金如粪

土舆皂无遗珠玑香贝狼籍坐上以示侈帷人曰此其常也后三日以合荐酒馔烧羊以谢大猿曰如例龙麝扑鼻奇味不知名皆可食迥无同槽故熊羊亦珍皮色如黄金酒醇而甘几与崖蜜无辨独好作河鱼疾以脑多而性寒故也余后北归见藤守王君兴翁诸郎言其富已不如曩月池匽皆废云】成化四年都御史韩雍修寺以所留达官指挥阿都刺等十七家居之番言阿都刺为满刺华言师父也达官本蒙古人杂领色目始此

番商者诸番夷市舶交易纲首所领也自唐设结好使于广州自是商人立户迄宋不绝诡眼殊音多留寓海滨湾泊之地筑室联城以长子孙使客至者往往诧异形诸吟咏宋时商户巨富服饰皆金珠罗绮器用皆金银器皿有凌虐土著者经略帅府辄严惩之华人有投充番户者必诛无赦淳化五年二月癸卯南海商人献吉贝布画海外蛮国及猩猩图玉带上于北苑召近臣观之天圣后留寓益颗伙首住广州者谓之番长回立番长司大食国舶主蒲希密屡贡诏赐黄金准其所贡之直禁纲疏阔夷人随商翱翔城市至有蛮媪卖药荒录在番禺端午闻街中喧笑讶召之乃蛮媪荷山中异草鬻富家妇女为媚男药者或抽金簪解耳珰偿其直熙宁中其使辛押陀罗授怀化将军乞统察番长司公事诏广州裁处具后辩告户绝龙川略志广州商有投于户部者曰番商辛押陁罗者居广州数十年矣家资数百万缗本获一童奴过海遂養其为子陀罗近岁还番为其国主所诛所養子遂主其家今有二人在京师各持数千缗皆养子所遣也此于法为户绝谨以告李公择既而为留状而适在告郎官谓予曰陀罗家赀如此不可失也予呼而询之曰陀罗死番国为有报来广州耶曰否传闻耳陀罗养子所生父母所养父母有在者耶曰无有也法告户绝必于本州县汝何故告于户部曰户部于财赋无所不治曰此三项皆违法汝姑伏此三不当吾贷汝其人未服告之曰汝不服可出诣御史台尚书省诉之其人乃伏并召养子所遣二人谓之曰此本不预汝事所以召汝者恐人妄摇撼汝耳亦责状遣之然郎中终以为疑予晓之曰彼所告者皆法所禁不诉于广州而诉于户部者自知难行欲假户部之重以动州县耳郎中乃已遂立番坊夷人有居琼管者立番民所投荒録琼管夷人食动物凡蝇蚋草虫蚯蚓尽捕之入截竹中炊熟破竹而食顷年在广州番坊献食多用糖蜜脑麝有鱼俎虽甘香而腥臭自若也惟烧笋一味可食先公至北虏日供乳粥一椀甚珎但沃以生油不可入口谕之使去油不听因给令以他器贮油使自酌用之乃许自后遂得淡粥大率南食多咸北食多酸四夷及村落人食甘中州及城市人食淡五味中只苦不可食洪武初令番商止集舶所不许入城通番者有厉禁正德中始有夷人私筑室于湾澳者以便交易每房一间更替价至数百金嘉靖三十五年海道副使汪柏乃立客纲客纪以广人反徽泉等商为之三十八年海寇犯潮始禁番商及夷人毋得入广州城

蜑户者以舟楫为宅捕鱼为业或编蓬濒水而居谓之水栏见水色则知有龙故又曰龙户齐民则目为蛋家晋时广州南岸周旋六十余里不宾服者五万徐户皆蛮蛋杂居晋书陶璜上疏自唐以来计丁输课于官洪武初编户立里长属河泊所岁收渔课然同姓婚配无冠履礼貌愚蠢不谙文字不自记年岁此其异也东莞增城新会香山以至惠潮尤多惠州志蛋长又称蛋家里长其种不可知考之秦始皇使尉屠睢统五军监禄凿河通道杀西瓯王越人皆入丛薄中与禽兽处莫肯为秦意者此即丛薄之遗民耳宗苏子瞻有蛮烟蛋雨之句今在归善者皆土著服食与平民类婚姻亦略与下户相通但其籍则系河泊所在兴宁者则编属县下六都立其中甲首甲以领矣然课额犹称河泊焉曰蛋民乃水居者也只船支桨衣不盖肤计舟纳课又且代赔逃亡者彼蛋长每征课料则通同旅人称债主计日行利每钱一文明日二文又明日四文虽至百文犹不能已于是每每为盗推厥原由旅人里长罪之魁也嘉靖中知府李玘已设法严禁　潮州志潮州蛋人有姓麦濮吴苏何古以南蛮为蛇种观其蛋家神宫蛇像可见世世以舟为居无土著不事畊织惟捕鱼装载以供食不通土人婚姻岭东河海在在有之本县旧立一户国初置河泊所辖之岁输鱼课米洪武二十四年籍其户为南厢里甲输粮之外惟供船差不事他役至雷琼则少广中近年亦渐知书或登陆附籍与良民同编亦有取科第者矣然罾门多为势家所夺蛋民亦行劫盗番禺沙湾东莞布冲新会金星门至奇独澳每蛋船一大九小为一甲官军至即九小并为一艘　鱼鲜不受即战官军盘之则有尚书主事批文追日清查土豪所占皆退出在官造册寻为有力者总领他日合于倭寇可占矣

卢亭亦曰卢余在广州城东南百里以采藤蛎为业男女皆椎结于顶妇女许人及嫁始结胷带相传为卢循遗

种故名鯠体能伏水中数月此其异于蛋而类于鱼者也月山丛谈晋贼卢循兵败入广其下泛舟以逃居海岛上久之无所得衣食生子孙皆赤身谓之卢亭尝下海捕鱼充食其人能于水中伏三四月不死盖化为鱼类也其捕鱼使人张罾则数人下水引群鱼入罾内既入引绳示之则举罾弄其人以上亦有被大鱼吞者正德中香山县获一人惊以为异执以赴官将以上闻或识之曰此卢亭也盖其人入水时偶值飓风不能起潜游数月至香山见罾以为己地乃坐其中为人所获初获言语不通久之晓汉语询之信然

鬼奴者番国黑小厮也广中富人多畜鬼奴绝有力可负数百斤言语嗜欲不通性浮不逃徙亦谓之野人其色黑如墨唇红齿白发鬈而黄有牝牡生海外诸山中食生物采得时与火食饲之累日洞泄谓之换肠此或病死若不死即可久畜能晓人言而自不能言有一种近海者入水眼不眨谓之昆仑奴唐时贵家大族多畜之永乐四年娑罗国东王西王各遣使来朝以黑小厮充贡物海语圆目黄睛性绝专悫木食如猿猱近烟火泪目无出暹罗畬蛮岭海随在皆有之以刀耕火种为名者也衣服言语渐同齐民然性甚狡黠

海寇

本朝洪武四年五月海寇钟福全李夫人等寇海晏下川等地广州左卫佥事杨景追捕至阳江平之【福全伪称总兵与李夫人徐仙佑等叛于海晏下川大僑文持等地景即同指挥苑怀率舟师剿捕至阳江海陵山并上川惊惶门遇贼船二百艘击败之】十四年海寇饶隆作乱邑人萧子明捕之【海阳县三饶贼首饶隆起程乡县万安都人萧子明募民兵追捕之】二十年海寇周三作乱邑人萧子明讨平之【安远县贼首周三寇程乡县吴都指挥帅兵驻于境县官遣子明领民兵协力讨平之又黄寿山曾必长于永乐间聚众山海剽掠揭阳人民旋讨平】二十六年八月命安陆侯吴杰永定侯张金率致仕武官往广东训练沿海卫所官以备倭寇

永乐七年四月海贼阮瑶寇劫长塾林虚二巡司焚廨舍毁寨栅而去巡海副总兵李珪遣雷州卫官军追击败之获贼船二十七艘生擒贼属男妇一百六十人八月冬十二月倭寇陷廉州教授王翰死之九年三月倭寇攻陷昌化杀千户王伟命副总兵指挥李珪等讨之【广东都指挥使司奏比倭贼攻陷昌化千户所王伟等战败被杀军士死下甚众城中人口仓粮军器皆被劫掠而副总兵指挥李珪及南海卫所遣领兵指挥千百户徐茂等初不严兵备御贼至又不救援贼去亦不追剿罪当死上曰此不可宥姑令捕寇续罪如寇不获皆斩】十九年正月辛巳珪于潮州靖海边遇倭贼与战杀败贼众生擒十五人斩首五颗并所获器械悉送北京【戊子兵部言广东都指挥李端捕倭失机已就建上命选能干官往率兵御倭】二月辛丑命都督佥事胡原克总兵官都督佥事梁铭都指挥使薛山为副率原调广东都司所属官军五千人巡捕倭寇正统十二年海寇陈万宁作乱潮阳知县刘源洪御之【漳州海寇陈万宁攻劫潮阳知县刘源洪修城扞御】十四年八月海贼从黄萧养攻广州城不克后萧养伏诛海贼皆遁景泰三年四月海贼寇掠海豊新会参政谢佑遣指挥张通攻走之天顺二年三月广东副总兵都督同知翁信奏海贼四百余徒犯香山千户所烧毁备边大船其都指挥张通总督不严是致失机乞正罪章下都察院请逮问如律别委武臣代之上曰通罪本难容但今用人之际姑宥之仍令杀贼以赎前罪十二月升广东备倭都司指挥同知张通按察司佥事谢瓛及官军十人俱一级一百二十五人赏有差以斩获海贼故也七月海寇严启盛寇香山东莞等处巡抚右佥都御史叶盛讨平之【先是启盛坐死囚漳州府越狱聚从下海为患敌杀官军拘留都指挥王雄至广东复杀总督备倭都指挥杜信至是招引番船驾至香山沙尾外洋感廉其实会同镇守广东左少监阮能巡按御史吕益命官军驾大船冲之遂生擒启盛余党悉尽海患始平】三年海寇罗刘宁作乱潮州知府谢光讨平之【罗刘宁程鄉盗也天顺间作耗海阳甚为猖獗知府谢光讨平之】海寇黄于一林乌铁等作乱潮州知府周宣讨平之【黄于一林乌铁魏崇辉俱海寇为乱正统间首乱五年杀败海阳官军益肆劫掠所过无不残害知府周宣以奇计　乌铁而诛之于一等益肆乱晓劫揭阳县治而下夏岭等二十四村皆被胁从当道檄宣捕贼宣亲督兵据险札营凡七所与贼相距四十余日擒杀渠魁余贼不敢出宣谓盗魁既得余可抚而下也乃出榜令乡儒陈骥等入贼中张挂而自诣贼营抚谕各贼皆释甲罗拜乞降且诉从贼非本心皆出于被胁不得已因遍历各村放回被掳男妇五十三名口拘收大海船一百五十艘抚过从良民一千二百三十七户继而山贼罗刘宁等复集众入海为乱烧劫惠州府兴宁长乐等县当道复檄宣捕贼宣潜起从良民黄伯良等出贼不意捣其巢穴大破贼众擒斩陈聪马信欧琼等并获妖

妇罗法娘罗刘宁母妻与其男真千等六百六十名夺得各贼马五十匹取回各府被掳男妇杨呵孙等一百二十一口时汤田黄寨等处皆从贼省臣欲乘胜尽灭之宣谓胁从罔治乞贯免其得复业户七千全活命数万贼平当道以宣漳人漳潮相密迩逋逃互相藏匿难以行事奏改调宣宣闻命即日引通民遮留不得相与涕泣乃集二百余人赴阙上疏乞还宣疏未上而新注太守出京矣顷而海寇复大乱攻围县治劫掠居民杀死指挥刘琛通判刘恭又掘破海堤淹没军民房屋万余区城门昼闭官吏束手无策乡儒陈骥等白当道曰事亟矣必周守复来其事乃定因令具书请宣宣慨然为来入境军民胥庆宣白当道开城门纳逃难诸良民时府县学舍寺观及宫廊旷闲处所皆听栖宿病者给医药死者给棺椁贫乏不能自存者皆设法赈济之潮人大脱当遏欲遽发兵宣曰彼虽为贼良心犹存况未窥其虚实万一损吾威重则事去矣不如先招之招之不服发兵未晚也乃出榜约日招降至期各贼驾船数百艘来皆彼坚执锐魁渠服色僭拟侯王宣谓曰君等既欲从良何为乃尔于是皆投戈释甲去僭服相与罗拜宣为恸哭众亦哭当日平骑亲诣贼巢因而编历二十四村且慰且谕归被掳男妇七百余人贼船三百余艘送当道处悉烧毁之其来有毁者皆凿沉之海滨有淫祠贼卜神以为从违既约日入降而复犹豫宣问之曰卜神不吉宣夜抵神祠告曰民欲从良神何告以不吉再告不吉是神不知有顺逆吾当别作处分矣次日贼复往卜报曰吉然贼虽得吾卜而终犹豫日使人觇之团营结寨如故宣告当道曰贼可灭矣欲降而犹豫众不为用矣遂出兵一鼓而灭之潮地悉平事闻朝廷遣官赍表里赏劳厮役以下并及焉】四年海寇魏崇辉作乱佥事毛吉等讨平之【魏崇辉许万七窃据海阳下岭等村与程乡山寇罗刘宁黄阿山声势相倚民罹其害佥事毛吉知县陈爵奉命讨平】弘治中海寇苏孟凯作乱潮州知府叶元玉讨平之【苏孟凯饶平人弘治间聚众山林以十为名因而劫掠海阳村落民罹其害者数年知府叶元玉讨平之】正德二年海寇朱秉英作乱官军灭之【上漳溪贼首朱秉英林传聚众劫掠大埔县乡村烧毁神泉市奏闻总督府檄胡佥事黄指挥张知府等官征剿殄灭地方稍宁】五年海寇陈玉良等作乱安远侯柳文讨平之【贼首陈玉良梁世昌张士锦等啸聚山林程乡县义化石窟等都扰害乡邑总兵官安远侯柳文等督兵讨平之】六年海寇李四仔等作乱都御史林廷选讨平之【贼首李曰仔黄镛张时旺啸聚石窟义化松源等都寇乱汀漳惠潮正德七年总督右都御史林廷选总兵官安远侯柳文总镇太监潘忠等督兵讨平之】十二年海寇黄白眉等作乱平之【清远都箭准贼首黄白眉雷震赖英等作乱流劫福建漳泉地方二省奏闻总督府调兵檄守巡张参议顾佥事黄都指挥征剿地方始宁】嘉靖元年海寇丘泥金作乱平之【丘泥金饶平人嘉靖元年作乱流劫海阳乡村捕盗通判周箕讨平之】二年福建贼流劫惠潮提督都御史张嵿偬镇太监韩庆总兵官抚宁侯朱麒讨平之【先是福建上杭贼首江小范四等集徒构乱纠合邻界江西安远广东程乡无赖梁八尺黄万山赖廉等流劫漳泉官兵追败突劫程乡等县乡村至是嵿等调发汉达土官目兵打手二千余名委达官都指挥李翱岭东分巡佥事施儒右参议孙懋守备都指挥扬懋分道与福建官兵夹攻俘斩五百余名颗地方始平】五年海寇曾阿三作乱平之【曾阿三程乡人寇掠海阳数年嘉靖间知府张景旸平之】十年海贼黄秀山等乱提督兵部右侍郎兼右佥都御史林富总兵咸宁侯仇鸾讨平之【秀山与黎国玺皆东莞县民乘船出海勾集潮惠雷廉闽浙亡命屯据海洋妄自称号东西二路沿海乡村居民商船屡被其害至是富等严督海道副使江良村岭南守巡左参议王积副使杨濂岭东分守右参议翁盘守备都指挥王兰分守雷廉高肇左参将程鉴总督备倭都指挥陆桓调集兵船分道把截夹攻俘斩首从二百余名颗秀山等戮于市海道始宁】十一年海贼许折桂等乱提督兵部侍郎兼左佥都御史陶谐总兵咸宁侯仇鸾抚平之【折桂与陈邦瑞曾本亮周广等皆东莞等县民先是从黄秀山等出海为盗秀山伏诛折桂等遁交址执曾本亮杀之而折桂等复回聚党沿海剽掠拒敌官兵为患日炽至是谐等督责海道副使杨濂兵备佥事莫相统领官兵俘斩首从五十九名颗生擒周广等戮于市而折桂乞降首送违禁器物船只入官归还胁从被掳一千七百余众海道始清】三十三年提督两广兵部侍郎鲍象贤总兵官征蛮将军定西侯蒋传讨平广东海贼【先是贼首何亚八郑宗兴等潜从佛大坭国纠合番船前来广东外洋及沿海乡村肆行劫掠杀虏人财拒伤官兵脱往福建等处收纳叛亡数千臻同陈老沈老王明王五峰即王直徐碧汉即徐铨及方武等分宗流劫浙江嘉杭宁绍台温一带地方均受其害亚八等仍又遁向广东地方打劫军门督行巡海副使汪柏委指挥王沛黑孟阳等统领兵船分东西哨随往剿捕王沛擒获何亚八等于广海三州环共一百一十九名斩级二十六颗溺水烧死不计余党驾船脱走四散劫掠新会贼首陈文伯等乘机崛起啸聚千余随即扑灭抚其胁从三百余人而徐铨方武等又自福建流劫突至于潮又为黑孟阳所破斩徐铨于海其各道守巡兵备等官督并官兵陆续于潮州柘林磵洲乌猪洋新

会雷琼等海面擒斩贼党共计一千二百余名颗俘获贼属夺回被掳人口各有差何亚八郑宗兴方武陈时杰等俱解军门磔于市海岛始平初海南栅有天妃庙凡放洋往还皆敬事之且降箕神验亚八欲寇广州城往祷令二童子扶箕久不降亚八躬拜告祷乃降书一死字亚八大怒断神首并执二童子杀之其党知其必败矣比行所居大舶包以牛革用防官军潜凿及是舶碇每闻凿声晓雾溟蒙天明不霁及兵至犹以为所遣贼徒得掠而归遂至于败亚八东莞人】三十七年正月壬午倭寇自漳泉入揭阳县劫掠官军击败之复攻劫饶平县破黄岗民镇提督都御史王钫至潮州调集汉达狼兵打手乡夫副使林懋举佥事经彦寀参将钟坤秀知府李春芳各帅师大败其众俘馘无算倭寇退走【先是嘉靖壬子倭寇初犯漳泉仅二百人真倭十之一余皆闽浙通番之徒翦顶前发而椎髻向后以从之然发根不断与真倭素秃者自别且战虽同行退各宿食此其异也徽人王直号五峰者始为倭经纪后统率往浙破黄岩尚书黄绾家以报私怨遂至宁绍苏松大掠焚杀甚惨总制集湖贵钧刀手及广州打手击败之直遂就擒其党毛老许老等遁入舟山至是犯潮州大船一十三艘其徒八百余人大都皆漳泉温绍产也突入揭阳县大家井村劫财杀人房屋尽毁至蓬州千户所从崩城拥入城中杀死百户李曰芳等报至海道副使林懋举先往潮州提督都御史王钫调集汉达狼兵并募广州新会顺德打手未至知府春芳豫集乡夫御之及佥事经彦寀参将钟坤秀统督官兵至共擒斩真倭从倭关一百七十名颗乡夫之功居多狼兵沿途恣肆官目不能制御张徒声势而已十月甲子倭贼三百余徒自焚其舟登岸攻劫砖头北塔等村大肆焚掠守备指挥杨篚被杀凡官军斩获必夺其尸去不得杙功篚因杙功致死报闻广城戒严三司往请军门移镇已而寇集海豊县潭冲土贼从倭行劫洋尾四村楚掠男妇死者教千人哭声偏野懋举彦寀多方御之民恃以无恐已而倭酋帅众千余自漳州突入饶平县攻劫黄冈民缜破其城入居之彦寀坤秀及春芳御夫与官兵并力擒新一百四十六名颗】三十八年二月适军门驻潮州军威大震肇庆府同知吕天恩与监督协谋沿海郷夫皆贾勇擒斩益多寇自饶平间道趋揭阳县围其城彦寀以兵救之寇皆败走南洋湾乡夫尤勇斩倭酋金盔甲者一人其众大败俘馘无算会彦寀报罢佥事殷从俭代之制御乘胜每战皆捷黄冈镇团聚者悉出遁走还闽于是军门遂归苍梧奏以坤秀统师守之三十八年十月乙丑倭寇复入潮阳县参将钟坤秀会按察副使张子弘岭东分守参议冯皐谟佥事殷从俭统督官兵御之屡败其众会提督王钫擢南京都察院右都御史兵部侍郎郑絅代为提督即檄官军严讨三十九年二月海道副使郑维诚至四月殷从俭报罢岭东分巡佥事齐遇至又屡败之【倭贼先在福建和平诏安二县与饶平黄冈镇隔界屯聚时守将钟坤秀领原调南丹州官族莫善日兵一千九百余人指挥陈鹗领原调田州报効官族黄真曰兵一千人于饶平险要茅山分水立二营防截三十八年六月倭报渐追会委百户朱钺领募兵五百人镇抚罗万麒领团操打手三百人协守俱以指挥冯良佐统之复调备倭指挥高拱部领官军及镇抚余盛领募兵共七百余人防守黄冈镇城通行各县谕令小民归并大村起集父子寸夫互相防守其附郭人民俱移入城内仍行饶平大埔各集乡夫委官部领把截要害狼兵秋毫有犯佥事从俭即治以军法所至肃然十月乙丑蓬州所报倭船二艘约贼三百余人从潮阳海口烧船登岸劫掠钱冈村水哨备倭楷挥孙敏击斩倭级二颗十一月庚午又有倭贼千余从招宁巡司河渡磊门登岸同海贼许老等三百余徒攻海门所城官军用铳箭击死倭贼数多壬申目兵莫善等追至石牌水陆并进并孙敏又击败之贼遁还和平丙子许老等自海门所至潮阳县南县丞范楠卿等率兵壮乡夫擒斩十九名颗并接济陈林世俨四名夺回被虏二十余名口贼遁回和平合伙丁丑又有贼三千余徒分三哨从饶平分水关至黄冈镇城外高拱及府卫署印通判翁夢鲤指挥李荣知县熊灵林丛槐率兵截捕已夘贼屯于南洋湾冯良佐统目兵黄真莫善分为二哨千户黄升等领各募兵打手合为一哨南洋三湾诸乡兵又协助之擒斩三十八名颗夺获接济三名并被虏人口赃伏马驴等物乃抢船而奔聚于辟望港口官兵追主枫洋对岸甲午贼出揭阳蓬州都外沙村焚掠官兵擒获七名颗有阵亡者随募兵及乌汀背大家井村乡夫协剿之而提督交代新令益严守备指挥陈学翦亦至武生詹弘道等亦督兵获功十二月己亥贼往寇陇外莆都官军斩获二十名赖会庠生谢弋凤家丁一百名为军门取用以千长萧善文领之援例典膳秦金制造火药子母炮九龙枪神枝箭各数百枚亦领兵至辛丑贼自和平营于赤寮村劫揭阳棉湖寨军门发目兵五百余人令学翦截捕丁未新倭贼自福建云霄突入黄冈余盛哨御之至有杀伤贼遁往东岭戊申贼自辟望出营往彩塘官军斩获二十七名颗甲寅新倭合辟望大伙官兵营于源头塘湖适海道副使郑惟诚至会督水路官军指挥武尚文部领兵船亦至张子弘回司己未贼自辟望出劫官军目兵郷夫共斩获并获奸细共六十七名颗秦全领乡夫铳手一千人仍起集三湾乡夫一千人多给药铳协同防捕甲子军门发日兵六百人打手三百人续至贼自棉湖

寨突往芦清官军生擒从倭土贼二名并马一匹三十九年正月癸酉贼移营往潮阳贵山都屯府县督乡夫及官军斩获十名颗秦金等官兵用铳击死数多丁丑武尚文水兵斩获六名颗贼又移营于古埕官军追之乙酉四鼓贼船自辟望港口往南湾登岸攻围危急秦金兵及乡夫用铳炮火箭击死尤多官军急赴援协力大战自寅至午擒斩三百七十三名颗贼溃走渡河官兵于英谢弋凤及乡夫邀击之擒斩七十四名颗俘内有自嚼舌死者余俘及被虏译字小厮胡器解赴军门戊壬贼出营祭江誓与南洋湾复雠武尚文等官兵擒斩五十二名颗于英等擒斩四十二名颗乡夫斩获六级其在古埕者斩获一级壬辰贼在关望者出营修船官军擒斩二十四名颗甲午贼自古埕出劫官军擒斩二十一名颗二月戊戌贼复回和平沙岭官军斩获一级夺回被虏男妇数十人己酉贼遁走至大溶桥目兵邀击之斩获颇多戊午贼分哨四百余徒乘马百十余匹守备兵击之擒斩三名颗贼大溃官军乃得杙功凡俘馘八百有奇被虏走回者二百余人获贼马十余匹器仗无等四月般逆俭致仕疏允适岭东分巡佥事齐遇至与海道参将会师擒斩三百六十名颗残贼悉遁】

按东莞南头城古之屯门镇乃中路也县有乌艚船号子弟兵者东西二路防守莫不用之【旧规每岁春末夏初风迅之期通行督发沿海府卫所县捕巡备倭等官军出海仿御倭寇番舶抚巡定议动支布政司军饷银五千两给发东莞县贮候支用雇募南头福永西乡等处骁勇兵夫与驾船后生共乙千五百名查取乌艚船每年三十艘分拨一千名驾船二十艘分兵于南头海澳及佛堂门伶仃洋等处又发五百名驾船十艘高雷廉等处紧关海澳俱听各备倭官员部领防御巡缉每月支给工食银六钱口粮三斗于附近仓分关支若非调遣不给口粮如不敷于潮州府民壮七百八十三名数内二百八十三名工食银两征解东莞县贮候雇募支用其五百石工食银两行该府委官选募本处惯经水战打手与驾船后生共五百名工食口粮照前数就于大城所关支查取海阳等县艚船往柘林等处海澳协周东路备倭官军防守前项船俱验装载如十万以上给银一两五钱十万以下给银一两东莞县雇募于军饷银内支用海阳等县船只于该府库贮无碍官钱支领俱待九月终旬风迅宁息海洋无事方才掣散】嘉靖十四年按察佥事吴大本议以东路柘林澳为濒海要害精选兵夫以中路海道咽喉用六百名东路为门户用三百名西路颇静用二百名四月初旬上班九月无事掣班定以柘林为堡以阻寇变盖兵贵精而不贵多食宜豫而不宜匮储选有常而兵食必足战守有据而要害必备则三路之海防不为卢设矣然前此柘林民吴大等已尝聚泉劫掠惠潮沿海居民被害甚惨嘉靖五年潮州卫指挥赖俊始督民兵驱灭之是寇非外至也海滨独信宁都黄芒诸村尤为僻远居民接济番舶劫掠行舟遇荒尤甚尝拒敌官军势甚猖獗方议大征分巡佥事雍澜至乃行招抚之令檄知县罗胤凯往开谕之置社学立保约择其子弟十余人聚于邑庠于是海表盗贼日消然海贼尝劫萧廷昌矣擒获大半皆潮阳之土著也矧漳人先以粜谷为名而奸民囙之为市贿结军哨以卵翼之而土者豪强利其货物交通启衅岂能尽察哉【中路佛堂门十字冷水角老万山伶仃洋屯门鸡栖海澳最多故用六百名东路虽柘林要害而海豊长沙碣石等处亦宜巡缉道行各县责令沿海居民各于其乡徧立船甲长船甲副长副不拘人数惟其船之多寡一依十门内循序应当船上各悬字号若无字号者长副鸣锣追逐备倭官毋得多带兵壮下乡查点总小甲及捕鱼船取执结以索银两有假称巡河总甲生事吓骗者俱行严究凡沿海居民量地随宜起盖敌楼互相防守一遇有警前后策应凡捕鱼小船吝在本港不许驾出外洋若远出不回者地方报官治以接济之罪】癸丑八月海贼数十艘已寇揭阳矣乡夫追杀自桃山至大井仅馘十余而被虏男妇多溺死盖兵非素养不得地利故也兵法曰置之死地而后存又曰无恃其不来恃吾有以待之打手狼兵虚名而已乌艚船子弟兵昔自中路首擒何寇【子弟兵俗呼莽仔其商贩颇类淮海盐徒而无对障相劫之恶何亚八乱时诣县报効盖因寇阻其商贩之路也知县何价不许及海道用之素熟地利竟从指挥王沛擒亚八成奇功】南洋湾乡夫今在东路屡胜真倭【南洋湾乡夫所居背水正如韩信背水阵置之死地而后存者不拚命敌后必为寇所殲故能往往取胜此东路所用之兵也】此皆所宜素养者也编号定甲更番作息无事则随宜农商以养其财听用则时使休闲以养其力有警则豫给工食椎牛酾酒以养其气而威惠相济务得其心有不战战必胜矣此经略之上计也

嘉靖八年八月两广提督林富言迩者诏下广东采珠臣闻祖宗时率数十年而一采未有隔两年一采如今日者也盖珠之为物也一采之后数年始生又数年始长又数年始老故禁私采数采所以生养之也自天顺年间采后至弘治十二年方采珠已成老故得之颇多至正德九年又采珠一半老故得之稍多至嘉靖五年又采珠尚嫩小故

得之甚少今去前采仅二年珠尚未生恐少亦不可得矣五年之役病死溺死者五十余人而得珠仅八千八十余两说者谓以人命易珠今兹之役恐虽易以人命而珠亦不可得矣今岭之东西所在饥民告急申诉纷纷盗贼乘间窃发乃复以采珠坐派府县恐民愈穷敛愈急将至无所措其手足而意外之变生矣臣闻内库尚有扁小余珠犹可备用未至甚乏如少俟数年池蚌渐老民困少苏徐取而用之其于爱民之仁用物之节似为两得

四十四年二月谕内阁曰累年诏户部访取龙涎香至今未足三四数斤此常有之物只不用心耳昔梁材诽为世无之者皇祖永乐大典内有此品且昨斤两不足虚费价值耀尝加恩如何似此怱诸于是户部尚书高耀皇恐特请遣使广东福建趣抚按官百方购之上曰香品旧例用制万岁香饼非因斋修梁材诽慢尔等何为效之其实访取真品每次以三五斤进用已耀先购一斤八两进之按龙涎香出苏门荅剌国西有龙涎屿峙南巫里大洋之中群龙交戏其上遗涎焉国人驾独木舟伺采之舟如龙形浮海面人伏其中随风上下傍亦用桨龙遇之亦不吞也每一觔值其国金钱一百九十二枚准中国铜钱九千文嘉靖三十四年下户部取香百觔遍市京师不得下广东藩司采买部文至台司集议悬价每觔银一千二百两仅得十一两上进内验不同姑存之亟取真者部文再至广州夷马郈别的贮有一两三钱上之黑褐色密地都密地山夷人继上六两白褐色细间状云黑者采在水白者采在山皆真不赝寻有密地山商再上通前共得十七两二钱五分次年进入内辨验是真许留用自后夷舶间上供稍稍抉来市始定价每一两价百金龙涎之为用也入香令和能收敛脑麝清气虽数十年香味仍在得其真者和香焚之翠烟袅空不散涎沫有三品曰泛水曰渗沙曰鱼食泛水则轻浮水面善水者伺龙出取之渗沙则凝积年久气渗沙中鱼食则化粪于沙碛惟泛水者可入香用又言鱼食亦有二种海旁有花若木芙蓉春夏间盛开花落海大鱼吞之若腹肠中先食龙涎花咽入久即胀闷昂头向上吐沫干枯可用惟粪者不佳

六年兵部题国初于闽广两浙设三市舶不徒督理贡事亦以牵制事权意固深远寻以浙江多故旋设旋罢惟闽广二舶尚存而广南番船直达省下禁令易行福建市舶专隶福州惟琉球入贡一关白之而航海商贩尽由漳泉止于道府告给引文为据此皆沿海居民富者出货贫者出力懋迁居利积久弊滋缘为奸盗者已非一日今总督凌云翼议将下番船舶一一由海道挂号验其文书丈尺审其货物当出海回籍之候照数盘验不许夹带违禁货物巡抚福建刘思问一谓漳州澳船须令赴官告给船由文引并将货物登记二谓泉漳商船无可辨查要行该有司将大小船只编刻字号每船十只立一甲长给文为验三谓沿海居民间有通贼接济宜立保甲互相稽查如一家接济则九家报官敢有容隐则九家连生其中保长另行重谴四谓南日山寨新移吉了巡司之旁道里不均应接不及须移置平海卫南哨澳地方以便策应臣窃近日剧贼林道乾林凤等遁逃岛外尚漏天诛更有黠猾豪富托名服贾勾通引诱伪造引文收买禁物藉寇兵而赍盗粮为乡道日而听贼用诚有如督抚二臣所言者乞伏敕下闽广该地方官查照前议斟酌施行得旨海禁事宜著该省抚按官会议停当具奏

七年五月刑部题广东珠池之盗有司因无律例概以强盗坐之似属过重今议捉获盗珠贼犯俱比常人盗官物并赃论罪免刺仍分为三等持杖拒捕者为一等不论人之多寡珠之轻重不分初犯再犯首从俱远戍若杀伤人为首者斩虽不曾拒捕但聚至二十人以上珠值银二十两以上者为二等不分初犯再犯为首者远戍为从者枷号三月照罪发落人及数而珠未及数者亦坐此例若其人与珠俱不及数或珠虽及数而人未及数者为三等为首者初犯枷三月照罪发落若假以盗珠为由在海劫客商船只或登岸劫人财物者各依强盗论依拟著为今

交址西南夷

安南国古交趾也【南方夷人足趾开析两足并立足则相交故名自汉武开郡谪戍其人百骸与华无异】帝颛顼时南至于交趾莫不砥属帝尧时申命义叔宅南交周成王时交趾南有越裳氏重三译而来朝越裳即九真也秦以交趾隶象郡汉初属南越武帝平之置交趾九真日南三郡兼置交趾刺史治羸𨻶【羸音莲𨻶音柳】光武中兴交趾九真置守任延锡光教其耕种制为冠履始知婚娶渐主学校建武十六年女子征侧反马援讨平之立铜柱为界【相传在钦州占森洞上有援誓云铜柱折交趾灭交人过其下必掷土石培壅之抵思明府南又日南郡西亦植二铜柱】献帝建安中改为交州吴孙权交州为广州而徙交州治龙编【交州记县西有仙山上有石室下有勾漏县数百里有三江筑城时有龙见故以名县】晋宋齐梁陈隋并目之唐初改南安都护府属岭南道安南之名始此【交趾郡马交州分武峨州粤州芝州九真郡为爱州分福禄州长州日南郡为驩州分峰州陆州汤州又有禺州岩

州凡一十二州】后改静海军分属岭南西道五季梁贞明中为土豪曲承美所据送款于梁得节度使时南汉檀命岭表遣将李知顺【一作克墉】伐承美执之乃并有其地【已上详见事纪】寻为爱州将杨延艺所据南汉署为交趾节度使传子绍洪该州将吴昌岌夺之传其弟昌文宋乾德初昌文死吴处玶等争立管内大乱有丁部领者平之自称大胜王私署其子琏为节度使闻南漠平上表内附八年诏封部领为交趾郡王琏为节度安南都护自此始为番夷矣后部领及琏死琏弟璇立尚幼大校黎桓篡之【丁氏传世共十一件】太平兴国五年诏刘澄贾湜王僎为水路兵马部署自广州路入讨桓破之于白藤江口转运使侯仁宝率军先进澄等遭回花步桓诈降以诱仁宝遂为所害转运使许仲宣驰奏遂班师澄病死诏戮湜等而赠仁宝工部侍郎桓上表谢罪雍熙二年入贡以桓为安南都护充静海军节度使四年封交趾郡王【黎民有交趾自此始】至道元年寇钦州如洪镇景德元年桓卒中子龙钺立为其弟龙廷所篡其从兄明护率其下千余人奔廉州乞讨诏不许令广州优加资给四年龙廷入贡遂得绍封大中祥【符元年】大校李公蕴逐之自称留后【黎氏传世共二十年】诏以公蕴为节度使封南平王卒子德政嗣德政卒子日尊嗣嘉佑四年寇钦州思禀管【五年与甲峒贼寇邕州诏安抚使余靖讨之靖遣谍诱占城国广南西路兵甲趋交趾日尊上表待罪熙宁二年表言占城国久缺贡臣亲帅兵讨之虏其王遂僭称大越皇帝追尊公蕴为太祖皇帝改元宝象又改神武五年卒】传于乾德知桂州刘彝听偏校言以为安南可取大治戈船修绝表疏熙宁八年冬还分三道入寇一自钦州一自广府一自昆仑闗连陷钦廉二州遣招讨使郭逵讨之九年十二月逵破蛮决里隘次富良江败其精兵杀其王子洪真乾德惧遣使奉表诣军门纳款乞修职贡还所夺州县诏谕俟尽还省界即赐以广源州【乾德初约归钦廉邕三州官吏千人久之才送民二百二十一口男子年十五以上皆刺额曰天子兵二十以上曰投南朝妇人刺左手曰官客以舟载之而泥其户牖中设灯烛日行一二十里则止而伪】作【更鼓以报允数月乃至盖给示海道之远也然广源旧隶邕管羁縻本非交趾所有吾民遭其荼毒反益地与之】乾德卒子阳焕立阳焕卒子天祚立淳熙元年二月进封天祚为安南国王安南之为国自此始天祚子龙翰龙翰子昊旵皆绍封昊旵卒无于女昭盛主国事【李氏八世共二百二十二年】绍定三年昭盛避位于夫陈日煚四年诏封日煚为安南国王景定三年表乞世袭诏以日煚为太王而其子威晃绍封威晃一名光昺始立诡名以欺中国矣是时元世祖既平云南遂遣师入取广西道光昺上表奉贡中统二年封为安南国王至元十四年卒子日烜不请命自立世祖遣人召之入观光昺不行明年再召以疾辞止令其叔遗爱代观世祖怒封遗爱为王以兵千人送之就国安南弗纳遗爱惧夜逃去二十一年冬命镇南王脱欢平章阿里海牙征之进兵临境日烜拒敌溃走二十二年日烜僭称大越皇帝袭其父名威晃【父子同名犹林邑阳迈也】传位于其子日燇自称太上皇【按李陈相承皆僭大号光昺改元绍隆日燇改绍宝】其弟益稷归顺入见复封益稷为安南国王二十四年大发兵讨之命脱权及平章奥鲁赤统师送益稷平定其国水陆分道合云南兵进万户张文虎等运粮十七万石琼州路安抚使陈仲达等出兵船以从日烜遣使入贡师次思明由海道经玉山双门安邦口遇其舟师斩首四千余级生擒百余人允十七战皆捷张文虎次屯山遇其舟师击之多寡不敌乃沉米于海趋琼州余粮船亦多漂至琼士卒与船粮亡失者十一脱欢以诸军度富良江败其守城兵日烜与其子弃城走入海岛二十五年师次天长海口不知其所往引兵还交趾城诸将破其诸寨至三江口而粮船不至乃还谍知日烜及其子分兵三十余万守女儿关及丘急岭连亘百余里以遏归师脱欢逐由单已县趋盝州间道以出思明州命爱鲁引兵还云南奥鲁赤以诸军北还日烜遣使谢罪二十七平卒日燇遣使入贡诏谕来朝日燇不从又议征之会兵湖广行省益稷与为会世祖殂成宗命罢征日燇遣使上表慰国哀弄献方物愿为藩臣自是贡献不绝后封为安南王至大四年世子日奎遣使奉表来朝寻入寇广西俾湖广行省发兵讨之泰定三年世子日爌遣使入贡至顺三年世子日焯遣使入贡皆不称王惧讨也【按陈天平自称日烜之孙天明之子盖有名天明者】传至日煃本朝洪武元年冬上遣汉阳知府易齐赍诏往谕安南【诏曰昔帝王之治天下凡日月所照无有远近一视同仁故中国尊安四方得所非有意于臣服之也自元政失纲天下兵争者十有七年四方遐远信好不通朕肇基江左扫辟雄定华夏臣民推戴已主中国建国号曰大明改元洪武顷者克平元都疆宇大同已承正统方兴远迩相安于无事以享太平之福惟尔四夷君长酋帅等遐远未闻故兹诏示想宜知悉】二年日煃遣使入贡请封遣翰林侍读学士张以宁典薄牛谅往封日煃为安南国王赐驼纽涂金银印十月至其界而日煃先卒其从子日熞嗣遣使告哀且靖封上自制文遣翰林编修王廉充吊祭使吏部至事林唐臣充颂封使封日熞为安南国王并取前使张以宁等所护印及赐物畀之廉既行又诏以汉伏波将军马援昔讨交趾立铜柱为表以镇服蛮夷其功甚

大命廉就祭之三年秋八月廉等至安南日熞与陪臣出迎于郊奉御制文于彩舆迎入别设日煃灵位使者南面宣之日熞率其臣再拜俯伏以听成礼而退翌日唐臣等捧诏印授之日熞率其臣北面跪受初交人惟以长揖为敬至是始行稽首顿首礼自表谢后岁常入贡谨修臣职【国初设镇南关于凭祥弘治已未安南陪臣黎彦俊与凭祥知州李广宁奏争贡路欲专由龙州不允】日熞寻为其伯叔明所篡五年二月叔明遣使入贡却之七年叔明遣使奉表谢罪贡方物且请封诏叔明且以前王印视事寻表称年老以弟煓代视事许之八年六月煓遣使请朝贡期诏三年一朝贡若王立则世见十一年正月遣使告煓卒弟炜代十二年冬十二月炜入贡诏谕与占城平【谕安南国王陈炜伯陈叔明曰朕闻春秋诸矦之国皆自丧其福然后相继而灭亡者云何盖由逆君命而祸祸黎故天鉴若是有不能逃其祸也使当时诸矦惟天王之命是从岂不同周之固邪何期舍长久富贵而贪高位致富贵筦艹秒之朝露贤不云乎毋为祸首毋为福先尔叔明自临事以来国中多故民数流离此果尔兄弟慕福而若是邪抑民有怨而致是邪然既往者不可谏岂不知来者之尚可追易不云乎积善之家必有余庆积不善之家必有余殃斯言若行则天意可回矣且天地之广长民者众若邦有道固封疆勿外求则永为世福若越境而殃他民则福命未可保也尔安南与占城忿争将十年矣是非彼此朕所不知其怨未消而雠未解将如之何尔叔明如听朕命息兵养民以承天鉴后必有无穷之福若朕命而必为又恐如春秋之国自取灭亡也古人有云以道佐人主者不以兵强天下何者杀伐之事好还故知者不为也尔如鉴春秋之失毋蹈往辙岂不美乎宜悉朕意毋有忽】十三年叔明屡遣使入贡方物诏戒谕之二十一年冬十二月庚午炜为其国相黎季犛幽于城外大阳坊寻弑之立叔明子日焜主国事大柄皆出季犛二十九年二月遣使以叔明死告哀上以叔明篡弑得国谕礼部臣曰叔明怀奸挟诈残灭其主不义如此庸可与乎若遣使吊慰是抚乱臣而与贼子也异日四夷闻之狂谋踵发亦非中国抚外夷之道也尔礼部咨其国知之三十二年革除建文元年季犛弑其主日焜而主其子颙未几后弑颙而立其幼子寻复弑之大杀陈氏宗室而夺其位季犛更姓名曰胡一元其子苍更曰胡夸自谓舜裔胡公满之后改国号曰大虞【改元元圣】季犛僭称太上皇夸为大虞皇帝【陈氏十二世共一百七十年】永乐元年夏四月遣使奉表贺即位具奏称陈氏之甥为众所推权理国事乞赐封爵遣行人杨渤往察之闰十一月夸遣使随渤入朝进其陪臣耆老奏章谓实陈氏外孙遂封为安南国王【夸僭号如故改元绍成】二年八月陈氏旧陪臣裴伯耆潜入京师奏季犛父子弑主篡位乞复立陈氏子孙未几老檛宣慰司亦送日烜孙陈天平至上怜而纳之命有司赐居第月给廪饩十二月安南贺正旦使至上命礼部出天平示之使者识其故王孙也皆错愕下拜有感泣者伯耆在列亦责使者以大义皆惶恐不能对三年春正月遣使赍敕责之夸上表谢罪上使行人往谕夸迎还天平以君事之当建尔上公封以大郡夸奏请近还如命四年春正月广西总兵官征南将军都督同知韩观受敕选兵五千左副将军都督佥事黄中等将之待天平至送之还安南三月送天平将至芹站伏发劫天平杀之时大理寺卿薛嵓谪广西中举以辅行亦自经死四月报至上大怒发兵讨之七月戊子朔遣使祭告岳镇海渎之神遂命成国公朱能为征夷将军充总兵官西平侯沐晟新城侯张辅副之有黄中俾立功赎罪【时贼得志改元开】大九月师出龙州能以病薨冬十月辅等率师至隘留关大破之贼皆散走辅传檄数其大罪二十求陈氏子孙复其王爵兵自芹站以西至北江府新福县谍知沐晟军至白隺遣将往会沿江筑城树栅相连亘九百余里尽发江北诸府州民守之朱能讣闻上命辅充总兵官敕曰大将军开平王常过春偏将军岐阳王李文忠等率师北征而开平王卒于柳河川岐阳王率诸将扫荡残胡终建大勋尔等宜取法前人殄除逆贼仍调两广江浙荆闽兵八万从征师至多邦城辅攻西南晟攻东南贼接战驱象当前以画狮蒙马翼以神机铳象伤于铳箭皆退走突城长驱而进遂克之贼蹈藉及被杀死者不可胜计于是循富良江南下破其东都贼弃城遁乃驻军东南招辑抚纳日以万计皆给榜使复业左右参将李彬陈旭击西都城贼逃入海于是三江路宣江洮江等州县次第来降是年擢凭祥知县李升子庆清仍故父职以伺察贼情永乐五年正月辅合兵自往江济军袭筹江栅破之又攻万劫江普赖山斩贼首三万七千三百九十级获贼将杀之余党溃散尽得其船仍使降人陈封招抚谅江东潮等处人民使皆安业于是郡邑闻风相继降附得谍报季犛等及其子澄等聚舟于黄江遂水陆并进至木丸江贼舟胶浅遂大败杀贼将阮仁子等斩首万余级生擒贼将百余人皆斩之三月甲子南策州人莫邃等同北江等府县耆老千百二十人诣军门言陈氏子孙被黎贼杀尽无可继承愿复古郡县即日遣人驰奏上闻追贼败之于富良江生擒伪工部尚书阮希周斩将军　射及将卒数万人江水为赤乘胜长驱至黄江　无算黎贼父于以数小舟遁去伪吏部尚书范元览等及将兵来降五月己未我师至自南州出奇罗海口生擒黎季犛后擒其子澄于海口山中乙丑安南

土人武如卿等于永盎海口高望山获伪大虞国王黎苍伪太子芮及其子孙弟侄伪梁国王黎澂等并贼将伪柱国东山乡侯胡杜等安南平壬午平安南捷奏至群臣称贺上曰此诚天地宗社之灵将士用命所致朕何有焉群臣复以开设三司郡县请降诏行之六月癸未朔诏天下以安南平立交址都布按三司及军民衙门设官分理境内高年硕德有司即加礼待穷民无依者主养济院以存恤之有怀才抱德可用之士有司以礼敦遣至京量才于本土叙用仍降敕褒谕辅等休息士马俟天气清肃即班师复敕辅等曰得所奏陈氏实已绝嗣郡县不可无统请设三司抚治军民今皆如所请立交址都指挥使司以都督佥事吕毅掌司事黄中为副再选能干都指挥二人副之布政司按察司以尚书黄福兼掌之前工部侍郎张显宗福建布政司左参政王平为左右布政使前河南布政司左参政刘本右参政刘昱为左右参政前江西按察使周观政安南归附人裴伯耆为左右参议前河南按察使阮友彰按察副使杨直为按察副使前太平府知府刘有年为按察佥事别选辨事官发去可于府州县等衙门官内任用仍具名来闻不足者别令吏部铨注今遣印信付尔给授之改大理寺卿陈洽为吏部左侍郎遣郎中张宗周等以吏部勘合二千道付之令其与新城侯张辅西平侯沐晟兵部尚书刘儁量才给与勘合授职开设十五府交州府领州五县二十三【本府领东关慈廉二县威蛮州领山定清威应平大堂四县福安州领保福芙蓿清潭三县三带州领扶隆安郎扶宁安乐主石元郎六县慈廉州领丹山石室二县利仁州领清廉平陆古榜古者古礼利仁六县】北江府领州【三县七本府领超类嘉林二县嘉林州领安定细江善才三县武宁州领仙遊武宁东岸慈山安豐五县北江州领新福善誓安越三县】谅江府领州【三县十五本府领清远古勇凤山那岸陆那五县谅江州领清安安宁古陇保禄四县南策州领青林至灵平河三县上洪州领庚濠唐安多锦三县】三江府领州三县七【洮江州领山围麻溪清波夏华四县宣江州领东栏西栏虎严三县沲江州领陇拔古农二县】建平府领州一县九【本府领懿安安本平立大湾望瀛五县长安州领威远安谟安宁黎平四县】新安府领州三县二十一【本府领峡山太平多翼阿瑰西关五县东潮州领东潮古费安老水棠四县靖安州领同安支封安立安和新安大渍万宁云屯八县下洪州领长津四岐同利清污四县】建昌府领州一县九【本府领俸田建昌布真利四县快州领仙吕施化东结芙蓉永涸五县】奉化府领县四【美禄胶水西真顺为四县】清化府领州三县十九【本府领古滕古弘东山古雷永宁安定梁江七县清化州领俄乐细江安乐磊江四县爱州领河中统宁宋江支俄四县九真州领古平结悦缘觉农真四县】镇蛮府领县四【新化廷河古兰神溪四县】谅山府领州七县十六【本府领新安如敖丹已丘湿镇夷渊董七县七源州领水浪琴脱容披平六县上文州领杯兰庆远库三县余下文万崖广源上思朗下思朗五州无县】新平府领州二县九【本府领福康衙仪知见三县政平州领政和古邓从质三县南灵州领丹裔左平夜度三县】乂安府领州二县十二【本府领衙仪丕禄古杜支罗真福士油渭江土黄八县南靖州领河黄盘石河华奇罗四县】顺化府领州二县十【顺州领巴阆利调安仁三县化州领利蓬七荣乍令茶偈思容蒲苔蒲浪七县】太原府领县十一【领富良司农武礼洞喜永通宣化弄石大慈安定感化太原十一县】以演州【领千冬芙蓉芙蓿琼林四县】宣化州【领旷当道文安平原底收物大蛮杨乙九县】嘉兴州【领笼县蒙县四忙三县】归化州【领安主文盘文振水尾四县】广威州【领麻笼美良二县】直隶布政司后又设升华府领州四县十一【十二年三月以黎贼所取占城之地设并华府领升华思义四州升州领黎江都和安备三县华州领万安真熙恺悌三县思州领持平白乌二县义州领义纯鹅柸溪锦三县】其余卫所大率与府州县兼设云九月乙卯辅等遣都督佥事柳升赍露布献俘至京上御奉天门受之文武群臣皆侍兵部侍郎方宾读露布毕以季牦及子苍伪将相胡杜等悉付狱而赦其子孙澄芮等命有司给衣食盖入交趾有三道一由广东伏波以来水军皆由之自钦州南大海扬帆一日至西南岸即交州潮阳镇【尚书黄福议交趾万宁县接云屯海口并连广东钦州地方最为险要如将钦州千户所添军立卫或拨彼处卫所官军或垛彼处附近有司民兵以充其数内摘一所于南宁等处设主以控靖地方以通广东水路便益　嘉靖中知府张岳访得广东海道自廉州冠山前海发舟北风顺利一二日可抵交之海东府若沿海岸以行则乌雷岭一日至白龙尾白龙尾二日至玉山门又一日至万宁州万宁二日至庙山庙山三日至海东府海東二日至经熟社有石堤陈氏所筑遏元兵者又一日至白藤江口过天寮巡司南至安阳海口又南至多鱼海口各有支港以入交州自白藤而入则经水旁东潮二县至海阳府复经至灵县过黄径平滩等江其自安阳海口而入则经安阳县至海阳府亦至黄径等江由南策上洪之北境以入其自涂山而入则取古斋又取宜阳县经安老县之北至平河县经南策上洪之南境以入其自多鱼海口而入则由安老新明二县至四岐遡洪江至快州经咸子关以入多鱼南为太平海口其路由太平新兴

二府亦经怏州咸子关口由富良江以入此海道之大略也盖自钦州天涯驿经尾港七站至若由万宁抵交趾陆行止二百九十一里】宋设砦二【鹿井砦在州西南控象鼻沙大水口入海通交州水路三村砦在州东南控宝恰湾至海口水路东南转海至雷州递角场】州西南边有水口六【谭家水口黄标水口藏涌水口西阳水口大湾水口大亭水口】并入海之路皆置卒守焉一由广西至宋始开【广西路亦分为三由凭祥州入者由镇南关一日至文渊州由思明府入丘温者过摩天岭一日至思陵州由龙州入者一日至平西隘】一由云南至元始开【云南路分为二由蒙自县者经莲花滩入交之石泷由河阳隘者循洮江左岸十日至平原州然皆山径难行】张辅发兵凭祥沐晟则泛蒙自以抵白鹤县皆不循伏波故道者用夹攻之策以决胜也论功行赏进封辅为英国公晟为黔国公六年辅晟等旋师六月丁亥至京献交趾地图东西相距一千七百六十里南北相距二千八百里上嘉劳宴赏有差八月乙酉都布按三司奏逆贼简定聚作乱【僭号改元兴庆】命晟为征夷将军由云南往征之十二月战于生厥河败绩七年春正月命辅为征虏副将军率广西等卫兵四万会晟行事广东都指挥花英程玚初以畏避获罪至是宥死从征时简定称伪上皇别主陈季椷为伪皇【改元重光】谓为陈氏之后六月辅进兵慈廉等州大破之十一月获贼首简定遂班师仍奏留花英等听沐晟调用八年十二月陈季扩请降复反九年春正月复命辅讨之令户部全支将士俸粮十二年三月始获季扩于老檛并阮师等械送京师余党悉平十三年十月交趾叛寇陈月湖纠合清化磊江蛮作乱适辅兵至捕贼败走追至天关镇赤上县擒之械京而诛其党十一月敕辅还京十五年二月命豊城贼人阮贞等奏请于本境狥众俾人知警惧从之冬十月又捕获杨进等悉斩以狥十六年春正月甲寅清化府俄乐县土官巡检黎利叛僭称平定大王彬遣兵讨之不克布政司右参政土人莫邃与贼战死令其子嵩袭职食禄而不任事十七年八月又安府土官知府潘僚亦以马骐非理凌虐遂反集红衣贼千余人迎敌官军破之僚等逃入老挝十二月安老县妖僧范玉聚众作乱僭称罗平王【改元永宁】彬大败擒之二十年正月彬卒七月仁宗即位遣中官山寿赍敕谕黎利赦其罪以为清化知府利不泛遯入老挝复还宁化州召马骐还洪熙初复往交趾闸办金银珠香上止之会宫车晏驾竟往为叛贼潘僚黎利请降宣德元年春二月命总兵官黔国公沐晟等捕利于云南边界诏发广东马步军赴交趾仍谕黎利潘僚来归悉宥其罪复其职役夏四月命成山侯王通佩征夷将军部充总兵官讨利五月丙申诏赦交趾利攻乂安城势益盛九月王通帅师至交趾贼黎善三道攻城尚书陈洽死之十月通进兵击贼大败十二月癸亥遂传檄弃清化等州地与利乙酉以贼猖獗命安远侯柳升佩征虏副将军印由广西沐晟佩征南将军印由云南讨之调广东兵从征二年二月利攻交趾城通出兵与战败之其众奔溃诸将请乘势过江击之贼必成擒通犹豫经三日不出兵贼觇知通怯复集余众四出攻掠四月陷昌江城知府刘子辅等死之戊辰利复攻交趾城通钦兵不出利致书与通请和通遂遣人同利进表反方物九月乙未柳升师至隘留关利具书诣军门罢兵息民立陈氏之没主其地升等受书不启封遣人奏闻时贼列栅拒守升连破之直抵镇夷关如入无人之境时左副总兵保定伯梁铭参赞军事尚书李庆皆病郎中史安主事陈镛见升辞色皆骄以玺书戒谕当防贼设伏庆强起言之升不为備前至倒马坡独与数百十骑先驰渡桥陷泥淖中后队阻不得进伏兵四起升中镖死于是右参将都督崔聚敛兵饰队是日梁铭病死明日李庆亦死又明日聚率兵进至昌江贼大驱象以助势兵队遂乱聚被擒贼大呼降者不杀官军或死或奔散竟无降者安镛是日皆死贼百计强聚降终不屈遂杀之冬十月戊寅成山侯王通大集军民官吏出下哨河主坛与黎利盟誓约退师遂宴利且遗利金织文绮表裏利亦奉重宝为谢庚辰沐晟师至水尾县之高寨贼于水陆拒守道梗不通晟乃督兵造舟遣人分哨逐程而进壬午行在鸿胪寺进利与柳升书言求得陈氏之后曰皓者实安南王頙三世嫡孙窜身老檛盖二十年乞循太宗皇帝继绝之明诏使陈氏既灭而复续一国之人蒙戴天恩于无穷山癸未黎利遣人进表及方物随王通人至上曰论者不达止戈之义必谓与之不武朕亦奚恤人言其与之十一月乙酉朔命行礼部左侍郎李琦工部右侍郎罗汝敬为正使右通政黄骥鸿胪寺卿徐永达为副使赍诏往谕前安南王陈氏子孙令头目耆老具实来闻即遣使册封朝贡仍遵洪武旧制总兵官王通等即率官军各回原卫所交趾都布按三司卫所府州县官吏旗军人等各带家属四还镇守公差内官内使悉皆曰京发丑参赞机务工部尚书黄福闻都升死奔还至支积关交人送之出境遂至广西龙州三年二月召沐晟还闰四月戊申王通还至京师文武群臣劾奏通及弋谦马骐等违命擅与贼和弃城旋师之罪命府部法司等官同鞫之悉下锦衣狱籍没其家五月壬子朔李琦等还黎利遣人奉表谢恩且言陈氏孙皓于今年正月初十日卒陈氏子孙并绝国人推利谨守其国以俟朝命四年春二月罗汝敬等还黎利及耆老遣头目贡方物并代身金人寻入贡方物六年夏五月利复陈

情谢罪贡方物六月遣行在礼部右侍郎章敞右通政徐琦往命利权署安南国事利即僭号称制建东西二都【伪东都在交州府富良江之南即古龙编城汉置交趾郡唐置安南都护府皆在此其外大罗城乃唐所筑古羸陵县地也伪西都在清华府乃古九真郡治之地】分十三道尝陷云南临安之宁远州亦并属焉【分宁远为七州】乃置百官设学校以经义诗赋取士【分其国为十三道每道设承政司宪察司总兵使司仿中国都布按三司也曰山南承政管十一府曰京北承政管四府曰山西承政管六府曰海阳承政管四府曰安邦承政管一府曰谅山承政管一府曰太原承政管三丙曰明光承政管一府曰谅化承政管二府曰清华承政管四府曰又安承政管八府曰顺化承政管三府曰广南承政管三府欲示其土地之广强分析为郡县其实一承政不能及中国一府或自旧县升为府如慈山莅仁之类或承政只管一府如安邦谅江之类于旧名多有更改割裂猥多不能尽记学校之士皆名为生徒循元制以经义诗赋取士诗用七言律】宣德八年利卒【李文凤越峤序録利僭号改元顺天窃位六年死伪谥太祖】九年十月命利子麟仍权署安南国事正统元年六月诏封麟为安南国王赐涂金银印七年十一月卒【黎龙伪名麟自是皆有二名盖其国习于欺诞自宋元陈威晃已然不独今也僭号九年改元者二绍平六年大宝三年伪谥太宗】八年麟子基隆以名浚绍封天顺元年六月奏乞赐衮冕如朝鲜国王例上不许【实录名浚三年十月】庶兄宜民弑之而自立四年以名琮绍封国人诛之【基隆伪名浚僭号十七年改元者二太利十一年延宁六年伪谥仁宗宜民伪名琮封谅山王僭号仅九阅月诛改元天与降封厉德侯】四年四月基隆弟思诚嗣六年九月绍封弘治十年二月卒【思诚麟第四子也伪名灏僭号三十八年改元者二光顺十年洪德二十八年伪谥圣宗】子鏳嗣十二年绍封十七年五月卒【鏳伪石鏳晖僭号七年改元景统伪谥宪宗】长子嗣十二月卒弟浚嗣正德二年绍封四年十一月阮种弑之立其弟阮伯胜国人黎广等讨平之立思诚孙晭【伪名敬僭号甫七阅月未及请封改元泰贞而未纪年伪谥肃宗浚伪名宜宠任母党阮伯胜兄弟恣行威虐屠戮宗亲鸩杀祖母国人诅怨种等怙宠专权渐不可制正德四年十一月二十六日逼浚自杀国人讨种等诛之浚僭号四年改元端庆降称厉愍王伪谥威穆帝】晭七年绍封十一年夏四月社堂烧香陈暠与子昺升作乱弑晭自立僭号【仍称大虞改元天应】自诡为陈氏后晭臣都力士莫登庸叛降皓寻复与黎氏大臣阮弘裕起兵攻皓败走获其子昺及其党陈璲等诛之皓与升奔谅山据长庆太原清都三府登庸与其臣共主晭子譓【思诚第五子艚伪名琚生子滢伪名晭浚被弑无子国人主晭伪谥父镔为德宗既绍封恣行不道为陈暠所弑僭号八年改元洪顺降称灵隐王后伪缢襄翼帝】十二年譓请封因国乱不果行以登庸有兴复功伪封武川伯总水步诸营兵柄既在掌握潜畜异志十三年黎民臣郑绥以登庸不臣譓拥虚位乃立其族子西榜攻其都城譓出奔登庸率兵攻绥绥败走登庸捕西榜杀之逼纳譓毋乃迎譓归国十四年登庸自称为太傅仁国公十六年八月登庸率兵攻陈暠暠败走死嘉靖元年登庸自称安兴王谋弑譓譓母潜告譓乃与其臣杜温润间行得脱居于清华登庸主其庶弟巙四年六月譓遣使间道来贡并求封为登庸所阻六年三月已帽登庸使其国人范嘉谟伪作虑禅文遂篡其位改元明德立子方瀛为伪皇太子寻弑巙九年春正月丁酉登庸禅位于方瀛自称太上皇退居都斋海阳为方瀛外授擅作大诰五十九条【方瀛僭称大号如故改元大正】秋九月黎譓卒于清华【譓实名椅伪封锦江王灏之子思诚之曾孙也初封沱江王晭育为己子椅立伪谥其父灦为哲宗嘉靖元年出奔清华僭号六年改元光治被逐后以忧卒或曰登庸袭虏以归鸩杀之伪缢恭皇帝黎民传十世历一百十年】十五年闰二月已未譓子宁差头日郑惟憭泛海至京历奏登庸僭逆之罪【宁实名柽嘉靖九年譓死于清华故臣主之僭改元元和十二年登庸攻清华宁奔广南境占城界音问不通故臣复主其弟宪以拒登庸僭改元光照十五年六月廉知宁所在宪偕讨贼将军伪福兴侯郑惟悦等迎宁归清华惟慨者惟憭之弟也盖志在复雠以续黎祀而竟灭亡矣】十六年春二月命咸宁侯仇鸾佩征蛮将军印充总兵官总督军务改太子宾客工部尚书毛伯温为兵部尚书兼都察院右都御史参赞军务寻以黎宁所奏未审真伪且全地方官员泛宜抚剿夏五月辛夘召提督两广兵部侍郎潘旦还南京佐理部事以巡抚山东右佥都御史蔡经为兵部右侍郎兼右佥都御史代之【先是旦疏谓莫氏奸雄之贼黎氏亦逆利之裔律之以中国之法固皆非所宜主处之以夷狄之道则元昊可爵不义可侯而黎利可王也二氏纷争兵甲未息皆欲假天朝名号以为之主彼阮未定我谁适从盖其意欲静以观变也尚书毛伯温恐其忤已故奏易之】寻敕两广云南调集兵粮十七年六月蔡经奏言水陆进兵其路有六计兵姑以三十万为率以一年为期合用粮饷已该一百六十二万石而造舟买马犒劳器械诸费又大约用银七十三万余两十八年七月莫方瀛上表乞降十九年春正月庚午方瀛卒登庸以其子福海嗣【方瀛少为县庠生知书颇有等略

嘉靖十八年秋自将袭叛人己广杀之归而病死登庸立其孙福海僭号改元光华】三月仇鸾毛伯温至广东省城移檄谕之寻与蔡经督兵往南宁冬十月召鸾还京以镇守总兵官安远侯柳珣代之冬十一月己未登庸面缚素衣系组降于镇南关归钦州断凛古森丫葛金勒四峒其侄莫文明代赍登庸降本至京言黎宁实阮淦之子诏收安南国王印以登庸为安南都统使司都统使二十一年六月登庸卒敕谕以莫福海袭职二十二年六月福海遣使表谢自是来贡不绝二十五年五月福海卒其子宏瀷幼国内争袭交兵【先是登庸以石室人阮敬为义子伪封西宁侯敬复以方瀛次子敬典为婿通于方瀛妻武氏因得端兵柄福海卒宏瀷方五岁敬挟宏瀷自恣登庸次子正中与文明避于都齐其同辈阮如桂范子仪诸人亦各还田里既而阮敬以兵侵海阳遂逼都斋莫正中阮如桂诸人共集兵御之不胜遂各奔散或云登庸福海之死皆敬鸩杀之也】二十六年三月有黑石殒于广州怀远驿时安南莫正中莫文明莫福山率其家属百余人避难至钦州投诉解赴军门提督侍郎张岳总兵平江伯陈圭奏发韶州肇处清远安插给米有差【石殒于驿者三中所为大占者曰外夷分崩离析之象也七月军门解送钦州投诉安南国人莫正中及其从弟莫文明等至驿军门收其行李银两而封固之使人护送暂居于此然后安插此陨石之兆也】二十七年安南范子仪范子流等率寇钦州官兵执诛之【子仪子流伪称侯伯副参等号率舟师拥众至钦州诈称宏瀷已卒以迎莫正中嗣职为名围城劫村杀伤官兵提督侍郎欧阳必进奏改福建指挥俞大猷于广东都司督调汉达土兵一万员名御之生擒范子流俘斩一千二百名颗子仪乘风遁还既而宏瀷擒之函首军门】廉州知府胡鳌立平安南逆党碑二十八年安南莫敬典讨子仪余党尽诛之护送宏瀷至镇南关勘明奏令袭职三十年以宏瀷袭安南都统使【宏瀷袭职后在阮敬掌握中屡为登庸臣黎伯骊所攻出奔海阳自是不能赴关领职而贡使亦不能行矣李文凤月山丛谈莫登庸其先不知何许人或云本广州东莞县蛋民其父流寓安南海阳路宜阳县古斋社社长名之曰萍盖无定迹之义戏语也萍生登庸及撅父子以渔为业登庸有勇力黎潆以为都力士信任之正德十一年从陈暠作乱弑潆暠败登庸复降暠死登庸复袭杀其子升潜谋不轨椅不能制寻逼纳椅母娇命自封以至篡国而终为义子阮敬所鸩天道岂无知者哉莫文明告变则敬之弑逆明矣黎氏故臣如武文渊居交冈地近运花滩据上流拥强兵福海尝以兵五万攻之大败而归若云南师出讨敬以文渊为先锋乡导我师为殿顺流东下直抵龙编势如破竹耳昔毛伯温上疏谓黎宁无是入欲截去愚越峤序録黎柽伪名宁之托后愚承乏临元得武氏牌文仍称元和十四年询知宁尚在彼广南境上则亦可为阮氏立一敌也包茅不入王法必讨夫兵岂患不足哉广西可得十二万又取湖广土兵六万各卫兵四万江西广闽召募八万即可得三十万云南兵五万武文洲亦可得五万共四十万众当横行越裳之地敬不足平矣罪人既得之后诏分析其地以畀有功如交趾故城仍以莫氏为都统使武文洲有功即以为清化路宣抚黎宁若存亦量割地授之其余分授比之麓川老挝等例我中国一无所私焉务使犬牙相制大小适均都统与宣抚知府各不相辖使各得自选其属三年朝贡各得专达则人人喜于得地得官必当恭事中国矣】

疆域东至海三百二十里西至云南老挝宣慰司界五百六十里南至占城国界一千九百里北至广西思明府凭祥县界四百里自其国至南京七千七百二十里至京师一万一千一百六十五里【一统志宋武经总要交趾路自州西南陆行取马扰路至瀼州二百七十里又二百四十里至禄州又二百里至交州天宝以前陆行凡二十驿一说南渡郁江西南行经羈縻五州至交州约六百瑞安南城西至爱州界小黄江口四百十六里至长州界靖江镇百五十里西北至峰州界论江口水路百五十里东至宋鸢界小黄江口五百五十里北至武定江二百五十里太平兴国中伐交州命兰州团练使孙全兴帅三将兵由邕州路进师宋人所纪未得其要领不如一统志据旧版籍之得其真也故特书于此】

按洪武六年春正月广州卫指挥佥事杨景讨平海北诸盗令雷州卫千户王清等追捕逋贼罗己终于潘浦乃会海南官军追已终于乌雷门十二月讨已终于钦州得安南报乃还或报已终逃往交址杨景即命王清同海南千户周旺汪满等捕之获贼从黄三舍等五百八十三人又获廉州府石头昆城大廉贼沈三秀等四人随据头目李福等获己终同伴叛首伪千户苏禧高等四人及雷州卫佥事朱宣武钦州沿海巡检昌庸具报于龙门七十二径等处捕获己终贼伴云已终先于三月二日为贼所杀贼众溃散并安南国云屯海镇经略史关报相同景乃率原部舟师还卫　云屯海镇在交址新安府云屯县之云屯山在大海中番贾舟舶多萃于此永乐中置市舶提举司其山摩空直耸两山对峙一水中通自海南黎母山发船西行水程九百里至海宝山自海宝北行水程三百里取鸡唱门入云

屯镇就此镇转入新安府或往安邦州永乐七年八月广东巡海副总兵指挥李珪奏交趾贼船至钦州鱼洪村劫掠百姓烧毁房屋官军追至交址万宁县海上遇贼船二十余艘官军奋击败之杀贼反溺死者无算获藤步船一艘枭贼首于海上械送贼首范牙阮边等并家属男女至京命法司鞫治如律是时我兵全胜彼方败灭尚肆劫掠由此观之钦州乃彼此寇贼往来之冲龙门江诸要地不可以不防也莫登庸入镇南关时翁万达暗使画工图其形貌桶中大面似有福者毛伯温尝出以示人广东左方伯杨铨后对人云此必伪为彼登庸安肯来盖夷情诡诈大氐类此

安南贡献方物有金银器皿熏衣香降真香沉香速香木香黑线香白绢犀角象牙纸扇舶使常至广州唐土贡金银玳瑁辟龟皮蕉槟榔鲛革蚺蛇膳翠羽藤器白蜡豆蔻纱絁孔雀尼金薄黄屑象齿犀角宋土贡紬绢纹缡七宝装交椅银盘异兽驯犀驯象金珠沉水香良马金银香物占城国古越裳氏界本秦象郡林邑县地汉为象林县属日南郡其地西去广州二千五百里东滨沧海西际徐狼今爪哇南接扶南今真腊北连九德今安南东西五百里而赢南北千里城去海百二十里去日南界四百余里其郎湖浦口有秦象郡墟城犹存其南界水步道二百余里有西屠夷亦称王马援因植二铜柱以表汉界【马援北还留遗兵十余家居寿泠岸南而对铜柱悉姓马至隋有三百余户交州以其流寓号曰马流言语衣服尚与华同山川移易铜柱今复在海中马流人常识其处建武十九年马援植两铜柱于象林南界与西屠国分汉之南壃又云铜柱山周十里形如倚盖西跨重岩东临大海屈胶道里记林邑大浦口有五铜柱焉按水经注言铜柱在林邑不言在饮江疑铜柱在钦者唐马总所植】汉末大乱功曹子区连杀县令自号为王谓之林邑国吴时通使赤乌十一年交州取其区粟大战于湾浦数世后其王无嗣外甥范熊代立传子逸晋建兴中夷奴范文教逸制造城池宫室兵阵器械王爱信之咸康二年逸死文篡位都典冲去海岸四十里水经注林邑城西南角高山长岭连接天鄣岭北接涧大源淮水出那鄙远界二重长洲隐山绕西卫北回东其岭南开涧小源淮水出松根界上山壑流隐山绕南曲街回东合淮流以注典冲其城西南除山东北瞰山重壍流浦周绕城下东南壍外因傍薄城东西横长南北纵狭北边西端回祈曲入城周围八里一百步砖城二丈上起砖墙一丈开方隟孔上倚板板上层阁阁上架屋屋上构楼高者六七丈下者四五丈飞观鲔尾近风拂云缘山瞰水骞翥嵬峩但制造壮拙耳时交州刺史姜庄使所亲监日南郡并贪残台遣夏侯览为太守尤侵刻文贪日南肥沃欲略有之至是月民之怨袭杀览以其尸祭天交州刺史朱藩遣督护戍日南文复灭之进寇九德郡害吏民十八九永和五年文死子佛立犹屯日南七年交州刺史杨平九真太守灌邃讨佛走之佛乃请降隆安三年佛孙胡达复寇日南九真诸郡无岁不至杀伤甚多交州遂至虚弱至其孙文敌为扶南王子当根纯所杀大臣范诸农平其乱自立为王诸农死子阳迈立阳迈死子咄立复名曰阳迈宋元嘉二十年使振武将军宗悫与交州刺史檀和之讨之语在和之传其后遣使朝贡齐梁陈时或不宾服隋遣大将军刘方及钦州刺史宁长真伐之语在事纪其王梵志遣使谢罪于是朝贡不绝唐贞观中其王头黎死子镇龙被弑国人更立头黎女为王国人不服立头黎姑之子诸葛地为王妻以女其国乃定至德后以国在环州界更号环王王所居曰占城又以占城名之元和三年犯安南时杨于陵为岭南节度使遣兵击走之白居易草制敕于陵省所贺安南破环王国贼帅李乐山等三万人者其忠卿蛮夷犯疆方镇致讨凶徒丧败荒徼清平卿素蕴忠诚又连封壤疾既同于山薮势益壮于辅车想闻捷书当倍慰惬载省所贺深见乃怀安南都护张舟责其朝献不至执伪都统斩首三万级虏其王子获战象舠铠黄巢乱后岭海多虞史亦绝书五季周显德五年其王释利因德漫遣使朝贡表以贝多叶书之始自称占城国云宋建隆二年其王释利因陀盘遣使朝贡开宝五年其王波美税褐印茶遣使蒲诃散朝贡即前二次所遣者也太平兴国二年其王波美税阳布印茶遣使李牌来贡六年交州黎桓上言欲以占城俘来献太宗令广州止其俘存抚之给衣服资粮遣还占城诏谕其王七年遣使乘象入贡诏留象广州畜养之八年伐交趾水陆象马数万黎桓击走之俘斩千计雍熙二年其王施利陀盘吴日欢遣使献方物且诉为交州所侵掠三年其王刘继宗遣使李朝仙来贡儋州上言占城人蒲罗遏为交州所逼率其族百口来附四年秋广州上言雷恩州关送占城夷人百五十余口来归分隶南海清远县端拱元年广州又言占城夷人忽宣等族三百余人来附淳化元年新王杨陀排自称新坐佛逝国遣使来贡诉为交州所攻上赐黎桓诏令各守境寻赐其王白马兵器诸番闻之不敢侵侮至道元年上表谢恩并献方物且言本国流民三百散居南海蒙旨放还今犹有在广州者旧有进奉夷人罗常占见驻广州乞随其舶船归国上从之复赐白马二遂为常制咸平二年嗣王杨晋俱毗茶室离入贡再至乃询知其避交人奔于佛逝去旧都七百里大中祥符三年嗣王施离霞离鼻麻底得金毛狮子于三佛齐四年来献天禧二年嗣王尸嘿排摩惵遣使入贡言国人诣广州或风漂船至石塘即果岁不达矣石塘在崖州海

面七百里外下陷八九尺者也天圣七年奉表进凤八年嗣王阳补孤施离皮入贡庆历元年广东商人邵保见军贼鄂邻百余人在占城命转司选使臣赍诏书器币赐其王购邻致阙下余党令就戮之明年十一月其王刑卜施离值星霞弗遣使献驯象嘉佑元年其使蒲息陁琶贡方物还至太平州沉失行橐明年正月诏广州赐银千两七年其王施里律茶盘麻常修武备以御交趾由广东路入贡请赐白马从之熙宁元年其王杨卜尸利律陀般摩提婆入贡乞市驿马令于广州买骡以归建炎二年其王杨卜麻迭入贡绍兴二十五年子邹时阑巴嗣封乾道三年子邹亚娜嗣掠大食国方物来贡为大食所诉遂不议其封七年闽人有浮海之吉阳军者风飘至占城见其国与真腊乘象以战无大胜负乃说王教以骑射王大悦具舟送之吉阳市马得数十匹归战大捷明年复来琼州拒之愤怒大掠而归知吉阳军林宝慈奏闻淳熙二年严马禁不得售外番三年占城归所掠生口惟存八十三人求通商不许四年占城以舟师袭真腊入其国都庆元五年真腊大举伐占城以复雠杀戮殆尽俘其主以归国遂亡其地悉归真腊因名占腊云其后国王或曰真腊人也又曰占城恢复无可据者今其国近琼州顺风一日可至建都临海曰新洲港所居屋宇门墙俱甃以灰砖雕镂竖木为猛兽状周砖垣为城以兵甲药镞刀镖守之元至元十五年既灭宋遣人至占城还言其主失里咱牙信合八剌哈迭瓦有内附意诏封占城郡王十七年其王保宝旦拿啰耶邛南詖占把地啰耶遣使贡方物奉表降十九年以其国主孛由补剌者吾既内属即其地立省而其子补的负固不服遣兵征之自广州航海至占城港港口北连海海旁有小港五通其国人州东南北山西旁木城官军依海岸屯驻占城兵治木城四面约二十余里起楼棚立回回三梢炮百余座又木城西十里建行宫分遣琼州安抚使陈仲达等三道攻之以万人建旗鼓出木城拒战乘象者数十亦分三队迎敌矢石交下自夘至酉贼败北官军入木城合击之杀溺死者数千人其王与其臣逃入山使报荅者来求降官军复驻城外既归款然终无顺志本朝洪武元年其王阿荅阿者遣使入贡二年春二月辛未遣行人吴用赐以玺书曰今年二月四日虎都蛮奉虎象至王之诚意朕已具悉然都未至朕之使己在途矣朕之遣使正欲报王知之曩者我中国为胡人窃据百年遂使夷狄布满四方癈我中国之彝伦朕既以发兵讨之垂二十年芟夷既平朕主中国天下不安恐番夷未知故遣使以报诸国不期王之使者先至诚意至荐朕甚嘉焉今以大统历一本织金绮纱罗绢五十疋专人送使者归且谕王以道能奉若天道使占城之人安于生业王亦永保禄位福及子孙上帝实鉴之王其勉图勿怠十三年九月遣使入贺万寿圣节谕其勿与安南交兵永乐元年遣使告谕即位六月其王占巴的赖遣使奉金叶表文来朝贡方物且言安南侵掠请降敕戒谕者再上遣行人蒋宾王枢使往其国赐以绒绵织金文绮纱罗而敕安南胡夸令其息兵修好寻赐钞币并赐敕谕曰王复奏安南侵扰等事已再敕责胡夸王亦以修德务善以保国人如夸冥顽不悛由在于彼朝廷自有处置四年七月敕广东都指挥司选精兵六百人以能干千百户领之具器甲糗粮由海道往占城会合军马八月遣内官马彬等赍敕谕以伐安南赐以镀金银印及纱帽金带黄金百两白金五百两织金文绮衣二袭并绵绮纱罗等物占巴的赖遂出兵助征复遣太监王贵通赍敕往劳之赐白金三百两彩币二十表里五年五月奏言克取安南所侵地献俘贡方物谢恩诏嘉奖之六年十月遣其孙舍扬该奉表贡象及方物谢恩比还赐真金印及黄金百两白金五百两锦绮纱罗五十疋彩绢百疋且赐敕嘉劳之七年八月遣使奉表谢恩贡犀象等物八年九月复遣使济标等贡象并金银器物仍遣马彬送济标还国就赍敕以文币赐之十三年四月遣其孙舍阿那沙等奉表贡方物冬十一月兵部尚书陈洽言初讨黎贼及陈季扩之时占城国王虽听命出兵来助然实怀二心图唇齿相依徘徊观望愆期不进及进至化州乃大肆虏掠以金帛战象资季扩季扩亦以黎苍之女遗之复纳季扩之舅陈翁挺及邓镕之弟鍜等男女三万余人又侵夺升华府所隶四州十一县地驱掠人民厥罪季扩一等尔夫有罪必讨请发兵征之上以交趾既平民方安业不忍穷远夷但遣使赍敕谕占巴的赖曰尔久罹安南荼毒屡请发兵除害朕既命师平之郡县其地尔赖以安当思感德守分用保爵土若阴蓄二心悖违天道不抚下人不归侵地安南覆辙在前尔其鉴之自是屡贡惟十一年遣行人往劳余如番夷常例十五年侵据升华府传至摩诃贵由景泰末死其弟盘罗悦天顺初遣使入贡请封遣给事中江彤行人刘寅之赍敕往封之谕其砥砺臣节赐以彩币而已盘罗悦遣使奉表入贡即遣其使逋沙婆利赍敕并赐彩币自是屡为安南所侵财用兵刀日以衰耗成化中其王为安南兵所逼徙居赤坎邦都郎遣使请封而安南陪臣据其国都使臣冯乂等误封之嗣王古来航海奔至广州投诈表文以来朝为辞督府屠滽委参议姜英勘实护送至京时安南纳其叛将而助之虐为申言古来不当嗣于是古来留广州力辩其冤滽从佥议谓册印有古来名宜奏闻畀诸古来遂移文谕安南数其不能恤邻之义折其奸萌道之顺逆安南听泛不敢肆其凶狡乃选官军二千令东莞南头商人张宣领之护送古

来至新洲港得反其国弘治十八年古来卒沙古卜洛嗣正德五年诏遣给事中李贯行人刘廷瑞赍敕册往封为占城国王十二年来朝贡震泽纪闻吴惠字孟仁东吴人年二十运饷至京途中日歌古诗或言于县令令奇之召为弟子员举永乐甲辰进士洞庭有进士自惠始授行人喜言事奉命使占城还至七州洋大风舟几覆正使给事舒某注不知所为惠为文以祭祝融与天妃之神俄而开霁还升桂林守义宁峒蛮杨氏结苗人为乱藩臬议进兵征之公止之曰义宁吾属吾往抚之不从用兵未晚乃肩舆从十余人入其峒山石攒峭如剑戟猺人腾跃如飞闻太守至奔告于其酋出迓惠谕之曰吾若属父母也宜听吾语众唯唯惠因为陈逆顺祸福杨泣下留数日历观诸屯形势以数千人卫出境归报罢兵明年武冈州盗起宣言推义宁峒主为帅藩臬咸尤惠惠曰吾当任其咎乃遣人至义宁群猺从山巅望见惠使即遥拜言不敢反状且求雪武冈之诬盗计遂沮迄惠在郡无敢骚窃者天顺三年十月升广东右参政支正三品俸卒惠别有日记略云正统六年七月奉使占城立嗣王十二月某日发东莞次日遇乌猪洋又次日过七州洋瞭见铜鼓山次至独猪洋见大周山次至交趾洋有巨洲横截海中怪石廉利风横舟碍之即糜碎舟人不胜恐须臾风急过之次日至占城外罗洋校杯墅口廿九日王遣头目迎诏宝船象驾笳鼓填咽旌麾暗霭氍衣椎髻前后奔驰至行宫设宴王秉象迓于国门戴金花冠缠璎珞环帐列戈戟以群象为卫既宣诏王稽首受命上元夜王请赏烟火爇况香燃火树盛陈乐舞五月六日回洋十五日瞭见广海诸山遂收南门以还广东其国腊月犹暑民多裸袒士著苎衣南阡稻熟北秧犹青其树多栟榈红蕉椰子其人极弱夜鼓八更为节嘉靖二十一年再至男日抵斋

按占城之先本林邑一县属日南郡汉末迄晋侵郡地范文攻旁国并之永和三年攻陷日南遂据其地告交州刺史朱蕃以求日南北鄙横山为界后九真太守讨佛走之追至其国时五月立表日在表北影在表南九寸一分自北影之南故开北户以向日此大较也郡名日南盖治于此疑吴晋以后所置日南郡乃其属县其后侵暴诸郡兼并旁国疆域日大延袤至三千里或曰千里盖乍强乍弱不可定也要之实有日南郡三之二非复旧县矣汉书所谓日南徼外者盖日南徼内则皆汉地也

占城贡献方物有象象牙犀犀角孔崔孔雀尾橘皮抹身香龙脑熏衣香金银香奇南香土降香檀香栢水香烧碎香花梨木乌木苏木花藤香芜蔓番沙红印花布油红绵布白绵布乌绵布圆壁花布花红边缦杂色缦番花手巾帕兜罗锦被洗白布泥使回令于广东布政司管待

真腊国在占城西南自占城顺风三昼夜可到或云半月西南去林邑三千余里水步道通一曰吉蔑又名甘孛智本扶南属国东距车渠西有朱波唐书作骠北近九真南濒海距州十日程其王姓刹利日渐强盛隋时始通中国传至伊金那贞观初遂并扶南而有之唐人虬髯客传谓兼并扶南疑为寓言扶南即狼胱躶国九真郡水东南流径船官口下注大浦之东湖潮水日夜长七八尺从此以西朔望并潮一上七日水长丈六七七日后日夜分为再潮水长一二尺四时高下一定水无盈缩是日海运兼各象浦一曰象水也是为徼外之夷皆躶身男以竹筒掩体女以树叶蔽形虽习俗犹耻无蔽惟依暝夜与人交市阛中鬻金便知好恶明朝晓视皆如其言盖自徼外皆然不独扶南其先女子为王号曰叶柳柳音聊即叶调国其南有激国人名混溃来伐叶柳降之遂以为妻恶其躶教著贯头国内效之男子著横幅今干浸也其后天竺僧憍陈如有其国教国人事天神每旦诵经呪故易世既久真腊重僧云民色甚黑号为昆仑妇女多有白者生女九岁请僧诵经作梵法去其童身点其额为吉利名曰阵毯十岁即嫁城周围可二十里郭下二万余家石濠广二十余丈余城三十所各有数千家王宫及官舍皆面东城门上有石佛头五饰其中者以金当国中有金塔金桥王宫在其北近门周围可五六里其正室瓦用铅凡岁时一会则罗列玉猿孔雀白象犀牛于前名曰百塔州金盘金碗盛食谚云富贵真腊也永徽初并有鸠密富那迦乍武令僧高等国神龙以后国分为二其南近海号水真腊其比多山阜号陆真腊后复合而为一迄宋通贡不绝及灭占城号为占腊役参半真里登流眉道明蒲甘等国为属国所领聚六十余地方七千余里元元贞中遣使招谕之乃始臣服见永嘉周达观真腊风土记本朝洪武初国王忽儿那遣其臣奈亦吉郎等表献方物二十年七月行人唐敬还自真腊其国王遣使贡象五十九只香六万斤自是朝贡不绝永乐改元遣使诏谕即位至其国气侯常热田谷岁熟煮海为盐风俗富饶男女椎髻穿短衫围梢布非复躶国矣其所属国犹有躶者见有衣服人即笑之法有劓刖刺配犯盗则断手足其民杀中国人则偿命中国人杀其民则罚金无金卖身赎罪二年八月国王参烈婆毘牙遣陪臣奈职等九人朝贡方物赐钞币表裹初中官往使真腊将归有从行军三人遁索之不得国王以其国中三人从中官归补伍至是礼部引见上曰中国人自遁何预彼事而责偿且得此三人语言不通风俗不谙吾焉用之况其皆自有家宁乐处此尔礼部给之衣食予道

里费遣还真腊尚书李至刚等言臣意中国人必非逋于彼者或为彼所匿则此三人亦不当遣上曰不用逆诈为君但推天地之心待人可也三年参烈婆毘牙死命序班王孜往祭之封其长子参烈昭平牙为王赐之彩币等物十七年三月参烈昭平牙遣使奉金镂表文贡则象方物

按真腊疆域一统志东际海西接蒲甘南连加啰希北抵占城国似与古不同

真腊贡献方物象象牙苏木胡椒黄蜡犀角乌木黄花木土降香宝石孔雀翎使回令于广东布政司管待

爪哇国古诃陵也一曰阇婆又名莆家龙在真腊之南海中洲上旧唐书东与婆利西与堕婆登北与真腊接南临大海宋史东至海一月泛海半月至昆仑国西至海四十五日南至海三日汎海五日至大食国北至海四日西北泛海十五日至渤泥国又十五日至三佛齐国又七日至暹逻国又十日至柴历亭抵交趾达广州其属国有苏吉丹打板打纲底等国木为城有文字知星历夏至立八尺表景在表南二尺四寸宋元嘉九年始通中国后绝至唐贞观二十一年与堕和罗堕婆登皆遣使入贡天宝中自阇婆迁于婆露伽斯城宋淳化三年其王穆罗茶遣使朝贡元时始称爪哇世祖大举兵征之不克后命将史弼破其国擒酋长以归寻放还本朝洪武二年三月遣行人吴用赐爪哇国王玺书曰中国正统胡人窃据百有余年纲常既隳冠履倒置朕是以起兵讨之垂二十年海内悉定朕奉天命已主中国怒遐迩未闻故专报王知之使者已行闻王国人捏只某丁前奉使于元还至福建而元亡因耒居京师朕念其久离爪哇必深怀念今复遣人送还颁去大统历一本王其知正朔所在必能奉若天道俾爪哇之民安于生理王亦永保禄位福及子孙其勉图之勿怠三年其王昔里八达剌遣使朝贡纳元所授宣敕二道封为国王八年二月令三物齐爪哇山川之神附祭于广东山川之次先是礼部尚书牛谅言京都既罢祭天下山川其四夷山川亦非天子所当躬祀乃命别议其礼以闻至是中书及礼部奏以外夷山川附祭于各省如广西则宜附祭安南占城真腊暹罗锁里广东则宜附祭三佛齐爪哇福建则宜附祭日本琉球渤泥辽东则宜附祭高丽陕西则宜附祭甘肃朵甘乌思藏京城更不须祭又言各省山川弊风云雷雨阮居中南白其外夷山川神位宜分东西同坛共祀上可其奏命中书颁行之将祭则遣官一人往监其祀十三年十月其王八达那巴那务遣其使阿烈彝烈时奉金叶表入贡使者留月余遣还因诏谕其国主曰圣人之治天下四海内外皆为赤子所以广一视同仁之心朕君主华夷抚御之道远迩无间尔邦僻居海岛顷常遣使中国虽云修贡实则慕利朕皆推诚以礼待焉前者三佛齐国王遣使奉表来请印绶朕嘉其慕义遣使赐之所以怀柔远人尔柰何设为奸计诱使者而杀害之岂尔恃险远故敢肆侮如是与今使者来本欲枸留以其父母妻子之恋夷夏则一朕推此心特命归国尔国王当省已自修端秉诚敬母蹈前非干怒中国则可以守富贵其或不然自致殃咎悔得无及三十年诸番阻绝无商旅以三佛齐为爪哇属国命礼部移文暹罗转达爪哇知之溪分为东西二国永乐元年九月西王都马板遣使奉表朝贺即位贡五色鹦鹉孔雀及方物赐钞并袭衣文绮表裹二年十月东王孛令达哈遣朝贡方物且奏请印章命铸镀金银印赐之并赐钞币三年西王都马板遣使奉表贡方物时其傍近牒里日夏罗治金猫里三国各遣使以方物同来朝贡俱赐文绮袭衣四年三月西王复来贡珍珠珊瑚空青等物三月东王遣使贡马俱赐钱钞及币有差四年闰七月西王遣使朝贡丑言东王不当立已击灭之降诏切责五年上表请罪愿偿黄金六万两复立孛全达哈之子泛之六年十二月都马板遣使献黄金万两谢罪礼部臣言所偿金尚负五万两宜下法司治之上曰朕于远人欲其畏罪而已岂利其金耶今既能知过所负金悉免之仍遣使赍敕谕意并赐之钞币八年十二月都马板遣使上表贡马及方物十一年九月遣使来贡及还敕谕都马板曰前内官吴宾等还言恭事朝廷礼待敕使有加无替比闻王以满剌加国索旧港之地而怀疑俱朕推诚待人若果许之必有敕谕今既无朝廷敕书王何疑为下人浮言慎勿听之今赐王文绮纱罗至可领也十三年更名杨惟西沙遣使谢恩十六年十九年皆贡而东王久不至盖已为所并矣天顺四年八月其王都马班遣使奉表朝贡方物赐宴赏赍之仍命其使赍敕并彩币表里归赐其王及妃自是不可考

按爪哇疆域一统志东抵古女人国西抵三佛齐国南抵古大食国北界占城国自占城起程顺风二十昼夜可至其国地广人稀甲兵药铳为东洋诸番之雄佛书所云鬼国即此地也其港口入去马头曰新村屋店连行为市买卖商旅最众三佛齐为其所并名旧港以别于新村

爪哇贡献方物胡椒荜茇苏木黄蜡乌爹妮金刚子乌木番红土蔷薇奇南香檀香麻藤香速香降香木香乳香龙脑血竭内豆蔻白豆蔻藤竭阿魏芦荟没约大枫子丁皮番皮鳖子闽虫药碗石荜澄茄乌香宝石珍珠锡西洋铁铁枪折铁刀苾布油红布孔雀火鸡鹦鹉玳瑁孔雀尾翠毛雀顶犀角象牙龟筒黄熟香安息香使回令于广东布政

司管待

三佛齐国古干陀利也在占城之南相距五日程居真腊爪哇之间所管十五州其属国有单马令凌牙斯蓬豊登牙侬细兰等国其王号詹卑其人多姓蒲梁天监元年入贡后绝唐天佑初始通中国宋建隆初其王悉利胡大霞里遣使朝贡淳化三年冬广州上言其使蒲押陀黎前年来贡自京回闻本国为阇婆所侵即爪哇住南海一年今春乘舶至占城偶风信不利复还乞降诏谕本国从之熙宁十年使大首领地华伽啰末以为保顺慕化大将军入见以金莲花贮珍珠龙脑撒殿元丰中使至者再广州受其贡献方物表入言俟报乃护至阙下广州旧志治平中地华伽啰遣使至啰啰入贡遇大风船几覆至啰啰祷于天有老翁见云端风浪息时值侬寇毁广州天庆观老君像在瓦砾中至啰啰覩之即向所见者也及还以告地革加啰即遣思离沙文诣广购材鸠工重建落成请道士罗盈之为住持何德顺为监临施钱十万置山田于番禺黾塘以充常住铸大钟覆以楼费钱四十万又施田四十万增置田于清远莲塘庄明年地华伽啰殁剪其爪发送道士葬之黾塘至今祭焉南渡后入贡不绝本朝洪武二年二月遣行人赵述使其国四年赵述还国王马哈剌札八剌卜遣使随述奉金字表文来朝贡赐大统历及织金纱罗文绮六年复遣使贺正旦并贡方物八年复遣使从招谕拂菻国朝使来贡九年其王卒遣使奉表乞绍封请印绶命铸驼钮镀金银印赐之十月诏封其嗣子麻那者巫里为三佛齐国王诏略曰朕自混一区宇尝遣使诏谕诸番尔三佛齐国王坦麻沙那阿者即称臣入贡于有年今秋使者赍表至知坦麻沙那阿者薨逝尔那麻者巫里以嫡子当嗣王位不敢擅主请命于朝可谓贤矣朕嘉尔诚是用遣使赐以三佛齐国王之印尔当善抚邦民永为多福三十年六月以胡惟庸谋乱乃生间谍绐我使臣命礼部移文暹罗达于爪哇俾责戒焉三十年六月礼部奏诸番国使臣客旅不通上曰洪武初海外诸番与中国往来使臣不绝商贾便之近者安南占城真腊暹罗爪哇大琉球三佛齐渤泥彭亨百花苏门苔剌西洋邦哈剌等凡三十国以胡惟庸谋乱三佛齐乃生间谍绐我使臣至彼爪哇国王闻知其事戒饰三佛齐礼送还朝廷是后使臣商旅阻绝诸国王之意遂尔不通惟安南占城真腊暹罗大琉球自入贡以来至今来庭大琉球王与其宰臣皆遣子弟入我中国受孝凡诸番国使臣耒者皆以礼待之我待诸番国之意不薄但未知诸国之心若何今欲遣使谕爪哇国恐三佛齐中途阻之闻三佛齐系爪哇统属尔礼部备述朕意移文暹罗国王令遣人转达爪哇知之于是礼部咨暹罗王曰自有天地以来即有君臣上下之分且有中国四夷之礼自古皆然我朝混一之初海外诸番莫不来庭岂意胡惟庸造乱三佛齐乃生间谍绐我信使肆行巧诈彼岂不知大琉球王与其宰臣皆遣子弟入我中国受学皇上赐寒暑之衣有疾则命医胗之皇工之心仁义兼尽矣皇上一以仁义待诸番国何三佛齐诸国背大恩而失君臣之礼据有一蕞之土欲与中国抗衡傥皇上震怒使一偏将将十万众越海问罪如覆乎耳何不思之甚乎皇上尝曰安南占城真腊暹罗大琉球皆修臣职惟三佛齐梗我声教夫智者忧未然勇者能从义彼三佛齐以蕞尔之国而持奸于中国之中可谓不畏祸者矣尔暹罗国王犹守臣职我皇上眷爱如此可转达爪哇俾以大义告于三佛齐三齐佛系爪哇统属其言彼必信或能改过从善则与诸国咸礼遇之如初勿自疑也其溪为爪哇所废以其地为旧港仍立头目以司市易永乐三年正月遣行人谭胜受千户杨信等往旧港招抚广东逃民梁道明胜受南海人洪武癸酉御贡进士为临桂县丞永乐元年二月壬子以政最召为监察御史后以事降行人至是遣胜受及千户杨信等往旧港招抚南海逃民梁道明等以胜受乃其同乡故也时道明挈家居于彼者累年广东福建军民从之者至数千人推道明为首指挥孙铉尝使海南诸番遇道明子反二奴挟与俱来奏闻遂遣胜受等偕二奴赍敕往招谕之十一月胜受等还以遒明及郑伯可等来朝贡方物赐道明等袭衣及钞百五十锭文绮十二表裹绢七十二疋其副头日施进卿遂代领其众上以胜受奏事称旨擢浙江按察使五年九月太监郑和使西洋诸国还至旧港遇海贼陈祖义等遣人招谕之祖义等诈降潜谋要劫和觉之整兵堤备祖义兵至与战大败之杀其党五千余人擒祖义等械送京师悉斩于市诸番闻之莫不詟服是年旧港头目施进卿遣婿丘彦诚朝贡诏设旧港宣慰使司命进卿为宣慰使赐印诰冠带文绮纱罗后卒二十一年子济孙遣彦诚请袭且言印为火所毁遂命济孙袭宣慰使赐纱帽钑金花带织金文绮袭衣银印令中官郑和赍往赐之自是朝贡不绝

按旧港不复为国辖于爪哇顺风八昼夜可至由港口入其地土沃倍于他壤民故富饶俗嚣好嬉水战甚惯其朝贡自广东以达京师

三佛齐贡献方物黑熊火鸡孔雀五色鹦鹉诸香兜罗绵被苾布白獭龟筒胡椒肉豆蔻番油子米脑洪武中使回于广东布政司管待永乐没改宣慰使司罕至广州

暹罗国本暹与罗二国地赤土及婆罗利也在占城极南北直廉州循海北岸连于交趾暹国土瘠不宜耕艺罗斛土田平衍而多稼暹人岁仰给之隋大业三年屯田主事常骏等自南海郡乘舟使赤土至今讹传为赤眉遗种后改曰暹元元贞初暹人尝遣使入贡至正间暹始降于罗斛而合为一国本朝洪武初暹罗国王参烈昭昆牙遣使朝贡进金叶表诏赐大统历七年三月暹罗斛国使臣沙里拔来朝贡方物自言本国令其同柰思里侪剌悉识替入贡去年八月舟次乌诸洋遭风坏舟漂至海南达本处官司收获漂余苏木降香兜罗锦等物来献省臣以奏上怪其无表状诡言舟覆而方物乃有存者疑必番商也命却之诏中书礼部曰古者中国诸侯于天子比年一小聘三年一大聘九州之外番邦远国则每世一朝其所贡方物不过表诚敬而已高丽稍近中国颇有文物礼乐与他番异是以命依三年一聘之礼彼若就每世一见亦泛其意其它远国如占城安南西洋琐里爪哇浡泥三佛齐暹罗斛真腊等处新附国土入贡阮频劳费甚大朕不欲也令遵古典而行不必频烦其移文使诸国知之后其子参烈实昆牙思哩多啰禄绍封九年九月其王遣子昭禄群膺奉表贡象及方物赐诏褒谕谕暹国王诏君国子民非上天之明命后土之洪恩曷能若是华夷虽间乐天之乐率土皆然若为人上能体上帝好生之德协和人神则禄给世世无间矣尔哆啰禄自嗣王位以来内修齐家之道外造睦邻之方况数遣使中国称臣入贡以方今时王言之其哆啰禄可谓贤德矣岂不名播诸番今年秋贡象至朝朕遣使往谕特赐暹国之印及衣一袭尔当善抚邦民永为多福故兹诏谕想宜知悉二十年七月暹罗斛国贡胡椒一万斤苏木十万斤二十八年十二月诏遣内使赵达宋福等使暹罗斛国祭故王参烈实昆牙思哩哆啰禄赐嗣王苏门邦王昭禄群膺文绮四疋罗四疋氁丝布四十疋王妃文绮四疋罗四疋氁丝布十二疋敕谕之曰朕即位以来命使出疆周于四维历邦国足履其境者三十六声闻于耳者三十一风殊俗异大国十有八小国百四十九较之于今暹罗为最近迩者使至知尔先王已逝王绍先王之绪有道于家邦臣民欢怿兹特遣人祭已故者庆王绍位有道敕至其罔失法度罔淫于乐以光前烈其敬之哉永乐元年遣使朝贡贺即位自是其国止称暹罗国二年其王昭禄群膺哆啰谛剌遣使坤文琨表贡方物遣内官李兴等赍敕劳之并赐文绮钞帛四年二月复遣使柰必表贡方物诏赐古今列女传旦乞量衡为中国式从之七年正月遣使奉仪物致祭仁孝皇后命中宫官以告几筵九月复遣使坤文琨等表贡方物赐钞币遣之时南海人何八观等流移海岛遂入暹罗至是因文琨归上令谕其国王遣八观等还毋纳逋逃以取罪戾并赐其王金织纻丝纱罗绒锦八年遣使贡马及方物并送中国流移人还赐敕劳之并赐彩币十年十二月复来朝贡十三年五月昭禄群膺哆啰谛剌卒其子三赖波磨札剌的赖绍封十七年十月遣使谕暹罗国王俾与满剌加平敕谕三赖波磨剌礼的赖曰朕祗膺天命君主华夷体天地好生之心为治一视同仁无间彼此王能敬天事大修职奉贡朕心所嘉盖非一日比者满剌加国王亦思罕荅儿沙嗣立能继乃父之志躬率妻子诣阙朝贡其事大之诚与王无异然闻王无故欲加之兵夫兵者凶器两兵相閗势必俱伤故好兵非仁者之心况满剌加国王既已内属则为朝廷之臣彼如有过当申理于朝廷不务出此而辄加兵是不有朝廷矣此必非王之意或者王左右假王之名弄兵以逞私忿王宜深思勿为所惑韩睦邻国无相侵越并受其福岂有穷哉王其留意为十八年四月遣使入贡方物赐之钞币仍遣中官杨敏等护送还国仍赐其王锦绮纱罗等物十九年三月遣使柰怀等六十人贡方物谢侵满剌加国之罪赐钞币有差十九年七月复入贡二十一年三月遣使坤梅贡方物赐之钞币洪熙宣德以后入贡犹如常期正统景泰间贡或不常成化迄今大率六年一贡近惟嘉靖三十二年八月遣使坤随离等贡白象及方物【白象已毙遗象牙一枝长八寸首尼厢金起花牙首大五寸七分厢石榴子十颗中厢珍珠十颗宝石四颗尾大　寸厢金刚钻一颗金盒内贮白象尾毛为证又象牙一十九枝共三百五十斤乌木三十七株共二千六百斤树番六百斤藤黄四百八十斤大枫子五百八十斤紫梗三百斤速香二十一林共云百五十斤木香三十斤白豆猧六十斤胡椒八百一十斤苏木一万四千二百斤三十七年八月遣使坤应命等贡方物象牙三百斤树香六百五十斤藤黄一百五十斤速香三百一十斤白豆蔻三十斤苏木一万三千二百斤胡椒四百五十斤乌木三千八百斤大枫子五百斤】其视旧献颇似不同

按赤土疆域正与暹罗同东波罗剌国西婆罗婆国南诃罗旦国北距大海地方数千里隋时常骏自南海郡水行昼夜二旬每值便风至焦石山而过东南泊陵伽钵拔多洲西与林邑相对上有种祠焉又南行至师子石自是岛屿连接又行二三日西望见狼牙须国之山于是南达鸡笼岛至于赤土之界林邑今占城星槎胜览云自占城顺风十昼夜可至是也

暹罗贡献方物象象牙犀角孔雀尾翠毛龟筒六足龟宝石珊瑚金界指片脑米脑脑脑油脑柴檀香速香安息

香黄熟香降真香罗斛香乳香树香木香乌香丁香阿魏蔷薇水丁皮琬石柴梗藤竭藤黄硫黄没药乌爹泥肉豆蔻胡椒白豆蔻华拨苏木乌木大枫子苾布油红布白缠头布红撒哈剌布红地绞节智布红杜花头布红边白暗花布乍连花布乌边葱白暗花布细棋子花布织人象花文打布西洋布织花红丝打布剪绒丝杂色红花被面织杂丝竹布红花丝手巾织人象杂色红文丝缦使回令于广东布政司管待

满剌加国古哥罗富沙也汉时尝通中国后为顿逊所羈属顿逊在海崎山上地方千里城去海十里有五王并羈属扶南去扶南可三千里东界通交州即古哥罗富沙也其西界接天竺徼外诸国其国城楼阁婆故又名大阇婆今称重迦罗东有吉里地闷故其处旧不称国自旧港顺风八昼夜可至其国傍海山孤人少受羈属于暹罗每岁输金四十两为税本朝承乐三年其王西利八儿速剌遣使奉金斧表文来朝贡十年命正使太监郑和等统官兵二万七千余人驾海舶四十八艘往诸番夷开读赏赐诏封为满剌加国王赐银印冠带袍服且建碑立界暹罗始不敢侵扰九年七月嗣王拜里迷苏剌率其妻子及陪臣五百四十余人来朝上闻之念其轻去乡土跋涉海通即遣中官海寿礼部郎中黄裳等往宴劳之复命有司供张会同馆既至奉表入见并献方物上御奉天门宴劳之别宴王妃及陪臣等仍命光禄寺日给牲牢上尊命礼部赐王金绣龙衣二袭麒麟衣一袭及金银器皿帷幔裀褥赐王妃八儿迷速里及其子侄陪臣傔從文绮纱罗袭衣有差及出就会同馆复赐宴为八月赐其王金相玉带仪仗鞍马并赐王妃冠服九月拜里迷苏剌辞归锡宴于奉天门别宴王妃陪臣等赐敕劳王厚赐之并及其妻子陪臣敕曰王涉海数万里至京师坦然无虞盖王之忠诚神明所佑朕与王相见甚驩固当且留但国人在望宜往慰之今天气向寒顺风南帆实维厥时王途中善饮食善调护以副朕睠念之怀今赐王金相玉带一仪仗一副鞍马二匹黄金百两白金五百两钞四十万贯铜钱二千六百贯锦绮纱罗三百疋绢千疋浑金文绮二金织通袖膝襴二王其受之又赐王妃冠服一副白金二百两钞五千贯锦绮纱罗绢六十疋金织文绮纱罗衣四袭赐王子侄冠带其陪臣等各赐白金钞钱彩币有差复命礼部宴饯于龙江驿仍赐宴于龙潭驿十二年国王母来宴赐如王妃二十年三月其王西哩麻哈剌率其妃及头目来朝贡方物以父殁新嗣位故也宣德九年国王复来天顺三年国王无荅佛哪沙卒其子苏丹茫速沙请命复遣使册封自建国以来朝贡至今不绝

按满剌加疆域在占城国南其朝贡自广东以达京师

满剌加贡献方物番小厮犀角象牙玳瑁寉顶鹦鹉黑熊白麂锁袱金母宦顶金厢戒指撒哈剌白苾布姜黄布撒都细布西洋布花缦斤脑栀子花蔷薇露沉香乳香黄速香金银香降真香紫檀香丁香乌木苏木大枫子番锡番盐使回令于广东布政司管待

苏门荅剌国古大食也一曰须文达那自满剌加顺风九昼一夜可至其西去一昼夜程有龙涎屿独峙南巫里洋之中每至春间群龙交戏于上遗涎则国人驾独木舟棵之以为香一斤值其国金钱一百九十二枚准中国铜钱九千文【星槎胜览采之或遇风波则人俱下海一手附舟旁一手挹水而得至岸其龙涎初若脂胶黑黄色颇有鱼腥气久则成大块或大鱼腹中刺出若斗大亦觉鱼腥焚之清香可爱货于苏门荅剌之市官秤一两用彼国金钱十二枚一斤则一百九十二枚也　遡官纪闻诸香中龙涎最贵重广州市不下五六十千乃番中禁榷之物出大食国近海傍常有云气出艹山间即知有龙睡其下土人更相守之俟云散则知龙已去往觎必得龙涎入香合和能收钦脑麝清气虽经数十年香味仍在得其真者和香焚之则翠烟浮空结而不散或言涎沫有三品一曰泛水二曰渗沙三曰鱼食泛水则轻浮水面善水者伺龙出没随而取之渗沙则疑积多年气味尽渗于沙中鱼食则化粪散于沙碛惟沉水者可入香用　嘉靖二十四年三月司礼监传奉圣谕你部里作速访卖沉香一千斤紫色降真香三千斤龙涎香一百斤即日来用就令在京访买已得沉香降香进讫尚有能涎香出示京城倸买未得奏行浙江等十三省及各沿海番舶等处收买本年八月户部文移到司又奉抚按牌案行催再照前香每斤给银一千二百两三十四年巡抚钧牌发浮梁县商人汪弘等到司责差纲纪何处德领同前去番舶访买陆续得香共十一两差官千户朱世威于本年十月送验会本进奉圣旨既验不同姑且收入今后务以真香进用钦此钦遵行司又据见监广州府斩罪犯人马那别等告送龙涎香一两三钱褐黑色及有密地都密地山夷属采有褐白色六两各夷说称褐黑色者采在水褐白色者采在山又据密地都周鸣和等送香辨验真正共一十七两二钱五分责差千户张嵩三十五年八月送验会木起进奉圣旨这香内辨是真留用钦此】洪武间遣使奉金叶表贡马并方物【国名须文达那】永乐三年酋长宰奴里阿必丁随中官尹庆朝贡封为苏门荅剌国王给印及诰五年嗣王锁丹罕阿必镇遣使阿里来朝并贡方物宣

德六年复来贡十年复请封其子为王初太监郑和奉使至苏门荅剌伪王苏干剌方谋杀宰奴里阿必丁以夺其位且怨使臣赐不及已领兵数万邀击官军和率众及其国兵与战苏干剌败走追至喃勃国并其妻子俘之以归永乐十三年九月献于行在以大逆不道伏诛诸番震服

按大食疆域在占城之西洋中南接目连所居宾童龙国东北接雪山葱岭皆佛境也西北与大秦相邻为其统属宋初与占城通贡唐逐达于宋淳化四年舶至蒲希密得广州蕃长寄书招谕遂至南海以老病不能诣阙乃以方物来献其表有曰涉历龙王之宫瞻望天帝之境庶遵玄化以慰宿心今则虽届五羊之城犹赊双凤之阙则是射利寓广今色目蒲姓者是其裔也后与宾童龙国使来朝入贡陆路由沙州恐为西人钞略乃诏自今取海路由广州至京师自是朝贡不绝熙宁中其使辛押陁罗乞统察蕃长司公事诏广州裁度又进银钱助修广州城不许归国被诛见苏黄门龙川略志其后分部领为勿斯离弼琶啰勿跋等国苏门荅剌则出龙涎香者也布那姑儿则产硫黄者也又有层檀国在南海傍城距海二十里熙宁四年始入贡顺风行百六十日经勿巡古林三佛齐国乃至广州多产香药其风俗语音与大食同

苏门荅剌贡献方物马犀牛龙涎香撒哈剌梭眠布宝石木香丁香降真香沉速香胡椒苏木锡水晶玛瑙番刀番弓石青回回青硫黄使回令于广东布政司管待

锡兰山国古狼牙须也自苏门荅剌顺风十二昼夜可至其国地广人稠货物多聚亚于爪哇中有高山上产鸦鹘宝石每遇大雨冲流山下沙中拾取之隋常骏至林邑极西望见焉番语谓高山为锡兰曰名相传释迦从翠蓝屿来【屿在龙涎西北五昼夜程】登此山犹存足迹山下有寺中贮释迦涅盘真身侧卧及舍利子【狼牙修国梁时通焉在南海中其界东西三十日南北二十日行北去广州二万四千里恐即此国本】朝永乐七年诏谕其王烈苦奈儿遣太监郑和等赍诏敕金银供器彩妆织金宝幡布施于寺及建石碑赏赐国王头目有差亚烈苦奈儿负固不恭谋害舟师和即潜备先发制之使众衔枚疾走夜半闻炮则奋击而入生擒其王永乐九年归献阙下上命择其支属贤者立之礼部言询其国人皆谓耶巴乃那贤十年九月遂遣使赍诏及诰印封之【诰曰朕统承先皇帝鸿业抚驭华夷嘉与万方同臻至治锡兰山亚烈苦柰儿近处海岛素蓄祸心毒虐下人结怨邻境朕尝遣使诏谕诸番国至锡兰山其亚列苦奈儿敢违天道傲慢弗恭逞其凶逆谋杀朝使天厌其恶遄被擒俘朕念国中军民皆朕赤子命简贤能为之统属尔耶巴乃那修德好善为众所推今特封尔为锡兰山国王于戏惟诚敬可以立身惟仁厚可以抚众惟忠可以事上惟信可以睦邻尔其钦承朕命永棠天道无怠无骄暨子孙垚享无疆之福钦哉】时群臣皆请诛亚烈苦奈儿上曰蛮夷禽兽耳不足深诛遂赦之亦遣归时国人立不剌葛麻巴思剌查为王诏谕使逊位十四年十一月偕占城爪哇满剌加苏门荅剌南巫里沙里湾泥彭亨古里木骨都来溜山洋喃勃利卜剌哇阿丹麻林剌撒忽鲁谟斯柯枝诸国及旧港宣慰司各遣使贡马及犀象方物遣郑和等赍敕及锦绮纱罗彩绢等物偕往赐各国王正统十年国王遣使耶把剌谟的里哑等来朝贡方物天顺三年其王葛力生夏剌昔利把交剌惹复遣使来贡

桉锡兰山疆域在西洋与柯枝国对峙南以别罗里为界自别罗里南去顺风七昼夜可至溜山洋国十昼夜可至古里国二十一昼夜可至卜剌哇国柯枝接大小葛兰二国山连赤上自小葛兰顺风二十昼夜可至木骨都东国自古里顺风十昼夜可至忽鲁谟斯国二十昼夜可至剌撒国二十二昼夜可至阿丹国又自忽鲁谟斯四十昼夜可至天方国乃西洋之尽处也天方旧名天堂又名西域有曰回历宣德中朝贡

锡兰山贡献方物象宝石珊瑚水晶金戒指撒哈剌乳香木香土檀香没药西洋细布藤竭卢会硫黄乌木胡椒碗石使回令于广东布政司管待

佛朗机国在爪哇南古无可考【旧志婆利国在广州东南海中洲上去广州三月程其王姓憍陈如隋大业中遣使入贡又投和国在真腊之南自广州西南水行百日可至其地正相对古之狼徐鬼国分东西二洲皆能食人爪哇之先鬼啖人肉即此国也佛朗机亦与相对云永乐十年九月喃勃利国王马哈麻沙遣使贡物或亦婆利之更名但皆疑似无他证据姑附于此】素不通中国正德十二年驾大舶突至广州澳口铳声如雷以进贡请封为名右布政使兼按察副使吴廷举许其进贡抚按查无会典旧例不行遂退泊东莞南头径自盖房树栅恃火铳以自固有至部者不行跪礼朝见欲位先诸夷御史立道隆何鳌前后具奏皆言其残逆称雄逐其国主【似是喃勃利逆臣】先年潜遣火者亚三假充满剌加国遣礼使臣风飘到澳往来窥伺熟我道途略买小儿烹而食之近日满剌加国王奏其夺国雠杀等情屠掠之祸渐不可长宜即驱逐严禁私通仍将所造房屋城寨尽行拆毁重加究治买卖工匠人等

以私通外夷之罪诏皆泛之诛其首恶火者亚三等命抚按檄守巡备倭官军驱其余党出境海道副使汪鋐帅兵至犹据险逆战商人凿舟用策乃悉擒之余皆遁去【月山丛谈佛朗机国在爪哇国之南二国用铳形制同但佛朗机铳大爪哇铳小国人用甚精小者可击雀中国人用之稍不戒则击去数指或断一掌一臂铳制须长若短则去不远穴须圆滑若有歪邪滞碍则弹发不正惟东莞人造之与番制同余造者往往短而无用嘉靖初佛朗机国遣使来贡初至行使皆金钱后乃觉之其人好食小儿云在其国惟国王得食之臣僚以下不能得也至是潜市十余岁小儿食之每一儿市金钱百文广之恶少掠小儿竞趋之所食无算其法以巨镬煎滚沸汤以铁笼盛小儿置之镬上蒸之出汗尽乃取出用铁刷刷去苦皮其儿犹活乃杀而剖其腹去肠胃蒸食之居二三年儿被掠益众远近患之海道汪鋐以兵逐之不肯去反用铳击败我兵由是人望而畏之不敢近或献计使善水者入水凿沉其舟尽擒之汪鋐由此荐用后为南赣巡抚以进甘露召入揔都宪事久之转吏部尚书会北虏吉囊入寇鋐建议请颁佛朗机铳于边镇凡城镇关隘墩台缺口皆用此以御寇诏从其议下所司施行至今三边赖其用然鋐奏疏词语谆复可厌兵部郎中吴缙云卿见而笑之鋐闻之怒黜为铜仁府知府或戏之曰君被一佛朗机打到铜仁府】嘉靖中党类更番往来私舶杂诸夷中为交易首领人皆高鼻白皙广人能辨识之遊鱼洲诸快艇多掠小口往卖之三山迭滘背底水等乡村以至诸澳拐诱恶少日繁有徒甚至官军商纪亦与交通云

广州舶船往诸番出虎头门始入大洋分东西二路东洋差近【周岁即回舶有寉顶龟筒玳瑁等物】西洋差远【两岁一回舶有象牙犀角珍珠胡椒等物】宋于中路置巡海水师营垒【在海东西二口阔二百八十丈至屯门山二百里治鱼入海战盘其地南至大海四十里东至惠州四百二十里西至端州二百四十里南至思州七百五十里北至韶州二百五十里】今为东莞县南头城东南海路二百里至屯门山【水皆浅日可行五十里】乃顺帆风西行二日至九州石又南二日至象石【一作用东风西南行七日至九螺州】又西南行三日至占不劳山【在占城东二百里海中占城授罪人于此】又南二日至陵山【星槎胜览作灵山其山峻而方有泉下绕如带甚甜民居星散结网为业】皆占城境也陆行至宾重国一月程东去麻逸国二日程【一名摩逸去淳泥三十日程太平兴国士年载宝货至广州今名麻逸冻水行一日至东西竺昆仑洋唐书作门毒国】又一日行至古苴国则真腊也【王号苴屈】又半日行至奔陀浪洲【自古腊西五十程至丹眉流国其国东北至广州一百三十五程】又二日行至军突弄山又五日行至海硖番人谓之质南北百里北岸则罗越国【一名罗斛今为暹罗】南岸则佛逝国【占城属国】又东水行四五日至诃陵国【今爪哇】南中洲之最大者又西出硖三日至葛葛僧祇国在佛遊西北隅之别岛国人多钞暴乘舶者多畏之【疑此即婆利】其北岸则阿罗国【一名阿罗陀今满剌加】阿罗西则阿谷罗国【一名阿罗单】又从葛葛僧祇四五日行至婆露国【一名阿鲁】又六日行至婆那国【一名须文达那】伽蓝洲【一名翠蓝屿】又北四日行至师子国在【西洋之西邻多师子故名昌黎诗货通师子国疑即大秦也】其北岸距南天竺大岸百里自伽蓝洲行二十日至榜葛剌国则西天竺也一曰西印度乃释伽得道之所海口有察地港番商于此抽分云天竺之西千五百里有注荤国至宋大中祥符八年其王罗荼罗乍始遣使入贡其使言离本国舟行七十七日历郍勿丹山婆里西兰山至古罗国【以古罗山得名】又行七十一日历加八山占不劳山舟宝龙山至三佛齐国又行十八日度蛮山水口历天竺山至宾头狼山之黄西王母冢距舟所得百里又行二十日度羊山九畏山至广州之琵琶洲离本国凡千一百五十日至广州焉【今按天方国有四方寺宋史注荤国有四城佛寺但注荤入朝贡真珠以珠撒殿与天方狮子麒麟不同或云天方即师子国不可知也】雷州控入海水路【东至海三十里西主海一百五十里南至海一百七十里北至化州一百六十里海路泛海州东北陆行二十五里抵谭源泛海至罗场接吴川县通江水从吴川上水至化州三日程】自化州下水至海口四日程泛州东至海三十里渡海抵化州界地名ⒼDE洲入思广州通闽浙从州东南陆行一百四十五里抵海至诸番国从州南陆行一百七十四里至递角场抵海南泛海一程可至琼州泛州西陆行一百五十里泛海水路至安南诸番国故诸番舶虽东洋琉球等国被风漂多至琼州琼州东至海一百二十里其南崖州去海益近云

黄帝时南夷乘白鹿来献鬯及褐裘唐尧南抚交趾三苗来宾虞舜时僬侥氏来贡没羽蛮夷率服禹贡甸服之外侯服侯服之外五百里绥服【四面皆分二等】三百里揆文教【接于侯服则使诸侯揆文教以治之非全无武备也以文为救】二百里奋武卫【接于要服则使诸侯奋武卫以治之非全无文事也以武为主】绥服之外五百里要

服【四面皆分二等】三百里夷【夷谓东西南北之外夷也北则冀州岛夷皮服东则青州嵎夷既略莱夷檿丝徐州淮夷蠙珠暨鱼南则扬州岛夷卉服西则梁州和夷底绩】二百里蔡【蔡放也左传曰蔡蔡叔放罪人于夷境如溪世安置及安插之类轻于流者也】要服之外五百里荒服【四面皆分二等】三百里蛮【八蛮谓天竺咳首僬侥跛踵穿胸儋耳狗轵旁舂】二百里流【流如水之去而不返也后世罪人有长流者视蔡为重】夏成五服外薄四海南海鱼革珠玑大贝商伊尹正四方献令正东越沤鬋发文身【沤越文身断发东吴亦如之故曰正东】令以鱼皮之鞞蛟龣利剑为献【鞞刀削也龣与盾同蛟谓鲛鱼皮也以饰剑口】正南瓯邓桂国损子产里百濮九菌【六者南蛮之别名也瓯与沤同瓯骆也邓曼姓荆南蛮峒也桂林八树在番禺东损子产谓食首产子蛮也里音黎今呼为俚人百濮见左传九菌未详】令以珠玑瑇瑁象齿文犀翠羽菌鹤矩狗为献【玑似珠而小菌鹤可用为旌翳矩狗狗之善者也】正西昆仑狗国枳已阘耳贯胸雕题漆齿【禹贡织皮昆仑今西洋之达葱岭狗犬我也枳与轵同疑八蛮中之狗轵也阘耳即离耳也贯胸其人胷有窍雕题自南而居西洋者漆齿一名黑齿国】令以丹青白旄紕罽龙角神龟为献【丹青谓南海曾丹青于西海有文旄氏有纰罽毛衣也龟龙亦出西海】正北空同大夏莎车代翟匈奴楼烦月氏【此皆西北胡房并见史记两汉书今鞑靼回回色目之属】令以橐驼白玉野马騊駼駃騠良弓为献【物产在北者见史传】汤曰善

成周王会瓯人蝉蛇【今临海永嘉即东瓯也可见蝉蛇不出南越】于越纳【纳贡也泛言凡物皆有于越自浙至江右皆是】且瓯文蜃【今广西骆越之地伊尸朝献已正东沤则瓯人也又正南瓯则骆越也沤瓯通用文蜃大蛤也】共人玄贝【吴越之蛮曰共人玄黑也贝海大虫也今之海肥】海阳大蟹【海水之阳今产螃蟹之地盖潮州以东八闽也】自深桂【自深南蛮名桂今出桂州韶州】会稽以鼍【鼍皮可以冠鼓】蛮扬之翟【扬州之蛮翟山鸡也】仓吾翡翠翡翠者所以取羽【仓吾今苍梧也翡翠鸟羽青而有黄】南人致众者皆北向【南南越也五岭之南至海为杨粤今广东地】

汉时朱崖南有都元湛离甘都卢黄支等国近者十余日远至四五月程其俗略与朱崖相类其州境广大户口蕃滋多异物汉武帝时常遣应募人与其使俱入海市明珠壁琉璃奇石异物赍黄金杂缯而往所至国皆廪食为耦蛮夷贾船转送致之外夷珍货流入中国始此【市舶録刘向曰独樯舶深五十余肘三木舶深十五余肘西域以肘为度】

后汉光武时交趾日南徼外蛮来贡马援建铜柱后西屠夷亦改国名哥罗属于扶南自是各国名屡易矣日南象林蛮屡叛复降而区怜【一作区连】竟据林邑【以象林之邑名】背违中国习俗文字渐与婆罗门同而佛书遂至桓帝时扶南之西天竺大秦等国皆由海南重译贡献而贾胡自此充斥于扬粤矣其贡瑇瑁象齿古贝【树名其叶盛时如鹅毳抽以绩纺作布洁白】沉水香【土人破断积以岁年朽烂而心节独在置水则沉故曰沉香不沉者曰栈香】琥珀【松脂入地千年乃成】兽则驯象玄犀猩猩之属多不可殚纪

吴孙权遣宣化从事朱应中郎康泰使诸番国其所经及传闻则有数百国泰立记传谓之扶南土俗曰蒲卢中曰优钹曰横趺曰诸薄曰北槯曰滨郍专曰乌文曰斯调曰林阳曰马五洲曰薄叹洲曰耽兰洲曰巨延洲其后历代更变非复旧名矣

晋武帝平吴林邑扶南入贡之后曰牟罗曰横卢曰末利曰卑离曰满都曰余曰沙楼曰蒲林皆昔所未闻也宋齐至者师子毗加梨干陀利阇婆蒲黄阿罗陀阿罗单婆皇狼牙修盘盘顿逊等益有十余国

梁武帝时婆利丹丹毗骞始通毗骞王身长三丈显长三尺自古以来不死知神圣未然之事其子孙则生死如常人隋使通赤土致罗刹其国在婆利之东其人极陋朱发黑身兽牙鹰爪盖佛书所谓长身金刚夜义罗刹即此物也他若投和边斗之属贡于隋者益多其贡大氐金宝香药等物亦有献佛牙舍利者皆奉婆罗门之教故也

唐始置市舶使以岭南帅臣监领之设市区令蛮夷来贡者万市稍收利入官凡舟之来最大者为独樯舶能载一千婆兰胡人谓三百斤为一婆兰次曰牛头舶比独樯得三之一又次曰三木舶曰料河舶递得三之一贞观十七年诏三路舶司番商贩到龙脑沉香丁香白豆蔻四色并抽解一分武后时都督路元睿取番酋货舶酋不胜忿杀之开元初市舶周庆立与波斯僧造奇巧以进劾罢又罢遣使者之南海求珠翠者【开元四年有胡人上言海南多珠翠奇宝可往营致因言市舶之利又欲往师子国求灵药及善医之妪寘之宫掖上命监察御史杨范臣与胡人偕往求之范臣从容奏曰升下前年焚珠玉锦绣示不复用今所求者何以吴于所焚者乎彼市舶与商贾争利殆非王者

之体胡药之性中国多不能知况于胡妪岂宜寘之宫掖夫御史天子耳目之官必有军国大事臣虽触冒灾瘴死不敢辞此特胡人眩惑求媚无益圣德窃恐非陛下之意愿熟思之上遽自引咎慰谕而罢之】后于广州设结好使每番舶至则审事宜以闻【文苑英华次元奏广州结好使事由奉诏书谢恩状右臣伏奉某月日手诏令臣速具前件官本末事由闻奏臣去月日谨具某官归本道事以闻某月日奏官至伏奉某月日手诏所奏某官寻赴广州事宜具详本末想宜知悉者臣伏以纶綍下于紫霄明命光于沧海荣深感极宠洽心惊周章失图欢畅交集顾臣鄙劣忝寄藩维无补涓埃累更凉燠矧兹地远敢望恩加日月照临之明无幽不烛乾坤生成之德在物莫遗岂期奏报常仪特降诏书慰抚事逾等列喜万坦情伏以轩墀一违岁序三变谬职愧深于星管荷恩思拜于彤庭厕清列于班行戴冠剑而何日守炎荒之遐服甘瘴疠以婴身怀死节之丹诚顾生还于绛阙每承存谕之命更切攀恋之心臣不胜感恩欢跃屏营之至】是时诸番多所更改林邑号环王而陆真腊亦号文单皆尝犯边元和中安南都护张舟击败之乃复铜柱以正疆埸于是贡琛溢于王府其后节度使马总又铸二柱以继之贞元时波斯古罗二国入贡多珍物节度使王处休奉宣威德抚令市易常供外一无所取乃为使院图表进其言有曰海门之外隐若敌国资忠履信贻厥将来时称得体其后以军兴渐加市税太和中文宗下诏除之宋开宝四年置市舶司于广州以知州兼使通判兼判官淳化二年始立抽解二分【凡诸番之在南海者并通货以金锡缗金易其犀象珊瑚琥珀珠琲镔铁鼍皮玳瑁玛瑙车渠水精番布乌樠苏木胡椒香药等物太宗置榷务于京师诏诸番货至广州非出官库者无得私相贸易其后又诏非珍奇物皆听市后又诏他货之良者亦听市其半大抵海舶至征其什一而给其余价直岁入以数十巨万计县官经费有助焉】太平兴国三年李昌龄知广州广有海舶之饶昌龄不能以廉自守淳化二年代还昌龄上言广州市舶每岁商舶至官尽憎价买之良苦相杂少利自今请择其良者如价给之苦者恣其卖勿禁熙宁中广州市舶岁课亏折或以为市易司扰之故令提举究诘以闻于是务官吕邈以阑取番物劾免后以言者罢杭明市舶诸司皆隶广州元丰三年中书言广舶已修定条约宜选官推行诏广东以转运使孙迥罢帅臣兼领文观元年复置浙广福建三路市舶提举官【杭明仍复置司又增一司于泉州】三年番商欲往他郡者从舶司给券毋杂禁物其防船兵仗给之如诸国法船舶司鬻所市物毋得过二分官吏市者有禁政和四年诏广南市舶司岁贡珍珠犀角象齿建炎元年诏市舶多以无用之物枉费国用取税权近自今有以笃耨香指环玛瑙猫儿眼睛之类博买前来及有亏番商者重治其罪皆寘于法惟赐巨寮象笏犀带可者量令输送【旧法番番分粗细二色龙脑珍珠之类皆为细色十分抽一后又博买四分粗邑十分抽二又博买四分抽买既多商人多匿其细者弗实旧法细色以五千两为一纲粗色以万斤为一纲每逢一纲则有脚象赡家钱一千余缗其后部运者诡以象犀紫矿之类以昌脚乘而旧日一纲至分为三十三纲多费脚乘家赡钱三千余贯】绍兴二十七年诏广南经略市舶司察番商假托入贡隆兴初臣寮以象齿珠犀比他货最重请十分抽一罢傅买乾道初臣寮又言福建广南皆有市舶物货浩瀚置官提举实宜【乾道七年诏粗色货物以二万斤为一纲加耗六百斤依旧支破水脚钱一千六百六十二贯有奇南渡后经费困之一切倚办海舶岁入固不少然金银铜铁钱币亦用是福泄外境而钱之泄尤甚法禁维严奸巧愈密其弊卒不可禁】淳熙二年诏广州市舶除榷货外他货之良者止市其半元吉祖尝主提举司寻罢至英宗治平六年遣使榷广东番货乃复立之听海商贸易归征其税顺帝元统六年罢广东提举二司至正二年复立广东提举司申严市舶之禁三年听海商贸易归征其税【濯缨亭笔记宋末沈之逃占城乞兵具复占城以国小辞敌之效秦庭之哭而不得归占城宾之而不臣敬之竟忧愤发病卒其王作诗挽之曰恸哭江南老巨卿春风揾泪为伤情无端天下编年月致使人间有死生万迭白云遮故国一杯黄土盖香名英魂好逐东流去莫向边隅怨不平夫占城以岛夷知重节义如此及元主中国四夷杭拒维屡征不贡倭奴犹口汝夷也我亦夷也何贡之有我朝龙兴归顺恐后夷狄有君信哉】

本朝除元乱大一统诸番例当三年一贡吉见来王许以互市立市舶提举司以主诸番入贡旧制应入贡番先给符簿化及圭三司与合符视其表文方物无伪乃津送入京若国王王妃陪臣等附至货物抽其十分之五其余官给之直暹罗爪哇二国免抽其番商私赍货物入为易市者舟至水次悉封籍之抽其十二乃听贸易然闽广奸氏往往有椎髻耳环效番衣服声音人其舶中导之为奸回缘钞暴傍海甚苦之【旧志凡东洋交易多用丝纻倭国尤为凶狠商人畏之回易窟顶等物西洋交易多用广货回易胡椒等物其贵细者往往满舶若暹罗产苏木地闷产檀香其余香货各国皆有之若沉香有黄沉乌角沉至贵蜡沉削之则卷嚼之则柔皆树枯其根所结惟奇南木乃沉之生结者犀角有乌犀花犀通天犀天则通天犀白花中复有黑花此皆希世之贵也鹤顶龟筒玳瑁见说可令为犀角不

苟合故公服以玉与犀为带贵其不苟合之义也】

洪武三年五月遣使颁科举诏于安南占城以其通中国文字也诸番莫不畏威怀德自是朝贡不绝亦有不及期而贡献者永乐改元遣使四出招谕诸番贡献毕至奇货重宝前所未有乃命内臣监镇市　设公馆于城南水滨后改建于郡西仙湖今为分守道三年九月大理寺少卿闻良辅初为湖广副使坐事降行人至是奉使西南诸番暹罗爪哇以至西洋古里诸国还京奏事称旨擢广东按察使内臣侯显郑和等偕行人往返番王皆厚礼之四年六月广东布政司奏每岁海外番夷入贡方物水路以舟楫运载惟南雄至南安限隔梅岭舟楫不通自今请用民力接运上曰为君务养民今番贡无定期而农民少暇日假令自春至秋番夷入贡不绝皆役民接运岂不妨其农事自今番夷入贡如值农务之时其方物并于南雄收贮俟十一月农隙却令运赴南安著为令复顾侍臣曰民不失其养虽劳之鲜怨民失所养虽休之不德八月置怀远驿于广州城蚬子步创房一百二十间以居番人隶市舶提举司然内官总货提举官吏惟领簿而已有当由福建而被风漂至者如渤泥【木阇婆属国在西南大海中去爪哇四十五日程去三并齐四十日程去占城三十日程永乐四年其王遐旺来朝】流求【在东洋大海中当建安郡东水行五日而至隋大业中遣得率兵自义安浮海击之义安今潮州也洪武中分大小琉球朝贡甚恭官生常入太学受业】每加收恤他若喃勃利新附诸国亦有随舶至广州者正统十年按察副使章格巡视海道时流求使臣蔡璇等率数人以方物买卖邻国风漂至香山港守备当以海寇欲戮之以为功格不可为之辩奏还其赀而遣之番夷颂德【近年流求客商有漂至琼州者送至广城佥事经彦案加意存恤远人感之】成化弘治之世贡献至者日伙有司惟容其番使人见余皆留停于驿往来设燕管待方许入城衣服诡异亦有帽金珠衣朝霞者老稚咸竞观之椒木铜鼓戒指宝石溢于库市番货甚贱贫民承令博买多致富正德十二年西海夷人佛朗机亦称朝贡突入东莞县火铳迅烈震骇远迩残掠甚至炙食少儿海道奉命诛逐乃出境自是海舶悉行禁止例应入贡诸番亦鲜有至者贡舶乃往漳泉广城市贸萧然非旧制矣于是两广巡抚都御史林富稽租训遵会典奏上得允于是番舶乃通焉【臣惟巡抚之职莫先于为民兴利西除害凡上有益于朝廷下有益于生人者利也上有损于朝廷下有损于生】人者害也今以除害为名并一切之利禁绝之使军国无所资忘祖宗成宪且失远人之心则广之市舶是也谨按明皇祖训安南真腊暹罗占城苏门荅剌西洋爪哇彭亨白花三佛齐淳泥诸国俱许朝贡惟内带行商多行谲诈则暂却之其后辄通又按大明会典凡安南满剌加诸国来朝贡者使回俱令于广东布政司管待见今设有市舶提举司又敕内臣一员以督之所以送近往来懋迁有无柔远人而宣威德也至正德十二年有佛朗机夷人突入东莞县界时布政使吴廷举许其朝贡为之奏闻此则不考成宪之过也厥后犷狡章闻朝廷准御史丘道隆等奏即行抚按全海道官军驱逐出境诛其首恶火者亚三等余党闻风慑遁有司自是得安南满剌加诸番舶尽行阻绝皆往漳州府海面地方私自驻札于是利归于闽而广之市井萧然矣夫佛朗机素不通中国驱而绝之宜也祖训会典所载诸国素恭顺与中国通者也朝贡贸易尽阻绝之则是因噎而废食也况市舶官吏公设于广东者反不如漳州私通之无禁则国家成宪果安在哉以臣等之中国之利益铁为大山川水煼仡仡终岁僅充常额一有水旱劝民纳粟犹惧不莁田规番舶朝贡之外抽解俱有则例足供御用此其利之大者一也除抽解外即充军饷今两广用兵连年库藏日耗藉此可以充羡而备不虞此其利之大者二也广西一省全仰给于广东今小有征发即措办不前虽折俸椒木久以缺乏科扰于民计所不免查得旧番舶通时公私饶给在库番货旬月可得银两数万此其为利之大者三也贸易旧例有司择其良者如价给之其次资民买卖故小民持一钱之货即得握椒展转交易可以自肥广东旧称富庶良以此耳此其为利之大者四也助国给军既有赖焉而在官在民又无不给是因民之所利而利之者也非所谓开利孔为民罪梯也议者或病外夷闯境之为虞则臣又筹之暹罗真腊爪哇三佛齐等国洪武初首贡方物臣服至今永乐时浡泥入朝没齿感德成化间占城被篡继绝蒙恩南方蛮夷大抵寛柔乃其常性百余年来未有敢为盗寇者近时佛朗机来自西海其小为肆侮夫有所召之也见今番舶之在漳闽者亦未闻小有惊动则是决不敢为害亦章章明矣况久阻忽通又足以得其歡心乎臣请于洋澳要害去处及东莞县南显等地面递年令海道副使及备倭都指挥督率官军严加巡察凡舶之来出于祖训会典之所载者密诇得真许其照旧驻札其祖训会典之所不载如佛朗机者即驱出境如敢拒抗不服即督发官军擒捕而凡所谓喇嗒番贼必诛权要之私通小民之诱子女下海者必禁一有疏虞则官军必罪如此则不惟足兴一方之利而王者无外之道亦在是矣伏望皇上特敕该部熟议将臣所陈利害逐一参究如果可行乞行福建广东省令番舶之私自驻札者尽行逐去其有朝贡表文者许往广州洋澳去处俟候官司处置如此

庶怀柔有方而公私两便矣湾泊有定所布政司案查得递年暹罗国并该国管下甘蒲石 坤州与满剌加顺塔占城各国夷船或湾泊新宁广海望峒或新会奇潭香山浪白镜十字门或东管鸡栖屯门虎头门等处海澳湾泊不一抽分有则例布政司案查得正统年间以迄弘治节年俱无抽分惟正德四年该镇巡等官都御史陈金等题要将暹罗满剌加国并吉阐国夷船货物俱以十分抽三该户部议将贵细解京粗重变卖留備军饷至正德五年巡抚两广都御史林廷选题议各项货物著变卖存留本处以備军饷之用正德十二年巡抚两广都御史陈金会勘副使吴廷举奏欲或仿宋朝十分抽二或依近日事例十分抽三责细解京粗重变卖收備军饷题议只许十分抽二本年内占城国进贡得附搭货物照依前例抽分至正德十六年满剌加国奏佛朗机夺国及进贡诈伪议礼部议行镇巡等官遣发出境嘉靖五年又该姚都御史奏称暹罗国进贡得陪贡附搭货物十分抽二以备军饷方物解京嘉靖六年该国副使坤思悦者米的利等奏称正船并无抽分该礼部查得会典内该国例不抽分行回将厚抽货物退还变卖修船归国遵行到今俸粮折色椒木无支布政司案查得递年止系都布按三司文武官买及在省文职官吏本司備行广豊库于库贮抽回胡椒蘇木计算各名下折色俸银每一两内徐八钱折蘇木一百斤尚余二钱折椒五斤八两八钱八分其余卫所武职官吏与夫境外各属则无折支椒木之例嘉靖中革去市舶内臣舶至澳遣知县有廉干者往舶抽盘提举司官吏亦无所预

九边四夷

辽东论

天津海道止可达于广宁迤西一带其金复海等处仍以登莱海道为径

主事陈绾与辽东抚巡诸公书 夫辽东之荒极矣弊关切近触目刿心愧不能止郑侠之图亦尝抱邻父之忧而窃为议之矣今之所谓救荒者非请发内帑乎非悉发官廪乎非劝借富民乎夫请发内帑则大工鼎兴司农每每告匮年例之外恐不能多发矣悉发官廪则辽之廪庾所积者几何劝借富民则自霖雨壊盖藏达虏掠屯堡富者转而为贫矣今之所恃以济辽人之急者惟关西籴买一节耳然蓟永一带岁本不登加以沿边籴买军饷则其所以资辽东者诚所谓以升合之水救涸鱼也近以蓟永少米而辽人籴买者多则有商贩之徒转市山东之粟自天津等处下船径抵豊台镇辽人有力者从此转搬无力者止赴山海携数十百文而觅升斗于商贩人之手夫米价本已腾贵加以转展接买大者驴驮车辇小者背负手提盘桓中途计车脚之费浮于米直然亦止可达广宁以西耳辽阳以东不惟隔三岔河而平陆满渠车牛莫达其所仰给者惟金复等处及黄山一带些须之产而关西之米踰河而东者绝少夫转输不通籴买无从则米价日增贫民虽月散数金不过镒为铢用无益也说者以为海禁少寛使天津直沽之船不抵豊台镇而得抵三岔河则不惟广宁以西可济而辽阳以东岂至踣毙如今日哉夫救荒如救焚溺论事若持权衡海禁固不可弛然与活辽东千万人旦夕之命者孰重夫从权以济一时之急而年豊之日禁复如故是从权以活千万人之命而禁复在也庸何伤夫辽镇之所以隶山东者本以通海道也成化以前禁例未行心文移之往来花布钞锭之解送皆取海上快捷方式故有无得以相通缓急得以相济自禁例一行而公私船只尽废究其所以不过杜绝逃军之路又或以为泛海恐引外夷也天欲绝逃军亦惟严为盘禁已若倭夷自刘江望海埚之捷其不至辽东者且百余年就虑其至不过远哨望谨烽火而已即如江南时有倭寇岂能使江海之间不行只艘乎此所谓失火之家不火食之计也呜呼使辽境而常时和年豊道路无梗也则可万一山海宁前咽喉一线之地少有阻隔则辽境不为孤悬绝域乎即今虏窥衢路转输万难则咽喉之不塞者直一间耳其可不为寒心哉且登莱二府去金复等州不浃曰而近考之会典正统年间登州卫犹存海船三十余只自海道既废船亦无存夫登莱阻山依海商贾不行其地有羡粟而无厚售设若少寛其禁使金复之人得以泛海贸易则一苇航之而辽阳以东皆可获济其与广宁以西辇输关内之粟者劳逸奚啻十倍也诚欲设为防范则嘉靖二十一年抚按尝奏添边备佥事驻金州矣今建议复添亦无不可不然则专责守备等官时为督察当亦不至于滋奸而长弊就使有之较诸今日脱巾枵腹恐恐然虑萧墙之变者利害不有间乎夫斗米六七钱人相食不顾此其时何如时也而犹泄泄然守惩噎之过计忘燎眉之急图愚窃以为过矣夫惟仁人君子切痌瘝之念而不惑于拘挛之议当必有以处此者生其曷容赘哉

辽镇通海议　郭造卿

嗟夫谋国之维也有志者事竟成亦在学识何如盖山海居庸二关称口外以居谪戍防关一也有虽易焉居庸不得入关逃之草地而已辽防为虽者北于属夷东于高丽而又渡海归内地故不设州县编民一以卫所制之者万户管千千户管百节制易明逃绝可稽也故不加有司设巡检恃其卫所以束伍耳自束伍渐废则逋岛越海者多矣初巡检之设于内有司地者自山海关而西南市乐亭之新桥迤南沧州之长泸一带至于东莱棋置星罗凡逃军逃囚及出百里无引必获逋岛越海者而能入内地否即且船有定规渡海双桅千料非官不得造而民渔不得渡其防倭出海等哨又严此自广宁以至广东沿海万里皆然也然辽东虽为口外实与山东为一省可严禁其往来阻绝其生理乎故因运花布而造船百只借此以通贸易使之公私两便耳夫居行令臣行意违禁下海者罪令也附官船注返者意也识能达此乃为知务不然花布几何而用船百只哉刘兵备议花布用折色从关起解者其未知存羊之意乎惟陈苑马之议为优若可破倭患逃军之说也然倭患未可为永绝今且未暇论之欲绝逃军须复巡捡辽岸税法虽详内地或失之疏船既通而禁弛则何岸不可登哉故为今策先由官造或千料海船五只或四百料鑚风十只往必由旅顺官验文引而始准至必由登州官验文引而始准无文引者获有文引而不莽者罪及于其所给以慎通行之端海禁既通则辽易为生山东沿海之人且有逃入辽者矣即辽之余丁自足以补伍何待于清勾而禁其逃亡哉不二十年间或造三十如正统或造百只如洪武内地巡检悉复其旧即民船编号亦可以通行而帆樯云集日盛虽倭患亦可备也惜今之陈言者不学古而入官耳初制不知率意妄引庙堂寻例亦弗深考拘孪废阁良可深喟夫借花布为名折色由海而解彼岂不乐于一日夕之程而乃由数千里之关哉复之有名造之自官则登州都司设之可也不设亦可也惟巡检不复旧则无所不逋焉镇内恐虚则惩咽而废不久复禁矣其能云集日盛而如闽浙广海乎故复巡检之制虽迂而且微其关系辽海实非细务也若欲使船永通而不废又有若迂而大者继此十余年即可以复行则士子应试是矣初渡海登科者辽镇于山东琼府于广东也琼无陆路至今如故辽于嘉靖十年奏改从顺天者海道既塞陆路悬远往返六千余里裹粮挟策为难初以京闱解额有拘乃与德州卫属顺天者对易人情事体两便今海道如通则应试如旧其海不远于琼崖士子有不乐从乎辽人登科者少而酌历登之数增山东试额之外偶赢不踰额不足勿取盈可也花布既由此解科举又从此行则海道永可无废皆陈言所未及者昔古北沿边桥议起于不肖而戚都护游闽越故知其必可成今欲通此道亦惟海滨人知之若复山东之应试例似琼海又何疑乎况旧制之废未几岂远于情事哉

王恽泛海小录

日本盖倭之别种恶其名不雅乃改今号其国在洋海之东所属州六十有八居近日出故曰日本国王一姓宋雍熙中已传六十四世中多女主今所立某氏云大元至元九年上遣秘监赵良弼通好而国次对马岛拒而不纳十七年已卯冬十一月我师东伐明年夏四月次合浦县西岸入海东行约二百里过拒济岛又千三百里至吐剌忽苦倭俗呼岛为苦又二千七百里抵对马岛又六百里踰一岐岛又四百里入容浦口又二百七十里至三神山其山峻削群峰环绕海心望之郁然为碧芙蓉也上无杂木堆梅竹灵药柗桧桫罗等树具俗多徐姓者自云皆君房之后【君房徐福字】海中诸屿此最秀丽方广十洲记所谓海东北岸扶桑蓬丘瀛洲周方千里者也又说洋中之物莫巨于鱼其背鬣矗然山立弥亘不尽所经海波两坼不合者数日又东行二百里舣志贺岛下与日本兵遇彼大势结阵不动旋出千人逆战数十合者凡两月我师既捷转战而前呼声勇气海山震荡所杀获十余万人擒太宰藤原少卿弟宗资盖前宋时朝献僧奝然后也兵仗有弓刀甲而无戈矛骑兵结束殊精甲往往以黄金为之络珠琲者甚众刀制长极犀锐洞物而过但弓以木为之矢虽长不能远人则勇敢视死不畏自志贺东岸前去太宰府三百里捷则一舍而近自此皆陆地无事舟楫若大兵长驱足成破竹之举惜哉志贺西岸不百里有岛曰毗兰俗呼为髑髅即我大军连泊遇风处也大小船舰多为波浪揃触而碎唯句丽船坚得全遂班师西还是年八月五日也往返凡十月省大帅欣都副察灰次李都帅牢山次宋降将范殿帅文虎总二十三南一十三隋唐以来出师之盛未之见也

日本

日本古倭奴国天御中主都筑紫号大倭王传三十三世彦潋尊第四子神武天皇自筑紫入都太和州强原宫仍以倭为号迄汉桓灵倭奴作乱历年无主有一女子名卑弥呼年长不嫁以妖惑众乃共立为王在位数年死宗男

嗣国人不服更相诛杀立卑弥呼宗女国遂定违唐咸淳初贺平高丽稍遂夏音恶其名不善乃更号日本盖取近日始升之义以疆城言之东南大海中依山岛为居西南皆距海东北隅隔以大山广袤四面各数千里东北山外历毛人国文身国约七千余里南到侏儒国约四千余里西循一支正北望耽罗渡百济到乐浪约一万二千里以州郡言之所都有山城太和河内和景摄津五州共统五十三郡故曰五畿之外所部东海道有伊贺伊势等六十四州共统一百一十六郡南海道有伊纪谈路河波赞耆伊豫土佐六州共统四十八郡西海道有丰前丰后筑前筑后肥前肥后日向大隅萨摩九州共统九十三郡北陆道有若狭越前加贺能登越中越后佐渡七州共统三十郡山东道有通江美浓驒信浓浓野下野陆忝出羽八州共统一百三十二郡山阳道有播摩美作备前备甲备后安艺周防长门八州共统六十九郡山阴道有丹波丹彼徂马因幡伯耆出云石见稳伎八州共统五十二郡故曰七道又有一伎岛对马岛多檄岛各统二郡故曰三岛其属国有五十余如新罗百济皆属焉洪武四年国王良怀遣僧祖朝贡七年复来以无表文却之其贡僧人发陕西四川各寺居住著为训绝不与通三十五年复来诏定为期十年一贡成祖嗣住国王皆受册封或三年或五年贡无定期正德四年南海通剌史右京兆大夫细川高国强请勘合遣使宋御卿贡正德六年西海道刺史左京兆大夫大内艺兴强请勘合遣使省佐贡嘉靖二年各道争贡国王又值嗣主幼冲不能制太内艺兴遣使宋设谦道细川高国遣使瑞佐宋书卿交贡舟泊宁波港互相诋毁宋设谦道等雠杀宋素卿伴从追至绍兴地方骚动二十七年起益肆猖獗闽广浙直徧受其患

倭奴邻三韩而国故名韩中倭后自恶其名更号日本在东南大海中依山岛而居地方数千里为畿五曰山城曰大和曰河内曰和泉曰摄津【共统五十三郡】为道七曰东海【有伊贺伊势志摩尾张三河远江骏河伊头甲裴相模武蔵安房上总下总常陆十五州共统一百六十郡】曰南海【有伊纪淡路河波讃耆伊豫伊佐六州共统四十八郡】曰西海【有筑前筑后丰前丰后肥前肥后日向大隅萨摩九州共统九十三郡】曰东山【有近江美浓飞弹信浓上野下野陆忝出羽八州共统一百二十二郡】曰北陆【有若佐越前越后加贺能澄越中佐渡七州共统三十郡】曰山阳【有幡摩美作备前备后备中安艺周防长门八州共统六十九郡】曰山阴【有丹波丹后徂马因幡伯耆出云石见隐伎八州共统五十二郡】为岛三曰伊岐曰对马曰多檄【各统二郡总计三千七百一十二都四百一十四驿八十八万三百二十九课丁】土产白珠青玉金银铜铁码磁硫黄丹土野马山鼠诸物大倭王以王为姓历世不易初号天御中主居日向筑紫宫其子号大材云尊自后皆以尊为号传世二十三至彦潋尊弟四子号神武大皇徙大和州强原宫传至守平天皇凡四十一世自后世次皆不可考复徙山城国文武僚吏皆世其官有德仁义礼智信大小十二等及军尼伊足尼翼诸名后各道分置刺史王以天为兄日为弟黎明听政日出而罢云委我弟也其诞妄若此用法率尚严急果于杀戮或戗剥肢体其初刻木结绳以纪事魏晋以后得五经佛教于中国于是缁衣沙门之属传习文字其俗男子髡额文身短衣无袖以袴裹束衣肩背处绘染草木花虫之状以别尊卑履无絇组以底之长短别贵贱女子被发跣足衣如帏幔从头颈贯之居无城郭惟国王处以楼观其余富者屋版贫者覆茅不识拜起之节以蹲踞为恭槎手为悦分器而食或用笾豆性极贪鄙诡谲好兵行以刀剑自随不知嫁娶男女相悦即为夫妇渡海则令一人斋戒不栉沐谓之持衰不利辄杀之元世祖至元中以舟师征之败绩终元之世竟不入贡我太祖高皇帝统一寰宇薄海之外罔不臣仆惟倭奴未至洪武二年遣使臣赵秩招之泛海至析木崖入其国倭王良怀对使者曰昔蒙古以戎狄莅华而以小国视我使赵姓者訹我以好语初不知其觇国也今天子帝华使亦姓赵得非蒙古之云仍乎亦将訹我以好语而袭我耶秩曰今天子圣神文武明烛八表生华帝华非蒙古比我非蒙古使后汝若背逆即杀我祸不旋踵矣王屈服乃更礼秩遣夷僧十人随秩入贡是年三月寇苏州之崇明太仓守御指挥翁德督舟师剿捕遇于海门之上帮斩获甚众五月复寇温州中界山永嘉玉环诸处五年太祖谓廷臣曰东夷固非北胡腹心之患亦犹蚊虻警寤自觉不宁与诚意伯刘基等议其俗尚禅教宜遣高僧说之归顺乃选明州天宁寺僧祖阐南京瓦罐寺僧无逸往使日本宣谕敕旨随遣夷僧来献马匹盔铠枪刀玛瑙硫黄帖金扇诸物七年倭贼至近海靖海侯吴祯督率舟师追剿至琉球洋多所斩获俘送京师十二年来贡验无表文发云南川陕安插明年复来贡亦无表文仍发安插又明年来贡验有前年来贡人船名籍檄至京师锡宴遣归十五年使臣归廷用来贡备倭指挥林贤交通枢密使胡惟庸计擒遣还夷使诬为寇盗私其货物中书省举奏其罪流贤日本十六年六月夷船一十八只寇金乡小濩寨官兵敌却之明年胡惟庸伪差庐州人李旺充宣使以还林贤率倭兵四百余人与僧如瑶来献巨烛中藏火药兵器图谋乱逆比至惟庸被诛朝廷治其逆党处贤极刑夷兵发云南守御降诏切责倭国君臣【诏曰

曩宋失驭中土受殃金元入主二百余年移风易俗华夏腥膻凡有志君子孰不兴忿及元将终英雄鼎峙声教纷然时朕控弦三十万砺刃以观未几命大将军肆九伐之征不逾五载戡定中原蠢尔东夷君臣非道四扰邻邦前年浮辞生衅今年人来否真实非疑其然而往问果较胜负于必然实构隙于妄诞于戏渺居沧溟罔知帝赐傲慢不恭纵民为非将必殃乎故兹诏谕想宜知悉】仍著训典曰日本虽朝实诈暗通奸臣胡惟庸谋为不轨故绝之命信国公汤和经略沿海设防备倭【和于东南边海悉为展拓城池增置卫所巡司关隘寨堡台堠】尤严下海通番之禁二十六年八月夷船一只寇小尖亭明年二月夷船九只寇小尖亭三十四年九月夷船六只寇蒲岐所茅砚山永东黄花诸处成祖文皇帝永乐二年四月夷船一十一只寇穿山百户马飞兴死之寻寇苏柗诸处是年上命太监郑和统督楼船水军十万招谕海外诸番日本首先纳款擒献犯边倭贼二十余人【倭贼即治以彼国之法尽蒸杀之时铜甑犹存炉灶遗趾在芦头堰】降敕褒奖曰尔虽身在外海实心朝廷古之东王未有贤于君者给勘合百道定以十年一贡船止二只人止二百违例则以寇论【制限进贡方物　马　铠　硫黄　贴金扇　牛皮枪　盔　苏木　涂金装彩屏风　匈　洒金厨子　洒金手箱　洒金木铫角盥　刀　洒金文台　描金粉匣　描金笔匣　水晶数珠　抹金提铜铫　玛瑙】随命俞士吉充都御史赍金印锦诰赐倭王敕其国镇山为寿安山御制碑文勒石其上四年平江伯陈瑄督领海运与倭寇值于沙门岛追至朝鲜洋尽焚其舟斩获无算九年以后贡者仅一再至而其寇柗门寇沙园诸处者不绝如十九年犯辽东之马雄岛为总兵刘江尽殲于望海埚【是年五月望日倭贼二千余人登犯马雄岛总兵刘江乃犒士秣马令百户姜隆帅壮士楚毁贼舟以断归路指挥徐刚伏兵山下戒曰见旗举炮响则起明日贼逼望海埚下江披发当先执旗麾伏兵张翌而进贼奔樱桃园空堡中官兵围之有欲奋攻者江弗许令开西壁纵之仍分两翌夹攻悉擒斩之及还诸将请曰公临敌安闲惟饱士马披发冲阵围而复纵何也江曰穷寇远来必饥且劳我以饱逸待之此为治力贼阵有似长蛇我以真武势压胜之虽所以愚士卒之耳目亦足以壮我军之气贼入堡而纵此围师必阙之法也众皆悦服捷闻于朝进江伯爵将士升赏有差】二十二年寇象山县丞宋真持竿击贼而死教谕蔡海骂贼而死盖其罔怀帝赐狡谲不情固其常也宣宗朝入贡踰额复增定格例船毋过三只人毋过三百刀剑毋过三千把八年倭王源道义卒遣使吊祭十年嗣王上表谢恩正统四年五月夷船四十余只夜入大嵩港袭破所城转寇昌国亦陷其城【时备倭等官以失机被刑者三十六人惟爵溪所官兵擒获贼首一名毕善庆诛之】七年夷船九只使人千余来贡朝廷责其越例然以远人慕化亦包容之八年六月寇海宁乍浦诸处十月复寇壮士所景泰六年寇健跳官军城守不得入天顺二年遣使来贡成化二年贼舟伪贡备倭都指挥张翥帅舟师逐之十一年遣使周玮来贡敕谕倭王自后宜恪遵宣德中事例弘治八年来贡正德四年遣使宋素卿来贡请祀孔子仪制朝议弗许素卿者即鄞人朱缟其家鬻于夷商汤四五郎越境亡去至是充使入贡重赂逆瑾蔽覆其事盖缟在倭国伪称宗室苗裔倾险取宠辅庶夺嫡争贡要利实为衅始嘉靖二年四月夷船三只译称西海道大内谊兴国遣使宗设谦道入贡越数日夷船一只使人百余复称南海道细川高国遣使瑞佐宋素卿入贡导至宁波江下时市舶太监赖恩私素卿重贿坐之宗设之上且贡船后至先与盘发遂致两夷仇杀毒流廛市宗设之党追逐素卿直抵绍兴城下不及还至余姚遂絷宁波卫指挥袁琎越关而遁时备倭都指挥刘锦追贼战没于海定海卫掌印指挥李震与知县郑余庆同心济变一日数警而城以无患贼有漂入朝鲜者国王李怿擒获中林望古多罗械送京师发浙江按察司与素卿监禁候旨法司勘处者凡数十次而夷囚竟死于狱倭奴自此惧罪逋诛不敢款关者十余岁十七年五月夷船三只使僧石鼎周良来贡求还前所遗货法司谕以事已经乱货应入官且无从索之良等沮不敢言朝廷复申十年一贡之例责令送还正德以前勘合更给新者遵照入贡二十三年四月使僧释寿光等百五十人来贡验无表文且以非期却之二十六年四月夷船四只使臣周良等四百余人来贡仍以非期发外海岙山停泊一年期至方许入贡先是福建系囚李七许二等百余人逸狱下海勾引番倭结巢于霩衢之双屿出没为患上命巡抚都御史朱统调发福建掌印都指挥卢镗统督舟师捣其巢穴俘斩溺死者数百【有蟹眉须黑番鬼倭奴俱在获中】余党遁至福建之浯屿镗复剿平之命指挥李兴帅兵发木石塞双屿贼舟不得复入然窟穴虽除而东南弗靖徽歙奸民王直【即王五峰】徐惟学【即徐碧溪】先以盐商折阅投入贼伙继而窜身倭国招集夷商联舟而来栖泊岛屿潜与内地奸民交通贸易而鄞人毛烈【即毛海峰】质充假子时广东海贼陈四盼等亦来劫扰王直用计擒杀叩关献捷乞通互市官司弗许壬子二月直令倭夷突入定海关夺船福建捕盗王端士帅兵敌却之直移泊金塘之烈港去定海水程数十里而近亡命之徒从附日众自是夷航遍海为患孔棘是年四月贼攻游仙寨百户秦彪战死

已而寇温州寻破台州黄岩县东南震动巡按御史林应箕告急于朝朝议设巡抚都御史提督军务兼制闽浙而各设参将统帅兵众于时巡抚都御史王忬命参将汤克宽捕斩贼首邓老等六月贼陷霩衢城癸丑四月贼薄省城指挥吴懋宣率僧兵御之于赭山力战死之贼陷昌国城百户陈表持兵相拒毙贼数人死之观海卫指挥张四维追贼于崎头洋斩首五十级夷舟渐至直隶登劫皆依烈港之贼为窝堵参将俞大猷以舟师捣之弗利贼亦寻遁至别岛鼓扇余凶逞其毒螫是月贼复攻陷临山城六月贼复寇嘉兴寇海盐澉浦乍浦寇直隶上海吴淞嘉定青村南汇金山卫寇苏州寇昆山太仓崇明或聚或散徧于川陆凡浙直之地所经村落都市昔称人物伙繁积聚殷富者荡为丘墟而柘林八团诸处胥作巢穴矣时官兵进剿屡衄参将汤克宽督率邳兵战于叶谢港斩首五十余级海道副使李文进参将俞大猷督率都司刘思至指挥张四维郭杰百户邓城等兵船追贼于莲花洋甲寅二月参将卢镗与贼战于史家浜尽焚贼舟斩获无算三月都司刘思至指挥张四维督舟师追贼至三岳山斩首二十级寻与指挥潘亨会兵追剿生擒三十余徒贼由赭山钱塘至曹娥涉三江沥海余姚直走定海县之王家团复有盘据补陀山焚劫海盐龙王塘乍浦长沙湾嘉兴嘉善县诸处卢镗与把总指挥刘隆潘鼎邀击于石墩洋斩首二百余级是月贼攻昆山城又攻苏州城又攻松江城九月贼奔萧山县分寇临山沥海上虞县又攻嘉兴城官兵与战于孟家堰指挥李元律千户薛綗宋应兰死之贼走嘉善县参将张淙张鈇都司周应祯指挥王尧相杨永昌等分兵追斩各有差贼徒四十余突至百家山百户赵轩瑜战死贼寇沈家河智扣山黄湾诸处都司周应祯战死六月贼寇蒲门壮士所指挥王希禹率兵追斩四十级七月贼舟遁出金山洋指挥任锦要击于铜礁俘斩三十余级十月夷船三只突入松门关薄于灵门台州知府宋治与把总刘堂太平县知县方辂率兵袭焚其舟击斩有差十一月贼徒二百余人登自海门港直趋台州仙居新昌嵊县屯于绍兴柯桥村署海道副使陈应魁同俞大猷率会稽县典史吴成器帅兵剿除之复有贼众二千余人焚劫嘉善县广西领兵百户赖荣华战死乙夘四月贼寇常熟佥事任环帅湖广土兵战却之先是剧贼徐惟学【郎徐碧溪】以其侄海【即明山和尚】质于大隅州夷贷银数万两而惟学竟没于广东之南岙【为守备指挥黑孟阳所杀】其后夷索故所贷于海令取偿于寇掠至是海乃偕夷首新五郎聚舟结党而来众数万寇南畿浙西诸路至乍浦巡按御史胡宗宪令人载药酒诱贼贼中毒死者过半余众数千拥至王江泾宗宪督卢镗与总兵俞大猷统浙直狼土等兵大战悉擒斩之聚尸三千封京观更名其地为灭倭泾贼复一支走崇德以向肖城总督尚书张经督兵追击之而麻阳土酋保其前所杀贼得获珍货战乃不力重以不得地利大致挫衄经坐重谴贼复寇常熟知县王鈇与致仕参政钱泮率兵御之被害贼复寇无锡寇宜兴官兵敌却之已复攻围江阴连月不解知县钱錞死之贼复寇唐行镇游击将军周璠迎敌死之别有贼九十三人自钱仓白沙湾入奉化仇村经金峨突七里店敌杀宁波卫百户叶绅由甬东走定海崇丘乡复折而趋鄞江桥历小溪樟村敌杀宁波卫千户韩纲走通明坝渡曹娥时御史钱鲸以便道南还适与之值遂遇害已而过萧山渡钱塘入富阳严州寇徽州之绩溪县卢镗先以劲兵出油口溪扼之贼奔太平府渡采石江道南京外郛京营把总朱襄蒋升战死官兵追捕殲于苏州之木渎复有贼千余由掘泥山登犯观海慈溪龙山定海县诸处六月复有贼数千自柘林走海宁直抵杭州北关外屯聚劫掠贼自观海开洋者备倭都指挥王沛督帅把总闵溶张四维李兴等兵船要击于霍山洋悉冲沉之先是巡按御史胡宗宪具奏遣使谕其国王以弭边患是年八月朝廷以宗宪有才略可大任遂进都御史提督军务复与工部侍郎赵文华合奏申前事报可乃令福浙藩司檄宣德意生员蒋洲陈可愿充市舶提举以往九月贼徒二百余人登据舟山之谢浦复有贼数百由海门登劫仙居黄岩官兵追之贼奔奉化走鄞江桥出四明山据绍兴之龛山胡宗宪亲督卢镗处州梁高山等兵击斩之十一月贼众二千余乘舟遁出南汇口复有攻犯温州瑞安者守备都指挥刘隆战死随流劫仙居天台至嵊县清风岭胡宗宪督容美兵尽殲之又有福建流贼由台温至宁海抵奉化之枫岭敌杀慈溪县领兵主簿毕清义士杜文明与象山流贼合伙突过四明山攻犯上虞渡蛏浦港寇萧山县壁于钱清胡宗宪督兵备副使许东望等统麻阳土兵进剿斩首五百余级尽擒之余孽复由诸暨出东阳临海至太平蒲岐巡简司得舟而遁丙辰二月使夷生员陈可愿偕毛烈及夷商枱柴门善妙等七百余人乘舟进泊于马墓港自言直抵倭岛遍谕丰州马肥前平飞兰诸岛悉已禁止寇掠然无稽之语漫不足信开市之议私相许诺纳款请罪之表未至而福浙直隶沿海告警者踵接据华人自日本来者云大倭王懦弱不制诸岛各拥强争据王直所窜即西海道有丰前丰后筑前筑后肥前肥后萨摩日向大隅九州其所称曰前平曰马肥曰飞兰曰花脚踏曰鸟渊曰太村津何马屈沙他家是卒之毛儿沉马美美空居止通明巨甲庙里日高诸处皆筑肥丰州之地总辖于丰后州王大隅州县隔一海亦为听命山口王居日向萨摩之

间亦渐并于丰州王矣九州入大倭王畿甸越断港而东水陆之程迈于旬月舟行而西止五六日而已入我浙直界矣天朝颁赐勘合贮肥后州亦有贮山阳道周防州者各道入贡必纳贽请取勘合而行频年寇边实九州夷也时徐海久据柘林是年二月将寇南京浙西诸路出嘉兴至皂林遇游击将军宗礼帅骁骑五千人突之杀贼无算明日复战死之贼攻围巡抚阮鹗于桐乡窘甚时胡宗宪新受总督军务兵部左侍郎之命旧兵不满千人度其势未可驱殄乃用计稍啗贼至四月下旬围始得解贼乃别遣夷船二十三只贼众二千六百登劫鸣鹤场夷船八只贼众千余登劫临山三江越数日两贼合攻观海龙山城突入慈溪县治焚劫惨毒长吏负印而走缙绅齿刃死者则副使王镕知府钱涣也贼出丈亭港欲窥郡城卢镗帅兵乘轻舠沿江上下用乌嘴铳击贼贼疑退屯海口后至者则拾其遗货是月贼众五百余由福建莆田之广头登岸流劫而西入据仙居县时阮鹗始出桐乡围中胡宗宪行鹗统督兵备副使许东望参将卢镗台州知府谭纶指挥伍维统等进剿尽殲贼于仙居而宗宪自以身独当海乃数遣死士入海营中为反间令自缚其党陈东等八十余人而海自以身乞降佯许之计征兵且至乃与工部尚书赵文华密谋进剿大殲于沈家庄海遂自溺得其尸新五郎帅余党乘舟遁至烈港参将卢镗要击之俘斩三百余新五郎与麻叶等囚至京师献俘告庙剉尸枭示上命儒臣纪颂功德云贼据定海丘家洋阮鹗与俞大猷卢镗合兵围守数日贼甚窘而我兵不戒遂夜溃围踰桃花岭渡李溪走鄞之西乡由元贞桥走奉化宁海与官兵战于台州之两头门把总范指挥死之遂从宁海走温州至福建得舟而遁谢浦之贼移据吴家山自秋及冬屡攻弗克胡宗宪发桑植麻寮兵三千檄张四维岁除乘雪夜袭破其巢悉斩之丁已正月贼众数千登自福建之三沙遍掠沿海至宁德县备倭都指禅刘炌死焉时领兵指挥千百户阵亡者二十八人三月贼众复千余与三沙贼合抢劫洪塘焚毁新造战船一百余只四月贼寇通州海门县突流扬州庙湾港卢镗追击冲沉其五舟斩首四十余级贼出安东县复依船为巢池河守御刘显击破之斩首百余级余党遁去复有贼舟漂至沈家门约百余人胡宗宪遣朱尚礼诱至定海关悉斩之七月生员蒋洲与倭酋德阳左卫门善妙松柴门等五十余人乘舟进泊舟山胡宗宪上其事于朝九月王直毛烈叶碧川等亦偕夷商水手千余乘舟进泊岑港毛烈自诣军门乞降求市胡宗宪令烈还舟候旨檄俞大猷统督浙直兵船为战备檄卢镗至舟山抚谕宣布威德直进退无据遂就执戊午三月毛烈帅其夷兵与松柴门等合巢于岑港山四出劫掠总兵俞大猷统督参将戚继光张四维刘显丁仅等兵围之久而弗克贼舟继自丰州岛来者为烈应援宗宪督张四维以舟师击于韭山洋斩首百有奇其一支壁于朱家□环而攻之俘获三百有奇自是岑港之贼绝援矣时贼有寇温州者其郡致仕佥事王德帅乡兵御之杀贼数人次日复领兵出战德陷贼伏而死其它寇楚门寇台州寇乐清临海仙居及象山之交绾者众至万五千人时惟台州民兵前后俘斩数百而已六月岑港之贼毁其故巢遁于柯梅山官兵攻围至十一月复乘舟夜遁张参将追及于镇下门冲沉其一舟斩首二十余级烈遁至浯屿复移于南岙转而东奔已未三月倭贼千余登犯象山金井头诸处海道副使谭纶督兵剿之斩首百余级贼流至宁海与先犯桃渚海门黄岩诸贼相合总督胡宗宪复檄谭纶同参将戚继光帅兵追剿贼趋新河所复奔太平之南湾山官兵斩首七百余级又贼一枝据宁海之石马林谭纶同副使刘存德参将牛天赐又奉总督之檄剿平之复有夷船大寇扬州通泰诸处四月夷船二十余只贼徒二千余人漂至三爿沙副总兵卢镗督帅游击杨尚英等兵船击斩百三十级余孽移据三沙官兵前后斩获二十级七月遁至江北复寇庙湾蒙李诸处总督胡宗宪都御史李遂督发参将曹克新都司何本源等兵悉剿平之十二月法司奏谳王直罪逆遂即诛枭首定海关

太仓使往日本针路【见渡海方程及海道针经】

太仓港口开船用单乙针一更船平【更者每一昼夜分为十更以焚香枝数为度以木片投海中人从船面行验风迅缓定更多寡可知船至某山洋界】吴淞江用单乙针及乙卯针一更平　宝山到南汇嘴用乙辰针出港口打水六七丈沙泥地是正路三更见茶山【茶山水深十八托一云行一百六十里正与此合】自此用坤申及丁未针行三更船直至大小七山滩山在东北边　滩山下水深七八托用单丁针及丁午针三更船至霍山　霍山用单午针至西后门　西后门用巽已针三更船至茅山　茅山用辰已针取庙州门船从门下行过取升罗屿【庙州门水深急流】升罗屿用丁未针经崎头山出双屿港【升罗崎头俱可泊船崎头水深九托】双屿港用丙午针三更船至孝顺洋及乱礁洋【双屿港口水流急孝顺洋水深十三托泥地】乱礁洋水深八九托取九山以行【九山西边有礁打水行船宜仔细一云乱礁洋水深六托泥地】九山用单卯针二十七更过洋至日本港口【打水七八托泥地

南边泊船】又有从乌沙门开洋七日即到日本　若陈钱山至日本用艮针

福建使往日本针路

梅花东外山开船用单长针乙辰针或用辰巽针十更船取小琉球　小琉球套北过船见鸡笼屿及梅花瓶彭嘉山　彭嘉山北边过船遇正南风用乙卯针或用单卯针或用单乙针西南风用单卯针东南风用乙卯针十更船取钓鱼屿钓鱼屿北边过十更船南风用单卯针东南风用单卯针或用乙卯针四更船至黄麻屿　黄麻屿北边过船便是赤屿五更船南风用甲卯针东南风用单卯针西南风用单甲针或用单乙针十更船至赤坎屿　赤坎屿北边过船南风用单卯及甲寅针西南风用艮寅针东南风用甲卯针十五更船至古米山　古米山北边过船有礁宜知畏避南风用单卯针及用甲寅针五更船至马嚧山　马嚧山南风用甲卯或甲寅针五更船至大琉球　大琉球那霸港泊船【土官把守港口船至此用单卯及甲寅针行二更进那霸内港以入琉球国中】那霸港外开船用单子针四更船取离倚屿外过船南风用单癸针三更船取热壁山以行　热壁山南风用单癸针四更船取硫黄山　硫黄山南风用丑癸针五更船取田嘉山又南风用丑癸三更半船取蓼加剌山南风用单癸针及丑癸针三更船取大罗山　大罗山用单癸针二更半船取万者通七岛山西边过船　万者通七岛山用单寅针五更船取野顾七山岛内各叫兵之妙是麻山屿野顾山用巽寅针二更半船但尔山用艮寅针四更船取亚甫山【一云野顾山对面行六十里有小礁四五个最畏避在北边过船用艮寅方行一百五十里至旦午山用艮寅方行一百四十里至亚甫山】亚甫山在平港口其水望东流甚急离此山用艮寅针十更船取亚慈理美妙若不见此山用单艮针二更船又艮寅针五更船取沿湾奴【一云沿渡奴】乌佳眉山沿渡奴乌佳眉山用单癸针三更船若船开时用单子针一更船至而是麻山　而是麻山南边有沉礁名套礁【一云名佐沉长礁】东北边过船用单丑针一更船是正路却用单子针四更船取大门山中　大门山傍西边门过船用单丑针二更船取兵裤山港　兵裤港循本港直入日本国都

日本论　周弘祖

倭人在东海之中新罗国之东南本名倭后自丑其类改日本云左右小岛五十余皆自名其国而臣附之其国东西五月西南三月行并无城郭联木栅居之风土与新罗百济类自山东文登县成山卫绝海入匏芦河以入新罗历大镇七真现三遂抵百济之熊津及嘉林任存二城此城犹百济水陆之冲通此二城则日本之右臂断矣夫新罗百济日本国于东南民物豊阜金银羡积好闽广糖菓青衣麻葛丝罗段绢川广药材铜锅鼎铫又酷慕鬼神每招约朝鲜尝以六月间登莱州定海县之落迦山赛祭观音以邀冥福若减边海条禁以遂商贾贸迁仍宽分利以致其来平价值以息其争惇诚信以固其意则利尽东海墩堡无烟岁抽其税不可胜言上可以益国家之赋下可以宽东海之征沿边征倭官兵永以坐啸矣行之数年海民惯熟因类汲引可达福余福余东北番卫也与朵颜大宁建州四卫互相表里为辽东蓟门之警陆路远未可通惟自成山径抵新罗转达秽貊沃阻福余可以规制朵颜收复大宁以为京师陵寝盘石之固未可视为末务而不讲也唐置勃海高丽之使辽有大宁通吴之军已先为之矣东胡弓马偏长而不敢行舟南方便舟如使马而疾于步芜异日有事大宁蓟门辽左疲其东西南方舟师直捣福余所谓迅电不及瞑目疾雷不及掩耳者况取利于市舶民力不费资势于新罗百济兵卒精强何所拘泥而不早图耶

琉球　琉球一岛僻在海外如黑子弹丸耳然自我明之兴其奉贡唯谨则来享来王之国也今上丙子琉球以嗣封请上命户科左给事中萧崇业行人谢杰持节册以往杰吴航人也归言琉球有日本馆群聚数百人待封使之舟转与为市其人出入挟利刃琉球心慑之疑不可向迩云越辛卯又以嗣封请于时倭犯朝鲜海氛弗靖议令琉球自赍诏册以归使臣罢勿遣更十余年朝解师解琉球坚以往例陈乞上嘉其为不叛之臣复许之甲辰命兵科左给事中夏子阳行人王士祯又持节册以往丙午冬子阳竣事还私向余言日本近千人露刃而市琉球行且折于日本矣且使臣入彼国若不闻焉其所以事天朝至浅鲜也操纵伸缩惟是诸陪臣与吾之通事表里为奸区区两使臣威所不能加法所不能禁也倘异时者再衔命涉沧溟其辱国弥甚君其识之余闻给舍言怆然有感于心乃今数年日本狡焉启疆而琉球之君为虏臣为仆矣且阳借修贡之途以阴行假道之计撤我藩篱窥我虚实日引月长将何以固吾圉乎玉关之谢抑其末耳诗曰肇允彼桃虫拚飞惟鸟当事者勿泄泄焉而视之若桃虫然则几矣

读史方舆纪要[①]

卷一·历代州域形势一【唐虞三代　春秋战国　秦】

苏代约燕王。秦正告魏曰。我举安邑。【故魏都。】塞女戟。【女戟。刘氏曰。在太行山西。】韩氏太原卷。【太原。刘氏曰。当作太行。卷。绝也。苏代谓齐王。亦曰。秦举安邑。而塞女戟。韩之太原绝。】下轵道。【轵。见上苏秦谓赵王。】道南阳。封。冀。【南阳。亦见上。封。封陵也。今山西蒲州南五十里风陵关是。冀。见前冀国。】兼包两周。乘夏水。【夏则水溢。故云。】浮轻舟。强弩在前。銛戟在后。决荥口。【荥口。荥泽之口。今河南河阴县西二十里石门口是也。】魏无大梁。决白马之口。【白马口。今北直滑县西白马津是也。旧为大河津渡处。】魏无黄。济阳。【黄。今开封府杞县东北六十里外黄城是。济阳。今开封府兰阳县东五十里济阳城是。】决宿胥之口。【宿胥。旧时淇水南入大河之口也。今大名府浚县西南有故宿胥渎。】魏无虚。顿丘。【虚。即故朝歌也。顿丘。在今大名府清丰县西南二十五里。二邑在河北。盖决河北入灌之。】陆攻则击河内。【今怀庆。卫辉。彰德三府。皆曰河内。】水攻则灭大梁。

战国策。苏秦曰……秦攻燕。则赵守常山。楚军武关。【武关。在陕西商州。见前。】齐涉勃海。【海之旁出者曰勃。自山东青。济北向沧。瀛。即所涉处也。瀛。今河间府。】韩。魏皆出锐师以佐之。

战国策。苏秦曰……今赵之攻燕也。发号出令。不至十日。而数十万之众军于东垣矣。【东垣。即今真定府。】渡呼沱。涉易水。不至四五日。而距国都矣。故曰。秦之攻燕也。战于千里之外。赵之攻燕也。战于百里之内。

卷四·历代州域形势四【南北朝　隋】

史略。刘裕初为刘牢之参军。以讨海寇孙恩。卢循功。积官至彭城内史。居京口。【京口。今镇江府。见前。】会桓玄自江陵入建康僭大位。裕起义兵讨除之。晋室复定。义熙五年。裕以慕容超据广固。数入寇。表请伐之。帅舟师自淮入泗。至下邳。留船舰辎重。步进至琅邪大岘山。【大岘山。在青州府临朐县东南百有五里。穆陵关在焉。详山东重险穆陵关。】袭克临朐。进围广固。遂平齐地。会卢循等复炽。引兵自番禺至始兴。【初。刘裕追败卢循于永嘉。又追败之于晋安。循浮海南走。既而循寇南海。陷番禺。其党徐道覆又攻陷始兴据之。朝廷未暇征讨。授循为广州刺史。道覆为始兴相。】循寇长沙。徐道覆引舟师分道寇南康。庐陵。豫章。江州刺史何无忌拒战。败没。中外震骇。循复自巴陵趋寻阳。【巴陵。今岳州府治。寻阳。治柴桑。在今九江府南。俱见前。】与道覆合兵东下。败豫州刺史刘毅军于桑落洲。【桑落洲。在今九江府东北五十余里。】军势甚盛。裕方从伐燕。还至下邳。闻警。即疾驰至石头。【石头城。在今江宁府城西。见前。】循等进逼建康。裕督军屯守。循以裕既还。建康有备。引还寻阳。裕因治水军。遣将军孙处等潜自海道袭番禺。倾其巢窟。而自引大军西击循前锋。败贼兵于南陵。【今太平府繁昌县西南故南陵戍是。】裕进军雷池。【在今安庆府望江县东南十里。】循等逆战。大破之于大雷。【今望江县。即古大雷戍。】循走寻阳。将趋豫章。乃悉力栅断左里。【杜佑曰。左里。即彭蠡湖口也。今南康府都昌县西南九十里有左里故城。】裕拔栅而进。循大败。单舸南走。径还番禺。及

① 〔清〕顾祖禹辑撰。据中华书局1955年版。

至。官军已入城数月矣。循走交州。穷蹙而死。

史略。义熙三年。刘裕使刘敬宣讨谯纵。敬宣既入峡。【巴东三峡是也。见前。】遣别将出外水。【大江从成都府南境至泸州。曰外水。】自帅诸军出垫江。【今重庆府合州。盖由内水而进也。】转战而前。至黄虎。【在今潼川州北。】去成都五百里。纵遣将悉众拒险。敬宣不得进。食尽引还。八年。复命朱龄石等进讨。别函付龄石曰。众军悉从外水取成都。臧熹从中水取广汉。【雒水自汉成都府合州至泸州入江。曰中水。广汉即汉州。晋曰新都。此从汉郡言也。】老弱乘高舰十余。从内水向黄虎。【涪水自成都府绵州东南至合州入江。曰内水。俱详四川大川。】时谯纵方屯重兵。以备内水。龄石至白帝。【白帝。见前。】遂兼行至平模。【平模山。在眉州彭山县东十里。亦曰彭亡山。滨大江。由外水至成都必繇之道。】去成都二百里。出敌不意。纵分兵拒守。龄石击破之。臧熹亦破纵别军于牛鞞。【牛鞞城。在今成都府简州城西。即中水所繇之道。】纵诸营屯望风奔溃。龄石趣成都。纵走死。蜀地悉平。十二年。姚兴死。裕遂伐秦。遣王镇恶。檀道济将步军自淮。肥向许。洛。【自淮。肥者。由寿春而北也。许。许昌。洛。洛阳。】朱超石。胡藩趋阳城。【超石时为新野太守。盖自南阳北出。阳城。今河南府登封县。】沈田子。傅弘之趋武关。【自出襄阳引军西北也。武关。见前。】沈林子。刘遵考帅水军出石门。自汴入河。【遵考时为彭内史。盖自彭城入汴。石门。水入河之门也。亦谓之荥口。见前七国魏苏代论荥口。】以王仲德督前锋。开巨野入河。【巨野。见职方兖州浸。】镇恶等入秦境。所向克捷。漆丘。项城降。【漆丘。今归德府南二十五里小蒙城是。项城。见晋豫州治。】拔新蔡。许昌。克仓垣。【仓垣。在开封府陈留县西。】荥阳。阳城皆来降。进至成皋。王仲德水军入河逼魏滑台。魏人弃城走。遂入据之。道济等进逼洛阳。洛阳降。进军渑池。【今河南府属县。见前。】径攻潼关。屡败秦兵。裕亦将水军自淮。泗入清河。【即巨野以北之济水也。】溯河西上。而遣别将留守碻磝。【今济南府长清县西有碻磝故城。】以防魏人侵轶。寻入洛阳。自陕抵潼关。沈田子等亦入武关。大败秦军于青泥。【青泥城。在西安府蓝田县南七里。】王镇恶复请帅水师自河入渭。趋长安。破秦军于渭桥。【东渭桥也。在西安府东北五十里。】遂克长安。姚泓降。

史略。初。齐人因江陵之亡。取郢州。【即江夏也。时郢州刺史陆法和以城降齐。】又东拔谯郡。【今南直巢县东南二十里有故谯郡城。】取皖城。克东关。【皖城。东关。俱见孙吴重镇。】既纳萧渊明。乃归郢城于梁。及渊明废。徐嗣徽以谯。秦二州降齐。引齐兵入姑孰。据石头。旋败却。复自芜湖东下。战于台城南北。【台城。六朝宫城也。】霸先大破之。自是齐兵不复渡江。然江北之地悉没于齐矣。又湘州刺史王琳。据州不下。东略郢州。霸先遣将侯安都等击之。军败。琳进据江州。奉萧庄为主。【庄。湘东世子方等之子。齐人初攻建康。庄质于齐。琳请于齐而立之。】会齐兵东下。战于芜湖。败奔齐。江。郢之地。乃归于陈。而后梁主又因琳军之东。遣将略取长沙。武陵。南平。巴陵诸郡。归之于周。周人使梁戍之。琳既平。于是遣侯瑱等西略巴。湘。周人复增兵戍守。久之。巴陵。湘州降。周军引去。于是武陵。天门。南平。义阳。【时义阳郡寄治作唐县。今岳州府澧州。安乡县也。】河东。【河东郡寄治松滋。今荆州府属县。】宜都诸郡。始为陈境。其后大建五年。遣吴明彻等北伐。淮南州郡。次第降下。淮北亦皆响应。九年。因周人灭齐。复命明彻图淮北。攻围彭城。周将王轨驰救。引轻兵据淮口。遏陈船归路。明彻引还。至清口。【即淮口也。见前周亚夫引兵出淮泗口。】败没。十一年。周将韦孝宽等渡淮。江北之地。尽为所略。

史略。周建德四年。韦孝宽陈伐齐之策。曰。陈氏既平淮南。齐人内离外叛。大军若出轵关。方轨而进。【胡氏曰。自轵关出险趋邺。前无阻险。可以方轨横行。】兼与陈氏共为犄角。并令广州义旅。出自三鸦。【周人仍置广州于鲁阳。三鸦。今鲁山县西南十九里有三鸦镇。亦曰平高城。详见河南重险三鸦。】又募山南骁锐。沿河而下。【胡氏曰。周都长安。以褒。汉。荆。湘为山南。】复遣北山稽胡。绝其并。晋之路。【胡氏曰。南匈奴余众。散在河东。西河郡界阻山而居者。皆稽胡也。自长安而言。故曰北山。】仍令诸军各募关河之外劲勇之士。使为前驱。百道俱进。并趋敌庭。敌必崩溃。于是周主邕分遣宇文宪趋黎阳。【黎阳。在北直浚县西。见前。】杨坚等将舟师自渭入河。侯莫陈芮守太行道。【胡氏曰。太行道在河阳北。守之以断并。冀。殷。定之兵也。】李穆守河阳道。【胡氏曰。自河阴北渡河为阳。周主将攻河阴。洛阳。守之以断其往来。】于翼出陈。汝。【时翼为安州刺史。自安州出陈。汝以摇动其东南也。安州。即今德安府。】周主自出河阳。拔河阴大城。会有疾。引还。

史略。隋主初受禅。即有并吞江南之志。开皇初。以贺若弼为吴州总管。镇广陵。【周置吴州于广陵。】韩擒虎为庐州总管。镇庐江。【庐江。即合肥。以郡名言之。故曰庐江。】四年。又以杨素为信州总管。镇永安。【信州。梁置。治永安。即今夔州府。盖使素备舟师以伐陈。】既而其群臣争献平江南策。崔仲方曰。今惟须武昌以下蕲。【今黄州府蕲州。】和。滁。方。【今江宁府六合县。时置方州。】吴。海。【海。今淮安府海州】等州。更帖精兵。密营度计。益。信。荆。襄。【襄。即今襄阳府。时置襄州。】基。【见后梁基州。】郢。【后周置郢州于长寿。今安陆府治是】等州。速造舟楫。多张形势。为水战之具。蜀。汉二江。是其上流。【蜀江出三峡。过南郡。巴陵。汉江下襄阳。过竟陵。沔阳。而二江合流。国于东南。视二江为安危也。】水路冲要。必争之所。敌虽于流头。【流头滩。在荆州府夷陵州西三峡中。志云。狼尾滩西有流头滩。】荆门。延州。【在夷陵州宜都县北大江中。其西为荆门山。】公安。巴陵。隐矶。【岳州府东北有隐矶。南为彭城矶。江流出其中。】夏首。【即夏口。以夏水入江得名。见前孙吴重镇夏口。】蕲口。【在蕲州城西。蕲水入江之口。】湓城置船。【胡氏曰。江水过流头滩。又出西陵峡而东。历荆门。虎牙之间。荆门之下为延州。又东过南郡。而东右与油水会。谓之油口。油口。即公安也。又东过长沙下隽县。北与湘水汇为洞庭。而得巴陵。又东经彭城矶。隐矶之间。东北会于夏水。为夏首。又东过蕲春。与蕲水会为蕲口。又东至寻阳得湓浦。有湓城。此皆沿江要害之地。故仲方历言之。】然终聚汉口。峡口。【汉口即夏口。峡口即西陵峡口也。】以水战大决。若敌必以上流有军。合精兵赴援者。下流诸将即须择便横渡。如拥众自卫。上江诸军鼓行以前。彼虽恃九江。五湖之险。不能自立矣。隋主寻命晋王广出六合。【时广以淮南行台镇寿阳。自寿阳出六合也。】秦王俊出襄阳。【时俊以山南行台镇襄阳。盖自襄阳出汉口。】杨素出永安。【自永安下三峡也。广等皆为行军元帅。】又命刘仁恩出江陵。【仁恩时为荆州刺史。出江陵以会杨素之师。】王世积出蕲春。【世积时为蕲州刺史。出蕲口以临江津也。】韩擒虎出庐江。【自庐江出师渡横江。以攻姑孰。】贺若弼出广陵。【自广陵出师渡扬子江。以攻京口。】燕荣出东海。【东海即海州。荣时为青州刺史。使出师自朐山渡海。以临三吴。既以缀其粮援。又恐其恃险为阻。多为之防也。盖皆用仲方之策。】东西并进。既而素下三峡。屡败陈军。俊屯汉口。攻郢城。贺若弼自广陵。韩擒虎自横江。同时俱济。遂克建康。是时。公安及巴。湘之兵。【陈置荆州于公安。以重兵戍守。】西迫于杨素。东扼于汉口。次第皆降。郢州闻建康之陷。亦遂不守。惟吴州及东扬州不受命。【吴州刺史萧。梁主琮之弟。东扬州刺史萧岩琮之叔也。先奔降陈。故惧罪不下。陈吴州治吴。东扬州仍治会稽。】燕荣以东海之师至。悉击平之。于是南至岭海。皆为隋境。

炀帝复平林邑。【林邑。今广西徼外占城国是。大业初。驩州道行军总管刘方取其地。置荡。农。冲三州。三年。改为比景。海阴。林邑三郡。驩州。在今安南境内。】

史略。炀帝初即位。发丁男掘堑。自龙门。【今山西河津县是。】长平。【即山西泽州。】汲郡。【见晋郡。】抵临清关。【今卫辉府新乡县东北有故关。】渡河至浚仪。【今开封府附郭祥符县。即故浚仪。】襄城。【今河南汝州。】达于上洛。【见晋郡。】以置关防。又开通济渠。自西苑引榖。洛水。【西苑。洛阳西苑也。炀帝营西苑。引榖。洛二水会于其中。达于河自巩县洛口达河也。巩县。今属河南府。见前。】复自板渚引河。【板渚。在汜水县东四十里汜水合大河之处。汜水县。属开封府郑州。】历荥泽入汴。【大河。今自汜水县东至河阴县西二十里之石门渠。与汴水会。河阴。在隋时为荥泽县地。荥泽。河阴。今皆属郑州。】又自大梁之东。【大梁。即浚仪。】引汴水入泗。【汴水自彭城入泗。】达于淮。【入淮之处。即所谓清口也。】是年。又开邗沟。自山阳。【今淮安府附郭县】至扬子。【今扬州府南二十里有扬子桥。隋时临江。炀帝置临江宫于此。入江今自淮达江之官河。即邗沟也。】既复穿永济渠。引沁水南达于河。【今沁水源出山西沁源县。至河南修武县西入于河。详见山西大川沁水。】北通涿郡。【盖自黎阳引白沟水东北达于涿郡也。亦曰御河。亦曰卫河。详见直隶大川卫河。】又穿江南河。自京口至余杭。【余杭郡。即今杭州府。】八百余里。【今为浙西运河。】时又凿太行。达并州。通驰道。【今怀庆府北至山西太原府。是其道也。】更筑长城。西距榆林。【隋初置胜州。炀帝改为榆林郡。今陕西榆林卫东北四百五十里废胜州是。】东至紫河。【山西大同府西北塞外有紫河。】寻复筑之。自榆谷而东。【榆谷。在今陕西西宁卫西。榆林之长城。筑于大业三年。盖筑以限突厥。榆谷之长城。筑于大业四年。时吐谷浑未平也。胡氏谓榆谷当在榆林西。误矣。】其余舟车宫室苑囿之役。动以百万计。又征天下兵。自将击高丽。不克。复自将攻襄平。【今辽东都司北七十里有襄平故城。汉辽东郡治。亦谓之辽东城。】供役烦扰。人情离怨。杨玄感于黎阳督运。遂谋举兵。李密谓玄感曰。天子出征。远在辽外。去幽州犹隔千里。南有巨海。北有强敌。中间一道。理极艰危。若出其不意。长驱入蓟。【蓟。今顺天府。时为涿郡治。】据临渝之险。【临渝关。在今永平府抚宁县东百里。即山海关也。详见直隶重险榆关。】扼其咽喉。归路既绝。高丽闻之。必蹑其后。不过旬日。资粮皆尽。可不战擒也。

大业十三年。巴陵校尉董景珍等共推铣为主。自罗川入巴陵。称梁王。遣兵袭豫章。克之。【时豫章属于林士弘。】明年。称帝。攻下南郡。遂徙都江陵。又遣将徇岭南。时镇将闻炀帝遇弑。所至迎降。钦州刺史宁长真以郁林。始安附铣。交趾亦附焉。于是东自九江。【故江州。】西抵三峡。南尽交趾。北距汉川。【汉江之南也。】铣皆有之。唐武德四年。遣江夏王孝恭等攻铣于江陵。国亡。

武康沈法兴。初为吴兴太守。【武康。今湖州府属县。】大业十四年。讨东阳群贼楼世幹。【东阳。即故婺州。】因举兵以讨宇文化及为名。【时炀帝为化及所弑。】攻余杭。毗陵。丹阳。皆下之。据江表十余郡。自称江南道大总管。武德二年。称梁王。都毗陵。三年。李子通渡江。取京口。又败法兴兵于庱亭。【在今常州府西五十里。】法兴弃毗陵奔吴郡。于是丹阳。毗陵诸郡。皆降于子通。既而子通复自太湖袭破吴郡。法兴走死。

史略。东海李子通。先依长白山贼帅左才相。【长白山。在今山东长山县西南三十里。】寻渡淮。窃据海陵。【今扬州府泰州也。】称将军。唐武德二年。陷江都。遂称帝。国号吴。三年。渡江取京口。败沈法兴。遂取毗陵及丹阳郡。既而杜伏威遣将辅公祏等攻之。渡江取丹阳。败子通兵于溧水。【即今应天府溧水县。】子通食尽。遂弃江都保京口。于是江西之地。【自江以西也。今人谓之江北】尽入于杜伏威。伏威徙丹阳。子通惧逼。东走太湖。收合亡散。袭沈法兴于吴郡。大破之。法兴走死。子通复振。徙都余杭。【今杭州府。见前。】尽收法兴之地。北自太湖。南至岭。【谓浙东南境诸山。非五岭也。】东包会稽。西距宣城。皆有之。四年。为伏威将王雄诞所败灭。

章丘杜伏威。【章丘县。今属山东济南府。】初与临济辅公祏为群盗。【临济。今济南府东北废朝阳县是。】转掠淮南。据六合。【今应天府属县。】称将军。大业十三年。破高邮。【今扬州府属县。】据历阳。【今和州。见前。】自称总管。以公祏为长史。唐武德元年。降隋。隋主侗命为楚王。二年。降唐。唐以为和州总管。三年。进封吴王。攻李子通。败之。尽取其江西地。复渡江。居丹阳。子通自京口东走。四年。伏威遣将王雄诞击子通及歙州汪华。【大业末。华据有黟。歙等州。亦称吴王。黟。今徽州府黟县是。时增置黟州于此。歙州。即今府。】昆山闻人遂安等。【昆山。今苏州府属县。】皆破平之。于是尽有淮南江东之地。南至岭。东距海。五年。入朝。其地悉入于唐。

卷五·历代州域形势五【唐上】

(史略。武德)六年。辅公祏复据丹阳叛。诏赵郡王孝恭以舟师自襄州趣江州。【时孝恭为襄州道行台仆射。】李靖以交。广。泉。桂之众趣宣州。【时靖为岭南道大使。宣州。即宣城郡。】黄君汉出谯。亳。【君汉时为怀州总管。谯。即亳也。】李世勣出淮。泗。【世勣时为齐州总管。盖使之自泗入淮。】讨之。七年。孝恭败辅公祏之兵于枞阳。【今安庆府桐城县东南百二十里有故城。】进拔其鹊头镇。【今池州府铜陵县北十里有鹊头山。即置镇处。】又破之于芜湖。拔梁山等三镇。【梁山。在今和州南七十里。时公祐遣兵屯梁山。博望。青林三处。故曰三镇。博望。亦曰东梁山。在太平府西南三十里。今俱详南直名山梁山。青林。亦曰青山。在太平府东南三十里。】进至丹阳。

时又于边境置节度经略使。式遏四夷……又有经略。守捉使三。以防海寇。【长乐经略。福州领之。东莱经略。莱州领之。东牟经略。登州领之。兵志。唐初兵之戍边者。大曰军。小曰守捉。曰城。曰镇。而总之者曰道。景云初。始有节度使之号。而方镇之患。实基于此。会要。凡天下之军四十。府六百三十四。镇四百五十。戍五百九十。守捉三十。兵四十九万人。马八万余匹。此唐盛时之兵制也。】

卷六·历代州域形势六【唐下　五代】

史略。乾符初。王仙芝倡乱于曹。濮。冤句人黄巢聚众应之。【冤句。今山东曹州西南六十里有废冤句县。】掠河南。山南。江淮诸州县。既而仙芝败死。巢悉统其众。转略至宣州。入浙东。开山路七百里。【胡氏曰。自衢州南至建州。山路凡七百里有奇。当即黄巢所开。今曰仙霞岭路。岭在衢州江山县南百里。详浙江重险仙霞岭】入闽。陷福州。趋广南。镇海节度使高骈。请遣兵于郴州守险。又分兵于循。潮邀遮。【循。潮。二州也。】身帅重兵。自大庾岭趋广州。【大庾岭。在今江西南安府南。广东南雄府北。见前。】贼必逃遁。乞敕荆南镇将守桂。梧。昭。永四州之险。不听。贼寻自桂州编筏浮湘江而下。【湘江。自桂州至潭州。下洞庭。见前七国楚淮南子注。】历衡。永。陷潭州及江陵。趋襄阳。官军拒之于荆门。【今承天府荆门州。唐贞元中置荆门县于此。】贼战败。渡江东走。犯鄂州。掠饶。信而东。淮南帅高骈与之相持。广明元年。巢自信州陷宣州。从采石渡江。【采石。在今太平府北二十里。见前。】围天长。六合。【天长县。今属凤阳府泗州。六合县。今属应天府。俱见前。】高骈不敢出。既而败官军于泗上。遂悉众渡淮。陷淮北。河南诸州。趋汝州。陷东都。进陷虢州。入关。

卷七·历代州域形势七【宋上　辽夏附】

(史略。开宝)七年。遣曹彬等伐南唐。自荆南发战舰东下。克其池州。进拔唐师于铜陵。【今池州府属县。】遂次采石。【在今太平府北二十五里。见前。】以浮梁渡江。明年。彬又败唐兵于白鹭洲及新林港。【白鹭洲。在今应天府西南二十里大江中。又东里许。即新林港。】别将克溧水。【今应天府属县。】彬进次秦淮。【秦淮水。在今应天府城南正阳门外。即彬屯兵处。】唐兵陈于城下。涉水击败之。吴越亦发兵助宋。克其常州。润州来降。又遣将败其江西援兵于皖口。【在今安庆府西十里。见前。】金陵势益孤。城陷。李煜降。江南悉定。

史略。初。女真叛辽。宋遣马政等自登。莱浮海使女真。约夹攻辽。取燕云旧地。

卷八·历代州域形势八【宋下　五代　夏辽金元附】

史略。建炎初。两河州郡。多为宋守。又召李纲为相。纲首劝帝一至京师。见宗庙。以慰都人之心。又言河北。河东。国之屏蔽。料理稍就。然后中原可保。而东南可安。请置招抚司于河北。经制司于河东。全复州郡。时黄潜善。汪伯彦用事。劝帝幸东南。帝意遂决。纲言。自古中兴之主。起于西北。则足以据中原而有东南。起于东南。则不能复中原而有西北。方今巡幸之所。关中为上。襄阳次之。建康为下。若委中原而去。岂惟金人将乘间以扰内地。盗贼亦将蜂起。跨州连邑。陛下虽欲还阙。不可得矣。今纵未能行上策。犹当且适襄邓。以示不忘故都之意。夫南阳光武所兴。有高山峻岭。可以控扼。有宽城平野。可以屯兵。西邻关陕。可以召将士。东达江淮。可以运谷粟。南通荆河。巴蜀。可以取货财。北距三都。【开封。归德。河南为三都。】可以遣救援。暂议驻跸。乃还汴都。策无出于此者。若顺流而适东南。固甚安便。第恐一失中原。东南不能必其无事。虽欲退保一隅。不可得也。既而李纲罢去。帝如扬州。纲所规画。悉皆废弃。金人分道入寇。粘没喝自云中下太行。【太行山。见前七国韩范雎北断太行。】由河阳渡河。攻河南。分遣兵攻汉上。讹里朵。兀术等自燕山由沧州渡河。攻山东。分兵趣淮南。娄宿。撒离喝等由河中渡河攻陕西。陷潼关。【时娄宿至河中。宋军扼河西岸不得渡。乃自韩城履冰过。陷同州。华州。破潼关。韩城。今同州属县。】入永兴。京邑州郡。相继残破。三年。金人陷徐。泗诸州。遂逾淮而南逼扬州。帝仓卒渡江。至镇江。复走杭州。时和州防御使马扩应诏上书曰。今若西幸巴蜀。用陕右之兵。留重臣使镇江南。抚淮甸。破金贼之计。回天下之心。是谓上策。都守武昌。襟带荆。河。控引川。广。招集义兵。屯布上流。扼据形势。密约河东诸路豪杰。许以得地戍守。是为中策。驻跸金陵。备御江口。通达运漕。精习水军。厚激将士。以幸一胜。观敌事势。预备迁徙。是为下策。其倚长江为可恃。幸金贼之不来。犹豫迁延。候至秋冬。金贼再举。驱虏舟楫。江淮千里。数道并进。方当此时。然后反悔。是为无策。不报。未几。兀术复分兵南寇。一自蕲。黄入江西。由江州而南。西至潭州。悉见屠灭。一自滁。和入江东。陷太平。建康。自广德趣临安。【即杭州。】帝航海远避。金人进陷越州。明州。又陷定海。昌国县。【定海。今宁波府属县。昌国废县。在今定海县东北海中氵翁洲山上。】以舟师追帝于章安。【章安废县。在台州府东一百十五里。】不及。兀术乃掠临安。由秀州而北陷平江。常州。至镇江。韩世忠扼之于金山。【金山。在镇江府城西北七里大江中。】兀术危窘。仅而得济。其湖南之军。亦由荆门而北。【荆门军。见湖北路。】为牛皋所败。自是不敢复渡江矣。然中原群盗。乘机剽掠。割据州郡。所在连结。而江淮。湖湘以及闽越。岭表。悉为盗薮。强者或连数郡。李成据有襄。汉。杨么据有洞庭。【见前。】皆结连北寇。么欲顺流东下。成欲自江西陆行趋浙。与么会。又曹成据道。贺。北连豫章。范汝为据建州。逼近行在。皆为肘腋患。岳飞。韩世忠等竭力讨之。久而得平。

史略。初。完颜亮谋南侵。自会宁徙都燕。【会宁。在今辽东三万卫东北塞外。金人之上京也。】又徙都汴。绍兴三十一年。遂分道入寇。一自海道径趋临安。一自蔡州瞰荆襄。一自凤翔趋大散。又遣别将趋淮阴。【谓楚州也。】亮帅大军自涡口渡淮。【涡口。涡水入淮之口。在凤阳府怀远县东北十五里。】两淮悉陷。亮军和州。遣舟师渡采石。【采石在太平府北见前。】虞允文督诸将击败之。亮因移军扬州。屯瓜洲之龟山寺。【瓜洲。今扬州府南四十里瓜洲镇也。】将攻京口。会乌禄自立于辽阳。【辽阳。今辽东都司城。金之东京也。乌禄。阿骨打诸孙。时留守东京。】金人苦亮残虐。杀亮北还。宋复收两淮地。先是魏胜聚义兵于山阳。北渡淮。取涟水军。【山阳。涟水。俱见前淮南路。】进复海州。直入沂州。败金兵。淮北诸邑。相率降附。金亮将渡淮。遣军急攻胜。海道总管李宝引军救胜。金兵败却。宝遂帅舟师御敌于胶西。【今莱州府胶州也。】至石臼岛。【在今胶州南百里。】大败金人。其海道之师遂绝。

隆兴初。张浚督江淮诸将李显忠等北伐。溃于符离。【符离。今宿州北二十五里有故城。先是显忠等渡淮而北。取灵壁及虹县。进拔宿州。金人来争。显忠与别帅邵宏渊相违异。乃引还。至符离。师大溃。溃处当在宿州东南。史家纪载不详。以在宿州境内。故仍曰符离。灵壁。今宿州属县。虹县。今凤阳府属县。】于是和议复决。所得海。泗。唐。邓及商。秦地。悉以畀金。仍守旧境。是时。陈亮上中兴论。略云。攻守之道。必有奇变。奇变之道。常因地势。今东西绵亘数千里。地形适中。无所参错。似乎奇变难施。然必有批吭捣虚。形格势禁之道。夫齐。秦。天下之两臂也。今西举秦。东举齐。则大河以南。长淮以北。固吾腹中物。奈敌人以为天险而固守之。窃观襄汉者。敌之所缓。而今日所当有事也。其地控引京。洛。侧睨淮。蔡。包括荆。楚。襟带吴。蜀。沃野千里。可耕可守。地形四通。可左可右。诚镇抚得人。于安。随。信。阳。光。黄列城相援。养锐以伺。一旦狂寇来犯江淮。则荆襄之师。帅诸军进讨。袭有唐。邓诸州。屯兵颍。蔡之间。示必绝其后。因命诸州转城进筑。如三受降城法。依吴房故城为蔡州。【吴房城。今汝宁府遂平县。】使唐。邓相距各二百里。并桐柏山以为固。【桐柏山。在今南阳府桐柏县东一里。】敌来则婴城固守。出奇制变。敌去则列城相应。首尾如一。诸军进屯光。黄。安。随。襄。郢之间。朝廷徙都建业。筑行宫于武昌。大驾时一巡幸。敌知吾意在京。洛。则京。洛。陈。许。汝。郑之备当日增。而东西之势分。则齐。秦之间可乘矣。四川之帅。亲率大军。以待凤翔之寇。有间。则命骁将出祁山。以截陇右。【祁山。在巩昌府西和县北七里。】偏将由子午以向长安。【子午谷。在西安府西南百里。见前。】金。房。开。达之师入武关以震三辅。【武关在商州东。见前。】则秦地可谋矣。命山东之归正者。往说豪杰。阴为内应。舟师由海道以捣其脊。彼方奔走支吾。而大军两道并进。以捣其胸。则齐地可谋矣。吾虽示形于唐。邓。上蔡。而不更谋进取。坐为东西形援。势如猿臂。彼将愈疑吾之有意京。洛。特持重以示不进。则京。洛之备愈专。而吾必得志于齐。秦矣。抚定齐。秦。则京。洛将安往哉。此所谓批吭捣虚。形格势禁之道也。就使我未为东西之举。彼必不敢离京。洛而轻犯江淮矣。

史略。淳祐十一年。蒙古蒙哥立。命其弟忽必烈总治漠南。开府金莲川。【在今宣府镇云州堡东北百里。】忽必烈置经略司于汴。分兵屯田。西起襄。邓。东连清口。桃源。【清口。在今淮安府清河县南。桃源。今淮安府属县。】列障守之。明年。蒙古以中州封同姓。忽必烈尽得关中。河南地。寻与兀良合台从临洮而南。【临洮。今府。】自金沙江乘革囊及筏以济。【金沙江。出云南丽江军民府西北。一名丽江。亦曰泸水。流经四川叙州府。东南合于大江。详见云南大川。】降摩荻。【丽江摩?蛮是也。】取附都。鄯阐。乌爨等部。【附都。或曰即今元江府东境诸蛮。鄯阐。今云南府。乌爨。今楚雄军民府南安州是也。】转入吐蕃。降其酋而还。仍留兀良合台攻诸蛮未服者。合台自吐蕃进克白蛮。乌蛮。鬼蛮。罗罗斯。阿白。阿鲁诸部国。【俱在今四川南境及贵州。云南境内。】又克交趾。【今安南国。】西南夷悉降附。宝祐五年。复分道南寇。其将张柔从忽必烈攻鄂。趋临安。塔察儿攻荆山。【今凤阳府怀远县。】而命兀良合台自交。广引兵会鄂。又命李璮自山东进攻海州。蒙古主乃帅大军次六盘。【见上六盘山。】分军三道。一自洋州趋米仓。【米仓关。在今汉中府西南百四十里米仓山南。】一自潼关趋沔州。而自以部兵由陇州趋大散。两川望风降破。李璮等亦克海州涟水军。忽必烈至光山。【即光州也。宋曰光山军。】会军渡淮南。入大胜关。【关在信阳州罗山县南百四十里。与湖广黄陂县接界。】使张柔出虎头关。【在黄州府麻城县北百里。】分道并进。拔阳逻堡。【在黄州府西百二十里。】渡江围鄂州。又陷临江。瑞州。兀良合台亦自交趾还破横山。【横山。在南宁府东八十里。宋横山寨置于此。】进陷宾州及象州。入静江。进破辰。沅。直抵潭州。围之。中外震动。会蒙古主攻合州。不克而殂。忽必烈恐北方有变。谋引还。贾似道时宣抚荆湖。亦遣使议和。请称臣割地。忽必烈乃退。兀良合台亦解潭州围。趋湖北。由新生矶渡江而去。【新生矾。在今蕲州西二里。】似道还朝。匿其谋。忽必烈既袭位。遣使征前议。皆拘执不遣。忽必烈怒。复谋南侵。会刘整以泸州叛。献计于蒙古曰。攻宋方略。宜先从事襄阳。如得襄阳。浮汉入江。宋可平也。忽必烈遂征诸路兵。命阿术等经略襄阳。据险筑城。绵亘水陆。以断宋人粮援之道。攻围五年。樊城陷。襄阳遂降。

史略。咸淳十年。元遣伯颜等寇宋。伯颜由襄阳入汉。济江。分遣博罗欢自枣阳帅骑兵由淮西趣扬州。伯颜越汉破新郢。【新郢。在承天府城西南汉江南岸。宋筑城戍守于此。】进攻复州及汉阳。潜师越汉口。攻阳逻堡。由间道渡江。围鄂州。汉阳降。鄂州亦下。乃留阿里海涯守鄂。使规取荆湖。伯颜遂引军而东。滨江南北州军。望风款附。德祐初。池州陷。贾似道败绩于丁家洲。【洲在池州府铜陵县东北二十里。】元兵长驱入建康。博罗欢亦军下邳。【即邳州也。】取清河涟海军。【清河。今淮安府属县。清口在焉。】海涯陷岳州。悉收湖北州郡。元主命伯颜屯建康。经略临安。阿术合博罗欢军攻庐。扬诸州。断淮南援师。又命李恒及海涯等略江西。湖南地。

史略。德祐二年。张世杰。陆秀夫共立益王昺于福州。欲保闽。广。以图兴复。元阿刺罕以舟师出明州。逼福州。塔出等以骑兵出江西。逾梅岭。【即大庾岭也。见前。】趋广州。所至残破。广西州郡。复为阿里海涯等所陷。文天祥等竭蹶于闽。广之间。卒不获振。【景炎二年。天祥复梅州及广。潮。漳诸州。邵武。兴化等军。旋为元所陷。三年。复克广州。既而元兵取琼州。广州复陷。】祥兴二年。张世杰等奉帝昺以舟师保崖山。【在今广州府新会县南八十里。】兵败国亡。

(史略。宝祐)五年。平乞石迷等百余国。【乞石迷。在今西域苐秣国北境。】转斗万里。西渡海。收富浪国。【富浪国。在西海西岸。】于是西域之地。悉归蒙古。

史略。宋淳祐十一年。蒙古蒙哥嗣位。寻以河南。陕西地封其弟忽必烈。宝祐初。忽必烈引兵取大理诸蛮部。遂略定吐蕃。而分遣其将兀良合台攻诸夷未附者。合台尽平西南夷。【时白蛮。乌蛮。鬼蛮诸部俱顺命。罗罗斯。阿伯二国乞降。又攻下阿鲁诸国。凡得五城。八府。四郡。蛮部三十七。】复入交趾。败交人于洮江。【洮江。即富良江也。见前。是时交趾王陈日照遁入海。遂屠其人而还。既而交趾复据其地。降于蒙古。】五年。蒙古主入寇。寻入剑门。略川峡诸州之未下者。别将侵淮东。陷海州涟水军。开庆初。忽必烈渡江围鄂州。侵轶江西州郡。【时蒙古陷临江军。入瑞州。】兀良合台亦自交阯而北围潭州。

宋咸淳四年。遣兵攻襄阳。九年。襄阳陷。乃命伯颜等沿汉入江。长驱东下。别将出淮西。趣扬州。既而伯颜入鄂。复分军规取荆湖以南。德祐初。伯颜入建康。寻分道趣临安。宋奉表请降。伯颜以帝后北去。自是穷陬远岛。宋无遗境矣。

史略。至正八年。黄岩民方国珍兵起。【黄岩。今台州府属县。国珍结党入海。劫掠漕运。元兵讨之。不克。势遂炽。】十一年。焚掠沿海州郡。元遣使招之。自是屡降屡叛。闽浙运道。遂为所阻。【国珍拥巨艘千余。据海道。阻绝粮运。元人始困。】寻据有台。温。庆元三郡地。【二十五年。元授国珍淮南行省左丞相。分省庆元。】

卷九·历代州域形势九【明】

史略。初。陈友谅陷我太平称帝。旋还江州。明年。复引而东。【元至正二十一年也。】约张士诚东西并举。谋袭建康。太祖恐两寇合发。势必震动。因以策先致友谅。友谅果帅舟师至龙江。【今应天府西北仪凤门外有龙江关。】败去。我师乘势追击。复取太平。池州及安庆。既而安庆复为友谅所陷。太祖寻亲帅舟师抵安庆。破其水寨。攻城未下。刘基请径抵江州。倾其巢穴。遂长驱而进。过小孤。【小孤山。在九江府彭泽县北九十里江中。】越湖口。【湖口县也。见前。】距江州五里。友谅始觉。惧。夜奔武昌。我师入江州。复进拔蕲。黄诸路。旋师收安庆。又遣使招谕江西州郡。于是龙兴而下。皆望风降附。【时太祖引军至龙兴。于是建昌。饶州。袁州。宁州。吉安皆来降。宁州。元置。今属南昌府。】太祖乃东还。友谅愤其疆域日蹙。遂大造战舰。悉师趣洪都。【太祖取龙兴路。改曰洪都。】攻围数月。太祖引军驰救。相持于鄱阳湖之康郎山。【鄱阳湖。在南康府城东五里。即彭蠡湖也。西接南昌。东抵饶州。长亘三百里。详见江西大川。康郎山。在饶州府余干县西北八十里。当鄱阳湖之南涯。】至泾江。【即禁江也。在湖口县东北九十里。下接小孤。上通九江。】王师前后夹击。友谅战死。其将张定边奉其子理遁还武昌。复立为帝。太祖进攻未克。留兵守之而还。寻复自将伐汉。陈理出降。于是湖广。江西州郡次第平定。思。黔诸蛮亦内附。【思。黔二州。见前。又今湖广辰州府西南至贵州境内。皆曰思黔。开国事略。至正二十三年。太祖败友谅于鄱阳。二十四年。太祖建国号曰吴。复攻武昌。陈理降。因进取中兴路及归。峡。潭。衡等州郡。明年。取宝庆路。友谅故将熊天瑞以赣州。韶州。南雄降。寻又破安陆府及襄阳等路。后二年。又取沅州等路。楚地始悉定。】初。太祖谋用兵。吴。汉孰先。刘基曰。士诚。自守虏耳。友谅据上流。且名号不正。宜先除之。陈氏既灭。张氏囊中物矣。太祖曰。然。友谅剽而轻。士诚狡而懦。若先攻士诚。友谅必来救。是我疲于二寇也。及友谅灭。喜曰。此贼平。天下不难定矣。先是士诚屡谋西侵。以舟师寇我镇江。又陷宜兴。【宜兴。常州府属县。】于是太祖命将攻常州。别将由广德取长兴。【长兴。今湖州府属县。】常州既下。进克江阴。皆以重兵镇守。【事在元至正十一年。】三城形势联络。东南屏障始固。遂进复宜兴。又取武康。安吉诸州邑。【武康。湖州府属县。安吉。湖州府属州。】以踦士诚之后。因得专意西讨。太祖既平汉。遂取庐州路。明年。取泰州。【泰州。今属扬州府。是时两淮之地。多为士诚所据。】既而尽收两淮地。【时取高邮州及淮安。安丰等路。又收濠。泗。徐。颍诸州。先是太祖南下。濠。泗诸州。士诚皆遣兵掠取之。】士诚羽翼既翦。心腹渐虚。是时。其将张士骐拒守湖州。吕原明拒守杭州。而绍兴。嘉兴亦皆分兵屯据。士诚坐拥姑苏。城坚粟多。太祖知其未可猝拔。因命徐达率大军先攻湖州以疲之。而分遣华云龙向嘉兴。李文忠自严州趣杭州。徐达发兵龙江。声言直捣姑苏。潜师自宜兴出太湖。径趣湖州。围其城。士诚遣兵来救。辄败去。其旧馆兵战败来降。【旧馆。在今湖州府东三十里。】州城亦下。嘉兴。杭州。绍兴闻之。率先归附。徐达乃移师攻平江。别将俞通海分兵略太仓。松江诸郡县。【太仓。元时立水军万户府于此。张士诚复城其地。今为苏州府属州。松江府。即今府。】悉下之。达等旋拔平江。【苏州府。元曰平江路。】士诚亡。其地悉平。【事略。士诚既亡。通州。无锡二州始归于我。通州。今属扬州府。无锡。今常州府属县。】是时方国珍以浙东三郡来归。复怀反侧。乃命汤和等讨之。克台州及温州路。又取其庆元路。国珍穷蹙来降。浙东西悉定。陈建曰。当士诚北有淮。泗。南据浙西。江阴。长兴皆要害也。长兴据太湖口。陆走广德诸郡。江阴枕大江。扼姑苏。通州之要冲。得长兴。则士诚步骑不敢出广德而窥宣。歙。得江阴。则士诚舟师不敢溯大江而上金。焦。【金山。在镇江府治西北七里。焦山。在府治东北九里。二山相望十五里。为大江中流之险。】故虽全军西出。可以无东顾忧。而士诚卒于不振。亦以此也。

史略……先是。太祖之遣将北伐也。即命胡廷瑞等由江西取福建。杨璟等由湖南取广西。廷瑞遂自建昌出杉关。【建昌。即今江西建昌府。杉关。见前。】取邵武。攻建宁。【今福建属府。】未下。复命汤和由明州海道取福州。【自宁波府定海县沿海而南。即南取福州之径道。】和奄至城下。一鼓拔之。遂趋延平。【初。陈友定分省延平。后遂移军府于此。】克其城。执陈友定。胡廷瑞亦下建宁。寻又进取兴化。【即今兴化府。】于是汀。泉。漳。潮诸路悉降。既又命廖永忠自福建海道进取广东。陆仲亨自赣州进兵。【时仲亨为赣州指挥使。因就命之。】由韶州捣德庆。【今肇庆府德庆州。】为犄角之势。永忠取惠州。至东莞。【见前。】何真迎降。广州亦下。仲亨悉平英德。连州。肇庆。德庆诸州郡英德。今韶州府属县。元曰英德州。】与永忠会于广州之龙潭。【即龙江也。西江下流经广州府顺德县北。谓之龙江。】广东境内。悉来降附。复奉诏引军趣广西。遂由肇庆溯西江而上。【西江自广西梧州府会黔。郁。桂三江之水。东流历肇庆府境。至广州府城南。注于海。详川渎盘江及广东大川。】抵梧州。州郡望风迎附。时杨璟方克永州。南攻静江。【静江。见前。事略。初。宝庆归于我。既而复失。洪武元年。杨璟引荆襄之众。出湖南。取宝庆路。进克永州及道州。又取全州。遂攻静江。复分兵略郴州及桂阳路。下之。桂阳。今衡州府属州。】永忠等自平乐而进。合兵攻城。克之。广西境内悉定。【事略。洪武元年。别将朱亮祖克梧州。进攻平乐。廖永忠分兵收藤州。进次浔州及南宁路。贵。象。郁林诸州悉下。亮祖等与

杨璟会师攻静江。遂克之。既而海南。海北来降。右。左江诸蛮。亦相率归附。】

史略。太祖以河南平。乃北巡汴梁。召诸将授方略。取元都。徐达等分布士马。经略河北。檄山东诸将。悉会于东昌。达遂由中滦渡河。【中滦镇。在今开封府封丘县南二十六里。】卫辉。彰德悉下。进收磁州。【今彰德府属州。】取广平路。又克赵州。【今真定府属州。】取临清。【今东昌府属州。】东昌诸将皆来会。于是大军北发。下德州。【今属济南府。】克长芦。【即河间府沧州。】逾直沽。【见前毛贵逾直沽。】舟师步骑。夹河而进。【夹白河而进也。白河。源出宣府镇龙门所东。下流经顺天府通州东。又南流合于直沽。】大破元兵于河西务

史略……洪武四年。诏遣汤和等帅舟师由瞿唐趣重庆。【瞿唐峡。在夔州府东八里。见前。是时。明升都重庆。】傅友德由秦陇趣成都。又密谕友德曰。蜀人闻我西伐。必悉精锐东守瞿唐。北阻金牛。【金牛峡。在汉中府宁羌州北三十里。又自沔县西南至保宁府剑州之大剑关口。皆曰金牛道。汉中入蜀要路也。】若出其意外。直捣阶。文。【阶。文。今巩昌府阶州。文县。元为阶。文二州。】门户既隳。腹心必溃。友德至陕。【谓西安府。非陕州也。】声言出金牛。而疾趣陈仓。【即凤翔府宝鸡县。】径抵阶州。克之。进拔文州。出江油道。【江油道。见前邓艾入蜀。】渡白水江。【在今龙安府青川所东三十余里。为东西往来者必经之道。】趣绵州。据其城。会汉水涨。【即雒水也。在汉州城南。亦曰中水。见前刘豫伐谯纵。】伐山造战舰。渡汉江。围汉州。蜀人出战。大败。又败其援兵于城下。遂拔汉州。蜀人震慑。时蜀固守瞿唐。汤和等自夷陵入峡。【即西陵峡。在夷陵州西。见前。】次归州。进攻未克。帝闻友德屡捷。诏和乘机速进。于是廖永忠以奇兵出瞿唐上流。而分兵两道。水陆急攻。遂夺其险。师入夔州。汤和亦至。和率步骑。永忠率舟师。并趣重庆。永忠至铜罗峡。【峡在重庆府城东二十里。有铜罗关。】明昇母子以城降。友德方攻成都。其守者闻重庆已下。亦出降。友德复进克保宁。蜀地悉定。

史略。太祖有天下。高丽。安南。占城。日本。西域海外诸蛮夷。悉来朝贡。声教所被。尽禹迹而止。

史略……时诸将分屯凤阳。淮安。燕将或请先攻凤阳。或欲先取淮安。燕王曰。二城兵多食足。攻之不易。今乘胜鼓行。扬州。仪真。【仪真。扬州府属县。】军弱备寡。可招而下。既得真。扬。淮安。凤阳人心自懈。我耀兵江上。聚舟渡江。京城震骇。必有内变。可计日而收效也。遂趣天长。【泗州属县。】入扬州。江北诸州多来附。又克仪真。立营于高资港。【在仪真县东南四十里。近大江南岸。】命将集舰于瓜洲。【扬州府南四十里瓜洲渡。】镇江守将。亦送款于燕。徐辉祖迎战于浦子口。【浦子口渡。在应天府江浦县东五十里。】燕师不能胜。盛庸复战。大败。舟师悉降于燕。燕军济江。次龙潭。【在应天府东北九十里大江南岸。】进攻金川门。【在应天府城西北面。】守者以门献。建文出亡。燕王入京师。即大位。内外悉定。

史略。初。安南黎季犛弑其主陈日焜而代之。【国号虞。】永乐元年。表请署国事。诏封其子苍为安南国王。明年。老挝送陈天平来朝。【老挝宣慰司属云南。天平。故安南王孙也。】诏诘季犛。季犛诡请天平归国。四年。天平还入境。季犛贼杀之于芹站。【芹站。在安南谅山府北。】并害使臣。因遣朱能等进讨。【能至龙州卒。副将张辅代总其事。龙州。广西属州也。】五年。张辅等至交州。屡败贼兵。寻大破之于富良江。【在安南国城北三十里。见前。】穷追至奇罗海口。【在安南境内又安府东南。】擒季犛父子。安南平。【诏求陈氏。后无所得。】因置交趾布政司统其地。六年。交趾贼简定等复叛。定寻自称上皇。推其党陈季扩为帝。国号越。复命辅等讨擒之。时定党陈季扩等犹出没海上。沐晟讨之。未克。寻请降。诏授交趾布政使司。【复叛称越国王。】九年。复命张辅进讨。破贼于月常江。【在安南清化府境

内。】十年。大破之于神投海口。【在安南建平府南。】明年。破之于爱子江。【在安南顺化府东北。】十三年。擒季扩。悉平其党。交趾复定。

史略。永乐九年。遣将将水军驾巨舰至混同江上。招集女真诸部落。于是女真悉境内附。置努儿干都司。【其地即金会宁府也。元置合兰府。水达达等路于此。】授其封爵。兼分置卫。所。城。站。以授其种族。【自是建置益广。凡卫百七十九。所二十。又地面五十八。站七。寨一。悉属于都司。正统中。复增置五卫。其后代有添设。万历中。多至三百八十余卫。】又置马市于开元城。【即今三万卫。】俾贡马给值。赐赉以时。为辽东外蔽。

史略。先是。交贼黎利复叛。【黎利。本陈季扩将。永乐十二年来降。授清化土官巡简。十六年。利据清化以叛。称平定王。遣兵讨之。不克。十八年。赦利。授清化知府。二十二年。复叛。清化。在交州西南六百里。】宣德初。遣军进讨。败绩于茶笼州。【在乂安府北。】既而大发兵讨之。皆败绩。【二年。黎利攻交州。寻败官兵于昌江。进陷隘留关。大帅柳升进讨。至镇夷关。败没。昌江。在谅山府南。隘留关。在谅山府北。关南为镇夷关。故鸡陵关也。永乐五年。改曰镇夷关。】会黎利请抚。朝议以损威弃财。于计非便。遂许其请。命诸将班师。所建官吏亦皆北还。黎氏遂据有其地。又倭寇纵横。东南糜烂。方中之势。浸以戾矣。

史略。明初。并海郡县。屡被倭患。洪武十七年。命信国公汤和巡视海道。自山东至江南北。浙东西以及闽岭。皆筑城置戍。控扼要害。二十年。复命江夏侯周德兴筑城于福建滨海诸处。【国史。是时江南。山东。浙江。福建。广东西皆置行都司。以备倭为名。】自是虽间有倭警。旋即退散。嘉靖二年。倭党互争贡。遂起衅相攻。杀掠宁波。以至绍兴。自是浸淫至两浙。江淮。闽广之境。纵横出没。所至屠掠一空。至四十四年。余患始息。残破郡邑。殆以百计。东南素称富庶。至是为之衰耗。

辽东局处一隅。依山阻海。虽逼在肘腋。而御得其道。可画疆守而阻关固也。山东。河南。江南。湖广。其天下之腰膂乎。

四夷君长奉朝贡称外臣者。至一百十有三国。【东北朝鲜。耽罗等国二。东日本国一。南安南。占城等国六。西南浡泥等国四十九。西哈剌等国四十六。西北哈密等国七。北朵颜。鞑靼等国二。】

卷十·直隶一

燕齐地界相错。由京师走山东德州。七百里而近。楚。粤。江。浙。闽海之趋京师者。皆以山东为梯航之会。

乾道六年。金人议开芦沟河以通京师漕运。自金口河导至京城。北入濠。又东至通州。北入潞水。既而以地峻水浊。不堪舟楫。漕渠竟不成。

卫河。源出河南辉县西北七里之苏门山。东流经新乡县北。过卫辉府城北一里。【辉县。新乡。俱属卫辉府。】又东北入直隶大名府濬县境。谓之白沟。淇水入焉。亦谓之宿胥渎。志云。卫水。小水也。后汉建安九年。曹操于淇水口下大枋木。遏淇水东入白沟。是时。淇水入大河。故操遏使东北流。以便漕运。卫河乃附淇水而东。【淇水。见河南淇县。】隋大业四年。又引白沟为永济渠。亦曰御河。自是卫河专有御河之名。而淇水之名遂掩。今卫河由浚县经滑县西北。又东北经内黄县北。魏县东南。又经大名府城北。东北流。与故屯氏河相接。【按屯氏河。一名王莽河。】历山东东昌府馆陶县西。漳河合焉。

又东北流至临清州西。与元所开会通河合。流浊势盛。漕河得此。始无浅涩之虞。由此历武城县及恩县之西。至直隶故城县南。又东北历山东德州西。又北历直隶景州东境。吴桥县西境。过东光县西。交河县东。南皮县西。又北抵沧州西及兴济县西。又北至青县南岔河口。而合于滹沱。又北至静海县。与霸州文安县接界。引而东达天津卫。又东百里而入于海。曲折几二千里。此卫河之大略也。宋时黄河北流。往往浸溢卫河。屡费修塞。元初。漕舟涉江淮入河。至于封丘。【河南开封府属县。】陆运一百八十里至淇门。【今卫辉府淇县。】入于御河。达于京师。盖用卫河之全也。明时。复浚会通河。乃用卫河之半云。详见川渎漕河。

漳浊卫清。卫得漳。流始盛而水亦浊。过临清西。而合运河。运河弱而卫强。于是设闸于河口。以防夏秋潦溢之患。运船至此。谓之出口。东北达于天津。由小直沽入海。自元以来。类资漳河为转输之助。故经流日就湮塞。间或从临漳挟滏水东北出。议者鳃鳃然忧之。恐卫流渐弱。不足以济运也。

至于史起凿渠以富国。曹公导流以通漕。皆漳水也。【今详见河南彰德府。】

元至元二十八年。议疏浚滦河。漕运上都。

卷十一・直隶二

元虞集尝言。京师之东。濒海数千里。北极辽海。南连青。齐。萑苇之场也。而海潮日至。淤为沃壤。宜用南人法筑堤。捍水为田。召富民耕种。三年而征其税。可以卫京师。可以防岛夷。可以省海运矣。

大通河。【在(顺天)府城东南。元史。至元二十八年。都水监郭守敬言水利。欲导昌平白浮村神山泉。西折南转。过双塔。榆河。引一亩泉。玉泉诸水。经瓮八泊。至西水门入都城。环汇于积水潭。复东折而南出南水门。东至通州高丽庄。入白河。共一百六十四里有奇。每十里置一闸。以时蓄泄。从之。二十九年。开大通河。明年成。亦曰通惠河。自是都民免陆挽之劳。公私便利。欧阳玄曰。通惠河首导昌平。白浮之水。次循太行西山之麓。会诸山之流。为七里泊。东流入都城西水门。汇积水潭。又东傍宫墙环大内之左。合金水河东折而南。出都城南水门。经大通桥。东流至通州城西北永通桥。又东会于白河。是也。河漕考。元时。通惠河筑堰。起白浮村。至青龙桥。长五十余里。以障诸水入都城。前朝永乐四年。北京行部言宛平。昌平二县。西湖景东。牛栏庄及青龙华家瓮山三闸。水冲决堤岸百六十丈。命发军民修治。五年。复言自西湖景东至通流凡七闸。河道淤塞。自昌平东南白浮村。至西湖景东流水河口一百里。宜增置十二闸。请以时修治。今并湮废。又通州陆挽至都城。仅五十里。元人开运河。总计百六十里。置闸坝二十四所。然通州以西。虽有庆丰。文明。会川等闸。皆河流浅淤。而积水潭在禁城北。漕舟既集。亦无停泊之所。又分流入大内。然后南出。其启闭蓄泄。非人所得专。故通惠河几废。嘉靖六年。始浚大通桥至通州城北之石坝。凡四十里。地势高下四丈。修庆丰上下二闸。平津上中下三闸。又东为普济闸以蓄水。造剥船。制布囊盛米。递相转输。以达都中。军民称便。俗谓之里漕河。】

金口河。【在(顺天)府西三十五里东麻谷。即卢沟河东岸。金人于此分引卢沟河。一支东流穿西山而出。以通漕运。下视都城。高十四丈余。金末。恐暴涨为害。塞之。元至元二年。郭守敬议按故迹开导。上致西山之利。下广京畿之漕。又于金口西预开减水口。西南还大河。令深广以防涨水突入之患。不果。至正二年。议者又欲于通州高丽庄开新河百十余里。而放西山金口河及引浑河之水。东流合御河。达通州。接引海运至大都城输纳。脱脱从之。役夫万余人。开河置闸。许有壬言。浑河之水。湍悍易决。足以为害。淤浅易塞。不可行舟。况西山水势高峻。金时在城北入郊野。虽有冲决。为害亦轻。今在都城西南。若霖潦涨溢。加以水性湍急。宗社所在。岂容侥幸。设或成功。一时亦不能保其永无冲决之患。不听。河成。果水急泥壅。不可行舟。复罢之。】

龙湾河。【(香河)县南四十里。有大小龙湾。夏秋之际。二水合流。经宝坻县界入永平府昌黎县之七里海。相传辽时海运故道。又有百家湾河。在县北。其水无源。四时不竭。】

白河。【(通)州东二十里。源出宣府卫龙门所东滴水崖。东流经密云县。入通州界。其支流亦从石塘岭过怀柔县西。顺义县东。入通州东境合焉。东南经漷县。武清县东。而入直沽。合卫河入海。一名潞河。亦曰沽水。水经注。沽河出御夷镇北塞中。南通潞县为西潞水。后汉建武二年。遣将邓隆讨彭宠于渔阳。隆军潞水南。为宠所败。宇文周宣政初。幽州人卢昌期起兵据范阳。高宝宁时据和龙。引兵声援。至潞水。昌期已为周军所平。乃还。唐武后万岁通天二年。契丹孙万荣作乱。寇掠河北诸州。既而败走潞水东。为其下所杀。宋宣和六年。金斡离不自平州破檀。蓟。至三河。郭药师迎战于白河。败还。遂以燕山一路降金。前朝嘉靖二十九年。虏自古北口阑入近境。都御史王竨驰至通州。收艚舟舣潞河西。勿使为寇用。寇屯河东二十里孤山。汹口诸处。阻水不得渡。是也。志云。河两岸皆白沙。不生青草。故名。一统志。白河。一名白遂河。】

浑河。【在(通)州西南。自卢沟桥分流。经州南十五里。谓之张家湾。志云。张家湾。以元时万户张瑄督海运至此而名。今东南运艘。由直沽至河西务。凡百十里。又百三十里至张家湾。乃运入通州仓。官民舟航。皆骈集于此。燕录。白河至州东。折而迤西处。曰张家湾。盖卢沟河与白河会流处也。今置张家湾巡司。移和合驿于此。】

通惠河。【在(通)州城西。即大通河也。自京城东至州城南。会于白河。又南会直沽入海。凡二三百里。俱曰通惠河。元至元十七年。浚通州运河。即此。今城西六里有永通桥。跨通惠河之上。明正统十三年建。余详京城大通河。】

河西务。【(武清)县东北三十里。自元以来。皆为漕运要途。元史。至元二十五年。置漕运司于此。领接海运。明初。大军由直沽败元人于河西务。今为商民攒聚。舟航辐辏之地。设户部分司驻焉。隆庆六年。筑城环之。可以守御。有河西驿。并置巡司于此。】

潮河。【在(宝坻)县东二十里。一名白龙港。其上源一自遵化州之梨河。一自三河县之洵河。鲍丘河。至县界三叉口合流。亦曰粮运河。东南入于海。】

白浮山。【(昌平)州东南十里。上有二龙潭。流经白浮村为白浮堰。志云。白浮堰在州东南十五里。起白浮村。至府西北三十五里之青龙桥。延袤五十余里。元至元中。郭守敬引白浮山诸水西折而南。经府西三十里之瓮山泊。流入积水潭。以通漕运。因筑此堰。以障双塔。神山。榆河诸水。其后山水决溢不时。岁常修治。又致和元年。燕帖木儿与上都兵战于白浮之野。败之。既又败之于白浮之西。又追败之于昌平北。】

白河。【在(顺义)县城东。自塞外流经密云县。又历怀柔县。西南流入界。经灵迹山。会大。小峪河。又南至县东北二十二里牛栏山东麓。潮河流合焉。又南径县城东门外。至通州为潞河。宋宣和末。金斡离不入顺州。宋郭药师迎战于白河。败绩。遂降金。嘉靖末。督臣刘焘以密云岁运悉由通州陆运至

牛栏山。费多。乃疏此河下达通州。更驾小舟转粟。径抵密云。省费什之七。】

白河。【在(密云)县城西。亦曰鲍立水。亦曰大榆河。自县北石塘岭流经县界。又南经怀柔。顺义县流入通州境。万历中。议者谓顺义县牛栏山而下。白河。潮河二水交会。水势深广。漕舟易达。牛栏山而上。水源既分。支流自弱。密云城西有白河故道。宜于杨家庄地方筑塞新口。疏通旧道。使白河自城西经流。直至潮河交会。则水势至大。牛栏山至密云亦可以舟运矣。】

沽河。【(蓟)州南五里。自阳河以西。沟句水以东。诸水皆入焉。其下流经新开河。至直沽。达于海。漕运溯流而上。直抵城南。通典渔阳有鲍丘水。又名潞水。即沽水矣。后汉兴平二年。幽州牧刘虞为公孙瓒所杀。虞从事鲜于辅等合兵攻瓒。破瓒于鲍丘水。水经注。鲍丘水从塞外来。南过渔阳县东。即鲜于辅等破瓒处。一名东潞水。今在通州东者。曰西潞水。在蓟州南者。为东潞水。下流皆合于宝坻县。亦兼有鲍丘水之名。李贤曰。今海滨有二沽。一曰水套。一曰新开。相去才十里。天顺初。开河通潮。以便蓟州漕运。此二水也。】

平虏渠。【在(蓟)州南。唐志渔阳有平虏渠。傍海穿漕。以避海险。又其北涨水为沟。以拒契丹。皆神龙中沧州刺史姜师度所开。屯政考。今州北之黄崖营。州西之白马泉。镇国庄。州东之马申桥。夹林河。州西之别山铺。夹阴流河以至阴流淀。皆可疏渠为田云。】

卷十二·直隶三

徐河。【(保定)府北十五里。出易州西五回岭。经满城县北。名大册河。出郎山下。东南流至府北。名徐河。又东入安州界。入于易水。水经注。徐水出北平。东径清苑县城东。而至高阳县。是也。唐武德五年。刘黑闼遣其弟十善等击唐幽州总管李艺于鼓城。既而战于徐河。十善等大败。宋太平兴国四年。契丹入寇。镇州都钤辖刘延翰帅众御之。先至徐河口。六年。八作使郝守浚开徐河。鸡距河。五十里入白河。以济关南之漕。咸平六年。知保州赵彬奏决鸡距泉。又分徐河水南注运渠。置水陆屯田。景德初。边臣阎承翰开漕渠。复堰徐河水入鸡距泉。以息挽舟之役。又于保州境内屯田凡百余顷。范成大曰。徐河在清苑北十里。绕流于保州威虏洞。宋每恃此以御契丹。金人谓之馈粮河……】

淘河。【在(安)州东。易水东出之别名也。宋咸平二年。诏边民越拒马河塞北市易。知雄州何承矩上言。缘边战棹司自淘河至泥姑海口。屈曲九百余里。此天险也。太宗置寨十六。铺百二十五。增设戍卒。部舟百艘往来巡警。大为要害。若听人马交渡。深非便宜。从之。或曰宋人以塘泊为边备。往往疏浚。以防淤淀。故沿边诸河。皆曰淘河。】

卷十三·直隶四

大浦淀。【在(河间)府西二十五里。下流注于滹沱。其决入之处。一名百道口。亦曰大廉陂。长丰渠。唐志云。在河间县西北百里。贞观二十一年。瀛州刺史朱潭所浚。又开元二十五年。刺史卢晖引滹沱河。由束城以东。通漕溉田。仍曰长丰渠。】

通利渠。【(任邱)县南五里。唐会要。武德中。凿通利渠。开元四年。县令鱼思贤复开浚。以泄陂淀之水。自城南至城西北。注于滱水。得地二百余顷。土人因名曰鱼君陂。长丰渠。在县西北二十里。即唐贞观中刺史朱潭所浚。其西南五里。亦曰长丰渠。开元中刺史卢晖。自束城引滹沱东入淇水。通漕溉田五百余顷。是也。淇水。即今卫河。】

清河。【(交河)县西二十五里。旧为洚河支流。自富庄驿引而东。至县东北三十五里。经刘解镇。又经县东北六十里之张家桥。又东五里。散流入于诸村镇。俗名清河头。一名盐河。亦曰赵王运粮河。或云。五代梁时。赵王镕曾运粮于此。以饷晋师也。又李村河。亦自县西二十五里。分洚河支流。有西济桥跨其上。流经县东北四十里李村桥。又东合于清河。】

卫河。【在(吉县)城东一里。自兴济县流入境。合于滹沱。又东北流。经静海县。过天津卫入海。亦名御河。亦曰永济河。宋志。缘边塘泺为御防要地。其一水东起沧州界距海岸黑龙港。西至乾宁军。沿永济河。合破舡淀。方淀诸水。横广百二十里。纵九十里至一百三十里。深五丈。西至信安军。与永济渠为一水。今为运道所经。筑堤浚浅。防维最切。又有盘古沟。在县南十五里。东流入御河。虽旱不竭。县南七里。有盘古冢沟。因以名。】

独流河。【在(吉)县北。旧志云。黄御河支流。自兴济县北流。经县境。又北流。入于易水。谓之独流水。九域志云。乾宁军北百二十里。有独流口。五代周显德六年。亲征契丹。自乾宁军御龙舟而北。至独流口。溯流西至益津关。是也。宋熙宁九年。高阳关言。信安。乾宁塘泺。因独流决口不收。至今干涸。命有司相视。元丰四年。河决澶州小吴口。北流入御河。合西山诸水。至清州独流寨三叉口入海。旧时河流甚盛。其后黄。御分流。遂至浅塞。】

卫河。【在(兴济)县城西。自沧州流经此。又北入青县界。旧为大河所经。宋史。庆历八年。大河自澶州商胡口。北流至乾宁军入海。熙宁初。议者欲闭北流。回河东注。提举河渠王亚言。黄。御河带北行。入独流东寨。经乾宁军。沧州等八寨边界。直入大海。海口阔至六七百步。深八九丈。三女寨以西。阔四百步。深五六丈。其势愈深。其流愈猛。此天所以限契丹也。若再开二股。渐闭北流。此未睹黄河在界河内东流之利耳。不报。宋末。大河南徙。元引会通河。而卫河遂为转输要道。县城西北。旧有范桥渡。为卫河津口。县名兴济盖以此。】

海。【在(静海)县东北百五十里。与山东。辽东接境。古名勃海。应劭曰。海之横出者。曰勃。元行海运。以天津海道为咽喉要地。前朝亦尝通运于此。嘉靖三十八年。辽抚侯汝翼。以辽东大饥。议移粟天津。其入辽之路。自海口发舟。至广宁右屯河通堡。不及二百里。中间若曹泊店。月沱。桑沱。姜女坟。桃花岛。咸可湾泊。各相去四五十里。无风涛。盗贼之虞。从之。寻复罢。志云。天津一隅。东南漕舶鳞集。其下去海不过百里。风帆驰骤。远自闽浙。近自登。辽。皆旬日可达。控扼噤要。诚京师第一形胜处也。】

卫河。【在(静海)县城西北。自青县合滹沱河流入境。至小直沽。与白河会。东南漕舟。悉由此北达。而南北群川。尽从小直沽以达于海。】

小直沽。【(静海)县北九十里。志云。出县北五十里。为杨柳青。又十里为当城。又十里为里堡城。又十里为小南湖。又十里即小直沽。其北则白河。受北路之水。其南则卫河。合南路之水。皆会于此。同流入海。天津卫设焉。为京师东面噤喉之地。由直沽而西北三十里。即武清县之杨村驿矣。大直沽。在县东。志云。出县南十五里。有双塘渡。又东五里为古城渡。又七十里至大直沽。今天津卫东南十里。即大直沽渡也。小直沽受群川之委流。大直沽又在其东南。地势平衍。群流涨溢。茫无涯涘。故有大直沽之名。又东与小直沽并注于海。】

信安湾。【在天津卫西北。即漕河曲折处也。前朝正德中。畿辅贼刘六等犯天津。守将贺勇遏之于此。贼败走。尹儿湾。在天津卫城东。永乐初。建百万仓于此。因筑城置卫。以贮海运。今去城八里。有运粮河。旧自海口达尹儿湾之运路也。】

天津卫。【府东北三百里。水行三百五十里。南至静海县七十五里。水行百里。东至通州宝坻县梁城所百四十里。水行百七十里。北至通州武清县杨村驿六十里。水行七十里。西北至顺天府二百五十里。水行四百里。城周九里。北濒卫河。东绕潞河。漕舟悉出于此。永乐二年。筑城置戍。三年。调天津卫及天津左卫驻焉。四年。复调天津右卫驻焉。初设备兵使者于此。其后辽左多事。增置重臣。屯列将领。为京师东面之巨镇。】

卫河。【(吴桥)县西三十里。与州接界。又北入东光县境。漕舟自安陵曲折而东北出。四十里至连窝。又三十里至东光县。漕河考。安陵至连窝。盖六十里。此往来者必经之道也。】

卫河。【在(故城县)城南。自山东武城县北流。经恩县境。入县界。绕城而东入德州界。郡人马伟云。卫河亘县城之前。涟漪映带。环绕左右。帆樯相接。随风若飞。上溯武城。下达德州。朝发夕至。呼吸可通。县介京师。山东之间。诚为襟束要地矣。】

(沧)州控水陆之冲。绾海王之利。江淮贡赋。由此达焉。燕赵鱼盐。由此给焉。

卷十四·直隶五

滹沱河。【在(真定)府城南一里。图经云。府背倚恒山。面临滹水。是也。其上流自灵寿县流入界。又东入藁城县界。范成大曰。渡河五里。即州城。唐天宝末。李光弼入常山。史思明自饶阳趣救。光弼与贼夹滹沱而阵。败却之。光化三年。朱全忠侵镇州。前军逾滹沱。攻南门。焚其关城。王镕惧而请和。五代梁龙德初。成德将张文礼弑其主镕。晋王存勖遣兵讨之。渡滹沱。围镇州。夹漕渠以灌城。未下。二年。晋将阎宝攻镇州。宝筑垒掘堑。决滹沱水环其城。内外断绝。宝以城破在即。不为备。贼来攻。遂坏长围而出。宝败保赵州。既而李存进攻镇州。亦夹滹沱为垒。与贼相持于东垣渡。旧有中渡桥。在府东南五里。跨河上。晋开运三年。契丹趣恒州。晋杜威御之。至中渡桥。契丹已据桥。晋军争之。契丹焚桥而退。与威夹河而军。李谷谓威曰。今多以三股木置水中。积薪布其上。桥可立成。因与恒州合势击之。彼必遁。威不从。寻以其众降契丹。及契丹入汴。迁晋王于北荒。晋主至中渡桥。见威寨。恸哭而去。胡氏曰。中度桥。州人津渡之所也。其上下流各有渡。故此为中渡。宋熙宁九年。程昉于此创系浮桥。元丰五年。转运副使周革言。浮梁增费数倍。既非形势控扼。请易以板桥。至四五月防河即拆去。权用船渡。从之。今府南跨河有通济桥。犹沿其制。又滹沱河流迅急。每患漂溢。历代皆修筑堤防以御之。金大定八年。决真定堤岸。十七年。决郡西白马冈。元大德十年。决堤浸城。至大初。复漂南关百余家。延祐以后。屡屡修筑。为患未已。堤防考。府西滹沱河北。旧有曹马口堤。长三十余里。以护城垣。宋天圣间。堤坏。寻复修筑。前明成化十三年。大水。堤复溃。水势逼城西南隅。坏民庐舍。关城中几为巨浸。守臣田济请于旧河数里外。凿新河。延袤十余里。分杀其流。复筑堤以御旧河之水。于是水有所归。复于新河北筑堤。长四千余丈。环拱关南。公私攸赖。自是屡有决溢。皆因旧址疏筑。余见前大川滹沱。】

洨河。【(栾城)县西十二里。汉志。源出井陉山。东南至瘿陶入泜。洨。读曰效。今自平山县甘淘河分流。东南入县境。元氏县之沙河。东北流合焉。又东南经赵州南。下流注于胡卢河。宋长编。咸平五年。河北漕臣景望。开镇州常山南河入洨水。至赵州。以利漕。即此。】

冶河。【在(栾城)县城西北隅。旧时冶河自平山县东南流经此。又南经宁晋县入大陆泽。其后冶河自平山县东北流。合于滹沱。滹沱不能容。决溢为害。元至元末。议引冶河分流。工成。滹沱水势遂杀。数年。下流渐湮。仍自旧口决入滹沱。冲啮为害。皇庆初。又议自平山县城西北改辟河道。下至宁晋。疏淤淀。固堤防。使冶水仍入旧河。则滹沱势分。真定之害必少。但栾城地形颇低。拟于县北圣母堂东冶河东岸。开减水河一道。以杀其势。于是冶河复导流于此。未几复废。或以此水为滹沱分流。误也。俗亦谓之运粮河。或以为即汉之太白渠。汉志。太白渠首受绵曼水。东南至下曲阳。入斯洨。盖流经县境矣。元和志斯洨水在县西北二十。即太白渠也。又县南五里有龙潭湾。亦昔时冶河支流也。】

沙河。【在(定)州南。源发山西繁畤县东白坡头口。经曲阳入新乐。又东经州境而入保定府祁州界。唐光化三年。汴将张敬忠攻定州。义武帅王郜遣将王处直逆战于沙河。为汴军所败。宋景德初。以河朔挽运劳费。诏北面都钤辖阎承翰。自嘉山东引唐河。三十二里至定州。酾而为渠。至蒲阴东六十二里会沙河。又东经边吴泊。入界河。以通漕舟。兼溉田。限戎马。时以为便。蒲阴。即今祁州。边吴泊。见安州。】

恒水。【在(曲阳)县西。禹贡。恒。卫既从。汉志。恒水出恒山北谷。东流合滱水。是也。或谓之恒阳溪。狄水。在县东三里。亦发源恒山北谷。南流至定州。入滱水。相传宋将狄青曾治漕于此。因名。今塞。】

石臼河。【在(行唐)县西。后汉志。南行唐有石臼谷。河因以名。寰宇记。即平山县之濊水也。东北流入县境。又东入新乐县界。为木刀沟。后汉永平中。引石臼。滹沱河以通漕。即此水也。】

洨河。【(赵)州南五里。自栾城县流经此。下流达宁晋县。入于胡卢河。今州南有安济桥。跨洨河上。俗呼大石桥。阔四十步。长五十余步。宋咸平五年。漕臣景望引洨河。自镇州达赵州以通漕。是也。】

沛水。【在(高邑)县治南。一名沙河。又名白漕水。亦谓之漕河。发源赞皇县赞皇山。经临城县。又东流入县境。至县东南。而合于黑水。】

胡卢河。【(深)州南四十里……淳化二年。从河北转运司请。自深州新寨镇。开新河导胡卢河。分为一派。凡二百里。抵常山。以通漕运。后废。熙宁中。内侍程昉复请开决。从之。寻废。】

卷十五·直隶六

漳河。【(成安)县南十里。自临漳县东北流入县界。又东入广平县境。此清。浊二漳。自临漳县合流之后。横亘于冀州之境。合滹沱以达海者。所谓漳河之经流也。今多自临漳而东达魏县界。又东合于卫河。国家漕渠。往往资漳水之助。经流不绝如线。间有决溢。浅淤随之矣。】

滏阳河。【(邯郸)县东三里。自河南临漳县流入境。又东入永年县界。元至元初。郭守敬言。磁州东北漳。滏二水合流处。引水由滏阳。邯郸。洺州。永年。下经鸡泽。合澧河。可灌田三千余顷。前朝成化十八年。磁州守张梦辅。令民于故渠随方浚治。以通舟楫。达于邯郸。今废。】

卷十六·直隶七

马陵道。【(大名)府东南十里……宋人河北漕运。往往于黎阳或马陵道口装卸。盖津要所关矣。】

小滩镇。【(大名)府东北三十五里卫河滨。自元以来。为转输要道。又东北三十里。而达山东冠县。今河南漕运。以此为转兑之所。有小滩巡司。嘉靖三十七年。又设税课司于此。或以为镇即古枋头。误也。其西南数里有岔道村。亦卫河所经也。台头堡。在府城南。其地有高台。相传魏惠王拜郊台。村因以名。又束馆堡。在府东六十里。以有东皙庙而名。亦曰束馆。镇志云。府西北三十里有西店集。漳河旧经此。又有儒家寨堡。在府西北四十里。黄金堤堡。在府东北三十里。皆商民辏集处。】

回隆镇。【(内黄)县西北五十里。有回龙庙巡司。其北与魏县接界。志云。镇在漳。卫二水之间。河南岁漕尝转兑于此。寻移小滩镇。今详见魏县。又黄池水驿。在县西四十里卫河滨。河南粮运道皆经此。为津途要隘。】

黎阳废县。【(浚)县西二里……(北魏)孝昌中。置郡于此。常为河津重镇。隋开皇三年。置黎阳仓。漕河北之粟。以输京师。大业九年。杨玄感督运黎阳。起兵攻东都。十三年。李密攻东都。使徐世勣袭破黎阳仓。据之。开仓。恣民就食。旬日间。得胜兵三十余万。唐武德初。宇文化及自滑台趋黎阳。徐世勣畏其军锋。自黎阳西保仓城。化及遂渡河保黎阳。围世勣于仓城。寻为世勣所败。二年。窦建德攻黎阳。克之。括地志。黎阳城西南有故仓城。相传袁绍聚粟之所。亦即隋开皇中置仓处也。是时黎阳城。盖在大伾以东矣……】

枋头城。【(浚)县西南七十里。即今之淇门渡。旧志。在卫县南。去大河八里。水经注。枋头。古淇口也。汉建安九年。曹操攻袁尚。围邺。于淇水口下大枋木成堰。遏淇水东入白沟。以通粮道。时号为枋头……】

卫河。【在(浚)县城西。源发河南辉县苏门山。自汲县境流入县界。至黎阳故城西。又东经城西北。流经县西北三里。曰王桥渡。至县北二十五里。曰屯子渡。又北十五里。曰老鸦嘴渡。入内黄县界。寰宇记。卫河。淇水合流。亦曰黎水。亦曰水。又谓之白沟。魏武遏淇水东入白沟。盖昔时淇水南入河。堰之使东入卫。以通漕也。志云。县西南十里。旧有外郎河。或谓之黎水。盖即卫河故渠也。西汇长丰泊。又西北历善化山。复西北会于漳水。金时浚州守以州城象舟。乃自外郎河引流东北出。取舟在水中之义。今卫河经流于此。河渠考。卫河经城西。广数丈。堤甚卑薄。夏秋雨潦。上流诸水并集。往往为害。万历六年。县令任养心于旧堤外八里许。自石羊村至侯固寨。筑长堤障之。公私利赖云。】

白马津。【在(滑)县西。即大河津渡处也。胡氏曰。河自黎阳遮害亭决而东北流。过黎阳县南。河之西岸为黎阳界。东岸为滑台界。其津口曰白马津。水经注云。津在白马城西北。因名。战国时张仪谓赵王。秦守白马之津。又苏代约燕王。决白马之口。魏无黄。济阳。韩非说秦王曰。决白马之口。以沃魏氏。秦末。张耳。陈馀略赵地。从白马渡河。又沛公与秦将杨熊战白马。郦食其说汉王塞白马之津。是也。汉三年。卢绾。刘贾将卒二万。骑数百。渡白马津。入楚地佐彭越。烧楚积聚。晋永兴三年。成都王颖故将公师藩起兵赵魏。寻自白马渡河。兖州刺史苟晞击斩之。宇文周大象二年。尉迟迥举兵相州。遣其党宇文胄自石济。宇文威自白马济河。共攻东郡。隋仁寿末。汉王谅举兵并州。遣其将綦良出滏口。攻黎州。塞白马津。唐文德初。朱全忠以魏博军乱。自白马济河。下黎阳等镇。津口旧有白马驿。天二年。全忠杀故相裴枢等三十余人于白马驿。投尸于河。三年。全忠自白马济河。攻刘守文于沧州。五代梁乾化五年。分天雄军置镇相州。恐魏人不服。遣开封尹刘鄩自白马济河以胁之。魏军遂作乱。石晋天福二年。范延光举兵魏州。晋主命白奉进将兵屯白马津以备之。延光亦遣兵循河西抵黎阳口。开运末。契丹入大梁。明年。自汴还渡白马津而北。周显德三年。北伐契丹。渡白马津。通释。白马北岸。即黎阳津。故白马亦兼有黎阳之名。黄。济阳。见河南杞县及兰阳县。山堂杂论曰。决宿胥。

决河使北也。决白马。决河使南也。】

灵昌津。【在白马津西。旧志云。在灵昌县东北二十二里。一名大堨。相传澹台灭明斩蛟投璧处也。水经注。灵昌津。本名延津。一名延寿津。后汉建安六年。袁绍遣颜良攻白马。曹操驰救。荀攸曰。今兵少不敌。必分其势乃可。公到延津。若将渡兵向其后者。绍必西应之。然后轻兵袭白马。掩其不备。良可擒也。操从之。既而与绍战于延津。绍大败。晋永嘉初。群盗汲桑。石勒等入邺。大掠而南。济自延津。将击兖州。刺史荀晞讨败之。三年。刘渊使其将刘景攻黎阳。克之。时晋将王堪屯东燕。景败堪于延津。沈男女三万余人于河。咸和三年。石勒击刘曜于洛阳。至河渚。不得渡。流澌忽因风冻合。渡讫复泮。勒自以为得天助。改曰灵昌津。建元二年。石虎作河桥于灵昌津。采石为中济。石下辄随流去。用工五千余万。而桥不成。虎怒。临河斩匠而还。盖大河深广。必下石为中济。两岸系巨絙以维船。然后可以立桥。如河阳蒲津之中潬是也。刘宋景平元年。魏主嗣侵宋。自灵昌津济。遂如东郡。元嘉七年。到彦之等收复河南。诸军进屯灵昌津。列守南岸。西至潼关。唐天宝十四载。安禄山自灵昌渡河。以絙约败船及草木。横绝河流。一夕。冰合如浮梁。遂陷灵昌郡。津旁有湖。周十里许。曰灵昌湖。盖大河所汇也。今涸。胡氏曰。滑台城下为延津。又西为灵昌津。王氏曰。灵昌津在白马津之西。近河南之延津县界。今亦见延津县。】

白皋渡。【在(滑)县北。亦大河津渡处。唐乾元二年。史思明自范阳南寇。分四道渡河。一出黎阳。一出胡梁。思明自引军出濮阳。分遣其子朝义出白皋。皆会汴州。后唐同光末。魏州军乱。李嗣源讨之。为乱兵所推。嗣源寻自相州由白皋济河。至滑州。石晋天福二年。杨光远击范延光于魏州。自大梁进兵。由白皋趣滑州。是也。】

六明镇。【在胡良渡口。石晋天福二年。范延光举兵魏州。其将冯晖等引兵至六明镇。渡河击晋军。为杨光远所败。周广顺中。河决六明镇。显德初。遣使修塞之。胡氏曰。镇即大通军之地。是也。或以为即故鹿鸣城。误为六明云。老岸镇。在县东南七十里。今有巡司。】

德胜城。【(开)州东南五里。古澶渊也。春秋襄二十年。晋及诸侯会于澶渊。二十六年。复会于澶渊。三十年。又会焉。杜预曰。澶渊在顿丘南。今谓之繁汙。近戚田。其后为德胜渡。黄河津要也。五代梁贞明四年。晋王存勖拔濮阳。军德胜渡。寻遣李存审于德胜南北。夹河筑两城而守之。胡氏曰。时河津阔远。两城相距。盖三十里。五年。梁贺瑰攻晋德胜南城。百道俱进。以竹笮连艨艟巨艘。横断河流。使晋救兵不得渡。为晋将李建及所破。既而梁将王瓒据杨村。夹河筑垒。造浮桥。谋攻德胜。晋将李存进亦造浮桥于德胜。或曰。浮梁须竹笮。铁牛。石囷。我皆无之。何以能成。存进不听。以苇笮维巨舰。系于土山巨木。逾月而成。人服其智。晋王寻自魏州发徒数万。广德胜北城。梁人来争。晋王拒之。大小百余战。城始就。龙德初。戴思远复自杨村袭晋德胜北城。为晋所败。明年。复攻北城。重堑复垒。断其出入。昼夜急攻。晋将李存审悉力拒守。晋王自幽州驰救。思远引却。后唐同光初。梁王彦章自杨村径攻德胜。力战断其浮桥。南城遂陷。唐主命弃北城。撤屋为筏。东助杨刘守备。彦章围杨刘不克。退走杨村。唐军复屯德胜。石晋天福三年。时瀛。莫诸州入于契丹。河北无藩篱之固。于是移澶州跨德胜津。并顿丘县亦随州移治郭下。是时作浮桥于德胜口。谓之澶州河桥。于是两城有南澶。北澶之目。盖以防固河津也。九年。契丹攻澶州。欲夺浮梁。不克。开运三年。契丹入汴。遣酋帅耶律郎五据澶州。贼帅王琼帅众袭据南城。北渡浮航。围郎五于牙城。契丹救却之。汉乾祐三年。郭威举兵邺都。汉主遣侯益等将兵趣澶州。威至。澶州降。遂渡河。趣滑州。宋景德初。契丹入犯。寇准劝帝亲征。驾至南城。众请驻跸。准固请渡河。御北城门楼。士气百倍。既而幸浮桥。登临河亭。盖是时。澶州犹治德胜城也。庆历中。尝增修之。熙宁九年。城圮于水。因改筑州城。以濮阳县为州治。非复石晋所移之旧矣。九域志。澶州距魏州百三十里。胡氏曰。此据故澶州北城言之。自南城度河并浮梁计之。则百五十里。故晋人每言澶州距魏百五十里也。盖澶州徙治不一。大约唐治故顿丘城。石晋时治德胜。宋始治濮阳。一统志云。今州南有故德胜寨。杨刘。见山东东阿县。】

沤麻冈。【在(长垣)县西北。宋绍定六年。金主以汴京危急。引军东行。次黄陵冈。进向河北。至蒲城东。乘舟济河。会大风起。蒙古兵追击之于南岸。金主次于北岸。震惧。遂次沤麻冈。遣白撒帅骑攻卫州。不克。黄陵冈。见河南仪封县。】

卷十七·直隶八

乐安城。【在(永平)府东南。石赵筑城置镇于此。胡氏曰。海阳县西有乐安城。水经注。濡水东南至辽西令支县。又径牧城南。分为二水。北流谓之小濡水。东径乐安亭北。东南入海。濡水东南流。径乐安亭东。与新河故渎合。魏太祖北征蹋顿故道也。晋咸康六年。石虎欲伐慕容皝。合兵五十万。具船万艘。自河通海运谷数十万斛于乐安城。既而不果。永和初。石虎复使其将邓恒屯乐安。治攻具。为伐燕计。燕主皝使慕容霸戍徒河以备之。是也。乐安。晋书作安乐。濡河。即滦水也。徒河废县。见故大宁卫。】

海。【(永平)府南百六十里。东入辽东。西趋直沽。南抵登莱。风帆易达。中多岛屿。可以依阻。有事时出奇制胜之道也。志云。海在幽平间者。皆谓之溟渤。东西浩瀚。千有余里。】

临渝城。【在(抚宁)县东北。汉县。属辽西郡。后汉因之。晋省县。而城如故。义熙十年。北燕褚匡言于其主跋曰。章武临海。舟楫可通。出于辽西临渝。谓此也。隋开皇初。营州刺史高保宁与突厥沙钵略。合军攻陷临渝镇。大业中。置临渝宫于此。十年。复议伐高丽。自涿郡幸临渝。是也。隋志。北平郡卢龙县有临渝宫。盖于故城置宫云。】

孤山。在山海关南六里。屹然独立。俯临大海。四面皆水。称为奇胜。志云。关南十里为澥儿海口关。东六里为欢喜岭。一名恓惶岭。言戍辽者去而悲。还而喜也。关东八里海中有望夫石。俗名姜女坟。又有秦皇岛。在关西南二十五里。四面皆水。岛居其中。相传秦始皇曾驻跸于此。志云。秦皇岛在县东三十里。

冯家山。(抚宁)县东南二十五里。两峰并峙。结寨其上。极险峻。一名对嘴崖。又牛头崖。在县东三十里。形似牛头。海军侦探戍守。往往驻泊于此。即牛头崖营也。迤东为望海冈。登此可以望海。又金山嘴岛。在县东南四十五里。山如鸟嘴。半入于海。今设军戍守。

海。【(抚宁)县东南六十里。县介山海之间。地势完固。因置关以扼其要道。志云。海自直沽新桥赤洋而东。势渐北转。抵辽境。为登。莱。金。复一带海面。昔时运道抵关城南十里。今虽废。而余迹犹存。又戴家河海口。在县东南四十里。崇祯中。由海运馈山海关。此为储积之地。并置戍守于此。东去金山嘴二十里。】

溟海。【(昌黎)县东南七十里。海至县界。突然北出七里而赢。亦曰七里滩。广袤三十余里。有菱。芡。鱼。蟹之利。居民赖焉。志云。县南有黑洋河。即海道也。明嘉靖中。议由海道运天津仓米。从黑洋河一带抵昌黎。登岸达山海关。以给辽饷。盖自天津循海岸而东。皆曰黑洋河也。】

海。【(滦)州南百三十里。亦谓之潮河。海水荡潏。延漫百余里。即黑洋海口也。州境群川。悉由此入海。南望天津。东望山海。为州境之巨防。志云。潮河东二十里。有蚕丛口。一名林里河。亦曰交流河。旧时海运多避风于此。】

清水河。【(滦)州南二十里。其上流为龙溪河。出州南八里之暖泉。流数里而伏。二源并导。一出州东南二十里南闸头。经乐亭县绿洋口入海。一出州西南二十七里龙塘桥。至蚕沙口入海。郡志。清河出州西十五里墓子山。一名五子洞。伏而复出。相传即秦汉时漕运故渠。元时海运。自辽东三岔河分三道。一由天津径白河至通州。一由娘娘宫经粮运河。至蓟州。一由芦台经黑洋河。蚕沙口。清河。至滦州。明洪武八年。颍川侯傅友德言。永平运道由鸦洪桥而东。道里远。宜通清河。滦河故道。于是诏浚旧渠。置闸潴水。以通漕运。北合滦河。达于府城。自府城而北。以达于滦阳营。寻废。万历初。议行海运。言者欲自州东十八里滦河西岸王家闸。引滦水入清河。导入王冢坨。再导使由艾家清沟下接靳家河。通交流河。七十里入黑洋海口。由海中三十里。至建河海口。四十里至堂儿上海口。又四十里则大沽海口也。出口入通州运粮白河。又百里则天津卫矣。不果行。蚕沙口。即蚕丛口矣……】

陷河。【(滦)州南五十里。源出州西南五十里于家泊。汇大小群川。至蚕丛口入海。又州西南八十里为靳家河。一名小青龙河。亦汇众流达潮河以入海。淀河。在州西百二十里。其上源曰馆河。自迁安县流入界。经偏山南流合众水。又西入丰润县界。合于庚水。又沙河。在州西南九十里。亦自迁安县流入界。至此播为大水泊。又西为小水泊。又西入丰润县界。成化十七年。管粮郎中郑廉。请自丰润还乡河通漕永平。说者谓由榆水还乡河。东导陡河抵沙河。通陷河。而及清滦。即运道所经也。庚水非滦所通。沙河淤烂。溢涸不时。所以随行随止。】

【志云。(滦)州南百十里滨海。有马头营。旧为戍守处。海运时。尝置仓于此。】

济民盐场。【在(滦)州西南。志云。府境有盐场四。俱属于户部分司。一曰济民场。距分司七十里。南滨海。东极潮河。接石碑盐场。西跨运河。连丰润县越支场。亘百三十五里。一曰石碑盐场。在济民东七十里。距分司百四十里。在今乐亭县西。南滨海。亘百七十里。一曰惠民盐场。在石碑东百五十里。距分司二百九十里。在抚宁县西南。南滨海。亘二百二十里。一曰归化盐场。在惠民东南百四十里。距分司四百五十里。南滨海。东抵山海关。亘二百里。皆产盐。属于分司。而统于长芦盐运司。分司署。在府城内也。】

月坨。【在(乐亭)县西南。形如半月。志云。自绿洋沟入海四十里。即月坨也。在巨浸中。广数十顷。其间草木繁植。雉兔充斥。冰合时。居民尝射猎于此。泮则棹艇樵采。为利甚厚。又十九坨。在月坨东。大数十顷。饶给与月坨相似。一名石臼坨。相传漕运时。店市民居也。旧志。滦人以平坡而蓄水者。曰坨。】

定流河。【(乐亭)县西北三十里。即滦河下流也。志云。滦河经县北岳婆港分为二支。一曰葫芦河。在县东北三十里。流径县东二十里。南流入海。谓之东滦河。景泰中淤塞。俗谓之乾滦河。定流河遂独承滦河之水。至县南四十里刘家墩入海。天启以后。海运繇天津三百余里。至刘家墩海口入滦河。凡二十五里至银夯柳仓交卸。改用河船。凡百八十里达于永平。时以为便。志云。环县有贯家。董家。杜家。宋家。戴家等河。俱滦之支流也。又有萧家湾。在县西南三里。翟家湾。在县东北三里。滦河及支川之水。潴流于此。水涨则流。达于滦河。】

卷十八·直隶九

武兴城。【在营州南……晋咸康四年。石虎谋攻慕容皝。遣其将曹伏将青州兵渡海。戍蹋顿城。无水而还。因戍于海岛。运谷三百万斛以给之。隋大业八年。伐高丽。分军出蹋顿道。是也。】

【卢思台。在营州南界。志云。台去幽州八百里。唐贞观十八年。伐高丽。由漕渠运米至台侧。浅涩不能进。胡氏曰。漕渠。即曹操伐乌桓时所开平虏渠也。】

卷十九·江南一

梁太清二年。侯景迫台城。邵陵王纶自京口入援。景遣兵御之于江乘。赵伯超谓纶曰。今若从黄城大路。【黄城。当作江乘。又金陵志。上元县东北清风乡有黄城村。】必与贼遇。不如径指钟山。突据广漠门。出敌不意。城围必解。纶从之。夜行失道。迂二十里。及旦。营于蒋山。景见之。大骇。悉送所掠妇女珍货于石头。具舟欲走。纶御军无法。寻为贼所败。

梁山有二。东梁山。一名博望山。在太平府西南三十里。西梁山。在和州南六十里。夹江对峙。如门之辟。亦曰天门山。郡国志。【即元和郡县志。】天门山。一名蛾眉山。春秋昭十七年。楚获吴乘舟余皇处也。两山岸江。相望数里。为大江之关要。晋人伐吴。王浚自武昌顺流东下。吴主遣将军张象帅舟师万人。御之于梁山。象望旌而降。浚遂直指建业。东晋时。王敦作乱及桓温专命。皆自上流移镇姑熟。说者曰。夺梁山之险也。宋元嘉二十七年。北魏主焘军瓜埠。声言欲渡江。宋于南岸分军守御。置戍博望。三十年。元凶劭弑逆。武陵王骏讨之。自寻阳东下。劭党萧斌。劝劭勒水军自上流决战。不尔。则保据梁山。劭不能用。孝建元年。江州刺史臧质以南郡王义宣叛。宋主命柳元景。王玄谟帅诸将讨之。进据梁山洲。于两岸筑堰月垒。水陆待之。质至梁山。亦夹陈两岸。与官军相拒。义宣至芜湖。质进说曰。今若以万人取南州。则梁山中绝。【时柳元景自采石进屯姑熟。为梁山后援。】万人缀梁山。则玄谟必不敢动。下官中流鼓棹。直趣石头。此上策也。义宣不能用。质因西南风急。遣兵攻梁山西垒。陷之。既而义宣至梁山。顿兵西岸。遣其将刘谌之与臧质进攻东城。为玄谟等所败。【今两山有却月城故址。相传即玄谟所筑。】大明七年。祀梁山。大阅于江中。立双阙于山上。齐建元初。魏人入寇司。豫二州。缘淮驱略。江北居民惊扰。诏于梁山置二军。南州置三军以备之。永元元年。陈显达举兵江州。东昏侯使将军胡松等拒之于梁山。梁敬帝初。江州刺史侯瑱拥兵上游。不附于陈霸先。霸先遣将侯安都等帅舟师立栅于梁山以备之。继而齐兵亦出栅口。【栅江口也。见和州。】向梁山。霸先将黄丛逆击破之。齐师退保芜湖。霸先复遣将沈泰等共据梁山。寻亲如梁山巡抚诸军。唐武德七年。辅公祏叛。遣其将冯慧亮等帅舟师屯博望山。仍于梁山连铁锁。断江路。筑却月城。延袤十余里。旋为李孝恭所败。宋南渡后。置寨于此。绍兴三十一年。金亮南侵。至和州。以梁山泺水浅。议改舟以渡。不果。今有官兵戍守。李白梁山铭曰。梁山博望。关扃楚滨。夹据洪流。实为要津。天险之地。无德匪亲。守建康者。西偏津要。梁山其最矣。

采石山。亦曰采石圻。在太平府西北二十五里。渡横江。西至和州二十五里。东北至江宁府八十五里。亦谓之牛渚圻。舆地志。【陈顾野王撰。】半渚山北。谓之采石。盖大江东北流。牛渚。采石俱列江东岸。采石去牛渚不过里许。故牛渚圻通谓之采石。元和志。采石西接乌江。【即和州江。】北连建业。戍城在牛渚山上。与和州横江渡对。其地突出江中。自昔津渡处也。秦始皇东巡会稽。道丹阳。至钱塘。即繇此渡。后汉兴平二年。孙策渡横江。攻刘繇牛渚营。尽得邸阁粮谷战具。其后孙权使孙瑜自溧阳移兵屯牛渚。自是以后。常为重镇。黄武中。使全琮屯牛渚。孙皓建衡二年。谋伐晋。大举兵从牛渚西上。旋引还。又以何植为牛渚督。作横江坞。晋咸宁五年。伐吴。遣王浑向牛渚。及王浚繇武昌东下。晋宿牛渚部分。明日。前至三山。【见江宁府。】永嘉元年。陈敏据建业。扬州刺史刘机等出历阳讨敏。敏使其弟宏据牛渚拒之。成帝咸和三年。苏峻据历阳以叛。济自横江。登牛渚。望蒋山。咸康元年。石虎南游。游骑至历阳。诏戍牛渚及慈湖。芜湖以备之。永和中。谢尚镇于此。亦曰采石戍。隆安二年。豫州刺史庾楷以历阳叛。谯王尚之大破楷于牛渚。宋元嘉二十七年。魏主焘入寇。军瓜埠。宋分军戍采石。又陈舰列营。周亘江畔。自采石至暨阳六七百里。孝建初。义宣作乱。柳元景军于采石。齐永元初。陈显达自寻阳东下。败台军于采石。建康震恐。二年。崔慧景逼台城。豫州刺史萧懿方讨寿阳。屯小岘。闻警。即帅数千人自采石济江。顿越城。【见应天府。】亦曰南洲津。梁普通六年。置南津校尉于此。大通二年。侯景攻历阳。历阳太守庄铁以城降。说景曰。今宜急趣建康。若朝廷遣羸兵千人。直据采石。虽有精甲百万。不能济矣。景遂引兵临江。时羊侃请以二千人急据采石。梁主不从。侃叹曰。今兹败矣。先是。梁主闻景叛。遣将军王质巡江防遏。至是。陈昕言。采石急须重镇。王质水军轻弱。恐不能济。诏即以昕代质戍采石。质去采石。而昕犹未下渚。【秦淮渚也。】景谍知之。大喜曰。吾事济矣。遂自横江济采石。袭陷姑孰。至慈湖。建康震骇。承圣初。王僧辨等讨侯景。至芜湖。景将侯子鉴据姑孰南洲以拒之。既而僧辨至姑孰。子鉴帅步骑渡洲。于岸挑战。败奔建康南洲。即采石矣。梁主方智初。齐人纳萧渊明为梁主。王僧辨迎之于历阳。渊明自采石济江。既而陈霸先杀僧辨。废渊明。与齐人相持。绍泰二年。齐谯。秦二州刺史徐嗣徽等袭采石。执戍主张怀钧。陈末。隋军临江。樊毅曰。京口。采石。俱是要地。各须锐兵五千。金翅二百。缘江上下防捍。如其不然。大事去矣。既而韩擒虎以兵五百人。自横江宵济采石。而陈以亡。隋置牛渚圻镇。唐贞观初。改镇为戍。文德初。杨行密谋取宣州。议约和州。升州兵。自采石济江侵其境。而行密从庐州济江。自西道击之。宋开宝七年。曹彬败江南兵于采石矶。先是樊若水尝渔于采石。以小舟载丝绳维南岸。疾棹至北岸。以度江之广狭。遂诣阙。请造舟为梁以济师。繇是大军长驱。如履平地。绍兴末。金亮南侵。两淮皆陷。遂筑台和州江岸。挥兵渡采石。【王应麟曰。和州东二十里有西采石。其下为杨林渡。即金亮督兵渡江处。】为虞允文所败。明初。自和阳渡江。诸将欲向牛渚。太祖曰。牛渚敌营所在。备必密。先登采石。敌不知所备矣。遂克牛渚。下太平。今采石矶临江为险。有官兵驻守。【志云。昔人于此取石。因名。又牛渚山下名燃犀浦。相传温峤燃犀炤水处也。】陆氏游曰。古来江南有事。从采石度者十之九。从京口渡者十之一。盖以江面狭于瓜洲也。【今洲渚纡回。采石形势。又复一变矣。】

承圣元年。时侯景据建康。齐人屡侵景边地。景遣其党郭元建帅步军趣小岘。侯子鉴帅舟师向濡须。齐人引却。陈大建五年。遣吴明彻等北伐。鲁广达破齐师于大岘。唐元和志。大小二岘。淮南襟要之地也。宋绍兴十一年。王德复和州。兀术退屯于昭关。德击败之。三十一年。金亮南侵。自涡口渡淮。守将王权弃庐州退屯昭关。又自昭关退保和州。淮西大扰。隆兴二年。金人入濠。滁。王彦弃昭关走。两淮几陷。祝穆曰。昭关之口。两山壁立。可以守御。绍兴间。张浚尝因山筑城。置水匮以遏金人。盖形险可恃也。明季。贼犯凤阳。尝分兵守小岘。盖惧金陵援师也。其山长二十里。水绕山下。为往来者必经之处。

大江。自江西九江府彭泽县流入界。江北岸为宿松县及望江县。又东北至安庆府城西南。江南岸为东流县。以至池州府城西北。经桐城县境南。【桐城县属安庆府。】铜陵县城北。【铜陵县属池州府。】而入庐州府无为州界及太平府繁昌县界。自此益折而东北。江西岸为和州。东岸为芜湖县。太平府天门。采石之险在焉。又东北经江宁府界。江北岸则六合县。江浦县。以至扬州府之仪真县瓜洲镇。江南岸则江宁府以及句容县北境。至镇江府京口闸。与瓜洲南北相对。为渡江之津要。自此引而东。南岸经丹阳县常州府境及江阴县城北。又东为苏州府常熟县之北境。北岸则历泰兴。靖江。如皋县境。又东历通州之狼山。与常熟县福山对境。又东至海门县入于海海门县。今堙于海。而靖江则孤悬于江中靖江县在江中。本属江南。今城北新沙平阔。直接江北泰兴县。而江在城南矣。崇明则翼峙于江口。此境内江流之大略也。吴纪涉曰。长江自西陵以至江都。五千七百里。疆界虽远。而险要必争之地。不过数四。犹人有八尺之躯。靡不受患。其护风寒。亦数处耳。北魏陆睿曰。长江浩荡。敌之巨防也。宋吴表臣曰。古来都建康者。以大江为要会。大江之南。上自荆。鄂。下至常。润。不过十郡。十郡之间。其要不过七渡。上流最紧者三。荆南之公安。石首。【二县俱属荆州府。】岳之北津。【即府西北三十里之三江口。】中流最紧者二。鄂之武昌。太平之采石。下流最紧者二。建康之宣化镇。江之瓜州。宋会要。【一作中兴会要。宋梁克家辑。】绍兴二年。命沿江岸置烽火台。以为斥堠。自当涂之褐山。东采石。慈湖。繁昌。三山至建康之马家渡。大城冈。池州之鹊头山。凡八所。又绍兴七年。叶梦得言。建康。太平。池州紧要隘口。江北可济渡处。凡一十九处。咸淳十年。汪立信言。沿江之守。不过七千里。若距百里而屯。屯有守将。十屯为府。府有总督。其尤要害处。辄三倍其兵。无事则泛舟长江。往来游徼。有事则东西齐奋。战守并用。互相形援。以为联络。率然之势。此上策也。【时宋已失荆襄。故滨江之备切。】王应麟曰。塞建平之口。【建平。今荆州府归州。】使自三峡者不得下。据武昌之津。使自汉水者不得进。守采石之险。使自合肥者不得渡。据瓜步之冲。使自盱眙者不得至。此守江之策也。明时。以大江当金陵肘腋。而江南财赋渊薮。转输所必资。增置营军。特命大臣经理。上自九江。滨于大海。设险置防。皆为重地。嘉靖间。倭寇充斥。东南糜烂。于是江防。海防之议益起。沙洲浦渚。节节为防。详且密矣。然而机变无方。风帆迅疾。未可绳以守株之见也。唐顺之曰。江口蓼角嘴。【见废海门县。】营前沙。【见崇明县。】南北相对。海面阔百四五十里。此江防第一重门户。江北周家桥。【见扬州府。】与江南岸圌山相对。【圌山。见镇江府。】江中有顺江洲。为两岸分界。周家桥南至顺江洲。江面止六七里。顺江洲南至新洲夹。江面止七八里。新洲夹至圌山。江面不过十四。五里。此为江防第二重门户。京口。瓜洲。南北相对。江面不过十八里。此江防第三重门户也。【今瓜洲渡江至京口。江面不过七里有奇。】

淮河自河南固始县而东流入界。经颍州南。霍丘县北。颍上县南。又东经寿州北及怀远县城南。又东经凤阳府城及临淮县城北。又东北经五河县城东。盱眙县城北。泗州城南。又东北至清河县南合大河。又东经淮安府城北及安东县城南。而入海。长淮南北大小群川。无不附淮以达海者。而涡。颍。汴。泗诸水。则尤要害所关也。春秋襄三年。晋会诸侯于鸡泽。【见直隶广平府。】使荀会逆吴子于淮上。三国魏黄初五年。谋伐吴。为水军。亲御龙舟。循蔡。颍。【蔡。颍二河也】浮淮。如寿春。六年。复伐吴。帅舟师自谯循涡入淮。至广陵。晋永和中。姚襄屯历阳。夹淮广兴屯田。殷浩恶其强盛。迁之于梁国。自南北分疆。往往以长淮为大江之蔽。陈人失淮南。遂为隋人所并。唐末。杨行密与朱温亟战于淮上。温不能度淮。杨氏遂能以淮南之境。与中原抗。五代周取淮南。而李氏之亡不旋踵矣。宋王德曰。淮者。江之蔽也。弃淮不守。是为唇亡齿寒。绍兴三十一年。金亮南侵。诏刘錡等备清河。颍河。涡河口。开禧二年。金人以韩侂胄败盟。遣仆散揆等分道入寇。一出颍。寿。一出涡口。一出清河口。时丘崈为两淮宣抚。或劝崈弃庐和。为守江计。崈曰。弃淮。则与敌共长江之险。吾当与淮南俱存亡耳。又宝庆三年。李全据楚州。赵范言。有淮则有江。无淮则长江以北港汊芦苇之处。敌人皆可潜师以济。江面数千里。何从而防哉。真氏曰。淮东要害在清河口。淮西要害在涡颍口。欲固两淮。先防三口。杨氏万里曰。固国者。以江而不以淮。固江者。以淮而不以江也。

黄河。自宋神宗时决于澶州。合南清河而入淮。自是淮北遂被河患。五六百年之间。川原故道。几几尽失其旧矣。而国家漕运。又藉黄河以相灌注。故补救之法。万绪千端。犹虞无济。今大河在境中者。繇河南归德府永城县界。流经徐州砀山县北。又东至丰县南。又经沛县南及萧县北。至州城东北。而合于泗水。盖夺汴水入泗之旧道也。入泗以后。遂夺泗水之经流。从吕梁洪而东经邳州宿迁县之南。桃源县之北。至清河县而合于淮。东注于海。并夺淮河之经流矣。

清河。即泗水也。亦曰南清河。源出山东泗水县东五十里之陪尾山。四泉并发。西流至县北八里。始合为一。又西经曲阜县。北过兖州府城中。至济宁州城东。分南北流。北流入会通河。南流自鱼台县南入徐州境。经沛县东。至州城东北。又东南流过邳州宿迁县南。又东经桃源县北。至淮安清河县西北三十里三汊河口。分为大。小二清河。又南达于淮】志云。大清河繇清河县治东北入淮。小清河繇县治西南入淮。相去仅五里。】谓之清口。亦曰泗口。亦曰淮口。禹贡曰。浮于淮。泗。周礼·职方。青州。川淮。泗。汉志。泗水过郡六。【鲁国。山阳。济阴。沛。楚国。泗水。】行千一百一十里。景帝三年。吴楚七国反。周亚夫击之。坚壁昌邑。【见山东金乡县。】使弓高侯等。【弓高侯韩颓当也。】将轻骑出淮泗口。绝吴楚兵后。塞其饷道。吴楚粮绝。卒以败散。后汉初平四年。曹操击败陶谦于彭城。进攻郯。【见山东郯县。】坑杀男女十万口于泗水。水为不流。晋大宁初。徐州刺史卞敦镇泗口。闻石勒寇彭城。下邳。退保盱眙。淮南大震。二年。勒将石瞻复寇下邳。彭城。取东莞。东海。兖州刺史刘遐自彭城退保泗口。永和五年。石季龙死。国乱。褚裒上表请伐赵。即日戒严。直指泗口。八年。殷浩北伐。亦屯军于此。太元三年。苻秦围彭城。谢玄等驰救。军于泗口。义熙五年。刘裕伐南燕。帅舟师自淮入泗。十三年伐秦。自淮。泗入清河。【此清河谓济水。】宋元嘉七年。遣到彦之等将兵复河南地。彦之自淮入泗。水渗。【水下漉为渗。】日行才十里。自四月至秋七月。始至须昌。【今见山东东平州。】乃溯河西上。泰始三年。徐州刺史薛安都以彭城降魏。魏将尉元等入彭城。宋张永等引兵攻之。不克而退。会天大雪。泗水冰合。永等弃船步走。尉元与薛安都前后邀击。永等大败。尉元以彭城兵荒之后。公私困竭。请发冀。相。济。兖四州粟。取张永所弃船九百艘。沿清运载以赈新民。魏主从之。【此清水谓济水及泗水也。】元尝言宋人图淮北。必自清。泗趣下邳。是也。既而宋主复遣沈攸之击彭城。攸之以清泗方涸。运粮不继。固执以为不可。宋主强遣之。尉元大败攸之于淮清口。攸之退走淮阴。齐建元二年。遣领军李安民巡行清。泗诸戍以备魏。梁天监五年。将军蓝怀恭与魏将邢峦战。败于睢口。【睢水入淮之口。】峦进围宿预。怀恭复于清南筑城。【清水南也。】峦与杨大眼攻拔之。陈大建十年。吴明彻北伐。围彭城。堰泗水灌之。周将王轨驰救。引兵据淮口。结长围。以铁锁贯车轮数百。沉之清水。以遏陈船归路。又于两端筑城。一旬之间。水路断绝。明彻乃决堰。乘水势退军。冀以入淮。至清口。水势渐微。舟碍车轮不得过。为轨所擒。陈主大惧。因命樊毅都督清口上至荆山缘淮诸军。毅遣军度淮北。对清口筑城。军士弃城还。唐乾宁四年。朱全忠大举击杨行密。分遣庞师古等将徐。宿。宋。滑之兵壁清口。将趋扬州。或告师古营地污下。不可久处。不听。行密拒之于楚州。壅淮上流。分军潜渡淮袭之。汴军仓皇拒战。淮水大至。行密济淮夹击之。斩师古。汴军遂溃。周显德四年。克唐泗州。唐人以战船赴援。泊洞口。闻泗州败没。退保清口。【洞口。见盱眙浮山。】周主命步骑夹南北两岸而进。水军复自中流追之。大败唐兵于楚州西北。宋绍兴五年。韩世忠镇楚州。州控扼清河口。恒屯重兵戍守。三十一年。金亮南侵。遣其臣李通造浮梁于淮水上。将自清河口入淮东。又以舟运粮至清口。时刘锜在扬州。移军驻清口。使善没者凿沉其舟。金人不得进。乃繇涡口度淮。隆兴二年。金将纥石烈志宁自清河口入淮。魏胜拒战于淮阴。败绩。金人遂陷楚州。开禧二年。金人分道入寇。一出颍。寿。一出涡口。一出清河口。既而金将胡沙虎自清口渡淮。围楚州。淳祐十一年。蒙古忽必烈置经略司于河南。分兵屯田。西起襄。邓。东连清口。桃源。列障守之。既而泸州叛将。【州属四川】刘整复献策于蒙古曰。清口。桃源。河。淮要冲。宜先城其地。屯山东军。以图进取。朝廷闻之。命于清口择地利筑城备之。胡文定公曰。欲固下流。必守淮。泗。真氏尝言淮东要害在清河口。是也。今大河南徙。夺泗流而合于淮清口。当河淮交会之冲。形势至重。且国家岁漕。东南数百万。悉繇清口而北。此诚南北咽喉所系。不可一日忘备矣。

肥水。出庐州府西北四十里鸡鸣山。【吕忱字林。肥水出良余山。俗谓之连枷山。或以为独山。即今庐州府西二十里之大蜀山也。寰宇记。肥水出府西南八十里之蓝家山。南畿志。肥水出府西南七十里之紫蓬山。今以王象之纪胜为据。】北流二十里。分为二。其一东南流过府城东。又东南七十余里。而入巢湖。其一西北流二百里。至凤阳府寿州城东北。又西流十余里。至州北入于淮。尔雅。归异出同曰肥。王象之曰。古者巢湖水北合于肥河。故魏窥江南。则循涡入淮。自淮入肥。繇肥而趣巢湖。与吴人相持于东关。吴人挠魏。亦必繇此。司马迁谓合肥。寿春受南北湖。盖此水耳。建安十四年。曹操至谯。引水军自涡入淮。出肥水。军合肥。晋太元八年。苻坚入寇。陷寿阳。谢玄等拒之。坚军逼肥水而阵。玄遣使谓秦人。愿移阵少却。使晋兵得渡。决胜负。坚欲乘其半渡击之。挥兵使却。秦兵一退。不可复止。玄等引兵渡肥水击之。秦兵大败。义熙十三年。刘裕伐秦。遣王镇恶等自淮。肥向许。洛。宋景平元年。魏人入寇淮南。时庐陵王义真镇寿阳。遣其将沈叔狸将兵屯肥口以备之。齐建元二年。垣崇祖守寿阳。魏人来攻。崇祖欲治外城。堰肥水以自固。议者谓郭大难守。且自有肥水以来。未尝堰也。崇祖曰。若弃外城。敌必据之。外修楼橹。内筑长围。则坐成擒矣。守郭筑堰。是吾不谏之策也。乃于外城西北堰肥水。堰北筑小城。周为深堑。使数千人守之。魏人力攻小城。谋破肥堰。崇祖登城。决堰下水。魏军皆被漂溺。遂退走。又永元二年。魏取寿阳。陈伯之引兵攻之。防淮口甚固。【此淮口。汝水入淮之口也。在颍州东南。去寿阳不过百里。】魏汝阴太守。【汝阴。今颍州】傅永将兵救寿阳。去淮口二十余里。牵船上汝水南岸。以水牛挽之。直南趋淮。下船即渡。遂入寿阳。击伯之军于肥口。大破之。梁天监五年。常睿攻魏合肥。案行山川。曰。汾水可以灌平阳。即此是也。乃堰肥水。堰成水通。舟舰继至。既而使军主王怀静筑城于岸以守堰。为魏所拔。魏人乘胜至堤下。且来凿堤。睿亲与之争。魏兵却。因筑垒于堤以自固。又起斗舰。高与城等。四面临之。城遂溃。陈大建五年。王琳以齐兵屯寿阳。吴明彻攻之。堰肥水以灌城。城中大困。遂克之。说者曰。肥水经寿阳城外。引流入城。交络城中。堰肥水以灌城。其势顺易也。十一年。周人侵淮南。梁士彦至肥口。与韦孝宽合军围寿阳。克之。隋唐以来。肥水皆为寿州津要。六典。淮南道大川曰肥水。五代周显德二年。周主至寿州城下。营于肥水之阳。命诸军围城。既又遣侯章等攻其水寨。决壕之西北隅。导濠水入肥。寻克其城。夫庐。寿二州。为江淮形势之地。而肥水又为庐。寿战守之资。今水陆变迁。肥水故道几不可问云。

睢水。汴水之支流也。【汴水。详见河南大川。】水经注。睢水出陈留县西浪荡渠。【汉志注。睢水首受莨荡水。皆汴水也。】其下流过睢陵县故城北。【睢陵。今见盱眙县。】而东南流经下相县故城南。【下相。今见宿迁县。】又东南流入泗。今自河南开封府陈留县东北四十里与汴河分流。东南流经杞县北。又东经睢州北及宁陵县之南。又东经归德府城南。又东至夏邑。永城县南。【永城以上。皆属河南。】而入徐州之砀山。萧县界。过县南。又东历徐州南境。宿州北境。过灵壁县北。又东出睢宁城北。至宿迁县东南。而合于泗水。【今为大河经流。】亦曰睢口。亦曰小河口。以睢水亦兼小河之名也。春秋僖十九年。宋襄公使邾子用鄫子于次睢之社。此水之社也。汉二年。汉王率诸侯兵入彭城。项羽击汉军于睢水上。水为之不流。汉三年。楚汉相持荥阳。成皋间。彭越为汉游兵度睢水。与项声。薛公战下邳。大破楚军。后汉建安十五年。曹操军谯。治睢阳渠。盖因睢水而作渠。【渠今在河南陈州。睢州之间。】宋泰始二年。沈攸之奉诏攻彭城。至焦虚。去下邳五十余里。【下邳。即今邳州。】下邳戍主陈显达引兵迎攸之。至睢清口。【泗水曰南清河。故睢口为睢清口。】为魏将孔伯恭所败。梁天监五年。将军蓝怀恭与魏邢峦战于睢口。败绩。峦进围宿预。盖南北交兵。睢口常为兵冲矣。明建文四年。何福拒燕兵。相持于小河之上。【在今灵壁县。】弘治十六年。河决张秋。白昂自归德小坝导水经睢宁。至宿迁小河口。入漕河济运。即此睢水也。汉志。睢水历郡四。【谓陈留郡。梁国。楚国。临淮郡也。】行千三百六十里。元和志。睢水势虽小而流长。于梁楚间。实为衿束之处。

涂水。即滁河。【涂。音除。】源出庐州府合肥县东北七十里废梁县界。【历阳志。滁河出废梁县厅事侧。呼为龙潭。寰宇记。滁源出慎县西綦秃古塘。慎县。即梁县是也。】东流过滁州全椒县南六十里。【通释。涂水南去和州亦六十里。】又东至滁州东南。为三汊河。又东入江宁府六合县。为瓦梁河。东南流至瓜埠口。而入大江。【瓜埠。见六合县。】三国志。吴赤乌十三年。作堂邑涂塘。以淹北道。【堂邑。

即今六合县。涂塘。即瓦梁堰。】又今滁州。古曰涂中。晋咸宁五年。诸军分道伐吴。琅邪王伷出涂中。咸和元年。议欲作涂塘以遏北寇。祖约闻之曰。是弃吾也。【时约镇寿春。在涂塘外也。】因谋为变。大元四年。苻秦寇淮南。谢石帅舟师屯涂中。元兴元年。桓玄东下。遣将冯该攻历阳。豫州刺史谯王尚之众溃。逃于涂中。为玄军所获。北齐于六合置秦州。以州前江浦通涂水。乃伐大木栅水中。以备陈人。陈大建七年。吴明彻攻拔之。唐六典。淮南大川曰滁水。【五行志。太和八年。滁州大水。溺万余户。即滁水也。】五代时。南唐于涂水上立清流关。【见滁州。】又立瓦梁堰。为东西瓦梁城。周显德三年。南唐何延锡言于其主曰。六合西二十五里。有堰曰瓦梁。水曰涂河。繇河而上数百里。巨细骈比。辐辏吴堰。【按。吴堰。瓦梁堰之别名。以孙吴始作此堰也。又瓦梁城。一名吴王城。今其地亦名姜家渡。】中阙横断。群山回环。不止鱼三州氓。【三州。滁。和及雄州也。南唐时。置雄州于六合县。】海四百里。其实据天经而绝地纬之要者。请修筑之。功未就而罢。宋景德元年。废瓦梁堰。知全椒王尝言。吴堰众流辐集。群山回环。东西相望。底若大陆。如瓦之口。丸泥可封也。绍兴十一年。金亮南侵。屯重兵滁河。造三闸。储水深数尺。虞允文败金人于采石。命别将张深守滁河口。扼大江之冲。开禧二年。金人南犯。仆散揆屯瓦梁河。控真。扬诸州之冲。张旗帜于沿江上下。江表大震。明初下滁。扬。元人扼瓦梁垒。我师力战。克之。盖自昔控扼之地也。薛氏。【宋薛居正撰五代史。今未见】曰。孙氏割据。作涂中东兴塘。【见后东关。】以掩北道。南朝城瓦梁城。塞涂河为渊。障蔽长江。号称北海。大抵淮东之地。沮泽多而丘陵少。淮西山泽相半。无水隔者。独邾城白沙戍。【见湖广黄州府】入武昌及六安。舒城走南硖。【见安庆府桐城县】二路耳。古人多于川泽之地立塘焉。以遏水溉田。在孙氏时。尽罢县邑。治以屯田都尉。魏自刘馥。邓艾之后。大田淮南。迄南北朝。增饰弥广。今舒州有吴陂堰。【见安庆府潜山县。】庐江有七门堰。【见庐州府舒城县。】巢县有东兴塘。滁。和州。六合间有涂塘。瓦梁堰。天长有石梁堰。高邮有白马塘。扬州有邵伯埭。裘塘屯。【俱分见本处。】楚州有石鳖塘。【今见宝应县。】射陂。【即射阳湖。见淮安府山阳县。】洪泽陂。【亦见山阳县。】淮阴有白水屯。【同上。】盱眙有破釜塘。【今曰洪泽浦。】安丰有芍陂。【见寿州。】固始有茹陂。【见河南固始县。】是皆古人屯田遏水之迹。其余不可胜纪。大要六安以东。有芍陂之险。钟离以东。无非湖浊之地。西自皖东至扬。则多断流为阻。故自前世征役。多出东道。如吴邗沟。魏广陵周鹳河。【亦见山阳县。】率资鄢水之利。南北所通行也。惟庐。寿一路。陆有东关。濡须。硖石。【此亦谓桐城县之南硖石】之阨。重以陂水之艰。最为险要。宋会要。【即中兴会要。】绍兴三年。命江淮南引塘泺。开畎浍以阻金兵。朱氏黼曰。吴大帝筑堂邑涂塘。以淹北道。王凌请攻讨。而司马懿不许。诸葛恪一城东兴。以遏巢湖。而魏之三将数十万之众。皆覆没于堤下。则堰水以固圉。未为非策也。

运河。亦曰江南河。即隋大业中所开。唐。宋因之。以转漕东南。宋志。运河自秀州杉青闸。【见浙江嘉兴府】至平江府盘门。在大湖之际。与湖相连。而阊门至常州。有枫桥。浒墅。乌角溪。【在苏州府西北五十里。】新安溪。【在无锡县南三十里。】将军堰。【在无锡县南一里。】皆通大湖。惟五泻闸通江阴军。【即今之高桥。在无锡县北十里。】河港势低。水易走泄。又旧闸损坏。急须修筑。不独潴水可以通舟。而无锡。晋陵间所有阳湖。亦当积水。则四傍之田。无旱口之患矣。惟常州至丹阳。地势高卬。虽有奔牛。吕城二闸。别无湖港可以潴水。自丹阳至镇江。地形尤高。虽有练湖。亦浅涸不能济远。运河浅狭。莫此为甚。濬治所当先也。其镇江闸口。亦易淤塞。尤宜通利。今自浙江嘉兴府北。溯流入界。逾江浮淮。以达于河。而接山东鱼台县境。回环千五百五十余里。供输数百万。皆取给于此。【繇浙江嘉兴府之运河。四十里而至吴江县。又五十里而至苏州府城南。转而西北。九十里至无锡县。又九十里至常州府城东。繇城南而西。一百有十里至丹阳县。又九十里至镇江府城东。自城南而西。出京口闸。以入于江。渡江八里。即瓜洲镇。自瓜洲而北四十里。至扬州府城南。繇城东而北。一百有十里至高邮州。又北一百二十五里至宝应县。又一百里至淮安府城南。自城而西五十五里。出清江浦。以入于淮。渡淮而北。五里至清河县。又西七十五里至桃源县。又一百二十里至宿迁县。又一百三十里至邳州。又经睢宁灵璧境凡一百二十里而入吕梁洪。又六十里至徐州洪。转而北。凡一百五十里而至沛县。又北五十里入山东境。此江南漕河之大略也。】

隆安二年。王恭举兵京口。其将刘牢之还袭恭。恭奔曲阿。故吏殷确以船载恭。将奔桓玄于横江。至长荡湖被执。【时殷仲堪亦自江陵举兵东下。桓玄为前锋至横江也。】

左传哀十七年。越伐吴。吴子御之笠泽。是也。或谓之五湖。职方。浸五湖。越语。越兴师伐吴。至于五湖。又范蠡曰。与我争三江五湖之利者。非吴也耶。史记·河渠书。于吴则通渠三江五湖。吴世家。越王涉江袭吴。去城七里而军。吴王闻之。去晋而归。与越争于五湖。又范蠡乘舟出五湖口。太史公登姑苏望五湖。是也。【山海经注谓之三山湖。又谓之洞庭湖。】……夫国语明言吴伐越。战于五湖矣。

海自苏。松而淮。扬。上达山东。春秋哀八年。吴徐承帅舟师将自海入齐。国语。夫差会晋公午于黄池。越王勾践命范蠡。舌庸率师沿海溯淮以绝吴路。即今海道也。孙吴嘉禾元年。遣将军周贺等乘海至辽东。从公孙渊求马。贺还至成山。【今见山东文登县。】魏将田豫邀击杀之。明年。公孙渊遣使称臣于吴。吴主权大悦。遣张弥等报使。渊斩弥等首送魏。吴主欲浮海伐之。群下力谏而止。赤乌元年。魏遣司马懿等击公孙渊。渊复遣使称臣。求救于吴。既而渊灭。吴督军使者羊衜击魏辽东守将。俘人民而还。晋咸和五年。石赵将刘徵率众数千浮海而南。东南诸县多见杀掠。隋开皇八年。伐陈。分遣青州刺史燕荣等由东海道入吴。击败吴州刺史萧巘于包山。悉平吴越之境。宋末。李全据楚州。欲遣海舟自苏州洋入平江。嘉兴觇畿甸。其后。元人资此为馈运通途。国朝洪武中。滨海置戍。以防倭寇。及嘉靖中。倭寇突。犯苏。松。淮。扬之间。几无宁宇。于是防维益密。今自金山卫而东北。为柘林堡。青村所。又北为南汇嘴。川沙堡。又北为吴松江。此皆苏。松之喉吭。吴淞而南。虽有港汊。每多砂积。贼可登岸。兵难泊舟。实兼水陆之险。于此防御。至为切要。吴淞而北。为刘家河。为七鸦港。又东为崇明县七鸦。而西为白茅港。为福山。又折而西北。为扬舍。为江阴。为靖江。又西为孟河。为圌山。此皆江南岸之险。舟师备御之地也。江北岸则东起料角嘴。大河口。以及吕四。卢家等场。沿杨树港。海门里河。【以上今多堙于海。】达通州。如皋。泰州。则逼近扬州矣。逾海门而北。则为徐步营。【在旧海门县北。】又北则为掘港。【见如皋县。】又东北则为新插港。【旧在海门县西北。】转而西北。则金沙。盐城。庙湾。【庙湾。见山阳县。】刘庄。【亦见山阳县。】姚家荡。【在盐城县。】又西北则蛤蜊。麻线等港。【俱在山阳县。】而至大海口矣。【大海口。即淮河入海处。在淮安府东。】贼繇狼山江而西。则三江口。【在扬州府东南。】为登犯之径。若越海门而北。则必犯大海口。大海口有水陆路。南通庙湾。与刘庄。姚家荡。俱为大镇。贼每觊觎。若安东海州之东北。有大北海。不惟道里迂远。且沙碛甚多。掘洪。新插港之东。亦有北海。沙碛亦多。不堪重载。为备稍缓矣。海防考。江南之要害四。曰金山卫。以迫近海塘。北接吴淞口也。曰吴淞口。以苏。松二郡之要害也。曰刘家河。繇太仓入犯之径道也。曰白茆港。自常熟入犯之要口也。江北之要害三。曰新港。【即三江口。】以逼近扬州也。曰北海。所从以通新插港。又有盐徒聚艘于此也。曰庙湾。以其为巨镇。而可通大海口也。明翁大立曰。海防惟有三策。出海会哨。毋使入港。此为上策。循塘距守。毋使登岸。此为中策。出水列阵。毋使近城。此为下策。不得已而至守城。则无策矣。

建安十七年。吕蒙守濡须。闻曹公欲东兵。劝权夹水口立坞。诸将皆曰。上岸击贼。洗足入船。何用坞为。蒙曰。兵有利钝。战无百胜。如有邂逅。敌步骑蹙人。不暇及水。其得入船乎。权曰。善。遂作濡须坞。【胡氏曰。濡须坞在巢县东南四十里。】亦曰偃月城。以形如偃月也。十八年。曹公至濡须。与权相拒月余。权乘轻舟入堰月坞。行五六里。回环作鼓吹。操不敢击。二十年。操军居巢。孙权保濡须坞。操攻之。不克。引还。权使周泰督濡须坞。

太平二年。陈霸先遣将徐度出东关。至合肥。烧齐船三千艘。陈永定三年。王琳奉梁永嘉王庄出屯濡须口以击陈。明年。琳至栅口。【栅口。宋白曰。即濡须口。见和州栅江。】陈将侯瑱御之于芜湖东关。春水稍长。舟舰得通。琳连结齐人。引巢湖之众。舳舻相次而下。军势甚盛。寻为瑱所败。大建五年。遣吴明彻等北伐。别将任众军于东关。克齐东西二城。【即诸葛诞所筑二城。】齐州郡望风降下。十一年。周人侵淮南。遣樊毅将水军自东关入焦湖。【焦湖。即巢湖。】

唐废东关。宋置戍于此。张浚曰。武侯谓曹操四越巢湖不成者。巢湖之水。南通大江。濡须正扼其冲。东西两关。又从而辅翼之。馈舟难通。故虽有十万之师。未能寇大江也。绍兴十一年。兀术陷庐州。刘錡至东关。见其地负山面水。遂引兵据之。以遏虏冲。三十二年。杨存中议省江淮州县。给事中金安节言。庐之合肥。和之濡须。皆古人控扼孔道。盖形势之地。攻守百倍。且濡须。巢湖之水。上接店步。下接江口。可通漕舟。乞择将经理。从之。

张氏栻曰。自古倚长江之险者。屯兵据要。虽在江南。而挫敌取胜。多在江北。故吕蒙筑濡须坞。而朱桓以偏将却曹仁之全师。诸葛恪修东兴堤。而丁奉以兵三千。破胡遵七十万。转弱为强。形势然也。又曰。无为军巢县之濡须及东西关。山川重复。盖昔人尺寸必争之地。大约巢湖之水。上通合肥。濡须正扼其冲。东西两关。又从而辅翼之。故虽有十万之师来寇大江。据要害以临之。敌未能以得志也。通释。东关亦曰东兴。其地高峻险狭。易于控御。天下有事。诚必争之地也。

卷二十·江南二

江宁府

禹贡扬州之域。春秋时吴地。【旧志云。左传长岸地也。按昭十七年。吴伐楚。司马子鱼战于长岸。大败吴师。获其乘舟余皇。杜氏曰。长岸。楚地。或以为在今无为州滨江。此不言所在之地。盖传疑耳。】……孙吴建都于此。西引荆楚之固。东集吴会之粟。以曹氏之强。而不能为兼并之计也。诸葛武侯云。金陵。钟山龙蟠。石头虎踞。帝王之宅。王导亦云。经营四方。此为根本。盖舟车便利。则无艰阻之虞。田野沃饶。则有展舒之藉……杜佑曰。自孙吴以金陵立国。其后晋宋踵其成辙。犹能北向中原。下逮梁。陈。虽疆土渐蹙。而声教所通。尚为四方系望。岂非东南都会恒在建康欤。宋胡安国曰。建康以三吴为东门。荆。蜀为西户。七闽。二广为南府。李纲曰。建康控引二浙。襟带江淮。漕运贮谷。无不便利。然必淮南有藩篱形势之固。然后建康为可都。后唐李氏有淮南。则可以都金陵。其后淮南为周世宗所取。遂以削弱。又言万乘所居。必择形势以为驻跸之所。举天下形势而言。关中为上。以东南形势而言。则当以建康为便。卫肤敏曰。建康外连江淮。内控湖海。实为东南要会。张浚曰。东南形势。莫重建康。实为中兴之本。张守曰。建康自六朝为帝王都。江流险阔。气象雄伟。据要会以经理中原。依险阻以捍御强敌。可为行都。以待恢复。而吴芾亦言于高宗曰。建康控带襄汉。经略淮甸。请留此以系中原之望。张邵亦言。有中原之形势。有东南之形势。今纵未能遽争中原。宜进都金陵。因江。淮。蜀。汉。闽。广之资。以图兴复。李光曰。建康之地。进可以战。退足以守。自建康至姑熟一百八十里。其隘可守者有六。曰江宁镇。曰碙砂夹。曰采石。曰大信。其上则有芜湖。繁昌。皆与淮南对境。其余皆芦篠之场。或崎岸危矶。水势湍悍。难施舟楫。莫若预于诸隘屯兵积粟。竭力固守。时会一至。即北向以清中原。王应麟曰。金陵倚山带江。九州天险。胡三省曰。建康控制长江。呼吸之间。上下千里。足以虎视吴。楚。应接梁。宋。盖宋人不能忘情于中原。故规画建康。为最详也。明太祖初起兵。冯国用进策曰。金陵龙蟠虎踞。真帝王都。愿先拔金陵而定鼎。然后命将四出。扫除群寇。天下不难定也。太祖从之。遂以廓清六合。然而用金陵者。亦不可不知其方。陈野先尝谓太祖曰。集庆右环大江。左枕崇冈。三面据水。以山为郭。以江为池。地势险阻。利于步战。若南据溧阳。东捣镇江。西扼太平。据险阻。绝粮道。自可不战而下。故太祖定太平。即命徐达等克溧水。溧阳。句容。芜湖。乃攻集庆。而燕王破盛庸于浦子口。诸将请径薄京城。王曰。镇江咽喉之地。若城守不下。往来非便。先下镇江。彼势益孤矣。会镇江守将来降。乃趣京师。野先之言。安在不可与郗鉴之策相衡而论哉。

石头城。【(江宁)府西二里。有石头山。舆地志。山环七里一百步。北缘大江。南抵秦淮口。去台城九里。山上有城。相传楚威王灭越。置金陵邑于此。图经。石头城在上元县西四里。南抵淮水。当淮之口。南开二门。东开一门。其南门之西者曰西门。又有石头仓城。仓城之门曰仓门。汉建安十六年。孙权徙治秣陵。明年城石头。贮宝货军器于此。诸葛武侯使建业。曰。石头虎踞。王业之基也。其地控扼江险。为金陵必争之处。王帅舟师过三山。鼓噪入石头。孙皓遂降。晋永康二年。郗隆为扬州刺史。参军王邃镇石头。将士争往归邃。隆遣从事于牛渚禁之。不能止。将士遂奉邃攻隆。杀之。时隆镇秣陵。胡氏曰。于牛渚禁将士往石头。疑扬州还治淮南也。或曰。时赵王伦篡逆。齐王镇许昌。移檄讨伦。将士欲奉邃西应。故隆于牛渚禁之耳。六朝尝以腹心大臣镇守。东晋永昌元年。王敦自武昌举兵向建康。以征虏将军周札都督石头诸军事。守石头。敦至。札开门纳之。敦据石头。叹曰。吾不复为盛德事矣。帝命刁协。刘隗等。帅众攻石头。皆大败。太宁二年。王敦复自姑孰谋犯京师。命温峤。下敦守石头。咸和初。庾亮疑苏峻。祖约。又畏陶侃。修石头以备之。二年。峻以历阳叛。亮使弟翼备石头。既而峻入台城。闻西方兵起。遂逼帝迁于石头。陶侃等以勤王之兵东下。会于石头。官兵共攻之。卒不能克。四年。侃等入石头。京邑之祸始解。永和八年。以谢尚戍石头。太和五年。桓温伐袁瑾于寿春。使刘波镇守石头。隆安二年。王恭复自京口叛。桓玄以江陵之兵应恭。进至横江。诏会稽世子元显守石头以备之。俄而玄等至石头。丹阳尹王恺发京邑士民拒守。五年。孙恩自海道奄至丹徒。建康震骇。命冠军将军高素等守石头。元兴三年。刘裕讨桓玄。玄潜具舟石头。闻桓谦等军败。遂出南掖门。西趣石头。浮江南走。裕入建康。即徙屯石头。义熙四年。刘裕以刘道怜为并州刺史。戍石头。六年。卢循入寇建康。刘裕方平南燕。倍道驰还。发民亟治石头城。议者谓宜分兵守诸津要。裕曰。贼众我寡。若分兵屯守。则测人虚实。且一处失利。则沮三军之心。今聚众石头。随宜应赴。既令彼无以测多少。又于众力不分也。既而循至淮口。裕自屯石头。恐循侵轶。伐树栅石头淮口。元兴初。刘裕以其子义真为扬州刺史。镇石头。宋元嘉初。以皇弟义宣镇石头。二十七年。魏主焘入寇。至瓜步。声言欲渡江。诏太子劭守石头。统水军。丹阳尹徐湛之守石头仓城。上登石头城。有忧色。三十年。元凶劭弑逆。逆浚在西州。未得劭信。时南平王铄戍石头。濬从南门出。径向石头。俄而劭驰骑召濬。将军王庆未知濬与劭同谋。劝濬曰。太子反逆。天下怨愤。明公但当坚闭城门。坐食积粟。不过三日。凶党自离矣。濬不听。劭使檀和之戍守石头。未几。武陵王骏自寻阳东讨劭党。萧斌劝劭勒水军。自上流决战。江夏王义恭恐南军不利。绐劭曰。骏远来疲弊。正宜以逸待之。割弃南岸。栅断石头。此先朝旧法也。劭从之。骏既至。或劝劭保石头。劭曰。昔人所以固石头者。俟诸侯勤王耳。我若守此。谁当见救。惟应力战决之。又元徽二年。桂阳王休范自寻阳举兵东下。萧道成议坚守宫城。东府。石头。以待贼至。因分遣沈怀明戍石头城。升明初。中书监袁粲镇石头。粲知萧道成有不臣之志。阴欲图之。既而沈攸之举兵江陵。粲欲为难。道成党苏烈等助粲守石头。因据仓城拒粲。道成复遣戴僧静自仓门入。助烈等攻粲。粲败死。百姓歌可怜石头城者也。三年。道成封齐公。以石头城为其世子宫。一如东宫。齐建元二年。魏人南侵。诏内外纂严。征南郡王长懋镇石头。永元三年。张欣泰等谋废立。其党迎建安王宝寅于石头向台城。至杜姥宅。城门闭。谋不得发。众遂溃。既而萧衍东下。东昏侯使张环镇石头。环旋弃石头还。衍遂自新林移镇石头。命诸军攻六门。未几。东昏侯为其下所弑。国子博士范云送其首诣石头。梁太清二年。侯景作乱。诏西丰公大春守石头。景兵至阙下。大春弃石头奔京口。别将彭文粲等以石头降景。景使其党于子悦守之。既而景攻围台城。久未下。时景军乏食。东城米可支一年。而援军断其路。景乃佯为求和。因运东城米入石头。攻围愈急。台城遂陷。承圣初。王僧辩。陈霸先讨侯景。自张公洲乘潮入淮。景塞淮口。又缘淮作城。自石头至于朱雀街。十余里中。楼堞相望。以拒官军。僧辨问计于霸先。霸先曰。前援军数十万。皆隔水而望。竟不度岸。贼登高望之。表里俱尽。故能覆我师徒。今围石头。须度北岸。乃于石头西落星山筑栅。众军次连八城。直出石头东北。景恐西州路断。亦于石头东北筑五城。以遏大路。僧辨寻进军于石头城北招提寺。侯景陈于西州之西。合战。景大败。贼将卢晖略以石头降。敬帝初。王僧辨立萧渊明为帝。屯石头。陈霸先自京口袭之。其将侯安都亦自京口帅水军趣石头。至城北。弃舟登岸。石头城北接冈阜。不甚危峻。军人捧安都投于女垣内。众随而入。霸先兵亦自南门入。遂杀僧辨。既而谯。秦二州刺史徐嗣徽以州入齐。导齐兵度江据石头。陈霸先自义兴驰还建康。齐人度粟马入石头。又于仓门水南立二栅。与梁兵相拒。霸先进兵攻二栅。纵火焚之。石头城中无水。霸先绝其南北汲路。四面攻围。齐将柳达摩危惧。请和而去。陈大建二年。复修石头。以贮军食。隋开皇九年。平陈。毁建康城邑。更于石头置蒋州。晋王广班师。留王韶镇石头。委以后事。唐初亦置蒋州于此。武德四年。为扬州治。七年。平辅公祐。仍为蒋州。八年。建扬州大都督府治焉。明年。扬州移治江都。此城遂废。武后光宅中。徐敬业举兵讨武氏。使其徒崔洪渡江守石头。敬业平。因分军戍此。寻置为镇。仍徙县仓实之。建中四年。时朱泚作乱。江东观察使韩滉筑石头。修坞壁。起建业。抵京岘。雉堞相望以自固。又于城中穿井。皆百尺。元和二年。李錡为镇海节度使。遣兵修筑石头。谋据江左。宋绍兴初。议者以建康城西隅。据石头冈阜之脊。以立城基。险与敌共。当因石头故址。修筑堡坞。使敌不敢据高临下。丹阳记。石头城。吴时悉土坞。义熙中。始加砖累石。因山为城。因江为池。地形险固有奇势。亦谓之石首城。六朝记。孙权缘淮立栅。又于江岸必争之地筑城。名曰石头。常以腹心大臣镇守。今石城故基。乃杨行密时稍迁近南。夹淮带江。以尽地利。其形势与长干山连接。又有石头仓。六朝时。与太仓及常平仓为三仓。梁天监初。江州别驾邓缮说刺史陈伯之作乱云。台城府藏空竭。三仓无米。是也。张舜民曰。石头城者。天生城壁。有如城然。在清凉寺北覆舟山上。江行自北来者。循石头城。转入秦淮。陆游曰。龙湾望石头山不甚高。然峭立江中。缭绕如垣墙。清凉寺距石头里许。西望即宣化渡及历阳诸山也。一统志。今清凉。报恩寺。即石头城之地。杨吴名兴教寺。南唐曰石城清凉寺。明洪武中易今名云。】

江宁城。【在(江宁)府西南六十里。晋武帝太康初。分秣陵立临江县。二年。更名江宁。其治所临江滨。南为江宁浦。太宁二年。王敦使王含等犯建康。败遁。温峤等追之于江宁。咸和初。石勒将石聪寇淮南。建康大震。诏王导军于江宁。刘宋元嘉末。武陵王骏讨元凶劭。使柳元景为前锋。元景以舟舰不坚。倍道兼行。至丹阳。步上。既而武陵王亦至江宁。齐东昏侯末。萧衍东下。遣曹景宗等进顿江宁。李居士自新亭驰至江宁。为景宗所败。梁敬帝时。徐嗣徽等据石头。与陈霸先战。不胜。因往采石迎齐援军。将还石头。霸先遣兵诣江宁。据要险。嗣徽等水步不敢进。顿于江宁浦口。霸先遣侯安都帅水军袭破之。金陵览古云。新亭去江宁十里。宋白曰。晋咸和初。以江外无事。于南浦置县。今江宁县南七十里故城在焉。隋开皇十年。移于冶城。自是故城始废。胡氏曰。宋白所谓今县。乃天佑十四年杨吴所置县也。其故城。宋为江宁镇。吕氏祉曰。江宁镇。太平入建康水陆之冲也。其地去大城冈。马家渡尚远。关系至重。王敦。苏峻。犯建康。宋武帝骏。梁武帝衍。起兵皆屯此。今有江宁镇巡司。元至元十六年。明太祖自太平取集庆诸军。水陆并集。至江宁镇。攻陈兆先营。克之。进围集庆。拔其城。今江宁驿置于此。】

越城。【在(江宁)府南六里。图经。在江宁县南三里秦淮水南。范蠡佐越灭吴。欲图霸中国。因立城于此以威楚。今遗址尚存。亦名范蠡城。人呼为越台。晋太宁二年。王敦畔。自于湖遣王含。钱凤奄至江宁南岸。诏遣段秀乘夜渡水击之。大破之于越城。义熙六年。卢循至淮口。刘裕修治越城。使王仲德屯守。齐永元二年。崔慧景逼台城。萧懿自小岘入援。自采石济江。顿越城。举火城中。鼓叫称庆。明年。萧衍东下。至新林。命王茂进据越城。是也。宋吕祉曰。越王城故基。与长干相接。凭高下瞰城内。为与敌分险处。宋初。曹彬下江南。登长干。北望金陵。问其地。曰。伏龟案也。督军攻之。南城遂陷。今府西南聚宝门外。曰长干里。其间民居稠密。大报恩寺在焉。江东人谓山陇间曰干。有大长干。小长干。东长干之名。城址与长干山相连。形势特重。金陵记。长干寺在长干里中。北去上元县治五里。梁大同三年。修长干寺阿育王塔。是也。宋曰天禧寺。今为大报恩寺。宋人谓建康城南直天禧寺。即此。图经。越城在长干桥西。周回二里八十步。金陵志。越城东南有国门。亦曰望国门。梁作。侯景犯建康。令羊侃顿守者也。】

丹阳城。【在(江宁)府西南五十里。又西南至太平府八十五里。本秦县。始皇三十七年。过丹阳至钱塘。即此。汉仍为丹阳县。属丹阳郡。武帝封江都易王子敢为侯邑。后汉仍为丹阳县。晋因之。宋齐俱属丹阳尹。隋开皇九年废。入溧水县。俗谓之小丹阳。对丹阳郡而言也。晋咸和二年。苏峻济自横江。陶回谓庾亮曰。峻知石头有重戍。不敢直下。必向小丹阳南道步来。伏兵邀之。峻可擒也。不听。既而峻果自小丹阳来。迷失道。夜行无复部分。至蒋陵覆舟山。亮始悔惧。宋元嘉末。柳元景奉武陵王骏讨元凶劭。以舟舰不坚。至丹阳。步上。升明三年。萧道成篡位。废帝为汝阴王。筑宫于丹阳故县。梁绍泰二年。齐兵发芜湖入丹阳县。至秣陵。步上。又绍泰三年。徐嗣徽为周文育所败。留船芜湖。自丹阳步上。陈霸先拒之于白城。文育亦至。遂败之。唐初尝置丹阳县于此。贞观初复废。括地志。丹阳县城在江宁旧县东南五里。又丹阳郡城在府东南。三国志。建安二十五年。权自建业徙都武昌。以吕范为丹阳太守。治建业。沈约曰。丹阳郡本治宛陵。晋太康二年。移治建业。大兴初。改为丹阳尹。其城周一顷。有东。南。北三门。图经云。晋太康中所筑也。卢循寇建康。徐赤特迎战。败绩于张侯桥。循兵大上。至丹阳郡。又侯景自历阳趣建康。诏临贺王正德屯丹阳郡。金陵记。城西去长乐桥一里。南临大路。今武定桥东南有长乐巷。一统志。丹阳郡城在府东南四里。又东南二十里有五城。即晋太宁初。王敦党王含。钱凤战败。率余党自倪塘西置五城造营处也。唐景云中。县令陆彦恭于城侧造桥渡秦淮。亦名五城渡。】

白下城。【在(江宁)府治北十四里。舆地志。即江乘废县之白石垒也。志云。白石垒在上元县北十二里。当石头城之东北。台城之西。本名白石陂。陶侃讨苏峻。诸将议于查浦筑垒。部将李根曰。查浦地下。又在水南。惟白石峻极险固。可容数千人。贼来攻不克。灭贼之冲也。侃然之。一宿而垒成。贼大惊。侃使庾亮以二千人屯守。峻帅步骑万余。四面攻围不克。太和六年。桓温自广陵将还姑孰。屯于白石。隆安五年。孙恩奄至丹徒。建康震骇。分遣将军桓谦备白石。既而恩至白石。知建康有备。不敢进而还。义熙六年。卢循犯建康。伏兵秦淮南岸。使老弱乘舟向白石。声言自白石步上。既而突犯查浦。宋元嘉二十七年。魏主焘声言渡江。诏分军守白下。新亭诸处。大明四年。为蚕所置大殿于此。其后谓之白下。废帝子业末。沈文秀出为青州刺史。部曲屯白下。密谋废立。沈庆之不从。乃不果发。泰始二年。晋安王子勋举兵寻阳。其将孙冲之曰。今挂帆直取白下。众军兼行相接。分据新亭。南州。则一麾定矣。又后废帝昱元徽二年。桂阳王休范亦自江州逼建康。萧道成谓宜顿军新亭。白下。因分遣张永屯白下。是也。又齐武帝以白下城依山带江。因移南琅邪郡治焉。齐纪。永明六年。如琅邪城讲武。七年。复如琅邪城。九年。魏李彪来聘还。齐主亲送至琅邪城。延兴初。巴陵王子伦为南兰陵太守。镇琅邪城。萧鸾遣其典签华伯茂杀之。盖白下城北临江浒。故常置镇戍于此也。建武二年。魏人南寇。中外纂严。命陈显达往来新亭。白下。以张声势。永元二年。裴叔业以寿阳降魏。诏崔慧景将水军进讨。齐主出琅邪城送之。三年。萧衍逼建康。琅邪城主张本以城降。梁天监五年。萧宏伐魏。自洛口遁还。乘小舰济江。夜至白石垒。叩城门求入。普通六年。幸白下城。履行六军顿所。太清二年。分遣谢禧等守白下。以备侯景。景兵至阙下。禧等弃白下走。绍泰中。陈霸先与齐兵战于幕府山。命侯安都自白下横击其后。齐人大败。陈大建十一年。江北州县悉没于后周。遣将杨宝安镇白下。祯明末。隋师来伐。陈主命樊猛。蒋元徽。领青龙八十艘。于白下游奕。以御隋六合之师。唐武德九年。改金陵为白下县。移治白下城。贞观七年。复移治郭下。元和志。东晋以后。江津要地。或言白石。或言白下。实一处

也。金陵记。今之龙湾。即古白下。图经云。今靖安镇有白下城故基。去府城十八里。】

江乘城。【(江宁)府东北七十里。本秦县。属鄣郡。始皇三十七年。自会稽还。过吴。从江乘渡。即此。汉亦曰江乘县。属丹阳郡。孙氏省县。为典农都尉治。晋太康初。复置。渡江后。属南琅邪郡。宋。齐因之。隋废。后汉兴平初。孙策渡江。自牛渚进攻秣陵。以秣陵险固。转攻江乘。吴黄武三年。曹丕来伐。至广陵。徐盛献计。植木依苇。为疑城假楼。自石头至江乘。联绵相接数百里。一夕而成。晋永嘉初。陈敏据建业。败走江乘。获之。咸康初。桓温领琅邪太守。镇江乘之蒲洲。寻以石季龙造舰青州。掠沿海州郡。命蔡谟沿江戍守。东至土山。西至江乘。元兴三年。桓玄作乱。刘裕讨之。败玄将吴甫之于江乘。梁太清二年。侯景围台城。邵陵王纶自京口入援。景遣军拒纶于江乘。绍泰初。齐兵犯建康。陈霸先遣别将钱明将水军出江乘。邀击齐人粮运。尽获其船米。齐人大窘。括地志。江乘故城。在句容县北六十里。地名琅邪乡。】

烈山。【(江宁)府西南七十里。山临大江。舆地志。吴时津济处也。内有小河。可泊船。商旅多停此。以避烈风。故名。北征记谓之溧洲。洲有土山。其形似栗也。亦曰洌洲。晋哀帝末。会稽王昱闻陈祐弃洛阳。会桓温于洌洲。共议征讨。洌与溧音相近耳。又桓冲发建康。谢安送之溧洲。宋武陵王讨元凶劭。自南州进次溧洲。齐建元初。置军于此。以备魏人南寇。今舟行自采石东下。未至三山。江中有山。即洌山也。下有洲。曰洌山洲。港曰洌山港。有矶突出湍间。曰乱石矶。张舜民曰。过三山西上十余里。至溧洲。自溧洲过白土矶。入慈湖夹。金陵记。溧洲周回六十里。相传王浚伐吴。曾憩于此。或曰陈侯瑱破王琳于荻港。有功烈而名也。又白都山。在府西南八十里。西临大江。昔仙人白仲都居此。山因以名。吴志。孙峻杀诸葛恪。又遣其党追杀恪子竦等于白都。即此山云。】

大江。【在(江宁)府城北二十二里。自太平府流入境。至城西南。绕出东北。入镇江府界。金陵志。都城在大江东南。自府西南一百十里之慈姥山。至府东北百里之下蜀港。凡二百余里。一名扬子江。江乘记。大江从县西二百二十里承当涂。分鴜浦上田为界。纡回二百九十三里。与和州乌江及扬州六合。并分中流为界。西引蜀汉。南下交广。东会沧溟。北达淮泗。自大禹疏凿之迹。无不通焉。魏文帝出广陵。望长江曰。嗟乎。此天所以限南北也。宋元嘉二十七年。魏主焘南寇。至瓜步。伐苇为筏。声言欲渡江。建康震骇。遣刘遵考等将兵分守津要游逻。上接于湖。下至蔡洲。陈舰列营。周亘江滨。自采石至于暨阳六七百里。其后历隋唐以至宋元。南北有事。皆以滨江为要地。宋志。嘉定五年。守臣王度言。府境北据大江。是为天险。上自采石。下达瓜步。千有余里。共置六渡。一曰烈山渡。二曰南浦渡。三曰龙湾渡。四曰东阳渡。五曰大城堽渡。六曰冈沙渡。旧皆与河渡分额。岁万余缗。其后法制浸废。奸豪因以为厉。请更保甲。明法禁。从之。胡氏曰。江水东流。自武昌以下。渐渐向北。盖南纪诸山所迫。陂鄣之势。渐使之然也。至于江宁。江流愈北。建康当下流都会。望浔阳。武昌。皆直南。望历阳。寿阳。皆直西。故建康谓历阳。皖城以西。皆曰江西。而江西亦谓建康为江东。建康谓采石为南州。京口为北府。皆地势然也。郡志。今府境之江南岸。上自慈姥浦。下至下蜀港。二百里而遥。北岸上自浮沙口。下至东沟。不及二百里。江之支流旁出者。大曰河。小曰港。曰沟。曰渡。石激水曰矶。水中可居曰洲。两山间曰夹。萦回曰套。水所注曰浦。江流南北迁徙。今昔迥殊。异时江泊石头。后徙而北。今又渐南。然尚去石头十余里。兹志其可知者。自慈姥浦而东下。为炼刀湾。为烈山港。有矶突出湍间。名乱石矶。又东北即白鹭洲。其南岸曰犊儿矶。上接江宁浦口。下为大胜河。自大胜河以东。有水数曲。曰响水沟。灯盏沟。上新河。中新河。下新河。皆濒江要地。其北岸则芝麻河。穴子河。王家套。八字沟。皆列墩燎望处也。又有洲曰长洲。白沙。梅子。句容。秀才。火药等洲。皆在江浦境南岸。自下新河而东。为草鞋夹。其外为道士洲。上有屯驻处。曰江心营。近南曰护国洲。中口洲。自道士洲直抵北岸。为浦子口。又东以达于瓜步。其滨江诸洲曰拦江。曰工部官洲。老洲。柳洲。

赵家洲。曰匾檐洲。洲东为匾檐河。其北即滁河口也。江流至此。亦曰宣化漾。有洲。亦名新洲。其下为砚山。山屹立中流。石色白。类砚。故名。又数里为西沟。近黄天荡。为东沟。二水自江出。皆折而西。与仪真县接。六合江尽此矣。南岸中洲口而下。有山踞江而出者。曰焦家嘴。又东曰观音山。水曰观音港。港口耸石。下瞰江水。曰燕子矶。历涛山。唐家渡。袁家河。东阳港。遂接黄天荡。中有洲。属上元县。其上为草场。自龙潭而东。洲渚限隔。有斜腊洲。太子洲。洲外为老鸦夹。又东为天宁洲。皆句容界。其诸水分流。曰白家沟。杨家港。双沟港。罗泗港。而邪沟尤为津要。自此而东。遂与镇江接。此近时江道之可记者也。今见大川大江及川渎异同。】

秦淮水。【在上元县治东南三里……晋咸和四年。苏峻作乱。峻使其弟逸据石头。诸军进攻之。逸将苏硕度淮逆战。温峤击斩之。隆安末。孙恩作乱。自海口奄至丹徒。建康震骇。分遣将军刘袭栅断淮口。丹阳尹司马恢之戍秦淮南岸。义熙六年。卢循逼建康。至淮口。刘裕屯石头以拒之。既又出陈于南塘。南塘。秦淮南岸也。时裕惧循侵轶。亦伐树栅石头。淮口。宋元嘉末。元凶劭弑逆。武陵王骏自江州东下讨之。悉迁淮南居民于北岸。义师渐近。劭又焚淮南岸室屋。及淮内船舫。悉驱民家渡水北。既而柳元景至江宁。使别将薛安都帅铁骑耀兵于淮上。劭寻遣军攻元景于新亭。劭众溃坠淮死者甚众。齐永元二年。南兖州刺史崔慧景逼台城。萧懿自采石渡江入援。顿越城。慧景遣其子觉将兵渡淮南岸。为懿所败。赴淮死者二千余人。觉单马退。开桁阻淮。懿军寻渡北岸。慧景众皆散走。梁太清二年。侯景围台城。援军大集于新林。蔡洲。缘淮树栅。景亦于北岸树栅应之。承圣初。王僧辩等败侯景兵于姑孰。进至张公洲。遂督诸军乘潮入淮。景塞淮口。缘淮作城。十余里中。楼堞相接。绍泰初。徐嗣徽引齐军袭建康。据石头城。与陈霸先相持。韦载言于霸先曰。今急于淮南因侯景故垒筑城。以通东道转输。分兵袭彼之粮运。则齐将之首。旬日可致。从之。齐人败去。陈祯明末。隋将韩擒虎等自采石趣建康。司马涓请南断淮水以拒之。隋军渐逼。任忠谓陈主曰。今宜固守台城。缘淮立栅。北军虽来。勿与交战。分兵断江路。无令彼信得通。给臣精兵。下江径掩六合。则诸军不击自去矣。时隋晋王广以大军屯六合也。宋开宝八年。曹彬击江南。进次秦淮。江南兵水陆十万。陈于城下。时舟楫未具。潘美率兵径渡。大军随之。江南兵大败。秦淮在金陵南面。自昔为缘城险要云。】

元武湖。【在(江宁)府城北太平门外……晋元帝太兴二年。创为北湖。以肄舟师。明年。筑长堤以壅北山之水。东自覆舟山。西至宣武城。凡六里余。太宁二年。王敦使王含等犯建康。顾飏说敦将沈充曰。今决破栅塘。因湖水以灌京邑。乘水势纵舟师以攻之。此上策也。栅塘在秦淮水上。湖即元武湖。宋元嘉二十二年。复筑北堤。南抵城东七里之白塘。以肄舟师。二十三年。黑龙见。乃立三神山于湖上。改名元武。大阅水军。号昆明池。俗呼为饮马塘。时又于湖侧作大窦。通水入华林园天渊池。复贯串宫掖。注城南堑。元徽四年。建平王景素举兵京口。萧道成屯于元武湖以备之。齐永明中。亦演水军于此。永泰初。王敬则举兵会稽。至曲阿。诏沈文季屯湖头。备京口路。胡氏曰。湖头即元武湖旁地。东接蒋山西岩。西抵元武湖堤。地势平坦。当京口大路。永元二年。崔慧景自京口逼建康。诏遣王莹筑垒湖头上。带蒋山西岩以拒之。是也。梁太清二年。侯景作乱。邵陵王纶自京口入援台城。繇蒋山而前。军元武湖。景军于覆舟山。及战。为景所败……】

娄湖。【(江宁)府东南十五里。吴张昭所浚以溉田。周十里。昭封娄侯。故名。南史。宋大明中。沈庆之有园在娄湖。一夕徙居之。齐永明初。望气者云。新林娄湖东府西有王气。正月甲子。筑青溪宫。作新林娄湖苑以厌之。陈大建十年。立方明坛于娄湖。陈主如娄湖誓众。是也。宋时筑湖为苑。志云。城南十里有舰澳。梁武帝引娄湖水以藏舟。又西北入于秦淮。今亦废。又有稳船湖。在今佛宁门外。明洪武初所开。引江水潴以泊舟。且避风涛之险云。】

青溪。【在上元县东六里……梁太清二年。侯景作乱。柳元礼等援台城。自新亭移营大桁。令韦粲顿青塘。当石头中路立栅。未合。侯景帅锐卒攻粲。粲使军主郑逸逆击之。命别将刘叔胤以舟师截其后。叔胤不进。逸败。景乘胜攻粲。粲与子弟皆战死。仲礼驰救。与景战于青塘。景大败。沉淮水死者千余人。于是景不复济南岸。青塘。盖迫近淮渚。在青溪之南岸。】

新河。【在冶城西南。志云。在白鹭州西。西南流二十余里通大江。旧名蕃人河。今亦谓之新开河。又上元东北六十里有芦门河。亦曰蕃人河。志云。河在黄天荡南芦场内。兀术为韩世忠扼于黄天荡。或教之于芦场地。凿大渠二十余里。上接江口。出世忠之上。兀术从之。又傍冶城西南。凿渠成。金人悉趣建康。欲越江而北。为世忠所觉。尾击败之。汪藻云。敌于建康抱城开两河。谓此两蕃人河也。亦作老鹳河。宋史。建炎四年。韩世忠扼兀术于江中。兀术自京口沿南岸而西。将至黄天荡。卒不得济。或曰老鹳河故道。今虽堙塞。若凿之。可通秦淮。兀术从之。一夕渠成。凡五十里。遂趣建康。为岳武穆所败而还。金陵志。老鹳嘴与句容接界。东去东阳镇三十里。元置马站于此。芦门河盖近老鹳嘴云。】

靖安河。【在（江宁）府西北二十里。自靖安镇下缺口取径道入仪真八十余里。吴事记。自金陵抵白沙江。流旷数百里。波涛汹怒。其尤者为乐官山。李家漾。至急流浊港口。凡十有八处。风波至为险阻。宣和六年。发运使卢公得古漕河。于靖安镇之下缺口取径道。于青沙夹趋北岸穿坍月港。繇港尾越北小江。入仪真新河。抵新城下八十余里。以易大江百有五十里之险。志云。龙安津在靖安河口。即靖安渡。】

运渎。【在上元县治西北。三国吴赤乌八年。发屯兵三万。凿句容中道。至云阳西城。以通吴会船舰。号破冈渎。又使郗俭凿城西南。自秦淮北抵仓城。以达吴越运船。盖引破冈渎繇方山埭接于秦淮。以避大江之险。又自秦淮而东北达于苑仓也。金陵事实。运渎引江水而成。在故台城西南。旧有六桥跨其上。五代以来。久已堙塞。今三山门内斗门桥以北。近旧内城。东合青溪又北折而西。从铁窗棂出城者。是其故迹也。吕氏祉曰。古都城去秦淮既远。其漕运必资舟楫。而濠堑亦须灌注。故孙吴开运渎。凿潮沟。穿青溪。皆引水入城中。繇城北堑而入后湖也……】

新林浦。【在（江宁）府城西南十八里。合大胜河。滨大江。亦曰新林港。宋元嘉二年。讨徐羡之等杀害营阳庐陵王之罪。羡之自西州走至新林自杀。元徽二年。桂阳王休范自寻阳逼建康。军至新林。舍舟步上。进攻新亭。齐永元初。陈显达亦自寻阳举兵逼建康。败台军于采石。进军新林。潜军夜袭宫城。于是新亭诸军皆溃。又萧衍东下至新林。分命诸将进逼建康。梁侯景之叛。韦粲。柳仲礼等赴援。合军屯新林。既而景陷台城。西侵江。郢。大宝二年。景发建康。自石头至新林。舳舻相接。隋伐陈。晋王广遣总管杜彦与韩擒虎合兵屯于新林。宋开宝七年。曹彬等伐南唐。败其兵于新林港。旧志。新林浦阔三丈。长十二里。梁武帝从新亭凿渠通新林浦。又于新林浦西开大道。立殿宇为江潭苑。未毕。而有台城之乱。今有新林桥。在府西南十五里。】

蔡洲。【（江宁）府西二十五里。志云。在江宁县西南十八里石头西岸。一名蔡家泾。晋苏峻之乱。陶侃等入援。舟师直指石头。至于蔡洲。又殷仲堪以江陵畔。前锋杨佺期。桓玄军至石头。既而回军蔡洲。卢循犯建康。引兵向新亭。回泊蔡洲。宋以拓跋焘入寇。至瓜步。诏分军屯蔡洲。又游逻上自于湖。下接蔡洲。齐建元初。魏主宏遣兵入寇。诏置五军于蔡洲。先为之备。梁侯景围台城。合州刺史鄱阳王范。遣其世子嗣与西豫州刺史裴之高等将兵入援。军于蔡洲。又陈霸先等讨侯景。大军进姑孰。先锋次蔡洲。一名张公洲。侯景之乱。司州刺史柳仲礼亦入援。至横江。裴之高自张公洲遣船度仲礼。是也。承圣初。王僧辨等败侯景将侯子鉴于南洲。督诸军至张公洲。乘潮入淮。志云。蔡洲周回五十三

里。张公洲周回三里。在江宁县西南五里。盖蔡洲之别渚云。】

白鹭洲。【在(江宁)府西南江中。南直新林浦。宋初。曹彬破南唐兵于新林港。又破之于白鹭洲。郡志。烈洲东北。即白鹭洲。丹阳记。江宁县西三里有白鹭洲。周回十五里。与城相望。近志。三山门外西关中街。水环绕处。当为白鹭洲。盖沿袭旧名。非故址也。茄子洲。在府西南十三里。亦曰茄子浦。昔时周回十一里。陶侃等讨苏峻军于茄子浦。郗鉴自广陵帅众渡江。与侃会于此。又府西南四十里。旧有迷子洲。周二十里。】

新洲。【在(江宁)府北四十里。一云在京口西大江中。三国吴太平中。孙𬘭使其党孙虑袭执朱据于新洲。又刘裕少时。尝伐荻新洲。晋纪。隆安二年。孙恩自丹徒进至白石。欲掩建康不备。闻刘牢之引军还至新洲。不敢进而去。元兴初。刘牢之走新洲。自缢而死。胡氏曰。新洲。今之珠金沙也。贾似道军溃于鲁港。夜驻金珠沙。奔还扬州。即此。鲁港。见芜湖县鲁明江。】

黄天荡。【在(江宁)府东北八十里。韩世忠与兀术相持处也。胡氏曰。大江过升州界。浸以深广。自老鹳嘴度白沙。横阔三十余里。俗呼黄天荡。舆程记。黄天荡一带大江。阔四十里。中间有太子洲。其余汊港村落。限隔横错。水陆之盗。多出于此。而龙潭。斜沟。特为津要。龙潭。斜沟。见句容县。白沙。见仪真县。】

马家渡。【在(江宁)府西南九十五里。亦曰马家洲。又为马家步。或曰即碙沙夹也。宋建炎三年。金人繇马家渡渡江。陷太平州。长驱至建康。吕氏祉曰。金人犯顺。每越采石而度碙沙夹。盖碙沙夹江面狭于采石。而舍舟登岸。平原旷野。此骑兵之地。故金人得之。遂陷建康。叶氏适曰。马家渡与采石相去六十里。采石江阔而险。马家渡江狭而平。郡志云。碙沙夹在府西南七十里。盖与马家渡相接。】

新亭。【在江宁县南十五里。近江渚……宁康元年。桓温自姑孰入朝。谢安等迎于新亭。隆安二年。殷仲堪举兵江陵。前锋杨佺期至石头。刘牢之帅北府兵赴京师。军于新亭。佺期等皆失色。回泊蔡洲。元兴初。桓玄逼建康。军至新亭。义熙六年。卢循犯建康。刘裕拒之。屯于石头。谓将佐曰。贼于新亭步上。其锋不可当。若回泊西岸。此成擒耳。徐道覆劝循从新亭至白石。焚舟而上。数道进攻。循不听。裕登城见循引兵向新亭。顾左右失色。既而回泊蔡洲。乃悦。宋景平二年。徐羡之等废立。宜都王义隆自江陵至建康。群臣迎拜于新亭。又元嘉末。武陵王骏讨逆劭。柳元景将前军潜至新亭。依山为垒。劭使萧斌等水陆合攻。劭自登朱雀门督战。败还。骏旋至新亭。即帝位。因改新亭曰中兴堂。元徽二年。桂阳王休范自寻阳袭建康。萧道成曰。休范轻兵急下。乘我无备。宜顿军新亭。白下。坚守宫城。东府。石头。以待贼至。遂请出顿新亭。以当其锋。休范至新林。舍舟步上。攻道成于新亭。不克。升明元年。沈攸之举兵江陵。萧道成遣诸将黄回等皆出屯新亭。既而遣回等西上。道成出顿新亭。齐永元三年。萧衍举兵自襄阳东下。东昏侯遣军主胡松屯新亭。寻复遣冯元嗣西救郢城。茹法珍等送之中兴堂。松党杀元嗣。谋还袭台城。不果。东昏侯寻遣李居士屯新亭。衍逼建康。居士以新亭兵逆战。败于江宁。衍将曹景宗等因分据皂荚桥及赤鼻逻。新亭城主江道林引兵出战。为衍军所擒。居士寻以新亭降衍。梁太清二年。侯景逼建康。分遣宁国公大临屯新亭。既而柳仲礼等入援。军至新亭。寻列营桁南。与景相持。宋建炎四年。岳飞败兀术于牛头山。兀术趣龙湾。飞邀击之于新亭。大破之。亭废。乾道五年。守臣史正志重建。吕氏祉曰。自吴以来。石头南上至查浦。查浦南上至新亭。新亭南上至新林。新林南上至板桥。板桥南上至洌洲。陆有城埠。水有舟楫。建康西南面之险也。】

大胜关。【(江宁)府西南三十里。其地即大城港镇。有大城港。合板桥。新林等浦之水入江。为江流险阨处。旁有垅阜。亦曰大城冈。宋置巡简寨。绍兴二年。复置烽火台。元为大城港水驿。亦曰大城港镇。明初置大胜关港。亦曰大胜港。陈友谅来侵。太祖命杨璟驻兵大胜港。友谅至。璟御之。友谅见港水狭。即退出大江。趣江东桥败去。今有巡司。兼置驿于此。东北至江东巡司二十里。】

龙江关。【在仪凤门外。明初御陈友谅。使张德胜等出龙江关是也。又有龙江驿。在金川门外十五里大江边。舟楫辐辏于此。为南北津要。又新江关在江东门外。出中新河。渡江二十里。达江浦口。明初。置江东巡司。兼置驿于此。亦曰新江口。江防治中驻焉。旧志。江东巡司在新江关外。秣陵镇巡司在夹冈门外。江淮巡司在江淮关。江东马驿在新江关内。龙江水马驿在通江桥西。淳化巡司在上元县东四十五里。大胜驿在江宁县西南三十里。江宁马驿在江宁县西南六十里。又有新江口营。东至观音门。东北至草鞋夹。皆二十里……】

饮虹桥。【在(江宁)府西南秦淮河上。吴时谓之新桥。运渎繇此入秦淮。唐时谓之万岁桥。后又曰饮虹桥。宋乾道五年。守臣史正志重建。上为大屋数十楹。与镇淮桥并称壮丽。自是俱与镇淮桥屡经修葺。盖津要相亚也。今仍曰新桥。桥北为斗门桥。旧名禅灵寺桥。金陵志。新桥对禅灵渚渡。是也。今斗门桥在三山门内。其下即水闸。为运渎入秦淮处……】

长乐桥。【在镇淮桥东。亦曰长乐渡。志云。上元县东南六里为桐树湾。秦淮曲折处也。旧多桐树。因名。湾东北有浮航。即故长乐桥。今废。盖秦淮横亘京邑中。曲折不一。其近东冶亭者。曰汝南湾。东晋初。汝南王宏偕元帝渡江时居此也。又有舟子洲。亦近镇淮桥。梁天监十三年。以朱雀门东北淮水纡曲。数有水患。又舟行旋冲太庙湾。乃凿通中央为舟子洲。诸郡秀才之上计者。皆憩止于此。金陵记。洲在城南隅。周回七里。当朱雀航。长乐渡之间。今亦堙废。】

禅灵寺。【在(江宁)府西南。梁承圣初。王僧辨至张公洲。乘潮入淮。进至禅灵寺前。又招提寺在石头城北。王僧辨与侯景战处也。】

灵谷寺。【在外城内。钟山之阳……洪武初。以造海运及防倭战船。所用油。漆。棕缆。为费甚重。乃立三园。植棕。漆。桐树各千万株以备用。而省民供焉。】

破冈渎。【(句容)县东南二十五里。六朝时运道也。吴赤乌八年。凿句容中道至云阳西城。以通吴会舡舰。上下凡一十四埭。其地亦曰破岭。亦曰破墩。亦曰破冈埭。宋元凶劭之乱。会稽太守随王诞等遣兵向建康。劭决破冈埭。以绝东军。明帝初。孔觊等以会稽兵应晋安王子勋。前军至晋陵。诏巴陵王休若御之。屯于延陵。诸将惧东军之逼。劝休若退保破冈。休若不从。又萧衍东下。东昏侯使申胄屯破墩。为建康声援。胄降于衍。衍使弟恢镇破墩。是也。今亦见镇江府丹阳县。延陵。亦见丹阳。】

龙潭镇。【在(句容)县北八十里。地有龙潭。因名。镇逼临大江。明初置巡司。兼设龙潭水马驿。建文四年。燕王济江。次龙潭。是也。正统二年。复建岁积仓于此。为滨江要害。】

溧水。【(溧阳)县西北四十里。即永阳江也。一名濑水。相传子胥乞食投金处。今其地有投金濑。亦曰金渊。汉志注。溧水出南湖。祥符图经。溧水承丹阳湖。东入长荡湖。丹阳湖即南湖也。溧水经溧水。溧阳。又东接宜兴县之荆溪。元和志。溧水在溧阳县南六里。盖指旧县治而言也。张铉曰。诸家谓溧水西北出曹姥山。经溧水州界。又经溧阳州而东。合于永阳江。非也。溧水即永阳江之上源。大江南岸之水。多会于此。江上有渚。曰濑渚。又谓之陵水。范雎说秦昭王。子胥出昭关。至陵水。是也。自濑渚东流为濑溪。乡民误曰烂溪。入长荡湖。又分流东行。为吴王漕。盖五代时杨行密漕运所经也。自东坝筑。而丹阳湖之水。不复入于溧水。永阳江之源流。亦滋晦矣。水利考。永阳江。亦曰颖阳江。古名中江。又谓之九阳江。】

广通镇。【(溧阳)县西百十里。西北至高淳县六十里。为分界处。俗谓之东坝。志云。春秋时。吴王阖闾伐楚。用伍员计。开河以运粮。东通太湖。西入长江。因名胥溪河。其后渐堙。唐景福二年。孙儒围杨行密于宣州。行密将台濛作鲁阳五堰。拖轻舸馈粮。故得不困。鲁阳盖五坝旁地名也。坝西北有吴漕水。亦以行密而名。宋时五堰渐废。改为东西二坝。坝卑。薄水易泄。故高淳无水患。而苏。常。湖三州。当太湖委流。被害尤甚。宜兴进士单锷因议复筑五堰。阻上流诸水。使不入荆溪。下太湖。苏轼韪之。元时。河流渐塞。明初。定鼎金陵。以苏浙粮道自东坝入。可避江险。洪武二十五年。复胥溪河。建石闸启闭。始命曰广通镇。又凿溧水县胭脂冈。引丹阳诸湖之水。会秦淮河以入江。自是苏浙之漕。皆自东坝。直达金陵。永乐初。苏。松水灾特甚。是时运道亦废。于是修筑东坝。高厚至数十丈。严禁决泻。以苏下流水患。今商贾往来。多集于此。】

胭脂河。【(溧水)县西十里。其地有胭脂冈。因名。明洪武中。议通苏浙粮运。命崇山侯李新凿开胭脂冈。引石臼湖水。会于秦淮。以为运河。永乐初废。】

广通镇。【(高淳)县东南六十里。与溧阳县分界。即东坝也。又东十二里有下坝。旧谓之东西二坝。今总曰东坝。亦呼为银树东坝。即杨吴五坝之地。唐景福二年。杨行密将台濛作五堰。以拽馈运轻舸。是也……】

大江。【在(江浦)县东南三里。其地曰江淮关口。向设江淮驿。有新江口渡。又县东八里曰八字沟渡。县西南十五里曰西江口渡。又有新河口渡。在县西南百里和州界。皆滨江处也。而最冲要者。曰浦子口渡。自此渡江。至府城观音门二十里而近。一名安阳渡。江防考。浦子口西二十里为江淮巡司。旧属应天府司。东至瓜埠八十里。西至和州浮沙口。亦八十余里。中间有穴子河。在县南四十里。又南二十里为芝麻河。皆江水灌注处也。其东为王家套。八字沟。洲。渚。汊。港。纵横错杂。并为险要。】

浦子口河。【(江浦)县东二十里。源出定山。繇浦子口。西入江。志云。浦子口有左右二水。环抱萦回。名东西沟云。又沙河在县东三十里。宋天禧中。范仲淹领漕事。以大江风涛之险。开此河。引江水支流。下至瓜埠入江。即六合县之长芦河也。】

胡墅城。【在(六合)县东六十里。南岸对石头城。梁敬帝初。徐嗣徽引齐兵据石头城。齐复遣将崔子崇等。于胡墅度米载马以济之。陈霸先遣侯安都夜袭胡墅。烧其舡。断其运道。又陈大建五年。吴明彻等伐齐。克秦郡。瓜埠。胡墅二城皆降。十一年。复没于后周。十三年。周罗→攻隋胡墅。拔之。明年。归胡墅于隋以请和。】

瓜步山。【(六合)县东二十五里。亦曰瓜埠。东临大江。宋元嘉二十七年。魏主焘至六合。登瓜步。隔江望秣陵。才数十里。因凿山为盘道于其上。设毡殿。魏史谓起行宫于瓜步。是也。二十八年。魏师还。帝如瓜步。既而使沈庆之徙彭城流民数千家于瓜步。三十年。武陵王骏讨元凶劭。至新亭。豫州刺史刘遵考。亦遣其将夏侯献之军于瓜步。大明七年。帝如瓜步山。废帝子业时。义阳王昶举兵彭城。旋奔魏。子业因自白下济江。至瓜步。齐志。建元初。徙齐郡治瓜埠。即此。东昏侯末。命李叔献屯瓜步。叔献降于萧衍。梁绍泰二年。徐嗣徽引齐兵犯建康。陈霸先潜遣将沈泰渡江。袭齐行台赵彦深于瓜步。获舰百余艘。粟万斛。陈大建十一年。阅武于大壮观山。命陈景帅楼舰出瓜步江。振旅而还。唐至德二载。永王璘作乱。自当涂进据丹阳。淮南采访使李成式等遣兵军于瓜步。广张旗帜。列于江津。党望之。始有惧色。相率来降。五代周显德三年。侵唐淮南。遣赵匡胤军六合。唐主遣其弟齐王景达将兵二万。自瓜步济江。距六合二十余里。设栅不进。数日。乃趋六合。为匡胤所败。鲍昭云。瓜步江中之眇小山耳。徒以因迥为高。据绝作雄。临清瞰远。擅秀含奇。亦居势使之然也。江防考。自瓜步渡江为唐家渡。至南岸二十里。又二十五里即南京之观音门也。向设瓜步巡司。】

冶浦河。【在(六合)县东二里。源出牛头山。北通天长。南入滁河。又沙河。在县南长芦镇。亦曰西河。亦曰长芦江。自江浦县导流入境。宋会要。天圣三年。发运使张纶请开真州长芦口河属之江。是也。志以为范仲淹所开。又东沟水亦在长芦镇东。宋绍兴间所开。为商旅舣舟之所。】

河子沟。【(六合)县东南二十五里。旧名急流江。今曰急水沟。宋淳熙初所开新河也。下流入于大江。沟北又有岳子河。志云。兀术屯瓜步时。岳飞遣子云凿此河袭之。因名。俗呼为鸭子河。陈里港。在县南二十五里。南接瓜步。西入扬子江。元设巡司于此。】

瓦梁垒。【在(六合)县西五十五里。西北距滁州八十五里。即孙吴所作涂塘处也。亦曰瓦梁城。陈大建五年。吴明彻败齐军于石梁。瓦梁城降。明初与元兵相持于瓦梁垒。其处有东西二城。纪胜曰。瓦梁堰即涂塘也。堰上有瓦梁城。亦曰吴王城。在姜家渡西。即孙权屯兵处。宋尝修故城。开四门。今余址尚存。江防考。姜家渡在县西四十里。亦名新渡口。张氏曰。自瓦梁下舡直至滁河口。便入大江。此防守要地也。石梁见泗州天长县。】

卷二十一·江南三

钟离城。【在(临淮)县东四里。古钟离子国。左传成十五年。叔孙侨如及诸侯之大夫会吴于钟离。吴始通也。昭四年。楚箴尹宜咎。城钟离以备吴。二十三年。吴败楚师于钟离。二十四年。楚子为舟师以略吴疆。师还吴踵。楚遂灭巢及钟离……后周显德四年。周主至镇淮军。渡淮至濠州城西。既而李重进破濠州南城。周主自攻濠州。别将王审琦又拔其水寨。复破其水军于城北。拔其羊马城。寻克之……】

邵阳洲。【(临淮)县东北十八里淮水中。萧齐建武二年。魏主宏攻钟离。不拔。筑城于邵阳洲上栅。断水路夹筑二城。齐将裴叔业攻拔之。梁天监三年。魏将元澄攻钟离。张惠绍将兵五千诣钟离。澄遣别将刘思祖等邀之。战于邵阳洲。大败梁兵。五年。魏元英复攻钟离。曹景宗赴救。违诏顿邵阳洲尾。值暴风引还。钟离北阻淮水。魏人于邵阳洲两岸为桥。树栅数百步。跨淮通道。英据南岸攻城。别将杨大眼据北岸立城。以通粮运。徐州刺史昌义之固守钟离不下。豫州刺史常睿自合肥驰救。与景宗进顿邵阳洲。睿于景宗营前二十里。夜掘长堑。树鹿角截洲为城。去魏城百余步。比晓而营立。又豫装高舰。与魏桥等为火攻之计。会淮水暴涨。睿与诸将分道进攻。斗舰竞发。魏洲上军尽殪。敢死之士。拔栅斩桥。风怒火烈。水又漂疾。倏忽之间。桥栅俱尽。魏军大溃。洲北又有赵草城。时曹景宗以牧人过淮北伐刍藁者。辄为魏将杨大眼所略。乃于大眼城南数里筑垒。垒成。使别将赵草守之。有抄掠者。皆为草所杀。自后始得纵刍牧。因以赵草名其城。城距洲数里。据淮为险。】

涡口城。【(怀远)县东北十五里……建中二年。李正己叛。遣兵扼埇桥。涡口。江淮进奉船千余艘。泊涡口不敢进。诏以张万福为濠州刺史。万福驰至涡口。立马岸上。悉发江淮进奉船。相御以进。淄青将士睥睨不敢动。李吉甫云。濠有涡口之险。是也……】

涂山。【(怀远)县东南八里。与荆山对峙……五代周显德三年。师围寿春。南唐援兵皆维舟于淮。营于涂山之下。周主命赵匡胤击之。大败唐兵于涡口……】

涡水。【在(怀远)县东北一里……汉建安十四年。曹公至谯。引水军自涡入淮。出肥水。军合肥。开芍陂屯田。曹丕黄初五年。以舟师自谯循涡入淮。吴孙皓建衡二年。遣丁奉入涡口。齐建武末。裴叔业攻魏涡阳。不克。还保涡口。宋绍兴三十一年。金亮南侵。亦自涡口渡淮。明建文四年。燕王南下。驻于涡河。涡口盖淮南要害之地也。又埇河在县西十五里流合涡水。入于淮。】

浍河。【在(定远)县西北二里。其上流自河南永城县流经宿州境。又东南入县境。经县治南入于淮。或谓之涣水。盖涣水与浍水合流也。五代周显德四年。围唐濠州。唐有水军在涣水东。欲救濠。周主自将水陆兵击之。大破唐兵于洞口……】

僮城。【在(定远)县西北七十里……金志。元光初。议于灵壁县僮城镇设仓都监。监支纳时。开长直渎。繇万安湖舟运入汴至泗。以贮粟也……】

汴河。【在(定远)县治南。自灵壁县流入境。又东流经此。至泗州入淮。宋熙宁八年。都水丞侯叔献言。旧开汴渠。自泗州至南京。皆通利。惟虹县东有礓石三十里余不可疏浚。乞更开修。从之。今水流日堙。非复旧道矣。】

广济新渠。在(定远)县东百十里。唐开元二十七年。采访使齐浣开。自虹至淮阴北十八里入淮。以便漕。既成。湍急不可行。遂废。浣传云。以淮至徐城险。凿渠十八里。入清水以利漕。人称其便。似非实录。

下蔡城。【(寿)州北三十里。古州来也。左传成七年。吴入州来。昭四年。楚然丹城州来。以备吴。十二年。楚子狩于州来。十三年。吴灭州来。十九年。楚城州来。二十三年。吴人伐州来。自是遂为吴地。季札始邑于延陵。后邑于此。故曰延州来季子。哀二年。蔡昭侯自新蔡迁于州来。谓之下蔡。盖为吴所迁也。汉置下蔡县。属沛郡。后汉属九江郡。晋属淮南郡。升平三年。谢石军下蔡。帅众入涡。颍。以援洛阳。旋溃还。南北朝时。皆为战争要地。齐建元二年。魏人南侵。分遣其将贺罗出下蔡。三年。魏攻寿阳。垣崇祖击却之。恐魏人复寇淮北。乃徙下蔡戍于淮东。既而魏师闻其内徙。果平其故城。崇祖引兵渡淮。击破之。建武二年。魏置下蔡郡。自是常以重兵戍守。梁天监十四年。魏将崔亮攻赵祖悦于硖石。亮遣崔延伯守下蔡。延伯与别将伊瓮生夹淮为营。取车轮去辋。削锐其幅。两两接对。揉竹为笋。连贯相属。并十余道。横水为桥。两头施大鹿卢。出没随意。不可烧斫。既断祖悦走路。又令战船不通。硖石遂下。郦道元曰。淮水自夹石北径下蔡故城东。淮之东岸又有一城。曰下蔡新城。二城对据。翼蔽淮滨。杜佑曰。梁于硖石山下筑城以拒魏。即下蔡新城也。大通中。魏乱。梁得下蔡。改置汴州及汴郡。因亦名汴城。齐废郡。隋仍为下蔡县。属颍州。唐武德四年。置涡州治焉。八年州废。仍属颍州。五代周显德二年。围唐寿州。徙正阳浮梁于下蔡。使张永德屯于此。唐将林仁肇以水陆军援寿春。欲焚下蔡浮梁。不克。为周兵所败。时永德为铁緪千余尺。距浮梁千余步。横绝淮流。系以巨木。繇是唐兵不能近。未几。唐人复以水军攻下蔡。永德击败之。三年。周主败唐兵于紫金山。分兵守诸寨。还下蔡。发陈。蔡诸州丁夫筑下蔡城。四年。寿州降。遂徙治下蔡。宋亦为寿州治。后又改州为寿春府。时亦谓下蔡为北寿春。而寿春县为南寿春。绍兴六年。杨沂中等败刘猊于藕塘。追至南寿春而还。此即寿春县也。十一年。兀术陷寿春。乃渡淮。陷庐州。此寿春即下蔡城也。乾道三年。改置安丰军于寿春县。下蔡县属焉。元因之。元末。江淮多故。下蔡县始废。里道记。下蔡西抵正阳镇五十五里。林氏曰。下蔡。古州来也。吴之始图楚也。争巢。钟离。州来三邑。盖七十年而后取之。失淮繇失州来也。志云。州北三十里有蔡国城。即下蔡矣。今有下蔡巡司。】

八公山。【(寿)州东北五里。肥水之北。淮水之南……晋太元九年。苻坚南侵。谢玄御之于肥水。坚登寿阳城。望见八公山草木。皆以为晋兵。齐建武二年。魏主宏入寇。遣济淮至寿阳。登八公山。梁天监十二年。寿阳久雨。大水入城。庐舍皆没。魏扬州刺史李崇。勒兵泊于城上。水增未已。乃乘船附于女墙。城不没者二板。将佐劝崇弃城保北山。崇不可……】

淮水。【在(寿)州西北二十五里。自霍丘县而东。经正阳镇。颍水流合焉。谓之颍口。又东至寿州北。肥水流合焉。谓之肥口。亦谓之淮口。史记。秦始皇二十八年。于泗水中求周鼎。弗得。乃西南渡淮水。之衡山。南郡。渡处盖在州北。晋咸和三年。祖约以寿春叛。约诸将阴与后赵通。赵将石聪等遂济淮攻寿春。约兵溃走历阳。齐建武二年。魏主入寇。济淮至寿阳。又循淮而东。至钟离。盖淮水分南北之险。州实当其冲也。】

肥水。【在(寿)州东北十里。自庐州府北流。经废安丰县境。又北流经此。折而西北。流十里。入于淮。胡氏曰。肥水在城北二里。旧引肥水交络城中。故昔人每恃肥水为攻守之资。齐东昏侯永元二年。豫州刺史裴叔业以帝数诛大臣。心不自安。乃登寿阳城望肥水。陈大建五年。吴明彻攻寿阳。引肥水灌城。五代周显德二年。攻南唐寿州。周主自营于肥水之阳。寻命士卒以方舟载炮。自肥河中流击寿春城。又束巨竹数十万。竿上施板屋。号曰竹龙。载甲士以攻之。会肥水暴涨。炮舟。竹龙。皆漂向南岸。为唐兵所焚。志云。今州有东肥河。自州城东北。西流十里入淮。西肥河在下蔡城西南十里。东流十里入淮。盖源流断续。故有东西之分耳。又有小史埭。在州城西北。即齐垣崇祖筑肥堰以灌魏军处。亦曰肥水堰。今详见大川。】

颍水。【在(寿)州西北四十里。汉志。颍水出阳城县阳乾山。东至下蔡入淮。是也。其入淮处。谓之颍尾。左传昭十二年。楚子狩于州来。次于颍尾。亦曰颍口。魏黄初五年。魏主丕御龙舟。循蔡颍浮淮如寿春。盖自颍口入淮也。晋太元八年。苻坚入寇。使苻雄引军三十万。先至颍口。陈大建五年。吴明彻等攻寿阳。齐将皮景和赴救。屯于淮口。久之。渡淮去寿阳三十里而军。寿阳为陈所拔。既而齐兵复至颍口。陈将樊毅击走之。胡氏曰。景和自颍上出至淮而屯。淮口即颍口也。唐建中三年。李希烈阻兵淮西。江淮输物留梗。诏徙饷道自颍入汴。元和十一年。置淮颍水道。以馈讨淮西诸军。杨子等院米皆自淮阴溯流至寿州。入颍口。五代周显德三年。攻唐淮南。周师自闵河沿颍入淮。绍兴三十一年。金亮南侵。诏淮西诸军保颍口。盖扼要之地也。详见河南大川颍水。】

淮水。【在(霍丘)县北三十里。自颍州流入境。又东北接颍上县界。唐天祐二年。朱全忠侵淮南。自颍州济淮。军于霍丘。遣将围寿州。不克而还。五代梁乾化三年。王景仁侵吴。庐。寿。还渡淮。吴霍丘将朱景潜移其所表之津。置于深渊。梁军望表而涉。溺死甚众。五代志。淮自霍丘以上。西尽光州。南唐时。每冬淮水浅涸。常发兵戍守。谓之把浅。周显德初。南唐寿州监军吴廷诏。以为疆场无事。坐费资粮。悉罢之。清淮节度使刘仁瞻上表固争。不能得。既而周军来伐。备不及设矣。又新河。在县北二十里。淮水支流也。宋宣和以前。不通舟楫。建炎后。湍流冲激。河流渐大。东北合于淮河。】

汴水。【在(泗)州城北。亦曰通济渠。自虹县流入境。绕祖陵东北。复折而西南。至城南入淮。旧志。汴水出泗州东西两城间入淮。今上流堙塞。惟夏月水涨。舟楫仅通虹县。详河南大川。】

陡山。【在(盱眙)县东北五里。下瞰淮流。其势陡峻。亦曰斗山。一统志。山与都梁山相接。当淮流之险峻。胡氏曰。陡山之东。古盱眙也。唐咸通十年。辛谠为泗州迎粮于淮南。舟载钱米。还至斗山。贼将王弘立帅众拒之于盱眙。布战舰塞淮流。谠击败之。遂入泗州。】

运河。【在(盱眙)县东北三十里。宋元丰六年开运河。自龟山蛇浦起。讫于洪泽。凿为复河。亘五十七里有奇。广十五丈。深丈有五尺。发运使蒋之奇董其役。以避淮流之险。为转输之利。谓之龟山运河。亦谓之洪泽河。宋国史。先是发运使许元自淮阴开新河。属之洪泽。避长淮之险。凡四十九里。久而堙涩。熙宁四年。发运副使皮公弼修泗州洪泽河六十里。以避漕运涉淮风涛之患。至是发运使罗拯。复欲自洪泽而上凿龟山里河。以达于淮。会发运使蒋之奇入对。建言上有清汴。下有洪泽。中间风涛之险。不过百里。宜自龟山蛇浦。下属洪泽。凿左肋为复河。取淮为源。不置插堰。可免风涛覆溺之虞。议者以为便。遂成之。建中。靖国初。复下司修筑。自是岁以为常。南渡后。始罢其后。直河。在今城北郭内。唐太极初。敕使魏景倩引淮水至黄石冈。以通扬州。即此河也。】

汴河。【在(宿州)城北。自河南永城县流入界。又东南流入虹县界。志云。炀帝自汴开河。经州境至泗。长千三百里。两岸筑堤。今州城东南尚有故迹。名曰隋堤。唐咸通九年。叛卒庞勋自徐还攻宿州。军于符离。州将焦璐决汴水以断北路。贼至。水尚浅。遂涉水攻城。城陷。既而徐州军追贼至州北。决水已深。徐州将元密渡水围城。为贼所败。又自州而东。汴皆有堤。贼寻自宿州掠船顺流东下。官军追之。贼舣舟堤下。而陈于堤上。伏兵舟中。官军至阵者。走入陂中。官军登堤。贼自舟中出兵夹攻。一军悉没。又宋绍兴十年。王德复宿州。金人阻汴水邀战。德策马先济。步骑从之。金人败走。遂取其城。】

埇桥。【(宿)州北二十五里。亦名符离桥。今名永济桥。跨汴水上。舆地记。隋氏凿汴以来。徐州南控埇桥。以扼汴路。故其镇尤重。唐于其地置盐铁院。建中二年。淄青帅李正己拒命。屯兵埇桥。江淮漕船数千余。不敢逾涡口。贞元十九年。徐州军乱。泗州刺史张伾出兵攻埇桥。大败而还。元和四年。议者以埇桥在徐州南界汴水上。当舟车之会。因置宿州以镇之。至唐末。汴水溃决。自埇桥东南。悉为污泽。周世宗显德三年。谋伐南唐。发民夫。因故堤疏导。东至泗上。五年。复浚汴口。导河流达于淮。于是江淮舟楫始通。今汴河堙废。埇桥不复为襟要矣。】

汴河。【在(灵璧)县治南二十步。自宿州流入。又东南入虹县界。旧通舟楫。今淤。】

汝水。【在(颍)州南百里。自河南息县流入境。志云。汝水东北流。至桃花店入州界。又东至永安废县。环地理故城。至朱皋镇入于淮。亦谓之淮口。齐东昏侯时。陈伯之攻寿阳。魏汝阴太守傅永将郡兵救寿阳。去淮二十余里。牵船上汝水南岸以牛挽之直南趣淮。下船即渡。遂达寿阳处也。】

留陵驿。【在(颍)州东六十里。颍河经其下。东入颍上县。又颍州驿。在东关外。驿口桥。在州西百里。一名一虎桥。路出汝宁。又茨河渡口有石羊铺。亦水陆通道也。】

颍河。【在城东门外。亦曰沙河。自州境东流入县界。又东南至正阳镇入淮。谓之颍口。三国魏嘉平三年。司马懿袭王汙寿春。汙迎降于丘头。懿沿颍东下。住船淮中。即此处也。唐元和十一年。讨吴元济。江淮运米。自寿州西四十里入颍口。又溯流至颍州。而西入溵河。以供行营诸军云。丘头见河南沈丘县。】

涡河。【(亳)州西三十八里。从河南鹿邑县。东流至城北。与马尚河合。流入蒙城县界。魏主丕黄

初六年。以舟师自谯循涡入淮。即此处也……】

王家市。【在(亳)州北。市。一作寺。宋绍定六年。金主在归德。蒙古将忒木碍围亳州以逼之。金主遣蒲察官奴伪与和。密自归德南行登舟繇系东而北。杀守堤逻卒。径至王家市。掩忒木碍之营。大败之。】

卷二十二·江南四

(淮安)府阻淮凭海。控制山东。春秋时。夫差欲通中国。道出江淮。即从事于此。及曹丕谋吴。舟师亦由此而南也。其后南北有事。辄倚为重镇。东晋初以祖约。刘隗。相继守此。荀羡曰。【羡永和中镇淮阴。】淮阴旧镇。地形都要。水陆交通。易以观衅。沃野有开殖之资。方舟有运漕之利。是也。太元三年。苻秦入寇襄阳。其兖州刺史彭超曰。愿更遣重将攻淮南诸城。为棋劫之势。东西并运。丹阳不足平也。坚从之。益发兵寇淮阴。盱眙。盖淮阴去丹阳四百里而近。北对青。泗。则转输易通。南出江津。则风帆易达。由淮入江。此其必争之道矣。梁沈约曰。山阳北接清。泗。临淮守险。有平阳石鳖。田稻丰饶。北魏高闾谓寿阳。盱眙。淮阴。为淮南之本原。岂不信哉。唐李邕曰。淮阴者。江海通津。淮楚之巨防也。其后杨吴据有淮南。以山阳。清口为门户。遂能挫朱温之锋。及山阳入于后周。而南唐之烽火近在江滨矣。宋人南迁。以江淮立国。于是山阳之势益重。吴表臣曰。山阳控扼之地。失之则无以屏蔽淮东。徐宗偃曰。山阳南北必争之地也。我得之。可以进取山东。敌若得之。淮南不能以朝夕固矣。陈敏曰。楚州南北噤喉也。长淮二千余里。河道通北方者凡五。曰颍。曰蔡。曰涡。曰汴。曰泗。而通南方以入江者。惟楚州运河一处。周世宗自北神堰凿老鹳河。通战舰入大江。唐之淮南。不可复保。此前车也。是故韩世忠尝保山阳。以拒方张之寇。【陈亮曰。韩世忠顿兵八万于山阳。如老熊之当道。而淮东得以安寝。此守淮之要法也。】刘錡议塞清口。以阻逆亮之师。【绍兴三十一年。金亮南侵。刘錡镇楚州。凿敌舟沉清口。敌之舟师不能越也。会淮西丧败。錡孤军不能独立。又病甚。不能治军。乃引而南。敌势遂益张。】及蒙古侵陵。叛臣刘整亦劝其从事于清口。桃源。为进取之计。岂非地利不可或忽乎。元董搏霄曰。淮安南北噤喉。江浙冲要。其地一失。两淮皆未易保。今岁漕数百万。咸取道于淮安。哽咽或生。则京师有立槁之虑。故特设重臣。置屯军以经略之。然则南北安危所系。岂不以淮安哉。

淮阴城。【(淮安)府西北四十里……太元三年。苻秦将俱难等寇陷淮阴。既而谢玄等进攻。帅舟师乘潮而上。夜焚淮桥。秦人败遁。淮桥。秦人作于淮上。以渡兵者也……】

新城。【在(淮安)府西三十里……今城东北有仁义二坝自城南引湖水。东北抵坝口。城西北有礼。智。信三坝。亦引湖水。西北抵坝口。每遇清江口淤塞。运船从东二坝入淮。官民商船经西三坝入淮。所谓淮安五坝也。永乐十三年。陈瑄所置。】

甘罗城。在淮阴故城北一里。相传甘罗所筑。故淮阴亦兼甘罗之称。运道考。甘罗城东有天妃祠。祠东北为天妃口。永乐初。陈瑄置新庄闸于此。为入淮之口。后移于三里沟。在甘罗城东南。谓之通济闸。万历六年。又移闸于甘罗城南。西接淮口。即今之运道。

清江浦。【在(淮安)府城西。自城外达于淮。凡六十里。旧为沙河。一名乌沙河。宋志。楚州北有山阳湾。淮流迅急。每致沉溺。雍熙中。漕臣刘蟠议开沙河。避淮水之险。乔维岳继之。自楚州至淮阴。开导凡六十里。舟行便利。其后淤塞。明永乐中。平江伯陈瑄修治运河。故老言。城西管家湖西北至鸭陈口。仅二十里。与清河口相值。宜凿为渠。引湖水入淮。以便漕运。瑄从之。乃凿清江浦。引水由管家湖。入鸭陈口达淮。由管家湖筑堤亘十里。以便引舟。其入淮之处。设河口坝。新庄闸。以时启闭。自新庄闸而东。因其高卑。递为福兴。清江。移风等闸。至府南淮阴驿。而合于渎河。复虑北河涨溢。南侵漕河。于是堤北河南岸。长四十里以防之。又虑南河涨溢。北侵漕河。于是筑漕河南高家堰一带。长二十六里以防之。漕河只许粮船及进奉船入口。五日一放。旋过旋塞。设官监督。其大小官民船舰。悉由五坝车盘。以达外河。无敢阑入者。于是运道通行无阻。后稍废弛。至隆庆四年。淮决高家堰。清口淤塞。粮道艰阻。五年。漕臣王宗沐。于府西南筑高家堰堤。北自武家墩。经大小涧。至阜宁湖。计三十余里。以捍淮之东侵。又于府之北境堤新城。起清江浦。经钵池山。至柳浦湾。凡六十余里。以捍河之南溢。万历五年。漕臣吴桂芳等修新庄等闸。增筑清江浦南堤。以御湖水。加北岸以御黄淮。又创板闸漕堤。南连旧堤。北接新堤。六年。河臣潘季驯复经理之。而运河复为安流。浦旁有仓以备积储。为转输之利。即今常盈仓也。】

山阳渎。【在(淮安)府城东。古邗沟也。其入淮处。谓之末口。春秋哀九年。吴城邗沟。通江淮。杜氏曰。于邗江筑城穿沟。东北通射阳湖。西北至末口入淮。以通粮道。是也。国语。夫差使王孙苟告劳于周。曰。余沿江溯淮阙沟深水。出于商鲁之间。吴越春秋。吴将伐齐。自广陵阙江通淮。即此渎矣。历秦汉至南北朝。道出江淮。必由此渎。隋开皇七年。将伐陈。于扬州开山阳渎以通漕。大业元年。以邗沟水道屈曲。发民浚治。自山阳至扬子入江。渠广四十步。旧自府城东南郭。又西北流。至城北达于淮。唐宋以来。运道皆由此。明永乐初。创开新河。由郡西径达于淮。自府南六十里平河桥。南抵瓜。仪。则渎河旧道也。今皆堤湖凿渠置闸设洞。以时启闭。使旱潦相准。为转输之利。亦谓之浊水。亦谓之内河。】

老鹳河。【在(淮安)城西七十里。五代周显德四年。略唐淮南。欲引战舰自淮入江。阻北神堰。不得度。因凿楚州西北鹳水。以通其道。旬日而成。巨舰数百艘。皆达于大江。盖由鹳河出山阳渎以入江也。或谓之灌口。隋大业中。筑汴堤。自大梁至灌口。即此。】

永济河。【在(淮安)府南十里。一名新河。万历六年。以清江浦浅阻。开此济运。长六十五里。设三闸。东接运渎口。亦曰窑湾闸。又西曰永清闸。又西曰龙江闸。以接于淮。行运一年。议者以妨于部税。旋闭。二十四年。河臣杨一魁以淮水泛溢。乃分引淮流。由永济河达泾河。下射阳湖入海。既而复塞。天启三年。以淮河正流淤浅。乃浚新河。以通回空等船。而大挑正河。明年。工毕。运船仍由正河。新河复坝塞之。今涸。常居敬云。新河北去清江浦十里。内有管家湖。徐家湖。二泽潴水。宜时浚之。以防正河之匮乏。】

泾河。【(淮安)府南五十里。亦入宝应县界。分引漕河涨溢。东流注于射阳湖。又涧河。在府东南五十里。旧为盐城运道。府东境小水。多会于此。下流入射阳湖。】

管家湖。【在(淮安)府城西望云门外。宋嘉定间。郡守应纯之言。本州向西一带。湖荡相连。可以设险。合别开新河一道。与运河接。取土填垒捍岸。则旧运河与湖通连。水面深阔。形势益便。遂开河于湖北。筑垒湖岸以限湖水。自马家湾西至陈文庄。于是管家湖与老鹳河相接。楚州西北。宛然巨浸。且练习舟师。为战守计。敌不敢犯。一名西湖。其接老鹳河处。亦谓之新路。】

洪泽屯。【在(淮安)府东。唐志。上元中。于射阳湖置洪泽屯。厥田沃壤。大获其利。又有洪泽闸。宋隆兴中。魏胜守海州。调发兵粮。由运河至洪泽。出闸入淮。是也。】

马逻港。【在(淮安)府东北九十里。由此陆路走庙湾。明初。徐达攻淮安。败张士诚援兵于此。遂拔淮安城。今有巡司戍此。唐顺之曰。自马逻陆路至庙湾。兵势迂而馈饷亦艰。是也。又芦浦港。在府东北百十里。东南入射阳湖。建义港。在府东北八十里。东南流合通济沟。入射阳湖。又北注于淮。志云。通济沟在府东北六十里。东经马逻港而入射阳湖。西自横沟入于淮……】

海。【(淮安)府东二百里有大海口。为淮河入海处。其南为庙湾。庙湾之西为刘庄。又西南为盐城县之姚家场。皆沿海大镇也。大海口东南有蛤蜊。麻线二港。为窥伺之径道。宋末。李全作乱。据楚州。遣海舟出海口。由苏州洋入平江。嘉兴。以习海道。明嘉靖中倭乱。庙湾。刘庄受害尤剧云。】

北神堰。【在(淮安)府城北五里。古末口也。吴王夫差沟通江淮之处。后人于此立堰。以淮水低沟水高。防其泄也。舟行度堰始入淮。亦号为平水堰。五代周显德五年。自将兵攻楚州。欲引战舰自淮入江。尽略淮南地。而齐云舰大。阻北神堰不得度。谋凿鹳水。以通其道。遣使行视。还言地形不便。周主自往规画。发民夫浚之。旬日而成。巨舰数百艘。皆达于江。唐人大惊。以为神。宋天圣四年。易为水堰。今新河导而北神堰遂废。】

高家堰。【(淮安)府西南四十里。汉陈登筑堰防淮。此其故址也。明永乐初。陈瑄始为筑治。隆庆四年。淮水决于此。王宗沐复修葺之。万历三年。又为淮水决坏。六年。潘季驯更为修筑。堤长六十里。河防考。高家堰西有阜陵。洪泽诸湖。隆庆中。淮水挟湖水决于此。合扬州宝应县之白马。汜光诸湖。又决黄浦八浅。山阳高。宝。兴。盐诸境。悉为巨浸。淮既东。黄河亦蹑其后。西灌凤。泗。而清口堙塞。淮黄交病矣。万历中。更为修筑。堰南有越城周家桥。地势稍亢。因筑减水坝。淮水涨则溢入白马湖。消则仍为陆地。而后运道无阻。盖高堰者。黄。淮两河之关键也。】

通济闸。【在淮阴故城南。即浊水入淮处。永乐中。陈瑄于天妃寺东北通河之口。置新庄闸。为运道咽喉之地。自新庄以至板闸。或为四闸。或为五闸。以时增减。达于城南。弘治七年。河灌新庄闸口。至清江浦三十余里。淤浅不通。诏有司修浚。嘉靖末。废新庄闸。改置通济闸于三里沟。隆庆中。河臣万恭复开天妃口闸以济运。既而复闭天妃口。由通济闸。六年。河臣潘季驯奏迁通济闸于甘罗城南。今因之。】

庙湾镇。【(淮安)府东北百八十里。为滨海冲要处。亦曰庙湾场。嘉靖中。倭寇往阑入于此。志云。府东北九十里为马逻镇。有马逻巡司戍守。百六十里为北沙镇。又二十里即庙湾。有庙湾巡司。刘庄。在府东南百五十里。嘉靖二十八年。倭据庙湾。东侵淮安。官兵败之于姚家荡。又败之于刘庄。贼复遁入庙湾。寻败走。官军追至虾子港。贼乘舟开洋遁去。】

海。【在(盐城)县东。自海浦东北出洋。凡五十里。相传元时漕运由此港出海。以达直沽……】

运河。【在(盐城)县西南七十里。志云。通泰以北诸水。经县西南八十里。为东西界河。与兴化县中流分界。西入大踪湖。自界河分流北出。为旧运河。又有新运河。在县东南五十里。流经县东南三十里伍祐盐场。西北合于旧运河。又西北注于东塘河。又有官河。亦自大踪湖引流而北。至县西五十里注东塘河。谓之盐河。】

喻口镇。【县(盐城)西北百二十里。有喻口渡。淮河津要也。宋绍定三年。叛贼李全据楚州。袭陷盐城。诱射阳湖人造浮桥于喻口。以便盐城往来。明设喻口镇巡司。嘉靖中。倭屯庙湾。唐顺之谓。若

从宝应拖船过坝。自清沟喻口水路进攻。路径而饷易。是也……】

官河。【(安东)县北三十里。一名漕河。唐会要。垂拱四年。开泗州涟水县新漕渠。以通海。沂。密等州。南入于淮。宋元符初。工部言淮南开修楚州支家河。导涟水与淮通。赐名通涟河。即此河也。今自西涟南通中涟。至县东北百里。接遏蛮等河。南入淮。北通海州诸盐场。为商旅辏集之道。一帆河。在县东北五十里。南接东涟。北通海县东北遏蛮。白阳等河。凡十余道。皆西接官河。东入一帆河。以达于海。】

海。【在(安东)县东北百余里。县境之水。皆汇于此。志云。县东迤北有五港。灌口诸处。向为黄河委流达海之道。迂曲周回。几二百余里。深阔不及正流十分之一。】

白头关。【(安东)县东北百里。舆程记。由县东北三十里至金城镇。又四十里为对江口。又三十里为白头关。由陆路趣海州之道也。云梯关。在县东北。舆程记。自县东水道抵云梯关。凡二百四十里。与海州接界。今详见海州。又老鹳亭。在金城镇东北六十里。自县境趣山东登。莱之道也。】

崇河。【(桃源)县北四十里。上有崇河桥。相传晋石崇尝立仓于此。因开河以通舟楫。西自宿迁县界。接仓基诸湖之水。东入沭阳县界。下流注于涟水。】

(海)州阻海连山。为南北襟要。六朝时。置重镇于此。以掣肘索头南寇之锋。隋平江南。分道朐山。捷出三吴。而东南遂无坚垒。宋魏胜取海州。而山东响应。及群盗李全据之。南窥浙右。北扰青。齐。江淮之间。几于困弊。盖水陆交通。可左可右。用兵之际。未始非形胜所关也。王应麟曰。海。泗者。东南之藩蔽。得泗可以取淮北。得海可以收山东。

怀仁废县。【(海)州北八十里。汉赣榆县地。宋为艾塘戍。泰始三年。垣崇祖戍朐山。魏人来袭。戍者皆下船欲走。崇祖绐之曰。艾塘义人已得破贼。谓此也……】

朐山。【(海)州南四里。上有双峰如削。俗呼马耳峰。旁有龙潭。水甚清冽。秦始皇三十五年东巡。立石东海上朐界中。以为东门阙。盖在此。后汉和平二年。朐山崩。宋泰始三年。薛安都以彭城降魏。垣崇祖将部曲奔朐山。据之。朐山濒海孤危。崇祖浮舟山侧。为备。自是每置戍于此……】

郁洲山。【(海)州东北十九里。海中有大洲。周围数百里。谓之郁洲。亦曰郁州。山海经所谓“郁山在海中”者也。晋隆安五年。孙恩袭建康。不克。浮海北走郁洲。将军高雅之御之。为恩所执。既而刘裕破走之。宋元嘉二十七年。魏人南寇。进逼彭城。时江夏王义恭督兵彭城。甚惧。长史何勖议席卷奔郁洲。不果。泰始三年。魏人围青州刺史明僧嵩于东阳。刘怀珍自山阳浮海赴救。至东海。闻僧嵩已败。保东莱。怀珍进据朐城。众惧。欲保郁洲。怀珍不可而止。自是青。冀二州皆侨治焉。七年。垣崇祖保郁洲。自洲将数百人入魏境七百里。据蒙山。齐初亦为青州治。齐志。郁洲有田畴鱼盐之利。宋刘明善为青州刺史。以海中易固。不峻城雉。乃聚石为之。高可八九尺。后为齐郡治。永明初。徙齐郡治瓜步。以北海郡治焉。梁复为青。冀二州治。天监十二年。郁洲近魏境。民多私与魏人交市。先一年。朐山外叛。郁洲亦阴与魏通。朐山平。心不自安。其民徐道用等遂作乱。夜袭州城。杀青冀二州刺史张稷降魏。魏遣兵赴之。游肇谏曰。朐山滨海。卑湿难居。郁洲又在海中。得之无用。于敌要近。不当劳军旅。费馈运以争之。不听。既而梁北兖州刺史康绚遣兵进讨。复取郁洲。自隋以后。皆为东海县治。通典郁洲即田横所保。东魏武定中。置临海镇于此。其山亦名郁郁山。又名苍梧山……】

巨平山。【(海)州北三十里。一名由吾峰。南接东海。北抵虚沟。中有龙潭。其南岭上有吕母固。高二里。即王莽时。琅邪海曲吕母招亡命数千。杀县令。还保海岛处也……】

小鬲山。【(海)州东北六十里。孤峰特秀。三面壁立。俯临深溪。惟东隅可通人行。其上累石为城。亦谓之田横固。又有平山。在州东北百里。其相去十五里曰嘤游山。周回浮海中。群鸟多翔集于此。元时海运所经。蛎山。在州东南百里海中。四面平坦。潮生则没其半。山多蛎。因名。又州南百里有大。小伊山。南北相距约二十里。又东。西二陬山。亦在州东南百里。一在海隅。一在海中。东西相对。皆滨海守望处也。】

海。【(海)州东二十八里。南接朐山。北接赣榆。西趣州城。往来渡处广二十余里。寰宇记。州渡海处名黑风渡。七月渡者多覆溺之患。余月则否。州东有捍海堰。南兖州记。堰有二。一在东海城东北三里。西南接郁洲山。东北至巨平山。长三十九里。隋开皇十五年。县令元暖造。外以捍潮。内以储水。大获灌溉之利。一在城北三里。南接谢禄山。北至石城山。长六十三里。高五尺。开皇九年。县令张孝徵造。亦名东西堰。】

涟河。【在(海)州西南。上引沂沭及桑虚湖之水。经石湫镇及县东南三十里之黑土湾渡入海。又有景济河。在州东南二十里。为运盐通道。官河。在州西十里。即唐垂拱中所开漕河。自沂密达州至涟水县入淮者也。后废……】

于公浦。【(海)州北十里。产盐。以汉于公为名。自此而北有白沟等十余浦。皆通潮汐。居民以煎盐为业。又徐渎浦。在州东北四十余里。上接巨平诸山之水入海。有徐渎浦场。又宿城浦。在州东北七十里。四面俱山。舟楫遇风。则宿于此。】

云梯关。【在(海)州东南海岸。有军戍守。舆程记。由虚沟营飘海百八十里。至高公垛。又一百二十里。达云梯关。又百八十里。达安东县之六套。又六十里。至安东县。此由山东胶州达淮安之海道也。】

虚沟营。【在(海)州东北。舆程记。州东北六十里至塔儿湾。又北三十里为南城。又北三十里为大村。又东北三十里即虚沟营也。又三十里渡海岛。为海州北出山东之水道。】

板浦镇。【(海)州东南四十里有板浦。堰坝以运盐。河随海潮注泄。易于淀淤。乃设堰坝。以北障海潮。南蓄河流。盐场在焉。为商贾辐凑之所。舆程记。自板浦渡海口至州城道五十里。】

新桥。【在(海)州北。宋绍兴末。魏胜复海州。金人来争。军于州北二十里之新桥。胜击败之。继复益兵来围。李宝以舟师由海道赴援。与胜败金人于北关。是也。今废。】

海。【(赣榆)县东十五里。北接山东。东通大洋。汪洋回绕。岛屿参差。称为易守而难犯云。】

(邳)州北控齐鲁。南蔽江淮。水陆交通。实为冲要。春秋时。谓之淮北地。战国策。苏代谓齐王。有淮北。则楚之东国危。盖淮南襟要。恒在上游也。汉室纷更。徐。淮最为多事。曹操得之。遂以控扼东南。及晋室之衰。纵横驰逐。下邳几无宁岁。刘裕之平南燕也。帅舟师自淮入泗。至下邳。留船舰步进。及卢循逼建康。裕还至下邳。以船载辎重。自帅精锐。步归建康。则下邳实水陆之冲矣。故后魏尉元亦云。宋人向彭城。必由清泗过宿预。历下邳。趣青州。亦由下邳沂水经东安。此数者皆宋人用师之要。今若先定下邳。平宿预。镇淮阳。戍东安。【见山东沂水县。】则青。冀诸镇。【时冀州治历城。】可不攻而克。盖争淮北。必争下邳也。历梁。陈之季。下邳尝为战场。后周取邳。徐以临淮南。朱温争邳。徐以阻行密。【唐光化二年。杨行密攻徐州。不克。引还。汴人追之。及于下邳。杀千余人。】亦其证也。盖南北争雄。得失之机。常视淮。泗。下邳岂非必争之地欤。

泇河。【在州西北九十里。源出山东峄县。合蛤。蝘。连汪诸湖。东会沂水。从周湖。柳湖。接州东之直河。又东南入宿迁县境之黄墩湖。落马湖。从董。陈二口。入于黄河。河防考。隆庆中。河臣翁大立议开泇河济运。不果。万历三年。巡漕御史刘光国等。复请从沛县夏镇马家桥。经州北葛墟岭良城侯家湾入泇口河。至清河县大河口入黄河。计五百三十里。以便漕。议者谓泇口穿葛墟诸山。皆沙石不可凿。南北大湖相连。不易堤。非计。乃止。二十一年。舒应龙挑徐州北境韩庄中心沟。凿山划石。通彭河水道入黄河。而泇口始辟。二十五年。刘东星因韩庄故道。凿良城侯迁庄及挑万庄。由黄泥湾至宿迁之董家口。试行运。而泇脉始通。三十五年。李化龙复循旧迹。起自夏镇。迄于直口。凡二百六十余里。避黄河险者三百余里。中间开李家港以避河淤。开王市田家口以避湖险。凿郗山以展河渠。建良城台庄。侯迁顿庄。丁庙万庄。张庄。德胜等闸以节宣水利。而泇河之利始备。崇祯七年。漕臣扬一鹏复议浚之。上言云。泇河上自沛县李家港。下至直河口。计长二百六十里。今新挑之河。避弯取直。实二百四十里。宿迁至赵村约百二十里。赵村至峄县万家庄约九十余里。万庄至夏镇亦约九十里。自李家港至刘昌庄。全挑新河八里。建闸一座。刘昌庄至万家庄。计长八十里。内除韩庄等处二十里六分旧渠外。全挑新河十六里。浚旧河四十四里四分。建闸一座。万家庄至黄林庄。计长四十里。内浚旧河三十八里三分。全挑新河一里七分。建闸三座。黄林庄至直河出口。计长一百三十一里。内除梁家。纪家。田家集共七十里旧河深阔免挑。并王市东新河三十里派山东助挑外。实浚旧河四里五分。全挑新河二十六里。建闸三座。自是东南之漕。皆取道于此。】

直河。【(邳)州东五里。志云。蒙。沂诸山之水。汇为沐缨湖。又分派而南。至州东南六十里。为直河口。入于泗河。万历十五年。浊流倒灌。河口遂塞。诸山水俱由落马湖经董家。陈家二沟出大河。议者谓筑直堤于直河东岸。近北阎家集口。遏诸山水。不使东入落马湖。直河口可不淤也。二十九年。分黄开泇之议定。运艘皆由直河而达于泇河矣。】

落马湖。【(宿迁)县西北四十里。又西即黄墪湖。县西二里有陈沟口。又西二十里曰董沟口。即落马湖。南通大河之口也。由湖口至邳州直河东岸马颊口。可五十里。中有河可因者二十里。壅塞宜通者三十里。天启中。议开新河于此。避磨儿庄。刘口等处七十里之险。自是运艘皆由陈沟口达于泇河。崇祯八年。河臣刘荣嗣以落马湖阻运。自宿迁至徐州开河注之。黄水迁徙。不可以舟。遂获罪。】

卷二十三·江南五

邗沟城。【寰宇记。在(扬)州西四里蜀冈上。左传哀九年。吴城邗沟。通江淮。时将伐齐。北霸中国也。汉已后荒圮。谓之芜城。胡三省云。魏曹丕登广陵故城。即芜城矣。又有广陵故城。在府北十八里。志云。扬吴时。尝分江都地置城于此。】

瓜洲城。【(扬州)府南四十里江滨。昔为瓜洲村。扬子江之沙碛也。沙渐长。状如瓜字。接连扬子江口。民居其上。自唐开元以后。渐为南北襟喉之处。上元初。刘展据广陵。设疑兵于瓜洲。若趣北固者。潜自上流济。袭取润州。明年。平卢将田神功等讨展军于瓜洲。济江击展。败之。或谓之瓜埠洲。亦曰瓜洲步。新唐书。开元十二年。润州大风。自东北海涛没瓜步。即此。唐末。渐有城垒。宋建炎二年。金人入淮南。陷天长军。自扬州驰骑至瓜洲步。得小舟渡江。至镇江府。江浙大震。绍兴三十一年。金亮南侵。扬州陷。刘琦留屯于此。以拒之。既而金人盛兵塞瓜洲口。金亮亦引大军至此。居龟山寺。金人既却史浩。议筑城置守。张浚谓弃淮而守江。是以弱示敌也。议遂阻。乾道四年。始筑城置堡于此。德祐初。元伯颜陷建康。遣张弘范屯兵瓜洲。宋军水陆进攻。不能克。既而伯颜复遣阿术行省瓜洲。断淮东援兵。遂分军三道。进窥临安。二年。元人劫少帝太后北去。时李庭芝镇扬州。遣其将姜才夜捣瓜洲。以邀帝后。元人避去。才追战至浦子市而还。今城东西跨坝址。周千五百四十三丈。有五门。江防分司驻焉。居民商贾。骈集辐辏。谓之瓜洲镇。南岸即京口也。下蜀。东阳。见江宁府句容县。浦子市。即江浦县之浦子口矣。】

扬子江。【(扬州)府南四十里。由六合县经仪真县。至瓜洲镇。又东过泰兴。如皋。历通州故海门县而入海。江心有南冷水。与镇江府分界。曹魏黄初五年至广陵。时江水盛涨。丕临望叹曰。魏虽有武骑千群。无所用之。未可图也。明年。复如广陵故城。临江观兵。见江涛汹涌。叹曰。此天所以限南北也。晋建兴末。祖逖誓清中原。自京口济广陵。其后南北津济。广陵。京口。实为襟要。刘裕平南燕。以卢循犯建康。疾驰至广陵。济江趣京口。陈霸先平侯景。军京口。济江围齐广陵。隋平陈。贺若弼自广陵济江拔京口。唐。宋以来。滨江洲渚日增。江流日狭。初自广陵扬子镇济江。江面阔。相距四十余里。唐立伊娄埭。江阔犹二十余里。宋时瓜洲渡口。犹十八里。今瓜洲渡至京口。不过七八里。渡口与江心金山寺相对。自瓜洲而东十八里。为沙河港。其东南与江心焦山寺相对。亦谓之沙坝河。旧与白塔。芒稻二河。俱为泄水通江处。又东五里。曰深港。俱东面设防处也。又东五十余里曰宝塔湾。为盐盗渊薮。其南岸汊港。可进圌山。又东南四十五里曰三江口。亦曰新港。又东至周家桥四十里。正与江南圌山相对。中有顺江洲。江面稍狭。水流至急。此处扼守。则瓜仪可保。此为金陵门户。江心要会。有一字港。上接圌山十里。下接三江口十里。官兵可以驻札。贼由通州狼山而西。宜于此泊守。若一入新港登岸。为卞家坟。周家坟。稍西则扬州矣。此新港为可以登岸。可以入海之要口。江防最切处也。旧图经。扬子江自黄天荡西牛步沙。与建康为界。由瓜步下小帆山。经仪真境内。东下至铁丁港鹅翎蘸。与镇江分界。东北趋江都。径通州入海。所谓扬子江也。江防说。大江南岸。圌山北岸。三江口为第一重门户。而镇江瓜洲则第二重门户。仪真天宁洲为第三重门户……】

官河。【(扬州)府东南二里。古邗沟也。即春秋时吴通江淮之处。三国吴嘉禾三年。分道伐魏。遣将军孙韶等入淮向广陵。淮阴。又太平二年。孙峻使文钦等自江都入淮泗。以图青济。盖皆使之自邗沟以入淮也。亦谓之邗江。亦曰合渎渠。今为漕河。盖江南之漕。广陵当其咽喉。上江来者至自仪真。下江来者至自瓜洲。会于扬子桥。东北行过府城东。凡六十里而入邵伯湖。又北行六十里入高邮界。又北四十里至界首入宝应湖。又北至黄浦接淮安界。为山阳渎。由江达淮。南北长三百余里。漕河堤在焉。堤。宋张纶所筑也。天禧中。纶为江淮发运使。因隋堤之旧而增筑之。长二百里。旁锢以巨石。为十闸以泄横流。亦曰平水闸。亦曰闸堰。政和八年。发运使柳庭俊言。真。扬。楚。泗。高邮运河堤岸。旧时有斗门水闸等七十九座。限则水势。常得其平。比多损坏。诏检讨修复。绍兴五年。诏浚瓜洲至淮口运河浅涩处。自是以时增治。盖自邵伯以北。地势西高而东卑。高。宝诸湖。周数百里。受天长七十余河之水。夏秋泛溢。势若滔天。故堤堰为最切。明永乐中。平江伯陈 瑄 言。湖漕不堤。与无漕同。湖堤弗闸。与无堤同。置闸之法。欲密欲狭。密则水疏。无涨满之患。狭则势缓。无啮决之虞。湖溢则泄以利堤。湖落则闭以利漕。又置浅船浅夫。取河之污。厚湖之堤。闸多则水易落而堤坚。浚勤则河愈深而堤厚。庶几湖漕不病。而高宝以东之民不至有田庐漂溺之患矣。今府境官河有十一浅。曰新庙。曰浪荡。曰头潭。曰宋家。曰柳青。曰东西湾。曰花家园。曰李家庄。曰姚家潭。曰吉祥庄。曰江家庄。每浅有长吏主之。以督挑浚之役。河渠考。府西南二十余里有三汊河口。即仪真瓜洲达府城之道也。嘉靖七年。漕臣唐龙请于三汊河口仪真上游之地。置闸以尽漕利。天启元年。三汊河淤。发丁夫开浚。寻复故。】

伊娄河。【在(扬州)府南二十里扬子镇。南通大江。自隋以前。扬子镇临江南渡京口。唐时积沙二十五里。渡江者绕瓜步沙尾。迂回六十里。开元二十六年。齐澣为润州刺史。请于京口埭下。直趣渡江二十里。开伊娄河于扬州南瓜洲浦。长二十五里。即达扬子镇。从之。因立伊娄埭。官收其入。至德中。永王璘作乱。据丹阳。淮南采访使李成式遣兵拒之于伊娄埭。亦曰伊娄堰。宋绍圣中。易堰以闸。今运河自瓜洲镇达于扬子桥。即此河也。漕河考。瓜洲漕河本名伊娄河。自唐以来。皆为漕渠津要。河口接大江。亦曰瓜洲渡。宋绍兴三十一年。金亮军瓜洲。谋犯京口。杨存中等命战士踏车船。自京口径向瓜洲。迫岸复回。金兵皆持满以待。其船中流上下。回转如飞。敌相顾骇愕。淳熙十四年。扬州守臣熊飞言。扬州运河惟藉瓜洲。真州。两闸潴积。今河水走泄。缘瓜洲上中二闸。久不修治。惟赖潮闸一座。然迫近江潮。水势冲激。易致损坏。望敕有司照旧修葺。从之。今漕河至此分为三支。如瓜字形。东西二支通江。一支阻堤。下江运艘。皆经此过坝。景泰六年。河臣陈泰以瓜洲坝下东西二港。江潮往来。泥沙填淤。乃修浚之。隆庆四年。河臣万恭更请建瓜洲闸。自时家洲达花园港。开渠长六里有奇。闸成。一名广惠。一名通惠。漕舟便之。志云。瓜洲运河分三支。三支之中。又分为十。各筑一坝。以河高江低。坝之使不泄也。瓜洲西七里为花园港。又西十五里为仪真县之何家港。皆为江岸设防处。有瓜洲巡司戍守。】

白塔河。【(扬州)府东北六十里。南通扬子江。北抵运河。其水冬涸春泛。民得灌溉之利。河漕考。宣德七年。陈瑄开白塔河。置新闸。潘家庄。大桥。江口四闸。令江南运船从常州西北孟渎河过江。入白塔河。经运盐河。至湾头达漕河。以省瓜洲盘坝之费。人以为便。正统四年。都督武兴议以白塔河泄水。奏闭之。仍从瓜洲过坝。白塔运道遂废。又淮子河在府东北十二里。淮。一作怀。旧志云。怀子河在仪真东北三十里。介勾城。陈公二塘之间。东出城北。接于运河。其在仪真境内者。亦谓之太子港】

茱萸湾。【(扬州)府东北十五里。阮昇之记。吴王濞开邗沟。通运至海陵仓。以地有茱萸村。故名。今从官河分流。东经茱萸湾。行五十里至宜陵。又东六十里至泰州治。元和志。隋仁寿四年。开此以通漕。一名湾口。一名湾头。亦曰东塘。唐中和初。黄巢入长安。淮东帅高骈声言入讨。出屯东塘。光启三年。徐州叛将张雄。冯弘铎等初据苏州。寻败入海。引楼船溯江而西。泊于扬州东塘。时杨行密克扬州。乱将秦彦等自开化门。出奔东塘。开化门。州东门也。天复二年。时冯弘铎据上元。为行密将田頵所败。弃升州。将沿江入海。至东塘。行密迎之。遂收其众。明年。田頵与润州将安仁义叛。仁义悉焚东塘战舰。胡氏曰。东塘即今湾头至宜陵一带塘岸。对岸即润州界。淮南战舰聚焉。故仁义得焚之也。或曰。宜陵镇南旧有山洋河。南通大江。又府东十里旧有沙河。长四十里。接运河。通江东塘。盖逼近江口。为滨江湾泊之处。以在扬州之东而名。非专指湾头为东塘矣。周显德三年。韩令坤克唐扬州而守之。唐兵来攻。令坤败之于湾头堰。宋绍兴四年。诏毁湾头港口闸。以遏金兵。令不得积水通船。绍定三年。李全以楚州叛。攻扬州。至湾头立寨。据运河之冲。德祐二年。元人攻扬州。以兵屯湾头及扬子桥。瓜步诸处。真州守苗再成欲以通泰兵攻湾头。是也。旧志。扬州北十五里有湾头镇。又运盐河。即湾头河之支分也。由湾头而东七十里至斗门。入泰州界。又东百六十里至海安。入如皋界。又东南百十里至白蒲。入通州界。又东七十里至新寨。入海门界。又东八十里。达吕四场。其支派通各盐场。】

陈公塘。【(扬州)府西五十里。与仪真县接界。后汉末。陈登为广陵太守。浚塘筑陂。周回九十余里。灌田千余顷。百姓德之。因名。亦曰爱敬陂。陂水散为三十六汊。为利甚溥。唐食货志。初。扬州疏太子港。陈登塘。凡三十四陂以益漕河。辄复堙塞。贞元中。淮南节度使杜佑。乃自江都西浚渠蜀冈之右。疏勾城湖。爱敬陂。起堤灌城。以通大舟。夹堤高邮。亦得灌溉。然河益卑。水下走淮。夏则舟不得前。元和三年。李吉甫节度淮南。乃筑平津堰。以泄有余。补不足。漕运遂通。宋大中。祥符间。置斗门。石达。引水济运。绍兴四年。诏毁陈公塘。无令走入运河。以资敌用。盖以金兵在淮南也。淳熙八年。漕臣钱冲之言。真州东二十里有陈公塘。其塘周回百里。东西北三面倚山为岸。其南带东系前人筑垒成堤。以受启闭。旱潦得籍以灌溉。漕舟复赖其通济。今日就废坏。宜仍旧修筑塘岸。建置斗门。石碶各一所。为久远之计。从之。明初渐淤。民耕佃其中。嘉靖。万历中。屡议修复。卒不果。天启四年。又修治之。寻复废。志云。自陈公塘接雷塘。旧有魏家河。引水至湾头。入运河。】

七里沟。【(扬州)府东北十里。亦曰七里港。唐宝历二年。盐铁使王播奏扬州城内漕河水浅。舟船涩滞。转输不及期。请从府北阊门外古七里港开河而东。屈曲至禅智寺桥。通旧官河。长十九里。从之。即此河也。又蔷薇沟。在府东北六十里。其地旧为蔷薇村。接高邮州之永安港。】

三里沟。【旧在(扬州)府西南十九里。宋德祐初。蒙古将阿术自真州乘胜趣扬州。州将姜才逆败之于三里沟。阿术佯退。才逐之。阿术还战。至扬子桥。两军夹水而阵。蒙古将张弘范绝渡进战。才军溃。敌兵进薄扬州南门。志云。今城南三里。亦曰三里沟。南接马泊港。港在府南十五里。又南通深港。达大江。官沟。在府东三十里。南通江。又府西南十五里有双港。东南十五里有华家洋港。府东四十五里曰蚬子港。东南四十五里曰倒流港。东北四十七里曰进水深港。皆通大江。其滨江以港名者。又不一处也。】

龙舟堰。【(扬州)府南二十里。十道志。魏文帝丕临江试龙舟于此。因名。宋天禧二年。漕臣贾宗言。岁漕自真。扬入淮。汴。历堰者五。粮载烦于剥卸。民力罢于牵挽。官私船舰。由此速坏。今议开扬州古河。绕城南接运渠。毁龙舟。新兴。茱萸三堰。凿近堰旧路。以均水势。岁省官费十数万。功利甚厚。从之。宣和二年。以运河浅涩。发运使陈亨伯使其属向子諲相视。子諲言。运河高江淮数丈。自来置堰闸。治陂塘。复作归水澳。惜水如金。比年行直达之法。或启或闭。不暇归水。又顷毁朝宗闸。自洪泽至邵伯数百里。不为之节。故山阳上下不通。欲救其敝。宜于真州太子港筑坝。一以复怀子河故道。于瓜洲河口作坝。一以复龙舟堰。于海陵河口作坝。一以复茱萸待贤堰。使诸塘水不为瓜洲。真。泰三河所分。于北神相近作坝。权闭满浦闸。复朝宗闸。则上下无壅矣。亨伯从之。漕复通利。今废堰在扬子桥南。朝宗闸。即山阳县洪泽闸。北神堰。亦见山阳县。满浦闸。或曰即宝应县黄浦闸。新兴闸。见盐城县新兴堰。】

扬子桥。【(扬州)府南二十里。自古为滨江津要。由此渡江抵京口。渡阔四十里。隋开皇十年。陈故境多叛。命杨素讨之。素帅舟师自扬子津入击。破贼帅朱莫问于京口。大业七年。升钓台。临扬子津。大宴百僚。寻置临江宫于此。亦曰扬子宫。九年。吴郡朱燮。晋陵管崇等作乱。时帝在涿郡。命虎牙郎将赵六儿将兵屯扬子。分为五营。以备贼。贼渡江。袭破其两营而去。十三年。驾出扬子。幸临江宫。唐武德二年。李子通攻江都。沈法兴遣子纶赴救。军于扬子。时杜伏威亦自历阳来救。军于清流。与纶相去数十里。子通诈为纶军。袭伏威。伏威怒。亦遣军袭纶。两军相疑。江都遂陷于子通。清流盖在府城西南。七年。辅公祏叛。任瓌讨之。拔其扬子城。广陵来降。开元以后。为沙洲所隔。齐澣开伊娄河于扬子镇南。遂为往来通津。光启三年。淮南军乱。毕师铎自高邮袭广陵。不克。军于扬子。宣州观察秦彦遣将秦稠将兵至扬子助之。进陷广陵。庐州刺史杨行密。引兵攻彦。军于扬子。并广陵西冈以逼城。彦寻败走。宋建炎初。幸扬州。金人破天长。帝自瓜洲南渡。金人入扬州。追至扬子桥而还。绍兴三十一年。金人犯扬子桥。刘锜拒却之。今运舟自仪真达者四十里。至石人头。入江都界。又十五里。至扬子桥。自瓜洲达者三十里。亦至扬子桥。合于官河。东折北行。经府城东。盖总会之所也。周家桥。在府东南百四十里。南临大江。西接庙港。为控扼要地。有官兵屯驻。又东有口岸巡司。入泰兴县界。志云。县有万寿巡司。在县东四十里。归仁巡司在县东百二十五里。上官桥巡司在县西北八十

里。瓜洲巡司在县南四十五里。邵伯巡司。邵伯驿河泊所。俱在县北四十五里。】

山光寺。【在(扬州)府城北。唐光启三年。毕师铎戍高邮。还袭广陵。军于此。宋乾道三年。淮东提举徐子寅请开湾头港口。至镇西山光寺前桥头。以通运道。是也。又禅智寺。在府东十五里。隋故宫也。寺前有桥。跨官河上。杨吴时。徐知训与主演泛舟浊河。继又赏花禅智寺。浊河即官河矣。】

运河。【在(仪真)县治西南。迤东行四十里。过乌塔沟。入江都县界。县东南二里。旧有江口堰。即宋之真阳堰。天圣二年。修水闸易堰。人以为利。宣和三年。真州守李琮言。州乃外江纲运要口。运河浅涩。每不能速发。按南岸有泄水斗门八。去江不满一里。欲开斗门。河身去江十丈。筑软坝引江潮入河以助运。从之。绍兴四年毁。寻复修治。淳熙十四年。扬州守臣熊飞言。扬州运河惟藉瓜洲。真州。两闸储积。今河水走泄。缘真州上下二闸损坏。乞令有司葺理。明为仪真五坝。上江运艘皆经此。凡五十五里而达杨子桥。合于官河。河漕考。洪武十六年。仪真县重建清江闸。惠桥腰匣。南门里潮闸。以蓄泄水利。通漕舟。从枢臣单安仁之请也。景泰五年。以县东十里有河。南接大江。北冲运河。因增置新坝。亦谓之新坝河。六年。又以仪真坝下有青泥滩。直河口二港。江潮往来。每至填淤。河臣陈泰奏请修浚。自是定制。三年一浚。今有罗泗。通济。拦湖。东关四闸。俱在运河上。自南而东。以时蓄泄云。】

长芦河。【在(仪真)县西四十里。其上流为沙河。自江浦六合县界流入境。宋天圣三年。发运使张纶请开长芦口河入江。以避大江风涛之险。舟楫以为便……】

陈公塘。【(仪真)县东北三十里。其塘西北依山。东南面水有斗门石?。历代引以济运。今为军民所占佃……】

白沙镇。【在(仪真)县城南滨江。即白沙洲也。旧为戍守要地。齐建武初。魏人入寇。诏于白沙分置一军。长芦分置三军。唐至德二载。永王璘作乱。军丹阳。其将冯季康奔白沙。降于淮南采访使李成式。上元元年。刘展据广陵。军于白沙。济江袭下蜀。遂取润州。后唐同光二年。杨溥如白沙观楼船。徐温自金陵来朝。因号白沙为迎銮镇。周显德五年。周主如迎銮镇。屡至江口。破唐水军。宋建隆初。太祖平李重进于扬州。令诸军习战舰于迎銮镇。南唐主李景大惧。即白沙也。乾德二年。始置建安军于此。】

得胜河。【(泰兴)县西四十五里。下流经县西南三十里。曰盛大港。流入大江。又庙港。在县西三十里。流经江都县境入江。县西四十五里又有过船港。成化十八年。于县东南三十里印庄河西至庙港。筑江堰。嘉靖十二年。又自庙港至过船港。增筑江堰以卫田。大为民利。】

相见湾。【在(泰兴)城东。俗谓之龙开河。河形委曲。舟行虽有先后。至此则帆樯相望。可呼而应也。又城北二里曰通泰河。一名槐子河。流合龙开河。下流俱注于江。范蔡港。在县东南江中。明初攻泰州。张士诚遣兵赴援。舟师出大江。次范蔡港。别以小舟于江中孤山往来出没。太祖曰。士诚欲分我兵势耳。我乘其怠。急攻泰州。州破。江北瓦解矣。今旧港已堙。】

新河港。【(泰兴)县东南四十余里。元置干塘巡司。属武进界。明初以隔在江北。改今属。今司废。】

官河。【在(高邮)州城西。自州南三十里江都县界露筋庙起。至州北六十里界首镇止。其西七十二涧之水。由甓社等湖经城南北金门闸及城西窑港闸而入官河。今漕运所经也。旧时漕河出城西。筑堤以卫之。曰东堤。又有西堤。滨湖以捍水。复筑堤以卫民田。曰中堤。其后东堤圮。故漕河废。漕出西堤中堤间。仍称东堤运河。其故址即唐李吉甫所筑平津堰。溉田数千顷者也。宋时修为运堤。大中祥符间。转运使吴遵路请于高邮等处置斗门九十。以蓄泄水利。天圣中。转运方仲开言。淮南漕河宜作木闸石窗。分水溉民田。重和初。柳庭俊复请修高邮运河堤岸。斗门。水闸。绍熙五年。淮东提举陈损之言。高邮。楚州之间。陂湖渺漫。茭葑弥满。宜创立堤堰。以为潴泄。庶几水旱有备。元延佑五年。命开修高邮运道。大德十年。复浚治。明为漕运经途。浚治益密。城西北有康济河。长四十余里。弘治二年。漕臣白昂以运舟入甓社湖常覆溺。触岸辄坏。乃开复河于高邮堤东。以避其险。谓之康济。盖即官河之别名也。志云。河起自城北杭家嘴。又北至州北三十里之张家沟。长竟。甓社湖。万历三年。湖水决州北二十里之清水潭。及潭北十里之丁志港口。明年。漕臣吴桂芳等议修复西湖老堤。老堤。洪武九年所筑湖堤。即西堤也。其康济河即故东堤。是时东堤。中堤悉堙没。老堤倾坏。淮湖之水纵横漫衍。于是议塞决口。修老堤。傍老堤民田中。改挑康济越河。于是废东堤。筑中堤。以便牵挽。遂为永制。今详见川渎漕河。】

运盐河。【在(高邮)州城东北。一名闸河。亦曰东河。东流八十里抵兴化县河口镇。又东接泰州运河。又东至白驹。刘庄二闸。其西通新开湖。宋绍熙五年。淮东提举陈损之言。自高邮。兴化至盐城二百四十里。其堤岸傍开一新河。以通舟船。仍存旧堤。以捍风浪。即此河也。志云。城南有城子河。东抵各盐场北达城东二里之烧香港。又北抵运盐河。】

甓社湖。【(高邮)州西北二十里。东西长七十里。南北阔五十里。元至正十三年。张士诚作乱。淮南行省李齐出守甓社湖。是也。今为运道所经。】

运河。【在(宝应)县城西。自县南六十里界首驿。至县北二十里黄浦镇。凡八十里。有东西两堤。西堤滨汜光湖。谓之旧堤。东堤为新堤。所谓弘济河也。旧时漕经汜光湖中。嘉靖中。漕臣陈毓贤以湖西受盱眙。天长之水。湖堤浅狭。易于溃决。恐运道有妨。且高宝以东。民田低下。易致沉溺。请于堤东修筑越河一道。不果。万历十二年。科臣陈大科复请开宝应越河。从之。河成。赐名弘济。盖县向称泽国。诸湖承淮河下流。汪洋冲激。漕河经此。为最险之区。】

津湖。在(宝应)县南六十里。东通运河。西北接汜光湖。南入高邮州界。或曰。即精湖也。三国魏黄初六年。自广陵还至精湖。时十月水涸。战船数千。皆滞不得行。魏主留船付蒋济。济凿地聚船作土豚遏湖水。灌之入淮。即此处也。

得胜河。【(兴化)县东十里。本名缩头河。宋建炎中。张荣。贾虎率山东义军由梁山泊与金人转战至承。楚间。金将挞览在泰州。荣以舟师设伏掩击于缩头湖。大败其众。因更名得胜湖。又白沙湖。在县东南十里。与得胜湖相接。岸多白沙。因名。】

(泰)州面江枕淮。川原沃衍。鱼盐繁殖。称为奥区。若夫风帆便利。跨越吴会。联络青。齐。则海舟之利也。绝南北之津梁。扼江淮之襟要。孰谓一州斗大。不足以有为也欤。

海安城。【在(泰)州东百二十里……海防考。镇居如皋。泰州之中。东可以控御狼山。通州海门之入。西可以捍卫扬州。因置巡司戍守。】

扬子江。【旧在(泰)州南三十里。入泰兴县界。有口岸港。引为渠。北达运河。今江沙涨塞。州去江远矣。】

姜堰。【在天目山前。濒运河。北至西溪。通运盐以达上河。宋绍兴四年。诏毁之。以拒金人。寻复筑治。又有北堰。在州北四里。濒运河。宋建炎中。移堰于北门外。寻复旧。志云。州北三里为施家湾。今舟船骈集处也。又北二里为鱼行市。】

捍海堰。【在(泰)州东。宋史。海陵有古堰。亘百五十里。久废不治。秋涛涨溢。每冒民田。天圣中。监西溪盐税范仲淹谋于发运副使张纶。请修复之。自北海寨东南至景庄。修筑凡一百八十里。于运河置闸纳潮以通漕……】

胡逗洲。【寰宇记。在州东南二百八十三里海中。东西八十里。南北三十五里。上多流人。煮盐为业。梁承圣初。侯景败走。自沪渎下海。欲向蒙山。其下羊鲲谋诛之。因景昼寝。语舟师直向京口。至胡逗洲。景觉。大惊。为鲲所杀……】

运河。【在(如皋)县城北。自泰州海安镇。东南流经县北三十里之立发口。南至城北。又东四十里经白丁堰镇。又东南三十里至白蒲镇。而接通州运河。】

高阳荡。【(如皋)县东南八十里。西接运河。东通海。旧名祥符湖。又县东北百二十里丰利场。有郑公滩。宋富郑公判扬州。备海寇以战舰每为海涛所坏。因凿此滩以避之。且习水战于其中。又有汉河。亦在丰利场。南通运河。北抵海。】

掘港。【在(如皋)县东百三十里。西通运盐河。东抵海。有掘港营堡。并置巡司于此。志云。掘港营距海洋五十里。三面环海。其北接于美舍寨。寨在东台场海口。又南至石港寨。寨在掘港西南六十里。接通州界。天生港。在县西。南通江。东通白蒲汊。旧有盐盗。设石庄巡司于县南六十里。以戍守之。】

丁堰镇。【(如皋)县东四十里。嘉靖中。倭贼尝犯此。又县东百里有马塘场。又东三十里为角斜寨。北通泰州角斜河。因名。安民营。在县南江中沙洲上。嘉靖中。置为防御之所。】

狼山。【(通)州南十五里……胡氏曰。狼山上接大江。下达巨海。绝江南渡。八十里抵苏州常熟县福山镇。顺江而东。至崇明沙。扬帆乘顺风。南抵明州定海。顷刻可至。陶隐居所谓“狼五山对勾章岸”者也。唐乾符二年。浙西狼山镇遏使王郢等有战功。怒节帅赵隐赏薄。据狼山作乱。攻陷苏。常。沿江入海。转掠二浙。南及福建。大为民患。又狼山之外即大江。亦名狼山江。梁贞明五年。吴越将钱传瓘帅战舰自东洲击淮南。战狼山江。败淮南兵。明正德八年。贼刘七等大掠江淮。官军败之。贼走狼山。官军扼而歼之。江今有官兵戍守。旧设狼口巡司。在州南十八里狼山乡……又塔山。在狼山西。一名黄泥山。高十七丈。周二百九十丈。下有沈雁湾。通济闸。志云。山有两石门相对。即元张瑄。朱清海运故道也……】

海门岛。【在(通)州东南海中。宋长编云。国初以来。犯死获贷者。配隶登州沙门岛及通州海门岛。有屯兵使者领护。而海门岛有两处。一在崇明镇。居豪强难制者。一在东布洲。居懦弱者。皆令煮海纳官。兴国五年。始令配役者隶盐亭役使。而沙门岛如故。】

布洲夹。【(通)州南四十里。有南布洲。东布洲。大海中沙涨为洲也。五代周显德五年。取唐淮南。驻军迎銮镇。闻唐战舰数百艘泊东布洲。将趣海口。扼苏杭路。周主遣慕容延钊等将水陆两军循江而下。击破之。纪胜云。大安镇即东布洲也。本海中沙岛。后涨成陆地。民户颇繁。又南布洲。旧亦森然大海。沙涨成场。即今金沙场。在州东三十里。宋时煮盐其中。本场盐额岁十八万石。】

海。【在(通)州东北。自淮安盐城县界。南经兴化。泰州。如皋。折而东过通州。海门。至吕四场东南料角嘴。始与江合。海防考。通州东北阻海。南通大江狼山。实当江海之吭。而余东。余西。则控扼之所也。】

江。【在(通)州南二十里。渡江而南。阔七十余里。稍西即常州之靖江。江阴界。稍东即苏州之常熟界。一苇可航。为出奇之道。刘家港。在州西。南通大江。明初。俞通海由此进逼通州。败张士诚兵。】

运盐河。【在(通)州西北。自江都湾头经泰州如皋县流入界。至州东北三十里。接西亭河。有西亭盐场巡司戍守。近场有卖鱼湾。嘉靖三十八年。倭自海门县七星港登岸。流劫西亭。金沙等场。将犯扬州。参将丘升败之于邓家庄。贼沿海觅舟。官军尾之于刘家桥。白驹沙诸处。皆败之。又追败之于七灶庄。茅花墩。贼尽歼焉。其地皆近州北境。】

褚家沙。【(通)州南三十里江中。其西北为江阴之青草沙。其西为蒲沙。而褚家沙当其外口。倭贼北犯。易于登涉。亦汛守要处也。】

海门城。【旧城在(通)州东二百十五里。元末。以水患。徙治礼安乡。去州城百里。正德中。徙余中场。嘉靖二十四年。又徙金沙场。皆寄治州境。迩来复圮于海。盖非复旧壤矣。又海门。大江入海之统名也。朱梁贞明五年。吴越钱传瓘攻吴常州。吴将陈璋以水军下海门出其后。盖渡江而南耳。时未有海门县。】

运盐河。【在(海门)县北。自通州流经县界。直达吕四场。场旧有东洲河。乃其故道也。】

料角嘴。【在(海门)县东南。旧为大江入海之冲。祝穆曰。料角嘴中有咸。淡二水。不相混杂。舟人不待汲能辨之。其形势号为控扼。绍兴中。以水师把隘于此。其沙脉坍涨不常。潮水委蛇曲折。水路可认。水盛则一望弥漫。非熟于往来者。不能知也。李宝胶西之捷道。盖出于此。江防考。江北岸东起蓼角嘴大河口。以及吕四。卢家等场。沿于杨树港。海门县里河镇。以达于通州。此海门县之南路也。嘉靖中。官军败倭于此。】

余东场。【旧在(通)州东九十三里。又余西场在州东五十里。又东二十里为余中场。后皆为县境。海防考。余东。余西。扬州之保障也。贼从狼山窥通州及海门之料角嘴。吕四场。新插港。崛港来犯者。扼之于此。要害既得。则扬州可以无患。】

吕四场。【旧在(通)州东百二十里。后为县境。俗传以吕仙四至此而名。有白水荡。其地宽阔。鱼凫鹤鹿之所泳游也。其通海处曰新河。亦名新港。海防考。县东吕四场。又东南料角嘴。皆形势控扼之处。徐步营。旧在(海门)县北。又北为掘港。又北为新插港。皆贼登岸之处。海门北境之防也。旧志。县有吴陵。白塔河。坝上三巡司。又有张港巡司。万历十年革。】

卷二十四·江南六

(苏州)府枕江而倚湖。食海王之饶。拥土膏之利。民殷物繁……孙氏立国。吴亦其发迹之所也。【孙策并江东。自曲阿徙屯吴。】及东晋以后。吴郡尤为京畿重地。苏峻入建康。郗鉴谓温峤宜先防东道。断贼粮运。梁末。齐兵入石头。常载谓陈霸先。齐若分兵先据三吴之路。略地东境。则时事去矣。宜急通东道转输。分兵截彼之粮道。盖建康立国。实以东南供亿为之咽喉也。隋之取陈。分遣诸道兵东西并进。而特命一军出东海。指三吴。以断陈之粮援。于是陈亡不旋踵矣。大业之季。刘元进。沈法兴。李子通相继有其地。而不能固者。根本未立。草窃苟安。不知并兼大计耳。唐末。吴越与淮南争苏州。累战而后定。【按。唐光启三年。六合镇将徐约陷苏州。龙纪初。钱鏐遣弟銶破走之。大顺初。杨行密将李友取苏州。旋为贼将孙儒所陷。二年。钱鏐复取苏州。乾宁三年。又为淮南将台濛所克。五年。鏐复攻克之。朱梁开平二年。淮南复围苏州。不能下。自是为吴越重地。】盖得苏州。则三江五湖可以为限。不然。钱塘其能一日安乎。宋建炎中。金人入平江。而两浙皆为推陷。及滨江置守。许浦一军。藉为防卫。【见常熟县。】元并江南。海道挽输。平江最为繁富。及张士诚窃之。而运路中绝。大都尝有匮乏之虞。士诚富强一时。为群雄冠。然则元之覆亡。未始非士诚先据平江。竭彼资储之力也。防险说。【明唐顺之。王士骐等。辑防海。防倭。防江等说凡数十家。合为防险说。】吴郡越江而北。可以并有淮南。【常熟与江北接壤。】涉海而南。可以兼取明。越。【崇明去明。越密迩。】溯江而上。可以包举升。润。渡湖而前。可以捷出苕。浙。【由太湖过湖州。径向杭州也。】夫浙西为赋财渊薮。而吴郡又为浙西都会。天下大计。安可不以吴郡为先务哉。海防考。苏。松喉吭。皆在吴松江。【见大川三江。又详见嘉定县。】吴松江沿袤而南。则自老鹳渚。【在嘉定县东南六十里海滨】以至宝山。【见嘉定县。】南汇。【见松江府上海县。】金山。【金山卫。】见松江府。】出江口迤逦而北。则自采淘。【在吴松北十二里】以至黄姚。【在嘉定县东四十里。】刘家河。【见太仓州。】由江口而深入。则南迤五十里即为黄浦。【见松江府。】直至上海。由黄姚而登岸。则嘉定。太仓。昆山。苏。常。连数百里。是吴松江者。南为上海门户。西为苏。常藩篱。备吴松即所以备上海。备上海即所以备苏。常也。而崇明一县。孤悬海中。诸沙环之。几三百里。为诸郡外护。此亦天设之险矣。

包山。【(苏州)府西南八十五里太湖中……今谓之西洞庭山。嘉靖三十四年。倭贼自常熟突犯郡城娄门。拥入接待寺。夺火器。官兵追之。贼由阊门夺舟入太湖。泊洞庭山下。寻复犯枫桥。走常熟……】

石湖。【在(苏州)府西南二十里。西南通太湖。北通横塘。东入胥门运河。相传为范蠡入五湖之口……嘉靖三十四年。倭贼突至。转入木渎东跨塘桥。即此。又西南曰越来溪。曰木渎。皆自太湖分流来会。又东出横塘桥。去府城十里。又东入胥门运渎。俗所谓胥塘是也。】

陈湖。【(苏州)府东南三十五里。湖广十八里。接昆山县界。嘉靖三十二年。倭寇自昆山逸入境。将趣吴江。官兵败之于此。宋志。陈湖。自大姚港。界浦。渡头浦。朱里浦入吴淞江。今渡湖而东南三十五里即淀山湖。路出松江三泖。防险说。陈湖旷野之区。湖西八里。有镬底潭。可以控扼。亦谓之车坊漾。尹山湖。在府东南二十五里。其西北接渎墅诸湖及车坊漾之水。委流亦入于三泖。志云。渎墅湖亦曰独树湖。】

蠡湖。在(苏州)府西北四十里。接无锡县界。志云。唐元和中。孟简开泰伯渎通蠡湖。因名为孟湖。亦曰漕湖。以旧尝通漕也。乐史云。湖以范蠡尝开渎通道而名。今府北十二里有蠡口。无锡县东南四十里有蠡尖口。俱以蠡湖而名。

浒墅。【(苏州)府西北三十里。亦曰许市。商民稠密。为运道要冲。唐史。上元初。刘展自广陵陷润州。淮南副使李藏用收散卒保苏州。与展兵战于郁墅。败奔杭州。郁墅。即浒墅之讹也。嘉靖三十四年。倭贼由无锡突犯。官兵败之。贼转犯枫桥。亦谓之嘐关。旧有巡司。景泰间改置榷关主事于此……】

木渎镇。【(苏州)府西南三十里。近太湖口。居民稠密。问渡太湖者。皆取道于此。有木渎巡司。又西有横金巡司。嘉靖三十四年。官军自跨塘桥追倭贼歼之于此。跨塘桥。在木渎东十里。】

枫桥。【在府西七里。吴地记。吴门三百九十桥。枫桥其最著者。今为水陆孔道。商民错聚于此。嘉靖三十四年。倭贼自浒墅犯枫桥。直抵灭渡桥。屯陈家庄。官军迫之。贼夜遁……】

宝带桥。【府南十五里。当澹台湖。庞山湖诸湖之口。凡五十三洞。唐建。宋绍定中。明正统中重修。今运道所经。又南十里为尹山桥。明初。康茂才败张士诚兵于此。进焚其官渎。战舰。官渎。今娄门外官渎桥是也。】

太湖。【(吴江)县西二里。湖浸淫数州间。县最当其冲。东门外有长桥。即太湖东出之口也。邑志云。湖中有一十八港。皆枢纽湖心。朝夕吞吐。利害最大。其西之田。日蚀于湖者。谓之坍湖。其东之沙。日涨为田者。谓之新涨。又有七十二溇。俱在湖南。自西而东。联比相属。以授于太湖。溇皆源于湖州嘉兴境内。而经县之西南。旧皆深通。今可容舟楫者。仅三四处。余浅狭不过寻丈。或曰渎。或曰浦。或曰泾。或曰洪。或曰港。或曰溪。或曰口。治田者各为坝堰。随宜开塞。以备旱潦。盖后人沿袭旧名。其故道湮塞久矣。】

汾湖。【(吴江)县东南六十里。与浙江嘉善县分界。亦曰分湖。东合诸湖荡。又东通三泖。入华亭界。其北连诸湖港。入莺尸湖。嘉靖中。倭贼往往出没于此。今有汾湖巡司。置于县东四十里芦墟村……】

唐家湖。【(吴江)县南三十四里。西连盛墩湖及夹马路。为太湖委流。东注于运河。嘉靖三十四年。倭贼从嘉兴转寇县境。至唐家湖。时官兵断塘路。截运河而坝之。以营水寨。贼不得渡。官兵进战。贼走平望。夺舟欲渡。官兵复截盛墩。断其堤。与贼战。贼大败。因改盛墩曰胜墩。志云。唐家湖注于运河。复溢而东出。播为诸荡漾。凡数十计。又北潴为三白荡。西北去县二十五里。又北接白蚬江。其东出则为急水港。接松江之淀山湖。】

瓜泾港。在(吴江)县北九里。东接古塘运河。入长洲县界。嘉靖三十二年。倭贼屯石湖。县令杨芷引兵逆战于瓜泾港。颇有斩获。志云。瓜泾港。分太湖支流。东北出夹浦而会于吴淞江。

平望镇。【(吴江)县南四十五里。为控接嘉湖之要道……明初攻湖州。张士诚以水师屯平望。欲援旧馆。常遇春出间道。袭败之……嘉靖中。官军尝据此。以扼倭寇。海防考。苏。湖之间。莺湖为四战处。嘉靖三十三年。倭贼屡犯平望。明年。督臣胡宗宪调兵自嘉兴入胜墩。陈而待之。大捷于此。今有平望巡司。亦设平望驿。志云。镇北有杨家桥。明初。常遇春败张士诚兵于此。嘉靖三十四年。官兵亦败倭于此。又八尺市。在县东南二十里。运河所经。为南北冲要。嘉靖中。倭寇尝犯此。】

长桥。【在(吴江)县东二里……水利考。吴江长堤。一名挽路石堤。始于宋庆历二年。因风涛多。败漕舟。遂接续筑为长堤。横截五六十里。且建长桥以通水道。郏亶云。长桥。正太湖东岸泄水下吴松江入海第一要害处。筑堤建桥。虽为挽路之利。而下流浅狭。潮沙壅积。病实基于此。元天圣初。发运使赵贺葺吴江太湖石塘路。以捍风涛。其后时加修治。而长桥水洞。往往任意筑塞。哽咽湖流。议者恒欲凿堍添桥。宽展水道。此亦救敝之一策也。又元置镇守长桥镇江水军于此。明亦置长桥巡司。寻革。】

白龙桥。【(吴江)县南十二里。跨白龙港。西泄太湖之水。东经运河。又东潴为湖荡。东北入白蚬江。又彻浦桥。在县南九里。北抵城东南南津口。所谓石塘运河也……近城东南一里曰三江桥。其下亦曰三江口。又南七里为十字港。亦曰三汊口。皆西泄太湖之水。东过运河。又东为诸港。潴为叶泽湖及庞山湖。入长洲县界。】

娄城。【在(昆山)县治东……咸和六年。石勒将刘徵。浮海而南。寇娄县。即此……】

运河。【在(昆山)城南。旧名昆山塘。北纳阳城湖。南吐松江。风涛驰突。为舟楫田庐之患。宋至和二年。县主簿丘与权修筑堤防。横绝巨浸。积土为塘。因以纪元为名。自是相继修浚。明亦屡经修治。万历三十九年。复甃石为堤。四十三年。长洲县亦筑石堤四十里。接县界。今自府城娄门而东北二十里。经沙湖又东经夷亭及真义浦。交贯县城而东入太仓州界。皆曰至和塘。为运道所经。近志以为娄江。误也。】

娄江。【(昆山)县南九里。其上流。自长洲县界接陈湖及阳城湖诸流。又东益汇诸浦港之水。势盛流阔。入太仓州界。为刘河口以入海。近志以此为吴松江。一统志以为三江口。皆误也。辨讹云。自唐宋以来。三江之名益乱。东江既湮。而娄江上流亦不可问。土人习闻吴松江之名。凡水势深阔者。即谓之吴松江。而至和塘自娄门而东。因意以为娄江。所谓差之毫厘。缪以千里也。】

莫城。在(常熟)县南七里。相传莫耶铸剑处。一名剑城。今曰莫门塘。寰宇记云。汉时莫宠所筑。以捍海寇。又尚墅城。在县北十八里。志云。张士诚入福山港。筑此城以屯兵……

福山。【(常熟)县北四十里……周显德五年。克通州。吴越遣将邵可迁等帅水军屯江南岸。与周师相应。即此处也。时谓之福山镇。宋南渡后。置水军寨。建炎三年。韩世忠控守福山。以备金人海道之师。明初败张士诚兵于福山港。进逼州城。亦置福山寨并巡司于此。嘉靖中。以倭乱。筑堡屯兵为控御要地。盖县境之北门。亦吴郡之重险也。志云。山周五里。东通大海。北枕大江。土人亦谓之福山冈。】

顾山。【在(常熟)县西五十里……又宛山。在县西南五十里。亦曰苑山。与无锡接界。下有宛山荡。水路出无锡。此其径道也。】

大江。【(常熟)县北四十里。西自范港与江阴县接界。东至陶港与太仓州接界。其对境则扬州府之通州也。滨江一带。港浦错列。宋时言水利者。每议开常熟。沿江二十四浦。导太湖下流。泄之江。隆兴中。平江守臣沈度等议开常熟。昆山十浦。分导太湖。达江注海。十浦。常熟之许浦。白茅。崔浦。黄泗浦及昆山之茜泾。下张。七鸦。川沙。杨林。掘浦是也。盖是时。滨江诸浦。已通塞不时。今水流变迁。旧迹之可据者甚少。而大江经流。则滔滔如故矣。】

运河。【在(常熟)县城南。又南十五里历华荡。又南二十五里为吴塔与长洲县接界。又南为永仓敌楼。历蠡口镇。抵郡城北。折而西。合于枫桥运河。旧名元和塘。唐元和四年。郡守李素所治。后讹为云和塘。今呼为常熟塘。宋会要。自平江齐门至常熟百里。皆曰云和塘。是也。塘之东。港浦错出。皆引流达昆承诸湖。由白茆等浦分注大江。】

白茆港。【在(常熟)县东七十里。茆。亦作茅。吴中诸水北出者。自县南境而汇流东注。昔皆由此入海。今自县东南二十里至鲇鱼口。又东二十五里历支塘市。又东北二十六里而达港口。旧志云。金陵句曲之水。注为金坛白鹤溪。合丹阳练湖水。常郡滆湖水。震泽不能容者。溢而东南。从无锡蠡濠诸湖。入常熟之华荡。绕城南。东北流为白泖港。注于江。以入海。宋人言水利者。每导太湖分流。东北由诸浦注之江。而诸浦中白泖最大。屡议疏浚。以防太湖之泛溢。宋史。政和十四年。诏导白茆。许浦。福山三浦。绍兴二十四年。大理丞周环议开白茅。二十八年。转运副使赵子潚议开黄泗浦。崔浦。许浦及白茅浦。不果。寻复浚治。乾道初。守臣沈度等又请开白茆等浦。元季渐塞。大为民病。张氏时发民凿白茅新渠。长九十里。与刘家港并导。以分杀水势。明永乐初。夏原吉请疏吴淞江南北两岸浦港。分引太湖诸水。入刘家河。白茅港。于是白茅导水入江。寻复淤塞。景泰五年。大水为患。侍郎李敏等复议浚白茅等塘。因挑青墩浦。横沥塘。共三四里。以通白茅之流。凿开三堰。约三四里。引水通鲇鱼口。复挑去浦口淤塞千余亩。于是积水得泄。弘治初。故道复塞。四年。侍郎徐贯等复浚白茅。且导长。吴。昆山。嘉定诸泾港。贯于白茅以入江。然上流既浅隘。而浦口复有涨沙。横亘海中。力不能去。仅二岁。复废不治。正德八年。都御史李克嗣复奉命开浚。从邑主簿俞琅议于故河旁更凿新河。以避涨沙海口。于是白茆复治。说者曰。吴民屡病水旱。而邑田常半稔者。白茆之力也。往时水流深阔。故邑称江海之交。郡之海道。起于嘉定宝山洋。迄于白茅港。天顺五年。置白茆寨于海口。成化十八年。复增立营寨。以备倭寇。嘉靖初。以倭舶乘风而上。径抵城下。于是设朱家营以当其冲。其后日益淤塞。万历以来。半为平陆矣。志云。县有白茆巡司。在县西北九十里。】

许浦。【(常熟)县东北七十里。自县城东北三十五里经梅李塘。又三十五里为许浦。入大江。宋时以茜泾。下张。七鸦。白茆。许浦为昆。常间五大浦。又以梅李塘。白茆浦。崔浦。福山浦。黄泗浦为常熟五浦。隆兴初。屡议浚治。乾道八年。复议开许浦及白茆。崔浦。淳熙初。复诏开许浦。命守臣及许浦驻札水军都统戚世明同措置。时郡守陈岘奉诏开决。东西共五十六里。并筑堤为固。自是水流顺达。海舶时至邑城梅李镇桥之下。水常坏舟。至凿月河以杀水势。后渐堙塞。仅存一线。明弘治十二年。邑令杨子器复议浚之。自城东达江口。长七十里有奇。寻废。宋史。许浦为滨江要地。旧置水军寨。南渡以后。汛守益重。韩世忠提兵讨苗刘。驻军于此。李宝驻札许浦。涉海破金兵于胶西。是也。会要。建炎初。水军戍江阴。许浦。福山。无定所。又分江阴水军屯明州定海。绍兴二年。仇愈为福建。两浙。淮东沿海制置使。置司许浦。许浦水军隶焉。乾道二年。诏调泉州左翼军屯平江许浦镇。三年。改隶殿前司。五年冬。改为御前水军。六年。分立前。后。中三军。于许浦建寨万间。四月。水军统制请以平江府许浦驻札为称。八年春。并归许浦。置副都统制统之。淳熙四年冬。以七千人为额。玉海。宋建炎以后。增置澉浦。淮阴。靖安。唐湾。采石诸水军。而尤大者为许浦。江阴二军。元亦为许浦镇。置许浦通事汉军万户府。明置巡司于此。今许浦淤塞。不复为要口。浦东有徐六泾。西南出梅李塘。为往来通道。】

福山港。【(常熟)县北四十里。自城北水门二十里经斜桥。又二十里经福山。入大江。亦曰福山塘。亦曰福山浦。宋绍兴中。屡经浚治。与白茅。许浦并为要害。明宣德及弘治中。屡经修浚。嘉靖三十四年。倭贼自福山港突犯郡城娄门。寻自太湖突犯枫桥。又经娄门还福山。是时江潮深阔。今日就浅涩矣。又港东北曰崔浦。曰丁泾。亦旧时通江之口。宋绍兴二十九年。议浚崔浦。丁泾。转运使赵子潚言。福山塘与丁泾地势等。若不浚福山塘。则水必倒注于丁泾。乃并浚之。今丁泾亦堙废。旧志。县北五十里有崔浦桥。即崔浦入江处也。】

耿泾。在(常熟)县东北五十里。南通梅李塘。又北接崔浦。复分流北出。与崔浦并注大江。县境三十六浦。崔浦。耿泾。皆要口也。永乐初。夏原吉疏浚。成化。弘治中。亦相继开治。未几复塞。盖耿泾口当福山港潮沙之冲。堤隘仅能容舟。内外皆为潮沙所淤故也。

梅李镇。【(常熟)县东北三十六里。临梅李塘。其地为许浦之上游。五代钱氏有苏州。遣其将梅世忠。李开山屯兵于此。以防江。镇因以名。宋绍圣中。转运毛渐奏导梅李塘通江。其地有道通桥。许浦未塞。通泰。苏。湖。商舶皆集于此。明弘治。正德中。皆疏此塘。嘉靖中。倭贼自许浦登陆。径犯梅李。后又窃据于此。与福山。白茅贼相声援。志云。镇东北达许浦。东南达白茅。西北达福山。为适中之地。有事时戍守处也。】

宝山。【(嘉定)县东南八十里。明永乐十年。命海运将士筑此以建烽堠。周六百丈。高三十丈。为海运表识。昼则举烟。夜则明火。海洋空阔。一望千里。先是。居民尝见其地有山影。至是山成。因名曰宝山。御制诗文。刻石其上。海运废。山仍为滨海戍守之所。嘉靖中。倭寇入犯。每以宝山为望。故邑之被害最剧。而宝山常为贼薮。三十四年。大败倭贼于宝山。洋患稍息。志云。宝山之外沿海一带有杨家路。倭自崇明而来。必取道于此。山之南有宝镇堡。亦设险处也。】

白鹤江。【(嘉定)县西南四十三里……宋建炎四年。金兀术自广德寇临安。制置使韩世忠以前军驻青龙。中军驻江湾。后军驻海口。欲俟兀术师还。击之。及兀术自秀州趣平江。世忠遂移师扼镇江……】

盐铁塘。【在(嘉定)县西十五里……宋元以来。屡经浚治。元季海运。从盐铁塘东北出娄江达海。明永乐十三年。罢海运。以北盐铁。西练祁为运河……】

顾径港。【在(嘉定)县东四十里。上流接黄白径通练祁塘。东入于海。宋宝庆初。置顾径水军寨于县东北四十里。其北为川沙港。南接顾径港。东北入海。亦曰川沙浦。宋时与茜泾。下张。七鸦。杨林。掘浦。共为昆山六大浦。隆兴二年开浚。宋志。顾径西去许浦百里。与海上黄鱼垛相望。淳熙十二年。殿前司奏请分许浦水军驻此。从之。宝庆初。始置寨。明设顾泾巡司。又施家港。在县东。西通川沙港。又西北接新港。嘉靖三十三年。贼从南沙袭渡至施家港。进犯县城。转掠南翔诸镇。寻败却。万历中。浚吴淞江。自黄渡浦口东。由新泾口至施家港。是也。】

黄姚港。【(嘉定)县东北四十里。西接新泾。东北合五岳塘入海。嘉靖三十二年。倭贼自黄姚入刘家河。进掠娄塘。遂北犯太仓。转犯吴松所。寻进薄县城。不能陷。会救至。贼引却。明年。贼复自黄姚登岸。转掠而南。越南翔。由封家浜犯松江境内。三十四年。倭舟复泊黄姚。舍舟登陆。西至娄塘。转略邻境。盖其地迫近海滨。与太仓州接界。北去刘河咫尺。南接吴松江。向有陆兵戍守。姚。一作窑。】

采绹港。【在(嘉定)县东南吴松所北。其西四里为周浦。又西十八里曰罗店镇。嘉靖中。贼避吴松守兵。往往出没于此。三十五年。贼突犯采绹港。掠东境。寻引却。县南境又有师家洪。老鹳嘴。四马洪诸处。皆在吴松江南岸。接上海县境。官军败倭处也。】

南翔镇。【(嘉定)县南二十四里。为商贾凑集之所。横沥所经也。南去吴松江十里。至上海县五十里。嘉靖二十三年。倭贼犯南翔。广福镇。未几复犯南翔。由封家浜直抵松江。邑西境皆为骚动……】

月浦镇。在(嘉定)县东三十六里。因水而名。顾径巡司置于此。又罗店镇。在县东十八里。元置镇。自此至吴松所。水陆皆二十六里。为县东之藩篱。嘉靖三十六年。倭贼陷吴松所。西掠月浦及罗店。遂薄城下。今商民会聚于此。又县东南四十里曰大场镇。宋尝置盐场于此。因名……

江湾镇。【(嘉定)县东南六十里。其水自吴松江屈曲入虬江。因曰江湾。宋有巡简寨。建炎中增置江湾乡兵寨。亦曰义兵寨。韩世忠谋邀兀术之兵。以中军驻江湾。是也。淳祐九年。又置江湾忠节水军

寨。设巡司于此。贼入黄浦。犯上海。江湾其必经之地也。】

黄渡镇。【(嘉定)县西南三十六里。与青浦县接界。元置镇。因水而名。寻又置吴塘巡司于此。明因之。洪武中。市舶提举司亦置于此。太祖以去京畿密迩。曰险要不可以示远人。乃移宁波。又县西南四十里为纪王庙镇。亦市易之所也。】

安亭镇。在(嘉定)县西南二十四里。与昆山县接界。以安亭泾而名。又县西十五里曰外冈镇。水陆冲要处也。县西北二十四里又有葛隆庙镇。与太仓州接界。一名吴公市。北至太仓州二十里。

娄塘镇。【(嘉定)县北十二里。因水而名。西北去太仓州十二里。旧有娄塘。南馆。为往来中顿处。嘉靖中。倭贼每从刘河突犯娄塘。县境及太仓皆被其患。刘家行。在县东南二十四里。嘉靖中。官军尝迫倭贼于此。又中槎巡司。在县南十二里。明置。洪武十八年革。】

沪渎垒。【志云。在(嘉定)县西四十里。傍吴松江。晋隆安四年。袁山松筑垒于此。以备御孙恩。今废。志云。今青浦县青龙镇西有沪渎村。厂头。在县东南二十五里。相传韩世忠屯兵处。】

吴淞江守御千户所。【在嘉定县东南四十里。吴淞江北岸。洪武十九年建。属太仓卫。统百户所十。有土城。周一千一百六十余丈。自是相继增筑开四门。环壕为固。城当吴松入海之口。初去海三里许。最为冲要。寻以海潮侵啮。东北隅渐倾入海。嘉靖十六年。备兵使者黄仪议更筑土城于旧城西南一里。不果。三十二年。倭寇突犯旧城。溃。明年改筑新城。周七百二十丈。内外皆为濠。辟水关一。旱门四。增兵戍守。三十八年。又命总兵官专驻吴淞。居中调度。翁大立曰。吴淞所为水陆要冲。苏。松喉吭。北可以扼长江之险。南可以援金山之急。故汛守特重。自是而北曰刘家河。曰七鸦港。又东为崇明县七鸦港。而西曰白茆港。曰福山。又西则江阴之扬舍。皆控扼之所。而要以吴淞为根本。】

宝山守御千户所。【在嘉定县东南八十里。本名青浦镇。一名高桥镇。其地东北距海。西滨吴淞江。多鱼盐芦苇之利。洪武十九年。建青浦旱寨于此。与吴松所相犄角。三十年。增立城堡。其后累加修葺。设官军镇守。嘉靖三十二年。官军与倭战于高桥。不利。三十四年。倭贼入吴松江。官军焚其舟。贼登岸。据青浦法昌寺。官军与战。不利。贼遂南据浙江海盐县之乍浦。三十六年。更名协守吴淞中千户所。万历五年。增筑新城。周二里有奇。更名宝山千户所。】

(太仓)州枕大海之滨。控三江之口。东翼吴郡。南蔽云间。元人由海道转输。则刘河为津要。明嘉靖中。倭寇出没。州每当其冲。就东南言之。州亦襟要之所矣。

太仓城。【今(太仓)州治。相传孙权都吴。尝置仓于此。或曰。权求好于公孙渊。欲遣兵北出。故于此置仓也。亦谓之东仓。晋咸和三年。苏峻反。遣其党张健据吴。顾众自海虞由娄县东仓与贼战。败之。自宋齐以后。皆为娄县地。隋唐属昆山县。宋为节制司酒库。元至元十七年。宣慰朱瑄等议海漕置仓于此。谓之太仓。因徙居之。是时海外诸番。亦俱集此贸易。谓之六国马头。寻为昆山州治。时州无城。仅有木栅。至正十三年。台州贼方国珍率海舟自刘河突犯。州境残破。乃立水军万户府。兼定海。靖海。宁海。三千户所于城内。明年国珍复来犯。副万户董搏霄败之。十六年。张士诚据吴。太仓亦附焉。寻复为国珍所袭。兵退。乃筑城守御。十七年。国珍复来寇。士诚败却之。既而徙昆山还故治。惟置军营于此。明吴元年。师围苏州。太仓来附。因立太仓卫。分设十千户所。后省为五。弘治十年。始割昆山。常熟。嘉定。三县地置州。即故酒库司为州治。城周十四里有奇。门七。水门三。】

穿山。【在(太仓)州东北五十里。山腹前后洞穿。通人行。临海记。穿山洞穴高十余丈。昔有举帆过其下者。盖海中小岛也。今山在平陆。去海二十余里。】

刘河。【在(太仓)城南。自昆山县流入境。又东南七十里为刘河口。即古娄江入海之口。自此抵崇明百二十四里。为海滨要害。元人海运。由此入海。泰定初。周文英言水利。首请浚刘家河。以达吴松江下流。至正十四年。方国珍以海舟来犯。入刘家港。董抟霄败却之。明初亦尝由此漕粟泛海。抵北平辽东。永乐初。夏原吉议浚刘河。以分引太湖壅水。既又遣中使郑和出刘河。使海外诸国。弘治四年。侍郎徐贯开浚娄江。自州城南至嘉定外冈。长十八里。其后屡经浚治。嘉靖中。倭寇屡由刘家河突犯。南略嘉定。北扰太仓。所至涂炭。刘河益为汛守重地。河口有天妃宫。初为镇海卫兵戍守。今设把守官军营。海防考。宋南渡后。置水寨于刘河港口。元人置分镇万户府于江北岸。又于南北岸各立万户府。凡三区。洪武七年。罢万户府。置巡司三。正统初。金山倭警。抚臣周忱等以港口为吴地噤喉。乃设刘家港营。增置寨栅。拨兵戍守。旧时水势深。通海舟商艘。扬帆直上。万历以后。港为潮沙壅积。仅存一线矣。】

运河。【在(太仓)州西。亦曰太仓塘。即昆山县之至和塘也。自州西十八里{天明}子铺与昆山接界。引而东。为黄泥泾。黄浅泾。与吴塘相接。而合于娄江。志云。娄江支分入城。其出城北入盐铁塘又西北出者。曰古塘。其出城东而仍入娄江者。曰半泾。州南曰张泾。元至正中。张士诚以方国珍屡自刘河突犯。乃塞至和塘尾以障海潮。开九曲河。仅通太仓东门。于是半泾。张泾。古塘诸港。皆湮为平陆。永乐以后。复浚故道。而九曲河废。半泾。在州东三里。旧横带城东南。入娄江。北通七鸦浦。元至正十四年。方国珍自刘河突犯。至半泾。董抟霄与战。败却之。十七年。国珍复来侵。士诚将吕珍大破之于半泾。潮水为咽处也。今浅涸渐为平陆。有半泾市。在州北十五里。又城南三里为张泾。亦接刘河。元至正十二年。方国珍来寇。浙省参政宝哥等御之于张泾。败绩。明吴元年。太仓来附。士诚将张让自嘉定来争。千户刘百潮遣兵越张泾破之。是也。今亦湮废。】

七鸦浦。【(太仓)州北三十六里……海防考。刘河以北。有新塘。茜泾。又北抵浪港。东出七鸦口。并为设险处。】

海。【(太仓)州东七十余里。志云。州北去海百里。东北至崇明县二百余里。其间沙洲错杂。居民皆畋治之。而刘河。七鸦二口。则州境之要防也。】

奣子桥。【在(太仓)州西十八里。昆山接境处也。元至正十六年。方国珍犯太仓。张士诚将吕珍守奣子桥。筑营浚濠。有叛者自古塘率寇西下。出珍不意。珍力战得免。今亦曰奣子铺。】

崇明县。【(太仓)州东百五十里。西至府城二百五十里。北至通州二百里。本海中沙洲。杨吴时谓之顾俊沙。五代史。杨溥改顾俊沙为崇明镇。是也。宋嘉定十五年。改为天赐场。属海门县。元至元十四年。置崇明州。属扬州府。至正十三年。为张士诚所据。十九年归于明。洪武二年。降州为县。八年。改属苏州府。弘治十年。复改属太仓州。今城周九里。编户二百二十里。】

崇明旧城。【在(崇明)县东北。故崇明镇也。志云。唐武德间。吴郡城东三百余里。忽涌二洲。谓之东西二沙。渐积高广。渔樵者依之。遂成田庐。杨吴因置崇明镇于西沙。宋天圣三年。续涨一沙。与东沙接。民多徙居之。而姚。刘二姓为盛。因名姚刘沙。建中。靖国初。又涌一沙于西北。相距五十余里。以三次叠涨。因名三沙。亦谓之崇明沙。绍兴初。盗邵青聚党于崇明沙。将犯江阴。刘光世遣王德讨平之。嘉定中。始置天赐盐场于姚刘沙。宋会要。海中大洲曰天赐场。舟人扬帆。遇顺风。东南可以径至明州定海。西南可以径至许浦。达苏州。元至元中。以民居繁庶。因置州治之。至正七年。风涛荡激。将侵州治南。十二年。徙州治于故城北十五里之东沙。明初因之。改州为县。永乐十八年。又迁县治于故城北十里秦家村。正德初。县治圮于海。嘉靖八年。乃迁筑土城于马家浜西南。二十九年。海水啮城东北隅。复营度城址于平洋沙。三十三年。营立砖城。万历十一年。城东隅复圮于水。十四年。又改建城于长沙。去三沙旧城盖六十余里。邑之奠居。于兹五迁矣。】

蛇山。【在(崇明)县东海中。相距约二百余里。一名长山。上有泉石之胜。又洋山。亦在县东。与

蛇山相近。南北官兵往往会哨于此。海口要道也。】

苏州洋。【在(崇明)县东南。志云。东沙之外曰苏州洋。即大海也。北接大江口。南入嘉兴府境内。江浙间有事。此为汛守要冲。又淡水洋。在东沙东北。海水皆咸。此水独淡。可以烹茶。又有咸水洋。在东洲东南。至夜水沸若星。光映如火。其水至咸。即卤水矣。】

青龙河。在今(崇明)县东。亦曰青龙港。近县港口约十余处。贼舟皆可入。而青龙港直通县城。尤为切要。志云。县之南境有斜洪。直抵刘河。东南有新开河。近吴淞江云。

清潭港。【在旧(崇明)县东南。其相近有张家等港。又界沟港。在旧县东北。其相近有道堂等港。又曾姚港。在旧县西南。其相近有富民。永安等港。又有虾港。俗传宋高宗南渡至此。有大虾二。涌水挟船出海。因名。又有水窦等港。在旧县西北。嘉靖三十二年。倭寇从水窦港登。劫攻东南水门及东北栅。城陷。三十八年。复由水窦港登岸。盘据三沙。官军就围之。贼寻遁去。志云。县环海为境。沙港冲塞不时。其可纪者。凡数十处。今县移而西。旧港不可问者益多矣。】

施翘港。【在今(崇明)县北。经享沙。吴家沙而西。至港口渡。海面至刘河口。不过三十余里。由渡口东抵平洋沙。海面约六十里。旧无此港。隆庆中设法开浚。变斥卤为良田。而行旅复以为便。又符洪。在县西八里。有渡口。七十里至太仓刘河口。为往来通道。曰符洪渡。又有黄家港渡。自县西至渡口。海面约六十里。又西至太仓璜泾。海面约四十里。渡船港。在县东南。有渡口。去县三十里。至旧城平阳沙界沟渡。海面不过十里。县东又有旧城河渡及烂沙渡。皆为往来津口。】

杨家港。【在(崇明)县东南。沙田多高。旧有港。久淤。万历二十八年。县令李官疏浚。民得灌溉之利。又有桃皮等港。亦在县东南。皆壅沙通海处也。】

营前沙。【在(崇明)县北。为大江入海之砥柱。嘉靖三十六年。倭寇登营前沙。官军败却之。其相接者曰山前沙。海防考。倭寇至营前而西。则江北淮扬。江南常镇。皆有冲突之虑。盖营前沙与海门县蓼角嘴相对。海面约阔百五十里。倭寇入江。此为第一重门户。与狼。福互为声援。蒲沙。亦在县北。相近者曰小阴沙。与海门县接界。蒲沙之东曰匾檐沙。】

平洋沙。【在(崇明)县东南。旧名半洋沙。其相近者曰马腰沙。弘治十五年。土豪施天泰。钮东山作乱。据二沙为梗。事平。改半洋为平洋。马腰为马安。嘉靖三十二年。移建县城于此。明年。倭登平洋沙焚劫。攻新城东门。不能陷。乃却。万历中。复移县于今治。又西曰登舟沙。与常熟县对境。嘉靖三十四年。倭自常熟三丈浦遁出海。太仓知州熊桴邀击之于登舟沙。贼走吴淞江。海防考。登舟沙为福山。白茅之门户。又西北曰伏龙沙。万历中新涨此沙。与江北狼山相近。】

南沙。【在(崇明)县南七十里。与竹箔沙相接。旧志。沙长八十里。广十余里。多稻菽萑苇之利。明初置南沙巡司于此。嘉靖十九年。南沙土豪王艮等构党作乱。据南沙。上海境内。为之惶惧。寻讨平之。因建南沙守御官军营。三十二年。倭登南沙。盘据经年。官军击之。不能克。久之遁去。旁有蒋六洪口。为舟行要道。其西北尽处。曰宋信嘴。竹箔沙。在县东南七十余里。即南沙尽处。外为大洋。内为内海。其西南与松江高家嘴相对。为内海之南门。贼自洋山而来。欲入吴淞江。此河正当转屈间。至此。然后从杨家路沿海而北。吴淞江首受其冲。以次及刘河等处。盖海道东南之险也。海防考。竹箔沙为吴松之屏蔽。外为羊山。为陈钱。皆倭寇所从入。竹箔沙之内。高家嘴之外。沿海而西北者。谓之杨家路。海舶得此。方能转舒。盖县多阴沙暗途。缠绵错杂故也。说者以竹箔沙。高家嘴为苏。松四郡之咽喉。海防第一关键。有以夫。又烂沙。在竹箔沙之北。其南接南沙之宋信嘴。即长沙下脚也。有烂沙洪与七鸦。白茅相对。志云。烂沙。小团。孙家。白蚬县前等沙。与南沙。竹箔。旧皆错列海中。波涛

汹涌。今涨合为一。南北长百四十余里。东西阔四十余里。居民艺植。悉成沃壤云。】

三沙。【在(崇明)县东北。即旧县治。所云控诸沙上游。为一邑中土者。波涛冲激。日渐迫狭。县治既迁。乃领于三沙巡司。志云。三沙北通狼福。南通宋信嘴。西接营前沙。为江南北数郡关键。又二沙。在三沙之东北。旧为县城外护。又东北曰三爿沙。向为三沙门户。志云。三爿沙孤立海中。倭贼从东北大洋而来。必经此沙。南行则苏。松及宁。绍。台。温之界也。从三爿沙而西南则为县后沙及三沙。平洋。吴家等沙。近常熟福山。许浦界。西北则由匾檐沙。营前沙。近大江海门界。议者谓三爿沙为浙直咽喉。而二沙为旧县第二重关键云。县后沙。亦在旧县东。嘉靖四十四年。倭寇据县后沙。总兵郭成击擒之。海防考。三爿之北。匾檐沙为重。三爿之南。县后沙为重。又新灶沙。亦在旧县东南。东连大洋。为各沙门户。旧志云。自新灶而西达宋信嘴。可不由竹簿。径达刘河。虽中有沙途暗伏。而风利潮便。倭贼易于跳越。若贼寇境。不收新灶沙。则必收烂沙矣。盖烂沙。新灶。三爿俱为海口东面之险也。又防险说曰。新灶沙。刘河要路也。竹簿沙。吴淞要路也。而三爿沙为由海入江之门户。又为诸沙关键。县境所属诸沙。皆坍涨不时。而可纪者。大小约三十有余。形势所关。以三者为最。凡倭寇之来。东南必由竹簿。东北必由匾檐。正东必由三沙下脚。三者在诸沙之外。乃县之外户。于此巡哨。则贼之踪迹可知。而备御不难。县之安危。恒视此为准。】

镇海卫。【在太仓州城内。吴元年立太仓卫。即元水军都万户府为卫治。洪武十二年。又分太仓卫立镇海卫。统千户所五。即元市舶提举司为卫治。与太仓卫俱隶前军都督府。】

崇明沙守御千户所。【在旧(崇明)县治东。洪武二十年置。隶镇海卫。永乐十四年。倭入寇。发镇江。镇海二卫百户各十员。率军协守。遂隶焉。统百户所二十。嘉靖中。亦移治新城内。】

(松江)府雄襟大海。险扼三江。引闽越之梯航。控江淮之关键。盖风帆出入。瞬息千里。而钱塘灌输于南。长淮。扬子灌输于北。与松江之口皆辐列海滨。互为形援。津途不越数百里间。而利害所关且半天下。然则郡岂可忽之地哉。且居嘉。湖之肘腋。为吴郡之指臂。往者倭寇出没境内。而浙西数郡。皆燎原是虞。谓郡僻处东南。惟以赋财渊薮称雄郡者。非笃论也。

金山故城。【(松江)府南八十里。滨大海。五代时。吴越钱氏筑此为戍守处。以南接金山而名。志云。城东十里许。当潮势猛烈处有周公墩。俗传金山城周康王所筑。故墩亦附会周公之名。盖昔时堠望处耳。明嘉靖三十四年。倭攻青山南汇金山卫。登周公墩者千余贼。即此。】

金山。【(松江)府东南九十里海中。志云。周康王筑城处。后沦入海。上有平坡。官军尝会哨于此。又有小金山。亦在府东南海中。】

羊山。【在(松江)府境金山卫东海中。山高大。周七八十里。四围环抱。有十八岙。中如大湖。可容数百艘。湖口面北。上有娘娘庙。山有淡泉。海舶往往取汲于此。山口又有一山。名张家市。多黄杨树。其东有巡简岙。海防考。自吴淞江而出。一潮可至羊山。倭寇来犯。自羊山过淡水门而西。则苏。松之患切矣。今南自定海。北自吴淞。皆以羊山为会哨之所。盖道里适均。且御贼于海洋。为得上策也。许山。亦在金山卫东。离柘林三十余里。唐顺之云。山去乍浦。金山。吴淞所三处皆仅隔一潮。亦为会哨之所。又竹屿山在金山卫东南七十八里。达岸山在卫东南八十里。又有浮山及苏山。皆在卫东南海中。】

海。【(松江)府东百里。府南去海七十里。今自金山卫以东。亦曰苏州洋。以府境本属苏州也。宋绍定三年。李全以淮安军叛。习舟师于射阳湖及海洋。遣海舟自苏州洋入平江嘉兴。欲习海道以窥临安。即今卫境矣。志云。府南境与绍兴。宁波相望。天日晴明。南岸诸山。皆历历可指。旧有捍海塘。相传唐开元初创筑。其后相继修治。东北自嘉定县宝山而南。西南至浙江海盐县澉浦西北。亘三百三十里。以御盐潮害稼。高如城垣。内外皆有塘沟相夹。在内者曰运盐河。又曰横港。在外者曰堑濠。又曰护塘沟。明初藉以备倭。设卫所墩堡于濠堑外。倭至则捍之于海岸滩涂。皆不容登泊。万一不支。则逾堑而守。进不得攻。退无所略。故府境备倭较易。其后大半湮废。弘治七年。抚臣毕亨等复兴筑。寻复圮坏。护塘。海岸。合而为一。寇至则聚于护塘。而运盐河之内。水田塍狭。难于屯御。若一复旧迹。复治堑塘。亦备御之良策也。海防论。今松江之海。起于独山。而迄于小汤洼。亘二百四十八里。皆恃护塘为限隔云。又有捍海堰。宋乾道中。知秀州丘崇言华亭东为大海。古有堰十八所以御咸潮。请修之。乃筑堰并东西两岸塘。通计八十四里。其后修筑海塘。诸堰俱废。】

黄浦。【(松江)府东南十八里。一名春申浦。盖以春申君得名。其上流自嘉兴府流入境者。曰秀州塘。灌注于三泖。自苏州府流入者。曰淀山湖。亦汇流于三泖。导流而东。南北两涯之水悉入焉。又折而北。入上海县界。又东北会吴淞江以入海。志云。黄浦自松江分派而来。至入海处。约二百五十余里。其阔大与吴淞江。娄江相埒。或以为即古东江云。又范家浜。在今府东二十五里。东北通上海之南跄浦口。达于吴淞江。明洪武中。吴淞江淤塞。郡人叶宗行上言疏浚范家浜。可接黄浦入海。从之。永乐二年。夏原吉言。大黄浦为通吴淞要道。今下流壅塞。傍有范家浜。至南跄浦口。可径达海。宜浚令深阔。上接大黄浦。以达泖湖之水。即此。今亦名范家浦。】

赵屯浦。【(松江)府西北七十里……明弘治中。水利佥事伍性浚吴淞中段及顾会。赵屯二浦。后水利不修。浦去淀湖益远。湖水自北曹港分支北流。愈北愈隘。浦口束以石梁。仅通舟楫……】

盐铁塘。【在(松江)府东南。又南入于黄浦。过萧塘港。又南绝诸泾港至捍海塘。为漕泾。相传五代时。吴越运盐铁于此。志云。郡有运盐河三。一在府东南九十八里青村西。曰运盐河。一在府南五十四里。曰新运盐河。自金山卫北流至张堰镇西。为张泾。初在查山东。后以风涛之险。改浚于此。人呼其东为旧河。志亦作西运盐河。又东运盐河。在府南三十六里亭林镇。南通盐铁塘。皆商贩所经也。】

朱泾。【(松江)府西南三十里。自秀州塘分流而东。合于三泖。为松江西出之要路。嘉靖三十五年。徐海纳款。有吴淞倭流至嘉善界。督臣胡宗宪使徐海击之。败之于朱泾。三吴水利。朱泾西通三泖。南达嘉兴。为往来冲要。嘉靖中。倭巢府西南之吕港。此为切肤之患。曹泾。在府东南七十里。介柘林。金山间。贼犯柘林。必由此趣金山。嘉靖中。尝破倭寇于此。又金山卫东旧有翁家港。亦戍守要地也。志云。曹泾港与翁家港。胡家港。并为通海支渠。戍守最切。】

高家嘴。【在(松江)府东百余里翁家港口。此港险要。嘉靖三十四年。青。南二所各募兵守此。三十九年始罢。今属青村所。海防考。高家嘴。突出海中。与江北料角嘴相对。崇明诸沙。南起竹箔。北尽三爿。或断或续。皆在其胸腹间。诚天设之险也。嘉靖中。官军败倭于此。】

独树堡。【在(松江)府南。明初置营于此。兼设堡戍守。正统八年。抚臣周忱修浚金山卫独树营至刘家港口近海诸河。是也。海防考。金山卫西南有独树营。又有江门营。皆置兵戍守。属金山卫。其相近者为吕港。亦往来要口。西南出海盐县之道也。】

柘林镇。【(松江)府东南七十二里。地连柘山。与青村所。金山卫相应援。嘉靖三十四年。倭贼盘据于此。四出焚掠。久之患息。因建堡置戍。城周四里。为防御要冲。南起漴缺墩。北至翁家港。皆其信地。稍西有戚睦泾巡司。洪武初。设于府东南九十里南桥镇。十九年。徙戚睦泾在府东南七十里。万历三年。仍改南桥镇巡司。胡家港堡。在府东南六十里。明初置。有兵戍守。属金山卫。志云。洪武

初。设金山巡司于张泾堰。十九年。徙建于胡家港口。相近又有蔡庙港堡。亦明初设。俱属金山卫。】

亭林镇。【(松江)府东南三十六里。亦曰顾亭林。宋乾道九年。修濒海诸堰。因置监堰官于亭林。以防盐运私发诸堰之弊。今为商旅辏集之所。又叶谢镇。在县东南五十里。又南为萧塘镇。志云。镇在曹泾之东。又东即柘林也。嘉靖中。倭巢柘林。尝由此渡黄浦。至瓜泾而西。突犯府城。因置戍守于此。与曹泾相应援。以断贼窥黄浦之道。陶宅镇。在青村所城东。旧设税课局。又置巡司于此。嘉靖中。官军败倭处也。其相近又有得胜港。亦官军御倭处。】

张堰镇。【(松江)府南六十里。亦曰张泾堰。旧置堰以堰柘湖入海之流。宋乾道二年。转运副使姜诜等。又于堰旁开月河。置闸其上。复为闸于县东南四十八里。今为自府趣金山之孔道。嘉靖三十二年。倭自金山。张堰犯嘉兴府及平湖县。盖控御要地也。又南十二里即金山卫。亦曰小官镇。旧时分置盐课司于此。因名。】

沙冈镇。【在(松江)府东北四十里。与竹冈。紫冈。为三冈之一。相去不过四五里。自府至上海。必由之道也。三店。在府东南。嘉靖三十四年。官军击倭于吴江之平望。倭败走三店。官军复邀击。败之。既而倭自乍浦趣还柘林。官军复败之。三店。亦曰三店塘。】

上海县。【(松江)府东北九十里。西至青浦县九十里。西北至苏州府嘉定县七十二里。本华亭县地。居海之上。洋曰华亭海。宋时海舶辐辏。乃立市舶提举司及榷货场。为上海镇。元至元二十九年。始割华亭五乡置县。属松江府。未有城郭。嘉靖三十二年。因海寇突犯不时。始筑城为备。周九里。环以大濠。外通潮汐。颇为险固。今城周八里有奇。编户六百二十一里。】

沪渎城。【在(上海)县东北。志云。沪渎垒在县北十里。吴都记。松江东泻海曰沪海。亦曰沪渎。广韵。沪。水名。白虎通。水发源而注海曰渎。陆龟蒙曰。列竹于海澨曰沪。盖取鱼具也。晋永和中。虞潭为吴国内史。修沪渎垒。以防海寇。又隆安四年。吴国内史袁山松。筑沪渎垒以备孙恩。五年。恩自海盐进陷沪渎。杀山松。既而刘裕败孙恩于郁州。追至沪渎。海盐。又破之。寰宇记。袁崧城。在沪渎江上。旧有东西二城。其傍为芦子渡。俗呼芦子城。其东城广万余步。有四门。后圮于江中。仅余西南一角。西城极小。在东城西北。两旁有东西芦浦。泻于沪渎江。范成大吴郡志。吴有沪渎。自渎至松江。溯吴郡将门。将门讹曰匠门。盖吴东门也。皮日休诗。全吴临巨溟。百里到沪渎。谓此矣。宋宝元初。两浙运使叶清臣开盘龙汇。由沪渎江入海。明永乐大典亦云。淞江侧有沪渎垒。今松江水直趣而东。又七十里入海。无复有渎。两岸皆平畴茂林。故垒寂然。其东西芦浦。亦止通潮汐而已。元贡师泰有诗云。避难吴淞江。出游沪渎垒。世道苦变更。形势总隳圮。盖垒在元时已不可考矣。】

茶山。【在(上海)县东南大海中。海防考。陈钱山。茶山。上海县南跄巡司之界也。嘉靖中。官军击补陀山倭贼。贼走茶山绝顶。官军一道由东北浅步沙进。一道由婴哥岩进。一道由中路进。而大兵皆继其后。遂歼之。今山与浙江之海盐。定海海中诸山相联络。】

海。【(上海)县东七十里。北起嘉定。南抵华亭。为县所辖。松江与黄浦合流入焉。混茫无际。东接诸番。惟日本最近。宋。元间入贡。皆由青龙市舶司。后渐徙于四明。贡者不复取道。沿海皆滩浅。物产鲜少。俗号穷海。独盐利为饶。自清水湾以南。较川沙以北。水咸宜盐。故旧置盐场。近有沙堤壅隔。水味寖淡。卤薄难就。而煮海之利亦微。元时。潮汐由吴松口入。朔望以子午为信。万历八年。潮决李家洪。去故道南二十里。潮汐遂早数刻。帆舶出没甚便。不可无备云。】

黄浦。【在(上海)县东。大海喉吭也。自华亭县界迤而东。受南北两涯之水。乃折而北。受东西两涯之水。经城东二里许。又折而东北。合于吴淞江以入海。明初。吴松江淤塞。自上海关桥以西之水。悉壅入三泖。而黄浦当其下流。盘旋汎溢。不达江海。永乐初。夏原吉乃导黄浦由范家浜以达吴淞江。其入江处曰南跄浦口。自是汇流以入海。毛节卿曰。三江既塞。三泖南源由黄浦北折而入松江之下流。是也。海防考。黄浦入江。东北去吴松口不五十里。吴淞为海寇突犯之冲。而黄浦逼近县城。仅一二里循浦而南。由江而西。皆直达郡城。此诚肘腋之虞。防御所当加意者也。志云。浦口旧阔三十余丈。今

横阔几二里。盖三江之绾毂。仅恃黄浦云。有黄浦巡司。在县南三十里。】

下沙浦。【(上海)县东南六十里。旧名盐铁塘。相传五代时吴越运盐铁于此。宋绍兴十五年。秀州判曹泳开顾汇浦。又浚盐铁塘。舟楫通利。因改名下沙浦。自浦北流为盐塘。绝沈庄。周浦。三林诸塘而北。出汇诸河港。下流亦入于黄浦。志云。县境又有运盐河二。一自东南青村盐仓而北。会东西诸泾港。一自下沙场而东。循海塘北行。析为支渠。通诸团盐运。并达青浦县境。今通塞不一矣。沈庄塘。在下沙浦北。嘉靖三十三年。官军败倭贼于此。又北为周浦塘。又北为三林塘。俱会诸支港之水西入于黄浦。】

川沙堡。【(上海)县东南五十四里。产盐。商贾辐辏。地名八团镇。有三场盐课司。嘉靖三十六年。抚臣赵忻等奏置川沙堡。筑城周四里。屯设官兵。以备倭寇。自是商民辐集。屹为巨镇。海防考。堡南五十里为川沙汇。北五十里为宝镇堡。又东北去吴淞所亦五十里。嘉靖三十四年。倭贼据为巢穴。与老鹳嘴。柘林。新场。相犄角。于是筑堡戍守。自川沙至宝镇中。有钱家。烂泥。清水等窐。其南又有七团。五团等洪。亦曰新洪。旧洪。倭舟皆可登泊也。宝镇堡。盖即嘉定之宝山所矣。】

下沙镇。【(上海)县东南六十里。一名鹤沙镇。峙邑南而近海。因名。宋置下沙盐场。旧有盐课司。后迁新场镇。而盐仓则自周浦徙于此。今亦废。新场镇。在下沙南九里。一名南下沙。元初置盐场于此。场赋为两浙最。贾贩甚盛。嘉靖三十二年。倭贼据新场。大为东南患。又东南二十里曰一团镇。商贩多聚于此。志云。下沙捍海塘外。有石笋滩。距海三十余里。沙中有石如笋。因名。一名分水港。以潮汐遇石笋而分流也。】

周浦镇。【(上海)县东南三十六里……明嘉靖三十四年。倭贼自柘林移据周浦。官军败却之……】

乌泥泾镇。【(上海)县西南二十六里。旧置太平仓税课局及芦子务巡司于此。海防考。乌泥泾与黄浦东之三林塘。周浦镇相望。倭贼由三林。周浦。渡黄浦而西。即犯县治。若犯府境。必由乌泥泾而西。为控扼之要地。闵行市。在县西南五十里横沥东。志云。南汇陶宅入府之通衢也。又南与叶谢相为应援。有事时。兵屯于此。足为府城之捍卫。海防考。南跄渡。沈庄塘。周浦。闸港。闵行镇。与华亭之叶谢。曹泾。张堰。皆贼渡黄浦入犯府城之道。】

青浦旧县。【在今(青浦)县东北三十五里。故青龙镇也。其地下瞰吴淞江。据沪渎之口。自昔为海舶辏集之所。唐置镇于此。为防御要地。以在青龙江上。亦曰龙江镇。宋政和中。改名通惠。寻复旧。建炎中。韩世忠欲邀击兀术。以前军驻青龙。即此镇也。志云。宋时坊市繁盛。置巡司。税务及仓库于此。俗号小杭州。及再经变乱。市舶之设又复迁徙。而镇遂荒落。嘉靖中。复设县治此。数年而罢。今县治即唐行镇。亦曰横溪。以临横泖上也。元初为大姓唐氏所居。商贩竹木。因名唐行。明初置新泾税课局。又上海之水次西仓亦置于此。曰唐行仓。万历初。复建青浦县。因改镇为县治。创立城池。】

青村守御中前千户所。【(松江)府东八十里。本青村镇。明洪武二十年建所。筑城周六里。属金山卫。志云。金山而东为柘林。柘林而东为青村。青村而东为南汇。相去各五六十里。海防考。府境三面环海。金山当其南。南汇当其北。而青村为东南二面转屈之会。与海中羊山东西相值。倭舶易于登犯。嘉靖三十三年。倭寇据为巢穴。大为府境之患。官军进讨。久之乃平。舆程记。由府东门水路至青村百十三里。又北至上海新场八十九里。】

南汇觜守御中后千户所。【在上海县东南八十里。明洪武二十年建所。筑城周九里有奇。属金山卫。志云。南汇而东为川沙。川沙而东为吴淞。相去亦五六十里。海防考。所北去吴淞所百五十里。南去青村五十里。下沙。新场。周浦。八团皆其汛地也。嘉靖三十二年。倭入南汇。寇嘉定。据吴淞所。

今县南有五里桥。刁家坟。皆官军攻贼时。贼拒战处也。】

卷二十五·江南七

(常州)府北控长江。东连海道。川泽沃衍。物产阜繁。周处所云“三江之雄润。五湖之腴表”也。且地居数郡之中。翼带金陵。为转输重地。脱有不虞。则京口之肘腋疏。而吴郡之咽喉绝。若其北守江靖。则内可以固沿海之锁钥。【明初。吴良守江阴。而寇不敢犯。是其证也。】外足以摧淮南之藩蔽。【五代周显德五年。南唐将陆孟俊。自常州将兵渡江趣泰州。周师退。遂复取之。亦一验也。】南扼宜兴。则近足以消滨湖之窥伺。【明初。亦遣重兵驻宜兴。】远可以清浙右之烽烟。【宜兴与浙江湖州。俱控太湖之险。又有陆道。可以径达长兴。明初。自宜兴遣舟师越太湖攻张士诚湖州。克之。亦其证也。】昔者南唐守此以御吴越。明初得此以制姑苏。郡岂非东南之襟要欤。

马迹山。【(常州)府东南六十里太湖中。山麓周百二十里。与津里山相接。其西麓地名西青。石壁屹立。下有马迹。因名。上有避暑宫。相传吴王阖闾故址也。宋置马迹山寨。建炎中。赤心队将刘晏保马迹山以捍寇。元时亦置巡司。明初下常州。俞通海以舟师略太湖。入马迹山。破张士诚水寨。即此。】

大江。【(常州)府北五十里。西接丹阳包港。东抵常熟黄泗浦。西北与泰州中流分界。东北抵三沙。与通州分界。江岸绕郡境百八十八里。控扼海口。形援金陵。而江阴。靖江尤锁钥重地也。详见大川大江及川渎异同。】

运河。【在(常州)府城南。浙西漕舟。自苏州浒墅关经无锡而西过府城。西接丹阳县之吕城。凡二百余里。郡志。自无锡望亭驿西至奔牛坝。凡百七十里有奇。奔牛坝东二十里曰洞子河。又东十五里至府城。自府城而东三十五里为横林镇。又东十里为五牧桥。则无锡县境也。宋嘉泰初。守臣李珏言。州境濒江并湖。其通江达湖诸汊港。回绕参错。不可数计。水源多于他郡。而常苦易旱者。何哉。盖漕渠东起望亭。西上吕城。百八十里中。形势西高东下。岁久浅淤。倘雨泽愆期。则浅涸壅滞。间或得雨。水无所受。旋即奔泄。南入大湖。北入大江。东径注吴江。晴未几。又复干涸。加以傍近溪湖。亦为沙土所淤涨。遇潮高水泛时。舟楫尚可通行。否则辄患浅阻。此所以有江湖之浸。而不见其利也。一遇冬月。纲运使客。往往填咽。作坝车水。科役烦扰。其为民病。不特灌溉缺乏而已。望委有司。相治其通彻江湖之处。仍旧浚治为便。从之。明正统初。巡抚周忱于奔牛。吕城俱设坝闸。以便转输。景泰间废。天顺中。巡抚崔恭复奏置五闸。今故址犹存。】

滆湖。【(常州)府西南三十五里……舆地志。太湖。射贵与滆湖为三湖。今北通漕河。导流东注于太湖。】

孟渎。【(常州)府西三十里奔牛镇东。南枕运河。北流六十里入扬子江。唐会要。元和八年。常州刺史孟简因故渠开此渎。袤四十一里。引江水南注通漕。溉田四千顷。因名……永乐四年。复诏有司发民浚导。比旧倍加深广。为转输商贩之利。正统以后。孟河闸屡经修治。志云。小河巡司。在府西北九十里孟渎闸西。本宋之小河寨。置于小河村。元改巡司。又有郑港寨。在小河西郑港口。亦宋置。元省。明初移司治于郑港。郑港。小河。俱在府北七十里。临大江与黄山门相近也。成化四年。又移置于孟渎闸西。嘉靖三十二年。倭乱。孟渎口益为滨江津要。因增置孟河营。设官兵戍守。直渎。亦在奔牛镇东。北枕运河。南通白鹤溪。一名鸣凤河。又有伯牙渎。在府西北二十五里。南通运河。北入大江。】

澡港。【(常州)府北五十里。一名灶子港。稍西即魏村镇。与烈塘河口相接。港南接网头河。北入杨子江。袤四十里。岁久淀淤。明初洪武七年开浚。临江置闸。以于塘巡司兼领。既而以于塘村在江北沙新河上。改隶扬州府泰兴县。二十八年。改置澡港巡司于江口。今因之。又桃花港。在府东北三十里。导大江南流。下流合于网头河。洪武二十八年开浚。弘治六年复浚。江防考。港东接江阴界。陆走府城北门。倭寇易于登犯。为防守要地。嘉靖中。尝议挑浚。一名五斗港。又府北旧有庙堂港。宋绍圣中。转运毛渐奏导武进庙堂港入江。是也。今湮。】

戚墅港。【(常州)府东三十里。北枕运河。有戚墅堰。其下流东南入太湖。宋志州界有南戚氏。北戚氏。五湖诸湾港。皆通运河。是也。又蠡渎港。在府南二十里。北通白鹤溪。南入滆湖。洪武三十年开浚。后湖沙淤塞。复筑堰潴水。以资灌溉。】

白鹤溪。【(常州)府西南十里。北通运河。南入滆湖。接金坛县界。宋淳熙九年。郡守章冲言。州境港渎。类多堙塞。今欲讲求漕河悠久之计。州西南有白鹤溪。自金坛县洮湖而下。今浅狭特七十余里。若用工浚治。则漕渠一带。可无干涸之患。其南有西蠡河。自宜兴太湖而下。开浚二十余里。若更令深远。分引湖水。则漕渠一百七十余里。可免浚治之扰矣。又三过溪。在府南三十里。亦北通运河。南入滆湖。】

东洲。【在(常州)府东南百里。太湖滨拒守处也。五代史。梁开平二年。淮南将周本围苏州。吴越将张仁保攻常州之东洲。拔之。淮南将陈璋等驰救。大破仁保于鱼荡。复取东洲。又乾化三年。淮南攻吴越衣锦军。钱镠遣子传璙将水军攻东洲。以分其兵势。又贞明五年。吴越钱传瓘。率舟师自东洲攻淮南。盖吴越与淮南夹湖为守。往往由此相攻击也。】

横林镇。【(常州)府东南三十五里。又东南五十里至无锡县。宋淳熙五年。以漕臣陈岘言。开浚无锡以西横林。小井诸浅。以通漕舟。今为运道通渠。】

芙蓉湖。【(无锡)县西北十五里。即故上湖也。湖流浩衍。北接江阴。南连武进。其后堙废。今自城以北运道所经。亦曰芙蓉河。宋会要。元祐中。堰芙蓉湖为田。绍圣中。转运毛渐复奏导芙蓉湖入江。今县西北十里运河北出者曰高桥堰。旧名五泻堰。亦曰五泻河。即芙蓉湖下流也。自高桥而北四十里。接武进。江阴界。曰雉尾口。又北四十七里至申浦上口入江。潮汐所至。胜数百斛舟。宋熙宁末。郏侨议决五泻堰。使水入扬子江。乾道六年。常州守臣请填筑五泻闸及修闸里堤岸。仍于闸内郭渎港口舜郎庙侧水聚处。筑捺硬坝。以防走泄。委无锡令主掌。非水盛时。不许开闸通放客舟。盖是时以运河浅淤。切于堤防也。今高桥为武进。江阴之要道。有巡司戍守。】

望亭镇。【(无锡)县南四十五里。与苏州府吴县接界……今为运道所经。有望亭堰。宋史。熙宁元年。提举两浙河渠胡淮。请治常州望亭堰以通漕。政和六年。发运副使应安道。请望亭仍旧置闸。淳熙九年。知常州章冲言。望亭堰闸。置于唐之至德。而废于本朝之嘉祐。至元祐七年复置。未几又废。臣谓设此堰闸有三利。阳羡诸渎水。奔趣而下。有以节之。则当潦岁。平江三邑必无下流泛溢之患。一也。自常州至望亭百三十五里。运河有所节。则沿河之田可资以灌溉。二也。每岁冬春之交。重纲及使命往来。多苦浅涸。今启闭以时。足通舟楫。复免车亩灌注之劳。三也。嘉泰三年。常州守臣李珏。复请修建望亭上下二闸。固护水源。从之。议者尝言望亭堰所以遏常。润之水。不使东下。宜严其启闭。以管辖属之苏州。庶可免盗决之患。或又言望亭堰设。于苏州未见其利。而常郡先被涨溢之患。盖节宣所系。不止望亭也。今有巡司戍守。】

太湖。【(宜兴)县东北四十五里。道通吴郡吴兴。最为捷径。明初。张士诚遣兵据宜兴。太祖命徐达等攻之。曰。宜兴城小而坚。未易猝拔。城东通太湖。张士诚饷道所由。若断其饷道。破之必矣。达奉命。宜兴果下。既而命将东伐。亦自宜兴取道太湖。攻其湖州。志云。湖自县南越兰山。抵董塘岭。入长兴界。北越竹山。抵百渎口。分水墩。入武进县界。今自县东入湖之道曰马泛。北趣黄土湁。东北趣竹山港。皆通太湖也。竹山。在县东北六十五里。湖滨小阜也。与夫椒山相对。黄土湁。在县北五十里。亦名白鱼荡。】

洮湖。【(宜兴)县西北百里。与溧阳金坛分界。一名长荡湖。今详见大川洮湖。又滆湖。在县西北三十五里。与武进县中流分界。东接太湖。北通漕河。】

荆溪。【在(宜兴)城南。其在城西者亦曰西溪。在城东者亦曰东溪。凡广德。溧阳。金坛。并县西诸山涧水。俱流汇于西溪。乃贯城绕郭为东溪。以下太湖。旧志。荆溪上承百渎。兼受数郡之水。是也。宋泰始二年。吴喜逼义兴。渡水攻其城。克之。今谓之东九里河。西九里河。河流甚长。土人以九计里。因名。水利考。宜兴为溪者九。而荆溪为诸水之会。今自县东分二流。其一北达常州为漕河。溧阳运船。俱由此出。其一东达太湖。谓之东泻溪。本名东舍。讹曰泻。一名蒙溪。春时。两岸多藤花。照映水中。因名罨画溪。又名五云溪……】

暨阳废县。【(江阴)县东四十里。晋太康初所置县也。寰宇记云。本名莫城。汉莫宠所筑。以捍海寇。晋置暨阳县于此……今城墉屹然为江干锁钥。】

香山。【(江阴)县东二十里……十国纪年。梁贞明五年。吴越攻常州。徐温率兵拒之。陈璋以舟师下海门出其后。张可琮以江阴兵从陈璋。败吴越兵于香湾。即此地也……】

大江。【(江阴)城北一里。县境倚江为险。自昔为控守重地。刘宋元嘉二十七年。魏主焘南犯至瓜步。建康震惧。陈舰列营。连亘江滨。自采石至暨阳六七百里。五代时。吴越。淮南。往往角逐于此。宋南渡后。江阴之防尤重。建炎三年。刘光世。韩世忠。皆军江阴。以备金人海道之师。绍兴四年。命滨江诸州军。皆增设横江水军。隆兴二年。又以江阴。通泰。海道。江面阔远。命范荣专一捍御江阴至通州料角一带。乾道八年。知江阴军向子丰言。江阴军临大江下流。北与通泰相对。东连海道。西接镇江。最为控扼。今军备废弛。望仍旧分兵屯驻。元延佑中。两淮运使宋文瓒言。江阴。通泰。江海门户。而镇江。真州次之。是也。明初。以江阴为江津要冲。命将克江阴。使吴良守之。张士诚遂不能越江而有江北。亦不能溯江以窥金陵。江防考。县境大江。上自武进界桃花港。下至常熟县之界泾。凡百里。中间港浦二十有四。皆可登涉。其哨守之处为青草沙。自是而西北。有蒲沙。又西为唐沙。青草沙东南通福山港。蒲沙东北通狼山。乃天设之险。江阴之外户也。三沙之中。巫山门在焉。亦曰巫子门。明初。张士诚以舟师出马驮沙。溯流侵江阴。太祖亲帅兵自镇江东讨。追败之于巫子门。是也。】

申浦。【(江阴)县西三十里。一名申港。相传春申君所开。导江南流。置田为上下屯。又南经武进县界。分为二。东入无锡五泻河。西入武进三山港。俱达于运河。唐兴元初。韩滉镇润州。造楼船。由海门大阅至申浦而还。宋隆兴二年。议开申。利二港。上通运河。乾道二年。漕臣姜诜等请造蔡泾闸。及开申港上流横石。次浚利港以泄水势。志云。宋设申港寨。又设巡司于此。元因之。明初废。洪武二十四年。亦尝浚治。弘治六年复浚。又利港。在县西五十里。导江水南行。入武进界。下流亦达于运河。洪武二十一年开浚。弘治六年。工部侍郎徐贯治三吴水利。发民浚申。利二港及桃花港。以疏积水。三港中。利港为役最巨。正德六年。又尝浚治。自利港而西十五里。即武进县之桃花港也。志云。

桃花港。自大江分流而南。合县西六十里之立埭河。而入武进县界。】

黄田港。【(江阴)县北二里。相传春申君所开。导江水溉田。因名。邑人于江口置闸。号上闸。于县西南十里蔡泾口置闸。曰下闸。旧有支港数十处今多为潮沙所湮。其南接于运河。江防考。黄田港切近县治。最为要害。宋置营军戍守。县西南十里曰蔡泾。西接夏港。东通黄田。有蔡泾闸。又东绝运河而接于横河。明天顺间。武进奔牛。吕城坝闸颓坏。运道浅淤。议改从孟渎。蔡泾出江。漕舟多遭覆溺。乃复治故道。】

夏港。【(江阴)县西十里。北通大江。东南行出蔡泾闸。与黄田闸合流入运河。其支流为崇沟河。在县西南十五里。一名北山塘。南合武进县之三山港。江防考。县境通潮诸港。黄田。夏港。最为津要。宋置夏港寨。自港口而西九十里。即武进之孟河口也。明初置利港巡司于利港东。天顺初移于夏港口。仍曰利港巡司。志云。司在今县西二十里。新沟港。在县西二十里。亦自大江而南。合武进之三山港。正德七年重浚。】

石头港。【(江阴)县东三十里。北通大江。南入横河。有石头港巡司。宋淳熙中。知常州章冲言。州东北澡港。利港。黄田港。夏港。五斗港。江阴东之赵港。白沙港。石头港。陈港。蔡港。范港。令节港。皆古人开导。以为灌溉之利。今所在湮塞。宜随宜浚导。志云。白沙港在县东十里。雷沟港在县东三十五里。又东二里曰陈港。又东十一里曰蔡港。俱北达大江。南达横河。宋滨江置戍处也。石牌港。在县东二十里。亦自大江通横河。志云。县东十八里有真山。一名甑山。有大石横亘江流中。因名石筏山。又曰筏梁山。亦名石牌山。港因以名也。宋置石牌巡司。元因之。明初。张士诚遣兵袭江阴。明师败之于石牌港。即此。】

杨舍镇。【(江阴)县东五十五里。旧有杨家港。宋乾道六年。命两浙运副刘敏士等。于杨家港东。开河置闸。通行盐船。仍拨官兵守卫。并不时挑浚。自是商旅聚集。谓之杨舍镇。为沿江冲要。嘉靖中。以倭乱置堡设营。以参将领之。与常熟之福山。通州之狼山。相为应援。江中有褚家沙。北与狼山密迩。亦分兵戍守。自是而东。江流浩瀚。直接大海。捍御为难。西上则至孟河一带。江面颇狭。又多阴沙。大艅难于转舒。故防卫以杨舍为切。】

青阳镇。【(江阴)县南四十里。运河所经。又南四里曰四河口。自运河分枝。东通常熟。西达武进。其南北即运河经流。旧志。县滨江为险。而青旸实腹里之冲要。长泾镇。在县东七十里。居民稠密。与无锡县分界。由此出常熟。亦为通道。】

展苏港。【(靖江)县西二里。又县西十五里有南新港。有新港巡司。志云。元初设马驮沙巡司。明初改建于马驮西沙。后为潮汐冲坍。永乐四年移于新港云。又有大新港。在县西南十五里。澜港。在县西通城河。又县西北十里有杨铁港。又西北三四里有范家。徐家等港。县西北五里曰蔡家港。明初张士诚遣兵援泰州。舟师次范蔡港。疑即此二港云。今堙。】

孤山港。【(靖江)县东北十二里。以近孤山而名。又县西南十二里有焦山港。其西里许曰杨机港。又西南二里曰西杨机港。旧志。县滨江诸港。凡六十有四。今西北一带。多为潮沙所湮。而东南一带。亦决塞不时云。蟛蜞港。在县东十五里。正德二年。议建东沙巡司于此。】

(镇江)府内控江。湖。北拒淮。泗。山川形胜。自昔用武处也。杜佑曰。京口因山为垒。缘江为境。建业之有京口。犹洛阳之有孟津。自孙吴以来。东南有事。必以京口为襟要。京口之防或疏。建业之危立至。六朝时。以京口为台城门户。【孔坦以郗鉴自京口援京城。曰。本不须召郗公。使东门无限。王僧辨谓陈霸先曰。委公北门是也。】锁钥不可不重也。晋咸和初。郗鉴镇徐州。苏峻之乱。鉴据要害。立营垒。以遏贼东下之锋。贼势遂阻。元兴末。桓玄作乱。刘裕举兵京口。晋室复定。及裕代晋。以京口要地。去建康密迩。非宗室近亲。不使居之。盖肘腋攸关。隋之亡陈。京口实为兵锋也。唐之中叶。以镇海为重镇。浙西安危。系于润州。宋南渡以后。常驻重军于此。以控江口。乐史。【宋人。撰坐知天下记及太平寰宇记】曰。京口西距汉沔。东连海峤。为三吴襟带之邦。百越舟车之会。刘宁止曰。京口控扼大江。是为浙西门户。陈亮曰。京口连冈三面。大江横陈于前。江旁极目千里。势如虎之出穴。昔人谓京口酒可饮。兵可用。而北府之兵。为天下雄。盖地势然也。采石之与京口。股肱建业。实有据险临前之势。而非止于靳靳自守者。说者曰。京口凭江为险。然而陵谷之变。今昔不同。曹丕见江流汹涌。以为天限南北。陈孔范亦曰。长江天堑。寇岂能飞渡。盖以江流为可恃也。然考晋建兴末。祖逖自京口渡江。中流击楫矣。义熙六年。刘裕灭南燕。会卢循袭建康。裕卷甲南还。自广陵济江。出京口。梁承圣二年。陈霸先自丹徒济江。围齐广陵。隋开皇九年。贺若弼自广陵济江。拔京口。唐武德三年。李子通亦自广陵济江。取京口以蹙沈法兴。自是以后。南北渡者。皆以京口为通津。昔人谓采石渡江。江面比瓜洲为狭。故由采石济者。常居十之七。夫自唐以来。沙洲日积。江面南北相距。仅七八里。【唐初。江面阔四十里。其后沙壅为瓜洲。开元中。江面阔二十五里。宋时洲渚益广。绍兴中。江面犹阔十八里。明嘉靖以来。江面仅阔七八里。又有谈家洲横列其中。南北渡口。晴明时一苇可杭也。】故昔日之采石比京口为重。而今日之京口比采石为切。消息之理也。江防考。京口西接石头。东至大海。北距广陵。而金。焦。障其中流。实天设之险。由京口抵石头。凡二百里。高冈逼岸。宛如长城。未易登犯。由京口而东至孟渎。七十余里。或高峰横亘。或江泥沙淖。或洲渚错列。所谓二十八港者。皆浅涩短狭。难以通行。故江岸之防。惟在京口。而江中置防。则圌山为最要云。

蒜山。【(镇江)府西三里江岸上。山多泽蒜。因名。或云吴周瑜与诸葛武侯谋拒曹操于此。因曰算山。晋隆安五年。孙恩浮海。奄至丹徒。楼船千艘。鼓噪登蒜山。刘裕率众奔击。大破之。恩狼狈还船。唐上元二年。田神功击刘展于京口。遣别将先自白沙济江。趣下蜀。神功自将军瓜洲。将济江。展将步骑万余。陈蒜山以拒之。为下蜀之师所败。南唐徐知诰尝游蒜山。除地为广场。大会僚属。其下为漕渠所经。宋庆历中。疏蒜山漕渠达江。旧志云。山宽广可容万人。宋。元间沦入于江。今西津渡口水中孤峰是也……】

金山。【(镇江)府西北七里大江中……志云。唐裴头陀挂锡于此。于水际获金数镒。故又名金山。或曰。梁天监四年。于金山修水陆会。则金山盖古名也。唐上元中。田神功自瓜洲渡江击刘展。舟至金山。大风。不得渡。还军瓜洲。建中四年。时朱泚作乱。南方藩镇。皆据境自强。扬州帅陈少游以甲士临江大阅。镇海帅韩滉亦发舟师。耀武于京江以应之。又临金山与少游会。宋建炎中。韩世忠邀兀术于镇江。相持于黄天荡。世忠以海舰进泊金山下。命工锻铁相连为长绠。贯以大钩。以授士之骁捷者。敌舟至。则分为两道出其背。每缒一绠。则曳一敌舟沉之。寇大窘。绍兴中。金亮入寇至瓜洲。虞允文驰诣京口。会诸将杨存中等。临江按试水军。命战士踏车船中流上下。三周金山。回转如飞。敌相顾骇愕……里道记。金山北岸为瓜洲渡。南岸直西津渡口。俗所谓西马头也。其西去仪真县高资港不过四十余里。实为中流之险。】

焦山。【(镇江)府东北九里江中。与金山并峙。相去十五里。以后汉处士焦光隐此而名。或名谯山。亦曰浮玉山。刘宋元嘉中。以魏人临江。尝分兵戍此。唐时有谯山戍。盖焦与谯通称也。宋建炎中。韩世忠以八千人屯焦山。以邀兀术渡江北归之道。德祐初。张世杰与刘师勇等。帅舟师次焦山。碇江中流。元阿术登石公山望之。曰。可烧而走也。遂前战。世杰败走圌山。今山巅盘礴处曰焦仙岭。其旁岩洞参差。奇胜不一。山之余峰东出。有二岛对峙江流中。曰海门山。亦名海门关。又谓之双峰山也。里道记。焦山南岸曰东马头。以山为捍蔽。金。焦。北固。世称为京口三山云。】

圌山。【(镇江)府东北六十里。滨大江。宋置圌山寨于此。建炎三年。金人治舟师。欲由海道窥浙。遣韩世忠控守圌山。福山一带。德祐初。张世杰败绩于焦山。退泊圌山。明嘉靖三年。圌山贼袁效等作乱。官军讨平之。江防考。圌山屹立江滨。江中有顺江。匾檐诸沙。动亘数里。为之外护。舟行其间。仅通一路。矢石可及。况当江流。自东而西而北。转屈之间。层峰峭壁。俯瞰湍波。若屯设重兵。水陆协守。贼必不敢越此而西也。江北岸适与周家桥相对。实京口之咽喉。留都之门户。嘉靖三十二年。以倭寇充斥。议设圌山营把总一员。上自府西高资镇。下至安港百五十里。皆其汛地。山西里许曰大港口。万历四年。建把总公署于此。为控扼要地。】

大江。【(镇江)府西北二里。即扬子江也。亦曰京江。自杨州府仪真县高资港。至常州府孟渎口。凡二百五十余里。北岸与扬州府对境。魏曹丕出广陵。临大江。叹为天限南北。晋祖逖中流击楫。誓清中原。皆此处也。杂说云。晋末卢循之乱。刘裕自广陵济江至京口。时风涛大作。裕舟移而风止。梁侯景之乱。邵陵王纶自钟离还军。济江趣京口。中流风起。人马溺者什一二。识者以为成败之征也。今城西北三里曰西津渡。为南北对渡口。古谓之西渚。刘宋元徽四年。建平王景素举兵京口。朝命分遣张保。将水军讨之。保泊西渚。为景素左右所败。唐时亦曰蒜山渡。宋置西津寨于此。俗谓之西马头。即江口也。亦曰京口港……】

漕河。【在(镇江)城西二里。自江口至城南水门。凡九里。又南经丹阳县。至吕城堰百二十四里。相传秦凿京岘东南。以泄王气。即漕渠之始。或曰司马迁言禹之治水。于吴则通渠三江五湖。则漕渠之来久矣。六朝都建康。凡三吴船避京江之险。自云阳西城凿运渎径至都下。而故渠如故。齐书·志。丹徒水道。内通吴会。是也。隋平陈。废云阳二渠。大业六年。敕穿江南河。自京口至余杭八百余里。广十余丈。拟通龙舟。以备东游。即丹徒漕渠矣。唐永泰二年。转运使刘晏。奏引练湖水灌漕河。宋天圣以后。屡经疏浚。元符二年。修造京口澳闸以利运。政和六年。敕镇江府旁临大江。舟楫往来。无港澳容泊。故覆溺甚众。其西有旧河堙废。可及时浚治。自乾道至嘉定。复屡浚江口至城南一带。元至元。大德及泰定间。亦数经浚治。明天顺中。复疏而广之。每遇浅涸。辄以时开淘。南徐志。京口旧名须口。旧有五闸。曰京口。曰腰闸。曰下。中。上三闸。皆通接潮汛。樽节启闭。以通漕舟。其后渠渐浅狭。闸亦废坏。宋。元以来。数议修复。今为京口闸。当漕渠之口。距江一里。唐时改闸为堰。宋复易堰为闸。其后屡废屡置。每潮长则开以通舟。潮落则闭以蓄水。闸外江滩。横直各二十丈。可以藏舟。东南百万粟。每岁取途于此。漕渠考。漕河自丹阳新丰塘而西。入丹徒界。又西北五十里为京口闸。夹冈河。即漕渠之别名也。在丹徒南者曰小夹冈河。在丹阳北者曰大夹冈河。盖以道出山脊间而名。宋治平中。修夹冈河道。乾道六年。复自丹阳浚至夹冈。又海鲜河。在城西北。北通京江。东南接漕渠。宋嘉定八年。郡守史弥坚所开。今废。】

安港。【(镇江)府东北八十里。通大江。有巡司戍守。江防考。自安港而东北百里。为丹阳之包港。皆防守处也。又甘露港。在北固山下。宋嘉定中。郡守史弥坚导流而西南入归水澳。以济漕渠。于港口置上下二闸。又于上闸之西。因陂泽故址为秋月潭。下闸之东。则浚为北固浦。以便舟航舣泊。明初。败张士诚将戴院判。擒之。还驻于秋月潭。是也。宋会要。漕渠东有积水澳。北有归水澳。元符中。漕使曾孝蕴筑以济漕。乾道中废。弥坚为守。复浚归水澳。东北接甘露港。又西入于漕渠。志云。甘露港北通大江。南通上河。是也。又有新港。在京口。甘露二港间。永乐十年。浚京口新港及甘露港。弘治中。复浚新港及甘露港。寻废。丁卯港。在府南三里。晋元帝子裒镇广陵。运船出京口。水涸。奏请立埭。以丁卯日制可。因名。上有丁卯桥。运道所经也。】

润浦。【(镇江)城东一里。亦曰东浦。北通大江。隋以此名州。又茅浦。在府东。隋大业中。群盗刘元进攻润州。诏吐万绪击之。绪至杨子津。元进自茅浦将渡江。为绪所败。遂济江击元进。元进解围东走。下鼻浦。在府西十八里。北入江。舆地志。吴置刺奸屯。晋郗鉴尝筑两垒于浦西。又南七里曰乐亭浦。吴志以为簿落也。王濬缘江图谓之渎浦亭。北江中有贵洲。魏主丕临江试舟师。曾漂至此。隋开皇十年。江南乱。郭衍屯京口。败贼于贵洲南。是也。】

谈家洲。【(镇江)府西北六里江中。近时新积沙洲也。横列大江。为京口扼束之地。江行记。大江东下。金山扼其中流。江水两分。自山而东。中流稍缓。沙土渐积。遂成此洲。】

徐陵亭。【在(镇江)府西。南徐记。京口先为徐陵镇。其地盖丹徒县西乡京口里也。通释。徐陵。丹徒。京城。其实一也。吴黄武元年。吕范败于洞浦。魏臧霸以轻船袭徐陵。全琮。徐盛击却之……】

吕城。【(丹阳)县东南五十四里。与武进县接界。相传吴将吕蒙所筑。城址尚存。宋开宝七年。吴越助宋攻江南。围常州。拔其吕城。及江南平。以运道所经。置堰闸于此。淳化中。废。元祐四年。知润州林希奏复吕城堰。置上下闸。以时启闭。元符初。知润州王愈请复申启闭之禁。又绍兴二年。吕颐浩受命都统诸军。开府镇江。行至常州。前军将赵延寿叛于吕城镇。犯金坛。颐浩惧。移疾不敢进。庆元五年。命镇江府守臣重修吕城两闸。毕。再造一新闸以固堤防。德祐初。为元兵所陷。既而刘师勇复常州。使别将张彦守吕城。寻又为元兵所破。师勇复攻拔之。明初仍置吕城闸。设官守之。以时启闭。弘治中闸废。嘉靖初复置。然旧制渐弛。运河每患浅阻。寻奏复之。未久辄废。志云。吕城镇东出奔牛十八里。其地不特为运途津要。亦常。润间之屏蔽也。今有吕城驿。又置吕城巡司戍守于此。】

大江。【(丹阳)县北五十里。自丹徒县流入界。又东入武进县界。志云。滨江诸港凡数处。而最名者曰包港。北通大江。南达嘉山。宋置包港寨于港口。今为包港巡司。又东十里即孟渎河口也……】

练湖。【在(丹阳)县城北……大历初。刘晏为转运使。分官吏主丹阳湖。禁民引溉。河漕不涸。南唐升元中亦浚治之。复作斗门。以通灌溉。宋绍圣中重浚。又易置斗门。以便潴泄。大观四年。臣僚言。有司以练湖赐茅山道观。缘润州田多高卬。及运渠夹冈水浅。赖湖以济。请别用天荒江涨沙田赐之。仍令有司照旧修筑。宣和五年。臣僚复言。练湖与晋陵新丰塘地相接。广八百余顷。溉四县民田以一寸益漕渠一尺。今堤岸损缺。乞以时修筑。从之。绍兴七年。转运向子諲言。练湖堤岸废坏。不能潴蓄。舟楫不通。公私甚病。一遇霖潦。则渰及丹阳。金坛。延陵一带良田。今增置二斗门石闼。及修补堤防。尽复旧迹。庶为永利。乾道七年。臣僚又言。练湖向来修筑甚严。潴水济运。为利甚溥。兵变以后。堤岸圮缺。奸民侵占。遂致淤淀。望及时浚治。修固堤防。使民田漕渠均被其利。因命漕臣沈度。修筑南北斗门。且严盗决侵耕之禁。淳熙中。增置斗门闼函。以便蓄泄。淳祐二年。郡守何元寿复修湖闸。辟淤而深。其后上湖又为民所侵。景定中。修筑岸埂以限之。元初。豪民于湖面高处。复围裹为田。至元三十一年。复浚为湖。大德九年。又尝开治。至治三年。镇江路总管毛庄言。本路漕渠。每遇浅涩。全藉练湖之水。随宜通放。以资灌溉。所谓湖水放一寸。河水增一尺也。近年以来。练湖。漕渠。俱成淤塞。每有转输。必劳民力。相视漕渠。自江口至吕城百三十一里。切宜修浚。而练湖淤塞处。亦切须开挑。湖水不致干浅。运河得以接济矣。泰定初。浚漕渠。由江口程公坝抵浦河口百二十里。又浚湖。筑堤。治斗门及石碰石函。以蓄泄启闭。练湖复治。明建文末。重修埂闸。正统中。又修堤植柳。及修东埂斗门。景泰中复修筑。成化中。又筑湖堤及修斗门函管。弘治中。复修筑。万历十三年。知府吴撝谦建议。练湖上受长山八十四汊之水。下通运河。周四十余里。分上下二湖。界以中埂。见有石闸三座。盖引上湖之水以渐达之下湖。更有石闸三座。石碰一座。则引下湖之水以渐达之运河。又有函洞一十二处。则引上下湖之水以达之田间。函洞以时启闭。则民间之旱涝无虞。闸座以时启闭。则运河之蓄泄有备。宜立为令式。委有司于春初修筑湖堤。以防冲决。严禁势豪侵占。并经理启闭事。

宜当事为之奏请。允行。其后亦屡经修浚。俗谓之曰开家湖。潘季驯曰。练湖本无泉源。夏秋霪雨。注汇成湖。一遇亢旱。漕乾湖亦干矣。且湖水入漕。势皆东趣。于漕渠似无益也。赘论曰。自唐以来。皆议引练湖济运。宋元时言治水者。又皆云练湖自长山合八十四流而为辰溪。自辰溪潴而为湖。又别为重湖。环湖为堤四十里。此亦巨浸也。而潘氏乃云湖无泉源。又谓无益于漕。夫漕乾湖亦干。岂非淤塞之故欤。湖入漕而东趣。此吕城。奔牛所以置闸之意欤。潘氏之说过矣。】

运河。【在(丹阳)城南。自常州府西至吕城镇。入县界。又西经城东。嘉靖中作内城于漕河西岸。寻作外城。跨漕河。接内城。漕河遂夹城中而西北出。嘉靖末。始凿城西北。引流达西门城濠。经南门。合简渎出东门桥。复入运河。盖引江湖襟带城郭。且徙运道于城外。公私往返。无城门之阻。而城中可免意外之虞。谓之新开运河。万历十八年。益浚外濠。自南迄西亘八里。使漕舟更不必经由城内。且移云阳驿于城西。为牵挽之便。时以为利。又西北经练湖闸大夹冈。达新丰镇。而入丹徒县界。志云。漕渠在丹徒界者四十五里。而在县界者九十里。自京口闸至吕城。势若建瓴。宋人谓运河经吕城。夹冈。形势高卬。是也。昔时。遇冬则闭闸蓄水以济漕。不足则以湖水助之。凡启闭后先。皆有程限。嘉靖以后。其制渐弛。今漕舟经县界。每虞浅涩云。】

九曲河。【在(丹阳)县北。南接漕渠。北达大江。委蛇七十余里。亦谓之新河。河口有博望堰闸。昔时由此通湖。利漕且利灌溉。后河日浅淤。堰闸亦废。珥渎河。在县东南七里。与漕渠相接。河口有七里桥。南流入金坛县界。】

……又相渎。在今县南六十里。亦名直渎。自白鹤溪北通武进奔牛闸。相传宋相王存自临安归丹阳。每由径道出此。因名。又县东南五十四里有吕渎港。万历间重浚。北引运河。南通白鹤溪。凡二十里。沿河民田。资以灌溉。舟航径达。货物流通。为一方利。

白鹤溪。【在(金坛)县北。上承金陵句曲之水。东流入常州界。漕渠考。县北有金坛河。溧阳。高淳之水由此河出。至丹阳城东七里桥。其水可以济运。王氏曰。运河在县北十里。自白鹤溪引流而东。县北八里有高湖。下口渎。天荒荡诸水。亦东流至此。会于运河。益引而东。接武进县之滆湖。而东北达于漕河。此县境运河正流也。】

卷二十六·江南八

鸡鸣山。在(庐州)府西四十里。肥水出于此。上有龙井。唐建中四年。淄青帅李纳叛。断淮西运道。水陆运使杜佑请改疏颍水通漕。因言庐。寿间有水道。而平冈亘其中。曰鸡鸣山。请疏其两端以通舟。中间登陆四十里而近。则江。湖。黔。岭。蜀。汉之粟。可方舟而下也。议未及行。

三汊河。【(庐州)府南九十里。会庐江航埠水。舒城城下水。挑城水。亦曰三河。有三河镇。梁天监中。韦叡攻合肥。堰肥水。筑城于岸以守堰。为魏人所拔。乘胜至堰下。诸将惧。欲退保巢湖。或欲保三汊。叡不许。胡氏曰。保三汊以利于入船也。】

巢湖。【(庐州)府东五十里。亦曰焦湖。亦曰漅湖。周四百余里。占合肥。舒城。庐江。巢四县之境。汊港大小三百六十。纳诸水而注之江。为淮西巨浸。后汉永平十一年。尝出黄金。建安中。曹操数与孙氏争衡于此。诸葛武侯所谓曹操四越巢湖不成者也。吴嘉禾三年。吴主入居巢湖口。向合肥新城。不克。宋升明二年。北魏寇淮。肥。萧道成遣刘怀珍屯巢湖御之。梁天监五年。韦叡攻合肥。未拔。诸将欲退还漅湖。陈大建十一年。樊毅等将水军二万。自东关入焦湖。欲向合肥。以拒宇文周之兵。元至正十五年。明太祖自和阳谋渡江。患无舟楫。巢湖水寨军帅俞通海等来迎。太祖喜曰。吾事济矣。遂自

将趣巢湖。将其众而还。】

逍遥津。【在今(庐州)府治东。肥水支津也。后汉建安二十年。孙权攻合肥。不拔。撤军还驻于津北。魏将张辽等袭击权。诸将悉力拒战。权乘骏马上津桥。桥南已彻丈余。超度得免。今有飞骑桥。相传即权超度处。又藏舟浦。在府城西北隅。魏张辽御孙权。凿此以藏战舰处。寰宇记。唐贞观十年。刺史杜公因旧浦作斗门与肥水相接。浦际有金沙滩。】

马肠河。【(无为)州东北六十里。其上流二十里曰运河。西接巢湖。东汇于马肠河。达大江。元至正十五年。明太祖自巢湖出湖口。至铜城闸。已脱险。元将蛮子海牙集楼船塞马肠河口。以阻后军。太祖设策败之。尽发舟师。出湖口入江。是也。铜城闸。见和州。】

石牌市。【在(安庆)府西九十里。地通四邑。商旅辐聚。亦曰石牌口。宋开宝七年。樊若水请用浮梁济采石。先试舟于石牌口。及伐唐。移置采石。不差尺寸。是也。又高河市。在州西六十里。】

枞阳城。【(桐城)县东南百二十里。临江。汉县治此。汉纪。元封五年。南巡狩。自寻阳浮江。射蛟江中。获之。舳舻千里。薄枞阳而出。作盛唐枞阳之歌。后汉县废。萧梁始复置。太清末。萧范以合肥之军顿濡须以待上流援军。久之。进退失据。乃溯流而上。军于枞阳。寻诣江州。大宝二年。侯景挟太子大器。西攻巴陵。败还建康。道经濡须。景为荀朗所败。前后相失。太子船入枞阳浦。从者劝太子因此入北。太子不可。陈永定十年。庐江蛮田伯兴寇枞阳。合州刺史鲁广达讨平之。唐武德七年。辅公祐叛。赵郡王孝恭讨之。破公祐别将于枞阳。元至正十九年。陈友谅之党赵普胜据安庆。结寨枞阳。明太祖命廖永忠攻拔之。是也。城邑考。宋末。桐城县移治枞阳镇。后又徙池之李阳河。元始还旧治。今仍为枞阳镇。明初置税课局于此。正德中革。志云。镇西去郡城九十里。有射蛟台。即汉武射蛟处。】

枞阳河。【(桐城)县东南百二十里。其源自怀宁县界之莲湖。引流入界。经县南百三十里为石塘湖。又东流绕枞阳故县。曰枞阳河。府西北境诸川及县东北诸川。皆汇流入焉。达于大江。汉武薄枞阳而出。陈友谅自枞阳寇池州。太平。是也。志云。枞阳东十余里接三江口。有铁坂洲。罗塘洲。木鹅洲。皆在江滨。相传周世宗与南唐划江为界。以木鹅浮江中。随其所之。以定南北。鹅沿洲东下。故以木鹅为名。又有老洲。在县东百里。西南去枞阳六十里。六百丈巡司置于此。】

大江。【在(宿松)县南百二十里。江防考。小孤山为江面险要。大江经此。分流东下。入望江县境。有小孤巡司。与安庆。九江官兵以时巡哨。小孤之上二十里曰杨家洲。下十五里为毛湖洲。稍东为沙湾角。俱盗贼出没处也。】

慈湖。旧在(望江)县北十八里。志云。县北二十里有石子港。源出县西二十里之雪凉泉。汇慈湖。孝感诸水入于武昌湖。明初。安庆为陈友谅所袭陷。明师复克之。命徐达等追友谅至慈湖。焚其舟。是也。孝感山。在今县北十五里。其水亦注于慈湖。又县西北有大小豆溪。自宿松分流。达慈湖入江。

雷池。【(望江)县东三十里。源出宿松县界。东流二百余里。经县东南。积而为池。又东十五里入江。三国时。有雷池监。孟宗尝为雷池渔官。是也。其入江处。亦曰雷港。亦曰雷江口。亦曰大雷江。晋咸和二年。苏峻以历阳叛。温峤欲自江州入卫。庾亮报峤书曰。吾忧西陲。过于历阳。足下无过雷池一步。义熙六年。刘裕讨卢循。军于雷池。进军大雷。分兵屯于雷江西岸。先备火具。循自湓口来战。不胜。回泊西岸。岸上军发火焚之。循败走。宋孝建初。江州刺史臧质叛。使其党鲁弘下戍大雷。泰始初。晋安王子勋举兵江州。遣将军俞伯奇断大雷。禁绝商旅。又以甲士五千人出顿大雷。于两岸筑垒。

明年。子勋将刘胡等军败。悉发南陵诸军。烧大雷诸城而还。梁承圣初。王僧辨等讨侯景。自寻阳东下。军于大雷。陈永定二年。以王琳军寻阳。遣军拒之于大雷。既而琳引军来攻。不克。今县城本名大雷戍。盖以雷江为名。明正德七里。流贼刘六等自黄州趣京口。道雷港。寻又自通州经雷港。趣九江。未几。复由雷港犯金陵。盖雷港为滨江要防也。旧置雷港镇。有巡司戍守。兼置雷港驿。天启中。雷港为浮沙所塞。于是巡司废。驿移于华阳镇。】

卷二十七·江南九

姑孰城。【今(太平)府治。汉丹阳县地也。迫临江渚。商贾凑集。鱼盐所聚。东晋时。置城戍守。并积盐米于此。城南临姑孰溪。因曰姑孰城。咸和二年。历阳内史苏峻据郡叛。使其将韩晃等袭陷姑孰。取盐米。兴宁二年。桓温自赭圻移镇姑孰。咸安二年。桓冲为豫州刺史。戍姑孰。宋元嘉三十年。武陵王骏讨元凶劭。至南洲。降者相属。即姑孰城南也。又大明七年。校猎于姑孰。齐永明十一年。宜都王铿为南豫州刺史。镇姑孰。东昏侯末。萧衍前军至芜湖。监南豫州事申胄弃姑孰走。衍进据之。既而齐主宝融自荆州东至姑孰。禅位于梁。梁承圣初。王僧辨等讨侯景。至姑孰。贼将侯子鉴败走。隋开皇九年。伐陈。韩擒虎自横江济采石。攻姑孰。半日拔之。寻移当涂县治此。后因之。志云。当涂城旧跨溪水上。唐元和中筑。周十五里。东西置水门。曰上下栅。张舜民曰。姑孰溪旧经太平州城内。陆游曰。姑孰城在当涂北。今州城正据姑孰溪。溪亦名姑浦。江源记。姑浦口南岸立津。以讥行旅。是也。宋建炎中。郡守郭伟筑新城。减旧城三之二。限溪流于城外。西入江。后屡经修筑。宝庆二年。更置南北二水门。又增瓮城一。绍定中。复修城浚濠。环城为备。元仍旧址。明初克太平。既而陈友谅来争。城西南俯瞰姑溪。友谅乘水涨。以巨舟薄城。士卒缘舟尾而上。城遂陷。友谅败。常遇春驻守。乃改筑今城。南距姑溪三十余步。城遂完固。有门五。南面门二。左曰南津。右曰湖孰。东面曰行春。西面曰澄江。北面曰清源。城周六里有奇。】

采石山。【(太平)府西北二十五里。滨江为险。昔时自横江渡者。必道采石趋金陵。江津襟要。此为最冲。亦曰采石圻。志云。采石以昔人采石于此而名。其石突出江中。渡江者由此登跻。今为采石镇。置采石巡司及采石驿。又南里许曰牛渚山。亦曰牛渚圻。俱见前名山采石。】

青山。【(太平)府东南三十里。一名青林山。唐武德七年。李孝恭等讨辅公败其兵于芜湖。公遣舟师屯博望山。复遣其将陈正通将步骑屯青林山。既而孝恭败公梁山之兵。博望。青林二戍皆溃……】

褐山。【(太平)府西南三十五里。临大江。亦曰曷山。稍东即东梁山也。唐光启三年。杨行密自庐州谋取宣州。州帅赵鍠遣兵屯曷山。行密击败之。天复二年。冯弘铎据升州。引楼船兵袭宣州。杨行密将田頵帅舟师逆战于曷山。大破之。三年。田頵以宣州叛。行密使李神福攻頵。破之于曷山。张舜民郴行录。褐山矶在大信口稍西南。去芜湖县四十余里。是也。宋绍兴二年。命沿江岸置烽火台。当涂之褐山。其一处云。】

大江。【(太平)府西北五里。江行录。大江自繁昌县西三十里荻港驿入府界。与池州府接境。过县北。折而东北流。有宗三庙。为沿江要地。又东至芜湖县。去繁昌凡百里。又东北四十里为东梁山。又东北四十里至采石矶。又东北六十里即江宁镇也。梁承圣初。王僧辨讨侯景至姑孰。景将侯子鉴度南洲。于岸挑战。又以鵃䑠载战士。僧辨麾细船令退缩。留大舰夹泊两岸。子鉴之众谓水军欲退。亟出趣之。大舰断其归路。合战江中。贼军大败。宋志。郡滨江为险。牛渚。天门最为形胜。诚东南之巨镇也。】

大信河。【(太平)府西南二十五里。大江自天门山南酾为夹河。曰大信。下达采石入江。亦谓之南浦。刘宋孝建初。江州刺史臧质以南郡王义宣叛。与王玄谟相拒于梁山。质遣其党庞法起将兵趋南浦。欲自后掩玄谟。垣护之击破之。梁承圣初。王僧辨等讨侯景。至芜湖。景将侯子鉴据姑孰南洲以拒之。景遣人戒子鉴曰。西人善水战。宜结营岸上。引船入浦。浦即南浦。胡氏曰。今大信港也。志云。大信河自芜湖白岸湖分流。北过梅塘何。墓山之间。西过马鞍山。又西过大信下镇。会龙山港入江。今有大信巡司。亦曰东梁山巡司。置于府西南大信河口之大信镇。又匾檐河。在府西七里。亦曰古檐河。自大信河分流入江。亦有匾檐渡。】

青堆沙。【在(太平)府西南二十里。或曰即青墩也。梁敬帝初。徐嗣徽召齐兵犯建康。陈霸先召周文育于湓城。嗣徽列舰青墩。至七矶。以断文育归路。寻为文育所败。志云。今芜湖县南有青墩河。亦曰青墩沙。】

陵口戍。【在(太平)府北三十里。或谓之东陵口。晋咸和中。苏峻自历阳济横江。登牛渚。军于陵口。胡氏曰。在牛渚之东北。亦江滨戍守处。】

黄池镇。【(太平)府南八十里。道出宁国府。有黄池公馆。志云。府东南二十五里有杨家渡。又东南与固城。丹阳诸湖相接。此为滨湖津要之所。】

七矶。【(芜湖)县西北十五里。梁末。徐嗣徽引齐兵据芜湖。列舰于青墩。至七矶。以断周文育湓城还建康之路。即此。一名碛矶。】

鲁明江。【(芜湖)县南三十余里。其上源即宁国府境内之青弋江也。昔尝穿港以酾丹阳湖。余水汇于石硊渡。西北注大江。流遂深阔。亦曰鲁港。相传旧有鲁明仲者居此。因名。十国记年。孙儒与杨行密争宣州。行密将台濛于鲁江作五堰。以轻舟给行密食。五堰盖在鲁明江上源。即今高淳县之东坝矣。又宋末。贾似道军于鲁港。为元人所败。今有河口镇巡司。在县西南。与繁昌县接界。】

石硊市。【(芜湖)县南三十五里有石硊渡。志云。渡阔五里。即鲁明江之上流也。晋咸和中。桓彝尝屯兵于此。以拒苏峻。又县东四十里有鸠兹渡。在鸠兹港口。因名。】

三山矶。【(繁昌)县东北四十里。临江滨。有巡司戍守。上至荻港巡司七十里。下至芜湖县河口镇巡司三十里。为滨江戍守之处。又县西北有黄石矶。濒大江。多黄土巨石。因名。】

荻港。【(繁昌)县西南二十里。自池州府铜陵县流入境。注于大江。东岸与赭圻城相属。西对无为州。乃江流之险要。今县西北四十里有荻港镇。置巡司戍守。兼设荻港驿及河泊所于此。】

虎槛洲。【(繁昌)县东三十五里。宋泰始二年。晋安王子勋举兵江州。诏建安王休仁督诸军讨之。休仁军南州。使沈攸之将兵屯虎槛。既而兖州刺史殷孝祖入援。诏引军向虎槛。休仁亦自南州进屯焉。陈天嘉元年。王琳伐陈。自湓城至栅口。陈将侯瑱自芜湖进军虎槛洲。琳亦出船列江西。隔洲而泊。及战。为瑱所败……】

鹊尾洲。【(繁昌)县西南大江中。左传昭五年。吴败楚人于鹊岸。杜佑曰。南陵大江中有鹊洲。即古鹊岸也。宋泰始二年。晋安王子勋举兵江州。遣其将陶亮军于鹊洲。前锋孙冲之军于赭圻。既而亮以台军屡捷。召冲之还鹊尾。又刘胡自寻阳率众继至。与旧兵合十余万军鹊尾。寻又以袁觊督征讨诸军。

帅楼船千艘。战士二万。来入鹊尾。是鹊尾即鹊洲也。今江中有数洲。其大者为杨夹沙镇。或以为即古之鹊尾云。】

南陵戍。【在(繁昌)县西南。下临江渚。胡氏曰。六朝时。江州东界尽于南陵。盖滨江津要处。非今之南陵县。晋陶侃领荆。江二州刺史。自南陵迄于白帝。数千里路不拾遗。谓南陵也。义熙六年。卢循攻建康。不克。南还寻阳。留其党范崇民将五千人据南陵。宋孝建初。臧质以南郡王义宣叛。自江州趣建康。殿中将军沈灵赐将百舸破质前军于南陵。梁亦置戍于此。承圣初。王僧辨讨侯景军于大雷。遣前军侯填袭南陵。鹊头二戍。克之。宋白曰。南陵戍去今宣州南陵县百三十里。梁武因旧戍置南陵县。本治赭圻城。亦非今之南陵云。鹊头。今见铜陵县。】

(池州)府襟带江山。控扼肥。皖。居金陵之上游。当江滨之孔道。或自鄱阳而北出。或自淮南而南指。可舟可徒。郡亦设险之所也。宋取江南。以战舰先取其池州。而后步骑从采石南渡。金陵藩屏。岂惟安庆为要地欤。

黄龙山。【府北五里。滨大江。有望江亭。稍西曰镇山。濒池口河。百牙山。在城东北半里。志云。府治主山也。东麓曲水旋绕。曰落蓬湾。相传货舟辏泊于此。牙行百人登陇。以平其直。因名。上有浮屠。】

大江。【(池州)府北五里……宋史。宣和六年。前太平判官卢宗原言。池州大江。乃上流纲运所经。其东岸皆暗石。多至二十余处。西岸则沙洲。广二百余里。俗谓之拆船湾。言舟至此必毁折也。今东岸有车轴河口沙地四百余里。若开道入杜坞。使舟经平水径出池口。可避二百里风涛拆船之险。请措置开修。从之。志云。今近府之洲曰古夹。曰乌落。曰官。曰新。曰上荷叶。曰武梁。其矶曰拦江。曰罗汉。曰黄龙。曰刘婆。皆滨江相接云。】

池口河。【(池州)城西五里。一名杜坞河。志云。城西四里有杜坞山。以唐杜牧尝游此而名。河经其下也。又有镇山。在城北五里。滨池口江。便民仓置于此。亦谓之贵池。源有五。一出石埭县西之栎山。一出府西南百八十里之古源山。亦曰源头山。一出涔溪。一出石岭。一出东源。众流会于秋浦。汇于府西南七十里之玉镜潭。又迤逦数十里钟为谷潭。决为炭埠港。注于杜坞。过镇山入池口河以达大江。亦谓之贵口。宋泰始二年。寻阳王子勋举兵江州。遣其将刘胡等军于鹊洲。既而台军张兴世营于钱溪。胡等粮运中绝。乃遣沈仲王步趣南陵。载粮数十舫至贵口。不敢进。兴世遣寿寂之等击败之。即此。张舜民曰。自铜陵舟行六十里至梅根港。又五十许里至黄池口。是也。唐以此名州。今有池口巡司。置于滨江黄龙矶上。】

梅根河。【(池州)府东四十五里。其源一出九华山。泻于五溪桥。过黄屯。至府东四十里之斗龙山。沿流至府东五十五里之五埠河。一出太婆山。泻马衔桥。绕龙潭。与九华之流合。交于双河。又北达大江。亦曰梅根港。港东五里即梅根监。历代铸钱之所。有钱官司之。故梅根港亦曰钱溪。宋泰始二年。晋安王子勋举兵江州。遣其将袁觊等与沈攸之相拒于浓湖。张兴世言于攸之曰。"钱溪江岸最狭。去大军不远。下临回洑。船下必来泊岸。又有横浦。可以藏舟。千人守险。万兵不能过也。若以奇兵数千。潜出其上。因险而壁。见利而动。使贼首尾周皇。进退疑阻。中流既梗。粮道自艰。制敌之奇。莫过于此。"攸之从之。兴世遂率轻舸过鹊尾。夕宿景洪浦。潜遣别将黄道标。帅七十舸径趣钱溪。立营寨。引兵进据之。刘胡自鹊尾来攻。船入回洑。为兴世所败。胡氏曰。梅根港有铸钱监。故亦曰钱溪。回洑者。旋流为回。伏流为洑也。又为梅根渚。齐武帝云。昔经樊邓役。阻潮梅根渚。即此矣。】

李阳河。【(池州)府西六十里。源引大江。以江流之消长为盈缩。本名李王河。以李。王二姓居其地也。自河口出江中。有石。槎枒横突。为栏江。罗汉二矶。奔流激荡。为运道患。五代晋时。南唐发运使周湛役三十万夫作支流。以避其险。自是往来无覆溺之患。谓之新河。其后江面日开。矶势颇安。而支流颇侵啮民田。明正德十一年。遂塞新河。志云。李阳河亦滨江要地也。宋德祐初。元兵犯池州。游骑至李阳河。今设李阳驿及巡司。有官兵戍守。】

梅根监。【(池州)府东五十里。亦曰梅根冶。自六朝以来皆鼓铸于此。张兴世营于钱溪。刘胡使陈庆引舸三百攻之。军于梅根。即此。唐志南陵县有梅根镇。今为梅根港。盖其地旧属南陵也。宋至道三年。以池州钱监为永丰监。或曰即故梅根监。】

大江。【(铜陵)县西北一里。自大通河与贵池县接界。下至荻港。与繁昌县接界。江中之洲。曰下荷叶。曰横港。曰曹韩。曰白沙。曰千斤。曰新涌。曰小芜。曰钱溪。曰丁溪。矶二。即羊山。石礲也。志云。曹韩。白沙二洲之中有夹河。流经县西十里。中引大江。】

大通河。【(铜陵)县南四十里。出伏牛。天门诸山。汇于车桥湖。至县西南四十里大通镇入大江。与贵池县接界。今有大通巡司。又河口河。在县治南。会诸溪涧之水。流入大江。源微水浅。兑运时。漕舟不能达县。舣舟江浒。遇风恒有漂失之虞。天顺间开浚。岁久复淤。嘉靖初。又自大通镇移大通驿于河滨。往来者益以浅塞为患。二十一年复开浚。于是江流内注。舟楫辐辏。自是以时浚治焉。一统志。县西北七里有铜陵河。源亦出诸溪涧。会于横塘闸。入市后湖。达大江。】

尧城溪。【(建德)县南三里。县东南诸山谷水汇流为溪。春夏水溢。可通舟楫。西北流。达东流县。入大江……】

吉阳矶。【(东流)县北三十里江滨。唐天复三年。杨行密将田頵以宣州叛。行密召李神福自鄂州还军击之。至吉阳矶。田頵遣其党王坛等将水军逆战。神福击败之。又败之于皖口。盖戍守要地也。今有吉阳镇。置巡司于此。黄石矶。在县东北五十里。亦滨大江。明正德十四年。宸濠犯安庆。泊舟于此。问矶名。左右曰。王失机也。濠大恶之。未几。果败。旁有黄石港。其处皆黄土巨石相绵亘云。】

大江。【(东流)县西北二里。自马当山东北。流经香口。吉阳诸镇。自吉阳而东北。又六十里。至黄盆河口。接贵池县界。江中之洲。曰莲花。曰阁簰。曰白沙。曰雁落。曰七团。曰鬼颈。曰雀料。曰大新矶。曰狮子。曰稠林。曰麓贯。曰祝家。曰黄石。旧志。江中有新洲。磨盘洲。又有罗刹石。崭岩森立。舟帆艰险。其洲亦曰罗刹洲。】

卷二十八·江南十

青弋江。【(宁国)府西六十里。源出泾县及池州府之石埭县。又太平县及府西南境诸川。皆汇入焉。东北流经行廊山下。又北合诸山溪之水。经方山下。又北出扬青口。会太平府黄池河。又北入芜湖县界。注大江。志云。江西岸为南陵境。有渡。昔时多引流为陂堰。以资灌溉。今舟楫往来。此为津要。又白羊溪。在府西南五十里。出华阳山之金牌岭。西北流。合诸山溪之水。至行廊山。入青弋江。】

柏山。在(泾)县东北三十五里……又马头山。在县东北四十三里。下为镇市。商舟辏集其地。又东北为古楼山。皆县境锁钥。与南陵。宣城分境。

庄坑。在(婺源)县南六十里。舆程记。由乐平而东。六十里至毛桥。又三十里至湾头。五十里至庄坑。以达县。皆舟楫通行之道也。

阊门滩。【(祁门)县南十三里。县境之水。多会于此。中有巨石夹水。对峙如门。谓之阊门。其水径浮梁界下流入鄱阳。昔时滩流奔迅。溪险石蹙。商旅经此。有摧舻折舳之患。唐元和中。县令路旻开斗门以平其险。人号路公溪。咸通中县令陈甘节。宋嘉定中令陈过。亦加疏导。共长五百五十余丈。今为安流。】

卷二十九·江南十一

泗水。【在(徐)州城东北。自沛县流入境。循城东。而东南入邳州界。亦曰清河。今黄河经城北。又东夺泗水之流。而泗皆为河矣。志云。泗水至州北。亦谓之鼎伏。昔周显王时。九鼎沦没于泗水。秦始皇使数千人没水求之。不获。即此处也。梁普通八年。遣将成景隽攻魏彭城。欲堰泗水灌城。魏徐州刺史崔孝芬等击却之。既而萧渊明及陈吴明彻等皆堰泗水以攻城。卒不能拔。今亦曰漕河。亦曰泉河。其河漕相合之处。有镇口闸。又北为古洪。内华等闸。盖一以制黄河之淤淀。一以时黄河之消长。岁漕恃此为咽喉也……】

百步洪。【(徐)州城东南二里。泗水所经也。水中若有限石。悬流迅急。乱石激涛。凡数里始静。一名徐州洪。或曰。洪有乱石峭立。凡百余步。故曰百步洪。形如川字。中分三道。中曰中洪。西曰外洪。东曰月河。亦曰里洪。俗传唐尉迟敬德经略徐州。凿徐州。吕梁二洪。以通水道。宋元祐中。亦尝修凿。置月河石堤及上下闸。明永乐中。陈瑄复凿之。亦于洪口置闸。既以运艘损坏。凡再凿之。嘉靖二十年。管河主事陈穆复凿百步洪遂成安流。旧有闸。今废。】

吕梁洪。【(徐)州东南六十里。有上下二洪。相距凡七里。巨石齿列。波流汹涌。列子称孔子观于吕梁。悬水三十仞。流沫四十里。水经注。泗水自彭城东南过吕县南。水上有石梁。谓之吕梁。晋太元九年。谢玄克苻坚。进平兖州。患水道险涩。粮运艰阻。用督护闻人奭谋。堰吕梁水植栅。立七埭为派。拥上岸之流。以利漕运。公私称便。遂进伐青州。时谓之青州派。宋泰始二年。徐州刺史薛安都以彭城降魏。宋将张永。沈攸之等讨之。进攻彭城。不克而还。会大雪。泗水冰合。永等弃船步走。魏将尉元与薛安都前后邀击。大破永等于吕梁之东。梁太清初。萧弄璋攻东魏碛泉。吕梁二戍。拔之。魏收志。吕县有吕梁城。碛泉盖在吕梁之东。陈大建七年。吴明彻攻彭城。大破齐军数万于吕梁。十年。明彻伐周。进屯吕梁。周徐州总管梁士彦拒战。为明彻所败。进围彭城。环列舟舰于城下。堰泗水以灌城。周遣王轨驰救。募壮士夜决堰。至明。陈人始觉。遂溃还。盖吕梁自晋宋间有之。或谓唐武德中。尉迟敬德开此洪。假龙门吕梁。以状此水之险。误矣。龙纪初。朱全忠将庞师古攻时溥于徐州。拔宿预军于吕梁。溥逆战。大败。退保彭城。光化二年。杨行密讨朱全忠。进攻彭城。军于吕梁。不克而还。宋元祐四年。京东转运使言。清河与江。浙。淮南诸路相通。因吕梁。百步两洪。湍浅险恶。商贾不行。乞度地势。穿凿开修月河石堤。上下置闸。以时启闭。通放舟船。从之。明初。傅友德奉命守徐州。未至元扩廓遣兵来寇。屯州东陵子村。友德引舟溯流至吕梁。舍舟登陆。击却之。宣德初。以漕舟艰阻。陈瑄议于旧河西岸凿渠。深二尺。阔五丈。夏秋有水。可以行舟。七年。复凿渠令深。并置石闸以节水。既而湍险如故。嘉靖二十三年。管河主事陈洪范复凿吕梁洪。平之。自是运道益便。旧有上下二闸。今废。又吕梁巡司亦置于此。】

泗河。【在(沛)县城东。自山东鱼台县。流经县北。又至城东南流入州境。即今运河也。旧有金沟口闸。在县西南十五里。北抵湖陵。南至留城。皆置闸以疏运道。嘉靖四十四年。黄河决。徙闸河壅塞。乃于留城北创开新河。以利漕。西去旧河四十里。自鱼台之南阳闸。至夏镇。抵留城。长百四十里。自是遂为运艘通渠。】

昭阳湖。【(沛)县东北八里。即山阳湖。俗称刁阳湖。邹。滕二县之水。俱汇于此。周二十九里有奇。下流与薛水合。自金沟口达泗。明永乐中。于湖口建石闸。东西二湖口建板闸。成化中。俱易石闸。弘治中重修。以时蓄泄。为漕渠之利。嘉靖四十四年。大河决入运河。漫入昭阳湖。因改浚运渠出湖之东。而湖为河流散溢处矣。吕孟湖。在县东南四十里。漕河考。县境有张庄。吕孟。微山。赤山诸湖。与昭阳湖并为潴水济漕之处。】

泥沟。【在(沛)县西北五十里。自鱼台县流入界。经沙河镇西南。而入于漕河。亦曰泥沟河。又辛庄河。在县东北。志云。出滕县西南五十里。南流十里。入昭阳湖。县东北三十五里又有章公河。明弘治间所浚泄水河也。赶牛沟。亦在县东北。出滕县五花泉。至县界三河口。与沙。薛二河合。明嘉靖中。开新河遏之。西合鲇鱼泉。注于新河。志云。鲇鱼泉在县东北三十里。又荆沟泉。出滕县东北五十五里。泉眼百余。水流迅急。西南流八十里。至新庄桥入昭阳湖。正统六年。参将汤节开渠十里。引流济运。今废。】

夏镇。【(沛)县东北四十里。南去留城四十四里。即新河所经也。有管界分司镇焉。明万历十六年。筑夏镇城。三十二年。开泇河。起自夏镇。经徐州东北彭家口。迤于邳州东之直河口。凡二百六十余里。避黄河之险者三百余里。又天启中。妖贼徐鸿儒作乱。攻夏镇至彭家口。掠运船。阻绝运河。官军击却之……】

(和)州淮南要冲。江表藩蔽。渡横江而出采石。济滁口而向金陵。则长江不为固矣。若大西指昭关而动庐。寿。北走涂中而收濠。泗。则两淮可以风靡也。自昔国于东南。未尝不以历阳为襟要。而有事江南者。张氏栻所云由寿阳。历阳来者。什之七。由横江。采石渡者。三之二”。是也。是故孙策起历阳。则渡江而有江南。曹操争江南。则相持于东关。濡须之间。晋平吴。使王浑出历阳。度横江。苏峻之乱。则据历阳。渡横江而劫姑孰。石虎掠淮南。游骑径抵历阳。苻坚自项城。【河南项城县】来寿阳。则使姚苌为先锋。直趋历阳也。梁侯景以寿阳叛。则并有历阳。遂渡采石。隋氏平陈。韩擒虎由庐州趣寿阳。自横江宵济矣。唐平江南。始自历阳。【杜伏威为和州总管。讨平江南群】盗。宋绍兴中。金人犯含山。进逼历阳。叶梦得曰。金人得和州。长江不可保矣。因趣诸军拒守。及金亮南侵。军于和州。而两淮为之残弊。开禧中。金人南犯。仆散揆夺安丰。围和州。屯瓦梁河。【见六合县。】以控真。扬诸州之冲。张旗帜于沿江上下。江表大震。明初亦自和阳济江。克采石。下太平。吕氏祉尝言。历阳。建康。姑孰之门户。未有历阳多故而江东得以安枕者。岂不信哉。

横江。【(和)州东南二十五里。直江南采石渡处。自昔济江之津要也。后汉兴平元年。扬州刺史刘由屯曲阿。迫逐丹阳太守吴景。景退屯历阳。由遣将樊能等屯横江拒之。即而为孙策所破。晋隆安二年。殷仲堪举兵荆州。前锋桓玄等大破官军于白石。进至横江。元兴初。桓玄自江陵东下。豫州刺史谯王尚之遣杨秋屯横江。秋叛降玄。宋元嘉二十七年。魏主焘入寇。自彭城南下。使其将鲁秀出广陵。拓跋那出山阳。拓跋仁出横江。所至残灭。宋遣刘遵考等将兵守横江以备之。齐东昏侯永元二年。豫州刺史裴叔业问萧衍以自安之计。衍曰。“若意外相逼。当勒马步二万直出横江。以断其后。天下事一举可定也。”隋开皇八年。韩擒虎平陈。亦自横江宵济。盖建康。姑孰皆以横江为喋吭。亦曰横江浦。江滨有毓麟堂。宋绍兴三十一年。金亮入和州。临江筑台。誓师渡江。晨炊玉麟堂。玉麟。即毓麟之讹也。江防考。大江入州境上。接无为州。下接应天府。凡一百一十里。与太平府中流分界。江流自西南绕而东北。故昔称和州为江西。而大江夹岸津要甚多。随地立名。分途汛守。实皆大江也。】

栅江。【(和)州西南百五十里。与无为州分中流为界。即濡须水入江之口也。曹操进军濡须。攻破孙权江西营。即此地矣。梁末。齐将萧轨出栅口。向梁山。陈霸先将黄丛击却之。陈天嘉初。王琳伐陈。军于栅口。时东关春水稍长。琳引齐人合肥。巢湖之军。相次而下。战于芜湖。为陈将侯瑱所败。大建十一年。时江北之地尽没于周。因遣将军徐道奴镇栅口。宋南渡后。于此置栅口寨。明初。赵德胜破陈友谅于栅江口。是也。宋白曰。栅江口。即古之濡须口。西北距庐州三百八十四里。今一名新妇口。对岸即繁昌县。】

当利浦。【(和)州东南十二里。一名沙口堰。亦大江之别浦也。后汉兴平初。刘由遣其将张英屯当利口。以拒吴景。明年。孙策击走之。晋咸和二年。苏峻以历阳叛。孔坦请急断阜陵。守江西当利诸口。是也。寰宇记。当利本名扬浦。晋王浚平吴。扬帆顺流而下。王浑招之。不止。报云风利不得泊也。因改名当利。按后汉已有当利之名。则非晋改矣……乌江浦。在故乌江县东四里。即亭长舣船待项羽处。水经注。江水又北得黄律口。即乌江渡也。又锁石港。在旧乌江县东北五十里。入大江。】

【横江河。在(和)州南里许。亦曰横江渠。宋开宝八年。伐南唐。从西京转运使李符请。发州民凿渠。以通粮道。自今城南环江门外。而南经当利驿入江。即是河也。岁久淤塞。明正统初疏浚。五年复凿小河。傍出通江。以便舟楫。又开胜河。在城西。由含山县流经此。合于横江河。】

裕溪河。【(和)州南九十里。源出巢湖。自无为州流入境。南注于江。明初。元将蛮子海牙帅舟师截采石。窥太平。不能陷。退屯于此。既而太祖命康茂才戍守裕溪。是也。今有裕溪镇。置巡司于此。上至无为州奥龙河巡司九十里。通释。裕溪在无为。历阳之间。亦南北之冲要。其江面约三十里。】

杨林渡。【在(和)州东二十五里。纪胜云。郡人春。游自城南横江门出。至杨林江口。凡三十五里。皆种柳。号为万柳堤。即杨林渡也。亦曰杨柳河。宋绍兴三十一年。虞允文败金人于采石。知必复至。乃部分诸将分海舟縋上流。别遣舟师截金人于杨林河口。敌至夹击。大败之。嘉定十一年。金人犯淮南。自濠州趣和州之石碛。一时真扬诸州皆被寇。游骑至采石。杨林渡。建康大震。通释。和州东二十里有西采石。其下为杨林渡石碛。或曰。在州西北三十里。车家渡。在废乌江县东南。宋志。乌江县界车家渡。可径冲建康之马家渡。其相近又有安阳渡。与上元县对岸。志云。渡在故乌江县东南十八里。又新河渡。在州南二十里。志云。今为江湍所割。去城才十里许。】

铜城堰。【(和)州西南六十里……明初太祖率巢湖舟师出湖口。至铜城闸。已脱敌险。而元兵犹塞马肠河口。以阻诸兵。太祖设策败之。乃尽督诸兵出浔阳桥。入大江……】

三叉河。【(含山)县南八十里。其水西通巢湖。东通大江。北通铜城闸。因名。志云。天河经流合海子口。黄洛河。运漕河。迤逦经此。又铜城闸别流南出。汇为一河。东合裕溪河。入于大江。黄洛河亦自巢县流入境。又运漕河。志云。在县南八十里。梁敬帝初。齐人谋侵建康。运粮于此。今县南九十里有运漕镇。以河名也。】

斗米径。在(含山)县西南八十里。隋末。杜伏威将李子建戍栅口。欲穿渠入历湖通运。率部下人赍斗米就役。米尽径成。因名。纪胜云。时子建欲于东关下开沟通黄港陂。运粮入历湖。以济军食也。

读史方舆纪要·山东方舆纪要序

山东之于京师。犬牙相错也。语其形胜。则不及雍。梁之险阻。语其封域。则不及荆。扬之旷衍。然而能为京师患者。莫如山东。何者。积贮。天下之大命也。漕渠中贯于山东。江淮四百万粟。皆取道焉。由徐。沛北境。以接于沧。景之南。几八百里。而南旺分南北之流。高下悬绝。于是相地置闸。随时启闭。以为挽输之助。脱有不逞之徒。乘间窃发。八百里中。丸泥可以塞也。蚁孔可为灾也。吾虞南北咽喉。忽焉中断耳。或者曰。漕舟必出于山东。故山东能为京师患。若修元人海运之制。风帆顷刻竟抵京师。则山东必无能为害矣。曰。山东不滨海为国乎。自滨州。沾。利之间。取途勃海。竟指天津。不过五百余里。由登。莱而指旅顺口。亦不过五百里。天津。河漕海运之道所辏集也。登。莱。旅顺间。又海运之途所必经也。脱有狡狯之徒。凭依岛屿。辽。碣以南。沧。瀛以东。所在蜂起。海运其能以无阻乎。然则将奈何。曰。山东者。驭之得其道。则吾唇齿之助也。失其理。则肘腋之患也……

卷三十·山东一

琅邪山。在青州府诸城县东南百四十里。其山三面皆浸于海。惟西南通陆。【山海经。琅邪台。在勃海间。琅邪之东是也。】管子。齐桓公将东游。南至琅邪。孟子。齐景公问晏子。欲放于琅邪。竹书。越王勾践二十九年。徙都琅邪。越绝书。勾践既灭吴。欲霸中国。徙都琅邪。立观台于山上。周七里。以望东海。【今山在海滨。盖筑以望远耳。】国策苏秦说齐宣王。齐南有泰山。东有琅邪。史记。始皇二十八年。南登琅邪。大乐之。留三月。乃徙黔首三万户琅邪台下。复十二岁。作琅邪台。立石刻颂秦德。又三十七年。从会稽还过吴。并海上。北至琅邪之罘。【之罘山。见登州府福山县。】汉初。田肯曰。齐东有琅邪。即墨之饶。南有泰山之固。武帝元封五年。东巡。北至琅邪并海。太始三年。幸琅邪。封禅书八祀曰。四时主。祠琅邪。子虚赋。齐东渚巨海。南有琅邪。是也。郭璞曰。琅邪临海有山。嶕嶢特起。状如高台。即琅邪台也。战国时。齐筑长城以拒楚。自琅邪台入海。即其地矣。

晋太和四年。桓温自兖州伐燕。至金乡。凿巨野三百里。导汶水会于清水。温引舟师自清入河。郗超曰。清水入河。难以通运。若寇不战。运道又绝。因敌为资。复无所得。此危道也。温不听。败还。【刘氏曰。时清水入河。亦即在碻磝。东阿间。非禹贡浮汶达济之道也。】义熙十三年。刘裕伐秦。将水军自淮泗入清河。溯河西上。宋元嘉七年。到彦之取河南。与魏人战。不克。乃沿河置守。还保东平。复引兵自清入济。南至历城。【按。此误以巨野北出者为清水。汶水合流者为济水也。郭缘生述征记亦云。清河首受洪水。北流入济。洪水亦巨野泽之分流。一名桓公渎。详见巨野县。】八年。檀道济自清水救滑台。至济上。转战至历城……近志。元人始于宁阳县北筑堽城坝。遏汶水入洸。以通运河。永乐中。又于东平州东筑戴村坝。尽遏汶水入会通河。今之大清河。乃自平阴县南之柳沟诸泉。由东平州北门外。过西折而东北。夏秋运河泛涨。则张秋迤南东岸。【张秋即安平镇。见东阿县。】有减水闸。分流来合。而东北出。【此即今盐运所经。盐船自泺口故关。由大清河而上。泊于鱼山。又南。则由河渠至于东平。西则由小盐河至于张秋。故大清河有盐河之名。】即济水之故道。说者谓大清河古济而今汶者也。【旧志。济水劲疾。故穴地伏流。郭缘生述征记。济水入河。性与河别。渗漉入地。伏行而溢为荥。今之历下。发地皆是流水。济所过也。东阿之井。正济所溢。清而且重。善下。故阿胶能治淤浊逆上之疴……】

汶水。出济南府泰安州莱芜县东北七十二里原山之南。水经所谓北汶也。又有汶水。出县东南寨子村。俱流经州东南徂徕山阳。又一源出岳北仙台岭。会诸山谷之水。经州东四十里。曰堑汶。西南流。经徂徕之阴。又南流三十里。曰大汶口。而与莱芜之汶水合流。【又有小汶水。在新泰县东北三十里。出泰山之龙池。西南流百余里。亦合于汶水。】自州西南流。经宁阳县北堽城坝。分二流。其正流西经平阴县。南过东平州界。又西南流至汶上县。东北合白马河。鹅河诸水。凡八十里。入南旺湖。南北分流。为分水闸。即今会通河也。支流为洸河。自宁阳县西南流。达兖州府城西。合沂。泗二水。凡百余里。至济宁州南。天井闸东。而合于分水。南流之汶。亦即运道所经也。运河记。【明邵宝辑】汶水自泰安州经宁阳。汶上县界。又西至东平州注济水。此故道也。蒙古宪宗七年。济毕辅国。始于汶阴罡城之左。作斗门一。遏汶南流。至任城合泗水。以饷宿。蕲戍边之众。【江南宿州南有故蕲县。时蒙古置戍于此。与宋相持。】谓之引汶入泗。而汶始南通于泗。至元二十年。以江淮水运不通。自任城开渠。

达于须城安山。为一闸于奉符。【即堽里城闸。时宁阳县废。其地属奉符县也。】以导汶入洸。为一闸于兖州。【今府城东金口闸是也。】以导泗。沂会洸。合而至会源闸。南北分流。二十六年。又用寿张尹韩仲晖等言。复自安山西开河。由寿张西北至临清。直属卫。漳。谓之引汶绝济。而汶始北通于漳。前朝永乐九年。时以北京为行在。济宁州同知潘叔正言。故会通河四百五十余里。其淤者三之一。可浚之以通漕。乃命廷臣宋礼等往治。筑坝于东平州之戴村。横亘五里。遏汶水西南流。令尽出于南旺。【见汶上县。】至分水龙王庙。分为二支。四分南流。以接徐沛。六分北流。以接临清。盖运河之原委。全藉汶河也。禹贡。浮于汶。达于济。诗。汶水汤汤。史记·河渠书。泰山下引汶水穿渠。溉田万余顷。汶水之为大川。由来旧矣。

会通河。在兖州府济宁州城南。元至元中所开也。志云。蒙古初于堽城作斗门以遏汶。流益泗漕。而漕渠始开。既而浚济州泗河至新开河。由大清河至利津入海。未几。以海口沙壅。复从东阿陆挽二百里至临清。入御河。时又开胶莱新河。【见平度州】以通海道。劳费少成效。至元中。伯颜始创海运。与济州河并行。寻用韩仲晖等言。自安民山。【见东平州。即安山闸】开河。北抵临清。凡二百五十里。引汶绝济。直属漳。卫。名会通河。元臣宋文瓒言。世祖开会通河千有余里。岁运漕粟至京者五百万石。然河渠易于浅涩。舟不能负重。其后渐减至数十万石。于是海运不能废。明初饷北平。辽东。亦仍用海运。永乐九年。浚故道。自济宁北至临清。凡三百八十五里。南至江南沛县。凡三百里。而南旺湖地势特高。于是相地置闸。以时启闭。自分水北至临清地。降九十尺。为闸十有七。而达漳。卫。南至沽头。【见沛县】地。降百有十六尺。为闸二十有一。而达河。淮。岁漕四百余万石。皆取道焉。诚咽喉重地矣。【漕河考。会通河凡七百十里入卫河。又四百里。始出境达京师。山东为府者三。为州者四。为县者六。由鱼台至临清。得洸。汶。泗。沂四水其泉百七十余。会于四水。而分流于漕渠。为闸百三十。为浅二百有二十。皆有司分掌之。而统于司空御史台。】议者曰。运河以汶水为源。然汶水之西全出人力。而南旺土脉特高。水非由地。势难久安。尽括泉源。千里焦烁。频年修浚。劳费不訾。民力穷而国计亦病矣。今详见川渎漕河。

海在山东东北境者。皆谓之勃海。【亦曰渤澥。】苏秦曰。齐北有勃海。田肯曰。齐西有浊河之限。北有勃海之利。又谓之少海。韩非子。齐景公游于少海。少海。犹云小海也。书疏。青州之境。越海而有辽东。又云。青州东北据海。盖跨有此小海也。北自平州碣石。南至登州沙门岛。皆为勃海之口。阔五百里。西入直沽几千里。广志。山东自兖州东昌而外。其当大海一面之险者。济南东北境也。【海丰。滨州。利津。沾化。蒲台。皆滨渤海。】当两面之险者。青州府北及府东南境也。【博兴。寿光滨渤海。日照则滨大海。】当三面之险者。登。莱二府之东南北。皆以海为境也。【东面则宁海。文登。南则胶州。即墨。皆滨大海。北则登州。莱州。以及昌邑。潍县。皆滨渤海。】至越海而有辽东。则又与山东共险者也。【今盛京。即故辽东都司地。旧志云。辽东金州卫。则南面。西面皆滨渤海。复州。盖州。海州三卫。则西面滨渤海。而广宁义州中屯。右屯。前屯诸卫。皆南面滨于渤海云。】春秋时。吴人尝遣舟师自海入齐。秦并天下。欲攻匈奴。使天下飞刍挽粟。起于黄腄。琅邪负海之郡。【黄腄。见登州府黄县。】转输北河。汉元封中。伐朝鲜。杨仆等自齐浮勃海而进。三国时。孙权遣将周贺使辽东通公孙渊。还至成山。魏人邀击杀之。及渊灭。吴复遣羊衜击魏辽东。俘人民而去。【详见江南大海。】隋开皇十七年。伐高丽。使周罗睺分道自东莱泛海趣平壤。大业七年。伐高丽。亦使来护儿自东莱入海趣平壤。唐贞观十八年。征高丽。使张亮自莱州泛海趣辽东。二十一年。复遣牛进达等自莱州渡海击高丽。又显庆五年。苏定方伐百济。自成山济海。开元二十年。渤海大武艺遣将帅海贼寇登州。杀刺史韦俊。盖山东海道与高丽。渤海相接也。宋建隆二年。女真泛海。自登州来贡马。重和元年。遣马政从此道使女真。与约攻辽。遂成宋室之乱。金明昌三年。尚书省奏辽东北京路。【金北京。即明废大宁都司城。】米粟素饶。宜航海以达山东。因按视近海诸处。置仓贮粟。以通漕运。元至元中。伯颜建议。海运皆取道登。莱。大约自江南海州以至登州。六百里而近。惟登。莱三面岛屿环抱。几及千里。若从利津至直沽。亦六百里而近耳。明洪武及永乐初。转输辽。蓟。亦取道于此。【详川渎海道。】既而海运废。登。莱至旅顺之道亦禁绝。然南北两岸渔贩往来。动以千艘。官吏不能尽诘也。嘉靖间。督臣王䎖尝请因其势而导之。明开海禁。使山东之粟。方舟而下。则辽东可无荒歉之患。诏从其请。时以为便。未几复罢。夫海道之险。不可不备。而海道之利。不可不由。与时推移。是在救时之君子哉。又海防考。【明唐顺之等辑。】山东海防。惟在登。莱二郡。而成山以东白蓬头诸处。危礁乱矶。伏沙险湍。不可胜纪。故守御较易。然自宋以前。日本入贡。皆自新罗趣山东。而元人海运故辙。亦出成山以东。风帆络绎。渤海之险。未尝不视为坦途。今岂可视为泄泄。无思患预防之策乎。

卷三十一·山东二

(济南)府南阻泰山。北襟勃海。擅鱼盐之利。界午道之中。诚肘腋重地也。

逢陵城。在(淄川)县西南四十里。刘宋置县。属济南郡。后魏因之。北齐省。志云。县西南六十里有反踪城。相传齐景公失马。循踪逐之于此。因名。三国魏景初三年。以辽东沓氏县吏民渡海来归。因侨置新沓县于此。亦谓之新沓城。晋山涛封邑也。

索镇店。【在(新城)县东南。与青州府临淄县接界。志云。临淄西安故城。亦谓之索镇。其地相近也。时水经此。可通舟楫。】

碻磝城。【在(长清)县西北。读曰敲敖。卢县北一里有碻磝津。津有城。故以为名。晋永嘉六年。刘聪将赵固。王桑在山东。恐为石勒所并。将归平阳。自硗津西渡。或曰。硗。即碻磝之讹也。永和八年。姚弋仲死。子襄帅其众屯碻磝津。太元九年。谢玄北伐。遣刘牢之据碻磝。十一年。慕容垂遣慕容德等攻东阿。济北太守温详遣从弟攀守河南岸。子楷守碻磝以拒之。垂遣别将兰汗等于碻磝西四十里济河。详等皆南遁。义熙十三年。刘裕伐秦。引军入河。以向弥为北青州刺史。留戍碻磝。宋永初三年。魏将周畿等南寇。渡河。军于碻磝。明年。魏人立济州中城于此。元嘉七年。遣到彦之等经略河南。取魏碻磝。所谓河南四镇之一也。寻复没于魏。二十二年。魏主焘发冀州民造浮桥于碻磝津。二十七年。复伐魏。前锋申元吉趣碻磝。取之。青。冀二州刺史萧斌等守碻磝。使王玄谟进屯滑台。既而玄谟自滑台遁还。斌欲固守碻磝。沈庆之曰。今青。冀虚弱。而坐守穷城。若敌众东过。清东非国家有也。斌乃使玄谟戍碻磝引军还历城。明年。江夏王义恭以碻磝沙城不堪守。召玄谟令毁城还历城。魏人追击败之。遂取碻磝。二十九年。复遣军北伐。张永等分道向碻磝。攻围历时不能拔。败还。自是碻磝遂没于魏。魏太和二十年。如碻磝。命谒者仆射成淹具舟楫。欲自泗入河。溯流还洛。正光四年。济州刺史刁宣复筑碻磝外城。后周武帝平齐。又筑第二城。即碻磝中城也。寻又于碻磝津置关。曰济州关。隋末关废。唐天宝十三载。济州郡县皆圮于河。其后河流迁徙。碻磝遂成平陆。水经注。碻磝城。本汉东郡茌平县故城。其城临水。西南隅崩于河。后更城之。魏置济州治此。河水冲其西南隅。又崩于河。通典。唐济州治。即古碻磝城。胡氏曰。城西南有津。即碻磝津云。】

原山。【(莱芜)县东北七十二里。与淄川县接界。汶水及淄水出于此。淮南子。淄水出饴山。即原山别名也。一名马耳山。旧有马耳山关。为险阨处。亦曰马耳谷。晋义熙三年。南燕慕容超母妻自姚秦还。超迎于马耳关。宋元嘉七年。到彦之屯东平。闻洛阳虎牢不守。欲焚舟步走。引兵南还。王仲德曰。虏去我犹千里。滑台尚有强兵。若遽舍舟南走。士卒必散。当引舟入济。至马耳谷口。更详所宜。盖仲德欲引舟师自济入淄。至马耳谷。由此可以南保兖州。东固青州也。魏收曰。嬴县有马耳山。汶水出焉。是马耳即原山矣……】

卫河。【在(德州)城西。即漕河也。自东昌府恩县流经直隶故城县界。又东北流经州城西。又北入

直隶景州之境。凡东南漕粟。商贾宾旅以及外夷朝贡。道皆由此。详见直隶大川卫河。】

歇马亭。【(德)州北十里。志云。唐太宗征辽。尝驻于此。又德州递运所。在城北三里卫河南岸。永乐七年置。并建水次仓于此。今递运所与太平驿俱废。】

平原津。【在(平原)县西南。战国时。齐之西境。以河为界。此即黄河津济之所也。孔颖达曰。平原县南六十里有张公故城。城东有津。俗名张公渡。即平原津。秦始皇自海上还。至平原津而病。又韩信击田儋。渡平原。袭破齐历下军。北史。周师至邺。齐后主东奔。以颜之推为平原太守。令守河津。亦即是津也。今堙。】

无棣沟。【(海丰)县西北十五里。旧合鬲津河。东入海。唐永徽初。沧州刺史薛大鼎开鬲津河。因疏无棣沟故道。以通滨海鱼盐之利。亦曰无棣河。今淤。余详直隶沧州。】

秦台。【在(滨)州东北二十里。高八丈。周二百余步。相传秦始皇东游筑此以望海。亦曰蒲台。以是时尝萦蒲系马于台上也。隋置蒲台县以此名。】

卷三十二・山东三

洸水。【(宁阳)县西三里。汶水支流也。自堽城坝西南流经此。又南流三十里。至府西北三十里之高吴桥。又西南流三十里。经济宁城东隅。与泗水合。入天井闸河。亦谓之光水。晋书。慕容兰以数万众屯卞城。徐州刺史荀羡自光水引汶通渠。至东阿征之。临阵斩兰。是引汶为渠。始于荀羡也。元初。于堽城左作斗门。遏汶水以益泗漕。于是其流始盛。至元六年。以奔流冲激。泥沙填淤。乃议浚之。自闸口至石刺。以通其源。又自石刺至高吴桥。南至王家道口北。五十六里有奇。以达其流。而洸河复治。明时永乐中。浚会通河。复筑堽城坝。以遏汶水入洸之流。惟坝南官庄河入洸。其流渐微。成化十一年。主事张盛复为堽城石闸。稍分汶水支流益之。于是滔滔南注矣。】

运河。【(滕)县东南六十里。一名新运河。嘉靖四十四年。河决沛县。淤沽头闸。上下百余里。遣工部尚书朱衡。北自南阳。南至留城。筑新河百四十一里。其西岸为沛县境。东岸则县界也……】

昭阳湖。【(滕)县西南七十里。接沛县界。县境诸泉。皆停蓄于此。水盛则溢出沽头诸闸以济运。水涸则民皆佃种。嘉靖末。大河决入。运道浅淤。乃改浚新河。出湖之东。而湖为河流散溢之处……】

运河。【在(鱼台)县东十七里。谓之旧运河。即泗水也。自济宁州流入县东北四十里之南阳闸。又南历谷亭。八里湾。孟阳泊。凡四闸而径湖陵城。又南经庙道口闸。过沛县东。历上沽头等闸。始至留城。凡百六十三里。嘉靖四十四年。黄河横决。闸河淤塞。明年。开新河于县东北二十里。自南阳至留城。凡百四十里。而旧漕河遂废。】

穀亭镇。【(鱼台)县东二十里。春秋时有宁母亭。左传。僖七年。公会齐侯。郑伯。盟于宁母。杜氏曰。方与县东泥母亭。是也。泥。读如宁。又东为穀庭城。后讹为穀亭。亦曰谷亭。泗水经此。亦曰穀亭河。水深数丈。波涛汹涌。俗名负娘河。相传昔有孝子负母渡此也。建文三年。燕军至大名。以南军萃德州。资储皆在徐。沛。遣将至济宁穀亭。尽焚军兴以来储积。南军于是大困。嘉靖九年。黄河尝冲决至此。俗名黄水口。有谷亭闸。旧运河所经也。明嘉靖四十五年。废沛县境之沙河驿。济宁州之鲁桥驿。而改建河桥驿于谷亭镇。寻并移沙河递运所于此。改曰谷亭递运所。北至济宁州。南至沛县。俱

九十里。隆庆中。运河东徙。废递运所及闸。而移驿于南阳……】

塌场口。【(鱼台)县南四十里。旧为运道所经。永乐九年。刑部侍郎金纯浚元人运河故道。引汴水自开封入鱼台塌场口。会汶水经徐。吕二洪入淮。汶水。即泗水也。嘉靖九年。黄河由单县侯家村决塌场口。冲谷亭。即此。其北有广运闸。今废。】

河桥驿。【(鱼台)县东北四十里南阳镇。明隆庆五年。新运河成。自谷亭移建于此。为往来津要。】

卷三十三·山东四

会通河。【在(济宁)州城南。元人所开也。泗水自府城之东。折而西流。洸水自宁阳县之北。折而南流。会于州城南。由天井闸入河以通漕。自州西三里分水闸。北出至临清州。南至徐州。久而淤塞。明朝永乐九年。遣大臣发民夫疏凿。北达临清卫河。南入徐州黄河。中间七百里。皆曰闸河。节宣诸山谷泉涧之水。以便转输。自州南接鱼台。为闸十有二。而天井。鲁桥。枣林。南阳为最著。天井。在城东南二百余步。洸。泗二水交注处也。由闸而东南五十四里曰鲁桥闸。又五里曰枣林。又十里曰南阳。入鱼台县界。转输商旅。毕出于此……月河。在州南。会通河之支流也。有上新。中新。下新等闸。仍合于会通河。】

鲁桥镇。【(济宁)州南五十四里。唐咸通十年。徐州叛卒庞通等作乱。兖州发兵戍守鲁桥镇。以备侵轶。今为运道所经。有鲁桥闸。又置鲁桥驿及递运所。巡简司于此。隆庆中。驿与递运所俱废。又南城水驿。在南门外。其旁有递运所。又旧置城东。康庄二驿。今俱废。】

会通河。【(巨野)县东八十里。东岸与济宁州分界。旧黄河。在县西南八十里所管河岸南。自曹州宝珠口。北至曹州訾家口。凡十二里。今堙。志云。县东八里有八里河。亦黄河支流也。旧时大河流入境东北。经郓城。寿张。至张秋入运河。谓之北道。其分流县南。又东为八里河。流合新桃河。经嘉祥县入运河。】

巨野泽。【(济宁)县东五里。志云。泽东西百里。南北三百里。亦曰大野。禹贡。大野既潴。职方。其泽薮曰大野。春秋。哀十四年春。西狩于大野。尔雅十薮。鲁有大野。是也。秦末。昌邑人彭越渔于巨野泽中。为群盗。汉元光中。河决瓠子。东南注于巨野。晋太和四年。桓温伐燕。至金乡。遣毛虎生凿巨野三百里。引汶水合清水。引舟自济入河。又义熙十四年。刘裕伐秦。遣王仲德督前锋。开巨野入河。进据滑台。宋元嘉中。何承天言。巨野湖泽广大。南通郓。泗。北连清。济。有旧县城正在泽内。宜修复埭堨。给轻舰百艘。寇若入境。引舰出战。随宜应接。于事为便。郦道元曰。济水自乘氏县两分。东北入巨野济之故渎。又东北右会洪水。洪水上承巨野薛训渚。自渚迄于北口一百二十里。名洪水。桓温北伐。掘渠通济。刘武帝入长安。又广其功。自洪口以上。亦为桓公渎。济自是北注矣。自隋以后。济流枯竭。巨野渐微。元末为河所决。河徙后。遂涸为平陆。】

(东平)州襟带河。济。控援魏。博。舟车四通。屹为津要。

会通河。【(东平)州西南十五里。南接汶上县。汶。济二水合流处也。有闸。一曰安山。西北入东阿县界。志云。漕河西岸有安民山。山下为安山湖。湖绕山下。萦洄百余里。流入小洞庭湖。仍合汶水。亦名积水湖。正统三年。于近河处置减水闸以济漕。后淤为民田。嘉靖二十年。清复。隆庆四年。复为民田。万历十六年。议复故址。而狭小逾半。蓄水之处。不过三十八里。漕河考。由南旺而至临清。亘四百里。惟藉安山一湖。以济漕河。东北有似蛇沟。东有八里湾。皆引水通漕之道。四面有堤。置闸以时蓄泄。亦曰水匮。州志。安民湖在州西十五里。又西三里曰积水湖。】

汶水。【旧在(东平)州南一里。其上源自宁阳县西北流。至州东六十里戴村。又西经城南。至安山湖。合济水。自戴村坝筑。遂西南流至汶上县。凡八十里。而为分水河。今导为运河。西北流。经州西南。而接安民湖。五代唐同光初。李嗣源守郓。梁将王彦章引兵逾汶。将攻郓。嗣源遣李从珂逆战。败之。既而唐主至郓州。遂进军逾汶。击梁军。追至中都。拔之。宋嘉定十三年。李全攻东平。与金将张林夹汶水而军。是也。又有沙河。在城北。有大堤环之。方三十里。其源为南沙河。亦即汶水故道。明朝永乐中。宋礼言。东平东境有沙河一道。本汶河支流。至十里口。通马常泊。比年流沙淤塞河口。请及时开浚。从之。今复淤。】

戴村。【在(东平)州东六十里。汶水故道所经也。永乐九年。用汶上老人白英策。筑坝于此。横亘五里。汶水经流。为坝所遏。乃直趋南旺湖。今谓之戴村坝。金线闸。在州西北。即张秋镇河东岸也。有巡司戍守。又州治西有金线闸递运所。今俱革。志云。州治南有东原马驿。州西南十五里又有安山水驿云。】

南旺湖。【(东平)县西南三十五里会通河之西岸。其地特高。谓之水脊。汶水西南流注于此。分南北二流。中有禹庙及分水神祠。志云。湖即巨野大泽之东偏。萦回百余里。宋时与梁山泺汇而为一。围三百余里。亦曰张泽泺。熙宁十年。河道南徙。东会于梁山张泽泺。元丰初。京东安抚黄廉言。梁山。张泽两泺。淤淀数年。每岁泛浸近城民田。乞自张泽泺下流浚至滨州。可泄壅滞。从之。后渐浅涸。永乐九年。开会通河。遂画为二堤。漕渠贯其中。渠之东岸有蜀山湖。谓之南旺东湖。周六十五里。中央有蜀山。望之如螺髻。湖中多菱芡蒲鱼之利。漕渠浅涩。则引湖灌渠。有司掌之。堤北有马踏湖。亦谓之南旺北湖。周三十四里有奇。当南旺东北。亦蓄水以灌渠。居民佃种其间。日就湮没。水经注。水从桃乡四分。当其派别之处。谓之四汶口。即是南旺湖矣。湖中有南旺上下闸。其北十二里曰开河闸。河防考。蜀山东有冯家坝。地卑而水易泄。因坝以障之。南旺南有何家口。稍卑。汶水就西而下。每决房家口。伤莲堤。南旺之水即涸。议者每以冯家坝为蜀山湖之门户。何家口为南旺之尾闾。皆不可以无备。明永乐中。尚书宋礼开会通河。成。复请设水柜以济漕渠。在汶上曰南旺。东平曰安山。济宁曰马肠。沛曰昭阳。各因钟水相地势建闸坝。涨则减之入湖。涸则开之入河。名曰四水柜……】

开河水驿。【(东平)县西南三十里。又县东南有新桥马驿。盖县为水陆通衢也。】

杨刘城。【(东阿)县北六十里。旧临河津。亦曰杨刘镇。唐元和十三年。淄青拒命。魏博帅田弘正请自黎阳济河。会义成军进讨。裴度以为不若诏弘正俟霜降水落。自杨刘渡河。直指郓州。置营阳穀。则贼众摇心矣。从之。既而弘正自杨刘济。距郓州四十里筑垒。城中大震。乾宁三年。朱全忠将葛从周引兵救魏博。败河东兵于洹水。复济河。屯杨刘。击郓帅朱瑄。朱梁开平五年。晋王存勖攻魏州。朱全忠遣兵自杨刘济河。间道夜入魏州。助魏帅罗周翰城守。乾化五年。晋军入魏博。梁将刘鄩军于魏县。梁主遣军屯杨刘。为鄩声援。贞明三年。晋王存勖自朝城乘冰坚渡河。急攻杨刘。拔之。列栅置守。后唐同光初。遣李嗣源袭郓州。自德胜趣杨刘。夜渡河。径抵郓州。拔其城。梁寻遣王彦章克德胜南城。浮河东下。攻杨刘。列横舰亘河津。以绝援兵。又于城南为连营守之。唐将李周悉力拒守。唐主亦引兵自澶州驰救。彦章旋为唐兵所败。既而唐主复自朝城至杨刘济河。入郓州。遂进兵灭梁。石晋天福八年。契丹入寇。至黎阳。遣何重进守杨刘镇。开运三年。河决杨刘。西入莘县……】

鱼山。【(东阿)县西北八里。一名吾山……宋史。陈尧咨知郓州。开新河。自鱼山至下杷以导积水。今山在大清河西。盐舟自泺口来者。俱泊于此。山下有唐末营垒遗址。】

安平镇。【(东阿)县西南六十里运河所经。与寿张。阳穀二县接界。本名张秋。五代周显德初。河决杨刘。遣宰相李穀治堤。自阳穀抵张秋口。即此。宋曰景德镇。元因之。至元二十七年。会通河成。置都水分监官于景德镇。掌河渠坝闸之政。俗仍谓之张秋。正统十三年。河决荥阳而东。冲张秋。溃沙湾。遣使修塞。景泰三年。沙湾复决。徐有贞为广济渠于张秋以西。又于张秋建通源闸。以时蓄泄。会通河复治。弘治初。河徙汴北。分为二支。其一东下张秋镇。入漕河。与汶合而北行。六年。霖雨大溢。决张秋东岸。截流夺汶。径入于海。而漕河中竭。南北道阻。乃命刘大夏等治之。于上流西岸。疏为月河三里许。塞决口九十余丈。而漕始复通。又疏塞其上流数处。于两岸筑堤。减水南下。由徐淮故道。又于旧决口南一里筑滚水石坝。以防复冲张秋之患。亦谓之减水坝。八年。功成。赐今名。抱河为城。周八里。北河都水分司治焉。城北有戊己山。亦弘治间筑土所成。下临龙潭。即故决口也。山名戊己。取土制水之意。志云。黑龙潭在镇北半里许。深不可测。一名平河泉。又荆门水驿。在镇城北隅。上下二闸设于此。又有税课局。亦置于镇城内。】

大清河。【(平阴)县西北十五里。自东阿县东流经此。又东北入长清县界。明朝成化九年。以大清河堙塞。自张秋浚至县西滑口镇。是也。又有新开河。在县西十里。志云。即清河之下流。其南岸有山曰蹲龙。下有磐石跨河。舟行者患之。宋张方平乃凿新河。引水北行。以避其险。行者便之。】

会通河。【在(寿张)县东三十里。河东岸即安平镇也。元史。至元二十六年。从寿张尹韩仲晖言。开河以通运道。起须城县安山渠西南。由寿张西北至东昌。又西北至临清。引汶水以达御河。长二百五十余里。建闸三十有一。以时蓄泄。河成。河渠官张礼孙言。开魏博之渠。通江淮之运。古所未闻。赐名会通。延祐六年。又复开浚。即今运渠也。】

梁山泺。【在梁山南。汶水西南流。与济水会于梁山。东北回合而成泺。水经注。济水北经梁山东。袁宏北征赋所云背梁山截汶波者也。又为大野泽之下流水。尝汇于此。石晋开运初。滑州河决。浸汴。曹。单。濮。郓五州之境。环梁山而合于汶。与南旺蜀山湖相连。弥漫数百里。宋天禧三年。滑州之河复决。历澶。濮。曹。郓。注梁山泺。咸平五年。诏漕臣按行梁山泺。开渠疏水。入于淮。天圣六年。阎贻庆言。广济河出济州合蔡镇。通梁山泊。请治夹黄河。引水注之。元丰初。议者复以梁山等泺淀淤。易于泛浸。乞行疏浚。政和中。剧贼宋江结寨于此。金史。赤盏晖破贼众于梁山泺。获舟千余。又斜卯阿里亦破贼船万余于梁山泊。盖津流浩衍。易以凭阻也。既而河益南徙。梁山泺渐淤。金明昌中。言者谓黄河已移故道。梁山泺水退地甚广。于是遣使安置屯田。自是益成平陆。今州境积水诸湖即其余流矣。志云。县南五十里至南旺湖。】

沙湾。【(寿张)县东北三十里。北去安平镇十二里。志云。国家疏凿会通河。一循元人故道。惟于开河闸至沙湾北。故河道北徙。几二十余里。又引黄河支流自河南封丘县荆隆口。东至于沙湾。以达临清之卫河。弘治中。河决于此。自是筑塞黄陵冈。而沙湾之流渐涸矣。河漕考。旧黄河在县东南二十五里。所管河岸。南自郓城县黄亮口。北至东平州鱼护口。长三十里。今堙。又野猪脑堰。旧在县南六十里。萦纡三十里。用土石修筑。塞以潴水。使不冲决沙河河堤岸。又师家坝。在县西南二十五里。旧导黄河水使入安平镇通源闸。以分沙湾之势。今亦堙废。】

旧黄河。【(曹)州东五里。南自定陶县彭家浅。北至郓城县红船口。中间除巨野县河岸十二里。所管河岸一百有五里。志云。河至州东双河口分支。东流经嘉祥及济宁州西。东南至鱼台县塌场口。入于运河。即洪武初徐达引河入泗以通运处也。永乐中。亦尝修浚。今俱堙废。】

黄陵冈。【(曹)县西南六十里。黄河经其下。宋嘉定十三年。蒙古陷济南。金兵二十万屯黄陵冈。分兵袭济南。为蒙古将木华黎所败。遂进薄黄陵冈。金兵陈河南岸。蒙古兵下马接战。金兵败。溺死者甚众。木华黎遂陷楚丘。由单州趣东平。围之。又绍定五年。金主以汴京危急。帅诸军东行。进次黄陵冈。谋入开州。不果。元至正十一年。贾鲁开黄河故道。自黄陵冈南达白茅。放于黄堌。哈只等口。又自黄陵西至杨青村。合于故道。凡二百八十里有奇。冈之下。即黄陵渡也。二十一年。察罕图复汴梁。使舟师出汴。东略曹南。据黄陵渡。即大河津渡矣。明朝弘治十年。河决黄陵冈。坏张秋运道。刘大夏乃筑太行堤于曹。单二县南。以护漕河。嗣后以时修治。今亦见河南仪封县。】

卷三十四·山东五

畔城。【(东昌)在府西。魏收志聊城县有畔城。晋义熙十三年。刘裕伐姚秦。引舟师溯河西上。魏兵从北岸侵扰。为裕将朱超石所败。退走畔城。超石等复追破之。即此城也。】

会通河。【在(东昌)府东门外。自阳穀县流入境。有闸三。曰周家店。李家务。通济桥。又北经堂邑。博平及清平县境。至临清州。入卫河。元史。至元二十六年。开渠。起须城之安民山。止于临清之卫河。长二百五十余里。中建闸三十有一。赐名会通河。明永乐九年。诏疏元人故道以济漕。为输挽必经之地。详见川渎漕河。】

李家务。【(东昌)府南十八里。运河所经。置闸于此。元至正六年。盗扼李家务闸河。劫夺商旅。两淮运使宋文瓒言。世祖开会通河千有余里。岁运米至京者五百万石。今骑贼不过四十人。而不能捕。恐运道阻塞。乞急选能臣捕之。不听。今仍为运渠津要。】

清阳驿。【(清平)县西南三十里。驿西有魏家湾巡司。滨河置戍处也。】

会通河。【在(临清)城南。亦云汶河。自清平县流入界。有闸二。曰新开上闸。南板闸。志云。州治当汶河之北。卫河之东。汶水自南旺分流。至此渐微。沿途置闸。启闭极严。经州城西南之南版闸。始与卫河合而东北流。漕舟至此。谓之出口。又二水相合处。谓之中洲。以石筑之。名鳌头矶。延亘二十余里。突峙中流。有四闸分建于左右。如足然。又有广济桥尾。其后为商贾辐凑之地。俗名观音嘴。以上有观音阁也。志云。鳌头矶在城北。当会通河分津之处。余详川渎漕河。】

卫河。【(馆陶)县西二里。其旧渠即汉屯氏河也。水经注。大河故渎北出。为屯氏河。汉书·沟洫志。自塞宣房。后河复北决于馆陶县。分为屯氏河。广深与大河等。成帝之世。河复决馆陶及东郡金堤。上使河堤谒者王延世塞之。三十六日堤成。其屯氏别河径馆陶县东。东北出。过魏郡。清河。信都。勃海四郡。至章武入海。后渐堙废。县西十里有白沟水。亦即宿胥渎故址也。隋炀帝开永济渠。疏白沟入屯氏河。自此谓之卫河……元人通漕于此。明时亦相继修浚。经丘县界。至临清北。合于汶河……】

黄河。【志云。(濮)州治东南三十里。地名红船口。即黄河故道也。与郓城县接界。明永乐九年。疏河流经此。东北入会通河。正统十三年。河决于河南荥泽县东黑阳山。由蒲经澶四十余里。合黄河故道。决于张秋沙湾。泛溢兖。济。遂夺运道而东。径流入海。公私大困。诏发东昌。兖州民筑塞。景泰七年。始复故道。弘治中。黄河复决。阻运道。因筑曹县之黄陵冈。而东北故流遂绝。今积水澄泓。仅通舟楫。南达郓。曹诸邑。俗谓之水保河。】

黄河。【(范)县东南七十里。其上流合瓠子河。自濮州流入界。又东北至东阿县。入会通河。亦云水保河。志云。宋漕运故道也。今有水保河巡司。亦在县东南七十里。】

仓亭津。【在(范)县东北。水经注。河水于范县东北流。为仓亭津。述征记。仓亭在范县界。东北去东阿六十里。西南至东武阳七十里。大河津济处也。后汉光和末。皇甫嵩败获黄巾贼帅卜己于仓亭。兴平初。程昱守东阿。遣别骑扼仓亭津。陈宫来袭。不得渡。建安六年。曹操扬兵河上。击袁绍于仓亭津。破之。晋永和六年。冉闵与后赵将张贺度战于仓亭。皆此地也。今湮。】

卷三十五·山东六

柏寝台。【(乐安)县东北二十八里。淄水经其下。齐景公与晏子游于少海。登柏寝之台。而望其国。是也。少海。或曰即勃海。俗谓台曰桓公台。相传桓公曾会盟于此。】

海口。【(诸城)县东南百三十里。唐志。元和十一年。密州大风雨。海溢毁城郭。志云。海口在信阳场南一里。南北往来客商泊舟于此。又琅邪山东南五里海中有斋堂岛。其上平地可千余亩。多土少石。甚肥饶。产紫竹。黄精。海枣。元时海运漕舟经泊处也。又信阳场东南一里海中有沐官岛。多石不可耕。】

卷三十六·山东七

(莱州)府内屏青。齐。外控辽。碣。藉梯航之便。为震叠之资。足以威行海外。岂惟岛屿之险。足以自固乎哉。【唐史。贞观十五年。太宗言高丽本四郡之地。吾发卒数万攻辽东。彼必倾国救之。别遣舟师出东莱。自海道趋平壤。水陆合击。取之不难也。】

三山岛。在(莱州)府北五十里。海之南岸。史记·封禅书。八祀。四曰阴主。祠三山。唐史。贞观二十二年。将伐高丽。诏剑南大治船舰。储粮械于三山浦及乌岛。乌岛或曰即登州之乌湖岛。又蜉蝣岛。在府西北百里。海中遥望。若蜉蝣然。

海。【在(莱州)府西北二十里。道出辽东。朝鲜。通典。郡北至海五十里。西至海二十九里。西北至海二十一里。东南至海二百五十里。今自府西北环昌邑潍县界。东南环胶州即墨县界。皆大海也。】

新河。【在(平度)州东南。源出高密县。流经此。分南北二流。南自胶州麻湾口入海。西北自掖县海仓口入海。即元人所浚胶莱河旧道也。元史。至元十七年。莱人姚演献议开新河。由胶西县东陈村海口西北。达于胶河。出海仓口。由海道达直沽以通漕。谓之胶莱新河。从之。劳废不赀。卒无成效。二十二年。罢其役。明正统六年。昌邑人王坦言。漕河每患浅涩。海运又虞艰险。请浚新河故道。不允。嘉靖十一年。按臣方远宜等复议开新河。不果。隆庆初。莱人崔旦复极言新河之便。万历三年。又以南京工部尚书刘应节言。命侍郎徐栻开浚。议者极言非便。遂中止。其后屡议屡阻。迄无成绩。图说云。自淮河入河北岸隔一里为朱家河。可开通。经新沟至安东县。有澳河。向水。三叉。俱临淮可通。东则有东涟河。朱家河。白家沟。七里河流入淮。又东有盐场河。平望河。界首河。白浪河。牛洞河。车轴河流入海。俱宜筑塞。中有遏蛮河。在淮。海之交。可置闸以杀水势。西则有沭阳水。溷而为大湖。傅湖。又有杨家沟。西涟河。崔家沟。古闸河。皆为入涟河水道。自支家河至涟河海口。计三百八十里。出海由海州赣榆至山东界。历安东卫石臼所。夏河所。灵山卫。胶州暸头营。至麻湾海口。计二百八十里。隔马家濠五里。可以开通。经把浪庙。新河口。店口社。陈村小闸。戴。高。刘家大闸。王。朱。

杜家村。至平度州。又经窝铺停口。大成昌渠。小闸。新河集。秦家庄。海仓口。至大海口。计三百七十五里。大海口至直沽四百里。通计一千四百三十五里。应节奏言。胶州南自淮子口大港头出海。自州治西抵匡家庄四十里。俱冈沟黄土。宜开。自刘家庄北历台头所。张奴河。至亭口闸三十里。俱黑泥下地。水深数尺。宜浚。自亭口闸历陶家崖。陈家口。孙店口。至玉皇庙六十里。河宽水浅。宜于旧河之旁。别开一渠。玉皇庙至杨家圈二十里。水深数尺。宜浚杨家圈以北。则悉通海潮。无烦工作矣。以工力计之。创者什五。因者什三。略施工者什二。以地势计之。宜挑深丈余者什一。挑深数尺者什九。㧾言匡家庄地高难开。改于都泊船路沟。地形平衍。有河可引。宜建闸设柜。如会通河故事。科臣王道成言。胶州在两海口之中。土最高厚。万一巨石隐伏。功将安施。难一。水性湍急。走石流沙。即有泉源。易盈易涸。难二。海船不可入河。河船不可入海。难三也。又实录。隆庆五年。山东臣僚会勘胶河上言。从龙家屯北至分水岭。俱系冈阜沙石。难以施工。由分水岭又北至谢家口。稍有断续河流。旱潦难恃。沙石亦多由谢家口北至杨家圈。河流似有端绪。又北至新河闸面。河势比南面较宽。自新河闸至海仓。又皆流沙壅淤。难以行舟。新河闸系往来通渠。过者见有河流。妄意可以开浚。不知迤南十里。便复不同。分水岭本名王乾坝。两头俱有河形。中间积沙高亢。本非岭也。新河既无泉源。引导必须旁水接济。而分水岭下仅有白河一道。平时涓涓细流。淫潦时挟流沙冲淤。大为河患。其张奴河。胶河。九穴泊之水。虽接新河。而源流浅涩。潦涸无时。皆不足恃。若欲东引沽河。则地势东下。沽河自东而南。直趋麻湾口。难以挽之而北。若西引潍河。潍河在高密西。离新河百二十里。中隔高岭五层。又难引之使东也。若欲深凿河身。使海水南北贯通。则分水岭诸处。高过海面数丈。命工开凿。未及数尺。下即糜沙。随时奔溃。纵多捐财力。万难开浚。既而徐栻亦称南北海口。俱有积沙横绝。及分水岭河高海下。势不可通。须另开一路及海口筑堤。以约水障沙。又云。南自麻湾抵朱铺五十里。北自海口抵亭口百八十里。皆通潮。可乘潮以导河。抚臣李世达勘称。南潮止及陈村闸。距海口二十里。北潮止及杨家圈。距海口六十里。其朱铺。亭口者。非烈风迅雨。海水涨溢。岁不一二至。潮不足恃也。役遂止。崇祯十二年。户部郎中沈廷扬试行海运。复请开胶莱河。十六年。命户。工二部发银十万两开浚。事未行。而京师不守。余详见胶州。】

胶河。【(昌邑)县东五十里。自平度州流入境。北注于海。其入海处曰海仓口。与掖县接界。罗氏曰。自海仓口至胶州麻湾。凡三百七十里。即胶莱新河之道也。】

大珠山。【(胶)州南百二十里。滨海。上有石室。珠。亦作朱。通典。高密诸城县有古长城。自齐西防门。东逾泰山。穆陵。至大朱山海滨而绝。是也。又州南九十里有小珠山。错水出焉。流入海。灵山。在城东南百二十里海中。志云。在灵山卫南三十里。其山先日而曙。先雨而云。故谓之灵。又卫西北三里有小竹山。或谓之小竺。又卫东海中有唐岛。相传唐太宗征高丽。驻跸于此。内有饮马池。】

石臼岛。【(胶)州南百里海中。宋绍兴三十年。金亮入寇。分遣一军由海道袭浙江。以兵围海州。宋将李宝督海舟捍御。至石臼岛。敌舟已泊唐岛。相距仅一山。宝因风便。过山薄寇。大败金人。海道之师遂绝。黄岛。在州东南六十里海中。旧有居民。后因倭寇。其地遂墟。又州东南九十里有薛家岛。横伏入海。每为行旅患。又古镇岛。在州东南百十里海中。向有巡司戍守。志云。胶州滨海。石臼。青泥。桃林。陈家。李家。薛家。古镇。黄岛。唐岛之属。皆其著者。】

新河。【(胶)州东北三十里。西北入高密县界。志云。州东南百里有马家濠。濠长三里余。夹两山中。南北俱接海口。元至元十九年。开胶莱新河。阻马家濠。不就。明嘉靖十一年。按臣方远宜议开新河。以马家濠数里皆石冈为患。臬使王献焚以烈火。凿而通之。十九年。献言元人海运。自淮安循海而行。至灵山之东。浮山。涝山之西。有薛岛。陈岛。石岈林立。横伏海中若桥。号槐子口桥。最险难越。元人避之。故放洋于三沙。黑水。历城山正东。逾登州东北。又西北抵莱州海仓。然后出直沽以达天津。献阅胶莱河图。自薛岛之西。有山曰小竺。两峰夹峙。中有石冈。曰马壕。马壕之麓。南北皆接海涯。而北即麻湾。又稍北即新河。又西北即海仓。直沽由麻湾抵海仓。三百三十里。由淮安逾马壕抵直沽。千五百里。若径出于此。可免绕海之患。元人尝治此道。遇石而止。今因其故迹。凿马濠以趋麻湾。长十四里。广六丈有奇。深半之。而江淮之舟。可达新河。新河两傍。皆有水泉溢出。疏浅决滞。为九闸以节宣之。可以佐会通河之穷。从之。于是于旧濠迤西七丈有余。凿渠通舟。以达新河故道。为漕运之计。功未半而罢。万历初。复议开胶莱河。山东参政冯敏功谓。胶河一衣带水。余悉高岭大阜。且地皆冈石。山水奔瀑。工难竟。即竟矣。海水挟潮沙而入。必复淤。及开浚。果以冈石黑沙难施畚闸而止。河渠考。元人于钦言。至元中。姚演请开新河。凿陆地数百里以通漕。数年而罢。余过其地。询之。土人云。此河为海沙所壅。又水潦积淤。终不能通。盖元志所称劳费无成。非诬也。自王献建议之后。屡行勘阅。隆庆四年。尝议浚治。至万历三年而罢。二十九年。御史高举复议浚之。卒不果。迨崇祯之季。言者犹以为请。竟不果行。】

不其城。【(即墨)县西南二十七里。汉不其县。属琅邪郡……泰始三年。沈文秀据东阳。以刘桃根署长广太守。戍不其城。将军刘怀珍遣将王广之袭拔之。四年。文秀为魏人攻围。其弟文静将兵自海道往救。至不其城。为魏所断。因保城自固。宋主遂分置东青州。领高密。平昌。长广。东海。东莱五郡。以文静为刺史。旋没于魏。亦置长广郡。后齐郡县俱废。隋复置即墨县。以不其县地并入。】

劳山。【(即墨)县东南六十里。二山相连。东滨大海。其高大者曰大劳。差小者曰小劳。周围八十里。高二十五里。齐记。泰山虽言高。不如东海劳。劳亦作崂。或误为牢。又误为劳盛山。劳。盛。盖二山。盛即成山也。秦始皇登劳盛山望蓬莱。盖登此二山耳。又史记。始皇自琅邪北至荣成山。荣成又劳成之误也。盖海岸之山。莫大于成山。劳山。故往往并言之。今山有清风岭。碧落岩。王乔观。玉女盆。明霞洞诸胜。白沙河源于此。】

田横岛。【(即墨)县东北百里海中。去岸二十五里。中可居千余家。相传即田横与其徒五百人亡入海岛处。孔氏曰。田横所保。在海州东海县之鬲山。去岸八十里。非此山也。今江南海州东小鬲山是矣。北史。魏永熙中。杨愔为高欢所信用。寻以疑惧。避于田横岛。即此。志云。县东南滨海。列岛环伺。其可居者。曰青。曰福。曰管。曰白马。曰香花。曰田横。曰颜武。而田横岛方三十余里。尤平广可耕。且由岸抵岛。多礁石。不可直达。嘉靖中。有奸氓盘据于此。渐为寇盗。官兵扑灭之。患始息。】

灵山卫。【胶州东南九十里。洪武二十一年置。三十五年筑砖城。周三里。依山环海。最为险固。志云。卫领左。前。后三千户所。由安东卫鱼溜一道至卫。转向东北行。海中有岛。横伏若桥。即薛岛。陈岛伏入海洋者。最险恶。元人欲于岛西凿马家濠以避之。居人识此溜为海运旧道。沿溜而行。可保无患。由安东卫至灵山卫马家濠湾泊。大约三百余里。风便一日可至。今亦置灵山卫。】

登州府。【东至海七十里。西南至莱州府二百四十里。北至海三里。由海道东北至辽东旅顺口五百里。自府治至布政司九百里。至江南江宁府千九百里。至京师千六百里。】

(登州)府僻在东陲。三面距海。利擅鱼盐。且北指旅顺。则扼辽左之噤喉。南出成山。则控江淮之门户。形险未可轻也。范氏曰。自古海道有事。登。莱为必出之途。而密迩辽左。尤为往来津要。三国吴嘉禾初。遣使通公孙渊。还至成山。为魏人所邀杀。宋元嘉九年。朱修之自云中奔和龙。泛海至东莱。【初。修之守滑台。城陷。为魏所执。】梁普通初。高句丽遣使入贡。诏使者江法盛授高丽衣冠剑佩。魏光州兵就海中执之送洛阳。隋开皇十七年。伐高丽。别将周罗睺自东莱泛海趋平壤。【时郡境皆属东莱也。】遭风。船多飘没。师还。大业七年。下诏讨高丽。敕元弘嗣往东莱海口造船。八年。遣来护儿等分兵自海道趣平壤。九年。复遣护儿出海道伐高丽。唐贞观十八年。伐高丽。遣张亮自莱州泛海趣平壤。二十一年。复伐高丽。命牛进达等乘楼船自莱州泛海而入。明年。复遣薛万彻自莱州泛海击高丽。显庆五年。苏定方自成山济海伐百济。开元二十年。勃海自海道寇登州。宋建隆初。女真自海道趋登州贡马。后马政亦由此通女真。元行海运。道出登。莱。明初遣马云。叶旺等抚定辽东。亦由登。莱渡海驻金州。继亦由此以转输辽。蓟。而辽东隶于山东。亦以登。莱海道也。正德中。禁遏海道。而辽东形援益孤。后尝议由此通运。不果。夫昔人恃此以震叠百夷。后人坐而失之。岂非谋国者之过欤。【详见前大川大海。又海防考。府四面皆海。惟西南一隅接莱州境。国家缘海置防。登。莱二府。指臂相倚。设登州营于北面。则青。莱二卫及滨海之地俱属焉。语所则有奇山。福山。王徐诸处。语寨则有黄河口。刘家洼。解宋。卢洋。马停。灶河。马埠诸处。语巡司则有杨家店。高山。孙夼镇。马停镇。东良海口。柴葫。海仓。鱼儿镇。高家港诸处。而海外则岛屿环抱。自府东北百余里之崆峒。半洋。西抵长山。蓬莱。沙门。鼍矶。三山。芙蓉。桑岛。错落盘踞。为登州北门之护。过此而北。则辽阳矣。此天设之险也。又营城以东。若抹直。石落。湾子。刘家洼。平畅。卢洋诸处。营城以西。若西王庄。西山。栾家。孙家。海洋山。后八角城。后之罘。莒岛皆可通。番舶登涉。严户外以绥堂闽。责有攸属矣。】。

蓬莱镇城。【在(登州)府治北一里。即汉武所筑。唐置镇于此。志云。今郡筑城周九里。陆门凡四。水门凡三。城北有水城相连。亦曰备倭城。引海水入城中泊船。即登州营城矣。】

沙门岛。【(登州)府西北六十里海中。海舟行者。必泊此避风。五代时。置沙门寨。宋建隆三年。索内外军不律者配沙门岛。乾德元年。女真国遣使献名马。命蠲登州沙门岛民税。令专治船渡焉。元人海运亦置戍军于此。明永乐七年。山东都指挥使司奏。沙门岛守备仅七百余人。难以防御。诏以七百人益之。后移戍内地。岛为辽人所据。今墟。志云。沙门岛相连属者。有鼍矶。牵牛。大竹。小竹四岛。皆紫翠巉岩。出没波涛中。永乐初。陈瑄督运自辽东还。遇倭于沙门岛。击却之。又西北七十里为鼍矶岛。与鼍矶相对者为钦岛。相距三十里。又高山岛。在沙门岛北百余里。黄城岛。志云。在鼍矶东北。或曰。黄城。鼍矶。本一岛也。为入勃海要口。又有庙岛。在鼍矶西南。毛氏曰。庙岛。砣矶。黄城三岛。实为登。莱门户。黄城之东北。曰御林山。砣矶之南有井岛。皆与沙门相连络。砣即鼍之讹也。】

乌湖岛。【(登州)府东北二百五十里海中。与大谢戍俱为伐东夷之要路。唐贞观十八年。征高丽。置乌湖镇。亦曰乌湖戍。二十二年。镇将古神感浮海击高丽。破之于曷山。曷山在高丽界。或作易山。新唐志。自登州东北海行。至大谢岛。龟歆岛。淤岛。而后至乌湖岛三百里。北渡乌湖海。至马石山东之都里镇二百里。东傍海壖。过青泥浦。桃花浦。杏花浦。石人江。橐驼湾。乌骨江八百里。乃南傍海壖。过乌牧岛。贝江口。椒岛。得新罗西北之长口镇。又过秦王石桥。麻田岛。古寺岛。得物岛千里。至鸭绿江唐恩浦口。乃东南陆行七百里。至新罗王城。自鸭绿江口舟行百余里。乃小舫溯流东北三十里。至泊灼口。得勃海之境。又溯流五百里。至丸都县城。故高丽王都。又东北溯流二百里。至神州。又陆行四百里。至显州。天宝中高丽王所都。又正北如东六百里。至勃海王城。五代唐天成初。契丹东丹王突欲居扶余城。盖在唐高丽扶余川中。长兴初。突欲以不得嗣立。越海自登州来奔。盖道出乌湖。大谢间。大谢岛。在府东北三十里海中。唐贞观中击高丽。置大谢戍于此。又长山岛。在府北三十里海中。东西长四十余里。又有宜岛。虎岛。半洋岛。皆与长山岛相近。】

莫邪岛。【(登州)府东北三百里海中。昔人捕鱼于此。得宝剑。因名。又东北二百里有漠岛。亦海运所经故道也。】

登州营。【在丹崖山北。即新开海口也。宋庆历三年。郡守郭志高奏。置刀鱼巡简水兵三百戍沙门岛。备御北寇。仲夏居鼍矶岛。以备不虞。秋冬还南岸。相传此即刀鱼船所泊。洪武九年。知州周斌奏置海船。运辽东军需。指挥使谢规以河口浅窄。奏请挑深。缭以砖。城北砌水门。以抵海涛。南设关禁。以讥往来。谓之登州营。又立帅府于此。设备倭都司驻守。其城周三里。海道考。由新开海口。西北至沙门岛六十里。又正北行一百二十里。至砣矶岛。又北至钦。木二岛六十里。又北至南半洋六十里。又北至北半洋二十里。又北经双岛。洋头洼。黄洋川。平岛。和尚岛共二百余里。至辽东铁山旅顺口。通计五百五十里。诸岛相望。俱可湾船避风。明初。送辽东官军布花。俱由此道。正德中。刘瑾乱政。遂废水道。用陆运云。】

大入城。【(黄)县东北二十里。志云。魏司马懿伐东夷。将运粮入新罗。筑此城贮之。以大入为名。又县东有中郎城。郡国志。石勒遣中郎将石开筑此以防海……】

莱山。【(黄)县东南二十里。史记·封禅书。齐八祀。六曰月主。祀之莱山。申公云。天下名山八。三在岛夷。五在中国。华山。首山。太室。泰山。东莱。皆黄帝所常游也。又元封初。东巡海上。公孙卿持节先行。候名山至东莱。汉书·郊祀志。神爵元年。从方士言。祀莱山于黄。是也。一名莱阴山。亦曰龙门山。】

之罘山。【(福山)县东北三十五里。连文登县界。周围五十里。三面距海。史记。秦始皇二十八年。登之罘立石。二十九年。登之罘刻石。三十七年。至之罘射巨鱼。封禅书。八神。五曰阳主。祀之罘。汉书。武帝太始三年。登之罘。浮大海而还。其东南海中有垒石。俗传武帝尝立桥于此。】

海。【(福山)县东北三十里。有海洋山后海口。又县北十五里有城后海口。登宁场置于此。居民皆煮盐为业。县北四十里又有之罘海口。西北四十里有八角海口。宋史。淳化四年。遣陈靖等使高丽。自东牟趋八角海口。是也。又有海洋。宫家。潘家。胡家。韩家诸岛。俱在县北海中。】

岠嵎山。【(栖霞)县东北二十里。宋庆历六年。山东地震。岠嵎山摧。嘉定六年。金益都贼杨安儿作乱。据登州。金将仆散安贞败之。安儿乘舟入海。欲走岠嵎山。舟人曲成击杀之。即此。山产金。亦名金山……】

(宁海)州北控辽海。南拱江淮。凭岛屿之险。擅盐。铁之利。【汉书。东牟有铁官。盐官。】风帆络绎。以成山为表识。州亦东道之雄矣。【志云。宁海居府境之东。文登一县。又在州之东。设文登营于县东北。所以当东面之险也。海防考曰。文登营所属之卫。曰宁海。威海。成山。靖海。凡四所。则宁峰。海阳。金山。百尺崖。寻山。凡五。又有清泉。赤山等寨。辛汪。温泉镇诸巡司。而成山以东。若旱门滩。九峰。赤山。白蓬头诸岛。沙碛连络。登犯不易。然国初倭寇成山。掠白峰寨。罗山寨。延及大嵩。竹岛嘴诸处。海侧居民。重罹其害。夫建营之意。所以北援登州。南卫即墨。为犄角之势也。有备无患。可泄泄欤。】

海。【(文登)县南六十里。又县东百八十里。县北八十里。皆滨海。志云。县北九十里海中有刘公岛。多林木。四五月间。舟人入岛采取。旧有辛。王二里居民。明初徙入内地。又有海牛岛。亦在县北海中。产海牛皮。堪弓鞬。脂可燃灯。其相近者。为海驴岛。产海驴。其皮可以御雨。又产海狸。海豨之类。体皆鱼也。又有鸡鸣岛。西南去不夜城五十里。相近者又有镆鎁。五里。玄真。苏心。双岛。柘岛之属。皆环列县境。又白蓬头港。在县南百二十里。相近者又有旱门滩。双峰诸岛。】

秦皇宫。【(文登)县东百八十里。志云。始皇东游时筑。又县东北百二十里。有望海台。亦始皇筑以望海云。】

卷三十七·山东八

石城故城。【……唐贞观二十一年。遣牛进达等自莱州渡海击高丽。拔其石城。进至积利城。败其兵而还……】

西弥岛。【在(辽东都指挥使)司东南海中。天启中。毛文龙言。西弥岛相连有三山。周广二百余里。中云从山。前西弥岛。后珍珠岛。与朝鲜国境铁山城相近。陆程则八十里。水程仅三十里。西弥大路至朝鲜之义州。百六十里。铁山水路如之。义州与镇江相对。止三四十里。镇江去辽阳三百六十里。铁山。西弥。与建州相去在五百里内也。】

鸭渌江。【(辽东都指挥使)司东五百六十里。汉志注。玄菟郡西盖马县。有马訾水。西南至辽东郡西安平县入海。过郡二。行一千一百里。郡二。玄菟。辽东也。新唐书。马訾水出靺鞨长白山。色若鸭头。号鸭渌水。杜佑曰。鸭渌水阔三百步。在平壤西北四百五十里。辽水东南四百八十里。隋大业八年。伐高丽。分道并进。皆会于鸭渌水西。唐贞观十九年。程名振等拔卑沙城。遣将耀兵于鸭渌水。又龙朔元年。契苾何力讨高丽。高丽守鸭渌水。不得济。何力乘冰坚渡水。大破之。乾封二年。李勣伐高丽。管记元万顷檄文曰。不知守鸭渌之险。高丽报曰。谨闻命矣。即移兵拒守。唐兵不得渡。乾封三年。李勣大破高丽兵于鸭渌栅。进围平壤。高丽降。宋大中祥符二年。契丹主隆绪伐高丽。渡鸭渌江。高丽败保铜州。元至正二十年。元主废高丽王伯颜帖木儿。立其昆弟在京师者。曰塔思帖木儿。以兵送之国。高丽国人不服。至鸭渌江。高丽伏兵四起。兵败。仅余十七骑还京师。今鸭渌水源出长白山。下流入海。与高丽分界。万历二十年。大帅李如松等援朝鲜。出石门。至凤凰山。渡鸭渌江而东。是也。】

平郭城。【在(盖州)卫南……咸康二年。皝袭仁于平郭。自昌黎东践冰而进。凡三百余里。至历林口。舍辎重。轻兵趋平郭。遂克之。历林口盖在卫西北。昔时滨海要口也……】

长兴岛。【(复州)卫西南四十里。亦曰长生岛。内容五军。复州粮一万二千。而长生输其七。又茶河岛。在卫西南五十里。又西南三十里曰长山岛。上有塔。万滩岛。在卫东海中。陆行至岛二百四十里。水行不过六十里。又老鸦岛。在卫西北四十里。】

南关岛。【(金州)卫南二十里。天启中。守将张盘议开河。断南关岛。以守卫城。即此。又杏园岛。在卫西十里。河口岛。在卫北三十五里。海青岛。在卫东南四十五里。】

莲花岛。【(金州)卫东三十里。滨海险要处也。卫东南百二十里。又有金线岛。向俱有兵戍守。明永乐十七年。大帅刘江于金线岛西北望海埚上。筑垒备倭。会瞭者言。东南海洋内王家山岛夜举火。江急遣马步军趋埚上小堡备之。翌日。倭泊马雄岛登岸。径奔望海埚。江大败之。志云。王家山岛。在卫东南三百里海中。马雄岛在金线岛东南。萧家岛。在卫东北百五十里。有萧家岛关。驻兵戍守。又青山岛。在卫东北百二十里。志云。卫境凡七十二岛。罗列海滨。居民往往渔佃于此。近时辽左流民。多居其地。】

双岛。【志云。有二南双岛。在(金州)卫西南百里。又北十里。即北双岛。锦辽图。自旅顺口西铁山至老猫圈三十里。又西北至双岛四十里。自双岛至羊头凹四十里。羊头凹至八只船四十里。八只船至宗岛三十余里。宗岛至长行岛亦三十余里。长行岛至老瓜岛六十里。又至归洲百余里。又至南套三十里。南套至盖州二十里。又由北套百余里而至三岔河。自旅顺口至三岔河。凡五百五十里。此由海道溯辽河之旧迹也。】

三山岛。【在(金州)城南七十里海中。天启中。毛文龙言三山岛在旅顺东三百里。从岛可以入旅顺。旅顺者。登。莱。朝鲜水路津要也。三山岛转北二百里。为广鹿岛。从岛可入金州。广鹿岛而东五十里为长山岛。从岛可入复州。长山东北二百余里为石城岛。从岛可入海州。石城相近有小松岛。从岛可入盖州。石城又东二百余里为丽岛。从岛可入岫岩。丽岛而东二百里为鲜镇。宽。叆以兵守之。乘间抵隙。可以惟意所向矣。】

皮岛。【(金州)卫东七百余里。地形广衍。有险可恃。天启中。毛文龙屯驻于此。其东北为僧福岛。又东北即朝鲜东境之铁山矣。长行岛。在卫东南百余里。天启中。毛文龙使朱昌国驻长行岛。曾有功驻三山岛。张盘守金州。为百里棋布之势。是也。】

旅顺口关。【(金州)卫南百二十里。海运舟达金州卫者。至此登岸。有旅顺口南北二城。金州卫中左千户所在此备御。又哈思关。在卫南十八里。】

望海埚堡。【(金州)卫东南七十余里。地特高。可驻兵千余。洪武初。都督耿忠于此筑堡备倭。寇至必先经此。海滨咽喉地也。永乐十七年。总兵刘江用石垒之。倭乘海艄入犯。直逼城下。登岸索战。江出奇败之。贼奔樱桃汇空堡。江围之。特开西壁以待其奔。分两翼夹击。尽歼之。辽之倭患遂绝。樱桃汇。或云在堡东北。又堡西有左眼。右眼。三手。西山。沙州。山头。爪牙山敌台凡七所。接于旅顺口。皆明初所置。】

卷三十八・山东九【外国附考】

朝鲜。【在辽东都司东千八百里。东至海七百七十里。南至海千三百里。西南至海八百里。西北至鸭渌江七百五十里。北至女真界千四百里。自其国都至京师三千五百里。至江南江宁府四千里。古朝鲜国。箕子所封。战国时。燕略属真番。朝鲜。为置吏筑障塞。遂为燕地。秦为辽东外徼。汉初属燕国。燕王卢绾叛入匈奴。燕人卫满窃据其地。武帝定朝鲜。为真番。临屯。乐浪。玄菟四郡。昭帝并为乐浪。玄菟二郡。后汉末。为公孙度所据。至公孙渊。魏灭之。晋永嘉末。没于高丽。高丽者。扶余别种。东夷传云。即高句骊也。其族有五。一消奴部。一绝奴部。一顺奴部。一灌奴部。一桂娄部。其后桂娄亦名内部。又曰黄部。绝奴亦名北部。又曰后部。顺奴亦名东部。又曰左部。灌奴亦名南部。又曰前部。消奴亦名西部。又曰右部。各有耨萨主之。耨萨盖酋名也。大抵东汉时。高句骊部落渐盛。后遂建国。仍号高句骊。以高为氏。三国魏正始七年。幽州刺史毋丘俭讨破之。寻复据其地。晋咸康八年。其王高钊为慕容燕所破。至曾孙琏益强。宋元嘉十二年。琏遣使入贡于魏。魏封为高句骊王。居平壤城。即汉乐浪郡地。齐永昭九年。琏卒。寿百余岁。子云嗣。请命于魏。明年。魏主宏册云督辽海诸军事。辽东公。高句丽王。梁天监十八年。云卒。子安立。遣使入贡于梁。梁以安为宁东将军。高句丽王。后亦臣附于东魏。高齐。隋开皇十七年。高丽王汤谋治兵拒隋。隋主赐玺书责其称藩。汤受命。会卒。子元嗣。隋仍封为王。明年。元帅靺鞨之众寇辽西。隋营州总管韦冲却之。隋因伐高丽。元遣使谢罪。乃罢兵。大业七年。讨高丽。明年。发二十四军分道并进。总集平壤。不能克。九年。复伐高丽。十年。复伐之。凡四伐而不能克。唐武德四年。高句丽王建武遣使入贡。建武即元之弟也。七年。册建武为辽东郡王。贞观十六年。高丽东部大人泉盖苏文弑其王建武。改立其弟子臧。十八年。伐高丽。明年。亲往征之。诸军分道并进。克辽东等数城而还。自是数遣军伐高丽。总章初。李勣攻高丽。拔平壤。置安东都护府。由此高氏灭。仪凤初。新罗据其地。开元以后。并于勃海大氏。天祐初。大氏衰。有眇僧躬乂者。聚众据开州称王。号大封国。遂有高丽故地。五代梁龙德二年。高丽人王建者。起兵为海军统帅。袭杀躬乂。自称高丽王。唐清泰末。建引兵击破新罗百济。而并其地。于是东夷诸国皆附之。地益拓。建都松岳。即开州也。谓之东京。而以平壤为西京。又置六府九节度。百二十郡。以理其地。晋开运二年。建卒。子武代立。自后子孙遣使朝贡于宋。亦朝贡于契丹及金。宋嘉定十二年。高丽王瞮附于蒙古。既而中绝。绍定五年。蒙古主窝阔台遣兵伐高丽。其王瞮复请降。因置京府县达鲁花赤七十二人监其国。端平初。悉为高丽所杀。自是四遣兵攻之。拔其城十有四。大抵旋服旋畔。景定初。忽必烈以高丽世子倎袭封高丽国王。倎寻更名植。元至元中。其西京内属。因置东宁路总管府。画慈悲岭为界。大德三年。又置征东等处行中书。寻罢。至治三年复置。命其王为左丞相。至正之季。始二于元。及明洪武二年。高丽王王颛表贺即位。诏封高丽国王。二十五年。其王瑶昏缪众推门下侍郎李成桂主国事。诏从其自为声教。成桂更名旦。徙居汉城。遣使请改国号。诏更号朝鲜。自是王氏始绝。李氏世有其地。称藩岁奉贡献。万历二十年。为日本所侵掠。国几亡。王师入援。久之。国始定。然自是浸弱矣。其国中分为八道。八道中。则忠清。庆尚。全罗三道。地广物繁。州县雄巨。最为富庶。且俗尚诗书。人才之出。比诸道倍多。平安。咸镜二道。北接鞑鞨。俗尚弓马。兵卒精强。亦地势使然也。江原。黄梅。居京畿左右。差为狭小。而京畿在诸道之中。襟带山海。称为雄胜。其地东西二千里。南北四千里。八道分统郡凡四十一。府凡三十三。州凡三十八。县凡七十。】

开州城。【在王京西南二百里。高丽所置州也。左溪右山。称为险固。亦曰松岳。唐天祐初。眇僧躬乂据此。朱梁贞明五年。入贡于淮南杨隆演。后唐清泰末。王建杀躬乂而代之。仍都于此。谓之东京。亦曰开京。宋大中祥符三年。高丽臣康肇弑其主诵。立诵兄询而相之。契丹主隆绪讨高丽。渡鸭渌江。康肇战败。退保钢州。契丹进擒肇等。追亡数十里。钢。霍。贵。宁等州皆降。进攻开京。询弃城走平州。契丹遂焚开京宫室府库。民庐俱尽。兵还。询复葺开京而居之。诸城亦复归高丽。今曰开城府。】

丸都城。【在王京东北。昔时高句骊依险为城。谓之丸都。旁多大山深谷。陈寿曰。汉建安中。高丽王伊奚模更作新都于丸都山下。魏正始七年。幽州刺史毋丘俭以高句骊数侵叛。督诸军出玄菟讨之。高句骊王位宫败走。俭悬车束马以上丸都。屠其城。既而复都于此。晋咸康八年。时高句丽与慕容皝接境。皝谋击之。高骊以重兵备北道。皝潜将劲兵四万趋南道。出其不意。高丽王钊败遁。遂入丸都。毁其城。大掠而还。唐志。自鸭渌江口舟行百余里。乃小舫溯流。东北行。凡五百三十里。而至丸都城。】

吞列城。【在王京东南。汉县。属乐浪郡。后汉省。汉志注。列水出分黎山西。至粘蝉入海。行八百二十里。列亦作洌。又有列口城。亦在王京西南。汉县。属乐浪郡。晋复属带方郡。胡氏曰。列口。洌水入海之口也。汉元封二年。杨仆击朝鲜。先至洌口。张晏曰。朝鲜有湿水。列水。汕水。三水合流为洌水。乐浪。朝鲜。疑皆取名于此。】

丰德城。【在王京南。朝鲜置丰德郡于此。万历二十年。倭自釜山潜渡临津。分兵陷丰德诸郡。朝鲜王李昖仓卒弃王京奔平壤。即此。孟州城。在王京西。志云。唐置孟州。领三登一县。椒岛。椵岛。宁德三镇。今州废县存。】

杨花渡。【在王京西南。汉江之滨。朝鲜各道馈饷。皆聚于此。或曰即临津渡也。万历中。倭渡临津。掠开城。既而李如松驻闻城。遣别将查大受据临津。为东西策应。即此。礼成港。在开城府南。下流入于海。又急水门。一统志云。在开城府南海中。宛如巫峡。又有蛤窟。亦在开城南海中。山顶有龙河。】

全罗道。【治全州。在王京西南面。本马韩地。后为百济国。唐显庆五年。苏定方伐百济。擒其王。置熊津等五都督府。后并于新罗。五代时。高丽兼有其地。图经。朝鲜地界。正北从长白山发脉。南跨全罗界。西南尽于海。日本对马诸岛。偏在朝鲜海洋之东南。与庆尚之釜山相对。倭船止抵釜山。不能越全罗至西海。故八道之中。惟全罗一道。直北正南。其迤西则与辽东对峙。日本所以隔绝辽。蓟。不通海道者。恃有朝鲜。而朝鲜所以保固边陲。控御诸夷者。恃有全罗也。志云。全罗之地。南滨大海。东接庆尚。为朝鲜门户。倭犯朝鲜。此其必由之道也。领郡三。曰灵岩。古阜。珍岛。府二。曰全州。南原。州四。曰罗州。济州。光州。昴州。县二十三。曰万顷。茂长。镇安。扶安。全渠。康津。兴德。黄成。乐安。昌平。济南。会宁。大江。临波。古皋。南阳。富顺。扶宁。麻仁。绪城。海南。神云。移安。】

南原城。【在全州东南。与全州相犄角。为王京要隘。万历中。倭陷南原。遂犯全罗。进逼王京。李如松谓全罗饶沃。南原尤其咽喉。是也。其相近者有云峰城。亦为冲要。南阳。在南原府西北。朝鲜之南阳县也。万历二十二年。李如松命将守南原。分兵屯御于此。】

济州城。【在南原府海岛中。亦曰济州岛。朝鲜置州于此。志云。朝鲜之济州。犹中国之琼州。或曰。即故耽罗也。元大德五年。置耽罗军总管府。又沿海立水驿。自耽罗至鸭渌江。并杨村梅口。凡三十所。今仍曰济州。又珍岛城。在济州西海中珍岛上。亦曰珍岛郡。宋咸淳六年。高丽叛人裴仲孙立高丽王植庶族子承化侯为王。窜入珍岛。蒙古讨平之。】

大江城。【在南原府东南。朝鲜所置县也。又东接庆尚之晋州。万历中。倭屯釜山浦。李如松分遣诸将屯大江。忠州以扼之。既而倭从釜山移西生浦。刘綎留镇朝鲜。分屯庆尚及大江。盖扼要处也。或作大丘。误。处仁城。在全州西。宋绍定六年。蒙古窝阔台遣将撒礼塔攻高丽。至王京南。攻其处仁城。败死。又党项城。在全州东北。唐贞观十二年。百济与高丽连和。伐新罗。取四十余城。又谋取党项城。绝其贡道云。】

俱拔城。【在全州。南北史。百济都俱拔城。亦曰固麻城。其外更有五方。中方曰古沙城。东方曰得安城。南方曰久知下城。西方曰刀光城。北方曰熊津城。是也。唐显庆五年。苏定方下百济。留刘仁愿守百济府城。即俱拔城矣。】

任存城。【在全州西。古百济所置城也。唐龙朔初。百济余众复叛。刘仁轨破之于熊津江口。其众释百济府城之围。退保任存城。任存。百济西部也。依任存山而名。三年。仁轨遣兵攻任存城。拔之。又真岘城。在全州北。唐龙朔二年。时刘仁轨既解百济府城之围。还军熊津城。有诏班师。仁轨曰。今以一城之地。居敌中央。动足辄为所擒。正宜坚守观变。乘便取之。不可动也。于是出兵掩其支罗城。拔之。并拔其尹城。大山。沙井等栅。时敌以真岘险要。加兵守之。仁轨复伺其懈。引兵袭据之。遂通新罗运粮之路。唐书。支罗。真岘诸城。俱在熊津之东。】

熊津城。【在全州西北。即熊津江口。百济之险要也。置城于此。为五方之一。唐显庆五年。苏定方讨百济。自成山济海。百济据熊津江口以拒之。定方击破之。直趋其都城。遂克之。唐亦置熊津都督府。以守其地。龙朔初。百济复叛。围百济府城。诏刘仁轨赴援。仁轨转斗而前。所向皆下。百济立两栅于熊津江口。仁轨击破之。府城之围遂解。仁轨因驻守于此。既而再破百济余众于熊津之东。复平百济。或曰。今汉江口。即古置城处云。】

白山。【在全州南海中。或以为即白水山。唐咸亨三年。高侃击高丽余众于白水山。破之。又有黑山。亦在全州南海中。俱有澳。可以藏舟。】

庆尚道。【治庆州。在王京东南。本辰韩地。后为新罗国。滨海与日本相对。为朝鲜之屏蔽。领郡七。曰蔚山。咸阳。熊川。陕川。永川。梁山。清道。府六。曰金海。善山。宁海。密阳。安东。昌原。州五。曰庆州。泗州。尚州。晋州。蔚州。县十二。曰东莱。清河。义城。义兴。闻庆。巨济。昌宁。三嘉。安阴。山阴。高灵。守城。】

蔚山城。【在庆州西北。即蔚山郡也。南有岛山。不甚高。而城皆依山险。中有江。通釜山寨。陆路则由彦阳监通釜山。万历二十五年。倭屯蔚山。大帅麻贵攻之不克。既而倭益筑城寨。据守于此。谓之东路。麻贵复进师逼之。据险收其禾稼。倭诡却以诱之。贵为所败。】

顺天城。【在庆州西南。万历二十六年。倭酋据此。谓之西路。朝鲜纪事。倭酋行长据粟林。曳桥建寨数重。凭顺天城。与南海营相望。负山襟水。最为扼塞。大帅刘綎攻之不能克。】

泗州城。【在庆州西。或曰。即古泗城也。唐龙朔初。百济复叛。与刘仁愿等相持。诏新罗应援。新罗将金钦将兵至古泗。为百济所邀败。自葛岭遁还。今泗州相近有葛岭道云。万历中。倭据泗州。谓之中路。北倚晋江。南通大海。为东西声援。大帅董一元克之。寻复败还。晋州城。在粤州西南。万历二十六年。大帅董一元击泗州。倭进取晋州。乘胜渡江南。毁永春。昆阳二寨。倭退保泗州老营。一元夺其城。进逼新寨。寨三面临江。一面通陆。引海为濠。海艘泊寨下千计。又筑金海。固城二寨。为左右翼。中通海阳仓。一元攻之不克。败还晋州。又有咸阳城。在晋州西北。朝鲜之咸阳县也。万历中。倭犯咸阳。晋州。即此。】

陕川城。【在庆州东北。朝鲜之陕川郡也。万历二十二年。李如松复王京。分兵屯御于此。又东南曰熊川郡。东滨大海。七重城。在庆州北境。境内又有买肖城。唐上元二年。新罗拒命。遣刘仁轨讨之。大破之于七重城。诏以李谨行为安东镇抚大使。屯新罗之买肖城。以经略之。新罗屡败。乃遣使入贡。且谢罪云。】

岛山。【在蔚山南。万历二十五年。麻贵等攻蔚山倭。倭悉走岛山。于山前连筑三寨拒守。岛山视蔚山城高。倭又于上新筑石城。坚甚。官军攻之不克。寻溃还。】

釜山。【志云。在朝鲜东莱县南二十一里。西北去王京千四百里。滨大海。与日本对马岛相望。扬帆半日可至。其东有东来。机张。西生。林瑯。五浦为左臂。西有安骨。安窟。嘉德。熊川。森浦。巨济。闲山。德桥。金海。竹岛。龙堂为右臂。联络犄角。可攻可守。万历二十年。倭酋平秀吉遣其党行长等拥舟师逼釜山镇。陷庆尚道。寻入王京。既而弃王京。还屯据釜山。增筑西生。机张等处。分兵拒守。而以釜山为根本。官兵攻之不能克。久之。始解去。图经云。釜山去南原府七百里。是也。】

乌岭。【在庆州西北境西接尚州界。广亘七十余里。悬崖鑱削。中通一道如线。灌木丛杂。骑不得成列。朝鲜指为南道雄关。万历二十一年。倭弃王京遁。别将刘綎自尚州追至乌岭。倭方拒险。别将查大受自忠州逾槐山监。出乌岭后。倭大惊。前移釜山浦。为久驻计。】

竹岛。【在庆州境西南滨海。万历二十五年。倭泊于釜山。往来竹岛。渐逼梁山。熊川。既而夺梁山。遂入庆州。又巨济岛。在竹岛东滨海。朝鲜置巨济县。兼置水军营于此。冲险次于釜山。闲山岛。在庆州西南境。朝鲜西海水口也。右嶂全罗道之南原府。为全罗外藩。一失守。则沿海无备。天津。登。莱。皆可扬帆而至。其相近者又有紥山岛。万历二十五年。倭入庆州。侵闲山。夜袭？山岛。官军溃走。遂失闲山。倭进围南原。陷之。一统志全州南海中有阑山岛。即闲山矣。】

平壶岛。【在南海中。元至元十八年。遣范文虎帅兵击日本。道出高丽。航海至平壶岛。飓风败舟。遂还。弃士卒十余万于岛中。日本袭杀之。还者百无一二。】

三浪江。【在梁山郡南。志云。梁山西北有峻岭。上容双马。路险绝。南有三浪大江。直通金海竹岛。万历中。倭夺梁山。三浪遂入庆州。晋江。在庆州西南。泗州城北。或谓之西江。东南注于海。万历中。麻贵攻蔚山。遣兵屯西江口。防倭水路援兵。即此。】

发卢河。【在庆州西界。志云。在高丽南界。新罗七重城之北。唐咸亨四年。李谨行破高丽叛者于瓠卢河之西。即此水也。又咸亨五年。刘仁轨东伐新罗。率兵绝瓠卢河。攻其大镇七重城。破之。】

金浦。【图经。左晋州南。即晋江南入大海处也。元至元二十二年。议征日本。敕漕江淮数百万石。泛海贮于高丽之金浦。仍令东京及高丽各贮米万石。备征日本。期明年八月。悉会金浦。不果行。元史作合浦。误也。】

公州城。【在忠州西南境。其东南近全罗道之南原府。万历二十五年。倭入南原。麻贵发兵屯公州以拒之。即此。又清州城。在忠州西。其东接天安郡。郡西南接公州界。】

稷山。【在忠州西。有稷山监。万历二十五年。倭陷全罗。引而北。麻贵发兵守稷山。以遏其锋。又有青山。与稷山相近。志云。稷山之南。即天安郡城南。下全州之要道也。洪州山。在忠州西境海中。一统志。洪州建于山下。稍东有东源山。产金。又有富用山。亦在洪州海中。上有仓谷。故名。俗讹为芙蓉山。】

竹岭。【在忠州东。羊肠绕曲。颇为险峻。万历中。倭弃王京。逾竹岭。走庆尚。即此。唐岛。在清州海中。亦曰唐人岛。与九头山相近。又有马岛。亦在清州海中。国中牧地也。旧有客馆曰安兴亭。与轧子苫相近。又有双女樵。亦在清州海中。】

萨贺水。【在开州西南。一作薛贺水。唐乾封三年。李勣等伐高丽。别将薛仁贵克扶余城。高丽趋救。与李勣遇于薛贺水。合战。勣大破之。进拔大行城。是也。志云。薛贺水出北山中。东南流入鸭渌江。】

王险城。【即平壤城。应劭曰。箕子故都也。薛瓒曰。王险在乐浪郡。浿水之东。汉初。燕人卫满渡氵贝水。居上下障。都王险。武帝元封二年。其孙右渠拒命。遣楼船将军杨仆自齐浮勃海。左将军荀彘出辽东诛之。取其地。改置朝鲜县。乐浪郡治焉。晋永嘉已后。没于高丽。义熙末。其王高琏居平壤城。亦曰长安城。隋大业八年。伐高丽。分军出朝鲜道。谓此。隋书。平壤城东西六里。随山屈曲。南临浿水。开皇十八年。伐高丽。命周罗睺将水军自东莱泛海趋平壤。不能达而还。大业八年。诏左右各十二军分道伐高丽。总集平壤。明年。复遣宇文述等趋平壤。述不克至。唐贞观十八年。伐高丽。命张亮以舟师自海道趋平壤。明年。拔辽东诸城。攻安市未下。江夏王道宗请以精卒乘虚取平壤。既而降将高延寿。亦请自乌骨城直取平壤。不果。龙朔初。命苏定方等讨高丽。进围平壤。不能拔。总章三年。李勣征高丽。拔其平壤。而高丽亡。杜佑曰。平壤即王险城也。五代时。王建据高丽。始谓之西京上下障。乐浪旧有长城。燕所筑。谓之云障云。】

积利城。【在平壤西境。唐贞观二十一年。遣牛进达等自海道入高丽。拔其石城。进至积利城下。败其兵。其相近者又有泊灼城。贞观二十二年。薛万彻等伐高丽。围泊灼城而还。志云。自鸭渌江口舟行百余里。又小舫溯流。东北三十里。至泊灼口。即泊灼城矣。石城。见宁辽卫。加尸城。在平壤西南。高丽置。唐贞观十八年。伐高丽。盖苏文遣嘉尸城七百人戍盖牟城。是也。】

大通江。【在平壤城东。亦曰大同江。旧名浿水。史记。秦修辽东故塞。至浿水为界。汉初。燕人卫满亡命。东走出塞。渡浿水。居秦故空地上下障。稍役属其真番朝鲜蛮夷及燕亡命者王之。元封三年。荀彘自辽东击朝鲜。破其浿水上军。乃至王险城下。汉志。乐浪郡有浿水县。浿。音普大反。浿水西至增地县入海。王险城盖在浿水之阳。水经云。浿水出乐浪镂方县。东南过临浿县。东入海。误矣。隋大业八年。伐高丽。来护儿率江淮水军自东莱浮海先进。入自浿水。去平壤城六十里。寻为高丽所败。还屯海浦。唐龙朔元年。苏定方伐高丽。败其兵于浿水江。遂趋平壤。明万历二十一年。李如松援朝鲜。至平壤。倭悉力拒守。如松度地形东南并临江。西枕山陡立。惟迤北牡丹峰高耸。最要害。如松乃遣将攻牡丹峰。督兵四面登城。遂克之。既而如松驻开城。别将杨元军平壤。扼大同江以通饷馈。是也。】

清川江。【在安州城东。西南流入海。亦名萨水。隋大业八年。宇文述等击高丽。渡鸭渌水。追击其大臣乙支文德。东济萨水。去平壤城三十里。因山为营。平壤险固。不能猝拔。引还至萨水。军半济。为高丽所击。诸军皆溃。将士奔还。一日夜至鸭渌水。行四百五十里。今亦谓之大宁江。志云。平壤。黄州。西隔大宁江。东阻大通江。所谓两江之中也。沸流江。在江东郡南。自汉江分流。西合于大同江。一统志。灵州东有大江。西北入于大通江。】

百济。【今朝鲜之全罗道即其地。西渡海至越州。南渡海至倭国。王居东西两城外。置六带方。管十郡。地志。东夷有三韩国。曰马韩。辰韩。弁韩。马韩在西。凡五十四国。百济居一焉。陈寿曰。三韩凡七十八国。百济其一也。后渐强大。兼诸小国。与高句丽相匹。俱在辽东之东千余里。李延寿曰。百济之先。以百家济海。后遂以百济名国。晋世高丽略有辽东。百济亦分据其地。置辽西。晋平二郡。萧齐永明六年。后魏遣兵击百济。为百济所败。八年。齐以其王牟大为镇东将军百济王。隋开皇十八年。遣使请伐高丽。愿为军导。高丽觉之。以兵侵掠其境。隋书。百济出自东明。后有仇台者立。始强盛。杜佑曰。百济南接新罗。北距高丽千余里。西限大海。处小海之南。有五部。分统三十七郡。二百城。唐武德四年。册百济王扶余璋为带方郡王。其后党于高丽。与新罗相仇。显庆五年击平之。诏以其地置熊津。马韩。东明。金涟。德安等五都督府。又以百济城为带方州。置刺史治焉。唐史。百济本夫余别种。其王亦姓扶余氏。滨海之阳。直京师六千里而嬴。仪凤以后。百济之地。附于新罗。其支属共保海滨。仍曰百济。】

新罗。【今朝鲜之庆尚道即其地。弁韩苗裔也。李延寿曰。新罗本辰韩种。在高丽东南。亦曰秦韩。相传秦世亡人避役。东适马韩。马韩割东界居之。故名。秦韩始有六国。稍分十二。新罗其一也。

或称魏毋丘俭破高丽。高丽奔沃沮。后复国。其留者为新罗。兼有沃沮。不耐。韩濊之地。其王本百济人。自海逃入新罗。遂王其国。附庸百济。后强盛。与百济为敌。杜佑曰。新罗本辰韩种。魏时为新卢国。晋。宋曰新罗。其国在百济东南五百余里。唐武德四年。册新罗王金真平为乐浪郡王。显庆中。屡为高丽百济所攻。唐为遣兵平百济。龙朔初。以其国为鸡林大都督府。授其酋金法敏为都督。上元初。新罗据百济故地。又招纳高丽叛众。遣兵讨之。复请降。仪凤以后。复西据高丽故城。唐不能讨。自是仅羁属于唐而已。开元以后。其地多为勃海所并。休忍国。在新罗之东。亦二韩之属。东晋时有休忍国。服属于燕。苻秦灭燕。遂属秦。太元四年。苻路以龙城叛。征兵于鲜卑。乌桓。高句丽。百济。新罗。休忍诸国。是也。后并于百济。】

耽罗。【今朝鲜之庆尚南境。亦曰儋罗国。唐史云。居新罗武州南岛上。初附百济。后附新罗。麟德二年。遣使入朝。后为新罗所并。图经。今济州。即古耽罗国也。】

流鬼。【东夷也。唐贞观十四年入贡。去京师万五千里。其地直黑水靺鞨东北。少海之北。三面接海。南与拂涅。靺鞨邻。东南航海。行十五日乃至。人依岛屿散居。多沮泽。初附百济。后附新罗。杜佑曰。流鬼国在北海之北。是也。定安国。本马韩种。宋太平兴国中女真入贡。道出定安。即此。】

卷三十九·山西一

沁水。源出沁州沁源县西北百里绵山东谷……隋大业四年。开永济渠。引沁水南入河。北通涿郡。亦曰御河。唐六典。河东道大川曰沁水。唐乾元初。李嗣业军河内。安庆绪将蔡希德等自邺涉沁水攻之。为嗣业所拒。还走。金贞祐三年迁汴。议开沁水便运道。近时议者多以引沁入卫。可济运河……

蒲津关。在平阳府蒲州西门外。黄河西岸……左传。文二年。秦伯伐晋。济河焚舟。即此处也。又昭元年。秦公子鍼奔晋。造舟于河。通秦。晋之道也。战国时。魏置关于此。亦曰蒲阪津。亦曰夏阳津。【自河东而言。曰蒲阪津。自关中而言。曰夏阳津。】秦纪。昭襄王十五年。初作河桥。司马贞曰。为浮桥于临晋关也。汉王二年。东出临晋关。至河内。击虏殷王邛。三年。魏王豹反。韩信击之。魏盛兵蒲阪。塞临晋。信益为疑兵。陈船欲渡临晋。而从间道袭安邑。虏豹。遂定魏地。景帝三年。七国反。吴王濞反书曰。齐诸王与赵王定河间。河内。或入临晋关。咸与寡人会于洛阳。武帝元封六年。立蒲津关。盖设关官以讥行旅。后汉建安十六年。曹操西击马超。韩遂。与超等夹潼关而军。操潜遣徐晃。朱灵度蒲阪津。据河西为营。徐晃谓操公盛兵潼关。而贼不复别守蒲津。知其无谋也。既而操从潼关北渡。遂自蒲阪度西河。循河为甬道而南。大破超军。晋太元十一年。慕容永等自长安而东。出临晋。至河东。又苻丕使其相王永传檄四方。会兵临晋。讨姚苌。慕容垂。后魏孝昌三年。萧宝寅据关中。围冯翊未下。长孙稚等奉命讨之。至恒农。杨侃谓稚曰。潼关险要。守御已固。无所施其智勇。不如北取蒲阪。渡河而西。入其腹心。置兵死地。则华州之围。【隋志。冯翊郡。后魏置华州。】不战自解。潼关之守。必内顾而走。支节既解。长安可坐取也。稚从之。宝寅由是败散。永熙三年。魏主修入长安。高欢自洛阳追之。克潼关。进屯华阴。既而退屯河东。使薛瑜守潼关。库狄温守封陵。【见蒲州。】筑城于蒲津西岸。以薛绍宗为华州刺史。使守之。西魏大统初。东魏司马子如等攻潼关。既而回军。从蒲津西济攻华州。不克而还。三年。高欢军蒲坂。造三浮桥欲渡河。不果。既又自壶口趋蒲津。济河至冯翊。败还。魏军追至河上。因乘胜取蒲坂。定汾。绛。四年。造舟为梁。九年。复筑城为防。盖恃为重险也。后周建德五年。围齐晋州。分遣辛韶等守蒲津关。隋都长安。亦于蒲津起河桥。以通河中。置中潬城。以守固河桥。【字书。水中沙曰潬。盖建城于河中沙上。河阳亦有中潬城。以守固河阳浮桥也。隋书。开皇中。诸州调物。每岁河南自潼关。河北自蒲坂。输于长安。】仁寿末。汉王谅谋举兵并州。裴文安说谅曰。今率精锐。直入蒲津。以大军继后。风行电击。顿于霸上。【见陕西长安县。】

咸阳以东。指挥可定。京师震扰。谁敢不从。谅不能用。而遣将断河桥。守蒲州。杨素衔枚潜济。谅军遂败。大业十三年。李渊引兵自河东济河而西。朝邑法曹靳孝谟以蒲津。中潬二城降。【胡氏曰。蒲津城在河西岸。亦谓之西关城。所以护蒲津浮桥者。】唐开元十九年。于蒲津两岸开东西门。各造铁牛四。以维浮梁。【志云。唐初横列舰以渡河。断舰破。开元中。改作蒲津桥。铸铁牛八。牛有一人策之。其下熔铁为山。又为铁柱灌之。分列两岸。以维浮桥。今东岸有四。西岸有三。其一沈于河。】张说铭曰。隔秦称塞。临晋名关。关西之要冲。河东之辐辏。是也。宝应初。回纥引兵助唐讨史朝义于东都。至忻州。欲自蒲关入。由沙苑出潼关而东。不果。建中四年。朱泚作乱。据长安。上幸奉天。李怀光自河中度。至河西。屯蒲城。李晟亦自易定西还。自蒲津济。军于东渭桥。兴元初。李怀光叛。自泾阳焚掠而东。至河西。或劝河中守将吕鸣岳焚桥拒之。鸣岳不能从。中和四年。黄巢掠河南诸道。请救于河东帅李克用。克用引兵欲渡河阳。为河阳帅诸葛爽所拒。乃还兵。自陕及河中。度河而东。五代梁贞明六年。河中帅朱友谦袭取同州。去梁归晋。梁遣刘鄩等攻同州。友谦请救于晋。晋将李存审等将军至河中。即日济河。军于朝邑。既而大败兵。汉乾初。李守贞以河中叛。汉将白文珂克西关城。栅于河西。宋大中祥符四年。行幸河中。祀汾阴。改为大庆关。建炎初。金人窥关中。济自蒲津。【金史。元光初。时汴军粮运不继。李复亨议以陕西地腴岁丰。宜造大船。由大庆关渡入河东。抵湖城以通运。不果。】元致和元年。燕帖木儿据大都。迎立怀王陕西行台。也先帖木儿起兵从大庆关度河。入河中府。趋怀。卫河东。官吏皆弃城遁。既而上都陷。乃降。明初平关陕。亦自蒲津济。王氏有言。武关以限南诸侯。临晋以限东诸侯。蒲津为关河之巨防。于今为烈矣。

卷四十・山西二

黄河。【(河曲)县西北六里……县西北六十里。有唐家会渡。为津济要口……】

杨兔堡。【在(河曲)县北。南去石梯儿十里。堡北十里为得马水营。其西即黄河娘娘滩也。又北十里为五花营堡。又北十里为唐家会堡。边防考。唐家会堡在县西北六十里。有唐家会渡。为官军往来津要。宣德二年置堡。万历十年增修。周一里有奇。当黄河渡口之冲。】

卷四十一・山西三

王官城。【在(临晋)县南……左传文三年。秦师涉河焚舟。取王官……】

姚暹水。【在(解)州北十五里。即永丰渠也。自安邑县流入。又西入临晋县界。宋国史。天圣五年。诏陕西漕臣修永丰渠。自后魏正始四年。都水校尉元清引中条山下平坑水为渠。西入黄河以运盐。名曰永丰。周齐间废。隋大业中。都水监姚暹浚渠。自郏郊西入解县。民赖其利。唐末湮没。盐运大艰。至是殿直刘逵请开浚。自解州安邑至蒲州白家场。通舟运盐。漕臣王博文以为便。遂浚之。公私果利。今仍曰姚暹渠。熨斗陂。在州西二十里。郡国志。魏正始中。穿以系船。今废。形似熨斗。因名。】

黄河。【在(平陆)县城南。自芮城县而东。至是微折而南。至县东南三十五里傅岩前。有茅津渡。亦曰大阳渡。又流经县东五十里。经底柱峰。曰三门集津。又流经县东南一百二十八里。曰白浪渡。皆黄河津济处也。今茅津。白浪。皆有巡司戍守。又茅津。详见陕西大阳津。】

卷四十六・河南一

底柱山。亦曰三门山。在今河南府陕州城东四十里。山西平陆县东南五十里大河中。禹贡。导河至于底柱。水经注。禹治洪水。山陵当水者凿之。故破山以通河。河水分流。包山而过。山见水中若柱然。故曰底柱。元和志。禹凿底柱。二石见于水中。若柱然。河水至此。分为三派。流出其间。故亦谓之三门。【陕志。三门。中神门。南鬼门。北人门。惟人门修广。可行舟。鬼门尤险。舟筏入者鲜有得脱。三门之广。约三十丈。其东百五十步。有峰特立。斯为底柱。】自底柱而下。至五户滩。其间一百二十里。夹岸巍峰重岭。干霄蔽日。盖亦禹所凿以通河者。冲湍激石。有一十九滩。水流迅急。势同三峡。破坏舟船。自古所患。汉武帝时。河东守番系言。漕从山东西。岁百余万石。更底柱之艰。败亡甚多而烦费。鸿嘉四年。以河水决溢为患。杨焉上言。河从上下。底柱险隘。可镌广之。乃令镌之。才没水中。不能复去。而令湍流沸怒。为害弥甚。【是年秋。勃海。清河。信都河水溢。】后汉兴平二年。李等寇长安。帝幸陕。别将李乐欲令车驾御船过底柱。出孟津。杨彪以为河道险艰。非万乘所宜乘。乃止。曹魏景初二年。以底柱道险。遣寇兹浚治。晋泰始三年。复遣乐世帅众修凿。功卒不集。隋开皇三年。遣韦瓒自蒲。陕以东。募人能于洛阳运米四十石。经底柱之险。达于常平者。【常平仓。置于陕州。】免其征戍。十五年。诏凿底柱。大业七年。底柱崩。偃河逆流数十里。唐贞观二十年。幸河北。【河北。今山西平陆县。】观底柱。令魏徵勒铭。是时。自洛到陕。皆运于陆。自陕至京。乃运于水。以避底柱之险也。显庆元年。苑西监褚明议凿三门山为梁。通陆运。功不成。后大匠杨务廉又凿栈以挽漕舟。人以为苦。开元二十一年。转运使裴耀卿以关中用度不给。请于河口置仓。【即武牢仓。】使吴船至彼。即输米而去。官自雇载。分入河洛。又于三门东西各置一仓。至者贮纳。水险则止。水通则下。或开山路车运而过。则无复留滞。省费巨万。从之。明年。遂于三门置仓。东曰集津。西曰监仓。【亦名三门仓。】漕舟输其东仓。而陆运以输西仓。【凡凿山十八里。以陆运。】复以舟漕达关中。避三门水险。【初。舟运江淮粟至东都含嘉仓。陆运三百里至陕。自耀卿建议。既避水险。而陆运庸钱亦省数十万缗。】二十九年。陕州刺史李齐物。请凿底柱为门以通漕。开山巅为挽路。沃醯而凿之。天宝元年。上言三门运渠成。然弃石入河。水益湍怒。不能入新门。候水涨。以人挽舟而上。未几。益阻涩。不可行舟。贞元二年。李泌为陕虢观察使。益凿集津仓山西径。为车道十八里。属于三门仓。【盖即裴耀卿故道。时泌又为入渭船。方五板。输东渭桥大仓。】人以为便。宋乾德元年。诏重凿底柱三门。庆历中。陕西用兵。欧阳修请案耀卿旧迹。以通漕运。政和五年。蔡京建议。凿大伾。三山两河。创天成。圣功二桥。役夫数十万。才成而水涨。桥坏。前朝天顺中。杨鼎言。黄河乃汉唐漕河。即今盐船木筏。往来不绝。其间虽有三门。析津之险。而古人倒仓之法为当。三门之上有小河。仅通延绥。如以所运粮草。各贮水次。通流儹运。庶几军饷可足。许进亦言。黄河自陕州而上。至绥德近境。春初皆可舟行。若计沿河郡县。改征本色。水陆接运而上。榆林可以少苏。盖黄河在山。陕之间。龙门为险。【龙门。见陕西韩城。山西河津县。】而在晋。豫之交。底柱为阨也。

汴水。即禹贡之灉水。所谓河出为灉也。春秋时。谓之邲水。【邲音汳。即汴字。后避反字改为卞。】宣十三年。晋楚之战。楚军于邲。即是水也。【水经注。济水东合荥渎。济水于此亦兼邲之称。其地盖即荥口受河之处。今在河阴县西。】秦汉间曰鸿沟。史记。荥阳下引河东南为鸿沟。以通宋。郑。陈。蔡。曹。卫。与济。汝。淮。泗会于楚。孔氏曰即汳水也。汳水首受济。东南与淮通。汉志谓之狼荡渠。前汉平帝时。汴河决坏。至明帝永平中。浸淫益甚。遣王景。王吴修筑。绝水立门。河汴分流。复其旧迹。亦曰荥阳漕渠。说文。汴水受陈留浚仪阴沟。【狼荡渠。亦曰阴沟。】至蒙。【今江南蒙城县。】为水。东入于泗。元和志。禹塞荥泽。开渠以通淮。泗。汉永平中。命王景修渠。【景所修筑。谓之渠堤。】岁久湮废。晋末。刘裕灭秦。发长安。自洛入河。开汴渠而归。其后复塞。隋大业初。更开导。名通济渠。西通河。济。南达江。淮。唐自天宝以后。汴水湮废。广德二年。时漕运者皆自江汉抵梁洋。迂险劳费。乃命刘晏为河南江淮以东转运使。开汴水以通运。自是岁运米数十万石给关中。唐末。汴水溃决。甬桥东南。【甬桥。见南直宿州。】悉为污泽。周显德二年。方谋伐唐。命武宁帅武行德发民夫因故堤疏导之。东至泗上。五年。浚汴口。导河流。达于淮。江淮舟楫始通。【胡氏曰。此即唐时运路。江淮割据。漕运不通。水路堙塞。今复浚之。】宋太平兴国中。汴水决溢不时。至道元年。诏张洎等讲求汴水疏凿之由。洎言。汴水横亘中国。首承大河。漕引江湖。利尽南海。半天下之赋。由此而进。禹初于荥泽下。分大河为阴沟。出之淮。泗。至浚仪西北。复分二渠。【二渠。详见祥符县鸿沟注。】其后或曰鸿沟。始皇疏之以灌魏都者也。或曰莨菪渠。【莨菪。亦作狼荡。又为莨荡。】自荥阳五池口。【五池口。见中牟县。】来注鸿沟者是也。或曰浚仪渠。汉明帝时。循河水故渎作渠。渠成。流注浚仪者是也。【水经注。汉末。河入汳。灌注兖。豫。永平中。导汴水。绝河而受索。】或曰石门渠。灵帝建宁四年。于敖城西北垒石为门。以遏渠口者是也。石门渠东合济水。与河渠东注。至敖山之北。【敖山。见河阴县。】而兼汴水。又东至荥阳北。而旃然之水。东流入汴。【旃然水。见荥阳县。】荥阳之西。有广武二城。汴水自二城小涧中东流而出。济水至此乃绝。惟汴渠首受旃然水。谓之鸿渠。桓温将通之而不果。【晋太和中。桓温自兖州伐燕。郗超曰。道远。汴水又浅。恐漕运难通。盖兵乱之余。汴水填淤。未经浚治而浅也。】刘裕伐秦。浚之。始有湍流东注。而岸善崩溃。裕更于北十里疏凿以运漕者。义熙十三年也。【水经注。刘公命刘遵考漕此渠。而山崩壅塞。乃于渠北十里更凿故渠通之。】皇甫谊发河南丁夫百万开之。起荥泽入淮千余里。更名曰通济渠者。隋大业三年也。【陈无己曰。隋大业初。合河。索为通济渠。别而东南入于淮。今于畿为白沟。于宋为沙。于单为石渠。于徐为汳。而入于南清。】裴耀卿言。江南租船。自淮西北溯鸿沟。转输河阴。含嘉。太原等仓。【河阴县有河阴仓。东都有含嘉仓。陕州有太原仓。】凡三年。运米七百万石者。唐开元之二十三年也。【唐初。改通济渠为广济渠。开元末。河南采访使齐澣以江淮漕运。经淮水入汴。淮流湍激。多损坏。遂浚广济渠下流。自泗州虹县。至楚州淮阴县北八十里。合于淮。功毕而水流迅急。不可行。】又贞元十四年。董晋作汴州东西水门。【时晋为宣武帅。】五代汉乾三年。河决郑州。卢振请修汴河立斗门以备旱潦。【振上言。汴河两岸。堤堰不坚。每岁溃决。正当农时。劳民役众。莫若沿汴水。访河故道陂泽处。立斗门。水涨溢时以分其势。即潦水无漂没之患。旱则兼收灌溉之饶。】周显德四年。疏汴水。北入五丈河。【五丈河。见后。】六年。命王朴如河阴。案行河堤。立斗门于汴口。又命韩令坤自大梁城东。导汴水入蔡水。以通陈。颍之漕。命袁彦导汴水入五丈渠。以通青。郓之漕。【蔡水。见后。】宋建隆二年。导索水。自旃然与须水合。【索水。须水。俱见荥阳县。】入于汴。谓之金水河。【金水河。本京。索水。导自荥阳县东南黄堆山。其源曰祝龙泉。过中牟曰金水河。宋漕运四渠之一也。】诏河阴汴口。每岁均节水势。济江淮漕运。【宋国史。太平兴国三年。浚汴口。四年。名汴河水门曰上善。通津。大通。汴水入城西大通门。分流出城东上善。通津门。九年。又治汴堤。淳化二年汴决。景德三年汴溢。皆筑堤塞之。】大中祥符二年。汴水溢。诏遣使相度。【宋会要。时自京至郑州。汴水浸溢道路。诏减汴口水势。既而水减阻漕。乃复浚汴口。四年。白坡发运判官史莹。请于汜水县东孤柏岭下。缘南岸山趾。开汴口以均水势。会内臣阎从翰请于下流开减水四道。以防泛溢。从之。莹议废。寻又于中牟。荥泽各开减水河。而浚渠修堤之后。以时间举。八年。马元方请浚汴河中流。阔五丈。深五尺。可省修堤之费。诏相度修治。因浚泗州夹冈一带。】天圣三年。汴水浅涩。诏疏河口。四年。复以涨溢为患。诏度京城西贾冈陂地。泄之于护龙河。嘉祐六年。都水监奏。汴河自泗州至南京。【今归德府。】道直流驶。不复须治。自南京以上至汴口。水散漫多浅。请自南京都门三百里。修狭河木岸。扼束水势。从之。功成而人以为便。【会要。嘉祐初。自京至泗州。俱置狭河木岸。】熙宁四年。于故河口西创开訾家口。【宋志。汴首受黄河之处。在河阴县南。每岁自春及冬。常于河口均调水势。止深六尺。以通行重载为准。然大河向背不常。故河口岁易。易则度地形。相水势。为口以逆之。訾家口。在河阴县石门之西。近汜水县界。】才成而淤。乃复开旧口。【宋史。时有应舜臣者。上言新口在孤柏岭下。当河流之冲。其便利可常用勿易。水大。泄以斗门。小则为辅渠于下流以益之。王安石善其说。后三年。河水壅溢。积潦败堤。提举汴口官王琉请塞訾家口而留辅渠。八年。侯叔献复浚訾家口。既而汴水大涨。乃复闭之。】六年。都水丞侯叔献言。汴河两岸。沃壤千里。牧地废田二万余顷。欲稍置斗门。泄其余水。分为支渠。及引京索河。并三十六陂以溉田。【三十六陂。俱在汴南。】既而祥符。中牟之民。大被水患。又汴河数淤。

常至绝流。公私大困。八年。议因故道凿渠置闸。酾汴水入蔡河通漕。元丰初。张从惠言。汴河岁闭塞。修堤防劳费。往有建议导洛入汴。患黄河啮广武山。【见河阴县。】须凿山岭十数丈以通汴渠。功大不可为。去年七月。水退。河稍北。距广武山麓七里。退滩高阔。宜凿渠导洛。为万世利。都水丞范子渊请于汜水镇北门导洛。为清汴通漕。既又言。河阴十里店以西至洛口。地形西高东下。可行水。请起自巩县神尾山。【即龙尾山。见巩县。】至士家堤。筑大堤四十七里。以捍大河。起沙谷。【亦在巩县东。】至河阴十里店。穿渠五十二里。以引洛属汴。于是遣内侍宋用臣等相视兴役。自任村沙口。【任村。在汜水县西南。】至河阴县瓦亭子。达汴口。接运河。长五十一里。【每二十里置束水一。以刍楗为之。节湍急之势。】两岸为堤。长一百三里。【时又引古索河为源。注房家。黄家。孟家三陂及三十六陂高冲处。潴水为塘以备。洛水不足。则决以济之。又自汜水关北开河五百五十步。属于黄河。上下置闸启闭。以通黄汴二河船筏。又即洛河口置水澾。以泄伊洛涨水入大河。其古索河等暴涨。则即魏楼。荥泽。孔固三斗门以泄之。仍修黄河南岸堤埽。以防侵夺新河之渐。于是闭汴口。徙官吏于新洛口。】自是汴洛通流。三年。兴修狭河六十里。【时以洛水入汴至淮。河流漫阔。多浅涩。因修狭河以扼束之。五年。又自汴河北引洛水入禁中。赐名天源河。于城西咸丰门立堤。凡三千三十步。是年。又废金水河透水槽。以阻碍汴舟也。】六年。范子渊请筑新堤。及开展直河。【子渊请于武济山麓至河岸并嫩滩上。修堤及压埽堤。又筑新堤于新河两岸。及开展直河长六十里。明年。武济河溃。诏纵其分流。止护广武三埽。武济。即广武北山。嫩滩。新滩也。】元祐初。废水匮。【时苏辙言。汴口以东。州县所置水匮。徒费损民田。清汴水流自足。未曾取以灌注。乞尽废以便失业之民。从之。】五年。复导河入汴。【四年。梁焘上言。广武山北。即大河故道。旧洛水至此入河。今辟大河于堤北。攘其地以引洛。中间缺为斗门。名通舟楫。实盗河以助洛之浅涸也。广武三埽。岁费无虑数百万。新沙疏弱。力不能制悍河。倘怒流循洛而下。直冒京师。是甘以数百万之费。养异时万一之患。宜复为汴口。导引大河。启闭以时。诚为得策。至是。从之。】绍圣初。绍述议起。因复闭汴口。引洛水。【宋史。自引洛后。洛水涨溢入河。广武埽危急。朝议以埽去洛河不远。恐涨漫。下灌京师。诏都水丞冯忱之相度。筑栏山签堤。既而洛水大溢。注于河。帝曰。若广武埽坏。河洛为一。则清汴不通。京都漕运可忧。诏吴安持等规度。安持言。广武第一埽危急。决口与清汴口绝近。缘洛河之南广武山千余步。地形稍高。自巩县东七里店至今洛口。不满十里。可别开新河。导洛水近南行。地里至少。用功甚微。诏再按视。李伟复言。自武济以下二十里神尾山。乃广武埽首所起。约置刺堰三里余就武济河。下尾废堤枯河基址。增修疏导。回截河势东北行。留旧埽作遥堤。可以纾清汴下注京城之患。复诏宋用臣等覆按。四年。杨琰乞依元丰例。减故洛水入京西界大白龙坑及三十六陂充匮。以助汴河行运。诏贾种民等相度。种民言。元丰改汴口为洛口。汴河为清汴。以取水于洛也。复匮清水。以备浅涩而助行流。元祐间。却于黄河拨口分引浑水。令自澾上流入洛口。比之清洛。难以调节。请一依元丰旧制。从之。】宣和初。大水。汴堤决坏。诏复修治。【时河水涨入都城以西。漫为巨浸。东决汴堤。汴水将溢。诸门皆城守。奔流东南注。有司募人决水下流。由城北五丈河下通梁山泺而止。既而以汴河淤浅。堤岸损。复诏兴修。靖康初。汴河上流为盗所决数处。塞久不合。运河干涸。纲运不通。责都水措置。寻复旧。】夫汴河本自大河支分。宋元丰中。每事更张。汴洛亦不获循其故道矣。【梁焘言。洛水本清。自引洛入汴之后。汴常黄流。是洛不足以行汴。而所以能行者。乃附大河之余波也。又旧汴洛未通。汴口析大河三分之一。导洛而后。洛口所窃大河之水十分之一耳。河流尽北。则河北多溃决之虞。若回薄洛口。则京师又有湮溺之虑。故不如复汴口为长策也。其言甚深切。而时不能寤。又沈括曰。国朝汴渠。发京畿附郡三十余县。岁一浚。祥符以后。三岁一浚。其后益弛。汴渠有二十年不浚者。岁岁堙淀。东城东水门下至雍丘襄邑。渠底皆高出堤外平地一丈二尺。自堤下瞰民居。如在深谷。此决溢之患所以日多也。】张方平曰。漕运以河渠为主。明初。浚河渠三道。通京城漕运。自后定立上供军额。汴河六百万石。广济六十二万石。惠民六十万石。惟汴河所运。供京师亿万口之需。国家于漕河至急至重。而汴河又建国之本。非可与区区水利同言也。苏轼曰。世谓炀帝始通汴入泗。非也。晋王浚伐吴。杜预与之书曰。自江入淮。逾于泗汴。自河而上。振旅还都。王浚舟师之盛。古今绝伦。而自汴溯河以班师。则汴水之大小。当不减于今矣。今考汴河故道。自河阴县东北十里广武涧中东南流。过阳武。中牟县界。至开封府城南。东流过陈留。杞县北。又东过睢州北。考城县南。宁陵县北。而东经归德府城南。自隋以前。自归德府界东北流。达虞城。夏邑县北。而入南直徐州界。过砀山县南。萧县北。至徐州北合于泗。自隋以后。则由归德府境东南流达夏邑。永城县南。而入凤阳府宿州界。东南流。经灵壁县及虹县南。至泗州两城间而合于淮。宋时。东南之漕。大都由汴以达于畿邑。故汴河之经理为详。南迁以后。故都离黍。江淮漕运自是不资于汴。于是汴河日就湮废。金人虽常都汴。而周章匆遽。亦欲经理漕渠。自泗通汴。【宋嘉定十五年。金元光元年也。议引汴通漕。不果。】卒未遑也。明初。议建北京于大梁。规画漕渠。以浚汴为先务。洪武六年。浚开封漕河。即汴河也。既而中格。自是河流横决。陵谷倒置。汴水之流。不绝如线。自中牟以东。断续几不可问矣。

东汉初。定都洛阳。建武二十三年。张纯引洛水通漕。谓之阳渠。

颍水。源出河南府登封县东二十五里阳乾山。流经开封府禹州北。入许州界。经襄城县北。亦谓之渚河。又东经临颍县北。又东经西华县北。陈州之南。又东经项城县东。沈丘县北。接归德府鹿邑县南境。而合于蔡河。蔡河首受汴。自祥符县东南。通许县西。尉氏。扶沟县之东境。太康县之西境。至鹿邑县南。而合于颍河。谓之蔡河口。水经注。莨荡渠。自中牟东流。至浚仪县。分为二水。南流曰沙水。东注者曰汴水。【魏收曰。汴水在大梁城东分为蔡渠。续述征记。汴沙到浚仪而分。汴东注。沙南流。】沙即蔡也。颍水合蔡。亦兼有沙河之称。自鹿邑县东南流。入南直凤阳府界。经太和县及颍州之北。颍上县之东南。当寿州西北正阳镇而入淮。谓之颍口。汉志注。颍水历郡三。【颍川。淮阳。沛郡。】行千五百里。自古用兵之地也。左传。襄十年。晋帅诸侯伐郑。楚救郑。晋师进与楚夹颍而军。郑人宵涉颍。与楚盟。【此即今禹州北之颍水。】三国魏黄初五年。曹丕为水军。亲御龙舟。循蔡。颍浮淮。如寿春。将以伐吴。正始四年。司马懿欲广田蓄谷于扬。豫间。使邓艾行陈。项以东至寿春。艾以为。昔太祖破黄巾。因为屯田。积谷许都以制四方。今三隅已定。事在淮南。每大军出征。运兵过半。功费巨亿。陈。蔡之间。土下田良。可省许昌左右诸稻田。并水东下。【胡氏曰。汝水。颍水。莨荡渠水。涡水。皆经陈蔡间。东入淮。】令淮北屯二万人。淮南屯三万人。什二分休。常有四万人且田且守。益开河渠以增灌溉。通漕运。计除众费。岁合五百万斛。以为军资。六。七年间。可积三千万斛于淮上。此则十万之众五年食也。以此乘吴。无不克矣。懿善之。遂北临淮水。自钟离以南。【钟离。今南直凤阳府治。】横石以西。【横石。一作硖石。见寿州。】尽沘水四百余里。【沘水。即淠水。见固始县及南直六安州。寿州境。】五里置营。营六十人。且田且守。兼修广淮阳。百尺二渠。【淮阳。百尺渠。俱在陈州。】上引河流。下通淮颍。大治诸陂于颍南颍北。穿渠三百里。溉田二万顷。淮南淮北。仓庾相望。自寿春至京师。农官屯兵。鸡犬之声。阡陌相属。每东南有事。大兵出征。泛舟而下。达于江淮。资食有储而无水害。艾所建也。晋太元八年。苻坚大举入寇。坚至项城。苻融等将兵先至颍口。唐建中二年。田悦。【魏博帅。】李惟岳。【恒冀帅。】李纳。【淄青帅。】梁崇义。【襄邓帅】拒命。举天下兵讨之。诸军皆仰给京师。而李纳。田悦兵守涡口。【见江南怀远县。】崇义扼襄邓。南北漕引皆绝。江淮转运使杜佑以秦汉运路出浚仪西十里。入琵琶沟。绝蔡河。至陈州而合颍河。自隋凿汴河。官漕不通。若道流培岸。功用甚寡。疏鸡鸣冈首尾。【尉氏县有鸡鸣城。或曰今南直合肥西北之鸡鸣山。淝水出焉。】可以通舟。陆行才四十里。则江湖。黔中。岭南。蜀汉之粟。可方舟而下。由白沙。【见南直仪真县。】趣东关。【在南直巢县。】经庐。寿。浮颍涉蔡。历琵琶沟。入汴河。抵东都。无浊河溯淮之阻。【佑盖欲由大江通淝水。由淝水达蔡河。】减故道二千余里。会李纳将李洧以徐州归朝。【时涡口属徐州。】淮路通而止。三年。淮西帅李希烈叛。徙镇许州。与李纳相结。绝汴渠饷道。由是东南转输者。皆不敢由汴渠自蔡水西上。宣武节度使李勉。因治蔡渠。引东南馈。元和十一年。讨吴元济。初置淮颍水运使。杨子院米。自淮阴溯淮入颍。至项城入溵。输于郾城。以馈淮西行营诸军。省汴运之费。旧史。时运米溯淮至寿州。四十里入颍口。又溯流至颍州。沈丘界。五百里至于项城。又溯流五百里入溵河。又三百里输于郾城。【凡历千三百余里。盖迂言之。】五代周显德四年。攻唐淮南。先习水战于大梁城西汴水侧。至是命将王环将水军数千。自闵水沿颍入淮。【闵水。亦蔡河之异名。】唐人大惊。六年。自大梁城东导汴水入于蔡。【韩令坤浚。】以通陈。颍之漕。宋建隆二年。浚蔡渠。【先是元年浚蔡河。设斗门。至是。复命陈承昭督其后。】导闵水自新郑。与蔡水合。【此闵水。谓蔡河上流溱。洧诸川也。】贯京师南。历陈。颍。达寿春。以通淮右之漕。舟楫毕至。都人利之。于是以西南为闵河。东南为蔡河。乾德二年。又凿渠自长社。【今许州】引溟水至京师。【溟水。亦见许州。】合闵水。渠成。民无水患。闵河之漕益通。开宝六年。改闵河为惠民河。【太平兴国四年。名城南惠民河水门曰普济。广利。】为漕运四河之一。端拱初。陈尧叟等言。汉。魏。晋。唐。于陈。许。邓。颍暨蔡。宿。亳至于寿春。用水利垦田。陈迹具在。今用古法。大开屯田。以通水利。导沟渎。筑防堰。每屯千人。人给一牛。治田五十亩。亩约收三斛。岁可收十五万斛。七州之间。置二十屯。可得三百万斛。因而益之数年。可使仓廪充实。省江淮漕运矣。议不果行。淳化二年。以溟水泛溢。自长葛开小河。导溟水分流二十里。合于惠民河。至道初。大理丞皇甫选言。邓。许。陈。颍。蔡。宿。亳七州境内。有公私闲田三百五十一支。合二十二万余顷。民力不能尽耕。皆汉魏以来召信臣。杜诗。杜预。司马宣王。邓艾等立制垦辟。地有陂。塘。防。埭旧址。即不能照旧增筑。宜择其堤防未坏可兴水利者。先耕二万余顷。他处渐图建置。从之。未几。复罢。咸平二年。霖雨。蔡河溢。开封守寇准治丁冈古河泄导之。【在府城东南。】大中祥符二年。陈州请自许州长葛浚减水河及治枣村旧河。【在临颍县。】以入蔡河。从之。既又于顿固减水河口修双水门。【在商水县南。】以减陈。颍水患。九年。知许州石普请于大流堰穿渠。【在尉氏县。】置二斗门。引沙河以漕。天圣二年。复修大流堰斗门。开减水河通漕。【宋志。时田承说献议重修许州合流镇大河堰斗门。创开减水河通漕。省迂路五百里。】嘉祐三年。开京城葛家冈新河。分入鲁沟。【鲁沟。见陈留县。时秋霖水溢。为京城患也。】熙宁九年。于顺天门外。【汴城西南门】通直河。至染院后入护龙河。【即城壕。】至咸丰门南。【城西北门】入京索河。元祐四年。知陈州胡宗愈议浚八丈沟。【在陈州。】分蔡河之水为一支。由颍。寿入河。诏经理之。大观初。复开溟入蔡河。蔡河盖兼闵水。溟水以通漕舟也。欧阳忞曰。蔡河。即古之琵琶沟。胡氏曰。琵琶沟。自东京戴楼门入。【南面西来第一门。本名安上门。】京城宣化水门出。【南面东来门也。】投东南下。经陈州。过鹿邑县界蔡河口而入颍。今由朱仙镇。【见祥符县】而东南。有水道经西华。南顿。沈丘以达于颍。寿。盖即蔡河故迹。又有五丈河。亦宋漕运四河之一也。九域志。五丈河。即禹贡之菏泽。自汴城北。历陈留。曹。济及郓。其广五丈。周显德四年。疏汴水北入五丈河。东流经定陶北入于济。齐鲁舟楫。皆达大梁。【先是显德二年。于京城西引水入五丈河。达于济。】六年。浚五丈渠。东过曹。济。梁山泊。【见山东寿张县。】以通青。郓之漕。宋建隆二年。发曹。单民浚五丈河。先是河塞。命卫将军陈承昭于京城西夹汴河造斗门。自荥阳凿渠百余里。引京索二水。通城壕。入斗门。架流于汴水上。东汇于五丈河。以便东北漕运。【此即金水河。见前汴水。】开宝六年。改为广济河。【兴国四年。名城东水门曰咸通。又熙宁十年。名城北水门曰永顺。五丈河盖自永顺门入京城。而达于东之咸通门。】景德三年。内侍赵守伦议自京东分广济河。由定陶至徐州入清河。【即泗水。】以达江湖漕运。后成。复罢。【宋史。徐州运河成。帝以地有龙阜。水势极浅。难置渠堰。又历吕梁滩碛之险。非可漕运。罢之。】天圣六年。阎贻庆言。广济河下接济州之合蔡镇。【见山东巨野县。】通梁山泺。请治五丈河。入夹黄河。【郓。济间小河也。】引水注之。因立桥梁。置坝堰。诏有司相度。庆历中。又浚徐。沛之清河。任城。金乡之大义河。【见山东金乡县及济宁州。】以通漕运。熙宁七年。有司请于通津门。【汴城东面门也】汴河东岸开河。下通广济。以便行运。从之。元丰五年。废广济辇运司。【移上供物于淮扬军界入汴。名清河辇运。】寻复加修治。元祐四年。都水监言。广济河以京索河为源。转漕京东岁计。请于宣泽门处置槽。架流入咸丰门。【宣泽。咸丰二门。俱在汴城西面。咸丰又在宣泽之北。】由旧道复河源以通漕。从之。建炎初。宗泽留守东京。开五丈河以通西北商旅。宋会要。汴都以惠民。金水。五丈。汴为四渠。而汴。黄。惠民。广济亦曰四河。盖河渠流通。转输易达。此汴洛所以为天下枢也。前朝洪武八年。大河南决。挟颍以入淮。而蔡河之流渐绝。三十年。河复南决。拥蔡水入陈州。永乐初。计臣郁新奏言。淮。黄淤浅。官运不通。请自淮安用轻舟运至沙河及陈州颍岐口。以大舟载入黄河。复陆运入卫河。以达北京。从之。正统以后。大河决塞不一。颍。蔡。五丈诸流尽失故道。其可辨者无几矣。

河阳城。在今怀庆府孟县西南三十里。即汉河阳县。【自汉以来。县皆治此。唐又为孟州治。今孟县城。金大定中筑。非古城也。】古曰孟津。亦曰盟津。周武王济师于此。因谓之武济。亦曰富平津。都道所辏。古今津要也。东汉初。拜冯异为孟津将军。规取洛阳。永初五年。先零羌寇河东。至河内。诏朱宠将兵屯孟津以备之。中平末。何进谋诛宦官。使武猛都尉丁原将兵寇河内。烧孟津。火照洛阳城中。晋泰始中。杜预以孟津渡险。有覆溺之患。请建河桥于富平津。议者以为殷周所都。历圣贤而不作者。必不可作故也。预曰。造舟为梁。河桥之谓也。从之。桥果成。太安二年。成都王颖自邺举兵内向。列军自朝歌。【见淇县】至河桥。鼓声闻数百里。帝出屯河桥以拒之。永兴二年。豫州刺史刘乔与东海王越等相攻。河间王颙使成都王颖等据河桥。为乔继援。【时越等欲连兵讨河间于关中也。】既而河桥之师为东军所击。次第败走。平昌公模等遂自邺而南。进逼洛阳。永嘉末。傅祗屯三渚。刘聪遣子粲攻之。三渚。河中渚也。水经注。河中渚上有河平侯祠。旁有二渚。又有陶渚。故曰三渚。祗盖屯于孟津小城。又津西有凉马台。昔人每于河桥浴马。浴竟。就高纳凉处也。永和六年。苻健图入关中。自枋头悉众而西。【枋头。见直隶濬县。】至孟津。为浮梁以济。既济。焚桥。兴宁二年。燕慕容恪图取洛阳。遣将悦希军于孟津。太元十八年。慕容垂谋叛秦。初渡河。虑河桥南空仓中有伏兵。乃自凉马台结草筏以渡。北魏太和十七年。迁洛。命作河桥。河北侧岸有二城相对。置北中郎府戍守之。因谓之北中城。景明二年。咸阳王禧谋为变。会魏主出猎北邙。其党乞伏马居说禧还入洛城。勒兵闭门。天子必北走桑乾。【谓平城也。】殿下可断河桥。为河南天子。不果。【又正光初。元略避元义之难。故人司马子宾与略缚荻筏夜渡孟津。抵屯留。屯留。见山西潞安府。】洛志。魏都洛阳。以北中为重地。北中不守。则可平行至洛阳。【宋白曰。河阳城。一名北中城。】武泰初。尔朱荣自晋阳南下。胡太后遣将守河桥及北中城以拒之。既而都督李神轨至河桥。闻北中不守。即遁还。又陶渚。在河阴西北三里南北长堤之外。【故河阴城。见今孟津县。水经注。孟津。亦曰陶河。曹魏时。杜畿试楼船于孟津。覆于陶河。杜佑曰。河阳县西南十三里。古遮马堤即是其处。陶。或作淘。】尔朱荣谋诛百官。请魏主子攸西循河西。至淘渚。引百官于行宫西北。云欲祭天。百官既集。使胡骑围而杀之。又迁魏主于河桥。置之幕下。明年。元颢入洛。魏主北走。尔朱荣奉之南讨。颢遣陈庆之守北中城。自据南岸。分兵守河中渚。又别遣兵缘河固守。时北军无船可渡。杨侃请征发民材。多为桴筏。间以舟楫。缘河布列。皆为渡势。首尾既远。颢必不知所备。一处得渡。必立大功。高道穆亦请分兵遣将。所在散渡。荣从之。命尔朱兆等缚材为筏。自马渚西硖石。【见孟津县】夜渡。颢军遂溃。永安三年。魏主诛尔朱荣。遣将军奚毅等将兵镇北中。时尔朱世隆自洛出屯河阴。即欲还北。其党司马子如曰。兵不厌诈。不如还军向京师。出其不意。或可成功。世隆乃攻河桥。据北中城。引胡骑至郭下。举朝恇惧。李苗请径断河桥。许之。因募人从马渚上流乘船夜下。去桥数里。纵火船焚河桥。倏忽而至。世隆兵在南岸者。皆争桥北渡。桥绝。溺者甚众。世隆遂收兵北遁。既而尔朱兆从晋阳南下。倍道兼行。从河桥西涉渡。魏主初以大河深广。谓兆未能猝济。是日。水不没马腹。兆骑叩宫门。宿卫乃觉。一时溃散。魏主为兆骑所执。普泰二年。尔朱度律自洛阳。尔朱天光自长安。会尔朱兆等攻高欢于邺。败还。将之洛阳。尔朱彦伯在洛。欲自将守河桥。尔朱世隆不从。使其党阳叔渊驰赴北中。简阅败卒。斛斯椿谋叛尔朱。自邺倍道先还。至北中。绐叔渊得入。椿遂据河桥。尽杀尔朱之党。度律等欲攻之。不克。走死。永熙三年。高欢自晋阳犯阙。魏主勒兵屯河桥。欢寻自野王而南。引军渡河。魏主西走。东魏大象三年。筑中潬城及南城。【中潬。即河中渚。时仍置河阳关于其地。】高欢使潘乐屯北中城。高永乐守南城。置桥于河阳。及高敖曹为宇文泰所败。叩河阳南城。以闭关不纳而死。武定元年。高仲密以虎牢降西魏。宇文泰帅诸军应之。至洛阳。前军于谨围河桥南城。高欢将兵至河北。泰退军上。纵火船于上流以烧河桥。东魏将斛律金使别将张亮以小艇百余载长锁。伺火船将至。以钉钉之。引锁向岸。桥获全。欢遂渡河。据邙山。与泰相持。宇文周建德四年。大举伐齐。周主邕自将出河阳。拔河阴大城。宇文宪拔洛口东西二城。纵火焚河桥。桥绝。齐将傅永自永桥夜入中潬城。【永桥镇。见武陟县。】周人既克南城。围中潬。二旬不下。乃还。隋开皇初。因东魏行台。置河阳宫于河阳城内。大业九年。杨玄感攻东都。诏屈突通自河北驰救。军于河阳。唐武德初。贼帅李商胡据孟津中潬城。二年。行军总管刘弘基。遣将种如愿。袭王世充河阳城。焚其河桥。三年。怀州总管黄君汉分道攻世充。以舟师袭世充回洛城。断河阳南桥。【五行志。贞观十一年。河溢。坏陕州之河北县及太原仓。毁河阳。中潬。永淳二年。河溢。坏河阳桥。如意元年。复溢。坏河阳县。圣历二年。又漂怀州民千余家。盖河患亦莫甚于河阳也。】天宝十四载。安禄山反。遣将封常清乘驿诣东京。断河阳桥。为守御之备。乾元二年。九节度之师溃于相州。郭子仪以朔方军断河阳桥。保东京。众议欲捐东京。退保蒲。陕。朔方都虞候张用济定计守河阳。役所部筑南北两城而守之。【盖因旧城增筑也。】既而史思明陷汴。郑。将逼洛阳。李光弼以洛城难守。议移军河阳。北连泽。潞。利则进取。不利则退守。表里相应。使贼不敢西侵。为猿臂之势。遂率士马而东。守河阳。思明筑月城于河阳南以拒光弼。欲泛火船烧河桥。又悉力攻南城。皆不克。时光弼屯中潬。应援南北两城。思明进攻中潬。败却。光弼败思明于河阳西渚。是时贼虽入洛。而惮光弼兵威。南不出百里。西不越畿内。陕州得修戎备。关辅无虞。光弼保河阳之力也。建中二年。置河阳三城节度。自是常为重镇。【广德初。史怀义败灭。命内侍鱼朝恩守河阳。以河清。济源。温租税入河阳三城。寻又以汜水军赋属之。建中二年。置河阳节度使。割东畿河阳。河清。济源。温。王屋五县隶焉。会昌三年。增置孟州。治河阳。】光启三年。河南尹张全义袭河阳节度李罕之。入其三城。罕之走泽州。既而河阳归于朱温。河东屡争河阳。不克。朱温自是益强。后唐同光四年。李嗣源讨邺乱。为乱军所戴。诏发军扼河阳桥以备之。清泰末。唐兵为河东契丹所败。唐主从珂遣兵屯河阳。寻议北讨。引军至河阳。卢文纪曰。河阳。天下津要。车驾宜留此镇抚南北。既而复进次怀州。会诸军相继溃败。乃自怀州还洛。至河阳。命诸将分守南北城以卫河桥。既又命专守南城。断浮梁而还。及晋兵至。镇守将苌从简以舟楫迎降。石晋天福九年。契丹入寇至黎阳。命西京留守安彦威守河阳。开运三年。契丹大举入犯。与晋军相持于恒州中度桥。李谷密奏大军危急之势。请驾幸滑州。及发兵守澶州。河阳。以备虏之奔冲。不果。刘汉乾末。隐帝遇弑。李骧说太原留守刘崇。亟引兵逾太行。据孟津。郭威必不敢动。崇不听。宋靖康末。金将粘没喝自太原长驱而南。前锋渡孟津。粘没喝旋至怀州。顿河阳。绍兴六年。岳飞请提兵趣河洛。据河阳。陕府。潼关。为恢复之计。不用。绍定四年。蒙古窝阔台攻金汴京。引军自河清渡河。【河清。今见孟县。】入郑州。明初取山西。河南守将冯宗异分道出河阳。克武陟。下怀庆。河阳。盖天下之腰膂。南北之噤喉也。三城记。河阳北城。南临大河。长桥架水。古称设险。南城三面临河。屹立水滨。中潬城表里二城。南北相望。黄河两派。贯于三城之间。每秋水泛溢。南北二城皆有濡足之患。而中潬屹然如故。【潬。读诞。水中沙曰潬。宋史。乾德三年。水涨。坏中潬桥梁。而城郭无恙。政和七年。都水孟阳言。旧河阳南北两河分流。中潬系浮梁。顷缘北河淤淀。水不通行。止于南河修筑一桥。因此河项窄狭。水势冲激。每遇涨水。多致损坏。欲措置开修北河如旧。修系南北两桥。从之。】自古及今。常为天造之险。

卷四十七·河南二

(开封)府川原平旷。水陆都会。战国时。张仪说魏哀王曰。魏地四平。诸侯四通。条达辐辏。无有名山大川之限。魏之地势。故战场也。楚汉间。郦生说汉王曰。陈留。天下之冲。四通五达之郊。唐韩弘曰。大梁襟带河。汴。控引淮。泗。足以禁制山东。后唐郭崇韬曰。汴州。关东冲要。地富人繁。石敬瑭说李嗣源曰。大梁。天下之要会也。【胡三省曰。大梁控引河。汴。南通淮。泗。北接滑。魏。

舟车之所凑集。且梁旧都也。故敬瑭云然。】及敬瑭入洛。议徙大梁。时范延光镇天雄。谋作乱。桑维翰曰。大梁北据燕。赵。南通江。淮。水陆都会。形势富饶……明初尝幸汴梁。议徙都之。不果。盖虽恃德不恃险。而设险重闭之义。亦未可略而不讲矣。建都议曰。都汴者。以河汴流通。挽输便易为美谈。张方平曰。京师所谓陈留八达之地也。国依兵而立。兵以食为命。食以漕运为本。漕运以河渠为主。国家浚河三道。通京城漕运。曰广济。曰惠民。曰汴河。太仓蓄积。三军士庶咸取给焉。此建国之本也。【宋会要。东京以惠民。金水。五丈。汴为四渠。而汴。黄。惠民。五丈亦曰四河。】

蔡水。【在(开封府)城东南。自汴河分流为蔡水。亦曰沙水。沙。孔氏读为蔡。下流至归德府鹿邑县。合于颍水。宋开宝中。赐名惠民河。为漕运四河之一。今多堙废……】

五丈河。【在(开封府)城北。亦自汴河分流。东通曹。郓诸州。宋开宝中。赐名广济河。为漕运四河之一。建炎初。宗泽留守东京。开五丈河以通西北商旅。即此。今堙……】

金水河。【在(开封府)城西。其上源即荥阳县之京水也。宋建隆二年。命卫将军陈承昭凿渠引水。过中牟。凡百余里抵都城。架其水横绝于汴。设斗门。入浚沟。通城濠。东汇于五丈河。公私利焉。乾德三年。又引金水为渠。达于皇城。历后苑内。大中祥符二年。又诏内使谢德权引为渠。自城北天波门入并皇城。至乾元门引而东。由城下水窦入于濠。元丰五年。金水河透水槽阻碍上下汴舟。遣宋用臣按视。请自板桥为一河。引水北入汴。既而改由副堤河入蔡。以源流深远。与京西永安。青龙河相合。赐名曰天源。其后导洛通汴。自城西引洛水。由永丰门立堤三千余步入禁中。而金水河槽废。政和间。复命内侍宋等于城内七里河开月河一道。分水灌入禁中。重和初。复导入内庭。又于城西南水磨口引索河一派。架以石梁。绝汴南北。筑堤导入天源河以助之。宋会要。金水河。汴都漕运四渠之一也。今涸。】

白沟河。【在(开封府)城东含辉门外。河无山源。以潦涸为盈竭。舆地广记。河出自封丘县界。亦曰湛渠。唐载初元年。引汴水注白沟。以通徐。兖之漕。其色甚洁。故名。宋至道元年。博士邢用之等请开白沟。自京师抵吕梁口。凡六百里。以通长淮之漕。议中止。咸平六年。白渠溢。用之乃自襄邑疏下流。以导京师积水。而民田无害。大中祥符二年。金水河决。议者谓汴河南三十六陂。古蓄水之地。必有下流通河。熙宁六年。都水丞侯叔献请开白沟。储三十六陂及京。索二水为源。仿真楚州开平河置闸。使四时可行舟。则汴渠可废。既而都水监复言。白沟自睢河至淮。凡八百里。乞分三年兴修。从之。旋废。政和二年。都水丞孟昌龄复修白沟。开堰通流。功未及成。吕梁。见南直徐州。襄邑。今睢州也。】

通济渠。【在(开封府)城西南二里。隋炀帝所凿。以引汴水。杜佑曰。陈留郡西有通济渠。炀帝大业初开。以通江淮漕运。兼引汴水。又城西十里有琵琶沟。从中牟县流入。本秦汉运路。炀帝幸江都。始凿沟入通济渠。以形似琵琶。因名。又有睢阳渠。魏志。建安七年。魏武至浚仪。治睢阳渠。盖东达睢阳之渠也。】

金明池。【在(开封府)城西故琼林苑北。宋太祖置神卫水军以习舟师。太平兴国元年。诏凿池。引金水河分注焉。每临幸观水战。祥符六年。诏诸军选江淮习水卒。于金明池试战棹。立为虎翼军。营于池侧。又讲武池。在南薰门外故玉津园。东抵宣化门。宋建隆四年。凿以习水战。引蔡水注之。名教船池。开宝六年。改曰讲武池。又凝碧池。在城东南平台侧。唐牧泽也。宋真宗时。凿为池。今俱淤塞。】

时和驿渡。【(开封)府北十里。为防河要地。又府西北十五里有张家湾渡。又北五里为陶家店。与府西北三十五里之刘兽医口渡。府东北三十里之汪家楼渡。皆河防冲要也。又有翟家口渡。在府西北二十五里。】

朱仙镇。【在(开封府)城南四十五里。宋绍兴十年。岳飞大败金人于郾城。进军朱仙镇。是也。今商旅所经。以朱仙为水陆会集之所。南舟北车。从此分歧矣。又城南五里有朱仙顿。又南五里为棘店顿。宋时尝射猎于此。】

蔡河。【在(通许)县西。志曰。蔡河自祥符之范村流入县北。分为两道。名双沟河。至县西复汇而为一。下入扶沟。建闸启闭。宋时通江淮之漕道也。宋志。建隆二年。浚蔡河。设斗门节水。自京距通许镇。】

黄河。【在(原武)县北二十二里。自荥泽流入县界。达于开封城北。水经注。河水东经卷县北。春秋时。晋楚之战。晋军争济。舟中之指可掬。楚庄祀河。告成而还。皆此处也。隋大业十三年。李密攻东都。遣徐世绩自原武济河。取黎阳仓。】

黄河。【在(封丘)县南五十里。旧时沁河自山西沁源县来。由阳武入县界于家店。河水挟沁东决漕运。为害甚烈。弘治中。副使张鼐从于家店疏决故道。筑堤以免泛滥之虞。至今赖之。】

黄陵冈。【(仪封)县东北五十里。接山东曹县界。金末。蒙古围汴。金主守绪以粮援俱绝。遂东巡。次黄陵冈。谋入开州。是也。亦曰黄陵渡。元末。察罕谋复汴梁。使舟师出汴东。略曹南。据黄陵渡。即此。详见山东曹县。又有青陵冈。在县北十五里。】

(陈)州控蔡。颍之郊。绾汴。宋之道。淮。泗有事。顺流东指。此其经营之所也。汉贾谊欲以淮阳禁吴楚。魏司马懿以陈。许图东南。唐以淮西多故。特置重镇于此。与汴洛相为唇齿。中和。光启之间。黄巢。秦宗权亟攻陈州。而卒不能陷也。又其地原隰沃衍。水流津通。汲黯守淮阳。益修陂塘以溉民田。贾逵为豫州刺史。通运渠二百余里。邓艾又为广漕渠。屯田积谷于陈。颍间。诚有意于富强。前轨讵不足问欤。

贾侯渠。【在(陈州)城西。水经注。后汉贾逵为豫州刺史所开运渠也。或谓之淮阳渠。又州南有广漕渠。水经注以为邓艾所开。又翟王渠。在州东。唐赵翊为忠武节度使。按邓艾故迹。决翟王渠。溉稻以利农。是也。今皆堙废。】

溵水。【在(项城)县西七十里。接商水县界。即合颍之口也。唐元和十一年。置淮颍转运使。扬子院米自淮阴溯淮入颍。至项城入溵。输于郾城。以馈讨淮西诸军。即此处也。】

(许)州西控汝。洛。东引淮。泗。舟车辐集。转输易通。原野宽平。耕屯有赖……

索水。【亦出嵩渚山。北流入京水。水经注。索水。即旃然水。春秋襄十八年。楚伐郑。右师涉颍。次于旃然。寰宇记。京水在县东二十二里。索水在县南三十五里。后唐同光二年。诏蔡州刺史朱浚索水通漕。宋人每浚京。索二水。以为金水河之源。】

石门渠。【(河阴)县西二十里。荥渎受河之处。即禹贡导荥水之道。亦曰荥口……太和四年。桓温伐燕。使豫州刺史袁真攻谯郡。梁国。开石门以通水运。真克谯。梁而不能开石门。水运路塞。既而慕容德等率骑屯石门。断温粮道。五年苻秦王猛克燕洛阳。燕慕容臧击败秦兵于石门。太元九年。慕容垂称王于荥阳。自石门济河。长驱向邺。十五年。朱序自洛阳引还襄阳。留别将朱党戍石门。义熙十二年。刘裕伐秦。遣沈林子。刘遵考将水军出石门。自汴入河。魏太和二十年将如嵩高。至汴口而还。周。齐之间。更名汴口堰。隋开皇七年。使梁�增筑汉古堰。遏河入汴。自是更名梁公堰。大业初。又开通济渠。自板渚引河。历荥泽入汴。胡氏曰。大河自板城渚口。东过荥阳县。莨荡渠出焉。是渠南出为汴水。汉之荥阳石门。即其地也。唐开元二年。河南尹李杰奏。河。汴间有梁公埭。岁久埭破。南方漕不通。请自故渠浚之。从之。公私便利。十四年。洛阳人刘宗器请塞汜水。旧汴河。于下流荥泽界开梁公堰。置斗门通淮。汴。明年。新漕填塞。行舟不通。乃命将作大匠范安及检行郑州河口斗门。疏决旧河。旬日而毕。广德二年。刘晏为转运租庸使。至河阴。巩。洛。见宇文恺梁公堰。厮河为通济渠。视李杰新堤。尽得其利病。于是转输无壅。后周显德五年。浚汴口。导河流达于淮。江淮舟楫始通。六年。复命王朴如河阴。按行河堤。立斗门于汴口。既又命韩令坤导汴入蔡。以通陈。颍之漕……】

河口仓。【在石门西。亦曰武牢仓。唐时江淮舟运悉至东都含嘉仓。僦车陆运三百里。至陕。开元二十年。用裴耀卿议。置仓于汴水达河之口。二十二年。又于河口置输场。东置河阴仓。西置柏崖仓。江淮舟运。悉输河阴仓。更用河舟转运至东都陕州仓。大历中。刘晏掌漕运。以为江。汴。河。渭。水力不同。教漕卒以江船达扬州。汴船达河阴。河船达渭口。渭船达大仓。河阴仓。即河口仓也。元和十年。淄青叛帅李师道遣盗攻河阴转运院。焚谷帛。以救淮西。盖时以河口仓为转输中顿之处……】

卷四十八·河南三

千金堨。【在(河南)府城北……永嘉初。李矩为汝阴太守。与汝南太守袁孚修洛阳千金堨。以利漕运……后汉建武中。司空王梁引穀水以溉京都。渠成而水不流。后张纯堰洛而通漕是渠。引穀水历堨东注。魏文帝使都水使者陈协更修此堰。谓之千金堨。积石为堨而开沟渠五。因谓之五龙渠。太始七年。大水荡坏。晋元康七年。更于西开泄。名曰代龙渠。凡更开二堨二渠。亦曰九龙渠。后魏太和五年。又尝修治。亦谓之九曲渎。傅畅晋书。河南十二县薄言陈协凿运渠。从洛口入。经巩县西。注九曲渎。又西至洛阳东阳门。会于阳渠。是也。】

阳渠。【在(河南)府东。旧志。在故洛阳城南。汉建武二十三年。张纯奏穿渠引洛水为漕处也。洛阳记以为周公所作。述征记。东城有二石桥。旧于王城东北开渠引洛水。名曰阳渠。东流经洛阳。于城东南回通出石桥下。运至建春门以输常满仓。水经注。上东门外石桥右柱铭曰。阳嘉五年。诏书以城下漕渠。东通河济。南引江淮。方贡委输。所由而至。乃作石桥。此即阳渠与穀水回通处也……】

大阳三渠。【在(河南)府南十里。旧分洛水以溉田。本一渠。后析为三。中曰中渠。北曰青渠。东曰莽渠。合名大阳。又漕口渠。在城东北。宋开宝九年。幸西京。发卒自洛城市桥。凿渠至漕口三十五里。以便馈运。又有通津渠。在城南三里。元和志。隋大业初。分洛水西北。名千步碛渠。东北流入洛水。】

黑石渡。【在(巩)县西南二十五里。洛水津济处。隋末。王世充与李密相持。世充夜渡洛水。营于黑石。明日。分兵守营。自将精兵陈于洛北。李密渡洛逆战而败。复渡洛趣黑石。世充还救。为密所败。元至和初。陕西诸王阔不花等讨燕帖木儿之乱。进至巩县黑石渡。大败河南兵。遂克虎牢。闻上都已陷而还。入自巡简司。】

平阴城。【在今(孟津)县东一里。旧志云。城在故洛阳城东北五十里。左传昭二十二年。子朝之乱。晋籍谈帅师军于阴。即平阴也。二十三年。晋师在平阴。是矣。其地亦为津济处。沛公北攻平阴。绝河津南。战洛阳东。汉二年。南渡平阴津。至洛阳。后置平阴县。属河南郡。十三州志。县在平津大河之间。故名。更始将朱鲔遣兵攻温。自将数万人攻平阴。是也。魏文帝改曰河阴。仍属河南郡。晋因之。永嘉五年。帝以洛阳危困。欲东幸仓垣。而卫从不备。使傅祗出诣河阴。治舟楫。不得进而还。既而洛阳陷。祗建行台于河阴……仁寿末。汉王谅举兵并州。遣其将余公理下河内。诏史祥拒之于河阴。祥具舟南岸。公理屯河阳。亦聚兵当之。祥简精锐于下流潜济。公理败走……】

小平城。【在今(孟津)县西北。汉志河南郡有平县。武帝封刘遂为侯邑。城中有高祖讲武场。旧志云。汉平阴县城北有河津。曰小平津。津上有城。灵帝时河南八关之一也。袁绍诛宦官。中常侍张让等将帝步出穀门。至小平津。让等投河死。帝夜从小平津步至雒舍。雒舍在邙山之北。驿舍也。晋永嘉末。傅祗保盟津小城。或曰即小平津。建兴末。刘聪将赵固以洛阳归晋。聪遣刘粲以步骑十万屯小平津。逼洛阳。隆和元年。慕容暐遣其将吕护屯河阴。进攻洛阳。桓温遣军赴救。护退守小平津。中流矢而死。后魏太和二十年。讲武于小平津。又武泰初。尔朱荣举兵南向。胡太后遣费穆屯小平津拒之。穆遁还。水经注。小平津。亦曰河阳津。】

马渚。【在(孟津)县西。近故洛城北。亦黄河渡处也。后魏永安二年。尔朱荣奉魏主子攸南讨元颢。颢列兵沿河固守。北军无船。不得渡。伏波将军杨摽与其族居马渚。自言有小船数艘。求为乡道。荣遂命尔朱兆等缚林为筏。自马渚西硖石夜渡。袭击颢子冠受。擒之。颢军遂溃。三年。尔朱世隆犯洛阳。李苗募人从马渚上流纵火船焚河桥。世隆北遁。】

太原仓。【在(陕)州西南六里。隋开皇三年所置常平仓也。唐贞观三十一年。复置焉。开元二十二年。裴耀卿建转输之法。江淮舟运。悉输河阴仓。更用河舟。运至含嘉仓及太原仓。自太原仓入渭。输关中。是也。宝应初。回纥助唐讨史朝义。自大阳津渡河。食太原仓粟。贞元二年。淮西兵自鄜州叛归。李泌遣兵伏于太原仓之隘道。击之。志曰。太原仓北临焦水。西倚大河。又有集津等仓。在底柱山上。见前名山底柱。】

卷四十九·河南四

莲花池。【在(武陟)县东北沁河东岸。地名木栾店。其相邻者地名金坑壋。东去卫河百里。万历十五年。沁从此决。卫辉府之获嘉。新乡。俱受其患。时有议。引沁入卫。既以杀黄河之势。而卫河水盛东注。运河足资其利。当因其决。不必塞也。科臣常居敬言。沁河身阔里余。穿太行而南注。浊流湍急。较黄河益甚。卫辉在沁河下流。地形卑下。横流一发。被灾最远。且临清运道。不能赖其清流之利。而每遭其淤阻之害。此前事可覆者也。盖卫小沁大。其势难容。卫清沁浊。其流必淤。木栾。在沁河北岸。与大樊口相邻。嘉靖三十五年。从此横决。突入卫河。泥沙弥漫。至临清。逆流上拥。运河板闸至砖关七十余里。淤塞难行。此患不专在于卫辉而更贻患于漕者也。于是复堤塞之。而引沁入卫之议始格。】

黄河。【在(孟)县西南三十里。南渡即河南孟津县。河广二里。亦曰富平津。亦曰陶渚。自古设险之所。太子贤曰。孟津在河阳县南门外。胡氏曰。河内北有太行之险。南据河津之要。光武初。拜冯异为孟津将军。统魏郡。河内兵于河上。以拒洛阳。是也。又有万艘潭。在旧县治南。潭水深平。为舟楫辏泊之所。】

卫河。【在(卫辉府)城北一里。源发苏门山。经新乡县北。又东至城北。又东北入大名府浚县界。

隋炀帝引之为永济渠。亦曰御河。宋志卫州东北有御河。直至乾宁军。于此运军食馈边。是也。元人漕江淮之粟达于河。至封丘。陆运一百八十里。至淇门。入御河。永乐初。卫士唐顺言。卫河南距黄河。陆运五十余里。若开卫河。距黄河百步置仓廒。受南方所运粮饷。转致卫河。公私两便矣……】

文石津。【在(胙城)县东北。旧为大河津济处。胡氏曰。津在东燕之东北。枋头之东南。是也。晋永嘉四年。石勒围陈留太守王讚于仓垣。为讚所败。退屯文石津。六年。石勒自葛陂北行。至东燕。将渡河。闻汲郡向冰聚众数千。壁枋头。恐邀之。从张宾言。使支雄等自文石津缚筏潜渡。尽取其船。勒遂自棘津渡河。击冰。破之。今堙……】

石济。【旧在(胙城)县东北。水经注。河水径东燕故城北。有济水自北来注之。即石济也。宋元嘉三十七年。王玄谟将兵取河南地。攻滑台。遣垣护之为先锋。帅百舸屯石济。石济在滑台西南百二十里。及玄谟败退。不暇报护之。魏人连战舰断河。绝护之还路。河水迅急。护之中流而下。遇连舰。以长柯斧断其铁锁。魏不能拒……宇文周末。尉迟迥以杨坚擅政。起兵相州。招东郡守于仲文。仲文不从。迥遣宇文胄自石济。宇文威自白马济河。二道击之。既而杨素攻杀宇文胄于石济。今亦为平陆矣……】

卫水。【在(辉)县城北。源出苏门山。谓之搠刀泉。南流入新乡县境。宋志卫河源出百门泉。是也。漕河考。卫河自山东临清而下。每虞浅涩。盖因发源之处。建有仁。义。礼。智。信五闸。壅泉灌溉民田。以致水不下流。合于粮运时。将五闸封闭。俾水尽归运河。余月或从民便云。】

漳水。【在(彰德)府北四十里。自林县东流经此。又东北接临漳县界。清漳水流合焉。史记。赵成侯二十四年。魏归我邯郸。与魏盟于漳水上。水经注。后汉建安十八年。曹公凿渠引漳水东入清洹以通河漕。名曰利漕渠。是也……】

漳水。【在(临漳)县西……典略。建安十八年。曹公作金虎台。于其下凿渠。引漳水入白沟以通漕。是也……】

蒲池。【在故邺城外……汉建安十三年。曹操凿池以肄舟师。】

卷五十·河南五

(睢)州界梁。宋之中。据汴河之会。土田平衍。舟车络绎。宋人置州于此。屏卫京邑。兖。豫有事。此亦驰驱之所矣。

(汝宁)府北望汴。洛。南通淮。沔。倚荆楚之雄。走陈。许之道。山川险塞。田野平舒。战守有资。耕屯足恃。介荆。豫之间。自昔襟要处也。

繁阳亭。【在(新蔡)县北……又定四年。吴败楚舟师。楚大夫子期又以陵师败于繁阳……】

(信阳)州控据三关。为全楚之襟要。左传定四年。蔡侯。吴子。唐侯伐楚。舍舟于淮汭。【杜预曰。吴乘舟从淮来。过蔡而舍之。】自豫章与楚夹汉。【杜预曰。豫章。汉东江北地。或以为今德安府之章山。】左司马戌。【沈尹戌也】谓子常曰。子沿汉而与之上下。我悉方城外以毁其舟。【方城。见裕州。】还塞大隧。直辕。冥阨。【详见重险黾阨。】子济汉而伐之。我自后击之。必大败之。子常违其言。而入郢之祸成矣。盖其地群山环结。地形阻隘。北接陈。汝。襟带许。洛。南连襄。郢。肘腋安。黄。自古南北争衡。义阳常为重镇。齐东昏末。萧衍东下建康。元魏东豫州刺史田益宗言。义阳差近淮源。利涉津要。【淮水过义阳城下。西去淮源未远。魏人行师。以此地为利涉之处。】朝廷行师。必由此道。若江南有事淮外。须乘夏水泛涨。列舟长淮。【谓江南来争寿阳也。】师赴寿春。须从义阳之北。【谓魏人东援寿阳之军。时寿春没于魏。】便是居我喉要。在虑弥深。义阳之灭。今实其时。请使两荆之众。西拟随。雍。【两荆。魏置荆州于穰城。东荆州于沘阳也。随。谓随郡。雍。谓襄阳。】扬州之卒。【扬州。即寿春。】顿于建安。【建安。见固始县。】得捍三关之援。【三关。即黾阨三关。】然后二豫之军。【魏置豫州于汝南。东豫州于新息。】直指南关。【谓光州阴山关也。】对抗延头。【延头。见湖广黄陂县。】遣一将节度诸军。不过十旬。克之必矣。【益宗之策。盖欲孤义阳之势。使自入我彀中也。】既而魏用其策。果克义阳。其后梁因魏人之衰。复取三关。争魏郢州。迨侯景之乱。义阳遂入于东魏。陈氏力争淮西。而义阳不复。卒至丧败。唐之中叶。淮西拒命。恒以申州当沔北诸军。宋南渡以后。陈亮议以信阳为恢复之资。卒之师入蔡州。由先克信阳也。王氏曰。义阳与三关势相首尾。欲复宛。洛。必自义阳。胡氏曰。义阳。淮西屏蔽也。义阳不守。则寿春。合肥不得安枕而卧。蒙古侵宋淮西。由信阳径趣合肥。此前车也。夫义阳南可以制全楚。北可以争许。洛。西可以出宛。邓。东可以障淮西。然自梁。魏相持以来。犹未有善用义阳者。何欤。

(光)州襟带长淮。控扼颍蔡。自古戍守重地也。

黄漂港。【在(息)县南八十里。又连桥港。在县东百里。下流俱入于淮。又县东北百四十里有曲吕港。县东又有涧头港。下流俱入于汝。】

卷五十一・河南六

顺阳城。【(淅川)县东北三十里。本汉析县之顺阳乡……淳祐中。蒙古既灭金。谋寇荆。襄。积船材于邓之顺阳。孟珙潜遣兵焚其所积……】

卷五十二・陕西一

大河。自西域入西宁卫及河州之境。绕兰州而北。经靖边。宁夏及榆林之境。乃折而南。出龙门。抵华阴。复折而东。周匝三垂。皆大河也……战国初。魏使吴起守西河。秦兵不敢东向。武侯尝浮西河而下。所谓美哉山河之固者也……自秦晋以后。争于关河之交者。其盛衰强弱。无不以是为判。又大河在关中。馈运所资也。春秋僖十三年。秦输粟于晋。自雍及绛相继。命之曰泛舟之役。孔颖达曰。秦都雍。雍临渭。晋都绛。绛临汾。繇渭入河。又繇河以溯汾也。汉岁漕关东粟。以给中都官。多至六百万石。大率取于关东诸郡。从河入渭。隋唐都长安。皆溯河为运。而河有三门底柱之险。【见河南名山底柱。】水流湍悍。输挽为劳。隋开皇三年。以长安仓廪尚虚。谓西自蒲。陕。东至卫。汴。水次十三州。募丁运米。【十三州。华。陕。毂。洛。管。汴。汾。晋。蒲。绛。怀。卫。相是也。】于卫州置黎阳仓。陕州置常平仓。华州置广通仓。转相灌输。漕关东及汾晋之粟。以给长安。唐大历中。刘晏为转运使。以江。汴。河。渭水力不同。各随便宜。缘水置仓。转相受给。江船不入汴。汴船不入河。河船不入渭。江船之运积河阴。河船之运积渭口。渭船之运入太仓。岁输粟百余万。无升斗溺者。宋以陕西用兵。欧阳修谓宜按唐裴耀卿之迹。不惮十余里陆运之劳。【裴耀卿置仓三门东西。亦见河南名山底柱。】则河漕通而物可致。且纾陕西之困。明天顺中。延绥多故。杨鼎请循河通饷。且议摘漕粮数千石赴陕。【谓河南陕州。】就令教习山。陕。河南之人。待舟楫通后。乃许回运。且可顺携解盐数十万以充淮课。则国利大有益。郑晓曰。河自蒲州北至龙门。两岸平广。可渡者百余里。此诚关中之襟要。而华阴渭口。又运道之喉嗌也……

渭水。出临洮府渭源县西二十五里之南谷山。流经鸟鼠山下。【在渭源县西二十里。】……汉志渭水出鸟鼠同穴山。东至船司空。【见华阴县】入河。过郡四。【谓天水。扶风。京兆。冯翊。】行千八百七十里。汉漕渠所经也。元光六年。郑当时言。异时关东漕粟。从渭上度。六月罢。而渭水道九百余里。时有难处。引渭穿渠。起长安。旁南山。下至河三百余里。径易漕度。可令三月罢。渠下民田万余顷。又可得以溉。此损漕省卒而益肥关中之地得穀。上以为然。令水工徐伯穿漕渠。渠成。水大便利。民得以溉。淮南子。渭水多力。宜黍。杜笃论都赋。洪渭之流。径入于河。大船万石。转漕相过。是也。建安十六年。曹操击马超。韩遂。自蒲阪渡西河。循河为甬道而南。超等自潼关退拒渭口。操多设疑兵。潜以舟载兵入渭。为浮桥。夜分兵结营于渭南。既而进军。悉渡渭。与超等战。大破之。晋义熙十三年。刘裕伐姚秦。王镇恶等至潼关。请帅水军自河入渭。径趣长安。后魏太和二十一年。自长安还洛阳。泛渭入河。隋开皇元年。诏郭衍开漕渠。引渭水经大兴城北。东至潼关。漕运四百余里。关中赖之。名富人渠。四年。又以渭水多沙。深浅不常。漕者苦之。诏宇文恺凿渠引渭。自大兴城东至潼关三百余里。名广通渠。漕运通利。唐天宝三载。韦坚为运使。规汉隋旧渠。皆起关门。西抵长安。通山东租赋。乃古咸阳壅渭为堰。绝灞浐。并渭而东。注永丰仓下。【见华阴县。即渭水入河处。】复与渭合。【五行志。元和八年。渭水涨。绝济。】太和元年。岁旱河涸。挽漕者搭沙而进。米多耗。咸阳西十八里有兴成堰。秦汉故漕渠也。咸阳令韩辽请疏之。东抵潼关二百里。可以罢车挽之劳。从之。天复四年。朱全忠劫迁车驾于洛阳。毁长安宫室百司及民间庐舍。取其材。浮渭沿河而下。长安自此丘墟。而漕渠之利。亦废不复讲。王氏曰。渭川自大散关以北。达于岐雍。夹渭南北岸。沃野千里。谓之秦川。关中有事。沿渭上下。可度者不一处。战守之宜。所在皆急。此诚都城之襟带。畿辅之堑防也。

卷五十三·陕西二

广运潭。【在(西安)府东九里望春宫之望春楼下。天宝三载。韦坚所凿。志云。初。浐水衔苑左有望春楼。坚于其下凿为潭。以聚江淮运船。赐潭名广运。未几。潭不可漕……】

七里渠。在故长安城宣平门外。上有饮马桥。亦曰七里沟。唐长庆中。王播浚之以便漕。

清渠。【在(西安)府南。程大昌曰。唐京城西北有漕渠。南出丰水。径延平。金光二门。至京城西北角。屈而东流。径汉故长安城南。至芳林园西。又屈而北流入渭。清渠在漕渠东。直秦故杜南城。稍东即香积寺北。至德二载。郭子仪图复西京。自滈西击贼安守忠等于清渠。败绩。】

运木渠。【在(西安)府南。唐大历元年。京兆尹黎幹请开漕渠。自南山谷口引涧水。直抵景风。延喜二门入苑。以漕薪炭。谓之运木渠。久之不就。又盐渠在故长安城南。唐武德七年。长安古城盐渠水生盐。色红白。谓之瑞盐。今皆湮废。】

卷五十四·陕西三【西安府下】

(商)州扼秦楚之交。据山川之险。道南阳而东方动。入蓝田而关右危……唐建中四年。朱泚据长安。侍御史万俟著开金。商运路。奉天围解。诸道贡赋俱至。孔颖达曰。四渎以江河为大。商州乃江河之交也。秦岭西水入于河。东水入于江。熊耳山北水入于河。南水入于江。清池山东水入于河。南水入于江。而州境之水。其大者曰楚水。洛水。丹水云。

丹水。【在(商)州城南……唐天宝中。崔湜建言山南可引丹水通漕至商州。自商镵山出石门。北抵

蓝田。使湜通之。不就……】

卷五十六·陕西五

(汉中)府北瞰关中。南蔽巴蜀。东达襄。邓。西控秦。陇。形势最重。春秋以来属楚。【秦纪。孝公元年。楚自汉中。南有巴黔中。】故楚为最强。秦不能难也。秦惠文君十三年。攻汉中。取地六百里。置汉中郡。而楚始见陵于秦矣。苏代曰。汉中之甲。乘船出于巴。乘夏水下汉。此言秦之能为楚祸也……斜水北至郿入渭。褒水南至南郑入沔。祝氏云。褒水出太白山。大约褒之流长而斜之流短。河渠书。武帝时。人有上书欲通褒斜道及漕事。下御史大夫张汤。汤问之。言抵蜀从故道。【颜师古曰。故道即今凤县。】故道多阪。回远。今穿褒斜道。少阪。近四百里。而褒水通沔。斜水通渭。皆可以行船漕。漕从南阳上沔入褒。褒绝水至斜间百余里。以车转从斜下渭。如此。汉中谷可致。而山东从沔无限。便于底柱之漕。且褒斜材木竹箭之饶。拟于巴蜀。天子以为然。拜汤子卬为汉中守。发数万人作褒斜道五百余里。道果近便。而水湍石不可漕……

嘉陵江。【在(略阳)县南一里。自徽州流入。又南入宁羌州境。合于西汉水。唐元和中。山南节度使严励。自长举县西。疏嘉陵江二百里。焚巨石。沃醯以灌之。通漕。馈成州戍卒。是也。】

(兴安)州东接襄。沔。南通巴。达。西连梁。洋。北控商。虢。战国时。苏代言汉中之甲。乘船出于巴。乘夏水下汉。今州北汉水。东下郧襄是也。汉高入关。使郦商分军出此。先定汉中。魏曹真欲繇斜谷侵汉。魏主诏司马懿溯汉水繇西城与真会汉中。汉蒋琬屯汉中。多作舟船。欲乘汉沔东下。袭魏兴。上庸。以规中原。议者谓事若不捷。还路甚难。遂不果。

卷六十五·陕西十四【诸夷附考】

拂菻。【在哈密西南三万余里。东南至灭力沙。北至海。皆四十程。西至海三十程。东自大石及于阗。回纥。乃抵中国。古犁轩国也。亦曰黎靬干。东汉为大秦国。延熹八年。其王安敦遣使来献。唐为拂菻国。杜佑曰。居西海上。亦名海西国。去京师四万里。北直突厥可萨部。西濒海。东南接波斯。唐龙朔三年。为大石所破。宋白曰。其地在安息乌弋之西。隔大海。宋元丰四年。其王遣使来贡。元祐中。复至。明洪武四年。诏遣其国故民捏古伦赍诏谕之。寻遣使来朝。并贡方物。】

波斯国。【在拂菻之东。汉西域条支国也。西域传。自皮山西南经乌秅。涉县度。罽宾。六十余日行至乌弋山离国。复西南马行百余日。至条支。条支临西海。水回环其南及东。北三面。惟西北隅通陆道。班超遣椽甘英使大秦条支。穷西海。是也。后为波斯国。北史。波斯国都宿和城。在忸密西。古条支也。魏主焘时入贡。子攸建义初。献狮子于魏。秦贼万俟丑奴留之。因改元神兽。魏志。波斯国去代都三万四千二百二十八里。唐志。波斯国在达曷水之西。距京师万五千里而赢。东与吐火罗康国接。北邻突厥可萨部。西南皆濒海。杜佑曰。波斯应即条支故地。有波斯匿王。大月氏别裔。因以为号。唐永徽五年。大食发兵击波斯。杀其王。王子卑路斯奔吐火罗。大食兵去。吐火罗送之还国。显庆三年。唐平西突厥。西尽波斯。并隶安西都护府。龙朔元年。于其国所治疾陵城置波斯都督府。】

大食国。【旧在波斯之西。本波斯地也。隋大业中。有波斯国人牧于俱纷摩地。山有兽。言曰。山西三穴有利兵。黑质而白文。得之者王。走视如言。石文言当反。乃诡众裒亡命于恒曷水。劫商旅。保西鄙自王。移黑石宝之。国人往讨。皆大败而还。唐永徽二年。其王𡚁密莫末腻始遣使朝贡。五年。大食发兵击波斯。杀其王而去。龙朔三年。又破波斯拂菻。南侵婆罗门。吞灭诸戎。胜兵四十余万。天宝

十载。安西节度高仙芝击大食。为所败。贞元中。大食在西域为最强。尽有波斯。突骑施之地。东尽葱岭。西南际海。方万余里。】

西海。【在拂菻国境。汉永元六年。班超抚定西域。至于海滨四万里外。皆重译贡献。九年。班超遣椽甘英使大秦。条支。穷西海及安息四界临大海欲渡。船人谓英。海水广大。往来者逢善风。三月乃得渡。若遇迟风。亦有二岁者。故入海。人皆赍三岁粮。英乃止。亦谓之秦海。以与大秦国近也。水经注。昆仑西有新头河。经中天竺国。又西径安息南。注于雷翥海。雷翥海。即西海也。在安息之西。犁靬干之东。西海之水。东南会于交州涨海。胡氏曰。西海之滨。古有条支。大秦。蒙奇。兜勒诸国。安帝延光二年。张瑺言北匈奴常辗转蒲类。秦海之间。专制西域。时匈奴未尝至秦海。瑺盖约言之。】

弱水。【在拂菻国境。西域传。溺水在条支。自长安西行万二千里。又百余日方至其地。盖非禹贡所称之弱水云。】

天方国。【在西域之西。古筠冲之地。旧名天堂。亦名西域。明宣德中。其王遣使入贡。】

讹答剌城。【在天方境内。宋嘉定十一年。蒙古主铁木真侵西域。取讹答剌城。继又分遣军攻斡脱罗儿。玉龙。杰赤等城。自将攻迭里密班勒讫城。皆克之。是也。】

默德那国。【即回回祖国。与天方国接界。其初。有谟罕蓦德者。生而神灵。西域诸国尊之。号为别谙拔尔。犹华言天使也。其教有阴阳。星历。医药。音乐之类。隋开皇中。国人撒哈八撒阿的斡葛思始传其教入中国。明宣德中。其国使臣随天方国使臣来朝贡。】

印度国。【在西域西南。即汉之身毒。张骞曰。身毒在大食东南可数千里。或谓之乾笃。或曰摩伽陀。或曰婆罗门。亦曰浮屠胡。唐时谓之天竺。去京师九千六百里。居葱岭南。幅员三万里。分东。西。南。北。中五天竺。南天竺濒海。北天竺距雪山。东天竺际海。与扶南。林邑接。西天竺与罽宾。波斯接。中天竺为四天竺之会。都城为茶鎛和罗城。最强。四天竺皆臣之。贞观二十二年。王玄策奉使至其国。皆请遣使入贡。会中天竺王尸罗逸多死。国乱。其臣阿罗那顺自立。遂拒命。玄策发吐蕃诸国兵击破之。宋时谓之忻都。后讹为印度。仍分东。西。南。北。中五印度。而东印度亦曰榜葛剌国。北印度亦曰伐剌拿国。中印度亦曰诏纳朴儿国。明永乐六年。榜葛剌国王霭牙思丁遣使朝贡。十二年。又遣使入贡。寻遣使赍诏谕。诏纳朴儿国王一不剌金。余未尝通中国。】

师子国。【亦天竺旁国。居西南海中。宋元嘉五年。其王刹利摩诃入贡。唐开元中。复入贡。南史。师子国。地和适。无冬夏之异。五谷随人种。不须时节云。竺乾国。亦天竺旁国也。居西南海中。蒙古取其地。或曰。即乾笃之讹。又有牙济。班卜二国。元英宗至治初。遣使从二国取佛经云。】

卷六十六·四川一

岷江。出岷山北。【旧志云。江源出羊膊岭。一云出木塔山。今详考二山。诸志俱未审也。或云。松潘卫北大分水岭。即羊膊岭。大抵皆岷山以北之支阜矣。】经松潘卫西。又南经叠溪所西。复南流。历茂州及威州西。折而东南。至灌县。导流益多。包络于成都府境。而南入眉州界。经州东。又南历嘉定州东。复东南流。历叙州府城北。又东北经泸州城东。又东北历重庆府南。又东经涪州北。复东北出。经忠州城南。又东经夔州府城南。出巫峡而入湖广界。志云。岷江亦曰汶江。亦曰都江。亦曰外水。其在州郡城邑间者。往往随地立名。而都江。外水。则岷江之通称也。岑彭之攻公孙述也。溯都江而上。拔武阳。【见眉州彭山县。】先主取益州。诸葛武侯自荆州来会。克巴东。【今夔州府。】至江州。

破巴郡。【今重庆府。】遣赵云从外水定江阳犍为。【今叙。泸以西。】晋桓温伐李势。取道外水。义熙初。毛璩自益州东讨桓振于江陵。使其弟瑾等将兵出外水。四年。刘裕使刘敬宣讨谯纵。敬宣遣别将温雅出外水。八年。复使朱龄石讨之。径从外水取成都。是也。自夔州上下。亦谓之峡江。唐史。中和二年。贼帅韩秀昇等断峡江路。西川帅陈敬瑄遣兵讨之。不克。时车驾幸成都。断峡江。则荆蜀路绝。王命不复行于东南。于是江淮贡赋及云安淯井盐运皆不至。公私窘迫。三年。高仁厚讨平之。舆程记。自江源至成都九百九十里。水不甚急。自泸州以东。长川巨浸。悉委于岷江。而波流益以浩衍。百石大船。止于泸州。自泸以西。江水渐狭也。由瞿唐而下。谓之峡江。郭仲产云。峡江两岸。重岩叠嶂。蔽日隐天。至于夏水襄陵。沿溯阻绝。王命急宣。有时朝发白帝。暮到江陵。其间千二百里。虽乘奔御风。不能及也……

瞿唐关。在夔州府城东八里。以瞿唐峡而名。峡在城东三里。或谓之广溪峡。三峡之一也。瞿唐之名著。而广溪之称隐矣。乐府解题曰。瞿。盛也。唐。陂池也。言盛水其中。可以行舟。又云。夏则为瞿。冬则为唐。瞿唐峡为三峡之门。两崖对峙。中贯一江。滟滪堆正当其口。于江心突兀而出。水经注。白帝城西有孤石。冬出水二十余丈。夏即没。秋时方出。谚云。滟滪大如象。瞿唐不可上。滟滪大如马。瞿唐不可下。盖舟人以此为水候也。江行记。滟滪堆。亦谓之淫豫堆。【南史有云。淫豫大如襆。瞿唐不可触。类要云。淫豫大如鳖。瞿唐行舟绝。淫豫大如龟。瞿唐不可窥。皆言必俟水盛而后可进也。】亦谓之犹豫堆。【益州记。滟滪。亦曰犹豫。言舟子取途不能决水脉也。】宋淳熙中。有成镛者。遣人垂绳坠石以约之。凡八十四丈。当夏时江涨。滟滪上水。犹三十余丈也。范成大吴船录曰。天下至险之处。瞿唐。滟滪是也。每一舟入峡数里。后舟方续发。水势怒急。恐猝相遇。不可解析也。峡中两岸。高岩峻壁。斧凿之痕皴皴然。而黑石滩最号险恶。两山束江骤起。水势不能平也。陆游入蜀记。瞿唐关。即故夔州。与白帝城相连。关西门正对滟滪堆。堆。碎石积成。出水数十丈。土人云。岁旱时。石露大半。有三足。如鼎状。关城下旧有锁水二铁柱。唐天祐初。时忠义节度赵匡凝并荆南地。因遣水军上峡袭王建夔州。败去。万州刺史张武因请于王建。于夔东作铁絙。绝江中流。立栅于两端。谓之锁峡。从之。又宋景定五年。守将徐宗武于白帝城下岩穴。设拦江锁七条。【长二百七十七丈五尺。五千一十五股。】此其故址矣。志云。瞿唐关即故江关。巴楚相攻时置。汉有江关都尉。治鱼复。华阳国志。江关旧在赤甲城。后移在江南岸。对白帝城故基。即今瞿唐关之江南岸矣。后汉建武四年。岑彭破田戎于夷陵。遂谋伐蜀。留冯骏军江关。既而公孙述复使田戎出江关。招其故众。欲取荆州。不克。九年。公孙述复遣田戎等下江关。击破冯骏等军。遂拔巫及夷道夷陵。因据荆门。虎牙。【详见湖广重险荆门。】十一年。岑彭等大破田戎于荆门。遂帅诸军长驱入江关。或谓之捍关。【捍关。见湖广长阳县。然后志曰。鱼复有捍关。盖即以江关为扞关也。】法孝直言。鱼复。捍关。临江据水。实益州祸福之门。是也。【三国志。法正与刘璋笺曰。鱼复与关头。实为益州祸福之门。今二门悉开。坚城皆下。】宋泰始三年。以三峡险隘多寇贼。乃立三巴校尉镇江关。又大江自瞿唐关而下。谓之峡江。亦谓之锁江。唐天复三年。王建取夔。忠。万。施四州。议者以瞿唐蜀之险要。乃弃归峡。屯军夔州。天祐元年。山南东道赵匡凝遣水军上峡攻王建蜀夔州。守将击却之。五代梁乾化四年。高季昌攻夔州。纵火船焚蜀浮桥。蜀将张武举铁鏁拒之。船不得进。会风反。焚溺甚众。铁鏁即武所作也。先是峡上有堰。或劝蜀主乘夏秋江涨。决之以灌江陵。毛文锡曰。高季昌不服。其民何罪。乃止。后唐同光三年。伐蜀。命荆南高季兴分道前进。自取夔。忠。万三州。季兴尝欲取三峡。畏蜀峡路招讨使张武威名。不敢进。乘唐兵势。自将上峡。取施州。进至锁江。复为张武所败。遁走。宋乾德二年。遣刘光义等伐蜀。以地图指锁江曰。我军溯流至此。慎勿以舟师争胜。明初伐蜀。命汤和等由瞿唐趋重庆。时夏人守瞿唐。以铁索横断关口。又于铁索外北倚羊角山。南倚南城寨。凿两岸壁。引绳为飞桥。严为守备。和克归州。而进至夔州大溪口。分遣别将。一出赤甲山逼夔州。一出白盐山下逼夔州南岸。攻其南城山寨。而自引军攻其飞桥。皆不利。引还。旋自白盐山伐木开道。由纸牌坊溪。【在府东十里】趋夔州。廖永忠帅所部兵先至旧夔州。【即白帝城。】败蜀兵。乃进兵瞿唐关。密遣奇兵舁小舟逾山渡关。出上流。乃率精锐出黑叶渡。以一军攻其陆寨。一军攻其水寨。陆寨先破。上流兵适至。下流舟师合进。瞿唐之险遂下。入其夔州。汤和亦至。于是和帅步骑。永忠帅舟师。乘胜抵重庆。沿江州县。望风奔附。而明昇出降矣。瞿唐为蜀之东户。不亦信哉。

卷六十八·四川三

嘉陵江。【(广元)县西一里。自宁羌州流入界。又西南入昭化县境。后汉建安十九年。刘璋使其将扶禁等由阆水上攻霍峻于葭萌。后周大象二年。益州总管王谦举兵应尉迟迥。遣将攻利州。堰江水灌之。即嘉陵江也。唐光启三年。王建自葭萌袭阆州。沿嘉陵江而下。胡氏曰。嘉陵水东南过葭萌。又东南至阆中也。今有明月峡。在县北八十里。一名朝天峡。又有九井滩。在县北百八十里。一名空舲滩。相传旧有巨石伏水底。为舟楫害。宋淳熙中。始平其险。皆江流所经也。】

卷六十九·四川四

大江。【在(夔州)府城南。自重庆府忠州流入万县界。又东经云阳县南。过府境。又东入巫山县界。自瞿唐而下谓之峡江。夏秋水泛。两崖扼东。数百里间。滩如竹节。波涛汹涌。舟楫惊骇。李埴曰。江出浸山。行二千余里。合蜀众流。毕出瞿唐之口。山疏而嵘崒。水激而奔汛。天下瑰玮绝特之观。至是殚矣。又峡程记。蜀中二百八十江。会于峡间。次于荆门。都四百五十滩。称为至险。其在夔州府城西者。曰虎须滩。杜甫所云。瞿唐漫天虎须怒。府东三里又有龙脊滩。江中有石长百丈。状若龙脊。夏没冬见……】

江关。【括地志。在鱼复县南二十里。巴楚相攻时置。章怀太子贤曰。旧关在赤甲城。后移在江南岸。对白帝故城基。即今瞿唐关之南岸矣。后汉岑彭传。公孙述遣将乘枋箄下江关。即此也。亦谓之扞关。后汉志。鱼复县有捍关。舆地广记。赤甲城有古扞关。盖扞关即江关之通称矣。李埴曰。蜀之为境。北以剑门为根。东以鱼复为首。此二物者。蜀之噤喉扃闑也。战国时。楚建扞关于此。汉置江关都尉。后汉省尉而关如故。名胜志。江关。今谓之下关城。王氏曰。古之江关。即今之瞿唐关。又谓之铁琐关。大都以守峡口之险。今俱详见重险瞿唐关。】

三钩镇。【寰宇记。在城东三里。旧时铁锁断江浮梁御敌处也。镇居数溪之会。故曰三钩。唐武德二年废。或云。镇在瞿唐峡口。即所谓铁锁关也。西津口。在府西。或曰大江渡口也。宋淳化四年。蜀中贼李顺余党寇夔州。白继赟败之于西津口。即此。今府西南有水磨渡。府东十里有东瀼渡。六十里有小江渡。】

永宁驿。【(夔州)府西三里水驿也。又西六十里曰安平水驿。一百二十里曰南沱水驿。接云阳县界。又府东南八十里有龙塘水驿。二百七十里有马口水驿。俱为往来津要。】

大江。【(云阳)县治南。自万县流入界。江中有碛。矫如游龙。亦谓之龙脊。又东入奉节县界。志云。大江经万户驿。旁有横石滩。上有横梁候馆。又有宝子塔。在治东大江中。古人凿石为塔。以为行舟之则。谚云。水浸宝塔脚。下舟休要错。即此……】

苧溪。【(万)县西五里。自梁山县流入界。春夏涨潦。则并舟为筏。济往来者……】

集贤驿。【在(万)县东五里。水驿也。又周溪水驿。在县东五十里。瀼涂水驿。在县西北百里。舆程记。自忠州水程东行。九十里至漕溪驿。又六十里至瀼途驿。又六十里至集贤驿。又六十里即周溪驿也。旧志以漕溪为巴郡。巴东之界。今属忠州。分水公馆。在县西百里。志云。弘治末建。又递运所。在县东二十里。县治东又有盐厂。商贾辏集处也。】

铜锣峡。【(重庆)府东二十里。悬崖临江。下有圆石如铜锣之状。明初平蜀。廖永忠引舟师至铜锣峡。明升出降处也……】

涪江。【在(重庆)府城西北……万历中。奢崇明陷重庆。攻合州。石砫主宣抚女官秦良玉进营城下。遣兵袭两江。烧其船以阻贼泛舟东下……】

南江。【(南川)县西四里。发源夷獠之界。自遵义府流入境。众流会合。经县西。又北至三溪口。始通舟楫。行三十里。至綦市。谓之綦江。又西北流至江津县。入大江。谓之南江口。即僰溪之上源也。志云。县北五十里有龙床滩。即南江所经。谚云。龙床如拭。济舟必吉。龙床仿佛。济舟必没。舟人每以为验。】

大江。【(长寿)县南六里。自巴县流入界。又东入涪州境。志云。县南江中有龙舌滩。水落石出。状如龙舌。其西六里曰三江滩。水分二支。三滩相接。县东六里又有不语滩。俗传舟行过此。闻人语声。则江流濆涌。】

合阳驿。【在(合)州治东。水驿也。舟楫往来。此为必经之地。】

大江。【在(忠)州城南。自涪州流经酆都县南。又东入州界。今州东五十里有黄华洲。亦曰皇华洲。江浦周回可二十里。又州西二里有石梁。亘三十余丈。横截江中。俗呼倒须滩。水经注。江水径虎须滩。滩水广大。夏断行旅。即此滩也。郡志。州东二里江中有猴子滩。西三十里有白马滩。皆以形似名。州东三十里又有折鱼滩。石嶒入江。水势冲激。鱼不能上。往往折回。舟行至此。水涨则平。水落则凶。】

临江镇。【(忠)州西一里。有巡司戍守。又州东一里有云根递运所。志云。州旧有云根水驿。在治南。嘉靖中革。花林水驿。在州西八十里。又有曹溪水驿。在州东百二十里。皆江行者必经之道。】

横石滩。【在(涪)州西大江中。本名黄石滩。后汉纪。建武十一年。岑彭等讨公孙述。破述将侯丹将于黄石。章怀太子贤曰。即黄石滩也。杜佑曰。今谓之横石滩。亦谓之石梁。水经注。江水自涪陵东出百里。而届于黄石。今黄石在涪陵西。据岑彭传。长驱入江关。至江州。留冯骏攻围。自引兵直指垫江。述别遣侯丹拒黄石。彭乃自垫江还江州。溯都江而上。袭击侯丹。大破之。则黄石应在江津。壁山以上。不在涪州明矣。姑存以俟考。铜柱滩。在涪陵江口。最峻急。昔人维舟于此。见水底有铜柱。因名。下有沙洲。水落则露。一名锦绣洲。又有百牵滩。在州东五十里大江中。以舟行至此。牵挽为艰也。志云。州治北有歇神滩。相传张桓侯被刺。其首曾漂泊于此。又州东十里有群猪滩。水落见群石如猪。】

安西寨。【在(忠)州西。宋末张珏守重庆。城陷。顺流走至涪。元人以舟师邀之。遂被执。至安西死之……】

涪陵江。【在(彭水)县城西。亦曰黔江。亦曰巴江。自贵州思南府流入境。东北入武隆县界。志云。县北有木梭滩。上新滩。鹿角滩。石蛇滩。黔江经此。水势最险。舟行必出所载。然后可行。又有曲尺。下岩。下新。替蛇。土脑五滩。水势略平。舟过此入武隆境。始为安流。】

卷七十·四川五

(遵义)府重山复岭。陟涧深林……汉元鼎中。欲平南越。唐蒙上书曰。浮舡牂牁。出其不意。此制越一奇也……

且兰废县。【在(遵义)府南。汉初南夷且兰侯邑。武帝平南夷。置故苴兰县为牂牁郡治。颜师古曰。牂牁。系船弋也。华阳国志。楚顷襄王时。遣庄峤从沅水伐夜郎。军至且兰。椓船于岸而步战。既灭夜郎。以且兰有椓船牂牁处。乃改其名为牂牁……】

落闽水。【(遵义)府西南四十里。源出水烟里。东流入乌江。又乐安水。在府东七十里。源出箐竹平里山涧中。转流入乌江。舟楫济此无险。因名……】

横江镇。【(叙州)府西南八十里。有巡司戍守。又宣化镇巡司。即宣化故县也。宣化水马驿并置于此。志云。府城南有姜维屯。群峰环秀。一峰突立如笔。高千仞。其顶平正。相传姜维曾屯兵于此。汶川驿。在府治东北。水驿也。又牛口水驿在府西北六十里。真溪水驿在府西北百二十里。又西北六十里即宣化水驿矣。嘉靖中。改宣化驿为来节马驿。志云。府西北二百四十里为月波水驿。自是而西北六十里。至嘉定州犍为县之下坝驿。皆江行所经之道也。】

龙腾驿。【(南溪县)治西二里青衣江口。水驿也。又李庄水驿。在县西七十里。或曰。南溪县旧治于此。又西至宜宾县之汶川驿六十里。皆江行所经。】

虞公峡。【在(长宁)县治东。昔有石闭塞水道。不通舟楫。宋嘉定间。虞抗孙来知军事。开凿大石。舟楫始通……】

得胜营。【在(建武守御千户)所西北。经略志。建武道路可以通行者。西则由歇马汉村。达黑帽尖山。入得胜营。东则由长宁。达蛮哑口。至毛坝营。北则由得挖口。达鱼井坎。至文印山。外有南广水路一道。自庆符直达所城。中间有趱。木二滩。亦当开浚。径通舟楫……】

卷七十一·四川六

鱼耶镇。【志云。在(眉)州东两河口。有巡司。又东馆镇在州西七十五里。眉州驿。在州东七里。水驿也。又州东南三十里有石佛水驿。志云。州东玻璃江滨有江都馆。旧名共饮亭。宋邑宰胡文靖建。为迎劳宾客之所。嘉定间。魏了翁来为州。更拓之。改曰江都馆。】

熊耳山。【(青神)县治西。蜀志。望帝以褒斜为前门。熊耳。灵关为后户。水经注。江水又东南径南安县西。有熊耳峡。连山竞险。接岭争高。河平中。山崩地震。江水逆流。悬既有滩。名垒坻。亦曰盐既。李冰所平也。华阳国志。青衣有沫水。触山胁为溷崖。水脉漂疾。破害舟船。历代患之。李冰发卒凿平溷崖。通正水道。汉书·沟洫志。李冰凿离崔。避沫水之患。即此……】

大江。【(青神)县东二十里。自州境南流至此。又南入嘉定州界。县东南旧有松柏滩。昔多覆舟之患。相传宋天禧中。县令张逸为文祷江神。不越月而滩徙五里。】

卷七十二·四川七

凌云驿。【(嘉定)州治东。水驿也。又州北四十里有平羌水驿。即故平羌县。皆大江所经也……】

靖彝堡。【在(峨眉)县西南……明初。傅友德于大渡河造船。以达建昌。曹震言。建昌驿道经大渡河。多瘴疠。峨眉至建昌有古驿道。平易可行。乞以时开通。移温江至建昌。各驿马置峨眉新驿为便。从之。寻废。】

大江。【在(犍为)县城东。自嘉定州南流经此。又东南入叙州府宜宾县界。唐咸通十年。南诏攻黎州。分兵东出。诡服汉衣。济江袭陷犍为。遂焚掠陵。荣二州间。州志。县北十里有蟆颐滩。大江所经也。湍流峻急。为行舟患。近凿而平之。公私便利。】

(泸)州西连僰道。东接巴。渝。地兼夷汉。江带梓。夔。控制边隅。最为重地。今自州而北。一军出中水。可以径达广汉。自州而东。江水兼众水之流。浩瀚洋溢。吴楚百石大舟可方行而至。自州以西。水陆兼济。不十日可抵成都。泸州惊则两川尽城守矣……

泸江。【在(泸)州城东。即大江也。自叙州府南溪县流径江安纳溪县。过州城南。又东北出而会雒江。今州治东隅即为江浒。夏潦水涨。两江环合。弥漫浩渺。如大海然。州人谓之海观。并流而东入合江县境。志云。泸江中有大石阙。亦曰黄龙堆。春水涨则堆没阙平。水涸时常为舟楫患……】

石棚镇。【(泸)州南二十里。有巡司。又有李市镇巡司。在州北百里。泸川水驿。在州治东。又东六十里有黄舣水驿。又立市马驿在州治北。盖州当水陆津涂也。】

江门寨。【在(纳溪)县西南。宋元丰四年。置江门寨。属乐共城。后城废。寨属纳溪县。今为江门堡。南去永宁一百三十五里。江门水马驿亦置于此。舆程记。由江门水道而北。径峡口水驿至纳溪县。共二百四十里。是也。大洲堡。在县南百四十里。亦宋元丰中置。属乐共城。今为大洲水驿。又改大洲驿为通邮驿。属江安县。舆程记。县南七十里至渠坝驿。又七十里至大洲水驿。又南六十五里为峡口水驿。与永宁接界。州志。渠坝驿在泸州治南。大洲驿在江安县治东。似皆误。】

冈门镇。【在(合江)县南……牛脑水驿。在县治北。县西六十里又有神山水驿。西去泸州黄舣水驿六十里。又史霸驿。在县东六十里。又东七十里为汉东驿。即江津县界也。】

泸州卫。【(泸)州西南二百九十里。志云……洪武二十五年。陕西长安卫军征云南还。命驻守州城。改为泸州卫。分立左右中前后五所隶焉。正统中。调前所于利州卫。后所于青川所。成化四年。都掌种大坝蛮叛。事平。因迁卫于宋江渡。其地本名渡船铺。增置官军。并调重庆卫前所充之。即今卫也……】

卷七十三·四川八

马湖江。【在(马湖)府南。即金沙江也。自乌蒙府流入府界。经蛮夷长官司南。又东流径府城南。

至叙州府界。流合于大江。宋庆元二年。地震马湖界。山崩八十里。江水不通。宝祐中。蒙古将纽璘侵蜀。自成都入马湖。既而复渡马湖江入蜀。是也。今府西十五里有结发滩。江流经此。滩水萦回。状如结发。府西四十五里又有铁锁滩。夹江两岸。石壁峭立。每夏秋水涨。舟楫不通。用锁悬于江之北岸。舟行至此。数人攀援崖上。拽舟而过。故名。志云。府西四十里又有鸡肝石滩峻险。俱在马湖江中。又有鸡公滩。在府东二里。崖势耸立。如鸡公然……】

撒由河。【(马湖)府西南十里……志云。府北六百里有土獠蛮江。即撒由。龙洞二河下流也。两山夹水五百余里。中多巨石。湍流峻急。如万马之奔。舟行滩石中。甚险侧。经三十余滩而始出峡。至叙州府合于大江。】

永宁驿。【(永宁宣抚)司城北。又西北乌降山。下有永安水驿。又北五十里。即江门水驿。又三十五里。为峡口水驿。所谓江门峡也。或谓之石夹口。永乐中。少监谢安采木于此。二十年。乃还。会典。司有永宁土官驿丞。又有赤水。普市。摩泥。阿永。永安五驿。】

卷七十四·四川九

泸水。【(会川)卫西百五十里。自建昌南流而入金沙江。旧多瘴气。四五月间尤甚。又水流峻急。多巉石。土人以牛皮为船。方涉津涘。杜佑曰。武侯南征。五月渡泸。盖在此处。新唐书云。由会川渡泸水。经袁州。维州三百五十里。至姚州……】

附国。【在威州西北。旧志云。在蜀郡西北二千余里。其东部曰嘉良夷。隋大业五年。附国王遣其弟子宜林率嘉良夷朝贡。嘉良有水阔六七十丈。附国水阔一百丈。并南流。以皮为船而济……】

卷七十五·湖广一

洞庭湖。在岳州府城西南一里。或谓之九江。禹贡。九江孔殷。又云。过九江。至于东陵。【山海经。洞庭乃沅。澧之交。潇湘之渊。夏秋水涨。方九百里。】许慎云。九江。即洞庭也。沅。渐。潕。辰。溆。酉。澧。资。湘九水皆合于洞庭中。东入江。故名九江。或谓之五渚。战国策。秦破荆袭郢。取洞庭五渚。又苏代曰。乘夏水下汉。四日而至五渚。【裴骃云。五渚在洞庭。沅。澧。资。湘四水自南而入。荆江自北而过。洞庭潴其间。谓之五渚。刘伯庄曰。五渚在宛。邓间。临汉水。】韩非子又作五湖也。或谓之三湖。三湖者。洞庭之南有青草湖。湖在巴陵县南七十九里。在长沙湘阴县北百里。周回二百六十五里。自冬至春。青草弥望。水溢则与洞庭混而为一矣。洞庭之西则有赤沙湖。湖在巴陵县西百里。在常德府龙阳县东南三十里。周回百七十里。当夏秋水泛。则与洞庭为一。涸时惟见赤沙弥望。而洞庭周回三百六十里。南连青草。西吞赤沙。横亘七八百里。谓之三湖。又或谓之重湖。重湖者。一湖之内。南名青草。北名洞庭。有沙洲间之也。祝穆曰。青草湖。一名巴丘湖。北连洞庭。南接潇湘。东纳汨罗之水。自昔与洞庭并称。然而巴丘实为通称矣。后汉志。巴丘。江南之云梦也。郭璞亦言。云梦。巴丘湖是也。则巴丘又兼有云梦之名。旧志曰。巴丘湖当沅。湘之会。表里山川。实为险固。群蛮所恃也。则洞庭即为巴丘矣。志又云。洞庭。太湖也。广圆五百余里。日月若出没于其中。吴起曰。三苗之国。左洞庭。右彭蠡。庄子。黄帝张咸池之乐于洞庭之野。楚辞。邅吾道兮洞庭。后汉南蛮传。吴起相悼王。南并蛮越。遂有洞庭。苍梧。是也。洞庭湖中有君山。亦名洞庭山。【在岳州府西南十五里。】在湖中心。方六十里。巴陵志。湘君所游。故曰君山。唐武德四年。李靖攻萧铣。曰。萧铣之地南出岭表。东距洞庭。天复二年。淮南将李神福攻杜洪于鄂州。荆南帅成汭引舟师来救。神福遣军逆击之于君山。大破之。后唐天成三年。吴将苗璘等将水军攻楚岳州。至君山。楚将许德勋御之。潜军角子湖。【一名滢湖。见岳州府。】使别将绝吴归路。吴师还。遂击擒之。宋崇宁四年。诏开修青草。洞庭直河。绍兴五年。岳飞讨杨么于洞庭。伐君山木为大筏。塞诸汊港。擒么。斩之。今道出湖湘间者。必问津于洞庭。洞庭吐纳群川。而大江西来。横亘其口。每岁六。七月间。岷峨雪消。水暴涨。自荆江逆入洞庭。清流为之改色。渡湖而南。则由长沙而之岭海。湖阔二百里。渡湖而西。则由常德而道滇黔。湖阔二百五十里。渡湖而西北。则入澧州。而取径于荆州。常德之间。湖阔亦二百里。诚荆州之巨浸矣。

夏口。在今武昌府城西。今府城。即古夏口城也。亦曰沔口。亦曰汉口。亦曰鲁口。或以夏水名。或以汉水名。或以对鲁山岸为名。实一处也。应劭曰。江别入沔为夏水。夏水始于分江。冬竭夏流。故名曰夏。水经注。夏水本江之别出。自江陵县东南。又东过华容县南。又东至江夏云杜县入于沔。谓之暑口。自暑口下沔水。通兼夏名。而南至鲁山下。会于江。谓之夏汭。春秋传。昭四年。吴伐楚。沈尹射奔命于夏汭。五年。薳射以繁扬之师。会于夏汭。杜预曰。汉水曲入江处。即夏口矣。亦谓之夏州。左传。宣十一年。楚复封陈。乡取一人焉以归。谓之夏州。史记。楚考烈王元年。秦取夏州。车胤曰。夏口城北数里。有洲名夏州。孔颖达曰。大江中洲也。李吉甫曰。鄂州。春秋时谓之夏汭。汉为沙羡东境。后汉末。谓之夏口。亦名鲁口。刘表以黄祖为江夏太守。始于沙羡置屯。扼夏口之险。建安十三年。孙权西击黄祖。祖横两蒙冲挟守沔口。矢石雨下。权督军力战。夺沔口。诸军水陆竞进。傅其城。克之。尽俘其男女而还。未几。曹操败先主于当阳。先主渡沔。与刘琦等俱到夏口。操自江陵将顺江东下。周瑜言于孙权。请得精兵数万屯夏口。是也。吴黄武二年。城江夏。以安屯戍。其城西临大江。西角因矶为楼。名黄鹤楼。建兴中。以鲁肃。为夏口督。括地志。船官浦东即黄鹄山。东北对夏口城。其城孙权所筑。依山傍江。开势明远。冯墉籍阻。高观枕流。终吴之世。以为要害。嘉禾三年。分道伐魏。遣陆逊。诸葛瑾入江夏沔口。向襄阳。司马懿尝言。东关夏口。敌之心喉。是也。【吴建衡二年。孙皓使内侍何定将兵猎夏口。夏口督孙秀。素为吴主所恶。恐见图。遂奔魏。又天纪二年。夏口督孙慎略晋江夏千余家而还。】晋永兴二年。陈敏谋据扬州。时刘弘镇荆州。遣陶侃屯于夏口。敏遣其弟恢寇武昌。侃败却之。永嘉四年。征南将军山简为群盗严嶷所迫。自襄阳徙屯夏口。建兴末。杜曾等作乱。败荆州兵。乘胜径造沔口。威震江沔。豫章太守周访击却之。建元元年。庾翼督荆江诸州。图经略中原。自武昌移镇襄阳。寻还治夏口。太元二年。桓冲移镇上明。上表言。江州刺史桓嗣。宜进屯夏口。据上下之中。于事为便。八年。表请桓石民戍守于此。时襄阳陷于苻秦。夏口之备弥切也。隆安二年。桓玄为江州刺史。移屯夏口。以逼江陵襄阳。五年。玄镇江陵。表其兄伟为江州刺史。镇夏口。元兴三年。刘毅等讨桓振于江陵。自寻阳西上。至夏口。败振党孟山图桓仙客之兵。义熙初。刘毅等克江陵。奉帝东还。刘毅。刘道规留屯夏口。毅以为夏口二州之中。地居形要。控接湘川。边带涢。沔。请以道规镇夏口。既而毅东下。道规自林障。徙治夏口城。其城据黄鹄矶边。江峻山险。楼橹高危。足以瞰临沔汉也。刘宋孝建元年。分荆。湘。江。豫四州之八郡。【江夏。竟陵。随。武陵。天门。巴陵。武昌。西阳。凡八郡。】为郢州。以分上流之势。又移江夏郡及郢州并治夏口。亦谓之郢城。时江夏王义恭议使郢州治巴陵。何尚之曰。夏口在荆江之中。正对沔口。通接雍。梁。实为津要。由来旧镇。根基不易。既有见城。浦大容舫。于事为便。【胡氏曰。守江以船舰为急。故尚之云然。】从之。升明元年。荆州刺史沈攸之举兵江陵。豫州刺史刘怀珍言于萧道成曰。夏口兵冲要地。宜得其人。道成子赜因荐柳世隆行郢州事。【时赜为晋熙王燮长史。征还朝。荐世隆自代也。】将行。赜谓世隆曰。攸之一旦为变。焚夏口舟舰。沿流而东。不可制也。若得攸之留攻郢城。必未能猝拔。君为其内。我为其外。破之必矣。既而攸之分遣其将孙同等次第东下。出夏口。据鲁山。攸之亦至夏口。攻郢城。世隆拒守久之。不拔。攸之帅众过江。至鲁山。军遂大溃。齐永明八年。荆州刺史巴东王子响。擅杀其长史刘寅等。敕遣卫尉胡谐之等诣江陵检捕。命平南内史张欣泰为之副。欣泰曰。彼凶狡相聚。若顿军夏口。宣示祸福。可不战擒也。谐之不从。为子响所败。永元三年。萧衍举兵襄阳。东昏侯使张冲拒守郢城。房僧寄守鲁山。衍前军至汉口。众议欲并兵围郢。分兵袭西阳武昌。衍曰。汉口不阔一里。箭道交至。房僧寄以重兵固守。与郢城为犄角。若悉众前进。僧寄必绝我军后。不若分遣诸军济江。逼郢城。我自围鲁山以通沔汉。使郧城。竟陵之粟方舟而下。江陵。湘中之兵相继而至。兵多食足。何忧两城不拔。因筑汉口城以守鲁山。又命水军主张惠绍等游遏江中。绝郢。鲁二城信使。于是萧颖胄遣邓元起等将兵。会雍州兵于夏首。又湘州刺史杨公则亦举州众。会于夏口。久之未克。众以为疑。衍曰。汉口路通荆。雍。控引秦。梁。粮运资储。仰此气息。所以兵压汉口。连结数州。若郢州既拔。席捲沿流。西阳。武昌。自然风靡。何忧不济。攻围二百余日。鲁山。郢城相继降下。遂趣建康。梁大清三年。侯景围台城。雍州刺史岳阳王詧。遣司马刘方贵将兵出汉口。为声援。大宝二年。景袭陷江夏。因留兵守夏首。进攻巴陵。复分兵窥江陵。皆败还。乃留兵守郢城。鲁山而东。湘东王绎以王僧辨为征东将军。引兵东下。至汉口。先攻鲁山。拔之。进攻郢州。克其罗城。贼将宋子仙退据金城。僧辨四面起土山攻之。贼穷蹙。遂克郢州。既而北齐得之。遣慕容俨戍守。陈霸先遣将侯槙攻围。六月余不下。后以萧渊明入建康。乃归梁。陈天嘉初。王琳将孙玚据守。周将史宁来攻。设土山长梯。为必取之计。竟不能克。光大中。华皎以湘州降周。引周兵军于鲁山。复围郢州。陈将淳于量以舟师拒之于夏口。既而华皎合周梁之师。自巴陵顺流东下。与吴明彻战于沔口。皎等大败。巴湘遂平。隋之取陈。崔仲方以汉口。夏首为敌必争之所。是也。晋志。沙羡有夏口。对沔口。有津。章怀太子贤曰。汉水始欲出大江。为夏口。又为沔口。夏口实在江北。孙权于江南筑城。依山傍江。对岸则入沔津。故名以夏口。亦为沙羡县治。至唐置鄂州。而夏口之名移于江南。沔水入江之口。止谓之沔口。或谓之汉口。夏口之名。遂与汉口对立。分据江之南北矣。唐武德四年。平萧铣。命黄州总管周法明分道出夏口。六年。复命法明出夏口。讨辅公祐于丹阳。兴元初。淮西李希烈叛称帝。以夏口上流要地。使其将董传袭鄂州。刺史李兼败却之。元和初。以淮西多事。夏口当江汉之冲。特置军府以为藩卫。乾符中。黄巢之乱。攻夏口城。止陷其外郭。五代时。夏口尤为东南重地。朱梁开平二年。荆南帅高季昌遣兵屯汉口。绝楚朝贡之路。楚王殷遣兵攻荆南。季昌乃惧而请和。宋之将亡也。夏贵以舟师扼夏口。蒙古之强。且睥睨而不敢轻进焉。薛氏曰。夏口南临大山。三方阻水。汉阳以北。限隔陂湖。敌出上蔡。则武昌。夏口当其冲。祝穆曰。夏口城依山负险。周围不过二。三里。而历代攻围。多不能破。乃知古人筑城。欲坚不欲广也。

荆门山。在荆州府夷陵州宜都县西北五十里……汉建武九年。公孙述遣田戎。任满等下江关。据荆门。虎牙。横江水起浮桥。关楼。立攒柱以绝水道。结营跨山。以守陆路。十一年。岑彭等自津乡发兵会荆门。遂拔巫及夷道。夷陵。因率舟师直冲浮桥。因风纵火。桥楼崩坏。诸军竞进。遂克之……

西陵峡。在荆州府夷陵州西二十五里。峡长二十里。层崖万仞。三峡之一也。三峡者。一为广溪峡。即瞿唐峡也。在四川夔州府奉节县东三里。郦道元曰。江水自巴东鱼复县东。径广溪峡为三峡之首。中有瞿唐。黄龛二滩。是瞿唐即广溪之异名矣。昔禹凿以通江。所谓巴东之峡也。一为巫峡。巫峡在夔州府巫山县东三十里。因山为名。首尾一百六十里。一为西陵峡也。【或曰。三峡者。巫峡。归峡。西陵峡也。归峡。即今归州。空舲。马肝。白狗诸峡是矣。】三峡之间。长七百里。两岸连山。略无断处。非亭午夜分。不见日月。荆州记。自夷陵县泝江二十里入峡口。名为西陵。宜都记。自黄牛滩。东入西陵界。至峡口百许里。山水纡曲。今自巴东历三峡下夷陵。连山叠嶂。江行其中。回旋湍激。至西陵峡口。始漫为平流。而夷陵州正当其冲。故国于东南者。必以西陵为重镇矣。汉建武十一年。岑彭破荆门。长驱入江关。吴汉留夷陵。装露橈继进。建安二十四年。得荆州。以陆逊领宜都太守。屯夷陵。守峡口。蜀汉章武二年。先主东伐吴。自巫峡。建平连营至夷陵界。列数十屯。先主乃率诸将。自江南缘山截岸。军于夷道猇亭。吴诸将争欲击之。陆逊曰。备举军东下。锐气始盛。又乘高守险。难可卒攻。且奖厉将士。广施方略。以观其变。若此。是平原旷野。恐有颠沛交逐之忧。今缘山行军。势不得转。自当罢于木石之间。徐制其敝耳。乃上疏吴主曰。夷陵要害。国之关限。失之非损一郡。荆州可忧也。臣初嫌彼水陆俱进。今反舍船就步。处处结营。观其布置。必无他变。夫主客之数。先后之几。先主其未之解乎。陆抗之镇荆州也。亦曰。西陵。国之西门。及王濬伐吴。下巴蜀。克丹阳。【今归州。】进克西陵。遂成破竹之势矣。宋泰始二年。晋安王子勋举兵寻阳。益州刺史萧惠开应之。遣将费欣等东下。巴东人任叔儿击杀之。遂阻守三峡。益州兵不敢进。元徽四年。荆州刺史沈攸之遣军讨巴东。建平叛蛮。会建平王景素举兵京口。攸之急追峡中军赴建康。巴东太守刘攘兵。建平太守刘道欣疑攸之有异谋。勒兵断峡。不听东下。齐东昏侯永元末。萧颖胄奉南康王宝融举兵江陵。巴西太守鲁休烈。巴东太守萧惠训不奉命。遣兵击颖胄。颖胄使刘孝庆屯峡口以拒之。为休烈所败。又梁太清三年。信州刺史萧慥。【信州。即今夔州府。】从湘东王绎援台城。军于西峡口。淹留不进。大宝二年。陆法和谓湘东王绎。请守险以待蜀。乃引兵屯峡口。及绎袭位。萧纪自益州举兵。由外水东下。与绎相攻。军主西陵。法和筑二城于峡口两岸。运石填江。铁锁断之。纪亦筑连城。攻绝铁锁。梁主益发军援峡口。纪寻败死。陈祯明二年。遣将周罗睺屯峡口。侵隋峡州。不克。既而隋杨素伐陈。自永安。【即夔州府。】下三峡。至流头滩。攻狼尾滩。【在西陵西。】克之。陈将吕忠肃屯岐亭。据西陵峡。于北岸凿石。缀铁锁三条。横截上流。以遏隋船。杨素力战。忠肃遂败走。唐武德二年。萧铣寇峡州。刺史许绍击却之。既又遣其将帅舟师上峡。规取巴蜀。绍遣军追至西陵。【时州治下牢戍。在西陵西南也。】五代唐天成三年。以荆南高季兴拒命。遣将讨之。仍令蜀兵下峡。合军进攻。夔州刺史西方邺败荆南水军于峡中。复取夔。忠。万三州。【初以三州授季兴也。】五代周显德五年。谋伐蜀。荆南高保融请以水军趣三峡。有诏褒美。三峡盖自楚入蜀之通道也。宋平孟蜀。明初取明氏。未尝不分遣一军。西出三峡。三峡为楚蜀之险。西陵又为三峡之冲要。隔碍东西。号为天险。可不知所备欤。

荆江口。在岳州府城西北十五里。地志巴陵城对三江口。是也。大江自蜀东流入荆州界。出三峡。至枝江。分为诸洲。凡数十处。盘布川中。至江津戍。而后合为一。故江津为荆南之要会。又东过石首县北。通谓之荆江。又东入岳州府界。至城陵矶。而洞庭之水会于大江。水势益盛。谓之荆江口。亦谓之西江口。亦谓之三江口。三江者。岷江为西江。澧江谓中江。湘江为南江。俱至岳州城而回合也。水经注。江水东至长沙下隽县北。湘水从南来注之。江水又东。左得二夏浦。俗谓之西江口。晋隆安三年。殷仲堪镇江陵。江州刺史桓玄自夏口西上。将袭仲堪。仲堪遣殷□帅水军拒之于西江口。为玄所败宋元嘉三年。谢晦以荆州叛。自江陵东下。至江口。与到彦之相持。江口。即西江口。唐武德六年。洪州总管张善安叛附辅公祏。黄州总管周法明将兵击公祏。善安据夏口拒之。法明屯荆口镇。善安遣人刺杀之。荆口镇。盖置于荆江口矣。天复二年。淮南将李神福围杜洪于鄂州。荆南节度成汭引军赴救。未至郢州。潭州帅马殷。朗州帅雷彦威各遣将会兵荆江口。乘虚袭江陵。陷之。朱梁乾化末。淮南将陈璋攻荆南。不克而还。荆南兵与楚兵会于荆江口。谋邀璋。璋以舟二百艘骈为一列。夜过二镇。兵遽出追之。不及。又后唐天成三年。吴军至荆江口。将会荆南兵攻岳州。为楚将许德勋所败。宋乾德元年。湖南统军使黄从志以岳州拒命。慕容延钊遣武怀节帅水军趣岳州。大破贼兵于三江口。德祐元年。蒙古入犯。岳州将高世杰扼荆江口以拒之。蒙古将阿里海涯督水军屯东岸。世杰乘夜陈于洞庭湖中。为海涯所破。岳州遂降。夫荆江口。在全楚之中。为腰膂之地。岂惟岳州之险要乎哉。

卷七十六·湖广二

(武昌)府扼束江。汉。襟带吴。楚。春秋时。吴。楚相攻。即有事于夏汭。李吉甫曰。鄂州。春秋之夏汭也。又谓之夏州。楚考烈王元年。秦取夏州。楚之故地。凡尽入于秦矣。后汉末。始谓之夏口。盖其地通接荆。岘。江。汉合流。自古以来。为兵冲要地。刘表使黄祖守此。孙策破之。霸功始立。孙权因之。筑城夏口。建都武昌。屹为重镇。及晋人南下。使王戎袭武昌。胡奋袭夏口。岂非以地居形胜欤。自东晋以后。谈形势者。未尝不以夏口。武昌为要会。咸康八年。庾翼都督江荆诸州。欲自武昌移镇乐乡。王述曰。武昌实江东镇戍之中。非但扞御上流而已。缓急赴告。骏奔不难。若移乐乡。

远在西陲。一朝江渚有虞。不相接救。方岳重将。固当居要害之地。为内外形势。使窥窬之心。不知所向。乃止。宋末。刘怀珍言于萧道成曰。夏口。兵冲要地。及齐之季。张弘策谓萧懿曰。郢州控扼荆。湘。西注汉沔。是也。盖六朝之际。上流有事。夏口为必争之所。陈末。隋秦王俊以三十总管。水陆十余万之师屯汉口。陈将周罗睺与豫州刺史荀法尚守江夏。相持逾月。卒不得进也。唐之中叶。以淮。汝多虞。荆江隔远。因立军府于此。为控御之备。自是鄂渚为雄镇。南宋初。吕氏曰。武昌。江湖之冲也。西捍郢。南拒岳。西南据江陵。东南蔽九江。表里捍蔽。最为强固。又薛氏曰。武昌之地。襟带江。沔。依阻湖山。左控庐。淝。右连襄。汉。南北二涂。有如绳直。胡人南牧。尝出此以袭豫章。境壤易越也。张浚曰。鄂州城东通武昌樊口。昔孙权欲都武昌以拒魏者。盖以渡江而西。接连川。陕。中原声援。络绎可通耳。淳祐中。史璟卿言。鄂渚形势之地。西可以援蜀。东可以援淮。北可以镇荆湖。咸淳中。汪立信议增置重兵于此。为上流之卫。既而蒙古破宋阳逻堡。遂渡江。议所向。或欲先取蕲。黄。阿术曰。若趣下流。退无所据。上取鄂。汉。可以万全。伯颜从之。既又以鄂城襟山带江。江南要区。亟议城之。明初克平伪汉。既下武昌。荆湖南北。无敢旅拒者。地利顾不重欤。

大江。【在(武昌)府城西。其上流自岳州府临湘县流入嘉鱼县西境。东北流历大。小二军山。至城西而与沔水会。又北折而东。经武昌县北而入兴国州界。志云。大江经江夏县城西。一名夏口浦。齐永元二年。萧衍等举兵荆雍。东昏侯使薛元嗣等将兵运粮百四十船。送郢州刺史张冲。使拒西师。元嗣等疑冲不进。屯夏口浦。闻西师将至。乃相率入郢城。梁大宝二年。侯景与湘东王绎将徐文盛相持于西阳。时绎子方诸镇江夏。以文盛军在近。不设备。景闻江夏空虚。遣其将宋子仙等帅精骑由江内趣郢州。陷之。景遂因便风中江举帆。越文盛等军入江夏。文盛等皆溃走。胡氏曰。西阳至江夏百五十余里。景盖遣兵由芦州上流渡江来袭也……】

鹦鹉洲。【在(武昌)城南。跨城西大江中。尾直黄鹄矶。即黄祖害祢衡之地。梁大宝初。湘东王绎使王僧辩帅舟师袭邵陵王纶于江夏。僧辩引军至鹦鹉洲。是也……】

黄金浦。【在鹦鹉洲下。本名黄军浦。以吴将黄盖屯军于此而名。刘宋升明初。沈攸之举兵江陵。讨萧道成。引军至夏口。泊黄金浦。将东下。柳世隆时守郢城。遣兵于西渚挑战。西渚。即鹦鹉洲西渚也。亦曰南堂西渚。盖时建射堂于渚上。齐永元末。萧衍攻郢州。遣荆州将邓元起自夏口进据南堂西渚。胡氏曰。渚在射堂之南。江渚之东。是也。又船官浦。在黄鹄矶西。自昔为泊舟之所。有船官司之。因名。括地志。船官浦东对黄鹄山。是也。又有南浦。在城南三里。其水出东南五十二里之景首山。西入大江。楚辞。送美人兮南浦。今冬涸夏盈。商贾聚泊。一名新开港。】

白杨浦。【在(武昌)府北。志云。在府治北十里。有白杨垒。齐永元末。梁武攻郢城。遣唐修屯兵于此。梁大宝二年。王僧辨攻侯景将宋子仙于郢城。贼困。且战且走。至白杨浦。擒之。即此。或以为即今府南八十里之白杨渡。非也。管家套。在城南五里。弘治中。郡守陈晦修凿使水绕城南。商旅得避风涛之险。正德间。贼刘六等犯武昌。聚泊于此。今亦名陈公套。】

九里顿。【在(武昌)城南。齐永元三年。萧衍举兵襄阳。至竟陵。前军王茂等至汉口。郢州兵拒守。衍议自围鲁山以通沔汉。使王茂。曹景宗帅众济江。与荆州萧颖胄所遣军合。以逼郢城。茂等遂济江。军于九里顿。胡氏曰。其地去郢城九里。因名。西园。旧在鄂城西。又有东园。在城东四里东湖上。梁湘东王绎使王僧辨袭邵陵王纶于郢州。纶集麾下于西园。自仓门登舟。北出以避之。仓门。郢城北门也。】

浒黄洲镇。【(武昌)府北三十里。为江渚登涉之所。郡北面之要隘也。亦曰白浒镇。有巡司戍守。又府南五里有鲇鱼口镇巡司……志云。府城西平湖门外为夏口水驿。又南六十里即金口驿。】

神人山。【在(武昌)县西七十五里。滨江。下有白鹿矶。与黄州新生矶相对。宋开庆初。忽必烈南侵。自黄州杨逻洑横桥梁。贯铁锁。至白鹿矶。进薄鄂州。围城数月。然后解去。既而兀良合台从湖南引还。作浮桥于新生矶以济师。贾似道使夏贵以舟师攻其浮桥。至白鹿矶。仅杀其余卒百余人。】

樊港。【在樊山西南麓。寒溪之水。注为樊溪。亦曰袁溪。北注大江。谓之樊口。志云。在县西北五里。建安十三年。刘备败于当阳。用鲁肃计。自夏口进屯鄂县之樊口。是也。口北有湾。孙权尝破舟于此。名败舶湾。亦曰败舶矶。唐乾宁四年。汴将朱友恭攻淮南将瞿章于黄州。章南保武昌寨。友恭为浮梁于樊港。攻拔之。盖跨江为浮梁。抵樊口以拔武昌也。宋景炎二年。张德兴等举义兵。复黄州寿昌军。元将郑鼎引鄂兵拒之。至樊口。败死。陆游曰。黄州与樊口正相对。一统志。县南湖泽凡九十九。同为樊口。入于江。亦曰。长港江套有河泊所。又县西南十里有螺虾港。西六里有水门港。皆湖流通江处。】

峥嵘洲。【(武昌)县西北六十里江中。晋元兴三年。刘毅等自浔阳西上。败桓玄于峥嵘洲。水经注。江水东过武口。又东右得李老浦。北对峥嵘洲。胡氏曰。刘毅破桓玄处。在今黄州。寿昌军之间。今洲半属黄州。亦名得胜州。武口。见黄州府黄陂县。芦洲。在县西三十里。与黄子矶相接。一名罗洲。亦曰逻洲。又名伍洲。舆地志。子胥逃楚。于江上求渡。渔父歌曰。灼灼兮侵已私。与子期兮芦之漪。既渡子胥。即覆舟而死。芦洲。伍洲。皆以此名。梁大宝三年。湘东王绎遣徐文盛讨侯景。文盛克武昌。军于芦洲。即此。水经注。汉邾县。故城南对芦洲。又县东三里江中有节度石三。亦作接渡石。相传子胥去楚。渔父接渡于此……】

赤壁山。【(嘉鱼)县西七十里。元和志。山在蒲圻县西一百二十里。时未置嘉鱼也。其北岸相对者为乌林。即周瑜焚曹操船处。武昌志。操自江陵追备。至巴丘。遂至赤壁。遇周瑜兵。大败。取华容道归。图经云。赤壁。在嘉鱼县。苏轼指黄州赤鼻山为赤壁。误矣。时刘备据樊口。进兵逆操。遇于赤壁。则赤壁当在樊口之上。又赤壁初战。操军不利。引次江北。则赤壁当在江南也。操诗曰。西望夏口。东望武昌。此地是矣。今江汉间言赤壁者有五。汉阳。汉川。黄州。嘉鱼。江夏也。当以嘉鱼之赤壁为据。】

陆水。【在(嘉鱼)县西七十里。亦名隽水。出岳州府巴陵县界。径通城。崇阳。蒲圻三县。至县西。入于江。其入江处谓之陆口。亦谓之蒲圻口。俗名陆溪口。后汉建安十五年。孙权以鲁肃为汉昌太守。屯陆口。二十年。遣吕蒙等争长沙。零。桂三郡。权进住陆口。为诸军节度。二十二年。鲁肃卒。蒙代为汉昌太守。亦屯陆口。二十四年。陆逊代蒙屯陆口。规取荆州之地。后吕岱亦屯于此。蜀汉章武元年。先主东征。陆逊拒之于西陵。孙权复自将屯陆口。节度诸军。是也。水经注。陆水出下隽县西三山溪。入蒲圻县北。径吕蒙城西。巴陵。本下隽地也。或谓之渌溪。张舜民郴行录。嘉鱼县口舟行七十余里。至渌溪口。南北对境图。自岳州沿江东北下。过侯敬港。神林港。象湖港。新打口。石头口。得渌溪口。盖即陆口矣。汉昌。见岳州府平江县。石头水。即县西南八十里之石头口。县境诸湖。凡五十有八。多由此注大江。志云。石头水自岳州临湘县界发源。历蒲圻县北。经莼湖。注大江。今为石头口镇。有巡司。并设水驿于此。】

簰洲镇。【(嘉鱼)县东北四十里。有巡司。其地回复。舟行风色不常。俗名拗簰洲。今簰洲水驿。

南去县治一百五十里。又县北五里有鱼山水驿。麻屯口。在陆口东。建安十一年。孙权击山贼麻保二屯。平之。其地盖相近。水经注。江水过陆口而东。左得麻屯口。南直蒲圻洲。水北入百有余里。吴所屯也……】

羊楼镇。【(蒲圻)县西南七十里。有巡司戍守。港口水驿。在县西六十里。又县东六十里有官塘马驿。北一里曰凤山驿。】

梓潭湖。【在(咸宁)县北十五里。一名咸宁湖。为邑境泉流之汇。东北流。过斧头湖。至江夏之金口入于大江。今掌于河泊所。志云。县南有西河。源出峻水岭。其别源出县潜山。至双汉。合流而注梓潭湖。又有官埠港。在县东十里。源出县东三十里之长岭。西入梓潭湖。又赤土港。在县东北十里。一名株树港。西南流。合于官埠港。】

隽水。【在(通城)县治北。自岳州府巴陵县流入界。经县西南。有修水自江西宁州流合焉。又东北入崇阳县界。新安港。在县东二十里。出黄龙山。东北流。县东三十里之鲤港。县东十里之东港。俱汇流于此而入隽水。又黄沙港。在县西十里。亦合诸溪涧水。至县北十里铁柬山下。入于隽水……】

沌水。【在(汉阳)府西南四十里。有沌口。水经注。沌水南通沔阳之太白湖。湖水东南流径沌阳县。注于江。谓之沌口。范成大曰。自石首县舟行一百七十里。至鲁家洑。自鲁家洑入沌。沌者。江旁枝流。如海之沺。其港仅过运河。两岸皆芦荻。支港皆通小湖。故为盗区。客舟非结伴不可行。张舜民曰。自沌口至下港五十余里。下港故镇。南对金口。金口在鄂州西南。金口之下即窦家沙。江之西岸有沌口。晋永嘉末。荆州刺史王澄以杜弢等乱。弃州东下。别驾郭舒力谏。澄不从。舒因留屯沔口。建兴初。陶侃为荆州刺史。镇沌口。陈初。侯安都攻王琳。围其郢州。琳自湘州至弇口。安都乃释郢州围。留沈泰一军守汉曲。而悉众诣沌口。琳据东岸。安都据西岸。及战。为琳所败。又光大中。华皎以湘州降周。引周兵与陈将吴明彻等战于沌口。周军大败。是也。弇水。在大江南岸。其入江之口。正对北岸大军山。沌。读曰篆。志云。县西四十五里有直阳港。与沌水合流。又县西南二十里有永济港。南入江。】

沦水。【南北二十里。自德安府孝感县流入。与黄陂县接界。通大江。宋咸淳末。蒙古将伯颜陷郢州。谋渡江。宋军分据要害。军不得进。其军将马福言。沦河口穿湖中。可从阳逻堡西沙芜口入江。伯颜乃进围汉阳。声言取汉口渡江。而乘间遣奇兵袭沙芜口。夺之。因自汉口开坝。引船入沦河。转沙芜口以达江。而以数千艘泊沦河湾口。屯骑兵于江北。招阳逻堡。盖夏口未可遽越。取间道以出不意也……】

蔡店镇。【(汉阳)府西六十里。宋末。蒙古陷郢州。伯颜引兵至蔡店。大会诸将。刻期渡江。遣人观汉口形势。时宋将夏贵以汉鄂舟师。分据要害。军不得达。乃由沦河间道而前。是也。明初。为蔡店巡司。正德初。郡守蔡钦改浦潭水驿为马驿。并置于此。民以为病。嘉靖二十三年。革蔡店驿。而巡司如故。志云。蔡店驿在府北六十里。新滩镇。在府西南百二十里。有巡司。又有汉口镇巡司。置于府北三里之汉水南。又沌口镇巡司。置于府西南三十里之沌口。与百人矶巡司。皆为县要隘。志云。百人矶镇。在府南六十里。今迁置巡司于东江脑。】

甑山城。【(汉川)县东南十里。晋书。朱伺为杜曾所败。自扬口垒就王廙于甑山。甑山城。盖廙所筑。以山为名。梁置甑山县。为梁安郡治。西魏为魏安郡治。兼置江州。废帝钦二年。改曰沔州。后周天和二年。与陈人交恶。沔州刺史裴宽谋益戍兵。并迁城以避之。未果。陈将程灵洗引舟师乘水涨。奄至城下。攻拔之。寻复为周所得。州废。陈大建十二年。周司马消难以鲁山。甑山二镇来降。十四年。隋将元景山出汉口。遣别将邓孝儒攻甑山镇。陈将陆纶以舟师赴救。为所败。于是溳口。甑山。沌阳守将皆弃城走……】

汉水。【(汉川)县西南十里。自景陵县流入界。又东入汉阳县界。水利考。汉江入县境。分二流。一由张池口经县南。一由竹筒河出刘家隔。二水复合流出汉口。故境内无水患。嘉靖三十九年。汉水大溢。县北各垸堤俱溃。而竹筒河中塞十五里许。其张池口江身又复浅狭。故水多壅滞于钟祥。竟陵间。而刘家隔之舟舶不得通于汉川。隆庆中。急议开浚。故道复通。议者谓竹筒一河。上接汉流。下通汉口。真如咽喉之不可一日或塞也。】

溳水。【(汉川)县东北三十里。源出随州大洪山。经德安府及云梦县。流入县界。过县北。至此。入于汉水。谓之溳口。晋建兴元年。陶侃为杜曾所败。将奔溳口。又侃以荆州刺史讨灭杜弢。左迁广州。其将吏郑攀。马隽等不能平。帅众徙屯溳口。是也。水经注。溳水过安陆县而东南流。分为二水。东通灄水。西入于沔。又汉水记。自汉口入二百里得溳口。有村。又三百里得溳城。即今德安府治。白水。志云。在县南七十里。自沔阳州流入界。东出沌口。其支流经凤凰山为系马口。入白子河。与沌水合。今水道已塞。惟春夏水泛。可通舟楫。又志云。凤凰山在县南六十里。系马口在县西南二十五里。】

安汉湖。【(汉川)县东北二十里。一名冈下湖。又县南七十里有却月湖。首尾迂直。形如却月。因名。又有沉下湖。在县西南九十里。县境诸湖凡数十。此其著者。志云。安汉湖。沉下湖。与县南二十五里之上零残湖。各有河泊所领之。小理潭。在县西南百里。汉水所注也。又麻埠港。在县东南五里。即汉水支流。下流仍合于汉水。夏秋泛涨。可通舟楫。】

鸡鸣山。【在(汉川)县西百二十里。元末。徐寿辉作乱。宽彻普化镇武昌。遣其子引舟师攻之。至鸡鸣汊。水浅舟滞。寿辉将倪文俊以火筏尽焚其舟。即此。】

新生洲。【在(黄州)府西九十余里。亦曰新生矶。宋景定元年。蒙古忽必烈解鄂州之围而北。留张杰等作浮桥于新生矶。以待湖南兀良合台之兵。是也。其相近者即峥嵘洲。见武昌县界。夏澳。在府城西南二里。宋夏竦守黄州。凿水入陂以藏舟。故名……】

阳逻镇。【(黄州)府西一百二十里。与江夏分界。相传三国时先主约孙权拒操。旦夕使人于此逻吴兵之至。因名。宋人置堡于岸。陈船江中。以遏渡口。其地东接蕲黄。西抵汉沔。南渡江至鄂。北拒五关。诚要害处也。开庆元年。忽必烈渡淮。得沿江制置司榜文云。闻北兵议取黄陂。民船系筏。由阳逻堡渡。会于鄂州。忽必烈喜。遂如其言。至黄陂。渔人献舟为导。至阳逻堡。堡南岸即江浒黄州。官军方以大舟扼江渡。董文炳曰。长江天险。宋所恃以为固。宜夺其气。直前搏战。官军大败。遂帅诸军渡江。围鄂州。又咸淳十年。伯颜以舟师攻阳逻堡。不克。谋于其党阿术曰。彼谓我必拔此方能渡江。此堡甚坚。攻之徒劳。乃命阿术夜以铁骑泛舟直趣上流渡江。为捣虚之计。阿术遂循岸西上。逆流二十里至青山矶。遥见南岸多露沙洲。即登舟指示诸将径渡。宋军与战于中流。败却。阿术遂登沙洲。转战至鄂东门。还报伯颜。伯颜大喜。挥诸将急攻阳逻。夏贵方救阳逻。闻阿术飞渡。遂遁去。今为阳逻驿。并置阳逻镇巡司于此……】

武湖。【(黄陂)县东南二十五里。相传黄祖习战阅武处。亦名黄汉湖。水经注。武口水上承安陆之延头。南至武城入江。其入江处亦谓之武口云。宋开庆初。蒙古忽必烈侵宋。取道黄陂。登香炉山。俯瞰大江。江之北曰武湖。湖之东曰阳逻堡。遂自阳逻济师是也……加湖。一作茄湖。在县西南。萧齐末。萧衍初举兵攻郢。王茂等军九里败郢城兵。曹景宗遂据石桥浦。连军相续。下至加湖。既而东昏侯遣吴子阳驰救。子阳自武口进军加湖。去郢三十里。傍山带水。筑垒自固。衍使王茂等乘水涨以舟师袭加湖。大破之……】

蕲水。【(蕲)州北三十里。寰宇记。源出大桴山。流入赤东湖。志云。蕲水出州东北三角山。逶迤而来。至州西北与蕲水县接境。回曲注于大江。谓之蕲口。亦曰蕲阳口。隋开皇八年。伐陈。蕲州总管王世积以舟师出九江。破陈将纪瑱于蕲口。盖由蕲水出大江也。唐兴元初。包佶转东南财粟至蕲口。李希烈将吴少诚遏江道。不得西。蕲州刺史伊慎选士七千。列三屯奋击。败贼于永安戍。于是漕无留艰。宋置蕲口镇于此。在今州西三十里永安戍。或曰即蕲口戍。】

连城河。【(广济)县南七十里。地名连城。其东为湖港廖家口。有古沟。通黄梅陆路。久堙。正统中。复开之。以通两县舟楫。】

蔡山。【(黄梅)县南五十里……唐建中四年。江西节度使曹王皋败李希烈将韩霜露于黄梅。欲进拔蕲州。时希烈兵栅蔡山。险不可攻。皋声言西取蕲州。引舟师泝江而上。希烈兵循江随战。去蔡山三百余里。皋乃放舟顺流而下。急攻蔡山。拔之。进复蕲州。】

大江。【(黄梅)县南六十五里。过江即江西九江府城也。志云。县南七十里有太子洑。旧传梁武帝于此得子。因名。非也。宋苍梧王元徽初使王奂镇夏口。舟过寻阳。时桂阳王休范刺江州。恐为所劫留。自北岸太子洑竟去。是宋时已有此洑矣。旧有太子驿。唐改为临江驿。今亦名太子洑。又有散花洲。亦在县南六十里江北岸。相传周瑜犒士处也。】

卷七十七·湖广三

(安陆)府肘腋荆襄。噤喉江沔。舟车辐集。水陆要冲。春秋时。为楚之郊郢。斗廉谓屈瑕。君次于郊郢以御四邑。是也。其在三国时。实为重地。晋初。羊祜都督荆州。吴石城守去襄阳七百余里。祜设诡计。令吴罢守。祜以孟献营虎牢而郑人惧。晏弱城东阳而莱子服。乃进据险要。开建五城。收膏腴之地。垦田八百余顷。石城以西。尽为晋有。吴于是日蹙矣。杜预继之。分据要害之地。通零。桂之漕。而南服底定。大兴五年。王敦作乱。自武昌东下。声言讨刘隗之罪。时甘卓镇襄阳。湘州刺史谯王承使主簿邓骞说卓曰。使敦克刘隗。还武昌。增石城之戍。绝荆。湘之粟。襄阳将安归乎。盖石城者。南北运道所必经也。成帝时。庾亮欲经营河洛。请移镇石城。蔡谟议曰。自沔以西。水急岸高。鱼贯溯流。水陆异势。沔水之险。不及大江。非庙胜之算。亮不果移镇。识者谓终晋之世。卒于宴安江沱。而不能混一中原者。重在江南而轻在江北也。逮萧梁之季。西魏将杨忠来攻。自随郡安陆。竟陵乘胜至石头。欲进逼江陵。梁湘东王绎惧而请和。盟曰。魏以石城为封。梁以安陆为界。夫石城入魏。而荆州殆矣。唐元和志。郢州子城。三面墉基皆天造。正西绝壁。下临汉江。石城之名。盖始于此。宋嘉熙中。孟珙受诏收复荆襄。珙谓必得郢。然后可以通馈饷。得荆门。然后可以出奇兵。乃指授方略。复郢州。荆门。而襄。樊在掌握矣。及蒙古陷襄。樊。宋人以沿江精锐。萃于二郢。伯颜出奇袭取。而汉江以东。皆为糜烂。石城所系。顾不重欤。

新郢城。【在(安陆)府西南汉江南岸。宋末。筑此为戍守重地。故郢在汉北。以石为城。新郢在汉南。横铁絙锁战舰。夹岸为守。蒙古兵围襄樊。断粮援之道。将帅悉驻新郢及均州河口。以守津要。襄樊既陷。伯颜遂引军趣郢。二郢之备方急。军不能前。乃由间道攻郢。克之。进薄新郢。遂拔之。】

藤湖。【在(安陆)府东南。汉北诸水所溢也。蒙古伯颜袭郢。不克。获俘民。言沿江九郡精锐。皆萃于二郢。若舟师出其间。骑兵不得护岸。此危道也。不若取黄家湾堡。东有河口。由中拖船入藤湖。转而下江。仅三里。伯颜从之。郢州遂危。泉子湖。在府东。伯颜由藤湖入汉江。趣郢城。郢州将赵文义来追。战于泉子湖。文义败绩。伯颜进至城南之沙阳。而郢城之师溃。】

塘港关。【(安陆)府南三十五里。府西北十五里有直河关。今亦名池河关。又府南有南津关。皆有官兵戍守。志云。南津关。旧有富水递运所。万历中废。】

贾堑镇。【在(安陆)府西南。唐乾符四年。王仙芝寇荆南。时汉水浅狭。贼自贾堑渡。径至城下。攻陷罗城。焚掠而去。又黄家湾堡。在府南三十里。伯颜攻郢不克。从俘卒言。遣军袭黄家湾堡。拔之。诸军破竹席地。荡舟由藤湖入汉。是也。郢东马驿。在府东七十里。又府北六十里有丰乐驿。在丰乐河滨。城南又有石城水驿。又南百二十里有白口水驿。志云。长寿县东三里旧有田城驿。北六十里有马安驿。明初。与县俱废。又石城驿。嘉靖十年。改石城水马驿。鱼料驿。嘉靖十八年。改丰乐河水马驿。】

白洑驿。【在(潜江)县北。明初置驿于此。万历九年。革。志云。县境要险。有班家湾。浩子口。防御最切。其拖船埠。近沔阳州界。哨守犹易。而蚌湖。芦洑头。亦为巡警处。盖其地皆接通江汉。盗贼易于出没云。】

建水。【(荆门)州北百三十里。一名涟水。梁太清末。萧詧自襄阳攻江陵。会其将杜崱等叛袭襄阳。詧弃粮食铠仗于涟水而还。明年。西魏将杨忠救詧。乘胜至石头。将趣江陵。湘东王绎遣使说忠。忠遂停涟北。大宝二年。岳阳王詧以侯景攻巴陵。遣其将蔡大宝军武宁以规江陵。湘东王绎遣使谓曰。君忽顿武宁。即当遣劲甲顿涟水。待时进军也。涟水。盖襄阳江陵之襟要矣。亦名建阳河。又名杨水。亦名大漕河。流入江陵县界。】

汉津驿。【(沔阳)州城东北一里。驿前有江北渡。东接汉阳。西接潜江景陵。为一州之津要。志云。州有深江。到河两驿。今俱革。】

沔水。【在(景陵)县南百里。自潜江县流入境。与沔阳州接界。梁太清二年。侯景据台城。荆州刺史湘东王绎遣兵入援。又遣竟陵太守王僧辩将舟师出自汉川。载粮东下。是也……】

甘鱼陂。【在(景陵)县西北。左传昭十三年。楚公子比次于鱼陂。战国策。冷向曰。楚南有符离之塞。北有甘鱼之口。杜预曰。竟陵城西北有甘鱼陂。王氏曰。战国多用水攻。故楚守甘鱼之口……】

乾镇。【(景陵)县东八十里。潜。沔之间。大半汇为湖渚。复合流至乾镇。分为二流。一由张家池口。出汉川县。一由竹筒河。出刘家隔。往来之要道也。今为乾镇驿。会典作乾滩驿。并置巡司于此……又县东二十里有板港渡。县西青山湖口有鼓角渡。县西九十里有黑流渡。县南三十里有车箱渡。皆水陆津要也。又有柳家渡。在县东北四十里。弘治十二年。改建柳家桥。公私便利。】

郧城。【今(德安)府城……梁武帝攻鲁山。谓郧城。竟陵之粟。方舟而下。郧城。即安陆之别名矣……】

(岳州)府襄山带江。处百粤。巴蜀。荆襄之会。全楚之要膂也。三国初。曹公下荆州。以舟师追先主至巴丘。既而败还。先主与周瑜俱自巴丘追蹑之。后鲁肃戍守于此。以为重镇。【水经注。巴陵。吴之巴丘邸阁也。城冢记。巴陵城。鲁肃所立。】孙皓时。万彧屯兵于此。以拒晋师。杜预曰。巴丘。沔。湘之会。表里山川。实为险固。晋室不竞。东南多故。陶侃镇荆州。以江陵偏远。移治巴陵。及上游发难。兵锋东指。亦以巴陵为喉嗌。【隆安初。殷仲堪举兵江陵。讨王国宝。遣南郡相杨佺期屯巴陵。】宋。齐以后。巴陵绾荆。湘。郢三州之冲。谈形胜者。未尝不首及巴陵。梁侯景之乱。湘东王绎遣王僧辨进讨。至巴陵。闻郢州已陷。因留戍之。绎令僧辨曰。贼既乘胜。必将西上。但守巴丘。以逸待劳。无虑不克。又谓将佐曰。贼若水步两道直指江陵。此上策也。据夏首。积兵粮。中策也。悉力攻巴陵。下策也。巴陵城小而固。僧辨足可委任。景攻城不拔。野无所掠。暑疫时起。食尽兵疲。破之必矣。景悉力攻巴陵。果败遁。陈初。后梁引周人掠取巴陵。长沙诸郡。侯瑱等悉力争之。首得巴陵。诸郡相次降下。隋将取陈。崔仲方谓水陆冲要必争之所。巴陵亦其一也。唐人以岳。鄂二州控扼江沔。并称冲要。五代时。荆襄多事。往往争胜于巴陵。盖湖南得之。足以规取荆。鄂。淮南得之。足以包举湖南。故争之急也。宋末。蒙古据岳州。而湖南。两粤次第倾陷。盖自江而东西。自湖而南北。巴陵皆居其要会。巴陵未下。不可以图进取也。吕氏祉曰。巴陵与武昌。盖辅车之势。岳阳志曰。四渎长江为长。五湖洞庭为宗。江湖之胜。巴陵兼有之。故其形势亦最重云。

城陵山。【(岳州)府西北十五里。蜀江西来。洞庭南注。合流于此。乃一郡水口。山下有城陵矶。长江奔流于矶下。东则有白石。翟家二湖汇焉。每舟行多阻风涛。陆行则寻山历涧。纡回三十余里。旧尝于二湖口构木为梁。颇利涉……】

石城山。【(岳州)府南六十里。上有杨幺寨。又鹿角山。在府南五十里洞庭湖东。旧为戍守之所。又九马觜山。在府西南四十里。岸有九觜。舟过甚险……】

滃湖。【在(岳州)府东南五里。亦名滃湖。相传古雍澨也。左传定四年。吴人败楚师于雍澨。尔雅。水返入为滃。唐张说云。滃湖者。沅。湘。澧。汨之余波。夏潦奔注。则泆为此湖。冬霜既降。则涸为平野。亦曰角子湖。以在洞庭之角也。后唐天成三年。吴将苗璘将水军攻楚岳州。至军山。楚将许德勋潜军角子湖。使别将绝吴归路。遂擒璘。或谓之阁子湖。以湖地卑。岁苦水患。民多重屋而居。故名也。今有阁子镇。】

新墙河。【(岳州)府南六十里。发源相思山。自灌口注于洞庭湖。又府东南有隽水。或曰出大云山。流入武昌府通城县。大江港。在府西门。下为荆。湘。常。澧之通道。又南津港。在府南五里。油港在府东四十里。柏港在府东北十五里。龙湾港在府东南五十里。皆北出大江。西通湖渚。】

杨林浦。【(岳州)在府北。或曰即杨叶洲也。姚思廉云。洲近西江口。以形似名。陈天嘉初。侯瑱等军于巴丘。袭破周将独孤盛于杨叶洲。盛收兵登岸。筑城自保。既而周将尉迟宪以巴陵降。盛将余众自杨叶洲遁还。后唐天成中。楚将许德勋击苗璘。使别将帅战舰二百屯杨林浦。绝吴归路。璘还至江口。为德勋所擒。王氏曰。浦盖在三江口北岸。】

彭城洲。【在(岳州)府城东北。宋元嘉三年。谢晦自江陵举兵东下。至江口。到彦之已至彭城洲。

晦前锋庚登之据巴陵。畏懦不进。久之。使孔延秀攻破将军萧欣于彭城洲。又攻破洲口栅。彦之退保隐矶。水经注。江水过长沙下隽县北。东径彭城口。水东有彭城矶。自彭城矶东径如山北。山北对隐矶。是也。又忌置洲。在府北。水经注。江水自西江口东径忌置山南。又东过彭城口。宋檀道济等讨谢晦至忌置洲尾。列船过江是也。】

曹公洲。【在(岳州)府城南四十里。括地志。巴丘湖中有曹公洲。即孟德为孙权所败烧船处……】

黄荆港。【(临湘)县南五十五里。源出县南百里之浆山。北流经县东聂家市。会清江口入大江。又县东六十里有爬儿港。出巴陵县东百里之石狮尖山。亦流经聂家市。会清江口。又南港。在县东四十里。源出县南三十里之金竹山。东北流。经楠木港。亦汇于清江口。注于大江。双港。在县西南六十里。源出方山。二流并导。出桃林。逾西井。过罐子口。入洞庭湖。志云。县东三十五里又有青菱湰。东连荷叶湰。水涨则合为一。水消则隔为二。有鱼利。产野菱。因名。】

澧水。【在(华容)县西南。九江之一也。自安乡县废作塘县。东流入县境。合赤沙湖而注于洞庭。志云。县治北有华容河。晋杜预所开。以通零。桂之漕。北接大江。南达洞庭。今湮……】

白堵亭。【在(华容)县东南。梁大宝二年。侯景围巴陵。湘东王绎遣将胡僧祐自江陵帅水军赴援。至湘浦。景遣其将任约据白堵以待之。僧祐由他路西上。约追之。及于芊口。是也……】

卷七十八·湖广四

江陵城。【今(荆州)府治。春秋楚之渚宫地。文十年。于西沿汉溯江。将入郢。王在渚宫下见之。郦道元曰。今江陵城楚船官地。即春秋之渚宫……】

沙市城。【(荆州)府东南十五里。商贾辏集之处。相传楚故城也。亦谓之沙头市。朱梁开平二年。楚马殷将许德勋将水军击荆南。至沙头。高季昌惧而请和。后唐天成三年。诏楚王马殷进讨荆南。殷遣军次沙头……】

夏水。【(荆州)府东南二十五里。有夏水口。乃夏水之首。江之汜也。亦谓之豫章口。水经注。江水又东得豫章口。夏水所通也。西北有豫章冈。盖因冈而得名。晋义熙初。刘毅击破桓振党冯该于豫章口。八年。刘裕遣王镇恶袭刘毅于江陵。至豫章口。去城二十里。舍舟步上。是也……】

扬水。【在(荆州)府东南。水经注。扬水上承江陵县赤湖。东北经郢城南。又东北与三湖水会。三湖者。白湖。中湖。昏官湖也。三湖合为一水。东通荒谷。春夏水盛。则南通大江。否则南迤江堤。扬水下流经监利县。又北入景陵县界。注于沔。杜预开扬口。起夏水。达巴陵。即是水也。宋元嘉中。通三湖。注扬水。以广运漕。盖修杜预之故道。今堙。又漕河。在县北四里。志云。晋元帝时所凿。自罗堰口入大漕河。又由里社穴达沔水口。直通襄汉江。后废。宋端拱初。内使阎文逊等请开荆南城东漕河。至师子口入汉江。可通荆峡漕路至襄州。从之。既成。可胜二百斛舟。行旅称便。盖即漕河故道矣。大漕河。即荆门州之建水。】

百里洲。【在(荆州府)城西南大江中。周围百里。亦谓之中洲。三国魏黄初四年。遣曹真分道侵吴。围南郡。吴将孙盛据江陵中洲。为南郡外援。曹真使张郃击破之。遂夺江陵中洲。时江水浅狭。魏将夏侯尚欲乘船将步骑入渚中安屯。作浮桥南北往来。董昭曰。师虽深入。还道宜利。今屯渚中。至深也。浮桥而济。至危也。一道而行。至狭也。三者兵家所忌。加以江水向长。一旦暴增。何以防御。诏尚等促出。吴人两头并前。魏兵一道引去。仅而获济。时吴将潘璋已作荻筏。欲烧浮桥。后旬日。江水亦大涨。尚先退得免。荆州记。自枝江县西至上明东极江津。其中有九十九洲。谚曰。洲不满百。不出王者。桓玄有问鼎之意。增置一洲。未几。败灭。宋文帝在藩。忽生一洲。而入继大统。梁元帝立于江陵。将还建康。其下多荆州人。不乐东迁。诡云。枝江生洲。数已满百。为龙飞之应。当留江陵。元帝从之。而覆亡于西魏。唐武德四年。李孝恭等击萧铣。败之于百里洲。是也……】

三海。【在(荆州府)城东北。江陵以水为险。孙吴时引诸湖及沮。漳水浸江陵以北地。以拒魏兵。号为北海。赤乌十三年。魏将王最向江陵。引竹絙为桥。渡水来侵。朱绩因退入江陵。孙皓时。陆抗以江陵之北道路平易。敕江陵督张咸作大堰遏水。渐渍平土。以绝寇叛。凤凰元年。羊祜以西陵降附。自襄阳引兵向江陵。欲因所遏水以船运粮。扬声将破堰以通步军。抗闻之。使咸急破之。祜至当阳。闻堰败。乃改船以车运。大费功力……】

江津戍。【(荆州)府东南二十里。亦曰江津口戍。江水经百里洲而枝分。至此合流。势益大。家语云。江水至江津。非方舟避风不可涉。郭璞江赋云。济江津以起涨。言其深广矣。或谓之津乡。荆州记。江陵县东三里有津乡。盖沿江津得名也。汉时于此置戍。有江津长司之戍。南对马头岸。亦谓之江陵南岸。晋隆安三年。桓玄袭殷仲堪于江陵。仲堪急召雍州刺史杨佺期于襄阳。佺期至。即与其兄广进击玄。玄畏其锐。退军马头。元兴三年。桓玄余党桓谦等复据江陵。何无忌等攻之。破桓谦于马头。义熙元年。刘毅等复讨桓振。至马头。振挟帝出屯江津。六年。刘道规镇荆州。时卢循据寻阳。以姚秦将苟林为南蛮校尉。使寇江陵。屯于江津。谯纵复使桓谦来侵。道规败谦于枝江。谦单舸奔苟林。道规追斩之。又十一年。刘裕击司马休之于江陵。军于马头。帅诸军济江。休之兵临峭岸置陈。裕将胡藩领游兵在江津。以刀头穿岸劣容足指。腾之而上。直前奋击。休之兵却。遂克江陵。宋元嘉三年。到彦之等讨谢晦。至马头。江陵遂下。齐永元二年。巴西。梓潼二郡太守刘山阳将兵之官。欲就荆州兵袭萧衍于襄阳。寻自江安至江津。单车入江陵。荆州行事萧颖胄伏兵斩之。梁承圣初。西魏将于谨等袭江陵济汉。遣宇文护等先据江津。断东路。既而筑长围。中外信命皆绝。梁将徐世谱等赴救。皆筑垒于马头。遥为声援。唐初李孝恭至江陵击萧铣。李靖谓不若且泊南岸。俟其懈而击之。不听。果败走。趋南岸。铣众委舟收掠军资。靖见其众乱。纵兵奋击。大破之。直抵江陵。入其外郭。五代梁开平二年。淮南遣将李厚以水军趋荆南。高季昌逆战。败之于马头。胡氏曰。江津在沙市南。是也。】

绣林山。【(石首)县西南二里。一名阳岐山。昭烈娶孙夫人于此。绣幛如林。因改今名。又县西二里有楚望山。一名望夫山。相传昭烈泊舟江北沙浦。孙夫人于此望之……】

便河。【(石首)县西南二里。达洞庭。久塞。正统中。县令盛琦浚通。商民称便……志云。县西五里有万石湾。在万石堤下。与江北岸刘郎浦正相宜。舟楫经过。遇北风。辄坏。俗呼折船湾。】

竹林港。【(石首)县西六十里。地多竹。元大德中。江水决于此。为堤防要口。盖与公安接境处也。又有竹林湾。在县东九十里。接监利县境。瀺港。在县东北。五代梁开平二年。淮南兵攻石首。湘州兵败之于瀺港。志云。县西北二里又有潴水湾。通大江。又有潭子湾。在县东四十里大江南岸。水最深。又东二十里为李金湾。在大江北岸。今掌于河泊所。】

大江。【在(枝江)县北。水经注。枝江地平敞。北据大江。江汜枝分。东入大江。县治洲上。故名。志云。江水于县西别出为沱。而东复合于江。谓之枝江。今沱江在县南四里。有推乌滩。水涨湍急如雷。舟行艰险。水利考。县依高阜。向无堤防。惟洲渚环错。夹生大江之间。北自百里洲。杨林洲。赛砖滩。蒋斗湾。窑子口至流店驿。复转北。自董滩口。土台。古城脑而下。至罐嘴滩。流店湖。又自罐嘴滩而南转。至澌洋洲。观音寺。直抵松滋朱家埠。对岸皆有堤。其最要害者。莫过于古城脑。蒋斗湾二处。此诸洲之上流也。】

狼尾滩。【在流头滩下。水经注。江水经流头滩。狼尾滩。黄牛山之黄牛滩。而后径西陵峡。出峡东南流。而后至步阐垒。隋杨素伐陈。自永安引舟师下三峡。至流头滩。陈将戚昕以青龙百余艘守狼尾滩。地势险峭。素啣枚夜掩之。又分军引步卒。自南岸击其别栅。别将刘仁恩帅甲骑自北岸趣白沙。迟明俱进。昕败走……】

清江。【在(长阳)县东南十三里。源出贵州思州界。经四川黔彭间而入施州开蛮界。又流经建始县入县境。又东北经宜都县流入大江。本名夷水。相传廪君乘土船处。其水清彻。因目为清江……】

古捍关。【(长阳)县南七十里。楚世家。肃王四年。蜀伐楚。取兹方。楚为捍关以拒之。兹方。今松滋也。括地志。捍关。在峡州巴山县。张仪说楚曰。舫船载卒。下水而浮。一日行三百余里。不至十日而距捍关……】

荆门城。【在(宜都)县西北荆门山下。江山险阨。因置城于此。为控守处。隋开皇九年。杨素伐陈。克荆门。唐武德三年。萧铣戍荆门镇。峡州刺史许绍攻拔之。明年。李孝恭自夔州进攻铣。前锋拔其荆门。宜都二镇。孝恭进至夷陵是也。又安蜀城。在荆门城西南。陈大建二年。章昭达攻后梁。梁主岿与后周信州总管陆腾拒之。周人于峡口南岸筑安蜀城。横引大索于江上。编苇为桥。以渡军粮。昭达命军士为长戟施于楼船上。仰割其索。索断粮绝。因纵兵攻安蜀城。下之。寻置信州于此。明年。顾觉据守。隋杨素攻拔之。又唐武德二年。萧铣窥峡口。为峡州刺史许绍所败。时铣遣兵戍安蜀及荆门。明年。绍复攻拔之。今俱详见前重险荆门。陆抗城。在县西三里。亦谓之大城。又有吴相台。以陆逊尝屯此也。】

三台山。【(宜都)县西十五里……又县北三里有马鬃碛。夏没冬见。行舟畏之。】

吒滩。【在(归)州西三里。水石相激。如喷吒声。志曰。滩在雷鸣洞南。分为三吒。官漕口为上吒。雷鸣洞为中吒。黄牛口为下吒。舟行至此多覆。亦名人鲊瓮。莲花滩。在州西北二里。又五里有滑石滩。其在州西北三十里者曰泄滩。志云。州西二里为石门滩。州东五里有王家滩。又有新滩。在州东二十里。宋时尝徙县治此。其相近者又有小新滩。】

东瀼溪。【(巴东)县西北十余里。又有西瀼溪。在县西二十里。夹大江东西。其下为万户沱。志云。沱在县西五里。又有云沱。在县西十里。常有漩能覆舟。又州东十里有苟使沱。亦有巨漩。江行者畏之。横梁滩。在县东二十里。有石横亘水中。江行溯流。每患其险。又石门滩。在县东三十五里。中有巨漩。为行者患。又清水滩。在县西十里。江水迅急。触而为漩。舟行不戒。必至覆溺。县境诸滩。此其险者。】

卷七十九·湖广五

樊城。【(襄阳)府城北汉江上。与襄阳城隔江对峙。志以为即周仲山甫所封樊国也。后汉末。为戍守处。初平二年。袁术使孙坚击刘表。表遣将黄祖逆战于樊。邓间。坚击破之。遂围襄阳。建安十三年。刘琮以荆州降操。时刘备屯于樊城。操至宛。备始觉。将其众南走。樊城入于操。二十四年。关壮缪镇荆州。攻曹仁于樊。会沔水涨。羽乘水急攻之。城多崩溃。魏人恟惧。吴赤乌四年。朱然围樊不克。晋太安二年。新野王歆讨江沔乱贼张昌。至樊城。兵溃见杀。咸和五年。石勒将郭敬寇襄阳。军于樊城。守将周抚弃襄阳奔武昌。敬毁襄阳城。迁其民于沔北。城樊城以戍之。七年。陶侃遣桓宣等复取樊城。齐永明十一年。魏人大举入寇。诏江州刺史陈显达镇樊城。建武四年。后魏攻南阳。雍州刺史曹虎与南阳太守房伯玉不协。顿军樊城。既而魏屡破齐兵。至沔。军主刘山阳据樊城苦战。魏兵乃退。未几。魏主宏复将十万众围樊城。曹虎闭门自守。攻围数旬不拔。魏主临沔水望襄阳岸。乃去如湖阳。永元三年。萧衍起兵发襄阳。使司马庄丘黑守樊城。梁太清三年。雍州刺史岳阳王詧。司马刘方贵据樊城拒命。詧攻拔之。承圣末。属于西魏。置樊城县。又置安养县及河南郡于此。后周省樊城县。隋初废郡。以安养县属襄州。唐武德二年。李大亮拔王世充樊城镇。即安养县也。天宝初。改为临汉县。贞元二十一年。移县于古邓城。改为邓城县。而樊城如故。宋嘉定十年。金兵犯樊城。咸淳九年。蒙古围樊城。久之未下。张弘范言于阿术曰。襄在江南。樊在江北。我陆攻樊。则襄阳出舟师来救。终不可取。若截江道。断救兵。水陆夹攻。则樊破而襄亦下矣。阿术从之。初。襄樊两城。汉水出其间。吕文焕乃植大木江中。锁以铁絙。上造浮桥。以通援兵。樊亦恃此为固。至是为蒙古所断。以兵截江。出锐师薄樊城。襄兵不能援。樊城破。襄阳遂降。今有关城市集。与襄阳相对。城西昔铸铁棂。列树堤岸。以通水道。如窗棂然。名铁窗口。明嘉靖四十五年。汉水溢。樊城北旧有土堤。城南面江一带皆砖城。尽皆溃决。议者谓樊城溃。则襄城无恙。疏塞不蚤。樊城之富庶渐衰。今有樊城关巡司在府治西北三里。嘉靖中。移巡司于县东北百二十里之柳树头。】

邓城。【(襄阳)府东北二十里……又元和志。邓塞故城。在临汉县东南二十二里。南临宛口。阻一小山。号曰邓塞。孙坚破黄祖于此山下。魏常于此治舟舰以伐吴。陆士衡辨亡论。魏氏浮邓塞之舟。下汉阴之众。谓此也……】

新城。【在(襄阳)府东南十里。蒙古围宋襄樊时所筑。咸淳三年。宋将夏贵救襄樊。不敢进。乘霖雨汉水溢。分遣舟师出没东岸林谷间。阿术谓诸将曰。此虚形。不可与战。宜整舟师以备新城。明日。贵果趣新城。至虎尾洲为阿术所败。】

虎头山。【(襄阳)府南三里。一作阿头山。东汉初。岑彭破张扬于阿头山。后改为虎头。宋末。蒙古将阿术谋取襄阳。登虎头山望汉东白河口。是也。志云。府西南九里又有阿头山。百丈山。在府南三十里。蒙古逼襄阳。宋将来兴国赴救。以百艘泊百丈山下。即此。又团山。在府西北三十里。宋嘉定中。金兵犯襄阳。来自团山。势如风雨。赵方将扈再兴败却之。咸淳中。李庭芝援襄阳。舟师出青泥河。进至团山。是也……】

汉江。【在(襄阳)府城北。自郧阳府流入府境。经均州。光化。谷城县而东。由城北折而东南。经宜城县入安陆府界。其在府境者。亦曰夏水。左传昭十三年。王沿夏。将欲入鄢。是也。亦曰汉水。亦曰沔水。后汉建安末。关羽围曹仁于樊城。仁使于禁等屯樊北。会霖雨。汉水溢平地数丈。禁等七军皆没。樊城不没者数版。羽乘船临城立围数重。外内断绝。又船据沔水。襄阳隔绝不通。是也。晋咸康五年。蔡谟谓沔水以西。水急岸高。盖谓襄阳以西。太元三年。苻秦寇襄阳。梁州刺史朱序以秦无舟楫。不以为虞。既而秦将石越帅骑五千浮渡汉水。序惶骇。固守中城。越陷外郭。获船百余艘。以济余军。七年。桓冲攻襄阳。苻坚使苻叡。慕容垂等赴救。垂为前锋。进临沔水。夜命军士持十炬系于树枝。光照数十里。冲惧引还。又自汉以南曰沔南。自汉以北为沔北。萧齐永明十一年。襄阳蛮酋雷婆思等附魏。求内徙。魏人处之沔北。时沔北犹为齐地。婆思本居沔南。今徙沔北。于魏境为近也。建武四年。

魏主侵雍州。败齐兵于沔北。既而南临沔水。复还新野。梁承圣中。西魏屡遣兵逾汉水侵江陵。时襄阳附魏也。南北有事。争襄阳必争汉津。唐会昌初。汉水溢。坏襄州民居。五代晋天福六年。安从进以襄州叛。命荆南。湖南合兵讨之。荆南高从诲遣水军至南津。楚马希范亦遣将将战舰入汉江。与晋军并进。俗亦谓之襄江。宋绍兴四年。岳飞讨李成于襄阳。成迎战。左临襄江。飞笑曰。步兵利险阻。骑兵利平旷。成左列骑江岸。右列步平地。虽众十万。何能为。乃以步兵击其骑。以骑击其步卒。贼大败。遁去。水利考。古大堤西自万山。经檀溪。土门。龙池。东津渡。绕城北老龙堤。复至万山之麓。周四十余里。年久堤溃。而龙池。东津一带又多浮沙。明初。修截堤一道。自长门之土门。后渐颓废。嘉靖四十五年。决府西老龙堤。直冲城南而东。为害最甚。自是并力修筑。北自老龙堤至长门。皆沿城砌石。南自万山麓至土门。皆仍古大堤。东南自土门至长门。则仍旧截堤。而后溃决渐少。大概堤防至切者。全在襄。樊二城间。盖二城并峙。汉水中流如峡口。且唐。邓之水从白河南注。横截汉流。以故波涛激射。城堤为害最剧也。】

白河。【(襄阳)府东北十里。其上流即河南南阳府。湍。淯诸水所汇流也。自新野县流入界。经光化县东。至故邓城东南。入于沔水。三国时。于河口立围屯。魏青龙二年。吴陆逊引兵向襄阳。不克而还。行到白围是也。宋太平兴国三年。漕臣程能议开白河为襄汉漕渠。直抵京师。以通湘潭之漕。渠成而水不行。端拱元年。治荆南漕河至汉江。行旅颇便。而白河终不可开。又宝祐五年。蒙古董文蔚城光化。枣阳。进攻樊城。樊城南据汉江。北阻湖水。卒不得渡。文蔚夜帅兵于湖水狭处。伐木拔根立于水。实以薪草为桥。顷之即成。遂合围襄阳。守将高达力战于白河。却之。又咸淳三年。蒙古将阿术等经略襄阳。阿术登虎头山顾汉东白河口曰。若筑垒于此。以断宋饷道。襄阳可图也。遂筑白河城。以逼襄阳。或曰白河入汉之处。亦名三洲口。吴将朱然攻樊。司马懿救樊。追吴军至三洲口。大获而还。又王昶屯新野。习水军于三洲。谋伐吴……】

檀溪。【(襄阳)府西四里。源出柳子山。北流为檀溪。南流为襄水。亦曰涑水。皆流合汉江。相传刘先主尝乘的驴过此。齐东昏侯时。萧衍为雍州刺史。密修武备。多伐材竹。沉之檀溪。以为装舰之备。水经注。檀溪去城里余。北流注沔。又襄水。在府西北三里。今皆涸。石牌港。在府西北三十里。又有竹篠港。在府北三十里。黄龙港。在府东六十里。皆流入汉江。志云。府西南二十五里有金水港。府南四十五里有沙河港。府南五十里有土山港。又有田塍港在府东南三十里。隆盛港在府东南四十里。下流俱汇于汉江。】

龙尾洲。【在(襄阳)府东南三十里汉江中。宋咸淳八年。张贵将援兵入襄阳。欲还郢。募二士伏水中达郢。求援于范文虎。刻日发兵。驻龙尾洲以助夹击。贵遂发舟。破围冒进。夜半至小新河。与元将阿术等力战。至勾林滩。渐近龙尾洲。援兵不至。蒙古先据洲。前后夹击。兵败被执处也。又虎尾洲。在府南三十里。宋末夏贵与蒙古战。败绩于此。或曰即龙尾洲之异名也。志云。县东五里有五娘子洲。】

罐子滩。【在鹿门山南。汉江西岸。宋咸淳三年。蒙古围襄樊。范文虎以舟师赴救。败于罐子滩。既而蒙古将张弘范议立栅罐子滩。以绝宋人粮援处也。又有会丹滩。范文虎救襄樊。舟师至鹿门。时汉水涨溢。阿术夹江东西为阵。别令一军趣会丹滩。犯官军前锋。文虎败走。】

龙潭港。【(宜城)县西南里许。东通溪江。又拖枪港。在县东十里。志云。宋末范文虎军败于此。因名。又东二十里有朱家港。又二十里有王城港。俗呼黄鳝港。又清水港在县东南十五里。又县东南四十里有练港。志云。源出县东五十里之卧牛山。至赤山而入汉。又有毛家港。在县北二十五里。俱流入汉水。羊祜汉。在县北三十里。又县南十里有康坡汉。县东南二十五里有楼子汉。皆汉水旁出者也。又金沙泉在县东二里。县东七十里又有珍珠泉。又东二十里曰南泉。引流为阴港。俱流入汉江。】

均水。【在(谷城)县东北。自河南淅川县流入府境。经均州界。东南流。历光化县界。至故涉都城东北而注于沔水。谓之均口。亦曰沟均口。晋永和十年。桓温代秦。水军自襄阳入均口。齐东昏侯初。陈显达攻魏。军入沟均口。冯道根曰。沟均水迅急。易进难退。魏若守隘。则首尾俱急。不如悉弃船舰于酂城。陆道并进。列营相次。鼓行而前。破之必矣。显达不从。进围马圈。魏人果断均口。邀齐兵归路。败还。事闻。诏以道根为沟均口戍副。即此处也……】

乾汊河。【(谷城)县西南三里……袁曹洲。在县东五里。相传曹操。袁术尝争渡于此。故名。今亦谓之袁曹渡。】

茨湖。【在(光化)县东南。宋绍兴三十一年。逆亮入寇。别将刘萼引兵入光化。荆南都统李道拒之于茨湖。萼毁光化屋。作船筏以渡江。道激厉将士鏖击。尽夺船筏。寇遁。遂复光化。是也。今湮废。】

左旗营堡。【(光化)县西北二十五里。有巡司。万历中。迁入县内。志云。县有酂阳驿。今革。又县城西北有临江渡。北出商。邓。南达均。房。此为津要。又西北二十里曰杜家河渡。党子口。在县西北八十里。舆程记。由县西北水行五十里。至均州小江口易小舟。又三十里至党子口。又三十里至陈中见埠口。又八十里至河南淅川县。旧志。自县陆行至淅川百二十里。盖水路迂回也。】

卷八十·湖广六

湘江。【在(长沙)府西南朝宗门外。自衡州府流入境。经湘潭县而北。环府城而下。至湘阴县境。又东北入于洞庭。五代汉末。楚马希萼侵长沙。军于湘西。马希广遣水军屯城北津。属于南津。又遣将韩礼军于杨柳桥。以扼湘西之路。时希广将彭师暠请曰。愿假步卒三千。自巴溪渡江。出岳麓之后。至水西。令城南北战舰亦渡江。腹背合击。破其前军。则其大军不敢轻进矣。希广不从而败……】

浏阳水。【(长沙)府北五里。源出浏阳县之大围山。西流至此。入于湘江。亦曰浏江。旧有浏口戍。在府北十里。江左所置。水经注。湘水过汉临湘县西。浏水从县西北流注之。有浏口戍。是也。唐天祐四年。淮南将刘存等侵潭州。州将黄璠帅战舰屯浏阳口。会大雨。存等还至越堤。楚将秦彦晖追之。至浏阳。璠绝江合击。尽俘其众……】

靳江。【在善化县西南二十里……又涝塘河。在府北十五里。亦湘水支流也。商舟泊焉……】

空灵滩。【(湘潭)县西南百二十里。亦作空灵峡。梁承圣初。陆纳据湘州。营州刺史李洪雅等请讨之。为纳所败。退保空灵滩。寻降于纳。通鉴作空灵城。似误。水经注。长沙建宁县故城南有空灵峡。湘水所经。惊浪奔雷。迅同三峡。张舜民曰。自醴陵江口南行十余里。到空灵岸。谬矣。郡志云。县西百六十里有空灵岸。营州。今永州府道州。梁置营州于此。三门滩。在县南百八十里。石峻水险。仅有洪路三处。可通舟楫。经者股栗。比于底柱三门之险。因名。】

资江。【县西南五里。自宝庆府入安化县境。又曲折五百余里。而至县南。又东历宁乡县界。至沅江。入洞庭。一名益水。县以此名。志云。资水经县南六十里。谓之桃花江。以夹岸多桃也。至县东二里。谓之土陵江。其在县西南五里者又有关羽濑。青泥湾。三国时羽镇荆州。吴使吕蒙取桂阳。零陵。长沙三郡。羽争之。军于此。水南又有甘宁故垒云。】

朗水。【(常德)府南八十里。自辰州府流入。东北流注于沅水。谓之朗口。五代梁初。荆南。湖南共攻澧。朗帅雷彦恭。淮南将泠业帅水师来救。自平江进至朗口。为楚将许德勋所败……】

洞庭湖。【(龙阳)县东百六十里。跨沅江县界。志云。洞庭方九百里。龙阳。沅江。西南一隅耳。防险说。郡滨洞庭。盗贼出没。明初立洪沾。沅江。明山三哨。分军防守。大约自郡东德山潭。历龙阳天心。小河。抵沅江哨。又自沅江之邹家窖。南抵长沙。历洞庭夹而至洪沾哨。又自洪沾越南石潭而至明山哨。凡小江。武口。鼎港。古楼诸巡司胥隶焉。议者以县东北百二十里之洞庭夹为盗贼渊薮。隆庆初。复增设水军戍守洪沾。明山诸处云。】

赤沙湖。【(龙阳)县东南三十里。接沅江县界。东通洞庭。五代汉乾祐元年。马希萼自朗州将水军攻其弟希广于潭州。军败。自赤沙湖遁还。即此。或谓之蠡湖。云范蠡尝游此……】

泛洲。【(龙阳)县西五十里。长二十里。志云。吴丹阳太守李衡种橘其上。因名橘洲。今有民居数百家。而橘不存。水经注沅水经龙阳泛洲。亦谓之柑洲。亦谓之橘洲。湄洲。在县西十里。亦曰眉洲。以突起中流。状若蛾眉也。五代汉末。楚王希广遣其将刘彦滔将水军攻朗州。朗兵逆战于湄洲。彦滔败还。即此。】

分水冈。【(衡州)府北百十三里。与长沙府湘乡县分水处。又府东有黄巢岭。崇祯十一年。临武蓝山群贼攻衡阳。自焦源河联舟蔽江。踞黄巢岭。官军击破之。又追败之于白腊桥……】

石门山。【(桂阳)州西六十里。有岩如门。岿水自蓝山穿石门西注。舟筏皆经其下……】

卷八十一·湖广七

镇南营。【在(道)州南蒋居山下。嘉靖初建。又州西北有白鸡营。在白鸡山下。州西又有营乐营。在营乐乡。俱有官军戍守。济川桥。在州南门外。南北跨绝。凡千五百余尺。宋嘉定中。为方舟三十有四。栉比连锁。横渡江面。后废。明初。复造浮梁。以济往来。亦谓之大浮桥。又州北六十里有麻滩驿。】

卷八十二·湖广八

安陵城。【(永兴)县西南五十里。今县治。即汉便县城也。唐析郴县置安陵县。寻曰高亭。皆治此。宋熙宁中。太守李士燮以古便县基据郴江上。舟楫往来。贸易相通。可建邑居而设场市。乃更徙治焉。名曰永兴。今安陵城址尚存。周一里有奇。亦谓之高亭城。置高亭镇。有巡司戍守。】

资兴水。【(兴宁)县东南二十里……舆程记云。泸渡水自桂阳县东北唐延里北流至丰乐。又二十里至沿潭接县界。六十里至高活。水势险恶。其旁凿山通道。行者必舍舟从陆以避险。自高活五里至结鱼。又六里至泸渡。又十五里至耒江口泷头。凡十二滩。巨石堆叠。舟师非荡舟不能渡。又十五里至东津渡。又七十里合郴江口。即耒江正流也。】

多星江。【(通道)县西四十里……宋元丰中。于溪旁得古碑。乃唐久视中遣将王思齐率兵征蛮过此。隔碍山险。负舟而济。镵字以记岁月。蛮人因目为凿字溪。】

卷八十四·江西二

豫章城。【今郡城也。或以为春秋之豫章。按。古豫章大抵在江汉之北。左传昭六年。楚伐吴师于豫章。次于乾溪。十三年。楚师还自徐。吴人败之豫章。二十四年。楚子为舟师以略吴疆。越大夫胥犴劳王于豫章之汭。三十一年。吴围弦。楚救弦及豫章。吴师还。定二年。楚人伐吴师于豫章。吴人见舟于豫章。而潜师于巢。以败楚师于豫章。遂围巢。克之。四年。吴人舍舟于淮汭。而自豫章与楚夹汉。……元至正十八年。伪汉陈友谅以大舰乘水涨附城而登。城遂陷……】

鸡笼山。【(南昌)府西十里。其山盘旋耸秀。下枕大江。晋义熙六年。何无忌与徐道覆遇于豫章。贼令强弩数百。登西岸小山邀射之。会西风暴急。飘无忌所乘小舰向东岸。贼乘风以大舰逼之。无忌败衄处也……】

东湖。【在(南昌)府城东南隅。周广五里。旧通章江。后汉永元中。太守张躬筑塘以通南路。谓之南塘。晋义熙六年。卢循自岭外入犯。邓潜之劝何无忌决南塘水拒之。水经注。豫章城东大湖。十里二百二十六步。北与城齐。南缘回折至南塘。本通章江。增减与江水同。张躬筑堤通路。兼遏此水。时卢循舟船大盛。若决南塘。则循舟兵无所用。可以坚守而待其敝也……】

蓼洲。【在(南昌府)城西里许南塘湾外。两洲相并。水自中流入章江。上有民居数百家。郦道元所云。赣水又经谷鹿洲。号蓼子洲。即此。唐天祐三年。淮南将秦裴攻洪州军于蓼洲。诸将请阻水立寨。不许。洪州将刘楚据之。裴击擒之。谓诸将曰。楚若守城。则不可猝拔。吾以要害诱致之也。百花洲。在城东东湖北。宋绍兴中。尝习水军于此……】

石头驿。【在章江门外十里。有石头渚。亦曰投书渚。即殷羡投书处。水经注赣水经豫章郡北。水之西岸有磐石。谓之石头津渡之处。汪藻曰。自豫章郡绝江而西。有山屹然。并江而出者。石头渚也。沮江负城。十里而近。陈永定初。萧勃起兵广州。讨陈霸先。遣欧阳頠等出南康。屯豫章之苦竹滩。别将傅泰据蹠口城。余孝顷时为南江州刺史。亦附于勃。遣其弟孝迈守郡城。自出豫章据石头。既又与萧勃从子孜同拒周文育于石头。筑二城。各据其一。多设船舰。夹水而陈。霸先遣侯安都与文育水陆进攻。孜降。孝顷走还新吴。志云。陈永定中。尝置南昌县于此。隋废。唐初复置。旋废县。因置石头驿。明初陈友谅围南昌急。张子明以小渔舟夜从水关潜出。越石头口。告急于建康。是也。今为石步镇……】

章江。【(丰城)县西南三里。有斗门堤。至县东北十里为曲江。形如半月。中分三潭。岸傍居民凡数百家。薄晚波平。江浮金碧。舟航云绝。有砚头山。李梦阳云。赣江北奔。入彭蠡湖千里。犹建瓴然。至丰城触砚头冈。则俯而东。又折数里而北达。故曰曲江。砚头山之滨有金花潭。民居缭绕。榆柳成行。水波潋滟。动摇金碧。渔舟上下。宛然画图。宋隆祐太后以金花投潭。祈风于此。因名。志云。曲江有滩。旧尝出金。】

三阳水。【(进贤)县北六十里。上源在县西。曰南阳。洞阳。武阳。合流经此。故曰三阳。又东北入鄱阳湖。李琯曰。进贤县之水。惟以鄱阳为统会。而水之经则曰三阳。今县西北三里有三阳渡。亦曰师过渡。相传吴子胥为吴伐楚师。尝经此……】

上牢水。【(奉新)县东北百里。接南康府建昌县境。陈初。周文育击欧阳頠等屯豫章。军少船。余孝顷有船在上牢。文育遣将焦僧度袭之。尽取以归上牢。盖上缭之讹也……】

宫亭山。【(南康)府东五里。即彭蠡湖也。一云在府南一里。接南昌。饶州二府界。梁承圣二年。豫章太守萧永将兵讨陆纳于湘州。军至宫亭湖而溃。盖道出湖中也。志云。湖之西北有落星湖。湖中有石山如星。相传星坠水所化也。梁王僧辩破侯景于落星湾。宋建炎三年。命李邴等自建康扈从隆祐太后如洪州。过落星湾。暴风覆舟。宫人溺死无数。惟后舟无虞。一云落星石。高五丈。在城南五里湖中。宋孟后过此。立落星寺。夏秋之交水涨。石泛于波涛之上。隆冬水涸。可以步涉。后改寺为福星院。又为法安院。】

渚矶。【(南康)府南七十里。当鄱阳湖之西渚。明初。与陈友谅相持于鄱阳湖。既而明师泊左蠡。友谅亦移泊渚矶。即此……】

石堤。【(南康)府治南。江浒舟楫之冲。每风涛骤至。舣泊无所。宋元祐中。知军吴审礼始栅木为障。崇宁四年。孙乔年以石为堤。延袤百五十丈。横截洪流之冲。中开为门。以通出入。内浚二澳。可容千艘。岁久浸圮。淳熙七年。朱熹来为守。岁适歉。遂捐金募饥民增筑之。明景泰五年。嘉靖四十三年。亦相继增筑。志云。城西有西湾。在石堤内。宋徐端辅。朱熹知军事。相继作石闸。以泊客舟处。当夏秋水涨。商旅牵舟。萦纡循绕。人力疲乏。故又号为西疲湾……】

左里城。【(都昌)县西南九十五里……郡志。县西北八十里有左蠡山。以临彭蠡湖东而名。明初。与陈友谅相持于鄱阳湖。明师自罂子口移泊柴棚。去敌五里许。诸将以湖水浅。请移舟扼江上流。乃泊于左蠡……】

新开河。【(都昌)县治西一里。宋绍圣中。纲运船泊湖边。以大小矶湍急。请开此河。以避风涛。因名……】

蛇子径水。【(建昌)县南二十里。旧传晋吴猛杀大蛇。蛇子穿地成穴。流水灌通。唐仪凤中。始通小舟。今水势屈曲。尚如蛇形……】

卷八十五·江西三

湓浦港。【(九江)府城西半里。源出瑞昌县清湓山。亦名盆水。流入境。又东经城下。西通龙开河。北接大江。渊深不测。昔为商旅泊舟处。俗传昔人尝洗盆于此。忽水涨有龙衔盆而去。因名……】

白水港。【在(九江)府西。亦曰白水浦。梁王琳破陈侯安。都于沌口。引兵下至湓城。屯于白水浦。是也。今亦曰白水湖。水溢成湖。水落为港。又小港。在府西南七里。一名官牌夹。滨江可以泊舟。有小江市……】

桑落洲。【在府东北过江五十里。昔江水泛涨。有一桑流至此。因名。旧志云。洲在湓城东北大江中。晋元兴三年。刘裕遣何无忌等西追桓玄。败玄将何澹之于此。义熙六年。刘裕讨卢循。战于桑落洲。败绩。宋泰始初。长史邓琬奉晋安王子勋举兵江州。令子勋建牙桑尾。即桑落洲之尾也。洲之西曰白茅湾。陈霸先讨侯景。自南江出湓口。会王僧辩于白茅湾。盖其地与江南宿松县接界。志云。府北二十里隔江有夹洲。袤七八里。可泊舟楫。其北为杨家穴市。白石矶。在府东北三十里江滨。白石巉岩。

又回风矶。在府东北四十里。舟楫至此。俱转蓬避风。因名。】

秋水堤。【在(九江)府东。唐太和三年。刺史韦珩筑。府西有断洪堤。会昌二年。刺史张又新筑以窒水害。志云。府西五里有海天堤。一名海船窝。元时海运造船处也。路通瑞昌。旧为湖泽。行者必资舟楫以济……】

鹤问寨。【(九江)府西南十五里。志云。即故浔阳县。宋。元时置寨于此。以近鹤问湖而名。今为河泊所。又小池小江河泊所。在封郭洲。去城十里大江北。明洪武初置。旧有沙池。高头湖。桑落洲二处河泊所正统五年并入焉。又官湖旁有官湖河泊所。城西龙开河渡口有鱼苗厂。皆官收鱼税处。浔阳驿。在府城东北。宋。元以来。皆置于府城西。明初因之。万历四十一年。改置于此。滨江以便行旅。志云。城西二里有九江抄关。景泰初置户部分司。以榷商税。嘉靖初。议者以关右矶险湍厉。请立新厂于海天堤。商舟溯流者泊龙开河。随流者泊官簰夹。公私便之。既而以荒远诲盗。多水患。复还旧所。】

稽亭。【在府城东。寰宇记。使客经过于此。历览江山胜概。为之稽留时日。因名。齐江州刺史晋安王子懋以萧鸾擅政。谋举兵内向。鸾使裴叔业等袭取湓城。子懋先已具船稽亭渚。闻之。乃据州自卫……】

博阳川。【在(德安)县治南。一名敷浅水。寰宇记。敷浅水在长乐下乡。碧色清泠。长流不息。源接瑞昌及鄂州永兴县界。屈曲流二百余里。方至县南。三时通舟楫。惟冬水涸。仅容小舫……】

石门山。【在(湖口)县治南。两峰对耸如门。当两石间。垂流数丈。有石可坐千人。志云。县东南十里有黄牛洑山。一名射蛟浦。相传晋永嘉中。许逊射蛟于此。或云。汉武帝自寻阳浮江亲射蛟处也。又云。武帝伐南越。教楼船于浦上……】

禁江。【(湖口)县东北九十里。下接小孤。上通九江。值冬水涸成池。乃鱼虾所聚。或谓之泾江。明初。陈友谅围南昌。太祖率舟师赴救。至湖中。先遣兵屯于泾江口。复以一军屯南湖嘴。以遏友谅归师。乃相持于湖中。既而友谅师出湖口。命常遇春等统舟师横截之。又令一军立栅于岸控湖口。又列栅江南北岸。置火舟火筏。中流戒严以俟。友谅计穷。乃绕江下流。欲由泾江遁回。诸军追击至泾江口。泾江之兵复邀击之。友谅战死。是也。江防考。禁江。亦曰泾港。在江北岸。志云在县西北。似误。】

湖口镇。【(湖口)县治南一里。有巡司。明初置。口正彭蠡入江处。东西相距二十里。有湖口渡。又茭石矶镇巡司。在县北十五里。其地有茭石矶。因名。亦明初置。又有柘矶递运所。在县北五里柘矶旁。矶出半江。甚险。志云。县治北一里有禁江峰山逆沙夹河泊所。明洪武二年置。亦曰湖口禁江河泊所。嘉靖间废。相近有杨港。通大江。又县有凤凰岭堡。去县四十里。为戍守处。彭蠡驿。在县治南一里。明初置。志云。驿前有虹桥港。港源发上石钟山。北接江流。秋冬涸为平陆。春夏舟航咸泊于此。又有湖口厂。在县治西。明嘉靖四十二年添设。榷安庆入鄱阳往来商税。隆庆初。言者谓湖口两山夹峙。岸石巉阻。江涛汎激。舟不能泊。因罢……】

小孤山。【(彭泽)县北十里。高三十丈。周围一里。孤峰耸峭。旧时半入大江。今屹立江中。元至正十二年。星吉复江州。命其将王惟恭栅小孤山。自据番阳口。缀江西要冲。以图恢复。为贼所败。死之。又余阙守安庆。倚小孤山为藩蔽。命义兵元帅胡伯颜统水军戍守。至正十八年。陈友谅攻安庆。自上流直捣山下。伯颜与战。不胜。奔还。贼四面急攻安庆。城遂陷。明初。太祖由安庆趋南昌。过小孤。至湖口。败友谅。侦逻者径抵江州。正德十四年。宸濠叛。遣将寇小孤。沿江焚掠。进寇望江。江防考。小孤山江面险恶。乃盗贼出没之所。相近有毛葫洲。花洋镇。沙湾角一带。洲渚纵横。汊港甚多。有安庆。南湖二营官军哨守。今亦见江南宿松县。马当山。在县东北四十里。山象马形。横枕大江。回风撼浪。舟航艰阻。山腹有洞。甚深。不可涯涘。山际有马当庙。陆龟蒙铭云。天下之险者。在山曰太行。在水曰吕梁。合二险而为一。吾又闻乎马当。今有巡司戍守。】

大泊湖。【(彭泽)县东北五十里。通东流县之香口镇。支流为天井。沈湾诸小湖。中有鹤山双峰耸峙。脉接浩山。湖西又有船山。以山如船形也。湖东曰白干山。山皆白石。又青山湖。在县东北大江滨。可泊舟楫……】

瀼子港。【在(彭泽)县东……又胭脂湖。在县北。其水无源。遇江水涨。北注入港。可容舟楫……】

康郎山。【(余干)县西北八十里。滨鄱阳湖。湖之南涯也。相传有康姓者居此。因名。一名枕浪山。谓能与风涛抗也。讹曰康郎。明初。陈友谅围南昌。太祖率舟师赴救。友谅解围。东出鄱阳迎战。相持于康郎山。友谅屡败。欲退保湖北之鞋山。明师先至罂子口。横截湖面。友谅不得出。今忠臣庙在其上。盖祀与友谅战时死事诸臣云。舆程记。山在湖中。为风帆之表帜。东至袁岸口三十里。道出饶州。东南至瑞虹八十里。道出安仁及抚州。南昌。西至团鱼洲二十里。道出南昌。东北至饶河口五十里。道出都昌。饶州。北至都昌六十里。道出南康。九江云……】

倒湖。【(浮梁)县东北百三十里。与祁门县接界。又东北百十里即祁门县也。湖当往来经行之道。又石牌潭。在县西六十里。舆程记。自景德镇西十里为官庄。又二十里为石牌潭。又二十里为宗潭。又三十里为府东境之狮子山。至府城八十里。猴滩。在县东北。闻见录。由景德镇出县北石鼓岭。至猴滩。达祁门县。又小儿滩在县北五十里。又二十里为池滩。又十里为小北港。又四十里至倒湖。皆舟行达祁门县所经也。】

锦江。【在(安仁)县南。一名安仁港。一名兴业水。自贵溪县漏石村流经县界。下流经余干县。为龙窟河。港中有崩岩横石。悬水千仞。湍奔浪激。声合风雷。舟楫所历。少有程准。篙工失措。便成齑粉……】

玉溪。【(玉山)县东五里。因怀玉山而名。水有二源。合流十余里。会诸溪水入上饶县界。或曰即上干溪也。出怀玉山。溪源干浅。秋冬不通舟船。故名干溪。韦昭曰。干越。越之别名也。此为上干。又下干溪。在县治东南二里。亦有二源。自浙江江山县界来。俱至渎口。合而为一。抵废酒务后。与上干溪合流。上干溪水所经处。间与衢之常山接。自信而衢。不可舟行。间以陆运者。此也……】

卷八十六·江西四

盱水。【在(南丰)县西南。自广昌县曲折流至县西门外。故西门有迎盱之名。又东北直下。与新城水合。为郡大江。宋元祐六年。张商英为江西转运使。疏凿盱水。以通运道。然水势荡沙。不时壅塞。春夏可通舟楫。秋冬止容竹筏而已。县境即所凿处也。】

万岁湖。【(南丰县)城东一里。今名蔓翠湖。水北流出湖口。入于盱江。又天井湖。在县东北三十里。深如井。天光上下。澄澈如鉴。又有西湖。在县西四十里。其下流皆注于盱水。南台潭。在县南盱水中。深险不测。舟行上下。多覆溺之虑……】

卷八十七·江西五

钟山。【(分宜)县东十里。山有巨石。临江如峡。亦名钟山峡。峡长九十余里。与新喻县接界。峡中之水即宜春江也。昌山。在县西二十里。周回十八里。下瞰秀江。志云。山旧名伤山。崇山对峙。袁江出其间。巨石截流。潺湲激湍。舟行上下。辄多覆没……】

草市镇。【(萍乡)县西八十里。有巡司……志云。卢溪通舟楫。有小市。为县津要。宣风镇。在县东七十里。宋时置宣风驿。后废。镇东西凡三里。为水陆之冲。】

锦江水。【(万载)县北三十里……野猪河。在县西三十里。亦出金钟湖。北流过鱼鳞滩。为深潭。会竹洞水而合龙河。其水迂回旋绕。奔腾峻急。舟行者患之……】

卷八十八·江西六

桃江。【在(信丰)县东……志云。桃江两岸巉岩险峻。有滩十六。曰乌漾。枯木。三摺。梓木。石濑。龙江。圆潭。上寒。下寒。上智。咽人。三港。下顺。剑门。车轮。断龙诸滩。而乌漾尤峻险。舟楫难通。近年始凿云。】

绵水。【(信丰)县东三十里……黄田江。在县西南。源出南雄府界。抵黄田务。可通舟楫……】

楠木峡隘。【在(信丰)县北……又有九渡水隘。亦接保昌。并两省分界。为保御要区。嘉靖间。邑民凿石开河。遂通舟楫。为行盐捷径。然奸宄逋逃。不可不防其渐也。】

长信泷。【(兴国)县东二十五里。永丰。宁都诸水入县界者。皆汇流于此。狂澜奔驶。声吼如雷。俗呼上曰哑滩。以舟过禁声也。下曰泥滩。以深不可测也。又衣锦泷。亦在县东。以乡名衣锦而名。崖石层起。如人跨马。谚云。龙下三泷。舟楫莫当。盖在龙下川中。相近有狮子滩。以形似名。】

四望山。【(会昌)县南一百二十里。清秀如画。东通福建武平县界。南抵广东程乡县界。相近为雁门峡。志云。峡在羊角江上。两岸皆高山。中立三石。破江水为三道。亦号三门峡。舟行甚险……】

湘洪水。【(会昌)县北五里。上流合绵。湘两江。西北入雩都县界。其深莫测。怪石参差。舟行甚艰。湘水。在县南。源出广东程乡县界。西北过龙石。会绵江。又会君山。盘固。峤墨。斗湾。洛口。上林诸水。为湘洪上源。中有十滩。舟行甚险……】

安远水。【在(安远)县治西北。源出县东南二十里乌田。尾流经此。亦谓之濂江。会紫岭。欣山。上濂。里仁。小华江诸水。西至板石镇。始通舟楫。至会昌县界。合流入贡。三百坑水。在县南四十里。有三百坑。水源出焉。东流一百五十里。至九洲河。始通舟楫。又二百五十里入广东龙川县界而为东江。】

梅川。【在(宁都)县东北梅岭下。经麻源。丁坡。梅口。东南会白沙。白鹿水。东北会鳌溪。小溪。为东江。西北会龙溪。桃溪。为西江。流经雩都县。为宁都水。志云。梅川流至雩都。有十八滩。水石崚峋。舟行绝险。又宁都水。即梅川异名也。志云。自梅川分流。由县东北折而西南。经县南一里。有散水。篔簹。曲阳。黄沙。长乐五水。参差流合焉。入雩都县境。今县南二十里有钩洲。湾环曲折。形如钓钩。地不数武。舟行必迟回半日始达。盖梅川之锁钥矣。】

桃水。【在(龙南县)城西。源出冬桃山。会岳山。银山。马坑。黄牛石。南北岭。颗岭。帽山。筋竹山。三指山。尖子山。婆岭。樟木岭。水尾山。葛溪山诸水而北流。志云。县有濂水。渥水。皆会溪涧诸流。至县北二十里与桃水合。谓之三江口。水北流。经信丰县为桃江。通志。三江水中有大龙滩。飞湍急驶。如建瓴然。操舟者以善没为业……】

双童岭。【(南安)府南三十里……石壁。亦在城东一里。下临章江。延八十余丈。为舟人牵挽之路。成化十八年。邑令文志贵病其欹侧。募工凿平之。】

章江。【在(南安)府城南。亦曰南江。一名横江。又名横浦。经府东六里。有过步滩。水势湍急。巨石突起。舟行至此。必首尾牵挽而下。稍一失措。必致沈溺。成化十五年。凿平峻阻。公私称便……】

九牛驿。【在(南康)县东北。水驿也。与潭口巡司并置。元时又有潭口务。明洪武三年改为潭口税课局。亦设于此。今局废。又南野水马驿。在县城东南。旧为王村驿。亦曰芙蓉驿。明初改置南野驿。舆程记。自赣州府水西驿西南行八十里至九牛驿。又八十里至南野驿。又西南百二十里至南康县小溪驿。盖水道纡曲也。玉潭馆。在县北三十里。县西三十里又有银度馆。俱宋宝祐间置。元废。又崇义税课局。在县北百六十里。元名崇义务。明洪武三年改曰税课局。正统五年。与潭口局同废。】

书山。【(上犹)县西八十里。高千余丈。延亘十余里。形如书柜。一名大章山。王象之云。县西介于江西。湖广。广东三路。大章山延袤数百里。出巨木美材。晋义熙中。贼徐道覆使人伐材于南康山中。至始兴贱卖。居民争市之。船材大集。而人不疑。及为乱。悉取以装舰。卢循寇长沙。道覆寇南康。此即其取材处也……】

卷八十九·浙江一

浙江之源有三。一曰新安江。或谓之徽港……一曰东阳江。或谓之婺港……一曰信安江。或谓之衢港……此浙江源流之大略也。亦曰浙河。山海经曰。禹治水至于浙河。庄翼云。浙河之水。涛山浪屋。雷击霆砰。有吞天浴日之势。亦曰渐江。水经。渐江水出三天子都溪。地理志。渐江水出黟县南蛮中。亦曰罗刹江。志云。取风涛险恶之意。然而浙江之名尚矣。吴越春秋。越王至浙江之上。望见大越山川重秀。天地再清。史记。楚威王杀越王无强。尽取故吴地至浙江。又秦始皇至钱唐。临浙江。水波恶。乃西百二十里。从峡中渡。后汉建安初。孙策引兵渡浙江。取会稽。晋咸和三年。会稽内史王舒等起兵讨苏峻之乱。使庾冰将兵西渡浙江。隆安三年。孙恩据会稽。刘牢之等讨之。进临浙江。恩闻之曰。我割浙江以东。不失作勾践。牢之既济。恩遂走入海岛。隋开皇十年。越州高智慧等作乱。杨素击之。智慧据浙江东岸为营。周亘百余里。船舰被江。别将来护儿以奇兵潜渡。遂破之。东南有事。未有不以浙江为襟要者……

浦阳江。源出金华府浦江县西六十里深袅山……今江水经浦江县南。东流入绍兴府诸暨县界。自源徂流。凡百二十里。始通舟楫……

苕溪。有二源。一出天目山之阳。经杭州府临安县西。绕县南而东。【谓之南溪。】入余杭县界。又东流。经余杭县治南。又东流二十七里。入钱塘县界。自源徂流。凡百八十里。始通舟楫……其一源出天目山之阴……唐天授二年。敕钱塘。於潜。余杭。临安四县租税。皆取道于苕溪。公私便之。然今自余杭以上。涨涸不时。未可方舟而济矣。潘季驯曰。浙西运河。大都发源于天目。盖以苕溪为之委输也。

运河。即江南河也。隋大业中。将东巡会稽。乃发民开江南河。自京口至余杭八百余里。后代因而修之。以为转输之道。宋孝宗淳熙八年。浚行在至镇江运河。时都临安。尤以漕渠为先务也。【宋志。运河自临安北郭务至镇江江口闸。六百四十一里。淳熙十一年。臣僚言运河自北关至秀州杉青。各有闸堰豬水。惟沿河上塘有小堰数处。积久低陷。无以防遏水势。兼沿河下岸。径港极多。其水入长水塘。海盐塘。华亭塘。由六里堰下私港散漫。悉入江湖。以私港深。运河浅也。若修治上塘小堰及修固运河下岸一带径港。自无走泄之患矣。】今运河由杭州府之武林驿。又北历湖州府德清县东三十里。【旧湖州运道由德清而东。以合于运河。】凡百二十里而达嘉兴府崇德县。又东北历桐乡县北八里。凡八十里而经府城西。绕城而北。【南直松江府之运。由嘉善县以达于府城北之运河。】又六十里而接南直苏州府吴江县之运河。此两浙之运道也。

浙江以海为境。东南必备之险也。三国吴永安末。魏将王雅浮海略句章而去。五代时。吴越与淮南相攻。屡以海道为角逐之所。又吴越入贡。每自海出登。莱。抵大梁。至于不逞之徒。如晋之孙恩。唐之裘甫。皆恃海滨僻远。一旦窃发。东南柔脆。为之震荡。南宋以临安为行在。而海道之防尤切。绍兴二年。敌人分屯淮阳军海州。枢臣虑贼若以轻舟南来。苏洋之南。海道通快。可以径趋浙江。诏遣官相度。中丞沈与求言。海舟自京东入浙。必由泰州石港。通州料角。陈贴。通明镇等处。次至平江南北洋。次至秀州金山。次至明州向头。又闻料角水势湍险。倘于石港。料角等处。拘束水手。优给庸直而存养之。以待缓急之用。彼亦安能冲突。吕颐浩言。虏舟从大海北来。抛洋直至定海。此浙东路也。自通州入料角。放洋至青龙港。又沿流至金山村。海盐县。直泊临安。此浙西路也。望分设沿海制置司。专管淮东。浙西及浙东。福建路。从之。而海道之窥伺益少。元末。方国珍发难。依海为险。明初经略东南。国珍既平。命汤和由海道取福州。洪武二年。招徕远夷。设市舶提举司于宁波。为日本之贡道。而奸萌渐作。十六年。绝其贡献。使汤和经略海上。预为之防。永乐二年。复许入贡。至嘉靖中。防维益懈。奸商伺隙。流毒东南。而海道之防。于是日密。惩前毖后。势固然也。防险说云。浙江之源。始于黟之林历山。一线之微。合流万壑。终于钱塘江之鳖子门而入海。故鳖子门者。乃省城第一门户。石墩。凤凰外峙。乃第二门户。此外无山。惟羊。许独立海中。东接衢洋。西控吴淞江口。为第三门户。羊。许二山有防。然后石墩。凤凰有蔽。石墩。凤凰有蔽。然后钱塘鳖子门可守。此其大略也。沙起钱塘。东至吴淞。曾无间断。海外诸沙。亦向北而转。惟平坦延旷。故贼皆可登。是苏。松。杭。嘉四府。连壤一脉。利害安危。辅车相倚者也。今欲求钱塘无虞。当守附海之三关。欲求三关宁谧。先防大海之羊。许。但羊山孤悬大海。去乍浦太远。我舟顿此。设遇东北飓风。贼舟便捷。彼此齐驱。胜负难必。许山岙门浅狭。止可避东南之风。贼乘东北风利。我开舟击之。尝虞并驾。次者金山卫城西湾。沙涂颇软。可暂停舟。但遇东南风。亦未易出。惟海盐白塔山。去秦驻山不远。四风皆便。贼若由大洋而来。随处可击。是海盐一关。尤四面之控制也。总而论之。贼由北洋经蛇山。茶山。其患必犯吴淞。然吴淞之口北向。舟难逆出。必藉崇明等沙兵船以御之。贼由东洋经陈钱。马迹。犯宁定者。必藉衢山马墓兵船以御之。贼由南洋经韭山。乌沙门犯昌国。临观者。必藉舟山。烈港兵船以御之。若由羊山直进犯海盐者。必藉乍浦。三关兵船以御之。是防海之总要也。又曰。列郡之海口。有温州之飞云。横阳。馆头。台州之松门。海门。宁波之定海大浃。湖头渡。绍兴之三江。沥门。杭州之龛山。赭山。嘉兴之乍浦。澉浦。皆倭寇窥犯之地。列郡之门户也。海洋之要害。有金乡。盘石卫之凤凰山。南麂山。松门。海门卫之大陈山。大佛头山。昌国卫之韭山。定海卫之舟山。远而陈钱。马迹山。临海。观海卫之烈港。海宁卫之羊山。许山。皆倭寇必经之地。沿海之藩篱也。又曰。陈钱。羊山。浙。直共守之门户也。【陈钱山在舟山。普陀东南大洋中。】桐山。流江。闽浙相依之唇齿也。盖倭从彼国开洋。必经抵陈钱山。歇潮候风。集艘分犯。若遇东南风高。则望羊山以犯苏。松。浙西。东南风和。则望韭山。朱家尖。【朱家尖即乌沙门。在舟山东。】以犯宁。绍。东北风和。则望大佛头。三山。凤凰山以犯台。温。东北风急。则越桐山。流江以入闽。此巡哨者所当究心也。屠仲律云。守平阳港。拒黄华澳。据海门之险。则不得犯温。台。塞宁海关。绝湖口湾。遏三江之口。则不得窥宁。绍。拒鳖子门。则不得近杭州。防吴淞江。备刘家河。则不得掩苏。松。嘉兴关。【俞大猷曰。水战最难。舟在海中。收船安岙。一违其宜。则不战而自败矣。今考沿海之中。上等安岙可避四面飓风者。凡二十三处。曰马迹。曰两头洞。曰长涂。曰高丁港。曰沈家门。曰舟山前港。曰岑港。曰烈港。曰定海港。曰黄岐港。曰梅港。曰湖头渡。曰石浦港。曰猪头岙。曰海门港。曰松门港。曰苍山岙。曰玉环山。梁岙等岙。曰楚门港。曰黄华水寨。曰江口水寨。曰大岙。曰女儿岙。中等安岙可避两面飓风者。凡一十八处。曰马木港。曰长白港。曰蒲门。曰观门。曰竹齐港。曰石牛港。曰乌沙门。曰桃花门。曰海闸门。曰九山。曰爵溪岙。曰牛栏基。曰旦门。曰大陈山。曰大床头。曰凤凰山。曰南麂山。曰霓岙。其余下等安岙只可避一面飓风。如三孤山。衢山之类。不可胜数。必不得已。寄泊一宵。若久停恐风反别汛。必不能支矣。至潭岸山。滩山。许山之类。皆围土无岙。一面飓风。亦所难避。可不慎乎。】

仙霞关。在衢州府江山县南百里仙霞岭上……凡自浙入闽者。由清湖渡舍舟登陆。【清湖渡。在江山县南十五里。】连延曲折。逾岭而南。至浦城县城西。复舍陆登舟。以达于闽海。中间二百余里。皆谓之仙霞岭路……

按。浙江之地。崇山巨浸。包络四维。而临安实为都会。右峙重山。左连大泽。水陆辏集。居然形胜。嘉兴则接壤苏。松。运道之咽喉也。然而湖州一隅。北逾震泽。则迫毗陵。走阳羡。可以震建康。西出安吉。则道广德。指东坝。亦可以问金陵矣。是用嘉兴不如用湖州之为便利也。温州海澳。可以捷渡福宁。处州山薮。可以疾走建安。然而衢州之壤。自江西以越仙霞。则全闽之要害举。自常山以趣广信。则鄱阳之屏蔽倾。自开化而走婺源。则宣。歙之藩篱坏。以一郡之地。而动三路之权。未可谓三衢之要害。后于吴兴也。若夫严州密迩临安。西连歙郡。诚为控驭之地。而宁。绍。台诸州。皆滨于海澨。风帆一举。上可以问江淮。下可以问闽粤。浙江之形胜。岂浅鲜哉。防险说曰。浙江之防。有三说焉。曰海洋。曰江湖。曰矿山。往者倭寇结巢金山。柘林。青南等地。贻害浙之昌化。富阳。寇犯乍浦。石墩。鱼浦。各区流突。直抵留都重地。此海洋之患也。沿江多盗。夜劫客船。湖漾盐徒。肆行出没。此江湖之患也。矿寇之扰。路出多岐。若休宁之马金。【今衢州府开化县有马金岭。】歙县之街口。【今街口巡司。】婺源之大庸。【今婺源县有大镛山。】常山之草坪。【今草坪驿。】江山之清湖。【县南有清湖渡。】龙游之灰坪。【县南有灰坪巡司。通处州府遂昌县。】兰溪之太平街。【在县西。】淳安之白马村。【在县西。通徽州府境。】开化之华埠。【在县西南。】直达云雾诸山。【或云即淳安县南之云濛山。】严州之白沙。【府西有白沙洲。】直入寿昌诸处。皆贼所必由之路。此矿山之患也。噫。以天下之大。据全盛之时。寄两浙之命者。吾尝见其忧倭夷内犯。拮据定海之舟航矣。忧盐徒奸宄。焦劳黄岩之城郭矣。忧矿盗充斥。纷纭庆元之薮泽矣。谓之明见未然也。岂其然乎。

卷九十·浙江二

钱塘江。【在(杭州府)城东三里。即浙江也……其渡江之处。自草桥门外江西岸渡者。曰浙江渡。对萧山县西兴。自六和塔渡者。曰龙山渡。对萧山渔浦。】

西湖。【在(杭州府)城西……长庆初。刺史白居易复筑堤捍湖。蓄泄其水。溉田千顷。又引入运河以利漕。久之。湖葑蔓合。湖渐堙塞。吴越时。置撩湖兵士千人。芟草浚泉。又引湖水为涌金池。以济运河。宋景德四年。郡守王济增置斗门。以防溃溢……元祐五年。苏轼知杭州。以为唐李泌引湖水作六井。然后民足取汲。而生聚日繁。又放水溉田。濒湖千顷。可无凶岁。今虽不及千顷。而下湖数十里间。茭菱谷米。所获不赀。又西湖深阔。则运河可以取足。若湖水不给。则必取藉于江潮。潮水淤河。泛溢阛阓。三年一浚。必为市井大患。并六井亦且废矣。今请设法开治。并禁民侵占。从之。轼因取葑泥积湖中。横跨南北两山。径十余里。为长堤以通人行。今称苏公堤……】

临平湖。【在(杭州)府东北临平山东南五里……唐宋时。湖水皆直至山下。南宋为运道所经。中有白龙潭。风波最险。绍定中。筑塘以捍之。曰永和。自是患渐息。今上塘河所经也。】

运河。【在(杭州府)城北十里。其源有三。一自城西北三里西湖坝。上承西湖之水。一自城东北三里德胜坝。上承上塘河之水。俱汇于府北六里之江涨桥。又余杭塘河之水。亦由江涨桥西出。以会于运河。出北新关桥。至塘栖镇。接石门县界。此公私经行之道也。元末。张士诚自塘栖南五里之五林港开河。直至江涨桥。凡阔二十余丈。其最阔处。有三里漾。十二里漾之名。今亦谓之新开运河。亦名北关河。】

柳浦。【在(杭州)府城东南五里候潮门外……唐干宁三年。钱镠讨董昌于越州。昌求救于杨行密。行密将安仁义自润州以舟师至湖州。欲自湖州舟行入柳浦渡西陵。以应董昌。镠使顾全武守西陵。仁义不能渡……】

北新关。【(杭州)府北十里。商旅辏集之道也。有户部分司驻此榷商税。府城东南有南新关。则工部分司驻焉。掌竹木之税。志云。府治东北二里旧有杭州税课司。城北九里有江涨桥税课司。城南有城南税课司。城东北八里有城北税课司。后俱废。又横塘临平税课局在府东北六十里。属仁和县。又安溪奉口税课局。在府西北五十里。西溪税课局在府西二十七里。俱属钱塘县。后又以安溪并入西溪。临平河泊所。在临平镇。属仁和。又古荡河泊所。在府西北九里。属钱塘。洪武初置。】

石墩山。【(海宁)县东五十里。稍东一里曰小尖山。上有烽堠。嘉靖三十五年。倭据石墩为巢。犯嘉兴府境内。参将卢镗击之。久而后克。下有小港。外通大洋。贼舟每泊此。今有石墩山寨。西去县四十里。皆筑土城戍守。】

赭山。【(海宁)县西南五十里。土石皆赤。因名。其对岸相峙者曰龛山。属绍兴府萧山县界。横江截海。谓之海门。西南去郡城六十里。为控扼要害。宋乾道四年。射猎于此。前朝嘉靖三十三年。倭贼突犯赭山。郡境被其害。今为汛守重地。海塘考。县境治南即海。海之上即塘。距城百武而近。东抵海盐。西距浙江。延袤百里。塘西南数十里有赭山。与龛山对峙。为海门。潮水趋江。始犹广衍。进入隘口。横流束而不得肆。辄怒而东。返东五十里。又有石墩山。与赭山相望。若两拳然。潮返而东。为石墩所障。仍鼓怒而西。东西荡激。数十里间。日再往来。狂澜驾风。若万马驰骤。银山雪屋。排空而下。此海塘所以恒多隐忧也。又海防说。海门与乍浦相形援。乍浦海中有山。至下八山为极远。此外即茫洋无山。倭船之来。必至八山及陈钱壁。下山取水。候风流犯。先年兵船畏风涛危险。止分守八山内港。倭贼不时入劫。隆庆三年。始议直哨壁下等洋。盖贼于下八山可径至鳖子门。鳖子门之险。与下八山之哨。首尾相应者也。】

硖石山。【(海宁)县东北六十里。一名紫微山。其并峙者曰赞山。两山相夹。中通河流。曰硖石湖。唐白居易尝登此。因以其官名之。山之西为硖石镇。元置税务于此。明初改税课局。兼置河泊所。嘉靖三十四年。倭犯硖石。明年复犯硖石。盖登泊为易也。妙果山。在县东六十里。一名龙山。其相连者曰袁花山。亦名龙尾山。袁花塘经其下。嘉靖三十年。倭据尖山。焚掠袁花市。官兵逐之。败绩。】

尖山。【(海宁)县东六十四里。高峰崛起。南临大海。建烽堠于其巅。一名大尖山。嘉靖中。倭尝据此。黄湾山在县东六十五里。一名盈山。周九里。旁近大海。有黄湾浦。与海盐县澉浦接界。北通硖石。袁花诸处。嘉靖中。倭贼往往出没于此。设黄湾山寨。并筑土城戍守。志云。寨在城东五十里。】

赭山港。【(海宁)县西四十五里。志云。县西二十八里有天门港。又西二里曰褚家坝港。又西二里曰马牧港。又西十三里曰赭山港。又有浑水港。在县东四十五里。五港皆分运塘河之支水。南抵海塘岸。庄婆堰。在县西北三十里。接德清县境之水。绕流县境。恒启不闭。甚为民利。嘉靖三十五年。倭贼自海盐而西。分二道。一趣长安镇。一自硖石庄婆堰。与长安贼合。谋趋杭州。即此。】

长安镇。【(海宁)县西北二十五里。旧为运道所经。宋熙宁元年。提举河渠胡淮请修长安堰。绍圣中。转运使毛渐请起长安堰。至盐官彻清水浦入海。淳熙二年。漕臣赵磻老言。临安府长安闸至许村巡司一带。漕河浅涩。请开浚。嘉定十二年。臣僚言。长安闸上彻临平。下接崇德。漕运往来。商旅络经。今海潮冲激。两岸田亩。恐有咸水渰没之患。而里河堤岸。亦将有溃裂之忧。乞敕有司及时修治。德祐二年。元伯颜军至长安镇。进屯皋亭山。而宋亡。今为商旅聚集之地。元设税课务。并置驿于此。前朝改为税课局。嘉靖中。驿废。】

石墩镇。【(海宁)县东南六十里。有巡司。洪武二年。置于硖石镇。二十年。徙近石墩山。嘉靖中。筑土城御倭。为戍守重地。又赭山镇。在县西南四十五里文堂山上。元置巡司。前朝洪武初。徙司于县西陈桥北。二十年。徙于赭山。永乐六年。海潮为患。徙于今所。嘉靖中。亦设小城戍守。以御倭寇。又有赭山场税课局。明初亦设于此……】

富春江。【在(富阳)县城东南。即钱塘江之上流也。江中有洲。曰孙洲。在县西南四十二里。以孙坚名。西南五十里有桐洲。以上接桐江而名。尾入孙洲。周二十三里。王氏云。县西南旧有陿中渡。史记。秦始皇临浙江。水波恶。乃西百二十里。从陿中渡。水波恶处。今由钱塘渡西陵是也。陿中渡则在富阳分水之间。】

仇溪。【(富阳)县东北二十里。有二源……志云。径山港在县西北三十里。源出径山。受双溪诸水。东流三十余里。合于苕溪。可通舟楫。】

浮溪。【(于潜)县治西二里……。唐贞元十八年。县令杜咏开浚。溉田四千余顷。又凿渠三十余里。以通舟楫。溪下旧有燕尾滩。最险恶。宋绍兴间。县令邵文炳凿平之……】

葛溪。【(新城)县西七里。其源有三……志云。自渌渚埠达江。始通舟楫。由渌渚而上至各溪港。惟竹筏往来而已……】

东安镇。【在(新城)县东。近富阳县界。唐光启二年。钱镠为杭州刺史。欲由海道讨薛朗于润州。

发东安。浙江。静江三都将将其兵……】

七里濑。【(桐庐)县西四十五里。志云。在富春山钓台之西。亦曰七里滩。谚云。有风七里。无风七十里。盖舟行难于牵挽。惟视风为迟速也……】

桐江驿。【在(桐庐)县城东潢港口。旧临江。名浙河驿。后移而北。改今名。又下航渡。在县东南二里。往来津要也。】

卷九十一·浙江三

运河。【在(嘉兴)城西。由杭州府达崇德。桐乡县界。东流经府西南二十七里之槜李亭。又东流十八里。经学绣塔。又东五里。经白龙潭。又转而北。绕府城下。为月河。与秀水合。乃出杉青闸。受穆溪水。为北漕渠。又北二十五里为王江泾。又东三里为闻家湖。又东北十里接苏州府吴江县界。秀水在城北。即南湖。彪湖之下流也。志云。府西南四里有白龙潭。相传有白龙穴此。风涛间作。居人因作三塔以镇之。运河经此。曰三塔湾。】

穆溪。【(嘉兴)府东北四里……双溪。在府东十里。松江漕舟由嘉善县达于双溪。又西北合于运河……】

章练塘。【(嘉善)县东北四十五里。寰宇记。吴主权造战舰于此。张纛练水军。后讹张为章也……】

故邑城。【(平湖)县东南二十七里故邑山下……西南去海盐县三十六里。晋隆安二年。海贼孙恩北趣海盐。刘裕随而拒之。筑城于海盐故治。孙恩来攻。为裕所败。即此城矣。】

乍浦。【(平湖)县东南二十里。与海盐县接界。县南境诸水悉汇于此。志云。乍浦之水。旧自官河入海。元至正间。番舶皆萃于此。前朝洪武中。筑城浦上。以为备御。今海盐之乍浦所是也。嘉靖三十二年。倭据乍浦犯杭州。官军败却之。又潘港在县东南。与乍浦相接。嘉靖中。指挥刘岱败倭于此……】

乍浦镇。【(平湖)县东南三十六里。志云。镇旧在县西南二十七里。元置市舶司于此……又乍浦河泊所。在县东南二十七里。旧为市舶司。洪武十四年改置。】

秦驻山。【(海盐)县南十八里滨海。高百六十丈。周二十里。下有秦驻坞。相传始皇东游登此。一名秦径山。嘉靖三十四年。官军败倭贼于秦驻山。是也……白塔山。在县东南二十里海中。山有白塔。山下旧有港。通鲁浦。曰白塔潭。海舟多泊于此。今故道已湮……】

长墙山。【(海盐)县南三十五里。西去澉浦镇三里。山高八十丈。周十九里。横截海涛。若堵墙然。下有石岩临海。名穿山洞。嘉靖中。设东西诸寨于山上。以防倭寇。南有黄道山。宋有水军寨。造船场。立烽燧于山顶……志云。县南三十五里有泊橹山。在澉浦镇西北三里。高百五十丈。周四里。舆地志。始皇东游。候潮渡海。泊橹于此。】

汤山。【(海盐)县东北三十六里。高七十丈。周五里。上有烽堠。与乍浦所相接。嘉靖三十二年。参将汤克宽破倭贼于此。又独山。在县东北五十四里。高五十丈。周六里。孤立不与诸山接。上置烽

喉。以防海寇……】

茶磨山。【(海盐)县西南三十七里。旧志云。山侧有黄巢。又有港。周回山下。港外为城堑。昔人结寨避兵处……凤凰山。在县西南三十九里。澉浦镇西南二里。高四十丈。周五里。海防志。山南临大海。倭每犯此。最为冲要……又马鞍山。在澉浦所西北五里。嘉靖三十四年。参将卢镗败倭贼于马鞍山及新林一带。是也……】

衢山。【在(海盐)县东南海中。亦曰大衢山。其相望者为小衢山。又有茶山。亦在县东南海中。嘉靖三十七年。总兵俞大猷败倭贼于茶山洋。是也。为南浙汛兵会哨处。羊山。在县东北乍浦所之东。山峙海中。卫所官兵与金山卫官兵并汛守于此。胡宗宪曰。乍浦海滩浅阁。无山岙避风之处。不若海中羊山有岙。可以泊舟。若分番乍浦之船。以守羊山。未为非策也。又许山亦在县东大海中。为南浙官兵会哨之所……】

海。【在(海盐县)城东。旧去城二里。今不及一里。而南去海四十里。有东海口。南海口。西海口诸处。皆为郡境冲要。因设海宁卫于城中。以司守御。海防考。东海口在县东北三十里。海滩沙污。船舰难泊。迤北与乍浦相连。内有白马庙。团圩诸处。居民丛集。嘉靖中。倭贼突犯。必先入此。观望虚实。然后四出剽掠。此为嘉兴。嘉善。平湖诸邑要口。有巡简司。明初所置。其南海口在县南。去海止半里。操备厂在焉。稍东南为黄道庙港。滨海与南岸。临观二卫相峙。倭寇最易登犯。其西海口。在县东北五十里。南通大洋。北近平湖。不特平湖之门户。亦浙西之咽喉也。海涂高硬。潮水长涸不一。倭每乘潮突至。宜开浚海口。建立水闸以备之。南汇许山。金山。青村一带。与吴淞水哨互相联络。庶为有济。图经。县南海岸与宁。绍二府相对。深夜籁寂。往往鸡犬之声相闻。有防海塘。宋所置也。宋志。县东南五十里旧有贮水陂。南三里有蓝田浦。东三里有横浦。又有三十六沙。九涂。十八冈及黄盘七峰。布列海壖。漂荡日久。旧时陂荡。杳不复存。绍兴中。设塘以备泛溢。亦曰太平塘。长一百七十余里。元至正间。复修筑。易之以石。南北计四千八百余丈。前朝洪武初复修治。自是屡筑屡圮。万历五年。海波横溃。邑患最剧。于是大兴工役。开内河以受潮流。疏支委以杀水势。筑土塘以坚内护。植列木以散冲波。营斜堤以排激浪。海塘既复。邑民始保厥居。利赖至今云。今亦谓之石塘。】

澉浦。【(海盐)县南三十六里。县西南境之水。由此入海。水经。澉浦之水。通于巨海。宋开禧初。置澉浦水军。元时居民渐集。海商往来。遂成聚落。洪武中。筑城浦上。置澉浦所及巡司于此。志云。澉浦镇山湾潮峻。为南面之冲。是也。蓝田浦。在县南三里。浦口有蓝田寨。因名。宋咸平六年。县令鲁宗道重开。以通海潮。由白塔港入运河。以灌民田。因名鲁公浦。亦曰鲁浦。绍熙三年。县令李直养重浚。自蓝田开十八里。南抵鲍郎盐场。以通盐运灌民田。今多湮淤……】

吕港。【在(海盐)县东北。有海场。嘉靖三十五年。倭贼徐海自吕港新场移屯乍浦城南。官军击灭之。唐湾。亦在县东北。宋嘉熙中。增置水军寨。澉浦。唐湾并为要地。或云。海塘自东北折而西南。即塘湾也。讹塘为唐耳。嘉靖三十五年。指挥使徐行健御倭贼于唐湾。败没。今有唐家湾寨。又长沙湾在乍浦所南。嘉靖三十一年。倭贼破乍浦。官军与战于长沙湾。败绩。又有金家湾。在西海口南。潮深沙僻。倭贼往往泊此。内犯则直抵平湖。沿海则侵乍浦抵海盐。旧拨西海口水军哨守。又置金家湾寨于此。】

鲍郎市。【(海盐)县西南二十里。晋隆安中。孙恩作乱。县令鲍陋遣其子嗣之御之。追贼被杀处。其地旧有鲍郎浦。今澉浦西门外曰鲍郎盐场。置盐课司于此。盖宋元时旧置也。梁庄寨。在县东北。嘉靖中。倭贼每于此登犯。又县东南有独树林及毛竹等寨。县西北有东转塘。朱公亭等寨。县南有南石山等寨。皆嘉靖中置。今废。又演武场。在城东南。北枕海。嘉靖初。有陆路厂。三十五年。倭贼泊犯。据为巢。贼平厂毁。设军戍守。】

龙王堂。【在东关外。外即大洋。直对浙东临观等卫。迤南半洋。即白塔山。贼每泊此。若登岸而南。则侵澉浦。西则有天宁寺。为水陆通衢。直抵嘉兴。此县城之咽喉。沿海之首冲也。】

守御澉浦千户所。【在海盐县南三十六里。志云。唐开元五年。吴郡刺史张廷珪奏置海盐县澉浦镇。天宝十载。太守赵居贞奏置海盐县宁海镇。吴越时。澉浦。乍浦皆设镇遏使。宋开禧元年。置澉浦水军。淳祐中。复调许浦卒。岁百人。更番守澉浦。咸淳末。以蒙古南下。益增沿海戍守。于乍浦亦置水军。设统制领之。及蒙古帅董文炳帅兵自海道至。二镇军相继降下。元亦设兵于澉浦镇。寻以澉浦盗起。遣将镇守。至元十八年。遣兵侵倭。留后兵分戍澉浦海口。前朝始置所。邑志云。宋置澉浦镇。并置榷务于此。元亦为澉浦务。明初置巡司。并置税课局于此。洪武十九年。建所有城。永乐十六年。甃以砖石。正统四年增修。嘉靖中。复营缮。周八里有奇。有南石山。秦驻山。东盐团。西盐团。青山。东海。青山盐场。东中墙山。平漾墙山。东墙山。西南门。水闸。混水闸。葫芦湾。南湖湾。凡十四寨。皆拨所军戍守……】

太湖。【(湖州)府北二十八里。接长兴。乌程二县界。志云。府境诸水俱汇于府城东北毗山下。又东北趣大钱湖口。入于太湖。其支流曰横泾港。在府北四里。趣小梅湖口。以入太湖。今大钱湖口。在府东北三十八里。小梅湖口。在府北十八里。大钱以东。泻水之口凡二十八。小梅以东。泻水之口凡八。盖远近诸溪渎。俱以太湖为壑。而大钱。小梅又其喉嗌也。又大钱湖口。一名大全港。明初攻湖州。张士诚遣援兵屯旧馆。出我师之背。既而常遇春统奇兵由大全港入。结营东迁。复出敌背。即大钱湖口矣……】

运河。【在(湖州府)城东。苕溪。余不溪之水。分流合注而为运河。东北经南浔镇。又东至江南吴江县之震泽镇。至平望镇而合于嘉兴之运河。亦曰荻塘……亦曰荻港。明初攻湖州。张士诚遣其将李伯升赴救。由荻港潜入城。我师围之。是也。】

后潘村。【府东五十里。元置巡司于此。后废。明初洪武三年。复置后潘巡司。今移于南浔税课局。又大钱河口巡司。在县东北十五里。亦元时旧址。洪武十四年复置。并设河泊所于此。今所废而司仍旧。又琏市巡司。在府东南八十里。洪武中置。府西南三十余里。又有上沃阜巡司。洪武二年置。旋废。苕溪驿。在府城南。明初置。嘉靖三十一年。迁于城内。又有苕溪递运所。以驿兼领。志云。府东三十五里有思溪河泊所。明初置。寻废。】

运河。【(德清)县东南三十里。自杭州府流入界。又北入嘉兴府崇德县境。志云。丘林渡去县三十里。其南即杭州官塘也。又北五里即唐栖镇。繇湖州出东迁。经敢山漾。趋五林港。为往来之通道。】

新市镇。【(德清)县东北四十五里。宋元时有镇将守此。并置杜家堡。今为商民环聚处。洪武初置巡司。并置河泊所于此。嘉靖中。倭贼尝突犯其地。今泊所废。而巡司如故。又塘栖市。在县东三十五里。与仁和县接界。水南属仁和。水北属德清。长桥跨踞。为舟车之冲。又下塘巡司。在县东三十里。亦与仁和县接界。宋绍兴中。两浙安抚使奏设寨官巡戍。曰下塘栅巡司。前朝因之。隆庆三年。以五陵港口地当冲要。盐盗出没。因置五陵关。徙巡司戍守。仍曰下塘巡司。荷叶铺寨。在县东北二十七里。

宋嘉定间置。设巡司于此。明初省……】

覆舟山。【(武康)县西南二十五里。志云。山高二百三十丈。广二十八里。上有巨石横绝。状如覆舟。一名马头坞。晋咸和七年。石勒将韩雍浮海寇吴兴。遣中郎将赵引败之于马头坞。即此……】

前溪。【在(武康)县治南……志云。新溪在县东北三里。其北又有新溪。宋淳熙中。令蔡霖以后溪沙碛涨塞。废旧港。徙水道东北注五里。会于县东北十二里之长安溪。又东注沙村溪而合前溪。以通舟楫。公私便之。号曰蔡公溪。】

卷九十二·浙江四

海。【(绍兴)府北三十里。曹娥。钱清。浙江三水所会。谓之三江海口。吴越春秋。范蠡来舟。止于三江之口。三江。浙也。浦阳也。剡也。海防考。三江港口深阔。直通大洋。甚为险要。港口稍东。有宋家溇。贼若从此突犯。趣陡门一带海塘。则竟抵郡城。若越港而北趣浙西。则赭山其关键也。】

邢浦。【在(绍兴)府东北。晋纪云。邢浦去山阴北三十五里。隆安四年。海贼孙恩破上虞。进及刑浦。会稽太守谢琰遣参军刘宣之击破之。恩退走。未几。复寇邢浦。官军失利。恩乘胜径进。至会稽。琰战败。为下所杀。今府东北四十五里有蛏浦。隔岸对海宁县石墩山。为戍守要地。嘉靖三十五年。倭贼经府东北六十里之西汇渚入犯。官军却之于此。或以为蛏浦即邢浦之讹也。黄山浦。在府西五十五里。刘宋泰始二年。遣吴喜等击孔觊于会稽。喜至钱塘。遣任农夫引兵向黄山浦。东军据岸结寨。农夫击破之。或曰今萧山之临浦。旧名黄山浦。与山阴接界。亦曰黄山里。】

西陵城。【(萧山)县西十二里。本曰固陵。水经注。浙江东经固陵城北。昔范蠡筑城于浙江之滨。言可固守。因名固陵。勾践入臣于吴。群臣祖之。军陈固陵。即此。后汉建安初。孙策将取会稽。引兵渡浙江。会稽守王朗发兵拒策于固陵。策攻之。不克。六朝时。谓之西陵牛埭。以舟过堰用牛挽之也。宋元嘉末。会稽太守随王诞遣兵向建康。讨元凶劭。诞自顿西陵。为之后继。齐永明六年。西陵戍主杜元懿言。吴兴无秋。会稽丰登。商旅往来。倍多常岁。西陵牛埭税官格日三千五百。如臣所见。日可增倍。并浦阳南北津。柳浦。四埭。乞为官领摄。一年格外可长四百余万。会稽太守顾宪之极言其不可。乃止。盖西陵在平时。为行旅辏集之地。有事则为战争之冲。故是时戍主与税官并设也。陈末。西陵埭亦名奉公埭。隋开皇九年。陈亡。东扬州刺史萧岩据州不下。隋将燕荣以舟师出东海平吴郡。进至奉公埭。岩降。唐复曰西陵。咸通中。裘甫作乱。其党刘暀劝甫急遣兵守西陵。中和二年。浙东观察使刘汉宏作乱。谋并浙西。屡遣兵营于西陵。皆为杭州将钱镠所败。三年。汉宏自将十余万众出西陵。将击董昌。镠济江逆战。复大破之。汉宏仅免。又乾宁二年。杨行密遣安仁义以舟师至湖州。欲渡江应董昌。钱镠遣顾全武守西陵。仁义不得渡。胡氏曰。自湖州舟行入柳浦。可渡西陵也。天复三年。杭州牙将徐绾作乱。淮南宝州帅田頵引兵赴之。急攻杭州。仍具舟将自西陵渡江。钱镠遣将盛造等拒破之。吴越时以陵非吉语。改曰西兴。宋为西兴镇。置寨于此。今有西兴场盐课司在运河北岸。旧有戍兵。西兴驿亦置于此。下临西兴渡。渡浙江而西。至钱塘水驿十八里。公私商旅必经之道也。】

龛山。【(萧山)县东北五十里。吴越钱氏尝屯兵于此。有营寨旧址。下瞰浙江。与海宁县之赭山对峙。旁有小山。曰鳖子山。江出其中。故有鳖子门之名。亦曰海门。为钱塘之锁钥。嘉靖三十二年。参将汤克宽大破倭夷于龛山。三十四年。督臣胡宗宪又败倭于此。旧有龛山寨。设兵戍守。今革。寨北曰狮子口。为登涉要地。】

虎爪山。【(萧山)县西南五十里。下临大江。与钱塘。富阳分境。山回环盘礴。踞峙江滨。其南与浦江。诸暨诸山相联络。啸聚之徒。恃为渊薮。志云。县西南九十里有大山。盘亘深远。一名长山。其南最高者曰镜台山。一名白石山。岩洞幽胜。滨江而北。有州口。龙门。白峰。马谷诸山。其间相接者为百药山。傍有黄岭。东北去县四十八里。与富阳分境。相传黄巢屯兵之所。虎爪山。即诸山之支阜。而临江突峙。当舟楫必经之会。以地势而言。实杭。严。金。绍四郡之险也……】

海。【(萧山)县东北五十里。胡氏曰。自龛山而东。至兰风。石堰。鸣鹤。松浦。蟹浦。定海皆谓之海浦。晋隆安四年。谢琰为会稽太守。戍海口以备孙恩。是也……】

钱清江。【(萧山)县东南十五里……邑志。临浦在县南三十里。旧钱清江经此。东入山阴县界。元末张士诚将吕珍筑城江上。跨江南北。于东西两头作栅。为浮城于江面。以通舟楫。谓之钱清城……】

海。【(余姚)县北三十五里……海防考。县境临山卫北有临山港。卫东有泗门港。皆汛守要地。而三山所东有胜山港。尤为深阔。倭船可乘潮以入。嘉靖三十四年。官军败倭于胜山。又败之于龟鳖洋。今海中之山六。曰西霍山。曰黄山。曰胜山。曰长横山。曰扁樵山。曰球山。礁二。曰茭杯。曰柴排。皆临观二卫以备之险也。】

咸池汇。【(余姚)县东南八里。即姚江所汇也。江流至此。纡回数曲。每曲约十余里。数曲间。陆行不过十余里。而舟行则数十里。下坝。在县西四十里。一名新坝石甃西去中坝十八里。左江右河。河高于江丈有五尺。为舟楫所必经之道。亦谓之江口坝……】

夏盖山。【(上虞)县西北六十里。南临夏盖湖。北枕大海。西去三江口密迩。嘉靖三十五年。官军败倭于夏盖山及三江海洋。是也……】

通明江。【(上虞)县东十里。即姚江之上流。以通明坝当其上。因名。其西即运河也。起县西三十里之梁湖堰。经县治前至通明坝。亘三十里。潴溪湖众水。以通舟楫。资灌溉。又为孟宅。清水二闸以杀其流。嘉靖间。邑令杨绍芳复堤塘。浚壅塞。往来者便之。新河。在县东北十里。志云。旧水道北由百官渡。抵余姚之菁江。南由曹娥渡抵通明江。永乐九年。以通明江七里滩阻塞。因浚新河。道出县北。亦名后新河。经县西二里西黄浦桥。抵郑监山堰。至通明坝。又开十八里河。直抵江口坝。官民船皆由之……】

长乐寨。【在白峰岭……舆程记。自县北三十余里而至仙岩。又北至三界。又七十里而至蒿坝。自蒿坝至府城。凡八十里。水道迂回。凡二百二十里。此往来通道也。】

三江守御千户所。【在(绍兴)府东北三十七里浮山之阳。洪武二十年建城。周三里有奇。有大闸关。下为三江城河。各县粮运往来之道也……】

临山卫。【在(余姚)县西北五十里。洪武二十年。汤和奏置卫于庙山上。徙上虞县故嵩城戍守。并海筑城。永乐十六年增修。周五里有奇。领所二。东接三山。西抵沥港。嘉靖间。倭寇屡屡突犯。海防考。卫北有临山港。切近卫城。直冲大海。海口曰乌盆隘。化龙隘。为汛守要地。卫东又有四门港。越海而北。即浙西之澉浦也。嘉靖三十二年。倭贼突陷卫城。寻引却。三十五年。倭船由东北烈表突犯。官军御却之。此二港又卫境之关要也。又观海卫。在县东北八十里……】

三山守御千户所。【在(余姚)县东北三十五里浒山下。一名浒山所。洪武二十年建。属临山卫。嘉靖三十四年。倭寇犯此。守将刘朝恩败却之。又县城内旧有余姚千户所。洪武二十年置。正统六年废。】

(宁波)府控海据山。为浙东门户。浙东有难。必先中于明州。说者曰。明州三面皆海。而北面尤为孤悬。吴松。海门。呼吸可接。明州有难。必先中于江淮。往者晋有孙恩之祸。明有倭夷之祸。其大较也。夫明州北望成山。【成山。见山东文登县】南指岭表。楼船十万。破浪乘风。用以震叠海外。此亦一发之乐也。乃虞自保无策哉。旧图经。四明据会稽之东。抱负沧海。枕山蔽江。重阜崇岭。连亘数千里。又为海道辐辏之地。南则闽广。东则倭夷。商舶往来。物货丰衍。东出定海。有蛟门。虎蹲。天设之险。亦东南要会也。海防说云。海道之备。在昌国卫。卫坐冲大海。倭夷出没必由之处。设备之所不一。而韭山正对日本。山以外俱辽阔大洋。番船往来。必望此为准。此又昌国之咽喉也。进而定海卫。卫南临港口。极为要害。防御为难。昔人云。定海为宁。绍之门户。昌国为定海之外藩。又进而临山。观海。【临山卫。见余姚县。】翼援东西。防维南北。皆为要区。而枢臣杨溥尝言。鏖战于海上。不如邀击于海中。议者韪其说。总戎俞大猷则云。【杨溥。俞大猷皆明人。】海本辽阔。舟行全藉天风海潮。人力不能与抗。若风顺势重。潮之顺逆。自不能与风争。若风轻潮逆。则良难矣。且我就所短。而彼用所长。邀击海中。未为良策。故不如设备于海上。海上之备多途。而必当厚集其力于明州。以明州地形陡险。控压悬远。且迫近港口。因利乘便。于事为易也。

广德湖。【(宁波)府西十二里。旧溉田四百顷。唐贞元中。刺史任侗因故迹增修之。曾巩曰。湖之大五十里。源出四明山。北为漕渠。东北入江兴。自齐。梁之间。东七乡之田有钱湖溉之。西七乡之田则此湖溉之。凡舟之达越者皆由此……】

螺峰镇。【(宁波)府东二百六十五里。海中旧置三姑巡司。洪武二十八年。改为螺峰巡司。又有岑江。岱山。宝陀三巡司。今皆见定海县。四明驿。在府治西南。又安远驿。在府治西北。前朝永乐初。置市舶提举司。四年。改为驿。今因之。以待夷贡。驿今革……】

句章城。【(慈溪)县西南三十五里……元鼎中。遣横海将军韩说出句章。浮海从东方击闽越。是也。三国吴永安七年。魏将王雅浮海入句章。掠吏民而去。晋隆安四年。刘牢之击孙恩。东屯上虞。使刘裕戍句章。既而裕改筑城于小溪镇。即今府西南故句章城……】

五峰山。【(慈溪)县西北三十里……大蓬山。在县东北三十里。上有岩。高五六丈。左右二崖。屹然对峙。一名达蓬山。相传秦始皇欲从此航海达蓬莱。故名……】

鸣鹤山。【(慈溪)县西北六十里。下有鹤鸣场盐课司。又西十里则观海卫城也。城内有磨石。浪港二山。稍北为庙山。其相近者为瓜誓。桑屿。箬岙诸山。皆际海中。又十里有大忌。小忌。二山对峙。则海中危石。行舟之所忌也……】

海。【(慈溪)县西北六十里。旧有塘三十里。以捍风涛。缘岸海中有黄牛。桑屿诸山。与嘉兴海盐为界。引而东。接定海境。海防考。龙山所去县六十余里。所东北有金家岙。与丘家洋相连。东对烈港海洋。北望洋山。三姑大洋。嘉靖三十五年。倭船盘据于此及丘家洋。官兵攻克之。由此突入腹里。历雁门。凤浦岭一带。犯慈溪。直抵宁波。最为险要。其旁曰清溪港。由此可入金家岙。此间道所当备也。又有金墩浦。亦在所东。西接伏龙山。北连丘家洋。倭自东北来。往往由此击泊。嘉靖三十五年。

倭自金墩浦入犯。官兵拒却之。又古窑港。在县西北六十里。北对乍浦。东控伏龙山。西连磨石山。县境之咽喉也。嘉靖三十五年。倭舟据此。突犯慈溪。既而松浦口之贼。由此遁入渔山海洋。总兵俞大猷等追败之。又败之于马迹洋。盖县境海防与定海。余姚一带。相唇齿云。】

前江。【(慈溪)县南十五里。源出余姚县太平山。流为姚江。入县境。至丈亭渡分为二。一由车厩渡历县南十五里之赭山渡。又东十余里。即鄞县之西渡也。一由丈亭北折而东。贯县城中。出东郭。抵县东南十五里之茅洲闸。又东南流七里。为化纸闸。而入定海县境。宋宝佑五年。制使吴潜于县东南五里夹田桥。引流导江。凡十余里。为沾溉之利。一名管山江。合流入鄞县界。亦谓之慈溪江。又有新堰。在县东南十二里。亦宋吴潜所建。堰下之田。不患斥卤。舟楫往来下江者胥利焉。】

丈亭渡。【(慈溪)县西南四十五里。慈溪江分流处也。旧建丈亭于其上。宋绍兴间。改为丈亭馆。嘉靖三十五年。官军败倭贼于此……】

市河。【(奉化)县东南五里。亦曰新河。又名新渠。唐陆明允导大溪水由资国堰注市桥河。东折而北出。绕流六十里。至县北三十六里东耆堰。接奉化江。灌田至数十万。又通舟楫。以便商旅。后渐废。元马称德开浚。寻复堙塞。李枢复浚之。今仍废……】

石盆渡。【(奉化)县东七十里。滨海诸支港所经。路达象山县。又县东八十里有东宿渡。百二十里有湖头渡。旧名田下渡。东南八十里有淡港渡。凡数处。皆达象山。进林碶在县北二十五里。内河之水。由此泄入于外江。上有石桥。志云。宁。绍。台。温驿道所经也……】

威远城。【在(定海县)城东招宝山上。耸峙海口。最为冲要。嘉靖三十九年。帅臣卢镗议曰。招宝俯瞰县城。相隔不过数十武。贼一登据。置火炮其上。县城可不攻而破。即夷船络绎。御尾入关。我军亦无以制之。故守郡非据险不可。据险非成城不可。因请于督臣胡宗宪。筑城山巅。周二百丈。置兵以拒截海口。与县城相唇齿。名威远城。复于山麓西南。展筑靖海营堡。周二百四十丈。以时教阅于大小浃口。分布战舰。以严扃钥。于是形势完固。说者以城为江海之咽喉。郡治之门户云。】

翁山城。【在(定海)县东北海中舟山上。春秋时。越之甬东也。左传哀二十二年。越灭吴。请使吴王居甬东。杜预曰。勾章县东海中洲。是也。国语寡人其达王于甬勾东。即此。唐开元二十六年。始置翁山县。因翁山为名。大历六年废。宋熙宁六年。改置昌国县。高宗建炎三年。航海幸此。金人来追。县为所陷。元至元十五年。升为州。明初。复为县。洪武二十年。以其悬居海岛。易生寇盗。徙其民于内地。仅存在城五百户。隶定海县。元吴莱云。昌国。古会稽海东洲也。东控三韩。日本。北抵登。莱。海。泗。南抵庆元。四面环海。中多大山。人居篁竹芦苇之间。或散在沙墺。习于舟航。风帆便利。虽田种差少。而附近大山。如秀。岱。兰。剑。金塘五山。每岁垦之。可得数十万石。盖亦形胜之地矣。明初。以外连倭夷。每为边患。信国公乃为清野之策。而墟其地。生聚既久。繁殖如故。嘉靖中。屡为倭酋所据。事平。以官兵戍守之。唐顺之曰。江南控扼在崇明。浙东控扼在舟山。天设此险。以障蔽浙。直门户。诸哨船皆自此分。而南北总会于洋山。明初。信国废昌国县而内徙之。未必非千虑之一失也。海防说。舟山为里四。为岙八十有三。五谷鱼盐之饶。可供数万人。不待取给于外也。】

招宝山。【在(定海)县城东北。本名候潮山。以诸番入贡停舶于此。因改今名。南临港口。屹然耸峙。极为要害。旧设台堠于此。今改设城堡。其东南峙一小山。高仅寻丈。名昌国山。潮汐至此分流。舟行可达昌国。因名。与招宝并峙者。为巾子山。山形卓立如巾帻。潮水出入。二山为之障。宋德佑二年。元兵至临安。宋籍地降元。张世杰去之定海。元遣卞彪说世杰降。世杰磔之于巾子山。是也。金鸡山。在县东八里。亦与招宝山对峙海口。志云。县东南十二里有龙头山。甬东巡司置其下。旁有葫芦峤。嘉靖中。邑令金九成筑塞峤口。以防海夷。其相近者。曰竹屿山。又东南三里有青屿山。旧置青屿隘。为戍守要地……】

伏龙山。【(定海)县西北八十里。首尾跨东西两海门。状如卧龙。南去龙山所十里。屹临水滐。为番舶必由之道。盖临。观两卫之咽喉也。嘉靖三十五年。官军败倭于此。一名箬山。又施公山。在县西北九十里。商舶往来。地极险要。元置巡司于此。明初亦置烽堠于山上……】

蛟门山。【在(定海)县东海中。去岸约十五里。环锁海口。吐纳潮汐。一名嘉门山。出此即大海洋。昔人称蛟门。虎蹲。天设之险。是也。虎蹲山。今在县东五里海中。状如虎蹲。盘岙山。在县东南七十五里。水绕太白山阴而出。凡三十六盘……】

金塘山。【在(定海)县东南海中约百里。半潮可到。山周环二百里。旧为昌国县之金塘乡。明初徙民入内地。嘉靖中。倭夷窃据。参将卢镗击败之。其山北海洋曰清港洋。又乌崎头山。在县东南百十里。滨大海。其下为崎头海洋。大谢山。在县东南百二十里海中。其旁为小谢山。山西南二里即穿山所也。南临黄崎港。北繇大猫海洋至金塘。鹿山。最为险要。有兵戍守。】

舟山。【(定海)县东北二百里海中。一名观山。在昌国故城南。状如覆舟。嘉靖四十二年。降海贼汪直于此。其相接为关山。圆峰耸矗。为昌国城内案上有烽堠。稍北为镇鳌山。山自北来。蜿蜒南走。旧翁山县治据其麓。今舟山所城内山也。又东三十里曰翁洲山。亦曰翁山。相传以葛仙翁隐此而名。又有双髻山。峰峦双耸。俗谓昌国之镇山。志云。昌国城东七里有青雷头山。高二里。与城西五里晓峰山对峙。青雷头东南海中又有石衖门山。数峰崛起。潮汐环流。亦名十六门山。今皆谓之舟山。防险说。舟山群山环峙。海港四通。为设险之处。旁有马秦山。又有芙蓉洲。四环皆海。悬若洲岛。官民多植芙蓉。因名。又有鼓吹山。在山之阴。有战洋。相传徐偃王逃至此。其拒战处也。山巅平坦。容数百人。吴莱云。昌国东南海中有桃花山。为绝胜处。又有东霍山。徐市驻舟处也。转而北。为蓬莱山。屹立千丈。旁有紫霞洞。又石门山。亦在昌国东海中。并峙有黄公山。山南为塔岭山。邑志。昌国东北海中。曰兰山。秀山。剑山。岱山。玉峰等山。东南海中曰双屿。双塘。六横等山。皆倭寇出没所经也。】

补陀落迦山。【在故昌国县东百五十里海中。一潮可到。为海岸孤绝处。梵名补陀落迦。华言小白华也。一名梅岑山。相传以梅福名。往时日本。高丽。新罗诸国。皆由此取道。以候风信。嘉靖中。倭寇据此。官军击破之。其西有石牛港。西北有巡简岙。皆当时进兵处。滩山。在昌国故县西北海中。又有册子。长涂。三姑。许山等山。其在昌国东北海中者。有东库。壁下。马迹。陈钱。两头洞。渔山。徐公。东西霍。大小衢。洋山等山。与嘉兴松江海防相参错。倭夷入犯。皆汛守所有事也。】

雁门岭。【(定海)县西北六十里。又西北十里曰凤浦岭。又二十里曰桃花岭。皆接慈溪县界。志云。县东南五十里有排阵岭。南二十里有布阵岭。皆宋建炎中御金人处。柯梅岭。在海中舟山所东。出浦则为鱼山外洋。乌山门外洋。又乌沙门。亦曰乌沙悬山。亦曰朱家尖山。嘉靖中。倭寇往往据此。官军击却之。又邵岙在所东北。其相近者曰吴家山。亦皆倭贼据守处也。嘉靖三十五年。官兵击平之。】

天同岙。【在舟山之岑江司东南。其相近者有紫皮岙。嘉靖三十七年。胡宗宪遣奇兵出此。捣岑港贼巢。又吊屿。在舟山之岱山司西北。切近海口。嘉靖中。倭屡犯此。为汛守要地。奇岙。在舟山所西北。本名大沙。嘉靖中。御倭要地也。又沙岙。在岑港之东。今为袁家碶。其相近者为马岙。嘉靖中。尝设千户所戍守。三十七年。讨岑港贼。分兵由马岙。张礁而西。是也。其相连者。有山江等烽堠。嘉靖四十年。官军败贼于马岙沙技之上。即袁家碶矣。又有郎家碶。亦在所西北。东距奇岙。西距沙岙。有西碶寨相连。中为小沙。居民殷庶。嘉靖中。倭尝登劫。有碶头海塘。为戍守之地。】

海。【(定海)县东北两面皆据海。由北而西。接慈溪县界。由东而南。接象山县界。志云。县东北为灌门海。在故昌国县海中。有砥柱。屹峙中流。望之如人拱立。水汇于此。旋涌若沸。舟行必投以物。杀其势。而后过。风雨将作。有声如雷。又自蛟门而外。有霍山。马迹。马墓。钱山。龟鳖。小春等洋。又东南则有分水。礁石。牛港。崎头。孝顺乌沙门。横山。双塘。六横。双屿。乱礁等洋。抵象山县之钱仓所而止。皆嘉靖中控御倭夷处也。】

大浃江。【在(定海)县城南。有大浃渡。亦曰大浃口。舟师屯泊于此。谓之定海关。汛守要冲也。邑志。鄞江会上流诸水入县境。其支流为小浃江。皆东注于海。旧图经。自蛟门海洋分派为支江。向西溯流。七十里抵郡城三港口。又分流西南六十里。至它山堰。又西北二百里。抵上虞之通明坝。俱谓之大浃港。东晋时。置浃口戍于此。隆安四年。孙恩寇浃口。入余姚。破上虞。五年。孙恩复出浃口攻句章。不能拔。寻为刘裕所败。自浃口远窜入海。刘宋泰始二年。临海贼帅田流作乱。掠海盐。杀鄞令。命周山图屯浃口讨平之。宋建炎中。女真陷临安而东。车驾出浃口。遁入海。胡氏曰。浃口在虎蹲山外。是也。其小浃江在县南十二里。自县东南十二里竹屿山海口。分流为支江。蜿蜒西流六十里。至鄞县东三十五里之五乡碶。合于鄞江。并泻东钱湖之涨。海防说。小浃港内通东江。出穿山所。达宁波城。极险要。嘉靖中。倭贼由此内犯。奸民亦由此出入。漫无关禁。三十四年。邑令宋继祖于县南十里东山下江流浅处。设东冈碶及堰。以蓄泄之。堰下为江。上为河。自此小浃江之流中断。而县境西南一带。颇被沾溉之利。志云。东冈碶去五乡碶五十五里。五乡碶亦曰回江碶。东钱湖吐纳要口也。】

烈港。【(定海)县西北五十里。东出海。近金塘山。嘉靖三十一年。贼汪直引倭入定海关。官军击却之。遂移泊于此。地形曲折。进剿为难。督臣王竴分遣二哨。一由列表门进当其前。一由西后门进防其逸。别遣将俞大猷径营木岙。与贼仅隔一山。出奇攻之。贼败走。复泊马迹潭。久之始逸去……】

岑港。【在舟山所西北。有巡司戍守。海口卫要处也。嘉靖中。屡为倭贼所登劫。后遂倚险列栅。据守其地。三十七年。胡宗宪督兵讨之。分军泊其南北。又遣兵分路进剿。中路由小河岭。右路由碇礁。左路田小岭。并趋贼巢。败之。贼恃援力守。复出奇破之。贼遂遁去。】

中大河。【(定海)县西三十里……芦江河。在县东南七十里。源出瑞岩山。亦曰瑞岩溪。东北流二十里。至穿山所之穿山碶。入于海。亦曰芦花港。嘉靖三十二年。倭犯定海。守将刘恩至败之于芦花港。是也。又黄崎港。在县东南百十里。穿山所东。自崎头海洋分流为支江。西北流。约半潮至蛟门。出大海。又梅山港。在廓霩所西十里。亦自崎头海洋西北流。经大嵩所。通于海。港口有梅山隘。为戍守处。】

螺峰寨。【在舟山所城西南十五里。有巡司。又所西北四十里有岑江巡司。所东北二十里有岱山隘巡司。所东南三十里有宝陀巡司。皆隶宁波府。海防考。所境四司与县之长山。穿山。霞屿。太平。管界。共为九巡司。旧俱为海防要地。设兵戍守。又有湖头关。在大嵩所西。西南接象山县界。亦要隘处也。嘉靖四十年。倭自大嵩所入犯。官军败之于湖头衮村。或曰村在湖头之西。又有王家团。在县北。嘉靖中。倭夷尝出没于此。】

沈家门寨。【在舟山所东八十里。原系水操之地。番船去来。皆泊于此。内有赵岙。南岙。芦花岙。大岙。去寨不过三五里。以大岭口为阻截要路。嘉靖中。倭贼多由水路或间道而入。官军击却之。舆程记。由沈家门经莲花洋。石牛港。虮盂山。共七十里至补陀山。】

碇齿隘。【在舟山所西五十里。去岑港密迩。与外港相对。倭贼易于登犯。嘉靖中。为戍守要地。三十七年。胡宗宪击岑港贼。分军出此。时贼党有据乌沙悬山者。宗宪策其必与岑港寇合。陆路则设伏于碇齿。水路则设伏于向礁门。贼果由二路奔沈家门寨。合于岑港。官兵讨平之。向礁门亦在所东海中。】

韭山。【(象山)县东南百里海中。山多韭。形势巍峨。岛岙深远。自县东四十里双泉山来。历小睦。大睦。西殊。东殊以至韭山。皆列峙海中。又东南百里有大雒山。卓然孤立。凭据大洋。直望日本。夷船往来。往往视此为准。三萼山。在县南六十里海中。有三峰。一名三仙山。亦曰三岳山。贼自韭山来。道必经此。嘉靖三十四年。为倭船所盘踞。官军力战。始克之。盖昌国卫及石浦所之襟要也。又面现山。在县南八十里海中。与县治相值。一望无间。因名。】

东门山。【(象山)县南百二十里。其状若门。下有横石如阈。一名天门山。高二百丈。周二十五里。明初昌国卫置此。倭寇往往由此南犯温台。为必备之险。又南十里有大门。担子。石坛等山。或曰石坛山即坛头山。有南北礶壳。莱蓝等岙。可以避风泊船。贼由日本而来。每望此山收泊。嘉靖中。设军哨守。山外又有鸡笼屿。其外一望大洋。别无岛岙。倭从韭山南来。道必经此。亦戍守要地也。】

大佛头山。【(象山)县南百五十里海中。其地名南田。海中十洲。此为第一。日本入贡。每望此山为向道。图说云。大佛头山有斗底。虾岙。乌头。青后城。壶底等岙。系倭船往来栖泊处……金齿山。在县南百六十里。海防说。山岛岙颇多。有金齿门港。倭船往来。每栖泊于此。亦南路要冲也。又有朱门山。在大佛头山。南贼从南来。每至此栖泊。嘉靖中。设兵戍守。又有林门山。在朱门之东。山为金齿。朱门之喉舌。岛岙亦多。嘉靖中。倭从檀头海洋突入。结巢于此。官军击却之。县南二百里又有秋芦门。杨士屿等山。俱在海中。接东瓯界。又花脑山。亦与大佛头相近。俱倭夷出没处也。】

海。【(象山)县东二十里。又县南去海三十五里。东北去海四十里。嘉靖中。倭寇屡屡窥犯。县南百九十里为秋芦门海洋。西南百五十里为渔溪海洋。则宁海县分境处也。】

鄞港。【(象山)县东北四十里。港口直接大洋。中流与鄞县分界。因名。西入奉化县界。中流有白石山。东南去县六十里。其分界处也。上流诸水悉汇入焉。北港。在县东北十五里。东达大洋。西距奉化之鲒崎山。其地有陈山渡。自陈山渡一潮至方门。舟潮至乌崎。三潮至府城下。方门。在奉化县南四十里海滨。有方门铺。】

八排门港。【(象山)县南百四十里。与佛头山相连。港内多腴田。地下。便于栖泊。倭船据此。剿灭为难。嘉靖中。有兵巡守。又旦门港。在昌国卫东北。系悬海大洋外。有东旦山。与韭山相对。贼由韭山来。必望旦门突入。以往南路。内近何家礶。仁义。南盘一带老岸。嘉靖中。设何家礶。仁义二寨戍守。其相近者有马冈。官军尝败倭于此。】

三门港。【(象山)县西南百里。港口为石浦巡司及土湾。番头一带居民喉舌。倭从温台突犯。必取道于此。海防说三门去石浦稍远。而与朱门海洋邻近。戍守最切。又牛栏基港。在石浦所北。为石浦关之后户。外洋必由之隘也。有山环抱。可避东北飓风。如分哨南北。此为适中之地。又下湾门港。在石浦所东南。志云。下湾门外即坛头大洋。内则旧城东门。港阔潮急。且与火炉头山对峙。又四门入路总会于此。此守下湾门要地也。又洞下门港。在石浦所西南。志云。洞下门逼近石浦所城。港窄潮急。贼舟进此。必纡回磬折于两岸夹山之下。而石浦左连一山。名打铜坑。与洞下门正相对。此守洞下门要地也。】

竿门港。【在(象山)县西北钱仓所南。倭夷来犯。每栖泊于此。南距石浦关百余里。青门港。在县西爵溪所东南。有山回抱。可以避风泊船。内接公屿。外冲四礁。与韭山相对。极为冲要。又茅湾。在钱仓所东南。亦与韭山相对。嘉靖中。倭船栖泊处。所北又有白沙湾。嘉靖中。倭贼由此突犯奉化。】

龙山守御千户所。【(宁波)府北七十里。西南至余姚县百二十里。东至定海县七十余里。洪武二十年建。隶观海卫。筑城周三里。永乐十六年增筑。嘉靖三十四年。五年。倭贼往往登犯。海防考。所北对金山。苏州大洋。东对烈港。伏龙山。控临海滖。相去仅十里许。为贼艘往来必由之道。又临。观二卫之门户也。】

穿山后千户所。【定海县东南九十里。西北去府城百五十里。洪武二十七年建。城周四里。明年修完。永乐十二年。十六年。皆营葺。东南接廓霩所。南接大嵩所。所北一里有碶头烽堠。东临黄碕港。永乐初。有流倭由此入犯。嘉靖中。倭由碕头海洋突入黄碕港。犯穿山所。因设军戍守。最为要地。】

廓霩守御千户所。【定海县东南百二十里。西去府城百八十里。洪武二十一年建。城周三里。所滨海孤悬。其东南为梅山港。东至崎头大洋。南至双屿港。俱约五十里。西至大嵩港。约百里。北五里为三塔峰。最险要。嘉靖十九年。倭党李光头巢于双屿港。二十七年。捣平之。因筑塞港口。以空渊薮。】

大嵩守御千户所。【定海县东南百三十里。西北去府城九十里。西去奉化县百里。南至象山县七十里。洪武二十一年建。城周四里。永乐十五年增修。所东援廓霩。南连钱仓。其东南为大嵩港。对峙韭山。直冲大海。嘉靖中。倭船往往由此犯所城。所东即慈岙山。亦是时倭贼冲突处也。】

昌国卫。【象山县西南八十里。北去府城三百五十里。洪武十七年。置卫于昌国县城内。二十年。徙卫于县南之东门山。二十七年。以东门悬海。薪水艰阻。徙后门山。跨山为城。周七里。即今卫也。永乐十五年修葺。成化间重修。嘉靖三十二年。复营缮以御倭。城控临海洋。屹为保障。领所四。】

石浦守御前千户所【象山县西南百里。北去府城三百七十里。旧置于县南十里石浦山。洪武二十年。改建于此。阻青山为城。周不及五里。永乐十五年重修。嘉靖三十四年。复完葺。前临石浦关口。切近坛头。韭山。乃倭夷出没咽喉要路。翼蔽昌国。此为门户。】

石浦守御后千户所。【同上。志云。石浦去昌国十余里。城下一带水涯。可以栖泊战船。对面有山。即石浦旧城。今谓之石浦关。关外大洋。有山曰坛头。倭盗出没处也。宁郡之冲。以石浦。昌国为最。寇自南来。必由三门。林门。下湾门。东门四路而入。寇自东来。必由牛栏基洞下门而入。备御切矣。】

章安废县。【（台州）府东一百十五里……宋建炎初。金人陷明州。帝自昌国移次台州之章安镇。金人乘胜破昌国。来追帝。又如温州。泊港口。是也……】

大固山。【（台州）府治西北。高八十丈。周五里。蜿蜒磅礴。如屏障之状。旧经。晋孙恩作乱。刺史辛景休于此掘堑守之。恩不能犯。因名……又亭山。在府南百里。旧有寨。由郡泛舟入黄岩者。多候潮于此。】

金鳌山。【（台州）府东南百二十里。宋建炎四年。金人入寇。高宗泛海。尝泊此山。留四十日。始还绍兴。其相峙者曰海门山。对立如阙。在海北岸。东枕海。又四里曰赤山。又东曰翠环山。与海中诸山相望。玉岘山。在府东百有九里海中。旧名黄石山。唐天宝六载改今名。山中泄水九层。沿崖泾落。宛如白练。又有石涧。容数百人。四围多林木。阴翳蔽天。今其地亦曰黄礁。又东二十里曰合旗山。又二十里曰掘门山。与黄石山矗立相对。又东麂山。在府东五十七里。其相近者曰西麂山。又龙符山。在府东百七十里。一名覆釜山。又大雄山。在府东二百十里。皆海中山也。】

芙蓉山。【（台州）府东二百里海中。出海口望之。竦若红莲始开。唐天宝六载。改名秀丽。嘉靖三十三年。官军击倭贼于芙蓉海口。是也。又临溪山。在府东北二百四十里。一名牛头山。下有溪二。水合流。亦名临溪。志云。山逼临海岸。亦曰临海山。白山。在府东南二百五十里。望之如雪。其上有湖。其下有溪。又高丽头山。在府东南二百八十里。自此分路入高丽国。一峰突立如人首。因名。此皆海中诸山也。】

海。【（台州）府东百八十里。有两头门诸险。嘉靖中。为倭夷出没处。又有螺门。亦在府东海中。嘉靖中。官军败倭于此。海防考。府境最切者。曰海门卫。卫城北即海门港。一名椒江渡。港水流入二十里分两支。一抵台州府城下。一抵黄岩城下。此府境咽喉也。论者谓海门之防。视定海尤棘。定海水港既狭。港外连山。远近皆可泊船分哨。今海门港一潮之远。止有三山一座。形小势削。并无隐蔽。港内不可御敌。外洋风浪汹涌。更无山屿回抱。故明初至嘉靖中。屡被其患。所当增设水军。为港口之备。】

澄江。【在（台州）府城南……元至正十二年。泰不华招降方国珍。乘潮下澄江。触沙不行。贼至战转。为所杀。】

栅浦。【在海门卫东南。嘉靖中。倭贼由此入海门港。又由此犯松门卫……】

蛟湖镇。【（台州）府东百有二里。有巡司。明初置。又连盘巡司。在府东北百二十里。地名长沙。逼近海口。亦曰连盘港口。明初置巡司。与前千户所相为形援。宋志。府东南七十里有管界寨。东南百二十里有亭场寨。嘉定十五年。守臣言管界。亭场两寨。皆防扼海道……】

永宁山。【（黄岩）县东五里……马鞍山。在县东五里。山势奔迸。脊如马鞍。元末。方国珍以舟师突海门。入州港。犯马鞍山。泰不华击之。战死。嘉靖中。倭贼入犯。官军败之于马鞍山……】

松岩。【（黄岩）县西十五里……志云。县西五十里有灵石山。一名甘露山。孙恩寇境。毁木为船。石从空坠而伤贼。因名……】

海。【(黄岩)县东百里。其入海之口曰椒江。由椒江而西。直接永宁江。抵城下不过七十里。故县之海防。视他所为切。元季方国珍之乱。嘉靖间倭夷之乱。县辄被其祸。】

天门山。【(宁海)县北六十里……三门山。在县界二百五十里海中。海舟出入必经之所。今设兵船泊守。南与大佛头。北与林门各兵船会哨……】

海。【(宁海)县东四十里。夷坚志。县东海中有尾闾。与海门马筋相值。自高山望之。其水湍急。陷为大涡者十余。舟楫不可近。旧传东海泄水处。又健跳港。在县东南百二十里。健跳所东有长洛渡。阔四百余丈。出海往茅头大洋。上接海中查盘山与练陀等处。下接海中青屿。黄毛礁与牛头。桃渚诸处。海防考。健跳所孤悬于重山之外。恃舟船为命。守港之师。不可暂撤。是也。又茅头洋。一作猫头洋。亦在健跳所东北。嘉靖三十九年。官军败贼于此。又追破之于青门洋……】

鄞江。【(宁海)县东北四十里。与象山县接界。自奉化县东南境。合诸溪之水及县北白渚溪。马紫溪。俱汇流以入海。唐咸通中。裘甫据宁海。王式遣军屯海口。以遏贼入海之道。胡氏曰。即自鄞江走象山之道也。今县北五十里。地名海口。旧置海口驿。今废。】

松门山。【(太平)县东南五十里海中。亦曰松门岛。松门卫以此名。又桂岩山。在县东南二十里。其南有崎头山。隘顽所置烽堠于其上。又盘马山。在县东北四十里。回旋险仄。有巡司戍守。石塘山。在县东南六十里海中。屿岙参错。大山环峙。旧属黄岩县。居民甚众。明初以倭寇犯境。徙居民于内地。此山遂墟。其相近有三女山。二石如柱。潮平则没。舟行畏之。又大陈山。在县东南海中。志云。台州之山。惟大陈膏腴。且有淡水。每为倭贼所据。防守最切。嘉靖三十四年。官军败倭于此。相近者又有南赤嶕山。夏公岙。亦海中小山也。嘉靖三十八年。倭贼由此犯松门卫。】

玉环山。【(太平)县西南七十里楚门港中……又有灵山。与玉环山相接。其峡如门。名楚门港。海舶每由此出入。海防考。楚门所东北海岸有鸡脐山。倭犯楚门。此为必由之道。】

海。【在(太平)县东南二十里。曰大闾港。亦曰大闾洋。元至正十一年。方国珍作乱。焚掠沿海州县。命江浙行省孛罗帖木儿击之。至大闾洋。为贼所败。志曰。大闾港在长沙海口。南有骊洋。下有骊龙窟。出此则范无畔岸矣。】

山门港。【(太平)县西南十五里。源出温岭诸山。亦曰温岭江。俗称江下。南出山门港及楚门港入海。凡海舰西去温州乐清。北趣台州黄岩。率由此舣泊。又松门港。在县东南五十里甘岙海口。出海即石塘山也。又灵门港。在县东松门卫南。东接海中鸡脐山。与松门港接境。南接楚门洋坑。下接硐樵山。又隘顽所之藩卫也。有兵戍守。又有中洲港。南出海中茅堰山。与蒲岐港接境。北出海中邳山。与灵门港接境。嘉靖中。亦设水军戍守。】

斗桥。【在新河所西北。嘉靖中。戚继光屯此。与倭战。败之。又清港渡。在县西南三十五里。为三山。楚门往来冲要。】

海门卫。【(台州)府东九十里。洪武二十年建。筑城周七里有奇。嘉靖三十二年重修。领所四。卫为浙东门户。三面阻水。倭易登泊。其救援之道。自临海。黄岩而东。有泉井。路桥。三山三道。御之

于港口。又当备之于内地。盖水陆俱切也。】

前千户所。【(海门)卫城北七里。洪武二十八年建。城周三里有奇。嘉靖中重修。所南临椒江。与卫城仅隔一水。利害相共。所东北有连盘港。港深而长。背山面水。健跳。桃渚二港会于此处。倭寇每恃为巢穴。】

桃渚千户所。【(海门)卫东北五十里。洪武三十年建。筑城周四里有奇。卫城及府治之藩翰也。嘉靖中。重修所城。贼屡来犯。官军击却之。海防考。所东有桃渚港。外接大海。北达健跳。有盐塘。除下。仙岩诸海湾。寇每从此突至。由里路至海门。不过四十里。当设舟师。以备御海口。而昌埠港在所城东北十里。有昌埠岭。与桃渚港皆委蛇细曲。虑贼以小舟袭入。所南又有肯埠岭。北有白莲岭。东有安圣寺。诸处皆可设伏以遏贼冲。嘉靖三十九年。倭贼围所城。官军败之。贼遁昌埠。依山为固。官军复攻克之。是也。】

健跳千户所。【(海门)卫东北百十里。宁海县南百二十里。洪武二十年建。筑城周三里。海防考。所东去昌国卫。隔大洋。西去桃渚百里。去府城百四十里。三面阻山。皆羊肠鸟道。缓急不能遽达。惟东面山。前距海。倭泊城下江中。陆路之援不可恃。惟应以海门舟师捣之。而邀之于山道。以防其内溃。庶为完策。】

新河千户所。【(海门)卫南五十里。太平县东北三十里。洪武二十年建。城周四里有奇。所去松门。隘顽。黄岩各五十里。所谓适中之地也。三面俱有大路。可以进兵应援。惟北至海门皆田塍。雨久潦溢。则泥泞可虞。海防考。所东南即新河港。港口浅狭。贼往往由此登陆来犯。所东有藤岭及横山诸处。俱为戍守要地。又有周洋港。亦在所东。嘉靖四十年倭由此登陆入犯。又金清闸。在所北。嘉靖中。官军败倭于此。】

松门卫。【太平县东五十里。西北去府城百八十里。本宋黄岩之松门寨。去县百二十里。洪武二十年。改置卫。筑城周九里有奇。嘉靖中增修。领所二。海防考。卫东即松门港。港东岸为朱门山。又东为积谷山及下洋。大陈岙诸处。外即大海。直抵日本。北往化岙。龙王堂。鲤港。横门。大潭。深门诸处。与新河。三汊港接。南往鸡脐。钓棚。硐礁。鹿头。片屿。骊洋。郅山诸处。与灵门接。海内小山最多。若倭贼由温州来此。竟抵城下。若自外国来。止过大陈。郅山。大鹿登岸。皆为贼巢。港内迂回屈曲。捍贼尤难也。】

隘顽千户所。【(松门)卫西南五十里。太平县南三十里。洪武二十年建。城周五里有奇。志云。所北卫太平。南阻楚门。城外四面皆山。高插天表。城垣欹矮不足恃。唇齿之援。惟恃松门水军。嘉靖三十七年。官军败倭于此。】

楚门千户所。【(松门)卫西南百二十里,太平县西南六十里。洪武二十年建,城周七里有奇。对岸为温州蒲岐所,贼由三山。大荆趣温州,必径度蒲岐所,防守为切。海防考。所西北有东门港,由所城至太平温岭江之道也。沿山滨海而行,山林茂密,水港出入。又十五里里为南湾,高山环海,即所谓南湾岭也。又有泥湖雄,在所南。嘉靖三十八年,贼由此入犯所城。】

卷九十三·浙江五

东阳江。【在(金华)府城南。即婺港也。亦曰双溪。双溪者。一为东溪。亦名东港。一为南溪。亦

名南港……郡志云。双溪经府西五里。中有五百滩。盘亘甚大。舟行牵挽。须五百人。然后可渡。故名。】

瀔水驿。【在(兰溪)县城南。宋置兰皋驿。在县治西。元为兰江水站。在河东岸。后皆没于水。明朝洪武初。改为兰溪驿。移于城南门外。十四年。改今名。又兰溪递运所。亦置于此。又香溪税课局。在县北三十里香溪镇。普济桥。在县西北女儿渡上。宋绍圣中。维百艘以梁溪上。名普济桥。后更名望云。今桥废。仍以舟济。又县西门外有悦济浮桥。一跨衢江。一跨婺江。两江相合。有洲渚横亘。如月牙树石。其端系铁絙以维舟。两浮桥相距不过百余武。为水陆津要……】

茭道市。【(武义)县东北三十里。旧置道山驿于此。洪武十四年。改曰茭道驿。弘治十四年。迁于旧驿之东。相去仅数步。隆庆初。改为茭道公馆。志云。驿北至府城五十里。亦曰茭道口。又白溪口市。在县北五里。永康溪东岸。南行者由此舍舟登陆。北行者由此舍陆而舟之处也……】

招贤渡。【(衢州)府西南三十里。信安溪渡口也……】

柏固寨。【(衢州)府东南四十五里。有柏固巡司。又有严剥寨巡司。在府西南百二十里。皆明初置。上航埠头驿。在府西三里。旧为水驿。弘治八年。废信安水驿。为上航埠头水马驿。】

大末城。【在(龙游)县治西。汉书注。大。音如闼。李留之曰。自杭而上。至常山六百九十五里。逆流多惊滩。以竹索引船乃可上……】

大溪。【在(江山)县城东。一名鹿溪。亦曰鹿头溪。仙霞诸岭之水。至清湖渡。始通舟楫。北流经城下。又东北十八里而为大溪滩。旧有浮桥。一名渡江头。为县境之冲要。又东北入西安县境。是曰衢江。即浙江之南源也。】

清湖渡。【(江山)县南十五里。官置浮梁。以济行旅。有清湖镇。为闽浙要会。闽行者自此舍舟而陆。浙行者自此舍陆而舟矣。峡口渡。在县南六十五里。舆程记。自清湖渡至峡口渡。凡五十里。渡阔三十余丈。泛滥时。一望无际。浅涸则磷磷石涧耳。居人为竹筏往来。上下溪涧。轻捷如鸥。】

卷九十四·浙江六

(温州)府东界巨海。西际重山。利兼水陆。推为沃壤。且与闽为邻郊。扬帆振辔。分道南下。是扼八闽之吭。而拊其背也。若其凭依岛屿。间阻溪山。东瓯虽小。亦足以王。况指顾明。台。驰骤婺。越。因利乘便。必能有为。就浙言之。亦东南之形胜矣。海防考曰。温州与闽接壤。寇舶犯境。必首撄其锋。惟先严莆门镇。下官奥。南台之险。庶足以扼其来。于此不戒。而入内地。温殆岌岌矣哉。夫舍其险而求一日之安。必不可得。为温计者。岂惟海道为然乎。

永嘉城。【即今郡城。志云。晋太宁初置郡。议筑城于江北岸。去今城六里。今犹谓其地曰新城。寻迁江南岸。东西附山。北临江。南环会昌湖。用石甃砌。跨山为险。名曰斗城。谓城内有山错立如北斗也。亦谓之鹿城。时有白鹿衔花之瑞云。后皆因故址修筑。五代梁开平初。钱氏增筑内外二城。内城亦曰子城。周三里有奇。元至元十三年废。外城亦曰罗城。宋宣和中。方腊围城。教授刘士英悉力拒守。谓城西南低薄。宜增缮。于是营筑二千余丈。贼不能陷。建炎。嘉定间。皆尝营治。元时渐圮。至正十一年。以海寇登犯。因旧址重筑。前朝洪武十七年。增修。嘉靖三十七年。倭寇来攻。通判杨岳凭

城拒却之。明年。修筑一新。万历二十五年。复营缮。旧有十门。今为门七。城周十八里有奇。】

青澳山。【(温州)府东二百里海中。两山对峙如门。亦名青澳门。刘宋永明中。郡守颜延之于此筑亭望海。唐天祐末。钱镠使其子传瓘攻温州。州将卢佶将水军拒之于青澳。传瓘曰。佶之精兵尽在于此。不可与战。乃自安固舍舟间道袭温州。克之。宋德祐二年。元兵至临安。宰相陈宜中遁归青澳。即此。又东有东洛。鹿西诸山。皆为海道之冲。中界山。在青澳东百里。东晋时。居人数百家。为孙恩所破。今湖田犹存。洪武二年。倭贼尝犯此。旧有中界巡司戍守。今迁于永昌堡。又灵昆山。与中界山并峙海中……】

霓岙。【(温州)府东百余里。海防考。倭舶南北往来。多泊于此。径达磐石卫城。最为险要。嘉靖三十三年。倭由此登劫。突犯湖头。官军击却之。又南龙山。在霓岙东北。倭贼由北洋来。往往经此。亦要地也。】

海。【(温州)府东九十里。有双昆海口。内控郡城。外联岛屿。为郡境之门户。自海道而南。至福建福州府八百二十里。北至台州府三百三十里。旧时尝有漂溺之患……】

永宁江。【在(温州)府城北。一名瓯江。一名蜃江。古名慎江。亦曰永嘉江。源自括苍诸溪。汇流入境。又东合大小溪流。以输于海。由江南岸西上。则自北门历永清迎恩门。过西郭。经吴崎。桑浦。屿头。岩门。竹浦。塔山。临头。吴渡。上戍。浦口。江南。张岩。外村。西洲。峄头。般溪。桑溪至茭洋渡。由江北岸西上。则自罗浮。河田铺。泥涂。马岙。焦头。梅岙。鸡口屿。小荆。荆溪。江口。白壤。菰溪口。凌福。白沙。茭洋至安溪港。入青田界。由江南岸东下。则自北门历蒲洲。宁村。沙城。梅头抵瑞安界。由江北岸东下。则自罗浮。华岩。楠溪港。强岙。挂彩山。象浦口。馆头。青岙。鹿西抵乐清界。多事时。盖节节皆险也。】

龙湾寨。【(温州)府东三十里。志云。寨东接宁村。西捍府治。坐临深水。颇为险要。嘉靖中。倭屡从黄华港登犯。突入新建。蒲洲等处。径抵府城。防御为切。又沙沟寨。在府东五十余里。稍西即宁村所。逼近海口。贼易登犯。其相近又有沙村寨。长沙寨。在府东宁村所东南。东临海涂。地势颇险。亦曰长沙湾。嘉靖三十二年。参将汤克宽败倭于此……】

帆游山。【(瑞安)县北四十五里。东接大罗山。与永嘉县分界。为舟楫要冲。永嘉记地昔为海。多过舟。故山以名……】

海。【(瑞安)县东十里。由海口直上飞云渡。至为险要。海洋有凤凰山。飞云关。舟师驻泊处也。海防考。倭犯瑞安。平阳。必由铜盘。南龙及凤凰山而入。守御为切。】

安阳江。【在(瑞安县)城南。志云。其上源有二。一出福建政和县东北之温洋。谓之大溪。一出青田县东南之木凳岭。谓之小溪。合诸山溪之水。流入县境。至陶山南口而合流。又东至县南。水阔百余丈。亦曰罗阳江。亦曰安固江。亦曰瑞安江。唐天祐末。钱传瓘舍舟安固。径袭州城。克之。是也。东接海口。为县境之冲要。又三港口。在县西南四十里大溪上流。有罗阳。大洪。莒江三水自西北来。会于此。因名。嘉靖中。倭贼突犯三港口。即此。】

飞云渡。【(瑞安)县南七里。安阳江津济处也。波流汹涌。横截南北。有飞云关。往来者必出于此。渡西有中洲。东出为飞云水寨。海防考。飞云水寨西南去金乡卫百三十里。此为温州适中之地。旧

名中军水寨。南临海港。外接凤凰山。内逼府城。郡境之冲要也。】

梅头寨。【(瑞安)县东五里。有海口。为戍守要地。明初置巡司于此。又三港税课局。在县西南百十里。明初与池村巡司同置。景泰三年。司改属泰顺县。而税课局如故。又下林河泊所。在县西南三十里。亦明初置。今废。梅头堡。在海安所之后冈。嘉靖三十八年筑以御倭。万历中重修。又山黄堡。在县西南五十里。亦嘉靖中筑。】

丁田寨。【在(瑞安)县东北海安所东。相近又有前后冈二寨。丁田地势平缓。前后冈俱临深水。至险要。嘉靖中。贼屡登犯。西北犯府城。西犯瑞安。为戍守要地。东山寨。在海安所东北。又有上玛寨。东西分峙。为崎角之势。坐临海滨。倭贼自东山而来。由九里而至府前。自上玛而来。由丁田径至海安。险要处也。寨东为东山港。嘉靖三十一年。倭寇由江口登犯岭门。岐头。入坡南汇。至瞭高山下。败官军。遂攻县城。官军击却之。退泊东山港。即此。】

眉石北隘。【在(瑞安)县东南沙园所东。东至大海。南会陌城寨。西至平阳所。北会陡门。极为冲要。嘉靖中。倭贼从此登犯。又眉石南寨。亦在沙园所东南。东滨大洋凤凰山岙。一潮可至。西抵仙口寨。从仙口寨至平阳县。三十里而近耳。仙口寨。在沙园所南。近平阳县之仙口山。其相接者又有宋埠寨。亦为防御处。】

玉环山。【(乐清)县东南二百里海中。其上旧有古城。山西北十余里为楚门山。有峡如门。广二十步。海舰由此出入。海防说。玉环山北隔一小港。即台州府楚门所。山联络深长。周回百里。旧有民居。洪武二年。倭贼来犯。因徙入内地。山当台。温二府之交。海寇去来驻泊之薮也。盘屿山。在县西南五十里滨海。明初朱亮祖袭方明善于此。其下即盘石卫。】

西河。【在(乐清)县治西南。亦曰运河。南至馆头江凡六十里。支流旁达。灌田二十余万亩。又象浦河。在县西六十里。南出数十里达于馆头江。隔山不与西河相接。舟楫乘潮出入。多取道于此。】

白沙寨。【(乐清)县东五里。有白沙岭。为水陆要害。或云。汉遣下濑将军出白沙击东越。即此。恐误。明初自玉环山迁天富北监场盐课司于此。嘉靖三十七年。贼从此犯县城。三十九年。复从台州境入犯。参将张铁大破之于此。又东二里为白沙桥。志云。白沙岭隘。陆走台境。水通海岛。县境之咽喉也。】

章岙寨。【在(乐清)县西章岙山旁。近海口。贼船易登。颇称险要。防御慎固。则东卫塔头。西卫盐盘。南卫黄华。北卫长林。倭船不能犯。沙角寨。在县西二十五里沙角山。下滨大海。界于黄华章岙间。嘉靖三十八年。倭由此登犯。由县西十里支岙至三条岭。有道径抵县城。防御为切。】

黄华水寨。【在(乐清)县西南。盘石卫东三十里。东接大海大小门。霓岙。南枕港口。乃温州之咽喉也。水哨南会飞云。北会白岩塘。备御最切。嘉靖三十七年。倭由此港入温州。直抵处州府青田县。官军击却之。又有黄华山寨。在水寨东二里。其地有黄华山。因名。嘉靖中。倭尝登犯。黄华之外。为下马洋。嘉靖三十二年。参将汤克宽追黄华贼。战于下马海洋。是也。海防考。倭犯黄华。必由邳山。大鹿山及黄大岙而入。有黄华关。迫临海口。汛守最切。岐头寨。在县西南。海防考。县西四十里有白塔山。其地谓之塔头。有长林盐场。宋政和中置。元为司令司。明初曰盐课司。又西南即岐头也。海舟经此。必舣舟而后行。谓之转岐。由折叠岙而东北。达于骊洋。即台州之松门寨。】

白岩塘水寨。【在(乐清)县东北蒲岐所。东滨海。为蒲岐之外户。水哨北会台州府之松门。楚门。南会黄华港。嘉靖中为戍守处。又后塘寨。亦在蒲岐所。东南临大海。形势险要。嘉靖三十一年。贼屡登犯。其南为李岙。西为清江渡。北为双陡门。皆寇所必窥之道。有鹤渚堡。嘉靖中置。筑小城戍守。周不及二里。高嵩寨。在县东四十里高嵩山上。临大海。亦近蒲岐所。为所境之锁钥。嘉靖中。贼每犯此。从梅婆桥而入。径至长山。窥乐清近郊。亦险要也。】

仙坛山。【在(平阳)县治东。上有平石。号仙坛。本名横岙。亦曰横屿。三国吴置横屿船屯。盖以山名……】

大岩头山。【在(平阳)县东南海中。海防考。倭贼自南麂。凤凰。霓岙。蒲岐。楚门。玉环而来。俱经此山。巡哨最切。南麂山。在县东海中。有平壤数千亩。称饶沃。环海负岛。逋逃之徒。易以蕃聚。倭寇每出没于此。其北接凤凰山。山岙阔大。坐临深海。山外皆大洋。别无山岛。自明初以来。倭寇皆经此栖泊。恃为巢穴。乘潮御风。直抵飞云港。此哨守要地也。】

东洛山。【在(平阳)县东南海中。倭寇南北往来。往往泊舟取水于此。隆庆中。设舟师戍守。南龙山。在县东海中。倭自北洋而来。此为必经之道。其相近者又有铜盘山。亦倭舶内犯之道也。又洋屿在县东南江口关。水师每驻泊于此。】

横阳江。【(平阳)县西二十五里……嘉靖三十四年。倭自南麂山流入金乡。犯平阳。三港。官军御之。败绩。三港。或曰即燥溪合横阳江之口。】

江口关。【(平阳)县南二十五里。下临横阳江。为往来冲要。又有江口水寨。在县南金乡卫。东南临大海。控五屿等岙。外接琵琶。长腰。陌城。洋屿等大洋。为平阳门户。嘉靖三十一年。倭犯平阳前仓。径口诸处。从此港入。南至舥艚。炎亭。北至瑞安飞云。凤凰。皆其哨探处也。志云。江口巡司。明初置于下埠。正统五年。徙于渡头。皆在县南。又仙口巡司。明初置于县东仙口山。洪武二十年。徙置于县南十里麦城山。又有龟峰巡司。在县东南九十里。亦明初置。嘉靖初废。改置龟峰堡。舥艚寨。在县东南八十里。寨东北两面皆滨海。嘉靖中。倭屡由此入犯。又有舥艚堡及巡司戍守。志云。舥艚巡司亦明初置。嘉靖中。增设堡以御倭。又县东有余洋堡。相近为宋埠。仙口二堡。县南有前仓堡。又有蔡家山。东魁等堡。皆嘉靖中置。】

陌城寨。【在(平阳)县东南。寨东南滨海。其相连者曰陆路寨。俱戍守要地也。又汶路口寨。在县东三十里。东临海洋洋屿门。南援江口水寨。北援眉石南北二寨。地势险要。嘉靖中。倭贼由此登犯。】

炎亭寨。【在(平阳)县南金乡卫东七里。有海口。倭贼从此径犯卫城。西即逼近县境荪湖诸处。嘉靖中置寨。并设珠炎营戍守。又西南十里为大岙海口。亦戍守处也。大小渔野二寨。在卫东南。联坐海滨。倭由此犯卫城。又北则逼近县境南盐场诸处。嘉靖中。设军戍守。】

大濩寨。【在金乡卫东。有大濩海口。又南为小濩寨。近蒲门所。西临海。北镇山。其相接者为龟峰巡司。洪武十六年。倭贼入寇。官军击却之。为备御要地。程溪寨。在县南蒲门所东南。南至海。西抵镇下门水寨。蒲门之要区也。嘉靖三十四年。倭贼由此登犯。又莒蒲洋寨。在蒲门所东海滨。嘉靖中。倭贼尝犯此。与小濩寨俱拨所军戍守。】

屿山寨。【在(平阳)县东北壮士所。东南临海口。贼从此突入。则西犯天仙。南犯双峰诸乡。北犯所城。为备御要地。又平山寨。在壮士所东北。西接盘石后所。南接屿山。北接白沙。为乐清之唇齿。嘉靖三十七年。贼从此登犯。南入石马港。径抵乐清白石山。亦备御要地也。】

镇下门水寨。【(平阳)县东南百四十里。亦曰镇下门关。坐临大海。其东有官岙。舟师驻泊处也。出岙直冲台山外洋。倭贼犯镇下门。必取道官岙。守御最切。水哨南会烽火流江。北会江口水寨。又有上下魁海口。亦在蒲门所东南。为戍守要地……】

分水山。【(泰顺)县南二百里。与平阳县西南之松山相接。泉发陇上。东西分流。以限闽浙。山下地名平水。达前仓江。可通舟楫。吴越尝守此。以与闽人相拒。海防考。分水岭隘当浙闽之交。自闽而来。必由此至平水。过牛皮岭。一路由萧家渡至县东。自县抵瑞安道二百五十里。一路由莒冈至县西。自县抵青田道二百余里。又由县东北达桐岭。可竟至府城。此控扼之要也。】

分水关。【在分水山……罗阳第一关。在县东四十里。当洪口东渡之西。道出瑞安。其地有洪溪。汇入龙潭。谓之洪口。溪流环绕。有东西二渡及东渡桥。霖雨时。湍险尤甚。水陆往来。多出于此……】

蒲岐守御千户所。【乐清县东北三十里。洪武二十年建。隶盘石卫。筑城周三里有奇。东渡江。至楚门所一十里。南至下堡海口五里。海防考。洪武三十四年。倭寇突犯。官军击却之。嘉靖中。为御倭要地。】

日本。【日本即故倭夷国。去中土甚远。隔大海。依倚山岛。高丽在其北。新罗。百济在其西北。琉球在其西南。有附庸之国百余。自汉武灭朝鲜。驿通汉者三十六国。皆称王。大倭王居邪马台国。即邪靡堆是已。光武建武中元二年。始来朝贡。安帝永初元年。复来贡。汉末国乱。国人立其女子卑弥呼为王。三国吴赤乌元年。卑弥呼入贡于魏。后卑弥呼死。其宗女台与继之。后复立男王。并受中国爵命。后汉东夷传。会稽海外有夷洲。亶洲。即倭夷也。孙权黄龙二年。遣将军卫温。诸葛直浮海求夷洲。亶洲。欲俘其民以益众。军行经岁。士卒疾疫死者十八九。亶洲绝远。卒不可得至。得夷洲数千人而还。沈莹临海水土志。夷洲在临海东。去郡二千里。历魏晋至宋。齐。梁。陈。皆来贡。隋大业四年。倭王多利思比孤入贡。隋书。倭国在百济。新罗东南。水陆三千里。于大海中依山岛而居。都于邪靡堆。即魏志所谓邪马台也。杜佑曰。倭在带方东南大海中。去辽东万二千里。大略在闽中会稽之东。自谓泰伯之后。入唐。常来朝贡。咸亨初。恶倭名。更号日本。自以其国近日所出也。或云日本故小国。为倭所并。因冒其号云。初附新罗入贡。后新罗梗海道。始由明月洲入贡。其国尝分五道。曰东海。南海。西海。东山。山阴。宋雍熙以后。累来朝贡。熙宁以后。来者皆僧也。元至元初。遣使赵良弼招谕。且介高丽谕意。皆不应。十八年。遣唆都。范文虎等率兵十万伐之。自平户岛移军五龙山。暴风破舟。文虎等择坚好舟乘之遁归。弃师十万。为日本所歼。终元之世。使竟不至。前朝洪武二年。命赵秩谕其国王源怀。因遣使入贡。后数岁一来。而入寇不绝。十六年。与胡惟庸通谋为乱。绝之。命信国公汤和。江夏侯周德兴。经略沿海。自辽左至徐闻。筑城设卫所。戍守要害海防。凡数千里。永乐三年。遣太监郑和招谕海外诸蕃。日本首先输款。乃给勘百道。许其通贡。然仍不时入寇。十九年。大掠辽东诸处。总兵官刘江歼之于望海埚。海氛稍熄。宣德以后。不时入贡。而窥伺窃掠不已。正德四年。鄞人朱缟以逋逃充倭使。冒姓名宋素卿入贡。遂阶祸基。嘉靖二年复至。与倭使宗设争先后相仇杀。大掠宁波。宗设仍夺舟去。于是论素卿死。绝倭贡。十八年复贡。奸商亡命之徒。相与构衅。乱遂作。甚于三十一年。息于四十二年。十余年中。东南腾沸。生民之涂炭极矣。志云。日本之地形类琵琶。东高西下。或以其势若蜻蜓。亦曰蜻蜓国。东西数千里。南北数百里。九州居西为首。陆岙居东为尾。山城居中。乃彼国之都也。其国君以王为姓。以尊为号。后又改称皇。初居日向州。筑紫宫。后徙三城州。所统有三部。五畿。七道。三岛。六十五州。五百七十三郡。然皆依水附屿。大者不过中国一村落而已。三部者。一曰畿内部。有山城。大河。河内。和泉。摄津五州。故曰五畿。五州分统五十三郡。一曰畿外部。有东海。西海。南海。北陆。东山。山阳。山阴七道。合统六十州。六十州又分统五百二十郡。一曰海曲部。有伊岐。对马。多艺三岛。三岛各统二郡。凡六郡。其通中国之道。旧自辽东。由六朝以后。方从南道。率自温州。宁波以入。今贡道则定于宁波。盖其国去辽甚远。而去闽。浙甚迩。风汛时。往来率不过四五日程。其在彼国西南而尤近中国者。萨摩州为最。嘉靖中。屡次入寇。多此州及肥后。长门二州人。次则大隅。筑前。筑后。博多。日向。丰前。丰后。和泉诸州之人。大率商于萨摩而附行者也。山城号令。久已不行。有山口。丰后。出云三州。专兵自恣。既而山口。出云复灭。惟丰后犹存。然亦浸弱矣。筹海说。山口本名周防州。南边海。其西即长门州。关渡在焉。渡此而西。为丰前。丰后。日向。筑前。筑后。大隅。萨摩。萨摩为最西。又北为肥后。肥前所谓西海九州也。自肥前而西。有大渔洲。谓之悬海。有平户岛。元世祖言见日本地图。其太宰府西有平户岛。周围皆水。可屯军船。是也。平户之西为五岛。有五山相错。悬海而生。其中有岙可泊。乃日本西境之尽处。或谓即五龙山。元范文虎弃师处矣。自五岛而西。四望无山。直抵陈钱。壁下。此岛南去萨摩千五百里。与平户相去二百五十里。与肥前相去四百三十里。由五岛至山口。平户其必经之所也。自五岛而北。为多艺。为伊岐。又北过海而五百里。而后至对马岛。与高丽相望。此则日本北境之尽处也。凡日本西北至高丽。必由对马岛开洋。岛之西北。有堆沙。凡山谷。撒思乃三岙。风顺不过一日程。约五百里而至高丽矣。其南至琉球也。必由萨摩州开洋。风顺不过七日。其贡使之来。必由博多开洋。历五岛而入中国。因造舟水手俱在博多故也。贡舶回则径取长门。因其抽分司官在焉也。若其入寇。则随风所之。东北风猛。则由萨摩。或由五岛。至大小琉球。而视风之变迁。北多则犯广东。东多则犯福建。犯福建则自彭湖岛分䑸。或之泉州等处。或之梅花所。长乐县等处矣。若正东风猛。则必由五岛历天堂官渡水。而视风之变迁。东北多则至乌沙门分䑸。或过韭山海闸门而犯温州。或由舟山之南。经大猫港。入金塘。蛟门。而犯定海。或由东西殊山。入湖头渡而犯象山。奉化。或入石浦关犯昌国。或入桃渚。海门。松门诸港而犯台州矣。正东风多。则至李西岙。壁下。陈钱分䑸。或由洋山之南。过渔山。两头洞。三姑山入蛏浦。而犯绍兴之临山。三山。过霍山洋。五屿。烈表。平石。而犯宁波之龙山。观海。过大小衢。徐公山。入鳖子门。赭山。而薄钱塘矣。或由洋山之北。过马迹潭西而犯青浦。或过马迹潭西北而犯太仓。或过南沙。经茶山。瞭角嘴。涉谷椟入大江。越狼福山而犯瓜。仪。常。镇。若在大洋而风歘东南也。则过步洲洋乱沙。入盐城口而犯淮安。入庙湾港而犯扬州。再越而北则犯登。莱。若在五岛开洋。而南风方猛。则趋辽阳。趋天津。大抵倭舶之来。恒在清明之后。前乎此。风候不常。届期方有东北风。多日而不变也。过五月。风自南来。倭不利于行矣。重阳后。风亦有东北者。过十月。风自西北来。亦非倭所利矣。故防倭者以三四五月为大汛。九十月为小汛焉。志云。山城以东。地方广邈。虽倭夷远服。贾者或不能知。大抵陆奥一州在其极东。而萨摩一州在其最西。博多。其岛名也。东南去肥前州四百五十里。贡使必出之路。又有平壶。八角诸岛。在其北面。自嘉靖以后。东南得以宁谧。万历中。关白发难于朝鲜。又久而后平云。四夷考。倭国以山城为主。山城之南为和泉。又南为沙界。沙界之东南为纪伊。纪伊之西为伊势。山城之西为丹渡。东为摄津。东之西为摄摩。西为但马。西之西为因幡。丹渡西为美作。东为备前。东之西为备中。西为因幡。西之西为伯耆。美作之西为备后之北境。出云之南境。备后之西为安艺。出云之西。为石见。安艺。石见之西。为山口谷国。即古之周防州也。山口之西为长门。关渡在焉。渡此而西。为丰前。其南为丰后。又南为日向。丰前之西北为筑前。西南为筑后。筑后之南为大隅。大隅西为萨摩。丰后东南为悬海。为土佐。为伊豫。为阿波。阿波相近悬海为炎路。土佐。丰后之间。为佐加关。萨摩之北为肥后。又其北为肥前。肥前西悬海为平户。平户西为五岛。北为多艺。为伊岐。极北为对马岛。诸岛皆有酋长。山城号令不行。强者则相役属焉。】

福建读史方舆纪要叙

福建僻处海隅。褊浅迫隘。用以争雄天下。则甲兵糗粮。不足供也。用以固守一隅。则山川间阻。不足恃也。西汉时。东越尝国于此矣。横海楼船以四道之兵至而国亡。陈天嘉中。陈宝应亦思据之矣。章昭达。余孝顷之师来袭而国亡……吾尝于南宋奔亡之余。而反覆三叹焉……蒲寿庚之擅有泉州也。其初不过一亡命匹夫耳。【宋史。寿庚。西域人。与其兄寿宬成以互市归于宋。】寿庚以鹰犬微功。过假之以禄位。擅市舶利者三十年。官招抚使。狼子野心。背宋而潜献地于元。宋外惧敌师之侵。内惕寿庚之叛。不得已而走漳。不得已而走潮。以入海也。当其驻跸福州之初。而已知其势之必至此也。客曰。闽固不足为中国患乎。曰。昔东晋时。有孙恩者。出没海岛。为闽浙患。恩死。其党卢循继之。循灭。余众悉遁入闽。今泉州夷户有曰泉郎者。亦曰游艇子。厥类甚繁。其居止常在船上。船之式。头尾尖高。中平阔。冲波逆浪。都无畏惧。名曰了鸟船。往往走异域。称海商。招诱凶徒。渐成暴乱。嘉靖中。倭夷蹂躏之祸。此辈所致也。然其流毒。亦于闽。浙为甚。江淮以南。侵突亦渐矣。盖孙恩。卢循之余习然也。客曰。昔人视海道为至险。王审知之据闽也。尚禀命于中国。其入贡之道。为淮南所阻。每岁自福州洋过温州洋。取台州洋过天门山。入明州象山洋。过涔江。掠冽港。直东北度大洋。抵登莱岸。风涛险恶。没溺者尝十之四五。海道不足为中国患也。殆以是欤。予曰。非也。末世智巧日生。昔之艰难者。今皆趋于便易。元伯颜建议海运。初年以四万六千有奇之粟。从海道入大都。创行海洋。沿山求嶴。风信失时。逾年而始至。其后益开新道。波涛玩习。占风候雨。机变如神。自福州以及江浙之粮运。至京师者三百三十余万石。仅旬日而至耳。今运粮之道。具于图经。使臣往来异国之道。则载于针经。习于海上者。浅礁暗沙。险滩僻嶴。计潮候息。锱铢不爽。涛山浪屋之中。彼已视为衽席矣。自钱塘鳖子门而北。为海门之料角嘴。为淮口之庙湾场。为登。莱之成山。沙门岛。抵登。莱。则左顾天津。而燕蓟在望。右指旅顺。而辽浑当前。子以王闽之时。而概元季之后。不亦昧哉。客曰。倭夷或能病我中华也。其以海之故哉。予曰。倭夷之志。在子女玉帛而已。然其倡乱者。非皆倭也。即所谓泉郎之徒也。犹忆少时。闽人宋氏珏过家先生。谓家先生曰。嘉靖三十七年四月某日。倭贼攻兴化府时。贼首为洪泽珍。故闽人。以海商导倭入寇。有某生者。落魄不羁。敢为大言。少与洪习。往谒之。曰。兴化不足攻也。今宜佯请抚于有司。厚索犒与。出屯岛外。积甲炼兵。漳。泉大艘旧通番市者。不下千余。皆君所习。以明春整师登舟。齐俟汛至。分百艘泊京口。百艘泊淮阴。而我以大艅直指登。莱抵天津。天下之势。隔而为三。江淮资运。势不能达。人情汹汹。必且内变。山东豪杰。当有应者。吾不俟有攻坚击锐之劳。而天下之势且归于我矣。时贼以莆城富饶。亟欲城陷。闻生之言。谓生为莆城游说也。瞪目叱之。左右顾。欲杀之。生匍伏请命。乃得已。窜入壶公山中。事平后。颇自疑。不敢出。然闽人亦善生之止贼攻城。而不深咎其言之祸及国家也。家先生笑而不应。予闻之。颇怪是生之狂瞽也。夫以国家灵长之祚。岂草窃者所能干。生乃欲急售其奇。不择人而教以天下之大计。其不见膏于斧锧也。亦幸矣哉。

卷九十五·福建一

建江。亦曰闽江。亦曰建溪……自水口已上。达于浦城。计程几六百里。滩石嵯岈。纵横林立。舟行罅隙中。滩高水急。略无安流。流船轻脆。石齿坚利。稍或不戒。沉溺及之矣。相传始于浦城。迄于水口。诸滩之有名者以三百计。然至险者亦不过数处。曰将军滩。【在浦城县南十里。】和尚滩。【俗名阿弥陀佛滩。在建宁府北六十五里。】黯淡滩。【在延平府北五里。】大伤滩。【在延平府东南十八里。】大湾滩。【在水口北二十里。】其最著者也。次则火烧滩。【在浦城县南三里。】倒乱滩。【在浦城县南百十里。】大小罗滩。【小罗滩。在浦城南百十三里。又南十四里即大罗滩。】树林滩。【在大罗滩南六十五里。】大米。小米滩。【小米滩。在树林滩南十二里。又三里即大米滩。】菱角滩。【大米滩三十余里。】梨滩。【在建宁府城北十五里。】箭孔滩。【在延平府东南六十五里。】梅花滩。【在箭孔滩南六十六里。】亦时有摧溺之虑。而汀。邵二溪。又有九龙。【在清流。永安二县界内。称最险。】三门。虎口。【在延平府西境】诸滩之险。其水工非熟于水道。轻捷夙成者。则节节皆险耳……由水口而东五十里曰小箬驿。又东十里。曰闽清口。又四十里。曰白沙驿。自白沙而下。分为两支。其自东而南者。二十里为竹崎所。又四十里曰芋原驿。又东南至府西十里曰洪塘浦。又东南流二十里曰南台江。又东南流五十里为马肠江。其自南而东者。经府西南六十里曰阳崎江。折而东二十里曰西峡江。复东流二十余里会马肠江。府境诸水。俱会流于此以达海。盖自西北而东南。横亘三郡之中。几千余里。为津梁之要会。自剑溪东下福州。水路萦纡。几数百里。而水势湍疾。可以朝发夕至也。陈天嘉五年。章昭达自东兴岭趣建安。【东兴岭。见江西新城县。】讨陈宝应。宝应据晋安。建安二郡。水陆为栅以拒之。昭达与战不利。因据上流。命军士伐木为筏。施拍其上。会大雨江涨。昭达放筏冲宝应水栅。尽坏之。宝应由此败灭。五代汉乾祐三年。南唐剑州帅查文徽。遣剑州刺史陈诲将水军下闽江袭福州。会大雨水涨。一夕行七百里。抵福州城下。【史作七百里。误也。自剑州至福州四百里。】败州兵。整众鸣鼓。止于江湄。盖顺流漂急。势莫能御也。

海在福建。为至切之患。汉元封初。伐东越。遣横海将军韩说出句章。浮海从东方往。遂灭闽越。三国吴建衡初。遣军自建安海道与荆州之师会于合浦。以击交趾。陈天嘉四年。章昭达自东兴度岭。趣建安。讨陈宝应。诏余孝顷督会稽。东阳。临海。永嘉诸军。自海道会之。昭达败宝应水栅。诸军方攻其步军。孝顷自海道适至。因并力乘之。宝应败灭。隋开皇十年。泉州王国庆作乱。自以海路艰阻。不设备。杨素泛海奄至。击平之。五代汉初。吴越遣将余安自海道救李达。遂有福州。宋德祐二年。张世杰等共立益王昰于福州。蒙古将阿刺罕自明州海道来袭。福州旋陷。明初讨陈友定。亦命汤和由明州海道取福州。八闽悉定。洪武十九年。倭氛告警。乃命江夏侯周德兴经理闽海。置烽火。南日。浯屿三寨于海中。正统九年。以侍郎焦宏莅其事。则迁烽火。南日于内地。景泰二年。尚书薛希琏出而经略。又迁浯屿水寨于夏门。议者以为弃其藩篱矣。是时虽增置小埕。铜山二寨。沿边卫所镇戍之设。渐加密焉。而奸商酿乱。勾引外夷。自潮州界之南澳及走马溪。旧浯屿。南日三沙一带。皆为番舶所据。浸淫至于嘉靖二十七年以后。祸乃大发。论者谓东南之倭乱。闽实兆之也。自是审斥堠。严会哨。寇去之后。犹亟亟不敢懈焉。盖列戍于海上。而哨守于海中。不易之法矣。说者曰。海中岛屿。东西错列。以百十计。但其地有可哨而不可守者。有可寄泊而不可久泊者。若其最险要而纡回。则莫如彭湖。盖其山周遭数百里。隘口不得方舟。内澳可容千艘。往时以居民恃险为不轨。乃徙而虚其地。驯至岛夷乘隙。巢穴其中。力图之而后复为内地。备不可不早也。又海中旧有三山之目。彭湖其一耳。东则海坛。西则南澳。皆并为险要。守海坛。则桐山。流江之备益固。而可以增浙江之形势。守南澳。则铜山。玄钟之卫益坚。而可以厚广东之藩篱。此三山者。诚天设之险。可或弃以资敌欤。

卷九十六·福建二

(福州)府西阻重山。东带沧溟。南望交广。北睨淮浙。亦东南一都会也。然而延。建诸郡。控我咽喉。福宁一州。扼我项背。兴。泉诸郡。伺我肘腋。扬帆突至。则有海道之虞。逾险飙驰。实切上游之惧。封疆不可凭。山溪不足恃。国门以外。皆战场也……

福州城。【……吴志。孙策攻会稽太守王朗。朗战败。浮海至东冶。策追击。大败之。侯官长商升为朗起兵。策寻遣兵讨平之……】

侯官故城。【(福州)府西北三十里……五代晋开运二年。南唐陈觉擅命攻福州。自剑州缘江东下。李仁达将杨崇保帅舟师拒之。觉等败之于侯官。乘胜进攻福州西关。为仁达所败。此侯官也。】

钓台山。【(福州府)城南九里……明初汤和自明州渡海攻福州。奄至五虎门。驻师南台。福州遂下。今为廛市。山去江百余步。平山。在府东南三十二里。志云。城东南三十里有凤山。鼓山之支陇也。其东为平山。宋少帝航海时。驻兵于此。铲平其顶。因名……】

方山。【(福州)府南五十里……旧志。方山群峰百六十。岩屿之属得名者。复十余处。其西麓小山曰仙崎。亦曰阴崎。与阳崎隔江对峙。元吴海云。建江别流。南循方山。以会于长隥台江。旧有浮桥。延祐中创石桥以济行者。然淫雨泛溢。风冈百里。辄为巨浸。新隥。阳隥为江流回折之冲。舟济者又有踜风漂溺之患。郑君潜适寓瓜山。营二舟。一自白苗济阳隥。一自新隥济阳隥。行旅便之。谓之义渡。里人谓之郑公渡……】

五虎山。【(福州)府东百里大海中。有五虎门。与江口相接。明初。汤和由海道取福州处也。山下为官母屿。巡司置于此。相近者有浮江山。亦曰文笔山。对峙者曰王埔山。居民皆以捕鱼为业。又琅崎山。亦在府东海中。一名罗崎山。其旁又有清洋。福斗诸山。】

海。【(福州)府东南二境皆滨海……又海防考。福州境内有闽安。镇东。定海。关下。娘妈宫。濂澳。鉴江。馆头。小埕。牛田。东营。后瀛。松下。大小祉诸处。皆海口登犯之冲。而备御之所也。】

白虾浦。【在(福州)府南。五代汉初。南唐围李仁达于福州。吴越将余安自海道赴救。至白虾浦。海岸泥淖。布竹箦而前。既登岸。奋击南唐兵。大破之。或曰白虾浦即白龙江别名也。又有直渎浦。旧从江岸开河口通潮。北流至故海晏门。为澳桥浦。又北通于东湖。今亦废。郡志。南台江旧自河口引而北。缭绕三十有六曲。为城南濠。分引入水步门。水关。弘治中。镇守内臣凿新港。遂失故辙云。罾浦。在府东南。昔时近城水渚处也。州人多就浦罾鱼。故名。石晋开运三年。南唐兵围李仁达于福州。仁达求救于吴越。吴越兵至。自罾浦南潜入州城。即此。】

闽安镇。【(福州)府东四十里。有巡司。洪武二年置。为会城东面之险要。海防考。海水潮汐与马江汇于闽安镇。有两口。一东出双龟门外。绕壶江。五虎。一南出琅琦门外。绕广石。梅花。闽安。为江海之锁钥。而会城之门户也。嘉靖中。倭寇突犯闽安。参将尹凤击败之。贼由此突犯福清县。今仍为戍守处。又有闽安税课局。与巡司同置。五虎门官母屿巡司。见上五虎山。亦洪武二年设。】

五县寨。【府西北五十里。有巡司。元置。明因之。志云。司旧属怀安县。接闽县。侯官。古田。闽清。凡五县界。因名。又竹崎巡司。在府西北六十里滨江。正统六年置。古岭寨。在府东。有兵戍守。为滨海之备。志云。闽县东有塘头。塘湾。翁崎等民城。皆嘉靖中创筑。以捍倭寇。】

御国山。【(福州)府东七十里。蹲峙海滨。高出云表。俨如捍卫。夷舶入贡。每视此为准。俗呼牛角山。又有钟门山。在海中。当舟行之道。有小屿如钟。壶井山。在县东六十里滨海。山垂有一井。状如壶。潮至则咸。潮退则淡。上有岩石耸峻。俯临沧海。名百丈岩。其旁峰峦岩屿。奇胜不一。迤东则群山错峙。又有王母礁。在壶井山南。二礁对峙海中。宋末。杨妃负福王。益王航海时。经此。】

海。【(长乐)县东北五十里。又县东南。东北境。皆滨海。山。港。澳。屿。回环为险。海防考。县西北闽安镇。五虎门诸处。实为省城门户。东北广石。梅花所。突入海中。与连江县定海所相对。亦省城右臂也。自梅花至松下巡司。中历十一澳。皆东沿大海。波涛冲激。并岸水浅。寇船难近。独松下渐南。与福清接壤。广。浙商舶。往往泊此。海坛包其东南。亦有观音澳。苏澳可以暂憩。故松下之备

宜豫……】

马头江。【(长乐)县城西北半里。自闽县流入境。江面益阔。又东北与大海相接。波涛震撼。乘舟入郡。常虞风潮之阻。志云。由县城西北入马江。曰太平港。旧名吴航头。相传吴王濞造船处。似误。盖吴越遣兵入闽。尝泊舟于此也。明永乐中。太监郑和由此入海。改曰太平港。又梅花江。在县东北五十里。近梅花所城。亦曰梅江。亦曰梅花澳。嘉靖三十八年。倭贼犯会城。旋自洪塘江出洋。参将尹凤追败之于梅花外洋。即此。又北曰广石江。亦曰广石澳。宋末。陆秀夫。张世杰奉二王从此入闽安镇处也。相近者又有后山澳。皆与大海相吞吐。松下江。在县东南三十里。东通大海。西通福清县。亦曰松下澳。相近者曰大社。小社。垅下等澳。又壶井江。在县东壶井山下。亦曰壶井澳。又东北有磁澳江。中有孤山峙海中。分东西南北四澳。可避风。海舟常泊此。志云。府东有洽屿澳。又东有仙岐。漳港。门口。黄岐等澳。又有漳坂澳。皆海潮洄洑处也。】

松下镇。【(长乐)县东南三十五里。有巡司。洪武初。置于福清县海口。二十年。移置于此。司马长乐之咽喉。福清之门户。嘉靖三十七年。倭贼自松下突入海口澳。登陆攻福清之镇东卫。官军力战。乃遁去。三十九年。议筑城。未就。崇祯中始成之。周二里有奇。有门四。水关一。稍东北有旗山。滨海。置烽火于此。又小祉巡司。在县东二十五里。崇祯六年。移置于大祉澳。南去旧治数里。石梁蕉山巡司。在县东三十里。旧置于梅花所城内。洪武二十八年。迁于此。旁有蕉山。滨海。因名。东有磁澳。为倭寇出入之冲……】

海坛山。【(福清)县东南七十里海中。周七百里。其山如坛。南北长而东西狭。上多云气。亦名东岚山。唐牧马地。后渐有寺宇。宋初置牧监。寻以驽騂罢。皇祐中。许民耕垦。淳熙中。有三千余户。其山南曰黄崎。曰紫阑。曰牧上。曰寨头。曰流头。曰大小鳌网。有三十六派湖。环绕峰峦如画。宣和以后。大雨雹。湖皆决入于海。近坞有大小场。浒头及钱藏。皆为泊船澳。迤东高者为军山。王氏时。谪戍多居此。其间曰浚门。曰獭步。曰广州埕。曰流水。隔东江曰小墙。小墙北曰十二蓝焦。东墙北曰白兵焦。大桑。小桑两桑间曰桑门。而两墙间为鸬鹚门。是外极东之岛。而舟不可行矣。迤南有南匿里。亦曰南匿屿。旧产盐。宋于此设巡司。其北有沙澳。亦曰苏澳。又有沙溪。行一日皆沙。而澳当海口为寨。又五里西抵钟门。亦曰钟山屿。玲珑如钟。菰蒲四围。海水盐卤。而此泉独淡。近屿石高二丈。状如媪。东南瞰石方二十丈。其中井泉与潮候应。取水者集焉。亦船舶之都会也。半潮抵磁澳。则为长乐县界。又有草屿。唐屿。皆近于南匿。南匿陒陿。且风多不宜树。一曰大姨山。当日未出时。极望有如空青微露水面。为小琉球国。海水深碧。东流不返。莎蔓如组。柁不容转。必刳木为盂。乃能旋汧浮沙以济。暴风不夙避者。往往漂至于此。中国人为其所得。以藤贯其足。令之耕作。故此山昔忌夜火。恐其国望之而来也。是为东角洋。盖岐海之穷徼矣。又有支山。曰水马山。有石如舟帆。亦名石帆山。相近者曰霸前。曰金崎头。此海坛之西麓也。海防略。海坛山盘踞耸峙。迥出海上。故元时民户尝满四万。多以鱼为业。中有西湖。相传尝产龙驹。湖之东。群山环亙。不可胜纪。外隔小琉球。三昼夜内通海口。至县仅一潮。中间以村名者。百有余处。陂湖潭澳。不一而足。其著者曰葫芦澳。多鱼。碧沙洋产人参。其百花寨。钟门三镇。街衢阛阓。景物繁多。真海表名区也。明初遣江夏侯视海防倭。寻以卫弁李夷欺妄。诏虚其地。惟以小埕水寨官兵汛守。隆庆初。始添设海坛游兵。万历中。复命增设水寨。与兴化府南日寨相形援。后复废弛。小练山。在县东海中。旁有大练。小练二门。五代以后。居民环集。商贾辐至。号小扬州。洪武二十年。与海坛同徙。志云。小练山周十里。旧多乔林。其大小练二门。相去仅十里许。无风。逾月不能渡云。】

径江。【(福清)县南三十里……嘉靖三十八年。倭贼自海坛山入犯。移屯上径。官军捣破之。即径

江上流也。松林江。在县东。去海口镇五里。东流入海。】

海口镇。【(福清)县东十里。宋里人林迁创建。有城。亦曰海口镇。民城周四里有奇。明嘉靖三十四年。倭寇来攻。以城坏为倭所陷。寻改筑之。自是倭寇屡犯镇。以城坚得免。志云。镇东北倚龙山。镇南二里即瑞岩山也。元置海口务于城内。明初改为海口税课司。并置河泊所于此。又有海口场盐课局。元延祐六年建。本名司令司。明初改为运盐分司。洪武二十年。改盐课司……】

荻芦山。【(连江)县东南四十里……宋淳祐三年。置荻芦寨于此。有水军千人。亦曰武济水军……】

上竿塘山。【(连江)县东北八十余里大海中。峰峦屈曲。有竹扈。湖尾等六澳。又有下竿塘山。突出海岸。山形峭拔。与上竿塘并峙。中有白沙。镜港等七澳。洪武初。徙其民于内地。三山志。上下竿塘。大小亭山。桑屿。关岭。蛤沙。北茭镇。俱在县东北海中。相近又有拱屿澳。嘉靖三十五年。倭贼犯县。官军击却之。贼夜遁。由拱屿澳出洋。是也。】

北茭镇。【(连江)县东北百十里。西北至罗源县八十里。本名荻芦镇。宋时水寨盖设于此。元为荻芦巡司。洪武二十年。改今名。并置城于此。与定海相为唇齿。嘉靖二十七年。倭贼流劫北茭。官军御却之。是也……】

小埕寨。【(连江)县东百二十里海中。明初置。筹海说。小埕北连界于烽火。南接壤于南日。连江为福郡之门户。而小埕又连江之门户。嘉靖三十五年。倭贼自流江突至小埕水寨。遂犯会城。盖汛防要地矣。又光临里寨。在县西南。亦明初置。向设兵戍守。延祥水寨。在县东南。宋福州水军有延祥寨。盖置于此。】

大溪。【在(古田)县城南。溪有二源。俱自北来。至县南合流。委蛇澄澈。其平若镜。二溪夹流县治东西。因亦名双溪。又南为嵩溪。群溪之水皆汇焉。又南会于建江。谓之水口溪。上有嵩溪。馆江头。往来之通道也。志云。水口为群溪汇合之处。亦曰渊溪。有关曰渊关。水流宽平。无滩石之阻。故上下舟楫。恒泊于此……】

嵩山。【(兴化)府东南三十里。峭拔海滨。其南有小屿。在海中。潮退有石桥可渡。居民千余家……又蚶山。在府东八十里大海上。山势崒嵂。环翠如嶂。旧志。莆田有蚶田百顷。号大蚶山。是也。其相近者为演屿。相传宋少帝舟泊大峡江浒。为元兵所逼。忽有白马神为演一屿蔽帝舟。得免。因名……】

南日山。【(兴化)府东百里大海中。与琉球相望。旧名南匿山。近福清县海坛山。明初设寨于此。后徙于内地。山为会哨之所。又华胥山。在府东南百里。吉了巡司置此。一名极了。以莆地至此而极。复崛起为此山也。宋时谓之击蓼。与湄洲屿隔海相望。下有东西二湾。为阛市辐辏之所。湄洲屿。在府东南八十里大海中。一名鯑山。与琉球国相望。宋林光朝云。湄洲隔岸视之。约六七里。有田数十顷。可耕而食。又有大孤。小孤二屿。宋志云。在莆田县东七十里。名胜志。今遮浪村海中有巨石突起。曰大龟屿。屿东又有大石盘。是也。】

海。【(兴化)府东南两境。皆滨海岛夷。有警府当其冲。其防维之处。吉蓼。平海。三江。其最冲也。文甲。嵌头。青山。其次冲也。志云。府东南五十里有支海。自觑头入。与北山诸溪合。江面最阔。中有盘石。突起如平地。居民集焉。有江口桥。一名龙津桥。又名尚阳桥。通道所经也。桥北即福清县境。相近有下黄竿支海流入此。两涯宏阔。北涯旧有宁海镇。镇前有渡。元元统中创为桥。明初复修之。胜览云郡东薄宁海。谓宁海桥也。又有峰头澳。在府东平海卫南。嘉靖三十八年。官军击倭于峰头澳。破之。倭遁去。又追败之于野马外洋。】

迎仙寨。【(兴化)府东北四十里。其地有迎仙桥。下即子鱼潭。洪武二十年置巡司。志云。宋初司置于县东施水亭。熙宁四年。徙迎仙市之北。崇宁元年。圮于水。徙迎仙市之西。明初改建于此。有城。前临海。后负江。为商民辐辏处。又冲沁寨巡司。在府东六十里。有城。三面阻海。与岐头。三江。澳港相接。志云。司旧置于兴化县寻阳山下。洪武二十年徙。又嵌头寨巡司。在府东南九十里。旧置于莆禧镇。洪武二十年徙置。有城。界山海间。为登涉要地。又青山寨巡司。在府东九十里。旧置于府东三十里之南哨。亦洪武二十年徙置于此。有城。东西南三面皆阻海。夷舟多由此入。南日山峙其南。渡海不过五十里。为郡之门户。吉了寨巡司。在府东南华胥山下。有城。洪武二十年。置于仙游县之潭边寨。后徙今处。郡志。司距城八十里。前控南日。右引小屿。左带湄洲。迫临大海。东有吉了水寨。又大洋巡司。在府西北八十里山谷中。蹊径丛杂。奸民啸聚。万历中。增置今司。】

南日砦。【在(兴化)府东南。志云。府东平海卫东有旧寨。设于海中南日山下。北可以遏南茭湖井之冲。南可以阻湄洲岱坠之阨。亦要区也。景泰以后。移于吉蓼之东。仍以南日为名。旧南日弃而不守。番舶北向泊以寄潮。论者以为自弃其险。然而孤悬海中。大约与泉州之浯屿情事相类云。崎头镇。在府东八十里。初置巡司。后改为城堡。嘉靖中。倭贼陷兴化府。官军击之。倭贼走平海卫。欲掠舟泛海。乃结巢崎头城。官军击之。败绩。贼乘胜陷平海卫。戚继光等合兵击破之。志云。镇东至平海卫十里。】

林墩。【在(兴化)府东南。嘉靖中。戚继光大破倭贼于此。海防考。平海卫墩台有小澳。石狮。砺前。新浦。三江。埕口。崎头。澄港。湖边。石城。蔡山。石井等一十二座。莆阳驿。在府治北。元置。明因之。又有递运所在驿南。洪武十七年置。后废。】

二飞山。【(仙游)县北五里。宋志作大飞山……又九域志。大飞山有平湖洞。其地有平湖数顷。一夕风雨暴起。旦见此山耸峙。因名大飞。唐景福初。王潮自泉州遣兵攻福州。平湖洞民请以兵船助之。即此。】

(福宁)州北瞰永嘉。南屏侯官。山川险峻。实为要地。防险说。闽兴。泉。福。漳之地。皆滨海要冲。然莫有如福宁之尤险者。盖地势自西北而东南至会城尽之矣。而福宁又在东南。突出海中。如吐舌然。其左为瓯。括。海居东面。其右为福。兴。海居南面。福宁独当东南北三面之冲。岛夷入寇。必先犯此。故防维最急也。

温麻废县。【(福宁)州南三十里。晋太康三年。析侯官县温麻船屯置温麻县……】

松山。【(福宁)州东十里。下有松山港。昔时风涛险恶。岁患溺舟……志云。松山东南海中有断屿。名火焰山。又名屏风屿。嘉靖三十八年。倭贼突犯州境。参将黎鹏举等击之于屏风屿及镇下门。三沙海洋。皆败之……】

洪山。【(福宁)州南三十五里……又小洪山。在州西南五十里……又霞浦山……又南十里曰罗浮山。相传此山浮海而来。泊船山下。可避北风。南风则石崖齿齿难近。嘉靖三十七年。倭贼流劫罗浮。官军御却之。防倭水寨船多集其下。相接者曰水澳……】

大姥山。【(福宁)州东北百里……嵛山。在州东南海中。山高而中坳如钵盂。旧名盂。山有三十六澳。旁有艮山。有日屿。东有七星山。以七石浮立海面如七星而名。嘉靖中。官军尝败倭于此……】

泗城山。【(福宁)州西南五十余里……又白瓠山。在州南大海中。白如瓠。山脊与宁德县接界。志云。州西南六十里又有竹屿。其相近者为孤山。嘉靖三十五年。倭贼自宁德县遁入福宁州界。官军追败之于此。】

松山港。【在(福宁)州东南松山下。上接诸溪涧之水。至松山前。与海潮汇。前有沙洲。后有沙径。海航多泊于此。又松罗洋。志云。在州西北七十里。其地有九湾十八折。又七十里至福安县。今有松罗公馆。】

分水关。【(福宁)州西北二百里分水岭上……又有营头关。在州南霞浦山前。有小屿跨海。与大山接。中可容数百人。宋绍兴中。邑人尝守此以拒海寇……】

烽火门水寨。【(福宁)州东松山下。永乐十八年。创设于三沙海面。既以倭寇入犯。拨卫军及大金所军协守。正统九年。议者以为风涛汹涌。不便栖泊。乃移于松山下。增拨官军。以备倭寇。流江寨。在州北百里。与平阳县接界。即横阳江南岸也。海防考。烽火门之要有官井。流江。九澳诸处。为贼船必泊之所。备御最切。而流江与烽火门尤为犄角之势。】

三沙寨。【在(福宁)州东北……又延祥寨。志云。在州南。宋淳祐三年置。有水军千人……】

沙城堡。【在(福宁)州东北。海防略。沙埕征榷要冲。商民辐辏。三面俱海。贼所垂涎。而蓁屿堡地亦滨海。民殷庶。蓁屿而下。为三沙信地。襟山带海。旧设土堡于相近之高岩。以防海口……】

双岩岭。【(福安)县东南百二十里。宋建炎间。韩世忠讨建寇范汝为。尝屯兵于此……志云。县东南五十里有百辟岩。相传宋少帝航海入闽。集勤王之师于此。因名……】

六印江。【(福安)县南百里。中有六小屿。又有苏江。在县东南五十里。流合六印江。其下流为甘棠港。志云。港在县东南百六十里。一名黄崎港。与六印江相连。先有巨石。屹立波间。舟多覆溺。唐乾宁五年。王审知欲凿之。忽风雨大作。别开一港。甚便舟楫。闽人以审知德政所致。名曰甘棠港。下流出福宁州之古镇门入海。】

白沙务。【(福安)县南二十五里。宋绍兴二年置。寻罢。志云。县南三港口。旧有税粮场。闽王审知置。东辖温麻港。西辖童镜港。中辖甘棠港。宋熙宁五年。行市易法。以风涛险恶。商舟艰于驻泊。乃移置于黄崎镇……】

卷九十七·福建三

(建宁)府西带江西。东连浙右。形势四通。为全闽之藩屏。晋安之肩背。且束水襟山。号为奇峻。诚东南胜地也。宋绍兴二年。群盗范汝为据建州。韩世忠自温台路进讨。曰。建居闽岭上游。贼沿流而下。七郡皆鱼肉矣。及景炎初。蒙古窥闽。以舟师出明州逼福州。复以骑兵取处州。瑞安。【即温州府。】入建宁。于是东西震动。【时蒙古西入邵武。东侵福州。】八闽瓦解。明初征陈友定。亦命诸将首攻建宁。盖所以夺敌之心喉也。

西山。【(建阳)县西北七十里。周围百里。四面壁立。山顶平旷。中有良畴数十亩。可耕可桑。其下涧水通舟。委蛇旁达……】

玉溪。【(建阳)县东南六十里……徐墩溪。在县南二十五里。源出顺昌县接界之五峰山。流至此。可通舟楫……】

漳滩。【在(建阳)县南三十里锦江之中。或曰即樟槎滩也。在莲台山下。危石森列。旧不通舟。元季凿之。舟行最险。舆程记。自崇安县舟行七十里而至兴田驿。又五十里经天滩。挂滩。走马滩及考亭溪。又五十里经漳滩。又九十里而至建宁府。志云。县南数里又有郑滩。县西二十余里有潮滩。亦名小涧滩。皆群滩中之有名者。】

南浦溪。【在(浦城)县城南……又南合崇。建二溪。为瓯宁县之西溪。志云。溪经县南五里为火烧滩。列石巉岏。溪流险狭。又南五里为将军滩。两山夹峙。溪经其中。水石凭陵。舟行震荡。舟入建江。二滩其发轫之始也……】

黯淡滩。【在(延平)府北五里东溪中。志云。东溪诸滩。曰汾滩。曰竹林后滩。曰高桐滩。曰凿滩。曰黯淡滩。此下直至剑津以接西溪。其中黯淡最险。舟过多覆溺。唐大顺二年。僧无示者结庵于此。募工疏凿。滩势稍平。后名庵为黯淡院。宋天圣中。郡守刘滋复开港道。元丰中。朝命黯淡院岁度僧一人。以导湮塞。又西溪诸滩。曰石柱。曰三门。曰小黄口。曰大黄口。曰张岩。曰虎口。曰樟槎口。曰苏坑口。曰星窟。曰大湍。曰小湍。曰城门。曰将军。曰黄墩头。曰慈油。此下直至剑津。接东溪。南溪之滩。则曰剑鞘。曰嵩口。曰大伤。曰小伤。曰五港。曰天柱。曰鸠道。曰同场。曰龙窟。其中大伤。天柱。龙窟。古称最险。谚云。大水大伤。小水遭殃。舟行恶之。宋绍兴间。郡守上官愔等开诸滩。命僧祖日董其役。漕司助钱百万。愔复请于朝。益以百五十万。而东溪。南溪之险稍平。一统志。东溪之滩五。西溪之滩十。南溪之滩七。凡二十有二。其水湍急。其石廉利。舟上下失势。辄至破溺。总名为港滩。】

剑浦驿。【在(延平府)城东。有剑浦递运所。俱洪武初置。又茶洋驿。在府东南六十里。宋淳祐中置。名金沙驿。元至正间改剑浦。至今因之。又王台驿。在府西六十里。宋淳祐中。置王台站。以越王台名也。元因之。明初改为驿。正统中。毁于寇。景泰中复置。成化十九年重修。亦曰王台馆。正德中。群贼邓茂七等据王台馆。遂陷沙县。即此。又有西芹税课局。洪武四年置于府西南二十里之西芹铺。正统十三年毁于寇。成化三年移于王台馆。又大横驿。在府北四十里。明初置。正统间为寇所毁。景泰中修复。又北四十里。为建安县之太平水驿也。清风铺。在府东南九十里。又十里为武步铺。正统末。官军追败邓茂七余党于武步及清风铺。复截其舟二百于水口驿。通福州道。是也。志云。府城东有明翠浮桥。旧曰明秀。用铁絙维舟三十有八。架木其上。又城南城西有东西两浮桥。】

三华驿。【在(将乐)县西……舆程记。自驿陆行二十里。而达汀州府归化县界之铁岭隘。水行六十五里。至归化县之明溪驿。】

百丈漈。【(沙)县东北三十里。悬流百丈。有玉溪水。出漈北玉山。下流经此。南入大溪。相近又有梅花漈。瀑流飞注岩石间。高数十丈。激沫如梅花。县西七十里又有莘口银河漈。亦飞流百丈。如银河下注。下有石桥。跨两山间。志云。县境以漈名者十余计。下流皆入大溪。蕉峡滩。在县西南三十八里大溪中。最险。暴雨流浊。舟不可行。又黄石滩。在县西二十余里。一名黄龙滩。水底隐一巨石。横亘中流。轰涛掣浪。舟行者恒有覆溺之患。又大砚滩。在县东八里。又东为小砚滩。一名大姨。小姨滩。夹石激流。舟行艰险。县东十六里为雷霹雳滩。水流冲激。澎湃如雷。又有雷溅滩。在县东三十五里。俗呼螺纹滩。滩港纡回。若螺旋然。中流复有巨石横亘。舟行难于折旋。又牛穴滩。在县东五十余里。滩下石壁夹峙。潭汇其中。名渔溪潭。又东四里为佛子滩。一名囝仔滩。中流有巨石。状如蟾蜍。每遇暴涨。洄洑为害。因绘佛像于石上。篙师以为水侯。谚曰。水浸佛肩。不敢行船。水浸佛足。舟行宜速。又东至金沙滩而出沙溪口。志云。大溪上流之滩十有四。蕉峡。黄石为险。下流之滩三十。霹雳。雷溅。佛子为险也。】

顺阳溪。【在(顺昌)县西北六十里顺阳乡。县以此名。源出建宁府建阳县界。东南流。至白芒畲。始通小舟……】

九龙潭。【在(永安)县西。即龙溪之滩也。曰长龙。曰安龙。曰伤龙。曰马龙。曰三悟龙。曰五白龙。曰兴龙。曰暮龙。曰下长龙。乃溪水最险处。未至长龙。有铁石矶。从清流县来者。必舣舟于此。厚缚竹叶。遮蔽船头。别募土人持篙前立。遇龙处。水之高低常数丈。舟从高坠下。钻入浪中。跃起。即有巨石当头。相去才尺许。土人以篙轻拄即转前滩。水既悬奔。又转折于乱石之间。两山夹峙。险隘阴翳。一瞬迟误。便为齑粉。天下之险无逾于此矣。内六龙属清流县。下此又历十一滩至沙县界。正统中。群贼结寨于此。曰九龙山贼。官军以计夺其寨。又败贼于县西高阳里。志云。县西南五十里有安沙。旧传聚沙成岸。水涨不崩。故曰安。或云出九龙至此始安也。县名永安以此。高忠宪公云。从延平至安沙一路小舟。仅可载两人。至九龙十八滩。每过一滩。舟皆猿挂而上。尽九龙。则陆行至汀州。】

卷九十八·福建四

鄞江。【在(汀州)府城东……高忠宪日记云。汀水之源在北。水俱南流。势如壁立。过大姑绝险处。舟下一滩。则入白浪中。裹而复出。直至峰头趋陆。即抵潮州矣。】

大孤滩。【(上杭)县南四十里。立石槎牙。舟难上下。行者必易载而渡。志云。县境群滩凡数十处。其近城者有马尾滩。以滩水散流若马尾然也。又有逃船滩。在县西。滩势甚险。舟行至此。必避溪旁。多为之备。然后敢过。又有大笼钩滩。屈曲若笼钩然。县北四十余里有目忌滩。水极湍急。舟人见之。辄增畏忌。又北有镬风滩。滩有二水。一直一横。浪滚如镬。此数滩于群滩中为尤险。】

九龙滩。【(清流)县东南百里。上六龙属本县。下三龙属永安县。九龙上下二十余里。每龙两崖石峡逼窄如关隘。仅可丈余。而石龙横截水中。高可数丈。乘舟下龙。如在高山坠于平地。舟子欲下。必倚铁石矶。人尽遵陆。空舟而行。雇土著篙师栏头。庶可无恙。以县境止有六龙。亦曰六龙滩。元季陈友定尝开凿之。以通汀州粮运。明成化十八年。县令张宋募工凿去恶石。滩势稍杀。然险峻犹为七闽最。详见前永安县。长空滩。在县东。怪石纵横。中有大黄石。尖耸险峭。谚云。黄石蒙头。十舵九愁。下有长空潭。水色澄澈。又渔沧潭。在县城东龙津桥南。三潭相属如贯珠。清绝明莹。深不可测。又黄柏洋。在县东五十里。宋文天祥尝引兵驻此。】

大洲溪。【在(永定)县南……志云。县北有磨石滩。滩石错立。水势澎湃。县南有箭滩。以水势如

箭也。又有罗滩。以湍流回绕而名。县西又有憔滩。惊湍沸浪。言舟师至此颜色为憔也。】

二十四溪。【(泰宁)县西四十里……志云。县有龙安溪。源出县西南八十余里君子峰。流二十里。有善溪流合焉。又北会铺溪入于大溪。其善溪在县西南六十里。导建宁县境内之水。回环流合龙安溪。中有鲲潭。一名池潭。其深莫测。有旋涡。舟人病焉……】

杉溪。【(泰宁)县北五十里。出茶花岭。经大杉岭下至县治北。又黄溪。在县东南五里。出将乐县界宝台山。西北流。经县东一里。与杉溪合。而汇为何潭。亦名龙潭。潭之下有滩。状如斗角。溪流至此。西山环拱。乃折而西。流三十余里达梅口。会于濉江。而邑之众水亦皆归焉。梅口有滩。曰火夹滩。乱石巉岩。两旁石崖壁立。奔湍激浪。其声若雷。舟楫至此。最为艰阻。下流五里而为双溪渡。黄元实云。诸溪之水皆从石山中流出。至此。两岸开豁。桑麻沃衍。梅川市在焉。溪东接道人峰水。西与濉阳水合。复折而东。趋于剑津。平沙旷堤。雨涨则弥。霜凋则平。可舟航而不可舆梁。实汀。邵往来之冲。】

卷九十九·福建五

刺桐城。【即(泉州)府城。以昔时城下多植刺桐树而名。志云。郡旧有衙城。子城。罗城。翼城。内外有濠。舟楫可通。城市岁久类多堙废……】

宝盖山。【(泉州)府东南四十五里。一名大孤山。绝顶有石塔。宏壮突兀。出于云表。商舶以为抵岸之标。半山有虎岫岩。东南跨海。又有玉泉井。在石塔下。随海潮汐以为盈缩。相近者曰金鞍山。亦名小孤山。金钗山。在府南三十里。两峰延袤数百丈。如钗股然。今浯屿水寨移置于此……】

洋屿。【(泉州)府西南十里。四围田畴数百顷。屿突起其中。又岱屿。在府东南六十里。突起海中。介于石湖。北镇两山之间。志云。岱屿相连者为白屿。耸出江中。为洛阳。圣姑。北镇。石湖诸港湍流分汇之处。而左右多沉沙。迁徙不常。屡为商舶患……】

彭湖屿。【在(泉州)府东南海中。山形平衍。东西约十五里。南北约二十里。周围小屿颇多。自府城东出海。舟行三日可至。又有东西二碇山。亦在海中。自东碇开洋。一日夜可至。其海水号彭湖沟水。分东西流。西达漳泉。东达吕宋。海防考。隋开皇中。尝遣虎贲陈棱略彭湖地。其屿屹立巨浸中。环岛三十有六。如排衙。居民以苫茅为庐舍。推年大者为长。以畋渔为业。地宜牧。牛羊散食山谷间。各剺耳为记。元志云。三十六岛。巨细相间。坡陇相望。有七澳居其间。大约有土无木。土瘠不宜禾稼。产胡麻。菜豆。山羊尤多。居人煮海为盐。酿秫为酒。采鱼虾螺蛤以佐食。土商兴贩。以广其利。贸易至者岁常数十艘。为泉外府。至元末。置巡司于此。明初洪武五年。汤信国经略海上。以岛民叛服难信。议徙之于近郭。二十年。尽徙屿民。废巡司而墟其地。继而不逞者潜聚其中。倭奴往来停泊取水。亦必经此。嘉隆以后。海寇曾壹本等屡啸聚为寇。官兵大举。始讨平之。万历二十年。倭犯朝鲜。哨者云将侵鸡笼。淡水。鸡笼密迩彭湖。于是议设兵戍险。二十五年。增设游兵。春冬汛守。四十五年。倭入犯龙门港。遂有长戍之令。兼增冲锋游兵。以厚其势。其地环衍可二百余里。三十六屿之胜。盖清漳。温陵二郡之门户。但地斥卤。水咸涩。常燠多风。稼穑差艰耳。屿之正中曰娘宫屿。从西屿入。二十里为茶盘。又十里为进屿。即娘宫屿矣。波平浪息。无溯奔激射之势。其状如湖。因曰彭湖。湖面宽转可里许。深稳可泊。遇南北风。我舟汛守皆顿其中。夷人往往窥伺。以为窟穴。面为案山。右为西安。各置小城。列铳其中。以为戍守。名曰铳城。又左为风柜。夷人尝筑铳城于此。山略高至七八尺。夷拗其中。上垒土。若雉堞。日后毁其城。仍分军戍守。与案山。西安相犄角。东为莳上澳。猪母。落水。最当东南之冲。寇从东南来者。遇风辄寄泊焉。由陆趋娘宫三十余里。旧有舟师戍守。后又筑铳城以防横突。又东向为钻管港。林投仔。龙门。青螺诸澳。龙门有原泉。旧为居民聚落。万历三十五年。倭流劫大金。所余船突犯泊此屿。西为西屿头。正夷寇出入之道。有果叶澳。泉甚洌可饮。稍北为竹篙湾。又西为蜈仔员。又西北为丁字门。水吼门。非乘潮舟。不得出入。皆设水陆兵戍守。屿北为北山墩。有北太武。稍卑为赤嵌。循港而进。越一澳区。为镇海港。累城于此。又西北为吉贝屿。沿海诸山。乱石森列。港道迂曲。非练熟舵梢。不能驾舟也。又北太武与中墩。称两太武。俱湖中最高处。便于瞭望。娘宫稍后二里有稳澳山。颇纡坦。自万历三十七年。红夷一舟阑入彭湖。久之乃去。天启二年六月。有高文律者。乘戍兵单弱。以十余船突据彭岛。遂因山为城。环海为池。破浪长驱。肆毒于漳泉沿海一带。要求互市。欲如粤东香山澳夷例。总兵俞咨皋者。用间移红夷于北港。乃得复彭湖。议于稳澳山开筑城基。通用大石垒砌。高丈有七。厚丈有八。东西南共留三门。直北设铳台一座。内盖衙宇营房。凿井一口。戍守于此。以控制娘宫。然议者谓彭湖为漳泉之门户。而北港即彭湖之唇齿。失北港则唇亡而齿寒。不特彭湖可虑。漳泉亦可忧也。北港盖在彭湖之东南。亦谓之台湾。天启以后。皆为红夷所据。】

海。【(泉州)府东南八十三里。府境群川毕达于此。旧志。自城东海道正东行。二日至高华屿。又二日至龟鼊屿。又二日即琉球国也。海防考。郡境滨海之地。东则惠安。与兴郡莆田接界。西则同安。与漳郡海澄接界。延袤三百余里。今分设卫所。以防门户。而边海之佛堂。蚶江两澳。亦肘腋之虞也。又有沙塘湾。在永宁卫城南。或谓之沙头奥。】

晋江。【(泉州)府城南德济门外。其上源承永春。安溪。南安诸水。汇为黄龙江。东流至城西临漳门外。曰笋江。江岸有石。高二丈许。卓立如笋。因名。岸傍一山。俯瞰江流。有大盘石。从山腰至麓。与江相接。长百二十余丈。其穿伏于水底者。尤不可测。宋初邑僧定诸建塔于盘石之上。因名山曰石塔山。笋江而下。则为浯江。流经德济门外。复东流而北折。环城东南。曰溜石江。又东行至法石。石头。圣姑。达于岱屿。入于海。亦谓之蚶江。盖皆晋江之异名矣。旧志。晋江之名。以晋南渡时。衣冠避地者多沿江而居。故名。新唐书。晋江县北一里有晋江。开元二十八年。别驾赵颐贞凿沟通舟楫至城下。盖引江为别渠。非即晋江正流也。】

东湖。【(泉州府)城东一里。郡境诸湖。此为最大……又有龟湖。亦在府东南三十里。宝盖山东北诸溪涧水所汇也。嘉靖三十七年。倭寇由龟湖突犯安平。燔掠而去。即此。】

安海镇。【(泉州)府南二十里。古名弯海。宋初始改弯为安。曰安海市。西曰新市。东曰旧市。海舶至州。遣吏榷税于此。号石井津。建炎四年。置石井镇。绍兴二十六年。海寇奄至。镇官自镇西偏循东北筑土城。叠石为门备之。后圮。元置石井镇巡司于此。明初洪武二十年。徙巡司于同安县之东坑镇。仍为商民辏集处。嘉靖三十七年。以倭乱甃石拓城。周五里有奇。为门四。水关大小凡八。设官军戍守。亦曰安平镇。三十八年。倭寇两攻安平。四十三年。复自仙游来攻。皆不能陷。万历三十四年。移府通判驻此。为滨海要地。又府东南有石湖镇。亦曰石湖澳。滨海扼要处也……】

大安山。【(南安)县西北十七里……又囷山。在县西六十里。秀锐峭拔。其形如囷。航海者常望此山为标准……】

五通岭。【(同安)县东七十里。志云。宋幼主避蒙古兵至泉。闻蒲寿庚之乱。止郡城北法石寺。越城南下辇。今为下辇铺。自下辇过县东五都龙窟村。有三巨石连接水中。由此登舟。谓之御踏石……沥洲屿。在县南四十里海中。以在丙方而名。周围二里余。稍东有白屿。周围四里许。县东西二溪之水合流经此。两屿又南经处屿入于海。又嘉禾屿。在县西南七十里海中。旧尝产嘉禾。因名。一名鹭屿。一名厦门。广袤五十余里。五峰并立。而无尽岩居其中。最高者曰洪济山。有岩岭洞石之胜。其最著者有云顶岩。亦曰留云洞。又有岭曰薛岭。前后居民旧凡千余家。】

浯洲屿。【(同安)县东南大海中。抵岸陆行至县九十里。水行五十里。屿广袤五十余里。有山十数。最高者曰太武。状若兜鍪。隔海望之。若仙人倒地。又有海印岩。石门关诸胜。其地亦名五澳。实番人巢窟也。明初设浯屿水寨于此。嘉靖中。倭自浙江舟山南行泊浯屿。福建大震。旁又有大担屿。小担屿。周围皆数里。嘉靖二十七年。贼攻沙头岙。冲大担外屿。官军击却之。贼因流劫北茭。罗浮诸处。又有列屿。广二十里。上有大小山数十。其高者曰吴山。牧山。楼山。湖山。而吴山为最。牧山前有军营山。后有马寨。有草湖。昔尝置场牧马于此。大登屿。在县东南海中。又南有小登屿。皆广六七里。其西有鼓浪屿及夹屿。旧皆有民居。洪武二十年。悉迁入内地。成化以后。渐复旧土。】

海。【(同安)县南八十里。与海澄县接界。旧志云。县三面距海。而金门。厦门尤为险要。今既设兵戍守。又于围头诸处分布营哨。相为应援。所以严门户之防也。其澳头若列屿。五通。刘五店。神泉诸处。亦为防御之要。而厦门港塔头澳其最著者。】

浯屿寨。【在(同安)县东南。水寨也。志云。洪武初。江夏侯周德兴置寨。与福州之烽火。兴化之南日为三寨。景泰间。复增漳州之铜山。福州之小埕。共为五寨。寨置于浯洲屿太武山下。实控泉州南境。外扼大。小担二屿之险。内绝海门。月港与贼接济之奸。成化中。或倡孤岛无援之说。移入厦门内港。仍曰浯屿寨。山岙崎岖。贼轻舟入浅。我大舟难以转舒。每失事机。旧浯屿弃而不守。番舶得据为窟穴。嘉靖四十二年。议复置于浯屿。增兵戍守。近志云。浯屿寨今移于晋江县之金钗山。刘五店澳头寨。在县东。又东有牛岭等寨。志云。县西又有青崎山等寨。西南有下崎等寨。其属于官者十四。而民间自为戍守者不可胜计。皆倭患时置。又镇南关。在县南。旧为鸿店亭。后置关于此。为海滨扼要之地。】

獭窟山。【(惠安)县南五十里大海中。宋开禧间。僧道询运石成桥七百七十间。直渡海门。约五里许。潮平则没。半落则通人行。至今籍其利。亦曰獭窟屿。有巡司。又大岞山。在县东南海中。山顶有洞。由小石门入丈余。折而右。转巨石如屏。可蔽内外。中容数百人。一人持戟守门。千百人攻之不可入。明初居人避倭乱于此。寇不能攻。嘉靖三十八年。倭寇犯郡。继而自祥芝。石湖。乌浔分道出海。参将王麟追败之于此。净山。亦在县东南海中。一名尖山。圆净尖秀。下瞰东溟。上多怪石。如水啮射状。最高而哨拔者三峰。登之可以观日出。又小岞山。在净山东十里。北对黄崎山。南控大岞山。邑境诸山之东趋于海者。至此三山而止。志云。黄崎山在县东南三十里。三面环海。卤气吹荡。不生草木。宋时产铁矿。置炉煮炼于此。今废。亦名扬旗山。以远望势如立旗也。又有圭峰。在县东北四十里。与黄崎山对峙于海门。又东北海中有乐屿。旧有民居。明初迁于内地。岱屿。在县南大海中。舟楫必经之地。常有戈船守此……】

湖头溪。【在(安溪)县治西北。源出覆鼎诸山。引而南。诸山溪水皆会焉。至县北三十余里。有马上滩。渊滩。当溪阻石数百丈。水从石罅中出。正统间。始凿石通舟楫……】

守御福全千户所。【(泉州)府东南八十里。北距卫城二十里。洪武二十年置。有城。周不及四里。后以时修筑。领潘径寨。海防考。所西南接深沪巡司。与围头。峻上诸处并为番舶停留避风之门户。哨

守最切。福全。深沪有备。寇不能犯矣。】

守御中左千户所。【在同安县西南五十里。本名嘉禾屿。为厦门海口。洪武二十七年。移永宁卫中左所官兵于此。筑城戍守。周二里有奇。永乐。正统以后。不时修筑。辖县西南东澳。伍通二寨。天启二年。红夷突犯。总兵徐一鸣据城守拒。贼败却。海防考。所西有白石头澳。嘉靖三十八年。官军败贼于此。为岛夷出没之所。向来设兵戍守。】

守御金门千户所。【在同安县东南五十里。本浯州屿。洪武二十年置。筑城周三里有奇。辖县东刘五店等五寨。县西洪山等三寨。海防考。所东有官澳巡司。相近又有料罗。乌沙诸处。皆番舶入犯之径。其控扼要害。则在官澳。金门。】

守御高浦千户所。【在同安县西南六十里。洪武二十三年。徙永宁卫中右所官兵戍此。更今名。筑城周不及三里。辖县西高浦。大员堂。马銮等三寨。海防考。所西有松屿。与海澄县之月港相接。为滨海要冲。】

守御崇武千户所。【在惠安县南七十里。西去府城八十里。宋元丰二年。以海寇猖獗。置小兜巡司。巡徼晋江。同安。南安。惠安四县沿海地。元仍置巡司。明初因之。洪武二十年。江夏侯周德兴经略沿海地方。设立城池。移司于小岞。而置千户所于此。城周四里有奇。后不时修筑。嘉靖三十七年。倭贼来犯。官军御之。贼不能陷……】

好景山。【(漳浦)县西北一里……志云。县东六十里有香山。山有五峰。如马驰凤翥。相峙者为台山。高数十仞。平坦如台。近观与诸山齐峙。海舟望之。则迥出群山之上。又东有灯火山。距海里许。海行者或见山上有光如灯。因名。】

大帽山。【(漳浦)县东北八十里……太武山。在县东北百里。一名太母山。山高千仞。周回亘百余里。屹立海上。端重耸峭。其高十里为镇海卫。东望大海。汪洋无际。陟其巅。漳。泉二郡尽在目中。有小石城。相传南粤王建德避汉兵尝保此。亦名建德城。似误。又有延寿塔。高数仞。海中归舶。望以为标准。】

鱼肠屿。【(漳浦)县东南三十里海中。相近为竹屿。居民数百家。岁获鱼盐之利。又石城屿。在县东南四十余里海中。乱石丛杂。望若一城壁。傍曰菜屿。生紫菜。又为将军屿。亦以陈元光驻兵处而名。盘石叠耸。舟船不通。滨海者多乘筏以取海撤。又县东五十余里有大桑。小桑屿。地宜桑。居民皆业渔。在井尾港内。港口又有大澉。小澉屿。皆聚沙所成。】

三平山。【在(平和)县东南……又大峰山。亦在县东南。县之镇山也。一名大峰崎山。高峻巉岩。石峰凡十有七。自山麓至巅。可五十余里。登陟一望。远近城邑悉在目前。商舶渡海以此山为表……】

渐山。【(诏安)县东五十里……又玄钟山。在县东南三十里。距玄钟所十里。滨海。漳舶出洋。旧皆发于此。原设公馆。主簿镇焉。后设县。镇废。以其地屡为倭寇所凭。发船移于海澄。志云。玄钟之北。又有梅岭。为戍守处。嘉靖四十四年。戚继光败贼吴平于此。大帽山。在县东。负海最奇耸。宋末。丞相陆秀夫。陈宜中扶帝昺泊舟于此。又川陵山。亦在海滨。半入海。俗传帝昺南渡。将都南澳。筑此为东京。地遂陷为海。今城堞尚存……又甘山。在海中。远望山巅。若小髻然。天将飓风骤雨。则

形状变幻不一。中有井水。独甘淡。因名。又虎仔屿。南村屿。崎屿。犬眠屿。皆在川陵山南大海中。】

海【在(诏安)县东南。海防考。县咫尺即海。控引潮。粤。最为险要。而玄钟所之胜澳。则县之门户也。由海口西出半日程。为饶平之南澳山。砥柱海中。周围二百余里。与玄钟所对峙……】

东溪。【在(诏安)县城东……又走马溪。在县东南。内有东澳。为海口藏风之处。寇船往来尝泊此。俗呼为贼澳。距玄钟所二十里。嘉靖三十九年。倭贼自广东突入走马溪。势甚张。官军与战。沉其数艘。贼败遁。官兵追至广东南澳大洋而还。】

云盖山。【在(海澄)县东南。有石室。容数百人。岩岭巉峻。云气尝覆其顶。又龙门岭。在县东。上有石。高十余丈。宋末。文天祥奉少帝南奔。道经此。题迹犹存。又云岳岭。亦在县东。与同安县接界。圭屿。在县东海口中央。状如龟浮水面。俗呼龟屿。亦曰鸡屿。隆庆六年。议移海门。濠门二巡司。筑城其上。以壮形胜。城成。复废。今为戍守要地。又嵩屿。在县东。又有长屿。皆三面临海。居民各数百家。志云。宋末。少帝浮舟海上。遇诞辰。群臣构行殿。嵩呼行礼。故屿以嵩名。今遗址犹存。县东北又有浯屿。在同安界海中。林木苍翠。官军备倭者置水寨于此。后迁寨于嘉禾屿。此地遂为盗薮。详见同安县。又胡。使二屿在海门。上下延袤数里。先是居民凭海为非。正统初。移其民而墟其地。郡志。胡屿故名荆屿。上多荆木。使屿故名梁屿。今呼为海门南北山。海中又有丹霞屿。亦曰赤屿。】

海。【在(海澄)县东北。自县以西北诸水悉由此入海。曰港口江。亦曰港口大溪。潮汐吞吐。粘天浴日。浩然大观也。一名圭海。盖以圭屿而名。闻见录。港口有大泥诸险。又自圭屿以西。有紫泥洲。西接乌礁。许茂诸洲。又西北数里。即柳营江合诸溪处也。谓之三汊河。河口之地。谓之澳头。即福河北岸。自郡东抵省会之通道。海舟登泊最易。防御为切。由海门东出。水程二日。即彭湖岛。漳之汛守岁凡再至云。】

月港。【在(海澄)县城西南。接南溪。东北通海潮。其形如月。志云。正德中。土民私出月港。航海贸易。诸番遂为乱阶。嘉靖九年。于县东北十余里海沧澳置安边馆。委通判一员驻守。二十七年。议设县治于月港。寻增建靖海馆。以通判往来巡缉。既而倭贼入犯。仍据月港为巢。于是筑土堡。跨溪为桥。筑垣其上。未几。复为寇据。隆庆五年。滨月港为县城。而安边馆仍为守御处……】

守御六鳌千户所。【在漳浦县东南。志云。县东丹灶山南有铁灶坑。南行三十余里。平沙漠漠。三面皆海。惟正北可以陆行。所城凭焉。如巨鳌戴山。旧名青山。亦曰鳌山。山腰居民鳞次相叠。初置青山巡司。洪武二十年建所。筑城周二里有奇。城北曰大澳山。一名罗崎山。土色纯赤。东为对面山。又东北为虎头山。与古雷山对峙。商船渔舟皆经此。城东南又有乌嘴。鸡心等山。又有横屿。在海中。长亘里许。又有双洲。俗名洲门。自广入海船舰必经之道也。】

守御铜山千户所。【在诏安县东。其地旧名东山。为民间牧薮。洪武二十年置所。筑城周三里有奇。嘉靖三十六年。增修以御倭。三面环海为濠。惟西面行二十里。始逾陈平渡。本属漳浦县。嘉靖十三年改今属。志云。所旧置于井尾澳。景泰间。始移于西门澳。北自金石以接浯屿。南自梅岭以达广东。皆属哨守。有西门澳水寨。五水寨之一也。城中有山。曰古楼。南对川陵山。山右为白沙山。又城西为瞭望山。又西为东岭山。西二里曰水寨大山。其在海中曰乌石平山。列屏如黛。周围数里。又有大小甘山。以屿名者。曰东门屿。流浪冲激。俗呼大惊门。下有沙岛。积石叠起者。为铁钉屿。五墩聚立者。曰五屿。川陵山东。曰鸡心屿。沙湾环带曰南屿。水寨旁为后澳港。海舟避风处也。其相近者。又有井仔湾。鲎壳澳及沙洲诸处。】

守御玄钟千户所。【在诏安县南。东北接铜山所。西南抵潮州界。自澳口至南澳。约三十余里。洪武二十年置所。筑城周三里有奇。嘉靖四十二年。为倭所陷。隆庆六年重修。城内有果老山。四面八山。连环相向。一名古老山。城东有东山。海中有内屿。外屿。又有蛤洲。猎洲。敏洲。红洲。卧岗洲。陈洲。蛇洲等七洲屿。列于所北内江中。又有胜澳。在城西南面。与广东南澳相望。水通柘林等处。澳上为南山墩。城外市曰卸石湾市。渔舟舣附。居民贸易处也。海防考。镇海卫及所属三所。皆列海滨。贼自粤趋闽。则南澳。云盖寺。走马溪乃其始发之地。哨守最切者。铜山。玄钟二水寨而已。铜山有把总驻守。而玄钟隶焉。故止称一水寨。嘉靖中。最为贼冲。】

琉球。【琉球之地。在泉州府东海岛中。亦在福州府之东北。汉魏以来。不通中华。隋大业三年。令羽骑尉朱宽入海访求异俗。始至其国。语言不通。掠一人以归。明年。复令宽慰抚琉球。不从。宽取其布甲而还。适倭使来朝。见之。曰。此夷邪久国人所用也。六年。遣虎贲郎将陈棱等自义安泛海击之。东行至高华屿。又东行二日至鼊鼊屿。又一日至其都。琉球王欢斯渴利兜战败。棱等乘胜拔其栅。杀其王。略男女数千人而还。自是历唐至宋。未尝朝贡。元至元二十七年。遣使招谕琉球。不至。其国所辖有古米。太平。马齿等山。东北有硫黄。叶壁。七岛诸山。并隔海外不相属。明洪武五年。遣行人杨载赍诏往谕其国。率先归附。太祖奖其忠顺。赐符印章服及闽人之善操舟者三十六姓。又许其遣子及陪臣之子来学于国学。其国分为三。曰中山王察度。南山王承宗。北山王帕尼芝。皆遣使朝贡。自永乐以来。其国王嗣立。皆受册封。后惟中山朝贡不绝。其南山北山二王俱为所并。嘉靖三十五年。倭寇琉球。世子尚元邀击歼之。万历三十七年。萨摩州倭侵琉球。禽其王尚宁。四十年复国。至今其王相仍。皆称尚氏。贡道自闽县以达于京师。朝廷遣使。去以孟夏。来以季秋。乘风便也。自福州梅花所开洋。七昼夜可至。自泉州彭湖岛开洋。五昼夜可至。望见古米山。即其境。东去三百里。为叶壁山。又东即日本。恒与贸易假贷。近国那霸首里。并有马市。又有鸡笼山岛野夷。隔鸡笼。淡山洋。亦谓之东番。万历四十四年。倭夷胁取其地。久之始复国。四夷考。琉球之地。仅海外一冈碛。无大聚落。所居曰婆罗檀阔。无城郭。堑栅三重。环以流水。树棘为藩而已。元史志载。自彭湖而东。水渐低近琉球者。谓之落漈。漈者。水趋下不回也。嘉靖五年。给事中陈侃使琉球。首辨其妄。国别号大琉球。西南则暹罗。东北则日本。从长乐大石出海。隐隐一小山浮空。即小琉球也。更南则东番诸山。其人盛聚落而无君长。习镖弩。少舟楫。自昔不通中国。又东隅有夷。鸟语鬼形。殆非人类。或云即昆舍那国云。】

吕宋【在东南海中。小国也。产黄金。永乐三年朝贡。嘉靖中。始复至。与漳。泉民相市易。民流寓其地。多至数万。万历中。同安人张嶷谬奏。海有机易山。与福建近。地产金。可采取。三十六年。诏遣中贵人委官勘视。吕宋人疑诸流寓人为患。悉坑杀之。嶷寻以首祸诛。贸易至今不绝。漳郡志云。东洋有吕宋。苏禄诸国。西洋有暹罗。占城诸国。今东西洋商舶载在令甲者。东洋则吕宋屋同沙瑶玳瑁宿雾文来南旺大港呐哔啴磨荖英笔架山密雁中邦以宁麻里吕米六合高药武运福河仑岸塘吕蓬。西洋有下港暹罗旧港交趾柬埔寨丁机宜顺塔占城麻六甲顺化大泥乌汀礁林新州哑齐交留吧哪彭西宁陆坤占陂高趾洲篱木高提里邻吉连单柔佛吉宁邦日隶安丁义里迟闷苏禄班隘.又有鸡笼淡水。不系东西洋船数。而红毛海夷饶财宝。于东西洋别为种落。往往舟舶彭湖。构奸民为贩鬻。议者谓当与日本特严防禁。杜其乱阶云。俱蓝国。自古不通中国。元至元十九年入贡。海外诸番。此为最远。自泉州至其境。约十万里。】

广东方舆纪要叙

广东。在南服最为完固。地皆沃衍。耕耨以时。鱼盐之饶。市舶之利。资用易足也。诚于无事时修完险阻。积谷训兵。有事则越横浦以徇豫章。出湟溪以问南郡。东略七闽。通扬越之舟车。西极两江。用獞猺之弓矢。且也放乎南海风帆。顷刻击楫江津。扬舲淮渚。无不可为也。岂坐老于重山巨浸间哉……至于大海在南。上接三江。东西便利。刘裕方与卢循相持于豫章。浔阳间。水师已自海道袭番禺。倾其巢穴矣。唐咸通中。安南为南诏所陷。诸道兵屯聚岭南。江西。湖南。馈运皆溯湘江。漓水而至。劳费艰阻。润州人陈磻石者。请自福建运米泛海。不一月至广州。军食以足。近时岛倭为患。往往由浙闽海道阑入岭南。故岭南之海防颇密。夫吾以全军下桂阳。略长沙。则当以奇兵出海道。越闽浙。问江淮矣……

卷一百·广东一

西江。即广西黔。郁。桂三江之水……今两粤往来。百斛巨舟可方行无碍者……

海环广东南界。倚为险固。然攻守之计亦莫切于海。晋义熙七年。刘裕与卢循相持于豫章。而遣别将孙处等由海道径捣广州。倾其巢穴。循以败亡。唐乾元初。广州奏大食波斯围州城。掠仓库。焚庐舍。浮海而去。咸通二年。安南陷于南诏。诸道兵赴援。皆屯聚岭南。用润州人陈磻石议。自福建运米泛海至广州。军食始足。宋末。车驾自闽入越。既而蒙古将张弘范将兵由潮阳入海。追宋少帝于崖山。宋亡。明初。命廖永忠繇福州海道取广东。永忠奄至东莞。何真迎降。而广州亦下。洪武。永乐间。倭夷入犯广东。屡为所扰。嘉靖中。倭寇闽。浙。滋蔓亦及于广东。议者谓广东海防。当分三路。三路者。左为惠。潮。右为高。雷。廉。而广州为中。惠。潮二郡。皆与福建接壤。而潮尤当其冲。柘林。南澳皆要区也。由柘林而西。为大城。海门。靖海。蓬洲诸所。又西接甲子门。碣石。平海诸卫所。皆为南面之蔽。傥柘林。南澳失守。是无潮也。平海。碣石失守。是无惠也。海防考。惠。潮之备。以柘林为最要。柘林。乃南澳海道之门户。据三路上游。番舶自福趣广。悉由此入。其去惠。潮水寨。远几百里。水寨为惠。潮之冲。而柘林又为水寨之冲。慎固之防。不可不豫。而大城所声援差近。备尤不可或疏也。若夫中路之备。则在屯门。鸡栖。佛堂门。冷水角。老万山。虎头门等澳。而南头澳在虎头门之东。为省会门户。海寇往往窥伺于此。为阑入之途。则东莞大鹏之戍守宜切也。又西则峡门。望门。大小横琴山。零丁洋。仙女澳。九灶山。九星洋诸处。而浪白澳在香山澳之南。为番舶等候接济之所。则香山所之戍守宜切也。又西为崖门。寨门海。万斛山。硇洲等处。而望峒澳在崖门之西。为番舶停留避风之门户。则广海卫及新宁。海朗二所之戍守宜切也。若西路三郡。去倭岛似远。而安南。占城。暹罗。满剌诸番。风帆易达。高州之南神电卫所辖一带海澳。若莲头港。汾洲山。西家滩。广州湾。皆府之南翰也。雷州凸出海中。三面受敌。其遂溪。湛川。涠洲。乐民等四十余隘。固为门户之险。而海安。海康。黑石。清道并徐闻。锦囊诸隘。亦所以合防海澳者也。至于廉州之境。尤为全广重轻。故兵符特札于灵山。达堡增屯于卫北。海寇之警。峒獠之扰。外夷之侵。有兼忧焉。永乐七年。倭尝陷廉州矣。而琼州。又廉之外户也。五指腹心。尽为黎据。所设城邑。类皆滨海备倭之制。若白沙。石矡。埍头。文昌。与海安。海康对峙。番岛飘风突来。防御甚艰。此西路所当加意者也。又滨海诸邑。为盗贼渊薮者。如增城。东莞之茶窖。十字窑。番禺之三漕。波罗海。南海之仰船冈。茅窖。顺德之黄头涌。香山。新会之白水。分水等处。往往岁集凶徒。以小艇出没。珠禁弛则纠党盗珠。珠禁严则诱倭行劫。此又当诘奸禁宄。以消其萌矣。【海道考。广州舶船往诸番。出虎头门。始入大洋。分东西二路。东洋差近。西洋差远。宋于中路置巡海水师营垒。今为东莞县南头城。东南海路二百里。至屯门山。水皆浅。日可行五十里。乃顺帆风西行。一日至九州石。又南二日至象石。若用东风西南行。七日至九乳螺洲。又西南行。三日至占不劳山。西去占城二百里。又南二日至陵山。其山峻而方。有泉下绕如带。即占城地也。陆行至宾童国一月程。东去麻逸国二日程。水行一日至东西竺昆仑洋。又一日行至古苴国。其王号苴屈。即真腊也。又半日行至奔沱浪洲。即丹眉流国。又二日至军突弄山。又五日至海硖。南北百里。北岸则罗越国。即暹罗也。南岸则佛逝国。占城属国也。又东水行四五日至诃陵国。今瓜哇也。为南海中最大洲。又西出硖三日至葛葛僧祇国。即佛逝西北隅之别岛。国人多钞暴。乘船者多畏之。疑即昔之婆利国。今佛朗机也。其北岸则阿罗国。一名阿罗陀。今满剌加也。阿罗西则阿谷罗国。一名阿罗单。又从葛葛僧祇四五日行至婆露国。一名阿鲁。又六日行至婆那国。一名须文达那。即今苏门答剌国也。又西至伽蓝洲。一名翠蓝屿。又北四日行至师子国。其地在西洋之西北岸。距南天竺大岸百里。自伽蓝洲行二十日至榜葛剌国。即西天竺也。一曰西印度。海口有察地冈。番商于此抽分云。天竺之西千五百里曰注辇国。宋大中祥符八年。其贡使言。从本国舟行七十七日。历郍勿丹山。娑里西兰山。至古罗国。又行七十一日。历加八山。占不劳山。舟宝龙山。至三佛齐国。又行十八日。渡蛮山水口。历天竺山。至宾头狼山之西王母冢。距舟所将百里。又行二十日。度羊山。九畏山。至广州之琵琶洲。离本国凡千一百五十日云。又雷州。控入海水路。从州东至海三十里。渡海抵化州。吴川县之硇洲。入广州。通闽浙。从州南陆行一百七十四里。至递角场抵海。南泛海一程。可至琼州。从州西陆行一百五十里泛海。水路至安南诸番国。又琼州。东至海一百二十里。直通大洋。故诸番舶。虽东洋。琉球等国。被风漂。多至琼州也。】

卷一百一·广东二

(广州)府连山北峙。巨海东环。所谓包山带海。险阻之地也。封域绵邈。田壤沃饶。五岭以南。此为都会。秦末。任嚣谓赵陀曰。番禺负山险。阻南海。东西数千里。可以立国。陀因此霸有南越也。晋义熙中。卢循保据于此。分兵北出。江左震动。既而与刘裕相持于浔阳。裕密遣孙处等自海道至番禺。倾其巢穴。循败。无所归。因以覆灭。使裕计不早。循犹得阻险为奸。其为东南患。岂有已哉。陈萧勃。欧阳纥等后先据广州。而皆不克振者。羽翼未成。本根先拨也。唐置岭南经略使。为五管之枢要。乾符末。黄巢假息于广州。而毒螫遍于天下。天复初。刘隐代有广州。恣睢南服且数十年。宋之末造。冀保此一隅。为一城一旅之资。而卒摧于强敌者。事势已去。非智计所能逮也。明初。分道取广东。廖永忠以海道之师。自福州先至广州。广州既下。而岭南郡县亦望风款服矣。盖州不特为广东之根本。亦制广西之肘腋也。

石门山。【(广州)府西北二十里。两山对峙如门。据南北往来之冲。汉元鼎六年。楼船将军杨仆伐南越。将精卒先陷寻峡。破石门。得粤舡粟。因推而前。挫粤锋。是也……】

西江。【(广州)府西北五十里。其上流为浔。郁二江。合贺江而东。过肇庆府入府界。与溑水会。溑水。即北江也。又东南流。至城南而会于东江。亦谓之三江。江中有海珠石。是曰珠江。一名沉珠浦。相传昔贾胡挟珠经此。珠忽跃入江中。今有石屹峙江心。南汉创慈渡寺于其上。亦名海珠寺。宋末。经略张镇孙与蒙古将塔出战于海珠寺。败绩。蒙古复陷广州。又东过沥滘堡。北去城十余里。亦谓之东冲。孙处袭卢循之番禺。至东冲。焚舟舰而前。即日攻拔之。是也……】

琵琶洲。【(广州)府东南三十里江中。上有三阜。形如琵琶。闽。浙舟楫入广者多泊于此……】

都宁寨。【(顺德)县南百里。其北有狮岭。志云。宋祥兴帝赴海时。有苏由义者夺港得出。得赵氏。后更名旦。集众千余人图恢复。都于由义所居之西山。逾月。旦卒。由义葬之于山北。土人呼其地曰都宁。言赵王所都。冀安宁也……】

鹤冲堡。【在(顺德)县南……黄涌头营。亦在县南。四面环海。设兵戍守。所辖有仰船冈。三沥沙等哨……】

虎头山。【(东莞)县西南五十五里大海中。有大虎。小虎二山。俗号虎头门。志云。即秀山也。宋景炎二年。元将刘深攻帝于浅湾。张世杰战不利。奉帝退保秀山。明初。廖永忠下东莞。次虎头关。今外国来入贡及出使外国者。皆取道于此。武山。在县南五十余里大海中。山势突起。有武勇状。每潮汐消长。高低可辨。宋余靖尝候潮于此。】

三门海。【(东莞)县西南六十里。海中有三洲。潮自东南来。至此分为三道。既而复合。因曰三门。旧志。县境海道之备。有南头。屯门。鸡栖。佛堂门。十字门。冷水角。老万山。伶仃洋等澳。皆有哨兵戍守。又县西南有乌猪海洋。吴惠日记。正统六年。奉诏使占城。发东莞。次日过乌猪洋。又次日过七州洋。瞭见铜鼓山。次至独猪洋。见大周山。次至交趾洋。有巨洲横截海中。怪石廉利。为舟楫患。次日至占城外罗阳校杯墅口。明日入其国门。旧志。占城西去广州二千五百里。海行殆难以里道记也。】

梧桐山。【(新安)县东四十里。山势峭拔。多产梧桐。因名。又杯渡山。在县东南百二十里。下滨海。旧名屯门山。上有滴水岩及虎跑井。纪事云。东莞南头城。古之屯门镇。乃中路也。一云南头城东南海路二百里至屯门山。唐置屯门镇兵。以防海寇。天宝二载。海贼吴令光作乱。南海郡守刘巨麟以屯门镇兵讨平之。宋亦置营垒于此。又梅蔚山。在县南百里大海中。行朝录。宋景炎二年正月。南狩幸此。今有石殿遗址。又西南八十里大海中有官富山。山之东有官富场。行朝录。景炎二年四月。帝舟次于官富场。是也。旧志。官富山。在东莞县西南二百八十里。】

佛堂门海。【(新安)县南二百里。潮汐相通。志云。牂牁水。经官富山西南入海。分为二门。佛堂门海在其左。急水门海在其右。凡潮自东南大洋西流。经官富山而入急水门。番船至此无漂泊之恐。故曰佛堂。自急水角经官富场。又西南二百里曰合连海。水通东南大洋。连深澳。桑洲。零丁诸山。而汇合于此。故曰合连。】

官富镇。【即官富场也。宋景炎二年。蒙古将塔出等以步兵追二王于岭南。其别将唆都由泉州取道泛海。期会于广之富场。谓此。今有官富巡司……】

芦包水。【(三水)县北四十里。志云。县北三十五里有龙坡山。一名花山。又北五里。则芦包水出焉。其水秋冬皆涸。夏始溢。北出一里。合于胥江。南出南海县境。至官窑驿合于大江。胥江。亦即北江之异名矣。又北六里有鸭埠水。亦流合北江。旧多盗贼劫掠商船。志云。县西南十里有西南滘。商旅之舟多泊于此。】

浮虚山。【(香山)县北七十里海中。相传山尝与波上下。山海经南海有浮石之山。疑即此。又石甑山。在县南百六十里。土人呼为南山。志云。县南百里海中有金星门。两峰相对。蛮蜑多渔于此。相聚为寇。又南百里有大。小横琴山。其下即井澳也。又三灶山。在县南三百里海中。周回三百里。林木葱翠。有三石如灶。旧多居民。洪武中。以通番寇入犯。遂虚其地。成化以后。有官军驻守。广记。三灶山。有田三百余顷。极膏腴。元时海寇刘进据此。明洪武初。奸民吴进添通番为乱。二十六年。讨平之。禁民不得居止耕种。设官兵防守。正德中。豪民渐侵啮其地。】

海。【在(香山县)城外。宋阮泳县治记。香山。环海孤屿是也。今县西北接浮虚山者曰石岐。海中多洲潭。芦苇泥泞。久之成田。他邑民多耕种其中。攘夺为害。县西二十里曰象角头海。又西三十里曰叠石海。中多鱼蟹之利。西南七十里曰分流海。东注东洲门。合大洋。又三灶山东曰乌沙海。向为番夷窥伺处。成化中。番舶复自此侵扰。因岁令官军驻守三灶山。】

井澳。【在(香山)县南海中横琴山下。宋景炎二年。张世杰奉帝至井澳。飓风大作。舟败几溺。军士死者过半。即此。番禺客记。井澳海滨有湖居里。里中马南宝者。尝以其家为端宗行宫。及帝崩硇州。殡于南宝家。然后葬于崖山。继又起兵于井澳。与蒙古战。不胜。死之。志云。县有浪白澳。为海道戍守处。零丁洋。在县东百七十里。宋末。文天祥为元兵所败。被执。尝经此。有零丁洋里叹零丁之句。又九星洋。在县西南。宋建炎二年。元将刘深袭井澳。帝至谢女峡。复入海。至九星洋。欲往占城。不果。一统志。海中有九曜山。罗列如九星。洋因以名。又谢女峡。一名仙女澳。亦在县境。】

厓山。【(新会)县南百里大海中。延袤八十余里。高四十二丈。与奇石山相对。立如两扉。潮汐所出入也。亦曰厓门山。故有镇戍。宋末。帝昺立于硇州。张世杰以崖山为天险。可扼以自固。乃奉帝移驻于此。遣人入山伐木。造行宫及军屋三千余间。未几。元将张弘范来攻。或谓世杰曰。北兵以舟师塞海口。则我不能进退。盍往据之。幸而胜。国之福也。不胜。犹可西走。世杰为必死计。不听。结大舶千余。作一字阵碇水中。以拒元军。崖山北浅。舟胶不可进。弘范由山东转而南入大洋。与世杰师相遇。薄之。且出骑兵断官军汲路。又以舟师据海口。世杰遂困。既而元将李恒自广州来会。守崖山北。与弘范合击。宋军遂溃。陆秀夫负帝沉海。杨太后及诸嫔御从死者以万数。宋遂亡……】

大隆山。【(新宁)县西南百二十里……在县南二百三十里海中。山多香腊材木。居民煮盐者多取木于此。又下川山。在县南三百里海中。亦有香腊竹藤之利。一统志。上川石山。下川土山。居民旧以贾海为业。下川相近者曰海晏村。洪武四年。海寇钟福泉等挟倭船寇海晏。下川官兵追讨至阳江。平之。于是徙二山居民入内地。遂为荒壤。其后生齿渐众。然豪贵夺其利。民日益贫矣。】

海。【在(新宁)县南。志云。县西七里有紫霞山。其下为紫霞海。又有矬洞水。源出大隆山。山南为大牌海。又南二百里径铜鼓山。众水合焉。风涛触石。如铜鼓声。是为铜鼓海。至上川山左右为大。小金门。又西南二百里为番舶往来之冲。是曰寨门海。】

湞水。【在(清远)县东北。源出大庾岭。径韶州府英德县界。又南过废中宿县。至县东会于洭水。汉杨仆下湞水。是也。经县南八十里有黄巢矶。相传黄巢尝覆舟于此……】

洭水。【在(阳山)县东。即湟水也。亦曰洽水。自湖广宁远县界。东南流入县境。复折而西南入连州界。志云。同官峡水。东流合湟水。又流过城南为阳溪水。又南十里曰龙坂滩。滩侧温泉四时不竭。又南十五里为龙宫滩。韩愈云。阳山。天下之穷处也。水则江流悍急。横波之石。廉利侔剑戟。舟上下失势。破碎沦溺者往往有之。】

(肇庆)府带山控江。延袤数千里。据广州之上游。当贺。梧之津要。汉武帝自巴蜀发夜郎兵。下牂牁江。会番禺。即今西江路也。梁大同中。交趾李贲作乱。以杨嘌为交州刺史讨之。命定州。【今梧州府】刺史萧勃会嘌于西江。萧子显曰。西江川源深远。宋。齐以来。皆别置督护。专征讨之任。陈霸先为西江督护。高要太守是也。李吉甫曰。端州当西江口入广西之要道。明初。廖永忠等奉命平广西。亦由肇庆溯西江而上。抵梧州。盖郡为两粤之要膂。东西有事。此其必争之所也。

龙江。【(四会)县北百里。源出石港潭。滩石隘险。至金溪。始漫流可通小舟。经县东北二里。出金冈山下。会于绥江。】

顾水。【(广宁)县东北四十里。源出清远县。西流入境。南流至顾水口入绥江。上流有美材巨木。商人从水口作巨筏而下。货于南海……】

新江。【在(新兴)县城东北十里。其上流合诸溪涧水。汇流而北出。曲折百四十里。至府南新江口入大江。卢溪水。在县南。发源李峒岭。经卢村。过龙山。绕县城东门。北流合锦山水。又锦山水。在县西南七十四里。源出大岭。西流至河头。与天塘水合。又北十里与蓝坑水合。又北五十里至山口。即二十四山路口也。又北二十里至洞口。南去县五里。与卢溪水合为新江之上流。凡商贾往高。雷。必拖舟至河头。乃登陆。】

石鹤山。【(阳江)县东南三十里……北津山。在县南三十里。其对峙者为南津山。夹峙海口。自东堤海而西。延袤数里。二山之间有独石。高十余丈。周四十余里。山出海口二里。其下渊深不测。志云。北津山外捍奔潮。内卫村陌。邑之外藩也。又有银坑山。在南津山侧。高三十余丈。周二十里。有十八井。相传宋南恩州知州余久大鼓冶于此。稍西有马母山。在大海中。去县五十里。】

海陵山。【(阳江)县西南七十里大海中。周三百里。列为数峰。高三百余丈。旧名罗洲。又名罗岛。其中峰名草黄山。其东为平章山。下有平章港。受海陵涨潦。以达于海。宋末。张世杰败于崖山。将西趋占城。复谋入广。回舟舣此。飓风大作。世杰取瓣香。登舵楼祝天。赴海死处也。明洪武四年。官兵追败海寇钟福全于海陵山。即此。郡志。海陵西南为马鞍山。下为戙船澳。西北为鹤洲山。海陵巡司置于此。又西北为麻龙渡山。四面皆大海也。三汲山。在县东南大海中。又东有小镬。中镬。大镬三山。皆在大洋中。相去数十里。大镬高二百余丈。望之如覆釜。因名。】

海。【在(阳江)县西南。宋白曰。恩州滨海。地蒸湿。当海南五郡泛海之路。自广泛海行数日。方登陆。人惮海波。多由新州陆路云。海防考。繇县南双鱼城。历海陵山。过北津港。至海朗城。为县之门户。由大澳而东北。即新宁县界。中有柳渡三洲。大金门。上下川。俱倭寇停泊处。春汛秋防。皆有水师哨守。志云。县南北津外。名曰镇海。自此东屈而北。可达新会。东莞。广州。西转而南达高。雷。廉。琼。商运咸取道焉。】

漠阳江。【在(阳江)县城西。自阳春县东南流。历受泉水。其势始大。入县界。至县西北三十余里麻桥。歧分二派。东流至县北十余里。激为龙渊。亦名龙涛水。至城西。亦名鼍江。亦曰恩江。南流二十五里汇为石潭。其西流随地得名。亦曰黄江。亦曰牛马海。亦曰蛟龙环。又东南流合于石潭。至县南北津港入于海。志云。港在北津山之阳。阳春。阳江众水皆由此达海。每潮起。汹涌而入。遇风则其声砰击如雷。舟楫往来。重防阴碛。盖东南大海港口皆乱石。舟可行者仅仅丈余。必候大潮始进。故海寇不敢睥睨也。】

蓝坑山。【(恩平)县东南三十里……又金婆山。在县南三十里。冈陇连绵。南达湾雷海。海中有覆船山。行舟者恶其名。今曰金台冈……】

湾雷海。【(恩平)县南八十里。海势湾曲。潮声如雷。多蟹鲎鱼盐之利。蛋户居之。其南通大洋。】

双鱼守镇千户所。【在阳江县西南百五十里。洪武二十七年置。隶神电卫。有城。周二里有奇。所东有双鱼角。临大海。颇险。所因以名。又东五里为筶杯石。两石屹立大海中。中通一门。双鱼所舟航出入要道也。昔人议叠石填塞。从右侧浅沙入港。以免寇舶冲突。又东为马鞍。粪箕等山。皆屹立海中。志云。所旁有石门南尾山。崇祯二年。置铳台并筑小城。设兵戍守。】

端溪。【(德庆)州东十里……灵陵水。在州东九十里。自广宁县界流入境。凡百余里南入江。可通舟楫……】

贺江。【(封川)县西十里。一名封溪。亦曰封江。自广西贺县流入开建县界。又南流入境。汇西北诸川。至灵洲入于西江。五代唐天成三年。楚大举水军围封州。南汉主刘龑遣将苏章救之。章至贺江。沉铁絙于水。两岸作巨轮挽絙。筑长堤隐之。而以轻舟逆战。诱楚人入堤中。挽轮举絙。楚舰不能进退。大败。遂解封州之围。】

卷一百二·广东三

钱石山。【(韶州)府东北六十里。山形四方如台。巨石三面壁立。上有碎石如钱。又大峒山。在府东北八十五里。宋余靖记略云。自州治水行七十里。得月华山。舍舟道樵径。又十五里乃至大峒……】

芙蓉驿。【在(韶州)府治东……又有迎山馆。在府城东南通津门外曲江亭西偏。为过客憩息之所。亦宋时建。志云。曲江亭。临江舣舟处也。又东浮桥。在城东门外横江。长七十丈。又西门外有西浮桥。用舟六十有二。】

卷一百三·广东四

归化山。【(惠州)府东南百里。俗呼鸡笼山……又浊水坑山。在府东南海滨。亦名乾溪山。下为涌船澳。宋末文天祥移军驻此。上表求入朝处也。】

海。【(惠州)府城南百十里。自府东南以迄西境。皆以海为险。志云。海滨有船澳。宋祥兴初文天祥移师处。即涌船澳矣。】

苏州驿。【在(博罗)县城西。又县东有莫村驿。志云。县西南七十里有沙河驿。亦曰铁冈驿。与东莞县接界。又西八十里达黄家山水驿。广州往来通道也。泊头墟。距罗浮山十五里。广。惠二郡舟楫。及自陆路而至入罗浮山者。皆毕集于此。】

紫金山。【在(永安)县治东……闻麖嶂。在县东五十里。本名帘紫嶂。宋末帝昺航海。丞相文天祥收败卒屯此。夜闻黄麖鸣。遂徙南岭。其寨址阶石尚存……】

金笼山。【(海丰)县东南十里……志云。县东南二十五里有新溜水。旧时沃野弥望。水道不通。蛋民分东西两溪。宋师至。舟不得渡。遂凿而通之。其上流五里名宋师岭。时伐土为阶级。故迹尚存。今闽。广商船。多聚于新溜水口。】

海。【(海丰)县南百里。旧志谓之涨海。即南海也。亦曰长沙海口。图经县南百里有丽江。合龙津。蛟溪诸水。东流入海。名丽江浦。即长沙海口矣。宋景炎三年。文天祥败于空坑。走循州。又走惠

州行。收兵出海丰。次于丽江浦。是也……】

甲子门水。【(海丰)县东二百十里。志云县有大陂。龙溪诸水。俱由此入海。海口有大石壁立。上下各有六十甲子字。故名。宋景炎元年。帝自闽航海驻于此。遣使降元。又祥兴二年。蒙古张弘范由潮阳港乘舟入海。至甲子门。知帝所在。遂趣崖山。明嘉靖中。倭寇广州。败还甲子门。为暴风所覆溺。其得脱者。帅臣俞大猷尽歼之。今有千户所戍守……】

甲子关。【在(海丰)县东甲子门水口。为滨海噤要。石门深广各二十丈。有巡司。洪武五年设。又长沙港巡司。在县南长沙海口。港口深广各三十丈。洪武十三年置巡司。】

南沙军营。【在(海丰)县南。相近有大德港。海寇出没处也。有大德军营。又南灶军营。在县南五十里。长沙军营。在县南八十里。近丽江浦。相近又有石山营。大磨军营。向俱设官兵戍守。南丰驿。在县治西。又西七十里有平安驿。县东八十里又有东海滘驿。又东七十里曰大陂驿。东入潮州之道也。】

通衢镇。【(龙川)县北百里。有巡司。洪武九年设。防陆路过山之险。又十一都巡司。在县东北百五十里。洪武二年设。为县境水陆之冲。防守最切。老龙埠头。在县南二十里。其地为水陆舟车之会。闽粤商贾辐辏于此。一邑要区也。万历中。建城戍守。】

海。【(潮州)府南百五十里。有南洋三湾。嘉靖三十八年。官军败倭贼于此。】

东山。【在(潮阳县)城东。其相接者亦曰韩山。叠嶂层峦。参差奇胜。又城西十里有西山。形势截嶭。上有砖塔。下有石室。名海潮岩。又西十里曰曾山。双峰并峙。亦名双髻山。出海望之愈高。临昆山。在县西三十五里。相传旧县置于其下。相接者有龙首山。一名猴子山。又钱澳山。在县东十里。前有莲花峰。下临沧海。又东五里曰大湖山。亦南临海。下有龙潭。又十里曰广澳山。北有招收山。三面距海。盘据数十里。地多斥卤不可耕。河渡通焉。其北十里曰磊口山。马耳在其外。是为洋海之门。】

海。【在(潮阳)县东南。志云。县境滨海。潮汐入港。支析成川。招收山临河。渡长数十里。南为钱澳。为广澳。北为马耳。为磊口。皆通海。磊口。海洋之门也。其外为牛田洋。澄。揭之水皆汇于此。有海门所。为扼要处。嘉靖三十八年。倭贼自福建漳州来犯。自磊门登陆。攻海门所。官军击败之。是也。】

兴安镇。【(潮阳)县东南三十里。有兵戍守。又北关隘在县城北。河溪隘在县北二十五里。门辟隘与巡司相近。又河渡门隘。在招收山下。志云。县有下游营。守河渡门。磊口等处。又有韶兴营。置于海门所。嘉靖三十八年。倭贼从招宁巡司河渡。磊门入犯……】

南澳山。【(饶平)县东南二百里大海中。去福建玄钟澳口约三十余里。形如笔架。周二百余里。内三澳。曰青。曰深。曰隆。即长沙海尾。延袤三百里。田地沃饶。几数千亩。洪武二十六年。居民为海倭侵扰。诏令内徙。遂墟其地。其山四面蔽风。大潭居中。可以藏舟。嘉靖初。倭舶于此互市。既而倭自福建之浯屿移泊南澳。建屋而居。大为粤东患。其后。海寇吴平。许朝光等亦窟穴于此。万历三年。增设重兵屯据其地。四年。筑城。周三里。城左右有湾曰白沙湾。为郡境之锁钥。海防考。南澳周围六七百里。有青澳。后泽澳。番船多凑泊于此。而深澳尤为形险。小舟须鱼贯而入。官兵攻剿。势甚掣肘。嘉靖间。尝用木石填塞澳口。未几。倭人使善水者捞起木石。澳口复通。既而剧贼吴平等结巢于此。官兵剿逐之。然常为贼薮。万历初。设营置兵。创筑三城。一在深水澳。一在云盖寺。一在龙眼沙。互相联络。墩台瞭望。错综布置。三处田约共四五万亩。军民耕种。可以坐食云……】

大尖峰。【(饶平)县东南百里。峰峦笔立。为高埕栅之镇。东有大埕栅。近凤髻山。又东则虎屿。狮屿。西有大港栅。则近烟楼山。南有柘林栅。则近柘林澳。中有红旗山。四栅之中。设大城千户所。其东南有鲤鱼山。又二里有红罗山湾港。皆通潮汐。蟠蜒四十里。为一方关隘。柘林澳在其南。暹罗。日本及海寇皆泊巨舟于此。因设官兵戍守。】

海。【(饶平)县东南百三十里。县境诸水皆汇入焉。南澳山在其中。分三澳。与南澳为四。海岸皆沙也。由南澳东折曰青澳。一名青径口。风涛险恶。鲜有泊舟者。深澳。内宽外险。蜡屿。赤屿环处。其外一门通舟。中容千艘。番舶寇舟多泊焉。隆澳。则轴轳往来门户也。中又有猝郎洲。宰猪澳。后泽澳皆宽衍。海寇尝窃据于此。又有钱澳。或以为即浅澳。宋少帝驻跸处云。】

柘林寨。【在(饶平)县南大尖峰。西南有柘林澳。西北去府城百三十里。置寨于此。为戍守要地。海防考。柘林波连南澳。跨闽粤之交。海寇恒窥伺于此。往来突犯。盖他寨或山或礁或港。皆有险可恃。柘林寨南面平洋。海寇扬帆直指。瞬息可至。且四面孤悬。无附近卫所可以缓急应援。迩者海寇李之奇。刘香皆突陷柘林。遂入潮阳。揭阳。刘香且直趋会城。后又突入虎头门等澳。既而闽帅郑芝龙破香于柘林寨。患始息。故柘林之备为最切。】

水寨。【在(饶平)县南。去柘林一日程。近澄海县界。洪武三年。指挥俞良辅筑城。周不及二里。凿池于内。置水关于西北隅。内通海港。自南而西转入水关。潴于池。以泊战船……】

五潮山。【(惠来)县北三十里……金刚髻山。在县东北七十里。尖峰秀拔。渔舟出海归路。视此为准……】

大陂溪。【(惠来)县西九十里。由澳头达海丰县之甲子港入海。又洪桥溪。在县东六十里。源出金刚髻山。东至靖海港入海。赤沙澳。在县南四十里。沙堤蔽涛。海艘时集于此。为防御要地。其相近又有石井澳。铅锡澳。】

三川溪。【(澄海)县北一里……志云。县北有大洲港。飞钱港。旗岭港。县西南有溪东港。鮀济河。又有石港。新港。东港。溪南港。俱县境通海之道也。】

辟望镇。【在(澄海)县南南洋村滨海。有巡司。洪武五年置。嘉靖三十八年。官军败倭贼于南阳湾。贼奔聚辟望港口。明年。官军捣平之。四十二年。自海阳县改今属。鮀浦镇。在县西南。有巡司。洪武三年置。本属揭阳县。嘉靖三十七年。倭犯鮀浦。又攻蓬洲千户所。即此。四十二年。改今属。志云。鮀浦镇西北旧有小江场盐课司。镇北有鮀浦河泊所。其东南又有东陇河泊所。今二所皆废。】

卷一百四·广东五

窦江。【在(信宜)县城南。志云。窦江源出龙山西。流合东西二川云。东川源出雷公岭。西南流经城南。合西川入窦江。滩峻水急。多峭石。冬浅夏深。民常以竹簰转运。西川源出欧岭。绕流经废潭峨县。亦曰潭峨江。至城南与东川合流。其水亦冬浅夏深。无石。民亦以竹簰转运。合流后。始通舟楫。

又西南经云岫山。转而南流。经府治西北入于鉴江。】

罗州废县。【(吴川)县西北百十里……翔龙废县。在县南百四十里硇洲上。洲屹立海中。当南北道。为雷。化犬牙处。宋景炎二年。帝自七里洋还驻硇洲。旋崩。弟卫王昺立。升硇洲为翔龙县。即此。】

海。【在(吴川)县城东南。与雷州府接境。志云。县南三十里有限门港。合群川之流注于海。水道曲狭。值潮退。沙碛浅露。或潮满风急。舟楫悉不敢往来。因名。又硇洲。在县南大海中。宋置硇洲寨。后为翔龙县。明洪武六年。杨璟破海贼谭南等于此。海防考。县南四十里有广州湾。海寇出没处也。向设兵哨守。】

零洞水。【在废零绿县西三十里……志云。县东南三十里有两家滩。海澳通大海。贼船多泊此。为石城。遂溪两县之襟要。向设军防守。】

清道镇。【(雷州)府西南百二十里。地名乌石港。有巡司。又有黑石巡司。在府东九十里。俱洪武二十七年置。志云。府南二里有水军寨。宋置。屯兵以备海道。又府城北有澄海。牢城二营。俱宋置。清道隘。志云。在府西百八十里滨海。又府西南有黑石隘。皆戍守要地也。】

雷阳驿。【在(雷州)府城北。舆程记。自驿而南。六十里为将军驿。又南七十里为徐闻县之英利驿。又百里为沓磊驿。渡海广六十里至白沙驿。繇白沙驿十里而至琼州府城。】

乌蛇山。【(遂溪)县东北三十里……又县西南二百里海中有涠洲山。中有三池。旧产珠。志云。山团围皆海。周七十余里。内有八村。人多田少。皆以采海为生。一名大蓬莱。旧为防海要隘。万历十七年。以珠贼为患。增兵戍守。山之阳有蛇洋洲。亦名小蓬莱。特起海中。如蛇形。周四十里。与涠洲山相对。】

小蓬山。【在(徐闻)县南三十里海中。前有海屿。名曰三墩。旧志。由此渡海四百里。乃至琼州。】

海。【(徐闻)县东南二十里。志云。海中有老鸦洲。抵琼州界仅四里。渡海至琼州折旋四百一十里。舆程记云。旧志谓由徐闻县而南。舟行四百三十里度海达琼州。今自雷州东海洋径达琼州白沙口。一日夜可至也。】

东场镇。【在(徐闻)县西南滨海。有巡司。志云。洪武初置于迈谷村。二十七年迁于东场。又宁海巡司。在县东南。志云。洪武初。司置于县东。二十七年。迁于黎浦口。沓磊驿。在海安所城中。其南有沓磊浦。宋雷州将王用降元言。硇州无粮。闻琼州欲供粮。而海道滩水峻急。止有沓磊浦可通舟楫。宜急守之。即此……】

龙门岭。【(廉州)府东八里……又冠头岭。在府南八十里。形势穹窿。山石皆黑如冠。亦曰冠山。自此涉海。北风顺利。一二日可抵交之海东府……】

(钦)州控临大海。制驭安南。为藩篱要防。折冲重地。永乐中两征交趾。皆自广西之凭祥。云南之蒙自。而未尝以奇兵出钦州。倾其内险。故贼得以偷息海上。则钦州者。灭交趾之要途也……

安京山。【(钦)州西北八十里……乌雷山。在州西南大海中。入安南之要道也……】

海。【在(钦)州南二百余里。自此涉海。扬帆一日至西南岸。即交州潮阳镇。永乐五年。尚书黄福议。交趾万宁县接云屯海口。并连广东钦州地方。最为险要。宜以钦州所添军立卫。是也。图经。云屯海镇。在交趾新安府云屯县之云屯山。在大海中。番贾舟舶多萃于此。永乐中置市舶提举司。其山摩空直耸。两相对峙。一水中通。自海门黎母山发船西行。水程九百里至海宝山。自海宝北行。水程三百里取鸡唱门入云屯镇。就此镇转入新发府或往安邦州。皆便近。又州西南有六水口。曰谭家水口。黄标水口。藏涌水口。西阳水口。大湾水口。大亭水口。并为入海之路。向皆置卒戍守。】

龙门江。【(钦)州南六十里。志云。安京山之阴有涌沦江。南经州南四十里。亦曰罗浮水。又南曰龙门江。两山对峙。形势若门。又西经涌沦周墩而达交趾永安州界。为钦州之要害。嘉靖二十八年。安南贼范子仪等驾船突至龙门港口。因议设兵戍守。寻废。淡水湾。在州南百三十里。志云。湾在龙门之前。旁有巨石。淡水出焉。舟楫往来。恒取汲于此。正德八年。安南入寇。官军败之于此……】

千金镇。【胡氏曰。在(钦)州西南……又如洪镇。亦在州西南。宋至道元年。交趾黎桓寇钦州如洪镇。如洪。或曰即鱼洪之讹也。明永乐七年。交趾贼船劫掠钦州鱼洪村。官军追至交趾万宁县海上。遇贼舟。尽擒之。鹿井寨。在州西南。宋置。控象鼻沙。大水口入海通交州水路。又有三村寨。在州东南。亦宋置。控宝蛤湾至海口水路。东南转海至雷州递角场。又思禀管。亦在州境。宋嘉祐四年。交趾李日尊寇钦州思禀管。即此。】

天涯驿。【在(钦)州东。永乐十四年。张辅奏。自天涯驿经猫尾港至涌沦。佛淘。从万宁县抵交趾。多由水道。陆行止二百九十一里。比丘温故路近七驿。宜设水马驿传。以便往来。从之。乃设防城。佛淘二水驿。宁越。涌沦二递运所及佛淘巡司。而改天涯水驿为水马驿。宣德三年复旧。】

西乡镇。【(灵山)县西北百四十里。有巡司。洪武八年置。又林墟巡司。在县西南百四十里。洪武四年建。永乐七年海贼阮瑶等寇劫钦州长墩巡司及林墟巡司。官军追败之……】

卷一百五·广东六

(琼州府)古百越地。【通志云。古为雕题。离耳二国。】汉武平南越。始置珠崖。儋耳二郡。【汉志曰。汉武元封元年。遣使自徐闻南入海。得大洲。方一千里。略以为珠崖。儋耳二郡。贾捐之曰。二郡合十六县。】昭帝始元五年。罢儋耳入珠崖郡。元帝初元中并罢珠崖郡。后汉因之。【置珠崖县。属合浦郡。】三国吴复置珠崖郡。【治徐闻县。今属雷州府。】晋省入合浦郡。宋。齐仍旧。梁置崖州及珠崖郡。【治义伦县。】隋初。郡废州存。大业初。复曰珠崖郡。唐武德四年。复置崖州及儋。振等州。贞观五年。增置琼州。【治琼山县。】十三年。又废入崖州。寻复置。天宝初曰琼山郡。乾元初复曰琼州。【旧唐书。贞元五年。岭南节度使李复奏称。琼州本隶广州管内。乾封中。山峒草贼反叛。遂兹沦陷。至今一百余年。臣已遣兵收复。且以琼州控压贼峒。请升为下都督府。督琼。崖。振。儋。万五州。其崖州都督请停。从之。】五代时属于南汉。宋仍曰琼州。【亦曰琼山郡。宋志。大观元年。以黎母山夷峒置镇州。赐军额曰靖海。政和初。镇州废。以军额来归。宣和中。又升为琼管安抚都监。】元仍旧。【一统志。元改琼州路。今本志不载。】天历二年。升为乾宁军民安抚司。【以潜邸所幸也。】明洪武二年。降为琼州。三年。升为府。领州三。县十。今因之。

海。【(琼州)府北十里。亦曰海口港。北接雷州府徐闻县境。舟行一日可抵岸。一名海口渡。宋白曰。州北十五里即大海。泛大船使西南。风帆三日夜。至崖山门入江。一日至新会县。或便风十日可径达广州。志云。海口港南岸有神应港。旧名白沙津。番舶所集之地。初。港不通大舟。而海岸多风涛之虞。宋淳熙中。琼帅王光祖欲开而未遂。忽飓风作。自冲一港。人皆以为神应。因名。亦谓之白沙口。宋祥兴元年。元阿里海涯略地海外。琼州安抚赵与珞等率兵拒之于白沙口。援兵不至。州民遂以州叛附于元。即此。舆程记。自白沙口渡海。七十里而至雷州府徐闻县之沓磊驿。旧置白沙驿于此。】

清澜镇。【在(琼州)府南……又白沙营。在府北白沙港口。防白沙。东营。芒芒。三港贼船。】

田牌镇。【(临高)县南二十里……志云。县境村峒凡二百三十九处。又县北有新安。三家。末落。乌石。博白。黄龙。吕湾。博顿等八海港。俱有民兵瞭望。防贼船湾泊。】

七星山。【(文昌)县北百五十里大海中。有七峰相连。一名七洲洋。山林木茂密。下出淡泉。航海者必取汲于此……焚艛岭。在县北百三十里。枕海滨。相传汉楼船将军杨仆初渡海至此。即焚其楼船以示士卒必死处。恐误……】

文昌江。【(文昌)县南一里。一名南桥水。志云。江源有二。一出县境之迈南山。一出龙塘。至县南一里合流。又东南达清澜港入海。清澜港。在县东南三十里。源出县东下场溪西。二处合流至此。与海潮相会而成港。又铺前港。在县西百五十里。商帆海舶。多集于此。】

铺前镇。【(文昌)县西北百五十里铺前港之东。有巡司。又青蓝头巡司。在县东一百里抱陵港。俱洪武中置。白延架营。在县西南。防斩脚峒黎等贼。志云。县境村峒凡三十有五处。又县有铺前。木栏。抱虎。七星港澳。皆与琼山连洋。大海贼船易入。拨军瞭守。】

阴阳山。【(乐会)县东北一里……在县东南十五里。峻耸插空。俯视诸山皆如培塿。海航望此以为表识……】

马蝗山。【(儋)州东三十里。以形似名。俗传汉将曾屯兵于此。盖其地尝为战场也。龙门岭。在州西北三十里。海岸夹起石峰。两趾奔海。其状若门。可以泊舟岭上……】

海。【(儋)州西四十余里。一名琼海。中有狮子石。舟楫所经也。志云。石在海中。东去州五十里。】

峻灵山。【(昌化)县北十里。本名朝明山。一名神山岭。山有落膊冈。其旁石如冠帽。俚人呼为山胳膊。南汉封其神为镇海广德王。宋元丰五年。改封为峻灵王。山因以名。海航往来。恒泊舟汲泉于此……】

赤陇山。【(万)州东南三十里。土色赤。有冈陇相连。一名东龙山。又独洲山。在州东南五十里海中。风帆半日可达……】

小海港。【(万)州东北二十里。港口有二小石山。南北对峙如门。海舶往来。取道于此。】

莲头镇。【(万)州东三十里。有巡司……又有镇南营。在州东南。其相近有南港。莲塘。莲岐。大

塘。新潭诸港澳。俱海寇出没处。设兵瞭守……】

多云岭。【(陵水)县南十里……双女屿。在县东百里大海中。去岸半日。周围数十里。两石对峙如人。上有淡水。海舶多就汲焉。】

络索营。【在(陵水)县西北……志云。县境村峒凡三十处。又县东南有水口。黎庵等港门。海寇易入。皆拨兵戍守。】

海。【(崖)州西五十里。有龙栖湾。海水湾旋二里。昔有龙栖于此。又州南亦滨海。海槎余录。海面七百里外有石塘。北之海水特高八九尺。其南波流甚急。海槎必远避而行。舟入回溜中。罕得脱者。又有鬼哭滩。舟行至此。必以米饭掷之而后过。宋天禧二年。占城使言。国人诣广州。或风漂船至石塘。即累岁不达。石塘。在崖州海面七百里。】

藤桥镇。【(崖)州东二百二十里。有巡司……志云。州东南滨海有榆林。牙狼。不头。利桐。玳瑁洲等港澳。俱海寇窥伺处。向设军瞭守。】

海。【(感恩)县西南四十里。有石排港。巨石排列海滨。湾环里许。可泊舟……】

延德镇。【(感恩)县东南八十里。有巡司。因废延德县而名。或云县盖置于此。又县门堡。在县南。旧有县门驿。今革。志云。县有南港。岭头。白沙。南北沟诸处。向皆设官兵。防诸黎贼。县境村洞盖四十有一也。又黎港。在县西北。县南又有抱驾港。白沙湾。皆滨海水深。寇船易入。置兵哨守云。】

卷一百六·广西一

越城岭。在桂林府兴安县北三里。一名临源岭。亦曰始安峤。通典。五岭以次而西。其第五岭曰越城岭。在始安郡北。零陵郡南。盖自衡山以南。东穷于海。皆一山之限耳。汉武帝元鼎中。遣路博德出桂阳。下湟水。路盖出于此。后汉建初八年。郑弘为大司农。旧交趾七郡贡献转运。皆从东冶泛海而至。【东冶。今福建侯官县。】风波艰阻。沉溺相系。弘奏开零陵。桂阳峤道。自是遂为通路……

漓江。与湘江同源。出桂林府兴安县海阳山……志云。漓水上流谓之灵渠。自兴安县而南有斗门。上下六十里。昔秦戍五岭。命史禄凿渠。以通舟楫。汉灭南越。使归义越侯严为戈船将军。出零陵。下漓水。又东汉建武十七年。马援讨征侧。因史禄旧渠。开湘水六十里以通馈饷。后江水溃毁。渠遂廞浅。唐宝历初。观察使李渤立斗门以通漕舟。自是累加修浚。或谓之埭江。新唐书。景龙中。王晙都督桂州。因埭江开屯田数千顷。以息转输。又咸通五年。安南为南诏所陷。诸道兵屯聚岭南。江西。湖南。馈运皆溯湘江入零渠漓水。劳费艰涩。诸军乏食。有润州人陈磻石。请自福建运米。泛海不一月至广州。从之。诸军食始足。九年。桂州刺史鱼孟威因大修灵渠。增置斗门。渠复通利。宋初。计使边诩复修之。嘉祐四年。提刑李师中更加浚治。今自灵川县而南。亦曰灵江。入临桂界。亦曰桂江。亦曰始安江。又经阳朔县东而入平乐府界。亦名府江。自平乐而南。经昭平县西以入于梧州界。平乐旧志云。府江北抵桂林。南连梧州。上下八百余里。两广舟船必繇之路。其西岸山势劈削。树木丛密。苗贼往往据险出没。致江道阻塞。虽调兵征剿。而林箐深密。不能尽殄也……

左江之上源。即盘江也……又东而为广东肇庆府之西江也。本名牂牁江。汉书西南夷传。夜郎临牂牁江。江广百余步。足以行船。南粤以财物役属夜郎。西至桐师。唐蒙乃上书曰。南粤地东西万余里。今以长沙。豫章往。水道多绝难行。若通夜郎。浮船牂牁。出其不意。此制粤一奇也。元光五年。司马相如通西夷。除边关。关益斥。西至沫若水。南至牂牁为徼。元鼎五年秋。伐南粤。以路博德为伏波将军。出桂阳。下湟水。杨仆为楼船将军。出豫章。下横浦。故归义。粤侯二人为戈船。下濑将军。出零陵。或下漓水。或抵苍梧。使驰义侯因巴蜀罪人。发夜郎兵下牂牁江。咸会番禺。盖自蜀入粤之道。自汉启之也……

卷一百七·广西二

灵渠。【在(兴安)县北五里。即道漓水处。南经灵川县入临桂县界。亦谓之澪渠。水经注湘水自零陵西南谓之澪渠。是也。唐咸通五年。安南为南诏所陷。岭南用兵。诸道馈运皆溯湘江入澪渠。宋沟洫志。灵渠以引漓水。故秦史禄所凿。或谓之秦凿渠。后废。唐宝历初。观察李渤设斗门十八以通漕。俄又废。咸通九年。刺史鱼孟威以石为铧堤。亘四十里。植大木为斗门。至十八重。乃通舟楫。宋庆历中。提刑李师中修浚。后守臣边诩等复累加修葺。绍兴二十九年。臣僚言。广西灵渠接全州大江。其渠仅百余里。自静江府经灵川。兴安两县。宜令两邑令兼管修治。诏漕臣修复。以通漕运。范成大曰。灵渠。在桂之兴安县。秦始戍岭时。史禄凿此以通运之遗迹。湘水源于海阳山。在此下融江。融江为牂牁下流。本南下。兴安地势最高。二水远不相谋。禄始作此渠。派湘之流而注之融。使北水南合。北舟逾岭。其作渠之法。于湘流砂碛中。垒石作铧觜。锐其前。逆分湘流为两。激之六十里行渠中。以入融江。与俱南。渠绕兴安界。深不数尺。广丈余。六十里间置斗门三十六。土人但谓之斗。舟入一斗则复闸斗。俟水积渐进。故能循崖而上。建瓴而下。千斛之舟亦可往来。治水巧妙。无如灵渠者。志曰。渠既通舟楫。亦利灌溉。一名中江。自李渤置斗门。开漓水则入于桂江。壅桂江则归之湘水。又凿分水渠三十五步。阔仅五六尺。以便行舟。其后修筑。皆因渤之故迹。明洪武末。渠道湮坏。遣御史严震直修浚。郡志。震直修灵渠。欲广河流。撤去鱼鳞石。增高石埭。遇水泛。势无所泄。冲塘决岸。奔趋北渠。而南渠浅涩。行舟不通。田失灌溉。连年修筑。百姓苦之。永乐二年。改作如旧制。水患始息。成化间复坏。郡守罗珦修复。今县东有水函十。灵渠之水径此。每遇霖潦。往往啮堤为患。因置石函以泄之。灌田数千亩。每至决坏。有司相视以时兴修焉。】

千秋峰。【(灵川)县东北七里。独立危耸。一名文笔峰。下有峡通大江。亦曰千秋峡。志云。千秋峡丛山列拥。亦名笔峡。大融江经此。风水相搏。涛色如银。名曰银江。今有千秋峡巡司。灵岩。在县西北三十里。岩高数百丈。南北相通。小溪环绕其下。名胜志。江水贯灵岩中。阔数十丈。深不可测。山谷百源辐辏于此。可通舟楫。】

画山。【(阳朔)县北五十里……志云。画山北有绣山。与临桂接界。舟入阳朔。必先经此……】

古祚驿。【在(阳朔县)城北龙头山下……舆程记。桂林府水行八十里为南亭驿。又南三十里为古祚驿。自古祚而南八十里为昭潭驿。入平乐府界。】

白面村。【(阳朔)县东南二十里。志云。村南至平乐府城四十里。为往来径道。村南有白面渡。漓江所经也。又广化村。在县东七里。有广化渡。又县东南十五里有香顶渡。北十五里有五龙渡。俱四出之津要。】

卷一百八·广西三

大云山。【在(梧州府)城东北隅……志云。府东南八里大江滨有苏山。以宋苏轼南迁时泊舟

山下而名。】

府门驿。【在(梧州府)府城西南德政门外。递运所亦置于此。志云。所旧置于城北云山门外江滨。万历三年。改所为提举司。移建递运所于此。稍西为税课司。又有龙江驿。在苍梧县治西北。武灶渡。在府西递运所前桂江之侧。又冲霄渡在税课司前。潘田渡在城南五里。五两渡在城东二十里。又府西二十里有平浪渡。六十里有龙江渡。八十里为古榄渡。百里曰观音渡。皆大江津要也。】

绣江。【在(藤)县东南。一名北流江。源出广东高州。流入府境。经北流县始通舟楫。由容县经窦家寨。至县城东入于藤江。志云。绣江流入县境有石城滩。江中隐石。横截如城也。又北流百里有中箬滩。以石屿屹立中流。江分两派也。又北四十里为鸭儿滩。又北五里至城东为将军滩。舟行经此。冬月水涸。最为艰阻……】

大湾堡。【(藤)县西三十里。又西十里为濛江堡。水道北达五屯所。又石腮堡。在县西六十里。十二砚堡在县西八十里。又十里为白马堡。西出平南之水道也。又县西北八十里有标榄堡。东北至平乐府昭平县二百五十里。西南至五屯所二十里。苦竹堡。在县南三十里。又县西南百十里为岭头村堡。又南十里为三眼堡。南出容县水道所经也。】

绿珠江。【(博白)县西七里。源出绿罗山。下流合于南流江。新唐书白州西南百里有北戍滩。咸通中。安南都护高骈募人平其险石。以通舟楫。即南流江通廉州之道也……】

马门滩。【志云。在(北流)县西南四十五里。即绿蓝水所经也。汉马援南征。以江流迅急。凿去其石。余二巨石双立为门。其中流水如奔马。因名。又北戍滩。志云。亦在县西南马门滩下。唐高骈为安南都护。平蛮北归。见其湍险。属防遏使杨林疏浚之。人以为便。胡氏曰。马门江。在博白县西南百里。下北戍滩。出马门江。渡海抵安南界。咸通四年。南诏陷安南。都护蔡袭幕僚樊绰携印渡江。即此处也。】

卷一百九·广西四

潭江。【(融)县城东。一名融江。自怀远县流入。与县境诸水合流至柳城县而为柳江。今有浔阳渡。在县东南十五里。融水津渡处也。为往来要道。】

李依江。【(宾)州东三十里。源出县北。合诸流入宾水。融县商船道出于此……】

宝积山。【(迁江)县东二里……又县北五里有泊舰山。下有岩。容数百人。石笋奇甚。舟行者必驻观而后去。因名。】

卷一百十·广西五

可泸江。【(隆安)县东南七十里。与武缘县接界。流入宣化县境。合大江。可通舟楫……】

清江。【(横)州东十里……又陈埠江。在州西南十里。源出钦州界。经灵山县入州境。商人贩竹木谷粟之利。多取道于此……】

府前渡。【在(太平府)城南。一名南门渡。自府境达思明府思陵州。上思州。忠州。江州之路。皆出于此。又有归龙渡。一名中渡。在府城东。又城西有上郭渡。城东南有下郭渡。皆丽江津口也。左江驿。在府城东南。与下郭渡相近。】

卷一百十一·广西六

左江。【在(利)州城北。自田州流入境。又东入南宁府归德州界。今州城北门外有州门渡。州东二里有通济桥。即左江经流处也。一统志作右江。而谓交趾所出之丽江为左江。误。】

龙江。【在(龙)州城南。即丽江也。源出交趾。经州境入太平府界。今州东四十里有驮河渡。即龙江津济处。】

卷一百十二·广西七【外国附考】

安南。【在凭祥州南五百五十里。东至海三百二十里。南至占城国界一千九百里。西至云南老挝宣慰司界五百六十里。自其国都至京师一万一千一百六十五里。至南京七千七百二十里。至广西布政司二千八百里。古南交地。虞书宅南交是也。周曰交趾。礼王制。南方曰蛮。雕题。交趾。秦为象郡地。秦末属于南越。史记。尉陀以兵役属西瓯。骆。安南。即所谓骆越也。汉元鼎五年。平南越。置交趾。九真。日南等郡。兼置交州刺史。后汉建武十六年。交趾女子征侧。征贰反。马援讨平之。孙吴时。增置新昌。武平。九德三郡。晋因之。宋增置宋平。宋寿等郡。齐增置义昌郡。梁于交趾等郡增置交。爱。驩。等州。兼置交州都督府。隋平陈。废郡存州。改都督府曰总管府。炀帝初。州废。仍为交趾。日南。九真等郡。唐武德三年。仍置交州总管府。管交。峰。爱。仙。鸢。宋。慈。澄。道。龙十州。七年。改曰都督府。其后诸州增省不一。调露元年。又改都督府曰安南都护府。至德二载。曰镇南都护府。大历三年。仍曰安南。以刺史充都护。贞元六年。置军曰桑远军。咸通初。为南诏所陷。明年收复。四年。复为南诏所陷。七年。高骈攻克之。始置静海军于安南。天祐初。曲承裕据其地。再传至曲承美。五代唐长兴初。南汉刘龑遣军攻拔交州。执承美以归。以其将李进守之。明年。爱州将杨廷艺攻取交州。晋天福二年。交州将皎公羡杀廷艺而代之。三年。廷艺故将吴权举兵攻杀公羡。遂据交州。称静海节度使。权卒。子昌岌立。卒。子昌文立。周显德初。始请命于南汉。南汉以昌文为静海军节度使。兼安南都护。宋初。复为部人丁部领所据。自称万胜王。以子琏为静海节度使。开宝六年。内附。八年。封交趾郡王。自是交趾遂为异域。琏死。弟浚嗣。又为其将黎桓所篡。景德初。封南平王。桓死。子龙挺嗣。景德四年。改封交趾郡王。死。子至忠嗣。大中祥符三年。为其臣闽人李公蕴所篡。宋仍封为交趾郡王。再传至日尊称帝。国号大越。熙宁间。王安石议开边侵扰蛮境。八年。交人叛。陷钦。廉。邕等州。九年。诏郭逵等讨之。至富良江。得四州一县而还。其地寻复入于交趾。公蕴八传嗣绝。为其婿陈日照所有。宋淳祐十二年。蒙古将兀良合台破安南。日照遁海岛。师还。日照复取其地。宋亡。日照子光昺归附元。封为安南国王。光昺死。子日烜自立。不受命。再发兵击之。皆不能克。日烜死。子日燇嗣。复遣使入贡。日燇死。子日煃嗣。明洪武二年。率先入贡。遣使册为安南国王。未至。日煃死。姪日熞嗣。五年。为陈叔明所篡。叔明老。弟端代视事。十一年。端攻占城败死。弟炜代立。二十一年。其相黎季犛弑炜。立叔明子日焜。明年。又弑日焜。立其幼子顒。假炜名来贡。二十九年。思明府奏安南夺丘温。如嶅。庆远。渊脱五县。遣使敕以地还思明。不听。三十二年。季犛复弑顒而立其幼子㝨。寻复弑㝨。夺其位。季犛诡姓名曰胡一元。子苍曰奎。僭号纪元。国号大虞。永乐元年。表称陈氏嗣绝。请署国事。从之。已复封为王。二年。陈氏故臣裴伯鲁走阙下乞师。而老挝亦传送故王孙陈天平来朝。诏诰季犛。季犛诡请迎天平归国。诏广西都督黄中。吕毅率兵五千送天平还国。至境。季犛伪遣使迎候。而伏兵隘口。袭杀天平及大理卿薛嵓等。中等引还。于是。以成国公朱能为征夷将军。率新城侯张辅。西平侯沐晟等二十五将。军出广西。云南两道讨之。能至龙州卒。辅代总其众。

五年。平安南。俘获季犛父子。诏求陈氏后立之。无所得。因置交趾等处承宣布政使司。领府十七。州五。属府州四十二。县一百五十七。又置卫十一。所十三属都指挥使司。又置市舶司一。其地东西相距一千七百六十里。南北二千八百里。六年。交人简定复推陈季扩为乱。命沐晟讨之。败绩。复命张辅往征。擒定。季扩寻请降。以为交趾右布政使。未几。复叛。十年。辅等以计擒之。贼党皆平。十五年。召辅还都。明年。寇孽黎利复叛。官军屡衄。宣德初。再遣大兵征之。皆败绩。贼势益张。侵我禄州。西平州及钦州四峒。皆陷。既而利托言请立陈氏后罢兵息民。朝廷因而许之。遂弃交趾。六年。诏利权署安南国事。八年。利死。子麟嗣。正统元年。封为安南国王。七年。麟死。子浚立。遣兵攻占城。虏其王摩诃贲该以归。天顺三年。浚为庶兄宜民所弑。四年。浚弟灏嗣。辄侵我土地。攻杀老挝宣慰司刁板雅兰掌父子。为八百败。归。屡攻占城。谋并其国。弘治十年。灏死。子晖嗣。十七年。晖死。子敬嗣。旋死。以弟谊嗣。正德初。其臣阮种弑之。立其弟阮伯胜。国人共杀种等而立灏庶子晭。晭孱政在群下。国乱。正德十一年。其下陈暠弑晭自立。酋目莫登庸等复逐暠。立晭兄子譓。专其国。暠奔据谅山。黎氏旧臣郑绥以登庸不臣渐著。推族子酉榜为主。登庸皆攻杀之。十六年。登庸攻暠。暠败死。嘉靖初。登庸自称安兴王。谋弑譓。譓奔清化。登庸立其庶弟广。交人云。广。登庸子也。六年。登庸窃安南。寻杀广。九年。禅位于其子方瀛。自称太上皇。退居都齐海阳。为方瀛外援。譓竟死。清化故臣共立譓子宁。居来州漆马江。倚老挝为援。十五年。宁遣其臣郑维憭来乞师。诏咸宁侯仇鸾为帅。寻以征蛮将军安远侯柳珣代之。而命枢臣毛伯温总其事。伯温驻师南宁。时方瀛死。子福海嗣。登庸闻大军致讨。惧。请归钦州二都四峒故侵地。世奉职贡。乃于镇南关受登庸降。废勿王。降国为都统司。十三路为宣抚司。以登庸为都统司使。统境内十三宣抚司。隶广西藩司。而命黎宁仍居漆马江。令云南守臣勘访。果系黎氏。后始授境土。制下。登庸已死。乃授其孙福海。二十五年。福海死。子宏瀷幼。阮如桂等拥卫之。三十年。始嗣职。时国内多艰。贡不达。黎氏虽据一隅。党类强。宁死。郑检立其子宠。宠死。复立其宗人黎维邦。会莫氏臣黎伯骊作乱。郑检以兵会之。宏瀷奔海阳。自是益衰弱。四十二年。宏瀷卒。万历初。子茂洽袭为都统使。国大乱。既而黎维邦死。郑检子松复立。维邦子维潭举兵攻杀莫茂洽。尽逐莫氏遗孽。茂洽子敬用窜居高平府。敬璋。敬恭窜居东海府。保乐州。复内相仇。未几。敬璋为黎氏所杀。维谭遣使浮海诣督臣归罪。请款关输贡。因与约必以高平居莫氏。如黎氏漆马江故事。维潭意以高平其故地也。莫氏篡臣不宜以漆马江为比。久之。乃听。二十四年。受维潭降。以为都统使。与莫敬用以高平。令维潭毋侵害。于是安南复定。自黎氏以来。虽奉贡称藩。然自帝其国如故矣。罗氏曰。入交之道凡三。一繇广西。一繇广东。一繇云南。由广东则用水军。伏波以来皆行之。广西道宋行之。云南道元及明朝始开。广西道亦分为三。从凭祥州入者。由州南关隘。一日至交之文渊州坡垒驿。复经脱朗州北。一日至谅山衙。又一日至温州之北。险径半日至鬼门关。又一日经温州之南新丽村。经二卜江。一日至保禄县。半日渡昌江。又一日至安越县南市桥江下流北岸。一道由思明府入。过摩天岭。一日至思陵州。过辨强隘。一日至禄平州。州西有路。一日半至谅山府。若从东南行。过车里江。此江乃永乐中黎季犛堰之以拒王师。后侦知其堰处。乃决之以济师。一日半至安博州。又一日半过秏军峒。山路险恶。又一日至凤眼县。又分二道。一道一日至保禄县。亦渡昌江。一道入谅江府。亦一日至安越县之南市桥江北岸。各与前道会。其自龙州入者。一日至平而隘。又一日至七源州。二日至文兰平茄社。又分为二道。一道从文兰州。一日经右陇县北山径出鬼门关。平地四十里渡昌江上源。经右陇之南。沿江南岸而下。一日至世安县。平地至安勇县。又一日亦至安越县之中市江北岸。一道从平茄社西。一日半经武崖州山径。二日至思农县。平地又一日半亦进至安越县之北市桥江上流北岸。市桥江在安越县境中。昌江之南诸路总会之处。随处皆可济师。一日至慈山府。又至东岸嘉林等县渡富良江以入交州。云南亦有二道。其一道。由临安府蒙自县。经莲花滩入交州之石陇关下程澜峒。循洮江源右岸。四日至水尾州。又八日至文盘州。又五日至镇安县。又五日至下华县。又三日至清波县。又三日至临洮府。洮水即富良江上流。其北为宣光江。南为沱江。所谓三江者也。临洮二日至山围县。又二日至兴化府。即古多邦城。自兴化一日至白鹤神庙三岐江。又四日至白鹤县渡富良江。其一道。自蒙自县河阳隘。循洮江左岸。十日至平源州。又五日至福安县。又一日至宣江府。又二日至端雄府。又五日亦至白鹤三岐江。然皆山径。欹侧难行。其循洮江右岸入者。地势平衍。乃大道也。若广东海道。自廉州乌雷山发舟。北风顺利。一二日可抵交之海东府。若沿海岸以行。则乌雷山一日至永安州白龙尾。白龙尾二日至玉山门。又一日至万宁州。万宁一日至庙山。庙山一日至屯卒巡司。又二日至海东府。海东二日至经熟社。有石堤。陈氏所筑以御元兵者。又一日至白藤海口。过天寮巡司。南至安阳海口。又南至涂山海口。又南至多渔海口。各有支港以入交州。自白藤而入。则经水棠。东潮二县至海阳府。复经至灵县过黄径。平滩等江。其自安阳海口而入。则经安阳县至荆门府。亦至黄径等江。繇南策。上洪之北境以入。其自涂山而入则取古斋。又取宜阳县。经安老县之北至平河县。经南策。上洪之南境以入。其自多渔海口而入。则繇安老。新明二县至四岐。溯洪江至快州。经咸子关以入。多渔南为太平海口。其路由太平。新兴二府。亦经快州咸子关口。由富良江以入。此海道之大略也。交州之东有海阳。荆门。南策。上洪。下洪。顺安。快州等府。去海颇远。各有支港穿达。迤逦数百里。大舰不能入。故交人多平底浅舟以便入港云。山居赘论曰。安南。自秦。汉以来。入中国版图者历千百年。其比于外臣。特自宋以后耳。宋之兵力。自太宗以后势已衰钝。其不能奄有交南。宜也。元人兵威所加。辄见摧灭。而安南竟偃蹇一隅。不能郡县其地。何哉。倘所谓强弩之末不能穿鲁缟者欤。永乐中。两兴大役。皆系累其君长。扫清其境土而师还。未几。反覆随之。岂时有难易。交人方强。未可逆折欤。逮正德以后。陈氏。莫氏与黎氏祸乱相寻。兵分势削。取乱侮亡。机不可失。而竖子率师。徒费张皇。其后。任交人之自为鱼肉。以秦越相视而已矣。夫是非不张。恩威不振。何以厌蛮夷观听之情哉。明史。嘉靖十六年。仇鸾为帅。尚书毛伯温督师驻广西。檄诸路兵候师期。正兵分三哨。广西凭祥州为中哨。龙州罗回洞为左哨。思明府思州为右哨。分奇兵为二哨。归顺州为一哨。广东钦州为一哨。又乌雷山等处为海哨。又云南兵于莲花滩分三哨。东西并举。驰驿安南。莫登庸大惧。乞降。盖先是抚臣蔡经言。安南水陆之路有六。凭祥。龙州。归顺。钦州。海阳西路皆接安南也。时钦州知州林希元言。莫氏所恃者。惟都斋耳。其地滨海。淤涂十余里。舟不得泊。计以为王城不支即守都斋。都斋不支即奔海上耳。若以东莞。琼海之师助占城击其南。贼不得奔矣。以福建之师航海出枝封。湖广之师出钦州。与之合。都斋无巢穴矣。以广西之师出凭祥。云贵之师出蒙自。以攻龙编。则根本拔矣。如此。可一举定也。其说置不问。夫攻安南者。希元之言非胜算哉。又安南僭置伪东都。设五府。五部。六寺。御使台。通政司。五十六卫。四城兵马等衙门。附郭府三。一曰奉天。二曰广德。三曰永昌。永乐二年。改东都为交州府。宣德二年。弃交趾。黎氏复曰东都。其西都亦曰清华承政。永乐二年。改清化府。又都斋古斋。近海口。莫登庸故乡也。本无城郭。以铁笏木作排栅三层为外卫。登庸所自居也。大约自黎氏以来。郑氏。莫氏二宗最强。而郑以江华为重。莫以古斋为重云。两都之外。分道十三。设承政司。宣察司。总兵使司。亦仿中国三司之制。】

三带城。【在(交州)府西富良江北岸。蛮所置三带州也。永乐初。张辅等讨交趾。自新福县移营三带州招市江口。造船图进取。是也……】

海。【在(交州)府东南。自广东钦州而西南。历乌雷山以至南境之大长沙海口。其可入之支港以数十计。马援讨征侧。缘海而进。高骈复安南。亦自海道而前。今有天威泾。骈所凿也。唐史。咸通二年。南诏攻安南。都护蔡袭请救。诏袭按军海门。袭以围迫。不及奉诏。城陷死之。其僚属樊绰走渡江。督荆南兵入东郭。苦战。颇有斩获。是夜。南诏屠安南。诏大兴诸道兵进讨。因置行交州于海门。调山东兵戍守。命容管经略使张茵镇之。经略安南。茵逗留不进。乃以高骈为大帅。仍驻海门。七年。骈收复安南。以交州至邕州海道多潜石。漕运不通。遂凿石开道。有青石泾。相传马援所不能治。既而震碎其石。亦得通。因名天威泾。自是漕运无滞海门……】

富良江。【在(交州)府北三十里。其上源即云南之澜沧江也。自车里宣慰司东北界及临安府之西南界流入境。曰莲花滩。东流历文盘州临洮府北境。亦曰洮江。又东至兴化府境合于江北之白鹤江。江南岸又有陀江来注之。谓之三岐江。又东历三带州南。至府城之北。东南流。历顺安。上洪。下洪诸府之境。纵横贯串以达于海。宋熙宁八年。交趾分道入寇。钦。廉。邕皆陷。郭逵讨之。行至长沙。先遣将复邕。廉。而自将西进。至富良江。交人乘舡逆战。大败其军。其王李乾德请降。于是取广源等州而还。宝祐五年。蒙古兀良兀台入交趾。至洮江。交人战败。其王陈日照走海岛。元至元二十一年。脱欢击安南王陈日照。败其兵于富良江。日照遁。遂入其都城。以盛夏霖潦。军中疲作。乃引还。二十四年。脱欢等复渡富良江。次交趾城下。败其守兵。日照复遁据海口。明永乐五年。张辅等讨安南。从凭祥入。进次昌江市。造浮桥济师。前锋直抵富良江。而沐晟亦自云南蒙自入安南。驻兵洮江北岸。造舟径渡。至白鹤江。遣人来会。贼恃东西都及宣江。洮江。沱江。富良江为固。于江北岸缘江树栅。多邦隘增筑土城。城栅相连至九百余里。又于富良江南岸环江置桩。尽取国中舡舰列江内。诸江海口俱下杆木以防攻击。贼之东都亦严固。继而辅等合军拔多邦。遣别将向其西都。贼焚宫室遁入海。既又败贼于富良江。遂尽平其地。一统志。富良江。一名泸江。上接三带州白鹤江。经交州府城东下通利仁县大黄江。以达于海。南使录云。富良江行四十四里至归化江。一名泸江。阔与漠鄂等江相似。自大理西下。东南入于海。有四津。潮汐不常。或曰。归化江即富良江下流矣。】

宁桥。【在(交州)府西。近石室县。宣德元年。命成山侯王通等征交趾。至宁桥。遇伏军败处也。东津渡。在东关县。即富良江渡口也。旧以舟楫往来。阻于风涛。永乐初。张辅。沐晟始置浮桥。一岁一易。】

天德江。【在(北江)府东。下流注富良江。一名廷蕴江。又名东岸江。永乐初。黎寇惧讨。役民堙塞江口。寇既平。重加浚治。舟楫复通。】

象山。【在(新安)府东东湖州。一名安子山。相传安期生得道处。宋海岳名山图以此为第四福地。云屯山。在府东北云屯县大海中。两山对峙。一水中通。蕃国商舶。多聚于此。又府东新安县大海中有大圆山。突起圆峤。永乐十六年。此山获白象来献。】

白藤江口。【在(新安)府东北。海道之口也。旧自此进至花步。抵峰州。五代晋天福三年。南汉刘龑以交州乱。欲并有之。使其子弘操将兵趣交州。自将屯海门。为声援。弘操帅战舰自白藤江而进。交州兵逆战于海口。弘操败死。宋太平兴国六年。遣知邕州侯仁宝等伐黎桓。分兵由邕州。廉州两道俱进。既而行营兵败贼于白藤江口。仁宝率军先进。为交州兵所败。又廉州将孙全兴自白藤江进次花步。亦败却。胡氏曰。江当在峰州界。】

咸子关。【在快州西北。自东南海道入者。此为要会之处。永乐五年。张辅等追黎贼。至胶水县闷海口。地下湿不可驻。乃阳为班师。至咸子关。令柳升守之。贼来蹑。辅还军。遇于富良江。贼水陆进战。皆败走。复乘胜追至闷海口。六年。交人简定复叛。据宁化州。来攻咸子关。沐晟讨之。战于生厥江。败绩。其党攻盘滩据之。于是。复遣张辅进讨。败贼于咸子关及太平海口等处。】

胶水城。【在(奉化)府西南滨海。永乐初。张辅等封安南。督舟师进逼胶水。贼遁入黄江。闷海等处。辅等袭贼筹江栅。破之。又追败贼于万劫江。普赖山。又败贼胡杜于盘滩。进次鲁江。贼率舟师逆战于木丸江。大败之。穷追至胶水县闷海口。即此。】

神符海口。【在(建平)府南境义兴城南。永乐十年。张辅等讨陈季扩。破之于神投海口。其党潘可佑屯可雷山乞降。辅又进破贼于西心江。神投。或曰即神符海口也。】

典彻湖。【在(太原)府西。旧时湖陂浩邈。吐纳群川。今堙。梁大同十二年。杨瞟等攻李贲于嘉宁。克之。贲遁入新昌獠中。诸军顿于江口。李贲寻自獠中出屯典彻湖。造舟舰充塞湖中。众军顿湖口。不敢进。会江水暴起七丈注湖中。陈霸先勒所部兵乘流先进。众军鼓噪俱前。贲众大溃。窜入屈獠洞中。寻为洞蛮所杀……】

茶笼城。【在(乂安)府北。宣德初。黎利作乱。自老挝还宁化州。官军与战于乂安府茶笼州。不利。复战于清化。破走之。奇罗城。在府东南。即奇罗县也。南滨大海。永乐初。张辅追黎贼至闷海口。贼以小舟遁走乂安。辅帅舟师追至海门。经鹊浅引舟毕渡。既而辅率步骑夹江东西。柳升率舟师前进至茶笼。贼败走。又追败之于奇罗海口。贼众皆溃。柳升捕得黎季犛父子。献军门。安南遂平。】

美良城。【在(广威)州东南。永乐中。简定复叛。张辅等讨败之。进兵清化。穷追至演州。又分沐晟兵从磊江南。朱荣舟师抵牛鼻关。辅率骑兵至美良。定窜入吉利深山。擒之。】

龙门江。【亦在蒙县界。汉书封溪县有堤防龙门水。即此。源出云南临安府宁州。流经此。有石门横截江流。中分三道。飞湍声闻百里。舟行过此。必舁上岸。方可复行。】

漆马江。【在水尾州西南。自老挝司境流入。东北合于洮江。嘉靖中。莫登庸作乱。安南故王黎譓之子宁走老挝。聚兵保漆马江。使其臣郑惟憭泛海自占城附商航走京师是也。】

荡昌废县。【在(演)州西。旧唐书。马援讨林邑。南自交趾。寻海隅侧道以避海。从荡昌县南至九真。又开陆路至日南郡……】

占城。【东距海。西抵云南。南接真腊。北连安南。东北至广东。舟行顺风可半月程。至崖州可七日程。古越裳氏界。秦为象郡林邑县。汉改象林县。属日南郡。后汉末。邑人区连者因中原丧乱。杀县令。称林邑国王。孙吴时。为徼外国。黄武六年。遣使入贡。其后世绝。外孙范熊代立。熊死。子逸嗣。其臣日南帅范稚之奴名文者谮逐逸诸子。逸死。文篡立。晋永和三年。文屡陷日南。四年。寇九真。大为交州患。五年。桓温遣兵讨之。不克。九年。交州刺史阮敷讨林邑。破五十余垒。隆安三年。林邑王范达陷日南。九真。遂寇交趾。太守杜瑗击破之。义熙九年。林邑范胡达寇九真。交州刺史杜慧度击斩之。宋永初元年。慧度击林邑。大破之。林邑乞降。元嘉初。林邑王范阳迈寇日南。九德诸郡。七年。遣使入贡。八年。复寇九德。交州兵击却之。十年。范阳迈遣使入贡。求领交州。不许。二十三年。以范阳迈寇盗不绝。外托使贡。遣交州刺史檀和之讨之。和之以宗悫为前锋。遂克林邑。师还。范阳迈复得其地。死。子咄历嗣。齐永明九年。夷人范当根纯攻夺其国。遣使贡献。诏以当根纯为都督缘海诸军事。林邑王。十年。范阳迈之孙诸农帅种人攻范当根纯。得其国。诏以诸农都督缘海诸军事。林邑王。永泰初。诸农入朝。渡海溺死。以其子文款袭王爵。历梁。陈至隋。皆来朝贡。隋仁寿末。遣刘方攻林邑。明年。方破林邑兵。其王梵志弃城遁。方入其都。获其庙主十八枚。皆铸金为之。盖其有国十八世矣。诏分其地为荡。农。冲三州。三年。改为比景。海阴。林邑三郡。隋乱。梵志复收其地。唐武德六年。遣使入贡。贞观中。其王头黎献方物。死。子真龙嗣。为其下摩诃慢多伽独所弑。范氏遂绝。至德中。国人立头黎之姑子诸葛地。更号环王。唐元和初。入寇驩。爱等州。安南都护张舟击破之。遂弃林邑。徙国于占。因号占城。五代唐长兴二年。刘龑将梁克贞入占城。取其宝货以归。周显德五年。其王释利因德漫遣其臣蒲诃散来贡。宋建隆二年。其王悉利因陀盘遣使因陁玢等贡方物。自是间岁或数岁一贡。淳熙四年。袭破真腊。庆元五年。真腊大举复仇。俘杀几尽。更立真腊人以主之。元至元间。其主孛由补剌者吾内附。遣使贡方物。后其子补的负固弗服。屡遣重兵临之。又数遣使招谕。乍臣乍叛。终无顺志。明初。其王阿答阿者首遣其臣虎都蛮来朝。贡方物。诏遣中书省管勾甘桓等封为占城国王。自是朝贡不绝。每国王嗣位。必遣使请命于朝。因遣使册封。率以为常。其所统聚落一百有五。大约如州县之制。】

比景城。【亦在占城北境。汉置县。属日南郡。后汉因之。晋。宋以后。仍属日南郡。隋属驩州。仁寿末。刘方为驩州道行军总管。经略林邑。遣别将以步骑出越裳。方率大军以舟师出比景至海口是也。大业初。林邑平。置荡州治焉。寻曰比景郡。领比景。朱吾。寿泠。西卷四县。唐初。为林邑所据。贞观二年。绥怀林邑。置匕州于驩州南界。匕与比同也。领比景。朱吾二县。并置由文县属焉。寻曰南景州。八年。曰景州。贞元末废。无劳废县。在比景故县南。晋析比景县置。仍属日南郡。宋。齐因之。后没于林邑。】

佛逝城。【占城旧都也。外夷考。占城之地。东西五百余里。南北千里。其国都迁徙不常。宋淳化初。以安南侵迫。避奔佛逝。去旧都七百里。后又徙新洲港。其地临海。自琼州顺风一日可至。有砖城。宫室。皆如中国之制。明成化中。复为安南所逼。徙居赤坎邦都郎。安南遂据其国都。其王古来航海奔广州申诉。寻得返国。仍都新洲港。一云。占城国城去海盖百二十里。佛逝乃其属国云。】

叶调国。【在占城境。后汉时入贡。日南徼外夷也。又罗刹国。在占城西南。唐书。婆利东有罗刹国。其人极陋。尝与林邑人作市。出大珠。可以取火。】

昆仑国。【唐志。在林邑南。去交趾海行三十余日。习俗文字与婆逻门同。武后时。来贡。文明初。广州都督路元献为昆仑商胡所杀。入海而去。蒲端国。志云。与占城接。宋咸平六年。入贡。大中祥符四年。诏授大食。蒲端。三麻兰。勿巡等国贡使官。自是贡献屡至。】

铜柱山。【在林邑境。新唐书林邑有浪沱州。其南大浦有五。浦旁有铜柱山。周十里。形如倚盖。西跨重岩。东临涯海。马援植铜柱处也。隋书。刘方击林邑。过马援铜柱南八日至其国都。林邑王梵志寻弃城走入海。是铜柱在林邑北也。杜佑曰。林邑南水行二千余里。有西屠夷国。马援所树两铜柱表界处也。宋白曰。建武二十九年。马援铸二铜柱于象林南界。与西屠夷国分境。计交州至铜柱五千余里。为汉之南疆。是铜柱在林邑南矣。意者铜柱在汉象林县之南。今占城之北。西屠夷之地已为林邑所并欤。南越志。日南郡西有西屠夷国。援尝经其地。植二铜柱表汉界。及北还。留十余户于柱下。至隋乃有三百余户。悉姓马。谓之马留人。太平御览。马援立铜柱于林邑。岸北有居民十余家不反。居寿泠。岸南对铜柱。后生息渐繁。交州号流寓曰马流。山川移易。铜柱已没海中。赖此民以识故处云。】

占城港。【在占城北。元至元末。击占城。遣兵由广州航海至占城港。港口北连海。旁有小港五。通其国城云。】

爪哇。【东抵古女人国。西抵三佛齐国。南抵古大食国。北界占城国。本名阇婆国。一名徐狼。又名蒲家龙。其属国有苏吉丹。打板打纲。底勿等国。刘宋元嘉九年。始通中国。后绝。唐志。阇婆国。一名诃陵国。在南海中。以木为城。有文字。知星历。唐贞观二十一年。来贡。天宝中。自阇婆迁于婆路伽斯城。宋淳化三年。其王穆罗茶遣使朝贡。大观初。复至。元时。称爪哇国。至元二十九年。遣史弼等自福建击爪哇。时爪哇国王为邻境葛郎国所杀。其婿土罕必阇耶求救于弼。弼遂并取葛郎国王以归。既而爪哇复叛。弼力战得还。后竟不至。明初。其王悉里八达剌遣使朝贡。洪武末。分为东西二国。永乐三年。其附近牒里日复罗治金猫里三国皆来朝贡。四年。东爪哇为西爪哇所并。是后朝贡不绝。】

保老岸山。【在苏吉丹国。凡番舶未到。先见此山。顶耸五峰。时有云覆其上。】

八节涧【志云。涧上接杜马班王府。下通蒲奔大海。乃爪哇咽喉必争之地。元史弼。高兴尝会军于此。】

新村。【爪哇马头也。四裔考。由港口而入曰新村。马头为商旅聚集处。后并三佛齐。名马头曰旧港。以别于新村。】

真腊。【东际海。西接蒲甘。南连加罗希。北抵占城国。本扶南属国。亦名占腊。一名吉蔑。又名甘孛智。其王姓刹利。名质多斯乃者。始并扶南而有之。隋大业中。始通中国。唐自武德至圣历。凡四来朝。神龙以后。国分为二。其南近海。多陂泽。为水真腊。北多山阜。为陆真腊。后复合为一。宋政和中。遣使来贡。宣和初。封为真腊国王。庆元中。国人大举伐占城。破之。而立真腊人为占城王。故当时占城亦为属国。其属国又有参半。真里登。流眉。蒲甘等国。所领聚落六十余。地方七千余里。城三十所。都城可二十里。明初。其王忽儿那遣使朝贡。是后贡献不绝。】

扶南国。【在真腊西境。大海西大岛中。北距日南七千里。东北去林邑三千余里。三国吴黄武中。入贡。晋太康中。亦来贡。刘宋元嘉及萧齐永明中。皆遣使自广州入贡。隋唐时。亦遣使贡方物。寻并于真腊。注辇国。在真腊西南。宋志云。注辇国。东距海。南至罗兰。自古不通中国。祥符六年。入贡。】

堂明国。【在海岸大湾中。北距日南七千里。即道明国也。三国吴黄武六年。来贡。唐志。真腊去长安二万七百里。东距车渠。西属骠。南濒海。北接道明。东北抵驩州。又陆真腊。旧曰文单国。又有投和国。旧在真腊南。】

暹罗。【在占城极南。顺风可十日程。本暹与罗斛二国地。暹国土瘠。不宜耕艺。罗斛土地平衍而多稼。暹人岁仰给之。元元贞初。暹人遣使入贡。至正间。暹降于罗斛。自是合为一国。明初。暹罗斛王参烈昭毗牙遣使朝贡。永乐初。始止称暹罗。朝贡不绝。四裔考。暹罗。即古赤土国之地。扶南别种也。土色多赤。故曰赤土。隋大业三年。使者常骏自南海郡水行。昼夜二旬至焦石山。又东南泊陵伽钵拔多洲。西与林邑相对。又南行至师子石。自是岛屿连接。又行二。三日。西望见狼牙须国之山。南达鸡笼岛。至赤土界。杜佑曰。崖州直南水行便风。十余日到赤土国。其国热气持甚。刘昫曰。崖州南渡海便风。十四日至鸡笼岛。即至其国。赤海中之一洲也。又有丹丹国。亦振州东南海中一洲。舟行十日可至。】

满剌加。【在占城南。自三佛齐顺风。八昼夜可至其国。前代不通中国。永乐三年。其王西利八儿速剌遣使朝贡。诏册为王。自是朝贡不绝。道出广东。以达于京师。四裔考。满剌加国。古哥罗富沙之地。又有顿逊国。在海崎山上。地方千里。城去海十里。去扶南可三千里。亦羁属扶南。又与阇婆相近。一名大阇婆。后称重迦罗。满剌加旧羁属焉。明初。羁属于暹罗。古麻剌国。在满剌加之南。永乐中。其王哇来顿道出福州来贡。一统志。岛夷之属曰苏门答剌国。苏禄国。彭亨国。古里班卒等国。又东南有吕宋等国。皆国朝朝贡诸国也。】

三佛齐。【在占城国南五日程。本南蛮别种。与占城为邻。居真腊。爪哇之间。所管十五州。其属国有单马令。凌牙斯。蓬丰。登牙侬。细兰等国。其王号詹卑。其人多姓蒲。一名于陀利国。梁天监初。入贡。后绝。唐天祐初。始通中国。宋建隆初。其王悉利胡大霞里檀遣吏朝贡。其后屡至。明洪武四年。国王哈剌札八剌卜遣其臣来朝贡。永乐初。为爪哇所并。以其地为旧港。五年。设旧港宣慰使司。授头目施进卿。嗣是朝贡不绝。道出广东。以达于京师。】

浡泥。【去阇婆四十五日程。去三佛齐四十日程。去占城三十日程。本阇婆属国。在西南大海中。所统十四州。前代不通中国。宋太平兴国中。其国王向打始遣使入贡。元丰中。其国王锡理麻喏复遣使入贡。明洪武四年。国王马谟沙遣其臣朝贡。永乐三年。诏遣使封其王麻那惹加那乃为浡泥国王。自是朝贡不绝。四裔考。其国有长宁镇国山。永乐中。其王屡请封是山以为一方镇。因锡是名。盖其国之后山也。道出广东。以达于京师。】

西洋古里。【在西海中。其国为西洋诸番之会。永乐元年。其王马那必加剌满遣其臣马戍来朝。贡马。自是朝贡不绝。道出广东。以达于京师。】

苏门答剌。【在西南海滨。自满剌加顺风。九昼一夜可至其国。其西去一昼夜有龙涎屿。在南巫里洋之中。国人采龙涎香于此。洪武中。称须文达那国。遣使贡献。永乐三年。封其首锁丹罕阿必镇为苏门答剌国王。自是朝贡不绝。其旁有喃勃等国。亦常来贡。四裔考。苏门答剌。在占城之西洋中。南接宾童龙国。东北接雪山。葱岭。盖即古之大食国。宋熙宁以后。分为勿斯离弼邑啰拔跋等国。而苏门答剌出龙涎香。布那姑儿产硫黄。又有层檀国。亦在南海旁。其城距海二十里。宋熙宁四年。入贡。顺风行百六十日。经勿林。古逻。三佛齐国。乃至广州。其风俗语音皆与大食同。】

锡兰山。【亦在西南海滨。自苏门答剌顺风。十二昼夜可至其国。有高山。番语高山为锡兰也。永乐七年。太监郑和等斋诏谕其王亚烈苦奈儿。苦奈儿负固弗服。和设策擒献阙下。乃改立耶巴乃那为国王。自是贡献不绝。四裔考。锡兰山。即古狼牙须国。萧梁时。有南海中狼牙修国来贡。疑即此。其地在西洋。与柯枝国对峙。南与别罗里为界。自别罗里南去顺风。七昼夜可至卜剌哇国。十昼夜可至古里国。二十一昼夜可至卜剌哇国。柯枝接大。小葛兰二国。山连赤土。自小葛兰顺风。二十昼夜可至木骨都束国。自古里顺风。十昼夜可至忽鲁谟斯国。二十昼夜可至剌撒国。二十二昼夜可至阿丹国。又自忽鲁谟斯。四十昼夜可至天方国。乃西洋尽处也。大食。天方。今俱见陕西塞外。】

佛朗机。【在爪哇南。历代不通中国。正德十二年。驾大舶突至广州澳口。以进贡请封为名。寻泊东莞南头。恃火铳以自固。桀骜为患。官军进讨。擒其魁。乃遁去。嘉靖以后。往往杂诸番舶中往来市易。四裔考。广州东南海中洲上。旧有婆利国。隋大业中。尝遣使入贡。永乐十年。喃勃利国王马哈麻沙遣使入贡。或即婆利之裔。而佛朗机亦其种类也。】

卷一百十三·云南一

金沙江。源出丽江府西北旄牛徼外。以产金沙而名……于是金沙江亦兼泸水之名。繇会川卫而南过金沙江。即武侯五月渡泸处也……蒙古宪宗三年。忽必烈征大理。过大度河至金沙江。乘革囊及筏以济。其济处盖在丽江府之北……【滇志。正统间。靖远伯王骥议浚金沙江。不果。嘉靖间。抚臣黄衷复议浚之。为武定土酋凤朝文所梗。事遂寝。既而抚臣汪文盛亦议修举。卒中止。其后臬臣毛凤韶上议。云南水路。昔人谓繇滇之海口浮船武定金沙。达马湖。仅七日。其武定府迤东水路。自云南海口至安宁。罗次。富民。只旧。你革。达古。普河。安革法。于土色出东川大江。至阿纳木姑。共一十三站。惟土色有叠水。又迤西水路。自云南陆路至富民。武定。虚仁。环州。凡五站。于金沙江巡司浮舟至骂喇母。白马口。粲喇则。五曲革。直勒则。卓剌。除鲁。圭宁。抄塔甸。沙吉。撒麻村。亦至土色大江阿纳木姑。凡一十四站。惟卓剌。沙吉有叠水。又金沙江土司言。弘治。正德。嘉靖间。木商多自马湖伐杉木。以五板巨舰载之。中经虎跳。天生桥。虽险阻。无害也。又姜驿驿丞言。木商结簰筏自本司江流。六日即抵马湖。大抵武定迤东最为捷径。迤西则水道益广。中间虽有虎跳。天生二滩。皆沙石易凿。诚于东西二道勘实鸠工。随宜利导。若果崖石险绝。人力难施。亦须设法变通。水陆兼济。至于郡邑远近。村舍稀密。堪立驿递哨堡者。皆当以次修举。所关不独一时一方之利而已。适地方多事。竟不行。隆庆初。抚臣陈用宾复申前议。亦不果。天启中。安酋倡乱。贵阳道阻。复议开通。臬臣庄祖诰谓自金沙巡司而东。由白马口历普隆。红岩石。喇鲊至广翅塘。皆禄劝州地。其下有三滩。水溢没石。乃可放舟。涸则跻岸缆空舟以行。又历直勒村。骂喇。土色。皆会理州地。其下有鸡心石。石如锥者三叠。江中行舟。必度水势缓急。又历踏照。头峡。喇鲊至粉壁滩。甚驶。皆东川地。又历驿马河新滩至虎跳滩。阴沟硐。皆乌蒙地。虎跳湍泻陡石。不可容舟。阴沟二山相接。水行山腹中。皆从陆过滩。易舟而下。又历大小流滩。为蛮夷司地。又历黄郎木铺。贵溪寨。业滩至南江口。始安流。自广翅塘至南江。约十日程。又至文溪。铁索江数滩。历麻柳湾。教化岩。为马湖府地。又历泄滩。莲花三滩。会溪。石角滩。至叙州府。此金沙江道里之可据者也。】

卷一百十五·云南三

曲江驿。【在(临江)府东北八十里。下临曲江。为往来津要……】

丁癸江。【在(嶍峩)县西北二百五十里。源自三泊。流经丁癸村。其水深阔。居民刳大木为舟。下流入于曲江。】

莲花滩。【在(蒙自)县南。为入安南之道。即澜沧江下流。交趾洮江之上流也。明永乐初。沐晟出蒙自莲花滩进讨安南。嘉靖中。莫登庸作乱。抚臣汪文盛以莲花滩当交广水陆之冲。遣兵据其地。为诸来归人声援。登庸大惧。即此。舆程记。繇莲花滩达安南之东都。可四五日而至云。】

卷一百十八·云南六

霁虹桥。【(永昌军民)府北八十里。跨澜沧江。武侯南征。孟获架桥济师。后以索为之。修废不一。元至元中。也先不花重修。名曰霁虹。明初镇抚华岳置二铁柱于两岸以维舟。时遭覆溺。后架木为桥。又为火所焚。弘治十四年。备兵使者王槐构屋于上。贯以铁绳。行者若履平地。南北往来。此为孔道。亦曰澜沧桥。】

把边关。【在把边山上。为(顺宁)府之险阨。牛街驿在府北百八十里澕溪江上。路通蒙化。有渡。深险不测。飞涛乱石。不容巨舟。旧刳木为舫。如竹半破。渡者畏沮。近时建桥以度。行者便之。志云。府境旧有顺宁。观音。水井。牛街。锡铅。右甸。枯河六驿。皆土驿丞司之。】

卷一百十九·云南七

蒲甘缅城。【在(缅甸军民宣慰使)司西南。志云。城东北去安正国城凡五日程。去大理五十余程。

与江头诸城为缅中五城。元至元十三年。以缅酋数侵永昌。遣速剌丁伐缅。降其寨三百馀。明年。缅寇蒲甘。复侵金齿。行省丞相赛典赤遣万户忽都等迎战于金齿南甸。缅酋败走。十五年。复入寇。又败去。十九年。命大兵击缅。造船于阿若。阿禾两江。得二百艘。进破江头城及太公等城。明年破缅。始置邦牙宣慰司于蒲甘城。命云南王也先帖木儿移镇缅。二十五年。复还。镇大理。一统志作蒲江缅王城。或以为即缅国故都云。阿若。阿禾两江。即金沙江之随地易名者。】

金沙江。【在(陇川宣抚)司西北。自干崖东南流入司境。又南流入孟养界。正统八年。王骥复征麓川。檄缅酋。缚献思任发。缅邀大臣往议。郭登请往。自金沙江入缅。酋从命。遂缚任发以献。会有嫉登功者。骥调登以他任。缅至。不见登。迟回不敢献。骥亦疑缅有变。密令蒋贵率师匝金沙江而下。大战。焚缅舟数百。缅仍以任发逸去。官兵追之。为缅所败。】

卷一百二十·贵州一

盘江。在贵州境者为北盘江。出四川乌撒府西百五十里……陶弼云。左江即盘江。盘江即牂牁江也。汉武帝时。唐蒙欲浮船牂牁以制越。武帝遂使驰义侯发夜郎兵。下牂牁江会番禺。诸葛武侯南征。亦至盘江。此贵州西南境之大川也……

卷一百二十一·贵州二

白水河。【(慕役长官)司西北三十里驿道侧……又郎公河。在司东南三十里。湍流急疾。不能为桥。惟设舟楫以济往来。或曰即白水河下流也。】

长河。【在(都匀)府城北。有二源。俱出山涧中。至城东北三里。合流为一。其下流达湖广黔阳县。可通舟楫……】

重安江。【(兴隆)卫南三十里。源出苗境。两山夹岸。水深莫测。当滇贵驿道。维舟为渡。又南入清平县界。为舟溪江。下流入麻哈江……】

洪州江。【(洪州泊里蛮夷长官)司治北。流经府东龙见山……志云。洪州司山势险绝。有泉数道。合流成江。深广可以行舟。即洪州江也。】

清水江。【在(铜鼓)卫西南。即新化江也。江水清深。旁皆乱山丛箐。为生苗巢穴。可通竹木牌筏……】

卷一百二十二·贵州三

乌江。【在(思南)府城南。自石阡府流入界。至府南十里。经鲇鱼峡。湍流澎湃。险不可言。旁有大岩。岩有一孔。若鲇鱼口然。经城北一里。有香炉滩。滩石如鼎。因名。滩下为白鹭洲。突出中流。志云。洲在城东北一里。双峰峙左。二水绕傍。又北历狮吼洞。乌江越府城三十里。至洞下。泻十余里。声如狮吼。舟莫能行。稍北为潮底泊。江流经此。平静无波。商旅皆于此易舟而下。至府北三百五十里为龚滩。洪涛汹涌。声震如雷。长十余里。惟轻舟始得济。又北历袁滩而入四川彭水县界。亦谓之黔江。亦谓之涪陵江也……】

永胜关。【(思南)府西二里……洪渡。在府北三百里。盖即乌江渡口。其傍居民皆事舟楫以济人。】

平溪驿。【(思州)府东北四十里……。磨寨。在府北五里。有磨寨渡。又府北五十里。有云盘渡。转水津济处也。】

铜仁大江。【(铜仁)府城西南……铜仁小江。在府城西。源出府西北瓮济洞。东南流至府治。西北合于铜仁大江。今城西南有双江渡。崖削水深。渡以小舟。即二江合流处也。】

乜江。【(乌罗长官)司治南。上纳乌罗溪。羊溪二水。下达湖广辰州。可通舟筏……】

卷一百二十三·贵州四

赤水河。【(赤水)卫城南。源自四川镇雄府。经城西五十里之红土川。东流经此。每遇雨涨。水色深赤。下流至永宁界。入永宁河。一名赤虺河。志云。河当川贵驿道。初以舟济。寻为浮桥。其南北近岸处。水浅流阔。船不能及岸。人犹病涉。正统中。增造小舟相维。始与岸接。其后相继修葺。在今城南。】

卷一百二十九·川渎六【漕河 海运】

禹贡九州贡道皆会于河。河即漕也。下逮秦。汉。唐。宋。河。渭。淮。汴皆漕也。隋开通济。永济诸渠。以纵其侈心。不专以漕。元人浚通惠。会通之河。以便公私漕贩。时东南之粟。皆由海道。漕河之利未备也。明因其旧制而益为疏浚。岁漕数百万。皆取道于此。盖浮江涉淮。溯河逾济。而北达于漳卫。输之太仓。天下大命。实系于此矣。是为漕河也。

漕河始于扬州。

明初定鼎金陵。西下江湖之粟。东输两浙之漕。最为便利。然东北一隅。恒仰内地之供亿。洪武二年储粮于苏州太仓以备海运饷辽东。五年。遂由海道运七十余万石至辽。自是屡由海道运粮以饷辽。【洪武十三年。运七十万石。二十二年。运六十万石。三十年。复运七十万石。又洪武六年。浚开封漕河。明年。运漕粟于陕西。】永乐元年。命于淮安运粮入淮河。沙河。至陈州转入黄河。复陆运入卫河。以达北京。【沙河。河南之蔡河也。河漕考。是年命于淮安用船。可载三百石以上者运入淮河。沙河。至陈州颍岐口跌坡下。改用沙船。可载百石以上者。运至跌坡上。别以大船载入黄河。至阳武八柳树等处。令河南车夫运赴卫河。此为变海运之始。】六年。命海陆兼运。以达北平。【时驾驻北平。百费咸集。命海运粮八十万石于北平。其会通河。卫河以浅河船相兼转运。十三年。复自海运四十八万余石于通州。又自淮入黄。至阳武陆运至卫辉。由卫河入白河。攒运粮四十五万余石于通州。所谓海陆兼运也。】十三年。会通河成。海运始废。自是除河南。山东。两淮诸处运米各由近道达北京外。其浙西漕粟凡一百六十五万余石。皆自瓜洲坝以达于扬州。【瓜洲坝在扬州府南四十里。今详见扬州府瓜洲城。】上江及江西。湖广漕粟。【上江。即江宁以西滨江诸郡。】凡八十八万余石。皆自仪真坝以达于扬州。【仪真坝。在仪真县东南二里。今详见仪真县江口堰。按成化七年。定兑运改兑之额。河淮以南以四百万供京师。河淮以北以八百万供边境。盖总天下之全数言之。】扬州盖东南漕粟之咽喉矣。【河漕考。万历二十七年。扬州南门二里桥河势直泄。为盐漕梗。盐使者杨光训檄开二里桥河口。西折而东。从姚家沟以入旧河。名曰宝带新河。】

北经高邮州城西。又北经宝应县西。

漕河自扬州府以达于淮安。所谓南河也。洪武九年。命扬州修高邮宝应湖堤六十余里。以捍风涛。【时老人柏丛桂奏置湖堤。因命知州赵原督民夫修筑。既而丛桂又言。宝应自槐角楼抵界首。沿湖堤岸。屡修屡圮。民苦役无已。请开宝应直渠。从之。就湖外穿渠南北四十里。筑长堤与渠等。引水于内。以便舟楫。休民力。免沉溺。时以为利。】宣德七年。平江伯陈瑄筑高邮。宝应。汜光。白马诸湖长堤。以便牵挽。【堤下皆置涵洞。互相灌注。】成化八年。河臣王恕请治扬州至淮安湖塘。造闸䃮。引塘水。接济运河。【是时恕以扬州一带河道止藉高邮邵伯等湖两水接济。河身高于湖面。湖水消耗。则河不能行舟。因议浚深河身。并严防近湖居民决水溉田。使湖得储水以济运。盖时势不同矣。】宏治三年。户部侍郎白昂以高邮西甓社湖漕舟经此。往往覆溺。触岸辄坏。乃奏开复河于故堤东。以避其患。亘四十余里。赐名康济河。正德十六年。管河郎中杨勖请修筑宝应越河。不果。嘉靖三年。郎中陈允贤奏称。宝应西氾光湖。运船入湖三十余里。湖堤旧基俱是土石筑成。仅高河面三尺许。堤西湖身高。堤东田势下。唯赖一堤以障水。且西有天长。六合。泗州诸水乘高而下。一遇淫潦。即时弥漫。加以黄河水涨。又由淮口横奔。数年水患不时。非惟运粮有妨。而宝应。盐城。兴化。通泰诸境民田渰没。饥荒随至。此江北第一患也。请照康济河事例。于湖堤迤东修筑运河一道。庶可免风波之患。复不果。五年。御史戴金请浚高。宝一带堤下久壅河道。十七年。漕臣周金奏修宝应一带堤岸。隆庆四年。淮决高堰。【见前淮水。】高。宝湖堤崩坏。五年河臣万恭奏修治平水诸闸。其略曰。高。宝诸湖。周遭数百里。西受天长七十余河。秋水灌湖。徒恃百里长堤。若障之使无疏泄。是溃堤也。以故祖宗之法。遍置数十小闸于长堤之间。又为令曰。但许深湖。不许高堤。故以浅船浅夫取河之淤。厚湖之堤。夫闸多则水易落而堤坚。浚勤则湖愈深而堤厚。意至远也。比年畏修闸之劳。每坏一堤。即堙一闸。岁月既久。诸闸尽堙。而长堤为死障矣。畏浚浅之苦。每湖浅一尺。则加堤一尺。岁月既久。湖水捧起。而高宝为盂城矣。【恭又曰。湖漕弗堤。与无漕同。湖堤弗闸。与无堤同。陈平江置减水闸数十于长堤间。令丁夫以时启闭。湖溢则泻之以利堤。湖落则闭之以利漕。完计也。积久而减水故迹不可复得。湖骎骎且沉堤矣。今大治平水闸。闸欲密欲狭。密则水疏无胀闷之患。狭则势缓无啮决之虞。于高邮设六。江都设四。宝应设八。山阳设二。复有民自设者。曰民闸。因礼泰山祠而愿设者。曰灵应闸。皆从平水之制。上之灌输无恙。下之膏腴旱涝有备。因而勿坏。公私百世之利也。】万历三年。淮复决高堰。高。宝堤坏。山阳。兴。盐一带。悉为钜浸。【河漕考。是年。高邮西堤决清水潭及丁志口诸处。】四年。漕臣吴桂芳修复高邮西湖老堤。改挑康济越河。并筑中堤。【老堤。即洪武九年所筑。弘治中。白昂于堤东越民田三里凿康济河。通饷避湖。谓之东堤。其捍隔民田者。为中堤。中堤之中。有田数十万顷。谓之圈田。后圈田渰没。老堤倾圮。至是修复老堤。傍老堤为越河。废东堤。改筑中堤。以便牵挽云。八年。决高邮城南敌楼之北堤南上河。田庐皆没。又决宝应之黄浦。寻筑塞之。十二年。科臣陈大科等请挑宝应⇨光等越河三十六里。置南北闸二座。以避湖险。从之。河成。赐名弘济。【后以南北闸水湍溜损船。改为平水闸。】十三年。修筑高邮护城堤。【漕臣王宗沐檄郎中许应逵修砌高邮护城堤。西北杭家嘴小湖口堤。各数百丈。又宝应界首三里湖堤。亦称险地。并筑治之。】十九年。淮湖大涨。决扬州邵伯湖堤及高邮中堤。【河漕考。是年。淮湖冲决邵伯湖淳家湾石堤。又决邵伯镇南小坝。桩板工二处。又决高邮中堤朱家墩。清水潭二处。郎中黄日谨等筑塞之。】二十一年。淮湖复涨。坏高。宝诸堤。【河漕考。是年。淮湖溢决高邮南北中堤及魏家舍等处大小二十八口。长百余丈。湖水漫过西老堤。冲决东堤。又决宝应六浅潭堤二十九丈。郎中沈季文等筑塞之。六浅。在县南十里。曰白田浅。】二十三年。高邮中堤复决。河臣杨一魁等分导淮流。患稍弭。【详见淮渎。】二十八年。河臣刘东星檄开邵伯及界首镇越河避湖险。【东星檄郎中顾云凤等开邵伯越河长十八里。又挑界首镇越河十余里。各建南北金门石闸二座。其邵伯越河又建减水石闸一座。舟行者便之。】三十年。高邮北关小闸口溃。旋塞之。四十一年。漕臣陈荐檄开宝应南北月河。【河漕考。是年。荐檄郎中何庆元等开宝应弘济河北月河一道。长百三十丈。南月河一道。长百五十丈。又建近湖西堤八浅。九浅滚水石坝二座。先是弘济河南北二闸。每遇夏秋淮水涨发。二闸不及吞吐。舟行覆溺。至是水溜遂平。八浅曰白马浅。在县北十里。九浅。即黄浦浅也。】四十七年。复修高邮城西石堤。【河臣王佐檄行郎中徐待聘修高邮西门窑港口迤南石工凡数里。】是年。浚界首镇南北淤河。天启二年。宝应西堤一浅等处为风浪冲卸。【一浅。亦曰子婴沟浅。】复筑治之。三年。修高邮中堤及浚界首运河。又修筑邵伯石堤。人以为便。【漕河考。高邮中堤长亘四十余里。岁久不修。夏秋水涨。农田被潦。因筑南北金门二闸。以为障。艚由外湖。每遭覆溺。至是修筑。而界首运河迤北一带。当高。宝接界处。每岁浅淤。市滑擅浅剥之利。私阻官浚。至是察其弊。大加捞浚。重运无阻。又邵伯湖一带风浪拍堤。行舟往往触石覆溺。亦更加修治。而露筋庙湖口石堤。从水中叠土筑砌。长百六丈。为牵挽之利。】舆程记。自扬州而北十五里。曰扬子湾。【一名湾头。湾头北五里曰高庙。又十五里曰东西湾。又十里即邵伯驿。】又北三十里。曰邵伯驿。【亦曰邵伯镇。其西为邵伯湖。湖堤有一浅。二浅诸处。为湖心冲要。万历十七年。河臣潘季驯修筑石堤几二千丈以备之。自是而西北湖泊相连。风波殊险。】又三十五里。曰烈女庙。【俗称露筋庙。自邵伯而北十里地名三沟。又十里。曰腰铺。又十五里。至露筋庙。为湖波冲激之处。有露筋庙阙口。漕舟惮之。】又三十里。至高邮州。绕城西而北。一望弥漫。皆大湖也。【康济河在焉。旧有东中西三堤。今有西堤。中堤。漕舟出其间。】又北二十里。曰清水潭。【地形卑洼。每为湖波冲啮。又西北数里。有朱家墩。丁志港诸处。皆万历中决溃处也。】又北十五里。曰张家沟。【有巡司。】又北二十五里。曰界首驿。【亦曰界首镇。】又北十里。曰子婴沟。【沟西接运河。东连潼河。入于广洋湖。淮湖灌溢藉此旁泄。有子婴铺。又十里有氾水闸。又五里为瓦店闸。又十里即槐角楼矣。】又三十里。为槐角楼。【亦曰槐楼镇。湖波鎝洞。滨堤为险。淮。一作槐。】又二十里。至宝应县。环城三面。重湖浩淼。【城南为清水湖。西北接氾光。白马诸湖。万历十二年。越河成。自城西北至槐角楼以南长三十六里。即旧堤为西堤。而别堤其东。引水注之。舟行其中。又筑滚水三坝于两堤间。水涨则注于支河。由射阳广洋湖以入于海。】又北二十里。曰黄浦。【亦湖流决啮处也。万历十七年。河臣潘季驯以黄浦水多傍溃入湖。致淮安新闸一带流缓沙停。乃筑西土堤数里。以束漕水。】又北十里。曰泾河。【首受漕河。东达射阳湖。万历二十三年。河臣杨一魁开泾河以泄淮水之横溢。即此。】而入淮安府界。【志云。宝应。山阳以黄浦为界。自泾河而北十里曰平河桥。又三十里至杨家庙。又十里即淮安府城。此皆运艘必经之地。不可少有间阻者也。】淮扬南北统计三百有十里。为输挽噤喉之地。然漕之治否。由于诸湖之节宣得宜。而诸湖之治否。又由于淮黄之分合无阻。嘉。隆以来。高。宝之间。载胥及溺矣。说者曰。欲开闸洞。先浚支河。欲浚支河。先通海口。此亦救弊之善策欤。

又北经淮安府城南。西折而入于淮。又北出以入于河。

漕河在淮安府城南。永乐十四年。平江伯陈瑄疏浚故沙河。置闸通舟。谓之清江浦。【河渠考。初漕至淮安。悉从府东北车盘过坝入淮。逆水行六十里。至是瑄因宋乔维岳所开沙河旧渠益加疏治。置闸通舟。又于新城东西置五坝。引湖水绕城。抵坝口。遇清口淤塞。运船从城东经城东北仁。义二坝入淮。官民商船从城西经城西北礼。智。信三坝入淮。人以为便。今详见淮安西三十里之新城。】今自城而西十五里曰板闸。【本名移风闸。后改。万历五年。漕臣吴桂芳等增筑山阳运堤。自板闸至黄浦长七十余里。又增建兴文闸于府城南十里。】又十五里。曰清江闸。【分司主事驻此。俗谓此为清江浦。】又十五里曰福兴闸。【旧闸在清江闸西五里。去通济闸二十里。万历六年。河臣潘季驯改建于寿州厂适中之地。即今闸也。】又十里曰通济闸。【旧名新庄闸。亦曰天妃闸。与清河口对岸。嘉靖末。浊流填淤。因改置通济闸于浦南三里沟。隆庆中。河臣万恭复开天妃闸以通运。万历六年。河臣潘季驯奏移置通济闸于甘罗城东。去新庄旧闸不及一里。河口斜向西南。以避黄趋淮。因议废新庄旧闸。而建坝于闸内。为车盘入淮之道。其旧置五坝。信坝以近淮城。系黄河埽湾。久废。仁。义二坝。原共一口出船。亦系黄河埽湾。又与清口闸相邻。恐有意外冲漫。不复修复。止将礼。智二坝修复。与新庄旧闸为车盘三坝。十四年。河决天妃坝。淤福兴闸。乃筑塞之。河渠考。初陈瑄创凿清江浦一带。以通黄。淮两河。而黄流甚浊。恐至淤淀。乃设天妃等闸递相启闭。以时节宣。时将入伏。闸外即筑软坝。一应船只。俱从五坝车盘。九月水落。复开坝由闸。二百余年。皆因其制。后渐废弛。天妃闸全纳浊流。舟行阻滞。乃改置闸于三里沟。以避黄就淮。隆庆五年。河臣万恭言。旧道天妃口入黄河。穿清河。半晌耳。嗣缘黄河水涨。逆入天妃口。而清江口多淤。议者乃塞天妃口。开新河以接淮河。盖以避黄水之淤耳。及伏秋黄水发。则西拥淮流数十里。并灌新开河。未尝不淤也。又使运艘迂八里浅滞始达于清河。孰与出天妃口之便且利哉。因复开旧闸。既而启闭不时。淤塞益甚。万历五年。开朱家口。引清水灌之。仅可通舟。

六年。潘季驯乃改建通济闸。专向淮水。用清避浊。五六月间黄水盛发。虑其逆上。仍筑软坝。随时启塞。申严旧制。运道赖以无阻。】闸口即清江浦口。为漕河入淮之处。稍折而北。乃为清口。即黄淮合会处也。河漕考。【明艾南英合辑。】景泰七年。河灌新庄闸口至清江浦三十余里。淤浅阻漕。命浚治之。寻复旧。隆庆四年。淮决高堰。河决崔镇。【见桃源县。】漕河涨溢。万历三年。高堰。崔镇复决。山阳以南。汇为钜浸。五年。漕臣吴桂芳等增筑山阳运堤。筑清江浦南堤以御湖水。增河岸以御黄淮。六年。河臣潘季驯复筑高堰长堤。修清江浦北岸迤东长堤。而漕大治。十四年。河决天妃坝。寻塞之。天启元年。山阳里河。外河。清河俱溢决数处。水灌淮城。【详见大河。】三年。山阳外河。【谓淮河。】决乾沟新河【乾沟。在清江浦西南。新河即永济河也。】西湖决马湖闸。月坝等处。【西湖。即管家湖。马湖闸。月坝。俱在府西南二十里清江浦南岸。】寻筑塞之。四年。浚新河。【起自府城南十里杨家庙。西至武家墩文华寺止。几七十里。】旋浚正河。【时正河浅淤。因先浚新河以通回空漕舟。而次浚正河以行重运。】又修筑护城堤以防水患。【城南筑包家围。洋信港诸处。城西筑西湖嘴至许家闸诸处。】说者曰。漕河要害莫甚于清江口一带。倘南河水发。【谓淮河。】必奔入浦口。冲闸决堤。漫湖坏坝。决而北。则扫河头。湖嘴诸市而入北河。决而南则出高家堰。席卷湖荡。破诸涵洞。包家围以南。必且为沮洳之区矣。倘北河水发。不冲啮北河堤岸。亦必注南河。破运道。泛滥于高家堰一带。然此犹南北独涨之患也。倘两河并溢。则上至清河。邳。宿。下至高。宝。兴。盐。且荡然一壑耳。淮志。【淮安府志。明陈文烛修。】云。平江伯创挑运河。开清江浦口。其法全仗水平。清江口自新庄闸而下。因其高卑。递为五闸。【五闸或曰旧通济闸。原在新庄。福兴之间。旋废。故福兴。新庄相去至二十余里。潘季驯因而改置也。】板闸而下。南抵瓜。仪。堤湖凿渠。置闸设洞。水各相平。以时蓄泄。又虑河溢。则南侵漕。于是堤北河南岸长四十余里以护漕河。而石甃鸡嘴。【鸡嘴坝。一名顺水坝。】于草湾对岸之冲以护堤。虑淮涨则北侵漕。于是筑漕南之高家堰。长二十六里余以护漕河。而甃砖洞于高卑有辨之界以护堰。一防北河黄流入口。不免泥淤。因详为闸坝之制。一防各闸启闭无时。不免浅涸。因严其启放之规。法至密也。其后日就废弛。不究水平法度。不审坝闸利病。何怪淮之日却。而南河亦乘之同注于漕渠哉。【漕河议。淮安城南漕渠之西。有泾河。有管家西南诸湖。湖满则入漕渠。渠东岸堤自城南包家围至宝应界。可六十里。有涵洞。有平水闸。水满则过闸入洞。洞外有沟接受闸洞余水会诸圳洫。不妨田畴。且资灌溉。与泾河并横亘而东。并入射阳湖。薄盐城石碰达口入海。又郡城之东。有涧河。有马逻。建义诸港。中间各有田畴。各有沟洫。或顺涧河。或顺诸港。各入射阳湖。由庙湾暨盐城县北出捍海塘以入海。此亦疏导壅阏之一法也。】

又西北经清河县治西。又西经桃源县北。又西经宿迁县南。

漕河自清江浦口接淮河。稍东北行五里而至清口。清口在清河县治西南。又西三十里。为三汊口。【有巡司。即清河分流之处。万历十六年。议开老黄河处也。】又西二十里。曰新河口。又西十里。曰黄家嘴。【万历二十四年。杨一魁分导新河之处。】又十里。即桃源县。【大河南去县城不及一里。】又西十里。曰满家湾。又西三十里。曰崔镇。【隆庆。万历间。河屡决于此。清口淤塞。黄运交病。】又西二十里。曰古城驿。又西二十里。曰白洋河口。归仁集堤在焉。【堤在河口东南。所以捍御黄水。睢水。湖水。使不得射泗州。冲高堰。又束睢湖之水使并注黄河。助其冲刷者也。万历六年。河臣潘季驯创筑。长三十九里。关系至重。】又十五里。曰陆家墩。又十里。曰小河口。又十五里。至宿迁县。又十五里。为落马湖口。【志云。宿迁县北有侍丘。落马诸湖。山东境蒙沂诸水所汇也。天启初。议开落马湖口至邳州。直河东岸马颊口。凡五十里。以避刘口。直口及磨儿庄一带险溜。直接泇河。继又以县西二里有陈窑口。竟通落马湖。复议开陈沟。更避二十里河险。盖董家沟在县西二十里。东去落马湖口五里。又西为刘口。又西则磨盘庄接直口之处。旧皆运艘所经。是时泇河通运垂二十年。因益开新路以接泇河。崇祯六年。大河从吕梁洪西决入直河。而直河董口汇成洪流。明年。复经理之。】又十五里为汊路口。又二十里至皂河而接邳州界。【舆程记。汊路口西五里为毛儿庄。又三里为龙冈浅。又十二里即皂河矣。】盖即大河经流之道矣。

又西经邳州城南及睢宁县北。又西经灵璧县北。

漕河在邳州城南二里。自皂河而西十里。至直河口。【山东蒙。沂诸山之水。从此泄入于大河。】又西三十里。至匙头湾。【隆庆四年。河决灵璧县油房诸处。下流浅淤。河臣潘季驯浚匙头湾八十余里。尽塞决口。河复故道。】又二十里。至邳州。又二十里。至乾沟。又二十里。至睢宁县之辛安驿。又十里。为马家浅。又二十里。为灵壁县之双沟。又五里。为徐州接境之栲栳湾。【在大河北岸。以上诸口皆大河决溢处也。】河渠考。万历三十一年。河决单县之苏庄。入夏镇。冲运道。明年河臣李化龙以漕事可虞。请挑泇河。起直河口。至李家口止。【在夏镇东十里。】凡二百六十里。漕船始由泇通行。以避黄险。盖泇河之议。始于隆庆中河臣翁大立。而泇河之功。成于化龙。中间开直河之支渠。修王市之石闸。【王市在邳州北五十余里。】平大泛口之湍溜。【大泛口。在州西北八十里。】浚彭家口之沙浅。【彭家口。在州西北百十六里。入山东峄县境内。】为功最钜。自是漕出邳州之北。河经州南矣。【实录。万历三年。科臣侯于兆等议以河冲萧。砀则二洪涸。冲睢宁则邳河淤。请自夏镇以东数十里开性义岭通泇河。为可兴之功。议者多言不便。至是河成。卒赖其利。里道记。由直河驿而西北二十里。至田家口。又二十里。至万庄集。又二十里。至猫儿窝。又十里。至齐塘桥。又十里。二郎庙。又十里。王市闸。又十里。泇沟口。又三十里。为台儿庄。又二十里。邓家闸。又十里。至巨梁桥。又三十里。至韩庄闸。又六十里。而至夏镇。此泇河开后。漕舟北出之道也。万历末。河臣刘士忠复虑泇河易淤。议每岁三月开泇行运。九月闭之以修浚。开吕坝令回空由黄。是后泇黄并用云。泇河。今详见邳州。】

又西北经徐州之北。而接于泉河。又西北经沛县之东。

漕河在州城东北。自州北以达于临清。所谓泉河也。【汶泗之水与诸泉汇流而成川。故曰泉河。】亦曰闸河。其旧道自栲栳湾而西北十五里。至房村又十里。至吕梁洪。旧称悬流千仞处也。今镌凿屡施。无复嵯岈之患矣。【详见徐州。】又二十里曰黄钟集。又十五里曰樊家店。又七里曰狼矢沟。【万历中。河屡决于此。今详见大河及徐州境内。】又十八里。至百步洪。峭石惊湍。险与吕梁相埒。今亦铲凿就平。【详见徐州。】然上流决溃。漕舟经此辄有浅涩之虞。【嘉靖十九年。河决睢州。二洪涸。兵部侍郎王以旗开兰阳李景高口以济运。上言漕河初开。原不资于大河。后因黄河屡被冲决。曹。单。丰。沛。鱼台数十年间泛滥弥漫。因其势而曲为宣防。故徐。吕二洪亦赖济运。然鲁桥以下诸闸及昭阳湖泊多被淤塞。今河渐南徙。旧决各口俱已干塞。惟存野鸡冈。孙继口二处。亦系旧渠。导河支流直出徐州小浮桥。径下徐。吕二洪。比之往年出自丰。沛。鱼台等处。绝不相同。与诸闸无干。可免淤塞之患。若令本口多开一沟。常借三分支流使归渠内。则二洪得以通行无阻矣。其后二洪益至浅涸。河流亦复迁徙。万历二十五年。河决单县黄堌口。入河南夏邑。永城界。二洪复涸。河臣杨一魁亦言。国家运道原不资于河。全河初出亳。寿之郊。以不治治之。故岁无治河之费。其后全河渐决入运。因遂资其灌输。五十余年。久假不归。又日筑垣而居之。涓滴不容外泄。于是浊沙日淤。河身日高。上遏汶泗。则镇口受淤。鱼滕被侵。下壅清淮。则退而内潴。盱泗为鱼。以至频河没溺。岁运飘流。甚至侵及祖陵。而当事者猥以运道所资。势不能却之他徙。臣谓宜改弦易辙。但用小浮桥股引之流及节宣汶。泗。沂。兖之水。已足济运。正不必殚力决塞。以回全河也。既而二洪益涸。河患无已。乃复挽黄流。疏徐。邳运河。盖自徐吕二洪至清河五百四十里。重运出其间。欲仅以汶。泗余波济之。必不得之数矣。】又二里。出州城东北大浮桥。【在旧城东北三里。本名万会桥。今去新迁州城五里。】又西北二十里。至秦梁洪。又十里。至茶城。旧为北接闸河之口。【大河旧道。从城东北隅小浮桥合运。嘉靖末。河益徙而北。小浮桥渐淤。遂自茶城接于闸河。河漕考。徐州北三十里有秦沟。正与茶城对冲。戚家港一带。水势湍溜。自河入秦沟济运。往往覆溺漕舟。因另开河北岸塔山支河以行舟。后复淤。因开内华等闸。】隆庆六年。河臣朱衡言。【时河决邳州。运道阻。衡奉命浚徐。邳河。】茶城以北。防黄河之决而入。茶城以南。防黄河之决而出。故自茶城至邳州。宿迁。高筑两堤。宿迁至清河。尽塞决口。盖防黄河出。则正河淤也。自茶城秦沟口至丰。沛。曹。单。皆接筑缕水旧堤。盖防黄河入则漕渠淤也。二处告竣。则沛县窑子头。【在沛县东南三十里。】至秦沟口。应筑堤捍御。从之。万历十六年。潘季驯言。河水浊而强。汶。泗清而弱。交处则茶城也。水涨沙停。水落沙去。全在闸禁严明。启闭以时。所谓建闸易。守闸难也。【河漕考。万历九年。中河郎中陈瑛以茶城口逼近黄流。水发则倒灌。茶城沙停易淤。因移河口于茶城东八里。创建古洪。内华二闸。黄涨则闭闸避淤。黄退则启闸冲刷。十六年。科臣常居敬复于古洪闸东南二里余增筑镇口闸。去河愈近。冲刷益易。十七年。河臣潘季驯议以镇口古洪以东多傍山麓。以西一望平旷。浊河经流。更无堤防。黄水出岸。横截闸河。腹心受病。因于塔山支河接筑缕堤一道。而牛角湾。即茶城旧运渠也。又筑坝一道。东接塔山。西接长堤。凡二里许。又以坝地本系河身。因于坝南旧缕堤支将军庙起。东接塔山。筑长堤以卫之。黄流始无从逸入。是时季驯复请开小浮桥旧河。议者谓自归德丁家道以东旧河多成平陆。小浮桥去古洪三十余里。难以济运。遂寝。三十四年。复开小浮桥河由故道。】又十里。曰梁境闸。【其地有境山。因名。舆程记。境山北二十里。曰黄家闸。又十余里。曰皮沟闸。又九里。即留城矣。漕河记。运河自茶城北出临清。旧有七十二浅。新河开后。悉为通渠。惟茶城为黄运交会间。正值运盛时。黄水浅。高下不相接。是以有茶城黄家闸之浅。因复设境山闸以节宣之。】又三十里。至留城。接沛县境。嘉靖四十四年。黄河横决。绝漕河入昭阳湖。泛滥而东。【详见大河。】运道大阻。遣工部尚书朱衡浚治。衡奏开新河。自留城北至南阳闸。凡百四十一里有奇。【新河在旧河东三十里。旧河自留城以北十二里。曰谢沟闸。又十里。曰下沽头闸。又北五里。曰中沽头闸。又五里。为上沽头闸。又七里。为金沟闸。又十里。至沛县。又北三十里。曰庙道口闸。又北十八里。为湖陵城闸。入鱼台县界。而沛县东北有昭阳湖及沙薛诸水。皆入金沟闸。注于运河。初嘉靖七年。河决曹。单。侵沛北。逾漕入昭阳湖。沙泥聚壅。运道大阻。河臣盛应期请于昭阳湖左别开新渠。北起姜家口。南至留城百四十余里。以通漕舟。而廷臣胡世宁亦言。宜于昭阳湖东岸滕。沛。鱼台。邹县地方之中。地名独山。新安社诸处。别开一河。南接留城。北接沙河口二处旧河。以为运道。而以昭阳为河流漫散之区。所谓不与水争地也。从之。功未毕。为异议所阻。至是河流变异。运道悉皆淤塞。朱衡谓运道之利。莫如应期所开之地。乃上言。自古治河。惟欲避害。今之治河。兼资其利。河流出境山之北。则闸河淤。出徐州之南。则二洪淤。惟出自境山。至徐州小浮桥四十余里间。乃两利而无害。自黄河横流。砀山郭贯楼支河皆已淤塞。河从华山分为南北二支。南出秦沟。正在境山以南五里许。此诚运河之利也。惟北出沛西及飞云桥。逆上鱼台。为患甚大。今议者多以复故道为言。其不可有五。自新集至两河口皆平原高阜。无尺寸故道。可因郭贯楼至龙沟一带颇有河形。又系新淤。无可驻足。一也。河流由新集则商丘。虞城。夏邑受之。由郭贯楼。则萧。砀受之。今改复故道。则鱼。沛之祸。复移萧。砀。二也。黄河西注华山。势若建瓴。欲从中凿渠挽水南向。必当筑坝。为力甚难。三也。旷日持久。四也。工费告匮。五也。惟宜广开秦沟。使下流通行。修筑长堤。以防奔溃。从之。及新河成。引鲇鱼诸泉。薛河。沙河注其中坝。三河口筑马家桥堤。遏水俱入于秦沟。而横流始杀。三河口诸处。见滕县及沛县境。】浚旧河自留城至境山之南。凡五十三里有奇。【一作留城至赤龙潭。凡五十三里。】运河通利。【河渠考。隆庆元年。河冲浊河鸡爪沟。从徐入洪。继而山水暴发。淤新河三河口。朱衡于薛河则筑王家口。豸里沟等坝。开支河引水。由吕孟湖出地浜沟西南入运河。于沙河则筑皇辅等坝。开支河引水。会赵沟等泉而入独山湖注运河。凡新河之为闸九。其利建闸属北河。而珠梅以南八闸属夏镇。又减水闸凡二十。坝十有三。薛河口石坝一。南阳河石堤三十余里。又开支河凡八。旱则资以济漕。涝则泄之昭阳。而运道尽通。所谓夏镇河也。三年。河溢丰。沛间。衡复自城东北二十余里开回回墓河。上通昭阳湖口。陵城河口以泄涨水。既而河臣翁大立开鸿沟废渠。亦自昭阳东出留城。为节宣之利云。】今自留城而北十三里。曰马家桥闸。【自闸而北五里有百中桥。】又十里曰西柳庄闸。【一名萧县闸。西去沛县四十里。】又五里曰满家桥闸。又五里曰夏镇闸。【有夏镇城分司驻焉。在县东北四十里。】万历三十三年。泇河成。漕由直河而西北至夏镇。始合于正河。不复出徐。沛东矣。自夏镇而北。又六里曰杨庄闸。【旧名杨家楼闸。在县东北四十三里。河漕考。杨庄闸东北即薛河坝。又北即沙河坝。所谓沙河口也。西北去滕县五十里。】又北即山东鱼台县境。

又西北经鱼台县东。又北经济宁州西。【运河西岸曰嘉祥县。曰巨野县。亦皆运道所经。】

运河在鱼台县东北二十里。自沛县之杨庄闸三十里至珠梅闸。【旧名宋家闸。沛县志云。在县北四十里。已上属夏镇分司。】又北四十里至利建闸。【属北河分司。】又二十里曰南阳闸。自留城至南阳。所谓新河也。其旧运河在县东十七里。一名谷亭河。有谷亭镇。【在县东南二十五里。志云。自沛县北胡陵城闸十二里至孟阳闸。又十八里至八里湾闸。又十八里至谷亭闸。又十八里即南阳闸矣。此旧运河所经之道也。】又西南为塌场口。【在县南四十里。】明初洪武元年。大将军徐达开塌场口。引大河入泗通运。【时运河未浚治也。】永乐九年。初浚会通河成。【会通河本元旧名也。志云。元初定江南。漕转之路自浙西入江淮。由黄河逆流至于中滦。登陆以至淇门。复由御河登舟以达燕京。至元二十年。以江淮水运不通。乃命兵部尚书李粤。鲁赤等自今济宁州开河。达于今东平州之安民山。凡百五十里。北自奉符为一闸。以导汶水入洸。东北自兖州为一闸。以遏泗沂二水。亦会于洸。以出济宁之会源闸。分流南北。其西北流者。至安民山以入清济故渎。经东阿县至利津县入于海。其后海口沙壅。又从东阿陆转二百里。抵临清州以下御河。二十六年。以寿张县尹韩仲晖言。复自安民山西南开河。由寿张西北至临清。引汶绝济。达于御漳。凡二百五十里。是名会通河。由是南接丰。沛。北迄天津。凡一千五百余里。而推挽之劳不事焉。明初。河决原武。漫入安山湖。而会通河淤。永乐九年。以济宁州同知潘叔正言。命尚书宋礼浚会通河故道。自济宁至临清三百八十五里。凡九阅月而绩成。】侍郎金纯从封丘荆隆口引河达塌场口。筑堤导河。经二洪。【百步。吕梁洪也。】南入淮。后黄河屡经迁决。而塌场运道淤。嘉靖七年。河决而南。沛县北庙道口淤。八年。沛县飞云桥之水北徙鱼台。谷亭。舟行闸面。九年。河决塌场口。冲谷亭。水经三年不去。二十六年。复自曹县决入谷亭。四十四年。黄河决溢。谷亭以南运道复淤。于是河臣朱衡改浚新河。至南阳。复合于旧河。今由南阳而西北十里。曰枣林闸。【志云。南阳西北有支河曰牛头河。由鱼台东旧河口分流而北。至巨野县永通闸。复合于正河。】又五里曰鲁桥闸。又三里曰师家庄闸。又八里曰仲家浅闸。又五里曰新闸。又五里曰新店闸。又十八里曰石佛闸。又五里曰赵村闸。又八里曰在城闸。又二里至济宁州城南天井闸。又西北三十五里至通济闸而入汶上县界。【通济闸。万历十七年增置。属巨野县界。又西南五里有永通闸。亦是时增置。本名梭堤集。即牛头河合流处也。舆程记。州西三里有分水闸。又西十三里旧有安居闸。又五里曰耐牢坡闸。又十里曰火头湾。即通济闸也。】自茶城而北直至临清。皆所谓闸河也。亦谓之泉河。漕河考。【亦见泉河史。】山东泉源。属济兖二府十六州县。共一百八十泉。【崇祯五年。共计旧泉二百二十六。新泉三十六。盖山谷之间随地有泉。疏引渐增也。议者谓诸泉沙积颇多。汶河每为壅淤。如天时亢旱。泉水亦无涓滴。一遇淫潦。则随地漫流。故泉可恃而未可尽恃云。】分为五派以济运道。新泰。莱芜。泰安。肥城。东平。平阴。汶上。蒙阴之西。宁阳之北。九州县之泉俱入南旺分流。其功最多。关系最重。是为分水派。泗水。曲阜。嵫阳。宁阳迤南四县之泉。俱入济宁。关系亦大。是为天井派。邹县。济宁。鱼台。峄县之西。曲阜之北。五州县之泉。俱入鲁桥。是为鲁桥派。滕县诸泉。尽入独山。吕孟等湖以达新河。是为新河派。又沂水。蒙阴诸泉。与峄县诸泉俱入邳州徐。吕而下黄河。是为邳州派。【志云。弘治中。弃蒙。沂诸泉。万历初。以滕。峄。鱼之泉旧入沙河。及二洪新河开后。由吕孟等湖入运。湖有余潴。亦议弃之。】其分水。天井。鲁桥三派。均漕河命脉也。

又北经汶上县西。又北经东平州西。

运河在汶上县西南三十五里。志云。自济宁州通济闸而北二十余里。至县境之寺前闸。【舆程记。火头湾而北十里曰小长沟。又六里曰大长沟。又五里而至寺前闸云。】又十二里曰柳林闸。【亦曰南旺上闸。】又四里为南旺。【此为南北分流之始。】又四里曰南旺北闸。【亦曰下闸。】南旺南北闸。河之上源也。永乐中。筑戴村坝。【在东平州东六十里。】遏汶水尽出南旺。分流为二。四分往南。以达徐。沛。注于河。六分往北。以达临清。入于卫。【河渠考。是时相地置闸。以时启闭。自分水至临清。地降九十尺。为闸十有七。南至沽头。地降百有十六尺。为闸二十有一。故曰闸河。】自是修堤浚渠。专官管理。称为要害。【南旺上流专藉汶水。然汶水浊流多沙。自戴村直至南旺。河皆平满。水易涨溢。虽屡经挑浚。而沙积两岸。或平铺地上。风起飞飏。仍归河内。嘉靖间。筑东西堤拦之。且开减水闸。滚水坝各四。以泄暴水云。潘季驯曰。南旺分水地形最高。所谓水浚也。南流北流。惟吾所用。当春夏转输之际。正汶水微弱之时。宜用轮番之法如运艘浅于济宁之间。则闭南旺北闸。令汶尽南流以灌茶城。如运艘浅于东昌之间。则闭南旺南闸。令汶尽北流以灌临清。当其南也。并发东南诸湖水佐之。当其北也。并发滨北诸湖水佐之。泉湖兼注。南北合流。即遇旱暵。鲜不济矣。所谓分则不足。合则有余也。】漕河考。运艘全赖于漕渠。漕渠每资于水柜。南旺等五湖。【谓南旺。蜀山。安山。马肠。马踏五湖也。或以南旺。安山。马肠。昭阳为四柜。】水之柜也。漕河水涨。则减水入湖。涸则放水入河。各建闸坝。以时启闭。实为利漕至计。【嘉。隆以来。昭阳湖为河水淤平。民耕其中。而南旺。安山诸湖。亦多为民所盗种。湖皆狭小。无以济运。漕行其间。多患浅涩。盖河身常高于湖至六七尺。水易旁泄。潴蓄得宜。则湖利而漕亦利矣。万历中。科臣常居敬言。镇口闸至临清板闸一带。漕渠共计八百余里。皆藉汶河之水以资利涉。而漕渠颇远。泉源颇微。故多设闸座以便节宣。修复南旺等五湖以便潴蓄。建立减水闸坝以便宣导。皆治漕要务也。】后旧制渐湮。漕始多故矣。自北闸而北又十二里。曰开河闸。又十二里。曰袁家闸。【漕河考。永乐中。尚书宋礼浚会通河。一因元人之旧。惟于汶上县袁家口东徙二十里。至寿张县之沙湾而接旧河。即此处也。】又十八里。曰靳家口闸。【以下属东平州。】又十五里。曰刘家庄。又十五里。经东平州西之安山湖。【东去州城十五里。有安山闸。元至元二十六年。自安民山西南浚会通河至临清。是也。明天顺八年。安山北至临清二百五十余里皆浅阻。都察院都事金景辉上言。汴梁北陈桥原有黄河故道。其河北由长垣县大岗河。经曹州至巨野县安兴墓巡司地界。出会通河。合汶水。通临清。惟陈桥三十余里。浅狭可开挑深阔。引河沁二水通运河。如此则徐州。临清。西河均得河沁之济。而卫河亦增。且开封。长垣。曹。郓等处税粮。俱免陆运。江淮民船亦可由徐州小浮桥达陈桥。至临清。得免济宁一带闸座挤塞留滞之弊云。】又北三十里。曰戴家浅闸。而入寿张县界。

又北经寿张县东。东阿县西。又北经阳穀县东。

漕河自东平州戴家浅闸西北十五里。至安平镇。即古张秋也。【东北至东阿县六十里。西南至寿张县五十余里。】正统十三年。河决荥阳而东。冲张秋。溃沙湾。【沙湾在寿张县东北三十里。当张秋之南。】命廷臣石璞及王永和等修塞。弗克。景泰三年。沙湾复决。【河渠考。时决溃沙湾东堤大洪口。济汶诸水皆从之入海。会通河遂淤。】漕运艰阻。命都御史徐有贞治之。【有贞言。大河东决。沙湾东大洪口适当其冲。于是决而夺济汶入海之路以去。诸水从之而泄。渠隤堤淤。涝则溢。旱则涸。此漕途所由阻。然欲骤堙。则隤者益隤。淤者益淤。今请先疏上流。水势平。乃治决。决止。乃浚淤。多为之方以时节宣。庶几有成。从之。】有贞为广济渠以疏决河。【渠首起张秋西南。行九里至濮阳泺。又九里至博陵陂。又六里至寿张沙河。又八里至东西影堂。又十五里至白岭湾。又三里至李堽。又西上二十里。至竹口莲花池。又三十里。至大潴潭。乃逾范暨濮。又上而西。凡数百里。经澶渊以接河沁。有贞以河沁之水过则害。微则利。乃节其过而导其微。用平水势。渠成。赐名广济渠。张秋之闸曰通源闸。设九堰。以堰河流之旁出而不顺者。水遂不东冲沙湾。更北以济运矣。大潴潭。一作大伾潭。】漕复通利。【时有贞既治决河。乃浚漕渠。由沙湾北至临清凡二百四十里。南至济宁凡三百十里。复建闸于东昌之龙湾。魏湾者凡八。水涨则开而泄之。皆导古河以入海云。】弘治三年。河决原武。其支流自封丘决而东冲张秋。五年。张秋复决。【河渠考。是时。河自封丘荆隆口隤仪封黄陵冈。下张秋入漕河。与汶水合而北流。七年。河复决张秋东堤。夺运河水东流。由东阿县旧盐河奔注于海。】命都御史刘大夏塞之。【大夏议于山东。河南与直隶大名接界处修整黄陵南北古堤。防河东注。疏曹。单间贾鲁古河。导河尽南下徐沛。由淮入海。乃于张秋镇南北各造滚水石坝。中砌石堤十余里。仍疏引汶水接济运河。万一河再东决。坝可泄涨水。堤可捍冲流。或夏秋水溢南边石坝。逼近上流。河口船只。不便往来。则于贾鲁河或双河口。径达张秋北下。且免济宁一带闸河险阻。尤为便利。】漕河复治。于是更名张秋堤曰安平镇。【河防分司驻焉。】自镇而北十二里。为荆门上下二闸。又十二里。为阿城上下二闸。又十二里。为七级上下二闸。又十五里。为官窑口。又十里。曰周店闸。【荆门以下诸闸。俱属阳穀县界。】而入东昌府界。

又北经东昌府东。又北经堂邑县东。又北经博平及清平县西。

漕河在东昌府城东南。自周店闸而北十五里。曰李家务闸。【一作李海务。】又二十里至府城南通济闸。【志云。自东昌府南至安平镇。凡九十里。】又五里。至城北永通闸。【二闸皆万历初增置。】又三十五里。曰梁家乡闸。又十五里。曰土桥闸。【二闸属堂邑县境。】又十二里。曰魏家湾闸。又北二十里。曰戴家湾闸。【二闸属清平县。志曰。清阳驿在二闸间。相去各十里。河之东岸。即博平县界也。】又北接临清州界。

又北经临清州城西。而入于卫河。又北经夏津县及武城县西。

漕河在临清州城西。自州北以达于天津。皆卫河也。志云。漕河自清平县戴家湾闸二十里。至双浅铺。又二十里。至州南三里之板闸。又北至城下曰新开上闸。稍北曰南板闸。为北接卫河之口。闸河至此。势弱流缓。而卫河流浊势盛。故于其间。节比置闸。以防闸河之北出。又以防卫河之南溢也。【漕河考。闸河高而卫河下。此为交会之处。每三四月间。雨少泉涩。闸河既浅。卫水又消。高下陟峻。势若建瓴。节宣不可无术也。】漕舟入卫。河始无启闭之阻。安流以达天津矣。由临清而北四十里。曰夏城窑。【一作油坊巡司。】又北二十里。入夏津县界。东北去县四十里。又二十里。曰渡口驿。又三十里经武城县城西。又东北五十里曰甲马营。【有巡司。】而接恩县界。

又东北经恩县西。又北经故城县东。

漕河在恩县西北五十里。自甲马营东北五十里至郑家口。又三十里至防前。又三十里经直隶故城县城东南。又七十里即德州矣。盖自临清而东北。即直隶大川卫河所经之道也。

又东北经德州城西。又东北经景州之东。吴桥县西。

漕河在德州城西。自故城县流经此。又七十里。地名桑园。【有良店水驿。】又北三十里。为废安陵县。西去景州十七里。安陵之东。即吴桥县界也。【东去县城三十里。】又三十里。曰黄家园。【亦曰黄家园河口。】又三十里。曰连儿窝。【有连窝驿。属吴桥县。】又东北接东光县界。

又东北经东光县西。又东北经交河县东。

漕河在东光县城西三里。自连窝驿三十里而经县西。又东北五十里。而经交河县东五十里之泊头镇。又东。即南皮县界也。【舆程记。自东光县东北二十里至下店口。又三十里即泊头镇。新桥驿在焉。】

又东北经南皮县西。又东折而北。经沧州城西。又北经兴济县西。

漕河在南皮县西北二十里。有齐家堰。自泊头镇东北二十里流经此。又二十里为薛家窝。又三十五里。至沧州南之砖河驿。又北三十里。至沧州城西。又北四十里。而经兴济县城西也。

又北经青县东。又东北经静海县北。又北接于白河。

漕河在青县城东。自兴济县北流四十里而经此。【舆程记。兴济县北十里。至周官儿屯。又二十里至青县。】又东北流四十里。至流河驿。又六十里。至双塘。【舆程记。流河驿东北二十里。有唐官河屯。又四十里。至双塘儿。】又东北十二里。经静海县城北。又北二十里。至独流河。又二十里。为新口。又二十里。为杨柳青。又二十里。为曹家庄。又二十里。至天津卫。卫河至此而合于白河。天津当两河之交。为噤喉重地。卫东为小直沽口。畿辅群川。悉由此而达于海矣。【自天津卫至海口。凡六十里。】

又西北经武清县东。又西北经漷县东。

漕河在武清县东三十五里。自天津卫以达于神京。皆白河之流也。亦谓之通惠河。【元人创开运道。自昌平州引神山诸泉。经都城至通州。合于白河。又南以至于天津。皆曰通惠河。今亦曰大通河。】今自天津而西北十里。曰丁字沽。又二十里。曰尹儿湾。又十里。曰桃花口。又十里。曰满沟儿。又二十里。曰杨村驿。【潘氏曰。杨村以北。通惠之势。峻若建瓴。白河之流。淤沙易阻。夏秋水涨。则惧其潦。冬春水微。则病其涩。浮沙之地。既难建闸以备节宣。惟有浚筑之工耳。沿河两堤如搬罾口。火烧屯。通济厂。东耍儿渡口。黄家务。华家口。阎家口。棉花市。猪市口。观音堂。蔡家口。桃花口以上堤岸。卑薄最甚。民居漕艘。被患不时。所当以时浚筑。不可或忽也。】又三十里。曰南北蔡村。又十里。曰砖厂。又十里。曰黄家务。又十里。曰蒙村。又十里。曰白庙儿。又十里。曰河西务。【西南至武清县三十里。】又三十里。曰江庙。【里道记。河西驿十五里。至王家摆渡口。又十里。至鲁家渡。又五里。至红庙。】又十里。曰靳家庄。又十里。曰搬罾口。又十里。曰萧家林。又十里。曰和合驿。【属通州。又二十里至漷县杨家庄。】又三十里。至漷县。又十里。则火烧屯也。自河西务以至通州张家湾。计百四十里。河狭水迅。路曲沙渟。凡五十有九浅云。

又北至通州。南而输于太仓。

漕河至州南十五里。曰张家湾。东南运艘。毕集于此。乃运入通州仓。【里道记。火烧屯而北七里。曰公鸡店。又七里。曰沙孤堆。又六里。曰保运观。亦谓之李二寺。又十里。即张家湾矣。】自通州而西又四十五里。乃达于都城。则上流浅阻。置闸节宣。仅容盘运。非运艘直达之道矣。【详见京师大通河。】

潘季驯曰。治河莫难于我朝。亦莫善于我朝。宋。元以来。惟欲避河之害。故贾让不与河争地之说为上策。自永乐以来。由淮及徐。藉河资运。欲不与之争。得乎。此之谓难。然以治河之工而收治漕之利。漕不可一岁不通。则河不可一岁不治。一举两得。所谓善也。故宋。元以前。黄河或北或南。曾无定岁。我朝河不北徙二百余年。此兼漕之利也。今欲别寻一道。遂置两河于不治。则尧舜之时。泛滥于中国者。此河也。纵使漕运无阻。民可得而食乎。又曰。运河自瓜。仪至淮安。则资湖。自淮安至徐州镇口闸。则资河。自镇口闸至临清板闸。则资汶。泗。河。泽洞之水。患在涝。汶。泗涓涓之流。患在涸。固其堤使之可捍。深其渠使之可容。此治涝法也。湖以蓄之使不匮。闸以节之使可继。此治涸法也。邵伯堤固而湖水无泛滥之虞。宝应堤成而闸口免回沙之积。高堰无倾圮之患则淮阳免昏垫之灾。淮河绝支岐之流。则清口有专攻之力。茶城。镇口之闸建。深得重门御暴之方。永通。通济之闸增。自无长堤济运之困。五湖堤界明。则汶。泗渟涵而不时之需可待。斗门闸坝设。则蓄泄有所而湖河之利相须。汶泗趋而泉河易竭。故坎河大坝之关系匪轻。汶北注而南旺之东流必微。故何家一坝之利赖不少。至于卷筑障埽。加帮卑薄。虽非一劳永逸之计。然亦每岁修防之必不可已者也。【夏允夷曰。漕河南尽瓜仪。北通燕蓟。其间自昌平县神山泉诸水。由西山贯都城。过大通桥。东至通州入白河者。大通河也。自通州而南至直沽。会卫水入海者。白水也。自天津而南。至临清会闸河者。卫水也。闸河自南旺分流。北经张秋。至临清会卫河南。至济宁天井闸。会泗。沂。洸三水者。汶水也。自济宁城东北出天井闸。与汶合南流。至南阳出夏镇。每年俱于三月开彭坝入泇河。出直口入黄以济重运。九月闭彭坝。由徐州大浮桥入黄南下者。泗。洸。沂并山东泉水也。自直河口至清口者。黄河也。自清口通淮南至仪真瓜洲者。淮湖诸水也。】

王在晋曰。东南粮饷。由会通河而达京师。南北不啻数千里。总命曰漕河。其实有六。为白漕。为卫漕。为闸漕。为河漕。为湖漕。为浙漕。大抵水势迥异。而治法亦各有缓急之殊。六漕之中。惟河漕。湖漕最急。河漕为有源之水。而迁决靡定。湖漕为无源之水。而冲啮可虞。【谢肇浙曰。漕河由广陵而达淮安。为南河。由黄河而达丰。沛。为中河。由山东而达天津。为北河。由天津而达张家湾。为通惠河。之四者。天下之脉络所关也。】

余毅中曰。国家定鼎燕都。转漕吴楚。其治河也匪直祛其害而复资其利。故较之往代为最难。然通漕于河。则治河即以治漕。会河于淮。则治淮即以治河。合河淮而同入于海。则治河淮即以治海。故较之往代亦最利。迩岁以来。横议滋起。有以决口为不必塞。而且欲就决为漕者。不知水分势缓。沙停漕淤。虽有旁决。将安用之。无论沮洳难舟。田庐咸沼也。是索途于冥者也。有以缕堤为足恃。而疑遥堤无益者。不知河挟万流。湍激异甚。堤近则逼迫难容。堤远则容蓄广宽。谓缕不如遥。是贮斛于盂者也。有谓海口浅垫。须别凿一口者。不知非海口不能容二渎。乃二渎失其注海之本体耳。使二渎仍复故流。则海口必复故额。若人力所开。岂能几旧口万分之一。别凿之说。是穿咽于胸者也。又有谓高堰筑则泗州溢。而欲任淮东注者。不知堰筑而后淮口通。淮口通而后入海顺。欲拯泗患而訾堰工。是求前于却者也。他如绝流而挑。方舟而浚。疏渠以杀流。引洫以灌溉。袭虚旧之谈。而懵时宜之窾者。纷纷籍籍。载道盈廷。至于钓奇之士。则又欲舍其旧而新是图。于是有泇。胶。睢三河之说焉。不知既治河而又别治漕。是以财委壑也。又有兴复海运之说焉。不知岁用民赋而又岁用民命。是以民委壑也。是又不达于水可攻水之理耳。盖黄河之性。合则流急。分则流缓。急则荡涤而疏通。缓则停滞而淤塞。故以人力治之。则逆而难。以水力治之。则顺而易。大都尽塞诸决。则水力合矣。宽筑堤防。则冲决杜矣。多设减坝。则遥堤固矣。并堤归仁。则黄不及泗矣。筑高堰复闸坝。则淮不东注矣。堤柳浦缮西桥。则黄不南侵矣。修宝应之堤。浚扬仪之浅。则湖捍而渠通矣。河身益深而河之赴海也顺。淮口益深而淮之合河也切。河淮并力以推涤海淤。而海口之宣泄二渎也易。此借水攻沙之明效也。若谓水驯于分。涌于合。恐其合而涌也。则堤址既遥而崩腾可恣。是寓分于合矣。若谓胡不用浚而纯用筑也。则筑坚而水自合。水合而河自深。是藏浚于筑矣。若谓胡不使黄淮分背。而乃使淮助河势。河扼淮势也。则合流之后海口即大辟。盖河不旁决。正流自深。得淮羽翼而愈深。是用淮于河矣。若谓河决为天数。不可以人力强塞。故曰故道难复也。然既塞之后。河即安澜。是全天于人矣。若谓胡不创筑一渠而拘拘胶柱为也。则二百年成规本无庸创。而自今复之。是兼创于守矣。若谓闸坝之复。行旅稍滞。然河渠既奠。而行旅益通。何便如之。是含速于滞矣。虽然。排河淮非难。而排天下之异议难。合河淮非难。而合天下之人情难。使非选择明而任用专。何能奏难成之绩哉。

右漕河。

海道南自琼崖。北达辽碣。回环二万余里。鱼盐之饶。下被于民。挽输之利。上济于国。而挞伐之方。戍守之备。所系亦綦重矣。今略举滨海州县著之于篇。而附以元人海运之迹。【城邑形胜。山川事迹。俱散见各卷中。此不载。】其要荒蕃服及岛屿诸夷。皆略而不书者。亦以见重内略外之意。且不欲启后世穷兵黩武之心也。

广东为府者十。而滨海之府八。琼州府则回环皆海也。

琼州府北至海岸十里。渡海至雷州府海岸。为道六十里。而儋州西北去海四十余里。万州东去海二十里。崖州西南去海五十里。所属十县。类皆并海。而琼之澄迈。临高。文昌。乐会。儋之昌化。万之陵水。崖之感恩。去海尤近云。

大海在钦州之南。又东为廉州府之南。

海在钦州南二百五十里。与安南国接境。又东为廉州府。北去府城八十里。

又东折而南。为雷州府之南。

海自廉州府南境折而东南。出雷。琼二府间。又绕而东北。今雷州东西南三面皆环海。东面去海仅十里。所领县三。徐闻一县。尤逼海滨矣。【县在府南百余里。东去海二十里。】

又东北为高州府之南。

高州府南去大海百五十里。所属州一。县五。而化州之吴川县尤迫海滨。次则电白县也。【吴川县南去海四十里。电白县东南去海百里。】大海自雷州而东北。经吴川县南。又东经高州府电白县南。而入肇庆府境。

又东为肇庆府南境。

府南境去海为远。而所属之阳江县。则南去海仅五十余里。【县在府西南四百四十里。】与高州府之电白县。广州府之新宁县界相接也。

又东北为广州府南。

海在府南百里。而所属之新宁。新会。香山。东莞。新安五县。尤为滨海要冲。自阳江县而东经新宁县南。【县南去海七十余里。又县西南二百里。名寨门海。向为番舶往来之冲。又东北为新会县南县南去海八十里。宋之崖山在焉。】又东北经会城南。而三江之水流入焉。【三江。西江。北江。东江也。详见广东大川。】其南则香山县也。【县北去府城百五十里。大海环其外。渡海至北岸。几五十里。】又东北经东莞县南。【县西南去大海六十里。】又东南为新安县南。【海自县之西北绕而东南。番舶往来。皆出于此。】又东北接惠州府界。

又东北为惠州府南。

海在府南百十里。而所属之海丰县。为滨海要地。【县城南去海百里。有甲子门诸险。】志云。海自广州府新安县东北经府南境。又东三百里乃经海丰县南。闽广往来海丰。其必出之途矣。

又东北为潮州府南。

海在府南百五十里。而所属潮阳。惠来。普宁。澄海四县。尤近海滨。自惠州海丰县东二百三十里。经惠来县南。【海在县南四十里。】又东经揭阳县南。【海在县东南九十里。】又东经潮阳县南。【海在县南五里。】又东经府南。又东经澄海县南。【海在县南四十里。】而接福建漳州府界。

福建为府八。而滨海之府四。其西与潮州府接境者。曰漳州府。

海在漳州府东南五十余里。而所属诏安。漳浦。海澄三县。皆滨海冲要也。自潮州澄海县东北入诏安境。【海在县城东南一里。】又东北经漳浦县东。【海在县东百里。】又北经府东南。而海澄为漳州之门户。县之东北以及西南。皆滨大海。欲固漳州。必先卫海澄也。

又东北为泉州府南。

海在泉州府城东南四十里。【唐贞观二十一年。泉州海溢。】而所属同安。惠安两县。尤为冲要。自漳州府海澄县东北经同安县南。【县西南去大海仅十余里。】又东北经府东南。又东北经惠安县南。【县西南去大海仅十余里。】又东北接兴化府界。

又东北为兴化府南。

海在兴化府南三十里。自泉州府惠安县东北入府境。又东北接福州府福清县境。东南有警。防维最切。

又东北为福州府东。

海在福州府东百里。而所属福清。长乐。连江。罗源四县。皆滨海之区也。自兴化府东北经福清县东。【县东去海三十余里。】又北经长乐县东。【县东去海亦三十余里。】又北经府东而建江流合焉。【建江详福建大川。】又北经连江县东。【县东去海三十里。】又北经罗源县东南。【县东南去海三十余里。】又东接福宁州界。福州者。东南之隩区。海陬之襟要也。自福州而达江浙。风帆往来。最为捷径。自福州而达交广。乘潮驾浪。东西便易。东晋末孙恩肆毒于东海。其党卢循等窜入番禺。既而刘裕与循等相持于浔阳。裕潜遣水军自海道袭其番禺。则闽海非经行之地乎。唐咸通中。安南陷于南诏。诸道兵皆屯聚岭南。馈运艰阻。闽人陈磻石建议。自福建运米泛海至广州。军食以足。宋理宗朝。朱子奏札言。广东海路至浙东为近。宜于福建。广东沿海去处。招邀米客。景炎祥兴之际。自闽入粤。与蒙古争衡于海岛。元至正十九年。时山东河南之路不通。议遣户部尚书贡师泰往福建。以闽盐易粮给京师。得数十万石。其后陈友定亦自闽中海运。贡奉不绝。明初定闽粤。皆繇海道而前。汤和出明州海道取福州。而廖永忠自福州海道定广东。世庙时。倭寇播恶。歼除之绩。多在闽。粤海中。至于安南用兵。识者皆以海道之兵不继。故荡平未奏。然则交广用兵。闽海又其上游之势与。【附海运考。福建布政司城东南水波门船厂发船。至神仙壁碧水屋山岛开洋。至三坌河口。又东至鼓山寺。至琅琦港娘妈宫前泊。一日至长乐港口。一日至民远镇巡司。一日至总埠头港。一日至福州左等卫。一日至五虎庙。一日至五虎门。开洋望东北行。正东便是荻芦山。亦谓之裹衣山。正北是定海千户所。东南是福清县盐场。一日至王家峪海岛泊。一日至北高山巡司西洋山口泊。一日至福宁州帮娘娘庙前泊。一日至蒲门千户所。晚收飍艚巡司海口。一日至金乡卫。一日至温州府平阳县平阳巡司海口。至凤凰山。铜盆山。晚收中界山泊。一日至磐石卫。见雾在中界山正北岛泊。待南风行。至晚收楚门千户所泊。北过利洋鸡笼山。至松门港。收松门卫东港泊。又至台州海门卫东洋山泊。离温州望北行。到桃渚千户所圣门口泊。开洋至大佛头山。屏风山。至健跳千户所长亭巡司。又至罗汉堂山。到石浦千户所东关泊。离石浦港后门。过铜瓦山后沙洋。半边山。至爵溪千户所望北行。至青门山乱石礁洋。至钱仓千户所双脐港。骑头巡司。过至大嵩千户所沈家门山。招宝山。进定海港。定海卫南门开洋望北行。至遮口山。黄公洋。洌港千户所。海宁卫东山。姑山望北行。若至茶山低了。至金山卫东海滩。松江府上海县海套水浅。望东南行。晚泊候潮。过羊山。大七山。小七山。太仓宝塔。望东北行。两日夜见黑水洋。南风一日见绿水。瞭见海内悬山一座。便是延真岛。靖海卫口浅滩。避之。此运船自福州至登州靖海卫之道也。】

又东北为福宁州东。

大海在州东六十里。自福州府罗源县东折而北出。经州东。又绕州北而达浙江温州府界。

浙江为府十一。而滨海之府六。其南与福宁州接界者曰温州府。

大海在温州府东九十里。【唐显庆元年。总章三年。海水屡溢永嘉。安固二县。即温州境也。】而所属平阳。瑞安。乐清三县。皆滨海要地也。自福宁州北经平阳县东。【海在县东南七十里。】又北经瑞安县东。【海在县东百里。而海港直通县城南。】又北经府东。又东北经乐清县东。【海在县东南六十里。】又东北接台州府界。

又东北为台州府东。

海在府东百八十里。而所属太平。黄岩。宁海三县。皆滨于海。自乐清县东北经太平县东。【海在县东南二十里。】又东北经黄岩县东。【海去县城百里。有海港直入。径至县城北。府境海防县为最冲。】黄岩台郡之门户也。又北经府东。又东北经宁海县东。【海在县东四十里。】与宁波府接界。

又东北为宁波府东。海在府东南百余里。而所属之象山。定海。慈溪三县。皆滨海要地也。自宁海县东折而北出。为象山县。【县东西南三面皆滨海。相距皆不过数十里。防卫至切。】又迤北而西折。定海县当其冲。【县城东北两面皆滨大海。】定海不特宁波一郡之锁钥。而全浙之噤喉也。由定海而西。为宁波之北境。【府北距海六十余里。】又西则慈溪之北矣。【县北距海六十里。】盖大海自闽至浙皆北行。至台州东北乃益折而东。过象山又折而西。府境适当折旋之处。东南北三面皆险也。自宁波北望金山大洋。出崇明沙上海门。风帆隼飞。信宿可至。宁波告警。大江南北安得晏然无事与。

大海西折而北出。西南为绍兴府境。

海在府北三十里。浙江。钱清江。曹娥江之水并会于此而入海。谓之三江海口。【唐太和二年。越州大风雨。海溢。】西北趋杭州不过百余里。会城以此为门户。而所属之余姚县。亦为滨海要地。【海在县北四十里。】自府北而东。北对海宁。海盐一带。烽火相接也。

又北为杭州府境。又东北为嘉兴府境。

海在杭州府海宁县南十里。与绍兴府三江口相接。并为襟要。【唐大历十年杭州海溢。】自海宁县而东又微折而北。经嘉兴府海盐县城东里许。又东北折而入江南松江府界。

江南为府十有四。而滨海之府四。其南与嘉兴府接境者曰松江府。

海在松江府东南七十余里。而所属上海县。亦滨海要区也。自海盐县东北折。即府境金山卫。【在府东南七十二里。其南遥对定海门。】当江南之要冲。又东北经府东。又北历上海县东。【西去县七十里。】而吴淞江之水。自县北以达于海矣。【吴淞江。详见江南大川三江。】

又微折而西北。经苏州府之东。

海在府东百八十里。而所属之嘉定县。太仓州。常熟县皆滨海。崇明县则孤悬海渚。【在太仓州东二百里。大海环其四面。】东北与海门县之料角嘴相为控带。为长江外卫。旧称险要。今自上海县而北。即嘉定县之东境。【海在县东四十五里。县南吴淞江与上海县分界。】又北即太仓州之东境。【海在州东七十余里。】刘河入海处也。又北为常熟县东北境。【海在县东北百余里。】大江经县北以达于海。江之北岸。即扬州府境矣。【海运考。刘家港出扬子江南岸。候潮长。沿西行。半日到白茅港。潮平。带蓬橹摇过撑脚沙尖。转崇明沙正东行。南有朱八沙。婆婆沙。三脚沙。须避之。扬子江内。北有双塔。南有范家滩。东南有张家沙。江口有陆家沙。可避。口外有暗沙一带。直至崇明江。北有瞭角嘴。开洋或正西。西南。西北风。潮落。正东或带北一字。行半日。可过长滩。是白水洋。东北行。见官绿水。一日见黑绿水。循黑绿水正北行。好风两日一夜到黑水洋。又两日夜。见北洋绿水。又一日夜。正北望显神山。半日见成山。自转瞭角嘴未过长滩正北行。靠桃花班水边。北有长滩沙。向沙。半洋沙。阴沙。溟沙。切避之。如黑水洋正北带东一字行。量日期不见成山。黑水多必低了。可见升罗屿海中岛。西有矾如笔架。即复回。望北带西一字行一日。夜便见成山。若过黑水洋。见北洋官绿水或延真岛望西北行。便是九峰山。向北去有赤山。劳山。皆有岛屿可泊。若劳山北有北茶山。白蓬头。石礁横百余里。激浪如雪即开。使或复回。望东北行。北有马鞍山。竹山。岛北有旱门。漫滩。皆可泊。北向便是成山。如在北洋官绿水内望见显神山。挑西一字多必是高了。即便复回。望东北行。过成山正西行。前鸡鸣屿内有浮礁。避之。西有夫人屿。不可行。须到刘公岛西。可泊。刘岛正西行。到之罘岛。东北有门可入。西北离百余里。有黑礁三四亩大。避之。至八角岛。东南有门可入。自之罘岛。好风半日过抹直口。有金嘴石冲出洋内。潮落可见。避之。至新河海口。至沙门岛。东南有浅。挨深行。南门可入。东有门。有暗礁。西北有门。可泊。沙门岛开洋。北过鼍矶山。钦岛。没岛。南半洋。北半洋。到铁山洋。东收旅顺口。又东收黄洋川。西南有礁。黄洋川东收平岛。口外有五个馒头山。进内泊南岸外洋成儿岭。尽东望三山正中入。内有南北沙相连。可泊。三山西有南山。收青泥洼。西有松树岛。北有孤山。东北望凤凰山。和尚岛。墩西有礁石。外有乱礁。避之。三山北青岛一路望海驼。收黄岛。使岛。若铁山。西收羊头洼。双岛。有半边山。艾子口。望塔山。看连云岛。东北看盖州。西看宝塔台。便是梁房口。入三汊河。收牛家庄马头泊。此自刘河运至辽东之道也。】

又北为扬州府之东境。

海在府东三百余里。而所属之通州。海门。如皋。兴化诸州县。皆滨海处也。今自海门而南为大江入海之口。最称冲要。【东南与崇明县相望。】自县东又折而西北。【旧志。海门县东去海十里。北去海二十里。今县境大抵沦入于海。非复旧壤也。】为通州之东北境。【州东北去海五十里。】又西北为如皋县之东北境。【县东北去海百余里。】又北为兴化县东境。【县东去海亦百余里。】又北接淮安府盐城县界。

又西北经淮安府之东。

海在府东二百里。而所属之盐城。安东县。以及海州。赣榆县皆滨海。今自兴化县而北经盐城之东。【县东去海五十里。】又北经府东。益折而西北。为长淮入海之口。淮河北岸。即安东县也。【县东去海五十余里。】又北经海州之东。【海在州东二十八里。】又北为赣榆县之东。【海在县东北七十里。】而接山东青州府境。

大海自江南海州而北。为山东青州府之境。又折而东。为莱州府及登州府之南境。

海在青州府日照县东二十里。与赣榆县接界。【唐上元三年。青州大风。海溢。漂居人五千余家。】折而东北。为莱州府之胶州境。【州东南二境。皆去海数十里。】又东北经即墨县境。【海在县南五十里。自县南以达于东北。皆滨海。南与海州及安东县相望。】又东北为登州府莱阳县境。【海在县南百余里。】又东为栖霞县境。【海在县南百四十里。】又微折而东南。为文登县境。【海在县南六十里。而东北两面亦皆滨于海。】此山东南面之海道也。

大海经登州府东境。又折而西。经登州府之北及莱州府。青州府之北。

海自文登县东北出而西折。经宁海州之北。【州北至海五十里。】又西经福山县之北。【海在县东北三十余里。】又西经登州府之北。【海在府城北五里。北与辽东相望。自新开海口而北。至辽东金州卫旅顺海口五百里而近。】又西经招远县之北。【海在县北五十里。】又西经莱州府之北。【海在府城北九十里。】又西经昌邑县北。【海在县北五十里。】又西经潍县北。【海在县北八十里。】又西经青州府寿光县北。【海在县北五十余里。】又西经乐安县北。【在县东北百十里。与博兴县接界。】又西北而入济南府境。此山东北面之海道也。

大海西折而北出。经济南府之东北。

海在济南府滨州东北八十里。今自乐安县而西北。经蒲台县东。【西至县百四十里。】又北经滨州东。又北经利津县东。【海在县东北三十里。】又北经沾化县东。【海在县东六十里。】而入直隶沧州境。盖山东之为郡者六。而滨海者凡四。

又北经直隶河间府之东。

海在河间府沧州东百八十里。自沾化县境经盐山县东。【海在县东七十里。】又北经州境。又北经静海县东。【海在县东北百五十里。】当漳。卫诸川入海之处。所谓小直沽也。天津卫在焉。【卫在静海县西北七十五里。】为畿辅嗉喉之地。元人海运至大都者。皆集于此。明初亦因其制。今漕运之达京师者。亦未尝不自天津而北也。【海运考。自直沽开洋。望东挑南一字行。一日夜见半边沙门岛。挑南字多必见莱州三山。挑东北行半日。便见沙门岛。若挑北多见砣矶山。南收登州卫沙门岛开船。东南山嘴有浅。挨中东行。好风一日夜到刘岛。刘岛开洋望东挑北一字行。转成山嘴正南行。好风一日夜见绿水。一日夜见黑水。又一日夜见南洋绿水。又两日一夜见白水。望南挑西一字行。一日点竿戳二丈。渐减一丈五尺。水下有乱泥二尺深。便是长滩。渐挑西收洪。如戳硬沙。即便复回。望东行。见绿水。到白水寻长沙收三沙洪。如不著洪。望东南行。日看黄绿色浪花如茶抹。夜看浪泼如大星多。即是茶山。若船坐茶山。往西南一字行。朝北见崇明沙。南见清浦墩岸刘家港。如在黑水洋正南。挑西多是高了。前有阴沙。半洋沙。向沙。拦头沙。即是暸角嘴。便复回往正东行。看水色风汛收三沙洪。如风不便。即挑东南行看水色收宝山。如在黑水大洋。挑东多必是低了。见隔界大山一座。便望正西南一字行。一日夜便见茶山。如不见隔界山。又不见茶山。见黑绿水多便望正西行。必见石龙山。孤礁山。复回望西南行。见茶山收洪。此运舟自直沽南还之道也。】

大海又北折而东出。经顺天府东南及永平府之南。

海自天津而东北。为顺天府宝坻县东南境。【海在县东南二百余里。】又折而东。为丰润县之南境。【海在县南百二十里。】又东为永平府滦州南境。【海在州南百三十里。】又东为乐亭县南境。【海在县南三十里。】又东经永平府南。【海在府城南九十里。】又东为昌黎县南。【海在县东南七十里。碣石山在焉。】又东经山海关南而接辽东界。【海在关南四里。】自登莱以迄于沧州永平之境。古所谓渤海之险也。

大海自西而东。经广宁之南境。又南折而东出。经辽阳之南境。

辽东南面皆滨海为险。回环几二千里。自山海关而东。旧曰广宁前屯卫。【南去海二十里。】又东。旧曰宁远卫。【南去海二十五里。】又东北。旧曰广宁中屯卫。【南至海五十里。】又东。旧曰义州卫。【南去海百五十里。】又东。旧曰广宁右屯卫。【南去海三十里。】又东。旧曰广宁卫。【南去海百三十里。】此古所称辽西地也。自此折而南。经故海州卫之西南。曰梁房口关。【亦曰三岔口。亦曰辽河口。在海州卫西南七十里。】为辽河入海之处。又南经故盖州卫西。【东去卫城十里。】又南经故复州卫西。【东去卫城四十五里。】又南经故金州卫西。【东去卫城三十里。】又南折而东经卫南。【北去卫城百二十里。】曰旅顺口关。为辽东金镇咽喉之地。【南对登州府新开海口。】又东北至辽阳南境。【海在城南七百三十里。】又东接朝鲜境内。此古所称辽东地也。盖西南以安南为翼卫。东北以朝鲜为藩维。怀柔镇叠之规模。于此亦可睹矣。【海运考。自辽河口开洋。顺风一日夜至铁山。带东二字望南行。经成山入南洋。望正南行三日夜。经桃花班水望东行。见白水。带西二字勤戳点竿寻长滩一丈八尺。渐减至一丈五尺。望西行戳扬子江洪。如不见望下使必见茶山。船稍南面坐茶山望西行。半潮便见崇明沙。如风顺。一潮至刘家港内。此运舟自辽东南还之道也。】

丘浚曰。海运自秦已有之。而唐人亦转东吴粳稻。以给幽燕。【杜甫诗。渔阳豪侠地。击鼓吹笙竽。云帆转辽海。粳稻来东吴。又云。幽燕盛用武。供给亦劳哉。吴门持粟布。泛海凌蓬莱。此唐人海运之证也。】然以给边方之用而已。用之以足国。则始于元初伯颜平宋。命张瑄等以宋图籍自崇明由海道入京师。至元十九年。始建海运之策。命罗壁等造平底海船。运粮从海道抵直沽。是时犹有中滦之运。不专于海道。二十八年。立都转运万户府督岁运。至大中。以江淮江浙财赋府每岁所办粮充运。自此至末年。专仰海运矣。说者谓虽有风涛漂溺之虞。然视河漕之费。所得盖多。故终元之世。海运不废。

罗洪先曰。考元至元二十一年。伯颜始建议海运。寻建海道万户府。三任故海盗朱清。张瑄。罗壁。为万户。初时押运粮仅三万五千石。船大者不过千石。小者三百石。自刘家港出扬子江。盘转黄连沙嘴。月余始至淮口。过胶州劳山一路。至延真岛望北行。转成山西行。至九皋岛。刘公岛。沙门岛放莱州大洋收界河。两月余抵直沽。实为繁重。至元二十六年。增粮八十万石。二月开洋。四月直沽交卸。五月还。复运夏粮。至八月回。一岁两运。是时船尚小。二十七年。朱清请长兴李福四押运。自扬子江开洋。落潮东北行。离长滩至白水绿水。经黑水大洋。北望延真岛。转成山西行入沙门。开莱州大洋进界河。不过一月或半月至直沽。漕运利便。大德以后。招两浙上户自造运船。量给脚价。船大者八九千。小者二千余石。岁运三百六十万石至京师。迤南番贡亦循道而至。自上海至直沽内扬村马头。凡万三千三百五十里。不出月余即达。省费不赀。若长乐港出福州。经崇明以北。又自古未有之利也。【元史。初。海运之道。自平江刘家港入海。经扬州路通州海门县黄连沙头万里长滩开洋。沿山?而行。抵淮安路盐城县。历西海州海宁府东海县。密州。胶州界。放灵山洋。投东北路多浅沙。行月余始抵成山。计其水程。自上海至杨村马头。凡万三千三百五十里。至元二十九年。朱清等言其路险恶。复开生道。自刘家港开洋。至撑脚沙。转沙嘴至三沙扬子江。过匾担沙大洪。又过万里长滩放大洋。至青水洋。又经黑水洋至成山。过刘岛至之罘。沙门二岛。放莱州大洋。抵界河口。其道差为径直。明年。千户殷民略又开新道。从刘家港入海。至崇明州三沙放洋向东行。入黑水大洋。取成山转西至刘家岛。又至登州沙门岛。于莱州大洋入界河。当舟行风信有时。自浙西至京师。不过旬日而已。视前二道为最便云。】

梁梦龙曰。元史称元人海运。民无挽输之劳。国有储蓄之富。今国家都燕。财赋自东南而来者。仅恃会通一河。识者不无意外之虑。若寻元人海运之道。别通海运一路。与河漕并行。江西。湖广。江东之粟照旧河运。而以浙西东濒海一带由海运。未为非策也。【丘氏浚亦主此说。】又曰。元人由海运或至损坏者。以起自太仓。嘉定而北也。若但自淮安而东。循登。莱以泊天津。本名北海。中多岛屿。可以避风。与东南之海渺茫无际者迥异。诚议运于此。是名虽同于元人。而利实专其便易矣。

王在晋曰。元虏使其民。是以投之穷海而忍视其死。至元二十八年。漂米二十四万五千石有奇。至大二年。漂米二十万九千石有奇。其随船汩没者。不知几千人矣。【元史亦言。风涛不测。粮船漂溺。无岁无之。】夫驱民而纳于沆漭之中。仁人不忍言也。况以今时而出海道。则三十六岛之间。定有余粮矣。或者曰。利害相因。在审时而度势。事之不可执一论也。岂独海运为然哉。山居赘论曰。禹贡言。沿于江海。达于淮。泗。又曰。夹右碣石入于河。是贡赋之道。未尝不兼用海也。秦人飞刍挽粟。起于黄腄。琅邪负海之郡。转输北河。其制未尽非。而用民失其道矣。说者谓海运作俑于秦。而效法于元。岂通论哉。

右海道。

台湾随笔[①]

乙亥之春余再至闽漳窃思廿载萍踪若燕齐秦晋魏赵吴越楚粤滇黔之间所游历者多矣讵意复有台湾之行然观海亦吾素志慨然往焉凡自漳入海者皆于石码登舟由海澄以达厦门金门而后出大海厦门距海澄三十余里迤南则为金门皆海之歧流所经闽南藩维之最冲者也

禹贡所载自衡岳以南疏瀹无闻盖以滇蜀之界如黑水南流滇水西流皆非中原海道闽越之间率多负山面海其水自能归墟也

凡郡邑之滨海者皆裨海也各有重山迭嶂卫其外即琼崖崇明定海之地亦尚在裨海中若安南则陆路可达惟台湾一郡孤峙大海

台湾于古无考惟明季莆田周婴著远游编载东番记一篇称台湾为台员盖闽音也然以为古探国疑非是

台湾山甚高亦多平原可耕艺周围五十里自有土番居之多巢栖而不火食者无所求于中国明天启时汉人颜思齐诱日本国人屯其地郑芝龙附之未几荷兰人由洋中来假地日本久而不归遂筑城而有之

本朝顺治十八年郑芝龙之子成功京口败归厦门欲取台湾东鹿耳门水涨遂舣舟以台荷兰战不胜拒守久之乃弃城去成功始以夜郎自待矣传其子经孙克塽外通诸番内扰滨海今上康熙十八年始命将征之一战而克澎湖师台湾而克塽降兵不血刃遂定其地东西五十里南北三千里置郡一县三郡治之外则番人居之仍其旧俗

海滨弛禁以后人置渔舟家有商舶惟商舶可以航海凡使节往来咸藉之

海艘上平而下锐期于足御风涛凡百工械具以及日用糗糒靡不毕备而尤急于储水偶有被风沙屿之上者或至不能粒食而蚶蛤蠃蚌犹堪鼓腹惟水则必不可得也

自海澄登舟遂行至厦门尚在支流中然已震荡不宁矣遥望远屿白浪出其上又见他舟似凫鹭入水复出肠胃之间为之溢涌海中率多碛沙舟不可近时以长竿测之而后行其缘樯者觇云气望远近也缘帆而上捷于猿猱亦或两人偕登至于樯末并坐谈笑自若即在大海中亦然

厦门筑城于山严兵戍之其地连绵数百里然皆山嶂也海外迤东属国皆贸易于此偶见有红毛番船至其广大倍于闽舟而制造精巧尤不能及闻彼一舟之费以巨万计其人能入水而行

舟舣厦门适遇石尤迟回十许日始得西北风而行第观其发矴挂帆亦艰辛之甚矴以木为之长丈余末有两齿如鹿角系以长絙而远布之泥淖中船即止厦门稍南有团山在中流逾此即大洋故舟人呼为海门云

大海之中波涛汹涌之状笔不能尽惟是四顾无山水与天际仰观重霄飞翔绝影盖鸟亦不能渡海也以此知爰居海凫故非常见若帆樯之侧禽鸟翔鸣则必有岛屿在望矣舟在大洋中风利即长往风不利亦可复还所泊处或风势甚恶舟不得回则惟有东西南北任其所之耳

海上风信甚者曰飓尤甚者曰飑可以计日候之或前或后大约不爽若天边云气如破帆即飑飓将至断霓者断虹也亦风至之征苏党飓风赋所谓断霓饮海者指此

海中风利舟行迅决若风恬浪静则靡靡中流所谓海船无风不能动者如是日星河汉俯仰烂然风景殊不恶但苦无系舟地耳

茫茫海道舟人固不识也惟东西南北则以罗经视之其所往之地非山不可辨若宵昼行而不见山亦莫测其远近故有瞻星察气缘樟远望辨水之色及视泥沙之臭味者一遇岛屿可以泊舟则尤兢兢焉盖海屿虽卑而水中尚多岩峦又有积沙如堤阜皆能败舟且山上回飙亦能嘘噏其舟而胶之及已泊之后犹恐潮汐往来及戕风猝至故澳中有必不可藏舟之处

岛屿在澎湖甘吉洋在澎湖之东鸡笼山在台湾北鹿耳门在台湾西皆险要也

① 〔清〕徐怀祖撰。据清道光《学海类编》本。

台郡番民种类甚繁莫详所自或云秦始皇时方士将童男女五百人入海盖出于兹山而育种至今

台地物产无异中原略载其异者波罗蜜自荷兰移种大如斗甘如蜜香梓大如鸡子味甘色黄其根在核然不能如荔走长安也照殿红树甚高花如巨觥色红无二树兰如珠兰然亦乔柯修干竹多丛生节疏叶长至冬则其叶尽落及春复生颇似江柳象齿有实可食林茶亦内地所无惟鳞介之族其形殊异者不可殚述

余之初至厦门也舟人以为有风候遂登陆假寓已而大风雨者三日夜舟藏曲岛幸而得免然闻台澎之间颇有漂溺矣迨风霁夜发甫出海门行及三鼓风稍厉或有惧色遽命回舟昏黑中捩柁而西几至不测既明始达于金明之山后荒屿无居人仅可避风耳舟泊中流不得登岸抱膝而坐者累日及晴霁无风乃复挂帆则泛泛悠悠舟亦不动反不如平江中可以摇橹为力也越三日而至澎湖其屿甚卑方数十里室庐亦少置军守之自厦门至此始可泊因幸其无风遂不系舟而行又越二日而至台湾台湾距厦门不知若干里而舟人称海程则以更为计云自厦至台为十一更自台至松江之上洋为五十六更然问其所谓更者莫解其义也余在台湾一载乃复从海道归既登舟止于鹿耳门十日鹿耳门为台湾门户其水中沙石累累环潆出入危险舟行畏之既而启行南风甚劲海师以指南针指子癸之次凡三日三夜乃目睹风涛之壮然已逾金厦漳泉而径达于兴化之港矣自闽之兴化历福州福宁入浙之温台宁三郡以达于崇明上海凡五日五夜而至皆行于海滨之歧流中虽有最深广处而非大洋也

殊域周咨录[1]

卷一·东夷·叙东夷

禹贡曰。祗台德先。东渐于海。君奭曰。海隅出日。罔不率俾。则知溟渤之区。虽非正朔所加。要皆文德所徕。自古称藩献珍者。已极嵎夷。之外尚已。肆观隋宋。如裴世清使倭奴而有仪仗郊迎之盛。钱勰使高丽而却金器四千之饷。矫矫二星。迹震东表。名揭方册。猗欤休哉。仰惟大明当天。穷荒极攘。咸在照临。而海中诸蕃。春先得于阳谷。气早回于扶桑。其所被帝德光华。比之他国为独渥焉。行人乘帆而至。丝纶一布。拜无欢呼。如太阳东升。而金砾沙明。霞光电闪。川鸣谷响。海水立而海若藏也。然则使者其捧日之云乎哉。虽曰鲸波万顷。蜃氛千里。时多不测。所仗天子神威。冯夷先驱。天吴效顺。百灵秘怪。呵护毕出。又何足为皇华虞耶。故彩其方域。正东则有若朝鲜。有若日本。东南则有若琉球。而皆东方之夷。录分四卷。以为衔诏青鸾者之博喻也。叙东夷。

卷一·东夷·朝鲜

朝鲜。周封箕子于此。同三恪不臣。朝鲜云者。以其在东。取朝日鲜明之义也。秦属辽东。汉初。燕人卫满据其地。武帝平之。置真蕃临屯乐浪玄菟四郡。汉末。公孙度开府行牧事于辽东。并有其地。三传而为魏所灭。晋永嘉之乱。扶余别种酋长高琏入据其地。称高丽王。居平壤城。始列化外。唐征高丽。拔平壤。置安东都护府。其国东徙。距鸭绿江千余里。五代唐时。王建代高氏。辟地益广。并古新罗百济而为一。建都松岳。以平壤为西京。其后子孙遣使朝贡于宋。亦常朝贡辽金。历四百余年。其主未始易姓。元至元中。西京内属。置东宁路总管府。画慈岭为界。

入本朝。太祖高皇帝洪武元年【列圣庙号俱一揭于此卷。余以年号为纪】。遣符宝郎契斯奉玺书。赐高丽国王颛书曰。自有宋失驭。天绝其杞。元非我类。入主中国百有余年。天厌其昏淫。亦用殒绝其命。华夏波乱十有八年。当群雄初起时。朕为淮右布衣。暴兵忽起。误入其中。见其无成。忧惧弗宁。荷天地眷佑。授以文武。东渡江左。习养民之道十有四年。其间西平汉主陈友谅。东缚吴王张士诚。南平闽粤。戡定八蕃。北逐胡君。肃清华夏。复我中国之旧疆。今年正月。以民推戴即皇帝位。定有天下之号曰大明。建元洪武。惟四夷未服。故遣使报王知之。昔我中国之君与高丽壤地相接。其王或臣或宾。盖慕中国之风。为安生灵而已。朕虽不德。不及我中国古先哲王。四夷怀之。然不可不使天下周知。余不多及。

按帝王之驭夷狄。有本有文。所谓本。明德是已。所谓文。明命是已。非明德之修。固无以感格其良心而使之慕。非明命之宣。亦何以摄服其邪心而使之畏哉。矧胡元入主中国。其时诸蕃皆以丑类相视。莫肯臣屈。积习已久。我圣祖方混一区宇。声教犹未覃及。其可无报谕之令乎。自是招来让责。涣汗遄驰。难以尽载。每国各述其首所颁诏。及因事有宣者。用昭皇灵渐被之实焉。

二年正月。国主王颛上表贺即位。遣使赉金印赐之。并赐大统历。仍封为高丽国王。命三岁或二岁遣使朝贡。国王则世一见。三年。定卿会科试条格。诏高丽安南占城等国如有行修经明之士。各就本国乡试。贡赴京师会试。不拘额数选取【是科高丽贡士入试者三人。惟金涛登第。授东昌府安丘县丞。寻以不通华言。请还本国。诏给道里费遣之】。上遣礼官徐师昊。往高丽代祀其国山川之神。

学士宋濂记曰。皇帝受天明命。丕承正统。薄海内外。罔不臣妾。德流惠敷。浃于神人。粤洪武三

① 〔明〕严从简撰。据明万历刻本,参校故宫博物院图书馆 1930 年印行本。

年春正月二十癸巳。上御奉天殿受群臣朝。乃言曰。朕以菲德。惟天惟祖宗是赖。位于诸侯王兆民之上。郊庙祠享之礼。朕不敢不恭。然而名山大川。能出云雨以泽被生民者。朕于报祈亦罔或弗钦。迩者。高丽国奉表称臣。已封其君为王爵。锡以金印。而其境内山川未遑致祭。非一视同仁之意。仪曹其议行之。于是礼部尚书臣崔亮郎中臣赵时泰员外郎臣兰以权主事臣黄肃相与具牢醴幡币。选志虑凝一可通神明之士充使者以行。有司遂以臣徐师昊名上。既复命。上出宿斋宫。七日。始御翰墨撰祝册。至十日庚子昧爽。右丞相信国公臣徐达率文武百司序立龙墀之左右。上服通天冠绛纱袍。复临前殿。默思久之。方持香以授臣师昊。置彩舆中。导以音乐。出奉天门。上亲迁玉趾送之。臣师昊受命惟谨。以夏五月某日甲子至其国。某日甲子为坛三匝单于南门外。摄行祀事。其国王王颛暨诸陪臣先后骏奔。以竭显相之义。当祀之辰。天气晏清。海波不惊。祥云瑞日回旋上下。宛若神灵来格。佥以谓天子不鄙夷远民。龙光下被。人神俱忻。虽鸟兽鱼鳖之属。亦得翔泳于至化之中。其于庆幸。古所未睹。争欲勒文于石。以垂示于无穷。臣师昊闻之。自古帝王以天下为一家。虽海外要荒之地。视如咫尺。则公羊高所谓方望之事无所不通者。固其宜也。肆惟皇上抚有万邦。一遵先王成宪。其有事远僥山川。如此之严。岂有他哉。实为东南民僥福。使风雨以时。年谷顺成。物无疵疠而已。书曰。至治馨香。感于神明。黍稷非馨。明德惟馨。神既歆厥明德。洞达无间。昭报响答。当有洋洋临乎其上者矣。臣师昊不佞。请书是以为记。以昭宣上德。轸念遐方之氓不翅中国者。当与东海相为无极云。

五年。高丽王王颛。遣其礼部尚书吴季南民部尚书子温等奉表贡马及方物。表言耽罗国恃其险远。不奉朝贡。及多有蒙古人留居其国。兰秀山逋逃所聚。亦恐为寇患。乞发兵讨之。上乃赐颛玺书曰。朕闻近悦远来。赦罪宥愆。此古昔王者之道。治大国如烹小鲜。乃老聃之言。宽而不急。斯为美矣。使者至赍王表陈耽罗事宜。朕甚惑焉。因小隙而构成大祸者。智士君子之所慎。夫耽罗居海之东。密迩高丽。朕即位之初。遣使通尔王国。未达耽罗。且耽罗已属高丽。其中生杀。王已专之。今王以耽罗蕞尔之众。兰秀山逋逃之徒。用朕之诏。示以威福。一呼即至。削去孳生之利。移胡人于异方。恐其不可。盖人生皆乐土。积有年矣。元运既终。耽罗虽有胡人部落。已听命于高丽。又别无相诱之人。何疑忌之深也。若传纸上之言。或致急变。深为边民患。人情无大小。急则事生。况众多乎。朕若效前代帝王。并吞边夷。务行势术。则耽罗之变。起于朝夕。岂非因小隙而构大祸者乎。王宜熟虑烹鲜之道。审而行之。不但靖安王之境土。而耽罗亦蒙其德矣。如其不然。王尚与文武议之。遣使再来。行之未晚。王其察焉。兹因使还。赍此以示。

是年。安置归德侯陈理归义侯明升于高丽。理。陈友谅之子。升明玉珍之子也。初。元至正辛卯。群盗四起。友谅本沔阳渔家子。尝为县吏。不乐。会蕲州罗田人徐寿辉与其党倪文俊等。以妖术聚众作乱。揭黄巾为号。友谅慨然从之。寿辉攻陷黄州。僭位称帝。国号天完。改元治平。友谅初为文俊簿书椽。未几。亦领兵为元帅。因隙袭杀文俊。并其军。自称平章。寿辉不能制。后友谅兵益强。复袭寿辉。杀其左右。居之江州。友谅自称汉王。领兵犯太平。挟寿辉以行。及陷太平。急谋僭窃。乃使人杀寿辉。以彩石五通庙为行殿。称帝。国号汉。改元大义。据湖广。居上流。欲与我争衡。攻江西南昌诸郡。上亲督舟师往援。三胜之。友谅忿。益兵进攻。上被围于鄱阳。势困。计无所出。亲兵指挥使韩成请以身解围。遂服上龙袍冠冕。对贼众投水中。贼遂退。乃复整旅相敌。凡大战五昼夜。将臣死者三十余人。友谅相持既久。粮且尽。冒死突走。友谅中流矢。贯睛而死。其臣太尉张定边以小舟载友谅尸及其子理奔还武昌。复立理为帝。上遣其降将罗复仁谕理。使降。理遂诣军门纳款。乃封理为归德侯。玉珍。湖广随州人。初亦从寿辉起兵。倪文俊陷川蜀。令玉珍守之。既而。文俊寿辉被弑。玉珍遂自据成都。称陇蜀王。后亦称帝于成都。建国号曰夏。改元大统。玉珍病卒。子升嗣立。始十岁。改元开熙。母彭氏同听政。升常遣使来聘。上登极后。升据险未下。乃命汤和为征西将军。率后讨之。又命傅友德廖永忠分道进取。约会师于重庆。于是州县望风归附。升君臣大惧。其右丞刘仁议奔成都。其母彭氏劝升早降。以救民命。升遂面缚衔璧。与母彭氏及群臣奉表诣军门降。永忠解缚。承制慰抚。送至京师。升朝见毕。上赦其罪。封归义侯。赐居第于都下。二侯居常郁郁不乐。颇出怨言。上闻之曰。此童孺辈言语小过。不足问。但恐为小人鼓惑。不能保始终。宜处之远方。则衅隙无自生。可始终保全矣。于是徙之高丽。仍赐高丽王纱罗文绮四十八匹。俾善待之。

按韩成诳友谅以全圣祖。与纪信诳楚羽以全汉高事绝相类。固见二臣之忠勇。亦或天生此两杰以为保护开国之主计耳。但当时群雄惟友谅最强。我圣祖鄱湖之战。屡危复安。构怨至大也。迨其既亡。孰有不甘心于其嗣者。而圣祖之于陈理。方且委曲迁徙。与明升同优容之。其宽仁大度。又超出汉高之释季布远矣。

时高丽犹常为窃寇。十年。都督佥事濮真承命往问罪。被执不屈。死之。真。凤阳人。初从举义。以忠勇被遇。有功。历官都督。至是往高丽。为其所执。高丽王爱其骁勇。欲降之。真厉色曰。吾为天朝大臣。视尔夷君不啻下风。敢以此望我耶。王怒。欲兵之。真大骂曰。夷虏尔害吾。吾主必灭尔国。尔不知吾大丈夫有赤心。肯尔屈耶。即抽刀剖心。示之而死。王初意止欲迫胁真耳。不虞真之死也。真死。王大惧。遣使入朝谢罪。并归真从行兵士。上曰。濮真当危难秉义不屈。忠节可嘉。追封乐浪公。谥忠襄。表其门曰。班超群将。志迈雄师。时真子玙生甫数月。即襁褓中封为西凉侯。以报真功。

上遣高丽使还。以刺谕之曰。汝承奸臣之诈。不得已而来诳我。今命尔归。当以朕意言于首祸之人。曰。尔杀中国无罪之使。其罪深矣。非尔国执政大臣来朝及岁贡如约。则不能免问罪之师。尔之所恃者沧海。不知沧海与吾共之尔。如不信。朕命舳舻千里。精兵数十万。扬帆东指。特问使者安在。虽不尽灭尔命。岂不将囚其太半。尔果可轻视乎。

十二年。高丽属夷龙州士官郑白等率男妇来辽东。请内附。守将潘敬叶旺以闻。上刺敬旺曰。奏至。知高丽郑白来降。特未审将军识其计否。高丽僻居海隅。其俗尚诈。况人情莫不安土重迁。岂有舍桑梓而归异乡者耶。中国方宁。正息兵养民之时。尔与东夷接境。慎勿妄生少隙。使得以籍口。符至之日。开谕来者。令还。以破彼奸。若吾正而彼邪。彼果不臧。则师出有名矣。其来降者切不可留。春秋有云。毋纳逋逃。不然。则边患将由此而启矣。是年。国王遂复遣使周谊至辽东计事。初。元主常索女子于高丽。得谊女纳之于宫中。后为我朝中使携归【时宫中美人有号高丽妃者。疑即此女】。故上虑谊挟诈。敕辽东都司曰。高丽数以谊来使。殊有意焉。卿等不可不备。敕至。当遣谊入京。别有以处之。毋使入窥中国。

十五年。迁故元梁王把匝剌瓦尔密及威顺王子伯伯等家属居高丽之耽罗。初。天下一统。惟云南为故元遗孽梁王所据。恃远弗臣。遣翰林待制王祎行参政吴云持诏往招谕之。祎等宣布威德。梁王君臣已有降意。改馆祎等厚待之。会故元太子自立于沙漠。遣使脱脱征粮云南。且欲连兵以拒我。脱脱觇知梁王有二心。因以危言迫梁王杀我使以固其意。祎遂与吴云俱被害。上命颍川侯傅友德永昌侯蓝五西平侯沐英率师往讨。遂进取曲靖。生擒其伪司徒平章达里麻。师趋云南。梁王闻败。弃城走滇池岛中。先缢其妃。自饮药。不死。投水而死。沐英入城。收梁王金印。并官府符信图籍。抚安其民。俘其家属送京师。至是。乃命与伯伯等家属徙耽罗居焉。

先是高丽遣使洪师范朝贡。及还而溺于海上。以高丽贡使烦数。遣故元枢密使延安答里谕意。颛遣门下赞成事姜仁裕表谢。贡方物。上令贺正旦使金湑及仁裕偕还。赐王药饵。又谕中书省曰。曩因高丽贡献烦数。遣延安答里往谕朕意。今一岁迭至。困罢其民。涉海险远。如渠往使洪师范归国覆溺。幸有脱归者言其故。否且致疑。古诸侯事天子比年一小聘。三年一大聘。若九州外县番。世一见而已。贡物亦无过侈。高丽去中国稍近。人知经史。文物礼乐略似中国。非他邦比。宜令三年一聘。或比一聘。贡物产布十四足矣。丞相其以朕意谕王。诸新附远邦来朝。亦明告以朕意。中书因使者还。咨谕之。

上又命延安侯唐胜宗镇辽东。敕胜宗绝高丽曰。旧岁今春。高丽之使水陆两至。此非臣礼。暗行侮慢。明彰亵渎。此夷自古侮中国。构兵祸。可与绝交。曩汉四伐。绝灭其国族。魏再伐。屠其都。晋再伐。焚其宫室。俘其男女五万。隋再伐。城困将亡。受降而免。唐四伐。斩首五万。获牛马八万余。夷王臧等戮于市。辽五伐。焚其宫室。斩乱臣康肇。拔十余城。金一伐。元五伐。夷王窜耽罗。捕杀之。耽罗以故竟为元牧马之野。尔出征辽左。使至送来。勿令其还。以绝彼奸计。未几。高丽使复至。胜宗察其奸奏之。上谕胜宗曰。高丽今春使至。贿赂京官甚重。内有一单云。上等人若干。中等人若干。观此甚无礼。受赂者少有知。岂不赧哉。今尔知诱而能奏。由豫不得。独名千古矣。辽壤东界鸭绿江。北邻旷寨。非多算不能守。慎之。胜宗在镇。威肃惠怀。兵民辑睦。防奸御侮。边境肃宁【胜宗。濠人。年十八挺身来归。多著勋绩。封侯与世券】。

按四夷来王。虽中国盛事。然赏赐宴劳。其费颇巨。且使者濒至。与华人情熟。窥伺机密。固当防其渐也。至其开单馈贿。虽在彼或可私觌以将敬。然在我不可私受以启侮。我太祖严示禁戒。乃谨微之深意。岂特为厚往薄来惜此费而已哉。

上命市高丽马万匹。索阉人二百。

诏表高丽妇人郭氏为节妇。初。郭氏为辽东民伯颜不花妻。其夫被元将纳哈出所杀。郭氏居浑滩。自缢死于马枥。又伯颜之从父高希凤药师奴亦死于乱。希凤妻刘氏骂贼而死。师奴妻李氏。携其子文殊孤侄僧保往高丽避难。至中途。度不能两全。以其子差长弃之。独携侄以行。后访得其子。复归守夫墓。又希凤从子高塔失丁被仇陷死。其妻金氏与姑邢氏俱自缢。事闻。命表其家为五节妇之门。按从一之义。妇与臣同。然人臣不仕二姓。完名无忝者鲜矣。而况一门五妇同秉坚刚。不其难乎。况郭又生长高丽。岂知有中国诗书礼义者耶。何以能尔也。毋乃天禀介石之性。不间夷华焉耳。宜有以来宅里之旌也。因念国初保宁城中有韩氏女。年十七岁。遭明氏兵乱。虑为所掠。乃伪为男子服。混处民间。既而果被虏。居兵伍中七年。人莫知其为女子也。后从明玉珍兵掠云南。还。遇其叔父赎之归成都。以适尹氏。同时从军者皆惊异。成都人以贞女称之。夫韩之全身军伍。与木兰正同。而李之携侄弃子。与邓伯道何异。此尤杰然可述者。谁谓古今人不相及耶。敢并及以著二奇焉。

十六年。高丽遣陪臣张伯崔涓来贡方物。上以其岁贡不如约。五载不庭。今又非时而至。悉却之。命礼部咨谕其国。

十八年。高丽国王王颛卒。谥曰恭愍。无嗣。权臣李仁人迎辛旽子禑主国事。昏暴自恣。多杀无辜。至欲兴师侵犯辽东。大将李成桂以为不可。乃止。禑自知负罪。惶惧逊位子昌。国人弗顺。启请恭愍王妃安氏择立宗亲定昌院君瑶权国事。瑶昏迷不法。听信谗说。离间勋旧。国中臣民多被杀戮。其子奭。复痴騃无知。荒于酒色。众以安妃命废瑶退居私第。推门下侍郎李成桂主国事。二十五年。高丽知密直司事赵胖等持其国人评议。来奏戴立李成桂之意。成桂即仁人之子也。世擅国政。初王颛之卒。或谓被李仁人所弑。辛昌主国日。成桂尝代请入朝。上不许。及是。瑶使子奭入朝。奭归。瑶已被废。上得奏。谓东夷限山隔海。非中国所治。且其间事有隐曲。未可遽信之。乃命礼部移文高丽。从其自为声教。成桂于是代王氏。更名旦。徙居汉城。遣使请改国号。诏更号曰朝鲜。遣仪制郎熙光宣赐之。

修撰黄观赠光诗曰。东服来王荷宠褒。遥宣圣泽属仪曹。九重锡予皇恩渥。万里驰驱使节劳。入仰中天红日近。星环北极紫微高。来迎父老应相语。风不鸣条海不涛。【观。建文忠臣也】

旦既得国。进表贡金鞭等方物。纳前恭愍王金印。请朝鲜印及封王诰命。其表有犯上字。上怒。下使者。吏言此表郑集所撰。诏还所贡。追索撰表者。旦惧。即以郑集来献。上命安置云南。仍申谕辽东都司。禁边人不许通。朝鲜人往来界上。亦不许商贾贸易。永远绝之。

遣使送故元梁王【即把匝剌瓦尔蜜也】之孙爱颜帖木儿往朝鲜。赐钞五十锭为道里费。且命朝鲜送至耽罗国依其亲族。

二十六年。朝鲜阴令守边千户招诱女直人五百余潜渡鸭绿江。将寇边。辽东守将谍知以闻。上恶其自生衅端。遣敕责之。敕曰。李旦废绝王氏。自取其国。朕以尔能靖东夷之民。听其自为声教。逾月方来谢恩。何其不知尊卑之分乎。朕闻金世宗时高丽进表启。函惟小石数枚。及贺。王称进玉带。验之乃石。世宗由是兴师。破数十城。此前代事之可见者也。近者。尔国入贡。复以空纸圈数十杂于表函中。以小事大之诚果如是乎。尔之所恃者。以沧海之大。重山之险。谓我朝之兵亦如汉唐耳。汉唐之兵长于骑射。短于舟楫。用兵浮海。或以为难。朕起南服江淮之间。混一六合。攘除胡虏。骑射舟师。水陆毕集。岂汉唐之比哉。百战之兵。豪杰精锐。四方大定。无所施其勇。带甲百万。舳舻千里。水繇渤澥。

陆道辽隙。区区朝鲜。不足以具朝食。海何足以当之。虽然际天所覆皆朕赤子。明示祸福之机。开尔自新之路。朕亦将容尔以安夷人。若重违天道。则罚及尔身。不可悔后。又著于训曰。李仁人及子成桂自洪武六年至二十八年。凡杀王氏四于。姑待之。

按隋炀帝以征高丽而亡国。唐太宗以伐高丽而致悔。凡以好大喜功不恤民命之为累耳。我圣祖之于李旦。忍其诈侮。或摈绝之。或切责之。谆谆然以口舌代戈矛。岂其力有不足哉。亦虑师旅一兴。肝脑涂地。故也。不惟示包荒之量。实寓好生之仁。卒致内宁外威。而朝鲜宾服。迄今晏然。为我四辅。不可以观圣祖宏远之略也哉。

旦后复遣使朝贡。乃许其通。旦老。请以子芳远袭爵。从之。成祖文皇帝永乐元年。赐芳远金印诰命冕服九章圭玉佩玉。妃珠翠七翟冠霞帔金坠。又给象牙犀角。春秋会通大学衍义通鉴纲目列女传等书。脑麝沉檀白花蛇等药。

十七年。芳远老。请以子裪嗣。时国家迁都北京。比南京距朝鲜为益近。以后仁宗昭皇帝洪熙间。宣宗章皇帝宣德间。每岁凡万寿圣节正旦皇太子千秋节。皆遣使奉表朝贺。贡方物。其他庆慰谢恩等使率无常期。或前者未还而后者已至。虽国王不世见。然事天朝最恭谨。天朝亦厚礼之。异于他蕃。每朝廷大事。必遣颁诏于其国。告哀请封。必遣近臣及行人吊祭。册封之例以为常。及是国王芳远卒。谥恭定。上遣翰林官端木孝思往祭吊。并赐嗣王构五经四书性理大全通鉴纲目。

金幼孜赠孝思诗曰。曾同载笔侍蓬莱。文采煌煌映上台。奉诏又从天上出。驱车还向日邀来。新亭树色连征旆。驿道梅花点酒杯。好为吾皇宣德意。早春先候使星回。

五年。裪遣使献海青膺。使还。上赐王磁器。谕裪。王国中多珍禽异兽。然朕所欲不在此。后勿献。英宗睿皇帝正统初年。赐国王远游冠绛纱袍翼善冠龙衮玉带。王奏乞弓材牛角。特许岁买五十枝。景皇帝景泰间。裪卒。上遣翰林编修陈辑熙往封其子珦。

按缉熙幼时。其父鉴为熊大理窜戍辽东以死。其母更嫁一百户。缉熙依坛官施道常为徒。读书刻苦。戊辰进士及第。除编修。欲见其母。求使高丽。使还。果迎其母。与父丧同归。葬于故丘。此与宋之杜羔认失母于深潞得父墓于梁村者。心尤为切。非至孝所感。何以致是哉。

其后。国王珦卒。赐谥恭顺。命其子弘暐袭。弘暐幼弱。其叔瑈以让位请。七年。诏封瑈为王。英宗睿皇帝天顺初。国王与女直毛怜卫仇杀。廷议遣使问罪。佥举礼科给事中张宁往。诏可之。内批都指挥武忠与俱。既行。而辽东奏两夷方构祸。乞诏宁择进止。宁曰。君仁臣忠。义难自便。乃急趋朝鲜。宣上德威。示祸福谕之。君臣震慑。遣陪臣入谢。复遣其子入学。引咎解兵焉。时谓宁此行不减重兵十万横行鸭绿也【宁。浙江海盐人】。

按宁入朝鲜。其馆伴朴元亨者。亦捷才。宁为百韵诗。每得句。朴随手和之。及至云。溪流残白春前雪。柳折新黄夜半风。朴阁笔曰。不敢赓矣。英庙复位。尤所眷注。尝独召宁论事。每对。廷臣称真给事中。晚年欲大用之。会晏驾不果。景泰天顺间为谏官第一。太监覃苞素重宁。累遣人邀与相见。卒不往。成化初。南京给事中王徽等弹劾内阁李贤不职获罪。俱远谪。宁会六科申救。忤贤。贤乃假历练之说。票旨升宁汀州知府。抵任未几。引疾致仕。不复起。直道不容于时。不究其用。士论惜之。观此。则朝鲜之行虽推其才望。当时亦已有遣艰放还之意。故辽守有择进止之请也。但宁本利器。能自别于盘根错节之役耳。

是年。谍报女直建州酋长董山潜结朝鲜谋叛。朝廷命巡抚辽东都御史程信察之。信令自在州知州佟成诈以他事廉其境上。得朝鲜授董山为中宪大夫中枢密使。制书还报。信具奏。请乘其未发。遣二急使往问。可伐其谋。上复命一给事中往朝鲜。一锦衣译者往建州。国王与董山初俱不肯承。出制书示之。皆惊服。贡马谢罪。

宪宗纯皇帝成化初年。朝鲜进白鹊海东青。给事中韩文上疏曰。臣伏睹天顺八年。诏书各处今后不许进贡鸟兽花木及本处一应所产财物。诚不宝异物之盛心也。今朝鲜国内三贡禽鸟。虽小国效顺。然不应将此玩物频数来献。其意盖谓朝廷所尚者珍禽奇兽。故博取频贡。希求厚赏。况以禽兽微物。奔驰千里之远。亦劳民动众。彼此烦扰。若不却去其贡。非惟彼国不知诏书禁止之意。抑且窥见朝廷嗜欲。轻探厚取。久则将起侮玩。殊非王者抚驭外夷之体。书曰。不宝远物。则远人格。伏乞圣明留意焉。

按洪武间。翰林应奉唐肃有应制赋海东青一鲍云。雪翮能追万里风。坐令狐兔草间空。词臣不敢忘规谏。却忆当时魏郑公。是日。上御奉天门外西鹰房观海东青。翰林学士宋濂因谏曰。禽荒古所戒。上曰。朕聊玩云耳。不甚好也。濂曰。亦当防微杜渐。上遂起。夫圣祖之虚纳。二臣之忠谠。一时盛事。实可赞述。而韩公此疏。又与唐宋二臣有光焉。书曰。罔俾阿衡。专美有商。其文之谓乎。

四年。朝廷出兵将征女直建州夷。命国王李瑈来攻。国王听命。遣中枢府知事康纯鱼有沼南哈等共率兵万人如约抵虏巢。不敢后期。各奏捷。受浓赏。

十一年。建储命兵部主事祁顺司副张廷玉往谕。关人故集土兵千余。土物万计。从而留易。顺乃悉屏斥。惟匹骑从往。既就馆诏命。遂谒先师孔子庙。顺与廷玉各赋诗以纪其事。而顺为之序。

大学士李东阳赠顺诗曰。圣代山川尽海隅。朝鲜东面一藩如。冠裳旧入周王制。文字全通汉诏书。千里威仪瞻候节。万年臣妾荷宗储。兹行大抵关风化。四牡歌成意有余。

祁顺序曰。余仕中朝。闻外国之有文献者。以朝鲜为称首。其人业儒通经。尊崇孔圣之道。匪直守箕子遗教而已。兹余奉天子命。偕行人司副张君廷玉来使其国。恩诏既宣。即谒孔庙于成均之馆。馆在国城东北隅地。最高爽其庙五间。扁曰大成殿。祀典与中华同。殿后有明伦堂。堂后有藏书阁。诸生肄业者三百余员。索其所习词赋策问观之。亦中华体制也。宴坐明伦堂中。值雨良久。廷玉赋谒庙诗一绝。余亦作七言二律。其一则为诸生勉焉。藩臣在席者凡八人。咸依韵赋之。且愿一言序作之之意。惟孔子之道遍于四方。行于万世。而朝鲜能宗斯道以雄于东。亦为知所重也已。宋史称其俗喜读书。庶贱之家各于衢路置局堂。以相讲习。而国人金行成崔罕王彬相继就学于国子监。擢进士第而归。则诗书熏陶。已非一日。我皇明文教诞敷。东渐尤近。朝鲜人士岁观京国。耳闻目睹。所得尤深。宜其文物典章。不异中华而远超他邦也。今诸生学圣贤之学。尚思蕴为道德。发为功业。以求高明远大之归。而不安于苟且卑陋之习。斯为善学者矣。若徒屑屑于词章末技。而弗究其本焉。则非中国所闻也。余之相勉以诗者。意盖如此。诸生择乎哉。

顺等事毕。国王奉赠舆马金缯声伎诸物。顺等悉隙之。贻王以书曰。仆不敏。辱承圣天子明命。以抵于斯。自入境迄今。余一月矣。始也闻王之德誉而倾慕焉。中也觌王之矩范而起敬焉。终也感王之礼意而眷恋焉。王之天资英迈。学力纯至。行已接人。悉有仪度。其于尊事朝廷以及行人之礼。盖无不至者。至于仆所以自处。则恐王未克尽知也。闻之左右。皆谓仆之斯行。凡馈仪贶礼。一一力辞。于盛意似有所不惬。噫。君子之交际。岂专在乎物哉。赠行有贶王之礼也。不贪为宝仆之心也。主宾各尽其道而无愧焉。斯足矣。不恭之愆。固所难避。赖高明亮察之。因参赞徐居正送别将还。专此奉达。居正有文学。乃王所信任者。而遣以相陪。周旋日久。则王所以厚斯文之意岂浅哉。临楮未罄所怀。惟希珍爱。王又遣参判李克墩等追送至鸭绿江。馈顺等貂裘一袭。顺等复以书辞。书曰。奉别以来。瞻恋弗置。沿途蒙遣官问候。款待有加。仆从而下。无不沾惠。兹抵鸭绿江。而参判李克墩承旨柳眷已先至此。所以迎劳宴饯。有恪无懈者。皆王之盛心也。不意行间。承旨复以来命出貂裘见遗。则似乎不甚见知者。岂谓前日区区之弗受馈贶为虚伪耶。不然。何寓馆之辞已毕。而千里之赠复来也。昔晏婴一狐裘三十年。君子不以为陋。仆虽至愚。未尝不贤哲是效兹焉。衣一敝裘。犹未及三十年之久。其肯舍旧贪新。以易吾心耶。况物有尽而情无穷。则所以感王之深者。又在情不在物也。用是再辞。行忙。草率不宣。王得书。喜二使廉介。为建却金亭。

祁顺游汉江记曰。朝鲜国城南十里许。有水曰汉江。源出五台金刚二山。合流入海。其景以幽胜闻。而临江有楼。可以登眺。故前辈自中朝至者。咸往游焉。成化丙申春二月。余与行人司副张廷玉奉使于斯。甫竣事。有以游汉江请者。诺之。是月二十有六日。偕馆伴卢赞成思慎徐参赞正自崇礼门出历山。蹊村径以达江浒。国王预遣都承旨柳轻副承旨任士洪设宴楼上。而尹议政子云金议政守温任中枢元浚成中枢任李判书承召皆在焉。时宿雨新霁。山川明媚。天光与水色相连。二难与四美兼得。于是登楼纵观。举酒相酌。徐参赞赋诗二律。余即和之。既而相拉登舟。沿流西下。居人来观者奔走争先。而沙禽野鸟飞舞渔舟烟水间。亦若乐睹光华。俳徊不忍去也。宴设舟中。烹鳞炙鹿。畅饮无算。酒酣。余复作辞二章。诗一律。廷玉有作。又和之。数里。至杨花渡。乃各道军饷所聚之处。仓廪层出。与山势相高。又数里。登龙头山。山瞰水涯。视群峰特出。隔岸之人家远近。海岛之风帆出没。毕入望中。时日迫暮。而山上先已供张开筵。意不容拒。乃复酌数巡。赋诗一律而返。及抵城中。更漏作矣。嗟夫。朝鲜去中国数千里。非王事不得至焉。则汉江之游。非偶然耳。然斯游岂特探奇览胜。留连诗酒而已哉。江之南。旧百济也。百济之东。古新罗也。而熊津都府又唐之遗址也。访其迹。思其时。盖有胜怀古者矣。余念斯游之不可常。而恐其或忘也。于是乎记之。

祁顺北征槁序曰。诗之道大矣。古今异世。而诗无间也。中外异域。而诗无别也。盖道之著者为文。文之成音者为诗。人有不同而同此心。心有不同而同此道。道同则形之言者。无往而不同矣。苟不于此求之而屑屑焉。古今中外之较。岂知言哉。此余于朝鲜徐刚中之诗所以有取焉耳。朝鲜以文献东方。诗派相传。夙有攸自。逮际皇明。气化丕降。声教沦浃。能言之士。尤彬彬乎视昔有加。刚中博古通经。擢巍科跻显仕。文学优赡。国人咸推重之。天顺庚辰。奉其主命入观于朝。往还几八千里。上观乎都城之宏壮。宫阙之崇丽。车书文物之会同。礼乐典章之明备。下则睹乎山川之高深。道途之修迥。民风土俗之熙嗥。鸟兽草木之咸若。凡其接于目触于心者。悉于诗发焉。长篇短章。沨沨乎其美盛也。渊渊乎其有本也。浩浩乎其不可穷也。推其所至。与中国之能声诗者殊不相远。等而上之。虽古人亦岂难及哉。是固所谓心同道同而形之言者。无不同也。昔陈良北学于中国。北方学者未能或之先。是以孟氏称为豪杰。而其名至于今不泯。然则刚中其东韩之豪杰欤。余承天子命来朝鲜。适刚中为远迎使。既又陪于馆中。送于鸭江之上。相与凡四浃旬。山川风物。倡酬殆遍。用是益信其能也。刚中以余有斯文之雅。出其北征槁请言序之。余忝使职。正思彩东人之咏。以观所志而献之于上。则于斯集岂能忘情耶。庸为序其篇端。俾人知诗道之所同。然抑有以见圣朝文明之化所极者远。而所感者深也。【刚中。名居正。仕其国。今为议政府左参赞云。】

初。中朝使臣彼国陪臣往来出入。皆从辽东连山关。一名鸦鹘关也。十六年。朝鲜使臣至京者奏言。每遣使来。被女直建州夷人邀劫于路。请改贡道。自辽阳之南径趋广宁前屯卫入山海关。中官有朝鲜人为之地者。事下兵部议。将从之。职方郎中刘大夏执不可。曰。朝鲜贡道自鸦鹘关趋辽阳。过广宁又过前屯。而后入山海。迂回四三镇戍。此祖宗微意。今若渡鸭绿江越辽阳。经趋前屯以入关。则路太径。恐贻他日之忧。遂不果从。孝宗敬皇帝弘治七年。朝鲜属夷有输米其国而覆舟于海者。夷赖得板半无死。漂抵依岩严都【海中地中】。巡海官军舟过遇之。载入浙境。事闻于朝。命给衣粮。送至辽东。示以归路。夷自陈即归本国。运米既失。将不能自明。罪必死。诏遣通事二人伴送归国。仍敕国王赦其罪。毋行敛罚。国王感恩听命。武宗毅皇帝正德元年。命侍读徐穆颁诏朝鲜。

七年。国王娎卒。谥康靖【琢后不知几传而娎立】。子㦕嗣位。逾年而病风。其世子显先卒。㦕以国逊其弟怿。二年。怿袭封。十五年。封子皓为世子。世宗肃皇帝喜靖改元。遣翰林修撰唐皋宣谕朝鲜。以亲藩入继大统之意。皋字守之。歙县人。家贫。力学。博治群书。下笔数千言立就。而气概英迈。自为博士弟子。当道即以公辅期之。正德甲戌。廷对第一。及使朝鲜。归日。视行囊惟一砚。投之鸭绿江中。又皋未第时。每梦衣麒袍。面前列瓜锤一对。未常以语人。廷试后有报其中探花者。曰不止此也。既而报为榜眼。亦曰不止此也。及胪传果首擢。有诘其故。乃以梦告。盖及第及黄盖金瓜送归第者。状元也。皋官侍读。寻卒。而出使外国赐服一品。其麟袍之验如此云。

杨慎送皋使朝鲜诗曰。玉马朝周封壤旧。青云一品瑞图来。凤凰楼上星辰动。鸭绿江边雾雨开。王会千年辉简竹。皇恩万里被蒿莱。张骞漫作寻源使。陆贾虚当绝国才。

又前徐穆出使。李东阳赠穆诗曰。六龙飞御九重天。天上文星下海埂。万物发生新雨露。累朝封锡旧山川。鸾书共识中华字。凤历初开正德年。珍重登高能赋手。玉堂清简待同编。

世宗肃皇帝喜靖二年。国王李怿执献倭人倭首。盖朝鲜居日本之西。时日本西海道倭使宗设与中国叛人宋素卿至鄞争贡作乱。逸归。宗设部夷有漂至朝鲜者。故国王得之以献。怿表曰。小邦世蒙隆眷。罔效微劳。今照倭奴打搅上国地方。肆其凶顽。至杀官兵。不伏天诛。偷生到境。臣仰伏皇威。剿杀几尽。所擒中林多罗等二名合即行诛。缘系罪犯上国。未敢擅便计处。今将贼倭二俘首级三十三颗及长箭二枝。船窗二扇。差陪臣刑曹参判成洗昌赍领。并将抢四人王漾等八名管解前赴外。理合具由陈奏。上喜其忠顺。诏写敕褒谕。赐银一百两。锦四段。苎丝十二表里。差来陪臣成洗昌及领兵官苏洗让李继长郑允谦吴堡黄琛孙仲暾各赏银二十两。苎丝四表里。就著成洗昌赍去。其余从人。押解等项人员著礼部查例加赏。中林等二名都察院拟罪来说。王漾等八名押送回籍。贼级发去宁波府地方枭令。

初。高丽人张钦随伴至京。净身入内。正德中为太监。及上即位。以有推戴之功。擢为司礼监。又敕加禄米三十六石。荫其弟侄一人为锦衣卫。世袭指挥同知。至是钦奏称。臣一向公出。未曾受荫。且臣原系朝鲜国人。并无亲人。只有义男李某。乞将前恩顶受。以图补报。上从之。给事中安盘疏曰。昔汉陶公主为其子求郎。明帝不许而止赐以钱。夫公主之与内竖执亲。公主之子与内竖之奴孰贵。郎官与指挥孰尊。明帝不肯郎其女之子。而陛下乃指挥内竖之苍头可乎。况钦本出朝鲜。今朝鲜使臣见处馆驿。必将语其人曰。钦。吾人也。其奴尚衣金紫跻三品地。本国之人可知矣。启外夷轻视本朝之心。乞将前命停止。上不从。

初。舒芬以翰林修撰谪调福建市舶司提举。夷人至者抚处得宜。俱感其德。舒芬以忧去。朝鲜长史金天爵等送之。至泣下。后舒起复。改除别官。芬上言。夷人虽不知礼义。然亦易感。臣前提举市舶。当其离任。朝鲜诸夷堕泪相送。臣愿仍补前官。为陛下导扬恩意。招来各国。以彰王者无外之仁。不允其请。

四年。朝鲜国遣陪臣郑允谦通事金利锡等与天方国使人偕至朝贡。居会同馆。旧例。夷使除贡物外。携有番货或欲易中国什物。俱礼部主客司出给告示。许令出馆买卖三日。提督本馆主事陈邦你查执旧规。凡遇出馆买卖。给与木牌。责差馆夫伴押。金利锡等不便。乃告于礼部尚书席书。书命宽其禁。邦你不得已。将木牌更为纸牌。金利锡等与通事人员私相交通。且结权臣为内主。有轻藐主客司意。欲自行出馆贸易。陈邦你詈之曰。这些砍头狗奴。尔虽上奏。恩典在朝廷。守法在我。我难轻易纵放。通事夏麟闻之。遂潜传于各夷。金利锡俱忿。与夏麟曰。我虽小邦。亦无此欺心臣子。又本馆主事陈九川先将天方国贡玉选退颇多。夷人乃入朝跪奏。通事胡士绅遂讦疏九川侵匿贡玉。邦你刁难货易。俱诏狱。后九川谪戍。邦你为民【详具天方国传中】。

十三年。朝鲜国使臣苏洗让等呈称。窃照本国粗识礼仪。至诚事大。朝廷待遇有同内服。凡本国使臣到京自行出入。不见防范。迤至于今。百有余年。敬谨弥笃。别无违异。弘治十三年五月。有会同馆安歇女直早哈杀死一犾夷人。兵部奉圣旨备由出榜。晓谕朝贡夷人。著令在馆。不许出入。并本国一体防禁。后有提督陈主事迫束愈严。久莫伸省。贻此因循。远人慕义之望。殊用缺然。所以区区陈渎。不能自默者。岂是意在买卖。以图复旧哉。其拘闭与否。亦非有他亏益。只以一视之仁。罔有内外。使之观游无间。光瞻礼仪。考质文物。熏炙迁化。大有开益。此实敦怀柔之至德。将事大之尽诚。俾我遐服。永荷宠灵。绵历万世。与之匹休尔。在先本国使臣人等入贡到京。常饬下人务令循度。犹恐或有非违。十分畏谨。即目禁制之严。比前尤甚。在馆防闲。有似囚絷。非唯有违旧行之规。恐非累朝优待之意。伏乞照依旧例。许自出入。以示圣朝优容之典。不胜幸甚。礼部尚书夏言疏曰。看得朝鲜国使臣颇闲礼仪。委与他处夷使不同。朝廷自来待遇以礼。出入禁防。具有旧例。所据苏洗让等具呈前事。相应议处。其呈称欲行。观游无间。光瞻礼仪。考质文物。熏炙迁化。固见其仰慕上国之诚。但远人言服既殊。易罹国禁。亦须曲为之处。合候命下每五日一次。许令该国正使及书状官人等出馆于附近市衢观游。本部仍扎付空闲通事一员陪侍出入。以示礼待防卫之意。其随从人役仍行照前拘禁。不许擅自出入。庶几不拂远人之情。不废中国之法。诏从之。

按朝鲜使臣例于国子监等处听令谒拜。于一应货买。听其自便。所以优待者已与各夷不同。后因夷人多生事端。始行约束。在成化六年。朝鲜陪臣权碱等赴京。诏令后不许无故往来街市。于是通行拘禁。锁闭馆门。遇有公干只许通事刻期出入。著令馆夫带牌管押。此谨微之意。今苏洗让之请。皆我馆伴教之也。是时主事张鏊鉴前陈邦你之事。而曲意从之。关防荡矣。

十五年。皇子诞生【是为哀冲大子】。命修撰龚用卿给事中吴希孟颁诏。朝鲜国王率文武百官生儒郊迎至勤政殿。行开读礼讫。宴于太平馆。国王执礼甚恭。因言及其祖非系李仁人之后。会典所书弑王氏四君之事。已经累次奏准改正。迄今尚未改。朝夕营心。未尝忘也。用卿等曰。此子孙不敢诬其祖父之心。不失为孝。若果非其后。礼当奏闻。酒数行别去。已而连日筵宴。致词敬劳。俱感天朝厚恩。无敢颠越之意。多不能载。其王之贤而有礼如此。

龚用卿朝鲜太平馆诗曰。削壁凌空玉笋尖。溪头和露草纤纤。候迎鼓吹崇新典。奔走村氓瞰具瞻。延上日抄云母饭。盘中时有水晶盐。满囊风月助归兴。却信平生也自廉。赠国王诗曰。握符久已镇东藩。忠孝承家作屏翰。国度尚存周礼乐。人文犹守汉衣冠。中林不复歌鸿雁。在野无闻诵考盘。圣主恩光元不浅。丹心常许傍长安。赠诸问候陪臣诗曰。国相诸官远候迎。更兼馆伴已多情。贤藩恋阙葵心切。圣主敷恩昼日倾。情逝百川归少海。望悬列宿拱前星。朝鲜秉礼由来旧。应识箕筹道教声。

十七年。仲冬朔日。恭上皇天太号于南郊。明年仲春。乃册皇太子正位东宫。仍命翰林院侍读华察工科左给事中薛廷宠充正副使颁诏。下三河。趋苏门。遵山海。放于平壤。东渡江。历义开诸州。以四月十日抵汉城。王乃亲率邦大夫士肃诚郊迓。拥诏入勤政殿。宣读拜舞。礼成而退。

薛廷宠游平壤记曰。平壤本箕子故都。唐以前高丽居之。汉武帝置乐浪郡。唐高宗建都护府。盖皆是地。胜概古迹视他郡独多。余偕鸿山太史东渡江。次平壤。问译者曰。此有文庙箕子檀君东明王诸祠。何在盍先。诸曰。馆之西稍北。崇冈广坡。松木郁阴。中为文庙。右祠箕子。左祠檀君东明。尔亟谒之。将至。树石交径。弟子员序次道右。衿裾俊楚。乃入庙展拜。登堂四顾。虽庙制弗称。要皆备物为位。而不像协新制矣。出坐讲堂。学官率弟子揖见毕。遂谒箕子。新扁旧揭胥中朝巨公题咏。前有碑亭。其国之大夫所叙。复谒檀君东明。时向夕矣。去登练光亭。亭在城上。临大同江。苏赞相世让金观察麟孙治具以俟。张侯于城外江浒。从官牧守而下。整容引满。自上射之。矢无虚舍。且容节比于礼乐。足观德矣。下城。登风月楼。楼回视城中。四面蓊秀。下为池。种荷畜鱼。时荷未花。逼暮。乃就邸。明日济江。舟皆彩绘。结茅为亭。浮空乘碧。指点江皋。约以归时毕之。四月上旬也。不逾月。归次生阳。值牡丹盛开。太史邀余玩。久之。译者曰。趣往登江上浮碧楼。遂驰马去。未至江余十里。夹道榆柳。积翠成林。溪光漭沆。微见苍莽间。比至。舟已待渡。拽而上。望楼登焉。时苏金二君在行。吏曹成判书世冒亦以奉命祖宴。至轻阴浮爽。水光山色。摇晃几席。周视楼台城郭。如在画中。前二水夹流。草庐参差于洲渚。野蔓蒙茸。树花簇刺。译者曰。此为绫罗岛。远望江北岸涌一小坡。广可容席。译者曰。此为酒岩。有酒流出其下。余诧其幻。因忆谪仙酒泉之说。以为或有云。又有白银滩。清流激湍。辉光映带。其后则锦绣山牡丹峰。皆取其肖。城东垣依壁而立。障遏洪涛。实为德岩。时复隔江张射。引绳贯筒。拾矢而上。成判书以反命先别去。余辈观射久之。乙密台在城内。相传为乙密先生遗迹。弗及至。其余如麒麟窟挹灏楼井田遗制。未到者尚多。暝雨数点下。趣入城。明晨。即馆内登快哉亭。远山长江。一豁幽眺。出城不数里。谒箕子墓。封树而不坟。石碑二尺。陋甚。译者曰。不敢易其故尔。前一小堂。为有司展祀之所。群山环合。林木蔽翳。风飒吹衣。凄然有吊古怀忠之感。因为词吊之。余惟朝鲜越在海外。非遘休会奉使命不得至者。余兹游岂偶哉。记之。他日取而视焉。庶几仿佛其景光。其诸未尽。以俟来者访焉。【凡此诗文。具见本国山川形胜。故录为后使考。非徒取其华藻而已也。】

华察游汉江记曰。嘉靖已亥春。予与都谏薛君苹轩奉使朝鲜。未至。闻所谓鸭绿江者。已窃歆之。及渡。见其限隔华夷。渺然巨浸。义州诸山。迤逦东岸。以为朝鲜之胜尽在是矣。译者曰。未也。行数百里。有江曰大定。远带清川。近映晓星。【山名。】危亭上控。嘉山在望。以为朝鲜之胜尽在是矣。译者曰。未也。及数百里。有江曰大同。洪涛接天。横浸平壤。楼蘸浮碧。亭涵练白。牡丹诸峰。下瞰江浒。以为朝鲜之胜尽在是矣。译者曰。亦未也。必也。其汉江乎。予曰。汉江恶乎胜。曰。朝鲜自箕子始封。凡几易世矣。旧都平壤若干年。徙而之开城又若干年。徙而之汉城。都汉城复若干年矣。迄于今未之有改也。此其胜可知已。予曰。嘻。有是哉。比至汉城四日。国王遣其陪臣议政而下若干人请游焉。予与都谏君忻然遂往。肩舆出西门。折而南路入山溪。松林石径。悠然成趣。行二十里。绝壁临江。其势如削。上有危楼。高可百尺。蹑级以登。恍入霄汉。楣间有题曰朝鲜第一江山。予谓译者曰。畴昔之言。昔谓是欤。于是凭轩指顾。尽得其所以为胜者。江之流西自鸭绿。东入于海。环绕国中。历数千里。至汉城汇为巨浸。设险守国。恃以为固。所谓长江天堑。庶几有焉。渔船贾舶。昼夜往来。八道转输。上供国赋。莫不由之。南望江岸。津亭历历。平沙远岫。极目无际。实生平一大观也。时尚午。议政诸君张乐设宴以待。国王复遣承旨来候起居。馈酒馔。于是就坐。诸君更起进酒。不觉移日。既而放舟。游所谓杨花渡者。舟状如亭。上覆重茅。下布纹席。栋梁榱桷。丹青炳耀。四面皆敞。悬以素幕。予谓诸君曰。江南画船如屋。乃今屋作船耶。行数里。西风渐急。舟不能进。予搴帷视之。则见南山在前。北岳在后。龙山弼云。映带左右。蚕头诸峰。起伏万状。宛然如画。予曰。即此足矣。奚必杨花渡哉。乃弭楫中流。令人吹洞箫。复扣舷而歌之。时既薄暮。日轮坠红。霞彩散绮。鱼鸟浮沈。天光上下。相与纵观。不觉神怡志旷。宠辱尽忘。凛乎若乘云御风。不知天地之寥廓古今之长永也。把酒临风。划然长啸。以为岳阳洞庭。殆不是过。乃援笔大书。扁其楼曰东藩胜概。复为诗四章以纪其胜。既而回首西望。则水云烟树。隔绝万里。瞻恋阙庭。得无有媚兹之心乎。朝鲜东方。非中原之地。而田野治。风俗和。百姓安业。海不扬波。圣化所及。无间遐迩。太平之盛。于斯验之矣。我圣天子得无有日中之忧乎。范仲淹曰。居江湖之远则忧其君。夫居江湖其忧已殷。而况去中国蹈四海之外。能恝然乎哉。乃顾谓都谏君曰。乐不可极。可以已矣。遂舍舟从陆。乘月而远。既就舍馆。复复登所谓太平楼者。秉烛夜坐。相与确时政。定国是。考四方之风。议军国之急。感激切至。言不殚意。江山之胜尽忘之矣。乃愀然拂席而起。束装待旦。促驾出汉城。

薛廷宠游二山记曰。渡鸭绿江而东。过安城十余里。有山曰葱秀。成化间。圭峰董学士来作记。与葱秀相望对峙为翠屏山。旧未有名。皇帝十有六年。云冈龚学士来始定今名。为之记。今二记并入碑刻。在亭上云。余偕鸿山学士至安城。其日雨。意不得游葱秀。比至。则轻阴含晴。苏赞相世让孔观察瑞麟业已设幕水次。余二人登亭。靡碑读记乃下。就步至溪。新雨初涨。滚滚有声。编篱为垣。畜鱼其中。吐沫扬波。游泳可数。山脚一岩。罅泉出焉。渡以苇桥。近岩覆以沙茅。泉流暗穿。已呼酒坐。仰视层崖。悬壁松萝掩映。烟霭飞流。恨不得一蹑磴临眺。而朱旗绕山。油幢蔽野。从士千余人。色笑相语。须臾猎骑缘崖。人声撼谷。放鹰走狗。曳獐献雉。烧蛎深酌。皆循故事为乐。回望翠屏山。相距数里。硉峍雄胜。竟不能一至其下。怅然东去。未几。竣事归。天气朗清。风物佳秀。治具作乐如前。而山水若增奇者。余二人步出亭后。平峦广坡。度其地可宅。进译者语曰。宝山安城二馆。相距伊迩。盍两广之。馆于此。收二山之胜。使继来得常游。游不俟设幕停车。忽忽去也。且翠屏以不在道左。卒无至者。自龚学士始异而名之。倘馆成。至者踵接矣。译者唯唯。告赞相云。赞相俞之。余尝游武夷。泛西湖。南下姑苏。登虎丘山。望太湖。北渡杨子江。观金焦。周游齐鲁燕晋之间。所至名山胜地。无不得游。然皆有亭台寺观。故得以广览谛探。使葱秀翠屏间得一馆。必有缘崖布景。凿磴梯岩。高视远瞩。以尽形胜。不亦幸欤。废兴数也。遇不遇时也。虽山种亦然。葱秀以董重。翠屏以龚显。遇矣。使此馆兴。则二山之遇何如哉。余记之以俟。且以验山川之时数云。

翼日。国王燕二使名于庆会楼。楼壮丽雄胜。亭台池沼。花卉奇植。靡所不具。燕之日。风和景明。雍容周旋。白礼式洽。

薛廷宠燕庆会楼赋曰。皇建极大一统兮。际海邦罔不承服。嗣列圣之广猷兮。抑神明又超独。端惟古道兮。兼作述。谓皇帝天之子兮。天称皇义斯弗拂。爰上太号告圜丘兮。玉册昭其有烛。帝锡洪佑震位良兮。前星继曜而重光。肆建储以奠大本兮。慰属望于群方。监国抚军。稽厥常兮。臣民翕而颂扬。侔夏启与周诵兮。占亿万祀有道之长。既尊天享帝兮。鸿业熙其燕昌。道有大而无外兮。庆有衍而必彰。奎文龙检灿炳炳兮。使者分道而肃将。维朝鲜轨文而跻化兮。恩湛赐以无疆。伊余遘此休会兮。羌简命而趋跄。只承德意徂兹东兮。莘揽辔而仿徨。属春月之载阳兮。原隰华而煌煌。余戒青龙使先导兮。饬仙子俾杭旌。星轺驾而信迈兮。乘长云而遐征。朝余发乎冀之野兮。幕弭节乎滦之滨。既涉辽以奔骛兮。又逾江而问津。矫万里而翱翔兮。斯至止于汉城。龙旗法仗敬俟迎兮。草木渥而辉荣。王逡巡跪而展诵兮。爰敷播于臣民。尔乃普惠蠲赋兮。亦论德而序升。万情感悦兮。旷仪告成。三光效顺兮。天日朗清。海邦丕式兮。帝心载宁。既飨献兮。就余馆之太平。曰庆会有楼兮。以乐嘉宾。卜辰治幕兮。椒兰郁而芬馨。朱阑玳梁敞四楹兮。羽觞流而弦簧。陈轸紫庭之多丽兮。冠佩者至二千。入嵬北岳之拱极兮。包弼云【山名】而列屏。银河泻而为沼兮。洵沈璧而浮金。虹为梁以环碧兮。卉木错而摇英。积云左右以传彩兮。霞表裒而媚睛。绚练恍惚。百怪潜兮。势晦明而无恒。林散锦以吸翠兮。禽鸟递韵而喈鸣。解余纷而好览兮。遵亭榭以怡心。余既毕物而畅性兮。阳乌逝而西沈。何掩映横余前兮。倏流电而飞星。乍穿杪而冲汉兮。复越莽而坠庭。为烟为雾兮。如雷如霆。缅乐事之弗可极兮。余吁抑志而言旋。周章皇惑。类梦寐兮。岂神游乎九天。彼乘槎不可信兮。余固真遇乎列仙。蕊宫蟠实。归而莫可想忆兮。聊寄万一于简篇。余将返命于上帝兮。谓余羽化而霄骞。众诧余之诡幻兮。而讵知其直然。乱曰。明明日月。照海隅兮。有赫纶音。御星车兮。合情广志。东人愉兮。式燕以遨。我心舒兮。观风听乐。余有思兮。曷归乎。余踌躇兮。固仿佛而疑迷。余游于蓬莱之庐兮。

又廷宠纪行诗曰。九连城晚瞻东服。鸭绿江明照使袍。风日正逢春色好。烟波应助胜游豪。群飞鸥鹭惊舟楫。两岸旌旗伐鼓声。万里均沾新雨露。前星高照动讴谣【右鸭绿江】。

春风萧鼓上楼船。万里孤城落日边。丹阙龙亭迎凤诏。羽旗仙仗拥绵联。文章箕范通中土。礼乐天朝盛近年。邸第从容灯烛夕。不妨踪迹更飘然。【次议顺馆。】

披发当年意独深。逊荒无奈锢骄淫。道如有待传皇极。事已难回白此心。殷室三仁昭定论。东方八教振遐音。兴亡不尽前朝恨。再拜芳祠酒一斟【谒箕子庙】。

练光亭下大同江。落日江头放钓舟双。翠岭倒流还迭迭。黄莺隔岸自双双。光摇河汉来浮栋。波隐鱼龙欲动窗。林馆楼台多气色。天涯犹见此名邦【登练光亭】。

乘槎应到武陵来。几树桃花向此开。便作长安游上苑。更疑王母下瑶台。露凝残滴流朱粉。日照晴光映绛腮。对景且凭诗句赏。莫教空恨染青苔【生阳馆见桃花。用韵】。

独上高楼倚晓阑。前山疏雨扬轻寒。波光淡荡兼天入。树色滃泱带雾看。几处亭台须品胜。群公暇日称鸣鸾。归时趁得晴明候。便拟凌空一振翰【齐安馆。晓登广远楼。微雨。次云冈韵】。

学士当年气作河。流通异域亦东坡。巍巍华揭悬山馆。炯炯精灵照太阿。菇米漂云饶惠饭。临津鼓楫称湖歌。从前跨鹤真来此。多少诗章灿绮罗【东坡馆。次龙津省长韵】。

凉幕高筵聚广台。晴空万里绝氛埃。江风不动云初卷。岸碛才沉潮正来。烟景恍疑天上坐。野帆恰似画中开。殊方胜会真难料。潦倒须倾一百杯【游汉江。次云冈韵】。

华察廷宠复命后。其国王缉所遗诗文为皇华集。刊成。遣使谢恩。携赠二使。

皇华集序曰。洪惟天朝扫除腥秽。再造区宇。列圣相继。治化洋溢。今皇帝至德应天。丕承大宝。一视同仁。罔间内外。仁恩汪灭。文运泰亨。于是乃命鸿儒硕士崇论雅议。讲求千古之坠典。特举一代之盛礼。躬诣圜丘。拜上皇天上帝泰号。躬诣大庙。崇荐皇祖皇考圣号。遂涣发纶音。大诰天下。又因群情预定国本。播谕万方。呜呼盛哉。至此而敬天尊祖。报答生成。情文备至。蔑以加矣。惟我敝邦。密迩东渐之化。至诚事大。侯度罔佚。朝廷之待我亦无异内服。凡有吉庆诏诰之使。必择文章道义有重望者遣之。今者。帝命翰林院侍读华公察工科左给事中薛公廷宠赍擎二诏。来布德意。东人仰之如景星仪凤。深感朝廷宠绥之惠。二公受命。不遑宁处。每怀靡及。自帝京至于下国。三千有余里。而甫浃三旬。竣事旋车。不曾有迟留淹滞之色。我殿下祗承二诏。兢惶感戴。推恩境内。宥罪锡爵。设科取士。无非所以重朝廷之庆而钦使华之至意也。二公既去。而惜不可留。思慕备至。而不可忘也。则乃命臣曰。今我皇明。天覆地载。兼容并包。怀生之类无不浸润。至泽我东。实偏宠私。天语叮咛。锡赉骈蕃。二公之来。诚意笃厚。礼仪雍容。道途吟咏。珠玑溢目。区区小邦。无以仰答鸿造之万一。欲编二公宝唾之余。刊印垂后。俾吾东人得观皇朝风雅之盛。而有所矜式于无穷也。尔其序之。臣窃惟诗之道尚矣。夫诗者。发于性情。陶于气化。气化隆则从而隆。馁则从而馁。纡余雄浑。平淡典雅者。治世之音也。刻峭轻浮。华荡靡丽者。衰世之音也。能得其性情之正。而发为雅颂之音者。三百篇是已。二公当气化之盛。禀山岳之英。得学问博雅之美。发而为诗。顷刻数千言。而无不典雅。自中规匾。可以笙镛乎治道。可以黼黻乎皇猷。可以列于皇朝制作之盛。而周家之风雅。不独专美于往古也。臣以不材。滥蒙恩命。奔走迎送献酬于樽俎之间者。至于三四。耳其语音。目其容仪。温润纯粹。揖让周旋。无不中礼。信乎乐只君子邦家之光。而皇朝文物之盛。人材之众。从可知也。何幸身亲见之。嘉靖十八年己亥夏六月下浣。资宪大夫吏曹判书兼知春秋馆同知书筵成均馆事弘文馆提学世子左宾客五卫都督府都总管臣成世昌谨序。

二十五年。朝鲜恭僖王卒。世子袭封。亦卒。使来告哀【恭僖王即名怿者。世子即峼也】。上遣行人王鹤往谕祭。是为荣靖王。鹤所经历。辄为诗章。世子命陪臣郑士龙以下悉和之。亦编成皇华集梓行于国。明年。谢恩使至。并以其集遗谢鹤焉。国干峼嗣【峼之子也】。三十六年。封子颢清为世子。

王鹤湖阴草堂序曰。天子二十五年。予以行人奉使朝鲜。湖阴郑大夫士龙以嗣王命迎于江上。其返也复充远送使以行。次平壤。共济大同江。览山河之美。余为嗟赏者久之。湖阴假译者进曰。大人其有意于山川乎。山川固士龙愿也。龙世家宜宁。颇饶山水。有山名九龙。螺峙左右。下俯大江。名曰鼎津。凝注碧玉。澄彻可鉴。异树奇花。游鱼啼鸟。无间于四时。固东南胜地也。龙尝筑屋其中。贮古图画琴书以为休栖之所。乃缘国恩甚厚。思所以致身者未能。固未果于退也。余闻而嘉之曰。君子哉。湖阴大夫乎。不溺情于廊庙而江湖其心。不先其身而急于国家。此古贤者立身行道之大节。大夫能之。是可以愧独善而无义徇人而不知耻者也。闻大夫为宰相矣。秉国钧而总百官矣。况其国有新君。正更化以善治时也。大夫勉之。其以至诚格君心。以协恭率同寅。以靖共励庶僚。以汇征拔士类。以淳庞敦风俗。以精明起治功。从容谈笑以成光明之业。然后以爵禄归国家。以匡济付后人。始休其身于九龙鼎津之间。怡吾神入吾庐。展吾书而读之曰。吾庶几不愧于圣贤之道乎。上不负其君。下不负其民乎。鼓吾琴曰。庶几乐虞舜之道解民之愠而不愧于南风乎。登吾山览群峰之环峙曰。吾庶几重厚不迁而无愧于仁乎。临吾江鉴吾水曰。吾庶几周流不滞而无恶于智乎。观四时草木鸟兽鳞介之自得口。吾庶几乐太和之元气而万物各得其所如此乎。是向之所以急于国家者。尽臣道。而今之所以优游者。颐天和也。昔人有言。先天下之忧而忧。后天下之乐而乐。大夫勉之。译者得予命以告。湖阴既致谢。且请名其斋。余曰。其湖阴草堂乎。轩冕之士可以壮丽名。山林隐遁之士草堂其宜也。余家关中。有屋终南山麓。尝自扁曰薇田草堂。盖种薇以自给之意也。自叨天子恩。未能图报万一。不敢有闲暇之念。而亦岂能忘情于终南也哉。大夫之志与予同。其以是名之。何如。译者再复。湖阴敬再谢。遂大书其扁以归。

皇华集诗曰。汉江万里壮东藩。放舸中流鼓角喧。四座冠裳来国士。一时笑语出方言。清樽引浪浮春蚁。长笛吹风啸暮猿。况是阳和行海外。苍苔烟树满郊园。【游汉江。右鹤诗】

文星昨夜照东藩。蹔许真游避俗喧。滕阁骛霞堪入咏。辋川山水谩传言。江空正好撑浮鹢。风急还愁听啸猿。喜共仙舟拚一醉。惊看旌节贲丘园。【陪臣崔寅和】

解缆临浮渡。杯盘坐小舟。青山明野树。碧水泛沙鸥。掉向中流鼓。帆当泊岸收。今朝风日好。不减汉江游。【泛临津江。右鹤诗】

临津何必问。驻节是仙舟。烟带沙边树。风回水面鸥。笑谈情不浅。诗酒兴难收。绝域萍蓬会。无忘此日游。【陪臣李深和】

画阁开华燕。雕檐列绛纱。金尊春驻绿。瑶烛夜生花。沧海升新月。明河散晚霞。诗成还纵酒。吟眺北辰斜。【燕广远楼。右鹤诗】

能赋诸公后。篇章尽护纱。赏音来有数。缀景笔生花。高会更华烛。严程趁烂霞。接衵惭不分。深嚼斗横斜。【陪臣郑士龙和】

帆动拂晴霞。楼船荡两涯。试看江里棹。疑是海边槎。冰解鱼吹浪。风和鹤聚沙。春思同逝水。何处是京华。【泛大同江。右鹤诗】

天晴散绮霞。烟水杳津涯。野日明雕节。江风送晚槎。清尊饶兴绪。高眺豁云沙。留得邦人语。仙标见使华。【陪臣郑士龙和】

亭势与云平。烟光接汉城。明霞恣远眺。好鸟弄新晴。江静饶鱼唱。山空响狖声。斯游足笑傲。宁复叹浮萍。【登练光亭。右鹤诗】

江波际野平。虚缆跨层城。仙侣来搼赏。天宫故饷晴。日分帘额影。风递棹讴声。共酌仍熏德。何如食楚萍。【陪臣郑士龙和】

危楼登远客。形胜俯郊坰。缥缈云中树。微茫沙上亭。江光吞碧落。山势跨沧溟。水国天涯远。星槎忆浊泾。【登浮碧楼。右鹤诗】

移尊才罢享。骋目远穷坰。不谓交欢地。翻成送客亭。颓光堪继烛。缺月未升溟。雅兴通遐贱。无劳计渭泾。【陪臣郑士龙和】

旭日明朱槛。登临见物华。岚光双岛屿。烟火万人家。江柳俱含翠。山桃尽吐花。浮云生远岫。还似凤楼霞。【登快哉亭。右鹤诗】

拨忙登快阁。无处不春华。形胜开重堑。歌钟助故家。楼明通海日。寒峭落江花。安得淹仙驭。芳尊醉九霞。【陪臣郑士龙和】

商运式微日。先生隐忍时。当年须有见。后世岂能知。教泽东人祖。书畴周武师。瞻依终万古。驻马荐清卮。【谒箕子墓。右鹤诗】

堂封当道左。使节驻移时。授圣书犹在。佯狂意孰知。三仁虽异迹。万古尚同师。黄卷曾相对。争如一奠卮。【陪臣郑士龙和】

尊俎劳元辅。关河忆远程。逶迤山不尽。荡漾水还平。四海斯文契。百年吾道情。忍令江上别。帐望一帆轻。【别郑士龙。右鹤诗】

按祁顺奉使归。献使东稿。弘治初。学士董越奉使归。作朝鲜赋。自余使者。国初至今。无虑数十人。著述繁多。然考琼台集。有送儒臣使朝鲜安南二诗。其结句皆云。好为圣朝全大体。篇章珍重莫轻传。丘公之意。是或一道。亦不可不知也。

皇华集后序曰。惟东方不吊于天。今皇帝二十三年。我恭僖王奄弃臣民。越明年。荣靖王受诰命嗣位。在疚成疾。又继逝。帝为震悼。乃命别选廷臣。赐祭若赙谥。行人司行人王公鹤实膺是命。其入我国道途。往来之间。恋阙思亲。即景写事。动其所思。玑琲瑟瑟。散落东土。及其竣事而还。我殿下钦天子之宠而无以答。爱诏使之贤而不可留。则乃命臣郑士龙曰。尔既陪侍王公。且得酬和于下风。尔宜撰次其诗若文。俾入于梓。又命臣申光汉序其卷首。此不但使东人有所矜式。将以留传中国。盛行于天下。而臣不佞。且非文材。安能称道雅诗以副盛旨哉。臣窃惟诗之教大矣。孟子曰。王者之迹熄而诗亡。诗亡然后春秋作。所谓诗亡者。非诗之亡也。诗之教亡也。夫诗者。根于人之性情而发之于言者。无不正。性情不正。则思从而邪。其言乌得而正哉。古昔盛时。圣人在上。以身为教。直温宽栗。操得其中。然后天下之言无不发于正。而诗者。又言之精华也。可以永其声。可以谐八音。可以和神人。于是乎。圣王之能事毕矣。自周衰而来。斯教亡矣。故吾夫子删定三百篇。善恶俱记。非但欲止惩创善恶而已。有王者作。将以见天下政教之得失。民心之邪正。而其施为变移之难易。必于是而得之。诗教之有关于世道。乃如是夫。钦惟皇明济区宇于纯夷之日。续道统于沉涸之余。积德累仁。教道大振。内赞典谟。外敷文命。代有其人。而我东土素秉礼义。变而至道。常先于万国。使节相望。无非大雅之君子。其文光华彩。前后相映。为皇华集者凡一十有二篇。间以我东人酬和之什。实如周雅之后商鲁二颂载焉。无非发于性情之正。而举皆知道者之所为也。由是言之。皇明文教之覃远。虽周亦有所不及矣。第恨东人无禄。连遭国忧。徒以茕茕恋恋之怀。发之于疾棘之日。曷足以赞大雅之制作。然观民风者若并以采录。则亦可以见皇明达诗教于天下。呜呼。盛哉。朝鲜国陪臣申光汉撰。

四十三年。朝鲜贡使至。国王上疏言。本国世系已非李仁人后。乞请改正。以洗祖宗篡夺之耻。上从之。诏礼部将续修大明会典改纪其国统赐之。隆庆改元。上命给事中魏时亮行人许天琦颁诏其国。国王遣陪臣丁应斗朝贺。应斗将回。患病。上命礼部遣医诊治。免其谢辞。大率朝鲜附近。中土声名文物日浸有斐。不类于夷。国家复加优礼。锡赉濒渥。他蕃不敢望焉。故安南尝请如朝鲜例给衮冕。而英宗不允。则其被圣明之隆遇为四邻之仰慕可知已。故在国初或怀反侧。今乃恪守厥服。盖亦感恩无替耳。

按别志曾鲁传载。洪武初。鲁为礼部主事。常忠武王薨。高丽来祭。鲁阅其文。外袭以金龙黄帕。内不书国号。鲁责曰。龙帕疑汝误用。若纳贡称藩。不奉正朔。何名君臣。使者伏谢。观此。则当时大臣有故。朝鲜亦至同恤。今则无是礼矣。盖初犹臣叛不常。其来也。惟任本国之意。今奉藩无贰。其来也。一遵天朝之制。如周家内服。群辟会同。不敢后期云。

其国置八道。分统府州郡县。有开城汉城定远诸府。有黄州灵州铁州朔州龙州殷州宣州延州郭州洪州全州广州清州博州诸州。有嘉山土山诸郡。有安岳三和龙冈咸从江西诸县。有王城国城平壤城。其设官衔。名义与职合。近年官制可见者。曰议政府。领议政事。左议政即中国之宰相也。曰六曹。判书参判即中国之尚书侍郎也。曰承政院。都承旨即中国之都御史也。曰成均馆大司成奉常院佥正。即中国之祭酒太常卿也。其余各道观察使府留守。即中国之按察使知府也。士尚声律。三岁一试。有进士诸科。亦同中国。其俗自箕子施八条之约。乃邑无淫盗。柔谨成风。

按别志载。洪武中。高丽来朝。赐宴乐作。使者以国丧辞。翰林编修赵埙曰。小国之丧。不废大国之礼。上乃不许辞。夫埙之议。固得天朝居尊之大体。而使者之辞。亦不失人臣在疚之正法。朝鲜素秉礼教。有箕子谟范之遗化。于此可见矣【埙。新喻人】。

国人戴折风巾。服大袖衫。形如弁士。加插二羽。贵者紫罗为之服。妇人裙襦加撰。公会衣服皆锦绣。金银为饰。常服皆苎麻。俗多游女。夜则男女聚群为戏。相悦即昏。无财聘礼【汉书北史.高句丽传】。死者三年而葬。父母夫服丧三年。兄弟三月。既葬。以死者服玩车马至墓侧。会葬者争取之。病不服药。好祀鬼神。恶杀。崇释。以十月祭天。多山少田。国无私产。计口受业。无秫。以粳为酒。贸易用米布。器用铜。形貌洁净。知文字。喜读书。饮食用俎豆。官吏闲威仪。兵器疏简。强弩大刀。刑无惨酷之科。惟元恶及骂父母者斩。余皆杖肋。死罪贷流诸岛。累赦视重轻原之。

其山曰神嵩【开城】。其川曰海【国东西南皆滨海。东清淡。下视十丈】。曰鸭绿江【国城西北自靺鞨长白山。南入海天堑】。其胜诸岛屿苫【小于屿而有草木】礁【如苫屿。而其质纯石】。其产金银铁石灯盏【红白二色】水晶盐绸苎布【黑白二色】白捶纸狼尾笔满花席【草性柔折。屈不损】折扇【编竹为骨。以多为贵】黄漆【树似棕。六月取汁。漆物如金】果下马【高三尺。果下可乘】长尾鸡【尾长三尺】蜂蜜貂狍獐鹿皮海豹皮八蛸鱼蛎房龟脚竹蛤海藻昆布粳【可为酒】黍麻麦松【二种唯五叶者结子】人参茯苓硫黄白附子榛子梨栗核桃橘梅竹茶牡丹。其贡金银器皿各色苎布细花席人参豹皮黄尾笔白绵纸种马【每三年五十匹】。其里东西南濒海。北邻女直。西北至鸭绿江。东西二千。南北四千。至京师三千五百里。南京四千里。

按天子有道。守在四夷。则诸蕃虽地有远近。情有顺逆。正朔有及不及。而凡我行人辙迹曾至者。皆因事备书。以昭国家一统之盛。其间有他官奉使。固为一时之选。而亦多原任行人者。无乃以其咨诹有素。可不辱命欤。亦并列之。庶我侪后日有不测之遣。其典故可考也。至若各国沿革。聘答之外。使职所资者。大略有三。曰道里。曰风俗。曰物产。昔刘敞使契丹。虏人自古北口回曲千余里至柳河。敞问曰。松亭路直而近。不数日可至中京。何不道彼。盖虏故以险远譀夸使者。且谓莫习其山川不虞。敞之问也。相与惊顾羞愧。其道里之当稽有如此者。西域尚佛事僧。我朝因封蕃僧为王。俾诏谕其众。无不率从。又国初时高丽未服。圣祖遣一谍瞷其王之冠制而为之。以给诸内侍【今太监官帽是也】。因指谓其使曰。汝王之贵仅与此曹同耳。观其冠可知也。今此曹日供朕使令。而汝王犹崛强抗朕何耶。使者归言之。遂举国降。是皆因俗善导之略。其风俗之当考有如此者。又闻先朝有使海外者。其国宴飨之际。以朱盘进炙鱼甚巨。人面鱼身。置诸席上。使者举箸径取双目啖之。即令撤去。盖此名人面鱼。其味在目。其毒在身。于是国王再拜。称其赡博。其物产之当识有如此者。故皆附缀事后。以见一国之颠末云。

卷二·东夷·日本国

日本国。其地在海中。三面环水。惟东北隅隔大山。山外皆岛夷。不通中国者【名毛人。文身等国】。前代号倭奴国。其酋世世以王为姓。秦时。遣方士徐福。将童男女千人入海。求蓬莱仙不得。惧诛。止夷澶二州。号秦王国。属倭奴。故中国总呼之曰徐倭云。非日本姓号也。汉武帝灭朝鲜。使驿通于汉者三十许国。皆称王。其大倭王居邪马台。亦谓之耶摩维。光武中元二年。始来贡献。至桓灵时。国乱无主。有一女子名卑弥呼者。年长不嫁人。以妖术惑众。共立之为主。法甚严峻。在位数年死。其宗男嗣。国人不服。更相诛杀。复立卑弥呼宗女壹与。国遂定。时称女王国。后复立男王。并受中国爵命。历魏晋宋齐梁陈皆来贡。无犯边之事。隋大业初。遣使入贡。致国书曰。日出处天子致书日没处天子无恙。炀帝览之。不悦。后其国稍习夏音。唐咸亨初。恶倭名。自以其国近日所出。更号日本。或云日本乃别一小国。为倭所并。故冒其号。贞元中。其使有愿留中国受经肄业者。久之。附新罗使者入贡。后新罗路梗。始由海道至明州。宋雍熙后。累朝皆至。熙宁以后。至者皆僧也。元世祖遣使招谕之。不至。命范文虎率兵十万往击之。至五龙山。忽暴风破舟。败绩。终元世不复至。

本朝初。连寇山东滨海州郡。洪武二年。遣行人杨载赉玺书往报即位书。曰。上帝好生恶不仁者。向者。我中国自赵宋失驭。北夷得据之。播故俗以腥膻中土。华风不竞。凡百有心。孰不兴愤。自辛卯以来。中原扰扰。彼倭来寇山东。不过乘胡元之衰耳。朕本中国之旧家。耻前王之辱。兴师振旅。扫荡胡番。宵衣旰食。垂二十年。自去岁以来。殄绝北夷。以主中国。惟四夷未报。间者。山东来奏。倭兵数寇海边。生离人妻子。损害物命。故修书特报正统之事。兼谕倭兵越海之由。诏书到日。如臣则奉表来庭。不臣则备兵自固。永安境土。以应天休。如必为寇贼。朕当命舟师扬帆诸岛。捕绝其徒。直抵其国。缚其王。岂不代天伐不仁者哉。惟王图之。其国犹未向化通好。

是年。倭寇复出没海岛中。数侵掠苏州崇明。杀伤居民。劫夺货财。沿海皆受其患。太仓卫守御指挥佥事翁德帅官军出海捕之。遇于海门之上帮。及其未阵。麾众冲击之。所杀不可胜计。生获数百人。得其兵器海舟。奏至。诏以德有功。升本卫指挥副使。其官校赏绮帛白金有差。战溺死者加赐钱布米。仍命德往捕未尽倭寇。遣使祭东海神曰。予受命上穹。为中国主。惟图乂民。罔敢怠荒。蠢彼倭夷。屡肆劫寇。滨海州郡实被其殃。命将统率舟师。扬帆海岛。乘机征剿。以靖边民。特备牲醴用告神知。德被命复往捕之。倭寇皆畏惧。不复出。沿海遂宁。

四年。上以日本未廷。乃遣赵秩宣谕。秩泛海至折本崖。入其境。关者拒弗纳。秩以书达其王源良怀。王乃延秩入。秩谕以中国威德。而诏旨有责让其不臣中国语。王曰。吾国虽僻在扶桑。未尝不慕中国之化。惟蒙古以戎狄莅华夏而以小国视我。我先王曰。我夷彼亦夷。乃欲臣妾我耶。且其使赵姓者訹我以好语。初不知其觇国也。既而所领水犀数十艘。已环列海崖。赖天地之灵。一时风雷漂覆几尽。自是不与通者数十年。今天使亦姓赵。岂昔蒙古使者之云仍乎亦将訹我以好语而袭我也。命左右将刃之。秩不为动。徐曰。今圣天子神圣文武。明烛八表。生于华夏而帝华夏。非蒙古比。我为使者。非蒙古使者后。尔若悖逆不吾信。即先杀我。则尔之祸亦不旋踵矣。我朝之兵天兵也。无不一当百。我朝之战舰。虽蒙古戈船。百不当其一。况天命所在。人孰能违。况我朝以礼怀尔。岂与蒙古之袭尔国者比耶。于是其王气沮。下堂延秩。礼遇有加。遣其臣僧祖来随秩来朝。进表笺。贡马及方物。

五年。倭复寇边。海上不宁。上谓刘基曰。东夷固非北胡。心腹之患。犹蚊虻警寤。自觉不宁。议其俗尚禅教。宜选高僧说其归顺。遂命明州天宁寺僧祖阐南京瓦罐僧无逸往谕。将行。天界住持四明宗泐赋诗饯别。持献于朝【瓦罐。寺名】。上览。俯赐和之。

泐诗曰。帝德广如天。圣化无远迩。重驿海外国。贡献日赀委。维彼日本王。独遣沙门至。宝刀与名马。用致臣服意。天子鉴其衷。复命重乃事。由彼尚佛乘。亦以僧为使。仲猷【阐名】知心宗。无逸写经义。二师当此任。才力有余地。朝辞阊阖门。夕宿蛟川涘。巨舰扬独帆。长风天万里。鲵鲸不敢骄。冯夷效驱使。沧茫熊野山。一发青云际。王臣闻招徕。郊迎大欣喜。时则扬帝命。次乃谈佛理。中国师法尊。远人所崇礼。祝兹将命行。孰有重于此。海天渺无涯。相念情何已。去去善自持。愿言慎终始。

御和诗曰。尝闻古帝王。同仁无遐迩。蛮貊尽来宾。我今使臣委。仲猷通洪玄。倭夷当往至。谕善化凶人。不负西来意。迩僧使远方。毋得多生事。入为佛弟子。出为我朝使。珍重浦泉径。勿失君臣义。此行飞浣海。一去万里地。既辞释迦门。白日宿海涘。艨艟挂飞帆。天风驾万里。平心勿忧惊。自然天之使。休问海茫茫。直是寻根际。诸彼佛放光。倭民大欣喜。行止必端方。毋失经之理。入国有斋时。斋毕还施礼。是法皆平等。语言休彼此。尽善凶顽心。了毕才方已。归来为拂尘。见终又见始。

阐等自瀚州启棹。五日至其国境。又逾月入王都。馆于洛阳西山精舍。一遵圣训。敷演正教。听者耸愕。以为中华禅伯。亟白于王。请主天龙禅寺【乃梦窗国师道场。名刹也】。阐等以无上命。辞之。为宣国家威德。罔间内外。且申所以来使之意。王悦。具表遣使随阐等入贡。

按宗泐。台州人。博通古今。凡经书过目辄成诵。善为词章。住持京师天界寺。上一日幸寺。见其动止异常。命蓄发授官。固辞。上不欲夺其志。从之。赐宗泐免官说。尝奉诏注心经金刚楞伽三经。有全室集行世。时又有僧来复。字见心。豫章人。通儒术。工诗文。一时名士皆与之友。与泐齐名。上闻召见之。尝承赐御食。谢诗云。淇园花雨晓吹香。手援袈裟近御床。阙下彩云生雉尾。座中红拂动龙光。金盘苏合来殊域。玉碗醍醐出上方。稠迭滥承天上赐。自惭无德颂陶唐。上见诗大怒。曰。汝诗用殊字。是谓我为歹朱耶。又言无德颂陶唐。是谓朕无德不若陶唐也。何物奸僧。敢大胆如此。遂诛之。所著有蒲庵集。夫宗泐诗呈而蒙和。来复诗呈而受戮。是固有命存焉。而祖阐无逸宣化海外。能格戎心。又可见异端之中。亦有乘槎应星之彦。论者谓国初高僧泐复为首。予则谓阐逸秉节怀远。不辱君命。胜于元朝水犀十万多矣。戒行弘勋。又当出泐复之上也。

德庆侯廖永忠上言曰。臣窃观倭夷鼠伏海岛。因风之便。以肆侵掠。其来如奔狼。其去若惊鸟。来或莫知。去不易捕。臣请令广洋江阴横海水军四卫。添造多橹快船。命将领之。无事则缘海巡徼。以备不虞。有事则大船薄之。快船逐之。彼欲为寇。岂可得乎。【今之八桨船。乃因其制为之者。】上从其计。

七年。倭人复寇边。命靖海侯吴祯往捕。遇贼琉球大洋。悉俘其众以归。是岁后。复贡。无表文。其臣号征夷将军者。亦私贡马及茶布刀扇等物。且奉书丞相。词悖。上怒。却其贡。安置所遣沙门于川陕僧寺。

八年。日本又遣僧如瑶入贡。陈情饰非。上待之如前。命礼部移文。责其君臣。既又遣使臣归廷用入贡。有表文。诏宴赉之。遣还。是时。丞相胡惟庸谋不轨。欲召倭人为已用而无由。乘此机白于上。调金吾卫指挥林贤于明州备倭。阴遣宣使陈得中谕贤送归。廷用出境。谬指其贡船为寇。闻于中书。私其货物与赏赐。贤听其计。惟庸佯奏贤失远人心。谪居倭国。既而复请宥贤复职。上皆从之。惟庸以庐州人李旺充宣使召贤。且以密书奉倭王借精锐百余人为用。王许之。贤还。王遣僧如瑶率倭兵四百余人助惟庸。诈称入贡。献巨烛。暗置火药兵器于烛内。包藏祸心。比至。惟庸已败。上犹未悉贤通于惟庸。仅发倭人云南守御。

按史载圣祖尝与刘基论宰相曰。胡惟庸何如。基曰。此小犊。将偾辕而破犁矣。圣祖不以然。惟庸恨基。用药毒基死。而后果擅政横行。不惟颐指在廷诸臣。且计结远夷助逆。醴泉之观。使非云奇挺身告变。圣祖亦几堕其术中矣。呜呼危哉。【惟庸谋逆。诳言所居井涌醴泉。邀上往观。惟庸居第近西华门。守门内史云奇知其谋。乘舆将西出。奇走冲跸道。勒马衔言状。气方勃。舌駃不能达意。上怒其不敬。左右挝捶乱下。奇垂毙。右臂将折。犹尚指惟庸第。弗为痛缩。上方悟。登城眺察。则见满第内衷甲伏屏帷间数匝。上亟反。遣兵围其第。诛之。召云奇。死矣。深悼之。追封右少监。赐葬钟山。】基初封诚意伯。爵止终身。至是。始思其先见。诏世袭焉。林贤后在洪武二十年事觉。论谋反为从。灭其族。夫倭奴自来匪茹难化而易叛。故圣祖晚年绝其朝贡。亦有惩于惟庸之事耳。前车不远。其尚鉴于兹哉。予谓圣祖之英明。远能照临四夷。而近不能检制一相。青田之玄算。大能赞决万军。而小不能保全一身。语曰。寸有所长。尺有所短。讵不信夫。

上常恶倭国狡顽。遣将责其不恭。示以欲征之意。倭王上表答。出不逊语。表曰。臣闻三王立极。五帝禅宗。惟中华而有主。岂夷狄而无君。乾坤浩荡。非一主之独权。宇宙宽洪。作诸邦以分守。盖天下者。乃天下之天下。非一人之天下也。臣居远弱之倭。偏小之国。城池不满六十。封疆不足三千。尚存知足之心。故知足者。常足也。今陛下作中华之主。为万乘之君。城池数千余座。封疆百万余里。犹有不足之心。常起灭绝之意。天发杀机。移星换宿。地发杀机。龙蛇起陆。人发杀机。天地反复。尧舜有德。四海来宾。汤武施仁。八方奉贡。臣闻陛下有兴战之策。小邦有御敌之图。论文有孔孟道德之文章。论武有孙吴韬略之兵法。又闻陛下选股肱之将。起竭力之兵。来侵臣境。水泽之地。山海之洲。是以水来土掩。将至兵迎。岂肯跪涂而奉之乎。顺之未必其生。逆之未必其死。相逢于贺兰山前。聊以博戏。有何惧哉。倘若君胜臣输。且满上国之意。设若臣胜君输。反作小邦之耻。自古讲和为上。罢战为强。免生灵之涂炭。救黎庶之艰辛。年年进奉于上国。岁岁称臣为弱倭。今遣使臣答黑麻敬诣丹墀。臣诚惶诚恐。稽首顿首。谨具表以闻。

按别史载。上尝问倭使嗒哩嘛哈。其国风俗何如。答以诗曰。国比中原国。人同上国人。衣冠唐制度。礼乐汉君臣。银瓮焙新酒。金刀脍锦鳞。年年二三月。桃李一般春。上初欲罪其谩。徐贳之。观此诗及前表。则倭奴恃其险远。不可以朝鲜各藩礼待之明矣。又奚必许其通贡。以启窥伺之端哉。

日本复连岁寇浙东西边。上欲讨之。惩元军覆溺之患。乃包容不较。姑绝其贡。著于祖训。二十八年。命信国公汤和缘海相地。筑城备倭。和尝以年高思归故乡。从容乞骸骨。上喜之。赐钞五万。俾造第凤阳。因谓和曰。日本小蛮。屡扰东海。卿虽老。强为朕行。视要地筑城增戍。以固守备。和行海上。自山东登莱至广东雷廉筑数十城。民三丁抽一。屯戍备之。尤严下海通蕃之禁。

按和初为滁阳王部曲。上之始起兵也。和率先推戴。听命惟谨。上深爱之。屡立战功。封信国公。恩礼特异。至是。凤阳新第成。和率妻子谢。降敕褒嘉。赐黄金三百两。白银一千两。文绮四十端。夫人胡氏亦赐黄金三百两。白银一千两。彩段三十端。预为茔葬之资。后卒。亲为文以祭。追封东瓯王。谥襄武。塑像功臣庙。复配享太庙焉。然当时沿海经略之宜。自和一出。规制颇密。使守之弗失。自可摧倭奴之入也。惜承平日久。法度废弛。嘉靖癸丑。蜃氛扇焰。肇于两浙。蔓于各省。和之孙有名克宽者。众谓其祖有功海防。特调用之。寻能树立。擢升参将。而求其实效。有愧前烈多矣。噫。安得起和于九京而与之筹倭备哉。

永乐二年。对马台岐诸岛夷劫掠边境。上命行人潘赐捧敕往谕国王源道义捕之。国王卑辞纳款。谢约束不谨。出兵歼其众。献渠魁二十人于阙下。赐回进归化书及永乐大典颂。上览之。称善。命入史馆。升礼部郎中。命倭使携取献俘还海滨。治以其国之法。倭使乃于鄞县萧皋契筑灶。以甑加其上。俾一人入甑内。一人执爨。尽蒸而死。倭使归。敕奖国王甚隆。给以勘合百道。定约十年一贡。人止二百。船止二艘。毋得来带刀枪。如违例越贡。并以寇论。仍命佥都御史俞士吉赍白金彩币并海舟二赐之。又封其国之主山为寿安镇国之山。勒碑其上。上亲制文曰。朕惟丽天而长久者日月之光华。丽地而长久者山川之流峙。丽于两间而永久者贤人君子之令名也。朕皇考太祖圣神文武。钦明启运。俊德成功。统天大孝。高皇帝知周八极而纳天地于范围。道贯百王而亘古今之统纪。恩施一视而溥民物之亨嘉。日月星辰无逆其行。江河山岳无易其位。贤人善俗。万国同风。表表兹世。固千万年之嘉会也。朕承鸿业。享有福庆。极所覆载。咸造在廷。周爰谘询。深用嘉叹。迩者对马台岐暨诸小岛有盗潜伏。时出寇掠。尔源道义能服朕命。咸殄灭之。屹为保障。誓心朝廷。海东之国。未有贤于日本者也。朕尝稽古唐虞之世。五长迪功。渠搜即叙。成周之隆。髳微卢濮。率遏乱略。光华简册。传诵至今。以尔道义方之。是大有光于前哲者。日本王之有源道义。又自古以来未之有也。朕惟继唐虞之治。举封山之典。特命日本之镇山号寿安镇国之山。锡以铭诗。勒之贞石。荣示于千万世。是时。礼遇彼倭者如此。终莫肯革心。

明年。平江伯陈瑄督领海运。值倭寇于沙岛。追至朝鲜岛。尽焚其舟。斩获无算。

按陈建谓国初海运之行。不独便于漕纲。实令将士习于海道。以防倭寇。自会通河成而海运废。近日倭寇纵横。海兵脆怯。莫之敢撄。亦以运道不习之故耳。此则言海运之当复者也。然给事中钱薇著论唐宋无海运。故倭奴之惰贡也勤。元为海运。倭奴劫掠运舟。故其为寇也繁。我洪武北伐。亦为海运以济。永乐中。海运几十三。举行给辽东等处。惟我运于海。故彼寇于海。宣德以来。倭患遂少。盖运从内河而寇无所利。故耳。此不足见罢海运之功哉。二说各有所见。故并存之。

八年。国王源道义死。命太监雷春鸿胪少卿潘赐往行吊祭礼【即前行人】。后又寇广东廉州府。破其城。杀教授王翰。

九年。上遣中官王进等往日本收买物货。倭人谋阻进。不使归。进觉之。潜登舶。从他路而返。

十年。国王具方物谢吊祭恩。

十九年。犯辽东马雄岛。总兵刘江歼其众于望海窝。初。江至辽东巡视诸边。相地形势。得金州卫金线岛西北望海窝者。其地极高。可望诸岛。为滨海咽喉之地。筑城堡。立烟墩。以便瞭望。既完。一日瞭者言东南夜举火。有光。江度倭寇将至。急调马步官军起窝上小堡备之。命都指挥徐刚伏兵山下。百户姜隆帅壮士潜烧贼船。截其归路。与之约曰。旗举伏起。炮鸣奋击。不用命者。军法从事。翼日。倭寇二千余。乘海艘直趋窝下登岸。一贼貌甚丑恶。挥刃率众而前。江惟犒师秣马。略不为意。既而贼至。江被发举旗。鸣炮伏起。贼众大败。死者横仆草莽。余寇奔樱桃园。空堡内将士皆奋勇请入剿杀。不许。特开西门以纵之出。仍命师分两翼夹击。生擒数百人。斩首千余。间有潜脱入艘者。悉为隆等所缚。无一人得脱。凯还。将士请曰。明公见寇。意思安闲。临陈作真武被发状。追贼入堡。不杀而纵之出。何也。江曰。寇始远来。必饥且劳。我以逸待劳。以饱待饥。固御敌之道也。贼始鱼贯而来。作长蛇阵。我故为真武形。以厌伏之。虽愚士人之耳目。亦可以壮兵气。贼入堡。若急攻之。必死战。我故纵其生路。此围师必阙之意也。兵法皆有之。顾诸君未察耳。自国初御倭。数十年来。无如此役之大捷。江以功封为广宁伯。食禄二千石。子孙世袭。将士有功者。赏赉有差。倭又尝寇金山卫。登岸。指挥同知侯端与主帅分兵出战。主帅出南门。军覆。端以孤军驰东门。众不能继。与贼巷战数十合。身被箭如猬。转战益奋。贼惊曰。好将军也。乃以所掠染家布横于街。欲生致之。端以一剑挑布。一剑截而断之。贼仆地而笑。端由是得出东门。次于杨家桥。鸣鼓招散卒。得百人。适潮退舟胶下。令人持草一束。与炮俱进。至海滩。焚贼船十余艘。贼不得归。遂大败之。

端有膂力。府治前石狻猊高四五尺。端以一手挽之。行十余步。策马过坊门。交手拥楣。以足挟其马而悬之。骑射刀槊皆过人。故能立功。端巷战时。一剑忽坠地。所乘马口嗛以授端。其异如此【江驭士明纪律。有恩信。所向无敌。凡诸夷款塞者绥辑备至。后卒。人咸思之。谥忠武】。

宣德元年。又入贡逾制。朝廷申增格例。人毋过三百。船毋过三艘。时有言。浙江海盐县。地临海岸。每有倭寇窥伺军卫。陆置烟墩。水备战船。瞭望游巡。才保无虞。永乐七年。尽拘军船赴沈家门。立水寨以守。撤去烟墩。倭寇乘虚连年纵掠水寨。相去海盐千里。不能救援。民甚苦之。请如洪武旧制。事下兵部。移文巡抚大理卿胡概与三司。计其可否处。行得复旧。

正统四年五月。倭船四十余艘。夜入大嵩港。袭破千户所城。转破昌国卫城。大杀掠而去。备倭官以失机被刑者。大小三十六人。惟爵溪所官兵擒获一贼首。名毕善庆。诛之。浙江佥事陶成之功也。

七年。倭船九艘。使千余入贡。朝廷责其越禁。姑容之。迷失二倭使。普福于乐清县沙嵩藤岭获解。

普福被获叹怀诗曰。来游上国看中原。细嚼青松咽冷泉。慈母在堂年八十。孤儿为客路三千。心依北阙浮云外。身在西山返照边。处处朱门花柳巷。不知何日是归年。

景泰六年。倭寇健跳。官军守备。不得入。

天顺二年。复遣使贡。

成化二年。伪称入贡。寇大嵩诸处。官兵因潮落。夜围其舟。寇设诈。以灯悬于篙尾。卓之沙上。官兵望见。以为樯灯。达曙不移。比晓。舟已乘潮遁去。台阃大臣俱坐失机。获罪。

十一年。复遣使周瑞入贡。敕谕倭王宜守宣德中事例。备倭阃帅欲报前耻。乃于送倭使出境之时。金鼓声中随以炮铳。倭船被击沉于海。自是略知畏惮。

十三年。日本复遣使入贡。庶吉士鄞人杨守陈贻书主客郎中。欲请绝之。书曰。倭奴僻在海岛。其俗狙诈而狼贪。自唐以至近代。尝为中国疥癣矣。国初。洪武间来贡。不恪。朝廷既正其罪。后绝不与通。著之为训。至永乐初。始复来贡。往来数数知我中国虚实。山川险易。因肆奸谲。时拿舟载其方物戎器。出没海道。以窥伺我。得间则张其戎器而肆侵暴。不得间则陈其方物而称朝贡。侵暴则卷民财。朝贡则沾国赐。间有得不得而利无不得。其计之狡如是也。宣德中。来不得间乃复称贡。朝廷不知其狡。许其至京。宴赏丰渥。困载而归。则已堕其计矣。正统中。来而得间乃入桃渚。犯我大嵩。劫仓庾燔室庐。贼杀蒸庶。积骸流血如陵谷。缚婴儿于柱。沃之沸汤。视其啼号以为笑乐。捕得孕妇。则计其孕之男女刳视以赌酒。荒淫秽恶。殆有不可言者。吾民之少壮与其粟帛席卷而归巢穴。城野萧条。过者陨涕。于是朝廷下备倭之诏。命重师守要地。增城堡。谨斥堠。修战舰。合浙东诸卫官军分番防备。而兵威振于海表。肆七八年间。边氓安堵。而倭奴潜伏。罔敢喘焉。兹者天牖其衷。复来窥伺。而我兵怀夙昔之愤。幸其自来送死。皆瞑目砺刃。欲食其肉而寝处其皮。彼不得间乃复称贡。而我帅遂从其请。以达于朝。是将复堕其计矣。今朝廷未纳其贡。而吾鄞先罹其扰。芟民稼穑为之舍馆。浚民脂膏为之饭食。劳民筋力为之役使防御。昼号而夕呼。十征而九敛。虽鸡犬不得宁焉。而彼且纵肆无道。强市物货。善谑妇女。貂珰不之制。藩宪不之问。郡县莫敢谁何。民既哗然不宁矣。若复诏至京师。则所过之处。其有不哗然复如吾鄞者乎。且其所贡刀扇之属。非时所急。价不满千。而所为糜国用弊民生。以过厚之者。一则欲得其向化之心。一则欲弭其侵边之患也。今其狡计如愚前所陈。则非向化者矣。受其贡亦侵。无可疑者矣。昔西旅贡獒。召公犹致戒于君。越裳献白雉。周公犹避让不敢受。汉通康居罽宾。隋通高昌伊吾。皆不免乎君子之议。况今倭奴最我仇敌。而于构衅之余。复敢怀其狙诈狼贪之心。施其奸计以罔我。其罪不胜诛矣。复可与之通乎。然彼以贡献为名。既入我境。而遂诛之。则类于杀降。不武不义。若从而纳其所贡。则中其奸计。益招其玩侮。又不可谓智。取一而损十。得虚而费实。又不可谓计。弊所恃以待无用。俾其不兵甲而骚。不水旱而窘。又不可谓仁。有一于斯皆非王者之道也。窃以为宜降明诏。数其不恭之罪。示以不杀之仁。归其贡献而驱之升境。申命海道帅臣。益严守备。俟其复来则草剃而禽弥之。俾无噍类。若是。则奸谋狡计破沮不行。若日之所照。月之所临。物莫能遁。故天下咸知朝廷之明。贡献不纳货贿之贪。虽有远方珍怪之物。无所用之。故天下咸知朝廷之廉。自江浙以达京畿。数千里之民举不识输运之劳。不知征敛之苦。父哺其子。夫煦其妻。而优游以衣食。故天下咸知朝廷之仁。裔夷知吾国有礼义而不敢侮。奸宄知吾国有谋猷而不敢发。枹鼓不鸣。金革不试。故天下咸知朝廷之威。举一事而众善备焉。斯与劳民费国而幸蛮夷之服者。万不侔矣。守陈不忍民之罹殃。而虑国之纳侮。故敢布之。下执事。冀采择以闻。礼部不果从。

按守陈后至吏部右侍郎。卒。谥文懿。性恬淡。官五品十有六年。泊然自处。未尝求进权幸。有重其贤欲援之者。使所亲喻意守陈。谢却之。私谓其人曰。吾犹嫠妇也。守节三十年。今老矣。岂白首而改节耶。尝被命教内竖。教成。多去为近侍。与守陈同事者。率因之取宠贵。而守陈独无所资籍。士论多之。今观此书。凿凿正谊。洞烛倭情。使当时肯奏行之。岂有今日扰乱之祸哉。噫。

大率其国奉使得利。往往各道争先受遣。正德四年。南海道刺史右京兆大夫细川高国强请勘合。遣宋素卿源永春入贡。素卿。鄞人朱缟也【宋字似朱。素卿。缟之义】。先因父丧无倚。游荡学歌唱。弘治【九年】间。倭使汤四五郎以贡至鄞。见缟秀惠善歌。相与情密。其叔朱澄又为牙人。与缟各市汤四五郎刀扇。负其价值【弘治十年】。乃将缟填还。汤四五郎之逋携归倭国。诈称天朝宗室。国王以女纳缟为婿。官拜纲司。至是。伪充正使来。澄识之。不敢见。随至苏州阊门。混作伴送人役。至缟船上相认。后事发。应论投夷重典。时内臣刘瑾专横。乃厚赂之。瑾谓澄已自首。缟系夷使。请原其罪。从之。缟贡毕。乞赐祀孔子仪注。廷议不许。

六年。西海道刺史左京兆大夫大内艺兴复请勘合。遣省佐入贡。

嘉靖二年。各道争贡。国主源义植嗣位。幼冲。势不能制。大内艺兴遣使宗设谦道。细川高国遣瑞佐宋素卿交贡。舟泊宁波港。互相诋毁。素卿重贿监市舶中官赖恩。宴坐宗设之上。其贡船后至。赖恩复先与检发。宗设等积忿。遂为乱。欲杀素卿。追抵绍兴城下。官兵备御。不得逞。还宁波。执指挥袁进越关遁去。备倭都指挥刘锦追至海上战殁。巡按御史欧珠奏称。五月初一日。有先到夷人拥入收藏方物东库。抢出盔甲刀枪。各行披执。自灵桥门外循城奔至和义门。将后到夷人宋素卿人船烧毁。及杀在岸夷人一十二名。素卿等以该府卫遣避地名青田湖。出城约有十余里。宗设等赶至绍兴城下。口称还我宋素卿。次日。将宋素卿等移入府城会审。据各称。西海路多罗氏义兴者。原系日本国所辖。向无进贡。我等朝献必由西海经过。被将正德年间勘合夺去。今本国只得将弘治年间勘合。由南海路起呈。至宁波。因我说出怪恨被杀。会同镇守太监梁瑶议得远夷入贡。礼应柔待。今宗设等因怪素卿。讦其诈伪。遂行仇杀。若终待以常礼。许其入贡。不加谴责。不以威示。则犬羊腥膻。愈肆纵横。终无悔祸之期。除再加抚处及拨官军防御外。乞敕该部会官详议。

按太监赖恩受素卿赂。浙参政邵锡副使许完都指挥江洪俱惧失事之愆。多匿其实。故疏词多左右素卿耳。

后得旨。宗设免究。素卿无别情罪。责令回国。宣布天朝威德。令国王严束夷酋。畏天保国。并查颁降勘合是否宗设夺去。今次朝贡果差何人。务见真伪。待后该贡年分具本回奏。以凭议处。

河南道御史熊兰疏曰。访得宋素卿原本华人。叛入夷狄。先年差来进贡已经败露。时则逆瑾当权。阴纳黄金之贿。遂逃赤族之诛。国法未行。人心未厌。今乃违例入贡。大起衅端。迹其罪恶。虽死犹不足以容之也。参照海道副使张芹市泊太监赖恩与同府卫掌印巡海等官。禁令不申。守备不设。既不能善处以息其争。又不能预谋以防其变。分守参政朱鸣阳分巡副使许完。各有地方之责。俱怀观望之私。以致蛮夷公行劫杀。把关管海指挥千百户等官。任夷人出入往来。未有能拦截防御者。指挥袁琎承委自陷其身。推官高浅越墙以避其锋。凡其侵掠之地。若履无人之境。按法原情通合查究。除备倭同知刘锦被杀外。乞各正典刑。一以为蛮夷猾夏者之戒。一以为备御不严者之惩。然臣等窃有议焉。夫倭奴僻居东海。其俗狙诈。其性狼贪。自唐以至近代。已尝为中国患。国初洪武年间许其来贡。后因交通奸臣胡惟庸。我太祖既正其罪。绝不与通。复载于祖训。著为令典。今皇上践祚之初。复有入贡之请。迹若涉于忠诚。心实怀夫欺诈。故朝廷未受其贡。而浙民先罹其殃。乞特降明诏。数其不恭之罪。示以薄伐之威。绝其朝贡之请。申命海道帅臣。益严备御。俟其复来。则草剃而禽弥之。保国裕民之方。居中制外之道。无有过于此者矣。

礼科都给事中张翀疏曰。参照副使张芹市泊太监赖恩参政朱鸣阳都指挥张浩等均承委任。便乐因循。议处未定。而令素卿之盘船慢藏。启窥瞰之奸。逆状已形。而听宗设之谢罪。当面甘愚弄之术。避地观望。恣贼纵横。策未展于一筹。祸几延于两浙。合应据法查究。创艾后来。及照日本国蕞尔海夷。利观中夏。先年使者肆为不道。荷我明天子仁圣。曲赐优容。兹以仇杀残我内地。谓宜檄诸夷之甲。兴问罪之师。但衅起使人。国王无罪。且其国与朝鲜琉球诸夷俱系不征之列。伏望备行淮浙闽广镇巡等官。凡沿海要害去处。如遇前项夷船到彼。就便督发官军。并力截杀。仍行浙江镇巡等官。将见获夷党并宋素卿译审明白。取问罪犯。缘宋素卿系先年潜通外夷人。数重赂逆瑾。脱网生还。宗设人众俱系从逆贼徒。罪在不赦。通合置之典刑。以昭天朝之法。以严夷夏之防。昔汉之英君谊辟。或弃珠崖。或谢西陲。况倭奴诡谲情态。具有明验。若更许其通贡。是利彼尺寸之微。损我丘山之重。其于皇祖垂训之意。不无背驰。尤望绝约闭关。未断其朝贡之途。毋徒弊所恃。以事无用。其一应误事人员并死事。地方作急备查。奏请大昭赏罚。以示惩劝。毋得通同隐蔽。又访得宁波绍兴等处有一种无赖。潜从外夷。引诱作奸。如宋素卿者。实繁有徒。合行出给榜文张挂晓谕。遇有前项无赖。踪迹可疑。许邻里首告。官府不时觉察。即便擒拿。家属从重究治。庶几中国之势常尊。外夷之侮少御。

初。宗设追宋素卿不及。还。把总指挥欲率兵追击。谋于新建伯王守仁。守仁曰。归师莫追。当纵其出而拒其入。把截要害。使来无所获退无所资。疲卧舟中。于是取之。兵不血刃矣。既而倭果疲卧。为暴风漂入朝鲜境。被朝鲜斩首三十。生擒中林望古多罗二人。朝鲜国王李怿表献于朝。上命浙江镇巡官。将素卿事从实研审回奏。后复敕差给事中一员前去访察。查勘其事。

兵科右给事中夏言疏曰。宗设谦道所领倭夷不满百十余人。而宁绍两郡军民何啻百万。今乃任彼凶残。肆意攻掠。蹂躏城郭。破坏闾阎。杀死都司方面。质虏指挥。贻国大耻。事出非常。再照宋素卿本朝叛贼。激成宗设之变。访闻宗设倭船先到。而盘货在后。素卿倭船后到。而盘货获先。宗设内已不平。及市舶太监置酒命坐。又以宗设席次抑置贼首。若不明正典刑。枭示海滨。则将来射利效尤之徒。习为谋叛。伏望将朝鲜国执献贼倭中林望古多罗二名。押发浙江。解赴钦差官处。令与宋素卿对鞫前项构祸缘由及伊国差遣先后。并勘合真伪来历处治。又倭夷入贡。往往为边方州郡之害。我圣祖灼见其情。故痛绝之。于山东淮浙闽广沿海去处。多设卫所以为备御。后复委都指挥一员。统其属卫。摘拨官军。以备倭为名。操习战船。时出海道。严加堤备。近年。又增设海道兵备副使一员专督。可谓防范周且密矣。是以数十年来。彼知我有备。不复犯边。奈何迩来事久而弊。法玩而弛。前项备倭衙门官员徒拥虚名。略无实效。宁波系倭夷常年入贡之路。法制尚存。犹且败事。其诸沿海去处。因袭日久。废弛尤甚。合无选差官员领敕前去。由山东循淮阳历浙达闽以极于广。会同巡抚官员。按部备倭衙门亲历海道地方查点。原设官军阅视旧额墩堡盘验。见在兵器官军缺乏者。即与拨补。墩堡圮坏者。即与修筑。兵器圬钝者。即与换给。官员之不才者。即与易置。法制之未备者。即与区画。庶使海防严谨。中土奠安。尝观本朝礼部侍郎杨守陈家藏文集。亦常惓惓以倭夷变诈凶虐。不当与之通好。乞敕下勋戚文武大臣。详加会议。再照宗设犯华之罪。不可使之竟脱天诛。乞通敕沿海各处备倭衙门。整搠官兵。修理战船。习占风候。时出海洋瞭捕。务俾罪人斯得。国威以伸。

兵部尚书金献民议谓备倭衙门地方久处承平。武备尽已废弛。相应依拟差官阅视。但恐前项地方广阔。周回万里。一人顾理不周。本部欲便移咨都察院拣选历练老成御史二员。各请敕一道。分定地方。一员自山东直抵淮阳苏松。一员自福建直抵广东各沿海地方。其浙江就令差去给事中敕内该载整理。各分投亲诣沿海一带阅视。上命各官失事等情。著差去给事中上紧前去。会同清军御史。用心访察。查勘明白。分别等第。并究各夷致乱根因。进贡真伪。沿海一带边备不必差官。只著各该抚按督并海道备倭并守巡等官。严加堤备。阅视整顿。不许怠玩。

刑科给事中张逵疏称。浙江宁绍台温杭嘉六府。地滨溟海。境接倭夷。实东西之巨屏。北都之外帑也。是以国家建设卫所。特置都指挥。以总拜之。封墩战舰军器。靡不周备。盖恐外寇时窥中区为梗耳。臣见去年倭夷入贡。恣睢仇虐。横屠生灵。戕及都司。吾中国大被虔刘。拱手莫救。实由武备废残。素有蔑视之意。将来之患恐未可量。固不可不预为之处也。伏望皇上查照巡视旧例。添设谙悉事故加意民隐都御史一员。请敕督理。将前项封墩战舰军器之数一一增修。令不失旧。然后奏闻成绩。徐议功赏。以辍其任。庶中国奠安。而小丑绝窥觊之心矣。

时户科给事中刘穆。承命访察倭夷事情。至是。上不允逵请。敕令刘穆。仍往浙江沿海地方整理武备等事。后素卿械至杭州。有司勘以谋叛下海罪。系浙江按察司狱。及二倭贼自朝鲜至。并系之。论鞫狱成。久而不行诛决。先后尽瘐死于狱。倭奴自此惧罪。不敢款关者余十年。

四年。浙江市舶太监赖恩奏。请颁换敕谕。与臣管市舶司事兼提督海道。遇有夷贼。动调官军剿捕。以固地方便益。上命照成化年间例换敕与他。兵部尚书李越疏曰。政每患于纷更。法当务于谨始。此地内官缘为提督市舶司而设。比与边方腹里镇守守备内臣专为地方者不同。即令沿海督兵御寇。自有海道副使与备倭都指挥使分理于下。又有镇守太监与巡按御史提调于上。事体相因已久。沿海有警。俱可责成。若复又令市舶太监提督。诚恐政出多门。号令不一。必掣肘误事。又况动调官军系朝廷威柄。遇有紧急。必须奏请定夺。赖恩小臣。岂宜得辙擅自专。推原其心。不过欲假借纶音以招权罔利也。乞将原降成命收回。仍戒谕赖恩。令其谨守旧规。安静行事。

给事中郑自璧亦疏曰。赖恩肆意揽权。恣情黩货。信郑泽之奸计。则延伪使为上宾。受素卿之金银。则致宗设之大变。三司兼欲受辖兵权。辄冀专擅。心每上人。动将坏法。内臣中之奉职无状者也。乞将取回别用。另选老成安静内臣代其任事。惟复痛加切责。姑令扣省前愆。用图后赎。其敕书仍照旧止管夷人进贡。并抽分货物。卫所官军不得干预。勿得轻信拨置。纷扰事端。上诏前已有旨。俱不从。

赖恩又疏曰。窃审日本国有武臣三人。一曰大内。一曰细川。一曰畠山。是皆权臣。犹鲁之三家。彼国政柄不在国王。而在权臣。进贡之事。彼强则彼专。此强则此擅。国王则卒亦莫革。近况素卿叛去。弊愈深矣。合无将素卿从重处治。同来夷伴或流远方。或遣归国。另别差官赍敕往谕国王。今后来贡。益谨效顺。亲具表文。面用国玺。毋容诈伪。贡船毋过三只。使人毋过五百。毋得仍致大内。细川等弄权私贡。以乖国体。浙江备倭等官除将臣庸材。乞赐取回间住。别差贤能一员。严加提督。整理边务。葺城池。修战船。整军器。慎烽燧。练兵卒。先之于昌国石浦大嵩象山穿山舟山定海观海等喉舌紧要之处。次之于松海金盘海宁等卫可缓之方。巡海兵备等官。务选年力少壮。熟谙武略。敕专督理。不拘三年五年。就任加职。庶免更换。致旷重务。不许久坐省城。时须遍历操练。事干急重。乞许便宜。仍敕福建等处镇巡备倭等官。严禁漳州贼船。不许纵放出海。眩惑地方。各卫官军月粮。务著有司及时征给。不许缺乏。疲毙官军。日后倭夷入贡。照旧申报审实。各执坚甲利器防守。译审是的。方许护送入港。苟有贼船临边。务使多带兵粮剿杀。如有畏怯。即以军法重治。永为遵守。庶几内则官军不致虚费廪饩。外则足制边境不致岛夷侵渔矣。上乃诏沿海武备。著镇巡等官严督举行。巡海备倭官员有久不出巡坐视民患的。听各该巡按参究。

户科给事中刘穆疏曰。节该钦奉敕浙江沿海地方。武备久废。尔仍会同巡按督并海道备倭并守巡等官亲诣各处查勘。原设墩堡兵器战船及官员军士。一一修复振作。从宜区画。务俾武事修举。堪以保障。事完回京复命。臣会同巡按浙江御史潘仿。亲诣宁绍台温沿海地方。一应武备逐一修举。从宜区画。事完。另行造册奏缴。外间有事关重大。稍议兴革。虽未尽合机宜。聊以补塞罅漏。谨用条陈。一添设巡视重臣。东南诸夷。惟倭黠猾。比北虏尤为难制。我太祖遣信国公汤和。亲诣沿海经略数年。是以兵威大振。夷丑窜伏。今丑众窥伺。边境危疑。虽尝严督海道官员整饬修举。但坏之于百年之余。而欲复之于一旦之骤。虽才智拾倍过人者。恐不能立致成效也。况南北延袤千有余里。中间卫所堡寨钱谷甲兵。不减陕西三边之一。独责成海道一人。威权既不加重。施为且不自专。添设都御史巡视地方。督理戎务。假以便宜之权。宽以岁月之久。位望之重。既足以清肃颓顽。委任之专。又足以振刷积习。何武事之不举。而边患之足虑哉。一召募补伍军士。臣巡历沿海卫所。查点额设。军士逃故者既已过半。老弱者又多不堪。凡遇出海守哨。未免足此缺彼。武备之费未有甚于此者也。议将各卫所县军民舍余人等愿充军役者。量行召募在官。填补逃亡正军。以便差拨出海。此固权宜区画之道。亦急迫不得已之举也。一选调才能武职。臣请将在京在外各卫指挥等官。查选才识优长。性气刚果。武艺闲熟之人。量加调遣。分布沿海边卫。每处二三员。或令把总守御。或令掌印管操。加以鼓舞振作。扶植诱掖。气习刚劲。既足以振起颓风。骑射精熟。又可以教习士众。新旧无牵制之人。挟诈有指据之迹。庶几体统一正。号令一新。积习可袪。兵威聿振矣。亦不果行。

按观张逵刘穆之疏。则后日添设巡抚。其机已兆矣。又岂待杨九泽之奏哉。但浙中既有赖恩为市舶而请改敕书。兼管兵务。又有邓文为镇守而请换敕书。如成化旧规行事。俱得俞允。及查成化敕书。除相同外。仍有兼管银场。并官员贪赃坏法者。四品以上具奏区处。四品以下即拿究治。军民词讼亦听准理。盖先时张庆有翊护前星之功。宪庙知其忠而柄之以任。若是文之请盖为含糊之词。冒揽权之实。给事中郑自璧请取回邓文。选老成代任。不从。夫以一省之地置二竖之横。殆亦中国内倭也。其视巡抚之设何如哉。而今论者乃独归咎于九泽。谓其议建巡抚以启倭患。谬矣。且如银场旧时许开。未闻大憝。今银场封闭而矿寇啸聚。如四十六年之大劫。非有总制三省之命。其祸恐未息也。因时制宜。不可拘泥如此云。

十七年。倭使石鼎周良来贡。礼部奏请申十年一贡之例。命缴还正德以前勘合。更给新者。

二十三年。复至。无表文。以非期。弗纳。

二十六年。又至。仍以非期。使停泊于海山岙。候明年期至而入。

先是王直者。徽州歙县人。少落魄。有任侠气。及壮。多智略。善施与。故人乐与之游。一时无赖若叶宗满徐惟学【即徐碧溪】谢和方廷助等咸宗之。为间相与谋曰。中国法度森严。吾辈动触禁网。孰与至海外逍遥哉。直因问其母王妪曰。生儿时有异兆否。王妪曰。生汝之夕梦大星入怀。旁有峨冠者诧曰。此弧矢星也。已而大雪。草木皆冰。直独心喜曰。天星入怀。非凡胎。草木冰者。兵象也。天将命我以武兴乎。于是遂起邪谋。嘉靖庚子年。直与叶宗满等造海舶。置硝黄丝绵等违禁货物抵日本暹罗西洋诸国。往来贸易。五六年致富不赀。夷人大信服之。称为五峰。船主招集亡命。勾引蕃倭。结巢于宁波霩衢之双屿。出没剽掠。海道骚动。是年。巡按御史杨九泽请设提督以弹压之。乃命都御史朱纨巡抚两浙。开军门于杭。纨乃调福建都指挥卢镗统率舟师捣其巢穴。俘斩溺死者数百。直等皆走逸。余党遁入福建海中浯屿。复命镗剿平之。纨仍躬督指挥。李兴发木石以塞双屿港。使贼舟不得复入。时海禁久弛。缘海所在悉皆通蕃。细奸则为之牙行。势豪则为之窝主。皆知其利而不顾其害也。纨严申禁令。有犯必戮。不少假贷。然其间亦有一二被刑者未及详审。或有过误。杭人口语藉藉。罪及建议王主群公。纨又以督府新开。纲纪务在振肃。由是官吏亦称不便。而失利之徒怨谤蠭起。明年。朝廷更议废置。乃改巡抚为巡视。未几。纨复解官去。而东南自此多事矣。

按嘉靖八年。兵科都给事中夏言历查浙江巡按王化有盘石卫缚官之奏。张问行有蒲圻所杀官之奏。欧珠有宁波杀方面官之奏。故建言请设浙江巡视大臣。已得旨。敕部中推选才望谋勇大臣二三员来看。而辅臣张孚敬申议不可。中止不设。至是宪臣杨九泽乃复奏。而夏言为首相。适协其前。既行复寝之议。遂得旨。设巡抚大臣来浙。而朱纨首膺其任。故今之议倭患者。多追咎于杨。以为不宜创建大僚。以生事端。又归咎于朱。以为法网太密。使奸无所容。遂致群逞。殊不知是时王直之辈。如蜮含沙。势必射人。如蜃藏氛。势必迷空。况又有福建系囚李七许二等百余人逸狱归直。而为虎翼。虽欲自己。此辈将何适哉。防海之官不过列位正佐耳。素倚通番贸易者为生计。此与奸豪互窝无以异。虽有海道兵宪临之于上。然不操生杀之柄。则号令之而不畏。不寄便宜之权。则调发之而不应。安能潜消此蠢动之凶卵也耶。况因循积习之后。动有牵制。此督府之建所以不容已者。鼌错论汉诸王曰。削亦反。不削亦反。愚于建督府亦云。且不建则叛迟而祸大。建之则可以备叛而弭祸。何也。观纨在浙之日。号令严明。赏罚必信。规模法制卓有条绪。是以浯屿之剿。双屿之塞。确然著绩。使纨久任以责其成。则慑服之威。防御之策。合必井井。而下海者绝迹矣。由是贸易不通。夷人且将乏用。而况王直辈其有不窘困受缚者乎。吾见其或无今日荼毒之惨。劳费之苦也。今乃撤机阱以纵虎。自贻祸患。可胜叹哉。【朱纨。苏州人。清介之士。归家后。朝廷有诏械系别省旧巡抚朱某者。讹传建纨。纨伏毒死。】

五岛倭人为乱。王直有憾于倭。欲报之。及欲以威慑诸蕃。请于防海将官。剿之略尽。遂声言宣力朝廷。以要重赏。且乞通互市。将官弗许。但馈米百石。直以为薄。大诟。投之海中。从此怨朝廷。频入侵盗。事闻。廷议复建台阃于杭。命佥都御史王忬巡视海道督兵。仍置二参将【汤克宽俞大猷】。分守境内。

三十年。王直令倭夷突入定海关。移泊金塘之烈港。自以巨舟泊列表。参将俞大猷率舟师数千围之。直以火箭突围去。怨朝廷益深。且耿官军易与也。乃更造巨舰联舫。方一百二十步。容二千人。栅木为城。为楼橹。四门其上。可驰马往来。据古萨摩洲之松浦津。僭号曰京。自称曰徽王。部署官属。咸有名号。控制要害。而三十六岛之夷皆听其指使。每欲侵盗。即遣倭兵。

三十一年。直遣倭兵寇温州。寻破台州黄严县。复寇海盐。长驱至嘉兴城外。官兵御贼。战于孟家堰。死者三千余人。指挥李元律千户薛纲等。俱战死。别寇犯海宁。僧兵与战。败绩。皆死于赭山下。是时。官吏多不知兵。惟松阳知县罗拱辰【广西人】娴于武艺。雕守浙东西诸处。挟悍勇家丁数十人自卫。所在皆有功。得升按察佥事。驻浙西杀贼。副使陈应魁整饬兵备。借其家兵半为已用。由是军遂弱不能抗贼。调至松阳等邑士兵。皆不习水战。每退缩奔还。投河溺死者无算。各处所募北地游僧【所号僧兵是也】。虽健勇而寡谋。倭人狡猾多防。每为其掩袭而败。官军技穷。已而贼袭破乍浦城。由是澉浦金山松江上海嘉定青村南汇太仓昆山崇明诸处及苏州府治。皆仅保孤城。城外悉遭焚劫。贼或聚或散。往来靡定。如入无人之境。遍于川陆。凡吴越所经村落市吉。昔称人物阜繁。积聚殷富者。半为丘墟。暴骨如莽。而柘林八团等处。陈东建屋为巢。据之。持久不动。

余半岁。朝廷命南京户部尚书张经总督军务。别置浙江巡抚。命李天宠为之协谋剿杀。经乃檄调川湖两广山东河南诸处兵。未集而陈东拔巢。四出剽掠。满载长驱。至嘉善县市。会福建义天长赖某被征自汀州先至。勇敢前向。大破贼锋。贼已遁走。赖兵因失传餐。乃为退食。被贼复转掩杀。遂为所乘。多死焉。赖兵每以大旗为阵门。贼有冲先者。则挥旗一卷。必能夹之过阵。斩其首。贼遂溃。故能常取胜。至是与贼战。胜后。时有二偏将亦在嘉善。使作虚声。策应赖兵。贼必不敢来袭。乃退缩不顾。赖兵势孤而败。远近痛惜之。经与天宠时驻节嘉兴。比田州土官妇瓦氏统狼兵至。士民踊跃。望其杀贼。而瓦氏亦愿出战立功。复其孙祖职。请于经。不许。寇复攻北门。燔庐舍。掠子女。横杀无算。河水为赤。狼兵以未得经令。不敢动。

按瓦氏者。田州土知府岑猛之媳也。猛自乃祖阴谋夺嫡。枉杀忠良。头目吕召传至其父岑溥。恣恶兴兵。结怨邻壤。猛承其官。又偏听头目黄骥。私拨土地。结好思恩府土知府岑浚。浚作乱。袭破田州。逐猛。放兵劫掠。两广都御史潘蕃总兵韦经讨浚。诛之。遂奏浚已显戮。猛自陷府治。难托专城。要将二府改为流官。猛改降同知。尚书王时中马文升等议从其请。且将浚家小解二千里外安置。猛降为世袭正千户。押赴福建沿海卫分带俸。庶祸源可绝。孝宗从之。押猛送平海卫。猛中途逃回。后调南毋。拒不赴任。正德二年。猛托祖母奏以侍养为名。又令田州夷民奏乞容留本处附近卫所。听调杀贼。四年。猛纳金刀异器于刘瑾。改授本府同知。后调征柳州。得升指挥。调征饶州姚源洞。江西都御史陈金乃奏。指挥知府品级相同。复猛知府。仍于知府上论赏。瑾为之地。武宗准于指挥上升一级。嘉靖初。猛得志。复作乱。杀官夺印。其子岑邦彦。纵兵杀掠。世宗乃命都御史姚镆征之。猛被获。锉尸枭示。邦彦走死齐村。其遣下头目卢苏王受构众扇乱。入陷思恩。镆复征之。久弗克。为巡按石金所论。镆罢去。改命新建伯王守仁总督两广军务。随宜剿抚。守仁至。下令招降卢苏等。议立其子邦相为田州知州。世宗诏邦相准与做田州署州事。吏目仍听流官知府控制。后有勤劳。依拟升擢。今瓦氏盖邦相妻也。相死。子复继亡。瓦氏以太君权州事。年在五十以下。驭众刚明。人畏惮之。张经两广总制之时。常调其州兵杀贼。有功。曾蒙奏赏。故远来报效。冀立殊勋。以复同知之职与其孙也。初至。甚有纪律。军士敛戢不敢肆。咸奋迅破倭。而经竟不遣之出战。优游于嘉兴诸处。颇有河上翱翔之意。军上咸生怨悔之心。经去后。又随阃帅往来年余。竟无成功而还。于是所至骚扰。鸡犬不宁。闻瓦氏兵至。在在闭门逃出。殆与倭寇之过无异焉。又按经之在嘉兴。诸路兵集。各有杀贼之志。而经再不发一令者。何哉。盖其初制两广。苗贼不时出劫。贼巢不远。一掠即归。归后方命兵尾其后。取所掳遗老弱。即以报功。未尝交战。狃为长策。今经亦欲待倭奴杀掠饱还乃出师。如两广故事。而不虞倭奴自海登陆。焚舟持久。残破日深。遂疑军门通贼。流言四播。朝命赵文华至浙。名虽祭海。实侦经也。经始不自保矣。

上以贼未平。敕工部侍郎赵文华致祭海神。寻有察视之命。倭众四千攻围金山城。久据乍浦。寻拥至平望王江泾诸处。巡按御史胡宗宪督参将卢镗总兵俞大猷所统部卒及狼苗等兵大战于百步桥。悉擒斩之。筑京观。

嘉靖初。平望镇殊胜寺有一道人来游。题其壁曰。我自蓬莱跨鹤归。山僧不遇意徘徊。时人莫解菩提寺。三十年余化作灰。题毕而去。后倭夷至镇。寺悉被毁。距题诗之日凡三十一年矣。

文华还朝。遂劾经玩寇殃民。按兵不战。械系入都下。擢宗宪代经。然贼愈猖獗。一支数千。自柘林走海宁直抵杭州北关外。屯聚劫掠。巡抚李天宠命烧近城湖上僧寺。闭门敛兵而已。一支有贼九十三人。自钱塘渡浙至奉化。复转而还。渡曹娥江。御史钱鲸便道还慈溪。适值贼。遇害。已而入富阳。过严州徽州到南京城下。京营把总朱襄将升被杀。城门昼闭。贼鼓行东掠苏州。寇常熟。知县王秩与致仕参政钱泮。俱为所杀。已复攻围江阴。知县钱死之。言官劾天宠懦怯纵贼。夺其职。寻亦被逮。与张经并下吏。以军法论死。

三十三年七月。倭夷寇广东潮州。先是都御史谈恺闻两浙直隶诸郡倭寇猖獗。恐其延及惠潮也。遂移檄巡视海道。议战守事宜。以靖海防。时广东巡视海道副使汪柏议将防守潮州柘林长沙等处海澳兵船并为柘林一哨。顾募东莞乌艚二十只。潮州白艚船十只。共拨兵一千二百名。委指挥黑孟阳为中军统领。指挥李爵李鉴。千户王诏虞钦尚昂戴应先等部领往来巡哨。议上督府。恺允之。既而守备玄钟澳指挥同知候熙亦请禁接济倭夷。遂以其议行巡视海道。转行备倭守备及沿海府县卫所掌印巡捕等官。严督各哨官兵。如遇倭船乘风泊岸。星火飞报各处官司。督兵协力追捕。适备倭千户于瑛报有贼首徐碧溪洪老等撑驾大夹板弯尾船从福建海洋乘风突来深澳。凑合贼首林寄老等。督抚令于瑛加谨防捕。及督指挥黑孟阳等部领兵船协同各该哨备倭官兵。相机设法擒捕。至七月初二日。果有贼船三只。哨马船五只。从福建汀州外洋泊潮州柘林。时我兵既以预先警备。贼至。不敢近岸。黑孟阳等即统各哨兵船兼程前进。初三日至柘林。初四日官兵奋勇与战对敌。兵威大振。攻贼。败船三只。贼首徐碧溪等被伤。贼众落水淹死者不计其数。浪涌不能取功。生擒番海贼寇方四溪等。共一百八十名。皆系近时攻陷浙江等台温及苏松诸郡县巨寇。今又凑合暹罗东洋诸国番徒。经年在海劫掠。流毒滋甚。幸而筹策先定。防守唯严。数千逋寇。一旦削除。各省宿冤一麾可雪矣。朝廷廑忧东南。加胡宗宪兵部侍郎。总督浙直福建军务。八省钱粮官吏听其调用。以提学副使阮鹗为巡抚。

三十五年。海贼徐海【号明山和尚。即徐碧溪侄。亦与王直相党援者】陈东与倭酋辛五郎等复拥众寇松江嘉兴诸郡。声言欲取金陵建都。乃由峡石越皂林。出乌镇以北。新巡抚阮鹗自嘉兴还杭州。适与之遇。急走轻舸入保桐乡城。参将宗礼与禅将霍贯道皆河北骁帅。厚集其阵。合击杀数十人。曾日暮。贼引去。时贼气虽窘。而二将亦绝向道。不得择善地休止。孤垒无援。贼复纵兵出战。二将俱陷殁。贼乘胜围桐乡。宗宪檄诸路兵进援。逡巡惶怖。不敢近城。中夺气。陈东又伐大木。盛为撞杵以攻城。城几坏。一男子献计为巨索悬于城。候撞杵至。即挛之曳以升。不得撞。又募冶工煮铁为汁灌城下贼。贼不敢逼。久之。贼解围去。阮鹗得出。还杭州镇。徐海等拥至平湖。据沈家庄为巢。初攻桐乡时。海先撤围。陈东意海私受军门重贿。颇不平。至是海又与麾下叶麻争一女子有隙。海乃遣人至军门约降。且以计缚叶麻陈东送至为信。军门许之。时文华升尚书。奉命督察军务。重莅嘉兴。乃与宗宪暨当事诸公诣平湖受其降。海率死士三四百人环甲露刃。突进城中。纳款称罪。遂厚犒之而出。寻将归大洋。适所调永保峒兵至。奋击败贼。海死乱兵中。辛五郎即被获。与叶麻等囚至京师。献俘告庙。伏诛。时浙西诸郡唯嘉兴去海七十里而近。贼登岸甚便。最为要冲。先是海宁卫库中兵器夜则自鸣。铮铮有声。识者以为兵兆。郡城地方李上生瓜。长寸许。剖之其中惟水【谚云。李树生黄瓜。百里无人家】。后果首被贼祸。村里断烟云【禅将领僧兵官也】。

钱薇血泪歌曰。四月五日海作妖。青天霹雳山走潮。千艘蜃贼狐狭虎。万屯铁骑鼠见猫。金绯大将膏锋镝。麋烂细民喙乌雕。端阳五日与六日。四郊烟焰运云高。红巾填塞秦溪野。劲枪毒矢杀气豪。此时哭声动天地。横山积血成波涛。少妇污蔑触白刃。婴儿中塑娘同刀。岂无脱奔保首领。官军劫夺无路逃。夜来仰看旄头星。炯炯未灭心切切。准为入奏明光宫。流离乞抚血泪号。

卷三·东夷·日本国

是年【嘉靖三十五年】。徐海虽毙。而王直在岛称雄如故。遣倭酋纷扰浙东滨海郡邑。破临山卫等城。祸如浙西。复寇通州海门突流杨州。直之母妻并子俱在浙省。心切念之。欲致其归。乃请讲和。寻率将领渡海。执无印表文。诈称丰洲王入贡。来泊岑港。遣人通好。索家属。要开市。军门胡宗宪许之。且赂以厚贿。说其来降。直迁延者久之。直既离本巢。自失负固之势。而受贿繁渥。诸岛亦各生疑贰。直恃其强。谓中国决不敢害己。或可侥幸如意。杰然诣款塞。诏诛之。枭直于市。余党溃去。

别志曰。奸民王直。倡乱于海。倭酋部落数万。皆受直节制。流劫两浙诸郡邑。三四年间。吏民死锋镝填沟壑者亦且数十万。官军莫敢撄其锋。督阃胡宗宪惩张经之获罪不知所措。乃欲议和以舒目前之急。奏乞遣使移谕日本国王。禁戢属夷。上从之。先是宗宪檄徽州府收直母妻及子系金华府狱。至是出之。令有司丰衣食洁第宅以奉。而遣生员将洲陈可愿借市舶提举职名充正副使往日本。且命二人持重贿见王直。说令灭贼保亲属取官爵。以觇其意。二使至五岛。见直养子王激。道以谕倭事。激曰。往见日本国王。无益也。此间有徽王。岛夷所宗。令渠传谕足矣。明日。直出见二使。推髻左衽。旌旗服色拟王者。左右簇拥。二使心动。坐论乡曲。直设酒食。情款方洽。二使曰。军门遣仆等敬劳足下风波无恙。直避席曰。直海界逋臣。军门不曳尺缠牵而鞫之。而远烦讯使。何也。二使曰。军门以足下称雄溟渤。诸蕃畏服。伟哉丈夫也。风波隔限。不能亲犒。敢命仆等以黄白丝绵若干为寿。直忻然纳。二使曰。军门推心置腹。援足下令妻寿母而出之狱。馆谷甚厚者。盖以足下材略超世。未能奋迹龙池。故遂涉身鲸波。亦不得已焉耳。非足下本心也。且足下曩岁曾扣关献捷。人孰不知其功。今日能乘机改节。灭贼自效。则爵赏必隆。悠久富贵。非但保全妻孥而已。直墨然。乃挟二使登舟。巡数小岛。夸示富强而还。初。直闻母妻为戮。心甚怨。欲犯金华。及见二使。始知家音。心窃喜。乃集所亲信者计之。谢和等曰。今日之举。未可冒昧突往也。当遣我至亲为彼所素信者先往效力。以示欲降。待彼不疑。然后全师继进。始可逞耳。直笑曰。妙算也。遂遣王激等来投诚效力。宣言王直归顺成功之后。他无所望。惟愿进贡通市而已。宗宪为直上疏于朝。许之。时直虽伪约归顺。而徐海陈东叶麻等已拥萨摩洲夷王之弟过洋入寇矣。时适舟山有零寇数百。宗宪遣叶宗满等助官军往剿尽殄焉。疏其功次。犒赏三酋。王激笑曰。此何足赏。若吾父来。当取金印如斗大耳。既而徐海陈东寇松江嘉兴。势大猖獗。宗宪召王激等谋之。以观其意。激等初欲小试殷勤。甘心助灭舟山零寇。至于徐海等正其所倚以图大事者。且利直速来共济。乃辞曰。是非吾所能。须吾父来乃可耳。遂留夏正童华邵岳。辅王汝贤在军门。自以招直捕贼为名。与叶宗满开洋去。徐海陈东由峡石抵乌镇。围桐乡城。巡抚阮鹗在城中孤危甚急。时王直又遣养子曰毛海峰者。疑定海关以谢过【谓海不知通好之故。乃尔入寇】。间奉直命谕徐海。徐海未允。宗宪疾走。人赂毛。毛又遣人诣海。宗宪复令谍者赍银数万两赂海而说之曰。足下所求不过欲多得利耳。与其鏖战而取劫掠之财。孰若安闲而享所自致之货。且直与足下固唇齿也。直已遣子入款。朝廷赦其罪。将官之矣。足下不于此时解甲归顺。他日使直独保富贵。孤立将安所为也。海然其计。于是遣所亲入谢。约罢围去。因索赂遗他倭酋。宗宪许之以银牌绮币。厚赐来者。来者德之。以报海。明日。复遣他使来谢。宗宪厚待如初。凡数得。海始喜慰。而陈东以海私受重贿。不与之均。鞅鞅不乐。是夕。海果潜移巢去。道崇德而西。东闻海去。势孤。亦引去。围始解。徐海乃屯于海盐平湖交界旷野之处。将造舟为归岛计。日遣人与宗宪索馈。宗宪悉如其意与之。凡银两丝绵锦段与夫酒米盐酰裁缝医师。巨细取给传送之。所馈动以万计。舟相接于道。虽供应月余。未尝缺乏。徐海既感宗宪待之诚。且谓其不足惮。遂以故所戴飞鱼冠及坚甲名剑来酬献。间遣其弟洪入质。于是彼此无忌。谍报宗宪。徐海麾下独书记叶麻为长。黠而悍。近与海争一女子。不相能。非用间急缚之。则阻海归心。且将为后患。于是遣谍赂海说令缚麻以擅功。潜并赂麻。使不疑也。海从之。与麻共宴宗宪之使。半酣。海谓麻曰。予辈既与军门通好。便为一家。今使者归。予辈当释兵远送。以示款洽。麻然之。命各部下俱不必从。海遂与麻同舟。复举酒大饮。送使者至十里外。伏发。执叶麻。麻出。而故隶叶麻部曲皆怨且惧矣。宗宪恐生他衅。时时遣谍持簪珥玑翠金饰遗徐海两妓女不绝【一名翠翘。一名绿珠。侍海专宠】。令两侍女日夜说海并缚陈东。东乃萨摩王弟帐下书记。海犹豫未决。宗宪出叶麻囚中。令其诈为书于东。乞兵贼杀海。其书故不以遗东。阴泄之于海。海得书。谓东等叛己。遂诈请东于萨摩王弟。代署书记。既得。即缚之以献。叶麻与陈东相继缚。而海麾下汹汹。益疑且怨矣。初。叶陈二部下贼虽有憾海之意。而俱沾军门之贿。遂皆隐忍。海恐此辈终为己患。乃遣人与宗宪定计。先遣已部下数十人诣军门求赏。皆受银牌花币。厚宴而归。次遣叶陈二部下之雄者各数十人。皆欣喜争往。一路酒馔厌沃之。抵嘉兴。通事者语贼云。前日来者皆去兵器。空手入城。以便簪花执盏。尔等亦当如前。贼从之。官军伏于瓮城。一将官先闭内城门。坐城楼上。令贼分四门而入。贼既入瓮城。而外城门随闭。通事者语贼当拜城楼上将官受赏。贼下拜。伏出。每二人执贼一人。截其拇指而囚之。于是徐海自度纵归故岛。必为蕃落之所杀。内附之心益固。请与部下入款。宗宪许之。谍往。定期。海先期一曰率倭众数百人胄而阵平湖城外。又自拥百余人胄而入平湖城中。庭谒军门。稽首称罪。宗宪与当事诸公厚犒之。竟傲然出。是日城中人无不魂战色变。当事诸公忿其疆。皆议诛海以杜后患。宗宪欲纵海生还。迫于众议。不得已而从之。然海众尚千余人屯近独山。猛鸷难即破。于是令海自择便地居之。海择沈家庄。即僦与居。且馈遗海如曩时。既而永保峒兵俱应征集。宗宪又令陈东诈为书夜遗其党。言海已约官兵夹剿汝辈矣。陈东党果大惊。即勒兵篡两妓女过海所。骂曰。我死。若俱死耳。遂相槊而斗。海中槊。众大乱。明日。官兵四面合墙立而进。风烈。纵火焚之。海窘甚。沉河死。余酋搜斩殆尽。永保兵俘两妓女以归【二妓溺死于河】。于是辛五郎率余党遁至海岛。官军邀击获之。与叶麻等囚送都下。宗宪以下各进官有差。然而王直犹负固自若。遣贼寇浙东诸郡。流及通州杨州。宗宪欲以弭诱直出巢。于是委心留用直前所遣来王汝贤数人。抚摩若亲子。及叶宗满兄弟【前同宗满来者】尽加礼遇。时时对将吏言曰。直非反贼。顾崛强不一见我耳。见我乡曲。故当有处也。直闻之。谓军门诚朴可欺。欲乘机见之。而还得完聚亲属。且自度纵不如平日所料。亦不至为失水大鱼。遂决策渡海。首遣蒋洲。次遣王激叶宗满等率骁卒千余人。且以丰洲王入贡为名。先泊岑港。据形势。分布要害讫。直乃与谢和等慷慨登舟。令众曰。俞大猷吾尝破之列表。泊岸时须谨备之。军门当直未至时。已度其前有隙。豫调俞大猷于金山。而以总兵卢镗代之。卢镗者。旧与王激等同事舟山。抚循倭夷备至。直坦然不疑。惟日聚群倭。砺兵刃伐木为开市汁。且索母妻子弟求官封。宗宪列状以闻。上诏相机擒剿。宗宪秘不宣。夜驰至宁波城。密调参将戚继光张四维等督诸健将埋伏数匝。乃以夏正等为死间。谕直曰。汝欲保全家属。开市求官。可以不降而得之乎。带甲陈兵而称降。又谁信汝。汝有大兵于此。即往见军门。敢留汝耶。况死生有命。苟命当死。战亦死。降亦死。等死耳。死战不若死降。降且万一有生焉。直犹持疑。宗宪则使蒋洲往为质曰。如负约。则洲命悬尔手。敢尔欺乎。直信之。凡直意所欲。军门辙馈遗之。不吝巨万。一如饷徐海时。直颇心喜。又其所亲信王激叶宗满遣来见者。军门必降礼厚贿。笑语饮食。运床共卧。观契无间。皆为说谕往来相通者五旬。久益情洽。风闻诸夷谓直已归国。无复主之之心。而叛贾素依直为渊薮者。且各散去。直计回岛之难立。而纳款则犹可侥幸保全亲属。且莫敢奈我何也。乃挺身诣军门降。宗宪委曲谕之曰。汝既来归。我当表奏。爵汝崇秩。但事达朝廷。上意不测。汝当以罪人居于狱。庶九重知汝负罪引慝之诚。我之为汝请者可如意而得。脱有他变。汝之坚甲利兵固在。我敢负汝哉。乃命一指挥伴送入杭州按察司狱。直遂俯首受命。狱中供帐备具。自是日有宴。夜有官伴宿。虽在狴犴。无缧绁之拘。有费应之资。直乃安之。以俟恩旨。其党之在舟者。亦赐遗不乏如常。杭城日夜戒严。如虎在豢。王激辈栖迟日久。各无斗志。蒋洲以计先脱归。宗宪乃遣将出师抵岑港。要贼党去路。继有别岛贼来援。官军奋击败之。斩获甚众。余窜归大洋。有诏诛直。枭其首。妻子给功臣之家为奴。直众既破。惟毛海峰等拥众称雄。然势孤无援。时寇海滨。亦不甚张皇矣。后毛海峰率倭夷侵据舟山。官军四面围之。绝其水草。贼困乏。官军夹击。贼败死殆尽。毛海峰亦死于乱兵中。自是浙中稍得宁帖云。

浙东备倭议曰。昔我祖宗之制。防边戍海。树设周详。郡县之间。建立卫所。定海卫内辖四所。外辖后所霩衢大嵩中中左所旗军一万有奇。岁给官军粮饷十万余石【此皆旧额。今军缺粮。减存者止十三】。又置巡检司九。曰螺峰。曰岑江。曰岱山。曰宝陀【四司环置舟山。俱隶宁波府】。曰长山。曰穿山。曰霞屿。曰太平。曰管界【俱隶定海县】。莫不因山堑谷。崇其垣墉。陈列兵士。以御非常。复于津陆要冲置为关隘。曰定海关【在南熏门外。最为冲要。旧制额设指挥一员。旗军五十名。盘诘舟航。以防奸细。官哨战船停泊于此。今增协守民兵一十名。福苍兵船亦此停泊】。曰舟山关【旧制额设官军盘诘。今拨福苍兵船防守】。曰小浃港隘。曰青屿隘。曰碶头隘。曰钱家隘。曰梅山隘。曰慈岙隘。曰横山隘。曰螺头隘。曰碇齿隘。曰小沙隘。曰沈家门水寨。曰路口岭隘。曰岱山隘。曰大展隘。凡一十有六。皆屯兵置舰以为防守。其中。若定海关舟山关沈家门水寨小浃港隘最为要害。自昔至今。尤致严焉。定海烽堠一十三。后所烽堠十。霩衢烽堠六。舟山烽堠二十五。咸设旗军以瞭望声息。昼烟夜火。

互相接应。若霩衢之三塔山。舟山之朱家尖。矗峙最高。所望独远。故设总台。多拨旗军。戒严尤至。设总督备倭。以公侯伯领之。巡视海道。以侍郎都御史领之【洪武三十年以后。总督领于都指挥。海道领于宪臬】。海上诸山分别三界。横牛山【在慈溪县北大海中。与海盐县海洋为界】马墓长涂金塘册子大榭兰秀剑岱双屿双塘六横等山为上界。又滩浒山三姑霍山徐公黄泽大小衢等山为中界。花脑求芝络华弹丸东库陈钱壁下等山为下界。率皆潮汐所通。倭夷贡寇必由之道也。前哲谓防陆莫先于防海。缘边卫所置造战船。以定临观三卫九属所计之五百料【上定海港一只】四百料二百料尖快等船一百四十有三。量船大小分给兵杖火器。调拨旗军驾使。而督领以指挥千百户。每值风迅。把总统领战船。分哨于沈家门。初哨以三月三日。二哨以四月中旬。三哨以五月五日。由东南而哨。历分水礁石牛港崎头洋孝顺洋乌沙门横山洋双塘六横双屿青龙洋乱礁洋抵钱仓而止【每哨抵钱仓。所取到单并各处海物为证】。凡韭山积固大佛头花脑等处为贼舟之所经行者。可一望而尽。由西北而哨。历长白马墓龟鳖洋小春洋两头洞东西霍抵阳山而止【哨至。亦取海物为证】。凡大小衢滩浒山丁兴马迹东库陈钱壁下等处。为贼舟之所经行者。可一望而尽。由此而南。通于瓯越。北涉于江淮。皆以南北两洋为要会。而南北之哨。则以舟山为根。抵六月哨毕。临观战船则泊于岑港。定海战船则泊于黄崎港【海中以六月十二日为彭祖忌。飓风大作。舟必预期收港避之】。仍用小船巡逻。防守备至密也。今日倭奴更不可以春汛期【自三月至五月为汛期。六七八月风潮险恶。舟不可行。九十月小阳汛期。贼舟复可渡海。亦有停泊海岛。乘间而至者。故今四时皆宜防海也】。而备御宜益密矣。皇上轸念元元。震耀神武。命将兴师。诛讨不庭。一举祖宗之旧章。而振饬恢弘之。设总督直隶闽浙军务大臣及巡抚都御史。以蕃臬分任兵备。调发横江乌尾船二百余艘【今皆废坏】。改造福清船四百余只【停造五百料等战船。取军四民六抖银。增价改造】。苍沙民船复数百只【或官造或雇税】。召募福建两广邳徐松潘保靖永顺桑直麻辽镇溪大康及苍处等兵不下十万【今川广诸溪洞土兵悉皆免调】。敕镇守总兵驻扎临山【今改扎定海】。协守副总兵驻扎金山【今改扎吴淞】。参将分守各府【宁绍一参将。并各府四参将】。把总统辖卫所【旧制临定观一把总。今定海专设一把总。并各卫共六把总。俱题请钦依】。复有游击游兵之职。以统水陆之兵【俱奏请钦依】。一时任事之臣非不摅殚谋画。务底安攘。而豺虎未消。烽烟未靖者。盖以城戍不足。而告急者多。则疲于奔命。庾帑不实。而资用者乏。则窘于设防。粮饷不时。而冻馁者众。则怯于应敌。土著不练。而征召者至。则艰于行法。此皆用兵之大患也。且倭奴入寇。自彼黑水大洋。舟行一二日抵天堂山。复一二日渡官绿水。抵陈钱壁下。渐经浊水【海水东去三四百里圂泥而黄浊色。过此水渐深而清。且卤。为官绿色。千里之外。海极深益卤。视之黝黑色。海道经所载及人所见皆然】。因潮乘风。寇无定迹。瓯闽渤海。南北可从。即其南涉韭山。北由马迹。舟山则四面可登。缘海则随处可犯。游兵把总等官督领兵船。自春历夏。及小阳汛期。于南北海洋穷搜远探。遇有贼舟。即为堵截。驰报内境。俾为预防。复于沈家门列兵船一枝。以一指挥领之。马墓港列兵船一枝。以一指挥领之。把总驻扎舟山。兼辖水陆。总参标下各选练精兵三千。以听征剿【近年议将总参标下陆兵更属海道兵备训练。仍各选亲兵一千随征】。定海则屯聚重兵。屹为巨镇。贼或流突中界。则沈家门马墓兵船迤北截过长涂霍山洋三姑。与浙西兵船为犄角。迤南截过补陀桃花青龙洋青门关。与昌国石浦兵船为犄角。贼或流突上界。则总兵官自烈港督发舟师。北截于七里屿观海。参将自临山海洋督兵船为应援。南截于金塘大猫洋。而石浦梅山港兵船为应援。以故今日之海防。会哨分哨于外海者为第一重。出沈家门马墓之师为第二重。总兵督发兵船为第三重。巨舰云屯。倭夷之舟航弗预也。火器飙发。倭夷之短兵弗预也。以我之众制彼之寡。以我之长技攻彼所不足。折蛇豕之势而免内地震惊之虞。斯策之上者也。万一疏虞而贼得登陆。由拙泥乌山鸣鹤场古窑松浦丘家洋官庄诸路。可犯慈溪与定海之西北境。以达于郡城。则向头观海龙山管界之备不可以不严。而丘洋金岙慈周新城石墙之筑。实所以扼其冲。由小浃港穿山昆亭康头尖崎诸路。可犯鄞界与定海之东南境。以达于郡城。则小浃口置列兵船【海道兵宪谭纶总兵卢镗建议于港口置铁发贡。重五千斤者一座。调发兵船防守定海。添设民八桨船一十只。汛期则巡逻哨探。汛毕则容其樵彩近境】。与后所霩衢大嵩甬东太平诸处之备不可以不严。而慈岙蛤岙石墙之筑。实所以扼其冲。由大浃口直走郡城。则西渡东津桃花梅墟之备不可以不严。而关口水陆之兵与招宝山威远城之筑。实所以扼其冲。盖我尺寸之地皆系金汤。得人而守则其险在。我防或少懈则反以资敌。若舟山故定海治也。四面环海。其中为里者四。为屿者八十三。五谷之饶。鱼盐之利。可以食数万之众。不待取给于外。初以承平无事。止设二所守之。军卒止二千有奇。而岁久逃亡且大半矣。重以城垣低薄。不足为固。万一夷且生心。据以为穴。则险阻在彼。非有劲兵良将。卒未易以驱除。而彼方挟其利便。四出攻剽。则滨海郡县。容得安枕而卧乎。此今日之所当首以为忧。盖不止如双屿烈港之为贼窟而已也。夫海防莫急于舟师。今计定临观昌各港官民船可二百艘。仍增造福苍沙船五十只。复有八桨渔网等船。旧例。官船料价。六分则征于里甲。四分则扣于军储。以充造作。三年则轻修。六年则重修。九年则折造。其价仍扣于月粮。变卖于钉板。而给公帑以佐之。今之造舟给直又数倍于昔矣。昔之出海。旗军食粮八斗【内将三斗安家。五斗随行】。今之给饷水兵者。又数倍于昔矣。公私安得不困哉。且昔日之水军固皆尺籍之编伍。未始征兵于外也。与其募闽人以充水兵。孰若省召募而兼用土著。使久而习其扬帆捩舵之法。战攻冲击之技。宜无不便。况吾缘海之民。流亡内地。投充水兵以百千计。归而用之。又奚不可哉。然沧溟万里。茫荡无涯。潮汐风势之逆顺。帆橹人力之迟速。把截港汊要害之处。旷阔亦不下数十百里。非若潼关剑阁可一夫扼险而守者。寇已登突而为之备。计亦晚矣。即今定海卫所军兵之外。复有总兵标下之兵。以战以守。足备缓急。若霩衢大嵩穿山龙山管界。形势单薄。兵力寡鲜。宜各增置陆兵。势相犄角。而于镇兵所屯。相机调遣巡司乡团。俾联络策应。若舟山则水陆缺防。抑不容缓矣。海道兵宪刘应箕。拨兵六百戍守霩衢。盖为是也。议者曰。国初缘海之兵。自足以周备御之用。而乃谓不足。何也。盖卫所之军兵止存空籍。窜漏裁革者过半。仓庾之储蓄止存空额。那移逋负者不赀。而复以羡余归计部。此皆非污谟之善者也【近年。卫所军兵只身赘婿义子。悉皆革罢。止准见在军伍者派拨粮饷。皆指为羡余。解输户部。以充别用。故军日耗而粮日寡】。今欲图安攘久远之策。无他。举祖宗之成宪而行之尔。奏复原额钱粮尽充养兵募兵之费。不得复以那减充羡余。禁止逋负之奸不得以国赋润豪猾。如又不足。不得已而加赋于民。当不至如今日之甚矣。仍严行清勾之法。移查原籍有无丁壮可补者补之。如原籍亡绝。即于卫所简其见在壮丁补足。行伍赘婿义子。年力强壮。俱准收充。不必执空籍以糜岁月【今巡抚赵炳然奏准举行补足全伍官军】。其犯罪充军者严为解发。使明隶尺籍。遵照近年本兵题准事例。不得有所脱漏。又不足则召募土著之人膂力精强者。程能试补。仍复其身而给之食。立以程限。壮年为兵。力衰而罢。不苦之以终身。不陷之以永久。则人皆鼓舞。乐于为兵。军无缺额。粮不虚废。必无不任战之民死于无罪者矣。议者曰。主兵不足则客兵不得不用。夫环海之变故无常。东南之财赋有限。以有限之财赋募无已之客兵。以防无常之变故。此岂异于割股以啖犬豕者也。况其贪残之性不减于倭奴。使久居内地闲熟道路。习知土风。必有不戢自焚之祸。昔元末苗帅杨完之流毒于嘉禾。迩岁闽广之兵屡叛而从寇。益可鉴矣【此言补足行伍兼用土著。可以省召募客兵】。议者又曰。山海有自然之利。捐之民而困可苏。故屯大榭之田可以固穿山之守。而耕牧金塘。足裨内地之粮饷。然其地极广袤。物产无穷。贼屡过而不问者。以其中未有可欲也。既田之则有可欲矣。能保其不据乎。苟无重兵以守。是委以与敌也。而可为之乎【此军大榭金塘断不可田】。议者又曰。今之水战止能邀击去贼而已。未能遏来者之锋。夫来贼锐而去贼隋。击隋易而攻锐难。人情所皆知也。然击来贼者仇之。扑火于方燃之始。火灭则栋宇可以无虞。击去贼者。譬之收燎于既烬之后。此其利害则有间矣。自海上下师击来贼者仅一二见【戊午。参将张四维擒朱家尖寇。己未。总兵卢镗歼三沙之寇】。而邀去贼者亦不过文其纵贼不追之罪耳。今若以击来贼之赏而优于追去贼之赏。以纵来贼之诛而严于纵去贼之诛。更得当事者同心戮力。急如救焚。则边鄙又何不宁耶【此言水战以击来贼为奇功】。议者又曰。我兵陆战每退怯。而鲜成功。夫倭奴常败于水而得志于陆者。非其勇怯有殊也。交兵海上。吾特以战舰之高大。帆樯之便利。与火器之多取胜耳【总兵俞大猷尝议贼或制舟与吾巨舟等。则未易取胜。故防海尤急于防陆。总兵卢镗攻破双屿。得蕃寇鸟嘴铳与火药方。其传遂广】。彼登陆即沉船破釜。所以一其志也。环龟自守者专其力也。顾能用兵。饱以饥我。逸以劳我。伏以伺我。佯北以诱我。狡狯深入之穷寇与吾柔脆之兵相角逐。胜负之数可坐而策也。

诚能察彼己之情。即以其胜我者而胜彼。握符驭众者复以威克厥爱行之。宁不足以殄灭凶顽耶【此言陆战当以谋勇兼全取胜】。议者又曰。定海缘边旧通番舶。宜准闽广事例。开市抽税。则边储可足。而外患可弭。殊不知彼狡者倭。非南海诸番惜身重命保货之可比。防严禁密犹惧不测。而况可启之乎。况其挟赀求利者非脯肝饮血之徒。捐性命犯锋镝者必其素无赖藉者也。岂以我之市不市为彼之寇不寇哉。殷鉴不远。往事足征。当商舶未至而绝之为易。贸易既通。一或不得其所。复将穷凶以逞。此时何以御之耶。况彼之寇边者。动以千万计。果能一一而与之市乎。内地之商闻风胆落。果能驱之而使与之为市乎。既以市招之而不与市。则将何词以罢遣之耶。市以百至。兵以千备。市以千至。兵以万备。犹恐不足以折其奸谋。今我财力果足以办此乎。且市非计日限月之可期也。彼之求市无已。则我之备御亦无已。果能屯兵而不散乎。此皆利害之较然者也。乃谓可以足边储而弭外患。不已大缪耶【此言蕃舶不可通】。议者又曰。倭奴悔祸。或扬帆称贡而至。又将何以处之。昔杨文懿公守陈尝著却贡之说。谓其受贡亦侵。不受贡亦侵。今倭奴已为仇敌。乃于构隙之余。复敢怀其狙诈狼贪之心。而欲售其谲计。其罪不胜诛矣。况可与之通乎。且前此入寇之少。以通蕃下海勾引向道者少也。今兹入寇之多。以通蕃下海勾引向道者多也。不严禁奸之令。而欲开非时入贡之门。是止沸而益之薪也。况倭王微弱。号令已不行于国中。即使通贡。果能禁诸岛之寇掠乎。且常年贡使止数百计。而往岁寇边之贼动以千万计。岂寇边之贼皆欲贡而不得贡者乎。谓宜颁降诏旨。申命海道帅臣。益严守备。贡则却而驱之出境。寇则草剃而禽弥之。则彼奸谋狡画破阻不行矣。如其引慝伏罪。重译效款。必欲率宾。同于诸蕃。以自纳于覆载之中。则必质其信使。坚其誓约。谕令禁戢各岛不复犯边。期以数年为断。若果能恭命不渝。而后如先朝著例。复许之贡。此则义之所以为尽。仁之所以为至也。是故明征定保。君子监成宪而行之。修治垣隍。慎固封守。一策也。编立保甲。内寓卒伍。一策也。讥察非常。严禁兰出。一策也。绥拊疮痍。固我根本。一策也。此皆所以治内也。修复墩堡。严明烽堠。一策也。缮治器械。精理战船。一策也。出哨会哨。悉遵旧规。一策也。据险守要。联络响应。一策也。此皆所以治外也。至于练主兵而免调募之扰。足财用而资军兴之需。聚刍粮而给饷以时。严赏罚而攻罪不掩。设画树防。出奇应变。为吾之不可胜以待敌之可胜。则在中外任事之臣加之意而已。然昔人有云。其备不在边境而在朝廷。故曰无怠无荒。四夷来王。又曰惟德动天。无远弗届。今明主方隆唐虞之德。崇于羽之舞。又何必规规责效于甲兵之末乎。

直既就戳。海贼徐惟学等据岛分众往来于福建省界。蜂屯蚁逐。连破县城。

三十八年二月。倭寇犯饶平。流入漳州等处。督阃范钦遣都指挥孙敖会两广兵进剿。亲率狼兵及千户张春等。二次斩级七十七颗。生擒九名。夺回被虏官民人口一百八十余名。牛马二百二十余头匹。陆续官兵又获真倭贼一名林居凤。奸细余超张大陈元爰。接贼犯人杨二及贼马吴丝绸绢等件。百户赵孟李镇抚杨德于石牌地方斩获倭贼首级十颗。曲史万邦邑夺回被虏一人。番衣一件。

四十二年。复破兴化府城都。御史谭纶与参将戚继光率师救援。贼走。败之。溃入广东界。

野记曰。岁癸亥。倭贼围兴化城。相持数月。杀掠无算。贼侦近郊冢墓为乡宦富室者。则发其棺舁至城下。而俾之赎。否则屠尸而焚焉。城中米价倍涌。无所得。至于薪水俱竭。军民疲困殆极矣。参将刘显驻兵江口应援。不敢进。兵备副使翁时器新至任。适乡宦陈应时建策。谓城上刁斗喧噪。贼视为常。今令夜不举号。鸣拆息灯。静坐至三更。四门各举铳飞击贼巢。若欲往劫之者。使其自相斗杀。我军继之。可以取胜。时器从之。适显使健卒八人。间道以公文会时器。其服俱以天兵二字为号。倭贼得而杀之。乃相与定谋选黠贼八人。各服其服。持公文叩城。城中遂挽而上。或有言健卒不类。须察而防之。时器不听。诸贼因得遍观街巷出入楼橹登降之处。时器下令守城者入夜辄静。讹则有罚。时众久惫。是夕相与寐熟。举城寂然。贼探至城下试呼官军。无一应者。乃骂曰。城中人岂俱死耶。八黠贼乃放火举号。贼皆掩至。长梯蚁附而上。乱杀守卒。开城门拥入。纵焚庐舍。而时器犹未之知也。众乱。时器从东门引下逃脱。贼分守城门。吏民无得出者。时贼半为漳州土人。凡有名士大夫及巨室悉素知之。拘系一大寺中。命以金帛赎身。各限以数。不如数者腰斩锯解之。蒲多缙绅。有四五世科第相承者。古今典籍比屋连巷。至是俱罗锋燹。为斯文之烈祸。贼搜掠编户。靡有孑遗。屯城月余。粮食尽罄。城外亦萧然无可剽掠者。贼不能住。又虑援兵将集。去屯平海卫为巢。都宪谭纶与参将戚继光兵统兵攻之。继光兵四千。声言三万。俱义乌人。素练习知兵法。而继光又善鼓舞。俱敢向前死战者。继光初至。惟言我兵远来困疲。须养月余乃可用也。因出橐资命造纸甲。既完犹言未可用。贼探知之。守稍懈。一夕夜半。忽传令造饭。饭毕。自率兵居中。俞大猷为左。刘显为右。衔枚疾走。天明逼贼巢。贼不意猝至。皆弃巢走。官军掩杀。呼声动地。斩贼数千余。逃奔至广东界。初。有庠生张某者。十年前夜梦一铁甲人告之云。我是天兵。放火杀人。历午未至酉辛。灭皇纪破土城。牛女之分号令明。重熙会。见太平。醒而记其半。至夜复梦如前。乃记全文。常与众语。不知此为何兆。至是。八贼果以天兵服色倡难。进城以午未日。出城以辛酉日。谭号二华。戚名继光。并合重熙之义。二公纪律严整。士各用命。又俱江西人。分野属牛女。于前梦语无不验者。则生灵祸福。冥冥定数。信不可逃者也。自是闽中恃谭戚为长城。开贼迄今蔓延抄掠各邑。未获安堵。继光父某亦为总兵。先在山东鲁桥与卖卜者钟八交好甚密。钟授继光父以兵书。且教其用法。相别去。继光父有事至京。旅次。一日钟复来访。时继光母方妊。父年三十一。未有子。因问妻就馆所得是男是女。钟曰。女也。若欲男。须戊子年九月朔亥时生乃汝子耳。可名之曰钟祥寿。他日以勋名昌汝家也。继光父笑而颔之。是后钟每至不由户入。从空而下。去则复从空而上。倏然不见。继光父知非凡人。尽诚祈叩之。钟乃吐实。谓我狐仙也。自此不复再见。继光父抵家。果产女。后母复妊。至戊子年闰九月。父意其言默祷俟验。迨朔日亥分。忽见钟闪入卧内。举子即继光也。小字钟祥寿。既长。父授以兵法。颖悟若素习。负胆气。饶智略。有古良将之风。御卒虽严。恩养备至。甘苦与共。结其死心。教以战法。贼败不许取首级。惟以鏖战为功。临敌却顾者始犯则截其耳。再犯则枭首。偏裨以下不少贷。所获贼辎重俱归将士。分毫无所私。故战无不胜。著心法纪略。兵间凿凿。皆可行云。

四十三年三月。倭贼屯潮之乌石。流突溅水都神山沟地方约三千余人。都阃范钦会同两广军门吴桂芳恭顺侯吴继爵督兵进剿。三月二十六日。总兵俞大猷移营。五鼓发兵。以福兵并王诏门崇父二参将下兵分三大枝而进。午时逼贼寨。贼率精锐出寨摆定。分兵来冲。福兵首与相持。半顷未决。俞大猷督后。急遣人斩哨长首级二颗。遍行宣示于福兵。奋勇先登。王门二参参将狼兵继之。呐喊直奔贼中。大战良久。一鼓破之。或奔入寨。或奔入山。各兵分投追杀。杀六百有奇。恐寨中埋伏。用火箭铳炮四面围焚。烧死一千余人。是役倭贼大率死于锋镝灰烬。将及二千。夺出被虏者逾数百人。已而败衄遁走。抢船出海。忽风雷大作。俱溺无免者。

广东海倭论曰。海寇有三路。设巡海备倭官军以守之。春末夏初。风迅之时。督发兵船出海防御。中路至东莞县南头城出佛堂门十字门冷水角诸海澳。东路惠潮一带。自柘林澳出海。则东至倭奴国。故尤为濒海要害。西路高雷廉海面。惟廉州境接近安南。为重地焉。夫倭当朝鲜之下流。山峦巉岏而环以大海。天地东南之仁气至此而尽。性谲且凶。狙诈狼贪。风土使之然也。历齐鲁东淮浙泉漳而后至于潮。双桅出没东洋。如履平地久矣。其为海堧患也。弘治以前。无通蕃者。故亦无海寇之扰。正德初。始渐有之。宋素卿宗设之犯鄞。围城劫库。放火杀人。非无人而至前也。吾广玩愒防备失策。漳舶遏枭而巡哨私通。是以螳螂逞威。肆其暴窃。一闻风鹤。惧喙宵奔。岂非浙固剥床灾近者耶。然波涛汹涌。千里吞吐。而我之步骑弗与。木筏轻舸。浮沉聚散。出没若鬼。而我之巨舰弗与。彼若焚舟登陆。拚死而斗。又有交通接济为之助焉。浙灾其在闽潮矣。是故杜寇之来。莫若严于自治。禁豪势交通之私。断小民接济之路。沿海居民互相保伍。昭王度示国信。俾其革心。感我绥来。计之上也。师有潜伏。谋在察微。势有窒碍。谋在攻坚。以不可胜而待胜。计之中也。若夫立钩距作沈。命草剃而禽弥之。计之下也。噫。用其上寇亦民矣。用其中寇自寇矣。用其下则民劝。寇矣。司海道者请三思之。

方倭之寇浙。赵文华以工部尚书赐玉带出督察。胡宗宪后亦论功加兵部尚书。有玉带之赐。既文华还朝。得罪罢职。时寇既平。朝议示宪文华及巡抚阮鹗费用不节。军饷多弊。上命给事中罗嘉宾御史庞尚鹏同往查军门及督察用过各省钱粮数目。文华冒破十二万。阮鹗六万。宗宪亦不下十万。疏论其侵匿。时宗宪犹在浙。曲为弥缝。上疏辨明。鹗去官。文华已故。皆坐赃追并。后南科给事中陆凤仪疏劾宗宪不法事。上诏逮至京。寻原其罪免归。皆辅臣严嵩之力也。遂以都御史赵炳然代宗宪。除总督福直衔止巡抚两浙兼理军务。炳然旧为浙巡按。见宗宪靡滥之弊。务崇安养。民得息肩矣。然浙之嘉湖与直之江南诸郡固泽国也。县多无城。府虽有城而弛斥不堪御寇。况承平日久。骤加倭警。非惟乡民奔窜不自保。凡城中居民亦无固志。于是各处县邑俱创新城。而府城之圮壤者皆议增高培厚。嘉兴为浙西直南。倭寇必经之地。尤为要害。知府侯东莱请于当道重修其城。屹然为东南巨镇焉。

行人严从简东南巨镇赋序曰。维昔南仲。城彼朔方。玁狁于襄。诗人赋之。而周宣中兴之美。南仲良翰之绩。炯炯若在当时而亲睹其盛也。嘉兴为浙大郡。予之故里。扰于倭夷。民遭荼毒。视玁狁盖有加焉。而城守之议。累岁弗定。偷豫目前。不为远虑。能免厝积之虞也几矣。维时监司郡守却顾而起。规画既定。百堵具兴。匝月讫事。不失寻丈。可以制治保邦。使海魑望而畏。闻而遁。如玁狁不再肆于朔方也。予奉使江藩。便道归省。适观厥成。嘉其保障之有藉。而民风可采以上献也。敢绎诗人之绪。比辞摛藻。以纪一时咨诹之所得云。岂敢自谓登高能赋也欤哉。赋曰。奥惟名郡。瑞产嘉禾。治分七邑。道达四途。星丽斗女之缠。险环海若之都。虎右琚而望越。龙在盘而控吴。塞以秦山。枕以太湖。雄一方之形胜。冠两浙之舆图。民生其间兮。既庶而康。百年化洽兮。守法而臧。士诗书兮农稻粮。外弦诵兮内组裳。怯于见长吏兮。重于去故乡。非有推埋睚眦之豪兮。亦无探丸鸣桴之强习。太平之嬉游兮。曾不识夫金枪。虽外户之不闭兮。谁念及。夫城隍颓垣兮。断堑破格兮。圮梁荆棘兮。丛生<鼠生>鼯兮。嗥藏合上下兮。恬熙忘儆戒兮。苞桑夫何昊穷。降割岁癸不仁。妖蜃掉尾以生狼。狂鲵鼓鬣以扬氛。蓦倭奴之市舰。泊武原之海滨。曾无几人而登岸。可以一计而成擒。岂奈我军之乌合。轻尝彼贼之狼腥。始转战于盐县。既败北于竹林。嗣是寇知无备。大集四侵。或由姑苏。或由柘村。或由沙川。或由石墩。指郡地以为囊橐。遂直捣以薄孤城。烽焰攸起。玉石俱焚。乌惊星散。鬼哭天昏。此在郊野之惨毒。孰与城居之酸辛。驱孱弱以荷戈。分堡垛以守援。流矢进插于内舍。飞丸直贯于周廛。荒垣可以立碎。肩壁可以潜攀。遑遑画夜。额额如年。时有讹言之卒发。恒致陨窜之莫前。游鱼于釜。笠兽于栅。或掩泣以待戮。或乘隙以出迁。盖危于垒卵者凡几矣。而犹或免于摧残。天不好杀。贼饱而还。乃侥幸于一掷。非可恃于万全。时则元戎惩其祸。御史恤其危。诸司赞其猷。士民条其规。咸谓诸郡之要害。独惜兹城之敝颓。宜崇宜补。宜扩宜培。虽众议之佥同。惟当事之睽违。勒小费而昧弘略。计目前而忽远程。譬诸富人巨室。门扃不径。未免犬吠夜起。主人不宁。矧溟涛之巨测。能安枕以无惊。事如有待。以迄于今。既天时民志之协吉。正一劳永逸之当兴。乃请乃任。乃相乃视。乃咨乃诹。乃营乃缔。圭测既定。大功斯起。不闻征召。工云集矣。不闻彩凿。石山累矣。不闻斩木。桢森列矣。不闻破坏。土层屯矣。不闻戒储。饷日盈矣。不闻会敛。费时给矣。不闻督责。畚插腾矣。不闻令委。官司效矣。不闻致期。雉牒整矣。诏尔勿亟。众子来矣。倏尔匝月。事告竣矣。卑者是崇。倾者完矣。狭者是辟。薄者厚矣。岂神输而鬼运。实经画之中理。不劳民而伤财。竟大工之毕举。由是国有维翰。民有攸护。奸可防。隙可杜。战可胜。守可固。聿制治于未乱。信折冲于樽俎。建一方之巨镇。树东南之强辅。噫嘻。人知新城之为美。曷若旧业之安堵。则所以感时追盛。而扶植其基本者。尤宜先务也。故观于其市。则百工居肆。行旅出途。商贾辐辏。弦管讴歌。作息不禁。襦裤且多。昔之恬利斯城者。今果不耗其资乎。观于其士。则从容庠序。帝典王谟。济济蔼蔼。朴棫菁莪。桃李荫植于公门。奎璧联耀于黉庐。昔之黼黻斯城者。今果不丧其美乎。观于属邑。则盐膏展武。泽润当湖。魏塘仁洽。崇桐义摩。嘉秀风淳。无事鞭蒲。昔之拱翼斯城者。今果不至于离析乎。观于田野。则三农奋力。百谷盈阿。穰穰千仓。税无负逋。鸡豚糗酺。喜餍妻拿。昔之充溢斯城者。今果不至于匮乏乎。观于武备。则犀革七属。胶弓五和。危楼巨橹。长矛短戈。壶柝。清角乌乌。肆皇灵之昭赫。将妖沴之潜磨。昔之壮固斯城者。今果不至弛斥乎。何以使人民之咸赖。何以使德政之弘敷。何以复承平之善治。何以起康衢之谣歌。盖既不忽乎地利。自当究意于人和。吾时登城之南堡兮。俯鸳湖之在袖。为携李之巨浸兮。乃钟灵而毓秀。菱蒲鱼鳖之繁植兮。叔米舳舻之杂骤。忽熏风之可迎兮。信愠解而财阜。且危亭之当面兮。烟雨霏霏以交溜。思抚景以布惠兮。保治安之长久。吾时登城之西谯兮。盼雄藩于武林。龙飞凤舞之为胜兮。钱碑宋殿之何寻。三秋桂子兮十里荷芬。君臣宴逸兮社稷分崩。嗟往事之可鉴兮。杂奢丽之犹存。兹风土之相接兮。矧习俗之移人。矫枉归正兮。戒彼荒淫。思明德弘勋之努力兮。媲吴山越岭以嶙峋。吾时登城之东碟兮。望溟渤之洋洋。彼旭日之飞升兮。嘘下土以太阳。皦金乌之闪铄兮。消氛祲之毫芒。鲸鲵远遁兮。魑魅潜藏。海宇澄清兮。戎隶来王。思内顺以外威兮。是用惕夫蛮方。吾时登城之北楼兮。胆缥缈之五云。唯仁圣之端居兮。司黜幽而陟明。矧丑倭之跳梁兮。每廑虑以焦神。眷贤能之翰垣兮。奏治最于彤廷。什南顾之殷忧兮。当殊擢以示旌。思实大以声宏兮。膺天宠之惟殷。环顾重城之四表。愿言骏惠之旁流。匪直兹邦之受福。亦卜凤历之巩悠。聊缀翰以纪盛。俟彤管以啰搜。比玁狁之于襄。庶南仲之作求。乱曰。惟城之高。千层霄兮。皇猷轩朗。亦竣极兮。惟城之厚。盘下土兮。圣化汪濊。亦何垠兮。鬼神呵护。禁不祥兮。海不扬波。刀斗静兮。群黎百姓。宁干止兮。騑騑四牡。观厥成兮。采采民风。献儆戒兮。佐天子于有道。俾四夷以为守兮。

按别书载。杭州指挥陈善道举武进士。多谋略。癸丑四月。流倭百余犯赭山。赭乃杭海关隘也。善道率民兵三百。徒走七十里。遇贼。手射杀六人。枭首一级。贼大惊。进迫之。民兵皆乌合之众。一时瓦解。善道独战于泞卤中。靴滑蹷仆。遂被洞肋而绝。壮士潘宾王贵。赴斗俱死。奏闻。敕建祠。祭如典。祠在杭西湖之上。又欧阳深。南安人。以太学生例授卫指挥。倭犯泉州。逼城而阵。深督药弩手射却之。复逼同安城。深率弩兵破贼。追出苎溪而还。壬戌。中丞游震得檄授深兵。会贼发冢质赎。且及深先茔。深缉知贼可夜劫。潜师冒雨破贼于洋头山。贼复屯八尺岭。谋绝郡城饷道。深率师擒斩其酋。连拔七寨。饷道以通。兵威大振。招降数万人。复执江一峰李五观等戮之于市。奏绩。上嘉其功。钦授都指挥佥事。专职泉漳地方。永春贼酋吕尚等皆窘。乞降。是年冬。倭奴陷兴化郡城。时倭新至。锐甚。游中丞檄深进兵复城。乃进屯濑溪。时兵仅千余人耳。与贼对垒。贼数夜劫。以营坚。辄不利而去。由是不得南下。无何弃城遁。保崎头堡。深入城。视府库。抚余民。越日移扎东宵。逼贼巢十五里。贼日以数十骑挑战。深坚壁以伺其便。月余。援且至。贼闻。悉众来攻。乃身率亲兵迎占。数合胜之。至晚。贼四合来攻。我兵寡疲。深以死自誓。身被二枪。犹手刃二贼。力战不支。遂被杀。裨将薛天申周岳镇及麾下数人。同赴敌死之。深死不旬日。援兵至。遂灭贼。中丞以闻。赐立祠祭。给棺殓费。荫子孙世袭指挥佥事。又王德。字汝惰。温州人。少英异。有大志。举丁酉乡试戊戌进士。庚子授东昌推官。尝署高塘。民病汲。开北门便之。凿土得石。石文有曰。北门开。王德来。人以为神。后弃广东兵备佥事东归。丙辰。倭扰入温。官府熟视不知计。德主族议。练乡兵待之。倭度南溪。入蒲洲。歼之于上金。斩首十有六。擒十四人。拔其肋虏八十人还之乡。明年。复歼于梅头。斩七首。自是。倭畏永嘉场。不敢犯。【永嘉场。王子之所居也。】戊午四月。倭酋数千。方围乐清。兵备袁祖庚来告急。遂移袁宁村。以便策应。其日。参将张钦来附。是时。倭围郡甚急。袁请授以钦。并进德。许之。凌晨。简轻锐。从间道往。日晏。伏起金岙。遂遇害。当变作时。手犹射杀数人。张钦兵相视甚迩。无一救者。总督胡宗宪上于朝。诏赠太仆寺少卿。立祠郡城。荫子世袭百户。呜呼。当王子为兵科。为兵宪。以兵死。死职也。今死温。何哉。观此二传。则当时死事于倭者。多不能悉。而倭之辗转地方。亦因可见。故附记之。

自王直倡乱。被祸莫甚于浙江。次而福建。次则广东。三镇大臣自当协心同力。肘臂相应。浙江巡抚赵炳然上浙江边防事宜八事。疏略曰。臣惟成可大之业者。固在于用人。立可久之规者。尤在于以法。盖有人非法无据。有法非人不行。以人行法。事之所以永济也。臣窃见东南自有倭犯十年于兹矣。祸始于浙之东西。后延于江之南北。仰荷皇上征兵命将。议饷出帑。神略断自渊衷。玄威震诸海表。以致丑逆就殄。两江已宁。虽浙江时有发作。臣防御是慎。惟福建去岁冠变非常。而浙境实相唇齿也。盖出此入彼。海之港口皆通。避实击虚。贼之奸谋巨测。法曰勿恃其不来。而恃吾有以待之。正今日之急务也。臣自抵任以来。谘询既竭。寝食靡遑。恐无以仰副皇上任使之重。除汰冗兵。减糜费。见议题请外。谨将防海事宜条为八事。上请圣明采择焉。此皆众口之常谈。诸臣之屡疏。与本兵节有议行者。但人情玩于故常。而功效沮于虚应。终成画饼。未见敷功。此臣之所大惧也。不敢不有言也。伏望皇上敕下兵部再加查议。如果可行。恳惟申饬令臣督责司道将领军卫有司文武等官著实举行。有不用命者。听臣参劾。此可以奏目前之安而为有备之算。亦一策也。若夫求安攘之大计。立永久之弘规。则拣任守令而责以民兵保甲之法。整顿卫所而责以军兵战守之宜。敬修祖宗。内而沿海鳞次之兵。外而出洋战船之制。江之南北浙与闽广各选一大将以统其权。择数偏裨以专其地。隐然常山之蛇势。仍行各省抚按等官因边以计兵。因兵以计食。允矣。战守之鸿图。先治己而后胜人。急内安而求外顺。伏惟皇上神明。下之兵部再加酌量。择义而行。天下幸甚。东南幸甚。臣愚幸甚。一曰定兵额。臣惟将贵专谋。兵尚服习。欲观号令之有纪。必须纲纪之素明。浙江之兵。原系募用土人。并非卫所尺籍。所用头目。或名把总。或名千总。或名哨官队长。所部各兵。或六七百名。或四五百名。或一二三百名。把总不必同于千总。千总不必多于哨官。权齐心异。似无体统。臣督同三司各道及总参等官会议。兵额除水兵因船之大小。布港之冲僻。袛应出哨。按伏打截。不在营伍之例外。其余陆兵仿古什伍之制。五人为伍。二伍为什。外立什长一名。三什为队。外立队长一名。三队为哨。外立哨官一员。五哨为总。外立把总一员。五总为营。俱属主将一员。与高标旗纛哨探健步书医家丁等役俱统领之。举一营而各营无不同也。举一总一哨一队而各总哨队无弗同也。非但虚数难容钱粮有纪。如是而以上临下。以卑承尊。名分定而号令行。心力齐而气势壮。居常则合营操练。遇警则分布战守。庶几乎心之使臂。臂之使指之意矣。二曰振军伍。臣惟民出赋以养军。军出力以卫民。今之军皆食民者也。然寇变之来。不惟不能卫民。每借民以为城守之助。是养军者民也。保军者又民也。御贼者民也。保民者又民也。积弊已久。殊失设军之意矣。臣督行二司清军及都司操捕等官。通将所属卫所。选委廉干府佐官员。亲诣吊查卷册。备将实在军丁。除屯运外。不分正余。清出挑选正军。老弱者。就以本户壮丁顶替。逃亡绝户者。即拨邻近余丁抵补。编成行伍。造册在官。仍选任智谋掌印操捕等官。加意抚恤。不时操练。一面将各逃军行原籍勾解屯粮。行所司追给。至于买闲占役差遣跟官等弊。通行严革。目前虽未敢遽谓可用。而从此练成。与招募客兵表里战守。则主兵日充。主威日振。将来客兵可以渐减。三年之艾及今蓄之。尤之可也。卫所不有所赖耶。三曰练民兵。臣惟民壮弓兵之设。本为防捕盗贼。盘诘奸细。而无军州县尤籍以备御者也。近虽半追工食。以资募兵之饷。然存留者不少。各该官司或以之跟用役使。或以迎送勾摄。至于编偬。听凭棍徒包当。曾无选练实用。徒为衙门市棍渊薮矣。兹者盗贼横生。不止外寇。合将民壮弓兵务选勇健应役。责成该掌印巡捕等官。以时操练。习熟武艺。遇警协助军兵。并力战守。有功之日。各该官司并行奖劝各役重加犒赏。如有纵盗殃民。通行惩戒。及不许有跟官役使勾摄迎送市棍包当等弊。果能练成。非但擒捕盗贼。即使大寇突来。而捍御有具。一役之练。一役之利也。郡邑不有所赖耶。四曰立保甲。臣惟浙江地方。在边海则有倭寇。在内地则有盗贼。在河港则有盐徒。在山僻则有矿徒。中间外作向导奸细。内为接济窝家。往往有之。若非申严保甲之法。以谨讥察。以相救援。恐无以弭盗而塞源耳。合行守巡兵海等道通查各府州县城市乡村。每十家编为一甲。选一甲长。每十甲编为一保。选一保长。平居则令互相讥察。不许出外非为。及容留歹人。并有窝隐不举者。一家犯罪。九家连坐。甲长犯罪。保长连坐。仍令各甲置办随便器械。一家有警。甲长鸣锣。九家齐应。如贼势重大。保长鸣锣。九甲齐应。一保鸣锣。各保齐应。有不出救应者。许被盗之家告官。或访出通行治罪。其山海之间大族巨姓。自相连合。力能拒寇。各保身家者。仍立族长。平居有警。亦照保甲之法。有功者各与官兵同赏。不救者亦与失事同罚。俱不许令其出官打卯送迎勾追劳费等事。如此非但足以讥察内奸。亦可以防御外盗。一方之行。一方之利也。村落不有所赖耶。五曰明职掌。臣惟浙江一省设六把总以分领水兵。四参将以分领陆兵。又设一总兵以兼统水陆。练兵防御。各有专责。曩因海洋有警。总参等官统驾兵船下海。恐难分兵应陆。即以陆兵付诸海兵各道管理。固一时权宜之处也。然各道之在地方。势权为重。而选练讥察与夫钱粮。尤为至要事。固不可不假于各道耳。臣恐遇警之时。冲锋破敌。又将官之事。各有定分也。今后总参官员各照原分信地。用心防守。各道则选兵稽弊调度钱粮外。其居常。将官操练。该道阅视。遇敌。将官攻剿。该道监督。不俱水陆。悉照遵行。其临敌功罪。则以将官为重。平时修举。

则以该道为重。使文武共济。不得互诿。及照省城防守管操都司等官。于水利道设兵一营。一例而行。庶职掌分明。而常变有托。戎务赖以振扬矣。六曰分统辖。臣惟任将所以专事。分地所以责成。贵在随宜而酌处之耳。今原设镇守总兵官一员。住扎于浙江定海。以统浙直水兵。协守副总兵一员。住扎于直隶金山。以统浙直陆兵。平时责任虽有水陆之分。临敌征剿则无水陆之限。南北并峙。控扼海防。俱任兼浙直。处亦善矣。但此总督节制时事也。今总督已奉明旨革去。则浙直为二镇矣。臣以巡抚浙江。是金山副总兵。不得用之于陆。而巡抚直隶者于定海总兵。不得用之于海矣。况浙直辽隔。水陆艰剧。若使照前均统而兼任之。恐有不便。伏望皇上敕下该部议拟。合无将总兵副总兵官各照信地。在定海者止属浙江。在金者止属直隶。各总理水陆兵务。如浙直邻界。水陆有警。亦照巡抚事例。俱有互相策应。勿分彼此。如有推诿观望者。听臣等与该巡按御史参究。庶乎事有专责。兵有专统。既不失共济之意。又可免牵制之虞矣。七曰严哨应。臣惟浙江海防分布水陆。兵已有定矣。然哨探者。三军之耳目。而策应者一身之手足也。但各该将领官员。平时而不先哨报。遇警而不相策应。诚恐外寇突来。何以猝应。合行令海兵等道监督参总等官。务要陆兵守险。水兵出洋。严行哨探。互相传报。必使水兵在洋遇贼邀击。不令近岸。纵有近岸。陆兵堵截。不令辄登。即若登犯。并刀夹击。不令流突。又或奔遁下海。水兵仍行截杀。不得抢船脱去。如追饿犬。不令休暇。以收一鼓成擒之功。斯易为力。此水陆战守之大机也。若或贼登岸而水兵不知。贼烧劫而陆兵才觉。以致贼合势甚。用我向导。得我地形。而又逞彼技勇。灭益难矣。是哨探之不明。传报之不速。防剿之不力。策应之不前。罪将何辞。失事官兵先拿处治。将领严行参究。八曰公赏罚。臣惟赏以当功则人以劝。罚以当罪则人以惩。古今之通道也。东南自倭患以来。刑赏之间屡经诸臣之所建白。本兵之所议覆赏申五等。罚重临阵。可谓明且备矣。臣尤有说者。盖运筹决胜。主将之能也。冲锋破敌。偏裨之任也。今之将领退缩逗遛。厥罚独重矣。而战胜攻取。厥赏可不独优也耶。其在督抚诸臣。会计兵粮。预谋战守。责固惟均。而率三军蹈白刃。履危冒险。所不与也。以此较彼。分自有间。而功罪自不能以相同。夫惟不同。则公论能明。而趋避莫售矣。今之论赏。督抚与主帅同是。故有希功而捏报者矣。今之议罚。督抚与主帅同是。故有掩罪而扶同者矣。又或功成于部下。而主帅不以明。罪始于头领。而主帅不能正。皆非利害相关。而指臂与心气之所以不贯也。今后如有偾事败军。将领之责。视文臣固专。而论功录劳。文臣之赏。视将领贵薄。其在部下。尤当赏不遗贱。罚必自始。庶法典至明而至当。人心可劝而可惩。宋臣岳飞曰。文官不要钱。武官不怕死。天下太平矣。此言最核。盖各有分也。疏上。下本兵议。尚书杨博题谓。臣博总督宣大之时。已尝具题本部。覆奉钦依。查与本官所奏更为详密。南北事体大略相同。合无备行本官。以后遇有斩获之功。则以视临战阵为主。首叙总兵之功。督抚止于加赏。如偏裨有功。总兵不在战阵。亦止议赏本兵。与巡按御史通不许论功。失事有罪。亦以将领为首。其部下之人但有功级。俱当从重论叙。不宜轻遗微贱。以失士心。上悉嘉纳。诏江北江南浙江及福建广东等处一体遵行。

然倭乱已十余年。皆中国奸党勾引指使。其国王源氏初不之知也。督府曩常遣使【即陈可愿蒋洲】移文国王。令其禁戢属岛。国王势弱。号令不行。各岛俱无受命者焉。

按郑端简公吾学编云。嘉靖元年。倭使争贡。仇杀。给事中夏言上言。祸起于市舶。礼部遂请罢市舶。而不知所当罢者市舶太监。非市舶也。罢市舶而利孔在下。奸豪外交内讧。海上无宁日矣。番货至。辄赊奸商。久之。奸商欺负。多者万金。少不下千金。转展不肯偿。乃投贵官家。久之。贵官家欺负。不肯偿。贪戾于奸商。番人乏食。出没海上为盗。贵官家欲其亟去。辄以危言憾官府。云番人据近岛。杀掠人。奈何不出一兵。及官府出兵。辄赍粮漏师。好语啖番人。盖利他日货至。且复赊我也。番人知其情。大恨诸贵官家。言我货本倭王物。尔价不我偿。我何以复倭王。盘据海洋。不肯去。近年宠赂公行。上下相蒙。官邪政乱。小民迫于贪酷。困于饥寒。相率入海从之。凶徒逸囚。罢吏黠僧。及衣冠失职。书生不得志。群不逞者。皆为之奸细。为之乡道。弱者图饱暖旦夕。强者忿臂欲泄其怒。于是王忤疯徐必欺毛醯之徒。皆我华人。金冠龙袍。称王海岛。攻城掠邑。劫库纵囚。遇文武官。发愤斫杀。即伏地叩头。乞余生。不听。浙东大坏。二十五年。以朱纨为浙江巡抚兼领兴福漳泉。治兵捕贼。

纨清谅方劲。任怨任劳。严戢闽浙诸贵官家。尝言去外夷之盗易。去中国之盗难。去中国之盗易。去中国衣冠之盗难。上章镌暴贵官通番二三渠魁。于是声势相倚者大哗。切齿诋诬。惑乱视听。改纨为巡视。未几。言官论劾。又遣言官即讯。甘心锻炼。必欲杀纨。纨愤闷。卒【或云服毒】。纨所任福建海道副使柯乔都指挥卢镗。杀贼有功。皆论死。系按察司狱。于是华夷郡盗唾手肆起。益无忌惮。三十一年。残黄岩。掠定海。浙东骚动。遣都御史王忬巡视两浙。兼领漳泉兴福四郡。以都指挥俞大猷汤克宽为浙闽参将。剿贼雇兵。政久弛。将士耗钝。水寨战舰所在废坏。忬经略未几。群盗总至。栅寨列港。外约诸岛。内招亡命。势益猖獗。三十二年。大猷冒险出洋。焚荡巢穴。首贼逸去。群偷流散。乘风奔突。倏忽千里。温台宁绍杭嘉苏松杨淮十郡。并受其害。克宽统领步兵。往来海堧。护城捕贼。斩获亦多。忬不肯隐败冒功。擒治奸豪。破解支党。大猷克宽两参将皆知勇可任。徒以江南人素柔软。贼未登岸。望风奔溃。文武大吏未能以军法绳下。而有司往往以军法胁持富人。巧索横敛。指一科百。师行城守。饷犒百物类多干没。十不给一。廉谨之士又谓南人善谤。低头束手。不敢动一钱。于是公私坐困。战守无策。始释柯乔。起卢镗。而贼舡联翩满海。破诸州县。焚劫杀战污辱。惨于正统时矣。而通番奸豪又言。忬大猷捣巢非计。且摇动忬。忬荐镗起为闽参将。代克宽。克宽以副总兵将屯金山。闽人故忌镗。劾镗凶险。不可用。南京言官又复荐镗。三十三年。贼犯江北。海门。如皋。通州。皆被杀掠。是时复用卢镗为参将。而以俞大猷为浙直总兵。未几。工部侍郎赵文华。以海贼猖獗。请祷海神。遂遣文华行祷。公私劳费不赀。北忬改大同巡抚。以徐州兵备李天宠代忬。南兵部尚书张经提督浙闽江南北军务。有王江泾之捷。文华素忌经天宠。遂奏经天宠。逮诏狱。论死西市。而以浙江巡按胡宗宪代天宠。南户部侍郎杨宜代经。自后贼益炽。纵横出入二十六郡。文华还朝。未几。又出监督诸军。虽有沈庄梁庄之战。竟莫救荼毒之惨。两浙江淮闽广所在征兵集饷。提编均徭。加派税粮。截留漕粟。加除京帑。请给醵忬。迫胁富民。释脱凶恶。滥授官职。浪费无经。其为军旅之用才十之一。所调汉土官兵。川湖贵广山东西河南北靡不受害。临贼驱之不前。贼退遣之不去。散为盗贼。行者居者咸受其害。于是外寇未宁。而内忧益甚矣。宗宪计擒贼首王直。浙西江东稍得安靖。浙东温台江北淮扬闽中岭表尤被其毒。已而。俞大猷被中伤。卢镗代之。赖朝廷圣明。大猷得不死。江北巡抚李燧有庙湾之捷。入南兵部为侍郎。唐顺之代燧。福建巡抚王询数有功。畏谗引疾去。代者刘焘。宗宪以擒直功。升右都御史加太子太保。叙子锦衣千户。先是文华升工部尚书。以论吏部尚书李默。即加太子太保。又以征倭功。加少保。子荫锦衣千户。不数月。文华削籍千户。谪戍榆林。自壬子倭奴入黄岩。迄今十年。闽浙江南北广东人皆从倭奴。大抵贼中皆华人。倭奴直十之一二。久之。奸顽者嗜利贫窘者避徭赋。往往喜贼至。而贪残之吏又从而驱之。封疆之臣辄请添官。当事者不敢阻。于是添设都御史三人。总兵一人。副总兵二人。参将十三人。兵备副使十一人。诸将校近百人。田赋倍于常科。征徭溢于甲式矣。此纪致寇始末。弊病氏讥颇为详悉。故录之。

又按董两湖碧里集曰。贾谊上治安策。史氏讥其欲施三表五饵以系单于。其术固已疏矣。我朝西僧朵颜。皆縻以爵赏。厚往薄来。岁费不可胜计。皆表饵之遗意。迩者叛人徐海等诱倭夷为患。大臣力不能制。卒以柔道胜之。如擒猩猩之法。耗费无限。乃知暗合谊言。盖势所必至。非有武侯武穆之才。谊言未可轻也。愚谓春秋之法。功过当不相掩。方胡宗宪在浙。有罗龙文者。其乡人也。谒宗宪于军门。常令龙文随陈可愿等与贼议和。奏功给银。纳为中书。龙文乃与宗宪通贿于辅臣严嵩之子世藩。宗宪因得宫保荫子。后世藩败。抄没追赃。世藩称寄顿于龙文。龙文称寄顿于宗宪。时宗宪已故。削去官爵。革子荫职。子逮狱追赃。几至破家。夫宗宪滥费之罪固不可逃。而当时寇势方张。人无固志。使宗宪徒随常谨守出纳之吝。何以使陈可愿等拚死行间。饵制徐海王直辈哉。古云。财者君之所轻。死者士之所重。君不能委其所轻。而责士以舍其所重。不亦难乎。汉高祖以黄金四十万听陈平所行。终致胜楚。亦如此术耳。然则宗宪之度量亦岂易及哉。此其功之不可掩者也。况世藩诛求百出。稍不如意。宗宪又将继张经李天宠而肆诸市朝矣。所谓权臣在内。而大将岂能立功于外者。其语不诬。宗宪之获保首领。盖能以饵王直者。饵世藩耳。亦可悲夫。今宗宪已覆其官。功过亦有办云。

初。倭主号天御中主。次曰天村云尊。其后皆以尊为号。至彦瀲尊凡二十五世。并都于筑紫日向宫。彦瀲第四子号神武天皇。入居大和州。橿原官即位元年甲寅。当周僖王时也。自是皆以天皇为号。传至符平天皇。此宋雍熙初也。凡六十四世。今不知其几世矣。

按雍熙元年。日本国僧奝然。与其徒五六人俘海而至。献铜器十余事。太宗召见奇然。赐紫衣。闻其国王一姓传继。臣下皆世官。因叹息谓宰相曰。此岛夷耳。乃世祚遐久。其臣亦继袭不绝。盖古之道也。中国自唐季之乱。寓县分裂。五代享历尤促。大臣世胄鲜能嗣续。朕虽德惭往圣。常夙夜寅畏。讲求治本。亦以为子孙之计。使大臣之后世袭禄位。此朕之心焉。明年。归其国。后数年。遣其弟子奉表来谢。略云。伤鳞入梦。不忘汉主之恩。枯骨含欢。犹亢魏氏之敌。虽云羊僧之拙。谁忍鸿霈之诚。奝然附商舟之离岸。期魏阙于生涯。望落日而西行。十万里之波涛难尽。顾信风而东别。数千程之山岳易过。妄以下根之卑。适诣中华之盛。况乎金阙晓后。望尧云于九禁之中。岩扃晴前。拜圣灯于五台之上。就三藏而禀学。巡数寺而优游。遂使莲花回文。神笔出于北阙之北。贝叶印字。佛照传于东海之东。伏惟陛下惠溢四溟。功高五岳。世超黄轩之古。人直金轮之新。奝然空辞凤凰之窟。更还蝼蚁之封。在彼在斯。只仰皇德之盛。越山越海。敢忘帝念之深。纵粉百年之身。何报一日之惠。染笔拭泪。作纸摇魂。其表末云。永延二年。则倭亦有年号矣。又倭人多能诗者。其咏西湖曰。一株杨柳一株花。原是唐朝卖酒家。惟有吾邦风土异。春深无处不桑麻。昔年曾见画湖图。不意人间有此湖。今日打从湖上过。画工犹自欠功夫。春日感怀曰。中原二月绮如尘。异卉奇葩景物新。可是吾天仁更阔。小塘幽草亦成春。奉边将曰。弃子抛妻入大唐。将军何事苦堤防。关津桥上团团月。天地无私一样光。题春雪曰。昨夜东风胜北风。酿成春雪满长空。梨花树上白加白。桃杏枝头红不红。莺问几时能出谷。燕愁何日得泥融。寒冰锁却秋千架。路阻行人去不通。游育王曰。偶来览胜鄮峰境。山路行行雪作堆。风搅空林饥虎啸。云埋老树断猿哀。抬头东塔又西塔。移步前台更后台。正是如来真境界。腊天香散一枝梅。咏萍曰。锦鳞密砌不容针。只为根儿做不深。曾与白云争水面。岂容明月下波心。几番浪打应难灭。数阵风吹不复沉。多少鱼龙藏在底。渔翁无处下钩寻。保叔塔曰。保叔元来不保夫。造成七级石浮屠。纵然一带西湖水。洗得清时也是污。被张太守禁舟中叹怀曰。老鹤徘徊日本东。笑看宇宙作樊笼。只因飞入尧天阔。恨在扁舟一叶中。四友亭曰。四友亭名万古香。清风曾递到遐方。我来不见亭中主。松竹青青梅自黄。

吴指挥万民望言。其祖在宁波卫。弘治间。闻倭登岸。乘舟哨海。夜半见二红灯漾空而来。以为倭舡也。遂弯弓射中其灯。不知乃龙睛也。顷刻波涛凶涌。出海军舟俱没焉。至今。逢此日则海中恶风大作。红灯止见其一。土人因知此龙记时。厄之所至也。

成化辛丑。苏卫数军士以御倭泛海。为大风飘至一岛。山麓旷异。一人从林中出。长可三四丈。深目黑面。狞丑不可喻。见数人。悉以藤贯掌心。击于树下。已而复入。众极力断之而窜。始放舟。前者偕数辈来水浒。以手樊舷。舟中一勇士急掣刀断其指。始舍舟而去。试观所断。乃指中一节耳。长尺有四寸。贮嘉定库。

其国畿内所部为五畿【曰山城。曰大和。曰河内。曰和泉。曰摄肆。共统五十三郡】。畿外所部为七道【曰东海道。曰南海道。曰西海道。曰北陆道。曰东山道。曰山阳道。曰山阴道。共统五百三十郡】。其海曲之地为三岛【曰一伎岛。曰对马岛。曰多褹岛。各统二郡】。附庸之国百余。

拘邪韩国。方可五百里。在新罗百济东南。渡一海。约千余里。曰对海国。居绝岛。方可四百余里。山险多深林。禽鹿千余成群。户无良田。食海物自活。乘船南北市籴。又有南渡一海。约千余里。曰瀚海国。方可三百余里。多竹林丛林。户三千余。差有田地。食不给。亦南北市籴。又渡一海。约千余里。曰末卢国。户四千余。滨山海居。草木茂盛。行不见前人。好食鱼鳆。水无浅深。皆沉没取之。东南陆行五百里。曰尹都国。户千有余。又东南百里。曰奴国。户二万余。又东行百里。曰不弥国。户千有余。又南水行二十日。曰投马国。户五万余。又南水行十日。陆行一月。曰邪马一国。即邪摩维国。大倭王所都。自是而东而南。曰斯马国。曰已百支国。曰伊邪国。曰郡支国。曰弥奴国。曰好古都国。曰不呼国。曰姐奴国。曰对苏国。曰苏奴国。曰呼邑国。曰华奴苏奴国。曰鬼国。曰为吾国。曰鬼奴国。曰邪焉国。曰躬臣国。曰巴利国。曰支维国。曰乌奴国。曰竹斯国。曰秦王国。几百有余国。小者百余里。大不过五百里。皆为大倭王所属。其新罗百济等国。虽非所属。皆以倭为大国。多珍物。并仰之。恒通使往来。

上下之分。大较仿中国。但服用政令与殊。王居室无城郭。恃兵守卫。冠至隋时始制。以锦彩为之。而饰以金玉。以天为兄。以日为弟。自任以天。于天明时听政。跏趺坐。日出辄停。隋志。其臣文武僚吏皆世其官。有大德小德大仁小仁大义小义大礼小礼大智小智大信小信十二等。员无定数。又有军尼一百二十员。犹中国牧宰。八十户置一伊尼翼。十伊尼翼属一军尼。魏志。官曰伊支马。次曰弥马升。次曰弥马获支。次曰奴佳鞮。逮宋元以来。道各有刺史。所属名亦不同。盖职员随时更张。无定名也。朝会陈设仪仗。乐有国中高丽二部及五弦琴。兵有弓矢刀弩攒斧。甲漆皮为之。矢镞或以骨为之。法杀人。强盗及奸皆死。窃盗计财酬物。无财则没其妻奴。每讯冤狱不承引者。以木压膝。或张强弓以弦锯其项。或置小石于沸汤中。令所竟者探之。云理曲者。手辄烂。或置蛇瓮中。令取之。云理曲者。手辄螫。大抵用法峻而人轻生也。

其俗。男子断发魁头。黥面文身。以文左右大小为尊卑之差。妇女被发屈紒。以丹扮身。盖夷俗患水妖。象龙子以避之也。其居室低小。覆不以瓦。盖土斥且坟。不可陶也。其服饰。男子衣裙襦。横幅结束。不施缝缀。足多跪。间用履。形如履。漆其上而系之足。首无冠。不用金银为饰。妇女衣如单被。穿其中。贯头而著之。亦衣裙襦。裳皆有襈。攕竹聚以为梳。其婚姻。不娶同姓。男女相悦即为夫妇。妇入夫家。必先跨火。乃与夫相见。富者妻四五。其余或两或三。女多于男也。其死丧。以白布制服。初旬日间子女哭泣。不饮酒食肉。朋类眷属皆就尸歌舞为乐。贵人三年殡。庶人则卜日而瘗。行丧以小舆。或置尸船上。陆地挽之。即葬。举家入水澡涤。以祓不祥。其祭祀亦用牲醴粢盛。但祭毕散之野。或遇乞人。持与之。其居处。父子兄弟皆异室。到相会。父子男女无别。其接见。以蹲踞为恭。以搓掌为悦。无进退之节。无拜跪揖让之仪。其饮食。盘俎不设。藉以檞叶。手餔之。或间用笾豆。冬下茹生菜。其坐卧。编草为荐。杂皮为表。缘以文皮。席地而坐而卧。不设几案床帐。其交易。用铜钱。其卜筮灼骨。以占吉凶。尤惑巫觋。渡海。令一人不栉不沐。不饮酒食肉。不近妇人。名曰持衰。在涂吉利。则顾以财物。如疾病遭害。以为持衰不谨。辄共杀之。其宴乐。以耽嗜面糵为高。致每正旦必射戏饮酒。尤酷好棋博握槊樗蒲之戏。初无文字。唯刻木结绳。后颇重儒书。有好学能属文者。尤信佛法。有五经书及佛经。白居易集。皆得自中国。

其山曰寿安镇国【永乐御制碑文。具前】。曰阿苏【山石无故火起接天。俗以为异。因行祷。有如意宝珠大如鸡卵。其色青。夜则有光】。其产金【东奥洲】银【西别岛】琥珀水晶【青红白】硫黄水银铜铁丹土白珠青玉冬青木多罗木杉木水牛驴羊黑雉细绢花布砚螺钿扇漆【以漆制器。甚工致】刀【其锋甚利。有价十两者】。

都宪唐顺之日本刀歌曰。有客赠我日本刀。鱼须作靶青丝绠。重重碧海浮渡来。身上龙文杂藻荇。怅然提刀起四顾。白日高高天冏冏。毛发凛冽生鸡皮。坐失炎蒸日方永。闻道倭夷初铸成。凡岁埋藏掷深井。日淘月炼火气尽。一片凝冰斗清冷。持此月中斫桂树。顾兔应知避光景。倭夷涂刀用人血。至今斑点谁能整。精灵长与刀相随。清宵恍见夷鬼影。迩来韃靼颇骄黠。昨夜三关又闻警。谁能将此向龙沙。奔腾一斩单于颈。古来人物用有时。且向囊中试韬颖。

其贡。马盔铠剑腰力枪涂金装彩屏风洒金厨子洒金文台洒金手箱描金粉金匣描金笔匣抹金提铜铫洒金木铫角盥贴金扇玛瑙水精数珠硫黄苏木牛皮。其来十年一期。四际皆海违。辽东远。闽浙近。其贡道由浙宁波达于京师。

卷四·东夷【东南】·琉球国

琉球国居东海。古未详何国。汉魏以来。不通中华。隋大业中。令羽骑尉朱宽访求异俗。始至其国。语言不通。掠一人以归。后遣武贲良将陈棱。率兵自义安【即今潮州也。】泛海至其都。虏男女五千人还。唐宗时。未尝入贡。元遣使招谕之。不从。本朝洪武五年。遣行人杨载诏琉球曰。昔帝王之治天下。凡日月所临。无有远迩。一视同仁。故中国奠安。四夷得所。非有意于臣服之也。自元政不纲。天下争兵者十有七年。朕起布衣。开基江左。将兵四征不庭。西平汉主陈友谅。东缚吴王张士诚。南平闽越。勘定巴蜀。北清幽燕。奠安华夷。复我中国之旧疆。朕为臣民推戴。即皇帝位。定有天下之号曰大明。建元洪武。是用遣使外夷。播告朕意。使者所至。蛮夷酋长称臣入贡。惟尔琉球。在中国东南。还据海外。未及报知。兹特遣使往谕。尔其知之。其国分为三。曰中山王。曰山南王。曰山北王。皆以尚为姓。遂各遣使入贡。上嘉其至诚。命尚佩监奉御路谦往报礼。琉球王遣陪臣亚兰匏等来谢。十五年。上令内使监丞梁民赐中山王察度镀金银印。并织金文绮帛纱罗共七十五匹。山南王承察度亦如之。亚兰匏等赐文绮锦帛有差。时各王争雄。长相攻击。梁民归言其故。乃遣使敕中山王察度曰。王居溟海之中。崇山环海为国。事大之礼即行。亦何患哉。近使者言。琉球三王互争。废农伤民。朕甚悯焉。诗曰。畏天之威。于时保之。王其能罢战息民。务修尔德。则国用永安矣。谕山南王承察度山北王帕尼芝曰。上帝好生。寰宇之内生民众矣。天恐互相残害。特生聪明者主之。近使者自海中归。言琉球三王互争。废弃农业。伤残人命。朕闻之。不胜悯怜。今遣使谕二王。能体朕之意。息兵养民。以绵国祚。则天必佑之。不然。悔无及矣。后又赐三王文绮纱罗冠服。王妃王侄王相亦各有赐。于是王遣其世子及国相之子。皆来受学为诸生。上赐寒暑衣服。有疾。则命医赐药。二十六年。诸生乃与云南生非议。诏令皆治重罪。

三十一年。中山王察度遣亚兰匏贡马及硫黄胡椒等物。世子武宁贡亦如之。初。王尝遣女官生姑鲁妹在京读书。至是亦来贡谢恩。上赐王闽人之善操舟者三十六户。以使贡使行人来往。

永乐初。王师袭主虏脱古思于沙漠。其子天保奴地保奴俘至中国。上命徙居琉球。其后。每国王薨。世子必告于朝。请封吊祭册立如朝鲜王。其子弟来学者。例馆饩于南雍。卒业。盖欲便其归也。然惟中山王通使不绝。其山南山北二王盖为所并云。

永乐三年。琉球遣使以阉者数人贡于朝。上曰。彼亦人子。无罪而刑之。何忍。命礼部还之。礼部臣曰。还之恐阻远人归化之心。但请赐敕止其再献进。上曰。谕之以空言。不若示之以实事。今不遣还。彼欲献媚。必有继踵而来者。天地以生物为德。帝王乃可绝人类乎。竟遣还之。

圣圣相承录曰。臣谓夷狄不可留于中国。亦不可使为阉寺。汉有废立之祸。唐有杀主之恶。此皆已然之昭鉴。我成祖继体守成之初。斥而不用。遣还本国。有不忍人之心焉。谨华夷之办焉。弭异日迷君误国蠹政虐民之害焉。洞烛兴亡。永绝谄媚。岂非防微杜渐之意哉。况五刑之中。宫刑为重。四刑不过残人肢体。宫刑则绝人种类。其惨克不仁尤甚。成祖哀矜阉寺。可谓重惜人命。不绝人嗣。诚能体天地生物之德者也。

洪熙改元。国王薨。遣正使柴山副使阮鼎。暨给事中行人等官往谕祭。并封其嗣尚巴志为王。

宣德二年。独遣柴山颁诏。

三年。国王遣使修贡。

五年。上命柴山复往劳之。海中感佛光之祥。既至。作大安禅寺于海南岸以答神贶【有碑记】。

记曰。宣德五年。正使柴山奉命远造东夷。东夷之地离闽南数万余里。舟行累日。山岸五分。茫茫之际。蛟龙涌万丈之波。巨鳞涨冯夷之水。风涛上下。卷雪翻云。险礮衅不可胜纪。天风一作。烟雾忽蒙。潮门洊湃。声振宇宙。三军心骇。呼佛号天。顷之。忽有神光大如星斗。高挂危墙之上。耿焕昭明。如有所慰。众心皆喜。相率而言曰。此乃龙天之庇。神佛之光矣。何以至是哉。是咸赖吾将军崇佛好善忠孝仁德之所致也。迨夫波涛一息。河汉昭回。则见南北之峰远相迎卫。迅风顺渡不祟。朝而抵岸焉。既而奉公之暇。上择冈陵。下相崖谷。愿得龙盘虎据之地以为安奉佛光之所。庶几以答扶危之惠。于是掬水闻香。得其地于海岸之南。山环水深路转林密。四顾清芬。颇类双林之景。遂凿山为地。引水为池。救之陾陾。筑之登登。成百堵之室。辟四达之衢。中建九莲座金容于上。拱南方丙丁火德于前。

累石引泉。凿井于后。命有道之僧董临其事。内列花卉。外广椿松。远吞山光。平挹滩濑。使巢居穴处者皆得以睹其光焉。此酬功报德者之所为也。且东夷与佛国为邻。其圣迹海灵钟秀有素矣。此寺宇之建。相传万世无穷。良有以也。后人有原其事者。必指而言曰。此大安寺也。建寺者谁。天朝钦命正使柴公也。遂书以为记。

八年。又敕福建布政司造舟。复命柴山阮鼎赐衣冠仪物。示嘉劳意。乃重建千佛灵阁【有碑记】。

记曰。粤自大明开基。混一六合。东渐于海。西被于流沙。声教迄于四海。凡在远方之国。莫不捧琛执白而来贡焉。时东夷遁居东海之东。阻中华数万余里。水有蛟龙之虞。风涛之悍。陆有丘陵之险。崖谷之危。无县郭之立。无丞尉之官。污樽杯饮。盖其俗也。虽然。亦累献所产于朝。永乐之间亦常纳其贡焉。洪熙纪元之初。遣正使柴山及给事中行人等官。奉敕褒封王爵。颁赐冠冕。仍遣祭前王。使其知尊君亲上之道。笃仁义礼乐之本。天朝之恩。无以加矣。当今圣人继登龙驭。率由旧章。宣德二年。复遣正使独掌其事。莅临以询之。则见其王钦已于上。王相布政于下。其俗皆循礼法。熙熙如也。宣德三年。本国遣使归。贡于朝。迨夫五年。正使复承敕来。兹重宣圣华。渤海往返。沧波万顷。舟楫之虞。风涛之患。朝夕艰辛。惟天是赖。思无以表良心。遂倡三军垦地营基。建立佛寺。名之曰大安。一以报恩之勤。一以化诸夷之善。寺宇既成。六年。卒事复命。迨宣德八年。岁在癸丑。天朝甚嘉忠孝。特敕福建方伯大臣重造宝船。颁赐衣冠文物以劳之。日夜栖迹海洋之间。三军有安全之欢。四际息风涛之患。或夜见神光。或朝临瑞气。此天地龙神护佐之功。何其至欤。于是重修弘仁普济之宫。引泉凿井于宫之南。鼎造大安千佛灵阁。凡在诸夷。莫不向化。宝阁既成。佛光严整。八月秋分。又有白龙高挂。以应其祥。良有自也。遂立碑记以纪其事。使万世之下闻而知者。咸仰天朝德化之盛。而同趾美于前人。因书之以为记。大明宣德八年仲冬初二日。天朝钦差正使柴山副使阮鼎立。

正统八年。遣正使给事中俞忭副使行人刘逊册封国王尚忠。

十年。琉球国陪臣蔡璇等数人以方物贸迁于邻国。漂至广东香山港被获。守备军官当以海寇。欲尽戮之。巡视海道副使章格不可。为之辨奏。还其赀而遣之。国人颂德。

十三年。遣给事中陈传行人万祥册封国王尚思达。

景泰三年。遣给事中陈谟行人董守宏册封国王尚金福。

七年。遣给事中李秉彝行人刘俭册封国王尚泰久。

天顺七年。遣给事中潘荣【漳州府龙溪县人】行人蔡哲册封国王尚德。

潘荣中山八景记曰。大明统一万方。天子文武圣神。以仁义礼乐君师亿兆。故凡华夏蛮貊。罔不尊亲。际天极地。举修职贡。自生民以来。未有如今日之盛者也。天顺壬午春。琉球国遣使请立世子为嗣君。上命臣荣臣哲往封之。癸未夏六月。由闽藩发舟。天风自南。不数日而抵其国。奉宣德意。封爵典礼即行。自国王以下皆拜手稽首俯伏。颂上大恩不已。越仲秋八月。国大夫程均文达执卷谒使馆。请曰。文达敝居之东。新创有寺。山水颇清奇。命工图为八景。愿请登临。留题咏以记盛美。予念去君亲客海外万里。方怏怏于中。奚暇及他事。大夫均请之不置。因与皇华蔡君克智同往观焉。既至。是日白云初收。天气清明。山色秀丽。有松万树。所谓万松山也。登山睹松。苍然郁然。坚贞可爱。因诵孔子岁寒后雕之语。凡与游者皆兴起动心。山之东行一里许。至轩曰潮月轩。轩中四面萧爽。当天空夜静之际。开轩独坐。水月交洁。心体明净。有志于当时者得不起高山景仰之思乎。轩之左。凿地为井。井上植橘数株。泉甘足以活人。橘叶可以愈病。程大夫取井之义。是盖古人之用心也。右则有径。径石奇形怪状。旁列皆佳木异卉。可憩可游。大夫长史诸君各酌酒。奉劝殷勤。礼意至再至三。因饮数杯。上马至送客桥。士大夫爱重过桥须下马。于是各相携手。顾谓大夫曰。昔子产听郑国之政。以其乘舆。济人于溱洧。孟子谓其惠而不知为政。今均为国大夫。此桥之作。岂特为送客耶。将以济病涉之民也。过桥行数里许。至缘江之路。时天色渐暮。渔舟唱晚。但见羽毛之呈祥。鳞介之献瑞。极目海天。胸次如洗。曾不知穷壤间复有所谓蓬莱也。由是而过樵歌之谷。樵人且歌且樵。熙熙乎。皞皞乎。我国家仁恩遍及海隅。太平之象其可忘所自乎。出谷。但听浏亮之音。洋洋在耳。大夫进而谓曰。此即邻寺钟也。

因而至寺。老僧率众十余人迎拜于道。予既佳其山水之奇胜。且喜夷僧之知礼。因令人扣之曰。大夫以邻寺钟列于八景者。僧知此义乎。因告之曰。此钟晨焉而鼓。夷人听钟而起。俾之孜孜为善。无乖争凌犯之作。暮焉听钟而入。俾之警省身心闭门而思过咎。国大夫命景之义。其有益于人如此。僧唯唯谢曰。谨当佩服斯训。他若山川之胜。景物之善。俱未及暇寻。虽然。程大夫中华人也。用夏变夷。渐染之。熏陶之。提嘶而警觉之。将见风俗淳美。中山之民物皆易而为衣冠礼义之乡。予忝言官。当为陈之于上。俾史臣为录之。将以为天下后世道。岂但今日三川景物之胜而已哉。姑书之以记岁月。

成化六年。国王薨。来请袭爵。命给事中丘弘往彼册封之。弘即受命。未及行而卒【后以管荣代之】。

李东阳文曰。国家用夏变夷。扫干荡坤。涤濯万物。逮于百年。化治功成。五服之内。藩臬郡县之所治。出赋税供使令者弗论。以暨于海外。风殊界别。以国称者万数。迩者先沾。远者后被。冠缨推髻。诗书甲胄。梯高航深。四面而至。充中庭。溢下馆。礼部繁于奏纳。鸿胪勤于奉引。相胥劳于通译。自有中国以来。无若是盛者。若琉球国在海东南。诸国小大远迩之间。湮火相望。顺飙利舶七日而至。然其始俗。以盈虚为朔望。以草木为冬夏。粤自古昔。未通中国。时虽或穷征黩讨。而宾服无闻。我国家号令所列。向风奔附。遂封为中山王。齿于载版图奉职贡者。日涵月照。潜移暗革。被服冠带陈奏章表著作词赋有华士之风焉。成化庚寅。其王世子当嗣封。遣其长史来请命。天子封之中山王。赐玺书冠服。遣正副使二人致命中山。户科都给事中上杭丘君弘实充正使之选。赐朱衣一袭以行。六科诸给事皆为行饯征辞。翰林东阳于给事君同年进士。言在不让。曰。于戏。给事大丈夫入则居谏争。出则承使命。诚所愿为。今圣天子在位。贤大臣在列。嘉惠于彼外国。中山王谨畏孝顺。不堕臣节。以俟我威命。而给事身负荷之。国体之所系。小邦之所瞻。后世之所诵。胥此焉。在给事其克自重。感厉精发。山动海立。以宣达天子威德。国家之典章。式俾陪从。暨于间巷。明职逆顺。保其初心。惟亿万世服事。罔敢斁亦罔敢后。于戏。岂不真大丈夫哉。给事君起曰。使者职也。敢不勉于是。诸给事欢曰。使哉。乃遵上供帐。三爵而后别。

八年。遣给事中管荣行人韩文册封尚圆为王。

十五年。遣给事中董旻行人司副张祥册封国王尚真。

李东阳赠旻诗曰。琉球东望海门开。圣代提封亦壮哉。万里风涛才七日。六年天使此重来。麒麟有服真殊宠。薏苡无车莫浪猜。归忆皂囊封事在。殿前风采尚崔嵬。

又送祥诗曰。鲸波渺渺接天遥。海国尘空瘴疠消。贡赋远通中服地。丹书元自太祖朝。南船去日占风信【凡使海国。以冬至日开洋】。北阙归时望斗杓【海舟惟视北斗为的】。但使行囊无薏苡。岭头铜柱不须标。

十八年。遣行人左辅颁诏其国。辅自号瀛海浪仙。诗才清丽。国人悦服。

李东阳送辅诗曰。尚方新报赐衣成。玉节金书万里行。岭外方言通异俗。岛中烟火望孤城。由来使者关风化。亲见朝廷录姓名。不用殷勤宣圣德。远人先贺海波平。

嘉靖二年。福建提督市舶司太监赵诚奏称。六月廿四日。有外夷人八名。在于南门欲行进城。手执小旗一面。内写称琉球国人氏。因为收买进贡仪物。于本年五月二十五日至于平海地方。是夜。被风打破船沉。淹死三百余人。番使六名。仅有十五名复生上岸。本年八月初三日。又据福州府呈。本年七月初六日。盘获夷人三十二名。译称各于旧年二月。蒙国王尚真差。随使者马三鲁等坐驾宁字号船一只。前往暹罗国收买贡仪。预备朝贡。至漳州外洋。被风打船破。通事头目人三首余名俱溺水。幸存蔡渊等三十余名。拾板浮水二十九日。漂至海边登岸。又据按察司经历呈称。拘土通事林希眸等译审。得原蒙发下夷稍八人。蔡渊等三十二名俱系同船夷人。但夷情多诈。而近来浙江倭寇纷扰。地境相联。难照常例区处。该臣会同镇守福建御马监太监尚春巡按御史徐州议。日给夷人口粮。并拨官军日夜提防。时因倭使宋素卿等仇杀于宁绍。差给事中刘穆往勘。上即命押付钦差官处。与浙江见监夷素卿等一同审鞠。毋轻纵还国。致堕奸计。

五年。尚真薨。

十一年五月。世子清上表请封。上命给事中陈侃行人高澄往祭并封其子清。侃等至福建造船。至十三年造完。先期清遣长史蔡廷美过海来迎。令通事林盛带夷稍三十人为侃等驾船。在五月初八日解缆开洋。洋中偶值逆风。船不可往。放回数百里。后遇顺风。复往。因失针路。漂过琉球国交界地方名曰热壁山。遂泊于此。尚清闻之。差大臣一员。带夫四千余名。驾小船四十余只至热壁。将船挽回。五月二十五日方到彼国。尚清即遣仪从及文武随龙亭迎诏敕谕祭文。至天使馆奉安。择日行礼。六月十六日行祭王礼。谕祭文曰。惟王嗣守海邦。四十余载。敬天事上。诚恪不渝。宜永寿年。为朕藩屏。胡为遘疾。遽尔告终。讣音来闻。良用悼惜。遣官谕祭。特示殊恩。灵其有知。尚克歆服。七月二十日行封王礼。诏曰。朕恭膺天命。为天下君。凡推行乎庶政。必斟酌夫古礼。其于锡爵之典。未尝以海内外而有间焉。尔琉球国。远在海滨。久被声教。故国王尚真。夙绍显封。已逾四纪。兹闻薨逝。属国请封。世子尚清德惟克类。众心所归。宜承国统。朕笃念怀柔之义。用嘉敬顺之诚。特遣正使吏科左给事中陈侃副使行人高澄赍诏往封尔为琉球国中山王。仍赐以皮弁冠服等物。王宜慎乃初服。益笃忠勤。有光前烈。凡国中耆俊臣僚。其同寅翼赞。协力匡扶。尚殚事上之心。恪尽臣藩之节。保守海邦。永底宁谧。用弘我同仁之化。共享太平之休。故兹诏示。俾咸知悉。又赐新王敕曰。惟尔世守海邦。继膺王爵。敬顺天道。臣事皇明。尔父尚真自袭封以来。恭勤匪懈。比者薨逝。良用悼伤。尔以冢嗣。国人归心。理宜承袭。兹遣正使吏科左给事中陈侃副使行人司行人高澄赍诏封尔为琉球国中山王。并赐尔及妃冠服彩币等物。尔宜祗承君命。克绍先业。守职承化。保境安土。以称朕柔远之意。钦哉故谕。一如仪注行礼。开读以毕。设宴款留。礼意恳至。

侃等令仪从迎诏敕回馆。尚清令通事致词。欲留为镇国之宝。侃等犹未允。复令长史捧先朝诏敕来看。侃等始知留诏敕为先朝故事。况已奉有明旨。始许其留。行礼即毕。即欲回。因海中风浪不测。惟顺风而后可行。琉球在福建之北。去以南风。回以北风。故至九月二十日方可开船。

计在彼国停泊一百十五日。日有廪饩之供。旬有问安之礼。月有筵宴之设。随行人役皆给口粮。使之安饱。行时复具黄金四十两为赆。侃等以在福建时例有金带银器等物送用。尚不敢妄受。况外国之物。以大义辞之。仍遣通事林盛带夷稍十人。为侃等贺船。开船之后。二十一曰晚飓风陡作。将侃等船中大桅吹折。舵亦损坏。舟人皆震恐无措。命工修整。得保生还。十月初二日入福建省城。

侃等还朝复命。疏曰。臣等切思三代以降。圣王不作。治化陵夷。以文德被海内者。尚不多见。况覃海外者乎。若越裳氏之重译而来。以中国之有圣人耳。琉球国在海外无虑数千里。汉唐宋时皆未尝内附。至元时。遣将伐之而亦不从。至我太祖登极。首先臣附。率子弟来朝。此岂区区势力所能服哉。要必有所以感之者耳。我太祖悦其至诚。待亦甚厚。赐以符印。宠以章服。遣闽人三十六姓为彼之役。又许其遣子弟入国学读书习礼。彼亦感激。久而匪懈。迨今皇上御极以来。制礼作乐。声教四敷。彼知中国之圣人复生。故欲窃余光以跨耀他国。是以不避风涛之险。贡献益勤。请封益笃。今日之举。尤出诚恳。闻钦命。奔迎于海曲见龙亭。匍匐于道周。非但不敢如缅甸之倨傲无礼。而亦不敢如尉佗之较量胜负也。臣等忝与使事。亦窃尊荣。无任感荷庆幸之至。

国王又遣王亲宁古长史蔡瀚通事梁梓表谢。并进黄金四十两酬二使。疏曰。伏念臣清僻居海邦。荷蒙圣育。封臣为中山王。不胜感戴。除具表谢恩外。今有差来使臣二员。冒五月之炎暑。冲万里之波涛。艰险惊惶。莫劳于此。臣等小国荒野。无以为礼。薄具黄金四十两。奉将谢意。此敬主及使。乃分之宜。酬德报功。亦理之常。二使惧圣明在上。坚不敢受。使臣情不能尽。无以自安。谨遣陪臣顺赍贡奉。伏乞天语叮咛。赐彼二使。庶下情尽而远敬伸。无任激切感仰之至。上嘉其敬慎。命侃等受之。侃等辞。疏曰。臣等奉皇上之命远使。琉球乃素知礼义之国。臣等至彼。正欲敷扬圣德。恪守臣节。为中华增重。安敢受彼非礼之馈。故筵宴之设。必陈方物具书。固却至再至三。书备于使琉球录中。已尘御览矣。临行以金四十两为赆。坚不肯受。彼心不自安。冒渎天听。蒙皇上鉴彼敬慎之心。特下收受之命。但奉使奔走乃臣等职分之常。自揣无功。敢冒兼金之惠。伏乞皇上将此金收储内帑。或命彼带回。

庶遂臣等之初心。而于君命斯可不辱矣。疏上。不许辞。

侃等先是撰使琉球录一帙进于朝。疏曰。臣等奉命往琉球国封王行礼。既毕。因待风。坐三阅月而后行。无所事事。因得访其山川风俗人物起居之详。杜撰数言。遂成一录。录之意大略有二。臣初被命时。礼部查封琉球国旧案。因曾遭回禄之变。烧毁无存。其颁赐仪物等项请查于内府各监局而后明。福建布政司亦有年久卷案。为风雨毁伤。其造船并过海事宜。皆访于耆民之家得之。至于往来之海道。交际之礼仪。无从询问。特令人至前使臣家询其所以。亦各雕丧而不之知。后海道往来皆赖夷人为之用。其礼仪曲折。臣等临事斟酌。期于不辱而已。恐后之奉使者亦如今日。著为此录。使之有所征而无惧。此纪略所以作也。又尝念国家大一统之治。必有信史以载内外之事。如大明一统志者是已。志中所载琉球之事。所云落际者水趋下不回也。舟漂落漈。百无一回。臣等尝惧乎此。经过不遇是险。自以为大幸。至其国而询之。皆不知有其水。则是无落际可知矣。又云王所居。壁下多聚髑髅以为佳。臣等尝疑乎此。意其国王凶悍而不可与言也。至王宫时。遍观壁下。亦皆累石。国王则循循雅饬。若儒生然。在彼数月。虽国人亦不见其相杀。又何尝以髑髅为佳哉。是志之所载者皆讹也。不特志书为然。杜氏通典集事渊海赢虫录星搓胜览等书。凡载琉球事者。询之百无一实。若此者何也。盖琉球不习汉字。原无志书。华人未尝亲至其地。胡自而得其真也。以讹传讹。遂以为志。何以信今而传后。故集群书而订正之。此质异之所以作也。兼以夷语夷字恐人不知。并附于后。臣等学问粗疏。言词鄙俚。勉成此录。实不足以上尘睿览。但念海外之事。知之者寡。一得之愚。或可以备史馆之采择。是以不避谴责。陡胆进呈。伏惟陛下恕其狂僭。下之礼部。详议施行。不胜幸甚。

侃等又心念海神救护。请立祠报功。疏曰。琉球远在海外。无路可通。往来皆由于海。海中四望惟水。茫无畔岸。深无底极。大风一来。即白浪如山。舟飘忽震荡。人无以庸其力。斯时也非神明为之默佑。几何而不颠覆也耶。臣等往来于海。惊险数次。皆藉神明之助。得保生还。是岂臣等菲德致此。皆由皇上一念精诚。感格天地。以致百神呵护。非偶然者。臣等不敢隐其功。谨历数为陛下陈之。嘉靖十三年。臣等初去时。将底其国。忽逆风大作。舟遂发漏。于是群呼求救于神。剪发以说誓。俄而风遂息。舟少宁。得保无虞。使是风更移时不息。舟之沉必矣。此其功一也。回时遇飓风。将大桅吹折。舵叶又坏。忽有红光若烛笼然者。自空来舟。舟得无事。当风雨晦冥之时。红光何自而发。谓非神之精灵不可也。此其功二也。时众皆知舵当易而不敢任。于是请命于神。得吉兆。众遂跃然。起易舵。风恬浪止。倏忽而定。定后。风浪复厉。神明之助不可诬也。此其功三也。有一蝶飞绕于舟。一雀立于桅。是夜果疾风迅发。臣等惧甚。相与发愿。海神救我。当为之立碑。誓言讫。风若少缓。舟行如飞。彻晓已见闽之山矣。此其功四也。有夷舟进表谢恩者。与臣等同行。遇二十一日之风。漂回本国。至今年三月方到福建。臣等之舟止行八日。直底闽江。不致漂流失所者。皆神之功也。臣等感其功。不敢不厚其报。在福建时。已尝致赍设醮。修庙立碑矣。但奉闻之言既出于口。不敢有负于心。谨摭颠末。上渎圣听。词若涉于荒唐。心实本于诚恳。伏望下礼部详议。令福建布政司与祭一坛。庶天恩浩荡而幽冥有光矣。臣等切思名山大川之神。在舜时已有望秩之祭。我太宗文皇帝时。遣太监郑和下海。尝立祠于海滨。时加致祭。况礼云能御大灾则祀之。能捍大患则祀之。今一救援之功。遂保数百人之命。其为大灾大患莫此是过。伏惟圣明详察。上从其言。命翰林院撰祭文一通。行令福建布政司官致祭一次。

侍读屠应竣赠侃诗曰。绝哉天王使。三年谏省郎。星辰传凤沼。冠冕授蛮王。蜃气鸿蒙合。潮声日夜长。锦帆沧海上。南望有辉光。【其一】南荒饶雾雨。穷岛接风涛。下濑楼船迴。驰封使者劳。夷官趋弁服。海色照麟袍。若道唐虞际。应瞻日月高。【其二】帝遣辞青琐。乾坤属壮游。九霄持汉节。万里赴炎州。日抱蛟龙跃。天涵岛屿浮。遥怜张博望。银渚问牵牛。【其三】主事唐顺之赠澄诗曰。天王玉册颁三殿。汉使星槎下百蛮。鬼国至今通象贡。楼船何处是龙关。海迷南北惟恁日。云起蓬壶忽见山。壮志不愁经岁去。安流应是计程还。

陈侃使事纪略曰。嘉靖戊子。琉球世子尚清表请袭封。事下礼部。移文长史司核实。申部上请。差二使往封如故事。癸巳五月。至福州造舶舰如式。以铁黎木为柁干。闽人不谙海道。方切忧之。忽报琉球国使至。乃世子遣长史蔡廷美来迓予等。长史进见道。世子遣问意。又道。世子虑闽人不善操舟。特遣看针通事一人率夷水手至。代充其役。看针者。舶中司指南针者也。予等善其来。得询其详。初。洪武永乐间。使海外诸国者二使。预于濒海之处。经年造二巨舟。中有舱数区。贮器用若干。各藏一空柩。柩前刻天朝使臣之柩。上系银牌。重若干两。倘遇风波之恶。知不免。仰卧柩中。以钉锢之。舟覆而任其漂泊。欲俾渔人见之。取其物。异柩置于山岛。俟后使者过载以归。予二人被命。与闽藩三司计一舟所费二千五百两有奇。若二使各一舟。则不惟倍官费。抑亦非所谓同舟共济者也。至于藏空柩与上系银牌。则近来使者无此事。从有之。亦无益也。令有司不设备。甲午三月。舶舰工毕。舶之制与江河间所谓坐船者不同。坐船上下适均。八窗玲珑。明爽开溪。真若浮屋然。坐其中者。不觉其为舟也。且出入甚便。此则舱口与舰面平。高不过二尺。深至舰底。上下以梯。艰于出入。面虽启小牖。亦如穴隙。盖以海中风涛甚巨。舰高则冲。低则避也。舱外前后俱护以遮波板。高四尺许。虽不雅于观美。实可以济险。长一十五丈。阔二丈六尺。深一丈三尺。分为二十三舱。前后竖五桅。大者长七丈二尺。围六尺五寸余。以次而短。舶后作黄屋二层。上安诏敕。中供天妃。舶中之器具无不备。舵设四具。用其一而置其三。以防不虞。橹三十六枝。遇风微逆。或求以人力胜之。大铁猫四。约重五千斤。大纟率八。每纟率围尺许。长百丈。小划船二。不用则载以行。用则藉以登岸。水四十柜。海中惟甘泉难得。勺水不以惠人。多备以防久泊也。通舶以红布为慢。五色旗帜大小凡三十余。更多储刀枪弓箭之属。佛郎机二架。驾舟水手一百四十余人。护送军百余人。千户一员百户二员领之。通事引礼医生识字人各色匠役复百余人。人给以银十二两为衣装费。仍各给工食银五两三钱五分有奇。旧用四百余人。今省十分之一。二十六日。予等启行。三司诸军送至南台。是晚。宿于舟中。翼日至长乐。长史舟亦随行。中途为浅所伤臭。阙载具状。伏于阶下求援。予等欲藉其为前驱。判词下提举司。令申海道假缘海工所御寇之舟与之归。适海道与分守都阃诸君继至。海道亦以王事为急。遂从之。五月朔。予等至广石。祭海登舟。是日北风大作。昼昏如夕。连日皆风逆。至五日始发舟。不越数舍而止。海角尚浅。八日。始出海口。风微顺。波涛亦不汹涌。舶舰与夷舟相为先后。出舱视之。四顾茫然。云物变幻无穷。日月出没可骇。诚一奇观也。九日。隐隐见一小山。乃小琉球也。十日。南风甚迅。舟行如飞。过平嘉山钓鱼屿黄花屿赤屿。目不暇接。兼三日之程。而夷舟帆小。不能及。相失在后。十一曰至夕。始见古米山。问知琉球境内。夷人鼓舞于舟。喜达家乡。夜行彻晓。忽风转而东。进寸退尺。失其故处。竟一曰始至其山。有夷人驾小舟来问。夷通事与之语而去。是日风少助顺。即抵其境。十三日。风又转北。逆不行。欲泊山麓。虑乱石伏于下。谨避之不敢近。舟荡不宁。十四日。至夜闻舟有声。若欲进裂者。盖大桅以五小木攒之。束以铁环。孤高冲风。摇撼不可当。环忽断其一。众恐遂折。惊骇喧呶。亟以钉钳之。声少息。造舟时用钉少。又粘缝不密。至是海水渗入数寸。以辘轳引水而出。莫能止。众曰。不可为矣。齐呼天妃而号。予与高君彻夜不寝。坐以待旦。忽予家人匍匐入舱。抱予足。口禁不能言。良久曰。速求神救。船已坏矣。予二人莫知所出。叹曰。各抱诏敕。以终吾事。余非所计也。是时。惟舵工数人。乃漳人。漳人以海为生。童而习之。至老不休者。风涛中。色不少动。但云。风不足惧。速求罅缝而塞之。可保无虞矣。众亦知其然。然舟荡甚。不能立。心悸目弦。何罅之求。于是有倡议者曰。风逆则荡。顺则安。曷若回舟以从顺。衣衤如有备。尚可图也。一人执舵云。不可。海以山为路。一失此山。将无所归。漂于他国。未可知也。守此尚可以生。夷通事从旁赞之。然众战栗怖畏。啼号不止。姑从众。以纾其忧。旋转之后。舟果不荡。执烛寻罅。皆塞之固。水不能入。众心遂定。翼午。风自南来。舟不可东。又从而北。始悔不少待也。计十六日旦。当见古米山。至期西望。惟水沓无所见。执柁者曰。今将何归。众始服其先见。傍徨踯躅。无可柰何。予二人亦忧。亟令人升桅以觇。云。远见一山。微露如角。小山伏于其旁。询之夷人。曰。此热壁山也。亦本国所属。但过本国之东三百里。若更从而东。即日本矣。申刻。果至其山泊焉。十八日。世子遣法司官一员来。具牛羊酒米瓜菜之物。为从者犒。亦有酒果奉予二人。通事致词曰。天使远临。世子不胜忻踊。闻风伯犯。从者迷道。世子益不自安。欲躬自远迓。国事不能暂离。谨遣小臣具菜果将问安之敬。予二人爱其词。受之。世子复遣夷众四千人。驾小舰四十艘。欲以大缆引予船前。通事白于二人曰。海中变出不测。岂宜久淹从者。世子不遑寝食。谨遣众役挽舟以行。敢告舰列左右。各分缆迤逦而牵行。于海中亦一奇观也。昼夜行百余里。十九日。风逆甚。不可以人力胜。遂泊于移山之。所遣法司官率夷众环舟而宿。未尝敢离左右。泊至五日。予众因在舟久。郁隆成疾。求登岸避之而不可得。泣诉于予。予曰。乘桴浮海。子路喜之。未知浮海之险若此也。二十三日。世子复遣王亲一人。益以数舟而来。风亦微息。始复行。至二十四日。犹未克到。世子复遣长史来。曰。世子刻期拱候。海中怒风惊涛。恐为从者之忧。谨遣小臣奉慰。予二人谢之。二十五日。方达其国。泊舟之所名曰那霸港。计发舟至此一月矣。是日登岸。岸上翼然有亭。榜曰迎恩。世子先遣陪臣大小凡百余员。随龙亭而至。候于亭下。予二人捧诏敕。安于龙亭。众官行五拜三叩头礼。前行导引至天使馆。距港约五里。不移时而至龙亭。安于中堂。众官行礼如初。继见予二人。亦行礼而退。予二人呼长史问曰。世子不迎诏敕。何也。对曰。洪武礼制。凡天朝诏敕至国。世子候于国门之外。数代相承。不敢有违。听之。然世子虽不至馆。馆中皆官正莅事。每三日遣大臣一员具酒二壶。果盒二架。酒酌于斗。进予二人。跪曰。世子令小臣问候起居。予二人受之饮。复献牛羊菜果于馆。初皆麾之。后见其诚恳。间亦或受。每一馈予二人。亦遍及于从者。馆饩无弗均。六月三日。报长史舟至境。又越五日。始抵国都。较之予舟。浃旬始至。询其故。柁折帆倾。非夷众熟于操舟。几何而不葬鱼腹也。十六日。行祭王礼。王墓不知所在。寝庙一所在国门外。即于庙祭焉。先迎祭品往庙陈设。后用龙亭迎谕祭文。予二人随行。将至庙。世子素衣黑带。候于门外。戚乎其容。俨然若忧服之中也。予二人拱而入。至庙。神主位东西向。予二人位西东向。龙亭居中南向。世子位南北向。宣谕祭文毕。世子出露台。北面谢恩。进庙与予二人交拜。揖至中堂。予二人南向坐定。世子令长子致词曰。清处蜗角。辱玉趾远临。当匍匐奔迓。有制不敢违越。徒怀斩悚。今又辱赍先人。幽明倍感。敬具清酤二卣。以献左右。聊用合欢尔。予二人诺之。酒数行。皆亲献。坐少顷别去。随遣法司官同长史至馆致词曰。今日劳从者为先人宠光。小国无以为献。具黄金十两为寿。予二人却之。世子知道。乃亦以此浼我乎。令持去。不从。作书与之。世子得书。不复再馈。七月三十日。行册封礼。先五日。长吏请仪注习之。是日黎明。世子令陪臣候于馆门之外。导引诏敕往国。国门距馆三十里。介在山海之间。路险巇不平。将至国。五里外有绰楔一座。扁曰中正。自此以往。路皆平。可容九轨。旁垒石墙。亦若百雉之制。世子候于此龙亭前。先行五拜三叩头礼。导至国门。门曰欢会。门内数步。即王之宫也。宫门扁曰漏刻。门三层。层有数级之阶。正殿巍然在山之颠。扁曰奉神。设龙亭于正中。国王升降进退。舞蹈祝呼。肃然如仪。礼毕。导予二人至别殿。复行见礼。众官亦拜见如初。王暂退。出临群臣。与一国正始。群臣四拜为贺。臣之尊者亲者捧觞为寿。盖夷俗以此为敬。故君臣之间亦行之。朝罢。别殿设宴。金鼓笙萧之乐翕然齐鸣。王奉酒。酒清而烈。来自暹罗者。醺人不须一盏。予二人但尝之而已。笾豆之实。备水陆之珍。然不能自制也。皆假予舰舶庖人为之。盖夷俗无宴享醵会之事。不知烹饪调和之法。不过假以文其陋耳。献酬交错至晡而止。予二人复令仪从迎诏敕至馆。王再拜曰。小国无以为宝。玺书以为宝。先朝诏敕藏之金匮。已八叶于兹矣。今辱赍临。幸留此镇国。不尔予小子自底不类。为先人羞。予二人令启金匮。验其留否。既而长史数人各捧诏敕一道而来。遂许留之。王喜甚。重拜而别。予二人至馆。王亲一人同长史来馈仪物。厉色麾之。长跪不起。不得已。姑各取扇布二物。以答其诚。复与一书。二十日。设宴。名曰拂尘。盖凡使琉球与他国不同。安南朝鲜陆路可行。使事既毕。不过信宿遄返。琉球在海外。候北风而后可归。日久与王不免多会。会多则不免情亵。势所必至。是宴之设。笾豆尚简。不复陈方物。但令夷童歌夷曲为夷舞。以侑觞。伛偻曲折。亦足以观。舞罢。令世子介子执弟子礼奉酒三卺。将行。复亲捧玉杯。乃武宗所赐者。引满劝白。辞以不善饮。一酌而止。二十五日。向昏。飓风暴雨顷刻而至。茅舍皆席卷去。馆屋亦撼摇。予寝不能寐。起坐中堂。门牖四壁荡无存者。因念港口之舟。恐不及维。遣人视之。佥曰。昏黑不辨牛马。盍少待。风雨正恶。亦不能强。黎明往视。则王已差法司率夷人数百守于船侧矣。询之舟人。乃半夜时至。法司亦夷官之尊者。路且遥。冲风冒雨而行。不辞艰险。夷之君臣其可感也。夫中秋节。夷俗亦知为美。请赏之。因得遍游诸寺。寺在王宫左右。不得轻易往来。有曰天界寺。有曰圆觉寺。此最巨者。余小寺不暇记。二寺山门殿宇。各弘广壮丽。亚于王宫。正殿五间。中供佛像。左右皆藏经数千卷。夷俗尚佛。故致之多。上覆以板。绘以五彩。下用席数重。清洁不可容履。殿外凿小池。以佳石。池上杂植花卉。有凤尾蕉一本。树似棕叶。类凤尾。四时不改色。诸夏所无者。倘徉容与。尘虑豁然。但僧皆鄙俗。不可相语。彼亦不敢见吾辈。亦晓烹茶之法。设古鼎于几上。水将沸时。杯投茶末一匙。以汤沃之。少顷奉饮。味甚清。是日。王因神降送迎。无暇陪。遣王亲侍游。至未刻。邀坐宴。不甚丰。情意款洽。召诸从人至阶下。令通事劝饮。旅进旅退。各以班序。至醉而止。向夕回馆。月明如昼。海光映白。令舆人缓步。从目所适。心旷神怡。忘其身之在海外也。二十三日。王始至馆相访。令长史致词曰。清欲谒左右久矣。因日本人寓此。狡焉不可测。俟其出境而后行。非敢慢也。予二人亦具核留坐。移时别去。二十九日。请予二人饯行。布筵水亭中。观龙舟之戏。舟之制与举棹之法皆效华人。亦知夺标以为乐。但举棹人皆小吏与大臣子弟。各具彩服簪金花。虽濡于水而不顾。以示夸耀之意焉。九月九日。复请饯。予二人讶其烦。深拒之。恳请再三后行。至则见其食品所列。山蔬海错。糗饵粉酏。杂陈于前。制造精洁。味甚适口。但止数品。不能如昔之丰也。询之左右。乃知前此诸设皆假手闽人。此则宫中妃嫔所自制者。临行。长史捧黄金四十两。王言。馈赆之礼。古今所有。非清敢自亵。天使其毋辞。予二人曰。王之馈赆。于义可受。但予辈承君命至。受此而归。是以君命货之也。恶乎敢。王愕然。曰。天使言必称君。动必遵义。清知过矣。乃不敢强。持泥金倭扇二束赠曰。天使远来。此别不复得会。夏日挥之。或可系清一念耳。予二人受之。各答以所持川扇。王喜不自胜。因再拜而别。十二日。登舟。官民送者如蚁。皆慕汉宫威仪。有至海滨不忍去者。从泊舟之港出海仅一里。中有九曲夹岸之石。惟风息而后可行。坐守六日。王日使人侍侧。且致慰词。仍命看针通事一员夷役数人护送。又遣王亲长史等官进表谢恩。十八日。风少息。挽舟出海。舟斜倚岸。众恐其伤于石。大惊。幸前月予二人亲督修粘。故不为石所伤。复停海口。二十日始克开洋。夷舟同行。二十一曰。至夜飓风陡作。大桅五木攒者既折。须臾舵叶亦坏。幸铁梨木为干。得独存。舟之所恃以为命者。桅与柁也。当此时。舟人哭声震天。予辈亦自知决无生理。相顾叹曰。天意果如此。计.免者得之矣。是时。舟人无所用力。但大呼天妃求救。予二人亦为军民请命。叩首不已。果有红光烛舟。舟人相报曰。天妃至矣。吾辈可以生矣。舟果少宁息。翼日。风如故。尚不敢易舵。众废寝食以待毙。不复肯入舱。同行夷舟遂相失不知所往。二十三日。黑云蔽天。风复将作。有欲易舵者曰。舵无尾不能运舟。风弱尚可支持。烈则将何以救。不欲易者曰。当此风涛。去其旧而不得安其新。奈何。众不能决。请于予二人。予二人曰。风涛中易舵。静则可以生。动则可以死。惶惑亦不能决。令其请于天妃。得吉。众遂跃然起舵。舵干甚重。约有二千余斤。平时百人举之不足。是日数十人举之有余。兼之风恬浪寂。顷刻而定。定后风浪复恶。神明之助不可诬也。舵易。众始有喜色。二十六日。忽有一蝶飞绕于舟。舟人曰。岸将近矣。有疑者曰。蝶质甚微。在樊圃中飞不过百步。安能远涉沧溟乎。此殆非蝶也。神也。或将有变。速令舟人备之。复有一黄雀立于桅上。令舟人饲以米。雀如常禽飞下。啄尽乃去。是夕果疾风暴发。怒涛拍天。巨舰如山。飘荡仅如一苇。梢后距水不下数丈。水经过之。持舵者衣尽湿。舱中受水可知也。风急。水声助之如雷。不忍见闻。衣服冠而坐。欲求速溺。相顾叹曰。圣天子威德被海外。百神皆为之效职。天妃独不能相救乎。言讫风若少缓。舟行如飞。达晓。则已见闽山矣。舟人皆踊跃呼舞。以为再生。稽首于天妃之前者若崩厥角。二十八日。至定海所。十月二日。入城。痛定思痛。凡接士大夫必叙所历惊怖诸状。无不为之庆幸。区区二人何能得此。实荷圣天子威福。以致神明之佑。不偶然也。今越旬日。而同行之舟尚未至。或不免漂溺之患焉。呜呼危哉。呜呼危哉。因是而有感矣。夫浮海以舟。驾舟以人。二者皆济险之要也。官之尊者。因非己事。不屑经理舶舰之役。官之卑者。因此难遇。惟思图利侵克船价为事耳。故造作之间。种种不如法。驾舟之人。皆欲乘便贸易。窜名于籍。而不知操舟之术者。予前所述古米山之险。其明效也。后之使夷浮海者。当先择委有司二员造舟。约令随使往来修整。则彼躯命所在。利害相关。始造必不为之苟矣。告之藩臬不从。以请于朝可也。水手贵精不贵多。须择惯下海善操舟者而用之。如此立法。则可以节国之费。卫众之生矣。若则蕃王领封之说。则肇自前辈之使占城者。此时正副畏溺。不肯航海。旷持日久。王子不获。已而至中国。馆于海滨。受封后。有司遂乞蕃王。世子遣陪臣来奏请封者。当命使臣赍诏敕驻海滨。侍其来以赐之。未获俞旨。尝稽古诸侯嗣立。俱以士服入见天子受封。今之四夷即古荒服诸侯也。虽不克观天子。俾其于海滨领封亦无不可。盖不俾中朝之使远冒乎险以锡命。而小国之君坐享其爵而偷安。尤为万世可守之法也。故不惜辞烦而为后使者忠告。

自后琉球商人有漂至琼州者。执送广州按察。佥事经彦彩为请于朝。抚恤之归。远人感德。

三十七年。国王尚清薨。遣使告哀。

三十八年。上命给事中吴时来及行人李际春往行册封礼。适时来有疏论大学士严嵩奸邪状。嵩言其畏航海之役。故生事妄议。上怒。廷杖时来。谪戍广西。改命给事中郭汝霖为正使。与副使际春同往。至福建省城造船。遭值连年倭患。阻迟海口。未得开洋。四十一年五月内。海口颇靖。乘隙而出。五月二十八日。在于长乐县梅花地方开洋。闰五月初五日。行至赤屿山。阻风三日。漂过琉球山一日。幸彼处夷人在山哨望。知为封船。乃发艕牵引回其境内。至初九日登岸。到于彼国。尚元即遣官及举国臣民。迎导诏敕至天使馆安奉。

郭汝霖思息亭说曰。琉球天使馆自门而入。正堂三间。自正堂引至书房三间。余处于东。李君处于西。房之后再三间。官舍辈处之。两旁翼以廊房各六间。门书舆皂寓焉。暑月蕴隆。促促数步内。琉之人为余弗安也。卜后垣空地。砌土瓦茅竖柱而亭之。余因扁曰。思息。夫人情久相离则思。余驰驱上命。何敢言思。然舍桑梓。涉波涛。远君亲。旅外国。而鸿宾雁弟。玉树芝兰。数月各天。寥寥音问。余安能不用情哉。昔谢大傅江海人豪。中年与亲知别数日作恶。余尝寤叹其怀。阳明子曰。七情之发。过处为多。余又恶夫情之过而恶也。斯亭之登。愿少息焉。图书在前。琴瑟在御。以吟以咏。以弦以歌。庶几造化者游而忘其身之在异乡矣。

汝霖等择六月初九日行祭王礼。六月二十九日行册封礼。封诏曰。朕受天明命。主宰寰宇。凡政令之宣布。惟成宪之是循。其于锡封之典。遐迩均焉。尔琉球国远处海陬。声教渐被。修职效义。阅世已久。故国王尚清显荷爵封。粤逾二纪。兹者薨逝。属国请封世子元。朕念其象贤。众心归附。是宜承绍国统。特遣正使刑科右给事中郭汝霖副使行人司行人李际春赍诏往封为琉球国中山王。仍赐以皮弁冠服等物。王宜谨守礼度。益笃忠勤。凡国中官僚耆旧尚当同心翼赞以佐。王饬躬励行。用保藩邦。庶几无疆惟休。故兹诏示。咸俾悉知。复赐敕曰。惟尔先世享有爵封。恪守海邦。职贡罔缺。尔父尚清。事上益恭。兹者薨逝。讣闻。良用嗟悼。尔为家嗣。国人归心。宜令掌乃国土。特遣正使刑科右给事中郭汝霖副使行人司行人李际春赍诏封尔琉球国中山王。并赐尔及妃冠服彩币等物。尔宜服膺君命。图绍先业。秉礼循义。奠境保民。以副朕怀柔之意。

封礼既毕。仍乞留诏敕。汝霖等如制许之。十月初九日。登舟。风阻哪霸港口。至十九日。始得开洋。二十一日。在洋中折舵。既而得全。十一月初二日。归至福建省城。其琉球国王尚元遣王亲原德长史蔡朝器等另驾一舟。随同上表谢恩。亦以初十日到于福建海口。汝霖等还朝毕事。疏曰。臣惟唐虞三代之盛。四夷来王。汉唐以下。虽有属国。叛服不常。琉球在海岛中。乃能永坚一心。归化无渝。臣等到彼。供应廪饩。趋走承顺。如郡县然。非圣朝文德渐被之极。何以致此。我皇上十三年既册其父。兹者又封其子。圣寿万龄。天威万里。视祖宗有光而轶唐虞三代。不二矣。臣等虽当海惊风波之险。犹得周旋使事之荣。臣无任感荷欣忭之至。

郭汝霖重刻使琉球录曰。嘉靖三十四年六月。琉球国中山王尚清薨。三十七年正月。世子尚元差政议大夫长史等官到京。请乞袭封王爵。礼部以请勘俱系彼国官民。乃不复行勘奏。请如故事。差正副使二员。赍诏敕皮弁冠服往。时科中应行者吴君时来行人司则李君际春也。命下二月十六日矣。部咨翰林院撰文各衙门造该用仪物。延之三月。终未行。而吴君有戍事。汝霖乃同李君承乏焉。四月初二日也。部中监前畏避之嫌。促日起程。霖等亦以重命不可再缓。遂请诏书易名。改赐品服。初八日慨然解舟南下。七月初。抵江西地方。霖意海警连年。事须巧速。因一面差人至福建布政司。令作速委官伐木造船。九月中。亲至闽坐督。刻次年春汛必行。奈地方多事。贼报交驰。当事者已疑不能必往。又皇皇剥肤之灾。而视外及为稍缓。管工官亦泄泄。于是船自十一月起工。至次年四月仅完其半。贼报紧急。不俟工完。四月初四日出坞。尹参将令百户严继先等接至镇驾守。十一日午刻方至镇。未刻贼已接踵。相望数里。不为所夺。幸也。亦尹之力也。是年。倭奴辏集福州城外称数万。城门闭者三月。余等亦日日上城。同有司巡守。先是戊午冬。琉球世子差来迎迓长史梁梽等住柔远驿。尽为所掠。六月始得脱逃。七月终。各役奔命者渐复。欲召之行。而风汛过矣。声息转闻琉球。三十九年正月蔡廷会等来修贡。传其国有领封之情。呈文该司。该司以时事艰难。国体所系。遂为转奏。本下部议。以旧典难遽变。俟海警稍宁。必期渡海终事。时勘合到迟。将届六月。倭寇伺候海中者又比比。予召漳州火长舵工等役。中途又为贼阻。各役依山缘径而来。动经月余。至则又七月矣。前船既有伤损。久住内港。乌<虫念>丛生。乌<虫念>者。生于淡水。则坠于咸水。生于咸水则坠于淡水也。一至海则垂。垂而坠。船板精华俱为所蚀。油灰不能复住。水从罅隙而入。何可止也。余时与诸司议。但挟数十人从夷舟往。夷舟颇小。举动敏捷。既不为贼觊觎。又可藉以济事。有司固执以堂堂天朝。为此举动。何以威临四夷。若事不易济。宁修船俟时。无得而论欲从权济事。亦须上闻。不然他日谁任其咎。余时聆诸君正论。亦不能夺。且念事体重大。人役颇多。又非可一人微服行者。于是内愈热而情益苦。李君乃曰。既不能行。毋徒躁动。不若专意修船静俟。地方事大。非一手可掩。他日当有人谅也。余然之。火长舵工等因呈乞有司改造前船。八月再定。至十一月毕工出坞。越嘉靖四十年春二月。予遂召集漳州等处各役。亦先期来。余欲挟之先出海口。而守各役谋以海口风涛难泊。公若往。内各兵船亦往。各兵船往。而内港虚矣。不然探听消息。有急而行可也。三司诸君亦曰。既不能出内港。岂能出外洋乎。今岁传闻贼或不至内地。姑俟之。盖大船出内港。水浅。必朝平而后行。日不数里。自南台而旺崎。而闽安镇。而广石。须十数日。而后至定海梅花开洋之处。滞重逶迤。谋犯之者其力易。及封舟之不能速行为此也。若洋中汪洋浩荡。予固知他舟不易犯。即犯之。舟封之威可施。夫万里之外洋。尤可无虑。而数日之内港。乃能阻人。闻者岂能知之。守至四月。忽值内地广兵之变。即平定。长乐又报福清之贼。既又传福宁之报。余于是朝而侧目。夜而侧耳。盼然曰守一日。惟恐报鼓之声也。五月初六。则有贼二百余至闽安镇之下江。时各役告请行粮。余亦牒有司渐次散给。兵道杨君来言曰。今事急。且不论行。即船将如何守。欲发之闽安镇驾守。又已近贼。欲行张汉入守。闽安镇又旷无人。予曰。各役已期散行粮。行期旦夕。若复动摇。人心解散。岂能再集。百姓官银到手。宁不支用。不行而复追之。敲朴日繁矣。杨君曰。事果难如是。予因曰。君来自部中。莫谓予等有畏避之嫌。今可目睹之。具今乃一小报。前两年遑遑。时刻紧急。不同何如也。盖船既重大。不惟行之难。而造之亦难。不惟造之难。而守之亦难。三者惟地方无事者可也。若如己未年。贼旗既到。上下纷扰。虽委造官。皆奔走守城之役。广中材料又谁复查理。当其时非矛亟于收拾纤毫。岂可望耶。后来改造诸料犹得应用。亦必有自矣。至于守之难者。谓一于用不行者则践踏震撼。视舟全无爱惜之心。一于用同行者。则水木郁蒸。行时必多暴露之疾。余不得已。乃参而用之。令其轮班更迭。将就全事。闽安镇初六之报。令许严等牵船前十余里。又行张汉与严继先陈孔成马魁道等严密侦贼向往。又请于军门刘公。令张汉若有急即自座守。既贼乃从下江口由长乐松下入福清。而船始报安焉。五月十九日。船至长乐取水。与李君二十五日起行。抚按三司饯于南台府县。别于新港。二十六日辰刻。至长乐。时自二十三日起连有南风。各役以二十九日夏至。恐风尚未定。三司诸君送者乃欲守候。予曰。天时难测。今已南风。又疑其未定而欲俟其定。何时乃定。且伙长辈皆予所需以决事者。今临事率不敢担当。事在一人。信矣。遂决而行。二十七日至广石。二十八日祭海登舟。别三司诸君。二十九日至梅花开洋。幸值西南风大旺。瞬目千里。长史梁炫舟在后不能及。过东涌小琉球。三十日过黄茅。闰五月初一日。过钓屿。初三日至赤屿焉。赤屿者。界琉球地方山也。再一日之风即可望姑米山矣。奈何屏翳绝驱。纤尘不动。潮平浪静。海洋大观。真奇绝也。舟不能行。住三日。初六日午刻。得风乃行。见土纳已山。土纳已山。琉球之案山。洋路从姑米山而入正也。时东南风旺。用舵者欲力驾而东。势既未捷。至申刻乃见小姑米山。小姑米山在琉球之西。稍过即热壁山。幸而小姑米山夷人望见船来。即驾小来迎。有二头目熟知水路。且曰。既不能从大姑米山入。何可傍内纳已山而入。其中多礁。予等闻之骇。二头目一面令夷船入报。渠遂躬在余船。道驾从小姑米山而入。且云。得一日一夜之力。即未据登岸。可保不下热壁山矣。予等厚赏赐之。昼夜赶行。初七日未刻。望见王城哪霸港焉。然东风为多。相隔仅五十里不能辙近。世子遣王亲问劳。致牲菜酒米。词恭礼肃。法司官夷舟五十余集封舟前。每舟一老人。须眉皓然。见封船皆踊跃呼拜。欲用先年挽入故事。而风势方旺。至次日。法司官督众益严。誓以不即挽登岸。倘有疏虞。必先开肚。余屡慰曰。风岂人力能胜。船已至此。不劳再急。然竟亦不能行。至初八日午刻。有冲风暴雨。予曰。可整舟挽而行。诸人疑之。既而果行。初九日辰刻。遂达岸焉。盖风旺三日而复暴急。予忆其必将止。若暴先发则旺势未衰。此理之常。何足疑哉。既抵岸。三日后。有传贼船从其境上过者。盖蓬力小。大洋中自不相及。初九日。登岸。迎诏敕。至天使馆。世子日遣长史大夫等官参谒。导从巡警俱如中国之仪。三日。遣王亲一员同长史大夫问安。廪饩俱仍旧。军稍行匠人日米一升半。干鱼四两。略有海菜。外给钱五文买蔬菜。问候之日。俱有猪牛羊等。各官廪给口粮者又差盛。始军稍疑钱太少。乃查之旧案无增也。夷人笃于守旧。而客者不无厚望。且赢乏不同时。下民岂能尽量。至世子各官这意。则恭而有礼矣。世子又尝问其臣曰。今者。天使劳涉。比之往益不同。吾欲先一快睹。以遂仰胆之心何如。法司等力以旧章止之。六月初九日。祭王。世子敬戚之容。宛乎可掬。王既得谕祭之后。世子仍令其国僧修佛事。以伸追慕。至二十九日。乃行封王礼。厥明。世子遣各官候于馆门。自先王庙列仪卫巡警。导引至国门外。世子拜谒。躬导诏敕至王殿。嵩呼拜舞。皆先期习熟。世子见诏敕。俨恪益如。礼仪卒府。亦如原录所云。群臣将事。无不肃。是日履王位。该国臣民行朝贺礼。余等退居西堂。王率群臣谒叩。设宴。馔盛乐繁。事竣。乞留诏敕。余等令其捧前此圣制来验。因如旨锡之。王与群臣欢呼拜谢。至七月十九日。设拂尘诸宴。八月中秋。设观渡宴。作书辞之曰。盖闻酒以成礼。不继以淫义也。霖等钦奉上命前来。佳礼既行。毕筵亦既洽矣。兹又辱过招。无乃大繁乎。敬此以辞。向祭封之日。兼承曩蹄之惠。虽王中心致敬之诚。而辞受以义。又使人素有成规。而不敢失者也。敢并全璧。伏惟以德相爱。以道相处。共守天朝之大闲。安臣子之大义。而不区区于仪物之末。幸甚。十八日。王乃躬至使馆相访。亦如旧。略备筵款之。并及群臣从者。九月十九日。王请饯行。亦具黄金四十两为贶。余等严却之。次日。复使法司大夫长史等官持来。辞甚恳恻。复作一书。令参随各官往还之。曰。封舟濒行。领宴饯兼惠曩蹄。已尝面辞矣。兹辱法司大夫长史等复来。夫承筐是将。虽贤王好我之诚。而不爱笃宝。实使人自守之矩。且天朝清议光昭。非礼授受。具有明辟。余虽欲于王。如朝廷之大法何。惟王知所以爱。而克其非所以爱可也。传有之。私惠不归德。君子不自留焉。王其念之。王得书。不复令人来强。是年九月十九日立冬。舵工等拟必北风盛发。然数日竟未有。十月初五。巨风发后。乃以九日登舟图回。往者封船既至。琉人亦招集各岛夷船。以观天使为名。实亦因之滋贸易也。是年则琉人务假防护之名。时虽有商舶一只。亦逐出之。而各役所带纤毫行李俱不能售。于是尽举而归之琉人。琉人故证而贱之。而各役之情苦矣。登舟之后。方图举帆。而风雨骤至。阻于哪霸港口。港口险隘。仅容一舟。稍有偏侧。船辙不保。船之两旁系以大缆。至十五夜。右缆忽断。陈孔成见之。忙吹号举炮。夷人二十千余来加索牵转。再加新缆。船乃得安。十八夜。天忽朗霁。月光如昼。四更时诸人与夷官稍乃导出港。东北风旺。舟行如飞。二十日午后。忽有黑云接日。冥务四塞。舟人惧曰此飓征也。顷刻。果飓风至。守之益慎。至夜二鼓。劈烈一声。舵已去矣。舟遂大颠。吴宗达等遂落大蓬。举舟哭声震天。黑夜无措。余乃速止曰。即如此。命也。哭何所济。时陈孔成择漳人仅五十。将各舱所载重者一面丢抛。一面令李子显等。倡言舵虽折。尚有边舵。决保无虞。容某等渐处。余谂曰。静以御变。极是。但舵何时可换。吾不举大蓬。但张二蓬三蓬。任其漂流。至后可补针也。陈大韶曾宏俱向从陈高过洋者。来大言曰。往年亦如此。然往年船不固。今此船固。往年船发漏。无边舵。今不漏。有边舵。往年折舵并折桅。今桅尚存。余闻其言。心亦颇定。然播荡反侧。无顷刻宁。幸而天明。促之换舵。而风势愈烈。余石孔成来曰。事将奈何。孔成曰。海中行船。此事所有。但持之。观明日如何。至次日。风又不息。余乃口为文。令吏陈佩床前书之。以檄天妃。适一晨刻。风稍定。始得换舵。舵即定。诸人颇有生望。但牵舵大缆兜之。自尾至船首者。又忽中断。则海水咸厉。绳缆不能久。舵工等又惧舵不能稳。稍摆动。金口开。船分两片矣。此尤危也。乃用银重赏一夷人。系其腰。令之下海接之。竟不能接。吴宗达来禀。欲穿二舱三舱。透绳系舵。而不能决。余闻即概然是之。乃凿而度绳。舵始得安。盖舱近系绳。比之兜肚远者。其力尤大。行之至二十六日。许严等来报曰。渐有清水。中国将可望乎。二十七日。果见宁波山。历温历台。闽人未能尽晓。浙中山墺。疑迷莫测。仍怀忧思。至二十九日。忽至福宁。见定海台山。心始安焉。从五虎入。十一月初二日。入省城。追想前迹。为之恻然。士夫相会。真同再世。往读陈高使录。说者皆谓其过。余亦疑之。至是亲历。知其字字不虚。且中间险苦。尚有笔楮不能尽者。呜呼痛哉。

霖录又曰。是年闰五月初四日。至赤屿。无风。舟不能行。当画有大鱼出跃。从者谓如一舟然。旁有数小鱼夹之。至暮。舟震撼冲击。莫知其故。自舱上观之。则风浪静。而舟之颠危次日愈甚。余与李君目眩心悸。召长年问之。皆谓无风而船如此。事诚可怪。所嘉者。船力劳壮坚固。决保无虞。慰安余二人。既退。余使人侦之。则皆稽首天妃之前祷矣。中夜颠危益甚。李君曰。事将何如。余曰。造船用人。乃人事之可尽者。此以外岂复能与。且余二人所捧者朝命也。皇上德被幽明。海神必且效若。时余二人既不能安枕。中夜见忽有明光烛舟。舟稍安严。百户舵工等俱得异梦。六日辰刻。伙长舵工请余二人拜风。且谓有所爱之物可施之。余思出京时曾有人惠金光明佛经。又舵工陈性能作彩舟以禳。余曰。事无害于义。从之可也。余二人官服以拜。口为文以告。道人等用经与彩舟升之舱口祈之。而风忽南来。诸从者尚未回谢天妃之前。咸仰呼曰。风到风到。遂满蓬而行。至初九日。登岸。神明之贶显矣。又按十月十九日开洋回国。东北风旺。至二十日午刻。忽有麻雀一只。宛宛来泊舱蓬。陈大韶等见之。即心动曰。此神雀报信。又往年陈高二爷回时之兆。倏忽间。黑云接日。冥雾四塞。冷雨飓风。号呼大发。余令吴宗达等谨备之。行至夜一鼓。舵忽折去。举舟哭天。而叩天妃。余亦呼天妃告曰。此华夷五百人性命。岂可易易。至天明。风连旺不止。舵不能换。二十二日辰时。余眩瞑甚矣。盖五日不一粒。生死余亦已决肚外。惟是五百人尚不能忘念。乃召书吏陈佩。具笔札床前。余口为文授之。令书以檄天妃。前舟中鸡鸭牲口之类尚多。余问之庖人。曰。不知何时靡孑遗矣。惟一鹅尚存。余令宰之。告曰。霖等钦奉上命。册封琉球。仰荷神佑。公事既完。兹当归国。洋中折舵。无任惊惶。惟尔天妃海岳。皆国家庙祀正神。兹朝使危急。华夷五百生灵所系。岂可不施拯救。若霖有贬心之行。即请殛之于床。无为五百人之累。若尚可改过而自新也。神其大显灵威。俾风恬静。更置前舵。庶几可以图全。神其念之。毋作神羞。既祭后。风稍息。诸人亦求爽于天妃。许之。遂易新舵。诸人大发原心。祈修醮典。余亦许归朝奏请。如例遣祭。舵工陈兴珙又善降箕。乃用李君一家僮并不能字者扶之。字皆倒书。曰。有命之人可施拯救。钦差心好。娘妈保船都平安也。嗟呼。鬼神冥邈。谈者未有不疑。然此四无边岸之中。宛弱只雀何从而来。易舵之后。又一鸟常据于桅尾。何从而来。孰谓世间事可尽以常理臆决哉。到岸日。凡诸人祈许。余令一一修还。所谓毋使行负神明。何敢以险既平而遽忽诸。

郭汝霖等复新天妃庙于广石。勒碑为文记之。

霖广石庙碑文曰。广石庙。庙海神天妃者也。天妃生自五代。含真蕴化。没为明神。历元迄我明。显灵巨海。御灾捍患。拯溺扶危。海风涛紧急间现光明身。著干旋力。礼所谓有功于民。报崇祀典。而广石属长乐。滨海地。登舟开洋。必此始。庙之宜旧。传自永乐内监下西洋时创焉。成化七年。给事中董旻行人张祥使琉球新之。嘉靖十三年。给事中陈侃行人高澄感板异复新之。板上所书。即董张新庙月日也。皇帝三十七年。琉球世子尚元乞封。上命汝霖充使往。而副以行人李际春。余承命南。一长老多教余致敬天妃之神。弭节闽台造册。百凡按陈高使录行。惟广石庙遭倭寇焚。乃耆老刘仲坚等闻余至。亦来言庙事。余檄署篆孙通判大庆。考其遗趾。并材料工价值百金。往陈高捐俸二十四金助。余与李君如之。往从行者各敛银一星得三十两余。今则从行者尚未定名。往长乐民力饶可以鸠工。今则连年有兵务。往刘知县尹邑久。今孙乃署篆。且未久也。于是七十余金无从得。余因言于代巡樊公斗山。樊逐标罚赎余成其事。且命通判速工请记于余。不两越月。庙貌鼎新。巍然焕然。瞻趋有所。人心起敬。他日飞航顺便。重荷神贶者。樊之功哉。或因是以鬼神事质于余。余曰。是说也。荐绅先生难之矣。考孔子曰敬而远。夫谓之敬。必有以也。谓之远。特不专是以侥媚云耳。故其祭神如神在。乡人傩。朝服立阼阶。孔子岂无见耶。而初学小生稍谈鬼神。则冒然称茫昧。避谄渎讥。及遇毫发事。辙俯首叩祷不暇。果能知事人等鬼者乎。今夫航海之行。尊皇命也。一舟而五百人在焉。彼溟洋浩荡中无神司之。人力曷能张主。学者知是说。则知予非惑樊非徇。而是庙之祀。可以勒诸将来。樊名献科。字文叔。浙缙云人。其巡闽也。酌时机务省约。而事之关体要者。独无所惜云。祖训中载有大琉球小琉球之别。小琉球不通往来。未尝朝贡。则今之奉敕封为中山王者。乃大琉球国也。其国政令简便。虽非如华夏之严。而亦有等级之序。王之下则王亲。尊而不预政事。次法司官。次察度官司刑名。次那霸港官司钱谷。次耳目之官司访问。皆上官而为武职者也。若大夫长史通事等官。则专司朝贡之事。设有定员。而为文职者也。王日视朝。自朝至于日中昃。陪臣见之。皆搓手膜拜。尊者亲者则延至殿中。赐坐饮酒。卑疏者则移时长跪于阶下。凡遇圣节正旦长至日。王率陪臣具冠服设龙亭行拜祝礼。至于赋敛。则寓古人井田之遗法。但名义未详备。王及臣民各食分土。故酋长咸遵理。不科取于民。至于有事如封王之类。所用布帛粟米力役以供天使者。则暂征之。不为常例。虽无历官及阴阳卜筮之流。然亦谙汉字而知正朔。至于作诗。未必尽效唐体。而弄文墨参禅乘者。间亦有之。盖久渐文教。非复曩日之纯陋也。

其俗。男子蟠发。作髻于顶之右。凡有职者贯以金簪。汉人之裔。髻则居中。俱以色布缠其者。黄者贵。红者次之。青绿者又次之。白斯下矣。王首亦缠锦帕。衣则大袖宽博。制如道服。每束大带。各如缠首布之色辨贵贱也。足则无贵贱。皆著草履。入室宇则脱之。盖以跣足为敬。又席地而坐。恐尘污地故。王见神。臣见王及主见宾。皆若是也。惟接见天使。则加冠具履。行揖逊之仪。然疾首蹙额。弗胜其束缚之劳矣。妇人黥手而为花草鸟兽之形。首反无饰。发如童子之总角。在后不知。足而为之屦。男女皆可用也。弟富室则以苏席衬屦底。少加皮缘。即为美观。上衣之外。更用正幅。如帷覆于背。见人则手引之前。蒙其首而蔽其面。下裳如裙而倍其幅。褶细且长。取覆足也。其贵家大族妇女出入。则带箬笠。坐于马上。女仆三四从之。盖男未尝去髭须。戴羽冠。女未尝有布帽毛衣螺佩之饰。亦无产乳必食子衣之事。如统志所云也。父之于子。少虽同寝。及长而有室。必异居。食兼用匙箸。得异味先进尊者。子为亲丧。数月不肉食。亦其俗之可嘉。

俗以中元节为重。自七月十三日起二十六日。俱昼夜男女喧杂。往来不禁。死者以中元前后日溪水浴其尸。去其腐肉。收其遗骸。布帛缠之。裹以苇草。衬土而殡。不起坟。若王及陪臣之家。则以骸匣藏于山穴中。仍以木板为小牖户。岁时祭扫则启钥视之。盖恐木朽而骨暴露也。

地无货殖。故商贾不通。标掠之事间不能无。然其国小法严。凡有窃物者。重则开肚。次则问守别方。犯者故少【志谓其性好标掠】。虽设榜夹之刑。则多不用。朝贡往来俱乘大舶。海边渔盐亦泛小艇。未尝缚竹为筏也。人善泅水。有刳木为舟者。如猪食兜。两三人处之横海中。颠风巨浪不惧。水泛则覆出之而后棹焉。俗畏神。神皆以妇人为尸祝。经二夫者则不复用之矣。王府有事。则哨聚而来。王率世子及陪臣皆稽首百拜。所以然者。国人凡欲谋为不利。神即夜以告王。王扑灭之。昔倭寇有欲谋害中山王者。神禁其舟。易水为盐。易米为沙。旋亦就擒。惟其守护兹土。威灵赫然。是以国王以下人皆敬事之。尸妇名女君。首从三五人。入王宫中游戏。各戴草圈而携树枝。有乘马者。有徒行者。一唱百和。声音惨哀。来去不时。惟那霸港等处则不至。以此地人多非良。及家有汉人。故耳。此则真有。而杀人祭祷之事则无也。

郭汝霖曰。是年封王日。四更时。女君果降。将五更即散矣。凡我通事及庖人闻其声呜呜然。

国王之宫建于山巅。四围皆石壁。无有波罗檀洞之名。亦无多聚髑髅之说。门外有石砌。下有小池。泉自石龙口中喷出。名曰瑞泉。王府汲之供饮食。取其甘洁也。道路坦夷。不设堑。插棘以为险。殿宇朴素。亦不雕禽刻兽以为奇。国之山亦无翠丽大崎斧头重曼四名。形势卑小不高。林木亦不茂。地方多沙砾。田土薄瘠。民间耕种亦卤莽。未见粪多力勤者。是以五谷虽生而不繁硕焉。牛羊鸡豚之类多瘦削不堪用。气候亦不常热。雨过即凉。造酒则以水渍米。越宿令妇人口爵手搓取汁。为之名曰米奇。

非甘蔗所酿。其南蕃酒则出自暹罗。醽如中国之露酒也。

陪臣子弟与凡民之俊秀皆令习读中国书。以储他日长史通事之用。其余但从倭僧学书识蕃字而已。古画铜器非所好。惟好铁器与木绵。盖其地不产此二物。民间炊爨多用螺壳。女工织纴惟事麻缕。如欲以釜甑爨以铁耕者。必易自王府然后敢用之。否则犯禁而有罪焉。地不产金。亦无黄蜡。通国贸易惟用日木所铸铜钱。薄小无文。每十折一。每贯折百。殆如宋季之鹅眼钱也。曾闻其国用海巴。今弗用矣。然与其用是钱。孰若用海巴之犹类于贝哉。人甚重财帛。即夫妇亦各私其财。或相忤。则各挟所有而别处。数日乃复其家。男妇唯啬于衣食。日食不过饭一二碗。略允饥而已。鱼肉之类绝少用。故贱而无售者。大抵其俗俭而不勤也。

其山曰鼋鼊屿【国西】。曰彭湖岛【国西近福四漳泉四郡界。天气晴朗。望之若雾】。其川日落漈【水至澎湖渐低。渔舟多漂不回。录中谓无此水】。其产。斗镂树【似橘。密叶】硫黄胡椒熊罴豺狼。鸟则鸥鹭鸽鹑之类。亦间有之。其贡马硫黄苏木胡椒螺壳海巴刀生红铜锡牛皮擢子扇磨刀石玛瑙乌木降香木香。其地在福建泉州之东。自福州视之则在东南。来必孟夏而去必季秋。乘风便也。其贡二年一期。每船百人。不得越一百五十人。其道由福建达于京师。按琉球之承德维藩。虽不克如朝鲜之每岁廷实。而亦恪恭不二。其陪臣之子弟来入太学观光习礼者。迄今不绝。可谓守王章重文教者矣。万历改元。适国王尚元卒。今世子尚永告哀请封。上命礼部照例行勘。则诏使之行。固将有期。而浮海之录。亦且更新矣乎。

卷五·南蛮·志南蛮

夫南方曰蛮。雕题交趾有不火食者矣。黄帝驭极。乘白鹿以献鬯。周成正统。贡白雉而重译。其通道中国。厥惟旧哉。自是而降。箕踞如赵佗。而陆贾能使其蹷起。悖慢如黎桓。而李若拙能令其避席。汉宋二史。翘然南服之斗山也。于惟昭代。垂衣裳而向离。舞干羽以格苗。文教所暨。赤海澄波。内则天子开明堂以受其朝。外则行人秉玉节以宣其命。天威咫尺。口山呼而首角崩者。惟恐或后也。用揭炎徼。以示四牡。指南。其正南则曰安南。曰占城。曰真腊。曰满剌加。曰暹罗。曰爪哇。西南则曰渤泥。曰锁里古里。曰苏门答剌。曰锡兰山。曰三佛齐。而云南百夷佛郎机附焉。揆厥星轮。风土不习。瘴雨岚烟。蛇蜇兽毒。所当为国珍摄者。固自有在也。若夫橐中之赐。装直千金。史迁夸之。以为使者之荣。则岂我所敢闻哉。志南蛮。

卷五·南蛮·安南

安南。古交趾也。宋元以来俱国。今为都统司。秦时为象郡。后属南越王赵佗。汉武帝平南越。置交趾九真日南三郡。又置交趾刺史。建武中。任延锡光为交趾九真守。教民耕种。制为冠履。渐立学校。始知婚娶。女子真侧反。马援讨平之。立铜柱为界。

相传在钦州古森洞上有援誓云。铜柱折。交趾灭。交人过其下。必掷土石培壅之。抵思明府南。又日南郡亦植二铜柱。各有伏波庙祠援。

又王守仁宿伏波祠下诗曰。楼船金鼓宿乌蛮。鱼丽群舟夜上滩。月绕旌旗千嶂静。风传铃拆九溪寒。荒夷未必无声服。神武由来不杀难。想见虞庭新气象。两阶干羽五云端。则其祠不止日南也。

建安中。交趾郡改为交州。吴分其地置广州。而徙交州治龙编【时有龙见。故以名县】。唐初改安南都护府。属岭南道。安南之名始此。后改静海军。分属领南西道。唐亡。土豪曲承美据其地。刘隐自广州取之。寻为爱州将杨延艺所据。传于绍洪。其将吴昌岌复夺之。传其弟昌文。宋乾德初。昌文死。其族吴处玶等争立。管内大乱。有丁部领者平之。自称大胜王。私署其子琏为节度使。闻南汉平。上表内附。开宝八年。诏封丁部领交趾郡王。琏为节度使。安南土地自此视为蕃夷矣。后部领与琏俱死。琏弟璇立。尚幼。大校黎桓篡之。黎氏有交趾自此始【丁氏传世共十一手】。宋遣兵讨桓。桓诈降。宋兵不利召还。桓上表谢罪入贡。以桓为安南都护。充静海军节度使。寻亦封交趾郡王。桓死。其子为大校李公蕴所篡【黎氏传世共二十年】。宋授节度使。封南平郡王。公蕴死。其孙日尊僭国号于境。传子乾德。入寇岭南。连陷钦。廉二州。末遣郭逵问罪。败其兵于富良江。杀其子洪真。乾德惧。奉表诣军门纳款。乞修职贡。还所夺州县。诏即赐以广源州。

乾德初。约还钦廉邕三州。官吏千人。久之。才送民二百二十一口。男子年十五以上皆刺额。曰天于兵。二十以上曰投南朝。妇人刺左手。曰官客。以舟载之。而泥其牖中。设灯烛。日行一二十里则止。而伪作更鼓以报。凡数月乃至。盖欲示海道之远也。然广源旧隶邕管。本非交趾所有。吾民遭其荼毒。反益地与之。

至孙天祚。淳熙元年进封为安南国王。安南之为国自此始矣。再传而至昊旵死。无嗣。其女昭盛主国事【李氏八世共二百二十年】。既而以国授其夫陈日煚。宋复封为安南国王。蒙古遣兵破其国。日煚表宋乞世袭。宋以日煚为太王。命其子威晃绍封。威晃一名光昺。始立。诡名以欺中国矣。光昺上表奉贡。蒙古主忽必烈亦授其封。宋亡。光昺次年死。子日烜立。是时蒙古建国号为元。全得天下。而遣使召之。不行。明年再召。以疾辞。止遣叔遗爱代观。世祖怒。封遗爱为王。以兵千人送之就国。安南弗纳。遗爱惧。夜逃去。日烜僭称大越皇帝。袭其父名威晃【父子同名。犹林邑阳迈也】。传立于其子日燇。自称太上王【按李陈相承。皆僭大号。光昺改元绍隆。日燇改绍宝】。日烜死。子日燇尊遣使入贡。愿为藩臣。其后三世入贡。止称世子不称王。亦不请封。传至日煃。

本朝洪武元年。遣尚宾馆副使刘迪简赍诏往谕。没于南宁。上闻之。寻复遣汉阳知府易济往谕。诏曰。昔帝王之治天下。凡日月所照。无有远迩。一视同仁。故中国尊安。四方得所。非有意于臣服之也。自元政失纲。天下兵争者十有七年。四方遐迩。信好不通。朕肇业江左。扫群雄。定华夏。臣民推戴。已主中国。建国号曰大明。改元洪武。顿者克平元都。疆宇大同。已承正统。方与远迩相安于无事。以享太平之福。惟尔四夷君长酋帅等。遐远未闻。故兹诏示。想宜知悉。二年日煃遣少中大夫周时敏正大夫段悌黎安世阮法等四人来贡方物。贺即位。且请封爵。遣翰林侍读学士张以宁典簿牛谅往封之。赐驼纽涂金银印。以宁谅未至境。而日煃已于五月先卒。从子日熞当嗣。国人白请诰印赐先王者授之。以宁不从。曰。此吉礼。非凶事也。今尔国有丧。况来文伊先君之名。非世子之名。降印非礼也。尔国当遣使往奏。庶依大礼。于是国人从之。日熞乃复遣陪臣杜舜钦请封。上自制文。遣翰林编修王廉充吊祭使。吏部主事林唐臣充颁封使。命取前使张以宁牛谅所护印及赐物畀之。廉既行。诏复以汉伏波将军马援昔讨交趾。镇服蛮夷。其功甚大。命廉祭之。

按志载。马援既平交趾。谓官属曰。吾弟少游常哀吾慷慨有大志。叹曰。士生一世。但取衣食才足。为郡县吏。守坟墓。使乡里称为善人足矣。至求赢余。自苦耳。吾在浪泊西里间。赋未灭时。下潦上雾。毒气熏蒸。仰视飞鸢。跕跕堕水中。念少游语。何可得也。夫援之劳苦王事如此。后且不免薏苡明珠之谤。大丈夫立功外域。岂易易哉。我圣祖念及追祭。不惟表其勋于一方。亦可白其心于千载。其崇前劝后之意亦独至哉。侍郎刘梅国有过伏波庙诗曰。勋业垂南粤。长怀马伏波。风云疑战阵。鱼鸟畏兵戈。庙倚高滩险。诗题古壁多。重来三十载。还听钓翁歌。此诗意盖谓裹革之壮不若持竿之悠也。然人各有志。亦不可一律论云。

二使至其国。日熞率陪臣郊迎。彩舆入。设日煃灵位。廉面宣御文。日熞率陪臣再拜。俯伏以听。翼日。唐臣等捧诏印赐之。日熞率陪臣北面跪受。顿首稽首。成礼而退。初。交人惟以长揖为敬。至是。始行拜礼。王上表谢。上览大喜。赐以宁诗。并序曰。朕闻历代贤君必有贤臣。能事其主者。居则规谏有方。出则能示威德。以抚四夷。汉之陆贾奉诏于南越。马援持书于窦融是也。朕居江左十有六年思慕此等之臣。终未得至。怏怏于心。自即位之初。特遣翰林官知制诰事张以宁典簿牛谅使安南。初未知其怀抱何如。去后。今年实封来奏。朕再三览之。喜不自胜。朕思安南僻在外夷。瘴烟甚重。古人以为要荒。圣人不居之地。贤者不游之处。恐瘴烟乖其体故耳。今我臣以宁抱忠真之气。奋古能使之风。执之以大义。守之以法度。使安南复命而后降印。又速能化夷行中国之礼。可谓智哉。缀诗以勉之。句虽不联。朕本非儒。文之不深。专述其事耳。诗曰。

闻说西南瘴似烟。林丛草木有蛇蚿。承差不避衔君命。自是前贤忠义传【送以宁初使】。

岭南南又海南边。惟有安南奉我天。使者往还多议说。瘴云埋树若堆烟。人民跣足为乡礼。断发衣袍似野禅。话到异方人异处。老臣何日得来前【得以宁实封】。

我臣奉命之丹徼。驿路迢遥渡几河。野宿听猿啼夜月。朝看狸走疾岩阿。风尘未纪何回日。取性观山景态多。晴朗好瞻红日胜。旦阴驱逐片云过。

离马乘舟涉大洋。风号帆挂几寻樯。巨鳌闻诏冲前浪。渊底雄鲛翊驾航。舵转水鸣声霹雳。蚌开珠拥海云光。我臣劲节遐方静。好把丹衷奉上苍【念以宁涉江海】。

卿初奉命便前奔。道路崎岖实惨魂。千寻树杪猿飞走。万壑风生瘴气昏。日暮乌啼人不到。月沉象吼夜还温。何时化作中原地。风俗流行礼乐敦。

使者登山日进程。崎岖石径动人情。乌啼深树声投耳。兽立幽阴未识名。太古以来樵不到。至今人往兽无惊。蜂头一点无科木。驻马观来四海平【念以宁入重山】。

卿因国事往期年。应是朝同世子贤。语善久知人道是。话非虽牡远无边。也知周庙三缄口。犹恐临时不自然。彼处受封王即位。但将诗庆便回旋【慎言】。

海宾邦国宝多珠。勿为区区化作迂。此去尔家丰俸禄。好将方寸向前图。功名千载诚难得。一失应须目下污。记得黄金乘夜送。四知不纳却非诬【戒财】。

华林江狭水湍流。为问民人是几秋。水色红黄民性犷。山生巨兽象为头。我臣至彼还修养。岂被南方瘴气愁。彼国有人依礼待。卿当归告甚崇优【保身】。

安南世子性惟贤。志气将来必备全。初附能尊中国礼。讣音来报朕心怜。以宁休作殊邦看。万里神交是宿缘。更把圣书深道与。直教素服衣三年【谕令世子守服】。

以宁留安南俟命。逾年。同唐臣廉谅俱归。道卒。诏有司还其柩。所过郡邑祭之。

按诗之四牡皇华。皆为使臣而作者也。四牡曰我心伤悲。曰不遑启处者。述其行役之苦。慰之以情也。皇华曰每怀靡。及曰周爰谘询及。者。勉其恪职之常。规之以正也。慰之以情则作爱。规之以正则作敬。古之使臣所以必不辱命者。良有感耳。我圣祖赐以宁诗。如涉江诸篇。非四牡慰劳之仁乎。如慎言诸篇。非皇华规敕之义乎。且序复谦谓朕本非儒。文之不深。而皇言浑涵。声出为律。谒乎如父子相恤。侃乎如师友相励。使臣有不勃兴其爱敬之心而完璧以归者。必非人也。且以宁为元名进士。以文学擅于时【人呼为小张学士】清洁自守。所居萧然。其奉使也。袱被而往。临终有诗云。覆身惟有黔娄被。垂橐都无陆贾金。则其不辱可知。此又非我使臣矜式也哉。

日燇嗣立。恪修职贡。上遣礼部员外郎吴伯宗往报之。

伯宗名佑。金溪人。以字行。十岁。通举子业。先达见其文。叹曰。此儿玉光剑气。终不可掩。洪武庚戌。乡试解元。辛亥。及廷对。中状元。有使交集。

日燇复为其伯父叔明所篡。叔明遣使入贡。礼部主事曾鲁览副表曰。前王为陈日燇。今乃名叔明。何也。函白尚书诘之。使者以实对。盖叔明夺位惧罪。乃托修贡以觇我耳。事闻。诏却贡。不受。上问丞相曰。曾鲁今礼部何官。对曰。主事。即日召拜侍郎。

鲁字得之。江西新淦人。博通五经。早有时誉。今至骤显。后甘露降钟山。近臣撰赋以进。上命取诸赋令侍臣读之。至鲁赋。独曰。此鲁作耶。岂新进可骤至哉。寻乞骨归。卒于南昌。

叔明上表谢罪。请封。不与。诏以前王印视事。寻表称年老。以弟日煓代。许之。日煓立。请其国贡期。诏三年一贡。王立则世见。

十一年。叔明告日煓卒。弟日炜代。时安南久与占城构兵。诏叔明与占城平。叔明屡遣使贡方物。诏戒谕之。

二十一年。国相黎季犛幽日炜于城外。寻弑之。立叔明子日焜。大柄皆出季犛。

二十九年。叔明死。告哀。上以叔明怀奸挟诈。篡弑取国。若遣使吊慰。是奖乱佑贼。非中国抚外夷之道也。命礼部移文。使彼知之。

三十年。安南侵据思明府地百余里。思明守诉于朝。遣行人陈诚吕让往谕日焜。还其地。日焜言。此地安南故土。今复守之。非有所侵。议论往返不决。让以译者言不达意。复自为书与日焜曰。迩者思明府土官黄广成奏言安南侵据壤地。朝廷稽典册考图记。遣使告谕。俾还所侵。自诚等到王国宣布上意。开陈事理。而执事所执益固。未肯听从。今以前代载籍所记疆场利害。为执事陈之。按志。安南古交州地。东汉时女子征侧作乱。光武遣马援率师平之。遂立铜柱纪功。亦所以限内外也。在唐则为五岭管之。以都统护。宋时李乾德寇边。郭达将兵讨之。擒伪太子洪直。乾德惧而割广凉门思浪苏茂桄榔之地以降。则当此时此地尚为中国所有。况铜柱以北丘温等地乎。元世祖时。尔祖光柄入款称臣。及日焜嗣立。失臣子之节于世祖。时兴问罪之师。日烜蒙荆棘伏草莽。生民殆尽。城郭几墟。日燇嗣立。祈哀请罪。世祖遣使降诏。谕令入朝。当时诏书有还地之语。而日燇云。向者天使辱临小国。迎送于禄州。小国惧有侵伐之罪。往往辞之丘温而已。观此。则丘温以北之地其属思明已明矣。今安南乃越渊晚。逾如嶅庆远而尽有之。抑乘元末之乱侥幸而得之乎。行人下车之日。王之君臣皆曰此地旧属安南。未审何所据而然也。苟如执事所言。则志书纪日焜之言无乃但为浮说耶。抑王惧有侵利之罪。固执无稽之言以自饬也。我皇上天锡勇智。表正万邦。怙终者虽小过不赦。改过者虽重罪亦释。传曰。过而能改。则复于无过。过而不改。是谓过也。改过致祥。往岁龙州赵宗寿之事是也。吝过致殃。近岁南丹奉议诸蛮酋是也。是皆明效太验所共闻者。王能避祸迎祥。归其侵地。岂惟祖宗之安。亦一国生民之幸也。释此不图。争而不让。是为怙终自祸矣。惟执事图之。日焜抗辨犹昔。

让字克逊。山东平度州人。洪武间举进士。为行人。后迁监察御史。终陕西佥事。

后日焜馈黄金及檀香沉香等物。让却之。日焜曰。赆者。礼也。自陆贾时有之。不必多辞。让曰。尉佗以区区之越与天子抗冲。是召祸者也。陆贾受其金以分诸子。是冒利者也。王顾以尉佗自处而以陆贾处人。何其陋哉。日焜愧服。诚让以其事归奏。时廷臣请出兵讨之。上曰。蛮夷相争。自古有之。彼恃顽愚。终必取祸。姑待之而已。革除。建文元年。季犛弑日焜。立其子颙。未几。复弑颙。立其幼子㝥。寻又弑㝥。大杀陈氏宗室。夺其国。季犛自谓舜裔胡公满之后。更姓名曰胡一元。子苍曰胡查。季犛僭号于境。称太上皇。査称大虞皇帝【改元元圣】。

永乐元年。苍奉表贺即位。具奏称已陈氏之甥。为众所推。推权理国事。乞赐封爵。遣行人杨渤往廉之。苍遣使随渤入朝。进其国臣民。奏章谓苍实陈氏甥。遂得封为安南国王【苍僭号如故。改元绍成】。二年。陈氏旧陪臣裴伯耆潜至京师。奏季犛父子弑主篡位。乞复立陈氏子孙。会老挝宣慰司亦送陈日烜孙天平赴阙。上怜而纳之。赐以居第。月给廪饩。适安南贺正旦使至。上命礼部出天平示之。使者识其故王孙也。皆错愕下拜。有感泣者。伯耆在列。责使者以大义。皆惶恐不能对。上遂遣敕责苍。苍上表谢罪。上命行人王枢谕苍。令其迎还天平。奉以为君。当别封尔大郡上公爵。苍奏如命。

金幼孜文集有赠王行人使安南诗曰。承恩晓出九重天。王事驱驰念独贤。奉诏尉佗烦陆贾。寻源西域得张骞。车书自昔通南纪。声教于今遍八埏。圣主绥怀恩似海。殷勤德意在敷宣。

四年。命行人聂聪送天平归国。上敕广西总兵韩观选兵五千。委其副都督佥事黄中将之。以防变。时大理寺卿薛嵓谪广西。中举以辅行。既入安南境。至丘温。季犛遣陪臣黄晦卿等以廪饩迎候。及牛酒犒师。晦卿及诸从者见天平。皆拜舞踊跃。中遣骑前觇之。往来皆无所见。而迎者壶浆相属于路。中以为实。然遂径进。度隘留鸡陵二关。将至芹站。山路险峻。林木蒙密。军行不得成列。且遇两潦。忽伏发。大呼劫天平。远近相应。鼓噪动山谷。寇且十余万众。中等亟整兵击之。寇已斩绝桥道。不得前。天平与嵓皆死。中等不得已。引兵还。事闻。上大怒。谓成国公朱能等曰。蕞尔小丑。罪恶滔天。犹敢潜伏奸谋。肆毒如此。朕推诚容纳。乃为所欺。此而不诛。兵则奚用。能等皆曰。逆贼罪大。天地不容。臣等请仗天威。一举殄灭之。上遂决意兴师。明日。上视朝罢。御右顺门。召成国公朱能新城侯张辅谓之曰。安南黎贼罪大恶极。天地所不容。今命汝等将兵讨之。尔等由广西入。西平侯由云南入。度用师几何。能等对曰。臣闻仁不可为众也。仁义之师天下无敌。臣等奉扬天威。当一鼓扫灭。师之多寡。惟上所命。上壮之。乃大发兵征讨安南。命成国公朱能佩征夷将军印。充总兵。镇守云南。西平侯沐晟为左副将军。新城侯张辅为右副将军。丰城侯李彬为左参将。宁阳伯陈旭为右参将。命兵部尚书刘禓参赞军事。刑部尚书黄福大理寺卿陈治督军饷。置神机游击横海鹰扬骁骑等五将军。选都督都指挥等官充之。共二十五将军。督兵分道进发。命沐晟率四川云南兵由临安府蒙自县入。朱能等由广西思明府凭祥州入。令彼此犄角。声势相闻。

时有言黄福。建文旧臣。不宜复任。上曰。君臣相与在推诚。不可蓄疑。唐太宗时。王圭魏征尉迟敬德亦仇敌也。上能推诚。则人乐尽力。勿复有言。后黄福果能树遗爱于交趾。则亦有以感之也。

上幸龙江。禡祭誓众曰。黎贼父子必获无赦。胁从必释。毋养乱。毋玩寇。毋毁庐墓。毋害稼穑。毋姿取货财。毋掠人妻女。毋杀降。有一于此。虽功不宥。毋冒险肆行。毋贪利轻进。罪人既得。即择立陈氏子孙贤者。抚治一方。班师告庙。扬功名于无穷。其往勉之。

按观誓众之词。俱平定安集之略。与古帝王神武不杀。真有光哉。

上遣使祭告岳镇海渎之神。俾黄中立功赎罪【时贼得志。改元开大】。师至龙州。又遣行人朱劝往谕季犛父子。许其以金铸身。纳款赎罪。不从。朱能有疾。留龙州。张辅等率师发凭祥。度坡垒关。入安南境。前哨破隘留及鸡陵二关。贼皆败走。辅传檄数贼大罪二十。求陈氏子孙复其王爵。遂近度芹站。至昌江市桥。造浮桥。济师北江府新福县驻营。沐晟亦率云南兵至白鹤。遣人来会。时贼恃伪东西都及宣江洮江沱江富良江以为固。于江北岸缘江树栅。凡边隘增筑土城。城栅相连亘九百余里。尽发江北诸府州民二百余万守之。又于富良江南岸缘江置椿。尽取国中船舰列于椿内。诸江海口俱下杆木以防攻击。贼之东都守备亦严。时列象阵于城栅内。欲守险以老我师。辅等遂自三带州驻市江口。造船图进取。征夷将军成国公朱能卒于龙州。年三十七。先是。师逾庾岭。上谓侍臣曰。朕夜察天象。西师有忧。朱能其不免乎。能足辨斯事。第虑气候非所习耳。讣闻。上震悼。辍视朝五日。柩还。上亲为文祭之。极其悲怆。追封东平郡王。谥武烈。能状貌魁伟。身长八尺。骁捷有胆力。每遇劲敌。大呼驰斗。以一当百。敌皆辟易。出谋制胜。靡有遗策。为将善抚仁卒。殁之日。将校皆为流涕云。

朱能既卒。即命张辅佩征夷将军印。充总兵官。督兵进讨安南。敕曰。大将军开平王常遇春偏将军岐阳王李文忠等率师北征。而开平王卒于柳河川。岐阳王率诸将扫荡残胡。终建大业。尔等宜取法前人。殄除逆贼。仍调两广江浙荆闽兵八万从征。十二月。张辅等克安南多邦城。贼西都亦溃。先是骁骑将军都督佥事朱荣败贼众于嘉林江。沐晟军亦至洮江北岸与多邦城对垒。辅率大军营于城北之沙滩。与晟合势。贼新筑土城高峻。城下设重濠。濠内密置竹刺。濠外坎池以陷人马。城上守具严备。贼势如蚁。时官军攻具亦完。辅乃下令军中曰。贼所恃者此城。大丈夫报国成功名在此举。先登者不次升赏。于是将士皆踊跃用命。议遣兵夜袭其城。以燃火吹铜角为号。是夜四鼓。辅遣都督黄中等衔枚舁攻具过重濠。至西城下。以云梯附城。都指挥蔡杨等皆登。以刀乱斫。贼众惊呼。城上火炬齐明。铜角竞响。城下将士俱奋勇继登。贼仓皇失措。矢石不得发。皆走散。我军遂入城。贼将又于城内列阵接战。驱象当前。辅督游击将军宋广等以画狮蒙马。神机将军罗文等以神铳翼而前。象皆股栗。又为铳箭所伤。皆退走。奔突贼众。官军长驱而进。杀贼帅梁民献蔡伯乐等。追至伞圆山。贼死者不可胜计。于是循富良江南下。破其东都。贼弃城遁。乃驻军城东南。招辑抚纳。日以万计。皆给榜使复业。右参将李彬陈旭击西都城。贼弃仓库。焚宫室。逃入海。于是三江路宣江洮江等州县次第来降。擢凭祥知县李升于庆清。仍故父职。以伺察贼情。

五年。辅合兵自北江济军。袭筹江栅。破之。又攻万劫江普赖山。斩贼首三万七千三百余级。获贼将杀之。余党溃散。尽得其船。仍使降人陈封招抚谅江东潮等处人民安业。于是郡邑闻风相继降附。得谍报季犛及其子澄等聚舟于黄江。遂水陆指进。至木丸江。贼舟胶浅。遂大败。杀贼将阮仁子等。斩首万余级。生擒贼将百余人。皆斩之。辅等追贼至富良江。贼悉众拒战。每舟联亘十余里。横截江中。而用划船载木立栅以拒官军。辅乘栅未备。躬督将士力战。贼不能支。都督柳升等继以舟师横击之。贼大败。杀其将卒数万人。江水为赤。乘风长驱至黄江。直抵闷海口。获贼舟无算。黎季犛父子仅以数小舟遁去。伪吏部尚书范览大理卿阮飞卿等皆诣军门降。辅求陈氏子孙未得。会有南策州人莫邃等同北江等府县耆老千百二十人诣军门言。陈氏子孙被黎贼杀尽。无可继承。安南本中国故地。愿复郡县。设官分理。以沐圣化。即日遣人驰奏。谓。臣伏计黎贼父子旦夕就诛。郡邑既平之后。宜有所统。陈氏已绝。无可访求。必合开设都布按三司以总率郡县。抚辑兵民。奏上。群臣亦以为请。上曰。俟黎贼父子悉擒而后处置。五月。征安南官军获贼首黎季斧及其子苍澄等。安南平。

先是张辅等督兵迫贼至。海门。泾浅。久晴水涸。贼舟遁去。官军至大雨。水涨数尺。舟师济。众大喜曰。天赞王师灭贼也。及辅率步骑至茶龙。舟师亦至。前哨都督柳升败贼。获船三百艘。余贼遁。辅等乘胜迫之。至日南州奇罗海口。升前哨复与贼遇。贼困败。党与皆散走。生擒季犛及其子澄于海口山中。安南土人武如卿等复于永盎海口高望山获伪大虞国王黎苍伪太子黎芮。并贼将伪柱国东山乡侯胡杜等。余众悉降。交南平。得府十五。州四十一。县二百零八。户三百一十二万。

安南平。捷奏。群臣称贺。上曰。此诚天地宗社之灵。将士用命所致。朕何有焉。群臣复请开设三司郡县。诏天下以安南平。立交趾都布按三司及军民衙门。设官分理境内。高年硕德。有司即加礼待。穷民无依者。立养济院以存恤之。有怀才抱德可用之士。有司以礼敦遣至京。量才于土叙用。仍降敕褒谕辅等。休息士马。俟天气清肃即班师。复敕辅等曰。得所奏。陈氏实已绝嗣。郡县不可无统。请设三司抚治军民。今皆如所请。立交趾都指挥使司。以都督佥事吕毅掌司事。黄中为副。再选能干都指挥二人副之。布政司按察司以尚书黄福兼掌之。以前工部侍郎张显宗福建布政司左参政王平为左右布政使。前河南布政司左参政刘本右参政刘昱为左右参政。前江西按察司周观政安南归附人伯耆为左右参议。前河南按察使阮友彰按察副使杨直为按察副使。前太原知府刘有年为按察佥事。别选办事官发去。可于府州县等衙门官内任用。仍具名来闻。不足者别令吏部铨注。今遣印信付尔给授之。改大理寺卿陈洽为吏部左侍郎。遣郎中张宗周等以吏部勘合二千道付之。令其与新城侯张辅西平侯沐晟兵部尚书刘禓量才给与勘合授职。

开设十五府。交州府领州五县二十三。北江府领州三县七。谅江府领州三县十五。三江府领州三县七。建平府领州一县九。新安府领州三县二十一。建昌府领州一县九。化府领县四。清化府领州三县十九。镇蛮府领县四。谅三府领州七县十六。新府领州二县九。义安府领州二县十二。顺化府领州二县十。太原府领县十一。以演州宣化州嘉兴州归化州广威州直隶布政司。后又设升华府。领州四县十一。其余卫所大率与府州县兼设。辅等遣都督柳升赍露布献俘至京。上御奉天门受之。文武群臣皆侍。兵部侍郎方宾读露布毕。季犛及子苍伪将胡杜等悉付狱诛之。而赦其子孙。惟苍弟澄进神枪法。诏官之。

张辅平南露布曰。伏以天讨有罪。聿兴吊伐之师。武功告成。爰举献俘之礼。渠魁尽获。海峤肃清。盖除恶必锄其本根。而绝患宁存乎萌糵。安南逆贼黎季犛更姓名胡一元。及子黎苍更姓名胡查者。僻居炎徼。负固海隅。豺狼之残孽。蛇虺之遗毒。戕贼国主。潜移陈氏之宗祧。荼毒生民。数犯朝廷之边境。攻围诏使。侵暴邻邦。僭称大虞。窃纪年号。酷刑威众。人怀孥戮之忧。横敛剥民。家被掊克之害。衔冤动地。无辜吁天。圣恩尝许其自新。狂竖怙终而不改。挤遏天朝之使。贼杀故主之孙。凶甚三苗。舜法岂容于原宥。罪浮征侧。汉兵必事于剪除。臣等恭奉制书。总率师旅。鹰鹯雕鹗。先云气而度斗南。貔虎熊罴。挟风威而逾岭表。既破重关之险。飞渡长江。遂拔多邦之城。歼夷群丑。乃乘破竹之势。分遂窜蒿之夷。东都立平。西都亟下。余孽如蚁蚁之聚。迅扫于盘滩困牧。贼党犹爝火之然。扑灭于噜江仙侣。市廛安堵。郡邑向风。士民上书陈其罪恶者动以千计。土人效顺愿同追剿者何啻万人。乃督舟师。进逼胶水。逐鲸鲵于海口。困虎兕于柙中。暂尔偷生。须臾延命。因驻我师而设备。欲致彼贼以就诛。狂悖犹欲鸱张。丑类仍怀豕突。传报贼众引兵驾象以来侵。愤激诸军鸣剑抵掌而往捕。臣彬臣旭戒行既远。都督柳升警报倏来。贼往入于黄江。船悉来于闷海。遣伪将谢仁鉴等。又于今年三月三十日犯咸子关。臣辅遂用弩以跃马。督阵以麾兵。调骠骑将军吴旺等领精兵而至前。急击登岸之劲贼。都督佥事柳升等率舟师而力战。奋剿游水之逆徒。歼其群凶。毙其首将。泸水尽赤。长江尸壅而血腥。杀气腾空。终日云昏而雾惨。臣晟率都指挥柳宗等领马步官军水陆夹攻。矢镝雨注。而莫我敢遏。铳刨雷钧。而所向无前。大肆剪屠。余烬溃散。乘胜追袭。由噜江至于黄江。贼党奔逃。获海舰及其战舰。遂振旅于胶水。复陈师于交州。誓殄贼以宁边。当奋身而励众。四月二十九日。舟师至典臾门。晴久水涸。贼众捐舟而先遁。我军欲进而莫前。俄然云作沛然雨下。水涨数尺。信川祇之效灵。船过千艘。岂人力之能致。不待渡河而冰合。奚劳拜井而泉流。有开必先。庆罪人之斯得。惟动丕应。仰圣德之格天。狐疑犹豫。彼方谋三窟以庇身。雷厉风飞。我不可一日而纵贼。五月十一日。生擒贼首黎季犛等。过师枕席之上。箪食来迎。救民水火之中。室家相庆。宽宥迫胁。招抚流离。奉宣恩命。获遂更生。扫魑魅于炎荒。息妖氛于瘴海。臣辅稽诸载籍。安南本古交州。汉唐仅能羁縻。宋元犹被侵侮。僭窃跳梁。狃于故习。虽知兵而致讨。终叛服而不常。覆载不容。人神共愤。今父子兄弟皆绑缚于辕门。宗族伪官咸生擒于麾下。自谓蛮烟瘴雨之僻处。历代兵威所不能加。孰知圣德神功之齐天。六合全封而莫敢敌。勘定之速。迈三年之克鬼方。俘获而还。陋六月之伐俨狁。雪前代之遗恨。解斯民之倒悬。将士欢呼。知天心之助顺。蛮夷舞忭。信人道之恶盈。是皆圣略渊深。明见万里之外。天威烜赫。坐收三捷之功。数百种雕题鴃舌之民。咸跻寿域。几千里鱼盐繁衍之地。尽入舆图。复隆古之封疆。布中华之礼制。臣等曾无汗血之劳。获申敌忾之志。皆遵成算。得效微勤。平定南夷。克清大憝。献俘而告庙社。仰答神灵。盛醢以赐蛮夷。用昭天宪。聿新万年之治化。永乐四海之清宁。无任欢呼庆忭之至。

辅等班师至京。上交趾地图。东西一千七百里。南北二千八百里。建交趾布政司按察司及都指挥使司于交州府。置府十七州五。领各州县卫十。千户所二。军民大小衙门共四百七十有二。于是舆图复汉唐职方之旧矣。以交趾所举明经士人祺润祖等十一人。为谅江等府同知。赐敕慰勉。上复亲制诗赐之。

六年。论平交趾功。进封新城侯张辅为英国公。西平侯沐晟为黔国公。并食禄三千石。子孙世袭。丰城侯李彬云阳伯陈旭各增禄五百石。清远伯王友进封清远侯。都督佥事柳升封安远伯。战死都督佥事高士文追封建平伯。并子孙世袭。亲擒黎季犛军人为首者王柴胡超升指挥使。为从者李福等四人皆升指挥佥事。先是上问户部尚书夏原吉曰。升与赏孰便。原吉对曰。赏费于一时有限。升费于后日无穷。多升不若重赏。上从之。于是惟升元功。余皆班赍有差。

陈氏建曰。夏忠靖谓赏费有限。升费无穷。此谋国名言也。惟升元功。余皆班赉。此祖宗朝赏功良法也。正统以后则有大不然矣。王骥麓川之役。封爵升职至万余人。天顺中。有一卫官至二千余人者矣。成化中。天下军职至八万余人。正德中。遂逾十万矣。使累朝赏功皆遵祖宗良法。夫岂冗滥至此。书曰。监于先王成宪。其永无愆。有国者尚念之哉。

交趾蛮寇简定等作乱。命黔国公沐晟总兵讨之。定。陈氏故官。先是已归附。将遣赴京师。复逃回去。与化州伪官邓悉阮宴等聚众谋作乱。悉等推定为主。僭号纪元。寇交州近城。黎贼余党多应之。其势日盛。官军屡出无功。奏请益兵。遂命晟发云南贵州四川兵数万。往征。仍命兵部尚书刘携往赞军事。沐晟帅师与交趾贼简定战于生厥江。败绩。兵郭尚书刘携都督佥事吕毅交趾布政司参政刘昱等。皆死之。于是贼益炽。攻陷诸郡县。进迫交州府。事闻。复命英国公张辅为总兵官。清远侯王友为副。帅师二十万往征之。

七年八月。张辅兵至交。败贼众于咸子关太平海口等处。斩首数千。溺死无算。生擒贼党伪监门卫将军潘岷等二百余人。获船四百余艘。贼尊阮世每邓景异脱身逃。十一月。张辅进兵追交趾贼首简定。于美良获之。并获其伪将相陈希葛阮宴等。槛送京师。惟陈季扩邓景异逃于义安未获。

八年正月。张辅败贼余党阮师桧于东潮州。斩首四千五百余级。溺死尤众。生擒二千余人。敕召辅还。辅奏留黔国公沐晟。云阳伯陈旭等讨余寇。而自帅师还京。

九年正月。命英国公张辅总兵复往交趾。会合黔国公沐晟剿捕叛寇。先是陈季扩等上表请降。而中怀反复。上许以为交趾布政使。其党邓景异等皆授以官。季扩疑惧。不受命。放兵劫掠。势渐滋蔓。官军不能制。上以张辅为交人所惮。靖乱非辅不能。故仍命总师往焉。七月。张辅至交趾督兵。败贼阮师桧胡具邓景异等于九真州月常江。寻复败黎芷兵于福安。斩之。

十一年十二月。张辅等大败贼兵于爱子江。获陈季扩。时辅偕沐晟等进兵顺州。贼阮师桧等屯爱子江。设象伏以候官军。辅侦知之。以戒。先驱群象来冲。一矢落其象奴。再矢披其象鼻。象奔还阵。自相蹂践。官军乘之。贼大败。斩贼将阮山。生擒伪将军潘经等数十人。贼众死者无算。季扩走。追擒之于老挝。余党悉降。交趾复平。

十二年。张辅槛送所获贼首伪大越国王陈季扩及伪国公阮师桧等赴京师。诛之。

十三年。前交趾参议解缙死于锦衣卫狱。徙其家于边。缙。吉水人。天性英悟奇绝。七岁能赋诗。日记数千言。年十八。举江西乡试第一。连登洪武十一年进士。上亲选拔为庶吉士。读中秘书。日侍左右。特被宠眷。一日寓大庖西室。谕之曰。尔缙试举今日施政所宜。直述以闻。缙退。即草封事几万言以进。极论悉陈。无所讳忌。上敕其识。时兵部侍郎沈溍忌缙才。诬其狎侮胥隶。上不听。擢监察御史。适都御史袁泰怙势恣横。诸道御史欲纠之无敢执笔为章者。缙挥笔立就。历抵其奸状。上虑缙少涵养。将为众所倾。召其父至。谕之曰。才之生甚难。而大器者晚成。其以而子归。益进其学。又谕缙曰。朕于尔义则君臣。恩犹父子。其归尽心于古人。后十年来朝大用尔未晚也。会太祖宾天。缙趍赴临。大臣谓赴临非诏旨。遂谪为河州卫吏。上即位。擢为翰林待诏。命侍左右。缙英杰敢言。上喜之。遂见信用。既而侍书黄淮改中书舍人。入见。上与语。大奇之。凡视朝。特命淮与缙立于御榻左以备顾问。每夕召对至夜分。或便殿就寝。赐坐榻前。议论政事。同列不得预闻。寻复升缙为学士。后上与武臣丘福等议建储。文臣惟金忠预。皆靖难时股肱也。武臣咸谓立高煦。谓其有危从功。且上所最爱耳。金忠以为不可。卜犹豫未定。遂召解缙预议。缙言立嫡以长。复曰。好圣孙。指宣庙也。乃册立世子【御名高炽。】为太子。高煦为汉王。及上欲征交趾。缙谓自古羁縻之国。通正朔时宾贡而已。若得其地。不可以为郡县。不听。时上甚不喜太子。而宠汉府。缙谓不宜过宠。致起觊觎。上遂怒。谓离间骨肉。高煦怨缙。言于上曰。易储事藩邸旧臣无泄者。惟解缙泄之耳。上怒。遂出缙广西参议。寻改交趾。后缙入京奏事。适上北征。缙见皇太子而归。上还京。汉王言缙瞰上远出。私观储君。此无人臣礼。上怒。时检讨王偁亦以罪谪交趾。缙偕偁趍广东娱嬉山水。且上言请用数万人凿赣江以便往来。上大怒曰。为臣受事则引而避去。乃欲劳民如此。并偁俱下狱。缙及王偁之在狱也。狱吏考治索取同谋。缙不胜楚。因书大理寺丞杨宗宗人府经历高得旸礼部郎中李至刚中允李贯赞善王汝玉编修宋紘检讨蒋骥潘畿萧引高等。遂皆下狱。既而父得旸汝玉紘引高相继死狱中。国史本传称缙文学书礼。冠绝一时。其为人旷易无城府。喜荐引士。然少慎择。且所行多任情忽略。故及于罪。死年四十七。家徙辽东。洪熙初始令赦还。

十四年。召交趾总兵官英国公张辅还京师。辅经营交趾前后凡十年。

十五年。命丰城侯李彬佩征夷将军印。镇交州。而遣中官马骐监军共守。骐贪黩诛求。郡县激变。盗贼所在蠭起。

十六年。交趾清化府俄乐县土官巡检黎利叛。总兵官丰城侯李彬遣都督朱广讨之。利败走。利初从陈季扩反。充伪金吾卫将军。后束身归降。以为巡检。然中怀反侧。至是僭称平定王。以弟黎石为伪相国。段莽为伪都督。聚众劫掠。广兵讨败之。擒斩数百人。利遁去。彬遣兵讨之。不克。右参政土人莫邃战死。

陈氏建曰。张英国召还。而黎利孽作。交趾自兹杌捏矣。愚谓当时交趾既平。仍命英国公镇守之。方为得策。如洪武中沐英既平云南。即仍命沐英守之。英殁。仍命沐之子若孙世守之。然后诸夷率服而云南为吾中国有也。何也。西南夷之所畏服者惟沐氏。非他将所能镇压也。今交人所畏服孰有逾于英国者乎。交南三叛。非英总师弗平。英国三召还。而叛乱俱不旋踵复作。夫交人所畏惟英国。视他将固蔑如也。使英国久镇于兹焉。余威震乎殊俗。历二三纪后。庶几世变风移。而交南长为吾中国藩服。与云南齿矣。奈何失此一机。遂使二十二州郡士民复沦异域。不得与云南同沾圣化也。可胜惜哉。

十八年。交趾右参政侯保与贼黎利战。死之。左参政冯贵亦以讨贼战死。保。真定赞皇人。由国子生知襄城县。有善政。初设交趾郡县。择人抚治。擢交州府知府。迁参政。时黎利剽掠郡县。保率民兵筑堡于要害御之。贼来攻。保与战。不胜而死。贵。湖广武陵人。进士。为给事中。升交趾参政。能抚辑流民。归附者众。有土兵二万余人。皆骁勇习战。每出阵有功。后中官马骐等疾之。尽夺其土兵。及黎利反。众强。贵剿捕。独以羸卒数百遇贼。兵寡贼众。贵力战而死。保为政廉恕。贵有方略。其死也。人皆惜之。

巡按御史黄宗载言。交趾新入版图。劳来尤在得人。今府州县多两广云南岁贡生及下第举人。未入国学。乞仕远方。遂授以职。既乏大学教养之素。又非诸司历试之才。以故牧民者不知抚字。理刑者不谙法律。若候九年黜陟。废弛益多。宜令到任二年以上者从巡按御史及布按二司严核其廉污能否。上状黜陟。从之。

上敕李彬。叛寇黎利等迄今未获。未审兵何时得息。民何时得安。宜尽心画方略。早灭此贼。十九年五月。彬请屯田。九月。彬言利奔老挝。我进兵讨捕。老挝辄遣头目览耆郎阻我兵勿入境云。即发兵象大索利送军门。久之竟不获利。上曰。老挝匿贼。持两端。令彬遣头目出关诘之。

按别志载。黄安。南宁府人。由举人永乐间授常州府同知。升交趾宣化府知府。赴部考绩。为交趾长吏第一。寻升湖广参政。黎氏复叛。安督饷至长沙而卒。观此。则当时死事交趾者。不特侯保等之阵亡而已也。噫。

是年。诏以给事中柯暹御史何忠郑惟暹罗通俱为交趾知州。时暹等言事讦直。历诋大臣之任事者无忧国恤民之心。指斥工部尚书李庆。庆不能平。言于上。请罪之。上不许。既而庆等乃荐暹等才堪牧民。于是皆升为知州而处之远方州。

二十二年。上亲征北虏还。不豫。次榆木川。崩。【享年六十】仁宗即位。诏禁止云南交趾采办金银。初。讣至京师。皇太子即遣皇太孙赴开平迎梓宫。太孙濒行。启皇太子曰。出外有封章白事。非印识无以防伪。皇太子顾侍臣杨士奇等曰。渠言良是。但行急。新制则不及。士奇对曰。太行皇帝初授东宫图书。可权付太孙。归即纳上。皇太子从之。即取授太孙曰。此大行皇帝初授我者。有启事以此封识来。此不久亦当归汝。汝就留之。既行。皇太子谓士奇曰。汝此说是虽出从权。亦事几之会。昔大行临御。储位久未定。浮议喧腾。吾今就以付之。浮议何由兴。皇太孙至雕鹗堡。遇梓宫。哭迎军中。始发丧。是月初十日壬子。梓宫至京师。出前户部尚书夏原吉刑部尚书吴中于狱。二人谏止北伐。系内官监四年。皇太子亲监系所与哭。令出视事。且问以时政。原吉言东南民力困于漕运。请都南京以省供亿。继请抚流民。罢西洋取宝船。止云南交趾采办金银数事。从之。

又先是汉王高煦受册封。命居国云南。以不欲远去辞。后改命青州。亦坚意不行。常侍成祖在北京。恳辞还南京。高煦所为多不法。成祖以其长史程琮纪善周巽等不能匡正。皆黜交趾为吏。高煦犹不悛。府中有私募者军士三千余人。不隶籍兵部。纵卫士于京城内外劫掠。支解无罪人投之江。杀兵马指挥徐野驴及僭用乘舆器物。成祖颇闻之。还南京。以问蹇义。义不敢对。固辞不知。又问杨士奇。对曰。汉王始封国云南。不肯行。复改青州。又坚不行。今知朝廷将徙都北京。惟欲留守南京。此其心路人知之。惟陛下早善处置。使有定所。用全父子之恩。以贻永世之利。成祖默然。后数日。成祖复得高煦私造兵器。阴养死士。招纳亡命。及漆皮为船教习水战等事。成祖大怒。召至面诘之。褫其衣冠。絷之西华门内。皇太子恳为救解乃免。成祖谓侍臣曰。若此所为。将来必不静。今削两护卫。处之山东乐安州。盖去北京甚迩。如其作祸。可朝发而夕擒之。乃皇太子监国。成祖不时有疾。两军距隔数千里。小人阴附汉府者谗构百端。侍从监国之臣朝夕惴惴。人不自保。会有陈千户者。擅取民财。事觉。皇太子令谪交趾立功。数日。复念其军功。宥之。有谮于成祖曰。初上所谪罪人。皇太子曲宥之矣。遂逮陈千户。杀之。以赞善乐潜司训周冕预闻而不谏止。并逮下狱。皆死。

洪熙元年。命兵部右侍郎戴纶出镇交趾。时进擢东宫旧僚。以左庶子陈山为户部左侍郎。洗马张瑛为礼部右侍郎。戴纶为兵部右侍郎。中允徐永达为鸿胪寺卿。赞善蔺从善王让为翰林侍读。惟中允林长懋出为郁林知州。既而遣戴纶出镇交吐。初成祖欲太孙讲习武事。于学问之暇。命岁时出猎。长懋及纶每谏不听。纶因具奏言之。初不知本成祖意。故最为太孙所不乐。而陈山张瑛以每事顺旨被宠。未几。长懋纶皆生怨望。下锦衣卫狱。上得纶奏。亲诘之。纶抗声辨纶激切。上怒垂之。竟死焉。长懋坐禁系者十年。正统初始赦出之。纶诸父河南知府贤太仆卿希文。合族百余口。皆被逮籍没。而希文幼子被宣赐名怀恩。成化中为司礼太监。召掌交趾布按二司事。

工部尚书黄福还。以兵部尚书陈洽镇交趾。兼掌布按二司事。福治交趾。视民如子。徇其所好。祛其所恶。劳辑训饬。躬勤不倦。每戒郡邑吏咸修抚字之政。新造之邦。政令条画。无巨细咸尽心焉。于是交人皆爱戴之如父。中朝士夫夫以迁谪至者。咸加温恤。疾病躬造视之。拔其贤者与之共事。及以教道其民。中官马骐怙恩肆虐。福数裁抑之。麒诬奏福有异志。文皇深照其妄曰。此君子不容于小人。寝其奏。福居交趾十八年。上念其久劳于外。召还。交人扶老携幼送之。皆号泣不忍别。

陈氏建曰。是时交趾所恃者二人。张辅善用兵。威震殊俗。交土所恃以靖。黄福善抚字。惠流遐裔。交人所恃以安。今既不以张辅镇守。复召黄福还朝。愈失之矣。交土自兹益鯱砤矣。岂非一时辅相之过与。宜乎霍文敏以交南之复失归咎于三杨诸人也。

中官马骐传上旨。谕翰林院撰敕。命骐复往交趾。间办金银珠香。时骐被诏召还未久。本院官覆奏。上正色曰。朕安有此言。卿不闻渠前在交趾荼毒军民乎。交趾自此人归。如解倒悬。又可遣耶。此人近在内间多方请求。朕悉不答。卿等宜识朕意。遂止。

陈氏建曰。马骐传旨。使非本院覆奏。则为失不细矣。是时仁庙刚明。总揽干刚。而马骐犹萌恣睢之念。况其他乎。由此观之。中官之恶。抑之犹恐其肆。况从而宠之纵之耶。宜乎正统而后。振直广瑾辈之为恶。无有纪极也。愚谓中官传旨。并宜执例覆奏。庶杜奸萌。

宣德元年。交趾总兵官成山侯王通帅师讨黎利不利。兵部尚书陈洽死之。先是仁宗遣中官山寿赍敕赦黎利之罪。命为清化府知府。利不从。聚众寇掠。势益张。通帅诸卫官军往讨。洽以为宜驻师石室县之沙河。以觇贼势。通欲渡河。而陈洽反复谕以利害。且陈方略。通弗听。翌日五鼓。麾兵以渡。洽不能止。次宁桥。与贼遇。自已至未。力战。互有胜负。洽奋马突入贼陈。欲擒其首恶。身被创甚。通惧师却。洽遂遇害。事闻。赠少保。谥节愍。官其子枢为给事中。

交趾平州知州何忠为黎利所执。死之。忠。邢州人。永乐中进士。授御史。以言事出为知州。至是。黎贼侵围镇城。藩镇以忠有胆略。使怀奏潜请王师。忠夜步走出城二百余里。被贼伏兵所执。诸贼酋喜曰。何知州闻名久矣。共举酒酌忠曰。能从我同享富贵之乐。忠大怒。唾地骂曰。臊狗奴。吾天朝臣。岂食汝犬彘之食。夺杯掷中虏面。流血盈颐。遂遇害。事闻。上深悼惜之。敕旌其门。赐谥曰忠节。

忠临难。从容赋诗曰。万里孤城久困时。腹中怀奏请王师。红尘失路风霜苦。白日悬心天地知。死向南荒应有日。生还北阙定无期。英魂不逐西风散。愿助天戈殄叛夷。

命安远侯柳升帅师赴交趾征黎利。以兵部尚书李庆参赞军务。陈洽既败死。黎利势益猖獗。遂围交州。成山侯王通奏请益兵。诏命升等将七万人以往。且敕庆举六乡之属有才略者以自助。庆奏郎中史安主事陈镛等十余人偕行。黎利进逼交州城。王通御之。连战斩贼将黎豸黎善。贼众奔溃。诸将请乘势过江击之。贼必成擒。通不从。犹豫三日不出兵。贼觇知通怯。复集余众四出。进逼交州。围城。通敛兵闭门不出。利致书于通请和。求进贡方物谢罪。通遣人伴贼使入京。

柳升师至隘留关。利复具书诣军门。请罢兵息民。且言求得陈氏之后曰皓者。实安南王暊三世嫡孙【按安南陈氏无名暊者】。窜身老挝二十年矣。乞循太宗皇帝继绝之初意。赐立陈氏后主其国。则一方幸甚。升等受书。不启封。遣人奏闻。时贼栅隘关南拒守。升连破之。直抵锁夷关。如入无人之境。升有矜色。升虽勇不好谋。时左副总兵保定伯梁铭参赞军事。兵部尚书李庆皆病。幕府官吏安陈镛言于李庆曰。总戎之志骄矣。公宜力言之。且夷情谲诈。不可以屡败忽之。安知其不示弱以诱我。况敕书数次戒说谓贼专以设伏取胜。不宜轻率待之。公宜速入言之。时庆扶病。强起与升力言。升唯唯而已。中实无戒慎意。明日前进以百骑独先之。副将崔聚及庆等皆在后。升前度桥。既度。桥遽坏。陷泥淖中。后队阻不得进。贼伏兵四起。升中镖死。右参将都督崔聚敛兵入营。是日梁铭卒。明日李庆亦卒。又明日聚率兵进至昌江。贼大驱象而前。军乱骤被擒。贼大呼降者不杀。官军或死或奔无降者。安镛皆曰。吾辈见危授命耳。是日亦皆遇害。贼百计强聚降。终不屈。遂杀之【聚宿将也】。

工部尚书黄福归自交趾。先是马骐既激变交趾。陈洽继福掌布按二司印。累奏乞还福旧任。以交人思福之深也。上从之。命福与柳升偕行。我师既失利。福为贼所得。皆下马罗拜曰。我父母也。公向不北归。我曹不至此。言已皆泣。福斥之。谕以顺逆之理。贼终不忍加害。其酋长馈以糇粮。乘以肩舆。赠以白金。送之出境。至龙州。福悉以所赠归之官。

黎利寇陷谅江府。知府刘子辅死之。子辅。江西庐陵人。初初为广东按察使。坐累。左迁知谅江府。为人悖朴。不事表暴。抚绥其民如子。民咸爱戴之。时寇势炽甚。他郡县多已陷。子辅与守将倡兵民效死守数月。寇增众攻城。食且尽。而人心益固。既而又逾月。寇攻益力。遂破城。城中兵民皆尽力斗以死。无一人降者。子辅知事不支。曰。吾奉命守郡。郡亡与亡。义不可污贼手。遂自经死。一子一妾皆先子辅死。上闻。赠子辅参政。赐祭服其家。

陈氏建曰。是时交趾二十余州郡。文武官吏死于黎利之难者何啻数百千计。如何忠刘子辅诸人名氏节概仅仅见之。余多湮没无闻焉。惜哉。

柳升等既败死。通大惧。乃集将士议。以城不可守。战不可胜。不若全师北归。众皆从之。通乃大集文武将士。出下哨河。立坛与黎利为盟结约。通大宴利。赠以金织文绮表里。利亦奉重宝为赂。通不请命。托以便宜。率布政使弋谦以下班师还朝。先是沐晟受命佩征南将军印。由云南与升同讨贼师。至水尾县。贼水陆拒守。晟督兵造舟。屯于高寨。分道而进。时朝廷已得利前与柳升书。利所进表亦至京师。宣宗皇帝召大臣议之。英国公张辅曰。将士劳苦数年。然后得之。此表出黎利之谲。当益发兵诛此贼耳。蹇义夏原吉亦曰。举地与利无名。徒示弱于天下。问杨士奇杨荣。荣曰。永乐至今。劳者未息。困者未苏。不若从其请。可转祸为福也。发兵之说必不可从。士奇曰。太宗初心求立陈后。求之而不得。乃郡县其地。今行祖宗之初心。以保祖宗之赤子。此正盛德事。何谓无名。且汉弃珠崖。前史为荣。何谓示弱。愿陛下今日明决。上曰。皇考追憾此事。吾闻之屡矣。明日出皓表。谕群臣曰。论者不达止戈之意。必谓从之不武。但得民安。人言何恤哉。遂命礼部侍郎罗汝敬为正使。右通政黄骥鸿胪卿徐永达为副使。赍诏往谕陈氏嫡孙皓。俟官属耆老核实来闻。即遣使册封。命沐晟罢兵还镇。总兵官以下各散。新置大小衙门各罢。先是。交趾新民不愿从贼。至有合城拒守而死。无一人降者。有挈家浮海来居中国者。有窜名戎伍随至中国者。

王通至京师。文武群臣劾奏通及弋谦马骐等违命擅与贼和。弃地班师之罪。命法司等官会鞫。悉下锦衣狱。藉其家。免死除名。

按交趾之复陷为夷也。如唐河北再失。乃由于宰相失谋所致。而岂黎利之善用兵乎。使当时留张英公镇守其地。不使马骐监军。虽反侧无患。不召黄如锡还朝。遣张英公讨黎利。贼旦夕可平者。二杨皆帏幄重臣。曾无一言以告。使事机再失。乃徒劝朝廷弃地与贼。不及蹇夏之见远矣。迨夫正统麓川之役。岂若讨黎利而平交趾之为善。乃不闻阻其出兵何也。又马骐所犯。当依激变之律。其罪浮于王通。在洪熙中还朝时不正法伏诛以谢交人。漏网可恨。后诈传上旨。往彩交趾金银则其诬上行私。虽振直刘瑾何加焉。使非遇仁庙之刚明。未必不再遂其奸也。噫。

陈氏建曰。交趾弃守之议。二杨以息兵养民为说。意固美矣。然是时交趾设置文武诸司大小四百七十余所。官吏将士何啻数万。交趾一弃。数万人皆为南荒之鬼。不亦悲乎。吾邑罗公亨信以给事中诖误。谪使交趾九载。洪熙初用洗马张瑛荐始得召还为御史。既还而变作。后亨信历官都御史。有功于边。为时名臣。使非张瑛之荐。难乎免矣。

按别志载。永乐中。有幼孙戏欧祖母者。论当死。刑部主事李厚鞫之曰。童稚无知。岂有恶意。坐之重辟枉矣。疏请宽其罪。不听。继之以泣。太宗亲讯之。以物试童。东西颇如意旨。上恕曰。童能识左右。何谓无知。遂谪厚安南椽。厚在安南者凡三年。上忽感悟。召为吏部主事。行五日而安南叛乱。华人之流寓者皆死焉。论者谓厚之免。好生之报也。然宣德初诏荣昌伯智有云。利贼包藏祸心。已非一日。始若易取。误信人言。惟事招抚。迄今八年。终不听命。忠臣罹害。良民被毒。其谁之过。智等其急进兵。务协和成功。来春不捷论罪。则宣宗之决意灭贼可知矣。后惑于二杨之说。弃地与寇。竟不思仕于其地者。亦当有处之也。使当时计虑深长。或命张辅再以重兵临其疆上。相机而动。可取则进剿。不可取则许赦。仍诏其将交趾命官无大无小。尽送还朝。方宥其罪。则贼既喜得封。必肯从令。而我华冠裳岂遂沦没于炎瘴也耶。

罗汝敬等至交州。黎利已先弑皓。诈言皓遇疾卒。设女乐宴饮。汝敬怒。尽碎其器。叱曰。国嗣亡而用吉礼。何也。四年二月。汝敬等还。利遣人贡方物。三月。遣通政徐琦永达行人张聪敕谕利。三月。琦等还。利遣人贡金银扣器方物。并上国人奏。言陈氏孙皓已卒。子孙并绝。利抚绥有方。得民心。乞令管摄。永为藩臣。奉职贡。六年五月。利上表谢罪。献代身金人。六月。遣行在礼部侍郎章敞通政徐琦诏利权署安南国事。七年二月。敞等还。利遣人贡谢。八年。又贡。

刘执斋赠安南贡使诗曰。万国提封总帝家。安南谁道隔天涯。金溷旧锡周王履。玉节频浮汉客槎。山尽鲸波和雨露。星回鳌极记年华。诸射爷使承优渥。驿路驰驱莫惮赊。

利在国僭号称制。仍伪建东西二都【尝寇陷云南所辖宁远州。亦并属焉】。分其国为十三道。乃置百官。设学校。每道设承政司宪察司总兵使司。仿中国十三都布按三司也。曰山南。曰京北。曰山西。曰海洋。曰安邦。曰大原。曰明光。曰谅化。曰清华。曰义安。曰顺化。曰广南。欲示其土地之辽阔。每司实不及中国一大郡。学校之士皆名为生徒。循元制。以经义诗赋取士。诗用七言律。

黎利寻死。九年。广西总兵山云言利死。长子狂妄。次子幼弱。奸臣黎问黎察构相仇杀。夷民惊惧。谅山土官阮世宁七源土官阮公廷率众避难来归。愿居广西龙州及太平府上下冻州。上敕云曰。利本起微贱。因奏立皓。从人望。朕志在息民。遂诏罢兵。徐议立皓。利遽奏暠死。皓之死。利所为也。朝廷即欲问罪。不忍毒民。令权署国事。多行不义。为天所殛。尔戒饬边兵。严谨守备勿忽。世宁公廷可善抚之。

按自是之后。中国人多潜入交南。至有受伪御史者。教之窥伺云南。遂诱我逋逃。觇我虚实。镇南关外类多华人。而临安诸郡所在有夷贼矣。盖阮世宁等可来。则我华人亦可去。此逃人之不可留。以自开其衅如此也。

交趾遣人以国丧告。乃命行人郭济朱弼往祭利【利僭号。改元顺天。窃位六年。死。伪呼大祖】。利子龙。伪名麟。请封。仍命权安南国王事。景泰庚午。命行人边永颁诏安南。其君臣至馆迎谒。欲拜阶上。永正色责之曰。安南名礼义之邦。今何如此傲慢。众瞿然起。拜阶下【永。河间任丘人。天顺乙丑进士】。

正统七年。诏封黎麟真为安南国王。赐涂金银印。命礼部侍郎章敞行人侯琎往行礼。至其境。关门低且隘。先驱者谓当伛度。琎叱之曰。此中国家狗窦也。于土人出入则宜。今天命下临。岂可由此度。迓者惊惧。为彻关。乃度。交人承命。礼不敢肆。琎归。赆仪毫发无受。交人益贤之【琎。山西怿州人。永乐癸卯乡试第一。登进士】。

黎麟死【自是皆有二名。的名以事神祇。伪名以事中国。盖其酋习于欺诞。自宋陈威晃伪名光昺已然。不独今也。龙僭号九年。改元者二。绍平大宝。伪呼太宗】。子基隆。伪名浚。绍封。

天顺元年。奏乞赐衮冕。如朝鲜国王例。不许。

三年。庶兄宜民弑之。自立。国人诛之。【基隆僭号十七年。改元者二。大利。延宁。伪谥仁宗。宜民伪名琮。封谅山王。僭号仅九阅月诛。改元天典。降称厉德侯。】基隆弟思诚。伪名灏。绍封。

弘治元年。翰林侍讲刘戬【江西安福人。进士及第】持即位诏往谕思诚。时方加兵占城缅甸。思诚颇桀骜。戬承命。即从两仆道南宁。疾抵其境。交人皆惊。凡途候馆谒。视昔倍恭。至之日。颁诏。明日。宴毕遂行。馈遗丰腆。一无所顾。遣陪臣道国主意。追送于途。期必致之。戬复以书。并写初入关诗示之。始去。后交人表谢。有廷臣清白之语。及为建却金亭于思明道中。后复遣行人董振颁诏其国。

李东阳送缏诗曰。紫泥新诏出彤宫。帝遣南乘使者骢。四面楼船通海气。九霄旌节下天风。仙蓂万叶占尧历。化日重晖仰舜瞳。闻道奉杨恩泽遍。远人无地不呼嵩。

十年。思诚死【思诚。龙第四子也。僭号三十八年。改元者二。光顺洪德。伪呼圣宗】。子鏳。伪名晖。绍封。其臣黎彦俊克贡使。欲由龙州入南宁凭祥。知州李广宁以国初设镇南关。在其境。争之。闻于朝。诏如旧。

十七年。鏳死【僭号七年。改元景统。伪呼宪宗】。长子濬立【改元泰真】。僭号未及纪年而死【伪呼肃宗】。弟叟。名谊。诏封。宠任母党阮种兄弟。恣行威虐。屠戮宗亲。鸩杀祖母。国人诅怨。种夺主权擅命。渐不可制。

成化十二年。诏改南京户部左侍郎王恕为左副都御史。巡抚云南。先是云南镇守中官钱能怙势贪纵。遣其麾下指挥郭英。取捷径往安南求赂。凡朝廷遣使往安南皆道广西。未有由云南者。于是安南君臣骇愕。久之。欲因间启途。遣一酋以兵尾其后。将近边。英给其酋请先白守关者。因晚归。边吏戒严。安南兵始去。事既传闻籍籍。谓英勾引外夷窥边。朝议命恕往巡抚其地。恕至。即令按察司捕英治之。英惧。赴井死。没其宝石于官。械其党至京师诛之。恕上言。昔交趾镇守非人。致一方陷没。腾冲启衅。致麓贼叛逆。今日之事殆又甚焉。且劝上不宝异物。凡花木禽兽宝玩宜一切拒绝。在云南凡阅月。疏二十上。直声动天下。

十六年。议征安南。既而罢之。时安南累岁侵扰占城。占城遣使入奏请讨之。汪直因献取安南之策。职方郎中陆容上言。安南臣服中国已久。今事大之礼不亏。叛逆之形未见。一旦以兵加之。恐遗祸不细。直意犹未已。传【时中官汪直专宠用事】上旨索永乐中调军数。时刘大夏亦在职方。故匿具籍。徐以利害告尚书余子俊。力言沮之。事乃寝。

陈氏建曰。程篁墩纪陆职方事。称其沮征安南之事尤伟。夫汪直是时东簿怨于女直。北挑衅于鞑靼。二方已兵连祸结。殃民辱国矣。交南之役使直复得逞其志。天下安危未可知。幸而本兵诸公协力沮止之。岂非祖宗之灵。社稷之福。斯世斯民之大幸与。

弘治八年。安南侵占城。占城国王遣使入奏。请命官往问其罪。上欲从之。大学士徐溥等上言。春秋王者不治夷狄。安南虽奉正朔。修职贡。然恃险负固。积岁已多。今若遣官往至其国。海岛茫茫。徒掉寸舌。小必掩过饰非。大或执迷抗命。若置而不问。损威已多。若问罪兴师。贻患尤大。宜勿听。乃止。既而中官传旨命上乃止。武宗即位。诏遣修撰伦文叙颁正朔于交趾。

按文叙。弘治己未状元也。是岁主试学士李东阳程敏政发策。以刘静修退斋纪为问。人罕知者。江阴徐经与南畿解元唐寅举答无遗。矜夸喜跃。舆议沸腾。礼科给事中华昶劾之。敏政自言夙构试目。疑为家人窃卖。凡知策问者俱黜落。揭晓后同考官给事中林廷玉复疏敏政可疑六事。诏狱廷鞫。经称尝以双绮馈敏政。出入门下。夙构试目实从家人得之。故与寅陈说。狱成。敏政夺职。经寅俱为民。昶与廷玉皆外谪。而文叙首擢焉。李东阳赠伦文叙诗曰。藩邦地重极炎洲。诏使名高出状头。一代风云龙虎会。百年郊薮凤麟游。殊方尽处闻天语。旧屋归时记海筹。彩得民风兼国俗。玉堂青史待删修。

种逼谊自杀【僭号四年。改元端庆。降称厉愍王。种伪尊为威穆帝】。立阮伯胜【种弟也】。国臣黎广等讨诛之。立思诚孙莹。伪名晭。

六年。遣编修湛若水往封之【思诚第五子镔。伪名瑶。生子莹谊。被弑。无子。国人立莹。改元洪顺。伪尊其父镔为德宗】。

十年。莹遣阮仲逵入贡。

东阳赠若水诗曰。圣朝荒服尽冠缨。岭外安南旧有名。文字不随言语别。道途长共海波平。一家两被周封命。六载三回汉使旌。天上玉堂非远别。故乡重懈倚门情。

莹既立。恣行不道。十一年。社堂烧香官陈皓与子炳升作乱。弑莹【僭号八年。降称灵隐王。后伪呼襄翼帝】。自立僭号【仍称大虞。改元天应】。诡为陈氏之后。都力士莫登庸叛降。皓寻复与黎氏大臣阮弘裕起兵攻之。皓败走。获其子昺及其党陈遂等诛之。皓与升奔谅山。据长庆大原清都三府。登庸与大臣共立莹子椅。伪名譓。谋请封。因国乱不果行。椅以登庸有兴复功。伪封武川伯。总水步诸营。登庸既掌兵柄。乃潜蓄异志。十三年。黎氏臣郑绥以椅拥虚位。登庸不臣。乃立黎氏族子酉榜。攻其都城。椅出奔。登庸率兵攻绥。绥败走。登庸捕酉榜。杀之。椅归国。登庸自为大傅仁国公。十六年。登庸率兵攻陈皓。皓败走。死。登庸乃纳椅母为妻。

卷六·南蛮·安南

嘉靖元年。莫登庸自称安兴王。谋弑椅。椅母潜告椅。乃与其臣杜温润间行至清华居之。登庸立其庶弟廮。椅遣使间道来贡。并求封。为登庸所阻。上以登极改元。遣翰林院编修孙承恩礼科右给事中俞敦赍捧诏书彩段。谕赉安南国王黎晭。承恩等闻该国臣下作乱。黎王遇害。抵广西龙州。与该国境界相离止八十里。体访黎晭存殁。并世子名讳。及行附进边界。该国谅山文渊长庆等府卫令其迎迓。长庆府申称本国见被逆臣陈皓子陈昇据谅山等府地方。道路梗阻。待转报国王迎请如仪。龙州申称据守隘头目丁源呈内开访得安南国黎晭已殁世七年。今世子改号光绍。但不知名讳。及访得该国镇朔卫士官闭孝忠。称说光绍被逆臣莫登庸作乱赶逐海滨。殁存未卜。又有逆臣陈晡霸占谅山府等处。号称天应。后故。有子陈昇。仍旧占据。迄今仇杀未息。道路不通。

二年。承恩等不敢前进。俞敦病卒。承恩乃上疏曰。窃惟原领诏敕彩段。止该谕赉黎晭。今黎晭既殁。其所称光绍者承袭。初未请封。遭乱又无求援。未审是否黎晭嫡派支裔。纵使道路无阻。臣等可得而入。决亦不敢轻与。况据各访报前来。则是该国逆臣陈氏父子相继梗于其外。莫氏又逼于其中。兵火相仍。国无定主。臣等又安敢轻入。自速辱命之愆。且臣等原移文该国谅山文渊长庆等府卫。其谅山文渊竟无一字回报。止据长庆府前项回称。待转报国王迎请如仪。臣等久候边境。亦无迎请信息。据势揆情。即使光绍尚存。得知天恩俯及。亟欲迎请。顾其威令久不行于谅山等处。失其出入咽喉之路。其迎请之使必不能通。彼之迎请既不能通。臣等亦安得而入哉。况前项申报光绍。被逐海滨。存殁未卜。臣等在彼再候亦无益矣。祸福利害。在臣等固不足惜。顾事关国体。岂敢不慎。臣等思无可进之理。还至广西梧州府。拟会本题请间。给事中俞敦因感冒瘴气。染病服药调治不愈。竟于嘉靖二年正月初四日身故。臣伏思之。臣原与俞敦钦承上命。充正副使。差往安南国公干。今该国地方多事。既不可进。而俞敦近故。臣又难以独行。理合并行具题。乞敕礼兵二部。从长议处。使臣有所凭借遵依。以为进止。上诏。这所奏事情。还著镇巡官查勘明白。孙承恩暂著回京。

三年十二月。巡按广西监察御史汪渊等题称。会同总镇两广太监郑润总督两广军务右都御史张顶镇守两广总兵官抚宁侯朱麒议照。安南国两广接境。虽云裔夷。久被圣化。请封纳贡。守为常职。诏谕赏赉。著为令典。兹其国中扰乱殆将十年。遂致国土分裂。迄无定主。臣等历查经年案卷。博采访探人言。参度事情。似得梗概。倡乱于陈皓等之叛逆。黎晭遇害。继乱于莫登庸之奸雄。黎譓播迁。今据该国长庆高平二府所牒。并龙州所申各情互异。但以理推之。陈皓父子叛逆。情罪灼然。无待访勘。其黎晭遇害。无子。国人共立其故长兄黎灏之子黎譓以为世子。名位甚正。权摄国事。经六七年。臣主定分亦已甚久。夫何一旦被人胁迁于外国。人皆不知之。其莫登庸既称忠义。力能讨贼。何故视主蒙尘。竟不迎复。乃辄改谋易议。别立其弟黎晭权摄国事。其间簒逼。何怪群疑。况传闻之言。或云黎廮年龄尚幼。岂能权摄国事。或云黎廮虽称黎譓同母之弟。但黎灏没世已久。焉得尚有幼子。或者莫登庸既娶其母而后生子【传闻晭母嫁登庸为妻】。冒姓黎廮。亦未可知。此虽叆昧夷情。未易遥度真伪。即使黎廮真黎灏之子。黎譓之弟。则弟岂可以夺兄。黎譓乃一国共主。而莫登庸辄敢易之。则臣岂可以废主。今该国长庆府牒称。黎廮要差陪臣奏事请封。高平府牒称。黎譓要差陪臣奏事请封。近据广西太平府申安南国帖文。差陪臣阮文泰范敦礼郑麃等赍捧表笺文奏启本并方物。要行赴京。烦为照例开关放入。及应付脚力廪给等。因臣等会访得该国扰乱。未有定主。乃辄朦胧差陪臣进贡求封。中间又不明白开说。所封何人姓名。显是立非相应。国人不服。或是奸雄谋簒。假立诡名。必有境内奸细通诱外夷。欲假我天朝恩宠。以服众心。以遂逆谋。亦未可知。朝廷为万邦之极。不可不正纲常之大义。而自古帝王之御夷狄。亦或以不治治之。缘事关边计。乞敕礼兵二部从长查议。请乞圣裁。上诏镇巡等官再行访勘。得实奏来定夺。

六年。登庸用其党范喜谋。伪作廳禅文。篡国僭号于境【改元明德】。伪立子芳瀛为皇太子。寻弑廳。按安南故臣郑惟憭申文曰。逆臣莫登庸者。业中武举。为力士校尉。郑惟憭叔父郑惟慎累荐为都指挥。以本国初乱之时。先登庸从陈嵩。后始来降。权命为宜阳县参将。他善水战。讨贼有功。遂次选升为武川伯。许该管海洋一处。稍有权柄。时本国头目郑绥阮弘裕争权相攻。各回清华本贯。登庸乃挟本国世子。令一国头目取金银。乃阴许其党文官范嘉谋赂诳诱文臣等。谓权在勋旧头目。我等不得用事。不如保他为节制官。则我等任意横行。遂率众保登庸为节制十三道。登庸得霸。掌国权。阴蓄不臣之志。乃谋作不轨。世子知之。间行得脱于外。世子庶弟黎虑及黎虑母后出。被登庸蹑追获。本国头目人民皆从世子起兵逐登庸。登庸走回海洋地方。从登庸者止有上洪下洪荆门南策太平等府耳。世子再回国。都将前保登庸文臣皆杀之。督诸头目人民四面夹攻。当时旧管兵头目阮弘裕已死。郑绥犹在清华。国兵虽多而无所统摄。登庸仍胁立黎廳。造濠垒。固守海洋一方。一月之间。攻之不破。登庸即出其不意。以水船从大江潜夜直趋掩袭国都。世子走脱。其旗盖等物俱为登庸所得。登庸乃大张其旗盖。诈吓各处诸军。谓已获世子。本国目兵一时退走。设险据要。各相自守。及后方知登庸已得势。世子退据宁山县。郑绥由清华进至。见时势稍弱。即迎世子回据于清华地方。都国城寝皆为贼有。登庸又恐廳逃出从世子。乃鸠毒杀黎廳。假立别人。犹冒黎廳姓名。于嘉靖五年七月内。有前从逆臣莫登庸之党乔文昆出迎世子。率山南所管之兵来降。世子仍分郑惟峻镇守清华。留世孙兴命郑惟峻保养之。世子督兵进天关府。道驻乐土县。分诸头目夹攻登庸党于彰德。乔文昆亦进。水道夹攻登庸于木丸洲三岐江山南承政司处。乔文焜兵败。登庸追至莅仁府金榜县。世子未知之也。登庸取金银讲求乐土县土官郭辽鹤引行捷径。围袭世子营。不意之间。各皆溃散。前天朝封赐敕书及文书字迹一切尽弃。登庸乃擒得世妃生世孙之母郑淑宝。沉江杀死。世子惟带一钦赐印信随身走脱。从臣止存十五六人。潜行山道。到清华地方。在前诸军并不知焉。及见烧房放铳。各相散回宁山旧处。逆臣莫登庸益得势矣。此说稍异。而于事颇详。今并存之。

九年。登庸传土地于方瀛。伪称太上皇。虑国内不服。起兵攻之。退居都斋。

十五年。上以哀冲太子生。命颁诰四夷。礼部尚书夏言疏曰。安南贡使久绝。我皇上登极改元。钦遣编修孙承恩给事中俞敦赍捧诏敕往谕。竟以该国作乱。道路梗阻。未达而返。今照皇嗣诞生。若复颁诏本国。则必如前梗阻。命使不得径抵其国。徒损国体。合无今次止行诏谕朝鲜国王。其安南国暂免遣使。再照该国贼臣作逆。国无定主。分裂窃据。荼毒生灵。义当与之讨贼平乱。斯为中国君主四夷之道。但查得两广镇巡等官。节奉钦依访勘。迄无回报。显是轻忽边情。违慢明旨。以致纵长夷奸。积损国体。所据经该官员相应通行查究。合无乞敕兵部马上差人星驰两广地方。著落镇巡等官。即便查照先年节奉钦依事理。访勘该国事情的实。合同三司及该道守巡官员从长谋议。务要区画停当。上紧具实奏闻。不许隐匿迟违。误国大事。庶几叛乱之罪可惩。朝贡之典不废。裔夷以安。边境以宁。而中国之体尊矣。上谕。诏使且待。彼国事情你部里还会同兵部计议来说。勿视为非要。

时贼党武严威武文渊武子陵等避罪出逃。犯我边疆。八寨长官司土官副长官珑彻教化三部长官司土舍张泽通把李者来白俊等与之交通。引使侵掠。珑彻后又因事被贼拘执。云南总兵沐绍勋奏称。珑彻乃我中国职官。岂可置之不究。设欲举兵进讨。而武严威系是外国亡命。避居而来之地。势难攻伐。恐徒费兵粮。卒难成功。及欲将张泽据法拿问。但各酋见与武严威等交通。诚恐持之太急。别怀异谋。酿成大患。深为未便。除一面严行邻近一带地方各整搠军马。协力防守。一面选委能干土流官员前去抚谕。务要珑彻挟取回任。礼部尚书夏言疏曰。臣等会同兵部尚书张瓒等计议。我太祖高皇帝开国之初。陈氏首先纳款。故著之祖训。不许后人伐其国者。嘉陈氏之能输诚效顺。首先臣服之忠也。讵意陈为贼犛所戕。遂绝其祀。天道好远。而贼利复灭季犛之宗。幸而得国。传之子孙。今乃废职不修。弃民不保。自正德十年。黎晭差陪臣阮仲逵进贡之后。迄今二十一年。朝贡之使不至。废弃正朔。罔秉臣节。今据两广守臣所奏。则黎譓黎廳皆非黎晭应立之嫡。莫登庸陈皓陈昇阮时雍杜温润郑绥等俱属篡逆之臣。春秋大义。乱臣贼子人得而诛。矧圣天子在上继天立极。君主华夷。而该国负固作逆。久不来庭。所据彼国事情。罪状显著。无逃天讨。乞敕锦衣卫选择指挥千百户内。素有胆气谋略言语便利通达事机者二员。先领敕书一道。前往广西地方。著令镇巡等官。仍选彼处军卫有司官员人等能深晓夷情熟知道路强干有谋者三五员名。伴送敕使径入安南境内。勘问彼国背叛朝廷。久不入贡缘由。并见今篡主夺国罪人姓名。根究的实。作急奏报。仍乞朝廷下令选将整兵。待报而发。再照。安南疆域。东起广东之钦州。迤西历广西之左江。至云南之临安元江为界。合无一面敕镇守两广征蛮将军总兵官安远侯柳珣。会同巡抚两广都御史钱如京。一面乞敕镇守云南征南将军总兵官黔国公沐绍勋。会同巡抚云南都御史胡训贵州都御史汪珊。即便整搠汉土官军。调度钱粮。严备待命。再照。彼国逆臣构乱已非一人。武严威舍彼就此。必非篡国之贼。抑或不忍视王受祸。不肯甘心从逆。亦未可知。合无乞敕锦衣卫另选如前能干官二员。赍领敕书一道前往云南。体勘武严威事情。责令镇巡等官差本处的当人员前往八寨长官司等处地方及直抵武严威营内。密谕朝廷以安南久不朝贡。又知国中逆臣篡主。方兴问罪之师。若武严威果因同列篡逆。避罪而逃。即便明谕祸福顺逆。如能革面向化。归附我军。往征彼国。则向来扰乱边疆羁执土官诸所罪犯一切赦宥。如珑彻被拘在彼。即令与武严威解释宿怨。协心从征。其珑彻交通之罪亦一体开赦。但彼国见今作乱事情。许武严威等备细开陈。及其归附实情。作急奏报。以凭降敕调遣委用。如其不服。则当置之度外。俟王师至日。一并诛剿。但兴师伐远。命将讨罪。事体重大。合无恭请宸断。敕下兵部。会集在廷文武多官从长计议。慎择大将。遴选偏裨。简设总督粮饷文臣。更置地方有司官员。调集诸路兵马所在储峙刍粮。一一区画停当。上请定夺施行。上诏。安南国先此诏书不谕而返。有伤体面。又久不入贡。非叛而何。两处差官都依拟著实勘明奏报。便写敕与他去。兴师备讨必行兵部。便会同议奏。

按嘉靖初。田州岑猛叛。两广总督姚镆讨鸩杀之。谓岑氏可遂灭。疏请设流官治田州。而卢苏王受诸孽辄通交南。流言摇惑滇岭间。姚镆被论落职。桂萼初向用。荐起新建伯王守仁总制两广。守仁至岭南。始知流官不可设。请复官猛子邦相为田州判官。卢苏亦与上巡检羁縻之。萼议礼致位卿辅。欲立奇功。乃阴以意寓书授守仁使密探安南要领。守仁不答。萼遂恚憾。会守仁卒。竟中伤革世爵及恤典云。

上既敕锦衣卫官往察安南。又遣礼部尚书黄绾学士张治使安南【时车驾巡承天。绾治又复止】。都斋为贼要害。登庸居此为方瀛外援。而以九公府为都斋之卫。又僭颁大诰五十九条于境内【方瀛僭号。改元大正】。是岁黎椅死于清华【椅。某之子。思诚之曾孙也。初莹伪封为沱江王。育为己子。椅立。伪呼本生父为哲宗。僭号六年。改元光治。彼逐。以忧死。或曰登庸袭虏以归。鸩杀之。伪呼恭皇帝。黎氏传十世。立一百十年】。故臣立其子柽【伪改元元和】。柽伪名宁。遣郑惟憭充使。泛海来京奏登庸僭立之罪。礼部疑其诈。诘以此疏何人所作。谁为写进。又诘其何不赴经过衙门挂号。郑惟憭申报曰。本国世子及诸头目耆老共议。谓本国危乱如此。远闻中华有圣明之主。忠良之辅。必不弃我。我国大困。欲赴天朝奏诉。而陆行之路并不得通。欲作水船过海。又不谙水路。反复思惟。罔知所处。幸见广东商船漂海到于玉山县云济社海。世孙乃命诸头目文武官等议论。作急差人寄与商船载去。诸头目都不敢行。惟郑惟憭一则恨登庸逐君篡国。一则恨登庸杀惟憭亲母之仇。誓不共载天。且又念食君之录。死君之难。事不辞难。臣之职也。即奉命而行。所与共事朱头者。其父朱盐行至南宁。不得前进。再回病死。头欲继成父事。乃愿行尔。本国系在海边。知海行之事。死生难定。世孙乃作二本。封在二筒。并二批差惟憭朱头各带一人一筒。分行二船。防或一人死一人生。亦得信通天朝。世孙与诸头目耆人焚香祝天。国祚存亡系在惟憭等一去。惟憭自家而出。一国之人皆谕其十死一生。盖海外浮沉。一死事也。如到广东不赴官府衙门挂号。即路上盘诘捉获。则外夷过海越关。是一死事也。若赴见官府衙门。则或不许前往。再送回本国。逆徒接取而杀之。又一死事也。或官府衙门恨其越度关津。前杀后奏。朝廷安知其是某人缘某事。空死道路。亦一死事也。且共论谓天朝教化风俗。本原教化者。所以教天下之人事君尽忠。事亲尽孝。切忧道路艰难。死生是命。如到天朝。必无死理。乃作间道潜行之计。自过梅岭去处。犹恐其泄知。牵延岁月。盘缠俱尽。饥寒困苦。未知死生如何。今幸已到京。得见天日。始有生理。窃念惟憭承本国世孙差来之事。不是小事。路途亦不是近便路途。苟非为国为君安敢到此乎。伏望推往事足以验当时。且如申包胥已不知楚国子孙何在。犹能自身走秦告急。请兵以复楚祚。张良则韩国已灭。犹能自身出家财购求力士。要击秦皇。以为韩报仇。豫让则智伯已死。犹能自身致死。变名吞炭。途厕伏桥。欲杀襄子以报智氏。况今郑惟憭犹有本国世孙差来。岂不捐驱奉命而行。此乃一国大事。非郑惟憭自家私事。愿审情怜悯之。其如作本写本之事。则各有司存。非郑惟憭之职。本国旧规翰林起稿。东阁撰定。递入国王看过。送下中书监书写。再递入。惟有国王与尚宝司内官守印人用印。司礼监房吏官封定。叫差人来国王面前吩咐。惟知赍捧而行。凯敢问其何人作本何人写本。与其中间事体如何哉。国家之大小不同。君臣之礼法则一。如太阳下临万物。安得仰视乎。廷议犹以黎宁所奏未审是的。命两广制阃体勘。乃傥临安卫指挥赵光祖移文彼国查报。安南总兵使庆阳侯武文渊等申报曰。今嘉靖十六年二月二十八日。武文渊等见奉天朝委官赵大官递下公文二道。查勘安南国事由。仍明示武文渊等以祸福之理。倾诚向化之方。文渊不胜喜欢。欣幸之至。盖惟天朝皇帝爷爷陛下尊居五位。正临万邦。体乎天地之心。正此纲常之道。将以劝善惩恶。故使赵大官有是行也。而文渊等虽鄙俚。敢不悉心以陈答之乎。然文渊等虑夫本国缘被莫登庸僭夺位号。寖成乱阶。遂失事大之礼。彼莫登庸者。海滨之子。抛网之徒。其祖父并以捕鱼而生莫登庸等。故前国王黎晭录而用之。国王黎晭不幸即世。本国头目共推立黎氏子孙黎椅为主。年号曰光绍。以统国事。欲复修藩贡如例。岂意莫登庸等潜谋不轨。别立私党。放逐光绍奔播在外。既而鸩杀之。国统遂乱。彼又阳立光绍弟黎椿为主。以安众心。然权柄则归于莫登庸之手。政令则出于莫登庸之口。才得五年而又杀之。并及王之母。皆暴之于馆外。乃篡其位。号曰明德。居得三年。兄弟相争。彼又杀其弟莫撅。而伪传与子莫登瀛。号位大正。凡八年于兹矣。自退海阳古斋处。莫登瀛则居龙编城焉。抑知逆臣莫登庸父子篡国夺位。害主虐民。情节如此。是以本国忠义之士。则有头目伐阅如郑惟骏等。共推戴光绍之子莫柽以摄国政。据于清化路。郑嵎郑峣据于太源。阮金等据于义安。阮仁莲等据于广西。此数者皆义存故主。志励报仇。各拥兵众。割据土宇。以图济国难。思殄仇人之恶。免乖天理之常。屡至安南国。故二十一年诚失藩臣之礼。职此之故也。若夫黎譓黎麃者。乃逆臣莫登庸畏其罪戾。诈冒假名以求售其奸计。然黎氏子孙。无此二者姓名明矣。至于始末山海道里。一一著在于天朝版图之中。苟文渊等不具言。则大官亦已知之。然武文渊等切见谅山石龙等道少有平坦。其余各道并是崎岖者焉。今武文渊虑夫祖父迭荷国恩。兄第席承家荫。念国仇安可共戴。誓逆贼难与俱生。忿瀛庸父子之奸浮于莽恶。而难土人民之苦殆胜秦苛。故臣虏之手不低。报主之心忍忽。为此武文渊兄弟等。奉本国王命出领宣光路地方。深有望天朝德义。恭惟皇帝爷爷陛下德广亨屯。量弘拯济。奋周后伐罪吊民主举。严人君弑君篡位之诛。正名分之乖违。救生灵之荼毒。使内宁外抚。遐迩共仰于德威。而大畏小怀。蛮貊用沾乎声教。为此具状谨陈。伏蒙照鉴。

六月初二日。临安守备王时中捉获安南探事总兵王明哲进上阮景等二十名。王明哲亦称愿引大兵马为向导。自绥阜州至莲花滩达归化府。又自归化至临洮府达东都城。备陈水陆进程及其寨守之处。我阃帅未之信也。先是【十二年间】登庸攻清华。柽奔广南。逃占城界。音问不通。故臣立其弟某以拒登庸【伪改元光照】。既而【十五年】廉知柽所在。复偕讨贼。将军伪福兴侯郑悦等迎柽归清华。

是年。廷议安南不贡。奏请问其罪。上命咸宁侯仇鸾总督军务。兵部尚书毛伯温参赞军务。往征之。改提督两广军务兵部侍郎潘旦佐理南京部事。而以巡抚山东蔡经代之。先是旦疏于朝。谓莫氏固奸雄之魁。然黎贼亦叛逆之派。律以中国之法。皆非所宜。假天朝名号为之主者。今二氏分争。兵甲小息。彼既未定。我谁适从。盖其意欲静以观变也。毛伯温恐其梗已。故奏易焉。寻敕两广。云南调集兵粮。蔡经奏水陆进兵。其路有六。姑以三十万人为率。以一年为期。合用粮饷已该一百六十二万石。而造舟买马犒劳器械诸费。大约用银七十三万余两。未易辨也。

时大军既出。而剿抚二议未决。户部侍郎唐胄疏言事体至重。决不可征。其略曰。今日安南之事。若欲致彼之修贡。其事甚易。非惟兵不必出。虽勘官亦不须遣。若欲伐而乘于不贡。则关系颇大。非独此役未可轻举。虽有甚于此役者。亦未可举也。臣请以七不可伐为陛下陈之。星辰莫大于三垣列宿。然皆丽于中土。而外则皆次舍之余。山川莫大于五岳四渎。然皆会于中土。而外则皆支委之末。是华夷乃天地间大分限。故安南虽不庭。祖训乃陛下所当遵守。其不可伐一也。至太宗皇帝所以奋讨黎季犛者。以其弑主杀使之恶大。然兵已压境。犹遣行人朱劝许其金身赎罪退师。及其不悛然后讨。既克。即为陈氏求后。无所得。不得已始郡县之。反侧不宁。终永乐之世。仁宗皇帝每以为恨。宣庙言于朝曰。皇考追憾此事。往往形诸慨叹。朕闻之屡矣。遂将已成之郡县一并弃之。其遵圣祖之训。真如执玉捧盈。陛下所当率循者。此不可伐二也。若以为治统华夏。逆乱之臣不可以不问。则王者不治夷狄。况自古夷狄分争。乃中国之福。今殆其时。汉当匈奴之盛。历高祖世亲奋力威之而不得。逮至元康神爵以后。匈奴内乱。五单于争立。宣帝坐受其朝。此其明验。夫吾民赤子也。夷狄犬羊也。若殃赤子以问犬羊。纵能治之。岂知所重者乎。此不可伐三也。若以为中国旧地。今乘其乱取之。则建武中马援南征。深历浪泊而还。虑交趾终复沦夷。立铜柱为汉之极界。乃在今广西思明府境。及我朝张辅于永乐五年平之。明年简定即复叛。竟为黎利所陷没。是皆取之不得者。岂但无益而已乎。其不可伐四也。若以其国不贡可恶。则洪武末安南侵我思明之地数百里。遣行人往谕。抗辩不服。廷臣请讨。我圣祖竟以蛮夷置之度外。岂但如今安南不贡而已。况贡乃彼之利。一则奉正朔保境而威其邻。一则兼贸易薄来而厚其往。即今争乱之时。昨尚奉表笺方物求贡。为抚按以请封。姓名未的而遏之。是盖欲贡而不得。非负固而不贡。以此罪之。则将何以服之乎。此不可伐五也。且兴师本于才力。两广军门储积常数十万两。近费于田州岑浚之征。今见在仅余四万两。部议又欲广之于江西福建湖广内地。然内地自大工之兴。凡南京各省库帑历年所积各项银两。尽为工部之所取。臣昨提督南赣等处军务。监厂连年所积军饷银四十余万两。今亦解用无遗。此不可伐六也。然此特理势有迹之可见者耳。又有意外之虞者。唐之南诏起于玄宗之倡征。前后丧师数十万。驯至咸通。备其侵边。戍多兵连。唐患遂起。宋神宗欲伐辽取燕。而遣使者四出理财。中土骚然。辽乘内扰。先来求地。遂失河东七百里。卒至白沟燕山之役。宋遂多事。且北虏支属渐盛。我河套之地。哈剌慎吉囊诸种据为已有。近又加以大同叛卒之向导。今再分力于南。臣恐意外之虞。大不可测。此不可伐七也。伏愿凡近遣往安南之官。趁其未行。收回成命。盖此辈武人。万一到彼。以私而枉是非之实。致彼不服。反损天威。纵使勘报得情。我之声势已张而弛。问罪之师则失信不武。两为不便。只须该部移文或差官一人。传命两广抚按选差近边素熟夷情一人。直抵安南。谕以今日姑容来贡之意。则彼将忻忭无地。争跃而前必矣。又王言如丝。其出如纶。各藩闻整兵待发之令一下。人心惊动。且奸雄乘之以射利。借简集而行差放之私。因征敛而肆侵渔之毒。骚扰之害。何可胜言。则所谓先声者。未及动彼夷于徼外。而先动吾民于邦域之中矣。其该部差人赍整备兵粮各敕。亦望停止。则不以小邦一隙而为全盛之累。圣德光大。人心固结。治安永保焉。

十八年。莫方瀛上表乞降。上敕毛伯温曰。先该安南国黎宁奏称。国王黎晭故绝。被贼臣莫登庸作乱。窃据国城。阻绝道路。因而久废职贡。已经差官查勘是实。方欲兴师问罪。节该两广云南抚镇等官奏称。莫方瀛父子闻天声征讨。恐惧省悔。上表乞降。愿以土地人民悉听天朝处分。据其哀请。似亦可矜。下廷臣会议。佥谓夷情叵测。词虽卑恳。意或诡秘。故法不可不正。义不可不彰。今特命尔同总督军务总兵官咸宁侯仇鸾。前去两广云南适中去处。会同彼处提督节制各该镇并副参以下三司等官。将两广云南应调汉土官兵及征讨机宜。悉照该部题准事理。听尔便宜处置。其贼臣父子。如果悔罪请死。束身待命。将其乞降听处真实情由。星驰具奏。若执迷不悛。必诛不宥。用兵之际。尔等宜相机酌处。务要计出万全。期于僭乱底平。罪人必得。以彰天讨。以安远夷。斯副委任之重。毛伯温乃行广西大平府知府江一桂指挥王良辅去凭祥住扎。审验安南降心。如果归一。即与接受。万一夷情不测。亦听便宜处置。江一桂乃檄问曰。切照我皇上嗣祖宗历服之大。一统华夷。绍帝王道统之传。肇修人纪。春生秋杀。干断离明。始因尔国朝使不通。欲求其故。继因尔国人民告变。斯得其情。方今命将出师声罪致讨。尔登庸父子乃先怀德畏威。悔罪向化。据其哀词。似亦可矜。探其实情。犹未可测。虽云献图听处。未见委国输情。虽云上表乞降。未见束身待罪。顷者上表乞降。是否中心实情。有无别项诈伪。如果真实。何以表见。必须逐一声说其真实缘由。其称愿以土地人民悉听处分。如果悉听。作何处分。亦须逐一声说处分缘由。我圣天子穆穆在上。至圣至诚。大小臣工。明明在下。惟忠惟顺。上下一德。海宇同春。真可质之鬼神。岂但行于蛮貊。戒母作伪。徒取日拙之劳。急宜自新。早听天朝之命。其或阳为恭顺。阴实悖狂。偷生畏死。饰诈缓师。支吾不实。执迷不悛。必大兴问罪之师。弘宣吊民之意。尔身就戮。甘为献馘之俘。我伐用张。丕阐文皇之烈。其黎氏见有几人。见在何处。不得诡词隐讳。亦当据实明言。我皇上如天之仁。惟恐一物不得其所。而黎氏如线之绪。可使一旦遂失其传。此事之毕竟当处。而诚之终不可掩者。为此特差力牧二员。赍令檄文一角。前至关界交领。这府州卫作速转行莫氏父子知悉。逐一从实陈答。毋得隐饰情词。执迷自误。督令作速取具印信回文。一样十本。限日缴报。以凭转报军门。定夺施行。

莫登庸报书曰。登庸前臣事先国王黎氏。适遭国屯。仓卒之际。未及上禀。苟从夷俗。暂管国事。又付其子。专制之罪。所不能辞。累具表首罪。未闻命下。登庸父子夙夜惕惧。靡敢宁处。至嘉靖十九年正月二十五日。登庸子方瀛不幸病故。国人狃于旧俗。请以方瀛长子福海代领其众。登庸虑前日所处。既不能以义裁。度负罪深重。今日再徇国人所请。巩益重其过。登庸与长孙福海惟执共以俟朝命。本年七月初四日。幸蒙贵府来文。仰本国长庆谅山府卫官转行本国。内言登庸顷者上表乞降。是否中心实情。有无别项诈伪等因。登庸庄诵再三。不胜省惧。窃虑登庸省过悔罪。真情实意已具在前降表。一无所隐。先差阮文泰阮拔萃等赴两广赍递。继差范正毅许三省阮倩等由云南转达。累经年久。犹委侍罪军门。并住坐境上。听命于朝。所望亮其悬诚。宥其过咎。庶得以自新。若土地人民皆天朝所有。前已悉开实数。图献上听处分。惟日夜仰冀天恩。若百谷之仰膏雨。岂别有他说哉。其黎氏绝无子孙。已具在前奏本。苟未之信。请访本国耆老人民。以验其实。如果见在某人。则登庸甘受欺罔之罪。岂以一人手而掩一国之耳目哉。岂以至诚孚豚鱼忠信贯金石如明公而敢以或欺哉。若本国前后往复文书。常用大头目印信。今承令取具该府卫印信。登庸以从命为敬。已照依来文内遵行。书到。烦为转达天朝两广布按都等衙门。庶登庸真实情由得以暴白。幸甚。

一桂又行谕安南夷耆人士曰。照得尔安南自昔本属中国。其在本朝陈氏慕义纳款。为我太祖高皇帝嘉奖锡封。及登庸弑逆。我文皇震怒。命将讨平。郡县其地。是出尔交人于水火也。我皇上中兴抚运。统一华夷。遐方绝域无不宾服。独尔黎氏久不来庭。爰命军门奉辞勘问。乃知尔国有莫登庸方瀛父子乘危肆凶。篡主夺位。倡起乱阶。连结兵祸。致使尔等生灵荼毒。井邑丘墟。罪状既昭。情法难宥。天子为华夷之主。必敦兴灭继绝之仁。圣人为纲常之宗。必彰讨叛除凶之义。今黎氏之遗裔未泯。而莫氏之恶贯以盈。天理人心。昭昭不可掩也。乱臣贼子人人得而诛之。尔安南虽僻在炎荒。然素被天朝声教。中间岂无抱忠仗义之士。拨乱反正之才。必能共举义兵。以诛元恶。兹当大悬赏格。以速成功。尔等各宜钦奉上天祸淫覆暴之心。仰体皇上正名问罪之意。思黎氏为汝之旧主。恶莫氏为尔之世仇。各宜奋勇摅忠。建谋设策。一倡群和。不约而同。近悦远来。不期而会。大兴讨逆之义旅。歼厥渠魁。弘宣辑众之仁声。安其田里。有能擒斩莫登庸莫方瀛父子者。赏银二万两。仍奏闻朝廷大加陞秩。有愿以一府归附者。即以其府与之。有愿以一州一县归附者。即以其州县与之。仍各赏银五千两。又闻莫登庸以都斋为自防之计。以九公府为都斋之卫。夫九公府岂无良心哉。不过畏其势胁之从耳。今九公府有能擒斩莫登庸莫方瀛父子者。一体赏银二万两。奏闻朝廷。大加升秩。有愿以府州县归附者。亦即以其地与之。并照前给赏。夫如是则安南无辜之民得免杀戮之苦。安南有志之士大彰忠义之名。天道以顺。人心以安。岂非安南之大幸哉。不然。则天兵四集之时。难免玉石俱焚之患。是时虽有忠义之士。无以自见。亦将骈首就戮。噬脐之悔。殆无及矣。为此出给本府印信钤盖牒文一样一万四千本。备行长庆谅山等府卫。永安文渊等州转谕尔等。尔父老士民其速图之。

十九年。登庸立其孙福海以嗣方瀛【方瀛少为县学生。知书。颇有计略。十八年秋。自将捕叛人巴广杀之。归而病死。福海立。改元光华】。仇鸾以事召还。改命镇守两广总兵安远侯柳珣代之。适安南长庆谅山府卫申报。夷目莫登庸投降。请词虽若卑恳。但意尚诡秘。必须提兵压境。宣布朝廷威德。庶使夷心慑伏。束身待命。广西按察副使翁万达亦以军门添注至。上计毛伯温曰。今日处莫贼者有三。文命而告成功。此上策也。陈兵鞠旅临之。以威兵不血刃。此中策也。三令五申必欲芟夷绝灭其丑党。威则威矣。恐非圣天子好生恶杀之所先。此下策也。今宜总众长兼群策。俾机权在我。动出万全。纵不得其上。可得其中。不得已。就其下。亦当鉴宋师覆辙。无俾后悔。伯温从之。乃行取两广及行云南各三司等官会议。正兵分为三哨。从广西太平府凭祥州一路为中哨。委参政翁万达监之。副总兵张经统之。指挥王良辅等督领汉达土目军兵共四万名。从龙州罗回峒一路为左哨。以副使郑宗古监之。参将李荣统之。指挥周维新等督领汉达土目军兵共一万四千名。从思明府思宁州一路为右哨。以副使许路监之。都指挥白泫统之。指挥赖杰等督领汉达土目军兵一万四千名。又奇兵分为二哨。从归顺州一路为一哨。以参政张岳监之【岳原浙江参政。蔡经以其曾知廉州。奏添注广东。委以安南事宜】。都指挥张軏统之。指挥张义等督领汉达土目军兵一万四千名。从广东钦州一路为一哨。以副使陈嘉谋监之。参将高谊统之。指挥李邦相等督领汉达土目军兵一万四千名。从乌雷山等处为海哨。以副使涂楗监之。都指挥武鸾统之。指挥余德安等督领汉达土目军兵打手共一万四千名。而中军营务委监统总督管领共五千一百二十七名。赍执令旗令牌。前去分督各哨。又巡抚云南都御史汪总兵官黔国公沐巡按御史彭时济查议以莲花滩分为左右二哨。各委监统督率等官。每哨共领汉土军兵二万一十名。象五十只。凑武文渊等之兵约共六万三十名。分行去后。毛伯温等即于次日启行。亲诣南宁府调度兵粮。相机行事。

交人亦大为儆备。彩毒药以试其刃。收巴豆菌集置上流。截竹筒埋地冀陷马足。阳言先由海道袭广东。时赂边氓。觇伺我事。以一关吏通贿。往来不复能禁。万达密募敢死士人伪都。旬日尽得其状。乃下禁令曰。敢有出关隘与贼通者。磔之而藉其家。能擒莫贼一人者。赏百金。登庸闻之愈恐。莫知所为。亟请出境降服。听候处分。情甚哀。

伯温于本年十月二十八日允令彼国小目陈渠等诣念涯等营陈款示。令十一月初三日准其来降。江一桂等乃预于镇南关近地开张幕府。高筑将台。至期。莫登庸素衣系组。躬率小目耆士人等各以尺帛束颈。候于南关台上。恭设龙亭。覆以黄幄。两广三司副参监统衙门列侍。传令开关。登庸暨其侄莫文明等由关道左出。脱履跣足。面北而跪。传遣生员谢天纵为解其组及接受降本。登庸俯伏。五拜三叩头毕。伊侄等亦各以次降。服如仪。当宣谕。姑容戴罪还国。待为转奏。赐以不死。两广云南恐有法外奸细。并玩法士官乘机吓诈及生事造言者。宜一切勿听。我天朝正大之体。军门严明之令。汝宜知之。登庸叩头谢讫。传令闭关。收兵回营。

其侄莫文明并小目从人许三省等共二十八人。莫文明代赍登庸降本一通。本奏曰。臣荒徼细氓。限于知识。然每遥瞻北极。光被南邦。天清地宁。海晏河润。臣仰知中国有圣人久矣。况天威震动之下。而有阳春骀荡之仁。惧感交骈。曷可云喻。臣惟先国主黎氏末运迍邅。相继沦丧。及至黎廌摄国未几。亦遘危疾。临终仓卒之时。苟从夷俗。暂以国事付之于臣。臣又付其子方瀛。未及奏请。委涉擅专。虽君门万里。难于上闻。而罪实滔天。岂容自昧。嘉靖十七年。臣父子谨遣阮文泰等赍表丐降。并祈处分。俱出诚心。别无虚诈。但积诚未至。不能上动圣心。夙夜忧危。靡遑宁处。嘉靖十九年正月二十五日。方瀛不幸遘疾而亡。国人狃于旧习。欲以方瀛长子福海代领其众。臣虑前者误相授受。义已不安。今若再徇所请。负罪益重。无以自解。以此臣与福海惟执共以俟朝命。顷者。大将专征。重兵压境。臣犹圈豕。何足以当。幸见军门檄问。备奉天言。慈渥无涯。拊膺流涕。窃念缧臣有罪。黔首无辜。陛下不忍以缧臣之故而骈戮群黎。缧臣何幸以群黎之故而概存残喘。已于国内北望嵩呼。率同小目阮如桂杜世卿邓文值。耆人黎烇阮总苏文速。士人阮经济扬惟一裴致永等于嘉靖十九年十一月初三日。恭候南关。组系出境。诣幕庭而稽首。输中款而投降。臣登庸本欲躬自赴京。瞻天请死。缘以衰老且病。不堪匍匐。长孙福海又在丧次。谨令亲侄莫文明代臣趋阙俯伏待罪。亦以见臣父子前遣阮文泰等所赍降表。委系畏威怀德。不敢有饰诈之心。伏望圣慈矜宥。俾获自新。其土地人民皆天朝所有。惟乞陛下俯顺夷情。从宜区处。使臣得以内属。永世称藩事体。岁领大明一统历书刊布国中。共奉正朔。臣莫大之幸也。虽先国臣丁氏陈氏黎氏递相沿袭。称号纪元。臣悔悟之余。固自知其不可。已经严戒国人。一切革除。听候新命。岂敢仍蹈往谬。自速天诛。广东钦州守臣奏称。如昔贴浪二都。澌凛金勒古林丫葛等四峒。原系钦故地。果如所称。则是先年黎氏冒而有之。今臣愿将前地归隶钦州。至于惟憭所称黎宁者。

国人相传皆以为阮淦之子。黎氏委果无人。故臣已于国都为设香火以存黎氏之祀。今云南乃又以黎宁为黎氏之后。见在老挝。已达圣听。臣何敢辩。惟愿以广陵等七州红衣等寨及某处某处附近之地。割与管辖。径属云南。惟复仰蒙圣恩。特遣使臣一二员直抵本国。遍访旧民。如有黎氏子孙。臣当率众迎归。全以土地奉还。岂直割与前项地方而已。若果如国人所云。亦乞悯念生灵。俾在统摄其本国。先年缺贡。应合类补。及以后年分该贡方物。臣不敢据以为言者。以方在罪中。求免一死。尚恐不得耳。臣又欲查照先朝故事。备办代身金银人。即欲奉献。止亦虑唐突。惟以投降听处。实情理合具。本权用天朝原赐本国印信钤。盖缘前印信臣止宜谨守。不敢擅用。但惟非此则无以为左验。伏望圣明垂察。

安南小目阮如桂耆人黎烇士人阮经济等奏曰。臣等国人虽处荒隅。实赖覆冒。方得并生。但去天独远。国中往往多难。正德嘉靖年来。逆臣陈皓陈昇郑绥杜温润等迭构乱谋。逼胁国主。黎晭遇害。黎譓播迁。宗氏沦亡。独存黎庶。摄国未久。亦已病终。地方扰攘。生民涂炭。至此极矣。其时夷目莫登庸讨平诸逆。委有功劳。然土地人民皆天朝所畀。庶以授之登庸。登庸受之。又私其子。未及请命。罪复何言。臣等国人。亦因丧乱流离之后。虑恐不逞之徒复蹈皓等往辙。祸且不已。乃仓卒为求生之计。自择其主。私相推戴。实出无知。罪亦与登庸同也。后因道路阻绝。关禁谨严。虽屡具情词。恳求无由上达。罪状益深。致蒙天威震怒。命阃专征。前年军门移檄本国。登庸父子恐惧不宁。谨已上表乞降。未蒙俞允。兹者复动大将统握重兵。威如雷霆。声震蛮峤。自分必然齑粉。无复孑遗矣。岂意曲蒙恩宥。容令输情。监统委官厌境宣谕。合国之众皆相对涕泣。扶老携幼。只侯军门。愿同登庸束身降服。所幸不死。是父母之恩。天地之赐也。其为感戴欢忻。岂有穷极。臣等又惟民不能自治。事必先正名。名不正则事无所摄。事无摄则群然而争。涣然而离者。莫之禁也。欲免乱亡。其可得哉。今陛下既赐登庸与国人以更生矣。若使终于乱亡。则陛下之心必有所不忍者。以此臣等又有拳拳之私。欲渎圣德。以为终始生全之地。登庸自管事以来。不为暴虐。厚施于民。民咸德之。今且畏威悔罪。于其长孙福海共候朝命。不敢因袭旧弊擅自摄国。及已戒饬目民。不复仍前妄称号矣。窃惟登庸祖孙自称夷目。俱系罪人。安敢觊望殊典。但常返覆思念。莫氏虽负重罪。实为夷情所归。然非仰籍圣恩。畀之名色。何以约束国人。使不为乱。伏望陛下矜怜远方生灵。俯顺夷俗。赐以新命。查照历代故事。或为总管。或为都护。俾得管摄国事。世世称藩。臣等亦得保有残生。永为藩民。则陛下再造之恩。当与天地相为无穷矣。

毛伯温疏曰。所据莫登庸等乞要内属称藩。岁领大统历日。补足节年贡物等项。相应遵照原奉钦依悉为议处。臣等查得安南自汉晋以后虽称内附。然夷僚之俗。瘴毒之气。终不宜于中国。大率数岁一乱。乱必连结党类。攻陷杀戮。又必数岁而后定。昔张辅以十余万人劳费。仅得数年郡县。叛者相继。卒归于夷。此其明验也。参酌前世利害。莫若外而不内。以夷治夷。庶为稳便。如以莫登庸有罪投降。未宜轻授爵土。伊孙莫福海见今待命。倪蒙矜宥。或可别与都护总管等项名色。如汉唐故事。每年行广西布政司颁给大统历日。令赴镇南关柢领。先年所缺贡仪。查照补足。以后年分照常举行。其钦州澌凛古森丫葛金勒四峒。行令原为安南。俟添注参政副使等官查照原额。编入钦州版籍。仍量优恤三年。以后一体粮差。其先后差来夷使。事毕放回。此正所谓以夷治之者也。但恐议者尚以黎氏为疑。臣等窃伏思惟。黎利倡乱阻兵。陷没郡县。杀败官军。大将如柳升。大臣如臣治。皆死于利之手。其余官吏戍卒不能自拔者。悉遭荼毒。臣等至今言之。尚为痛心。我宣宗特以生灵之故。不欲穷兵。而姑与之耳。今莫登庸之罪既与黎利之猾夏者不同。而一闻天声。遂匍匐请死。亦与黎利之屡抗王师者又为有间。黎利既蒙宽贷。则登庸似应未减。至若黎宁。虽自称为黎利子孙。然臣等节据诸司查勘。踪迹委的难明。郑惟憭一向潜住该国上下朗石林州峒寨附近广西土官地方。黎宁面貌初不相识。故或称黎宁。或称黎宪。或称光照。或称元和。或又以为阮淦之子。或又以为郑氏诈称。而近据云南布政司开报。会审夷人郑垣口词。称漆马江峒虽有黎宁。而来历宗派不可得详。所列事情年貌又与郑惟憭原报互异。俱难凭据。臣等以为今所处分。系我天朝安边境驭远夷之大策。其操纵予夺。不宜以逋贼之子孙而为前隙。但黎氏自修贡以来。已蒙列圣宽宥。若其遗裔尚存。似宜体恤。合行云南抚镇等官查勘。果有可据。别无异同。听令仍于漆马江居住。见在所有地方俱属管束。或量与职事。径属云南。若非黎氏子孙。置而勿论。其郑惟憭即于广东所属随宜安插。量给田宅不致失所。如此处分。庶为曲尽。乞敕该部会议。上请取自圣裁。使大疑以决。大事以定。华夷内外自是可晏然无事矣。

上诏宥登庸罪。安南国著革作安南都统使司。莫登庸授与做都统使。赐从二品。衙门银印仍与世袭。其十三路地方就照原旧地名。各置宣抚同知副使佥事各一员。听都统使管辖。差遣朝贡。其余合境大小官属听彼从宜建置。统属人民。前黎氏僭拟中国制度。都著改正迴避。献还四峒地方。原系我边畛。准收入版图。还行与两广巡抚衙门好生优恤投降人等。罪既通赦了。莫文明准赏素苎丝衣一袭。彩段二表里。阮文泰等彩段一表里。许三省等苎丝一匹。事完。即日遣回。贡仪御前东宫照旧。彼地户口钱粮不必册奏。礼部差主事吴应奎中书舍人李传前往两广地方给散钦赏银两表里。所有安南都统使莫登庸敕书一道。安南都统使司印信一颗给付本官。赍奉前去交割。转发登庸收领。

登庸归自南关。染瘴得疾。二十年八月二十二日死。地方浪传莫登庸为阮敬所害。其孙福海听袭。诏登庸未受职而死。亦可矜悼。著蔡经会同总督等官查勘死无他故。及福海是否系伊真正嫡孙。小目阮如桂等保结。别无诈伪。

二十一年三月。福海亲率阮敬阮宁止等到关祗领敕印并历日千本。敕谕曰。朕惟帝王以天下为家。欲使万物各得其所。一视同仁。无间遐迩。尔安南远处南服。世修职贡。近年朝贡不至。推厥所自。实惟尔祖登庸之罪。已命官往勘征讨。尔祖乃能悔罪改过。恭上降表。备陈私相授受之非。愿献人民土地。听朝廷处分。该尚书毛伯温等奏报兵部集议题请。谓尔祖登庸畏威投降。输情待罪。朕仰体上帝好生之德。俯顺下民欲逸之情。一切赦之。革去国号王封。授以都统使之职。赐从二品衙门银印。俾奉正朔朝贡。许其子孙承袭。世守其地。实为尔类永利也。兹该镇巡等官奏称。尔祖登庸病故。尔系嫡孙。且尔能备陈尔祖纳款之诚。备述尔祖属纩之言。亦可谓善承祖志者矣。特命袭尔祖都统使之职。仍降敕谕。尔其益竭忠诚。恪修职贡。抚理夷众。安静地方。以称朝廷怀柔之意。用副尔祖恭顺之诚。永为多福。顾不美欤。一应事宜悉要遵照原降尔祖敕谕内事理而行。钦哉。莫福海差交北宣抚同知阮典敬佥事阮公仪等赍捧表笺赴京谢恩。表曰。中国有圣直征清晏之期。外夷来王。欣溥鸿溶之庆。阳回午傥。星拱辰枢。臣福海窃惟乾坤体物为心。生意流行不以荣枯而异。帝王爱人为德。至仁恻怛不以存殁而殊。是皆理出于公。所以施及者博。臣福海窃念臣祖臣莫登庸蚤繇世荫。偶值时艰。抚藩民流离乖乱之余。保全有幸。狃蛮俗传袭因循之内。专辄是虞。旷年久阻于比从。一旦俄闻于震怒。南关待罪。恐无地之可容。北关驰忱。赖有天之能白。雷霆为霁。雨露旋施。沾沐湛恩。冀遂由衷之愿。谆勤遗嘱。不忘事上之诚。臣福海资忝童愚。序叨嫡继。祖父敬忠之训惟谨。内承朝廷字恤之仁。实期下逮。体悉过蒙于兹眷。畀矜仍侈于殊光。正朔许以奉遵。义示春秋之大。敕印听其钦领。礼优名器之班。隆渥普覃。高穹莫状。臣祖濒危俟命。没亦知荣。臣躬在疚。拜嘉感而出涕。以至合境见闻之所及。皆言大君长育之无私。钦惟皇帝陛下刚健粹精。聪明睿知。允恭克让。光被四表。焕乎尧文。柔远能迩。安劝庶邦。承哉周烈。和辑丕昭于后典。抚宁大播于皇风。谓臣邑万里阻深。声教欲同于渐暨。轸臣祖一心共顺。恩怀罔间于始终。肆颁已出之纶。广示曲成之造。臣福海谨当代先受赐。对众扬休。德泽所施。政令所加。怀夹胥陶于至化。土地之出。贡赋之入。率常虔致于正供。

一进方物。金香炉花瓶四副。重二百九十两。金龟一个。重十九两。银鹤银台各一件。重五十一两。银香炉花瓶二副。重一百五十两。银盘十二口。重六百九十一两。沉香六十斤。速香一百四十八斤。降真香三十根。犀角二十座。象牙三十枝。并其余香绢等物。初澌凛等四峒民久而不忘中国。时节必举本朝年号。告其祖先。服中国衣冠如式。出峒始易之。屡结内地边氓告于督府。求复中国。督府嫌其生事。辄杖杀告者。至是始得归。

二十五年。福海卒。其子宏瀷幼。请袭。国内不服。交兵。

二十六年。莫文明与宗人中正福山率其家属百余人奔钦州避难。诉于军门。提督军务侍郎张岳奏恤之。命韶州肇庆二府清远等处安插。官给岁米有差。

二十七年。逆党范子仪范子流等谋挟中正争袭。扇诱海滨诸蛮。复叛寇钦州。官兵擒获诛之。

二十八年。莫敬典讨诛子仪余党。护送宏瀷至镇南关听勘。保明奏令袭职。

三十年。以宏瀷袭安南都统使。朝贡不绝。瀷立后五六年。又复兵争。有贡使至京。朝廷以其伪官。待查明白方许献进。行文去后。查无的音。其贡使不敢回。至今隆庆二年。大学士李春芳悯贡使久处邸中。且能敬守主命。为之奏受其贡。遣回。使人在中国二十余年。青鬓而来。今回须发尽白。人以为比苏武皓首以归云。

按此得之礼部郎中郭棐所言。则其地为都统者非莫氏。正官未可知也。且莫登庸其先不知何许人。或云广州东莞县蜑民。其父流至安南海阳路宜阳县古斋社。社长名之曰萍。盖戏语无迹之意也。萍生登庸及撅。父子以渔为业。登庸有勇力。黎潆以为都力士。信任之。正德十一年。从陈皓作乱。弑潆。已复叛皓。袭杀其子昺。潜谋不轨。黎椅不能制。寻逼纳。椅母。矫命自封。以至篡国。而终为义子阮敬所鸩。天道岂无知者哉。莫文明告变。则敬弑逆明矣。敬固所当讨者。昔毛伯温上疏谓黎宁无是人。欲绝去。越峤序录黎柽伪名宁之说。后愚得武氏碑文。仍伪称元和十四年。询知宁尚在彼广南境上。则亦可敌阮氏者也。夫兵岂虑不足哉。广西可得十三万。又取湖广土兵六万。各卫兵四万。江西广闽共募八万。即可得三十万。云南兵五万。武文渊亦可得五万。共四十万众。当横行越裳之地。阮敬不足平也。莫氏之役幸免于诛。失刑甚矣。若当时招之事。江一桂亦为有功。其来威辑略。可考也。

前给事中严从简安南来威辑略序曰。予罪窜星源。暇阅新安宦业传载。白石江公守太平时。交夷莫登庸蠢动。世宗命毛伯温征之。伯温计先遣使往谕。公请行。登庸乃称臣。公筑受降城。建昭德台于镇南关。以奠巨防。上嘉公绩。进阶亚中大夫。及卒。诸夷创桄榔祠于关内祀焉。予深羡公之雄才大烈。迈迹马援。永世终誉。而犹未能悉其所以经制之方也。后获安南来威辑略三卷。展玩一过。则公文告之词。威攘之策。处置之宜。旷然发蒙。如在因垒之际。见公折冲樽俎。械饬毛车。飞苞译篚。而不觉为之盱衡击节也。但志谓抚交之行出公自请。今观军门广省二扎。乃伯温知公练达精敏。克壮其猷。特专委重。固有非公不足以服匪茹之戎者。公未尝抱筹求售也。及详羽报。则夷人慕公声灵赫濯。故愿脱帽避帐。亦有非公不肯心倾者。昔回纥眇视四方之旅。而慑志于子仪之一见。邾人不信千乘之盟。而取成于季路之一言。仁义可为干橹。忠敬可行蛮貊。自古皆尔。于公何疑。夫中国得公以伸其常尊之势。外夷得公以输其效顺之忱。公之功在社稷。与铜柱同标。泽在炎荒。与赤海同溢。则其尸祝卉酋。千岁弗替。亶其宜哉。虽然。予因公之事而有感于国家之处交人者。未免有遗恨焉。方太祖光践大宝。遣张以宁牛谅诏谕陈煃。锡印封王。此特天造草昧。不欲擐甲于远。姑为羁縻之术。不必言已。永乐间。黎季犛弑主篡国。成祖命张辅进讨罪人。既得郡县。其地置省建官。则其区已入我版图。非复交有。此正变为夏之一机。使当时即令张辅世守兹壤。如沐氏之镇云南。则交人永沾圣化。与滇中同为文教之域。乃撤辅还朝。三叛复萌。非一失乎。宣德中。因中官马麒之贪暴。激变黎利倡乱。时张辅犹在位。假命仗钺。当一鼓分梨者。乃不听辅益兵之议。卒致孱将王通擅与贼和。弃地偃革。朝论以汉捐珠崖为辞。不思交之山川賨赋久属卧榻。与珠崖大异。况反侧者惟一利耳。国人固从又无二。何忍复陷之于喽丽。正犹唐河北再溃。非二失乎。迨登庸僭逆。柽逃占城。其臣郑悦等迎归清华。是固登庸一恚敌也。黎氏故臣武文渊者。居广南地【近莲花滩地名】。拥强兵。据上游。常大败福海五万众。是又登庸一劲敌也。天子若诏云南出师。以文渊为先锋。顺流东下。直抵龙编。仍敕郑悦逼其背。再调老挝等刺其胁。誓许削平之后。量功授地。立柽为都统。使主故城。如文渊枭后即拜为清化路宣抚使。其余分与老挝等。凯旋者务大小适均。犬牙互制。而朝廷一无私焉。都统与宣慰知府各不相统。得以自选。其属三年一贡。俱令专达。则人喜规土。必争奋勇。夫包茅不入。王法不赦。乱臣贼子随在得诛。况堂堂天朝。岂患螳螂之努臂。师直者壮。多助者昌。登庸奚足破斧哉。奈何徇情不断。释穷寇之缚。纵在釜之鱼。黎柽已嗣而绝之嗣。登庸无君而作之君。表献受其虚文。兵食费其实储。非三失乎。自后宏瀷立。文明奔。二范挟宗争袭。扇诱海蛮。鏖扰钦州。又不免役中国以事外夷。又岂若前日一劳永逸之为善耶。予谓季犛与利事在先朝无容追咎。登庸之招。白石公亲承其任。亦曾谓鲸鲵可歼否。要之庙堂主画。非公得专。读公军务一揭。皆麾城惭邑之备。慎斯以往。必能长驱席胜。则公之见已有先得我心者。九京可作。尚与公慷慨一证之。

旧志称其地五岭以南。地方遐阻。夷獠杂居。不知礼义。其性轻悍。以富为雄豪。争夺兼并。役属贫弱。俘掠不忌。推髻剪发。文身跣足。口赤齿黑。好食槟榔。一年再稻。一岁八蚕。桑麻蔽野。不解种麦。多鱼监之利。暑热。好浴于江。便舟善水。平居不冠。立常父手。席坐蟠足。谒贵跪膝三拜。侍客以槟榔。嗜酸咸海味。交爱民倜傥好谋。欢演民淳秀好学。汉光武中兴。命马援征交趾女主。立铜柱。而南汉置为交州。时有刺史名仕变。乃初开学。教取中夏经传。翻识音义。教本国人。始知习学之业。然中夏则说喉声。本国话舌声。字与中华同。而音不同。唐时置为安南都护。有爱州欢州之名。内属中国。文学日盛。至宋朝混一天下。又欲取本国为郡县。论其蛮夷鄙情俗态。阻水依山。易攻难守。乃封李氏为安南郡王。始移都于国威应天常信等府。慈兼清威清潭等县相夹之间。近泸江。名为龙边城。文学官仪。少有创制。陈氏娶李氏之女。主相传国位。元朝加封为安南国王。其三纲五常及正心修身齐家治国之本。礼乐文章。一皆稍备。乃制科举之法。定立文武官僚。本国自初开学校以来。都用中夏汉字。并不习夷字。及其黎氏诸王自奉天朝正朔。本国递年差使臣往来。常有文学之人则往习学艺。编买经传诸书。并抄取礼仪官制内外文武等职。与其刑律制度。将回本国。一一仿行。因此风俗文章字样书写衣裳制度。并科举学校官制朝仪礼乐教化。翕然可观。如科举之制。则有乡试会试。其乡试则每至子午卯酉年秋间入场。中三场为生徒。中四场为贡生。如会试至壬戌丑未年春间入场。中四场为赐同进士出身。中五场为赐进士及第。又有第一名第二名第三名为三魁。其第一场则用九经之文。次二场则用诏制表之文。次三场则用诗赋之文。次四场则用对策之文。次五场则入殿庭在国王面前。又用对策之文。此乃科举之制。如学校之制。则在国都置国子监。则有祭酒司业五经博士教授之官以教贡士辈。又有崇文馆秀林局。则有翰林院兼掌官。以教官员子孙崇文秀林儒生辈。在各府则制学校文庙。有儒学训导之官。以教生徒辈。此乃学校之制。如文官各职。六部则有尚书左右侍郎之官。六科则有都给事中给事中之官。六寺则有寺卿少卿寺丞之官。通政司则有通政使通政副使之官。御史台则有都御史副都御史佥都御史提刑十三道监察之官。东阁则有东阁大学士东阁学士之官。翰林院则有掌院承旨侍讲侍读编修校书检讨之官。中书监则有中书舍人正字华文之官。六部所属各司则有郎中。员外郎之官。在外承政司则有承政使参政参议之官。宪察司则有宪察使宪察副使之官。首领官则有经历录事知簿推官主事之官。牧民官则有知府同知府知县县丞知州同知州之官。直隶府县则有府尹少尹治中县慰通判之官。武官各职五府。亦不敢如天朝之号呼为东西南北中五府。则有署府都督左都督右都督同知佥事之官。直金光殿并锦衣金吾二卫则有掌卫都指挥使同知佥事之官。神武效立殿前三司则有提督参督都检点左右检点之官。藩镇各卫则有总兵使总兵同知佥事之官。在内各卫司则有指挥使同知佥事之官。在外各卫则有总兵知同总知佥总知之官。在内各所则有千户百户统制之官。在外则有管领武尉之官。沿边各所则经略使经略同知佥事之官。又有各五等公侯伯子男之爵。此乃文武官僚之制。若内臣各监司及杂流官各职。亦有繁多。不必备载。

如儒书则有少微史资治通鉴史东莱史五经四书胡氏左传性理氏族韵府玉篇翰墨类聚韩柳集诗学大成唐书汉书古文四场四道源流鼓吹增韵广韵洪武正韵三国志武经黄石公素书武侯将苑百传文选文萃文献二史纲目贞观正要毕用清钱中舟万选太公家教明心宝鉴剪灯新余话等书。若其天文地理历法相书算命克择卜筮算法篆隶家医药诸书。并禅林道录金刚玉枢诸佛经杂传并有之。如其字样书写。则前惟有韵府玉篇洪武正韵等书字体。后始有增韵广韵之书字体。然本国遭乱。未得申明订正。新体多用。亦有混同旧体也。且有刑律法度礼乐朝仪比诸夷国。甲乙可分。虽少窥上国之图书。岂能似中华之教化。

其国兵制。内外各卫司。每卫司则有中前左右后铳弩六所。每所十五队。每队五五。常至六年。选壮黄丁一遭。壮健者充为军伍。老弱者退还民籍。一壮充为各卫所骁勇军。以防国家有事。为战队之兵。次壮亦充旗军伍。以防运粮之兵。若在军贯兵人。许回乡里耕田凿井。各务家业。每至大集朝番即卫所点目。骁勇军留守本卫所。次壮军纳钱放回。有事之时则调来备用。一卫为一营。一所为一奇。此旧兵制也。至本国遭乱时。军兵散在各处乡邑。催调甚迟。难得应变。乃暂作父子乡兵之制。每一处承政司置一该管之官。一府一副都将。一县州置一副将。偏裨之数备在其中。每大县州选一千精兵。中县州八百。小县州或六百或五百。填为战士一名。二人运粮。其余人数出纳粮草。或有进攻某处。则尽调而行。无事一切放回。如贼接境。自相保守。其本县州地方。如冲要者添兵镇守。若守都城之兵。则亦有新旧制。各卫常川军及力勇武士皆食官粮。专留宿卫。后因南北分列。则两边皆遵此制。本国之兵惟在勇捷。务好战。战利则乘胜长驱。不利则退据险要。非有屯兵守城之兵计也。

其山川曰佛迹山【在交州府。上有仙人迹。下有一池。景物清丽。为一方胜概】。曰勾漏山【在石室县】。曰东冗山【在北江府。唐刺史高骈建塔其上】。仙游山【在北江府。一名烂柯山。相传有樵夫观二仙弈棋于此。不觉斧柯已烂】。曰金牛山【在武宁县。唐刺史高骈欲凿其山。见金牛奔出遂止。金牛往往夜见。光耀十里】。曰安子山【在新安府。汉安期生得道处。宋海岳名山图以此山为第四福地】。曰云屯山【在新安府大海中。两山对峙。一水中通。蕃国商泊多聚于此】曰大圆山【在新安府。永乐十六年获白象二来献】。曰戏马山【在清化府。巍然独立。横枕长江。为邑人九日登高处】。曰安镬山【在清化府。出美石。汉豫章太守范宁尝遣使于此。彩石为磬】。曰天琴山【在义安府。陈氏主游此。夜闻天籁声。故名。本朝永乐初。天兵擒黎贼子苍于此】。曰艾山【在嘉兴州。上有仙艾。每春开花。雨后漂水。群鱼吞之。便过龙门江化为龙】。曰海【环交州等府东南】。

唐沈佺期渡海诗。尝闻交趾郡。南与贯胸连。四气分寒少。三光置日偏。越人遥捧翟。汉将下看鸢。北斗崇山挂。南风涨海牵。别离频破月。容鬓聚催年。虚道崩城泪。明心不应天。曰富良江。曰龙门江【在嘉兴州。飞湍声闻百里。舟过此必弄上岸方可复行。傍有穴。多出鹦鹉鱼。色青绿。口曲而红。似鹦鹉嘴。相传此鱼能化龙云】。曰龙溪【在镇二府。昔陈氏夜过此江。不能。忽见一桥跨江。既渡。回视不见。及有国。改名龙溪】。其产。金真珠【靖安云地海中出。海贾云。中秋有月。是岁多珠】珊瑚【有黑赤二种。在海直而软。见日曲而坚。汉初赵佗献赤珊瑚。名火树】玳瑁【状类龟而壳稍长。其足有六。后两足无爪】丹砂【昔葛洪欲炼丹。求为勾漏令】沉香【有香木斫断。岁久朽烂。心节独存。置水中则沉。曰沉香】安息香【树如苦练。大而直。叶类羊桃而长。中心有脂。作香】苏合油【树生膏。可为药】胡椒【蔓生。似山薯。春花秋实】羚羊角【高石山出。一角而中实。极坚。能碎金刚石】犀象兕【猛兽。元时安南常贡兕】白鹿【晋元康初。白鹿见交趾武宁县。宋元嘉末。交趾献白鹿】猩猩狒狒猩猩。人面似猿。人设酒路侧。连结草屐。猩猩见之。即知张者祖先姓名。呼曰。奴欲张我。亟舍去群。后谓试共尝酒。醉即著屐。为人所擒。又宋建武中。南蛮进狒狒雌雄二头。帝曰。吾闻狒狒力负千斤。何能致之。对曰。狒狒见人则笑。笑则下唇掩其额。故可以钉之。发可为朱缨。血可染衣。似弥猴。人面而红。作人言鸟声。善知人生死。饮其血。使人见鬼。帝命工图之。

蒙贵【状如揉而小。紫黑色。畜之捕鼠。甚于猫】白雉【周成王时。越裳氏来献。汉光武时。日南九真贡】翡翠【羽可为首饰】蚺蛇【形大而长。其胆性极冷。能疗眼疾及诸疮】蚁子盐醢【交州溪洞酋长多收蚁卵盐为酱。非官客亲族不得食。周礼.醢人馈食之。豆有蚳蚁子。即此】庵罗果【俗云香盖。乃果中极品。或谓种出西域。实似北梨。四五月间热。多食无害】波罗蜜【大如冬瓜。皮有软刺。五六月熟。味最香甜。核可煮食。能饱人。奉化府嘉林州出者尤佳】乌木苏木【一名多邦】。

别闻有戴帽鱼。锐首无鳞。有骨若插剪然。味似河豚。又有桂蠹。形如新生小鼠。产于桂树。偷食蜂蜜。人以入口。即化为蜜。甘香。甚奇。尉佗曾献汉文帝。二物志俱不载。

其古迹。雒王宫【在交州府】天使馆有雒田。随潮水上下。恳其田者为雒民。统其民者为雒王。副贰者为雒将。皆铜印青绶。号文朗国。以淳朴为俗。以结绳为治。传十八世。为蜀王子浮所灭。宫址尚存。又元传与矿使安南。题诗天使馆云。使旌入馆青云动。仙盖临江白日回。谕蜀岂劳司马檄。朝周终见越裳来。

浪泊【在交州府东关县。一名西湖】铜柱【具前】铜鼓。

有头飞獠子赤裩獠子鼻饮獠子。皆窟居巢处。好饮酒。击铜鼓。鼓初成。置庭中。招同类。来者盈门。豪富女子以金银钗击鼓叩。竟留与主人。或云铜鼓乃诸葛亮征蛮钲也。

其名宦。马援【汉光武时】贾琮琮为交趾刺史。招抚荒散。蠲复徭役。歌曰。贾父来晚。使我先反。今见清平。吏不敢叛。治事三年。为十三州最。陶侃【晋】杜正伦【唐】高骈【唐】其人物。阮翁仲翁仲身长二丈三尺。气质端勇。少为县吏。为督邮所笞。叹曰。人当如是耶。遂入学。究书史。始皇并天下。使翁仲将兵守临洮。声振匈奴。秦以为瑞。翁仲死。铸铜为像。置咸阳宫司马门外。匈奴至今见之者。犹以为生。姜公辅【宋】。

本朝。令申三年一贡。庆慰谢恩等无常期。常贡外。必进中宫方物。

其境。东至东海【三百二十里】。西至云南老挝宣慰司【五百六十七里】。至占城界【一千九百里】。北至广西思明府凭祥县界【四百里】。至南京【七千七百里】至北京【一万一千余里】。行人往来必由凭祥州镇南关。自黎濬被弑。轺车不至其地者二十年。莫登庸降后国除。非复遣敕封使如曩日矣。

按孤树裒谈云。永乐中。安南黎季犛降。其三子皆随入朝。其孟曰澄。赐姓陈。官为户部尚书。澄善制枪。为朝廷创神枪。后贬某官。命其子世袭锦衣指挥。澄愿从文。乃许令世以一人为国子生。今凡祭兵器。并祭澄也。其仲曰某。赐姓邓。亦官尚书。后贬江阴县佐【未审丞簿】。有三子。亦令一人袭锦衣指挥。并赐江阴田甚厚。永蠲其傜。今犹守世业。其季曰某。官为指挥。久之。乞归祭墓。既往。即自立为王。季犛死。葬京师。其子后迁葬于钟山之傍。愚谓季犛逆臣。史称被戮。非自死也。某自立为王。则安南何地容之。亦未闻有此王也。此说多虚。姑存俟考。

又宋史载淳化二年。宋镐等使还。条黎桓事迹。言桓张筵饮宴。又出临海议。为娱宾之游。桓跣足。持竿入水标鱼。每中一鱼。左右皆叫噪欢跃。尝令数十人扛大蛇长数丈。馈于使馆。且曰若能食此。当治为馔以献。又羁送二虎以备纵观。皆却之。地少寒。冬月犹衣夹衣挥扇云。

卷七·南蛮·占城

占城国。古越裳氏界。本秦郡象林县地。汉为象林林邑县。属日南郡。汉末。有区连者。杀县令自立。僭称林邑国王。遂不入版图。孙吴时通使。后其国传外孙范熊。熊传子逸。被其臣范推之奴用事。赞逐诸子于逸。逸死。奴冒范氏族名文。篡夺之。攻并旁国。晋永和中。攻陷日南。求日南故北鄙地于交州刺史朱藩。以横山为界。既而交州刺史杨平同九真太守灌邃讨之。文子佛败走。官军追至其国。佛请降。其后复强。侵暴日南九真诸郡。无岁不至交州。疆域遂日大。延袤至三千里。或曰千里。文传至玄孙。为扶南王所杀。国臣范诸农平其乱而自立。传子阳迈。乍臣乍叛于中国。晋元嘉中。文帝使宗悫擅和之往伐。阳迈惧。愿输金一万斤。银十万斤。铜三十万斤。还所掠日南户以纳款。其大臣谏止之。乃复遣大帅范扶龙戍北界区粟城以拒晋。晋前锋萧景宪夺据其城。乘胜入象浦。阳迈出师驱象来战。悫制狮子形御之。象奔。师败。阳迈父子遂脱身走。获其国珍宝无算。消金人。归黄金数十万斤于朝。自是历宋齐梁陈隋皆来修贡。隋仁寿末。复遣将刘方击破之。国主范志弃城走。获庙主十八枚。并铸金为之。盖其先有国以来十八世矣。方班师。范志复国。

至唐贞观中。其孙镇龙被弑。外戚诸葛地取之。更号环王。元和初。入寇安南骓爱等州。都护张丹击破之。遂弃林邑。徙国于占。因号占城。周显德中。亦来修贡。宋建隆二年。其王释利因拖盘遣使来朝。贡表章书于贝多轩。盛以香木函。其后嗣王贡使不绝。宋亦厚赉之。政和中。授其王杨卜麻迭金紫光禄大夫。领廉白州刺史。杨卜麻迭言。身縻化外。不沾禄食。愿得薄授俸给。壮观小国。许之。宣和元年。进检校司空兼御史大夫怀远军节度琳州管内观察处置使。封占城国王。自是每遇恩辄降制如封邑。淳熙中。遣兵袭真腊。破之。庆元中。真腊大举兵复雠。遂灭其国。俘杀臣民几尽。更立真腊人以主之。因名占腊。元至元中。国主曰孛由补剌者吾。遣使归附。贡方物。其子补的立。复负固不服。元数遣重兵临之。又每遣使招谕。虽外示降款。中无顺志。

本朝洪武元年。其主阿答阿者遣使虎都蛮来贺即位。贡虎象方物。命行人吴用颜宗鲁杨载送使者归。赐以玺书及大统历金绮等币。书曰。今年二月四日。虎都蛮奉虎象至。王之诚章。朕已具悉。然都蛮未至。朕之使已在途矣。朕之遣使。正欲报王知之。曩者我中国为胡人窃据百年。遂使夷狄布满四方。废我中国之彝伦。朕既已发兵讨之。遂二十年。芟夷既平。朕主中国。天下用安。恐番夷未知。故遣使以报诸国。不期王之使者先至。诚意至笃。朕甚喜焉。今以大统历一本织金绮纱罗绢五十匹专人送使者归。且谕王以道能奉若天命。使占城之人安于生业。王亦永保禄位。福及子孙。上帝实监之。王其勉图勿怠。

三年。安南举兵侵占城。阿答阿者遣平章蒲旦麻都奏闻。上遣翰林编修罗复仁兵部主事张福赍诏谕安南并占城曰。朕本布衣。因天下乱。起兵以保乡里。不期豪杰云从。朕将数年。辟土日广。甲兵强盛。遂为臣庶推戴。君临天下。以承正统。于今三年。海外诸国入贡者。安南最先。高丽次之。占城又次之。皆能奉表称臣。合于古制。朕甚嘉焉。近占城遣平章蒲旦麻都来贡。言安南以兵侵扰。朕观之心有不安。念尔两国自古及今。封疆有定分。不可强而为之一。此天意也。况尔等所居之地。相去中国越山隔海。所言侵扰之事。是非一时难知。以朕详之。尔彼此世传已久。保土安民。上奉天道。尊事中国。尔前王必有遗训。不待谕而知者。朕为天下主。治乱持危。理所当行。今遣使往观其事。谕以畏天守分之道。如果互执兵端。连年不解。荼毒生民。上帝好生。必非所悦。恐天变于上。人怨于下。其祸有不能逃者。二国之君。宜听朕言。各遵其道。以安其分。庶几尔及子孙皆享福于永久。岂不美欤。诏至。两国皆听命罢兵。乃遣中书管勾甘桓会同馆副使路景贤赍诏印。封阿答阿者为占城国王。上又以占城通中国文字。遣使颁科举诏于其国。

按宋史纪占城制文吏五十余员。有郎中员外秀才之称。分掌资储宝货等事。详具五代史。则其国虽无科举之事。而亦知文教之崇久矣。故国人多有能词翰者。如近峰闻略所载占城使人入贡诗。其初发云。行尽河桥柳色边。片帆高挂远朝天。未行先识归心早。应是燕山有杜鹃。其扬州对客云。三月维杨富风景。暂留佳客与同床。黄昏二十四桥月。白发三千余丈霜。玉句诗闻贤太守。红莲书寄好文章。欲寻何逊旧东阁。落尽梅花空断肠。其江楼留别云。青嶂俯楼楼俯渡。远人送客此经过。西风杨子江边柳。落叶不如离思多。又常寓苏之天王堂。见葵花不识。问其名。人绐之谓一丈红花。即题云。花于木槿浑相似。叶比芙蓉只一貥犬。五尺栏杆遮不尽。独留一半与人看。又濯缨亭笔记亦载宋亡后。沈敬之逃占城。乞兵兴复。占城以国小辞。敬之效秦庭之哭而不得。乃留居其国。占城宾之而不臣。敬之忧愤发病卒。其王作诗挽之曰。恸哭江南老巨卿。春风拭泪为伤情。无端天下编年月。致使人间有死生。万迭白云遮故国。一杯黄土盖香名。英魂好逐东流去。莫向边隅怨不平。观此则占城不惟粗通文墨。而且敦重节义。不惟其臣有诗才。而其主亦善篇章。彬彬乎声名文物。匹于朝鲜。超于日本远矣。我太祖科举诏之颁。真不鄙陋其人。而欲纳之于合教同文之盛也。宜哉。

四年。王遣其臣答班瓜卜农来朝。表用金叶。长一尺余。阔五寸。刻以本国书。俾译者译之。其意请给兵器乐器乐人。欲使安南知为声教所被。输贡之地。则不敢欺凌。上以兵器虽不足惜。但二国互争。而朝廷独与占城。则是助尔相攻。甚非抚安之义。又所请乐人。在声律虽无中外之殊。而语音则有华夏之异。难以发遣。命中书移咨国王。令其国有能习中土华言可教以音律者。选择数人至京习之。并谕福建行省。占城海泊货物皆免其征。以示怀柔之意。

八年。上以占城与爪哇等国贡使。每至中国。为商多行谲诈。诏禁阻之。

十三年。遣子入贡。贺万寿圣节。谕其勿与安南国交兵。

十六年。遣使赍勘合文册与之。

二十四年。入贡。以其国弑立。绝之。

永乐元年。遣使告谕即位。其王占巴的赖遣使奉金叶表文来贺。入贡方物。且言被安南侵掠。乞降敕往谕。上遣行人蒋宾王枢使其国报之。赐以绒锦织金文绮纱罗。仍谕安南王胡查使息兵修好。

四年。敕广东都指挥司选精兵六百人。以能干千百户领之。具器甲糗粮。由海道往占城。会兵伐安南。又遣中使马彬等赍敕。赐以镀金银印及纱绢金带黄金百两白金百两织金文绮衣二袭并诸色币。国王占巴的赖既出兵。复遣中官王贵通赍赐往劳之。赐白金三百两彩币二十表里。

五年。占巴的赖已复安南所侵地。又得黎氏父子及其党恶。献俘贡方物谢恩。诏嘉奖之。

六年。国王遣其孙舍杨该奉表贡象及方物。比还。赐真金印及黄金百两白金五百两锦绮纱罗五十匹彩绢百匹。自是屡表贡犀象及金银器物。

七年。命中官郑和等往赐其国。和统官兵二万七千余人。驾海舶四十八号。是岁秋九月。自太仓刘家港开船。十月至福建长乐太平港停泊。十二月于五虎开洋。张十二帆。顺风十昼夜。至占城国。其国临海。有港曰新州【西抵交趾。北连中国地】。海船到彼。其酋长头戴三山金花冠。身披锦花手巾。臂腿四腕俱以金镯。足穿玳瑁履。腰束八宝方带。如妆塑金刚状。乘象。前后拥蕃兵五百余。或执锋刃短枪。或舞皮牌。槌鼓吹椰壳筒。其部领皆乘马。出郊迎诏。下象膝行。匍匐感恩。

按七修稿载淮安清江浦厂中草园地上有铁锚数枚。大者高八九尺。小亦三四尺者。不知何年之物。相传永乐间。三保太监下海所造。雨淋日炙。无点发之鏥。视之真如银铸。光泽犹日用于世者。愚意此必良铁为之。故其色精莹如此。举一物之坚巨。而他物可推矣。其功费之靡滥何算也。又三保之称不知系是郑和旧名。抑岂西洋私尊郑和王景弘侯显等为三太保。故耶。

八年。王复遣使济标等贡象及金银器物。诏马彬等送济标还国。仍赍敕以文币赐之。

十一年。国王又遣其孙舍阿那沙等入贡。兵部尚书陈洽言。初讨黎贼及陈季扩之时。占城国王虽听命出兵。然实怀二心。图唇齿相依。徘徊观望。愆期不进。及进至化州。大肆掳掠。以金帛战象资陈季扩。季扩遗以美女。复约季扩舅陈翁挺等三万余为党。侵夺升华府所隶四州十二县。厥罪与交趾等。请发兵讨之。上以出师路由交阻。交民方安业。不忍用兵。远劳供给。但遣使赍敕谕占巴的赖而已。先是占城定三年一贡之期。与安南国同。是岁遣行人往劳之。自后国王嗣位。必请命于朝。亦遣使行礼。

十六年。国王遣使贡瑞象。翰林儒臣金幼孜作赋献上。以表圣应【赋有序】。

序曰。恭惟皇上膺受天命。统绍洪基。仁布寰宇。化周六合。是以扶桑月窟之境。雕题穷发之地。莫不梯山航海。奔走来贡。盖自三代以降。未有盛于今日者也。乃永乐十六年秋九月庚戌。占城国以象来进。其状瑰诡雄壮。玄肤玉洁。文有白章。粲若华星。郁如云霞。拜跪起伏。驯狎不惊。斯实希世之上瑞。天下太平隆盛之征。夫百兽之中。其强悍勇猛者。莫逾于象。非若虎豹熊罴之属。可以力制。今占城以是象来贡。既有以见其形质之美。而其驯扰狎习。似与仁兽无异。于以见圣德之广大。被于幽远。草木鸟兽咸沐恩光。而其感化之妙。固与凤凰来仪百兽率舞者同一效验之大矣。臣忝职词垣。幸际圣明。屡睹嘉祥之盛。不可无纪述以咏歌太平。谨拜手稽首而献赋曰。惟我皇明。受天命。临宝位。洽文德。隆至治。际天蟠地。覆冒无外。明无幽而不烛。化无远而弗被。惟诸福之毕来。致嘉祯之骈萃。羌万国以来庭。咸与琛而奉贽。或贡以威凤祥麟。或献以锦豹灵犀。或进以渥洼龙文之天马。或奉以西域卷鬣之神狮。其他若瑶琨球琳大贝明珠珊瑚玛脑琥珀砗磲。珍奇异产。海委河输。纷香焜耀。杂然前陈。则又不可以备书也。粤有巨兽。魁然其状。潜海滨以回翔。匿长林而自放。势侔山岳之穹窿。力抵万钧之雄壮。其生也大块孕其真。至和毓其精。瑶光助其神。斗宿濯其英。然后走百神。集众灵。播休氛。协嘉祯。忽乘云而下降。倏天开而日晶。彩旼旼而烨煜。文璨璨而璘瓗。耿繁星之布沪。莹雪花而缤纷。如肪之洁。如玉之温。经以白理。纬以玄黄。修众彩以交互。纷五色而成章。炳炳蔚蔚。熠熠煌煌。六甲为之呵卫。五丁为之赞襄。岳祇因之而献瑞。坤珍以之而效祥。于是番酋夷长睨之而惕惊。象胥虞人望之而辟易。不假羈槛而自致。匪藉尉罗而自格。乃告神明。涓吉日。载之以蔽空之长舟。藉之以幕云之文席。左叱阳侯。右麾海伯。风师前驱而缩恧。天吴后从而匍匐。迅飙为之帖息。魍魉窃伏以藏形。猰貐远引而遁迹。欻星驰而云驶。逾万里于倏忽。沐恩光于九重。近龙颜于咫尺。观其拜跽有常。动止有节。既容与而弗惊。亦安舒而自帖。万姓为之骏奔。百僚为之欣悦。麒麟参之以翱翔。驺虞随之而蹩躃。于以导乘。与服鸾辂。备万舞。协韶濩。宣人文。韶皇度。兆至德之祯符。绵万年之宝祚。囿斯世于泰和。措群生于丰遂。熙鸿化以弥流。亶圣心而祗畏。将以明刑弼教。保民图治。答景贶于上天。贻嘉猷于后世。又岂徒夸盛美侈多瑞。为目前之奇玩而已哉。臣忝厕列于禁垣。幸瞻依于日月。愧学术之粗疏。莫形容于万一。爰缵述于见闻。翼具存于事实。杨盛世之休嘉。著无前之伟绩。祝圣寿以悠长。颂皇图于无极。为之颂曰。惟皇神圣。上帝之命。统临万方。靡不从命。维帝监观。祯祥之格。丕昭神化。洽此文德。皇不自圣。益敬于天。匪象之瑞。所瑞惟贤。大哉皇仁。覃被八弦。如天之行。如日之升。上帝之歆。协于皇德。亿万斯年。其永无斁。

宣德元年。行人黄原昌颁正朔至其国。王仪度稍弗恪。原昌人。端坐责之。词明气壮。王叩首谢罪。赠以金帛奇物。悉却之。及还。复命。承顾问。悉以正对。上大悦。升户部员外郎。

按原昌。福建楚溪人。永乐乙未进士。为人持重有气节。既奉使还。时奔竞之风甚炽。原昌耻随流俗浮沉。遂请老以归。

正统六年。国王卒。嗣子摩诃贵由请袭爵。上赐敕诏。遣给事中舒某【失其名】为正使。及副使行人吴惠往封之。是冬十二月廿三日。发东管。次日过乌猪洋。又次日过七州洋。瞭见铜鼓山。次日至独猪山。瞭见大周山。次日至交趾界。有巨州横绝海中。怪石廉利。风横。舟触之即靡碎。舟人甚恐。须臾风急过之。次日至占城外罗洋校杯墅中。廿九日。王遣头目迎诏。宝船象驾。鼓吹填咽。旌旄晻霭。氍衣椎髻。前后奔驰。至行宫设宴。王乘象迓于国门。戴金花冠。缠璎珞。环帐列戈戟。以群象为卫。既宣诏。王稽首受命。是时腊月。其国犹暑。民多裸袒。士著苎衣。南阡稻熟。北秧犹青。七年正月上元夜。王请赏烟火。艺沉檀。燃火树。盛陈乐舞。每夜鼓以八更为节。五月六日还。至七州洋。大风舟几覆。正使舒某忧泣。不知所为。惠为文以祭祝融与天妃之神。俄而开霁。瞭见广海诸山。十五日遂收广海。复抵东莞。

按吴惠字孟仁。东吴人。年二十。以粮役管运至京。途中日歌古诗。或言于县令。令奇之。名为弟子员。举永乐甲辰进士。洞庭有进士自惠始。授行人。喜言事。使占城还。升桂林守。义宁峒蛮杨氏结苗人为乱。藩臬议进兵征之。惠止之曰。义宁吾属。吾往抚之。不从。用兵未晚。乃肩舆从十余人。入其峒。山石攒峭如剑戟。傜人腾跃如飞。闻太守至。奔告于其酋出迓。惠谕之曰。吾若属父母也。宜听吾语。众唯唯。惠因为陈逆顺祸福。杨氏诸蛮感泣。留数日。历观诸屯形势。以数千人卫出境。归报罢兵。明年。武冈州盗起。宣言推义宁峒主为帅。藩臬咸尤惠。惠曰。吾当任其咎。乃遣人至义宁。群傜从山巅望见惠使。即遥拜。言不敢反状。且求雪武冈之诬。盗计遂阻。迄惠在郡。无敢骚窃者。后升广东右参政。支正三品俸卒。愚谓航海飓涛。非人力所及。而惠蹈险如常。不为舒某之骇乱。噫。雷雨弗迷。大舜所以为圣。遭风存敬。程子所以为贤。惠之度量。于此可见。其后峒夷之反复难信。犹之海波不测也。惠处之坦然。皆自此度量推之耳。惠岂无所本哉。观其日歌古诗。悠优讽咏。涵养性灵。中有素定者。故夷险一致。克定大事若是。语曰。诵诗三百。不能专对。授之以政不达。虽多亦奚为。今惠不惟专对于远。又能达政于蛮。则其所歌。固可谓有用之文章。而县令乃能识之于吟诵之间。亦异鉴也哉。抑因是知古人奉使列国。宴享之际。赋诗见志。占其所就。后竟不爽。谅有以大。又按诏使之往占城者。其人不一。而独郑和之舟迹载于星槎胜览。吴惠之舟迹载于惠之日记。故特著之以见其道里所经。日月所历。俾后使可据而行耳。且和由新州而入。惠由校杯面入。岂二路皆可通而随风所泊。故异耶。

景泰末。摩诃贵由卒。其子盘罗茶全遣使入贡请封。天顺中。命给事中江彤行人刘寅之赍敕往封。谕其砥砺臣节。赐以彩币。国王盘罗茶全遣使沙婆利奉表入贡。即赐敕并彩币。

刘寅之。江西永新人。其父名髦。行谊端茂。永乐戊子。领乡荐。会试下第。道遇泽水。一女子溺将没。号救命。髦援之登舟。附载而归。道中皎然不敢犯。逮家。妇迎问曰。买妾乎。髦告之故。妇扣女。言。本富族。今举家葬鱼腹矣。感君子再生恩。请服婢役以报。髦曰。恶有是。吾力犹能返汝。立命人送之还。至则茫茫大川耳。亲识皆绝形迹。复载之来。髦命妇善视。伺为择婿归之。妇曰。渠已无家。吾亦无后。君非构意室之。踪使从人。未必胜君。殆亦天作之合。使其侍君栉耳。髦固不可。有知者劝谕数四。久之乃处副室。而生二子。长定之。次即寅之。兄弟文学相师友。寅之登景泰甲戌进士。使占城还。进员外郎。累升参政。定之为大宗伯。谥文定。为时名臣。而寅之声望相颉颃。人称二难云。夫观髦一事而有三善。拯溺全生。仁也。同舟不乱。义也。必其无所归而后纳之。礼也。厚德所感。宜食其佳胤之报哉。

成化六年。安南国王黎灏与占城交兵。时占城盘罗茶全卒。其弟盘罗茶悦嗣立。奏称。安南国差人索取犀象宝物。不从。起兵攻围本国。提拿臣兄连妻小五十余口。抢劫宝印。烧毁房屋。杀死军民三百余口。掳去男妇不计其数。差人占守本国地方。臣暂管国事。乞为赐印封王及敕安南放出掳国男妇人口。广东市舶提举司右监丞韦春亦奏前事。请行礼部。差官奉敕赍去安南。戒谕国王黎灏息兵睦邻。上诏且不差人。待安南使人来。写敕与他赍去。

九年。上命工科右给事中陈峻等赍敕往占城国。封盘罗茶悦为王。为安南阻绝。峻等上疏曰。臣等奉命于十年正月二十九日到占城。新洲港口把守俱是安南番人。不容进入。臣等见得蛮人不逊。令通事满源等谕以出使占城国缘由。源等回报。番人言说。此港占城王退还我的安南国王。各立界牌把守。他自见在灵山为王。开船到灵山海面下碇。随令满源等上山访问。要见盘罗茶悦。有无实迹。回还报说山中遇见避兵人说。盘罗茶悦一家俱被安南虏去。地方尽数占夺。改为交南州名色。又令小旗姚官康四散缉访是实。开船回还。将赍赐印信并原捧诏敕进缴。诏下兵部。会同五府六部都察院通政司大理寺等衙门。议得安南国来岁当朝。合候陪臣至日。行令通事詹升等将前项事情译审明白。另行具奏。定夺。

先是安南国王黎灏亦奏。占城国人乘船航海劫臣化州。房屋囷储入于烈火。除臣已差陪臣陈廷美赍本赴京陈奏外。成化六年八月。占城国王盘罗茶全又亲率水步掩袭化州。七年正月。茶全大兴忿兵。砍臣戍卒。臣溃围力战。茶全率众而南。本年十一月十二日。臣差陪臣阮德真赍本赴京具由陈奏。先于本年三月。茶全扫境内兵。复图再举。诡言从朝廷差使勘臣四川地方。碣石为标。永息纷纠。亲率象马。图欲破臣义州。使其弟盘罗茶遂领游兵先行。茶全继进。茶遂心赧气挫。惧致丧败。夜伏健儿杀之行帐。自立为王。自是国内纷纷。人心好乱。头目割据方面。鞠旅募兵倒戈相攻。殆无虚日。本年十二月初三日。臣钦蒙敕谕。朕详览奏章。深察事理。互相仇杀皆非保境安民之道。且尔安南与占城曾受朝廷爵土。世修职贡。为中国藩屏。岂可构怨兴兵。自相攻击。春秋责备。贤者是宜安分修理。保守境土。解怨息争。先尽睦邻之道。仍禁守边头目毋启衅端。生事邀功。如欲假此为吞并计。恐非尔国之福。大哉日月无私之照。至哉父母均爱之仁。俾臣与占城俯仰熙皞之天。偃息喧和之地。此远臣之真情。国人之毕愿也。臣深感圣恩。恪遵天戒。禁戢边吏。勿启衅端。固守封疆。敢行报复。然茶遂自弑逆之后。群情瓦解。有众心离。成化八年正月。茶遂亲至境上。差头目翁舅虚计赍书于臣。谓其兄茶全害民违天。家覆国破。自取之咎。荡折固宜。国人弗协。茶全忧惧成疾。国人立弟茶遂掌摄国事。已遣使赴京赍金叶表文。永袭王爵。乞臣同往城下一盟。以提夷海门为界。北则为义州。南则为占城北境。并乞臣援兵数千。拥立茶遂都于番地。臣谓解怨息争。钦承圣训。邻国废置。义不相干。乃差大头目范意与茶遂盟。茶遂归至尸耐海口。盘罗茶悦子茶质苔来与其头目潜率傜峒之人。夜伏竹弩攻茶遂军。占人自惊。茶遂为乱兵所杀。茶质苔来自立为主。移都晶持。法令虽严。人愈作叛。乱臣强盗自称为君长者几十人。有称摩诃支麻徬冰者。有称麻诃左皮罗拨者。二党驱象弄兵。迫臣边地。其余亦各据地方。臣差头目陈极赍书于左皮罗拨议和。求舒边患。即为支麻徬冰邀杀。臣恐兵连祸结。罪干天朝。戒戢守边头目益图守御。不许进兵。且占城为国。东抵于海。西逼傜蛮。北界臣义州。南与龟賨二部接壤。占城賨部仇隙有年。自是賨部傜蛮乐占城乱。率众抢掠。千百为群。道路不通。村墟岑寂。臣日夜思惟。自以钦承圣训。息兵睦邻。而遭彼国中微。溃乱无主。更相吞噬。意困臣边。乃遣头目刘宝赍臣书往与茶质苔来约坚邻好。共享太平。安分畏天。为圣朝藩屏。境土既定。岂可争夺。成化九年二月。茶质苔来率兵攻叛臣奢卫阿麻。乃为奢里阿麻所败。臣差刘宝亦被害。奢更阿麻自为君长。争据一隅。奢里阿麻寻死。族弟波笼阿麻继统其徒。才弱力微。众心不附。连年水旱。禾稼寡收。居民皆以涧毛山兽为命。适有粒食。即致死伤。其民既为賨部所擒。又为百种傜蛮所掳。群盗驱驰阡陌。往来山楸。伏药矢以射居人。毒上流以绝行路。彼登山遐望。缘木窃窥。或见海中行船。或闻林中人迹。即起烟吹角。啸侣命俦。或率轻艇而掠海外之船。或驰健马以夺林中之货。加以虎狼犀象。载路盈岐。惟有海道称通。波涛甚恶。臣与占城君长久绝音书。凶盗凭陵。为平民患。臣守边头目黎文见贼虐日滋。出不得已。放兵追逐。彼便缘涧登山。鼠窜林丛。更出迭入。使一方之人困于锋镝。成化九年三月初四日。奉睹敕谕。有云。王国与占城。势力大小不待辨说。若彼先启衅端。不度德量力。固为不义。若王无故乘彼小衅。辄兴忿兵。凌弱暴寡。亦岂得为义乎。敕至。王宜略其小失。益惇大义。将所掳人口尽数发还。戒饬边吏。毋生事邀功。兴兵构怨。旋致报复。自贻伊戚。臣拜读反思。不胜喜惧。震雷解雨。造化一心。臣即钦遵圣谕。凡掳获男妇该七百四十一人。并已发还本国。思修大义。庶盖前愆。其人皆被支麻徬冰及罗拨所抄。臣重念圣谕。不觉惊惶。切惟天地大德。谅不偏于生成。臣子小心。讵可忘于敬畏。天地既妪照以同仁。臣子敢悖违而召祸。故臣受封至今。夙宵惊惧。常以不能保守朝廷土地人民为虑。岂敢取非所有。违训背义。自速罪尤。臣虽至愚。能辨祸福。臣又切思。当占城国强盛之时。夺臣国四川之地。臣于占城衔怨。图报复其旧疆。今彼雕瘵纷拿。靡有统属。劳民戍卒。不遑启居。臣追思昔日之安。期笃睦邻之义。虽茶全敢违圣谕。构怨称兵。天鉴孔昭。自贻伊戚。而臣不与之校。数年已来。占城人民随而扰乱。上得罪于皇天子至圣。下丛怨于小民。臣愿虑之间。曷胜忧惧。伏望皇帝陛下刚中建中。光大包荒。亮臣惕励省躬。敢启并吞之念。怜彼流离失所。旋施绥定之恩。使彼众下辑宁。同囿和熙之治。而臣兵民休息。永无烽火之虞。在圣智转移之妙机。非臣愚之能得窥测也。顾占城兴废。于臣国诚不相干。然占城乱亡。致臣边反受其害。叩阍有请。自知逾越之难逃。忍毒无言。讵耐扰攘之滋甚。臣南境之事。举措皆难。疐尾跋胡。碍于进退。倘皇上海涵春育。宽远臣冒昧之诛。雨施云行。体上天哀怜之念。岂独臣国之幸。抑一方生聚之大幸。而南服倪髦。望阙焚香。祝圣寿于万万年矣。上命兵部议。

十一年。兵部尚书项忠等疏曰。切缘海外诸番在荒服之外。正朔之所不加。教化之所不及。干戈相寻。互相吞噬。与中国利害不相干涉。自古帝王略外治内。不勤兵于外夷。惟修政于中国。今安南占城二国僻居海外。各守一隅。虽是世受王封。远修职贡不足为中国轻重。顷者黎灏大兴兵甲。蹂躏占城地方。虏其国王妻小。杀其人民。劫其金印。烧毁房屋。而占城国王盘罗茶悦。累尝差人赴京控诉。荷蒙皇上覆载无私。凭其奏词。特降圣谕。俾黎灏改图易辙。去恶从善。欲全二国生灵。各图长守至计。续该差去右给事中陈峻等奏。占城国王盘罗茶悦一家俱被安南虏去。地方尽行占夺。又蒙皇上优容。待候陪臣来朝译审处分。今黎灏特遣陪臣进贡方物。历叙占城国王兄弟谋逆不道。强臣北叛。人民被害等情。并不曾开奏夺占国土改为义南州名色。比与陈峻等往年所奏不同。但恐陈峻等回京之后。彼已复还国土。尚未可知。欲行译问差来陪臣。彼必隐讳。不敢显扬国恶。合无待候进贡陪臣回还。特请敕谕一道。赍赴安南国王黎灏。大意谓。畏天保国。善后之计。违天虐民。取祸之原。眷念安南占城。邻封接攘。气类相同。风俗不异。若论势力。固有大小强弱不同。而辅车相依。唇亡齿寒。义当忧患见恤。不宜秦越蔑视。今尔国虽奏占城国王盘罗茶全节犯化州等界。及弟盘罗茶遂弑主。被乱兵杀死。茶质苔来自立为主。国人愈叛。率兵攻叛臣奢里阿麻。又被所败。后奢里阿麻自为君长。寻死。族弟波笼阿麻继。才弱力微。众心不附。国土大乱。继奉天朝敕谕。将掳获男妇七百四十一人发回本国等因。若凭所奏。有以见王始则出师有名。终则勉修大义。似可嘉尚。但先次占城国王盘罗茶悦奏诉。被尔国差人索取犀象宝物不从。起兵攻围。捉拿臣兄连妻小五十余口。抢掠宝印。烧毁房屋。杀其人民。占其地方。乞要袭封等情。及朝廷依凭所奏。差给事中等官陈峻等到占城册封回奏。占城国王一家俱被安南国虏去。地方尽被占夺。改为交南州名色。似与王今奏情词抵捂。第恐粉饰遮掩。缘道路隔绝。俱难辨别真伪。且占城国主正受王封。如使不恤国事。果犯疆界。残害人民。谋逆不道。罪固难逃。若乃覆其宗祀。迁其重器。杀其人民。占其地土。纵使快其心志。于大义有乖。况小国虽尔历代相传。载诸信史。未闻殄绝。今若一旦殄灭。不与兴继。恐海外诸番睥睨觇觑。或有仗义执言。一呼而起。悔将何追。若能复其宗祀。还其重器。返其人民。天朝亦汝嘉矣。愿湜钦承。免贻后悔。仍具实奏闻。如此则在我辞严义正。不失怀柔之体。在彼情虚理屈。自萌改悟之心矣。上从之。

二十年。国王复遣使请封。上命使臣冯乂等往册立之。至。则国王先为安南迫逐。徙居赤坎邦都郎。安南寻又遣兵攻杀之矣。其臣提婆苔者攘据故国。冯乂因误封提婆苔为王。其国人上章陈诉。时冯乂回自占城。卒于海上。副使某论罪戍边。

按行人刘寅之本传及各书所载。前次请封者止是盘罗茶悦。未有茶全茶遂及苔来之名也。及据安南之奏。则称茶遂弑茶全自立。苔来又弑茶遂自立。则茶悦未尝主占城也。岂苔来惧有叛逆之名。而以其父名诓我耶。苔来既茶悦之子。越父继统则置其父于何地。我使陈峻往封茶悦。不得入疆。事在成化十年。距兹又十年。则所云被安南攻杀者。又不知为茶悦为苔来也。茶悦奏称安南提拿臣兄。则当是茶全也。岂苔来既弑茶遂而驾其祸于安南耶。今冯乂误封者又称提婆苔。其与苔来不知还是二人或即一人讹为二名也。然安南侵逼之罪。固所必有。而占城内乱之事。亦不为虚。今俱不可考矣。但黎灏奏章乃六科日抄中全疏录出。字字皆其原文。而野史多系传闻。则提婆苔必是苔来之误耳。

二十一年。上别遣使封故王之弟齐亚麻勿庵为王。未至。而齐亚麻勿庵先卒。上复遣给事中李孟阳封王之次弟古来为王。时安南纳提婆苔而取其国。为申言古来不当嗣。古来航海至广州。辩诉其冤。孟阳至广州。上言。占城险僻。安南构兵未靖。而提婆苔又尝窃据。今封古来。万一安南弗顺。损中国威。宜传命古来归国听勘。仍敕安南悔过。上悉从之。命两广督府主其事。都御史屠滽属广东参议姜英往勘。国人佥谓古来实王弟。有名者。宜继国统。奏闻。滽遂移檄谕安南。数其不能恤邻之罪。折其奸萌而导之顺逆。安南听命。不敢肆。孟阳乃致古来于崖州。受封而去。滽复选官军二千。令东管商人张宣领之。护送古来至新州港。得反国。

按孟阳字时雍。号南冈。世为睢之长冈里人。登成化壬辰进士。为户科给事中。癸卯。查盘大同钱粮。值虏入寇。危甚。归陈边务十事。使占城。留广中。遥擢兵科都给事中。数年。克定古来之封。弘治戊申。始归朝。陈地方五事曰。惩旧敝以修军政。设兵备以镇边方。开衙门以散啸聚。修城垣以御寇患。通朝报以广德意。多见采纳。寻擢湖广参政。历南京工部尚书。正德丙寅。上疏致仕。有清慎老成之褒。赐诰给驿月廪。岁隶。享年七十有八。

弘治三年。古来上疏言。往者安南不道。纳臣叛将。夺臣国以授之。冒受天朝之封。赖先皇帝大恩。命都宪屠公委官疏岭海察事机。文告安南。使臣获有今日。皆圣天子之盛德与屠公之功也。臣表谢外有白金若干锭黄金器饰若干事异香番物若干奁。附使者谢屠公。敢昧死以请。上命滽受之。滽固辞曰。绥远之仁。继绝之义。在圣天子。臣何功之有。上嘉其诚。命礼部籍而贮于官。

按洪武中。日本遣使请文于宋濂。敕濂撰文。日本献百金为谢。濂隙不受。上知问。濂对曰。天朝侍从受小夷金。非所以崇国体。今屠滽定占城之功。既非撰文之比。古来表奉谢滽亦非自献之私。滽不敢当。其视宋濂益有光矣。但滽既不受。则朝廷当却而还之。且明赐敕谕。言其乱亡之后。匮乏之秋。方将悯恤于尔。给助扶植。今尔反有黄金之谢。原尔感恩思报之情。若可令滽强受。据我以大字小之仁。岂图尔国谢仪。尔果沐德难忘。则恪守王章。效忠勿替。其所报于滽。斯为至矣。奚以金为。如此则于国体尤为正大。不亦愈于贮官之处乎。

十八年。古来卒。其子沙古卜洛来请嗣爵。

正德五年。遣给事中李贯行人刘文瑞赍敕往封之。

文瑞字廷麟。广东新会人。登正德辛未进士。授行人。占城请封。当遣使。推择文瑞以往。事竣。擢刑科给事中。后武宗时。屡出巡游。文瑞抗疏请回銮。数千言。不报。升湖广佥事。抵家卒。文瑞为人慷慨。不计赢乏。卒之日。敛葬不给。乡人贤之。

嘉靖元年。占城及暹逻等国商泊至广东。时太监牛荣提督市泊司。乘其货未报税。命家人蒋义私与交易。收买各物。事发。蒋义抵罪。货没于官。【详见暹逻国中】自后贡使依期至。亦不能如朝鲜之络绎有常云。

其国。凡王在位三十年。即入山。茹素受戒。令子侄摄国。居一岁。吁天矢曰。我不道。当充虎狼食或病死。期年。得无恙。复入为王。于是国人呼为芳嚟马哈剌札焉。

按入山复辟。旧志所载如此。然观王卒方请封爵。则今亦无此事矣。必上世未通中国之时。乃或有是耳。

国中天无霜雪。气候常热如夏。木长青。随花随结。煮海水为盐。禾稻甚薄。国人粒食者鲜。

按杂志载。占城有一稻。其种耐旱而早熟。宋真宗闻其名。求种分给江淮两浙。择田之高者种之。即今南方早稻尖米。谓之黄粈。又云占城稻者是已。则彼国岂少粒食。皆传闻之未的耳。

人惟食槟榔。裹蒌叶。包蠡壳灰。行住坐卧不绝于口。土无丝茧。以白氎布缠其胸。垂至足。衣衫窄袖。撮发为结。散垂为髻于后。其王脑后髽结散。被吉贝衣【或云白衣】。戴三山金花玲珑冠。七宝装。璎珞为饰。蹑革履。无袜【或云跌足】。股胫皆露。乘象或黄犊车。臣茭叶冠。男蓬头。衣紫衣。若衣畜黄。罪死。出入亦乘象马。妇人亦脑后撮结。无笄梳。其服及拜揖与男子同。王铸金为庙主。其畜多黄牛水牛。无驴。有山牛不任耕耨。但杀以祭鬼。将杀。令巫祝之曰。阿罗和及扳。译语曰。早教他托生。其互市无缗钱。用金银。较量锱铢。或吉贝锦。定博易之直。有疾。旋彩生药服食。地不产茶。酋长所居。屋宇门墙俱砖灰瓷。及以坚木雕镂兽畜之形为革。外周砖垣。亦有城郭兵甲之防。药镞刀标之属。其部领所居亦分等第。门高有限。民下编茅。覆屋不得逾三尺。鱼不腐烂不食。酿不生蛆不为美。酒酿时。以米拌药丸干和入瓮中。封固如法。收藏日久。其糟生蛆为佳酝。他日开封。用长节竹干三四尺者拣入糟瓮中。或团坐五人。量人入水多寡。轮次吸竹。引酒入口。吸尽再入水。若无味则止。有味留封再用【或曰不会酿酝。惟饮椰子酒】。酋长岁时彩生人胆入酒中。与家人同饮。正当贺日。沐人胆汁。将领献人胆为贺。谓之通身是胆。

其俗犷悍。勇于战斗【或曰其人甚弱】。尚释教。每正月一日。牵象周行所居之地。驱逐出郭。谓之逐邪。四月有游船之戏。定十一月十五为至日。人皆相贺。每十二月十五日。城外缚木塔。王及人民施衣服香药置塔上。焚之以祭天。刑禁亦设枷锁。小过以藤杖鞭之。或五六十至百。当死者以绳系于树。用梭枪舂其喉而殊其首。若故杀劫杀。令象踏之。或以鼻卷扑于地。象皆素习。犯奸者男女共入牛赎罪。有尸头蛮者。本是妇人。但无瞳神为异。其妇与家人同寝。夜深飞头而去食人秽物。飞回复合。其体即活如旧。若知而封固其项。或移体别处。则死矣。人有病者。临粪时遭之。妖气入腹必死。此妇人亦罕有。民间有而不报官者。罪及一家。番人戏之触弄其头。必有生死之根。国无纸笔。以羊皮捶薄。熏黑。削细竹为笔。蘸白灰书。字若蚯蚓委曲之状。言语燕鴂。全凭通事传译。

按占城既通文字。且有秀才。则纸笔乃其所有。虽言语不通于中国。而其诗文与华夏颇亦近似。若灰书之说。恐亦上世之事。而非今时之陋也。

其山曰金山。在林邑故国。山石皆赤色。其中产金。金夜则出飞。状如萤火。曰不劳山。在林邑浦外。国人犯罪。送此山令自死。

其产。金银锡铁狮象犀牛。民获犀象。皆输于王。周显德中。尝贡云龙形通犀带。犀角象牙最多。犀如水牛。大者八百斤。体黑无毛。蹄有三跲。独角在鼻端。长者可尺五寸。马小于骡。瑇瑁伽南木香朝霞大火珠【大如鸡卵。状类水晶。当午置日中。以艾藉之。辄火出】菩萨石蔷薇水【洒衣。经岁香不歇】猛火油【得水愈炽。国人用以水战】乳香沉香檀香丁香槟榔茴香乌柄木【土人樵之为薪】苏木胡椒荜澄茄白藤吉贝【吉贝树名。其萃盛时如鹅毳。抽其绪纺之。以作布。亦染成五色。织为班布】丝绞布白氎布贝多叶龙脑香甘蔗红蕉子椰子波罗蜜【形如东瓜】孔雀山鸡。

其贡。象象牙犀角孔雀孔雀尾橘皮抹身香龙脑熏衣香金银香奇南香按奇南出在一山。酋长差人禁民不得采取。犯者断其手。则在彼处亦自贵重。宜中国以为珍也。其香甚清远。中国制以为带。有直至百金者。但星槎胜览作琪楠。潘赐使外国回。其王馈之。载在志。则作奇蓝。此当是的。

土降香檀香柏木烧碎香花梨木乌木苏木花藤香芫蔓番沙红印花布油红绵布白绵布乌绵木圆壁花布花红边缦杂色缦蕃花手巾蕃花手帕兜罗绵被洗白布泥。其朝。三年一期。

其里。东至东海。西云南。南真腊。北安南。东北广东【顺风半月程。厘州七日程】。达于京师。我使往者自闽长乐五虎门西南行。顺风可十日至东北百里海口。立石塔为标。舟至是系焉。

按志载。边永。河间任丘人。正统乙丑进士。拜行人。景泰壬申。使占城。其国人素狙诈。永诚以待之。礼以节之。以祸福利害晓之。国人信服。又叶应。广东归善人。登成化戊戌进士。初授行人。给赏广西。颁封占城。以廉谨称。此皆曾将占城之命者。但边永失其所役何事。叶应失其所往何岁。难编次于本国传中。今姑附此以俟补。

又元诗人陈孚出使安南。有纪事之诗曰。鼻饮如瓴甋。头飞似辘轳。盖言土人能以鼻饮酒者。有头能夜飞于海食鱼。晓复归身者。然嬴虫集中亦载老挝国人鼻饮水浆。头飞食鱼。今占城有头飞者。乃特妇人也。占城安南老挝。其地相接。宜有是种。若七修类稿载。近时中国有一人名汪海云者。亦能鼻饮头飞。此则怪事矣。因附于此。以志异焉。

又星槎胜览载。占城不解正朔。但看月生为初。月晦为尽。如此十次盈亏为一岁。昼夜善捶鼓。十更为法。酋长及民下非至午不起。非至子不睡。见月则饮酒歌舞为乐。然观吴惠日记。有上元烟火之宴。则已知有节候。非但视月生晦者。惠云。夜鼓以八更为节。又与十更异矣。大抵外国虽陋。久与中华往来。渐沾王化。时异制殊。前后难以概视耳。又占城物产有所谓观音竹者。如藤。长丈八尺许。色黑如铁。每节长二三寸。此亦胜览所不载者。

卷八·真腊【正南】

真腊国在占城西南。本扶南属国。其先女子为王。号曰叶柳。南有激国人名混溃者。伐叶柳。降之。因以为妻。其后天竺僧桥陈如自西域来主其国。至其酋姓刹利名质多思那者。日渐强盛。

按杭州静慈寺装罗汉像五百。以桥陈如为首。今观陈如特夷狄之主耳。但教人事佛。实非所谓白日升天。降龙伏虎。有诸佛灵圣者也。今乃崇奉香火以为尊神。则其诞漫可知矣。即一陈如而其余五百之妄可知矣。佛法之不足信。不彰彰哉。

隋大业中始通中国。传至伊今那。当唐真观初。并扶南而有之。扶南即象浦也。永徽初。益并吞诸小国。神龙以后。国分为二。其南近海。多陂泽。为水真腊。其北多山阜。号陆真腊。后复合而为一。宋政和六年。遣使来贡。宣和一年。封为真腊国王。与占城等。隆元中。其酋长大举伐占城以复仇。杀戮殆尽。俘其王以归。更立国人为王。役为属国。号占腊。领部郡九十余处。曰真蒲。曰查南。曰巴涧。曰莫良。曰八箹。曰蒲买。曰雉棍。曰木津波。曰赖散坑。曰八厮里。其余不能悉记。各置官属。皆以木排栅为城。地方七千余里。有战象几二十万。建炎中。以郊恩授其王金裒宾深为校检司徒。加食邑。遂为常制。元唆都元帅置省占城。常遣一虎符百户一金牌千户同到其国。竟为拘执不返。至元真中遣使招谕。始臣服。

本朝洪武初。遣使往告谕即位。国主忽儿那遣其臣奈亦吉郎等表贺。献方物。

六年。赐国王大统历并彩段等物。

二十年。复遣行人唐敬使其国。国主贡象五十九头。香六万斤。自后入贡不常。

永乐初元。遍谕海外诸蕃。告即位。遣御史尹绶往其国。绶受命自广州发舶。由海道抵占城。又由占城过淡水湖菩提萨州。历鲁般寺而至真腊。

按真腊有鲁般墓。在其城南门外一里许。其城甚方整。四方各有石塔一座。俗传鲁般一夜造成。然鲁般本鲁人。安得有墓在真腊。今以般仙若常存世间。靡处不到。凡有宫殿塔桥之奇巧者。必指为般所造。不惟中国。而外夷亦然。又何妄哉。

绶既入国。备告朝廷所以遣使之意。辞情慷慨。威信并伸。夷王畏敬承命。绶归。凡海道所经。岛屿萦回。山川险恶。地境连接。国都所见。悉绘为图以献。上大悦。

按元成帝时。遣永嘉周达观招谕真腊。往返一年半。悉得其国之风俗道里海物土产。作真腊风土纪。言。其国自称为甘孛智。自温州开洋。行丁未针。历闽广。过七州洋。经交趾占城。至真蒲。乃真腊境矣。自真蒲行坤申针。过昆仑洋入港。港凡数十。惟第四港可入。其余悉以沙浅故。不通巨舟。然而弥望皆修藤古木。黄沙白苇。苍卒未易辨认。故舟人以寻港为难事。自港口北行。顺水可半月。抵其属郡曰查南。又换小舟顺水可十余日。过佛村。渡淡洋。则抵其地矣。大抵航海固必用针以为向。尤必用磁石以养针。磁石出福建之佛字山。有神最灵。凡取磁石必先致祷于神。神许则往。亦不多得。否则皆顽石无用者。洪武初。上饶人许穆以明经擢政和县丞。有惠政。远近以廉能称之。三载秩满。行李萧然。或告之曰。公既却人之赆。佛字山有磁石。盍往取焉。以供路资。穆乃往取。未尝谒神。而触手皆磁石也。以之摄针。则衔尾而起。联牵五枚六枚而不断。凡得数十斤。持至京师。会大军将下海。求磁石为指南用甚急。遂售之。每斤易银一斤。民间至今传之。夫沧溟渺茫。非针不行。其法仿于周公之指南车。故名之为指南针。磁石之运针亦天造地设。非人力所为者。今观穆之得石助廉。亦何异也。岂神物之生。必有神灵以司之也耶。

二年。有中官往使。毕事将返。从行军逃者三人。其国王以本国三人补役从中官归朝。上曰。中国人自遁于彼。何预乃责其偿也。且留此三人语言不通。风俗不谙。吾将焉用。况各自有家。宁弃处中国乎。礼部给其衣食与道里费。遣之还。尚书李至刚曰。臣意中国三人必非遁而不返。盖为彼国所诱匿之耳。则此三人亦不当遣。上曰。为君但推天地之心以待人。何用逆诈乎。竟遣之。

二年。国王参烈婆毗牙遣陪臣柰职等九人入贡方物。赐纱币表里。

三年。参烈毗牙卒。命序班王孜往祭之。封其长子参烈昭平牙为王。赐彩币等物。

十九年。参烈昭平牙遣使奉金缕表文。贡驯象与诸方物。

景泰三年来贡。赐王锦二段苎丝六匹纱罗各四匹。王妃苎丝四匹。纱罗各三匹。筵宴差来头目。并通事总管火长赐衣服苎丝绢布有差。其后朝贡不绝云。

其国城周围约二十里。石濠广二十余丈。郭内人家可一万余。城三十所。各有数千家。城门之上有大石佛头五。面向四方。中置其一。饰之以金。当国之中有金塔一座。傍有石塔二十余座。石屋百余间。东向金桥一所。金狮子二枚列于桥之左右。金佛八身列于石屋之下。金塔至北可一里许。有铜塔一座。比金塔更高。望之郁然。又北一里许则为王宫。其正室之瓦以铅为之。屋头壮观。修廊复道。突兀参差。其莅事处有金窗棂。列镜四五十面。王宫之中又有金塔。王夜则卧其上。土人皆谓塔之中有九头蛇精。乃一国之土地主也。系女身。每夜则见王。先与之同寝交媾。虽其妻亦不敢入。二鼓乃出。方可与妻妾同睡。若此精一夜不见。则蕃王死期至矣。若王一夜不往。则必获灾祸。其次臣僚屋制皆用草盖。独家庙及正寝二处。许用瓦。亦随其等级为广狭之差。【王宫官舍皆东向】男妇率拳发垂耳。性气捷劲。右手为净。左手为秽。县镇风习占城无异。交易皆妇人为之。【唐人到彼。必先纳妇者。兼利其卖买故也。】每日一墟。自卯至午即罢。无居铺。但以蓬席铺地。亦纳官司赁地钱。小交关用米谷及唐货。次用布。大交关则用金银。颇敬唐人。呼之为佛。伏地顶礼。近亦有脱骗唐人者。其民杀唐人则偿命。唐人杀其民则罚金。无金卖身赎罪。国中有丞相将帅司天等官。其下各设司吏之属。但名称不同耳。大抵皆国戚为之。否则亦纳女为嫔。其出入仪从亦有等级。用金轿扛。四金伞柄者为上金轿扛。二金伞柄者次之。以渐而降.其下者止用一银伞柄而已。海岛村僻。人物丑黑。号为昆仑。至如宫人及南棚【乃府第也】妇女多有白如玉者。大抵一布经腰之外。不以男女皆露出胸酥。椎髻跣足。虽国主之妻亦只如此。国主凡有五妻。正室一人。四方四人。其下嫔婢之属闻有三五千。未尝轻出户。凡人家有女美者。必召入内供役。皆有丈夫。与民间杂处。只于囟门之前削去其发。涂以银朱及两鬓以为别。

自桥陈如教人事天神。每旦诵经咒。故易世犹重僧。生女九岁。请僧作梵法。去其童身。点其额为吉利。名曰阵毯。人家养女。父母必祝曰。愿汝有人要。将来嫁千百个丈夫。每岁四月内。当阵毯之家先报官司。给一巨烛刻画其间。约是夜点烛至刻画处。则为阵毯时候矣。先期择僧。亦各自有主顾。好僧皆为富室所取。馈以酒米布帛槟榔银器之类。有至一百担者。所以贫家至十一岁而始行事者。为难办此物耳。亦有舍钱与贫女阵毯者。谓之做好事。然一岁中。一僧止御一女。十岁即婚。嫁娶之家各八日不出。且昼夜燃灯不息。

文书皆以麂鹿皮染黑。用粉磋小条子。其名为梭。画以成字。永不脱落。每用中国十月为正月。亦有燃球烟火之设。以木接续。缚成棚。可高二十余丈。装烟火爆杖于其上。遇夜则请国主出观点放。虽百里之外皆见之。爆杖大如炮。声震一城。国主亦请奉使观焉。每一月必有一事。如四月则抛球。九月则压猎【聚众数阅】。五月则迎佛水。送水与国主洗身。陆地行舟。七月则烧稻。新稻已熟。迎于南门外烧之以供佛。八月则挨蓝【伎乐舞也】。斗猪斗象。国人亦有通天文者。日月薄蚀皆能推算。但只闰九月。一夜分四更。

民间争讼。虽小事亦必上闻。初无笞杖之责。但闻罚金而已。其人大逆重事。亦无绞斩之事。止于城西门外掘地成坑。纳罪人于内。实以土石。坚筑而罢。其次有斩手足指者。有去鼻者。但奸与赌无禁。奸妇之夫或知之。则以两柴绞奸夫之足。痛不可忍。竭其赀而与之。方可获免。然装局欺骗者亦有之。又有所谓天狱者。国宫对岸有石塔十二座。争讼莫辨。令各坐一塔中。其无理者必获病而出。有理者略无纤事。以此判曲直。如人家失物。盗不肯认。遂煎热油。令伸手于中。若果偷物则手腐烂。否则皮肉如故。蕃人有法如此。

人死无棺。止以篴席之类。盖之以布。丧亦用旗帜鼓乐之属。抛尸僻远。有鹰犬食尽。则谓父母福报。若不食。则为有罪。今亦渐有焚者。皆唐人之遗种也。父母死。别无服制。男子则髡其发。女子则于顖门剪发如钱以为孝。国主仍有塔葬埋。

厥土沃饶。田无畛域。随力所及而耕种之。一岁中三四番收种。盖四时如夏。不识霜雪故耳。酒有四等。第一曰蜜糖酒【用药曲以蜜。水中半为之】。次曰朋牙四【树叶名也。即以为酿】。次曰包棱角【以米为之】。其下曰糖鉴酒【以糖为之】。又有茭浆酒【茭叶之浆】。醝物无禁。滨海处皆可烧。又山间有石。味胜于盐。可琢成器。妇人不能蚕桑。针线之事。仅能织木绵布。近年暹人来居。却以蚕桑为业。寻常人家别无卓凳盂桶之类。作饭用瓦釜。作羹用瓦铫。以挪子壳为杓。以树叶造小碗。盛羹不漏。若府第富室及国之庆贺。器皿多用金银。地下铺虎豹麂鹿等皮。食品用布罩。王宫内以销金缣帛为之【皆舶商所馈】。谚云。富贵真腊。为此故也。

其王坐五香七宝床。上施宝帐。著朝霞吉贝。头戴金宝花冠。被珍珠缨络。足履革屐。耳悬金珰。常服白氎。凡出游时。诸军马拥其前。旗帜鼓乐踵其后。宫女三五百。花布花髻。手执巨烛为一队。虽白日亦点烛。又有宫女执标枪标牌为内兵。自成一队。又有羊车马车。皆以金为饰。臣僚骑象前列。其次则王之后。最后则王立于象上。手持宝剑。其四围象队甚多。又必迎小金塔金佛在前。观者跪地顶礼。否则为貌事者所擒。王每日两次坐衙治事。诸臣及百姓之欲见王者。皆列坐地上以俟。听内中隐隐有乐声。在外方吹螺以迎之。须臾见二宫女纤手卷帘。而王乃仗剑立于金窗之中矣。臣僚皆合掌扣头。螺声既绝。乃许抬头。王呼上殿则跪。以两手抱膊绕王环坐。议政事毕。跪伏而去。王即转身入。二宫女复垂其帘。王坐处有狮子皮一领。乃传国之宝也。

其产。铜。金颜香乃树脂。有淡黄色者。有黑色者。劈开雪白者为佳。夹砂石为下。其气能聚众香。番人以之和香涂身。笃耨香。树如杉桧。香藏于皮。老而旨自流溢者名曰笃耨。冬月因其凝而取之者名黑笃耨。盛以瓢碎。瓢而爇之。亦香。名笃耨瓢香。沉香。出真腊者为上。占城次之。速暂香。出真腊者为上。伐树去木而取香者。谓之生速。树仆木腐而香存者。谓之熟速。其树木之半存者谓之暂香。黄而熟者为黄熟。通黑者为夹笺。麝香木。气似麝脐。白豆蔻。树如丝瓜。蔓衍山谷。春花夏实。象。苏木。翠羽。大风子。毗野树。花似木瓜。叶似杏。实似楮。婆田罗树。花叶实略似枣。歌毕陀树。花似林禽。叶似榆而厚大。实似李。庵罗树。花叶似枣。实似李。建同鱼。四足无鳞。鼻如象。吸水上喷。高五六丈。浮胡鱼。八足。状如嘴蛆。如鹦鹉。其贡。象象牙苏木胡椒黄腊犀角乌木黄花木土降香宝石孔雀翎。其里至。东海。西蒲甘。南加啰希。北抵占城。达于京师。

按吾学编载。真腊属国有蒲甘者。而一统志则但谓其西至蒲甘。不言为属也。且宋史称崇宁五年。蒲甘遣使入贡。诏礼秩视注辇【注辇亦海中夷国名】。尚书省言。蒲甘及国王。不可下视附庸小国。请令如交趾诸国礼。从之。乃考宋时宠遇交趾。每在各夷之上。故真宗景德四年。交趾遣使黄雅成等来贡。会含元殿大宴。真宗以雅成坐远。欲升其位。访于宰相王旦。旦曰。国家惠绥远方。优待使客。固无嫌也。乃升雅成于尚书省五品之次。且诏拜其国王黎龙廷特进检校太尉。充静海军节度观察处置等使。兼御史大夫。上柱国。赐推诚顺化功臣。夫宋礼交趾其崇如此。而以蒲甘与匹。则蒲甘昔固不属真腊也。今蒲甘不闻通使我朝。或宋末国弱。为真腊所并。亦未可知。且宋于各夷既封为王。复加官爵。如交趾占城皆然。我朝册封之外。不杂以品职。庶为得礼体。

卷八・暹罗

暹罗国在占城极南。自占城海道顺风十昼夜可至。其国北岸连于交趾。本暹与罗斛二国之地。暹古名赤土。罗斛古名婆罗刹也。暹国土瘠不宜耕种。罗斛土田平衍而多稼。暹人岁仰给之。隋大业初。曾遣使常骏自南海道往赤土。人遂讹传赤土为赤眉遗种云。后改曰暹。元元贞初。暹人常遣使入贡。至正间。暹降于罗斛合为一国。

按别志云。赤土疆域正与暹罗同。东波罗剌国。西婆罗娑国。南诃罗旦国。北距大海。地方数千里。常骏自南海郡水行昼夜二旬。每值便风。至焦石山而过。东南泊陵伽钵拔多洲。西与林邑相对。上有神祠焉。又南行至狮子石。自是岛屿连接。又行二三日。西望见狼牙须国之山。于是南达鸡笼岛。至于赤土之界。林邑今占城也。观此则以赤土又为一国。与暹并壤耳。且宋史不载暹罗。岂已前不通中国者耶。

本朝洪武初。遣大理少卿闻良辅往谕之。暹罗斛国王参烈昭昆牙遂遣使入贡。进金叶表文。赐以大统历。

按别志又载。永乐初。海外诸国来禀声教。良辅奉命往谕。自暹罗爪哇以至西洋古里。则良辅岂两使彼国耶。

七年。暹罗斛国使臣沙里拔来朝。自言本国令陪臣祭思里侪剌悉识替入贡。去年八月。舟次乌潴。遭风坏舟。漂至海南。收获漂余贡物苏木降香兜罗锦来献。省臣以闻。上怪其无表状。疑为蕃商覆舟。诡言入贡。却之。后其子参烈宝毗牙立。

九年。王遣子昭禄群膺奉金叶表文。贡象及胡椒苏木之属。上命礼部员外郎王恒中书省宣使蔡时敏往赐之印。诏曰。君国子民。非上天之明命。后土之鸿恩。曷能若是。华夷虽间。乐天之乐。率土皆然。若为人上能体天地好生之德。协和神人。则禄及子孙。世世无间矣。尔参烈宝毗牙思里哆哩禄自嗣王位以来。内修齐家之道。外造睦邻之方。况屡遣人称臣入贡。以方今蕃王言之。可谓盛德矣。岂不名播诸书哉。今年秋。贡象入朝。朕遣使往谕。特赐暹罗国王之印及衣一袭。尔当善抚邦民。永为多福。恒等与昭禄群膺陛辞。赐文绮衣服并道里费。

十六年。给勘合文册。令如期朝贡。

二十年。又贡胡椒万斤。苏木十万斤。

二十八年。诏遣中使赵达宋福等祭其故王参烈昭昆牙。赐嗣王昭禄群膺文绮四匹罗四匹毯丝布四十匹。王妃文绮四匹罗四匹毯丝布十二匹。敕谕之曰。朕自即位以来。命使出疆周于四维诸邦国。足履其境者三十六。声闻于耳者三十一。风俗殊异大国十有八。小国百四十九。较之于今暹罗为最近迩者。使至。知尔先王已逝。王绍先王之绪。有道于家邦。臣民欢怿。兹特遣人祭已故者。庆王绍位有道。敕至。其罔戾法度。罔淫于乐。以光前烈。其敬之哉。

永乐元年。遣使入贺即位。自是。其国止称暹罗国。

二年。遣使坤文琨表贡方物。诏内使李兴等赍敕往劳之。并赐文绮纱帛。四年。复贡方物。且乞量衡为国中式。诏赐古今烈女传。给与量衡。

七年。王遣使奉仪物。祭仁孝皇后。命中官以告几筵。是岁。复遣坤文琨贡方物。初。南海民何八观等流移海岛。遂入暹罗。至是因其使归。上命传谕国王。遣八观等还。毋纳流移。以取罪戾。并赍王金绒苎丝纱罗织锦。

八年。贡马及方物。送中国流移人还。赐敕劳之。

十年。复贡。

十三年。昭禄群膺卒。其子三赖波磨札剌的嗣位。以兵侵满剌加国。满剌加诉于朝。遣敕谕之。令与满剌加平。敕曰。朕祗膺天命。君主华夷。体天地好生之心以为治。一视同仁。无间彼此。王能敬天事大。修职奉贡。朕心所嘉。盖非一日。比者满剌加国王亦思罕答儿沙嗣立。能继乃父之志。躬率妻子诣阙朝贡。其事大之诚与王无异。然闻王无故欲加之兵。夫兵者凶器。两兵相斗。势必俱伤。故好兵非仁者之心。况满剌加国王既已内属。则为朝廷之臣。彼如有过。当申理于朝廷。不务出此而辄加兵。是不有朝廷矣。此必非王之意。或者左右假王之名。弄兵以逞私忿。王宜深思。勿为所惑。辑睦邻国。无相侵越。并受其福。岂有穷哉。王其留意焉。

十五年。赐王锦四匹。苎丝纱罗各十匹。赐王妃苎丝纱罗各六匹。

十八年。又贡。遣中官杨敏等护贡使归国。仍厚赍其王。

十九年。王遣使柰怀等六十人入贡。谢侵满剌加国之罪。赐纱币有差。

二十一年。又贡。赏赐使臣及通事总管客人蕃伴衣服苎丝绢布靴袜履金银纱帽诸物有差。诏定其例。使臣人等进到物货俱免抽分。给与价钞。给赏毕日。许于会同馆开市。除书籍及玄黄紫皂大花西番莲段并一应违禁之物不许收买。其余听贸易。二次使臣筵宴。回至广东。布政司复宴。

洪熙宣德间。至如常期。赐王及妃。各减永乐十五年之半。正统景泰间。贡或不常。赐复旧例。

成化十三年。主遣使群谢提素英必美亚二人来贡方物。美亚本福建汀州士人谢文彬也。昔年因贩盐下海。为大风飘入暹罗。遂仕其国。官至岳坤。岳坤犹华言学士之类。至南京。其从子瓒相遇识之。为织殊色花样段匹贸易蕃货。事觉下吏。始吐实焉。

按四夷使臣多非本国之人。皆我华无耻之士。易名窜身。窃其禄位者。盖因去中国路远。无从稽考。朝廷又惮失远人之心。故凡贡使至必厚待其人。私货来皆倍偿其价。不暇问其真伪。射利奸氓叛从外国益众。如日本之宋素卿。暹罗之谢文彬。佛郎机之火者亚三。凡此不知其几也。遂使窥视京师。不独经商细务。凡中国之盛衰。居民之丰歉。军储之虚实。与夫北虏之强弱。莫不周知以去。故诸蕃轻玩。稍有憑陵之意。皆此辈为之耳。为职方者。可不慎其讥察也哉。

十七年。遣行人姚隆【江西临川人。成化辛丑进士】往册封其王。弘治中。给事中林恒复奉使行册封礼。

刑部侍郎屠勋送林黄门诗曰。八月星槎万里行。载将恩雨过蛮城。更筹每用占朝晷。土色还应识地名。陆贾有才堪使粤。班生无处不登瀛。谁云此去沧溟远。飞梦时常到玉京。

大学士杨一清赠林黄门诗曰。百年文轨万方同。地尽暹罗古未通。封建屡崇昭代礼。揄扬兼伏使臣功。天连岛屿蛮烟静。日射沧溟瘴雨空。闻道越裳王化在。几多重译颂声中。

正德十年。国王遣使贡方物。进金叶表文。诏译其字。无有识者。礼部以闻。太学士梁储疏曰。据提督四夷馆太常寺卿沈冬魁等呈。该回回馆教习主簿王祥等呈。切照本馆专一译写回回字。凡遇海中诸国。如占城暹罗等处进贡。来文亦附本馆带译。但各国言语土字与回回不同。审译之际。全凭通事讲说。及至降敕回赐等项。俱用回回字。今次有暹罗国王差人来京进贡金叶表文。无人识认。节次审译不便。及查得近年八百大甸等处夷字失传。该内阁具题暂留差来头目蓝者歌在馆教习成效。合无比照蓝者歌事例。于暹罗国来夷人内选一二名在馆。并选各馆官下世业子弟数名送馆。令其教习。待有成之日。将本夷照例送回本王等因。实为便益。据此。臣等看得习译夷字。以通朝贡。系是重事。今暹罗夷字委的缺人教习。相应处置。合无著礼部行令大通事并主簿王祥等。将本国差来通晓夷字人再加审译。暂留一二在馆教习。待教有成效。奏请照便送回。庶日后审译不致差误。上从之。

按洪武十五年。命翰林侍讲火原洁等编类华夷译语。上以前元素无文字。发号施令但借高昌书制蒙古字行天下。乃命原洁与编修马懿赤黑等以华言译其语。凡天文地理人事物类服饰器用。靡不俱载。复取元秘史参考。以切其字谐其声音。既成刊布。自是使臣往来朔漠。皆得其情。又凡四夷分十八所。设通事六十人。大通事有都督都指挥等官。统诸小通事。总理贡夷降夷及归正人夷情番字文书译审奏闻。夫此即仿古象胥之制而设是官职。自国初迨正德不过百有余年。而遂失其所守。何也。且今四夷馆中有译字生有平头巾通事有食粮通事有官带通事有借职通事。以比太祖之时已数倍其员。而竟不能谙各国之来文。岂非校试之术疏。黜陟之法废。人皆食其食不事其事故耶。迄至嘉靖间。如通事胡士绅等乃交结奸夷。捏陷本管主事陈九川等以兴诏狱。则益不可言矣。兹欲肃其官常。使无素餐旷职。使毋诈上行私。以复太祖建官之盛典。谓非大宗伯之所当加意者哉。

嘉靖元年。暹罗及占城等夷各海船番货至广东。未行报税。市泊司太监牛荣与家人蒋义山黄麟等私收买苏木胡椒并乳香白腊等货。装至南京。又匿税盘出。送官南京。刑部尚书赵鉴等。拟问蒋义山等违禁私贩番货例。该入官苏木共三十九万九千五百八十九斤胡椒一万一千七百四十五斤。可值银三万余两。解内府收贮公用。牛荣寅缘内铛。得旨。这贩卖商货给主。刑部尚书林俊复疏。谓。查得见行条例。通番下海买卖劫掠有正犯处死。全家边卫充军之条。买苏木胡椒千斤以上边卫充军货物入官之条。所以严华夷之辩。谨祸乱之萌。今蒋义山等倚恃威权。多买番货。天幸匿税事发。将牛荣等参奏。陛下方俞正法之请。寻启用幸之门。忽又有旨给主。明主爱一颦一笑敝裤以待有功者。今三万余两之物果一敝裤比。给还罪人果赐有功比。皆臣等之所未喻也。伏望大奋干刚。立断是狱。将代为营救并请讨之人下之法司。明正其罪。上乃诏赃物照旧入官。

按夷中百货。皆中国不可缺者。夷必欲售。中国必欲得之。以故祖训虽绝日本而三市舶司不废。市舶初设。在太仓黄渡。寻以近京师。改设于福建浙江广东。七年。罢未几。复设。盖北夷有马市。西夷有茶市。江南海夷有市舶。所以通华夷之情。迁无有之货。收征税之利。灭戍守之费。且以禁海贾抑奸商。使利权在上也。然夷货之至。各有接引之家。先将重价者私相交易。或去一半。或去六七。而后牙人以货报官。且为之提督。如牛荣辈者复从而收腊之。则其所存以为官市者又几何哉。今提督虽革而接引积蠹莫之能去。盖多势豪为主。久握其利。海道副使或行严缉。是非蠭起。是以难刷其敝。迩年浙福之间都御史朱纨励禁接引。以致激生倭寇。然则市舶之当开与否。岂不有明鉴哉。

三十二年。国王遣使坤隋离等贡白象及方物。白象已毙。遣象牙一枝。长八尺。牙首镶金石榴子十颗。中镶珍珠十颗。宝石四颗。尾置金刚锥一根。又金盒内贮白象尾为证。

三十七年。又贡方物。视旧颇不同。迄今贡使不绝。

其国山形如白石峭砺。周千里。外山崎岖。内岭深邃。田平而沃。稼穑丰熟。气候常热。风俗劲悍。专尚豪强。侵掠邻境。削槟榔木为标枪。水牛皮为牌。药镞等器。惯习水战。王宫壮丽。民楼居。其楼密联槟榔片。藤系之。甚固。籍以藤席。竹簟。寝处于中。王白布缠首。腰束嵌丝蜕加绵绮。跨象或乘肩舆。男女椎髻。白布缠头。穿长衫。腰束青花手巾。其上下谋议。刑法轻重。钱谷出入。凡大小事悉决于妇人。其志量在男子上。其男一听苟合无序。遇中国男子甚爱之。必置酒饮。待欢歌留宿。男阳嵌珠玉。富贵者范金盛珠。行有声。婚则群僧迎送。婿至女家。僧取女红贴男额称利市。妇人多为尼姑道士。能诵经持斋。服色似略中国。亦造庵观。能重丧礼。人死气绝。必用水银灌养其尸。而后择高阜之地。设佛事葬之。酿秫为酒。煮海为盐。以海贝代钱。每一万个准中统钞二十贯。

货用青白花磁器印花布色绢色缎金银铜铁水银烧珠雨伞之属。其产。罗斛香【味极清远。亚于沉香】大风子油苏木【其贱如薪】犀象犀角象牙翠毛黄蜡花锡。其贡。象象牙犀角孔雀尾翠毛龟筒六足龟宝石珊瑚金戒指片脑米脑糠脑脑油脑柴檀香安息香黄熟香降真香罗斛香乳香树香木香乌香丁香阿魏蔷薇水丁皮琬石柴梗藤竭藤黄硫黄没药乌爹泥肉豆蔻白豆蔻胡椒荜拨苏木乌木大枫子苾布油红布白缠头布红撒哈刺布红地绞节智布红杜花头布红边白暗花布乍连花布乌边葱白暗花布细棋子花布织人象花文打布西洋布织花红丝打布织杂丝打布剪绒丝杂色红花被面红花丝手巾织人象杂色红花文丝缦。

其里至。占城之极南。其道由广东占城七昼夜至其国。

按禹贡曰。岛夷卉服。召公曰。明王慎德。四夷咸宾毕献。方物惟服食器用。盖民生不可裸形而立。则衣服之需日用急焉。故先王制贡不贵珠玉而贵布帛。若是我朝四夷所献。如朝鲜之苎布。哈密之氎布。交趾之白绢。皆重服用也。然暹罗海岛异俗。而能谙于织作。丝之贡数品。布之贡十有三品。如此可谓知所重矣。今天下惟浙东诸郡颇能尽力蚕桑。其他各省多不识缫茧。江淮虽多绵花。而不事纫织。是何异于暹俗之勤敏哉。

卷八·满剌加

满剌加国。古哥罗富沙也。在占城极南。自爪哇旧港顺风八昼夜可至。其国濒海。山孤人少。汉时尝通中国。受羁属于暹罗。每岁输金四十两为税。故未尝称国。

本朝永乐三年。其王西利八儿速剌遣使奉金叶表文朝贡。赐王彩缎袭衣。

七年。命中官郑和等持诏封为满剌加国王。赐银印冠带袍服。使者言王慕义。愿同中国属郡。岁效职贡。又请封其国之西山。定疆域界。俾暹罗不得侵扰。上悉从之。诏封西山为镇国山。赐以御制碑文。勒石其上。上以蹇义善书。手授金龙文笺。命书其诏。偶落一字。义奏曰。敬畏之极。辙复有此。上曰。朕亦有之。此纸难得。姑注其旁可也。义曰。示信远人。岂以是惜。上深然之。复授以笺。更书之。

九年。嗣王拜里苏剌率其妻子陪臣五百四十余人来贡广州。驿闻。上念其轻去乡土。跋涉海道而至。遣中官海寿礼部郎中黄裳等往宴劳之。复命有司供张会同馆。既至。奉表入见。并献方物。上御奉天门宴劳之。别宴王妃及陪臣等。仍命光禄寺日给牲牢上尊。命礼部赐王锦绣龙衣二袭麒麟衣一袭及金银器皿帏幔裀褥。赐王妃及其子侄陪臣兼从文绮纱罗袭衣有差。出就会同馆复宴。既而王辞归。饯于奉天门。别饯王妃陪臣等。赐敕劳王曰。王涉海数万里至京。坦然无虞者。盖王之忠诚。神明所佑也。朕与王相见甚欢。固当且留。但国人在望。宜往慰之。今天气尚寒。顺风帆去。实为厥时。王途中善饮食善调护。副朕眷念之怀。赐王金镶玉带仪仗鞍马黄金百两白金五百两。赐妃冠服白金二百两。赐王子侄冠带并陪臣等各赏赉宥差。复命礼部饯于龙江驿。仍赐宴于龙潭驿。

十一年。王遣人至爪哇国索旧港地。谓请于中国。已许之矣。上诏爪哇勿听。

十二年。王母来朝。宴赐如待王妃。

十七年。国王亦思罕答儿沙嗣立。复率妻子入朝。后暹罗国欲举兵攻之。遣使来告。上诏暹罗与平。

二十年。其子西哩麻哈剌以父新殁。率其妃及陪臣至阙朝贡。

宣德九年。复至。

景泰中。王子无答佛哪沙请封。遣兵科给事中王晖往封之。

天顺三年。王卒。其子苏丹茫速沙袭爵。

成化十四年。嗣王复请封。上命礼科给事中林荣为正使。行人黄干亨为副使往封之。竣事而还。舟抵洋屿遭风。并溺于海上。愍之。遣官谕祭。荣赠某官。干亨赠司副。各录一子入胄监。干亨子后登第。即南畿提学御史如金也。

按干亨之曾祖名寿生。永乐中为检讨。祖子嘉以孝行。起知束鹿县。父深。景泰中拜监察御史。又寿生。永乐戊子应天发解。其年县庠杨慈亦在本省发解。时称同科两元。为一邑之盛。至干亨复中成化甲午第一。时称祖孙两元。为一门之盛。盖四世甲科二榜首一监察。其荣遇真罕俪者。然八闽志载寿生敦行义。勤问学。经史百氏多所贯通。尤邃诗经。一时从游之士多取高第。为时闻人。而莆之业是经者。寿生实其初祖。则干亨之家学渊源亦不诬也。其干亨衔命。而蒙难殒其身。以昌其子。岂非天之报其世德也哉。

又按航海之役。本亦危道。观陈侃琉球一录。几覆者再。若人有后录。天必相之。如宋刘崇之为侍郎使金。渡黄河。先一夜河口舟人梦岸上军马数百。有神人大呼曰。明日有刘侍郎渡河。见奉岳府指挥令我拥护。尔等须用小心。次日崇之至。值河水泛涨。中流失楫。舟人仓里无措。其舟自风浪中直抵岸下。隔河望。水中若有数十人操舟而行者。【崇之为儿时。书斋文籍为鼠啮。戏书一判示土地云。尔不职。杖一百。押出斋门。是夜其师梦老人曰。某实不职。烦一言于侍郎免断。次日。其师以告。崇之遂毁其判。夜又梦老人曰。谢教授救解。有少白金为谢。次早于书几上得银一片。大以为异。后崇之果为侍郎。】此与天妃之相陈侃。若一揆耳。因是知人之出处生死。自有定数。非人所为。常闻黄门传凯【南安人】奉使海蕃。祷梦于九鲤之神。梦中神语曰。青草流沙六六湾。及觉。莫测其何指也。既至蕃国。

宴间。其王请曰。有一联句。求天使对之。曰黄河濯水三三曲。盖黄河九曲。彼以能知我地里相夸也。凯忽忆梦语。即应曰。青草流沙六六湾。王起拜谢。相待益恭。盖彼处有青草渡三十六湾。以使臣亦能识其地里故耳。夫此未来之对语。鬼神预知。岂不有数存焉。而况人之生死乎。凡我乘槎之士。幸则为刘祟之陈侃而不跃跃以喜。不幸则为林荣黄干亨而不戚戚以惧。亦曰。莫非命也。顺受其正而已。

后国王复遣使进火鸡。至今通贡不绝。

按火鸡躯大如鹤。羽毛杂生。好食火炭。驾部员外张汝弼亲试喂之。其国旧名五屿。东南距海。西北皆山。地瘠卤。田瘠少收。内有山泉流为溪。于中淘沙取锡。煎成块曰斗锡。每块重官秤一斤四两。及织芭蕉心簟。惟以斗锡通市。无他产。气候朝热暮寒。男女椎髻。身肤黑漆。间有白者。唐人种也。俗尚淳厚。民淘锡网鱼为业。屋如楼阁而不铺板。但用木高低层布连床就榻。箕踞而坐。饮食厨厕俱在上。

货用青白磁器五色烧珠色绢金银之属。其山曰。镇国。其产曰。锡布苏木胡椒象牙犀角硫黄玳瑁。其贡。番小厮犀角象牙玳瑁鹤顶鹦鹉黑熊黑猿白麂锁袱【哈烈亦产。一名梭服。鸟毳为之。纹如纨绮】金母鹤顶金厢戒指撒哈剌白芯布姜黄布撒都细布西洋布花缦片脑栀子花蔷薇露沉香乳香黄速香金银香降真香紫檀香丁香乌木苏木大风子番锡番盐。其道由广东。

按别志云。满剌加国海旁之人。亦能刳木为舟以取鱼。然海中有所谓龟龙者。高四尺。四足。身负鳞甲。露长牙。遇人即啮啮即死。渔人甚畏其害。又山有黑虎。视虎差小。能变人形。白昼群入于市。人有觉其为虎者乃擒杀之。予尝闻牛哀化虎。博杀其兄。涪民变虎。夜食其豕。未闻以虎化人者。兽之化人。如鹿之为黄衣郎。豕之为乌将军。猿之为袁公。狐之为阿紫。皆年久成精。而今随常可变。亦甚异哉。【其国自奉正朔后。不属暹罗】

卷八·爪哇

爪哇国。古诃陵也。一曰阇婆。在真腊之南。滨海。一云在海中。自占城起程。顺风二十昼夜可至其国。其属夷有苏吉丹打板纲底勿数种。旧传鬼子魔天与一罔象青面红身赤发相合。凡生子百余。常食啖人血肉。佛书所云鬼国。即此地也。其被啖几尽。忽一日雷震石裂。中坐一人。众称异之。遂为国王。即领余众驱逐罔象而除其害。自是生齿安业。至今其国之遗文。载此事已一千三百七十六年。考之当在汉时。

国中以木为城。有文字。知星历。国王以其子三人为副王。官有落佶连四人。共治国事。如中国宰相。五月俸。随时量给土产诸物。次有文吏三百余员。目为秀才。又有卑官殆千员。唐贞观末。尝遣使入贡。宋元嘉十二年。遣使朝贡。后绝。淳化三年十二月。其王穆罗茶遣使来朝贡。云中国有真主。本国乃修朝贡之礼。使还。赐金币甚厚。仍赐良马戎具以从其请。大观三年。遣使入贡。诏礼之如交趾。建炎三年。以南郊恩制。授阇婆国王怀远军节度琳州管内观察处置等使金紫光禄大夫检校司空使持节琳州刺史兼御史大夫上柱国阇婆国王。绍兴二年。复加食邑实封。

其地名苏鲁马者。为商舶所聚。米粮货物甚众。猢狲数百成群。唐时。有一人家五百余口。男妇凶恶。忽日一僧至其家。与论吉凶之事。其僧取水噀之。俱化为猿猴。止留一老妪不化。今旧宅尚存。土人及商者常设饮食摈榔花果肉类以祭之。不然。则祸甚验也。

其村有杜板者。在海滩。有水一泓。甘淡可饮。称为圣水。元世祖尝举兵伐其国。不克。后遣将史弼高兴征之。数月不下。舟中乏水。粮尽。二将拜天况曰。奉天伐蛮。若天与我水即生。不与则死。遂插枪咸苦海中。其泉随枪涌起。水味甘甜。众军汲而饮之。乃令曰。天赐助我。可力战也。兵威由是大振。唊声奋击。番兵百万余众悉败走。乘胜长驱。生擒番人烹而食之。至今。称中国能食人也。遂获酋长以归。既服罪。寻放还。仍封为爪哇国王。

其港口入北马头曰新村。居民环接。编茭樟叶覆屋。铺店连行。为市买卖。其地富饶。珍珠金银鸦鹘石猫睛青红砗磲玛瑙豆蔻草薆子花木香青盐无所不有。盖通商旅最众也。

本朝洪武二年。遣行人吴用颜宗鲁赐其国玺书。书曰。中国正统。胡人窃据百有余年。纲常既隳。冠履倒置。朕是以起兵讨之。垂二十年。海内悉定。朕奉天命。以主中国。恐遐迩未闻。故专报王知之。使者已行。闻王国人捌只某丁前奉使于元。还至福建而元亡。因来居京师。朕念其久离爪哇。必深怀念。今复遣人送还。颁去大统历一本。王其知正朔所在。必能奉若天道。俾爪哇之民安于生理。王亦永保禄位。福及子孙。其勉图之弗怠。

三年。其主昔里八达遣使朝贡。纳前元所授宣敕二道。诏封为国王。

九年。封三佛齐国。其王八达那巴那务怒朝廷待三佛齐与之埒。使臣过其境。邀杀之。

十三年。复遣其臣阿烈彝列时奉金叶表文。贡黑奴三百人。俟命月余。俾归。因诏谕其王曰。圣人之治天下。四海内外皆为赤子。所以广一视同仁之心。朕君主华夷。按驭之道。远迩无间。尔邦僻居海岛。顷尝遣使中国。虽云修贡。实则慕利。朕皆推诚以礼待焉。前者。三佛齐国王遣使奉表来请印绶。朕嘉其慕义。遣使赐之。所以怀柔远人。尔奈何设为奸计。诱使者而杀害之。岂尔恃险远。故敢肆侮如是欤。今使者来。本欲拘留。以其父母妻子之恋。夷夏则一。朕惟此心特命归国。尔国王当省己自修。端秉诚敬。毋蹈前非。干怒中国。则可以守富贵。其或不然。自致殃咎。悔将何及。

三十年。上以爪哇所属三佛齐国挟诈。阻绝商旅。礼部移文暹罗转达其国谕之。后其国分为东西。

永乐元年。西王都马板遣使奉表贺即位。贡五色鹦鹉孔雀。福建参议辛彦博伴押至京。赐其王袭衣文绮。

二年。东王孛令达哈亦遣使朝贡。且奏请印章。命铸涂金银印赐之。复赐东西二王苎丝纱罗帐幔手巾羊酒器皿。王妃苎丝纱罗手巾等物。

三年。遣行人谭胜受往爪哇招流民梁道明等。胜受者。广东南海人。洪武癸酉乡贡进士。为临桂县丞。以政最召为监察御史。俄降行人。初南海梁道明贸易于爪哇国。久而情熟。挈家住居。积有年岁。闽广军民弃乡里为商从之者至数千人。推道明为长。指挥孙铉使海南诸蕃。遇道明子及二奴。挟与俱归。闻于朝。乃遣胜受同千户杨信赍敕招往之。道明属其副施进卿代领其众。自随胜受偕郑伯可寄来朝贡方物。赐道明等袭衣并文绮缯帛甚盛。上以胜受奉使称旨。擢浙江按察使。是年。西王复贡。其旁近三小国各遣使同至朝贡。俱赐文绮袭衣【三国。牒里日罗治金猫里】。

四年。西王贡珍珠珊瑚空青等物。东王亦贡马。既而西王与东王相战。遂杀东王。时我使人舟过东王城。被西王杀我百七十人。西王遣使言东王不当立。已击灭之矣。降诏切责。

五年。西王都马板上表请罪。愿偿黄金六万两。复立东王之子。从之。

六年。西王都马板献黄金一万两谢罪。礼部臣言其欠偿金五万两。下使者法司治之。上曰。远人欲其畏罪则已。岂利其金耶。且既能知过。所负金悉免之。仍遣使赍敕谕意。赐钞币而还。

八年。西王贡马及方物。

十一年。西王又贡。使还。敕曰。前内官吴宾等还言。王恭事朝廷。礼待敕使。有加无替。比闻王以满剌加国索旧港之地而怀疑惧。朕推诚待人。若果许之。必有敕谕。今既无朝廷敕书。王何疑焉。下人浮言慎勿听之。今赐王文绮纱罗至可领也。

十三年。西王都马板更名杨惟西沙。遣使谢恩。

十六年。西王遣使献白鹦鹉。

十九年。又贡。而东王久不至。盖为其并不复果立矣。西王自宣德后。亦久不至。

正统三年。复遣使贡。赐王苎丝十匹。纱罗各三匹。妃苎丝六匹。纱罗各二匹。以后回赐不为例。

八年。令其国三年一贡。

景泰三年。西王遣使求讨伞盖蟒龙衣服。诏各给其一。

四年。复贡方物。宴犒其使。赏赐织金素罗衣服靴袜。通事头目人等女使并女头目俱同。又命赍彩币。赐王及妃。自后不常至。间或朝献云。

其国四乡。初至杜板。仅千家。二酋主之。皆广东漳泉人。流寓最久。又东行半日至厮村。中国人客此成聚落。遂名新村。约千余家。村主广东人。番舶至此互市。又南水行可半日。至淡水港。乘小艇行二十余里。至苏鲁马。亦有千余家。半中国人。港旁大洲。林木蔚茂。有长尾猱数万。又水行八十里至漳沽。登岸。西南陆行半日。至王所居。仅二三百家。总领七八人。王宫砖墉。墉高余三丈。方三十余里。屋高四丈。地覆板。蒙藤花席。跏趺而坐。民居茅茨砖库。坐卧于内。刑无鞭朴。罪不问轻重。藤击刃杀之。市用中国古钱。衡量倍于中国。

国人大抵三种。西番贾胡居久者。服食皆雅洁。中国流寓者。尚回回教。持斋受戒。曰唐人。土人颜色黝黑。坐卧无椅榻。饮食无匙箸。啖蛇蚁虫蚓。与犬同寝食。不为秽也。其婚姻无媒妁。惟纳黄金于女家。男造女家后五日迎归。金鼓刀盾前后甚都。妇被发跣足。萦嵌丝帨。戴被金珠。彩饰宝妆。其国地广人稠。甲兵火铳。为东洋诸番之雄。其俗尚气好斗。生子一岁便以匕首佩之。刀极精巧。名曰不刺头。以金银象牙雕琢为靶。凡男子。老幼贫富皆佩于腰间。若有争詈。即拔刃相刺。盖杀人逃三日而出。即无事矣。男子猱头裸身。赤脚。腰围单布手巾。能饮酗酒。重财轻命。妇人亦然。惟项金珠。联纫带之。两耳塞茭樟叶圈于窍中。有病不服药。但祷神求佛。其丧事。凡主翁病死。婢妾辈相对而誓曰。死则同往。监殡之日。妻妾奴婢皆满头簪草花。披五色手巾。随尸至海边或野地。畀尸于沙地。俾众犬食尽为好。如食不尽。则悲歌号泣。堆柴于旁。众妇坐其上。良久乃纵火烧柴而去死。盖殉葬之礼也。其王椎髻。戴金铃。衣锦袍。蹑革履。坐方床。官吏日谒。三拜而退。出人乘象。或乘牛。或腰舆。壮士五七百人执兵器以从。国人见王皆坐。俟其过方起。不设刑禁。犯罪者随轻重出黄金以赎。惟寇盗则置诸死。剪银叶为钱博易。室宇壮丽。饰以金碧。饮食丰洁。土不产茶。其酒出于椰子及虾蝚丹树。或以桄榔槟榔酿成。亦甚香美。其田膏腴。地乎衍。谷米富饶。倍于他国。民不为盗。道不拾遗。人有名而无姓。五月游江。十月游山。或乘山马。或乘软兜。乐有横笛鼓板。亦能舞。谚云太平阇婆者。此也。

其山川。曰保老岸山【在苏吉丹国。凡番舶未到。先见此山。顶耸五峰。时有云覆其上】。曰鹦鹉山【产鹦鹉】。曰八节涧【乃爪哇咽喉。必争地。元史弼尝会兵于此】。其产。金银珍珠【番名没爹虾罗】犀角【番名低蜜】象牙【番名象罗】玳瑁沉香茴香青监【不假煎煮。日晒而成】檀香【树与叶似荔枝】龙脑香丁香【番名香为昆炖卢林】荜澄茄【其藤蔓衍。春花夏实。花白而实黑】木瓜椰子蕉子甘蔗芋槟榔胡椒【树如葡萄。以竹木为棚架。三月花。四月实。五月收采晒干】硫黄红花苏木桄榔木吉贝绞布【有绣丝纹杂色丝纹】装剑藤簟白鹦鹉【能驯言语歌曲】孔雀倒挂鸟【身形如雀而羽五色。日间闻好香则收而藏之羽翼间。夜则张尾翼而倒挂以放香】猴【国中山多猴。不畏人。呼以霄霄之声即出。或投以果则二大猴先至。土人谓之猴王猴夫人。食毕。群猴食其余】。

其贡。胡椒荜茇苏木黄腊乌爹泥金刚子乌木番红土蔷薇露奇南香檀香麻藤香速香降香木香乳香龙脑血竭肉豆蔻白豆蔻藤竭阿魏芦荟没药大枫子丁皮番木鳖子闷虫药碗石荜澄茄乌香宝石珍珠锡西洋铁枪折铁刀芯布红油布孔雀火鸡鹦鹉玳瑁孔雀尾翠毛鹤顶犀角象牙龟筒黄熟香安息香。其入贡三年一期【正统八年定】。后无恒。

其里至。东古女人国。西为三佛齐国。南古大食国。北占城国。达于京师。

卷八·三佛齐

三佛齐。前代至洪武间为国。今为旧港宣慰司地。古干陀利也。在占城之南。相距五日程。居海中。或曰居真腊爪哇之间。

泉州僧本称说。其表兄为海贾。欲往三佛齐。法当南行二日而东。否则值焦土。船必糜碎。此人行时遇风迅。船驶既二日半。意其当转而东。即回柁。然已无及。遂落焦土。一舟尽溺。此人独得一木。浮水三日。漂至一岛畔。度其必死。舍木登岸。行数十步。得一小径。路甚光洁。若常有人行者。久之。有妇人至。举体无片缕。言语啁咻。不可晓。见外人。甚喜。携手与归石室中。至夜与共寝。天明。举大石塞其外。妇人独出。至日脯时归。必赍异异至。其味珍甚佳。世所无者。留稍久。始听自便。如是七八年。生三子。一日总步至海际。适有舟抵岸。亦泉人。以风误至者。乃旧相识。急登之。妇人奔走。号呼恋恋。度不可回。即归取三子对此人裂杀之。其岛甚大。然但有此一妇人耳。

为国时所管十五州。又有旁近属国曰单马令凌牙斯蓬丰登牙依细兰诸种。国主号曰詹卑。其人多姓蒲。梁天监元年入贡。后绝。唐天佑初。复通中国。宋建隆以后。遣使入贡。淳化三年。广州上言。其使蒲押院黎前年来贡归道。闻本国为阇婆【即爪哇。】所侵。驻南海一年。今春欲归。至占城风信不利。复还。乞诏谕本国。从之。熙宁十年。使其臣保顺慕化大将军入见。以金莲花贮珍珠龙脑来献。元丰中。使至者再。

本朝洪武二年。遣行人赵述使其国。

四年。述还。国主马哈剌札八剌卜遣使奉金字表文随述贡方物。贺即位。赐大统历并诸文绮。

六年。复遣使贺正旦。贡方物。

八年。朝使招谕拂菻国。归历其地。遣使随入贡。

九年国主卒。嗣子麻那者巫里表乞绍封。且请国印绶。上遣使赍诏册封。赐印用驼纽。银质。涂以金。诏曰。朕自混一区宇。常遣使招谕诸番。尔三佛齐国王即称臣入贡。于兹有年。今秋使者赍表至。知王薨逝。尔麻那者巫里以嫡子当嗣王位。不敢擅立。请奉于朝。可谓贤矣。朕嘉其诚。是用遣使赐以三佛齐国王之印。尔当善抚邦民。永为多福。

十年。诏赐王及使臣织金彩缎纱罗靴袜有差。

三佛齐本臣属于爪哇者。本朝开国之初。海外诸番通使不绝。商旅便之。自胡惟庸谋乱。三佛齐因而遣间谍给我使臣羁留于境。爪哇国王闻知其事。戒三佛齐。令其礼送还朝。自后诸国道路不通。商旅阻绝。上欲遣使谕爪哇国。恐三佛齐中途阻之。命礼部移咨暹罗国王转达爪哇曰。自有天地以来。即有君臣上下之分。且有中国四夷之礼。自古皆然。我朝混一之初。安南占城真腊暹罗大琉球皆修臣职。惟三佛齐梗我声教。夫智者忧未然。勇者能从义。彼三佛齐以蕞尔之国而行奸于中国之中。可谓不畏祸者矣。尔暹罗国王犹守臣职。我皇上眷爱如此。可转达爪哇。俾以大义告于三佛齐。三佛齐系爪哇统属。其言必信。或能改过从善。则与诸国咸礼遇之如初。勿自疑也。其后爪哇并三佛齐。废其国。其地有旧港。商舶所聚。爪哇置小酋以司市易。南海商人梁道明弃乡里来居。积岁聚众。为之酋长。

永乐三年。遣行人谭胜受招之还【详具爪哇传中】。

按梁道明王直并入海为商者。道明其终归于首丘。王直其终徇于槁街。人其可不知顺逆以择祸福也哉。

五年。中使郑和往西洋还。泊旧港。遇海贼陈祖义等招之。陈祖义者。广东人。脱罪避居旧港。久之得为三佛齐将领。暴横掠过客。至是因郑和之招。诈降潜谋邀劫和。有施进卿者。祖义乡人也。诉于和。和整兵擒祖义。诛其党五千余人。承制官进卿留旧港为将领。祖义械送京师。斩于市。诸番闻之。皆詟服。是年。旧港酋长施进卿遣婿丘彦诚入贡。诏设旧港宣慰使司。命进卿为宣慰使。赐印诰冠带文绮。

二十一年。进卿子济孙复遣彦诚奏父卒。请封。并言印为火所毁。请复给。命济孙袭宣慰使。赐冠带织金文绮袭衣银印。中使郑和赍往赐之。自是比诸番国。朝贡不绝。

其国在海中。扼诸番舟车往来之咽喉。商旅过不入。辄出船合战。故诸国之商舶辐辏。累甓为城。人民散处城外。水多地少。部领者皆在岸造屋居之。周匝皆仆从住宿。其余民庶皆于水架木筏。盖屋而居。覆以椰叶。以木椿拴阑。或水长则筏浮起。不能没也。或欲别居。起椿去之。连屋移徙。不劳财力。四时之气多热少寒。冬无霜雪。土沃倍于他壤。古云一年种谷。三年生金。言其米谷盛而多贸金也。民故富饶。俗嚣好淫。男女推髻。穿青绵布衫。用香油涂身。以金银贸易。货用烧五色珠青白磁器铜鼎五色布绢色缎大小磁瓮铜钱之属。民习水陆战。临敌敢死。服药。兵刃不能伤击。兵随时征发。立酋长统率之。自备兵粮。平时亦不输征税。凡文字用梵书。其王指环为印。亦有中国文字。上表章用焉。三佛齐本南蛮别种。初隶爪哇。有地十五州。东距爪哇。西距满剌加。南距大山。西北滨海。

其产。金银水晶珠琉璃犀象象牙安息香【树脂。其形色类核桃穰。不宜于烧。然能发众香。故人取以和香】龙脑香檀香乌桶木【单马令国出。树似上桐。可为器】猫睛石【细兰国出。莹洁明透。如猫眼睛】沉香乳香【树如榕。以刀斫之。液溢于外。凝结而成。其为品十。有其名滴乳瓶乳袋者黑榻缠未之别】蔷薇水【即蔷薇花上露。花与中国蔷薇不同。土人多取其花水以浸代露。故伪者多。以琉璃瓶试之。翻摇数四。其泡周上下者为真】万岁枣木香【树类丝瓜。冬取根晒干】褊桃婆律香熏陆香芦荟【草属。状如鲎尾。彩之以玉器捣研成膏。名曰芦荟】栀子花【色浅紫。香清越。其花稀有之。土人彩之曝干。藏琉璃瓶中】没石子【树如樟。开花结实。如中国茅栗】苏合油【以浓而无滓者为上】腽肭脐【兽形如狐。脚高如犬。走如飞。取其肾以渍油。名曰腽肭脐】阿魏【树不甚高。土人纳竹筒于树稍。脂满其中。冬月破筒取脂。即阿魏也。或曰其脂最毒。人不敢近。每彩时系羊树下。自远射之。脂之毒著于羊。羊毙即为魏】珊瑚【生海中最深处。初生色白。渐长变黄。以丝绳系五爪铁猫儿。用黑铅为坠。掷海中取之。初得肌理软腻。见风则干硬。变红色者为贵。若失时不取。则蠹败】没药【树高大如松。皮厚一二寸。彩时掘树下为坎。用斧伐其皮。脂流于坎。旬余取之】血竭【树略同没药。彩亦如之。自乳香以下诸物多大食诸番出而革于三佛齐国】又产鹤顶火鸡神鹿。鹤顶鸟大于鸭。脑骨厚寸余。外黄内赤。鲜丽可爱。火鸡大于鹤。颈足亦似鹤。软红冠。锐嘴。毛如青羊色。爪甚利。伤人腹致死。食炭。神鹿大如巨豕。高可三尺。短毛喙。啼三跲。

其贡。黑熊火鸡孔雀五色鹦鹉诸香兜罗锦被苾布白獭龟筒胡椒肉豆蔻番油子米脑。

其里至。占城国南五日。其入贡自广东达于京师。

卷八·浡泥

浡泥国在西南大海中。所统十四州。前代属爪哇。不通中国。宋太平兴国中。国主向打始因商人蒲卢歇遣使入贡。元丰中。国主锡里麻喏遣使又至。自后久绝。

本朝洪武三年。命监察御史张敬之福建行省都司沈秩【秩。乌程人】持诏往谕。至其国。国主马合漠沙倨傲无礼。秩令译言曰。皇帝抚有四海。日月所照。霜露所坠。无不奉表称臣。浡泥以弹丸之地。乃欲抗天威耶。国主大悟。举手加额曰。皇帝为天下主。即吾君父。安敢云抗。秩折之曰。王既知君父之尊。为臣子柰何不敬。亟撤去座。更设芗几。置诏书其上。命国主帅官属列拜于庭。秩奉诏立宣之。王俯伏以听。因曰。近者苏禄来侵。子女玉帛尽为所掠。必俟三年后。国事稍舒。当造舟入贡。秩曰。皇帝登大宝已有年矣。四夷之国。东则日本高丽。南则交趾占城阇婆。西则吐蕃。北则蒙古诸部落。使者接踵于道。王即行已晚。何谓三年。国主曰。地瘠民贫。愧无奇珍以献。故将迟迟尔。非有他也。秩曰。皇帝富有四海。岂有所求。但欲王之称藩一示。无外尔。国主曰。容与相臣图之。又明日。其相王宗恕来曰。使者之言良是。请以五月五日成行。爪哇有人问国主曰。苏禄来攻。王帅师却之。今闻归诚中国。无我阇婆矣。国主惑之。秩复走见国主。国主辞以疾。秩大言谓宗恕曰。尔谓阇婆非中国臣耶。阇婆尚称臣。于尔国乎何有。使者还朝。天兵旦夕至。虽欲噬脐。悔何及乎。宗恕悚然曰。敬闻命矣。入白国主。大会其属。共议遣亦思麻逸等入朝。更以金佩刀吉贝布为赠。秩毅然辞之。国主顾近诗曰。中国使者廉洁乃如是耶。阇婆来人讨索每无厌。况强之而不受耶。秩以涉海万里。不可无纪。仍与敬之各赋一诗。国主大悦。书于板悬之。既别。舟行至海口。国主又惑。左右言令人与亦思麻逸曰。使者不受刀布。尔等必不还矣。秩恐国主不安。复走其所。反复譬晓之。王曰。使者之言如此。予中心释然矣。王举酒酹地祝曰。愿天使早还中国。愿区区微介亦早归敝邦。于是亦思麻逸随秩等至朝见。奉上金表。皇太子银笺。各献方物。赐宴于会同馆。已而遣归。宠赍其王甚厚。

八年。诏浡泥山川之神。附祭于福建山川位次。

永乐三年。诏遣使封其国主麻那惹加那乃为王。给印符诰命。

六年。王率其妻子家属陪臣来朝。泊福州港。守臣以闻。上念王距中国数万里。远涉鲸波而至。遣中使偕礼部官往迎劳之。所过诸郡皆设宴。既至。王奉表入见。并上东宫笺。各献方物。妃亦上中宫笺。献珍物。上享王于奉天门。别宴妃及王弟王子陪臣他所。复命供张会同馆。日给牲牢。上尊赐王金绣龙金麒麟等袭衣。金玉装带仪杖鞍马。入赐妃与王子冠服。下逮陪臣傔从文绮纱罗袭衣。出就会同馆复赐宴焉。王卒于馆。辍朝三日。祭赙甚厚。谥为恭顺。赐葬南京城南石子冈以西。南蛮人隶籍中国者守之。树碑建祠。命有司春秋致祭。复令其子遐旺袭封。遣行人内官护送归国。濒行。赐宴奉天门。别宴王母陪臣等。赐金百两银三千两。凡馆中帏幔裀褥器皿悉撤以赠。复命礼部宴饯于龙江驿。又宴龙潭驿。初。国王麻那惹加那乃上言。蒙恩封王爵。境土皆属职方。国有后山。乞封表为一方之镇。王卒。其子遐旺以为请。六年。诏封其山为长宁镇国山。御制碑刻石于上。

十二年。洪熙元年。皆来朝贡。今亦罕至矣。

其地炎热。多风雨。无城郭。树木栅以为固。或曰以板为城。王所居屋覆以贝多叶。民舍覆以草。王坐绳床。出即大布单坐其上。众舁之。名曰玩囊。战斗者持刀披甲。甲以铜铸。状若大筒。穿之于身。护其腹背。其国邻底门国。有药树。取其根煎为膏。服之及入其体。兵刀所伤皆不死。厥丧葬亦有棺敛。以竹为轝车。载弃山中。二月始耕。则祀之。逾七年。则不复祀。婚聘之资先以椰子酒。次槟榔。又次以指环。然后以吉贝布或量出金银成其礼。国人以十二月七日为岁节。取树实为浆。澄漉腻如粉。食之能不饥。沥浆为酒。凡宴会。鸣鼓吹笛击钹。歌舞为乐。无器皿。以竹编具多叶为器。盛饮。食讫弃之。厥习尚奢侈。男女椎髻。以五彩帛系腰。花锦为衫。王之服色略仿中国。基宇弘敞。原田获利。煮海为盐。酿秫为酒。爱敬中国人。每见中国人醉者。则扶之以归。番书无笔札。以刀刻贝多叶行之。事佛甚严。五月十三日国人竞作佛事。

其山。长宁镇国。其产。片脑【树如移桧。取者必斋沐而往。其成片似梅花者为上。其次有金脚速脑米脑苍脑札聚脑。又一种如油。名脑油】檀香象牙吉贝布玳瑁鹤顶巴尾树贝多叶加蒙树【二树心可为酒】椰子槟榔纸【纸类木皮而薄。莹滑色微绿。宋时入贡。以书表】。厥贡。珍珠宝石金戒指金绦环龙脑牛脑梅花脑降香沉速香檀香丁香肉豆蔻黄蜡犀角玳瑁龟筒螺壳鹤顶熊皮孔雀倒挂鸟五色鹦鹉黑小厮金银八宝器。厥贡单目用银。

其里至。阇婆【四十五日】三佛齐【四十日】占城【三十日】。其朝贡自广东达于京师。

卷八·琐里 古里

琐里国又曰西洋琐里国。古里国又曰西洋古里国。或为二国。或为四国。会典诸书所载各异。皆西海诸番之会。自广州舶船往诸番。出虎头门。如入大洋。分东西三路。东洋差近。周岁可回。西洋差远。两岁一回。宋于中路置巡海水师营垒。其国与伽蓝洲狮子国相邻。或云南距柯枝。西濒海。自柯枝海行可三日至。前代不通中国。

本朝洪武三年。遣使持诏谕西洋诸番曰。自古为天下主者。视天地所覆载。日月所照临。若远若近。生人之类无不欲其安土而乐生。然必中国治安而后四方外国来附。近者元君妥欢帖木儿荒淫昏弱。志不在民。四方豪杰割据郡县。十去八九。朕悯生民之涂炭。兴举义兵。攘除暴乱。天下军民尊朕为皇帝。国号大明。建元洪武。前年克取元都。四方以次平定。其占城安南高丽诸国俱已朝贡。今特遣将巡行北边。始知元君已殁。获其孙买的里八剌。封为崇礼侯。朕仿前代帝王治理天下。惟欲中外臣民咸乐其所。又虑汝等僻在远方。未悉朕意。故遣使者往谕。咸使闻知。既而遣前行人闻良辅往谕西洋诸番。于是古里国主遣使来贡。进金叶表文。上以其国涉海道远。赐赉甚厚。

五年。琐里国主卜纳的亦遣使贡。奉金字表文。并图其土地山川以献。上赐国主大统历及织金彩缎纱罗各四匹。赐使臣彩缎纱罗各二匹。

七年。上因暹罗番商诈贡。诏中书礼部曰。古者中国诸侯于天子比年一小聘。三年一大聘。九州之外番方远国则每世一朝。其所贡方物不过表诚敬而已。高丽稍近中国。颇有文物礼乐。与他番异。是以命依三年一聘之礼。彼若就每世一见。亦从其意。其他远国如占城暹罗西洋琐里等处新附国土。入贡既烦。劳费甚大。朕不欲也。今遵古典而行。不必频贡。其移文使诸国知之。永乐元年。二国各遣使贡马。诏许其附载胡椒等物皆免税。命有司造舰舶二百五十艘。备使西洋。

三年。古里又遣使朝贡。诏封古里国王给印诰。

五年。复来贡。

七年。遣中官郑和偕行人通西南夷。封海神宋灵惠夫人林氏为护国庇民普济天妃。建祠于京师仪凤门。

按天妃。莆田林氏都巡君之季女。幼契玄理。预知祸福。在室三十年。宋元佑间。遂有显应。立祠于州里。至元中。显圣于海。保护海运。万户马合法忽鲁循等奏立庙。号天妃。赐祭太牢。洪武初。海运风作。漂泊粮米数百万石于落漈【落漈言水往不可回处】。万众号泣待死矣。大叫天妃。则风回舟转。遂济直沽。后又封昭应德正灵应孚济圣妃娘娘之号。自后四方受恩之人遂各立庙。故今在处有之也。永乐中。杭州百户郭保海运遭风。一旦昼如夕者。似三日夜矣。舟人泣叫天妃。许以立庙。顷刻遂见天日。成化间。杭州给事中陈询钦命往日本国。至大洋风雨大作。舟将覆矣。陈祷天曰。予命已矣。如君命何。远见二红灯自天而下。若有人言曰。救人不救船。忽有灯至舟上。有渔舟数只飘泊而至。遂得渡登山。即语曰。吾辈为天妃所遣。此山自某地去可几日至广东也。但多蛇难行。今与尔盒药敷足。则无害矣。已而果然。复入京。领敕又行。下舟时。梦天妃曰。赐尔木。此回当刻我像。保无虞也。明日。有大木浮水而来。舟人取之。乃沉香。至今刻像于家。

和等领甲士驾巨舰自福州长乐县出五虎门航大海。西南行抵占城。正南行八昼夜抵满剌加。以达西洋古里。分艅遍往支国阿舟忽鲁谟斯等处。于是古里复遣使贡金丝宝带。金丝细如发。结花。缀八宝珍珠鸦鹘石于上。

二十二年。仁宗即位。从前户部尚书夏原吉之请。诏停止西洋取宝船。不复下番。宣德中复开。至正统初复禁。成化间。有中贵迎和上意者。举永乐故事以告。诏索郑合出使水程。兵部尚书项忠命吏入库检旧案不得。盖先为车驾郎中刘大夏所匿。忠笞吏。复令入检三日。终莫能得。大夏秘不言。会台谏论止其事。忠诘吏谓。库中案卷宁能失去。大夏在旁对曰。三保下西洋费钱粮数十万。军民死且万计。纵得奇宝而回。于国家何益。此特一敝政。大臣所当切谏者也。旧案虽存。亦当毁之以拔其根。尚何追究其有无哉。忠竦然听之。降位曰。君阴德不细。此位不久当属君矣。【大夏后果至兵部尚书】自后其国亦不常至。间一遣使朝贡云。

按灼艾集中刘大夏为兵部郎中。有中官用事。献取交南策。以中旨索永乐中调军数。公故匿其籍。徐以利害告尚书。余子俊力言阻之。事遂寝。与此相类。因附记以俟考。

其国古里王好浮屠。敬象牛。老不传子。传外孙。否则传弟。无外孙。弟传善行人。族类分五种。如柯枝王南毗人不食牛。将领回回人不食猪。大家晨起用牛粪为囊佩之。每旦水调抹额及股。国事皆决于二将领。俗尚信义。行者让路。道不拾遗。海滨为市。通诸番。用金银钱。以葫芦为乐器。红铜丝为弦。歌声相协。铿锵可听。刑无鞭笞。轻断手足。重罚金诛戮。田瘠宜麦。产沉香木香西洋布【幅广至四五尺】五色布花蜕阔五尺孔雀白鸠胡椒马【国多骏马。来自西域】五色鸦鹘石。

其贡。宝石金系腰珊瑚珠琉璃瓶琉璃碗宝铁刀苏合油龙涎栀子花花毡单伯兰布苾布红丝花手巾番花人马象物手巾线结花靠枕木香乳香檀香锡胡椒。

琐里其产。撒哈剌【以毛织之。蒙茸加毡毾。有红绿二色】红八者蓝布觊木黑布白苾布。其贡。马红撒哈剌红八者蓝布红番布木里布白苾布珠子顶串黄黑虎。其贡道亦由广东。

卷九·苏门答剌

苏门答剌国。古大食国也。在占城之西洋中。南接目连所居。宾童龙国东北。近雪山葱岭。皆佛境。西北与大秦相邻。为其属。宋初与占城通贡。南又抵宋。淳化四年。广州番长以书招谕。舶主蒲希密遂至南海。以老病不能诣阙。乃以方物来献。其表有曰。涉历龙王之宫。瞻望天帝之境。庶尊玄化。以慰宿心。今则虽届五羊之城。犹赊双凤之阙。自是广州至今多蒲姓者。皆其裔也。后与宾童龙国使来朝贡。熙宁中。其使辛押拖罗请进银钱助修广州城。不纳。后又分部领为勿斯离弼琶啰勿跋等国。复并名为须文达那。

本朝洪武间。遣使奉金叶表。贡马及方物。改名苏门答剌。

永乐三年。酋长宰奴里阿必丁。随中使尹庆入贡。封为苏门答剌国王。给与印诰。

五年。嗣王锁丹罕阿必镇遣使阿里入贡。时中官郑和偕行人奉使西洋诸番。赏赐其主贸易珍物。统军二万七千余。海舶四十。过其国。其臣苏干剌专国。欲弑国主自立。怨朝赐不及己。领众数万邀击官军。和与战。败之。苏干剌走。追至喃浡国。并其妻子获之。献于行在。论以大逆不道。伏诛。番夷闻之震栗。

按别志。永乐五年。国王与花面王战败。中矢死。子弱不能复仇。其妻发愤令于国曰。能复此仇者。我以为夫。与共国事。有渔翁闻之。率众攻杀花面王。王妻遂从渔翁。永乐七年。渔翁王来贡。上喜。厚赐之。十年。遣使至其国。故王假子率部众杀渔翁王。其子苏干剌率众奔于哨山。时时相侵欲复仇。十一年。太监郑和擒假子送京伏法。渔翁王子感激。贡方物甚伙。花面王者。即那孤儿王也。国小。仅比大村。祗千余家。人皆厘面。以故号花面。风俗语言类苏门答剌。其事与此稍异。姑附记之。

宣德六年。其国来进马。赐王锦二段纱罗各四匹绢十三匹。妃文绮纱罗有差。

九年。国王复来贡马。回赐彩缎二十表里。以后俱照此例。正使赏缎段五表里。并其妻及头目通事各赏有差。

十年。请封其子为王。正统十年天顺三年。皆来贡。

成化二十二年。番人马力麻者。为海商。诡称苏门答剌使臣私通贩易。市舶中官韦眷利其货。不究问之。广东布政使陈选发其奸抵罪。自后其国间一朝贡。

其俗。男女髻。系红布。国主躯干修长。一日之间必三变色。或黑或赤。每岁杀十余人。取自然血浴之。谓能厌邪。四时不生疾病。故民皆畏服焉。民网鱼为生。独木刳舟。朝则张帆出海。暮则回。田瘠少收。胡椒蔓生。延蔓附树。枝叶如扁豆。花间红白。结椒累垂。番秤一播荷抵我官秤三百二十斤。价银钱二十个。重银六两。其爪茄一种五年。结小再种。橘柚酸甜之果。常花常结。有瓜一种。皮若荔枝。未剖之时甚臭。既剖味如酥油。香甜可口。又产鹤顶锡斗苏木阔布大茄【树高丈余。经三四年不瘁。子大如西瓜。重十余斤。以梯摘之】。煮海为盐。酿茭樟子为酒。货用青白磁器铜铁爪哇布色绢之属。

其西去一昼夜有龙涎屿。独峙南巫里洋之内。浮滟海面。波激云腾。每至春间。群龙交戏于上而溃涎沫洋水。则国大驾独木舟。伺龙出没随而彩之。或风波。则人俱下海。一手附舟旁一手揖水而得。至岸。其涎初若脂胶。黑黄色。颇有鱼腥气。久则成大块。或大鱼腹中剌出如斗大。焚之清香。可爱。名曰龙涎【其品有三浮水者为上。渗沙次之。鱼食为下】。每香一斤直其国金钱一百九十二枚【准中国铜钱九千文】。

其贡。马犀牛龙涎撒哈剌梭服宝石木香丁香降真香沉速香胡椒苏木锡水晶玛瑙番弓石青回回青硫黄。自满剌加国顺风九昼夜可至。其道亦由广东。

卷九·锡兰

锡兰国。古狼牙须也。在西洋。与柯枝国对峙。以别罗里为界。自苏门答剌顺风十二昼夜可至其国。占城极西可望见焉。番语谓高山为锡兰。因名。前代不通中国。或曰狼牙须。梁时通焉。

本朝永乐七年。中使郑和偕行人泛海至其国。赍金银供器彩妆织金宝幡。布施于其寺。赏赐国主亚烈苦奈儿。诏谕之。国主贪暴。不辑睦邻国。数邀劫往来使臣。诸番皆苦之。和等登岸。至其国。国主骄倨不恭。令子纳款索金宝。不与。潜谋发兵数万劫和舟。而先伐木拒险。绝和归路。和觉之。拥众回舟。路已阻塞。和与其下谋曰。贼众既出。国中必虚。且谓我军孤怯。无能为。如出其不意。可以得志。乃率所从兵二千。夜半。间道衔枚疾走抵城下。约闻炮则奋击。入其城。生擒亚烈苦奈儿。

九年。归献阙下。上命礼部择其支属贤者更立之。礼部询于所俘。国人举耶巴乃那贤。

十年。遣使赍诏印往封之。诏曰。朕统承先皇帝鸿业。抚驭华夷。嘉有万方。同臻至治。锡兰国亚烈苦柰儿近处海岛。素蓄祸心。毒虐下人。结怨邻境。朕尝遣使诏谕番国。至锡兰其亚烈苦柰儿敢违天道。傲慢弗恭。逞其凶逆。谋杀朝使。天厌其恶。遄被擒俘。朕念国中军民。皆朕赤子。命简贤能为之统属。尔耶巴乃那修德好善。为众所推。今特封尔为锡兰国王。呜呼。惟诚敬可以立身。惟仁厚可以抚众。惟忠可以事上。惟信可以睦邻。尔其钦承朕命。永崇天道。无怠无骄。暨子孙世享无疆之福。钦哉。时群臣皆请诛烈苦柰儿。上曰。蛮夷禽兽耳。不足诛。遂赦之。亦遣归。时国人立不剌葛麻巴思剌查为王。诏谕使逊位。

十四年。王遣使偕占城爪哇诸国贡马及犀象方物。中官郑和等赍敕及锦绮纱罗彩绢等物。偕往赐各国王。

宣德八年。入贡。赐文绮。国王十八匹。王妃八匹。纱。国王与妃各四匹。正使副使给赏有差。诏使臣以下自进物。俱给与价。

正统十年。贡珠石宝石。天顺三年。王率其子葛力生夏剌昔利把交把惹遣使贡。自后贡使亦间至。

其国在大海中。有翠蓝山最高大。参天。山顶产有青美蓝石黄鸦鹘石青红宝石。每遇大雨冲流。山下沙中拾取之。其海旁有珠帘沙【或云珠池。日映光浮起。闪闪射人】。常以网取螺蚌。倾入池中作烂。淘珠货之。

自山东南乘风可三日至赤卯坞。坞人穴居。男女皆裸若野兽。不粒食。食芭蕉子波罗蜜鱼虾。又西海行可十日至佛堂山。海边有一盘石。上印足迹。长三尺许。常有水不干。称为先世释迦佛从翠蓝屿来登此山。足蹑其迹。至今尚存。故名佛堂山。盘石下有卧佛寺。称为释迦佛涅盘。真身侧卧。在寺亦有舍利子。在其寝处宝饰极华丽。又西北陆行五十里至王居。王尚释。重象牛。煅牛粪灰涂体。饮牛乳。不食其肉。杀牛者罪死。王宫民居旦必调牛粪涂地而礼佛。民上裸。下缠帨。加压腰。去须毫。留发。布缠之。女椎髻于后。下萦白布。饮食不令人见。气候常热。米谷丰足。地广人稠。俗富饶。亚于爪哇。产龙涎香乳香。货用金钱铜钱青花白磁器色缎色绢之属。其道由广东至京。

卷九·苏禄

苏禄国与浡泥琐里相近。其国分为东西。别有一洞。共三洞王。俱不相统属。或云东王为尊。西洞别洞二王副之。本朝永乐十五年。东国王巴都葛叭答剌西国王巴都葛叭苏哩别洞王叭都葛巴剌卜。各率其妻子酋长来朝。贡珍珠玳瑁诸物。赐国主纱帽金镶玉带金蟒衣衾褥器皿铺陈。赐王妃冠服文绮纱罗等物。王子女姻戚酋长使女给赏有差。诏货物俱给价。免抽分。

东王归次德州。卒。上遣礼部郎中陈士启祭以文曰。惟王聪慧明达。赋性温厚。敬天之道。诚事知几。不惮数万里率其眷属及陪臣国人。历涉海道。忠顺之心可谓至矣。兹特厚加赏赉。锡以恩诰。封以王爵。俾尔身家荣显。福尔一国之人。近命还国。何其婴疾。遽焉殒逝。讣音来闻。不胜痛悼。今特赐尔谥曰恭定。仍命尔子承尔王爵。率其眷属回还。于戏。死生者人理之常。尔享荣禄于生前。垂福庆于后嗣。身虽死殁。而贤德令名昭播后世。与天地相为悠久。虽死犹生。复何憾焉。兹用遣人祭以牲醴。九泉有知。尚克享之。又命有司营葬。为文树碑基道。文曰。王者之治天下。一视同仁。声教所被。无思不服。故曰明王慎德。四夷咸服。盖有不待威而从。不假力而致者。昔朕皇考太祖高皇帝诞膺天命。统御万方。深仁厚德。熏蒸动彻。近者既悦。远者必来。莫不欢忻鼓舞于日月照临之下。猗欤盛哉。肆朕续承大统。君主华夷。继志述事。惟恐弗逮。劳来绥怀。每殚厥心。而戎狄之君蛮夷之长。越大小庶邦亦罔不来廷。朕悉以礼接之。乃者苏禄国东王巴都噶叭嗒喇邈居海峤。心慕朝廷。率躬眷属及其国人。航涨海泛鲸波。不惮数万里之遥。执玉帛捧金表来朝京师。其恭顺之诚。爱戴之意。蔼然见于辞表。可谓聪明特达。超出等伦者矣。朕特加宴赏。赐以印章。封以王爵。送至还国。道经德州。竟以疾薨。实永乐十五年九月十三日也。讣闻。朕不胜悼痛。遣官谕祭。赐谥恭定。仍命有司为茔葬事。以是年十月三日葬于州城之北。命其子都麻合袭爵。率其属而还。礼官以襄事告请树碑。垂示于后。朕惟天无私覆。地无私载。日月无私照。王者奉三无私以代天出治君臣之序。立五典之教。备内外之分。明生人之大庆。实在于斯。故曰。普天之下。莫非王土。率土之宾。莫非王臣。今王慕义而来。诚贯金石。不谓婴疾。遽殒厥身。其忠义不可泯。故用纪其实。以诏后世。于戏。人孰无死。若王光荣被其国家。庆泽流于后人。名声昭于史册。永世而不磨。可谓得其所归矣。使其区区居海峤之间。一旦殒殁。身与名俱灭。岂不惜哉。王虽薨逝。盖有不随死而亡者。此诚大丈夫矣。乃锡之铭曰。覆载之内。庶类实蕃。天生圣神。主宰其间。礼乐教化。达于四夷。包含偏覆。恩布德施。敬恭玉帛。朝于明堂。无有远近。山梯海航。粤自古昔。与今斯同。苏禄之君。慕义向风。携其室家。暨其耄倪。泛彼鲸波。万里而至。拜舞婀娜。列辞摅诚。感恩效顺。特达聪明。眷为贤哲。锡赉是加。金章赤绶。开国成家。秋风载涂。浩然长驱。神游逍遥。风马云车。平原之冈。佳城苍苍。永固厥封。千载之藏。显显令闻。垂于无极。后之来者。视此贞石。上命留其妃妾及傔从十人守墓。令毕三年还国。遣使封其长子都麻合为苏禄国东王。

知州宁和苏禄王坟诗曰。花谢红香扬曲溪。藤枝深护小堂低。春风细草埋翁仲。夜雨空梁落燕泥。万里海天愁思迥。百年苏禄梦魂迷。多情惟有芳林鸟。不为凄凉依旧啼。

十九年。复来贡方物。自后亦不常至。间一来王云。贡道由广东。

其俗山涂田瘠。间种粟麦。民食沙糊鱼虾螺蛤。煮海为盐。酿蔗为酒。织竹布为业。气候半热。男女短发。缠皂缦。其山曰石崎【以此为侍障】。其产。竹布玳瑁珍珠【色可照而圆。有至径寸者】蔗。其贡。梅花脑米脑竹布绵玳瑁降香苏木胡椒华茇黄腊番锡。

卷九・麻剌

麻剌国前代无考。本朝永乐中。国主哇来顿本率其臣来朝。至福州。卒。诏谥康靖。

按当时之夷没葬于中国者。如浡泥苏禄麻剌共三人焉。非我朝德威远被。乌能使海外遐酋倾心殒身如此哉。敕葬闽县。令有司岁时祭之。

十三年。又遣使献麒麟。礼部尚书吕震奏。麻林国进麒麟。将至。请于至日率群臣上表贺。上曰。往者翰林院修五经四书性理大全。书成。欲上表进贺。朕则许之。麒麟有无。何所损益。其已之。儒臣金幼孜瑞应赞曰。臣闻麒麟。天下之大端也。帝王之德。上及太清。下及大宁。中及万灵。则麒麟见。又云天不爱道。地不爱宝。人不爱其情。则麒麟见。又云王者德洞沦冥。化及群动。则麒麟见。是则麟之出。必圣人在位。当天下文明之日。固不可以幸而数致也。钦惟圣天子嗣大历服。法天图治。励精宵旰。致理万机。仁声义闻。洽于远迩。德教覃被。民物和会。四方万国。靡不归戴。于是天鉴圣德。景贶屡臻。而十有七年之间。诸福之物。纷员充牣。史不绝书。乃永乐甲午秋九月。西南夷有曰榜葛剌国以麒麟贡。明年乙未秋九月。有曰麻林国以麒麟贡。今年秋复有曰阿丹国以麒麟贡。五六年间。麒麟凡三至京师。烜赫昭彰。震耀中外。诚千万世之嘉遇。而大平之上端也。昔者黄帝道隆德盛。麟仅出于囿。周南虽托诸歌咏。而未睹其真。降及汉唐。寥寥无闻。今圣天子德协重华。功高旷古。厚泽深仁。涵浸无间。而兹麟之祥屡见而不已。盖上天以是彰显圣德。为王化之大成。诚宗社生民万世无疆之庆也。臣忝列禁林。日睹嘉祯。不胜荣幸。用述为赞。以傅之久远。谨拜手稽首以献。赞曰。猗欤仁兽。异状奇形。二仪胚腪。玄枵降精。龙颅耸拔。肉角挺生。紫毛白理。龟纹纵横。其质濯濯。其仪彬彬。有趾弗踞。惟仁是遵。有角弗触。惟义之循。步中规矩。音协韶钧。生草不践。生物不餐。四时乘化。具鸣弗愆。是名麒麟。出应于天。待时而至。弗后弗先。万里来宾。载迈载驰。瑶光烛霄。卿云下垂。重瞳屡顾。众忭以嬉。大开明堂。坐以纳之。于惟我皇。法天图治。声教流行。东渐西被。无幽弗烛。无远弗暨。川汇云奔。稽首奉贽。爰集大瑞。后先骈臻。何以致之。惟皇之仁。惟皇之仁。洽于八埌。极天际地。罔不尊亲。惟皇谦恭。弗自为圣。匪物之珍。协于仁政。惟皇奉天。丕显大命。圣寿万年。四方之庆。

按是年榜葛剌国献麒麟。礼部请上表贺。上曰。卿等但当夙夜竭心辅理。以惠天下。天下既安。虽无麒麟。不害为治。其免贺。又陕西献玄兔。曹县献驺虞。皆禁不贺。圣人不贵异物之盛德。猗欤休哉。

卷九·忽鲁谟斯

忽鲁谟斯在西南海中。东连大山。西傍海。国中土厚。宜耕种。人质直。状貌伟硕。喜作佛事。常歌舞恶杀。前代无考。自古里国十昼夜可至其国。傍海。地无草木。牛羊驼马皆食海鱼干。

本朝永乐初。遣使朝贡。七年。中官郑和往赐其国。酋长感慕天恩。躬献方物及驰鸡。儒臣金幼孜作赋曰。永乐己亥秋八月旦吉。西南之国有以异禽来献者。稽往牒而莫征。考载籍而难辨。皇帝御奉天门特以颁示。群臣莫不引领快睹。顿足骇愕。以为希世之罕闻。中国所未见。其为状也。驰首凤喙。鹤劲凫臆。苍距矫攫。修尾崨崪。雄姿逸态。鸷武且力。衡不逾咫。高可八尺。名曰驰鸡。生彼番国。想其质胞火德。体孕阳精。目含碧而星耀。顶凝紫而云蒸。鞶凌风以耸拔。翼摩空而峥嵘。冠峨峨以高翥。声胶胶而振腾。岂羽毛之同族。实异状而殊形。感圣德之远被。将献琛于天庭。尔其分重译。辞海陬。贮以雕笼。载以长舟。风驭指以前路。川后导以安流。鹍鹏相参以回翔。精卫从之而夷犹。骇天吴兮走列缺。慑苍螭兮奔素虬。晞晨光于暘谷。弄夕景于瀛洲。攸忽万里。达于九重。阔步长趋。气凌大空。性实驯狎。貌甚雍容。昂首拂青云。鼓翼生长风。山鸡野雉不敢敌。青鸾紫凤同翱翔。餐以玄圃之金粟。饮以瑶池之琼浆。顾依托之得所。何遭遇之非常。繄圣王之宵旰。正图治之未遑。法勤励于汤禹。仿至德于虞唐。念司农之作劳。冀警旦而弗忘。敢耽玩于远物。有一息之怠荒。惟雨暘之顺序。洎民物之阜昌。畅至仁于六合。跻四海于寿康。斯宸衷之拳切。而圣心之所望。臣目睹于盛美。愧陈词之弗臧。颂圣寿于万年。同地久而天长。

自后不常至。风俗颇淳。垒石为城。酋长深居。练兵畜马。田瘠。麦广谷少。民富饶。山连五色。皆是盐也。凿之旋为盘碟碗器之类。食物就用而不加盐矣。垒石为屋。有三四层者。共厨厕卧室待客之所俱在上。男子拳发。穿长衫。善弓矢骑射。女子编发四垂。黄漆其顶。出则布幔兜头。面用青红沙布认蔽之。两耳轮周挂络索金钱数枚。以青石磨水收点眼眶唇脸花纹。以为美饰。顶挂宝石珍珠珊瑚。纫为缨络。臂腕腿足皆金银镯。此富人也。行使金银钱。

产有珍珠宝石金珀龙涎香撒哈剌梭腹绒毯。又产大马西洋布狮子驼鸡【昂首高可七尺】福禄【似驼花纹可爱】灵羊【尾大者重二十余余斤。行则以车载尾】长角马哈兽【角长过身】。货用金银青花磁器五色缎绢木香胡椒之属。

卷九·佛郎机【附】

别有番国佛郎机者。前代不通中国。或云此喃勃利国之更名也。古有狼徐鬼国。分为二洲。皆能食人。爪哇之先鬼啖人肉。佛郎机国与相对。其人好食小儿。然惟国主得食。臣僚以下不能得也。

其法以巨镬煎水成沸汤。以铁笼盛小儿置之镬上。蒸之出汗。汗尽乃取出。用铁刷刷去苦皮。其儿犹活。乃杀而剖其腹。去肠胃。蒸食之。

本朝正德十四年。佛郎机大酋弑其国主。遣必加丹末等三十人入贡请封。有火者亚三。本华人也。从役彼国久。至南京。性颇黠慧。时武宗南巡。江彬用事。导亚三竭上。喜而留之。随至北京。入四夷馆。不行跪礼。且诈称满剌加国使臣。朝见欲位诸夷上。主事梁焯执问杖之。其舶住广州澳口。布政使吴廷举闻于朝。寻检无会典旧例。不行。遂退舶东管南头。盖屋树栅。恃火铳以自固。每发铳声如雷。潜出买十余岁小儿食之。每一儿予金钱百【舶夷初至。行使金钱。后方觉之】。广之恶少掠小儿竞趋之。所食无算。居二三年。儿被掠益众。适回回人写亦虎仙以贡献事诬陷甘肃文武大臣。亚三与虎仙皆恃彬势。或驰马于市。或享大官之馔。于刑部或从乘舆。而馂珍膳享于会同馆。或同仆臣卧起。而大臣被诬者皆以桎梏幽囚。意颇轻侮朝官。焯每以法绳约之。二夷人相谓曰。天颜可即主事。乃顾不可即耶。彬闻之。谓焯凌虐驾下人员。将奏治。适武宗晏驾。皇太后懿旨诛彬。

又满剌加王诉佛郎机夺国仇杀。于是御史丘道隆何鳌言其悖逆称雄。逐其国王。掠食小儿。残暴惨虐。遗祸广人。渐不可长。宜即驱逐出境。所造垣屋尽行拆毁。重加究治。工匠及买卖人等坐以私通外夷之罪。诏悉从之。诛其首恶火者亚三等。【写亦虎仙同伏诛】命抚按檄备倭官军逐余党丑类归去。海道宪帅汪宏率兵至。犹据险逆战。以铳击败我军。或献计使善泅者凿沉其舟。乃悉擒之。

初。佛郎机番船用挟板。长十丈。阔三尺。两旁架橹四十余枝。周围置铳三十四个。船底尖。两面子。不畏风浪。人立之处用板捍蔽。不畏矢石。每船二百人撑驾。橹多人众。虽无风可以疾走。各铳举发。弹落如雨。所向无敌。号蜈蚣船。其铳管用铜铸造。大者一千余斤。中者五百余斤。小者一百五十斤。每铳一管。用提铳四把。大小量铳管。以铁为之。铳弹内用铁。外用铅。大者八斤。其火药制法与中国异。其铳一举放远。可去百余丈。木石犯之皆碎。有东莞县白沙巡检何儒。前因委抽分曾到佛郎机船。见有中国人杨三戴明等年久住在彼国。备知造船铸铳及制火药之法。鋐令何儒密遣人到彼。以卖酒米为由。潜与杨三等通话。谕令向化。重加赏赍。彼遂乐从。约定其夜何儒密驾小船接引到岸。研审是实。遂令如式制造。鋐举兵驱逐。亦用此铳取捷。夺获伊铳大小二十余管。嘉靖二年。鋐后为冢宰。奏称。佛郎机凶狠无状。惟恃此铳与此船耳。铳之猛烈。自古兵器未有出其右者。用之御虏守城。最为便利。请颁其式于各边。制造御虏。上从之。至今。边上颇赖其用。

月山丛谈云。佛郎机与爪哇国用铳。形制俱同。但佛郎机铳大。爪哇铳小耳。国人用之甚精。小可击雀。中国人用之。稍不戒则击去数指。或断一掌一臂。铳制须长。若短则去不远。孔须圆滑。若有歪邪。涩碍。则弹发不正。惟东莞人造之。与番制同。余造者往往短而无用。鋐入宰吏部。值北虏吉囊入寇。请颁佛郎机铳于北边。凡城镇关隘皆用此以御寇。然鋐奏语颇烦。兵部郎中吴缙见而笑之。鋐怒。黜知铜仁府。或戏缙曰。君被一佛郎机。打到铜仁府。

仍诏佛郎机人不得进贡。并禁各国海商亦不许通市。由是番船皆不至。竞趋福建漳州。两广公私匮乏。

嘉靖中。巡抚都御史林富上疏曰。臣惟巡抚之职。莫先于为民兴利而除害。凡上有益于朝廷。下有益于生人者利也。上有损于朝廷。下有损于生人者害也。今以除害为民。并一切之利禁绝之。使军国无所资。且失远人之心。则广东之废市舶是也。谨按皇明祖训。安南真腊暹罗占城苏门答剌西洋爪哇彭亨百花三佛齐浡泥诸国。俱许朝贡。惟内带行商。多设谲诈。则暂却之。其后亦复通。又大明会典内安南满剌加诸国来朝贡者。使回。俱令于广东布政司管待。所以送迎往来者。实欲懋迁有无。柔远人而宣威德也。正德间。因佛郎机夷人至广。犷悍不道。奉闻于朝。行令驱逐出境。自是安南满剌加诸番舶有司尽行阻绝。皆往福建漳州府海面地方。私自行商。于是利归于闽。而广之市井皆肃然也。大佛郎机素不通中国。驱而绝之宜也。祖训会典所载诸国素恭顺。与中国通者。朝贡贸易尽阻绝之。则是因噎而废食也。况市舶官吏公设于广东者。反不如漳州。私通之无禁。则国家成宪果安在哉。以臣筹度。中国之利。盐铁为大。有司取办。仡仡终岁。仅充常额。一有水旱。劝民纳粟。犹惧不克。旧规至广番舶除贡物外。抽解私货俱有则例。足供御用。此其利之大者一也。番货抽分。解京之外。悉充军饷。今两广用兵连年。库藏日耗。藉此足以充羡而备不虞。此其利之大者二也。广西一省全仰给于广东。今小有征发。即措办不前。虽折俸椒木。久已缺乏。科扰于民。计所不免。查得旧番舶通时。公私饶给。在库番货。旬月可得银两数万。此其为利之大者三也。货物旧例有司择其良者。如价给直。其次资民买卖。故小民持一钱之货。即得握菽。辗转贸易。可以自肥。广东旧称富庶。良以此耳。此其为利之大者四也。助国给军。既有有赖焉。而在官在民。又无不给。是因民之所利而利之者也。非所谓开利孔而为民罪梯也。议者若虞外夷闯境为害。则臣又思之暹罗真腊爪哇等国。皆洪武初入贡方物。臣服至今。浡泥诸国。皆永乐中来朝。没齿感德者。而占城则成化间被篡继绝蒙恩者焉。南方蛮夷大抵宽柔。乃其常性。百余年来。未有敢为盗寇者。见今番舶之在漳闽。亦未闻其小有警动。则是不敢肆侮为害。亦章章明矣。况久阻忽通。又足以得其欢心乎。请敕广东福建海道宪臣及备倭都指挥。于广州洋澳要害诸处及东莞县南头等地督率官军。严加巡察。凡番舶之来。私自行商者尽皆逐去。其有朝贡表文出于祖训会典所载众国。蜜调得真。许往广州洋澳驻歇。其祖训会典之所不载。如佛郎机者。即驱出境。敢有抗拒。不服督发。官军擒捕。而凡所谓喇哈番贼必诛。权要之私通与小民之诱子女下海者。必重禁。稍有疏虞。官军必罪。如此则不惟一方之利复兴。所谓王者无外之道亦在是。庶我中国怀柔有方。公私两便矣。奏下。从其言。于是番舶复至广州。今市舶革去中官。舶至澳。遣各府佐县正之有廉干者往抽分货物。提举司官吏亦无所预。然虽禁通佛郎机往来。其党类更附诸番舶杂至为交易。首领人皆高鼻白晰。广人能辨识之。游鱼州快艇多掠小口往卖之。所在恶少与市。为驵侩者日繁有徒。甚至官军贾客亦与交通云。

按象人而用。孔子恶之。况买人食之乎。甚哉。虎狼之不若也。佛郎机所以不载于前世诸书者。固因其荒僻而或略。亦疾其不仁而痛绝耳。今附录之。凡以为后事之鉴也。又自永乐改元。遣使四出。招谕海番。贡献毕至。奇货重宝前代所希。充溢库市。贫民承令博买。或多致富。而国用亦羡裕矣。议者多谓广东福建浙江海滨贡道之处。皆建市舶提举司。广东因佛郎机之扰。于时番舶暂行禁止。迨后林富请禁即复通。而近日召倭奴叛寇王直亦以互市要国家。当事诸公或可或否。迄无定议是不。然广东所至贾胡。皆安南以下属夷。非侵犯中国者。有利而无害。故可受之与通互市。浙江所至贾胡。仅倭奴一种部落耳。民之仇而国之贼。有害无利者。宜援祖训为例。绝不与通。以佛郎机之人待之足矣。夫朝贡且不可许。况可容其互市耶。别闻前代波斯国贾胡能识宝气。史册多载。本朝独不见通贡。岂其地并于他国以至绝灭无闻耶。不然。何使迹之寥寥也。

别志载。波斯人来闽。相古墓。有宝气。乃谒墓邻。以钱数万市之。墓邻讳不与。波斯曰。汝无庸尔也。此墓已无主五百年矣。墓邻始受钱。波斯发墓。见棺衾肌肉溃尽。惟心坚如石。锯开观之。有佳山水青碧如画。傍有一女靛妆凭栏凝睇。盖此女有爱山水僻。朝夕玩望。吐吞清气。故能融结如此。此固志一动气。理或有之。而波斯乃能识之于未形之前。此类甚多。略举以见。

卷十一·拂菻

拂菻古名密昔儿。在大葱岭之上。其北至海【四十程】。西亦海【三十程】。东南灭力沙。东自大食于阗回纥抵中国。唐书谓其去京师四万里。宋元丰四年。其王灭力伊灵改撒始遣使来献方物。元佑中。其使两至。

本朝洪武四年。诏遣其故民捏古伦往谕其国。诏曰。自有宋失驭。天绝其祀。元兴沙漠。入主中国百有余年。天厌其昏淫。亦用殒绝其命。华夏扰乱十有八年。当群雄初起时。朕为淮右布衣。起义救民。荷天之灵。授以文武之臣。东渡江左。练兵养民十有四年。西平汉主陈友谅。束缚吴王张士诚。南平闽越。戡定巴蜀。北靖幽燕。奠安华夏。复我中国之旧疆。朕为臣民推戴。即皇帝位。定有天下之号。曰大明。建元洪武。于今四年矣。凡四夷诸国皆遣告谕。惟是拂菻隔越西夷。未及报知。今遣尔国之民捏古伦赍诏往谕。朕虽未及古先哲王之德。使四夷怀之。然不可不使天下周知朕平定四海之意。故兹诏示国王。

乃遣使宋朝。并贡方物。永乐中。复遣使至贡。自后不常至。或间一来朝云。

其国地甚寒。土屋无瓦。以葡萄酿酒。乐有箜篌壶琴小荜篥褊鼓。国主服红黄衣。以金线织丝布缠头。岁三月。则诣佛寺。坐红床。使人舁之。贵臣如国主之服。或青绿绯白纷红褐紫。并缠头。出骑马。刑罚罪轻者杖数十。重者至二百。大罪则盛以毛囊投诸海。不尚战斗。小有争。但以文字往来相诘问事。大亦出兵。铸金银为钱。无穿孔。面凿弥勒佛。皆为国主名。禁民私造。

其产。金银珠西锦千年枣马独峰驼巴榄葡萄。

卷十一·榜葛剌

榜葛剌本古忻都州府。即西天竺也。天竺有印度国五。此东印度国。或云此西印度国。释迦得道之所也。海口有察地港。番商海泊于此丛聚。抽分其货。汉明帝时。天竺浮图法入中国。其俗舍身焚尸。谓之荼毗。至今传之。学佛者犹然。中国小民火葬皆效焉。

按列子曰。西极之国有化人来。穆王事之。作中天之台。其高千仞。及秦时。沙门室利房等至。始皇以为异。囚之。夜有金人破户以出。又霍去病至连耆山得休屠王祭天金人。以是考之。周秦西汉有佛久矣。世传佛法自汉明帝时始入中国。非也。

本朝永乐三年。国王霭牙思丁遣使来朝。诏赐王苎丝纱罗各四匹绢八匹。王妃苎丝纱罗各三匹绢六匹。命使往天竺迎异僧。既至京兆。号大宝法王。居灵谷寺。颇著灵异。谓之神通。教人念唵嘛呢叭弥吽。于是信者昼夜念之。翰林侍读李继鼎曰。若彼既有神通。当通中国语。何为待译者而后知乎。且其所谓唵嘛呢叭弥吽云者。乃云俺把你哄也。人不之悟耳。

按宋史。元昊擅西夏。自称兀卒。宋人亦有兀卒近吾祖之说。以是而论。继鼎之言不为过也。

六年。国王遣使自太仓入贡。上命行人往宴劳之。十二年。王又遣其臣把济一贡麒麟等物。礼部请上表贺。上曰。卿等但当夙夜竭心辅治。以惠天下。天下既安。虽无麒麟。不害为治。其免贺。诏赐王锦四段绫六十匹。头目人等给赏有差。

杨士奇西夷贡麟早朝应制诗曰。天香袖引玉炉熏。日照龙墀彩仗分。阊阖九重通御气。蓬莱五色护祥云。班联文武齐鹓鹭。庆合华夷致凤麟。圣主临轩万年寿。敬陈明德赞尧勋。

按永乐中。其麒麟之贡四至。成化七年。常德沅江县产一麟。形略如虎。蹄及尾皆牛身。有鳞。而额有角。人以为怪。击死。郡守知而取。腊藏之库。今惟空皮。鳞亦落矣。嘉靖六年四月。舞阳产一麒麟。口吐火而声如雷。野人异之。亦击之死。但双脚马蹄。后抬于省城。人皆见也。是知麟亦常有。人不能识。多致死。春秋西狩获麟。死于田夫之手是也。闻皆牛生。或云龙与马交则龙驹产焉。龙与牛交则麟产焉。

十三年。上命少监侯显等统舟师赍诏敕赏赐国王王妃头目。其王知我中国宝船到彼。遣部领赍衣服等礼人马千数迎。自察地港口起程。十六站至琐纳儿江。有城池街市。聚货通商。又差人赍礼象马迎接。二十站至板独哇。是酋长之居处。城郭甚严。街市铺店连楹接栋。聚货百备。其王之舍皆砖灰甃砌。高广殿宇。平顶。白灰为之。内门三重。九间长殿。其柱皆黄铜色。饰雕琢花兽。左右长廊内设明甲马队千余。外列巨汉。明盔明甲执锋刃弓矢。威仪壮甚。丹墀左右设孔雀翎伞盖百数。又置象队百数于殿前。其王于正殿高座嵌八宝。箕踞坐其上。剑横于膝。乃令银柱杖二人。皆穿缠头。来引道前。五步一呼。至中则止。又金柱杖二人。接引如前礼。其王拜迎诏敕。扣头加额。开读赏赐。受毕。铺绒毯于殿地。待我天使。宴我官兵。礼之甚厚。燔炙牛羊。禁不饮酒。恐乱性而失礼。以蔷薇露和香密水饮之。宴毕。复以金盔金系腰金瓶金盆赠天使。其副使。皆以银盔银系腰银瓶银盆赠之。其下官员亦赠以金铃纫苎丝长衣。兵士俱有银钱。盖此国富而有礼者也。其后躬置金筒金叶表文。差使臣赍捧贡献方物于廷。自后贡使亦或一至不常云。

其国风俗甚厚。男子白布缠头。穿白布长杉。足穿金线羊皮靴。济济然有文字者众。凡交易。虽有万金。价定打手。永无悔。铸银钱名唐加。每钱重二钱八分。以权小钱。妇女穿短衫。围色布丝锦。不施脂粉。自然娇白。首垂宝钿。项挂缨络。髻堆脑后。四腕金镯。手足戒指。其印度一种。不食牛肉。饮食男女不同处。夫死不再嫁。妻死不再娶。若孤寡无倚。一村人家轮流养之。不容别村求食。其义气有足称者。田沃丰足。一岁二收。不用耘耔。随时自宜。男女勤于耕织。其瓜果蔬菜牛马鸡羊凫鸭海鱼之类甚广。通使海冢贝。准钱市用。货用金银缎绢青花白磁器铜铁麝香银朱水银草席之属。

其山川曰五岭【山高林茂。民聚居之】。其产。细布撒哈剌毯绒兜罗锦水晶玛瑙珊瑚真珠宝石琉璃糖蜜酥油翠毛各色手巾被面波罗蜜果【大如斗。甘甜大美】庵摩罗【香酸甚佳】。其贡。马马鞍【金银事件】戗金琉璃器皿青花白磁撒哈剌者珠黑答立布洗白苾布兜罗锦糖霜鹤顶犀角翠毛莺哥乳香粗黄熟香乌香麻藤香乌爷泥紫胶藤竭乌木苏木胡椒。

西域论曰。安南朝鲜。本汉郡也。故言语文字犹通乎中国。真腊以西则皆扶南裸国所属也。自汉时桥陈如以天竺婆罗门主之。其名见于四十二章经。佛与菩萨偏袒右肩。其为裸国之俗可知矣。天竺。释迦之所自生也。佛法行于东西二洋之间。善者若赤土瞿昙氏。恶者若罗刹鬼国。化而摄之。有幻术焉。达磨西来。五传至慧能。三鼓入室。密授衣钵。行至庾岭。有夺之者提掇不动是也。至今。番僧犹传其术。虽倭奴亦事佛而任僧。其谓根尘寂静。心地清凉。见得本性。自然极乐者。荐绅喜之。多弃孔颜博约之教而从之。岂不知此乃吾人剿入洗心尽性之说而易其词耳。岂有番夷海寇所习言语文字。反妙于中国者哉。

又按别志。榜葛剌国最大。自苏门答剌海行过翌蓝岛。至浙地港。更小舟行五百里至琐纳儿港。登陆行三十五里至其国。地广人稠。财物丰衍。甲于诸邻国。国有城郭。王及诸官皆回回人。气候常热如夏。刑笞杖徒流。官有印章。行移军有粮。阴阳医卜百工技艺大类中国。有衣黑白花彩紫悦。佩珊瑚琥珀缨络系臂硝子镯钏歌舞侑酒者。曰根肖速鲁奈。盖优人也。能作百戏。以铁索系虎行市中。入人家。解索坐虎于庭。裸而挎虎。虎怒。交扑仆虎。数回乃已。或手投入虎喉。虎亦不伤。戏已。乃系之。人家争以肉啖虎。劳戏者钱。历有十二月。无闰。产白树皮布。腻滑光润如鹿皮。椰茭为酒。槟榔当茶。

卷十一·默德那

默德那。即回回祖国也。其地接天方。初。国王谟罕蓦德者。生而神灵。臣服西戎诸国。尊号之为别谙拔尔。犹华言天使云。其教专以事天为本。而无象设。其经有三十藏。凡三千六百余卷。其书体旁行。有篆草楷三法。今西洋诸国皆用之。又有阴阳星历医药音乐之类。隋开皇中。始传其教入中国。本朝洪武元年。上改太史院为司天监。又置回回司天监。二年。上征元回回历官郑阿里等十一人至京师。议历法。占天象。给廪赐服有差。

按回回有阴阳星历之传。不知其与中国所习何如也。想必有精妙简捷之法。为吾中国之所未晓者。故圣祖特置监以掌之。征郑阿里等以业之。迄今钦天监尚有世守其术者云。

初。回回人有入边地者。上遣主事宽彻等往谕。至西域诸国。被别失八里国王构留之。诏留回回人于中国。待使者归然后遣还。回回人称有父母妻子。久羁思家。恳请还国。上曰。逆人至情。仁者不为也。悉遣之还。

永乐四年。国主遣回回结牙思进玉碗。永乐甲戌。回回哈只马哈没奇等来朝贡方物。因附载胡椒与民互市。有司请征其税。上曰。商税者。国家以抑逐末之民。岂以为利。今夷人慕义远来。乃侵其利。所得几何。而亏辱大体多矣。不听。宣德中。又随天方国使臣来朝贡方物。

正德中。御马监清河寺西海子有虎豹鹰犬等物。各处设有养虎回回三名。嘉靖初。世宗登极。给事中郑一鹏疏请屏去。以崇节俭。从之。然回回种类散流南北。为色目人者甚多。而有一种。寄住哈密城内。颇称劲悍。常随哈密往来入贡。后多叛哈密。往从土鲁番。

初。番人夺占哈密城。令回回倒剌火者等十二人探问甘肃消息。被别种夷人也先哥人马截杀。倒剌火者脱走。把关军人获送兵备副使陈九畴。审得其情。系狱死。番将牙木兰因探使不归。又遣暂巴思等入关侦信。陈九畴疑之。捕审下狱。令通事毛见防守。毛见素与暂巴思相善。乃与回回高彦名谋私备兵器。约土鲁番打甘州城。夺出暂巴思等。事觉。彦名毛见暂巴思俱杖死。番酋因暂巴思等日久无音。又令回回怯林乩儿的往萧州踪探。守堡千户王翥获之。弊于狱。又有写亦虎仙者。亦回回种。为哈密都督。阴结土鲁番屡夺占哈密。虏其王及金印去。不时入寇甘肃地方扰乱。四年。九畴秦虎仙谋叛。处决。亦死狱中【详具哈密传中】。当时。以土鲁番举兵皆回回诱引。旋贡旋侵。七八年来迄无宁岁。诸臣奏疏悉名其人为奸回云。自后。尚书王琼抚处。番酋进贡。回人同贡。至今不绝。

其国有城池宫室田畜市列。与江淮风土不异。制造织文。雕镂尤巧。寒暑应候。民物繁庶。种五谷葡萄诸果。地虽接天竺而俗与之异。不供佛。不祭神。不拜尸。所尊敬者唯一天字。天之外敬先师孔子而已。

其谚有曰。僧言佛子在西空。道说蓬莱住海东。惟有孔门真实事。眼前无日不春风。此言亦颇可取。

人尤重杀。非同类杀者不食。不食豕肉。每岁斋戒一月。沐浴更衣。居必异常处。每日西向拜天。国人尊信其教。虽适殊域。传子孙累世不敢易。今广东怀圣寺前有番塔。创自唐时。轮囷直上凡十六丈有五尺。日于此礼拜。其祖浙江杭州亦有回回堂。崇峻严整。亦为礼拜之处焉。主其教者或往来京师。随路各回。量力赍送如奉官府云。

按回回祖国。史正纲以为大食。一统志以为默德那。据其教崇奉礼拜寺。四夷惟天方国有其寺。或实天方也。入中国自隋时。自南海达广。其教有数种。吾儒亦有不如者。富贵贫贱寿夭一定也。吾儒惑于异端而信事鬼神矣。彼惟敬天事祖之外。一无所崇。富贵者亦不少焉。吾儒虽至亲友之贫者。多不尚义。他人莫问矣。彼则于同郡人贫日有给养之数。他方来者皆有助仪。吾儒守圣贤之教。或在或亡。彼之薄葬把斋不食自杀。终身无改焉。道释二教又在吾儒之下不论也。

又按回回不事佛。而僧家每以回回说偈诓人。如方谷珍起时。有女八岁。患痘祷于延庆寺关王神。既愈。女往奉油谢神。寺僧作梵语诵于神前。名曰回回偈云。江南柳。嫩绿未成阴。枝小不堪攀折取。黄鹂飞上力难禁。留与待春深。僧料女之不喻。而女甚明慧。闻之恚。归语父知。谷珍捕僧。盛以竹笼。状若猪篰。投急流中。谷珍曰。我亦有回回偈。送汝云。江南竹。巧匠作为笼。留与吾师藏法体。碧波深处伴蛟龙。方知色是空。僧诉曰。死即死。愿容一言。谷珍颔之。僧复作回回偈云。江南月。如鉴亦如钩。如鉴不临红粉面。如钩不上画帘头。空自惹场愁。谷珍笑曰。饶你弄聪明小和尚。后谷珍内附。女配黔国公之子。在云南。姑录之。以为愚俗信佛者使知回回说偈之妄也。

卷十一·天方国

天方国与默德那接壤。古筠冲之地。旧名天堂。自忽鲁谟斯四十昼夜可达其国。乃西洋之极尽处也。有言陆路一年可达中国。用回回历。比中国历前后差三日【或云天方回回祖国也】。

本朝永乐七年。遣正使太监郑和等往赏赐。其国王感恩。加额顶天。以方物狮子麒麟贡于廷。宣德中。国王遣其臣沙瓛等贡方物。自后来贡私自称王。尝与土鲁番贡使同至。番文开其下小酋附贡者。率以王称。韩文在礼部疏曰。伏考西域等国称王者亦止是一人。前此番文求讨赏赐。除国王外多者不过十余纸。大抵皆称王母王弟王子。其余部落称头目名色。惟是今次土鲁蕃开称王号者七十五人。天方国称王号者二十七人。不分孰为国主而孰为部领。今敕书回锡之。间若一概答之如其所称。则是所称地面皆系入贡之国。无复君臣之辩矣。此等事体大有关系。况称号名目既多。则贡虽微俱该从重给赏。求讨相同。自当逐项回答。且一次准许。则自后遂为成例。将来不副其无厌之求。执词启衅未必不由于此焉。宋人予契丹岁币。富弼力争献纳二字。古人慎重开端如是。夷狄安得不悚服乎。今我朝堂堂一统。神威圣武。四夷震迭太山之势。何所不压。而蕞尔西戎。乃敢肆其狡诈。渎滥王号。僭于天朝。揆诸大义。责以国无二主之道。彼将何词。臣愚请降一敕。叮咛天语。发明华夏君臣之大分。备述祖宗庙堂之严规。外以折其奸。内以寓吾教。责付夷使宣示知之。庶怀柔之恩。制驭之略。各不相悖。

嘉靖四年。陕西行都司差千户陈钦通事哈荣皮见伴送天方国使臣火者马黑木等十六名赴京进贡。二月。到会同馆。礼部主客郎中陈九川【江西抚州人。进士】例应审验。因病炙火后堂。本司主事林应标吕璋令玉工魏英将各夷方物验看。火者马黑木玉石三块。司吏赵堂送至后堂与九川覆视毕。抬进皇城赏房内安置。八月。九川病痊出司。将前验送赏房玉石复行抬出。另拘玉工翁伟等辩验。拣出不堪玉石贰百六十三斤。退与马黑木等。及将前方物题进。因见原来文册洗改玉石块数斤两不同。疑其匿过玉石。将伴送陈钦等参送法司问罪讫。马黑木等见玉石退还。进献数少。恐赏赐轻减。及要货卖带来方物。乃具番字本奏行礼部。九川将本藏隐。止令通事具告通状。给示许卖各色玉石物件。不许过多。又有朝鲜使臣郑允谦通事金利锡等进贡。至馆买卖。本司主事陈邦偁以旧规给木牌。令馆夫押伴。金利锡等不服。礼部尚书席书闻之。命邦偁宽其禁。乃改作纸牌。邦偁诟金利锡等。通事夏麟与夷使说知。夷使俱憾焉。及同来回夷哈辛等将白色大玉一块讨价万两货卖。陈邦偁具呈礼部要将大玉贡献。回夷乃告九川曰。我们将妻子当在番王带这块大玉来卖。若进朝廷。只照进贡赏价。我们性命不敢想活。不情愿卖与朝廷。九川令鸿胪序班白杰省谕各夷。谓朝廷前岂敢言卖。只作进献。重赏价真或准令自卖两请。蒙准自卖。

九月。马黑木等未经领赏。具告许令开市二日。每常提督四夷主事辰时到馆。陈邦偁是日迟至未时方到。又督令官吏人等封闭各门关防。过严阻抑。不得便于买卖。回夷商人各兴嗟怨。马黑木等因具番本赴关跪奏。内阁将番本命翰林序班龚良臣马良传在于东房译出间。大学士费宏命马良传来问译得是何事。马良传回有主客司字样。宏谓之曰。二人前程不是容易。须要仔细。良传会宏有回护意。随传与龚良臣知之。又夷人本内错写兰州字样。比郎中字样切音缺少四齿。龚良臣等遂依文译写。抄行礼部。拘伴送陈钦哈荣皮见及通事撒雄等。带领马黑木俱赴堂审。马黑木等讦称六月十五日五更朝见时。在长安街銮驾库前有外郎赵堂来问我索钱。伙内火三乩撒都剌各怀银一百两。共二百两。亲自递与赵外郎收去。七月初五日。验方物时。带进玉石三块。郎中留下一块约九斤。止将二块交还。又小刀二十把。铁角皮十条在内混失。礼部以番夷所言与奏内不同具题。上诏办验玉石官九川等吏赵堂等。镇抚司狱。九川以兵部武选郎中张瓛原任本司。托瓛转达镇抚张潮。不可亏了公道。瓛应允之。遣家人张远持帖达意于潮。本司都吏叶增遂又报与通事胡士绅。及指挥邵辅讯赵堂前事。堂不肯认。夷人谓堂只认一两或五钱也罢。潮曰。若认一两五钱是与二百一般。辅潮又审得礼部原奏抄本译出汉字。内乃兰州字样。回夷争执原系郎中字样。又夷人初来投进番文十一道。除进贡方物验收题赏外。又求讨蟒衣金盔等项。九川查执旧稿立案。不行覆奏。邵辅张潮审得赵堂无受夷人银两。夷人不服。乃具本仍请将前奏通提会问。上诏。事情既鞫问明白。止是夷人火者马黑木一人虑恐原奏涉虚。不肯输服。不必通题会问。林应标吕璋验进方物失于子细。混同收退。以致有词。陈九川陈邦偁检验过精。拘禁太严。以致渎奏。各罚俸三个月。撒雄等引领朝见。不行省谕。以致自行跪奏。有失朝仪。也罚俸一个月。赵堂送吏部。改拨在外衙门当。该哈荣皮见放了。回夷诬奏妄捏。论法本当重处。念系远夷。姑从宽饶他。还著礼部严加戒谕。今后入贡务要遵守法度。敬事朝廷。不许妄生事端。自取罪责。

初诏谕之时。鸿胪通事鲜鸣随朝于赐宴所。与同官胡士绅言及夷人奏本。鸣素有憾于龚良臣。遂言原是郎中字样。良臣译作兰州字耳。且良臣亦自谓有费公吩咐之语。至次年正月。九川谓序班白杰曰。里面说这些回子旧年来的。通事们何不催他起身。买卖两次已无他事。我要题本差官校催赶他去。白杰遂与胡士绅言之。陈邦偁又每向胡士绅等曰。我闻前官若刘主事作主事。或替士夫买些玉石。我不曾买他的。我又不曾见他的。我公生明廉生威。何有于彼夷哉。

士绅素忿九川等严束。欲构成其隙。乃于本司四夷科吏李聪处。将赵堂勒取回夷银二百两之事探问情由。李聪漫应曰。只得二三十两。邦偁又以所属员役通夷生事。乃上疏曰。臣备员部属提督会同馆。于鸿胪寺通事序班等官实有监临之任。查得大明会典具载我国初入贡之夷十有八国。因其来之疏数以为通事之多寡。其后虽有久不来贡者。则亦设有通事。其选用也。徒以谙晓夷言。其食粮也。冠带也。授官也。惟以积累年月。有为通事历俸数年。未遇贡夷。略无职务而亦叨获序进。视乎夷来之数。其劳逸何如。且诸通事即古象胥寄译之职。其于贡夷除引领传译之外。又尝承委审其诈冒。理其贸易。夷情攸系。事匪轻微。须得廉者斯不求索乎夷。慎者斯不容纵乎夷。否财交通之不特求索而已。教唆之不特容纵而已。宁不愤公务哉。其通事之未遇贡夷者。虽无职务。于例皆当五日一次请馆作揖。提督主事立有文簿。发馆把门夫役每日于各名下填写到否字样。年终送司备查。然遵约者少。故违者多。则其勤惰可知已。及各通事三六九年考满。但能手书夷言。释字无差。即得以为谙晓。故多但记诵纸上之文。而于各夷语音不务参习。况焉能勉修贤行。以尽其职耶。臣请特敕礼部行令该司。于凡考满通事。追查作揖文簿。有故违不到。次数多者。扣算日月。勿准其为实历。应考满者。察其行业。别其等差。如以廉者慎者勤者引领传译多者为上。平常者引领传译少者为中。贪者肆者惰者无引领传译者为下。备由呈堂以凭参详。出给考语。定其优劣。不特试以夷言而已。又诸通事虽属鸿胪。而其职务多在会同。见知提督主事。合无许主事提督。三年满日。将各通事贤否劳逸。指名具呈本部参详转奏。或令径行举劾。上请特敕吏部参详考核。因其年绩以行黜陟。如上等者序迁。中等者仍旧。下等者革罢。别选补充。其通事序班历任年深有劳绩者。例迁该寺首领等官。或带别衙门职衔长为通事。不必递选鸣赞随堂。使各专精职业。不漫习学唱礼奏事声音。以图侥幸。且免选补名缺之烦。方巾通事必待年满无过。始授冠带。虽遇恩例。不得冒滥纳银。以坏常法。如此则考课详严。而人不识所劝惩者。未之有也。臣又闻古圣王之待夷狄。仁义无偏。威惠兼济。迩者天方国夷使火者马黑木等谋同伴送人役。抵匿原贡玉石。窃卖利己。该臣具呈本部参奏间。彼夷惧罪。捏称司吏受赃等情。因朔日入朝。辄敢自行跪奏。该待班御史奏劾。奉旨鸿胪寺查参。该寺行拘译审。彼夷因而添捏。诬及司官。续该本部奉旨。看详所奏。查审分明具奏。欲送法司问理。以惩欺罔。既而奉旨。将司办验方物官并吏伴送人役拿下卫狱。累经鞫问。奏捏诬情明白。彼夷虑恐涉虚获罪。不肯输服。且以臣尝督令该馆官吏人等关防开市。其抵匿玉石。禁其买取违禁之物。因而添捏。诬以严于拘禁。该镇抚司鞫问明白。圣上念系远夷。姑从宽宥。臣等各罚俸有差。臣惟鲁史限华戎。周易戒太否。所以正冠屦保治平也。今贡夷敢行混失朝仪。诬犯主客。事出非常。实臣等同官监临不职所致。然于国威损矣。非赖圣上垂明。轻此之罚。声彼之罪。所损又当何如。识者咸谓例军民申诉。必由通政使司。无得径达者。而夷人乃得径达。律依告状鞫狱无得添捏者。而夷人乃得添捏。律奏事诈不以实无得免罪者。而夷人乃得免罪。则回夷之失仪诬犯奚惮而不为。使凡贡夷皆敢效尤桀骜。诉挟所司。不服约束。则刚者执法或取无妄之祸。柔者纵法渐成姑息之风。月异岁殊。威将弗振。外患有必至焉者。岂特主客之羞而已哉。臣愚但知仰仗高明。益坚清白。谨守常法。以称卑官。安得因一沮抑即畏祸而自懦懈也。虽然我国家之于四夷重往而薄来。敝中以事外。怀柔至矣。其所以制驭之者。臣请陛下玩泰否之卦。修华戎之防。屈听迩言。特敕礼部参详议处。自今入贡四夷朝见辞谢。仍令赴鸿胪寺报名转达外。其余求讨讼诉等项奏章。俱令赴通政使司告投转达。译字明白。得奉圣旨。下各该科参看。抄出该部施行。敢有不由使司径冒自奏者。奏词不行。通事伴送人员各罪以违例。所奏或事连职官。下法司审究分明。果行不碍。方行参提问。拟如律免。令急据械系。以存礼体而励近臣之节。夷人敢有捏奏诬枉。轻则减其赏赐。重则绝其朝贡。若通事伴送人等知情者。坐以奏事不实议处。既当。奏请上裁著之。令甲仍出给告示。发会同两馆门首。张挂晓谕。则庶乎法禁严明。贡夷摄服。无情者不得尽其词。而朝仪可肃。国势可尊。臣又惟天方国与土鲁蕃地里相近。俱谓回夷。今土鲁蕃侵逆初宁。天方国入贡而叛。其馆中开市贸易。除臣督令官吏人等照例关防起程包箱。又待兵部车驾司官会同检验外。尚恐各夷犬羊之性。蜂虿之毒。恃恩骄恣。沿途延住。挠扰驿递。因而窥觇虚实。透漏事情。交通无藉军民。私卖违禁货物。伴送人役故纵不行防阻。贻患非细。臣请特敕该部移文沿途官司。督令各该郡邑节次严加制驭。遇到即行给与应得廪饩车马。催发起程。勿容延住。仍行抚按甘肃衙门差官管押至关。重别检验包箱。果无禁物。方许放出。俾土鲁蕃仰闻中朝之待远夷德威如此。可以革其犯顺之慝。启其向上之诚。是后凡有回夷愿入贡物者。请一切闭关勿纳。于以省浮费惠穷民。则隙走马绝西域者。不得专美有汉矣。旨下礼部。于是胡士绅奏称九川邦偁刚恶浮躁。乞先赐罢黜。以顺夷情以弭边患。按是时张璁以言礼合上意。骤进向用。欲因事倾内阁费宏。故夷使之讦奏。实凭借于士绅等。而士绅等之横肆。亦因主之有人也。及九川等下狱。又攀费宏受玉。而其辗转谋陷之情见矣。

上诏九川邦偁逼勒货物。闭禁使臣。欺玩法度。甚失朝廷柔远之心。下镇抚司狱责问。不许似前轻纵。士绅又奏镇抚司指挥张潮听嘱回护。构怨外夷。上诏并下锦衣卫问。指挥邵辅奏称。臣先与张潮曾同会勘。今恐有同僚回护之嫌。应请回避。乞敕都指挥骆安等从公鞫审。上诏邵辅不准回避。著锦衣堂上官同问。骆安又奏。请三法司会勘。以杜嫌疑。内开张潮奏办及九川被讦情由。面审情词不一。乞将番汉原本发出。并将胡士绅龚良臣等通提对证。事体方明。上诏士绅不必提。骆安等牵搘回护。且不查究。九川邦偁打问招认来说。

九川被讯。遂称前玉已送大学士费宏。其家人费兴贵费阿义收受。宏令玉匠曹春造为玉带。及认张璁等听嘱前情。骆安等又奏称。国体重大。夷情不轻。若果改译情真。干碍大学士费宏。嘱托已行。干碍指挥张潮。俱听该部径自参奏。通行究治。必须宪典昭示。度使夏夷无词。上怒其辗转支调。诏仍前怠缓治罪不饶。张聰张潮龚良臣马良传叶增李聪都提了问。夷人求讨蟒衣等物。奏本著礼部与他查覆。邵辅且革回原卫带俸。

胡士绅又奏九川等致怨回夷等情。讦及大学士费宏受玉是实。上诏陈九川陈邦偁照前旨好生打著。追问招认。刑科给事解一贯疏曰。近该锦衣都指挥骆安等请官会勘。以杜嫌疑。奉钦依胡士绅等不必题。陈九川陈邦偁照前旨好生打著。追问招认。窃惟古之制。狱正听之。司寇听之。三公听之。狱成。王三宥然后致刑。书曰。两造具备。师听五辞。五辞简孚。正于五刑。礼曰。刑者侀也。成也。一成而不可变。故君子尽心焉。仰惟我祖宗创制立法。于刑狱一事尤为尽心。故凡问官。既勘明矣。必送法司以拟其罪。法司既拟罪矣。又必送大理寺以审其允。虑其误也。复原情而致刑。恐其冤也。复命官以审录。亦以刑狱民命所系。故慎重如此。百余年来。刑清民服。天下无冤狱者以此。今陈九川等事情其有无虚实。臣等皆不可知。其是非曲直臣等亦不暇辩。但以治狱言之。必原告在前。被告在后。众证明白。而后可以服其心。文案不遗而后无所逃其罪。胡士绅原告人也。龚良臣鲜鸣夏麟朱道鸣撒雄白杰叶增李聪陈钦哈荣皮见俱干证人也。番汉原本即文案也。有原告则两辞可折。有干证则众说可据。有文案则真伪即见。今不提胡士绅是无原告人矣。不提龚良臣等是无干证人矣。不吊番汉原本是无文案矣。独使九川邦偁与一纸并严刑对。虽十恶重情。亦无不招者。况余事乎。治狱之道。恐不如此。且彼得以有辞而不心服矣。伏望皇上念死者不可复生。断者不可复续。敕下各该衙门。将原告并一干人证及番汉原本通送问官。一一从公对理。如果是实。然后依律究治。庶用法平允。情罪真当。而彼虽死亦无憾矣。上诏。这厮每恣意回护。辄来奏扰。不从。

御史王正宗疏曰。胡士绅讦奏见监陈九川陈邦偁等。狱案未成。事未别白。而胡士绅又奏九川等事情。且本内牵言辅臣。其情之虚实。臣等皆未可知。但我祖宗旧制。一有大狱。必先付法司。或竟付镇抚司问理。若有未明。必奏请三法司会问。若再有未明。必奏请多官午门前会同问理。盖至于多官会问。其事情无有不明。刑罚无有不中者。出于众人之公也。此即古之用刑。先问之左右。次问之诸大夫。又次之间之国人之遗也。今士绅之一事。初命镇抚司而致有回避。再命堂上官而致有请官。此必各官见其掣肘难行。故有此举。陛下正当体察其回避之故。俯从其请官之举。务协舆论以求至公。今则未蒙俞允。各官震惧。此臣等所未逾也。若陛下止因九川等不体上心。处夷过当。亦可少霁天威。从臣前议或与多官会同推问。或与三法司一同问理。仍欲人卷俱全。对证明白。众口一词。事无亏枉。覆奏之日。臣等知陛下必断之以至公。施之以至平。不至以士绅过于激切而重九川等之罪。亦不至以九川有当得之罪而废朝廷之法矣。上诏其回护奏扰。亦不从。

太子太保礼部尚书席书疏曰。近该鸿胪寺回回馆通事胡士绅具奏九川邦偁致怨回夷等情。访得往年主客司郎中相待所属鸿胪寺通事礼貌颇优。会同馆主事与在馆通事和同相处。积习已非一日。自去年三月陈九川到任。不容平头巾通事与官带序班通事一起参见。又不答拜还揖。彼时胡士绅考选通事未及二年。既无冠带。又未食粮。嗔怪九川将他另作一起相待。体面颇严。以此积恨在心。回人贡献玉石等物。九川等自谓进上之物。辩验精详。十分敬谨。中间粗石黑玉甚不堪者。拣退若于。主事陈邦偁分管会同馆事。拘泥旧规。严禁夷人出入。致生嗟怨。见得夷人大玉一块值价万两。邦偁过于小心。具呈本部奏请明白。然后许卖。又见得本馆通事不听约束。奏要听其考察去留。事不如意。动辄用言詈骂。以致各该平头巾通事胡士绅等。刻恨二臣深入骨髓。通部官吏皆知回夷归怨二臣之心不过三分。通事人等致怨二臣却有七分。因此去年回夷在奉天门跪进番本。胡士绅等不肯阻栏。意欲朝廷将二臣罢黜不遂。今又假托夷人致怨之词激怒朝廷。必欲罢遣二臣方快此心。自皇上宽宥各官之后。臣等日逐吩咐该司今后各要仰体圣心。凡待夷人俱从宽处。去年开市。例外容令买卖五日。适遇雪下。货物变易不尽。新年赴部告令再买卖二三日起身。亦不闻回夷再又致怨之言。设有此言。该管通事缘何不赴部堂告禀。今胡士绅所言译写番文字样有无差错。臣等不得而知。窃念中国之于夷狄。如天冠之于地履。部省之于所属。堂阶之分亦甚截然。自去年乐頀以所属钦天监官轻奏部省。今年所属鸿胪寺以一微末通事。遂致假夷人之怨排奏部官。二臣固不足惜。诚恐此后夷人效尤。愈肆桀骜。本部不敢裁制。所属小吏蔑视部堂。无以自立群官之上矣。乞下镇抚司行拘天方国使臣虚心详审。今年正月以来陈九川等有无别生事端。启衅招怨。万一情有可原。乞将二臣量赐释放。使得更生。勉图后报。上诏。卿等既居堂官。陈九川等恣肆妄为。却不举奏。返行论救。非大臣事君之道。

于是费宏上疏自陈乞罢。称。先于嘉靖三年七月内。因往涿州迎接宪庙神主。将苎丝二匹银二两作羊酒。并诗一首送与同年彼处致仕南京户部尚书邓璋。璋令侄监生邓仲和将玉石一块以为作诗谢礼。来京亲送。去年九月内。唤不知名碾玉匠看是浆水玉石。做带一条。小带一条。闹妆女带一条。并不系九川送与。乞辩明诬害。以全名节。上诏宏。卿系辅臣。尽诚体国。朕所倚任。谅无请托交通之情。所奏诬陷。朕已知之。宜即出供职。不必深辩。

既而刑部侍郎张璁学士桂萼共疏论宏实受九川侵盗玉石。乃认邓璋所馈以饰其罪。乞追玉坐免。宏疏曰。昨该詹事兼学士桂萼张璁连名具本攻臣。谓臣实受陈九川所盗贡玉。而姑认为邓璋所送之玉以为脱罪之计。又谓臣纳市政使彭夔之贿票拟存留得以调用。以此二事诋臣为误国神奸。亟宜罢黜。盖近日选取庶吉士例有教书官二员。萼璁皆有垂涎染指之意。而萼以该院掌印。自诡必与。望之尤切。及臣等题请命官以属温仁和董玘。而二人皆不得与。愤恨不平。乃遂假此二事上渎圣聪。以为报复之举耳。夫九川之玉与臣无干已荷优诏发落。谓九川假称内廷有旨。诬陷辅导重臣。固不必与之辩矣。若谓邓璋送玉。欲图总制。则臣不容不辩者。臣以嘉靖三年七月。往迎献皇帝神主。因过璋家。作诗赠璋。十月送玉来谢。书简见存。日月可证。而总制之推。在嘉靖肆年十月。经隔一年。璋岂能于一年之前预知总制有缺。而遂萌此念乎。况总制之推。吏部会官。臣不能专主。况与璋并推者又有尚书王宪。吏部以璋尝总制甘肃。宪尝为兵部。其才可用。非以臣言用也。至于彭夔之留用。则亦有说。盖凡朝观官员。吏部会同都察院考察黜退者。则一概黜退。少有复留。科道拾遗部院覆题请旨定夺者。则旧例送下。或去或留。亦从内阁票拟。前此往往皆然。非臣等徇私而创此举也。夔居官虽不能大过乎人。而循谨廉平。则非惟臣知之。臣同官石瑶贾咏亦知之。吏部都察院亦知之。其所以得谤者。特因科场争坐。欲循旧规。不肯列于巡按之傍。御史谢汝仪怒之。加以不谨。实非其罪。故吏部都察院考察之初。不忍以不谨出夔。而臣等于拾遗之疏拟夔调用者。亦以其年方五十。才尚可用也。夫萼璁之挟私而攻臣者屡矣。不得为经筵讲官则攻臣。不得与修献皇帝实录则攻臣。不得为两京乡试考官则攻臣。今不得与教书之举则又攻臣。二人者徒以臣为内阁之首。意谓凡事皆臣沮之。而不知臣之举措亦必谋诸寮友。协于公议。又必取自圣裁。岂敢徇私而专主乎。萼聪之器量亦甚小矣。其为谋亦甚浅矣。萼亲对臣言术士邓隐仙判伊命状有同乡并阁之语。盖讽臣荐之入阁也。其所以屡屡攻臣者。盖欲臣决于求退而代其位也。臣多疾无才。忧谗畏讥。心欲求退久矣。但以受命篡修皇考实录。欲候书完上进。以成圣志。乃敢乞归。庶无后责焉耳。萼聪又谓臣居乡并植祸及祖父之坟茔。夺人凶残解及第兄之支体。尚不能保其家。焉望有益于国。臣之先坟被发。从兄受祸者。盖以正德之初。宁贼宸濠谋为不轨。请复护卫。使人以重贿啖臣。臣不敢受。昌言以沮其谋。宸濠憾臣。计嘱奸臣钱宁。矫旨罢臣。及臣既归。乃嗾臣乡人集众并力。欲以害臣性命。幸而天佑朴忠。得以脱免。复见用于圣明之世。使臣苟图濠贿与之同谋。则当叛逆既露之后。且与陆完钱宁辈俱受大戮矣。又岂有今日乎。臣平日无他技。能惟此一事士大夫亦颇见许。以为能忘家为国。可谓之忠。而萼璁乃反诋斥以为无益于国。不知其论果出于众论之公乎。抑或出于一已之私也。近因恭和御制诗章。忽有蟒衣玉带之赐。萼璁亦怀忌嫉。形于奏讦。则二人主于诬陷。不欲臣受陛下之宠任明矣。臣心迹既明。即当辞避权位。归休田里。岂能与小人争胜。上诏。事已明白。不准辞。

按疏内所言虽不甚关于天方。而事有所起。则由天方也。故备录之。且以见当时大臣因夷人之小事而自相攻击。不顾中国之大体。若此亦一时可骇之事也。

璁又疏曰。司马光言。人君大德有三。曰仁。曰明。曰武。今宏擅专威福。大肆奸贪。臣等言之。皇上既察之。未决去之。则仁矣明矣。或武德有未尽者乎。本月经筵。费宏不与。皆言宏有不法。事败被东厂缉获。臣等随究其实。云有乐工张仁者。原与臧贤俱助宸濠为逆。而费宏与张仁实为心腹。宸濠事败。臧贤抄没。时张仁巧计漏网。既乃为费宏夤缘起用。因此专一在宏门下过钱。今东厂缉拿张仁。

已招过送费宏玉带银两表里等物。又缉拿乐妇名李解愁者。已招是宏长子懋贤包宿。名高秋儿者。已招是宏次子懋良包宿。每二乐妇至费宏家。其子每与自己衣帽穿著。如男子出入。又有相赠诗柬。俱被东厂鞫出真情。臣未知东厂敢尽以此情闻于我皇上否也。公论明扬。传闻中外。以为神奸事败。今至于此。当为圣天子贺。而太平有日矣。当日午后。忽又传言费宏云。朝廷今宣我到左顺门。教我安心。明日便出来办事。不必辞本。众初不信。次日果出朝参。众方大骇。以为知奸不去。不如不知之为愈也。且费宏主改番文。侵受贡玉。乃真情也。臣等论之。御史郑洛书与臣等并劾之。既而皇上优容。两无可否。使臣等效忠无地。至今有愧于心。反有论臣等欲夺费宏之位者。殊不知此乃费宏平日所为。臣等实所不为者也。正德六年。大学士刘忠主会试考。宏为礼部尚书。欲谋入阁。将会录榜注某句不好某句不好。托人奏武宗皇帝。说刘忠没学问。刘忠去位。宏遂入阁。事载大学士李东阳燕对录中。于今可证。正德九年。大学士梁储主会试考。宏复将会试录傍注某句好某句不好。谋去梁储。以进己位。赖武宗察知。适宏又在武宗前嗤笑不恭。密旨著锦衣卫察究。将声其罪。而张仁密泄于宏。武宗震怒。将张仁发锦衣卫责打监禁。限费宏五日内起程。人皆知之。后宏乃托言不与宸濠护卫。以致休归。此真欺天罔人者也。且宸濠生日。宏曾作诗遣府学生员谢贤庆贺。其家居时设心可知也。夫以武宗皇帝特以刚武之资。故奸邪随发随灭。用能保全神器。传之皇上。皇上圣明如此。如费宏者可复久容乎。

御史郑气疏曰。臣闻人臣之事君也。以和衷为尚。自足以消夫党比之私。其立身也。以节义为防。自足以作乎贪懦之气。是皆关乎治道之隆污士风之邪正。而可以不慎哉。臣近见通事胡士绅之讦奏陈九川等语。虽止于部属。意实漫于宰执。言若面谩。侮大臣而不顾。事近罗织。伤国体而不惜。重外夷之方物。轻中国之衣冠。人皆曰彼何敢至此。皆詹事张璁桂萼有以谋使之也。又见大学士费宏论辩受玉之来历。情虽出于辩明。迹若类乎掩饰。交际之厚。未免启请托之私。取与之过。终难逃贿赂之诮。始焉追究之太急。终则发落之无据。人皆曰事何以中止。皆大学士费宏有以周旋之也。臣闻此初则疑焉。今方信之。观璁萼之劾费宏曰。礼部郎中陈九川侵盗贡玉。招称与大学士费宏收受。宏因造为玉带。姑认受邓璋之玉为掩藏苟免之计。系彼此惧罪之赃。宜追出入官。令其自陈罢黜。以此征之。则君子辞受取予之大义。圣贤进退出处之大节。宏实昧焉。况礼貌既以衰薄。退休宜尤勇决。乃复恬然不以为异。其何以辞贪冒之讥乎。费宏之劾璁萼曰。专尚攻讦。甘为小人。不得为经筵讲官则攻臣。不得与献皇帝实录则攻臣。不得为两京乡试考官则攻臣。不得与教书之举则又攻臣。以此观之。则是以城狐社鼠之依凭为蹊田夺牛之深计。璁萼实效焉。况心迹既多败露。公论实以昭彰。乃复肆然自以为得。其何以逃奸党之诛乎。是知士绅之讦奏。固为璁萼之党恶。而费宏之贪暴。实有以来。夫璁萼之狂肆也。况其间彼攻此曰。或甘为幕中引结之宾。或甘为门下狗盗之客。此攻彼曰。鼓怒蛙之腹。张狂猘之喙。言词皆涉于骂詈。忿狠真同于市井。臣谓圣明雍睦之时。乃有此奸恶贪鄙之辈。伏望于费宏也。令其自陈。而放归田里。以全大臣之体貌。于璁萼也。发其党恶。而并诸四夷。以惩群小。人之奸邪如此。则体统以正。朝廷以尊。上诏。大臣贤才进退。朝廷自有公论酌处。不必泛言奏扰。

于是骆安等问得九川藏匿夷玉。先己卖银五十两。今蒙追要。会知费宏家玉石做带。又因先年求亲不肯。挟恨攀棒。以图抵塞掩饰己赃。其家人费兴贵与九川面证。费兴贵等畏受刑责。就依九川妄招情由。供认入己。夷人失去玉石。原称不匾不圆。略斜一角。比浆水玉略高些。约重九斤。今宏玉曹春开报七斤。自有不同。参照犯人陈九川欺妄。存心刻薄成性。职掌四夷。全无柔远之仁。指勒百端。专肆搜求之虐。克留进玉。卖与行商。辗转指攀。词多不一。妄称大玉外夷自要进呈。甘作滚言。里面欲行逐赶番本。辄为立案。明旨恣意不行。罔上行私。莫此为甚。陈邦你专司夷馆。合顺夷情。却乃刁难货物。毒逞恶声。怨积远人。讥归朝宁。骄矜轻跳。传笑遐荒。沮遏来王。致兴伊讼。张璁听允寮彩央求。苟顺私情。敢于理刑衙门嘱记公事。张潮接受拜帖。显是徇情。追究吏赃。若有容纵。及与邵辅审译番文。失于奏请。龚良臣马良传各不应承内吩咐译字欠明。似有回护。鲜鸣叶增李聪因话传言。诬不以实。鲜鸣又不合捏词奏辩。揆其各犯。情虽不同。罪俱难逭。合将各犯并犯属陈瑞通送刑部。分别情罪。从重议拟。奏请发落。及照大学士费宏做带玉石。究有根由在官。家人费兴贵贵阿义应各释放。上诏陈九川侵盗贡玉。欺君侮法。发边卫充军。银两追入官。陈邦你不抚夷情。刁难货物。著为民。张聰于理刑衙门辄行嘱托。降边方杂职。张潮职掌刑名。徇情回护。降做总旗。邵辅译审番文失于奏请。还罚俸个个月。龚良臣等译字欠明。鲜鸣捏词奏辩。也各罚俸三个月。叶增李聪各打二十。并费兴贵等都放了。

自后其国每贡。适土鲁蕃侵占哈密。数犯甘肃。将各夷使人沿途羁住。天方国贡使母满速等先因庆贺世宗登极而还。被禁于庄浪卫。又有后来贡使十六人与撒马儿罕夷人九十九人。有司俱留京师。兵部尚书王琼疏。谓各夷虽真伪难辩。但彼以贡献而来。我既验放入关。若疑其诈冒。则又无实迹可据。合行在京在途官司催促前来。与庄浪寄监者陆续验放出关。遣归本土。其原带财物听其领回。不许官司侵克。重失远夷之心。从之。

七年。各夷行至平凉府东关。时以土鲁蕃常叛入寇。诏不许通贡。天方国及各夷俱谓归路必经土鲁蕃。今绝其朝贡。则我辈假道彼必肆掠。焉能前往。王琼上闻。请许土鲁蕃照例入贡。以兴复哈密。且使各国通行。则边衅可息。上从其议。迄今使人时至不绝云。

其地风景融和。四时皆春。田沃稻饶。居民安业。男女穿白长衫。男子削发。以布缠头。妇女编发盘头。风俗好善。酋长无科扰于民。亦无刑罚。自然淳化。不作盗贼。上下安和。古置礼拜寺。见月初生。其酋长与民皆拜天。号呼称扬以为礼。余无所施。以马乳拌饭食之。故人肥美。其寺分为四方。每方九十间。共三百六十间。皆白玉为柱。黄甘玉为地。中有黑石一片。方丈余。曰汉初时天降也。其寺层次高上如塔之状。每至日落。聚为夜市。盖日中热故也。

货用金银缎匹色绢青白花磁器铁鼎铁铫之属。其地产金珀宝石真珠狮子骆驼祖剌法豹麂马有八尺高者。名为天马。

咸宾录[①]

卷二·东夷志·朝鲜

朝鲜东夷大国也昔尧命羲仲宅嵎夷曰阳谷孔子欲居九夷夏后相时于夷来实少康时方夷来宾及周公所灭淮夷大抵皆东夷种也武王伐纣释箕子囚箕子既陈洪范义不臣周而武王亦不欲臣之也故封之于朝鲜其初国俗未闻及箕子教以礼义田蚕又制八条之约故其风淳厚与三方异至有邑无淫盗门不夜扃者传四十余世至朝鲜侯准称王汉初大乱燕人卫满避地朝鲜遂击破准而自称朝鲜王会孝惠高后时辽东太守奏约满为外臣保塞外蛮夷许之满遂得以兵威财物侵旁小邑凡秽貊高句骊沃沮真番辰国皆服属焉传子至孙右渠负固不服又雍阏他国来朝者元封初袭杀汉使涉何汉于是遣杨仆荀彘诛右渠以两将不相能故久无功顷之尼溪相参乃使人杀右渠来降先是秽君南闾等二十八万口降置苍海郡及定朝鲜复置为真番临屯乐浪玄菟四郡而以高句骊沃沮为县至昭帝时罢临屯真番二郡而并于乐浪玄菟焉高句骊者其先夫余种也夫余尝得河伯女因闭于室为日影所照遂孕生一卵大如五升破而得一男焉及长字之曰朱蒙其俚言朱蒙者善射也王令养马蒙私以马骏者减食令瘦驽者善养令肥王以肥者自乘瘦者给朱蒙王狩给朱蒙一矢殪兽甚多夫余王谋杀之朱蒙遂弃其母与马达等二人东遇河难济追者又迫朱蒙曰我日之子河伯外孙也今奈何俄而鱼鳖成桥朱蒙得渡鱼鳖乃解朱蒙遂至普述水遇见三人一著麻衣一著衲衣一著水藻与朱蒙至讫升骨城遂居焉号曰高句骊因以高为氏朱蒙死子如栗立如栗死子莫来立其人性凶急习战斗好寇钞沃沮东濊皆属焉武昭虽置为县后稍骄不服王莽初发句骊兵伐胡不行郡县强迫之遂亡出塞莽令严尤诱句骊侯驺斩之传首长安于是寇边愈甚及光武兴罢两郡都尉官仍以秽及沃沮地封其渠帅为侯而辽东太守祭彤威信素著于是高句骊濊貊倭韩夫余诸国来献倭即日本详见日本志中韩有三种曰马韩国五十四曰辰韩国十二曰弁辰国亦十二合方四千余里皆古之辰国也马韩最大其诸国王尽马韩种人俱服属焉昔朝鲜王准为卫满所破遂将余众千人攻入马韩为王准后卒韩人复自立辰韩耆老自言秦之亡人避苦役适韩相呼有似秦语风俗尚礼胜于马韩弁辰国近倭故颇有文身者三韩自汉晋以来朝贡不绝后为新罗百济所并夫余东明之裔也其事与朱蒙同汉晋以来朝贡及阿保机灭夫余改东丹府遂绝后高句骊王宫勇壮数犯边境元兴初寇辽东耿夔击破之元初建光时辄与濊貊马韩鲜卑人入寇围玄菟城杀掠吏人时辽东太守蔡讽战没官属并军卒死者数千人夫余王乃遣子尉仇台将兵来援与州郡并力讨破之是岁宫死子遂成立诣玄菟降遂成死子伯固立其后濊貊率服东垂稍安及桓灵失政复入寇掠玄菟太守耿临讨之伯固降乞属玄菟云伯固卒子伊夷模立建安中公孙度击破之有其国伊夷模更作新国于丸都山下居焉伊夷模死子位宫立【一名宫慕祖风烈故袭其名】有勇力便鞍马善猎射从晋击公孙氏有功势遂滋盛魏正始初寇辽西安平幽州刺史毋丘俭往击之位宫败走俭使王颀追之绝沃沮千余里到肃慎南刻石纪功而还是时颀问其耆老海东复有人不耆老言国人尝乘船捕鱼遭风至一岛语言不相晓俗常以七月取童女沉海又一国在海中纯女无男撒地而孕胸前无乳项后生毛中有汁乳子百日能行三四年则成人矣又海岸边有两面人项中复有面生得之与语不通不食而死又得一布衣从海中而出身如中国人衣其两袖长三丈盖沃沮东界之极也晋时立宫五叶孙钊为王慕容皝击破之掠万余口焚其宫毁九都城而钊亦寻为百济所杀于是遂徙都平壤平壤即乐浪也【元东宁路今仍属朝鲜】及慕容宝以句丽王安为平州牧封辽东带方二国遂略有辽东郡势复振立至晋安时安孙高琏献赭白马晋封为高丽王乐浪郡公琏寿百有余岁而死凡四传而汤立自东晋宋至于齐梁后魏后周其主皆受南北两朝封爵分遣贡使隋时其国渐大及隋平陈汤惧陈兵积谷为守拒之策高祖晓谕之遂上表谢罪汤卒子元立元率靺鞨兵寇辽西既而炀帝征元入朝元不至炀帝大怒遂亲征之高丽婴城固守隋食尽师老转输不给诸军多败绩乃班师还顷之高丽亦困弊遣使乞降隋末天下丧乱仍征元入朝元竟不至也元死子建武嗣唐高祖初两遣使

---

① 〔明〕罗曰褧撰。据明万历十九年刻本,参校中华书局1983年版。

入朝唐拜建武为上柱国封高丽王顷之新罗百济上书言建武闭道使不得朝且数侵入诏使朱子奢持节谕和是时太宗已擒颉利建武惧请与二国平且贺灭突厥并上封域图久之复遣太子桓权入朝献方物帝厚赐赉诏使者陈大德持节答劳且观衅大德入其国厚饷官守悉得其纤曲大德还报太宗大喜于是遂有征服高丽志矣高丽有盖苏文者姓泉氏自云生水中以惑众性忍暴嗣父为东部大人残凶不道诸大臣与建武议诛之盖苏文觉悉召诸部绐云大阅兵列馔具请大臣临视宾至尽杀之凡百余人驰入宫杀建武残其尸投诸沟更立建武弟之子藏为王自为莫离支专国柄犹唐兵部尚书中书令职云太宗闻建武为下所杀遣使吊祭不欲因丧伐罪乃拜藏为高丽王会新罗遣使者上书言高丽百济来攻请天子哀怜太宗以书让高丽且使止勿攻使未至而盖苏文已取新罗二城矣会李勣劝上讨之帝意遂决乃遣将张亮李勣李道宗契苾何力等二十人往征之又发契丹奚新罗百济诸君长兵悉来会上次定州坐城门过兵人人慰抚疾病者亲视之敕州县治疗士卒大悦人人愿争先赴敌矣于是勣攻牟城拔之以其地为盖州孙伐音攻白崖城拔之以其地为岩州勣遂围辽东城帝至城见士卒填堑分负之重者马上持之群臣震惧争挟魄以进帝与勣会甲光炫日会南风急士纵火焚西南熛延城中屋几尽人死于燎者万余众登陴虏蒙盾以拒士卒长矛舂之蔺石如雨城遂溃以其地为辽州遂引军次安市城进兵攻之会高丽南北部傉萨高延寿高惠真率靺鞨之众十五万来援于安市城东南八里依山为阵上令所司张受降幕于朝堂之侧夜召文武躬自指麾是夜有流星坠贼营中明日及战大破之延寿惠真降上悉以其酋长授以戎秩命还以平壤靺鞨三千人并坑之所获无算因名所幸山为驻跸山命许敬宗为文勒石纪功焉太宗崩高宗立藏遣使者奉慰后新罗诉高丽靺鞨夺三十六城诏程名振等率师计击胜之无何盖苏文死子男生代为莫离支与弟男建男产相怨男生入朝求援而盖苏文弟净土亦请割地降乃诏遣将契苾何力薛仁贵庞同等讨之皆受李勣节度会侍御史贾言忠计事还帝问军中云何言忠对曰必克高丽秘记曰不及九百年当有八十大将灭之高氏自汉有国今九百年勣年八十矣虏仍荐饥人相掠卖地震裂狼狐入城蚡穴于门人心危骇是行不再举矣未几勣围平壤藏遣男产率首领百人树素幡降且请入朝勣以礼见而男建犹固守出战数北大将浮屠信诚遣谍约内应遂入火其门执藏男建等收凡五部百七十六城户六十九万诏勣便道献俘昭陵凯而还勣等数俘于庭高宗赦之各授以职诸将加爵有差剖其地为都督府九州四十二县百复置安东都护府擢酋豪有功者为都督刺史而以薛仁贵为都督总兵镇之藏以永淳初死葬颉利墓左由是高氏绝王矣至垂拱中以藏孙宝元为朝鲜郡王唐末中原多事遂自立为君长而其名号史失不纪矣至后唐明宗时权知国事王建承高氏之位并有新罗百济以平壤为西京遣使朝贡封为高丽国王建卒子武立武卒子昭立王氏三世终五代常来朝贡其立也必请命中国中国常优答之周世宗时王昭进别叙孝经一卷越王新义八卷皇灵孝经一卷孝经雌图一卷别叙者叙孔子所生及弟子从学之事新义者以越王为问目皇灵述延年辟谷雌图载日食星变皆不经之说宋太祖建隆初昭遣使朝贡昭卒子伷立伷卒弟治立先高丽遣国人金行成崔罕王彬等诣业国学后俱登第于是朝贡不绝请命受封如常无何遣使言契丹寇境宋以夷狄相攻固其常不可轻动干戈为国生事使还自是受制于契丹朝献中绝矣治卒弟诵立诵卒弟询立会契丹攻陷高丽六城询徙居避之寻结女真设奇邀击杀戮契丹殆尽势稍得振于是复入贡焉因言为契丹羁制之状宋厚答之诏登州置馆于海次以待使者询卒其后不通中国者四十余年至询孙徽立辄遣使入贡表求医药画塑之工诏募愿行者往高丽俗病不服药惟呪咀厌胜故不知医自徽来请医后始有通其术者宋以其国尚文每赐书诏必选词臣著撰所遣使者必召赴中书试以文乃往而高丽之待中国使者亦甚恭谨云徽在位三十八年而卒治尚仁恕称为东夷良主然犹循其俗王女不下嫁臣庶必归之兄弟宗族贵臣亦然次子运谏以为既通上国宜革故习不从及运嗣遂稍稍变其夷风矣运仁贤好文每贾客市书至则洁服焚香对之贡使至辄市太平御览文苑英华并诸书甚众运卒凡四传而楷立贡使接踵赏赐不赀而郡县供顿扰民殊甚苏轼谓高丽入贡无丝毫利而有五害旨哉言也高丽自王徽以降虽累年通使于宋然受契丹封册奉其正朔上朝廷及它文书盖有称甲子者岁贡契丹至于六而诛求不已常云高丽乃我奴耳南朝何以厚待之使至其国尤倨暴馆伴及公卿小失意辄行捽棰我使至必假他事来觇分取赐物云初女直奴事高丽及其强也高丽反臣事之高宗即位初即遣胡蠡等往使高丽宋盖恐其通金人而金亦以是时遣王枢持册往高丽则亦忧其为我用也蠡回复募能使绝域者而杨应忱奉诏请行上言由高丽至女真路甚径请身使三韩结鸡林以图迎二圣诏可遂由杭州浮海行三月抵高丽谕其王楷以往女真意楷有难色遣其臣具言金人见造舟将往二浙若引使者至其国异时欲假道至浙何以答之高丽之辞果如宋臣翟汝文所料者应忱留两月

余楷终不奉诏不得已受其拜表而回自三韩发舟凡六日至明州盖遇顺飚故历险如夷云后高丽亦辄遣使入贡然势逼于金其奉中国不及元丰以前时矣及元初契丹人六哥等领众九万余窜入其国元太祖遣哈只吉劄剌等领兵征之高丽王【缺名】奉牛酒出迎且遣其将赵仲共讨灭六哥劄剌与仲结为兄弟仲请岁输贡赋自是后元每遣使趣其入贡而后进方物焉元太宗时征高丽复遣阿儿秃与高丽降人洪福源招其主王皞皞遣其弟王侹请和许之置京府县以达鲁花赤七十二人监之遂班师顷之皞尽杀元所置达鲁花赤七十二人以叛寻率众窜居海岛元遣将命福源领其众皞复攻之福源遂迁居东京而元赐佩金符命同将唐古攻皞皞于是畏威献琛矣至乎宪定之间岁贡不入元凡四命将征之皞遣世子禃入朝皞卒元命禃归国嗣王兵卫送之禃以元册封故终世祖之三十一年其国入贡者凡三十有六焉是时元欲通日本以高丽与日本邻可为乡导乃遣兵侍黑的等使日本先至高丽谕旨禃遣使导往日本不至而还元与高丽从此隙矣而其岁贡如故也后禃世子愖入朝奏言本国邪臣林衍废禃立淐之事元大怒发兵征之而复王禃故位诏西京内属改为东宁府禃死子愖立后更名昛以尚元公主故赐以驸马高丽王印而加号特进上柱国开府仪同三司征东行中省左丞相驸马高丽王云成宗时哈散使高丽还言昛不能服其众宜遣官其理之遂复立征东行省命阔里吉思为高丽行省平章政事未几复罢而奉命滋谨矣昛卒凡三传而王暠嗣王氏自建立国至暠凡二十八王历四百余年云我朝洪武二年王王颛表贺即位遣符宝郎偰斯赐金印诰命大统历金绮封为高丽国王并赐王母妃相国诸陪臣文币有差仍以祝文牲帛祭高丽境内山川云未几复遣陪臣金柱来朝柱颇知书出清宴阁燕记自言其八世祖金缘所作乃宋徽宗燕蔡京事不知蔡京为中国所鄙云五年王颛遣其礼尚吴季南等贡方物表言暹罗国恃其险远不奉朝贡蒙古人留居其国宜徙之兰秀山逋逃所聚亦恐为寇患乞发兵讨之上赐玺书言暹罗隶尔国蒙古亦人类兰秀山逋寇示以朕诏一呼可至勿用兵便十年以高丽贡使烦数遣故元枢密使延安答里谕意颛遣使姜仁裕表谢贡方物十七年上因高丽使来不遵臣礼以贿结逆臣胡惟庸事觉遣其使还以敕谕辽东守将唐胜宗叶升令绝高丽未几高丽果遣使至胜宗升以闻上复以敕褒奖之二十年辽东守将濮真以高丽叛服不常引兵攻之兵败被执自刺死颛惧上表请罪归真丧颛卒封禑为高丽王非颛亲子国人所共立也二十二年指挥高家奴等市马高丽还言高丽王禑表请不受马直上令择可用者以直偿之余驽弱者量减其直仍敕高丽还辽阳沈城民昔避乱于其国者禑遂遣使以辽沈流民奈朵里不歹等户四十五口三百五十人来归顷之国相李仁人废禑而立王冒仁人子成桂复废昌而立王瑶久之竟废瑶而自立也王氏自五代至今数百传而始绝成桂遣人请命上以其远夷故置不问成桂更名旦徙居汉城遣使请更国号诏更号朝鲜旦遣使请印诰上览表怪旦不逊诘使者使者言表郑集撰上尽却方物索集旦惧送集至京安置云南自是遂令辽东绝高丽矣永乐初旦请老子芳远嗣闻朝廷欲广屯田于辽东遣使贡牛万头于辽东命户部每牛一头酬绢一匹布四匹赐其王文绮表里各百匹仍敕以其牛分给屯田芳远卒子裪嗣遣使贡海东青诏谕裪珍禽异兽非朕欲也其勿献以后圣旦元旦及请封庆吊使来无常期而朝廷有大政颁诏其国及王嗣封亦皆遣使焉至嘉靖中王李峘疏乞改大明会典中所载成桂篡逆事从之其地东西相距二千里南北四千里分八道统府州郡县俗崇释尚鬼恶杀戴折风巾服大袖衫男女相悦为婚死三年始葬亲不视殓病不服药好祀鬼神修宫室饮食用俎豆官吏闲威仪以田制俸以秔酝酒法无苛条刑不惨毒其译语天为哈嫩二地为大日为害月为得其山川古迹则九都山【伊夷模建都于此】神嵩山【王建都于此】北岳山【李旦依此山为都】盖马大山【即古东沃沮国地】鸭绿江【源出靺鞨之长白山色如鸭头绿故名阔三百步】大通江【即浿水也】为大其产则白硾纸狼尾笔海豹皮稍鱼昆布蒲花席【草性柔折屈不损】折扇【以竹多为贵】黄漆【漆物如金】果下马【高三尺】长尾鸡【尾长三尺】绸苎布【黑白二色】石灯盏【红白二色】俱他国所无者

论曰朝鲜肇自箕子故称东方君子之国及卫满篡入风稍变矣句骊并之遂益凌夷然性柔谨好文字至今犹然岂非箕子之遗化耶若汉之右渠晋之高宫隋之高元唐之盖苏文代为作逆虽穷兵讨之犹未帖然宋名通贡而实奴事契丹元以兵威劫之纳献请封非其意也至我圣祖登极未几王颛奉表称臣累叶朝请遂为定典回视前代不大相径廷耶

卷二・东夷志・日本

日本古倭奴国在大海中于闽浙为东北隅汉灭朝鲜通使称王者三十余国初王都筑紫日向宫名御天中主

次曰天材云尊其后王遂皆以尊称传二十三世彦潋尊少子神武天皇迁都太和州畺原宫其后王遂以天皇称建武初倭奴国奉贡朝贺光武赐以印绶至桓灵间倭国大乱历年无主有一女子名曰卑弥呼年长不嫁能以妖术惑众于是共立为王法甚严峻侍婢千人少有见者惟一男子传令而已曹魏时既平公孙氏倭女王遣大夫难升米等来贡献魏以金印紫绶封卑弥呼为亲魏倭王难升米等并拜中郎校尉自是贡使往来相寻矣女王死更立男王国人不服相攻击不休复立卑弥呼宗女壹嗣为王乱遂定壹立朝献如初后复立男王并受中国爵命历晋宋齐梁朝聘不绝晋宋时倭王名赞赞后有名珍名济名兴名武者其世次皆有可考至隋开皇中倭王姓阿每字多利思比孤遣使诣阙上令所司访其风俗使者言倭王以天为兄以日为弟天明时出听政跏趺坐日出便停理务云委我弟文皇曰此大无义于是训令改之大业初复遣使朝贡使者曰闻海西菩萨天子重兴佛法故遣朝拜兼沙门数十人来学佛法其国书曰日出处天子致书日没处天子无恙云云帝览不悦谓鸿胪卿曰夷书有无礼者无复以闻明年遣裴世清使倭度百济所历有秦王等十余国惟秦王国其人同于华夏云先秦时遣方士徐福将童男女数千人入海求蓬莱仙不得惧诛止夷澶二州号秦王国世属倭奴世清至倭王遣使数百人设仪仗鸣鼓角来迎既入其都国王多利思比孤与世清相见大悦曰我闻海西有大隋礼义之国故遣朝贡今清道饰馆以待大使冀闻大国维新之化世清曰皇帝德并二仪泽流四海故遣行人来此宣谕世清居倭未几王命使随清入贡唐贞观中遣使朝贡唐亦遣新州刺史高仁表往谕之与王争礼不平不肯宣天子命而还久之其王孝德即位【自孝德上至多利思唐书具载有姓名】献琥珀大如斗玛瑙若五升器时新罗为高丽百济所暴高宗赐玺书令日本出兵援新罗孝德死二传而天智立遣使者与虾夷人偕朝虾夷人亦居海岛中其使者须长四尺其发上指善弓矢珥箭于首令人戴瓠立数百步射无不中者天智死子天父立死子总符立咸亨初遣使贺平高丽后稍习夏音恶倭名更号日本使者自言国近日所出以为名或云日本小国也倭并之故冒其号云长安初遣朝臣真人粟田贡方物朝臣真人者犹唐尚书也冠进贤冠顶有华蘤四被紫袍帛带其国初无冠于隋得所赐冠始制焉亦无文字刻木结绳于百济国得佛书始制焉粟田好学能属文进止有容武后授以司膳卿官还之开元初粟田复朝请从诸儒授经诏四门助教赵玄默即鸿胪寺为师后悉所赏物货书以归其副朝臣仲满慕华不肯去易姓名曰朝衡授以官职久之多所该识乃还后复入朝擢官如故建元初遣真人兴能来贡善书其纸似茧而泽人莫能识也时王名白璧自总符后女王二男王五至此凡八传矣贞元末王柏武遣使入朝其胄子橘免势愿留肄业历二十余年使者来请免势等还诏然之大中中日本王子来朝献宝器音乐王子善围棋出楸玉局冷暖玉棋子楸玉文如楸木琢之为局光洁可爱其玉棋子不由制度黑白自然冬温夏暖故名至宋雍熙初日本僧奝然与其徒五人浮海而至献铜器十余事并本国职员今年代纪各一卷奝然善隶书而不通华语问其风土但书以对书言国王世以王为姓文武官僚亦然所载世次名号甚详第王世姓王氏与本史阿每氏者不同奝然之来也带有孝经一卷越王孝经新义各一卷皆金缕红罗褾水晶为轴孝经即郑氏注者越王乃唐太宗子越王贞新义者记室参军希古等撰也奝然求印本大藏经诏给之后随台州商人船还其国数年遣弟子奉表来谢表辞颇工大略云伤鳞入梦不忘汉主之恩枯骨合欢犹亢魏氏之敌奝然诚惶【云云】望落日而西行十万里之波涛难尽顾信风而东别数千里之山岳易过得观宇内之瑰奇敢辞荒外之跋涉遂使莲华回文神章出于北阙之北贝叶印字佛诏传于东海之东伏惟陛下惠溢四溟恩高五岳世超黄轩之古人直金轮之新在彼在斯只仰皇猷之盛越山越海敢忘帝德之深奝然纵粉百年之身何报一日之惠染笔拭泪伸纸摇魂上奏赐物遣归咸平初建州海贾周世昌遭风飘至日本凡七年得还与其国使至世昌以其国人倡和诗来上其词雕刻肤浅无足取也景德初僧寂照至熙宁间僧诚寻至宋待之加厚赐紫方袍自是连贡方物而来者皆僧也淳熙以后明州秀州泰州等地往往有日本海船为风泊而至者其人众无口食或行丐于途中上闻诏勿取其货仍给常平米赡恤之候便风遣归国宋亡终元之世不肯奉命元遣使黑的赵良弼等并高丽使往谕之不至遂遣将忻都范文虎及高丽将洪茶丘等往征之至五龙山暴风破舟全军皆没而日本竟不至也及国初高皇帝即位方国珍张士诚既灭诸豪悉航海纠岛贼入寇以故洪武时数寇山东浙福苏松旁海诸郡遣行人杨载招谕之其使未至于是复遣莱州同知赵秩赐玺书谕其王良怀秩至宣言中国威德责其入贡良怀以元尝使赵姓者往欲袭之今秩复赵姓意将袭已以谩语答之命左右刃秩秩不为动徐曰圣天子生华帝华非蒙古比尔杀我祸不旋踵我朝之兵天兵也无不一当百其战舰蒙古之戈船百不当一况天命所在人孰能违良怀闻之气沮股栗礼秩有加寻遣僧祖义随秩奉表称臣入贡来朝然其剽掠如故也十五年明州备倭指挥林贤交通枢密使胡惟庸谋叛令日本使僧如瑶诈

称朝贡献巨烛内藏火药兵器伏精兵贡艘中计以表里挟上即不遂掠库物乘风而遁会事露悉诛而发僧使于陕西四川各寺中著训示后世绝不与日本通于是遣信国公汤和江夏侯周德兴等沿海规画自南直隶山东浙江福建广东西咸置行都司以备倭为名犬羊盘礴矣永乐初太监郑和等赍赏下西洋谕诸海国日本首先归附遣人来贡并擒献犯边贼二十余人即付使人治之缚至甑中烝死诏厚赉之封其镇山曰寿安镇国山上为文勒石赐勘合百道与之期期十年一贡无何三千人犯辽东为总兵刘荣所破杀无噍类荣封广宁伯自是敛迹不敢大为寇而小小抄盗亦不绝出没海中得间则张其戎器而肆侵陵不得间则陈其方物而称朝贡菌载而归以为常矣至正统中乃入桃渚犯大嵩劫仓庾燔室庐贼杀百姓积骸流血如陵谷缚婴儿于柱沃之沸扬视其啼号以为笑乐捕得孕妇则计其孕之男女刳视以睹酒荒淫惨毒不可胜言嘉靖初其主源义植幼冲不能制群臣右京兆大夫高贵使宋素卿贡亡何左京兆大夫内艺兴遣宗设贡咸强请勘合后先至宁波争长不相下宗设众盛于宋素卿遂攻败之追北至绍兴躏诸郡县杀掠以千计都指挥刘锦及千百户等官遇之皆死后有诏旨谕且下宋素卿狱始肯听徐徐解自是倭奴啸聚益繁桀骜孔炽而闽浙无赖之民为之向导觇我虚实以故敢于深入而中国亡命者若王直徐海毛海峰之徒跳海聚众变服称王纠合倭舶往来行贾而奸商猾民閧其利厚私与互市违禁器物咸托官豪庇引黠者又多取其奇货匿去莫酬舶人怒轻肆杀害公行剽掠于是吴粤之民食不暇炊卧不安枕农夫释耒红女寝机甚则族类离散逃窜别邑或父子老弱系虏相随于路其死伤者首身分离暴骨草泽头颅僵仆相望于境沿海郡县几为丘墟其祸惨于正统时矣事闻朝廷虑之乃特设闽浙巡抚开军门听以军法从事而所用抚臣朱纨素洁廉勇于任事往则日夜练兵甲严纠察上章暴二三势豪通番状竟为势豪诋劾以擅杀逮纨纨恚自杀其所置副使柯乔都指挥俞镗诸能任事有功者皆论死系狱乃罢巡抚不复设而舶主土豪益自喜为奸浸甚官司视以目莫之禁矣顷之贼犯台州破黄岩象山诸邑议复设提督都御史用王忬为之忬经略稍有斩获贼于是移舟而南犯苏松二郡无何忬改大同乃以李天宠代忬而兵尚张经督其事时中外忻忻谓贼旦夕可平会工侍赵文华以海道猖獗请祷海神遂遣文华往祷公私劳费不赀皆归囊橐而文华素忌经经亦以材望自负文华恚则疏连劾经谓其才足办也特家闽避贼仇故嚄唶纵贼尔上怒甚趣使捕征经经时已大破贼于嘉兴斩首三千级流水死者称是兵科言宜留经以贼平自效不听并巡抚李天宠皆论死文华既已攘其功即奏超巡按御史胡宗宪代天宠督臣亦有更置由是中外文武皆束手敛迹惴惴重足立忧不在倭矣文华俄还朝进太子太保工部尚书而宗宪亦遂以兵部侍郎总督无何徐海入寇围巡抚阮鹗躏浙地告急疏上赵文华请出督许之乃与宗宪诱徐海降而合兵掩捕乎之徐海死进文华少保宗宪亦迁右都御史又明年获王直王直者故徽人也以事走海上后为舶主颇尚信有盗道虽夷主亦爱服之有徽人罗隆文者豪侠士也故与直相识宗宪乃驰书命隆文往说之隆文至直所适直船中有二女见隆文泣数行下即之则隆文故妓为寇所虏也隆文密使二妓先谕意明日谒直直大喜相叙欢若生平隆文曰朝廷不以足下作逆之故坏汝庐墓戮汝亲戚德意良厚今总督胡公吾党人也倘能效顺投款尽歼夷丑以安百万生灵足下之功良厚胡公必奏授足下官职高爵厚禄荣归故乡不犹愈于寄身海岛朝不谋夕使万世而下有逆贼之名乎直闻之神摇色动犹未决会二妓耳语反复劝之甚亟直瞿然曰愿以死赎罪遂从隆文诣督府宗宪大悦优礼之即具状闻廷议以直元凶不可赦弃市而余党数万复寇淮阳遂越如皋趋泰州势甚炽时淮阳巡抚李遂多智略度贼无深谋若以计诒之东至庙湾可以决胜乃命防海副使刘景韶参将丘升守黄桥诸路而身当泰州之冲露宿野次激励诸将士期以死战士皆踊跃奋呼数合贼退却果从富安沿海堤掠而东遂喜曰贼在吾彀中矣复命景韶升诱贼致庙湾纵兵击之贼大败无何贼自三沙至景韶升与战升中锋死景韶乃并升众遂又饬诸路兵击之贼复大败贼间道走刘庄裨将刘显闻贼据刘庄乃奋勇跃马而前而景韶鼓其后遂捣刘庄贼溃追及白驹场贼无一人得免者捷闻进遂南京兵侍景韶浙江按察使自宗宪遂屡捷之后于是浙西江东稍得安然而温台闽广如故也至四十年贼破兴化等郡县巡抚谭纶总兵戚继光募浙兵大剿平之自是弦辙一新武卫稍振而旁海诸郡始免倭患云其地去闽浙近去辽东远故今入贡者不从辽路国内有五畿三岛七道六十五州六百余郡属国百余总以倭名曰拘邪韩【方五百里在新罗百济东】曰对海【方四百里多深林禽鹿成群户无良田食海物自活】曰瀚海【方三百里多竹木差有田地食亦不给市籴他国】曰末卢【户四千余草木茂盛行不见前人好食鱼鳆数十丈之下亦没取之】曰尹都曰不弥【户俱千余】曰奴国曰投马【户俱三五余】曰邪摩维【即今倭王所都】曰秦王【见前】其余诸国小者百里大者四五百里【俱有名不尽录】各自专擅不相统摄其来寇者不知为何国也土气温燠宜禾稻麻桑无牛马

虎豹羊鹊兵有矛楯木弓竹矢或以骨为镞人性嗜酒多寿考其至百余岁者为常男女相悦为婚人皆多妻不淫不妒又俗不窃盗少争讼犯法者没其妻子大者灭其门户其死丧无异中国灼骨以卜吉凶用中国古钱千文价银四两惟不用开元永乐二种来寇多在清明重阳之后时多东北风久而不变故防寇者以三四五月为大汛九十月为小汛过此则不利于行矣若渡海时令一人不栉沐不食肉不近妇人名曰持衰若在途吉利则予以财物如疾病遭害以为持衰不谨便共杀之男子魁头断发黥面文身妇人披发跣足间用屦信巫好戏重儒敬佛其接见以蹲踞为恭以搓掌为悦饮食籍以槲叶手哺之或间用笾豆坐卧无几案床帐编草为荐文皮为表席地坐卧其喜盗轻生好杀天性然也其译语天为唆喇地为只日为非禄月为读急【与日本考略译语不同】其山川寿安镇国山【永乐初御制赐刻碑】阿苏山【山石无故火起接天云其上有夜光珠】其产如意宝珠【青色大如鸡子夜有光云鱼目精也】青玉砚扇细绢漆器【俱极精巧】金桃【实重一斤】为奇

论曰日本东海中大国也自后汉以来世世朝献乃至元时独绝盖亦耻为虏下意云及元攻之不克志亦寝骄国初招之业已奉贡称藩矣而寇掠如故太祖虑之乃绝其内款禁其互市濒洋环岛罗卫布堠而严为之防逖哉圣谟贻谋深矣然久之安而忘危玩以生寇亭障弛而不设舳舻敝而不修倭奴乃乘间窃发始则岁旱荐饥奋臂掠食救死扶伤而已迨后觇我阨塞谙我虚实遂至隳城衄邑斩将杀吏积尸成林萧条千里顾不痛哉皇上震怒委任重臣畴咨良将恩甚渥也然倭以瓦合之众航海而来勇略既疏赀粮亦乏而我以百万熊虎之士坐而制之是彼为肉我为斧谓宜讪指当以吉语闻也奈何骚然荼毒连年不解者其故何哉盖立功显名相成者什一而相倾者什九也昔当皇上之特设督抚也首用朱纨事未竣而为势豪抵于法次用张经李天宠事未竣而为贵臣抵于法自是朝臣结舌边将敛手而倭奴益得志矣人徒知倭寇之来胡惟庸为乱首而岂知彼嫉贤误国者罪亦不下胡惟庸也即有微功安足赎其罪哉曩非李遂谭纶戚继光等前后剿平之事犹未可知矣

卷二·东夷志·琉球

琉球东南海中大国也汉魏至唐宋不通中国隋炀帝令朱宽入海求访异俗得河蛮言知有琉球遂与河蛮俱往其国言语不通掠一人而返明年令宽往抚之不从取其布甲而归于是遣将陈稜等讨之至其都焚其宫室虏其男女千余人并杂物产得金荆榴木数十斤色如真金甚香遂班师归是时其王姓欢斯氏名渴剌兜不知其由来有国世次也自陈稜攻破之后绝无闻琉球旁有毗舍那者小夷也鸟语裸形殆非人类宋淳熙间其国之酋豪尝率数百辈猝至泉之水澳围头等村肆行杀掠性喜铁器及匙筋人闭户则不入但刓其门环而去掷以匙筋则俯拾之可缓数步见铁骑则争刓其甲遂骈首就戮而不知悔临敌用镖枪系绳十余丈为操纵盖爱其铁不忍弃之不驾舟楫惟缚竹为筏可折迭如屏风急则群舁之浮水而逃此夷之最小而险者也元至元中海船副万户杨祥请以六千军往降琉球不听命则遂伐之元主从其请继有书生吴志斗者上言生长福建熟知海道利病若欲收附且就彭胡发船往谕相水势地利然后兴兵未晚也元遂命杨祥吴志斗阮鉴等并给金银符往使琉球竟不能得其要领而还及元贞初遣镇抚张浩等讨之禽生口百余竟不服也我朝洪武初遣行人杨载招谕日本还复遣往琉球琉球遣使者随载入朝贡献诏所贡方物俱于福建行省验入顷之其国分中山山南山北称三王各遣使请命诏赐中山王察度山南王承宗山北王怕死芝印币永乐中中山王思绍遣使入贡表言长史王茂中国饶州人也辅臣祖察度四十余年不懈于职今年已八十请命还乡从之中山王遣子侄及其陪臣子弟入国学上喜礼遇独优赐闽人三十六姓善操舟者令往来朝贡三王嗣封皆请于朝以为常至景泰时山南山北为中山王尚思达所并遣使朝贡嘉靖初国王尚真卒世子尚清上表请封我遣给事中陈侃行人高澄往吊尚真并封尚清中山王至闽尚清遣长史蔡承美等来迎以五月朔日祭海登舟自是风涛浩荡几汩舟者数矣越十八日至热壁山山去琉球三百里夷人曰至此始可免忧遂泊焉顷之尚清遣法司官具羊酒菜果等物来迎言天使远临世子不胜忻痛闻风伯为从者惊敬遣小臣奉迓侃等以其词雅受之踰旬日方抵其国先颁祭礼毕至七月二日乃颁册封诏敕尚清冠服之饰跪拜之仪悉如中国盖其先期习之熟也其宴使者礼甚恭仍用金鼓笙箫乐凡烹调之味皆假使者庖人惟奉饯则出自宫嫔亲制以表献芹之意者精洁芳旨但不过数十品而已侃等以九月十三日回舟王及陪臣送至江浒无不相泣重别者行数日飓风骤作桅折舵坏舟人失色但呼天妃求救顷之有红光烛天舟人曰天妃至矣舟果得安至二十六日忽一蝶飞绕舟中复有一黄雀立于桅上时舟人有识者曰蝶雀神类天妃遣来告我风也宜善自防是夕果大风作浪涛惊天

舟漏齐呼天妃寻有蝶数万衔泥塞舟舟复得安次日遇顺飚舟行如飞又次日遂行至定海泊焉【出使外国者惟琉球最险而其神亦最灵故详录之】未几尚清上表贡献言大明一统志中所载琉球有落漈及聚髑髅事皆非实杜氏通典集事渊海赢虫录星槎胜览所述亦传者之妄乞下史馆从之落漈者琉球水也其水最险舟到彭湖遇飓风作漂至落漈回者百无一二聚髑髅者言其国王所居壁下多聚死人枯骨以为佳而民间门户上亦安兽头骨角此言出自寰宇记诸书而隋史北史亦载之故其国欲改去云其地居海岛中多山洞国有四五帅统诸洞洞有小王往往有村村有鸟了帅并以善战者为之各理一村之事其初国俗以盈虚为晦朔以草木为冬夏人皆去髭鬍手羽冠毛衣无礼节好剽掠自相攻击斗死者收取聚食之仍以髑髅献至王所王则赐之以冠便为队帅犯罪者轻则用杖重则绳缚以大铁锥钻顶而杀之人死气将绝时举至庭浴其尸缠以布帛裹以苇草衬土而殡其南境有人死邑里共食之者男女相悦为婚妇人产子必食子衣年老者发多不白事山海之神祭以酒肴斗战杀人即以其人祭神此皆其未通中国时俗也迨今遣人入国学夷习稍变有华风焉凡司刑法钱谷等官皆土人为武职其大夫长史通事官司朝贡为文职皆三十六姓人及学于国学者为之信鬼神女巫最尊女巫之魁曰女君白日呼啸聚辄数百人携枝戴草骑步纵横时入王宫亵游狎戏一唱百和音声凄惨倏忽往来矫诬祸福王及世子陪臣皆顿首拜跪云国人不轨神即夜以告王昔倭奴有欲谋害中山王者神即禁锢其舟水变为盐米变为沙寇寻就戮惟其守护斯土故国中敬且惮之第未尝杀人而祭之也王居山巅宫殿朴素亦未闻聚髅事富贵家稍有瓦屋余皆茅茨地不产铁故以螺壳爨炊无釜耕无锄人皆耐饥渴劳苦寒暑不能侵亦无残疾疲癃者不知医药而亦不夭札不生疾疫盖其薄滋味寡嗜欲之验也男子结髻用五色布缠头以辨贵贱女人上衣外更加幅布如帷见人则取以蔽面下用细褶长裙以覆其足无去髮毛衣羽冠之饰亦无产子必食子衣之事也赋法略如井田王及臣民各分土为禄食无征税国有事然后取之此皆近日风俗得王化之渐陶者第刑严峻盗窃即刵劓人皆骁健便走善射邻国视为勍敌然好争狠斗辄刃杀人度不能脱即剖腹自毙其译语天为甸尼地为只尼日为非禄月为都及其山川鼋鼍屿古米山【最险损舟】彭胡岛【近福泉漳兴四郡界天晴望之若烟雾中】其国旁有沙华公国肆行劫掠商舶漂至则擒人烧食之又有小琉球亦近泉州霁日登鼓山可望而见其人粗俗少入中国其产无牛羊驴马惟斗镂树【以橘条细可织】木皮布【缉木皮为布阔三尺余】金荆榴【可为几枕胜于沉香】虽入贡时或有诸物皆自他国贸易来者非本国所产也

论曰琉球僻居海岛雄视东南自以为鸠巢之固也用是历代以来不亵朝贡隋元临之以兵卒不奉命至我国家向化献琛胄子就学其殆可以德绥未可以威劫者耶俗本夷也今变华风其渐染深矣语云夷进中国则中国之余谓琉球有焉

卷三·西夷志·天竺

天竺一名身毒大国也地方三万余里分中东南西北五天竺国即所谓五印度也国各有王地各数千里东印度与扶南占城邻但隔小海尔南印度际大海西印度与罽宾波斯接北距雪山四面皆山惟南通一谷为国门其中印度则据四印度之中有别城数十皆置长别国数十置王曰舍卫曰伽尸即波罗奈也曰伽毗黎曰苏摩黎曰斤施利曰摩伽陁曰婆罗门曰婆黎等国皆属中天竺者而四天竺亦各有属国数十难以尽纪矣自汉张骞见蜀布邛竹杖身毒之名始通中国遂献白玉连环羁马脑石为勒白光琉璃为鞍鞍在暗室中常照一十余丈如昼日自是长安盛饰鞍辔竞加雕镂由身毒之献始也后为大月氏贵霜王所灭遂属月氏焉至和桓时复遣使贡献世传明帝梦见金人遣使天竺求佛于是佛教遂传中国图画形像焉楚王英始信其术而桓帝好神数祀浮屠老子百姓稍有奉者后遂转盛魏晋绝不复通惟吴时扶南王范旃遣使苏勿至其国天竺王惊曰海滨极远犹有使者来乎即遣使陈宋等以月氏马四匹报旃勿往四年方得还国是时吴遣中郎康泰使扶南及见陈宋等具问天竺土俗言其国人淳庞土沃饶王号茂论习尚靡丽大有华风宋文帝元嘉时天竺属国伽毗黎国王月爱遣使奉表献金刚指环摩勒金环宝物赤白鹦鹉各一明帝时复遣使至以其使为建威将军以后苏摩黎国斤陁利国婆黎国俱入贡矣梁武天监初天竺王屈多遣长史竺罗达奉表献琉璃唾壶杂香吉贝等物魏宣武时南天竺遣使献骏马云其国出狮子貂豹狎橐驼犀象有火齐如云母而紫色列之则薄如蝉翼积之则如纱縠之重沓有金刚似紫石英百练不消可以切玉余玳瑁琅玕诸香器物不可胜纪多与大秦安息扶南交趾贸易往来盖西番之一大都会也隋炀帝遣使裴矩通西域

诸国惟天竺佛秝不至为恨唐武德中中国大乱天竺王尸罗逸多勒兵战象不驰鞍士不释甲因破四天竺皆北面臣之会唐浮屠玄装至其国尸罗逸多召见曰而国有圣人出作秦王破阵乐试为我言其为人玄装粗言大宗神武四夷宾服状王喜曰我当东面朝之贞观中遣使上书帝命骑尉梁怀璥持节慰抚户罗逸多惊问国人自古亦有摩诃震旦使者至吾国乎皆曰无有摩诃震旦者华言中国也王出迎膜拜受诏书戴之顶复遣使者随入朝献火珠郁金菩提树顷之唐遣长史王言策使其国会尸罗逸多死国人乱其臣阿罗那顺自立发兵拒言策时从骑才数十战败皆没言策挺身奔吐蕃西鄙檄召诸邻国兵吐蕃以兵千人来泥婆罗以七千骑来言策部分进战于荼鎛和罗城【中天竺城也滨恒河】三日破之斩获无算遂擒阿罗那顺俘送阙下唐擢言策朝散大夫得方士那罗迩婆娑寐自言寿二百岁有不死术帝改馆使治丹遣使者驰采怪药异石后术不验竟死长安是时摩伽陁国献波罗树那揭国献方物乌荼国献龙脑香天竺属国多入贡矣乌荼国者地方五千余里人工禁术其国有神化为土蟒以济饥渴又与孔雀啄沧泉以愈众疾盖神异之国也高宗时卢伽逸多者乌荼人亦以术进拜怀化大将军自后天竺来使皆曰蕃夷以袍带为宠唐辄以金带锦袍赐焉乾元末河陇陷没遂不至矣至周广顺初僧萨满多复入贡名马宋乾德后来献不绝矣天竺之法国王死太子袭位余子皆出家为僧不复居本国有曼殊室利者乃其王子随中国僧至焉太祖令馆于相国寺善持律都人倾向之财施盈溢众颇疾焉以其不解唐言即伪为诏求还本国诏下曼殊室利不得已附南海贾人而归后不知所终太平兴国间益州僧光远至天竺以其王没徙曩表来上表称唐天子为支那皇帝云自是后僧密怛罗僧法吉祥僧善称等凡四来朝献或贡梵书或贡佛骨铜牙菩萨像宋皆赐以束带紫方袍焉元太祖西征灭回回国其王走死遂进次西印度国遇大兽高数十丈角如犀牛作人语曰此非帝世界宜速还耶律【楚材】曰此名角端旄星之精灵异不可犯也遂班师还我朝有诏纳朴儿亦印度之一也永乐中遣太监侯显等赍诏往谕之至其境国王一不剌金玉遣金银柱杖各二人奉迎引导柱杖者其国大臣名也至则其王拜诏叩谢甚恭及毕铺绒毯于殿地待我天使宴我天兵燔炙牛羊禁不饮酒恐乱其性惟以蔷薇露和香蜜水饮之宴毕复赠正使副使及诸官兵金银盔甲瓶盆盏盖等物有差寻置金筒银叶表文遣使随显等贡献方物又有榜葛兰即西天东印度也永乐六年国王霭牙思丁遣人朝贡十二年王蹇弗丁遣使贡麒麟礼部请上表贺上曰卿等但当竭心辅治以惠天下天下既安虽无麒麟不害为治其免贺以后二国久不通贡其地土广人稠财物丰衍市用银钱海贝民好耕植一岁二收王居极侈礼法森严男女皆黑男剃发白布缠之身服从头套下下围以帨女短衫下围色布丝绵不施脂粉惟娇艳者生而白色耳垂宝钿项挂璎珞腕金镯手足戒指甚可观也传言先时人性犷悍以战死为吉利以善终为不祥至周老聃恶其强暴出关化之作浮屠法令其内外剪除不伤形体后卒托生为佛仍修老子之道以故至今俗甚淳美不相杀伐亦有文字交易虽万金亦价定量平略无怨悔赋有十二刑有笞杖流徒阴阳医卜艺校大类中国有一种人不食肉味夫死妻不再嫁夫不再娶若孤寡无倚一村之家轮养之不容别村求食其义气如此亦有女人称衒衒者妆服华丽人家饮宴亦来侑觞口唱番曲对舞又有人曰根肖速噜奈者盖优人也能作百戏并伏虎日往人家索钱其山川古迹则圣水【能止风涛番人以琉璃乘之遇风洒之即止】其产细布【有五六样贵贱不同】兜罗锦【阔四五尺厚五分背面毳绒番名蓦黑蓦勒】白树皮纸【滑泽光润如鹿皮然】波罗密【大如斗味佳】奄摩勒【香酸甚佳】稍割牛【角长四尺十日一割不割则死人饮其血寿五百岁牛寿如之】龙脑香【状类云母色如冰雪】丝绵镔铁枪剪【极巧且利】漆器磁器【黑极精巧】为奇

卷三·西夷志·婆罗门

婆罗门即古师子国东晋时通焉天竺属国也其地西海之中延袤二千余里多出奇宝四时和适无夏冬之异五谷随人所种不须时节其国旧无人止有鬼神有龙居之诸国商贾来共市易不见其形但珍宝明其所堪价商人依价取之诸国人闻其土乐因此竞至或有停住者遂成大国晋安帝义熙初遣使献玉佛像高四尺二寸五色洁润形制殊特殆非人工历晋宋代在建康瓦官寺其后宋元嘉梁大通唐总章天宝间朝贡不绝献有大珠钿金宝缨等物宋淳化中阇婆国使来言其邻国有婆罗门者其人善法察人情人欲相危害者皆先知之至大观中婆罗门遣使来贡诏礼之如交趾及今我朝永乐中遣使贡真珠玳瑁玛瑙车渠等物赐王及妃文绮其地负山面海念佛素食风俗土产大略与天竺同

论曰昔列子言西方有圣人由余言化人石佛霍去病得祭天金人汉哀时博士景虑口传月氏人浮屠经佛之

兴其来久矣张骞西通身毒第言其地多暑湿乘象而战略未及奉浮屠事岂其未之察耶夫怕星不见咎征也而或以周庄之十年恒星不见为佛生之始谬矣彼道家流乃谓周庄十年老子遣尹真人喜乘月精白象下天竺于净饭夫人口中托生为佛盖诋释也释氏亦谓摩诃迦叶下生世间号曰老子盖诋道也而释氏甚且诋圣言宝历菩萨生为伏羲吉祥菩萨生为女娲净光童子生为仲尼月明童子生为颜渊兹愈不经之说矣大抵三代以前已有佛法故关市讥而不征特其名自汉明时始著其教自达摩西来始盛尔余因志天竺诸国事故叙及之以俟博识者考正焉

卷三・西夷志・佛菻

佛菻唐书云即汉大秦国也一名犁轩武帝遣使至安息安息献人二皆戚眉峭鼻乱发拳鬓长四尺五寸是其国人也元封初大秦贡花蹄牛高六尺尾环绕其身角端有肉蹄如莲花善走多力帝使辇铜石以起望仙宫足迹皆如花形自后遂绝其国在海西之西又名海西从条支西度海曲万里去长安盖四万余里地方万里城四百胜兵百万小国役属者数十十里一亭三十里一堠路无盗贼但有猛虎狮子为害行者非群则不得过其国其王都城广八十里门高二十丈扣以黄金宫殿以瑟瑟为柱水精琉璃为棁异宝饰门香木梁黄金为地无陶瓦白石塈屋坚润如玉盛暑引水上流气为风有贵臣十二共治国事国有大灾异辄废王更立贤者亦无怨言其人长大干正颇类中国故谓之大秦或曰本中国人也有幻人能额上为炎烬手中作江湖举足而珠玉自堕开口则幡旄乱出有善医能开脑取虫以愈目眚其王辄欲通汉而安息欲以汉缯帛与之交市故遮阂不得自达昔班超遣掾甘英使大秦临大海欲度而安息西界船人谓英曰海水广大入海人往来皆赍三岁粮海中善使人思土恋慕数有死亡者英乃止及桓帝延嘉初大秦王安敦遣使自日南徼外来献象牙犀角玳瑁始乃一通焉其所表贡并无珍异疑传者隐之也至晋太康时复遣使贡献唐贞观中佛菻王波多力遣使献赤玻璃绿金精下诏答赉时大食稍强遣大将军摩拽伐之佛菻约和遂臣属焉乾封以后凡再来朝献开元中因吐火罗大酋献狮子羚羊五代时无闻宋元丰时国王灭力伊灵改撒始遣其首领来献鞍马刀剑真珠言其地甚寒土屋无瓦砾有箜篌壶琴小筚篥偏鼓皆国中乐也王衣红黄衣以金线织丝布或五色布缠头贵臣冠服亦如之每岁三月则诣佛寺坐红床使人舁之元时其国人多居中国者我朝洪武初遣其国故民捏古伦赍诏谕之寻遣使朝贡其俗不尚战斗邻国小有争但以文字相问大则加兵赋税但以治事小大为差刑罚轻者杖数十重者至二百大罪则乘以布囊而投诸江其候时日悬大金秤以十二金丸系之每至一时金丸辄落毫发无差铸金银钱无孔面凿弥勒佛背为王名禁民私造其产五色玉【青黄赤黑白俱有】夜光璧木难珠【碧色木难鸟口中结沫所成】降真香【烧之引鹤】骇鸡犀【通天犀也以盛米鸡喙之至辄惊去】賨【似狗犷恶多力】却火雀【似燕置火中火灭其雀无伤云因浴沙水受卵故然】西锦奈只花【取油涂身可以去风】千年枣阿勃参【油宜涂癣疥大效价极贵】肉汁酒【地有蜡虫剖其肉重叠以石压之沥汁取外国草子酿于肉汁中经数日成酒饮之味佳】龙种羊【以羊脐种土中溉以水闻雷而生脐属地中刀割必死俗击鼓惊之脐断便行啮草至秋可食脐内复有种】为奇

论曰大秦西域之沃土也唐书以为佛菻似矣顾其国自汉历唐贡献不绝而宋史以为自古不通中国考之国朝佛菻风俗土产皆类宋史而与汉唐二书所载者大相悬绝何谬盭之甚耶或者唐之佛菻即古大秦而宋与国朝之佛菻与之名同而实异尔

卷三・西夷志・苏门答剌

苏门答剌汉之条支唐之波斯大食皆其地也昔张骞通西域还为武帝言条支在安息西海暑湿耕田田稻有鸟卵大如瓮人众甚多往往有小君长而安息役属之以为外国国人善眩安息长老传闻条支有弱水西王母止日所入而未尝见云以后汉使往来路至乌弋而止莫有至条支者章帝时国人来进异瑞有鸟名鵕鹊形高七尺解人言和帝时班超遣掾甘英使大秦抵条支临大海欲渡不果乃还其后条支故地为波斯所据波斯者其波斯匿王乃大月氏别裔子孙以王父为氏遂世为国号前此未通至元魏神龟中其国遣使上书贡物云大国天子天之所生愿日出处常为汉中天子波斯国王居和多千万敬拜朝廷嘉纳之自此至梁隋俱遣使贡而隋亦遣使李昱至其国隋末西突厥叶护可汗讨残其国而不能有唐贞观中献水珠行军乏水置土中水自出又献活褥蛇状类鼠色正青长

八九寸能入穴取鼠是时条支遗种亦来朝贡献金麦银米各数十斛后波斯王为大酋所逐大食复攻之遣使告难高宗以远不可出师龙朔初又诉为大食所侵时天子遣使到西域分置州县以疾陵城为波斯都督府拜其王为都督俄为大食所灭虽咸亨天宝乾元间遣使入贡然其地尽入大食不过臣属大食而已大食王者其先亦波斯人也当隋大业中波斯国人牧于俱纷摩地那山有兽言曰山西三穴有利兵黑石而白文得之者王其人往果得石以为瑞乃纠合其众剽略赀货聚徒浸盛遂自立为王据有波斯国之西境地多砂石不堪耕种无五谷惟食驼象等肉后破波斯佛菻及南侵婆罗门诸国始有粟麦仓庾于是遂强地广万里胜兵至四十万康安等四五十国皆往臣之其王尝遣人乘船赍粮入海经涉八年未极西岸于海中见一方石石上有树枝赤叶青树上总生小儿长六七寸见人不语而笑手足皆动摘取入手即干黑其使度粮乏难极西界遂还持一枝见王此亦奇事也唐永徽初大食王豃密莫末腻复遣使者朝贡自言王姓大食氏波斯国人得国凡三十四年传二世矣开元初复遣使献马钿带谒见不拜曰国人止拜天无拜王也其俗日五拜天故云有司切责之乃拜初大食族中有摩诃来者勇而智众立为王辟地三千里号白衣大食传十四世至末换杀兄伊疾而自立群下怨其忍也将讨之徇众曰助我者皆黑衣俄而众数万即杀末换求故王孙阿蒲罗拔为主更号黑衣大食遣使朝贡代宗取其兵平两京者是也宋乾德初僧行勤游西域因赐其王书以招怀之自是后终宋之世朝贡不绝贡物有拣香白龙脑白沙糖白越诺蔷薇水琉璃瓶象牙宾铁红丝古贝五色杂花番锦乳香无名异腽肭脐龙盐千年枣偏桃五味子驼毛褥锦襈番花簟金饰寿带连环臂钩等物宋帝赏赉辄准其所贡之直初入贡路由沙州涉夏国抵秦州后辄为西人钞掠乃诏自今取海路由广州至京师政和中横州士曹蔡蒙休押伴其使入都沿道故滞留强市其香药不偿直事闻下诏狱治诏自今蕃夷入贡并选承务郎以上清强官押伴按程而行无故不得过一日乞取贾市者以自盗论云我朝洪武初国王遣使贡马及方物永乐初国王宰奴里阿必丁遣使朝贡封为苏门答剌王赐印诰金币既而国王与邻国花面王战败死子幼有一渔翁奋志领兵攻杀花面王遂妻故王妻自称老王而得其国遣使来贡无何故王之子长大阴与部目谋杀渔翁复其故位而渔翁之嫡子苏干剌者逃居邻谷自立为王率众复父之仇会太监郑和至其国发兵擒获苏干赴京伏诛王子感上德意贡方物甚伙至今不绝其地大抵从泉州西北舟行顺风大约百日可抵其国田硗谷少男白布缠头腰围折布女椎髻腰围色布手巾其酋长人修一日之间必三变色或黑或赤或黄每岁必杀十余人取血浴身云四时不生疾疹故民皆畏服焉王居以玛瑙为柱绿甘为壁水晶为瓦碌石为砖活石为灰帷幕之属悉百花锦官有丞相太尉马高七尺士卒骁勇民居与中土同技艺咸精番商往来其邻有故临国人黑如漆好为寇盗中国人往大食者必自故临易小舟而去有默伽国其先荒野大食有祖师蒲罗哞徙居其地取妻生子曰司麻烟生时以足蹙地清泉涌出顷之遂成大井后泛海遇风波者以此水洒之无不顿止【与天竺天方井同】有那孤儿国即花面王国也国小仅比大村猱头裸体如兽类然人皆黥面故名其属国有勿斯里【经八九十年始一见雨每二三年间必有老人自江中出国人拜问吉凶笑则丰稔愁则饥疫良久复入水中其塔顶有神镜若他国兵至则先照见】勿斯离【有天生树其果名曰蒲芦可并食之次年复生名麻茶泽三年再生名没石子】吉慈尼【地极寒春雪不消产雪鉏纵如瓠瓜食之味美大治内热】麻离拔【贵人以金线桃花帛缠头市用金银钱】黎伐【国民仅二三千家语言动用与苏门答剌同亦附苏门答剌进贡】白达【地多珍宝人食酥酪饼肉白布缠头兵强他国不敢侵犯】其产美菜【长六七尺】偏桃【其形偏肉苦难食惟子味佳】寻枝瓜【极大十人方可共啖一枚】石榴【重五六斤】臭果【长八九寸开之甚臭内有大酥白肉十四五片甜美可食】酸子【如梨其味香冽】蒲桃【大如鸡子】竹鸡【略煮便熟味美胜各处者】鹫鸟【高四尺足似骆驼卵大如二升啖羊】名马【马与龙交所产】胡羊【尾大如扇春剖腹取其膏数十斤以药线缝合之羊如故不割则死】螺子黛【宝也每颗价直千金】龙涎香【龙斗则涎出国人以计取之和香极奇】蔷薇水【洒衣经岁香气不散】为奇

论曰苏门答剌王日变三色取血浴身此岛夷志所载也自条支既通波斯大食世贡中国前史未尝纪有诙奇诡谲之事面色数更岂人类耶况俗奉浮屠谨持五诫杀人取血冥业安在第自古著裨史者非假怪异不能脍炙人口惟是博览之士无为耳食则可矣

卷四・西夷志・默德那

默德那即回回祖国也宣德中遣人随天方来贡初国王谟罕蓦德生而神灵臣服西域诸国尊为别谙援尔华

言天圣也国中有佛经三十藏书兼篆草楷隋开皇中国人撒哈八撒阿的干葛始传其教入中国其地接天方城池宫室田园市肆大类江淮间寒暑应候地宜五谷亦有阴阳星历医药音乐诸技艺人不食豕肉诸非同类杀不食织文雕镂器皿极精巧土产猫睛祖母绿狮子梭甫撒哈剌西洋布押不芦【药名人少饮即死刀斧不入至三日投以别药即活】火失剌把都【药也形如木鳖子而小可治一百二十种疾】为奇

卷四·西夷志·天方

天方古筠冲地一名天堂宣德五年太监郑和等往各番国到古里差使谕天方国王王即遣使来贡方物并画天堂图以献其地风景融四时皆春田沃稻饶居民安业人以马乳拌饭故多肥美俗好善无科扰于民故无贫难无盗贼故自然淳化乃极乐之界也因内有礼拜寺寺分为四方方各九十间皆白玉为柱黄玉为地地中有黑石一片方丈余云汉初天降也遍寺墙壁皆蔷薇露龙涎香和水为之馨香不绝上用皂纻丝为盖罩之畜二黑狮子守其中门每岁十二月十日各番回回人虽万里之外亦来礼拜皆将所罩纻丝割取一方为记而去割尽复换年年不绝货物甚多日中不市至日落之后方为夜市盖其日色极热故也其山川古迹蓦底城【内有前国王墓墓顶日夜放光侵云而起墓后一井名阿必糁水可止风与圣水同】其产珍宝狮豹名马【高八尺许】驼鸡羚羊草上飞【俱详见后】缠花树【其花一年二开长生不枯】为奇

卷四·西夷志·祖法儿

祖法儿汉之大夏隋唐之吐火罗是也昔汉张骞至大夏言其俗土著无大君长兵弱畏战善贾市其都曰蓝市城及匈奴击破大月氏王以王头为饮器其种人遂收余众过宛西击大夏而臣之大夏遂臣属月氏矣至隋唐时名吐火罗世次难考与咽哒杂居胜兵十万咽哒者大月氏之遗种也大业中遣使朝贡唐初属西突厥然武德贞观中俱入献也高宗时献大鸟高七尺色黑足类骆驼人可乘鼓翅而行三百里能啖铁俗谓驼鸟显庆中以其阿缓城为月氏都督府析小城为二十四州授王阿史那为都督未几遣子入朝留宿卫俄又贡玛瑙镫树高三尺开元天宝间数献马骡异药干阿陀婆罗二百品红碧玻璃乃册其君骨咄禄顿达度为吐火罗叶护悒怛王其后邻胡羯师谋引吐蕃攻吐火罗于是叶护失里忙伽罗丐安西兵助讨帝为出师破之乾元初与西域九国发兵为天子讨贼肃宗诏隶朔方行营宋时未通我朝永乐宣德中王亚里俱遣使朝贡国无城郭俗朴实尚回回教王以白细番布缠头身穿青花细细绢或金锦衣袍出入乘轿跨马前后陈列象驼鼓吹气候常热市用金银钱文如人形男拳发穿长衫女则以布兜头面出见人亦不出露男多女少故兄弟通室妇人五夫则首戴五角十夫戴十角无兄弟者与他人结为昆季然后得妻生子属其长兄其民如遇礼拜寺日必先沐浴用蔷薇露或沉香油涂其面更以新衣复以沉檀俺八儿香熏其衣体始往礼拜是日经过街市香气旬日不散其山川则颇黎山【有穴产神驹皆汗血】其产福鹿【周身俱白中有细青花如画者】驼鸡【即驼鸟也中有肉鞍可乘夷人杀之以卖其肉】名马【穴中产神马】为奇

卷四·西夷志·古里【以下俱西域小国无世系事迹可考第以其朝贡中国故详录之】

古里乃西洋诸番之会去中国十万里永乐元年王沙米的遣人朝贡五年遣太监郑和赐王诰币封为国王升赏其将领有差王好浮屠族类分五种锻牛粪为囊佩之或涂肢体其秽俗也尚信义行者让路道不拾遗其美俗也海滨为市通诸番国事皆决于二将领国人亦有南昆回回哲地革全木瓜五等与三佛齐同南昆为王不食牛回回为将领不食猪各从其俗其国王死不传子而传甥无甥则传弟其辨盗真伪辨讼曲直亦以手置沸油中试之算法以手足二十指会计毫发无差其产小瓜【大如小指长二寸味佳】蝙蝠【其大如鹰常于木鳖子树上倒挂而歇】黄牛【人不食其肉死则埋之重三四百斤】为奇

卷四·西夷志·溜山

溜山一名牒干小国也洪武初国王遣人朝贡其地无城郭倚山聚居风俗淳美尚佛业渔男女体貌微黑男子白布缠头下围以帨妇人上穿短衣以帨围头上露其面以银为钱或用海贝其西有天生石门如城阙然中有八溜

各有所主广三千里云所谓弱水三千是也其人巢居穴处不识谷帛但食鱼虾以树叶遮其前后为衣商船倘遇逆风舟师不谨落入其溜其水渐无力而沉不复反矣溜山物产甚多惟龙涎香【见前】鲛鱼【一名溜鱼切块淡干卖与他国】丝嵌手巾【细密绝胜他处】织金手帕【绝精富家男子以之缠头每幅价可值银五两】为奇

卷四·西夷志·阿丹

阿丹小国也永乐九年遣太监郑和谕之赐命互市其王拜诏待使礼俱甚恭随遣使进金厢宝带金冠鸦鹘诸宝石蛇角等物地近古里其俗国王金冠黄袍腰系宝带至礼佛则易细番布缠头上加锦顶身服白袍其头目冠服各有差男女服饰悉如溜山屋皆石垒交易有赤金钱红铜钱以十二月为一岁岁亦无闰每夜见新月即一月也其四时惟以花木荣谢定之自有推算毫发无差国有马步兵七八千邻国畏之其产珊瑚树蔷薇露万年枣大尾羊狮子麒麟福鹿驼鸡白雉宝石【以上物产俱各见前】为奇

卷四·西夷志·南巫里

南巫里小国也洪武初遣使贡降真香等物其地自苏门答剌西风一日夜可至国民千余家皆回回人王服饰略同阿丹宫室用大木高三四丈如楼楼上甚洁听政寝食皆在其中下则畜牛羊等物矣民俗与苏门答剌略同其山川帽山【山下二三十余各自称王属南巫里】其产降真香【惟此国者为佳】黑珊瑚【大如拇指其色如墨其润如玉有桠枝婆娑可爱】为奇

卷四·西夷志·白松虎儿

白松虎儿旧名速麻里儿先时有白虎出松林中遇兽不食遇人不伤旬月余不见父老云此西方白虎降精故更今名永乐中遣使十六人来贡山川古迹物产无奇

卷四·西夷志·阿速

阿速西海中为稍大国也永乐中遣使百十二人朝贡其地多撒马儿罕天方诸国人俗敬佛恶斗凉暄适节人无饥寒夜无寇盗物产无奇

卷四·西夷志·乞力麻儿

乞力麻儿永乐中遣使十二人朝贡其国山卑水浅西南傍海东北林莽深密多猛兽毒虫民不事耕稼喜射猎物产无奇

卷四·西夷志·牒干

牒干在西海中永乐中国王亦速福遣使朝贡其地居皆回回人俗淳厚气候常热市用银钱产龙涎香鲛鱼织丝织金帨甚精

卷四·西夷志·黑葛达

黑葛达小国也宣德中遣人朝贡其地土瘠民贫尚佛畏刑山川物产无奇

卷四·西夷志·黑娄

黑娄小国也宣德七年朝贡其地近土鲁番世相结好山川禽兽皆黑男女亦然故名

卷四·西夷志·哈失哈力

哈失哈力一名阿力马力宣德中来贡

卷四·西夷志·呵哇

呵哇永乐中王昌吉剌遣使朝贡

卷四·西夷志·麻林

麻林未详其国所在永乐十三年王遣使贡麒麟厚赐之

卷四·西夷志·加异勒

加异勒小国也永乐宣德间俱遣使朝贡其地民贫常佣邻国物产无奇

卷四·西夷志·敏真诚

敏真诚国稍大永乐中遣四十人朝贡俗日中为市其产异香等物

卷四·西夷志·八答黑商

八答黑商永乐间遣四十人贡织皮绒罽香木其国山川明秀俗尚佛西洋西域皆商贩于此产无甚奇

卷四·西夷志·火剌札

火剌札国弱产微四围皆山山少草木水无鱼虾俗尚佛永乐中遣使朝贡

卷四·西夷志·苏文达那

苏文达那洪武十四年国王殊旦麻勒兀达盼遣使来贡或云即苏门答剌非也

卷四·西夷志·失剌思

失剌思永乐间来贡时遣内外官以绮币磁器市马于撒马儿罕失剌思诸国宣德中复朝贡

卷四·西夷志·纳失者罕

纳失者罕永乐中遣使朝贡其地去失剌思数日程皆舟行海中国饶水草故产马多俗敬僧喜斗物产无奇

卷四·西夷志·琐里

琐里小国也洪武五年国王卜纳的遣马牙茶嘉儿干的亦剌丹八儿奉金字表来朝贡方物并上其土地山川图诏优礼之赐大统历金币等物永乐元年复遣使朝贡俗同西域其地近西洋琐里势力微弱西洋琐里辄侵辱之物产甚微惟有撒哈剌诸布其贡物虽有珍异然皆自邻国贸易来者非本国所产也

卷四·西夷志·西洋琐里

西洋琐里比琐里为差大洪武三年遣使以金叶表朝贡赐遇甚厚永乐元年来贡上令勿征其番货二十九年西洋十六国遣使一千二百人贡方物至京师西洋琐里贡独丰美其产惟布为佳

论曰西夷诸国或在嘉峪关外或居西海岛中限以沙砾阻以风涛殆天所以隔绝华夷也乃有汉武隋炀好大之主张骞裴矩喜事之臣一言相契如水投石遂致越海扳山遣使绝域来则贿结逆则兵临于是流沙以西弱水以东莫不献奇纳质凡珠玉锦罽珍果异香之属充于后宫狮象驼骏猛獒火鸡之群实于外囿贡琛之盛古罕闻焉然而赂遗师旅供亿莫赀一人未享其奉万姓先罹其毒用是汉遂虚耗而隋祚亦斩焉岂非作无益以害有益之明监乎唐太宗英武盖世威服诸夷卒之吐蕃作逆四镇失守西夷亦自此轻唐矣宋朝微弱封域以内且不能保即远人有贪贿而来者曷足为宋重也元虽列置郡县徒虚名尔惟我皇朝文命诞敷西戎即序日月所入罔不率俾朝贡之国无虑百余既无设官立镇之劳又无兴师遣使之费如祖法儿以下诸夷多有自古未通者试与前代较德量力岂可同日语耶书曰无有远迩毕献方物又曰不宝异物则远人格其殆今日之谓矣

卷六·南夷志·安南

安南尧典所谓申命羲叔居南交是也秦并六国略定杨越置桂林南海象郡以适徙民与越杂处迨乎秦灭南海龙川令赵佗即击并桂林象郡自称南越武王象郡即今安南地也汉高立遣使陆贾封佗为南越王使和辑百越毋为边害及吕后禁越关市铁器于是佗乃自尊号南武帝发兵攻长沙边败数县复以兵威财物赂遗闽越西瓯落役属焉东西万余里乃乘黄屋左纛称制与中国侔文帝即位复遣陆贾往谕之南越王恐乃顿首谢去帝制黄屋左纛因为书称蛮夷大长老夫臣佗陆贾还报文帝大悦然其居国窃如故号至武帝初佗薨孙胡嗣王胡薨子婴齐嗣王婴齐薨子兴嗣王初婴齐入长安宿卫取邯郸摎氏女即兴母也旧与霸陵人安国少季通及婴齐薨汉使少季往谕王及太后来朝复与私通国人以是多不附太后太后恐乱起亦欲倚汉立威因使者上书请比内诸侯三年一朝除边关武帝许之而其丞相吕嘉独不欲内属遂发兵反攻杀太后王及汉使者终军等而立婴齐子建德为王汉大怒遣路博德杨仆等四道出兵击擒之南越平遂以其地为儋耳珠崖南海苍梧郁林合浦交趾九真日南九郡而儋耳珠崖二郡在海中焉武帝末中国贪其珍赂渐相侵侮故率数岁一反至元帝时纳贾捐之议罢二郡诸郡虽属中国而言语各异重译乃通习俗颇恶男女同川而浴后徙中国罪人使杂居其间乃稍知言语渐见礼化光武中兴锡光任交趾任延守九真教民耕种嫁娶制为冠履建立学校于是岭南有华风焉其徼外蛮夷亦数贡献建武中交趾女子征侧征贰反甚雄勇九真合浦日南九郡诸蛮皆应之凡略六十五城自立为王光武遣马援破之斩征侧征贰余皆降散至建安初交趾刺史张津上表请改交趾为交州诏从之遂拜津为交州牧加以九锡彤弓彤矢礼乐征伐与中州方伯侔自锡始也桓灵以后蛮獠又据象郡象林县遂为林邑国矣魏晋宋齐为州陈改为郡隋废郡置州炀帝复废州置郡唐改交州总管府俄复改安南都护府自汉以来列置郡县獠俗难理率数岁一反至五代时土豪曲承美据之已而并于刘隐刘隐者唐末为封州刺史数有功于岭南朱梁封为南海王隐卒弟龑立多勇略是时曲颢刘士政等分据岭南诸州而龑出兵悉平之惟交州未克明年龑遂即皇帝位国号汉好奢侈悉聚南海珍宝以为玉堂珠殿久之遣将梁克贞等攻交州擒曲承美至南海龑曰公常以我为伪廷今反面缚何也承美顿首伏罪乃赦之承美者曲颢子也无何爱州吴权攻交州自立龑封子洪操为交王出兵攻之败殁龑收其余众而还龑卒子玢立玢卒弟晟立十二年吴权子昌浚称臣求节钺晟遣使慰谕之晟卒子鋹立交州大乱驩州丁琏举兵击破之鋹授琏交州刺史号曰大胜王宋太祖兴谕使鋹称臣不从遂击平之鋹素衣白马以降封恩赦侯顷之而丁琏亦内附宋封为交趾郡王自是后交趾代称王矣琏死弟璇嗣年尚幼而大将黎桓擅权劫迁璇于别第举族禁锢代总其众太宗闻之怒遣将孙全兴等从水陆两路讨之稍失利桓志愈骄负阻山河屡为寇害渐失藩臣之礼矣宋帝志在抚宁不欲问罪而桓亦时遣使入贡宋遂封为交趾郡王桓死子龙挺杀兄龙钺而自立苛虐不法国人不附李公蕴遂杀龙挺自称留后遣使奉贡李公蕴者龙挺所亲信臣也宋以黎桓不义而得公蕴尤而效之甚可恶也然以蛮俗不足责遂封公蕴王号如故公蕴卒子德政立卒子日尊立卒子乾德立会知封州刘彝听偏校言以为安南可取大治戈船交人来互市者率皆遏绝表疏上诉亦不得通于是大举入寇连陷钦连邕三州屠其民五万余口神宗怒遣将郭逵赵卨等讨之大破交兵乾德惧遂奉表乞再修职贡迁所夺州县寻约归三州官吏千人久之方送民二百二十一口男子皆刺额年十五以上刺曰天子兵二十以上曰投南朝妇人刺左手曰官客悉载以舟而泥其户牖中设灯烛日行三十里则止而伪作更鼓以报凡数月乃至盖以给示海道之远也自是朝贡不绝矣乾德卒凡五传而昊旵立昊旵卒无子以女昭圣主国事寻遂为其婿陈日煚所有云自公蕴传凡九世而亡其名曰日曰乾曰阳曰天曰龙皆有僭

上之意而宋朝以其僻在海隅不复与较也元时遣将兀良合台攻诸夷之未附者先遣使二人往谕交趾陈日煚缚二使者以破竹束体入肤禁诸狱中元大怒遣将彻彻都等分道进兵讨之破其国而日煚走海滨弱不能支久之归附元封其子光昺为交趾郡王光昺死子日恒立卒子日燇立自日煚后虽累世入朝而元责其贡物太重故多有时入寇掠者然终不能为元敌也我朝洪武元年遣汉阳知府易济颁诏安南其王陈日煃遣陪臣同时敏段悌黎世安等朝贡请封上即遣学士张以宁典簿牛谅往封日煃为安南王以宁等十月至安南界闻日煃已先殂侄日熞嗣立以宁护诏印洱江上使牛谅入其国先谕旨安南遣陪臣阮汝亮来迎请即授诏印日熞以宁不许曰奉诏封尔先君耳非世子名尔国当遣使上请必得旨然后敢授于是日熞遣陪臣杜舜卿等告哀请命于朝以宁留安南候命因教安南人行三年丧及稽颡顿首拜谒诸礼仪其后上闻之大喜赐以宁诗奖谕之明年舜卿以日煃讣音来告且为日熞请封上乃自制祭文以翰林院编修王濂吏部主事林唐臣赍诏往封日熞嗣王并取以宁所护印诏赐物畀之使至日熞率其臣郊迎及俯伏听诏北面跪受稽颡如藩臣礼日熞遣使随王濂等还朝入贡谢张以宁亦还卒于途未几安南陪臣陈叔明以兵收其王左右杀之使人弑王日熞遣使来贡表署叔明名主客部已受表寻取阅副封见其名异曰此必有变亟白尚书诘之使者不敢讳直言日熞为叔明所逼而死遂篡位礼部以闻上曰岛夷何敢狡诈如此却其贡不受久之叔明复为宗人陈煓篡立遣使贡方物甚丰上置之不问第敕谕其贡物过丰而已后煓攻占城病死海滨使来告哀上遣使往祭之是时日焜嗣王日焜者叔明之子也踰年日焜为其国相黎季犛所弑季犛改国曰大虞自称太上皇使其子胡查为国主诈称陈氏绝而查其甥也求权署国事朝廷从之未几老挝宣慰使刁缘遣使护送日焜孙添平走京愬其实季犛惧上表请添平归还以国诏遣广西都督黄中吕毅前大理卿薛岩等护送添平还及入境季犛遣陪臣黄晦卿等迎候礼甚恭具牛酒犒师中等遣骑觇之壶浆属路无他也遂进渡鸡陵关山路险峻林莽蒙密军行不得成列会天雨季犛乃伏兵山谷中众数万鼓噪出断桥后骑不得前遂劫添平擒杀之岩亦死中等引还事闻文皇怒四年以新城侯辅西平侯晟等二十五将军率各省兵从广西云南两道出讨安南而以尚书刘俊黄福参赞军务上幸龙江誓师送之辅等至安南先传檄数季犛罪二十谕其境内以立陈氏后意然后帅兵进之是时安南恃宣洮富良诸江为固闻王师至遂缘北岸树栅更筑土城城栅相连亘九百余里江南岸列置桩内诸江口俱下捍木以逆舟楫其土城高峻城外设重濠濠内密置竹签外坎地以陷人马辅下令军中曰彼所恃此城吾辈报国立功在此一举先登者赏不次于是将士踊跃期夜袭城以举火鸣角为号四鼓都督黄中等衔枚舁攻具越重濠薄城下以云梯附城都指挥蔡福先登诸将士继之火举角鸣安南兵仓皇矢石不得发皆散走师悉入城复巷战列象为阵辅等以画狮蒙马神铳翼而前象皆股栗多中铳箭伤遂退走交军众溃乱杀其帅梁民献祭伯乐等追至伞圆山死者不可胜计顷之遂克东西二都凡宣江洮江等州县皆降自是季犛将士气沮辄战辄败前后斩首四万余级溺水者不可胜计大获其战舰兵仗诸郡邑相继来降季犛遁去我军遂穷追季犛父子于奇罗海口悉获之诏求陈氏后已绝乃郡县其地置交趾布按都使司府十七州四十七县一百五十七敕尚书黄福兼布按二司事敕辅晟求交趾有行能学艺者送京师擢用九月辅遣柳升露布献俘季犛苍及伪将相下狱余皆赦之进封辅英国公晟黔国公封柳升安远伯余各升赏有差时永乐六年七月也八月交人简定邓悉反晟讨之失利七年敕辅讨之擒简定磔于京踰年而陈季扩复叛自称大越皇帝季扩者即简定之从子也称陈氏后以惑众其势重于定辅复率众往讨转战连年始获之自辅之下交南凡三获伪王威震西南夷中顷之召还而中贵人马骐者贪而残苛失众心黎利遂乘之反捕之不胜赦之不服宣德元年遣王通柳升等帅兵由广西云南两道出讨之升等师至交趾隘留关黎利及诸大小头目具书遣人诣军门乞罢兵息民立陈氏后主其地升等受书不启封遣人奏闻时利于官军所经处悉列栅拒守官军连破之直抵镇夷关如入无人之境升勇而寡谋不严戒备前至倒马坡独与百数十骑先驰渡桥既渡而桥遽坏后队阻不得进交人伏兵四起升中镖死从升者皆陷没副总兵梁铭参赞尚书李庆郎中史安主事陈镛李宗昉等皆死惟主事潘原大脱归通闻升死惧不敢出乃与利约和利遂上书谢罪且乞封时宣宗厌兵意欲弃交趾未决乃集诸大臣议张辅等言不可而内阁士奇荣力劝弃之遂然其言乃遣兵侍罗汝敬等赦利求陈氏后立之又敕通等班师内外镇守三司卫所各府州县文武吏士携家来归通至京群臣劾通及马麒论死系诏狱而利上表言陈氏已绝于是遣礼侍章敞通政徐琦册利权署安南国事然利已窃改元帝其国中矣利卒凡六传而瑚立郑惟铲与陈真等共杀之而立伪沱阳王譓是时伪武川伯莫登庸典兵柄久之逐譓而自立国号大越无何传位于其子方瀛而登庸自称太上皇譓恐遇害避居清华府登庸复出兵攻之譓走老挝国以嘉靖九年九月愤悒死而

譓故臣共立其子宁居于清化府之木州漆马江与老挝隔界登庸屡遣兵攻之而老挝时为援不能克无何宁来请兵乃下兵部议以咸宁侯仇鸾尚书毛伯温等往讨之会两广抚守臣厌兵而莫氏先已上表言黎譓无子垂死时与群臣议登庸父子有功于国召登庸子方瀛入付以印章令嗣主国事黎宁乃乱臣阮淦之子冒称黎姓者也其所自列如此然大抵皆诬罔辞也伯温等至交趾与诸将经画既定兵众渐集驰檄谕其臣以朝廷兴灭继绝之义讨罪止于登庸父子有能举郡县降者即以郡县授之擒斩莫登庸父子来降者赏二万金官显秩又谕令莫登庸父子果能束身归罪尽籍土地人民纳款听命亦待以不死于是伯温等驻师安南境登庸惧遣使诣军门乞降躬听处分词颇卑切伯温等承制许之约以十九年十一月初三日来降守臣于镇南关近地修设幕府将台以待时登庸子方瀛已死乃留孙福海于其国至日登庸与侄莫文明并酋目阮如桂等四十余人入关各尺组系颈诣所设阙庭徒跣匍伏稽首跪上降表复诣军门匍伏再拜尽籍国中土地军民职官悉皆处分所侵四峒境土愿以内属仍请每领正朔遵奉旧赐印章谨护守以候更定于是伯温等宣谕朝廷威德暂令归国候命伯温等疏上诏从之乃降安南国为安南都统使司以登庸为都统使从二品子孙世袭别给银印旧所僭拟制度削去令三岁一贡黎宁仍令守臣勘访果系黎氏之后授与所据四府境土以承宗祀否则已制下莫登庸已死伯温等复上疏请以制命授其孙福海从之遂班师伯温等进秩赏赉有差未几福海复为黎宁所逐黎氏仍据国莫氏窜居南海岛朝廷置不问而黎氏朝贡至今不绝其俗夷獠杂居粗知礼义犷悍喜斗重富轻贫一年三稻一岁八蚕地多鱼盐之利惟交爱人倜傥好谋欢演人淳秀好学其译呼天为雷地为得日为霭月为荡其山川佛迹山【景物清丽为一方胜概】安镬山【出美石汉豫章太守范宁尝遣吏于此采石为磬】艾山【人迹罕至上有仙艾春开花漂落至水鱼吞之至龙门江化为龙】龙门江【其傍有穴出鹦鹉鱼色绿口曲而红此鱼能化为龙】龙溪【昔陈氏夜过江不能渡忽得一桥渡之回顾不见及有国改名龙溪】富良江其产有苏合油其树生膏为油或云合诸香汁为之】鸡舌香【可以口含不入衣服其木辛厉禽兽亦不能至花熟随水出香乃酿花而成者】都梁香【似藿香】浮沉藤蔄子藤【实皆赤色可食】人子藤【其子如人状烧之集象彼处极难得】千岁子【有藤蔓出土上子在根下】庵罗【果中极品俗名香盖】石栗【生山石罅中花开三年方结实土人珍之】九层皮【脱至九层方见肉熟而食之其味类栗】诃罗勒【皮肉相著交爱州者为佳】枫树子【大如鸡子烧之甚香】古度树【一名柁不花而实实从木皮中出如缀珠然黄时即食时久则其中化为纹蛾飞出】木绵树【实如酒杯皮薄中有如丝绵者色正白破一实得四五斤】穰木树【皮中有屑如白米可作饼食】莎树【亦有米可食】由梧竹【长三四丈围三尺可作梁柱】如何【九百年一实形如枣长五尺】赤絮【漆也有土赤如胶以木枝入其中则蚁出缘而生漆赤色坚明】蚁子盐醢【溪洞人收蚁卵盐为酱甚珍贵之】象牙簟【抽牙丝织成者】猩猩【人面豕身能言嗜酒】白鹿白雉【俱纯白色】狒狒【长臂黑身披发见人则笑】大蜈蚣【皮可鞔鼓肉白如瓠暴为脯味佳】红飞鼠【茸毛肉翼每雌雄伏花蕉间得其一则其一不去南中妇人采之以为媚男之药】辟寒犀【色黄如金以金盘置于殿中暖气袭人唐开元中交南献此物】辟珠【大者如指辟铜铁者铜铁不能损辟竹木者竹不能损犯以他物则毁矣常附胎于椰子槟榔诸果上谓之圣铗】为奇

论曰安南东至海西抵老挝南接占城北连思明殆雄视南方之国也自汉武灭平南越之后列为郡县叛服无常中国未尝一世忘兵革矣后乘五代之弱乃自称王宋卒不能收复故境遂益恣睢偃然自据及闻我圣祖龙兴贡使相寻称臣请封始未尝不效顺而后稍骄桀杀我使臣也文皇剿平而郡县之岂非王法宜尔哉盖炎荒万里之远纵之则虎踞其外守之则蠹耗其内余固谓文皇之讨天威也宣宗之弃远虑也二帝之识同一揆矣厥后王师甫至莫登庸系颈徒跣匐伏纳款贻谋之善此足征焉

卷六·南夷志·占城

占城古越裳氏汉象林后为林邑国唐环王国宋名占城元与国朝因之周成王时越裳氏重九译而献白雉以后罕通及汉定南越之后为象林县属交趾者数百年汉末大乱县功曹子有区连者杀县令自称林邑王子孙相承吴时通使其后王无嗣外孙范雄代立雄死子逸嗣逸死奴文篡立文者曰南夷帅范幼家奴也尝牧牛于山涧得鳢鱼二化为铁因以铸刀刀成文向石咒曰若斫石破者当王此国因斫石如断刍稿文私心异之范幼尝使之商贾至林邑因教林邑王作宫室及兵车器械王宠任之后乃谗言诸子各奔他国及王死无嗣文伪于邻国迓王子置毒于浆中杀之遂胁国人自立后稍攻破旁国并有众四五万又陷日南袭九真势遂滋大文死子佛立晋日南太守灌邃

帅兵讨之追至林邑佛请降自佛五传而至文敌为扶南王子当根纯所杀大臣诸农平其乱自立为王诸农死子阳迈立阳迈初在孕其母梦生儿有人以金席藉之其色光丽夷人谓金之精者为阳迈若中国云紫磨者因以为名宋初遣使贡献以阳迈为林邑王阳迈死子咄立每献使贡献献亦陋薄而寇盗不已文帝忿其违慠遣檀和之宗悫萧景宪伐之景宪为先锋攻城克之乘胜即克林邑咄父子并挺身逃奔获其珍异皆是未名之宝又销其金人得黄金数十万斤其后历宋齐梁陈朝贡不绝矣隋文帝既平陈天下无事群臣言林邑多奇宝者于是隋帝遣将刘方等击之其王梵志率其徒乘巨象而战方军不利乃多掘小坑草覆其上因以兵挑之方与战伪北梵志逐之其象陷军遂乱方大破之遂弃城走入其郡获其庙主十八枚皆铸金为之盖其有国十八叶矣方班师故地遂空梵志收合遗人别建国邑更名环王唐贞观初王头黎献驯象镠锁五色带朝霞大火珠其言不恭赦不问又献五色鹦鹉诏还之头黎死子镇龙立献通天犀后镇龙为其臣下所杀大臣共立头黎女为王诸葛地头黎之姑子也父得罪奔真腊女王不能定国大臣复共迎诸葛地为王妻以女天宝中献火环大如鸡子状如水晶日正午时以艾藉珠辄火出云得之罗刹国自后罕通周显德中占城遣使来献有通犀带菩萨石又有蔷微水洒衣经岁香不歇猛火油得水愈炽国人用以水战宋时四百余年朝贡不绝贡物有琉璃犀角象牙孔雀龙脑香大食瓶驯象狮子红白鹦鹉紫矿沉檀诸香等物地与交邻数为交趾所侵故入贡时辄以讨交趾为请宋以交趾通不绝勿许也淳熙间占城以舟师袭破真腊庆元以来真腊大举入占城复仇俘其主戮其臣仆剿杀几无噍类更立真腊人为王元至元中遣右丞唆都往谕占城王明年其王遂表贡方物称臣内属元命唆都即其地立省以抚安之既而王太子补的专国元使往暹国及马八儿国经占城者皆被执于是占城行省遣将陈仲达刘金等率兵四面攻之占城大败国王孛由补剌者吾弃行宫烧仓廪与其臣逃入大州西北鸦候山元兵攻大州王遣其舅宝脱秃花等诣行省来降献杂布二百匹大银三锭小银五十七锭碎银一瓮来归款又献金叶九节标枪言国王中创病太子补的被伤已死俟王病少愈诣阙进见也行省寻遣人觇之语皆伪情王实聚兵三万余于鸦候山遣使交趾真腊阇婆等国借兵期与元兵交战于是行省遣万户张颙等往攻王所栖之境其地山林阻隘不能进占城人旁出截归路军皆死战得解还营顷之江淮省遣万户忽都虎等至占城助唆都军见已班师遂令百户陈奎招其国王来降王遂奉表归款元自是不复加兵矣我朝洪武二年遣吴用颜宗鲁杨载等使占城爪哇日本等国赐玉玺书是年遣使朝贡我遣使封阿答阿者为占城国王未几上闻安南占城相攻占城遣使来告乃命编修罗复仁主事张福以诏谕之令宜畏天守分各罢兵归国如互执兵端祸不能逃诏至二国各听命四年占城复遣使奉金叶朝贡言安南数侵境乞赐兵器乐人俾安南知我乃声教所被输贡之地不敢欺凌上怜之命中书省咨言即谕安南罢兵兵器不尔吝但以安南故赐尔是助尔构兵也乐器有声律华夷方言本异中国人不可遣遣尔国人能习华音者来习乐十六年遣子贺圣节赐勘合文册二十四年使至以臣弑君故绝之永乐四年敕王占巴的赖得黎贼父子及其党恶即械送京尚书陈洽在南交军中驰奏占城国王占巴的赖奉命出兵讨安南阴怀二心愆期不进及进至化州辄肆虏掠又以金帛战象资季扩季扩亦以黎苍女遗之复约季扩舅陈翁挺等三万余人侵升华府隶四州十一县地驱掠人民罪下季扩一等耳请发兵讨之上以交趾初平不欲穷兵远夷遣使谕王归我侵地命三年一贡正统六年国人请封其嗣王成化中遣使册封正使卒海上副使论罪戍边弘治中复遣使告安南侵据状乞命官往正其罪上欲从之徐溥等上言春秋王者不治夷狄今若遣使往至安南彼小必掩过饰非大必执迷抗命置之损威击之贻患尤大宜勿听乃止其国南距真腊西距交趾东北际海自闽长乐五虎门西南行顺风可十日至其地自广州发舟顺风八日可至俗犷悍果于战斗商船至即差官监盘十取其二外听交易尚释教王冠三山金花玲珑冠衣白跣足乘象或黄牯车每视朝有美女三十人侍从官属皆膜拜臣茭叶冠男蓬头女后椎结所居茅茨不得踰三尺民衣紫衣衣玄黄罪死出入乘象马粒食亦鲜食杀牛祭鬼驱象逐邪市用金银焚衣祭天地性好洁日三五浴以脑麝涂体以诸香熏衣地不产茶惟以槟榔止渴酿酒瓮中俟熟宾主绕瓮坐筒而咂且咂且注水味尽而止文书用羊皮及黑木皮无闰月昼夜各分五十刻其刑罪轻者以四人拽伏于地藤杖鞭之罪当死者以绳系于树用梭枪齐喉而殊其首若故杀劫杀令象踏之或以鼻卷扑于地犯奸者男女各入一牛以赎罪负国王物者以绳拘于荒塘物充而后出之王当贺日沐人胆汁将领献人胆为贺第不用中国人胆传云往年有用华人一胆者是日一瓮之胆尽皆朽腐王即病死故戒之王在位三十年即入山茹素受戒令子侄摄国居一岁吁天誓曰我不道当充虎狼食或病死期年无恙复入为王若民入山为虎所噬或舟行被鳄鱼之厄其家诉于王王命国师作法诵咒书符投名死所虎鱼即自投赴请命杀之若讼曲直难辨者令过鳄鱼潭曲者鱼出食之直

者虽过其前鳄鱼自避【此与梁书所载扶南事同】国中人非日午不起非夜半不眠有妇人号尸致鱼者目无瞳夜飞头入人家食小儿秽气头返合体如故失其体不得合则死矣昔汉武时因墀国使者云南方有解形之民能使头飞南海左右手飞东西海至莫头还肩上两手遇疾风飘于海外即此是也其译语呼天为剌仪地为打纳日为仰胡锐月为仰不蓝其山川金山【山石皆赤其中产金夜则出飞状如萤火】不劳山【犯罪则送此山令自死】为大其产大火珠【与唐时所献火环同】菩萨石蔷薇水猛火油【见前】奇南香【惟产此国】生金【即金山所产者】吉贝【树名也其华成时如鹅毳抽其绪纺为布亦染五色】野牛【性甚狠见人身穿青者必逐抵触而死】海枣【树如栟榈实大如瓜五年一实味甚甘】观音竹【如藤长二丈节长二三寸色黑如铁】千步草【佩之香闻千步南海皆有之】妇人鱼【状如妇人形发皆具出没波中东海亦有之】海镜【如蚌中有红蟹子小如海镜饥则蟹出拾食蟹饱归腹则海镜亦饱也】宝母【状如美石每月望夜以置海边可集诸宝世不一见】澄水珠【投浊水中则其水莹然澄彻可爱】为奇

论曰林邑占城故越裳氏诸史载之第考越裳氏之事则有大谬不然者盖当周成王时越裳贡雉使者曰吾受命国之黄耇天无烈风淫雨海不扬波三年矣意者中国有圣人乎故越万里来献周公归之王荐于宗庙久之使者欲归迷路公锡以骈车五乘皆为指南之制使者载之由扶南林邑海际期年而至国焉今占城之地路从闽广顺飚不踰旬日可至奚待期年且又云由林邑海际而行何也在秦汉既名林邑乃后汉及王莽时有书越裳贡白雉者此又曷以称焉余本志中但列越裳之名而略其事盖疑之也第以势力孱弱之国地邻安南辄受侵辱故入贡时辄以讨安南为请夫夷狄相攻中国之利也帝王驭夷如驯鸟然宁饥勿饱饱则搏风而逝矣傥助之兵而令占城得志安能必其后之向化如今日哉圣祖知之故诏谕安南罢兵勿从其请一以外杜夷奸一以内恬民事其神谟远略代罕俦焉彼区区越裳之献又未足为今日重也

卷六·南夷志·真腊

真腊本扶南属国汉成帝时献万年蛤夜光珠帝以蛤赐赵后以珠赐婕妤后久未通至隋复通中国唐初其王质多斯那并扶南其势遂盛扶南者其先有女人为王号曰柳叶年少壮健裸体披发不制衣裳其南有徼国事鬼神者字混填梦神赐之弓乘贾人船入海混填晨起即诣庙于神树下得弓便依梦乘船入海至扶南外邑柳叶人众见船至欲取之混填即张弓射其舶穿度一面矢及侍者柳叶大惧举众降混填混填乃教柳叶穿布贯头形不复露遂治其国纳柳叶为妻生子分王七邑其后王混盘况以诈力间诸邑令相疑阻因举兵攻并之乃遣子孙众分治诸邑号曰小王盘况年九十余死立中子盘盘以国事委其大将范蔓盘盘立三年死国人共举蔓为王蔓勇健有权略复以兵威攻伐旁国咸服属之自号扶南大王乃治作大船穷涨海攻灭旁十余国开地五六千里后为其娣子旃篡立蔓死时有乳下儿名长在民间至年二十乃结国中壮士袭杀旃旃大将范寻又杀长而自立吴时遣中郎康泰宣化从事朱应出使其国国人犹裸唯妇人著贯头泰应谓曰国中实佳但人亵露可怪耳寻始令国内男子著横幅大家截锦为之贫者用布晋武帝穆帝时俱遣使来贡其后王㤭陈如本天竺婆罗门也有神语曰应王扶南㤭陈如心悦南至盘盘扶南久闻之举国欣戴迎而立焉复改制度用天竺法㤭陈如死其后王梁书具载有世次名号历宋齐梁朝贡不绝梁大同初遣使献生犀又言其国有佛发长一丈二尺诏遣沙门释云宝随使往迎之其发青绀色以手伸之随手长短放之则旋屈为蠡形案僧伽经云佛发青而细犹如藕茎丝佛三昧经云我昔在宫沐头以尺量发长一丈二尺放已右旋还成蠡文则是真为佛发也顷之其国有人持一碧玻璃镜来贸易者镜广一尺五寸重四十斤内外皎洁置五色物于其上向明视之不见其质问其价约钱百万贯举国不识莫有酬其价者以示杰公杰公曰是上界之宝也当为国王及大臣所藏尔胡客何由得之必窃盗至此者胡人逡巡不能对俄而其国遣使追访果如所言隋时其王姓古龙遣使贡献唐贞观中贡白头国二人素首白身如凝脂然未几真腊灭之据有其地扶南遂亡真腊自武德至圣历间凡四来朝至神龙中分为水陆真腊二国大历中其副王婆弥及妻来朝献驯象十一擢婆弥试殿中监赐名宾汉是时德宗初即位珍禽奇兽悉纵之蛮夷所献驯象畜苑中元会充庭者凡三十二悉放荆山之阳元和中水真腊亦遣使贡献言属国有道明国无衣服见衣服者共笑之盖几与禽兽为群矣宋政和至绍兴间朝贡不绝朝廷封其王与占城等焉淳熙间占城袭破其国真腊人养精蓄锐十有余年大举入占城更立真腊人为王于是占城遂为真腊属国矣我朝洪武六年国王忽儿那遣使表献方物赐大统历文绮自是朝贡不绝昔元时周达

观出使其国著有真腊风土记载其事甚详其最异者言国主每夜卧一金塔上有九头蛇精系女身来与国主同寝交媾二鼓方出可与妻妾同睡若此精一夜不见则王死期至矣若王一夜不往亦必获灾祸亦有儒释道三种呼儒为班诘于顶上以白线挂之别其为儒也呼道为八思其国中道教少亦不甚尊呼僧为苎姑其教最盛王公庶人皆敬畏之如神明然民家养女至八九岁必命僧去其童身名曰阵毯盖官司于中国四月内颁命阵毯之家先行申报然后行其事秘不令唐人见之阵毯后必用金银布帛等物与僧赎身否则此女终为僧有矣前此父母必与女同寝以后斥于房外任其所之刑无绞斩重罪则坑之次则断手足耳鼻次则罚金而已其土地灵人多术法如辨盗真伪置其手油锅中真为盗者手即腐烂否则皮肉如故又辨讼曲直令两家各坐一小石塔三四日其理曲者必获证候或身生各病理直者略无纤事谓之天狱妇多淫国多两形人每日十数成群行于墟场间常有招来唐人之意反有厚馈人死则掷野旷中俟有鹰犬类来食顷刻而尽则谓父母有福否则谓之恶报今亦渐有焚者男女椎髻以去发为服制国王仍用塔葬交易皆妇人唐商人到彼必先纳一妇为便其见唐人亦颇加敬畏呼之曰佛云余观通典通考各代史异域志诸书所载俱未有如此之异者但言其国地无霜雪自四月至九月日夕皆雨水高十丈巨树尽没民移入山居至十月绝无雨水民复还耕种王三日一听朝坐五香七宝床上施宝帐以文木为竿象牙金钿为壁其冠屡服制大都尽华饰也民俗亦侈靡以锦围身故谚云富贵真腊官名与占城同辄与参半朱江二国和亲数与林邑陁柏二国战争其人行止皆持甲杖王初立日其至戚兄弟并刑残之令别处供给不得仕进法无牢狱有罪者先斋戒三日乃烧斧极赤令之捧行七步蕃杀汉人即偿其死汉杀蕃人罚金而已人死以五香木烧尸收灰以金银盆盛之贮之水中贫者或用瓦亦有不焚送尸山中任野兽食者其邻有西棚国天隅有一窍极明土人称为天门云女娲氏之所不至也其译语父为巴驼母为米姑兄为邦弟为补温其山川则陵伽钵罗山【上有神祠神名婆多利祭用人肉每以兵二十人守卫之王及国人甚加敬畏】其产嘉果建同【鱼也鼻如象吸水上喷高五六十尺四足】浮胡【鱼也嘴如鹦鹉八足】大鱼【望之如山每五六月中毒气流行即以白猪白羊祭之不然其岁荒灾】风母【似猿打死得风即活惟以菖蒲塞其鼻则死不复生矣交趾亦有之】却尘兽【其皮不沾尘故名元载宠姬薛瑶英曾以为褥高丽亦有之】金颜香【香乃树脂有黄白黑三色白者为佳能聚众香番人以之涂身】毗野【实似楮】婆田罗【实似枣】歌毕佗【实似李】鳄鱼【大者如船四足类龙特无角耳肚甚脆美】美人酒【美人口中含而造之一宿而成】为奇

论曰真腊自古通贡俗同诸夷而周达观所纪独异群书至辨盗辨讼事西南诸国多有此俗非特真腊然此何故也盖地迩印度奉佛甚谨善恶报验佛法固然尝读内典见有阿阇王令醉象踢佛佛以慈善根力舒五指成五狮子以布醉象事又有西土龙树与善呪婆罗门角力婆罗门化大池莲坐其上龙树化白象入池鼻举莲花高掷婆罗门事此恶验也又有毗奢利国有人如马裸露见王号呼王运神力分身为蚕顷乃得衣事又有波斯匿王收五百贼剜其两目齐入坑中尔时群贼苦痛念南无佛达摩以慈善根力吹药令入贼目悉平事此善应也诸如此类不可胜述余恐士人以真腊事为诬故偶叙之末云

卷六·南夷志·爪哇

爪哇汉晋以前未闻唐为诃陵宋为阇婆元为爪哇国朝因之唐贞观中诃陵王遣使者贡金花等物至上元间国人推女子为王号悉莫威令整肃道不举遗大食君闻之赍金一囊置其郊行者辄避如是三年太子过以足蹦金悉莫怒将斩之群臣因请悉莫曰而罪实本于足可断趾群臣复为请乃斩指以徇大食闻而畏之不敢加兵大历中诃陵使者三至元和中献五色鹦鹉频伽鸟咸通中献女乐又献金花帐温凉床龙鳞席凤毛褥玉髓香琼膏乳宣宗陈之以迎佛骨自后罕通宋元嘉中奉表入贡淳化初国王穆茶罗遣使贡方物甚夥使者言其国与三佛齐有仇怨互相攻战山多猴不畏人呼以霄霄之声即出或投以果实则有大猴二先至土人谓之猴王猴夫人食毕群猴食其余其邻国名婆罗门有法善察人情人欲相危害者皆先知之诏赐金币甚厚赐良马戎具以从其请大观后朝贡不绝寻以南郊事授中国官职封为阇婆国王食邑二千余户自是宋每遇大礼加阇婆王官邑以为常矣元至元中诏史弼高兴等征爪哇水陆并进军会船中无水海水咸不可食士饥渴欲死史高拜天祝之寻以枪插海滩中清泉涌出因名圣水士卒得天赐遂大奋击杀伤甚众寻抚谕降之至我朝其国分东西二王洪武时凡两遣使来贡已而我使至三佛齐爪哇要而杀之置不问至永乐三年东王孛人之达哈遣使请印与之五年西王都马板灭东王时我使

过东王城西王杀我百七十人后惧遣使谢罪敕令偿死者黄金六万两而爪哇遣使贡万两上蠲其金曰朕利金耶令远人知畏尔十六年献白鹦鹉令三年一贡其国天无霜雪四时常热王居不甚丽民皆茅茨其国有四处王无常居往来四处之间一曰杜板民千余家二人为长圣水在焉一曰新村原系沙滩之地因中国人来此居遂成村落民甚殷富各国番船到此货卖一曰满者伯夷民二三百家头目七八人以辅其主曰苏鲁马益民千余家亦有村主有大洲聚猴数万惟一老雄猴为主一老番妇人侍立其傍俗妇人求嗣者备酒肉饼果等物祷于老猴老猴喜则先食其物众猴随分食之寻有雌雄二猴前来交感为验此妇归家便即有孕否则无孕且又能作祸故人家多备食物祭之传言唐时其家人有五百口男妇凶恶忽一日有僧至其家取水噀之五百人俱化为猴惟一老妪未化今旧宅犹存此亦大奇事也其四处人亦有西番胡人唐人土人三种胡人久居服食雅洁唐人持斋受戒土人有名无姓猱头赤脚无椅榻匙筯啖食蛇蚁虫蚓与犬豕同寝食不为秽也男必佩刀刀极精巧不设刑禁轻者许以物赎重者藤系杀之其民不为盗道不拾遗谚云太平阇婆是也书同琐里无纸笔惟以尖刀刻于菱葦叶上亦有字法市用中国古钱病不服药但祷神求佛其人死尸不朽丧有水葬火葬犬葬惟死者所欲女人有毒中国人与之交接则苦疮或致死若涎液露著草木即枯其国俗四季每月望夜前后番妇数十人聚众成队一妇为首众妇随行月下首妇唱则众妇皆和至亲友富贵家则赠以钞帛等物每十月有竹枪会其国王及妃各乘一车至会所令男子二人为偶各执竹枪妻各执短木列其旁及交敌三合妻各以短木隔之曰那剌那剌则退设中枪死王令胜者与死者金钱一个死者妻即随胜者而去旧传鬼子魔于此地与一罔象相合生子百余啖人血肉人被啖尽一日雷震石裂中坐一人众异之奉为国主即领兵驱逐罔象而不为害相传至今其国之移文后书一千三百七十六年考之乃肇启汉初时也旁有苏吉丹国裸体跣足俗甚丑恶其东则女人国【见朝鲜志】愈东则尾闾之所泄非人世矣亦有飞头食人者众共祠之名曰虫落因号落民地凡自泉州发舟一月可至其山川鹦鹉山【出鹦鹉】八节涧【元史弼高兴会兵于此】其产有彩鸠绿鸠红白鹦鹉倒挂白鹿白猿白猴【俱纯白色唐宣宗时南海蛮献白猿脂数瓮】槲极【如枇杷内有白肉二块味佳】蚕吉柿【如石榴】虾蝚丹【树也其中出酒又有桄榔柳花酒】盐【从山穴中涌出国人食之】为奇

论曰昔郅支楼兰汉诸夷中大国也邀杀汉使陈汤傅介子犹击斩之今爪哇蕞尔小蛮横行猖獗其罪过于郅支楼兰远矣倘兴师伐罪势如破竹第帝王一怒必伏尸流血故圣祖重行之诏罚以金寻又却之曰令远人知畏尔君子谓是举也德莫厚焉威莫加焉俾四夷闻之争向化矣

卷六·南夷志·三佛齐

三佛齐即旧港国又名浡淋东南海中大国也唐天祐初遣使贡方物宋自建隆以至淳熙朝贡不绝贡物则有水晶火油象牙乳香蔷薇水万年枣偏桃白沙糖水晶指环琉璃瓶珊瑚树昆仑奴昆仑奴者能踏曲为乐者也我朝洪武时国王怛麻沙那凡三遣使朝贡赐大统历文币顷之其使从我招谕拂菻时其王怛麻沙那死赐王子麻那者巫里三佛齐国王印有广东人陈祖义者脱罪避居其国久之得为将领暴掠番商永乐中太监郑和至三佛齐祖义乡人名施进者诉于和和擒祖义献俘阙下以进代之进没女二姐嗣其地自广州发舟正南行半月可至自泉州行月余可至番舶辐凑多广东漳泉人土沃宜稼穑谚云一季种谷三季生金言米谷盛而为金也习水战服药刀不能伤遇敌敢死邻国畏之水多土少惟将领陆居民率架筏水中架梁柱不输租赋有事随时调发语言如爪哇市用钱布并烧炼五色珠字用梵书以其王指环为印王出入乘船身缠花布卫以金镖俗称其王为龙精不火食食则大荒不水浴浴则大潦惟食沙糊浴蔷薇露而已前后国王各先用金铸其形质代代勿毁旧传其国地面忽然穴出生牛数万人取食之后用竹木窒其穴乃绝其产物亦多有火鸡【顶有软红冠如红绢二片浑身如羊毛青色其爪甚利伤人致死好食火炭故名用棍朴击不能死与满剌加出者不同】神鹿【高三尺大如巨豕】鹤顶【海鹤顶也为带甚佳】血结【治伤妙药】蔷薇水金银香【色白如银】腽肭脐【形如狐走如飞取其肾以渍油名腽肭脐】为奇

论曰海滨诸国两粤亡命多遁归之大都能导夷人作逆如日本事可概见也第三佛齐势孱弱尔陈祖义施进俱系叛贼谓宜先诛祖义旋及施进即不然槛进抵京以杜后来可也曷为官之同罪异罚郑和失之矣

卷六·南夷志·暹罗

暹罗本暹与罗斛二国暹国汉赤眉之遗种也土瘠不宜耕种罗斛土腴衍多获暹人岁仰给焉自古不通中国元至正间暹人降于罗斛合为一国进金字表欲元遣使至其国比至元已先遣使彼盖未之知也赐来使素金符佩之使急追诏使同往大德初暹国主上言其父在位时朝廷尝赐鞍辔白马金缕衣乞循旧例以赐元赐以金缕衣不赐以马我朝洪武初遣大理闻良辅往谕之国王参烈昭昆牙遣使朝贡并献其国地图上遣人赐以印诰永乐初乞量衡为国中式诏给之顷之其国使与琉球修好为风漂舟至福建省布政司籍记船物请命上曰番邦修好美事也岂可利其物而籍之其令布政司舟坏者修理乏食者给粟俟有便风仍导之去使归暹人戴之自是朝贡不绝而我亦辄遣使封其嗣王成化间其贡使有美亚者乃本朝汀州士人谢文彬也昔因贩盐下海为风飘入暹罗遂仕其国尝至南京为其从子瓒偶遇识之为织殊色锦绮贸易番货事觉下吏始吐实焉嘉靖中国王遣使贡白象及方物白象已毙遗象牙一枝长八尺牙首镶金石榴子十颗中镶珍珠十颗宝石四颗尾置金刚锥一根又金盒内贮白象尾为证隆庆时为东牛国所攻钦赐印信被兵焚无存奏请另给礼部议往彼国取印篆字样并精通番字人员赴京教习后使来遂赐冠服留教习其国由广东香山县登舟顺风计约四十日可至遇东风飘舟西行即舟坏犹可登山东有山名万里石塘者起自琉球国潮至则没潮退方见若东风飘舟至此十无一存者故彼来贡必五六月南风此去则用十一二月北风过此则不敢行矣王宫殿壮丽民楼居上联槟榔片或陶瓦覆之坐卧即于楼上籍以毡及藤席无床几之制惟王以受封天朝故留发臣及庶民俱剪发妇人留发粧髻于后无姓有名为官者称偓某为民上者称奈某最下称隘某葬有鸟葬火葬水葬王死水银灌腹以帛缠之同片脑纳棺中停置一年仍用火化拾骨葬于塔下贵人亦然小罪枷桎游市中大罪杀之河边浮尸水上好诵佛经字皆横书横诵俗颇趋利敬富笑贫言语多类广东婚姻俗浮浇习水战好斗喜寇掠市物少则用海贝多则用银银必经王铁印印过每百两入税六钱方可通行无印纹即私银也三犯者死妇人多智凡事夫决于妻妻与中国人交恬不为耻反以交多者为荣男阳嵌镴铃或一或三富者金银贫者以铜行则有声婚姻用僧取女红帖男额上气候常热无霜雪其译语天为普剌地为佃因日为脉月为晚物产最饶小民多载舟往他国商贩有金钢锥蔷薇露罗斛香【味极清远】奇木【其花须类黑漆匙筯以之饮食油腻不能污偶以染茶随手而消】白鼠【毛白如雪】奇龟【六足】酒【四夷中酒以暹罗为第一】为异

卷六·南夷志·柯枝

柯枝古盘盘国也东连大山西南北皆海汉晋未通宋梁时俱三遣使入贡隋大业中亦复遣使后绝献物有佛画塔图菩提树叶舍利子我朝洪武中来贡至永乐二年王可亦里遣使朝贡十年复遣使请封其国大山诏从之是时太监郑和使至其国国王琐里人也首缠黄白布上不衣下萦丝帨束彩压腰缀椰木叶苫屋国人五种曰南昆与王同类祝发以绵悬胫为贵族次回回人次富有财者曰哲地次牙绘曰革全又次卑贱者曰木爪木爪滨海穴居捕渔为业屋檐不得过三尺上衣不过膝途遇南昆哲地即伏候过乃行王尚浮屠敬象牛建寺范金为佛佛座四旁砌成沟渠中穿一井每旦鸣锤鼓汲井泉以灌佛顶数回已乃礼之有曰浊肌者盖道士流也不剃胎发发缕缕垂后牛粪灰涂体亦取与女行吹大螺妻随之乞钱气候常热多雨五六月间大雨街市成河至八月乃尽市用银钱十五当金钱其山川镇国山【永乐二年封上赐碑文】产蓬蓬奈【肉红味甘夷人干以附远】珠宝香布等物俱佳

卷六·南夷志·讨来思

讨来思即古赤土国也隋时通焉炀帝嗣位募能通绝域者大业三年屯田主事常骏虞部主事王君政等请使赤土帝大悦遣赍物五千段以赐赤土王骏等至于赤土之界其王遣婆罗门鸠摩罗以舶三十艘来迎吹蠡击鼓为乐更进金鏁以缆船月镊金合二枚贮香油金瓶八枚贮香水白叠布四条以拟供使者盥洗其日未时那邪迦又将象二头持孔雀盖以迎使者并致金盘金花以藉诏函男女百人奏蠡鼓婆罗门二人导路至王宫骏等奉诏书上阁王以下皆坐宣诏讫引骏等坐奏天竺乐事毕骏等遣婆罗门就馆送食以草叶为盘具大方丈因谓骏曰今是大国臣非复赤土国矣后数日请骏等入宴仪卫导从如初见之礼王前设两床床上并设草叶盘方一丈五尺上有黄白紫赤四色之饼牛羊鱼鳖猪蝳蝐之肉百余品延骏升床从者于地席各以金钟置酒女乐迭奏礼遗甚厚遣那邪迦

随贡方物并献金芙蓉冠龙脑香以铸金为多罗叶隐起成文以为表金函封之令婆罗门以香花奏蠡鼓而送之骏以明年春与那邪迦于弘农谒帝帝大悦授骏等执戟都尉那邪迦等官赏各有差以后不通中国我朝名讨来思宣德六年遣人朝贡其国近山山下有水赤色望之如火杜氏通典载其王姓瞿昙氏名利富多塞不知有国远近称其父释王位出家为道传位于利富多塞在位十六年矣其俗皆穿耳剪发无跪拜之礼以香油涂身尚释敬佛教重婆罗门妇人作髻于顶后男女通以朝霞朝云杂色布为衣豪富之室恣意华美唯金鏁非王赐不得服用每婚姻择吉日女家先期五日作乐饮酒父执女手以授壻七日乃配既娶即分财别居唯幼子与父同居父母兄弟死则剔发素服就水上构竹木为棚棚内积薪以尸置上烧香建幡吹蠡击鼓以送火焚薪遂落于水贵贱皆同唯国王烧讫收夹贮以金瓶藏于庙屋冬夏常湿雨多霁少其产甘蔗酒【杂以紫瓜根味绝美】龙脑香为奇

卷六·南夷志·沙哈鲁

沙哈鲁古投和国也隋时闻焉唐贞观中遣使奉表以金函盛之又献金榼金镇宝带犀象海物等数十品自后未通我朝名沙哈鲁永乐间七十七人来贡其地民淳耻斗物产丰饶覆屋以瓦并为阁而居屋壁皆以彩画之城内皆王宫室城外人居可万余家王宿卫之士百余人每临朝则衣朝霞冠金冠耳挂金环颈挂金涎衣足履宝装皮履官属有将军功曹参军州郡县等官号刑法盗贼多者死轻者穿耳及鼻并钻鬓私铸银钱者截腕国无赋税俱随意贡奉无多少之限以农商为业国人乘象及马一国之中马不过千匹又无鞍辔唯以绳穿颊为节制音乐则吹蠡击鼓死丧则祠祀哭泣又焚尸以罂盛之沉于水中若父母之丧则截发为孝其国市物并贸易皆用银钱小如榆荚有佛道有学校文字与中夏不同物产甚多交易海中诸国西域贾胡辄以廉价得奇货去沙哈鲁人不识也

卷六·南夷志·百花

百花古注辇国也自古未通中国宋祥符中国主茶罗遣进奉使侍郎娑里三文等奉表来贡三文等以盘捧真珠碧玻璃升殿布于御坐前降殿再拜译者导其言云十年来海无波涛故老相传中国有圣人故来入贡其国主表辞亦雅驯大略云伏惟皇帝陛下功超邃古位建大中衣裳垂而保合乾坤剑戟铸而范围区宇神武不杀人文化成廓明明之德以临御下民怀翼翼之心以昭事上帝至仁不伤于行苇大信爰及于渊鱼故得天鉴孔彰帝临有赫显今古未闻之事保邦家大定之基窃念臣微类酰鸡贱如刍狗世居夷落地远华风虚荷烛幽曾无执贽今者窃听歌颂普及遐陬限年属于桑榆阻躬陈于玉帛矧沧溟之旷绝在跋涉以稍难是敢倾倒赤心遥瞻丹阙任土作贡同蝼蚁之慕膻委质事君比葵藿之向日谨遣使三文等五十二人奉土物朝贡【云云】其使离本国凡千一百五十日至广州焉自是数来朝贡其使自言愿将上等珠就龙床脚撒殿顶戴瞻礼以申向慕之诚乃奉银盘升殿跪散珠于御榻下而退谓之撒殿以后来贡者遂以贡物撒殿为常矣元时未闻我朝谓之百花国多奇花故名洪武十一年国王剌丁剌者望沙遣使朝贡其俗尚佛富饶民有罪即命侍郎一员处治之轻者絷于木格笞五七十至一百重者则斩或以象践杀之其宴则国主与四侍郎膜拜于阶遂共坐作乐歌舞不饮酒而食肉俗衣布亦有饼饵尝馔执事有妇人其兵阵用象居前小牌次之梭枪次之长刀又次之弓矢在后四侍郎分领其众国东南约二千五百里有悉兰池国时相侵伐其产真珠象牙珊瑚玻璃龟筒槟榔豆蔻吉贝布兽有山羊黄牛白鹿红猴禽有山鸡鹦鹉倒挂鸟果有余甘【山谷自生实如橄榄始嚼味酸饮水乃佳】藤萝千年枣椰子甘罗昆仑梅婆罗密【实生干上形似冬瓜皮若栗多棘刺内肉层叠味佳子亦可炒食】花有白散丝蛇脐佛桑丽秋青黄碧婆罗瑶莲蝉紫水蕉为奇

卷六·南夷志·答儿密

答儿密古丹眉流国也自古不通宋咸平初国主多须机遣使九人来贡木香千斤鍮镴各百斤胡黄连三十五斤紫铆百斤红毡一合花布四匹苏木万斤象牙六十一株召见崇德殿赐以冠带服物及还又赐多须机诏书以敦奖之我朝永乐中遣使十八人来朝贡方物诏优礼之其俗以板为屋跣足衣布无绅带以白纻缠其首贸易以金银其主所居广袤五里无城郭出则乘象刑专用箠朴其产犀象鍮石紫铆苏木等物

卷六·南夷志·淡巴

淡巴古狼牙修国也梁时闻焉天监中遣使阿撒多奉表辞皆佛语其使言立国以来四百余年后嗣衰弱族有贤者国人归向之王闻乃囚执之其锁无故自断王以为神不敢害逐之奔天竺天竺妻以女俄而狼牙王死大臣迎还为王今上表者乃其子婆伽达多也自后不通中国我朝名淡巴洪武十年国王佛喝思啰遣使朝贡其国风景秀瞻地广产多石城瓦屋王出入乘舆跨马颇有威仪男女咸务耕织常业市有交易国无寇盗称乐土矣物产大略与真腊同

卷六·南夷志·锡兰山【以下俱东南西南海国其世次名号前代难考第以其通贡中国故备列之】

锡兰山在大海中永乐七年遣太监郑和赍诏并赐物谕之其国王亚烈若奈儿琐里人也负固不恭谋害舟师和暗设兵器令众夜半衔枚杀之入其宫生擒国王至九年献俘阙下朝廷赦之还国封国人所推耶巴乃那者为王正统天顺间辄遣使来贡其俗尚释重象牛锻牛粪涂体饮牛乳不食其肉杀牛者死王宫民居旦必调牛粪涂室而后礼佛两手直舒于前两腿直伸于后胸腹皆著地而拜国富饶地广人稠亚于爪哇人死用火化婚姻则亲邻妇人皆两手齐拍胸乳而叫号哭泣为贺男去须毫留发女椎髻皆以布缠之土宜稻市用金钱所经海中有赤卯坞坞人穴居男女裸若野兽然食鱼虾及芭蕉子传云若有寸布在身即生烂疮昔释迦佛过海于此地入水澡浴坞人盗其衣被释迦呪誓以故至今人莫能衣其山川古迹则翠蓝山【产诸宝石顶有巨足迹云是盘古足迹也彼国人言宝石乃盘古泪液结成故有五色光彩】浮沙【中有螺蚌国王令人网取倾入珠池内作烂陶珠为用而货也】石迹【海边山有一盘石印足迹甚长四时有水不干云释迦足迹也山下有寺乃释迦涅盘处真身尚在寺中】其产青米蓝石黄鸦鹘石青红宝石【每遇大雨冲流山下沙中拾取之】龙涎香【见前】为奇

卷六·南夷志·满剌加

满剌加永乐三年王西利八儿速剌遣人朝贡七年我遣太监郑和赐印诰封为王九年嗣王拜里迷苏剌率其妃子及陪臣五百四十人来朝上御奉天门宴王赐王并王妃及子侄赏各有差十二年国王子母干撒于的儿沙来朝告父卒诏命嗣封以后宣德天顺成化时辄遣使来贡成化末给事中林荣行人黄乾亨奉使册封其王溺海死各荫一子入监读书其地瘠卤旧名五屿隶暹罗未称国既奉我正朔遂不入暹罗贡俗淳朴尚回回教王白布缠头身穿细花番布如袍出入乘轿男方帕包头女人撮髻脑后俱上穿色布短衫下围白布各色手巾身肤黑如漆间有白者唐人种也民舍如暹罗婚丧大类爪哇地瘠少收人多泛海取鱼蚌为业国有一山泉流溪下民以溪中淘沙取锡煎销成块及织茭葦簟以通市有龟龙四足长牙啮人又有黑虎能变人形入市其译语呼天为安剌地为布迷日为哈利月为补蓝其山镇国西山【永乐中赐御制碑文】其产火鸡【紫赤其子壳厚踰重钱或斑或白岛夷采之以为饮盏能食火吐气故名与出三佛齐者不同】黑熊黑猿曰麂波罗密【见前】做打麻【树脂结成者夜点有光涂舟水不入】茭葦簟【其叶织成簟子如荔枝酿为酒】叆叇【观书可助目明】沙孤树【取其皮捣作粉谓之沙孤米】为奇

卷六·南夷志·忽鲁谟斯

忽鲁谟斯永乐三年太监郑和至其国国王遣人贡狮子麒麟马匹珍宝等物其地土沃民富人貌伟顾喜佛恶杀垒石为城酋长深居练兵畜马民亦垒石为屋有三五层者其厨厕卧室待客之所俱在上也男拳发长衫善骑射女编发四垂帛缭其项耳挂璎珞腕腿俱金银镯以青石磨水妆点目唇花纹为美此富家之饰也婚姻用媒妁如中国礼市用银钱国法禁酒有造酒者弃市文武医卜技艺之人绝胜他国国中有大山山四面出四种物一面出盐如红矾块有重三四百斤者可碎之而食亦可刻为器皿一面出红土色如银朱一面出白土若石灰可以粉墙一面出黄土色如姜黄王差人守管各处自有人来收买为用其产松子【长二寸许】葡萄干【有三四样一样紫色如枣一样雪白色如莲子无核一样如白豆紫白色】把睶果【似核桃】万年枣【结霜如糖味太甜难食】大尾羊【重者七八十斤尾阔尺余重有二十余斤行则以车载尾】斗羊【前半纤毛拖地后半如剪净者角上带牌人家畜之以斗】

草上飞【见前】福鹿【似驴而花纹可爱】马哈兽【角长过身】驼鸡【见前】各色宝石各色美玉器皿各色水晶器皿花毯番丝手巾为奇

卷六·南夷志·哑鲁

哑鲁小国也洪武初诏谕海南其国来贡俗淳朴言语婚姻等事皆与爪哇相同产飞虎【大如猫遍身灰色有肉翅如蝙蝠能飞不远】金银香【见前】为奇

卷六·南夷志·大唄喃

大唄喃小国也洪武初国王遣使入贡风俗醇朴男女俱缠头长衫产青白磁器为佳

卷六·南夷志·小唄喃

小唄喃小国也永乐七年太监郑和至其国国王遣使来贡其地田瘠而谷少岁籍榜葛剌米粮来食男少女多使用金钱其产惟麝香胡椒波罗密等物

卷六·南夷志·亦思把罕

亦思把罕在西南海中永乐中遣四十四人朝贡地广千里四面皆海国有城坚壮王居侈丽产厚俗朴尚佛好施亦有中国人寄寓者

卷六·南夷志·甘把里

甘把里小国也永乐间遣六人朝贡产薄民淳奉佛不事积聚故虽贫无乞丐者

卷六·南夷志·小葛兰

小葛兰小国也永乐中太监郑和至其国王遣人朝贡俗尚佛教尊敬象牛婚丧等事大类锡兰山地亦相近其产青羊【青毛足高三尺】黄牛【重四五百斤】为奇

卷六·南夷志·古里班卒

古里班卒小国也永乐三年国王遣使朝贡其地土瘠产薄气候不齐夏则多雨多寒俗质朴男女披短发假锦缠头红布系身物产无奇

卷六·南夷志·吕宋

吕宋小国也其地产黄金以故人亦富厚俗朴耻讼洪武永乐初俱遣使朝贡万历四年助讨逋贼有功来贡贡道由福建入于正赏外加赐如朝鲜国

卷六·南夷志·合猫里

合猫里小国也永乐三年国王遣使朝贡土瘠其地多山山外大海饶鱼虫民知耕稼物产无奇

卷六·南夷志·碟里

碟里小国也永乐三年国王遣使朝贡其地人淳产薄尚佛耻讼

卷六·南夷志·打回

打回小国也永乐三年来贡其国数为邻国所侵乃治兵器与邻国战稍得自立风俗略与上诸国同物产无奇

卷六·南夷志·日罗夏治

日罗夏治小国也永乐三年遣人朝贡其地人颇知种艺崇佛少盗产惟苏木胡椒与打回同

卷六·南夷志·宾童龙

宾童龙小国也款占城永乐中郑和至其国其地风土人物草木物候与占城略同惟丧礼之事能持孝服设佛事而度死择僻地而葬之此为佳也其王乃占城选人为之王出入乘象马张红伞从者百人服饰亦与占城同岁贡方物与占城佛书言王舍城是也今有目莲基址存焉亦有尸致鱼其为害比之占城更惨民多置庙牲血祭之其产惟奇南香各色花布为奇

卷六·南夷志·交拦山

交拦山小国也元时高兴史弼征阇婆国遭风至其山下有病卒百余留居其地生育至今皆其裔也我朝永乐中郑和至其地米谷稀少射猎为业男女椎髻短衫其产惟豹熊五色绢铜器青碗等物

卷六·南夷志·剌撒

剌撒小国也永乐中郑和至其国其地倚海而居垒石以为城屋不生草木田瘠少收惟麦略有历年无雨凿井绞车以羊皮袋水男女拳发长衫妇人妆点兜头略与鲁忽谟斯同其产惟龙涎乳香骆驼磁器等物

卷六·南夷志·彭亨

彭亨在海岛中洪武永乐间其王麻哈剌惹答饶俱遣使朝贡献番奴及方物地多平原禽兽稀少草茂土沃物产无奇

论曰开辟之主贵在宣威承平之君戒于好大二者殊科要皆所以驭远方而厚中国也昔汉武帝唐太宗俱值治安之世即垂裳而莅亦可以摄服诸夷顾乃越海泛槎搜奇索异一切方物珍而藏之以为世宝此非徒好大也且以玩物矣用是后世有遗讥焉若我国家则不然盖当胡孽不造我太祖驱椎结而冠裳之自非来王来享则威不旁畅而朝廷不尊于是即位未几诏谕海南遣使绝域而暹罗柯枝以下诸国甫闻圣帝龙兴贡琛恐后梯航继踵球珙盈廷所由殆与汉唐二帝异矣厥在今日乂安既久惟汉唐之辙是监毋骋虚名毋宝异物何远之难格也昔益之戒禹曰毋怠毋荒四夷来王有味乎其言之矣

卷六·南夷志·渤泥

渤泥本阇婆属国在西南大海中前代未通宋太平兴国中国王向打始遣使贡大片龙脑粟米龙脑苍龙脑玳瑁檀香象牙其表以数重小囊缄封之非中国纸类木皮莹滑色微绿而长数尺阔寸余横卷之仅可盈握其字小横读之诏优礼焉元至元中王锡理麻喏复遣使贡方物其使乞从泉州乘海船归国从之我朝洪武四年王马合谟沙遣使朝贡永乐三年遣使封其国主麻邪惹加那乃为王六年王率其妃子及陪臣来朝是年至福建命中官往宴劳之令所过诸郡设宴至京王奉金字表献方物妃笺献中宫东宫上御奉天门赐王宴王卒于会同馆赐谥恭顺葬南京城外石子冈树碑立祠有司春秋致祭以西南夷人隶籍中国者守之封其子遐旺嗣护送归国后十二年洪熙元年皆来朝贡俗以板为城以铜铸甲状若大筒室宇弘敞原田丰瞻习尚奢侈敬爱华人君臣士民之服颇效中国其山川长宁镇国山【御制碑文赐封】其产有药树【取其根煎为膏服之及涂其体兵刃所伤皆不能死】片脑【树如

杉桧取之者必齐沐而往其片似梅花者为上】贝多叶【国人以贝多叶与竹编为食器食讫弃之王居亦以覆屋】吉贝【树也以其花织为布】加蒙树【心可为酒】为奇

卷六·南夷志·苏禄

苏禄其国王有三曰东王西王峒王惟东王为尊永乐十五年三王各率其妻子头目朝贡后东王归次德州卒命有司营葬为文立碑墓道留其妃从十余人守墓毕三人还国十九年嗣王都麻含来朝献巨珠一颗重七两五钱前古所罕见也其俗民食沙糊鱼虾螺蛤短发缠皂缦煮海为盐酿柘为酒其山川石崎山【国以此为保障】其产青珠【有至径寸者形圆】竹布【小竹织成者】为奇

卷六·南夷志·古麻剌

古麻剌永乐时国王哇来顿本率妻子及陪臣来朝行至福州卒赐谥康靖敕有司葬岁祀之其国有百余州有城四重国人不荤食有佛宇四千区四万余妓每日歌舞以献佛饭王出入乘象戴金冠从者骑马持剑随之

论曰渤泥至宋始通苏禄麻剌前史未载大抵皆慕华之国也我朝廷未烦一使而其王挈妻子臣属越海献琛陨身万里略无怨悔非甚盛德曷能俾之向化若此哉然赐谥立碑春秋享祀其凭籍中国宠灵亦足以夸示诸夷矣余嘉其事故合三国为一论

卷八·南夷志·黎人【以下诸蛮无国号姓氏故无朝贡事迹可述第以其杂处中国境内故录及之】

黎今儋崖琼万州坞上蛮也坞之中有黎母山诸蛮环居四旁号黎人内为生黎外为熟黎山极高尝在雾霭中久晴海氛清廓黎人时见翠尖如浮空中然其山水分流四州熟黎分隶诸州耕作省地供税役生黎所居绝远外人不能迹不供税役至于黎母之巅则虽生黎亦不能至相传其上有人寿考逸乐不与世接虎豹为之守险无路可攀但觉水泉香美绝异云以前未闻在唐为琼管之地宋至和初有黎人符护者边吏尝获其奴婢十人还之符护亦尝犯边执琼崖州巡检慕容允则及军士至是以军士五十六人与允则来归允则道病死诏军士至贷其罪至绍兴中黎州王文满结连西峒王承闻等攻破定南砦复犯省地广西发兵官烧毁巢穴生擒黎贼王用宾等乱遂定乾道二年广西经略转运司言当说谕黎人示以朝廷德意威命使之自新退复省地能说谕收复者量功立赏内有侵犯省地或逃失省民亦重责罚其先省民逃居黎峒之人守臣招诱还乡蠲其逋税诏从之六年黎人王用休犯边万安权守巡检孙浩等招谕之九年乐昌县黎贼劫省民焚官舍黎人王用存王承福陈颜等招降复砦有功宋授以官职俾之控制黎人有黄二娘者琼州熟黎酋之妻家饶财善用众群黎畏之宋淳熙初封为宜人二娘死无男有一女欲依例承袭诏从之顷之生黎峒首王仲期率诸洞丁口一千八百余归化仲期与诸峒首王仲文等八十一人诣琼管司司受之令歃血约誓不复钞掠诏各赐赉有差生黎质直犷悍不服王化亦不出为人患熟黎贪狡两广福建之奸人亡命逃居其间省界诸州至有为黎人据其厅事治所州吏遣人致谢始得还者我朝廖永忠既平广东海南儋万黎夷洞主未附其后耿天壁击破之其地遂平顷之广东巡按汪俊民上言黎性顽狠未易信从又山水峻恶风气亦异中国之人罹其瘴毒鲜能全活臣访得宜伦县熟黎峒首王贤祐旧尝奉命招谕黎民言从归化者多况其服习水土不畏瘴厉臣请仍诏贤祐至京量授以官俾招谕未服黎人戒约诸峒无纳逋逃其熟黎则令随产纳税一切差徭悉与蠲免生黎归化者免其产税三年峒首则量所招名数多寡授以职事如此庶几黎民顺服从之其俗稚髻跣足弓矢刀剑跬步不离熟黎能汉语变服入州县墟市日晚鸣角结队以归多符王二姓者男女生周岁即文其身周身画成诸花及八宝式寻用细针挑刺出血涂以青靛候三四日涤去则花纹宛然大家以此相尚云不然则上世祖宗不目为子孙也贸易会集场皆妇女负货出门男子不与故人皆多畜妻女工纺织得中国彩帛拆取色丝和吉贝织花所谓黎锦被服及鞍饰之类精粗有差亲死不哭不粥饭惟食生牛肉以为哀痛之至葬则舁衬而行令一人前行以鸡子掷地鸡子不破处即为吉穴客来未相识主人先于隙间窥之客俨然矜庄始遣奴布席于地客即坐又移时主人乃出时坐不交一谈少焉置酒先以恶臭秽味尝客客食不疑则喜即设佳骰更相亲狎否则遣去不复与交会饮

时未尝舍刀稍酣各请弛备虽解器械犹置身傍一语不合则起而相戕性喜仇杀谓之捉拗虽积世之仇必报祖父斗败几则克箭几射于梁上以为识每会客饮顾梁上弓矢则奋报仇之志醉即群作狗号自云狗种欲使先祖知而庇之也男仇只结于男若妇人仇则其妇家亦助之报怨矣中锋镝死密埋不悲泣恐敌人知其为不武也居处架木两重上铺以草如楼呼曰栏房上以自居下以畜牧甚污秽也遇晚村中幼男女尽驱而上听其自相偕偶至于婚姻仍用讲求又一种自婺岭以北曰遐黎闲习弓矢居常以椰瓢蔽体凡父母过五十则烹而食之云葬于腹中以为得所此其俗之最恶者也其山川黎母山【见前】其产潮鸡【潮至则鸣音如吹角】黄丈鬼【出则为祟著黄衣至人家张口而笑必得疫疾】榴花酒【榴花酿成之味佳】人面鱼【其味在目其毒在身先朝有人出使海南其国奉以进使者啖其双目即令撤去夷人服其博】文鳐鱼【白首赤喙翅与尾齐群飞海上则有风西山经云其音如鸾见则大穰】海鲨【虎头鱼体黑文鳖足巨者重二百斤尝以春晦入山化而为虎凡虎纹直而长者皆鲨化也】海味【名多难纪】鸡翅木【作刀靶最妙】鲵鱼【四足长尾能上树天旱含水上山以叶覆身鸟来饮水因而取之声如小儿啼故名取膏燃灯不灭】龙涎香【龙斗则涎出以计取之和香最妙】为奇

卷八·南夷志·蜑人

蜑人儋崖海上水居蛮也以舟楫为家或编蓬水浒谓之水栏亦有三种入海取鱼者名曰鱼蜑取蚝者名曰蚝蜑取材者名曰木蜑其人皆目睛青碧卉衣血食各相统率鱼蜑蚝蜑能入水伏二三日旁人以绳系其腰绳动则引而上或为海怪所害岸人见有血一缕浮水上则蜑死矣一谓之龙户一谓之昆仑奴产与黎同

卷八·南夷志·马人

马人其先中国士卒随马援南征羁留未归散处南海遂成部落其人深目猳喙以采藤捕蛎为业产与黎同昔韩退之诗云衙时龙户至上日马人来人皆不识多强解之由今而观殆即此马人蜑人之谓也

卷八·南夷志·羚人

羚人生广西幽厓奥谷中雕题高结状若猩狒散育莽中不室而处饥则拾橡薯射狐鼠杂蜂虿虫蚁血食卉衣言语侏儒虽附近猺人亦莫能重译也

卷八·南夷志·獠人

獠俗谓之山子依山而居无酋长姓名惟事有力者曰火郎父死子继余称提陀提陀者华言百姓也旧传其类有飞头凿齿鼻饮赤裈之属殆百余种尝见续博物志云岭南溪洞中往往有飞头者一日头颈有痕匝如红缕及夜则飞去晓即还家即獠种也此与前所谓尸致鱼及虫落者皆同但各异种类俗妇人孕七月即生临产生儿便置水中浮则养之沉则弃之然千百多浮夫妻异宿惟于晴昼牵臂入深山为乐既入则于路口插松竹以断来者谓之插青见者即返或误入则加以刀斧性好杀报仇相击必食其肉而卧其皮所杀之人美须髯者刓其面而笼之竹中鼓噪而祭之以邀福利真蛮俗也

卷八·南夷志·犵人

犵人生崛巃中短小精悍深目黄睛不识金帛木食形如猿猱语呷嘤不可辨性极忠悫夷獠常驯扰之役以采片脑鹤顶犀角象齿皆有法能致之得则负以输主遇他姓夺死亦弗与稍近烟火则泪目至死真腊风土记云有二种野人一等巡行山谷头戴一瓦盆而走遇野兽则枪标射杀烹之性甚狠无家可居一等通往来话言之野人乃卖与人间为奴者或即犵人之类獠犵诸种凡川广云贵洞溪中皆有之故山川古迹物产不可尽述云

卷八·南夷志·獞人

獞人五岭以南皆有之与猺杂处卉衣血食居以栏房善为毒矢射人及物中者焦沸若炙肌骨立尽虽猺人亦

畏惮之又善为蛊毒五月五日取百虫于一器令自啖食存者留之持以中人无不死者又为飞蛊一名挑生一名金蚕皆鬼属事之可以骤富害人者内之饮食中令人心腹绞痛面目青黄吐水而脉沉治之以归魂散雄珠丸在胸膈则服升麻吐之在腹则服郁金下之或云蛊神熠耀若日以昏暮飞入人家为祟事之作蛊害人即有利益不则反被其害有不用其术者以钗钏锦段等物置之道旁俾他人得焉名嫁金蚕畏蝟取蝟入其家则蛊神就擒矣凡川湖闽粤皆有此事不特猺獞为然也聚而成村曰峒峒各有长婚姻先结草屋外居谓之入寮自入寮后多设媵婢则妻党畏之不尔谓之懦怯半年而后女归夫家其人远出而归者止于三十里外遣巫提竹篮迓脱归人贴身衣贮之篮中以为前导云为行人收魂归也余俗与五溪三江诸猺相同

两浙海防类考续编[1]

卷一

浙江舆图叙

浙江古扬州地崇山巨浸所在限隔然嘉【嘉兴】湖【湖州】与江淮相表里严【严州】衢【衢州】以徽【直隶徽州府】饶【江西饶州府】为郛郭左信都【江西广信府】右闽关【在福建北境】大海东蟠绕出淮【淮安】扬【扬州】之境斯固四通八达之区也安吉长兴【安吉州长兴县俱湖州府属】以西本山越巢窟界在广德【南直隶州】之间上无兼辖之司讼讦繁兴颇号难治嘉湖宁【宁波】绍【绍兴】四郡则震泽【今太湖是】东海之所经也溯冲淤壅大遗三农之害而盐徒【嘉湖易通舟楫故私盐尤多】之患次之处州之民多依山盗矿动至数千持之则激缓复驰纵庆元【处州属县】松溪【福建属县与处州接界】一带岁被侵暴温【温州】台【台州】并海而南信宿【再宿】达于福宁【福建属州】贾客良便之然不能不防他寇也若倭夷奉玚入贡则风帆直指宁波突至倏来黠诈叵测先事而备其在定海【宁波属县即夷舟所从入】乎

两浙舆图(略)

全浙海图(略)

浙海指掌图(略)

倭夷寇道图【倭国图附】(略)

右两浙舆图至倭夷寇道图系海防旧考载日本国图系筹海图编载

卷二

筹海图编载

浙江兵防官考

总督浙直福军务兼巡抚浙江都御史【专驻本省　浙江旧无巡抚嘉靖丁未因海寇作乱始设提督军务兼巡视浙江福兴泉漳地方佥都御史以朱纨为之纨去王忬代忬去李天宠代天宠去胡宗宪代时乙卯七月也先是宗宪以巡按御史督兵王江泾大获克捷诏许论功之日不次擢用故有是命其总督之名则因廷臣建议福浙直事权不一设自张经始周珫杨宜相继后命宗宪庚申以剿贼首徐海王直等功累升太子太保兵部尚书仍节镇云】

巡按浙江监察御史【兼纪功】

督察直浙军务侍郎【嘉靖三十四年因倭乱特敕赵文华任事宁即归非常设也】视军情官【嘉靖三十七年因倭寇不靖兵部奏设敕命职方司署郎中事主事唐顺之任历升太仆少卿右通政仍在地方行事未几升凤阳巡抚去】

总督备倭【旧以公侯伯领之洪武三十年改领于都指挥今革】

巡视海道副使【旧制以侍郎都御史领之洪武三十年后始领于按察副使统理浙海驻扎宁波近因地方多事各郡俱设兵备以分巡兼之其沿海兵粮则海道督理如故不分也】

整饬杭嘉湖兵备副使

整饬温处兵备副使

整饬宁绍兵备副使

添设台金严兵备佥事

① 〔明〕范涞撰。据明万历三十年刻本。

镇守浙直地方总兵官
分守杭嘉湖参将
分守温处参将
分守宁绍参将
分守台金严参将
游击将军
定海备倭把总以都指挥体统行事
昌国备倭把总以都指挥体统行事
金盘备倭把总以都指挥体统行事
临观备倭把总以都指挥体统行事
海宁备倭把总以都指挥体统行事
松海备倭把总以都指挥体统行事
统领游兵把总

续编
浙江兵防官
钦差提督军务巡抚浙江等处地方都察院右副都御史
巡按浙江监察御史
钦差巡按浙江等处监察御史
整饬杭严兵备道
整饬嘉湖兵备道
巡视海道
整饬绍台兵备道
整饬金衢兵备道
整饬温处兵备道
镇守浙江等处地方总兵官
分守嘉湖参将
分守宁绍参将
分守台金严参将
分守温处参将
左游击将军署都指挥佥事
右游击将军署都指挥佥事
衢州防矿守备官
海宁备倭把总以都指挥体统行事
定海备倭把总以都指挥体统行事
昌国备倭把总以都指挥体统行事
临观备倭把总以都指挥体统行事
松海备倭把总以都指挥体统行事
金盘备倭把总以都指挥体统行事
统领游洋哨将官

沿海卫所【洪武十七年信国公汤和经略沿海备倭凡卫所□□□司关隘寨堡屯堠皆其所定】

金乡卫【屯军六百八十四名】
蒲门所　壮士所　沙围所
温州卫【屯军二千七百一十七名】
海安所　瑞安所　平阳所
盘石卫
宁村所　蒲岐所　盘石后所
松门卫【旗军屯军一百九十七名】
楚门所　隘顽所
海门卫【屯军六百八十三名】
新河所　海门前所　健跳所　桃渚所
昌国卫
爵溪所　钱仓所　石蒲前后二所
定海卫
大嵩所　霩䨚所　穿山后所　舟山中中中左二所
观海卫
龙山所
临山卫
三山所　沥海所
绍兴卫
三江所
直隶都司
海宁所
海宁卫【屯军一千二百四十名】
澉浦所　乍浦所

沿海巡检司
温州府
龟峰　舥艚　江口　仙口　梅头　中界　馆头　蒲岐　三山　小鹿　沙角
台州府
盘马　长浦　蛟湖　蔓岙　窦岙　越溪　铁场　石浦　长亭　陈山　赵岙　塔山　鲒(鲼)
宁波府
太平　霞屿　穿山　长山　甬东　管界　螺蜂　岑江　岱山　宝陀　松浦
绍兴府
白头　二山　眉山　庙山　黄家堰　三江　白洋
杭州府
赭山　石墩
嘉兴府
澉浦　海口镇　乍浦　白沙湾

沿海关台寨烽堠
金乡卫
寨十一【庙背　屿门　舥艚　大岙　炎亭　大获　小获　石塘　石(硄)　小鱼埜　大鱼埜】

烽堠十五【半塘　尖山　白崎　马迹　凤凰　猫头　上洋　毕湾　东岗　岭门　东山　蒙湾　兰头　把艚门　莫山】

蒲门壮士二所

台二【高阳　水竹】

烽堠六【雷奥　尖山　时家　四裘　南堡　□中】

沙园所

寨四【陡门　眉石北　仙口　眉石南】

台一【眉头】

烽堠四【冷水　宋埠　仙口　烽火】

温州卫

海安所

寨二【上坞　东山】

平阳所

寨三【风火　江菜　汶路日】

台二【山顶　蔡家山】

烽堠三【福泉 半岭　峰瑞】

盘石卫

台二【黄华　白沙湾】

烽堠十【岐头　平山　屿山　章岙　沙角　三屿　池岙　洋田　双峰　日团】

宁村所

寨三【沙沟　沙宁　长沙】

烽堠六【黄石浦　沙沟　沙村　七甲 长沙　九甲】

蒲岐所

台二【高嵩　下堡】

烽堠八【东山　南浦　海塘　铧锹　娄岙　下山头　前塘　双陡门】

松门卫

台一【小高】

烽堠十【甘岙 苍峰 乌沙 车路 沙脚 磊石　荒岙　蛤浦　盘马　松门寨】

隘顽所

台一【白岩】

烽堠九【长沙　岐门　骊头　后湾　江馆　灵门　长山　曾蓬　雀海坑】

楚门所

寨堡一【楚门】

烽堠十五【渔井　洋坑　梅岙　泥湖　楚门　丫髻　石桥　清港　东门　西门　苔山　小青山　大青山　塔山　马鞍山】

海门卫

台三【眉山　东中　中镇】

烽堠五【磊石　轻盈　长沙　外水　中山】

新河所

烽堠五【洋岙　泥岙　净鹰　盘马　新场】

桃渚所

台一【桃渚】

烽堠十二 【石柱 停屿 长跳 涸井 苍埠 大荆山 狮子山 屿头 舥孛头 下旧城 望火楼 中旧城】

健跳所

台一 【高鸾】

烽堠五 【茅头 拆头 后沙 小渔西 大渔西】

昌国卫

烽堠九 【仁义 赤坎 黄沙 前山 后山 山头 松岙 何家礇 乌石】

爵溪所

烽堠二 【公屿 沙岭】

钱仓所

烽堠七 【青雷 东门岭 蒲门岭 前山 中堡楼 涂次 杉木】

石浦前后所

烽堠六 【后山 前山 大金山 土湾 松岙 窦岙】

定海卫

寨二 【江北 长山】

关一 【南关】

烽堠十一 【高山 竺山 小山 鸬鹚 (溁)渹山 打鼓山 张师铺 大尖冈 大渔湾 长山冈 季屿】

大嵩所

烽堠八 【大千 昆亭 黄岩 尖崎 港口 横山 慈岙 蛤岙】

舟山所

寨三 【千礇 沈家门 西碶】

台一 【青雷头】

烽堠二十一 【外湖 石墙 包家 石衕 鹿颈 蒲沙 西山 碇(石+凿) 赤石 接待 奇岙 小展 吊屿 程家 石禅 谢油 舟山 沈家门 郎宋碶 袁宋碶 螺峰】

穿山后所

台一 【神堂】

烽堠九 【西山 碶头 所后所 锅盖 白峰 嵩子山 屿山 撩蝦埠 黄崎】

霩衢所

台一 【三塔山】

烽堠五 【盛岙 高山 梅山 观山 蝦□】

观海卫

关三 【文亭 长溪 柱湖】

烽堠六 【向头 瓜誓 西陇山 新浦 古窑 西陇尾】

龙山所

台一 【龙山】

烽堠五 【龙头 头尾 石塘 青溪 施公山】

临山卫

台一 【罗家山】

烽堠九 【趙巷 乌盆 庙山 荷花池 方路 道塘 周家路 四门 下盖山】

沥海所

台一 【西海塘】

烽堠三 【槎浦　胡家池　桂树】
三山所
烽堠七 【历山　眉山　徐家路　撮屿　蔡山　吴山　浒山】
绍兴卫
三江所
台一 【蒙池山】
烽堠六　　【杭坞山　马鞍山　乌峰山　宋家楼　周家墩　桑盆】
直隶都司
海宁所
寨一 【黄湾】
台六 【下馆　松林　下家村　格路　潘家浦　褚家圆】
烽堠五 【尖山　庙前　岩门山　赭山　石甃山】
海宁卫
寨二【北铺　蓝田】
台六【南台　麦家泾　朱公亭　北台　九里亭　三间寨】
烽堠一 【蓝田】
澉浦所
寨四 【西山嘴　南海口　混水闸　葫芦湾】
台一 【东园】
烽堠五 【青山　西山　秦驻山　墙山　庙山】
乍浦所
寨七 【独树林　梁庄大　梁庄旧　长沙湾　蒲山外　金家湾　唐家湾】
台七 【独树林　益山　西山嘴　蒲西山　圣妃宫　葱山　东山嘴】
烽堠三 【陈山　高公山　观山】

浙江事宜

金盘总【金乡盘石二卫立把总一员其分守温处参将即北总所辖之地也】

海港守备

黄华水寨【东接大海大小门屯岙南枕港口乃温州之咽喉也旧制战船四十余艘南会飞云北会白岩塘交相巡哨岁久撤备嘉靖三十七等年倭从此港入温州抵处州之青田补造福苍等船三十余只比旧反减似宜添设】

江口水寨【东临大海至五屿等岙北至平阳县外接琵琶长腰陌城阳屿等大洋为平阳门户旧制战船三十余艘岁久撤备嘉靖三十一年倭犯平阳前仓泾口麻圆等地从本港入今造兵船戍守比旧制量加南至舥艚炎亭北至瑞安飞云凤凰往来会探似为得之】

飞云水寨【温州适中之地也旧名中军水寨南临海港外接凤凰山内逼县治实卫护府县之门户也旧制战船四十余艘岁久撤备今议江口黄华二处兵船于此往来分哨此在无警之时则可若风汛之候倭舶分鯮冲突二港自卫不暇何暇顾此哉】

镇下门水寨【东距大海倭若登犯径抵瑞安所城则平阳赤哨诸处无□捍御极为冲要旧制战船二十艘南会福建烽火门流江北会江口港巡哨岁久撤备今议将江口兵船于此往来存留旗军防守限于财匮不堪复设舟师也更宜添置方为慎固】

白岩塘水寨【东滨于海实蒲岐所之外户也旧设战船二十只北会松门楚门南会黄华港巡哨岁久撤备今议并入黄华港兵船存留旗军四十名防守亦因限于财匮不堪设舟师也添置慎固方可】

海岸设备

舥艚寨【东北皆滨于海倭贼屡次于此登犯至前仓腹里见拨旗军防守】

炎亭寨【在海滨贼若登犯突入腹里从本卫城外可至平阳县孙湖地方见拨旗军防守】

大小鱼埜二寨【联坐海滨极为冲要贼易登犯若突入腹里从□卫城外可至平阳县南盐场等处地方见拨旗军防守】

小濩寨【与龟峰巡司相联南临海至竿山一潮北枕山巡司逼临海滨贼易登犯额设弓兵旗军防守已上四寨俱金乡卫平阳县所辖皆系江口港兵船往来巡哨】

程溪寨【南至海西抵镇下门水寨颇为蒲门要区嘉靖三十四年贼尝登犯见拨旗军防守】

菖蒲洋寨【在海滨先年贼曾登犯见拨旗军防守已上三寨俱蒲门所所辖亦系江口港兵船往来巡哨】

眉石北隘【东至大海南会陌城寨西平阳所北会陡门极为冲要先年贼尝经登犯若突腹里从陌城可至前仓等地方又可通平阳坡南见拨旗军防守江口港兵船于此往来哨守】

眉石南寨【东滨大洋凤凰山岙一潮可至西抵仙口极为险要贼若突入腹里从仙口可至平阳县沙园所原设飞云港战船今并入江口港往来巡哨见拨旗军防守】

仙口宋埠二寨【东临大海近年本处居民建立堡城捍御拨军防守已上俱属沙园所其外港口兵船往来巡哨】

黄华山寨【西离水寨二里先年贼尝登犯极为冲要见拨旗军瞭守外有本港兵船巡哨】

沙角寨【东临大海界于黄华章岙之间嘉靖三十八年经贼船登犯若突入腹里从芝岙可至三条岭抵乐清见拨旗军防守以上俱盘石卫所辖】

章岙寨【在海滨贼船易登颇称险要防御慎固则东卫搭头而西卫沿盘南卫百华北卫长林倭舶虽至不敢犯也见拨旗军防守】

白沙寨【东南滨海嘉靖三十七年贼犯乐清县治自此地入乃水陆要害之道也见拨旗军防守已上俱乐清所辖】

屿山寨【在临海口贼可登泊若于此突入西可犯天仙南可犯双峰北可犯后所势难倅御见拨旗军防守】

平山寨【西接后所南接屿山北接白沙为乐□唇齿嘉靖三十七年贼尝登犯若突入腹里南从石马可至本县白石等处见拨旗军防守已上俱后所所辖】

后塘寨【东南大海地势险要嘉靖三十一等年贼□登犯其南为李岙西为□□□□□为双徒寇若突入则诸地悉受焚劫矣见拨旗军防守】

高嵩寨【为蒲岐门锁钥东临大海极为险要嘉靖壬子等年贼尝登犯若突入腹里从杨婆桥可至长山地方见拨旗军防守】

下堡寨【为蒲岐之南藩南临大海颇为险要见拨旗军防守已上俱蒲岐所所辖】

龙湾寨【东接宁村西捍府治坐临深水颇为险要嘉靖戊午等年贼自黄华港登犯突入腹里从新建蒲州地方直抵府城见拨旗军防守】

沙沟寨【坐临滨海贼可登犯见拨旗军防守】

沙村寨【北至宁村所东至海见拨旗军防守】

长沙寨【东临海涂地势颇险见拨旗军防守已上俱宁村所所辖】

丁田前后岗三寨【俱海安所所属虽拨旗军协守然丁田地势稍缓惟前后岗俱临深水极为险要嘉靖癸丑等年贼尝登犯若突入腹里可至温州府城及瑞安县见有黄华港兵船往来巡哨】

东山上塢二寨【东西分峙有犄角之势坐临海滨极为险要贼若自东山而入由九里可至府治自上塢而入由丁田可至海安见拨旗军协守】

陌城陆路二寨【东南滨海极为险要贼若自陌城突入从营山可通乐阳坡自陆路突入从江口港可至钱仓等处见拨旗军协守外港有兵船往来巡哨】

汶路口寨【东临海洋阳屿门南以策应江口水寨北策应眉石南北二寨地势险要先年贼曾登犯平阳沙园

二所拨军协守】

分水隘岭【系浙福交界贼自福省突来必由此岭至平水过牛皮岭一可至萧家渡本县城外而抵瑞安地方一可经莒岗至泰顺青田地方且可通桐岭至温州府城等处遇有声息必调兵遏截方可扼其吭而固全浙之南境也已具俱平阳所所辖】

海外设备

大岩头山【贼船自南麂凤凰霓岙蒲岐楚门玉环而来俱经此山今拨黄华港兵船每遇风汛于此巡哨】

海岛玉环山【与蒲岐所相对此山悬居海中联络深长山背即台州府所属太平松门楚门交界海洋贼自北来必经乎此处今拨黄华港兵船于此巡哨】

霓岙【贼船南北向往多泊于此可至盘石卫最为险要今拨黄华港兵船于此巡哨】

南龙山【贼船自北洋来必经此山黄华港兵船于此巡哨】

南麂凤凰山【此岙阔大坐临深海山外大洋别无山岛贼自国初以来俱经此栖泊实巢穴也风顺一二潮可至飞云港先年设兵船一枝哨守废坏未复今拨江口黄华港兵船巡哨】

松海总【松门海门二卫立把总一员其分守台金严参将即此总所辖之地也】

海港设备

中州港【南往海中茅堰山与蒲岐港接境北往海中坯山与灵门港接境此处见有兵船巡哨更设八桨小船以搜玉环诸山之穴则善矣】

灵门港【东接海中鸡脐山与松门港接境南接楚门洋坑下接硐礁山原无兵船之设嘉靖壬子等岁倭犯江绾犯后湾始议立战舰已未贼犯灵门跳头从腹内流突沿岭江窃舟遁海将前船掣守东门又以单弱不足防御并入松门港大䑸哨守革之诚便也窃谓松门寨港大䑸兵船去此密迩可以径顾其地彼港舟师每每潜遁哨报不时为今之计当重责于松门港之水兵而专严以哨船之号令】

松门港【其东为岛米门外积谷山及下洋大陈岙等处外即大海直抵日本北往化屿龙王堂鲤港横门大潭深门等处与新河水三汊港接境南往鸡脐吊崩硐礁鹿头片屿骊洋邳山等处与灵门接境隘顽居其南如隘顽有贼此港之船直捣其䑸隘顽缓急此港之责守也海内碎山极多若贼自温州而来此为汇嘴捷径竟抵城下若自外国而来止过大陈邳山大鹿登岸皆为贼巢甚难防守今虽稍增战舰仅堪小敌之御而港内迂回屈曲难以捍贼必出大陈山而迎战于海中乃为得之】

新河港【港口浅狭大船未易出入不必舟师防守止陆备旧设桩关动称门户之固司事□未皆亲履遂相驾重以为险阻实惟小松木二三十株于半港中耳□无险可恃无据可守左右两岸平坦如掌岂能□港之重轻哉】

海门港【一名椒江渡港水流入二十里之中一分台州城下一分黄岩城下此我朝开国以来之重镇台黄府县之咽喉也视宁波定海关不同其定海关水港既狭港外舟山长涂马岙金塘远近皆堪泊船分哨海中复有舟山二所且设重镇于定海战舰数百是以海外之功屡有成绩而港口之守永无内患今海门港一潮之远止有三山一座形小直削并无港次四望汪洋我之兵船欲泊于港内则不可御敌欲出于外洋则更无山屿可抱风浪汹涌自国初迄今倭之犯台悉由于此国初全浙设备倭都司一员而独驻守海门其所系之重可知迩来诸港皆设备独此一港与海门卫未尝经理虽有兵船率为故事旧有二百余艘尚不能沮其黄岩之入今所造船只分其半于松门卫港不知此港之兵必当倍于松门庶克有济何也松门港之船可以尽出外洋截贼此港口必须多留船只防守若不严御港口使贼一入则其舟西去台州随潮仅九十里我之陆路隔渡阻山无由追蹑必由黄岩远抄势不相及故全赖水兵阻截港外有台境之寄者其慎图之】

桃渚港【议者谓桃渚离海门甚近可以策应战舰不必设不知海门所由里路至桃渚止四十里形似弓弦若由海中转达圣塘而下必出大洋其程两日不似桃渚至长沙巡司一带乱山丛砌群峰散走或出或入索碎纷峙海边浅潮之中直探出大海极为绵远而桃渚所北往健跳一带如盐塘除下仙岩处处海湾突进其健跳之舟北御昌国海邮一带力已足矣桃渚港之外接大海总港亦当设船一䑸如健跳之数但额舟有限松海二关已为不足若量抽数舟弃之万山之外孤海之中势分力弱亦竟何益哉】

健跳港【原设长洛一渡逼近东所城侧渡阔四百余丈出海直往茅头大洋上接海中查盘山与练陀等处下接海中青屿黄毛礁与牛头桃渚地方接境此处宜设兵船一䑸必得福苍海沧二十余艘方可守御松海二关已称疏薄无力分应若又量抽数只分守此港则港大船寡无益于事此城孤悬以船为命今虽有守似为单弱不足恃也按台州海门不出此数港分守合备似不可缓若春汛之期当以松海二港合为一大䑸在大陈洋香伏截以为南䑸桃渚以当漆船与健跳相等亦令会合外洋以为北䑸其在南䑸□□海门港必当留大小兵船十余艘守港而松门可尽发其□□䑸也则健跳港必当留大小兵船数艘守港而桃渚可尽发】

陆路设备

楚门所【贼犯楚门必屯鸡脐山下其心恋船不过三二日即还而走如往隘顽则历所城藤岭慢游料我兵阻之不得已方弃船陆行也其往三山大荆以由温州不如径由水中对过蒲岐港为便南隔一小港为玉环山周围百里旧有民居国初遣入内地台温二境乃贼去来泊船之渊薮也对岸温州府蒲岐所近被势豪据以耕种夫耕田则起屋起屋则招贼衅端虽不宜开然当事者谁肯任怨哉又由西北至太平城江下地方谓之东门港沿山滨海而行山林密茂水港出入又十五里乃南湾地方高山环海旧战场也旧贼据万仞山腰进兵之路皆鸟道鱼贯我兵分为四枝松林如织相战犯兵家之大忌仍成全捷以收奇功信乎地利不如人和也】

隘顽所【北为太平县藩篱南可以阻楚门之冠城外东北山下长沙面水民居一村番舶至此可以屯泊若弃舶登突决由藤岭内外皆可至温州地方夫贼屯聚于藤岭则太平之路既阻于藤岭松门之路又阻于慢游设贼屯据面水背山可以高枕久住可以从容困城楚门所在其南非驻兵之地决不能北援大嵩二路又绝将何以为计也所赖又有松门港兵船抵城下贼若有船在水定可逐之贼若在陆水兵无所用力但哨船远瞭松门港兵船急出过隘顽之南大海中截之庶可保全万一疏虞而致贼舟登犯城四面皆山高伸天表既不能守而城身欹矮又不足固其若灵门关有贼虽属险难我兵统入城内从容南出攀援而进亦可应援过大岭皆夹山而行进退路径皆艰两鼠斗于穴中勇者胜耳可不深长思乎若贼流走我兵当星夜先驰江下预处战地设伏以待若尾而追之则无及矣】

松门卫【若止驻兵城内而贼由西来则我兵孤□诸处难顾若城内未尝驻兵而贼据松门寨为□以一枝劲兵守北门山麓下则我兵无路可援故城内城外□□防守有警则将人由泥涂用马报约城内之兵刻□以一□□新河一□由隘顽海边进战城内兵鼓噪应之□为一□□□隘顽而来多水窟难行必由北里山会合新□一带而往遇□则潦不可涉旱则可进大兵沿涂皆硬沙实土有潮不可行无潮可列堂堂之阵今有大䑸兵船谅多无虞】

新河所【论形势之急在海门港论适中之□在新河所该所去松门隘顽海门黄岩皆五十里去太□县三十里三面俱有大路可以进兵应援但北至海门皆田□雨久潦溢水皆没入□藤岭横山头敌所必由我可设备以阻贼冲者也盖此带沿海陆地四散贼出温岭少有阻则即由路桥远出黄岩以往温州黄岩之贼决□□由海门新河盖知椒江有舟师新河有陆兵故也】

海门卫【卫城当置于高岭乃为据险每岁贼攻垂破而卒不陷者乃保障之力非形胜之据也此为□□三台门户水陆重镇三面阻水贼舟可泊实为险要惟恃兵船以为命御番舶于未登此守海门之上策也失此则为中策矣如贼在栅浦则水兵截于大港陆兵进剿一由海门近攻一由泉井一由路桥一由三山远截合力亦捍御之一术也又失此则无策矣】

前所【与海门卫对垒中隔大港即椒江也其形势利害与海门相同剿前所之贼多过江或由府治或下城门岭往仙居出温州贼若在长沙连盘一带屯住连盘港深而长背山面水健跳桃渚二港会于此处可为巢穴分投出掠饱载而归我兵由里路至隘口转南出其巢后自山上攻下仍以一枝截住山头庶我不为贼抄兵勇者胜耳】

桃渚所【其城可守但濠狭而城毕今议浚濠即以土增城庶为海门卫及府治之藩翰也所城东北有莒埠港与本所港相类皆委蛇细曲贼之大船必不能入若泛小舟而我之兵船不能进追则其去海门甚近也外海诸山皆可以截贼须预设伏候贼出而击之乃可以成功也其他若安圣寺可伏截以阻贼莒埠之冲白莲岭可伏截以阻贼后岭之冲肯埠岭尽头可伏截以阻贼肯埠之冲若贼至东所弃城而不之顾则必往府治自仙居走温州我兵即当驰赴府城以截之也】

健跳所【健跳城三面阻山皆峻岭而东面山前距海若非兵船预伏探哨寇舶卒至何以御之故健跳战舰之

设不可一时而不戒严也其去桃渚一百里或攀峻岭则鸟道鱼贯或涉羊肠则潮滨梗陷或行山地则溪石坎坷马不能驰人不能列非二日不能至设贼泊舟城下江中桃渚一路决不可以进援东去昌国卫隔大洋彼处有贼所当时时防御去宁海去台州俱一百四十里路径皆如桃渚缓急之际松海大兵必不能猝达若迳过台湾府从宁海而入必由黄岩台州桐岩桑洲宁海窦岙计一日余方到东所援兵至此贼必已遁海而别犯矣岂能望以成功耶若报至即调海门关兵船抵所城东海山内设伏以邀击之万无一误也】

昌国总

□□□□

昌国卫【坐冲大海极为险要石浦关切近壇头韭山乃倭夷□□进贡等船咽喉必由之路悬海南北礵等山可设舟师□来巡哨以为东路声援其西象山县石浦巡司则恃之以为□翼者也悬海金齿八排朱门等处可设舟师往来巡哨以为□路声援其北牛栏基旦门青门茅海竿门则恃之以为门户者也见拨福苍兵船于此关哨守】

金井头【相对旦门直冲大海嘉靖己未夷船由此港登岸本□□设兵船近因船少力弱掣并石浦关见拨本卫北哨兵□往来巡哨】

前后二所【南临关口近三门要冲之路本所附城设有东西南北中哨伏兵厂五处每处拨军瞭望遇警走报】

钱仓所【东临大海至大嵩港水程一潮南为涂次烽堠外接竿门蒲门地方西北至湖头渡海为大嵩所界乃昌国之藩□与大嵩相为犄角者也】

爵溪所【城悬海口直冲韭山东逼大海西并钱仓南以游仙寨为外户北以象山县为喉舌见拨旗军防守】

海中设备

韭山【形胜巍峨岛澳深远对冲日本此山之外俱辽远大洋故夷船东来必望此山为准此昌国总第一险要今拨北哨兵船于此巡哨】

三岳山【系外海悬岛乃昌国卫前后二所喉襟如贼船从韭山来每经此过嘉靖三十四年倭船于此盘据最为险要□□中军哨船往来巡哨】

旦门【系悬海大洋外有东旦山与韭山相对如贼船由□□□□□望本门突入以往南路内近何家礵仁义南□□□□□□□拨北哨兵船往来巡哨】

三门【乃石浦巡司土湾番头一带沿海居民喉舌如贼从□□□归由台温来必经于此最为险要今拨南哨兵船往来巡哨】

金齿门【岛岙甚多便于栖泊贼船往来必经此假息□□□□□之处与石浦关相隔二潮今拨游兵及南哨兵船□□□□】

大佛头山【内有斗底虾岙乌头青后城壶底等□□□□□□□□□泊之处极为险要与石浦关相隔一潮今□□□□□□巡哨】

朱门山【相对大佛头系外海险要之处如贼由南来必至此收泊与石浦关相隔二潮今拨南哨兵船往来巡哨】

八排门【相连南田内多膏腴田地下便栖泊若倭船停栖甚难剿灭与石浦关相隔二潮今拨南哨兵船巡哨】

林门【乃金齿朱门等山喉舌岛岙亦多先年夷船从坛头海洋突入结巢于此系起遣之地极为险要石浦关至此相隔一潮今拨南哨兵船巡哨】

牛栏基【系石浦关后门外洋必由之路有山环抱可避东北飓风如分哨南北兵船往来必于此为适中哨守之处与石浦关相隔半潮今该中军游兵船南北往来会哨】

坛头山【有南北礵壳菜篮等岙可以避风泊船贼由日本而来每望此山收泊与石浦关相隔一潮今该中军哨兵船于此巡哨】

鸡笼屿【在坛头山外此外一望大洋别无岛屿如贼从韭山来必由此过与石浦关相隔一潮今该中军哨兵船巡哨】

茅湾【切近钱仓所与韭山相对先年番船尝栖泊于此原设兵船一枝因船少兵弱掣聚石浦关今派北哨兵船巡哨与石浦关相隔二潮】

竿门【贴附钱仓所夷船每栖泊原设兵船一枝因船少不敷掣收石浦关并鯮今派北哨兵船巡哨与石浦关相隔二潮】

青门【贴附爵溪所有山回抱可以避风泊船内栖公屿居民地方外冲四礁与韭山相对极为冲要原设兵船一枝因船少力弱掣聚石浦关今拨北哨兵船巡哨与石浦关相隔二潮】

定海总

沿海设备

定海卫【南临港口定海关有靖海营团兵操守招宝高耸海口极为要害山巅筑威远城屯扎军兵使有犄角之势其隔江南岸自角东巡司竺山等堠接连后所碶头烽火相望遇警驰报】

小浃港【内通东江出穿山宁波极为险要昔为海贼孙恩□□□□倭贼亦曾登此近打桩数层汛期拨船防守似亦□□□□固宜更密之】

后千户所【东南为霩衢所南为大嵩所北为碶头烽堠坐临黄崎港先年贼船由崎头海洋突入大港最为险要每堠拨军瞭望】

黄崎港【东至舟山中中中左二所水程计一潮北至金塘山水程半潮最为险要见有兵船往来巡哨舟师单弱似未足以遏贼之冲也】

大谢山【离后所城二里南临黄崎港北由犬猫海洋至金塘鹿山最居险要乃先年起遣地方也内设黄崎西山等七堠拨军瞭报又该中军哨兵船往来巡逻】

霩衢所【滨海对双屿港先年贼尝登犯极为孤险春汛时月添拨官兵协守又该大嵩港兵船往来巡哨】

梅山港【东至崎头大洋南至双屿港俱约半潮双渚港先年为贼巢今填塞矣西至大嵩港计一潮北五里至三塔烽堠最为险要今拨大嵩港兵船及本所军船哨守】

大嵩所【东连霩衢南接钱仓以大嵩港舟师为命】

大嵩港【对峙韭山直冲外海先年贼由此犯所城突慈岙地方极为险要今拨战船巡哨】

海外设备

舟山螺峰巡司【虽有官署之设而巡检弓兵俱散处□□螺头岙与螺峰烽堠离城十五里贼易登犯□迁居民入城则可】

鹿头烽堠【近海民少势孤常被贼登犯须迁入而后可】

岑江巡司【乃冲要海口也贼累登劫见今居民虽筑墙自卫亦被贼坏近又自葺理终难备御须为惧固之计可遏贼冲】

天同岙【居民百余家气势颇壮但力不支内有□皮岙居民千数若协力出守彼此可以无事内又有鹿夫善射曾胜倭寇宜令悉力防御】

碇齿隘【与外港相对居民势孤累被登劫其原守军余又已取回必迁居民入内地则可】

奇岙烽堠【即大沙地方贼常于此登舶原有隘已废二岙居民大户约有千数合力出守方可恃也】

即家碶【西碶寨相连又小沙居民□庶有隘军共守但地势散阔难以设备贼尝登劫以碶头海塘筑堡协守则可】

袁家碶【即沙岙地方原有马岙千户所军民并逃民约计二千若迁入城以合其势庶可暂接济也】

山江烽堠【与沙岙相连有隘军防守贼尝登犯军已取回须迁居民入袁家碶等处则可】

岱山巡司【与于碶堠寨相连居民自筑垣防守贼尝登犯该司居隆教寺内亦为虚应须并力捍御则可】

吊屿【因近海口每被登劫须与小展居民协守则可】

沈家门寨【原系水操之地有军防守近皆取回番船去来皆泊于此内有赵岙南岙芦花岙大岙去寨三五里向者居民筑墙大领阻截总路近贼径由水路或间道而入累被劫掠更须慎御庶克有济】

临观总【临山观海二卫设一把总分守宁绍参将即此总所辖之地也】

海岸设备

三江所【不滨于海地势稍缓然海上有警去省城八十里烽火之通于此攸】

沥海所【东卫临山西捍黄家腹有蛏浦等堠拨军瞭望】

临山卫【坐当冲要东接三山西抵沥海设烽堠者十拨军瞭望】

三山所【界于临观之关西以声援临山东以策应观海者□拨军瞭望】

观海卫【西有三山为右翼东有龙山为左翼居中调度联络应□烽堠七处每堠拨军瞭望】

龙山所【北对金山苏州大洋东对烈港况其龙山独临海际去所仅十里乃贼船往来必由之路临海一总之咽喉也封守慎固省城安枕而卧矣】

金家岙【丘家洋连界东对烈港海洋北望龙山三姑大洋嘉靖丁巳倭船盘据本岙及丘家洋月余因我兵所捷若突腹里由雁门岭凤浦湖一带至慈溪县直抵波内地极为险要今拨烈港兵船哨守】

海港设备

三江港【港口深阔外通大洋甚为□□□船□泊□□□突入□里从陡门一带海塘可至绍兴地方越港而北为浙西□山乃省城第一关锁也】

蛏浦港【北对浙西石墩南至绍兴府城通连大海极为险要嘉靖二十二年贼船泊西汇嘴登犯若突腹里由沿江塘路至石官梁湖直抵上虞县兵船哨守不可一日少缓】

临山港【切近卫城直冲大海倭舶屡犯□设舟师屯守西哨浙西澉乍二浦东哨观海龙山如遇临观海洋有警驰报烈港兵船合䑸截剿】

泗门港【为余姚县东北之喉襟越港而北为浙西澉浦最为隘要嘉靖丙辰倭舶由东北烈表突犯本境今拨本卫兵船巡哨】

胜山港【港深而广倭舶可乘潮以入嘉靖丙辰由此登犯三山所官兵敌退之近议筑塞港口又建墩台于山上】

古窑港【为慈溪之咽喉北对乍浦东接伏□西连平石极险之处嘉靖三十五年贼船盘据突犯慈□地方今拨兵船巡哨】

金墩浦【为定海慈溪相界之地北连大海西连伏龙山此处坐临海涂贼船自东北而来必由此系泊嘉靖已未贼曾登犯见拨军船往来巡哨】

烈港【所系甚大盖贼船之入临观也非由澉乍则由烈港诚临观之门户甚为险要先年议设三江蛏浦临山胜山古窑五港以卫临观后因各港沙硬水浅难泊而北今议派临观把总兵船改调烈港出哨临观一带地方】

海宁总【海宁卫立把总一员其分守嘉湖参将即此总所辖之地也】

海岸设备

海宁演武场【枕海曾经倭泊实为险要旧设陆路厂倭据为巢厂毁今拨旗军哨守】

澉浦镇巡司【外与秦驻山大步门相连山湾潮□贼船曾自此可通内地宋停村紫云等处接近屿城此卫南之冲也今派龙王塘兵船巡守】

海口巡司【此处海滩沙汙船只难泊迤北乍浦相连内有白马庙八团圩民丛集递年倭冠突犯将向南北必先往此望虚实其地内通嘉兴平湖嘉善等处乃卫北之冲要也今拨龙王塘兵船巡□】

南海口【操备厂离海半里与东海口陆路厂俱为冲要】

金家湾【此处潮深山僻递年贼船登泊若犯腹里直抵平湖沿海则侵乍浦直抵海盐实为险要今拨西海口兵船巡哨】

梁庄寨【倭寇屡登为巢实为险要】

赭山寨【东南逼大海面对萧山与钱塘江口相连先年倭尝突犯实为险要】

石墩山寨【东南倚海山下有一小港外通大洋递年倭寇登据为巢船泊港内极为险要原设寨军防守后掣回所城止于石墩烽堠拨军瞭望】

凤凰山寨【南临大海坐对膺冲门倭尝犯此实为险要】

黄湾寨【东与澉浦接界南对大洋北通腹里硖石地方昔年倭寇屯据为巢实为险要】

海港设备

东关外龙王塘【外即大洋直对浙东临观等处迤南半洋中有白塔山贼船可泊贼若登岸向南则侵澉浦往西则侵腹里天宁寺水陆通衢直抵嘉兴实本卫之咽喉沿海之首冲也近议立为关隘今委官兵出哨西海口九王门澉浦等处】

黄道庙港【南滨海与临观相峙倭寇登犯极为冲要】

西海口【南通大洋北近平湖系浙西之咽喉平湖之门户也本港海涂高硬潮水长涸不一船难系泊恐倭船乘潮突进则我之兵船高阁关系匪轻当踏勘开浚建立水闸将各兵船浮泊活水遇警出剿此第一预防之计也今拨兵船出哨□许□山青村一带海洋与吴淞江兵船相会】

原考

一申明职掌照得本道奉敕巡视海道兼理宁绍兵备协同总兵官经营沿海卫所管理水陆兵粮严督各该备倭把总官员并沿海军卫有司关防奸弊禁捕盗贼若遇倭寇出没事体重大仍呈抚按衙门并行都布按三司从长计处而行所管地方官员若有偾事并贪利害人等项违法者尔即指实参奏究治尔受兹委任宜持廉正已悉心经画务使海道肃清奸弊革除斯称任使如或因循怠忽致误事机责有所归尔其钦承之故谕钦此钦遵外先该本道嘉靖初年驻扎省城每年春汛自贰月起至伍月中小汛玖月起至拾月终巡历宁绍台温海宁嘉兴一带全浙沿海地方嘉靖贰拾叁年间移驻台州贰拾柒年间改驻宁波地方巡历沿海至嘉靖叁拾贰等年间为因海寇勾倭地方多事杭嘉绍台各府添设兵备衙门肆拾伍年为议处兼摄兵备官员以省繁费事该抚按二院会题将杭嘉湖兵备事务并于嘉湖分巡道兼摄隆庆贰年为裁革添设官员以省军饷以宽民力事该钦差督抚军门赵　案验题称宁波地方既有海道又添宁绍兵备委属冗员合将兵□□□归并海道就将□□宁绍□□移□□绍兴□台州兵备□□照旧兵备该府仍兼宁绍台分巡题奉钦依将宁绍兵备行道兼理其本道监督宁绍二府定临昌各总水陆官兵台州兵巡道监督台州府松海总水陆官兵温处兵巡道监督温处二府金盘总水陆官兵杭嘉湖兵巡道监督嘉湖二府海宁总水陆官兵水利道监督杭州团操官兵江洋水兵金衢兵巡道监督防守衢州官兵每年大小汛期本道亲历定海会同总参衙门祭祀海神督发各兵船出洋防御仍巡历定昌临观等卫沿海地方其台州温处杭嘉湖兵巡道各会同分守参将祭江督发兵船防汛各照分历沿海一带地方据其分道整饬虽各有信地而界以区岐及其出洋防汛则互相策应而势为犄角寇至必前后夹击不以追逐出境为自便之图师捷必彼此让功不曰观望迁延为攘善之计此又辅车相依之情同舟共济之义可以分道而不可以分心者也

续定

一申明职掌照得整饬各区兵备道除原考相同者不赘外卷查万历柒年间为议处未妥兵制以图实用事该杭严兵巡道准布政司照会奉督抚军门吴案验准兵部咨题奉行水利道原管西大营官兵并前右二卫军兵减汰老弱共留贰千伍百名听杭严道监督等因又万历拾叁年叁月□□□处监督营兵以便责成事准按察司关奉督抚部院温宪牌内开照得两营官兵先年议委按察司清军道管东营水利道管西营后因兵变西营改属杭严兵巡道管理但两营同城事权不一或欠协和各执己见议论滋多往事可鉴及查嘉宁台温各兵巡道但管所属地方兵务今杭严道奉兵备专敕与各兵道同而清军道兼管驿传事务颇烦原无兵备责任而两营兵务专属杭严道监督以便责成随该本司覆议应听杭严道监督事有责成法令均齐呈奉本都院详批如议东大营兵务俱行杭严兵巡道管理缴蒙巡按御史王批营兵通属兵巡道自是政体即如议行仍候军门详示缴蒙巡盐御史詹批两营官兵如

议归杭严道仍候通示行缴行道见在监督又万历拾伍年捌月内为俯竭愚衷谨陈末议以求少裨治理事该按察司奉督抚军门滕案验准兵部咨该本部题覆浙江巡抚温巡按傅会陈七事遵奉钦依事理内正事权一款转行杭严兵巡道将右游击原管东大营官兵并坐营事务改属左游击其左游击原管西大营官兵改属右游击各管领内酌矿防一款转行金衢兵巡道将防矿总捕都司改设守备应属该道统辖其营兵一总听守备管领其一总另于所属指挥千百户之中选堪用者一员领之听守备节制各等因在卷见在遵照管理

原考

一总参议设查得浙江沿海地方原设总督备倭都司壹员温处守备壹员考选把总指挥肆员统辖卫所分为定临观壹总松海昌壹总金盘壹总海宁壹总至嘉靖贰拾捌等年间将定临观壹总分为贰总定海总临观总松海昌壹总分为贰总松海总昌国总共为陆总至嘉靖叁拾壹年间为倭寇生发督阃权轻策应不前添设参将壹员驻扎定海分守宁绍等处地方嘉靖叁拾肆年间贼破临山卫城蒙抚按题请添设总兵官壹员驻扎临山嘉靖叁拾伍年又议得定海为倭夷贡道关隘尤冲乃改驻定海以资弹压其参将改驻临山专督陆兵革去总督备倭都司嘉靖叁拾陆年议得陆把总事权不重题奉钦依授以都指挥体统行事嘉靖叁拾捌年添设定海游兵以都指挥壹员专统兵船又添杭嘉湖参将壹员革去温处守备增置温处参将壹员台金严参将壹员共为肆参将分守统御悉听总兵节制至隆庆贰年间蒙钦差督抚军门谷　案验题将宁绍参将改驻舟山专统水兵以定海游兵把总改调临山管领陆兵总兵衙门驻扎定海居中调度左顾杭嘉右顾台温遇警不分水陆随汛向往□兵截剿以靖地方内□□□□札参将虽有金严之职名号令每牵于遥制温州驻扎参□虽受阃总之节度事体终□于羁縻至若总兵有全浙之专御而威令迁就于省阃有□参之总敕而机宜更切于定昌此又事权之沿袭有年而不可不讲者也

续定

一总参议设万历贰拾玖年捌月内奉督抚军门刘会同巡按御史马题为酌议海防紧要事宜以固疆圉事条议海防事宜内一款重将权夫将为三军司命古人隆推毂之遣诚重之也浙初沿海地方原设总督都司壹员继因倭寇生发都阃权轻方议按总兵官驻扎临山后特改驻定海以资弹压实谓居中调度得以左顾杭嘉右顾台温控制全浙意甚深远近年承平日久积玩已极总兵徒拥全浙之虚号而威令仅行于定海一隅各区官兵若不闻有大将在上者是何异人身心志四肢先已不相联属而欲望其捍卫头目得乎今后宜令总兵官申明职掌颁布约束各区水陆参总等官凡事干戎务者道镇衙门一体关白该镇亦要将四□汛防几宜一体整饬或于汛暇或于汛期间一亲诣各区□验船只器械水陆兵马或某区警□告急即亲统船兵就近督剿不得株守一隅坐误事机各区有功同叙有失同罚俱听臣等核实奏闻如此庶将权归一而责成斯专军令易行而人心自肃外寇不足平矣等因覆奉钦依通行海兵各道总镇参游守杞等官一体钦遵查照施行

又为奉旨查议裁革官员事万历捌年间该抚按贰院会题查得临观地方先年原设参将壹员统领陆兵叁千驻扎临山又设临观备倭把总壹员统领水兵驻扎观海隆庆贰年议将参将移驻舟山就以定海游兵把总改为绍兴统兵把总移驻临山代领参将原管陆兵后因地方渐宁前兵陆续汰革仅存民兵壹千名又于卫所选拨军兵伍百名共壹千伍百名立为叁总又将民兵壹总调驻绍兴府城屯札临山营者止军民兵贰总每总设有总哨官壹员统领若又设钦命官壹员不无冗滥议将临山营陆兵叁总改属临观把总兼统其绍兴统兵把总裁革题奉钦依通行钦遵在卷

原考

一各区战船查得浙江沿海玖卫叁拾贰所先年原有战船伍百肆拾捌只内有肆百料贰百料捌橹风快铜□高把梢拾桨等项名色分属定临观总壹百肆拾伍只松海昌总壹百伍拾捌只金盘总贰百贰拾伍只海宁总贰拾只每肆百料船壹只用军壹百名贰百料船壹只用军柒拾伍名捌橹等船用军伍拾名风快船用军贰拾名俱于卫所食粮旗军内选驾后因前项军船驾哨不便损者不修缺者不补自嘉靖叁拾壹年倭寇猖獗定海昌国贰总改募福苍等船共贰百肆拾只临观改募苍山平底船壹百贰只松海总改募福苍等船壹百壹拾陆只金盘总改募福苍

等船壹百叁拾伍只海宁总改募福苍等船柒拾柒只俱官为给税嘉靖叁拾伍年间又调广东乌尾横江大船壹百捌拾只分拨浙直海洋哨御定海总留用伍拾只每只用兵陆拾名后俱发回续因倭寇剿平遂议汰兵减饷隆庆肆年为饬海防以图实用事该钦差督抚军门谷题准海防壹拾贰事案开两浙□□□□□□贰拾叁只内福船捌拾叁只头号者民捕兵□□□□□□者贰拾壹名军队兵各贰拾壹名草撇船贰□□只每只民捕兵贰拾名军队兵贰拾捌名苍船陆拾贰只每只军民捕兵各贰拾名艟艨船壹拾陆只每只民捕兵贰拾名军队兵□拾壹名沙船贰拾柒只内游哨壹拾陆只每只民耆兵贰拾名军队兵壹拾名哨守壹拾壹只每只军民兵各壹拾伍名铁头渔船陆拾陆只在温州游哨大者壹拾捌只每只民捕兵贰拾伍名军队兵壹拾伍名小者每只军民兵各壹拾伍名在台州定海游哨共叁拾只每只民捕兵叁拾名又定海哨守伍只每只民捕兵壹拾伍名军队兵壹拾陆名昌国临观游哨共壹拾肆只每只民捕兵贰拾名军队兵壹拾壹名小哨船贰拾肆只在定昌壹拾陆只每只军民兵各壹拾叁名海宁捌只内游哨肆只每只民捕兵壹拾贰名军兵陆名哨守肆只民捕兵壹拾名军兵捌名各区军渔船伍拾伍只每只军兵贰拾叁名白艕船叁拾玖只每只军兵贰拾名叭喇唬船壹百贰拾捌只每只民队兵壹拾陆名军捌桨抵充叭刺唬船伍拾伍只每只军队兵壹拾陆名河田船伍只每只军民兵各柒名大网船柒只每只民兵肆名小网船壹百贰拾柒只每只民兵贰名又为军务事奉本院批本道呈详议造本道中军苍船壹只叭喇唬船肆只选拨卫所军兵驾使听本道不时督发或闻警亲自座驾出洋策应随机督剿或委官带领往来定临菖各哨稽查弊端其定海总原派肆人划网船陆只内拨兵拾名管驾苍船余兵壹拾肆名改为贰人划网船柒只本道中军差用万历元年柒月内为议处兵船以实防御事奉钦差督抚军门方批本道呈允于定海梁横山添立兵船壹枝添哨官壹员添造叭喇唬贰只选拨军队兵每只壹拾陆名管驾并于定海南青北马贰哨抽取苍船叭喇唬网船共肆只在彼防守本年拾壹月内奉本院批台州兵巡道呈添造叭喇唬船拾只添募民兵壹百肆拾名分派松海总各哨驾使又省城钱塘江北关巡哨兵船叁拾只嘉兴里河又添巡哨叭喇唬船拾肆只为照两浙陆总地方环海数千余里壤接岛夷乘风潮之罔测岐多港乔窥间隙以先登故防御之术据险为先截杀之机在洋为易若纵之登陆则为下策彼将殊死战斗我兵难于收功矣故探哨莫便于刀舸冲犁必资于楼舰惟福船体艕高大形势巍峨望若丘山建大将之旗鼓风行瀚海扑贼艇如鹰鹯若遇大举寇边非此无以取胜此海防第一义也但其转折艰难非顺风潮莫动若造作脆薄或冒飓浪难支惟利深洋难泊浅岸至于小哨叭喇唬等船反觉追剿便捷遇敌收功故材官好事者遂谓小船当增大船当减致腾改造之议博取节省之名殊不知小船止利于零贼之追捕而不利于大举之仰攻要当两利而俱存之岂可因噎而废食耶节经年减已合时宜今求实用以省文惟在依期而拆造必须底梁坚厚自然巨浪无虞挨造递年□艟咸固矣近蒙各院经画精详督察明确委官□料借税助修成一劳永佚之功为惩前善后之策奉此永遵诚海防世世之利也

续定

一各区战船两浙江洋河道沿海各区战舰哨船通共壹千贰百伍拾贰只内福船肆拾玖只苍船玖只沙船壹百壹拾肆只铁头船肆拾伍只草撇船壹拾陆只艡艚船伍只艟艨船壹拾贰只鸟船叁拾贰只海沧船壹拾只渔挑船肆只売艚船肆只壳哨船贰只捌桨船壹只河田船壹只轮船壹只民渔船贰拾只铁头渔船贰拾柒只军渔哨船壹百壹拾叁只民唬船肆百贰拾伍只军唬船壹百贰拾只大小巡哨船柒拾叁只划网船壹百陆拾玖只内

南关钱塘江洋巡哨兵船壹拾肆只严州埠巡哨兵船拾只

北关东西运河巡哨兵船贰拾叁只又听差网船肆只

嘉兴区海宁总嘉湖兵巡道并参将标下中军官备倭把总各哨兵船共玖拾玖只内福船肆只苍船捌只沙船壹拾柒只民唬船伍拾肆只小哨船陆只划网船壹拾只

绍兴区临观总备倭把总各哨兵船肆拾只内福船肆只草撇船叁只鸟船壹只渔船肆只沙船捌只民唬船壹拾肆只网船陆只

宁波区定海总总兵标下中军官各哨兵船壹百贰拾捌只内壹号福船肆只贰号福船壹只鸟船壹只轮船壹只渔船陆只沙船壹拾陆只小哨船贰只民唬船伍拾捌只军唬船壹拾玖只网船贰拾只

新设游洋哨兵船壹百叁拾叁只内鸟船壹拾贰只铁头渔船贰拾柒只沙船壹拾陆只民唬船陆拾贰只划网船壹拾陆只宁绍参将标下中军官各哨兵船捌拾肆只内贰号福船叁只艚艚船贰只沙船壹拾陆只铁头船壹只民唬船肆拾只大网船贰只小网船捌只军唬船壹拾贰只

定海备倭把总下各哨兵船壹百肆拾壹只内壹号福船壹只贰号福船壹拾壹只苍船壹只鸟船肆只草撇船叁只渔挑船肆只铁头船贰只沙船贰拾叁只壳哨船贰只民唬船叁拾柒只军唬船贰拾只民网船贰拾只军网船伍只听差网船捌只

昌国备倭把总下各哨兵船壹百肆拾捌只内福船玖只草撇船壹只艚艚船叁只鸟船壹拾壹只民渔船肆只沙船壹拾伍只壳艚船肆只民唬船叁拾贰只大网船贰只小网船贰拾壹只军唬船肆拾陆只

台州区松海总台金严参将标下中军官并备倭把总各哨兵船壹百柒拾肆只内壹号福船贰只贰号福船肆只海沧船壹拾只艟艉船壹拾贰只铁头船贰拾贰只沙船壹只民唬船伍拾伍只大网船肆只小网船壹拾捌只军渔哨船肆拾陆只

温州区陆营温处兵巡道中营江防游哨并参将标下随征标营兵船贰拾伍只内民渔船贰只民唬船壹拾陆只军唬船贰只大网船壹只小网船肆只

金盘总温处参将标下中军官各哨兵船陆拾伍只内肆号福船叁只草撇船贰只铁头船伍只鸟船贰只民渔船壹只河田船壹只民唬船壹拾陆只网船柒只军渔哨船贰拾肆只军唬船肆只　金盘备倭把总下各哨兵船壹百肆拾陆只内贰号福船壹只叁号福船壹只肆号福船壹只鸟船壹只铁头船壹拾伍只草撇船柒只沙船贰只捌桨船壹只民渔船叁只民唬船肆拾壹只网船壹拾叁只军渔哨船肆拾叁只军唬船壹拾柒只

衢州陆营防矿守备下巡哨兵船壹拾捌只

备录【查得以上各区兵船皆审时度势据险设防如福苍等船可以下压冲犁艟艉铁头可以攻击破敌轮船鸟船不畏风涛行使便捷至如沙唬哨网等船捷于追逐哨探各因所宜难以概用或有拆旧更新改大为小分守要津星布棋列虽出海兵各道相时条议实奉军门运筹考成况今各区既设额船复增游哨凡有缺略补益无遗坐使岛夷绝窃伺之虞海邦享磐石之固谋出万□何容置喙惟在当事者著实举行云尔各船增改缘由并应用军兵名数并载入各区官兵防守哨道款内】

原考

一水陆官兵自嘉靖三十一年倭乱以来两浙召募陆兵不下壹拾余万员名续因减免饷银议将水陆募兵渐次汰减选取民壮弓兵军兵抵用至隆庆四年为饬海防以图实用事该钦差督抚军门谷题准海防一十二事案验开定各区陆兵两浙募兵原有贰拾柒总又军兵民壮各陆总共叁拾玖总将募兵减去拾总以练成民壮壹拾伍总军兵捌总抵补共得军民兵肆拾总是以兵数及加而饷数减除见在各兵正敷防守在绍兴募兵民壮军兵各壹总宁波募兵叁总民壮壹总舟山军兵壹总台州募兵贰总民壮军兵各壹总温州募兵肆总民壮壹总军兵贰总嘉兴募兵壹总民壮军兵各贰总衢州募兵壹总原食徽州饷银民壮贰总处州听调民壮贰总军门标下东大营募兵伍总西大营民壮伍总杭州城守军兵壹总每总名色把总壹员哨官伍员队长壹拾伍名什长肆拾伍名兵肆百伍拾名从役内书记医生各壹名旗健吹鼓手火药匠家丁战马贰拾叁名匹在衢州驻扎专管民壮防矿有总捕都司壹员其各区水兵定海总留用民捕耆舵兵贰千玖百壹拾捌名加添军兵壹千肆百贰拾陆名并原用贴驾及军船军兵共柒百叁拾名昌国总留用民捕耆舵兵壹千叁百贰拾肆名加添军兵柒百叁拾玖名并原用军兵肆百伍拾叁名临观总留用民捕耆舵兵伍百贰拾肆名加添军兵贰百叁拾玖名并原用军兵壹百贰拾壹名松海总留用民捕队舵兵壹千肆百捌拾玖名加添军兵壹千肆百柒拾玖名金盘总留用民捕队舵兵壹千陆百壹拾陆名加添军兵贰百捌拾肆名并原用军兵贰千伍百玖拾伍名海宁总留用民捕耆舵兵玖百壹拾伍名加添军兵伍百贰拾叁名又钱塘江洋北关巡哨捕兵叁百陆拾名各区该管游哨名色把总壹员总哨官拾员哨官肆拾员驻扎临观定海昌国松海金盘海宁备倭把总管水兵陆员管陆兵壹员专管水兵参将壹员兼管水陆参将叁员各参将下中军官壹员旗牌官叁员书记贰名医生壹名健步火药铁匠家丁战马肆拾贰名匹军吹鼓手壹拾贰名军旗手贰拾叁名又

中军官下各书记壹名健步家丁各壹名水陆备倭把总每员书记贰名健步贰名家丁贰名水兵游哨把总书记健步各壹名家丁贰名名色把总总哨官各书记壹名家丁贰名又与备倭游哨各把总每员军吹鼓手各肆名哨官各家丁壹名巡哨千户书记健步家丁各壹名总捕都司员下中军兼督阵官壹员书记贰名健步捌名吹鼓手拾贰名火药匠壹名马丁战马肆名匹旗手贰拾叁名又中军官下书记壹名健步家丁各壹名□门标下中军坐营都司近改右游击壹员下书记贰名健步旗手家丁马丁战马贰拾叁名匹左游击壹员下中军官壹员旗牌官叁员书记贰名医生壹名旗健吹鼓手家丁马丁铁匠战马陆拾捌名匹又中军官书记壹名家丁贰名旗牌官各家丁壹名此外又总兵官亲兵并中军杂流战马共捌百伍员名匹巡视海道及杭嘉湖台州温处三兵备道每道合用中军督阵官壹员军门标下旗牌听用等官并武生技士通事精勇等役原额贰百余名续该杭嘉湖兵巡道议呈加添嘉兴里河叭喇唬船壹拾肆只将民壮工食银募用捕兵贰百贰拾肆名驾使

又台州兵巡道议呈加添叭喇唬船拾只添募队兵壹百肆拾名

又该巡视海道议总兵标下中游哨添守定海关哨官壹员

万历元年陆月内为议处兵船以实防御事呈奉钦差督抚军门方详允添委哨守梁横山哨官壹员

万历二年二月内又为申严结䑸良法以免倭患事呈蒙抚按二院详允抽拨定海临观海宁各哨兵船贰拾只添委巡哨官壹员每年自叁月初旬带领于渔船下网海洋往来巡哨遇贼剿捕至渔毕日止

又为整理海防事奉钦差督抚军门方案验题□□□议复隆庆四年汰革各区水兵贰千伍百名内定海总加复民兵捌百捌拾捌名昌国总伍百肆拾柒名临观总壹百肆拾叁名松海总叁百陆拾贰名金盘总叁百叁拾捌名海宁总壹百捌拾名各照数□□军兵又各区加添福苍大船副舵壹百柒拾贰名内定海总伍拾名昌国总叁拾贰名临观总捌名松海总贰拾玖名金盘总肆拾名海宁总壹拾叁名

又为军务事奉本院案验行道查议除总兵座船壹只出海苍船壹只参将出海福苍小哨船各壹只常川留用外其余定昌二总兵船每年防过大小二汛毕日置薄照船调拨更换以均劳逸本年八月内为乞委专官训练土兵以便责成以免顾此失彼事奉钦差督抚军门谢批本道呈详覆议舟山营团操军兵每年春汛四个月秋汛两个月添委总兵标下旗牌听用官壹员协管带领专一巡哨沿海地方本官廪粮并马丁壹名汛毕掣回住止

又为军务事奉本院批本道议呈查得中游哨兵船壹枝派泊大衢岙专哨下八山马迹蒲岙陈钱□□等处正游哨兵船壹枝派泊长涂专哨大衢两头洞等处每哨名色把总壹员统领所派□地皆系海外穷洋极险哨道及昌国地方设有备倭把总□员兵分南北中三哨外有□山冲险及旦门牛栏基□□□关把总有水陆兼辖之任每遇汛期各哨巡游非尽日可□不无顾此失彼议将中游哨仍复原额总哨官壹员正游哨添委协总官壹员昌国总添委协总官壹员协理轮流出哨名曰协总如把总官巡哨剿贼协总官防守地方协总官巡哨剿贼把总官防守地方协力应援同心策应至于募补造支协总不必干预倘有奸弊许令觉察汛毕拆造兵船昌国协总管亲赴定海督工该总又添游哨哨官壹员专备韭山等隘每官各家丁壹名俱备呈详允见在遵行

又为军务事万历三年三月内奉本院批杭嘉湖兵巡道呈原拨渔洋巡哨船只在于羊山渔船下网之处巡逻缘本区兵船不敷查有游兵壹枝专守羊山合无令彼深入南洋会哨呈请前船免拨缘由批行海道覆议得浙西呈请免拨前船无非各为地方之意但事无专责未免彼此推诿况事干题请难以轻议变更除临观总额船不多原拨沙船壹只渔船壹只叭喇唬船壹只网船壹只照旧拨发外其海宁总减去原拨苍船贰只止拨沙船叁只小哨船壹只叭喇唬船壹只网船壹只定海总原拨苍船壹只渔船贰只叭喇唬船壹只定海正游哨原拨苍船壹只叭喇唬船壹只网船贰只定海中游哨再拨沙船壹只小哨船壹只三总通共贰拾只以足前数责令原委官带领巡哨渔洋备由呈奉本院详批事奉钦依难以轻变今议海军总减去贰只而增拨定海总以足之亦调停矣准如议行钱潜统领各船哨勤须要稽察渔船奸弊以见功迹慎毋相负此缴依奉通行遵照拨发外切照驾船水卒或汰民兵而益之以军或退军兵而易之以民虽若前后之顿殊要皆因时制宜补偏救敝之一道也倭乱之后民财竭矣故蒙谷院减兵以省饷选军以协驾盖取足于正例之军原在食粮之额虽加至壹石比之全给兵饷者所省若干矣既而日久弊生正例之数多见逃亡空余之丁夤缘补役原无升合之例坐享石四之糧况且军强民弱动辄相凌计其月给之储已与民兵无异而强梁豪悍又不若民兵之奉法焉此方院之所以退军而复民也各因其偏敝而拯之要皆求当于用以利赖于地方耳亦何嫌于意见之殊耶

续为海防事万历四年四月初三日奉钦差督抚军门谢案验准兵部咨该本院题称定海一关地悬极海正对岛夷最为概省之重镇本区水陆之兵亦甚单薄虽设有总兵之官建牙于此然标下陆兵仅止八百而中正二哨之兵亦无过贰□贰百余名行据巡视海道及布按都三司会议将总兵标下加添陆兵壹千贰百辏前捌百共贰千之数于中正二哨水兵加添沙船贰拾只八桨船贰拾只叭喇唬船四十只共增民耆队舵兵夫壹千肆拾名军队兵伍百贰拾名俱自万历四年为始募增听总兵官常川操练以备往来驰击各区应援此虽不能概省各区逐一增加然增一要害之处则左右得以救援重一总兵之权则往来得以驰击而沿海地方庶几可恃以无虞矣等因题奉钦依备行本道遵照依奉于总兵标下添募陆兵壹千贰百名与旧额官兵捌百员名共足贰千分为左右中前后五总内左右前后四总各立名色把总一员统领其中总就以标下中军把总管领之以为本镇亲兵随贼向往调度冲击又中正二□加添沙船贰拾只叭喇唬船肆拾只军八桨船贰拾只□□民耆队舵兵夫壹千肆拾名军队兵伍百贰拾名均拨二哨仍每哨添立名色把总壹员哨官二员统领悉听该镇常川操练防守如遇别区有警即便督率应援

续定

一水陆官兵

军门标下坐管左游击将军中军把总旗牌听用报效指挥千百户等官通事精勇军兵头目杂流等役共计壹百□□□员名【战马叁匹】两浙各营总关游水陆将领官兵军□杂役通共肆万捌千玖百贰拾员名【战马捌拾贰匹】内

参将肆员

操捕都司壹员

游击将军贰员

守备壹员

备倭把总陆员

中军坐营把总壹员

名色把总伍拾玖员

听用旗牌督阵掌号等□共肆拾柒员

总哨官壹拾捌员

哨官贰百柒拾贰员

陆营官兵【共计贰万叁千叁百柒拾叁员名战马柒拾陆匹内】

东大营官兵五总【系募兵】共贰千柒百拾员名中军官役玖拾壹员名【战马陆匹】

西大营官兵五总【系募兵】与东大营同中军官役壹百壹拾贰员名【战马捌匹】

杭州省城西教场官兵贰营【系军兵】共壹千捌拾贰员名杂役陆名【战马叁匹】

海宁军中右营官兵壹总【系军兵】共肆百贰员名【战马壹匹】

嘉兴区官兵陆营【内三营系募兵三营系军兵】共贰千伍百捌拾玖员名中军官役伍拾陆员名【战马陆匹】

绍兴区官兵叁营【内二营系募兵一营系军兵】共壹千伍百贰拾伍员名附造中军杂役叁拾捌名【战马叁匹】

宁波区官兵壹总【系募兵】共伍百肆拾员名中军官役伍拾柒员名【战马壹匹】

总兵标下官兵伍营【系募兵】共壹千玖百玖拾叁员名中军官役贰百壹拾玖员名【战马贰拾伍匹】

舟山营官兵壹总【系军兵】共伍百叁拾捌员名【战马壹匹】

台州区官兵伍营【内叁营系募兵贰营系军兵】共贰千肆百陆拾壹员名中军官役陆拾陆员名【战马伍匹】

温州区官兵陆营贰总【内肆营贰总系募兵贰营系军兵】共叁千玖百伍拾贰员名中军官役贰百陆拾玖员名【战马拾匹】

处州团操营官兵贰营【内贰哨系军兵余系募兵】共壹千柒拾捌员名【战马贰匹】

衢州营防矿官兵贰营【系募兵】共捌百柒拾柒员名中军官役贰员名【战马贰匹】水哨官兵【共计贰万贰千捌百陆拾贰名贴驾军兵贰千贰百叁拾柒名战马陆匹内】南关钱塘江洋巡哨船官捕舵兵共壹百陆拾玖员名杂役贰名严州埠巡哨船官捕舵兵共壹百员名

北关东西运河巡哨船官捕舵兵共贰百玖拾伍员名杂役贰名【内轮流看守听差网船兵肆名遇差仍拨兵驾送】

海宁总兵船捕舵兵薪共壹千陆百玖拾叁名中军官役共玖拾叁员名【战马贰匹】

临观总兵船捕耆舵兵共柒百玖拾陆名贴驾军兵玖拾叁名官役共壹拾玖员名

定海总总兵标下兵船军民捕耆舵兵共贰千□拾名贴驾军兵壹百肆拾陆名中军官役共贰拾伍员名

游洋哨兵船军民捕舵兵薪共贰千玖百叁拾陆名官役共捌拾肆员名

宁绍参将下兵船军民捕耆舵兵共壹千肆百玖名贴驾军兵玖拾捌名中军官役共壹百叁员名【战马贰匹】

定海备倭把总兵船军民耆舵兵共贰千叁百捌拾名贴驾军兵贰百肆拾名官役共叁拾壹员名

昌国备倭把总兵船军民捕耆舵兵共贰千伍百陆拾肆名贴驾军兵贰百伍拾玖名官役共叁拾壹员名

松海总兵船军民捕耆舵兵叁千名贴驾队军柒百叁拾叁名短募橹铳军民兵共伍百捌拾肆名中军官役共壹百陆拾陆员名【战马贰匹】

温州区随征营江防游哨兵船军民捕舵队兵共贰百伍拾员名

金盘总兵船军民捕队舵兵共叁千玖百伍拾玖名贴驾军兵陆百陆拾捌名中军官役共玖拾壹名

衢州营防矿守备哨船轮拨营兵哨守

备录【查得两浙各区陆兵自万历四年纂修海防类考内载军民兵肆拾总又定海总兵标下额兵原止捌百续议添募壹千贰百共足贰千名之数分为五总共四十五总防守各该关营信地嗣因海防多事渐次条议增减内如省城增西教场壹营海宁增军中右营台州增标营各军兵壹总嘉兴增标营温州增珠炎营各民兵壹总又如宁波营原载四总续汰叁总分发绍宁定海等营补额衢州营原载叁总续汰徽州支饷壹总然虽增减不一大概比昔止增壹总今见在四十六总至于水哨官兵固与原考大略相同者居多内如钱塘江之严州□哨海宁总之中游右哨定海总之游洋哨温处参将中军并金盘把总下之□左右游哨俱系□议增□□如贴驾军兵在海宁总则裁革不用在定海与昌国则□□虚冒量已裁减此水陆官兵并贴□□因时增减□□□□议事宜并皆附列官兵防守地方□道款□可考□□□□】

卷三

原考

一官军兵船员名及防守地方哨游

军门标下

中军坐营右游击将军壹员

左游击将军壹员

听用报效指挥千百户镇抚赏功等官武生义勇通事军兵头目人等并从役共贰百余员名每遇汛期调分各区水陆督战及随宜委用

东大营官兵监军道监督左游击统领本官员下中军官壹员旗牌官叁员书记贰名医生壹名旗健吹鼓手家丁马丁铁匠战马陆拾捌名匹又中军官下书记壹名家丁贰名旗牌官各家丁壹名左右中前后伍总募兵每总名色把总壹员书记壹名医生壹名健步贰名旗手捌名吹鼓手陆名火药匠壹名马丁壹名战马壹匹哨官伍员每员家丁壹名队长拾伍名什长肆拾伍名兵肆百伍拾名共伍百肆拾贰员名匹通共贰千柒百壹拾员名每遇春汛调发各区冲要地方防守遇警就近援剿汛毕掣回罗木营屯住训练

西大营官兵水利道监督坐营右游击团练标下中军官壹员旗牌官叁员书记杂流从役战马贰拾伍名匹杂役并旗手吹鼓手火药匠共肆拾肆名左右中前后抽取杭湖金严四府民壮兵伍总每总名色把总壹员哨队什兵杂流与东大营同共该伍百肆拾贰员名匹通共贰千柒百壹拾员名春汛调发各区冲要地方防守遇警就近援剿汛毕掣回罗木营屯住团操秋冬仍拨前营兵壹哨防守湖州府中营官兵壹总屯守严州府右营官兵壹总屯守金华府及将后营队兵轮番派守本省山城要路

水利道监督

管操都司统领

杭州省城团操军兵壹总名色把总壹员哨队什兵杂流战马与标兵同共伍百肆拾贰员名匹留守本省城池

钱塘江水兵领哨百户壹员书记壹名家丁壹名巡船贰拾只队长贰拾名舵工贰拾名兵贰百名于钱塘江富阳严州等处巡辑汛期出鳖子门赭山等处外海哨探倭警

北关水兵领哨千户壹员巡船壹拾只队长拾名兵壹百壹拾名书记壹名轮流巡至塘楼镇仍与嘉兴里河兵船会哨缉捕盐盗

续定【各营官兵名数以万历叁拾年正月内见在食粮者为准】

军门标下

中军坐营左游击将军壹员

右游击将军壹员

听用报效指挥千百户镇抚名色把总等官精勇通事军兵头目人等并从役战马共壹百玖拾玖员名匹每遇汛期调分各区水陆督战及随宜委用内　中军坐营左游击壹员赏功书记壹名家丁壹拾捌名马丁贰名战马贰匹旗手贰名中军名色把总壹员家丁贰名马丁壹名战马壹匹书记壹名旗牌官捌员各家丁壹名【内年深叁员各加马丁壹名】听用官【原无定员】见在食粮陆员优养阵亡官儿男贰名冠带通事肆名各家丁壹名通事贰名夷人壹名精勇哨官壹员马丁壹名队长叁名什长玖名精勇玖拾名吹鼓手壹拾贰名刽子手壹拾贰名又军健步贰拾名军牢壹拾贰名镶门军贰拾名大铳手贰名夜巡军壹拾名【俱于前右二卫支粮不入额数】

备录【查等坐营事务原属右游击管理万历拾伍年间改属左游击兼管　又查赏功书记壹名系隆庆伍年添设原考失载　中军把总家丁原止壹名万历拾肆年加增壹名　旗牌官马丁练兵檄开叁年后效有勤劳者准加壹丁但或加或否本院程劳定夺原非定例　听用官原无定员廪粮亦无定数见在食粮陆员未食粮壹拾肆员标下原设哨官贰员队长肆名什长壹拾贰名精勇壹百贰拾名哨官于万历拾伍年每日加支雇马银壹分伍厘万历贰拾肆年奉督抚军门刘节饷行该杭严道范裁去哨官壹员队长一名什长叁名精勇叁拾名本年又奉本都院牌开哨官原系贰员轮流上班今止壹员每日于门外听候不必跟随远出以恤其劳　练兵檄开标下原□□□兵壹拾陆名于万历拾柒年裁革】

东大营官兵战马共计贰千捌百柒员名匹内中军□□□□共玖拾贰员名匹募兵伍总实计贰千柒百壹拾伍员名匹

本营官兵属杭严兵巡道监督坐营左游击统领内本道下食粮听用官壹员听差健步陆名本游击员下中军名色把总壹员督阵旗牌官叁员书记贰名医生壹名【其家丁马丁战马共贰拾贰名匹附前中军坐营员下】健步壹拾名吹鼓手壹拾肆名大铳手壹名旗手贰拾玖名家兵陆名塘报陆名中军名色把总下书记壹名家丁壹名马丁壹名战马壹匹健步贰名督阵旗牌官下各家丁壹名马丁壹名共玖拾贰员名匹左右中前后伍总募兵每总名色把总壹员家丁壹名书记壹名医生壹名健步贰名旗手捌名吹鼓手陆名马丁壹名战马壹匹大铳手壹名【旧系火药匠】哨官伍员各家丁壹名队长壹拾伍名什长肆拾伍名民兵肆百伍拾名共伍百肆拾叁员名匹内教师壹名【于队什长兵士内选充】选锋兵壹拾叁名【原于兵士内选充近议革去选锋名色】

西大营官兵战马共计贰千捌百贰拾玖员名匹内中军官役杂流共壹百壹拾肆员名匹民壮兵伍总实计贰千柒百壹拾伍员名匹

本营官兵属杭严兵巡道监督右游击统领内本道下食粮听用官壹员【原系贰员今议改拨壹员于东营】

听差健步陆名本游击员下中军名色把总壹员督阵旗牌官叁员书记杂流战马与左游击同左右中前后伍总每总名色把总壹员哨队什兵杂役教师与东大营同共伍百肆拾叁员名匹

以上贰营官兵每遇春汛更番调发各区冲要地方防守遇警就近援剿汛毕掣回忠义营【旧名罗木营】屯住训练

备录

【查得左右贰游击员下家丁原止壹拾名万历拾肆年议增陆名万历拾玖年加增贰名共壹拾捌名东西贰营中军把总各原无马丁与各营把总亦原无家丁万历拾肆年各加增

杭严道食粮听用官贰员万历贰拾年添设向于西营食粮今应拨壹员于东营造粮庶两营事体适均

家兵塘报原非额设万历贰拾年沿海报警议增东西贰营共肆拾陆名万历贰拾叁年该杭严兵巡道范遵奉部文裁去贰拾贰名两营尚存贰拾肆名以东事未宁暂留另议若地方承平乃可裁省

中军并各营医生原议每遇出汛加增肩箱家丁壹名汛毕日止

杭严道听用官原无定员见在食糧贰员附东西贰营其未食粮壹拾肆员内东营玖员西营伍员

海防类考原载东西贰营壹拾总官兵今检卷案东营于嘉靖年间刱立西营于隆庆年间刱立续于万历捌年叁月内并为玖总万历拾肆年正月内并为柒总随以军兵为西后总共成捌总万历拾玖年拾壹月内沿海报警增立东西游兵贰总万历贰拾年陆月内调发游兵征讨宁夏拾月内将西后军兵壹总改属操捕都司统领随募民兵补额拾贰月内游兵回浙立为左右游营本月内调东大营旧设肆总征东旋亦募补足额万历贰拾壹年正月内增立前后游营共成肆总捌月内又以征西回浙游兵为东西贰中总玖月内将左右游兵并为东西奇兵贰总贰拾贰年贰月内奉督抚军门王宪牌行道转行左右游击将东西贰营兵缺伍百余名不必募补就将原无额饷兵壹营分补足额酌议分拨间东奇营兵士俱谓宁夏征讨有功亲属相依不愿散补各营该前杭严兵巡道范查议省城各营官兵向有定额内有续募暂食借支钱粮者使司颇为费处应以实征西者并为西中营未曾征西者散补各营兵缺使东西贰大营各为伍营庶统驭均平操练整肃又免粮饷费处此诚通融经久之意详蒙本都院王体察众心极力计处按院彭相机调停各兵帖服允行在卷今东西贰营每营左右中前后伍总官兵粮有定额兵无冗滥但官兵员役名数中间随时沿革各有不同其额兵原以拾兵为什后奉文将东西贰营兵士以捌兵为伍万历叁拾年正月内该带管杭严兵巡道右布政使范议呈督抚军门刘详允补足玖兵为什仍存壹兵饷以备不虞见在官兵拾总每年贰月春汛调发左右游击统领柒总前赴沿海等处若宁波昌国卫之番头仁义台州海门卫之桃渚健跳贰所与温州金乡卫之珠明炎亭嘉兴平湖之乍浦所定海之舟山今改龙山各冲要地方协同各区官兵防御遇警就近援剿至伍月汛毕撤回本总屯住操练仍□□叁总防守省城

又原考开西大营官兵秋冬拨前营兵壹哨防守湖州府中营兵壹总屯守严州府右营兵壹总屯守金华府先年以矿徒生扰分拨防御续以宁息停止免拨近因省城岁寒多盗每年自拾壹月初壹日起至次年贰月终止军门委官壹员及督令南北两关把总于两营内轮拨兵壹百余名分方协巡事毕撤还原伍

又查得旷兵减兵粮饷向贮杭州府库专候本都院赏用并本道新岁开操及阅操犒赏及出汛药价修理一应旗帜响器东西贰营秋操小赏等用近来有司那借以应别项钱粮万历贰拾叁年该杭严兵巡道范清查事故还官旷兵减兵节省银两议贮府库不许那借听候本都院缓急悬赏自本年为始另匣存府另簿登记以备查盘在藩司只照册放银无措处之扰在该府只陆续照收无积聚之劳在本都院只于年终壹查见在积贮总数行之数年减兵之银渐多等因呈奉督抚军门刘批裁减兵粮必行之有实际然后储蓄不乏而缓急可赖据议节冗厘弊综核详明悉照行缴向在遵行续自贰拾叁年柒月起至贰拾陆年陆月终止杭州府库除旷兵银不计外积有减兵银共计壹万伍千壹百玖拾伍两陆钱玖分零因库吏侵那事发前银吊赴司库收贮讫以后各营照例附册造支另贮司库在卷

又查得教师万历贰拾叁年设立每月加给粮银壹钱贰分今各役徒有教师之名全无练兵实效应裁此项名色以实行伍

选锋兵万历拾陆年于兵士内每总挑选年力武艺俱精者充为选锋名数不等嗣后每总陆拾名每名月加银伍分以示优厚激劝复因节省粮饷遇有事□不行选补今东西贰营仅存贰拾陆名每总止贰叁名并左右军营数

既不多无俾实用亦可裁止】

万历叁拾壹年正月内该布政司清军道右布政使范奉督抚军门刘票开教师选锋应否裁革奉经行准杭严兵领哨中军把总壹员部领壹号福船壹只民捕舵兵叁拾名贴驾队军贰拾肆名艟□船壹只民捕舵兵贰拾壹名贴驾队军贰拾名铁头船叁只内壹只民捕舵兵贰拾肆名贰只每只贰拾壹名贴驾军兵每只各伍名唬船陆只内壹只民捕舵兵壹拾捌名伍只每只民捕舵兵壹拾陆名军哨船肆只每只队军贰拾□□□□□只每只兵贰名共叁百伍拾捌名屯泊鲤港兼顾龙王堂游哨南与金盘总东北与松海总各兵船会哨互相声援

参将专住海门往来稽督各信官兵以旗牌官壹员部领壹号福船壹只民捕舵兵叁拾名贴驾队军贰拾肆名铁头船贰只每只民捕舵兵贰拾肆名贴驾军兵伍名唬船陆只内贰只每只民捕舵兵贰拾名壹只民捕舵兵壹拾捌名叁只每只壹拾陆名军哨船贰只每只队军贰拾名大网船壹只兵肆名小网船贰只每只兵贰名共贰百陆拾陆名屯泊关口随机策应调剿

海门关以哨官壹员部领贰号福船壹只民捕舵兵并贴驾队军各贰拾伍名海沧船壹只民捕舵兵贰拾壹名贴驾队军贰拾叁名艟□船壹只民捕舵兵贰拾壹名贴驾队军贰拾名中唬船壹只民捕舵兵壹拾陆名军哨船叁只每只队军贰拾名小网船壹只兵贰名共贰百壹拾叁名屯泊深门南与松门关猫头北与关口东北与主山各兵船会哨又以哨官壹名

以上贰营军兵叁陆玖日随营操练每夜分作两班防守省城拾门城楼各伍名城面窝铺壹百柒拾壹处内叁拾贰处各肆名余系杭州前右贰卫操军防守严警楼捌名花垛壹拾名捌角亭贰拾名带湖幔坡等伍楼水门肆座各伍名城内按院西墙后墙盐院后墙按察司后墙清平山各捌名捌字桥肆道前三茅观铁冶岭云居山城楼各拾名七宝丛林菜市桥盐桥采风馆褚堂周王庙批验所各陆名分守宁绍台道清泰门内天妃宫潮鸣寺圣殿廊房各肆名郭外乌龙庙东山衖卖鱼桥艮山门外天妃宫马塍庙康家桥各拾名杭严道执旗器兵健拾贰名操捕都司跟随防御大盗兵贰拾壹名

备录【查得海防类考原开省城团操军兵壹总计伍百肆拾贰员名匹系嘉靖年间设立续于万历拾年伍月内因省城防守不敷议增壹总分为贰营【官兵员名相同】 又都司员下原无家丁马丁战马书记把总下各原无家丁俱于万历拾肆年加增 练兵檄开军营原有医生万历贰拾贰年裁革】

南北贰关水哨

南关钱塘江洋巡哨官兵共计壹百柒拾壹员名杭州府总捕官稽辖名色把总壹员书记壹名家丁壹名巡船拾肆只每只捕盗壹名舵工壹名水兵拾名各船常川在于银杏树兵马司进龙浦浮山湾汪家堰虎瓜山渡船埠平安桥庙山富阳马头汤家埠程坟新店小桐州沙等信地拾肆处巡缉又严州巡哨官兵共计壹百员名严州府总捕官稽辖领哨委官百户壹员巡船拾只每只捕盗壹名舵工壹名水兵捌名内【壹只系委官坐驾无捕盗】各船常川在于窄溪柴埠河湾埠鸬鹚埠张村乌石滩严州马头等信地柒处巡缉

以上钱塘江严州哨船各照信地防守杭严道置有印信哨单发填传递日时取富春驿印盖单上以稽偷安每逢伍逢拾日斋筹赴道倒换印单往来传递会哨每年春秋贰汛轮拨钱塘江船肆只严州船贰只各出鳖子门赭山海口哨探警息每伍日取赭山巡检司印盖哨符缴道查考万历贰拾玖年因海警每船议于两营陆兵内添拨铳枪兵数名都司借备火器把总亲督哨御汛毕陆兵归伍火器还司叁拾年照行

备录【查得海防类考原开钱塘江巡船贰拾只系嘉靖年间设立万历拾叁年因江洋辽远巡逻不周议增肆只并协总壹员及捕舵水兵以足防御续将协总改为哨官今以委官百户巡哨严州其南北贰关水哨见以名色把总哨守】

北关巡哨官兵共计贰百玖拾柒员名杭州府水利官稽辖名色把总壹员书记壹名家丁壹名巡船贰拾叁只每只捕盗壹名舵工壹名内大运河拾陆只每船水兵拾壹名里河东关西河柒只每船水兵拾名外传筹兵贰名各船常川在于运河之叁里洋谢村拾贰里洋三家村总管堂伍淋港塘楼跨塘桥落瓜五杭比陆大麻东关之皋亭赤

岸桐口宝□□家坝西河之板桥良犬宦塘凤口獐山漾女儿桥等信地贰拾叁处巡缉每拾里壹只防守本道置有印信哨单发填传递日期取下塘巡检司印盖以稽偷安每逢三六九日斋筹赴道倒换印单常川传递仍令五淋港哨船与德清白云桥大麻哨船与崇德松落桥各巡船交相会哨

备录【查得把总原无家丁万历拾肆年始有壹名　海防类考原开北关巡船拾只系队长管驾万历伍年将队长改为捕盗并增差船肆只万历拾壹年因运河辽远防御不周议增拾壹只万历拾玖年因塘楼镇居民被劫议增壹只添设协总壹员万历贰拾贰年裁去协总万历贰拾叁年因西河失事又增壹只见在贰拾叁只　又查此关原有差船肆只听候三院斋奏承舍坐用万历拾伍年奉文裁革承合各役仍讨哨船坐用以致汛地空虚屡有失事万历贰拾伍年奉督抚军门刘轸念地方行道复设网船肆只听候差遣每船常川轮兵壹名看守遇差拨兵帮驾护送见在遵行】

海宁军中右营官兵战马杂流等役共计肆百叁员名匹【旧系海宁所骁兵原考无载今新设】

本营官兵杭嘉湖参将统领名色把总壹员家丁壹名书记壹名医生壹名健步贰名旗手捌名吹鼓手陆名马丁壹名大铳手壹名战马壹匹哨官肆员各家丁壹名队长壹拾贰名什长叁拾陆名军兵叁百贰拾肆名各照派定信地东至黄湾寨与嘉兴区澉浦右营官兵会哨西至赭山巡检司哨逻取该司哨符缴照并拨派本所城门及本县库狱与天妃宫汛期屯札教场各防御仍于叁陆玖日训练

备录【查得海宁所嘉靖叁拾贰年间设选锋兵壹千名嘉靖肆拾年间选汰老弱存留伍百名为骁兵防御该所并海口地方每名每月食粮叁斗后以军粮缺额又因老弱虚冒数多于万历贰拾叁年拾壹月内该杭严兵巡道范议革肆百名仍存壹百名每年春汛添调标兵贰哨协同防守随为倭情狡诈叵测等事奉督御军门刘宪牌内开本院巡历浙西阅视武备看得该县系省城门户逼临大海实为要衢行道及分守杭嘉湖参将并杭州府及总捕官各查议亟应设立军兵一总以固地方即以原存骁兵壹百名并选军余叁百名共肆百余名编派一总于万历贰拾陆年肆月起每月随省城水陆关营一体于布政司支饷】

原考

杭嘉湖兵巡道监督

分守杭嘉湖参将统领

海宁备倭把总壹员

嘉兴陆兵壹营兵巡道标下中军官壹员健步杂役贰拾名随宜取用军吹鼓手旗手共贰拾名又中军官下家丁壹名左右中前后伍总每总名色把总壹员书记壹名医生壹名健步贰名旗手捌名吹鼓手陆名火药匠壹名战马壹匹哨官伍员每员家丁壹名队长壹拾伍名什长肆拾伍名兵肆百伍拾名共伍百肆拾壹员名匹通共贰千柒百伍员名匹左总军兵后总募兵俱屯插海盐右总民壮兵屯插澉浦中总民壮兵屯插嘉兴前总募兵屯插乍浦汛期分发左总海盐龙王塘右总澉浦演武场中总海盐前总梁庄后总乍浦一带哨御军门调发标兵壹总协守澉浦汛毕各掣回训练

海宁总水兵参将标下中军游哨名色把总壹员旗牌官叁员书记贰名医生壹名健步火药匠铁匠家丁战马肆拾贰名匹军吹鼓手壹拾贰名旗手贰拾叁名又中军官下书记壹名家丁壹名军吹鼓手肆名旗牌官家丁各壹名备倭把总下书记贰名健步贰名家丁贰名军吹鼓手肆名总哨官壹员书记壹名家丁贰名军吹鼓手肆名哨官壹员家丁□□捕盗贰拾壹名耆民壹拾贰名队长□□□□□□□□□□名副舵工壹拾叁名兵壹千玖名军□□□□□□□□□□伍只苍船捌只沙船壹拾贰只小哨船捌只叭喇唬船贰拾只网船壹拾只每遇大小二汛备倭把总统领苍船贰只沙船肆只小哨船贰只叭喇唬船壹拾只网船贰支泊守羊山游哨沙塘呑衢东一带海洋与临观兵船会哨总哨官统领苍船贰只沙船肆只小哨船贰只叭喇唬船壹拾只网船贰只泊守许山亦哨沙塘呑衢东等处海洋与临观兵船会哨参将中军把总统领福船贰只苍船贰只沙船贰只小哨船贰只泊守西海口海洋与定海兵船会哨哨官壹员统领福船贰只苍船贰只沙船贰只小哨船贰只泊守白塔港海洋与临观总兵船会哨参将座福船壹只网船陆只居中往来调度汛毕俱收泊乍浦关训练止拨叭喇唬船轮出外洋哨探嘉兴水兵叭喇唬

船壹拾肆只民壮兵贰百贰拾肆名于嘉兴里河一带巡缉盐盗汛期调发两海口白塔港以备遏击之用汛毕掣回照旧巡缉盐盗

续定

嘉湖兵巡道监督

分守杭嘉湖参将统领

海宁备倭把总壹员

……年仍听军门调发标兵壹总协守乍浦汛毕掣回训练

备录【查得海防类考原载左右中前后伍总每总把总壹员万历拾肆年奉文将中营把总裁革营务归并本道中军兼摄又将伍总中哨官兵裁革每总止存肆哨万历贰拾伍年奉文查得乍浦地方最为浙省首冲要地止有陆兵壹总防守单弱议将乍后贰所挑选壮军立为军兵壹总选委总哨训练名为左营随将中营改为标营左营改为中左营并连前后右叁营今共陆营又于贰拾陆年奉文查议郡城重地澉浦滨海城守孤危准复标营并右营中哨官兵各玖拾伍员名匹】

海宁总水哨官兵战马共计壹千柒百捌拾陆员名匹内中军官役杂流共玖拾叁员名匹战船共玖拾玖只内

本参标下中军名色把总壹员旗牌官叁员听用官壹员书记贰名医生壹名健步拾名火药匠壹名铁匠壹名家丁贰拾陆名马丁贰名战马贰匹军旗手壹拾陆名吹鼓手捌名又中军官下书记壹名家丁壹名健步壹名旗牌官下各家丁壹名备倭把总壹员书记贰名健步贰名家丁贰名总哨官叁员各家丁壹名共玖拾叁员名匹捕舵兵新共壹千陆百玖拾叁名福船肆只苍船捌只沙船拾柒只叭喇唬船伍拾肆只小哨船陆只划网船拾只

中游左哨【原名羊游哨续改中游水哨今改中游左哨】本参中军官统领沙船伍只每只耆舵兵薪贰拾贰名唬船壹拾只每只捕舵民兵壹拾贰名土著肆名共贰百柒拾名平时沙船收泊乍浦并綜合操唬船分派内河巡缉盐盗汛期俱泊白塔海港遇警策应游守各哨仍轮拨兵船与本□羊许乍澉叁总官兵会哨

中游右哨系新增本参中军官兼摄新设唬船陆只每只捕舵兵夫壹拾陆名共玖拾陆名汛期并轮拨许山哨大船贰只听本参委旗牌官壹员统领专驻泊黄道庙哨守

备录【查得中游左哨旧额叭喇唬船贰拾只官兵叁百贰拾壹员名万历拾肆年奉文裁革船陆只拾陆年裁革哨官归并参将中军兼摄又裁船肆只止存捕舵兵夫土著壹百陆拾名拾玖年报警以后贰拾壹年加增原奉文调往天津羊许守关叁哨沙唬船各伍只改补中游哨计加补兵贰百贰拾名贰拾叁年奉文将唬船伍只仍发还叁哨贰拾肆年又奉文将前加沙船伍只尽行裁革本年拾贰月内奉督抚军门刘宪牌仍复沙船叁只捕舵兵夫陆拾陆名专听该参临汛坐驾出洋督察贰拾陆年奉本都院查得本哨兵力单弱复添沙船贰只耆舵兵夫伍拾名又加旧额各船兵贰拾玖名贰拾柒年奉文将各船加兵照船减汰共汰□叁拾伍名又贰拾玖年将唬船土著呈奉本都院批允与民兵一体食粮

又黄道庙原议将许山哨官兵撤守万历贰拾玖年拾贰月内奉文议增哨船添设本哨为中游右哨将许山官兵仍还许山续议缘由并附羊山防守款内】

羊山哨【续改羊许游哨今仍旧为羊山哨】备倭把总统领总哨官壹员福船贰只每只捕舵兵薪叁拾肆名苍船叁只每只捕舵兵薪贰拾捌名沙船叁只每只捕舵兵薪贰拾壹名小哨船贰只每只捕舵兵薪壹拾肆名唬船捌只每只捕舵兵士壹拾陆名又划网船伍只每只兵士贰名共叁百捌拾壹名平时驻泊乍浦所西海口汛期出守羊许圣姑礁轮拨兵船于沙塘衢东等岙并直隶吴淞官兵会哨

许山哨【续改澉浦右哨今仍旧为许山哨】总哨官壹员福船壹只捕舵兵薪叁拾伍名苍船叁只每只捕舵兵薪贰拾捌名沙船肆只每只捕舵兵薪贰拾壹名小哨船贰只每只捕舵兵薪壹拾肆名唬船捌只每只捕舵兵士壹拾陆名又划网船伍只每只兵士贰名共叁百陆拾玖名平时驻泊乍浦西海口汛期仍泊守许山轮拨兵船前往浙东沙塘衢东等岙并直隶金山营官兵会哨

备录【查得本哨原先专驻许山哨守万历贰拾伍年间该委官湖州府同知何挺查理海防事宜看得许山三面受风不便泊船议将此哨掣改黄道庙驻泊以壮澉浦外洋声势遂改名澉浦右哨又为预备汛防事万历贰拾玖年拾贰月内该带管嘉湖兵巡道右布政使范奉督抚军门刘批本道议呈将黄道设兵船仍还许山其黄道庙另设唬船陆只属该参中军官管摄汛期该参查委旗牌官壹员管理再于许山哨内拨大船贰只协守其旧哨船兵既还许山名目仍改为许山哨羊山游哨亦仍旧为羊山哨中□哨原设沙唬船壹拾伍只改名中游左哨新设唬船陆只并轮拨许山大船贰只名为中游右哨奉经详允见在遵照】

守关哨【续改乍浦左哨今仍为守关哨】总哨官壹员统领福船壹只捕舵兵薪叁拾肆名苍船贰只每只捕舵兵薪贰拾捌名沙船伍只每只捕舵兵薪贰拾壹名小哨船贰只每只捕舵兵薪壹拾肆名唬船捌只每只捕舵兵士壹拾陆名共叁百伍拾壹名平时驻泊乍浦西海口汛期出守唐家湾每上下半月轮拨兵船前往浙东沙塘衢东等岙开直隶金山营官兵会哨

备录【查得水关羊许乍浦叁哨原额福苍沙唬船伍拾肆只总哨官捕舵兵杂役共壹千壹百壹拾肆员名万历贰拾年因海洋传警奉文增造福沙船壹拾捌只捕兵伍百柒拾贰名又加旧额各船兵贰百伍拾贰名嗣于万历贰拾叁等年间警报稍宁议将前项新增船兵陆续汰减尽绝贰拾陆年又奉文共加各船水兵壹百玖拾柒名贰拾柒年间随奉减汰复归原额福苍沙哨唬船伍拾肆只官兵壹千壹百壹拾肆员名其贴驾军兵先年缘因福苍沙哨船兵额数缺少一遇出汛驾哨乏人议于卫所内抽选精壮正军贰百名贴驾协御嗣于万历贰拾肆年减革不用】

嘉兴水兵协守哨本道标下中军官兼摄巡哨哨官壹员统领叭喇唬船壹拾肆只每只捕舵兵壹拾陆名哨官家丁壹名共捕舵兵家丁贰百贰拾陆员名平时派守嘉兴西北贰塘巡缉盐盗汛期出海协守西海白塔贰处海洋与该关兵船会哨

备录【万历贰拾伍年间为浙西武备积弱酌议更定规制以破锢习以重海防事该督抚军门刘　会同巡按御史唐看得两浙幅员数千里东临大海屿岙相望在在防倭如浙东宁台温叁区法制相遵兵皆素练第因事调剂随时申饬可应缓急似无庸更张惟是嘉兴壹区谈者率谓兵不可用岂其令格而制异哉亦积渐致然耳盖其虚骄之习牢不可破为将领者或一振刷便云多事且群起而持其短长鲜有免者故浙西戎备在任将之难而将则任事之难也臣自受事以来深知此弊与该道亟议整顿而兵巡副使汤日昭督同参将李遇文调停搜剔殚竭心力如□虚冒杜侵匿精器具筹战守一切事务渐次改观矣顾人情狃于便安惮于创作举数拾年之数习而一旦变虚为实振弱为强若非仰藉威灵下消异议臣等即严督所司任怨任劳而人有易心难与虑始事非定制曷望图终经营徒勤亦何益哉方今倭虽受封狡性难凭不能保将来无事浙西汇杭嘉湖叁府接壤苏松实东南财赋与区沿海一带如滩许羊赭诸洋逼近日本中开白塔金家湾西海口蓝田等港皆岛夷出没要冲而海盐澉乍贰浦为浙西藩篱门户之地见今新增多余之兵已汰复原额旧设水陆营兵不满肆千人即人人精锐所备已属单薄况复虚骄不可用哉夫医之治病也视所患者急之两浙兵防独嘉区弱甚患莫先马失今不为蓄艾之图一旦有事将无及已语云一指弗焕寒将及股一股弗焕寒将及身嘉区之于浙岂但一指一股之地哉安得不思患而预为之防也□通省沿海各营善后事宜见行该司道查议另行具□□□题外谨将浙西目前兵务详与该道酌议数款宜亟举者条列上请以便遵行

一曰严招募该区水陆各兵多系土人夤缘投充非市井庸贩之徒则豪家厮养之役凭势结党挂名窃饷总哨畏惧此辈莫敢谁何营伍□弊病正坐此虽屡行该道参严核汰革而积习相沿未能亟返今议遇有兵缺将本地人民一切禁绝总埃临汛之前责令参将俱于浙东金衢宁绍等府招募该道验中发营按法操练仍取哨伍连名保结敢有受贿滥收土棍冒籍顶充者究赃问革每次补完即造花名册各开籍贯送臣衙门备查如此行之日久庶营蠹一清而兵皆精锐可用矣

二曰建营房各区官兵俱有营房以便约束该区除军兵贰营各有居处外惟是中前后叁营民兵向来四散居处因而就便生理一遇操期参差奔赴无复行列且官兵隔远无论平居不便钤辖万一卒然有警安能家喻户晓一呼辄应哉节经建议行查而有司辄难其说不曰钱粮无措则曰基址未便以故寝阁不行终非长便之策也今议择

定各营基址每营置营房数拾间总哨官厅拾余间查有臣裁省兵饷银两尽足支用相应委官及时建造营房既建则兵有归著不惟训练专一队伍整齐即逃亡虚冒举不能欺而兵将日相亲附自有臂指相使之谊矣

三曰练军兵海盐叁关惟乍浦突临大海密迩平湖内地一带最称冲要即今止设前营陆兵壹总深属单薄查得乍后贰所实在操备正军壹千壹百肆拾名或占役投闲或经营商贩积弊相沿操备徒为虚名耳今议于贰所正军内挑选精壮军兵肆百名内选队长壹拾贰名什长叁拾陆名立为壹营仍于该卫所军职官内选委把总壹员哨官肆员就于乍浦所城朝夕训练遇汛调发前营民兵移住梁庄而以该营之兵与省城大营标兵壹总协力防守本所至于月饷自有本等名粮无须加派第于汛期少加口粮与总哨廪粮纸札之费为数无几即于本区支剩额饷抵给此营一立而边海孤城隐然增一藩屏矣

四曰议更番该区水兵叁枝壹枝守关壹枝出哨羊山壹枝出哨许山外洋向来哨守分派一定不易但守关兵船湾泊内地甚便羊许兵船出哨外洋甚险人情无不利近便而畏险远故守关者狃于晏安而修船置械一切为苟且之计出哨者习于操驾而修船置械必思为永久之图今议将叁关大小兵船照数编派均匀更番哨守周而复始不特人怀固志无玩忽欺蔽之心抑且各习风涛有犯难死绥之用矣

五曰整战船出洋遇敌全赖战船修造及时工料坚固方可济汛防而利冲击也查得该区兵船向系官造官修每年冬月方行估给船价委官视非己事率多苟且通同捕盗侵渔分例粉饰支吾板薄钉稀櫕具欠缺出洋一遇飓风常有损溺之患况给价每至衍期捕兵推诿耽延甚至汛期已半而料尚未齐汛期将竣而船犹未至此与无船等耳积弊相沿于汛防实无所济今议仿照浙东事例定以大汛□日该参总官将本区大小战船尽数查验应修者责付捕盗充为私船捐资自行修理完日核实照例扣给税银应造者召募殷实惯海捕盗捐资福苍小哨于温州沙船于太仓如式打造回关一体全给税银至于兵船有缺悉照前议移文于浙东地方召募试发操驾不许仍用浙西之人冒名充当夫各捕以船为家安危所系若船由私造未有不坚兵无虚冒未有不精且私船给税比之官船修造钱粮尤多节省矣题奉钦依见在遵行

又查嘉兴水兵协守哨万历贰拾陆年间奉文又加添船兵贰拾捌名贰拾柒年奉文汰减今仍复原额官兵贰百贰拾陆员名】

万历叁拾壹年正月内该带管嘉湖兵巡道副使兼右参议刘奉督抚军门刘批本道呈详看得澉浦乍浦贰所均为边海要区在乍浦虽更称险隘然已拨有大营标兵壹总矣惟澉浦兵力单弱每遇春汛应于标营兵内抽拨贰哨本道遴选委官统领前至该所协守听该参节制汛毕掣回仍同各官兵一体考核赏赉等因奉批据详区画妥悉如议著实行仍通行该府并参总各官遵照缴奉此见在遵行

原考

巡视海道监督

总兵官调遣

分守宁绍参将统领

临山统兵把总壹员

临观备倭把总壹员

定海备倭把总壹员

昌国备倭把总壹员

绍兴陆兵壹营统兵把总下书记贰名健步贰名马丁壹名战马壹匹军吹鼓手肆名左右后叁总每总总哨官壹员书记壹名医生壹名健步贰名旗手捌名吹鼓手陆名火药匠壹名战马壹匹哨官伍员每员家丁壹名队长拾伍名什长肆拾伍名兵肆百伍拾名共伍百肆拾壹员名匹通共壹千陆百贰拾叁员名匹左总民壮兵右总募兵后总军兵俱屯插临山每年汛期分发左总贰哨住札沥海所分哨蛏浦等处又贰哨住札三江所分哨宋家溇等处后总肆哨住札观海卫分哨平石等处右总肆哨住札三山所分哨胜山等处其余叁哨留守临山分哨泗门等处

军门调发标兵壹总住札龙山所分哨丘家洋等处沿海一带汛毕掣回训练

临观总水兵备倭把总下书记贰名健步贰名家丁贰名军□鼓手肆名哨官贰员各家丁壹名捕盗壹拾陆名耆民肆名队长捌名正舵工贰拾名副舵工捌名兵陆百壹拾玖名军兵贰百壹拾柒名福船肆只苍船肆只渔船捌只沙船肆只叭喇唬船捌只网船陆只每遇大小二汛哨官壹员统领福船贰只苍船贰只沙船贰只叭喇唬船贰只网船贰只泊守烈表港之左与定海兵船会哨又哨官壹员统领福船贰只苍船贰只沙船贰只叭喇唬船贰只网船贰只泊守烈表港之右与海宁兵船会哨备倭把总统领沙船肆只叭喇唬船肆只网船贰只游哨羊山并临观一带海洋汛毕掣回寄泊定海关操练止拨叭喇唬船轮出外洋哨探

宁波陆兵壹营海道标下健步旗手贰拾名并从宜取用军吹鼓手旗手贰拾柒名议裁中军官就委后总领兵把总带管中军事务督阵官壹员家丁壹名左右前后肆总每总名色把总壹员书记医生健步旗手吹鼓手火药匠战马共贰拾名匹哨官伍员每员家丁各壹名队长拾伍名什长肆拾伍名兵肆百伍拾名共伍百肆拾壹员名匹通共贰千壹百陆拾肆员名匹左总民壮兵右前后叁总募兵俱屯插宁波府城听本道操练汛期分发左总住札霩霩所分哨穿山等处右总住札大嵩所分哨湖头渡北岸等处前总住札钱仓□分哨湖头渡南岸爵溪等处或每年更番调守又拨后总叁哨另委听用官壹员住札舟山与该营军兵沿海哨守贰哨留守府城又军门调发标兵贰总住札昌国卫分哨石浦象山等处汛毕掣回训练

总兵标下中军旗牌督阵官哨官掾史书记教师通事杂役战马并左右贰总名色把总哨官队什兵勇杂流战马通共捌百伍员名匹贰总官兵屯插定海遇警听该镇随带水陆截剿【续添陆兵壹千贰百名与旧额官兵捌百员名共足贰千之数分为左右中前后伍总】

舟山参将标下军兵壹总守御兼领军兵总哨指挥壹员哨队什兵杂流战马与宁波兵同共伍百肆拾壹员名匹近议添立协总官壹员家丁壹名其队什兵夫杂流俱系中中中左贰所旗军就彼住札汛期协总官带领于舟山沿海一带哨守汛毕掣回仍听总哨官管领训练

定海总水兵总兵标下中军游哨名色把总壹员书记壹名健步壹名家丁贰名军吹鼓手肆名游哨协总官壹员哨官叁员各家丁壹名添设守关哨官壹员家丁壹名参将标下中军领正兵游哨名色把总壹员添设协总官壹员又旗牌督阵官叁员书记贰名医生壹名健步拾名火药铁匠各壹名家丁马丁战马共叁拾名匹军吹鼓手壹拾贰名军旗手贰拾叁名又中军官下书记壹名健步壹名家丁壹名军吹鼓手肆名协总官下家丁壹名旗牌督阵官各家丁壹名备倭把总下书记贰名健步贰名家丁贰名军吹鼓手肆名总哨官贰员各书记壹名家丁贰名军吹鼓手肆名哨官柒员各家丁壹名添设渔洋巡哨官壹员家丁壹名梁横山哨官壹员家丁壹名捕盗捌拾陆名耆民陆名队长伍拾贰名正舵工玖拾贰名副舵工伍拾名兵叁千伍百柒拾名军兵壹千叁百名福船叁拾肆只苍船拾伍只渔船贰拾伍只沙船陆只草撇船贰只小哨船拾只叭喇唬船伍拾贰只肆人划网船陆只贰人划网船肆拾玖只八桨抵充叭喇唬船贰拾玖只添造军叭喇唬船贰只每遇大小二汛中游哨名色把总壹员协总官壹员哨官叁员统领苍船贰只沙船肆只渔船壹拾贰只叭喇唬船贰拾只网船肆只分为肆哨泊于大衢岙专哨下八山马迹蒲岙陈钱壁下等处海岛参将中军正兵哨把总壹员统领福船伍只苍船壹只渔船壹只小哨船壹只叭喇唬船叁只军八桨船贰只网船肆只泊于沈家门外洋专随本参南北海洋督御遇警并力截剿协总官壹员旗牌督阵官壹员统领苍船贰只渔船伍只叭喇唬船柒只网船肆只泊于长涂海洋专哨大衢两头洞等处海岛中游哨哨官壹员统领福船贰只苍船壹只沙船贰只草撇船壹只小哨船贰只军叭喇唬船捌只网船壹拾贰只泊守定海关防御专听该镇□驾遇警随剿备倭把总壹员统领苍船壹只渔船叁只叭喇唬船陆只网船肆只泊于乌沙门往来定海南北青龙鲫屿浦门等处督御遇警合剿哨官叁员分为左右中叁哨左哨哨官壹员统领福船伍只苍船壹只小哨船壹只叭喇唬船叁只军叭喇唬船贰只网船贰只泊于钓鱼礁海洋中哨哨官壹员统领福船叁只苍船壹只小哨船壹只叭喇唬船贰只军叭喇唬船贰只网船贰只泊于普陀洋右哨哨官壹员统领福船叁只苍船壹只小哨船壹只叭喇唬船贰只军叭喇唬船贰只网船贰只泊于沍泥港青龙左右二哨左哨总哨官壹员统领福船贰只苍船壹只渔船

贰只叭喇唬船贰只军叭喇唬船壹只网船贰只泊于鲫屿海洋右哨哨官壹员统领福船贰只苍船壹只渔船贰只叭喇唬船壹只军叭喇唬船贰只网船贰只泊于温州屿海洋比右哨总哨官壹员统领福船伍只苍船壹只小哨船壹只叭喇唬船叁只军叭喇唬船贰只网船贰只泊于蒲门海洋左哨哨官壹员统领福船叁只苍船壹只小哨船壹只叭喇唬船贰只军叭喇唬船贰只网船贰只泊于长白□□□□哨左哨哨官壹员统领福船贰只草撇船壹只小哨船□只叭喇唬船壹只军叭喇唬船贰只网船贰只右哨哨官□□□□领福船贰只小哨船壹只叭□□□□□□□□□贰只网船贰只俱泊本港添委哨官壹员统领□□□□□叭喇唬船贰只军叭喇唬船贰只网船贰只泊于梁横山海□又添委巡哨官壹员抽取定海总苍船壹只叭喇唬船壹只渔船贰只中游哨拨沙船壹只小哨船壹只正游哨苍船壹只叭喇唬船壹只网船贰只临观总渔船壹只沙船壹只叭喇唬船壹只网船壹只又抽海宁总沙船叁只小哨船壹只叭喇唬船壹只网船壹只共贰拾只并为壹枝每年叁月初起带领于渔船□网海洋羊山之南一带往来巡哨渔毕各船仍回本哨防御汛毕各港大船俱掣回定海关收泊训练止拨叭喇唬船轮出外洋哨探中正贰哨添沙船八桨船各贰拾只叭喇唬船肆拾只民耆队舵兵夫壹千肆拾名军队兵伍百贰拾名

昌国总水兵备倭把总壹员书记贰名健步贰名家丁贰名军吹鼓手肆名添委协总官壹员哨官壹员各家丁壹名南北二哨总哨官贰员各书记壹名家丁贰名军吹鼓手肆名哨官共柒员各家丁壹名捕盗肆拾捌名队长贰拾贰名正舵工肆拾捌名副舵工叁拾贰名兵壹千柒百伍拾叁名军兵陆百肆拾伍名福船拾肆只苍船拾捌只小哨船陆只渔船拾只叭喇唬船贰拾贰只网船贰拾只军叭喇唬船拾□只每遇大小二汛备倭把总与协总轮流统领哨官壹员渔船拾只叭喇唬船拾只网船贰只专于韭山外洋设伏仍往来海岛督御南哨总哨官壹员统领福船贰只苍船贰只叭喇唬船壹只军叭喇唬船壹只网船贰只泊于林门哨官壹员统领福船贰只苍船贰只叭喇唬船壹只军叭喇唬船壹只网船贰只泊于三门哨官壹员统领福船壹只苍船贰只叭喇唬船壹只军叭喇唬船壹只网船贰只泊于下湾门哨官壹员统领福船贰只苍船叁只小哨船壹只叭喇唬船壹只军叭喇唬船贰只网船贰只泊于牛栏基哨官壹员统领福船贰只苍船贰只小哨船壹只叭喇唬船壹只军叭喇唬船贰只网船贰只泊于旦门北哨总哨官壹员统领福船贰只苍船贰只小哨船壹只叭喇唬船肆只网船贰只泊于竿门哨官壹员统领福船贰只苍船贰只小哨船壹只叭喇唬船贰只军叭喇唬船壹只网船贰只泊于青门哨官壹员统领福船壹只苍船贰只小哨船壹只叭喇唬船壹只军叭喇唬船贰只网船贰只泊于百亩田哨官壹员统领苍船壹只小哨船壹只军叭喇唬船贰只网船贰只泊于湖头渡各海洋往来交相会哨汛毕掣回石浦关操练止拨叭喇唬船轮出外洋哨探

续定

巡视海道监督

总兵官调遣

分守宁绍参将统领

临观备倭把总壹员

定海备倭把总壹员

昌国备倭把总壹员

绍兴陆兵叁营【临山前营民兵绍兴左营民壮兵临山中营军兵今属临观把总兼摄】官兵战马共计壹千伍百陆拾陆员名匹内

临山前营【原名右总】总哨官壹员家丁壹名书记壹名医生壹名健步贰名旗手柒名吹鼓手陆名大铳手壹名战马壹匹哨官伍员家丁各壹名队长拾伍名什长肆拾伍名民兵肆百贰名附造中军书记壹名健步贰名共计肆百玖拾陆员名匹汛期听总哨官带领贰哨防守观海卫及分哨平石等处壹哨防守三山所及分哨胜山等处存留贰哨防守临山卫及分哨泗门等处每年仍听军门调发官兵协守龙山观海各沿海一带地方汛毕掣回训练

绍兴左营【原名左总】总哨官壹员家丁壹名书记壹名医生壹名健步贰名旗手捌名吹鼓手陆名大铳手壹名战马壹匹哨官伍员家丁各壹名队长拾伍名什长肆拾伍名民壮兵肆百贰名共计肆百玖拾肆员名匹汛期听总哨官带领贰哨防守三江所及分哨宋家溇等处壹哨防守沥海所及分哨蛏浦等处存留贰哨防守绍兴府库

狱城池

临山中营【原名后总】总哨官壹员家丁壹名书记壹名医生壹名健步贰名旗手柒名吹鼓手陆名大铳手壹名战马壹匹哨官伍员家丁各壹名队长拾伍名什长肆拾伍名军兵肆百伍拾名附造中军旗手贰拾叁名吹鼓手壹拾贰名共计伍百柒拾陆员名匹汛期分发壹哨防守观海卫及分哨平石等处壹哨防守三山所及分哨胜山等处壹哨防守沥海所及分哨蛏浦等处存留贰哨防守临山卫及分哨泗门等处总哨官驻扎临山往来三山历海巡督

备录【查得海防类考原开陆兵左右后三营属绍兴统兵把总管辖俱屯札临山每年汛期分发沿海卫所防御万历伍年将左营官兵移驻绍兴府城平时防守库狱城池汛期分发三哨出守三江沥海万历捌年奉【抚按】二院会题裁革绍兴统兵把总将陆兵归并临观备倭把总兼管存留中军书记壹名健步贰名军旗鼓手叁拾伍名附造临山右后二营万历拾壹年将临山右营改为前营后营改为中营以按方色前项中军书记等役随附各营万历拾玖年为因闻警增设后营军兵一总随于贰拾年奉文裁革　又查前左中三营总哨官各原无家丁万历拾伍年每营减去旗手壹名改为总哨家丁万历贰拾肆年左营仍复旗手壹名】

附议【查据绍兴府册开三营陆兵军民参用固是一策然不如海防旧制左右后三总屯插临山汛期分哨地方各有专责汛毕掣回原札训练□法之善者也】

临观总水兵临游哨并临左临后贰哨官捕耆舵兵军杂役共计玖百捌员名战船肆拾只　本总备倭把总壹员家丁贰名书记贰名健步贰名军吹鼓手肆名总哨官壹员家丁壹名书记壹名健步壹名领哨官贰员各家丁壹名共壹拾玖名军民捕耆舵兵共柒百玖拾陆名贴驾军兵玖拾叁名福船肆只草撇船叁只鸟船壹只渔船肆只沙船捌只民唬船壹拾肆只网船陆只

临游哨备倭把总督同总哨官壹员统领渔船肆只每只民捕舵兵贰拾捌名贴驾军兵肆名沙船肆只每只耆舵兵薪贰拾贰名贴驾军兵肆名民唬船捌只每只民捕舵兵壹拾陆名网船贰只每只民兵贰名共叁百陆拾肆名每年大小二汛泊两头洞羊山并烈表港临观一带海洋与浙西海宁总兵船会哨

临左哨哨官壹员统领福船贰只每只捕舵兵薪叁拾捌名贴驾军兵陆名草撇船贰只每只捕舵兵薪叁拾名贴驾军兵伍名沙船贰只每只耆舵兵薪贰拾贰名贴驾军兵肆名民唬船叁只每只民捕舵兵壹拾陆名网船贰只每只民兵贰名共贰百陆拾贰名汛期泊烈表港之左东与定海总马墓哨兵船会哨西哨霍山与浙西兵船会哨

临后哨哨官壹员统领福船贰只每只捕舵兵薪叁拾捌名贴驾军兵陆名草撇船壹只捕舵兵薪叁拾名贴驾军兵伍名鸟船壹只捕舵兵薪叁拾名贴驾军兵陆名沙船贰只每只耆舵兵薪贰拾贰名贴驾军兵肆名民唬船叁只每只民捕舵兵壹拾陆名网船贰只每只民兵贰名共贰百陆拾叁名汛期泊烈表港之右东哨渔山与定海总马墓哨兵船会哨西哨霍山与浙西兵船会哨【以上各哨汛毕掣回寄泊定海关总哨官驻扎本关训练水兵轮拨沙唬船只出洋哨逻备倭把总驻扎临山训练陆兵】

备录【查得水哨官兵原考开左后游叁哨止载备倭把总壹员哨官贰员分洋哨守原无总哨官员万历拾肆年奉文添设拾伍年革除拾玖年该海兵道呈奉督抚军门常详允复设既有总哨官壹员分哨官贰员遂立前项临游临左临后叁哨名色本年捌月内又因警报添设壹号福船叁只沙船贰只唬船贰只捕耆舵兵肆百捌拾陆名贴驾军兵叁拾捌名万历贰拾叁肆等年陆续减汰复归旧额

又查唬船原考载有捌只系队长管驾万历拾壹年间将队长改为捕盗万历拾贰年添设唬船陆只抽取临山绍兴前左贰营陆兵每营肆拾捌名管驾今共壹拾肆只

又查万历叁拾年伍月内准海兵道册开为军务事呈奉督抚军门刘详允将本总下限满例应拆造苍船壹只改为鸟船讫

又据绍兴府册开各船贴驾军兵原考开贰百壹拾柒名万历拾柒年间裁减壹百陆名万历贰拾玖年又减叁拾贰名今止存柒拾玖名万一海波不静似为单弱万历叁拾年伍月内准海兵道册开奉文议覆沙鸟船贴驾军兵共壹拾肆名】

宁波陆营募兵壹总【原名后总】官兵战马杂役共计陆百壹拾陆员名匹

本营海道标下健步旗手贰拾名军吹鼓手旗手铳手贰拾捌名舍人陆名刽子手肆名军牢捌名督阵官壹员家丁壹名马丁壹名附造听用官陆员共柒拾伍员名中军把总壹员家丁壹名书记壹名医生壹名健步贰名高招手壹名五方旗手伍名巡视旗手壹名吹鼓手陆名大铳手壹名战马壹匹共贰拾壹员名匹哨官伍员家丁各壹名队长拾伍名什长肆拾伍名民兵肆百伍拾名共计伍百贰拾员名匹平时屯插宁波府城听本道操练及轮守库狱城池汛期分发贰哨出守大嵩所地方与钱仓霩霩互相会哨仍留叁哨防守府城每年汛期仍听军门调发标兵驻扎昌国卫分哨石浦象山等处汛毕掣回训练

备录【查得海防类考原载左右前后肆总万历捌年间为议处未妥兵制以图实用事奉督抚军门吴明文议将左右前叁总官兵分发定海绍兴临山海宁台州等营补额讫止存留后总改为中军陆营】

总兵标下并陆兵五营募兵五总官兵战马杂流共计贰千贰百叁拾柒员名匹

本镇坐营把总壹员旗牌督阵官陆员书记贰名旗健壹拾壹名掾史壹名书办肆名教师贰名医生壹名大纛旗手叁名高招旗手伍名弓匠壹名铁匠壹名火药匠壹名号手壹拾贰名大刀手肆名刽子手肆名战马贰拾伍匹附造听用官玖员书办贰名旗牌官家丁陆名本镇家丁叁拾名亲兵陆拾叁名旗手伍拾名共贰百肆拾肆员名匹

中营系坐营把总兼摄书记壹名医生壹名吹鼓手陆名高招五方旗手伍名大铳手壹名巡视旗手壹名健步贰名哨官肆员各家丁壹名队长壹拾贰名什长叁拾陆名民兵叁百贰拾肆名共计叁百玖拾柒员名

左右前后肆营每营领兵名色把总壹员每员家丁壹名马丁壹名书记壹名医生壹名吹鼓手陆名高招五方旗手伍名大铳手壹名巡视旗手壹名健步壹名哨官肆员家丁各壹名队长壹拾贰名什长叁拾陆名民兵叁百贰拾肆名共计叁百玖拾玖员名

平时俱屯插定海听该镇操练及轮守定海县城池汛期奉本镇更番调发壹营防守霩霩所南与大嵩北与穿山各防汛官兵会哨壹营防守龙山所兼哨古窑松浦淹浦东与定海陆兵西与观海防汛官兵各会哨今改守舟山另拨标兵哨守壹营防守穿山所与霩霩所官兵会哨又拨陆兵贰哨防守定海县城外威远山城仍分兵哨守江南一带地方其中营官兵额留专守定海镇城遇警分投应援

备录【查得标下陆营自万历肆年以前额设官兵捌百员名匹后为海防事奉督抚军门谢案验准兵部咨该本都院题称定海壹关地悬极海正对岛夷□设有总兵标下陆兵仅止捌百甚为单薄议添壹千贰百凑前捌百共足贰千之数分为左右中前后伍总已载类考至于万历捌年为议处未妥兵制以图实用事该总镇吴札付准督抚军门吴手本及准监军道副使陈手本看得本镇标下原设官兵贰千壹员名内除标下中军旗牌杂流官役战马外余为伍营惟中营伍哨左右前后每营止得叁哨不成行伍议将宁波壹营官兵□选增入标下通融编派左右前后每营官兵肆百员名其中营系中军官兼摄减省名色把总壹员家马丁叁名外议派官兵叁百玖拾陆员名实共壹千玖百玖拾陆员名又派本镇旗牌官掾史书办医生教师大纛手高招手弓匠铁匠火药匠中军官并中军员下书记旗健共计叁拾玖员名战马贰拾伍匹定为额制其余尽行汰省讫及查总镇中军向系名色或系各卫指挥或系原任把总奉道镇衙门委用万历拾壹年间为重将权议□镇以□安攘大计事奉督抚部院张会议裁革名色中军题授坐营把总以都指挥行事管辖中军游哨兵船并兼摄中营官兵常川驻扎定海料理水陆兵务本年闻警加添官队什兵杂役柒百叁拾柒员名随于贰拾贰年正月起陆续减汰至贰拾肆年拾月内尽裁讫归复旧额随该总镇李议留号手拾贰名大刀手肆名刽子手肆名

又查附册造支文卷为军务事万历陆年该总镇黄海道副使周明文添设听用官舍壹拾陆员名至万历玖年陆月起陆续减省外实留听用官玖员万历拾伍年该总镇侯海道副使刘议添本镇家丁叁拾名旗牌官家丁陆名贰拾年该本镇侯带管海道副使吴议添本镇书办肆名至贰拾贰年该总镇李裁减贰名今止贰名共计听用官书办家丁肆拾柒员名又为乞念异城随征员役准赐收录以励后效事万历贰拾玖年拾壹月内奉督抚军门刘宪牌议增本镇亲兵陆拾叁名每名日食粮银叁分旗手伍拾名每名日食粮银贰分伍厘俱于万历叁拾年派入该区官兵数内支给】

附议【查得本镇标下陆兵原设左右中前后五营每营名色把总壹员统领官兵杂役肆百员名万历捌年间

议将中营官兵并委中军官兼摄减省名色把总壹员家丁叁名至万历贰拾年倭警督抚军门常照旧添设万历贰拾叁年准总镇李手本复裁中营把总壹员并家马丁叁名岁省银捌拾余两本营兵务仍委坐营官管领但该区陆兵五营每营各壹把总专司统率常川训练此兵制也今裁中营把总而委坐营中军官兼摄夫坐营自有总统之责而中营实无专督之官万一海防报警调遣靡常主帅不专兵鲜约束况坐营职务颇繁未免顾此失彼临时掣肘如愤事何且岁之所省者不过捌拾余金诚恐惜小失大相应议复】

舟山陆营参将标下团练军兵壹总官兵战马杂役共计伍百叁拾玖员名匹内

本营名色把总官指挥壹员家丁壹名战马壹匹哨官伍员各家丁壹名大铳手壹名吹鼓手陆名健步贰名旗手柒名队长壹拾伍名什长肆拾伍名军兵肆百伍拾名

平时在城防守就家安插每年大小二汛分发东自沈家门塘头螺头岑港南自晓峰谢浦北自干礵□□等处一带沿海地方往来轮班哨嘞

备录【查得海防类考原开舟山营总哨队什军兵杂流战马与宁波营兵同共伍百肆拾壹员名匹近议添立协总官壹员家丁壹名于万历叁年查系冗员裁革实在官兵马役共止伍百叁拾玖员名匹又为海外孤城可虑疲军单弱难支等事万历叁拾年正月内该袁参将议称舟山孤悬海外止有军兵壹营防守单弱将定海陆兵五总内轮拨壹总常川驻扎舟山防守年相更换其散饷节制以该参仕之造粮仍归坐营官又陆营每年例拨壹营防守龙山所今既派守舟山其龙山每年春汛请发军门标兵防守备呈督抚军门刘详允见在遵行】

附议【查据该府册开据该营把总指挥刘应诰开称各处军兵总俱有书记医生独本营原无议立文移造册每苦雇请相应比照各营事例议详添设】

定海总水兵总兵标下中军哨并中游左右贰哨官捕耆舵兵军杂役共计贰千贰百伍拾壹员名战船壹百贰拾捌只内

每哨名色把总壹员各书记壹名家丁贰名左右贰哨各哨官贰员通事壹名健步壹名哨官下各家丁壹名中军哨附造坐营书记壹名共贰拾伍员名军民捕舵兵薪共贰千捌拾名贴驾军兵壹百肆拾陆名壹号福船肆只贰号福船壹只鸟船壹只渔船陆只沙船壹拾陆只小哨船贰只民唬船伍拾捌只军唬船壹拾玖只轮船壹只大小网船贰拾只

中军哨名色把总统领壹号福船贰只每只捕舵兵薪肆拾名贴驾军兵柒名贰号福船壹只捕舵兵薪叁拾捌名贴驾军兵陆名渔船壹只捕舵兵薪贰拾捌名贴驾□□□□沙船伍只每只耆舵兵薪贰拾贰名贴驾军兵肆名小哨船贰只每只民捕舵兵壹拾陆名贴驾军兵叁名民唬船捌只每只民捕舵兵壹拾陆名内叁只每只协驾军肆名轮船壹只民捕舵兵壹拾捌名大网船壹只兵肆名小网船壹拾叁只每只民兵贰名军唬船壹拾伍只每只军捕舵兵壹拾陆名共柒百柒拾肆名平时把守定海关口汛期专随总镇巡历南北海洋量留唬船肆只泊守本关盘诘奸细外接烈港临观兵船会哨　中游左哨名色把总统领哨官贰员壹号福船壹只捕舵兵薪肆拾名贴驾军兵柒名鸟船壹只捕舵兵薪叁拾名贴驾军兵陆名渔船叁只每只捕舵兵薪各贰拾捌名贴驾军兵各肆名沙船肆只每只耆舵兵薪贰拾贰名贴驾军兵肆名民唬船贰拾陆只每只民捕舵兵壹拾陆名网船贰只每只民兵贰名军唬船贰只每只军捕舵兵壹拾陆名共柒百叁拾伍名

中游右哨名色把总统领哨官贰员壹号福船壹只捕舵兵薪肆拾名贴驾军兵柒名渔船贰只每只捕舵兵薪各贰拾捌名贴驾军兵各肆名沙船柒只每只耆舵兵薪贰拾贰名贴驾军兵肆名民唬船贰拾肆只每只民捕舵兵壹拾陆名网船肆只每只民兵贰名军□□贰只每只军捕舵兵壹拾陆名共柒百壹拾柒名

以上左右二哨把总汛期轮拨壹员泊守鼠狼湖东哨浪□□□□游哨二处兵船会哨南至青棚霍歪头与正游哨兵船会哨北至徐公上下川与定北哨中游哨二处兵船会哨西至沙塘岙大小衢与临观游哨兵船会哨壹员泊守箭岙因信地险远复加派正游兵船壹枝协同哨守专哨陈钱花脑下八山等处极冲海洋东至浪岗与中正游哨兵船会哨西至苏窦马迹与直隶兵船会哨南至丁兴徐公上下川与定北中游二处兵船会哨汛毕俱掣回定海关收泊训练止拨沙唬船只轮出外洋哨逻

备录【查得海防类考中军游哨原设名色把总壹员书记壹名健步壹名家丁贰名军吹鼓手四名又游哨协总壹员哨官三员各家丁一名至万历六年奉文裁减协总即以中军兼领游哨书健家丁照旧随用其军吹鼓手裁省万历十四年两浙均船更哨裁去哨官壹员书记一名健步一名家丁二名哨官各家丁一名即今之中游左哨及查类考添设守关哨官家丁自万历九年改立中军哨兵船一枝十四年该海道副使叶明文改为名色把总添设书记一名加增家丁一名不设健步即今之中军哨又万历四年添设名色把总一员书记一名健步一名家丁二名哨官二员各家丁一名即今之中游哨也　又原考战中游哨苍船二只沙船四只渔船一十二只唬船二十只网船四只又守关福船二只苍船一只沙船二只草撇船一只小哨船二只军唬船八只网船一十五只内遭风打坏渔船一只草撇船一只奉文改造沙船讫万历四年奉督抚军门谢明文添设标下中奇哨水兵一枝沙船十只民唬船二十只军唬船十只至万历九年间奉文抽取守关及中游哨福船二只苍船一只渔船一只沙船三只小哨船□船民唬船□只网船一十五只军唬船九只又抽取中□哨沙船一只军唬船六只马墓哨福船一只南哨福船一只添设民唬船二只□为中军哨水兵□枝中游哨仍存□□□□□船□只沙船□□唬船□□只网船□只中奇哨□存沙船九只民唬船二十只军唬船四只万历十四年□□查得渔洋辽阔船少不敷议将中游中奇两哨名为左右□□哨兵船一体均拨渔洋一年一更以均劳逸则左右二哨各派苍船一只渔船五只沙船七只民唬船十九只网船二只军唬船二只尽守已久其十九等年间闻警加添船只随后陆续停补至二十四年奉文尽减归复旧额即将中军哨拆造福船一只唬船三只中游左哨拆造渔船三只沙船二只唬船二只中游右哨拆造渔船一只唬船五只俱行停革随将新增福船二只沙船二船唬船一十七只抵补各缺又中军哨苍船一只奉文拆改沙唬船二只中游右哨渔船一只拆造沙船壹只余兵陆名添造三划船二只又左右二哨各沙船一只奉调东征兑换铁□船二只左哨又中游左哨东征发回沙船壹只奉改渔船□今三哨见在船只数备于前万历三十年五月又经行准该道查覆册开内唬船协驾军兵于万历十三年该坐营官据中军哨捕盗施本淇等告称淇等唬船三只原系总镇座船比各唬船高大告增加兵议添协驾军兵每船四名呈奉本道详允遵行又将本总左哨下限满苍船一只例应拆造呈奉督抚军门刘详允改造鸟船又中游左右哨二十年分限满应拆造苍铁渔沙船共五只呈允改造唬船八只讫内减兵八名减贴驾军二十二名】

游洋水哨官兵捕舵耆役杂流共计叁千贰拾员名战船壹百叁拾叁只【系新增】

万历贰拾玖年捌月内奉督抚军门刘会同巡按御史马题为酌议海防紧要事宜以固疆圉事条议海防事宜内一款设游兵御倭之术击之于陆不若歼之于水备之内地不若邀之外洋此定势也浙自丙辰定海添设游兵一枝以都指挥壹员□其事厥后各区易设游哨以名色把总统之专督各船巡哨外洋遇警截剿数十年来□□大举间有零星小寇亦多擒获皆游兵力也近年□□日久兵船渐裁前项游哨亦皆分派信地各守要冲如今岁在在有警责令应援未免有顾此失彼捉襟露肘之患今议仿先年规制添设游兵二枝约计叁千员名居常聚泊定海关听总镇节制训练临汛听臣择委惯海膽勇将官贰员分统周巡四区随遇策应庶臂指相使脉络相联俾原派船兵既得专守汛地而追剿截击又得藉力游兵内地可防外警可御即目前小费不为虚矣等因覆奉钦依添设船兵壹哨分为南北二大枝应援宁嘉温台四区每年春汛届期听军门择委将官贰员统督令北洋一大枝将官驻泊马迹分一把总贰哨官带领兵船巡哨浙东之洛华花脑壁下陈钱一带海洋与宁区中正游哨官兵会哨分一把总二哨官带领兵船巡哨浙西之洋山三姑山滩山许山大小七北茅草等洋一带海洋与嘉区官兵会哨南洋一大枝将官驻泊台之漩门温之坎门分一把总二哨官带领兵船巡哨台之东西矶主山大陈一带海洋与台区官兵会哨分一把总二哨官带领兵船巡哨温之官岙南麂南龙择岙一带海洋与温区官兵会哨其哨符听海兵道给发四把总镇□各派汛地会哨日由每□月呈报道镇并分属各兵道将官查考以后每汛准令更番互调以均劳逸各官兵在洋听各兵道□□调度汛毕收泊定海关专属海道监督总镇训练小汛将官免调各总哨兵船听总镇酌派四区协防又奉本都院案验款开壹兵称有制全在纪律严明体统整肃主将无掣肘之患部曲有死长之心然后责之冲锋冒险无攻不克本院择委游兵将官贰员虽系暂设其上下名分自难假借倘总哨各官及捕舵兵薪等役视为客官不遵号令约束敢于抗违何以责之临敌用命兼收全功本院特颁令旗牌壹面副许各官悉照法令处治汛毕仍将所部官兵勇怯勤惰等项揭报以凭施行至于各区参总其往来文移礼体自有一定规则除参将原与平等不必再议自

备倭把总而下悉照两游击出汛事规施行彼此不得骄抗如有以小节相竞怀私误事者许各兵道确访据实揭报以凭分别议处

一兵以游名谓非膠于壹处卒遇有警无论两区自当相顾即两枝亦难截然至于额守船兵原有汛地专责更难推诿必须游兵遇警将官得以掣取附近额兵应援额兵遇警参总得以调遣巡到游兵协剿如此方为首尾相应同心共济倘各总哨捕兵有抗令迁延观望畏缩致误事机者彼此得以互相究诘但不许挟私怀忌借辞生衅有一于此地方官公论昭然本院体访得实即有功必不掩罪也慎之慎之

一游兵大小将领虽出本院择委然海洋辽阔耳自难周每□汛期所在兵道官务要时加督察密切体访如有胆怯技疏偷安畏缩嗜酒剥兵及嫉忌害众志行卑鄙者俱于汛毕同该区总哨贤否一体据实揭报以凭覆核查处

本哨统领将官贰员每员书记壹名家丁捌名名色把总肆员每员书记健步家丁各壹名哨官捌员各家丁壹名旗手壹拾陆名号手壹拾陆名共捌拾肆员名捕舵兵薪共贰千玖百叁拾陆名鸟船壹拾贰只铁头渔船贰拾柒只沙船壹拾陆只民唬船陆拾贰只划网船壹拾陆只俱自万历三十年春汛为始见在遵行内革退捕盗章文荣铁船壹只当年详允改募唬船贰只

参将标下水兵中军兼正兵哨并正游左右贰哨官兵战马军役杂流共计壹千陆百壹拾贰员名匹战船捌拾肆只内

本参标下旗牌督阵官叁员听用官贰员名色把总叁员哨官贰员书记贰名医生壹名健步拾名火药匠铁匠各壹名马丁贰名战马贰匹通事壹名随征军吹鼓手拾贰名军旗手贰拾叁名本参下家丁贰拾陆名督阵官下各家丁壹名把总下各书记壹名健步壹名家丁壹名哨官下各家丁壹名共壹百伍员名匹军民捕耆舵兵共壹千肆百玖名贴驾军兵共玖拾捌名福船叁只艨艚船贰只沙船壹拾陆只铁头船壹只民唬船肆拾只大网船贰只小网船捌只军唬船拾贰只

中军兼正兵哨名色把总统领福船叁只每只捕舵兵薪叁拾捌名贴驾军兵陆名艨艚船壹只捕舵兵薪叁拾伍名贴驾军兵陆名【本船系参将座船比众高大加兵五名】沙船肆只每只耆舵兵薪贰拾贰名贴驾军兵肆名铁头船壹只民捕舵兵贰拾贰名贴驾军兵肆名民唬船伍只每只民捕舵兵壹拾陆名大网船贰只每只民兵肆名小网船肆只每只民兵贰名军唬船贰只每只军捕舵兵壹拾陆名共肆百叁拾壹名汛期本官率领旗牌官壹员泊守沈家门信地遇警听本参带随南北海洋截剿

正游左哨名色把总统领哨官壹员艨艚船壹只捕舵兵薪叁拾名贴驾军兵陆名沙船陆只每只耆舵兵薪贰拾贰名贴驾军兵肆名民唬船壹拾柒只每只民捕舵兵壹拾陆名小网船贰只每只民兵贰名军唬船伍只每只军捕舵兵壹拾陆名共伍百肆拾捌名汛期泊守普陀信地巡哨五爪湖庙子湖青崩东西霍山白沙港乌沙门石崩一带海洋与定海中游等哨兵船会哨

正游右哨名色把总统领哨官壹员沙船陆只每只耆舵兵薪贰拾贰名贴驾军兵肆名民唬船壹拾捌只每只民捕舵兵壹拾陆名小网船贰只每只民兵贰名军唬船伍只每只军捕舵兵壹拾陆名共伍百贰拾捌名汛期泊守蒲岙信地巡哨陈钱壁下落华花脑等处海洋与中游定北等哨兵船会哨

以上叁哨兵船仍每年奉总镇明文轮流防守汛毕收泊舟山关口港次仍照旧规每哨派拨唬船在于前项原派信地往来哨逻

备录【查得海防类考原开中军领正兵游哨添设协总官壹员家丁壹名军吹鼓手肆名其鼓手先年原系军余不谙应用续奉文裁减讫万历肆年奉督抚军门谢议添正游右哨沙船拾只民唬船贰拾只军捌桨船拾只设立名色把总壹员书记家丁各壹名以正游哨立为正游左哨万历陆年奉文裁革本哨协总官即以中军官兼领左哨汛期行委旗牌官壹员督率出洋防守万历拾叁年奉督抚部院温议设左哨另立名色把总壹员书记家丁健步各壹名与右哨一体行事故将中军止兼正兵壹哨凡遇汛期仍以旗牌官督领防守万历拾肆年又奉本部院明文议将正游左右贰哨兵船比照总镇标下中游哨事例均拨将左哨苍船壹只渔船贰只网船贰只调发右哨以右哨沙船伍只民唬船陆只军捌桨船伍只及哨官壹员调发左哨管领哨务信地海洋壹年壹更随于拾陆年为改造战舰以便追剿事奉督抚军门滕明文查将正兵哨拆造福船贰只改造沙船肆只苍船壹只改造艨艚船壹只渔船壹只改造挑艚船壹只小哨船壹只改造壳艚船壹只正游左哨苍船壹只改造艨艚船壹只渔船叁只改造挑艚船叁只

正游右哨苍船壹只改造艚艚船壹只渔船贰只改造挑艚船贰只于拾柒年陆月内为照例改造战舰追剿事奉督抚军门傅明文将正游左哨风坏挑艚船壹只改造沙船壹只内多兵陆名添造大网船壹只增入正兵哨至拾玖年关酋警报奉督抚军门常议增福沙飞海唬船调取征东嗣后东事稍宁陆续停补至贰拾肆年奉文减复旧额后将正兵哨拆造挑艚船壹只壳艚船壹只停革以台州调到铁头船壹只及改造民唬船贰只补额正游左哨停革拆造挑艚船贰只补造民唬船肆只正游右哨停革拆造艚艚船壹只挑艚船贰只□□沙船壹只造补民唬船肆只今足前项船数

参将□原无听用官贰员通事壹名万历拾伍年奉文□□□□查叁哨贴驾军兵原领壹百柒名于万历贰拾玖年贰月内奉督抚军门刘明文议减叁拾名止存柒拾柒名】

定海备倭把总水哨官捕耆舵兵军杂役共计贰千陆百叁拾叁员名战船共壹百肆拾壹只内　本总把总壹员总哨官贰员领哨官捌员书记贰名家丁贰名健步贰名总哨官下各书记壹名家丁贰名哨官下各家丁壹名共叁拾壹员名军民捕耆舵兵共贰千叁百陆拾贰名贴驾军兵贰百肆拾名壹号福船壹只贰号福船壹拾壹只草撇船叁只苍船壹只鸟船肆只渔挑船肆只铁头船贰只沙船贰拾叁只壳哨船贰只民唬船叁拾柒只军唬船贰拾只民网船贰拾只军网船伍只本道听差网船捌只【划兵壹拾捌名系定海总造粮】

备倭把总壹员统领定游哨沙船陆只每只耆舵兵薪贰拾贰名贴驾军兵肆名铁头船壹只捕舵兵薪贰拾肆名贴驾军兵肆名民唬船捌只每只民捕舵兵壹拾陆名小网船伍只每只兵贰名共叁百贰拾贰名汛期泊守石牛港专游哨乌沙门极冲海洋与定海南北贰哨兵船会哨

青龙左哨总哨官壹员部领贰号福船壹只捕舵兵薪叁拾捌名贴驾军兵陆名苍船壹只鸟船壹只每只捕舵兵薪叁拾名贴驾军兵陆名沙船叁只每只耆舵兵薪贰拾贰名贴驾军兵肆名民唬船伍只每只民捕舵兵壹拾陆名网船贰只每只兵贰名军唬船贰只每只军捕舵兵壹拾陆名共叁百壹拾名汛期原泊守□□今改大麦坑专巡哨白马礁海洋与属哨兵船会哨

青龙右哨哨官壹员分领草撇船壹只捕舵兵薪叁拾名贴驾军兵伍名渔挑船叁只每只捕舵兵薪贰拾捌名贴驾军兵肆名沙船壹只耆舵兵薪贰拾贰名贴驾军兵肆名民唬船肆只每只民捕舵兵壹拾陆名网船贰只每只兵贰名军唬船贰只每只军捕舵兵壹拾陆名共贰百伍拾柒名汛期原泊温州屿今并泊大麦坑专巡哨孝顺等洋与昌国北哨兵船会哨

南左哨哨官壹员分领壹号福船壹只捕舵兵薪肆拾名贴驾军兵柒名草撇船壹只捕舵兵薪叁拾名贴驾军兵伍名渔船壹只捕舵兵薪贰拾肆名贴驾军兵肆名沙船贰只每只耆舵兵薪贰拾贰名贴驾军兵肆名民唬船叁只每只民捕舵兵壹拾陆名网船贰只每只兵贰名军唬船贰只每只军捕舵兵壹拾陆名共贰百肆拾陆名汛期泊守钓鱼礁专巡哨朱家尖乌沙马顺门海洋与本总各哨兵船会哨

南右哨哨官壹员分领贰号福船贰只每只捕舵兵薪叁拾捌名贴驾军兵陆名沙船壹只耆舵兵薪贰拾贰名贴驾军兵肆名民唬船叁只每只民捕舵兵壹拾陆名网船贰只每只兵贰名军唬船贰只每只军捕舵兵壹拾陆名共壹百玖拾捌名汛期泊守沍泥港专巡哨石堋蝦崎海闸门崎头海洋与本总各哨兵船会哨

南中哨哨官壹□分领贰号福船贰只每只捕舵兵薪叁拾捌名贴驾军兵陆名沙船贰只每只耆舵兵薪贰拾贰名贴驾军兵肆名民唬船贰只每只民捕舵兵壹拾陆名网船贰只每只兵贰名军唬船贰只每只军捕舵兵壹拾陆名共贰百捌名汛期泊守普陀洋专巡哨白沙港莲花洋与正游哨兵船协守及与定北兵船会哨

北右哨总哨官壹员部领贰号福船叁只每只捕舵兵薪叁拾捌名贴驾军兵陆名鸟船壹只捕舵兵薪叁拾名贴驾军兵陆名沙船壹只耆舵兵薪贰拾贰名贴驾军兵肆名铁头船壹只捕舵兵薪贰拾肆名贴驾军兵肆名民唬船叁只每只民捕舵兵壹拾陆名网船贰只每只兵贰名军唬船贰只每只军捕舵兵壹拾陆名共叁百陆名汛期【原泊蒲门后改泊长涂南庄门】今仍泊蒲门哨剑山木洋头五爪湖海洋与属哨及正游哨兵船会哨

北左哨哨官壹员分领鸟船壹只捕舵兵薪叁拾名贴驾军兵陆名沙船叁只每只耆舵兵薪贰拾贰名贴驾军兵肆名民唬船贰只每只民捕舵兵壹拾陆名网船贰只每只兵贰名军唬船贰只每只军捕舵兵壹拾陆名共壹百捌拾贰名汛期原泊长白港今改泊南庄门巡哨梁横竹屿海洋与本区及临观哨兵船会哨

马墓左哨哨官壹员分领贰号福船壹只捕舵兵薪叁拾捌名贴驾军兵陆名草撇船壹只捕舵兵薪叁拾名贴驾军兵伍名沙船贰只每只耆舵兵薪贰拾贰名贴驾军兵肆名民唬船贰只每只民捕舵兵壹拾陆名网船贰只每只兵贰名军唬船贰只每只军捕舵兵壹拾陆名共壹百玖拾玖名汛期泊守马墓港专巡哨五虎礁上落河头海洋与本区及临观总兵船会哨

马墓右哨哨官壹员分领贰号福船贰只每只捕舵兵薪叁拾捌名贴驾军兵陆名壳哨船壹只每只民捕舵兵贰拾名贴驾军兵叁名民唬船叁只每只民捕舵兵壹拾陆名网船贰只每只兵贰名军唬船贰只每只军捕舵兵壹拾陆名共壹百玖拾伍名汛期原泊马墓今改泊长白港专巡哨两头洞鹳门　梁横哨哨官壹员分领鸟船壹只捕舵兵薪叁拾名贴驾军兵陆名沙船贰只每只耆舵兵薪贰拾贰名贴驾军兵肆名壳哨船壹只民捕舵兵贰拾名贴驾军兵叁名民唬船贰只每只民捕舵兵壹拾陆名网船贰只每只兵贰名军唬船贰只每只军捕舵兵壹拾陆名共壹百柒拾玖名汛期泊守梁横哨横大洋一带与定南哨及普陀正游哨兵船会哨

以上各哨汛毕掣回泊定海关轮拨沙唬船只出洋哨逻

备录【查得水哨官兵海防类考原载南左右中青龙左右北左右马墓左右梁横拾哨拾捌年柒月内为倭谋叵测海防宜周等事抽拨本总沙船陆只唬船捌只防守天津旋即奉文募造补哨至万历拾玖年奉文加增福船肆只又各捕舵兵柒拾名沙船叁只又各耆舵兵贰拾陆名唬船贰只又各捕舵兵壹拾捌名原额壹号福船加兵叁拾名贰号福船加兵贰拾名草捕苍船各加兵拾名□□□□□□□□□□□船各加兵贰名军唬船各加□□□□□□□海防类考□□福船共贰拾柒只草撇船壹只苍船壹拾只渔船柒只小□船柒只民唬船贰拾伍只于万历拾伍年柒月内改造战舰以便追勦事该总镇侯□□将各船递年□□应该拆造及遭风打坏船只通议改造内福船除改造沙船外今止壹拾贰只草撇船将别船拆造改添贰只今共叁只苍船除改造别船今止伍只渔挑船原系渔船除改造别船今止伍只

内壹只系沙船改造

铁头船贰只类考内原无此船万历贰拾伍年间奉文调船防守辽东温区缺少沙船将该区铁头船充抵见存沙船贰拾贰只亦原考无载万历拾伍年间该前镇并议将打坏及该拆福苍等船改造壳哨船叁只又原考载小哨船柒只今议改造壳哨船叁只其各船贴驾军兵原考开叁百叁名于万历贰拾玖年奉文议减玖拾壹名今见存贰百壹拾贰名民唬船原考载贰拾伍只今议将前项福苍等船拆改捌只见共叁拾叁只

万历叁拾年伍月内准海兵道册开本总南哨下风坏福船壹只议改沙唬船各壹只又本哨苍船壹只与北哨下苍船贰只俱限满例应拆造议改鸟船各壹只又三十年分限满应拆造青龙右哨渔船壹只马墓右哨小哨船壹只议改唬船叁只俱呈奉督抚军门刘详允改造内减贴驾军柒名在卷】

附议【据府册开海防类防原开备倭把总及总哨官下各有军吹鼓手肆名续因卫所缺人以老疾充数不堪出海万历拾年间奉文议革就于船兵内查选请晓者不妨驾哨膺直今应请照陆兵事例另设吹鼓手防汛掌号庶有专责】

昌国备倭把总水哨官捕耆舵兵军杂役共计贰千捌百伍拾肆员名战船壹百肆拾捌只内

本总把总壹员哨总贰员哨官柒员游哨总壹员书记贰名家丁贰名健步贰名总哨下各书记壹名家丁贰名哨官并游哨总下各家丁壹名共叁拾壹员名军民捕耆舵兵共贰千伍百陆拾肆名贴驾军兵贰百伍拾玖名贰号福船玖只草撇船壹只艚艚船叁只鸟船壹拾壹只渔船肆只沙船壹拾伍只壳艚船肆只民唬船叁拾贰只大网船贰只小网船贰拾壹只军唬船肆拾陆只

备倭把总壹员督同昌游哨哨总壹员统领草撇船壹只民捕舵兵叁拾名贴驾军兵陆名渔船肆只每只民捕舵兵贰拾捌名贴驾军兵肆名沙船肆只每只耆捕舵兵贰拾贰名贴驾军兵肆名民唬船拾贰只每只民捕舵兵壹拾陆名军唬船壹拾捌只每只军捕舵兵壹拾陆名大网船壹只兵肆名小网船叁只每只兵贰名共柒百伍拾捌名汛期泊守韭山海洋遇警往来南北应援追剿无事东游钱仓爵溪西游昌国石浦各海洋哨逻

昌南哨哨总壹员统领福船壹只民捕舵兵叁拾捌名贴驾军兵玖名鸟船贰只每只民捕舵兵叁拾名贴驾军兵陆名沙船贰只每只耆舵民兵贰拾贰名贴驾军兵肆名民唬船贰只每只民捕舵兵壹拾陆名军唬船肆只每只

军捕舵兵壹拾陆名小网船贰只每只兵贰名共贰百柒拾壹名汛期泊守林门外哨金齿八排等洋内防南向井水冷湾等处乡村南与三门北与下湾门各兵船会哨

三门哨哨官壹员分领福船壹只民捕舵兵叁拾捌名贴驾军兵玖名艚艚船壹只鸟船壹只每只民捕舵兵叁拾名贴驾军兵陆名民唬船叁只每只民捕舵兵壹拾陆名军唬船叁只每只军捕舵兵壹拾陆名大网船壹只兵肆名小网船贰只每只兵贰名共贰百贰拾叁名汛期泊守三门外哨空白洋白礁茅头大佛头等海洋内防青山胡家屿历家坪掘头岙等乡村南与台州松海总大佛头北与□门哨总兵船各会哨

下湾门哨官壹员分领福船壹只民捕舵兵叁拾捌名贴驾军兵玖名艚艚船壹只民捕舵兵叁拾名贴驾军兵陆名沙船壹只耆舵民兵贰拾贰名贴驾军兵肆名民唬船壹只民捕舵兵壹拾陆名军唬船贰只每只军捕舵兵壹拾陆名小网船贰只每只兵贰名共壹百陆拾壹名汛期泊守下湾门外哨三坑南礵大沙湾等海洋内防石浦前后二所并番头汝溪盐仓等乡村南与林门北与牛栏基各兵船会哨

牛栏基哨官壹员分领福船壹只民捕舵兵叁拾捌名贴驾军兵玖名鸟船贰只每只民捕舵兵叁拾名贴驾军兵陆名壳艚船壹只民捕舵兵贰拾名贴驾军兵叁名沙船叁只每只耆舵民兵贰拾贰名贴驾军兵肆名民唬船壹只民捕舵兵壹拾陆名军唬船肆只每只军捕舵兵壹拾陆名小网船贰只每只兵贰名共叁百肆名汛期泊守牛栏基外哨坛头北礵三岳半边山锁门后沙等洋内防昌国卫并下岙岳头鸡鸣等乡村南与下湾门北与旦门各兵船会哨

旦门哨哨官壹员分领福船壹只民捕舵兵叁拾捌名贴驾军兵玖名鸟船壹只民捕舵兵叁拾名贴驾军兵陆名沙船叁只每只耆舵民兵贰拾贰名贴驾军兵肆名壳艚船壹只民捕舵兵贰拾名贴驾军兵叁名民唬船□□民捕舵兵壹拾陆名军唬船肆只每只军捕舵兵壹拾陆名小网船贰只每只兵贰名共贰百陆拾捌名汛期泊守旦门外哨东南旦门龙洞口大小目海洋内防何家礵仁义松岙金井头洛头等乡村南与牛栏基北与青门各兵船会哨

昌北哨哨总壹员统领福船壹只民捕舵兵叁拾捌名贴驾军兵玖名鸟船壹只艚艚船壹只每只民捕舵兵叁拾名贴驾军兵陆名壳艚船壹只民捕舵兵贰拾名贴驾军兵叁名沙船贰只每只耆舵民兵贰拾贰名贴驾军兵肆名民唬船肆只每只民捕舵兵壹拾陆名军唬船贰只每只军捕舵兵壹拾陆名小网船贰只每只兵贰名共贰百玖拾肆名汛期泊守竿门外哨孝顺洋东西厨乱礁等洋内防钱仓所并黄沙汤岙蒲门下庄朱溪等乡村北与定南哨及本区湖头渡南与百亩田各兵船会哨

青门哨哨官壹员分领福船贰只每只民捕舵兵叁拾捌名贴驾军兵玖名鸟船贰只每只民捕舵兵叁拾名贴驾军兵陆名民唬船叁只每只民捕舵兵壹拾陆名军唬船贰只每只军捕舵兵壹拾陆名小网船贰只每只兵贰名共贰百伍拾名汛期泊守青门外哨牛门鞍子头白岩洋等海洋内防爵溪所并象山县公屿等乡村北与百亩田南与旦门哨各兵舡会哨

百亩田哨哨官壹员分领福船壹只民捕舵兵叁拾捌名贴驾军兵玖名鸟船壹只民捕舵兵叁拾名贴驾军兵陆名民唬船肆只每只民捕舵兵壹拾陆名军唬船贰只每只军捕舵兵壹拾陆名小网船贰只每只兵贰名共壹百捌拾叁名汛期泊守百亩田外哨道人山四礁乱礁洋等海洋内防钱仓所并杉木样涂次新妇岙前山等乡村北与竿门哨南与青门哨各兵船会哨

湖头渡哨官壹员分领鸟船壹只民捕舵兵叁拾名贴驾军兵陆名壳艚船壹只民捕舵兵贰拾名贴驾军兵叁名民唬船壹只民捕舵兵壹拾陆名军唬船贰只每只军捕舵兵壹拾陆名小网船贰只每只兵贰名共壹百壹拾壹名汛期泊守湖头渡外哨渡头南隅海洋内防象山县并陈跳西泽龙屿等乡村及蜃头门北与定海南哨南与本区竿门哨各兵船会哨

以上本关大小战船悉照近议均搭分为左右二䑸每年春秋二汛毕日次序更番系泊石浦塘头地方仍拨唬船于原派信地哨探警息又守蜃头门军唬船壹只前后贰所守港传筹军唬船壹只钱仓所守港传筹军唬船壹只俱时常在所守港传筹之用

万历叁拾年伍月内为军务事准海兵道右参议王咨奉督抚军门刘批本道呈查议得南渔山哨道汛期在昌国则率韭山金齿门在海门则率主山东西矶各附近官兵船只前往哨剿月终将差过官兵船只有无警息缘由具

报各兵道并总镇查考总镇衙门仍轮差游兵到彼会哨毋容推诿永为定规

备录【查得水哨官兵海防类考原载三门下湾门牛栏基旦门青门百亩田湖头渡柒哨每年汛期备倭把总督同总哨官统领游哨近议增昌南昌北贰哨共玖哨各照前派信地哨守

又海防类考原开添委协总官壹员哨官壹员各家丁壹名万历伍年间为因冗员奉文议革止留哨官壹员家丁壹名立为游哨万历拾贰年间据哨官宋大忠呈称韭山极险穷洋事干重大详允加以哨总名色统领兵船仍食哨官廪粮

又军吹鼓手原考开有肆名万历贰拾壹年间因不堪应用该总呈革

又查前项兵船海防类考原载福船壹拾肆只苍船壹拾捌只渔船壹拾只小哨船陆只民唬船贰拾贰只网船贰拾只军唬船壹拾贰只万历拾陆年间为改造战舰以便追剿事该总镇侯会议内福船将递年限满者肆只改造沙船捌只大网船壹只万历拾玖年间又将遭风打坏壹只改造唬船贰只今止共存玖只苍船将限满者壹拾叁只改造艚艚船壹拾叁只拾捌年间又将遭风打坏壹只改造唬船贰只贰拾肆年间停革叁只奉文募补沙船叁只唬船贰只今止留壹只渔船万历叁年间将应拆造壹只改造草撇船壹只拾陆年间又将应拆造叁只改造沙船叁只贰拾年间又将应拆造壹只奉改沙船壹只并大小网船各壹只共止存伍只小哨船万历拾陆年间将应拆造肆只改造壳艚船肆只贰拾贰年间奉文停革贰只发补唬船贰只民唬船万历拾陆等年间陆续改造及发补共捌只今共叁拾只大小网船陆续奉文添造今共贰拾叁只军唬船万历捌玖年间议将卫所增造唬船叁拾肆只并今共肆拾陆只其草撇艚艚壳沙等船俱系陆续奉文将限满拆造并遭风打坏福苍等船改造者原考无载

万历叁拾年伍月内准海兵道册开本总游哨下渔船壹只改造唬船贰只南哨下艚艚船陆只又北哨下苍船壹只艚艚船肆只共拾壹只俱议改为鸟船呈奉督抚军门刘详允遵行在卷

又查宁绍区中正定临昌额设大小战船除存万历叁年内有改拨损益大约与原数相当者不开外迨至拾伍年柒月内为改造战舰以便追剿事该总镇侯条议通行移文请将各总限满应该拆造船只内酌量将福船改造沙船并苍船改造艚艚船渔船改造挑艚船小哨船改造壳艚船防哨万历拾玖年捌月内又□夷情有据备御宜周敬陈海防切要事宜以安重地事奉督抚军门常题请加增各总哨战船内中军并左右游哨福船伍只沙船肆只唬船伍只正兵并左右游哨福船肆只沙船叁只唬船肆只定海总福船肆只沙船叁只唬船贰只临观总福船叁只沙船贰只唬船贰只昌国总福船肆只沙船叁只唬船贰只至贰拾年柒月内为倭情叵测海防宜周再乞圣明专设文武将吏增除器械以安京镇事该奉部文抽调伍总沙船壹拾玖只唬船叁拾伍只防御天津旋即奉文补额其沙船听宁波府海防官封系商船充数唬船该总募捕造补贰拾壹年拾月内又为军务事奉督抚军门王宪牌照得天津调出沙唬船今该掣回浙省但查该区船兵已经补足前船实系多余合行查处议将船只分发各总以加增之兵通融抽拨驾哨贰拾贰年该宁绍梁参将详议将各总停造船额改造飞海船贰拾只内发标丁正兵哨壹拾叁只陆续分发中定昌叁总共柒只随鲸哨剿嗣后东事稍宁博议节省贰拾肆年闰捌月内该宁绍董参将查得拾玖等年新增中正定临昌兵士除节年选汰并拨补水陆额缺尚余陆百肆拾伍名俱于新增船汰革其溢额战船符见年拆造艚挑壳等船照依来文停造伍拾只抵补内查中军哨福船系总镇座船正兵哨艚艚船系本参座船相应照旧造补余船肆拾捌只尽行裁革其无抵溢船贰拾叁只今查停造福艚旧船船大而装兵数多议抵沙唬新船船小而装兵数少应将抵溢叁拾叁只之内加拨捌只以凑装载外所有存余无抵空船壹拾伍只□甫叁年革为可惜相应派分伍总将已分额内之兵匀驾兵无外增粮在额内议将溢额船兵照数匀减讫贰拾伍年肆月内为紧急倭情事抽拨伍总沙唬飞海等船共捌拾伍只调发东征原额募捕造补独正兵哨飞海船缺并改唬船充数第查各总见在船只历年间有衰多益寡以大易小微调迁就等项名数虽与成书稍殊总之粮饷不踰原额

又查昌国卫洋下港一带地方旧名南水关东距本卫城叁里许西距石浦所城贰里许南面切对韭山大洋北距象山县陆路玖拾里最为冲要自洪武年间以迄嘉靖贰拾壹年设有叁百料等大船停泊此处汛期分哨韭山金齿等处内则保护县城外则与沿海各所互为声援防守无虞后至贰拾贰年间指挥吴璋考选石浦所守御将一应战船带赴本所城外停泊万历贰拾捌年本卫者捕王瑶捕盗钟奇鸾等因泊石浦港石□水浊生蛆船多伤捕具呈遵制归复塘头洋下港旧坞泊船又据象山县居民黄坤等□争仍复石浦□兵□海□□□□范批行把总周于德□好学指挥千百户及哨总等官杨绍恩赵汝诰张科委官巡检张文顺等各勘议随该宁波府覆议得各兵劳苦所

当悯念地方利害亦当计划若将本关收汛各战船尽移于塘头港则前后贰所有孤立之忧若尽复于石浦则各船兵士有愁苦之叹若斟酌港道区别大小彼此分泊则泊于塘头者固得以息肩而泊于石浦者必以为独劳查将本关大小战舰共柒拾捌只合无大小均搭分为左右贰䑸轮流更泊如今年春汛毕日左䑸泊于石浦右䑸泊于塘头秋汛毕日右䑸泊于石浦左䑸泊于塘头及至明年春汛毕日右䑸泊于石浦左䑸泊于塘头及秋汛毕日左䑸泊于石浦右䑸泊于塘头以后年分仍前更番系泊然后地方各有所恃也及查把总公署原设于石浦城内应合照旧仍谕令督率总哨官时常点闸不得纵容各兵入城游荡撒泼扰害军民庶兵心知警而法行可久等缘由呈蒙本道详批汛毕更番分泊诚地方军民两利之策也如议即行遵照公署及束兵二项并行各总知会缴备行署事把总许好学遵将大小战船分为贰䑸每年次序更番系泊至今仿行

万历贰拾捌年间为军务事该海兵道按察使范照得各关兵船贴驾军兵多有虚名冒饷情弊除昌国总上年奉文汰革外今本道念及军粮缺乏复行总兵李参将陈九思把总詹斌王万年张毓阳等悉心酌议各关兵船应减名数到道覆看贴驾军兵虚冒之弊其来久矣惟昌国关皆属豪右佔役全无实用上年已经请详裁革但各总事体虽殊驾哨用人相等锢弊沿袭宁独全无若使有名无实虚费官粮殊失先年创拨之深意且目今钱粮不敷卫所各军缺食省一分可济一分之用据各从长酌议应存应减委果适宜今查定海总并中军中游哨共减壹百叁拾捌名临观总减叁拾贰名正兵哨减叁拾壹名通共减去贰百壹名岁约省米壹千伍百陆拾余石况卫所军粮万分缺给即以此节省之粮拨补终年待哺之众一举而弊革利兴似亦佐时之策所不容已者候详允示通行各总自贰拾玖年起俱照裁减名数行令该卫所将精壮惯识海务军人选充贴驾不得再容嘱托挂名冒饷则兵获实用粮无虚糜等缘由呈奉督抚军门刘奉批贴驾军虚冒汛粮此宿弊也据详查酌裁减深得节饷佐时至计如议通行各总自贰拾玖年为始俱照存减名数行令各卫所点选惯海精壮军人充役如有仍前挂名冒饷者访实并该管官役重参处缴续为倭夷情形已著等事准布按二司各照会关文奉本都院宪牌行司会议各区改船增兵共壹千贰百捌拾伍名内将原设贴驾军兵伍百捌拾叁名照旧拨发各船抵兵摇驾等因通行总参衙门取复在卷又查各总福草大船贴驾军原不议复行据坐管总止有福船伍只每只原额贴驾军拾名今减叁名共减壹拾伍名岁省粮壹百叁拾石伍斗正兵左右叁哨止有福船叁只每只减去贴驾军兵叁名共玖名每名岁省米捌石柒斗定海总福船拾贰只每只旧议各减贴驾军叁名草撇船叁只各减贰名共减肆拾贰名岁约省米叁百陆拾叁石伍斗有奇临观总福船肆只每只照旧议减贴驾军叁名草撇船叁只各减贰名共减军壹拾捌名岁省米壹百伍拾陆石陆斗昌国总福船玖只每只原额贴驾军玖名草撇船壹只原额贴驾军陆名通共捌拾柒名每年止加支大小贰汛粮陆个月每月每名除应支本粮外每名加米捌斗伍升共柒拾叁石如减数亦相同余外月分军发操备当差俱食本粮原无终岁之加亦无终岁之减等缘由前项贴驾军贰拾捌年尽行裁革嗣缘上年有警续奉宪檄酌议加兵取复原设贴驾军兵抵充增兵之数于昌国前后钱爵捌所团操旗军内照数点足原额共贰百伍拾玖名拨发各船驾哨俱系革复事规应录备考】

万历叁拾年拾贰月内该布政司清军道右布政使范奉督抚军门刘票开增橹加兵前镇建议未据改造试验恐非长策今岁短募橹兵止照先年加增水兵之意但嘉区不然而宁台温叁区之中又有不同之意须会总镇定为划一或仍贰拾陆年事例有警照增无事照减庶可永行等因依奉催准总镇李　手本开称通行宁绍温台杭嘉湖肆区参将查报去后催据杭嘉湖参将马如锦呈称该区止奉添设唬船陆只其橹兵原无议增又据温处参将万邦孚呈称温区增募橹兵一节已该带管温处兵巡道副使康　查议径覆布政司清军道外其台宁贰区未据回报节准行催似难再稽本镇查得行卷一宗为倭夷情形已著乞赐增备以□海防事该前镇于上年春汛看得宁绍地方与日本对峙为全浙首冲倭贼窥犯海外兵船人力单寡追击不前致贼逃遁行会督抚军门刘允将中正定临昌额设战船除福船草撇外其苍艚渔挑沙哨壳唬比照先年闻警事例通共加增橹兵壹千贰百捌拾柒名就以该船原设贴驾军人伍百捌拾肆名抵充外实计增兵柒百叁名又续增宁绍参将标下正兵哨新造福船壹只兵贰拾名本镇中军哨轮船壹只兵贰名继该本镇接任议照前项橹兵春汛自贰月起至伍月终止在船哨御准给汛粮肆个月其汛毕陆月掣回内地合照吴淞短兵事例汰革归农庶几少寓节省但名短兵计时不久不惟人无固志而官捕约束为难合候春汛之时无分长短一体召募齐足发船著役防汛毕日通行挑选汰其病弱大都务去短兵之数则钱

粮不致于溢额而人力得以实用案□移会完道允行在卷今准会查宁台温增募之有不同或系意见彼此各异故未有划一之规此在贵道再加详酌以便各区一体遵守及照两浙沿海延袤贰千余里设兵防倭每苦分布不敷无以决胜非策也若无事而徒拥多兵重为民困亦非策也为今之计其惟有警照增无事照减此诚不易之良法乎即今闽寇方兴狡倭窥伺正海防有事之秋节省之说未敢轻议合将前项橹兵今春汛期照旧募用汛毕仍如本镇原议选汰姑俟海警渐宁然后议裁斯得有备无患因时制宜之长策矣又准温处兵巡道手本开称本区原奉军门宪牌除福草船身大兵多唬船身小数足不必加增计量加民铁头船贰拾壹只每只加民兵陆名民渔船贰只加民兵肆名捌桨船壹只加民兵贰名共加民橹兵壹百叁拾贰名军渔船陆拾柒只每只加军兵贰名民河田船壹只加军兵肆名共加军橹兵壹百叁拾捌名详允在卷续奉本都院明文加增橹兵止许短募汛毕散遣遵于本年陆月初拾掣汛之日照数散遣停粮造册呈覆讫今准前因为查本区铁渔等船议加橹兵盖为遇警可兼犁追用之为便但通年以来海防多事帑藏匮乏至厪本都院轸念时艰曲为撙节行令短募大约以发春汛日起掣汛日止计肆个月民兵壹百叁拾贰名该饷银肆百柒拾伍两贰钱军兵壹百叁拾捌名该粮银肆百两贰钱似堪著为定例如欲照贰拾陆年例有警则增无警则已第恐临渴凿井不无意外之虞等因各前来该本道覆看得各船议加橹兵专为有警便于摇驾兼用追犁近因钱粮匮乏议设短兵无非曲为撙节之意今准该镇所开仍加兼议橹兵照□募用春汛自贰月起至伍月终止在船帮驾哨御准给汛粮肆个月其汛毕陆月掣回内地即照短兵之数选汰姑俟海警渐宁仍听海兵道参酌时势另详议裁其温区该道议加各船军民兵粮饷著为定例以省临时召募各见虽稍异同不妨随区为例均可以安固地方预防祸患也似应准从等因呈奉本都院批各项事宜既覆查明妥如议订入海防续编仍先通行各区遵照缴奉经通行遵照外随准海兵道副使王手本开称为查宁绍二区因贰拾玖年海氛告急船兵单弱致奉本都院案行除福草船吃水甚深加兵无益免议外其苍艚渔挑而下各增橹兵不等共计增短募兵柒百贰拾伍名但此举原为有警而增自去秋至今闻寇出没朝鲜告急是海波犹然未靖而辄报罢窃恐海上旦暮有事诸将士未免诿于单弱而临时议增又缓不济事合如总镇所议将该区短兵今春照旧募用汛毕通融额兵选汰俟来岁海警稍宁径行裁减等因准经备照在卷

附议【查得万历贰拾柒年间为申严操备以重保障事该本司道前任海兵道时看得昌国地方坐临边海门户首冲若倭寇乘风潜来关系不小查访该卫军人惟是坐食军储勇□□练随经申明律例开列条款严行该卫将操备军人选伍百名立该操演仿省城教场军营行事其官舍武生旗军一并三六九习射以图上进效用续据昌国卫管理团练指挥□佐明呈详选练军兵伍百名编队伍选教师排阵势等项教师送验比试俱有头绪及至次年果有倭船倭将以送回被掳人民为名倏忽飘泊昌国而该卫有此伍百军兵旗帜器械摆列防守足称捍卫有人边城壮色矣使沿海各卫所皆遵约料理将来何亚于民兵乎惟在当事者实心任事不饰虚文则军人无虚冒之粮而疆圉有绸缪之固是亦防御海隅吃紧之一道也仍应通行申饬一体备御】

万历叁拾壹年贰月初柒日又准海兵道手本奉督抚军门刘批本道呈详宁绍贰区上年增添短兵柒百贰拾伍名今春汛前仍旧募用汛毕通融额兵选汰去其短募之数俟海警稍宁径行裁减议覆相同缘由奉批闽中海寇未靖该区短兵准暂募用候海警稍宁裁减余照行缴

原考

台州兵巡道监督

分守台金严参将统领

松海备倭把总壹员

陆兵壹营兵巡道标下中军督阵官壹员健步杂流贰拾名并军吹鼓手旗手随宜取用又中军督阵官下家丁壹名左右中前肆总内民壮兵壹总募兵贰总军兵壹总每总名色把总壹员书记壹名医生壹名健步贰名旗手捌名吹鼓手陆名火药匠壹名战马壹匹哨官伍员每员家丁壹名队长壹拾伍名什长肆拾伍名兵肆百伍拾名共伍百肆拾壹员名匹通共官兵杂流战马贰千壹百陆拾肆员名匹分插台州府并松海楚隘卫所汛期调发左总住札楚门所漩堡分哨水桶岙洋坑等处前总住札隘顽所分哨后湾苍山灵门等处中总住札松门卫分哨甘岙盘马等

处右总住札海门卫前所分哨桩头海门水寨轻盈长波等处

军门调发标兵贰总分住桃渚健跳贰所沿海哨御汛毕各掣回训练

松海总水兵参将标下中军领游哨名色把总壹员旗牌官叁员书记贰名医生壹名健步火药匠铁匠家丁马丁战马肆拾贰名匹军吹鼓手壹拾贰名旗手贰拾叁名又中军官书记壹名健步壹名家丁壹名军吹鼓手肆名旗牌官各家丁壹名备倭把总下书记贰名健步贰名家丁贰名军吹鼓手肆名总哨官贰员哨官捌员总哨官各书记壹名家丁贰名军吹鼓手肆名哨官各家丁壹名捕盗伍拾柒名队长贰拾名正舵工伍拾柒名副舵工贰拾玖名兵壹千捌百贰拾玖名军兵壹千陆百陆拾叁名福船壹拾肆只海沧船壹拾伍只艟艢船壹拾叁只渔船壹拾伍只叭喇唬船贰拾只网船贰拾陆只军白艕船肆拾壹只每遇大小贰汛参将中军名色把总统领海沧船艟艢船渔船叭喇唬船白艕船网船共贰拾贰只泊于灵门南北海洋游哨备倭把总统领海沧船艟艢船叭喇唬船白艕船网船共贰拾玖只泊于大陈海洋游哨哨官壹员统领福船海沧船白艕船网船共捌只泊于漩门哨官壹员统领福船海沧船艟艢船白艕船网船共柒只泊于派片总哨官壹员统领福船海沧船艟艢船白艕船叭喇唬船网船共壹拾伍只泊于鹿头海洋哨官壹员统领福船海沧船艟艢船白艕船叭喇唬船网船共陆只泊于猫儿头海洋哨官壹员统领福船海沧船艟艢船白艕船叭喇唬船网船共柒只泊于深门海洋哨官壹员统领福船海沧船白艕船叭喇唬船网船共陆只泊于海门关总哨官壹员统领福船海沧船艟艢船白艕船叭喇唬船网船共壹拾伍只泊于主山海洋哨官壹员统领福船海沧船艟艢船白艕船网船共陆只泊于牛头门海洋哨官壹员统领福船海沧船艟艢船白艕船网船共陆只泊于靖寇门海洋哨官壹员统领福船海沧船艟艢船白艕船网船共柒只泊于大佛头海洋各往来交相会哨汛毕收泊松海贰关训练轮拨小船外洋哨探

续定

台州兵巡道监督

分守台金严参将统领

松海备倭把总壹员

台州陆兵伍营【标下团操营与中营系军兵左前右叁营系民兵】官兵战马杂役共计贰千伍百陆拾贰员名匹调用小网船肆只

兵巡道标下中军把总壹员掌号官壹员健步壹拾肆名旗手壹拾陆名军牢捌名吹鼓手捌名大铳手贰名网船兵夫捌名听用夷人壹名把总下家丁壹名战马壹匹掌号官下家丁壹名共陆拾贰员名匹

团操营本道中军把总下哨官伍员各家丁壹名旗手贰拾陆名吹鼓手捌名大铳手贰名车将旗军贰名看演武厅并军器局军人各壹名队长壹拾伍名什长肆拾陆名【内旗什长壹名】军兵肆百伍名共伍百壹拾陆员名平时住札府城操练防守汛期轮拨哨官壹员队兵壹百名出防宁海县缸窖地方遇警听本道调度策应

左前右叁营民兵中营军兵每营把总壹员书记壹名医生壹名健步贰名旗手捌名吹鼓手陆名大铳手壹名战马壹匹哨官伍员每员各家丁壹名队长壹拾伍名什长肆拾伍名兵肆百伍名共肆百玖拾陆员名匹通共壹千玖百捌拾肆员名匹

左营把总壹员统领官兵平时住札隘顽所汛期分派壹哨出守漩门壹哨出守洋坑壹哨出守水桶岙壹哨出守后湾壹哨出守长沙仍各分投往来与本总各该信地伍处官兵互相会哨

前营把总壹员统领官兵平时住札新河所汛期分派壹哨出守甘岙壹哨出守苍山贰哨出守松门寨壹哨出守盘马仍各分投往来与本总各该信地肆处官兵互相会哨

右营把总壹员统领官兵平时住札海门汛期分派贰哨出守椿头叁哨以该营把总督同出守海门水寨仍协同中营官兵防守兼巡哨岳头长浦等海口地方与椿头陈岙官兵各会哨

中营把总壹员统领官兵平时住札海门汛期分派贰哨协同右营官兵出守海门水寨壹哨以该营把总督同出守前所城外陈岙壹哨出守长沙壹哨出守轻盈仍各分投往来与本总各该信地官兵互相会哨每年仍听军门调发标兵贰总防守桃渚健跳贰所沿海壹带地方汛毕各掣回训练小阳标兵不发以本区官兵均拨壹哨防御

【以上各营把总汛期于本总各该信地往来调度】

松海总水兵参将标下官兵捕舵军役杂流共计叁千捌百玖拾玖员名又橹铳民兵并军兵共伍百捌拾肆名战船壹百柒拾肆只战马贰匹

本参下中军领哨把总壹员旗牌官叁员书记贰名医生铁匠火药匠各壹名健步塘报各拾名军牢壹拾捌名军旗手贰拾叁名吹鼓手壹拾贰名家丁贰拾陆名马丁贰只战马贰匹中军官下书记健步家丁各壹名旗牌官下各家丁壹名共壹百壹拾捌员名匹备倭把总壹员下书记家丁健步各贰名医生壹名总哨官贰员各书记壹名家丁贰名哨官壹拾壹员各家丁壹名军吹鼓手壹拾贰名共伍拾员名军民捕队舵兵共叁千名贴驾队军柒百叁拾叁名汛期短募橹铳民兵叁百贰拾肆名军兵贰百陆拾名壹号福船贰只贰号福船肆只海沧船拾只艟艚船壹拾贰只铁头船贰拾贰只沙船壹只大样唬船壹拾壹只中样唬船肆拾肆只大网船肆只小网船壹拾捌只军哨船肆拾陆只内

松门关以哨官壹员部领海沧船贰只每只民捕舵兵贰拾壹名贴驾军贰拾叁名大唬船壹只民捕舵兵壹拾捌名中唬船壹只民捕舵兵壹拾陆名军哨船叁只每只队军贰拾名小网船壹只兵贰名共壹百捌拾肆名屯泊漩门东南与金盘黄华关坎门东北与派片各兵船会哨又以哨官壹员部领海沧船贰只每只民捕舵兵贰拾壹名贴驾队军贰拾叁名中唬船壹只民捕舵兵壹拾陆名哨船贰只每只队军贰拾名共壹百肆拾肆名屯泊派片东南与漩门东北与灵门各兵船会哨又以哨官壹员部领艟艚船贰只每只民捕舵兵贰拾壹名贴驾军兵贰拾名中唬船壹只民捕舵兵壹拾陆名军哨船叁只每只队军贰拾名小网船壹只兵贰名共壹百陆拾名屯泊灵门东南与派片东北与鹿头各兵船会哨又以总哨官壹员部领海沧船贰只每只民捕舵兵贰拾壹名贴驾队军贰拾叁名艟艚船壹只民捕舵兵贰拾壹名贴驾队军贰拾名铁头船壹只民捕舵兵贰拾壹名贴驾军兵伍名大唬船壹只民捕舵兵壹拾捌名中唬船叁只每只民捕舵兵壹拾陆名军哨船肆只每只队军贰拾名小网船叁只每只兵贰名共叁百柒名屯泊鹿头专守调度东南与灵门东北与中军游哨并猫头各兵船会哨又以百户壹员部领海沧船壹只民捕舵兵贰拾壹名贴驾队军贰拾叁名铁头船壹只民捕舵兵贰拾壹名贴驾军兵伍名中唬船壹只民捕舵兵壹拾陆名军哨船贰只每只队军贰拾名小网船壹只兵贰名共壹百贰拾捌名屯泊猫头东南与鹿头东北与海门关深门各兵船会哨又以参将领哨中军把总壹员部领壹号福船壹只民捕舵兵叁拾名贴驾队军贰拾肆名艟艚船壹只民捕舵兵贰拾壹名贴驾队军贰拾名铁头船叁只内壹只民捕舵兵贰拾肆名贰只每只贰拾壹名贴驾军兵每只各伍名唬船陆只内壹只民捕舵兵壹拾捌名伍只每只民捕舵兵壹拾陆名军哨船肆只每只队军贰拾□□□□□只每只兵贰名共叁百伍拾捌名屯泊鲤港兼顾龙王堂游哨南与金盘总东北与松海总各兵船会哨互相声援

参将专住海门往来稽督各信官兵以旗牌官壹员部领壹号福船壹只民捕舵兵叁拾名贴驾队军贰拾肆名铁头船贰只每只民捕舵兵贰拾肆名贴驾军兵伍名唬船陆只内贰只每只民捕舵兵贰拾名壹只民捕舵兵壹拾捌名叁只每只壹拾陆名军哨船贰只每只队军贰拾名大网船壹只兵肆名小网船贰只每只兵贰名共贰百陆拾陆名屯泊关口随机策应调剿

海门关以哨官壹员部领贰号福船壹只民捕舵兵并贴驾队军各贰拾伍名海沧船壹只民捕舵兵贰拾壹名贴驾队军贰拾叁名艟艚船壹只民捕舵兵贰拾壹名贴驾队军贰拾名中唬船壹只民捕舵兵壹拾陆名军哨船叁只每只队军贰拾名小网船壹只兵贰名共贰百壹拾叁名屯泊深门南与松门关猫头北与关口东北与主山各兵船会哨又以哨官壹员部领海沧船壹只民捕舵兵贰拾壹名贴驾队军贰拾□名艟艚船壹只民捕舵兵贰拾壹名贴驾队军贰拾名中唬舡贰只每只民捕舵兵壹拾陆名军哨船叁只每只队军贰拾名小网船壹只兵贰名共壹百柒拾玖名屯泊关口东南与深门东北与主山各兵船会哨又以总哨官壹员部领贰号福船壹只民捕舵兵并贴驾队军各贰拾伍名铁头船肆只每只民捕舵兵贰拾壹名贴驾军兵各伍名中唬船叁只每只民捕舵兵壹拾陆名军哨船叁只每只队军贰拾名小网船叁只每只兵贰名共贰百陆拾捌名屯泊主山专守调度各信地南与深门西与关口北与牛头门各兵船会哨又以哨官壹员部领铁头船叁只每只民捕舵兵贰拾壹名贴驾军兵伍名中唬船贰只每只民捕舵兵壹拾陆名军哨船叁只每只队军贰拾名共壹百柒拾名屯泊东西矶往来南北海洋巡哨与大陈兵船相为犄角又以哨官壹员部领铁头船贰只每只民捕舵兵贰拾壹名贴驾军兵伍

名中唬船壹只民捕舵兵壹拾陆名军哨船贰只每只队军贰拾名小网船壹只兵贰名共壹百壹拾名屯泊牛头门南与主山东北与静寇门各兵船会哨又以哨官壹员部领艟艚船贰只每只民捕舵兵贰拾壹名贴驾队军贰拾名大唬船壹只民捕舵兵壹拾捌名军哨船贰只每只队军贰拾名小网船壹只兵贰名共壹百肆拾贰名屯泊静寇门南与牛头□□□大佛头各兵船会哨又以哨官壹员部领海沧船壹只民捕舵兵贰拾壹名贴驾队军贰拾叁名艟艚船贰只每只民捕舵兵贰拾壹名贴驾队军贰拾名中唬船壹只民捕舵兵壹拾陆名军哨船叁只每只队军贰拾名小网船壹只兵贰名共贰百肆名屯泊大佛头南与静寇门东北与渚门金齿门西北与昌国把总叁门各兵船会哨

备倭把总壹员统领贰号福船贰只每只民捕舵兵并贴驾队军各贰拾伍名艟艚船贰只每只民捕舵兵贰拾壹名贴驾队军贰拾名铁头船壹只民捕舵兵贰拾肆名沙船壹只民捕舵兵贰拾壹名贴驾军兵各伍名唬船柒只内贰只每只民捕舵兵贰拾名贰只每只壹拾捌名叁只每只壹拾陆名军哨船壹只队军贰拾名屯泊大陈游哨防守中岙又以哨官壹员为左哨带领铁头船叁只每只民捕舵兵贰拾壹名贴驾军兵伍名唬船捌只每只民捕舵兵壹拾陆名军哨船叁只每只队军贰拾名大网船贰只每只兵肆名屯泊垅湖门又以哨官壹员为右哨带领铁头船贰只每只民捕舵兵贰拾壹名贴驾军兵伍名唬船捌只每只民捕舵兵壹拾陆名军哨船叁只每只队军贰拾名大网船壹只兵伍名屯泊南堠以上共玖百名日遂□哨各山□仍以时巡哨渔山左哨与鲤港右哨与东西矶并昌国把总各兵船会哨有警合中军把总及东西矶各官兵并信地兵船协力擒剿

万历叁拾年伍月内为军务事准海兵道右参议王咨奉督抚军门刘批本道呈查议得南渔山哨道汛期在海门则率主山东西矶在昌国则率韭山金齿门各附近官兵船只前往哨剿月终将差过官兵船只有无警息缘由具报各兵道并总镇查考总镇衙门仍轮差游兵到彼会哨毋容推诿永为定规

【以上两关各哨战船内海沧船壹拾只各加民橹兵肆名军兵肆名艟艚船壹拾贰只各加民橹兵叁名军兵叁名铁头船贰拾贰只沙船壹只各加民橹兵陆名唬船伍拾伍只各加铳兵贰名军哨船肆拾陆只各加军兵肆名俱于汛时召募防御汛毕各放归农】

备录【查得大陈信地突居极东海之外肆面汪洋岛屿巉岩波涛碧溜此山之外东南更无山矣昔为倭薮势系极冲与两关信地隔涉颇远兵船难到哨逻隆庆伍年间议以备倭把总游哨泊守于此以严外藩照行及今斯为周备

又查万历拾玖年间奉督抚军门常加增本区福船肆只每只捕舵兵柒拾名共贰百捌拾名

又为议增战船以备春防等事本年柒月内该兵巡道副使吴呈奉督抚军门常详准加造唬船叁拾只将验定队长领料打造仍募舵兵各壹拾玖名驾哨共增捕舵兵陆百名

万历贰拾年为军务事该兵巡道右参议文呈奉军门详准将应造旧额海沧船壹只艟艚船肆只铁头船壹只唬船壹拾叁只俱行停造将新增唬船叁拾玖只内查坚固者存壹拾玖只改为停造其余贰拾只并停造福船贰只海沧艟铁唬船壹拾玖只听台州府易价还官姑留唬船壹拾只防哨

万历贰拾肆年该兵巡道左参政吴呈奉督抚军门刘准将姑留唬船壹拾只照旧存用所缺民兵捌拾壹名于大小船内通融抽拨充数划驾名缺以原减下贴军壹百玖拾名照数选补

万历贰拾伍年为春汛将临倭情叵测等事该前道吴呈奉本都院刘准将本区壹号福船贰只各加兵壹拾名贰号福船肆只各加兵壹拾贰名海沧船壹拾只各加兵捌名艟艚铁头船共叁拾伍只各加兵陆名唬船伍拾伍只各加兵贰名共加兵肆百捌拾名

万历贰拾柒年又为军务事奉本部院刘宪牌行汰水兵将前增兵肆百捌拾名尽行汰革讫

万历贰拾玖年拾壹月为倭夷情形已著乞赐增备以固海防事该分守台金严参将吴带管兵巡道右参议彭呈奉本都院刘明文议将本区沧艟铁唬等船共加增短募橹铳民兵叁百贰拾肆名军哨船共加贴军贰百陆拾名见在遵行】

查得本区添募橹兵万历叁拾壹年该布政司清军道右布政使范覆议橹兵悉如总镇原议春汛之时照旧募用自贰月起至伍月终止在船哨御准给汛粮肆个月汛毕掣回通行挑选汰其病弱大都务去添募短兵之数呈奉督抚军门刘详允通行遵照外随准带管台州兵巡道副使王手本开称为查本区军民战船添募民橹兵叁百贰拾

壹名军橹兵贰百陆拾名行准吴参将遵照于汛前召募汛毕散遣仍于民兵之内选其胆勇技艺者籍名候补额缺业奉为规宁谧宜减亦照总镇所议宁区事例相同缘由备裁宁波区款下本年贰月初柒日又准台州兵巡道手本奉督抚军门刘批本道呈详本区军民战船各添募前项橹兵议覆相同缘□□□□□短兵今春准暂募用汛毕通融选汰仍候海警稍□□□□

原考

温处兵巡道监督

分守温处参将统领

金盘备倭把总壹员

温州陆兵兵巡道标下中军名色把总壹员健步旗手贰拾名军吹鼓手旗手随宜取用中军把总统领团操民壮兵壹总把总下书记壹名医生壹名健步贰名旗手捌名吹鼓手陆名火药匠壹名战马壹匹哨官伍员每员家丁壹名队长拾伍名什长肆拾伍名兵肆百伍拾名共伍百肆拾壹员名匹屯插温州府城汛期调发叁哨防守乐清石马贰哨留守府城参将标下随征募兵壹总名色把总壹员哨队什兵杂流战马与温州团操兵同共伍百肆拾壹员名匹屯插盘石卫汛期调发黄华海口续议添造叭喇唬船拾只抽拨队兵壹百柒拾名划驾专委哨官壹员带领跟随本参住泊黄大岙海洋往来督哨遇警随剿又陆兵壹营左右中前后伍总每总名色把总壹员哨队什兵杂流战马与温州兵同共伍百肆拾壹员名匹左总募兵中总军兵俱屯插金乡卫右总军兵屯插蒲岐所前总募兵屯插平阳县后总募兵屯插海安所汛期分发左总住札大小濩海口分哨大渔埜石塘七溪右总住札梅头后冈每年与中总更番调守中总住札□□等处分哨蒲壮至福建交界一带每年与右总更番调守前总住札仙口分哨陡门汶路江口后总住札梅头前冈分哨瑞安东山

军门调发标兵贰总住插珠明炎亭地方汛毕各掣回原住地方训练

处州团操民壮兵贰总每总名色把总壹员哨队什兵杂流战马与温州兵同共伍百肆拾壹员名匹平时屯插处州府城听分守温处道督练每年汛期调发壹总住札蒲岐下堡后塘海口分哨高嵩汛毕掣回该府训练壹总轮拨哨兵前往龙泉竹口冲要哨探矿徒若有窃发即调该营官兵驰赴截剿

金盘总水兵参将标下中军领游哨名色把总壹员旗牌官叁员书记贰名医生壹名健步火药匠铁匠家丁马丁战马肆拾贰名匹军吹鼓手壹拾贰名军旗手贰拾叁名又中军官下书记壹名健步壹名家丁壹名军吹鼓手肆名旗牌官各家丁壹名备倭把总壹员书记贰名健步贰名家丁贰名军吹鼓手肆名总哨官肆员各书记壹名家丁贰名军吹鼓手肆名哨官玖员各家丁壹名捕盗伍拾玖名队长贰拾壹名正舵工伍拾玖名副舵工肆拾名兵壹千捌百贰拾壹名军兵□□肆拾肆名福船壹拾壹只草撇船贰拾叁只□□□船贰拾壹只叭喇唬船叁拾贰只苍船肆只渔哨船伍拾伍只八桨船壹只网船贰拾只每年大小二汛参将中军游击把总壹员统领福船贰只草撇船叁只铁头渔船柒只八桨船壹只渔哨船贰拾只叭喇唬船壹拾贰只网船伍只泊于东洛游哨松门塔山等处海洋备倭把总统领福船贰只草撇船叁只铁头渔船捌只叭喇唬船壹拾贰只渔哨船贰拾只网船伍只泊于南麂游哨福建烽火门东洛等处海洋总哨官壹员统领福船贰只草撇船肆只铁头渔船贰只渔哨船叁只叭喇唬船贰只网船贰只泊于梁湾分哨大小门崇山海洋总哨官壹员统领福船壹只草撇船肆只苍船壹只铁头渔船贰只叭喇唬船贰只渔哨船叁只网船贰只泊于凤凰海洋分哨霓岙等处海洋总哨官壹员统领福船壹只草撇船伍只苍船壹只铁头渔船壹只渔哨船叁只叭喇唬船贰只网船贰只泊于洋屿分哨爬艚炎亭海洋总哨官壹员统领福船贰只草撇船叁只苍船贰只渔哨船肆只叭喇唬船贰只网船贰只泊于镇下门分哨大岙石坪等处海洋哨官壹员统领福船壹只草撇船壹只铁头渔船壹只渔哨船贰只网船贰只专随本参驻泊黄华黄大岙海洋住来南北督哨汛毕各哨掣回收泊盘石沙园江口盐浦四□□□轮拨小船外洋哨探

续定

温处兵巡道监督

分守温处参将统领

金盤备倭把总壹员

温州陆兵陆营贰总【左前后叁营并珠炎营俱民兵右中贰营俱军兵团操壹总民壮兵标营壹总募兵】官兵战马杂役共计肆千肆百捌拾贰员名匹战船贰拾伍只内

兵巡道标下健步壹拾陆名军吹鼓手壹拾贰名军前随征军兵壹百贰拾名哨探军兵贰拾名共壹百陆拾捌名专听本道随征防御平时操演执旗

中军随征营江防游哨兵船壹枝哨官壹员家丁壹名民渔船贰只每只民队舵兵贰拾贰名民唬船拾只每只民队舵兵壹拾陆名大网船壹只兵肆名小网船肆只每只兵贰名军唬船贰只每只军队舵兵壹拾陆名共贰百伍拾名平时划驾江洋一带巡缉盐盗汛期把守双昆海口仍分哨乐清陆柒等都地方遇警听本道督发海上南北应援

团操民壮兵壹总本道标下中军名色把总壹员书记壹名医生壹名健步贰名旗手捌名吹鼓手陆名火药匠壹名战马壹匹哨官伍员各家丁壹名队长拾伍名什长肆拾伍名兵肆百伍名共肆百玖拾伍员名匹平时屯插府城操守汛期调发贰哨出守瑞安东山海口专御上堸东山一带地方南与隔江前营北与后营各官兵会哨

参将标下中军兼领游哨名色把总壹员旗牌官叁员书记贰名医生壹名健步拾名火药匠壹名铁匠壹名家丁贰拾陆名马丁贰名战马贰匹军吹鼓手壹拾贰名军旗手贰拾叁名披执军伴壹拾捌名通事壹名共壹百叁员名匹

随征标营募兵壹总名色把总壹员哨队什兵杂役战马俱与团操营总同平时屯插盘石卫汛期出守下堡浦东岐头海口专御洋田岙曹田日团一带地方轮拨什兵壹哨划驾唬船陆只委中哨官带领专随本参驻泊黄大岙海洋督哨余兵把总统领南与隔江后营北与右营各官兵会哨

左右中前后伍营并珠炎营官兵杂役亦与团操营总同

左营民兵平时屯插蒲壮贰所汛期出守上魁海口专御盐浦镇下一带地方南哨福建流江界北与中营官兵会哨

右营军兵平时屯插盘石后所汛期出守石堸海口专御叁屿盐盘沙角南渎平山白沙一带地方南与随征标营官兵北与蒲岐营官兵会哨

中营军兵平时屯插金乡卫汛期出守大濩海口专御石塘潼头七溪小濩大小渔埜一带地方南与左营官兵北与珠炎营官兵各会哨

前营民兵平时屯插平阳县汛期出守仙口海口专御陌城汶路口眉右宋埠陡门江莱一带地方因仙口对临大海前无岛岙去兵船尚远分哨沙□□与朱炎□兵北与温州中军团操营贰哨会哨

后营民兵平时屯插海安梅头汛□□守前后岗海口专御场樯长沙永嘉场沙村黄石浦一带地方南与温州中军团操营贰哨北与隔江随征标营官兵会哨

珠炎营民兵平时屯插炎亭专御珠明石坪大岙舥艚洪岭一带地方南与中营官兵北与前营官兵会哨每年□汛仍听军门调发标兵防守小汛即以珠炎营官兵分拨哨防

备录【查得团操总原设医生壹名万历贰拾伍年该兵巡道蔡□看得陆兵有病在岸可以就便延医本生应行裁革及水□□书记已经议给纸札银两每日粮银减去伍厘止给贰分□厘内查医生壹名至万历贰拾玖年间准该道册开该右□政使汤于本年伍月拾捌查复著役讫

又查参将标□通事壹名系万历贰拾壹年加添

珠明炎亭贰处海口□年听军门调发标兵贰总协守大汛万历拾玖年闻警另募官兵贰总常川哨守免请标兵嗣因警息汰去壹营止存壹营续又尽汰议于左前后蒲肆营内各抽壹哨共立壹营每营止肆哨贰拾伍年议将各哨仍归原营以足伍哨另设官兵壹总名珠炎营每年大汛仍听军门调发标兵壹总协守永为定规

万历贰拾玖年该温处兵巡道右布政使汤看得双昆海口原为府治咽喉万历拾年有贼登犯把总王龙死之特设唬船捌只专御于此名为本道随征游哨拾叁年减去叁只止存伍只哨逻江洋盐盗拾玖年闻警后添设渔船贰只唬船柒只外拨江洋唬船壹只网船贰只共壹拾贰只专守双昆为南北应援之游兵外存唬船肆只哨逻内江

贰拾伍年奉文汰去双昆兵船而游哨之兵废矣止存军兵唬船捌只以肆只常川哨逻内江盐盗肆只汛时守御乐清陆柒等都盗贼守备单弱内地空虚殊为可虑万一将来有警此其吃紧之最者万历叁拾年伍月内准前道册开奉文新增双昆海口渔船贰只唬船肆只划网船叁只共加兵壹百壹拾陆名以资防御】

处州团操民壮兵贰营内军兵贰哨官兵战马杂役共计玖百玖拾员名匹内总哨队什兵士杂役俱与温州营同

壹营名蒲岐营官兵平时屯插蒲岐所汛期南哨下堡娄岙万桥竹屿等处海口与右营官兵会哨北哨铧锹高嵩岩坑后塘前塘东山南浦双陡门清江渡等处海口直抵楚门与台州官兵会哨

壹营【民兵叁哨军兵贰哨】专札该府城守操备轮拨哨兵分往龙泉竹口冲要去处哨探矿徒遇有窃发即调该营官兵驰赴截剿

备录【查得贰营官兵原俱屯札处州府城汛期调发壹营札守温州蒲岐下堡等处汛毕掣回今则议以平时专插蒲岐所汛期照旧札守下堡等处不掣回府止以壹营专住该府防矿

又查蒲岐营官兵原调处州府防矿民兵肆哨外于蒲岐所抽军兵壹哨共立壹营万历贰拾伍年该前兵巡道唐查得该营兵士每什拾名又不放班议照温州兵制每什减去壹名共减去叁拾陆名每年放班壹月可养兵叁拾陆名共柒拾贰名仍食处州府饷银尚缺哨队什兵贰拾叁员名照行补足坐食温州府饷银将原设中哨军兵壹哨汰回该所操备】

金盘总水哨官兵捕舵军役杂流共计壹千肆百伍拾捌员名战船共陆拾伍只内

参将标下中军兼领游哨名色把总下左右领哨哨官贰员随征哨旗牌官壹员把总下书记壹名医生壹名家丁贰名军吹鼓手肆名哨官下各家丁壹名旗牌官下书记壹名医生壹名共壹拾伍员名军民捕队舵兵共壹千贰百叁拾壹名贴驾军兵共贰百壹拾贰名肆号福船叁只草撇船贰只铁头船伍只鸟船贰只民渔船壹只河田船壹只唬船壹拾陆只网船柒只军唬船肆只军渔□船贰拾肆只

中军哨把总壹员统领肆号福船叁只每只民捕舵兵贰拾陆名贴驾军兵贰拾贰名草撇船贰只每只民捕舵兵贰拾肆名贴驾军兵贰拾贰名渔船壹只民捕舵兵壹拾玖名贴驾军兵肆名河田船壹只民捕舵兵壹拾叁名唬船肆只每只民队舵兵壹拾陆名网船叁只每只兵贰名军唬船壹只军队舵兵壹拾陆名军渔哨船玖只每只军队舵兵贰拾肆名共伍百柒拾肆名汛期泊守三盘东大岙专哨洞头门马耳岙黄裙竹屿东洛一带海洋往来调度有警夹剿以顾北洋应援本游左右贰哨及金盘把总游哨并黄华飞云二关

左哨领哨官壹员统领铁头船壹只民捕舵兵贰拾叁名贴驾军兵壹拾肆名鸟船壹只民捕舵兵贰拾肆名贴驾队军壹拾肆名唬船伍只每只民队舵兵壹拾陆名网船壹只民兵贰名军唬船壹只军队舵兵壹拾陆名军渔哨船陆只每只军队舵兵贰拾肆名共叁百壹拾柒名泊守麦园头海洋专哨鹿西嘴乌双排大鹿前山一带北与台州松门关总哨南与本游右哨各兵船会哨应援本总及右哨并黄华关

右哨领哨官壹员统领铁头船贰只每只民捕舵兵贰拾叁名贴驾军兵壹拾肆名唬船伍只每只民队舵兵壹拾陆名网船壹只民兵贰名军唬船壹只军队舵兵壹拾陆名军渔哨船陆只每只军队舵兵贰拾肆名□□百壹拾陆名泊守东洛南策海洋专哨坛头□□□□□□蛹洛极三礁铜盘长赖南龙一带北与本游左哨南与□盘总游哨左哨各兵船会哨应援本总及左哨并金盤总左哨与飞云关【以上叁哨兵船汛毕俱收回盘石港次】

随征哨旗牌官壹员统领铁头船贰只每只民捕舵兵贰拾叁名贴驾军兵壹拾肆名鸟船壹只民队舵兵贰拾肆名贴驾军兵拾肆名唬船贰只每只民队舵兵壹拾陆名网船贰只每只兵贰名军渔哨船叁只每只军队舵兵贰拾肆名军唬船壹只军队舵兵壹拾陆名共贰百叁拾陆名专随本参屯泊黄华黄大岙适中海洋平时往来南北督哨有警随本参援剿汛毕收回盘石港次

金盘备倭把总水哨官兵捕舵军役杂流共计叁千贰百陆拾员名战船壹百肆拾陆只内

备倭把总壹员总哨官肆员领哨官陆员书记贰名医生壹名健步贰名家丁贰名军伴壹拾贰名军吹鼓手肆

名总哨官下各书记壹名医生壹名家丁贰名军吹鼓手捌名哨官下各家丁壹名共柒拾陆名军民捕队舵兵共贰千柒百贰拾捌名贴驾军兵共肆百伍拾陆名贰号福船壹只叁号福船壹只肆號福船壹只鸟船壹只铁头船壹拾伍只草撇船柒只沙船贰只八桨船壹只民唬船肆拾壹只网船壹拾叁只军唬船壹拾柒只民□□叁只军渔哨船肆拾叁只

备倭把总壹员统领贰号福船壹只民捕舵兵贰拾捌名贴驾队军贰拾贰名鸟船壹只民捕舵兵贰拾肆名贴驾队军拾肆名铁头船叁只每只民捕舵兵贰拾叁名贴驾队军壹拾肆名捌桨船壹只民队舵兵拾肆名贴驾军兵肆名唬船陆只每只民队舵兵壹拾陆名网船叁只每只民兵贰名军唬船壹只军队舵兵壹拾陆名军渔哨船玖只每只军队舵兵贰拾肆名共伍百伍拾壹名汛期泊守南麂官岙往来南北海洋调度有警援剿以顾南洋应援本游左右贰哨及参将中军游哨并江口镇下贰关

左哨领哨官壹员统领草撇船壹只民捕舵兵贰拾肆名贴驾队军贰拾贰名铁头船贰只每只民捕舵兵贰拾叁名贴驾军兵壹拾肆名唬船肆只每只民队舵兵壹拾陆名网船壹只民兵贰名军唬船壹只军队舵兵壹拾陆名军渔哨船陆只每只军队舵兵贰拾肆名共叁百肆拾陆名汛期泊守南麂石首鱼岙专哨南龙竹屿东洛一带外洋北与中军游哨右哨南与本游右哨各兵船会哨应援本总及右哨中游右哨与飞云江口贰关

右哨领哨官壹员统领船只军队民捕舵兵俱与左哨同汛期随同本总泊守南麂官岙专哨绿膺南漩马鞍山沙岙一带外洋北与本游左哨南与福建烽火关各兵船会哨应援本总及左哨并镇下关【以上叁哨兵船汛毕俱收回瑞安飞云港次】

黄华关总哨官壹员督同哨官壹员统领肆号福船壹只民捕舵兵贰拾陆名贴驾队军贰拾贰名沙船贰只每只民捕舵兵贰拾贰名贴驾队军肆名草撇船壹只民捕舵兵贰拾肆名贴驾队军贰拾贰名铁头船壹只民捕舵兵贰拾叁名贴驾队军壹拾肆名唬船伍只每只民队舵兵壹拾陆名网船贰只每只民兵贰名军渔哨船陆只每只军队舵兵贰拾肆名军唬船叁只每只军队舵兵壹拾陆名共肆百伍拾玖名汛期泊守梁湾海洋专哨横址薛叠双排喜杓横坎门大鹿楚门漩一带北与台州塔山嘴南与飞云关总哨东与中游左哨各兵船会哨以顾乐清盘石后蒲宁村地方应援中游左哨及飞云关汛毕收回盘石港次

飞云关总哨官壹员督同哨官壹员统领草撇船贰只每只民捕舵兵贰拾肆名贴驾队军贰拾贰名铁头船贰只每只民捕舵兵贰拾叁名贴驾队军壹拾肆名民渔船壹只民捕舵兵贰拾贰名唬船陆只每只民队舵兵壹拾陆名网船贰只每只民兵贰名军渔哨船伍只每只军队舵兵贰拾肆名军唬船肆只每只军队舵兵壹拾陆名共肆百柒拾贰名汛期泊守凤凰海洋专哨铜盘齿头长赖南龙一带北与黄华关总哨南与江口关总哨东与中游右哨金盘总左哨各兵船会哨以顾海安瑞安沙园地方应援黄华江口贰关及□游右哨金盘总左哨汛毕收回瑞安飞云港次

江口关总哨官壹员督同哨官壹员统领叁号福船壹只民捕舵兵贰拾柒名贴驾队军贰拾贰名草撇船壹只民捕舵兵贰拾肆名贴驾队军贰拾贰名铁头船壹只民捕舵兵贰拾叁名贴驾队军壹拾肆名唬船柒只每只民队舵兵壹拾陆名网船贰只每只民兵贰名军渔哨船陆只每只军队舵兵贰拾肆名军唬船肆只每只军队舵兵壹拾陆名共肆百伍拾陆名汛期泊守洋屿海洋专哨长腰伍屿北皋嘴炎亭石坪舥艚一带北与飞云关总哨官南与镇下关哨东与金盘左哨各兵船会哨以顾平阳金乡地方应援飞云镇下二关及金盘总左哨汛毕收回江口港次

镇下关总哨官壹员督同哨官壹员统领草撇船壹只民捕舵兵贰拾肆名贴驾队军贰拾贰名铁头船肆只每只民捕舵兵贰拾叁名贴驾队军壹拾肆名民唬船玖只每只民队舵兵壹拾陆名网船贰只每只兵贰名民渔船贰只每只民队舵兵贰拾贰名军渔哨船伍只每只军队舵兵贰拾肆名军唬船叁只每只军队舵兵壹拾陆名共伍百伍拾肆名汛期泊守镇下门官岙海洋专哨南皋嘴大岙竿山孙潼头一带北与江口关南与福建烽火关东与金盘总右哨各兵船会哨以顾金乡蒲壮地方应援江口关及金盘总右哨汛毕收回江口港次

万历贰拾玖年奉督抚军门刘明文行据金盘备倭把总李孟隆呈称本游兵船今泊南麂哨巡竹屿沙岙石首鱼岙等处俱皆依附南麂一山此外一望无际难以泊船惟可朝出暮入设遇倭奴从傍直上内地则南麂远涉杳闻贼顾居内兵顾居外即有哨报万一阻风逆水跬步不前殊为可虞合无将南游左右中叁哨兵船每年轮拨贰哨督令两哨官带领照常哨守南麂等处把总亲领壹哨兵船于三区凤凰洋屿等处中路海洋调度平时往来督察遇警

应援并剿庶可上图瑞平之门户下控南麂之藩篱等因批据该兵道覆议详允见在遵行

备录【查得本区两游肆关一随征原额大小战船共壹百捌拾陆只内福船玖只草撇船壹拾叁只苍铁船贰拾陆只捌桨船贰只河田船壹只民唬船叁拾柒只军唬船壹拾贰只军渔船陆拾陆只网船贰拾只又中军营民唬船伍只标营民唬船拾只通共贰百壹只分派哨守续于万历拾玖年间闻警议加壹号福船陆只民唬船叁拾叁只共加叁拾玖只嗣因东事告宁兵复原额渐次减汰及将应拆壹贰号福船改造草撇铁唬等船余出军兵造驾渔唬小船见在关游福船柒只贰号者民目兵贰拾捌名叁号者民目兵贰拾柒名肆号者民目兵贰拾陆名草撇船玖只每只民目兵贰拾肆名福草船俱贴驾队兵贰拾贰名铁头船贰拾壹只每只民目兵贰拾叁名军队兵壹拾肆名两游者加军壹名捌桨船贰只每只民目兵壹拾肆名军兵肆名河田船壹只民目兵壹拾叁名民渔船贰只每只民目兵壹拾玖名民唬船伍拾叁只每只民目兵壹拾陆名军渔船陆拾柒只每只军目兵贰拾贰名军唬船贰拾壹只每只军目兵壹拾陆名网船贰拾只每只民兵贰名万历贰拾捌年柒月内该温处兵巡道按察使汤议将黄华关应造壹号福船贰只内壹只改造肆号余出民兵叁名壹只改造沙船贰只每只额该民目兵贰拾贰名军兵肆名今将前余兵抵数仍缺民目兵壹拾贰名□该本道议详将省出船税募给捕舵贰名尚缺兵壹拾名□饷詘暂停就将溢出军兵壹拾叁名□每船再加叁名□□肆名与大船兑换民兵肆名分加贰船凑驾外余军兵叁名拨补别船额缺又中军营民唬船陆只每只民目兵壹拾陆名军唬船贰只每只军兵壹拾陆名□船贰只每只民兵贰名标营民唬船陆只系该营中哨官兵划驾以上通共战船贰百贰拾壹只□之旧额船只虽稍□溢兵数原无多增盖因大船转折艰难改造小船利于□□故耳

万历叁拾年伍月内准前道册开奉文将本区叁号福船壹只捌桨船壹只铁头船壹只今改造鸟船叁只镇下关新增渔船贰只唬船肆只共加兵壹百捌名】

查得该区加增橹兵内铁头船贰拾壹只每只加民兵陆名民渔船贰只加民兵肆名八桨船壹只加民兵贰名共加民橹兵壹百叁拾贰名军渔船陆拾柒只每只加军兵贰名民河田船壹只加军兵肆名共加军橹兵壹百叁拾捌名于万历叁拾壹年该布政司清军道右布政使范　覆议各船加增军民橹兵悉照该道所议行令短募大约以发春汛日起掣汛日止计肆个月民橹兵共该饷银肆百柒拾伍两贰钱军橹兵共该粮银肆百两贰钱似应著为定例呈奉督抚军门刘详允通行遵照缘由备载宁波区款下

原考

衢州兵巡道监督

总捕都司统领

衢州防矿官兵壹营总捕都司标下中军督阵官壹员书记贰名健步捌名吹鼓手拾贰名火药匠壹名旗手贰拾叁名马丁贰名战马贰匹中军官下书记壹名健步壹名家丁壹名官兵叁总内募兵壹总支徽州府饷银民壮兵贰总每总名色把总壹员书记壹名医生壹名健步贰名旗手捌名吹鼓手陆名火药匠壹名战马壹匹哨官伍员每员家丁壹名队长壹拾伍名什长肆拾伍名兵肆百伍拾名共伍百肆拾壹员名匹通共官兵杂流战马壹千陆百贰拾叁员名匹俱屯插衢州府城训练如遇矿徒窃发调发督剿以上各哨照得倭船入寇必至下八山分䑸若东北风猛则向马蹟西南行过韭山以犯闽粤若东南风猛则向殿前羊山过淡水门以犯苏松若正东风猛则向大衢西行过乌沙门以犯浙江盖羊山正浙直交界之处倭船出没之冲浙直兵船会哨于此而韭山者尤我浙咽喉要害至于镇下门木林隘又浙福交会之区极冲之地也各总兵船权其冲缓而分布之远侦之可谓谋周而虑著矣然倭奴踰海而来因粮于我每人止带淡水数斤干粮数升□若绝其汲道坚壁清野其计自穷故于大汛之期通行严谕附廓及乡落积米之家预先搬运入城毋为盗资惟舟山孤悬海□每每恃顽玩愒不行收敛倘遇贼至当遣官兵焚之贼□所掠势难久居乘其敝而击之蔑不胜矣此已试之明□也

续定

衢州兵巡道监督

防矿守备统领

衢州陆兵二营防矿官兵战马杂役共计捌百捌拾壹员名匹哨船壹拾捌只内

兵巡道标下中军官壹员书记壹名

左营守备壹员书记壹名家丁健步马丁战马共陆名匹兼管左营下书记壹名医生壹名旗手健步吹鼓手火药匠壹拾柒名共贰拾柒员名匹哨官肆员各家丁壹名队长壹拾贰名什长叁拾陆名兵叁百陆拾名共肆百壹拾陆员名

右营把总壹员书记壹名旗健吹鼓手火药匠壹拾柒名战马壹匹共贰拾员名匹哨官并家丁队什长兵士俱与左营同平时屯插衢州府城听守备训练每年秋尽冬初分拨官兵把守徽金衢严各交界险要地方巡缉矿盗每半月一换至次年叁月中旬掣回近奉开採议详改拨通矿产矿险要地方常川把截仍听守备不时亲诣查点

又原设哨船壹拾捌只分拨西龙江常肆县津隘□次常川哨守

备录【查得先年额设防矿总捕都司壹员中军兼督阵并领兵名色把总共叁员哨官壹拾员队什兵士杂流共壹千壹百壹拾玖名战马肆匹立为前左贰营万历拾伍年陆月内奉督抚部院温会同巡按御史傅题奉钦依将总捕都司改为守备及裁名色把总□□兵壹总听守备管领壹总于所属指挥千百户中选□□□员领之听守备节制其驻守分防之地并听该道□束续□文减汰并为肆哨实计守备壹员中军壹员领兵把总壹员哨官捌员队什兵士杂流共捌百陆拾玖名战马贰匹万历拾玖年间因夷情重大添设威远营官兵壹总伍百柒员名听守备训练调用万历贰拾年正月内调发舟山防汛柒月内分发贰哨调征宁夏仍存叁哨与防矿官兵并为左右贰营每营复为伍哨左营仍听守备兼领共计伍百肆拾柒员名匹右营伍百肆拾壹员名匹中军壹员书记壹名通共壹千玖拾员名匹万历贰拾壹年春汛调右营官兵防守嘉区澉浦地方至万历贰拾肆年捌月内奉文挑选每营并为肆哨左营官兵杂流并守备员役战马共计肆百肆拾叁员名匹右营官兵杂流等役共计肆百叁拾柒员名匹中军壹员书记壹名通共捌百捌拾贰员名匹万历贰拾捌年奉文减去右营医生壹名将左营医生隶之守备总理实存捌百捌拾壹员名匹又万历贰拾柒年玖月内因四川杨首倡乱调兵伍百名以右营把总索信统领赴援万历贰拾捌年玖月撤还除赏遣归农外尚余官兵叁百叁拾伍员名暂立西凯贰哨仍以索信照把总例食粮部领后将本官调补台区贰哨目兵陆续拨补左右贰营汰革兵缺仍余壹百余名于万历叁拾年正月内岁补宁绍贰区陆营兵制复额万历叁拾年春汛复调右营官兵防守宁波观海地方】

卷四

原考

一申严哨探查得沿海哨报之规各区官兵分拨小哨叭喇唬网船轮流远出外洋往来哨逻仍与邻近兵船交相会哨烽堠拨军瞭望遇有警息通行飞报又为军务事奉钦差督抚军门谷案验照得各区旧规水兵遇汛彼此会哨取单查考但恐人心玩愒率多虚应就于近洋交单是以贼在外洋且俱隐匿不报殊为误事仰道即将发去哨符照式刊刷编号印发把总各官照依派定处所给符填注发日时刻往来会哨交符即填到时汛毕缴查等因遵行在卷又为敷陈海防事宜以备采择事奉军门批本道呈议将沿海烽堠台寨置立循环哨筹分发乍浦所叁拾根蒲门所叁拾根每年叁月拾伍日起至陆月拾伍日止每日南北各递发壹筹彼此循环毋分雨夜逐墩递送传报有无声息责令各卫陆路官置簿登记递到筹号姓名日时每伍日类将具由入驿飞报军门并就近海兵该道查考等因依奉每年汛期该本道置筹分发传递向在遵行又为申明边报事万历元年肆月内该本道副使刘照得军机重务侦探为先海洋辽远传报贵的况狡寇乘潮往来我兵截剿策应全在烽燧不愆警报及时及访得各路官兵率多玩寇喜功虚声邀赏□□□□说摇兀众心或捉风捕影妄传警报或纵贼已过而云穷□不及或临敌退缩而云风阻不前或忌邻境成功不行策应或攘他区功次先报捷音□警众咻各报互异至有杀渔樵以报虚功纵真寇而不以闻者迩来本道总参戒谕虽严而旧套未改故违法纪干犯军机相应严加申饬合行各该将领等官务要亲督兵船远出外洋往来哨探遇有贼船经由信地即许从实飞报某处贼船几只大约贼有几何传报邻境分投防御火速应援一面急督官兵相机夹剿务要殄除尽绝以靖地方止许先报本道及总参衙门核实转报其把总总哨官不得虚张越报若贼未近境尤不许望风先报乱人耳目致人疑信至于远哨兵船见贼即当驰报又不可限定信地致误机宜若贼由信地及在海洋抢掠渔船相应飞报而隐匿不报者查参重究处以军法庶事体归一边报足凭缓急剿守之

间□有曲中之策矣备由呈蒙钦差督抚军门方批如议行缴钦差巡按浙江等处监察御史马批据议切中海防夙弊但恐核实后报恐致稽迟必贼至信地而后报又恐官兵偷安者得以藉口将来误事者未必无也今该道布置严整纪律振肃自可保无此弊本院之讲求者为久远计也照议该道斟酌行之仍候军门详示行缴又蒙巡按浙江监察御史萧批警报固不可不慎不慎将有摇动之忧亦不可不广不广则有壅蔽之患据呈慎则慎矣得毋不广乎本道酌议再报又该本道覆议得各区将领每有窃取虚声捕影妄报自夸警策摇兀众心诚于军机不中肯綮故令先报本道总参衙门核实转报者惟在慎实而已恐后各该将领乘此隐蔽似有不广之虑合行各把总等官以后哨探遇有贼船果经信地许即从实飞报院道总参等衙门以广传闻便于策应如贼未及境不许捉风越报止许具报本道总参衙门核实转报随机策应庶众心不致摇兀军机自得于广传矣备由呈蒙本院详批前议两端亦具但本院职在监察亦不可无此一段申明也如议行缴依蒙通行水陆各总见在一体遵照

申谕

一申严哨探

万历贰拾伍年间为申严哨探以重海防事该海兵道按察使范奉督抚军门刘宪牌遵查看得烽堠墩台为海上吃紧要务前已备行各府并各把总官查勘各墩无屋者起造塌坏者修葺各经回报修完诚恐墩屋虽修而墩军玩法不上守宿传筹仍或寄食于附近居民凡遇点闸随往随返其令等积至叁根伍根不传于墩而传于家是虽修理其弊犹故海洋辽阔漫无稽查相应设法查考仰清军官即行各卫所陆路官今后凡各墩中置立风火簿壹扇编立某区在南在东等处壹贰叁等号其间柴楼烟缸火把旗桅短枪铜锣角螺蓑衣箬笠锅灶一应合用器物尽皆登记于簿之前其传到哨筹随到随递一到一传俱写某日某时某刻序列簿之第贰叶之后每叶定为行数使无潦草参差各备倭把总亲自钤记字号不时吊查有违法者轻则径责仍纪过汛毕总算以行赏罚情重解道以军法行事虽人情每喜逸惮烦而防海惟有备无患况传递声息兵家要图万毋忽略

又该前道条立填汛之簿各汛兵每有后时而出先时而返哨唬不报哨总不查即或查出不行通报上下相蒙无从稽考今本道钤发文簿壹扇于各区备倭把总该总照式行令各哨唬将各军各兵到哨日期操练日期游探日期汛归日期逐一填注汛毕各哨唬呈缴该总该总并原发簿扇类缴本道仍各查其不到者到迟者归早者躲懒不习艺者分别名款每总具壹揭并呈本道以便查提或该哨隐情不开罪坐哨总□总隐情不开罪坐备倭各宜详慎无自取悔

又为申严哨探以重海防事万历二十八年间该海兵道按察使范奉督抚军门刘宪牌照得各区沿海地方水陆设备防御颇周弟所□先时知警全在侦探粤稽海防考内开各区旧规水兵遇汛彼此会哨取单查考置立哨符发道刊刷编号印发把总各官照依派定处所给符填注发日时刻往来会哨交符即填到时不许就于近洋交单汛毕缴查又议将沿海烽堠台寨置立循环哨筹分发乍浦蒲门二所各三十根每年三月十五日起至六月十五日止每日南北各递发一筹彼此循环无分两夜逐墩递送责令各卫陆路官置簿登记递到筹号姓名日时每五日类由入递飞报各载在成书制极详密近来人心玩愒一应水陆侦探虽不尽废旧规实多虚应故事节据倭船突入海寇横行衅萌已征申饬宜预查得该道敕专海防凡各区防御机宜例得与闻合行查议仰该道即便会行嘉台温三兵道备查沿海水陆哨探旧规某处兵船派定某处应与某区船会哨先年哨符是否见在遵行陆路南北传筹乍浦蒲门交接递送有无阻碍即今沿海卫所递到报单是否悉照先年旧制务各悉心查议按仿旧章斟酌时势立法稽核必使经久可行查议妥当水兵将派定会哨处所及该管将领陆路将烽堠台寨坐落地方并该管卫所逐一关会该道该道再加总核于大汛前详报以凭通行申饬者当遵行奉经备行嘉湖台州温处各兵巡道并宁绍参将及总兵衙门查议去后又经催准嘉湖兵巡道关准管杭嘉湖参将事游击万邦孚手本回称本区沿海地方北起乍浦白沙湾南抵海宁赭山寨延袤三百余里旧设台寨五十三座内海宁所属一十四座澉浦所属一十三座海宁卫属九座乍浦所属一十七座各设陆路官一员管理

续于万历二十六年间该嘉兴府海防朱同知条议除陆路官照旧总统外仍每墩五座委官一员督军防守接递南北循环哨筹往来并无阻碍且令各墩置有烟缸草把遇警烽火相接哨瞭极为严密即今沿海卫所每十日递送报单俱按先年旧章此台堠防御之规制也浙西沿海卫所城池有四一海宁一澉浦一海盐一乍浦额故官兵陆

总乍浦所设兵二总前营民兵系把总采成文统领左营军兵系把总方承恩统领汛期议将前营官兵调守梁庄地方北与直隶金山营官兵会哨于浙直交界大营盘地方南与左营军兵会哨乍浦教场而左营官兵汛期调守该所教场北与采成文官兵会哨南与后营官兵会哨海盐设有官兵二总后营民兵系把总项瑞芳统领中左营军兵系把总童养初统领汛期各调札守龙王塘后营北哨至白马庙地方与左营官兵会哨中左营南哨至秦驻山与右营官兵会哨澉浦所设有右营军兵一总系□总严有翼统领汛期出守该所南海口南哨至黄湾寨与中右营官兵会哨北哨至秦驻山与中左营官兵会哨海宁所设有中右营军兵一总系把总吴元彦统领汛期出守该所教场南哨至沿海一带与赭山巡检司官兵会哨北哨至黄湾寨与右营官兵会哨彼此联络互相交会取各印记到单缴送查考此陆兵哨守之规制也水兵额有羊许乍澉三关隶总哨官马上锦王尚贤戴惟德三员分管皆属海宁备倭把总赵文宪所辖海盐关兵船一枝系中军把总季文学统领名曰中游哨大小汛期出泊白塔海港专听本职坐驾督察汛毕掣回内河巡缉盐盗无容别议外及查三哨兵船一出羊许圣姑礁住泊一守澉浦黄道关一守乍浦唐家湾其哨防之令向遵旧章

近于二十六年间奉督抚军门刘批允本道议详浙直兵船会哨缘由给与哨符令羊山游哨兵船与直隶吴淞及浙东临定兵船会哨澉乍二关兵船亦与直隶金山营兵船在于浙直交界海洋会哨各彼此交换倒单其羊许游哨兵船又奉总镇府再给哨单责与临观总下兵船会哨兑单汛毕仍以三哨沙唬等船各以半月为期分派班次更番远出外洋哨逻又准本道明文后船到信地方许前船离信地见在遵行此水兵哨守之规制也及经行据把总赵文宪议得浙东浙西船兵会□□节中间恐捕舵或避风涛险阻或畏严寒盛暑或此往而彼不来或前哨而后不继偷泊内港不行哨逻海洋渺阔难以稽查欲于旧法之中再加缜核令宁嘉二区兵船除大小汛防外其余月分照依派定班次日期彼此令该总哨官驾船必至各参将衙门挂号取印记亲笔到日哨符回销如遇公出不妨于备倭把总或各卫经历司取获到单回缴如前哨船只风阻未回则后哨兵船照日驾赴会哨不惟偷惰之弊可厘且使海洋有兵船联络之势似为有见并请裁酌等因移会前来该本道看得浙西信地原与直隶相连而彼中捕鱼船只恃有官给印票往往装载多人直至浙西羊许二山樵采捕鱼本区防守官兵稍稍盘诘彼即执出印照一任往来海洋设或乘间抢劫商船旋即遁归原路毕竟莫可踪迹先事预防之法亟应讲求又经行准该参议称羊许海洋每遇鱼汛之时匪独直隶渔船出没而温台宁绍各区渔船俱集彼洋当此之时正官兵出守之际人船众多纵有奸徒不敢为盗所虑四五月鱼汛一毕渔船各收港岙而崇明各沙船只假以樵采为名乘间为奸莫可谁何合无通行浙直海防衙门一俟鱼汛毕日即收其原给印单旗由严禁不许出海樵捕仍行直隶总镇衙门照依本区规则将各大小兵船属刘河者该船并旗蓬大书刘河营三字属吴淞者大书吴淞营三字商贩客船各该府县著落牙行埠头大书某县某埠某字号船户某人粉字于船尾每船稍水止容三四务令三五船结䑸而行不得装载多人私带军器及孤船行使若成䑸货船尾后有船户姓名者各该官兵不必盘验止将经过月日船只字号登记在官以备查考倘遇孤船及尾后无名者许容盘验驱逐拒犯者拿解所在官司治罪如此则寇盗潜迹海宇肃清矣到道该本道覆看得本区沿海一带额设水陆官兵分布信地悉照先年旧规及奉本都院近行每遇汛期给与哨符与浙东临定直隶吴淞金盘营往来交会而烽堠墩台各拨官军防守传递循环哨筹舳舻相望声息相通所为备御之计极详且密而又本道时加申饬遵行并无阻碍则海防已屹然称固矣前该本道因羊许哨远出外洋乍澉哨住守本地中有劳逸每年于正月间议将三总哨官□定防守汛毕仍照往例三哨半月为期轮班侦探近查汛毕轮哨之船期满者倘遇顺风便回后哨者苦于逆浪难往则信地无兵不无可虞复经严令出哨官兵毋分期限必俟后哨船至羊山方许前船掣驾回关令信地常有官兵以消盗萌其宁嘉二区哨船除大小二汛照□定地方哨会外汛毕月分彼此会哨后宁区仍赴浙西远□仍赴海东各参将衙门挂号守取印记亲临巡缉督令指挥使东西哨船常川往来如织且以防汛哨官通同偷快之验仍应知会直隶苏松道及总参衙门一体照议交哨庶成绸缪至计

至于本区羊山信地原与直隶相连而崇明刘河等处沙船每假樵捕为名径入本区海面诘之则执有官照容之或乘间窃劫海洋辽邈稽察为难此又不可不预为设法禁戢者应行彼中各该衙门凡防汛毕日尽收原给印单不许再行越界樵捕其兵船仍以该区字号商船以该埠字号各大书于船尾以别杂船其有越界及无号者即盘验驱逐如有抗拒者即行拿□行此四策庶哨法益密盗源可清而海洋可保无事矣又准台州兵备道关准署分守台金严地方参将事都司封建手本开据松海把总庄以蒞呈遵该查得先年哨符见在遵行陆路传筹向俱传递卫所

报单悉遵往制至于旧单悉行遵仿酌之时势少有补于稽考之万一者相应并请切照原行传递哨筹不分风雨宪行在案查理殊严向来传递不敢迟滞然递止一根行惟一卒人惮卒勤或恐耽搁为今合无将合属烽堠查其里数相悬若干每日请定行里若干则原发之处日发一根先发者已在百里之前后发者必在百里之后前后挨行势难骤及各该管官凡遇筹到每系日止一根者亦明白填报如积叠三根或五根者亦即填入报内呈报查究如各堠因循混同不明者通□不贷并坐管官里数限定则人不敢稽迟哨筹可以逐根流行而绝延挨之一端矣会哨宪符法虽尽美亦惟逐关逐哨分给各于左右相会邻近关照官兵固无怠玩而稽核尤须详密合无于哨符之外另立信筹一十八根分循字九根环字九根春汛听候颁发每十日传发循环各一枝循字左向大陈发至鲤港次鹿头次漩门次派片次灵门次猫见头次深门次关口次牛头次静寇次大佛头次主山次东西矶缴大陈周围挨会环字右向起于东西矶讫于鲤港缴至大陈该管总哨哨官挂号并取附近信地卫所如松门海门楚门前所健跳之处印信缴照附以□单填记筹完类缴单即类清飞递海上传筹非舟莫达舟既往来络绎不绝一望无际凡有情形可以立晓如此可以加严水上会哨之一端也

再照哨筹之传责任固在于堠军迟速亦关于渡口别区之渡不能查考本区如有官渡外向无渡船如楚门有东门西门二堠之中一渡西门堠至蒲岐双陡门之中一渡如健跳茅头堠至昌国之冯家山堠一渡三渡之中茅头堠至冯家山陆路约有三百往返须得六日水面一潮有余忽遇风波不可计量又系交界隔属虽向来随宜分布雇倩权宜殊非永久可行前须无渡之处相应议处以便传递哨筹过渡必填时日入单类报与同堠军一体属本区者遵候示下酌处交界之所必须转详会议设立如此则渡口不致耽搁哨筹传速之又一端也

统惟裁覆等因前来据此该职仿酌旧章看得本区沿海一带去处正控瓯宁为浙东要冲之地海洋辽阔延袤数百里疆场界限不为不广总之水陆信地数多先年议设官兵船只星罗分布卫所烽堠悉皆联络遇汛海上则有本道给发哨符逐关分哨陆路原系海道降给哨筹沿堠递送烟火相传向依往制传筹会哨并无阻滞遵行原法兵军称便可谓善且备矣今据该总所议烽堠哨筹计程限日填报稽查哨符之外另立循环严加巡逻似为海陆加哨以卫地方之意复该本职勘得天下有治人无治法有是实心方有是实政不然虽有治法实政而无治人实心无益于事也为今之计本职再加号令三军务遵旧章著实奉行仍亲查闸加意稽核水陆筹符计程限日应到本职衙门处所经过送进查验稍有违慢迟误日时俱可尽知连将该管重惩军法如此则法不必更异不必立会哨传筹均无阻滞偷安之弊而原议立法美意可以焕然一新海洋警息可以时刻传闻庶法令有核实之政事件无增置之扰而地方有御备之防军民享安宁之庆矣其蒲岐陡门昌国冯家山缺船渡筹之处原系隔属合听本道裁夺除将会哨处所烽堠□□卫所造册送来外烦请查照等因到道看得筹边之计侦探为先海洋御侮传报贵速则我兵有先事之防无临时之误水陆符筹先该当事者经划已悉似无遗策矣今据松海把总庄以蔬参旧酌时议以烽堠传筹计程限日总稽迟速哨符之外另立循环信筹传递总哨挂号似为有见相应准从但议取附近信地卫所印照并该参欲将水陆筹符赴本参查验无非戒严之意第恐风涛乘便而往返投领守候需时稽迟者反得以藉口推诿且有水陆总哨等官挂号稽查似无阻滞有难允行

再查楚门所西门堠至东门堠又西门堠至蒲岐所双陡门健跳所茅头堠至昌国卫冯家山堠三渡皆属要津向无官渡令其自倩往来委有未便相应设立渡船应照本区海门卫椒江渡事例楚门所设船二只每只拨军四名在于东西二堠健跳所海面辽远设船一只拨军六名在于茅头堠各往来传报其造船之费应于概所军粮内扣造渡军听有司会同备倭把总于点差时更拨如遇修舱渡军自备工料如此则水陆哨探皆无阻碍永可遵守其双陡门冯家山二渡听该道酌行又准温处兵巡道关行据温州府海防同知陈禹谟呈蒙经行准参将王元周手本开称行据金盘把总李孟隆呈遵行金盘卫所掌印及中游哨黄华等四关各总哨等官呈每年汛期蒙发循环哨筹及哨□在于沿海一带烽堠南北传递并各关游信海交相会哨遵行在卷并无阻碍无容别议造册前来该本参看得本区信地北自台州交界南抵福建沙埕延袤数百余里地方辽阔在在冲危虽水陆官兵棋布星列亦颇周匝但岛屿盘曲海面邈茫若非官兵联络哨探筹符循环往来未免彼此间隔声息卒难相闻疏虞诚所难免业经兵巡道水兵置有哨符汛期印给关游会哨交填陆路置有哨筹汛期给发台寨南北接递循去环来已上二项各该管官督率于下本道参机察于上不致一处间断无容一时疏懈为法至周且密见在遵行向无违碍今蒙军门廑念哨防本职岂不悉心讲求第成宪犁然可遵奉行素无违悖无可改更似难别有支议惟自今以后本职祗奉军门威令于汛期督

汛之日将传符之事再加严行稽察无容上下因循虚应抵塞立法即善行法亦恪庶于哨防可无误事也并造水陆会哨传筹文册前来准此为照原设水陆哨符哨筹诚为稽查海防刃要已经行会王参将通行查明水陆向在遵行各无违碍已为详悉经久可行无容再议似应遵照原行交相传递但至汛期须参把各官再行申明督饬务使法令严明上下益加遵守则人心警惕而海隅永保无虞矣等因到道据此为照温区水陆官兵每遇汛期遵照军门旧制水兵渔唬哨船南抵福建沙埕北抵台州交界互相会哨彼此填符而陆路烽堠台寨向置有哨筹南自瑞平等所北自后蒲等所沿海一带交相传递一遵旧章无敢怠弛今奉军门行查仰见慎重海防至意业经据海防官会同该参查覆前来就经本道出示申饬各该关营总哨及陆路官务要严督军士昼夜侦探瞭望会哨传筹其在风雨晦螟之日尤宜加谨倘遇警息即便举放烽火掣兵擒剿毋容偷惰务保万全违者军法从事即今官兵遵守似无庸别议矣

又准分守宁绍参将陈九思手本回称据坐营定临把总黎弘敷詹斌王万年署昌国把总许好学正兵游哨中军把总张毓阳等呈查得各哨水兵俱照先年原定哨道汛期出守奉发哨符俱经照数分授各哨官收候在于派定信洋与邻境官兵交相巡哨填注会哨日时官捕船只姓名海洋信地互相兑换把总官时加督察汛毕稽核勤惰数缴海兵道查考收汛回关仍照旧分班轮拨沙唬船只责差哨官带赴各信洋哨逻每半月班满仍赴本参验销各遵旧制著实奉行不敢少忽各营陆兵汛期分发沿海卫所安插防御各照分定界止交相会哨仍每五里拨塘报兵士伏路侦探声息遇警协力堵截其沿海烽堠照额拨军哨守春汛蒙发循环哨筹南北挨堠往回传递各陆路官逐号登记姓名日时每五日各官具单飞报并无阻碍久远可行但各堠厂房率多圮坏未经修造虽令各军搭盖草房栖止传筹瞭望此亦一时权宜非可经久亟应严查军民界址给料刻期完葺以备春防并开各派定会哨处所烽堠数目各到职该本职覆查得宁绍区水陆信地俱系冲要海洋处处曾经登犯故先今酌量缓急详定哨守处所分派官兵星列棋布势相联络无容更议汛期上有总镇本参躬巡海上复有备倭把总稽察往来督率哨总哨官带领捕兵远行哨探其势自难偷惰嗣立邻区填会哨符一法最称详密向在遵行中间官捕奉令勤慎志切功名按期会填时日不□者固多或有哨道辽远风浪阻隔捕兵惮涉波涛一次填符二三张者有之汛事将阑不复再会候集内港彼此类填私换者有之其弊皆起于汛毕类缴即有愆期规避莫能稽核今春汛事叵测哨探当严相应申饬各官务与邻区按时会哨即风潮停阻亦不许迟过五日换到哨符各总哨哨官每半月类送备倭把总即时转缴本道查对仍将缴过某哨某号哨符张数日期同日呈报本镇本参以凭巡临该信掣符稽察不许仍候汛毕类缴自无惮烦预填内港私换之弊矣其沿海卫所堠墩之设每座止隔拾里烽火相望专备临时传报数百里声息一二时可达沿海最要务也近幸承平人玩备弛先事者复设传□以防婾惰良为有见乃时平愈久玩弛愈甚各处堠屋多有倒坏不修旗军无所栖止数竹片蓬名为搭厂实则借宿民家至于鸡犬炮薪一无所备以致顽梗之徒及跟官人役势豪之家挂名影冒者足迹不到其地每墩或轮一二人传报每寨或留三五人宿守南北递到哨筹任意停留或稽迟二三时或堆积二三根方为分投传递堠中竟无一军陆路官因循不行查核平时徒糜钱粮万有警息误事匪细为今之计惟当及时督责修盖堠屋便军栖止然后责其顿办赍裹每军各带熟米壹石贰斗并积薪备炮畜带鸡犬以防夜警不许时刻下堠及假取办衣粮名色严督用心瞭望传递哨筹仍置文簿填注每日风雨阴晴字样类缴查对陆路官临汛则查勘柴米诸物不时则挨墩点闸有不备不到者许同役旗军互相觉举轻则径处重则申究递到哨筹即刻传递毋许仍前迟误片时及堆积类送若前墩稽迟本墩即于筹内签贴某堠稽迟几时字样一面传递一面挨查该管官于传筹报单内开填稽误姓名通报以便查治备倭总或巡哨该堠地方务要登堠查闸有不到及传筹稽迟风雨差讹者即便查究陆路官隐蔽者一体同治大小各官随役再有挂冒者罪以役估势豪影射者罪以连坐如此庶积玩可祛斥堠无误矣

至于前项堠军各有家室之顾月粮不给则俯仰无资□□难办督察虽勤彼得藉口今应比照民兵及海差军兵事例预给粮米春汛四个月小汛两个月安顿室家出堠瞭守既无内顾之忧复有裹餱之备督责方严自难推诿此师行粮从军得宿饱防边要务在今日所当并议者也其昌国游仙南堡二寨旗军为数独多积弊犹甚全在该区备倭把总严督守寨各官时加查闸毋容一日懈弛以绝偷安影冒之弊又准总兵李应诏手本回称大小二汛海洋之会筹交符陆路之传筹瞭望并无违阻近该本镇于临观海宁二总各给到单如临观者必赴浙西参将衙门海宁者必赴宁绍参将衙门各挂号以杜就近偷安之弊复经行据各区参将议报前来该本镇看得法贵划一事贵实行各该参总等官身膺疆场重务各所议覆固有可采而言异人殊似碍通行就中取其最者则杭嘉湖区之议为切也

各覆到道覆看得全浙海防汛期水有哨符交相会哨陆有哨筹循环侦探防御之计已周督饬之令且密区划可谓无遗略矣但人情久则生玩要在该管官奉行惟谨耳今准各道参并总镇所议虽各因地制宜均之有裨时事其中如总镇衙门近立会筹到单编号颁行临观海宁二总轮哨兵船赴各参将处挂号则类筹交会之弊永革往来声息常通此总镇之议当行也□在嘉湖区与直隶接壤羊许二山盗贼渊薮防范之计尤须加严所议渔汛毕日即收原给印单旗由委可杜绝衅萌关会邻界兵船以该区字号商船以该埠字号各书于旗蓬船尾并不许藏带军器装载多人以便稽盗此事本道上年已经呈详今该道覆议相合亟应通知著为定例此嘉湖道之议当行也其台州区兵船会哨申明旧章之外加以信筹水哨之事详且尽矣而传筹增设官渡一节往来胥便应俟该道酌妥数目另详此台兵道之议当行也其温区向遵旧章无复更辙惟再严行水陆官兵不得虚文相应则号令申明部伍更肃此温处道之议当行也其宁绍区水陆大小将领等官咸遵成算恪守夙规如参将所议烽堠屋舍火草烟缸鸡犬之类已该本道通行清理旧址行府查估修造并令各置风火簿一扇将烽墩各物附载簿中行令备倭把总躬亲稽查本道又不时督察哨筹随到随递不许违误水操巡探之暇责令随地较射较艺按期操练各有汛考簿式备填日期不许偷安至于卫所城垣向多倾圮者今已渐次修理完固粮饷责成有司亦依期给发各无容别议外及查循环哨筹分发收缴年来未及申明每至参差迟误如二十八年分春汛收掣欠缴循字号筹一十八根行文各总火速挨提催据金盘把总李孟隆查将陆路员役王希文等官兵解□□从轻责戒复经严□通行毋得再误违者并将备倭总□治

又查先年各筹以三月十五日递起至六月十五日免发循去环来应该发循缴环发环缴循令节年防倭日密出汛亦蚤各筹既以二月十五日递起六月十五日免发共计四个月每日南北各发一根循环二筹一往一来扣该接递二遍应得发循缴循发环缴环彼此两便复经关会嘉湖台温各兵巡道一体督饬及通行金盘海宁并沿界松海昌国定海临观各把总严督所辖陆路官军筹到随即传递过渡处所拨船装送照依旧规每五日一次类报通行在卷但本道烽堠各墩罗列寥阔虽云修葺亦潦草遮盖未为经久之居仍当行有司会同卫所查有堪用钱粮各竖数椽整理砖瓦使军役便于栖身不致虚应故事此宁绍道之议当行也再照哨符哨筹遵行已久并无阻碍沿海卫所递到报单悉照旧规虽各道总参建议亦不过于旧章之内随宜调剂再加缜密耳除到单听总镇行临观海宁二总赴各参将衙门挂号外合无候详允示备行嘉湖兵巡道照依渔汛毕日即收原给印单旗由关会直隶兵道总参衙门将各项船只照区照埠编号大书姓名民船禁带器械及揽载多人以绝羊许二山盗船横行之害台州兵道□船查确另详温处道严加申饬水陆官兵官军宁绍兵道仍将各烽堠查处钱粮悉行整顿则法令焕然一新亦且经久可行等因呈奉本都院详允备行各区遵照举行在卷

万历二十九年间奉督抚军门刘明文准总兵李手本开称除沿海烽堠待有贼船逼近内地方可举火传报外今查外岛若不立法传烽曷能声息迅达牌行四参将各于该区哨守海洋择其极高山顶为远迩瞻望处所责令捕兵每山用石叠砌三大烽墩每墩堆积干柴二三十担严密苫盖毋令雨湿一遇有警本处瞭望之兵即便举火焚烧邻哨见火亦即挨次举放如此虽千里之遥亦瞬息可达矣该区兵船望火起处奋勇赴敌邻哨兵船亦即策应务收全捷且在内边海一带尤便预防等因移会到院本院特行申饬见在遵行

又为军务事万历三十年间准海兵道参议兼佥事王咨据昌国总都司詹斌呈称职仰遵明令督大小兵船出洋防御窃查前奉督抚军门温刊布练兵檄开载宁绍浙西台温四区划守信地与各总会哨海面凿凿明白其南渔山字样并未开载于宁区界盖南渔实台区之外岛犹宁区之浪冈也一遇警息不别界限动以宁区兵船督逻南渔仍不知南渔远在台区极岛宁区官兵急于功赏每亦间哨实非专责亦非专哨也诚使视南渔为督哨之常必渐以南渔为宁区之属万一照嘉靖中贼首王直屯据双屿故事谋据南渔为分掠之逞亦必归咎宁区此时执兵檄欲诿之台区不亦称难哉以卑职计之南渔实属台区也查前任昌国把总方日升于万历十九年间议详兵巡海道副使张有案但经日久遂尔无闻合行具禀明察施行据即移会台金严参将吴允忠备查南渔山委应某区哨逻以便责成去后随准该参手本开称行据松海备倭把总庄以蔻呈蒙行据海门关总哨朱高呈据东西矶哨官赵致忠呈查得渔山自昔迄今未闻系台外岛今乃突称南渔山属台区难以捏覆又据大佛头哨官徐兴道呈查得渔山系极海远洋历年俱属韭山兵船哨逻况本信又在金齿林门之上则本区信守与渔山穹远洞然可知备呈到职覆查渔山所属原无开载台区图籍实在昌海外洋金齿开洋西风竟日可到去岁六月奉檄进剿渔山当初交夏至之时南风劲烈之际尤聚兵船于金齿门自南而北不在台境昭然可考及查练兵檄内台区并无渔山字样等因据查渔山字

面刊檄委无开载今该总备细查覆诚非推诿且练兵檄款说哨道甚明移覆到道准查南渔山乃海中吃紧之处哨逻宜严今以界限不明宁台二区彼此推诿或此地疏虞则失事之罚属之宁乎属之台乎备行总镇查议随准手本开称为查今春本镇巡历南洋径由台宁等区看得南渔山坐居极东下洋与昌国之金齿门海门之□□矶相对渺茫无际凡倭之来也必至此汲水窥觇乘风□突其去也则至此潜伏候风归岛实为倭夷出没之窟及查先年有志立功将领如松海把总王有麟昌国哨总杜德辉等于万历三四等年或追贼或伏截收功于此但该岛水深洋阔风浪异常险恶下皆沙石难以系椗泊船惟内有一小岙可泊唬船一二十只潮落俱阁沙涂岙口仅容唬船一只出入两山可以堵截岙外止用篾箁载石投水坠舟但可暂泊俱非久泊之地每次巡哨必于昏夜□潮候风间或一到使倭莫知我之发船情形方得到手故筹海图编海防类考练兵檄等书并未绘载南渔山岙亦未分坐某区哨道况界在昌国海门之交似不可独责之台又不可独倭之宁也为今之计合听本镇行令台金严参将吴允心管昌国把总事都司詹斌以后凡遇汛期相度机宜声息缓急责令谙晓海务总哨官员率令海门之主山东西矶昌国之韭山金齿门附近官兵船只前往南渔山哨探伏截每月终各参总将差过巡哨官兵船只有无警息缘由呈报本镇查考本镇仍不时差官督领游兵到彼会哨如或俘获倭级以奇功论赏怠玩误事者按法重治如此庶穷洋之险为我先据倭贼至□□无立足之地必使鲸□授首海□□□□未准行会之先本镇稔知南渔为御倭要道业已谕令游兵把总丁文麟□□龙等兵船相继巡哨异收一捷以图报称外今准查议拟合移覆到道为查南渔山坐居昌国海门之交为倭奴出没要道浪险石峻船难系泊即昌国之金齿门海门之东西矶俱形若相对势实渺茫故图籍不载专哨二区迄无成规即先年将领于此收功昌国松海俱有之则向来无专属之责明矣然事不划一势必推诿据承平之日二区已极口他托设有缓急不无袖手傍观斯时督责盖已晚矣今准总镇建议二区并哨深为有见合候详示备行各参总遵照以后汛期南渔山哨道在海门则率主山东西矶在昌国则率韭山金齿门各附近官兵船只前往哨剿月终将差过官兵船只有无警息缘由具报各兵道并总镇查考总镇衙门仍轮差游兵到彼会哨有功论赏违误重治著为定规庶二区不苦于专哨而海上备御亦称周密矣呈奉督抚军门刘详此严行二区遵照毋容推诿缴奉此见在遵行

又该兵巡温处道查得本道每遇汛期印发哨符移送本参转给关游各官遵照派定汛洋各驾船只往来会哨符上填写会哨过年月日时总哨用关记捕队用花押彼此互填汛毕缴查以稽偷惰为法已密又奉本督院宪牌议将金盘游哨并镇下关各兵船与福建□□关兵船会哨每月议定壹拾贰次内金盘把总督哨官驾船交哨肆次镇下关督哨官驾船交哨捌次彼此交单以联两省声势每双月终本参填簿转报军门至汛毕之时本参仍设有循环哨牌分发关游总哨官各拨渔唬小船远出各该紧要海洋哨探亦彼此交会填注日时及逐日哨泊处所在牌每半月一换似此立法益周哨守愈密矣

原考

一卫所军粮查得两浙沿海卫所各军有正例余丁之分旧规以额设与充废者俱谓正军各照差支粮奉例顶补绝军者廼谓例军不论差役轻重月止支粮伍斗其随差操舍余余丁旧例并不支粮近因海防多事始议将舍余余丁辏与正例军一体照差造支每年终该本道稽查差拨隆庆元年拾壹月内为军务事蒙抚按二院批本道议呈卫所正例军人舍余余丁点拨运粮常川月支捌斗点拨出海并抵充水陆兵者常川月支壹石运军减存与出海汛毕各依例扣粮抵料贴驾军汛期取用月支壹石汛毕寄操月支陆斗望斗者照出海名色造支其余正差烽堠墩台陆路厂隘军俱春汛二三四五月各支捌斗小汛与余月通支陆斗巡捕随操吹鼓手火药匠看守军器监禁卫所厅公馆分司演武厅中军楼马政军守附近各寨军兵各常川月支陆斗窑军巡盐军俱月支捌斗局匠军上工者月支捌斗办料者月支陆斗各官例用军伴照旧不支各正职迷失官遗下正枝舍人已经勘明者不分差役重轻有无妻小俱月支壹石未勘明者照舍余例不支粮又□□旗已并枪者虽拨轻差亦准月支捌斗未并枪者照军□□□□□□□月支陆斗例军月支伍斗已上各差□□□□海抵充水陆兵者及巡盐运粮窑局外其余若系正例军与问发永远军但有妻小或虽无妻小而有祖父母伯叔兄弟随住者准照全支只身者支肆斗伍升系问发终身军照例有妻者支伍斗无妻者支叁斗老幼正军果无壮丁依倚者月支叁斗有依倚者并不准支精壮正例军舍余丁存留卫所者俱发操备并轮班防守门铺听拨短差若系正例军准照操备支粮系舍余余丁不许另以操守门

铺为名冒支候有警调用之日方许计日支米壹升伍合隆庆肆年为整饬海防以图保障事该钦差督抚军门谷题准□选协驾军丁查得沿海卫所各军生长海滨且业渔樵风涛弗畏可选大小兵船协驾仍议加厚优恤常月给米壹石汛月加行粮肆斗伍升队长又月加银壹钱及编充陆兵者常月给米壹石汛月队长外加工食银壹钱什长伍分缘本道奉敕兼理边储杭嘉宁绍台温六府沿海九卫三十二所官军月粮俱听本道查核批给续因海边辽远往返多期难以及时支放议将松海金盘海宁卫所改于各驻扎兵巡道就近批行仍通详本道查核其宁定昌绍临观卫所造单呈送本道批给

万历元年叁月内该本道副使刘看得卫所月粮各本管官员不思抚恤军人视为予夺权柄多不依期请给例要打点造支就经立法通行俱于每月二十五日造单呈道即日批府支给该府文到十日内即行支放府卫所仓吏识人等不许指勒常例需索愆期其余松海等卫所虽有远近不同照期通详呈请先尽驻扎兵巡道衙门就近批行给发仍候本道批详到日开销

又为专责成以稽军粮以防欺冒事本年七月内该本道副使刘照得军储最重积蠹多端必有专责庶严综核为查各卫所食粮旗军月有逃故为事等项应即除粮各该官识通同冒盗已该前道觉察前弊颁发小票行令各守御官备填逃故为事缘由即日飞报本道仍令掌印官随即登入稽粮簿内月终同粮单送道查对批给法非不善但缘卫多朋比责无专官以致议察难穷玩愒如故或逃故而不报或报而簿不登或登簿而粮单不除或粮单虽除而增减月日百孔千疮虽经本道亲为对磨屡提官识解究难尽若非专官综理未免奸宄日滋照得各卫经历之设专为替理本卫事务稽查丁粮前项弊端正宜本官经理迩来钻刺夤缘营求差署其于卫务视如秦越无干殊非国家建官初意合行绍临观宁定昌各卫经历专一讥察本卫旗军逃亡勾补及新收开扣之数各置籍贯年貌疤记文簿一扇与各执粮单相对逐月清查今后卫所但有逃故为事患病等项该官百户即报守御掌印官处守御官当日填注原发小票备开某百户下旗军某人脱逃事故等项入递飞报本道及行本卫经历知会经历即时查核有无那移隐漏掌印官即填稽粮簿内若有预借摘支等项先已支给后造总单者俱要查扣明白先发本卫经历查对无弊单后注经历某人查对无弊字押其外所责于该所吏识查对明白亦于单后注吏识某人查对无弊字样方送本道覆核批府支给若查出小票不报或粮簿不填及增减月日等弊先提经历后提官吏识字究罪等因备呈钦差督抚军门方批如议行缴又奉备案通行各道一体遵照蒙巡按浙江监察御史萧批专官稽查诚为革弊一策然非本道留心稽查稽查之人则徒以重其权而或益以增其弊也如议当时摘一二通同之奸何如此缴蒙钦差巡按浙江等处监察御史万批如议候通示行缴依蒙通行遵照

又为清查边储事本年十一月内蒙抚按二院批布政司议呈将绍临观卫所官军月粮就近呈请驻扎分守宁绍台道给发总单仍呈本道查核批到照销又为官员俸钞事万历二年三月内准布政司照会该分守宁绍台道手本看得卫所官员俸钞本折兼支其本色俸粮俱在驻扎各道查给而折钞年终亦听驻扎该道呈给庶绝重冒弊端咨行该司呈蒙抚按二院详允行道年终将宁定昌三卫钞银查核详行布政司支给又该本道副使刘看得宁定昌绍临观六卫所官军并各贴驾军兵月支粮饷原议本折兼收兼放但各该官军不顾时诎惟利已赢一遇米贱辄欲告领折银若遇米贵又欲支领本色缘无一定之规以致展转告扰相应议定归一以后每年春冬二季放支本色夏秋二季放支折银通行各卫所造单支领永为遵守具由于万历三年正月内呈蒙抚按二院详允遵行照得卫所官军俸粮原有定额二百余年以来官以绝嗣缘事而揭其黄者不知其几矣至于军伍空虚计清出见存者不及十分之二而屯粮所余亦何尝有十分之八耶拖欠虽云数多弊端殊难枚举即今见在食粮者尚有老病而岁与全额只身而月领双粮或逃亡而造单不除或占役而官旗代领本管纵容不发有司查点顶名展转冒支莫可究诘其有精壮余丁或隐漏而不上册或上册而不食粮既不得贴驾以资身皆相率投兵以糊口争赴外省巧脱军源是所养者秖多无用之徒而堪用者反为邻封之利矣盍若查减老弱之虚粮集选余丁之精锐如昌国等卫地方团练千名始给以只身之粮继升以伍斗之额堪充队长者又从而递加之则缓急有赖策应及时公家虚冒之粮皆为有用之食矣

续定

一卫所军粮【附官军折钞】

万历二十九年正月内为海防远计事该布政司奉督抚军门刘宪牌行司将通省各卫所官军俸钞军需军储仓屯粮等项某卫所岁支若干派征某府若干一一造册移会编缉海防奉经查将卫所官军员名应支俸粮折钞军需及军储仓屯粮等项派征坐支各数目列款于后

计开

一军储各仓粮米内除扣充官俸及扣充饷不计外见存粮米系本府属征解原坐仓廒者本折中半或全折外府协济者俱全征折银本色运仓上纳折色每石折银伍钱伍分解该府贮库以伍钱抵石放给官军月粮伍分内扣贡具并浅船料价白粮仓料等项及拨补军储不足之用其屯粮本折不等本色运仓折色俱每石折银贰钱伍分解府支给

杭州府

广丰仓麦米共叁万壹千贰百捌拾柒石柒斗壹升壹合肆勺内仁钱富于昌五县征解麦米柒千叁百玖拾石叁斗壹升叁勺仁钱本折中半富于昌全折绍兴府诸暨县协济秋米壹万贰千壹拾陆石玖斗玖升肆合玖勺萧山县协济秋米陆千叁百贰石壹斗伍升伍合伍勺金华府金华县协济秋米肆千玖百叁拾壹石陆斗叁升陆合□勺严州府分水县协济秋米陆百肆拾陆石陆斗壹升肆合叁勺俱全折又杭州右卫屯粮本色米柒千陆百伍石伍斗陆合贰勺运仓折色米叁千壹百伍拾贰石柒斗壹升叁合捌勺折银解杭州府库余富二县本色屯米贰百玖拾伍石叁斗陆升肆合叁勺运仓折色米壹百伍拾陆石贰斗捌升捌合捌勺折银解府库俱坐给前右二卫官军

广积仓共麦米叁万叁百柒拾伍石柒斗肆升壹合玖勺内仁钱富余临新于昌八县征解米贰万伍百叁拾石壹斗肆升肆合捌勺仁钱余临新五县本折中半富于昌三县全折绍兴府诸暨县协济秋米叁千贰拾陆石叁斗肆升贰合陆勺金华府兰溪县协济秋米肆千伍百捌拾伍石伍斗玖升肆合贰勺严州府淳安县协济秋米贰千贰百叁拾叁石陆斗陆升叁勺俱全折又杭州前卫屯粮本色麦米陆千肆百贰拾玖石肆斗壹升叁合柒勺折色米贰千捌百伍拾石叁斗捌升贰合伍勺仁钱余临四县屯粮本色米柒百陆拾叁石肆斗伍升肆合肆勺本色运仓折色解府俱坐给前右二卫官军

海宁县永平仓麦米共壹万玖百柒拾石壹勺内本县征解柒千壹百捌石柒斗陆升肆合玖勺本色绍兴府萧山县协济秋米叁千捌百陆拾壹石贰斗叁升伍合贰勺全折俱坐给海宁守御千户所官军

嘉兴府

嘉兴仓麦米共捌千捌拾柒石伍斗玖升玖合捌□内嘉兴县征解麦米伍千玖百玖拾玖石玖斗捌升玖合叁勺秀水县征解米壹千壹百贰拾伍石陆斗玖升叁合壹勺本折中半绍兴府萧山县协济米玖百陆拾壹石玖斗壹升柒合肆勺全折又嘉兴千户所屯粮本色米贰千贰百玖拾伍石贰斗运仓坐给嘉兴千户所官军

海盐县广储仓麦米共壹万伍千捌百壹拾壹石捌斗肆合伍勺内嘉善县征解米捌千伍百石捌斗伍升叁合贰勺海盐县征解麦米壹千柒百捌拾石陆斗肆升玖合伍勺平湖县征解麦米壹千贰百陆拾捌石柒斗肆升陆合玖勺崇德县征解麦米贰千玖拾玖石柒斗壹升俱本折中半杭州府富阳县协济米贰百伍拾捌石陆斗玖升壹合叁勺湖州府长兴县协济麦米伍百玖拾叁石壹斗伍升叁合陆勺金华府金华县协济米壹千叁百壹拾石俱全折又海宁卫屯粮本色米叁千伍百陆拾伍石肆升折色米贰千伍百捌拾伍石伍斗本色运仓折色解府俱坐给本卫官军

常积壹仓麦米共壹万叁千叁百肆拾壹石玖斗壹升捌合贰勺内嘉兴县征解米壹百柒拾石伍斗秀水县征解麦米肆千捌百玖拾石捌斗柒升壹合贰勺嘉善县征解麦米壹千肆拾肆石陆斗玖升叁勺海盐县征解米肆百叁石捌斗叁合平湖县征解米陆拾叁石捌斗玖升陆合玖勺乐清县征解米贰百贰拾伍石贰斗桐乡县征解米陆拾陆石贰斗陆升肆合俱本折中半杭州府余杭县协济米肆百陆拾石湖州府长兴县协济麦米伍千陆百叁拾石贰斗伍合捌勺德清县协济米叁百捌拾陆石肆斗捌升柒合□□折坐给□浦千户所官军

常积贰仓□□□□万壹千伍百玖拾伍石捌斗肆升柒合伍勺内□□县□□□壹千玖百叁石壹斗贰升肆合玖勺桐乡县征解麦米□□□□伍拾石陆斗肆合贰勺俱本折中半杭州府余航县协济米壹千肆百叁拾贰石柒斗玖升叁合壹勺□□□武康县协济米贰百伍拾伍石壹斗孝丰县协济米叁百石柒斗绍兴府萧山县协济米伍千叁百伍拾叁石伍斗贰升伍合叁勺俱全折坐给乍后二千户所官军

湖州府

泰定仓麦米共捌千陆百陆拾玖石叁斗玖升伍合内孝丰县全折安吉等州县本折中半又湖州所本色屯粮壹千壹百玖拾叁石柒斗伍升壹合壹勺折色玖百柒拾叁石玖斗贰升陆勺本色运仓折色解府坐给湖州守御千户所官军

宁波府

广盈仓麦米肆万壹千捌百叁拾石伍升贰合柒勺捌抄肆撮玖圭叁粟□鄞县征解麦米肆千柒百陆拾石捌斗肆升陆勺捌抄肆撮玖圭叁粟本折中半绍兴府余□县拾肆石壹斗伍升伍合鄞县屯粮本色壹拾壹石玖斗柒升伍合伍勺折色米壹拾壹石玖斗柒升伍合伍勺奉化县屯粮本色米捌斗贰升陆合折色米捌斗贰升陆合本色运仓折色解府俱坐给宁波卫官军

定海县广安仓麦米共贰万贰千肆百伍拾壹石玖斗贰升伍合柒勺柒抄玖撮慈溪县征解麦米贰万壹千壹百伍拾叁石肆斗陆升捌合叁抄捌撮鄞县征解米叁拾壹石壹斗贰升陆合陆勺捌抄壹撮定海县征解米贰百肆拾叁石玖斗柒升柒合玖勺玖抄俱本折中半又近议将鄞县原坐象山县广积壹仓秋米柒百柒拾石改派本仓项下并绍兴府嵊县协济麦贰百伍拾叁石叁斗伍升叁合柒抄俱全折坐给定海卫官军

常盈壹仓秋米壹万贰千柒百捌拾玖石叁斗捌升柒合陆勺定海县征解本折中半坐给中中中左二千户所官军

常盈叁仓麦米共叁千叁百叁拾贰石壹斗肆升伍合伍勺陆抄柒撮定海县征解本折中半坐给后千户所官军

常盈肆仓秋盐米共肆千玖百玖拾叁石陆斗柒升叁合伍勺陆抄玖撮内定海县征解麦米肆千贰百伍拾石柒斗陆升贰合陆勺肆抄贰撮本折中半又近议将鄞县原坐常盈伍仓余米柒百肆拾贰石玖斗壹升玖勺贰抄柒撮改派本仓项下全折坐给霩衢千户所官军

常盈伍仓秋米伍千肆拾柒石捌斗贰升贰合陆勺捌抄柒撮叁圭陆粟叁粒鄞县征解近议将本仓余米柒百肆拾贰石玖斗壹升玖勺贰抄柒撮改派常盈肆仓以补霩衢千户所缺给之数实该米肆千叁百肆石玖斗壹升壹合柒勺陆抄叁圭陆粟叁粒本折中半坐给大嵩千户所官军

象山县广积壹仓秋米贰万玖百玖石捌斗陆合玖勺玖抄玖圭玖粒鄞县征解近议将本仓余米柒百柒拾石改派定海县广安仓以补定海卫缺给之数实该米壹万捌千玖百玖拾玖石柒斗叁升玖合壹勺玖抄玖圭玖粒本折中半又昌国卫屯粮本色米壹千叁拾贰石伍斗壹升伍勺象山县屯粮本色米壹百柒石伍斗伍升柒合叁勺俱坐给昌国卫官军

广积贰仓麦米壹万壹千陆百伍拾叁石肆升柒合捌勺贰撮壹圭捌粟捌粒内奉化县征解麦米玖千肆百玖拾叁石壹斗陆升陆合柒勺贰撮壹圭捌粟捌粒本折中半又近议将鄞县原坐广积肆仓余米贰千壹百石改派本仓项下全折又象山县屯粮本色米壹石捌斗捌升壹合壹勺爵溪所屯粮本色米肆拾玖石陆斗壹升捌合柒勺折色米捌石叁斗捌升壹合叁勺本色运仓折色解府俱坐给爵溪千户所官军

广积叁仓秋米柒千壹百玖拾石捌升肆合壹勺柒抄玖撮内奉化县秋米伍千陆百玖拾陆石捌斗捌升叁合玖撮本折中半又钱仓所屯粮本色米肆百肆石陆斗陆升贰合伍勺玖抄象山县屯粮本色米贰拾叁石叁斗柒升肆合肆勺捌抄又本县原坐广积肆仓余米壹千陆拾伍石陆斗陆升肆合壹勺改派本仓项下全运本色俱坐给钱仓千户所官军

广积肆仓麦米共壹万叁千叁百肆拾玖石捌斗肆升壹合叁勺捌抄壹撮伍圭叁粟伍粒内象山县征解米麦肆千贰百伍拾壹石壹斗柒升肆合柒勺柒抄捌圭伍粟伍粒近议将本县坐派本仓米壹千陆拾伍石陆斗陆升肆合壹勺改派广积叁仓以补钱仓所缺给之数实该米叁千壹百捌拾伍石伍斗壹升陆勺柒抄捌圭伍粟伍粒奉化县征解米叁千贰百肆拾捌石贰斗叁升叁合肆勺玖抄贰撮伍圭鄞县征解米伍千贰百陆拾叁石贰斗柒升陆勺壹抄捌撮壹圭捌粟近议将本县坐派本仓余米贰千壹百石改派广积贰仓以补爵溪所缺给之数实该米叁千壹百陆拾叁石贰斗柒升陆勺壹抄捌撮壹圭捌粟本折中半又前后二所屯粮本色米伍百壹拾玖石叁斗贰升伍合肆勺象山县屯粮本色米陆拾柒石捌斗叁升柒合壹勺俱坐给前后二千户所官军

绍兴府

如坻仓麦米共叁万捌千叁百伍拾柒石柒斗壹升贰合伍勺内山阴县征解麦米贰万壹千捌百伍拾陆石伍斗玖升玖合会稽县征解米壹万陆千伍百壹石壹斗壹升贰合陆勺俱本折中半坐给绍兴卫官军

山阴县三江仓麦米共陆千伍百柒拾捌石内山阴县征解米叁千陆百石会稽县征解米贰千伍百肆拾叁石陆斗肆合捌勺萧山县征解麦肆百叁拾肆石叁斗玖升伍合贰勺俱本折中半坐给三江千户所官军

余姚县常丰一仓麦米共壹万捌千贰百陆拾捌石内山阴县征解米壹万石会稽县征解米柒千捌百伍拾肆石肆斗叁升伍合陆勺俱本折中半诸暨县征解麦肆百壹拾叁石伍斗陆升肆合肆勺全折俱坐给临山卫官军

常丰二仓麦米共陆千壹百捌拾贰石内山阴县征解米伍千柒百伍拾肆石余姚县征解麦肆百贰拾捌石俱本折中半坐给沥海千户所官军

常丰三仓麦米共伍千玖百捌石内山阴县征解米贰百捌拾伍石捌斗玖升捌合叁勺会稽县征解米玖拾陆石陆斗伍升贰合贰勺余姚县麦叁百捌拾玖石贰斗陆升壹合壹勺嵊县征解米伍千壹百叁拾陆石壹斗捌升捌合肆勺俱本折中半坐给三山千户所官军

常丰四仓麦米共壹万捌千伍百陆拾玖石陆斗陆升柒合贰勺内诸暨县征解米肆千壹拾伍石伍升贰合叁勺余姚县征解米肆千陆百陆拾捌石叁斗壹升陆合壹勺嵊县征解米肆千玖百陆拾贰石伍斗捌合贰勺上虞县征解麦贰百伍拾石俱本折中半新昌县征解麦米肆千陆百柒拾叁石柒斗玖升陆勺全折坐给观海卫官军

常丰五仓麦米共肆千玖百捌拾肆石内余姚县征解米肆千柒百伍拾贰石陆斗玖升柒合陆勺上虞县征解麦贰百叁拾壹石叁斗贰合肆勺俱本折中半坐给龙山千户所官军

台州府

永盈仓麦米共贰万捌千贰百玖拾壹石伍斗陆升叁合柒勺内临海县征解麦米伍千玖百伍拾肆石壹斗伍升捌合伍勺壹抄伍撮天台县征解麦米壹万壹千肆百伍拾伍石壹斗陆升玖合壹勺仙居县征解麦米捌千柒石贰斗贰升壹合贰勺伍撮俱本折中半金华府永康县协济秋米贰千捌百柒拾伍石陆合叁勺全折又台州卫屯粮本色米陆千壹百玖拾石捌升叁合叁勺肆抄折色米壹千叁百柒石贰斗叁升临海黄岩天台三县屯粮本色米肆百贰拾玖石柒斗叁升壹合肆勺太平县屯粮折色米肆百玖拾叁石柒斗陆升贰合捌勺本色运仓折色解府俱坐给台州卫官军

临海县广储一仓麦米共壹万陆千陆百肆拾叁石壹斗肆合叁勺内临海县征解秋米壹万壹千贰拾玖石贰升伍勺本折中半本县广储二仓拨补本色麦柒百石金华府义乌县协济麦米叁千贰百陆拾捌石陆斗玖升玖合壹勺浦江县协济麦米壹千陆百肆拾伍石叁斗捌升肆合柒勺全折又海门卫屯粮本色米壹千壹百捌拾叁石叁斗陆升陆合捌勺折色米贰百捌拾陆石玖斗伍升黄岩县屯粮本色米壹拾贰石叁斗贰升壹合本色运仓折银解府俱坐给海门卫官军

广储二仓麦米共伍千肆百玖拾叁石内临海县征解麦米伍千玖拾叁石本折中半金华府东阳县协济秋米肆百石全折俱坐给海门卫前千户所官军

广储三仓麦米共捌千柒拾玖石壹斗伍升陆合柒勺内临海县征解麦米壹千柒百贰拾壹石陆斗贰升肆合陆勺宁海县征解麦米肆千肆百肆拾叁石肆斗肆升玖合壹勺俱本折中半金华府东阳县协济秋盐米壹千玖百壹拾肆石捌升叁合全折俱坐给桃渚千户所官军

广储四仓麦米共肆千肆百肆拾陆石叁斗肆升贰合玖勺内宁海县征解麦米叁千柒百叁拾陆石叁斗肆升贰合玖勺本折中半金华府东阳县协济秋米柒百壹拾石全折俱坐给健跳千户所官军

太平县广盈一仓麦米共贰万壹千叁百壹拾壹石玖斗伍升陆合肆勺内黄岩县征解麦米壹万玖千捌百柒拾捌石壹斗叁升玖合贰勺本折中半太平县征解本色米陆百肆拾壹石伍斗柒升柒合贰勺金华府东阳县协济秋米柒百玖拾贰石贰斗肆升全折又松门卫屯粮本色米伍百陆拾陆石贰斗玖升贰合折色米贰百贰拾肆石肆斗太平县屯粮本色米玖石玖斗捌升柒合肆勺本色运仓折银解府俱坐给松门卫官军

广盈二仓麦米共壹万贰百陆拾柒石捌勺内太平县征解麦米柒千叁百伍石捌勺本折中半宁海县拨济本仓米捌百壹拾石太平县拨济本仓米壹千叁百石金华府武义县协济秋米捌百伍拾贰石俱全折坐给楚门千户

所官军

广盈三仓麦米共柒千柒百捌拾肆石内太平县征解麦米共陆千肆百肆拾肆石仙居县征解盐米壹百贰拾石俱本折中半金华府武义县协济秋米壹千贰百贰拾石全折坐给隘顽千户所官军

广盈肆仓麦米共柒千玖百陆拾玖石贰斗伍升玖合陆勺内黄岩县征解秋米伍千柒百叁拾陆石伍斗壹升玖合叁勺本折中半临海县征解秋米玖百陆拾陆石柒斗肆升叁勺金华府永康县协济秋米壹千贰百陆拾陆石俱全折坐给新河千户所官军

金华府

永济仓麦米共伍千捌百玖拾玖石伍斗捌升肆勺金兰东永武汤六县征解全折俱解府坐给金华守御千户所官军

衢州府

广盈仓秋盐米共陆千玖拾捌石贰斗叁升叁合壹勺西安等县征解全折又衢州所屯粮折银壹千叁百柒拾肆两叁钱叁分贰厘俱解府坐给衢州守御千户所官军

严州府

和丰仓麦米共柒千肆百肆拾陆石壹斗壹升贰合贰勺内建淳遂寿桐五县征解米叁千肆百肆拾玖石肆斗肆勺全折金华府兰溪县协济麦米柒百玖石捌斗壹升伍勺衢州府龙游县协济米叁千贰百捌拾陆石玖斗壹合叁勺全折又严州千户所屯粮本色米贰千叁百陆拾伍石捌斗陆升玖合陆勺折色米叁百肆拾叁石玖斗贰升捌勺本色运仓折银解府俱坐给严州守御千户所官军

温州府

平定仓麦米共壹万陆千肆百叁拾捌石玖斗捌升柒合伍勺内永嘉县征解麦米玖千陆百壹拾捌石柒斗柒升叁合柒勺瑞安县征解麦米肆千壹百肆拾石叁斗叁升壹合贰勺俱本折中半永嘉县拨济本仓麦米叁百肆石柒斗伍升柒合乐清县拨济本仓麦米壹百玖拾玖石柒斗肆升叁合陆勺平阳县拨济本仓麦米贰千壹百柒拾伍石叁斗捌升贰合俱全折又温州卫本色屯粮米捌千陆百柒拾柒石叁斗肆升续为丈田亩清浮粮等事蒙水利道委官清丈品搭实征粮米壹万叁百伍拾贰石贰斗陆升伍合每石折银肆钱俱坐给温州卫官军

乐清县广丰一仓麦米共贰万贰千贰百柒拾贰石玖斗捌升玖合叁勺内永嘉县征解秋米捌千贰百玖拾捌石贰斗壹升壹合乐清县征解麦米伍千壹百肆拾玖石陆斗伍升叁合壹勺俱本折中半处州府青田县协济秋米叁千伍百叁拾肆石伍斗叁升伍合陆勺龙泉县协济秋米肆千玖百肆拾捌石贰斗壹升捌合贰勺庆元县协济麦贰百伍拾石贰斗贰升陆合伍勺景宁县协济麦玖拾贰石壹斗肆升肆合玖勺俱全折坐给盘石卫官军

广丰二仓麦米共壹万壹千捌拾陆石贰升陆合捌勺内乐清县征解麦米捌千伍百柒拾柒石肆斗叁升本折中半处州府云和县协济麦米壹千叁拾壹石捌斗壹升柒合陆勺宣平县协济麦米壹千壹百捌拾壹石陆斗伍升叁合肆勺景宁县协济秋米贰百玖拾伍石壹斗贰升伍合捌勺俱全折坐给蒲岐千户所官军

广丰三仓麦米共壹万贰千叁百柒拾柒石壹升壹合捌勺内永嘉县征解麦米柒千贰百伍拾捌石伍斗捌升肆合贰勺本折中半平阳县征解秋米玖百陆拾捌石肆斗贰升柒合陆勺处州府松阳县协济秋米肆千壹百伍拾石俱全折坐给宁村千户所官军

广丰四仓麦米共玖千柒百壹拾石壹斗柒升壹合捌勺瑞安县征解本折中半坐给海安千户所官军

广丰五仓麦米共叁千玖百玖拾伍石玖斗捌升壹勺内乐清县征解麦米贰千柒百壹石玖斗玖升陆合玖勺本折中半处州府松阳遂昌二县协济麦米壹千贰百玖拾叁石玖斗捌升叁合贰勺全折俱坐给盘石卫后千户所官军

瑞安县丰积仓麦米共陆千叁百伍拾柒石肆升壹合壹勺瑞安县征解本折中半坐给瑞安千户所官军

平阳县常丰仓麦米共贰千玖百叁拾叁石贰斗柒合捌勺捌抄玖撮内平阳县征解麦米贰千捌百叁拾叁石贰斗柒合捌勺捌抄玖撮瑞安县征解盐米壹百石俱本折中半俱坐给平阳千户所官军

广济一仓麦米共壹万贰千叁拾壹石捌斗玖升叁合肆勺俱平阳县征解本折中半又金乡卫本色屯粮米贰千捌拾壹石伍斗伍升伍合叁勺平阳县屯粮米柒拾石玖斗伍升贰合泰顺县屯粮米陆拾叁石玖斗贰升俱全折

坐给金乡卫官军

广济二仓麦米共柒千玖百肆拾陆石贰斗叁升捌合壹勺伍抄伍撮内平阳县征解麦米叁千伍百叁拾捌石叁合肆勺伍抄伍撮瑞安县征解麦米肆千肆百捌石贰斗叁升肆合柒勺俱本折中半坐给沙园千户所官军

广济三仓麦米共柒千陆百贰拾石玖斗柒升伍合伍勺柒抄柒撮伍圭内平阳县征解麦米伍千玖百壹石柒斗贰升叁合肆勺柒抄柒撮伍圭本折中半处州府庆元县协济秋米壹千柒百壹拾玖石贰斗伍升贰合壹勺全折俱坐给蒲壮贰千户所官军

处州府

永丰仓麦米共叁万贰千肆百壹拾柒石玖斗玖升玖合柒勺内丽松龙云宣景六县征解麦米壹万玖千玖百壹拾石柒斗玖勺本折中半缙遂庆景四县征解麦米壹万贰千伍百柒石贰斗玖升捌合捌勺全折坐给处州卫官军

附官军折抄

一各府额征课钞银两听给各卫所官军折钞支用内

杭州府额征课钞银陆千肆百叁拾肆两肆钱玖分贰厘肆毫伍丝贰忽叁微陆尘柒渺伍埃壹纤遇闰加征银伍百伍两叁钱伍分柒厘叁毫肆丝

嘉兴府银壹千壹百壹拾叁两玖钱肆分捌厘叁毫伍丝贰忽遇闰加征银柒拾叁两肆钱肆分捌厘壹毫壹丝陆忽

湖州府银壹千壹百贰拾玖两陆钱叁分肆厘叁毫遇闰加征银柒拾两陆钱叁分玖厘贰毫　宁波府银陆百柒拾玖两壹钱伍分肆厘遇闰加征银伍拾壹两陆钱陆分陆厘叁毫

绍兴府银壹千壹百陆拾两贰钱柒分伍厘捌忽遇闰加征银捌拾玖两伍钱壹厘陆毫柒丝陆忽

台州府银贰百肆拾壹两伍钱陆分叁厘陆毫贰丝捌忽肆微遇闰加征银玖两叁钱柒分玖厘叁毫捌丝柒忽捌微

金华府银伍百贰拾叁两伍钱肆分贰厘伍毫贰忽遇闰加征银叁拾叁两贰钱陆厘叁毫壹丝　衢州府银壹百捌拾玖两陆钱玖分柒厘陆毫遇闰加征银壹拾贰两陆钱陆分柒厘陆毫

严州府银叁百伍两肆钱玖分捌厘捌毫捌丝遇闰加征银壹拾捌两玖钱陆分玖厘肆毫捌丝柒忽

温州府银柒百两捌钱玖分贰毫柒丝肆忽遇闰加征银伍拾壹两捌钱捌分壹厘陆毫陆忽　处州府银陆百叁拾伍两肆钱陆分捌毫肆丝陆忽遇闰加征银肆拾柒两伍钱肆分柒厘捌毫肆丝肆微

一卫所官军员名每年应支俸粮本折兼支不等本色于额坐军储各仓折色于该府库军储银内折钞于布政司课钞银内各支给内杭州府属杭州前卫并左右中前后伍所指挥千百户镇抚等官吏壹百叁只名旗军舍妇叁千贰百玖拾陆名口每岁约支俸粮叁万肆千玖百玖拾壹石贰斗折钞银贰百柒拾柒两柒钱贰分捌厘

右卫并左右中前后五所指挥千百户镇抚等官吏玖拾捌员名旗军舍妇叁千陆百陆拾伍名口每岁约支俸粮叁万捌千叁百贰拾柒石伍斗折钞银贰百陆拾伍两肆钱玖分贰厘

海宁守御千户所官贰拾员旗军回回舍余伍百伍拾玖名每岁约支俸粮肆千捌百柒拾贰石陆斗折钞银柒拾陆两伍钱贰分捌厘

嘉兴府属海宁卫并左右中前四所指挥千百户镇抚等官吏柒拾贰员名旗军壹千肆拾玖名每岁约支俸粮壹万捌百陆拾肆石捌斗折钞银叁百柒拾壹两肆钱贰分零

澉浦千户所官贰拾贰员旗军伍百贰拾名每岁约支俸粮玖百伍拾柒石折钞银壹百肆拾两伍钱陆分

乍后贰千户所官叁拾壹员旗军捌百陆拾名每岁约支俸粮捌千贰百陆拾肆石折钞银贰百陆两伍钱捌分零

嘉兴守御千户所官妇壹拾壹员口旗军伍百肆名每岁约支俸粮伍千肆拾叁石陆斗折钞银伍拾壹两贰钱肆分

湖州府属湖州守御千户所官吏舍人贰拾贰员名旗军捌百柒拾陆名每岁约支俸粮捌千陆百柒石折钞银陆拾肆两贰钱叁分零

宁波府属宁波卫并左右中前后伍所指挥千百户镇抚等官吏捌拾贰员名旗军舍妇叁千玖百伍拾壹名口每岁约支俸粮叁万玖千壹百肆拾贰石贰斗折钞银贰百伍拾肆两壹钱

定海卫并附属左右中前肆所指挥千百户镇抚等官柒拾壹员旗军舍余壹千柒百伍拾名每岁约支俸粮贰万壹千肆百捌拾陆石折钞银贰百贰拾玖两壹钱零

后千户所官壹拾伍员旗军舍纪叁百肆名每岁约支俸粮贰千柒百玖拾捌石折钞银叁拾伍两零

霩獯千户所官壹拾叁员旗军叁百贰拾伍名每岁约支俸粮叁千壹百肆拾石肆斗折钞银贰拾玖两伍钱零

大嵩千户所官壹拾玖员旗军舍人贰百玖拾肆名每岁约支俸粮叁千陆百壹拾石叁斗折钞银肆拾贰两肆钱零

中中千户所官壹拾叁员旗军陆百伍拾壹名每岁约支俸粮陆千捌百壹拾石伍斗折钞银伍拾捌两柒钱零

中左千户所官壹拾肆员旗军肆百肆拾伍名每岁约支俸粮肆千柒百贰拾贰石捌斗折钞银肆拾两肆钱零

昌国卫并左右中前中后肆所指挥千百户镇抚等官吏伍拾叁员名优养舍人并旗军壹千柒百捌拾壹名每岁约支俸粮壹万陆千捌百捌拾石肆斗折钞银壹百柒拾玖两捌钱零

前千户所官捌员优养舍人并旗军贰百肆拾伍名每岁约支俸粮贰千贰百壹拾陆石陆斗折钞银贰拾陆两肆钱零

后千户所官壹拾员旗军叁百柒拾名每岁约支俸粮肆千壹拾贰石柒斗折钞银贰拾捌两玖钱零

钱仓千户所官壹拾员优养官舍并旗军陆百伍拾捌名每岁约支俸粮伍千叁百贰拾陆石捌斗折钞银叁拾壹两玖钱零

爵溪千户所官并命妇壹拾叁员口舍人旗军壹千伍拾伍名每岁约支俸粮捌千捌百贰拾陆石陆斗折钞银肆拾柒两伍钱零

绍兴府属绍兴卫并左右中前后伍所指挥千百户镇抚等官吏壹百壹拾玖员名旗军舍妇叁千柒百伍拾壹名口每岁约支俸粮叁万捌千壹百贰石柒斗折钞银贰百玖拾玖两贰钱壹分玖厘零

临山卫并左右中前后伍所指挥千百户镇抚等官吏妇玖拾员名口旗军舍人捌百壹拾名每岁约支俸粮壹万贰百玖拾壹石叁斗折钞银贰百玖拾两肆钱伍分零

沥海千户所官壹拾肆员旗军捌百捌名每岁约支俸粮伍千叁百捌拾捌石折钞银壹百两陆钱玖分零

三山千户所官壹拾员旗军伍百贰拾叁名每岁约支俸粮伍千叁百伍拾石折钞银捌拾肆两伍钱捌分零

观海卫并左右中前后伍所指挥千百户镇抚等官吏妇玖拾玖员名口迷失官舍壹名旗军舍人壹千贰百捌名每岁约支俸粮壹万壹千捌百壹拾玖石玖斗折钞银叁百贰拾捌两玖钱柒分零　龙山千户所官妇壹拾叁员口旗军伍百柒拾陆名每岁约支俸粮肆千叁百陆拾捌石陆斗折钞银陆拾叁两贰钱叁分零

三江千户所官舍贰拾贰员名旗军叁百柒拾柒名每岁约支俸粮肆千壹百石折钞银陆拾玖两玖钱

台州府属台州卫并左右中前后伍所指挥千百户镇抚等官肆拾玖员旗军舍余叁千叁百伍拾壹名每岁约支俸粮叁万叁千叁百陆拾陆石折钞银壹百陆拾陆两捌钱肆分捌厘

松门卫并左右中前后伍所指挥千百户镇抚等官伍拾贰员旗军舍妇达达壹千贰百捌拾名口每年约支俸粮壹万贰百壹拾贰石折钞银贰百肆拾肆两贰钱肆分捌厘

楚门□户所官玖员旗军舍余肆百柒拾名每岁约支俸粮□□百贰拾肆石肆斗折钞银陆拾伍两贰钱捌分

隘顽□□所官壹拾肆员旗军舍余叁百伍拾伍名每岁约支俸□□千柒百叁石陆斗折钞银陆拾壹两壹钱壹分陆厘

海□卫并左右中后肆所指挥千百户镇抚等官伍拾肆员旗军舍余伍百玖拾壹名每岁约支俸粮陆千贰百柒拾叁石陆斗折钞银贰百肆拾壹两肆钱捌分捌厘

新河千户所官壹拾捌员旗军肆百捌名每岁约支俸粮叁千贰百伍拾伍石陆斗折钞银捌拾陆两玖分陆厘

前千户所官壹拾肆员旗军壹百玖拾陆名每岁约支俸粮壹千捌百贰拾柒石折钞银肆拾玖两捌钱陆分

桃渚千户所官壹拾柒员旗军肆百壹拾壹名每岁约支俸粮叁千贰百玖拾壹石陆斗折钞银捌拾壹两贰钱

捌分捌厘

健跳千户所官壹拾壹员旗军贰百肆拾壹名每岁约支俸粮壹千玖百叁拾贰石陆斗折钞银伍拾贰两陆钱陆分捌厘

金华府属金华守御千户所官吏壹拾捌员名旗军舍妇伍百贰拾柒名口每岁约支俸粮折银贰千陆百柒拾伍两肆钱折钞银柒拾壹两肆钱柒分贰厘

衢州府属衢州守御千户所官吏并官妇壹拾捌员名旗军并补伍余丁起运军余随操舍余捌百捌名每岁约支俸粮柒千柒百壹拾肆石捌斗全折折钞银捌拾伍两柒钱零

严州府属严州守御千户所官吏舍叁拾叁员名旗军壹千贰百陆拾捌名每岁约支俸粮壹万贰千伍百捌拾壹石肆斗折钞银捌拾伍两伍钱捌分零

温州府属温州卫并左右中前后伍所指挥千百户镇抚等官吏柒拾叁员名旗军舍妇贰千玖百柒拾柒名口每岁约支俸粮贰万陆千玖百肆拾石折钞银肆百叁拾柒两伍钱叁分陆厘

海安千户所官壹拾员旗军捌百伍拾肆名每岁约支俸粮捌千伍百叁拾捌石折钞银肆拾柒两壹分陆厘

瑞安千户所官壹拾壹员旗军肆百肆拾玖名每岁约支俸粮肆千叁百叁拾陆石柒斗伍升折钞银肆拾捌两壹钱玖分贰厘

平阳千户所官肆员旗军贰百贰拾伍名每岁约支俸粮壹千伍百玖拾陆石折钞银叁拾柒两伍钱叁分陆厘

金乡卫并左右中前后伍所指挥千百户镇抚等官吏柒拾伍员名旗军舍壹千伍百陆拾柒名口每岁约支俸粮壹万陆千壹百柒拾捌石柒斗折钞银贰百肆拾陆两陆钱捌分肆厘

沙园千户所官壹拾叁员旗军优恤妇捌百贰拾捌名口每岁约支俸粮陆千捌百捌拾石捌斗折钞银叁拾伍两柒钱肆分捌厘

蒲门千户所官肆员旗军贰百捌名每岁约支俸粮壹千柒百贰拾肆石贰斗折钞银壹拾捌两捌钱捌分捌厘

壮士千户所官伍员旗军舍余壹百伍拾捌名每岁约支俸粮壹千肆百玖拾肆石叁斗折钞银壹拾柒两贰钱捌分

盘石卫并左右中前肆所指挥千百户等官肆拾玖员旗军舍余贰千壹百伍名每岁约支俸粮壹万玖千玖百叁拾捌石捌斗折钞银壹百玖拾捌两肆钱玖分伍厘

后千户所官捌员旗军舍余捌百壹拾伍名每岁约支俸粮伍千捌百贰石伍斗折钞银肆拾贰两贰钱壹分陆厘

蒲岐千户所官壹拾员旗军舍妇玖百肆名口每岁约支俸粮壹万叁千贰百玖石柒斗折钞银捌拾肆两贰分肆厘

宁村千户所官壹拾陆员旗军舍余壹千壹百柒拾伍名每岁约支俸粮壹万叁千贰百壹拾陆石捌斗伍升折钞银柒拾贰两捌钱肆分捌厘

处州府属处州卫并左右中前后伍所指挥千百户镇抚等官妇捌拾壹员口旗军壹千贰百伍名每岁约支俸粮壹万贰千壹百陆拾石贰斗折钞银叁百壹拾玖两玖钱贰分零

申谕

查得卫所军粮原考载有正例余丁之分且定□□□粮数目议例至详见在遵守其分拨防汛出海贴驾□□□军兵月粮近又载于官兵粮饷款项不必复赘第查□□□有顶名冒粮弊难究诘万历二十七年间该海兵道按察使范看得浙省各卫所旗军有沿海腹里之别如在复里者专汛漕运重役余拨差操防守之用其沿海正例军人余舍余丁先尽团操贴驾并充为军渔唬船各捕队舵兵余者以备城守差拨其造支单簿先年官有成规军亦守法即如脱逃事故等项随即申报守巡各道仍责该卫所经历吏识查对明白方许呈支其法良善迩缘日久法弛竟成虚套弊孔叠出通行查访见在食粮众军内有老疾而岁支全额只身而月领双粮或逃亡而造单不除或占役而官旗代领或那甲为乙而以少支多或覆姓重名而恣侵囊橐或收纳无赖义丁而滥食官粮或指称不蝕公费而通同造册诚有如前道所云者随经酌议立法稽查订立经纬册式令各卫所按月造支军额军粮及管收除在数目

悉遵成法开造呈道照册支给毋容紊乱备行所属遵守宿弊已清重冒已绝见在照行

又查为清查军丁事该前道看得各卫所有正军余丁之分有食粮不食粮之别军额有数粮额有限故先年足食足兵无告匮之扰近来各项拨差不将额军抽选乃将舍余余丁充数以致粮饷逾额每岁缺支就经通行各府清军官清查各卫所额军若干见在若干内充某项人役若干操守运粮贴驾各若干其贴驾名数或尽系额军或额外余丁凑数若干照式开列各项明白前总后撒备造简明数目各所属各卫每为一小书册呈报本道查核以釐各军重冒食粮之弊

又为清查军粮以祛宿弊事该前道查得各卫所食粮军人旧规但有逃亡为事患病等项该管本官除填小票飞报各该守巡道外随即知会该卫经历司案候造单支粮之时便于查对今查法久皆玩弛不行本司道查核实在应支军粮皆责成于经历及各卫所识字就经通行各卫所并申饬经历司各官吏识查照旧规转行各所伍官员遵照今后遇有各军人逃亡事故等项就于小票内备开某百户下某月日旗军某人逃故字样俱要填写明白一报该道一知会经历司其该所如遇造支粮单并将近行经纬文册俱付该司经历仍将日逐知会小票备细查对如果无弊单后押字册格内填注对同二字送道覆核若该卫所不行通报日期及已通报而本官扶同捏饰查出即提各该官吏识字徒重究罪以上三款俱在照行

又为清查冒粮余丁以肃军伍事万历二十七年十二月内该布政司清军道吴奉督抚军门刘会同巡按御史李宪牌照得卫所军丁每称消耗而军储钱粮恒苦不敷皆缘卫官以异姓义男捏作舍余各军以异姓民人或同姓异族捏作余丁又有老幼残疾冒顶正军父充正军幼子纪录逃亡故绝虚挂鬼名冒食粮饷以致军储往往缺乏近据同知何挺查盘处州查出该卫前项冒滥该道具详尽行汰革军伍一清此弊不独处州一卫为然在各卫率多虚冒相应通行清查仰道即便通行守巡各道转行驻扎各府遵照卫所在府城者该府掌印官会同清军官不在府城者清军官会同参将把总各官将各卫所军丁逐一清查除正额军新例军与官舍军余果系的姓枝派强壮堪用者俱照旧存留食粮差操如正军已故方准幼丁纪录正军见在不许重冒老幼军丁止准照例食本等名粮不许冒食正军月粮其余一切异姓义男并民人顶军及故绝鬼名等项冒粮者尽数核实裁革以肃军伍卫所各官预自检举准免追究如沿袭锢弊仍前容隐查出一体参治清查明白将存单姓名造册具由通详毋得听凭卫所开报抵饰以虚文回覆依奉备行守巡各道转行委官督理清查造册通详而卫所鬼名顶替之弊顿革储饷自无虚冒矣

原考

一官兵粮饷查得隆庆肆年为整饬海防以图保障事该钦差督抚军门谷题准案开水陆官兵粮饷备倭把总日支银壹钱柒分名色把总总哨官并参游员下中军官日支银壹钱贰分定昌游哨并舟山管各协总及渔洋巡哨官日支银壹钱哨官旗牌督阵官并各船捕盗耆民舵工日支银陆分副舵工日支银伍分叭喇唬船队长陆个月汛月日支银伍分常月日支银肆分伍厘陆兵队长日支银肆分什长日支银叁分伍厘陆兵与各营书记日支银叁分水兵陆个月汛期支银叁分常月支银贰分健步杂流等役战马各日支银贰分伍厘万历贰年正月为整理海防事该钦差督抚军门方　看得水兵冲风冒险辛苦倍于陆兵近日暗粮弊清相应一例与给为此题准水兵每名每年加银壹两捌钱常川日支银叁分就近团练又为乞怜剧哨比例加饷以励人心事奉钦差督抚军门谢批布政司覆议详允该巡海道呈叭喇唬船队长常川每日支银伍分又为立法稽查粮饷以裕兵资以□□弊事蒙抚按二院批允该本道议呈查得宁绍二府给发兵粮该府总给府首领或□佐贰官会同把总将银给散但□□□□□□立志欠確怯懦者惮于任怨污染者利于扶同故将领杂之以倾销乘之以克扣官帑有足数之费兵人无足数之需议行宁绍二府放给民兵饷银除把总哨长队什长捕盗照常逐名唱给外其陆兵水兵每拾名为壹封俱要凿凿包封印盖明白行委附近县分正官会同把总等官每兵拾名领银壹封眼同唱给不许总付将领以恣克扣如有事故者俱即当面扣除申道查核贮府正支

续定

一官兵粮饷【附总镇参游廪给心红】

两浙各营区水陆将领官兵军役粮饷则例

日支银贰钱
宁波区游洋哨统兵将官【自万历叁拾年春汛为始以后俱自发汛奉委起行日起支撤汛日止】
总兵府掾史
日支银壹钱柒分
总兵标下坐营把总
备倭把总
防矿守备
日支银壹钱贰分
军门标下中军把总总兵并海兵各道参游下中军及各区水陆关营军营各领兵名色把总总哨官
日支银柒分
军门标下旗牌官
查得杭严兵巡道册开海防类考内于隆庆肆年间□准旗牌官日支银陆分
日支银陆分
军门标下精勇哨官队长
海道下督阵官总参下旗牌官
昌国总下游哨哨总严州巡哨委官
各营区水陆关营军营哨官捕耆民
日支银伍分伍厘
各水哨兵船正舵工
日支银伍分
军门标下听用指挥千百户武会等官通事精勇什长
总兵下附造听用官【伍员】
海道下听用官
南北二关水哨捕盗
温州区民唬网船队长
嘉兴唬船捕盗【汛月日加银壹分】
日支银肆分伍厘
杭州省城西教场军营哨官
各水哨兵船副舵工
日支银肆分
军门标下精勇夷人
南北二关水哨舵工
总参下教师通事
附造听用官【肆员】
参将听用官
各营区队长唬□河田等船舵工
温州标营中哨划唬船队长【大汛肆个月各日加银壹分】
温州陆营队长
日支银叁分伍厘
各营区什长
温州标营中哨管唬船什长【大汛肆个月各日加银壹分伍厘】
又充舵工什长【汛月各日加银伍厘】

日支银叁分叁厘

军门标下吹鼓手

日支银叁分

军门标下刽子手并东西贰营南北水关书记医生吹鼓手大铳手火药匠

海兵道旗健参将下书记医生并各营区书记募兵民壮兵水兵兵薪

总镇书办医生亲兵号手大刀刽子手

嘉兵道听用官亲兵

日支银贰分伍厘

海兵各道总镇参游标下并各营总关游把总下旗手健步家丁马丁战马医生吹鼓手大铳手弓匠铁匠火药匠

总参下旗牌总哨官家丁

温州区民书记杂役通事

金盘把总下医生柒名【汛月照支常月不支】

日支银贰分

军门标下优养官儿男【亦有壹名支叁分者】

日支银壹分伍厘

杭州省城西教场军营哨官家丁

日支银壹两

海道下民唬船捕盗【汛期伍个月每月支银壹两伍钱】

月支银陆钱肆分

海道下民唬船舵工【汛期伍个月每月支银壹两】

月支银陆钱

海道下军吹鼓手旗手大铳手

本道民唬船民兵【汛期伍个月每月支银捌钱壹分贰厘伍毫】

军唬船捕舵军兵【汛期伍个月每月支银柒钱贰分伍厘】

月支银伍钱

杭州省城西教场军兵旗健吹鼓手铳手

嘉兴陆营军队长

西大营中军军役【春汛叁个月每月加给行粮米折银贰钱贰分伍厘】

西教场军营队长【月加饷银壹钱】

什长【月加饷银伍分】

海宁军营队长【大小汛陆个月每月支银陆钱大汛叁个月每月加给行粮银贰钱贰分伍厘】

温州军营队长【汛月支银陆钱】

月支银肆钱伍分

嘉兴陆营军什长

海宁军营什长【大小汛陆个月每月支银伍钱伍分大汛叁个月每月加给行粮银贰钱贰分伍厘】

温州军营什长【汛月支银伍钱伍分】

月支银肆钱

嘉兴陆营军兵杂役

温处参将下军伴

海宁军营军兵书记医生旗健吹鼓手大铳手哨官家丁【大小汛陆个月每月各支银伍钱大汛叁个月每月加给行粮银贰钱贰分伍厘】

温处参将下随征军旗鼓手并哨探军军兵杂役【汛月各支银伍钱】

军唬船队长舵工【汛月支银捌钱贰分伍□】

唬船军兵【汛月支银柒钱贰分伍厘】

月加饷银

东西大营教师队什兵各月加支银壹钱贰分

选锋兵各月加支银伍分

西教场军营教师兵各月加支银壹钱伍分

选锋兵各月加支银伍分【选锋兵万历叁拾年奉文详允裁革】

月支军粮

绍临观军中营队什兵旗健吹鼓手大铳手并中军旗鼓手汛期陆个月各支米壹石汛毕存班叁个月各月支米捌斗放班回原卫所休息贰个月半各月支米陆斗又队什长汛期伍个月每月加造粮银队长壹钱什长伍分

月支壹石贰斗

宁绍参将下水哨并定昌贰总军唬船捕盗【汛期陆个月每月加支米肆斗伍升】

月支壹石

军门标下健步军役

宁绍参将下附支随征军吹鼓手

总兵标下水哨军捕盗【汛期陆个月每月支米壹石陆斗伍升】

宁定区军唬网船舵工军兵并协驾军兵【汛月各加支米肆斗伍升】

台州区哨船队长【汛月各加支米肆斗伍升外加饷银伍钱】

哨船军兵吹鼓手【汛月各加支米肆斗伍升】

月支折色米壹石

台州区军快旗手等役

金盘总军队长舵工【汛月支米壹石肆斗伍升折银柒钱贰分伍厘又加饷银壹钱】

军吹鼓手□□驾军兵【汛月支□□□肆斗伍升□□□柒钱贰分伍厘】

汛月支粮余月回卫造支

金盘总渔唬船队长舵工军兵近议常月支米壹石复加折色银伍分共折肆钱伍分贴驾军兵每汛月支米壹石肆斗伍升折银同前余月分为贰班在船者支折色米壹石回卫者正军支陆斗余丁支伍斗各折色

宁绍区贴驾军兵军吹鼓手【汛月支米壹石肆斗伍升汛毕月分军听该卫所寄操照例造支余丁舍余无支】

月支捌斗

宁绍参将下军旗手并舟山营军兵旗健杂役【汛月各支米壹石】

舟山营军队什长【汛月各支米壹石队长又加饷银壹钱什长加伍分】

月支陆斗

温处兵巡道标下随征军前哨军队什兵

处州防矿军队长【每月加支饷银叁钱肆分】

处州军什长【每月加支饷银贰钱玖分】

处州军兵【每月加支饷银贰钱肆分】

以上叁项近议每名月除银玖分抵充矿课

月支伍斗

台州区贴驾队长【汛月支米壹石肆斗伍升外加饷银伍钱】

贴驾军兵汛月支米壹石肆斗伍升余月正军照支米伍斗例军余丁各支米肆斗岁支柒石贰斗【折银叁两陆钱】

嘉兴府海宁卫守城军余【已上万历叁拾年详定伍百名于海盐县广储常积等仓余米银内支给】

一总镇参游廪给心红供应纸札等项【附把总等官纸札银两】

总兵府岁支银肆百两【原议支布政司库贮渔税银万历贰拾柒年奉文改支宁波府兵饷银叁拾年复议支司库兵饷渔税银】

分守参将肆员每员岁支银壹百肆拾肆两【俱原支司库渔税银近议改支杭嘉湖温处贰参将各支缺兵银宁绍台金岩贰参将各支兵饷银】

坐营左游击岁支银壹百伍拾两内

日支廪给银叁钱【于武林驿供应银内动支】

月支心红纸札油烛柴炭银贰两【于标下粮册内造支】

又纸札银壹两伍钱【于东中军粮册内造支】

右游击岁支银壹百贰拾陆两内

日支廪给银叁钱【于武林驿供应银内动支】

月支心红纸札银壹两伍钱【于西中军粮册内造支】

操捕都司岁支心红纸札银壹拾捌两【月支银壹两伍钱于军左营粮册内造支】

标下并各水陆关营把总等官纸札银两【俱附粮册内造支】

军门标下中军把总月支银柒钱

查得本官每月原支叁钱万历拾叁年捌月起每月加银肆钱

东西大营中军把总月支银捌钱【春汛叁个月每月支银壹两】

查得各总每月原支柒钱万历拾伍年贰月起每月加支银壹钱

东西大营领兵把总月支银柒钱【春汛叁个月每月支银壹两】

左右军营并北关水兵把总月支银柒钱

南北水兵把总月支银肆钱贰分

严州巡哨委官月支银贰钱捌分

查得南北贰关把总原无纸札银两万历拾叁年间加增备倭把总陆员各岁支银拾两

海宁军营把总月支银柒钱【汛期陆个月每月支银壹两】

嘉兴中军并陆营把总岁支银拾两贰钱

总哨官岁支银陆两陆钱

总镇坐营把总岁支银叁拾两【原于宁波府库贮事故军粮银内动支　叁拾年详允自叁拾壹年为始改于兵饷内造支】

宁波中军陆营水哨把总月支银柒钱【汛期陆个月每月支银壹两】

查得名色把总原无纸札银两万历拾肆年间加增游洋哨统兵将官汛月支银壹两汛毕住支万历叁拾年间加增

绍临观定昌水哨总哨官月支银肆钱【汛期陆个月每月支银柒钱】

温处水陆关营名色把总总哨各月支银柒钱【汛月各支银壹两】

衢州防矿守备岁支银贰拾两

又兼管左营纸札银壹拾贰两

中军右营把总岁支银壹拾贰两

以上叁项俱于该府库贮扣存缺兵饷银内扣给

原考

一战船料税查得定海总福苍沙渔小哨草撇叭喇唬船壹百肆拾肆只俱系私造给税每年共该给银叁千贰

百陆拾伍两捌钱伍分伍厘又闰月银壹百叁拾陆两叁钱壹分昌国总福苍渔哨叭喇唬船柒拾只俱系私造给税每年共该给银壹千捌百贰拾捌两肆钱陆分捌厘又闰月银柒拾伍两柒钱肆分将宁波府额征民六战船银肆百伍拾两伍钱贰分又杭州府协济民六战船银伍百贰拾柒两肆钱衢州府银贰百玖拾叁两捌钱伍分严州府银壹百肆拾伍两捌钱并定昌贰卫军兵扣抵战船粮银贰千伍百伍拾壹两壹钱贰分零及各总坏船修造停支税银内通融抵给临观总福苍沙渔叭喇唬船贰拾捌只俱系私造给税每年共该给银陆百伍拾伍两肆钱又闰月银叁拾叁两伍钱将绍兴府额征民六战船料银伍百贰拾陆两伍钱并临观贰卫军兵扣抵战船粮银及各总造船停支税银辏给海宁总福苍沙哨叭喇唬船伍拾叁只俱系官造每年约用工料银陆百余两将嘉兴府额征民六战船银贰百柒拾玖两玖钱并海宁卫军兵扣抵战船粮银及外府协济民六战船银辏给松海总兵船内福苍艟(艨)渔船伍拾柒只系私造给税叭喇唬船肆拾陆只系官造每年约用船税工料银壹千伍百柒拾余两将台州府额征民六战船银贰百叁拾叁两壹钱并松海贰卫军兵扣抵战船银又外府协济民六战船并渔税银辏给金盘总兵船内渔船壹拾玖只系私造给税每年该给税银伍百壹拾叁两又福苍草撇叭喇唬船陆拾只俱系官造约用□料银贰千两将温州府额征民六战船银叁百陆拾肆两伍分并金盘贰卫军兵扣抵战船粮银及外府协济民六战船并渔税银两辏给其江洋北关巡哨兵船如有损坏计估料银行布政司动支无碍官银修理定海中正贰哨续添沙船贰拾只唬船肆拾只每年加税银伍百伍拾两于解司渔税银内扣支军捌桨船贰拾只照旧规扣军粮自造

续定

一战船料税

嘉兴区

海宁总民造福苍沙唬小哨船共捌拾玖只年额税银共壹千壹百伍拾肆两叁钱陆分内

每只年给税例

福船柒拾肆两叁钱肆分

苍船贰拾肆两

沙船内壹等贰拾伍两贰等贰拾贰两

小哨船壹拾贰两

唬船肆两【以上税银于嘉兴府额派料银并本区修造各船银内扣省舵兵月粮银内支给】

绍兴区

临观总民造福草苍渔沙唬共叁拾肆只年额税银共柒百捌拾两柒钱捌分壹厘贰毫内

每只年给税例

福船柒拾伍两陆钱

草撇船伍拾壹两捌钱肆分

苍船贰拾肆两

渔船壹拾玖两伍钱

沙船贰拾伍两

唬船肆两【以上税银于绍兴府额派料银内支给】

宁波区

定海总总兵标下民造福苍铁头沙渔唬小哨轮船共捌拾陆只年额税银共壹千叁百壹拾两壹钱捌分肆毫

游洋哨民造铁渔沙唬船共壹百肆只年额税银壹千贰百柒拾贰两伍钱

参将标下民造福艟铁头沙唬船共陆拾贰只年额税银捌百伍拾肆两玖钱贰分捌厘

定海昌国贰把总下民造福草苍艟铁头沙渔壳艚唬船共壹百陆拾肆只年额税银叁千柒百叁拾壹两柒钱肆分玖厘

各船每只年给税例

福船内壹号捌拾陆两肆钱【每遇月小减支贰钱肆分】

贰号福船柒拾伍两陆钱【月小减支贰钱壹分】

苍船苍艚艚艚铁头渔船各贰拾肆两

铁头船叁拾两

渔船渔挑船各壹拾玖两伍钱

沙船内壹等叁拾两　贰等贰拾伍两　叁等壹拾玖两伍钱

草撇船内壹等伍拾贰两肆钱壹分陆厘　贰等伍拾壹两捌钱肆分

小哨壳哨船各壹拾贰两

轮船唬船各肆两【以上税银除游洋哨于嘉绍台温肆府缺兵银宁波渔商贰税银并本游缺兵银内凑给外余哨俱于宁波府额□□银杭衢严叁府协济银抵给如有不敷仍于该府兵饷银内凑足支给】

本区鸟船系官造每只给料价银壹百柒拾两例不给税

台州区

松海总民造福海艟(艔)铁唬船共壹百陆只年额税银壹千玖百玖拾伍两陆钱内

每只年给税例

福船内壹号玖拾两　贰号柒拾伍两

海沧船肆拾伍两叁钱陆分

艟(艔)船贰拾捌两

铁头船沙船各贰拾贰两

唬船肆两【以上税银于台州府额派料银金华府协济银并本区修造各船限内扣省与舵兵月粮银抵给如有不敷仍于该府兵饷银内凑足支给】

温州区

金盘总官造改税福草船壹拾伍只民造官税铁头捌桨渔沙鸟船贰拾柒只年额税银壹千伍百壹拾柒两贰分内

每只年给税例

福船内贰号柒拾贰两　叁号陆拾肆两捌钱　肆号伍拾柒两陆钱

草撇船肆拾陆两玖钱捌分

鸟船肆拾两

铁头船贰拾柒两

捌桨船壹拾贰两

民渔船壹拾陆两

沙船壹拾玖两伍钱

又官造官修民渔唬网船共捌拾捌只新增渔唬划网船壹拾伍只每年造修期限参差数目难以约算其年限规则额给料价已备修造战船款内【以上税银料价于温州府额□料银处州府协济银抵给如□不敷即于本区修造各船限内□□舵兵月粮银内凑足支给】

查得各区军渔哨唬船大小划网船并河田船俱系各队兵自造自修例不给税

备录【万历二十八年八月内该海兵道按察使范奉督抚军门刘批本道呈详中正定临昌四总兵船税银岁该伍千玖百陆拾叁两柒钱肆分内银贰千柒百贰两伍钱先年曾议于定昌卫所军粮内扣封为因军粮不敷改于商税银内支给今因商税改充额课近议仍于军粮扣抵查得军储岁派之数仅够岁支兼之征解不前每每告之前项船税万不可少请乞批行布政司改于兵饷银内支给呈奉本都院详批司库饷银近因调兵借发数多额支不敷船税似难改派应否即于该府库贮缺兵饷内支用仰道再查议报行据宁波府申覆扣封缺兵饷银陆续奉文支放已尽二十七年八月内奉文改将军火器械犒赏行粮等银共贰千肆拾壹两俱于缺兵银内支给及查缺兵饷银自二十四年以后每年所扣不及壹千奉文支抵军火器械等项支用尚且不敷安得有余充抵战船税银合无俯照原议于兵饷银内支给呈覆到道据此为照凑给战船税银贰千柒百贰两伍钱改议军粮扣抵又因军粮本项岁给不

数已经呈详加派兵饷拨给奉批即于该府缺兵饷内支用但缺兵饷银每年所扣不及壹千每年额支贰千肆拾余两已在难处岂能又有贰千柒百之余若非改于兵饷必致临期缺乏及查贰拾陆年加增水兵尽数减革兵饷仍照上年派征奉文照数扣解还司合无即于此内拨给前数不惟缓急有支事体亦得划一等因奉批准照数拨给仍移文布政司支给缴咨行本司遵照扣留抵用外已后年分俱该布政司拨派于兵饷银内支给见在遵行】

原考

一军需犒赏查得军卫支□往年皆取之军以给公需及有军吏则其费尽出于军吏各告不均乃议派军需尽革军吏所派银数又因岁久事更军吏虽革复立直厅柱头饭头耆老之类终属病军隆庆贰年伍月内为申明会计军钞抵充军需以苏疲困以免滥费事该前道副使蔡查得每年旗军钞银向被奸徒夤缘领侵旗军未沾实惠军需催督无办议将旗军应领之钞抵充旗军应办之需诚为官军两便会计军需额征续派之数参酌损益著为定规以后卫所查照今定军需除运军赏钞仍旧支给并官钞止听该府每年量扣每卫玖两守御所叁两外所贰两伍钱余亦给官外旗军月支折钞俱尽数听留府库算抵军需其不敷之数掌印官议定旗军若干扣算一面出示知悉一面具文在省卫分申督粮道其余卫所申海兵道批府于月粮内查扣解给其军吏柱头耆老饭头等项从实裁革会同三司各道覆议呈奉抚按二院详允并将各卫所应办军需银数已经刊书见行及查总兵衙门每岁原议犒赏银贰千两于布政司兵饷银内支解收贮定海县□□于嘉靖肆拾年闰伍月为出巡事奉钦差总督军门胡巡按浙江监察御史崔批布政司呈查得兵饷钱粮□□定额议将犒赏银两改于杭州等拾壹府通融均派杭嘉湖金绍处陆府各贰百两宁衢台严温伍府各壹百陆拾两共征银贰千两解贮该司内壹千两仍听总兵军前赏用将减革壹千两分解杭嘉湖宁绍台金严温处四参将每参将贰百伍拾两听其犒赏支用其每年征收渔旗税银内除宁波府买办旗布料价外余银收贮定海县亦听总兵衙门赏用又查各区备倭把总浙东游兵今改绍兴统兵把总廪给心红等项原派均平及卫所供办续为乞恩议处钱粮以公赏罚事嘉靖肆拾伍年伍月内该前道副使蔡　议将各官廪给按月随兵入册支饷行移心红纸笔与军前零赏等用每年陆备倭把总各该银叁拾两统兵把总该银贰拾肆两呈详海兵各道批行该府于事故军粮银或折粮余银内给发年终造册请详开销永为定规不许仍派卫所供办备由呈蒙抚按二院详允见在遵行

续定

一卫所军需【附公费犒赏】

查得各卫所每年应用表笺袱匣路费军三军器料价柜索祭旗火药修城纸札粮单清勾岁支岁用旗役折钞等册行移勘合地里图本武举刷卷总参都司并经历司家伙等项一应军需钱粮各卫所额办数目不等俱先尽旗军折钞□抵不足之数将月粮扣足支用内

杭州府属杭州前卫每年额办军需银肆百壹拾壹两壹钱叁分肆厘贰毫叁丝捌忽伍微

右卫每年额办军需银伍百陆两玖钱陆厘

海宁守御千户所每年额办军需银壹百玖拾肆两捌钱捌分壹厘叁毫贰丝柒忽伍微捌尘

嘉兴府属海宁卫每年额办军需银叁百叁拾柒两肆钱伍分陆厘零

澉浦千户所每年额办军需银柒拾肆两叁钱贰分零

乍后二千户所每所每年各该额办军需银陆拾玖两叁钱贰分零

嘉兴守御千户所系直隶所辖例不派解浙省军需惟本所进表纸札路费并日逐行移与查盘阅操等项每年大约该银贰拾陆两玖钱零

湖州府属湖州守御千户所每年额办军需银叁百壹拾陆两伍钱壹分伍厘零

宁波府属宁波卫每年额办军需银肆百捌拾两壹钱贰分贰厘捌毫伍丝

定海卫每年额办军需银肆百贰拾两捌钱壹分玖毫伍丝

后千户所每年额办军需银玖拾肆两贰钱肆分

霩衢千户所每年额办军需银玖拾柒两捌钱

大嵩千户所每年额办军需银壹百肆两壹钱玖分

中中千户所每年额办军需银壹百叁拾贰两柒钱叁分

中左千户所每年额办军需银壹百壹拾柒两肆钱陆分

昌国卫每年额办军需银叁百捌拾陆两捌分肆厘壹毫伍丝

前千户所每年额办军需银捌拾壹两

后千户所每年额办军需银捌拾陆两肆钱捌分

钱仓千户所每年额办军需银壹百壹拾柒两伍钱叁分

爵溪千户所每年额办军需银壹百叁拾柒两肆钱陆分

绍兴府属绍兴卫每年额办军需银伍百贰拾两陆钱肆分捌厘壹毫捌忽零

临山卫每年额办军需银肆百两壹钱壹厘捌毫柒丝零

沥海千户所每年额办军需银壹百贰拾伍两捌钱贰分柒厘叁丝零

三山千户所每年额办军需银壹百贰拾壹两肆钱陆分柒毫叁丝零

观海卫每年额办军需银肆百肆拾叁两叁钱柒分捌厘伍毫贰丝零

龙山千户所每年额办军需银壹百叁拾贰两叁钱柒分陆厘陆毫陆忽零

三江千户所每年额办军需银壹百贰拾叁两肆钱

台州府属台州卫每年额办军需银肆百玖拾伍两肆钱叁分肆厘陆毫叁丝捌忽叁微叁尘　松门卫每年额办军需银叁百伍拾陆两捌钱壹分肆厘伍丝

楚门千户所每年额办军需银玖拾柒两叁钱叁厘玖毫柒丝贰忽壹微

隘顽千户所每年额办军需银柒拾陆两伍钱贰分

海门卫每年额办军需银叁百陆拾捌两肆钱陆分叁厘壹毫叁丝

新河千户所每年额办军需银壹百壹拾叁两陆钱伍分

前千户所每年额办军需银玖拾叁两柒钱柒分

桃渚千户所每年额办军需银柒拾柒两壹钱贰分

健跳千户所每年额办军需银柒拾柒两壹钱贰分

金华府属金华守御千户所每年额办军需银壹百叁拾叁两陆钱陆分柒厘玖毫捌丝柒忽伍微捌尘

衢州府属衢州守御千户所每年额办军需银壹百捌拾伍两肆分柒厘零

严州府属严州守御千户所每年额办军需银壹百伍拾两陆钱玖分叁厘零

温州府属温州卫每年额办军需银贰百肆拾玖两陆钱柒分

海安千户所每年额办军需银捌拾两叁钱贰分

瑞安千户所每年额办军需银捌拾两叁钱贰分

平阳千户所每年额办军需银捌拾两叁钱贰分

金乡卫每年额办军需银贰百伍拾两陆钱柒分

蒲门千户所每年额办军需银柒拾柒两叁钱贰分

壮士千户所每年额办军需银柒拾柒两叁钱贰分

沙园千户所每年额办军需银捌拾贰两贰钱贰分

盘石卫每年额办军需银贰百肆拾陆两贰钱柒分

后千户所每年额办军需银捌拾两叁钱贰分

蒲岐千户所每年额办军需银捌拾两叁钱贰分

宁村千户所每年额办军需银捌拾两叁钱贰分

处州府属处州卫每年额办军需银叁百肆拾两捌钱叁分伍釐零

附公费犒赏

军门标下并海兵等各道总镇叁游守把等官每年春秋二汛祀江发汛汛回操巡犒赏公费行粮等项银两则

例

军门标下

各营将领总哨官兵春汛誓师祭祀等项约银壹百陆拾陆两零

各营官兵督发沿海防汛犒赏约银叁拾两

标兵汛毕回营犒赏约银肆百余两【以上三项于布政司库贮缺兵银内动支】

杭严兵巡道春初开操犒赏约银壹百余两

阅操较艺犒赏约银壹百两【以上二项于布政司库贮旷兵银内动支】

备录【查得该道册开每年例应阅操较艺官兵壹次原议犒赏该银柒拾两先年止有民兵捌总军兵贰总近年民兵拾总大约该银壹百两呈请军门批司支发】

左游击公费银壹百两

防汛犒赏银贰拾两

较艺犒赏银叁拾两【以上三项于布政司库贮缺兵银内动支】

秋操小赏银拾两【于布政司库贮旷兵银内动支】

右游击公费犒赏等项银两俱与左游击同

操捕都司军前犒赏银贰拾两【于布政司库贮缺兵银内动支】

嘉湖兵巡道犒赏银柒拾两【于嘉兴府长夫充饷内抽扣】

杭嘉湖参将军前犒赏银贰百伍拾两【向支布政司□□□□银万历贰拾□嘉兴府缺兵饷银】

海宁备倭把总犒赏银贰拾两【于嘉兴府缺兵饷银内动支】

海兵道春秋二汛祀江开操犒赏银肆百叁拾两

本区官兵汛回犒赏银叁百陆拾两【以上二项向支宁波府渔税银万历贰拾柒年改支本府缺兵银叁拾年仍支商渔税银】

开操较艺并赏防汛标兵及军前赏赉银贰百两【于商渔税银内支用】

游洋哨发汛犒赏银叁拾玖两陆钱贰分【于定海关商税银内动支系万历叁拾年议增】

总兵公费银肆百两【于定海县商税银内动支】

军前犒赏银壹千两【向支布政司或宁波府渔税银万历贰拾柒年改支该府兵饷及缺兵银叁拾年仍议支布政司库贮兵饷及渔税银】

又每年制旗给渔船出洋采捕原征渔户旗税除该宁波府制旗价银约壹百两给铺行外尚余旗税银叁百两听本镇犒赏公用

犒赏游洋哨防汛官兵银贰百两【于宁区商税银内动支】

本镇巡历嘉台温三区犒赏银壹百伍拾两【于缺兵银内动支嘉兴府肆拾两台州府伍拾两温州府陆拾两以上二项俱万历叁拾年议增】

宁绍参将军前犒赏银贰百伍拾两【向支渔税银万历贰拾柒年改支宁波府兵饷银】

本镇标下坐营把总犒赏银伍拾两【向支宁波府渔税银万历贰拾柒年改支本府兵饷银】

游洋哨统兵将官贰员各犒赏银拾两【于布政司游兵饷银内动支系万历叁拾年增议】

临观备倭把总犒赏银贰拾两

附议【查据绍兴府册开临观总犒赏前银原于卫所还官军粮并支剩折银内支给今查卫所军粮缺给并无存贮相应于缺兵银内动支】

定海备倭把总犒赏银贰拾两

昌国备倭把总犒赏银贰拾两【以上二项俱于宁波府事故还官军粮银内动支】

昌国防汛标兵并游击中军员役每年约支行粮银壹百壹拾两【向支象山县渔税银万历贰拾柒年改支缺兵饷银叁拾年仍支渔商税银】

舟山防汛标兵每年约支行粮银肆拾壹两【向支定海县渔税银万历贰拾柒年改支宁波府缺兵饷银】

台州兵巡道春秋二汛祀江开操犒赏银壹百陆拾贰两

本道中军开操祭旗银叁两

犒赏防汛标兵银叁拾伍两

本区官兵汛回犒赏银壹百柒拾两【以上四项向支台州府渔税银万历贰拾柒年改支缺兵饷银】

本道阅操较艺巡历沿海地方犒赏银贰百两【向支台州府渔税银万历贰拾柒年改支本府缺兵饷银壹百伍拾两渔税银伍拾两】

台金严参将军前犒赏银贰百伍拾两【向支渔税银万历贰拾柒年改支本府兵饷银】

防汛标兵并游击中军员役每年约支行粮银壹百贰拾叁两【向支临海县渔税银万历贰拾柒年改支台州府缺兵饷银】

松海备倭把总犒赏银贰拾两【于台州府事故还官军粮银内动支】

温处兵巡道春秋二汛祀江开操犒赏银贰百贰拾两【向支温州府渔税银万历贰拾柒年改支本府缺兵饷银】

本道军前犒赏银叁百陆拾两【于温州府渔税银内动支】

本区官兵汛回犒赏银贰百柒拾两【向支温州府渔税银万历贰拾柒年改支本府缺兵饷银】

犒赏防汛标兵并行粮等银壹百壹拾贰两【向支平阳县渔税银万历贰拾柒年改支温州府缺兵饷银】

守巡二道巡历地方操赏公费等银肆拾肆两【向支温州府渔税银万历贰拾柒年改支本府涂租余银】

温处参将军前犒赏银贰百伍拾两【向支温州府渔税银万历贰拾柒年改支本府缺兵饷银】

金盘备倭把总犒赏银贰拾两【于温州府事故还官军粮银内动支】

衢州守备犒赏银叁拾陆两

开操祭旗银伍两伍钱

霜降祭旗银陆两【以上三项于衢州府缺兵银内动支】

一每年春汛期毕奉督抚军门犒赏水陆各总防汛效劳官兵内坐营备倭把总各银伍钱名色把总旗牌听用总哨官各肆钱哨官各贰钱□□□□□壹钱什长舵工各伍分兵军杂役各贰分伍□见在名数照册给赏于汛毕犒赏银内动支

备录【查得原考所载军需银两先该前道蔡议将各卫所旗军应领钞银抵办会计军需额征续派之数参酌损益著为定规今已并录于前万历贰拾玖年叁月内为海防远计事奉督抚军门刘　宪牌内开军需犒赏款内无总镇公费及游击操司公费犒赏与标下外区汛赏各数目俱宜附载今案查总镇及四参将公费犒赏银两原议派行杭州等十一府征解司库给发嗣奉督抚军门谷题允将总参犒赏供应与船税补舱置造军火器械军门犒赏获功人员俱于宁台温三府渔税等银内动支宁波以柒千两为额叁千两留用肆千两解司台州以贰千肆百两为额壹千叁百伍拾两留用壹千伍拾两解司温州以伍千柒百两为额壹千捌百两留用叁千贰百两解司抵充前用至万历捌年因宁台温三府渔税节年拖负多不完解该布政司议将四参犒赏廪给等银分派于驻扎府分或渔税或堪动银两径听该道议呈支给其军门并总镇每年额用犒赏银两仍听司库动支渔税等银至万历贰拾柒年奉旨专差内使将渔商等税银两征收解京以致充饷诸费无从处给随奉督抚军门刘案行布政司将前项年额公费犒赏等项改支兵饷与缺兵饷银及清出渔商漏税涂租埠税等银应用见在遵行其节年沿革条议附入渔税事宜款内】

卷五

原考

一各府额饷查得两浙自倭患蔓延事势危突征调兵多派饷费广即于各府官民田地山荡内派征并括取阖省民壮弓兵皂隶军储预备米银等项每年计用饷银陆拾捌万叁千余两近年以来海警颇宁兵费渐省嘉靖肆拾伍年间奉钦差总督军门刘次第议减每年派征田地山银叁拾叁万柒千伍百贰拾壹两贰钱壹分柒厘零充饷皂隶等项冗役并预备米银共捌万贰拾玖两捌钱通共银肆拾壹万柒千伍百伍拾壹两壹分柒厘零隆庆贰年间奉

钦差督抚军门赵案验题准减免银壹拾陆万贰千柒百玖拾陆两陆钱伍分捌厘零隆庆肆年间奉钦差督抚军门谷巡按浙江监察御史周会题自隆庆伍年为始又减去陆万柒百两有零万历贰年奉钦差督抚军门方查出各府属军储等仓岁余米并革军省米共折银伍万肆千柒百肆拾两捌钱肆分壹厘零俱充饷用见今每年额饷派征田地山银田每亩征银伍厘地每亩征银叁厘肥山梅竹山每亩征银壹厘共征银壹拾陆万伍千伍百壹拾壹两玖钱柒分伍厘零充饷皂隶冗役解户预备米银共肆万贰千捌百陆拾壹两贰钱叁分伍厘叁丝又抽布按二司并各道运司冗役银柒百玖拾捌两布政司历日余银伍百两并前各仓余米革军省米折银伍万肆千柒百肆拾两捌钱肆分壹厘玖毫每年通共银贰拾陆万肆千肆百壹拾贰两伍分壹厘玖毫叁丝内

额饷银

阖省田贰拾柒万贰千叁百陆拾肆顷肆拾亩伍分捌厘零每亩征银伍厘共银壹拾叁万陆千壹百捌拾贰两贰钱贰厘玖毫

地陆万贰千贰百玖拾捌顷陆亩肆分玖厘零每亩征银叁厘共银壹万捌千陆百捌拾玖两肆钱壹分玖厘肆毫柒丝

肥山壹拾万陆千肆百叁顷肆拾玖亩贰分零每亩征银壹厘共银壹万陆百肆拾两叁钱肆分玖厘贰毫

充饷银

解户银叁千陆百肆拾伍两

皂隶伍百柒名该银肆千伍百陆拾叁两

冗役伍百肆拾壹名该银贰千玖百玖拾伍两捌钱

预备秋盐米折银叁万壹千陆百伍拾柒两肆钱叁分伍厘叁丝

属仓余米并革军省米折银伍万肆千柒百肆拾两捌钱肆分壹厘玖毫

杭州府

额饷银

田壹万玖千玖百玖拾壹顷捌拾壹亩肆分零每亩征银伍厘该银玖千玖百玖拾伍两玖钱柒厘零

地柒千玖百柒拾叁顷伍拾伍亩伍分零每亩征银叁厘该银贰千叁百玖拾贰两陆分伍厘

山壹万贰千肆百贰拾柒顷玖拾亩零每亩征银壹厘该银壹千贰百肆拾贰两柒钱玖分零

充饷银

解户银壹百贰拾两

皂隶银伍百肆拾两

冗役银陆百壹拾叁两贰钱

预备秋米折银壹百壹拾两肆钱陆分玖厘壹毫伍丝

军储余米银捌百叁拾壹两玖钱伍分陆厘肆毫

以上银两俱全征解布政司听给标下官兵廪粮支用

嘉兴府

额饷银

田叁万捌千壹百玖拾捌顷陆拾亩壹分零每亩征银伍厘该银壹万玖千玖拾玖两叁钱

地肆千伍百叁拾捌顷肆分零每亩征银叁厘该银壹□□百陆拾壹两肆钱零

山叁百陆拾陆顷壹拾叁亩贰分零每亩征银壹厘该银叁拾陆两陆钱壹分零

充饷银

皂隶银贰百叁拾肆两

冗役银叁百玖两

解户银柒百伍两

余米折银壹万壹千肆拾捌两伍钱肆分肆厘伍毫

嘉兴兵巡道所辖嘉兴海宁总水陆官兵岁该派给饷银贰万贰百肆拾贰两捌钱

查得以上田地山银内留壹万陆千陆拾捌两陆钱又省米银贰千壹百叁拾伍两陆钱肆分肆厘伍毫仓余米银贰千叁拾捌两伍钱伍分伍厘伍毫扣存本府听给水陆官兵支用外拨余田地山银肆千肆百贰拾捌两柒钱壹分伍厘□毫叁丝壹忽伍微皂隶银贰百叁拾肆两冗役银叁百□□解户银柒百伍两俱解宁波府协济饷用仓余□□□□□□百柒拾肆两叁钱肆分肆厘伍毫解布政□□□□□□□□

湖州府

皂隶银肆百伍拾玖□

冗役银壹百伍拾玖两

解户银叁百两

属仓余米折银贰万壹千柒百柒拾玖两玖钱柒分贰毫叁丝肆忽

巡视海兵道所辖宁定昌水陆官兵岁该饷银玖万伍千贰百贰拾叁两陆钱

查得以上田地并皂隶冗役解户府属仓余米并革军省米共银叁万伍千陆百贰拾肆两壹钱伍分肆厘壹毫叁丝陆微陆尘俱留本府听给前项水陆官兵粮饷外尚少银伍万玖千伍百玖拾玖两肆钱肆分伍厘捌毫陆丝玖忽叁微肆尘拨派湖州府田地山银壹万柒千柒百壹拾两叁钱柒厘壹丝陆忽皂隶银贰百壹拾陆两冗役银贰百壹拾玖两叁钱解户银肆百陆拾伍两预备秋米银肆拾贰两衢州府田地山银玖千陆百肆拾两柒钱伍分伍厘玖毫柒丝伍微皂隶银叁百捌拾柒两冗役银壹百捌两解户银叁百两预备秋米银肆千玖百叁拾捌两捌钱陆分叁毫壹丝陆忽陆微柒尘伍渺绍兴府田地山银壹万壹千柒百陆两肆钱柒分壹厘伍毫捌丝玖忽玖微预备秋米银叁千柒百叁拾贰两伍钱捌分伍厘肆毫肆丝肆忽柒微陆尘伍渺冗役银壹百壹拾捌两皂隶银伍百叁拾壹两解户银肆百伍两岁余省米银叁千肆百贰两肆钱伍分嘉兴府田地山银肆千肆百贰拾捌两柒钱壹分伍厘伍毫皂隶银贰百叁拾肆两冗役银叁百玖两解户银柒百伍两俱解该府协济水陆官兵支用

绍兴府

额饷银

田叁万柒千玖百肆拾伍顷肆拾捌亩贰分每亩征银伍厘该银壹万捌千玖百柒拾贰两柒钱肆分肆厘零

地陆千壹百壹拾玖顷壹拾伍亩陆分零每亩征银叁厘该银壹千捌百叁拾伍两柒钱肆分陆厘零

山贰万壹千壹百玖拾壹顷捌拾叁亩陆分零每亩征银壹厘该银贰千壹百壹拾玖两壹钱捌分零

充饷银

冗役银壹百壹拾捌两

皂隶银伍百叁拾壹两

解户银肆百伍两

预备秋米银捌千捌百玖拾贰两贰钱陆分柒厘□□□□捌忽零

属仓余米折银陆千叁百伍拾两捌钱伍分

巡视海兵道所辖临山临观总水陆官兵岁该派给饷银壹万肆千壹百陆拾玖两陆钱

查得以上田地山银内留壹万壹千贰百贰拾壹两贰钱本府属仓岁余省米银贰千玖百肆拾捌两肆钱扣存本府听给水陆官兵支用拨余田地山银壹万壹千柒百陆两肆钱柒分壹厘伍毫捌丝玖忽玖微预备秋米银叁千柒百叁拾贰两伍钱捌分伍厘肆毫肆丝肆忽柒微岁余省米银叁千肆百贰两肆钱伍分冗役银壹百壹拾捌两皂隶银伍百叁拾壹两解户银肆百伍两俱解宁波府协济饷用余剩预备秋米银伍千壹百伍拾玖两陆钱捌分壹厘捌毫玖丝叁忽玖微解布政司听给标兵支用

台州府

额饷银

田贰万伍千陆百壹拾玖顷捌拾捌亩零每亩征银伍厘该银壹万贰千捌百玖两玖钱肆分

地柒千肆百柒拾陆顷陆拾叁亩伍分零每亩征银叁厘该银贰千贰百肆拾贰两玖钱玖分零

竹木山贰顷壹拾亩伍分捌厘每亩征银壹厘该银贰钱□分伍毫

充饷银

皂隶银贰百柒拾两

冗役银贰百伍两伍钱

解户银壹百陆拾伍两

属仓余米折银柒千柒百玖拾玖两伍钱伍分

台州兵巡道所辖台州松海总水陆官兵岁该派给饷银叁万肆千肆百伍拾肆两捌钱伍分

查得以上田地并充饷等银共贰万叁千肆百玖拾叁两壹钱玖分壹厘肆毫陆忽俱留本府听给官兵支用外尚少银壹万玖百陆拾壹两陆钱伍分捌厘伍毫玖丝叁忽拨派金华府田地山银肆千柒百柒拾两玖钱玖分壹厘肆丝壹忽预备米银陆千壹百玖拾两陆钱陆分柒厘伍毫伍丝贰忽俱解该府协济水陆官兵支用

金华府

额饷银

田叁万叁千叁百贰拾陆顷肆拾伍亩伍分柒厘每亩征银伍厘该银壹万陆千陆百陆拾叁两贰钱贰分柒厘捌毫

地玖千叁百肆顷肆拾壹亩叁分玖厘每亩征银叁厘该银贰千柒百玖拾壹两叁钱贰分肆厘

山贰万柒千捌百肆拾顷捌拾叁亩肆分陆厘零每亩征银壹厘该银贰千柒百捌拾肆两捌分叁厘零

充饷银

皂隶银肆百捌拾陆两

冗役银贰百柒两

解户银叁百柒拾伍两

预备秋米银壹万陆千叁百两肆钱玖厘捌毫贰丝贰微

以上银两内拨田地山银壹万柒千肆百陆拾柒两陆钱肆分肆厘肆毫伍丝协济温州府又田地山银肆千柒百柒拾两玖钱玖分壹厘肆丝壹忽预备米银陆千壹百玖拾两陆钱陆分柒厘伍毫零协济台州府拨余预备米银壹万壹百玖两柒钱肆分贰厘贰毫陆丝捌忽皂隶银肆百捌拾陆两冗役银贰百柒两解户银叁百柒拾伍两俱解布政司听给标兵支用

衢州府

额饷银

田壹万柒千叁百陆拾顷伍拾柒亩肆分柒厘零每亩征银伍厘该银捌千陆百捌拾两贰钱捌分柒厘

地伍千伍百肆拾肆顷陆拾叁亩叁分柒厘零每亩征银叁厘该银壹千陆百陆拾叁两叁钱玖分山陆千伍百玖拾柒顷壹拾捌亩伍分每亩征银壹厘该银陆百伍拾玖两柒钱壹分捌厘零

充饷银

皂隶银叁百捌拾柒两

冗役银壹百捌两

解户银叁百两

预备秋米银肆千玖百叁拾捌两捌钱陆分叁毫壹丝陆忽零

以上银两内除衢州兵巡道所辖防矿官兵议留田地山银壹千叁百陆拾贰两陆钱肆分存府听给外尚余田地山银玖千陆百肆拾两柒钱伍分伍厘玖毫柒丝并皂隶冗役解户预备秋米银伍千柒百叁拾叁两捌钱陆分叁毫壹丝陆忽零通共银壹万伍千叁百柒拾肆两陆钱壹分陆厘柒毫捌丝柒忽壹微零俱拨解宁波府协济水陆官兵廪粮支用

严州府

额饷银

田玖千叁百伍拾顷捌拾玖亩柒分零每亩征银伍厘该银肆千陆百柒拾伍两肆钱肆分捌厘伍毫零

地陆千陆百叁拾肆顷壹亩捌分柒厘零每亩征银叁厘该银壹千玖百玖拾两贰钱伍厘陆毫

山壹万壹千玖百壹拾壹顷肆拾玖亩陆分陆厘

每亩征银壹厘该银壹千壹百玖拾壹两壹钱肆分玖厘零
充饷银
解户银壹百叁拾伍两
皂隶银肆百陆拾捌两
冗役银贰百叁拾壹两
预备秋盐米银玖百柒拾贰两叁钱
以上银两俱征解布政司听给标兵饷用
温州府
额饷银
田贰万贰千陆百捌拾捌顷贰亩陆分柒厘零每亩征银伍厘该银壹万壹千叁百肆拾肆两壹分叁厘叁毫
地贰千陆百柒顷捌拾肆亩贰分捌厘零每亩征银叁厘该银柒百捌拾贰两叁钱伍分贰厘捌毫零
茶梅山伍拾壹顷肆拾玖亩肆分柒厘零每亩征银壹厘该银伍两壹钱肆分玖厘
充饷银
皂隶银叁百贰拾肆两
冗役银伍百壹拾贰两肆钱
解户银叁百壹拾伍两
属仓岁余米银陆千伍百伍拾柒两柒分柒毫玖丝伍忽
温处兵巡道所辖温州金盘总水陆官兵岁该派给饷银肆万捌千捌百玖拾肆两叁钱

查得以上田地并充饷等银共壹万玖千捌百叁拾玖两玖钱捌分陆厘伍毫伍忽零俱留本府听给前项水陆官兵粮饷外尚欠银贰万玖千伍拾肆两叁钱壹分叁厘肆毫玖丝零拨派处州府田地山银玖千伍百叁拾陆两贰钱肆分陆毫壹丝玖忽冗役银叁百壹拾叁两肆钱解户银叁百壹拾伍两皂隶银陆百肆拾捌两预备秋盐米银肆百壹两壹钱贰分捌厘肆毫贰丝肆忽零军储仓岁余米银叁百柒拾贰两玖钱金华府田地山银壹万柒千肆百陆拾柒两陆钱肆分肆厘肆毫伍丝零俱解该府协济饷用

处州府
额饷银
田壹万柒千陆百捌拾伍顷叁拾贰亩壹厘每亩征银伍厘该银捌千捌百肆拾贰两陆钱陆分
地壹千壹百玖拾顷柒拾贰亩壹分伍厘零每亩征银叁厘该银叁百伍拾柒两贰钱壹分陆厘零
山叁千叁百陆拾叁顷陆拾亩肆分玖厘每亩征银壹厘该银叁百叁拾陆两叁钱陆分零
充饷银
冗役银叁百壹拾叁两肆钱
解户银叁百壹拾伍两
皂隶银陆百肆拾捌两
预备秋盐米银肆百壹两壹钱贰分捌厘肆毫贰丝肆忽零
属仓岁余米银叁百柒拾贰两玖钱
以上银两俱拨解温州府协济饷用
布政司并各道冗役银贰百叁拾肆两
按察司并各道冗役银肆百玖拾玖两贰钱
运司冗役银陆拾肆两捌钱
布政司历日余银伍百两
以上银两俱解布政司收贮听给标兵饷用

隆庆肆年间又为选练民壮以图实用以助保障事奉钦差督抚军门谷案验抽取各府民壮工食抵给各营官兵廪粮共该银捌万捌千陆拾叁两贰钱内抽取

杭州府属民壮银陆千贰拾陆两肆钱解贮布政司听给标下西大营官兵支用

嘉兴府属民壮银壹万捌百捌拾陆两肆钱存留该府听给嘉兴营民壮官兵支用

湖州府属民壮银陆千贰拾陆两肆钱解贮布政司听给标下西大营官兵支用

宁波府属民壮银陆千贰拾陆两肆钱存留该府□□□□□民壮官兵支用

绍兴府属民壮银柒千壹百玖拾贰两捌钱存留该府听给临山营民壮官兵支用

台州府属民壮银陆千贰拾陆两肆钱存留该府听给台州营民壮官兵支用

金华府属民壮银壹万捌百捌拾陆两肆钱解贮布政司听给标下西大营官兵支用

衢州府属民壮银壹万捌百捌拾陆两肆钱存留该府听给防矿民壮官兵支用

严州府属民壮银陆千贰拾陆两肆钱解贮布政司听给标下西大营官兵支用

温州府属民壮银柒千壹百玖拾贰两捌钱存留该府听给温州营民壮官兵支用

处州府属民壮银壹万捌百捌拾陆两肆钱存留该府听给团操防矿民壮官兵支用又为禁捕水盗以安地方事派征杭州府属各县水兵银伍百贰拾玖两贰钱存留该府听给北关水兵支用

军门标下东大营民兵伍总每岁该给廪粮银叁万捌百叁拾余两于布政司各府解贮饷银内支给

西大营民壮兵伍总每岁该给银叁万捌百叁拾肆两于杭湖金严四府解贮布政司民壮银内支给及将嘉兴等府解贮余米银并饷银内辏支其标下杂役等项亦于布政司收贮饷银内支给

江洋水兵每岁该给银贰千叁百柒拾叁两肆钱于嘉绍等府解贮布政司余米银并杭州府饷银内支给

北关水兵每岁该给银壹千壹百贰拾玖两陆钱于前项派征杭州府属水兵工食银内及将嘉绍等府解贮布政司余米银内辏给

万历肆年为海防事该钦差督抚军门谢题准于定海总兵标下加添陆兵壹千贰百名中正二哨加添水兵壹千肆拾名所增饷银每年计该贰万伍千叁百两于阖省田地山内每亩加派银陆毫自本年为始备行布政司通行遵照派征

续定

一全浙兵饷

额饷银

阖省田贰拾柒万叁千壹百捌拾壹顷柒拾亩伍分捌厘零每亩征银柒厘该银壹拾玖万壹千贰百贰拾柒两壹钱玖分肆厘零内除衢州府优免孔氏余田银贰两肆钱捌分实征银壹拾玖万壹千贰百贰拾肆两柒钱壹分肆厘零□

地陆万壹千捌百肆拾壹顷叁拾伍亩陆分肆厘零每亩征银肆厘该银贰万肆千柒百叁拾陆两伍钱肆分贰厘零山壹拾壹万玖千玖顷柒拾伍亩捌厘零每亩征银壹厘该银壹万壹千玖百两玖钱柒分伍厘零

充饷银

均徭银捌万玖千贰百叁拾柒两叁钱贰分内除湖州府免征银壹拾贰两外实征银捌万玖千贰百贰拾伍两叁钱贰分内

旧额皂隶银肆千伍百陆拾叁两

冗役银贰千玖百捌拾叁两捌钱

解户银叁千陆百两

布按二司并运司冗役皂隶等银肆百柒拾两贰钱

民壮银柒万肆千壹百叁拾两遇闰年分加征银柒千贰百陆两

弓兵银贰千玖百伍两玖钱贰分

水兵银伍百贰拾玖两贰钱

轿伞夫银肆拾叁两贰钱

税粮银壹拾万陆千伍百玖两柒钱陆分叁厘零内除嘉兴府属仓余米银伍千陆百柒拾陆两柒钱壹分伍厘

零互换解发宁波府充饷又银伍千叁百柒拾壹两捌钱贰分捌厘零仓粮无余银无扣解外实存仓余充饷银玖万伍千肆百陆拾壹两贰钱壹分玖厘零内

旧额预备秋盐米折银叁万贰千贰百伍拾两贰钱陆厘零遇闰年分加征盐米折银肆千叁百伍拾陆两叁钱贰分叁厘零无闰止征前米仓余米折银肆万玖千叁百陆拾玖两壹分叁厘零抵减民壮银壹万贰千叁百肆拾贰两如坻仓扣折米银壹千伍百两

杂派银陆千叁百柒拾贰两玖钱贰分捌厘零内

旧额城河鱼租银壹百捌两陆钱肆厘零

沙地银肆百陆拾陆两叁钱壹分柒厘零

均平里甲银陆拾陆两

叭喇唬船民壮银壹千陆百捌拾捌两肆钱

南湖草价银壹拾柒两叁分捌厘零

官地河棚水碓涂田屋租银叁拾肆两陆钱陆分伍厘

续报减汰皂快银贰百伍拾玖两贰钱遇闰加银贰拾壹两陆钱抽取河下长夫皂隶铺兵银叁千贰百叁拾贰两柒钱遇闰加银叁百伍拾柒两玖钱本司历日银伍百两海宁县续报课钞米折门摊斗级田地鱼荡等银壹千贰百伍拾玖两柒钱柒分叁厘

查得海宁县新立骁兵一总于万历贰拾陆年间该杭严兵巡道议呈督抚军门刘详允每年将该县续报门摊课钞银伍百捌两壹钱肆分壹厘捌毫斗级役银壹百两永平仓秋盐米积零耗米田地池鱼荡等银陆百伍拾壹两陆钱叁分壹厘给发余欠银两于司库额饷银内凑数按月随同标下各营官兵粮银一体支给

杭州府

额饷银

田壹万玖千玖百玖拾壹顷捌拾壹亩肆分伍厘零每亩征银柒厘该银壹万叁千玖百玖拾肆两贰钱柒分零

地柒千玖百柒拾叁顷伍拾伍亩伍分玖厘零每亩征银肆厘该银叁千壹百捌拾玖两肆钱贰分贰厘

山壹万贰千肆百贰拾柒顷玖拾亩肆厘零每亩征银壹厘该银壹千贰百肆拾贰两柒钱玖分零

充饷银

均徭银柒千壹百陆拾贰两肆钱陆分内

旧额皂隶银伍百肆拾两

冗役银陆百壹拾叁两贰钱

解户银壹百贰拾两

按察司并运司冗役狱卒防夫门子银壹百玖拾叁两捌钱

水兵银伍百贰拾玖两贰钱

民壮银伍千壹百陆拾陆两贰钱陆分遇闰年分加征银伍百贰两贰钱

税粮银贰千伍百叁两陆钱叁分捌厘内

旧额预备秋米折银壹百壹拾两肆钱陆分玖厘零本府属仓军储余米折银捌百叁拾壹两玖钱伍分陆厘零

仁和县米折银伍百捌拾叁两

钱塘县米折银肆百贰拾柒两玖钱捌分伍厘零

余杭县米折银伍百伍拾两贰钱贰分柒厘零遇闰年分加征盐米银肆百贰拾捌两叁分捌厘零

杂派银叁百叁拾叁两玖钱壹分叁厘零内

旧额城河鱼租银壹百捌两陆钱肆厘零

沙地银贰百捌两贰钱陆分柒厘零

南湖草价银壹拾柒两叁分捌厘零

海宁县续报课钞米折门摊斗级田地鱼荡等银壹千贰百伍拾玖两柒钱柒分叁厘

查得以上田地山并均徭税粮充饷等银贰万玖千陆百捌拾陆两贰钱陆分陆厘零全征仍派绍兴府拨余田

地山银陆千肆百贰拾陆两肆分金华府拨余田地山银贰万玖千捌百叁拾肆两叁钱陆分捌厘零均徭充饷银壹万肆百捌拾柒两玖钱税粮充饷银壹万贰百玖两柒分零严州府田地山均徭税粮充饷银壹万叁千贰百玖拾肆两贰分贰厘俱解贮布政司库内听给军门标下官役并杭严兵巡道所辖东西二营左右军营南北两关海宁军营水陆官兵粮饷岁约该银柒万叁千伍拾壹两伍钱零外余备军前缓急并征收盈缩之数遇闰年分仍于该司库支给

嘉兴府

额饷银

田叁万捌千壹百玖拾捌顷陆拾亩壹分玖厘零每亩征银柒厘该银贰万陆千柒百叁拾玖两贰分壹厘零

地肆千伍百叁拾捌顷肆分叁厘零每亩征银肆厘该银壹千捌百壹拾伍两贰钱壹厘

山叁百陆拾陆顷壹拾叁亩贰分伍厘每亩征银壹厘该银叁拾陆两陆钱壹分叁厘

充饷银

均徭银壹万陆百伍拾捌两陆钱内

旧额皂隶银贰百叁拾肆两冗役银叁百玖两

解户银柒百伍两

冗役库役皂隶银共柒拾捌两

民壮银玖千叁百叁拾贰两陆钱遇闰年分加征银玖百柒两贰钱

税粮银壹万贰千陆百柒拾捌两捌钱壹分陆厘内除伍千陆百柒拾陆两柒钱壹分伍厘零互换解发宁波充饷又银伍千叁百柒拾壹两捌钱贰分捌厘零迩年仓储无余银无扣解外实存仓余充饷银壹千陆百叁拾两贰钱柒分壹厘零系军储余米抵减民壮饷银　遇闰年分加征盐米银捌百玖拾玖两壹钱壹分零

杂派银伍千贰百肆拾陆两叁钱内

旧额均平里甲银陆拾陆两

叭喇唬船民壮银壹千陆百捌拾捌两肆钱

续报议汰本府皂快银贰百伍拾玖两贰钱遇闰加银贰拾壹两陆钱抽取河下长夫皂隶铺兵银叁千贰百叁拾贰两柒钱遇闰加银叁百伍拾柒两玖钱

嘉湖兵巡道所辖嘉兴海宁总水陆官兵除加复标营并添设中游右哨官捕舵兵及加给中游土著各应支粮饷原议支事故饷银外岁该派给饷银叁万贰千捌百玖拾玖两伍钱伍分叁厘查得以上田地山银内留贰万壹千肆拾壹两玖分柒厘零均徭充饷银壹万陆百伍拾捌两陆钱税粮充饷银壹千壹百玖拾玖两捌钱伍分伍厘零扣存本府听给水陆官兵支用遇闰年分听布政司将本府及各府加征闰饷计算拨给又因军储缺额议呈复还税粮充饷银肆百叁拾两肆钱壹分伍厘杂派充饷银伍千贰百肆拾陆两叁钱外拨余田地山银柒千伍百肆拾玖两柒钱叁分玖厘零俱解布政司听给游洋哨官兵粮饷支用

万历叁拾年拾贰月内该布政司清军道右布政史范奉督抚军门刘票开添设中游官兵加给中游土著各粮饷虽议于事故银内支给恐终非事体查得海盐县广储常积等仓每岁余米银柒千捌百肆拾柒两零除近议支给守城军余壹千捌百余两应否将多余改充该游新增饷银移行嘉兵道查覆详定等因奉经行准带官嘉湖兵巡道副使兼右参议刘手本开称行据嘉兴府议详前来该本道覆看得各仓多余银数原由府报况系额征钱粮□□例严岂容拖欠即往时灾荒蠲免与逋负者姑无论只以见今计之除近议选补守城军余伍百名岁支粮银壹千捌百余两外尚应存有陆千相应将中游新增唬船捕兵及加给土著贰项饷银共壹千贰百叁拾伍两肆分自万历叁拾壹年为始免支事故银改于前项余银内支给此外每岁尚有余裕仍听抵作闰月支用与征解不全之数似属妥便等因今该本道看得该府各仓多余米银原系岁额派征之数今以给军多余之钱粮而供新增中游之官兵及加给之土著不烦科派粮饷自充诚为长便之策等因呈奉督抚军门刘详批各项事宜既覆查明妥如议订入海防续编仍先通行各区遵照缴奉经备行遵照在卷

湖州府

额饷银

田贰万柒千叁百贰拾捌顷贰亩贰分伍厘零每亩征银柒厘该银壹万玖千壹百贰拾玖两陆钱壹分伍厘零

地伍千玖百叁拾柒顷叁拾伍亩贰分肆厘零每亩征银肆厘该银贰千叁百柒拾肆两玖钱肆分零

山贰万贰千陆百伍拾顷玖拾亩零每亩征银壹厘该银贰千贰百陆拾伍两玖分零

充饷银

均徭银陆千捌拾两陆分内免征银壹拾贰两实征银陆千陆拾捌两陆分内

旧额皂隶银贰百壹拾陆两

冗役银贰百壹拾玖两叁钱内免征银壹拾贰两实征银贰百柒两叁钱

解户银肆百陆拾伍两

布政司狱卒银壹拾叁两伍钱

民壮银伍千壹百陆拾陆两贰钱陆分遇闰年分加征银伍百贰两贰钱

税粮预备秋米银肆拾贰两遇闰年分加征盐米折银肆百肆拾贰两柒钱壹厘零

以上银共贰万玖千捌百柒拾玖两柒钱陆厘零俱全拨协济宁波府听给水陆官兵廪粮支用

宁波府

额饷银

田贰万叁千陆百捌拾陆顷陆拾贰亩伍分叁厘零每亩征银柒厘该银壹万陆千伍百捌拾两陆钱叁分柒厘零

地肆千伍百壹拾伍顷贰亩壹分肆厘零每亩征银肆厘该银壹千捌百陆两捌厘

查得前项田地顷亩据宁波府万历贰拾玖年册报实在数目见照派征

山壹万贰千陆百陆顷贰拾陆亩贰分叁厘零每亩征银壹厘该银壹千贰百陆拾两陆钱贰分陆厘零

查得宁波山亩嘉靖肆拾肆伍年间派饷独多隆庆贰年应文减免万历贰拾玖年因该区增添短募水兵粮饷□□□督抚军门刘宪牌行司照依通省事例行府清查每亩征银壹厘听给前项增兵饷用

充饷银

均徭银柒千捌百叁拾捌两壹钱捌分内

旧额皂隶银肆百伍拾玖两

冗役银壹百伍拾玖两

解户银叁百两

民壮银伍千壹百陆拾陆两贰钱陆分遇闰年分加征银伍百贰两贰钱

弓兵银壹千柒百伍拾叁两玖钱贰分

税粮银贰万贰千伍百捌两肆钱肆分伍厘零内

旧额本府属仓余米折银贰万壹千柒百柒拾玖两玖钱柒分零

军储余米抵减民壮银柒百贰拾捌两肆钱柒分伍厘遇闰年分加征盐米折银肆百贰拾叁两壹钱贰分柒厘零

巡视海兵道所辖宁定昌水陆官兵除增募短兵应支饷银议支宁波府山饷及将缺兵饷银凑给外岁该饷银壹拾壹万柒千贰百伍拾捌两玖钱陆分肆厘零内官兵放班银伍千陆拾壹两肆钱伍分应扣还司实该饷银壹拾壹万贰千壹百玖拾柒两伍钱壹分肆厘

查得以上田地并均徭税粮充饷银肆万捌千柒百叁拾叁两贰钱柒分壹厘零俱留本府听给前项水陆官兵粮饷□尚少银陆万叁千肆百陆拾肆两贰钱肆分叁厘拨□□□府田地山银贰万贰千捌百陆拾玖两陆钱肆分陆□□徭充饷银陆千陆拾捌两陆分税粮充饷银肆拾贰两□□府田地山银壹万伍千贰拾柒两肆钱玖分肆厘零均徭充饷银肆百叁拾贰两壹钱贰分伍厘税粮充饷银伍千伍百玖拾两壹分肆厘杂派充饷银壹拾叁两贰钱贰分贰厘零绍兴府田地山银捌拾捌两伍钱肆分税粮充饷银壹万叁千叁百叁拾叁两壹钱贰分捌厘零俱协济该府凑给水陆官兵支用遇闰年分听布政司免扣前项放班银两于绍兴府拨余解司田地银内照数派拨协济抵给该区官兵闰饷不足之数将本府及各府加征闰饷计算拨派凑足支给万历贰拾玖年奉督抚军门刘　题奉钦

依添设游洋哨官兵岁该饷银叁万肆千壹百捌拾玖两壹钱陆分内除放班银贰千玖拾叁两贰钱外实该银叁万贰千玖拾伍两玖钱陆分

查得嘉兴府拨余田地山银柒千伍百肆拾玖两柒钱叁分玖厘零绍兴府拨余田地山银肆千伍百捌拾陆两玖分壹厘零均徭充饷银柒千叁百玖拾叁两捌钱陆分税粮充饷银玖千捌百伍拾柒两陆钱玖分肆厘零严州府均徭充饷银肆千壹百壹拾肆两玖钱贰分壹厘零俱解贮布政司库听宁波府请发转给遇闰年分亦于司库前银内请支

万历叁拾年拾贰月内该布政司清军道右布政使范奉督抚军门刘票开万历贰拾伍年布政司议呈合无通行各府将额征饷银如有兵府分即存留该府支给若绍兴协济宁波处州协济温州原属一道听就近解发督征该道任之其湖金衢协济宁台温与杭嘉绍金应给标兵等项俱解司收贮督催本司任之宁波路近分为四季台温路远春秋二汛先期造册赴司请支协济前饷凑给详允在卷叁拾年又为军务事司议湖衢贰府协济宁区饷银自万历贰拾伍年起原议解司听该区四季造册赴领今该府每遇春秋二汛预期照额呈请批司借发动经数万候湖衢贰府解司补库似与原议有悖且贰府拖欠之数难保必无以后该区春汛呈请借支须先尽该府存贮缺兵饷银数有不敷方行请借司饷本司仍候湖衢协济银照数收补余银札发该府给兵等因亦奉详允遵行但查各区缺兵饷银原议另匣收贮备海防缓急之用若令宁区尽括库贮缺兵饷银作数方准找请协济汛粮则该府数年之积一旦而罄且湖衢贰府协济拖逋者又视为抵补宁区缺兵饷银益致催征不前不惟缺兵饷数难望收补而将来该区正饷愈必不敷不能如期给发恐宁区系边海首冲缓急之备视各区尤不可缺长便之策不如仍照贰拾伍年批允事例四季请支各府协济拖逋者本司严行督催务要按季通完札发庶于海防无误该道再一会议详定等因奉经行准本司咨称查得湖衢贰府协济宁波饷银自万历贰拾伍年议详为始本司督催收贮听该区四季造册赴司请支续准海道咨奉本都院批本道呈查得本区兵饷在宁绍贰府者随解随给仅能供逐月之粮而春秋二汛例应顿给数万以备赍裹之用且每年会计钱粮在肆伍月之间而春汛赍裹则于正月内给发势不能待请将该司征收协济银两每年当春汛之时于正月内照例请支肆万两以备大汛紧急之需余存听小汛尽数支领庶防汛赍裹有赖而亦免四季零星支领之繁呈奉详允咨司查照在卷该道自该年至今每年将湖衢协济额饷尽数呈请批司照数支发给济外其湖衢贰府协济该区饷银每年虽经本司络绎严催零星逋欠难保必无又该本司议详以后该区春汛呈请借支须先尽存府缺兵饷银数有不敷方行请借司饷仍候湖衢协济银照数收补余银札发该府给兵今奉本都院覆酌仍照贰拾伍年本司详允事例听该区四季造册请支如各府拖逋者听本司严行督催无容别议咨烦转请宪檄备行海道遵照等因到道准此为照前项饷银已奉本都院覆酌甚详无容再议合候详示入录著为定例仍乞本都院宪檄备行海道一体遵照等因奉批兵饷事宜仰照纂辑入录著为定例候另行海道遵照缴又奉宪牌行司申饬宁绍饷银海道督催各府协济银该司督催务照近题五月先完一半九月通完不如约者照例参呈

绍兴府

额饷银

田叁万柒千玖百肆拾伍顷肆拾捌亩贰分零每亩征银柒厘该银贰万陆千伍百陆拾壹两捌钱叁分柒厘零

地陆千壹百壹拾玖顷壹拾伍亩陆分叁厘每亩征银肆厘该银贰千肆百肆拾柒两陆钱陆分贰厘零

山贰万壹千壹百玖拾壹顷捌拾叁亩陆分柒厘零每亩征银壹厘该银贰千壹百壹拾玖两壹钱捌分叁厘零

充饷银

均徭银柒千叁百玖拾叁两捌钱陆分内

旧额皂隶银伍百叁拾壹两

冗役银壹百壹拾捌两

解户银肆百伍两

民壮银伍千壹百陆拾陆两贰钱陆分遇闰年分加征银伍百贰两贰钱

弓兵银壹千壹百伍拾贰两

冗役运司皂隶银贰拾壹两陆钱

司田地银内照数扣留府库抵给官兵闰饷不足之数照议听该府将缺兵饷银凑足支给

台州府

额饷银

田贰万伍千陆百壹拾玖顷捌拾捌亩伍分零每亩征银柒厘该银壹万柒千玖百叁拾叁两玖钱壹分玖厘零

地柒千肆百柒拾陆顷陆拾叁亩伍分壹厘零每亩征银肆厘该银贰千玖百玖拾两陆钱伍分肆厘零

山贰顷壹拾亩伍分捌厘零每亩征银壹厘该银贰钱壹分零

充饷银

均徭银伍千捌百贰拾壹两壹钱陆分内

旧额皂隶银贰百柒拾两

冗役银贰百伍两伍钱

解户银壹百陆拾伍两

充饷轿伞夫银壹拾肆两肆钱

民壮银伍千壹百陆拾陆两贰钱陆分遇闰年分加征银伍百贰两贰钱

税粮银壹万壹千壹拾玖两肆钱捌分陆厘零内

本府属仓余米并革军省米折银柒千柒百玖拾玖两伍钱伍分

军储余米抵减民壮银叁千贰百壹拾玖两玖钱叁分陆厘零遇闰年分加征盐米折银贰百叁拾柒两叁钱贰分壹厘

台州兵巡道所辖台州松海总水陆官兵除增募短兵应支粮饷议于台州府属寺租银内支给外岁该饷银肆万叁千肆百贰拾肆两玖钱柒分伍厘内官兵放班银壹千柒百捌拾肆两柒钱应扣还司实该饷银肆万壹千陆百肆拾两贰钱柒分伍厘

查得以上田地山并均徭税粮充饷等银共叁万柒千柒百陆拾伍两肆钱叁分零俱留本府听给前项水陆官兵粮饷外尚少银叁千捌百柒拾肆两捌钱肆分伍厘派将金华府税粮充饷银内照数拨足协济该府凑给水陆官兵支用遇闰年分除尽本府加征闰饷并听布政司免扣前项放班银两于金华府拨余解司税粮银内照数派拨协济抵给该区官兵闰饷不足之数将本府缺兵饷银凑足支给

金华府

额饷银

田叁万叁千叁百贰拾陆顷肆拾伍亩伍分柒厘零每亩征银柒厘该银贰万叁千叁百贰拾捌两伍钱壹分捌厘零

地玖千叁百肆顷肆拾壹亩叁分玖厘零每亩征银肆厘该银叁千柒百贰拾壹两柒钱陆分伍厘零

山贰万柒千捌百肆拾顷捌拾叁亩壹分陆厘零每亩征银壹厘该银贰千柒百捌拾肆两捌分叁厘零

充饷银

均徭银壹万肆百捌拾柒两玖钱内

旧额皂隶银肆百捌拾陆两

冗役银贰百柒两

解户银叁百柒拾伍两

民壮银玖千叁百叁拾贰两陆钱遇闰年分加征银玖百柒两贰钱

冗役布政司库狱等银捌拾柒两叁钱

税粮预备秋盐米折银壹万陆千叁百两肆钱玖厘零遇闰年分加征盐米折银肆百叁拾壹两壹钱肆厘零

以上银两内拨税粮充饷银叁千捌百柒拾肆两捌钱肆分伍厘协济台州府又税粮充饷银贰千贰百壹拾陆两肆钱玖分叁厘协济温州府拨余田地山银贰万玖千捌百叁拾肆两叁钱陆分捌厘零均徭充饷银壹万肆百捌拾柒两玖钱税粮充饷银壹万贰百玖两柒分壹厘俱解布政司听给标下官兵廪粮支用

衢州府

额饷银

田壹万柒千叁百陆拾顷伍拾柒亩肆分柒厘每亩征银柒厘该银壹万贰千壹百伍拾贰两肆钱壹厘优免孔氏祭田银贰两肆钱捌分实征银壹万贰千壹百肆拾玖两玖钱贰分壹厘零

地伍千伍百肆拾肆顷陆拾叁亩叁分柒厘零每亩征银肆厘该银贰千贰百壹拾柒两捌钱伍分

山陆千伍百玖拾柒顷壹拾捌亩柒分

陆百伍拾玖两柒钱壹分捌厘零

充饷银

均徭银壹万壹百叁拾玖两陆钱内

旧额皂隶银叁百捌拾柒两

冗役银壹百捌两

解户银叁百两

布政司□磨所皂隶银壹拾贰两

民壮银玖千叁百叁拾贰两陆钱遇闰年分加征银玖百柒两贰钱

税粮银伍千伍百玖拾两壹分肆厘零内

旧额预备秋米银肆千玖百叁拾捌两捌钱陆分零

又新增秋米银叁拾叁两伍钱柒分零

截留秋米银伍百伍拾玖两贰钱壹厘零

军储余米抵减民壮银伍拾捌两叁钱捌分贰厘零遇闰年分加征盐米折银壹百伍拾肆两柒钱壹厘零

杂派地税银壹拾叁两贰钱贰分贰厘零

查得以上银两内除金衢兵巡道所辖防矿官兵议留均徭充饷银玖千柒百柒两肆钱柒分伍厘存府听给遇闰年分衢州府查将本府缺兵饷银抵支外尚余田地山银壹万伍千贰拾柒两肆钱玖分肆厘零均徭充饷银肆百叁拾贰两壹钱贰分伍厘零税粮充饷银伍千伍百玖拾两壹分肆厘零杂派充饷银壹拾叁两贰钱贰分贰厘零俱拨协济宁波府听给水陆官兵廪粮支用

严州府

额饷银

田玖千叁百伍拾顷捌拾玖亩柒分零每亩征银柒厘该银陆千伍百肆拾伍两陆钱贰分柒厘零地陆千陆百叁拾肆顷壹亩捌分柒厘零每亩征银肆厘该银贰千陆百伍拾叁两陆钱柒厘零山壹万壹千玖百壹拾壹顷肆拾玖亩陆分陆厘零每亩征银壹厘该银壹千壹百玖拾壹两壹钱肆分玖厘零

充饷银

均徭银陆千肆拾陆两贰钱陆分内

旧额皂隶银肆百陆拾捌两

冗役银贰百叁拾壹两

解户银壹百叁拾伍两

冗役运司皂隶山川壇门子银肆拾陆两

民壮银伍千壹百陆拾陆两贰钱陆分遇闰年分加征银伍百贰两贰钱税粮预备秋盐米银玖百柒拾贰两叁钱遇闰年分加征盐米折银壹百伍拾柒两伍钱陆分伍厘零

以上银共壹万柒千肆百捌两玖钱肆分叁厘零全征解布政司听给标下官兵廪粮支用银壹万叁千贰百玖拾肆两贰分贰厘给游洋哨官兵廪粮支用银肆千壹百壹拾□□玖钱贰分壹厘

温州府

额饷银

田贰万贰千陆百捌拾捌顷贰亩陆分柒厘零每亩征银柒厘该银壹万伍千捌百捌拾壹两陆钱壹分捌厘零

地贰千陆百柒顷捌拾肆亩贰分捌厘零每亩征银肆厘该银壹千肆拾叁两壹钱叁分柒厘

山伍拾壹顷肆拾玖亩肆分柒厘零每亩征银壹厘该银伍两壹钱肆分玖厘零

充饷银

均徭银陆千肆百壹拾两柒钱柒分内

旧额皂隶银叁百贰拾肆两

冗役银伍百壹拾贰两肆钱

解户银叁百壹拾伍两

民壮银伍千贰百叁拾肆两壹钱柒分遇闰年分加征银伍百捌两捌钱

布政司冗役库子银壹拾捌两

轿伞夫银柒两贰钱

税粮银壹万叁百玖拾壹两壹钱贰分陆厘零内

旧额本府属仓余米折银陆千伍百伍拾柒两柒分零

军储余米抵减民壮银叁千捌百叁拾肆两伍分伍厘零遇闰年分加征盐米折银肆百陆拾叁两陆钱捌分玖厘零

杂派银贰百柒拾玖两肆钱玖分壹厘零内

旧额沙水银贰百肆拾肆两捌钱贰分陆厘零　官地河棚水碓□□□租银叁拾肆两陆钱陆分伍厘

温处兵巡道所辖温州金盘总水陆官兵除增添渔唬船兵应支粮饷议支温州府海商税银及处州府积谷折银并支剩寺租等项银内凑给外岁该饷银伍万柒千肆百伍拾贰两玖钱内官兵放班银肆千玖百肆拾玖两壹钱伍分应扣还司实该饷银伍万贰千伍百叁两柒钱伍分

查得本府田地山并均徭税粮杂派充饷等银共叁万肆千壹拾壹两贰钱玖分贰厘零俱留本府听给前项水陆官兵粮饷外尚少银壹万捌千肆百玖拾贰两肆钱伍分捌厘派拨处州府田地山银捌千壹百玖拾贰两叁钱柒分叁厘零均徭充饷银陆千柒百柒拾两捌钱玖分零税粮充饷银壹千叁百壹拾贰两柒钱叁厘零金华府税粮充饷银贰千贰百壹拾陆两肆钱玖分贰厘俱协济该府凑给水陆官兵支用遇闰年分除尽本府并处州府加征闰饷抵给不足之数听布政司于前项放班银内计算拨派凑足支用

处州府

额饷银

田壹万柒千陆百捌拾伍顷叁拾贰亩壹厘零每亩征银柒厘该银壹万贰千叁百柒拾玖两柒钱贰分肆厘

地壹千壹百玖拾顷柒拾贰亩壹分伍厘零每亩征银肆厘该银肆百柒拾陆两贰钱捌分捌厘

山叁千叁百陆拾叁顷陆拾亩肆分玖厘零每亩征银壹厘该银叁百叁拾陆两叁钱陆分零

充饷银

均徭银壹万壹千壹百玖拾捌两肆钱柒分内

旧额皂隶银陆百肆拾捌两

冗役银叁百壹拾叁两肆钱

解户银叁百壹拾伍两

民壮银玖千玖百两肆钱柒分遇闰年分加征银玖百陆拾贰两肆钱　轿伞夫银贰拾壹两陆钱

税粮银壹千叁百壹拾贰两柒钱叁厘零内

旧额预备秋盐米折银肆百壹两壹钱贰分捌厘零

本府属仓余米折银叁百柒拾贰两玖钱

军储余米抵减民壮银伍百叁拾捌两陆钱柒分伍厘零遇闰年分加征盐米折银肆百伍拾陆两玖分壹厘零

查得以上银两内除温处兵巡道所辖防矿并蒲岐营官兵议留田地山银伍千两均徭充饷银肆千肆百贰拾柒两伍钱捌分存府听给遇闰年分处州府查将本府缺兵饷银抵支外尚余田地山银捌千壹百玖拾贰两叁钱柒分叁厘零均徭充饷银陆千柒百柒拾两捌钱玖分税粮充饷银壹千叁百壹拾贰两柒钱叁厘零俱拨协济温州府听给水陆官兵廪粮支用

备录【查得各府征派饷银先年增减条议原考开载已悉嗣于万历玖年间为比例议报岁用军饷以便查核

事奉督抚军门吴批布政司呈详通省军储额粮柒拾柒万陆千玖百柒拾余石内除官军岁支并先年题留克饷及支给有司官吏孤囚祭米拨补协济等项外又缘杭州府海宁所官军岁支缺额粮贰千伍百壹拾叁石壹斗壹升零内将前卫余米壹千叁百伍拾肆石叁斗玖升零拨补讫尚缺壹千壹百伍拾捌石柒斗壹升零临期于别府多余仓分处补通省止共余米肆万壹千捌百捌拾柒石壹斗零内将贰万贰千肆百肆拾石照例每石折银伍钱伍分共折银壹万贰千叁百肆拾贰两抵充兵饷于通省民壮银内照数减派其余留备闰月等用等因呈奉本院详允备造清册呈送咨部间又据宁波府申称本府守城官兵壹总计伍百员名向议抽扣各县民壮工食银陆千贰拾陆两肆钱留府听给官兵口粮按年派征支给今奉议将军储余米抵充兵饷于民壮银内减派本府抽扣前银合无遵照减派惟复照旧督征申司查议将所减民壮饷银似应查照各府原额多寡递减及充饷余米亦应照依通省数目递扣方为均匀查宁波余米总止贰千伍百肆拾余石折银仅得壹千叁百余两于内尚该留备闰月等用据申额派民壮饷银陆千有奇似难尽减备将民壮饷银通计原额照数递扣均减及查余米杭湖金严肆府原无多余宁衢贰府虽有余米计祗所减民壮饷银数亦不敷俱经查拨有余以补不足合将减派拨补过饷银余米征解支用数目自万历玖年为始备行杭州等拾壹府查照遵行呈奉本都院详允通行各属遵照在卷

万历拾玖年玖月内为夷情有据备御宜周敬陈海防切要事宜以安重地事奉督抚军门常题称日本迫胁琉球声言欲犯浙直等处造船添兵议留本省万历拾玖年分两院司道府县解京赃罚额解蜡茶派剩米折各属库贮纸赎及节年蠲免起存钱粮等项共银柒万伍千贰百贰拾两动支凑用如或衅萌潜消地方无事前项支剩银两仍行解部

万历贰拾年正月内为仰遵敕谕计处兵食以重海防事奉本都院案验准户部咨覆本都院题称琉球朝鲜二国所报倭夷侵犯情节浙省造船增兵备御共议增银壹拾壹万玖千陆百玖拾玖两捌钱除先经题□□□柒万伍千贰百贰拾两内充拾玖□千造船补饷外余剩银□万壹百柒拾两万历贰拾年实欠银柒万玖千伍百贰拾伍两捌钱议于通省田地山场每亩重派银壹厘伍毫共陆万叁千贰百伍拾两仍不敷银壹万陆千贰百柒拾玖两捌钱查处缺官柴马及无碍等银凑补本年拾贰月又奉抚按二院案验准户部咨该本部议复本都院题

万历贰拾壹年春汛伊迩宁绍台温嘉沿海一带实倭警戒严之区储饷征兵似不容已议将本年新增兵饷于该省田地山场每亩量派银叁厘共壹拾叁万贰千肆百肆拾玖两玖钱支给待岛夷□静即行停减

万历贰拾贰年春汛届期该督抚军门王亲临沿海列郡及各卫所如浙之东自绍宁台温各区以至浙西海盐海宁等处遍历冲要关寨体察民隐议汰冗兵锐意节省粮饷以济时艰正在会议适值奉□候代问又为增兵以饬海防减饷以恤民瘼事奉本都院王批本司呈详本年分兵饷充饷银两除旧额照旧派征外其加派田地山每亩叁厘银两缘奉部文候岛夷晏静即行停止第今海警稍宁而各区官兵不减于昔前项加派饷银相应遵照万历二十二年分详定事规派征缘由奉批该年加派饷银如议照旧征解此时夷酋受封海上可保数年无事以后新增兵饷似当次第渐减以宽民力该司酌议详新院行缴

万历二十三年四月内督抚军门刘抚临全浙之初轸念地方灾沴迩缘增兵加赋民力凋疲广询博采设法汰兵省饷节用爱民随为议减新增兵饷以苏民困事奉本都院宪牌查得浙省先因倭酋报警该前抚院常议题造船募兵每田地山壹亩加增银叁厘殊为苦累本院已行海兵各道汰兵四千余名应减前增饷银肆万贰千壹百柒拾两但增饷均为病民而山利颇薄饷银与田地一体加增民病尤甚议于杭绍金台严温处七府仁钱等三十九县山每亩减去贰厘共减银柒千捌百贰拾玖两柒钱肆厘余银并入通省田地并碑额粮石银内逐一算减每原加银壹两减去叁钱捌毫捌丝肆忽叁微共减银叁万肆千叁百肆拾两贰钱玖分陆厘共足削减之数

万历二十五年二月内又为前事奉抚按二院批本司呈详通省兵充二饷正额田地山饷银内旧额田每亩征银伍厘今□加壹厘共征银陆厘地照旧每亩叁厘山照旧每亩壹厘新增银两悉行减免旧额充饷银内如民壮皂隶弓兵门子等项名色今总为均徭充饷如军储余米仓余米等银今总为税粮充饷如历日涉地□□□□□荡沙水等银今总为杂派充饷以前各项名色概行削除□分别三项款目行属并征并解其各区兵士放班扣饷并拨余饷银贮候以备缓急之用及查嘉兴府额有协济宁波府饷银伍千陆百柒拾陆两有奇先因解纳不便请将杭绍二府应解嘉兴广储常积二仓军储粮银抵解宁波充饷嘉兴扣留前银存府给兵近因各卫所旗军粮少不敷支给议将前银复还军储项下支销呈奉详允遵行

本年八月内为兵饷已减倭情复变酌定减存额数以苏民困以重海防事奉本都院案验准户部咨该本都院题称两浙沿海地方处处防倭先年因险设备计兵授食额征田地山饷银壹拾陆万伍千伍百玖两肆钱玖分零各项充饷银壹拾玖万伍百捌拾壹两捌钱陆分总计共饷银叁拾伍万陆千玖拾壹两叁钱伍分零自万历十九年倭酋传警前抚臣常具题造船增兵每田地山壹亩增银叁厘每年计加饷银壹拾叁万贰千壹拾玖两零原议倭警宁息议减至前抚臣王体访民瘼锐意裁省已而原任游击沈茂防辽之兵回浙食粮候缺者叁千余人守备吴天赏天津之兵回浙亦有壹千陆百余人势难散遣分置各区多方搜括□融暂支一二年间虽设法简汰而溢额尚多新增之饷未及议减及臣受事咨诹地方利病概省士民无不以加饷为累又无不以山饷为累者

查得万历二十三年汛毕汰减老弱四千有奇径自停补计减饷银肆万叁千壹百柒拾两有奇将山饷原加叁厘每亩先减贰厘余银并计通省田地照碑额粮石银内扣算每两减银叁钱有奇共足前减银数自万历二十四年遵照免派讫二十四年汛毕复汰兵士七千九百有奇先年新增船兵俱已尽减虽其间薪水工食等项稍比旧日加厚未便裁削然亦所存无几即将新增饷银尽行免派以苏民困似无不可但闰月粮银原无正派灾伤拖负岁时恒有加之各院操赏总参廪饩尝苦不敷防汛行粮造船缮器一切诸费节年俱于余饷取给而目下倭情复变增修备御其费尤不可以预计者合自万历二十五年为始将新增兵饷地山每亩叁厘尽行减派田每亩减征贰厘仍征壹厘同旧额伍厘共征陆厘地每亩止照旧征银叁厘山照旧征银壹厘计实减银壹拾万伍千捌拾叁两叁钱肆分零实征田地山该银壹拾玖万贰千柒百肆拾伍两玖钱叁分零并均瑶税粮杂项俱照旧征该银壹拾玖万伍百捌拾壹两捌钱陆分零□□饷银叁拾捌万叁千叁百贰拾柒两捌钱壹厘零定为额饷此外不许多加

万历二十七年正月内奉本都院宪牌准户兵二部咨该河南道御史高具题该兵部覆奉钦依咨烦查照如汛海地方增募防守官兵粮饷器具等费□长酌议或派田亩或派人丁径自定夺具申报部等因前来案查浙省各区近因防守不敷复议增复捕兵二千七百九十二名岁加饷银贰万玖千柒百柒拾贰两议于本省万历二十七年田上每亩再加壹厘新旧共征柒厘地山照旧额派征并均徭税粮充饷等银共计岁征肆拾壹万伍百陆拾肆两贰钱肆分零通行遵照征解

万历二十八年八月内为议减新增兵饷以苏民困事奉本都院宪牌照得浙省新增饷银自二十五年为始将地山每亩叁厘尽行减派止于田上量留壹厘连旧额共征陆厘已经题奉钦依遵照去后续据布政司呈详议增水兵饷银不敷又该本院批允于二十七年为始每田壹亩复加壹厘共柒厘其二十八年派饷照依二十七年科算但今水兵减汰复额而东征撤还者遣发殆尽前项饷银仍照二十五年原题派征以苏民困通行各属遵照自二十九年为始将田上新增贰厘减去壹厘连旧额止征陆厘地饷照旧每亩叁厘山饷每亩壹厘

至万历二十九年间为酌议海防紧要事宜以固疆围事该本都院刘会同巡按御史马具题条议海防事宜内一议粮饷浙省兵饷原有定额自十九年关酋报警前抚臣常具题每田地山壹亩加派银叁厘通省计共加饷壹拾叁万余两至二十三年臣受事后渐次省汰止留田上壹厘余悉减去共计减拾万有奇已于二十五年具题免派讫未几有倭攻鸡笼淡水之传各区议增水兵二千七百余名费饷叁万余两原奉部文题准沿海地方增兵粮饷于田亩人丁酌量加派仍将原减田上贰厘量增壹厘近复议减今海上倭警靡常粤中剧贼尚聚明春事甚叵测见议添设游兵三千余员名需饷叁万贰千有奇而各区船兵先经裁减不敷者不能不稍有增益额饷既不足支帑藏又无可处前项田上近减壹厘仍应照旧派征计可得银贰万柒千余两再于地亩复征壹厘可得银陆千余两通俟海警宁息另议停止然二项仅足支游兵之费其加增船兵不敷之饷查得台温沿海有开垦涂田虽坍涨不时难以拘取常课而其间有侵占隐匿或纳租太轻及浙东山场有径未丈量起课者清查酌派亦足少佐军兴再有不敷则以历年节省缺兵饷银通融凑处如此庶闾阎不至重累而官兵可望宿饱是亦一时权宜之□也题奉钦依自三十年为始于通省田地上仍各加派壹厘共银叁万叁千伍百贰两叁钱陆厘贰毫零照数征给

又奉本都院案开本哨官兵岁该饷银叁万肆千壹百捌拾玖两壹钱陆分今该本院从长酌处将鸟船副舵及大船兵薪汛毕各放班壹月唬船各兵放班二十日共该扣银贰千玖拾叁两贰钱除外净该支银叁万贰千玖拾伍两玖钱陆分俱于前项加派田地银征解布政司贮库支给尚余银壹千肆百陆两叁钱肆分陆厘零抵给闰月粮饷及凑支船税犒赏之费

万历叁拾年闰贰月为酌议海防紧要事宜以固疆围事奉本都院宪牌据布政司呈详三十年分各区官兵闰

月饷银缘由到院查得闰月兵饷向来原无额派以致历年遇闰各区有于司库请给者有就于本区自处者事未归一第各区兵制原自不同势不得不为通融计处相应酌定永规以便遵守行司即将本年各区闰月兵饷除台区已经详动本区缺兵饷银标下向支司库并衢处贰区听于该区缺兵银内各支给外其绍温贰区准将□年应扣放班银两免扣拨给不足者即以该区缺兵饷银凑处宁区放班不多缺兵又少嘉区既无放班亦少缺兵仍将宁区除免扣放班抵给外不足者即将各府加派闰月充饷银酌拨宁嘉贰区凑数再有不足听于该区缺兵银内凑足以后遇闰年分永为定规其台区以后年分亦照绍温贰区事例先以该年应扣放班银抵数不足者方支缺兵但宁绍台温肆区放班止于闰年免扣余年照旧扣存司库通行各海兵道一体遵照

万历二十八年正月内为春汛将临等事该布政司奉本都院刘宪牌案照嘉宁台温肆区委官查理海防议增水兵贰千柒百余名岁该饷银贰万玖千柒百余两自万历二十六年为始于扣存司库饷银内支给续因东倭荡平前项新增水兵已于二十七年八月间尽行减汰仍复原额兵饷应扣存司昨据布政司详派二十八年分兵饷未审各区曾否扣减拟合行查仰司即查各区新增水兵饷银如已减扣该司存贮以备缓急如不扣减行各该道知会于协济银内照数扣存司库等因行准嘉湖兵巡道副使刘手本开称查得本区奉文加增水兵叁百名岁额饷银三千贰百柒拾玖两陆钱二十六年者奉文于司库扣数支领抵给其二十七八两年者俱该本司照数派行该府径自征给续于二十七年八月内奉文减汰过贰百伍拾陆名止存原添沙船贰只耆舵兵夫肆拾肆名其各名粮应于前饷数内支给二年通共应扣解减汰兵饷银叁千肆百陆拾捌两陆钱陆分督行该府径自解饷

又准□□海道按察使范手本开称查得宁区二十七年应扣还司银伍千肆拾两肆钱该年额饷催解不前无从抵解议称绍兴府欠解二十三四二十七各年米折银共柒千叁百贰拾柒两肆钱请于前数之内扣留其二十八年该扣饷银壹万叁千玖百玖拾捌两陆钱除扣留总参廪给纸札供应犒赏并战船税银外实该还司银捌千贰百壹拾叁两肆钱叁分伍厘该府议将春汛借发给存银贰千贰拾叁两叁钱叁厘解还抵数尚欠陆千壹百玖拾两壹钱贰分叁厘再于湖衢贰府协济未发饷银玖千叁拾叁两贰钱陆分之内扣存但所议以春汛借发存银解还而又以秋汛应发银内扣存陆千壹百玖拾两壹钱叁分叁厘以足前数其扣余银两不免复又请发徒滋往返今本道覆查得二十八年该府应扣还司银捌千贰百壹拾叁两肆钱叁分伍厘秋汛未发银玖千叁拾叁两贰钱陆分即以未发之银扣作应还之数事体甚便其春汛余银不必解还存府凑给官兵饷用秋汛银除扣留外仍余银捌百壹拾玖两贰分伍厘俟该府另文支领

又准绍台兵巡道副使彭手本开称查得二十七年汰革水兵肆百捌拾壹名本年八月分粮银遵奉原行已经全数给发外其二十八年春汛该扣银玖百贰拾陆两伍钱肆分叁厘照数动支解纳

又准温处□□□□□□□□□□手本开称查得二十八年应扣加增水兵银肆千伍百玖拾两先蒙札派金华府本年分协饷银内已扣省水兵银壹千伍百叁拾两不派外仍应扣银叁千陆拾两存贮司库实该请领协济银陆千肆百柒拾叁两肆钱壹分陆厘零合发温州府凑给饷用案除先经领银叁千伍百伍拾两叁钱柒分陆厘到府支给春汛讫实该找发银贰千玖百贰拾叁两肆分零应照往例候秋汛差官赴领等因各到司俱该本司覆核查扣明白转报在卷】

原考

一渔税事宜查得宁绍台温等府沿海居民以渔为生先因出入无稽引倭为患永乐年间禁例片帆寸板不许下海继因小民衣食所赖遂宽其禁至嘉靖叁拾壹贰年间倭寇猖獗渔船被其劫掳以势胁从俾同入寇复行禁革嘉靖叁拾伍年为预处防御事宜以固东南重地事该奉钦差总督军门胡题开一乞降恩诏内称海上小民近来海禁太严渔樵不通生理日促转而从盗并乞敕下该部查臣先年所奏海防事宜再加奏请施行

该兵部议得通番大船应禁外其渔樵等项船只逐一查出令其自备器械编成排甲互相保结验放出入无事照旧采捕有警听总兵等官调取与同兵船相兼分布防守通行遵照讫先为申旧例宽海禁以便渔樵以裕国计事蒙钦差巡按浙江等处监察御史宿案验奉都察院勘札该钦差巡按浙江等处监察御史董题捕鱼船只立一甲头管束仍要量船大小纳收税银给与由帖方许买盐下海捕鱼所得盐税以十分为率五分起解运司类解济边五分存留宁波府贮库听候支用俱遵在卷议令各渔户报名在官每年叁月以里黄鱼生发之时各纳税银许其给艅出

洋捕鱼至伍月以里各令回港定以船渔盐税则例大双桅船每只纳船税银肆两贰钱渔税银叁两盐税银陆钱旗银叁钱中双桅船每只纳船税银贰两捌钱渔税银贰两盐税银肆钱旗银贰钱单桅船每只纳船税银壹两陆钱捌分渔税银壹两贰钱盐税银贰钱肆分旗银壹钱尖船对桅船每只纳船税银壹两壹钱贰分渔税银捌钱盐税银壹钱陆分旗银捌分厰艟船每只纳船税银柒钱渔税银伍钱盐税银壹钱旗银伍分近港不捕黄鱼止捕鱼虾柴鹿艚网小船每只纳船税银叁钱盐税银陆分旗银壹钱河条溪船每只纳船税银叁钱渔税银叁钱盐税银贰钱肆分旗银叁分采捕墨鱼紫菜泥螺等项海味对桅尖船每只纳船税银壹两壹钱贰分盐税银壹钱陆分厰艟船每只纳船税银柒钱盐税银壹钱河条溪船每只纳船税银贰钱盐税银陆分其船税各渔户就于本县上纳领票前来宁波各埠投票领旗方行委官收纳渔盐旗税

隆庆元年为清查渔税抵充额饷以减派征以免滥费事奉钦差总督军门刘案验备行海道该本道查议呈允将渔税银两每年宁波府议留银壹千叁百叁拾两内壹百两铑修兵船捌百两制办军火器械肆百叁拾两听本道犒赏总兵标下官兵并宁定昌水陆官兵及卫所出海随哨官军又汛期添调防守标兵及各操练赏功之用其余渔税银两俱解布政司充饷盐税银俱解运司解边旗税银除抵给制造布旗料价外余发定海县贮库听总兵衙门支用绍兴府议留渔税银伍百伍拾两内肆百两制办军火器械壹百伍拾两听本道犒赏临山临观总官兵并卫所出海随哨官军及汛期添调防守标兵之用如渔税不敷将事故兵粮及见征饷银请支铑用台州府议留渔税银壹千叁百伍拾两内陆百两添造修船伍百两制办军火器械贰百伍拾两听台州兵巡道犒赏松海总水陆官兵及卫所出海随哨官军并汛期原奉添调防守标兵之用其余渔税银两俱解布政司充饷温州府议留渔税银壹千捌百两内捌百两添备修船陆百伍拾两制办军火器械叁百伍拾两听温处兵巡道犒赏金盘处州水陆官兵及本道策应卫所出海随哨官军并汛期添调防守标兵之用其余渔税银两俱解布政司充饷嘉兴海宁总官兵大略与台州相同听嘉湖兵巡道将嘉兴沿海渔船照依浙东事体收税以充军火器械犒赏等用

隆庆陆年又为敷陈愚见以裨国定以清盐法事蒙钦差巡按浙江等处监察御史马案验奉都察院勘札该钦差巡按浙江等处监察御史张题该户部覆奉钦依备行宁波府议加盐税大双桅每只连前共纳税银贰两肆钱中双桅每只壹两贰钱单桅陆钱尖桅肆钱捌分厰艟船叁钱陆分与河船贰钱肆分对桅船肆钱捌分俱解运司该水利道转呈详允遵行在卷

万历贰年又为整理海防事奉钦差督抚军门方题奉钦依将本属沿海渔船尽数查出编立艅纲纪甲并立哨长管束不许搀前落后仍行海宁定海临观各拨兵船数只选委惯海官壹员统领于渔船下纲羊山等处四外巡逻遇贼即剿各府哨长率众并力追击获有功级照例升赏等因备行本道行令定海临观海宁把总共拨兵船贰拾只委官统领于羊山等处巡哨又为设法清理渔税以裕军饷事奉本院案验行道转行宁绍二府每年春间各县通将各样编号渔船开报本府照数刷票送道挂号印钤发县收银在官者方给此票出洋收完将银解府其未收银者将原票缴还并查船只下落私自出洋并私与官票者一体追究宁波府海防官查有不领本府税票到埠者拿问递回等因又为督理渔税银两以裕军饷事

万历叁年叁月内奉钦差督抚军门谢钧牌照得渔船税银系海防支用者各经管官果遵原行秉公执法必岁有加迩闻县官亦有自给小票收充私用者以致额数渐减银两渐逋近据台州王同知查出各年通同作弊吏书牙埠人等究正如法以后减少者责令追赔然台州止有船税而宁波兼有渔税其弊更大仰道将本年各该税银责令海防官督同各县正官用心清理该道查历年成案各县俱以数多者一年为准行令满足其数再不许分毫减少如有能数外加增者另行奖赏如或不遵定将承行该吏坐赃究革该管官另议等因依奉查得宁波府属县各年渔税船税银内鄞县共叁千肆拾柒两伍钱玖分慈溪县共捌百玖拾肆两柒钱奉化县共伍百叁拾柒两叁钱贰分定海县共贰千玖百柒拾陆两贰钱象山县共贰百叁拾玖两壹钱俱系数多年分备由呈奉本院详批查出数多年分姑各以此为准行令遵照收纳缴又该本道查得绍兴府属县各年渔船税银内山阴县叁拾壹两会稽县壹拾叁两捌钱余姚县叁拾伍两柒钱上虞县肆两伍钱萧山县壹百叁拾壹两玖钱肆分零俱系数多年分呈蒙本院详批绍兴查出数多年分渔税亦姑以此为准行□□照征纳缴依奉通行宁绍二府转行各县查照永为准则遵行大率沿海居民生理寥落半年生计在田半年生计在海故稻不收者谓之田荒鱼不收者谓之海荒其淡水门海洋乃产黄鱼之渊薮也每年小满前后正风汛之时两浙渔船出海捕鱼者动以千计其于风涛则便习也器械则锋利也格斗则

勇敢也驱而用之亦足以捍敌缉而税之充足以馈军向乃疑其接济勾引而厉禁之遂使民不聊生潜逸而从盗矣殊不知通番接济者乃商贩之大船在闽广则有之至若浙海渔人不过捕鱼为生雇船觅利其到埠入关皆可按而稽也其何乱之能为故缉名以稽其出入领旗以办其真伪纳税以征其课程结腙以联其犄角而又抽取官兵翼而进之以为之声援不惟听其自便有以导民之生抑亦资其捍御且又得彼之用矣岂直取给于区区之征税以助军兴之万一而已耶

续定

一商渔税银事宜

查得渔税银两先年议充军门总参犒赏供应置器税船等项支用原考备载已悉万历捌年为清查渔税银两事奉督抚军门吴批海道副使冯呈该本道看得宁波渔船二税隆庆初年渔船正盛税银独多原议每年以柒千两为额叁千两留府支用肆千两解司自万历元年以来船数渐次减少税银不敷原额计其所入大率每年肆伍千两之上据开存府支销已出叁千两之外解司银两每见不敷相应酌定规制就以万历柒年为准每年大约以伍千两为额议留叁千两存府支销贰千两解司充饷不敷之数听本司别项抵补呈奉批行布政司覆议本司连因海塘袍服及修造浅船等项支费原无正额搜括那借已多并无堪抵查得四参将每岁该犒赏官兵银贰百伍拾两廪粮银壹百肆拾贰两贰钱各官既为地方守备而前项银两在于各该地方从长计处亦属相应且临海地方俱有渔税则渔课银两不独宁波一府为然合无将宁波渔税断自万历捌年为始以伍千两为额叁千两留府贰千两解司抵充军门及总兵衙门犒赏等项其四参将年额犒赏廪给银转行各兵道查将渔税堪动银两径呈两院照数支取

又该本司□覆台州兵巡道佥事唐呈详台州府属渔税银每年约收贰千柒百余两本区留用壹千叁百伍拾两余银俱解本司充饷自隆庆贰年以来查无解到该道既称听留在府渔税银壹千叁百伍拾两又添参将公费银叁百玖拾贰两之外又再加造船叁百两□□壹百伍拾两余银伍百捌两应自万历玖年为始解司充□□□温州府申奉温处兵巡道副使吴案验奉本都院批本道呈详温州府属渔税银数盖缘各船续有飘坏屡行告豁今该府通融□算以伍千两为额原议岁留本区支用壹千捌百两续因各项经费取给不敷复议每年留用肆千两余银壹千两解司充饷俱经呈奉允行在卷

近为敬陈末议请复旧课以助大工以图补报事万历贰拾柒年奉督抚军门刘宪牌准户部咨该留守后卫百户张宗仁奏称有定海土民金秉忠秦人成具言宁波旧有市舶内臣征收渔课并往来客货今市舶裁革税课尚征兼之各府财货所聚日以万计皆可取充国用伏望敕差内臣刘成督同臣与土民金秉忠等往收其课春秋二季共进银肆万两等因

又为恭承简命敬陈善后事宜等事准户部咨该督税内监刘成题开榷税十二事俱奉钦依备咨前来俱经各属钦遵去后今该本院会同巡按浙江监察御史李查看得沿海渔商二税历经前院题准□各道议详抽取充饷渔船内盐税系盐□抽取两□□税系二部专官抽取俱系解京济边并营□支用之数并非额外多余钱粮今奉明旨抽取助工除充饷钱粮候另议处补外所有沿海渔商二税并行户坐贾税银已经委曲调停设法议处每年分为春秋二次各府催解税监衙门听候解进等因及奉单开宁波府渔船税银肆千两海商税银陆千两台州府渔船税银贰千叁百两温州府渔船税银肆千两海商税银捌百两又据宁波府册开查得历年渔船消长不一税不足数该府议呈渔船旗税银两于十分之外加增一分以足原额具呈海道转呈详允

又查得定海关商税该府属地方先年止有内河住卖商货向隶税课司稽查嗣因奉文裁革税课司各项商货投托势豪出入定海关无从稽察后为增税充饷事万历叁年该海道副使刘　行府查议海运板木糖靛等货自海来者于定海关停泊自绍来者于西坝停泊先令牙埠赴府报单填票即□委官验实照依钞开则例收税贮府年终扣抵额课余悉抵给定昌等总兵船月税支用

续于万历拾贰年为渔税日减商税日增乞赐议处等事该本府蔡知府看得海洋宁谧商舶通利收税委官住居府城与关相远中间夹带隐匿与豪右越闻骗税全无稽察议选□干官壹员专驻本关一季一换即其收税殿□□□三院又悯各商涉历风涛乘危冒险似与内河有间减免十分之二详允遵行

又为恳恩比例酌税苏商事万历拾伍年该海道副使刘案奉督抚军门滕批商人陈□龙恭等条陈行府议详

该道覆议商至浙多税课稍裕二分之外再减二分亦足遂其无厌之求矣备案行府通行在卷

近为敬陈末议等事万历贰拾柒年该带管海道左参政谢案奉抚按二院明文会议定海关商船货税先年比照钞关事例抽取充裕□□海商涉险觅利告减十分之四征收遂致失额今应量复二分每年务足捌千两俱要尽数通完内陆千两充为国课贰千两仍充饷用此外倘有溢额之数另项收贮以备缓急又为议处充饷钱粮以便遵守事奉督抚军门刘案开沿海渔商二税银两节经前院题准并司道议详抽取以充各区水陆官兵造船制器犒赏行粮等项支用抵补兵饷不足之数今奉明旨专差内使征收解京前项诸费无从处给除正额渔商解充税盐额课外节经本院行各兵道搜查渔商漏税清理协济充饷各项钱粮分别造册前来又该本院覆加查核斟酌损益通融议处裁定数目既与内使额课无碍而各项支费□益足相应通行以便遵守仰司通行总参游把等官并各该府县即将后开年例应支充饷银数自万历贰拾柒年为始照依今定银项数目撙节支用中间原支渔税今改支兵饷者该司候下年派饷之日照数通融拨给该府听支及查渔商等税今岁搜查复额尽有盈余应解司者如数解司再有多余尽数登报抵充饷用等因款开沿海渔商埠税每年除解督税衙门充为额课渔税银壹万叁百两海商埠税银陆千捌百两共壹万柒千壹百两外又该本院搜查隐漏增复原额共得伍千贰百壹拾伍两肆钱伍分内宁波区渔税银壹千两商税银贰千两台州区渔税银肆百柒拾陆两捌钱温州区渔税银壹千贰百肆两陆钱叁分海商埠税银贰百两涂租余银叁百叁拾肆两贰分

各区渔税旧额每年共解叁千伍百捌两收贮司库听本院犒赏官兵镇参游击公费等项支用近年率多拖欠不解今渔税正额已充内使额课又另搜查各项漏税议定每年宁波府解渔税银伍百两商税银伍百两温州府解渔税银叁百两埠税银贰百两涂租银贰百两共壹千柒百两解司专听本院军前缓急犒赏之需

宁波区每年春汛本院抚临定海督饬汛务阅操较艺水陆官兵犒赏银约叁百两于商税银内支用按院按临宁波关操犒赏水陆官兵每年约该银贰百余两支商税银又驻省每年公费银叁百两仍于该府渔税银内支解杭州府贮库听支盐院按临宁波阅操犒赏水陆官兵每年约该贰百余两支商税银

海道每年开操较艺并赏防汛标兵及军前赏赉原议贰百两于商税动支

总兵每年公费银肆百两支定海县商税银又每年制旗给渔船出洋采捕原征渔户旗税不在渔税额数内除制旗给价约壹百两给铺行外尚余旗税银叁百两仍照原议听本镇公用

定海商税银内原议支肆拾玖两玖钱伍分抵充裁革税课司额课钞银又协济昌平州银叁拾贰两俱照数于商税内支解布政司抵课仍每年议留渔税银贰百两商税银壹百壹拾捌两伍分收贮该府县库备补不足之数或以后商税再有多余不妨另议抵用

台州区

本院抚临台州阅操较艺水陆官兵每年犒赏银约壹百余两仍照旧支渔税

按院按临阅操犒赏官兵每年壹百余两仍照旧议支渔税银又省城每年公费银壹百两议支该府渔税解杭州府库听支

盐院按临阅操犒赏官兵每年约银壹百余两仍照旧议支渔税银

台兵道阅操较艺巡历沿海每年犒赏银贰百两原支渔税今议伍拾两仍支渔税壹百伍拾两改支缺兵饷银以后渔税再有多余不妨抵用其渔税每年议留银贰拾陆两捌钱存府以备不足之数

温州区本院抚临阅操较艺犒赏银每年壹百贰拾两支渔税银按院按临阅操较艺犒赏银每年壹百壹拾伍两支渔税银又驻省公费银壹百两原支该府渔税解贮杭州府为听支仍照原议支解

盐院按临阅操犒赏银每年壹百壹拾伍两支渔税银

温处兵巡道每年军前犒赏银原议叁百陆拾两仍照旧议支渔税银

守巡二道巡历地方操赏公费每年肆拾肆两原支渔税今改议支涂租余银仍每年议留渔税银玖拾肆两陆钱叁分涂租银除正额抵充兵饷不计外余银各项支用尚剩银玖拾两贰分共壹百捌拾肆两陆钱伍分存贮府库备补不足之数或以后埠税再有多余不妨另议抵用

又查据温州府册开万曆贰拾捌年拾壹月内蒙带官兵巡道参议王奉督抚军门刘案开本府水竹山埠税每年共定贰千两为额以捌百两解税监衙门贰百两解布政司收贮听候本都院军前缓急犒赏壹千两解府充中军

营月饷

万历贰拾玖年为督抚地方事奉督抚军门刘宪牌行司照得本院额用书办工食承差路费及下程公费等银岁该壹千贰百两向系宁台温三府渔税解贮杭州府听用万历贰拾柒年因督税内臣奉旨清查渔商税银解进行据该司议详将本院合用吏承工食路费及下程公费改派于合属条银内征解今查督税解进银两业经议有定数沿海渔商二税银两近该本院立法严核颇有盈余前项公费似应照旧取给条银免行加派以宽民力行司通行合属自贰拾玖年为始将本院书办工食叁百两承差路费银叁百两下程银陆百两共壹千贰百两免行加派仍每年于宁波府渔商税银内动支捌百两温州府渔商税银内动支肆百两定限伍月中该府给批照常赴本院挂号解贮杭州府听用其原议宁波府解司渔税银壹千两内减免伍百两温州府解司渔商涂税银柒百两内准减贰百两每年止共解壹千两解司听军前犒赏缓急支用

万历叁拾年为倭夷情形已著等事奉督抚军门刘宪牌案照近因各区议增短募水兵饷银无处已行宁台温三府自行指给先将各府抵饷银项行司□行遵照去后内宁绍一区原行尽支宁波新增山税不敷以海商税银凑抵但海商税银前此原抵该区置器犒赏等项支用自贰拾柒年税银解充内帑不得已方以缺兵饷银改抵今该府商税近来溢额颇多似应仍以商税还抵置器赏用而以缺兵项下给兵方有头绪行司即将单开数目仍改支渔商二税不得混淆单开该区修造军火器械每年议定陆百两向支渔税自贰拾柒年改支该府缺兵饷银今自叁拾年为始仍支海商税银海道每年春秋二汛祀江犒赏原议支渔税肆百叁拾两自贰拾柒年改支缺兵饷银今自叁拾年为始仍支海商税银总兵每年军前犒赏银壹千两向支布政司或宁波府库贮渔税自贰拾柒年改支该府兵饷银伍百两缺兵银伍百两今自叁拾年为始将缺兵饷银伍百两仍支海商税银余伍百两照数支该府兵饷凑数该区汛毕犒赏历年于渔税银内动支自贰拾柒年定数每年叁百陆拾两改支缺兵饷银今自叁拾年为始仍支海商税银

【万历叁拾年奉督抚军门刘明文查得该区修造军器犒赏等银贰拾柒年派支缺兵饷银叁拾年改支渔商税银者共计贰千两查本年新增定海关海商税银贰千两已是谷支不必兼支渔税移行海道改正其渔税除原额伍千两贰拾捌年详□伍百两共伍千伍百两俱要按期征收完足此外非奉本院自行不得擅议加派并行海道知照昌国防汛标兵并游击中军员役每年约该行粮银壹百壹拾两原支象山县渔税自贰拾柒年改支缺兵饷银今自叁拾年为始仍支海商税银又该本司查得总镇犒赏廪给原支司库渔税银两继因渔税不足改支缺兵饷银今奉复支商税银相应仍解司库听本镇支领呈奉详允在卷】

又据绍兴府册开原额渔税听备海道犒赏银壹百伍拾两向俱未完万历贰拾柒年该蒙带管海道左参政谢案验奉督抚军门刘宪牌备行仰府专督各县掌印官监督委官设法搜查务足原额壹百伍拾两俱要通完以抵犒赏行据山阴县申报银贰拾陆两肆钱壹分陆厘会稽县柒两贰钱玖分壹厘余姚县叁拾柒两陆钱捌分上虞县捌两贰钱肆分贰厘萧山县柒拾两叁钱柒分肆厘备呈巡视海道按察使范详允在卷至贰拾玖年拾贰月内为议复商税以佐时艰事该海道右参议兼佥事王奉督抚军门刘宪牌新议定海关商税自叁拾年正月初壹日为始俱照钞阕例一体榷抽不得再拘捌折之说每季以贰千伍百两为额遇有闰月加税捌百叁拾叁两零内以陆千两解监肆千两抵充该区新增船兵饷用犒赏等项

又准温处兵巡道册开查得温州府属永乐瑞平四县每年额征礁店租银陆百肆拾陆两肆钱柒分壹厘柒丝陆忽涂田租银壹千叁百壹拾玖两伍分捌厘捌毫水竹埠税银每年共肆千两内除捌百两解税监壹百伍拾两解布政司贰百两解杭州府公费外其岁有余银贰千捌百伍拾两并处州府属寺租余剩银肆百两肆钱肆分又本区叁拾年新增丈出涂田租银贰百玖拾玖两共叁千伍百肆拾玖两肆钱肆分内除抵给镇下双昆二处新增船兵粮饷并短募橹兵肆个月饷用银共叁千叁百捌拾两捌钱贰分伍厘年仅余银壹百陆拾捌两陆钱壹分伍厘应载入额

又查中军营议复划驾唬船官兵壹哨原议于水竹埠税银内坐支壹千两近该本道详增双昆镇下二处并增唬船壹拾伍只及各关游短募橹兵月饷坐支前税其该营月饷已于额饷内拨给

申谕　查得万历贰拾伍年该前任海兵道按察使范照得两浙沿海地方南船不许入北北船不许入南先年立碑万禁至于商人纳税著有定例恪遵无犯近访乃有狡猾船户引诱客商不遵碑禁揽装杂货撩洋直上台温复

又兜载南来糖靛径回大洋直至吴苏越关漏税似此奸徒刁诡违禁遂使国课日耗税银无补近据定海县县丞陈懋龄缉获漏税船叁只皆系沙船夫北船不到温州例也今乃私自越渡搬货走洋干犯法纪如律究罪船货入官以致所漏无几所失甚大殊为可悯合行申明严禁除行宁台温三府于马墓港石浦地方海门双门关等处各轮拨兵船巡缉外随经行仰宁波府出给告示于各关隘晓谕南北往来商船知悉一应货物务要□□入关报官抽税勿听奸狡牙行走洋漏税及以多作少□隐物数自取究罪没货入官若停塌牙侩之家不行从实开报仍复教令撩洋漏税者拿获定照律例究治其船户除船入官外仍同牙侩各用贰百斤枷枷号壹个月示众其各商只宜本分老实生涯有利无害毋至犯法徒歉噬脐本司恐尔海商船户无知再犯特此谆切示谕慎毋仍蹈故辙通经申严禁约颁示晓谕见在照行

卷六

原考

一仓粮条议查得宁绍等府所属各仓粮米虚耗皆因不才军职数多竟将领运出海等项官军预领摘支及事故停支住支俸粮不行明白扣除仍复朦胧冒领隆庆陆年间为清查边储事该前道副使蒙议呈抚按二院详允本道置立印号总领如遇卫所请支俸粮本道出给总单一样叁本发府查填该卫应支俸粮数目转发该卫将各所应支应扣粮米共填壹单听本道委官给散其壹本本色存仓折色存库壹本存府壹本缴道不必另取卫所零星私领以滋弊端又为议处仓粮以足兵食以固海防事查得海仓奸弊多端条为十事

一曰谨征督之法查得夏麦旧限伍月开仓柒月终齐足秋粮拾月开仓岁终齐足迩来夏麦与秋粮并征已非旧例且延至次年贰月间尚未解运迁捱日久奸弊易生折乾私兑皆由此起合无严行各县掌印管粮官将各仓粮麦俱自拾月起征至本年拾贰月通完仍置立征粮簿壹扇逐日登记征完掌印官亲自查验随即起解开报海仓厅随往收受如壹月不到即系侵欺将解纳并押运官究罪该府仍置起运仓粮簿壹扇将属县该运各仓并拨外府海仓银米开列于前后开某县某日起解本色折色银米若干于某日取获批回实收销缴每月终府县粮房吏书赍簿赴本道查比若粮至次年正月不报解纳或解纳不获实收以拾分为率未完伍分者管粮官住俸未完柒分者管粮官参问未完捌分者掌印官并参该吏究革

二曰严押运之官看得起征及时则输纳甚便使押运非人则任其作弊或所堆垛者元出借贷或已上纳者仍复侵欺合无每解纳或拾名或贰拾名另作壹批每次粮多者为运头少者附之差各县典史或候缺仓巡官押运照常赴司道该府挂号仍听海仓通判领给水程到仓听候监收如米数短少即系通同作弊押运官之罪自无所逃矣

三曰复职掌之旧查得宁波府额设仓廒拾座除广盈仓附府该管粮通判监管其广安广积常盈玖仓则海仓通判之所职掌也但广积壹贰叁肆仓坐属象山广安常盈叁肆伍仓坐属定海而常盈壹仓则悬在舟山风潮顺逆往返未必如期粮运参差彼此或难并济迩来呈请委官分投收受海仓官盖假此以分劳分谤而积棍每乘之以作蠹作奸专职者甘于旷官分委者肆行窥利甚非所以明职掌而杜奸欺也合无查复旧制而稍通变以济之如广安广积壹贰叁肆常盈叁肆伍仓俱责本官往来监督亲自收支惟舟山常盈壹仓势难兼历□应另委定海知县或□能佐贰官壹员代理俟本官□□仍行亲自覆验每月各仓官攒收过粮数造册申报该厅该厅亦每月造册送道填报循环仍通详三院及移照各司道不必委以署县并盐捕赍解等务其绍兴府三江常丰等陆仓虽水利通判兼管亦止宜专理海仓水利此又责成中之吃紧处也

四曰革私兑之弊查得海仓之设以备官军俸粮米价稍平而与之以折色则民运不劳米价稍贵而与之以本色则官军不病自私兑之弊起则利归于群奸而害独惨于贫卒矣粮长未有不以海运为劳而附仓积棍乘机兜揽通同官攒虚出实收计其所得壹石或捌玖钱与军者不及半且杂以低假而贫甚者又以轻价鬻筹是奸人动怀数百之资而仓廒无粒米之入委官徒有唱名之给军士每多枵腹之嗟今若专责海仓通判往来亲收而实收必由通判挂号亲给则粮长不敢觊觎以轻赍而群奸不敢通同而私兑矣

五曰申虚领之禁看得虚领之弊与虚串之弊相倚为奸虚串出于官攒虚领出于所伍而积年包揽棍徒从而窟穴于其间欲军储之充军士之饱亦难矣近该本道设立总单革去零星领状已经备呈抚按衙门详允合行该府与海仓通判著实奉行则虚冒者无所容有此实收则有此实支而本色折色均有实患矣

六曰绝预支之端看得所伍不才官员每窥府贴未出与官攒通同预支而包揽积棍不问本折俱以银兑此时价大为轻减官攒但取分例揽头但取过手而所伍得银将所辖军士分为三等其强梁难制者与之友踰常数柔善者则减三分之一愚弱者竟不之与问之则云府帖未至更问某人所得则云称贷之及晓然知其弊而不敢具告则以强梁者有所利而把持之也今后严禁府帖未下不许预支有踵其弊者以侵欺论罪该府每遇批发粮单即行核实给帖散支毋得出权宜仓帖以滋奸弊

七曰预修理之备查得粮米收受必先谨盖藏先年事体多更或议半征或议全折仓廒不修坍塌颇多运至停贮无所以致迩来随收随放奸弊易生近该本道牌督海仓官亲行查估应修应置呈请外又查各属县本色粮内每石征银伍厘名曰修仓银粮役赴仓完纳该仓官攒恣意侵分合无稍变其法各县督征之时即令查照粮数先纳该县类齐解府不必归之官攒之手以滋弊端以后仍行查盘官严行查制其各仓廒座候本官核实开报即委廉能县佐官修理勒限完工庶钱粮不致虚靡而盖藏益为有备矣

八曰严索勒之禁查得粮纳有转运之苦有守候之难犹曰门户所关官司所役不得不然也至于仓棍之需索则其所甚不堪者且如箩夫脚价措勒过多淋踢筛扬狼籍太甚至于席竹之□□□伍合尽属之官□斗级花分而仓廒低湿全无承藉此岂立法之初意哉合无行令海仓官查船粮湾泊处所距仓廒远近定立脚价使箩夫不得多争其筛扬淋踢自有适中使仓棍不得肆虐至席竹之米亦照修仓银该县同时征收解府收贮临时听海仓官查验某仓缺多某仓缺少关发买办应用有余亦存之以备修仓公用仍听该府另置壹单内开押解官有无分例仓攒斗级有无科索歇家箩脚有无抑勒筛扬淋踢有无浪费令解纳亲自填驻给批之日随给此单销串之日一同销缴该府逐一查考轻者径行重者仍呈本道究治则解纳无累而人乐输将稽察惟严而奸宄敛迹矣

九曰抑官军之横看得卫所官员俸米俱在海仓关支每欺官攒单弱临仓横索无厌巧立鸳鸯俸米名色分外加增每壹石定要贰石而淋尖踢斛备诸强态殊非事体至于豪军恃富多买军筹开支之时挽越次序不由委官唱名指某处为糠粃指某处为浥烂恣行打搅莫敢谁何今责成海仓官亲放官员俸米照数平量革去鸳鸯名色其军粮仍要唱名须与年貌疤记册相对方准支给其不对者即掷出原筹查究来历官员敢有仍前多索许指名参呈豪军敢有仍前放纵者定以打搅仓场事例重治

十曰祛久恋之役看得斗级之在仓廒犹狐鼠之有窟穴也或父故而子继或兄终而弟承其索取分例盗窃赢余已属非法至于折乾私会虚出关领种种弊端未有不经其者往年徭编即此辈揽役近改雇募仍系此辈包当及查仓攒责其供应凡僦居器用之费终年不下贰拾金计其雇募之值亦止贰拾金彼何利而为之则弊端所在当有数倍于此者不言可知矣合无行海仓通判将又恋奸斗尽行斥逐责成里递保甲人等公同简选诚实之人承当仍禁官攒毋得仍前责其供应违者计赃重治则鼠辈既革而仓廒肃清矣具由呈奉督抚军门邬批沿海仓场蠹边惠其矣据议十条深中积弊凿凿乎有裨边储中如复职掌一条尤为切要大都官有专职事可责成其有稍自振立者必能随时随事体察而厘正之即劳谤所不得避仓廒不患其不肃清矣该道摘以此条移照各衙门以后海仓官纵有不得已别欲委用亦须具呈本院详夺不可恣己意以紊职守也缴又蒙巡按浙江监察御史谢　详批据议探摘弊源查处详备亦独苦心矣然知之非艰行之惟艰该道立法之初宜著实修举严加振刷以定长久不坏之规尤宜责成职守期收明效怠忽病旷者不容一日在位矣如引嫌避谤者付国家事于谁理此奸险小人常态其不时访核呈报以凭参黜缴已经通行遵守切照海仓之弊概有百端其大要不过收支者而已私兑之奸起则实收不足凭而收纳之法坏假冒之弊滋则领状不足信而支放之法坏其源起于粮长惮海运而乐轻赍积棍遂乘之以包揽卫所出虚领以冒本折官攒遂因之而通同加以海仓官员操持不定者未免濡染其间而稍知自洁者又引嫌避谤不肯渐加振作任其流弊至此盖官帑有如漏卮而军士每多枵腹积蠹有年敝坏极矣该前道条阵十事诚为拔本塞源之论改弦易辙之图荡涤前瑕允可善后其用心良亦苦矣虽推之全浙达之天下可行也岂惟利用于浙东一隅而已耶

申谕

一仓粮条议原考载有十事厘革弊端可谓详悉第法久弊生因循玩弛似又不可不为之申饬者前本司任海兵道时目击宁绍二府每年额征仓粮愆期各军枵腹待哺建有蚤征叁月之议依期给发军民便益呈蒙抚按二院

详允见在遵守至于各仓攒斗包揽需索锢弊并经严加禁革此不独宁绍二府为然杭嘉湖金衢严台温处等府各仓流弊势所不无均宜照依后款所当一体振刷者也

一为申明征收钱粮以济支给事万历贰拾捌年间该海兵道按察使范照得养民以军兵为卫养军以粮饷为先本道承乏杭严之时军粮兵饷皆按期给发而兵饷则每月仍在上旬并未闻有乏粮告扰者今此区则不然近查宁波一府与绍兴府各县协济额征而各军之粮有逾年无给者各兵之饷有肆月无给者偶语聚哗势所难禁即各总领权宜解说于事体终属未妥查其拖欠之由皆有司缓征之故因此申明旧典岁终查参详允在卷及今查参期迫完欠数明各年因循弊端支吾不及各县始有口廪者有具文者谓拾年以来所征军兵本色折色旧隔壹年近隔贰年民安故常吏难振刷以至于此查得大明律收粮违限一款凡夏税于伍月拾伍日开仓柒月终齐足秋粮拾月初壹日开仓拾贰月终齐足若夏税违限至次年正月终不足者其提调部粮官吏典分催里长欠粮人户各以拾分为率壹分不足者仗陆拾每壹分加壹等罪止杖壹百若违限壹年之上不足者人户里长杖壹百迁徙提调部粮官吏典处绞又例开各处势豪大户无故恃顽不纳本户秋粮伍拾石以上问罪监追完日发附近贰百石以上发边卫俱充军如叁月之内能完者照常发落律例昭彰各省直奉行皆然全浙征输亦无互异独有宁绍贰府钱粮至隔壹年方征已非律法况据各县申称军储钱粮贰拾伍年在贰拾柒年才征贰拾陆年在贰拾捌年才征无怪乎军兵缺食仓告匮也且贰拾陆年岁歉钱粮奉例减半若于贰拾捌□收是恤灾于丰年固不可假如以贰拾肆年之粮至贰拾陆年征收是取盈于凶岁尤不可次序倒置皆属不通抑不知何官废法徇情违道千誉一至于此但目今矿税交征财用万分急缺若欲即依律例据法严追以两年赋税并于一旦民力又实不堪昨该本道牌行宁绍二府通融酌处或令各县自万历贰拾捌年为始应征各项钱粮除依期起征者不议外凡有隔年方征者比每年蚤征叁个月明年又蚤征叁个月两年之间可比前趱起半年再两年又趱起半年即不能蚤叁个月或蚤贰个月总在肆伍年之间可得依律征输如此既不病官又可便民是亦救弊之一道也但粮饷虽系本道催给征派事由布政司并粮储道掌行若不及蚤议处日甚一日拖欠愈多支给愈难倘生意外之虞徒有噬脐之悔伏乞本都院批行布政司督粮道上紧查议妥当通行二府遵守不得阳顺阴纵致生衅端自取参究庶弊政不使怙终隐忧可以潜杜矣呈奉督抚军门刘详批仰布政司会同粮储道查议速报该本司奉经行准粮储道咨据宁波府申称为查夏秋盐军储折银属县向在次年起征本色麦米允在隔年方行征运民皆故常相沿已久以致卫所军粮不得依期支放今以宪议蚤征一节诚为良便行据各县议覆应将本折银米比前俱□年□起叁个月则肆年之内可以当年依律起征解运□□仍前延缓又据绍兴府申称为照征输之例夏税伍月为始秋粮拾月开征今查山会萧诸新嵊等县每年皆以拾君为期陆续征解揆之令甲不甚相远惟余上贰县有隔壹贰年征解者相沿已久视为故常名虽见征而迹已似带征矣逋负之多未必不由此也近蒙建议每年蚤征叁个月肆年之后可以复旧岁征岁解无有粘带不明之患而官民称便深为良法合自万历贰拾捌年分为始严行各属著实遵照追征不许再行紊乱各申覆到道看得该区官兵粮饷坐派宁绍贰府属钱粮但往时征解愆期以致逋负素多粮饷不给军士脱巾之变委有可虞该道驻札斯地目击其艰建为蚤征叁月之议深得调停足饷之方行据贰府咸复称便咨司查照转呈等因准此为照宁绍贰府军储钱粮各属向沿隔年征解以致军兵缺食今海道议自贰拾捌年起每年蚤征叁个月渐次僭起肆年之后可复岁征岁解军粮以时散给既经粮储道会议贰府称便遵行无庸别议相应呈覆合无候详允示备行巡视海道及宁绍贰府转行属县遵照征解呈奉

本都院详批宁绍贰府属军储钱粮隔年征解以致军兵粮不时给如议自贰拾捌年为始每年蚤征叁个月渐复岁征岁解之规仰司备行遵照缴又蒙巡按御史马批如议行缴依奉见在遵行

又查为禁革各仓积弊事该前道查访得宁波府各仓积弊多端以致粮解军人交受其害近该海仓官躬临各仓剔蠹振法如广安仓告示明切遂有陈县丞收粮廉平慈溪百姓共词呈颂然远区海□非有禁示久又弊生合行申禁为此将各弊照彰之大为本司道所已闻者先行该厅一面作速出示晓谕一面仍立刊榜严禁如复有犯不论粮户军人及平民人等俱许据实执牌陈诉仍加奖赏或事情有出于禁约条件之外者海仓官严查推类并革方见为军为民实意

一革积年奸猾粮里揽头凡解运俱要正身凡上仓不许碎米折耗以亏各军如有短少照数认补其有倚恃宦门豪户仍旧兜揽者该厅该县该仓指摘的名呈解依律重治

一禁久惯桀骜箩夫多人在家将米插和糠尘临量解时故将肆人仓内平米肆人仓外抬量高提冲斛糠灰纷起使经收员役拭目掩鼻不暇因而任意作弊夹筹瞒官今只许解户自择诚实壮健人役报名于收粮官平米抬量各用贰人自行概斛收粮官著实查行

一禁旧时箩夫身负搭包脚穿大鞋仍有高大之茶瓶酒壶深长之饭桶饼篓乌合蛙閙蚁聚蜂拥传递窃米近用粮解自报数人概量一应箩夫俱不许入仓亦不许近仓作弊违者锁拿解究

一禁支粮各军毋恃人多强夺粮米踢斛淋尖不待行概及故意争閙将米抛撒在地犯者綑拿并查属某所管辖官一并提解

一禁祀神猪羊及各官饭食闻开仓祀神宰杀猪羊散胙于该卫指挥千百户等官及诸色人役第查此银原无额设皆解头出办费银肆伍两方得了事又闻收米之日监收委官跟随门书皂隶多至拾余人备午间酒饭皆取给于经收仓官而仓官午间酒饭又取给于粮里所费不赀且或壹日或叁肆日不等皆今供给粮解何辜浪费如此百姓忍气吞声县官容私护短可为叹息以后收粮官吏午饭俱各自办毋得派及粮解壹米壹菜即祀仓神亦只许官吏自行借办猪羊毋许派及纳户及一应巧立名色以滋科扰者俱痛革绝本司道执法甚坚毋得再犯

一禁卫所各官识字军人惯恃泼皮或以非礼甜言拜谒仓官或以茶饭酒食谄媚官吏因而借支粮米笼络局骗及仓官取粮成仇又或面加叱辱或毁谤谣害无有不蒙其毒者以后除各军照册正支外敢有不守法纪仍撒泼作恶伙党挟借者许收粮官开名揭报以凭拿究该县掌印官时常查实申报无得自取隐蔽不职之罪

又为清查军粮事各卫所军人以粮为命有司岁额钱粮自应及时征解按月给支今查定海等卫中左并后霩等各所官军多者有拾肆伍个月少者亦不下拾余月无粮深为可悯除本司道每月自行提比外其间夙弊尚有多端或各县吏书受贿歇阁缓征或已运在仓而该仓吏书故掯不发或已征给付解头延不上纳甚有狡猾之徒串通吏书粮不入廒虚出仓收乘各军日食空乏暗行兑会或伍折或陆折贫军无奈只得隐忍戍守者止蒙虚名作奸者反获厚利似此积蠹皆当拏究但念相沿已久姑谕自新合示该县该仓各承行吏书并粮解仓夫人等知悉今后额派军粮务要依期征解实数上仓按月给发使各军得霑实惠不致枵腹告饥迟延岁月敢有仍前受贿宽限缓征及领运不行依期上仓并掯勒不给及通同该卫所积年军头折乾私兑抑价盘算篾法罔利怙终不悛者访出或被人告发或各军查的指名赴诉本司道定行从重究遣示给各属见在照行

原考

一窑于军砖瓦查得先年卫所各有官窑拨军数拾名专责取土採薪烧造砖瓦如遇城垛墙砖楼铺瓦片小损即将所造砖瓦动支随时修砌止计木灰倩匠工食之费其法甚善后因军士凋耗差役浩繁遂行停止少有损坏辄请委官估计文移返复经年以致日渐倾颓愈加损重及至呈允买料撮买民间见成砖瓦聊为搪塞一遇海风又复颓圮嘉靖叁拾贰年贰月内为乞查旧例复设官窑以便修理事该前道副使李巡历沿海阅视各城殊多颓废间有修葺砖瓦小薄又复崩坍相应查复旧例合行各把总官严查各卫所窑地基址每卫拨正军贰拾名每外所拨正军壹拾名免其差操专令在窑练土採薪烧造砖瓦其砖式每块长壹尺伍寸阔捌寸厚贰寸伍分瓦式每片长壹尺大头阔捌寸伍分小头阔捌寸厚叁分每年该烧青砖壹千块瓦贰千片仍委官管理置薄登记各年烧造数目每季送海兵道倒查其烧完砖瓦如式刊写年分做造姓名运回本衙门收贮凡遇城垛等处损坏即呈该道批发随时修葺如用折色每年计银贰两肆钱各军敢有不依尺寸烧造以致薄小不堪或私造货买者加倍罚造余人窃用者以侵官物论罪备由呈蒙钦差督抚军门王批依拟作速施行候复官窑派拨军人停当类派缴奉经通行遵照万历元年玖月内为□□□□□钦差督抚军门方　牌仰道　即委宁绍二府海防官亲诣各卫□□勘每卫所每年该纳砖瓦若干本色者收积何□盘点□□足数折色银见贮何库务究明白详报依蒙行委各官查明呈覆外各卫所向在遵行每年拨军烧造

申谕

一窑军砖瓦原考所载各卫所额设窑军每名每月食粮捌斗每年限定烧造砖瓦每砖壹块长壹尺伍寸阔捌寸厚贰寸伍分瓦每片长壹尺大头阔捌寸伍分小头阔捌寸厚叁分责今如式做造按季收顿以□修理如遇动支请详给发仍填报循环簿以备稽查其立法善且周矣夫何人情玩愒法久弊生各卫所审拨虽有窑军之名无窑军

之实坐享官粮又免差役且将官给砖瓦料价竟尔侵渔间有烧造者辄复通同所伍官识混捏某处城垣坍坏用去砖瓦若干又或以小砖抵大砖小瓦抵大瓦影射冒破弊非一端万历贰拾捌年该海兵道按察使范洞晰往弊通行各府查议有见拨窑军烧造者每季掌印官验收砖瓦务照原定式样原限数目积顿公署如遇修理备将坍塌处所应请砖瓦细数具详本道方许动支仍填循环簿内报查按李倒换如有窑役军人仍前坐冒食粮复侵料价不行烧造及通同该所伍官识混捏开报与验收不合原式者官听提究军役问罪追赔其□□革窑军者每年扣其料价派入军需收贮府库遇有修理委官估计的确亦要详道批允动银办料督收毋容侵冒再照烧造本色与扣价折色二者兼行盖因沿海诸卫所事体各有不同因时制宜各从所便仍应再加通行申饬置簿稽查以绝锢弊

原考

一修理城垣照得滨海郡县卫所城垣楼铺公宇台堠之类比之腹里缓急悬殊用戒不虞莫切于此此地方官剥肤之忧覆隍之虑也自当先事而绸缪岂容已颓而玩愒遇有坍圮即便呈报到道行府估计工料价银呈请抚按二院动支本项官银委官修理隆庆伍年玖月内为严修理以杜侵冒事该前道副使蒙　看得观海三山等卫所城垣一年之间两请修理料价动经贰千其弊立见但卫所各官全无报称之念惟怀私利之图视官钱如探囊以修理为奇货稍有损坏多捏妄呈初覆估计虽批有司率皆转委丞薄首领等官拘照原详回覆至给料价通同积棍匠作侵分前工未完覆又开请东西影射彼此支吾及催并完工率皆苟且塞责随筑随坏经久无裨年复年来虚冒日甚前弊相应痛革合行每卫所置簿一扇前开该卫所每年额该修理银若干自隆庆元年为始备细查出某年月详给料银若干经承官匠某人造修过某百户城身垛头楼铺及公宇厅堂台堠等处逐项叙入簿内送道印发以后遇有修理处所明开原于几年分修过即今损坏应该修理填入簿内送道查核批发府佐县正官从实估计料银详给即为修理不□□□□□虚冒迟延其料价给原估官督修卫所止是□□□工钱粮分毫不得干预工完候委别官覆核取具匠作伍年之内损坏坐罪补修结状若有故违从重参究以为定规备由通行呈蒙钦差督抚军门郭详批据呈洞悉弊端依拟著实举行缴巡按浙江监察御史谢批指称修理虚冒多端此议一出宿弊顿除永示定规通行遵照缴蒙经通行查照遵守又为及时修葺以慎海防事万历贰年贰月内该本道副使刘照得沿海城垣墩台关寨干系匪轻矧兹春汛戒严修守尤宜加慎及照各该把总等官有坐视倾坍不行呈报修理者间有请修估计滥议工资希图乾没者似此积弊有年合行申饬牌仰把总各官亲诣所属卫所查理城垣墩台等处如有小损处所即令掌印官督责各旗军兵协出工力请支在彼官造砖瓦随宜修葺不许纵容妄开冒请工料仍将修过工程具揭报知如果坍损重大即日具由速报以凭委官估计请价及时修理毋得支吾迟误就经通行遵照万历贰年拾月内为惩既往励将来乞敕申明近例以重责成以靖地方事准本司关该蒙抚按二院案验奉都察院咨文勘札前事备行海兵等道参游操捕把总府卫州县掌印巡捕等官一体钦遵令各掌印官相度城池是否堪守应否修建如有应修应复者即便通详等因备□□行间又奉钦差督抚军门谢钧牌为巡抚地方事仰道即将所属府县卫所各该城垣铺舍已经详议修理者严督委官督率匠作上紧完固其有相应些小修者亦要及时处置仍须该道亲历稽察阅视以速完工如有延捱不完及冒破工料苟且了事者究招详报等因通行遵奉外照得宁绍二府俱临边海系属要害之区各该府县卫所城垣楼铺倒塌损坏据报前来就行该府县查估工料呈道转呈二院详允动支官银次第委官督修奈何各衙门官吏不以城池为重一经请修竟不催督完工委官懈弛又不时常经理纵匠领银入手任其侵费迁延不行办料修筑致有壹贰年尚未完工者虽经本道节次催督其报完者才十之一二近奉勘札查理节蒙各院牌案严催且来春汛期不远若不立法稽查诚恐有妨防守合行宁绍二府并属县卫所将已经议详修理未完者定限一月尽数报完委官造册呈道阅视转缴仍令各置比较簿一扇将原估修处所逐一登填工料若干已给过若干匠作某人委官某人督工人役某人各立前件备填完及几分每月终责差承行吏书赴道查比稽且催督仍照式置薄每季终解赴本院比较若叁月不完提吏究治伍月不完提究委官仍住俸薪壹年不完各县掌印官住俸听参修后三年内倒塌者员役一体赔修五年内倒塌者工匠赔修五年外者方准官修等因备由通呈奉钦差督抚军门谢批修理城垣系海防重务各该经承委官惟知自营己私于此等劳苦无营之事全然不以介意纵令行匠领银入手尽数花侵不但延久不完即完亦不过潦草虚应而已可恨孰甚焉至于掌印官则可以时常稽查者乃亦任其淹延不一置问其故何哉谈者动称视国犹家夫藩离不固寇盗可乘不知主人能一夕安寝否也据议置簿比较参罚等项事宜

俱准一一著实举行仍先查委官一二员违限最久者呈报本院以凭拿治警众此缴又蒙巡按浙江监察御史萧批据议良是准议行缴蒙经通行宁绍二府并县卫所遵照间又为稽查修理城垣以重保障事万历叁年正月内奉钦差督抚军门谢钧牌仰道将所辖府县卫所以经详允修理见在查估工料城垣毋拘久近备造略节缘由各立前件以十分为率要见完过几分未完几分傍注经承或接管并吏书匠作职名送院查该吊比等因依蒙备行宁绍二府查取造册呈送讫见在严督催比陆续报完遵行在卷

申谕

一修理城垣夫浙为天下首藩而宁绍台温肆府尤滨临海辄为浙之门户藩离所赖以捍御者城垣所赖以传警者烽堠并应随时修葺坚固以便防守此诚不可苟且塞责者原考备载估修冒破之弊详议遇有坍圮呈道行府估计工料价银呈请抚按二院动支本项官银委官修理仍行每卫所置薄壹扇后闻该卫所每年额该修理若干某年月详给料价若干经承官匠某人造修过某百户城身垛头楼铺及公宇厅堂台堠等处逐项叙入簿内送道印发修完委官覆核取具匠作伍年之内损坏坐罪补修结状立法周密防范甚严迩年人情玩弛漫不经心本司备兵海道节行申饬督修于万历贰拾柒年间查得卫所各官惟知虚糜钱粮全不用心经理以致城楼垣墙垛口任其倾颓军火器具任其锈坏甚至城门俱无铁叶包裹门轴锈脱开展未便者宁绍为东南屏蔽重地切临海岛尤当加意预防岂宜废弛若是除宁定昌绍临观各卫已行宁绍二府清军官并定海象山余姚叁县掌印官各附近会同该卫掌印官修葺外所有各卫外所城垣亦应体清查牌仰本官即便严督各所掌印官将周围城垣城楼处所查阅坍损者即行修葺与各垛口俱要完□□□□铺军器责令该管官查点明白器械琢磨锋利不得锈烂□具如式安顿不得浥坏其城门如铁叶包裹有损者门轴有坏者随即整固以便启闭城墙内外两旁有木根裂砖者尽行削拔毋容长大致坏垣墙并杜悬绳越垛等弊完日即行册报该厅仍一面亲阅验实揭报听候本道不日亲临阅视如或仍前怠误不行整修或只以虚文相应者该厅即将该管员役指名参呈以凭重究仍先将官军分管门铺各若干看管军器各若干备造花名细数文册呈报以凭查考

又该海兵道按察使范　案查先该本司查各门扇事件已经专委宁绍二府清军官及行二府督理去后查得旧时修理城垣委县佐估计工匠砌筑与该卫所全不相统摄即有司督工亦属遥制以致苟完塞责所估钱粮皆吏书匠役分入私橐而该卫所有等无赖棍徒又从吏书转包希分余利递相展转侵年额银已耗其半而包修者又侵之则十分之中无三分在城垣之上是以随修随倒全无实用一旦有警步蹑可上何待云梯石砾可摧何须飞炮此皆有司委官修照之弊也合行查议仰府转行各卫所遵照以后凡有修理具文报府随即委官核实行令各卫所应管城垣官员□□□实军柱自领钱粮自行砌筑钱粮以时给发不使迟延□□该府其砖瓦于窑军烧造者竟自取用不必又行买办事应该卫仍令卫所官员派定应管所官朝夕督查无令玩愒修理完日备具军柱卫所督查委官姓名造册呈报是亦随时救弊之策各官专职城守惟以城守为念毋得废时失事取具依准缴查

又该前道看得沿海卫所相去大约陆拾里其间传报警息全在烽堠瞭望海洋故置军加粮不敢惜费访得迩来每恃宴安习为常套各军名为苦差其实在家安坐无一人足蹑墩台之上间有上司经过乃走递消息跑去一二人鸣锣塞责原非昼夜守望者即有筹报不过顺送本军之家亦非自墩传递如使烽堠可以无人何必置军加粮以耗此储饷哉其弊皆起于陆路官索彼常例故此革敢尔偷安今小汛届期合行严察仰府即便备行各该卫所陆路官须自革去旧例不徇私情督各墩军昼夜宿守烟火旗号鸡犬之类务要照旧具备倘有偷安旷役即刻指名呈报该总转报本道本道亦别有稽查汛毕之日即以此定陆路官之贤否以为去留毋自取究

又为查理城池堠寨以固边疆事该前道看得各卫为郡邑之屏藩所设烽堠实防御之耳目迩来除附邑城池随圮随修外至海外卫所城垣有坍而不报有报而不估有估给价银而侵用不修徒以虚文回报濒海路遥谁往查核至于烽堠或有名无地或有地无城或有墩无屋或有屋而坏今无寸木片瓦可以棲身以致各军徒冒重粮竟不赴台瞭望夫城垣坏即卫所且不能自保安能蔽郡邑烽堠坏即旗军且无所驻足安能寄耳目哉今备倭把总各有海防之责又当汛毕闲暇之日合行查勘仰府即便移文各总将各所属城垣烽堠逐一亲到看验某处应修某处应筑某处曾经开报某处已曾给价某处实修完某处系虚报俱毋曲庇隐讳册报本道以备明春大汛著实举行至于扑守烽堠台寨旗军老弱充数若干或附近墩台各官随役挂名冒粮若干一并查确仍加意料理俱毋有违

万历贰拾玖年间该兵巡绍台道副使彭奉督抚军门刘批本道呈奉本都院宪牌照得沿海卫所孤悬外邻岛屿全藉一城为障比各腹里处所更宜修筑坚固近访台区卫所城垣多有倾颓甚至不堪启闭其弊不在不修只缘向来监修卫所官侵渔冒破苟且塞责故随修随圮又或骗领钱粮经年径不修葺殊可痛恨仰查沿海卫所城垣几处或委府佐或委将领亲诣阅视某卫所城垣坚固某城所坍塌其坍塌者查其近年曾否修理某年经营用过工料若干有无冒破以后修葺作何设法稽核应委向官监督及工完应否另委一员躬诣看验如有冒破等弊揭报查议妥当并廉修卫所哉册报奉经行委松海备倭把总庄以莅勘估催据□□□□松海等捌卫所督同掌印等官程相贤周家龙等逐一查验坍塌城垛楼铺除先经临海县估计修完者不开外其应修吃紧处所合用木石匠工料价剂量相宜造册见在又查边方卫所总之捍御要害而坚瑕形胜各有不同及原造之初承委官员亦有尽心不尽心者如楚门所四面皆壕形势颇雄而城身则薄以故楼铺每因后墙坐塌致倾隘顽所城身原阔而楼铺多坚垛多砖砌古垛坚于今垛松门卫垛砌于壬子岁倭乱之时皆如拳碎石砌筑极为不坚后有更以砖者新垛固于旧垛新河所城身高而垛倾者多桃渚所城身低而垛多坚固海门卫为水陆会冲时加修葺则损坏处少前所城身颇坚而垛皆低小健跳所城身最厚于诸城而垛坍塌者多以上皆半城半壕各地城身皆无坍塌而壕堑多淤间有一二处裂有细缝未倒先拆恐繁工大铺垛不堪通应及时整理盖垛倒不砌则水渗于中城墙遂致不坚所费者小所损者大然砌垛之坚瑕系于内堵虚实砖灰之多寡又在监督官之勤惰匠之工与不工难以悉数试举其概者五

夫卫所守城军丁因其逐年更换彼此推诿传舍城防□我秦越以为明岁脱差又守别垛今日加料修理将来属之他人若修一垛费资钱许贫困之军措置不前若无上司揽阅则苟且一岁矣一也

纵有修者官给贮砖又加灰料肆分赔补似不多矣所给工料如松门卫不过仓米捌升当此米贱之际仓米久贮积腐所值价色斗止贰分职随面砌壹垛试之长壹丈高贰尺每壹垛砖及叁百灰壹石匠作壹工官工贰分伍厘民间倩则用肆分灰与工共得捌分以贰分之资欲成捌分之事无米而炊巧妇不能二也

所伍等官有才力者凡有坍塌其势稍能催督庶足兴起而委靡者间遇强军任催不理势不能行至上司按临方迩急迫纯泥塞里薄灰粉外一遇大风倾倒随之甚至有给领砖灰已领年余而不修如张奉明是也有侧砖空砌落砖壹块全垛皆倒如马尧五是也三也

凡坍塌之处申请查估移文往返耽延时日及至给料经过日久塌者更多损者更□□料至日不足所估之用在下又不敢复增复请以原估□□修增塌之处不足明矣四也

卫所之城坐临海口骤风□□边地迥异内方新修不类原筑一凡修理下脚窄狭而□□阔下薄而上重土筑不实匠工偷力大石置而不用□□小石甃上一遇飓风骤雨内土发涨随修随倒该管官军之取具报即日捐赔不过塞责如楚门第捌伍下汤字肆号至问字叁号止城壹拾伍丈每至春雨连绵必倒壹次或两次坐是弊也五也

为今之计修理之概有五

一则申报之宜时给料之宜速向来城有损坏未必即报报矣文移往返未必随时给料□□□未必即为修理即修理矣未必坚固此后合无刊立小票壹张如报兵缺之式无计大小轻重填以丈尺工料入报凡有损坏旗报伍伍报卫卫报备倭把总上报本道听示委官查估小则于扣存城垣银内支给大则另议详给限以时日完工而该卫所兴工竣工亦如前具报委官查勘坚瑕迟速而行赏罚殿最并取叁年以内损坏赔造官匠其结在官则人有所感发惩创而相期于坚矣

二则派守之宜专纷更之宜禁夫卫所军丁多者两岁守御一岁当差少者一岁当差一岁操守以致所伍弊书逐岁将垛纷更以滋需索前后紊乱左右花间每岁更张自生秦越坚整者付之势力强梗之徒破损者归之穷困愚弱之辈此后合无逐伍逐所挨流派定造册呈报本道如有逃亡方许呈换不容私更如有别差名仍存垛脱差之日与守原垛垛还原丁虽有逐年当差御守惟止贰丁逐年递换专守此垛休戚责任终身莫脱则人不致粉饰推诿而实心于修筑矣

三则草木之宜刈砖石之宜积城身内外嵌生草木日久不除则根苗益长益长则土石崩裂崩裂则两水浸渍浸渍则城身坍塌随之矣且可以藉之攀扯登越此后遇有草木萌蘖该伍官旗即督垛丁拔去不今蔓延鑽嵌边海各城建今贰百余载年月久远碎损处多修理所需在于砖石而烧造搬运难于卒至以故每岁□所点拨窑夫烧造砖瓦深为有裨为今合于军多之处倍加军少之处量加烧造登式大砖以备修理而砖式必须定以轻重尺寸式样

今查楚门官造城砖长玖寸阔叁寸肆分厚壹寸捌分重肆斤海门砖长壹尺贰寸阔伍寸厚叁寸重玖斤隘顽砖长壹尺伍分阔伍寸厚壹寸叁分重伍斤两地统属壹区砖式遂有不同此后不登发式者有罚照行式者准收乱石生于附近海岛大汛之前卫所该管督令旗军采运堆积于派垛之下汛各一次大者可为修理之资小者可备搏击之用树木除则土石不裂砖石积则不致之料而屏捍有赖矣

四则壕堑之宜深壅淤之宜浚各城壕池不行开凿濬久矣且城筑已久石土益实商未贰丈殊为低矮今欲尽数加高则物力重大设处为难合无除山城无壕外各壕原有限定深阔丈尺分派军丁于晴暖日长之时通行开濬深阔则城身不加亦高矣

五则修理之宜时强梗之宜惩向未修理工完未尝查勘随其粉饰莫之知也为今合无于小汛毕日行查一次凡卫所伍已修之处查其工料有无冒破砌筑有无坚瑕期限有无违悖不修之处有无隐漏不报呈明本道查考承委官员请自定夺行委一应军余□不令千百户等官凌虐凡有修筑应守军丁俱宜悉听该管差遣不到者听其参呈究罪庶隐蔽不容而工程易集矣等因到道该本道看得松海卫所城垣系边海要冲为浙东之藩篱较之腹里缓急悬殊牖户之计预当绸缪年来每有倾圮据报请修随行所伍等官第此辈间有甘心染指兼之棍匠狼狈为奸苟且塞责以致随修随圮经久无裨今蒙本都院轸念边防俯询利病遵经行委松海把总庄以蒞亲诣各卫所查阅城身总无损坏而垛口间有颓缺据其条议修理之概曰五俱有裨于边计再查册开应用价值似为适中相应允从第委用官员纷更不常则彼视为秦越不专心料理且有十羊九牧之患今当专委备倭把总官勘估督修卫所掌印官管工兼督则事有专责势无纷扰合候详示备行本总遵照将各卫所应修城垣紧要处所除将见在砖瓦凑修尚有不敷及合用木石工料俱于该卫所扣存城垣银内动支计其所修轻重立限完报取各该官旗匠作叁年之内不致损坏赔修甘结查有虚冒罪坐官匠该总知而不举一体参罚每卫所仍置循环簿贰扇前开该卫所每年额该城垣银若干自万历二十七年为始备细查出某年月详给某项银若干经承官匠某人造修过某百户城身垛头楼铺公宇台堠等处逐项叙入薄内送道即发季终倒换查考以后遇有修理处所明开原于某年分修过即今损坏应该修理填入簿内送道稽核仍另文请详本道以便批委勘估每年小汛毕日行委本府海防官会同备倭把总官查阅一次若有坍塌虚冒据实参呈如此则监委得人可杜侵渔之弊稽查缜密自无粉饰之奸藩篱永固外侮难乘矣

至于烧造砖瓦应照海防类考事例砖式每块长壹尺伍寸阔捌寸厚贰升伍分瓦式每片长壹尺大头阔捌寸伍分小头阔捌寸厚叁分每年照额烧造掌印官验收不合原式究罪追赔呈奉本都院详批修理城垣及稽查事宜勘议详妥仰道督委各官从实举行缴奉经通行各卫所见在遵行

原考

一修理战船查得先年两浙沿海打造肆百等料各项大小战船拨军驾使叁年小修陆年重修玖年拆造料银于军四民六取办继因海防多事改募福苍沙哨等船给税各捕自修或有官造者佥立柱头大户领银造修乃被官捕百般刁诈甚为未便改议委官估计料银给捕领修肆行侵克肥己加之把总等官复索分例以致板薄钉稀贡具不备未及年分辄呈修造甚有当轻修而捏作大修船本无损而故称破坏希图估造虚冒钱粮隆庆叁年捌月内为定议修造战船祛宿弊以臻实用事奉

钦差督抚军门谷案验议定应该造修兵船选委府佐贰或县正官壹员据实估计合用木植仍委有司官壹员领价亲往出产地方买办赴厂兴工仍令备倭把总公同委官监督调度不许捕盗经手本年造完防过二汛回关轻修次年重修叁年轻修肆年重修伍年拆造如每年各员役经手修造船只内有不堪或未及年分而损坏者即将办料委官管造把总及匠作查究追赔

又为整饬海防以图保障事本院题准定战船税银查得旧规造修兵船其中官捕颇多冒破及至捕盗驾船全不爱惜数内有民捐资打造投关领税出哨船甚坚固税亦省约合将大小战船凡捕盗有愿承领者即付修造官量梁头船只大小岁给以税原船抵价计若干于叁年□□内扣除还官其福船每只梁头限钞尺壹尺日与税银玖厘苍船每只每年给税银贰拾两沙船铁头渔船壹拾陆两小渔船壹拾叁两小哨船壹拾两叭喇唬船叁两军八桨抵充叭喇唬船各军兵自扣粮饷修造等因其该给税银用军四民六战船料银并渔税及事故兵银辏给

隆庆伍年拾月内为拆造兵船防汛事奉钦差督抚军门郭批宁波府呈兵船拆造借税纷纷并帮工捕兵俱应

酌处缘由该本道覆议私税兵船每年出海防过大汛不准借税俱今该管捕盗自修出防小汛回关福船拆造限陆拾日行府量借税银叁拾两重修限肆拾日量借税银壹拾伍两轻修限叁拾日不准借税苍沙渔船拆造限伍拾日苍船借税贰拾两沙渔船借税壹拾伍两重修限叁拾日苍船借税拾两沙渔船借税捌两轻修限贰拾日苍沙渔船俱不准借税小哨叭喇唬船拆造限贰拾伍日小哨船借税伍两叭喇唬借与年给税银叁两重修限拾伍日轻修限拾日不准借税其口粮捕盗者民队长照旧全支造修限内将舵工暂改支给兵粮帮工拆造福船与帮工民兵伍名军兵伍名苍渔船各民兵肆名军兵肆名沙船民兵叁名军兵叁名小哨船民兵贰名军兵贰名叭喇唬船原无军兵贴驾止准民兵贰名其余民兵薪水俱行停止不给其重修轻修止准捕盗者民队长口粮壹名余兵俱行住支不准帮工之例各船税银自拽船上坞之日住扣所借税银限壹年之内扣还船若过限不完捕兵口粮截日住支船完出水开支通限正月拾伍日齐完听本道亲自查阅如有苟且了事贡具不备者将把总哨官廪粮住支从重究治等因备呈详允遵将定临昌三总兵船俱改私造给税其松海总私造给税福苍艟艍铁头渔船共伍拾柒只官造叭喇唬纲船共肆拾陆只金盘总私造给税铁船壹拾玖只官造福苍草蔽叭喇唬网船共柒拾玖只海宁总官造大小兵船陆拾柒只其私造者按月照规给税官造者遇有损坏即便行委该府海防官查估动支官银造修

又为飓风打坏兵船事据定海总呈详福船捕盗魏德兵船遭风打坏淹失军火器械应该官捕均赔今魏德逃脱无或随据该管总哨官樊云等呈请比例免赔等缘由前来该前道副使蒙看得兵船在海有遭异常风雨卒然骤至人力竟无可施者有事势稍缓犹可先待预防而捕舵怠玩误事临期止欲逃生弃船不顾者如果人力难施则各兵性命亦且不保而况于军火器械乎如或弃船不顾则丧失辎重且宜有罚岂可侥幸免赔以滋效尤乎相应立法查处合候详允通行各总今后兵船果在外海卒遇异常飓风收泊不及人力难支事出不测者查勘的实所失军器姑准免赔如在近港或事势稍缓不行预防及捕舵不识风候怠玩误事临期弃船不顾者责令官捕赔追军器重加罚治永为定规庶使人心知警法令严明无可侥幸告免者矣备由呈奉本院详批据议明白依拟行缴依奉通行遵照隆庆陆年贰月为超济穷极事奉钦差督抚军门邬批本道呈详覆议福船仍以钞尺自面梁为界每尺每日原给税银玖厘议加壹厘苍船原给每年银贰拾两议加肆两沙船并铁头渔船原给每年银壹拾陆两议加叁两伍钱小渔船原给每年银壹拾叁两议加银叁两小哨船梁头壹丈以上极大者原给每年银壹拾两议加贰两梁头捌玖尺者原给每年银捌两议加壹两伍钱叭喇唬船原给每年银叁两议加壹两

万历元年叁月内为议处兵船以臻实用事蒙抚按各院批允本道议呈查将定临昌各总例应拆造福船预借税银每只量准借支伍拾两选委廉能官壹员承领仍于各区捕盗之中推举经识板料一人同去温处产木地方收买木植锯板额定净厚贰寸伍分俱要两头相应堪作底□之用还头□叁寸伍分者运至定海关委官查明给捕领□照数扣税还官

万历贰年贰月内为整理海防事该奉钦差督抚军门方案验题准一款整战船今议各关额定兵船听海兵道严督各府海防同知同备倭把总逐船看验应该拆造者选取堪用旧料作为上膀其底舱下装俱用新木成造定限福船板厚贰寸伍分以上苍渔船各厚贰雨小哨壹寸伍分俱用温州松板沙船板厚贰寸用楠木叭喇唬船壹寸叁分用杉木各许加厚不许减薄每板壹尺限用肆钉如法灰舱委官验于兴工之前查于完工之日务要板木合式钉料无虚贡具篷桅坚固完备该道会同参将亲行验过下水报院等因

又为请官丈量新造税船事万历叁年叁月内据宁波府呈详昌国总福船捕盗魏文宪加增梁头税银缘由前来该本道副使刘看得税雇福船原照梁头阔狭迩来各捕规取加税奸诡丛生止将梁头增阔故将船身减短以致各船出洋每每苦于背阔身短不能乘势冲犁小人瞒官肥已之弊如此况兵饷自有定额税银难以议加日后比比效尤加银何所措给已批宁波府将魏文宪船止照原额不准加支仍候大汛毕日听本道亲量定夺外再照前项奸弊不独魏文宪一船为然各关船只每每如是当时量船定税者但论其梁头之阔狭而不计其船身之长短故每值拆造丈量率多增阔加税至于船身长短并未察及是以背阔身短岂能乘势追风此未发之奖也合候详允催行定临昌各把总官遵照通候大汛毕日将各关一应起税船只俱令驾至定海关听本道同分守参将并海防同知逐一亲量梁头阔狭船身长短的确数目造册算支永为遵守以后拆造完日一体通算计税庶船只缮造如法税银欺冒可除而海防儆尤之弊可革其一端矣备由呈奉钦差督抚军门谢详批窃闻海中打贼船力为大人力次之若船非尖锐而直长则不能冲射而犁击况劈波压浪扬帆捩舵亦惟锐而长者为利焉小人惟知扩梁冒税而不顾临敌之

利害可恨也姑俟大汛毕日该道逐一亲量专以长短为主差等其倾直以后拆造俱定与今制□之遵行此缴依奉通行各总遵照照得各船木料多系土产松林兼以海卤斥咸浸润易腐蛆虫丛附啮蛀交侵况又板薄钉稀岂能九年一造迩来改为一年二年燂洗三年轻修四年重修五年拆造又且多借税银选委专官依式买料本道与总参亲诣监督本府海防官及把总调度儹工其钱粮既不经捕耆之手且委官买木合式者议奖以旌其勤自是工料精坚造作完固官有讥察而下无虚冒矣故近有年该拆造自呈堪驾者此又奸捕因陋就简苟且支吾只恐借税扣粮希图延捱侥幸岂可徇其姑息以致疏虞仍当查照定期勒行拆造再照昌国一总僻悬海心每遇造船□多冒破近经本道呈允军门除轻修重修者姑准就近董理其应拆造者仍照临观总船只驾赴定海关团修□便各官一并督理

续定

一修理战船

南北二关巡哨兵船原系官造官修其修造年限照例三年小修五年大修八年拆造如遇该修造年分该总呈道批行杭州府总捕水利官查估价数的确年分及期报道议定委官并工料册转呈军门批允行文布政司于额解海防渔税或修船银内支发委官会同把总督匠办料修造务要底梁坚厚不许板薄钉稀取捕匠大修五年之内小修二年之内不致损坏结状查考仍于修造之际责令各该捕兵雇船往来巡缉会哨及轮流水兵帮助完工所请价银先支三分之二俟船完出水查核无弊方准找给大约工料价值每只三年小修银肆两五年大修银柒两壹钱八年拆造银壹拾玖两叁钱柒分内以旧料作价肆两实给银壹拾伍两叁钱柒分把总坐用船加银肆两柒钱捌分肆划网船每只成造银柒两伍钱伍分肆厘嘉兴区各战船原系官造万历贰拾伍年间为浙西武备积弱等事奉督抚军门刘巡按御史唐会查得本区兵船向皆官造官修致多苟且侵渔议将各船责付捕盗充为私船责令捐资自行修造核实给税足堪永久题奉钦依改为私造其修造年限原照海防考事规一二年免修三年重修四年轻修五六年重修七年拆造如遇修造船兵照限放班其舵工改食兵粮俱于正月粮册内造扣抵凑船税

备录

【查得万历三十年四月内该带管嘉湖兵巡道右布政使范看得本区大小战船向据各捕盗捐资造完应募该总报道委官查验坚固照例给银税用原未定发各船长阔深厚规式中间不无短狭板薄钉稀之弊且委验各官亦无成式可凭本司前任海兵道时已行宁绍各区定有船规就经行今嘉兴府海防官做会浙东制造福苍沙唬各船长阔深厚规式册前来复行本官转行嘉兴县动支本道操赏银两俱照宁绍区制造杂木丈竿六根俱以钞尺为准每根长伍尺厚贰寸阔叁寸正面中间画尺寸后面刊刻嘉湖兵巡道颁量兵船钞尺字样两头仍用铜皮镶裹以防削除颁发该厅及参将衙门与备倭把总海盐平湖二县使量船委官不得低昂其间本道亦存一竿备照今后修造战船悉照颁定规制施行】

宁波区大小战船俱系召捕私造官给税银其修造则例新造不及贰年者免修贰年以上轻修叁年重修肆年又轻修伍年陆年又重修柒年拆造若果脆薄不堪不拘定限即令拆造如验果十分坚固与楠木沙船经久可用者又不必拘定柒年拆造之例俱于小汛毕日自拾壹月初捌日起兴工造修其福草船拆造限肆拾伍日重修限贰拾日轻修限拾伍日苍艟渔挑沙船拆造限叁拾伍日重修限拾伍日轻修限拾贰日壳哨唬船拆造限拾伍日重修限捌日轻修限伍日帮工兵夫照船中见在名数存留十分之四食粮帮工舵工改支兵粮捕耆全支余兵并薪水俱行停止候船完出水之日开支若过限不完捕兵口粮截扣官捕究罪仍追税还官如遇拆造年分各号福船准先借税银伍拾两草撇船肆拾两苍艟铁船贰拾两渔挑沙船壹拾伍两壳哨船伍两唬船肆两已经详允遵行万历贰拾柒年陆月内据各把总议呈冬月造船寒冻日短工不坚固该海兵道按察使范转详督抚军门刘批允造修船只如议每年于柒月初旬兴工照限造修永为定规万历叁拾年又奉本都院案开游洋哨各船轻重修拆税船照例责各捕盗水手自修遇拆造之年一体借税停粮其官造鸟船照议驾赴桃花渡　听海道委官估计修造工料价银即于本游扣贮缺兵及私造船停粮银内支用

绍兴区各战船造修给税扣粮期限俱与宁波区相同

台州区各战船除军渔哨船各军自行修造外向年俱系官给料银修造万历贰拾伍年拾壹月内为查议船税以裨防御事该兵巡道右参政吴奉督抚军门刘明文查议比照宁温二区事例各捕捐资自行造修该府详覆俱改

私造其税银坐派本府照依一区□头尺数给发限伍年拆造本捕办料成造及查往年造期俱于冬底兴工

贰拾陆年拾贰月内为督修战船以备防汛事该松海备倭把总庄以莅呈详冬令天寒日促风雨水霜板湿油凝攒合不坚秋时天气晴长油融板燥灰舱得坚工程易集呈蒙兵巡道副使彭转详本都院准改于柒月间责捕办料修造其日期一二号福船并海沧船拆造限肆拾日重修贰拾日轻修限拾伍日艟艚铁船拆造叁拾伍日重修拾伍日轻修拾贰日唬船拆造拾伍日重修捌日轻修伍日大小网船系各兵捐资自造自修不立期限

温州区各战船　官造船每柒年限满内民渔船打造之年给料银肆拾叁两次年量修给银叁两叁年□□□银柒两肆年重修给银壹拾壹两伍年轻修给银玖两陆年重修□□壹拾叁两民唬船打造之年给银壹拾陆两伍钱内除旧料壹两伍钱次年量修给银壹两贰钱叁年轻修给银贰两贰钱肆年量修给银肆两伍钱伍年轻修给银叁两贰钱陆年重修给银陆两伍钱民网船打造之年给银贰两内除旧料贰钱伍分重修给银叁钱伍分叁年轻修给银陆钱肆年重修给银壹两伍年轻修给银捌钱陆年重修给银壹两肆钱

官造改税船内壹号福船例该银贰百玖拾贰两伍钱年给税银玖拾两贰号福船该银贰百肆拾伍两年给税银柒拾贰两叁号福船该银贰百贰拾两年给税银陆拾肆两捌钱肆号福船该银贰百两年给税银伍拾柒两陆钱草撇船壹百肆拾两年给税银肆拾陆两玖钱捌分以上船税分作两次支给如上年拾贰月先支下年春夏二季本年柒月找支秋冬二季遇造船年分预支下年税银

民造船内铁头船年给税银贰拾柒两八桨船年给税银壹拾贰两渔船年给税银壹拾陆两以上俱民造官给税银每岁冬给下年上季税银修防大汛秋给本年下季税银修防小汛凡遇拆造申明借支来年全税叁等沙船约费料银壹百肆拾伍两年给税银壹拾玖两伍钱河田船系民队兵自造军驾渔船哨船唬船系队军自行捐粮修造汛毕坐支折色者每石加银伍分如遇拆造预支半载重修伍个月轻修叁个月以资买料造修

扣粮则例

福草船拆造除军民兵拾名帮工外余扣陆拾日重修军民兵扣肆拾日轻修扣叁拾日

铁头船拆造扣伍拾日重修扣叁拾日轻修扣贰拾日

唬船拆造扣贰拾伍日重修扣拾伍日轻修扣拾日

网船拆造扣拾日重修扣伍日轻修扣叁日

【以上福草铁头船除捕盗不扣正舵工改支兵粮副舵工及军民兵俱各扣省民唬船队长不扣舵工改支兵粮留二名帮工余俱扣省网船留一名帮工余一名扣省】

原考

一修造兵器查得水陆器械频年修造无经多缘官匠相倚为奸或巧立名色以縻财用或漫为请给以滋侵冒已经议将长枪号衣腰刀皆令各兵自置及无实用者悉行停造其发贡将军铳佛狼机百子铳鸟铳斩马石火药火绳铅弹喷筒神机箭之类乃水陆利器时宜多备遇有修置该府估计呈委廉干有司官给与官银备料发造完日送验以稽冒破听各领用合该料银各府俱于议留渔税并事故兵粮内支给万

历贰年贰月内为整理海防事该奉钦差督抚军门方案验题准一款利器械照得各府成造军火器械火药向委幕职等官管督接受奸匠常例悉以滥恶充数侵费料价仍行都司团造听海兵各道请给发用造完解监军道亲自试验务要枪刀坚固弓箭精利发贡佛狼机百子铳等器必须铜铁拾鍊鸟铳尤要打统鑽成细火药用桫炭粗火药用杉炭硝磺提净如法研合试将各药牵列五堆一燃齐尽乃为堪用有不堪者责令另造过限不完究罪招详追赔委官别议又一款整战船内开各兵船置立文簿壹扇印发总哨各官先填捕盗舵工稍水椗役次列执械杀手各姓名年貌籍贯及合用贡具□火器械火药数目送道查验发还各官收执续有更易兵道发领器械随即填写每遇操演或对敌用过火药等项准照旧规开销填薄季终送道查核一次海防官亦每季终照簿点查讥察仍听本院不时吊查等因

又为军务事奉本院批本道呈仿照湖广规式制造靖海炮分发各哨兵船备御药多势大遇敌抛入大船火发沿烧收功独多极为丘船利器每炮壹个减革火砖叁魂互相参用庶钱粮不增缓急俱得实用备行宁绍二府制造分发应用续因器械团造于都司请给分发于各总或道途险远未免济急愆期或雨雪连绵不无苦盖失度以致火

药润而不发铁器锈而不堪兼以旧损改造者搬运增劳委用请给者往来滋费以此各区远近不同称便互异大汛毕日纷议请详

万历贰年玖月内为军务事准本司监军道关该奉钦差督抚军门谢批呈议将嘉兴区军火器械火药听嘉湖兵备道预查仍行都司修造转发给用其宁绍台温等府各区距省路远其应造应修军火器械火药仍就近听海兵各道径自呈请定委府佐官壹员督造俱照题准事例立法银多者叁次少者贰次给银限日造完解道验试如果如法收用找足价银每限有违拾日以上解匠赴道比较壹月以上监并家属贰月以上究罪招详其验有不堪责令另造再过贰月不完问罪追赔委官别议每至季终委官将督造过已未完数目造册送道查明转送军门稽查等因

万历叁年正月内为军务事奉本院钧牌仰道即将该区修造军火器械火药严督海防官转督各委官催儹匠作上紧完备该道会同该参及督备倭把总照兵逐船随件看验果无欠缺悉皆犀利精制方发出汛一有不堪及或以旧作新苟且掩饰虚费冒破不经实用者即将匠作捕队该道径照法令处治其承造委官遵照敕谕事理拿解军门治以军法决不轻贷等因就经通行遵照

又奉本院批本道呈详行宁波府动支渔税银委官收买硝磺合制火药缘由奉批火药银两准动支作速委官收买制造但今后修合之时须硝自为硝磺自为磺炭自为炭止令研烂各另器收贮临发之时方才如法参和庶几可绝虚假之弊此缴依奉行令照研另贮临时参和分发

又奉本院批本道呈详制造昌国总器械缘由奉批如议先给银贰百两发造务须海防同知身亲监督星夜完工解道亲验找给如有不堪各究罪重征每闻器械火药给不以时出洋方才制造汛毕然后发船自今观之似亦不虚矣该道加谨督责须令随船出洋以济实用以袪宿弊此缴奉此一面行府上紧制造解道验发外又该本道通行宁绍二府及各把总官遵照以后凡遇军火器械损坏缺少该总即便先期请修请给批行该府作速估造完发不许临逼汛期方才呈请若该总不于前汛毕日预请或该府不急覆详以致转呈稽迟及委官任匠延捱搪塞不即速造完固及时给发出洋者本道通将呈请批行估造日期据实转呈军门一体查参提究施行

续定

一军火器械【附修造兵器额办硝磺】

军门标下

本标精勇岁用鸟铳细火药陆拾斤　小铅弹叁拾斤　火绳叁拾条【以上火药铅弹赴都司给领火绳各兵自造】

东大营中军

腰刀拾贰把　铜锅陆口　岁用细火药叁拾斤　火绳拾条

东左右中前后伍营每营额设

鸟铳玖拾门　藤牌陆拾面　腰刀陆拾把钩镰陆拾把　铜锅伍拾叁口　三连铳壹门　百子铳拾门　一窝蜂拾桶　两头匣拾匣　五虎筒叁拾筒　神机猛火箭贰千壹百肆拾枝

岁用细火药叁百斤　粗火药壹百斤　鸟铳铅弹壹百伍拾斤　百子铳铅弹叁拾叁斤

操用流星纸价银玖钱壹分零牙硝肆拾捌斤　火绳贰百条

西大营中军

岁用火药叁拾斤　火绳拾条

西左右中前后伍营每营额设

鸟铳玖拾门　藤牌陆拾面　腰刀陆拾把钩镰陆拾把　一窝蜂拾桶　五虎筒叁拾筒　两头匣拾匣　百子铳壹拾伍门　铜锅伍拾贰口　神机猛火箭贰千壹百肆拾枝【以上贰营器械俱系官给如遇损坏该游击衙门转呈军门于内库换给】

岁用细火药叁百斤　百子铳药壹百斤　铅弹壹百伍拾斤　百子铳铅弹叁拾叁斤

操用流星纸张价银玖钱壹分零牙硝肆拾捌斤　火绳贰百条

万历叁拾年奉督抚军门刘宪牌行仰都司取解新制一号威远炮二座二号威远炮十座密鲁铳五十门火又

二十把火箭二百枝大铁弹中铁弹贰百斤分发两营遇操演放

壮关水哨兵船

百子铳肆拾陆门 鸟铳壹百叁拾陆门 腰刀肆拾捌把 藤牌玖拾贰面 铜锣壹拾叁面 线抢玖拾□□□□人贰拾贰把 小铅弹叁百贰拾壹斤拾肆两肆钱□□□【以上俱系官给各船备用如遇损坏该游击衙门转呈军门于内库换给】

岁用细火药柒百柒拾柒斤 粗火药伍百贰拾捌斤 火绳贰百陆拾壹条

南关水哨兵船

百子铳贰拾门 鸟铳玖拾陆门 藤牌肆拾捌面 腰刀肆拾捌把 铁叉肆拾捌把 钩镰肆拾把 弓贰拾张【并弦】 箭陆百枝 小鼓贰拾肆面 铜锣贰拾肆面【以上俱系官给如遇损坏呈详杭严兵巡道行都司换给其船兵合用三连铳枪筅□鼓哨旗俱系各兵自制】

岁用鸟铳火药伍百斤 火绳玖拾陆条

【查得本关原额鸟铳火药贰百伍拾斤火绳肆拾捌条缘因防守地方会哨支更迎送上司护卫钱粮并试演鸟铳不敷万历贰拾陆年该把总李光祖详道转呈督抚军门刘 详允每年加给鸟铳火药贰百伍拾斤火绳肆拾捌条共足前额】

万历贰拾玖年汛期该本总督船哨守鳖子门呈奉本都院请发都司百子铳药伍拾斤火器硝伍斤磺叁斤两头匣贰拾贰匣火砖壹百壹拾块五虎筒捌筒备御汛毕无警解还司库见在遵行

西教场左右贰军营每营额设

鸟铳玖拾门 藤牌陆拾面 短叉陆拾把 腰刀壹百贰拾把 铜锅伍拾叁【以上系都司给发如遇损坏该司转呈军门行司后库换给】

岁用火药贰百肆拾斤 铅弹壹百贰拾斤 火绳壹百陆拾条

左右贰营每营新添

百子铳伍门 一窝蜂伍筒 五虎筒贰拾筒 两头匣拾匣【并各火箭】

岁用火箭牙硝贰拾伍斤 百子铳药叁拾斤

操用流星纸价银伍钱

【查得贰营原无火器万历贰拾玖年间该本司比照民营事例请制呈奉督抚军门刘详允添设】

海宁军营额设

三连铳壹门 百子铳壹拾贰门 腰刀肆拾捌把 钩镰贰拾肆把 鸟铳叁拾陆门 藤牌肆拾捌面岁用细火药贰百肆拾捌斤 粗火药壹百斤 铅弹壹百贰拾斤 火绳壹百贰拾条【以上该杭严兵巡疲道呈允于都司内库给发应用查得各营火绳流星铅弹工料价银并粗细火药俱该游击衙门转呈军门价银行布政司动支海防旷兵银火药行都司各给发备办应用】

嘉兴区

标营额设

鸡脚百子铳壹拾伍门 鸟铳陆拾门 藤牌陆拾面 铜锅肆拾伍口 大铳叁门岁用大铳药陆拾斤 百子铳药贰百伍拾斤 鸟筑药贰百伍拾斤 铅弹肆拾斤 火绳贰拾贰条

协守哨额设

百子铳肆拾贰门 鸟铳壹百壹拾贰门 藤牌壹百壹拾贰面 腰刀伍拾陆把 铁叉贰拾捌把 木扒贰拾捌把 大铳药贰百捌拾斤 鸟铳药壹百肆拾斤 铅弹捌百肆拾斤 火绳陆拾叁条 火箭贰百壹拾枝喷筒壹百肆拾管 钩镰贰拾捌把 砍刀贰拾捌把 铜锣壹拾肆面

岁用大铳药叁百捌斤 鸟铳药贰百壹拾斤 铅弹伍拾陆斤 火绳捌拾肆条

陆兵伍营

前后左中左肆营每营额设

鸟铳叁拾陆门百子铳壹拾贰门 藤牌肆拾捌面连四铳壹把

岁用鸟铳药贰百斤　百子统药贰百斤　大铳药肆拾捌斤　铅弹叁拾贰斤　火绳壹拾捌条

布营额设

鸟铳肆拾伍门　百子铳壹拾伍门　藤牌陆拾面　连四铳壹把岁用鸟铳药贰百伍拾斤　百子铳药贰百伍拾斤　大铳药陆拾斤　铅子肆拾斤　火绳贰拾贰条

中游水哨各船额设

铜佛狼机叁座　铜子铳玖个　铁佛狼机柒座　铁子铳贰拾壹个　百子铳肆拾玖门　母子铳陆门　鸟铳肆拾伍门　砍刀伍拾把　钩镰伍拾把　喷筒柒拾管　藤牌壹百面　火箭贰百枝　木架壹拾贰座　大铳药壹千伍百叁拾贰斤　鸟铳药柒百捌拾柒斤捌两　铅子陆百捌拾柒斤捌两　火绳壹百条

岁用大铳药贰百伍拾伍斤　鸟铳药壹百贰拾斤　火绳伍拾条　铅子贰拾斤

水关羊许守关叁哨各船额设

铜佛狼机肆拾肆座　铜子铳壹百叁拾贰个　铁佛狼机伍拾肆座　铁子铳壹百陆拾贰个　百子铳叁百叁拾贰门　母子铳伍拾捌门　鸟铳叁百肆拾肆门　藤牌叁百肆拾肆面　钩镰贰百叁拾陆把　砍刀贰百叁拾陆把　喷筒贰百捌拾管　火炮贰百肆拾肆个　火箭叁千肆百壹拾陆枝　大铳药玖千贰百壹拾陆斤　鸟铳药肆千柒百陆斤　铅子肆千伍百伍拾贰斤　火绳壹千陆百柒拾陆条【以上火药铅子每百斤内演放耗折火药伍斤铅子叁□火绳每船耗折壹条】

岁用大铳药伍百玖拾贰斤　鸟铳药叁百贰拾陆斤　火绳壹百肆拾捌条

【查得军火器械俱系各区自造　每年终逐一查验如有器械损坏类解参将衙门同用过火药铅绳造册移送本道转详请给其料价支布政司海防银硝磺于都司支发该参制换给发】

万历贰拾玖年该总镇建议于大小兵船上各置威远炮壹座奉本都院通行各区照宁区发式议造

绍兴区

临山前营额设

鸟铳玖拾门　藤牌玖拾面　铜锅肆拾伍口　号铳壹门

临山中营额设

鸟铳玖拾门　藤牌玖拾面　钩镰拾伍把　铜锅肆拾伍口　铁手铳贰把

每营岁支大药伍拾斤　鸟药贰百玖拾肆斤　铅弹柒拾斤　火绳壹百肆拾条

绍兴左营额设

鸟铳玖拾门　藤牌玖拾面　钩镰拾伍把　铜锅肆拾伍口　号铳壹门岁用大药伍拾斤　鸟药叁百斤　铅弹玖拾斤　火绳壹百捌拾条

临观总水哨各船额设

铜发贡肆座　铁弹壹百贰拾捌个　铜佛狼机贰拾伍门　铜提铳柒拾贰个　铁佛狼机肆拾叁门　铁提铳壹百肆拾贰个　连珠炮叁拾门　子铳壹百贰拾个　百子铳壹百贰拾肆架　鸟铳贰百贰拾肆门　藤牌壹百壹拾陆面　斩马刀肆拾捌把　透甲枪壹百柒拾陆根　标枪玖百陆拾枝　一窝蜂壹百陆拾贰个　神机箭捌百伍拾枝火砖叁百肆拾捌愧　喷筒肆百肆拾贰个　烟罐伍百壹拾个　灰瓶肆百壹拾陆个　靖海炮伍袷贰个　火龙柒拾桿　犁头标壹百贰拾枝

万历叁拾年奉文各船议增威远炮壹座

岁用大药肆百陆拾斤　鸟药贰百壹拾斤　铅弹玖拾陆斤　火绳玖拾贰条　水操大药壹百壹拾贰斤鸟药捌拾斤　备敌大药壹万肆百叁拾陆斤　鸟药伍千叁百玖拾柒斤　净硝壹千叁拾玖斤　平硝壹千柒百伍□□□□磺贰百陆拾斤　铅弹叁千捌百肆拾柒斤　火□□□□拾捌条

【以上水陆营哨军器如有埙坏与火药绳弹年终预期各呈详海兵道行绍兴府委官估计修造应用】

宁波区

海兵道标下

陆营额设

鸟铳壹百伍拾门　铁把铳叁口　铁大铳壹口　竖牌壹百面　四花铳伍拾把　五花铳玖拾把　铜锅肆拾伍口

岁用大药壹百贰拾斤　鸟药叁百斤　铅弹柒拾伍斤　火绳贰百贰拾伍条

水哨唬船额设

鸟铳捌拾门　百子铳拾伍架　钩镰玖把　大铅弹叁百个　藤牌贰拾面

岁用大药贰百贰拾伍斤　鸟药壹百陆拾斤　铅弹肆拾斤　火绳壹百贰拾条

总兵标下

定海陆营额设

鸟铳肆百捌拾门　藤牌贰百肆拾面

岁用大药伍百斤　鸟药贰千斤　铅弹玖百个　火绳壹千条

中军左右游哨各船额设

铜发贡伍座　铁弹壹百柒拾伍个　佛狼机壹百肆拾叁座　提铳肆百贰拾玖个　百子铳叁百壹拾肆架　鸟铳陆百叁拾肆门　碗口铳壹百壹拾门　标枪壹千伍百贰拾枝　喷筒捌百陆拾贰杆　梨头标壹百伍拾枝　神机箭壹千柒拾伍枝　烟罐玖百叁拾壹个　灰瓶柒百捌拾柒个　火砖柒百陆拾贰块　藤牌叁百陆拾贰面　壹窝蜂贰百玖拾陆个　透甲枪肆百捌拾陆根　斩马刀壹百叁拾贰把　火龙壹百柒拾陆杆　火炮贰拾个　靖海炮伍拾陆个

岁用大药壹千贰百肆拾斤　鸟药伍百柒拾伍斤　铅弹贰百伍拾叁斤　火绳贰百肆拾捌条

水操大药贰百捌拾壹斤　鸟药贰百贰拾伍斤

加造备敌

佛狼机贰拾伍门　提铳壹百个　连珠炮陆拾门　子铳贰百肆拾个　大药柒千陆百壹拾斤　鸟药肆千陆百肆拾斤

游洋哨各船额设【万历叁拾年题准添设本年春汛为始】佛狼机陆座　提铳叁拾陆个　百子铳拾贰门　鸟铳贰拾肆门　藤牌拾肆面　壹号威远炮叁座　贰号威远炮□□□□蜂火炮拾贰个　一窝蜂拾贰个　五虎筒□□壹个　火牌陆面　大神机飞枪叁拾伍枝　喷筒叁拾五杆　火砖叁拾陆块　灰瓶肆拾个　火药柒百贰拾斤　鸟药肆百壹拾斤　壹号威远炮铅弹叁拾个　贰号威远炮铅弹伍拾个　佛狼机铅弹肆百个　百子铳大铅弹壹百贰拾斤　鸟铳铅弹伍拾斤　火绳陆拾伍条

岁用演习大药壹百柒拾斤　鸟药柒拾斤　大小铅子叁拾贰斤　火绳壹拾伍条

参将标下

舟山陆营额设

鸟铳玖拾门　铁大铳叁门　排山炮贰门　提铳捌个　连珠炮伍门　提铳贰拾门

岁用大药贰百斤　鸟药贰百伍拾斤　铅弹壹百斤　火绳玖拾条

正兵左右游哨各船额设

铜发贡叁座　铁弹壹百伍个　佛狼机玖拾玖座　提铳贰百玖拾柒个　百子铳贰百壹拾柒架　鸟铳肆百肆拾贰门　碗口铳柒拾柒门　标枪壹千枝　喷个伍百玖拾贰杆　犁头标玖拾枝　神机箭柒百伍拾伍枝　烟礶陆百伍拾壹个　灰瓶伍百肆拾柒个　火砖伍百叁拾贰个　藤牌贰百肆拾捌面　透甲枪叁百肆拾根　一窝蜂□百肆个　斩马刀捌拾捌把　火龙壹百贰拾壹□　火□壹拾贰个　靖海炮叁拾捌个

岁用大药捌百陆拾伍斤　鸟药肆百斤　铅弹壹百柒拾陆斤　火绳壹百柒拾叁条

水操大药壹百玖拾伍斤　鸟药壹百伍拾柒斤

加造备敌

佛狼机贰拾门　提铳捌拾个　连珠炮伍拾门　子铳贰百个　大药伍千伍百伍拾斤　鸟药叁千叁百捌拾斤

定海总哨各船额设

铜发贡壹拾叁座　铁弹肆百伍拾伍个　佛狼机壹百陆拾玖座　提铳伍百柒个　百子铳叁百柒拾伍架　鸟铳柒百陆门　碗口铳壹百壹拾玖门　标枪贰千伍百贰拾枝　喷筒壹千玖拾陆杆　犁头标叁百玖拾枝　神机箭壹千壹百贰拾伍枝　烟罐壹千壹百壹拾叁个　灰瓶玖百壹个　火砖捌百叁拾陆个　藤牌肆百陆拾肆面　一窝蜂叁百陆拾肆个　透甲枪肆百贰拾肆根　斩马刀贰百把　火龙贰百壹拾玖杆　火炮伍拾贰个　靖海炮柒拾肆个

岁用大药壹千叁百柒拾伍斤　鸟药陆百陆拾斤　铅弹贰百捌拾捌斤　火绳贰百柒拾伍条水操大药叁百贰拾肆斤　鸟药贰百伍拾贰斤

加造备敌

佛狼机贰拾伍门　提铳壹百个　连珠炮陆拾门　子铳贰百肆拾个　大药捌千伍百斤　鸟药伍千叁拾斤

昌国总哨各船额设

铜发熕玖座　铁弹叁百壹拾伍个　佛狼机壹百柒拾伍座　提铳伍百贰拾伍个　百子铳叁百捌拾伍座　鸟铳柒百陆拾门　碗口铳壹百叁拾壹门　标枪贰千壹百贰拾枝　喷筒壹千捌拾捌杆　犁头标贰百柒拾枝　神机箭壹千贰百陆拾伍枝　烟罐壹千壹百玖个　灰瓶玖百伍拾叁个　火砖玖百捌块　藤牌肆百伍拾陆面　一窝蜂叁百陆拾捌个　透甲枪伍百柒拾陆枝　斩马刀壹百柒拾陆把　火龙贰百壹拾玖个　靖海炮壹百陆个

岁用大药玖百贰斤　鸟药陆百伍拾伍斤　铅弹壹百捌拾肆斤　火绳壹百柒拾伍条水操大药叁百肆拾壹斤　鸟药贰百柒拾壹斤

加造备敌

佛狼机贰拾门　提铳捌拾个　连珠炮伍拾门　子铳贰百个　大药柒千伍百柒拾斤　鸟药肆千伍百贰拾斤

备录【查得水陆营哨每年合用大药鸟药照依成规计算硝磺□□预期差千百户壹员前往都司支用又缺杉炭壹千陆□伍拾玖斤玖两陆钱柳炭柒百陆拾斤叁两贰钱分派郎□奉定象山伍县动□个月银两□办解其铅弹火绳动支□□兵银并解海道中军把总□□科督造完工解验听各营哨诱领分散

万历贰拾叁年该前任董参将□平议将岁用火药铅弹火绳分别地方冲僻放用多寡如中正定叁总船泊冲关日□迎送镇静声□□多□船每船的定岁用大药贰拾斤鸟药拾伍斤铅弹伍斤火绳肆条草撇苍艚铁渔沙船每只岁用大药拾伍斤鸟药伍斤铅弹叁斤火绳叁条壳哨唬船每只岁用大药拾斤鸟药伍斤铅弹贰斤火绳贰条昌国总船泊偏僻迎送放用数少福船每只酌定岁用大药贰拾斤鸟药壹拾斤铅弹肆斤火绳叁条草撇苍艚渔沙船每只岁用大药壹拾斤鸟药伍斤铅弹贰斤火绳贰条壳哨唬船每只岁用大药伍斤鸟药伍斤铅弹壹斤火绳壹条其各陆营火药绳弹之类亦论地方冲僻酌定给用

万历贰拾陆年为申饬训练水兵以禅实用事奉督抚军门刘宪牌行道即将水操再行覆议每年于大小一汛之前酌定日期火药再另减定数目俱预期□年额火药造支分发各总收贮俟临操分派各船登报循环等因行该陈参将查得各总每岁正月望后贰月初旬捌月望后玖月初旬每以贰伍捌日为期操演共壹拾肆次又军门巡临并大小二汛合操叁次中正定昌通共应增大药壹千壹百肆拾壹斤鸟药玖百伍斤移覆转详照数支领在卷

又查各哨战船军火器械向无画一规制以致多寡不一漫无稽考自万历贰拾叁年为军务事该兵巡海道副使吴奉督抚军门刘批本道呈奉本都院批分守宁绍董参将呈详该区各总战船合用发贡等项器械量船大小酌定件数扒平均给缘由并发酌定军火器械规则文册到道备行宁绍贰府查议呈详本道核议转详本院批允通行遵将各船器械均分叁等如福船给壹等军器铜发贡壹座铁弹叁拾伍个佛狼机叁门提铳玖个百子铳陆架鸟铳拾门碗口铳贰门标枪捌拾枝喷筒叁拾捍犁头标叁拾枝神机箭拾伍枝烟罐拾伍个灰瓶拾伍个火砖拾伍块藤牌拾面一窝蜂捌个透甲枪陆根斩马刀肆把火龙肆杆火炮肆个草撇苍艚□渔沙船每只给奉等军器佛狼机贰门提铳陆个百子铳伍架鸟铳捌门碗口铳壹门标枪肆拾枝喷筒拾个神机箭拾枝烟罐拾个火砖拾□灰□拾个藤牌陆面透甲□陆张斩马刀肆把一窝□肆□□□□□□□□□□□□□□□□□□□□□□□□□□□□□□

门提□叁个百子铳贰□鸟铳伍门□□□□□□□□□□枝□□捌个喷筒陆个火砖陆块灰□□□□□□□□藤牌贰面一窝蜂贰个火龙壹杆至于换给之限发□拾年百子佛狼机碗口各铳捌年斩马钩镰砍刀透甲枪标枪伍年鸟铳藤牌等项叁年各一换永为定规每年汛毕该管把总逐船查验堪否中有应修应造者类解本府委官估计工料造册呈详海道转呈军门详允支银解发各该把总官亲督匠作修造完备器上镌刻经造年月官匠姓名解道验发各船备御以后如有限内损坏者照名追赔及查应动钱粮初渔税银内年支壹千两专听各区制造之用续自拾玖年来东征西调船器需用数多详请司帑官银及定海关商税等银凑支抵办嗣因渔商二税抵充税监奉文议支缺兵饷银每年陆百两如或不敷不妨请详动支凑数遵行在卷

其备敌军器火药自万历贰拾陆年贰月内为春汛将临倭情叵测酌议增复水兵以便防御事奉督抚军门刘宪牌行议照船加兵陈参将议行中正定昌各总水哨增造佛狼机连珠炮贰铳并鸟大贰药请给料价发各总自造并请都司硝磺亦给各总自合火药各另存贮专备大敌之用无警不许开支又各兵自备军器福船每只三连铳壹门长枪壹拾肆根龙刀壹拾把腰刀壹拾把木棍壹拾根草撇苍艚渔铁沙船每只三连铳壹门长枪壹拾根龙刀陆把腰刀陆把木棍陆根壳哨唬船每只三连铳壹门长枪陆根龙刀肆把腰刀肆把木棍肆根其陆营长枪狼筅标枪大斧腰刀透甲钢枪钩镰木棍等件系各兵自行置办】

万历贰拾玖年奉本都院牌行各区查理器械该总镇议覆再照近造威远炮壹号者其发远及贰里贰号者远及叁百余步势如轰雷无坚不破制敌长技草过于此近据宁绍参将袁世忠册开福船原有发熕不给外其草撇苍艚铁渔沙哨军民唬船共肆百陆只合用壹号威远炮壹百肆拾肆座贰号威远炮贰百陆拾贰座已委把总金继超打造即时下不能猝办亦□□第打造务足肆百陆门之数其温台嘉三区必当□□□□随该本院牌行各道照发去宁区式样置造分发各船备敌见在遵行

台州区

陆营额设

百子铳壹拾陆门　鸟铳叁百贰拾肆门　藤牌贰百捌拾捌面　腰刀贰百捌拾捌把　短器壹百叁拾陆把铜锅壹百陆拾柒口　铁锅壹口　喷筒叁拾贰个　大铳肆门预备铅弹壹百肆拾斤　细火药贰拾捌斤捌两

岁用粗火药壹百陆拾捌斤　细火药壹千壹百玖拾陆斤铅弹贰百陆拾柒斤

【查得粗细火药向俱制完给发防汛近议年终类详参将衙门给文差人赴都司请领硝磺其炭价工食银动支台州府库贮银两制合解送兵巡道试验并将领到铅弹分发四营操演试用】

松海总两关游合船额设

铜佛狼机壹百叁座　铁佛狼机壹百座　铜铳心陆百壹拾贰个　百子铳叁百捌拾贰门　铁铳心贰个鸟铳柒百柒拾叁门　犁头标壹百贰拾捌枝　钩镰贰拾柒把　喷筒壹千陆百叁拾贰个　藤牌壹百贰拾伍面砍刀柒拾伍把　标枪伍百壹拾伍枝　烟罐壹千捌百陆拾陆个　火砖壹千肆百伍拾玖块　火箭壹千陆百贰拾陆枝　神机箭贰千壹百肆拾捌枝　火绳柒百玖条　一窝蜂壹拾捌篓　腰刀陆把　椆木线枪陆百陆拾根钢叉贰拾把

万历叁拾年奉文各船共添置壹号威远炮贰拾座贰号威远炮肆拾座

岁用大药肆千贰百伍拾伍斤　鸟药伍千捌百叁拾肆斤拾肆两　大小铅弹柒千壹拾肆斤拾贰两

【以上各船合用三连号铳挠钩竹牌腰刀撩风刀鎗枪长枪大小铳火绳俱系各兵自行置办】

备录【查得前项军器内铜铁佛狼机并铳心百子铳限以捌年一换钩镰砍刀标枪限以伍年一换鸟铳喷筒烟罐神机箭火砖火箭一窝蜂藤牌俱限叁年一换限满损坏官为造补今各器年远者多铜铁器具尚堪备御且措料为难每于年终止将纸浥硝走小损各器造册解送台州府委官估计修理其粗细火药原额请领荒硝贰千贰百壹拾捌斤拾贰两磺贰百壹拾伍斤伍两制造粗火药壹千伍百斤细火药壹千斤铅弹伍百斤为岁用之费近于万历贰拾陆年拾月内为申饬训练水兵以裨实用事奉督抚军门刘　明文行仰操练水兵加增粗火药玖百肆拾柒斤贰两细火药叁百柒拾叁斤贰两铅弹贰百陆拾斤捌两连前岁用等项数目俱于年终类详参府给文差人赴都司请领荒硝叁千叁百伍拾壹斤柒两伍钱磺叁百壹拾捌斤制造粗火药贰千肆百肆拾柒斤贰两每百斤用荒硝捌拾壹斤肆两磺伍斤拾壹两木炭壹拾陆斤共产叁百玖拾捌斤贰两木炭每斤价银壹厘陆毫该银陆钱叁分陆

厘零每百斤工食银□钱柒分肆厘零该银玖两壹钱陆分叁厘零又造细火药壹千叁百柒拾叁斤贰两每百斤用荒硝壹百斤提净捌拾壹斤肆两磺壹拾叁斤柳炭壹拾叁斤拾叁两共柳炭壹百捌拾玖斤拾两柳炭每斤价银贰厘该银叁钱柒分玖厘每百斤工食银肆钱伍分贰厘零该银陆两贰钱壹分通共炭价工食银壹拾陆两叁钱捌分玖厘零动支台州府库贮饷银给匠制合解送兵巡道试验并将领到□□分发关游大小各船备用其火绳原议各兵自□□□□不准开销】

温州区

中军团操营额设

鸟铳玖拾门　藤牌玖拾面　腰刀玖拾把　连三铳叁把　铁箭贰千枝

岁用大药贰百伍拾柒斤　鸟药肆百壹拾斤　铅子柒拾斤　火绳肆拾条

左右中前后并珠蒲柒营每营额设

鸟铳玖拾门　藤牌玖拾面　腰刀玖拾把　连三铳壹把　铁箭贰千枝

岁用大药陆拾斤　鸟药贰百柒拾斤　铅子贰拾斤　火绳肆拾条

随征标营在陆肆哨额设

鸟铳柒拾贰门　藤牌柒拾贰面　腰刀柒拾贰把　连三铳壹把　铁箭贰千枝

岁用大药陆拾斤　鸟药贰百柒拾斤　铅子贰拾斤　火绳肆拾条

本区江防唬网船只系随道参海洋哨剿一应军火器械应□关游唬船一例给用

金盘总哨各船额设

鸟铳玖拾门　藤牌玖拾面　三连铳贰把　铁枪□□

岁用大药陆拾肆斤　鸟药壹百柒拾贰斤　火绳贰百捌拾条　铅弹壹百贰拾斤

【以上火器俱系官给枪□各兵自备】

衢州防矿营

左右二营额设

鸟铳柒拾贰门　藤牌柒拾贰面　长腰刀柒拾贰把　短叉柒拾贰把　腰刀伍拾肆把　铜锅肆拾叁口　角弓肆拾伍张

奉文暂设西觊二哨

鸟铳叁拾陆门　藤牌叁拾陆面　腰刀贰拾玖把

岁用火药柒百贰拾捌斤　铅弹贰百玖拾叁斤伍两零　火绳壹千壹百肆拾陆条

【查得岁用火药硝磺铅弹每年呈请兵巡道赴军门请发硝磺给发二营自□柳炭合造成药合用火绳工料价银共贰拾两叁钱肆分壹厘于衢州府动支事故兵粮银内给造并铅弹俱解送本道发府贮库听守备以三分请给操用其鸟铳铜牌腰刀叉弓等项原系嘉靖肆拾伍年间官给各兵收执内有损坏各兵自行修补长枪狼筅等项亦俱各兵照常自备】

一军火器械工料价值【系都司册开】

烧蓬大火箭每枝合用箭杆鹅翎胶漆银硃金箔□斤铁□木炭工食等项共计工料银壹分叁厘零【外请□□个工料银壹分捌厘玖毫】　弓火箭每枝银陆厘伍毫【□箭□布包工料银壹分叁厘】神机箭每枝银玖厘零【外箭药纸筒工料银壹分贰厘零】　两头匣火箭每枝银伍厘【外箭□纸筒工料银伍厘零】　一窝蜂火箭每枝银玖厘零【外箭药纸筒工料银捌厘零】　五虎筒火箭每枝银玖厘零【外箭药纸筒工料银柒厘零】　铁头步箭每枝银壹分壹厘　手拿箭每枝银伍厘　诸葛弩箭每枝银贰厘零　诸葛弩弓每张银贰钱　角弓每张银贰钱贰分贰厘零　线弦每条银叁分贰厘　军门内库藤牌每面银叁钱玖分　都司后库藤牌每面银叁钱肆分　伍虎筒每个并索共银肆分柒厘　烧蓬箭柜并神机箭柜每个各银贰钱叁分　一窝蜂两头匣火砖弓火箭伍虎筒各木柜每个银壹钱捌分　手弩每张银玖分　铁包头木棍每根银陆分伍厘　铜锅每口银肆钱叁分伍厘　火绳每条银贰分陆厘零每肆条计重壹斤　描竹挨牌每面银【杭严道册开叁钱柒分叁厘都司册开肆钱贰分柒厘】　木柄标枪每根银壹分捌厘零　竹标枪每根银陆厘零　铜发熕每座银【道册叁拾陆两壹钱玖

厘司册叁拾柒两叁钱伍分】 大铜佛狼机每座银【道册壹拾肆两陆钱壹分零司册壹拾伍两贰分零】 小铜佛很机每座银【道册陆两壹分司册捌两贰钱捌分】 铜子铳每个银【肆钱陆分零】 铁碗口铳每个银叁钱玖分 鸟铳每门银玖钱 百子铳每门银【道册壹两叁钱肆分司册壹两柒钱柒分】 钩镰每把银【道册玖分零司册壹钱叁分】 腰刀每把银【道册壹钱柒分零司册叁钱零】 万军炮靖海炮每个银□钱叁分陆厘 火砖每块银柒分 木喷筒每个银玖分零 烟罐每个银捌分玖厘 铁佛狼机每座银贰两捌钱玖分 子铳每座叁个银叁钱叁分 木架每座银贰钱贰分 三连铳每门银贰钱柒分陆厘 四花铳每把银肆钱肆分零 五花铳每把银叁钱柒分伍厘 排山炮连铳每门银伍两陆钱贰分肆厘 一窝蜂水桶每个银贰钱陆分 两头匣每个银叁钱叁厘 大铅子每斤银叁分叁厘 中铅子每斤银叁分叁厘零 小铅子每斤银叁分陆厘一号威远炮每座连架共银柒两柒钱叁分伍厘 二号威远炮连架共银伍两伍钱叁分柒厘 密鲁铳每门共银壹两壹钱捌分 火叉每架银伍钱伍分 火叉箭每枝银壹分肆厘陆毫 大铁弹每斤银贰分贰厘肆毫 中铁弹每斤银贰分肆厘拐毫【以上柒件俱贰拾玖年新制】

【查得各项器械价值俱准杭严兵巡道都司各册所报开载谈司查照成案详奉本都院批允移行布政司于海防银两动支给匠办料制造以备各关营请领汛防应用其远年损坏不堪器具解贮本司如遇不敷支用呈详作价□造备御其各区器械中间或有改造重轻不等价值多寡不同意照彼处规例查给

又查铅子工料原价每斤大子三分中子叁分伍毫小子叁分叁厘近因矿务铅价高贵详允每斤加价伍厘后准册开查得矿事稍平每斤量减贰厘给匠成造】

成造粗细火药

鸟铳细火药每平硝壹百斤提煮牙硝捌拾斤合用广胶伍两煮硝松柴陆拾伍斤柴每百斤银叁分胶每斤银叁分配硫磺壹拾捌斤柳炭壹拾肆斤每斤银肆厘共成壹百壹拾贰斤内除飞扬肆斤实收壹百零捌斤每药肆拾斤用木桶壹只银壹分每细药壹斤用牙硝拾壹两肆钱叁分硫磺贰两伍钱柒分柳炭贰两研合工食银玖厘

百子铳药每百斤用平硝柒拾壹斤陆两玖钱配磺拾斤拾壹两肆钱贰分杉炭拾柒斤拾叁两柒钱每斤用平硝拾壹两肆钱叁分硫磺壹两柒钱壹分肆厘炭贰两捌钱伍分柒厘杉炭每斤银贰厘研合工食银柒厘

粗火药每斤用平硝柒拾捌斤贰两配硫磺叁斤拾伍两杉炭贰拾壹斤柒两内除飞扬叁斤捌两实收药壹百斤每粗火药壹斤用平硝拾贰两肆钱捌分硫磺伍钱叁分杉炭叁两肆钱叁分杉炭每斤银贰厘研合工食银叁厘伍毫

一都司岁办硝磺

查得该司建设军火二库先经呈奉本都院详委本司经断二司并行前右二卫各取指挥壹员专责收放军火器械等项本司备听各区取用年例焰硝陆万伍千斤查照成案每斤并连车船脚价等项银贰分肆厘详允于布政司海防银内先支半价委官召商收买运回提□收库找价其硫磺年额伍千玖百叁拾贰斤每斤□□□船脚价等项银叁分贰毫亦于海防银内支领其各区每年请领火药硝磺查准都司回称原无额数惟听各处□□□留多少及地方缓急酌数呈请给领彼中登报循环销算倘于司库缺少另详委官召商收买存贮备用

万历贰拾柒年间为照例申明修造兵器以杜虚冒等事该海兵道按察使范奉督抚军门刘 宪牌行道查议得各区应用兵器向系有司修造不能时常督率又不识辩验以致匠作冒破器械每不精利徒费钱粮无资实用奉经通行绍兴嘉兴各区俱照宁波修造事例每年汛毕听该管把总逐船查验中有应修应造器械解赴该府委官估计料价造册详道转呈详允支银解发各该把总亲督匠作修造完备器上镌刻经造年月官匠姓名解道查验分发操演防御自后限内如有损坏照名追赔等因呈奉本都院详允通行遵照在卷

备录【查得原考开载修造兵器其中立法稽弊犁革侵冒与制造火药利使海防业有成议第未开列各区额用军火器械数目近奉督抚军门刘宪牌重绎前造军器与都司岁办硝磺各区请发额数俱要详明遵查都司岁办硝磺向来各区概赴该司请领道该温处兵巡道看得该区赴省路□远沙搬运艰难议将每年额用之数该府给银发伍前去产处收买行□本□督□制造完日解赴本道试验堪用转发各该关营□用□□各□俱□都司请发制办备将岁额区总并各区水陆□□□□□□□火□械及各项价值各该数目并价□分列右以备考阅

又查万历二十七年该海兵道按察使范条议慎火器之藏照得兵莫先于器械尤莫利于火器所据各总请领

火药每次费用钱粮甚多若藏贮不慎万姓膏脂虚縻可惜议将都司发关硝磺炭不许三样混和难辨多寡又恐堆积日久则湿结难用行令以后修台之时须硝自为硝磺自为磺炭自为炭制完各另装桶送验收贮临用时听照分两和均发用一便稽查斤两一便整治湿气一便预防火患其火箭火砖喷筒等器在船者积日累月或浸咸气多致湿锈及遇有警实用无裨须令各兵安顿高燥处所常川晒晾各总哨汛回将未用火器而试数件如受湿不堪用即坐本捕以不晒晾之罪追价入官另置如该哨官相为猫鼠并坐同赔查验毕日报道稽考】

卷七

原考

一操练官兵查得水兵陆兵原遇汛期分发哨御防守汛毕掣回其水兵在船操习水战陆兵合营训练万历元年贰月内为申督习射以严武备事该本道副使刘看得射比礼乐书数次之固以崇韬亦以观德古人载之射义者甚详即今乡会武科大率取决于是非徒小技而已近该本道操阅官兵类习轻裘博带之态其于操弧挟矢若不屑为又且预造高大垛抱短小亏步希图幸中甚至买浼皷手掩人耳目率皆高矗及下戗撞之数何有贯虱穿柳没羽之能哉此平日不学之过也诸艺固皆不可缺者然百步之外非矢不达就经通行各总每总并各卫所各置立较射簿二扇将宁绍二区水陆官兵及卫所官军俱每月逢二日令各把总掌印官督率于教场演习本艺之外愿射者听公同填注有无中数于名下月终送道查验倒换不许捏报虚应本道据此以别优劣其有中多者兵补什什补队队长补哨官以示激劝中少者分等黜治俱听本道亲临校阅赏罚通行遵照

本年拾月内为整理海防事奉钦差督抚军门方案验题□内开练舟师一款议将水兵每年春防汛□陆月中兵□□□□捌两月各船止留各舵梢水看船原派军火器械杀手□□□参将驻札者听参将近备倭把总驻札者听把总督同哨官随宜择地训练至玖月初上船防过小汛拾壹月中起至来年正月中止各在水寨如法练习俱叁日壹次严加校试精熟仍听海兵该道亲诣阅视量行赏罚方发出洋每项水陆操毕该道报院查考等因遵依督令定海临观贰总并中游哨官兵小汛毕俱在定海关水寨大汛毕俱在定海卫教场听各把总官正兵正游贰哨官兵小汛毕俱在舟山水寨大汛毕俱在中中中左贰所教场听参将中军官昌国总官兵小汛毕在石浦关水寨大汛毕在前后二所教场听把总官如法训练其本区宁波临山二营陆兵每年汛期调发沿海防守听把总官督同卫所官兵合营操练汛毕回营每遇三六九日在宁波者听本道操练在临山者听把总官操练及本道巡历阅视其余各区水陆官兵操规俱照例遵行

又为比例恳复旧制以实边备事奉本院批巡检陈立中等呈各巡检司原额亏兵陆续奉文扣减解京济边充饷等项存兵数少不敷巡缉防御等缘由到道及据宁波府呈详前来详批巡司官兵之设本为待暴客卫生民其弊至于倚隘作奸受词勒诈亏兵本以御盗而反以为盗勾摄骚扰贻害地方因此渐次议减殆尽不几于□噎而废食耶既裁亏兵安用巡检为也今据各司告鸣必每有说该府之议亦云详矣名额非不可议增工食非难于议派但患有名鲜实无当于用耳本道前在楚中亲见各巡司兵数仍旧额有至肆伍拾名者但各江防兵巡衙门置有薄册即令在附近本道地方与民壮等役一体合操每月六次管操官查闸不到者呈究各院阅操随众较艺遂得实用我浙沿海衙门星列独不可推广军门团操水陆二兵之制于各附近各道总参把总去处如期合练之乎若此则人皆精兵自难于营私而坐食矣况中间关隘有冲僻要害有缓急附郭有远近见存有众寡其增数又未可一例议也仰府覆查精确酌议以凭通详即填入成书可也速缴随据该府覆议具呈该本道议得管界塔山鲒崎霞屿长山穿山太平爵溪石浦陈山十巡司除见存玖名外量加兵伍名松浦向头二巡司除见存捌名外增兵陆名甬东巡司原存兵拾名外量增兵肆名赵岙巡司见存玖名尚有贰拾贰名拨出防守县城不必加增螺峰岑江岱山宝陀肆巡司见存玖名与原拨舟山团操亏兵内拨还伍名听各在司防守俱遵军门团操水陆二兵之制于各附近总参把总去处与各区官兵合操仍置薄册听管操官查阅不到者呈究如遇□□阅操随众较艺呈奉钦差督抚军门谢批巡司方兵自抽取之后委果寡弱今既经该道酌议停妥准如数参量行增复工食照编但须严加操练有裨实用可也余俱如议施行

缴蒙巡按浙江监察御史萧批各巡司兵据议□剂量已明依议行缴见在遵行切惟干将镆铘称利器于天下者为其练之有素也若炼而成之复弃而置之则锈将易生精光埋没而不可用矣兵以乌合其容以弗炼炼之其容

以弗恒乎故将不知兵兵不知战徒为□之耳盖兵之为用外以技胜人内以技自卫然必自卫而后为足以胜人倭患之初船兵视倭船为例倭船大小用人若干则我船用兵称之以求胜于彼当时惟求弭乱故不计钱粮盈缩贰裕于养兵是以在船兵士恒有余力泊船处所创立教场以便操演临境有警即掣船兵以为应援而两利俱得也时渐底宁遂量地险要而留船量船大小而留兵至如铅弹火药等物但使备御而不容花销是以守船之议起而操练之法废矣若不及时教练虽众亦奚以为且在船长技军火互用如贼船离远则以鸟铳百子铳发贡为先贼船逼近则以长枪镖箭藤牌为便除船工缭手上桅等役不可更易外散役兵夫各派器械泊守□境遇掣则与陆兵齐操诚为至计共陆兵□□□□□□□三队俱习鸟铳每什以二人习刀牌二人习狼□四人习长枪二人习钩镰短枪暇时俱习弓弩如铳冲阵则刀牌手护之刀牌手冲阵则长枪护之弓弩枪□手冲阵则狼筅手护之所谓长以卫短短以御长兵制之常经也但器具欠精饷额渐减月废火绳铅弹例不开销今之病也

近蒙明文切责器具之修置日精饷额均平水陆之月支一例且于火药等物量与开豁矣奈何游手游食之民以兵为生而使贪使诈之徒驭兵为利利其苞苴长其骄悍稍严驱策动辄脱巾此于操练之实何如也为今之计尤在练将耳诚使为将者廉明公勇不以私自营不以法自挠不以势自畏不以难自阻不以逸自安不以分自废则将之所以自练者为有道矣以此练兵则言无不听法无不行事无不立名无不正驱之白刃而可蹈率之深溪而可赴矣兵将一心遐迩一体以之养于平时则为有制之良兵用于有事则为出匣之利器驱之无不利矣故曰练兵者先练将

申谕

一操练官兵

万历贰拾陆年间为军务事该海兵道按察使范奉督抚军门刘宪牌□□照今阳汛届期各兵例应出洋□御其间多有空闲时节海防重地兵贵精勇且今天高气爽不可坐消时日古谓三时务农一时讲武正在此时仰各出汛各把总官趁此冬暇天气清爽即使严督所部官兵随汛随处选择平阳地面逐日各将所习艺射操演本官仍将某艺优某艺劣每半月揭报查考毋得虚应上负国恩下甘自弃取咎未便各官兵收汛回日本道即以此为殿最非虚谈也先具依准呈缴

又为军务事该前道照得本司以整饬边防为职今天高气爽正宜讲武之时已经分布条约行统兵把总出洋官兵随汛随处择地操演每半月揭报外其守境官兵移会总镇参将衙门督令各官兵三六九聚众操演余日各自比较按月各自呈报仍将技艺精拔者径行嘉赏以鼓士气

又为申严操备以重保障事该前道照得各卫所食粮操备军人防卫城池属卫所管操官管辖皆当以时操练倘城池不完衣甲器仗不整不操练者律例森严毫不少假迩来官有管操之名军无操备之实以致縻费官军月粮无裨实用本道职专整饬兵防偾事官员径得参奏合行查复旧规督饬操练为此仰卫即便通行卫所管操官将该卫所操备军人逐一拘集各带器械逢三六九日操演各置印信格簿壹扇上格序列该卫该所官名次及武生次及有志学射舍人下格横列操日每格内填中箭数目无中□□无宇按月送道查考隆冬盛暑照例停止在暮春□□□好用力常操之外更于逐日互相习演若能实用功夫便可他日建立各当自勉况各官世受国恩各军日食朝廷钱粮皆当思报毋得废时怠惰自取罪咎

又为军务事本道自念闻见有限揭报难凭或惰或勤何能坐照该府均有地方军民之责合行知会稽查仰府掌印官每于政事之暇不时躬亲稽察凡各水陆总哨官兵并卫所官军某官恪谨奉行某兵某军用心演习某官虚文相应某兵某军怠惰偷安但有所闻所见即便分别密揭报道以凭究处务要著实留心举行毋视末务

又查得万历贰拾陆年间为申饬训练水兵以裨实用事该台州兵巡道副使彭奉督抚军门刘 批本道呈奉本都院宪牌照得本院巡历沿海阅视水陆官兵陆兵操练俱有常期及欲阅操水军始闻近年通不操练夫水战之法与陆战异操舟施技各有机宜聚三军之众投于风涛之险不教而战制胜未闻法曰治众如治寡寡之不治而动欲多增即多适为累耳相应立法申饬行道即行参总各官今后各将所部水哨船兵立期操演汛暇则各总分哨预操临汛则该参纠总合操大小船只军火器技作何演比进退分别攻□□□作何布置□□□□□□□□□□□□□□□□□□□辨明止则部分严肃务令操水□□□□□□□□□□□□□患弗克古人以少却众变弱为强率多由此而况□□□□雄列省哉如各船岁额火药不敷不妨另议增发以□□用每岁终各参

总将操过次数缘由呈报至于每汛该道祀江之期必先合操一次方与发兵本院躬临督汛间抽各哨兵船阅验分别赏罚永为定规各具遵奉缘由及议增火药数目报详行准台金严参将吴手本据松海把总庄以莅呈照得水战之法行阵固当操而器械尤宜习各器械必先精治又必精择能用各器械者以教之先演之于陆次习之于舟次习之于风涛播荡之中运用若一然后为之习各艺既熟合成一船各船皆习合成一阵然后为之操职领事以来日夕讲求若非本都院本道主持于上职亦无由奉行于下本区水兵设有松海两关两游共肆营鲤港信地系中游立为前营色尚红大阵极岛原立贰哨所以应援诸信立为后营色尚黑漩门派爿灵门鹿头猫头属松门关立为左营色尚蓝深门关口主山东西矶牛头静寇大佛头属海门关立为右营色尚白以象四时以参府及备倭把总并各官所坐船立为中营色尚黄为寄旺之土以别方向参府之旗带伍把总者肆总哨叁哨官贰以别等级如前营当敌后营既之左右两营分□翼夹攻后营当敌前营亦如之左营当敌右营既之而前后两翼以夹攻右营当敌亦如之此两关游合战之大势也倘一信当敌则左右临信夹攻此一信之势也一营受敌二营合击一信当敌三信合应以此操即以此战行则成列止则成阵此亦常山之势也且海中不惟以人斗人尤复以船斗船我以伍拾人驾壹船而冲犁百人之贼船是我以伍拾人胜百人矣顾在训练教习之何如耳战船之大者如福沧艟铁等船势甚雄壮便于冲犁利于深水大洋而浅涂无风不能运动夫端风动势顺则沧不如福艟不如沧铁不如艟小不如大若风小势逆福不如沧沧不如艟艟不如铁大不如小哨船多橹能戗唬船多桨能划旋转轻捷不拘风水顺逆亦可桨楫便于攻战而不能冲犁划船壹叶形似织梭驾以两人或叁肆人以罩罩之往返无声画以传宣号令夜以纵火断继至于回蓬转戗八风可使莫若沙船此本区所无者大小皆备用惟其宜而倭奴长技有二惟鸟铳双刀鸟铳纵能命中所伤不多亦中国所有者双刀虽利而隔船鸟能施其巧中国火器如百子铳佛狼机火箭神机箭一窝蜂喷筒火砖火球火桶烟礶中国之长技十尚有短器如牌钗枪充犁头标连鎲枪之属是以十而胜其二远则用百子铳佛狼机以击之诸火器以焚之中则败其一舟一舟坏贼岂能独存舟楫来交兵刃未接而我已获全胜矣是水战为中国长技也而水战之长技皆赖火器诸火器之中而飞砂百子铳尤能及远洄坚若于平时演习临敌不至手颤目睫惊惶无措必能取准矣该本道覆看得有兵而不练与无兵同故所恃以御寇保民者必素练有制之舟师也仰荷本都院轸念海防申饬训练诚筹边至计奠靖生民之盛心今据参总议覆相应转请合候详示备行参总等官遵照将松海关游立为伍营各定方位按期操演比艺临汛听本道合操发汛练之既久则人人皆胜兵矣年终参总各官将操过次数用过火药呈报开销呈奉本都院详允见在遵行

又为请更水战阵法以裨实用事该前道批据松海把总庄以莅呈蒙本道批卑职呈切照操练之法演于平日使之服习以为克敌之用非以尚美观如操一法而战又一法则徒有虚文无裨实用即演之平日何益临事哉本区水营操练向无定制每岁发汛之时水操一次不过将唬船拾捌只分为左右两行三三相间冲为叠阵以应故事殊不知水战之法与陆战异陆地平实不动进退由已不致参差错乱水战取必风潮三叠进退不能如意密布则损击船只疏远则卒难策应且本区唬船伍拾伍只若止以拾捌只操演则余船临阵不闲进止平时操之何用□正无奇大非兵制近奉本都院本道通行演习水师于大海之中本区大小船只合战冲犁已蒙允示遵行外但本道发汛上司按阅多于海门道头台州江下然二地窄隘惟可以操哨船唬船之法犹贵画一有实用也卑职请以伍拾伍只分为伍哨每哨各拾只左右两行列于前为第一叠以作正兵大阵游哨唬船贰拾叁只分为两行列于第一行之后以为二叠所余拾壹只参府及各官所乘之座船俱□色列于二行之后以为第三叠以作中军策应奇兵每叠各船编定号数冲锋之时逐船鱼贯攻打使勇者不得独进该者不得独退庶无越乱逗留之弊如第一叠攻敌则第一行为正兵第二行为游哨奇兵第三行策应奇兵第二行攻打则第二行为正兵第一行为游哨奇兵第三行作策应奇兵分番叠出劳逸适均伍拾伍船皆入操练分则伍哨总则叁叠合则一阵前船两叠各有头尾凡触处为首击首则首为正尾为奇击尾则尾为正首为奇击中则首尾俱应实常山之势此唬船之阵法也而各哨船原系打哨探听之用总分为两行列于唬船之外以作伏路之兵及围击取胜之时各船困贼于中向贼盘旋攻□□□功取胜其他大鹏双龙□龙等名即八阵龙虎□以别阵名呼其名即出□船使易于相应耳以此操即以□战演之平时用之临事初春奉本道操陆之时注意于战阵分番游哨奇正相生卑职遵体本道之实意更此叠阵操法或蠡测之愚可为克敌之一助也蒙批以此操即以此战乃为实用据议各船分为三叠正游策应俱有布置此即古名将阵法遗意练熟临戎可称全胜技矣照行缴俱经遵照操演见在照行

原考

一考察官捕查得宁绍二区水陆各营哨官捕盗耆民队什长为兵军领袖必须诚实精壮者充之庶克有济该本道副使刘访得各役因循积弊踵袭利规中间守法者固不尽无其虚兵冒支暗粮侵盗放债赌博扣克卖闲恃倚束兵指一科十种种奸弊不可胜言以致老弱疯病之人互相蒙蔽坐食廪粮就经行据各总呈解前来逐名点阅考察除事犯稍轻者量行责戒姑准留用令其省改有显过者重责与老弱疾病者一体革退另换其过恶多端者发府究问以后每年防过大小二汛毕日一体送考通行备由于万历元年拾壹月内呈奉钦差督抚军门方批准照行缴蒙巡按浙江监察御史萧批据呈见本道振刷武备依议著为定规此缴遵依每年防过贰汛一体取考向在遵行

申谕

一考察官捕

查得沿海各区水陆官目每年于防汛毕日听海道镇参会同考察赏罚以昭劝惩续于万历拾伍年为酌考察以便训练事奉督抚部院温宪牌自后俱叁年大汛毕通行考察近奉明文止于汛期奉军门抚临行取官□□否文册考核至汛毕日听候详示分别去留并应戒应拿等项遵行在卷

又为倭警叵测要地可虞谨陈防御机宜以替庙谟以靖海波事万历贰拾年玖月内该海兵道奉督抚军门常案验准兵部咨兵科抄出南京兵科署科事南京刑科给事中徐桓奏方今西贼叛逆北虏跳梁当事者以讨贼备虏两难措手厪宵肝忧时事亦孔棘矣所幸者春汛毕期东南庶无警耳乃辽东忽报倭船肆百只直犯朝鲜势甚猖獗臣见之不胜惊骇不胜忧虑夫关白智能篡夺力能兼并狡焉启疆志不在小岂徒欲胜一朝鲜已哉情形叵测□□要地深属可虞倭衅将不在东南而在西北矣臣代摄兵垣而又生长东越彼倭之患与防倭之策耳目刁之敢苟默不为皇上一筹乎今之谈兵者谓倭奴易与耳世宗时曾尽歼之只舰不归封为京观此疥癣之疾无足深虑臣则谓不然当嘉靖入犯者非真日本乃岛外夷也汪直徐海等诱□剽掠志在子女财帛耳故一招抚汪直等即穷促投降然尤费天下全力数年而后平定若关白杀其主而夺之兼并陆拾陆州其智□威力远非汪直等伦而左右羽翼又多□浙人有技能者治舰缮兵实欲举胜力与中国抗乌可规为易与而忽之朝鲜距日本极远溟渤渺茫忽扬帆鼓棹直趋其境辽东密迩朝鲜鸭绿江水道往来颇便傥声东击西倏转而犯辽左将若之何辽左自刘江之捷倭警绝迹人知备虏不知备倭然兵力强而材官备山海并险阻尤有可恃天津通海口抵京师仅仅三舍彼中有善识海道者诱之径从海口直抵天津则逼近京邸而武备又单弱不知将何以御之此臣之大恐也

然御倭之策无过截之于外洋扑之于初至盖倭善跳跃利陆战不利水战吾从其所不利者击之则易为力而所为截之扑之者计莫神于火攻或用火箭焚其舟或用火炮歼其众此出奇制胜第一事惟南兵用之为最精北兵止长步骑而水战火攻尤其所短者臣请敕蓟辽督抚诸臣急募南兵南兵惟浙人骁勇倭奴所素惮闻张家湾河西务等处浙人延颈待募者甚多一募之可得数万人择其壮勇者收之行伍令兵部选善将者提督而训练之虞功可立奏不尔则见有蓟镇三屯营南兵可调辽左急则令赴辽左天津急则令赴天津即遣游击吴维忠将之昨见抚臣沈思孝疏请调发以御逆虏臣谓宁夏道里甚遥征发不便畿辅要地尤为吃紧此调募南兵以破倭机宜所当议者一

将帅者三军之司命必得戚继光刘显者为将倭不足平矣今世岂乏其人哉顾所以求之任之鼓舞之何如耳沿海地方将领虽星罗布列然多纨袴债帅即知能者往往视官为传舍朝夕营营为荐引升迁计孰肯究心兵法与地利也此无他久任之法不行而考课之典独遗耳臣请□沿海督抚会同按臣将属内武职自总兵而下一一品隲而甄别之某也智某也材某也勇如臣所知福建总兵朱先曾剿于海上浙江总兵侯继高曾克捷于花脑浪港此二臣者倭情熟谙宜久任以责成功其参游等官果能材称职者照有司例必伍年外始为升迁有功者加秩加衔不得仍前骤转而又行考课之法鼓舞而激劝之合无行令督抚照依各边事例每遇年终将见任防守春冬贰汛大小将官稽核勤惰功罪分别上请庶人心知惩劝而勇气自倍将见海徼壮于金城尚有倭患之弗靖哉此久任武职以防倭机宜所当议者二

士卒虽微藉出死力决胜负于呼吸顷至重也必平日孚以恩信始有事效其死绥故古善将兵者与士卒同甘苦欲得同仇力以资缓急用乃今蓄兵者异是将领惟事剥削有司但图克减月粮未散即扣常例于官甫及分领又敛公用于将计士卒所得实饷几何甚有稽迟卒年或壹季不给者致令脱巾譟呼大乖国体即不哗亦多疾视平居

既已离心临敌安有斗志是必不胜之数也臣请敕沿海督抚严加约束有司毋扣常例稽粮饷将领毋假公用剥军需违者必参治而于养士之中又默寓倡率之术行伍中有投石超距艺勇绝伦者识援之优赏之以作其气鼓其勇此辈亦有人心者必能奋勇先登以图报效此作养士卒以御倭机宜所当议者三

臣按筹海图编倭自伍岛开船必由陈钱下八山经过取水候风始分投□犯是陈钱乃倭奴之咽喉浙直之门户也最为要害若令浙直合兵哨守遇警并力堵截何患其侵入内地向因倭乱画地分哨而总参等官又惮风波之险不躬亲督率致倭奴出没罔闻殊属疏虞近据苏松兵备江铎揭称游兵把总张澜率大小战船会合两浙官兵直哨至陈钱羊山等岛海波宁息此同心戮力之义勇功效明甚臣请□□抚以后遇春冬汛期务令总参等官躬率官兵往来督哨各会合于陈钱防守一遇倭警即便并力相机截杀毋容内入误事者以失机论庶声势联络门户固密如铜山寨□火门入闽广要路倭亦不敢内窥此控扼要害以御倭□□□□议者四臣闻行师之要在赏信罚必昔见御倭□□□有□伤用名色把总领兵应敌败死则匿不以闻倖胜则□□□绩士卒真获首级者不赏家丁坐食饩廪者冒叙致于退缩概从姑息未闻有立斩以徇者如此赏不信罚不必何以使前喜而后摄也

臣请敕督抚诸臣一洗旧习以后用兵务令参游等官亲自督战毋令名色代替其名色中真堪驱策者宜预请实授未战之先明与将士约如何为功功必赏如何为罪罪必罚如能邀截为功否则罪赏不以仇掩罚不以亲宥其士卒斩获一人者即照例赏银若干一有退缩即斩以徇于师则赏罚严明将士皆争先用命有必战战必胜也何倭乱之足虑此严明赏罚以御倭机宜所当议者五臣为此五议卑卑无奇画而实于防倭有裨倘蒙采纳必能系关白之颈而致阙下若夫缮城堡谨斥堠修战舰利兵器备刍粮则防御所必资而当事诸臣类能言之无俟臣赘至于临机应变因敌设奇则又身亲行阵者之责非臣之愚所能逆料也伏望皇上睿断将臣所议五事亟下该部酌议施行于防未必无小补而非其本也惟时御朝讲以肃臣民之仰召问大臣以图安攘之计蚤建国本以系中外之望则精神流贯而内治既修德威远播而□□服书曰无怠无荒四夷来王宁独么么岛夷喙息之不暇即西镇之变北连之虏亦将詟服削服而天下之治若泰山而四维之矣臣不胜惓惓属望焉等因奉圣旨该部知道钦此钦遵抄出到部看得南京兵科署科事刑科给事中徐桓奏称倭奴直犯朝鲜密迩辽东天津山海逼近京师武备单弱因陈御倭伍事

一谓倭利陆战不利水战宜用南兵以火箭焚其舟火炮歼其众要行蓟辽督抚诸臣急募南兵训练辽左急则赴辽左天津急则赴天津即遣游击吴惟忠统领

一谓沿海将领多纨袴债帅要行各督抚按臣一一品騭甄别如总兵朱先侯继高倭情熟谙宜久任责其参游等官必伍年外始为升迁有功加秩加衔不得骤转仍依各边事例每年终分别春冬二汛防守勤惰功罪以鼓舞激劝

一谓士卒出死力须孚以恩要行沿海督抚严加约束有司无稽粮饷将领毋剥军需行伍中有艺勇绝伦者识拔优赏以作气鼓勇

一谓陈钱下八山为浙直门户要行各巡抚遇春冬汛期令总参等官会兵防守遇警并力截杀毋容内入误事

一谓名色把总领兵应敌败则匿不以□胜则攘为己绩士卒真获首级者不赏家丁坐食饩廪者冒叙要行督抚诸臣一洗旧习令参游等官亲自督战毋令名色代替内有真堪驱策者宜预请实授能邀截扑杀者为功退缩逗留者为罪士卒斩获一人者即照例赏银若干各一节南兵见伍召募吴维忠推蓟镇海防游击并浙江遇汛会兵陈钱下八山并力截剿俱经题奉钦依通行钦遵无容再议外为照饷以时给赏不踰时国家砺世旧典也

近来有司稽迟将官掊克以致豪杰久淹不克自见一遇获有首功又复攘为己有种种积弊殊可痛恨况今倭虏交警急在用人非破弊套何以鼓勇此科臣作士气稽军功一节诚切中时弊膏肓振饬人心第一义也既经具奏前事相应覆请合候命下本部移文沿海省直各该总督抚按官查照科臣所议将参游等官逐一甄别著有功劳者即为加衔加秩其余或有材能称职历俸已深者方许升迁不得觊觎速转仍照各边事例每年终将见任防汛将领等官稽核勤惰分别功罪具奏以凭黜陟至于士卒粮饷有司俱要依期给散将领毋得假名剥削其行伍中果有技艺出群智勇迈众者即行超拔优赏以作士气以后用兵将领俱要亲自督战躬冒矢石毋令名色把总代替攘为己功其名色中有能邀截扑杀士卒有□□获贼级者查照近例一体升赏如或再有克减月粮□□□饷营谋升迁并贪攘名色军功者听抚按官查参重究等因

万历贰拾年柒月初伍日太子少保本部尚书石等具题初柒日奉圣旨是钦此钦遵等因前来即便转行按察司并守巡海兵等道查照该科所议将参游守把等官逐一甄别著有功劳者即为加衔加秩其余或有材能称职历俸已深者方许升迁不得觊觎速转仍照各边事例每年终见任防汛将领等官稽核勤惰分别功罪呈报又蒙巡按御史李案验奉都察院巡按浙江四百七十四号勘札行司即便通行各司道并总参游把及沿海将领等官知照仍于年终将见任防汛将领等官稽核勤惰分别功罪具由呈报抚按二院以凭具题施行节经海兵各道每于年终查将见任防汛将领官员逐一稽核分别填注考语文册关送按察司类造转送在卷

又贰拾玖年正月内为倭警屡闻提备宜预申饬防御事宜以裕安攘事奉督抚军门刘案验准兵部咨前事该本部题职方清吏司案呈照得倭奴之为中国患也所从来远矣姑无论嘉靖壬子以后即自辛壬发难以来侵我属藩扰我边境致厘王师千里徂征四路并进一鼓荡平彼其丧志而去势必挟忿而来春间闽广浙直业已再传倭警比者朝鲜遣使又经报有倭船此鲸鲵得志之秋非燕雀处堂之日所有沿海一切防御事宜业经本部屡奉钦依通行申饬去后第恐法久则渐弛事久则易玩呈乞预为题请务先曲突之谋毋贻掘井之悔等因案呈到部为照思患贵于预防有备斯可无患而况蠢尔倭奴蓄谋吞噬匪朝夕之故矣一旦家康突起复踵关白之故谋虽以乞和通市为名实欲兴兵构怨为事此情形之所必然而备御之所必不可缓者今据该司所呈前因查得沿海地方防倭一节节该诸臣建白本部覆议不啻详载乎其言之矣即如近日兵科左给事中桂有根以倭警渐急制御宜严图上方略臣等业已覆奉钦依通行沿海地方严加提备去讫顿海汛要区东西绵亘焉能必其处处之周防文武将吏升调不常焉能必其人人之奉法睹此积薪厝火之形应图撤桑未雨之计诚有如该司所呈者合容本部备行沿海省直各督抚衙门查照先今题议事理严行镇道将领等官兵船时加训练险隘亟行修缮器械预为整顿侦探务要的确如福建地方时有番船往来侦探尤便应另移文彼处督抚衙门责令选择机警熟知海道之人前往探听如有的确声息不时据实奏报其各省直临近处所无事则会哨分防遇警则出洋合剿将领当更置者速为更调毋以嫌怨为辞粮饷当设处者急为处置毋以匮乏为诿与夫事当厘正者实见得非毋以纷更为惧事当仍旧者实见得是毋以安静为嫌务期保境安民斯称有备无患至于辽左密尔朝鲜沿海一带尤属紧要先该经略邢题议添设兵将以资防援已该本部覆请查议尚未回报应并行经略衙门逐一详议应添与否作速具奏定夺抑臣尤允有说焉人情不激劝则日就因循法令不严明则不知儆惕查得九边各督抚每岁终将所辖营路大小将领甄别奏闻本部酌议覆请分别去留盖所以激劝边疆而使之儆惕诚良法也今各边通行遵守而腹里未之举行以故明旨申饬勤动各将领玩愒如故一闻倭警辄便张皇酿乱贻害职此之由今虏患与倭患相仍则防海与防边并重合无以后沿海腹里地方许各该督抚等官每遇大小两汛完日逐一体访查照九边事例于岁终将大小将领分别减否疏请定夺如有果贤从公议举如其不肖据法议斥如其人地或不相宜不妨议调庶甄别当而人心知所劝惩内外防而封疆咸有赖藉其于军机重务未必无小补恭候□□臣等通行各省直一体遵奉施行等因

万历二十九年十一月□十一日少保兼太子太保本部尚书田等具题二十三日奉圣旨是沿海近多警报著通行申饬戒备不许怠误钦此拟合就行为此合咨前去烦照本部题奉钦依事理钦遵查照施行等因前来准此拟合就行为此案仰按察司照案备奉钦依事理即便转行镇道将领等官兵船时加训练险隘亟行修缮器械预为整顿侦探务要明确将领当更置者速为更调毋以嫌怨为辞粮饷当设处者急为处置毋以匮乏为诿与夫事当厘正者毋以纷更为惧事当仍旧者毋以安静为嫌务期保境安民斯称有备无患每遇大小汛完日该道体访查照九边事例于岁终将大小将领分别减否呈报以凭疏请定夺等因备行各道见在遵行

又为军务事万历二十七年间该海兵道按察使范看得哨队捕耆异日皆将材之需贤否宜慎仰各备倭把总即将二十七年四月自本司道到任起凡革补哨队捕耆详开履历脚色选补者于何年月日顶补某人缺领事照式填注考语密切咨询实事分别上中下等黜革者于何年月日某事黜革开造原黜考语各文册一本另造竹纸青册一本其什长舵役不必概造惟于内有艺勇超绝堪以拔录队哨者及艺疏老弱不守纪律应行革役者各开具实事帖附各文册皆钉封差人呈送见在照行

原考

一获功赏格查得隆庆肆年准本司关开获功员役愿升者一擒斩真倭首级几名颗查系真正其功委难例应

世袭一擒斩真倭首级几名颗功系稍易止终本身愿赏者一擒斩直倭从贼首级查系真正其功委难每名颗赏银伍拾两一擒斩真倭从贼首级及汉人胁从首级功系稍易每名颗各赏银贰拾两隆庆陆年捌月内为申饬赏功事例以励人心以振国威事蒙巡按浙江监察御史谢　案验该兵科都给事中梁题准款开倭贼功级一各卫指挥千百户获倭船壹艘及贼者升壹级赏银伍拾两钞伍拾锭在船军士生擒杀获倭贼壹人者赏银伍拾两陆地交战生擒杀获壹人者赏银贰拾两水陆主客官军民快人等临阵擒斩有名真倭贼首壹名颗者升实授叁级不愿升者赏银壹百伍拾两获真倭从贼壹名颗并阵亡者升实授壹级不愿升者赏银伍拾两获汉人胁从贼壹名颗升授署壹级不愿升者赏银贰拾两反贼功次内地反贼壹人擒斩陆名颗升壹级至拾捌名颗升叁级验系壮男实授幼男妇女与拾玖名颗以上并不及数者俱给赏流贼壹人为首壹人为从贰人就阵擒斩有名剧贼壹名颗为首者升实授壹级世袭如不愿升者赏银叁拾两□□□□□就阵擒斩以次剧贼壹名颗为首者□□□□□□□□□□者赏银拾两为从者量赏就阵擒斩从贼叁名颗为首者升实授壹级世袭不愿升者赏银拾伍两为从給赏□□□□在此例就阵擒斩从贼壹名颗为首者赏银伍两贰名颗为首者赏银拾两为从者俱止量赏缉获者不在此例前项功次壹人自擒斩不分首从者照前升赏陆名颗以上至玖名颗者止升实授贰级世袭不愿升者赏银贰拾两不及陆名颗者除实授壹级外扣算赏银壹人为首贰人或叁人肆伍人俱为从共斩贼级壹名颗者不必分别首从共赏银伍两均分阵亡者升实授壹级世袭如不愿升者赏银拾两重伤回营身故者升署壹级如不愿升者赏银柒两壹人独斩随从贼人拾伍陆岁小首级壹名颗者量赏贰名颗者给赏叁名颗者加赏当先破敌被伤者给赏其不系临阵缉捕从贼壹名颗者赏银肆两贰名颗者赏银捌两叁名颗者赏银壹拾贰两肆名颗者升实授壹级世袭不赏壹人为首或贰人叁肆伍人为从缉获从贼壹名颗者赏银肆两不分首从均分切照倭变以来建议防守之策有三出海会哨毋使入港此为上策循塘拒守毋使登岸此为中策出水列阵毋使近城此为下策若不得已而守堡守城斯无策矣

大抵倭奴入犯御之于海则易御之于陆则难此严束会哨□□□□□□之事所以图难于易而为海防大枢务也官兵获功赏格奉有□请明例矣但陆战以摧锋陷阵为难斩获次之水战以犂沉来贼之船为难归贼次之盖御之于海者曲突徙薪之功也不得已而战之于陆焦头烂额之功也重水战之赏则贼不得登岸边民不知有兵重倭功之赏则夷不敢犯华我兵不致畏敌重赏之下必有勇夫矣何患海防之不肃耶故曰克敌之术无他惟在赏罚明信而已

申谕

一获功赏格

万历拾叁年间奉督抚部院温明文一明赏罚信赏必罚兵家第一义伏睹大明律开载领兵官已承调遣不依期进兵策应若承差告报军期而违限因而失误军机者并斩若军临敌境托故违期叁日不至者斩官军临阵先退及围困敌城而逃者斩此皆罚典又有军法从事之令见准兵部咨该本部覆奉钦依内开倭功等第一款如贼柒捌百以上至千人船拾余只以上至贰叁拾只擒斩有名大贼首如先年王直毛海峰之类每□名颗升实授三级不愿升赏银壹百伍拾两擒斩真倭从贼壹名颗者升实授一级不愿升赏银伍拾两擒斩汉人胁从贼壹名颗者升署职一级不愿升赏银贰拾伍两若贰名颗者当一级以上为第壹等须贼势大举血战成功者方许开列其余不得擅拟贼至叁百人之外船伍只以上擒斩贼首壹名颗者升实授一级不愿升赏银伍拾两斩获真倭从贼壹名颗者赏银拾□两每叁名颗当一级不及数者给赏不升所获汉人胁从贼壹名颗赏银拾两多者加赏不升以上为第二等须对阵击杀两相鏖战方许开列如贼不过百余人船不过壹两只贼首不过是一船主非巨贼能斩获壹名颗者赏银拾伍两真倭从壹名颗拾两汉人胁从贼壹名颗伍两通不议升以上□第三等此系赏格又有破格悬赏之例是赏罚之典虽存而操纵之机在人要施不测之恩与不测之辱有功便赏赏后有罪复罚有罪便罚罚后有功复赏惟视军士之功罪为赏罚而不参以自已喜怒则赏罚至公操纵由已兵皆畏我不畏敌未有不可以克敌致胜者

又于万历贰拾玖年奉督抚军门刘宪牌颁行一贼至三百人之外船至伍只已上或系乌尾大船擒斩百级壹名颗者升实授一级不愿升赏银伍拾两一获真倭从贼壹名颗赏银拾两每叁名颗当一级不及数者给赏不升一获汉人胁从贼□□□□□□□拾两多者加赏不升妄杀冒功者究抵以上须□□□□□□方许开列一贼不过百余人船不过壹两只贼首□□□□主能斩获壹名颗者赏银拾伍两真倭从贼壹名颗□□□汉人胁从贼壹名颗赏

银伍两妄杀冒功者究抵以□□□全船攻打擒剿者仍准破格另议

大捷考

筹海图编载

望海埚之捷

永乐已亥中军都督府左都督刘公江总兵镇辽东甫至即相地形势请于金线岛西北之望海埚筑城堡立烟墩一日瞭者言东南海中王家岛夜有火光计寇将至公亟遣马步军赴埚上小堡备之翼日倭贼贰千余人以数拾海□泊马雄岛鱼贯而上直逼埚下一贼貌甚丑恶指挥诸贼如入无人之境公得报但令犒师秣马略不为意徐以都指挥徐刚伏兵山下百户姜隆率壮士潜烧贼船截其归路约曰旗举伏起炮鸣奋击不用命者戮既而贼至公披发举旗鸣炮伏兵尽起为两翼而进贼遂大败奔匿樱桃园空堡中我师追逼环而攻之且请入堡剿杀公不许故开西壁纵之仍分两翼夹击生擒数百斩首千余间有潜脱而逃艚者复为隆所缚无一人得免者诸将请曰公见敌意气安闲惟饱士马及临阵披发而战追贼入堡不杀而纵走之何也公曰穷寇远来必饥且劳以逸待劳以饱待饥法也贼始鱼贯成蛇阵故作真武状以镇服之虽愚士卒之耳目亦可借以壮其气贼既入堡有死而已我师临之彼必死斗我兵宁无伤乎故纵之生路而后□□之即围师必缺之意耳事闻征至京师面慰劳之封广宁□□□壹千贰百石子系世袭

王江泾之捷【嘉靖三十四年四月】

国家地广治极文提武嬉海壖奸商乘时盗贩因缘忿怒转为寇贼民不觌兵为日既久望风奔溃莫之谁何贼既连得利内附外连声应气合徒党滋蔓动以数千万计又善用兵能以少为众所征四方材勇□怯武力之士率歼其手势若烈火錟錟狡焉思启盖自壬子春更癸丑甲寅恣行转掠戕杀燔烧丛萃薮窟新故环迭而两浙三吴之祸变惨矣

乙卯春柘林巢贼积增至万余人出掠嘉善诸处夏四月剧贼徐海麻叶等探知嘉杭兵调松江捣巢率众数千人水陆并进声言先攻嘉兴次及杭时故巡抚李公留守杭总督军门在华亭无兵可恃军民汹汹甚惧御史梅林胡公方巡浙东台温诸郡得报连日夜驰诣嘉兴会贼从嘉善来前驱迤逦薄城外众益惧甚公曰兵法攻谋为上角力为下矧又无兵乃密属吏取酒百余罂鑚其颠投以毒剂塞如故载两船选兵卒机警而猛者假冠服持赤牍坐船上称解官解酒饷军载向贼所从道见贼即褫去冠服走贼信不疑驰报诸酋长诸酋长得酒大欢相率高会痛饮率多死已又令村市酒家皆入毒甕中约偿以直民所有米渍药水澌而遗之贼往往争取饮餟辄又宛然贼党尚众我兵寡且恇怯适保靖宣慰彭尽臣所领土兵数千人至可□□公策其恃勇犯忌使人传语之曰贼善伏且知分合我兵常□其诱宜分□□□□□□□防其冲围尽臣不听乘锐直前果□□堕贼计挫于城南石塘湾始大悔遂有溃志远近□骇大失望□公深忧之曰如是我技穷矣于是亲诣军营宣谕且劳告之曰胜负兵家常事恶足介念凡尔所以偾者以不知地利中其伏我闻贼酋多死众丝棼无纪且久不得食息暇可攻若等无畏顾兵多无衣与器械乃使人悉索诸质肆故衣颁给之加赐钱帛牛酒饮食召诸金木工昼夜缮造器具悬重赏苗兵感激思奋察可用乃指画石塘地形曲折曰汝宜以兵若干为前锋从塘路进若干为奇兵伏道左水兵船若干环列道右防其逸皆后前锋数里候贼将至某处前锋迎敌佯败走俟其过伏伏尽起三面夹击蔑不胜矣尽臣如公策贼果偾败北走平望平望故别有苗兵营贼不知会总督张公从松江兼程来视师而永顺宣慰彭翼南复从泖湖西出胡公又同督察赵公部署参将卢镗等厉激之且躬擐甲胄径驰马趋出四面合围军声遂大振贼大沮还走王江泾既边疲于奔又馁且病矧无统纪遂大溃不支土兵与我军乘之斩倭首贰千余级堕溺水死者不可胜校盖自是嘉兴杭人始安枕军民主客始知贼犹人非真若鬼神雷电虎豹然不可响迩浸有斗志贼亦自是稍稍顾忌逆气狂谋渐以亏朒始可诱而图矣

嗟乎奇变决而波才破各涧袭而淮淝捷嘉山合而博陵奔盖自昔祸乱之兴必有忠义材武韬钤之臣以指挥壁画敉宁戡定盖天所以奠安维极绥辑神人鸿德好生常假手乎巨公伟人实为之孰云其果梦梦哉武进左子好论次当世事而谓故所收公私牍牒所载王江泾战功淆无纪属余诠次余为诠次而归之庶后经世者有考焉

平望之捷

嘉靖乙卯夏五月官兵败贼于吴江之平望先是永保之兵既皆失利贼遂肆意猖獗一西北入太湖犯常州一

西南犯杭嘉湖其犯杭州者至塘棲二宣慰复失利贼掠北关去欲由苏州入海道吴江之平望浙直乡兵会击之贼腹背受敌大败走松江至三店我兵邀击之斩首柒百有奇中毒死者千余人是战也巡按御史胡公宗宪副使董士弘佥事王询以浙兵至参政任环知府林懋举以直隶兵至而三店则推官刘泉功居多皆不藉客兵之援由是而专任乡兵之议兴矣呜呼客兵之用岂得已哉盖彼之犷狡不驯非素有礼义之习我之恩威未洽难责以忠爱之心恤之过则骄操之急则变胜敌不足以偿其掠民之害厚赏不足以称其邀求之私前方城宗氏论之详矣虽然寇攘猝起民不知兵虑客兵之祸而徒驱民以战如投羊于虎是畏溺而避舟者耳故调客兵者一时之权恃客兵而忘练乡兵者非经远之策调客兵而练乡兵兵可用矣而后酌势之缓急敌之多寡以处客兵遣之则我无乏用之嫌留之又有以制其反噬之毒我师梅翁之底定东南也外立战勳内鲜兵变今日遣客兵数千而贼无玩心明日来客兵数千而民无惧色者用此道也彼谓客兵必不可用而又无练募之法者吾不知其所终矣

陆泾坝之捷

嘉靖乙卯夏五月松江柘林之寇千余入流突李塔汇历张庄小昆山趋泖湖而北保靖宣慰彭尽臣兵追之抵苏州之陆泾坝坝离城拾里而近兵备副使任环督兵击之擒其枭帅俘斩伍陆百级水火死者不计尸盈阡陌娄水为赤残寇仅贰百人值暴雨追之不克逸归柘林呜呼往岁倭贼觇我无备扬帆深入视吾苏不啻几上肉耳是捷也论者皆谓我兵有死之心无生之气而又益以尽臣善战之兵其胜宜也愚谓不然战之日续亲见之矣抚巡乘城督兵传餐寇矢如雨自娄门以东达于陆泾坝我众连呼战者三曰今日我任父对敌所不捐生以报者有如此日由是士气百倍总兵俞大猷并二宣慰兵三路并进奋勇夹击遂收全功当是时使非任公身先督战则吾不知民之僇力者何如使战而弗胜则鼓寇之怒其惨吾又不知何如也抑陆泾苏之东境也前此浙江巡按御史胡公宗宪有王江泾之捷则苏之南境后此提督都御史曹公邦辅有横泾之捷则苏之西境未几任公复有三文浦之捷则苏之北境一岁而贼而衄于苏盖自是而苏无倭寇矣

横泾之捷

嘉靖乙卯秋八月倭贼自象山登岸流突南京焚安定门杀一把总一指挥走无锡而南都御史曹公邦辅引兵驰护孝陵因追及于苏州之浒墅贼骄蹇益甚公与副使王崇古佥事董邦政知府林懋举知县康世耀把总娄宇曰此贼势埒数千勍敌我地形兵力为彼所窥他日大举入寇何以支之誓灭此而后入城乃分授信地申主客应援之规以崇古邦政宇率指挥张大纲武生车梁蹑贼所向遇敌先登为正兵懋举世耀各领兵屯吴林庙之左比护郡城南扼贼冲为援兵严家兵左哨沙兵右哨分突冲截为奇兵度贼走太湖募水兵于湖滨东山巡检领船数十往来探哨为游兵又度贼不走太湖必分踪以牵制我师或弃金帛于道饵我严谕毋离伍毋拾遗士皆股栗殊死战贼至吴林庙我兵擒斩贰拾柒人余走杨山迤至灵岩夺民船由新港出太湖欲走洞庭见我兵旗帜不敢渡复登岸至横泾前马桥匿一民舍我兵围而火攻之贼溃出遁伏田禾中不能得车梁扪其所杀人肉尚未寒又草露未动乃令众大呼贼在此贼果惊出遂俘斩之无一人得脱者而大纲手刃数人力尽死之始贼之在无锡也欲寻径常熟往附柘林之贼劫二人前数十武导之常熟在无锡之北二人给之而南且道辟行人曰贼至矣报官兵贼已陷绝地速来可尽擒也贼北败恨二人入骨竟脔割之呜呼是贼以伍拾叁人□突入郡转战叁千余里所过皆不焚掠唯与敌者杀之此其势其□可知也已非曹公之定策群有司之□力□松之祸未已也对然张大纲之死敌二人之给贼其功固非碌碌者惜二人之姓字不传尔

后梅之捷

嘉靖乙卯冬十一月倭贼自福建福宁州之连江洪流入浙境越平阳仙居至宁波奉化与钱仓贼合几柒百人深入绍兴势益滋蔓提督都御史胡公宗宪亲督兵备副使许东望容美土目田九霄同知曲入绳等兵往戡之遇贼江桥仅隔一河公谓诸将曰贼见我不顾而南其气未可乘若稍止观望可图也吾兹试之乃于马上自持一帜作指挥状贼果聚观公笑曰此易与耳乃令兵渡河九霄□其前入绳袭其后贼见两兵迭至大怖而走至后梅匿民家公复大笑曰贼若乘我兵半渡迎击胜负犹未可量今已投死地复何能为乃悉众围之三匝纵火焚之死者强半值天雨公与将士立田中夜五鼓大雾咫尺莫辨贼乘黑冲典史吴成器军成器故善战驱兵四面奋击之擒斩复若干人然脱走者犹众公计贼必由山西岭而遁岭之巅可伏也命设伏以待夜将半贼果至遂大败之斩首及焚死者积伍百贰拾有奇余奔太平蒲岐港官兵复追之贼坚壁不出乃夜逼贼垒投以霹雳火器喧若劫营者贼惊起自相攻击

死者又若干人得脱者无几竟出洋去丙辰春正月也时公新膺简命未浃旬辄有奇捷如此

清风岭之捷

嘉靖乙卯冬十一月倭舶三艘舣南麂之西麓提督都御史胡宗宪预设海舰封守甚固二舶不能入扬帆而东其一西走我兵蹑之沉其舟追入岙内相持入昼夜贼窘甚从山后窃划船逸去飓风驱回登劫大岙至三港守备刘隆千户刘纲百户张澄战殁于阵贼势复炽遂越金乡趋台州以浙北向时公方奏乐清之捷会台州告急公笑曰寇来有三败我皆得之不足平也初寇登平阳守将不循约束故得深入今台守谭纶千城之将且素受方略贼玩蹂其疆一兵法小敌之坚大敌之擒寇方得志三港其气骄我兵方捷于乐清其气劲以劲乘骄如拉朽耳二容美兵精悍甲诸部万里从征朝气正锐但初未谙险阨今授以布伏邀击之法则为全胜之技三遂命分道布截天台以南纶兵当之新昌以北容美兵当之纶兵逼垒而进以典史吴成器统部健为前哨报效吏章延廪为后哨百户王世仁陈濠督健卒伏于小江道左知事张东督乡兵伏于颜坑诸处而又迎贼所向预置药蜜药饼饵之由是贼或中伏或中毒擒获叁拾余颗伤死者不计始悔入台州境十二月抵新昌知应台关有备去至嵊县三界上馆岭会容□兵陈而待田九霄以正兵当其前田九章援兵继进左翼则留守王伦伏兵当之右翼则经历毕爵伏兵当之指挥吴江率部兵□贼后背夹击且多张旗帜为疑兵以撼贼势贼四面受敌且战且走我兵追之入清风岭烈女祠俘斩壹百柒拾余是踪也贼贰百余徒历温台绍二郡始克剿灭其敢于深入者由恃绍兴之倭欲□合伙迨越台州始知旧倭已破于是既畏谭兵不敢南复畏士兵不敢北卒至于败如公所料云

仙居之捷

嘉靖丙辰春三月朝廷以都御史胡宗宪累建奇勋命以兵部侍郎总督浙直福建军务会福建桐山之贼流逼浙境同知黄钏指挥梅魁御之贼溃围北走公密令副使刘焘预伏兵塔石蕉蒲诸山岙险阨则潜置火器以待仍列舟师于山侧之江滨贼至伏起杀伤甚众遁由天门隶至平阳青田越小峙沿江而南遂入荆溪荆溪通仙居乐清之孔道也时临海天台业已受公计集乡兵守黄潭箬孔中渡由是贼不得犯宁绍由乌杭西入仙居乘城筑未完冲突焚劫惨倍他地乃咨提督都御史阮公鹗驰救之复行副使许东望知府谨纶总兵卢镗兵从东路而进贼闻大兵且至遂走断桥彭溪巢于民舍我兵合围攻之俘斩三百余级焚溺死者无算所存六十余人取道天台之比复为赤城民兵所杀是时浙东西硖石梁湖之贼各万余人俱薄会城魁桀难制江南北新旧屯据者数亦逾万公以一身寄诸藩之安危以一心当百万之兵甲随机督剿算□□策直隶有宝山之捷两浙有西庵清水□之捷而桐山流寇亦旋□□□谓公今之子仪非耶

乍浦之捷

嘉靖丙辰秋七月贼徐海陈东之解桐乡围而东也阳为听□□实狐疑自吕港新场移屯乍浦城南营厂络绎改修旧船以图出海且窥伺我兵强弱为其进止总督侍郎胡宗宪策知其计曰外示羁縻而密檄副使刘焘图之会尚书赵公文华再命督察至公乃与定议以乍浦西南海塘可通杭州咨浙福提督都御史阮公鹗偕郎中郭仁副使徐洛总兵徐珏等壁海盐以遏犯杭之路东北金山可通松江浦东咨直隶提督都御史张公景贤驻松江而参政任环佥事董邦政留守王伦同知熊桴容美土官田九霄等扼青村黄浦及出海之路公亲督大兵与参政汪伯参议王询等驻平湖与贼逼垒而阵总兵俞大猷卢镗等则以舟师设伏洋山马迹邀其归路分布既定候闲而发适上海之贼田吴淞而西南出复万余人公恐海或中变与之连衡急啗海使东出击贼可得舟还岛海以为然果逆斩贼数百贼遂夜走以故海不及取其舟而返其他酋长脱出海者公已别遣大猷伏飞舰海上遮击之溺且尽公又计海书记麻叶不死无以坚其内附之心而陈东者与麻叶声相倚桐乡之设与海相睚眦者也于是又计令海缚麻叶并陈东以献海遂并有其众而诸酋长则疑且怨海矣海自度进退无所而公故与赵公薄责海益急因遣谍私海令其□□□斩之以谢可无罪海不得已从之遂与定约【与前缚麻叶取东等俱详见□□□氏□为巢徐海本末记】公乃令副使刘焘引游击□筑衡兵在伏乍浦城中而徐珏等兵分为三哨进壁白马庙左灏等兵由平湖间道而出主簿曹廷慧参将丁僅等壁乍浦城以为内援至期珏等移营□山海果□妻走海上艘群倭争逐之大乱城上举火我兵四合竟进大败之烧贼巢厂二十余里时海执称归顺投梁庄去诸遁出海洋者大猷兵邀击之前后俘斩柒百有奇没海及焚死者无算乍浦之贼无孑遗矣夫徐海以首恶煽祸而陈东麻叶等为之犄角勾引外夷侵扰中土受其螫毒者五年矣丙辰春拥众数万分道入寇北犯瓜杨阻绝运道东掠宁绍牵制我师声言欲下杭州犯留都比之

曩时猖獗尤甚公相度机宜不轻与争锋捐千金赏敢死之士用间诱退吕港贼艘以伐其深犯之谋复诱令杀贼立功以剪其羽翼之势擒麻叶擒陈东度其孤危可以取矣犹谓困兽死斗乃故弃船海滥开一面之缺而卒以游兵邀之无一得脱者后先下著不爽纤微岛夷之所以畏服而东南之所以奠安者不以此哉不以此哉

纪剿徐海本末

嘉靖丙辰徐海之拥诸倭奴而寇也一枝海门入略维杨东控京口一枝由松江入略上海一枝由定海关入略慈溪等县众谷数千人而海自拥部下万余人直逼乍浦而登岸则破诸舟□□之令人人各为死战又导故窟柘林者陈东所部数千人□□□兵攻乍浦城盖四月十九日也当是时朝廷方夺故总督而新总督胡公自提督代之甫八日问幕府麾下募卒仅三千人俱孱弱不可用故总督所征四川湖广山东河南诸兵俱罢去所为缓急者特容美土兵千人及参将宗礼所藉河朔之兵八百人耳南北诸倭酋不下数万谍者声言他酋分掠于江淮吴越诸州郡间以扼援兵而海等当窟乍浦下杭州席卷苏湖以胁金陵气恣甚总督胡公方召诸司画计无何故提学阮公代胡公为提督檄未至夜半闻乍浦围卷甲趋之胡公亦分遣兵激浦海盐之间为声援而自引兵壁塘棲相犄角居顷之海闻新总督胡公即故御史所尝提兵督战于莺湖王泾之间而覆之者气稍阻寻罢乍浦围闻两公方拥兵壁近郊不复敢窥杭于是径略峡石越皂林出乌镇以北乌镇者即海故所犯苏湖旧路也当是时胡公既获谍度苏湖之间惟莺湖为四战之地于是檄河朔兵自嘉兴入驻胜墩阵而待因以吴江水兵遮其前湖州水兵尾其后而公自引麾下募卒及容美土兵衡击之提督阮公自崇德闻贼且出乌镇也即道挟河朔之兵骑而驰及之于皂林令善射者且蹑且射贼稍稍引去贼纵数百人尝之辄又败去贼怒甚鼓噪而前提督阮公势皇急于是走轻舸入保桐乡而参将宗礼与裨将霍贯道等乃自张左右翼厚集其阵以待战数合击杀数十人会旦暮贼且引去时贼气颇窘而宗礼霍贯道等亦已绝□近不得择善地便水草以自休止明日饿而战贼遣候者树而望盖孤垒以堑无他援者也大喜复纵兵以半击其前以半绕其背而霍贯道河朔故骁将也大呼众力战矢炮如雨下无不人人一当十复击杀数十百人而贯道亦手自刃十余人贼益怖海且中炮欲驰去会火药尽霍贯道面宗礼仰天呼曰吾两人再得药数斗可以了此贼矣未几贯道与宗礼俱陷众大败贼遂乘胜围桐乡寺总督胡公已引兵蹑崇德闻之潸然流涕曰河朔之兵既败东南之事无复可支矣贼已困桐乡假令复分兵困崇德以劫我我两人譬之抱石而自沉也国家且奈何于是还省城檄诸路兵为战守计先是公始为提督时尝与监督尚书赵公谋曰国家困海上之寇数年于兹矣诸倭奴乘潮出没将士所不得斥堠而戍者人言王直以威信雄海上无他罪状苟得诱而使之或可阴携其党也按部题亦尝有用间为策者于是遣辨士蒋洲陈可愿及故尝与王直友善者数辈入海谕直直果感悦愿如约遣其养子毛海峰款定海关谢过间以谕海海已勾萨摩诸岛人入劫故不相及而海峰者云云彼固未之间也胡公策曰直与海虽顺逆不同其势固唇齿也直既悔悟海独不可以大义说之乎不然彼贪人也诱之以利或可狃其心闻桐乡城小而坚缓之数十日则永保成兵至固可破之矣于是疾走人谕海峰因厚遣谍者阴过海所曰直已遣子款定海关朝廷固且赦之矣若独无意乎新总督威名非曩时比且仰体朝廷德意推心置入腹若不乘此时解甲自谢他日必为虏矣海颇然其计于是亦遣酋自谢约罢□去因以要公稍出中国货物遗他倭酋而疏释其罪公佯诺辄以银牌绮币厚遗来谢酋而阴令营中盛兵容私谍者故纵酋瞰之酋既德公遗又内怖公之兵威也归以报海明日复遣他酋来谢公视之如初凡数复海于是始归心于公愿为公死之矣然陈东独心切疑海私公遗犹鞅鞅未之从也海间遣酋次桐乡城下私城上兵曰某已听总督胡公约解去矣城东门故柘林贼陈东党也骜悍不吾从若当谨备之是夕海果道崇德而西且乞他兵于公以夹击东胡公犹心讶未之许而东独盛为楼橹撞竿以撞城而桐乡令金燕者强干吏也城中一切兵仗火药诸已缮备提督阮公复躬厉矢石徇城上人下令散千金募敢死之士督战益亟所杀伤贼亦数十人方撞竿自楼橹中跃而撞城城几坏一男子为緡索图撞竿所击故窟处年至即緡挽以上斩之又募冶者煮铁汁灌城下酋城下酋不敢逼东既无何闻海等解去道远势且孤亦相与稍稍引去围始解而提督阮公出矣时五月二十三日也方阮公困桐乡时固日夜望总督胡公援兵之至而胡公亦重念东南之安危身之祸福与阮公相旦暮情固急业已遣兵备刘公督同留守王伦宣抚因九霄勤兵自嘉兴入壁斗门分守汪公督同知县张冕勒兵自湖州人壁乌镇参将丁仅勒兵自海盐入壁王店指挥乐埙督同千户罗天与勒兵自崇德入壁石门又令崇德令崔近思收河朔之散卒入城为声援兵四面环贼远者二三十里近者十余里而阵然各以狃皂林之败逡巡惶怖不敢逼而公业遣谍羁说贼亦日夜望永保成兵之至以决一战也计无可奈何而胡公与阮公两人者为同年故深相结者及

援兵不合阮公自围中颇急于是两相猜而他谤者与为飞语撼两公者盈道路矣

当是时朝廷闻东南之寇即日出尚书赵公督山东河朔诸兵援之又两公所私相猜者语颇闻赵公赵公亦故与两公者为肺腑交所尝两推毂中朝以镇东南者念两公卒有郄则东南之事牴牾不可图于是日夜引兵而南至扬州则阮公业已出桐乡围东渡钱塘徇会稽诸下邑击他贼胡公亦闻尚书赵公之至且战且南淮扬昆陵之间无足虑海为巨孽间虽狃而内附中固不可测而上海之贼万余人由吴淞江西引方急廼日遣谍者陷海以金帛而说之东出海上击他贼海亦果收诸倭酋出乍浦道平湖时谍报吴淞江之贼已鼓行涉嘉善界欲西合海公念海万一卒他变两相合奈何因策海始已焚舟为深入今不得舟必急于是遣谍诇海谓海既内附何不如故约勒兵击吴淞江贼具篡夺其辎掠舟以归海果然其计即日引诸酋逆之朱泾道上斩首若干级余贼遂夜走以故海不及篡夺其舟而还及他酋脱而出海也公又别遣□兵俞大猷伏飞舰海上遮击之溺且尽于是海既德公不敢背□闻吴淞江贼之出为海兵所遮击益内怖日输款于公遂犨故所戴飞鱼冠及他坚甲名剑数十种并以输公而间遣其弟洪入质于公公固佯纳之公又谍闻海麾下独书记叶麻为长酋其为人颇黠而悍近与海争一女子有微□非用间急缚之则无以死彼之内附之心于是遣谍就海帐中讽海缚叶麻以出叶麻出而诸酋中故隶叶麻部曲者稍稍怨且惧矣怨且惧恐生他衅则又以他罪缚得几百余人公又策陈东于诸部曲中与叶麻声相倚顷以桐乡之役两睚眦者也数遣谍持簪珥玑翠遗海两侍女令两侍女日夜说海并缚东海间诺而陈东者萨摩主弟故帐下书记酋海固未之能也于是出叶麻囚中令其诈为书于东反兵贼杀海其书故不以遗东阴泄之于海激怒之使并缚东海读其书涕双下益德公之不忍为东所贼杀之也日夜谋缚东以报公居无何尚书赵公移兵渡江来所过州县数举兵向贼贼辄败走俘斩若干级兵威大布

当是时公已知海之甘心于东不忍疾击海疾击之两人迫而深相结则东南之事未易图而尚书赵公之至也私约公共部署兵击海日急且召公故所遣谍面诘之曰若为我谕海海连兵以来罪不容死非缚陈东及斩千余级以献恐无以谢朝廷若能则吾党同督府诸公疏释之不然若□□□□□□□亦至于是海益怖出所故掠中国货物千余金赂王弟许请东代署书记海因夜得东即缚以故约复于胡公叶麻与陈东相继缚而诸酋长汹汹内乱矣

是时诸酋长既疑且怨海无斗心故其气日窘海亦自度纵令反故岛当亦必为诸酋长所贼杀故为内附日固而公与赵公薄责海益急海既急因念欲掠舟出海恐为海上兵所劫欲列垒拒官兵又业已内附不忍背且陈东党固日夜袭杀之也公策曰彼既乱吾可乘之矣因遣谍私海曰我固欲宽若赵尚书爷以若罪孽大何不听我舣数十艘海上若且诱之逐海上艘令俘斩千余级以谢赵公而若因得以自完乎海不得已且疑且诺因约兵备副使刘公引兵伏乍浦城中而某日时某当引众出海岸去乍浦城半里而阵佯令众酋逐海上艘某手旗麾之城中官兵即举燧为号从城中出亟击勿失诸官兵卒如故约乘之诸倭酋逐海上艘如蚁不及还兵斗于是诸官兵得乘胜蹂而前不伤一卒所俘斩数十百人没海者无算于是海自以数有功于朝廷愿与部下诸酋长入款且庭谒胡公与尚书赵公提督阮公及巡按赵公并许之谍往复期以八月初二日然海犹恐间设甲士劫之先期一日卒拥酋数百人胄而陈平湖城外自帅酋长百余人胄而入平湖城中以求四公者计不许恐他变遂许海与诸□长比响面四公按次稽首呼天星爷死罪死罪海欲再为款胡公而未之识因顾谍谍目示之海复面胡公稽首呼天星爷死罪死罪胡公亦下堂手摩海顶谓之曰若苦东南久矣今既内附朝廷且赦若慎勿再为孽海复稽首呼天星爷死罪死罪于是四公厚犒遗之而出是日城中人无不洒然色变者海既出诸公者固已忿恚海之列款犹胄而入属疆胁无礼又不及如谍故所期月日而先日卒至也其习行桀黠若此于是阖谋不勒兵诛之化日必为患计部下尚千余人猛鸷难即破永保兵犹迤逦远道未至也于是佯令海自择便地居之海果自择便地得沈家庄即僦沈家庄与居之是为八月八日当是时众复喧然哗诸公辈何不扑灭海不然且纵之出海上令自解去顾豢虎以自祸也不知诸公者固有待于是胡公与尚书赵公提督阮公私自部署兵又日夜遣使趣永保兵来会兵未集恐海惊祸且肘腋间胡公因日遣谍诇海且啗海如曩时公因谋以请于赵公曰吾闻善兵者乖其所之海与陈东党业已深仇今合而两附者迫故耳闻沈家庄故东西两处而中绾河为堑何不说海以西沈家庄居陈东党而自择东沈家庄以居部下酋乎谍以谕海海果如其言顷之永保兵至会海输二百金于公市酒米公复与赵公谋以药毒其中而归之又令陈东诈为书夜遗其党曰海已约官兵夹剿汝辈矣陈东党□□而夜伏逻卒东沈家庄道上瞰之适海皇急因令莫窃两侍女出道上而急则因间道走幕府以自托逻卒瞰知之归以报于陈东党陈东党闻之人惊即勒兵篡两侍女过海所骂曰吾死若

俱死耳遂私相鞘而斗海中稍众大乱明日官兵四面合墙立而进保靖兵先当之稍却河朔兵乘之又却俄而胡公擐甲厉声叱永保兵左右列大呼而入瞰垒下击会风烈公麾众束千余炬人各持炬纵火焚之海窘甚遂沉河死甫食顷人人骛而攫千余首蒐斩殆尽矣中所故饮毒首虏黑色者凡叁百余人于是永保兵俘两侍女而前问海何在两侍女者王姓一名翠翘一名绿姝故歌伎也两侍女泣而指海所自沉河处永保兵遂蹈河斩海级以归

龛山之捷【嘉靖三十五年十月】

龛山之贼自温州登岸蔓延于会稽经历文某与战于苦竹岭副使孙宏轼并军门所调奇兵与战于析开岭于翁家村参将卢镗与战于斤岭于梁衕贼少却走龚家畈百官渡过曹娥江顺流而西狡黠善闻噬齚孔棘初总督都御史胡宗宪方在浙西剿川沙之贼移檄诸将竟未有能殄之者至是亲提大兵至欲斩不用命者以殉于是佥事李如桂王询指挥杨永昌知事何常明典史吴兵器等兵并力追击于瓜山战三界战毋婆岭朱家溇贼遁萧山之丁村杭湖至陈家湾虽多所杀伤而凶锬愈炽公至择地形壁龛山之巅分诸将信地皆露宿以待时参将卢镗战还公促明□再战镗曰士疲矣休养数日乃可公佯许诺而密召亲兵谓曰若曹豢养久未立战功今贼行灭而诸将首风不进万一贼得脱此径渡钱塘江奈何今日正若曹立功之会能乘其不意而袭之贼可尽也众皆踊跃请效死已乃激令成器统之以进不数里遇贼死战无不一当十贼遂大败循海而走登匿山坡堡内我兵四面奋击不得已登屋掷瓦砾下瓦尽继之以枪枪尽投刀刀尽乃下死守我兵攻堡破之悉斩首以献时日且暝公喜谓诸将曰此贼流突千里转战无虑数十无能撄其锋者今一鼓荡平真朝廷天威也命取贼心啖之选狰狞首级廿余颗置案上每颗为饮一觥左右皆失色而公谈笑自若也达旦诸营方知破贼相率入贺公谓镗曰再一二日何如镗大惭服乃完师而归时乙卯冬仲既望也

金塘之捷【嘉靖三十五年】

辛五郎者宿寇徐海之偏裨也与陈东叶宗满叶麻辈同巢柘林攻乍浦围桐乡毒螫吴下诸郡其志欲吞全浙窥留都势甚猛也总督胡公欲灭之忌海与其党既而海受饵为我用擒其所恶陈东麻叶辈而遣其所欢以归倭岛五郎在焉公密令总兵俞大猷等分布海洋要冲截杀诸寇而五郎则责之卢镗镗接密谕时方对诸客食忽命治舰之金塘山客相顾莫知所谓镗自乘福船令将官率哨船若干以行次日至金塘瞭见北洋有大舟扬帆而南令哨船四散潜泊少选六船舣金塘之麓贼皆登憩镗知其为五郎也令哨船丛射之继以铳炮贼以手且摇且招摇者示勿攻击招者示有所言也哨兵扬言曰欲打话须去尔兵器则拍掌示无而呼一董【一董者一家之义乃倭诱也】有华人从冠者曰吾乃胡总督爷招安放回者也哨兵曰有牌验乎曰有镗招众贼至舟傍慰藉之谓五郎曰汝既为军门所遣岂可慢乎请至县款洽而津送之遂延五郎同舟余派哨船分载每载不过三四人多则不能容也五郎辞镗厚加体貌五郎不疑宴至深夜镗坐福船上层将台侍者引双灯上桅俄而哨船蝟聚镗问之曰如何齐应曰是了五郎大惊请下哨船与众夷同宿镗曰诺令左右送之穴梯而下至蓬户外望维海不见五郎悟欲赴水死左右不许曰卧塌在地平下五郎度不能免浩叹就卧遂缚之翌日入定海关乃知贼徒俱已芟尽即前夜起双灯时也是了者乃复命也群贼死时皆不知军门之谋佥讶哨兵敢行误杀五郎亦自以偶遇卢镗被执不知其出军门也呜呼神哉后献俘告庙天子赐尔上书奖公天下无不称快云

擒获王直

王直者歙人也少落魄有任侠气及壮多智略善施与以故人宗信之一时恶少若叶宗满徐□学谢和方廷助等皆乐□□□□尝相与谋曰中国法度森严动辄触禁孰与海外乎逍遥哉直因问其母汪妪曰生儿时有异兆否汪妪曰生汝之夕梦大星入怀傍有峨冠者诧曰此弧矢星也已而大雪草木皆冰直独心喜曰天星入怀非凡胎草木冰者兵象也天将命我以武胜乎于是遂起邪谋嘉靖十九年时海禁尚弛直与叶宗满等之广东造巨舰将带硝磺丝绵等违禁物抵日本暹罗西洋等国往来互市者五六年致富不赀夷人大信服之称为五峰船主则又招聚亡命若徐海陈东叶明等为之将领倾赀勾引倭奴门多郎次郎四助四郎等为之部落又有从子王汝贤义子王激为之腹心会五岛夷为乱直有宿憾于夷欲藉手以报及以威慑诸夷乃请于海防将官而剿之无孑遗者而声言宣力本朝以要重赏将官餽米百石直以为薄大诟投之海中从此怨中国频入内地侵盗直又尝以扁舟泊列表参将俞大猷驱舟师数千围之直以火箭突围去怨中国益深且眇官军易与也乃更造巨舰联舫方一百二十步容二千人木为城为楼橹四门其上可驰马往来据居萨摩洲之松浦津僭号曰京自称曰徽王部署官属咸有名号控制要害

而三十六岛之夷皆其指使时时遣夷汉兵十余道流劫滨海郡县延袤数千里咸遭荼毒而福清黄岩昌国临山崇德桐乡诸城皆为攻堕焚燔庐舍掳掠女子财帛以钜万计吏民死锋镝填沟壑者亦且数十万计比年如是官军莫敢婴其锋但为计狡谲每残破处必诡云某岛夷所为也故东南虽知王直之叛而不知受祸之惨皆由直者独总督胡公前按浙时见贼进退纵横皆按兵法知必有坐遣者且贼酋来者皆直部落也而不闻直来其为坐遣无疑先是间使徽州收其母妻及子于金华府狱中至是出之丰衣食洁第宅奉之以为饵而疏请以移谕日本禁戢部夷为名其实注意伺察直也上从之乃遣生员蒋洲陈可愿充正副使以行公以密计授洲等曰王直越在海外难与角胜于舟楫之间要须诱而出之使虎失负嵎之势乃可成擒耳又曰王直南面称孤身不履战阵而时遣偏裨杂种侵轶我边围是直常操其逸而以劳疲中国也要须宣布皇灵以携其党使穷发皆知向化则贼之势自不能容然后道之灭贼立功以保亲属此上策也洲等领计敬诺而行居无何倭酋董二被擒讯道直事甚悉与公所料不爽毫发中外始晓然知状于是上以公灼见祸本降玺书褒劳而阃外之事一以委公公得旨规罗益密御史金涮陶承学交章请立赏格有能主设奇谋生擒王直者封伯予万金部议从之诏曰可

嘉靖三十四年十一月洲等至五岛遇王激道以移谕事激曰无为见国王也此间有微王者岛夷所宗令渠传谕足矣见国王无益也明日直出客馆见洲等惟髻左衽旌旗服色拟王者左右簇拥洲等心动坐论乡曲设酒食相对情款方洽洲□□□□□遣洲等敬劳足下风波无恙直避席曰直海介逋臣□□□□□尺牵而鞫之而远劳讯使死罪死罪洲等曰总督公言足下称雄海曲志亦伟矣而公为盗贼之行何也直曰总督公之听误矣直为国家驱盗非为盗者也洲等曰是何言与足下招聚亡命斜合倭夷杀人剽货坐分卤获而为之辞曰我非为盗者是何异于昏夜操罟以临人之池执之则曰我非盗鱼者为君护鱼者也虽三尺童子知其必不然矣直语塞洲等曰总督公统领官军十万益以镇溪麻寮大剌土兵数万艨艟云屯戈矛两注水陆戒严号令齐一而欲以区区小岛与之抗衡是何异于螳螂臂以当车辙也又曰总督公推心置腹任人不疑援足下寿母令妻于狱中馆谷甚厚则公之心事可知矣何不乘机立功以自赎保全妻孥此转祸为福之上策也直默然而罢乃挟洲等巡数小岛而还而从此风闻外夷随其颐指者颇少变而叛贾倚直为渊薮者多有离心直始不安于彼矣初直闻母妻为戮心甚忿欲犯金华及闻洲等言无恙又窃喜于是始有渡海之谋日夜集所亲信者计之谢和等曰今日之举未可冒昧以往也当遣我至亲为彼所素信者先往宣力以坚其心待彼不疑然后全师继进始可以逞直笑曰妙算也遂托宣谕别国为名留蒋洲在岛令叶宗满王汝贤王激同陈可愿回至宁波诘之皆云宣谕未至时徐海陈东已拥萨摩洲夹过洋入冠矣今王直归顺先遣叶宗满等按赴效力成功之后他无所望惟愿进贡开市而已公得报已揣知其计姑从所请疏上许之公喜曰虏在掌中矣先是海中倭寇败没有零寇百余据舟山为乱公遣叶宗满等协助官军剿之尽歼焉公疏上功次犒赏有差王激笑曰此何足赏若吾父至当取金印如斗大

嘉靖三十五年三月徐海等果拥众十余万寇松江嘉兴诸郡甚急声言欲下杭城取金陵势张甚公乃谋之王激等以观其意激等初欲小试殷勤故甘心于舟山之寇至于徐海等正其所倚以图大事者且欲速直来共济乃辞曰是非吾所能办须吾父来乃可耳遂留夏正童华邵岳辅王汝贤在军门自以招直为名与叶宗满开洋去是年徐海等以次就擒事见徐海传公恐形迹彰露委心留用王汝贤等抚摩若亲子然叶宗满兄弟并加礼遇时时对将吏士民曰直非反贼顾崛强不一见我见我当有处也直闻公意指谓公诚朴可欺欲乘机以全亲属且未知徐海等败没以为纵不如所料亦可与之应援得志而去遂决策渡海先遣蒋洲次遣王激叶宗满等率锐卒千余执无印表文诈称豊洲王入贡先泊岑港据形胜分布已定直乃与谢和等慷慨登舟酾酒誓农曰俞大猷吾尝破之列表泊岸时须谨备之公当直未至时已皮其有隙豫调俞大猷于金山而以总兵卢镗代之卢镗者旧与激等从事舟山同饮食抚循倭夷备至直坦然不疑惟日聚群倭砺兵刃伐竹木为开市计且索母妻子弟求官封时公计已定仍姑列状上谓以安其心上已知直为金鱼智力俱非胡公敌乃显□□直既称投顺却挟倭同来以市买为词胡宗宪可相机设谋擒剿不许疏虞致堕贼计公奉诏秘而不宣夜驰至宁波城图方略密调参将戚继光张四维等督诸健将埋伏数匝水陆要害星罗棋列鱼鸟莫度乃以夏正等为死间谕直曰汝欲保全家属开市求官可以不降而得之乎带甲陈兵而称降又谁信汝汝有大兵于此即往见军门敢留汝邪况死生有命当死战亦死降亦死等死耳死战不若死降降且万有一生焉直拂然不悦而公与其所亲信王激叶宗满先遣来见者连床卧因佯露诸将请战书十余篇于几案王激等窃视惊怖夜半公作醉梦中语云吾欲活汝故禁不进兵汝不来休怨我也含糊其辞吐满床王激等漏之

于直直始疑之又使其子澄啮指血寓直书云军门数年恩养我辈惟愿汝一见使军门有辞于朝廷即许眷属相聚汝来军门决不留汝藉令不来能保必胜乎空害一家人耳又使邵岳童华等往来游说直犹豫未决公以直执恋今港已踰五旬察其心神终属观望乃开关扬帆示欲进兵直探知四面兵威甚盛终无脱计且知徐海等败没孤立无援因叹曰昔汉高祖见项羽鸿门当王者不死纵胡公诱我其奈我何乃曰部兵无统欲得王激摄之公知海上诸贼惟直多智习兵久雄异域得人心为难制其余皆鼠子辈毋足虑诸将亦云以犬易虎不可失也遂遣激往直乃桀然诣军门时嘉靖三十六年十一月也

公执之付按察司狱乃集三司诸大夫参议曰王直始以射利之心违明禁而下海继忘中华之义入番国以为奸勾引倭夷比年攻劫海宇震动东南绎骚虽称悔过以来归仍欲挟倭而求市上有干乎国禁下贻毒于生灵恶贯滔天神人共怒问拟斩罪犹有余辜公具疏上请得旨斩直于市枭示海滨妻子给功臣之家为奴王汝贤叶宗满俱从末减边远充军王激出洋为飓风所覆其余从贼鱼散鸟惊奔聚山谷公亲督官兵扫除党与□绝嘉靖三十九年二月兵部始以封赏之议上请诏曰大憝既除海氛已靖部议报谢徐徐何也胡宗宪可大了太保都察院左都御史兼兵部□侍郎荫一子锦衣卫副千户其余有功者升赏有差

舟山之捷

嘉靖戊午春二月总督侍郎胡宗宪擒获元凶王直其余党泊舟山之岑港倚险列栅势甚猖獗公命把总任锦指挥甘述宗等进泊江口之南都指挥李泾指挥张天杰等泊港口之北总兵俞大猷等以福船并叭喇乌八桨串网船往来策应指挥周官土官彭志显领大剌土兵由中路小河岭入指挥杨伯乔唐蓥土官张领镇溪麻寮兵由右路碇礵入参将戚继光率部兵由左路小岭入而指挥杨永昌卢錡鲍尚瑾方升通判吴成器等分道策应参政王询刘焘副使陈元珂则监督之约期水陆并进直抵贼巢时都指挥戴冲霄先用火攻杀伤颇多公许全捷俱准首功禁取级以妨前进我兵蹂尸而战贼大败奔舟忽港侧炮声大震复拥众登陆抄后死战我兵后哨稍却前锋四击横冲贼乃敛营固守公以夷僧德阳称贡而来贼胁为声援可计而离也乃潜纵之令成器遣谍持信票数百入剿散其胁从由是贼势日孤为守益坚公又檄诸将曰贼所以负固死斗者盖春汛已及计有新倭可为应援若哨击稍疏必流突与合矣此非小利害也其督舟师预为哨采之计无何果有倭船泊普陀小道头参将张四维推官查光述等督兵且战且逐至乌沙门外洋贼遂溃败俘斩四十余级贼走登乌沙悬山即朱家尖山也公策此贼与岑港之寇相距不远陆路必由碇礵水路必由响礁门乃檄诸将设伏以待已而贼果由二处奔沈家门与岑港合踪公不得已亲莅定海分遣将领各与信地福船由岑港南口广船由北口宣抚田世爵都指挥何本源等兵由马岙至张齿一由寺岭至三官堂一由小岭至聚水塘进而以元珂四维往来监督又遣奇兵由天童迳捣贼船仍近巢半里许列一老营以焘居中调度参政胡尧臣防守所城督发粮饷克期大举时贼依山阻水列栅自卫火器颇多我兵陷阵先登者间多被害公复檄诸将从中逼垒而阵且示以哨伏应援之规更番迭战以耗其火药折其锐气又令夷僧辈招之私语贼遂互相猜疑至持刀自击我兵乘隙进攻贼众大乱夜分纵火焚其舟死者无算余各奔剿我兵蹑之斩栅而入斩馘百余级复奔柯梅岭我兵追之火其巢厂贼势窘甚遁出浦口四维与指挥朱尚礼等舟师追至俞山外洋见贼连艘而行遂以兵船潜伏山下而以小艇尝之贼果逐利来追伏兵大起夹击之犁沉四舟擒其渠魁汪印山陈礼等斩首九十余级溺死者不计王直之党至是尽矣

是捷也五哨之布公有成算而大猷等参错不进沈家门合踪公料敌如神而诸将不先事追击至廑定海之设非公渊度圆机小挫不折能因败为胜且奈何哉呜呼于是见公之心独苦矣

海防类考载

长白港之捷

嘉靖肆拾年肆月有倭船壹只倭贼陆拾余徒登犯先该海道副使谭分布兵船在彼哨御遇到随遣中军把总艾升统督各官兵擒斩真倭首级陆拾贰名颗倭犯霩𩅦所官兵敌却之嘉靖肆拾年肆月有倭船大小贰拾余只倭贼伍百余徒由观山登岸攻城该所守御指挥向桂督率该所官军各用矢石火器敌死倭贼叁拾余徒贼忿不退折毁蔡世扬坟庵屯札教场绞梯叁拾余张蜂拥夏家山布梯攻打十分危急指挥向桂督率官军都茂功等奋勇死战打死倭贼不计力屈势穷下船开洋去讫本年伍月复有倭船伍只倭贼叁百余徒由观山上岸攻城该指挥向桂千

百户都茂功等督率该所官军各用矢石火器奋勇敌退各贼下船开洋去讫

裘村朱家店戴岙湖陈之捷

嘉靖肆拾年伍月内倭船伍只倭贼伍百余徒由湖头渡登岸突犯裘村地方该海道副使王　督率统兵把总艾升等官兵擒斩真倭首级叁百陆名颗贼见官兵势勇遁往朱家店地方随该把总艾升统督官兵奋勇追剿擒斩真倭首级柒拾捌名颗前贼势穷遁往戴岙湖陈地方又该把总艾升统督官兵擒斩尽绝计护倭首壹百伍拾叁名颗

剑山海洋之捷

嘉靖肆拾肆年肆月有倭船壹只屯泊在彼该海道副使蔡谒发统兵把总艾升统督官兵犁沉贼船擒斩真倭首级贰拾余名颗余贼溺死者不计其数

南漩绿鹰之捷

隆庆肆年叁月贰拾日有倭船叁只倭贼贰百余徒在南麂等岙行使该把总胡震督领官兵追至南漩下洋即获二船各贼下水生擒真倭叁名斩首捌颗救回被掳民人叁拾伍人贰拾捌日又有倭船贰只倭贼贰百余徒突至竹屿该把总胡震及参将下游哨兵船冲锋战至绿鹰下洋犁翻壹船围剿壹船擒斩真倭首级贰拾余颗救回被掳男妇肆拾余名口

五爪湖之捷

隆庆肆年肆月有倭船陆只屯泊在彼该海道副使王督同参将梅魁统率官兵陈典徐景星杨鸾等犁沉贼船贰只擒斩真倭首级贰拾余颗溺死倭贼甚众救回被掳叁人南麂竹屿东洛三礁之捷隆庆陆年闰贰月贰拾肆日有倭船壹只倭贼壹百余徒在东洛南麂外洋行使该温处兵巡道副使张督同参将胡震统督官兵周津伍奏等追剿擒斩真倭首级叁颗用火焚溺众贼死者不计肆月初伍日三礁外洋有大倭船贰只倭贼贰百余徒该参将胡震统督把总李春芳等官兵追剿犁沉贼船壹只火烧壹只生擒真倭柒名斩获首级壹拾壹颗救回妇女肆口小厮肆人

大衢岙之捷

隆庆陆年陆月各区兵船将已收掣回关该海道副使蒙照得汛期将毕恐有广闽倭船回岛严督各哨兵船再加哨御本月初陆日瞭有倭船贰只倭贼贰百余徒在洋行使劫掠当该副使蒙总兵朱参将孙鸾督率官兵徐景星等奋勇攻击生擒真倭壹拾伍名斩获倭首贰拾陆颗余徒溺水死者不计其数救回被掳男妇捌名口

鹿头外洋之捷

万历贰年肆月拾壹日有倭船贰只倭贼壹百伍拾余徒该台州兵巡道佥事王督同参将戚继美统率官兵王赐文等奋勇攻击斩获真倭首级肆颗犁沉贼船溺死无

南麂东洛外洋之捷

万历贰年肆月拾壹日南麂外洋有倭船壹只倭贼柒拾余徒该温处兵巡道副使华　督同参将李希周统率官兵叶欢等生擒真倭伍名斩获首级壹拾陆颗救回被掳人民壹拾玖名彼时风浪汹涌即用火攻烧溺水死者甚众拾伍日东洛洋外复至大倭船壹只倭贼捌拾余徒督遣官兵李春芳等擒斩真倭首级壹拾陆颗溺死不计其数

浪冈陈钱海洋之捷

万历贰年春汛该海道副使刘照得渔船□□东风□□□□官兵沿袭故套屯泊近港以不登岸为功又恐乘锐妄杀王石俱焚只图多级邀赏因而申明禁约督哨远洋随于本年伍月初贰目哨见大倭船壹只入犯浪冈海洋约贼百余该署总兵事副总兵王尚文参将艾升亲督把总徐景星所部兵船截杀冲犁斩获□□□□壹拾贰颗余贼连船覆没本月初叁日复有倭船贰只□□□百余徒突进陈钱海洋抢劫渔船又该副总兵王尚文参将艾升督发把总马自道等兵船邀击生擒真倭陆名斩获首级壹拾柒颗救回被掳民人肆拾玖名余贼溺水死者不可胜计

渔山海洋之捷

万历叁年肆月拾肆日松海外洋有倭船壹只自东南行驶内向该台州兵巡道佥事王　督同参将杨文统帅把总王有麟等领兵追至渔山海洋犁沉其船生擒真倭肆名斩获倭首壹拾贰级贼徒溺死者不计其数救回被掳渔人贰拾名马迹山陈钱洋浪冈高家嘴东枯山五爪湖白结山鱼龙山捌捷积谷山落花洋韭山浪冈下八山伍战

万历叁年春汛伍只约贼千余在落花洋合䑸行使入犯比时总兵出蒲岙参将出长涂督率把总徐景星等统领各哨官兵相机远御并为进剿是日又有大倭船肆只约贼贰百余徒在积谷山外行使官兵客寅等奋勇追及对敌移时伤残倭贼数多逋诛东遁本日浪冈外洋又有倭船壹拾伍只官兵樊云熊材钱潜宋大忠等与贼大战竟日铳箭齐发击死伤者不可胜计各贼望东遁去贰拾贰日陈钱海洋有倭船拾余只约贼伍百余徒官兵徐景星钱潜杨贵熊材宋大忠王三锡等合力攻击自午至夜分各放火器焚烧乘风冲犁沉其贰船斩获倭首壹拾陆级生擒从贼壹名各徒被伤投溺者甚众贼䑸解散我兵分道进剿伍月初壹日在黄泥礁海洋哨见大倭船壹只望大小七行使官兵陈仕贤徐和徐全等奋勇追击过茶山直至高家嘴贼被铳箭伤死者过半夺回被掳人柒名其各贼首级撞遇直隶兵船尽行邀取去讫初叁日在东枯山大洋追及倭船壹只官兵吴昆等向前奋击犁沉之斩获倭首柒级余贼覆没救回被掳者壹拾贰人又哨至下八山遇有倭船壹只官兵徐景星等对敌追奔百余里贼众大败忽遇飓风各飘散讫初肆日哨至五爪湖有大倭船壹只官兵杨贵等攻击犁沉□船生擒真倭柒名斩获倭首壹拾玖级被伤溺死者不计其数□回被掳人贰拾叁名又哨至蟹钳海洋有倭船贰只官兵徐□□陈应良等攻打追至□□外洋官兵齐放铳弹倭贼伤死□□□及收功黑夜雾迷各贼并船外遁遗一空船初肆日又追至莺窝白结山海洋有大倭船壹只官兵樊云等争先对敌斩获倭首肆级生擒从贼壹名余寇胥溺救回被掳壹拾贰人又督哨长章得秀于鱼笼山洋斩获真倭首壹级樊云等又于马迹山搜斩真倭首叁级拾贰日徐景星等又于浪冈外洋斩获真倭首肆级救回被掳贰人犁沉倭船壹只

马迹羊山渔船贰捷

宁波府知府周良宾海防同知李概呈称肆月拾柒日有倭船壹只计贼壹拾肆徒在于马迹海洋抢掠渔船当被渔人何邦宠王景秀等奋勇对敌破其船生擒真倭壹名斩获倭首肆级余贼溺死夺回原抢渔船壹只本月贰拾柒日又有倭船数只前来羊山海洋抢掳内有肆倭跳上渔船被渔人李廷臣等执梃对敌打伤叁贼落水生擒真倭壹名

徐公海洋之捷

万历叁年伍月初壹日本洋有倭船壹只约贼伍拾余徒往西北行使该嘉湖兵巡道佥事王　督同分守参将狄从夏统率把总韩沛等领兵攻击斩获真倭首玖级余贼连船淹没救回被掳人民壹拾壹名

渔洋之捷

□□府知府杨邦宪呈据渔户彭六等报称于万历叁年伍月初肆日本洋有倭船壹只计贼拾肆人前来抢掠渔船当被六等拼命对敌斩获倭首叁级余贼尽杀落水

韭山浪冈渔山叁捷

万历肆年春汛出师该巡视海道副使刘会同总兵李参将徐正督发各总官兵分布信地哨御远洋随奉钦差督抚军门谢案验题奉钦依加添沙唬捌桨船只派拨各总游哨直抵陈钱下八山等洋遏其方至又奉本院抚临调度指授节宜至肆月拾捌日官兵路宰客寅陈应家等哨至韭山外洋瞭有大倭船壹只内向各督水兵冲锋攻击生擒倭贼柒名斩倭首壹拾叁级夺获倭船并夷器贰百肆拾伍件又于本月贰拾肆日官兵徐九章樊云宋大忠马自道等哨至浪冈远洋瞭见大倭船贰只入寇约贼壹百余徒即督官兵奋勇血战犁沉前船生擒倭贼伍名斩倭首肆拾肆级淹没者不计并获夷器叁百贰拾柒件救回被掳渔户贰拾贰人又于伍月初五日官兵杜德辉江明等哨至南北竺海洋瞭有异船壹只向内行使约有倭贼伍拾余徒即督兵船追至渔山擂鼓笔架海洋各用火器攻烧贼船击贼下水比因铳惊龙起风洟大作止捞斩倭首肆级余贼尽皆淹没并获在船在水夷器贰百壹拾捌件

续编【万历肆年以后报捷】

金齿外洋之捷

万历伍年肆月贰拾壹日该分守宁绍徐参将差旗牌官裘良□等督率昌国把总邵岳哨总杜德辉等哨至金齿外洋见有倭船壹只向东南行使官兵奋力攻打斩获真倭首级捌颗救回被掳汉人叁名并获夷器贰拾件遇夜贼船撞礁淹没

积谷海洋之捷

万历捌年肆月拾陆日该分守宁绍卢参将督同昌国把总陆邦彦哨总陈梦斗等巡哨韭山外洋瞭见倭船壹只约贼叁拾余徒由正东向西行使随督兵船追至积谷海洋犁沉其船因天晚雷雨汹涌止钩斩真倭首级贰颗及捞获夷器捌件余贼溺水不计

东霍外洋之捷

万历捌年肆月贰拾肆日该分守宁绍卢参将巡历长涂鼠狼湖等处督令中正游哨把总詹斌钱潜哨官张世泽丘凤等巡哨东霍海洋遇见大小倭船叁只官兵攻打犁沉贼船斩获真倭首级共贰拾伍颗夷器贰百玖拾余件小倭船壹只余贼溺水不计其数

西矶洋岐六屿海洋之捷

万历捌年肆月该松海备倭把总马继武先于本年贰月内遵奉兵巡温处道佥事唐　台金严张参将军令统率大小船只在于南北海洋往来巡逻至肆月贰拾肆日哨至西矶山名蟹钳头信洋犁沉真倭船壹只擒获壹只生擒真倭壹名斩获首级壹拾叁颗投溺者不计

贰拾陆日又该把总马继武游哨山名洋岐海洋有真倭船壹只形若海沧督率哨官王庆龙顾汝济两相攻击贼见我兵势大难支遂各带刀投溺下水不计其数生擒魁倭贰名斩获首级壹拾柒颗

贰拾捌日把总马继武督同中军把总石光远在于六屿海洋生擒真倭壹拾名斩获首级贰颗通共生擒壹拾叁名斩获首级叁拾贰颗俱经解赴本道转解督抚军门吴验实题请钦赏六日三捷勒碑见在

东洛海洋之捷

万历捌年闰肆月贰拾叁日该分守温处参将潘清督率中军胡大经统船于东洛海洋哨遇倭船壹只约倭百余徒官兵奋勇擒获生倭壹拾贰名首级壹拾贰颗救回被掳人叁名

横坎门外洋之捷

万历拾年叁月贰拾壹日该分守温处参将沈思学督率黄华关总哨王龙统船横坎门外洋哨遇大小倭船贰只贼百数余徒官兵对敌伤死王龙贼船追至灵昆海涂督调标营把总冯汝员官兵攻剿擒获生倭贰拾陆名从贼壹拾玖名夷妇贰口首级伍颗倭船贰只夷器壹百伍拾叁件

花脑浪冈之捷

万历拾柒年叁月初贰日该分守宁绍吴参将督率中正游哨官兵陈梦斗钱潜等巡哨花脑大小盘等洋遇有贼船贰只奋勇攻剿犁沉贼船生擒真倭壹名斩获首级贰拾颗夺获夷器壹百拾贰件余贼溺死者众至本月初肆日又督定海北哨总刘应科正游总张必儒中游把总詹斌等巡哨浪冈海洋瞭有草苫大倭船壹只追出远洋奋勇夹攻龙风猛作官兵冒险鏖战生擒真倭伍名斩获首级贰拾捌颗夺获夷器壹百叁拾伍件

洛伽外洋之捷

万历贰拾玖年叁月贰拾玖日该分守宁绍陈参将督同正游哨赵应科定南哨哨官韩克华等巡哨洛伽山外洋遇有大乌尾小草苫倭船贰只合力攻打犁沉草苫船壹只倭众约贰拾余溺水传令不许取级并追大倭船忽遇雷风逃遁据船兵钱美等捞斩真倭首级壹颗并获倭衣贰件倭箭伍枝及轻伤兵王国等拾贰名

东霍之战

万历贰拾玖年肆月拾伍日该分守宁绍陈参将督同中正游哨把总陈云鹏张应试等巡哨东霍外洋瞭见草苫大倭船壹只各督唬船追剿我兵以佛狼机火箭等项攻打贼船鸟铳倭箭射兵捕兵间有被伤阵亡传国定辛子仪火兵桑有益我兵奋力合攻直抵黑水下洋夜深海□贼船遁去

东洛外洋之捷

万历贰拾玖年肆月拾玖日犯夷能普达等驾倭船壹只约倭柒拾余徒乘帆向东洛下洋望东南行使哨官张邦达队长狄龙等瞭见飞报温处兵巡道按察使汤　署参将事都司孙茂臣即督官兵叶得春等驾船追贼逼近乱发矢石铳炮四围攻打贼亦放铳矢对敌自午至酉贼见我兵凶猛势难抵敌乱窜下水当生擒活倭壹拾玖名并获倭仗呈解督抚刘　批行三司各道会官译审贼伙黄紝等吐称夷犯熊普达等海中劫掳米货杀死客商叁人情真林元等勾引事实会同按院马　看得渺茫一海华夷共之渔商牟利饵贼岛夷以乘汛扰我所从来矣自关猷有事朝鲜海上数年绝警及釜倭遁而岛夷邻东南者渐有觊心去年使船突来狡谋已兆今岁分艅流劫狂态益张况其

器利船坚大非昔比官兵卒遇技力难施声闻内地群情已自惊惶万一提备不严纵令阑入其贻害诚非小小者今幸沿海要地预防惟谨而温区官兵远哨遇敌合围攻打□□以致毁其来船溺其倭众生擒壹拾玖名具

卷八

原考

一辩倭真伪凡倭寇之入未必皆真夷也有伪夷者以导之耳故所虑者不在乎夷而在乎伪夷者也不于此辩之可乎岛法有刃无杖其夷之视刃也犹吾之视杖也是天下之至愚也故夫持刃先驱者夷也其一先一后而工于自匿者伪夷也岛俗贵富而贱贫故富者食粟贫者至以糈粃自给其寒而雪不得布缕被体也是天下之至苦也故夫见败絮斗粟亦忻然而负之趋者夷也其善择金帛而取其精者伪夷也其秃而类匏者夷也其秃而发隐隐类僧者伪夷也其屯也有立而盂者有跪而控者有拜而伏者夷也有坐而觞者伪夷也是伪夷常为之主而夷常为之役也其大掠以去而或被歼于海中者夷也其挟金以归而坐享之者伪夷也是伪夷常被其利而夷常被其害也此其夷之情也亦夷之势也惟其情如是势如是凡今海上之人一遇其掠即为其所用矣故所虑不在乎夷而在乎伪夷者也今之所当治者伪夷其急而夷其缓也伪夷其重而夷其轻也犹之止沸不如去新薪非能沸而沸之所由生也畏寒不如避风风非能寒而寒之所由盛也治夷不如治伪夷伪夷非夷而夷之所由肆也窃尝辩乎此求以制其死命伐其阴谋而破其□□矣奈何□利之人乐变于夷而莫可治也好攻乐杀之夷易勾于伪夷宁灭其身而卒莫之悔也噫是可恨也已

申谕

一辩倭真伪

万历拾叁年奉督抚部院温明文一辩功级夫真倭伪夷往多混报真倭顶心顖门皆秃类匏立而盂跪而控拜而伏皮肉紧缩伪夷虽秃而发隐隐类僧坐而食利必匿险必避若不辩明非惟功赏不实亦多戕害人命往领官兵有将被掳逃回或渔商平人及避□□民假称奸细妄杀报功深可痛恨除通行严禁外今后海上报捷听该道详加勘验如果顶心顖门无发及皮肉紧缩者方为真倭首级转送纪验其诈冒无据者即究明坐以故杀抵偿至于指称奸细妄杀报功者尤易见盖奸细必潜形夜伏或假扮乡民混入惧诘数不能多既已觉露可缚而至非临阵血战者比何用斩首以后奸细止许生擒不许杀害违者一体抵罪

原考

一全浙总论尝考浙江之源始于黟之林历山一线之微合流万壑终于钱塘江之鳖子门而入海焉故鳖子门者乃省城第一门户石墩凤凰外峙乃第二门户此外无山惟羊许独立海中东接衢洋西控吴淞江口为第三门户羊许二山有防然后石墩凤凰有蔽石墩凤凰有蔽然后钱塘鳖子门可宁此其大略也沙起钱塘东至吴淞曾无间断海外诸沙亦向此而转惟平坦延旷故贼皆可登是苏松杭嘉四府连壤一脉利害安危辅车相倚者也然而险要之防有三说焉曰海洋曰江湖曰矿山往者倭寇结巢金山柘林青南等地贻害浙之昌化富阳寇犯乍浦石墩渔浦各区流突直抵留都重地此海洋之患也沿江多盗夜劫客船湖漾盐徒肆行出没此江湖之患也矿寇之扰路出多岐若休宁之马金歙县之街口婺源之大庸常山之草坪江山之清河龙游之灰坪兰溪之太平街淳安之白马村开化之华埠直进云雾诸山严州之白沙直入寿昌诸处是皆贼所必由之路此矿山之患也今欲求钱塘无虞当守附海之三关欲求三关宁谧先防大海之羊许弟羊山孤悬大海去乍浦太远我舟顿此设遇东北飓风贼舟便捷彼此齐驱胜负难必许山岙门浅狭止可避东南之风贼乘东北风利吾开舟击之亦为并驾矣次者金山卫城西湾沙涂颇软可暂停舟但遇东南之风亦未易出惟海盐之白塔山去秦驻山不远四风皆便贼若由大洋而来随处可击是海盐一关尤四面之控制也惜乎逼于内地非早见预待之所总而论之贼由北洋经蛇山茶山其患必犯吴淞然吴淞之口北向舟难逆出必藉崇明等沙兵船以御之贼由东洋经陈钱马迹犯宁定者必藉衢山马墓兵船以御之贼由南洋经韭山乌沙门犯昌国临观者必藉舟山烈港兵船以御之若由羊山直进犯海盐者必藉乍浦三关兵船以御之是防海之总要也江湖之患须戒备沿江渔船之剽掠严缉湖港盐船之斜集豪杰失志者收之市井无赖者制之群聚夜出者诘之是防江湖之总要也乃若塞徽严诸州之要途修矿地守卫之兵制渠贼已露者戮之胁从可原

者遣之是防矿寇之总要也如此则江洋互摄山海交防守浙东者即所以应援浙西守浙西者即所以犄角苏松守苏松者即所以巩固金陵唇齿两全首尾相应制内御外之长策殆无踰于此矣

续定同前

原考

一羊山防守查得浙西哨道先立三关今分四哨四哨之中羊山为重羊山屼立大海东窥马迹西应许山南援衢洋北控大小七山倭船窃居壁下取汲陈钱如遇正东飓风则瞬息可到此地之重者一也温台宁三府于汛期之际渔船到此而后分䑸采捕南极渔山北极茶蛇二山渺茫千里处处皆船此地之重者二也此地不守则马迹可以结巢而徐公上下皆为倭寇渊薮不惟许山有唇亡之害而声息不通应援阻绝衢洋当一面之冲浙西失藩蔽之固矣嘉靖壬子被倭之后每遇大小汛期以备倭把总一员率领苍沙小哨等船守之诚为有见但羊山之外四顾汪洋阴雾迷漫咫尺不辩则难于瞭望港门错杂潮势纵横备左右空备前后寡则难于防御今所守者苍船贰只兵夫仅陆拾贰人沙船肆只兵夫仅百人小哨船贰只兵夫仅叁拾人叭喇唬船拾只兵夫仅壹百陆拾人以孤䑸之船独守此地窃恐瞭望不及备御不敷海贼有不由羊山而径入内洋者未可知也隆庆元年胡参将汛夜巡城忽一晚骤见外洋大船无数各地戒严比晓则是渔船也此时守羊许者俱不知而内地则知之亦奚贵于守哉合无照依浙东中游哨出守鼠狼湖事例抽羊游及内河叭喇唬船分布哨探圣姑礁为居中之地札为老营而以□□□□泊之羊山则张家屿之北锅湾屿之东警可□也以小船数只泊之下钓则徐公之外马迹之内之警可备也以小船数只泊之秀才等岙则衢洋之上沙塘之下之警可备也以小船数只泊之西洋等岙则滩山之前渔山之后之警可备也如此分布则要害有守而门户可固浙西可恃以无恐矣

续定

一羊山防守

万历叁拾年间为预备汛防事该带管嘉湖兵巡道右布政使范　奉督抚军门刘　批本道呈详议看得羊山许山乍浦均系本区外藩先年派设兵船三哨专驻防守颇称联络后建议者改将许山官兵撤守黄道庙而止以羊山唬船分哨许山致有捉襟露肘之虞似非绸缪户牖之确画也今蒙本都院洞鉴往议之失谓宜将黄道庙兵船仍还许山其黄道庙应另设唬船陆只属该参中军官管摄每汛听该参查委旗牌官壹员管理再于许山哨内轮拨大船贰只协守是外御既密内守亦周远近适宜极为妥便及查旧哨既还许山名目仍应改为许山哨其羊许游哨亦仍旧为羊山哨至于黄道庙新设唬船陆只应丛该参所议将中游哨原设沙唬船壹拾伍只改名中游左哨新设唬船陆只并轮拨许山大船贰只名为中游右哨庶可分别专责新增唬船捕舵兵夫玖拾陆名岁该饷银壹千玖拾肆两肆分应照原议于事故银内船税银贰拾肆两于战船银内各支给合候详示通行遵照等缘由奉批如议悉行遵照缴奉经备行该参及嘉兴府各查照见在遵行

申谕

万历叁拾年贰月内该带管嘉湖兵巡道右布政使范奉督抚军门刘宪牌准镇守总兵李手本据巡哨哨官蔡子龙揭帖廪称据过洋商船惊传羊山见有沙上大船伍陆只每只约肆伍拾人火器枪刀俱备专候打劫经过商船即令为墓港积有商船贰叁拾只闻风不敢开行等情转报到院备行仰道即便会行分守参将严行把总王逢源等调拨兵船前往驱逐出境如敢拒敌就便奋勇擒剿毋容流劫贻害地方等因奉此案照先为海劫大变事本月初捌日准本司兵巡海道关据定海县申本年正月贰拾日据直隶苏州府太仓州船户董春等告称揽载商人周期穆温淳等米叁百柒拾包油叁拾石忽于本月拾柒日行至羊山突遇强盗船肆只攒拥打劫罄掳等情又据沙船户李乾告称今月拾柒羊山地方撞遇强盗肆船打劫客货陆船装载□□□乾等笲剥抛弃在山连船带去贰只又据船□□□□□□□船壹只揭本贰拾两交兄董性与舵工马稍并船众伍人架船前来舟山买柴本月拾柒日开至羊山蹇遇贼船肆只劫掠银两衣服将人綑丢海山将船驾去又据船户蔡元告称揽载郑泉陈春米豆桐油附带牛骨等货行至清水大洋本月拾肆日忽遇强盗船叁只齐拥打劫米豆桐油衣被银两一空将驾船水手陈四曹知金泉戳死落海及据福建漳州府商人周期穆温淳呈称揭贩米油在苏州河下募董春沙船装载本月拾柒日开至羊山突遭贼船肆只攒拥搬掳今幸到关各等情到县申请移檄各区协力擒剿等因到道备关烦将羊山劫掠贼船严督

官兵追剿此后作何防御希将查处过缘由移覆以便责成等因前来准经备行该参严督海宁备倭把总王逢源查将前项贼船勒限追捕仍将各该员役查实失事缘由分别罪革解审并议防御事宜报道覆议一面备将前由具文于本月拾贰日通行呈报抚案二院照验仍俟查报至日另详去后随于本月拾肆日奉本都院宪牌据本道呈报前事仰道即便会行分守参将及严督该哨官兵将前项贼船速行探实追剿务期擒获殄臧毋容流劫贻害地方一面将各失事员役确查失事缘由分别罪革另文详报等因并奉前因随经通行该参总及嘉兴府海防官各遵照勒限督剿查报去后催准分守杭嘉湖参将鲁璋手本回称准经行据海宁备倭把总王逢源呈称遵依行据总哨马上锦王尚贤吕一阳会呈查得职等轮哨海洋以半月为期督率兵船前往羊山巡哨本年正月初壹日起至拾伍日止该总哨吕一阳拾陆日起至叁拾日止该总哨王尚贤各督捕盗鲍应魁等船直抵羊山哨守各照限满方回并无前项商船在于所守羊山信地被盗今奉行查为照羊山有大小之名信地有浙直之派大羊山圣姑礁系浙西信地小羊山羊山殿系直隶地方与大羊山相去颇远其清水大洋系直隶宝山之地与浙直大羊山相去甚远程隔三潮途遥千里今据商人周期穆温淳称于拾柒日在羊山被劫船户蔡元称于拾肆日行至清水大洋被盗等情中恐移东指西掩瑕藏垢之故且浙东沙涂偏僻岛屿相环随处可以藏泊浙西派守信地孤悬大海并无山岛堪依盗船难以潜踪棲止且各盗素知有兵防守岂肯自投法网是立关以来毫无失事如上年岱山被盗反移浙西失事浒山遇倭反又改字为许节节有稽究案昭明呈乞备达等因据此查得羊山之名委有两处浙西官兵信守者大羊山圣姑礁孤悬大海周围原无山岙沙涂船难住泊其小羊山羊山殿前□直隶官兵信地而苏松商船由刘家河出海必经于此抛椗系泊且查清水马墓不系本区信洋则非大羊山失□□已昭明合无请乞备行直隶沿海府县卫所申饬原行严禁商船俱于河内贸易不许下海偷税致招寇萌如有故违者许守信官兵获送该管衙门治以违禁之罪船拆入官公用如此庶盗源可绝防御可保无虞矣等因备呈到职据此为查本区羊山海洋每年大小二信派督官兵哨泊于彼汛毕之日虽奉收掣仍将沙唬等船每半月为期轮差总哨官一员更番哨守岁无虚时向来遵行已久今查巡哨日期自正月初壹日起至拾伍日止则为哨总吕一阳之责也自拾陆日起至叁拾日止则为哨总王尚贤之责也但据海宁把总王逢源呈据各官呈禀查得本日本境海洋并无前船劫夺及称商人所告词内原有羊山殿前及清水洋马墓字样非为浙西信地亦为可据第恐辞属推诿有难深信即应查将各该官捕解道吊取原告商人面质方免隐情但查各商犹在隔别而各官又以发汛出海合无姑俟汛毕解究如果该哨失事从重坐罪委非信洋准其豁免其防御善后事宜及查小羊山殿前原系直隶官兵信地每年止于大汛彼中调发沙船数只泊守与本区及浙东兵船会哨汛防一毕收掣回关不论平时即小汛亦无一船至彼是以直隶各沙亡命之徒乘虚啸聚劫掠商货故或有之相应俯照原行移会直隶道镇衙门再加申飭以后凡遇汛毕日将各波□□□□旗由尽数收集还官不许假以樵采为名越界惹衅其商贾货船俱令内河贸易即有海上之船亦须连艅行使亦不许零星往来自取劫掠烦请覆酌转详等因到道准此卷查一宗申严哨探以重海防事奉本都院宪牌前事该前道议看得本区沿海官兵分布信地悉照成规每遇汛期给与哨符与浙东临定直隶吴淞金山营往来会哨但往例汛毕以半月为期轮班侦探期满者倘遇顺风便回后哨者苦于逆浪难往则汛地无兵不无可虞复经严令出哨官兵毋分期限必俟后哨船至羊山方许前船收回令信地常有官兵以消盗萌仍应知会直隶苏松道及总参衙门一体照议交哨庶成绸缪至计至于本区羊山信地原与直隶相连而崇明刘河等处沙船每假樵捕为名径入本区海面诘之则执有官照容之或乘间窃劫海洋辽邈稽察为难应行彼中各该衙门凡防汛毕日尽收原给印单不许再行越界樵捕其兵船仍以该区字号商船以该埠字号各大书于船尾以别杂船其有越界及无字号者即盘验驱逐如抗拒者拿究等因已经备由呈覆本都院及移关海道通行该参并直隶苏松道转督彼中各衙门遵照在卷今准前因该本道看得羊山信地据查原有大小两名大羊山则属浙西小羊山与清水大洋则属直隶虽疆域为邻近之界而信守有浙直之殊今商人周期穆温淳等船户董春等各称于正月拾柒日在羊山被盗船户蔡元称于拾肆日在清水大洋遇贼若周期穆温淳等各船该日果在本区大羊山信洋被盗该哨官兵王尚贤等偷安玩寇不行捄剿即按军法重处何容少缓但今止据概称羊山被盗且指清水洋为言是以此中官兵不敢承认皆报并无失事似亦有因今该参查议被劫商人船户俱在定海即欲吊提面质又恐往返耽延而各官兵见以汛事方殷业经督发哨守未便提质既经查覆前来相应转请合无候详允示督批兵巡海道就近行提原告商人船户周期穆温淳等面鞫的于何日在于某处地方海洋被劫或大羊山或小羊山或的在清水洋及研审贼船出没向往踪迹确实情由明白关会据法议详仍请宪檄申明严

行直隶道镇衙门务照原议凡遇汛毕将各沙采捕船只旗由尽数收集不许假名越界惹衅其各兵船以该区字号商船以该埠字号各大书于船尾以别杂船亦要结䑸行使不得孤舟轻泛自取劫掠如此则唇齿相维盗源自绝海洋庶可肃清矣呈奉本都院刘详批失事信地仰道移行海道查覆议详仍如议会行直隶道镇衙门禁约缴按院马批被劫船户移文海道查报余听抚院详行缴盐院周批被劫商人既在定海如议关行海巡道就近提审其直隶道镇本院另文申饬之此缴□□一陈钱□导夫陈钱壁下为倭寇必争之地盖自彼开洋随风到此必登山取汲整顿精神徘徊眺望其初无定向也若南风急则由茶山而往直隶到茶山而风转东则由高家嘴而入吴淞风转西则过老鹳嘴而入三沙此陈钱向正北之程也若东南风急则由下八山顶羊屿越马迹而进羊山到羊山而风转正南则由大小七北经翁家港刘河而入青南风转正东则由许山而入金山乍浦此陈钱向北之程也若东北风急则过落星头而入深水蒲岙到蒲岙而风转正东则入大衢沙塘岙而进长涂到长涂而风转东北则由两头洞而入定海到长涂而风转南则由胜山而入临观到临观而南风大作则过沥海而达海盐澉浦海宁此陈钱向正西之程也到蒲岙而风犹东北则过三星鼠狼湖一带而入舟山矣若正北风急则影外洋诸山而达闽广矣由是观之老鹳高家二嘴为直隶门户羊山为浙西门户深水蒲岙大衢韭山为浙东门户而陈钱者倭寇必经之地也近日儒生沈升者以陈钱为倭寇必经之地议欲建堡札兵于此以遏其登汲之道而挫其初至之锋似可扼其项而拊其背矣既而遣将登山尽图度地竟以为必不可行者何也陈钱壁下两山合壁李西倒球峙于港门中间止有向西北一湾略可寄泊水滨□底乱石巉岩兵在内贼得而阻之贼在内兵得而阻之再无出路使我兵在内贼来拒守东风方急策应不前其将何以为生夫君子作事谋始为可继也平居无事之时置兵于孤绝无人之境必不能久安而况海洋之跋涉城堡之难□粮运之艰难波涛之险赫风雨之阻滞兵心之摇兀无一可者兵法所谓置之死地而后生者以其势濒于死而有生道之可求也故以死战则胜矣陈钱之议乃以生人而置之死地所谓内无所据外无所逃束手待毙万无生理者也吾弗忍也故曰必不可行也

续定同前

原考

一普陀禁约照得普陀一山远距定海四百余里独峙海中山多岩窟田皆沃壤洪武初年信国公经略沿海见得本山穷洋多险易为贼巢遂行起遣天顺年间始有缁流私创□宇四方流聚渐多接济交通勾引响导嘉靖叁拾贰年间倭奴屯据本寺遂调发官兵刘恩至等剿灭之随奉钦差督抚军门王钧牌仰道即行把总黎秀会同主簿李良模带领兵船前去普陀山将寺宇尽行拆毁佛像木植器物等件运移定海招宝山寺收用其原山僧人俱各逃散舟山查有度牒者分发各寺无度牒者还俗当差插牌本山并告示沿海一带军民僧道人等不许一船一人登山樵采及倡为耕种复生事端如违本犯照例充军仍禁本境势豪之家不许营谋佃管若掌印官轻徇人情故纵犯禁坐赃问革等因备行把总黎秀等及行宁波府并定海县遵照隆庆陆年闰贰月内蒙巡按浙江监察御史谢按临宁波府访得舟山海外有普陀山一处先年奸僧潜住于此勾引倭奴入寇滋蔓既久遂成大乱续经禁戢海宇以宁近日复有奸僧纠众在彼苫盖殿房启衅边防贻患匪细行道即便多差官兵将前项潜□奸僧密切擒拿解院依蒙备行定海把总陈典带兵获拿□人明所等五名并大小铜佛檀香佛及什物等件解送前来随将本山苫盖草屋数间放火焚烧等因呈道该本道看得各僧近今在彼招接进香人民据其目前止是图取布施以为资身之策未有潜蓄异谋但滨海居民愚痴易惑况地在海外踪迹难稽万一聚集日繁朋奸作孽诚为将来隐忧近奉密察行拿诚防微杜渐远虑合将犯僧量拟罪名盘过佛像等件移入招宾山寺内仍请本院告示严禁船埠不许装送进香人民及游方僧道渡海祸端永绝矣备由连人呈解蒙本院详批本院所闻不过防微杜渐明所等既查无别情姑免问罪如无归著各发还籍佛像器具仍移入招宝寺其装送船埠并渡海进香严加盘诘禁约官兵不许妄拿平民缴依蒙将各僧发还原籍仍行定海总晓谕严禁讫

万历元年伍月内为违例越境采捕接引倭患事该本道副使刘查访得鄞定等县军民近居海滨专以捕鱼为生议令黄鱼生发时月听其领旗纳税照验出入采捕以充兵饷近来沿海顽民见利忘害私造蛋船不由官税装载酒米越出海岛□搭厂房在彼张网宿食日烟夜火屯集成家致惹倭贼劫夺酒米以资盗粮掳掠民人以为向导将抢去捕鱼人船杂于渔船之中形状雷同以致官兵难辨搜捕间或乘隙突犯贻累地方已经行会总参衙门严行禁

戢尚未尽除中间亦有指倚势豪公然雄据法应拿究以肃海防但沿海迢遥干系人众合候呈允通行定临昌各总差拨快船于外海山岛逐一查将蓬厂山房尽行烧毁人犯姑免拿究驱逐尽归内地许各附近港次采捕主理敢有仍前故违明禁者拿获照依律例从重枷号究遣备由呈奉钦差督抚军门方详批远洋厂房非济贼则贼资也如议烧毁以肃海防抗违者严拿究治此缴蒙巡按浙江监察御史萧批细民所知者小利耳岂知较大患哉约归近地深为得策如议行此缴蒙经通行遵照将厂房烧毁人犯驱归以后再有故违明禁者定行严拿究遣万历贰年间有僧人真表等违禁到山搭盖茅屋招接进香人民图取布施随被棍徒挟诈该定海把总徐景星将本寺所施铜佛幡袍什物香钱等件记数议令选留僧人三五名在山看守香火已后经舍财物逐一登簿报官等情呈蒙本道副使刘详批普陀虽系名山自倭变以来已有厉禁节奉明文逐僧毁庵将一应佛像炉瓶匾额移置招宝山为焚修道场矣然何无知愚民远远赴谒僧徒积棍乘势诓吓反为各奸阑骗局焉若该总所呈将来渐不可长不几于启窥伺而为盗资乎仰宁波府确究议详随该宁波府周知府覆纪得真表等委违前禁复到普陀山建庵招引致开棍徒骗局及议徐把总呈立住持给簿登记香钱一节将来枝延蔓结积聚渐多招引愚民引惹倭衅合将僧人尽逐庵棚拆毁财物入官佛像迁移招宝山寺供奉并将真表等姑拟杖罪具招呈蒙本道详批据呈深得防微杜渐之意不致见小利而忘远爱也即如议行舍施财物变价入官通取库收缴报发落讫

申谕

一普陀禁约

万历贰拾肆年伍月初伍日奉督抚军门刘为禁约事照得普陀山屹峙海洋外近岛夷中多岩窟国初经略沿海本山居人尽数起遣天顺以来毁寺逐僧节有厉禁嗣后因沿复私创有宝陀海潮二寺远招香客广致斋粮四方游僧闻风流聚其间持守戒律者固有而亡命匿奸者亦多事干海防可听滋蔓本当严行查逐姑念积习相沿焚修日久一时驱逐流亡可念合行申饬以杜将来为此示仰本山住持僧行人等知悉除原建屋宇见住僧人已该定海县查有额数在册姑免驱逐外自后并不许搬运砖木增置院舍广招徒众其一应进香游僧到寺止给三日斋粮立遣□山不许恋住停留如有故违及住持通同窝纵者访出□□拿究其住山各僧务要恪守清规无得放纵自干法纪特此晓示奉经勒召本山永为遵守

万历贰拾柒年间为禁约事该海兵道按察使范奉督抚军门刘宪牌遵查近访各处风俗惑邪崇佛竞尚异端浙省之东普陀岩为尤甚以致游僧潜来结社托词讲经讹言惑众鼓动男妇大小船只装载渡海收带无赖亡命造衅宣淫即卫所军余欲逃尺藉者亦得蔽身淄流擅逃行伍而流党蔓延奸僧啸聚顿犯白莲教诸禁扞网横行甚至狡猾小丑煽熖百端勾引外夷为祸叵测皆缘地近南海人皆藉口进香而大士净域反为藏污纳垢之区故往年拾月神明厌其秽亵寺宇无故火焚已将佛像迁移内地随奉本都院颁示禁约不许复行创建长虑却顾有识者自知之即今海警虽云少谧后事更宜加防如嘉靖年间倭奴入寇盘踞普陀令人寒心往事可鉴已但海通旁郡恐有奸僧暗纠恶党煽惑男妇复运料物过海希图再创其于地方海防深为隐忧合行申明旧章给示晓谕示仰府县巡捕员役并地方军民船户人等知悉以后凡有奸僧在于城市乡镇寺院等处讲演白莲教法招接尼姑斋婆引诱妇女载船渡海假称进香以为淫僧巢穴及搬运料物过海贻祸海防者即便拿解本司以凭重究船料入官人犯重责四十板枷号一个月不论它乡它省男妇俱钉肘递发原籍拿解员役仍行重赏如或纵容一体连坐

又为军务事该前道看得普陀山寺天山焚烧之后又奉军门及本司节次严禁不许复创□□昔年倭奴窃据之祸今访该寺奸僧仍又募化木料砖瓦囤积山房希图创建楼殿复有告人王德出首相同除拿首僧如德匠人王秀等究罪示惩外所有前项料物应追入官修葺公署合行委官搬运为此仰宁波府即著委官该日带同兵船前去将在山木植砖瓦尽数检搜一物一件俱收入官如或藉口各处施舍亦係本僧募化均属违禁各文武官俱以海防地方为重不得徇情遗漏倘有豪右阻挠一并擒拿送道并治各料搬运定海县空闲公署拨人看管俟修理守巡道衙门以便蜚汛驻札其跟随人役兵夫约束不许受贿私卖及生事滋扰违玩者委官指名呈究仍将各项料物数目报府开册查考委官阿纵责有攸归

又为地方事该前道案查禁止妇女入寺渡海登普陀等处烧香及淫僧恶歇惯诱男妇包揽香客等件已屡有禁在宁波府濒江一带开张香烛店铺内设佛堂禅榻浴池凡朝普陀士女先至其家安顿后□□□□□来□□□□□□□□□者固已改寻生意□□□□□□□□明禁开店招接香客置船数只装载普陀似此玩法合行拿

究仰县即提违禁人犯袁廷器等正身查究的确缘由依律招解仍出大字告示申饬以后各濒江店铺毋得再犯取里临甘结并缴

又该督抚军门刘于万历叁拾年拾壹月内题为倭情叵测海衅难开恳乞圣明停止海外山寺之建以杜祸萌以安地方事据浙江按察司巡视海道兼分巡宁波整饬宁绍兵备副使王道显呈称奉臣宪牌照得普陀山屹峙大海密迩岛夷国初特设厉禁毁寺逐僧良有深虑近因承平禁弛鲁增建祠宇招引流僧香客海衅渐萌本院深切隐忧再申前禁镌石遵守未几宝陀就灾复据该道议止重建又经批行严禁去后近闻朝廷遣官相度营建果尔势必拓基广制将来招引日繁益难禁遏即今海氛不测万一倭奴登犯盘据贻害不小事干海防合行查议仰道即便转行宁波府备查本山自贰拾肆年本院勒石垂禁祠宇除宝陀海潮二寺此外不许增置僧徒除籍名在册此外不许多留二十七年宝陀寺灾复行禁止即今曾否违禁私创僧徒有无招聚繁杂目下朝廷遣官作何起造是否止循宝陀寺旧址或议另行恢扩倘工未即举应否具题该停如果事难挽回日后住持焚修作何稽查远迩流聚作何禁戢岛夷窥视作何防御该道与同地方官悉心酬画备将始终利害及一切善后事宜确议通详以凭施行等因到道奉此通行总参衙门并宁波府查议间催据该府呈称准宁绍参将袁世忠手本回据定海把总赵九思呈称查得普陀即古梅岑距定海县治三百余里盘礴于诸山之外窅茫于巨浸之中其地环绕计百余里山多岩窟土皆沃壤耕可足食樵可充炊兼之远近输舍储蓄富饶播传人耳倭奴一苇可航垂涎顾非一日东南要害莫重于此汛期虽派正游官兵一总南中一哨分布防守虑难周遍万一海氛叵测将有不忍言者粤□宋元丰间建寺宝陀我国初五山作乱洪武二十年信国公经略沿海以此山穷洋极险贼易为巢遂行起遣移寺于郡城甬东栖心名曰补陀天顺正德以后始有缁流私创于潮音洞上流聚渐多接济交通勾引向导嘉靖三十二年倭奴屯据大师剿平次岁久巢于此官兵攻劫流突内侵为患滋蔓是以当事议题毁寺逐僧复迁佛像于县之招宝刊示沿海不许樵采耕种违犯照例充军虽船埠装送远近香客皆有厉禁载在案籍班班可考

迨于隆庆以来有僧真松仍此结茅潜棲复有僧真表改建于稍内山麓□□□西即今被焚之故墓也万历□□年上命颁发藏经见存该寺二十七年□被回禄旋造大殿五间余不胜计其海潮寺始于万历八年有僧真融另在千步沙开垦别创落成二十四年自奉督抚军门勒石垂禁之后二寺之僧倏往倏来旋多旋少为数似无定额而祠宇殿堂僧房净室日则满山棋布夜则燃火星罗总计二百有奇日益月盛漫无可稽其间亡命之徒窟穴隐奸且莫可测匪特倭患当防呈乞裁度等因该本职覆查得普陀委称梅岑山在舟山极东外洋离县治三百余里直对东霍外无屏蔽去日本仅三昼夜可达其地山环土沃与宁区奉禁金塘大榭南田诸山相等四面汪洋巉岩汹涌屯据则易攻剿为难实系东浙极冲要害之处自宋时建寺焚修至国朝起遣禁逐复至嘉靖间奸僧勾倭盘据内侵题请毁寺迁徙申禁隆庆中越禁复兴万历八年僧创海潮寺十四年奉颁藏经广构殿宇增置净室与历年因革事宜该总查覆俱极详悉但查二十四年奉本院勒石禁止之后比时两寺大殿俱不增置而僧众香客经络往来竟难禁阻至二十七年外寺被火殿宇虽未全造而旧年已复建大殿一所足奉钦颁藏经即今朝廷遣官又议兴造闻其规制宜深八十余丈横阔六十余丈比□旧址未免恢扩且游僧别创净室不下二百余处□□□□险要与防守之艰难职等固心切徬徨日夕不宁者至谓防御官兵仅得标下正游一总定海南中一哨即加谨哨防尚虑疏误其余各哨处处险冲又难增拨在所疚心及稽查住持焚修应候再行有司限定名数量留供奉而在山净室僧徒亦应通行驱遣或归并之二寺至禁戢远迩流聚应如前道于宁波埠头禁阻香船不许多载游僧男妇前来潜住是或杜渐防微戢奸御乱之一策等因又据本府海防同知黄桦回称普陀一山亘峙海上东北顺风五日昼夜倭船可到此浙东第一之门户也入此两潮而抵舟山再入半潮而抵金塘三山势接岩穴居多海寇之来便为巢窟况皆沃壤可耕可樵往经开亩称数十万此尤浙东之要害也

洪武初年有方国珍乘之窃据圣祖命信国公汤和平之住居人民尽行起遣迄于天顺缁流入山私创寺宇诱众烧香窝藏奸细贼首许二因而勾倭啸聚为患嘉靖三十二年官兵剿之将寺焚毁迨至隆庆二年五年两台迭禁不许奸僧潜住佛像器物移入定海之招宝山仍禁船埠毋得装送进香人民及游方僧道祸端斯绝今上二年僧人真表违禁入山搭盖庵舍随蒙海道逐僧毁庵一应□像炉瓶匾额仍移招宝夫国家之患贵杜未然而纾□□□当征往昔兹据普陀之山既为浙东第一门户而自国初以及今上二年屡创屡灭则本山之不宜于建造可征已续查嘉靖三十等年许二之据双屿王直之据岑港区区之一山港尚足以惊恐浙东之三郡致请大兵督剿良久始平则

前此之受害者亦可征已而本山之不宜建造又何疑焉等因又据定海县申称查得定海关为浙东屏蔽一潮而至舟山又一潮而至普陀穷洋绝岛四畔无障登临山顶远望近倭黑水洋瞭在目前虽浩荡无际难计里程而东风汛疾倭奴不上五六日可到此地

普陀旧寺创自宋朝元丰年间国初洪武二十年信国公汤和经略沿海边地其诸山田若金塘大榭等处一切禁其开垦徙民内地虑至深远普陀寺因移于宁波栖心寺时久禁弛至正德年间复有构寺于潮音洞上嘉靖三十三年间倭奴内犯屯据此地以为巢穴征师剿平几至逾年劳费不赀当事者惩已然之衅议毁寺逐僧迁于定海之招宝山严禁船埠不许装载远近香客盖先事预防深意奈悬在海外吴松等处舍利饭僧之人自外海漂洋而至者难以禁绝隆庆年有僧真松构寺于山窝内万历十四年蒙□颁藏经寺宇□葺颇为钜□□普陀寺三里许又有海□寺在千□沙之外则游僧真融募建于万历八年间以次渐□□□□观而旧寺二十七年遭火焚烧四方檀越多趋海潮而普陀无所觅香客之利故住普陀僧人计必复兴古刹以与海潮争胜万历二十七年蒙复颁藏经于普陀寺僧人缘此广募木植砖瓦营造藏经殿并修梵字蒙海道严禁广造只留藏经殿无动余诸原毁基址一概荒芜未修近者内臣奉旨议建普陀古刹崇奉赐经第桑土隐忧恐室庐广竖资粮储积异日有叵测之变彼丑盘据其中凭藉宿粮以与我兵为梗未必非藩篱之患也愚陋肤见焚修保祐与防边固围均为吃紧而衣袽之警尤宜早计前寺储藏赐经其堂宇廊庑特可因其旧址议为新饰春秋岁时可备拜祝毋令过为高峻竖旗悬灯以启远夷窥伺之心毋令侈为广大招亡纳逋以滋他族逼处之渐其外方游僧到山者著本寺住持查有官给度牒方许留住此山其无度牒者非系犯罪脱逃即是私自披剃驱逐不许容匿又勒碑严禁香客俾各遵守无犯庶奸薮可清萌孽可折其附近汛地如乌沙门金牛港等处严令兵士侦探防备设奇贾勇令倭奴不敢登岸万一或有他变协力齐心以灭丑类则甲胄之任非所逆睹等因各覆□□□照

普陀山在海洋之中诸山之外离定海三百余里对冲日本顺风四五日可达也其山周围约有百里巉岩险绝波涛汹涌浙东最要害之处宋元丰始创宝陀寺规制不广国初信国公汤和起遣石兰金塘各山居民徙居郡邑而普陀亦与焉燔其宫宇三百余间迎佛相于甬东栖心寺改名补陀其普陀故址第留小铁瓦殿许一僧一伴供奉香灯深谋远虑往事可睹也日久禁弛废而复兴至嘉靖癸丑倭奴犯顺据为窟穴逾年始平当事者议奉迁大士于定海县招宝山而虚其遗址复有厉禁续僧真松者于隆庆间夤缘重建万历十四年钦颁藏经而该寺僧众欲与海潮争胜遂以奉经为名无日不思恢扩祠宇广招香客二十四年奉本院勒石垂禁二十七年寺灾仍有营造又蒙前任海道拆毁此普院之始末也若海潮寺则万历八年游僧真融所创建者夫海洋无际我与夷共之普陀孤悬海外追惟嘉靖癸丑之事可为寒心御夷之策要在清野则本山应否兴造不待智者而辨之即今见存二寺尚虑隐忧矧复恢其规制弘丽倍昔招集亡命广储斋供万声闻彼丑宁不生心是授寇巢而齐盗粮也倘蒙□停移经于□□栖心全浙不胜大幸不然即将见存寺宇并奉藏经一殿山照旧式修饰见新以示崇奉之意可也至于禁戢防御惟有稽查僧籍限定名数不许私度其游僧净室酌量驱逐拆毁于甬东埠定海关严禁船户毋得装载香客及行脚僧徒私自出海仍申饬沿海官兵慎加哨防斯亦不得已之中策等因具由呈覆到道查准参将袁世忠议覆相同又准总兵李承勋手本覆称普陀山悬居海心渺茫无际先年倭贼登犯据险为巢掘堑自卫几为浙之大患劳师费饷方克荡平即上年倭船突入巡哨官兵仅取一级余复遁逸则此山为倭夷垂涎之地足可鉴矣只缘二寺创建有年况奉有钦颁藏经本镇莅任之初深虞为害汛期拨派官兵二支往来哨守尚虑海洋广阔意外叵测犹切隐忧即今又奉明旨恢扩鼎建疆场将吏靡不忧惶惟愿院道主持或议具题得免增建此诚地方之幸也其善后一节惟有增兵加备以防岛夷之潜窥酌量焚修以清流僧之聚集毋侈丽以诲盗毋厚积以资敌申严盘诘之禁默消奸宄之谋此诚防微杜渐之要著等因前来准此为查

普陀在东越之境大海之中东控日本北接登莱南亘瓯闽西通吴会去定海县治三百余里古云海岸孤绝地也山广百里许土沃可耕樵茂可采远迩供奉类以千百计积聚甲于一邑先年倭奴垂涎所有据为巢穴勤兵费饷许久始平然彼丑尚未尝一日忘普陀也考其事建自宋代名曰宝陀国初秀山等叛竭地起遣至正德年后有缁流私创于潮音洞上嘉靖倭夷犯顺毁寺逐僧迨隆庆年来有真松改建于太子塔西总不出于本山之内越万历八年而复有海潮寺之增创矣十四年今上奉圣母命印施藏经颁发来寺二十七年普陀毁于火经典无虞海潮如故嗣又复赐藏经当其时节奉本院勒石示禁幸而少戢虽有藉口重建安妥藏经之谋然遇募化营造鸠工举事之际本

道有闻辄行阻止径将本料移入内地别置公所海潮诸僧利其寺之不复建而且多方以挠其成彼普陀缁流计无所出以为非藉圣上威灵复修古刹则上既不免于院道之禁止而下又不免于海潮之姗笑千图百计无所不至兹奉上遣二中官来议兴造绘图以进规模宏大倍过旧基窃恐游食亡命之徒竞相增创多造净室广接香客一旦岛夷窥伺突至或盘据或掳掠四方流聚于中或勾引或向导此非所谓集寇兵而资盗粮哉隐忧明鉴两为可虑第此举苟有利于国家亦何须于齿颊实系此辈故藉□建之名大肆渔猎之术惟狃两惟□目前之利顿忘日后之忧凡在疆围□吏靡不人人自危而求为思患预防之策也今奉本院议虑及此实地方生灵之福合应当此工役未兴俯赐会题请止如或事势万不可回止将见在殿宇存奉藏经此外不许私创一室有行住持焚修籍名在官此外不许容留一人其禁香客以绝广积严哨守以防窥伺此乃地方官分内之责等因通详到臣据此该臣会同巡按浙江监察御史吴看得定海县逼临海际而普陀一山孤悬外海大洋之中离县治三百余里其山周环广远沃可耕樵岩壑深邃奸宄易为巢穴且东与日本直对顺风三五日夜倭船可到诚东南第一门户也入此则迫舟山抵金塘望定海咫尺间耳浙之要害莫重于此先年海寇迭据勾夷为患实惟梵刹积蓄之是资以致东南半壁痛罹荼毒前后经略守土诸臣所为荡除起遣劳师费财不遗余力兹据道镇文武诸臣所陈说者事皆凿凿在往牒可考而镜也迩年缁流潜住搆宇聚徒臣等恐以多蓄启衅每绳之以法镌石垂禁属者天心仁爱寺宇被灾方幸奸陡之驱散有机海壖之衅隙可杜不意中官之相度忽遣于今日规制之宏廓更倍于前时势必大兴土木广募人徒风闻四传远迩歆动从此流聚日繁输积益广内为亡命之渊薮外启狡夷之垂涎盖昔者有司犹得按其名籍汰其侈滥今则借口于敕建焚修将矫诈横恣不敢问矣昔者官兵犹得守其故常遏其冲险今则掣肘于备多力寡将增兵加饷弗能制矣况迩来内地多虞连岁海氛未静奸人之伺隙而构乱者实繁有徒倭酋之要盟而欲复者释怨无日即撤桑未雨犹恐牖户绸缪之弗固而可动大工于海外藉寇巢而资盗粮哉傥计必为此臣恐东南扰攘之祸莫知底止矣夫事佛未必蒙福而饵夷适以召祸臣等切谓边海之衅断不可开无益之工断在可已辄敢忘其渎冒陈其悃款如此伏乞圣明俯察臣等之微忠垂念封疆之大计将普陀山见议兴工即行停止中使并行取回仍容臣等酌处姑将殿宇见在者存奉藏经此外不许私创一室有行住持焚修者籍名在官此外不许容留一人庶衅孽可消而海防永固矣

原考

一海山沿革照得宁温台叁府外洋有金塘大榭册子盛岙普陀南曰双屿马墓大衢兰秀玉环高巉石亭丕山南鹿东洛中界等山俱称沃壤接连岛夷胜国时各有人民居住比因五山作耗方国珍乘之以据浙东我圣祖命信国公汤和讨平之将各山人民尽数起发内地永禁不得开垦迄今天顺年间游僧潜于普陀山建寺诱众烧香窝藏奸细贼首许二等因而勾倭啸聚双屿等处为患嘉靖叁拾贰年间将寺烧毁

隆庆贰年叁月内为陈愚见以裨地方事奉钦差督抚军门赵案验题称近据海道副使蔡呈称金塘大榭普陀南田等处海山节被奸僧假名真松等奸民沈兴邦等具奏要行复寺开垦该本院议照得国初海山人民尽起内地弃为旷区者非不知诸山可耕可樵可盐诚察利害之源以为不如是不足以杜无穷之衅今僧民沈兴邦等屡奏开垦复寺万一误信关系地方利害非轻必须禁例森严始知畏惮查得问刑条例内一款大同山西等边官旗军民人等不许擅自入山将应禁林木砍伐违者问发南方烟瘴地面充军夫沿边禁例如此为照叁府地方俱为沿海自今以后敢有将前项海山私自开垦建寺居住占利者事发比照前例发遣题奉钦依通行遵照在卷

万历元年伍月内奉钦差督抚军门方案验为摘议理财事宜以少裨国计事先准户部咨准总理河道都御史翁揭称访得宁波旧有昌国县今舟山金塘大榭兰秀等山是也

国初胡蓝之变南京空虚将金塘大榭兰秀之民尽徙填实京师仅留舟山属诸定海今金塘大榭兰秀膏腴之田殆数万顷而山场柴木之饶尽属势豪占据以抽花利若行抚按丈量征税佃与民间其数岂止数万等因到部备咨到院仰道即便行委宁波府海防同知段孟贤亲诣金塘大榭南田盛岙陆横大衢兰秀等山及舟山等处涂地凡可耕种者逐一踏勘丈量亩数经界明白分为上中下三等给民领种不取佃价止征其租永为遵守中间应否损益或别有善处熟议停当详夺依奉行据同知段孟贤呈称该本职亲诣金塘山监督主簿陶序并里老弓算人等逐一丈量得上田捌千陆百柒拾玖亩中田陆千肆拾肆亩伍分下田叁千柒百陆拾柒亩玖分墩基地壹千肆百肆拾亩壹分平地肆千壹百玖拾陆亩玖分斜地贰千伍百陆拾贰亩伍分荡山贰千肆百叁拾玖亩贰分涂荡壹千伍拾贰

亩伍分滩涂壹千伍拾壹亩贰分柴山约计伍万亩内有茶山约计伍千亩又亲诣大榭等山监督典史刘逊甫并里老弓算人等量得上田壹千伍百壹拾伍亩伍分中田壹千壹百捌亩捌分下田捌百贰拾叁亩平地伍百陆拾伍亩壹分斜地伍百叁拾伍亩伍分墩基地叁百柒拾壹亩荡田贰千伍百叁拾壹亩贰分柴山约计壹万亩内有茶笋山壹千亩盛岙山量得上田壹百柒亩肆分中田壹百捌亩捌分下田玖拾亩陆分平地玖拾柒亩伍分斜地壹百柒拾亩壹分荡田伍百柒拾叁亩柒分柴山约陆千余亩册子山量得上田肆拾陆亩肆分中田壹千陆拾贰亩捌分下田叁千捌百肆亩平地叁拾贰亩肆分斜地壹拾亩柴山约壹千亩为照各山田地虽近内境终悬海外其南田山岙虽万亩以上因无屏蔽地势险易迥与金塘大榭不同欲行一体开丈似难轻议及查各山并无私垦成熟田地等因呈道该本道看得陆横兰秀大衢等山皆恃外海南田密迩韭山四无屏蔽似难安业耕种惟金塘大榭册子盛岙等山虽在海洋颇近县邑再照金 □等山原计田土约有贰拾万余亩今据同知段孟贤亲诣丈量止及十分之一二中间虽无隐漏但恐荆棘草莽之区野兽蕃息之所势难一详尽合再请委远府官员覆行丈勘果否异同庶便题议召种其南田陆横兰秀大衢等山委难轻议暂为停止备由呈蒙巡按浙江监察御史萧批据呈计画虽近详明而事体颇关重大又先报数目与今丈甚悬未可卒定本道就近□委一官覆丈并覆议再报通呈钦差督抚军门方未奉批示又经行委宁波府通判祝完覆量随据本官呈称亲诣金塘大榭盛岙册子等山严督老人弓算将前项量过各山田地山荡不分荆棘草莽之区野兽蕃息之所沿圻履亩量得金塘山上田墩基地平地荡田各项亩数与原量数目相同其中田多出壹亩下田多出肆百伍拾捌亩涂荡多出贰百壹拾亩滩涂多出叁千柒百玖拾亩又量得大榭山内中田下田平地斜地墩地俱与原量亩数相同其荡田多出壹百贰拾亩上田多出壹分又量盛岙山内下田平地与原量亩数相同其上田多出玖亩中田多出壹亩斜地多出贰拾亩壹分荡田多出叁拾亩又量得册子山上中下田平斜地俱各相同又量出荡田贰千陆百陆拾陆亩伍分具数备由呈送到道该本道看得金塘等山彼因伍山作耗各山人民起遣内地永不许开种今欲开垦前山计亩征租诚为兴利助饷之举已该祝通判重复丈量明白似无隐蔽之情但关系重大事干题议妥当庶保无虞□再行宁绍二府掌印官计定召种佃人之规毋致凌夺征收地租之法毋致拖欠备御倭患之防□接济以为盗资必须处置得宜内无纷争外无登犯不悖节蒙厉禁不为逋逃渊薮博访舆情从长酌议务使有益无损有备无患拟合转呈定夺备由通行呈奉钦差督抚军门谢详批金塘诸山既丈量矣但利害二字尚欠较量不知其分数之多寡何如也如议行宁绍二府掌印官再加博访集议呈报该道详夺缴蒙巡按浙江监察御史萧批海山之事人持一见本道仍行宁绍二府掌印官熟思博访详议通夺缴依蒙备行宁绍二府掌印官会议续据宁波府周知府会同绍兴府彭知府查议得金塘一山孤悬海心四不通陆周围俱山南有大岙万金木岙等田乃海寇窥伺之区但其中无室庐积聚不可久居今若开垦耕种则室庐筑矣谷粟聚矣万一寇据其中是彼有可据之险我无可攻之路所谓资寇兵而斋盗粮者也议者谓筑城屯兵可守可耕是矣殊不知筑城于平地则四顾皆高山从高俯瞰攻便而守难为力也且自山之外皆属于海风涛不停亦无可舣舟之处虽欲坐困成功而不可得者或谓舟山在外可城可田而金塘在内何顾不可殊不知舟山田在外而山在中金塘田在中而山在外形势不同故弃守异也万一有事非特定海有剥床之忧而浙东亦有外户之戒矧舟山重镇或被中阻而不相联属如之何其不虑也及查大榭去舟山仅可半潮在南则曰黄沙关在北则曰嵩子关犹之金塘况近后所为患尤大揆而度之利少而害多已奉钦差督抚军门赵奏例立碑永示相应遵照严禁等因呈道为照金塘大榭等山悬峙外海逼近舟山右接双屿左枕岑港频年倭寇窃发犹多窥此以为棲巢但经我兵远御随到而随歼之内地赖以奠安今欲开垦成田彼将视为奇货若遇秋熟此时水兵掣回陆兵旋凯万一倭寇乘机窃据因粮于我况此山内平外险易于屯结且守且劫恋据经年又将何以处之如近年许二之盘据双屿王直之啸聚岑港皆与金塘等山密迩相望大兵督剿良久方平非惟隐忧实为明鉴惩前覆辙孰敢为此厉阶以贻地方将来之患耶至于民间樵采捕猎事果有之此亦不尽利以遗民之意原非势力之家所得而独专者也今宁绍二府议报前因反覆辨析深察地方之险要夷考国典之沿革揆度攻守之难易较量利害之多寡从长计议博访舆情诚有剥肤之忧厝火积薪之势所谓利一而害十者也合无准从所议舍近利而□远图拂新檄而守成宪严行禁约申明例规不许奸民复□开垦如违照例问遣施行等因备由于万历肆年肆月初叁日通详呈奉钦差督抚军门谢批金塘大榭等山诚为东南沃壤但其地滨海负固足为盗贼渊薮一开之不有外患则有内忧势所必至者也

国初谋臣如云猛将如雨尚且弃置不耕今但当谨守祖宗之成宪而已万一胎祸起衅谁任其咎哉既经该道

各府众议皆同仰照前院题准事例严加禁逐但有违犯不遵者从重问遣详报缴又蒙巡按浙江监察御史吴批闻之滨海尚有不耕之地梗化之民若徙内地赤子舍衽席而驱之海外既非为民上者所忍况势远难驯易生勾引不为内溃必有外忧其迹易见也该道严行禁示如再有生事启衅者问遣如例此缴钦差巡按浙江等处监察御史王批据议较量利害明悉则此山田在所必捐的无可疑如拟申明旧例严禁开垦以杜衅端仍候通详行缴依蒙通行宁绍二府及各该把总等官一体永为遵照严禁施行

申谕

一海山沿革

万历拾伍年间为俯循职掌目击时艰敬陈兴革事宜以安军民龟下以垂万年永利事该布政司蒙巡盐御史李案验题奉钦依款开一开金塘等山以尽地利夫定海县之地有金塘大榭等山地甚膏腴而今为旷土臣尝闻之矣及臣巡历宁波府地方有军民龟闻和吴文等群然告垦随经批行各道查议未敢遽为然也及臣观兵定海诸山在前满目肥壤寻其数则昔经同知陈文丈报田地约有叁万壹千余亩山有肆万柒千余亩遗址见存而今则一带荒野臣不觉徘徊叹息者久之因而遍寻其故则言垦之不便者十有二三不过谓议守之难建城之难军民争夺之难倭寇窃掠之难臣细思之舟山在金塘之外目今已为沃土万家烟火输赋皇家乃金塘在内而外恃舟山以为藩篱独不可开乎舟山设有二所四巡司联络捍卫可保无虞况宁波一带军卫甚多兵戎颇众防汛犹有役占平时率尔空闲独不可迁一二以守乎目今库藏空虚一时固难筑城而召军民之愿种者尽力开垦三年之外果有成效令纳租赋以为筑城之资而留为地方之用不亦可乎其为倭寇窃掠之谭尤为危言阻挠之计夫浙兵精众俱有喜功之心而倭虏灰心已无跳梁之志纵有窃掠舟山当先受其害而环绕官兵何为者岂至疏虞至此为此言者乃有司市恩拔豪民以厌其侵占之谋非法也且天下无处非王土而以堂堂数万膏腴之田暗滋奸民无厌之欲不革不夷无租无赋岂理也哉臣请召民尽力开垦三年果有成效然后议租议赋建筑城垣供给国用可养万余人即从前有豪民隐种者尽赦其罪令之供报在官输我王赋入我版图百世之利也若曰军民相争三尺之谓何即不然当今浙兵骄悍粮饷不敷日事嗷嗷该臣定海入城之时各军士攀舆而号噪者数百计臣大骇异问其故咸泣称一年来未得军粮有枵腹待毙耳随经臣温言抚谕批宁波府严查去后据知府蔡贵易回文谓各县地方穷苦除起运钱粮外军粮向征不前以此拖欠至今该臣批行立限带征以足军食以保地方外第恐画饼之谭无济燃眉请乞敕下当事诸臣查临近之兵给为屯田之赋且耕且守更为足食足兵之至计浙东一带永保无虞尤百世之利也前件臣等看得山泽有遗利而导之者人也浙东沿海一带如金塘大榭等山先因倭寇猖獗徙其民于内地以绝海寇盗粮之资其地遂成荒丘迩年海道澄清而附近豪民遂占为已业今该巡按御史李亲历其地要令隐占者自首免罪召民垦种三年然后议租或给兵屯田耕守相兼诚为百世之利合行浙江抚按会同巡盐御史督行司道等官将金塘大榭等山□□同知陈文丈过田叁万壹千余亩山肆万□□□□□行踏勘如系奸豪隐占令自首报官即召定海有力无地之民开垦待三年奏有成效然后起科或迁附近卫所军丁屯种且耕且守以足兵食如原占种人户情愿照亩纳租以充军饷孰为长便并一切防守善后事宜逐一查议停妥会题前来以凭覆请施行

又奉督抚部院温巡按御史传各案验并奉督抚军门滕宪牌案照已行该司会同按察司并宁绍守巡海道督行宁波府逐一会议停妥详报去后今本院接管卷查前事看得前项海山开垦耕种此真为地方开无量之利但先年亦曾议开而旋议报罢者必有其故今准行查合行会议牌仰该司会同按察司并宁绍守巡海道逐一从长查议要见二山孤悬海上既已垦种当作何哨御若欲倚藉舟山外护无事则可有事舟山自顾不暇何暇援人若欲议军议兵巡守当作何议调议募中间开设之费工作之资又当作何区画且闻沿海穷民俱靠此山樵采为活若召有力之家承佃穷民失望又当作何善后务查历年海山沿革卷案参酌地方民情孰利孰害悉心议处如果开垦为便即将原丈田山从实踏勘若有隐占尽令报官并一切防守善后事宜会议停妥详报如或开耕非宜亦即明白声说毋持两可此关系地方重务本院职任所系不得不致详慎等因俱经遵行各司道府查议随据宁波府申据定海县申博访士民参酌舆论咸称金塘大榭等山原系国初起遣之地刻碑定海奉有明禁经今贰百余年莫敢或犯及审据里老林锦等悉愿遵旨人无间言单县无容别议备申前来据查

先为议处海山以饬防裕饷事万历拾贰年间蒙海道副使叶宪牌奉督抚军门萧及蒙巡按御史范各宪牌行

府即便会同本府同知陈文推官秦大夔亲诣府属金塘大榭等六山地方逐一踏勘经界明白广行采访前项海山应否禁止盗种设法开耕或给拨军兵略仿屯田之制且耕且守或召募军民量行承佃之法以税以饷其海上汛防作何哨守毋接济以为盗资其民间樵采作何开通毋窒碍不违属禁必须处置得宜久远可行内无纷争外无登犯中间未尽事宜从长酌议详报仍候本道及两院巡历亲行覆视如或开耕非宜不妨明白声说如或开耕为当勿得阻挠浮词依蒙关牒本府同知陈文推官秦大夔仍通行鄞慈等五县并定海卫各查议去后催据□□□查得金塘等山奠峙海中土饶田沃中间地方之广狭先后之开塞具载海防类考近蒙开垦岂非斯民无穷之利哉乃今或开与否尚疑于两端给兵给民未闻其定论即如以给民为可也金塘之田不过数万数万之田安足以周亿万之民哉日开则日争是争田之害所当虑也又如以给兵为可也春汛春耕正此一时负耒之时安可以责荷戈之役哉既耕则妨战是失守之害所当虑也又闻本山之中草莽相属沟浍未通必先议开河之工而后田可开也河工之费可无预乎本山既开室庐日聚蓄积日殷必先议城堡之工而后田可开也城工之费可无预乎见其利而又能虑其害图其宁而又能处其费一指顾而其事定矣

慈溪县申查得金塘虽悬海中地近定海中有良田叁万余亩柴山伍万余亩诚令近海居民分种其地每夫授田叁拾亩山贰拾亩则千夫之众有田以食有山以樵此利在民者也叁年之后比照舟山事例每田壹亩科米叁升岁可得米玖百余石以益军饷比利在国者也或曰略仿屯田之制每兵壹名给田若干使之且耕且守大约田地叁万余亩可养胜兵陆百余名岁可㖊饷柒千有奇此利在兵者也金塘屯兵数百设将以统杂据海上且与定海一镇势相犄角内外相援则守可益固此利在防者也

或又曰金塘故属定海版图定海之民业已专其樵薪禽兽之利一旦割而与五县公之其势必争则祸不可测金塘之田不过叁万余亩山不过伍万余亩伍县之民欲之者无已分插疆宇则有霸占隐匿之患肥瘠异等则有樵剽格斗众寡相凌之虞即委官分授而利动人心势固不能止也分授虽定而伍县赤子集居其间势必分隶各县自相统属即设官以统之不过治其争讼而钱粮户口必不可以紊各县之版图则县令遥制之难也且民虽定居势必屯兵以守其土之所出不足供也此给民之难也

或又曰给兵若可以且耕且战然今之为兵者皆市井无赖乌合之众所给兵饷仅足以供旦夕牛种之资谁所从给庐舍之安谁所从给即有给之者矣一兵安能独耕春汛出洋六月回哨秋成小哨亦后如之则耕收之期与春秋两哨不两相碍乎且兵屯金塘而定海之兵终不可减兵不可减则饷亦终不可省此给兵之难也且给兵给民非能露居于野处势必建城郭以为捍御设营堡以为哨瞭即使因□于山取灰于石虽叁里之城非万金不可也

开荒辟土非能自生而自长闻万金大岙等处山水涨溢汩没田亩而不可以辩高下大浦一带海潮来往泛滥而不可以测大小故内必为沟洫以蓄泄淡水而使旱潦有可资外必筑堤防以捍风潮使咸水不能溢然非数千金不可也沟洫成民居定城郭完必设□□□弹压其地而公厅私衙吏书廨舍非数百金不可也此壹万数千数百金安所从出也分科于伍县伍县不能堪也取足于金塘金塘不能有也是所当熟计也若夫意外之虞非今时之所宜有然谋国者事当永图万一有之则外断舟山之援内为定海之梗虽倭夷之来不来不系于金塘之开不开而金塘有田可食有山可樵四山壁立险不可登苟有狂谋逋寇窃据其中扼险守隘虎视海上则内地震叠非重兵不取也此虽非人之所愿然不可不预防也

奉化县申查得金塘大榭等六山原坐定海之外坐临海心奉旨驱遣贰百余年与本县间隔叁百余里并无人民愿赴开垦耕种渔樵今议开垦必起争夺之端日后成功恐有致寇之祸得不偿失责有所归再查前山委与本县写远别无界址相联奉民虽居山僻穷困不愿越境窥利事干地方未敢轻议定海县申窃照金塘峰峦雄秀土地肥饶诚不可弃然欲加开垦必先通沟洫沟洫既通则潮患不免碶闸不容已矣碶闸既建则田亩可授庐舍不容已矣且本山孤悬海心四援莫及欲奠民居可无城廓之卫乎民生日繁积聚日富欲防外患可无官司之御乎其力役其赀费其粮饷其衙舍安所处哉□出□□□恐官府无□□也将出之民耶恐贫民无余力也将任之自开耶恐钟鼎之家虽益以阡陌而不足□□□众即欲成一亩而不能又非议开以利民者之本心也然则官与民两难之矣或者曰仿古屯田之制每兵给以伍拾亩令其余夫耕之特不可充饷乎然其言则是而其间利害亦未悉也

夫田地以有成数矣计之上中下三等不过三万有奇耳每兵伍拾仅足养伍百人也虽欲令其自开势亦不能使之必从即有从者必共飘零无倚之辈能必其不饥附而饱去乎又能必其不丰年恣逸而凶岁寇盗乎即无二者

之患又安能必其一年之耕有三年之余三年之耕有九年之畜傥遇荒歉频仍饥寒逼迫将坐视之耶抑复议给之耶吾恐坐视之则会城之变复作已议给之则有额之税不足已然则给兵亦未妥矣况未开之先则樵苏茶竹之类人人得而有之近海穷民藉此以生若一开之后则物各有主一草一木不得而有之矣为今之计莫若与军民相安于无事象山县申金塘等山原系海岛旧有居民国初迁民于内地虑寇登劫以为巢近年树碑于定海禁民私耕以招衅兹因产厚复图耕作恐非起遣本意尤难居安思危及询舆论大略佥同切查前山委为沃土有天地自然之利诚兵农耕守之区垦治成功课饷增益迩奉宪檄行查无□□□裕民至计第以本县人民离该山颇远不关利害则建议开□□县未知所宜又据定海卫牒称为查海山地诚膏腴但原系国初起遣荒芜既久荆棘草莱固结于深土非利器不能芟夷非岁月不能成熟所费工本未可算计况东作之时正春防之际贼或登犯弃船而耕之乎弃田而守之乎从使无患而年之凶荒不可料也将何所食而为之守乎据此论授民给兵俱似未便奉文立碑见在南关不许妄行开垦各申前来据查

先为出巡事万历肆年蒙海道副使刘案验奉督抚军门谢批本道呈详金塘大榭等山俱悬外海实为海岛要害之区原系国初起遣之地永禁不许开垦又经题奉钦依严行禁约申明例规不许奸民复行开垦等项缘由奉本都院及蒙巡按御史吴巡盐御史王俱蒙批示严加禁约不许违例开垦备载前考外今看得金塘海山夙称腴土且在舟山之内其势甚便顾自国初以来一向起遣非诚弃之也大海孤悬之地聚民而耕必置兵而守守散则力分外御则内固故舟山虽外设有二所四巡司联络捍卫而金塘居内遂空其地凡以并力于外以成其屏翰之势也今欲比照舟山听民开垦一切守备亦须亟□故兵宜设矣而食亦所当计也城宜建矣而费亦所当处也碶碬宜修沟洫宜疏矣而工力亦所当办也况夫军民欲乎各县欲分则有相戕之衅出于目前倭奴内哄奸宄潜滋则有不遑之忧伏于他日皆事理之灼然而可虑者以故节经多官会勘屡厪前院经画竟成筑室之谋而未有一定之算也今据各县查议前来又该本府博访士民佥谓开之匪便夫利不百者不易业三人谋则从二人令册报之田为利无几询谋未协十有其八则是山之不当开也大略可睹矣本府愚陋无所识知谨集众思猥附管见伏候俯赐裁夺随蒙本道宪牌奉督抚军门萧详批海山之议两院本无意必特以金塘附在舟山之内定海几席之间开之固有难处任人取之而无以守之亦有难测耳但时力尚不给也据各议称不便依拟姑已之缴

又蒙巡按御史范批开山之议群情既称不便姑止之再议缴行府遵照在卷今蒙前因为查定海县所议金塘大榭等山先年国朝有禁不许开垦确有深意近节经覆议转呈批允无容再议申覆到司该本司会同按察司并海兵道及守巡宁绍台道覆议得金塘大榭等山孤悬海岛虽有腴田叁万然国初防患起遣立石严禁迄今已贰百余年矣今议因地开垦实可以成无穷之利但恐起衅招尤患生叵测亦不得不预为之防也节经多官会议博采群情咸称不便合无请乞本院再加裁酌俯赐会题备行该府县仍照严督永禁不许奸民开垦通呈允禁遵照在卷

又查万历贰拾叁年拾壹月间为议处海壖闲旷田地并建城营屯守以资保障事该布政司奉督抚军门刘案验前事行准海兵道副使吴手本行据宁波府知府吴安国呈卷查金塘山嘉靖肆拾伍年间蒙督抚军门赵　题准敢有将金塘海山开垦占利者比照大同山西等边官旗军民人等将应禁林木砍伐事例问发烟瘴地面充军事例通行严禁

又于万历元年奉督抚军门方札付准户部咨准总理河道都御史翁揭开金塘等山皆膏腴之田复行议开蒙前道刘副使议呈三院批允严示禁约至万历拾贰年间为议处海山以饬防裕饷事蒙前道叶副使牌奉督抚军门萧巡按御史范宪牌前事备行本府知府蔡贵易会同同知陈文推官秦大夔查议得金塘海山夙称腴土且在舟山之内其势甚便顾自国初以来一向起遣非诚弃之也大海孤悬之地聚民而必置兵而守守散则力分外御则内固故舟山虽外设有二所四巡司联络捍卫而金塘居内遂空其地凡以并力于外以成其屏翰之势也今欲比照舟山听民开垦一切守备亦须亟图故兵宜设矣而食亦所当计也城宜建矣而费亦所当处也碶碬宜修沟洫宜疏矣而工力亦所当办也况夫军民欲争各县欲分则有相戕之衅出于目前倭奴内哄奸宄潜滋则有不遑之忧伏于他日皆事理之灼然而可虑者以故节经多官会勘屡厪前院经画竟成筑室之谋而未有一定之算博访士民佥谓开之匪便夫利不百者不易业三人谋则从二人册报之田为利无几询谋未协十则其八则是山之不当开大略可睹矣备呈三院详允禁止遵照在卷为照金塘山田约以叁万计颇称肥腴议从开辟兴天地自然之利佐国家唯正之供策孰善焉而累年屡议屡寝岂皆阻于道傍之谋而狃于目前之便哉盖以利源一启祸端即萌远虑不周近忧必至

要不可不熟思而审计也夫金塘孤悬海岛亦属版图当□皇帝开创之初汤信国经略之日谋臣猛将□□□□□□□□□国裕民之计而以一弹丸之地委而弃之岂无见哉今无论外寇之所垂涎内奸之所潜伏载在海防筹海诸书利害大小较然明白即就目前之事论之其不便者亦有十焉

往年方议丈量而奸宄之徒千百成群搭棚盖厂屯据占垦如马福袁仁等擒拿问罪衅孽始息案卷具存今闻此议一开势必复聚利之所在将以身殉之养乱滋奸一也

金塘之地定海之地也鄞慈各县及四方之入靡不觊觎田有限而人无穷不均则不平不平则争争必格斗攘夺讼狱滋繁二也

蜂屯蚁聚大抵皆游手无赖之辈非有财力可以承佃势必并而归之豪右何益小民三也

刁民积逋尚苦征并而以各邑之民乌合一方既无定籍又非世业难于约束易于逋外四也

议者谓立军屯庶于粮饷有济而卫所诸军大都贫穷老弱力不能支五也

既议立屯则必筑城置戍通沟浚渠设官分守而所费不赀从何措处即有所入未必能偿六也

议者又援舟山为比而不知舟山山在内田在外金塘田在内山在外形势不同防守亦异设使可垦当时何不与舟山并建七也

议者又援福建海坛为比而海坛开垦有年为百姓已成之业非有纷争与此不同八也

议者又谓定海之民私□其利而不知穷民樵采所获几何九也

正统七年居民□□生在山采薪为倭所获遂为向导攻陷大嵩嘉靖三十一年海贼陈思□等抗吭此山结巢引寇况有田亩之饶易启戎心万一藉寇兵而斋盗粮祸且不测咎将谁诿十也

至于陈钱等山远隔海外与岛夷相逼尤难擅议本府访之缙绅参之舆论考之往籍大率相同诚不敢徼一时难必之功而贻后日莫救之悔又据该府推官张似渠呈称陈钱日本相临无可开之理普陀蕞尔岖崎非可耕之地俱难开报外至于金塘一区已经多官查勘利害情形先后聚议颇详似无容置喙矣

姑论其概大率天下之利莫利于安澜莫不利于波弗收尺寸之利而因得须臾之安者利之利也倖尺寸之利而遂基潜伏之忧者利之不利也今宇内多故帑藏詘乏民赋苦于脂膏军实竭于庾廪今此东南若湖山斥卤之可垦淫祠毁寺之可收与奸豪欺隐之可没入者举皆充拓以为军兴之计矧芒芒沃壤虽孤悬大海实外枕舟山内附定海廼二百余年以来向置为闲旷有议开者有议禁者有旋而议开即旋而报罢者不几于以生养封殖之区而为町畽麋鹿之场哉无亦权其费于经营出入之始知得不偿失咨其谋于几席千里之际知利不胜害而任事之难故也何也今之议□□他无可为独屯田一节然聚而耕必聚而食亦必聚而□□□产而积储势必日益亜富而剽窃而攘夺势必日益烦扰久之而民不胜侵官不胜治则扞卫之计有不□一日缓者由是而修城缮器则有土木转输之费由是而设官置御则有饩廪官舍之费由是而添兵立营则有储饷兵马之费所入之租仅仅数千而耗公家之贮动以万计是之谓得不偿失也且往往见航海货殖者非乌合亡命则贩夫游儿必非我编户受廛之赤子穷年樵采兽猎于斯土者此辈垂涎觊觎乎斯上者亦此辈朝而引领夕而攘臂独恨无一隙之可乘今既开矣而复尽归之屯则物各有主此辈不得伺身于中既重违平昔希冀之心又莫遂平昔携取之欲觖望之意日生不逞之谋踵至小则横行劫掠大则勾引向导人情汹汹地方从此多事矣所为利不胜害也故曰莫利于安澜莫不利于波沸者职此故矣

各呈到道覆看得宁区海山有陈钱普陀金塘诸处除陈钱密迩岛夷普陀且多岩窟二山远峙海外均非可耕之地向不议及惟金塘一山界在定海舟山之间田肥美水泉甘诚为可耕之地故议者每每及之然率旋议而旋罢屡行而中格非尽狃于道傍之议盖诚权乎利害之势而未敢以轻忽举事也夫天下事无全利亦无全害有司举事开利薮尤当弭弊源为开垦之说者其策有三而皆多滞害难行盖沿海地狭民稠多无常业举海中诸上关草莱服耒耜以业贫民而公家且借其税入以佐军兴岂不甚便顾田有限而分受者无穷且其地属定海定海之民不愿开而鄞慈余姪之民愿之鄞慈余姪之善良土著者不愿开而游手无藉轻踵豪健者愿之事端一肇聚集布佃动数千人以海洋岩窟之中而群不逞之徒其中狂谋易生将启盗薮此听民垦之难也无已则为兵屯夫自倭警以来增兵加饷全浙水火之矣诚计亩而授每兵壹名给田念亩计田叁万余亩可养兵壹千余人岁省饷壹千余两似亦少减催征之累顾今兵士皆四方召募不任畚插且塞上屯田如汉田渠犁田金城田湟中皆兵将信地亟耕力战且屯且

守足为两利乃海上兵士以舟为家往来哨探无常处所而春秋收获之时正与汛期相值两务相妨岂能兼举此兵屯之难也无已则有军屯夫沿海贫军家无擔石野无立锥而储粮后时动辄数月若计口而授之田每军壹名给田拾亩计田叁万亩可养军叁千人亦可少助军需顾军士之贫惫甚矣其何以理沟洫备牛种而为开垦具即开矣安所凭而守势必建城郭设府弹压而防御之其费动以万计视历年军需之入何翅什百乎此军屯之难也盖金塘一山延袤不如舟山之广而险阻可负故国初高皇帝命汤信国尽驱此山人民处之内地而舟山独安堵如故诚谓舟山地方广饶其财赋所入足以为守而金塘弹丸黑子之区岂能如舟山设一参将四巡司二千户所□□□□□□之数也故驱四方乌合之众而聚于大海岩窟□□□□□诃防剽掠则于计疏捐帑藏见在之积而创城垣建宫署于蕞尔岛屿之上以徼异日锱铢之入则于计迂撤祖宗之明禁贻将来之衅孽启目前之争端则于计舛此该府有十不可之议而推官张似渠亦有得不偿失利不胜害之说也

说者又谓玉环一山亦在海中而彼处吏民多以开垦为利何独于金塘难之盖玉环山势平夷无险可负若金塘则内田外山足为鲸鲵巢穴其不同者一玉环峙近海岸且其地亦稍僻若金塘则当岛夷出没之冲为舟山咽喉之地窥伺易生阻梗为患其不同者二玉环之地居民负耒而耕者业已有年汙莱尽辟封畛已定金塘则防禁素严视为龙蛇虎豹之区并无敢隐匿其中以寻耒耜而辟草莱其不同者三此在玉环似或可开而金塘之说断宜议寝也呈奉本都院详批本院自入境来即闻金塘必不可开今兹之议为闽事及之且欲确查以执觊觎者之口据议洞悉害源仰道给示严禁敢有擅行私垦者拿解究治此缴

又为前事准兵巡绍台道右参议兼佥事文奉督抚军门刘宪牌据温处兵巡道呈详玉环山利可开□旧属乐清近被太平民人冒禁私耕应明畛域定都分□□到院据此看得海岛山田国初迁徙其民镌石严禁诚有远虑迄今二百余年未有擅主驰禁之议者近因闽事及之查酌可否大都守土之臣于地方利害当计轻重夫以二百年之禁一旦议开开而全利行之何害开而利害相当不如其已若利未得而导民以争利无几而遗患将大首事酿乱谁任其咎此不可不熟计也仰道从长计议妥当作速呈报又准该道关奉本都院批本道呈详据温州府议呈玉环山田地有七利之可耕又有一事之可虑盖玉环之民奉徙于洪武之二十年嗣割乐之六都以益太平乃在成化之五年相去将百稔焉有分析与太平之理此不待烛照数计燎然甚明只缘太平之民依凭城□□禁私耕罄竭膏腴尽入私室今乐之民恃为百年之故物一旦恢复则寸草尺土皆当归之乐人如此角争未免启鼠牙之非酿阋墙之衅是利未获而害先蒙良可虑耳合无请乞本都院载赐裁酌俯允具题会行台州兵巡道行委乐太二县掌印官逐一丈勘订正疆界分属认种量俟一二年起赋等缘由奉批玉环山之开异日遗害未能逆睹目前业启争端矣仰该道会同台绍兵巡道确议覆详备由关道酌议等因奉经行据该府申称先经行据太平县申卷查玉环山万历元年奉督抚军门方　行委本府同知王一麟诣勘丈量田地召种征租以佐饷用随行禁止至二十年蒙巡按御史李宪牌据金华府推官刘文卿查盘台州府条陈玉环山各处见种禾稻议欲拨军屯种取租以供兵防府县议详随奉严禁在卷遵今行准楚门所牒开为查玉环山田起遣法禁森严居民不敢开耕自嘉靖二十四年凶荒本所海塘潮坍田没军民视本山肥饶以此窃种今乐清设有梁湾本地有旋门派爿三信兵船防御此山亦为腹里可保无虞后来不测之患未免必无经久之计本所预难料也又据本县附近海山二十四五六都里老孔承敬张季通等呈称玉环与楚门所城隔一海港船　渡约用半潮时候其山西去乐清东北即系楚门中间田地颇腴先年丈量之后军民乘各垦种西亦乐清县民开垦揆势度时似可种税但敬等岸民虽知往昔而难料后来等情据此为照玉环山田地开辟利害与夫处置料理事宜俱经推官刘启元开陈甚悉无容再议今访之濒海生长之里老世居耳目之所官咸称可种但已往固已无虞未来似难逆睹申府

又经复行据该县申称查得玉环山先为摘议理财事宜以少裨国计事万历元年奉督抚军门方札付卷查先准户部咨准总理河道都御史翁揭称访得宁波旧有昌国县今之舟山金塘兰秀大榭等山国初将民迁实京师仅留舟山属之定海今金塘大榭膏腴之田山场柴木之饶尽属势豪占据以抽花利台温贰府海山田地皆势豪开垦成田富埒封君曾无科税若行抚按丈量征税佃与民间其数岂止数万两等因到部合咨烦将该院揭开果实转行选委贤能官员亲诣彼处将前山田丈量果系势豪占种即时追出明立疆界召募贫民下户分拨佃种照例起科备札仰本官径委属官壹贰员亲诣玉环山周围踏勘眼同附近地方人等丈量亩数空留沟洫以备蓄泄明白分为等则给民领种不取佃价止征其租以额外租银养常操兵勇官民两便似无不可其勘过山地各另尽图同丈量亩数

造册缴院随该本官亲诣带同本县主簿甘廉黄岩典史陆韬丈量玉环山田地造册及蒙给示召种

至万历三年十月内为申明起遣禁地以肃海防事奉同知王一麟帖文蒙兵巡道佥事王批发松门卫陆路千户赵有文申仰县即往松门卫玉环山石塘南大岙仰月沙等处踏勘军民潜复耕种设法尽行驱逐申覆讫万历六年七月内为军务事蒙兵巡道佥事杨纸牌查得宁台贰府卫所滨海自洪武起遣之后不许耕种以起边衅后言利者条陈复耕蒙抚按二院行守巡海兵各道会同参总各官议得隔海之田利小害大元末听民耕种故方氏一起因而据有浙东近年海外之民私耕而海贼王五峰等就食外海为浙中大患具由回覆两院题请不许私种以启边衅但嗜利之徒纷纷潜住外山耕种获利即今松门楚隘自石塘山次及玉环开垦之田不下数万是外海积粟如山即避粮科又无身役万一有警盗粮拾倍于军储关系地方重计设法严禁仰县掌印官会卫掌印出海巡捕官将前外海之田严禁不许军民仍前私种其有原积稻谷速令尽运入城姑不追究既往敢有故违各该官兵拿送该县卫所招解在案

万历二十年为出巡事蒙兵巡道副使吴纸牌蒙巡按御史李宪牌据金华府推官刘文卿查盘台州查得玉环山孤居海中周围叁百余里上有闸河积水深谷平壤内区之膏沃所不能及者查得本山内成田伍拾里各处见种禾稻者伍千柒百柒拾叁亩地叁百肆拾亩搭厂伍拾叁座是皆台民冒禁而私种者也其他未开垦有三分之二苟穷山之地可得万伍千余亩此伍千柒百柒拾叁亩每□□租贰石而以其半与农者岁可得租壹万壹千伍百肆拾□石垦而三倍之可得叁万伍千余石足以支数千兵之饷于台松海叁卫抽取每卫百户该管贰百人每遇春正贰月配以农具统率诸军于前山搭厂垝灶至叁肆伍月乘便布种倭奴而来则合数百户军以助外洋之兵防御不足则焚其厂而归彼得无所用之地初收届期田皆刈获各具一小艇载之旦刈而夕归府仓拔屋毁灶而回计无便于此者也

议者或谓募民而屯恐起争端升科而税亦多讦告酌处势无如屯军之为便也乞行该府县查议开屯则叁百里之旷地尽成膏壤而台郡新增之兵可无乏食之患矣

随为巡抚地方事奉督抚军门常批本道呈详覆看得玉环山远居海中其地虽膏腴可耕国初恐外夷窥伺特为议禁虑诚远也近以承平日久奸民豪户往往冒禁而盗耕推官刘文卿议欲拨军开屯其谋亦善但较其究竟利害终属难行夫山泊穷洋国法严禁而奸民尤且冒焉私耕若一旦开屯则两县之民必哄然争占从兹亡命之徒闻风潜踪聚党倡乱草窃乘之此系滋内也之害一也岛夷摽掠靡常万一突至盘据其中藉兵资粮此其启外夷之患二也况滋辽海之警震切于临清野之戒正在今日如云此山可开则宁之金塘大榭皆可开也何屡议而屡不决耶国初厉禁良有深意事干题请未敢轻议奉批诸款既经覆议明妥抽军开山一节候海警少宁另议

又蒙巡按御史李详批各款应行应止俱如议缴行府仰县即将玉环山不许奸民私自搭厂窃种致惹衅端取所掌印官结状申缴仍听不时差官查勘在卷今该知县愈容益再查玉环一山滨海腴沃先是水陆无防关哨未备当事者读明禁防未然靡不岁月之为兢兢迩来台温二区饬关备总添船加兵壬子而后宴然无事即今定两县之疆界酌三等之赋税已成者见年科征未垦者二年后科征太平田地约可近伍千余亩岁可入银伍百余两照依官民田地编甲立户秋成委官征解以额外之利充加兵之饷便宜要术无逾于此者但地禁地也禁严各私种者虑犯不敢争争之不太甚禁罢则寸土皆利虽三尺童子亦能持挺负耒群然争矣

今在乐之士民里老言及丈量辄插木牌言及分界则刻山考又查乐太二志内凡载玉环山乡界址皆曰隶入太平今彼引东晋以前证之岂县志不足凭也且两县角争一县之中又各有自争尺地率土何分彼此大都边海强悍负□□□贻衅此事势之所必至者备由到府该本府知府简继□□得玉环山孤悬海中周围叁百余里深谷平壤极其膏腴西望蒲岐北连楚门又与松海诸卫联络相属垦而税之真有自然之利先年屡奉明禁豪民私相盗垦太平界内成熟田地约可近伍千余亩刘推官身在地方见其沃壤条议起税以佐公家诚为有见使其别无顾虑正疆界酌等则已熟者计亩升科未成者限数待垦即今伍千余亩之田亦可资伍百余两之饷孰不欲速为奉行以少裨地方万一也顾据太平县查议前来其议开者屡矣议开而复禁者又屡矣此岂意见不同故为矛盾哉毋亦以议事者意在导利导一分则民受一分之赐当事者意在祛患省一事则地方免一事之扰固亦并行而不悖者今玉环山诚可开矣顾开之有二不易在内地则恐息争之难在外洋则恐弭衅之难何谓息争本山西向乐清原管地方福生寺陈岙鹰坑稻秆窠乌石头杨柳岙国顺良湾里岙东向太平原管塘北深浦上下湾杜呈沙岙水潭头大小杨岙

大小箬箕岙大小东青正吴二岙大小黄岙密樱口上下团大都乐清旧有其三太平旧有其七先虽照方潜种惟惧犯禁疆界混不甚争今若明议召垦即有竞心如乐清县丈量□□□□□□□□海民强悍嗜利难御探珠不忌深渊□□不畏高山小则讦讼无已蔓引株连大则愤恨不平操戈持挺其争不独在正域之后而且即见于分界之时虽守土者无分秦越而见利者望兼陇蜀当斯时也能保其无他虑乎故曰息争之难也何谓弥衅国初明禁炳如日星即如屡行禁止载在案籍可不置喙姑论本山悬属岛屿先是窃种之户各有惧心一闻警息辄或移避今以官府容种意不防闲必将视为已业绸缪备至或构居贮粟或召佃停住禾黍相望居室隐然春耕正在春防秋获又当秋汛三百里之沃壤两县民之聚耕声势既大党与渐滋岂特倭奴往来不测或者据为巢穴如王五峰之窃食外海而草寇之雄大奸之侠可料无方国珍之徒乎违禁私垦固是豪民清野焚庐亦未必能听上命而不烦余力也故曰弭衅之难也绎斯二者较利害之分数酌机宜之重轻莫若申国初禁似为长便如以地利不可轻弃外患不必过计亦当俟东封事定海警无闻别为从长计议但事关两府谋贵万全本府局促之谈原非通方之见则赖以裁度进止者尚有攸在也备呈到道该本道会同分巡温处道副使蔡覆看得玉环一山孤悬千里匝约三百里许土宜肥饶即国初方国珍据以养乱之区也洪武贰拾年徙其编氓改为台州□水军所神谋睿算洞瞩千古讵唯惩毖于方氏窃恐异日狡焉莫测之日本潭泊航梯藉兵而资粮也镵其石曰居者死耕者断足三尺令甲森严秋霜视其刻者不寒而慄百有余载恪遵明禁畴敢以耒耜从事刈蓬藋斩蒿莱以与魍魎虺蛇争此土也

成化伍年割乐清之陆都改隶太平玉环强半属之新邑屡因荒祲深山穷谷间有窃垦利其所入苟缓须臾之死迨万历改元当事者重惜地利给示召种任甿之子有所藉以为辞在太平界内成熟田地至伍千亩有奇旋而开旋而罢旋而禁又旋而开麋鹿町畽之场顿为牛羊稼穑之所矣迩年南北军兴帑藏磬悬虽弘羊刘晏莫能措一筹主上慨然弛山泽之禁廼重臣谋国议开海壖闲田佐惟正之供玉环岛屿比照海坛事例是难比而同也海坛千里沃埜城营可办兹一卷石之多所出几何图有限之利而捐不赀之费非计也据北之荒地南之涂田民间□垦者随即编税此例久矣若仿而行之即其见种各以上田等则升科附入册籍其余未垦钦崎之岩硗确之麓粗稷畚插囊所不寻也计其亩比今所垦者三分之二料其入当今所垦者三分之一续垦而续税之一切弛禁以遗民薄敛以奉公若曰许其已垦而复禁其未垦是不塞源而塞流也既以甘肥恣其大嚼又何惓一鸡肋哉兹一时权宜之计须两邑之民寂然无哗唯县府道之令而莫敢谁何然后可行廼目前情形已有可骇矣能保其不牴牾而沮格也此山之开所由来者渐矣稽其原界太平有其七乐清有其三核其已垦太平垦其二乐清垦其一今欲行委两邑令长明畛域定都分窃恐起衅阶乱矣维山在昔固茂草场也兹者牧人樵夫登垄一瞬禾黍弥望桑麻遍埜讵无动田舍翁之艳羡哉曩也潜耕盗垦惟惧一败自干无赦此疆两界奚暇辩析今法网解疏恩波浩荡明与开耕公家利薮得尺则尺得寸则寸即愚氓能计之素无担石之储而仰事俯育之恒产一朝可以徒手博将不惜一生以计一家攘臂争先负气悍少之辈未遑负耒先事执挺用力格斗肝脑涂地势所必至所谓业起争端诚如本院烛照矣必争之衅固难弭于目前不测之变且潜伏于异日夫泥灶搭厂幕棹朝帆今犹作鼠窃狗盗熊尔明禁一弛春耕秋获将构楼筑舍永久为图曾无几何宛然复为一旧玉环矣比屋协闾村落渐成盘踞其中安知异日无方国珍也子女粟帛久当成聚就食于外安知异日无王五峰也皆其隐祸之可虑者讵独止此嘉靖倭难台郡一区首罹荼毒衰老者躬为亡命于丛莽之中谈之犹觉色变少壮者及见剸刃于父兄之腹念之不胜饮恨且今东封未定羽檄尚驰万一乘长风破鲸浪毅然与中国用衡积仓糇粮得无籍其便乎即使焚庐清野噬脐何及此尤其大可虑者也矧金塘大榭皆启遗山也彼之活壤什倍玉环前有参将驻舟山以树藩篱后有总兵控定海以备应援而犹称利不胜害得不偿失十难开垦则要害相同地土较少之玉环又其可弛禁比照海坛例乎借曰地利可惜徐俟于海不扬波之日未为晚矣各道再四思维莫如俯从台州府议申明旧禁庶为长便姑宥已往痛惩自今再有不悛违禁潜种者无论奸民豪户一寘于法务期令在必行禁不敢犯争端自息边衅可弭矣管见如斯可获万全通呈详允严禁在卷

万历二十四年间为遵旨敬陈沿海事宜以永固汛防事该督抚军门刘　具题条议海防四事内款开一靖海岛以绝衅端海中山岙错列林木蒙翳亡命奸徒易于盘据如宁波之金塘大榭台州之玉环高丕温州之南麂东洛等山俱称沃壤外逼岛夷□□逋逃之徒蕃聚其中卒致方国珍乘之以据浙东洪武开汤信国珍略其地迁徙其民一洗而空之勒石厉禁迄二百余年莽无伏戎岛无遗寇则靖海之效也

嘉靖三十二年间倭夷内□多系海中□□□□□□□□□以致祸延内地可为殷鉴迩来觊山薮之利者每每

倡为辟草莱之说脱一得售不几于图小利而怡大害乎合无申明禁约今后敢有奸民豪户擅将前项海壖闲地私自开垦占住图利者事发从重究遣各该有司不得纵容酿乱庶亡命奸徒无敢盘据岩谷而海岛既靖衅端自弭矣

又为地方事万历二十六年间该分守宁绍台道带管兵巡海道左参政谢督抚军门刘批霩衢所千户汪思忠申详开垦盛岙田土缘由奉批仰兵巡海道确查议报又为哨报地方事蒙巡按御史方宪牌行道即查庞埤所报峙山盛岙是何奸民见在开垦的系若干人数有无搭厂兴工作速查明详报随为地方事蒙本都院批定海卫呈详霩衢所千户汪思忠违禁纠众开垦盛岙等山缘由奉批海岙旧有明禁部文查议者为沿海内地也兹称开垦者该府县准行乎抑私垦乎事关海防即闲土可开未有不候详议而径举者仰兵巡海道查报又蒙巡按御史方批定海卫通呈前由蒙批海巡道严行缉究速报遵该本道查得前事先据该卫并霩衢所各呈报前严行宁波府查勘间奉到前因俱经备行该府勘究□□□据呈称遵查行卷二宗兵连未解饷务方繁等事奉札付奉督抚军门刘　案验备行仰查沿海无主荒田堪耕种者□人开垦或官给牛种或自备工本务在有获三年后方许□科又为东省防倭方亟讲求集民辟田之方以足财计以□军兴事奉本司札付奉抚按二院案验备行仰府转属一体遵照清查境内凡有荒无屯田地土俱要召人开垦耕种务臻实效造册呈报遵俱转行鄞慈等五县并各卫所遵照外随为遵示垦田裕课便民事据鄞县民沈建王德等连名呈称建等俱系滨海小民向无农业思有霩衢附近联陆一带黄栀坑鱼池高泥峙山粮长岙盛岙上下泽黄石门等处约有无主荒山田地数百余亩情愿自备工本开垦成熟起科等情据经备行鄞定二县会勘议详未报间今蒙前因并经行据鄞县知县翁宪祥定海县署印通判王明嶅各回称牒准鄞县主簿何守默定海县县丞陈懋龄到所会勘前项田亩原系霩衢所连陆地方取有地方里递结状回覆在案又据霩衢所千户汪思忠呈称盛岙峙山等处实在本所连陆之区原不在禁碑之内方会同回覆请详间而王德等意在必行遂往搭厂欲为开垦计犹未兴工等情具由呈覆在案今该会查得鄞县人民沈建等见户部有题准垦亩事例告府行县勘覆而千户汪思忠又称定海县起遣去处自国初至嘉靖四十三年勒碑备□将悬居海外逐一计开永为禁绝独有盛岙崎头上下泽连陆一带并非禁遣之内申呈本府行县再三将原碑查看其所开载地方金塘大小筭岱山大小榭至玉环山等处凡有三十四所皆悬绝海外与内地不相联属恐倭夷煽踞故立碑严禁永不许开今峙山盛岙等处原与霩衢连陆一带与金塘大榭孤悬海外者不同故不列之碑内而沈建等敢于告垦千户汪思忠以为当垦方在回覆请详而王德等急于搭厂欲候允兴工被后千户所官兵哨见随行通报据称三十人查得沿所一带荒田千顷岂三十人之力所能垦开只见有人在上搭厂而虚张其事以报耳委官踏勘犹然未曾兴工也细查沿海屿岛与倭密迩恐被窃踞为害匪轻故将绝岛去处立碑明禁永为遵守其为国家计虑至深远也今查峙山盛岙等处与霩衢地方相联非若金塘大榭等比若便民开垦未必非足国裕民一端故千户汪思忠以为可开不然彼亦世受□□者何敢不避斧钺独开此衅哉但系地方大故且方今倭奴窥□合无仍行禁绝庶免纷争等情到府该本府查得金塘大榭盛岙等山田地原奉明例永不许开种

至万历元年间奉抚按明文备行海道转委宁波府同知段孟贤通判祝完逐一丈勘及行宁绍二府掌印官从长酌议终于利少害多关系非细通详三院批行仍将金塘大榭册子并盛岙等处严禁备载海防类考遵照在卷今据勘报前因为查盛岙并峙山黄栀坑鱼池高泥粮长岙崎头上下泽黄石门等处系霩衢所连陆一带与金塘大榭册子孤悬海外者不同原不在起遣之数以致沈建王德等因见有题准事例故行告垦但查盛岙与峙山黄栀坑鱼池高泥粮长岙崎头上下泽黄石门地本相连事同一体先年议禁金塘大榭册子之时并盛岙亦在禁中则峙山黄栀坑鱼池高泥粮长岙崎头上下泽黄石门等处亦可类推然盛岙之西有双岙有台岙俱有见耕之田向来未设厉禁此沈建王德等所为垂情而不能释也惟自利之所在人共趋焉以盛岙峙山黄栀坑鱼池高泥粮长岙崎头上下泽黄石门等可耕之利使众人均分之则各得其颠以沈建王德等数人独得之则众心不平众心不平而争端起矣讼狱兴矣况其地负山滨海即有可耕之处亦非平原沃野不过鸡肋之类耳欲计亩征租则不胜其重欲照例起科则所增无几且也桑田沧海未必长保其久而不荒也而议者又多借金塘大榭册子以为口实据县议称合行禁绝以免纷争相应准行及查汪思忠呈分亦沈建王德等之见非无所因而发其沈建王德等虽云搭厂原未兴工业已散去合无姑免深究呈乞转详等因到道据此为查盛岙一山虽称连陆实在海中先年多官勘议不敢弛禁题垦者非无裕国利民之思止以密迩岛夷关系重大故议行议止者不啻再三今倭报戒严海防宜慎安得听此奸狡射利起此祸端据议禁绝良为有见沈建王德等既经勘未开垦情或可原千户汪思忠叨禄兹土职宜提防乃敢蔑视明

禁党附妄申似难免罪合无候详允示备行宁波府遵照将千户汪思忠照例罚谷用儆将来沈建等姑免究罪其盛岙等处地方仍加严禁不许开垦永杜衅端等因呈抚按二院详允严行禁绝在卷

万历二十七年间又为军务事该海兵道按察使范案查海上要冲处所有直对大洋者每年边海奸民结伙兴贩装载酒米网具竞往各岛搭厂击菁零星远捕诚恐倭犯乘机袭取为海上隐忧所当预□相应设法严禁拆毁厂房徙入内地庶海道肃清使缘海之民不失鱼鰕之利又无招引之祸乃为万全已经备行总镇参将衙门查议去后随准总镇李手本回称行据□□将呈据定临昌中正等哨把总詹斌等呈称定海总南洋如普陀白沙港箭港马蚁沍泥白马礁鸭屿北洋如八斗岙梁横蒲门茜草田长涂牧羊头临观总派守信洋如西垦上落河头巡哨信洋如野猪礁等处正兵哨则有沈家门中正游哨则有小衢山田岙鹰窠蒲岙鼠狼湖蠏钳昌国各哨信地附近则竿门百亩田旦门牛栏基悬海则韭山坛头金齿门等处俱有渔民假借势要在彼搭厂系菁日烟夜火深为边衅合无移请严禁将背洋僻岙厂房姑存免拆如有冲对外洋渔厂往来船只可见者尽行拆毁徙入内地庶边患可□弥民不失利各等因到职据该覆查得宁区海上岛岙远近俱属哨防渔民业海为生内外皆可觅利又何必远出穷洋招祸惹衅皆缘愚民惟利是趋不惜身命且附托声势罔知法纪预于官兵未出之先径抵前项处所搭厂系菁恬不为虑设遇被掳弃倭船而易渔舟挟吾民为之向导扬帆直入俾官兵莫能辩认甚有一等奸民领富豪资本希图欺赖诈称外洋遇倭诚有如宪檄所云然者俱积习有年视为固有而信守各官又以兵民隔属无可禁阻若非道镇轸念海防行查禁戢则将来隐忧似难尽杜今据各总查报前项□□处所论法尽应驱逐因虑民利不可遽除海衅又当禁绝□□各岛较量冲僻将定海总属白马礁白沙港箭港中正游哨小衢山田岙鹰窠蒲岙鼠狼湖蠏钳临观总属野猪礁昌国总属韭山坛头金齿门等处皆孤悬大海屡屡为倭船必经必泊之处更与诸岙不同有搭盖厂房并系箭船只相应尽数拆毁驱入稍内生理永禁不许复出外洋惹衅如违拿解究治其余附近各山箭厂除背洋僻岙观望不及者准容存留有对冲海面船只经临烟火相望者姑免遣逐令其徙入岙内照旧复业如此则外洋既无渔民可绝掳掠之患近海复令生理不失鱼利之资防海民生两得之矣呈乞裁覆等因据此为照沿海渔民远出外洋山岙搭厂采捕积习怙势招尤惹衅诚为隐忧今查海港既冲僻原有不同则徙存所当分别如白马礁白沙港箭港小衢山田岙鹰窠蒲岙鼠狼湖蠏钳野猪礁韭山坛头金齿门皆孤悬远洋四顾辽绝为倭船必经之处甚属吃紧其余港岙或山势僻而既近崖岸或兵船驻而又远汪洋尚在可缓今据该参议将对冲海面箭厂徙入附近港岙以杜后患其余背洋僻岙观望不及者姑准存留申严永禁不许复出如违拿解究治如此庶渔民不致一旦失资生之利而海防可以常川无惹衅之虞矣及准参将陈各移覆到道为查海外箭厂多系奸徒素借城社弁髦法纪官兵畏其声势莫敢谁何亦皆猫鼠相容不行查报殊不知上司遣调官兵出洋每年费饷数万余两只为保卫地方此辈视官兵若为渔人护守而设不忌祸患远出要岛倘召衅蘖贻害匪轻除行宁波府并清军海防官外合行给示严禁仰附海渔户及哨防官兵人等知悉如有搭厂击箭外洋者各照前项无碍地方系泊如在直冲海面如前项□碍处所著令即刻迁入内地敢有违禁恃强仍出海外假借声势者许各哨官军官兵及诸人据实开具地名径行飞报该府并海防厅转报本道即行究解不必复俟武官查核耽延时日致酿衅端在各哨各总头目亦无得忧谗畏讥曲为蔽护如或畏避不举本司道别有行移询之府县各厅即凡差遣员役皆有耳目可以谘访万一有犯并各总哨头目一体究治断不姑息毋自贻悔

附议【海外沃壤不宜轻议开垦致惹边衅此至当不易之论第就中差等若宁之金塘大榭等山孤悬海岛原与台温之玉环不同断宜永垂厉禁至玉环去乐清太平二县治不远犹属境内今两府之民虽禁而未尝不开倘处置得宜似可取充饷用二十九年十一月本院牌行台温二兵道查议温州府近复有屯守之请又经批查俱未详报尚俟后之筹海者酌而行之】

原考

一风雨占候盖军中占候风雨为急载诸洪范之庶征本于太阴之缠度自然推步可验初非玄奥难知至如日月之薄蚀霾雾之黯蒸星辰之流伏云气之变迁观乎天文以察人事而吉凶祸福如桴鼓影响然此兵家之所宜究心者也况江海操舟冲风触浪顺之则安逆之则危提三军决两阵虽天时不如地利而孤虚旺相向背趋避为将领者不可不知考之孙子曰发火有时起火有日时者天之燥也日者月在箕壁翼轸也凡此四宿风起之日也如正月

太阳在子初一日太阴孕于子谓子朔五日过两宫即戌位此三日内决有风者月在壁宿是也初十日太阴过申三日内主雨者月离于毕是也十五日太阴过午谓之望十七十八十九太阴过巳及辰三四日内有风者月在翼轸是也廿五太阴过寅二三日内有风者月在箕宿是也廿九三十日太阴复于子谓之晦二月太阳在亥太阴随之余仿此大率节候不同弦望亦异节候不同者如立春或在月前月后弦望不同者弦有初七初八初九望有十四十五十六十七是以月之过宫亦有三四日之差其风亦应在三四日之内质以历之所推无不验矣

谚云月儿仰水渐长月儿□水无滴盖月有九行青白赤黑各二道皆出入于黄道之中故曰九行道不中而过南则为阳□道不中而过北则为阴道行阳道则□行阴道则潦月借日为光月生时如仰瓦是行阴道矣如亏弦亥样是行阳道矣故知旱潦者以此

春夏两季若遇天气湿热其日午后或云起或雷声所起之处必有暴风

秋冬两季之间若四方天色明净自五更至辰初无变虽有微风不问顺与不顺可必无妨

云头从东方起必有东风从西方起必有西风南北亦然如前面云头已过后面云脚未尽风亦未止必天色明净后更无云然后风止若行云片片相逐聚散不常其洁白围绕日光又云脚黄日色赤云行急天色黯淡日月昏晕太白昼见众星动摇并主大风

日晕则两月晕生风看何方有缺则此方风来

夏秋之交热极生风及有海沙云起谓之风潮名曰飓风此乃四方之风有此风必有霖淫大雨同作

防南风尾北风头南风愈吹愈急北风吹起便大

云若炮车形起主大风

云起下散四野满目如烟如雾名风花主风起

夜间听九逍遥鸟叫卜风雨一声风二声雨三声四声断风雨

水蛇蟠在芦青高处主水高涨若干回头望下水即至望上稍慢至于蝼蚁之迁飞蚁之出江豚之见渊鱼之跃礎石生润山川出云皆可占风雨

月尽无风无雨则来月初必有大风雨俗云廿五廿六若无□初三初四莫行船春有二十四番花信风梅花风打头栋□风打末

谚云壬子癸丑甲寅晴四十五日满天星戊申巳酉连庚戌天上无云地下湿

每值日千执破多风雨又云执破无雨危承当

凡寅戌二时风雨不久午子二时者颇久若两至午时偶然日出谓之两候其两通宵大抵东北风多雨西南风多晴惟长安则西风而雨此不可晓

易曰密云不雨自我西郊盖阴来求阳而阳不应之故不成雨风云际会而相从者也凡云走东北者乃系西南之风必无雨

尝考李筌作日月合宿大约之法以周天三百六十五度四分度之一二十八宿四方分之东北七宿共七十五度南方七宿一百一十二度西方七宿八十度北方七宿九十八度月二十八日一周天一日一夜行一十三度少强皆以月中气起例雨水正月中日月合宿在室八度春分二月中日月合宿在奎十四度谷雨三月中日月合宿在昴二度小满四月中日月合宿在参四度夏至五月中日月合宿在井二十三度大暑六月中日月合宿在星四度处暑七月中日月合宿在翼十二度秋分八月中日月合宿在角六度霜降九月中日月合宿在氐十四度小雪十月中日月合宿在箕二度冬至十一月中日月合宿在斗二十一度大寒十二月中日月合宿在虚五度每月朔日以夜半推之无不验也此占风起之例也

大抵倭舶之来恒在清明之后前乎此风候不常届期方有东北风作且多日而不变也过五月有□□□倭不利于来而便于归矣重阳后风亦有东北者彼亦可□过十月风自西北亦非倭所利矣故防春者以二三四五月为大汛九十月为小汛凡冬夏之交南北风息未定七九月风涛汹涌尤可畏也故舟行者往西以仲春往北以仲夏往东以仲秋往南以仲冬则利涉大川不疾而自速矣

太阳出入图

正九出乙入庚方
二八出兔入鸡场
三七发甲入辛地
四六出寅入犬藏
五月生艮归乾上
仲冬出巽入坤方
惟有十月与十二
出寅入申仔细详

太阴出入图
定寅时歌
正九五更二点歇
二八五更四点徹
三七平光起寅时
四六日出寅无别
五月日高三丈地
十与十二四更二
仲冬才到四更初
便是寅时为君记

二十八宿总图
孙子云月在箕壁翼轸风起之日
诗云月离于毕俾滂沱矣

续定　同前
原考

一潮汐占候夫潮汐之说其论靡一盖消息盈虚自本乎阴阳之□而兵家趋避又关乎人事之宜他如钱塘江之鸣潮扬子江之暗潮钦廉日止一潮琼海之潮半月东流半月西流乃随星之长短不系月之盛衰桂林圣水岩之潮子时潮上午时潮落东南二海之潮平于东者常先平于南者常后北水南来则为长南水北来则为落是故气有翕张则潮有长落方其气之始张于地则水为气所拥而南奔是为长张之极则水益南而潮平张极而翕翕则水北还而潮落矣翕极则张张极复翕此潮又长而落矣且夫天地之有水犹人身之有血也水由气以往来于地犹血之以气往来于脉皆一气之所致也故水有潮而不潮者如人身之血有行脉不行脉者时刻之不爽者即一息四至之期也大小之不同者即春弦夏洪之道也日止于一潮或半月东流半月西流者亦犹两蹻之与两手迟速大小所见之不同也是脉虽皆由于一身而经络所属自异耳至于潮必东起者东乃生气之方阴阳之气始于此也百川之尽赴于东反本之义焉如人身之气血必归源于中焦亦起于寅时生气之际也是以每月初一初二十五十六日潮长于寅时半于卯平于辰落于巳半于午尽于未长于申半于酉平于戌落于亥半于子尽于丑初三初四十七十八日长于卯落于午长于酉落于□□□□东海之潮汐也至于浙江杨子江去东海万有余里水之长落止差一二时辰并不外此况寅时又当以月分定之方准如五月日高三丈地十月十二四更二点是也是以每月初五二十谓之小水渐小至初八廿三大亏而不长为极小水廿五初十谓之起水渐长至初三十八大盈是为大潮灌诸港浦无不充满涂礁无不平没水脉无不流通凡水陆官兵当此时日必须提备春夏之潮昼小而夜大九秋之潮昼夜俱大八月十八谓之潮生三冬之潮昼大而夜小凡此潮候人多习知之然或有忽而不介意者海贼相搏多临沙滩时方平沙衍圹俨若陆地须臾潮至遂成巨浸趋避莫及矣

嘉靖甲寅秋命将平倭曹许二游击提兵自真定来会师海上约战于柘林南沙卒遇朝长偾事岂不为永戒哉客兵至此不可不知任海防之责者不可不讲也至若钱塘之潮三日不至滹沱之水片时而合是又天意之偶然出于亿度之外者也君子语常不语变用兵者当自得之

海中潮汐图

如初一初二寅时潮长

卯时长半辰时长平巳

时落午时落半未时落

尽申时复长酉时长半

戌时长平亥时落子时

落半丑时落尽余仿此

续定同前

卷九

筹海图编载

王官使倭事略

魏正始元年遣使如倭

【太守龚遵遣使建中校尉梯儁等奉诏印受诣倭国拜假卑弥呼爵命并齐诏赐金帛锦□刀铣等物】

六年赐倭臣绶

【诏赐难升米黄幢付带方郡假绶】

八年遣使诏谕倭王

【太守三倾到官卑弥呼与狗奴国王卑弥弓呼交兵遣其臣载斯乌越等诣郡说相攻击状郡遣塞曹掾史张政等因齐诏书黄幢拜假难升米为檄告谕之卑弥呼已死宗女□与嗣政等以檄告之】

隋炀帝大业三年遣使倭国

【帝遣文林郎裴清渡百济行至竹岛南望耽罗国经都司麻国迥在大海中又东至一支国又至竹斯国又东至秦王国其人同于华夏以为夷洲疑不能明也又经十余国达于海岸自竹斯国以来皆附庸于倭倭王遣小德何辈台从数百人设仪杖鸣鼓角来迎后十日又遣大礼歌多毗从二百余骑郊劳既至彼都其王与清相见大悦曰我闻海西有大隋礼仪之国欲遣朝贡我僻在海隅不闻礼义是以稽留境内不即相见故清来道饰馆以待天使异闻大国维新之化清答曰皇帝德并二仪泽流四海以王慕化故遣行人来此宣谕既而清就馆其后清遣人谓王曰朝命既达清即戒涂于是厚设燕享以遣复令使者随清来贡方物先时其王冠服仍其国俗至是如赐与衣冠乃以采锦为冠饰裳皆施襈缀以金玉云】

唐太宗贞观五年遣使持节抚倭

【倭使入阙帝矜其远诏有司无拘岁许贡遣斯州刺史高仁表持节抚之浮海数月方至仁表无绥抚之才与其王争礼不宣朝命而还】

元世祖至元三年遣使往谕日本不达而还

【以高丽人赵彝等言日本国可通乃命兵部侍郎黑的给虎符充国信使礼部侍郎□弘给金符充国信副使持国书使日本书曰大蒙古国皇帝奉书日本王朕惟自古小国之君境土相接尚务讲信修睦□我祖宗受天明命奄有区夏遐方异域畏威怀德者不可悉数朕即位之初以高丽无辜之民久瘁锋镝即命罢兵还其疆域反其旄倪高丽君臣感戴来朝义虽君臣欢若父子计王之君臣亦已知之高丽朕之东藩也日本密迩高丽开国以来亦时通中国于朕躬而无一乘之使以通和好尚恐王国知之未审故□遣使持书布告朕志冀自今以往通问结好以相亲睦且圣人以四海为家不相通好岂一家之理哉以至用兵夫孰所好王其图之黑的等道由高丽高丽国王王植以

帝命遣枢密院副使宋君裴偕礼部侍郎金贊等道诏使黑的等往日本不至而还】

至元四年遣使如日本

【六月帝谓王植以辞为解令去使徒还复遣黑的等至高丽谕植委以日本事以必得其□领为期植以为海道险阻不可辱天使　九月遣起居舍人潘阜等持书往日本留六月亦不得其要领而归】

五年遣使日本

【九月命黑的复持书往至对马岛日本人拒而不纳执其塔二郎称二郎而还】

至元六年遣使如日本

【六月命高丽金有成送还所执二人俾中书省牒其国亦不报有成留其太宰府守护所者久之　七月命秘书监赵良弥往使书曰盖闻王者无外高丽与朕既为一家王国实为邻境故常驰信使修好为疆场之吏押而弗通所获二人令有司慰抚俾齐以还遂复寂无所闻继欲通问属高丽权臣林衍构乱坐是弗果岂王亦因此辍不遣使或已遣而中路梗塞皆不可知不然日本素号知礼之国王之君臣宁肯漫为弗思之事乎近已灭林衍复旧王位安集其民特命少中大夫秘书监赵良弼充国信使持书以往如即发使与之偕来亲仁善邻国之美事如或犹豫以至用兵夫谁所乐为也王其审图之良弼将往乞定与其王相见之仪延议与其国上下之分未定无礼数可言帝从之十二月诏与高丽□植送良弼通日本期于必达弼□忽□□□国昌洪□丘将兵送抵海上候国信使还姑令金州等处屯驻】

至元十年遣使如日本

【六月赵良弼复使日本至太宰府而还】

至元十一年命将征日本

【二月命经略使忻都高丽军民总管洪茶丘以千料舟援都鲁轻疾舟汲水千舟各三百共九百艘载十卒一万五千期以七月征日本冬十月入其国败之而官军不整又矢尽惟掳掠四境而还】

至元十二年遣使日本

【二月遣礼部侍郎杜世忠兵部侍郎何文著计议官撒都鲁丁往使亦不报】

至元十七年日本杀使臣杜世忠

【二月日本杀国使杜世忠等征东元帅忻都洪茶丘请自率兵往讨廷议姑少缓之　五月召范文虎议征日本八月诏募征日本士卒】

至元十八年再征日本

【正月命日本行省右丞相阿剌罕右丞范文虎及忻都洪茶丘等率十万人征日本二月诸将陛辞帝敕曰始因彼使来故朝廷亦遣使往彼遂留我使不还故使卿辈为此行朕闻汉人言取人国家欲得百姓土地若尽杀百姓徒得地何用又有一事朕实忧之恐卿辈不和耳假若彼国人至与卿等有所议当同心协谋如出一口答之五月日本行省参议裴国伊等言本省右丞相阿剌罕范右丞李左丞先与忻都洪茶丘入朝时同院官议定领舟师至高丽金州与忻都茶丘军会然后征日本又为风水不便再议定会于伊岐岛令其水工画地图因见近太宰府西有平户岛者周围皆水可屯军船此岛非其所防若径往据此岛使人乘船往伊岐呼忻都茶丘来会进讨为利帝曰此间不悉彼中事宜阿剌罕辈必知令其自处之六月阿剌罕以病不能行命阿答海代总军事八月诸将未见敌丧全师以还乃言至日本欲攻太宰府暴风破舟犹欲议战万户厉德□招讨王国佐水手总管陆文正等不听节制辄逃去本省□□军至合浦散遣还乡里木儿败卒于闾脱归官军六月入□□□至平户岛移五龙山八月一日风破舟五日文虎等诸将□自择坚好船乘之弃士卒十余万于山下众议推张百户为主帅号之曰张总管听其约束方伐木作舟欲还七日日本人来战尽死余二三万为虏去九月至公角岛尽杀蒙古高丽汉人谓新附军为唐人不杀而恕之闾辈是也盖行省官议事不相下故皆弃军归久之莫青与吴万五五亦逃还十万之众得还者三久耳】

至元二十年遣使征日本不果

【命阿塔海为日本省丞相与彻里帖木儿右丞刘二拔都见左丞募兵造船欲复征日本淮西宣慰使昂吉儿上言民劳乞寝兵】

大德三年遣僧往说日本

【遣僧宁一山者加妙慈弘济大师附商舶往使日本而日本人竟不至国朝】

太祖高皇帝洪武二年遣使招夷

【遣使臣赵秩往日本招来倭夷泛海至析木崖入其境关者拒勿纳秩以书达其王良怀乃延秩谕以中国威德而诏旨有责让其不臣之语王曰吾国虽夷假在扶桑未尝不慕中国之化而通贡奉惟蒙古以戎狄莅华而以小国视我使赵姓者訹我以好语初不知其觇国也既而发水犀数十艘一时雷霆风波漂覆几无□□自是不与通者数十年今新天子帝华使亦赵姓得非蒙古使之云仍乎亦将訹我好语而袭我也命左右将刃之秩不为动徐曰今圣天子圣神文武明烛入表生华帝华非蒙古比我非蒙古使后尔若悖逆不我信即先杀我则尔之祸不旋踵矣我朝之兵天兵也无不一当百我朝战□虽蒙古戈船百不当一况天命所在人孰能违岂以我朝之孔怀尔者与蒙古之袭尔国者比耶于是王气沮下延秩礼遇有加】

秋使行人杨载齐玺书谕日本国王

【倭寇惠潮滨海上命载往使齐书谕其国王书曰上帝好生恶不仁者向者我中国自赵宋失驭北夷入而据之播胡俗以腥膻中土华风不竞□□有心孰不与愤自辛卯以来中原扰扰被倭乘寇山东不□□胡元之衰耳朕本中国之□家耻前王之辱兴师震旅□□□番宵衣肝食垂二十年自去岁以来殄绝北夷以主中国□□夷未报间者山东来奏倭兵数寇海边生离人妻子损伤物命故修书特报正统之事兼谕倭兵越海之由诏书到日如臣则奉表来廷不臣则修兵自固永安境土以应天休如必为寇朕当命舟师扬帆诸岛捕绝其徒直抵其国缚其王岂不伐天伐不仁者哉惟王图之】

洪武五年遣僧往谕日本

【先是天宁寺僧祖阐以高行召至会朝廷将遣使诏与瓦罐寺僧无逸俱往祖阐毅然请行之赐以缁器禅衣之属令大官馔享于武稜下且谕其国敬浮屠喻以善道设化时天界寺僧宗泐尝赋诗饯之其诗上献凡十八韵首言王化无遐迩一视同仁次言宜诱以善道庶契西来祖意次言经涉海波虽甚艰险君臣大义勿忘次言平等法行之无有彼此之异末言使旋方尽终始之义太祖俯赐和之尝闻古帝王同仁无遐迩蛮貊尽来宾我今使臣委仲猷通洪玄倭夷尝往至于善导凶人不负西来意尔僧游远方毋得多生事入为佛弟子出为我朝使珎重浦泉经勿失君臣义此行非瀚海一去万里地既辞释迦门日日宿海涘艨艟挂飞飘天风驾万里平心勿忧惊自然天之使休问海茫茫直是寻根际诣彼佛放光倭民大欣喜行止必端方毋失经之理入国有斋时斋毕还施礼是其皆平等语言休彼此尽善化顽心瞭毕才方已归来为拂尘见终必见始祖阐受命而行自翁州启櫂五日至其国境又踰月始入王都馆于洛阳西山□□遵圣教敷演正法无非约之以善听者耸□以为中华之禅伯亟□□□请主天龙寺乃梦窦国师道场实名刹也祖阐以无上命方辞之且申布威德罔间内外所以遣使者来之意王□□□□方物称臣来文既归上喜怡愉赐白金一百两文绮二缣】

成祖文皇帝永乐九年遣使日本

【遣三宝太监王进奉使日本收□□货至宁波选壮军顾通□大□将军同□彼夷初御以□□起别议辄下滚江龙千□□□得支港潜出□夷妇密□而还】

永乐十五年□□□日本

【倭寇沙园所边将执其酋□□京师　诏待以不死遣刑部员□□郎李渊等使日本□□□□□天事大之义次年渊还其国王亦遣刺史奉表称谢】

宣宗章皇帝宣德八年遣使吊丧

【倭王源道义卒上命太监雷春少卿潘锡等出使兼带以尽怀柔之意】

世宗肃皇帝嘉靖三十四年七月遣使移谕日本

【先是海商王直挟倭以要互市不得遂纠岛夷入寇而身为之调度浙直广福沿海悉被残破倏往倏来讫无宁岁御史胡宗宪按浙廉知其情与督察侍郎赵文华奏乞遣使宣谕日本国王令其禁戢岛夷以弭边夷实欲行间谍以勾致王直而绝祸源也疏入上命廷臣议之咸称曰便乃令布政司为檄致之宣布朝廷德意募能使者宁波生员蒋洲陈可愿请行于是假以市舶提举服色充正副使以往檄曰王国自□太祖高皇帝御极以来世秉恭顺贡献天朝天朝待王恩亦不薄上下安和恪承天道各保生民今尔倭劫掠居民念惟王国法令严明部民盗一鸡一犬者

必杀无赦岂有纵民侵劫之理必是欺蔽国王私出为非故特差正使蒋洲副使陈可愿移檄报知王若能守祖宗之大法思圣朝之厚恩愤部民之横行分投遣人严加约束不许私出没海洋侵扰中国使边境宁静衅隙不生其享和平之福如此本司即为王奏闻天子必有大旌劳之典史册书美米传百世岂不快哉否则奸商岛民扇构不已党类益繁盘据海岛窥伺窃发恐非王国之利如昔年安南国王陈氏之祸可鉴矣今日移文报知亦非为中国也王其深体而速行之洲等□檄以行十一月望日至其国五岛地方偶遇直养子毛海峰在焉洲等以移谕事告之遂引见直洲等谕以朝廷遣使之意及军门招徕之心直为感德然不欲国王之知之也谓洲等曰夷意惟在求互市而已既朝廷有旷荡之恩吾当为若等谋□然天文国君孱弱不能号令于其国其能禁戢诸部耶须历□谕之乱可弭也遣毛海峰辈送可愿回而留洲在岛者数月□□峰以报效为名实伺内地虚实与当道待植之意何如以为□止时宗宪已总督军务洞烛其奸□□示以宽厚之意准令立功报效而为之□□□□□遲海峰还报直始挺身而来谓市舶可通□□□□□□□□犹虑中变仍挟倭数千而来迁延海上者又两关月洲与可□反覆说之又携贰其党与始入见军门于宁波而□致之斩之市曹传首京师自此海上少戢矣后御史赵孔昭以洲专命往使不达其王谓为直党恶奏系诏狱论死巡视军情郎中唐顺之谓不赦洲将来者必以使绝域为讳而阻宣力报效之心复奏释之】

太仓使往日本针路【见渡海方程及海道针经】

太仓港口开船用单乙针一更船平【更者每一昼夜分为十更以焚香枝数为度以木片投海中人从船面行验风迅缓定更多寡可知船至某山洋界】

吴淞江用单乙针及乙卯针一更平

宝山到南汇嘴用乙辰针出港口打水六七丈沙泥地是正路三更见茶山【茶山水深十八托一云行一百六十里正与此合】

自此用坤申及丁未针行三更船直至大小七山滩山在东北边

滩山下水深七八托用单丁针及丁午针三更船至霍山

霍山用单午针至西后门

西后门用巽巳针三更船至茅山

茅山用辰巳针取庙州门船从门下行过取升罗屿【庙州门水深急流】

升罗屿用丁未针经崎头山出双屿港【升罗崎头俱可泊船崎头水深九托】

双屿港用丙午针三更船至孝顺洋及乱礁洋【双屿港口水流急孝顺洋水深十三托泥地】

乱礁洋水深八九托取九山以行【九山西边有礁打水行船宜仔细一云乱礁洋水深六托泥地】

九山用单卯针二十七更过洋至日本港口【打水七八托泥地南边泊船】

又有从乌沙门开洋七日即到日本

若陈钱山至日本用艮针

福建使往日本针路

梅花东外山开船用单辰针乙辰针或用辰巽针十更船取小琉球

小琉球套北过船见鸡笼屿及梅花瓶彭嘉山彭嘉山北边过船遇正南风用乙卯针或用单卯针或用单乙针西南风用单卯针东南风用乙卯针十更船取钓鱼屿

钓鱼屿北边过十更船南风用单卯针东南风用单卯针或用乙卯针四更船至黄麻屿

黄麻屿北边【过船】便是赤屿五更船南风用甲卯针东南风用单卯针西南风用单甲针或用单乙针十更船至赤坎屿

赤坎屿北边过船南风用单卯及甲寅针西南风用艮寅针东南风用甲卯针十五更船至古米山

古米山北边过船有礁宜知畏避南风用单卯针及甲寅针五更船至马岊山

马岊山南风用甲卯或甲寅针五更船至大琉球

大琉球那霸港□船【上官把守港口船至此用单卯及甲寅针行二更进那霸内港以入琉球国中】

那霸港外开船用单子针四更船取离倚屿外过船南风用单癸针三更入船取热壁山以行

热壁山南风用单癸针四更船取硫黄山

硫黄山南风用丑癸针五更船取田嘉山又南风用丑癸三更半船取麦加剌山南风用单癸针及丑癸针二更船取大罗山

大罗山用单癸针二更半船取万者通七岛山西边过船

万者通七岛山用单寅针五更船取野顾七山岛内名吗兵之妙是麻山屿野顾山用巽寅针二更半船但尔山用艮寅针四更船取亚甫山【一云野顾山对面行六十里有小礁四五个最直艮避在北边过船用艮寅方行一百五十里至旦午山用艮寅方行二百四十里至亚甫山】

亚甫山平港□其水望东流甚急离此山用艮寅针十更船取亚慈理美妙若不见此山用单艮针二更船又艮寅针五更船取沿湾奴一【云沿渡奴】

乌佳眉山沿渡奴乌佳眉山用单癸针三更船若船开时用单子针一更船至而是麻山

而是麻山南边有沉礁名套礁【一云名佐沉长礁】东北边过船用单丑针一更船是正路却用单子针四更船取大门山中

大门山傍西边门过船用单丑针三更船取兵裤山港兵裤港循本港直入日本国都

倭奴朝贡事略

光武帝建武中入贡

【帝灭朝鲜使驿始通使者自称大夫】

光武中光六年入贡

【奉珍朝贺赐印绶】

安帝永初元年入贡

【来献生口百六十人愿相见】

魏景初二年朝献

【公孙渊诛后毕弥呼遣其大夫难升米牛利等带方物求诣天子朝献太守刘夏遣使吏将送诣京师明帝诏赐毕弥呼为亲魏王假金印柴绶以难升米为率善中郎将牛利为率善校尉假银印青绶】

正始姑四年入贡

【卑弥呼遣大夫伊耆掖邪狗等八人献方物诏拜掖邪狗等率善中郎将各假印绶】

八年入贡

【卑弥呼死宗女壹台与立率善中郎将掖耶狗来献生口白珠杂锦物】

晋泰始初年入贡

【台与遣使朝献台与死其国复立男王】

安帝时通表

【倭王赞通表江左】

文帝元嘉二年入贡

【赞遣司马曹达奉表献方物赞死子珍立遣使入贡自称使持节都督倭百济斯罗任那秦韩慕韩六国诸军事安东大将军倭国王表求除正诏除安东将军倭国王珍又求除正倭□□十三人平西征虏冠军辅国将军等号诏并听之】

二十年入贡

【倭王济遣使奉献复以为安东将军倭国王】

二十八年加封王复入贡

【加使持节都督倭斯罗任那加罗泰韩慕韩六国诸军事安东将军如故并除所上二十三人职济死子与遣使贡】

顺帝升明二年入贡

【倭国王武遣使上表言自昔祖弥躬擐甲胄跋涉山川不遑宁处东征毛人五十五国西服众夷六十六国陵平海北九十五国王道融泰廓土遐畿累叶朝宗不愆于岁道经百济装饰船舫而高丽无道图欲见吞臣亡考济亡兄兴并欲大与问罪不幸奄丧父兄使垂成之功不获一篑今欲练兵申父兄之志窃自假开府仪同三司其余咸各假绶以劝忠节诏除武使持节都督倭斯罗任那加罗泰韩慕韩六国诸军事安东大将军倭王】

文帝开皇二年入贡

【倭王多利思比孤遣使诣阙上令所使访其风俗使者言倭王以天为兄以日为弟天明时出听政跏趺坐日出便停理务去委我弟文帝曰此大无义理训令改之】

炀帝大业二年遣使入贡

【多利思北孤复遣使朝贡使者云闻海西菩萨天子重兴佛法故遣朝拜兼有沙门数十人来学乾道国书曰日出处天子致书日没处天子无恙【云】云炀帝览之不悦谓鸥胪卿曰蛮夷书有无礼者勿复以闻】

大业三年入贡

【报使也】

唐太宗贞观五年入贡

【倭使入阙帝矜其远诏有司无拘岁许贡仍遣高文人往抚之使者不宣朝命而回　详见出使事略】

永徽初年贡宝物

【遣使献琥珀大如斗玛瑙若□升势时斯罗为高丽百济所暴高宗赐玺书令出兵援斯罗】

永徽二年夷使偕蝦蛦入贡

【倭使协蝦蛦人偕朝蝦蛦亦居海岛中其鬚长四尺许珥箭于首令人戴瓠立数十步射无不中】

咸亨元年入贡

【遣使贺平高丽后稍习夏音恶倭名更号日本使者自言国近日所出以为名　或云日本乃小国为倭所并故冒其号使者不以情故疑焉又妄夸其国都方数千里南西尽海东北限大山其外即毛人云】

长安元年入贡

【时遣真人粟田贡方物　彼国真人犹唐尚书冠进德冠顶有华□四披紫袍帛带粟田好学属文进止有方且求书籍武后宴之麟德殿授司膳卿】

开元初年入贡

【仍遣粟田复朝请从诸儒授经诏四门助教赵玄默即鸿胪寺为师献大幅布为贽悉赏物货书以归其副朝臣仲满慕华不肯去易姓名曰朝衡历佐补阙仪友文多所该载久乃还】

开元四年入贡

【彼国宝龟二年遣僧正玄□入朝贡物】

开元二十四年入贡

【遣二僧灵仙行贺入唐礼五台山学佛法】

□和元年入贡

【夷遣□元葛野与空海大师及延历寺僧登入唐诣天台山传教】

□□元年入贡

【遣僧贡物入唐礼五台佛法】

光启元年入贡

【遣□宗□贡物入唐传教】

大历十二年入贡

【遣使表贡方物】

天宝十二年朝贡

【时朝衡复入朝贡物上□中擢左散骑常侍安南都护求内外经教及传戒新罗□海道更由明越州朝贡】

建中元年入贡

【夷遣使真人兴能献方物真人盖因官而氏者兴能善书其纸似□而泽之莫晓何物所造】

贞元末年遣使入朝

【其王栢武遣使入朝其学子橘免势屠空海愿留肄业历二十年使者高阶真人来请免势等俱还诏可】

贞元四年入贡

【遣文明使贡物】

后梁龙德中入贡

【遣僧宽建入贡方物】

宋雍熙元年入贡

【夷遣僧使大周然与其徒五六人浮海而至献铜器十余事并本国职员及年代纪各一卷大周然衣绿自云姓藤源父为真连　真连官名其国五品职也　大周然善隶书不通华言问其风俗但书以对云国中有五经书及佛法白居易集十七卷并得自中国交易用铜钱文曰乾文大实银以贡贼国王自古传袭王今六十四世文武僚吏皆世官其皇系详见年代纪□闻之叹息谓宰相曰此岛夷耳乃祚遐久其臣亦继袭不□□古道也中国自唐宇之乱群县分裂梁周五代□历尤□□□□世胄鲜能嗣续朕虽得继往□□□□□□□□□□□□□□逸建无穷之业垂可久之□□□□□□□□□□□□□□□袭禄位此朕之心焉又云其国多中国无籍大周□□□□□□经一卷即郑氏注越王孝经新义第十五一卷即□□□□□□王真新义者记室参军任希古等譔也皆金缕红罗标□□□轴复求诣五台许之令所过给食又求印本大藏经诏亦□□】

端拱元年夷僧奉表来谢并贡方物

【大周然遣弟子喜奉表来谢曰日本国东大寺大朝法济大师赐紫沙门大周然启伤麟入梦不忘汉祖之恩枯骨令欢犹元魏氏之敌虽云羊僧之拙宁忘□□之恩周然诚惶诚恐顿首顿首死罪大周然附商船之□□□魏阙于生涯望落日而西行十万里之波涛难尽顾□□而东别数千里之山岳易过妄以下根之卑适诣中华之盛于是宁旨顿降恣许荒外之跋涉宿心克协历观宇内之环奇况乎金阙晓后望尧云于九禁之中岩局晴前拜圣登于五台之上就三藏而廪学巡数寺而优游遂使莲华回文神笔出于北阙之北贝叶印字佛诏传于东海之东重蒙宣恩忽趂来□季夏解台州之缆孟秋达本国之郊爰待明春初到旧邑缁素忻待侯伯慕迎伏惟陛下惠溢四滨恩高五岳世超黄轩之古人直金轮之新大周然空辞凤凰之窟更还蝼蚁之封在彼在斯只想皇德之盛越山越海敢忘帝念之深纵分百年之身何报一日之会染笔拭泪伸纸摇魂不胜慕恩之至谨差上足弟子传灯大法师位嘉因并大朝剃头受戒僧祚乾等拜表以闻称其本国永延二年岁次戊子二月八日又别启供佛经纳青水函琥珀青红白水晶红黑木□子念珠各一连并纳螺钿花形平函毛笼一纳螺杯二口葛□一纳法螺二口染皮二十枚金银莳绘莒一合纳发□二头又一合纳三议正四位十藤佐理手书二卷及进奉物数一卷表状一卷又金银莳绘砚一莒一合纳金砚一鹿毛笔松烟墨金瓶水瓶铁刀又金银莳绘扇莒一合纳桧扇二十枚蝙蝠扇二枚螺钿梳函一封其一纳赤木梳二百七十其一纳龙骨一撅螺钿书案一螺钿书几一金银莳绘平莒一纳白细布五疋鹿皮笼一纳□裘一领螺钿鞍辔一副铜铁镫红丝鞦泥璋倭画屏风一双石硫黄七百斤】

咸平五年来贡

【建州海商周世昌遭风飘至日本凡七年得还与其国人滕木□至上皆召见之世昌以其国人唱和诗来上词甚雕刻肤浅无所取询其风俗云妇人皆被发一衣用二三缣又陈所记州名年号上合滕木吉以所□木弓矢挽射矢不能远□其故□人不习战斗赐木吉时装钱遣还】

景德元年入贡

【遣僧寂照等八人来朝寂照不晓华言而识文字□□甚妙凡问答并以笔札诏号员通大师赐紫方袍】

天圣四年入贡却之

【十二月明州言日本国太宰遣人贡方物而不持本国表诏却之其后亦未通朝贡商贾时有传其物货至中国者】

熙宁五年夷僧献方物

【僧诚寻至台州止天台国清寺愿留州以闻诏使赴阙诚寻献银香炉木槵子白琉璃五香水晶紫檀琥珀所

饰念珠及青色织物绞神宗以其远人而有戒业处之开宝寺尽赐同来僧紫方袍是后连贡方物而来者皆僧也】

元丰元年入贡

【使通事僧仲回来赐号慕化怀德大师明州又言得其国太宰府牒因使人孙忠还遣仲回等贡绢一百疋水银五千两以孙忠及海商而贡礼与诸国异请自移牒报而答其物直付仲回东归从之】

乾道九年入贡

【始附明州纲首以方物入贡倭船火滕太明欧郑作死诏械太明付其纲首归治以其国之法】

淳熙三年入贡

【元至兀八年遣使入朝九月高丽王植遣其通事别将徐称导送赵良弼使日本日本始遣弥四郎入朝帝宴劳遣之】

至元九年遣使来朝却之

【二月枢密院臣言奉使日本赵良弼遣书状官张□来言去岁九月与日本国弥四郎等至太宰府西守护所守者云曩为高丽所绐屡言上国来伐岂期皇帝好生恶杀先遣行人下示玺书然王京去此尚远愿先遣人从使回报良弼遣驿同其使二十六人至京师求见帝疑其国主使之来云守护所□诈也□翰林承旨和礼霍孙以问姚枢许衡等皆对曰诚如圣算饯□我加兵故发此辈伺吾强弱耳宜待之宽仁且不宜听其入见从之是月高丽王植致书日本五日又以书往令必通好大朝皆不报】

至元十四年遣使易钱

【日本遣商人持方物来易钱许之】

大明洪武二年入贡

【太祖高皇帝混一寰宇薄海之外莫不臣仆惟日本未至乃遣使臣赵秩往谕之　详见使倭事略　其王良使乃遣僧祖来进表笺贡马及方物并僧九人来朝诏赐祖来等文绮及僧衣比辞遣僧祖阐远幼等八人护送还国仍赐良怀大统历及文绮纱罗】

洪武十二年入贡

【夷船一只称贡缘无表文却之来人分发云南川陕三边安插】

洪武十三年入贡

【遣僧贡马及茶布刀扇之类亦无表文以其私贡不纳来人仍发三边安插】

洪武十四年入贡

【七月国王良怀遣僧如瑶贡马十匹及方物通有前来入船花名乃命行取赴京宴赏归国　会典记十二年贡者作七年拾四年贡者作发三边安插与南京礼部案不同必记者之误耳　通志作却其贡】

洪武十五年入贡

【使归廷用入贡方物厚赏回还明州备倭指挥林贤在京随驾时交通枢密使胡惟庸替遣宣使陈得中密与设计令将归廷用诬为倭寇分用赏赐中书省举奏其罪流贤日本】

洪武十六年诏绝日本之贡

【贤流三年逆臣胡惟庸暗遣人充宣使私往日本取回就借精练兵四百与僧如瑶来献巨烛中藏火药兵具意在图乱上大怒磔贤于市乃降诏责其君臣绝其贡祖训云以日本隔海僻在尝隅得其地不足以供给得其民不足以使令故不兴兵致伐著为训童绝其往来】

永乐二年入贡

【上命太监郑和统督楼船水军十万招谕海外诸番日本首先纳款擒献犯边倭贼二十余人即命治以彼国之法尽蒸杀之金铜□犹存炉灶遗址在芦头堰降敕褒奖给勘合百道定以十年一贡船止二只人止二百违例则以寇论制限进贡方物　马铠　硫黄　贴金扇　牛皮　枪盔　苏木　涂金装綵屏风　剑　洒金　厨子　洒金手箱　洒金木铫角盥刀　洒金文台　描金粉匣　描金笔匣　水晶数珠　抹金提铜铫　玛瑙】

宣德元年入贡

【入贡人船踰数刀剑过多时谕来使今后贡船不过三只使人毋过三百刀剑毋过三千不许违禁】

宣德七年入贡

【来使不知礼法甚扰于民禁之】

宣德十年入贡

【并奉表谢恩以入年遣使吊丧也】

正统七年入贡

【时贡船九只使人千余分发境清天宁各寺安歇朝廷虽责其越例以远人慕化亦宽容之八年六月使回迷失使头普福二人在乐清沙嵩滕岭坊长孔希名获解犯总遣回普福在途悲感有诗云来游上国见中原细嚼青松咽冷泉慈母在堂年八十孤儿为客路三千心怀北阙浮云外身在西山返照边处处朱门花柳巷不知何日是归年】

天顺二年入贡

【至京师燕赏豊渥捆戴而归】

成化二年伪贡

【时都指挥□□□□其伪贡之□□□□】

成化十一年入贡

【诸使诣京沿途骚扰朝廷为禁约之】

成化二十年入贡

【六月使臣周玮入贡敕谕彼王知会自后宜恪遵宣德中事例也】

弘治八年入贡

【五月差使寿蓂入贡方物赴京沿途生事至济宁强买货物彼此杀伤罪及解官府照磨童钊指挥魏政提举王昭俱降调通事林春充军次年使归司府失于检点致鄞人朱缟□欠货物而去】

正德四年入贡

【五月正使宋素卿副使源永春贡方物请祀孔子议注朝仪孔子中国圣人不当为夷狄亵渎不许素卿者即鄞人朱缟其家鬻于夷商汤四五郎越境亡去至是充使入贡重赂逆瑾蔽覆其事盖缟在倭国伪称宗室苗裔倾险取宠辅庶夺嫡争功要利而夷夏之衅遂酿于兹】

正德八年入贡

【五月夷船三只使僧挂梧贡方物越岁而去】

嘉靖二年入贡

【四月夷船三只译传西海道大内谊兴国遣使宗设谦道入贡越数日夷船壹只使人百余复称南海道细川高国遣使瑞佐宋素卿入贡道至宁波江下时市舶太监赖恩私素卿重贿坐之宗设之上且贡船后至先于盘发遂致两夷仇杀毒流廛市宗设之党追逐素卿直抵绍兴城下不及而还至宁波胁宁波卫指挥袁进夺舟越关而遁时备倭都指挥刘锦追贼战没于海定海卫掌印指挥李震与知县郑余庆同心济变一日数警而城以无患贼有漂入朝鲜者国王李怿擒获中林望古多罗械送京发浙江按察司与素卿监禁侯古法司勘处者凡数十次而夷囚竟死于狱倭奴自此惧罪逋诛□□□关者十余岁】

嘉靖十七年入贡

【五月夷船三只使僧古鼎副使僧周良持方物表贡且求还前遗物法司以事已经乱货应入官且无从索之良等乃不敢言朝廷复申十年一贡之例责令送还正德以前勘合更给新者遵照入贡】

嘉靖二十三年入贡

【是年六月夷船一只使僧什寿光等二百五十八人称贡验无表笺且以非期却之】

嘉靖二十六年入贡

【四月使臣周良人船踰例且非贡期朝议欲却之以其远来效顺且贡期止隔一年乃发外海岙山停泊至明年而后纳之】

万历二十八年恭顺纳款

【四月十六日原救朝鲜南兵营委官千总毛国科船一只自日本还内有倭夷人等据称倭国将福建原往乌尾商船用价修葺雇觅舵工伙长稍水资送饭米一百二十石共约费银二百余两差倭将一员喜右卫门带领头目倭从通事及福建原差侦探人役王檝等三名并华夷稍水共四十四名斋彼国旗号沿途护送毛国科并随从戴恩董升等及原日先后被掳闽浙各处商人王君翰张盖二等二十余人闽人居多又朝鲜被掳男妇七名口又将福建海上贼首李明等八名同伙倭贼三九郎等三名共十一名各时绑前来欲至福建转送原委衙门以表岛主恭敬天朝之意随风飘至浙江昌国卫海洋据署备倭把总许好学报称据南哨牛栏基哨官俞大益揭报督抚军门刘批仰兵巡海道审明解详奉经备行译审据宁波府知府张佐治会同推官何士晋呈译审得毛国科自日本回还据称先从朝鲜军前差往今系倭酋送归似与东事相涉然无执照可凭查其所称绑解贼盗既系福建人氏又有福建侦探二人其事委属福建况有印信牌票为照其中□□□□又难悬度合无将本船华夷各色人等连船就近解□闽省□□勘议具□□中□情伪终不可测仍多差兵船伴送至彼交割以防窃□□□之奸等因连人解送本道按察使范逐一面审□□□□府会审无异查其先年侦探官民王檝马一松林瑞等三名□系福建差探先年被掳人王君翰张盖二王礼夏翁尾汲□□必宽周璘林董等八名俱福建人告被盗劫失王高光国□□虽系歙县人亦为见获盗所害欲与对理肘解强盗倭贼李明陈文秉石二郭春林贵来进陈明吾许天求八名俱福建人与同伙倭贼三九郎喜助弥九郎三名共二十一名各称事在福建倭官鸟原喜右卫门尉宗安并倭目倭从等一十四名在船索债倭人一名并水稍华夷人等原系护送同来其中事情皆属福建委应如府会议通解彼中就近审结及该本道覆看得毛国科羁倭三载泛桴而归带有被掳回还多人彼国差官护送自谓行间用术使夷人恭顺似有劳绩矣然审无差委明文难以尽信若马一松等执有福建漳南道原给侦探倭情信牌且口称有先年被掳华人许仪后等密报倭情书揭及译审倭官各吐情由其始也因福建军门差官至彼侦探无以宣布朝廷德威而夷人怀服今来也因王檝等十余闽人而遣官送归且又缚绑强盗解还福建发落虑行舟有阻给以彼国号旗便行果如所吐是皆由福建密行筹画以致倭夷恭顺而来该省积虑远犹各役奉公竭力俱当赴福省以便参详强盗李明等亦应听彼中审处虽夷情叵测不可遽信而福建侦探原差则有牌票可凭但程途遥远合行多拨官兵船只沿途护送以免饱虞等因呈奉本都院刘批仰布按二司会议通详该布政司左布政使赵右布政使吴按察司按察使李会呈看得千总毛国科先年奉经略密令往倭用间行术在彼羁滞三年今始得归王檝等三名称系福建差探倭情王君翰等八名称系先年被掳之人与强盗李明等俱福建人三九郎等三贼虽系倭人实系李明等伙贼各亦称事在福建至倭官喜右卫门及倭目倭从十四名与华夷水稍等人原系护送国科欲至福建转送原委衙门以表恭顺夫国科既称系奉委行间则东事告捷本官与有功焉至于王檝等称系差探倭情有漳南道原给印信牌票可凭强盗李明等与先被掳王君翰各称系福建人倭官倭从又称护送国科等至福建虽其中真伪不可尽知而据审报各情节其事俱在福建难以臆断相应照道府原议通解闽省就彼查审处分仍多拨官兵船只护送至彼交割等因呈奉本都院刘会同巡按御史李看得朝鲜之役倭众遁归实由经略经理当事诸臣仰禀□□□克彰鸿伐然当是时诸将临敌决策用间施奇即如毛国科所□奉差往说臣等不敢尽必其无第其言涉矜诩事无确愚□□亦不敢尽信其有惟是日本今者归我差官□我海□□□□役船只护送行据道府参游各官译审情状以恭彼其□□□□□□□□□知其借事而觇我乎亦不可知臣愚以为此一事也要在勘处得宜斯于国体增重内之可以弭沿海之衅外之可以结东事之局然非素肩其事索其情者必不能处也今据司道会议王檝等差探倭情有漳南道印信牌票可凭强盗李明等俱系福建人倭官倭从又称护送毛国科等欲至福建转送风飘及浙且检有许仪后郭国安等书揭事关机密情在闽中浙省难以臆断相应通解彼省查审处分况事关酋渝约以来福建抚臣殚心筹画多方侦探凡日本一动一静靡不先知内比恃以为备浙省海禁素严内外片帆不通第藉闽之告戒从事臣等所谓素肩其事索其情者固自有在而于以尊□□弭海衅完东局而垂远烈者非异人任矣除将千总毛国科等伴同倭官倭从鸟原喜右卫门尉宗安等并押海贼李明等多拨兵船防护径由海路解送福建督抚衙门听其查勘请□处分相应具题】

谨按外夷自越裳氏重译来献之后君天下者于是有侈心焉不知戎狄交侵无损周室之盛呼韩稽颡何补汉祚之衰是故明主内修外治彼倭贡者其来不足喜其去不足怒也

倭国事略(略)

浙江倭变纪

洪武二年倭犯温州

【中界山永嘉王环诸处皆被剽掠】

六年掠海滨

七年靖海侯吴祯败倭于琉球洋

【倭扰海边祯遣舟师之反于琉球洋中斩获甚重悉送京师】

十六年寇金乡小濩亭官兵敌却之

二十六年寇小尖亭

二十七年寇小尖亭

三十四年九月寇蒲岐所

永乐二年四月□□山百户□兴与战死之

【日本国王源□我知之□□□□其□□来献□□□□□擒朝廷□兵勤诚降□褒谕□余详见出使事略卷□□】

二十年寇浙东朱亮□徐忠击败之

【亮伍破之于□□忠破之于桃渚斩获□□由□□□□□□□□□】

二十二年寇象山县县丞□□□谕蔡海死之【□□□□□□□□□□□□□□□□□□□□□】

正统四年□□□所昌国□【□舟四十余□□□□□□□□□□□□□□□□□□□□□□□】

□年六月寇海宁□□□□□□□□壮士所

□□六年寇健跳所

成化二年寇陷大嵩所

【贼伪称入贡官军不为严备遂袭破大嵩官兵夜围其舟樯灯达曙不移舟已乘潮遁去灯皆悬于嵩端嵩草沙上盖设诈以款追兵也台闽壹关大臣以失机获罪】

嘉靖十九年贼首李光头许栋引倭聚双屿港为巢

【光头者福人李七许栋歙人许二也皆以罪系福建狱逸入海勾引倭奴结巢于霩龗之双屿港其党有王直徐惟学叶宗满谢和方廷助等出没诸番分踪剽掠而海上始多事矣】

二十七年四月都御史朱公纨遣都指挥卢镗副使魏一恭等捣双屿港贼巢平之贼首李光头就擒

【时海壖多警军无纪律浙福二省互相牴牾贼得肆志议者请设巡视都御史以节制之上命朱公纨行公至即行二省守巡诸官各分信地或战或守皆有专责而以福建都指挥卢镗谙海上事即以委之镗乃与海道副使魏一恭备倭指挥刘恩至张四维张汉等部署兵船集港口地之贼初坚□不□迨夜风雨昏黑海雾迷目贼乃逸巢而出官兵奋勇夹功大胜之俘斩溺死者数百人贼酋许六姚大总与大窝主顾良□祝良贵刘奇十四等皆就擒镗入港毁贼所建天妃宫及营房战舰贼巢自此荡平余党遁往福建之□屿镗等复大败之翼日贼船有泊南麂山女儿礁洞门青岙者知剿窟已破无所归去之下八山潜泊】

五月官兵筑双屿港

【朱公初欲于双屿立营戍守为一劳永逸之计而平时以海为生之徒邪议蠭起摇惑人心沮丧士气福兵亦称不便朱公叹□□大事以人心为本论地利以人和为先不得已从众议聚□□筑塞港口由是贼舟不得复入而二十年盗贼渊薮之区至见□空矣时二十五日也】

六月贼首许栋就擒

【二十日金乡卫指挥吴川追攻于近出海洋贼船□□□□□□□遇暗礁舟覆所遗才二人栋与其弟□□也官兵□□□□□□□寇一旦生俘之盖天意假手云王直徐□学毛烈收其□□□□□肆猖獗广东贼首陈思盼自为一艅与直弗协直用计□□□由是海上之寇非受直节制者不得自存而直之名始□□□□□海舶矣直以杀思盼为功叩关献捷求通互市官司弗许】

三十一年王直移巢烈港

【直既破陈思盼求市不得乃引倭夷窃入定海关官兵却之遂移泊金塘之烈港亡命之徒日益附之由是边海郡邑无处无贼矣】

四月攻游仙寨百户秦彪战死

【详见遇难徇节考】

五月攻瑞安县百户李潮高良战死

【初十日贼自江口登犯岭门岐头等处入坡南汇至瞭高山下潮等与战死之遂乘胜攻县城把总夏光知县刘畿率官兵击却之贼乃退泊东山港】

陷黄岩县

【二十八日福清贼首邓文俊等率倭夷二千直入县中焚县治居七日而出时县无城而贼乘潮猝至故陷】

六月贼攻霏霭所指挥樊懋力战死之

【二十日贼以破黄岩得利复攻所城二十日夜半乘雷雨先以草人用竹揭试几入城懋急督兵力战死之时守御指挥魏英督兵夜战至天明贼从北门而出】

十一月参将汤克宽追击贼于下马洋大败之擒贼首邓文俊等

【十二日克宽统兵追黄华之贼与战于下马海洋越三日复战遂擒文俊以归】

三十二年闰三月官兵追擣烈港贼巢王直败走

【烈表地形曲折贼负固盘据卒难进剿都御史王公忬躬至□州阅图审形谓兵船虽名难以直骋乃令参将俞六□□克宽分为二哨部署即定大猷由列表门进以当其前克□由西□门进以防其逸谓贼一出则一哨可以追剿不动亦可以今制也至是大猷募熟谙山脉径路之人使得等潜入贼营则以十一日举火为号而自移营大岙拒贼巢止隔一山分遣把总张四维中龙山黎秀屯霏霭遥为声援夜四鼓□得等纵火贼营烟□蔽天官兵乘之贼惊奔争舟死者无算乃大败走直率精锐溃围而去泊马迹潭军门以大猷并兵独进虽破贼巢而违 制使贼得逸深责之】

四月贼攻海盐县

【初四日贼自太仓上海而来攻县城三日始解去城外民居悉为煨烬矣】

寻至海宁卫把总马呈图等与战死之

【初六日贼至海宁卫马呈图督官兵御之弗胜遂与指挥采炼百户王相姜榟吕凤姚岑皆殁于行阵既而把总王应麟率兵追逐之与战于海口巡司大胜之贼以伏兵冲我师我师遂溃千户王继隆百户杨臣康绶亦死□】

参将汤克宽破贼于鳖子门

【初九日犯平湖官兵追之连战皆败蔡指挥等□□□□命克宽往剿之及于鳖子门大破之俘斩□□六十有奇】

贼薄省城指挥吴懋宣率僧兵御之于赭山败绩

【懋宣以僧兵为可恃欲藉以立功竟失陷而殁】

贼攻松门卫把总刘恩至追击于舟山岑港大败之

【贼初至势甚猖獗攻卫城弗克而去盖依王直为窝者也】

陷昌国卫百户陈表死之

【详见遇难徇节考】

贼犯定海官兵击败之

【□□□□□□□□□□□□□□□□□□□□□□□□□□□□□□□□□□□□□□】

□□□□□□□□□□□□□□

【十四日汤克宽等兵船进□贼巢大败之□□□□□龙官兵覆溺者甚众直遂走直隶地方俞大猷又追败之所存仅百余人】

陷临山所参将俞大猷等追击大败之

【廿四日大猷与都指挥刘恩至俘斩二百有奇】

犯长沙湾参将汤克宽败之

五月贼攻海宁卫

破乍浦所百户陈绶指挥陈善道死之

【贼自金山而来城破绶死之善道从汤克宽率兵来援与贼战于长沙湾与冠带总旗张儒皆死之】

攻新河所

【时两浙之贼克斥郊野所过残破村落为墟而乍浦以东达于直隶之拓林二百里之地皆为贼巢矣汤克宽兵胜于叶谢港副使李文进副总兵俞大猷兵胜于莲花洋俘斩虽多而贼犹不知戒云】

七月贼攻台州宁海县

【初四日攻城凡七日而解】

三十二年八月都指挥刘恩至等迎击直隶遁贼于普陀山洋败之

【先是贼首萧显屯直隶之崇明南沙修船为遁归计都御史王公忬计其势必流入浙境预令都指挥刘恩至指挥张四维百户邓城等分为二哨一自观海临山趋乍浦遏贼来路一自长途沈家门设伏邀击贼果南遁官兵与遇于普陀落伽山临江海洋连与战皆胜之零贼败登普陀依险为巢掘堑自卫参将俞大猷督官兵进攻之二十二日夜自石牛港进张疑整众而不与交战潜遣奇兵由西北巡检衙直入百户邓城武举火斌黎俊民陷阵先登贼遂败走茶山绝顶翼日邓城由东北浅步沙进火斌由鹦哥岩进黎俊民由中路进刘恩至等统大兵居其衙四面齐进俘馘无遗】

十二月贼攻沥海所千户张应奎百户王守正张永死之

三十三年三月都指挥刘恩至等败贼于三岳山

【馘至三岳山恩至与指挥张四维督舟师进攻胜之寻与指挥潘亨会兵再战入胜之贼乃由赭山遁去历曹娥二江沥□□姚直走定海之王家团】

贼首萧显流突海盐官兵追击大败之于二十里亭追至慈溪平之

【显叛结倭夷连艅入寇首犯直隶之上海盘据南沙劫邑攻城号称剧寇自松江败衄遂率精悍数百遵海而南王公命官兵设伏于要路贼至二十里亭复大败走显复统百余枭锐南奔官兵乘之逐于三江到于龙山围于定海困于慈溪分道夹攻贼遂就灭】

贼据普陀山分踪流劫内地参将卢镗邀击于石墩洋大破之

【先是贼入寇归棲普陀为息肩之地官兵守之既浃旬将捣其剿先一日遣谍觇之傍无一舟至是四合鼓噪而前值他岛贼自彼来精悍异常遂合攻官兵官兵腹背受敌辄败衄亡者什六因罢归贼以先所得货满新舟令其半先归而留其枭悍者入掠由是海盐龙王塘乍浦长沙湾嘉兴嘉善皆被其害而石墩洋之捷仅斩馘二百余级云】

四月参将卢镗击贼于平湖败之

【贼自金山张堰而来至平湖新仓镗迎击之贼遂败走】

五月贼攻嘉兴府

参将卢镗追击石墩之贼大败之

【贼久盘据海宁县之石墩为巢至是出洋镗追败之俘斩二百有奇】

六月贼犯金乡指挥王希禹陈区击败之

九月浙西之贼分掠浙东萧山临山沥海上虞

攻嘉兴府官兵追之与战于孟家堰等处指挥李元律等死之

【□□家堰之战元律与千户薛□宋应□死焉既而贼□□□□□□□□□□败之贼奔百家山百户赵□梁瑜战死贼□□都指挥周应祯亦死之】

□□百户张曜御贼于湖头死之

【贼自霓屿登劫突温州之湖头曜统兵御之败绩乃力战而死】

贼寻至东阳南午岭巡检朱纯死之

【贼自湖头之败走乐清越盘石岭趋台州黄岩县仙居遂至南□岭纯□乡兵邀击之力战而死】

指挥戴祀等与贼战于芙蓉海口死之

【祀与江九山千户崔海镇抚刘城百户易次皆战殁】

贼攻观海卫

攻乍浦所

【贼自金山而来攻所城不克乃分掠平湖嘉兴等处复回柘林】

十一月贼入嘉善县遂至湖州

【贼复自柘林而来入县治又越嘉兴府而西流劫湖州诸县】

十二月贼复入嘉善县百户赖荣华死之

【贼归自湖州复入县治荣华统福兵御之乘胜逐北贼预伏鸟铳手以待兵溃荣华死焉翼日贼焚县治自是而后贼入县治凡十有七次无城故也】

三十四年贼首徐海攻乍浦所

【自拓林而来】

攻平湖县

破崇德县

【时筑城未完贼以小舟潜从南水关入】

贼至湖州横塘官兵与战败绩福建副理问陶一贯温台守备周奎等死之

【时同死者青州指挥孙勇羽林百户陆陵玄钟百户周应辰山东把总梁鄂武生郭周张景安朱平姚清孙鲁故青齐骁将也是役亦手刃数贼以众寡不敌故败殁】

二月攻嘉兴府

【贼掠湖州而回复攻府城】

四月贼攻乍浦所不克遂至嘉兴府巡按御史胡公宗宪败之于王江泾

【详见大捷考】

浙东贼犯绍兴百户叶绅韩纲死之

【贼自钱仓白沙湾入奉化仇村经金蛾突七里店宁波卫百户叶绅与战而死贼由甬东走宁海崇丘乡复折而趋鄞江桥历小溪樟村定海卫百户韩纲与战亦死之至会稽副使许东望率知事何常明典史吴成器围之困于绝地几尽毙知府刘锡纵之走由白米堰沿海塘过萧山入富阳趋直隶徽州等处　余见直隶倭变纪及大捷考】

五月贼犯余姚省祭杜文明死之

【文明团练乡兵累立战功至是统土兵御之斩贼首一人从贼三一二人文明亦战死焉其父杜槐亦死于枫树岭之战父子忠勇人所难及】

贼犯平湖指挥李希贤败之

【贼自拓林出掠至平源希贤邀击之大败其众俘斩一百二十有奇既而贼益众攻城月余始解盖贼首庄良之踪也】

攻乍浦所

贼攻爵溪所及余姚县

【贼新至即攻所城不克进攻余姚】

贼攻三山所把总指挥刘朝恩击败之

【时朝恩已承院檄他委离所一舍闻报即驰还率军民固守值霖雨成圮者数十丈贼欢呼谓唾手可陷城中汹汹或劝朝恩突走朝恩叱之曰我祖宗世受国恩今日正我报效之秋岂可以事权去已而规避耶且我去则一身之利得矣其如生灵何遂以身蔽圮所督战甚力复以木城障之时城上矢石如雨而未有中贼者朝恩悟曰此幻术也投以生犬首发矢即中其酋师贯喉而毙贼惊溃走朝恩复追蹑之斩馘数级是役也内外居民全活者三四万人】

六月贼犯省城烧北关市总督尚书张公经统兵御之大战于塘棲败绩

【初贼败于王江泾精锐者多死柘林诸贼亦惊愕破胆胡公计乘胜进捣贼巢欲令永保二兵由金山海塘而进瓦氏兵合游击邹继芳由闵行黄浦而进狼兵攻其东苗兵攻其西海洋战舰截其遁归之路必使贼无□类以绝后患张公不能用竟分永保兵以援苏州等处二兵困于奔疲且众寡不敌故有是败】

贼寻走吴江之平望浙直官兵会击大败之

【详见直隶倭变纪】

贼从嘉善县遁去严州府推官刘泉复大败之

【贼既不能取道苏州乃折而东南从嘉善乍浦以趋旧穴泉率乡兵御之于三店塘复大破之斩首四百六十余级焚溺中毒死者复千余人盖不藉客兵之援而专督乡兵之功也】

浙东贼犯余姚乡兵击败之

贼自观海遁归官兵追败之于霍山洋

【贼自观海出洋都指挥□□□把总□溶张四□等□击□□山海洋□□□□□□】

参将卢镗败贼于马鞍山新林复追败于胜山龟鳖洋

八月副使孙宏轼等破贼于大陈山岙擒贼首林碧川

【贼首林碧川自柘林遁出海为飓风沮回泊台州之螺门宏轼与兵备许东望参将卢镗知府宋治都司王霈等督舟师追之贼败登山官兵围之月余碧川与高赠鸟鲁美他郎等一百五十人俱俘斩无遗】

参将卢镗击贼于金塘败之

九月贼巢舟山之谢浦

十一月官兵追贼于龛山平之

【详见大捷考】

贼登犯海盐知县郑茂指挥徐行健即日讨平之

【贼自秦驻山登泊茂等率兵扑灭之是战也贼虽止于八十有奇然以是日登陆而官兵以是日尽殄之则前此未之有也】

十二月贼犯平阳三港守备刘隆等死之贼寻平

【贼自南麂山流入金乡至平阳之三港官兵邀击大破之贼□为我兵装束绕出阵后而以精悍者冲其前腹背夹击我□□溃隆与千户郑纲百户张澄死焉贼寻至嵊县提督军门胡公令副使谭纶剿之授以成算仍令典史吴成器为乡导引官兵由新昌绕出贼后期容美田九霄兵至夹击之百户王世臣等又各分守要害以防贼遁至是官兵分作五哨四面埋伏止以一哨诱敌贼出战伏兵四起贼遂大溃走清风岭烈女庙官兵乘胜攻之斩馘无遗余详见大捷考】

乐清贼犯宁海主簿毕清死之

【清善骑射屡立战功至是御贼于枫树岭力战而死】

寻至平阳壆指挥祁嵩等死之

【嵩与百户刘□□力战而死】

指挥闵溶亦战死于舟山

三十五年正月官兵击贼于后梅大□之

【详见大捷考】

二月贼围海宁卫

【贼据近城盖厂为巢日夜攻击】

三月官兵进击舟山谢浦之贼胜之

【参将卢镗知县宋继祖生员李良民武生娄楠等会兵进攻大破之贼移屯邵岙】

柘林贼攻乍浦所

【贼首徐海陈东等自柘林沿海而来欲取乍浦为巢进攻杭州次及苏常以至南京兵备副使刘焘疾驰应援

与贼相持官兵大胜斩首五十有五贼势少挫翌日贼自金山而下者复万余遂围焘于城中日夜攻击焘督官兵御之贼不得间九日乃解去由海塘由西焘尾追之斩首一百三十贼过海盐转塘湾指挥徐行健御之因众寡不敌而死贼因野无折掠分作二支一迳至长安一由硖石章婆堰与长安贼会知杭州有备不敢攻而去】

四月攻嘉兴府指挥程禄死之

【贼回至王店复分为二半由海盐塘半出长水塘期会攻府城时嘉兴兵俱往杭州贼觇知之故乘空而至也适程禄所统陆兵五百至与金丹等水兵夹攻之斩获颇多贼后至甚众其陆行者径趋城下我兵为其所缀贼遂过城下而西急赴皂林以趋乌镇禄追之贼预伏民房以待禄遇害时官军死者千余人】

浙东新贼攻观海卫龙山所进陷慈溪县

【时贼自鸣鹤场临山三江登者各千余越数日始进攻观海龙山生员李良民统兵御之贼乃往慈溪时慈溪无□知县柳东伯率民兵御之而贼分踪绕出兵后冲县市都长沈宏率族属土兵剿之斩首百余贼即遁去贼首为周乙丰洲酋也】

参将卢镗败贼于慈溪之丈亭

【时贼将掠余姚镗遏之于丈亭大败其众贼乃不得至余姚余姚士民感之为勒石颂功云】

佐击将军宗礼与贼徐海战于崇德三里桥死之

【海统贼万余流劫乌镇胡公遣千总钱燦等率盐兵百余人伪为亡命投入贼中以为内应而檄知县张冕剿之贼内外惊忧不得宁居欲仍往杭州至崇德三里桥礼与镇抚侯槐何衡忠勇官霍贯道率兵九百御之三战三逐比贼死者以百数贼分番死斗礼等以孤军力战多寡不敌遂皆死之】

贼攻平湖县

【指挥翟文击之贼退走指挥刘岱预伏潘港复追贼至瓦山皆胜之】

五月浙东贼复入慈溪焚县治攻龙山所

【贼分二支一入县治一攻所城为龙山兵所击死者数十人乃解去】

贼首周乙就擒

【乙统贼四千余劫慈溪不已而延及余姚为折东之大患至是就擒】

福建流贼破仙居县入据之

【时方筑城未完且值霖雨新城崩坏贼进攻者三知县姚本崇悉力御之贼夜分三支攻城西南而以一支潜由东北登卑遂入县治先是贼自莆田岐头流劫比至青田百户方存仁死焉贼遂猖獗攻破县城巡检刘岱率兵来援亦死之】

浙西贼围桐乡县

【宗礼兵既败殁贼益纵肆提督阮公鹗入壁桐乡贼就围之副使刘焘遣指挥朱文王彦忠来援擒斩贼二百六十余人众寡不敌我兵遂却】

总兵俞大猷卢镗败贼于渔山马迹洋

【松浦口之贼自古窑遁出渔山海洋镗与指挥张四维等追及之沉其数舟擒斩二百大猷复追及□马迹洋俘斩百余】

桐乡围解

【除海陈东攻围桐乡势甚危迫总督胡公新受命引乡兵十余□□楼防守杭州无陀兵可遣援者乃与中书罗龙文谋曰方今征兵未集而阮提督久困孤城万一有失旗国威多矣今欲用间用饵以纾时艰而无可使者奈何龙文曰我□□国恩愿以死报请往说之公曰君京官也而无朝命往且不测况与贼素无一面之识谁则信之□陈可愿自松浦回以王直义子毛烈通事童华夏正朱尚礼邵岳等款定海关称报效胡公喜曰吾事济矣乃留毛烈于舟山而亟召童华等来见因厚拥之华等感悦胡公察其可使乃推诚与之计华遣朱尚礼持书往说海海故畏公威名欲解去而恶无名得书大喜欲与华面议龙文因请监督以行胡公从之遂偕诣海所宣布朝廷威德因劝树功以图显荣海固唯唯而阴与华曰吾固愿为报效而费倭人金且数万奈何华曰此易事耳胡公豁达大度尔能与之立功富贵可望也岂直数万金而已耶海大悦遂以降券付龙文等还报即日解桐乡围而去既而下硖石逼塘棲华亟

□问进兵之故海曰以倭人金无所偿耳华曰若然是挟兵以要重赏也兹岂效顺之义胡公一怒吾亦不能为若谋矣尔第出海须军门有厚赏持以偿倭未为晚也海惧从之即退屯李港华恐其反覆难保固索其弟洪来质云】

副使刘焘遣指挥王彦忠等败贼于斜塘

【贼有复自松江来者屯斜塘风泾王带等处势甚滋蔓焘令彦忠等逐之贼大败复由横浦东去】

六月官兵进击仙居之贼平之

【贼据仙居胡公咨阮公往救之又檄副使许东望知府谭纶总兵卢镗等从东路进贼闻大兵至乃走断桥彭溪官兵围于林同知家指挥伍惟员犯其前锋俘斩三百死水火者不计余贼六十人遁往天台复为乡兵所杀而福建流贼遂无孑遗矣】

应袭官懋充中书罗龙文诱擒贼首华明陈东等

【徐海既解桐乡围而去与陈东叶明分屯吕港新场旋复合于乍浦城南党与甚盛督察赵公数趋进兵总督胡公曰今众寡不敌进兵岂为胜算且海所以退去者贪吾饵也若进兵而胜固是美事不胜当奈何今日之事法当先抚而后剿以金数万勾致其心遣谍离其党与剪其羽翼而后徐为之图万全之计也于是遣龙文与华等行间适麻叶伪为胡公虎符潜出硖石掳祝氏妇胡公怒复遣华等往语海曰尔一心欲投降而陈东麻叶反覆不常恐为尔累非我所以曲全尔命之意海犹豫未决龙文曰彼二人者已密启赵公约缚尔生致之矣海大怒乃诱麻叶至管懋克舟所缚送军门复约龙文以舟载货赐□□易童华以金二百与倭人之杰□者诱东偕来至舟所即执之以归海自此势孤以至于亡】

八月官兵败贼于夏盖山三江海洋

【既而又战于金塘□□之间复大败之俘斩二百三十余人兵部郎中郭仁副使刘焘擒贼于秦驻山时谍报秦驻山支岭之上有群倭棲之其舟为触礁所破不能长往仁与焘时驻乍浦即欲遣兵击之将士皆云穷冦据险难以仰攻乃计令兵士挟降倭一人往说之许其送付徐海其党五十余人悉弃兵而来因次第缚之】

官兵败贼于乍浦

【详见大捷考】

贼首徐海乞降

【陈东党既为官兵所破海内不自安阴修战备为死斗之计胡公知之复令罗龙文童华等往慰之且讽使入见海犹豫未决龙文宿其营安寝如家海以足蹴之觉曰此虎狼之穴何酣睡若此耶龙文曰我为尔百口且不顾况此身耶今尔乃心持两端何也海曰闻赵必欲杀我恐公不能救龙文曰赵公初意如此今也则否海曰焉知非诱我而执之耶华曰胡赵二公欲为尔题请封爵使尔专提一旅之师捍海上寇若不入见彼何所据以正请也海曰蹈不测之险奈何龙文曰我京官也且胡公姻戚尔第入见我则质尔营中万无一失矣海始首肯华既驰报军门军门许之为之斯日谍使复数四给既定海犹虑中变先期而至入见胡赵阮三公及巡按赵公孔昭于平湖城中受犒而出谓龙文等曰鉴诸军门之貌吾祸终不免叹息者久之】

既而复叛据沈家庄总督侍郎胡公宗宪督察侍郎赵公文华提督都御史阮公鹗率官兵讨平之

【时官兵四集军威甚盛海侦知之阴收陈东叶明余党谋□自全胡公复遣华往解之海迎谓曰吾以尔言结怨诸倭今军门既受吾降而复征兵浙逼北为我而谁耶叱左右缚华将杀之华大笑不止海曰尔尚何言华曰吾笑尔不识人以忠为奸使吾枉死尔手耳海曰何谓也华曰陈叶二党尚多且心迹不一今阳为附尔实为豫□之计军门恐尔入其□中故遣我□□官兵壁近郊者防其变也尔何不悟耶海曰然则如之何华曰今沈庄有东西二所尔曷不分其党各自为巢而密约官兵杀之尔后患绝矣海深然之卒用其策由是二党互相猜疑胡公知之遂部署大兵进捣其巢是时贼壁甚坚据敌楼以拒四面皆挂白布觇我我不得觇贼也诸将以佛郎机攻之畏矢石不敢近七日弗克胡公怒命都指挥戴冲霄攻之冲霄率兵士逼贼垒立于矢石之下毁其西南正西敌楼各一座贼失据冲霄及把总杨永昌等督永保等兵大进捣巢于半日之间实冲霄毁敌楼之功也海既败殁其党散走一支据定海丘家洋阮公与总兵俞大猷卢镗合兵围之贼溃走踰桃花岭渡宁溪历鄞奉化宁海与官兵战于台州两头门把总指挥范　死焉贼突走温州至福宁得舟而遁一支自直隶出海为大猷兵所灭一支自浙江出海为镗兵所灭其得脱走者突登慈溪县伏龙山阮公率官兵灭之由是贼无生还者矣】

卢镗擒贼首辛五郎等于清港洋

【详见大捷考】

副使许东望击贼于马墓福山洋败之

【贼首二罗表乃从贼七十余皆就擒】

九月百户郎官追贼于临海两头门死之

副使王询总兵俞大猷击舟山贼平之

【俘斩一百五十余】

十二月官兵进捣谢浦贼巢平之

【先是贼据吴家山官兵自秋及冬屡攻弗克胡公命把总张四维以麻阳兵当岁除夜袭破之俘斩无遗是年两浙之贼数踰二万皆次第就擒而谢浦之寇即舟山之余孽云】

三十六年四月贼犯定海关应袭百户俞宪章死之贼亦败遁

【贼舟漂至沈家门副使王询总兵俞大猷令把总张四维诱降五十三人至定海关适别䑸贼杀宪章恐其中变悉斩之而移兵击新至者贼败宵遁】

十一月贼首王直款定海关要互市总督胡公诱擒之

【王直泊舟山称降拥兵观望总督胡公遣把总刘朝恩陈光祖指挥夏正通判吴成器生员陈可愿往说之时副总兵卢镗守中中所城外倭刃森列镗虑变坚壁以待不肯启钥朝恩曰若是是益贼疑也激祸必矣事势已迫不如以理谕之以诚招之有祸吾自当不相累也镗从之朝恩等驰至直所直见皆单骑伏迎道左朝恩等反覆开谕直笑曰公等皆督府亲信轻身临辱推诚相与直小人也敢不惟命遂见镗于城中诱致定海而执之夏正以此不得还详见遇难徇节考】

三十七年二月贼酋毛烈据舟山之岑港

【王直既就擒毛烈等欲为之报仇不肯还岛而据岑港分䑸出掠官兵屡攻之弗克】

都指挥戴冲霄等擒王直谢和余党头自陈秀山等

【秀山王信郭乔恕等直部下酋项松吴九等十五名和部下酋也】

贼攻乐清县城

【贼舟入石马港者甚众即进县城副使袁祖庚参将张鈇逐之至和尚岙与太平流寇合兵五千余人金盘指挥刘茂朱廷钥千户周宾百户李爵刘深与战而死乡官佥事王德良医王沛督乡兵御贼亦死之】

四月贼攻台州府

【贼酋二十余人临海岛朱门劫松门寨寇台州象山桃渚又有继至之贼与合为一攻府城佥事李三畏知府谭纶率兵剿之至隘硕所海滨大败之】

温州贼过太平县典史叶宗与战死之

攻宁海县

攻温州官兵讨平之

【时台州贼复合乐清贼攻温州府总督胡公遣参将戚继光□之及于盘石馆大败之贼遁出□参将张鈇预奉胡公方略议□师江口以待斩首百余焚其□数十贼死者无算先是贼□□分劫象山□海仙居知府谭□番擒斩之戚继光又追及□海洋贼遂全败】

八月官兵进剿舟山贼巢平之

【详见大捷纪】

三十八年三月贼巢象山何家礵副使谭纶讨平之贼自何家礵登犯者三百余据险为巢树木营以自固总督胡公檄副使谭纶剿之纶与总兵俞大猷计曰堠者报贼甚多而今登犯者止于三百其尝我乎乃令大酋率舟师备之于海而自率陆兵往御之至定海即欲进兵将士请曰兵士远来乞休三日而战纶曰贼数不及三百久掠不去者盖谓我无兵耳今闻大兵四集不走且严为备宜出其不意急击之乃进兵至马□贼继至者五百自金井头而来至近纶即移兵先击之前锋既接纶分兵从中冲之贼遂大败追至落头斩级以百计贼避入山中竟宵遁焉翼日纶率

军进擒何家礈贼巢贼殊死战纶遣奇兵从间道出贼后击破之贼□入舟中因纵火焚之俘斩略尽】

贼攻桃渚所

攻楚门所

【贼千余自泥湖礁而来】

贼犯乐清参将张鈇败绩千户胡凤等死之

【贼自梅岙劫次日至密岙鈇迎败之乘胜进攻贼伏麦田中官兵入其伏遂溃千户胡凤朱璠百户姚宪皆死焉】

贼犯定海把总陈其可与战败绩武生蔡启元死之

【贼自丘家洋入犯为参将戚继光所败至奉化之蒋家铺副使谭纶遣其可击之其可违纶节制乘胜逐北为贼所乘遂溃败启元死焉】

贼攻松门卫

【贼攻夏公岙入犯即日攻城即栅浦贯子为巢皆去卫不远数□】

四月贼攻乐清县

【贼自石马港入者二十人张鈇射死其酋二人贼惊溃奔舟】

桃渚围解

【时贼攻所城甚急几至陷殁总督军门檄谭纶往应之纶至入所城与戚继光合攻之俘斩颇众贼遁莒埠依山为固官兵又进攻之复大捷贼遂并入栅浦贼巢】

参将张鈇败于白沙岭

【贼自松海登陆及太平遁至之寇合踪至白沙岭鈇预设伏以待贼至入伏正兵方合伏兵继起大败之贼遁出海去】

五月栅浦贼夜袭松门卫城副使谭纶等击破之

【纶既破桃渚之贼即回军向松门击栅浦贼既入卫城以守城卒久而疲且风雨昼暝恐贼乘官兵初至来攻城乃令诸偏裨悉军通衢以备巷战而令戚继光军分配城守诸偏裨皆窃笑之夜漏下四鼓果有贼数百袭西门先登者且三十辈杀城卒火城馆守者纷纷隳城走章延廪陈其可督兵大战斩数贼贼乃退洪计无遁纶与继光尾贼后计贼必出金清闸凿二舟塞之贼果至起塞时纶驻新河所城堰旗示弱诈为新河老人遗书于贼约馈千缗令勿攻城贼信之乃不起塞明日继光军出壁牛桥诱贼贼果悉众往纶尽銃兵出南门复遣人搜贼伏悉走之贼依舟以拒官兵攻之沉其二舟贼大败奔陆复大败乃弃辎重越过南岸官兵追之及于南湾岭贼复据滨海高山分五部以拒官兵蔡汝兰等进擒其巢先令奇兵间道夺其巅以拊其背张左右翼以贯其中游兵复四面环攻之贼遂大败斩首三百生擒数十百人贼溃围奔乐清黄华据舟出海而去】

副使刘存德参将张鈇□擒海游贼巢平之

【先是存德鈇预令把总任锦等设伏石所庄港口而自督兵进剿之贼知大兵将至即遁出洋伏兵击败之追至猫头洋又败之追至青门洋又败之沉其舟数十俘斩数百余贼会屯海为游兵击斩尽绝】

九月福宁贼流至桐山指挥卢锜等败之

【贼掠福建而去为飓风所击复至桐山锜与梅魁等擒其巢预遣人伏贼巢中约被虏人为内应而令指挥李光佐典史黎乔伏水□策应之□□□□巢火起各兵乘乱夹攻贼大败奔前□官兵复追及之斩首一日三十】

十一月贼遁往福建卢锜等复大败之

【锜等知贼将遁设伏泰顺港口伺之贼至大败官兵追至同坑适仙居知县区益以坑兵来会前后夹击复大捷俘斩二百有奇】

十二月王直伏诛

四十年四月官兵击贼于马岙沙竗大败之

【贼新至官兵遇之于海洋中追逐至马岙沙竗败之贼奔陆适冠带把总章延廪守舟山引兵设伏竗上约水兵合击之贼遂大败】

贼犯新河所官兵击败之

【贼自周洋港登劫佥事唐尧臣遣指挥刘意等击败之复用火攻贼死者百余遁太平渔岭复追败之】

贼犯台州参将戚继光败之

【贼自桃渚登陆流至台州为继光所败追至新桥贼又败走死者百余而继至者复一十余人至黄沙为继光所败乃登山以拒官兵复追败之围于白水洋民居火攻之贼遂尽绝是役也贼多兵寡而我兵九战皆捷俘斩千余焚死者称之】

五月贼犯大嵩官兵击败之

【贼为我兵所逐出至横领扼于水兵不得去乃奔入鲒䲪副使王春泽檄总兵卢镗由南路奉化以入象山而自引兵由大嵩望湖头裘村进期与合击适贼至裘村官兵击之贼大败溃斩首一百五十】

遇难徇节考

【此卷所载□所关故□□□□□□□□□□□有凭据或限于耳目之未□或涉于传闻之□□者姑阙之以俟同志者增入焉】

永乐二年倭犯穿山百户马兴与战死之

六年倭入山东干家庄寨百户王辅死之

犯桃花闸寨百户周盘死之

七年冬十二月倭陷廉州教授王翰死之

【翰河东人任本府教授严立规条教诲不倦倭寇陷城民皆逃避翰整衣冠端坐明伦堂贼至欲执之骂詈不屈遂为所害】

九年三月倭陷昌化所千户王伟死之

二十年倭寇象山县县丞宋真教谕蔡海死之

【真持竿击贼海骂贼不屈皆死之】

嘉靖二年日本使者宋素卿等作乱遁入海洋备倭都指挥刘锦追之战死

【时有欲追之者问于新建伯王公守仁公曰归师莫遏穷寇勿追但当把截要害纵其退拒其进贼进无所获退无所资将自困绝于是取之兵不血刃矣由是兵皆不追锦独往果为所杀】

二十九年寇犯昌国烈妇严氏死之

【严氏叶小九妻也为贼所执驱之而前氏知不免遂投河而死】

三十一年四月寇入奉化义士汪较死之

【较奉化人力挽强弩尤精矢药及刃精习有司上于军门赐以义士关防贼入应家棚较率民兵射毙十余虏创艾遁去较□被伤而死】

贼攻游仙寨百户秦彪死之

【彪爵溪所人贼登赤坎攻游仙寨甚急彪因游仙与爵溪唇齿无游仙是无爵溪也先人遗我汗马勋不死战而死法何以见于地下乎乃与弟汉疾驰赴斗力不能支遂俱死焉】

五月瑞安所百户李潮高良与贼战于坡南汇瞭高山死之

贼入黄岩县孝子王鐇烈妇徐氏死之

【鐇生员王显之子显被执欲杀之鐇泣求代父而遂死　徐氏名玄奴有异色值母哀病归宁贼至玄奴抱母恸哭贼欲汙之玄奴绐贼转室持粧奁同往乘间赴井而死】

六月贼陷霏霜所指挥樊懋力战死之

三十二年闰三月官兵与贼战于烈港军人叶七死之

【七定海卫军贼王直负金塘烈港穴为寇大将俞大猷提舟师直入其港讨击火炮大发胜负未决而我舟忽挂贼缆橹楫不能施贼众方逞七径取斧投水砍其缆未及断贼以枪中其项七呼曰死矣吾必断其缆竟连挥数斧缆断而死俞舟遂免后四日俞大破贼空其穴俞之舟入也有二卒后期当刑因请间烧贼碾以赎死俞许之二卒从

外海缘山越险几百里昼伏夜行潜抵贼岩时夜近四鼓而贼方碾药少顷困剧而卧二卒即其处□火火药横发群岩俱焰灼贼方酣睡骇而突走堕水死者踵继俞乘焰进舟师崩之遂成夺巢之功】

四月贼犯海盐孟家堰千户宋应澜死之

【应澜字汝观宁波卫百户登庚戌武榜授□千户掌印事执法不挠囚而每得下考军门土公忬独奇之命取兵舶于闽应期而至忬益委以兵客兵□悍难驭应澜每约已裕犒而厉以军法无不听命癸丑隶参将卢镗为先锋战上海史家浜追贼至二十里亭复从战平湖战白沙湾战金山皆有功其在史家浜兵壮贼追几及应澜急反弓二矢而中项洞额亲兵飞枪复杀四人因复回兵破贼应澜用是临阵必以身先士卒竟以疲兵猝当海盐孟家蝘贼不支而死死时犹飞刀杀一贼乃绝事间阴其子袭千户仍建祠城北隅祀之】

贼犯杭州指挥吴懋宣御之于赭山死之

【懋宣率僧兵御之力战而死】

把总马呈图指挥朵炼百户王相姜楫吕凤姚岑与贼战于海宁教场死之

贼犯平湖百户刘黄与战死之

犯白马庙指挥蔡死之

犯南湖把总陈指挥胡死之

犯三江港口百户陈黄死之

官兵追贼于海盐海口巡司千户王继隆百户杨臣康绶死之

贼陷昌国卫百户陈表死之

【倭贼入城表曰吾力无如之何有死而已但所摄印多吾死置印何地遂送母出城纳印于千户金鳌出门追贼奋斗而死】

孝子刘晋死之

【晋昌国人倭寇入成其祖老疾不能行家人各挈妻子走惟晋负其祖而逃贼将及祖曰我老甘死汝宜速去晋不忍俱被杀】

五月贼破乍浦所百户陈绶死之

参将汤克宽与贼战于乍浦长沙湾指挥陈善道冠带总旗张儒死之

十月知事何常明与贼战于杭坞山死之

【常明乘胜追贼中伏而死】

十二月贼登西汇嘴千户张应奎百户王守正张永死之

二十三年四月参将俞大猷与贼战于普陀山武举应袭火斌黎俊民魏本康阜死之

【斌观海卫人幼通儒术以母病尝粪转甜晨夕告天□□□□乃壮应武举乡试中式者二愤海寇荼毒生灵诣军门乞随军报效累立奇功至是与武举生黎俊民应袭魏本康□□水兵追贼于普陀山陷阵先登同时遇害盖忠孝得于天性者也后其兄指挥同知火雷请于当道为之立祠与俊民并肖像于其中俊民广东人】

贼入上海县指挥武尚文死之

【尚文镇海卫人从参将汤克宽驻军上海贼逼县治尚文率家兵御之出东门遇贼游兵辄败之乘胜进攻贼伏水傍俟尚文遇以利刃断马足马蹶尚文死焉】

贼屯李家嵛义士朱汀与战死之

【汀□山人多勇力素好剑槊贼登赤坎屯李家岙大肆掳掠汀与其党王永希及子友章等数十人直捣其穴贼弃营走追至开□岩日已晡贼计穷蹙遂返逆战良久汀为流矢所中犹手刃数贼力不支顾谓其子曰吾已无济汝等宜速去子不忍舍与王永希奋力直前格战俱死焉】

贼攻松江府副千户童元巡检李丛禄死之

九月贼攻嘉兴府官兵追之战于孟家堰指挥李元律千户薛絅死之

贼犯百家山百户赵轩梁踰死之

贼寇沈家河都指挥周应祯死之

十月百户张曜与贼战于湖头死之

贼至东阳南午岭巡检朱纯死之

贼犯芙蓉海口指挥戴祀江九山千户崔海镇抚刘成百户□□□之

□□□□人嘉善县百户赖荣华死之

【详见浙江倭变纪】

三十四年正月贼犯湖州官兵败绩副理问陶一贯守备周奎指挥孙勇百户陆陵周应辰把总官梁鄂武生郭周张景安朱平姚清死之

【详见浙江倭变纪】

贼陷崇明县知县唐一岑死之

【详见直隶倭变纪】

四月贼犯瑞安县守备刘隆千户尹 死之

【隆字大昌定海卫指挥使以强干屡协总诸卫备倭时海上寇起许二陈思盼最盛隆谋攻之适思盼入康头隆提舟师薄之而我舟忽胶隆股中一流矢见血益奋怒挥诸舟竞进卒破贼俘四十余人斩百余级壬子迁把总嘉兴统舟师备乍浦当松江七□贼归隆扼之焚沉贼舟俘斩几三百级会破史家浜贼又扼之沉贼舟澉浦外洋一日追贼向暮黄雾四塞隆以孤舟在贼围中逮晓从兵皆惧隆大喊作气发一地雷冲沉十余舟俘斩二百余升署都指挥佥事守备温处至是寇数百将薄瑞安城隆整兵遽出欲折其锋偏将尹千户者请旋师避之隆□听径往遏之杀贼十余人贼遁去回军至田间有数贼伏莽中遽起击隆不及应遂死尹千户等俱死焉事闻赠都指挥佥事仍世袭焉】

贼犯慈溪义士魏镜死之

【镜生有绝力善格斗闻寇至海滨辄自奋曰谁无死者死而能卫桑梓庶几为义鬼矣贼由余姚至鸣鹤镇知县曹本率众御之兵溃镜负令而走贼追之踰杜湖岭而南乃操刃冲敌杀数贼贼伤其颡犹力斗不置而死】

百户刘梦祥与贼战于崇丘死之

【梦祥定海卫人领兵船出海遇贼登犯崇丘梦祥即部兵登陆与贼大战获贼首数级力乏寡援遂死贼刃当道悯之为立之祀焉】

常熟县知县王鈇致仕参政钱泮死之

【详见直隶倭变纪】

贼攻无锡县孝子监生蔡元铳烈妇蔡氏死之

【元铳无锡人轸之子寇至家人奔散元铳以父年老独留扶父登屋以免元铳被执贼欲降之不屈遂遇害其女蔡氏适同邑陆子才归宁遇变与其婢阿满招女二英义男妇徐氏同登一舟将以避难贼悦其色欲汙蔡氏尽出簪钏求免不听乃诒贼曰过汝舟当从尔贼喜独一人与携手而往蔡氏啮伤贼手投溺水中其婢皆随溺焉无何其弟元铎以兄陷贼中持银往赎知兄已亡乃骂贼而死】

五月千户韩纲百户叶绅与贼战于七里店及樟村死之

【纲绅皆宁波卫官绅少不羁习手搏善双刀贼入横石桥绅偕千户刘英领兵策应至七里店绅奋双刀夺桥独进应者不继遂为所杀后二日贼西流至樟村纲复领兵防遏猝与贼交兵溃挺身独战亦死之】

游击将军周藩与贼战于朱泾死之

贼犯鸣鹤省祭官杜槐死之

【槐慈溪人家滨钜海倜傥游侠轻财好施为书椽从延绥抚院巡历边徼险要有抵掌伊吾之志省祭归值倭寇屡犯内地从估客得岛上狡悪状曰患将滋蔓遂散家赀结骁勇倾身下之得士死力值县佥其父文明为部长令团结保障槐伤父老以身任之癸丑寇薄观海卫城槐曰卫破则无县矣一呼而群勇俱集直前斫贼贼走卫遂得全至是贼犯鸣鹤槐率众迎击贼走余姚乐山槐越境追之谍言贼饭空舍提刀赴之贼伏墙隅槐挥刃中石刃缺贼竞出槐与五六健卒当之自午至酉鏖战不已戮其衣绯渠帅竟以力竭升归而死后贼见黑旗即惊曰杜兵至矣父文明痛其子死而麾下壮士皆愿从文明杀贼以复仇后贼毁鸣鹤文明冒死出县令于重围中是年冬寇自黄岩犯宁

海海道檄文明偕主簿毕清邀击之遇于奉化枫岭之麓据高临下布阵方定而土兵遽走杜兵力不能支文明遂与毕清俱死焉事闻诏赠槐光禄寺丞文明府经历即死所立祠祀之仍廕子入监肄业云】

八月指挥张大纲生员陈准与贼战于苏州横泾死之

【大纲处州人骁勇异常率坑兵击贼手刃数人力战而死　准昆山人知县周之子善挈与友人藩蔚卿等相期灭贼时贼精悍异常兵士遇之辄溃准独与家兵二人力战而死】

九月官兵进捣陶宅贼巢指挥邵昇姚泓生员于岳死之

【升等陷阵杀贼贼已大败乘胜进攻贼死守巷岸升等身先士卒贼乘高刺下故皆死之】

十月主簿毕清与贼战于枫岭死之

【清善射累立战功至是阵亡人皆惜之】

监生谢志望与贼战于余姚斤岭死之

【志望统兵设伏诱贼大败之乘胜逐北贼死斗志望手射死三贼矢尽力竭遂被害】

十一月贼攻镇东卫千户戴洪等死之

【洪与高怀德张銮皆本卫千户出城御敌而阵亡者也杨一茂白仁丘球皆平海卫千户追贼于东岳山而阵亡者也】

百户刘愍与贼战于麻园死之

生员胡梦雷与贼战于东关死之

【梦雷余姚人与堂兄应龙操六等率乡兵报效手刃数贼力竭而死】

儒士金应暘与贼战于母婆岭死之

【应暘山阴人】

闰十一月千户刘纲百户张澄与贼战于瑞安三港死之

【详见浙江倭变记】

贼犯平阳垦指挥祁嵩死之

指挥闵镕义士吴德四吴德六与贼战于舟山死之

【德四德六兄弟本慈溪滨海农夫少有膂力先是寇上平石泾其庐驱其豢豕德四持锄自田归遇寇于门挥锄中贼脑仆地德六取贼刃追杀一渠魁遂以壮勇有声隶杜槐部每遇敌即冲锋夺旗以为常至是海道闻其名檄往攻舟山险寨德四直前砍贼渠于辕门寨内惊扰□而出怯卒皆返旆走而贼砍德四蹶德六呼曰兄死矣独前杀其杀兄者后兵不继亦死焉】

三十五年正月参将尚允与绍兴□战于松江四桥死之

三月福建总督备倭刘炌千户王月与贼战于石壁岭死之

【炌字大光世为宁波卫指挥使年二十袭父爵用御史林应箕荐升赣州军门把总未几又用荐升福建总督备倭至是福清县倭贼登岸据海口镇官兵屡挫蚧领兵夜袭其巢遂奔溃由古田宁德望海而遁炌即提兵田捷径宵行趋宁海县石壁岭要贼归路北至岭隘仓卒布列未备而贼已至部伍散乱止家兵数人及千户王月在侧炌顾谓持印者曰亟为我归印朝廷吾世受国恩死矣蚧即挺身执铁钯格杀三人力尽无援贼众拥至毙于贼刃所挥铁钯尚坚执不堕其勇烈如此御史吉澄上于朝立庙祀之】

贼犯海盐转塘湾指挥徐行健死之

四月贼犯青田县百户方存仁死之

温州府同知黄钏御贼于分水岭死之

【时贼自福建入浙境钏以孤军御之于境外分水岭贼过桐山钏率官兵勇敢当先连战数合贼大败走既而贼分支绕出我兵之后钏遂力战死之盖自有倭患以来文臣死事未有如此者也】

贼犯宁波孝子闻宗时死之

【宗时鄞人教授闻理子性至孝幼丧母奉继母陈永顺笃至贼至举家窜避宗时扶父出而遇贼胁取金银不得欲杀其父宗时以身翼蔽泣求自代遂被刃而死□诸田闻父□□□□□□奴李三抱宗时幼子不忍舍去亦被贼

刃截左耳并□□□□死屡甦人共伤之】

贼犯崇德游击将军宗礼镇抚倭寇何衡忠义官霍贯道死之

【礼故燕骁将也侯槐何衡霍贯道皆其偏裨所统箭手九百皆精悍绝伦所向无敌剧贼徐海部领万人自乌镇而来势将犯杭浙江官兵无足恃者礼独与麾下据三里桥而阵张左右翼以待战数合击杀数十人会日暮贼且引去时贼气颇窘而礼与贯道等亦已绝饷道不得择善地便水草时饮食以自休止明日馁而战贼遣候者树而望盖孤垒以堑无他援者也大喜复纵兵前后夹击礼与贯道大呼力战矢石如雨无不人人一当十复击杀数十百人贯道亦手刃十余贼益怖海且中炮欲驰去会火药尽贯道面礼二人皆仰天呼曰吾两人再得药数斗可以了此贼矣既而贼分番死斗礼与贯道衡力竭矢尽俱死焉】

贼犯嘉兴指挥程禄死之

【详见浙江倭变纪】

千户沈宗玉王世臣与贼战于金山江中死之

【宗玉镇江卫后所正千户世臣左所副千户同领兵船追贼殁于江中】

贼攻江阴知县钱錞死之

【详见直隶倭变纪】

贼犯杨州都指挥张恒千户罗大爵百户曾沂死之

【战于八里铺湾头等处大爵沂阵亡恒伤重而死】

贼犯扬州小铁口同知朱裒高邮卫经历晏锐应袭贾思死之

贼陷慈溪生员戎良翰死之

【良翰定海县增广生员性峻介义不苟合素以忠孝自许贼陷慈溪良翰家灵储慈壤甚迩乃倡义集兵仅得百余人与贼格杀斩首二级贼披靡而去已又遇贼于丘洋良翰奋勇力战贼方蚁聚竟不能支遂为流矢所中立死监司为之礼葬及表其门】

孝子生员冯履祥向叙王应麒死之

【冯履祥字君德慈溪人生七八岁即警悟好读书嘉靖壬子补邑庠弟子员至是贼猝犯县履祥随父出奔贼逼断父左手且裂其背履祥以身蔽之泣诉曰此吾父也愿无加害宁杀我贼竟杀之其妻袁氏遁于灵山时孕已弥月夜梦一红面神告曰尔夫为父死不可使无后吾当与尔一子产时无患次日妇果生一子又值倭寇将入贼马皆止策之亦不前贼不越境而回一方稍辑人谓灵山神骠骑大将军神威之庇与得儿梦符盖履祥孝感所致云　向叙字叔礼慈溪人献令七世孙幼慧而有高志举动拟步古人年十六入府庠文藻骤发而操履端谨人益器之至是贼入县叙掖母而逃遇倭东溪踣叙什地直前披其母叙急起抱母颈连呼曰宁杀我贼乃杀叙舍其母而去巡按御史上其事诏旌其门　王应麒慈溪人年十七耽学习文天性至孝倭寇卒至应麒扶母姜氏婶余氏奔匿邻圃贼窥见二妇辄拔刀追之二妇亟赴池水余氏溺死应麒见母遇害以身翼蔽贼乱刃之子母伤甚贼退应麒随卒姜氏亦死】

烈妇桂氏张氏章氏周氏冯氏柴氏孟氏孙氏烈女茅氏死之

【桂氏阿宝女姜阿龙妻慈溪人方少艾贼至桂与众妇走匿冯氏僻室室后有池贼搜室众妇竟赴池贼以手挽之桂绝袂而死　张氏慈溪冯警妻唐孝子无择之后年二十归于警才六年遇倭寇之变邑治焚燹张氏偕姑窜匿其夫相失为寇所杀张哀号亟收夫尸殓葬未数日寇复至张偕姑及妯娌买舟逃至管山江为寇所及张知不免曰不死且汙贼手然冯之嗣不可绝也即以幼子付其姑偕伯之妾徐氏即沉于江贼大惊异遂舍舟中诸妇以去三日尸浮于江家人收之合葬于警　章氏沈袮妻周氏沈希曾妻冯氏沈信魁妻柴氏沈惟瑞妻孟氏沈弘量妻孙氏沈琳妻沈氏慈溪思桥巨族家界于观海鸣鹤之间家众二千人多骁黠善斗自嘉靖以来海上多事寇上坞山毁鸣鹤纵横蹂躏沈氏不惟自卫且能歼其渠魁夺其所掠贼甚仇之至是贼大至沈氏豪誓于众曰无出妇女无挈货财誓以死守不能者先戮之章氏誓于内曰男子死斗妇人死义辱与死等耳众妇皆竦听既而贼围沈氏群妇聚于一楼贼散入户章氏遽出投于河周氏冯氏继之共死一所柴氏方为天砺刃贼已斫户入矣柴即以刃斫贼旋自刃孟氏孙氏姒娣为贼所得相持不放詈贼不屈夺贼刀自刺皆歼焉思桥之难沈宗妇死难者三十余其六人尤烈者也

茅氏慈溪人年十四父母亡独与兄嫂居其兄瘘卧贼入县嫂出奔呼之行六曰吾室女也去将安之俱去孰为扶兄贼至遽纵火女力扶其兄避于空室俱被燔灼而死二尸相变绾】

五月巡检刘岱宏与贼战于仙居县东岭死之

无为州同知齐恩与贼战于圌山江中死之

【恩陕西隆德县人祖敏知四川蒲江县杀贼有功与二子俱死于贼诏为立祠恩□入国子监授序班迁河曲知县御寇备边有功抚按保留久任九年考绩迁无为州同知闵东南久罹倭患竭忠图报练兵衣械一毫不取于民长江赖以保障贼犯上流奉檄即率子孙叔姪兄弟凡十二人领兵赴敌一至圌山即身先士卒鼓众而前杀贼数名贼遂畏惧奔溃乘胜逐北误中贼伏誓戒子姪曰一死莫惜图成功以靖国难由是举家赴敌至于力竭势穷又曰儿辈勉存宗祀吾与此贼誓不俱生由是次子齐嵩等四人得脱恩与长男尚文孙童叔仲实弟宝荣姪友良大卿力战不屈俱死于贼一门忠义自有倭患所未有也人以为克绳祖武云】

贼犯定海烈女傅氏死之

【傅氏定海昌国傅梓女也年甫十七美姿色未嫁寇猝至女家故濒海遂为贼所得女即以石自破其面流血涂地贼怒磔之】

六月百户师印与贼战于青村得胜港死之

【印新安卫百户率广兵追贼至得胜港兵溃印力战而死】

八月官兵进捣沈庄贼巢义勇刘进死之

【时贼巢甚坚官兵难于进攻进首抱火器渡河焚贼巢庐舍火既炽贼乱官兵乘之遂大捷进伤重升屋以死盖忠勇异常者也惜无父母妻子故其功莫酬焉】

九月百户郎官与贼战于临海县两头门死之

官兵与贼战于鹰门岭生员倪泰员死之

【泰员余姚人少倜傥有胆气愤倭荼毒生灵募家兵四百从湖□□□□击贼于定海之龙山三战三捷乘胜追贼□员率兵独抵贼巢杀贼颇众值天暮贼出□□□疲势孤泰员与家兵四十二名俱死于贼】

官兵捣乍浦贼巢土官汪相向銮死之

十二月官兵与贼战于舟山冠带把总莫翁送死之

【翁送桑麻土兵头目也】

嘉靖三十六年四月贼攻海门卫应袭俞宪章死之

【宪章百户□□之子】

五月都指挥沃田冠带把总岳君宠与贼战于天长死之

【先是田统枪手三千名守瓜仪贼犯天长操江都御史高公委领兵一千与都指挥焦鲲应援贼冲入其营鲲等溃走田与君宠及家丁封滦等力战而死】

三十七年正月贼陷蓬州所百户李日芳等死之

三月百户秦杭与贼战于梁湾港死之

【杭蒲岐所百户先以军门委领白岩塘兵船守青岙门至是与贼遇于梁湾港力战死之】

四月致仕佥事王德与贼战于龙湾死之

【德永嘉人原任广东佥事愤倭流劫募集义兵二千水兵二百□之与贼遇于龙湾杀贼数十既而伏贼四起德被围死战遂□□】

□□□□县典史叶宗死之

【□□太平人原任□史因事去职】

□□□与贼战于梅头岭死之

【□字崇大以例授良医七品散官岁壬子倭寇海滨崇大首倡□□招集义兵七百余人团操保御屡建奇功后因从子□□佥事德致政而归加募勇壮至一千五百有奇嗣后与贼□□□战长沙皆有战绩至是与贼战于梅岭贼众大至沛众□□敌遂死之】

指挥刘茂朱廷钥千户周宾百户季爵刘源等与战战于白岩塘死之

【茂盘石卫指挥使廷钥温州卫指挥佥事宾蒲岐所正千户爵蒲岐所百户源盘石右所百户】

五月贼犯惠安县知县林咸与战死之

【详见福建倭变纪】

六月观海卫百户　与贼战于柯梅死之

贼犯昌国烈女李氏死之

【李氏昌国人寇至执李欲汙之李骂贼不屈竟死之】

十月贼掠甑头北塔守备杨篚与战死之

【时官兵每有斩获贼辄夺其尸去□因贪功力战而前故死之】

嘉靖三十八年三月贼犯乐清三窑屿千户胡凤朱璠胡珊百户姚宪死之

【凤等从参将张鈇御贼于窑屿贼伏麦田中俟官兵将半忽起敌杀官兵大溃凤等遂遇害】

官兵与贼战于奉化之江口桥武生蔡启元死之

【启元广德人从叔监生蔡汝兰勤王击倭奴累战功授千夫长至是我兵当贼于江口桥行列已定鼓而向贼同行者俱错愕不前启元独愤怒裂眥耻詈不休径匹焉横而前与贼□□□或走或伏启元手格杀数人会天雨马行淖潦中不得出□□矢空顾左右皆散去仅弟昆元与二三家僮不去启元怒益□瞋目挥剑骂贼曰吾不啖汝肉非丈夫也独死战良久贼□□步河绕其背枪之死踰时犹怒立马上不坠人共壮之】

四月官兵与贼战于湾头千户萧百户苏死之

千户赵世□□□□□与贼战于如□死之

官兵捣庙湾贼巢千总沈儒死之

【儒故骁将至是从南路入水手毁贼船为贼炮所中而死】

贼犯象山烈妇丘氏死之

【丘氏象山人王宪维妻贼劫西山至宪维室时夜分贼奸其色欲汙之丘氏不从执木棍击之中贼首贼以刃刺其腹而死】

八月参将丘升与贼战于七灶洪死之

【升北方骁将也岁丁巳倭犯淮扬升提兵应援屡立战功寇平督府因留之每战辄身先士卒凯旋则殿后行贼见辄为引避至是单骑搦战故遇害】

十一月指挥夏正为王直党所杀

【正故通事屡立奇功奉例纳级报效军门王直之来也拥兵观望祸且叵测正密领胡公方略入直所为死间直既就擒毛烈收其众议为复仇正又说携其党烈怒欲杀之正不为屈□□遂为烈党支解而死事闻赠都指挥使廕子为止千户云□□】

三十九年三月冠带义士沈讲与贼战于走马溪死之

四十年五月百户徐昭与贼战于海山外洋死之

百户焦泾追贼出海死之

【泾隘顽所百户】

拾遗

嘉靖三十三年三月镇抚彭应时与贼战于乍浦死之

应时山阴人以儒生中武科授本卫镇抚都御史王公忬知其材檄使练士会贼首萧显为参将卢镗所攻自松江走处入浙□王公令应时截之于海塘至乍浦贼掩至乃奋斗身披数□□督战不已遂死于阵应时性聪敏能诗文材力兵技冠绝□□而尤精于骑射其练兵也善抚士卒□□为之用及其死也人皆惜之】

三十四年正月贼犯归安县双林乡烈女严氏死之

【严氏讳四英桂林知府凤之从女也寇入乡伤其父掳四英以行至跳街桥四英投溺焉山阴徐渭为之立

传】

卷十

海船图说

鸟船式(图略)

鸟船之制稽自福建沿海民人造装客货浙中初无此船式与草撇船仿佛通商已来每载糖铁板木到关目击其便但船身长妥两艕有橹六枝尾后催稍橹二枝不畏风涛行使便捷近将应拆草撇苍船改造补额谓其额兵船税相须且往来南北海洋搜哨较之福草苍艚等船无出其右可与沙唬齐驱也

大福船式(图略)

福船高大如楼可容百人其底尖其上阔其首昂而口张其尾高耸设柁楼三重于上其傍皆护板裼以茅竹坚立如垣其帆桅二道中为四层最下一层不可居惟实土石以防轻飘之患第二层乃兵士寝息之所地板隐之须从上蹑梯而下第三层左右各护六门中置水柜乃扬帆炊爂之处也其前后各设木椗系以棕缆下椗起椗皆于此层用力最上一层如露台须从第三层穴梯而上两傍板翼如栏人倚之以攻敌矢石火炮皆俯瞰而发敌舟小者相遇即犂沉之而敌又难于仰攻诚海战之利器也但能行于顺风顺潮回□不便亦不能逼岸而泊须假哨船接渡而□可参将戚继光云福船高大如城非人力可驱全仗风□倭舟自来小如我之小苍船故福船乘风下压如车碾螳螂□船刀而不□人力是以每每取胜设使贼船亦如我福船大则吾未见其必□之策也但吃水一丈一二尺惟利大洋不然多胶于浅无风不可使是以贼舟一入里海沿浅而行则福舟为无用矣故又有海沧之设

草撇船即福船之小者(图略)

海沧船式(图略)

参将戚继光云海沧稍小福船耳吃水七八尺风小亦可动但其功力皆非福船比设贼舟大而相并我舟非人力十分胆勇死斗不可胜之二项船皆只可犂沉贼舟而不能捞取首级故又有苍船之设

艟艕船式(图略)

参将戚继光云近者改苍山船制为艟艕比苍船稍大比海沧更小而无立壁最为得其中制遇倭舟或小或少皆可施功但水兵人技皆次于陆兵设使将水兵教练遴选亦如陆兵而后登之舟中则比陆兵战加一舟险其功倍于陆兵必矣司寄者何惮而不为哉

苍山船式(图略)

苍山船首尾皆阔帆橹兼用风顺则扬帆风息则荡橹其橹设于船之两旁腰半以后每傍五枝每枝二跳每跳二人方橹之未用也以板闸于跳上常露跳头于外其制以板隔为二层下层镇之以石上一层为战场中一层穴梯而下卧榻在焉其张帆下椗皆在战场之处船之两旁俱饰以粉盖卑隘于广福船而阔于沙船者也用之冲敌颇便而捷温州人呼为苍山铁

参将戚继光云苍船最小旧时太平县地方捕鱼者多用之海洋中遇贼战胜遂以著名殊不知彼时各渔人为命负极之势亦由贼之入我地是也今应官役便知爱命然此船水面上高不过五尺就加以木打棚架亦不过五尺贼舟与之相等既势均不能中□□若使径逼贼舟两艘相联以短兵斗力我兵决非长策多见误事但若贼舟甚小一入里海我大福海苍不能入必用苍船以追之此船吃水六七尺与贼舟等耳其捞取首级水潮中可以摇驰而快便二色之中又此为利

八桨船式(图略)

八桨船但可供哨探之用不能击贼

艟艚船式(图略)

艟艚船制自台温民人造装商人米谷到关船身宽大行使稳重外洋往来巨浪不畏万历拾陆年内蒙总镇侯议将苍船限满应拆者改造补额近日亦有改更者谓其不能如鸟船之疾速耳

壳哨船式(图略)

壳哨船乃温州属县民人捕鱼船只每年渔市俱至定海领旗纳税出洋采捕倭船突犯所乘船小每至渔洋换船打劫近年奉文将小哨船尽改壳艚将船身以石灰粉白与各打渔船一样两艕挂网混在洋中倭贼不能辨识辄来相犯节次成擒此亦军中诱敌之长技也

轮船式(图略)

轮船制自万历贰拾伍年陆月内有广东教官庞尚志仿效宋时所造献策军门准行本道转发前任坐营官黄裳会同置造贰拾只分发各区御倭嗣因钱粮无处止造壹只发中军哨每遇大小贰汛跟随总镇出洋哨剿其式如唬船壹样尾后开稍两艕各用车轮叁道每道用兵肆名车碾后尾催稍橹壹枝用兵贰名摇驾行使□□可与唬船并驾齐驱也

鱼船式(图略)

鱼船于诸船中制至小材至简工至约而其用为至重何也以之出海每载三人一人执布帆一人执桨一人执鸟嘴铳布帆轻捷无垫没之虞易进易退随波上下敌舟瞭望所不及是以近年赖之取胜擒贼者多其力焉

沙船式(图略)

水战非乡兵所惯乃沙民所宜盖沙民生长海滨习知水性出入风涛如履平地在直隶大仓崇明嘉定有之但沙船仅可于各港协守小洋出哨若欲出赴马迹陈钱等山必须用福苍及广东乌尾等船

沙船能调戗使斗风然惟便于北洋而不便于南洋北洋浅南洋深也沙船底平不能破深水之大浪也北洋有滚涂浪福船苍山船底尖最畏此浪沙船却不畏此北洋可抛铁猫南洋水深惟可下木椗

此船当与鹰船说参看太仓生员毛希秉云太祖旧制深严□桅船只私自下海之禁承平既久法度浸□双桅习以为常甚至有五桅者长江大帆一日千里近蒙当道建言申明旧制晓谕改正而未尝著实举行故沙船入港头桅多寄海口或倩人游说官府航海非双桅不可□便其私盖单桅双桅无不可行但有大小迟速耳定制沙民止许户船一只巡船宜快便多桅橹如粮船有一定之式以便江海识别沙船宜朴实单桅仍禁双桅眼责令本州县及守御官限一月之内改正违者即系贼船许诸人擒获首告即以充赏惟有副帆副桅以备损坏而桅眼止一者听庶几我常强而彼常弱我常速而彼常迟此造船之良法也

铁头船式(图略)

铁头船艟艕之稍次也吃水四五尺首尾皆阔帆橹兼用风顺则扬帆风息则摇橹其橹设于船之两傍腰半以后每傍三枝形式卑隘于福船面阔于沙船深浅用之冲敌颇便而捷人呼之为铁头船见其坚而有用也

唬船式(图略)

头尖艄锐沧阔桨多风顺扬帆风息荡桨吃水惟止三尺尤惯走于远洋体式低小虽无冲犁之势进退殊捷可备追逐之需

叭喇唬船式(图略)

船制出自浙直

叭喇唬船浙中多用之福建之烽火门亦有其制底尖面阔首尾一样底用龙骨直透前后阔约壹丈长约肆丈末有小官仓艞面两傍各置长板壹条其兵夫坐向后而掉桨每边用桨拾枝或捌枝其疾如飞有风竖桅用布舤桨斜向后惟作偏柁亦能破浪甚便追逐哨探倭奴号曰軣舤盖怕之也

哨船式(图略)

头高艄阔篷大橹多瓯海渔人惯用远赴深洋捕钓戗驾便利追逐疾速昔年擒剿多获功级

网梭船式(图略)

此船定海临观象山一带沿海地方俱有之其形如梭猫竹桅布帆仅可容二人冲风冒乱专入大洋抵下八山取壳菜紫菜打鱼之利舟至山麓二三人以舟升置滩涂避风潮若欲西归仍升舟下水不能御敌但可为哨探之用乃鱼船之至小者也

参将戚继光云网船形似织梭内容二人前后用二人以罩罩之风浪大可掩之涂上且不能覆吃水七八寸耳此可走报或用之里港窄河动以百数每只内用鸟铳二三人蜂集蚁附沿海沿涂而打之甚妙如贼追逼就可弃走一舟不过一金之费耳凡福沧艟铁沙船各有壹只附系艄后日逐山岛取水及送椗渡兵上下之用

都御史唐顺之云再三沉思制贼小船冲突之说滩浅处□□□□薄皮船遇之必碎此一说也先发制人一著惟有望斗上做工夫然必须以利使人惜不得银子每夜杨都司邵把总卢守备等各水军编定福船十只每一只望斗人一夜给与银一两使一夜常有人坐在斗上者看贼动静虽月黑之夜若抬船撑船未必无一把两把火光我船便可做手脚不患于大船赶贼不上也月明之夜则斗上歼悉必见正与彼四层望楼是对手至如小船叭喇唬八桨船宜多置铳手既不战亦宜量与给赏多布之八桨叭喇唬中火器既多贼来便死打又有望斗内人先报贼动静不患于小船制贼不下也一只船望斗人每夜与银一两毫厘不可少就是一月浪费银三百两亦说不得支得一月贼必擒矣恐惜费误瞭大事望斗人若报贼的当水军因以成功则望斗人即当给与□锋重赏若有误事定以军法斩首盖赏重则罚亦重也每夜与银一两分毫不可与头目人克落必使望斗人一一得实惠训导薛俊云水战东南长技也故国制濒海卫所俱置官哨船以备倭但虚饰美观少遇风色不便行使递年走报声息多赖民船莫使少更无益虚花之制务求坚便实用每官哨船增置小划船或三或四有事则令与大船夹战无事则令与大船樵山渔海以赡器械修补之费

又云听容沿海居民单桅船只附近砍柴捕鱼则边□便于生理声息便于夹战实备边万一之助也闽县知县仇俊卿云地有南北时有冬夏自春徂夏则时多南风而利于北行自秋徂冬则时多北风而利于南行此番泊往来出没之候也彼瞰其时辄乘风连云以出洋我当其冲欲逆涛破浪以邀击未必其势之便也盍亦随时以应之时乎北风必先于北道之防以遏其冲而以南舟曳于后而追之其居中间各寨澳之舟又从旁递出而击之时乎北风也亦如前法或遏于前或蹑于后或击于旁此亦迭肄之法长蛇之势寇未有不困疲而就缚者海上可立京观矣

文云国初置沿海卫所每所船五只每船军百名其法备载会典自一所推之则合卫之海船海军可知其数也自一卫推之则合省之海船海军可总其实也使法之常存何虑海寇之扰向来修复一二止可用于哨报难以冲敌御寇及其事急调用不给借发福清盐船并报各澳民船奈彼不思国家之急皆存系吝之私原非官物率不如令虽给价值终不直前况福清盐船虽大不可以当海寇之夹板船叭喇船章州之草撇乐清之大铁等船又不可以当海寇之乌尾尖艚至如东仔铜茭等船又不及也昔人海战之船大小制度不同今当兼用可也如楼艪艨冲此船之大者也如直进露挠此船之中者也又如舴艋□鳅此船之小者也以船之大者为中军座船而当其冲以船之中者为左右翼而分其阵以船之小者绕出于前后两旁之间伏见于远近散聚之际使挠其计随船器械各须犀利完足固不待赘但海寇所恃金在于铳吾亦以铳为应中军大船之前仍用次等船载佛郎机大铳数架以镇之两翼中船之前亦用再次船以载铜将军大铳数十架以列之其小船亦各载鸟铳铅筒数百以备于四面各船编定字号每数船列为一行每一阵列为数行昼则麾旗为号夜则振鼓为节迭出更进则彼此众寡劳佚之势不同未有不歼此渠丑

者也今蒙委官鸠工大造船只战船之造必有定议但船之外旁又须护以牛革渔网氊絮之类其大者更用列木为栅可避炮石又有车船之制令战士前后踏轮舟自进退所谓中流上下回转如飞虏众相顾骇愕者用此法也又须预募能射与善浮之人一遇番船或以火箭焚之或以水钻溺之是或皆可用也至于奇正之变大船中船为正则以小船为奇前队为正则以后队为奇合之为正则以辟之为奇形难预料变不可穷是在临机神应之妙不可测者也

总兵俞大猷云或问兵船官造与私募孰便曰造易而修难也虽督造之官用之海上冲敌激浪不旋踵必议修矣修船之弊奚啻万端议修之后阁岸日多浮水日少以之守港则可以之出洋追捕则全不足恃矣在官府不能立无弊之法在民间不能克不可制之情天下古今岂有视官物为已物者哉此惟熟于海务者自知之乌得而尽言或曰民间安有许多私船可募乎曰厚之以税使逐利之民争造新船以应募何患其不多责府县以及时给税责船户以及时修整则经年累月皆有坚船可用然则用官造之船以守港用私募之船以追捕则如何曰必若是然后攻守各适其用也

谨按闽广浙直船制各异而不知其所以异者由于海势之不同也广东船制两旁设架便于摇橹福建船制其旁如垣其篷用捲便于使风浙直船制平底布帆便于荡桨此船制之异也听由然者福建海水最深各信地俱近外洋一望无际纵有海岛如浮沤之著水耳故有风时多无风时少顺则使风逆则戗风此福船所由制也广东自出五虎门上及大鹏下及北津以西俱有海屿或断或续联络于外商船来往多从里海且风气和柔全仗摇橹此广船所由制也浙直海水深处固多浅处时有近岸平沙或数十里潮长水深寻丈潮退仅可尺许故叭喇唬沙船专事荡桨此浙直之船所由制也若易地则风水不同其制亦当少异推此而山东以北危矶暗沙往往有之船制又不可执此例彼矣然欲攻大敌于外洋非福船不可盖福船之制其蜂房垣樯即古之楼船巨舰其重底坚牢即今之过洋与使琉球船式也故诸省船制惟福建为□□又按海上之战不过以大船胜小船大铳胜小铳多船胜寡船多铳胜寡铳此中国之长技也故论战则陆战难水战易然论兵则陆兵易水兵难而海将尤难者风涛难狎舍与达之难其人也

海防纂要[1]

卷一·广东事宜·东路

按南澳当闽广交界在大海之中有山田数千亩乃国初起发居民遗弃之地也嘉隆间倭泊于此互市广捕急则奔闽闽捕急则奔广而海寇许朝光吴平之徒相继巢穴于此诚盗贼渊薮也万历三年总督殷福建巡抚刘题设副总兵以弹压之外以夺海寇之巢内以绝接济之路左以伸闽之臂指右以固粤之门户而屯田海利其小者也数年来漳潮无亡矢遗镞之费策诚得矣其次则惠潮二府亦当敌要冲向被倭寇残扰为甚今惠潮名有参戎柘林碣石有备总亦上游之藩蔽也议者谓惠潮水道延袤千里若海门靖海甲子所之间宜添设水兵一营游击海上与南澳各寨相为犄角而东路遂可安枕然言之于无事之日则迂矣

卷一·广东事宜·中路

按广东省会襟江带海其东出海则由虎头门而虎头门之东则为南头省会之门户也其西出海则为崖门崖门之西则为广海卫而香山澳在省会西南夷人住泊于此称密迩焉异日者倭寇常残破广海卫矣海寇曾酋辈由五虎门扬帆而来鼓棹而去莫敢谁何无备故也今既设南头参将广海守备控制于外虎头门把总防守于内又总镇标下添设中权二部水军以备策应由今视昔万一有不测之变岂遂至束手哉然议者以濠镜澳终为腹心之疾或议毁其巢庐或议移之浪白三洲或议设官以治之或议以邻国为壑而徙之南澳要非根本之论也夫东省之有番舶譬人身之有痰火苟元气完固精神充足则火与痰亦为血脉运动之资若元神虚耗营卫不周而区区以去病为务未有不日哨而月削也故文德武备图治者不容缺一

卷一·广东事宜·西路

按西路要害论之详矣今之设备视昔又加密焉自嘉靖十九年征黎而有琼崖参将之设然犹兼雷廉也至隆庆六年倭乱而始专设雷廉参将其白鸽白沙二总则设于嘉靖四十五年北津把总则设于万历八年至万历十七年珠贼为患而始有涠洲游击之设盖西路东防倭夷西控诸番外御交黎内捣珠寇营寨舟师棋置星列可谓备矣议者谓电白一带向被倭寇残陷如蹈无人之境傥犹垂涎于此取故道而来则阳电参将之复似当议也又谓天下形势皆内中国而外四夷独琼崖州郡在外黎岐居中五指腹心永为左衽不无首足倒悬之叹嗟乎此特设兵弹压抚驭绥徕或观衅而动因县治之用夏变夷则可耳若治平无事欲禽猕而草薙之亦非仁人君子之用心也

卷一·广东事宜·海禁

一广东滨海诸邑当禁船只若增城东莞则茶窖十字滘番禺则三漕波罗南海则仰船冈茅滘顺德则黄涌头香山新会则白水分水红等处皆盗贼渊薮也每藏集凶徒肆行抢掠珠禁弛则驾大船以盗珠珠禁严则驾小艇以行劫交通捕快接济番舶蠹害最甚为今之计莫若通行各县令沿海居民各于其乡编立船甲长副不拘人数惟视船之多寡依十家牌法循序应当如船二十只总统于船甲长内以十只分统于甲副仍于船尾外大书某县船某甲下某人十字翻刻墨填为记其甲长副各置簿一扇备载乡中船数并某样船只某项生理一一直书每岁具呈于县以凭查考如遇劫贼则被害者能识其船速投首于甲首副鸣锣追究俾近远皆知无字号者即系为非许人人俱得拿送旧时沿海居民明知贼盗惧其反攻而不救今后坐视者罪以通同则船有统纪而行劫之徒忌畏况操舟之时可以按簿呼召给价差用而不致卖放之弊乎

---

① 〔明〕王在晋撰。据明万历四十一年刻本。

一闽广商民以贩海为业寸板不许下海其禁难矣今开之于收汛之时则商贾之利通禁之于出汛之时则接济之奸绝且出汛官兵凡遇海上异船便可扬帆追击而贼船不得假商船以入内地此海防上策也然必闽广通行使商民明知春汛四阅月以清明前为始冬汛二阅月以霜降为始惟此二汛海禁不得故违余时听其往来则航海者知所避趋而防汛通商两不相病矣噫常情难与虑始惟在决断行之耳

卷一·福建事宜·题设寨游

八闽之地西北阻山东南滨海倭奴为患自古已然故在洪武十九年则以江夏侯周德兴正统九年则以侍郎焦宏景泰二年则以尚书薛希琏经略海上自福宁南下以达漳泉置卫凡十一置所凡十四置巡司凡十有五控之于陆又置水寨防之于海初惟烽火南日浯屿三寨景泰年增而为五时则战舰如云旌旗相望且哨守皆卫所之军有司无供亿之费外威内固有自来矣法久人玩武备渐弛倭患突登旧制尽失加以内地奸民勾引接济南澳走马溪旧浯屿南日等要害俱为番舶所据于是广募民舰旋设舟师五寨之外又分守十有六澳力分势寡所在莫支至嘉靖四十二年军门谭纶题设五寨钦依把总以旧设烽火南日浯屿三为正兵增设小埕铜山二寨为奇兵而又为之分信地明斥堠严会哨贼寡则自为战贼众则合力并攻以抗振外洋海防烂然一新而南澳属闽广之交海寇往往煽害万历三年军门刘尧诲会同两广军门题设南澳副总兵玄钟游兵把总盗贼之渊薮既据而氛祲渐消矣其设浯铜海坛二游总则自隆庆年也夫计全闽海道不过二千里之程耳五寨三游联络犄角诚不为疏然向者五寨兵船各四十只兵二千二百余名今节次裁减船数虽存大改为小兵仅存其三分之二又大半贴驾军兵人无固志官难约束望其乘风破浪歼鲸鲲于海外不亦难哉傥欲御大伙倭寇非复谭军门兵制之旧不可也

卷一·福建事宜·寨游要害

福建五寨三游鳞次海外舟师错落扼险据隘比之他省防御似加密焉论要害则烽火之台山小埕之东涌海坛东庠南日乌坵浯铜彭湖玄钟彭山皆倭寇必经之地但其地有可哨而不可守者有可寄泊而不可久泊者其最险要而纡回则莫如彭湖盖其山周遭数百里隘口不得方舟内澳可容千艘往时居民恃险为不轨乃徙而虚其地今不可以民实之明矣然则分兵以守之可乎曰不可也分兵者于法为弱远输者于法为贫且绝岛孤悬混茫万顷输不及而援后时是委军以予敌也然则南澳何为而守也曰不同也南澳虽在大海之中与内地仅隔一水商舶海贾往来必经吾漳泉粮食仰给海运若南澳失守是隔闽粤之肩臂而塞漳泉之咽喉也彭湖去内地也远风顺尚有日半之程惟渔舟出没耳贩海之舟不必经也故彭湖譬之石田弃之可也然使倭寇结䑸而来则彭湖其巢穴矣又将何如曰修内地之防严接济之禁而后相机以扑灭之耳

卷一·福建事宜·海禁

漳泉负海之民旧有商夷为业自先朝过禁遂致勾倭酿成祸府至万历初年巡抚庞尚鹏请开海禁准其纳饷过洋既裕足食之计实寓弭盗之术盖市禁则商转而为寇市通则寇转而为商理固然也惟私贩日本一节百法难防不如因其势而利导之弛其禁而重其税又严其勾引之罪讥其违禁之物如此则赋归于国奸民亦何所利而为之哉然日本欲求贡市断不可许何也过洋自我而往贡市自彼而来自彼而来则必有不测之变自我而往则操纵在我而彼且资中国之利二者固大不侔也若海禁愈严则获利愈厚而奸民愈趋之矣嗟乎利乃乱之囮也

一往年倭寇拥众而来动以千万计非能自至也由福建内地奸人接济之也济以米水然后敢久延济以货物然后敢贸易济以向导然后敢深入海洋之有接济犹北陲之有奸细也奸细除而后北虏可驱接济严而后倭夷可靖所以稽察之者其在沿海寨司之官乎稽察之说有二其一曰稽其船式盖国朝明禁寸板不许下海法固严矣然滨海之民以海为生采捕鱼虾有不得禁者要之双桅重底如可通番各官司于采捕之船定以平底单桅别以计号违者毁之照例问拟则船有定式而接济无所施矣其二曰稽其装载盖有船虽小亦分载出海合之以通番者各官司严加盘诘如果是采捕之船则计其合带米水之外有无违禁器物乎其回也鱼虾之外有无贩载番货乎有之即

照例问拟则载有定限而接济无所容矣此须海道官严行设法如某寨责成某官某地责成某哨某处定以某号某澳束以某甲而又严保甲连坐之法申汛期贩海之禁如此而谓通番之不可除未之信也

镇抚郑以忠曰杜接济在乎严保甲重赏格而责之海防官夫接济之船非可以朝具而夕发也聚货裹粮动经旬月同井之人非不知也所不举者是连坐之不严而赏格之未重也必于五六月南风盛发之候海防官多置耳目于沿海出船之地著实体探重悬赏格但获通倭济接之船尽船货赏其所获之人官府一无所问其接济者俱照近例重处家甲知而不举连坐夫用法有经权用于无事之时则宜宽用于有事之日则宜严要在使人难犯也

游击王有麟曰论闽事者往往以复江夏侯旧寨为说又有言其不当复者不知今之寨游虽设在旧寨之内而其哨守常在旧寨之外其言当复与不必复者皆剿纸上之谈而未亲历海上者也【已上俱筹海重编】

卷一·福建事宜·福洋五寨会哨论

烽火门水寨设于福宁州地方以所辖官井沙埕罗浮为南北中三哨其后官井洋添设水寨则又以罗江古镇为二哨是在烽火官井当会哨者有五也小埕水寨设于连江县地方以所辖闽安镇北茭焦山等七巡司为南北中三哨是在小埕寨当会哨者有三也南日水寨设于蒲田县地方以所辖冲心莆禧崇武等所司为三哨而文澳港哨则近添设于平海之后是在南日当会哨者有四也浯屿水寨设于同安县地方上自围头以至南日下自井尾以抵铜山大约当会哨者有二也铜山水寨设于漳浦地方北自金山以接浯屿南自梅岭以达广东大约当会哨者亦有二也

【由南而哨北则铜山会之浯屿浯屿会之南日南日会之小埕小埕会之烽火而北来者无不备也由北而哨南则烽火游小埕南日浯屿会之铜山而南来者无不备也哨道联络会捕合并防御之法无逾此国初沿海设兵犬牙相制为卫者四为所者十谓之正兵以控御于内又为寨者五为墩澳者数百谓之游兵以哨守于外且有黄崎等二镇具洪浅等廿四巡司弓兵安边等入捕盗民壮共为之守焉尤虑地广官疏难于责成随地设官大小相维有副使一员巡视于上都指挥一员备御于中而各寨有把总指挥各澳有哨守指挥千百户安边馆有通判而巡捕巡检等官又为之分理焉平居则信地以守警报则合力以攻一号召而兵船数百立齐一剿缚而兵夫数千响应此八闽边海之防也】

卷一·福建事宜·福宁州

闽地二面当海者兴泉是也四面当海者福漳是也寇闽要冲晋江之深扈獭窟兴化之冲心平海龙溪之海门漳浦之岛尾南靖之九龙寨溪皆是也然莫有如福宁州之尤险者盖地势自西北而东南至于省城尽之矣而福宁又在东南突出海中如吐舌然其左为瓯括海居东面其右为福兴海居南面福宁独当东南北三面之海倭舶入寇必先犯此水寨之设职此故也旧寨在州东北五六十里三沙海面永乐初用福州中卫左卫福宁卫军守之正统间焦宏昌议风涛难泊徙今松山之下似复旧而后可【已上俱职方考镜】

卷一·福建事宜·条陈防海事宜议

福建佥事王在晋云今春防汛自三月二十八日以至今不数日而羽檄已交驰矣有言贼船数只者有言贼船四五只者番盔角甲刀铳不计其数虽未必其言之尽实而谈虎色变可谓其虚张而无当哉贼假借澳船蓬号或徇船为其所获或奸民为其引导事属不可知而耳目易混防御为难非若番船之一望而可识也兵防事宜所载倭船入境沿海船只寸板不许下海傥亦今时之当禁戢者乎哨官与贼遇督驾捕盗扬帆追击若非邻哨之适值援兵之继至则孤舟势弱力必不支今一总止见一哨而一哨止坐一船万一贼船三五合围何以抵敌舟师条约所载依次开船首尾相接雁行而进不许远离䑸哨此非今日之当严饬者乎见贼合䑸穷追然必我兵势重前后应援相继方保无失若孤军追击恐为贼诱引入重地如海坛哨见贼穷追统船前进至今数日尚无的报闻警之后虽严行各路策应事属已晚今以后凡捕盗发船而哨官不应哨官击贼而把总不知者皆坐以慢令之罪军律不可不肃也自二十六年海上杀贼战功迄今未叙人心解体夫赏罚不用即司马穰苴不能克敌若总哨捕盗兵役殚力抵敌追越邻

寨即船兵偶死椗手被伤而贼不敢内突此举犹差强人意穷洋追逐之功核实当录而临阵战死怜恤从优此赏罚不可不明也语云见形思影谋左事先乃为无患贼势虽不至蔓延而内地虚实海乡亡命之徒甘为向导万一假混商渔船只倏然混入当今城池孰为可守储蓄孰为有余六营官兵分守哨札乡堡无旦夕之计郡邑无旬日之谋见贼张惶何须大敌先事警饬以戒不虞此内地不可不备也职以浅材代署书生不解兵事闻警辄先祀忧谬有管窥徒深蠡测若文臣托诸空言而武将敢于坐视时事未知所终惟院台八闽倚重下吏望风伏祈裁夺施行地方幸甚

贼抢去铁头船则兵船可混抢去渔船则民船可混傥其假冒兵渔船只突入寨游内地不及稽防其可虑者一也据称贼船每只百人系铜峤倭船则非三五成群为沿海掠商之盗而虞其有后举其可虑者二也当南风甚急防汛正殷而此三四船者卒然而至恐为前导窥觇内洋虚实船被抢去先声动人其可虑者三也漳泉率多亡命下海勾引海洋有警则内地人心易摇其可虑者四也然今日之最可恨者则在人情偷安及其有事互相推诿使能同心协力首尾相顾折冲御侮可保无虞乞赐严批通自防备则人心整惕而汛地有赖矣

卷一·福建事宜·整饬寨游御贼议

海上贼情月来充斥舟师到处堵截屡报冲沉谬悠之谭岂无一实我兵固有损伤贼势亦遭折挫彼方抢攘渔船今则严禁不复出洋矣彼方逞恃火药今则日久用之殆尽矣糗粮且竭樵汲为难目下蔓延入广南风返棹适当其时贼如满载而归则心志满盈必且惜财重命贼如失意而返则飘零散逸亦自落魄销魂我能乘其惰归挫其前队料必归之路设敢战之师重兵以扼其吭出奇以捣其虚零星之兵不可当大敌薄脆之舟无使效前驱声势相为犄角首尾必期应援两船并击须防背地攀缘一贼跳船勿遽望风披靡盖兵无众寡精练则强人无勇怯激昂则奋战胜者毋以小胜自骄失事者毋以委靡自弃临敌之际躲避船舱者割耳不宥经过之地不相策应者坐罪惟均有如失船损士具有王章傥其妄杀贪功必罹天网军律既饬贼势自孤呼号党与豕突狼奔势所必至万一广贼连䑸气陷且炽兵须预设敌贵知几先据上游整兵相待出各寨之精锐为正兵冲犁攻击之必先将各船之新募者为应兵上下往来之相照正兵各分界限恐汛地之疏虞募兵互为羽翼助兵力之单弱漳南两广之咽喉也陈师宜倍福兴泉八闽之门户也整饬须严侦探无或后时防范不遗余力至于鸟船色号虽经议定通行然日久须防测识我兵岂无被禽机宜必当尽泄此法相应更换俾各寨各游自为暗号临时变化莫可端倪寨游将士务宜协力同心先时戒备不惟么么之寇可克捷收功而广贼闻风亦将退缩矣

卷一·福建事宜·保护洋船议

入夏以来官兵与贼互为胜负贼虽未经大创然亦未能大获漳泉屡捷少张中国威严犹足支持体面顾今则更有可虑者盖贼之所利乃在洋船彼其万里冲涛止为抢商劫货万一洋船被掠使贼饱欲而归得志而去是威不能褫其魄而利足以导其贪当各岛纵横无主之时来年春事隐忧尚可言哉故以洋船而较渔船得失之关系有不可同日语者今以后请得与将士约傥汛地商船被劫即有堵截抵战之功仍以失事论罪勿言贼众而我不能敌勿言雾黑而我不能追商船经历之所官军互相保护一有疏虞必不能掩蔽必不容推诿毋得先存怠心以期轻恕彼此应援加意防护庶商船有所恃以无恐而贼所得不偿所失可杜将来之患矣【已上俱王在晋议载兰江集】

卷一·福建事宜·福建备倭议

国家之为海备计非疏也沿海之地卫所镇戍星布棋列而总镇大师至悬御侯之印惟是春秋耀我军实耳今按籍而稽之十得五乎试以投石超距十得一乎有故则议练乡兵调客兵恬不为怪居恒而备士伍以守信地此非异人任也此军伍之当申者一也藩臬大吏于一方之事无所不当问而特设海道臬臣隶以防海之郡佐此数臣者于治民之事庖俎分矣乃守巡权专而浸移其职郡邑务繁而兼摄他事则所为行海防汛诘戎器验出入者责之谁乎此官守之当专者一也沿海有战船有水寨责之在水哨备防非不密自正统初革水寨而军即安于家船入化为乌有迩年有防汛之兵汛毕放假以节劳逸今汛毕尽去汛期复选是居恒无荷戈之士矣此地利之当守者一也奸

民之阑出诚罪也然非有形势之家为之羽翼安得驾艨艟而不问非有朱顿之富操其子母安得制奇赢而不穷此非独扞禁之首而积贿焚身倍息敛怨亦足为盗之招此奸宄之当诘者一也夷性贪黩惟利可以饵之我太祖绝其贡使不废市舶寓意深远异时海寇启衅实由市贾不平致之今番贾至者不胜牙侩之侵牟或阴贼而取其货伺我民至彼雠杀以相报复夫不闻处女争桑而二国兴师乎此强暴之当戢者一也民之土风便利各有所习昔年调狼苗山东之兵以膏敌斧真同儿戏故沙舟渔船之说识者屡屡言之顾居常则鳞集募之则兽散诚籍其舟之数与其健儿之数既可严私出生事之禁而缓急亦备万一此土民之宜料者一也此皆明我官守修我吏治庇我良民厘我奸民岂为倭设然衅既弭矣或无间而不为寇也未可知备既预矣即为寇而不能深入也未可知不为倭备而倭自备者也且闽地重山叠嶂险阨回复探丸之盗凭焉而北邻衢处多矿盗南界南赣多流贼如往昔邓茂七之自建昌流也叶宗留之自处州奔也刘昂温留生之自上杭窜也蒋福成之自尤溪起也詹师富之自卢溪聚也皆虔刘人民残破城郭展转剽劫或资四省夹攻之力或赖中朝推毂之重经岁月而始就鲸鲵故夫闽非无事之国也备其外因以固其内似为倭备而备又不止于倭者也夫曲突之谋见存而后焦灼为无功营卫之治蚤施而后膏肓保无恙备闽非为闽也所以为入海之门户也夫入贡入市则有门户若其入寇岂必由门户狼子野心噬不择肉大海汪洋风伯为政或浙或吴或淮扬一处瑕则无所不瑕岂能逆知所集乎【万历壬子福建程策】

卷一・浙江事宜・论要害

两浙形胜太半负海岛夷之来最为切近日本旧时贡道在焉论列郡之海口则温州之飞云横阳馆头台州之松门海门宁波之定海太浃湖头渡绍兴之三江沙门杭州之赭山龛山嘉兴之乍浦澉浦皆倭寇窥犯之地列郡之门户也守门户则堂奥自安矣论海洋之要害则金盘之凤凰山南麂山松海之大陈大佛头昌国之韭山定海之舟山远而陈钱马迹下八山临观之烈港海宁之洋山许山皆倭寇必经之地沿海之藩篱也守藩篱则门户自固矣夫浙东地形突出海外固为当敌要冲浙西虽涉裹海而豪华财帛之所聚也尤为贼所垂涎两浙设御其容以轩轾耶

卷一・浙江事宜・论设备

浙洋沿海旧设四总后增为四参六总矣四参者杭嘉湖一宁绍一台金严一温处一也六总者定海昌国临观松海金盘海宁也悉其防御之制自内达外有三重焉会哨于陈钱分哨于马迹羊山普陀为第一重沈家门马墓之师为第二重总兵督发兵船为第三重备至密也乃若定海者是宁绍之门户舟山者又是海之外藩其地则故县治也为里者四为岙者八十有三五谷之饶鱼盐之利可供数万人不待取给于外非若普陀诸山比也国初置昌国卫于其上屯兵戍守诚至计也信国公经略海上以其民孤悬徙之内地改隶象山其见左矣都御史唐顺之议复之即今屯兵哨守岂非守江必守淮之微意哉

卷一・浙江事宜・论会哨

倭寇之来每自彼国开洋必径抵陈钱山歇潮候风集艘分犯若遇东南风高则望洋山以犯苏松浙西东南风和则望韭山朱家尖以犯宁绍若遇东北风和则犯大佛头主山凤凰山以寇台温东北风急则越桐山流江以入闽是陈钱洋山乃浙直共守之门户桐山流江实闽浙相依之唇齿今以直隶兵船会哨于洋山福建兵船会哨于流江嘉兴宁绍台温兵船各会哨干邻总各取印信到单缴验本总兵船各分哨道更相会哨其外洋总要山岛每处拨军数名责令收集柴草按伏瞭望遇警亦如烽堠之法举火放铳则远近易知兵船无误而倭寇可无虞矣【已上俱筹海重编】

卷一・浙江事宜・台州

把总蔡汝兰云台州辽处海滨诚四塞之国南有桃岙金竹北有桑州桐严西有关山卫墅叠障层冈重关鸟道真可御之险而且南去盘石楚门仅百五十里东南去松门仅百里东去海门仅八十里设或倭奴弃舟登陆皆可卒至城下自海门而上者则一潮直达实一时难御之变也三面阻山一面濒海孤悬于数百里之外救援接济所难卒

至者惟此耳曩戚参兵驻桃渚而倭奴屯聚桑洲遣输粮经月不至孤危之势诚可畏也今宜于台州专立督饷方面积聚粮饷训练兵士以为重镇而且西控温处金衢北卫宁绍权非遥制而威可近饬也

卷一・浙江事宜・海岙

总兵俞大猷云自潭岸山以北以西之海水浅砂硬大船误阁则被坏且无避风安岙兵船至彼如遇夜必须当洋下碇碇不能坚每被急流飘去或夜半发风则尤危然多赖天幸非安计然则宜如何曰钱塘江乌嘴头浦内船兵一枝不可无余则练陆兵精卒一枝以待而严龛赭哨探远谍焉庶救仓倅或曰贼舟何能至此曰贼用单桅小舟径抵山边阁乾登劫故必不用陆兵追捕方不走脱若以兵船必高大方能胜贼如与贼舟等则胜负未可必也今言御贼于海也易要非通论海本辽阔舟行全藉天风与潮人力能几风顺而重则不问潮候逆顺皆可行若风轻而潮逆甚难夏秋之间风从西北起不日间必有极大西北风操舟者见此风候须急收安岙兵船在海每日遇晚俱要酌量收船安岙以防夜半发风至追贼亦要预计今晚收舶何岙若一意前追遇夜风起悔无及矣

又云沿海之中上等安岙可避四面飓风者凡二十三处曰马迹曰两头洞曰长涂曰高丁港曰沈家门曰舟山前港曰浔江曰烈港曰定海港曰黄岐港曰梅港曰湖头渡曰石浦港曰猪头岙曰海门港曰松门港曰苍山岙曰玉环山梁岙等岙曰楚门港曰黄华水寨曰江口水寨曰大岙曰女儿岙中等安岙可避两面飓风者凡一十八处曰马水港曰长白港曰蒲门曰观门曰竹齐港曰石牛港曰乌沙门曰桃花门曰海闸门曰九山曰爵溪岙曰牛栏矶曰旦门曰大陈山曰大床头曰凤凰山曰南麂山曰霓岙其余下等安岙只可避一面飓风如三孤山衢山之类不可胜数必不得已寄泊一宵若停久恐风反别迅不能支矣又潭岸山滩山许山之类皆团土无岙一面之风亦所难避可不慎乎【已上俱筹海重编】

卷一・浙江事宜・陈钱向导

夫陈钱壁下为倭寇必争之地盖自彼国开洋随风到此必登山取汲整顿精神徘徊眺望其初无定向也若南风急则由茶山而往直隶到茶山而风转东则由高家嘴而入吴淞风转西则过老鹳嘴而入三沙此陈钱向正北之程也若东南风急则由下八山顶羊屿越马迹而进洋山到洋山而风转正南则由大小七北经翁家港刘河而入青南风转正东则由许由而入金山乍浦此陈钱向北之程也若东北风急则过落星头而入深水蒲岙到蒲岙而风转正东则入大衢沙塘岙而进长涂到长涂而风轻东北则由两头洞而入定海到长涂而风转南则由胜山而入临观到临观而南风大作则过沥海而达海盐澉浦海宁此陈钱向正西之程也到蒲岙而风犹东北则过三星鼠狼湖一带而入舟山矣若正北风急则影外洋诸山而达闽广矣由是观之老鹳高家二嘴为直隶门户羊山为浙西门户深水蒲岙大衢韭山为浙东门户而陈钱者倭寇必经之地也近日儒生沈升者以陈钱为倭寇必经之地议欲建堡札兵于此以遏其登汲之道而挫其初至之锋似可扼其项而附其背矣既而遣将登山画图度地竟以为必不可行者何也陈钱壁下两山合壁李西倒球峙于港门中间止有向西北一湾略可寄泊水清彻底乱石巉岩兵在内贼得而阻之贼在内兵得而阻之再无出路使我兵在内贼来拒守东风方急策应不前其将何以为生夫君子作事谋始为可继也平居无事之时置兵于孤绝无人之境必不能久安而况海洋之跋涉城堡之难成粮运之艰难波涛之险赫风雨之阻滞兵心之摇兀无一可者兵虽所谓置之死地而后生者以其势濒于死而有生道之可求也故以死战则胜矣陈钱之议乃以生人而置之死地所谓内无所据外无所逃束手待毙万无生理者也吾弗忍也故曰必不可行也【海防类考】

卷一・浙江事宜・舟山

信国公汤和经略海上区画周密独于舟山似有未妥者洪武间倭犯中界犯玉环犯小瀛皆浙东海滨信国所亲见也其来自五岛开洋冲冒风涛困眩精神者数日自下八陈钱而始少憩然孤悬海外旷野萧条必更历数潮泊普陀乌沙门之类而后得觇我兵之虚实以为进止若定海之舟山又非普陀诸山之比其地则故县也中为里者四为岙者八十三而五谷之饶鱼盐之利可以食数万众不待取给于外乃倭寇贡道之必由寇至浙洋未有不念此为

可巢者往年被其登据卒难驱除可以鉴矣我太祖神明先见置昌国卫于其上屯兵戍守诚至计也信国以其民孤悬徙之内地止设二所兵力单弱虽有沈家门水寨然舟山地大四面环海贼船无处不可登泊傥乘昏雾假风涛之顺袭至舟山海大而哨船不多岂能御之予以为定海乃宁绍之门户舟山又定海之外藩也必修复旧制而后可

卷一·浙江事宜·浙江要害论

国初浙江沿海设把总六【分驻定海临观金盘松海昌国海宁】皆有大战舰而惟海宁不设何也予尝至定海登眺而默识之其外为宁波洋与苏州相对仅数百里浙之东为宁绍西为嘉兴而杭独处于西底乃腹内地未为海也海上战舰闻警即出把截贼岂能直捣乎且海宁沙浅无岙可泊故在设备外户而堂奥自安矣窃考浙海诸山其界有三黄牛山马墓长涂拆子金塘大榭兰秀剑山双屿双塘六塘韭山塘头等山界之上也滩山浒山羊山马迹两头洞渔山三姑霍山徐公黄泽大小江大佛头等山界之中也花脑求芝络华弹丸东库陈钱壁下等山界之下也此倭寇必由之道各造战船有七百料五百料四百料二百料尖觖之殊向因贼舟不大七百料停造久矣其五百料之类亦以不便海战改造福清等船复调发广东横江鸟尾船雇税沙仓民船又有小哨草撇船军驾八桨船装火器出奇兵伏别网船四参六总分哨守各洋港【其参将杭嘉湖一宁绍一台州一温处其把总则即前定海昌国各分为一耳】一每值春汛战船出海【初哨以三月二哨以四月三哨以五月小阳汛亦慎防之每年六七八十一二月风澌险恶正月二月风色不常皆不可行且恐海岛乘间而至故春秋皆防】其南哨也至镇下门南麂玉环乌沙门等山交于闽海而止其北哨也至羊山马迹滩浒衢山等处交于直海而止陈钱为浙寇分䑸之处则交相会哨远探穷搜复于沈家门列兵船一枝马墓港列兵船一枝并以指挥领之舟山把总兼督水战贼若流突中界则二枝兵船北截过长涂三姑而与浙直兵船为犄角南截过普陀青龙洋韭山而与温台兵船为犄角贼若流突上界总兵官自烈港督发舟师北截之于七里屿观海洋而参将又自临山洋督兵应援南截之于金塘崎头洋而石浦梅山港兵船为之策应是故今日之海防自内达外有三重焉会哨于陈钱分哨于马迹羊山普陀大衢为第一重出沈家门马墓为第二重总兵督发兵船为第三重备至密也所患者海气溟蒙咫尺难辨风涛欻忽安危叵测兼之潮汐有顺逆哨报有难易奸将往往藉以规避吾何从而综核之哉自海上用师以来击来贼者仅一二而要去贼者不过文其故纵之愆识者谓宜以击来贼之赏优于追去贼纵来贼之罚严于纵去贼风汛时月正副总兵不拘警报有无而亲出海洋严督参总僇力用命以遏海寇于方来则何边鄙不宁之有【已上俱职方考镜】

卷一·浙江事宜·嘉区防守事宜

浙江右参政王在晋呈为嘉区单弱条议防守事宜以备采择事本道代摄嘉湖守巡二道印务遵奉军门宪檄行令本道阅视嘉区武备料理一切防御机宜盖因该区向称单弱未雨绸缪欲先时蚤为计度也本道生长于吴备兵于闽凡海上情形亦与闻其一二矣窃见苏松等处州县距海尚数十里而闽中郡邑滨海者多倚外山为屏翰扼吭拊背有险可控未有若嘉区之剥肤者也海盐海宁及乍浦澉浦梁庄等处海以城为垣城以海为池去城不及半里登岸即可攻掠所谓洋山许山者远落大洋不知何处藉令乘风扬舲瞬息直达一船飘泊则所在震惊一倭登岸则所向辟易先年攻破乍浦官兵受其荼毒惨不忍言父老为言前事靡不谈虎而色变者顾今议及浙海辄以宁绍台温为上游而嘉区为稍缓不知嘉区西浙之门户也财贼重于各区生齿繁于各区民间之盖藏厚于各区倭中向导悉知各路之虚实万一内犯嘉区必为垂涎之地今该区之兵额不及温区二之一不及宁绍三之一隐然分轻重缓恐之势不知两浙如人之一身头目手足俱关紧要善养身者必不令其有受病之处若谓嘉区可缓则南直不必筹海陈兵矣本道循行海上目击险要耳拾听闻忘其謭陋汇为十二款傥可见之行事惟院台一采择焉一曰议添兵先据该参有加兵之请见奉院批查议矣迩本道经临海滋把总及军氓人等纷纷抱牍莫不请益焉其为保持门户计至谆切也夫加兵必先议饷谈何容易然本道酌地形而熟虑之兵似有不得不增置者盖该参信地北接金山南抵钱塘延袤约四百里所陈兵卒不过民兵八百耳水兵一千六百耳军兵一千六百九十余名耳军兵粮糗不充腹仅堪守御水兵遇汛分拨洋许守关中游四哨调遣不敷军兵三营分守乍浦澉浦海宁三处民兵一营分守梁庄相悬各数十里声势不接其在海盐屯札者第军民兵各一营每营兵四百耳卒遇有警各依汛地画疆而守沿海一

带处处可登在在紧要傥水兵不能迎截外洋而倭众突侵内地捉襟露肘之形立见顾此失彼大属可虞则请兵固非浪说也二曰议战船该区大小战船七十七只海宁备倭把总统去船五十六只中军领船二十一只各分守羊许守关白塔黄道庙等处而参将标下委无一船闻警出海惟搭附中军而中军船稀力薄主将出师必须严兵自卫若领中军船只出洋则遗中游信地不守此二十一船又不堪零星分布为主将者即欲乘长风以冲海浪其如无船之可驾何今各区俱改设鸟船而嘉区并无鸟船一只此该参所以亟亟有加船之议也三曰议兵饷地方养兵藉其死力以为民捍御饷不给则军必馁师行未有不裹粮以从者今省会大营兵按月一发饷而嘉区则分上下半年给散上半年于出汛之时给领春汛犹堪自赡惟下半年直俟汛毕始给瓶罍且罄不能殚沆瀣以度晨昏则必称贷以应从军之急使枵腹之兵下海尚能横槊挥戈与贼相追遂乎征发之令至严而承行藐玩如故本道所至军民兵遮道呼泣恳祈最笃此在该府一征督间而兵困可苏非难事也各营军民兵粮饷似合分为四季行令嘉兴府按季给发稍迟时日即严提吏书究解其各县征输后时亦并提经管人役问罪解道细责有司不以兵饷为急是缓视兵戎要务其为泄泄之吏可知即听道府径注劣考以俟处分所当著为定规严行申饬者也四曰议军储军以食为天卫所之军至贫也全藉粮活命以赴公家之役往例按月一发今迟至半年且不给矣其所以不给者奸胥猾吏谓每月一放所索无几必半年才可重索也诸军无以赡饥必先揭名粮止得半价迨至唱放满除满扣劳役经年曾无实饷此苦其谁与愬乎本道又闻边海军粮每年除一月贴运及贴卫官公费再除一月为各衙门使费使费不到则粮册按捺不发其间又有千百户恃各有印交通贿买零支昌领者穷军月饷几何能堪此辈蚕食兴言及此真可痛恨今查海宁卫所军饷正二三四五月系海盐县广储常积二仓粮当分二次给发六七八九月系本府折银亦分二次给发十十一十二月系卫所屯粮当一次并发其卫册俱限三五七九十二月月终之日到府府册粮单俱限出月初三日到道本道随至随发限于初七日给粮给粮完日该卫所明开放粮日期具照验报道如违限一日即提违误吏书从重究罪解责其卫官公费不得科扣军粮印官诡支者查出坐赃参处各衙门经管人役扣索常例者依律究遣其广储常积二仓军储向系刁军买支对兑积逋不解近被乔知县驱除积棍百弊尽消并当勒石以杜后奸者也五曰抽余丁海宁卫所原额军丁约以万计承平日久戎行渐耗自曩时李参戎议欲节省军丁悉放归民遂至军伍之人汛守不可支矣先是有议选余丁充役者本道虞其骚扰不可为也又虞余丁未必剩存无可报也今讯之印官谓余丁尚多尽可抽用所苦无粮供给耳有如悬饷召募军丁不可招而致乎军亦人耳拣练有法不与民兵同一敢战乎计饷军兵之费较民兵甚省沿海军丁习水者使之贴驾佃田者使之协守随其所居之处拨发就近军营操练择该卫所贤能官员从公选募不得假此以索军则军为我用是亦团练土兵之法也六曰重海防濒海官兵杂居窎远即参游亦不能时履其地日习其人则何有于监司夫监司之耳目不郡邑官僚之是寄而谁寄也查得苏松及福建海防同知给有关防边海之事一以委之惟浙为不然今总哨之贪廉不同兵卒之勤惰互异兵有口而声不上闻上有耳而听不下彻职详职要官各有体似宜专责海防官严为稽察时为训练监司提其纲而郡佐挈其领凡总哨及卫所官员贤否悉令海防官开报临汛殿最亦令本官从公分别则院司有臂之可使事有责成而军戎永藉矣七曰慎用人夫总千人之帅也哨百夫之长也一人廉则千百人之安饱实贻之一人勇则千百人之勇敢实作之有如所用匪人则强兵易弱锐兵易惰养兵不为地方之实用而统兵反为各兵之实害凡偾帅未有不取偿于军者军食多不过三分少不及二分何能当此剥索也故领兵总哨必当熟督其人徐试其技一军未可轻假该区民兵二总或于听用材官考选委用至于军兵总哨似当择本卫所职官统之不必借才于外卫也盖嘉属武弁桓桓赳赳者不乏军余系其服习之人海壖是其丘垄之地同侪之雌黄可畏必砥砺以自完乡邦之子弟可率或患难以相守至于选用之法量才较射观其状貌阅其履历查其官评亦已得其人之大概矣间有请托求容者即明注钻刺以示永弃介胄之属有不闻风矜奋以图擢用者耶八曰议城守海盐为参将驻札乍浦为备倭把总驻札孤城临海虽当绝险然居民稠密有警则民可为兵彼排门保长皆御侮之人也人各卫其身家何难督率惟是澉浦城池与海宁海盐相埒而廛居无百一焉以一千八百七十之城堞而用六百五十人守之守城者又皆尫羸不堪之老稚也其间六七岁之童子十居其三盖皆纪录军丁食三斗者摩之则幼丁无以自存而军伍绝留之则弱丁徒以糜饷而城守虚此中虽有军兵一营汛期与嘉湖道标兵二哨协守然兵以待敌非专为守也地廓人稀易于崩溃添兵之后当再拨哨兵防守以图万全不然抽余丁以为城守备亦可以需缓急乎至如海宁一县密迩省城止有军兵一营屯守边海要冲生聚甲于他邑兵力未充当防叵测临汛似应再议拨兵协守者也九曰惩破冒各边城堡营寨海风震荡易于倾颓凡百修缮

必倍加坚固方可持久若梁庄之重葺未及三年而今又估修矣溦浦城原详动布政司额编修城银两今额银不知被何人冒领又议扣军粮抵补矣边海军粮安可议扣扣粮是作俑也后来凡遇工作有不议扣军粮者乎梁庄之旋修旋毁必系委官之破冒而溦浦之修城额银必系武弁之滥支此二事业经本道查驳然军中冒滥如此类者安可胜纪以后凡遇修缮行令该府必委廉能官督工估计仍令掌印官查无破冒方准开销五年之内倾毁者责原官赔补去任者责经管人役及工匠赔补印官虚结亦议罚帮修似应严饬以程工费者也十曰严招募浙有四区独嘉区士卒虚骄不受裁抑将领一有惩刷便图媒孽其短长其故何也盖水陆各兵多系土人应募豪家厮仆恃势凭陵视他处独悍先年曾为嘉区具题不许土人充兵而土人卒不可迸绝今其风岂尽戢乎此后凡续招士卒先给印批择哨队习兵者往金华义乌永康浦江四县招募捕舵必择宁台渔人及福建水兵充役解道验中发营操练敢有土棍投充者罪及总哨则悍习可消而地方得兵之用矣十一曰饱墩军该区墩堠约五十余处每处墩军五名日则令其瞭望夜则令其传报一遇汛期墩军之劳苦倍之乃粮饷愆期与兵同守不得与兵同食墩军无宿饱焉今议大汛每名先给米二石小汛一石总具花名一册单支其它别差不得混入此亦守堠传烽之所急需者也十二曰禁杂差营军习操城军习守墩军习瞭水军习战如是而职业举矣可无忝于县官之廪饩矣乃正役以外率多差遣军不苦本分之役而苦非分之差一身以应城操又一身以供差使夫是军也皆半菽未饱之军也官视军为子弟则军以官为父兄父兄不恤其子弟一遇有事其能为我御患乎今宜明示卫所及各营首领本役之外不得再派杂差武职隐占军丁以供私役者查出一并重治仍追名粮八官此亦节劳省役之一端也以上各款除添兵添船饷从何处酌议详妥另行呈请外其条议兵饷军储十事系干该区防守事宜敦请宪令重申便可整顿为此谬摅一得以备裁择施行【越镌】

卷一·浙江事宜·广福浙兵船当会哨论

大海相连地画有限若分界以守则孤围受敌势弱而危戢捕之谋能不赖于相须乎愚考入番罪犯多系广福浙三省之人通番流劫南风汛则勾引夷船由广东向上达于漳泉蔓延于兴福北风汛则勾引夷船由浙而下达于福宁蔓延于兴泉四方无赖又从而接济之向导之若欲调兵捕剿攻东则窜西攻南则遁北急则潜移外境不能穷追缓则旋复合䑸有难卒灭此夷船与草撇船之大势也又有一种奸徒见本处禁严勾引外省在福建者则于广之高潮造船浙之宁绍置货纠党入番在浙江广东者则于福之漳泉等处造船置货纠党入番此三省之通弊也故福建捕之而广浙不捕不可也广浙捕之而福建不捕亦不可也必严令各官于连界处会哨如在福建者下则哨至大城千户所与广东之兵会上则哨至松门千户所与浙江之兵会在浙江者下则哨至流江等处与烽火之兵会在广东者上则哨至南澳等处与铜山之兵会遇有倭警互为声援协谋会捕贼势岂有不孤穷而海患岂有不戢宁者哉

【南澳山在饶平巨海中周二百余里因民梗化而迁除之至今不籍其地倭船番艘常泊焉广兵捕之则逃于福洋福兵捕之则逃于广洋诚为极要害者又若潮州之柘林澳内有漳潮海寇外有暹罗诸番倭常泊舟于湾为地方患洪武中始建大城千户所于腹裏而外筑烟墩以瞭望之】【职方考镜】

卷二·直隶事宜

【直隶东滨巨海北亘长淮中贯大江江南则为苏松常镇诸郡江北则为淮扬诸郡其势不能以相援也故各有巡抚之设在苏松四府有防海防江二者之责在淮扬二府有防海防江淮三者之责以其均之为直隶也合为一卷】

卷二·直隶事宜·江南诸郡

都御史方廉议云松江府自金山卫至南汇所官军各分信地各有定额【如金山卫以西守御独树江门二营旧制各设官军四十名又贴守兵共一百名金山卫金山营胡家港堡蔡庙港堡旧制各设官军四十名又贴守军共三百五十二名已上正守军人系金山卫查拨贴守军系太仓镇海二卫嘉兴千户所调发】每岁二月上班十月掣

班青村以东各洪港旧制系青村官军把守南汇以北各洪港旧制系南汇官军把守今查修复海塘须照旧分派但太仓镇海嘉兴同有倭患贴守官军似难调发相应于金山青村适中如柘林地方南汇吴淞适中如七八团地方添设陆路把总二员各领精兵一千暂借民居札营随路有警相机策应此松江海塘设备之大略也若沿海港口金山以东有翁家港蔡庙港柘林漴缺等处南汇以北有四五六七八九团洪口川沙洼清水洼等处宜设船防守按旧制金山卫所造船各有定额【左在前后所每百户所造出海哨船四只共计八十只青南二所每百所造出海哨船四只共计八十只】俱就各卫所派拨巡军在海巡逻正统间因海患宁谧或以船为虚费题准以江船易马而哨船之制遂废矣今议设船只一马之资不足以备一船之用官军穷苦又难赔貱合令每马二匹造船一只再于卫所查有地□公费银两与松江府库军前银内相兼辏数每船量贴银十两金山卫总委一官督造其各船应用器械火器合于原议太仓置造军器内给发听用就点各卫所知水军人操习水战布列港口各分信地如倭贼突至而敢容其停泊者服以上刑则自无规避之患矣此松江海港设备之大略也夫沿海设备固为上策万一外守不固则黄浦一带又为松苏险要守浦乃所以守门户犹可愈于守城矣今吴淞江口即为黄浦口子既经设备而吴淞江所亦设兵一枝以防深入矣至于上海之高仓渡沈庄塘周浦闸港闵行华亭之叶谢曹泾张堰等处贼一登岸抢船渡浦甚易除松江先后打造双塔船鹰船各船发上海华亭召募水兵分布没浦各港巡逻把截又华亭上二县各募乡兵护守城池有警调至浦边协守但前项兵夫官无专职则事难责成而沿浦二百里之远本府巡捕官一人势难管摄合令清军同知一员带管华亭乡兵水兵自丰泾以至闵行皆其信地再设巡捕同知一员住札上海专管该县乡兵自闵行以至嘉定界首皆其信地无事率兵操演有事统兵防守此松江内地设备之大略也然倭船之来乘风渡海势难联络每至海外大山必停舶候齐然后深入照得洋山为本府所属为定海吴淞江二总兵兵船会哨之处以地里适均故也本府所造之船数本不多仅可以支把港之用此但可以言守而不可以言战须得福船苍山各数十只沙看民船二三百只每至风汛时月分泊港口各住信地更番出至洋山往来游击昼夜不绝外则为定海吴淞江会哨兵船之羽翼内则为海港把守兵船之捍卫遇有海贼齐力奋击贼船綜散而少我船綜合而众盛衰之气势既分则胜负之分数自判得海防之上策矣又查得沿海民灶原有采捕鱼虾小船并不过海通番且人船惯习不畏风涛合行示谕沿海有船之家赴府报名给与照身牌面无事听其在海生理遇警随同兵船追剿则官兵无造船募兵之费而民灶有得鱼捕盗之益此松江海洋设备之大略也

副使温景葵议云苏州沿海一带险隘甚多举其大者则常熟有福山港白茆塘太仓有刘家河七丫港嘉定有吴淞江黄窑港皆贼之通衢而东吴之门户此则所谓一府之险要长洲则泖湖浩荡吴江则莺湖相属吴县则太湖交通皆贼之径道而腹里之关隘此则所谓一县之险要其次则福山以西有三丈浦斜桥以东有许浦金泾刘家河以北有新塘浪港茜泾吴淞江以南有宝山以东有老鹳嘴均之所谓险要而少次焉者况海滨数百里一望平坦非有山岚险阻为之扼塞皆可以泊船登岸要害无边兵力有限而防御之计当先其大者以海边惟福山为最以腹裹惟胜墩为最故刘家河吴淞江福山港舟师防守不可单弱白泖口七丫港黄窑港俱当预设战舰庶与各港相为犄角又如贼自东南而来必由宝山吴淞江宜发船一綜泊于吴家沙以堵截之贼自东北而来必由三沙刘家河宜发船一綜泊于营前沙以堵截之把总游兵船只往来策应而三丈浦新塘老鹳嘴等处亦得以联络而并制则苏之外防或可无忧矣至于风汛时月吴淞水兵统发胜墩平望以防嘉兴突犯之寇吴县水兵统发太湖以防蠡里突犯之寇长洲团发水兵统周庄以防泖湖突犯之寇本府相度缓急发遣水陆之兵以为应援苏之内防或可无忧矣然福山港刘家河吴淞江各该把总之官统领兵船在洋堵截以为有备但贼之来联綜接舰乘风驾潮万一不能尽行邀击或有一二泊浅登岸则水兵束手旁观任其焚劫无可奈何而把总官亦且以为非所事事矣合于常熟县分拨兵勇一千名屯驻福山港五百名屯驻白茆塘太仓州分拨勇兵一千名屯驻刘家河太镇二卫原练杆子军兵五百名屯驻七丫港嘉定县分拨兵勇一千名屯驻吴淞江五百名屯驻黄窑俱听各该把总选官分领相机调度贼在外洋则水兵击之贼若登岸则陆兵堵之彼此夹攻远迩互应各该州县量为声援如此则贼亦疑畏而不敢犯矣至于腹里如昆山县分拨兵夫三百名屯驻清洋江三百名屯驻千墩吴江县分拨兵夫五百名屯驻胜墩各张声势以助军威各该领兵官听其调遣不许退避万一贼势重大未易为功则各枝之兵又宜听府州县掌印官调回守城庶事体专一可以责成兵势联络不致孤悬矣

都御史唐顺之云海贼入江由江两岸登陆之路蓼角嘴营前沙南北相对海面约阔一百四五十里为第二重

门户周家桥与圌山相对周家桥北岸至顺江洲与江南分界江面约阔六七里顺江洲至新洲夹江面约阔七八里新洲夹至圌山南岸江面约阔十四五里为三重门户三处领水兵官须整备船舰昼夜紧守三门勤会哨以防春汛门户既固堂奥自安若三门稍有疏虞至不得已而守金焦两岸所谓下策与无策矣

巡抚都御史翁大立题云今日海防之要惟有三策出海会哨毋使入港者得上策循塘距守毋使登岸者得中策出兵列阵毋使近城者得下策不得已而至守城则无策矣臣周行海壖分布信地视吴淞所乃水陆之要冲苏松之喉吭也提兵南向可以援金山之急扬帆北哨可以扼长江之险以副总兵镇之自吴淞而北为刘家河为七丫港又东为崇明县七丫而西为白茆港为福山又折而西北为扬舍为江阴为靖江又西为孟河为圌山此皆舟师可居利于水战臣皆设有兵船非统以把总即统以指挥而又以圌山游兵把总驻札营前沙会哨于江北吴淞游兵把总驻札竺箔沙会哨于洋山常镇参将统水陆兵据江海之交镇守于杨舍所以备水战者亦既密矣但吴淞而南虽有港汊每多砂碛贼可登岸兵难泊舟非选练步兵循塘距守以出中策不可也今自吴淞所而南为川沙堡以把总练兵一枝守之川沙而南为南汇而西为青村所以把总练兵一枝守之青村而西为柘林堡以都司练兵一枝守之此皆不远六十里声援易及首尾相应宛然常山蛇势也柘林而西为金山卫西连乍浦东接柘林频年皆贼巢窟添设游击将军一员统领马步游兵往来游徼则北可以护松江而西可以援乍浦

副总兵邓城曰倭自彼岛入寇必乘风汛之便如遇正东风必由下八陈钱马迹等澳以犯浙江遇东南风必由茶山入大江犯直隶所以然者以海中山沙自马迹而北至于崇明或断或续互相连络船不能东西飞渡故国初于海岛便近去处俱设卫所堡寨以控御之至为精密承平日久寨卫徙置倭患浸兴今督抚修复旧制凡海中诸山沿海险隘建官屯守分船巡哨自舟山以北如大衢马迹洋山为倭所必经之地而陈钱尤为分艅要冲设正副二总兵分驻金山临山互守陈钱参将分屯马迹等山以防倭寇之从下八山来者又于狼山蓼角嘴设游兵把总以防倭寇之从茶山来者又于昌国以北崇明以南沙岛迂回洋山中峙仍设游参二员一驻定海一驻竺箔严督各总南北会哨以防倭寇之四散逸入者伺察既严警报尤捷居常各督所辖有急互相策应贼又安能越过各岛流毒内地哉当职者诚能守如赴战哨如贼临运臂使指潜机伏形或迎其来或邀其归万无不中矣【已上俱筹海重编】

卷二・直隶事宜・苏松水陆守御论

苏松为畿辅望郡濒于大海自吴淞江口以南黄浦以东海壖数百里一望平坦皆贼径道往故不能御之于海致倭深入二府一州九县之地无不创残其祸惨矣今建议松江之有海塘而无海口者则自上海之川沙南汇华亭之青村柘林乃贼所据为巢宜各设陆兵把总屯守之而金山界于柘林乍浦之间尤为浙直要冲特设总兵以统领又添游兵把总专驻金山往来巡哨所以北卫松江而西援乍浦也至于苏州之沿海多港口者则自嘉定之吴淞所太仓之刘家河常熟之福山港凡贼舟可入者各设水兵把总堵截之而崇明孤悬海中尤为贼所必经之处特设参将以为领袖又添游兵把总二员分驻竺箔营前二沙往来会哨所以巡视海洋而警报港口也内外夹持水陆兼备上可以御贼于外洋下可以巡哨而相守亦既精且密矣但调募客兵不如练上著之兵可驯习而有常官造战船不如雇民造私船反坚久而省费是在当事者酌行之而已【职方考镜】

卷二・直隶事宜・江北诸郡

都御史唐顺之云庙湾剿贼之路原有两条一条从宝应拖船过坝水路自清沟喻口进攻则兵势既便而馈饷亦易一路从淮安至马逻陆路进攻则兵势既迂而馈饷亦难

又云江北局面与江南浙福不同靠不得水战止靠陆战也闽县知县仇俊卿云海寇之来每自南而北度南麂山则自广入闽矣过流江寨则出闽入浙东矣越海门则又浙之西矣踰宝山至吴淞沙等处则又自浙入江南直隶矣沙上以南不暇泛及兹以海道之要害切于江北者言之狼山当江海之吭而蓼角掘港皆扬之东南界也朐山据淮海之首郁州嘤游山皆淮之东北境也中包泰兴之周家桥盐城之射阳湖山阳之云梯关庙湾等处此皆沿海冲要之区寇盗可以停舶出没之处乃据守所当先者也

吴郡监生金鱼云倭寇之患起于吴浙而沿及淮扬盖扬州富甲天下人所素闻三十五年之夏贼以二百余人

突至扬州城下城中谨闭自守任其游逸无如之何大掠而去自是益生歆艳而扬为贼所必窥之地矣以江北之大势言之东起蓼角嘴大河口以及吕四卢家等场沿于杨树港海门裹河通州与如皋泰州稍折而北则为扬州矣过扬州而西稍北则天长滁州抵中都踰海门而北则为徐步营又北则为崛港又东北则为新插港转而西北则金沙盐城庙湾刘庄姚家荡再西北则蛤蜊麻线等港而至大海口矣刘庄东西北则安东安东之北则为海州赣榆泰州西北则为高邮宝应宝应之北为淮安淮安转西则泗州以达凤阳此江北形势之大略也贼入海之道有二其一新港为一道新港即所谓三江口盖由南江狼山越仪真瓜州而入登岸则卞家坟周家坟稍折而东则扬州矣此可入以登岸亦可从以出海者也此最为便道其二则蛤蜊麻线等港沿北大海口为一道大海口有水陆路南通庙湾与刘家庄姚家荡俱为大镇贼若据此我兵屯于汤潮岸等处贼南寻新港路出不得则必北寻大海口而出势所必然也若安东海州之东北有大北海不惟道里迂远且砂碛甚多此不可运舟者也崛港新插港之东亦有北海砂碛亦多不堪重载此但可从而入不可出者也是贼出海之路止有三途若其登岸之处则不一东则蓼角嘴吕四场西则杨树港徐沙营又西则狼山杨树港北则新插港掘港皆其所从以登岸而入寇之路也夫贼所歆慕惟在扬州一执居民便问其道若登狼山必窥通州而扬州在西使于榆东揄西等处率民以掣其后则贼必不敢直前以寇扬州若于蓼角嘴吕四场或新插港掘港以进使于榆东榆西等处屯兵以遏之则扬州可无危故今榆东榆西等处最为要地而当事者欲屯宿重兵以控扼贼锋者有以也按江之地细港委荡固亦有之而平原浩壤则视吴淞为多夫西北骑兵倭寇未易以婴其锋也既得平地则骑兵可施三十八年之捷以西北骑兵三千为之先冲可见也他有汤潮岸者又范公所筑以捍海溢者也故亦名范公堤东南起吕四场西北抵姚家场绵亘几三四百里高冈平衍可用骑兵为之长驱今东关瓜州俱已建堡贼若于蓼角嘴吕四场及新插港掘港以进或不能袭取扬州必转之东北而窥淮安安东以据刘庄庙湾我军苟能彼此夹攻之使至汤潮岸以西北骑兵冲其锋而以火器继之各路兵随后击之贼可一战成擒矣故我军惟利贼之至此者有以也新插港东临北海素有盐徒数百艘聚舶崇明北徙之寇欲劫盐协徒而不果当事者欲置官于此以提督盐徒使不为贼用而为我用亦一见也夫寇兴以来烧劫屠戮之惨吴浙淮扬所同若获利之多则未有如淮扬者而贼所必不能舍者在是矣况其地运道陵寝在焉所系尤重乎夫江北之地除安丰等三十六场俱在海内不为要害其要害之处乃通州也狼山也杨树港里河镇也榆东榆西等场也蓼角嘴吕四场也掘港新插港也庙湾刘庄金沙场姚家荡也今皆已建城堡设戍守非若往日之无备矣其要害之尤者曰新河出入最便逼近扬州也曰北海所从以通新插港且有盐徒聚艘于此者也曰庙湾以其为巨镇而可通大海口也故当事者欲以把总三人一住新港一住北海一住庙湾一为陆路游击住札海安镇若山安在如皋泰州之间东可以控扼狼山通州海门之入而西可以捍卫扬州也【已上筹海重编】

卷二·直隶事宜·江北设险方略论

淮扬二郡东濒大海贼舟出没三面堤防殊难国初备御之制淮安设卫二内外各属五所扬州设卫二内属所十四外属所三复建立督府虽职司转漕实示控扼之势盖南北之咽喉非他郡比也予考其地形起自东南蓼角嘴以抵姚家荡绵延三四百里除安丰等三十六场在腹里不为要害而要害之处乃通州也狼山也掘港新闸港也庙湾刘家河金沙场也其尤要者有三曰新扬出入逼近扬州也曰北海所从此至新塘港且有盐艘聚泊也曰庙湾更为重镇而通大海口也须设把总三员分驻新港北海庙湾更用陆路游击一员驻札海安则东可以控狼山通州海门之入而西可以捍卫扬州矣

卷二·直隶事宜·江淮要害论

天下之水在北莫大于河在南莫大于江常镇淮扬当江河入海之冲虽极大舰皆可乘潮而入往岁倭寇声言分劫其心之狡实欲自镇江以趋留都自淮河以窥中原而终不敢深入者由四府之防御周也又必水陆会哨互援苍福诸船顺流以遏贼锋贼若登岸则以团练之兵御之此常胜之形也四府无患则中原留都可高枕而卧矣

卷二·直隶事宜·浙直福兵船会哨论

浙东地形与福建连壤浙西地形与苏松连壤利害攸关如兵车相倚之势故敕浙江巡抚总浙直福分哨各官

互为声援而不许自分彼已画地有限责任相联庙谟之所以为善而海防之所以为固也予考海中沙南起舟山北至崇明或断或续暗沙连伏易于阁浅贼舟大者不能东西乱渡如遇东北风必由下八陈钱马迹等山以犯浙江而流突于苏松如遇正东风必由茶山西行以犯淮扬而流突于常镇如遇正北风必由琉球以犯福建而流突于两广然地方窎远瞭望难及须总兵官拨游兵把总领哨千户百户等船往来会哨联络其在浙江也南则沈家门兵船哨至福建之烽火门而与小埕兵船会北则马墓兵船哨至苏州洋之洋山而与竺箔兵船会其在苏松也南则竺箔沙兵船哨至羊山而与浙江之马墓兵船会北则营前沙林兵船哨至茶山而与江北之兵船会络绎如长蛇群力会集南北夹击彼此不容岂惟逐倭舶于一时殆将靖祸患于无虞矣【已上俱职方考镜】

卷二·山东事宜·登州营

登莱二郡凸出于海如人吐舌东南北三面受敌故设三营联络每营当一面之寄登州营所以控北山之险也登莱二卫并青州左卫俱隶焉其策应地方语所则有奇山福山中前王徐前诸所语寨则有黄河口刘家汪解宋芦徐马停阜河马埠诸寨语巡司则有杨家店高山孙齐镇马停镇东良海口柴胡海仓鱼儿镇高家港诸司三营各立把总二员以总辖之其在海外则岛屿环抱自东北崆峒半洋西抵长山蓬莱田横沙门鼍矶三山芙蓉桑岛错落盘踞以为登州北门之护过此而北则辽阳矣此天造地设之险也然诸岛虽近登州而居岛中以取鱼盐之利者乃辽阳之编伍非山东之戍卒也叫奴跳梁可畏而不可恃故北海之滨既有府治而设险者复建备倭城于新河海口以为屏翰且有本营之建焉沿海兵防特重其责非若他省但建水寨于岛屿良有以也夫岛屿既不设险则海口所系匪轻自营城以东若抹直石落湾子刘家汪平畅芦洋诸处自营城以西若西王庄西山奕冢孙家海洋山后八角城后芝罘莒岛诸处皆可通番舶登突严外户以绥堂阃其本营典守之责乎

卷二·山东事宜·文登营

登莱乃泰山余络突入海中文登县尤其东之尽处也成山以东若旱门滩九峰赤山白蓬头诸岛纵横沙碛联络潮势至此冲击腾沸议者谓倭船未敢猝达然考之国初倭寇成山掳白峰寨罗山寨延大嵩草岛嘴等处海侧居民重罹其殃倭果畏海奚而有是哉故文登县东北有文登营之设所以控东海之险也宁海威海成山靖海四卫皆隶焉其策应地方语所则有宁峰海阳金山百尺崖寻山所语寨则有清泉赤山等寨语巡司则有辛汪温泉镇赤山寨诸司迤而北则应援乎登州迤而南则应援乎即墨三营鼎建相为犄角形胜调度雄且密矣有干城之寄者其思国初成山之变衣袽终日以儆戒无虞也哉

卷二·山东事宜·即墨营

山东与直隶连壤即墨县南望淮安东海所城左右相错如咽喉关锁迩年登莱海警告宁然淮扬屡被登劫自淮达莱片帆可至犯淮者犯莱之渐也故即墨所系较二营似尤为要自大嵩鳌山灵山安东一带南海之险皆本营控御之责其策应地方语所则有雄崖胶州大山浮山夏河石洞诸所语巡司则有乳山行村栲栳岛逢猛南龙湾古镇信阳夹仓诸司其海口若塘家湾大任陈家湾鹈儿栲栳天井湾颜武周疃松林全家湾青岛徐家庄诸处俱为冲要堤防尤难国初倭寇鳌山毒痛甚惨即本营所辖之地也殷鉴不远封守者其可以弗慎乎

一倭患之作岭峤以北达于淮扬靡不受害而山东独不之及岂其无意于此哉亦以山东之民便于鞍马而不便于舟楫无通番下海之人为之向导接济焉耳然迩年青齐之兵多为所掳安知其中无识海道而勾引者乎观山诸郡民性强捍乐于战斗倭之短兵不足以当其长枪劲弩倭之步战不足以当其方轨列骑万一至此是自丧其元也所虞者登莱突出海中腹背受敌难于堤备国朝专设备倭都指挥一员巡海副使一员分驻二郡卫所森严墩堡周备承平日久不无废弛申明振厉庶几其无患乎

一宋以前日本入贡自新罗以趋山东今若入寇必由此路但登莱之海危礁暗沙不可胜测非谙练之至则舟且不保何以迎敌而追击乎故安东以北若劳山赤山竹篙旱门刘公芝界八角沙门三山诸岛乃贼之所必泊而我之所当伺焉者也若白蓬头槐子口桥鸡鸣屿金嘴石仓庙浅滩乱矶乃贼之所必避而我之所当远焉者也严出洋

之令勤会哨之期交牌信验习熟有素则他日庙堂或修海运亦大有赖焉独御倭云乎哉

一山东今日之患有二其一曰班兵怀跋扈之志久矣其一曰登莱岛民原系辽阳所徙不受法制地方痈毒宜早治而亟平之不然溃决之虞不能免也

一山东关系大要尤在海运考元时海运故道南自福建梅花所起北自太仓刘家河起迄于直沽迢迢五千余里永乐以来会通河成海运遂废运者皆由漕河所以避开洋之险也然海险莫甚于成山以东白蓬头等处危礁乱矶湍流伏沙不可胜纪非熟识水洪不敢行宗伯席书云海运一失人不复生河运有失尚幸不死以生易死轻重昭然是海运之罢端为山东之海险也然漕河自王家闸以北至于德州千有余里乃国家咽喉命脉其通其塞所系匪轻况黄河渐徙而南或冲而北易为漕患及今承平修复海运以备不虞岂非国家之大计哉嘉靖初年庙堂尝议及此或建议欲于胶州凿山浚土以达海仓以避洋险山东抚巡病其烦难而止惜小害大可慨也夫会通河也胶莱新河也登莱海险也皆山东所辖之处也今之论山东海患者但知备倭而不知备运故及之

按日本地势正对宁绍朝鲜地势最迩登莱隋时东莱造舟以伐高丽壤相近也嘉隆间倭自本国乘汛入犯所毒痡者上自浙直下及闽广耳山东未尝犯寇被兵也今倭据朝鲜则今之山东即昔之闽浙也添守备之说留上班之军诚急务矣然向者为患在数千里之外尚为疥癣之疾今则为患在数百里之内实为腹心之忧问罪兴师以除剥床之祸在今日诚未易谈也虽然高丽自国初以来为不侵不叛之臣至于今不贰者恃中国为之缓急耳若危不能持废不能兴则东南海外朝贡者三十六国将何所观望哉春秋诸侯有相侵伐者齐桓公不能救则桓公耻之此山东往事也故及焉

卷二·北直隶事宜

按京畿山河带砺东负大海向未尝遭倭乱亦未尝有备倭之设故兵防官考倭变纪不录焉以大势论之山东辽左突出海外畿甸居中越数岛而为朝鲜曩者倭奴在其日本国诚不能飞渡而肆毒也今既据朝鲜而有之则天津永平一带无不当敌冲者设重镇集舟师水陆兼备诚不可后矣议者欲暂借运船御之于海是矣但粮船非楼橹巨舰之比而运卒岂乘风破浪之夫非计也议者又欲借舟于闽浙是矣但登莱暗礁突出千里运道久废岂篙师能卒辨哉【此自冬月风汛不便言之若夏天南风盛发之时闽浙舟师亦可取用也】是丧已成之我军而填无穷之巨浪也无已则召闽之工匠于天津永平随处造舟无不可者合用木料预先从里河取运合用兵夫预先于沿海召集合用器械预先发各处打造一面清野练兵备之于陆一面鸠工造舟御之于海木料具工匠齐数十百艘可计日而就大则为问罪之师小则为备御之计此今日所当亟为之图也然又有说焉直隶自宝坻天津永平一带以达山海延袤数百里水陆设备当不下二万之众一年之费当不二十余万十年则费二百万也傥倭奴尚据朝鲜则为备无已时也孰若为一劳永逸之计兴十万之师水陆并进电扫席卷伸天朝之威存亡继绝固我藩篱较之年年设备便宜百之或谓高丽失利辽左无功古今明戒子何言之易耶是大不然隋唐都于长安去高丽最远因怒兴师诚为黩武我朝定鼎北平与高丽共一水耳此门庭之寇当与周之玁狁汉之单于唐之突厥宋之金元例论岂隋唐高丽辽左比哉且关白封府库抚士民财物无所取百姓无所戮此其志欲何为耶语曰蝮蛇螫手壮士断腕蛇已螫头头可断乎此在庙堂自有定画无容杞忧为也

卷二·辽东事宜

辽地负山阻海屹然为东北雄镇北邻沙漠而辽海三万沈阳铁岭之统于开原者足遏其冲南枕沧溟而金复宁盖旅顺诸军联属海滨者足严守望京师翰屏可谓固矣然观今日备虏边防颇为有赖而备倭海防视为虚度文盖自刘江金线岛之捷而海氛久熄自峦东海运之废而墩寨益废于是旅顺诸堡亦无复用识者谓辽东沿边五路得分守应援之规沿海卫所亦当如其制如旅顺而西以金州辖之三岔河而南以盖州辖之三岔河而东以三屯辖之总兵抚按之统其责者秋汛以防边为重防海为次春汛以防海为重防边为次则虽岛夷窥伺岂能遽犯哉

按辽东三面濒夷一面阻海迤东南为鸭绿江朝鲜贡道在焉海上自刘江之捷倭夷绝迹盖恃高丽为之藩蔽也今高丽危矣覩辅车唇齿之义则为辽左虑者岂直东虏已哉或谓倭患必不在辽盖以倭之志若在子女玉帛也

则穷边绝塞千里萧条非所垂涎明矣若不自揣量包藏祸心也则扬帆而渡天津豨纵豕突无所不至何必涉辽越蓟犯重关之险哉虽然无恃其不来恃吾有以待之造舟秣马水陆兼防因利乘便批亢捣虚此今日要务也【已上俱筹海重编】

卷二·辽东事宜·辽东军饷论

辽东古营并地其背为沙漠花当吉列迷诸部落在焉其余气为朝鲜国朝设沈阳辽阳三万铁岭四卫统于开元以遏北胡之冲金复海盖诸军联属海滨以防岛夷烽堠星联营寨棋布东北藩篱可谓固矣洪武间有以玩南方之心而玩辽故辽人以御北狄之法而御倭斩灭无遗海氛荡熄二百年来边备如故岂能遽犯哉所虞者地方千余里官军数万止藉山海关一路馈饷我朝北都燕而远漕江南粟又自京师达于辽阳飞挽不继辄吵呶待哺甚而凶荒士卒相食万一难守虏骑乘间何以驭之此其患不在兵之不强而在食之不足食足则兵强兵强则守固矣司国计者当深念而亟图之【职方考镜】

卷二·太仓使往日本针路

太仓港口开船用单乙针一更船平【更者每一昼夜分为十更以焚香枝数为度以木片投海中人从船面行验风迅缓定更多寡可知船至某山洋界】

吴淞江用单乙针及乙卯针一更平

宝山到南汇嘴用乙辰针出港口打水六七丈沙坭地是正路三更见茶山【茶山水深十八托一云行一百六十里正与此合】自此用坤申及丁未针行三更船直至大小七山滩山在东北边滩山下水深七八托用单丁及丁午针针三更船至霍山

霍山用单午针至西后门

西后门用巽巳针三更船至茅山

茅山用辰巳针取庙州门船从门下行过取升罗屿【庙州门水深急流】

升罗屿用丁未针经崎头山出双屿港【升罗崎头俱可泊船崎头水深九托】

双屿港用丙午针三更船至孝顺洋及乱礁洋【双屿港口水流急孝顺洋水深三十托泥地】

乱礁洋水深八九托取九山以行【九山西边有礁打山行船宜仔细一云乱礁洋水深六托泥地】

九山用单卯针二十七更过洋至日本港口【打水七八托泥地南边泊船】

又有从乌沙门开洋七日即到日本

若陈钱山至日本用艮针

卷二·福建使往日本针路

梅花东外山开船用单辰针乙辰针或用辰巽针十更船取小琉球

小琉球套北过船见鸡笼屿及梅花瓶彭嘉山

彭嘉山北边过船遇正南风用乙卯针或用单卯针或用单乙针西南风用单卯针东南风用乙卯针十更船取钓鱼屿钓鱼屿北边过十更船南风用单卯针东南风用单卯针或用乙卯针四更船至黄麻屿

黄麻屿北边过船便是赤屿五更船南风用甲卯针东南风用单卯针西南风用单甲针或用单乙针十更船至赤坎屿

赤坎屿北边过船南风用单卯及甲寅针西南风用艮寅针东南风用甲卯针十五更船至古米山

古米山北边过船有礁宜知畏避南风用单卯针及甲寅针五更船至马岛山

马岛山南风用甲卯或甲寅针五更船至大琉球

大琉球那霸港泊船【土官把守港口船至此用单卯及甲寅针行二更进那霸内港以入琉球国中】

那霸港外开船用单子针四更船取离倚屿外过船南风用单癸针三更船取热壁山以行

热壁山南风用单癸针四更船取硫黄山

硫黄山南风用丑癸针五更船取田嘉山又南风用丑癸针三更半船取梦加刺山南风用单癸针及丑癸针三更船取大罗山

大罗山用单癸针二更半船取万者通七岛山西边过船

万者通七岛山用单寅针五更船取野顾七山岛内名吽兵之妙是麻山屿野顾山用巽寅针二更半船但尔山用艮寅针四更船取亚甫山【一云野顾山对面行六十里有小礁四五个最宜畏避在北边过船用艮寅方行一百五十里至旦午山用艮寅方行二百四十里至亚甫山】

亚甫山平港口其水望东流甚急离此山用艮寅针十更船取亚慈理美妙若不见此山用单艮针二更船又艮寅针五更船取船湾奴【一云沿渡奴】乌佳眉山沿渡奴乌佳眉山用单癸针三更船若船开时用单子针一更船至而是麻山

而是麻山南边有沉礁名套礁【一云名佐沉长礁】东北边过船用单丑针一更船是正路却用单子针四更船取大门山中

大门山傍西边门过船用单丑针三更船取兵裤山港

兵裤港循本港直入日本国都【筹海重编】

卷二·朝鲜考

朝鲜周所封箕子国也秦属辽东外徼汉皆郡县晋始自为声教云其国东西南三面滨海北邻女直西北至鸭绿江东西相距二千里南北四千里分八道统郡府州县其俗柔谨知文字喜读书崇释尚鬼而恶杀戴折风巾服大袖衫男女相悦为婚死三年始葬饮食用俎豆官吏间威仪居皆茅茨衣多麻苎有朴俭遗风以田制俸以杭酿酒法无苛条刑不惨毒镇国者九都神嵩北岳其名山也海鸭绿江其大川也金银铁水晶盐绸苎布白硾纸狼尾笔果下马长尾鸡貂豽海豹䰾蛸榛松人参其物产也洪武二年王遣使表贺即位赐金印诰命文绮大统历册为高丽王十年以其贡使烦数谕辽东守臣谢绝之遂定三年一贡著为令由是如期遣贡不数不疏二十四年其相李仁人子成桂篡立请更国号曰朝鲜永乐元年复赐冕服九章圭玉佩玉宣德初赐五经四书性理大全诸书正统间赐远游翼善等冠绛纱袍龙衮玉带等服以高丽去神京不远人知经史文物礼乐略似中国非他比故列圣宠优如此嘉靖入继大统遣使朝贡三十六年王请改正大明会典所载成桂篡逆事诏从之万历初遣使告即位随赍朝贺至今贡献不绝道由辽东山海关入二十年为倭酋关白所据王越在西海读定中旄丘之诗重有感夫

高丽本扶余别种其王高琏居平壤城唐征高丽拔平壤五代时王建代高氏辟地都松岳以平壤为西京【广舆记】

朝鲜乃汉真蕃临屯乐浪玄菟四郡地隋唐时竭天下之力以争之而不得其称藩于我国家垂二百余载奉正朔通朝贡罔敢誖谩独最于诸夷且其形势绵亘渤海中南北四千里而遥屏蔽海氛拥卫

畿甸是天设之险以贻东南盘石之安其要害可知也迩年倭奴煽祸播迁其国主蹂躏其民人至勤王师越境征讨守藩篱实所以固堂奥勿谓朝鲜为可弃也【述王鸣鹤】

高丽之学始于箕子日本之学始于徐福安南之学始于汉立郡县而置刺史其中国之文学被焉后至五代末节度使吴昌文方盛自中国流衍外夷数千年间其文皆不免于夷狄之风窘竭鄙陋不足以续圣教者盖其声音不同其奇妙幽玄之理非笔舌之可传故不相合【刘氏鸿书】

卷二·琉球考【琉球在泉州之东海岛中】

国王有三曰中山王曰山南王曰山北王汉唐宋不通中国国朝洪武初三王皆遣使朝贡自后中山王来朝许王子及陪臣子来游太学其风俗去髭髯黥手羽冠毛衣好剽掠杀人祭神无赋敛不知节朔视草荣枯计岁王所居壁下多聚髑髅以为佳【广舆记】其山曰高华屿【隋遣武贲将陈棱率兵过此掠男女数百人而还】曰鼊鼊屿【国西】曰彭湖岛【国西近福兴漳泉四郡界天气晴明望之若雾】其川曰落漈【水至彭湖渐低渔船多漂不回其进

贡二年一期每船百人无许过百五十人其来贡由福建以达于京师【皇舆考】

卷二·琉球考【琉球在泉州之东海岛中】·福州往大琉球针

东沙开船用单辰十更取鸡笼山北边过见梅花瓶屿并棉花屿彭家山乙卯并单卯十更取钓鱼屿北边过前面是黄麻屿单卯四更取黄尾屿北边过甲寅一更取赤尾屿乙卯六更取姑美山北边过仔细用单卯取马奇山北边过甲卯并甲寅收入琉球港

卷二·琉球考【琉球在泉州之东海岛中】·回针

出港用单申放洋辛酉一更半见姑美山并麻山用辛酉四更辛戌十二更乾戌四更单辛戌五更辛酉十六更见南纪山坤未三更取台山水二十托西边过取有横礁出水用丁未三更取黑麻桑山单辛三更取官塘山入千户所五虎门

卷三·皇图一统说

恭惟圣祖电扫胡尘龙御寰宇薄海内外罔不宾服一统之盛从古所未有也谨按海图自钦州龙门港抵南澳为广东界延袤计五千里自南澳抵烽火镇下门抵金山许山为浙江界延袤计二千七百里自金山卫抵东海所为南直隶界延袤计一千八百里自东海抵盐山场为山东界延袤计二千里自盐场抵山海关为北直隶界延袤计五百里自山海抵鸭绿江为辽东界延袤计一千三百里盖北接朝鲜南连交趾共一万五千余里焉猗与盛哉若山川之要害官兵之屯戍星列棋布一展卷尽有目中矣覩河洛而思禹功者其亦有乘长风破万里浪之志乎【筹海重编】

卷三·华夷沿海经略序

岁在赤奋余受上命建节青兖之墟不佞过计畿封密迩江淮外控辽海内环脱有骇兽征输为难爰饬将吏访先臣汤信国之故智与吾所成海图出而商度品处焉校武海澨军容与蜃市相映亦庶乎旌旗改色也亡何蜚语至京师而朝鲜且告急矣二三巨公不以流言罪余而讶余之识先一饭也力请于朝圣天子特敕臣宋应昌经略四镇云昌拜命更退而思曰审知地图管子以为主兵要务譬之奕张置不疏远而斤斤守边隅吾知不能胜偶矣彼倭奴者舍吴楚沃壤偏凶威于丽国岂真左计失当哉狡算得无以我明甸服幽燕北虏绕右胁而抚其背吾将盘左腹而扼其吭也不尔则世宗朝犯江南获子玉女帛何限胡今规规侵吾荒服也哉上兵伐谋攻心为急存亡振旅万世称义焉为今之计彼将卒方骄惰巢穴未固我集士马风扫霆轰何难为彼奴司命谬议适符庙算于是誓师渡江按图据险伏奇转饷焚彼囷仓分兵深入宁非审知地利之明验也乎昌不佞入关绘图为说进之王上或万几之暇可览而知也图由辽以迄闽广万有四千里信国之规画真如棋置犬牙盘错遵海之滨岛列门户大抵贵截之外洋不止株守内地已也安东而南不在节制内安东而北散见条置诸疏兹说姑陈其概倭舶由萨摩州开洋历五岛越琉球而南犯过南沙入大江则瓜仪常镇矣洋山而北则太仓矣洋山而南则临观钱塘矣过韭山海闸门而犯温州也循舟山之南而犯定海也象山也昌国也台州也正南则广东也稍西则福建也由大洋而西北入犯则淮扬登莱矣正北入犯则天津辽阳矣惟风所使倭听命于帆而不能自命也昔人以彼寇江南为便寇江北为弗便此正从五岛一路筹之耳今时则不然审舆图谙海势矣洋愈大则水波愈恶岛之宽隘不等或不能多藏舟以故大犯江南非倭之利也由对马岛入釜山以寇朝鲜则晨发夕至跂足可望焉朝鲜介居海中自辽海旅顺山势直趋东南如人吐舌然南北长四千里穷岛之尽为千里者几五济州岛与吾狼山海门相对障绝日本不得直渡东保蓟辽者丽国之力也东西广可二千余里全罗庆尚则又彼国之门户也日本欲犯吾四镇必转全罗地角候风反而行即放舟入大洋不能借风倒入也壮哉天险外护神京金汤之固不至此矣若全庆失守是亡朝鲜已亡朝鲜陆路可犯辽然不足虑辽地平夷骑兵可骋清野蹂之且立尽矣况仰攻山海关尤非易易水路则洛东汉水临津睛川大定大同鸭绿诸江分舟四出挠吾四镇沿海岛寨兵力何以处分此余所以亟请累疏欲暂戍全庆以俟丽兵之强者执此之故也披图而

玩海以内海以外如观掌中物不待深惟力索可逆覩要领矣又何俟予之喋喋耶【平倭复国编】

卷三·日本考

日本即古倭奴国其地在中国之正东偏北东西南北各数千里西南皆至海东北隔以大山国王以王为姓历世不易文武僚吏皆世官其地有五畿七道以州统郡附庸国凡百余自北岸去拘邪韩国七千里曰对海国又南渡一海千余里曰瀚海国又渡一海千余里曰不虑国东南陆行五百里曰尹都国又东南百里狗奴国又东百里曰不弥国又南水行二十日曰投马国又南水行十日陆行一月曰邪马一国其次曰斯焉国曰已百支国曰尹邪国曰郡支国曰弥奴国曰好古都国曰不呼国曰姐奴国曰对苏国曰苏奴国曰呼邑国曰华奴苏奴国曰鬼国曰为吾国曰鬼奴国曰邪马国曰躬臣国曰巴利国曰支惟国曰乌奴国皆倭王境界所尽其国小者百里大不过五百里户少者千余多不过一二万风俗黥面文身被发跣足不娶同姓初丧戒酒肉信巫好戏重儒书尚佛法交易用铜钱钱名乾文大宝其人嗜酒轻生好杀性贪谲以劫掠为生兵刃极犀利裸身赴斗惯舞双刀轻儇跳跃能以寡敌众至劫营设伏华人辄堕其术其饮食常用磁器漆器尊敬处用土器有箸匙男披发而束之人佩短刀妇人拔其眉黛其额发垂肩而续之以髢长曳地男女冶容者黑其齿会时蹲踞为礼遇尊长脱鞋履而过人喜啜茶富贵家用茶末僧徒习佛经者知汉字男女服染青质白文男衣过膝而止衣裙襦横幅结束相连不施缝缀女人衣如单被穿其中以贯头其王至隋时始制冠以锦彩为之饰以金玉【广舆记】

卷三·前代朝贡考

自汉武帝灭朝鲜使驿始通于汉三十余国至光武中元二年使人自称大夫奉贡朝贺赐以印绶安帝永初元年倭国王师升等献生口百六十人愿请见是后倭韩俱属带方郡也魏景初二年既平公孙氏倭女王遣大夫难升米等诣郡求请天子朝献太守送诣都乃以金印紫绶封为亲魏倭王难升米等并拜中郎校尉假银印青绶劳赐优渥平始八年倭女王卑弥呼与狗奴国男王弥弓乎素不合遣使诣郡说相攻伐状遣塞晋椽史张政等赍诏告谕之卑弥呼死宗女台与嗣遣使送张政还因献男女生口贡白珠异文杂锦晋武帝安帝文帝时俱遣使入贡至隋开皇二十年遣使诣阙求法华经大业三年遣朝贡使者曰闻海西菩萨天子重兴佛法故遣朝拜兼沙门数十人来学佛法国书曰日出处天子致书曰日没处天子无恙云云帝览不悦明年遣文林郎斐世清使倭国其王遣小德何大礼奇多昆从二百骑郊劳设仪仗鼓乐迎至彼都其王与世清来贡方物此后遂绝至唐太宗贞观五年遣使入朝帝矜其远诏有司无拘岁贡遣新州刺史高仁表往谕与王争礼不平诏不宣而返久之更附新罗使者上书永徽四年其王孝德即位遣律师道照求佛法献琥珀码碯时新罗为高丽所暴高宗赐玺书令出兵援显庆三年天丰财遣僧智通辈求大乘法相教越明年天智遣使者偕虾蛦人朝咸亨元年持总遣使贺平高丽长安元年文武遣朝臣真人栗田贡方物求书籍武后宴之麟德殿授司膳卿还之开元四年圣武复遣栗田辈请授诸儒授经诏四门助教赵玄默即鸿胪寺为师献大幅巾为贽悉赏物货书以归其副朝臣仲满慕华不肯去易姓名曰朝衡历左补阙久乃还后建中元和光启等年常贡不绝宋雍熙元年守平遣僧奝然与其徒五人献铜器十余事并日奉职员年代纪一卷上召见存拊甚厚赐紫衣给郑氏注孝经一卷记室参军任希古撰越王孝经新义一卷印本大藏经一部越明年附台州宁海县商舶归后数年遣弟子奉表谢又别启贡佛经并方物咸平五年建州海贾周世昌遭风飘至日本七年还与其国人滕木吉至上召见之以国诗献其词雕刻肤浅无取赐装钱遣归景德八年僧寂照等八人来朝诏号圆通太师赐紫方袍天圣四年明州言日本国太宰府遣人贡方物而不持本国表诏却之是后不通朝贡南贾传其货物至中国熙宁五年僧诚寻至天台止国清寺愿留州以闻诏使赴阙献银香炉木槵子曰硫磺等物神宗以其远人而有戒心处之开宝寺并赐僧伴紫方袍元丰年明州又言得其国太宰府牒因使人孙忠等还遣僧仲回贡色段二百疋水银五千两州以孙忠乃泛海商人且贡物与诸国异请自移牒报而答其物直付仲回东归从之乾道五年附明年纲首贡方物淳熙三年其国人泛海遭风飘至明州无口食诏给之又有百人行乞于市至临安诏守臣支给津遣明州养赡候有便船发回十年七十三人飘至秀州华亭绍熙元年飘至泰州诏见行货物免抽买舟悉与给还仍给常平赈恤庆元六年至平江嘉定二年至定海诏并支给钱米养赡候风便津发宋自中叶历久无贡元世祖遣使招谕

之不从乃命范文虎率兵十万征之至五龙山暴风破舟败绩终元之世使竟不至【登坛必究】

卷三・本朝备倭通贡考

皇明洪武二年倭寇山东并海郡县又寇淮安三年寇山东转掠浙东福建旁海诸郡是年遣莱州府同知赵秩赐玺书谕其王良怀言倭寇海上书至日如臣我奉表来庭不臣则修兵自固秩至谕王中国圣主威德责其入贡王曰吾国未尝不慕中国顾蒙古戎狄莅华以小国视我乃使赵良弼詸我好语初不知其觇我国也既而发舟数千袭我比至一时风霆漂覆几无遗类自是不与通者数十年尔得非良弼后乎将刃之秩徐曰圣天子生华帝华非蒙古比我亦非良弼后尔杀我祸不旋踵王气沮礼秩具物遣僧随秩奉表称臣入贡使未至又掠温州五年上谕刘基曰东夷尚禅教姑遣明州天宁僧祖阐南京瓦官僧无逸开谕之良怀欲留二僧力辞王遣使同二僧入贡是年寇海盐澉浦温州初令浙江福建造海舟防倭而倭又寇福建海上诸郡六年以于显为总兵官出海巡倭倭寇登莱七年寇胶州是年遣僧来贡无表文却之其臣亦遣僧贡马茶布刀扇上曰此私交也亦不受令中书省移文责王九年遣僧归延用等奉表贡马及方物谢罪赐王及使文绮有差已而上览表曰良怀不诚诏责之十二年求贡无表文安置使人于陕西番寺十三年遣使诏谕良怀遣僧如瑶贡马令礼部移书责王数掠我海上复却之诸僧皆安置川陕佛寺十四年遣僧入贡乞还安置诸僧使上曰日本既谢罪还其使召至京宴赏遣归十五年归廷用又来贡于是有林贤之狱曰故丞相胡虽庸通日本盖祖训所谓日本虽朝实诈暗通奸臣胡惟庸谋为不轨故绝之也是时惟庸死且三年矣十六年寇金乡平阳十七年如瑶又来贡坐通惟庸发云南守御是年信国公和致仕居凤阳上召至京谕曰日本小夷屡扰东海上卿虽老强为朕行规要地筑城防此贼信国公筑登莱至浙沿海五十九城民丁四调一为戍兵二十年置浙东西防倭卫所是年遣江夏侯周德兴筑福建海上十六城设卫所遂垛福建漳泉人为兵戍并海卫所二十六年寇金乡二十七年二月遣都督佥事刘德商嵩巡视两浙防倭八月又敕都督杨文寻又敕魏国公徐辉祖安陆侯吴杰练兵海上防倭二十八年寇金州靖难后太监郑和等率舟师三万下西洋日本遣人来贡并擒献犯边贼二十余人即付使人治之缚置甑中蒸死永乐二年使还遣通政赵居任赐王冠服文绮金银古器书画又给付勘合百道合十年一贡每贡正副使等毋过二百人若贡非期人船踰数夹带刀枪并以寇论居任还不受王馈上喜厚赐之寻命佥都御史俞士吉赐王印诰敕封为日本国王诏名其国之镇山曰寿安镇国山上为文勒石久之嗣王道义卒子源道义嗣益奸狡时时令各岛人掠我海上九年寇盘石十五年寇松门金乡平阳是年遣礼部员外郎吕渊谕王还所掠海上人十六年遣使谢罪当是时数入金盖都督刘荣总兵守辽东缮海上堠堡伏兵伺之十七年倭船入王家山岛传烽沓至荣率精兵疾驰入望海埚贼数千人分乘二十舟直抵马雄岛进围望海埚入樱桃汇荣合兵围而攻之斩首七百四十二捕生倭八百五十七召荣至京封广宁伯自是不敢窥辽东二十年寇象山初方国珍据温台处张士诚据宁绍杭嘉苏通泰诸郡皆在海上方张既降灭诸贼强豪者悉航海纠岛倭入寇以故洪武中倭数掠海上高皇既遣使命将筑城增戍又命南雍侯赵庸招蜑户岛人渔丁贾竖盖自淮浙至闽广几万人尽籍为兵分十千户所于是海上恶少皆得衣食于县官洪武末年海中方张诸逋贼壮者老老者死以故旁海郡县稍得休息永乐初西洋之役虽伸威海表而华人习知远夷金宝之饶夷人来贡亦知我海道奸阑出入华夷相纠以故寇盗复起非广宁之捷祸未已也宣德元年遣人来贡人船刀剑不奉我约束上谕使臣自后贡毋过三百刀剑毋过三十否不受七年遣人来贡如约束受之八年源道义卒命太监雷春少卿潘赐等吊祭十年嗣王遣使贡谢倭自得我勘合方物戎器满载而来遇官兵矫云入贡贡即不如期守臣幸无事辄请俯顺夷情主客者为画可条奏即复许贡云不为例嗣后再至亦复如之我无备即肆出杀掠满载而归宣德末年海防益备贼不得间贡稍如约遂许夷至京师宴赏市易饱恣其欲已而备御渐疎正统四年寇大嵩入桃渚官庾民舍焚劫一空驱掠少壮发掘冢墓束婴孩竿柱上沃之沸汤视其啼号拍手笑乐捕得孕妇忖度男女刳视中否为胜负饮酒荒淫秽恶至有可言者积骸如陵流血成川城野萧条过者陨涕于是朝廷下诏备倭命重师守要地增城堡谨斥堠修战舰合兵分番屯驻海上寇盗稍息七年来贡十一年寇海宁乍浦成化初忽至宁波知我有备矫称进贡守臣为请于朝且欲遣之至京杨文懿公守陈贻书张主客力言其不可许二十年遣周玮等来贡弘治八年寿蓂来贡正德六年宋素卿源永寿来贡求祀孔子仪注不许鄞人朱澄吉言素卿本澄从子叛附夷人守臣以闻王客以素卿正使释之令谕王効顺无侵边八年僧桂梧等来贡嘉靖元年王源义植无道国人不服诸道争贡大内艺兴遣僧宗设细川高遣僧瑞佐及素卿先后至宁波故事凡

番贡至者阅货宴席并以先后为序时瑞佐后至素卿奸狡通市舶太监馈宝贿万计太监令先阅瑞佐货宴又令坐宗设上宗设席间与瑞佐忿争相雠杀太监又以素卿故阴助佐授之兵器杀总督备倭都指挥刘锦大掠宁波旁海乡镇素卿坐叛论死宗设瑞佐皆释还给事中夏言上言祸起于市舶礼部遂请罢市舶而不知所当罢者市舶太监非市舶也夷中百货皆中国不可缺者夷必欲售中国必欲得之以故祖训虽绝日本而三市舶司不废市舶初设在太仓黄渡寻以近京师改设于福建浙江广东七年罢未几复设盖东夷有马市西夷有茶市江南海夷有市舶所以通华夷之情迁有无之货收征税之利减戍守之费又以禁海贾抑奸商使利权在上罢市舶而利孔在下奸豪外交内讧海上无宁日矣番货至辄赊奸商久之奸商欺负多者万金少不下千金转展不肯偿乃投贵官家久之贵官家又欺负不肯偿贪戾甚于奸商番人泊近岛遣人坐索久竟不肯偿番人乏食出没海上为盗贵官家欲其亟去辄以危言撼官府云番人据近岛杀掠人奈何不出一兵备倭当是时及官府出兵辄赍粮啖番人利他日货至且复赊我如是者久之番人大恨诸贵官家言我货本倭王物尔价不偿我何以复倭王不掠尔金宝杀尔倭王必杀我盘据海洋不肯去近年宠赂公行上下相蒙官邪政乱小民迫于贪酷苦于徭赋困于饥寒相率入海从之凶徒逸囚罢吏黠僧及衣冠失职书生不得志群不逞者皆为之奸细为之乡道人情忿恨不可堪忍弱者图饱暖旦夕强者奋臂欲泄其怒于是汪五峰徐碧溪毛海峰之徒皆我华人金冠龙袍称王海岛攻城掠邑劫库纵囚遇文武官发愤砍杀即伏地叩头乞余生不听而其妻子宗族田庐金谷公然焚劫莫敢谁何浙东大坏二十五年以朱纨为浙江巡抚都御史兼领兴福漳泉治兵捕贼纨清谅方劲任怨任劳严戢闽浙诸贵官家尝言去外夷之盗易去中国之盗难去中国之盗易去中国衣冠之盗难上章镌暴贵官通番二三渠魁于是声势相倚者大哗切齿诋诬惑乱视听改纨为巡视未几言官论劾又遣言官即讯甘心煅炼必欲杀纨愤闷卒纨所任福建有功海道副使柯乔都指挥卢镗杀贼有功皆论死系按察司狱于是华夷群盗唾手肆起益无忌惮三十一年残黄岩掠定海浙骚动遣都御史王督巡视两浙兼领漳泉兴福四郡以都指挥俞大猷汤克宽为浙闽参将剿贼顾兵政久弛将士耗钝水寨战舰所在废坏忬经略未几群贼踵至栅寨列港外约诸岛内招亡命势益猖獗三十二年大猷冒险出洋焚荡巢穴首贼逸去群寇流散乘风奔突倏忽千里温台宁绍杭嘉苏松扬十郡并受其害克宽统领部兵往来海堧护城捕贼斩获亦多忬不肯隐败冒功擒治奸豪破解支党大猷克宽两参将皆知勇可任徒以江南人素柔软贼未登岸望风奔溃文武大吏未能以军法绳下而有司往往以军法胁持富人巧索横敛指一科百师行城守饷犒百物类多干没十不给一廉谨之士又谓南人善谤低头束手不敢动一钱于是公私坐困战守无策始释柯乔起卢镗而贼船联翩满海破昌国临山霩𩅧乍浦青村南汇吴松江诸卫所围海盐太仓嘉定入上海掠华亭海宁平湖余姚定海诸州县焚劫杀戮污辱惨于正统时矣而通番奸豪又言忬大猷捣巢非计且摇动忬荐镗起为闽参将代克宽克宽以副总兵将屯金山闽人故忌镗劾镗凶险不可用南京言官又复荐镗三十三年遂犯江北海门如皋通州皆被杀掠是时复用卢镗为参将而以俞大猷为浙直总兵未几工部侍郎赵文华以海贼猖獗请祷海神遂遣文华行祷公私劳费不赀皆归囊橐比忬改大同巡抚徐州兵备李天宠代忬南兵部尚书张经提督浙闽江南北军务有王江泾之捷文华素忌经天宠遂奏天宠逮诏狱论死西市而以浙江巡按胡宗宪代天宠南户部侍郎杨宜代经自后贼益炽纵横出入十六郡文华还朝未几又出监督诸军搜括官库富豪金宝书画数百万计交通蒙蔽以败为功以功为罪虽有沈庄梁庄之战竟莫救荼毒之惨两浙江淮闽广所在征兵集饷提编均徭加派税粮截留漕粟扣除市籴请给鹾课迫胁富民释脱凶恶滥授官职浪费无经其为军旅之用才十之一征发汉土官兵川湖贵广山东西湖南北靡不受害临贼驱之不前贼退遣之不去散为盗贼行者居者咸受其害于是外寇未宁而内忧益甚矣宗宪计擒贼首汪直浙西江东稍得安靖浙东温台江北淮扬闽中岭表尤被其毒已而俞大猷被中伤卢镗代之赖朝廷圣明大猷得不死江北巡抚李遂有庙湾之捷入南兵部为侍郎唐顺之代遂福建巡抚王询数有功畏谗引疾去代者刘焘宗宪以擒直功升右都御史加太子太保叙子锦衣千戍先是文华升工部尚书以论吏部尚书李默即加太子太保又以征倭功加少保子荫锦衣千户不数月文华削籍千户谪戍榆林未几宗宪亦被论逮狱识者冤之自壬子倭奴入黄岩迄今十年闽浙江南北广东人皆从倭奴大抵贼中皆华人倭奴直十之一二久之奸顽者嗜利贫窘者避徭赋往往喜贼至而食残之吏又从而驱之封疆之臣辄请添官当事者不敢阻于是添设都御史三人总兵一人副总兵三人参将十三人兵备副使十一人诸将校近百人田赋倍于常科征徭溢于甲式自壬子至戊午几至滔天总督胡宗宪用计款贼幸而渠魁授首凶焰顿衰癸亥年漳泉贼徒勾引生倭入寇仙游等处巡抚谭纶调义乌兵由水路击破之贼遂敛息至万历丙申寇

朝鲜本朝特设经略重臣及道府多官往援费至百万至戊戌岁倭众引还

卷三·经略朝鲜

浙江道御史杨绍程等奏顷者东征师久无功经略宋应昌乃申明讲贡始末徼功塞责该兵部复议寝其通贡止以封号一节待关白具表至日转奏臣等窃观自古有天下者四夷宾服则有封有贡然皆畏威怀德愿为外藩而非轻许之者也倭奴素称狡诈考之太祖时屡却其贡虑至深远永乐间虽或一朝贡渐不如约自是稔窥内地频入寇掠至嘉靖晚年而东土受祸更惨岂非封贡之为厉阶耶昨岁倭陷朝鲜皇上睠然东顾命将出师特遣应昌经略其事盖欲其声罪致讨非令其议封贡已也即今旷日持久不闻有斩馘之功而始终倡为贡议侥幸目前以图了事皇上不允其请盖明见万里深欲杜衅防微之意不谓当事者忽易而为请封之说夫倭奴桀骜其不以空名受我约束一恒人能辨之如已加封称为属国无论他日外藩诸国假朝鲜之例为请何辞以拒即旦夕故为恭谨奉表请封之后遣使称谢恐终不能闭关绝之而中国之衅滋启矣故绝其封乃所以绝其贡纵使戎心未厌祸可言也国家北有达虏边患时时有之然所恃无虞者以不忘战备之故自款市后何尝不曰封曰贡言之可听而在我之神气日益不振识者恨不及起首事之人以误国之罪罪之今应昌袭款虏故智徒欲以封贡徼功还朝受赏臣等恐无功之赏受之赧颜而误国之罪抑将何以自解耶然臣等又有说焉朝廷封拜必正名定分而后锡之典刑今日之于倭不识所封者何人将求倭王之遗裔而封之欤抑于关白而封之也关白者弑其主篡其国正所谓乱臣贼子天讨之所必加者彼国之人未尝不欲食其肉而寝处其皮特劫于威而未敢动耳我中国之礼仪典章统御百蛮而顾令此篡逆之辈叨天朝之名号非所以尊中国而风外夷也臣以事系安危不容默默为此披沥上请伏乞皇上深惟远图博采公论将许封一节从长计议俯从停寝仍敕令朝鲜自为固守我兵撤还境上以俟进止其宋应昌等候还朝之日另议功罪庶足杜边患而服人心臣等不胜陨越待命之至

南京陕西道御史萧如松奏近接邸报见辽东军门赵耀塘报倭贼自四月十七日陆续起身尽过汉江倭将行长仍羁沈游击王子陪臣伴送两日方才放回倭警妥平顾倭之罢兵也曾有乞贡之议与边将来约一时台省诸臣反复论列其不可许之状已经部覆奉有明旨真与祖训所载严绝倭贡者前后同符无容再议但恐倭奴勒期甚迫经略便宜行事或以许贡促其退兵亦有然者安知倭奴罢兵之后不以通贡为请乎臣闻日本僻在海岛凶狡异常先年假贡狂逞已有明验独赖庙谟宏远严绝贡衅以贻天下之安今关白以亡命之徒萌启疆之念吞并诸岛奄有朝鲜其欲窃犯中原者情形已毕露矣况我大兵相持日久未见屈服而在我亦未能制其死命乎平壤之师彼虽受挫碧蹄之战犹足相当乃一旦有乞贡罢兵之约岂真悔祸朝鲜而尽还其窃据之土宇人民乎亦岂真归命天朝而畏威慕义之恐后乎彼其统数十万之众越数千里之远忽焉犯朝鲜则据王京夺平壤八道尽受荼毒其来何无禁也忽焉过汉江则羁游击王子陪臣伴送以自卫其去何无梗也其乞贡订约之言一则曰来迟即便交锋以决输赢一则曰少迟则关白提兵再至其言何无忌也以此推倭之罢兵岂遂晏然已哉彼情□将以朝鲜自我夺之自我弃之弃之可复夺也任意而纵横乘机而窃发若探囊而启箧无难也其欲犯中国而阻于进攻之路迫于刍饷之艰得无假之通贡以缓我师而徐以肆其复逞之计乎有如倭之奉表来也不察其狡而轻许之非惟颁之约束彼必不守定之期限彼必不遵其来也以献纳为名而要厚赏索厚币无以厌其非分之望其去也以狂逞为快而掠居民扰传舍难以止其劫夺之谋甚至来往中国漫无禁忌觇我之动静卜我之虚实熟我地形之险易探我士马之强弱窥我粮饷之盈缩诱奸豪潜为向导内通邪党险伪之徒他日必有蹈往辙而谋不轨者奈何移朝鲜之患为东顾之忧乐款贡之名开疆场之衅哉如其乘虚而复为朝鲜之犯疮痍困惫将无噍类则量留兵将以固我藩篱者不可少也如乘不测而为内地之犯乎登莱保蓟关系匪轻则严加保障以固我畿辅者不可疏也抑或分兵扬帆四散而为抢掠之计乎则浙直闽广之间倭舰在在可通防守宜慎则戒玩寇以儆疏虞者不可缓也盖自有倭报以来凡沿海要害之地咸蒙皇上留念增官选将饷益兵添所以戒严者罔不周悉试申饬之未有不为朝廷效死者苟徒以倭之乞贡为凭而不申严御防之令则远忧近患有不可胜言者矣礼科右给事中张辅之奏今之忧西事者十九而忧倭患者十三忧东南之倭患者十九而忧东北之倭患者十三得无以贼虏难灭而倭夷易与耶又得无以东北近而东南远耶不知倭奴凶狡数倍贼虏扬帆大海瞬息万里则东南固易达矣自辽阳以至天津滨海诸处一时戒严而倪尚忠尹秉衡且相继移镇募兵矣亦庶几有备无患矣唯是登莱二府与辽阳相望据报倭船四百号可计十万只其或朝

鲜府库之财物不足以饱其欲彼必不肯安心于扁舟海岛之间而肆其毒非犯辽阳则登莱耳第辽阳颇称有备而登莱濒海瘠薄掳掠鲜获其势必风便直趋淮扬矣乃淮扬沿海一带一则起自东南瞭角嘴抵姚家湾绵延四百余里其中通州狼山杨树港里河镇榆东榆西等场掘港新闸港刘沙庄金沙场等处皆为有害原有额设官兵而其最要者有三一新场为其迫近扬州出入至易也一北海所从以通闸港且其中多盐艘聚泊未必无奸人隐伏为贼乡导也一庙湾其为镇巨而通大海港口也若于此三处各设裨将一人守之而陆路更遣一将提兵往来策应则东可以控狼山海门西可以捍蔽扬州留都重地不可安枕而卧乎夫淮扬之海防既足以遏其入则其势必乘风便直趋苏松而常镇次之今按苏松沿海多港口若嘉定之吴淞太仓之刘河常熟之福山港口凡贼船可入者原设水兵把总以堵截之而崇明孤悬海中又贼所必经之处似宜特设参将以统水兵又于其中添设水兵把总二员专住停箔营前二沙往来会哨所以巡视江洋而警报港口也至于松江则有海塘而无港口若上海之川沙南汇华亭之青村柘林往贼可窟穴者原设陆兵把总以守之而金山介于柘林乍浦之间尤为浙直冲要业已设副总兵以统陆兵又于其中添设游兵把总一员专住金山往来巡哨所以北卫金山而西援乍浦也水陆具举内外互持苏松无事而常镇不可晏然耶夫苏松四郡之海防既足以遏其入则其势必乘风便直趋于浙矣浙之海防地方惟台温宁绍四府其间如绍兴之三江海门宁波之海外大英湖头渡台州之青江海门楚门温州之飞云横阳馆皆寇所出入之门而沿海之卫所如昌国如观海如松门鳞次棋列计其兵刃足以可支无庸添设盖海边之人勇敢乐战固其性然目今三屯南兵多出四府而温台为尤多且省城罗木一营之兵无不可以一当十缓急足恃第在各将领加意抚绥耳唯是舟山一带宽腴饶衍当全浙之冲不崇朝直底定海乃倭所必经之地使其据之便可为苏松闽浙之巢穴备御单弱何以应之大约连旧额三千足矣然后遣一参将等官专屯于此以控陈钱马迹之险南以为松门海门二卫之声援而观海昌国二卫又陈兵互为犄角使贼进无所掠退无所处且日本国正与宁绍相对郁郁失志人咸归心乘惰击之蔑不胜矣又安能舍此而为闽广之害也哉凡此数者皆东海兵防而募兵积饷尤为吃紧非臣之私忧过计也若备战具则火箭以焚海舟轻车以阻冲突狼筅以御长刀绵甲以当乌铳事制曲防昔固有之者而皆为已试之规法曰无恃其不来恃吾有以待之此预道胜也否则嘉靖癸丑之祸可鉴矣

蓟辽总督邢玠奏经略事竣恭进御倭图说敬尘睿览以备缓急事倭寇朝鲜患在震邻驱之海外固自长策然内地根本所系海道转输防御所关而朝鲜之地理与倭奴之情伪尤用兵者不可不知大兵在外粮饷为急然其饷或取足于山东天津辽东在辽东邻近朝鲜陆路可通而山东天津则必由海洋之中非倚岛傍岸则飘泊难收非迂回旋远则险阻莫达然又念此一海道也我可以去倭可以来知其去路则可以防其来路干系最重故另差官兵分投查勘按岛计程中间或港口空阔可以泊船或水面平浅可以登岸或有暗石或有龙窝令其一一画图贴说由是运人知避险就夷在天津则自大沽海口出洋转而西南由山东海丰青莱以达登州自登以达旅顺自旅顺达朝鲜之义州弥串等处交卸路与山东同而兵屯全庆两道去此尚二千里则又听之朝鲜转运仍觅其海道自弥串抵广梁自广梁抵华江华在王京之西接汉江之派一入京之东南可达忠清庆尚彼时狡倭水陆并进以窥王京故凡粮饷之运路与倭奴之入路支流分派旁溪曲径咸得无缺而防御亦颇知肯綮矣至于倭奴与朝鲜接壤虎势枭张吾欲据险而守出奇而胜则朝鲜之道里不可不知诸酋狡诈百出莫可端倪吾欲向隙以倒当机而应则日本之情伪不可不审故各附其图与说庶一披览之间知己知彼战守有据然倭奴非水兵不克而水兵非战船莫施其功故大舰以备冲犁飞艇以备远哨大小兼用势不可缺而此番东征悉取调于闽广浙直然闽广如福沧等船大而坚海洋触之者碎中国长技也然远不可来惟浙直稍近故应调者惟有沙船唬船茶船四划二划等船且臣初征调时曾令都司季金统茶船二十只由淮扬海口出洋不二十日直达旅顺故臣题令水兵悉由外洋计两月之间可抵战所或可收功旦夕乃将领惮于风涛之险曲禀其所司必欲由内河一由内河则铁头大船率阻于闸内而又另觅商船以来兼之带运粮饷所至迁延迟至年余不到临时与战者不足万众其余徒有虚名无裨实用臣至今有余恨也而今亦不必言姑存船式并述道路远近迟速之由以为后日御倭者考验鉴戒耳夫海防备则根本无虞海运通则军兴有赖察朝鲜之险夷审倭奴之情形然后水陆夹攻以图进取幸仗天威震迭将士用命始收完局今海不扬波者已三年防与运似不必言矣但臣私忧过计切谓中国防九边之夷如日本久称强悍乃与积弱不振之朝鲜为邻且蓄忿含怨能保始终之不逞万一稍有举动则若海防若海运若地里若倭情皆兵家所不可废故查历年故牒取旧日

之已行已试者掺集成帙分为门类恭进圣览并付之梓人以俟后日筹海者考焉然臣又有说焉山东天津尚有留防之兵以备不测至若辽左之镇江城为华夷分界旅顺口为津登咽喉倭不犯则已犯则首先被兵况全辽处处皆虏无山川之阻隔无墙垣之障蔽城堡空虚士马凋疲残虏之入已不能支又安能再分力以御倭乎故先年各道虽摘派防虏之兵以防倭幸倭未及耳及则顾此失彼必无幸矣故臣谓仍宜于镇江城将见在游击一员添其兵足二千之数为陆营再设水兵游击一员旅顺口有山东设防水兵游击一员仍应再设陆兵游击一员兵各以二千为率其船只则有水兵之遗与粮运之旧者此中木料颇便一修改之亦可足用其器械则辽阳贮有东师之留者一增置之亦不多费听辽东抚镇与东协节制又宽奠愿为东路协守所当明白申其职掌而责成之仍于蓟辽选补知倭知虏久历边方老成之将在此而标下当量添水兵一千步兵一千有儆听统领应援而宽奠加一守备专责戍守其旅顺水兵南舆登莱往来会哨北与镇江相援而陆兵则彼此犄角相为声势倭来则专力以御不来则贴兵以防虏朝鲜有急此兵即可护我外藩即今倭亦疲于兵革未必即来而辽左空虚每议募兵设防则又以防虏是一举两得臣善后疏中亦屡言内备之当议祗恐财力不给付之无可奈何也然防患贵未然有备斯无患似无可惜小忘大伏乞敕下该部再加查酌量为添设仍通行蓟辽天津山东各抚臣逐一查议设备至于腹里官兵久不习战谈及于倭犹如说梦若骤一见敌未有不惊且走者故腹里虽设兵丁似不可不掺罗营中分别委任使之讲练前驱庶神京门户堂奥无海寇之虏矣【已上俱疏钞】

卷四·朝鲜复国日本封贡议

御史彭奏称倭奴紧急患在剥肤正壮士抚膺之秋臣子旰食之日据报四百余船即以最小者概之已不下十万余众以劲悍之贼起倾国之兵度其意料必置朝鲜于度外而实欲坐收中国以自封也然不遽寇中国而先寇朝鲜者惧蹑其后也且以十万之众势如太山朝鲜国小坐见臣服然后横行中国何所不适哉诚使以朝鲜为后援以诸岛为巢穴东风顺则可径达登莱稍转南则可径达永平再转而东则可径达天津又再转而东南则可径达两淮并力入犯难与为敌矣【疏钞】

经略宋应昌云自受命以来百凡料理兵难遥制蓟辽保定以至山东不下数千余里彼此报警卒难驱策此形势之不便也总督辖抚巡抚巡辖司道司道将领以及百执事血脉流通今也骤加经略宛若赘疣此事体之不便也四镇兵马惟蓟辽为盛使经略分之御倭则御虏之兵弱听其御虏则无以御倭此柄权之不便也使经略别乞钱粮选募将士安能一时云集即集矣新募之兵素非练习一旦驱之临阵与惯战强倭相角其不格明矣此兵力之不便也

又云亲历沿边一带紧要海口倭船可以入犯去处相度地里若干每三里筑墩一座上设房屋数间可容二十人者即拨该州县弓兵民壮各十名轮班瞭守又每一里设轰雷炮二座每炮一座拨防口民兵一队守之内选伶俐有胆勇者六人加倍给与行粮以二人远哨二人司火二人拽线其搬取砖石垒砌余兵并力为之傥能用心安放火炮如法得取首级百颗便将五十颗给赏放炮六人均分余五十颗众兵分用仍相度地势高下高则炮宜平低则炮宜高务对贼船击打不使落空点放药信尤宜察其远近审时度势迟疾不令虚发可也

辽为蓟门左掖使修守诚设则声势自联倭犯辽则保蓟可以扼其前倭犯蓟则辽兵可以蹑其尾此辽东议将增兵所不容少缓也蓟辽一带人习虏而不习倭知备边而不知备海一朝报急在在空虚而防守艰难更甚于御虏何者虏志在金帛而倭且夺朝鲜据土地也虏技止骑射而倭且舞利刀施鸟铳也虏聚众而谋捉马而起谍者即走报而倭且潜伏海岛出入无时侦探苦于舟楫也长城联亘墩堡星罗依山设险以为备而沿海茫茫无际防守拙于屯戍也夫以御倭难于御虏如此而各地方尚可泄泄然不严为分布傥卒然倭至将何御之

为夷方告急防御当周敬陈一二目击事宜以备采择并祈加意民瘼以图奠安事据天津道兵备副使梁云龙呈称为照倭之入中国也野战最猛而水战非其所长中国之破倭奴也水战为利而野战更须详慎此二者不可不熟讲也夫水战所急在巨舰舰不巨则冲敌为艰然舰过巨则转移不便故所谓巨舰者福船为主而仓船次之沙船又次之近蒙兵部调来浙直等船率皆沙船唬船而福船仓船则无焉今奉工部差委员外张新前来督造议定大率要造福船二十只仓船八十只或百只以为镇重弹压之用沙船南来浙船有二十只南直有二十只其数颇多应再量造五六十只以为转战击杀之用乃其所藉以侦探者惟在哨艘而天津原阙近查滨海盐船渔船得百余只盐船

原走黑洋贩盐则月轮六只远探黑洋五日一报渔船捕鱼则日轮二只哨出外洋一日一报此不过权宜侦探耳今调来唬船浙江六十只南直四十只而工部委官开厂打造八桨五桨八喇唬等船三四十只则保蓟水寨哨探似亦足用也战舰既备驾之而破倭于海谁不艳谈而不知海上机宜亦微有异假如大洋之中倏忽往来必乘风潮风顺而潮不顺不利潮顺而风不顺亦不利风波汹涌非但彼船尖摇而我船亦？杌非但彼兵瞑眩而我兵亦昏呕皆不利也且彼乘风而来则我且居下顺潮而来则我且当逆安在其必胜哉所谓海战者是必天造地设生有岸门不然则岛屿中峙又不然则沙洲壁立为彼船必经之口取水之处据为巢穴之所而我乃于此分布兵马或为设伏或为掩击扼其吭而抚其背批其穴而捣其虚如浙之焦山如辽之望海窝乃为得志耳至其湾泊不于岛岙则于沙洲于港寨皆藏风避潮之澳傥依礁石则碎矣船上器具虽不外于野战然而两船交锋风潮迅迫彼之长技不在倭刀而在鸟铳而吾所以御之者是必船身之外以竹木为架以布帏为障使有藏身之处而乃乘机觅便或用火药或用弓矢或用三眼枪快枪或用佛郎机而又于桅竿斗上用标枪飞镰刺之乃若虎蹲灭虏大将军等炮非遇急则不敢轻用何也以其气力重大虽能碎彼船恐于我船亦不免有伤凡此长技皆海上之所必用者今一面置船又一面置器务要足用所谓水战之当备者如此夫陆战所急在临岸而沿海之岸虽无处不临海然非见岸即能登是必内有港口河口为渔盐船所栖泊之处乃为倭船登入之所天津一带如大沽海口最为要冲又驴驹河唐巨河唐透铺郑家沟等十数处皆已布有兵马安置大将军虎蹲灭虏等炮而倭奴跣足所以扼其奔突制其跳跃者则铁蒺藜木椿等项器具尤当预备今已行河间府分派所属州县遵照制造铁蒺藜菱角大木排椿芦苇硫黄等项或解赴天津或解赴沧盐等处收贮俟临期掘坑如法布置设伏截杀要于不使越口登岸而后为功也倭一登岸狼奔豕突遇城攻城遇村攻村若不得城而据则必寻取巨镇大村据之以为巢穴四出焚掠故凡人烟辐辏去处可城则城如不能城则多树木栅多挑沟堑曲折周遭沮格冲突皆其备之不容已也今行该府督行州县各将所辖市镇村落如法建置以为临时收保之资战斗之地仍行各设将士及有司民兵各照地方协力守御傥或不能御之于海不能御之于岸则当各敛兵马各依镇落据险扼隘堵截冲打或零剿或夜攻倭必不敢狂逞也江南滨海多建重楼敌台宁独以备岛奴抑亦以备山寇海寇今议燃眉只以修筑楼台工费修理城池务令高固多备军火器械而村落居民则预令其多运粮米薪水贮置城中有警则急入收保坚壁清野保境卫民权宜或是如此所谓陆战之当备者如此等因呈详到臣该臣巡历海口阅视战船复与工部督造员外郎张新等面相商榷再三筹划其大小船只数目水陆战守机宜与该道所议询谋佥同照得海之所恃以冲敌者在巨舰所恃以侦探者在哨艘如沙船唬船八桨十桨等船轻利便捷可以哨探亦可以转战今调来浙直沙船计四十只唬船计一百只而工部委官开厂再造八桨十桨等船五六十只则亦足用惟所谓巨舰者首号福船次则仓船南来皆无似应多造然福船重大非近百人不能撑驾一遇风急遽难转移只应造十五只仓船造八十只可也两船交战其避敌必贵藏身而布帏竹架楼橹森列则所以障也其破敌必资利器而劲弓锐矢火药火箭三眼枪快枪鸟铳长枪飞镰标枪钩刀佛郎机等物则所以攻也其大将军神炮虎蹲炮灭虏炮百子铳等器则临急所用也似若长技要在预备备御既周遇警接战或依港澳或傍沙洲或据岛屿或乘风潮或截其经行或断其取水或荡其巢穴务使我居其利而彼居其害我当其顺而彼当其逆我处其胜而彼处其负在善将者指麾而运用之耳破之于海斯为上策不得已而野战则口岸又其要矣盖沿海地面虽无处不当防然港有礁石有泥淖有洼陷其所湾泊登入之口亦鲜如天津一带极冲大沽口次冲其口并驴驹双沟唐巨河郑家沟等十余处则沿海可知也要害之口吾今布有兵马设有敌台安有大将军灭虏等炮伏有铁蒺藜钉排等物而又港口横铁锁水底置木椿彼方鼓枻而来我则扼险以待彼方逆浪而来我则静饱以待彼方蓦地而来我则相机以待彼方跳跃而来我则坑陷以待自可溃其众覆其舟殲其渠魁藉令登岸彼即善抢然而滨海人家稀少行四五十里尚无所掠尚难得食此时犹圉圉之鱼绥绥之狐我则坚壁清野以困之严阵整旅以遏之奋勇直前以挫之飞骑劲弩以蹑之宁有不得志哉其巨镇大村人烟辐辏去处一时虽难建重楼敌台然而间有地势险隘可以藏兵可以屯聚者则多集丁壮多置木栅多备炮石多挑壕堑以便协御其附近城郭者悉令居民委积于城临急移入城中倭即善攻然城郭完国效死以守而以大兵溃其围亦不得逞既不得城而据则必择村而居然倭性贪必散出劫掠吾则可以零剿彼掠得衣物负重而行吾则可以截杀夜喜淫饮多醉卧吾则可夜击所谓陆战当如是矣然犹有说焉水战始虑无船今虑无兵非无兵也无习水之兵也又虑无饷非无饷也无常继之饷也福船每只用八十人十五只计用一千二百人仓船每只用四十人八十只计用三千二百人又沙唬八桨等船每只用二十人或十五六人大小船

共享兵五千四百有奇一时沿海渔盐之夫岂能充募如数而浙江沙唬船一千五百有奇南直沙唬船九百有奇沙兵七千福兵三千是水兵已一万七千有奇加以陆兵岁费不赀此饷曷从而继乎然则度海以造船度船以募兵度兵以给饷皆不可不预为计也陆战虽亦多术其可为一劳永逸计者无如挑浚沟堑相度天津滨海去处自大沽口至郑家沟止一百八十里而防海军士不下三万余人若当春汛之时兵士齐到稍加盐菜量起工筑每兵一名占地二步横挑沟堑即以堑土筑为墙垣堑阔四丈墙阔二丈堑深一丈则墙高二丈三万军士一月可完堑之险深与汤池无异墙之岩峻与长城不殊渐起墩台渐增垛口可以哨望可以备御所谓一劳永逸者非耶但沙土难筑潮水易侵未敢为必然之画俟来春试之而后可为也伏乞敕下该部酌议上请施行

为倭情事据李提督塘报译审得投降众倭说称关白先发兵四十六万后发援兵十万实欲吞并朝鲜分犯内地因惧天兵威重神火器具无敌不得已退归一面先遣李如栢等选带精兵一万五千掩袭又据参军郑文彬等禀称关白初意建都朝鲜睥睨辽蓟以三十万犯浙直三十万犯闽广以窥中原今见平壤兵败始有惧心等情各到部案查先据提督并各官禀称倭奴悔罪愿留王子陪臣乞哀遣使归国通贡已行提督等如果留王子陪臣质将方遣二使送还去后续报沈惟敬不听约束擅入倭营周弘谟单骑与倭讲话胡泽等恐留周弘谟遂令二使送倭看得降倭供报关白所谋非独止取朝鲜实欲建都王京窥犯内地行长等因平壤之败乞哀归国非出夲心乃为脱身之计且欲渡洛东江苦无船只而粮米又尽机会可乘必须大加挫衄方见忠猷傥使逸去乃一入犯中国复抢朝鲜皆我等纵虎自贻其患也诚恐各该将官苟全平壤功次逗遛观望致误事机拟合再行申饬牌仰提督该司夲官即行三协并刘綎大小将领各出报国忠心追赶倭奴相近必先责以不还王子陪臣又将朝鲜人民背盟违约彼必无词且趁此倭奴缺船乏粮窘迫之时机会有可乘统率军士各奋谋勇窥贼半渡洛东江出奇乘而击之是一策也再令全罗庆尚忠清各道火速整搠水兵飞船邀击海口我兵过江追袭合兵进剿又一策也当此之时务必行此二策方为完美不然既不留还王子倭将又不遣还二使傥后果有谋犯等情我等何以自解提督该司本官务要遵照今牌所开二策一意进兵剿灭勿得拘泥未定之说听信诸将偏执退缩之语中间不肯用心勇往振刷者即拿赴本部发到旗牌前以军法从事夲部受有王命调将不行虽不劾人将欲自劾各将慎之后悔毋及

某向未入朝鲜时其山川形胜尚未真知故未敢浪陈兹身历其境兼详考图帖细询译者始知本国幅员东西二千里南北四千里盖地从正北长白山发脉故北最长釜山镇偏在东南隅与对马岛正面故日本兵马易于入侵朝鲜若全罗一道直吐正南与中国苏常相对如日本欲犯登莱天津必须乘东北风湾转此嘴又候东南风然后能达大海巨洋波涛险恶安能如意若不至朝鲜登莱天津实未易犯故天护神京亘此一国于东西南北之间使日本凶夷不得逞志中华者天险限之也关白雄奸熟察此故舍浙直闽广竟图朝鲜盖朝鲜与蓟保山东相拒止是西南一海并无旱路间隔其中由南而北自东及西若尚州之洛东王京之汉水开城之临津安州之清川定州之大定平壤之大同义州之鸭绿诸江俱系大川俱通西北海面陆行则有辽左一路以抵山海而水行则有七路可达天津山东等处若得顺风三五日即达无甚难者故此奴一得朝鲜据为巢穴分投入犯特易易尔吾御于陆而水路难支吾御于水而陆路不免三境动摇京辅振慑其患有不可胜言者故关白之图朝鲜实所以图中国而我兵之救朝鲜实所以保中国非若救乡邻斗者比也各降倭报称初意欲建都朝鲜睥睨辽蓟以三十万犯浙直三十万犯闽广以窥中原似非虚语也【已上俱宋应昌平倭复国编】

卷五·御倭方略

南京太仆寺卿章焕条上海防四事一曰筑城堡言兵因地形今江南之变千村万落皆为战场而郡县且相率闭城奈何使各乡兵当贼宜急筑城堡于诸乡以固守并力于郡县以待战郡县有备则贼不敢散掠而谋阻诸乡坚守则兵不必偏分而力裕将人人自为战守昔皇祖命汤和视海上择要地筑数十城以备倭而东南安堵此其验也二曰预军需言西北诸边一切军食皆有司先期部署以听督抚调度故卒有缓急可咄啐而办今临变之时上官漫督之主者亦漫应之眉睫间已成胡越何况百里之外嗣后军中之需赏功之费一一会计所出贮之别库使军门不以烦有司有司不以烦居民则万全之术也三曰练土兵言今议者悉称调兵不知少发则不足多发则用不继久驻则师老费财暂驻则兵散而贼复入急之则怨宽之则骄而为乱宜训练土兵渐罢客兵若土兵不足宜募近海丁壮及有罪调发者居之海壖给偶配予田宅使之土著而忘其乡是城堡之外益以藩篱计无便此者四曰收奸豪言外

贼易见内贼难知今海贼深入内境凡我动静无不知之者谁为之又其始至千人四布莫测而鸣号毕集者又谁为之皆奸民所酿也诚使郡县得人示宽大布恩信问疾苦时拊循使反侧者将反本而呼天何变之能生且海上多壮士负气任侠而不肯下人我能制之则为我用不能制之则为贼用故安反侧收豪杰治乱之机也

南京御史屠仲律条上御倭五事一曰绝乱源言宜禁放洋巨舰窝藏巨家及下海奸民二曰防海口言宜守平阳港拒黄花澳据海门之险则不得犯温台塞宁海关绝湖口湾遏三江之口则不得窥宁绍把鳖子门则不得近杭州防吴淞江备刘家河则不得掩苏松嘉兴三曰责守令言宜责江南守令当以训练土兵保全境土为殿最四曰议调发言近日征调各处民兵无虑数万而虏功不奏坐不善用兵之十弊五曰作勇敢言沿海如沙民盐徒打生手及村庄悍夫皆勇悍可用宜奖谕收录令并力战守疏入诏部议行之【已上俱嘉隆见闻纪】

南京兵科给事中贺经奏海寇犯浙东以防御浙密乃守宝山窥苏湖等郡窃惟留都根本重地海洋密迩镇江京口乃江淮咽喉瓜埠仪真又漕运门户万一黠虏横掠而西致根本震动运道艰阻为害非浅尠也臣请添总兵驻札镇江事平而罢之【两朝宪章录】

李承勋勘处倭情疏云稽考载籍日本在东海之中古称倭奴汉魏以来已通中国其地度与会稽临海相望在胜国时许其互市乃至四明沿海而来艨艟数十戈矛森具出其重货与中国人贸易即不满所欲则燔焫城郭抄掠居民往往为海边州郡之害我祖宗灼见其情故痛绝之当开国之初八荒向风四夷宾服虽西北劲虏亦皆款塞惟是倭奴时或犯我海道是以山东淮浙闽广沿海去处多设卫所以为备御后复委都指挥一员统其属卫摘拨官军以备倭为名操习战船时出海道严加防备近年又增设海道兵备副使一员专管可谓防范周且密矣是以数十年来彼知我有备不复犯边奈何迩来事久而弊法玩而弛前项备倭衙门官员徒拥虚名略无实效宁波系倭夷常年入贡之路法制尚存犹且败事其诸沿海去处因袭日久废弛尤甚乃者宗设作乱大是叛逆得意扬帆入海而去该部题奉钦依通行各处备倭衙门一体防御及责令缉捕务在得获亦复徒具文移何曾著实修举伏乞特敕兵部议拟合无选差官员领敕前去由山东循淮扬历浙达闽以极于广会同巡抚官员按部备倭衙门亲历海道地方查点原设官军阅视旧额墩堡盘验见在兵器官军缺乏者即与换给拨补墩堡圮坏者即与修筑官员之不才者即时易置法制之未备者即时区画庶使海防严谨中土奠安可以防海埂不测之虞可以壮国家全盛之势矣再照海外诸国名载诸皇明祖训者凡十有五而日本与焉其下注日本虽朝贡暗通奸臣谋为不轨故绝之及尝观本朝吏部侍郎杨守陈家藏文集亦复惓惓以倭夷变诈凶虐时以刀扇小物亵渎天朝规牟大利不当与之通好观于今日之事则皇祖贻谋万代如见而儒臣论事后世足征其应否通贡事宜关系重大臣等未敢擅议乞候查明奏至之日礼部奏请敕下勋戚文武大臣及在廷群臣详加会议上请定夺其羁留编管夷人合待彼国嗣有遣使到来然后明降诏旨切责一并另议处分及照朝鲜国送来被抢人口王漾等八名虽审有乡贯来历亦恐或系潜从倭夷之人合无解回夲处官司审有的権方可发落宁家又查得近日福建市舶太监奏称有海上夷人数十遭风漂船奔逃海岸乞食被获即已逐日关给口粮拨军防守亦欲伺便放归本国臣等切料此属恐是宗设余党窜逸到彼乞敕兵部查行都察院将倭贼仲林望古多罗译审责令供称宗设手下据其所知夷党姓名若干却将福建见获夷名比对倘有一二相同即系宗设之党无疑则当解赴浙江以凭查勘若其非是乞敕兵部亟行福建镇巡三司及市舶衙门将前项收获夷人亦要以宗设作乱事情会官严加审译或将一二用刑拷鞫盖夷情谲诈叵测未可轻信务得真情从长酌处不许轻易致使别有规避其各该地方官员失于瞭报俱各作急查提问罪会议回报再照宗设犯华之罪不可使之竟脱天诛况此贼抢掠中国船只不任风涛未能返国必且出没海陬掩我不备况有侵任漂掠之虏尤乞通敕沿海各处备倭衙门整搠官兵修理战舰习风候时出海洋瞭捕务俾罪人斯得国威以伸而圣天子日月之明雷霆之令真足以照临八表震詟万方矣【疏钞】

倭与虏有同有异何谓异虏聚攻倭散攻则情异虏入障如景不可搏倭航海如鬼不可侦则形异虏可战可守可和倭可战可守独不可和则法异何谓同国初水寨修举往倭掠畿甸淮扬复转而闽率先台明如蹈空然分艅张帆澉浦桃渚无所不拟傅临观至薄会城恐毛人踰堞矣当守险同舟山设县置卫中为壥者我督亢也微阮中丞不几为倭巢乎如是者不一当议屯同在昔兵最无制方应募于江北旋骤征于浙东而挫之灭倭泾者永保之戍挫之

乍浦者容美之军且暮有儆北卒固不能翼而吻海诸卫又不足恃当足兵同海上之举空浙中储犹借资牢盆之小票后稍议减遂有甬东九营之噪今内地如扫当庀饟同夫张皇非也傥彼不得志属国骤发于南守与战互权险与屯互设兵与饟互核虏固宜尔倭亦当然执事所为同其在是与又畴昔之难酝于王徐其人故它省亡命具长竿料角泛鲸波而与倭购倭有唐街犹虏有板升也诏惠顾我浙新条阑出之禁与旧例并申风告丁宁游奕严密固万万无虞第恐久而忘备耳医之视疾不以觉痛日为病原今民无益产而藩有益禄河无定徙而卷扫有定役军无更番而挽有更劳中褕之表未去检括之征未捐有豪喜乱乘之字蛾号米恶知不甚于上东门啸耶诚一切与民休息无事不令其外次有事可藉其力以御侮则所为元气之治也吾又置倭而虞内地呜呼天下之可畏岂独在夷狄哉

虏钟乾坤之杀气从古以来为中国患三代圣王亦未闻有灭之者若倭处海表卑下地为天地死气与我隔大海蜃市之所迷冥封姨之所摄束万万不能与我争中国中国亦万万不可与之通好第杜其来之鉥而堵其入之途未来时申严海禁勿使幸民王直之类为之乡导可也将来时多备战舰令千料等巨舸两翼冲之中流击之勿使登陆可也既来时各兵策应而起用百子九珠之铳九龙神球之械床子连城之弩环而殲之勿使噍类得返可也高皇帝刻意剿虏而绝倭之说录于祖训其指固亦微矣【苏松武试策】

年来沧海无波岂谓今春贼锋狂逞濒海黄耇未尝习覩视戊戌之变且数倍焉犹藉台庇如天机宜闳㘨地方安堵民社不惊环海稍为有备广贼未至乘虚结局有期而旬余似可息肩矣官兵抵敌间或收効桑榆而寨游亦往往有失若海坛若小埕若浯屿若湄州均之损失船兵者也海坛之被抢者一而浯屿之被抢者二偾事之愆谁能讳之然明言抢失使人犹可端倪若小埕则抢船而以获功报矣台山之擒贼也而船报冲沉不见于塘报而见于该州之申文至于湄州捕盗之失船该游未尝闻也比本道有闻行牌海防官严究而后该游报焉则何见事之迟也惟其报之迟而冲沉之情节未敢遽信为真矣大海汪洋风飓时作以数载之船泊没风涛冲礁滚溺不敢尽谓其无然海洋万里谁为证据万一为贼抢驾欺掩睹闻是明言抢失者以愚败而借口冲沉者以巧全人何惮而不为之也损失欺诬之罪罪在武臣而扶同附会之罪罪在文臣职以胜负之不可必者听之人而以功罪之不可欺者信之已搜求综核不遗余力代庖之人过于胶柱掩口而笑侧目而视者比比皆然矣用人之际论事贵公持心贵平不敢过刻以隳众心亦不敢过纵以隳纪律战亡者捐躯赴难而不蒙显录此鬼神之所泣也被掳者脱纲投生而妄报希功则造物之所忌也介胄之士心性未融动多率意功本微也而辄为矜诩事本失也而巧欲闭藏此有能而彼生嫉妬彼有失而此为播扬功成则曰受其指麾战败则曰违其节制连江之渔船被劫哨兵坚坐不救福兴之失事踵继寨游寂若罔闻功无足录罪不胜求若非漳泉之兵往往收捷则八闽岁费金钱三十万饷兵皆置之无用将士亦何颜以见台下也【兰江集】

卷五·御倭方略·防海七事

一曰固根本四区之议海防不啻详矣而独钱塘之海口未闻设备陈兵连艅结寨以扼江海之冲岂以鳖子门一带为浙区之奥里耶嘉靖三十二年贼由鳖子门突入抢掠钱塘江范村等处三十四年贼由塘栖犯北关杭城震动夫省会重地两浙根本之区而百万生齿聚焉八营兵士汛守宁台攻瑕捣虚师行不能内顾万一上游失守而贼兵乘间我民向导驾浪乘风大海长江呼吸可薄宁不为都城蒿目哉敌楼修葺足为犄角多藏矢石以便邀击亦重地所恃为喉吭者惟是所费不赀该府遂难议覆或择其所最要者量为修复因其所未坠者亟为整顿庶不废前人设埤建堡之遗意亦可为江城仓卒捍蔽之资矣至于战守之卒水陆向有定额出汛亦有成规时诎力穷未敢另图添设姑俟再议

二曰禁渔船防倭者无不议禁渔船而不知渔船之不能尽禁也渔有船税鱼税盐税旗税官取给于渔渔能不取偿于海乎海者渔之田也非渔而沙民无以聊生矣然渔不禁则船益多而召倭起衅不可胜诘惟即平时所禁谕者再一申明之曰远洋当戢也戢远洋以杜抢掠之患我兵不至混淆瞭望矣曰印旗当给也给印旗以示悬系之法官兵庶可辨明色号矣曰越钓当禁也禁越钓以遏闽船之入浙则闽人不得为倭引导矣每年三四五月出汛之期通行严禁敢有系篙于要冲应禁之地操舠于广洋远澳之间不遵号旗自立名色并福建渔船擅入浙区地面者许官兵擒拿解处以违禁论罪当不至藉寇兵而滋祸患矣

三曰议折冲两浙滨海延袤甚广海外情形叵测重地乏重兵屯聚卒遇大寇有乌合之形无中坚之势虑之诚

是也然计各区军民兵四十六总水陆将领官军兵役四万八千九百二十员名星列云屯貔貅万队分之虽不见其多合之亦不嫌于寡兵惟贵精强不系众严号令明赏罚勤简阅谨哨探攻击刺饬干陬小敌则分大敌则合首动尾随彼攻此应进可战退可守兵之不足非其患矣

四曰议战舰福船高大全藉天风尤须人力往年闽海被倭吊取福船不便行使置之无用况广船又大于福船第可连帮结寨其堪冲风破浪乎海上击贼莫便于鸟船鸟船为主唬船为辅行走如飞驾御便捷木绵避弹松板避矢二说俱可相机应用至于鹰船未有成式遽难改设猫竹密钉恐亦未能逼贼不若刀枪剑戟之锋锐也

六曰议要害倭有来路防倭者虞其所必至若钱塘若象山若牛拦基坛头台州等处越海称要害焉据议清明前后重兵屯于北之陈钱韭山坛头以防南犯之倭端阳后重兵屯于南温之镇下关南麂台之大陈以防归岛之倭严守要害贼安能舍此飞渡情形已在吾目中矣至于钱塘一路船寡兵稀浙东西俱以一江为门户防守疎阔诚宜蚤计近议添南关兵船五只业奉允行惜财省费无复敢为发棠之请矣

卷五·御倭方略·发汛四款

一合势求援地方之藉兵如身之有手足然身有痛痒原无分于左右手足之捍卫岂有彼此缓急之分哉用兵者人自为守虽多而不足人相为援虽寡而有余海上各有分疆官兵各有汛地一遇有警靡不自保其门户乡邻有急如秦越人之视肥瘠也辅车唇齿之势谓何患难亟于燃眉而远近乃成釜鬲声势既孤脉胳不续以之御寇鲜不溃者向来会哨之法宁惟提摄懈弛亦以纵连游寨故贼犯左则左邻救之贼犯右则右邻击之无事则周行巡诘有事则奋力合攻近者先援远者踵至敢有任贼攻劫纵贼窜奔贼已过而云穷追不及舟未动而云风阻不前忌邻境之成功犄角之师不应听隔区之失事缨冠之救罔闻他或攘功以弥缝或诪张以惑众是为懦帅法无能宽今后凡遇该区有警先查邻境有无捄援功罪并论亦联寡为众转弱为强之一策也

二实伍设险昌国孤悬控海石浦关切近坛头韭山为岛夷咽喉之路防守军卒数当倍于他区乃昌国原设四所一镇抚旗军三十七户每户旗军一百一十三名始非不充额而后渐凋索也今所存什不过二三有如甘游击所开具者然减军而未尝减饷有饷而未尝有军查广积仓秋米一万八千九百九十九石七斗有奇本折中半又昌国卫屯粮一千三十二石五斗象山县屯粮一百七石五斗有奇俱坐给昌国卫官军额饷亦云饶矣以如许之饷而无实在之军其间弊数似难枚举将无有诡名占役而官旗代领者乎老弱虚糜而纵容不发者乎逋逃事故而造单不除者乎正役投充而措勒未补者乎有之则皆军之蠹也而饷之漏卮未塞矣县官岁捐储二万以餽军乃坛头之警一闻空城远窜此于养军奚当焉该卫额军若干见役若干食饷若干精壮者若干老羸者若干应汰者汰应募者募只论精锐无论军舍余丁许其补额而又严官旗隐占之罚剔虚名冒滥之弊惩衙门勒骗之奸则食饷而得饷之用膳军而藉军之力矣至于该卫城池三面距水城濠阏塞者亟令开浚勒限兴工并完为先时守御之备印操官督军挑濠畚挿及开河器具查动军需量为造给其各军应于本名月粮预给一二月以备开河食用佚道使民恐亦军之所乐从也

三派船接哨昌国石浦先年屡被寇侵地当冲险悬海南北礵等山哨兵以援东路其西则象山县石浦巡司为右翼焉悬海金齿八排朱门等处哨兵以援南路其北则牛栏基旦门青门茅海竿门为户蔽焉青门贴附爵溪所直冲韭山而旦门远落大洋贼由韭山来者必望旦门以通南路今以二哨远隔不能通声息以相救援议于二哨中拨唬船四只专在锯门龙洞及大目山等洋往来侦探俾青旦二门哨兵联络以成首尾应援之势则远可使近断可为续夹攻合勦声势有攸赖焉惟是险洋远哨四棹孤危或稍益于四船之外而分兵船六只以为一艅于各隘匀抽拨发可乎

四多备箭矢军中所需如火药火器官为给发独弓矢令哨队目兵自备所备不过十余矢耳年来海上无事不遗一镞兵不以为费官亦相忘以为矢不可胜用也万一大寇卒发连艅相抗竟日相持矢石互下白羽交流此十余矢可挽强当劲敌乎一战而知其必穷矣若令军士多办月饩几何宁堪损饷计虑及斯亦师中必需之具但查司库所积数不满七万而杭城十门楼所积各有万焉此十七万矢未必矢皆铦利其间亦有霉蒸绣损而不可用者省会重地居中御外留此以待不虞据议每队什给箭八十枝数稍可减似当置造一万枝给中军官均派各总领出防汛

汛毕不用照数缴还用过者核数报销损坏者坐赔其弓箭队什仍令每人自买箭二十枝备用用尽然后取给于公不得预冒滥费濡有衣袽其亦汛防之一藉乎

卷五·御倭方略·屯局军兵督捕三款

三重弹压以弭水贼两关兵船原隶左右游击监督又有捕巡二厅稽查责成水兵把总画疆哨守规度亦严惟是官兵懈玩往多疏虞失事迩则稍稍戢焉然闻兵船停泊近岸俱有火房慵惰之卒偷安火房夜不宿舟宿舟者又多舣棹泊岸不行巡缉盗贼窃劫官兵熟睡付之罔闻甚有指兵以为贼者然则养兵何裨乎兵船疏纵全由把总把总勤慎目兵敢不警严把总督捕盗捕盗督各兵旷野之区风雨之夜往来会哨篙师络绎声势相援则萑苻自息而江上之风波不作矣两关添船改船业已著为成式无复议增禁宿火房责成官捕勤缉合再申严以惕其惰违者官捕问革船兵捆打治罪【以上俱都御史高举批云杭严道参政王在晋议】

卷五·御倭方略·船器墩台总哨四款

一造船非式广东海上在在克敌皆以鸟船为疾捷追奔逐北皆此船也浙江则以之守港以沙唬船为探敌冲击之用沙船止宜浅沙南直隶沙浅故沙船为利便唬船可以探望遇小敌则战遇大敌则逸二船都无遮拦自守且不保何以御大敌浙之鸟船福船规模虽似福建而制造实失其真况驾使无法何裨实用今后福鸟二船如遇拆造先期听令该捕往闽中雇募匠作及兵数名到关即令食粮为匠头专管督责务照彼处式样打造用之穷洋大举冲犁断可取胜其沙船上等者已绝无中等者不可少上等全楠为底身中等底楠而上杉木下等皆杉木矣殊不知沙船底平而艎薄吃水甚浅沙涂常阁若底非楠木与坚木至浅涂则阁坏矣且不能承浪近日卑职收汛逆风几至覆没可鉴也中等决不可少下等决不堪用见蒙本道有行去中等悉用下等卑职以为去上等存中等其下等者验明按期改造若苍铁渔唬此地有匠皆于地道雇募其匠作平时加优处之造作之时照匠给发候船成令木匠头出结必保保实用如此船无不如式而遇夷船可以冲犁矣

一军器火器者海上胜夷第一吃紧要务今军器火器等具皆由积棍包成其它且不必言如鸟铳不特炼铁不精熟而火门十有三四皆不如法大铳药炭多药少非参之鸟药不可放其火箭已蒙夲道面试见之能及远正去者十不二三余皆垂地堕地况军器刀枪不堪战阵者又不可枚举是皆虚具以国家有限之钱粮归积棍诓骗之囊橐且令兵士徒手以搏敌可乎即今如定海关应造军器火器火药等物悉令定海地方开炉制造委官监其料价将领核其精麄工完之日呈解本道面试如果堪用则已不堪用责令匠作赔造仍究罪示警不特此也就近制造铳器少坏不至甚者可就炉修制火箭火器不堪者亦可就近改修既省繁费易于责成又便修造

一沿海卫所设有墩台有定制矣而不知外海各总哨泊船之地瞭望尤为紧关非有定制不惟瞭望者无所栖泊晴明日期尚可踔立至于风雨暴日人无依处何能使之立于风雨烈日之中哉如倭船往来极难测识而且四五月间商渔之船纷纷杂乱于其间大海汪洋而南哨如白马礁虾崎海闸石堋乌沙箭港等门北哨如梁横长涂莆门马墓一带无处不可入无地不可登所恃者瞭望之真而兵船可以追剿无失为今之计须令各总哨于泊船之山皆令以石砌屋一间不许如见在之虚文石垒者四围以石密砌空处以石灰和土涂之春秋二防各总哨到哨之日即令各捕兵于本山删取茅草以竹编苫为遮盖于石墙之上务使风雨不侵每瞭望用二人轮流外脱有警即树旗紧急摇旗在港船即起椗扬帆俟瞭兵到船报夷船方向即出兵船向夷船处所追逐多则以小船报邻哨合剿之军中耳目自明而倭船无所隐匿狡夷不得乘我之不备矣

一议慎简水营总哨卑职所辖沿海地方海洋迂延数百余里内则控扼定海贡道外则防护舟山冲洋所恃以僇力同心而御侮于溟渤之中者惟总哨捕耆为之羽翼顾总哨之才甚不易得而捕舵之熟海惯战者尤难也必须惯历风涛素谙夷险而善于鼓舞拊循者然后足以当此较与陆营总哨队什不侔乃今委用各官多不问其人之可否地之宜与不宜率循资格而铨补之俱系听用职官武生并得提兵海上幸而太平无事犹可支持一有警息便束手无策逡巡退缩不战而自败矣则将安用此人哉总哨捕盗虽卑其关系百十人性命一船之安危则简选不可不慎合无将所部见在各官请乞再加考核堪者留之不堪者易之内地务使人地相宜庶几策効有赖而事功可济矣

【游击梁文备倭纪略】

卷五·御倭方略·防险三说

尝考浙江之源始于黟之林历山一线之微合流万壑终于钱塘江之鳖子门而入海焉故鳖子门者乃省城第一门户石墩凤凰外峙乃第二门户此外无山惟羊许独立海中东接衢洋西控吴淞江口为第三门户羊许二山有防然后石墩凤凰有蔽石墩凤凰有蔽然后钱塘鳖子门可宁此其大略也沙起钱塘东至吴淞曾无间断海外诸沙亦向此而转惟平坦延旷故贼皆可登是苏松杭嘉四府连壤一脉利害安危辅车相倚者也然而险要之防有三说焉曰海洋曰江湖曰矿山往者倭寇结巢金山柘林青南等地贻害浙之昌化富阳寇犯乍浦石墩渔浦各区流突直抵留都重地此海洋之患也沿江多盗夜劫客船湖漾盐徒肆行出没此江湖之患也矿寇之扰路出多岐若休宁之马金歙县之街口婺源之大庸常山之草坪江山之清河龙游之灰坪兰溪之太平街淳安之白马村开化之华埠直进云雾诸山严州之白沙直入寿昌诸处是皆贼所必由之路此矿山之患也今欲求钱塘无虞当守附海之三关欲求三关宁谧先防大海之羊许第羊山孤悬大海去乍浦太远我舟顿此设遇东北飓风贼舟便捷彼此齐驱胜负难必许山岙门浅狭止可避东南之风贼乘东北风利吾开舟击之亦为并驾矣次者金山卫城西湾沙涂颇软可暂停舟但遇东南之风亦未易出惟海盐之白塔山去秦驻山不远四风皆便贼若由大洋而来随处可击是海盐一关尤四面之控制也惜乎逼于内地非早见预待之所总而论之贼由北洋经蛇山茶山其患必犯吴淞然吴淞之口北向舟难逆出必藉崇明等沙兵船以御之贼由东洋经陈钱马迹犯宁定者必藉衢山马墓兵船以御之贼由南洋经韭山乌沙门犯昌国临观者必藉舟山烈港兵船以御之若由羊山直进犯海盐者必藉乍浦三关兵船以御之是防海之总要也江湖之患须戒备沿江渔船之剽掠严缉湖港盐船之纠集豪杰失志者收之市井无赖者制之群聚夜出者诘之是防江湖之总要也乃若塞徽严诸州之要途修矿地守卫之兵制渠贼已露者戮之胁从可原者遣之是防矿寇之总要也如此则江洋互摄山海交防守浙东者即所以应援浙西守浙西者即所以犄角苏松守苏松者即所以巩固金陵唇齿两全首尾相应□内御外之长策殆无踰于此矣

卷五·御倭方略·靖海岛以绝衅端议

海中山岙错列林木蒙翳亡命奸徒易于盘据如宁波之金塘大榭台州之玉环高丕温州之南麂东洛等山俱称沃壤外逼岛夷元末逋逃之徒蕃聚其中卒致方国珍乘之以据浙东洪武间汤信国经略其地迁徙其民一洗而空之勒石厉禁迄二百余年莽无伏戎岛无遗寇则靖海之效也嘉靖三十二年间倭夷内讧多系海中潜住奸猾结连勾引以致祸延内地可为殷鉴迩来觊山薮之利者每每倡为辟草莱之说脱一得售不几于图小利而贻大害乎合无申明禁约今后敢有奸民豪户擅将前项海壖闲地私自开垦占住图利者事发从重究遣各该有司不得纵容酿乱庶亡命奸徒无敢盘据岩谷而海岛既靖衅端自弭矣

卷五·御倭方略·禁戢渔民搭厂系莆议

定临昌中正等哨把总呈称定海总南洋如普陀白沙港箭港马蚁亙泥白马礁鸭屿北洋如八斗岙梁横蒲门茜草田长涂牧羊头临观总派守信洋如西垦上落河头巡哨信洋如野猪礁等处正兵哨则有沈家门中正游哨则有小衢山田岙鹰窠蒲岙鼠狼湖蝌钳昌国各哨信地附近则竿门百亩田旦门牛栏基悬海则韭山坛头金齿门等处俱有渔民假借势要在彼搭厂系莆日烟夜火深为边衅合无移请严禁将背洋僻岙厂房姑存免拆如有冲对外洋渔厂往来船只可见者尽行拆毁徙入内地庶边患可弥民不失利各等因据该覆查得宁区海上岛岙远近俱属哨防渔民业海为生内外皆可觅利又何必远出穷洋招祸惹衅皆缘愚民惟利是趋不惜身命且附托声势罔知法纪预于官兵未出之先径抵前项处所搭厂系莆恬不为虑设遇被掳弃倭船而易渔舟挟吾民为之向导扬帆直入俾官兵莫能辩认甚有一等奸民领富豪资本希图欺赖诈称外洋遇倭诚有如宪檄所云然者俱积习有年视为固有而信守各官又以兵民隔属无可禁阻若非道镇轸念海防行查禁戢则将来隐忧似难尽杜今据各总查报前项系莆处所论法尽应驱逐因虑民利不可遽除海衅又当禁绝姑就各岛较量冲僻将定海总属白马礁白沙港箭港

中正游哨小衢山田岙鹰窠蒲岙鼠狼湖蟹钳临观总属野猪礁昌国总属韭山坛头金齿门等处皆孤悬大海屡屡为倭船必经必泊之处更与诸岙不同有搭盖厂房并系莆船只相应尽数拆毁驱入稍内生理永禁不许复出外洋惹衅如违拿解究治其余附近各山莆厂除背洋僻岙观望不及者准容存留有对冲海面船只经临烟火相望者姑免遣逐令其徙入岙内照旧复业如此则外洋既无渔民可绝掳掠之患近海复令生理不失鱼利之资防海民生两得之矣

卷五·御倭方略·防御机宜五议

南京刑科给事中徐桓奏方今西贼叛逆北虏跳梁当事者以讨贼备虏两难措手廑宵旰忧时事亦孔棘矣所幸者春汛毕期东南庶无警耳乃辽东忽报倭船四百只直犯朝鲜势甚猖獗臣见之不胜惊骇不胜忧虑夫关白智能篡夺力能兼并狡焉启疆志不在小岂徒欲胜一朝鲜已哉情形叵测畿辅要地深属可虞倭衅将不在东南而在西北矣臣代摄兵垣而又生长东越彼倭之患与防倭之策耳目习之敢苟默不为皇上一筹乎今之谈兵者谓倭奴易与耳世宗时曾殲之只舰不归封为京观此疥癣之疾无足深虑臣则谓不然当嘉靖入犯者非真日夲乃岛外夷也汪直徐海等诱引剽掠志在子女财帛耳故一招抚汪直等即穷促投降然尤费天下全力数年而后平定若关白杀其主而夺之兼并六十六州其智谋威力远非汪直等伦而左右羽翼又多闽浙人有技能者治舰缮兵实欲举胜力与中国抗乌可视为易与而忽之朝鲜距日本极远溟渤渺茫忽扬帆鼓棹直趋其境辽东密迩朝鲜鸭绿江水道往来颇便傥声东击西倏转而犯辽左将若之何辽左自刘江之捷倭警绝迹人知备虏不知备倭然兵力强而材官备山海关险阻尤有可恃天津通海口抵京师仅仅三舍彼中有善识海道者诱之径从海口直抵天津则逼近京邸而武备又单弱不知将何以御之此臣之大恐也然御倭之策无过截之于外洋扑之于初至盖倭善跳跃利陆战不利水战吾从其所不利者击之则易为力而所为截之扑之者计莫神于火攻或用火箭焚其舟或用火炮殲其众此出奇制胜第一事惟南兵用之为最精北兵止长步骑而水战火攻尤其所短者臣请敕蓟辽督抚诸臣急募南兵南兵惟浙人骁勇倭奴所素惮闻张家湾河西务等处浙人延颈待募者甚多一募之可得数万人择其壮勇者收之行伍令兵部选善将者提督而训练之肤功可立奏不尔则见有蓟镇三屯营南兵可调辽左急则令赴辽左天津急则令赴天津即遣游击吴维忠将之昨见抚臣沈思孝疏请调发以御逆虏臣谓宁夏道里甚遥征发不便畿辅要地尤为吃紧此调募南兵以破倭机宜所当议者一将帅者三军之司命必得戚继光刘显者为将倭不足平矣今世岂乏其人哉顾所以求之任之鼓舞之何如耳沿海地方将领虽星罗布列然多纨袴债帅即知能者往往视官为传舍朝夕营营为荐引升迁计孰肯究心兵法与地利也此无他久任之法不行而考课之典独遗耳臣请勅沿海督抚会同按臣将属内武职自总兵而下一一品隲而甄别之某也智某也材某也勇如臣所知福建总兵朱先会擒剿于海上浙江总兵侯继高曾克捷于花脑浪港此二臣者倭情熟谙宜夕任以责成功其参游等官果能材称职者照有司例必五年外始为升迁有功者加秩加衔不得仍前骤转而又行考课之法鼓舞而激劝之合无行令督抚照依各边事例每遇年終將見任防守春冬二汛大小將官稽覈勤惰功罪分別上請庶人心知懲勸而勇氣自倍將見海徼壯於金城尚有倭患之弗靖哉此久任武職以防倭機宜所當議者二士卒雖微藉出死力決勝負於呼吸頃至重也必平日孚以恩信始有事効其死綏故古善將兵者與士卒同甘苦欲得同仇力以資緩急用乃今蓄兵者異是將領惟事剝削有司但图克减月粮未散即扣常例于官甫及分领又敛公用于将计士卒所得实饷几何甚有稽迟卒年或一季不给者致令脱巾噪呼大乖国体即不哗亦多疾视平居既已离心临敌安有斗志是必不胜之数也臣请勅沿海督抚严加约束有司毋扣常例稽粮饷将领毋假公用剥军需违者必参治而于养士之中又默寓倡率之术行伍中有投石超距艺勇绝伦者识拔之优赏之以作其气鼓其勇此辈亦有人心者必能奋勇先登以图报効此作养士卒以御倭机宜所当议者三臣按筹海图编倭自五岛开船必由陈钱下八山经过取水候风始分投登犯是陈钱乃倭奴之咽喉浙直之门户也最为要害若令浙直合兵哨守遇警并力堵截何患其侵入内地向因倭乱画地分哨而总参等官又惮风波之险不躬亲督率致倭奴出没罔闻殊属疏虞近据苏松兵备江铎揭称游兵把总张澜率大小战船会合两浙官兵直哨至陈钱羊山等岛海波宁息此同心戮力之义勇功效明甚臣请勅浙直巡抚以后遇春冬汛期务令总参等官躬率官兵往来督哨各会合于陈钱防守一遇倭警即便并力相机截杀毋容内入误事者以失机论庶声势联络门户固密如铜山寨烽火门入闽广要路倭亦不敢内窥此控扼要害以御倭机宜所当议者四臣闻

行师之要在赏信罚必昔见御倭者恐战有损伤用名色把总领兵应敌败死则匿不以闻幸胜则攘为已绩士卒真获首级者不赏家丁坐食饩廪者冒叙致于退缩概从姑息未闻有立斩以狥者如此赏不信罚不必何以使前喜而后慑也臣请勅督抚诸臣一洗旧习以后用兵务令参游等官亲自督战毋令名色代替其名色中真堪驱策者宜预请实授未战之先明与将士约如何为功功必赏如何为罪罪必罚如能邀截为功否则罪赏不以雠掩罚不以亲宥其士卒斩获一人者即照例赏银若干一有退缩即斩以狥于师则赏罚严明将士皆争先用命有必战战必胜也何倭乱之足虑此严明赏罚以御倭机宜所当议者五臣为此五议卑卑无奇画而实于防倭有禅傥蒙采纳必能系关白之颈而致阙下若夫缮城堡谨斥堠修战舰利兵器备刍粮则防御所必资而当事诸臣类能言之无俟臣赘至于临机应变因敌设奇则又身亲行阵者之责非臣之愚所能逆料也伏望皇上睿断将臣所议五事互下该部酌议施行于防未必无小补而非其本也惟时御朝讲以肃臣民之仰召问大臣以图安攘之计蚤建国本以系中外之望则精神流贯而内治既修德威远播而外夷自服书曰无怠无荒四夷来王宁独么么岛夷喙息之不暇即西镇之变北连之虏亦将詟服削服而天下之治若泰山而四维之矣臣不胜惓惓属望焉【已上俱海防类考】

卷五·御倭方略·宣谕琉球议

日本有铜无铁且扶桑之强盛德在木称兵栎木悖德不祥法应自毙若关白可鉴也矧三十六岛六十七州五百一十八郡之丑类非尽皆敢行称乱也关东诸州犹然自守佞佛戒杀官皆用僧独关西九州恃劫为活萨摩其最也今山城君久称寄生而平秀奈亦复弱植家康婿奈而怀异图家久托孤而赋同仇是东西尚相持于内而锋刃岂暇及于外且其意愿惟贪汉财物即嘉靖中浙直被兵皆内地奸民勾引之而群不逞无赖借寇幸乱耳不得尽罪倭也罪在戮辱琉球耳今琉球既不能自强而俛首于倭然育之二百余年而弃之一旦可乎班定远固曰此辈本非孝子顺孙要在羁縻之使勿绝矧今犹知内向修贡则当乘其来而折其阴谋使倭之方物不得以尝试我且防其去而励其奋志使中山之君臣犹知所归向我盍谕之曰闻尔国中于倭心甚恻然第皇祖有训海夷与中国皆隔山阻海但令僻处一隅自保有不自量扰边者但宜捕逐亦不得轻肆伐故今即多兵不得轻发渡海但尔国受天朝函盖之日久即所赐三十六姓列文班者岂遂无忠勇智谋士而轻以其国掷抑或漳泉亡命有为之向导者乎有则改心易虑尔其侧身戮力峭志自强如依期以土宜方物来仍许通贡互市以资生聚若阳示归顺阴实通倭决不尔狥则既不拂其来贡之礼而又不堕其挟诈之谋琉球即弱小或因败为功转弱为强未可知也【万历壬子福建武试策】

卷六·防倭标本说

中国之防倭有标有本有标之本有本之本何为标标有四一曰密防汛我境迥临夷甸望洋浩淼非风不能径渡故大小汛期幕府檄诸佽飞蹶张以十数艘散列陈钱马迹等要害捍之外洋不令登陆是已而后海沿边一带设或载水随潮舣舟泊岸不难衷甲而窥左足此不可不密侦蚤防也二曰严策应夫艎艋周巡以待小偷则可若艨艟巨舰截浪排云我艘仰之不见樯杪将螳臂安施乎必豫备沙福沧唬等船分布各隘烽燧一举众艘麇集并力而掎角之蔑不济矣三曰讲战阵倭不长水战而长陆战倭不长弓矛而长刀铳以吾所短攻其所长百不当一以吾所长攻其所短一可当十宜仿戚将军所定水阵法先列火器次筤筅戈殳而率舟师如墙以进势类率然倭技穷矣四曰毖城守倭来海徼伧佷无赖不能久居至近城邑卤金帛子女据有巢窟毒始蔓延第有城邑处顿令清野拮据墨守集威远神臂轒石輣车建瓴而下令不得近渠舍舟陆行爝蠡易乏才数日且枵腹困不鸟兽散乎凡此四者乘倭之来卒而御之图于有形故曰标何为本本亦有四一曰精训练集兵不难练兵难不谙坐作不习夷情不挟长技犹之驱市人战耳居恒抽择选锋上者知司马法次习夷情次骁勇善骑射击刺以称娖而训厉之自伍长什自什长伯自伯长千以技升陟敦陈整旅龙骧麟振此兵将两练之法也二曰修器械数年无事绿沉卧金锁抛纨儿债帅有挟矛鋋铠砮饰榱杙营樺栫者一旦有警咄嗟难办能徒手搏乎宜时时查核缺者补衅者修无故而缺衅者必问此攻守两藉之法也三曰足粮饷兵饷足则居无它营而技精临阵宿饱而气奋然募必有饷蚀于何所军必有屯湮于何年稍于沿海旷地如舟山金堂大榭间田之侵于豪右荒为瓯脱者籍而伍之无事则治钱镈有事则修戈矛变斥卤为

良亩化召募为土著振罢敝为精勇倭至即以材官羽林蹂践之此兵饷两足之法也四曰明赏罚今之海上汛哨非尽能捍御夷也俟自去幸其不败待自毙捡以为功甚至有掠钓艇杀平民以邀利觊赏者上下支吾欺给耳目谓宜官各有守士各有职以地之冲僻权劳逸以发之迟速第殿最守而力最于攻训之精最于战轻则无稽时之赏重则有越次之擢而支吾欺诳者一切军法从事无赦夫亦有奋心乎此劝惩两济之法也凡此四者倭来亦备不来亦备故曰本何为标之本夫倭来而图之抑末也试考倭何自而来记嘉靖初市有舶监夷夏相习竞争利贿上穷宠赂下因徭网于是凶徒逸囚罢吏黠商诪张睥睨窜身倭奴而诱之为难吴越之间自温台以及松阳被其潜螫者十郡自此罢绝监市静谧者数十年承平既久芽蘖萌生吴越奸民鬻田庐携亲戚问渡扶桑析木之津往则载货扬航以市海为名归则镕金附身贸原舟而返甚至远赘异类持献图略效中行翕侯之为者倭素髽秃闻习冠盖矣倭素跣赤闻习衣履矣倭舶楼橹异制闻构华舟矣倭语喃喽不可辨闻习华言矣以素相贸易之人即旅而行于吴越之阛何从别识曩寇在藩篱今在门庭矣不严为禁渐不可长一切禁绝则富贾豪族变怪百出速祸酿衅当事者苦不得措置手足鞭长马腹噬脐宁有及乎故密防汛严策应讲战阵崧城守以外御者标之标而谨讥察绝私市以内御者标之本所宜亟讲也何谓本之本夫所谓本者在精训练修器械足粮饷明赏罚而大要则又以收人心为夲乃浙之人心何如也盖尝泛□□登秦稽见岗崿之绸亘波涛之激射樯轮之环络鱼盐忌秆之饶给信寓内一大都会而职方氏所谓东南半壁者也毂击肩摩云衽雨汗徙业餬口至者如市而恣睢狂掣往往窜穴其中不耕不蚕鲜衣怒马舞智簧鼓喜讼好争以官府为鼎俎而已挟匙匕以闾阎为鱼肉而已持刀杌聚羽折轴丛指挠锥有司渐失其权百姓莫必其命且也征赋日繁旱涝为灾蚩蚩氓隶忧贫而不忧罪惧死而不惧刑博塞呼卢倒囊掷罄而且倡盗竽膏髦靓妆倚门招摇而且匿盗薮披缁髡发持盂匄斋而且挟盗器篙工柁师野渡津头而且恣盗行煮海货鹾凭山铸冶而且集盗群稷下梁园尧服禹步而且公然为盗主此曹越志思乱命曰不牧之民鲸波一摇斩木揭竿而应者如水赴壑曩寇在门庭今在腹心矣若不蚤为之所恐猛敌横发于不虞而倭夷接轸也诚能饬纪纲申教化勤抚绥刀剑易以牛犊萑苻习以邹鲁使人心喁喁归命于我愉佛相通吸呼相应向所称说者皆可次第而举矣故曰本之本也图其标一岁之计图其本百岁之计图其标之本与本之夲则万世之计以南防倭可以北防虏可即以治兵治民治河治赋无不可者傥虑外而不虑内狃于情之可安嬉笑几幸及事势倾败坐视而莫之救药是庸医不知缓急而标本皆误者也【万历壬子浙江武试策】

卷六·船器攻围法·战船说

凡水战以船舰大小为等胜人多少皆以米为准一人不过重米二石帆橹轻便为上以金鼓旗幡为进退之节其战则有楼船斗艦走舸海鹘其潜袭则有蒙冲游其器则有拍竿为其用利顺流以击之诸军视大将军之旗旗前亚闻鼓进则旗立闻金则止旗偃则还若先锋游奕等船为贼所围以须外援则视大将赤旗向贼点则进每点一船进旗前亚不举则战船徐退旗向内点每点一船退若张疑兵则于浦泥广设旌旗帆樯以惑之此其大略也【武经总要】

卷六·船器攻围法·战船说·游艇

游艇者无女墙舷上桨床左右随艇子大小长短四尺一床计会进止回军转阵其疾如风虞候用之夫拍竿者施于大舰之上每舰作五层楼高百尺置六拍竿并高五十尺战士八百人旗帜加于上每迎战敌船若逼则发拍竿当者船舫皆碎隋高祖命杨素伐陈自信州下峡造大舰名五牙舰上起楼五层高百余尺左右前后置六拍竿并高五十尺容战士八百人旗帜加于上次曰黄龙置兵五百人自余平乘舴艋等各有差军下至荆门陈将吕仲肃于州以舰拒素素令巴乘五牙四艘逆战船近以拍竿碎陈十余舰夺江路

卷六·船器攻围法·战船说·蒙冲

蒙冲者以生牛革蒙战船背左右开掣掉空矢石不能败前后左右有弩窗矛穴敌近则施放不用大船务在捷速乘人之不备

卷六·船器攻围法·战船说·楼船

楼船者船上建楼三重列女墙战格树幡帜开弩窻矛穴外使毡革御火置炮擂石铁汁状如小垒其长者步可以奔车驰马若遇暴风则人力不能制不甚便于用然施之水军不可以不备以张形势也

卷六·船器攻围法·战船说·走舸

走舸者船舷上立女墙棹夫多战卒皆选勇力精锐者充之往返如飞鸥乘人之所不及金鼓旌旗在上

卷六·船器攻围法·战船说·斗舰

斗舰者船舷上设女墙可蔽半身墙下开棹空【音孔】船内五尺又建棚与女墙齐棚上又建女墙重列战士上无覆背前后左右竖牙旗金鼓【晋谋伐吴诏王浚修战舰乃作大舟连舫一百二十步受二千人以木为城起挠橹开四门其上皆得驰马画鹢首怪兽以惧江神】

卷六·船器攻围法·战船说·海鹘

海鹘者船形头低尾高前大后小如鹘之形舷上左右置浮板形如鹘翼翅助其船虽风涛怒涨而无侧倾覆背左右以生牛皮为城牙旗金鼓如常法【已上系古制图式不载以下船式备载筹海图编及海防类考】

福船之小者为草撇船今名哨船又为海沧船今名冬船其再小者为苍山船卑隘于广福船而阔于沙船用之冲敌颇便温人乎为苍山铁贼船入里海我大福海沧不能入必用苍船追之又可捞取首级近又改苍山船制为艟艚船比苍船稍大比海沧较小而无立壁得其中制艟艚之稍次者为铁头船首尾皆阔帆橹并用深浅俱便人呼为铁头以其坚而有用也闽人将草撇苍船改造鸟船式如草撇两傍有橹六枝尾后催稍橹二枝不畏风涛行使便捷往来南北海洋福草苍缯等船无出其右温州有缯艚船亦不如鸟船之疾速可与沙唬船并驾焉唬船头尖艄锐舱阔桨多风顺扬帆风息荡桨吃水惟止三尺惯走远洋体式低小虽无冲犁之势进退殊捷可备追逐之需闽浙有叭喇唬船兵夫坐向后而掉桨其疾如飞有风竖桅用布帆桨斜向后准作偏柁亦能破浪甚便追逐哨探倭号曰挽帆盖惧之也轮船式如唬船而与唬船并速开浪船式如鸟船而比鸟船差小沙船造于崇明可以接战但上无壅蔽火器矢石何以御之不如鹰船傍皆猫竹板密钉竹间设窻可出铳箭窻之内船之外隐人以荡桨先用此冲敌入贼队中贼技不能却沙船随后而进短兵相接战无不胜矣鹰船沙船乃相须为用者也

兵船之能任重者为蜈蚣船东南夷用以驾佛郎机铳铳重千斤小者亦百五十斤葛稚川曰蜈蚣之气能逼蛇夷之制义为是故与

壳哨船为温州捕鱼船网梭船乃鱼船之最小者鱼船于诸船中制至小材至简工至约而其用为至重以之出海每载三人一人执布帆一人执桨一人执鸟嘴铳布帆轻捷无垫没之虞易进易退随波上下敌船瞭望所不及是以近年赖之取胜擒贼者多其力焉【王在晋类述】

按大学衍义补有两头船之说盖为海运为船巨遇风惧难旋转两头制舵遇东风则西驰遇南风则北驰海道诸船无逾其利盖武备不嫌于多虑患不妨于远莫为之前犹将求之而况设之前者有未泯乎以此冲敌则贼舟虽整可乱也水战非乡兵所惯乃沙民所宜盖沙民生长海滨习知水性出入风涛如履平地在直隶太仓崇明嘉定有之但沙船仅可于各港协守小洋出哨若欲出赴马迹陈钱等山必须用福苍及广东鸟尾等船

沙船能调戗使斗风然惟便于北洋而不便于南洋北洋浅南洋深也沙船底平不能破深水之大浪也北洋有滚涂浪福船苍山船底尖最畏此浪沙船却不畏此北洋可抛铁锚南洋水深惟可下木椗

闽县知县仇俊卿云地有南北时有冬夏自春徂夏则时多南风而利于北行自秋徂冬则时多北风而利于南行此番泊往来出没之候也彼瞰其时辄乘风连云以出洋我当其冲欲逆涛破浪以邀击未必其势之便也盖亦随时以应之时乎北风必先于北道之防以遏其冲而以南舟曳于后其中间各寨澳之舟又从旁递出而击之时乎南风亦如前法或遏于前或蹑于后或击于旁此亦迭肄之法长蛇之势寇未有不困疲而就缚者海上可立京观也

国初置沿海卫所每所船五只每船军百名其法备载会典自一所一卫推之则合省之海船海军可总其实也使法之常存何虑海寇之扰向来修复一二止可用于哨报难以冲敌及其事急借发福清盐船并报各澳民船奈彼不思国家之急皆存系吝之私虽给价值终不直前况福清盐船虽大不可以当海寇之夹板船叭喇船漳州之草撇乐清之大铁等船又不可以当海寇之鸟尾尖艚如东仔铜茭等船又不及也昔日海战之船大小制度不同今当兼用如楼缯艨冲此船之大者也如直进露挠此船之中者也又如舴艋海鳅此船之小者也以船之大者为中军座船而当其冲以船之中者为左右翼而分其阵以船之小者绕出于前后两旁之间随船器械各须犀利完足但海寇所恃全在于铳吾亦以铳为应中军大船仍用佛郎机大铳数架两翼中船亦用铜将军大铳数十架其小船亦载鸟铳铅筒数十架各船编定字号昼则麾旗夜则振鼓为节迭出更进则彼此众寡劳佚之势不同未有不殲此渠丑者也今蒙委官鸠工大造船只战船之造必有定议但船之外旁又须护以牛革渔网毡絮之类其大者更用列木为栅可避炮石又有车船之制今战士前后踏轮舟自进退所谓中流上下回转如飞虏众相顾骇愕者用此法也又须预募能射与善浮之人一遇番船或以火箭焚之或以水钻溺之是或皆可用也

总兵俞公大猷云或问兵船官造与私募孰便曰造易而修难也虽督造之官用之海上冲敌激浪不旋踵必议修矣修船之弊奚啻万端议修之后阁岸日多浮水日少以之守港则可以之出洋追捕则全不足恃矣在官府不能立无弊之法在民间不能克不可制之情天下古今岂有视官物为己物者哉此惟熟于海务者自知之乌得而尽言或曰民间安有许多私船可募乎曰厚之以税使逐利之民争造新船以应募何患其不多责府县以及时给税责船户以及时修整则经年累月皆有坚船可用然则用官造之船以守港用私募之船以追捕则如何曰必若是然后攻守各适其用也

邓钟曰闽广浙直船制各异而不知其所以异者于海势之不同也广东船制两旁设架便于摇橹福建船制其旁如垣其篷用卷便于使风浙直船制平底布帆便于荡桨此船制之异也所由然者福建海水最深各信地俱近外洋一望无际纵有海岛如浮沤之著水耳故有风时多无风时少顺则使风逆则戗风此福船所由制也广东自出五虎门上及大鹏下及北津以西俱有海屿或断或续联络于外商船来往多从里海且风气和柔全仗摇橹此广船所由制也浙直海水深处固多浅处时有近岸平沙或数十里潮长水深寻丈潮退仅可尺许故叭喇唬沙船专事荡桨此浙直之船所由制也若易地则风水不同其制亦当少异推此而山东以北危矶暗沙往往有之船制又不可执此例彼矣然欲攻大敌于外洋非福船不可盖福船之制其蜂房垣墙即古之楼船巨舰其重底坚牢即今之过洋与使琉球船式也故诸省船制惟福建为工

又按海上之战不过以大船胜小船大铳胜小铳多船胜寡船多铳胜寡铳此中国之长技也故论战则陆战难水战易然论兵则陆兵易水兵难而海将尤难者风涛难狎此善水战者之难其人也

卷六·船器攻围法·水战

吴楚扬越之间俗习水战故吴人以舟楫为舆马以巨海为平道是其所长春秋时吴以舟师伐楚又越军吴军舟战于江伍子胥对阖闾以船军之教比陆军之法大翼者当陆军之车小翼者当轻车突冒者当冲车楼船者当行楼车桥船者当轻足骠骑【大翼以下皆船名】公输般自鲁之楚为舟战之具为之钩拒退则钩之进则拒之

汉武伐南越于昆明开池习水战制楼船上建橹楼戈矛船下置戈戟以御蛟鼍水恠之害然楼船战舰形制之盛不若轻疾之为利张兵威蓄器械以楼船大舰为先趋便利立功效则走舸海鹘为其用或伏袭而入敌境则凡舟皆可用也故吕蒙袭关羽白衣摇橹作商贾服羽不闻遂立功焉

卷七·经略事宜·开互市

论曰郑端简有云当倭乱之时给事中夏言上言祸起于市舶礼部遂请罢市舶而不知所当罢者市舶内臣非市舶也夷中百货皆中国不可缺故祖训虽绝日本而市舶司不废盖以通华夷之情迁有无之货收征商之利减戍守之费又以近海贾抑奸商使利权在上也市舶罢而利孔在下奸豪外交内訌海上无宁日矣噫斯言不为无见犹非穷本之论也盖奸商贵官家负欠舶金固为厉阶然使番舶不至则奸商贵宦家又何从诳取其货负欠其金以阶

厉也故靖海之道唯绝番舶严海禁而已夷货非衣食所急何谓中国不可缺耶绝之则内外隔而相构之衅无由生矣夷虽欲窥伺我也何可得耶然朱纨严其令而言者纷纷则衣冠之盗甚于夷狄也纨去禁弛不旋踵而蹂躏之祸半天下市舶内臣所为乎经国者可以深长思矣【载肃皇大谟】

卷七・经略事宜・备水陆

防汛之时结营之地虽险阻不足恃贵谨备也舟师屯聚海上傍山岛以为依止伏路有船瞭望有兵会哨有符巡哨有信法诚善矣第中间奉法者固有而习于怠惰者亦多乃若伏路虽设捕兵鼾睡漫不支更者有之瞭望虽派兵士偷安曾不登山者有之及登山而又躲避风日不行瞭望者有之至于会哨填符本以稽两地之勤惰有会一次并后数次俱填者有向不会哨时将缴符并前数次总填者巡哨外洋每图虚应故事如一山之间巡西而失东巡南而遗北上年坛头之事可为殷鉴种种情弊有难枚举止存虚名罔裨实効若此废弛岂今日海防之所宜哉惟诸总哨果能实心任事方可责各捕兵殚衷効力自今伊始伏路船于本信前后要地昼夜侦问往来船只夜则船面支更水上见有可疑之物及异省船只即为驱逐无容擅入本信瞭望各兵毋分晴雨必令登高远瞭照依分定时刻更换不许先期偷安会哨巡哨必须如期到信外洋侦探毋得虚文塞责彼此扶同致误军机此水军之说也

卷八・经略事宜・重邻援

福建佥事王在晋云年来海波宁谧日间警息相闻海洋寥邈岂无贼船窃发是在官兵极力巡逻一哨出洋各哨相为声援一船捕贼各船相为羽翼彼寡我众贼当就擒决无抢失之事今日之弊全在把总偷安惜身重命不躬行倡率孰肯奋勇争先哨官画地分疆苟安坐视聊且塞责便可邀功或见贼不追追之不力后有追而前不应彼有战而此不知各捕出洋前后参差不相为络绎声势既孤应援不接如一人之身手足不交相为用安能御敌却侮率由此道遇警何以收功今照海坛信地被贼抢失铁头船一只据称贼船三四只每只约有百人此岂一捕盗所能捍御者该游岂无兵众可堪尽发协攻今不闻杀一贼获一械而兵船反为抢去盖当时只闻捕盗奋勇抵敌势寡胆寒逡巡畏缩力必不支船兵俱各跳水而船为贼所掳矣哨官虽统众穷追而至今尚无下落把总直待墩军瞭报本游兵船挂旗出洋方始知之一身高拥全不加意不知寨游设兵为何募兵设总为何有官若此地方奚赖焉军令具在总哨畏贼不畏法耶除失事员役候查有无追获另行参究一面通行各路及各海防官严饬无使贼假兵船混突寨游内地用心防范外伏念春汛正殷而人心偷安误事仰仗军令重申振懦作气如一船失事罪及一哨一哨失事罪及该总贼船经由地方不能协力追击者通行查究获贼报功从重优赏有托言雾黑不能穷追任贼纵横得志者即以失事坐罪其各路警急报仍令塘兵飞递不许经由铺司则警息相闻而调度为便矣

卷八・经略事宜・别号色

南北中三路各寨兵船旗号原奉约法开载无容别议外惟南鸟船原为杂商诱贼贼明知而故避于追击未便也今施游击有不可使人知之说欲假借附近澳名大书蓬号以愚贼其究使兵船混而贼不我防商船疑而贼不敢犯出奇攻击此权变之术也但倭已换去鸟船傥其仿造或借商艘卒然混至我兵稽察为难则阳为无所别而阴自别之先事制人尤为长便合将三路寨游出哨南鸟船行令各总自为识认或船头船尾船身立一暗号使通总之人知之而蓬号则借附近澳名混杂商船中出其不意以击贼使贼不为堤备至于各寨游鸟船札营会哨号带亦不可少仿照约法五方分为五色烽火用黑嵛台贰游如之小埕用黄海坛游如之南日用蓝湄洲游如之浯屿用白浯铜彭湖游如之铜山用红南澳游如之号带可收可放如杂商诱贼除去号带其寨游鸟船在外洋相遇各制白旗一面相为照应旗方四尺内书某寨某游二字白地黑字易于瞭望而旗带一条则照本船色分别遇夜桅上列灯五盏傥雾色昏黑难辨连放火炮五个仍掌号五声以为暗号如昼无旗夜无灯雾黑无炮号者即为歹船务要稽查协力攻击盖各寨游以兵船为正兵而以南鸟船为奇兵奇正相生机权互用自为认识分澳书蓬则各总之所异制旗点灯放炮掌号则各总之所同事属便易可通行遵照仍行各海防把总官严禁各澳商渔船只值汛期不许远出大洋混乱瞭望违者获解处治

卷八·经略事宜·恤阵亡

通查刊书往牒赏功有条罚罪有等功令昭然可考镜焉独于优恤死亡一节似属讳言略而弗备夫两兵既接宁必无伤百胜之师谁能不败功成论赏生则蒙休死难瞑目一草一木尚当轸念况人之生命乎三月用兵互有胜负仰藉皇天锡祜疆场万全获丑献俘威灵颇振然锋镝横加疮痍踵继七尺化为鱼鳖一死等于鸿毛海天辽廓嗟里革之无从异上沉沦喟自丘之莫遂怒涛激浪苦雨凄风飘渺游魂悠然无属莫非王事尽是生灵本道代署以来急急于伤亡之轸念已经关行各道严查损失船兵将发汛名册挨查凡系阵亡者尽数开报以凭类详去后今查二十六年事例军兵阵亡者除每名给恤仍悬扁其门优免杂差一丁此往例之可寻者也至于卫所死敌军丁纷纷弟男告继府卫或拘挛成例不即准补夫军丁不宜虚伍恤死尤当破格各军户下有精壮亲丁者当即准其补役造粮如系幼丁亦应照三斗优恤间有户无亲丁幼养儿男亲女赘婿举家老幼相依为命而本人愿充军伍者查系精壮似应亦得推恩又如金门所军黄某原系子代父名贴驾子亡而本军见在应令归伍食粮各寨游凡有损失军兵者准于事故兵粮内支银伍两备设祭礼本把总躬行致祭以慰幽灵盖各兵死事不得沾尺寸之恩而本院奉天明命意指足以动百灵令行自上即为恩典亦报死励生之一事也【已上俱兰江集】

卷八·经略事宜·严哨探

副使刘曰军机重务侦探为先海洋辽远传报责的况狡寇乘潮往来我兵截剿策应全在烽燧不愆警报及时及访得各路官兵率多玩寇喜功虚声邀赏或驾空剿说摇兀众心或捉风捕影妄传警报或纵贼已过而云穷追不及或临敌退缩而云风阻不前或忌邻境成功不行策应或攘他区功次先报捷音一警众咻各报互异至有杀渔樵以报虚功纵直寇而不以闻者迩来本道总参戒谕虽严而旧套未改故违法纪干犯军机相应严加申饬合行各该将领等官务要亲督兵船远出外洋往来哨探遇有贼船经由信地即许从实飞报某处贼船几只大约贼有几何传报邻境分投防御火速应援一面急督官兵相机夹剿务要殄除尽绝以靖地方止许先报本道及总参衙门核实转报其把总哨官不得虚张越报若贼未近境尤不许望风先报乱人耳目致人疑信至于远哨兵船见贼即当驰报又不可限定信地致误机宜若贼由信地及在海洋抢掳渔船相应飞报而隐匿不报者查参重究处以军法庶事体归一边报足凭缓急剿守之间自有曲中之策矣【海防类考】

卷八·经略事宜·谨更寐

兵出不意乘夜偷营者诡敌之常往往倭之入犯而船兵失于防范者皆由乘夜掩我不备一船失事万众风奔以故夜防犹宜加谨脱使假寐偷安关系匪细以后遇夜各船捕盗先定轮值更次各兵姓名粘贴舱口听放静炮后柝更各兵必高立船面头尾目必外视远洋心无内顾他物手则下下著实敲梆傥有船只或木植竹筏草木束物黑片浮来即高叫何船细听乡音辨察何物如无诈伪即令离艅远泊以杜奸宄如能认缉实迹拿获奸细者从重加赏如或贼近而不知查而不觉致误机事者即以军法处治

卷八·经略事宜·密搜逻

倭船深入其心必恐隐伏深避其情必然且逢山取水又势之所必至者或乘昏夜藏匿山湾或因晨发乘我不备若不严加搜逻彼伏我怠不但失贼处所抑且可乘我不意其患最大此搜山之法最为要著如申酉之交及辰卯之际各船务要整槊兵器时如对敌在处山岙凡可泊船之处严加搜逻以戒不虞敢有虚应故事致误军机者悉以军法重处

卷八·经略事宜·期共济

将识兵情兵识将意谓之上下一心惟上下一心则必成功上下乖离必致偾事况舟师又与陆兵不同一舟之人如同一家捕舵什兵又如家之父兄子弟父兄子弟和气孝友则家道必成外侮可御若父兄子弟自相戕贼不特家道无成人将侮之矣况捕舵什兵同舟共济平时若有不和未有临事而能得死力者官兵远出外洋其间不无风

寒暑湿疾病之虞小恙则可本船调治重疾在船更多不便既不许擅离又不得医治是见死而不救非死生相依之道今后如有船兵染患病重者许扶至附近本港宫庙暂住令该营医生调治痊日就于本兵月饩内酌量扣偿药饵之费其有物故者即令该船为之殓埋汛毕该总哨询其有家者使其扶柩归葬故山无家者该管呈报本司少示恤典各该总哨捕耆平时务要士卒甘苦相共一遇有警亦必亲冒矢石分粮裹糇以尽为将为头目之分毋得自分秦越即邻境有急更须星驰应援彼此夹攻唇齿相卫毋得观望误事且官捕视什兵如手足则什长亦视官捕如头目上之视下如子弟而下之视上加父兄平时疾病相扶甘苦相共而至临敌危难之际什兵有不致身用命者我得按法而治之彼复何憾所谓将识兵情士识将意此也已后敢有故违前训在上不恤士卒在下玩愒偷安不奉约束者轻则径行责治重则解来治以军法

卷八·经略事宜·严伏路

东南夷之最狡猾者莫如倭使官兵备御少疏未有不堕其术中者大寇则百十成艅防御或易小盗则踪迹诡秘侦探恒难盖彼一入我境必弃其原船劫我渔舟变形易服掠我商人白衣摇橹漫难识辨致被戕害往往官兵不觉地方失事多由于此若不严加伏路认识旗号则狡猾之奸岂易防也况防倭于书易防倭于夜难防大艅之贼易防零星之小寇难故伏路之船不可不慎也今后各该信地每夜于冲要港口轮拨唬船二只设伏凡遇一应往来船只即便盘诘其情形可疑者不特验其船面之网罟尤须诘其舱内之渔人苐恐倭奴胁令被掳唐人在上执缭掌舵而贼隐伏舱下愚我耳目使不为防顷刻之间流突大艅误事匪细必须严谕伏路捕舵督率各兵环甲荷戈即如对敌不许一人偷惰时常盘诘往来船只的榷无弊须令远泊港外次早放行毋容近艅偾事若遇真正贼船即举火张灯连放起火三枝为号以便接应追剿因而收功伏路捕兵即与冲锋者同赏如有疏虞致贼漏遁失误事机伏路捕兵与临阵退缩者同律【已上俱备倭纪略】

卷八·经略事宜·办船器

日本造船与中国异必用大木取方相思合缝不使鐡钉惟联铁片不使麻筋桐油惟以草塞罅漏而已【名短水草】费功甚多费材甚大非大力量未易造也凡寇中国者皆其岛贫人向来所传倭国造船千百只皆虚诳耳其大者容三百人中者一二百人小者四五十人或七八十人其形卑隘遇巨舰难于仰攻苦于犁沉故广福船皆其所畏而广船旁陡如垣尤其所畏者也其底平不能破浪其布帆悬于桅之正中不似中国之偏桅帆常活不似中国之定惟使顺风若遇无风逆风皆到桅荡橹不能转戗故倭船过洋非月余不可今若易然者乃福海沿海奸民买舟于外海贴造重底渡之而来其船底尖能破浪不畏横风斗风行使便易数日即至也凡倭船之来每人带水四百斤约八百碗每日用水六碗极其爱惜常防匮乏也水味不同海水咸不可食食令人泄故彼国开洋必与五岛取水将近中国过下八山陈钱之类必停舶换水所以欲换者冬寒稍可耐久若五六月蓄之桶中二三日即坏虽甚清冽不能过数日也海洋浩渺风涛叵测程不可计遇山而汲亦其势耳盥颒沐浴海水山水亦可用或云浴海水令人肤裂近访之不然但黑肌肤而已倭奴有一秘法煮泉一二沸置之缸缶能令宿而不坏然亦不过半月久用不能也其至普陀必登者非换水亦非真欲焚香乃觇兵防虚实耳【已上俱登坛必究】

卷八·经略事宜·禁通番

愚惟夷狄之慕中国犹中国之慕十洲三岛而其慕中国之子女玉帛也犹中国之慕琼林大盈之积也惟其无路可通无人可引是以终其身不到焉不取焉有如招之使来导之使前而祸且立致矣先年海禁少弛遂有王直叶宗满等之广东造巨舰将违禁物抵日本往来互市致富不赀遂招纳亡命徐海陈东等勾倭劫掠流毒乃滋甚此往事之足鉴者迩如辛丑年闽广中倭于时本职代摄巡海所擒馘之倭为闽人某之部落皆中国之亡命也故闽人勾倭如鼓之应桴影之逐形呼吸相通靡不还至而立验者今不意闽人舍海澄月港之故道而乃假道于浙为入倭之门户也由浙入倭便于置货又便于乘风舍彼就此最为直捷夫蛟川为倭入贡之路倭每饭不能忘年来因禁绝勾引不知路境是以逡巡不敢犯此衅一开则倭之为患不远矣计通倭之船未有不由港门而出则未有不通同守把

官兵而得扬舲下海者通倭之船未有不由本地打造则未有不托势豪而敢纠伴结伙者通倭之船未有不假各衙门印信牌票批单则未有不先请乞为获身执照者近有持书乞船批往温州贩载被本道呵叱其仆而归原呈具在此非下海之执照乎夫缯艚乌尾船只明为下海入洋之具唤工打造非旬日之可成停泊河港招摇耳目而地方不之诘官司不之禁偷度关津守者不之觉帆樯出海总哨不之追盖用厚利为结纳而藉强力为遮护其故难言之矣趋利附势而不以法绳之则官不能与势利争按法绳下而不以死惕之则法亦不能与势利争通番之律甚轻其获利也十倍而其触禁也罪止于杖有重利以作之趋无重刑以使之惧法轻易犯非重加遣戍沿海之奸何繇知戢乎造船必有船匠造违禁之船者罪坐匠工雇船必有船户载违禁之货者罪坐船主写船必有船埠揽违禁之商者罪坐埠头则牙匠皆知所惕矣奸商造船里甲排邻不首者罪及地方经过关津私自放行者罪及关吏出由河港受贿纵脱者罪及守把则官民皆知所惕矣贩卖异样段疋及毡毯丝绵等物铺户知情不觉发者罪及各行歇家牙侩知情不检举者罪及牙歇则商铺皆知所惕矣夫闽商入浙浙货人闽此商途贸易之常势不能遏然入闽自有大关小关正路舍严衢而由宁绍台温其为海贩明矣近议欲于西兴关官为验票恐地棍藉名需索不如责令杭城沿江一带船埠凡闽商载货路由严衢者方许径发若渡江而东必报官稽核北新关税票当风汛之月闽商贩段百疋丝绵数百斤及有毡条布疋等件有似通番货物者即著本关委官报府查其去向若委官不报船埠不首而或从定海等关盘出委官劣处埠头船户问罪其照常时月不必稽查此亦法之可行者也至于奸商假托势豪蓦地通贩人情重于发难须著府县正官总捕海防官及参游等官细侦密访果有隐奸即密揭报院拿究恐耳目难周廉访不及更责成于刑厅多方体察得情不时飞报凡遇抚院出汛及按盐二院巡行同地方访犯一并开递如本处有通贩之奸而地方官不及觉察至于败露则亲临官长俱有不得辞其责者倪商船至彼纵放出洋罪在参游总哨一体议处著为功令则有官守者不得漫常视之矣再照闽船不入浙浙船不入闽俱限温福分界沙埕地方换船此向来通行之禁也五月六月正发船通番之候有违禁越界之船即将其船入官凡系闽中载木货大船尽行收入定海不许出洋闽船不入浙船不出茫茫大汇岂一苇之可杭而华夷之路绝矣其沿海县分行令正官编令保甲温台宁绍杭嘉六府沿江近海船埠船匠俱籍名报官如有打造异船及装载奸商货物者一一根究沙民及渔民业海者各船头目开报姓名填写官旗船票明开某处采捕限日回销止许驾使艚网黄家塘白艕香挑渔喇小船于近海生理不得远出大洋搭厂久居绝岛若南渔山钓船辏集经冬久泊悉从严革凡各衙门船批牌票及邮符等项不许轻狥请求混给一应入海船只擅用乡官牌额旗号并以旗号灯笼占涂系箭者尽行迸斥官兵得贿卖放以军法捆打坐赃科罪问革其通倭应得之罪伏候专题改从重律则海上亡命有不潜消异志者哉至于通番各犯流入倭中睥睨观望宽之或可望其归来急之当益坚其远窜闽之逋贼终不蹂躏泉属者以其父兄宗族在也往岁有抄没之议有言其不可者止之今亦数年不为闽患以王直之跳梁而终纳款军前执之以付法吏盖亦厚念其母妻子弟不恤延颈受诛今各犯亲丁家属须严加防范毋使纵逸明年春汛更虞勾倭袭取城守之具倍宜加谨彼果悔祸来归则当待以不死开自新之路消勾引之萌法令申严期于必行必信则海氛自息而东南半壁可保百年无事矣

浙与倭邻剥床可虑林清以十月初五日开洋十二日直达彼当冬汛尚尔飘摇矧春汛乘风更虞迅速往时闽船不入浙界故临汛易于稽防今虽三令五申而透漏如故定海关外船只混淆商贩莫辨此可不严界限乎香船例不税验而奸贩托名进香尽多私载以普陀为寄寓此可不严稽核乎督税有官而任关霸之把持凭埠头之买放汪主簿之查验岂无异货捕役之追回岂是原船此可不严究诘乎杭城之货专待闽商市井之牙勾同奸贾捏名报税私漏出洋此可不严入官之禁乎擅造通番大船地方不报官司不闻差役通同里甲隐蔽此可不严连坐之法乎内地造船必由港门而出各港俱为官兵汛地扼其险阻岂能飞越此可不严守把之令乎普陀一带为入倭要路商船入倭多由官兵卖放谨其防闲勤于哨探此可不择总哨之官乎夫倭大有欲于中国然犹睥睨而不即发者非真畏中国之兵也淼茫天堑苦于无船今奸商各船而往并船而归倭固有其船矣前驱向导苦于无人今奸商觅利则来而复往亏本则往而不归倭固有其人矣火药箭铳苦于无具今丝绵绸绢可带则硝磺铜铁亦可带倭固有其器矣彼方利我之玉帛而吾以玉帛导之彼方窥我之虚实而我以虚实告之鼓之舞之者奸商也奸商众则海贼繁入倭为商遇商为贼在海为贼入内地为倭海贼繁而倭必至乱必作其究则由奸商通贩始嘉靖间海禁少弛而宋素卿王直徐海等勾倭作难蹂躏我内地虔刘我人民还至而立有效今一岁而获通倭者三闻闽中各路有三四十船下海网巾云履等物靡所不售凭奴效法唐人鳞介易我衣裳时事尽堪蒿目兴言太息几于谈虎而色变矣今欲严通

番之禁必明揭条例昭告于人庶借本之大户尽知爱惜其赀财影射之奸豪咸思保全其氏族涉海之僇民并图顾恤其身躯防守之兵戎亦思谨严其节制其间用法虽浮于律而原情实符于例盖戢祸止乱必期法重而民畏借数十人以行法而海滨无尽之生灵所活不知几千万亿也此今日防海之亟图所当请命于朝者若夫善后弘远之猷则有院台之主裁擘画在矣【已上俱越】

闽与倭邻声闻悉达沿海无赖往往勾倭行劫甘心向导其家属宗党明知故隐而阴厚藉以为利地方家甲惧害通容甚则接济以为奸一人造孽毒流中土滨海骚然今岁其尤甚焉则以连坐之法不行故勾引之奸益肆僇民无惮奚事不为查得大明律例一款凡沿海去处潜通海贼同谋结聚及为向导劫掠良民者正犯比照谋叛已行律处斩仍枭首示众全家发边卫充军又查全闽约法开载一家通倭接济潜为不轨澳甲总甲甲长同家甲人等具实报官将本犯处以极刑财产藉没全给充赏敢有容隐被他人首发及官兵缉拿者家甲连坐澳甲总甲甲长另行重处县官奉行不力亦即查参住俸事干势豪阻挠一体参究遵行已久但用法者因循姑息养奸贻患长此安穷合无申明律法严行禁约一人通倭一家并坐一家通倭家甲并坐凡地方容隐及势豪阻挠者一体究罪及查今岁海寇猖獗沿海渔民辄为擒获应敌军兵或有陷贼不死者一入倭中便为役使事出无已情属可矜傥能乘间逃归即为良民纵使从贼数载一旦改图奔还中土仍许自新被虏军兵其家虽已议恤但能归国优恤之银免追失事之罪勿论如遇泛海归来哨逻官兵递送所在官司审明发回本乡以安生业有能侦探倭情的实来报者给赏敢有从倭侵犯被官军擒获或系贼党供称有据家属并罪其有贼首勾连海寇为其向导杀掠良民者全家比谋叛论尽法处治则内贼闻风知戢不至蔓延流毒矣【兰江集】

番人潜住内地窥我虚实渐诚不可长也然番岂能自来不有内主而外勾之人乎甚者仕宦富豪之家假贷无藉始而以重利饵之既而以虚辞縻之饵之则来而日多縻之则怨而生变是交通之为也而交通之禁不可不严矣漳泉之间小丑构衅如吴双引叶日新之流渐尤不可长也然彼岂独非人得无有积习而轻视之心乎自倭变以来漳人多为盗魁而漏网黠者因之以惑人愚者凭之而妄念以为举事未必其大害而入海或足以偷生则姑息之过也而姑息之政不可以复施矣人情大端不出利害有所以利之而无所以害之则何事而不可为故两衅者异流而同出一源者也今惟以其所害而夺其所利彼知有利焉而不能胜其害也则孰与为不善哉【王奉常集】

福建巡抚丁继嗣题称欲绝勾引必清海贩欲清海贩必先自势豪之家有犯必处之重典议请申饬连坐之法一曰责成澳甲沿海县分挨次编为保甲凡船埠船匠籍名在官如有异船异货拿获一家有罪十家连坐二曰责成县官凡造某样船只往何处侠买某样货往何处卖县官若能询访谁不吐露如能擒获贩船者奖赏课荐如有该县贩船别处擒获者以不职连坐年终照次数降斥三曰责成官兵沿海寨游拿获船货千两以外照律□赏三分之一百两以外尽数充赏遇缺超补参游以下叙录有差如或受贿卖放各寨拿获汛守兵究革参罚四曰责成各道沿海延袤二千余里互相推诿策应何及今漳州责守道泉州责巡道兴化属福宁守道福州属兵道福宁州属福宁巡道春冬二汛亲巡海上选将练兵造船制器一切防御不许推诿若各道缉获贩徒该道初次纪过再则听参自能觉发擒获多次者特举超擢没官赃物除充赏外听部议处济边【万历四十年题准】

兵部复议凡泛大洋而出者奸人也所畏不在戍今天下拟戍者一到戍所未有不纵而归既戍而归犹之乎民耳而复踵所欲为乱之生也何日之有应行各卫掌印管军员役凡有军犯到卫务要照例取具的保收伍该道不时稽查如有用贿骫法纵令逃回者该管员役及窝藏之家俱照卖放窝藏律问拟其本犯仍照例从重拟罪庶法纪明而奸顽知畏矣【万历四十年题准】

卷九·大捷考·横泾之捷【嘉靖三十四年八月】

嘉靖乙卯秋八月倭贼自象山登岸流突南京焚安定门杀一把总一指挥走无锡而南都御史曹公邦辅引兵驰护孝陵因追及于苏州之浒墅贼骄蹇益甚公与副使王崇古佥事董邦政知府林懋举知县康世耀把总娄宇曰此贼势埒数千勍敌我地形兵力为彼所窥他日大举入寇何以支之誓灭此而后入城乃分授信地申主客应援之规以崇古邦政宇率指挥张大纲武生车梁蹑贼所向遇敌先登为正兵懋举世耀各领兵屯吴林庙之左北护郡城南扼贼冲为援兵严家兵左哨沙兵右哨分突冲截为奇兵度贼走太湖募水兵于湖滨东山巡检领船数十往来探哨为游兵又度贼不走太湖必分踪以牵制我师或弃金帛于道饵我严谕毋离伍毋拾遗士皆股栗殊死战贼至吴

林庙我兵擒斩二十七人余走杨山迤至灵岩夺民船由新港出太湖欲走洞庭见我兵旗帜不敢渡复登岸至横泾前马桥匿一民舍我兵围而火攻之贼溃出遁伏田禾中不能得车梁扪其所杀人肉尚未寒又草露未动乃令众大呼贼在此贼果惊出遂俘斩之无一人得脱者而大纲手刃数人力尽死之始贼之在无锡也欲寻径常熟往附柘林之贼劫二人前数十武导之常熟在无锡之北二人给之而南且道辟行人曰贼至矣报官兵贼已陷绝地速来可尽擒也贼比败恨二人入骨竞脔割之呜呼是贼以五十三人驰突八郡转战三千余里所过皆不焚掠唯与敌者杀之此其势其志可知也已非曹公之定策群有司之戮力苏松之祸未已也虽然张大纲之死敌二人之绐贼其功固非碌碌者惜二人之姓字不传尔【昆山县学生龚良相撰】

卷十·大捷考·长白港之捷

嘉靖四十年四月有倭船一只倭贼六十余徒登犯先该海道副使谭分布兵船在彼哨御遇到随遣中军把总艾升统督各官兵擒斩真倭首级六十二名颗

卷十·大捷考·霩衢之攻

嘉靖四十年四月有倭船大小二十余只倭贼五百余徒由观山登岸攻城该所守御指挥向桂督率该所官军各用矢石火器敌死倭贼三十余徒贼忿不退拆毁蔡世扬坟庵屯札教场绞梯三十余张蜂拥夏家山布梯攻打十分危急指挥向桂督率官军都茂功等奋勇死战打死倭贼不计力屈势穷下船开洋去讫本年五月复有倭船五只倭贼三百余徒由观山上岸攻城该指挥向桂千百户都茂功等督率该所官军各用矢石火器奋勇敌退各贼下船开洋去讫

卷十·大捷考·裘村朱家店戴忝湖陈之捷

嘉靖四十年五月内倭船五只倭贼五百余徒由湖头渡登岸突犯裘村地方该海道副使王督率统兵把总艾升等官兵擒斩真倭首级三百六名颗贼见官兵势勇遁往朱家店地方随该把总艾升统督官兵奋勇追剿擒斩真倭首级七十八名颗前贼势穷遁往戴忝湖陈地方又该把总艾升统督官兵擒斩尽绝计获倭首一百五十二名颗

卷十·大捷考·剑山海洋之捷

嘉靖四十四年四月有倭船一只屯泊在彼该海道副使蔡调发统兵把总艾升统督官兵犁沉贼船擒斩真倭首级二十余名颗余贼溺死者不计其数

卷十·大捷考·南漩绿鹰之捷

隆庆四年三月二十日有倭船三只倭贼二百余徒在南麂等忝行使该把总胡震督领官兵追至南漩下洋即获二船各贼下水生擒真倭三名斩首八颗救回被掳民人三十五人二十八日又有倭船二只倭贼二百余徒突至竹屿该把总胡震及参将下游哨兵船冲锋战至绿鹰下洋黎翻一船围剿一船擒斩真倭首级二十余颗救回被掳男妇四十余名口

卷十·大捷考·五爪湖之捷

隆庆四年四月有倭船六只屯泊在彼该海道副使王督同参将梅魁统率官兵陈典徐景星杨鸾等犁沉贼船二只擒斩真倭首级二十余颗溺死倭贼甚众救回被掳三人

卷十·大捷考·南麂竹屿东洛三礁之捷

隆庆六年闰二月二十四日有倭船一只倭贼一百余徒在东洛南麂外洋行使该温处兵巡道副使张督同参

将胡震统督官兵周津伍奏等追剿擒斩真倭首级三颗用火焚溺众贼死者不计四月初五日三礁外洋有大倭船二只倭贼二百余徒该参将胡震统督把总李春芳等官兵追剿犁沉贼船一只火烧一只生擒真倭七名斩获首级一十一颗救回妇女四口小厮四人

卷十·大捷考·大衢岙之捷

隆庆六年六月各区兵船将已收掣回关该海道副使蒙照得汛期将毕恐有广闽倭船回岛严督各哨兵船再加哨御本月初六日瞭有倭船二只倭贼二百余徒在洋行使劫掠当该副使蒙总兵朱参将孙鸾督率官兵徐景星等奋勇攻击生擒真倭一十五名斩获倭首二十六颗余徒溺水死者不计其数救回被掳男妇八名

卷十·大捷考·鹿头外洋之捷

万历二年四月十一日有倭船二只倭贼一百五十余徒该台州兵巡道佥事王督同参将戚继美统率官兵王赐文等奋勇攻击斩获真倭首级四颗犁沉贼船溺死无算

卷十·大捷考·南麂东洛外洋之捷

万历二年四月十一日南麂外洋有倭船一只倭贼七十余徒该温处兵巡道副使华督同参将李希周统率官兵叶欢等生擒真倭五名斩获首级一十六颗救回被掳人民一十九名彼时风浪汹涌即用火攻烧溺水死者甚众十五日东洛洋外复至大倭船一只倭贼八十余徒督遣官兵李春芳等擒斩真倭首级一十六颗溺死不计其数

卷十·大捷考·浪冈陈钱海洋之捷

万历二年春汛该海道副使刘照得渔船出洋东风甚劲恐各官兵沿袭故套屯泊近港以不登岸为功又恐乘锐妄杀玉石俱焚秪图多级邀赏因而申明禁约督哨远洋随于本年五月初二日哨见大倭一只入犯浪冈海洋约贼百余该署总兵事副总兵王尚文参将艾升亲督把总徐景星所部兵船截杀冲犁斩获真倭首级一十二颗余贼连船覆没本月初三日复有倭船二只贼众二百余徒突进陈钱海洋抢劫渔船又该副总兵王尚文参将艾升督发把总马自道等兵船邀击生擒真倭六名斩获首级一十七颗救回被掳民人四十九名余贼溺水死者不可胜计

卷十·大捷考·渔山海洋之捷

万历三年四月十四日松海外洋有倭船一只自东南行使内向该台州兵巡道佥事王督同参将杨文统率把总王有麟等领兵追至渔山海洋犁沉其船生擒真倭四名斩获倭首一十二级贼徒溺死者不计其数救回被掳渔人二十名

卷十·大捷考·马迹山陈钱洋浪冈高家嘴东枯山五爪湖白结山鱼笼山八捷积谷山落花洋韭山浪冈下八山五战

万历三年春汛出师该巡视海道副使刘会同总兵李督同参将徐正遵奉钦差督抚军门刘抚临宁波经略调度及申严渔船䑸甲之法令其各带兵器剿贼论功本年四月十五日据哨报有大小倭船一十五只约贼千余在落花洋合䑸行使入犯比时总兵出蒲岙参将出长涂督率把总徐景星等统领各哨官兵相机远御并力进剿是日又有大倭船四只约贼二百余徒在积谷山外行使官兵客寅等奋勇追及对敌移时伤残倭贼数多逋诛东遁本日浪冈外洋又有倭船一十五只官兵樊云熊材钱潜宋大忠等与贼大战竟日铳箭齐发击死伤者不可胜计各贼望东遁去二十二日陈钱海洋有倭船十余只约贼五百余徒官兵徐景星钱潜杨贵熊材宋大忠王三锡等合力攻击自午至夜分各放火器焚烧乘风冲犁沉其二船斩获倭首一十六级生擒从贼一名各徒被伤投溺者甚众贼䑸解散我兵分道进剿五月初一日在黄泥礵海洋哨见大倭船一只望大小七行使官兵陈仕贤徐全徐和等奋勇追击过茶山直至高家嘴贼被铳箭伤死者过半夺回被掳人七名其各贼首级撞遇直隶兵船尽行邀取去讫初三日在东

枯山大洋追及倭船一只官兵吴昆等向前夺击犁沉之斩获倭首七级余贼覆没救回被掳者一十二人又哨至下八山遇有倭船一只官兵徐景星等对敌追奔百余里贼众大败忽遇飓风各飘散讫初四日哨至五爪湖有大倭船一只官兵杨贵等攻击犁沉其船生擒真倭七名斩获倭首一十九级被伤溺死者不计其数救回被掳人二十三名又哨至蟹钳海洋有倭船二只官兵徐景星陈应良等攻打追至韭山外洋官兵齐放铳弹倭贼伤死过半已及收功黑夜雾迷各贼并船逃遁遗一空船初四日又追至莺窝白结山海洋有大倭船一只官兵樊云等争先对敌斩获倭首四级生擒从贼一名余寇胥溺救回被掳一十二人又督哨长章得秀于鱼笼山洋斩获真倭首一级樊云等又于马迹山搜斩真倭首三级十二日徐景星等又于浪冈外洋斩获真倭首四级救回被掳二人犁沉倭船一只

卷十・大捷考・马迹羊山渔船二捷

宁波府知府周良宾海防同知李概呈称四月十七日有倭船一只计贼一十四徒在于马迹海洋抢掠渔船当被渔人何邦宠王景秀等奋勇对敌破其船生擒真倭一名斩获倭首四级余贼溺死夺回原抢渔船一只本月二十七日又有倭船数只前来羊山海洋抢掳内有四倭跳上渔船被渔人李廷臣等执梃对敌打伤三贼落水生擒真倭一名

卷十・大捷考・徐公海洋之捷

万历三年五月初一日本洋有倭船一只约贼五十余徒往西北行使该嘉湖兵巡道佥事王督同分守参将狄从夏统率把总韩沛等领兵攻击斩获真倭首九级余贼连船渰没救回被掳人民一十一名

卷十・大捷考・渔洋之捷

温州府知府杨邦宪呈据渔户彭六等报称于万历三年五月初四日本洋有倭船一只计贼十四人前来抢掠渔船当被六等拼命对敌斩获倭首三级余贼尽杀落水

卷十・大捷考・韭山浪冈渔山三捷

万历四年春汛出师该巡视海道副使刘会同总兵李参将徐督发官兵分布信地督抚军门谢抚临调度至四月十八日官兵路宰客寅陈应良等哨至韭山外洋瞭有大倭船一只内向各督水兵冲锋攻击生擒倭贼七名斩倭首一十三级夺获倭船并夷器二百四十五件又于本月二十四日官兵徐九章樊云宋大忠马自道等哨至浪冈远洋瞭见大倭船二只入寇约贼一百余徒即督官兵奋勇血战犁沉前船生擒倭贼五名斩倭首四十四级渰没者不计并获夷器三百二十七件救回被掳渔户二十二人又于五月初五日官兵杜德辉江明等哨至南北竺海洋瞭有异船一只向内行使约有倭贼五十余徒即督兵船追至渔山擂鼓笔架海洋各用火器攻烧贼船击贼下水比因铳惊龙起风洟大作止捞斩倭首四级余贼尽皆渰没并获在船在水夷器二百一十八件

卷十・大捷考・金齿外洋之捷

万历五年四月二十一日该分守宁绍徐参将差旗牌官裘良用等督率昌国把总邵岳哨总杜德辉等哨至金齿外洋见有倭船一只向东南行使官兵奋力攻打斩获真倭首级八颗救回被掳汉人三名并获夷器二十件遇夜贼船撞礁渰没

卷十・大捷考・积谷海洋之捷

万历八年四月十六日该分守宁绍卢参将督同昌国把总陆邦彦哨总陈梦斗等巡哨韭山外洋瞭见倭船一只约贼三十余徒由正东向西行使随督兵船追至积谷海洋犁沉其船因天晚雷雨汹涌止钩斩真倭首级二颗及捞获夷器八件余贼溺水不计

卷十・大捷考・东霍外洋之捷

万历八年四月二十四日该分守宁绍卢参将巡历长涂鼠狼湖等处督令中正游哨把总詹斌钱潜哨官张世泽丘凤等巡哨东霍海洋遇见大小倭船三只官兵攻打犁沉贼船斩获真倭首级共二十五颗夷器二百九十余件小倭船一只余贼溺水不计其数

卷十・大捷考・西矶洋岐六屿海洋之捷

万历八年四月该松海备倭把总马继武先于本年二月内遵奉兵巡温处道佥事唐台金严张参将军令统率大小船只在于南北海洋往来巡逻至四月二十四日哨至西矶山名蟹钳头信洋犁沉真倭船一只擒获一只生擒真倭一名斩获首级一十三颗投溺者不计二十六日又该把总马继武游哨山名洋岐海洋有真倭船一只形若海沧督率哨官王庆龙顾汝济两相攻击贼见我兵势大难支遂各带刀投溺下水不计其数生擒魁倭二名斩获首级一十七颗二十八日把总马继武督同中军把总石光远在于六屿海洋生擒真倭一十名斩获首级二颗通共生擒一十三名斩获首级三十二颗俱经解赴本道转解督抚军门吴验实题请钦赏六日三捷勒碑见在

卷十・大捷考・东洛海洋之捷

万历八年闰四月二十三日该分守温处参将潘清督率中军胡大经统船于东洛海洋哨遇倭船一只约倭百余徒官兵奋勇擒获生倭一十二名首级一十二颗救回被掳人三名

卷十・大捷考・横坎门外洋之捷

万历十年三月二十一日该分守温处参将沈思学督率黄华关总哨王龙统船横坎门外洋哨遇大小倭船二只贼百数余徒官兵对敌伤死王龙贼船追至灵昆海涂督调标营把总冯汝员官兵攻剿擒获生倭二十六名从贼一十九名夷妇二口首级五颗倭船二只夷器一百五十三件

卷十・大捷考・花脑浪冈之捷

万历十七年三月初二日该分守宁绍吴参将督率中正游哨官兵陈梦斗钱潜等巡哨花脑大小盘等洋遇有贼船二只奋勇攻剿犁沉贼船生擒真倭一名斩获首级二十颗夺获夷器一百十二件余贼溺死者众至本月初四日又督定海北哨总刘应科正游总张必儒中游把总詹斌等巡哨浪冈海洋瞭有草苫大倭船一只追出远洋奋勇夹攻龙风猛作官兵冒险鏖战生擒真倭五名斩获首级二十八颗夺获夷器一百三十五件

卷十・大捷考・洛伽外洋之捷

万历二十九年三月二十九日该分守宁绍陈参将督同正游哨赵应科定南哨哨官韩克华等巡哨洛伽山外洋过有大乌尾小草苫倭船二只合力攻打犁沉草苫船一只倭众约二十余溺水传令不许取级并追大倭船忽遇雷风逃遁据船兵钱美等捞斩真倭首级一颗并获倭衣二件倭箭五枝及轻伤兵王国等十二名

卷十・大捷考・东霍之战

万历二十九年四月十五日该分守宁绍陈参将督同中正游哨把总陈云鹏张应试等巡哨东霍外洋瞭见草苫大倭船一只各督唬船追剿我兵以佛狼机火箭等项攻打贼船鸟锐倭箭射兵捕兵间有被伤阵亡傅国定辛子仪火兵桑有益我兵奋力合攻直抵黑水下洋夜深海瘴贼船遁去

卷十・大捷考・东洛外洋之捷

万历二十九年四月十九日犯夷熊普达等驾倭船一只约倭七十余徒乘帆向东洛下洋望东南行使哨官张

邦达队长狄龙等瞭见飞报温处兵巡道按察使汤署参将事都司孙苌臣即督官兵叶得春等驾船追贼逼近乱发矢石铳炮四围攻打贼亦放铳矢对敌自午至酉贼见我兵凶猛势难抵敌乱窜下水当生擒活倭一十九名并获倭仗呈解督抚刘批行三司各道会官译审贼伙黄纴等吐称夷犯熊普达等海中劫掳米货杀死客商三人情真林元等勾引事实会同按院马看得渺茫一海华夷共之渔商牟利饵贼鸟夷以乘汛扰我所从来矣自关酋有事朝鲜海上数年绝警及釜倭遁而岛夷邻东南者渐有觊心去年使船突来狡谋已兆今岁分䑸流劫狂态益张况其器利船坚大非昔比官兵卒遇技力难施声闻内地群情已自惊惶万一堤备不严纵令阑入其贻害诚非小小者今幸沿海要地预防惟谨而温区官兵远哨遇敌合围攻打纵火焚击以致毁其来船溺其倭众生擒一十九名具题处分以靖海邦【已上俱海防类考】

卷十・大捷考・漳泉之捷

万历二十九年春在晋入闽抵泉州受事代庖巡守漳南道二篆履任后即往建南谒大中丞金公旋至省会而倭报纷纷至矣倭掠渔船挟渔人扶橹猝抢方盛兵船寨游及沿海郡邑戒严贼扬帆海上出没岛屿间纵横亡敌时巡海乏人而中丞公又以请告候命境上距海千有余里声闻辽绝当事者乃以巡海符授之不佞请得便宜从事三辞不获而南北中三路传箭如雨羽书告急军机吃紧间不容发省会同事诸公谓余当亟归道署周行海上才出省而王和兵船被抢又见告矣官军缩朒百兵不能当十贼而小埕海坛南日辄追风逐影夸诩以称劳苦而实退郄不前择其尤者一二以按军律而将与卒知有进生退死之法贼与兵船遇辄蹈刃跳跃锋不可接授指知兵健将冲其尾犁其柁焚其樯火铳火箭火桶乘风纵发一中贼船无得全者而又密察机宜出奇用间筹划调度夜不成寝或漏下三鼓而传门接报报至无不令人错愕应酬决判手腕几脱叮咛告诫唇胷欲枯书生白面以当金革八闽内地岌岌乎殆哉自有东椗一捷而馘斩强倭甚众致生囚于帷幄俘献军门已而铜山南澳相继收功贼始知漳泉有备严不可犯不敢正目窥闽南而寨游将士各有强立之志皆东椗为之作气也大将军镇福海不能展一筹而时时诪张声势以难文臣不佞日受其絮聒谓船小不能制胜勒令采木办福船木料不可卒得得亦不能刻期鸠工工成亦未必可驾以御贼争之不得余乃尽括寨游福船七只听其调度而贼操轻舟如飞转旋甚捷楼船安所用之南路募兵渔船与鸟船混合击贼帆樯号色杂出贼不及觉而疑徧海皆兵贼故不能大得志漳泉而宵奔东粤是岁粤海大创所损兵船亡算当倭之猖獗也大将军驰檄选精兵结䑸踞上游击贼余谓大海淼茫随风飘泊水师与陆师异陆师可据险扼其吭而拊其背船师讵可聚乎贼所获渔人靡不为其向导者必避实捣虚兵抽则防守弛忧在内地矣且客兵从招募何分强弱弱即当汰不可为兵愚不敢奉将军令无已请将别镇挑选毋及漳泉漳泉兵不受选沿海星燧罗列六月五日异风拔木白浪跃空山摇海沸倭船飘至永宁傍岸泉民携老挈幼奔涌入城诸弁以介胄见桴鼓声震请守陴堵贼余下令先发健卒从城外探贼入犯路亡何海上报至将士奋勇死战犁船沉倭登岸者骈首就擒泉得亡恐而福宁精锐结䑸海岛不能致一倭而闾峡之围贼登陆焚掠省会震惊飞檄救援贼闻援至旋退有天幸焉计大将军所俘获倭二一斩级病死兴海无功福与福宁有失而所擒获生倭斩级皆漳泉战士力也彭湖之设有游兵孤危四绝去漳海甚寥廓缓急不能捄援大将军告子亟传令撤回守内地不撤全军必覆问之参军及将士皆怂恿愚谓大将军及诸将士言良是然往返必候风传令下海安得顺风往顺风归五百人守彭山山可守湖可泊绝其樵汲击其惰归倭且有后虞彼五百人更相为命倭未可卒下也且倭志在掳掠窥内地子女财帛攻彭山何益耶万一船出彭湖飘零汪洋巨浸中东西不相顾首尾不相接舟必为倭有矣彭湖兵可毋撤而将兵者意在必撤兵符已先发矣余亟传令止之兵覆请以身任大将军无奈予何已倭从东粤摽掠扬扬得志纵苇东归而彭湖兵乘其懈而邀击之沉船破釜所系颈皆名酋是役也其幸不出于大将军之计虑者几希耳倭出南澳张定兵船被掳去幸有浯铜游兵追击夺船归而抢船之倭尽被浯铜兵歼戮此可称漳海奇功而把总方某欲掩其否臧失律与浯铜攘臂拔剑击柱一军尽为左袒不欲当失事之名反唇相刺事闻两院余谓浯铜南澳一体然不当混功过以死将士心条上胜负情形勘斩级一一解赴军门及直指使者按验验毕请封置他郡毋发归于时捄回被掳多人活口□证争功者惭沮武弁妒功忌胜彼此媒孽变黑为白有不胜其簧鼓者愚独秉公心罪必核功必录劳不至泯欺不至售庶几无负当事者委任之殷奈之何懦师偾帅倏忽转迁而有功如沈有容张万纪其人者与望风缩首之辈同类共律盖功册成于余手颢颓指茧而新海道受事更削牍为之其中低昂轩轾余付之不问题疏发而不孝且忧奔归里矣余

署漳南巡　直至五月交代而是月之终海波已恬始事者与终事者埒而庖代三符者与手握一符埒大将军坐镇以二首功受上赏升实级官都督沐世恩而余以豜豵之劳无裨实用而猥受赉金进秩其为大将军之提挈多矣是役也沉犁倭船九只夺获贼船并兵渔船十六只生擒倭贼四十二名斩首八十六颗获从贼首十五名救回被掳一百六十四名夺获器仗一千二百九十三件皆出漳泉部下事载抚院题疏及直指勘功疏中【王在晋记】

卷十·获夷纪略·交趾夷

万历三十九年六月天风猋骇海飓飞扬温州参将沈有容报获异船者三初获为裴暴等七十三名内裴福宁黎光武杨文仁少知书字自供为阿南国升华府河东县人五月奉上官差往长沙葛黄处荐礼祭祀一神而被风者再获为武文才等二十五名内陈阳科少知书字自供为升华府河东县人六月往归仁府维远县贩卖飘至海中为庄昭所劫而被风者三获为弘运等三十七名并瑞安县获解称文棱等五名共四十二人内陈光袍何玉榜少知书字自称为升华府潍川县人五月就富安府装载官粟併各物回本营而被风者阿南为安南国其君黎姓后莫姓继之今复归黎国有五道四宣二处京都城市有古殿旧迹人皆被发裸下足盘屈蹲踞为恭声音莫辨飲食无分生熟所奉上官令为钦差节制各处水步诸营兼总内外同平章军国重事太尉长国公又镇南营都督府掌府瑞郡公雄义营端国公国人读孔孟五经四书念南无阿弥陀佛男女行大小礼嫁娶婚姻以时问众人有妻子否曰有妻子问思归否则泣下不敢言裴福宁自称为校生通三场其人举止迂阔大类老儒押韵吟诗有也知上国施仁政生养恩深荷九重之句督抚浙江军门高发按察司署司事参政王在晋审明具疏题准递归两广总督送回本国【四十年十月十二日有安南国都统使黎维新印信领状】

卷十·获夷纪略·朝鲜渔人

万历三十九年九月台州参将方矩获朝鲜男子四妇二孺子一男子俱同姓李大李汉队为同生兄弟而李三其亲叔也李四与孺子李小一为同生兄弟妇计氏年三十有二为李大之妻金氏年二十有九为李汉队之妻各长其夫一歳俱未生育五男子一族为朝鲜全罗道南原府济州康津县人男子草笠大帽妇絣发加于额人貌朴野椎鲁而言语侏儒即译者不能畅晓有帽匠李大挺者为朝鲜人寓于杭呼而庭译之应对如响李大汉队之父曰李万石李四小一之父曰李蛮固万石尚存译其蛮音父曰阿鼻叔曰三寸兄曰胜妯娌曰阿姊名子曰阿得康津海滗男子持竿妇女操舟或钓而网或饵而渔取生鯆鱼国中价贵肉附于壳今犹有干鱼带壳者以布束缠于腰渔者每人挈米二斗为半月粮取水一舱共十数石下海采捕或十日而归半月而归本年八月二十五日男妇往东海取鱼驾舟下椗二十八日上灯时遭风桅损舵坏任风飘荡昏夜迷路不知所之船底平得不欹覆船中水尽取海水食之有火石火刀取火供爨度命至九月二十一日到静寇海门乃为哨捕获焉督抚浙江军门高发按察司署司事参政王在晋审明具疏题准递回本国转发原籍安置

卷十·获夷纪略·飘倭

万历四十年八月十四日台州参将方矩获解倭夷哈哪哩等十二名倭妇鸟般萨一口并草撇船一只船中有日本草蓬草苫等件七首刀鞘一件干饭一撮验得各倭顶发开塘外发稍长臂有刺纹下体兆阴又于身内搜出倭衣五件倭布一疋倭妇身上搜倭旗一面试以语言相顾骇愕试以物应对如译书问所居曰右南哥隶于右鸡哪什马其酋长为拖哪右南哥输粮于右鸡哪什马而拖哪掌之其输粮每年轮差右南哥六十余家壮者百五六十人人种田五亩纳米一斗所载米十七包黄麻十二包遭风投水船中仅存炒米一包为食海水不可飲则张布接衣承雨搅水得不渴所带麻布三尺为招风旗拖哪之所给也女人进香于哈密弗多结搭船同行飘至鹿头外洋弃船登岸为官军所获督抚浙江军门高发按察使王在晋会勘审非入犯议将获倭分发各营具疏题请各倭旋相继以毙【止存乌东家一名发营收养】

卷十一·行军法令·约法

一勤教练夫练兵之法……至于水战布列联环三叠等阵以福船为中军以草撇苍船为正兵八桨渔船为两

翼奇兵唬船为冲锋网船唬船为哨探若哨探有警日举白旗夜放起火为号飞报中军依令前进贼稍近可犁则用福苍船乘风冲犁不可则用唬船先驰冲锋攻打如三十步外用佛狼机百子铳碗口铳鸟铳神机箭弓火箭一窝蜂攻击再近正兵奇兵并发左右夹攻铳石火器齐放若逼至苍艢即过船剿杀须用长蛇之势首尾截击以收万全之功

一兵梢听命于甲长甲长听命于捕盗捕盗听命于哨官哨官听命于总哨总哨听命于备倭把总有不听者捆打问罪其捕盗舵工甲长兵梢各安分务念同舟共命如父兄子弟相倚若嗜酒赌博逞凶喧欧及假托事故在岸宿歇者连坐以罪间有置办柴米神福船具等项俱赴中军告领筹票限日时回销违者及该管捕甲一体重治

一住札征行若烧毁人房屋奸淫人妇女抢夺人财物者俱处以军法行营遇渡下船不待将领分发争先搀乱及擅夺民船者俱捆打

一各营寨中有系贼亲党及外番逃回者或谋为内应或探听消息或作向导或以火器火药接济交通许各队互相纠察正犯皆斩同队同哨纵容不举者与同罪遇汛务将兵船依期分布要害信地防守往来会哨仍拨鸟快唬船远出外洋哨探如船只到信地后期及偷安稳澳不拨船会哨远出侦探者哨官捕盗各捆打六十舵工捆打四十因而失事者斩遇警无分雨夜即要督率兵船追剿如总哨不奋勇先登身率士卒而但以空言驱督塞者各捆打一百因而失事者斩将官及海防官扶同隐蔽以不职论如中军船已掌行号而部下兵船不跟艅前进退缩后至者斩捕盗行迟缓迂曲而后到者斩捕盗舵工遇浅著礁不到者斩攀招乎船虽先到而使风掌舵不正不直故从贼船边挨过者斩舵工缭手若敌人虑我兵追及故将船内器物遗弃水中作饵缓兵兵夫敢有捞拾不急追击者许本船捕队先将犯兵割耳示众事毕解处故纵者连坐

一各寨游船只如在内地失于看守致有阁损者经防一汛二汛三汛全赔仍将捕舵捆打问罪革役四汛五汛六汛赔十分之七七汛八汛赔十分之五仍捆打问罪姑免革役九汛十汛赔十分之三十一十二汛以上赔十分之一俱捆打姑免问罪如开驾在洋遭风打坏经防一汛者全赔二汛者赔十分之八三汛四汛者赔十分之六五汛六汛者赔十分之四七汛八汛以上者赔十分之二俱免捆打问罪其九汛以上者俱姑免追赔若因追贼损失者一汛以上俱免赔偿其赔偿船价俱于该船捕舵军民兵工食行月粮内扣十分之六量给四分以资役食扣足而止仍即动支饷银补造船只发驾防御不许买民船赔补滋弊如一时打造不及又数止一二只亦不必雇船出汛以免冒滥【已上俱全闽约法】

卷十一·行军法令·营规

一每年春汛分发标兵赴沿海地方防守将领把总等官务要申严号令约束部兵沿途不许秋毫扰民总哨各官务要遵照禁款一切费用不许扣克各兵兵健等役不许假以催船为由刁难船户索取酒食常例经过地方水路预行有司拨船编号泊埠听将领派兵下船不许争先擅抢多用船只陆路住宿处所预行有司酌量民居大小票贴门上听将领把总派兵宿歇不许擅动民间一草一木汛毕奉掣回还将领把总于三日前知会沿途有司以便预拨船夫各兵饭食米菜随路买用俱照时价两平交易不许恃强短价其市镇人等亦不许将不堪柴米抑勒贵价兵到汛地听将领把总酌量安插不许擅离营伍酗酒为非违者许将领把总轻则捆打重则绑解军门枭示【已上俱都御史高禁革营伍条款】

卷十二·功令·倭贼功

一各卫指挥千百户获倭船一艘及贼者升一级赏银五十两钞五十锭在船军士生擒杀获倭贼一人者赏银五十两陆地交战生擒杀获一人者赏银五十两【见会典洪武二十九年】

一凡水陆主客官军民快临阵斩首有名真倭贼首一名颗者升授三级不愿升授者赏银一百五十两获真倭

从贼一名颗并阵亡者升实授一级不愿升者赏银五十两获汉人胁从贼一名颗者升授署职一级不愿升者赏银二十两如在海洋遇贼有能邀击况匿船只或追逐登山使贼不得近港如贼近港有能奋勇堵截使贼不得登岸如贼既登崖有能冲锋破敌夺其声势追出境或逼下船使地方不致被祸或所步兵少而擒斩多者均以奇功论听总督即时具题纪功巡按作速勘报超格升赏【嘉靖三十五年题准】

一万历四年四月本部覆总督两广军门兵部左侍郎凌题一议征倭水陆各路主客官军民快人等如遇聚止五百名以上大势倭贼一鼓荡平以寡击众力战成功者列为第一等内擒斩有名真倭贼首一名颗者升实授三级不愿升者赏银一百五十两获真倭从贼一名颗者止赏银十五两获汉人胁从一名颗者止赏银五两各不必议升如贼数不多易于取胜获功者列为第二等内获有名真倭从首一名颗者升实授一级不愿升者赏银五十两获真倭从贼一名颗者赏银十两获汉人胁从一名颗者赏银四两各不必议升若贼分伙流劫及败后散遁零星擒斩者列为第三等内获有名真倭贼首一名者赏银二十五两不愿赏者升署一级获真倭从贼一名颗者赏银五两获汉人胁从一名颗者赏银二两各不必议升如汉人勾引倭夷为患积恶著名者其罪较之有名倭首犹为深重比照前项擒斩真倭贼首等则一体升赏一万历六年九月内本部覆巡抚浙江兵部右侍郎徐题自本年以后海洋擒斩倭功不拘外洋登岸贼至五百名之外船至十只以上为第一等所获有名真倭贼一名颗者升实授三级获真倭从贼一名颗者升署职一级不愿升者赏银二十五两若二名颗者升实授一级不愿升者赏银五十两获汉人胁从贼一名颗升署职一级不愿升者赏银二十五两贼至三百名之外船至五只以上为二等所获真倭从贼三名题者升署职一级不愿升者赏银三十五两如不及数二名颗者赏银二十两一名颗者赏银十五两获汉人胁从贼三名颗者赏银二十两二名颗者赏银十五两一名颗者赏银十两若贼不过数十人船不过一两只及败后散遁零星擒斩者获有名真倭贼首一名颗者赏银二十五两不愿赏者升署职一级获真倭从贼一名颗者赏银十两获汉人胁从贼一名颗者赏银五两诸色人等冒功买功者悉照律例问遣

一议倭功等第查得会典倭功擒斩升赏俱照擒斩北虏事例后嘉靖三十等年倭寇猖獗又定为登岸赏格视会典反加万历四年六年议始定为三等但中间轻重失伦混淆无次合无将前项功次通融议拟以后如贼七八百人以上至千人船十余只以上至二三十只擒斩有名大贼首如先年王直毛海峰曾一本林风之类每一名颗升实授三级不愿升者赏银一百五十两擒斩真倭从贼一名颗者升实授一级不愿升者赏银五十两擒斩汉人胁从贼一名颗者升署职一级不愿升者赏银二十五两若二名颗者当一级以上为第一等须贼势大举血战成功者方许开列其余不得擅拟贼至三百人之外船至五只以上擒斩贼首一名颗者升实授一级不愿升者赏银五十两所获真倭从贼一名颗赏银十五两每三名颗当一级不及数者给赏不升所获汉人胁从贼一名颗者赏银十两多者加赏不升以上为第二等须对阵击杀两相鏖战者方许开列如贼不过百余人般不过一两只贼首不过是一船主非巨贼也能斩获一名颗者赏银十五两真倭从贼一名颗者十两汉人胁从贼一名颗五两通不议升以上为第三等著为定例【万历十二年题准】

卷十二·功令·优恤成规

一战而有功轻伤者每名赏银一两六钱无功轻伤者不赏一陆营出汛遇有操演哨探铳炮失马误伤因而致死得真者每名赏银一两六钱

一水兵出汛会哨卒遇风涛不测致有损失每名赏银一两六钱【已上系都御史高批允按察司议】

卷十二·禁下海通番律例·私出外境及违禁下海

凡将马牛军需铁货铜钱段疋绸绢丝绵私出外境货卖及下海者杖一百挑担驮载之人减一等物货船车并入官于内以十分为率三分付告人充赏若将人口军器出境及下海者绞因而走泄事情者斩其拘该官司及守把之人通同夹带或知而故纵者与犯人同罪失觉察者减三等罪止杖一百军兵又减一等【大明律】

一洪武二十二年令守御边寨官军如有假公事出境交通及私市易者全家坐罪【会典】

一凡守把海防武职官员有犯受通番土俗哪哒报水分利金银物货等项值银百两以上名为买港许令船□

私入串通交易贻患地方及引惹番贼海寇出没戕杀居民除真犯死罪外其余俱问受财枉法罪名发边卫永远充军

一凡夷人贡船到岸未曾报官盘验先行接买番货及为夷人收买违禁货物者俱发边卫充军

一凡沿海去处下海船只除有号票文引许令出洋外若奸豪势要及军民人等擅造二桅以上违式大船将带违禁货物下海前往番国买卖潜通海贼同谋结聚及为向导劫掠良民者正犯比照谋叛已行律处斩仍枭首示众全家发边卫充军其打造前项海船卖与夷人图利者比照私将应禁军器下海因而走泄事情律为首者处斩为从者发边卫充军若止将大船雇与下海之人分取番货及虽不曾造有大船但纠通下海之人接买番货与探听下海之人番货物来私买贩卖苏木胡椒至一千斤以上者俱发边卫充军番货并入官其小民撑使单桅小船给有执照于海边近处捕取鱼虾采打柴木者巡捕官旗军兵不许扰害

一私自贩卖硫黄五十斤焰硝一百斤以上者问罪硝黄入官卖与外夷及边海贼寇者不拘多寡比照私将军器出境因而走泄事情律为首者处斩为从者俱发边卫充军若合成火药卖与盐徒者亦问发边卫充军两邻知而不举各治以罪

一凡官员军民人等私将应禁军器卖与进贡夷人图利者比依将军器出境因而走泄事情者律斩为从者问发边卫充军【已上系问刑条例】

一凡沿海军民私往倭国贸易将中国违制犯禁之物馈献倭王及头目人等为首者比照谋叛已行律斩仍枭首为从者俱发烟瘴地面充军

一凡奸民希图重利伙同私造海船将绸绢等项货物擅自下海船头上假冒势宦牌额前往倭国贸易者哨守巡获船货尽行入官为首者用一百斤枷枷号二个月发烟瘴地面永远充军为从者枷号一个月俱发边卫充军其造船工匠枷号一个月所得工钱坐赃论罪

一凡豪势之家出本办货附奸民下海身虽不行坐家分利者亦发边卫充军货尽入官

一凡歇家窝顿奸商货物装运下海者比照窃盗主问罪仍枷号二个月邻里知情与牙埠通同不行举首各问罪枷号一个月发落

一凡关津港口巡哨官兵不行盘诘纵放奸民通贩倭国者各以受财枉法从重究治

一凡福建浙江海船装运货物往来俱著沙埕地方更换如有违者船货尽行入官比照越渡沿边关塞律问罪其普陀进香人船俱要在本籍告引照身关津验明方许放行违者以私渡关津论巡哨官兵不严行盘诘者各与同罪【已上系刑部议覆新例万历四十年六月题准】

卷十二·考察

一考察官捕查得宁绍二区水陆各营哨官捕盗耆民队什长为兵军领袖必须诚实精壮者充之庶克有济该副使刘访得各役因循积弊踵袭利规中间守法者固不尽无其虚兵冒支暗粮侵盗放债赌博扣克卖闲恃倚束兵指一科十种种奸弊不可胜言以致老弱疯病之人互相蒙蔽坐食廪粮就经行据各总呈解前来逐名点阅考察除事犯稍轻者量行责成姑准留用令其省改有显过者重责与老弱疾病者一体革退另换其过恶多端者发府究问以后每年防过大小二汛毕日一体送考通行备由于万历元年十一月内呈奉督抚军门方巡按御史萧批准著为定规每年防过二汛一体取考向在遵行

一考察官捕查得沿海各区水陆官目每年于防汛毕日听海道镇参会同考察赏罚以昭劝惩续于万历十五年为酌考察以便训练事奉督抚部院温宪牌自后俱三年大汛毕通行考察近又奉明文每汛期军门抚临行取官目贤否文册考核至汛毕日听候详示分别去留并应戒应拿等项遵行在卷万历三十八年六月浙江督抚军门高为军务事照得大汛既毕往年例将各官役概行考察分别汰革戒饬本院看得两汛毕日有年终举刺贤否已经榷访不数月而课殿随之不但人人自危无久图无固志而多视亦能乱明多访适以乱听是多一事不若省一事之相安也合行遵照并行申饬牌仰该道移行两将官晓谕各总哨等官精勇队什等役使知本院体恤至意素著贤能者务要愈加激励一乃心力以期有功即偶有微疵小过者务宜猛然省改克盖前愆以图后效免行一番访察傥有过迹显著或违禁需索指官科敛为营伍蠹及疲弱老疾挂名充数占役冒饷罔禅行伍者该道时常体访据实不时揭

报以凭究革又未可以姑息养奸傥不肖者或恃法疎而肆志本院别有所闻定从重处断不假借俱毋违错【今止年终甄别举刺汰革汛毕免考察】

卷十二·祭祷·辑祭祷说

王鸣鹤曰礼制有五军居其一盖上而社稷下而生灵安危存亡实系焉斯其所关于国家至重也故禡牙之礼始于王制历代以还凡有军兴莫之敢废非为渎祀非为谄神为社稷生灵重厥典尔前代举行未暇悉考恭觏我二祖开基定之后大纛神旗岁时有祭载在会典国宪昭然及虎钤武经所载祝告之词类各不同俱有成式乃备辑兹篇以便仗钺专征者遵行毋忽云且易有之圣人以神道设教夫幽显殊途而感孚则一耿恭拜井而井涌孔明祭风而风应卒以解城中之围奏江上之捷非特感格乎神明而亦以鼓舞乎众志机则然也司寄者其尚审之哉

卷十二·医药·救五绝死

一救溺水死者用皂角为末绵裹塞粪门放大凳卧著脚后凳垫起一二砖用盐擦鼻中待水自流出切不可倒提出水但心下温皆可救一方急解衣带艾炙脐中令二人以芦管吹其耳中即活

一救冬月冻死及落水中冻死微有气者脱去湿衣解生人热衣包之用大米炒热熨心上或炒灶灰令热以囊盛熨心上冷则缓之令暖气通温以热酒或姜汤或粥饮少许灌之即活【已上俱登坛必究】

卷十三·选日·行船类

行船宜黄道天恩月恩月财天月德二德合要安定成日壬寅癸卯日合海角经星宿

宜乙丑丙寅丁卯戊辰巳巳丁丑戊寅壬午乙酉辛卯癸巳甲午乙未庚子辛丑壬寅辛亥丙辰戊午己未辛酉满成开日

忌建破勾绞天贼地贼受死荒芜正四废白浪张宿触水龙咸池蛟龙四激招摇殃败八风危日江河离子胥死日河伯死日龙神行日风波日水隔日九坎九土鬼转杀日大恶时下海行船日同更宜天佑天恩普护活曜复日

祭水神宜庚午辛未壬申癸酉甲戌庚子辛酉开日

卷十三·选日·河伯风波日

年子丑寅卯辰巳午未申酉戌亥

河伯日 亥子丑寅卯辰巳午未申酉戌

风波日 子丑寅卯辰巳午未申酉戌亥

水痕日【忌行船】 大月 初一 初七 十一 十七 二十三 三十日

小月 初三 初七 十二 二十六日

月建为白浪日 时建为大恶时

子胥死壬辰日 河伯死庚辰日

触水龙 丙子 癸未 癸丑日

张宿 丙子 癸未 戊戌 癸丑 乙卯日

海角经 氐 尾 箕 斗 危 壁 娄 胃 昴毕张星轸【十三宿大吉】

室牛房参井【五宿半吉】

卷十三·选日·许真君传授龙神行日不可行船主风

正月 初三 初八 十一 廿五 月尽【龙会】

二月 初三 初九 十二 月尽【龙神朝上帝】

三月 初三 初七 廿七【龙神朝上帝】
四月 初八 十二 十七 十九【龙会太白】
五月 初五 十一 廿九【天帝龙王朝玉皇】
六月 初九 廿七【地神龙朝玉皇】
七月 初七 初九 十五 廿七【神杀交会】
八月 初三 初八 廿七【龙神大会】
九月 十一 十五 十九【龙神朝玉皇】
十月 初八 十五 廿七【东府君朝玉皇】
俗忌七九日不行船若先日转移船头亦无忌
【已上俱神机制敌一】

卷十三·占验·风雨占候

一风雨占候盖军中占候风雨为急载诸洪范之庶征本于太阴之缠度自然推步可验初非玄奥难知至如日月之薄蚀霾雾之郁蒸星辰之流伏云气之变迁观乎天文以察人事而吉凶祸福如桴鼓影响然此兵家之所宜究心者也况江海操舟冲风触浪顺之则安逆之则危提三军决两陈虽天时不如地利而孤虚旺相向背趋避为将领者不可不知考之孙子曰发火有时起火有日时者天之燥也日者月在箕壁翼轸也凡此四宿风起之日也如正月太阳在子初一日太阴孕于子谓子朔五日过两宫即戌位此三日内决有风者月在壁宿是也初十日太阴过申三日内主雨者月离于毕是也十五日太阴过午谓之望十七十八十九太阴过巳及辰三四日内有风者月在翼轸是也廿五太阴过寅二三日内有风者月在箕宿是也廿九三十日太阴复于子谓之晦二月太阳在亥太阴随之余仿此大率节候不同弦望亦异节候不同者如立春或在月前月后弦望不同者弦有初七初八初九望有十四十五十六十七是以月之过宫亦有三四日之差其风亦应在三四日之内质以历之所推无不验矣谚云月儿仰水渐长月儿仄水无滴盖月有九行青白赤黑各二道皆出入于黄道之中故曰九行道不中而过南则为阳道道不中而过北则为阴道行阳道则旱行阴道则潦月借日为光月生时如仰瓦是行阴道矣如弓弦仄样是行阳道矣故知旱潦者以此春夏两季若遇天气湿热其日午后或云起或雷声所起之处必有暴风秋冬两季之间若四方天色明净自五更至辰初无变虽有微风不问顺与不顺可必无妨云头从东方起必有东风从西方起必有西风南北亦然如前面云头已过后面云脚未尽风亦未止必天色明净后更无云然后风止若行云片片相逐聚散不常其洁白围绕日光又云脚黄日色赤云行急天色黯淡日月昏晕太白昼见众星动摇并主大风日晕生雨月晕生风看何方有缺则此方风来夏秋之交热极生风及有海沙云起谓之风潮名曰飓风此乃四方之风有此风必有霖霪大雨同作防南风尾北风头南风愈吹愈急北风吹起便大云若炮车形起主大风云起下散四野满目如烟如雾名风花主风起夜间听九逍遥鸟呌卜风雨一声风二声雨三声四声断风雨水蛇蟠在芦青高处主水高涨若干回头望下水即至望上稍慢至于蝼蚁之迁飞蚁之出江豚之见渊鱼之跃础石生润山川出云皆可占风雨月尽无风无雨则来月初必有大风雨俗云廿五廿六若无雨初三初四莫行船春有二十四番花信风梅花风打头拣花风打未谚云壬子癸丑甲寅晴四十五日满天星戊申巳酉连庚戌天上无云地下湿每值日干执破多风雨又云执破无雨危承当凡寅戌二时风雨不久午子二时者颇久若雨至午时偶然日出谓之雨候其雨通霄大抵东北风多雨西南风多晴惟长安则西风而雨此不可晓易曰密云不雨自我西郊盖阴来求阳而阳不应之故不成雨风云际会而相从者也凡云走东北者乃系西南之风必无雨尝考李筌作日月合宿大约之法以周天三百六十五度四分度之一二十八宿四方分之东方七宿共七十五度南方七宿一百一十二度西方七宿八十度北方七宿九十八度月二十八日一周天一日一夜行一十三度少强皆以月中气起例雨水正月中日月合宿在室八度春分二月中日月合宿在奎十四度谷雨三月中日月合宿在昴二度小满四月中日月合宿在参四度夏至五月中日月合宿在井二十三度大暑六月中日月合宿在星四度处暑七月中日月合宿在翼十二度秋分八月中日月合宿在角六度霜降九月中日月合宿在氐十四度小雪十月中日月合宿在箕二度冬至十一月中日月合宿在斗二十一度大寒十二月中日月合宿在虚五度每月朔日以夜半推之无不验也此占风起之例也大抵倭舶之来恒在清明之后前乎此风候不常届期方有东

北风作且多日而不变也过五月有风自南倭不利于来而便于归矣重阳后风亦有东北者彼亦可来过十月风自西北亦非倭所利矣故防春者以二三四五月为大汛九十月为小汛凡冬夏之交南北风息未定七九月风涛汹涌尤可畏也故舟行者往西以仲春往北以仲夏往东以仲秋往南以仲冬则利涉大川不疾而自速矣【海防类考】

卷十三 · 占验 · 舟师占验

按兵法孙武子曰月在箕壁翼轸此四宿者风起之日也向以为纸上陈言竟未之试兹出汛海外占之多验值四宿而风不起间或有之起则未有不狂大者至于忌俗假托于神虽不可考然亦多合四宿因择应验者俗忌古占刊布俾舟师知所趋避云

正月初二日月在箕 初九日在壁俗云玉皇飓 二十二在翼 二十三在轸 三十日又在箕俗云龙神会

二月初七在壁俗云春期飓 二十在翼 二十一在轸俗云观音飓 二十八在箕俗云龙神朝上帝

三月初三俗云真武飓又云拔草飓 初五在壁初七俗云阎王飓 十五俗云真君飓 十八在翼 十九在轸 二十三俗云天妃飓 二十六在箕俗云诸神朝上界

四月初二在壁 初八俗云太子飓 十五在翼 十六在轸 二十三在箕俗云太保飓又云龙神于太白

五月初五俗云屈原飓 十三在翼 十四在轸俗云关王飓 二十一在箕俗云龙毋飓 二十八在壁

六月十一在翼 十二在轸俗云彭祖飓 十九在箕俗云十二做不透十八做去凑 二十六在壁

七月初八在翼 初九在轸俗云神煞交会飓 十六在箕 二十三日在壁

八月初六在翼 初七在轸 十四在箕俗云伽蓝飓 二十一在壁俗云龙神大会

九月初四在翼 初五在轸 初九俗云重阳飓又云九朝风 十二在箕 十九在壁 二十七俗云冷风信

十月初一在翼 初二在轸 初五俗云五风信初九在箕 十六在壁 二十九在翼 三十在轸俗云东岳朝天

十一月初七在箕 十四在壁俗云水仙飓又云冬至风 二十七在翼 二十八在轸俗云西岳朝天

十二月初五在箕 十二在壁 二十五在翼 二十六在轸俗云扫尘风

以上十二个月坐定法也若遇闰正月则看前月大小月大则同前月月小则移前一日初一初八廿一廿二廿九乃四宿之日也余可类推

卷十三 · 占验 · 定各色恶风

云横日赤 烟雾四塞 日月昏晕 海面浮赤

云行如箭 禽鸟高飞 天色昏暗 人身首热

天色冲高 大鱼高跳 海水汾浊 海糠多浮

西南星动 海蛇戏水 无风作涌 无雷海响

青蜓多飞 礁头乱响 凡此各色 风飓异常

卷十三 · 占验 · 逐月风忌

正月忌七八日风乃北风也

二月忌初二北风

三月忌清明北风

五月忌雪至风以正月下雪日为始算至五月乃一百二十日之内主此风

六月十二日忌 风在前后三四日

七八月 日南风必有北风报之

九月九日 内忌九朝风

十月忌初五风在前后三四日内

十一月冬至风

腊月廿三四扫尘风

卷十三·占验·占风

秋冬东南风 雨下必相逢 春夏西北风
下来雨不从 汛头风不长 汛后风雨狂
春夏东南风 不必问天公 秋冬西北风
天光日色红 长夏风势轻 舟船最可行
深秋风势动 风息浪未静 夏风连夜倾
不昼便晴明 雨过东风至 晚来越添巨
风雨潮相攻 飓风难回避 初三须有飓
初四还可惧 望日二十三 飓风均可畏
七八必有风 汛头有风至 春雪百二旬
有风君须记 二月风雨多 出门还可记
初八及十三 十九二十一 三月十八雨
四月十八至 风雨带来潮 船傍人难避
端午汛头风 二九君还忌 西北风太狂
回南必乱地 东风连夜吼 西风只到酉
春飓头起狂 冬飓尾更大 六月十一二
彭祖连天忌 七月上旬来 争秋船莫开
八月半旬时 随潮不可移

卷十三·占验·占天

朝看东南黑 势急午前雨 暮看西北黑
半夜看风雨 东南朝黑云 风急午时霖
西北暮黑云 半夜风雨均 朝看天顶穿
日出渐炎炎 暮看四脚悬 明日必晴天
游丝天外飞 久晴便可期 清朝起海云
风雨霎时辰 风静郁蒸热 云雷必振烈

卷十三·占验·占云

早起天顶无云 日出渐明　暮看西边无云
明日晴明　游丝天外飞 久晴便可期
清朝起海云　风雨霎时辰 风静郁蒸热
云雷必震烈　东风云过西 雨下不移时
东南卯没云　雨下巳时辰 云起南山暗
风雨辰时见　日出卯遇云 无雨必天阴
云随风雨疾　风雨霎时息 迎云对风行
风雨晴时辰　日没黑云接 风雨不可说
云布满山低　连霄乱雨霏 云从龙门起
飓风连急雨　西北黑云生 雷雨必生訇
云势若鱼鳞　来早风不轻 云钩午后排

风色属人猜　夏云钩内出 秋风钩背来
晓云东不虑　夜雨愁过西 雨阵两霎煎
大飓连天恶　恶云半开闭 大飓随风至
乱云天顶绞　风雨来不少 风送雨倾盆
云过都暗丁　红云日出生 劝君莫出行
红云日没起　晴明便可许 云行炮车同
必主起大风　云变鱼鳞天 不雨也风颠

卷十三·占验·占日

乌云接日 雨即倾滴 云下日光 晴朗无妨
早间日珥 狂风即起 申后日珥 明日有雨
一珥单日 两珥双起 午前日晕 风起此方
午后日晕 风势须防 晕开开处 风色不狂
早白暮赤 飞沙走石 日没暗红 无雨必风
朝日洪天 晴风不扬 朝日烛地 细雨必至
日光晴彩 久晴可待 日光早出 晴明必久
返照黄光 明日风狂 午后云遮 夜雨霶沱
上下黑龙 风雨相从 日晕青色 必主大风
日晕赤色 霹雳兼风 雨畔相向 天下大风
【已上俱参将沈有容舟师占验】

卷十三·占验·论太白昼见

经云太白晨见东户为启明朱子断白启明金星金在西日将出则东见注云太白见于日将出时则曰晨见主无风见于日已出后则曰昼见主有大风今俗呼为晓星

卷十三·占验·论三星摇动

每遇入夜观于西南方上有星摇动主大风

卷十三·占验·占海

蝼蛄放洋 大飓难当 两日不至 三日无防
满海浪荒 雨骤风狂 大海无虑 至近无防
金银遍海 风雨立待 海泛沙尘 大飓难禁
若近山岸 仔细思寻 乌口弄波 风雨必起
二日不来 三日难抵 水上鹅毛 风大难抛
东风可守 回南渐傲 白虾弄波 风起便和
熟读此歌 不遭风波

卷十三·占验·行船占日月星云风涛

一返照在日没之前臙脂红在日没之后记之
一星光闪烁不定主有风
一凡风单日起单日止双日起双日止

一凡风起早晚和须防明日再多
一有恶暴之风尽日而没
一防夜起之风必毒
一凡东风急风急云起愈急必雨雨最难晴
一凡春风易于传报一日南风必还一日北风虽早有此风向晚必静
一春南夏北有风必雨
一春天东南风俗云风时向晚多飓
一凡两阵自西北起者必云黑如泼墨又必起作眉梁阵主先大风后雨雨急易静
一水际生靛青主有风雨
一秋天云阴若无风则无雨
一海燕忽成群而来主风雨乌肚雨白肚风
一海猪乱起主大风
一虾笼张得鱆鱼主风水
【已上俱舟师占验】

卷十三・占验・占潮

月上潮长 月没潮涨 大汛潮光 小汛月上
北海之潮 终日滔滔 高丽潮来 一日一遭
莱州洋水 南北长落 北来是长 有来方觉
杨子江内 粮舟之患 最怕船密 大风紧急
系定且守 船走难缆 纽定必凶 直至沙岸
走荒落矴 神鬼惊散 要知矴地 大洪泥硬
滩山一驮 铁矴可障 海中泥泞 顺抛木矴
黑水洋深 接缴数寻 成山开处 名罗鼓地
磨断宗毛 篾缴可抛 成山铁山 万丈深泉
【职方考镜】

西洋番国志[1]

占城国即释典所谓王舍城也在广东大海之南自福建长乐县五虎门开船往西南行好风十日可至其国南达真腊西接交趾之后东北俱大海国之东北百里有海口名新州港岸上有一石塔诸处船望见塔即收港港口有寨番名设北奈寨内番人五十家有二头目主之西南百里即王城番名曰佔其城以石垒开四门各有守者国王锁里人崇信释教头以金为冠铍三山玲珑花其状与中国杂戏中妆扮者所戴冠同身衣五色长衣以细花布为之下围色丝手巾王跣足出入骑象或以二黄牛驾小车而行其头目所戴冠用其土所产茭蔁叶为之其制度亦如王者但饰以金彩各分品级高下所服衣衫长不过膝下围各色布手巾王居屋宇高大上盖长条细瓦四围墙垣皆用砖灰其门以坚木刻兽形为饰民居房屋俱覆以茅其檐不许过三尺过三尺者罪之服色皆用紫玄黄亦不禁王乃服白余服白者罪死国人男子鬖头妇人撮髻脑后体貌俱黑上衣短袖衫下围色布手巾俱赤脚气候常暖如中国四五月时无霜雪草木长青产茄蓝香降真香观音竹乌木其木甚黑润绝胜他国所出者茄蓝香惟此国有一大山产他国俱无价与银等观音竹如细藤棍色黑长一丈七八尺每寸有三二节他国俱无所生犀象其牙角甚广犀牛如水牛形一角生鼻梁中蹄有三跲身黑无毛皮麄厚纹如鳞甲体重七八百斤食刺树刺叶及指大乾木有牛马猪羊其马仅大如驴鹅鸭少鸡至小脚仅高寸半或二寸雄鸡则红冠白耳亚腰窍尾人执手中犹啼甚可爱也果有梅橘西瓜甘蔗芭蕉椰子波罗蜜状如冬瓜皮纹如荔枝其中有肉颗如鸡子大色黄味甘如蜜肉内有子大如中国刀豆子炒食如栗蔬菜则冬瓜黄瓜葫芦芥菜葱姜而已其余果菜俱无人多渔少耕种所以稻谷不广土种米粒细长多红者大小麦俱无日食槟榔扶蒌叶【名老叶】不绝口婚姻男子先至女家成亲过十日或半月男家父母及诸亲友以鼓乐迎回饮酒作乐其酒以药和饭封瓮中候熟但饮时先数主客人数多少以长节竹筒插入瓮中人皆围坐轮次而起扶筒咂饮干再增水味尽方止书写无纸笔槌羊皮令簿或折树皮以白粉书之国刑得罪轻者以藤条杖脊重者截鼻为盗者断手男女犯奸者烙面甚者以木为船行放水中上立一竖木削尖令罪人坐尖上木自口出而死就流水上示众岁月无闰但以十二月为一年昼夜分十更击鼓以记之其王年节用生人胆调水沐浴各处头目采取进纳以为贡献之礼王居位三十年令别弟兄子侄权国事自往深山持斋受戒对天誓曰我在先为王若无道愿虎狼食我或即病死若一年不死则复为王人皆呼为昔嚟马哈剌扎盖至尊至圣之称也其国中有人家妇人呼名尸只于者惟以目无瞳人为异夜寝时头能飞去食人家小儿粪尖则妖气入儿腹必死其头复回本体相合如旧曾有人能以妇人之体移置他处其妇亦死但知人家有此妖异不报官者罪及合家又有一大潭通海其中有鳄鱼国人有告争讼难明官不能决者则令各骑水牛过潭鳄鱼见理曲者辄出食之其理直者虽过十余次无事最为异也海边有野水牛甚狠恶可畏其牛原是人家耕牛因逸去他处生养成群但青衣之人相近辄群逐来抵触而死人皆避之国俗最忌人触其胸怀或有犯者恨而阴谋杀之其买卖交易惟以七成色淡金使用所喜者中国青磁盘碗等器及纻丝绫绢硝子硃等物皆执金来转易而去国王岁采方物犀角象牙茄蓝等香赴中国进贡

爪哇国古名阇婆国也其国有四处一曰杜板一曰新村一曰苏鲁马益一曰满者伯夷俱无城郭宝船到彼皆于海中驻泊官军人等惟驾三板船于各处来往其它国有船来者先至杜板后至新村次至苏鲁马益次至满者伯夷其满者伯夷之王居处以砖为墙高三丈余周围约二百余步内其屋如架楼约高三四尺余间以板铺阁加细藤簟或花席于其上人皆盘膝而坐上用坚木为板交搭盖覆以下国人居屋皆用茅盖亦以砖砌土库高三四尺家私物件尽藏库内居止坐卧俱在于上其国王鬖头跣足头戴金叶花冠身无衣袍腰以下围丝嵌手巾出入坐牛车或骑象国人男子鬖头妇人椎髻上不著衣下围手巾其手巾比世用者倍阔名曰打布男女皆从腰下臀上围起至于面脐下掩闭却以狭布巾一条系于打布上面名为压腰所食槟榔蔺叶就于压腰巾内包裹腹前行走坐卧嚼咂不

[1] 〔明〕巩珍撰。据清彭氏知圣道斋钞本,参校中华书局 1961 年版(向达校注本)。

止惟睡著时不食其槟榔椰子类同茶饭不可稍缺国人之性专以疆梁竞其胜负但是男子随身皆有刀一把仅长一尺有余刻木作套装护其刃贴肉插于腰间怒欲刺人随手举执凶恶可惧其刀名卜剌头俱以兔儿雪花镔铁为之两刃尖利之甚短靶用木作人形鬼面细巧堪爱最忌人弄小儿摸其头伊父见知务必追执以刀刺杀寻常往来但与争斗抵触者即拔腰间所插之刀刺死其人彼即脱走过三日后即不偿命或其时就执之者随亦戮死不论凡在市卖物皆是妇人与之交易近傍之间因彼裸体其乳被人扪弄惟对笑而已其夫虽见佯若不知国无鞭笞之刑但犯罪不拘轻重皆用藤缚两臂拘拥而去则以卜剌头刀刺腰及胁即死国之风土无日不杀人甚可畏也中国铜钱通使杜板番名赌班此地约千余家中国广东及漳州人多逃居于此以二头目为主其海滩上有小池甘淡可饮传说元朝命将史弼高兴伐阇婆经月阻风不得登岸军士渴欲死二将仰天祝曰奉命伐蛮天若与之则泉生乃以枪劚地泉随涌起至今呼为圣水云其地鸡羊鱼菜贱杜板向东行半日许至新村番名革儿此地原为枯滩因中国人逃来遂名新村至今村主广东人也约千余家各处番船皆聚此出卖金宝石及一应诸番货居人甚殷富新村向南行日许到苏鲁马益港口水淡沙浅大船难进用小船行二十余里到苏鲁马益番名苏儿把牙亦有村主管番人千余家门亦有中国人其港口有一洲林木森森上有长尾猴万数中有墨色老雄猴为主有一老番妇人随其侧国人妇女无子者皆备酒饭果饼往祷老猴喜则先食其物众猴争食其余食尽随有公母二猴近前交应此妇回即有孕否则无也可怪哉于苏鲁马益小船行八十里到埠头名漳活登岸向西南行半日到满者伯夷则王居处也其处有番人二三百家头目七八人辅王天气长热如夏田稻一年二熟米粒细白芝麻菉荳皆有惟无大小麦土产苏木金刚子白檀香肉荳蔻荜茇班猫镔铁龟筒玳瑁鹦鹉大如母鸡及红绿莺哥五色莺哥鹩哥皆能效人言语珍珠鸡倒挂鸟孔雀鸟槟榔雀绿班鸠之类又有白鹿白猿白猴等兽其牲畜则有猪羊牛马惟无驴及鹅果有芭蕉椰子甘蔗石榴莲房西瓜郎极果莽吉柿之类莽吉柿状如石榴匾形紫色皮厚内有白肉四块甘酸可食郎板状如枇杷而大内有白肉三块亦酸甘可食甘蔗长二三丈皮白其余瓜茄菜蔬皆有惟无桃李国人坐卧无床凳饮食无匙筯饭用盘盛沃以酥汁手撮而食凡鱼虾蛇蚓蛆虫等物以火燎过即啖之或有聚饮者列坐于地酒乃茭蔁椰子所酿盛于瓦坛以旋采树叶蔑签作盏杓一人傍执舀酒传递到手即饮之掷于地以伺再传淋漓不顾其过酒之物虾鱼蛆虫蔬菜亦以蔑签盘楪饤摆于地人各一分尽醉而其国人有三等一等西番回回人因作商贾流落于此日用饮酒清洁一等唐人皆中国广东及福建漳泉州下海者逃居于此日用食物亦洁净皆投礼回回教门一等土人形貌丑黑猱头赤脚崇信鬼教佛书所谓鬼国即此地也其人饮食秽恶蛇蚁虫蚓食啖无忌家畜之犬与人共食夜则同寝恬不为怪人云昔有鬼子魔王青面绀发红身与一象合生子百余常啖食人忽震雷裂石中有一人众立为王尽降于象而不为害土人乃其遗种至今尚有强狠之习每岁以十月为春首有竹枪会王与其妻各乘塔车塔车高丈余四面有牕下有转轴以马驾之王后妻前同至会所两边摆列队伍各执竹枪其竹实心不施铁刃但削尖用火焠其锋相持对敌男子各带妻孥随行其妻孥亦各执木棍长三尺许在于敌场听鼓声缓急男子交枪既三合各妻就以手执木棍格之呼曰邦剌那剌则皆退散或甲与乙敌伤死王就令甲出金钱一枚与乙家其妻随甲去以此较胜负为戏其婚姻则男先至女家成亲三日后乃迎回男家击铜鼓铜锣吹椰筒及打竹筒鼓并放火铳前后短刀团牌围绕其妇则被发裸体跣足腰围丝嵌手巾项佩金珠联络之饰臂带金银宝镯其亲友邻里俱以槟榔蒥叶线纫草花之类装插彩船而送之以为贺礼其丧葬父母将死则问父后欲犬食欲火化或欲弃水中随父母所愿欲而行之若欲犬食则舁尸至海滨或野外有犬十数来食其肉尽为好食不尽子女皆悲号哭泣弃其余水中而归又富翁及贵人将死有所爱婢妾辄与誓曰死则同往及死出殡积柴薪焚主翁尸及火焰盛所爱妾二三人皆戴草花披五色花手巾登跳号哭遂投火中同主尸烧化以为送葬之礼国人多富买卖俱用中国铜钱历代书记亦有字与锁俚相类以茭蔁叶用刀刻画亦有文法语甚美软其衡法每斤二十两每两十六钱每钱四姑邦每姑邦该中国秤二钱一厘八毫七丝五忽每钱该官秤一两四钱每斤该官秤二十八两量法截竹为升名曰姑剌该中国一升八合以八升为斗名曰捺黎该中国一斗四升四合每月十五六夜月色好则番妇集二十人或三十人于月下联臂徐行一妇为首先唱番歌一句众皆应声齐和过亲戚及富贵家皆赠以铜钱等物名为步行乐又有一等人杂画人物鸟兽虫豸如中国所为手卷状以二木高三尺为画杆止齐一头其人盘膝坐地以图画立地上展出一段则朝前用番语高说此段来历众人环坐而听之或笑或哭如中国说平话然国人最喜青花磁器幷麝香花绣纻丝硝子珠等货国王常采方物遣使进贡中国

旧港国即三佛齐国也番名佛林邦受爪哇节制其国东即接爪哇西抵满剌加国南距山北枕海诸处船来先淡水港入彭家门系船岸边名石塔易小船入港乃至其国国多广东福建漳泉人地土肥美谚谓一季种谷三季收稻正此处也其处水多地少人多习水战头目皆岸上造屋以居其余民庶俱于水上编竹为筏葦叶作房居之筏用椿缆随水长落欲迁居则连筏移去不劳搬徙亦甚便港中朝暮二次暗潮国甚富饶其风俗婚姻死葬语言皆与爪哇同洪武初广东人陈祖义等挈家逃窜于此后祖义充头目横甚往往劫夺客船财物有施进卿者亦广东人永乐五年奉朝命往西洋宝船过此施进卿来执擒祖义等送京斩之朝廷命进卿为大头目以主其地进卿死位不传子其女二姐为主赏罚黜陟悉听裁制土产金银香黄连香降真香沉香鹤项黄蜡之类其金银香如中国银匠所用黑胶中有白块如蜡白多黑少者为上黑多白少者次之此香气烈触鼻薰脑西番并锁俚人甚爱之其鹤顶之鸟大如鸭形黑毛颈尖嘴脑骨厚寸余外红内黄如蠟娇润可爱其嘴之尖极红但作腰带钩环锯解脑骨作坯却刮取嘴尖之红贴为花样以烧热铁板钳合成块任意制造亦可作刀靶挤机之类又产火鸡神鹿其火鸡大如鹤圆身长颈尖嘴高脚颈比鹤长有软冠二片如红绢子生于颈中脚如铁黑能爪人破腹出肠或以杖之卒莫能死食炔炭因名火鸡神鹿大如巨豕高三尺许前半体黑后半体白毛色可爱蹄与喙皆如豕蹄有三跆而喙不尖食草木不茹腥秽其它牛羊猪犬鸡鸭蔬菜果皆与爪哇同人喜博戏如奕棋把龟斗鸡皆赌财物行市交易用中国铜钱并布帛之类其王亦采方物赴中国进贡

暹罗国自占城开船向西南行顺风七昼夜至新门台海口入港方到其国地周千里外山险巇内地卑湿其土瘠气候不正或寒或热王居屋颇华丽整洁民庶房屋如楼上用槟榔木硬木劈如竹片密铺用藤扎缚甚坚上铺藤席竹簟坐卧食处皆在其上王者用白麻布缠头上不著衣下围丝嵌手巾加以锦绣压腰出入骑象或乘轿一人执伞盖伞以茭葦叶制造甚好以金饰柄其王锁俚人崇信释教国中为僧尼极多僧尼服色与中国颇同亦往庵观受戒持斋国王谋议刑罚下民买卖交易一应巨细事皆决于妻其妇人才识亦果胜于男子若其妻与中国男子情好则喜曰我妻有美能悦中国人即待以酒饭或与同坐寝不为怪男子椎髻用白布缠头身衣长衫妇人亦椎髻衣长衫凡男子年二十余随贵贱以金银为珠嵌饰阳物女子嫁则请僧迎男至女家僧取女红为利市点男女额然后成亲亦甚可笑过三日又请僧及诸亲友分槟榔彩船等物迎妇男家置酒作乐死丧之礼富贵者死则用水银灌腹中而葬之其余则舁尸至海滨有鸟大如鹅其色如黄金凡三五十自空飞下食其肉而去余骼弃海中名曰鸟葬亦请僧诵经礼佛去国西北二十余里有市镇名上水可通云南后门番人五六百家但有诸色番货皆出卖红马斯肯的石此石在红鸦鹘石肩下明净如榴子中国宝船到亦遣小船到上水买卖其国土产黄连香罗斛香沉香降香花梨木白豈蔻大风子血结藤结苏木花锡象牙翠毛等物其苏木贱如柴薪且颜色绝红胜他国所出者又产白象白鼠狮猫等异兽其蔬果与占城同牛羊鸡鸭俱有酒有米酒椰子酒俱烧卖国语似广东乡音民俗嚣溗好习水战常讨伐诸邦交易以海贝当钱使王遣常备口降真香等物进贡

满剌加国自占城开船向西南行好风八日到牙门入门西行二日可到此处旧名五屿无国王只有地主受暹罗节制岁输金四十两否则加兵永乐七年己丑岁钦奉上命遣使往谕诸番到于本处宣布诏旨特恩赐其地主以双台银印冠带袍服主国封王建城竖碑遂与诸番为敌体而暹罗莫敢侵犯其地东南是海西北是老岸连山大概沙卤之地田瘦谷薄气候朝热暮寒有一大溪□红王居前过□入海王于溪上建立木桥桥上造亭二十余间诸货买卖皆集于此王及国人皆从回回教门王用细白番布缠头身衣细花布如袍长足以皮为鞋出入乘轿国人男子方帕包头女撮髻脑后身体微黑下围白布并各色手巾上衣色布短衫风俗淳朴居屋如楼各有层次每高四尺许即以椰木劈片藤扎缚如羊棚状连床就榻盘膝而坐厨灶亦在其上人多以渔为业用独木刳舟泛海取鱼少耕种土产黄速香打麻儿香乌木花锡之类打麻儿香乃一种树脂流入于土掘出如沥青可以点灯及涂船不漏土人多采取卖之他国亦贩去间有明净土如金珀番名损都卢斯或碾成帽珠而卖所谓水珀是也花锡有二山场出产王令头目主之遣人淘铸成块如斗状输官每块官秤重一斤八两或一斤四两者每十块用藤缚一把四十块为一大把通市交易皆以此物国语并书记及婚丧之礼颇与爪哇同山野有树名沙孤乡人取其皮捣浸澄滤成粉丸绿豆大晒干名沙孤米卖与人做饭洲渚边有木草名茭葦叶长如刀茅厚如笋壳柔软坚韧结子皮刍如荔枝实如鸡子

土人取其子酿酒饮之能醉人或取其叶织成细簟阔二尺长丈余出卖果有甘蔗芭蕉波罗蜜野荔枝之类蔬有葱蒜姜芥东瓜西瓜牲畜有牛羊鸡鸭不广其价亦贵水牛一头卖银一斤以上驴马皆无近海有龟龙伤人龟龙高三四尺鳞甲被身如刺龙头棘牙遇人则啮出黑虎似虎而小毛黑有暗纹亦有黄虎其虎能变幻入市中混人而行有识者即擒之其怪与占城尸头蛮同尸头此处亦有之中国下西洋船以此为外府立摆栅墙垣设西门更鼓楼内石立重城盖造库藏完备大䑸宝船已往占城爪哇等国并先䑸暹罗等国回还船只俱于此国海滨驻泊一应钱粮皆入库内口贮各船并聚又分䑸次前往诸番买卖以后忽鲁谟厮等各国事毕回时其小邦去而回者先后迟早不过五七日俱各到齐将各国诸色钱粮通行打点装封仓舗停候五月中风信已顺结䑸回还其国既受皇恩深重其年乃携妻子赴阙谢恩又赐造完大船令其乘驾归国守土自前至今岁方物不缺进贡

哑鲁国小邦也自满剌加国开船好风行四昼夜可到其国有淡水港先入港然后到国南是大山北大海西连苏门答剌国界东有平地种收旱稻粮食不缺王及国人皆回回人民以耕渔为业风俗淳朴国婚丧等事皆与爪哇满剌加国相同货物稀少土产黄速香金银香之类及山林中出飞虎大如猫皮毛灰色有肉翅生连前后足如蝙蝠状能飞不远此物不服家食获即死出绵布番名考泥并米谷牛羊甚广鸡鸭亦多奶酪多有卖者

苏门答剌国即古须文达那国也其国乃西洋总路头船自满剌加国向西南行好风五昼夜先到海滨一村番名答鲁蛮泊船往东南行十余里即王国其国无城郭有一大溪通海每日二潮其海口浪大常覆船本国南去百里乃大深山北临大海东亦大山至阿鲁国界正西边海其地有二小国相连先至那孤儿界次至黎代界先是苏门达剌国王被那孤儿王侵掠中药箭死其子幼小不能复仇王妻下令曰有能复夫仇保全此土者吾愿与为妻共主国事有一渔翁奋前曰我能克之遂杀败那孤儿王其众退伏不敢动王妻遂嫁渔翁称为老国王政事地赋悉听老王裁制永乐七年老王入贡中国十年还前王子长成阴与部属合谋杀老王而取其国老王子苏干剌挈家逃入山立寨以居时率众复父仇永乐十三年太监正使等到为发兵擒获苏干剌送京王子位始固以此感恩义常贡方物其国四时气候不齐朝热如夏暮寒若秋五七月间亦有瘴气田土不广惟种旱稻一年二熟大小麦俱无土产硫磺其出硫磺处草木不生土石皆焦黄山居人多置园种胡椒此椒蔓生花黄白结子成穗嫩青老红候半老时采择晒干卖之凡椒粒虚大者此处椒也每官秤一百斤卖金钱八个直银一两果有芭蕉甘蔗莽吉柿波罗蜜之类又有一种臭果番名那尔乌状如鸡头长八九寸皮生尖刺及熟有瓣裂开气如臭牛肉内有肉十四五块大如栗其白如酥甜美可食肉中有子炒食如栗柑橘甚多四时皆有状与洞庭狮柑绿橘同其味不酸可以久留不腐又一种酸子番名俺拔大如消梨而长色绿气香削皮而食之酸甜有核大如鸡子桃李等果俱无蔬有葱蒜姜芥冬瓜至广亦可以久留不腐西瓜绿皮红子有长一二尺者人家多畜黄牛乳酪多羊皆黑无白者鸡无线者其大者重六七斤煮易烂味美鸭有五六斤者其掌褊大人家亦养蚕缲丝不能治绵其国风淳厚语言衣服婚丧等事皆与满剌加国相同其民居屋如楼上不铺板但以椰子或槟榔木劈成条片以藤扎缚即铺藤簟就上居处高处亦布栏栅此处是总路头所以番船多经物货皆有王以七成淡金铸钱名底那儿圆径官寸五分底面有纹官秤重三分五厘国中使用买卖则皆用锡钱

那孤儿小邦也在苏门答剌国西北方不广只一大山村人民千余家其地与苏门答剌国相连凡其人皆于面刺三尖青花为号所以其王又呼为花面王田少人多以陆种为生米谷稀少猪羊鸡鸭皆有语言动用皆与苏门答剌国相同无他出产

黎代亦小邦也又在那孤之西其地南距大山北临大海西连南浡里国界国人一二千家自推一人为主以主国事受苏门答剌国节制语言服用亦与苏门答剌国相同土无所出只出野犀牛王亦遣人采捕随苏门答剌国进贡

南浡里国自苏门答剌国正西依山行好风三昼夜可到其国边海人民只有千余家皆回回人甚朴实地方东接黎代王界西北皆临大海南距大山山南又大海王亦回回人王居屋用木木高三四丈如楼起走楼下纵牛羊牲

畜往来楼上四面用板装修甚洁净坐卧食处皆在其上庶民居屋与苏门答剌国同其处黄牛水牛山羊鸡鸭皆有鱼虾贱蔬莱菜稀少米谷贵铜钱使用山产降真香至好俗呼莲花降并出犀牛国之西北海中有一大平顶高山名帽山半日可到山西大海即西洋也番名那没嚟洋凡西洋过来船俱收此山为准其山边约二丈许有海树生浅水中名曰珊瑚其树大者高二三尺根如拇指大其黑如墨其润如玉稍上桠枝婆娑可爱土人以为宝或碾成珠及器物卖之帽山脚下亦有居人二三十家皆自称为王若问其姓名则曰阿孤剌楂盖云我便是王也或问其次亦曰阿孤剌楂可笑也属南浡里国其南浡里国王尝亲赍土产珍异随宝船朝贡中国

锡兰国自南浡里帽山放洋好东北风三日见翠蓝山三四座惟一山最高大番名按笃蛮山此处人皆巢居穴处男女赤体如禽兽然无寸衣著肤相传昔释迦佛过海于此登岸入水澡浴土人偷佛衣而藏之佛咒土人故至今皆赤体谓寸布著身即身烂此谓裸形国也其土不产米谷人惟食山芋波罗蜜芭蕉子之类或海中捕虾鱼而食之过此正西船行七八日见莺哥嘴山又三两日见佛堂山始到锡兰国马头番名别罗里泊船登岸海边山脚石上有足迹长二尺许云是释迦佛自翠蓝山来就此登岸足迹存焉中有浅水不干人就蘸水洗面目其左有佛寺乃佛之涅盘处寺内佛卧尚存寝座皆用诸宝石嵌沉香木为之极华丽及有佛牙并活舍利子等物在堂北去四五十里始到王居王亦锁里人崇信佛教敬象及牛人以牛粪烧灰涂身人不敢食牛而食其乳牛死即埋之若私宰牛者其罪死或纳牛头金以赎其罪王之所居每早国人皆以牛粪调水遍涂屋上地下然后拜佛其拜佛以两手舒前两脚伸身后胸腹著地而拜近王居有一大山高入云表上有人右脚迹入石深二尺许长八尺余云是人祖阿聃足迹人祖华名盘古此山出红雅胡黄雅胡青米蓝石昔剌泥窟没蓝等诸宝石每大雨冲出沙土中寻拾则有彼人云乃人祖眼泪结成又其国海中有雪白浮沙一所出螺蚌产珠日照之光彩横发王因别为珠池每三年或二年取沙上螺蚌入珠池养之令人看守淘珠纳官亦有窃取而卖者其国地广人稠亚于爪哇民甚富饶男子上皆赤体下围丝手巾加以缠腰浑身毫毛皆长剃只留发用白布缠裹父母死则发毛不剃以为孝礼女人髻撮脑后下围白布儿生皆剃头女则不剃就养胎发至长其饭食皆不缺酥乳亦以酥沃饭方食若无酥乳则自食于暗处槟榔扶留叶昼夜不绝口出米谷麻豆无麦所用酒油饭皆以椰子造所产果有芭蕉波罗蜜菜有瓜茄牲畜有牛马鸡鸭无鹅但人死则聚邻妇女以两手拍胸乳号叫为礼尸皆火化骨则土埋王以金为钱使用每钱官秤重一分六厘甚爱中国麝香纻丝色绢青磁盘碗铜钱就以宝石珍珠易换王常遣使随宝船方物进贡中国

小葛兰国自锡兰国马头别罗里开船往西北行好风六昼夜可到其国边海东大山西大海南北地狭亦临海王及国人锁俚人崇信释教敬象及牛婚丧诸事与锡兰国同土产苏木胡椒但不多果菜皆有牛羊颇有羊毛青脚高二三尺黄牛有重三四百斤者人日二餐皆以酥油沃饭王以金铸钱行使用钱官秤重一分虽小邦亦修贡献

柯枝国自小葛兰国开船沿山向西北行好风一昼夜到本国泊港口泊船其国东大山西大海南北亦海有陆路可往邻国王锁俚人头缠黄白布上不著衣下围纻丝手巾又加颜色纻丝一疋为压腰其头目及财主服用颇与王者同屋用椰木造及用椰叶编盖各以砖砌土库收藏细软诸物以防火盗国人有五等一等名南毗与王同类中有剃头挂线在颈者最为贵族二等回回人三等名哲地乃是国中财主四等名革令专为牙保五等名木瓜最卑贱木瓜居住俱在海滨屋檐不得过三尺著衣上不过脐下不过膝路遇南毗哲地皆俯伏候过乃起不许为商贾只以渔樵及抬负重物为生国王崇信佛教敬象及牛建造佛殿以铜铸象以青石为座周遭为沟傍凿井每早起鸣钟鼓汲井浇佛顶三罗拜而退又一等人名浊肌即道人也有妻室浊肌出母胎即不剃发亦梳篦以酥油等物搓发成缕拽披脑后人以黄牛粪烧白灰遍涂身体上下俱无衣服只以大如指黄藤绕腰重缚至紧末垂白布为饰白昼吹海螺而行其妻略以布遮蔽前后随之每到人家则与钱米诸物此地气候常暖如夏无霜雪每岁二三月夜雨一二番五六月日夜大雨街市成河七月尽雨信始过八月半以后再不雨人家于二三月间即修置房屋备具食用以防雨患至次年二三月又雨如初土无出产人惟种椒为业每椒熟大户即收买置仓盛顿以待各处客商椒以播荷论价每播荷该二十五封剌该番秤十斤较中国官秤该十六斤一播荷共该官秤四百斤彼处卖金钱一百个或九十个值银五两名哲地者专收买宝石珍珠香货以待中国宝船及各处番船珍珠以分数论价每颗重三分半者彼处卖

金钱一千八百个值银一百两珊瑚连枝柯者以斤论价做成珠者以分论价哲地多收买珊瑚枝柯雇匠制造成珠论分两卖王以九成金铸钱行使名曰法喃官秤重一分一厘又以银为钱名答儿大如海螺靥官秤重四厘每金钱一个倒银钱十五个街市零用国人婚丧各依本类礼制不同国中出产米粟麻豆黍稷无麦牲畜则有象马牛羊犬猫鸡鸭无驴及鹅国王遣使贡献中国

古里国此西洋大国也从柯枝国开船往西北行三日可到其国边海山远东通坎巴夷国西临大海南连柯枝国北临狠奴儿国永乐五年朝廷遣正使乘大䑸赍宝诏敕谕赐其王诰命银印及诸头目冠服等物有差遂立石为记谓曰中国相去十万余里民物熙暤同风其国亦有五等名回回南毗哲地革令木瓜王南毗人其头目皆回回人云先王尝与回回言誓不食牛则不食猪至今尚然王信佛教敬象及牛盖佛殿以铜瓦及以铜铸佛象乃纳儿掘井于佛像之傍每早王自来汲水浴佛礼拜又每夜令人收取黄牛粪以铜盘装盛早晨和水洒涂佛殿地上及各墙壁王家并头目及诸富家皆如此敬佛又烧牛粪为细白灰用好布为袋装盛每早盥洗毕以此灰调水涂额并鼻准及两股间各三次方才见佛以此相传又昔有圣人名某些及真天人立教化于此地其圣人因往他国令弟撒没黎摄教其弟心起矫妄铸铜为犊诈曰此圣主也若能崇敬当日粪金以酬其人贪得金而忘天道因此皆敬牛为重及某些圣人回国怪弟忘乃废其牛欲罪其弟即乘一大象遁去至今国人悬望撒没黎回如月初则言月中必至及月中又言月终必至南毗人敬象及牛盖以此也王以二头目掌国事头目回回人多奉其教礼拜寺有二三十所七日一礼拜至日男子大小俱齐沐不治事巳午时同到寺礼拜未时回家方敢交易其人状貌俊伟亦甚诚信中国宝船一到王即遣头目并哲地及米纳凡来会其米纳凡乃是本国书算手之名牙会人也但会时先告以某打价至期将中国带去各色货物对面议定价值书左右合契各收其一哲地乃与坐船内臣各相握手米纳凡言过吉日就中指一掌为定自后价有贵贱再不改悔以后哲地并富户各以宝石珍珠珊瑚来看惟是议论价钱最难疾则一月徐则两三月方定如某宝石若干该纻丝某物货若干即照原打手价无改其算盘只以两手两足十指计算毫发无差国王以六成金铸钱名吧南行使每钱中国官秤三分八厘面底有纹该官秤一分又以银为小钱名搭儿零使每银钱重三厘其番秤名法剌失权钉衡末准则活动衡正中为定盘星秤物则移准向前番名秤一钱该中国官秤八分十六钱为一两该官秤一两二钱八分二十两为一斤该秤一斤九两六钱其秤只可秤十斤该官秤十六斤若以称胡椒二百五十斤为一播荷该官秤四百斤称香货二百斤为一播荷该官秤三百二十斤衡法多是天平对秤法无要妙量法官铸钱为升名党戛黎较中国官斗斛每升该一升六合二勺西洋布本国名扯黎布出于邻境坎巴夷等处每疋阔四尺五寸长二丈五尺彼处卖金钱八个或十个国人亦以蚕丝练织各色间道花手巾阔四五尺长一丈二三尺有余每手巾卖金钱一百个其山乡人多置园种胡椒十月椒熟俱采摘晒干自有大户收买送官库官与发卖每一播荷卖金钱二百个见数税钱其哲地财主多收买各色宝石珍珠并做珊瑚珠等遇各处番船到王遣头目并记算人来眼同发卖亦收税钱富家多种椰子或千株或二百株以此为产业云椰有十用嫩者有浆可饮又可酿酒老者肉可打油或做糖与饭其外皮穰可打索造船壳可为碗为酒钟又可烧灰厢金银细巧生活树可架屋叶可盖屋此十用也蔬菜有萝卜姜芥葱蒜芫荽葫芦茄子菜瓜东瓜四时皆有又有一种小瓜仅如小指大长二寸许味如青瓜其葱紫皮细叶本大如蒜卖则称斤芭蕉子波罗蜜多有卖者木别子树高十余丈结实如大绿柿内有子三四十熟则自堕其蝙蝠大如鹰皆于此树倒挂而栖米有红白二色麦大小俱无他处贩麦与籼来用有鸡鸭无鹅羊脚高如驴之驹色灰水牛不甚大黄牛有三四百斤者牛死则埋之人不食牛肉只食乳酪酥油无酥油庋食饭各色海鱼极贱兔鹿亦有卖者禽有孔雀鹭鸶乌雅鹰燕孔雀人家多有养者其他飞鸟俱无婚丧之礼锁俚人回回人各以类亦有？衔能弹唱以葫芦壳为乐红铜丝为弦唱番歌相和而弹唱甚有音韵可听国王位不传子传与外甥若王无姊妹则传于弟无弟则传与有德之人世代相仍如此国法无鞭笞之刑轻则截手断足重则罚金诛戮甚则抄封灭族人犯法到官则称冤不伏者则于王前或大头目前以铁锅煮油令滚先以树叶爆裂有声乃命其人以右手二指浸滚油内片时取出用布包裹封记监留在官过三日聚众开封视之若手溃烂则不枉遂加以刑其不烂者则头目人等以鼓乐送此人回家诸亲邻友皆贺相与饮酒作乐国王其年以赤金五十两令匠抽丝如发结绾成片以各色宝石珍珠厢成宝带一条遣头目乃那进贡中国

溜山国自苏门答剌国开船过小帽山投西南行好风十日可到其国番名傑干无城郭倚山聚居四面皆海即如洲渚状国之西去途程不等有天生石门海中状如城阙有八大处曰沙溜曰人不知溜曰起来溜曰麻里奇溜曰加半年溜曰加加溜曰安都里溜曰官坞溜此八处者皆有地主而通商贾其余小溜尚有三千余处水皆缓散无力舟至彼处而沉故行船谨避不敢近此经过古传弱水三千即此处也其人皆巢居穴处不著衣衫只以树叶遮蔽前后平生不食米谷惟于海中捕鱼虾而食之行船者或遇风水不顺舟师针舵有失一落其溜遂不能出大概行船谨防此也其傑干国王臣庶皆回回人风俗淳美悉遵教门行事人皆以渔为生多种椰子树男女裸体微黑男子白布缠头下围手巾妇人上著短衣下亦以阔布手巾围之又用阔大手巾过头盖下只露其面婚丧之礼依教门行土产降香不多惟椰子广他国皆来贩卖有等小样椰子土人将壳旋酒钟以花梨木为足用番漆其口足甚美椰子皮穰打成麄细索收积盈堆各处番船皆贩去卖与造成等用盖番人造船不用铁钉止钻孔以椰索联缚加以木楔用沥青涂之至紧出龙涎香渔者溜中采得状如浸沥青嗅之不香火焚有鱼腥气价高以银对易出海 1h 土人采积如山堆罨待肉烂取壳转卖暹罗榜葛剌国代钱使出马鲛鱼土人将其鱼切如臂大淡晒至干盈仓收贮他国多贩去名曰溜鱼又出一等丝嵌手巾长阔而加实密胜他处所出者又出一等织金方帕男子可缠头其价有卖银五两者气候长热如夏土瘦米少麦无蔬菜不广牛羊鸡鸭皆有余无所产王以银铸钱使用中国宝船亦一二往彼收买龙涎香椰子等物乃一小邦也

祖法儿国自古里国开船投西北行十昼夜可到其国边海倚山无城郭东南大海西北重山王及国人皆奉回回教门人体长大貌壮语朴王者以白细布缠头身著青花长衣细丝嵌圆领或金锦衣袍足著番靴或皮为鞋出入乘轿骑马前后摆列象驼马队牌手吹筚篥锁纳拥从而行民下亦缠头衣长衣著靴或鞋如遇礼拜日上半日市绝交易男子长幼皆沐浴以蔷薇露或沉香油涂擦体面始著新洁衣服又以小土炉焚沉檀俺八儿等香跨其上以熏体如到礼拜寺礼拜及散径过街市香气顿饭不散其婚丧之礼悉教门土产乳香其香乃树脂也树似榆而叶尖长斫树取香而卖中国宝船到开读诏书并赏赐劳王即遣头目遍谕国人皆以乳香血竭芦荟没药安息香苏合油木别子之类来易纻丝磁器等物此处气候常如八九月不热不冷米麦豆粟稷黍麻谷及诸蔬菜瓜茄牛马驴猫犬鸡鸭皆有山中亦出驼鸡土人捕卖之驼鸡身扁颈长足有二指其毛如骆驼行亦如驼状故以驼鸡名食米豆等物其地出骆驼有单峰双峰者国人皆骑坐亦杀卖其肉王以金铸钱名倘加每钱官秤重二钱径一寸五分一面有纹一面为人形又以红铜铸小钱径四分零用王亦遣人赍乳香驼鸡等物表进中国

阿丹国自古里国开船投正西兑位行一月可到其国边海去山远王与国人皆奉回回教门说阿剌必语国富民饶人性强硬有马步锐兵七八千邻邦畏之永乐十九年上命太监李克正使赍诏敕往谕旨李□到苏门答剌国令内官周□□□等驾宝船三只往彼王闻即率大小头目至海滨迎入礼甚敬谨开诏毕仍赐王衣冠王即谕其国人凡有宝物俱许出卖此国买到猫精一块重二钱许并大颗珍珠各色鸦鹘等石珊瑚树高二尺者数株枝柯为珠者五柜及金珀蔷薇露麒麟狮子花福鹿金钱豹驼鸡白鸠之类国王头戴金冠身服黄袍腰系宝装金带至礼拜日亦以细白番布缠头上加金锦为顶身服白袍坐车列队而行其头目冠服各有等第国人男亦缠头服撒哈喇梭幅锦绣纻丝细布等衣足著靴鞋妇人亦服长衣肩顶佩珍珠宝石璎珞如中国所饰观音状耳带金厢宝环四对臂缠金宝钏镯足指亦带环又用丝嵌手巾盖头只露其面凡国人打造金银入细生活绝胜天下市肆熟食彩帛书籍诸色物件铺店并混堂皆有王用赤金铸钱名甫噜嚟行使每钱官秤重一钱底面有纹又用红铜铸钱名甫噜斯零用气候温和如八九月月日之定无闰月但以十二月为一年月之大小但以今夜见新月明日即月一也四季不定自有阴阳人推算某日为春首则花草开荣某日是初秋则木叶凋脱至于日月交蚀风雨潮信无不准人之饮食米面诸品皆以奶酪油糖蜜制造米麦谷粟麻豆并蔬菜俱有果有松子核桃花红石榴桃仁把丹干蒲萄万年枣之类畜有象驼驴骡牛羊鸡鸭犬猫只无猪及鹅其绵羊则白毛无角于出角处有两黑点颈下有胡如黄牛毛短如狗尾大如盘及出花福鹿青花白驼鸡麒麟狮子其福鹿状如骡白身白面眉肩起细细青条花缠身及蹄间道如画青花白驼鸡状与福鹿同麒麟前足高八九尺余后足高六尺褊口长颈举头高一丈六尺前仰后俯不可骑乘两耳边有短肉角牛尾鹿身蹄有三跆食粟豆面饼狮子形如虎黑黄无斑纹头大口阔尾有毛黑长如缨声吼如雷诸兽望见辄

伏不敢动及产紫檀木蔷薇露簷葡花并无核白蒲萄其人居屋皆砌以石上盖以砖或土有石砌三层高四五丈者国王感慕圣朝恩德常修金叶表文进金厢宝带一条窟嵌珍珠宝石金冠一顶并雅鹘等各宝石蛇角等物进贡

榜葛剌国自苏门答剌国开船取帽山并翠蓝岛投西北上行好风二十日先到浙地港泊船易小船入港行五百里到地名锁纳儿港自此登岸又西南行三十五站始到榜葛剌国其国有城王居及大小诸衙门皆在城内地广人稠风俗良善富家多造船往番买卖而佣伎者亦多国中皆回回人男妇皆黑间有一白者男子剃头以白布缠裹身服圆领长衣自首而入下围各色阔手巾足著浅面皮鞋及头目俱服回回教礼衣冠甚洁丽国语名榜葛俚自成一家语说吧儿西话者亦有之王以银铸钱名倘加每钱官秤重三钱官尺径一寸二分底面有纹一应买卖皆用此钱街市零使则用海 1h 海 1h 番名考嚟论个数交易冠婚丧祭皆用回回礼气候时常热如夏出稻谷芝麻黍粟豆麦其稻谷一年二熟米粒细长多红者蔬有姜芥葱蒜瓜茄果有芭蕉甘蔗石榴酸子波罗蜜及砂糖白糖糖霜蜜煎之类畜有驼马驴骡水牛黄牛山羊绵羊猪犬鸡猫鹅鸭等畜酒有米酒椰子酒茭蕈酒各有造法多作烧酒卖土俗无茶以槟榔待客街市一应铺店混堂酒饭甜食皆有土产五六种细布一种草布番名泊阔三尺余长五丈六七尺此布极细如中国细笺纸一种姜黄布番名满者提阔四尺许长五丈余此布细密壮实一种沙纳巴布阔五尺长三丈如生罗状即布罗也一种细白勒搭嚟阔三尺许长六丈布眼希疏匀净即布纱也缠头皆用此布一种炒塌儿止阔二尺五六寸长四丈余如中国好梭布状一种蓦黑蓦勒阔四尺许二丈余背面皆起绒头厚四五分即兜罗绵也桑柘蚕丝虽有止织丝嵌手巾并绢布一等白纸光滑细腻如鹿皮亦有是树皮所造其它漆器盘碗镔铁枪剪刀等项皆市卖者国法有笞杖徒流等刑官府有品级印信行移军有粮饷管军头目名吧斯剌儿及有阴阳医卜百工伎艺其？衔身著桃黑线白布花衫下围色丝手巾以各色硝子珠间珊瑚琥珀穿成璎珞佩于肩顶又以青红硝子烧成针镯带于两臂人家宴饮皆来动乐口唱番歌对舞亦有解数可观其乐工名根肖速鲁奈每日五更时即到头目或富家门首一人吹锁纳一人击鼓一人打大鼓皆有拍调初则慢后渐紧促而止又至一家吹打而去及饭时回至各家皆与酒饭或与钱财诸色把戏皆不甚奇街市中有一人同妻以锁锁一大虎每至人家即解索虎耽眈坐地其人赤体跳跃将虎踢打怒作咆哮势来扑其人其人与虎对挎数次既又以臂探入虎口至喉虎不敢食戏讫锁虎虎伏地讨食人家以肉啖虎并以钱物与其人而去月日之定亦以十二月为一年无闰月王亦遣人驾船往邻邦买办珍珠宝石进贡

忽鲁谟斯国自古里国开船投西北行好风二十五日可到其国边海倚山各处番船并陆路诸番皆到此赶集买卖所以国民皆富王及国人皆奉回回教门每日五次礼拜沐浴口斋为礼甚谨其风俗淳朴温厚遇一家遭难致贫众皆助以衣粮钱财所以国无贫苦之家其人状貌魁伟衣冠济楚婚丧之礼悉依教规无违如娶妻先用媒妁通言既允许然后男家置酒请加的加的者掌教门规矩之官也及请主婚并媒人亲族长者两家各通三代乡贯来历写立婚书乃择日成婚否则官法以奸论死者用极细白布为大殓小殓之衣以瓶水浇尸自首至足凡三乃以麝香片脑填尸口鼻始殓衣即棺盛贮造坟异至葬所其坟皆砌一石穴底铺净沙五六寸及葬则去棺取尸沙上以石板盖之上聚土为冢人食饮务以酥油和饭其市店出卖烧羊烧鸡烧肉薄饼哈里撒一应面食三四口之家多不举火只买熟食王以银铸钱名那底儿径寸六分面底有纹官秤重四分通行使用书记皆回回字诸色铺店皆有只无酒馆国法饮酒者弃市文武医卜绝胜他处各色技艺皆有常见人立一木长丈许上平有一白色小羖羊其人拍手诵说羊即跳舞而来搭木而上为舞态如是者凡五六段其人推断所立之木以手接羊令卧地作死羊即卧地令舒前脚则舒前脚令舒后脚又有牵一大黑猴者演习诸艺毕乃以手巾蒙其面密令一人打之及解缚即于稠人中取原打之人其处气候寒暑春则开花秋则落叶有霜无雪雨少露多有一大山出四种物一面出红盐其坚如石以铁凿取之有三四斤为块者此盐下湿卤擂末用之一面出红土其色如银珠一面出白土其色若石灰一面出黄土其色如姜黄国王皆令人看守卖与诸番用土产米麦不多各处贩来为价亦贱果有核桃松子葡萄干石榴花红桃干把丹万年枣蔬有葱韭薤蒜萝卜菜瓜西瓜甜瓜其葫萝卜色红大如藕甜瓜尤大有高二尺者核桃色白壳薄可以手碎松子长寸许葡萄干有三四种一种如枣干紫色一种如莲子大无核结白霜一种仅如豆颇白石榴大如茶钟花红大如拳香美把丹如核桃尖长匾黄色内仁味胜核桃万年枣亦有三种一种番名垛沙布大如拇指核小结霜如

沙糖甘难食一种挼成块重二三十斤味如好柿干岁收堆积喂马及有软枣一种如南枣干味涩土人以喂牲口其处诸番宝物皆有如红鸦鹘剌石祖把碧祖母绿猫睛金刚钻大颗珍珠若龙眼重一钱二三分者珊瑚树株并枝梗大块金珀并珀珠神珠蜡珀黑珀番名撒白值钱各色美玉器皿十样锦剪绒花单其绒起一分长二丈阔一丈各色梭幅撒哈喇氁罗纱各番青红丝嵌手巾等货皆有驼马驴骡牛羊至广其羊有四种一种大尾绵羊重七八十斤其尾重二十余斤阔尺余拖地一种狗尾羊壮如山羊尾长二尺余一种斗羊高二尺七八寸前半身毛长拖地后半身皆剪其头颇如绵羊角弯转向前挂小铁牌行则有声此羊善斗好事者养之以为博戏又有兽名草上飞番名昔雅锅失似猫而大身玳瑁斑两耳尖黑性纯不恶若狮豹等猛兽见之皆伏于地乃百兽之王也国王修金叶表文遣使随宝船以麒麟狮子珍珠宝石进贡中国

天方国即默加国也自古里国开船望西南申位行三月始到其国地名秩沓有大头目守之自秩沓往西行一日到王城彼人云昔者西方圣人始于此处阐扬回回教法至今国人悉遵教门规矩其国人体貌壮伟紫堂色男子缠头长衣浅鞋妇人盖头卒不能见其面话说阿剌必言语国法禁酒风俗和美人少犯法无贫难之家其婚丧礼皆回回教门再行半日到天堂礼拜寺堂番名恺阿白其周如城有四百六十六门两傍以白玉石为柱共四百六十七柱其在前者九十九后一百单一左一百三十二右一百三十五堂制如此皆以五色石辏为方而顶平内以沉香木为梁以黄金为承漏墙壁皆蔷薇露龙涎香和土为之上用皂纻丝为罩畜二黑狮守堂门每年十二月十日诸番回回行一二年远路者到寺礼拜及去往往割皂盖少许为记剜割既尽王复易以新罩岁以为常堂近有司马仪圣人之墓在焉其坟冢用绿撒不泥宝石为之长一丈二尺高三尺阔五尺四围墙垣皆以泔黄玉砌垒高五六尺余墙内四隅造四塔每礼拜即登塔叫礼左右两傍有各祖师传法之堂其堂亦以石砌造皆极华丽其处气候常热如炎夏并无雨电霜雪夜露甚重置碗露中及旦可得水三分凡草皆露滋养土产米谷少皆种粟麦及黑黍有瓜菜其西瓜甜瓜有以二人舁者果有葡萄万年枣并石榴花红梨桃皆有大种四五斤者亦有似棉花树如中国大桑树高一二丈其花一年二收牲畜有驼马驴骡牛羊猫犬鸡鹅鸭鸽其鸡鸭有重十斤以上者土产蔷薇露俺八儿香麒麟狮子驼鸡羚羊并各色宝石珍珠珊瑚琥珀等宝王以赤金铸钱名倘加行使每钱官寸径七分官秤重一钱其金比中国足十二成又往西行一日到一城番名蓦底纳城中马哈麻圣人陵寝在焉至今墓上发毫光日夜侵云而起墓后有井番名阿必糁糁味清甘番人往往取水置船中遇风飓作以水洒之风浪顿息宣德五年钦奉朝命开诏遍谕西海诸番太监洪保分䑸到古里国适默伽国有使人来因择通事等七人同往去回一年买到各色奇货异宝及麒麟狮子驼鸡等物并画天堂图回京奏之其国王亦采方物遣使七人者进贡中国

瀛涯胜览[1]

占城国

其国即释典所谓王舍城也。在广南大海之南。自福建福州府长乐县五虎门开船往西南行,好风十日可到。其国南连真腊,西接交趾界,东北俱临大海。国之东北百里有一海口,名新州港,岸有一石塔为记,诸处船只到此舣泊登岸。岸有一寨,番名设比奈,以二头目为主。番人五六十家,居内以守港口。西南百里到王居之城,番名曰佔。其城以石垒,开四门,令人把守。

国王系锁俚人,崇信释教,头戴金钑三山玲珑花冠,如中国付净者所戴之样。身穿五色线细花番布长衣,下围色丝手巾。跣足,出入骑象,或乘小车,以二黄牛前拽而行。头目所戴之冠,用茭葦叶为之,亦如其王所戴之样,但以金彩妆饰,内分品级高低。所穿颜色衣衫,长不过膝,下围各色番布手巾。

王居屋宇高大,上盖细长小瓦,四围墙垣用砖灰妆砌甚洁,其门以坚木雕刻,兽畜之形为饰民居房屋用茅草盖覆,檐高不得过三尺,出入躬身低头,高者有罪。服色禁白衣,惟王可穿。民下玄黄紫色并许穿,衣服白者死罪。国人男子蓬头,妇人撮髻脑后。身体俱黑,上穿秃袖短衫,下围色丝手巾,赤脚。

气候暖热,无霜雪,常如四五月之味。草木常青,山产乌木、伽蓝香、观音竹、降真香。乌木甚润黑,绝胜他国出者。伽篮香惟此国一大山出产,天下再无出处,其价甚贵,以银对换。观音竹如细藤棍样,长一丈七八尺,如铁之黑,每一寸有二三节,他所不出。

犀牛象牙甚广。其犀牛如水牛之形,大者有七八百斤,满身无毛,黑色,俱是鳞甲,纹癞厚皮。蹄有三跲,头有一角,生于鼻梁之中,长者有一尺四五寸。不食草料,惟食刺树刺叶,并食大干木,抛粪如染坊黄栌楂。其马低小如驴。水牛、黄牛、猪、羊俱有,鹅鸭稀少。鸡矮小,至大者不过二斤,脚高寸半,及二寸止。其雄鸡红冠白耳,细腰高尾,人拿手中亦啼,甚可爱也。

果有梅、橘、西瓜、甘蔗、椰子、波罗蜜、芭蕉子之类。其波罗蜜如冬瓜之样,外皮似川荔枝,皮内有鸡子大块黄肉,味如蜜。中有子如鸡腰子样,炒吃味如栗子。蔬菜则有冬瓜、黄瓜、葫芦、芥菜、葱姜而已,其余果菜并无。

人多以渔为业,少耕种,所以稻谷不广。土种米粒细长,多红者。大小麦俱无。槟榔、荖叶人不绝口而食。

男女婚姻,但令男子先至女家,成亲毕,过十日或半月,其男家父母及诸亲友以鼓乐迎取回家,饮酒作乐。其酒则以饭拌药,封于瓮中候熟。欲饮,则以长节小竹筒长三四尺者插入酒瓮中,环坐,照人数入水,轮次咂饮。吸干再添入水而饮,至无味则止。书写无纸笔,用羊皮搥薄,或树皮熏黑,折成经折,以白粉载字为记。

国刑,罪轻者以藤条鞭脊,重者截鼻。为盗者断手,犯奸者男女烙面成疤痕。罪甚大者,以硬木削尖立于小船样木上,放水中令罪人坐于尖木之上,木从口出而死,就留水上以示众。

其日月之定无闰月,但十二月为一年,昼夜分为十更,用鼓打记。四时以花开为春,叶落为秋。

其王年节日,用生人胆汁调水沐浴,其各处头目采取进纳,以为贡献之礼。其国王为王三十年,则退位出家,令弟兄子侄权管国事。王往深山持斋受戒,或吃素。独居一年,对天誓曰:“我先为王,在位无道,愿狼虎食我,或病死之。”若一年满足不死,再登其位,复管国事。国人呼为“昔嚟马哈剌札”,此至尊至圣之称也。

尸头蛮者,本是人家一妇女也,但眼无瞳,人为异。夜寝则飞头去,食人家小儿粪尖,其儿被妖气侵腹

① 〔明〕马欢撰。据1935年商务印书馆冯承钧校注本,参考海洋出版社2005年万明校注本。

必死。飞头回合其体,则如旧。若知而候头飞去时,移体别处,回不能合则死。人家若有此不报官除杀者,罪及一家。

再有一通海大潭,名鳄鱼潭。如人有争讼难明之事,官不能决者,则令争讼二人骑水牛赴过其潭。理亏者鳄鱼出而食之;理直者虽过十次,亦不被食。最可奇也。其海边山内有野水牛,甚狠。原是人家耕牛,走入山中,自生自长,年深成群。但见生人穿青者,必赶来抵触而死,甚恶也。番人甚其惜头,或有触其头者,即有阴杀之恨。

其买卖交易使用七成淡金或银。中国青磁、盘碗等品,纻丝、绫绢、烧珠等物甚爱之,则将淡金换易,常将犀角、象牙、伽蓝香等物进贡中国。

爪哇国

爪哇国者,古名阇婆国也。其国有四处,皆无城郭。其它国船来,先至一处名杜板。次至一处名新村,又至一处名苏鲁马益。再至一处名满者伯夷,国王居之。其王之所居以砖为墙,高三丈余,周围约有二百余步。其内设重门甚整洁,房屋如楼起造,高每三四丈,即布以板,铺细藤簟,或花草席,人于其上盘膝而坐。屋上月硬木板为瓦,破篷而盖。国人住屋以茅草盖之。家家俱以砖砌土库,高三四尺,藏贮家私什物,居止坐卧于其上。

国王之扮,蓬头或带金叶花冠,身无衣袍,下围丝嵌手巾一、二条,再用锦绮或纻丝缠之于腰,名曰压腰。插一两把短刀,名不刺头,赤脚出人,或骑象,或坐牛车。国人之扮,男子蓬头,女子堆髻,上穿衣,下围手巾。男子腰插不刺头一把,三岁小儿至百岁老人皆有此刀,皆以兔毫雪花上等镔铁为之。其柄用金或犀角、象牙,雕刻人形鬼面之状,制极细巧。

国人男妇皆惜其头,若人以手触摸其头,或买卖之际钱物不明,或酒醉颠狂,言语争竞,便拔此刀刺之,强者为胜。若戳死人,其人逃避三日而出,则不偿命。若当时捉住,随亦戳死。国无鞭笞之刑,事无大小,即用细藤背缚两手,拥行数步,则将不刺头于罪人腰眼或软肋一二刺即死。其国风土无日不杀人,甚可畏也。

中国历代铜钱通行使用。

杜板者,番名赌班,地名也。此处约千余家,以二头目为主。其间多有中国广东及漳州人流居此地。鸡、羊、鱼、菜甚贱。

海滩有一小池,甘淡可饮,传云是圣水,传言大元时命将史弼、高兴征伐阇婆,经月不得登岸,船中之水已尽,军士失措。其二将拜天祝曰:“奉命伐蛮,天若与之则泉生;不与则泉无。”祷毕,奋力插轮海滩,泉水随枪插处涌出,水味甘淡,众饮而得全生。此天赐之助也,至今存焉。

于杜板投东行半日许,至新村,番名曰革儿昔。原系沙滩之地,盖因中国之人来此创居,遂名新村,至今村主广东人也。约有千余家,各处番人多到此处买卖。其金子诸般宝石一应番货多有卖者,民甚殷富。

自新村投南,船行二十余里,则到苏鲁马益港口。其港口流出淡水,沙浅,大船难进,止用小船。行二十余里到苏鲁马益,番名苏儿把牙,亦有村主掌管,番人千余家,其间有中国人。其港有一洲临,林木森茂,有长尾猢狲万数,聚止于上。有一黑色老雄猕猴为主,劫一老番妇人随侧。其国中妇人无子嗣者,备饭、果饼之类,往祷于老猕猴,其老猕猴喜,则先食其物,余令众猴争夺食尽其物,随有雌雄二猴来前交感为验。妇人回家即便有孕,否则无也,甚为可怪。

自苏儿把牙,小船行七、八十里到埠头名漳沽。登岸往西南行日半,到满者伯夷,即王之居处也。其处番人二百家,头目七、八人辅助其王。

天气长热如夏,田稻一年二熟,米粒细白,芝麻、绿豆皆有,大小麦俱无。土产苏木、金刚子、白檀香、肉豆蔻、荜拨、班猫、镔铁、龟筒、玳瑁,奇禽有鹦鹉,如母鸡大,红绿莺哥、五色莺哥、鹩哥,皆能效人言语;珍珠鸡、倒挂鸟、五色花斑鸠、孔雀、槟榔雀、珍珠雀、绿斑鸠之类。异兽有白鹿、白猿猴等畜,其猪羊牛马鸡鸭皆有,但无驴与鹅耳。

果有芭蕉子、椰子、甘蔗、石榴、莲房、莽吉柿、西瓜、郎扱之类。其莽吉柿如石榴样，皮内如橘囊样，有白肉四块，味甜酸，甚可食。郎扱如枇杷样，略大，内有白肉三块，味亦甜酸。甘蔗皮白麄大，每根长二三丈。其余瓜、茄、蔬菜皆有，独无桃、李、韭菜。

国人坐卧无床凳，吃食无匙筋，男妇以槟榔荖叶裹蜊灰不绝口，欲吃饭时，将水先嗽出口中槟榔渣，就洗两手干净，围坐，用盘满盛其饭，浇酥油汤汁，以手撮入口中而食。若渴则饮水，遇宾客往来无茶，止以槟榔待之。

国有三等人：一等回回人，皆是西番各国为商，流落此地，衣食诸事皆清致；一等唐人，皆是广东、漳、泉等处人窜居是地，日用美洁，多有皈从回回教门受戒持斋者；一等土人，形貌甚丑异，猱头赤脚，崇信鬼教，佛典言鬼国其中，即此地也。

人吃食甚是秽恶，如虫蚁之类，略火烧微熟便吃。家畜之犬，与人同器而食，夜则共寝，略无忌惮。旧传鬼子魔王青面红身赤发，正于此地与一罔象相合，而生子百余，常啖血食，人多被啖。忽一日雷震石裂，中坐一人，众称异之，遂推为王。即令精兵驱逐罔象等众而不为害，后复生齿而安焉。所以至今人好凶强。

年例有一竹枪会，但以十月为春首。国王令妻坐一塔车于前，自坐一车于后。其塔车高丈余，四面有窗，下有转轴，以马前拽而行。至会所，两边摆列队伍，各执竹轮一根。其竹轮实心无铁刃，但削尖而甚坚利。对手男子各携妻奴在彼，各妻手执三尺短木棍立于其中。听鼓声紧慢为号，二男子执轮进步抵戳，交锋三合，二人之妻各持木棍格之曰“那剌，那剌”则退散。设被戳死，王令胜者与死者家人金钱一个，死者之妻随胜者男子而去。如此比胜为戏。

其婚姻之礼，则男子先至女家，成亲三日后迎其妇。男家则打铜鼓铜锣，吹椰壳筒，及打竹筒鼓，并放火铳，前后短刀团牌围绕。其妇被发裸体跣足，围系丝嵌手巾，项佩金珠联络之饰，腕带金银声装之锣。亲朋邻里以槟榔荖叶，线纫草花之类，装插彩船而伴送之，以为贺喜之礼。至家则鸣锣击鼓，饮酒作乐，数日而散。

凡丧葬之礼，人家父母将死，为儿女者先问于父母，死后或犬食，或火化，或弃水。其父母随心所愿而嘱之，死后即依遗言所断送之。若欲犬食者，即抬其尸至海边，或野外地上，有犬十数来食尽尸肉，无遗为好，如食不尽，子女悲号哭泣，将遗骸弃水中而去。又有富人及头目尊贵之人将死，则手下亲厚婢妾先与主人誓曰“死则同住”，至死后出殡之日，木搭高棚，下垛柴堆，纵火焚，报候焰盛之际，其原誓婢妾二三人，则满头带草花，身披五色花手巾，登跳号哭良久，撺下火内，同主尸焚化，以为殉葬之礼。

番人殷富者甚多，买卖交易行使中国历代铜钱。书记亦有字，如销俚字同。无纸笔，用茭蔁叶以尖刀刻之。亦有文法，国语甚美软。

斤秤之法，每斤二十两，每两十六钱，每钱四姑邦，每姑邦该官秤二分一厘八毫七丝五忽。每钱该官秤八分七厘五毫，每两该官秤一两四钱，每斤该官秤二十八两。升斗之法，截竹为升，每升为一姑剌，该中国官升一斤。每番斗一斗为一捺黎，该番升八升，计官升一斗四升四合。

每月至十五、十六月明之夜，番妇二十余人或三十余人聚集成队，一妇为首，以臂膊递相联绾不断，于月下徐步而行。为首者口唱番歌一句，众皆齐声和之，到亲戚富贵之家门首，则赠以铜钱等物。名为步月，行乐而已。

有一等人，以纸画人物、鸟兽鹰虫之类，如手卷样，以三尺高二木为画干，止齐一头。其人蟠膝坐于地，以图画立地，每展出一段，朝前番语高声解说次段来历。众人围坐而听之，或笑或哭，便如说平话一般。

国人最喜中国青花磁器，并麝香、花绢、纻丝、烧珠之类，则用铜钱买易。国王常差头目以船只装载方物进贡中国。

旧港国

旧港，即古名三佛齐国是也。番名曰浡淋邦，属爪哇国所辖。东接爪哇国，西接满剌加国界，南接大山，北临大海。诸处船来，先至淡港，入彭家门里，系船于岸。岸多砖塔。用小船入港，则至其国。

国人多是广东、漳、泉州人逃居此地。人甚富饶。地土甚肥，谚云“一季种谷，三季收稻”，正此地也。地方不广，人多操习水战，其处水多地少，头目之家都在岸地造屋。其余民庶皆在木筏上盖屋居之，用桩缆拴系在岸，水长则筏浮，不能淹没。或欲别处居之，则桩连屋移去，不劳搬徙。其港中朝暮二次暗长潮水。国人风俗婚姻死丧之礼，以至言语及饮食、衣服等事，亦皆与爪哇相同。

昔洪武年间，广东人陈祖义等全家逃居此地，充为头目，甚是豪强，凡有经过客人船只，辄便劫夺财物。至永乐五年，朝廷差太监郑和等统领西洋大宝船到此处。有施进卿者，亦广东人也，来报陈祖义凶横等情，被太监郑和生擒陈祖义等，回朝伏诛，就赐施进卿冠带，归旧港为大头目，以主其地。本人死，位不传子，是其女施二姐为王，一切赏罪黜陟皆从其制。

土产鹤顶、黄速香、降真香、沉香、金银香、黄蜡之类。金银香中国与他国皆不出，其香如银匠钑银器黑胶相似，中有白蜡一般白块在内，好者白多黑少，低者黑多白少。焚之气味甚烈，冲触人鼻，西番并锁俚人甚爱此。香鹤顶鸟大如鸭，毛黑，颈长，嘴尖。其脑盖骨厚寸余，外红里如黄蜡之娇，甚可爱，谓之鹤顶，堪作腰刀靶鞘挤机之类。

又出一等火鸡，大如仙鹤，圆身簇颈，比鹤颈更长，头上有软红冠，似红帽之状。又有二片生于颈中，嘴尖，浑身毛如羊毛稀长，青色。脚长铁黑，爪甚利害，亦能破人腹，肠出即死。好吃麸炭，遂名火鸡。用棍打碎莫能死。又山产一等神兽，名曰神鹿，如巨猪，高三尺，前半截黑，后一段白花毛纯短可爱。嘴如猪嘴不平，四蹄亦如猪蹄，却有三跆。止食草木，不食荤腥。其牛、羊、猪、犬、鸡、鸭，并蔬菜、瓜果之类，与爪哇一般皆有。彼处人多好博戏，如把龟、弈棋、斗鸡之类皆赌钱物。

市中交易亦使中国铜钱，并用布帛之类。国王亦每以方物进贡朝廷，逮今未绝。

暹罗国

自占城向西南船行七昼夜，顺风至新门台，海口入港，才至其国。国周千里，外山崎岖，内地潮湿，土瘠少堪耕种。气候不正，或寒或热。其王居之屋，颇华丽整洁。民庶房屋如楼起造，上不通板，却用槟榔木劈如竹片样密摆，用藤扎缚甚坚固，上铺藤席，坐卧食息皆在其上。

王者之扮，用白布缠头，上不穿衣，下围丝嵌手巾，加以锦绮压腰。出入骑象或乘轿，一人执金柄伞，茭蔁叶做甚好。王系锁俚人氏，崇信释教。国人为僧为尼姑者极多。僧尼服色与中国颇同。亦往庵观持斋受戒。其俗凡事皆是妇人主掌，其国王及下民若有谋议、刑罚、轻重、买卖一应巨细之事，皆决于妻。其妇人志量果胜于男子，若有妻与我中国人通好者，则置酒饭同饮坐寝，其夫恬不为怪，乃曰：“我妻色美，中国人喜爱。”

男子栉髻，用白布缠头，身穿长衫。妇人亦栉髻，穿长衫。凡男子年二十余岁，则将阳物周围之皮，如韭菜叶样细刀挑开，嵌入锡珠十数颗，皮肉用药封护，待疮口好时才出行走。如葡萄一般。自有一等人开铺，专与人嵌妆，以为艺业。如国王或大头目或富人，则以金为空珠，内安砂子一粒嵌之，行走玎玎有声为美。不嵌珠之男子，则为下等人也，最为可笑。

男女婚姻，先请僧迎男子至女家，就令僧讨取童女喜红，贴于男子之面额，名曰利市，然后成亲，过三日后，又请僧及诸亲友分槟榔、彩红等物迎女归，男家则置酒作乐待亲友。死丧之礼，凡富贵人死，则用水银灌于腹内而葬之，平常人死，抬尸于郊海边，放沙际，随有金色之鸟大如鹅者，三五十数，飞集空中下将尸肉尽食飞去。余骨家人号泣就弃海中而归，谓之鸟葬，亦请僧设斋诵经礼佛而已。

国之西北去二百余里有一市镇，名上水，可通云南后门。此处有番人五六百家，诸色番货皆有卖者，红马斯肯的石亦有卖者。此石石次于红雅姑，明净如石榴子一般。中国宝船到暹罗，亦用小船去做买卖。

其国产黄速香、罗褐速香、降真香、沉香、花梨木、白豆蔻、大风子、血竭、藤黄、苏木、花锡、象牙、翠毛等物。其苏木如薪之广，颜色绝胜他国出者。异兽有白象、狮子、猫、白鼠。其蔬菜之类，似占城一般皆有。酒有米酒、椰子酒，俱是烧酒，甚贱。牛、羊、鸡、鸭等畜皆有。

国语颇似广东乡谈音韵。民俗嚣淫，好习水战。其王常差部领讨伐邻邦。海贝当钱使用，不使金银铜钱,其王常时将苏木降香等宝进贡朝廷。

满剌加国

自占城向正南,好风船行八日到龙牙门。入门往西南行二日可到。此处旧不称国,因海有五屿之名。国无王,止有头目掌管诸事。此地属暹罗所辖,岁输金四十两,否则差人征伐。永乐七年己丑,上命正使太监郑和等统〔宝船〕赍诏敕,赐头目双台银印冠带袍服,建碑封城,遂名满剌加国,是后暹罗国莫敢侵扰。其头目蒙恩为王,挈妻子赴京朝谢,贡进方物,朝廷又赐与海船回国守土。

其国东南是大海,西北是老岸连山。皆沙卤之地,气候朝热暮寒,田瘦谷薄,人少耕种。有一大溪河水下流从王居前过入海。其王于溪上建立木桥,上造桥亭二十余间,诸物买卖俱在其上。

国王国人皆从回回教门,持斋受戒诵经。其王服用以细白番布缠头,身穿细花青布长衣,其样如袍。脚穿皮鞋,出入乘轿。国人男子方帕包头,女人撮髻脑后。身体微黑,下围白布手巾,上穿色布短衫。风俗淳朴,房屋如楼阁之制,上不铺板,但高四尺许之际,以椰子树劈成片绦,稀布于上,用藤缚定,如羊棚样。自有层次,连床就榻盘膝而坐,饮卧厨灶皆在上也。人多以渔为业,用独木刳舟泛海取鱼。

土产黄速香、乌本、打麻儿香、花锡之类。打麻儿香本是一等树脂,流出入土,掘出如松香沥青之样,火烧即著。番人皆以此物点照当灯。番船造完,则用此物熔涂于外,水不能入。彼地之人多采取转卖他处。内有明净好者,却似金珀一样,名损都卢厮。番人做成帽珠而卖,水珀即此物也。花锡有二处山坞锡场。王命头目主之,差人淘煎,铸成斗样小块输官。每块重官秤一斤八两,每一斤四两者,每十块用藤缚为小把,四十块为一大把,通市交易皆以此锡行使。国语并书记婚姻之礼,颇与爪哇国相同。

山野有一等树,名沙孤树,人将此树皮如中国葛根捣浸,澄滤其粉作丸,如绿豆大,晒干而卖,其名曰沙孤米,可作饭吃。海之洲渚岸边生一等草,名茭蔁。叶长如刀茅样,似苦笋,壳厚,性软,结子如荔枝样,鸡子大。人取其子酿酒,名茭蔁酒,饮之亦能醉人。乡人取其叶结竹细簟,止阔二尺,长丈余,为席而卖。

果有甘蔗、巴蕉子、波罗蜜、野荔枝之类。菜葱、姜、蒜、芥、东瓜、西瓜皆有。牛、羊、鸡、鸭虽有而不多。价亦甚贵。其水牛一头直银一斤以上。驴马皆无。其海边水内常有鼍龙伤人。其龙高三四尺,四足,满身鳞甲,背刺排生。龙头獠牙,遇人即啮。山出黑虎,比中国虎略小,其毛黑,亦有暗花纹。黄虎亦有,内有虎化为人,入市混人而行,自有识者,擒而杀之。如占城尸头蛮,此处亦有。

凡中国宝船到彼,则立排栅,城垣设四门、更鼓楼,夜则提铃巡警,内又立重栅,如小城。盖造库藏仓廒,一应钱粮顿放在内,去各国船只回到此处取齐,打整番货,装载船内,等候南风正顺,于五月中旬开洋回还。其国王亦自采办方物,挈其妻子带领头目,驾船跟随回船赴阙进献。

哑鲁国

自满剌加国开船,好风行四昼夜可到。有淡水一条,入港到此国,其国南是大山,北是大海,西连苏门答剌国界,东有平地,堪种旱稻,米粒细小,粮食颇有。民以耕渔为业。风俗淳朴,国内婚丧等事,皆与爪哇、满剌加国相同。货用稀少,棉布名考泥,米谷、牛、羊、鸡、鸭甚广。乳酪多有卖者。其国王、国人皆是回回人。

山林中出一等飞虎,如猫大,遍身毛灰色。有肉翅,如蝙蝠一般,但前足肉翅生连后足,能飞不远。人或有获得者,不服家食即死。

土产黄速香、金银香之类。乃小国也。

苏门答剌国

苏门答剌国、即古须文达那国是也。其处乃西洋之总路,宝船自满剌加国向西南,好风五昼夜,先到一村滨海去处,地名答鲁蛮。系船,往东南十余里可到。其国无城郭,有一大溪皆淡水,流出于海。一日二次潮水长落,其海口浪大,船只常有沉殁。

其国南去有百里数之远,是大深山;北是大海;东亦是大山,至哑鲁国界;正西边大海。其山连小国二处,先至那孤儿王界,又至黎代王界。

其苏门答剌国王,先被那孤儿花面王侵掠,战斗身中药箭而死。有一子幼小,不能与父报仇。其王之妻与众誓曰:“有能报夫死之雠,复全其地者,吾愿妻之,共主国事。”言讫,本处有一渔翁,奋志而言:“我能报之。”遂领兵众当先杀败花面王,复雪其雠。花面王被杀,其众想伏,不敢侵扰。王妻于是不负前盟,即与渔翁配合,称为“老王”,家室地赋之类,悉听老王裁制。永乐七年,效职进贡方物而沐天恩,永乐十年复至其国。其先王之子长成,阴与部领合谋弑义父渔翁,夺其位管其国。渔翁有嫡子名苏干剌,领众挈家逃去,邻山自立一寨,不时率众侵复父雠。永乐十三年,正使太监郑和等统领大宝船到彼,发兵擒获苏干剌,赴阙明正其罪。其王子感荷圣恩,常贡方物于朝廷。

其国四时气候不齐,朝热如夏,暮寒如秋。五月七月间亦有瘴气。山产硫黄,出于岩穴之中。其山不生草木,土石皆焦黄色。田土不广,惟种旱稻,一年二熟。大小二麦皆无。其胡椒倚山居住人家置园种之。藤蔓而生,若中国广东甜菜样,开花黄白色,结椒成实。生则青,老则红,候其半老之时,摘采晒干货卖。其椒粒虚大者,即此处椒也。每官秤一百斤,彼处卖金钱八十,直银一两。

果有芭蕉子、甘蔗、莽吉柿、波罗蜜之类。有一等臭果,番名赌尔焉,如中国水鸡头样,长八九寸皮,生尖刺,熟则五六瓣裂开,若烂牛肉之臭。内有栗子大酥白肉十四五块,甚甜美可食,其中更皆有子,炒而食之,其味如栗。酸橘甚广,四时常有。若洞庭狮柑、绿橘样,其味不酸,可以久留不烂。又一等酸子,番名俺拔。如大消梨样,颇长,绿皮,其气香烈。欲食击去其皮,批切外肉而食,酸甜甚美。核如鸡子大。其桃李等果俱无。

蔬菜有葱、蒜、姜、芥,冬瓜至广,长久不坏。西瓜绿皮红子,有长二三尺者。人家广养黄牛,乳酪多有卖者。羊皆黑毛,并无白者。鸡无腺者,番人不识腺。惟有竹鸡,雄鸡大者五、六斤。桑树亦有,人家养蚕,不会缫丝,只会做绵子。

其国风俗淳厚,言语书记婚丧穿拌衣服等事,皆与满剌加国相同。其民之屋,如楼起造,不铺板,但用椰子、槟榔木劈成条片,以藤缚之,再铺藤簟铺于上而居之。高处亦布阁栅。

此处多有番船往来,所以国中诸般番货多有卖者。其国使金钱、锡钱,金钱番名底那儿,以七成淡金铸造,每个圆径官寸五分,面底有纹。官秤三分五厘。锡钱番名加失,凡买卖恒以锡钱使用。

那孤儿国

那孤儿王,又名花面王。其地在苏门答剌西,地里之界相连,止是一大山村。但所管人民皆于面上刺三尖青花为号,所以称为花面王。地方不广,人民只有千余家,田少,人多以耕陆为生。米粮稀少,猪羊鸡鸭皆有。言语动静与苏门答剌国相同,土无出产,乃小国也。

黎代国

黎代亦一小国也。在那孤儿王地界之西北处。南是大山,北临大海,西连南浡里国为界。国人一、二千家,自推一人为王,以主其事,属苏门答剌国所辖。土无所产,言语行用与苏门答剌同。山有野犀牛至多,王亦差人捕获,随同苏门答剌国以进贡于中国。

南浡里国

自苏门答剌往正西,连山,好风行三昼夜可到。其国边海,人民止有千家有余,皆是回回人,甚是朴实。地方东接黎代王界,西北皆临大海,南去是山,山之南又是大海。国王亦是回回人。王居屋处,用大木高四丈,如楼起造,楼下俱无装饰,纵放牛羊牲口在下。止将楼上四围以板折落,甚洁,坐卧食处皆在其上。民居之屋，与苏门答剌国同。其处黄牛、水牛、山羊、鸡、鸭、蔬菜皆有。鱼虾甚贱，米谷少。使用铜钱。

山产降真香，此处至好，名莲花降。亦出犀牛。

国之西北海内有一大平顶峻山，半日可到，名帽山。其山之西亦皆大海，正是西洋也，番名那没黎洋。西来过洋船只俱投此山为准。其山边二丈上下浅水内生海树。彼人捞取为宝物货卖，即珊瑚也。其树大者高二三尺，根头有一大拇指大根，如墨之沈黑，如玉之温润。稍有椏枝，婆娑可爱。根头大处可碾为帽珠器物。

其帽山脚下亦有居民二、三十家，各自称为王。若问其姓名，则曰阿孤喇楂，我便是王之答。或问其次，则曰阿孤喇沓，我亦是王，甚可笑也。其国属南浡里国所辖。其南浡里王常跟宝船，将降真香等物贡于中国。

锡兰国　裸形国

自帽山南放洋，好风向东北行三日，见翠蓝山在海中。其山三四座，惟一山最高大，番名按笃蛮山。彼处之人巢居穴处，男女赤体，皆无寸丝，如兽畜之形。土不出米，惟食山芋、波罗蜜、芭蕉子之类，或入海捕鱼虾而食。人传云：若有寸布在身，即生烂疮。昔释迦佛过海，于此处登岸，脱衣入水澡，俗言赤卯坞，即此地也。

过此投正西，船行七日，见莺歌嘴山，再三两日，到佛堂山，才到锡兰国马头名别罗里。自此泊船，登岸陆行。此处海边山脚光石上有一足迹，长二尺许，云是释迦从翠蓝山来，从此处登岸，脚踏此石，故迹存焉。中有浅水不干，人皆手蘸其水洗面拭目，曰“佛水清净”。左有佛寺，内有释迦佛混身侧卧，尚存不朽。其寝座用各样宝石妆嵌沉香木为之，甚是华丽，又有佛牙并活舍利子等物在堂。其释迦涅盘，正此处也。

又北去四五十里，才到王居之城。国王系锁俚人氏，崇信释教，尊敬象牛。人将牛粪烧灰，遍搽其体，牛不敢食，止食其乳。如有牛死，即埋之，若私宰牛者，王法罪死，或纳牛头大金以赎其罪。王之居址，大家小户每晨将牛粪用水调稀，遍涂屋下地面，然后拜佛。两手直舒于前，两腿直伸于后，胸腹皆贴地而为拜。

王居之侧有一大山，侵云高耸，山顶有人脚迹一个，入石深二尺许，长八尺余。云是人祖阿聃圣人，即盘古之足迹也。此山内出红雅姑、青雅姑、黄雅姑、青米篮心、昔剌泥、窟没蓝等一切宝石皆有。每有大雨冲出土，流下沙中，寻拾则有。常言宝石乃是佛祖眼泪结成。

其海中有雪白浮沙一片，日月照其沙，光采潋滟，日有珍珠螺蚌聚集沙上。其王置珠池，二三年一次令人取螺蚌倾入池中，差人看守此池，淘珠纳官。亦有偷盗而卖者。

其国地广人稠，亚于爪哇。民俗饶富，男子上身赤膊，下围色丝手巾，加以压腰。满身毫毛俱剃净，止留其发，用白布缠头。如有父母死者，其须毛即不剃，此为孝礼。妇人撮髻脑后，下围白布。其新生小儿则剃头，女留胎发不剃，就养至成人。

无酥油牛乳不食饭。人欲食饭，则于暗处潜食，不令人见。平居槟榔荖叶不绝于口。米谷、芝麻、绿豆皆有，惟无大小二麦。椰子至多，油糖酒酱皆以此物借造而食。人死则以火化埋骨，其丧家聚亲邻之妇，都将两手齐拍胸乳而叫号哭泣为礼。果有芭蕉子、波罗蜜、甘蔗、瓜茄、蔬菜，牛羊鸡鸭皆有。

王以金为钱，通行使用，每钱一个，重官秤一分六厘。甚喜中国麝香、纻丝、色绢、青磁盘碗、铜钱、樟脑，则将宝石珍珠换易。王常差人赍宝石等物，随同回洋宝船进贡中国。

小葛兰国

自锡兰国马头名别罗里开船，往西北，好风行六昼夜可到。其国边海，东连大山，西是大海，南北地狭，外亦大海，连海而居。国王国人皆锁俚人氏。崇信释教，尊敬象牛，婚姻丧葬等事与锡兰国同。

土产苏木、胡椒不多，其果菜之类皆有。牛羊颇异他产，其羊青毛，角长，高二、三尺者，黄牛有三、四百斤者。酥油多有卖者。人日食三食，皆用酥油拌饭而食。王以金铸钱，每个重官秤二分，通行使用。虽是一小国,其王亦将方物差人贡于中国。

柯枝国

自小葛兰国开船,沿山投西北,好风行一昼夜,到其国港口泊船。本国东是大山,西临大海,南北边海,有路可往邻国。

其国王与民亦锁俚人氏,头缠黄白布,上不穿衣,下围纻丝手巾,再用颜色纻丝一匹缠之于腰,名曰压腰。其头目及富人服用与王者颇同。民居之屋,用椰子木起造,上用椰子叶编成片如草苫样盖之,雨不能漏。家家用砖泥砌一土库,止分大小,凡有细软之物,俱放于内,以防火盗。

国有五等人:一等名南毗,与王同类,内有剃头挂线在颈者,最为贵族;二等回回人;三等人名哲地,系有钱财主;四等人名革令,专与人作牙保;五等人名木瓜,木瓜者,至低贱之人也,至今此辈在海边居住,房檐高不过三尺,高者有罪,其穿衣上不过脐,下不过膝,其出于途,如遇南昆、哲地人,即伏于地,候过即起而行。木瓜之辈,专以渔樵及抬负挑担为生,官不容穿长衣,其经商买卖与中国傩人一般。

其国王崇信佛教,尊敬象、牛,建造佛殿,以造铜铸佛像,用青石砌座,佛座边周围砌成水沟,傍穿一井,每日侵晨,则鸣钟击鼓,汲井水,于佛顶浇之再三,众皆罗拜而退。

另有一等人名浊,即道人也,亦有妻子。此辈自出母胎,发不经剃,亦不梳篦,以酥油等物将发搓成条缕,或十余条,或七人条,披拽脑后。却将黄牛之粪烧成白灰,遍搽其体,上下皆不穿衣,止用如拇指大黄藤,两转紧缚其腰,又以白布为梢子。手拿大海螺,常吹而行。其妻略以布遮其丑,随夫而行。此等即出家人,倘到人家,则与钱米等物。

其国气候常暖如夏,无霜雪。每至二三月,日夜间则下阵头雨一二次,番人各整盖房屋,备办食用。至五六月,日夜间下滂沱大雨,街市成河,人莫能行,大家小户坐候雨信过。七月才晴,到八月半后晴起。到冬点雨皆无,直至次年二三月间,又下雨。常言半年下雨半年晴,正此处也。土无他产,只出胡椒,人多置园圃种椒为业。每年椒熟,本处自有收椒大户收买,置仓盛贮,待各处番商来买。论播荷说价,每一播荷该番秤二十五封刺,每一封刺该番秤十斤,计官秤十六斤,每一播荷该官秤四百斤。卖波处金钱或一百个,或九十个,直银五两。名称哲地者,皆是财主,专一收买下宝石珍珠香货之类,候中国宝船或别国番船客人来买,珍珠以分数论价而买。且如珠每颗重三分半者,卖彼处金钱一千八百个,直银一两。珊瑚枝梗,其哲地论斤重买下,顾倩匠人,剪断车旋成珠,洗磨光净,亦秤分量而买。

王以九成金铸钱行使,名曰法南,重官秤一分一厘。又以银为钱,比海螺靥大。每个官秤四厘,名曰答儿。每金钱一个,倒换银钱十五个,街市行使零用,则以此钱。

国人婚丧之礼,其五等人皆各从其类而不同。

米、粟、麻、豆、黍、稷皆有,止无大小二麦。象、马、牛、羊、犬、猫、鸡、鸭皆有,只无驴骡与鹅尔。

尔国王亦将方物差头目进献于朝廷。

古里国

古里国乃西洋大国也。从柯枝国港口开船,往西北行,三日方到。其国边海,山之东有五七百里,远通坎巴夷国;西临大海;南连柯枝国界;北边相接狠奴儿国地面。西洋大国正此地也。永乐五年,朝廷命正使太监郑和等赍诏敕赐其国王诰命银印,及升赏各头目品级冠带,统领大宝船到彼,起建碑庭,立石云:"去中国十万余里,民物咸若熙皞同风,刻石于兹永示万世。"

国王系南毗人,崇信佛教,尊敬象牛。国人内有五等:回回人、南毗人、哲地人、革令人、木瓜人。其国王国人皆不食牛肉,大头目是回回人,皆不食猪肉。先是王与回回人誓定,尔不食牛,我不食猪,互相禁忌,至今尚然。王以铜铸佛像,名乃纳儿,起造佛殿,以铜铸瓦而盖佛座。傍掘井,每日侵晨,王至汲水浴佛,拜讫,令人收取黄牛净粪,用水调于铜盆如糊,遍擦殿内地面墙壁。且命头目并富家,每早亦涂擦牛混粪。又将牛粪烧成白灰，研细，用好布为小袋盛灰，常带在身，每日侵晨洗面毕，取牛粪灰调水，搽涂其额，并两股间各三次，为敬佛敬牛之诚。

传云：昔有一圣人名某些，立教化，人人知其是真天人，皆钦从，以后圣人因往他所，令其弟名撒没嚟掌管教人，其弟心起矫妄，铸一金犊，曰："此是圣主，凡叩之则有灵验。"教人听命，崇敬其金牛，曰："常粪金，人得金"，心爱而忘天道，皆以牛为真主。后某些圣人回还，见众人被弟撒没嚟惑坏圣道，遂废其牛，而欲罪其弟，其弟骑一大象遁去。后人思之，悬望其还，且如月初，则言月中必至。及至月中，又言月尽必至。至今望之不绝。南毗人敬象牛，由此故也。

王有大头目二人，掌管国事，俱是回回人，国中大半皆奉回回教门。礼拜寺有二三十处，七日一次行礼拜。至日，举家斋浴，诸事不干，巳午时，大小男子到寺礼拜，至未时方散回家，才做买卖，干理家事。人甚诚信，状貌济楚标致。其二大头目受中国朝廷升赏，若宝船到彼，全凭二人主为买卖，王差头目并哲地未讷几计书算于官府牙人来会，领船大人议择某日打价，至日，先将带去锦绮等物，逐一议价已定，随写合同价数，彼此收执。其头目哲地即与内官大人众手相拿。其牙人则言某月某日于众手中拍一掌已定，或贵或贱，再不悔改。然后哲地富户才将宝石珍珠蹦瑚等物来看议价，非一日能定，快则一月，缓则二三月，若价钱较议已定，如买一主珍珠等物，该价若干，是原经手颈目未讷几计算，该还纻丝等物若干，照原打手之货交还，毫厘无改，彼之算法无算盘，只以两手、两脚并二十指计算，毫厘无差，甚异于常。

王以六成金铸钱行使，名吧南，每个径面官寸三分八厘，面底有纹，重官秤一分。又以银为钱，名搭儿，每个约重三厘，零用此钱。衡法每番秤一钱，该官秤八分，每番秤一两，计十六钱，该官秤一两二钱八分。番秤二十两为一斤，该官秤一斤九两六钱。其番秤名番剌失，秤之权钉定于衡末，称准则活动于衡中，提起平为定盘，星称物则移准向前，随物轻重而进退之。止可秤十斤，该官秤十六斤，秤香货之类，二百斤番秤为一播荷，该官秤三百二十斤，若称胡椒，二百五十斤为一播荷，该官秤四百斤。凡称一应巨细货物，多用天平对较。其量法，官铸铜为升行使，番名党戞黎，每升该官升一升六合。

西洋布本国名撦黎布，出于邻境坎巴夷等处。每匹阔四尺五寸，长二丈五尺，卖彼处金钱八个或十个。国人亦将蚕丝练染各色，织间道花手巾，阔四五尺，长一丈二三尺，每条卖金钱一百个。

胡椒，山乡住人置园多种。到十月间，椒熟采摘晒干而卖，自有收椒大户来收，上官库收贮。若有买者，官与发买，见数计算税钱纳官。每胡椒一播荷，卖金钱二百个，其哲地多收买下各色宝石珍珠，并做下蹦硼珠等物，各处番船到彼，国王亦差头目并写字人等眼同而卖，就取税钱纳官。

富家多种椰子树，或一千株或二千三千株，为产业。其椰子有十般使用：嫩者有浆甚甜，好吃，可酿酒；老者椰肉打油，做糖做饭吃；外包之穰，打索，造船；椰壳为碗，为杯，又好烧灰打箱金银细巧生活；树好造屋，叶好盖屋。蔬菜有芥菜、生姜、萝卜、胡荽、葱、蒜、葫芦、茄子、菜瓜、冬瓜四时皆有。又有一等小瓜，如指大，长二寸许，如青瓜之味，其葱紫皮，如蒜，大头小叶，称斤而卖。波罗蜜、芭蕉子广有卖者。木别子树高十余丈，结子如绿柿样，内包其子三四十个，熟则自落。其蝙蝠如鹰之大，都在此树上倒挂而歇。

米红白皆有。麦大小俱无。其面皆从别处贩来卖。鸡鸭广有，无鹅。羊脚高灰色，如驴驹子之样。水牛不甚大。黄牛有三四百斤者，人不食其肉，止食其乳酪，人无酥油不吃饭。其牛养至老死即埋之。各色海鱼其价极贱。山中鹿兔亦有卖者。人家多养孔雀，其它禽鸟则有乌鸦、苍鹰、鹭鸶、燕子，其余别样大小禽鸟，则并无有。

国人亦会弹唱，以葫芦壳为乐器，红铜丝为弦，唱番歌相和而弹，音韵堪听。

民俗婚丧之礼，锁俚人、回回人各依自家本等体例不同。其王位不传于子而传于外甥。传甥止论女腹所生为嫡族。其王若无姊妹，传之于弟。若无弟，逊与有德之人。世代相仍如此。

王法无鞭笞之刑，罪轻者截手断足，重则罚金诛戮。甚则抄没灭族。人有犯法者，拘之到官，即伏其罪，若事情或有冤枉不伏者，则于王前或大头目前置一铁锅，盛油四五斤，煎滚，先以树叶投试爆弹有声，遂令其人以右手二指煠于油内片时，待焦方起，用布包裹封记，监留在官，二三日后聚众开封视之，若手烂溃，其事不枉，即加以刑，若手如旧不损，则释之，头目人等以鼓乐礼送此人回家，诸亲邻友馈礼相贺，饮酒作乐以相庆,此事最为奇异。

使回之日,其国王欲进贡,用好赤金五十两,令番匠抽如发细金丝,结绾成片,以各色宝石大珍珠厢成宝带一条,差头目乃那进奉中国。

溜山国

自苏门答剌开船,过小帽山投西南,好风行十日可到。其国番名牒干,无城郭,倚山聚居,四围皆海,如洲渚一般,地方不广。国之西去程途不等,海中天生石门一座,如城阙样。有八大处,溜各有其名:一曰沙溜,二曰人不知溜,三曰起泉溜,四曰麻里奇溜,五曰加半年溜,六曰加加溜,七曰安都里溜,八曰官瑞溜。此八处皆有所主,而通商船。再有小窄之溜,传云三千有余溜,此谓弱水三千,此处是也。

其间人皆巢居穴处,不识米谷,只捕鱼虾而食,不解穿衣,以树叶遮其前后。设遇风水不便,舟师失针舵损,船过其溜,落于泻水,渐无力而沉,大概行船皆宜谨防此也。

牒干国王、头目、民庶皆是回回人。风俗纯美,所行悉遵教门规矩。人多以渔为业,种椰子为生。男女体貌微黑,男子白布缠头,下围手巾。妇人上穿短衣,下亦以阔布手巾围之。又用阔大布手巾过头遮盖,止露其面。婚丧之礼悉依回回教规而后行。

土产降真香也不多,椰子甚广,各处来收买往别国货卖。有等小样椰子壳,彼人旋做酒钟,以花梨木为足,用番漆漆其口足,标致可用。椰子外包之穰,打成粗细绳索,堆积在家,各处番船上人亦来收买,卖与别国,造船等用。其造番船,皆不用钉,止钻其孔,皆以此索联缚,加以木楔,然后以番沥青涂缝,水不能漏。

其龙涎香,渔者常于溜处采得,如水浸沥青之色,嗅之无香,火烧惟有腥气,其价高贵,买者以银对易,海贝人采积如山,罨烂其肉,转卖暹罗、榜葛剌等国,当钱使用。其马鲛鱼切成大块,晒干收贮,各国亦来收贩他处,名曰海溜鱼而卖之。织一等丝嵌手巾,甚密实长阔,绝胜他处所织者。又有一等织金方帕,与男子缠头,价有卖银五两之贵者。

天之气候,四时常热如夏。其土地甚瘠,米少,无麦,蔬菜不广,牛羊鸡鸭皆有,余无所出。王以银铸小钱使用。中国宝船一二只亦到彼处,收买龙涎香、椰子等物,乃一小邦也

祖法儿国

自古里国开船投西北,好风行十昼夜可到。其国边海倚山,无城郭,东南大海,西北重山。国王、国人皆奉回回教门。人体长大,貌丰伟语言朴实。王者之扮,以白细番布缠头,身穿青花如大指大细丝嵌盖头,或金锦衣袍,足穿番靴,或浅面皮鞋。出入乘轿或骑马,前后摆列象驼、马队,刀牌手,吹筚篥锁,簇拥而行。民下所服衣冠,缠头长衣脚穿靴鞋。

如遇礼拜日,上半日市绝交易,男女长幼皆沐浴,既毕,即将蔷薇露或沉香并抽搽面并四体,俱穿齐整新净衣服。又以小土炉烧沈檀俺八儿等香,立于炉上,熏其衣体,才往礼拜寺。拜毕方回,经过街市,半晌熏香不绝。婚丧之礼,素遵回回教规而行。

土产乳香,其香乃树脂也。其树似榆,而叶尖长。彼人每砍树取香而卖。中国宝船到彼,开读赏赐毕,其王差头目遍谕国人,皆将乳香、血竭、芦荟、没药、安息香、苏合油、木别子之类,来换易纻丝、磁器等物。

此处气候,常如八九月,不冷。米麦豆粟黍稷麻谷,及诸般蔬菜、瓜茄、牛、羊、马、驴、猫、犬、鸡、鸭之类,亦皆不缺。山中亦有驼鸡,土人间亦捕获来卖。其鸡身匾颈长,其状如鹤,脚高三四尺,每脚止有二指。毛如骆驼,食绿豆等物,行似骆驼,因此名驼鸡。其骆驼则有单峰者,有双峰者,人皆骑坐以适街市。将死,则杀之卖其肉。

其王铸金钱名倘伽,每个重官秤二钱,径一寸五分,一面有纹,一面人形之纹。又以红铜铸为小钱,约重三厘,径四分,零用。其国王于钦差使者回日,亦差其头目将乳香驼鸡等物,跟随宝船以进贡于朝廷焉。

阿丹国

自古里国开船，投正西兑位，好风行一月可到。其国边海，离山远。国富民饶，国王、国人皆奉回回教门，说阿剌壁言语。人性强梗，有马步锐兵七八千，所以国势威重，邻邦畏之。永乐十九年，钦命正使太监李□等，赍诏敕衣冠赐其王酋，到苏门答剌国，分内官周　领驾宝船数只到彼。王闻其至，即率大小头目至海滨迎接诏敕赏赐，至王府行礼甚恭谨感伏，开读毕，国王即谕其国人，但有珍宝许令卖易。在彼买得重二钱许大块猫睛石，各色雅姑等异宝，大颗珍珠，珊瑚树高二尺者数株，又买得珊瑚枝五柜、金珀、蔷薇露、麒麟、狮子、花福鹿、金钱豹、驼鸡、白鸠之类而还。

国王之扮，头戴金冠，身穿黄袍，腰系宝妆金带。至礼拜日赴寺礼拜，则换细白番布缠头，上加金锦之顶，身穿白袍，坐车列队而行。其头目冠服各有等第不同。国人穿扮，男子缠头，穿撒哈喇梭幅、锦绣纻丝等衣，足著靴鞋。妇人之扮，身穿长衣，肩项佩宝石、珍珠、缨络，如观音之扮，耳带金厢宝环四对，臂缠金宝钏镯，足指亦带指环。又用丝嵌手巾盖于顶上，止露其面。

凡国人打造钑细金银首饰等项生活，甚精妙，绝胜天下。又有市肆、混堂，并熟食、丝帛、书籍、诸色什物铺店皆有。王用赤金铸钱行使，名甫噜嚟，每个重官秤一钱，底面有纹。又用红铜铸钱，名甫噜斯，零使。

其地气候温和，常如八九月。日月之定无闰月，惟以十二个月为一年。月无大小，若头夜见新月，明日即月首也。四季不定，自有阴阳人推算，如以某日为春首，后果然花草开荣。某日是初秋，果然木叶凋落。及于日月交食、潮信早晚，并风雨寒暖，无不准验。

人之饮食，米粉麦面诸品皆有，多以乳酪、酥油、糖蜜制造而食。米、粟、豆、谷、大小二麦、芝麻并诸色蔬菜俱有，果子有万年枣、松子、把担、干葡萄、核桃、花红、石榴、桃、杏之类。象、驼、驴、骡、牛、羊、鸡、鸭、猫、犬皆有，止无猪鹅。棉羊白毛无角，头上有黑毛二团，如中国童子顶搭。其颈下如牛袋一般，其毛短如狗，其尾大如盘。

民居房屋皆以石砌，上以砖盖，或土盖。有石砌三层，高四五丈。土产紫檀木、蔷薇露、詹卜花、无核白葡萄，并花福鹿、青花白驼鸡、大尾无角棉羊。其福鹿如骡子样，白身白面，眉心隐隐起细细青条花，起满身至四蹄，细条如间道如画。青花白驼鸡亦有青花，如福鹿一般。麒麟前二足高九尺余，后两足约高六尺，头抬颈长一丈六尺。首昂后低，人莫能骑。头上有两肉角，在耳边，牛尾鹿身蹄有三跲，匾口，食粟、豆、面饼。其狮子身形似虎，黑黄无斑，头大口阔，尾尖毛多，黑长如缨。声吼如雷，诸兽见之，伏不敢起，乃兽中之王也。

其国王感荷圣恩，特造金厢宝带二条，窟嵌珍珠宝石金冠一顶，并雅姑等各样宝石地角二枚，金叶表文，进贡中国。

榜葛剌国

自苏门答剌国开船，取帽山并翠蓝岛，投西北上，好风行二十日，先到浙地港泊船，用小船入港，五百余里到地名锁纳儿港登岸，向西南行三十五站到其国。有城郭，其王府并一应大小衙门皆在城内。

其国地方广阔，物攘民稠，举国皆是回回人，民俗淳善。富家造船往诸番国经营者颇多，出外佣役者亦多。人之容体皆黑，间有一白者。男子皆剃发，以白布缠之。身服从头套下圆领长衣，下围各色阔手巾，足穿浅面皮鞋。其国王并头目之服，俱奉回回教礼，冠衣甚整丽。

国语皆从榜葛里，自成一家言语，说吧儿西语者亦有之。国王以银铸钱，名倘伽，每个重官秤三钱，径官寸一寸二分，底面有纹。一应买卖皆以此钱论价。街市零用海贝，番名考嚟，论个数交易。民俗冠丧祭婚姻之礼，皆依回回教门礼制。

四时气候，常热如夏。稻谷一年二熟，米粟细长，多有细红米。粟、麦、芝麻、各色豆黍、姜、芥、葱、蒜、瓜、茄、蔬菜皆有。果有芭蕉子。酒有三四等，椰子酒、米酒、树酒、茭蔁酒各色法制，多有烧酒。市卖无茶，人家以槟榔待人。街市一应铺店、混堂、酒饭甜食等肆都有。驼、马、驴、骡、水牛、黄牛、山羊、棉羊、鹅、鸭、鸡、猪、犬、猫等畜皆有。果则有波罗蜜、酸子、石榴、甘蔗等类,其甜食则有沙糖、白糖、糖霜、糖果、蜜煎、蜜姜之类。

土产五六样细布:一样荜布,番名卑泊,阔三尺余,长五丈六七尺,此布匀细如粉笺一般;一样姜黄布,番名满者提,阔四尺许,长五丈余,此布紧密壮实;一样番名沙纳巴付,阔五尺,长三丈,便如生平罗样,即布罗也;一样番名忻白勤搭黎,阔三尺,长六丈,布眼稀匀,即布纱他,皆用此布缠头;一样番名沙榻儿,阔二尺五六寸,长四丈余,如好三梭布一般;有一样番名蓦黑蓦勒,阔四尺,长二丈余,背面皆起绒头,厚四五分,即兜罗绵也。桑柘蚕茧皆有,止会作线缲丝嵌手巾并绢。不晓成绵。漆器、盘碗、镔铁、轮、刀、翦等器皆有卖者。一样白纸,亦是树皮所造,光滑细腻如鹿皮一般。

国法有笞杖徒流等刑。官品衙门印信行移皆有。军亦有官管给粮饷,管军头目名吧斯剌儿。医卜阴阳百工技艺皆有之。其行术,身穿挑黑线白布花衫,下围色丝手巾,以各色硝子珠间以珊瑚珠穿成缨络,佩于肩项,又以青红硝子烧成镯,带于两臂,人家宴饮,此辈亦来动乐,口唱番歌对舞,亦有家数。有一等人名根肖速鲁奈,即乐工也。每日五更时分,到头目或富家门首,一人吹唢呐,一人击小鼓,一人击大鼓,初起则慢,自有调拍,后渐紧促而息。又至一家,如前吹击而去,至饭时仍到各家或与酒饭,或与钱物。撮弄把戏,诸色皆有,不甚奇异。止有一样,一人同其妻以铁索拴一大虎,在街牵拽而行,至人家演弄。即解其铁索,令虎坐于地。其人赤体单梢,对虎跳跃,拽拳将虎踢打。其虎性发作威,咆哮势若扑人。其人与虎对跌数交毕,又以一臂伸入虎口,直至其喉,虎不敢咬。其人仍销虎颈,则伏于地讨食。其家则与肉啖之,又与其人钱物而去。

日月之定,亦以十二个月为一年,无闰月。节气早晚临期推。

王亦差人驾船往各番国买卖,取办方物珍珠宝石,进贡中国。

忽鲁谟厮国

自古里国开船投西北,好风行二十五日可到。其国边海倚山,各处番船并旱番客商,都到此地赶集买卖,所以国民皆富。国王国人皆奉回回教门,尊谨诚信,每日五次礼拜,沐浴斋戒。风俗淳厚,无贫苦之家。若有一家遭祸致贫者,众皆赠以衣食钱本,而救济之。

人之体貌清白丰伟,衣冠济楚标致。婚丧之礼,悉遵回回教规。男子娶妻,先以媒妁,已通礼讫,其男家即置席请加的。加的者,掌教门规矩之官也。及主婚人并媒人,亲族之长者,两家各通三代乡贯来历,写立婚书已定,然后择日成亲。否则官府如奸论罪。如有人死者,即用白番布为大殓小殓之衣,用瓶盛净水,将尸从头至足浇洗二三次,既净,以麝香片脑填尸口鼻,才服殓衣,贮棺内,当即便埋。其坟以石砌,穴下铺净沙五六寸,抬棺至,则去其棺,止将尸放石穴内,上以石板盖定,加以净土厚筑坟堆,甚坚整也。

人之饮食,务以酥油拌煮而食。市中烧羊、烧鸡、烧肉、薄饼、哈喇潵一应面食皆有卖者。二三口之家多不举火做饭,止买熟食而吃。

王以银铸钱,名底那儿,径官寸六分,底面有纹,重官秤四分,通行使用。书记皆是回回字,其市肆诸般铺面百物皆有,止无酒馆。国法饮酒者弃市。文武医卜之人绝胜他处。各色技艺皆有,其撮弄把戏,皆不为奇。惟有一样,羊上高竿,最可笑也。其术用木一根,长一丈许,木竿头上止可许羊四蹄立于木。将木立竖于地,扶定,其人引一小白羝羊,拍手念诵。其羊依拍鼓舞,来近其竿,先以前二足搭定其木,又将后二足一纵立于竿上。又一人将木一根于羊脚前挨之,其羊又将前两足搭上木顶,随将后二脚纵起。人即扶定其木,其羊立于二木之顶,跳动似舞之状。又将木一段趱之,连上五六段,又高丈许。俟其舞罢,然后立于中木,人即推倒其竿,以手接捧其羊。又令卧地作死之状,令舒前脚则舒前,令舒后脚则舒后。又有将一大黑猴,高三尺许,演弄诸般本事了,然后令一闲人,将巾帕重重折迭,紧缚其猴两眼,别令一人潜打猴头一下,深深避之,后解其帕,令寻打头之人,猴于千百人中径取原人而出,甚为怪也。

其国气候寒暑,春开花,秋落叶。有霜无雪,雨少露多。有一大山,四面出四样之物。一面如海边出之盐,红色。人用铁锄如打石一般凿起一块,有三四十斤者。又不潮湿,欲用食,则搥碎为末而用。一面出红土，如银朱之红；一面出白土，如石灰，可以粉墙壁；一面出黄土，如姜黄色之黄。俱著头目守管，各处自有客商来贩卖为用。

土产米麦不多，皆是别处贩来粜卖，其价极贱。果有核桃、把聃果、松子、石榴、葡萄干、桃干、花红、万年枣、西瓜、菜瓜、葱、韭、薤、蒜、萝卜、甜瓜等物。其胡萝卜，红色如藕大者至多。甜瓜甚大，有高二尺者。其核桃，壳薄白色，手捏即破。松子长寸许，葡萄干有三四样：一样如枣干，紫色；一样如莲子大，无核，结霜；一样圆颗如白豆大，略白色。把聃果如核桃样，尖长色白，内有仁，味胜核桃肉。石榴如茶钟大，花红如拳大，甚香美。万年枣亦有三样：一样番名垛沙布，每个如母指大，核小结霜如沙糖，忒甜难吃；一等按烂成二三十个大块，如好柿饼及软枣之味；一等如南枣样略大，味颇涩，彼人将来喂牲口。

此处各番宝货皆有，更有青红黄雅姑石，并红剌、祖把碧、祖母剌、猫睛、金钢钻，大颗珍珠如龙眼大，重一钱二三分，珊瑚树珠，并枝梗、金珀、珀珠、神珠、蜡珀、黑珀，番名撒白值。各色美玉器皿、水晶器皿，十样锦翦绒花单，其绒起一二分，长二丈，阔一丈，各色梭幅，撒哈喇毡、氁罗氁纱、各番青红丝嵌手巾等类皆有卖者。

驼马、骡、牛、羊广有。其羊有四样：一等大尾绵羊，每个有七八十斤，其尾阔一尺余，拖著地，重二十余斤；一等狗尾羊，如山羊样，其尾长二尺余；一等斗羊，高二尺七八寸，前半截毛长拖地，后半截皆翦净，其头面颈额似棉羊。角弯转向前，上带小铁牌，行动有声。此羊快斗，好事之人喂养于家，与人斗赌钱物为戏。又出一等兽，名草上飞，番名昔稚锅失，如大猫大，浑身俨似玳瑁斑猫样，两耳尖黑，性纯不恶。若狮豹等项猛兽，见他即俯伏于地，乃兽中之王也。国王亦将船只载狮子、麒麟、马匹、珠子、宝石等物并金叶表文，差其头目人等，跟随钦差西洋回还宝船，赴阙进贡。

天方国

此国即默伽国也。自古里国开船，投西南申位，船行三个月方到本国马头，番名秩达。有大头目主守。自秩达往西行一月，到王居之城，名默伽国。奉回回教门，圣人始于此国阐扬教法，至今国人悉遵教规行事，纤毫不敢违犯。其国人物魁伟，体貌紫膛色。男子缠头，穿长衣，足著皮鞋。妇人俱戴盖头，莫能见其面。说阿剌毕言语。

国法禁酒。民风和美，无贫难之家。悉遵教规，犯法者少，诚为极乐之界。婚丧之礼皆依教门体例而行。

自此再行大半日之程，到天堂礼拜寺，其堂番名恺阿白。外周垣城，其城有四百六十六门，门之两傍皆用白玉石为柱，其柱共有四百六十七个，前九十九个，后一百一个，左边一百三十二个，右边一百三十五个。其堂以五色石迭砌，四方平顶样。内用沉香大木五条为梁，以黄金为阁。满堂内墙壁皆是蔷薇露、龙涎香和土为之，馨香不绝。上用皂纻丝为罩罩之。蓄二黑狮子守其门。每年至十二月十日，各番回回人，甚至一、二年远路的，也到堂内礼拜，皆将所罩纻丝割取一块为记验而去。剜割既尽，其王则又预织一罩，复罩于上，仍复年年不绝。堂之左有司马仪圣人之墓，其坟垄俱是绿撒不泥宝石为之，长一丈二尺，高三尺，阔五尺，其围坟之墙，以绀黄玉迭砌，高五尺余。城内四角造四堆塔，每礼拜即登此塔喝班唱礼。左右两傍有各祖师传法之堂，亦以石头迭造，整饰极华丽。

其处气候四时常热如夏，并无雨电霜雪。夜露甚重，草木皆凭露水滋养。夜放一空碗，盛至天明，其露水有三分在碗。土产米谷仅少，皆种粟麦黑黍瓜菜之类。西瓜、甜瓜每个用二人抬一个者亦有。又有一种绵花树，如中国大桑树，高一二丈，其花一年二放，长生不枯。果有萝卜、万年枣、石榴、花红、大梨子，桃子有重四五斤者。其驼、马、驴、骡、牛、羊、猫、犬、鸡、鹅、鸭、鸽亦广。鸡、鸭有重十斤以上者。土产蔷薇露、俺八儿香、麒麟、狮子、驼、鸡、羚羊、草上飞，并各色宝石、珍珠、珊瑚、琥珀等物。其王以金铸钱，名倘加行使，每个径七分，重官秤一钱，比中国金有十二成色。

又往西行一日，到一城，名蓦底纳。其马哈嘛圣人陵寝正在城内，至今墓顶豪光日夜侵云而起。墓后有一井，泉水清甜，名阿必糁糁。番之人取其水藏于船边，海中倘遇飓风，即以此水洒之，风浪顿息。

宣德五年,钦蒙圣朝差正使太监内官郑和等往各番国开读赏赐。分䑸到古里国时,内官太监洪□见本国差人往彼,就选差通事等七人,赍带麝香、磁器等物,附本国船只到彼。往回一年,买到各色奇货异宝,麒麟、狮子、驼鸡等物,并画天堂图真本回京。其默伽国王亦差使臣,将方物跟同原去通事七人献赍于朝廷。

本卷系交通部交通应用基础研究项目成果

中国航海史基础文献汇编

(第三卷·杂史卷)

(4)

中国航海史基础文献汇编编辑委员会
大连海事大学中国航海史基础文献研究项目组 编

主编 孙光圻 副主编 刘义杰

海洋出版社

2012年·北京

图书在版编目(CIP)数据

中国航海史基础文献汇编．第3卷，杂史卷/孙光圻主编．—北京：海洋出版社，2011.9.

ISBN 987-7-5027-8054-8

Ⅰ.①中… Ⅱ.①孙… Ⅲ.①航海—交通运输史—文献—汇编—中国 Ⅳ.①F552.9

中国版本图书馆CIP数据核字(2011)第128845号

责任编辑：刘义杰

责任印制：赵麟书

海洋出版社 出版发行

http://www.oceanpress.com.cn

(北京市海淀区大慧寺路8号 邮编：100081)

中煤涿州制图印刷厂北京分厂印刷 新华书店发行所经销

2012年4月第1版 2012年4月北京第1次印刷

开本：880mm×1230mm 1/16 印张：372

字数：10620千字 印数：1～1000册

定价：980.00元

发行部：62147016 邮购部：68038093 总编室：62114335

星槎胜览[1]

卷一

占城国

永乐七年己丑，上命正使太监郑和等统领官兵，驾使海船四十八号，往诸番国开读赏赐。是岁秋九月，自太仓刘家港开船，十月到福建长乐太平港泊。十二月，福建五虎门开洋，张十二帆，顺风十昼夜，至占城国。临海有港曰新洲，西抵交趾，北连中国。他番宝船到彼，其酋长头戴三山金花冠，身披锦花手巾，臂腿四腕，俱以金镯，足穿玳瑁履，腰束八宝方带，如妆塑金刚状。乘象，前后拥随番兵五百馀，或执锋刃短枪，或舞皮牌，捶善鼓，吹椰笛壳筒。其部领乘马出郊迎接诏赏，下象膝行，匍匐感沐天恩，奉贡方物。

其国所产巨象、犀牛甚多，所以象牙、犀角广贸别国。棋楠香一山所产，酋长差人看守采取，民下不可得，如有私偷卖者，露犯则断其手。乌木、降香，民下樵而为薪。气候常热如夏，不见霜雪，草木长春，随开随谢。供民以煮海为盐，田禾甚薄。其国之人，惟食槟榔裹荖叶包蛎壳灰，行住坐卧不绝其口。月日之定，但看月生为初，月晦为满，如此十次盈亏为一岁，昼夜以善鼓十更为法。酋长及民下非至午不起，非至子不睡。见月则饮酒歌舞为美。酋长所居高广，屋宇门墙以砖灰甃砌，及坚硬之木雕琢兽畜之形为华饰，外周砖垣。亦有城郭之备，练兵之具，药镞刀标之属。其部领所居，亦分等第，门高有限。民下编茅覆屋，门不过三尺，过者即罪之。一国之食，鱼不腐烂不食，酿不生蛆不为美。造酒以米和药丸干持入瓮中，封固如法收藏，日久其糟生蛆为佳酝。他日开封，用长节竹竿三四尺者，插入糟瓮中，或围坐五人十人，量人入水多寡，轮次吸竹引酒入口，吸尽再入水，若无味则止，有味封留再用。

岁时纵人采生人胆鬻官，其酋长或部领得胆入酒中，与家人同饮，谓之曰通身是胆。相传尸头蛮者，本是妇人也，但无瞳人为异。其妇与家人同寝，夜深飞头而去，食人粪尖，飞回复合其体，仍活如旧。若知而封固其项，或移体别处，则死矣。如有病者遇食其粪，妖气入腹，病者必死。此妇人亦罕有者，民家有而不报官者，罪及一家。番人爱其头，或有触弄其头者，必有生死之恨。

男女椎髻脑后，花布缠头，上穿短衫，腰围色布手巾。其国无纸笔之具，但将羊皮槌薄熏黑，削细竹为笔，蘸白灰为字，若蚯蚓委曲之状。语言燕鸿，全凭通事传译。

诗曰：圣运承天统，雍熙亿万春。元戎持使节，颁诏抚夷民。莫谓江山异，同沾雨露新。西连交趾塞，北接广南津。酋长尤崇礼，闻风感圣人。棋楠宜进贡，乌木伐为薪。笔写羊皮纸，言谈鴂舌人。角犀应自纵，牙象尚能驯。蛆酒奇堪酌，尸蛮怪莫陈。遥观光峤外，顿觉壮怀伸。采摭裁诗句，摅诚献紫宸。

宾童龙国

其国隶与占城，山地接连。有双溪涧，水澄清，佛书所云舍卫乞食，即其地也。目连所居遗址尚存。人物、风土、草木、气候，与占城大同小异。惟丧礼之事，能持孝服，设佛事而度死者，择僻地而葬之。婚姻遇合，情义不忘，终乖人伦理。尸头蛮者，痹患城害之尤甚，民多置庙，牲血祭之求禳。酋长出入，或象或马，一如占城。王扮略同，从者前后有百馀人，执盾赞唱，曰亚曰仆。地产棋楠香、象牙，货用金银、花布之属。民下编茅覆屋而居，亦如占城。异其食啖行止状貌，可笑可嗟矣！

诗曰：海峤宾童国，双溪水色清。目连生育处，佛氏乞游城。地窄居民少，山多野兽鸣。气融冰不识，日暖草丛生。丧礼微知孝，婚姻略备情。尸蛮尝粪秽，妖庙祭牺牲。部领鸣鸦导，蛮酋坐象行。棋楠从土

---

[1] 〔明〕费信撰。据1954年中华书局冯承钧校注版。

产,花布恁商营。搜缉遗风俗,公馀仔细评。

灵山

其处峻岭而方,石泉下带。民居星散,结网为业。田土肥,耕种一年二收。气候之节,男女之规,与占城大同小异。

地产黑纹相对藤杖,每条易斗锡一块,若粗大而纹疏者,一锦易杖三条。次得槟榔、荖叶,馀无异物所产。其往来贩舶,必于此汲水采薪,以济日用。舶人斋沐三日,崇佛讽经,燃放水灯彩船,以禳人船之灾。

诗曰:灵山方石岭,其下有泉流。寥落民居少,丰登谷米稠。放灯祈佛福,赛愿便商舟。藤杖山中出,鱼虾海内求。梵经曾睹此,今日一遨游。

昆仑山

其山节然瀛海之中,与占城及东、西竺鼎峙相望。山高而方,根盘旷远,海之名曰昆仑洋。凡往西洋商贩,必待顺风,七昼夜可过。俗云:"上怕七洲,下怕昆仑,针迷舵失,人船莫存。"此山产无异物,人无居室,而食山果鱼虾,穴居树巢矣。

诗曰:鼎峙东西竺,节然瀛海区。惟愁针舵失,但念穴巢居。四季树生果,三餐虾与鱼。遐陬无别产,吟咏亦堪书。

交栏山【自占城、灵山起程,顺风十昼夜可到】

其山高而丛林藤竹,舵杆桅樯篷箬,无所不备。胡元之时,命将高兴、史弼领兵万众,驾巨舶往阇婆国,遭风至于交栏山下,其船多损。随登此山,造船百号,复征阇婆得胜,擒其酋长,四国是此知之。至今民居有中国人杂处,盖此时有病卒百馀留养不归,而传生育也。气候常暑,米谷稀少,民好射猎为业。男女椎髻,穿短衫,系巫仑布。地产豹、熊、鹿皮、玳瑁。贸易之货用米谷、五色绢、青布、铜器、青碗之属。

诗曰:岌业交栏岛,丛林拥翠围。三春稀黍稷,四景有灾威。当脑盘髽髻,披肩挂短衣。熊皮多美丽,玳瑁甚希奇。使节仍临莅,遗氓亦愿归。遥观瞻山海,得句乐心机。

暹罗国【自占城起程,顺风十昼夜可至】

其国山形如城,白石峭厉。地周千里,外山崎岖,内岭深邃。田平而沃,稼多丰熟,气候常热。风俗劲悍,专尚豪强,侵掠邻境,削槟榔木为标,水牛皮为牌,药鏃等器,惯习水战。男女椎髻,白布缠头。穿长衫,腰束青花色布手巾。其酋长及民下谋议,百物出入钱谷,煮海为盐产。大小之事,悉决于妇,其男一听,可与牝鸡之鸣。苟合无序,遇我中国男子爱之,必置酒致待而敬之,欢歌留宿。妇人多为尼姑,道士皆能诵经持斋,服色略似中国之制,亦造庵观之所。已重丧礼之事,人死之时,必用水银灌养其尸,而后择高阜地,设佛事,即葬之。酿蔗为酒,俗以海贝代钱,通行于市,每一万个准中统钞二十四贯。地产罗斛香,焚极清远,亚于沉香。次有苏木、犀角、象牙、翠毛、黄腊、大风子油。货用青白磁器、花布、色绢、段匹、金银、铜钱、烧珠、水银、雨伞之属。

诗曰:海外暹罗国,山形似垒城。三春花草盛,九夏稻禾荣。竟日男安坐,移时妇决行。髻端罗布白,腰下束花青。失序人伦乱,无条礼法轻。富尊酋长贵,豪侠庶民横。香翠通商贩,海贝如钞行。蛮戎钦帝德,金表贡神京。

爪哇国【自占城起程,顺风二十昼夜可至其国】

古名阇婆,地广人稠,实甲兵器械,乃为东洋诸番之冲要。旧传鬼子魔天,正于此地,与一罔象青面红身赤发相合。凡生子百余,常食啖人血肉。佛书所云鬼国,其中只此地也。人被啖几尽,忽一日雷震石裂,中坐一人,众称异之,遂为国主,即领兵驱逐罔象,而不为害。后复生齿而安业,乃至今国之移文,后书一千三百七十六年。考之肇启汉初，传至我宣德七年。

港口以人去马头曰新村。居民环接，编茭樟叶覆屋，铺店连行为市，买卖聚集。其国富饶，珍珠、金银、鸦鹘、猫睛、青红等石、琿璖、玛瑙、豆蔻、荜茇、栀子花、木香、青盐，无所不有，盖在通商之处也。其鹦鹉、鹦哥、孔雀，能驯言语歌曲。其倒挂鸟，身如雀大，披五色羽，日间焚香于其傍，夜则张羽翼而倒挂，张尾翅而放香。

民俗好凶强，但生子一岁，则置刀于背，名曰不刺头，以金银象牙雕刻为靶。凡男子自幼至老，贫富皆有，插于腰间。若有争论，不通骂詈，即拔刀刺之，强者为胜。设被杀之，藏躲三日而出去，即无事也。男子猱头裸身，惟腰围单带手巾。能饮酗酒，重财轻命。妇人亦然，惟项上金珠联纫带之，两耳塞茭樟叶圈于窍中。其丧事，凡其主翁之死，婢妾之众而对誓曰："死则同往。"临殡之日，妻妾奴婢皆满头带草花，披五色手巾，随尸至海边或野地，将尸于沙地，得众犬食尽为好。如食不尽，则悲泣号歌。柴堆于傍，众妇坐其上，良久之际，纵火烧柴而死，则殉葬之礼也。

苏鲁马益，亦一村地名也，为市聚货商舶米粮港口。有洲聚猢狲数百，传闻于唐时，其家五百馀口，男妇凶恶，忽一日有僧至其家，乃言吉凶之事，其僧取水噀之，俱化为猕猴，止留其老妪不化。今存旧宅，本处及商者常设饮食、槟榔、花果、肉类而祭之，不然，则祸福甚有验也。此怪诞之事，本不可记，尤可为之戒矣。

杜板一村，亦地名也。海滩有水一泓，甘淡可饮，称曰圣水。元时使将史弼、高兴因征其国，经月不下雨，舟中乏粮，军士失措。史、高二将拜天祝曰："奉命伐蛮，如天与水即生，不与之则死。"祝之，插枪碱苦海滩，其泉水随枪涌出，水味甘甜，众军汲而饮之。乃令曰："天赐助尔。"兵威大振，喊声奋杀，番兵百万馀众悉皆败走。遂已登岸，随杀随入，生擒番人煮而食之，至今称为中国能食人也。获囚酋长归国，服罪放归，改封为爪哇国王也。钦遵我朝皇上，遣正使太监郑和等，节该赍捧诏敕赏赐国王、王妃，及其部领村主民下，草木咸受天福。其国王臣既沐天恩，遣使络绎不停，擎捧金筒金叶表文，贡献方物。

诗曰：古是阇婆国，曾遭鬼母殃。震雷惊石裂，深穴见人藏。欢忭皆知异，扶持众立王。人民从教化，罔象被驱亡。妇女夸家富，男儿纵酒强。鹦歌时刷翠，倒挂夜分香。婚娶吹椰壳，人随御竹枪。田畴禾稼盛，商贾货财昌。洲上猕猴聚，溪边祭祀忙。蛮夷遵圣诏，永世沐恩光。

旧港【自爪哇国起程，顺风八昼夜至】

古名三佛齐国。自港入去，田土甚肥，倍于他壤。古云："一季种谷，三季生金。"言其米谷盛而为金也，民故富饶。俗嚣好淫。有操略，水战甚惯。其处水多地少，部领者皆在岸边，居屋之用，匝民仆而宿，其馀民庶皆置木筏上，盖屋而居。若近溪船，以木桩拴闸，设其水涨，则筏浮起，不能渰没也。或欲别居，起桩去之，连屋移拔，不劳其力。此处之民，爪哇所辖，风俗与爪哇大同小异。地产黄熟香、速香、沉香、黄蜡并鹤顶之类。货用烧炼五色珠、青白磁器、铜鼎、五色布绢、色段、大小磁器、铜钱之属。永乐三年，我朝太宗文皇帝命正使太监郑和等，统领舟师往诸番国。海寇陈祖义等聚三佛齐国，抄掠番商，亦来犯我舟师，被我正使深机密策，若张网获兽而殄灭之，生擒厥魁，献俘阙下，由此海内振肃。

诗曰：濒海沙泥地，田禾熟倍金。男儿多狠暴，女子甚哇淫。地僻蛮夷逆，天差正使擒。俘囚献阙下，四海悉钦遵。

满剌加国【自旧港起程，顺风八昼夜至此】

其处旧不称国，傍海居之，山孤人少。受降于暹罗，每岁输金四十两，以为纳税。田瘠少收。内一山泉流溪下，民以溪中淘沙取锡，煎销成块，曰斗块，每块重官秤一斤四两。及织蕉心簟。惟以斗锡通市，馀无产物。气候朝热暮寒。男女椎髻，身肤黑漆，间有白者，唐人种也。俗尚淳厚，以淘钓于溪，网渔于海。房屋如楼阁，即不铺设，但有不条稀布，高低层次，连床就榻，箕居而坐，饮食厨厕俱在其上也。货用清白磁器、五色烧珠、色绢、金银之属。永乐七年，皇上命正使太监郑和等赍捧诏敕，赐以双台银印，冠带袍服，建碑封域,为满剌加国,其暹罗始不敢扰。永乐十三年,酋长感慕圣,挈妻携子贡献方物,涉海朝谢,圣上赏劳归国。

诗曰:满剌村寥落,山孤草木幽。青禾田少种,白锡地多收。朝至热如暑,暮来凉似秋。羸形漆肤体,椎髻布缠头。盐煮海中水,身居栅上楼。夷区风景别,赋咏采其由。

九洲山

其山与满剌加国接境。产沉香、黄熟香,水木丛生,枝叶茂翠。永乐七年,正使太监郑和等,差官兵入山采香,得茎有八九尺长者、八九尺大者六株,香清味远,黑花细纹,其实罕哉!番人张目吐舌,悉皆称赞天兵赑屃之神,蛟龙走,兔虎奔也。

诗曰:九洲山色秀,远见郁苍苍。四面皆环海,满枝都是香。树高承雨露,岁久表祯祥。采伐劳天使,回朝献帝王。

苏门答剌国

古名须文达那,与花面国相接。村落傍海,田瘠少收。胡椒广产,椒藤延附树木而生,其叶如匾豆,其花开黄白,结椒乃累垂如棕榈子而粒少也。只番秤一播荷,抵我官秤三百二十斤,价银钱二十个,重银陆两。金抵纳即金钱也,每四十八个,重金一两四分。

风俗颇淳。民下网鱼为生,朝驾独木刳舟张帆而出海,暮则回舟。男子头缠白布,腰围折布,妇女椎髻裸体,腰围色布手巾。产鹤顶。其瓜、茄、橘、柚酸甜之果,一种五年常花常结。有一等果皮若荔枝,如瓜大,未剖之时,甚如烂蒜之臭,剖开取囊,如酥油美香。煮海为盐。货用青白磁器、铜钱、金银、爪哇布、色绢之属。

永乐十一年,伪王苏干剌寇窃其国,王遣使赴阙陈诉请救,上命正使太监郑和等统率官兵剿捕,生擒伪王。至永乐十三年归献阙下,诸番振服。

诗曰:一览苏门境,山泉划界流。胡椒林抄结,民屋海边幽。地瘠收禾薄,山高产木稠。三春沾雨浩,四季瘴烟浮。男子头缠布,婴孩体木猴。瓜茄常岁有,桔柚不时收。朝热浑如暑,暮寒还似秋。精盐色霜雪,臭果味酥油。若个夷风俗,中华解此否。

花面国

其处与苏门答剌国接境。远迤山地,田足稻禾。气候不常,风俗尚厚。男女大小皆以黑汁刺面,为花兽之状。猱头裸体,单布围腰。孳生牛羊,鸡鸭罗市。不夺其弱,上下自耕自食,富不骄奢,贫不生盗,可为一区之宜也。

诗曰:蛮域观风异,融和草木深。山高分地界,物阜慰民心。腰布羞还掩,颜花墨牛侵。牛羊迷绿野,鸡鸭卖黄金。颇富知仁义,虽贫肯滥淫?那堪采夷俗,援笔写新吟。

龙牙犀角

其地内平而外尖,下民蚁附而居之。气候常热,田禾时熟。俗尚淳厚。男女椎髻,围麻逸布,穿短衫。以亲戚尊长为重,一日不见,则携酒持肴而问安。煮海为盐,酿秫为酒。地产沉、速、降真、黄熟香、鹤顶、蜂蜜、砂糖。货用土印布、八都剌布、青白磁器之属。

诗曰:遥望兹山势,龙牙犀角峰。居民如蚁附,椎髻似猴容。汲海盐煎雪,悬崖蜜掇蜂。布稍围体厚,秫米造浆浓。气候常同夏,林花不较冬。问安行礼节,千载见遗风。

龙涎屿

此屿南立海中,浮艳海面,波击云腾。每至春间,群龙所集于上,交戏而遗涎沫,番人乃架独木舟登此屿,采取而归。设遇风波,则人俱下海,一手附舟傍,一手揖水而至岸也。其龙涎初若脂胶,黑黄色,颇有鱼腥之气,久则成就大泥。或大鱼腹中剖出,若斗大圆珠,亦觉鱼腥,间焚之,其发清香可爱。货于苏门之市,价亦非轻,官秤一两,用彼国金钱十二个,一斤该金钱一百九十二个,准中国铜钱四万九十文,尤其贵也。

诗曰:一片平方石,群龙任往还。身腾霄汉上,交戏海波间。吐沫人争取,拿舟路险难。边夷曾见贡,欢笑动天颜。

翠蓝屿

其山大小有七门,中可过船。传闻释迦佛经此山,浴于水,被窃其袈裟,佛誓云:"后有穿衣者,必烂皮肉。"由此男女削发无衣,仅有树叶纫结而遮前后。米谷亦无,惟在海网捕鱼虾,及蕉、椰子之为食啖也。然闻此语,未可深信。然其往来,未得泊其山下。宣德七年壬子十月二十三日,风雨水不顺,偶至此山,泊系三日夜,山中之人驾独木舟来货椰实,舟中男妇果如前言,始知不谬矣。

诗曰:浩荡翠蓝屿,丛林茂不疏。人形其兽类,椰实以瓜粗。腰掩草微有,头髳发竟无。几番挥笔写,堪记不堪图。

锡兰山国

其国地广人稠,货物各聚,亚于爪哇。国有高山,参天之耸,山顶产有青美盘石、黄鸦鹘石、青红宝石,每遇大雨,冲流山下,沙中寻拾得者。其海傍有珠帘沙,常以网取螺蚌,倾入珠池内,作烂淘珠为用而货也。海边有一盘石,上印足迹,长三尺许,常有水不干,称为先世释迦佛从翠蓝屿来登此岸,足蹑其迹,至今为圣迹也。山下有寺,称为释迦佛涅盘真身,在寺侧卧尚存,亦有舍利子在其寝处。气候常热。俗朴富饶,米谷足收。地产宝石、珍珠、龙涎、乳香,货用金、银、铜钱、青花白磁、色段、色绢之属。男女缠头,穿长衫,围单布。

永乐七年,皇上命正使太监郑和等赍捧诏敕、金银供器、彩妆、织金宝幡,布施于寺,及建石碑以崇皇图之治,赏赐国王头目。其王亚烈苦奈儿负固不恭,谋害舟师。我正使太监郑和等深机密策,暗设兵器,三令五申,使众衔枚疾走,夜半之际,信炮一声,奋勇杀入,生擒其王。永乐九年,归献阙下。寻蒙恩宥,俾复归国,四夷悉钦。

诗曰:地广锡兰国,营商亚爪哇。高峰生宝石,大雨杂泥沙。净水宜眸子,神光卧释迦。池深珠灿烂,枝茂树交加。出物奇偏贵,遗风富且奢。立碑当圣代,传诵乐无涯。

小唄喃国

山连赤土,地接下里,日中为市,西洋诸国之马头也。本国流通使用金钱名倘伽,每个重八分。小金钱名吧喃,四十个准大金钱一个,以便民也。田瘠而谷少,岁藉榜葛剌米足食。气候常热,风淳俗美,男少女多,有南毗人。地产胡椒,亚于下里。干槟榔,波罗蜜、色布,其木香、乳香、珍珠、珊瑚、酥油、孩儿茶、栀子花,皆自他国也。货用丁香、豆蔻、苏木、色段、麝香、金银铜器、铁线、黑铅之属。

诗曰:西海唄喃国,诸番货殖通。民情应各别,花木总相同。珠子光涵白,珊瑚色润红。何由男与女,混杂自遗风。

柯枝国

其处与锡兰山国对峙。气候常热,田瘠少收,村落傍海。风俗颇淳。男女椎髻,穿短衫,围单布。其有一种曰木瓜,无屋居之,惟穴居树巢,临海捕鱼为业。男女裸体,纫结树叶或草数茎,遮其前后之羞。行路遇人,则蹲缩于道傍,伺过方行也。地产胡椒甚广,富家俱置板仓贮之,以售商贩。行使小金钱,名吧喃。货用色段、白丝、青白花磁器、金银之属。

诗曰:嗟彼柯枝国,山连赤卤场。穴居相类兽,市集更通商。米谷少收实,胡椒积满仓。恩宣中使至,随处识蛮乡。

古里国

当巨海之要,与僧伽密迩,亦西滩诸番之马头也。山广田瘠,麦谷颇足。风俗甚厚,行者让路,道不拾遗。法无刑杖,惟以石灰划地,乃为禁令。其酋长富居深山;傍海为市,聚货通商。男子穿长衫,头缠白布。其妇女穿短衫,围色布,两耳悬带金牌落索数枚,其顶上珍珠、宝石、珊瑚连璎珞,臂腕足胫皆金银镯,手足指皆金厢宝石戒指,髻椎脑后,容白发黑,娇美可观。其有一种裸身之人曰木瓜,与柯枝同。地产胡椒,亚于下里,俱有仓廪贮之,待商之贩。有蔷薇露、波罗蜜、孩儿茶、印花被面、手巾,其有珊瑚、珍珠、乳香、木香、金箔之类,皆由别国之来。其能蓄好马,自西番而来,动经金钱千百为疋。其国若西番马来,本国马来不买,则议为国空之言也。货用金银、色段、青花白磁器、珍珠、麝香、水银、樟脑之属。

诗曰:古里通西域,山青景色奇。路遗人不拾,家富自无欺。酋长施仁恕,人民重礼仪。将书夷俗事,风化得相宜。

忽鲁谟斯国

其国傍海而居,聚民为市。地无草木,牛、羊、马、驼皆食海鱼之干。风俗颇淳。垒石为城,酋长深居,练兵畜马。田瘠麦广,谷米少收,民下富饶。山连五色,皆是盐也。凿之碹为器皿盘碟之类,食物就而不加盐也。垒堆石而为屋,有三四层者,其厨厕卧室待客之所,俱在上也。男子拳发,穿长衫,善弓矢骑射。女子编发四垂,黄缭其项,穿长衫。出则布幔兜头,面用红青纱一方蔽之,两耳轮用挂珞索金钱数枚,以青石磨水,妆点眼眶唇脸花纹为美。项挂宝石、珍珠、珊瑚,纫为璎珞。臂腕腿足俱金银镯,此富家之规也。行使金银钱,产有珍珠、金箔、宝石、龙涎香、撒哈剌、梭眼、绒毯。货用金银、青白花磁器、五色段绢、木香、金银香、檀香、胡椒之属。

诗曰:忽鲁谟斯国,边城傍海居。盐山高崒嵂,酋长富盈馀。原隰唯收麦,牛羊总食鱼。女缠珠珞索,男坐翠氍毹。玛瑙珊瑚广,龙涎宝石珠。蛮邦成绝域,历览壮怀舒。

剌撒国

倚海而居,土石为城。连山广地,草木不生,牛、羊、驼、马皆食鱼干。民俗颇淳。气候常热,田瘠少收,唯麦略有。数年无雨,凿井绞车,羊皮袋水。男女拳发,穿长衫、妇人妆点兜头,与忽鲁谟斯国同。垒石筑土,为屋三四层者,其上厨爨东厕卧室待客,其下奴仆居之。地产龙涎香、乳香、千里骆驼,馀无物也。货用金银、色段、色绢、磁器、米谷、胡椒之属。

诗曰:海丘名剌撒,绝雨亦无寒。层石垒高屋,狂涛激远滩。金银营土产,驼马食鱼干。虽有龙涎货,蛮乡不可看。

榜葛剌国

其处曰西印度之地。西通金刚宝座,曰绍纳福儿,乃释迦佛得道之所。永乐十年并永乐十三年二次,上命太监侯显等统领舟师,赍捧诏敕,赏赐国王、王妃、头目,至其国海口,有港曰察地港,立抽分之所。其王知我中国宝船到彼,遣部领赍衣服等物,人马千数迎接。港口起程十六站,至锁纳儿江,有城池街市,聚货通商。又差赍礼象马迎接,再行二十站,至板独哇,是酋长之居处。城郭甚严,街道铺店,连楹接栋,聚货甚有。其王之居,皆砖石甃砌高广,殿宇平顶,白灰为之。入去内门三重,九间长殿,其柱皆黄铜包饰,雕琢花兽。左右长廊，内设明甲马队千馀，外列巨汉，明盔明甲，执锋剑弓矢，威仪之甚。丹墀左右，设孔雀翎伞盖百数，又置象队百数于殿前。其于正殿设高座，嵌八宝，箕踞坐其上，剑横于膝。乃令银柱杖二人，皆穿白缠头，来引导前，五步一呼，至中则止。又金柱杖二人，接引如前礼。其王恭礼拜迎诏敕，初叩谢加额。开读赏赐，受毕，铺绒毯于殿地，待我天使，宴我官兵，礼之甚厚。燔炙牛羊，禁不饮酒，恐乱其性，抑不遵礼，惟以蔷薇露和香蜜水饮之也。宴毕，复以金盔、金系腰、金盆、金瓶奉赠天使，其副使皆以银盔、银系腰、银盆、银瓶之类，其下之官，亦以金铃纻苎丝长衣赠之，兵士俱有银盏钱，盖此国有礼富足者矣。其后恭置金筒银叶表文，差使臣赍捧，贡献方物于廷。

其国风俗甚淳，男子白布缠头，穿白布长衫，足穿金线羊皮靴，济济然亦其文字者。众凡交易，虽有万金，但价定打手，永无悔改。妇女穿短衫，围色布线锦，然不施脂粉，其色自然娇白，两耳垂宝钿，项挂璎珞，髻椎脑后，四腕金镯，手足戒指，可为一观。其有一种人曰印度，不食牛肉。凡饮食，男女不同处，夫死妻不再嫁，妻丧夫不再娶。若孤寡无倚，一村之家轮养之，不容别村求食，足见义气所尚也。田沃丰足，一岁二收，不用耘耔，随时自宜，男女勤于耕织。果有波罗蜜，大如斗，甘甜香美。奄摩勒，香酸甚佳。其馀瓜果、蔬菜、牛、马、鸡、羊、凫、鸭、海鱼之类甚广。通使海贝，准钱市用。地产细布、撒哈剌、绒毯兜罗锦、水晶、玛瑙、珊瑚、珍珠、宝石、糖蜜、酥油、翠毛、各色手巾、被面。货用金银、布段、色绢、青白花磁器、铜钱、麝香、银朱、水银、草席、胡椒之属。

诗曰：葛剌宗西域，留传教不衰。兵戎皆有法，文字悉周知。货市排珍宝，辕门簇羽旗。柱梁雕饰彩，阶级引行仪。不饮羞燔炙，平铺毯陆离。分边盘坐处，异广在餐时。言誓冰霜操，娇颜玉雪姿。波罗大如斗，摩勒压连枝。耘耔何曾用，丰穰只自宜。照临天广远，采拾句搜奇。恩照钦华夏，流风实外夷。小臣存悃幅，随表进丹墀。

卷二

真腊国

其国州南之门，为都会之所，有城周围七十馀里，石河广二十馀丈，殿宇三十馀所。凡岁时一会，则列玉猿、孔雀、白象、犀牛于前，名曰百塔洲。次桑香佛舍，饮馔必以金盘金碗盛食之。谚云："富贵真腊也。"气候常热，田禾丰足。煮海为盐，风俗富饶。男女椎髻，穿短衫而围稍布。法有劓、刺、配，犯盗则断手足，番人杀唐人则偿其命，唐人杀番人则罚其金，无金卖身赎罪。地产黄腊、犀、象、孔雀、沉香、苏木、大风子油、翠毛。货用金银、烧珠、锦段、丝布之属。

诗曰：真腊山冈远，荒城傍海涯。兽禽多彩丽，人物好奢华。列塔为奇异，罗盘逞礼仪。夷风聊可采，吟咏感明时。

东西竺【其山与龙牙门相望】

山形分对崖峨，若蓬莱方丈之幽。田瘠不宜稼穑，岁籴邻邦淡洋米谷以为食。气候不齐，煮海为盐，酿椰子为酒。男女断发，系稍布。地产槟榔、木绵、椰心簟。货用花锡、胡椒、铁器也。

诗曰：东西分海境，民物异于常。果啖槟榔实，酒倾椰子浆。贸椒知价值，织簟货经商。动我遐观意，吟哦记短章。

淡洋【其处与阿鲁山相连，去满剌迦三日之程】

山绕周围，有港通内大溪，深汪洋二千馀里，奔流出海之中。一流清淡，味甘，舟人过往汲水日用，名曰淡洋。田肥禾盛，米粒小，然炊饭甚香。地产降香。民俗淳厚，气候常热。男女椎髻，腰围稍布。货用金银、铁器、磁碗之属。

诗曰：清流甘且淡，奔出海中央。畎亩饶滋味，舟人过汲浆。贸交金辟赤，米小饭炊香。民俗风淳厚，那知在异方。

龙牙门【在三佛齐之西北也】

山门相对,若龙牙状,中通过船。山涂田瘠,米谷甚厚。气候常热,四五月间淫雨。男女椎髻,穿短衫,围稍布。掳掠为豪,遇有番船,则驾小船百只,迎敌数日。若得顺风,侥幸而脱,否则被其截,财被所劫。泛海之客,宜当谨防。

诗曰:山峻龙牙状,中通水激湍。居人为掳易,番舶往来难。入夏常多雨,经秋且不寒。从容陪使节,到此得游观。

龙牙善提

周还皆山石排垒门,无田耕种,但栽薯蓣代粮,常熟,收堆以供岁月。气候多热少寒,俗朴而淳。男女椎髻,披木绵布。煮海为盐,浸苎麻根以酿酒。地产速香、槟榔、椰子。货用烧珠、铁鼎、色布之属。

诗曰:垒石为门限,天生在海洋。稻粱全不种,薯蓣亦多藏。海水煎盐白,麻根酿酒香。虽云风俗朴,气候有炎凉。

吉里地闷

居重迦逻之东。满山茂林,皆檀香树,无别产。马头商聚十二所。有酋长,田肥谷盛。气候朝热暮寒。凡其商船染病,十死八九,盖其地甚瘴气。男女断发,穿短衫。货用金钱、铁器、磁碗之属。

诗曰:吉里东南海,居人卧饱餐。田肥时有谷,朝热暮生寒。涉险商求利,闻香木种檀。短衫常覆体,形丑不堪观。

彭坑国【在暹逻之西】

石崖周匝崎岖,远如平寨。田沃,米谷盛。气候常温。风俗尚怪,刻香木为神,杀人血祭祷,求福禳灾。男女椎髻,穿长衫,系单布,富家女子金圈四五饰于顶发,常人五色珠圈。煮海为盐,酿椰浆为酒。地产黄熟香、沉香、片脑、花锡、降香。货用金银、色绢、爪哇布、铜铁器、鼓板之属。

诗曰:嗟彼彭坑国,温和总是春。伤生在求福,刻木惯为神。尊敬惟从长,差科不到民。焉知施礼乐,立教序彝伦。

琉球国

其处山形抱合而生,一山曰翠麓,一山曰大崎,一山曰斧头,一山曰重曼,高耸丛林。田沃谷盛,气候常热,男女以花印布大袖衫连裤穿之。其酋长尊礼,不科民下,人皆效法。酿甘蔗为酒,煮海为盐。能习读中国书,好古画、铜器,作诗效唐体。地产沙金、硫黄、黄腊。货用珍珠、玛瑙、磁碗之属。

诗曰:翠霭是琉球,遐观碧海浮。四山高对耸,一水远长流。袖大复连袴,发松撮满头。土民崇诗礼,他处若能俦。

三岛国

其处与琉球大崎山之东鼎峙,有垒石层峦,民倚边而居。田瘠少收,以网鱼于海,织布为业。俗尚朴质。男生拳发,妇女椎髻,单布披之为衣,不解裁缝。凡男子得附舶至中国,然罄其资,身归本处,乡人称为能事,尊之有德,父兄皆赞焉。煮海为盐,酿蔗浆为酒。地产黄腊、木绵布。货用金银、磁器、铁块之属。

诗曰:幽然三岛国,花木茂常春。气质尤宜朴,裳衣不解纫。游归名赞德,贺礼酒频倾。采吟荒峤外,得句自逡巡。

麻逸国【在交栏山之西】

山势峻，地平宽，夹溪聚居。气候稍热。男女椎髻，穿长衫，围色布手巾。田多膏腴，倍收他国。俗尚节义，妇丧其夫，则削发碎面，绝食七日，与夫尸同寝，多与并逝矣。七日之外不死，则亲戚劝以饮食，或得苏命，乃终身不再嫁矣。或至焚夫尸日，则赴火而死，盖其节义之不改也。煮海为盐，酿蔗为酒。地产木绵、黄腊、玳瑁、槟榔、花布。货用铜鼎、铁块、五色布绢之属。

诗曰：美哉麻逸国，山峻地宽平。尚节心无异，耕田谷倍登。槟榔资咀嚼，玳瑁照晶荧。布染花生彩，糖香酒自清。溪涛含荡漾，海日上高明。蛮土知仁化，骎骎礼义行。

假里马丁国【其地与交栏山相望海洋中】

其地山列翠屏，溪田虽有，米谷少收。气候常热。俗甚嚣薄。男女髡发，竹布为衣。种芭蕉，采其实以代粱。煮海为盐，酿蔗为酒。地产玳瑁、羖羊。货用爪哇布、烧珠、印花布之属。

诗曰：假里山环翠，民风丑不知。羖羊行作队，玳瑁最为奇。答应呢喃语，生成嚣薄姿。田收佳谷少，热候不相宜。

重迦逻

其地与爪哇界相接。高山奇秀，满山皆盐敷树及楠树。内有一石洞，前后三门，可容一二万人。田谷亚于爪哇，气候常暑。俗淳，男女撮髻，穿长衫，围折布手巾。无酋长，以尊年高有德者主之。煮海为盐，酿秫为酒。地产羖羊、鹦鹉、木绵、椰子、绵纱。货用花银、花绢。其处山约去数日水程，曰孙陀罗、曰琵琶拖、曰丹重、曰圆峤、曰彭里，不事耕种，专尚寇掠，与吉陀、亚崎诸国相通，商舶少能至也。

诗曰：迦逻山奇秀，修程接爪哇。洞深通窈窕，髻撮甚欹斜。齿长惟尊德，绵多吐细花。如何不耕种，寇掠作生涯。

渤泥国

龙山磅礴，地宇横广，源田种植，丰登甚利。气候及夏稍寒，冬月极热。俗好奢侈，男女一般椎髻，五彩帛系腰，花布为衫。其国之民崇佛像，好斋沐。凡见唐人至其国，甚有爱敬，路有醉者，则扶归家寝宿，以礼待之若故旧。煮海为盐，酿秫为酒。酋长之用，不敛民物，生理自如。地产降香、黄腊、玳瑁、片脑。货用白银、赤金、色段、牙箱、铁器之属。

诗曰：渤泥沧海外，立国自何年。夏冷冬生热，山盘地自偏。积修崇佛教，扶醉待宾贤。取信通商舶，遗风事可传。

苏禄国

居东海之洋，石奇堡障，山涂田瘠，种植稀薄。民下捕鱼虾生啖，螺蛤煮食。男女断发，头缠皂缦，腰围水印花布。俗尚鄙陋。煮海为盐，酿蔗为酒。织竹布，采珍珠，色白绝品，珠有径寸者，已值七八百锭，中者二三百锭。永乐十六年，其酋长感慕圣恩，乃挈妻携子涉海来朝，进献巨珠一颗，重七两伍钱，罕古莫能有也。皇上大悦，加劳厚赐金印冠带归国。地产珍珠、降香、黄腊、玳瑁、竹布。货用金银、八都剌布、青珠、磁器、铁铫之属。

诗曰：苏禄分东海，居民几万家。丸烹围水布，生啖爱鱼虾。径寸珠圆洁，行舟路去赊。献珍朝玉阙，厚赐被光华。

大唄喃国

地与都拦礁相近，厥土黑壤，亦宜谷麦。居民懒事耕作，岁藉乌爹之米供食。商舶风信到迟，则波涛激滩,乃载货不满,盖以不敢停泊也。若风逆,则遇巫里洋险阻之难矣,及防高郎阜沉水石之危。风俗颇淳。男女缠头,穿长衫。地产胡椒、椰子、海鱼、槟榔。货用金钱、青白花磁器、布段之属。

诗曰:大唄喃方险,都栏与结盟。土肥宜稻麦,民懒不耘耕。但有乌爹济,须防罗股惊。此邦风俗异,舟舶恣吟行。

阿丹国

倚海而居,垒石为城,砌罗股石为屋,三四层高,厨房卧屋皆在其上。用粟麦。风俗颇淳,民下富饶。男女拳发,穿长衫。女若出,则用青纱蔽面,布缦兜头,不露形貌,两耳垂金钱数枚,项挂璎珞。地产九尾羖羊、千里骆驼、黑白花驴、驼蹄鸡、金钱豹。货用金银、色段、青白花磁、檀香、胡椒之属。

诗曰:阿丹城庙石盘罗,黑色滋肥粟麦多。风俗颇淳民富贵,岁华常见日融和。境无寸草千山接,羊有垂胸九尾拖。纵目采吟人物异,还归稽首献銮坡。

佐法儿国

临海聚居,石城石屋,垒起高层三五者,若塔其上。田广而少耕,山地皆黄赤,不生草木,牛、羊、驼、马惟食鱼干。男女拳发,穿长衫。女人则以布兜头面,出见人也不露面貌。风俗颇淳。地产祖剌法、金钱豹、驼鸡、乳香、龙涎香。货用金钱、檀香、米谷、胡椒、色段、绢、磁器之属。

诗曰:佐法儿名国,周围石累城。乳香多土产,谷米少收成。大海鱼无限,荒郊草绝生。采风吟异境,民物互经营。

竹步国

村居寥落,地僻西方,城垣石垒,屋砌高堆。风俗颇有淳。草木不生。男女拳发,出以布兜。山荒地广,而多无霖,绞车深井,捕网海鱼。地产狮子、金钱豹、驼鸡有六七尺高者、龙涎香、乳香、金箔。货用土珠、色段、色绢、金银、磁器、胡椒、米谷之属。

诗曰:岛夷名竹步,山赤见应愁。地旱无花草,郊荒有马牛。短稍男掩膝,单布女兜头。纵目逢吟眺,萧然一土丘。

木骨都束国

濒海之居,堆石为城,操兵习射,俗尚嚣强。垒石为屋,四五层高,房屋厨厕待客俱于上也。男女拳发四垂,腰围稍布。女发盘,黄漆光头,两耳挂珞瓔索数枚。项带银圈,璎珞垂胸。出则单布兜遮,青纱蔽面,足履皮鞋。山连地广,黄赤土石,不生草木,田瘠少收。数年无雨,穿井绞车,羊皮袋水。驼、马、牛、羊,皆食海鱼之干。地产乳香、金钱豹,海内采龙涎香。货用金银、色段、檀香、米谷、磁器、色绢之属。

诗曰:木骨名题异,山红土色黄。久晴天不雨,历岁地无粮。宝石连珠索,龙涎及乳香。遥看风物异,得句喜成章。

溜洋国

其中有溜山,有锡兰山,别罗里起程南去,海中天巧,石门有三,远远如城门,中过舶。溜山有八,曰沙溜、官屿溜、壬不知溜、起来溜、麻里溪溜、加平年溜、加加溜、安都里溜,皆人聚居,亦有主焉,而通商舶。其八处地产龙涎香、乳香。货用金银、色段、色绢、磁器、米谷之属。传闻有三万八千馀溜山,即弱水三千之言也。亦有人聚,巢树穴居。不识米谷,但捕海中鱼虾而食。裸形无衣,惟结树叶遮前后也。若商船因风落溜,人船不得复矣。

诗曰:溜山分且众,弱水即相通。米谷何曾种,巢居亦自同。盘针能指侣,商船虑狂风。结叶遮前后,裸形为始终。虽云瀛海外，难过石门中。历览吟成句，殷勤献九重。

卜剌哇国

傍海为国，居民聚落。地广斥卤，有盐池，但投树枝于池，良久捞起，结成白盐食用。无耕种之田，捕鱼为业。男女拳发，穿短衫，围稍布。妇女两耳带金钱，顶带璎珞。惟有葱蒜，无瓜茄。风俗颇浮。居屋垒石，高起三五层者。地产马哈兽、花福禄、豹、麂、犀牛、没药、乳香、龙涎香、象牙、骆驼。货用金银、段绢、米豆、磁器之属。

诗曰：卜剌邦濒海，无田种稻禾。树枝投入沼，碱水结为鹾差。自古瓜茄乏，从来葱蒜多。异香兼异兽，感与一吟哦。

天方国

地多旷漠，即古筠冲之地，名为西域。风景融和，四时之春也。田沃稻饶，居民安业，风俗好善。有酋长，无事科扰于民，刑法之治，自然淳化。不生盗贼，上下和美。古置礼拜寺，见月初生，其酋长及民下悉皆拜天，以为一国之化，馀无所施。其寺分为四方，每方九十间，共三百六十间。皆白玉为柱，黄甘玉为地，中有黑石一片，方丈余，曰汉初天降也。其寺层次高上，如塔之状。男子穿白长衫。地产金箔、宝石、珍珠、狮子、骆驼、祖刺法、豹、麂。马八尺之高也，即为天马也。货用金银、段疋、色绢、青白花器、铁鼎、铁铫之属。乃日中不市，至日落之后以为夜市，盖其日色热之故也。

诗曰：罕见天方国，遗风礼义长。存心恭后土，加额感穹苍。玉殿临西域，山城接大荒。珍珠光彩洁，异兽贵驯良。日以安民业，晚来聚市商。景融禾稼盛，物阜草木香。尤念苍生志，承恩览远邦。采诗虽句俗，诚意献君王。

诸夷考[①]

卷一·倭汛【胡松海图说】

始倭之通中国也实自辽东今乃从南道浮海率自温州宁波以入风东北汛自彼来此约可四五日程盖其去辽甚远而去闽浙甚迩若尽其国界则东西长行可四五月南北短行三月而皆极于海其西北至高丽也必由对马岛开洋顺风仅一日二日南至琉球也必由萨摩州开洋顺风七日其贡使之来必由博多开洋历五岛而入中国以造舟水手俱在博多故也贡舶回则径收长门抽分司官在焉故也若其入寇则随风所之东北风猛则由萨摩或五岛至大小琉球而仍视风之变迁北多则犯广东东多则犯福建【澎湖岛分船或之泉州等处或之梅花所长乐县等处】若正东风猛则必由五岛历天堂官渡水而视之变迁东北多则至乌沙门分䑸或过韭山海闸门而犯温州或由舟山之南而犯定海【经大猫洋入金塘蛟门】犯象山奉化【由东西厨入湖头渡】犯昌国【入石浦明】犯台州【入桃渚海门松门诸港】正东风多则至李西岙壁下陈钱分䑸或由洋山之南而犯临观【过渔阳山两头崮二姑山入蛏浦则犯绍兴之临山三山过霍山洋五岛列表平石则犯宁波之龙山观海】犯钱塘【过大小衢徐山入鳖子门赭山薄省城】或由洋山之北而犯青村南汇【过马迹潭而西】犯太仓【过马迹潭而西北】或过南沙而入大江【过茶山入瞭月嘴涉谷楱山而犯瓜仪常镇】若在大洋而风欻东南也则犯淮扬登莱【过步州洋乱沙入盐城口则淮安入庙湾港则犯扬州再越而北则犯登莱】若在五岛开洋而南风方猛则趋辽阳趋天津大抵倭舶之来恒在清明之后前乎此风候不常难准定清明后方多东北风且积久不变过五月风自南来不利于行矣重阳后风亦有东北者过十月风自西北来亦非所利故防海者以三四五月为大汛九十月为小汛其停桡之处焚劫之权虽曰在倭而其帆樯所向一视乎风实有天意有备者率胜前此入寇者多萨摩肥后长门三洲之人其次则大隅竺前竺后博多日向摄摩津州纪伊种岛而丰前丰后和泉之人亦间有之则因商于萨摩而附行者盖日本之民有贫有富有淑有慝富而淑者或附贡舶或因商舶而来其在寇舶率皆贫而恶且山城君号令久不行于诸岛而山口丰后出云又各专一军【如中国总督府之仪】相吞噬今惟丰后强颇并肥前等六岛而有之山口出云俱以贪灭亡倭盖无常尊定主矣【山城君倭王别号也】

【右图说乃嘉靖时事也其时倭主不能制其下诸岛之雄互相吞噬贫无赖者为中国奸人所诱争出为寇浙直闽广俱被其害王直虽就擒而倭奴蟠据闽中如故破城略邑横行无忌金帛子女满载以归更往迭来视中国为外府诸将拥兵无敢睨者参将戚继光自浙提兵入闽始与血战前后诛倭以数万计凡深入者悉歼焉然后大创不敢复犯中国海上清晏且三十年其功比于永乐间刘江而卤获过之万历中倭主为关白所篡兼并诸岛虎视海上庚寅辛卯岁大治舟舰狡焉为启强之计壬辰侵朝鲜朝鲜不支遂据有其国辽东戒严朝议出兵讨之】

卷一·古哩

图说所称西洋乃古哩国也为西洋诸国市贾之会因概目为西洋其国王老不传子而传外孙否则传弟若无外孙与弟则传善行人犹有官天下之风法无刑杖以石灰画地为禁令而人不犯则象刑之化也是以俗淳民厚行让路而道不拾遗云吾学编所载又有琐里及西洋琐里二国俱洪武永乐中朝贡

卷一·榜葛剌

榜葛剌国最大西天有五印度榜葛剌其一也自苏门答剌过翠蓝岛至浀地港更小舟行五百里至锁纳儿港登陆行三十五里至其国……永乐六年朝贡命行人往太仓燕劳之十二年奉金叶表献麒麟十三年诏敕赍赐王

① 〔明〕游朴撰。据明万历二十年刻本。

妃头目王拜迎甚恭宴我官兵禁不飲酒以蔷薇露和香蜜水饮之与天竺同

卷一·苏禄

苏禄在东南海中人鲜粒食食鱼鰕螺蛤短发缠皂缦煮海为盐酿蔗为酒织竹布为业气候常热永乐十五年其国东王苔剌西王苏哩岗王剌卜各率其妻子头目来朝贡珍珠玳瑁诸物赐王冠服器皿王妃子女姻戚头目各有差三王者东王为尊西峒二王副之归次德州卒命有司营葬为文树碑墓道留其妃妾及傔从十人守墓令毕三年还国遣使封其长子为东王十九年遣使来贡

卷一·柯枝

柯枝一名阿枝东连大山西南北皆海……永乐二年朝贡请封其国大山诏封为镇国山赐碑文

卷一·祖法儿

祖法儿亦名佐法儿东南皆海自古哩顺风十昼夜可至……永乐宣德中朝贡

卷一·阿鲁【一名哑鲁】

阿鲁与九州山相望自满剌加顺风三昼夜可至……永乐中朝贡令内臣至其国赐王文绮

卷一·龙牙加貌

龙牙加貌离麻逸冻顺风三昼夜程

卷一·忽鲁谟斯

忽鲁谟斯在西南海中自古哩十昼夜可至……永乐中朝贡

卷一·忽鲁母恩

忽鲁母恩在东南海中国小土瘠物产薄永乐三年朝贡

卷一·阿丹

阿丹近古哩傍海……永乐九年郑和奉命赐物因来朝贡

卷一·南泥里

南泥里隶浡泥自苏门苔剌舟行三昼夜可至

卷一·婆罗

婆罗负山面海人多奉佛素食恶杀喜施永乐四年朝贡珠玳玛瑙车渠赐王及妃文绮

卷一·古里班卒

古里班卒在海中土瘠谷少登物产甚薄气候不齐夏多雨雨即寒俗质朴男女披短发假锦缠头红油布系身永乐三年朝贡

卷一·合猫里

合猫里地小土瘠国中多山山外大海海饶鱼虫亦知耕稼产苏乌胡椒永乐三年朝贡

卷一·碟里

碟里国在东南海中大洲上洲有诸港通海人淳少讼尚佛物产甚薄永乐三年朝贡

卷一·打回

打回海外小国数为邻国所苦已乃治兵器与邻国战胜稍得自立永乐三年朝贡

卷一·日罗夏治

日罗夏治海中小国无他奇产产苏木胡椒颇知种艺无盗贼崇佛教永乐三年朝贡

卷一·甘巴里

甘巴里在南海中人多织锦粒食亦鲜食永乐十二年朝贡

卷一·古麻剌

古麻剌在东南海中永乐时王哇来顿本率其臣来朝至福州卒赐谥康靖敕葬闽县有司岁时祭

卷一·沼纳朴儿

沼纳朴儿在印度之中古佛国也永乐中遣使诏谕因来朝贡

卷一·白葛达

白葛达海中小国土瘠俗尚佛教宣德七年朝贡

卷一·黑葛达

黑葛达国小民贫平川广野草木畅茂禽兽鲜少俗尚佛畏刑市肆多牛羊交易用铁钱宣德中朝贡

卷一·敏真诚

敏真诚大国多高山水深缚木为渡日中为市诸贾皆集见中国磁漆器争欲得之产异香驼马永乐中朝贡

卷一·八苔黑商

八苔黑商国山川明秀人俗朴实有浮屠数区壮丽如王宫西洋西域皆商贩于此大抵皆羽毛织文绒罽玉石香木驼羊也布帛银钱皆可交易永乐中朝贡

卷一·讨来思

讨来思在海中周径不百里城近山山下有水赤色望之如火然俗尚佛妇人主家事市多驼羊马牛亦有布缕毛褐交易用钱土宜麦穄无稻谷宣德六年朝贡

卷一·吃力麻儿

吃力麻儿国俗不事耕农喜射猎山卑水浅西南傍海东北林莽深密多猛兽毒虫得中国雄黄麝香磁器甚喜

有逵巷无市肆交易无期用钱铁永乐中朝贡惟兽皮鸟羽罽褐之类而已

卷一·失剌思

失剌思永乐间朝贡时遣内外官以绮币磁器市马于迤西失剌思诸国献陵即位诏诸使就所在还京无得托故稽留宣德中复朝贡

卷一·纳失者罕

纳失者罕东去失剌思数日程皆舟行海中国有林木鱼虫……永乐中朝贡

卷一·亦思把罕

亦思把罕于西南海中为大国广袤近千里四面皆海西北多山东南皆平沙国有城坚壮王居亦侈丽物产丰厚风俗朴厚尚佛畏刑喜施恶夺亦有中国人时出贾撒马儿罕市多马驼少布帛有珠珀而无稻黍日食惟麦穄麦粒矗壮甘美永乐中朝贡

卷一·淡巴

淡巴在西南海中风景秀赡土地广衍泉甘而水清草木畅茂畜产甚伙城以石筑屋以瓦覆王乘舆官跨马颇有威仪国俗勤生种艺织缕抱布男女咸务常业市有交易野无寇盗称乐土矣洪武十年朝贡赐金币

卷一·甘把里

甘把里永乐间朝贡自言国小介在西南海中与诸邻国不通交易物产又溥山无长林田无宿麦国用常乏人民艰窘然奉佛好善不求积聚无乞正者

卷一·白松虎儿

白松虎儿旧名速麻里儿国中无大山山卑小者亦鲜林木无猛兽毒虫之害尝有白虎出松林中遇兽不食遇人不伤旬月后竟不见国人称为神虎父老曰此西方白虎降精以是更其国为白松虎儿永乐中朝贡

卷一·荅儿密

荅儿密国在海中不可里人不满千家有墙垒而无城郭屋以板覆田以牛耕王居官舍不甚差别产马驼羊牛毛褐布缕交易兼用银钱刑专用棰朴服属撒马儿罕永乐中朝贡赐大统历文绮药茶

卷一·阿速

阿速在西海中为大国多撒马儿罕天方诸国人有城倚山面川川南流入海海有鱼盐之市野有耕牧之利敬佛畏鬼好布施恶争斗物产饶裕凉暄适节人无饥寒夜无寇盗永乐中朝贡

卷一·沙哈鲁

沙哈鲁国在阿速西南海岛中人民淳直耻斗好佛交易海中诸国西域贾胡来市海中奇物不惜高价亦有价廉而得奇货去者沙哈鲁人不识也王及酋长居城中有瓦屋庶人旅处城外田野中村落相聚山川环抱畜产丰利永乐中朝贡

卷一・溜山

溜山四面濵海如洲在西海中有石门如城阙土瘠无城郭依山聚居八村稍大皆以溜名可通舟楫余小溜无虑三千土人曰此弱水三千也人巢居穴处不识菽粟啖鱼虾无衣草木叶蔽前后舟行遇风失入溜即溺溜山傍有牒干国皆回回人俗淳厚业渔好种椰树气候常热如夏市用銀錢産龙涎香海肌椰皮结绳可贯板成舟涂沥青坚如铁钉鲛鱼一名溜鱼织丝帨甚精致亦有织金帨永乐中朝贡

卷一・大葛兰

大葛兰与都栏樵相近厥土黑坟本宜谷麦居民懒事耕作岁赖乌米为食商船为风所阻不以时到波涛激滩载货不敢满盖以不可停泊之故也若过巫里洋则罹重险之难及有高头埠沉水罗股石之危风俗淳厚男女缠头穿单布长衫围色布手巾产胡椒椰子溜鱼槟榔货用金钱青白花磁器布段之属

卷一・小葛兰

小葛兰山连赤土与柯枝国接境西洋诸国之市头也国使大金钱名倪伽重八分小金钱名吧喃四十个准大金钱一个田瘠少收岁藉榜葛刺国米为食气候常热風俗小淳男女多回回喃毗人産胡椒槟榔波羅蜜色布其木香乳香真珠珊瑚酥油孩儿茶栀子花则皆

卷一・卜刺哇

卜刺哇与木骨都束国接连山地傍海而居垒石为城砌石为屋地广斥卤有盐池但投树枝于池良久捞起结成白盐风俗颇淳无田耕种捕鱼为业男女拳发穿短衫围梢布妇女两耳带金钱项挂缨络惟有葱蒜无瓜茄产马哈兽状如麝獐花福鹿状如花驴豹麂犀牛没药乳香龙涎象牙骆驼货用金银段绢米豆磁器之属尝贡方物

卷一・木骨都束

木骨都束国濒海堆石为城石屋四五层厨厕待客俱在其上男子拳发四垂腰围梢布女人发盘于脑黄漆光顶两耳挂络索数枚项带银圈缨络垂胸出则单布兜遮青纱蔽面足履皮鞋地曠土石黄赤田瘠少收數年無雨穿井甚深絞車以羊皮袋水風俗嚣頑操兵习射其富民附舶远通商货贫民网捕海鱼晒干为食及喂养驼马牛羊产乳香金钱豹龙涎货用金银段绢檀香米谷之属尝贡方物

卷一・竹步

竹步与木骨都束国山地连接村居寥落风俗亦淳男女拳发男女出入妆饰山地黄赤不雨绞车深井网鱼为业俱与木骨都束同产狮子金钱豹驼蹄鸡有六七尺高者龙涎乳香金珀尝贡方物

卷一・刺撒

刺撒国傍海而居……尝奉金叶表文贡方物

卷一・混沦山

混沦山节然瀛海之中与占城及东西竺鼎峙相望山高而方山盘广远海人名曰昆仑洋凡往西洋贩舶必待顺风七昼夜可过俗云上怕七洲下怕昆仑针迷舵失人船莫存此山产无异物人无居灶食山果鱼虾穴居树巢而已【此即岭海异闻所载崑屯山然云七屿七门则翠蓝屿也姑并存之】

卷一·灵山

灵山与占城山地连接其山峻岭而方有泉下绕如带山顶有一石块似佛头故名灵山民居星散结网为业田肥耕种一岁二收气候之节男女之礼与占城大同小异地产黑文相对藤杖每条易斗锡一块若粗大而纹疏者一锡易三条次有槟榔蒌叶余无异物往来贩舶必于此樵汲舶人斋沐三日崇佛诵经燃放水灯彩船以禳人船之灾

卷一·交栏山

占城灵山起程顺风十昼夜可至其山高而丛林藤竹舵杆桅樯蓬箬无所不备胡元时命将高兴史弼领兵万众驾巨舶征阇婆因遭风至交栏山下其船多损乃登此山造船百号复征阇婆檎其酋长而归至今居民有中国人杂处盖此时病卒百余留养不归遂传育于此气候常暑少米谷以射猎为业男女椎髻穿短衫系巫仑布产豹熊鹿皮玳瑁

卷一·假马里丁

假马里丁与交栏山相望海中山列翠屏引溪水溉田禾谷少收气候常热俗嚣薄男子髡发穿竹布短衫围梢布种芭蕉采其实以代粮煮海酿蔗产玳瑁羚羊货用瓜哇布烧珠印花布米谷之属

卷一·九州山

九州山与满剌加近产沉香黄熟香林木丛生枝叶茂翠永乐七年郑和差兵入山采香得径有八九尺长六七丈者六株香味清远黑花细纹山人张目吐舌言天朝兵威若神

卷一·淡洋

淡洋与阿鲁山地连接去满剌加三日程山遶周围有港内通大溪汪洋千里奔流出海清淡味甘舟人过往汲之故名淡洋田肥禾盛米粒尖小炊饭甚香民俗颇淳气候常热男女椎髻腰围梢布

卷一·龙涎屿

龙涎屿离苏门荅剌西去一昼夜程以产龙涎香得名详见岭海异闻龙涎香条下然嘉靖中竭中国之九求取万方竟不可致岂群龙游戏吐涎亦偶然遇之不可以为常欤

卷一·翠蓝屿

翠蓝屿在龙涎之西北五昼夜程大小七门门中皆可过船相传释迦佛浴此山袈裟被窃佛誓云后有穿衣者必烂其皮肉由此男女皆削发无衣止用树叶纫结而遮前后米谷亦无惟下海网鱼虾及种芭蕉椰子为食然船去来尝泊山下宣德壬子十月二十二日因风不便泊此山三日夜山中之人驾独木舟来贸椰实舟中男妇果如前言

卷一·龙牙门

龙牙门在三佛齐西北山门相对若龙牙伏中通船过田瘠谷薄常暑多雨男女椎结短衫剽掠为豪遇番舶则集小舟百数邀截顺风径脱石则被劫杀矣

卷一·细兰

细兰国在大海中王黑身逆毛不衣露顶止缠五色番布出入乘象或用软兜商舶将至其国先见电光闪烁盖其屋宇悉用猫睛及杂宝装饰东西二殿各植两树枝柯花叶皆以金玉杂宝为之其下寘金椅以琉璃为壁坐处常有光华盖日影照射相暎如霞彩然岁贡物于三佛芧国

卷一·苏吉丹

苏吉丹乃阇婆之支国于泉州为丙巳方东至海水势渐低女人国在焉逾东则尾闾之所泄非人世矣

卷一·沙华公

沙华公国在大海中其人肆行劫掠商舶或漂至其国则擒烧食之又有一种曰毗舍耶者与泉州晋江县相近其人语言不通裸袒盱睢殆畜类也或时至晋江劫掠其来不测多罹生啖之患喜铁器及匙箸人闭户则免但刓其门圈而去掷以匙箸则俯拾可缓数步

卷一·木兰皮

木兰皮国在西海中自大食国发舟正西涉海百余日方至一舟容万人舟中有酒食肆机杼之属言舟之大者莫如木兰皮产物亦异麦粒长三寸瓜围六尺榴重五斤桃重二斤香橼重二十余斤胡羊高数尺尾大如扇春剖腹取脂缝合仍活秋风忽起人兽速就水饮稍迟则渴死

卷一·新罗【即乐浪】

新罗国本弁韩遗种与泉州海门对峙服舍器用官属略仿中国法峻少犯婚娶不用币知书喜学有庠序曰局堂处子弟之未婚者讲习其中三岁一试有进士算学诸科本朝以时朝贡

卷一·三屿

三屿国散居南海中每一聚落约千余家地多崇冈迭嶂凭高依险编茅为屋其人形短而小眼圆面黄虬发露巢于木颠或三五为群跧伏草莽以暗翦射人投以瓷椀则俯拾跳呼而去

卷一·麻逸

海国有麻逸冻矣又有麻逸国在渤泥之北团聚千余家土人披布如被单或腰布蔽体番船到其阛阓前酋长登舟蛮贾丛至悉搬取物货而去初若不可晓然一无遗失

卷一·打网

打网国在海岛中有地主土人壮健凶恶色黑而红裸体文身剪发跣足饮食无器皿盛以树叶食已则弃之不识书记植木为棚以居不事生业往往出海劫掠而已

【以上东西南夷皆海国也若撒马儿罕天方则西夷而撒马儿罕贡由嘉峪关入弘治间欲由南海贡狮开海道朝廷不许以其滨海与西洋通舟楫也故并录之海上诸夷惟倭为大地分五畿七道三岛又有附庸百余国故能为中国患然晋时五胡姚襄最寡弱乃渡海掠取倭奴以张其众亦只以充军中使令炊爨之役不以预战閗也唐时自恶其名更名日本元发兵征袭虽未克而惕息自保不暇直至我朝始窥中土洪武二年寇山东又寇淮安三年寇山东转掠浙江福建旁海诸郡是年遣莱州府同知赵秩赍玺书往谕责之彼以为元使赵良弼后也几为所杀秩未还又掠温州五年寇海盐又寇福建六年寇登莱七年寇胶州九年遣僧归廷用奉表贡谢以其不诚诏责之十三年遣僧如瑶贡马令礼部移书责其寇掠诸僧安置川陕十四年乞还诸僧使十五年归廷用又来贡上以为诈通奸臣谋为不轨绝之十六年冠浙江平阳十七年如瑶又来坐通奸臣发云南遣汤和沿海筑城五十九周民为兵二十年置浙东西防倭卫所是年遇周德兴筑福建海上十六城设卫所亦调民为兵戍之二十六年寇金乡二十七年遣三都督防倭又敕魏国公及安陆侯练兵海上防倭二十八年复寇金乡盖高皇之世无一日不备倭也永乐九年寇盘石十五年寇松门金乡平阳十六年入金盖十七年入望海埚为辽东刘都督所歼一人不返自是不敢窥辽东二十

年寇象山宣德元年遣人入贡不奉约束却之七年八年十年皆来贡倭自得我勘合方物戎器满载而来遇官兵即矫云入贡我无备即肆出杀掠满载而归宣德末年海防益密倭不得间稍受约束遂许至京宴赏市易饱恣其欲既而备稍疏正统四年寇大嵩入桃渚官民舍焚荡一空驱少壮掘冢墓束婴孩竿柱上沃以沸汤视其啼号拍手笑乐捕得孕妇忖度男女刳视中否为胜负荒淫秽恶至不可言于是下诏备倭命重帅守要地分屯海上数年稍静十一年寇海宁成化初忽至宁波知我有备矫称进贡守臣为之请几堕其计弘治中内治修整海上宁戢数十年嘉靖元年贡至宁波遂有宋素卿之变夷日生心备日就弛自二十年以后海上之祸有不忍言者矣其略见吾学编破陷郡邑辄燹其城各取童孩投火中为爆以相胜视桃渚尤惨当是时畏倭如虎莫敢与抗散入村镇驱掠少壮常以二三贼牵系数十人如逐牛羊任其东西无违忤者其实贼之技不能加于中国也久之被虏者与处渐习知其然稍与之角于是散行逐利者辄为我所擒其锋顿戢后复为大兵所殲海上始宁近乃北向大得志于高丽亦以高丽素未尝倭骤为所乘如嘉靖中入吴越然耳大抵有备则无患元气虚斯百邪乘之不独倭为可虑也近方谈倭因附其略于此】

卷二・蜑人

蜑人濒海而居以舟为宅或编蓬水浒谓之水栏以渔钓为业辩水色以知龙居故又曰龙人善氽水采珠螺以绳引石缒人而下手一刀以拒蛟龙之触得珠螺则以刀击其绳舟人疾引而出之稍迟则气绝矣【见岭海续闻】

卷三・西南夷风土纪

器用陶瓦铜铁尤善采漆画金其工匠皆广与中国侔漆器贮鲜肉数日不作息铜器贮水竟日不冷江海舶舻与中国同摆古江中莽应理僭用金叶龙舟五十艘中设金花宝座目把所乘皆木刻成象头鱼头马头鸭头鸡头等船亦饰以金周围罨画甚华丽部夷船亦如之但不以金饰也海水日潮者二乘船载米谷货物者随之进退白古江船不可数高者四五尺长至二十丈大桅巨缆周围走廊常载铜铁磁器往来亦闽广海舶也欤

西洋朝贡典录[1]

卷上·占城国第一

其国在广州之南可二千里南际真腊西接交趾东北临大海【福州长乐五虎门张十二帆大舶西南善风十昼夜程】由福州而往针位取官塘之山又五更取东沙之山过东甲之屿又五更平南澳又四十更平独猪之山又十更见通草之屿取外罗之山又七更收羊屿【海行之法以六十里为一更以托避礁浅以针位取海道】国东北百里巨口曰新州港港之浒标以石塔其寨曰设比奈二夷长主之户五六十余港西南陆行百里为王之都城其名曰占城垒石为之四方有门门有防卫其王修浮图教王之冠三山金钑花冠服五色花布长衣下围色丝帨其出入乘象或小车服以二牛其臣茭章之冠制如王饰以金彩辨品级服冒膝色布帨上下跣足其服色元黄紫无禁白辟用其遇天诏至也王则花冠锦衣束八宝方带腕金镯服玳瑁履乘象出郊介而从者五百人或舞皮牌或击鼓戏吹椰筒或执兵皆夹王而趋至则王膝行以迎其王之宫峻而广盖以修瓦缭似垣以垩塈之宫之门以坚木雕百兽以饰其臣之居高下有制民檐过三尺用罚盖以茅其定岁以月生晦为一月十二月为一岁无闰其俗午而兴子而寝昼夜十更记以鼓以粉画革为书记性爱其首【羊皮搥薄或树皮薰黑或折削细竹为管蘸白粉书字如蚯蚓委曲之状或误触其首即有阴杀之恨】

其婚礼先会于女家旬之后男之父母宗戚鼓乐以迎男妇归则饮酒以庆其制刑五一曰杖脊杖以藤二曰劓三曰贯削木以坚木削锐树之舟以贯罪人之后末出于口泛水而为警四曰烙面用之奸五曰断手用之盗

其国之怪异一曰鳄鱼可以辨讼二曰尸头蛮是食婴孺【国有大潭名曰鳄鱼凡讼不决令两造骑牛渡潭曲者鳄鱼食之直者屡过不食尸头蛮一曰尸致鱼即民家女子生而无瞳子者夜寝飞头往食婴儿粪尖儿被妖气即不育头仍飞回若候飞去移其躯别处则回不得合而死民生此女不白之官除杀者罪其家】

其常食曰槟榔裹以蒌叶包以蠡灰食不绝口饮曰瓮酒瓮酒者造以饭和以药封之瓮中以生蛆为熟凡饮则截纤竹三尺窍其中插于瓮人则围坐视多寡而入水轮次以咂饮至味薄乃不入水见月则饮酒而歌其交易以淡金以银其利鱼盐其俗耕田其谷宜三种其畜宜六扰国之马如驴【三种黍稷稻也六扰马牛羊豕犬鸡也】

其王元日沐浴用人胆以和部领献以为礼谓云通身是胆也其家亦以酒饮其王在位三十载则斋戒于深山一载而复位国人称为昔嚟马哈剌扎【入山子弟摄国日斋戒而誓天曰我为王不道愿狼虎食我或病亡我朞年不死仍反位昔嚟马哈剌扎乃至尊至圣之号】

其山有迦阑香一曰奇南其色红紫是产也乃海外之特品有视守以禁私采价以银对多降香乌木国以为薪乌木黑润皆冠绝于他产有竹马其状如莉藤色如铁寸有三节高几二丈名曰观音竹有兽焉其状如牛黑质无毫麟纹而三跆鼻戴一角其长有一尺四五寸,曰犀牛有象有野水牛必群而出人之青衣者则触而死有鹅鸭其鸡足二寸红冠白耳曲腰高尾人置掌中亦啼多梅橘甘蔗椰子芭蕉子多茄瓜葫芦有果然其状如瓜皮如荔支黄肉如鸡卵味如蜜子如鹅肾味如栗其名曰波罗蜜

其国之隶有宾童龙国山地与占城相接其国有双溪之涧水极澄澈有目连遗址其居丧之事有三一曰缟服二曰设佛事荐死三曰择地而葬婚姻偶合是多尸致鱼之妖民咸庙祀之以禳其酋长出入从以百人赞唱曰亚曰仆其衣服民俗与占城同

有山焉峻岭而方曰灵山其俗耕田田稻山多黑纹藤杖以斗锡条易之纹疏者可一锡而三条海舶常樵汲于此或然水灯以求利涉

其与占城鼎峙而望者有昆仑之山盘礴千里其北有弓鞋之屿山之下曰昆仑洋其水不见山二十五托沟内可五十托过沟可三十五托舶之往西洋者善风七昼夜始尽此山其民渔采而食巢穴而处其状怪而黑【谚曰上

---

① 〔明〕黄省曾著。据清钱氏指海本,参考中华书局1982年谢方校注本。

怕七洲下怕昆仑针迷舵失人船莫存】

又有东西竺之山东竺一案而两屿西竺亦一案而门内之水可三十托外之水可三十五托巃嵸对峙人有蓬莱方丈之称焉土不宜谷资于淡洋男女断发系占城之布其物有木绵椰簟卧之夏凉而冬暖

淡洋者四周皆山有大溪焉经带二千余里而注于海其流清而甘过舶汲焉其田膏腴田稻民俗亦淳厚也

其朝贡以三载其传位受皇帝之封【洪武二年其主阿搭㐌者首遣其臣虎都蛮来朝贡诏遣中书省管勾甘桓等封为占城国王四年遣使奉金叶表来朝贡六年复遣子来贺圣节乃遣使赍与勘合文册二十四年复来朝贡以其臣弑立命绝之永乐后其国与诸国皆来朝贡始定每三年一来正统后其国袭封遣使行礼】其贡物象牙犀牛角犀孔雀孔雀尾橘皮抹身香龙脑熏衣香金银香奇南香土降香檀香柏木烧辟香花黎木乌木苏木花藤香芜蔓番纱红印花布油红绵布白绵布乌绵布圆壁花布花红边缦杂色缦番花手巾番花手帕兜罗绵被洗白布泥

论曰周公云德不加焉则君子不飨其质政不施焉则君子不臣其人信斯言也乃观占城洪武中数与安南斗争高皇帝降赐玺书谕令修睦卒憬悟相调保传境土及正统后凡嗣王必请命而册封焉则德政之被于诸国者深矣宜乎世世献琛于天庭也

卷上·真腊国第二【按宋史西接蒲甘南抵加罗希国所部有六十余聚落】

其国在占城之南东临于海乃海南都会之所王居之城方七十余里有石河焉广二十丈宫殿凡三十余座咸壮丽其男女皆椎髻服以衫

其利鱼盐齿羽其谷宜五种其俗富侈饮馔之器皆以金银为之其土气恒燠岁时列玉猿孔雀白象犀牛于前名曰百塔之会会之日则然香而礼佛其刑有劓刖剌配断支之等有番人唐人之等【番人杀唐人则诛唐人杀番人罚金而已】

其土物多黄腊孔雀翠羽多速暂香沉香其沉香之品有三绿洋为上三泺次之勃罗又次之有木焉其状如松老而脂溢其名曰笃耨香其气清远土人以瓢取之有木焉其花如林檎榆叶而李实其名曰歌毕陀其花如木瓜杏叶而楮实其名曰毗野有木焉其状如庵罗榆叶而长条黄花而青子其名曰苏方可用以染有鱼焉其鼻如象能吸水上喷四足而无鳞其名曰建同其状如鲉日如鹦鹉八足其名曰浮胡

其朝贡不常【洪武六年其王忽儿那遣其臣柰亦吉郎等表献万物厥后朝贡不常】其贡物象象牙苏木胡椒黄腊犀角乌木黄花木土降香宝石孔雀翎

论曰真腊肇自刹利氏章矣至宋庆元间大举于占城墟其国更王真腊氏是时战象几二十万地方七千余里盖南海盛强国也洪武初乃自重译而来宾能不谓圣世威灵之远也哉

卷上·爪哇国第三【按国朝志本古闍婆国元史爪哇国传自泉南登舟行者先至占城而后至其国】

其国在占城南可一千里由占城而往针位取灵山灵山之水可六十托又五十更曰蜈蜞之屿由屿尾礁而西五更平冒山又十更望东蛇龙之山贯圆屿双屿之中经罗帏之山山之水十有八托又五更取竹屿又四更取鸡笼之屿又十更至勾拦之山可以治薪水又三十更平吉里门之山又五更平胡椒之山又三更平那参之山由是而至杜板又五更而至爪哇之新村

其都曰满者伯夷【满者伯夷地名番舶来会先至杜板而新村次苏鲁马益然后至王治所按元史爪哇国传八节涧上接杜马班王府其译人讹为杜板耶】国无城郭其王之宫室巍墙而重门其制如楼盖以板坐以簟席【墙高三丈余以砖为之周二百余步以坚木板代瓦宫室甚整洁每三四人布板展细藤簟或花草席跏趺其上】其民之后盖以茅其藏百物咸以库库以砖为之其高三四尺居止坐卧于其上

其王被发或冠金叶花冠躶而跣下围丝嵌帨腰缠以锦绮佩以刃其名曰不剌头其出入乘象或牛车其辅八人其国人男子被发佩刃【三岁以上无贵贱俱佩不剌头皆兔毫雪花最上镔铁为之以金为柄或以犀角象牙雕镂人物之状】女子椎髻上衣下围帨男女咸爱其首触之则出刃以刺国无鞭笞其刑惟戮其戮也以藤反缚拥行数步而刺焉杀人者避之三日则原即获者死

其番人居杜板者户千余杜板之水曰圣水【杜板番名赌班元史曰杜马班夷长主之其间多广东漳州流户海滨一池国人传云元将史弼高兴征阇婆经月不得登岸绝水高史视天甘泉涌出故名圣水】居新村者户千余一曰革儿昔【杜板东行半日至革儿昔原初亦古滩以国人剏居遂名新村村主广东人番舶咸聚货宝俱备村之人甚富编茭蔁叶覆屋铺肆联次为市】

居苏鲁马益者户千余一曰苏儿把牙【新村南行一日抵浅港小舟行二十余里始至】其地多猴欲孕者祷之【港有洲焉林木森郁巾栖长尾猴万余老黑雄猴为之长一老番妇随之凡无子之妇持酒肴花果饭饵祷于老猴老猴喜则食众猴食其余随有雌雄二猴来前交感归即孕矣不食不交则无孕土传唐之时有民丁五百余口皆无赖有神僧至其家噀化为猴止留一妪不化旧宅尚存按宋史山多猴不畏人呼以霄霄之声则出或投以果实则其大猴二先至土人谓之猴王猴夫人食毕群猴食其余无求孕事】居满者伯夷者户三百余【苏儿把牙小舟行七八十里至一埠番名漳沽登岸四南行日半至国】

其国寝无榻食无匕筯其食也嗽盥而团坐盛以酥饭撮而食饮水以槟榔蠡叶灰其飨宾也亦然其国人惟三等回回人唐人土人【回回人皆诸番商之流寓者唐人皆广漳泉人窜居者服食俱美洁土人形貌丑黑猱头跣足崇信鬼教饮食秽恶蛇蚁蚯蚓火炙而食食寝皆与犬同】其国有罔象之妖

其上下移文称一千三百七十六年【考之肇于西汉】其建岁首以十月是月也王乘塔车出作竹枪会【凡往会所妃前王后俱乘塔车车高丈余四牖两轮服以马民各携其妻伍列而执剡竹之枪妻执三尺木梃鼓严而斗缓而止凡三交妻各以木梃格之曰那剌那剌则退凡刺死敌人者胜胜者以金钱一文与死者之家人而有其妻】

其婚礼会于女家三日归归则迎以乐遂以彩舟【男之父母迎归击铜鼓锣吹椰壳筒环以火铳短刀团牌妇被发躶跣围丝嵌帨项被金珠络腕有宝镯亲朋邻党以槟榔叶丝级草花妆插彩船送之为礼至其家开宴数日】其送死有三一曰火化二曰弃水三曰犬食其妻妾多殉死【父母将死子先请所欲以遗言终事欲犬食者委尸于野食尽则喜不尽则悲号而弃于海凡头目妻妾之誓殉死者架木塔积薪焚棺之际簪饰草花披五色花帨哭踊赴火同焚】

其民富其交易用中国铜钱其谷宜稻菽岁二获其畜宜六扰其书记以刀刻茭蔁叶文字如锁俚凡为权衡二分二厘为姑邦姑邦四之而为钱钱十六之为两两二十之而为斤凡为量截竹为之升之名为姑剌其容一升八合斗之名为捺黎其容倍于升者八其妇女以月盈之夕歌于路其音美软【凡歌番妇二三十人欢集一妇为首臂挽徐步唱番歌一句众妇齐声和之过亲故之门皆赠钱物】其国人以图画相解说【纸图人物鸟兽虫鱼之形如手卷以三尺木为轴坐地展图朗说番人环听笑语】

其土气恒燠其土物多苏木金刚子白檀香肉豆蔻镔铁龟筒多红绿鹦鹉珍珠鸡倒挂鸟孔雀槟榔雀珍珠雀绿斑鸠多白鹿白猿多蕉子椰子甘蔗石榴莲房茄瓜有果焉其状如石榴厚皮而白肉其名曰莽吉柿其状如枇杷内有白肉甚美其名曰郎扱有草焉其叶如蒟酱其茎如筋三月而花其子如椹而紧细其名曰荜拨食之已痃癖其根已核肿有龟焉其首觜如鹦鹉大口盘背甲有红点斑文其名曰瑇瑁佩之可以辟蛊毒

有山焉峻而广内多熊豹其名曰交栏之山人以射猎为业【相传高史征爪哇时登此造船留病卒百余而蕃育者也】

其与爪哇相接者曰重迦罗高山秀石下有石洞前后三门是容万人煮海为盐酿秫为酒是多羖羊鹦鹉木绵椰子

其山下水程有五一曰孙陀罗二曰琵琶施三曰丹重四曰圆峤五曰彭里【其人以寇钞为业与吉陀亚崎诸国相通商舶少能至也】

其朝贡无常【洪武三年其王昔里八达剌遣其臣八的占必等贡方物并纳元所授宣谕二道十四年上金叶表来贡及黑奴三百人后绝其贡永乐二年其国东王遣使朝贡且请印章命铸镀金银印遣使赐之正统八年定每三年一贡自后朝贡无常】其贡物胡椒荜茇苏木黄腊乌爹泥金刚子乌木番红土蔷薇露奇南香檀香麻滕香速香降香木香乳香龙脑血竭肉豆蔻白豆蔻藤竭阿魏芦荟没药大枫子丁皮番木鳖子闷虫药碗石荜澄茄乌香宝石珍珠锡西洋铁铁枪折铁刀苾布油红布孔雀火鸡鹦鹉玳瑁孔雀尾翠毛鹤顶犀角象牙龟筒黄熟香安息香

论曰淳化间国使陀湛言中国有真主乃修朝贡礼云故元世祖命史弼高兴发舟千艘持一岁粮虎符十金符

四十银符百钞锭四万费大且劳矣而卒败没以归至高皇帝以来不烦一旅朝贡且百五十余年曾不厌怠不遇真主则彼高枕海外可矣亦安肯低心远泛以臣下于方内哉

卷上·三佛齐国第四【番名浡淋邦】

其国在占城南可一千里东属爪哇西抵满剌加南倚大山北临大海是为旧港由爪哇新村而往针位五更至杜板又五更平那参之山又四更平胡椒之山又四更至吉里门之山又三十五更至三麦之屿又五更至夹门大山又五更至旧港其淡港潮汐咸二港之两涯是多砖塔自港而入为彭家门由是至国

其俗与爪哇大同其土沃而民富水多地少民皆屋筏维岸而居水长而浮也则迁于他多习水战其博戏有三一曰弈棋二曰斗鸡三曰把龟其交易用中国历代钱及布帛

其谷宜稻其畜宜六扰其土物多黄速香黄蜡降香沉者有鸟焉其状如凫黑翼鹤颈鹭喙脑骨厚寸余外红内黄其名曰鹤顶可以为带靶挤机有鸟焉其名曰火鸡其状如鹤长喙羊毫而圆身红冠而青翼黑足利爪喜食炔炭击之不死有兽焉其状如巨豕其高三尺其毫前黑而后白豕喙而三跆其食草木其名曰神鹿

其朝贡无期【洪武四年其国王哈剌札八剌卜遣其臣王的力马罕亦里麻思奉金字表文来朝贡六年复遣使贺正旦并宝方物八年复遣使从招谕拂菻国朝使来贡十年遣使奉表请印绶命赍驼纽镀金银印赐之】其贡物黑熊火鸡孔雀五色鹦鹉诸香兜罗绵被苾布白獭龟筒乌椒肉豆蔻番油子米脑

论曰广人陈祖义国初窜旧港为酋长以寇钞为业舶人苦之郑和至有施进卿者白和乃执祖义归之京师诛焉而章绂进卿于其土云然则和岂贸易珍宝之使哉除异域之患为天子光和亦贤矣又闻之和貌身长九尺腰大十围洪音虎步文皇帝初遣时咨诸相者袁生忠澈袁生曰郑三保姿貌材智内侍中无与俦比故令统督以往果所至畏服也

卷上·满剌加国第五

其地在占城南可二千里大海在其东南老岸连山在其西北由旧港而往针位十更过官屿之左又五更至长腰之屿见三佛之屿鳌鱼之屿又五更至甘巴门之水其溜迅急右曰仁义之礁左曰牛尾之礁前曰鬼屿又五更平披宋之屿又五更取射箭之山又五更至五屿循山而至其国或曰入由龙牙山门门之状如龙角是多寇钞以国有五屿也旧名五屿尝羁事暹罗而岁输黄金焉

其土气朝燠而暮寒有溪焉经带王宫而入于海王则作梁溪上而斋戒缠首以白布服花青布长衣而革履出入肩舆其民男缠首以方帕女撮髻短衫下围色布帨其俗淳朴其语音书记婚丧与爪哇同其居如楼高可四尺许片劈椰木藤以缉焉踋趺其上灶榻弗殊其刳舟以独木其交易以花锡铸如斗形其重一斤而八两十斗小把四之而为大把以藤束之

其利鱼其谷宜一种其畜宜牛羊鸡鸭多甘蔗蕉子波罗蜜野荔枝多黄速香乌木多姜葱芥蒜诸瓜有树焉其皮如葛根捣之澄以为粉丸如菉豆日干以鬻其名曰沙菰米可以作饭有草焉其状如茅其厚如笋皮子如荔枝其名曰茭蔁叶子可酿酒叶可织簟有鱼焉足高四尺龙首而麟身修牙其名曰龙是啮人有兽焉其状如虎而小黑质花纹而善幻其名曰星虎有香焉其脂如松香可燃照为灯镕而拭舟可以辟水其名曰打麻儿其明莹如金珀可为帽珠者其名曰损都卢斯

其与满剌加接境有九洲之山其中多沉香黄熟香永乐之岁郑和探香于此获六株焉其径八九尺其长八九丈是皆黑细花纹人所未睹焉

其尸头蛮之妖与占城同

其朝贡不绝【永乐三年其头目四利八儿连剌遣使奉金叶表来朝贡诏封为满剌加国王给印及诰其王慕愿同中国属郡岁効职贡又请封其国西山诏封为镇国之山御制碑文赐之九年嗣王拜里迷苏剌率其妻子及陪臣五百四十余人朝贡命官往劳上御奉天门宴之十年遣使来贡十二年国王母来二十二年宣德九年国王复来正统十年以后屡遣使来贡】其贡物番小厮犀角象牙玳瑁鹤顶鹦鹉黑熊黑猿白麂锁袱金母鹤顶金厢戒指撮

哈刺白苾布撒都细布西洋布花缦片脑栀子花蔷薇露沉香乳香黄速香金银香降真香紫檀香丁香乌木苏木大枫子番锡番盐

论曰传云海岛邈绝不可践量信然矣况夷心渊险不测握重货以深往自非多区略之臣鲜不败事也予观马欢所记载满刺加云郑和至此乃为城栅鼓角立府藏仓廪停贮百物然后分使通于列夷归艅则仍会萃焉智哉其区略也满刺加昔无名号素苦暹罗永乐初始建碑封城诏为王焉其内慕柔服至率妻子来朝实若藩宗之亲矣则和之贮百物于此也曷有他虑哉智哉其区略也

卷上·浡泥国第六

其国在占城西南可六千里其所统十有四州其俗修浮国教像面礼之善持斋戒其王之宫室覆以贝多之叶民居以草其男女椎髻以五彩帛系腰以花布为衫

其俗好奢其途遇中国人有醉者则翼之归寝其家其土气夏寒而冬燠其利鱼盐其谷宜稻秫有秫酒多降真香黄蜡有片脑玳瑁其镇曰长宁镇国之山【永乐六年国王麻那惹加那上言王爵境土皆属职方国有后山乞封表为一方之镇王卒其子遐旺川复以为请遂封今名御制碑文刻石其上】

其朝贡不绝【洪武四年国王马谟沙遣其臣亦思麻逸进金表银笺及方物永乐三年遣使封其国王麻那惹加那乃为王给印符诰命六年王率其妃及家属陪臣来朝至福建遣内臣往宴劳之令所过诸郡设宴至京王奉金字表文及诸珍物妃进中宫东宫笺及方物上御奉天门宴王是年王卒于南京会同馆辍朝三日祭赙甚厚诏谥恭顺赐葬南京城南石子冈以西南夷人隶籍中国者守之树碑立祠命司春秋致祭复令其子遐旺袭封遣内官及行人护送还国十二年及洪熙元年俱来朝贡】其贡物珍珠宝石金戒指金条环龙脑牛脑梅花脑降香沉速香檀香丁香肉豆蔻黄腊犀角玳瑁龟筒螺壳鹤顶熊皮孔雀倒挂鸟五色鹦鹉黑小厮金银八宝器

论曰余尝游金陵至石子冈过浡泥恭顺王墓未尝不叹天子待岛夷之至而庆恭顺之遭也高皇帝时命都事沈秩御史张敬之往谕其国至于撤王座令列拜于庭且曰皇帝为天下主即吾之君父其致词若此而吾二臣者又却其金刀贝布之赠则其慕中国而乐宾服者非一日矣乎

卷上·苏禄国第七

其国在东海之洋其镇曰石崎之山其男女皆髡缠首以皂缦腰围水印花布其俗尚鄙恶其田瘠不宜于谷以渔盐为业是食鱼虾螺蛤有蔗酒其利竹布珠玑珠径寸者价以千金

其朝贡无常【永乐十五年其国东王巴都葛叭答剌西王巴都葛叭苏里峒工叭都葛巴刺卜各率妻子头目来朝贡十九年遣使来贡】其贡物梅花脑竹布绵布玳瑁降香苏木胡椒荜茇黄蜡番锡

论曰余于广志汉书观二寸珠事及读列仙传云高后时下书募三寸珠有朱仲者献焉赐五百金鲁元公主复私以七百金从仲求得四寸珠以为诬矣今星槎篇载苏禄王所献巨珠重几八两乃始信之宜乎金印之报锡也虽然不宝远物则远人格天朝之致此亦有由矣

卷上·彭亨国第八

其国在广大海之南石崖环之如城其王好怪雕香木为神以人为牲而祷其土气温和其王妃以金为圈四五饰于顶发其民下以五色烧珠圈饰之其男女椎髻服以长衫系以单衣

其利鱼盐其土沃其谷宜稻有椰子酒多花锡降香沉香有树焉其状如杉其子如荳蔻皮有甲错其脂名曰片脑一曰龙脑食之已痔

其朝贡无常【洪武十一年遣使奉金叶表贡番奴及方物永乐十二年复遣其臣苏麻固门的里等来朝贡】其贡物金水罐檀香乳香速香片脑胡椒象牙

论曰祖训有之诸夷限山隔海得其地不足以供给得其民不足以使令真圣主之谟言也乃复列不征诸夷国名示诸将来而盻尔彭亨亦得载著金匮何其华荣也其称同居海中者有浡泥国有三佛齐国有百花国

卷上·琉球国第九

其国在泉州之东其地三分而多争一曰中山王二曰南山王三曰北山王高皇帝常有北山王怕泥芝之谕戒其略曰上帝好生恐寰宇生民自相残害特生聪明者主之以育黔黎迩使者自海中归云琉球三王互争于农业少废人命颇伤朕闻之不胜怜悯今因使者往复琉球特谕王体上帝好生息征战而育下民可乎

其山多抱合而峙一曰翠麓之山二曰大崎之山三曰斧头之山四曰重曼之山皆峻极不可以上有鼋鼊岛高华屿彭湖岛其土气恒燠耕田田稻膏腴宜谷其利鱼盐国无赋敛其男女服大袖连袴之衫造以花印之布有甘蔗酒

其土人善诗书好中国图书古器洪武中中山王遣子侄就业太学其土物多沙金黄蜡有石液焉出于山谷其色如鹅子莹净而无夹焚之有紫焰其名曰硫黄一曰昆仑王能化五金傅之已疥多善马【高皇帝常遣使鬻马于国王察度谕略曰王居沧溟之中崇山为国环海为固朕即位十有六年王岁遣贡朕甚嘉焉特命尚佩监奉御路谦报王诚礼王复使来致谢朕今更专内使监丞梁民同前奉御路谦赍符赐王镀金银印三颗送使者归就于王处鬻马不限多少从王发遣故兹勅谕】

其鼎峙大崎之山之东曰三岛之国羁事硫球其民垒石依崖而居以蚕渔为业多木绵

琉球之贡以二载【洪武中三王皆遣使奉银笺贡马及方物永乐以来国王嗣立皆请命册封后惟中山王来朝每二年许贡一次由福建以达于京师】其贡物马硫黄苏木胡椒螺壳海巴刀生红铜锡牛皮折子扇磨刀石玛瑙乌木降香木香

论曰魏征隋书言琉球无马及洪武间屡贡良马高皇帝遣使赐之符印就令购马乃知前史多不足信也盖琉球汉魏以来不通中华至炀帝令朱宽入海求访异俗自是频往掠取人物而还耳未尝安然揖让于其地又何以得其详也

卷中·暹罗国第十

其国在占城西可一千五百里由漳州而往针位见南澳取东董之山山之状如唐冠又取铜鼓之山又经独猪之山又取外罗之山又过校杯之屿屿之水十有八托又过洋屿又过灵山过伽喃模之屿位在乙卯其出水之礁有三又过罗湾见赤坎之山又取昆仑之山又七更过真王之屿屿之水十有七托又过大横之山小横之山又过笔架之山又过竹屿由大峰之山而入港由占城而往者入由新门台

其地方千里是多山山形如城其土气寒燠无定其王之宫洁而丽民居如楼藉以槟榔之木簟以藤竹寝兴食处于其上其王缠首以白布上无衣下围丝嵌帨压腰以锦绮出入乘象或肩舆用茭葦之叶迭而为盖柄饰以金

其王锁俚之人修浮图教是多僧尼有寺刹而持斋戒好习水战常用师于邻国其俗事皆决正于妇其妇椎发长衫系腰以青花色布男亦如之其缠首以白布其语如广东之乡音以椰子为酒贵者年二十则用嵌砂其送死富者葬浸以水银贫者弃诸海滨有金色之鸟群集而食之谓之鸟葬不尽则家人号哭沉骨于海而归亦命僧斋诵而礼

佛国之西北可二百里有市曰上水居者五百余户百货咸集可通云南之后其交易以金银以钱以海贝其利珍宝羽毛齿革其谷宜稻其畜宜六扰有石焉明净如榴子其品如红雅姑其名曰红马厮肯的石善香四等一曰降真二曰沉香三曰黄速四曰罗斛多花锡象牙翠羽犀角多花梨木黄蜡多白象白鼠狮子猫有木焉其叶如樱桃其脂液流滴如饴久而坚凝紫色如胶其名曰骐驎竭食之已折损

其朝贡以三载【洪武四年其国王参烈昭毘牙遣使臣祭思俚侪剌识悉替等来朝贡进金叶表并方物贺正旦八年遣使赍诏及印绶往赐之十六年给勘合文册凡中国使至必照验相同永乐九年其王昭禄群膺哆啰谛剌遣使柰必表贡方物乞量衡为国中式自后定例每三年一朝贡】其贡物象象牙犀角孔雀尾翠毛龟筒六足龟宝石珊瑚金戒指片脑米脑糠脑脑油脑柴檀香速香安息香黄熟香降真香罗斛香乳香树香木香乌香丁香阿魏蔷薇水丁皮碗石紫梗藤竭藤黄硫黄没药乌爹泥肉荳蔻胡椒白荳蔻荜拨苏木乌木大枫子悫布油红布白缠头布红撒哈剌布红地纹节智布红杜花头布红边白暗花布乍连花布乌边葱白暗花布细棋子花布织人象花文打布

西洋布织花红丝打布剪绒丝杂色红花被面织杂丝打布红花丝手巾织人象杂色红花文丝缦

论曰暹国世称赤眉遗种尚矣而莫究其详继览梁史云顿逊之国其俗多鸟葬亲宾歌舞于郭外有鸟食尽乃去其骨沉海中云云与马欢所见者符合且顿逊史云东可通交州而暹罗欢亦云西北可通云南其迹又足征然则暹国在梁殆为顿逊也

卷中·阿鲁国第十一

其国在满剌加西南可八百里【善风四昼夜程由淡水港入国】其地西接苏门答剌南环大山北临大海其婚丧诸俗与爪哇同

其利布帛暨鱼其谷宜稻其畜牛羊鸡鸭有兽焉其状如猫灰毫而肉翅其名曰飞虎获之即死有树焉其脂类薰陆其色赤紫焚之烟如凝漆而清婉其名曰金颜香有伐树而取坚皮而黑理其名曰黄速香

其朝贡无常【永乐五年其王速鲁唐忽先遣其臣满剌哈三等附古里等国来朝并贡物】其贡物象牙熟脑

论曰西洋诸国永乐间初来朝贡者四十有二其阿鲁虽琐细岛夷因中使临顾其地故得牵联而载之若娑罗至日落等二十九国皆未尝至焉不得诬而书也

卷中·苏门答剌国第十二

其国在满剌加西南可一千里山满州加而往五更至假五之屿屿之水三十托又九更过吉贝之屿之浅又四更平鸡骨之屿又八更至双屿又四更过单屿之左又五更至阿鲁国之港又十更至淡洋又五更至大鱼之港又五更至巴剌之屿又五更至急水之湾有泥礁而鼓浪焉又五更至国【国人称为古须文达那国乃西洋辖路满剌加西南行五昼夜至滨海一村番名答鲁蛮系船又东南行十余里至国】

其地南环大山北临大海东抵阿鲁国西连那孤儿黎代国有溪入于海是达潮汐其土气朝燠如夏暮寒如秋其夏秋之间是多瘴其山童而土石俱黄国无城郭其俗淳其语音婚丧服饰与满剌加同其民居如楼藉以椰子槟榔之木其蚕缫而不绵其渔于海朝出而暮归

其交易以金钱锡钱金曰底那儿【淡金铸圆径官寸五分面底有纹重官秤三分五厘一曰每四十八个重金一两四分恒用锡钱】其利硫椒其谷宜稻岁二获其畜宜牛羊鸡鸭羊皆骊毫【硫黄出于岩穴椒则山园种之蔓生如广东甜菜花黄白结椒成穗生青老红摘取日干粒虚大官秤百觔易本处金钱百个值银一两一曰官秤三百二十觔价以银钱二十个重六两】其土物多甘蔗芭蕉子莽吉柿波罗蜜柑橘其柑橘四时不绝狮橘绿橘不酸坏而可藏有果焉其状如消梨绿皮而圆核香烈而备五味其名曰俺拔其状如芡实臭叶而刺皮熟则瓣开其肉白而味如栗其名曰睹儿焉多葱芥蒜姜诸瓜【西瓜红仁绿皮有长至二三尺者】

其国之西曰那孤儿户千余其谷宜稻其畜宜牛羊其俗猱头而文面上下并耕而食又西曰黎代户二千余其都倚山临海多野犀牛二国皆羁事于苏门

其朝贡无常【永乐三年其王锁丹罕难阿必镇遣其臣阿里来朝贡诏封为国王及诰五年至宣德六年屡遣使来贡表用金叶十年复请其子封为王】其贡物马犀牛龙涎撒哈剌梭眼宝石木香丁香降真香沉速香胡椒苏木锡水晶玛瑙番刀弓石青回回青硫黄

论曰郑和在旧港执陈祖义至苏门又执苏干剌虽古之义人烈士何以加焉昔苏门王中他王毒镞死王妻号于众曰能报者身愿为偶有渔人举兵灭之王妻卒践盟配渔人呜呼以贱臣而烝国母履王位破贼伦化甚矣苏门王之子长而杀渔人岂不伟哉苏干剌者渔人子也因蓄聚而图苏门王之子和发兵执之且不敢专杀槛车京师两除岛夷之害和其贤臣也哉和其贤臣也哉

卷中·南浡里国第十三

其国在苏门西可六百里一曰南巫里国由沙里八丹而入针位十昼夜见观延之屿又平中央之屿又巡牛岭之山以至其国【苏门西行善风三昼夜到国】

其地东接黎代西北临大海南绕大山其王与民咸回回人主之宫室如楼藉以木是用食处其高可四丈楼之下囿养六扰民居与苏门同其俗朴

其交易以铜钱其利鱼其畜宜牛羊鸡鸭多犀角莲花降香其西北海内有山焉巃嵸平顶名曰帽山山之西有大海是曰西洋一曰那没嚟洋【西来海船向山为准山民户二三十余皆称为王问其姓答曰阿孤喇楂】有海树焉生于海底其状如枝柯明润如红玉其高二三尺其名曰珊瑚可以已目瞖【生山边二丈上下浅水内番人捞取为宝鬻卖亦常碾其根以为数珠】

其朝贡无常【永乐七年王率臣下数十人自随宝船至京进贡】

论曰南巫里户不过千余而王与牛羊杂处其亦不足为国也矣而往锡兰山诸国者必经焉且其王尝亲浮海稽首于紫庭斯可取也

卷中·溜山国第十四

其国在小帽西南可二千里由彭加剌而往取北辰四指有半又取北辰三指有半又取北辰二指一脚之半又取北辰二指半脚又取北辰一指三脚之半又取北辰一指三脚又过鹦哥嘴之山又五更见铁砧之屿又七更见佛舍座之山又五更见牙里之大山由是至溜官之屿而及其国

其地四面滨海倚山为都其都曰牒干其上下皆回回人婚丧一如其教风俗淳美男缠首以白布以金帕下围帨女帨盖首上短衣下亦围帨其肤体咸黑其土气恒燠

其交易以银钱【重官秤二分三厘】其利渔贩其谷宜稻麦其畜宜牛羊鸡鸭凡为杯以椰子为腹花梨为跗凡为舟不以锻铁以椰纕绳之而贯之而楔之以龙涎镕之而涂之

凡取龙涎多于溜屿其屿石多蟠龙春而吐涎群鸟集之群鱼嚼之其黄者如胶黑者如五灵脂白者如药煎其气腥或得之鱼腹其大如斗圆如珠其价以两而易凡两易金银一十有二凡斤易金钱一百九十有二凡取海贝山积之而罨之腐之凡取马鲛鱼斮之而暴之贮之其来易者为暹罗之商为榜葛剌之商

国之西海有石门状如城阙者三有溜山焉凡八一曰沙溜二曰官屿溜三曰人不知溜四曰起来溜五曰麻里奇溜六曰加半年溜七曰加加溜八曰安都里溜皆可通海舶皆有聚落其通也有主焉又西有小窄溜是有三千是皆弱水即所谓弱水三千者焉一曰有三万八千余溜舟风而倾舵也则坠于溜水渐无力以没其小窄溜之民巢穴而处鱼而食草木而衣

其朝贡无常【永乐五年遣其臣来朝贡】

论曰山海经诸古书及郦道元所引论弱水多矣虽通人辨士莫之能明也兹复知有溜山弱水矣见览虽益广远而天地之大终不能穷焉

卷中·锡兰山国第十五

其国在南帽山西可三千里由苏门答剌而往针位十二更见南帽之山又四更半历龙涎之屿又十更过翠蓝之屿屿之水三十托一曰梭笃蛮山山有七门四迭而一峻山人之出也则乘独木之舟夏为巢居冬为穴处其体裸不可以布帛被之则浥烂纫缀树叶而为蔽山芋波罗蜜芭蕉子鱼虾以为食又九十更见鹦哥嘴之山又至佛堂之山又五更平牙里其下有沉牛之礁鼓浪焉外过之水三十托又十更至别罗里是谓锡兰国之港又北行五十里而至国

其临海之山有释迦登岸之足迹其长可二尺许其陷之水四时不涸名曰佛水至者蘸拭其面目左有寺塑释迦之卧像其身不朽其寝座以沉香木为之饰以众宝佛牙舍利俱藏焉

其王锁俚之人修浮图教重象暨牛私解者辟或赎以牛头金国人咸灰牛粪涂其体食惟其乳死则埋之自王而下晨用牛粪涂其居而后礼佛其拜两手舒之前两股舒之后胸腹著地以礼佛谓之五体投地

其山之巅有神人阿聃之足迹陷于石者二尺许一曰人祖一曰盘古其海中胜望曰白浮之沙日而照也则光彩潋滟为国人之游望是多螺蚌其王宫之前曰珠池凡三年则采炼其采也取沙中之螺蚌纳之池俟其腐烂水盈

而珠出则取而纳焉其地广其民富饶其男躶下围丝帨谓之压腰缠首以白布女椎髻下围白布其恒食以牛乳以醍醐以槟榔蒌叶食皆暗室其国人不须丧则蓄焉其葬也以火取骨而埋之丧之妇摽乳号哭而为礼

其交易以金钱其利玉石珠玑其谷宜稻菽其畜宜牛羊鸡鸭【金钱重官秤一分六厘中国麝香纻丝色绢青磁铜钱樟脑等物彼则以宝石珍珠易换】其宝石六物一曰红雅姑二曰青雅姑三曰黄雅姑四曰青米蓝石五曰昔蓝泥六曰屈没蓝是宝石也皆产于参天之山巅洪雨之冲则流于山麓之沙中国人于是而拾采多芭蕉子波罗蜜甘蔗多椰子多龙涎乳香

其朝贡不绝【永乐九年以拒绝朝使归路破其城生擒国王亚烈苦奈儿及家属命释之择其属之贤者立为王十年诏谕其国王不剌葛麻巴思剌查正统十年国王遣其臣耶把剌谟的里哑等朝贡天顺三年其王葛力坐夏昔利把交剌惹复遣使来贡】其贡物宝石珊瑚水晶金戒指撒哈剌象乳香木香树香土檀香没药西洋细布藤竭芦荟硫黄乌木胡椒碗石

论曰梵书载释迦生于迦毗罗国净饭王其父也至涅盘时度须跋陀罗右胁而卧今马欢载锡兰别罗里云即涅盘之地且云卧身尚存不朽以为诬焉又何其言之分明如此也

卷中·榜葛剌国第十六

其国在翠蓝屿西北可七千里一曰东印度之国地方千里山苏门答剌而往也取帽山翠蓝西北而行善风二十日至浙地之港一曰泊察地小舟以入五百里至锁纳儿之港港有城池街市又行二十站及坂独哇而至国

其国城郭壮丽其王有大殿四方而垩饰为间凡九三门而入殿之柱裹以黄铜镂以花兽其王之衣冠王之臣之衣冠俱回回制上下皆回回人婚丧一如其礼其民善富庶而淳好为商贾其男子髡缠首以白布服圆领长衫下围色帨革履女子椎髻短衫围色布丝锦珥宝钿项佩璎珞手足约以金镯戒指

其土气恒燠其定岁以十二月国无闰刑止于流百职有印符行移掌军者谓之巴斯剌儿有医师卜人星官暨百工市肆咸备其请谓之榜葛俚亦善吧儿语乐工谓之根肖速鲁奈凡夙兴举乐于富贵者之家击小鼓一人击鼙鼓一人吹荜篥一人其音节先徐而后促举毕则予之酒物倘伽凡款宾以槟榔凡宴享用乐妇歌舞以娱宾乐妇之饰也服浅红线布之花衫下围色丝帨肩项佩五色硝子珊瑚琥珀珠之缨络腕约青红哨子之钏镯其俗有虎戏铁索拽虎而行其戏也解索虎蹲而据人躶以击虎虎乃咆哮作势与人而对跃人时掉臂于虎口戏而毕则虎伏于地阅戏之家饲虎以肉与人以倘伽

其交易以银钱名曰倘伽以海贝名曰考嚟其利布帛其谷宜五种岁二获其畜宜六扰【银钱重官秤三分径官寸一寸二分底面有纹海贝计斤】其酒之品有四一曰椰子酒二曰米酒三曰桐子酒四曰交蕈酒其布帛之品有六苾布谓之卑泊广二尺长五丈六尺匀细而白黄布谓之满者提广四尺长五丈紧而密布罗谓之沙纳巴付广五尺长三丈状如生平罗布纱谓之忻白勤搭嚟广三尺长六丈缠首用之如三梭者谓之沙塌儿广二尺五寸长四丈兜罗锦谓之蓦哩蓦勤广四尺长二丈背面有绒起可四五分

其土物有珊瑚珍珠水晶玛瑙翠羽多芭蕉子波罗蜜石榴酸子甘蔗多酥蜜多瓜葱姜芥茄蒜有骆驼有桑皮纸有木焉弱条而青叶朝花而暮敛如夜合其子如李其名曰庵摩勤一曰余甘食之已丹石毒

其接天诏之日明甲马队千余设于左右长廊明光甲巨汉秉剑持弓矢以侍孔雀翎之盖百具设于丹墀象队百设于殿上其王升八宝座横剑于膝乃有持银杖者二人引导五步一呼至中则止复有持金杖者二人引导如前其王肃恭拜迎诏勅叩首而加额其开读赏赐之讫也是陈绒毯于殿以宴天使以牛羊为燔炙以蔷薇之露诸香之蜜水而为饮

其朝贡无常【永乐六年其国王霭牙思丁遣使来朝贡九年至太仓命行人往宴劳之十二年又遣其臣把一济等来朝贡麒麟等物正统三年贡同表用金叶】其贡物马马鞍金银事件戗金琉璃器皿青花白磁撒哈剌者扶黑答立布洗白苾布兜罗绵糖霜鹤顶犀角翠毛莺哥乳香麤黄熟香乌香麻藤香乌爹泥紫胶藤竭乌木苏木胡椒

论曰榜葛剌其饶富多仪之国也夫观其于天朝正使有金盔系腰盆瓶之献于副使有银盔系腰盆瓶之献于行人有金铃纫纻长衣之献于兵士有银钱之献非饶富多仪曷克若此云

卷下·小葛兰国第十七

其国在别罗里西北可一千二百里由是而归南巫里也针位第一之日丁未丁午第二之日丙午第三之日丙□第四之日丙巳第五之日巽巳第六之日辰巽第七之日乙辰乙卯以求南巫里焉

其地东连大山西南北滨海其王修浮图教其俗重象暨牛其风俗与锡兰山大同其和饭以酥日二食

其交易以金钱【重官秤一分】其利苏椒其谷宜稻其畜宜牛羊牛黄毫羊青毫

其朝贡无常【永乐五年附苏门答剌国来朝贡】其贡物珍珠伞白绵布胡椒

论曰小葛兰星槎编又云小唄喃云其国山连赤土日中为市而赤土者扶南之别种也西则婆罗娑国东则波罗剌国南则诃罗旦国不知何者为小葛兰也

卷下·柯枝国第十八

其国在小葛兰西可二百里柯枝之港水可四托其地东倚大山西南北滨海其王缠首以黄白布上无衣下围纻丝帨压腰以色纻丝其男女椎髻服以短衫围以单布其民之居用椰子木以椰叶缉而盖其藏百物以库以砖为之

其为人五种一曰南昆是为王族二曰回回是为仕族三曰哲地是为富族四曰革令专是为庸保五曰木瓜是为贱类居限三尺衣限脐膝途遇哲地以上则伏任负是事其状如傩人

其王修浮图教敬象暨牛国有梵宇其佛像铸以铜座以青石为之座之周咸砌水沟沟傍凿井夙兴必鸣钟鼓汲水以灌佛顶罗拜而退其出家者名曰浊肌而蓄妻其发出胎不理不剃泽以酥捏而为缕被于后灰牛粪以涂体以黄藤束腰幅布掩形时常吹海螺妻随以行

其土气恒燠无霜雪其雨以半载晴以半载【二月雨起即乘屋修盖备米物五月六月日夜下滂沱大雨街市成河至七月尽止八月始晴次年又复如是】

其交易以金银钱金曰法南银曰答儿【金重官秤一分一厘银重四厘大如螺靥金钱一换银钱十五】其利胡椒珍珠珊瑚胡椒园种之富者居以待商以觔而易为斤一十有六而为封剌二十有五而为播荷凡播荷以金钱一百易之视银之为两者五珍珠以分而易凡分至三以上以金钱一千八百易之视银之为两者百珊瑚以两而易倩工剪旋以成珠磨净而售

其谷宜黍稻稷菽其畜宜六扰是多象其朝贡无常【永乐三年其国王可亦里遣其臣完者答儿来朝贡十年复遣使来请封其国之山诏封为镇国山御制碑文赐之】

论曰柯枝凡雨半载而霁霁半载而雨不知大化胡为其然也昔魏征叙赤土言其国冬夏常温雨多霁少理庶几矣必曰半载其果亲目之乎然赤土今与小葛兰为邻其即为柯枝章章矣

卷下·古里国第十九

其国在柯枝西北可六百里东至坎巴夷替国西临大海南连柯枝国北接狠奴儿国地方千里

其王修浮图教殿而事之佛像谓之乃纳儿以铜为之殿覆以瓦以铜为之凿井于傍凡晨起王汲以浴佛是敬象牛【王每晨浴佛礼拜讫取黄牛净粪盛以铜盆水调以涂壁地头目富家亦如之又煅成白灰盛以布囊水调以涂额股是为敬佛传云昔有神人其名某些适他国时命弟撒没嚟以摄撒没嚟铸金牛矫诬国人曰此天神也国人遂皆敬礼某些还销金牛撒没嚟乘象遁去国人思之而冀其归每月言月中必至及月中又言月尽必至逮今未绝也南昆人之敬象牛由此】

其为人五种南昆回回哲地革令专木瓜南昆不食牛回回不食豕互以为禁婚丧各如其类其头目二人是掌国事其男长衫缠首以白布女短衫椎髻围以色布珥金牌珠索项佩珠宝珊瑚璎珞手足俱约以金银镯以金宝戒指其容白而艳国人修回回教者十分之六有礼拜寺寺有三十余凡七日一礼拜巳而往未而归

权谓之法剌失量谓之党戛梨以铜为之其制俱倍中国十分之六权椒为斤二百五十谓之一播荷其价金钱二百权香货为斤二百谓之一播荷布谓之搘梨其广四尺五寸其长二丈五尺其价金钱十五色丝帨谓之西洋手

巾其广五尺其长一丈二尺其价金钱百算人谓之米纳凡算之法计以四支十指其交易而成也携手而誓无悔其交易以金银钱金曰吧南银曰搭儿【其钱面底有纹用六成金铸造径官寸三分八厘重官秤一分银钱重三厘】

其利椒椰椰子之种也富家千树以为恒业其资用也浆为酒肉为糖饭穰为索壳为碗为酒食器亦可厢金木以架屋叶以盖其谷宜稻其畜宜牛羊鸡鸭国有乐妇以葫芦弦铜丝而歌其位以女腹为嫡传之姊妹之子无姊妹之子则传之弟无弟则逊于有德其刑有罚金断手足斩族之等不服者探之沸膏而验之【以右手二指置油锅黑而取出封裹下狱三日开视如烂坏即加刑否则鼓乐送回】

其国有鹿兔能畜良马凡疋价以金钱千其土物有蔷薇露有金缕宝带其造也赤金三觔抽丝如发缀结而成间以珠宝有珍珠珊瑚珠哲地居之公鬻而取税多莱菔胡荽姜蒜四时冬瓜其状如小指其长二寸味如青瓜紫皮而大叶曰紫皮瓜多芭蕉子波罗蜜有树焉其高丈余结如绿柿内子数十熟而自落者其名曰木鳖子有蝙蝠如鹰者在树而悬宿有鹰鸦燕鹭多孔雀家畜之

其朝贡无常【永乐三年遣使朝贡诏封为古里国王给印及诰五年七年复遣使来朝贡】其贡物宝石金系腰珊瑚珠琉璃瓶琉璃碗拂郎双刃刀宝铁刀苏合油阿思摸达涂儿气龙涎栀子花花毡单伯兰布苾布红丝花手巾番花人马象物手巾线结花靠枕木香乳香檀香锡胡椒

论曰昔扶南俗事天神以铜为象而有讼者以金环鸡子投沸汤中令探取之若无情者必焦烂焉而今之古里亦有天神之谈探手之法又云扶南去林邑七千余里今校之亦合余疑古里即扶南之地云

【永乐三年郑和统大䑸宝船赍诏勅封为古里王及颁诰命银印升赏头目品级官带建亭刻石其略曰尔王去中国十万余里民物咸若皞熙同风刻石于兹永垂万世

宝船至彼王遣头目哲地米纳几见正使择日论价将中国锦绮百货议定乃书合同价数各存之头目哲地与正使众手相兔其牙人言曰某月日众手拍一掌无悔哲地始携珊瑚珍珠宝石来议价二三月方定原经手头目米纳几算番物若干该纻丝等物若干照原打手之货交易】

卷下·祖法儿国第二十

其国在古里西北可二千里西北倚山东南临海以石为城为屋层起如浮图

其民容体伟长而性朴其王缠首以白布服锦袍间服青花丝嵌圆领足有花靴其出入以舆马前列象驼后吹叭喇锁捺拥行其民男缠首以色布服长衣足不跣女蒙首面以布其上下崇回回教有礼拜寺礼拜之日咸罢市涂体以蔷薇露以沉香油熏衣以沉檀俺八儿香其将礼拜也浴而涂体乃服净衣爇香于胯下熏而往街市为之芬芳不歇其婚丧悉行回回礼

其土气温和其交易以金钱以红铜钱金曰倘伽【金重官秤二钱径一寸五分一面有纹一面人形铜径四分】其谷宜五种其畜宜六扰多血竭芦荟没药乳香木鳖子多芥瓜有双峰骆驼有金钱豹有禽焉长身而鹤颈足四尺而二爪其状如骆驼其名曰驼鸡是食五谷有香焉其树高可三丈叶有四角黄花而碧心其胶如饴其名曰安息食之已鬼疰其味笃耨其色加紫檀其汁浓净而无滓其名曰苏合油涂之已风

其朝贡无常【永乐中遣其臣朝贡方物】

论曰自柯枝而西去天方益近而流风沾被修回回教者益谨至熏沐其身而始礼拜其真信习之笃也哉

卷下·忽鲁谟斯国第二十一

其国在古里西北可五千里其地倚山临海其国富以石为城是多番商

其王修回回教有礼拜寺日五度而礼拜恒斋沐其俗淳厚其人白身而魁伟其男卷发长衫善骑射女编发四垂黄漆其顶服长衫出则色布盖首红纱蔽面珥络索金钱以黛饰眉花纹饰唇项佩珠宝珊瑚璎珞四腕俱约金银镯

其婚丧用加的礼掌礼之谓之加的【凡婚礼男家先宴加的亲族媒氏然后二姓述三代谱系为之书而后成礼否则以奸论丧礼以细白布为大小殓衣瓶盛净水三灌尸以麝脑填口鼻服衣入棺坟以砌圹藉净沙五六寸棺

至出尸入圹石板盖土筑成隆阜】其书记用回回字其市肆咸备国有酒禁饮者弃市其国胜兵良马医卜技艺皆冠于西洋

其民有羊猿之戏【羊戏用木尺许顶平正可容羊四蹄者树地一人拍手念诵羊依拍鼓舞近木前足搭木顶后足跳上似舞状人将木段五六次接上高丈许于中推断接羊置地羊卧作死状令舒前足即前舒之令舒后足即后舒之猿戏以三尺黑猴演弄毕令一人帕缚猴眼别令一人潜击猴首杂于众中解缚猴于千人中径取出击首者】

其交易以银钱名曰那底儿其利玉石其谷宜稻麦其畜宜六扰【银钱径官寸六分面底有纹重官秤四分】其土气有寒暑有霜雪少雨多露春而花开秋而叶零有山焉其阳多红盐其阴多白垩其东多丹臒其西多黄垩其珍宝之类有八一曰五色雅姑剌石二曰租杷碧三曰祖母喇四曰猫睛石五曰金刚钻六曰珊瑚七曰五色玉器皿八曰大珠状如龙眼者有之诸珀谓之撒白植其类有五一曰金珀二曰并珀三曰珠神珀四曰蜡珀五曰黑珀织之类有四一曰十样锦剪绒绒起一分长二丈阔一丈二曰五色梭幅三曰撒哈喇毯纱四曰青红丝嵌手巾羊之类有四一曰九尾羊二曰大尾羊三曰狗尾羊四曰斗羊【一等尾阔尺余拖地重三十余斤一等狗尾羊如山羊尾长二尺余一等斗羊高二尺七八寸前半截留毛后剪净头似绵羊角弯向前上带铁牌行动有声此羊快斗好事者蓄之以博钱物】有兽焉其状如猫质如玳瑁黑耳而性仁出则百兽伏地其名曰草上飞番名曰昔雅锅失其萝卜状如藕而红色其胡桃质薄而白其松子长寸许其葡萄四等有如莲子色白而无核者有如白豆圆而白者有红者有紫者有果焉状如胡桃尖长色白内仁甘美者名曰把聃果其石榴花如拳果如钟有林檎桃甘蔗西瓜其万年枣一名曰垛沙布凡三等有状如拇指小核而结霜味如石蜜者有挼烂而成软块味如柿者有状如南枣而味涩是用养牲者

其朝贡无常【永乐五年遣其臣将麒麟等物并备金叶表文跟随回洋宝船进贡】

论曰西洋葬埋之礼微举者鲜矣此独能行焉且往往符情合制可尚也已然居中国彝伦之地有火其亲者不有愧于斯耶不有愧于斯耶

卷下·阿丹国第二十二

其国在古里西可六千里其国滨海以石为城其民庶而勇骑步兵可二万威振邻国

其上下修回回教其语似阿剌毕其王尚礼【永乐辛丑正使太监李充等赍诏赐其王莫到冠服苏门答剌国分艅周□等领宝船往彼王率头目迎入王府甚肃开读赏赐毕王谕国人有珍宝者许易】王冠金冠服黄袍带以金宝有礼拜寺其王日一礼拜金冠易以白布缠首顶有金锦饰黄袍易以白车而往其臣服有等其国人缠首以色布服撒哈喇梭幅锦绣足有靴鞋其女长衣项佩珍宝缨络珥宝环四腕约宝镯手足指约以金环蒙首以丝嵌帨仅露其面其金银之工精巧为西方之冠其食造以酥蜜其民以石为屋石之名曰罗股以砖覆之高五丈而三层有浴室有酒垆有彩帛典籍之肆其交易以金钱以红铜钱金曰哺嚟铜曰甫噜斯其利玉石其谷宜五种其畜宜牛羊鸡犬【金重官秤一钱底面有纹】

其土气温和其定岁以十二月为一岁以哉生明为一月其算历如神某日而春暨期枯者敷华某日而秋既期荣者凋落蚀而蚀潮而潮风而风雨而雨靡有违忒

其贸采之物异者十有二品一曰猫睛之石二曰五色亚姑三曰大珠四曰珊瑚支五曰金珀六曰蔷薇露七曰麒麟八曰狮子九曰花福鹿十曰金钱豹十一曰驼鸡十二曰白鸠土物多紫檀木薝蔔花多万年枣把担干白葡萄松子榴杏有象有千里骆驼九尾羖羊其白毫无角角处有两圆黑毛项如牛狗毫而盘尾者名曰绵羊有兽焉其状如骡白身白面面青纹其名曰花福鹿其足前高九尺后高六尺蹄三跆匾口而长颈奋首高一丈六尺首昂后低二肉角牛尾而鹿身其名曰麒麟是食五谷其状如虎元质而无纹巨首而阔唇其尾黑长如缨其吼如雷百兽见之伏不敢起者其名曰狮子其朝贡无常【永乐间遣使修金叶表来朝贡】

论曰国初天监外设回回司天监取回回人世官之用本国土板历并兼推算乃知圣主御世一善弗遗者矣尝闻之长老云月蚀非回回历算安得不谬如此今阿丹人所算春秋候是尤奇也

卷下·天方国第二十三

其国在古里西南可二万里【古里西南申位行善风三月至镇番名秩涾守以头目秩涾西行一日至王城本名默伽国而又谓之天方】其王修回回教其俗和美而富见月之初生也上下皆稽首而礼天其容貌伟正紫色男缠首长足有皮鞋女盖首面不露其语用阿剌毕

国有酒禁其婚丧悉行回回礼其礼拜之寺曰天堂其堂四方面高广谓之恺阿白以黄金为佛像以玉为座堂之周如城以五色石垒砌城之门四百六十有六其堂以沉香为梁梁有五以黄金为阁以泔黄玉布地以蔷薇露龙涎香日涂堂之四壁馨香不绝以白玉为柱柱凡四百六十有七前之柱九十有九后之柱一百有一左之柱一百三十有二右之柱一百三十有五其堂之幔以纻丝色用皂其守堂狮子二色咸黑他国至堂而焚香也岁一至不远万里而来以十二月十日为期【每年此日诸国回回人虽海行一二年远道者亦至此堂礼拜皆割取堂内皂幔一方去为记忆尽则王又以幔代之】

其堂之左有古佛慕是为绿撒卜泥宝石之所筑其长一丈二尺高三尺广五尺其墓之垣砌以泔黄玉高五尺其城四隅咸有宝塔礼拜者登焉有授法之堂皆五色石为之

其土气恒燠无雨电霜雪四时玉烛草木常不零落其甘露日降国人承露以食其交易以金钱名曰倘伽其利玉石其谷宜五种其畜宜六扰【钱径官寸七分重官秤一钱】其国西行百里曰蓦底纳城城之东曰谟罕蓦德神人之墓墓顶有五色光旦夕辉煌不绝墓后有泉其名阿必糁糁其味甘美其泉能息波涛泛海者必汲藏于舟遇飓风而洒之也波涛随息

其土物有蔷薇露俺八儿香有豹麂草上飞麒麟狮子羚羊多龙马有驼鸡骆驼骡驴凫鸽其花有缠枝花树如大桑高二丈岁二收有葡萄万年枣石榴林檎梨西瓜巨桃一桃而用二人以举

其朝贡无常【宣德中使郑和至西洋遣通事七人赍麝香磁器缎疋同本国船至国一年往回易得各色奇异宝石并麒麟狮子驼鸡等物并画天堂图一册回京其天方国王亦遣其臣沙瓛等将方物随七人来朝贡】

论曰天堂之谚久矣盖慕其乐土也今观其国所有乃知谚语为不虚焉但国史以默德伽别于天方而欢云即其地余详考之谟罕蓦德默德伽王也而天方之西有其墓焉则一国二名者矣

使琉球录①

使事纪略

嘉靖丙戌冬，琉球国中山王尚真薨。越戊子，世子尚清表请袭封；下礼部议。礼部恐其以奚齐夺甲生也、又恐其以牛易马也，令琉球长史司复核其实，戒毋诳。越辛卯，长史蔡瀚等核诸舆民达于勋戚，同然一辞；佥曰：尚清乃先王真之冢嗣，立为世子有年。昔先王辱僥福于天朝，愿终惠于义嗣者——具文申部，宗伯韪之。越壬辰春，礼部肇上其议，请差二使往封，给事中为正、行人为副；侃与澄适承乏焉。命下之日，时夏五望也。有为予等深忧者曰：海外之行，险可知也。天朝之使远冒乎险，而小国之王坐享其封；恐非以华驭夷之道。盍辞之，以需其领！予等曰：君父之命，无所逃于天地之间；况我生各有命在天，岂必海外能死人哉！领封之说，出于他人之口，则为公议；出于予等之口，则为私情。何以辞为！勿听。六月，各赐一品服一袭，侃以麒麟、澄以白泽，俱大红织金罗为表、绢为里；绿罗褡褸青罗褶子，里亦用绢。使外国必加服者，欲其称国王位宾主也。带以玉，则旧制。又各赐家人口粮四名，悯兹遐役，优以缉御；恩至渥也。八月，侃等始治装戒行。行之若是徐徐者，因封琉球旧案，礼部失于回录；请查颁赐仪物于内府各监局，弥月而后克明；复分造于所司，亦难卒制。故弗克行，其敢久稽君命！

越癸巳五月，侃至三山；澄亦以六月至。闽之三司诸君承礼部咨文，已将过海事宜会裁已定。造船之制，访于耆民得之，大小、广狭惟其制；价计二千五百两有奇。予等初欲各具一艘，见其费之广也，而遂不敢无益于国，而侈其费财之蠹也。惟旧制以铁梨木为舵杆，取其坚固厚重；今以轻价索之而艰于得，易以他木。予等必欲倍价以购，后果得之；财固当惜，舵乃一船司命，其轻重有不难辨者。七月二日，定艌——艌即船之底木。福州府备祭豕二、羊二，予等主祭，三司诸君率府、县官亦与陪焉；重王事也。定艌之后，方鸠舟人僝功矣；侃等与众官时巡督之。十一日，遣承差赍本赴京，谨题：为求封事。切照嘉靖十一年琉球国世子尚清奉表请封，钦蒙差臣等充正、副使，赍捧诏敕前往琉球封尚清为中山王。臣等随即辞朝，前来福建造船；船完之日，过海行礼。所有赍去诏敕，闻弘治、正德年间修撰伦文叙、编修沈焘等曾差往安南国，因彼国欲留诏敕为镇国之宝，俱曾题奉钦依，听其请留，又非臣等所敢专擅。如蒙乞敕礼部查议应否听其请留，庶臣等有所遵守，而临期不至错误矣。为此具本，专差承差郑珂赍捧，谨题请旨。九月，承差至京，赴通政司投进。奉圣旨：礼部看了来说。钦此。随该礼部覆题云：看得钦差吏科等衙门左给事中等官陈侃等题称，赍捧诏敕前往琉球国封世子尚清为中山王，惟恐请留诏敕，乞要查议一节，既查有伦文叙等事例，合无准其所奏；本部行令各官临时斟酌，如彼国王请留之意果出诚恳，亦宜俯顺夷情，听其请留等因。奉圣旨：是。钦此。

十一月，承差赍仪制司手本至闽，侃等伏睹睿旨驭夷以诚，敢不祗若明命。是月，琉球国进贡船至；予等闻之喜。闽人不谙海道，方切忧之；喜其来，得询其详。翼日，又报琉球国船至，乃世子遣长史蔡廷美来迓予等；则又喜其不必询诸贡者，而有为之前驱者矣。长史进见，道世子遣问外，又道世子亦虑闽人不善操舟，遣看针通事一员率夷梢善驾舟者三十人代为之役；则又喜其不必藉诸前驱，而有同舟共济者矣。大蹇朋来，忧用以怿；即此而观，世子其贤矣乎！敬使，所以敬君也；敬君，所以保国也。怀德畏威，邦其永孚于休。

越甲午三月，舟始毕工。其舟之形制，与江河间座船不同。座船上下适均，出入甚便；坐其中者，八窗玲珑、开爽明霁，真若浮屋然，不觉其为舟也。此则舱口与船面平，官舱亦止高二尺；深入其中，上下以梯，艰于出入。面虽启牖，亦若穴之隙；所以然者，海中风涛甚巨，高则冲、低则避也。放前后舱外，犹护以遮波

---

① 〔明〕陈侃撰。据明嘉靖刻本，参校《台湾文献史料丛刊》版。

板,高四尺许;虽不雅于观美,而实可以济险。因地异制,造作之巧也。长一十五丈、阔二丈六尺、深一丈三尺,分为二十三舱;前后竖以五桅,大桅长七丈二尺、围六尺五寸,余者以次而短。舟后作黄屋二层,上安诏敕,尊君命也;中供天妃,顺民心也。舟之器具,舵用四副,用其一、置其三;防不虞也。橹用三十六枝,风微逆,或求以人力胜;备急用也。大铁锚四,约重五千斤。大棕缆八,每条围尺许、长百丈;惟舟大,故运舟者不可得而小也。小艕船二,不用则载以行、用则藉以登岸也。水四十柜,海中惟甘泉为难得,勺水不以惠人;多备以防久泊也。通船以红布为围幔,五色旗大小三十余面。刀枪、弓箭之数,多多益办;佛郎机,亦设二架。凡可以资戎事者,靡不周具;所以壮国威而寒外丑之胆也。二十五日,出坞——坞即造船之所,亦设祭如定艭之时。其间若竖桅、若浮水、若治縩,皆有祭,行祭礼皆如初。靡神不举、靡爱斯牲者,王事孔艰,利涉大川祈也。

四月十八日,舟先发于南台。南台距海百余里,大舟畏浅,必潮平而后行;日行数里,故先之。架舟民梢用一百四十人有奇,护送军用一百人,通事、引礼、医生、识字、各色匠役亦一百余人。官三员【千户一员、百户二员】,官各给银十二两,为衣装之费;余各给工食银五两三钱五分。旧时用四百余人,今革其十分之一;从约也。旧例:犹有金银九十余器、金厢带四条,备二使过海之用;福州府造册开报,回文与之云:职等素守清约,无事华侈:茶钟、酒盏用银饰者,相应备办;银酒素、银撒盏、银节盂、金厢带,皆不必用。虽旧有成案,似宜遵奉;但裁而行之,存乎其人。毋得妄敛妄费,以污职等名节。造完之日,令首领官一员赍领前去;回还之日,照数给领。若此者,贞行也,非以要誉也。二十六日,予等启行。三司诸君送至南台,炰肉于几、酾酒于尊,爵三行;予等起谢曰:曩时海国之役,必数年而始克竣事;闻之舟不易成也。今未及期月而有航海之期,谁之功也!敢不再拜!诸君皆歌烝民之诗以赠,亦再拜;遂别。是晚,宿于舟中。翼日,至长乐。长史舟亦随行,中途为浅所伤,臬厥载;具状伏于阶下,求为之援。予等欲藉其为前驱,即日将行,事已亟,不可辞;判词于提举司,令申海道假环海卫所御寇之舟,暂遣其归:此固为赵、亦为楚意也。适分守海道、都阃诸君继至,海道亦以王事为亟,遂遣之。五月朔,予等至广石,大舟亦始至。二日,祭海登舟,守、巡诸君设宴为饯。是日,北风大作,昼昏如夕;舟人皆疑,予等亦有惧心。有爱之者,劝迟迟其行。迟而得已于行,姑少待焉可也;终不能已,迟之何益!今人既集矣,涣之恐难卒萃。舟不速行,器具易窳,有司费已侈;缓则更倍之。遂别诸君,慨然登舟。连日风逆,五日始发舟,不越数舍而止,海角尚浅。至八日,出海口,方一望汪洋矣。风顺而微,波涛亦不汹涌;舟不动而移,与夷舟相为先后。出舱观之,四顾廓然,茫无山际,惟天光与水光相接耳。云物变幻无穷,日月出没可骇;诚一奇观也。虽若可乐,终不能释然于怀。九日,隐隐见一小山,乃小琉球也。十月,南风甚迅,舟行如飞;然顺流而下,亦不甚动。过平嘉山、过钓鱼屿、过黄毛屿、过赤屿,目不暇接,一昼夜兼三日之程;夷舟帆小,不能及,相失在后。十一日夕,见古米山,乃属琉球者;夷人鼓舞于舟,喜达于家。夜行彻晓,风转而东;进寸退尺,失其故处。又竟一日,始至其山;有夷人驾小舠来问,夷通事与之语而去。十三日,风少助顺,即抵其国。奈何又转而北,逆不可行,欲泊于山麓,险石乱伏于下;护避之远,不敢近。舟荡不宁,长年执舵甚坚,与风为敌;不能退、不能遂,上下于此山之侧。然风不甚厉,浪亦未及于舟,人尚未惧。相持至十四日夕,舟剌剌有声,若有分崩之势。大桅原非一木,以五小木攒之,束以铁环;孤高冲风,摇撼不可当,环断其一。众恐其遂折也,惊骇叫嚣;亟以钉钳之,声少息。原舟用钉不足、艌麻不密、板联不固,罅缝皆开;以数十人辘轳引水,水不能止。众曰不可支矣!齐呼天妃而号,剪发以设誓;予等不能禁。彻夜不寐,坐以待旦。忽一家人匍匐入舱抱予足,口噤不能言;良久,方云速求神佑,船已坏矣!予等闻此,心战神怖,无可奈何;叹曰:各抱诏敕以终吾事,余非所计也。于此将焉求之,而又将焉逃之!是时惟长年数人,色不少动;但云:风不足惧;速求罅缝而塞之,可保无虞!众亦知其然;舟荡甚,足不能立,心悸目眩,何罅之求!于是有倡议者曰:风逆则荡,顺则安。曷回以从顺!人心少宁,衣袽有备,尚可图也!有一人执舵而云:海以山为路,一失此山,将无所归:漂于他国,未可知也;漂于落漈,未可知也。守此,尚可以生;失此,恐无以救。夷通事从旁赞之。予等亦知其言有据,但众股栗,啼号不止;姑从众以纾其惧,彼亦勉强从之。旋转之后,舟果不荡。执烛寻罅,皆塞之固,水不能入;众心遂定。翼午,风自南来,舟不可往,又从而北;始悔不少待也。计十六日旦,当见古米山;至期,四望惟水,杳无所见。

执舵者曰：今将何归！众始服其先见；旁徨踯躅，无如之何。予等亦忧之，亟令人上桅以觇，云远见一山巅微露，若有小山伏于其旁；询之夷人，乃曰：此热壁山也，亦本国所属；但过本国三百里。至此，可以无忧。若更从而东，即日本矣。申刻，果至其地，泊焉。十八日，世子遣法司官一员来，具牛、羊、酒、米、瓜、菜之物为从者犒，亦有酒、果奉予等；通事致词曰：天使远临，世子不胜欣踊！闻风伯为从者惊，世子益不自安，欲躬自远迓；国事不能暂离，谨遣小臣具菜、果，将问安之敬！予等爱其词雅，受之。时予之舟已过王所之东，欲得东风为顺，夏日诚不易得。世子复遣夷众四千人驾小舟四十艘，欲以大缆引予之舟；通事乃曰：海中变出不测，岂宜久淹从者！世子不遑寝食，谨遣众役挽舟以行。敢告。船分左右，各维一缆，迤逦而行，若常山蛇势；亦一奇观也。一昼夜，亦行百余里。十九日，风逆甚，不可以人力胜，遂泊于移山之岙；法司官率夷众环舟而宿，未尝敢离左右。泊至五日，予众苦之；在舟日久，郁隆成疾，求登岸以避之而不可得，泣诉于予。予曰：乘桴浮海，子路喜之；未知浮海之险若此也！人至四千，力亦众矣，不能挽一舟以行。虎贲三千，犹足以成武功；孰谓浮海为易耶！二十三日，世子复遣王亲一员，益以数舟而来；风亦微息，始克行。法司官左右巡督，鼓以作气；自夕达旦，夷众亦勇于用力，无少懈。至二十四日，犹未克到，世子复遣长史来曰：世子闻至移山，刻期拱俟；六日不詹，中心孔棘。恐为从者忧，谨遣小臣奉慰。予等谢之。二十五日，方达泊舟之所，名曰那霸港。计广石登舟，至此几一月矣。予二人局于一舱，不便出入。暑气熏熏，脾胃受疾，寝食弗安；兼以风涛之险，日惊于心。得保残喘以终王事，呜呼艰哉！是日登岸，岸上翼然有亭，扁曰迎恩。世子遣众官大小百余员，随龙亭候于亭下。予等捧诏敕安于龙亭，众官行五拜、三叩头礼；前行，导引至天使馆。馆距港约五里，不移时而至。龙亭安于中堂，众官复行礼如初；进见予等，亦行礼而退。予等呼长史，问曰：世子不迎诏敕，何也？对曰：洪武礼制：凡诏敕至国，世子候于国门之外；数代相承，不敢违制以行。予等曰：守制，国之经也，臣之良也。大以字小，惟信之怀。敢为一己是便，而裂信毁制乎！听之。然世子虽不至馆，馆中皆官正莅事，礼无不肃、用无不周；下逮从人，各有寝舍，时给禀饩，亦使之安。每三日遣大臣一员问安；具酒二壶、果合二架，酌酒于斗，跪而言曰：世子念天使舍崇丽而卑痹是就，恐不能安朝夕；令小臣问候起居！予受其酒，乃曰：宾至如归；不惟其物惟其诚，世子诚矣，胡弗安之有！饮毕，复献牛、羊、茶、菜、果。初皆麾之；后见其意勤恳，间亦或受。每一馈予等，亦遍及于从人，无弗均。六月哉生明，报长史舟至北山。又越五日，始抵国；较之予舟，浃旬之隔。询之，乃知桅折帆倾，非夷众之熟于操舟，几何而不饫鱼腹也！

越既望，行祭王礼。王墓不知所在；有寝庙一所在国门外，即于庙祭焉。封其生者而又祭其薨者，厚也；所以劝天下之忠也。祭先于封者，尊也；所以劝天下之孝也。忠孝之道行于四夷，胡、越其一家矣。祭品皆钦定之数，牲牷维腯、酒醴维醹，罔敢弗洁。先迎至庙，俟设定后，用龙亭迎谕祭文，予等随行。将至庙，世子素衣黑带候于门外，戚乎其容，俨然若在忧服之中；予等拱而入。至寝庙，神主居东，西向；予等居西，东向。龙亭居中，南向；世子居南，北向。宣谕祭文毕，世子出露台，北面谢恩；进与予等交拜。揖至中堂，予等南向坐定，世子令长史致词曰：清蜗处海角，辱玉趾远临，当匍匐奔迓；有制不敢违越，徒怀惭竦！今又辱贲及先人，幽明倍感！敬具清酤二卣，以献左右；聊用合欢，其敢曰休享！予等曰：朝廷之制，臣子所当共守而弗斁焉者也。人欲为善，谁不如我；敢夺人之守乎！宾主初觌，良用合欢；玄堂在迩，恐非其时。敢辞！世子又曰：我有嘉宾，鼓瑟吹笙；吹笙鼓簧，承筐是将！礼也。斯可以燕乐嘉宾之心。今皆无之，正以此耳。幸毋辞！予等爱其言敬不踰制，忠也；乐不忘亲，孝也。忠孝之人，可以言礼；诺之。酒数行，皆亲献；礼仪卒度，罔弗恭。坐少顷别；随遣法司官同长史至馆，致世子词曰：今日劳从者为先人宠光，小国无以为献，戋具黄金十两为寿！予等讶曰：世子知道，而亦以此浼我乎？令持去，不从。作书与之曰：君子交际之间，有礼焉、有义焉。礼以将敬，义以揆物；宾主各欲自尽而已。今日之举，君命是将；敬共王事，乃其职也。款我以华筵，亦云厚矣；而又惠我以褭蹄，不已过乎！在贤世子行之固为尽礼，在侃等受之则为非义。授受之间，天理、人欲判焉。辨之明而守之固，敢自欺乎！辞不更赘，惠无再贻！。世子果知礼义者，得其书，不复再馈；祀事毕。

越七月二日，封王。是日黎明，世子令众官候于馆门之外，导引诏敕之国。国门距馆路三十里，介在山海之间;险侧高卑不齐,不能如砥如矢。将至国五里,外有牌坊一座,扁曰中山。自此以往,路皆平坦,可容九轨;旁垒石墙,亦若百雉之制。世子候于此;龙亭至,行五拜、三叩头礼。导之国门,门曰欢会;门内逶迤数步,即王之宫。宫门三层,层有数级之阶;至正殿,巍然在山之巅。设龙亭于正中,行大封拜礼;国王升降、进退、舞蹈、祝呼,肃然如式——先期五日,长史已请仪注习之熟矣。礼毕,揖予等至别殿,复行见礼,众官亦拜见如初。王暂退,出临群臣。是日维良,受天子新命与一国正始,群臣但四拜为贺。臣之尊者、亲者,奉觞为寿。夷俗以此为敬,君臣之间亦行之。朝罢,别殿设宴,金鼓笙箫之乐,翕然齐鸣。王奉酒劝坐,酒清而烈,来自暹逻者。比之曲米春,醺人更不须一盏;予等但尝之而已。笾豆之实备水陆之珍、臙膔膮之膳,既旨且多;然不能自制也,皆假予等所带庖人为之。盖夷俗席地而坐,无燕享醵会之事,不知烹调和剂之味,故假以文其陋耳。献酬交错,至晡而止。予等令仪从迎诏敕至馆,王再拜曰:小国无以为宝,玺书以为宝;先朝诏敕,藏之金柜已八叶于兹矣。今辱赍临,幸留镇国!不尔,予小子自底不类,为先人羞!予等见其词意虽诚,犹未信也;令取其金匮之藏,以验其留否之实。长史数臣各捧一道而来,奎壁辉映,绚采一堂;遂许留之。王喜甚,重拜而别。予等至馆,王亲一员同长史来馈礼物,厉色麾之,长跪不起;不得已,姑取扇、布二物以答其诚,余不之受。复与一书曰:士君子立身大节,不过礼、义二者;前书备布,想已知之!贤王亦知朝廷之大法乎?今圣天子御极,议礼制度,万物维新。群工济济,皆秉羔羊之节;晋如鼫鼠者,愁如摧如而已。侃等叨居近侍,万里衔命,正欲播君德于无疆、守臣节于不辱,为天朝增重;乃敢自冒非义,以贻满橐之讥耶!与者、受者,其戾一也;欲馨清议,甘罪不恭!王见书,令长史来言曰:圣天子威德被海外,清闻之,常虩虩不自安,唯恐不道为圣朝弃;况天使之陟降左右者乎!敬君之心,华、夷无二。昨闻高谕,敢犯朝箴!二十二日,复设宴,名曰拂尘。使琉球,与使他国不同。安南、朝鲜之使,开读诏敕之后,使事毕矣;陆路可行,已事遄返,不过信宿。琉球在海外,候北风而后可归,非可以人力胜者。日久,不免会多;会多,不无情亵:势所必至也。踽踽凉凉,岂非一日安耶!是宴之设,笾豆尚楚,而方物不复陈矣。但令四夷童歌夷曲、为夷舞,以侑其觞;伛偻曲折,亦足以观。舞罢,令世子、介子执弟子礼,奉酒三斝。将行,复躬捧玉杯——乃武宗所赐者,引满劝白;辞以不善饮,一酌而止。

越二十五日之夕,飓风暴雨倏忽而至,茅舍皆席卷;予馆亦兀兀不安,寝不能寐。起坐中堂,门牖四壁荡然无存。因念港口之舟恐不及系,遣人视之;佥曰:昏黑不辨牛马,而岐路安可分:盍待之!风雨果恶,亦不可强。质明而往,王已差法司官率夷人数百守于舟侧矣;询之舟人,乃夜半时至也。法司亦夷官之尊者,路且遥,不避而来;予因叹曰:华夏之人,风雨晦暝之夕,塞向闭户以避之,犹恐未安。冲风冒雨而行者,必其骨肉颠沛而不容已;孰能视他事如家事而艰险不辞者乎!夷之君臣,其亦可感也夫!

八月中秋节,夷俗亦知为美,请赏之;因得遍游诸寺。寺在王宫左右,不得轻易往来。有曰天界寺、有曰圆觉寺,此最巨者;余小寺不暇记。二寺山门、殿宇弘敞壮丽,亚于王宫。正殿五间,中供佛像一座,左右皆藏经数千卷;夷俗尚佛,故致之多。上覆以板,绘以五彩;下用席数重,清洁不可容履。殿外亦凿小池,甃以怪石。池上杂植花卉,有凤尾蕉一本,树似棕而叶似凤尾,四时不改柯易叶;此诸夏所无者。徜徉良久,尘虑豁然。但僧皆鄙俗,不可与语,亦不敢见。然亦知烹茶之法,设古鼎于几上,煎水将沸,用茶末一匙于钟,以汤沃之,以竹刷瀹之。少顷奉饮,其味甚清。是日,王因神降,送迎无暇,遣王亲侍游。至未刻,邀坐;宴不甚丰,而情意则款洽矣。诸从人皆召至阶下,令通事劝饮;旅进旅退,各以班序,至醉而止。向夕回馆,明月如昼,海光映白,松影筛青;令舆人缓步徐行,纵目所适,心旷神怡。乐兹良遇,忘其身之在海外也。

二十三日,王始至馆相访,令长史致词曰:清欲谒左右久矣!因日本人寓兹,狡焉不可测其衷,俟其出境而后行;非敢慢也!予等但应曰:已知之矣!海外之国,唯彼独尊;深居简出,乃其习也。井底之蛙,其可语以天日之高明也哉!亦具殽核留坐,移时别去。二十九日,请饯行;陈席于水亭中,观龙舟之戏。舟制与运舟之法皆仿华人,亦知夺标以为乐。但运舟者,俱小吏与大臣子弟也;各簪金花、具彩服,虽濡于水而不顾,以示夸耀之意。越九月七日,复请饯。予等讶其烦也,深拒之;恳之再三而后行。至则见其席之所列,皆非昔比。山蔬海错、糗饵粉酏杂陈于前者,制造精洁,味甚芳旨;但止数品,不能如昔之丰。询之左右,乃知前此之设,皆假诸闽人;此则宫中妃嫔亲制,以表献芹之敬耳。临行,长史捧黄金四十两;王乃言曰:送赆之礼，振古有之，非清敢自亵；其毋辞！予等曰：于义可受；轲氏受薛之馈，不以为嫌。但予等以君命来，受此而归，是以君命货之也；恶乎敢！王愕然曰：天使言必称君、动必以义，清知过矣！遂不敢强；复手持泥金倭扇二柄，乃曰：天使远来赐清以弁服，即清之师也。此别不复再会；挥此，或可以系一念耳！予等悯其情，受之。各答以所持川扇，彼喜不自胜，再拜而别。

十二日，登舟，官民送者如蚁，皆以汉官威仪不可复睹，至有泣下而不忍去者；亦足以见夷人天性之良，莫不羡衣冠文物之美，拘于法而不得入，是可哀也！泊舟之港，出海仅一里；中有九曲，夹岸皆石，惟灭风而后可行。坐守六日，王日使人侍于其侧，且致慰词，仍遣看针通事一员、夷梢数人护送；又遣王亲、长史等官驾昔日所假之舟进表谢恩。十八日，风少息，挽舟而出，亦斜倚于岸。众恐其伤于石，大惊；幸前月亲督修舱，不为所伤，复止。二十日，始克开洋；夷舟同行。二十一日夜，飓风陡作，舟荡不息；大桅原以五木攒者，竟折去。须臾，舵叶亦坏；幸以铁梨木为柄，得独存。舟之所恃以为命者，桅与舵也；当此时，舟人哭声震天。予辈亦自知决无生理，相顾叹曰：天命果如此，以计免者得之矣！狐死尚正首丘，呜呼！狐之不能若也！舟人无所庸力，但大呼天妃求救。予等为军民请命，亦叩首无已。果有红光烛舟，舟人相报曰：天妃至矣！吾辈可以生矣！舟果少宁。翼日，风如故，尚不敢易舵。众皆废寝食以待毙，不复肯入舱止水。同行夷舟遂相失，不知所往。二十三日，黑云蔽天，风又将作。有欲易舵者，曰：舵无尾，不能运舟；风弱犹可以持，烈则不可救！有不欲易者，曰：当此风涛，去其旧而不得安其新，将奈何！众不能决，请命于予等；予等曰：风涛中易舵，静则可以生，动则可以死。中心惶惑，亦不能决。令其请珓于天妃，乃得吉兆，众遂跃然起舵。舵柄甚重，约有二千余斤；平时百人举之而不足，是时数十人举之而有余。兼之风恬浪止，倏忽而定；定后，风浪复厉：神明之助，不可诬也。舵既易，众始有喜色。二十六日，忽有一蝶飞绕于舟；佥曰：山将近矣！有疑者曰：蝶质甚微，在樊圃中飞不过百步；安能远涉沧溟！此殆非蝶也，神也。或将有变，速令舟人备之！复有一黄雀立于桅上——雀亦蝶之类也，令以米饲之，驯驯啄尽而去。是夕，果疾风迅发，白浪拍天；巨舰如山，漂荡仅如一苇。梢后距水不下数丈，而水竟过之；长年持舵者衣尽湿，则舱中受水又可知也。风声如雷，而水声助之，真不忍闻。舟一斜侧，流汗如雨。予等惧甚，衣服冠而坐，欲求速溺以纾其惧。又相与叹曰：圣天子威德被海内外，百神皆为之效职；天妃独不救我辈乎！当此风涛中而能保我数百民命，真为奇功矣；当为之立碑，当为之奏闻于上！言讫，风若少缓，舟行如飞。彻晓，已见闽之山矣。舟人皆踊跃鼓舞，以为再生；稽首于天妃之前者，若崩厥角也。

二十八日，至定海所。十月初二日，入城；痛定思痛，不觉伤感！凡接士大夫，叙其所以，无不为之庆幸。区区二人，何德获此；实荷圣天子威福以致神明之佑，不偶然也。今越旬日，同行之舟尚未至；或不免漂溺之患焉。呜呼！危哉！呜呼！危哉！予因是而有所感：浮海以舟、驾舟以人，二者济险之要务也。今官府造作什器，官之尊者视为末务而不屑于查理、官之卑者视为奇货而惟巧于侵欺，以故种种皆不如法，不久即坏。房舍、器用之物，坏则可修，犹未甚害；惟舟之坏，即有覆溺之患。虽有般师在舟，亦无及矣。前所云古米山之险，其明效也。后之使海外者，军官不必三员随行；先择有司贤者二员委其造船，舟完令其同行，彼躯命所关，督造必不苟。且万一藩、臬不从，以之请于上命可也。从予驾舟者，闽县河口之民约十之八；因夷人驻泊于其地，相与情稔，欲往为贸易耳，然皆不知操舟之术。上文所云长年数人，乃漳州人也。漳州以海为生，童而习之，至老不休；风涛之惊，见惯浑闲事耳。其次如福清、如长乐、如镇东、如定海、如梅花所者，亦皆可用。人各有能、有不能，唯用人者择之；果得其人，犹可以少省一、二：此贵精、不贵多之意也。一则可以节国之费，一则可以卫众之生；故不惜辞之烦，为后使者忠告。

群书质异·大明一统志

琉球国，在福建泉州之东海岛中。其朝贡，由福建以达于京师。

国之沿革未详，汉、魏以来不通中华。隋大业中，令羽骑尉朱宽访求异俗，始至其国；语言不通，掠一人以返。后遣武贲郎将陈棱率兵至其国，虏男女五百人还。唐、宋时，未尝朝贡。元遣使招谕之，不从。本朝洪武中，其国分为三：曰中山王、山南王、山北王；皆遣使朝贡。嗣是惟中山王来朝，其二山盖为所并矣。

风俗:男子去髭须,妇人以墨黥手为龙虎文;皆纻绳缠发,从顶后盘至额。男以鸟羽为冠,装以珠玉、赤毛;妇以罗纹白布为帽。织斗镂皮并杂毛为衣,以螺为饰;而下垂小贝,其声如佩。无君臣上下之节、拜伏之礼,父子同床而寝。妇人产乳,必食子衣。食用手,无匙箸;得异物,先进尊者。死者浴其尸,以布帛缠之,裹以苇草,上不起坟。无他奇货,尤好摽掠,故商贾不通。不驾舟楫,惟缚竹为筏;急则群舁之,泅水而逃。俗事山海之神,祭以殽酒;战斗杀人,即以所杀人祭其神。王所居,壁下多聚髑髅以为佳。所居曰波罗檀洞,堑栅三重,环以流水,树棘为藩;殿宇多刻禽兽。无赋敛,有事则均税。无文字,不知节朔;视月盈亏以知时,视草荣枯以计岁。

山川:鼋鼊屿,在国西,水行一日;高华屿,在国西,水行三日;彭湖岛,在国西,水行五日。落漈,水至彭湖渐低,近琉球,谓之落漈——漈者,水趋下不回也。凡两岸渔舟至彭湖,遇飓风作,漂流落漈,回者百无一、二。

土产:斗镂树、硫黄、胡椒、熊、罴、豺、狼。

按琉球国,在泉州之东:自福州视之,则在东北。是以去必孟夏,而来必季秋;乘风便也。

国无典籍,其沿革不能详;然隋兵劫之而不服,元使招之而不从。我太祖之有天下也,不加兵、不遣使,首效归附;其忠顺之心,无以异于越裳氏矣。故特赐以闽人之善操舟者三十有六姓焉,使之便往来、时朝贡,亦作指南车之意焉耳。在昔其国三分,今中山并而为一者,得非沃强晋弱之故欤!

风俗:男子不去髭,亦不羽冠,但结髻于首之右。凡有职者,簪一金簪;汉人之裔,髻则结于发之中。俱以色布缠其首,黄者贵、红者次之、青丝者又次之,白斯下矣。王首亦缠锦帕;衣则大袖宽博,制如道服。然腰束大带,亦各如缠首之布之色;辨贵贱也。足则无贵贱,皆著草履;入室宇,则脱之。一则席地而坐,恐尘污;一则以跣足为敬。故王见神、臣见王及宾主相见,皆若是也。唯接见予等,则加冠、具服履;揖逊之间,每见其疾首蹙额,盖弗胜其束缚之劳矣。妇人,真以墨黥手,为花草、鸟兽之形;而首足反无饰。髻如童子之角总于后,而簪珥不加;不知足而为之履,男女皆可用也。第富室,则以苏席藉履底,少加皮缘,即为美观。上衣之外,更用幅如帷,蒙之背上;见人,则以手下之而蔽其面。下裳,如裾而倍其幅;褶细而制长,覆其足也。其贵家大族之妻,出入则戴箬笠,坐于马上,女仆三、四从之;俱无布帽、毛衣、螺佩之饰,亦无产乳必食子衣之事也。其君臣之分,虽非华夏之严;而上下之节,亦有等级之辨。王之下则王亲,尊而不与政也;次法司官、次察度官,刑名也;次那霸港官,司钱谷也;次耳目之官,司访问也:此皆土官而为武职者也。若大夫、长史、通事等官,则专司朝贡之事,设有定员而为文职者也。王并日而视朝,自朝至于日中、昃,凡三次。陪臣见之,皆搓手膜拜;尊者、亲者,则延至殿内,赐坐、赐酒;其卑疏者,则移时长跪于阶下焉。凡遇元旦、圣节、长至日,王率众官具冠服,设龙亭行拜祝礼;盖久渐文教,非复曩者之陋矣。父之于子,少虽同寝;及长而有室,则异居。食亦用匙箸。得异味,先进尊者;及子为亲丧,数月不肉食:亦其俗之可嘉。死者,以中元前后日溪水浴其尸,去其腐肉、收其骸骨,以布帛缠之,裹以苇草,衬土而殡,上不起坟。若王及陪臣之家,则以骸匣藏于山穴中,仍以木板为小牖户;岁时祭扫,则启钥视之,盖恐木朽而骨暴露也。地无货殖,是以商贾不通。若以为防摽掠,则其国小法严,凡有窃物者即加以劓刵之刑,人谁敢犯!朝贡往来,俱乘大航;海边渔盐,亦泛小艇:未尝不驾舟楫而缚竹为筏也。俗畏神,神皆以妇人为尸;凡经二夫者,则不之尸矣。王府有事,则哨聚而来;王率世子及陪臣,皆顿首百拜。所以然者,以国人凡欲谋为不善,神即夜以告王,王就擒之。闻昔倭寇有欲谋害中山王者,神即禁锢其舟,易而水为盐、易而米为沙;寻就戮矣。惟其守护斯土,是以国王敬之而国人畏之也。尸妇名女君,首从动经三、五百人,各戴草圈、携树枝,有乘骑者、有徒行者;入王宫中以游戏,一唱百和,声音哀惨,来去不时。唯那霸港等处不至,以此多不良者家,兼有汉人故也。闽人为王倩作宴者,身亲见之。且传闻封王日,必见天使;是日不来。此则真有,而杀人祭神则非也。王之宫室,建于山巅;国门扁曰欢会、府门扁曰漏刻、殿门扁曰奉神;四围皆石壁,无有波罗檀洞之名,亦无聚髅为佳之说也。门外有石砌,砌下有小池。泉自石龙口中喷出,名曰瑞泉;王府汲之供饮食,取其甘洁也。道路坦夷,曾不设堑树棘以为险;殿宇朴素,亦不雕禽刻兽以为奇。至于赋敛,则窃古人井田之遗法;但名义未详备。王及臣民各分土以为禄食,上下不交征。有事,如昨封王所用布帛、粟米、力役之征,则暂取诸民而不常也。虽无经生、卜士之流，然亦谙汉字、奉正朔；岂至视月盈亏以知时、视草荣枯以计岁哉！

山川，则南有太平山，西有古米山、马齿山，北有硫黄山、热壁山、灰堆山、移山、七岛山；盖不止鼋鼊等屿、彭湖等岛而已。落漈不知所在，殆远去琉球，而非经过之处也；昨见古米山水急礁多，闻舟有至此而败者，亦不亚于落漈之险矣。

土产：无斗镂树，亦无胡椒；硫黄虽产自北山，而取之亦甚艰。无熊、罴、豺、狼、虎、豹等猛兽，是以多野马、牛、豕。价廉甚，每一值银二、三钱而已；牲虽贱，人有终岁不获食者，贫约故也。凡杀牲，不血刃；但以水泅而火其毛。不畜犬，亦鲜鹅、鸭；莺、燕、鹳、鹊之族俱无，鸟唯乌鸦、麻雀而已。有蛇、蝎，蝎亦螫人，蛇则不为害。闻前使遭蛇怪之惊，无是事也。谷则有稻、秫、稷、麦、菽，蔬则有瓜、茄、姜、蒜、葱、韭等品，果则有芭蕉、甘蔗、石榴、橘、柿之类。人言冬瓜可以解渴、甘蔗巨如碗形，皆非也。至于壁间有虫，形如中国之蝎虎者声噪如雀，则罕异焉。

群书质异·嬴虫录

琉球，当建安之东，水行五百里。土多山峒，峒有小王，各为部队而不相救援。国朝进贡不时，王子及陪臣之子皆入太学读书，礼待甚厚。

按福州梅花所开洋，顺风七昼夜始可至琉球。以水程计之，殆将万里矣。若夫建安，则建宁属邑也，又在福州之西北；而云水行五百里，不知自何洋以发舟而若是乎其近易耶！琉球固多山，而峌峒则少。王之子弟虽出分各山，而未尝不听征调；如祭王、封王等日，则各率所部戎服而列伍以防卫，则其有事而相为救援，可知矣。归附国家之初，朝贡固无定期，今每二年而一举。至于令子侄入太学，仅于洪武二十二年而创见之。嗣是唯遣陪臣之子进监读书，大司成教以诵诗学礼，处以观光之馆，夏葛而冬裘、朝饔而夕餐，礼待不亦厚乎！迩如蔡廷美、郑赋、梁梓、蔡瀚等皆俊秀可教，曾北学中国授业名儒，今皆补为长史、都通事等官；进见之时，仪不忒而言有章，未必不自读书中来也。其他，则苦礼法之拘、衣冠之缚矣。

群书质异·星槎胜览

琉球国，山形抱合而生；一曰翠丽、一曰大崎、一曰斧头、一曰重曼，高耸丛林。田沃谷盛，气候常热。酋长遵理，不科民下。酿甘蔗为酒，煮海为盐。能习读中国书，好古画、铜器；作诗，效唐体。地产沙金、黄蜡。

按琉球国之山形，虽南北一带而生，不甚抱合，亦无翠丽等四山之名；且形势卑小，不高耸，林木欃橓不茂密。厥田沙砾，不肥饶；是以五谷虽生，而不见其繁硕也。气候不常热，雨过即凉；秋冬亦雨霜雪，其地近北故也。政令简便，各食分土；故曰酋长遵理，不科民下。造酒，则以水渍米，越宿令妇人口嚼、手槎取汁为之，名曰米奇；非甘蔗所酿，亦非美姬含米所制。其南番酒，则出自暹罗，酽如中国之露酒也。陪臣子弟与凡民之俊秀者，则令习读中国书，以储他日长史、通事之用；其余，但从倭僧学书番字而已。古画、铜器，非其所好；其所好者，唯铁器、绵布焉。盖其地不产铁、土不植绵，故民间炊爨多用螺壳。红女织衽，惟事麻缕。如欲以釜甑爨、以铁耕者，必易自王府而后敢用之；否则，犯禁而有罪焉。至于作诗则弄文墨，参禅乘者间亦能之；而未必唐体之效也。地不产金，亦无黄蜡及玻璃等物。通国贸易，惟用日本所铸铜钱，薄小无文；每十折一、每贯折百，殆如宋季之鹅眼綖贯钱也。曾闻其国用海巴，今弗用矣；然与其用是钱，孰若用海巴之犹涉于贝哉！

群书质异·集事渊海

琉球，与泉州之岛曰彭湖者，烟火相望。其人骁健，以刀、槊、矢、剑、鼓为兵器。旁有毗舍那国，语言不通，袒裸盱睢，殆非人类。

按地之相去,近则可望、远则视之而弗见也。琉球去彭湖不下数千里,山川出云、蜃气作雾,则光景且伏矣,烟火可得而相望乎?闽中士夫常曰:霁日登鼓山,可望琉球,盖所望者,小琉球也。若大琉球,则虽离娄之目,亦岂能明见万里之远哉!若曰其人骁健,则诚是也。盖生有膂力,耐饥渴劳苦,热壁挽舟之时,虽终日不食、终夜不寝,而亦未尝告病。匪直贱者若是,虽酋长之贵亦惯动动,大风暴雨,虽夜必兴,相与徒行露立于港边以防舟之漂荡焉,而寒湿不能使之疾也。国无医药,民亦不夭札,或壮、或老始生痘疹。地虽卑湿,而不见其疲癃残疾之人:是岂尽出于禀赋哉!亦由其薄滋味、寡嗜欲,元气固而腠理密也。第人尚忿争,有不平,即以刃杀人,度不免,亦剖腹自毙。所用兵器,如刀剑、弓矢之类,亦严利劲直。弓稍长,如握檐,射则树于地而两手弯之,矢可至二百步许。盔甲制以皮革,进退节以金鼓:邻国目为勍敌焉。其国西南则暹逻,东则日本。闻东隅有人鸟语鬼形,不相往来,岂即所谓毗舍那国耶!

群书质异·杜氏通典

琉球国王,姓欢斯氏,名渴剌兜,土人呼之为可老羊;妻曰多拔荼。居舍大,十有六间。王乘木兽,令左右舆之。凡宴会,执酒者必得呼名而后饮;上王酒者亦呼王名,然后衔杯共酌。歌呼蹋蹄,音颇哀怨;扶子女上膊,摇手而舞。又曰民间门户,必安兽头。

按琉球国嗣王姓尚氏,名清;父名真、祖名圆。自上世以来,皆命名以汉字;妃皆选自民间女子充之。土人称王曰敖那,称妃曰札喇;无可老羊并多拔荼之称也。至于陪臣,则无姓氏;但以先世及已所辖之地为姓名——如王亲孔加迷益器、法司官宁沽安丹也,皆地名也。若大夫金良、长史蔡瀚、蔡廷美、都通事郑赋、梁梓、林盛等凡有姓者,皆出自钦赐三十六姓者之后裔焉。王之居舍,向南者七间、向西者七间;以南者旧制不利于风水,反以西者为正殿。阁二层,上为寝室;中为朝堂,未与臣下坐立。凡阁门俱五色,土珠为帘栊;中三间,略加金碧。傍有侧楼,亦有平屋;皆以板代瓦。廉不远地,而阶亦近除:仅如中国公侯之宅,无越制也。王出入,乘肩舆,非木兽;以十六人扛之。伞盖,用五色。从者数百人,鼓吹导前,戈矛拥后;乃以土珠小团扇四柄、贴金葫芦一对为仪卫,不知何所取义焉。宴会不时,礼亦简朴。陪臣遇吉,每称觞以寿王,王亦与之坐而共饮;但不至于呼名也。乐用弦歌,音颇哀怨;尝译其曲有人老不少年之句,亦及时为乐之意,加唐风之山有枢也。更以童子四人手击柝而足婆娑,以为舞焉。所谓蹋蹄之歌、女子之戏,皆非也。大抵琉球俗朴而忠,民贫而俭。富室贵家,仅有瓦屋二、三间;其余则茅茨、土阶,不胜风雨飘摇之患。人不善陶,虽王屋亦无兽头,况民间乎!传者讹矣。

群书质异·使职要务

洪武、永乐时,出使琉球等国者,给事中、行人各一员;假以玉带、蟒衣,极品服色。预于临海之处,经年造二巨舟:中有舱数区,贮以器用若干。又藏棺二副,棺前刻天朝使臣之柩,上钉银牌若干两。倘有风波之恶,知其不免,则请使臣仰卧其中,以铁钉锢之,舟覆而任其漂泊也;庶人见之,取其银物而弃其柩于山崖,俟后使者因便载归。迩者鉴汩没之祸,奏准待藩王继立,遣陪臣入贡丐封,乃命使臣赍诏敕驻海滨以赐之。此得华夷安危之道,虽万世守之可也。

按我朝封锡藩王之制,如安南、朝鲜,则遣编修、给事中等官为使;占城、琉球,则遣给事中、行人等官为使:各给以麒麟、白泽——公侯伯、驸马之服,恩荣极矣。故感激图报之下,往往有人。且安南、朝鲜,固陆路可通矣。若占城及琉球,则海邦也;必于广东、福建临海之处经年造二巨舟,以涉大川。余等以一舟所费,已及二千五百两有奇;若人各一舟,非唯倍其费,抑亦不克共济矣:故止造一舟。至于藏棺、钉牌之事,原无此例;纵有之,亦无益也:故令有司不设备焉。大抵航海之行亦危矣,凡亲爱者为之虑,靡不周;有教之以舟旁设桴如羽翼者,有教之以造水带者,有教之以多备小舠者。殊不知沧溟万里,风波莫测,凡此举不足恃也;所恃者,唯朝廷之威福与鬼神之阴隙焉耳。乃若领封之说,则肇自前使占城者正、副畏难,不肯航海以毕事，旷日持久，渠国不获已而领自海滨；非俞旨也。尝稽古诸侯，凡嗣立俱以士服入见天子而后受封。今之四夷，即古荒服诸侯也；虽不克入观天子，俾其于海滨领封，亦无不可。盖中国尊而当安、外夷贱而当危也，岂直省不赀之费而已哉！经国者，为之建白可也。

群书质异·大明会典

琉球自洪武年间，其中山王、山南王、山北王皆遣使奉表笺贡马及方物。洪武十六年，赐国王渡金银印并文绮等物；山南王亦如之。后赐中山王、山南王、山北王纻丝纱罗冠服，王妃纻丝纱罗，王侄、王相、寨官绢公服。永乐以来，国王嗣立，皆请命册封。自是惟中山王来，每二年朝贡一次；每船一百人，多不过百五十人。贡物：马、硫黄、苏木、胡椒、螺壳、海巴、生红铜、牛皮、棹子扇、刀、锡、玛瑙、磨刀石、乌木、降香、木香。

按琉球贡物，唯马及硫黄、螺壳、海巴、牛皮、磨刀石乃其土产。至于苏木、胡椒等物，皆经岁易自暹罗、日本者；所谓棹子扇，即倭扇也。盖任土作贡，宜其惟正之供；而远取诸物，亦其献琛之敬。则夫符玺之赐、章服之颁，得非显忠嘉善之典欤！

天妃灵应记

神怪之事，圣贤不语；非忽之也，惧民之惑于神而遗人道也。侃自早岁承父师之传，佩敬而远之之戒。凡祷祠斋醮、飞符噀水、诵经念佛之类，闾党有从事者，禁之不可，则出避之；或过其宫，则致恭效程子焉。

乃者琉球国请对，上命侃暨行人高君澄往将事。飞航万里，风涛叵测；玺书郑重，一行数百人之生，厥系匪轻。爰顺舆情，用闽人故事，祷于天妃之神；且官舫上方，为祠事之。舟中人朝夕拜礼必虔，真若悬命于神者。灵贶果昭，将至其国，逆风荡舟，漏不可御；群噪乞神，风定塞痸，乃得达。及成礼还，解缆越一日，中夜风大作，樯折舵毁，群噪如初；须臾，红光若烛笼自空来舟，皆喜曰：神降矣，无恐！顾风未已。又明日，黑云四起，议易舵未决、卜珓于神；许之。易之，时风恬浪静，若在沼沚，舵举甚便，若插筹然。人心举安，允荷神助。俄有蝶戏舟及黄雀止樯，或曰：山近矣；或曰：蝶与雀，飞不百步，山何在？其神使报我以风乎！予以其近于载鸣鸢之义，颔之曰：谨备诸！已而飓风夜作，人力罔攸施；众谓胥及溺矣！予二人朝服正冠坐，祝曰：我等贞臣恪共朝命，神亦聪明正直而一者，庶几显其灵！语毕，风渐柔。黎明，达闽。神之精英烜赫，能捍大患如此；谓非皇上怀柔，百神致兹效职哉！然非身遇之，安敢诬也！

揆之祭法，庙而事之允宜。在宋、元时，已有封号庙额；国朝洪武、永乐中，屡加崇焉。予二人缩廪，附造舟余直，新之广石；望崎行祠，则从行者敛钱以修。行当闻之朝，用彰神贶；因纪其概。

高君让侃援笔举以告巡按侍御方君涯，韪之；又命福郡倅姚一和视勒诸石。

题奏

钦差吏科等衙门左给事中等官陈侃等谨题：为出使海外事。

切照嘉靖十一年五月内，琉球国世子尚清上表请封，钦蒙差臣侃为正使、臣澄为副使，各赐一品服一袭、赍捧诏书一道、敕书一道、谕祭文一道并颁赐仪物等项，前往琉球国祭中山王尚真、封尚真子尚清为中山王。臣等随即陛辞，先至福建造舡。舡大而费亦巨，经始于嘉靖十二年五月，至嘉靖十三年四月始克造完。舡完之日，遂至长乐县广石地方登舡。先期，尚清已遣蔡廷美等过海迎接，令通事林盛带夷梢三十人为臣等驾舡。在五月初八日，解缆开洋。洋中偶值逆风，舡不可往，放回数百里；后遇顺风，复往。因失针路，漂过琉球国交界地方——名曰热壁山，遂泊于此。尚清闻之，差大臣一员带夫四千余名，驾小舡四十余只至热壁，将舡挽回。五月二十五日，方到彼国。尚清即遣仪从及文武陪臣随龙亭迎诏敕、谕祭文至天使馆安奉，择日行礼。六月十六日，行祭王礼。七月初二日，行封王礼。是日，尚清皆迎至国门外，一见龙亭，先行五拜、三叩头礼，步行前导。迎至正殿，一如仪注行礼。开读已毕，设宴款留，礼意恳至。臣等令仪从迎诏敕回馆,尚清令通事致词,欲留为镇国之宝,臣等犹未允;各复令长史捧先朝诏敕来看,臣等始知留诏敕为先朝故事,况已奉有明旨,始许其留。行礼既毕,似应即回;因海中风浪不测,惟顺风而后可行,非可以人力胜者。琉球在福建之北,去以南风、回以北风;故至九月二十日,方可开舡。计在彼国停泊一百十五日,日有廪饩之供、旬有问安之礼、月有筵宴之设;随行人役皆给口粮,使之安饱。行时,复具黄金四十两为赆。臣等在福建时,例有金带、银器等物送用,尚不敢妄受;况外国之物乎!故责以大义、陈以国法。彼亦知敬而不敢强,仍遣通事林盛带夷梢十人为臣等驾舡;又遣王亲宁古、长史蔡瀚、通事梁梓等另驾一舡,进表谢恩。开舡之后,二十一日晚飓风陡作,将臣等舡中大桅吹折、舵亦损坏,舟人皆震恐无措;荷皇上威福,以致神明默佑,得保生还。在十月初二日,入福建省城;同行夷舡今尚不到,或未免漂溺之患矣。

除彼自行补谢外,臣等切思三代以降,圣王不作、治化陵夷,以文德被海内者,尚不多见;况覃敷海外者乎!若越裳氏之重译而来,以中国之有圣人耳。琉球国在海外,无虑数千里;汉、唐、宋时皆未尝内附,至元时遣将伐之而亦不从。至我太祖登极,首先臣附,率子弟来朝;此岂区区势力所能服哉!要必有所以感之者耳。我太祖悦其至诚,待亦甚厚;赐以符印、宠以章服,遣闽人三十六姓为彼之役,又许其遣子弟入国学读书习礼。彼亦感激,久而匪懈。迨今皇上御极以来,制礼、作乐,声教四敷;彼知中国之圣人复生,故欲窃余光以夸耀他国,是以不避风涛之险,贡献益勤、请封益笃。今日之举,尤出诚悬:闻钦命,奔迎于海曲;见龙亭,匍匐于道周。非但不敢如缅甸之倨傲无礼,而亦不敢如尉佗之较量胜负也。臣等忝与使事,亦窃尊荣。无任感荷庆幸之至。

缘系出使海外事理,备将使事颠末,谨具题知。

吏科等衙门左给事中等官臣陈侃等谨奏:为乞祠典以报神功事。

窃念臣等奉命往琉球国封王,琉球远在海外,无路可通,往来皆由于海。海中四望惟水,茫无畔岸,深无底极;大风一来,即白浪如山,飘忽震荡,人无以庸其力。斯时也,非神明为之默佑,几何而不颠覆也耶!臣等往来于海,惊险数次,皆藉神明之助,得保生还。是岂臣等非德致此,皆由皇上一念精诚感格天地,以致百神呵护,非偶然者。臣等不敢隐其功,谨历数为陛下陈之。

嘉靖十三年臣等初去时,五月初八日开洋,至十二日将底其国;忽逆风大作,舟摇撼不可当,遂尔发漏,数十人以辘轳引水不能止。舟荡甚,足不能立,众欲塞漏而不可得。于是群呼求救于神,剪发以设誓。俄而风遂息,舟少宁;执烛寻罅,皆塞之固,水不能入,得保无虞。使是风更移时不息,舟之沈必矣。此其功一也。

回时,九月二十日在彼开洋;二十一日夜,即遇飓风将大桅吹折,须臾舵叶又坏。舟之所恃以为命者,桅与舵也。当此时,舟人哭声震天,大呼神明求救;臣等亦知决无生理,为军民请命,叩首无已。忽有红光若烛笼然者,自空来舟;舟人惊报曰:神已降矣,吾辈可以生矣!舟得无事。当风雨晦冥之时,红光何自而发?谓非神之精灵不可也!此其功二也。

二十三日,黑云蔽天,风又将作,众皆知舵当易而不敢任;盖风涛中易舵,一动即覆矣。于是请命于神,得吉兆;众遂跃然起易。舵柄甚重,约有二千余斤;平时百人举之而不足,是时数十人举之而有余。兼之风恬浪止,倏忽而定;定后,风浪复厉。神明之助,不可诬也。此其功三也。

二十六日,忽有一蝶飞绕于舟,佥曰:蝶质甚微,在樊圃中飞不百步,安能远涉沧溟!此殆非蝶也,神也。或将有变,速令舟人备之!复有一雀立于桅上——雀亦蝶之类也,令以米饲之,驯驯啄尽而去。是夜果疾风迅发,白浪拍天;巨舰如山,飘荡仅如一苇。风声如雷而水声助之,真不忍闻;舟一斜侧,流汗如雨。臣等惧甚,衣服冠而坐;相与叹曰:圣天子威德被海内外,百神皆为之效职;海神独不救我辈乎?当此风涛中而能保我数百民命,真为奇功矣;当为之立碑,当为之奏闻于上!言讫,风若少缓,舟行如飞。彻晓,已见闽之山矣。此其功四也。

有夷舟进表谢恩者与臣等同行,遇二十一日之风漂回本国,至今年三月方到福建;臣等之舟止行八日,直底闽江,不至漂流失所者,皆神之功也。臣等感其功,不敢不厚其报。在福建时已尝致斋设醮,修庙立碑矣。但奏闻之言既出于口，不敢有负于心。谨摭颠末，上渎圣听。词若涉于荒唐，心实本于诚恳。伏望圣慈悯念，下之礼部详议可否！万一其功当报，令福建布政司与祭一坛，庶天恩浩荡而幽冥有光矣。

臣等切思名山大川之神，在舜时已有望秩之祭。我太宗文皇帝时遣太监郑和下海，尝立祠于海滨，时加致祭。况礼云：能御大灾则祀之，能捍大患则祀之。今一救援之功，遂保数百人之命；其为大灾、大患，莫此是过。伏惟圣明详察，臣等无任战栗恐惧之至。为此具本亲赍，谨具奏闻；伏候敕旨！

礼部为乞祠典以报神功事。

祠祭清吏司案呈，奉本部送礼科抄出吏科等衙门左给事中等官陈侃等题云云等因；奉圣旨：礼部看了来说。钦此。钦遵抄出送司，案呈到部。看得左给事中陈侃等奏称奉命琉球，往来海中时遭风险，几至颠覆，多藉神功救援，乞要赐祭以报其应一节，为照国家岳镇海渎，类皆有祭；祀法云能捍大患则祀之，在典礼则固然矣。今左给事中陈侃等奏使海外，屡遭风涛之险，卒获保全，实乃皇上圣德默佑所致；海神效职，不可谓无：是亦捍灾御患之意也。赐之以祭，礼亦有据。合无候命下之日，本部行移翰林院撰祭文一通，行令福建布政司备办祭物、香帛，仍委本布政司堂上官致祭一次，以答神休；不为常例。缘系乞祠典以报神功及奉钦依礼部看了来说事理，未敢擅便，谨题请旨。

嘉靖十四年七月二十五日。

奉圣旨：是。钦此。

吏科等衙门左给事中等官臣陈侃等谨题：为周咨访以备采择事。

切念臣等奉命往琉球国封王，行礼既毕，因待风坐三阅月而后行，无所事事，因得访其山川、风俗、人物、起居之详，杜撰数言，遂成一录。录之意，大略有二。臣等初被命时，礼部查封琉球国旧案因曾遭回禄之变，烧毁无存；其颁赐仪物等项，请查于内府各监局而后明。福建布政司亦有年久卷案为风雨毁伤，其造船并过海事宜，皆访于耆民之家得之。至于往来之海道、交祭之礼仪，皆无从询问；特令人至前使臣家询其所以，亦各雕丧而不之知。后海道往来，皆赖夷人为之用。其礼仪曲折，臣等临事斟酌，期于不辱而已。因恐后之奉使者亦如今日，著为此录，使之有征而无惧：此纪略所以作也。又尝念国家大一统之治，必有信史以载内外之事，如大明一统志者是已。志中所载琉球之事，所云落漈者，水趋下不回也，舟漂落漈，百无一回；臣等尝惧乎此经过不遇是险，自以为大幸。至其国而询之，皆不知有其水；则是无落漈可知矣。又云王所居壁下，多聚髑髅以为佳；臣等尝疑乎此，意其国王凶悍而不可与言也。至王宫时，遍观壁下，亦皆累石；国王则循循雅饬，若儒生然。在彼数月，虽国人亦不见其相杀；又何尝以髑髅为佳哉！是志之所载者，皆讹也。不特志书为然；杜氏通典、集事渊海、赢虫录、星槎胜览等书凡载琉球事者，询之百无一实。若此者何也？盖琉球不习汉字，原无志书；华人未尝亲至其地，胡自而得其真也！以讹传讹，遂以为志，何以信今而传后？故集群书而订正之。此质异之所以作也。兼以夷语、夷字恐人不知，并附于后。臣等学问粗疏、言词鄙俚，勉成此录，实不足以上尘睿览。但念海外之事，知之者寡；一得之愚，或可以备史馆之采择。是以不避谴责，陡胆进呈。伏惟陛下恕其狂僭，下之礼部详议施行，臣等不胜幸甚！

缘系周咨访以备采择事理，谨以使琉球录缮写一册随本上进以闻，伏候敕旨！

使琉球录[①]

卷上・使事纪

萧崇业曰:古者列国倾侧扰攘之际,彼此各以使重;大抵出一言,卒解纠纷之难。是以春秋内外传所称予者,所谓魁士名豪非乎!秦、汉叔季,如好时,长卿二子,犹以持谕当否誊抑倔强,光流史册。乃今承平之时,士堇堇守寻常,鲜奇策可自表见,其名又甚不荣;故未数祀间,竟同卉腐:即姓与氏,皆泯灭无闻已。于戏!人之声施相越,岂不殊哉!余因参核旧录所载,自宣德迄兹,凡奉使者得若干人,具列之篇中,备考镜焉。

宣德二年,钦差内监柴山敕封国王尚巴志【请封自巴志始。父思绍,系追封】。

正统八年,钦差正使给事中俞忭、副使行人刘逊敕封国王尚忠。

正统十三年,钦差正使给事中陈傅、副使行人万祥敕封国王尚思达。

景泰三年,钦差正使给事中陈谟、副使行人董守宏敕封国王尚金福。

景泰七年,钦差正使给事中李秉彝、副使行人刘俭敕封国王尚泰久。

天顺七年,钦差正使给事中潘荣【漳州府龙溪县人】、副使行人蔡哲敕封国王尚德。

成化八年,钦差正使给事中官荣、副使行人韩文敕封国王尚圆【长子尚宣威传位一年逝,未及请封】。

成化十五年,钦差正使给事中董旻、副使行人司副张祥敕封国王尚真。

嘉靖十三年,钦差正使给事中陈侃【浙江鄞县人】、副使行人高澄【顺天府固安县人】敕封国王尚清。

以前录无所考,刻之自陈、高始。事具载如左:

嘉靖丙戌冬,琉球国中山王尚真薨。越戊子,世子尚清表请袭封;下礼部议。礼部恐其以奚齐夺申生也、又恐其以牛易马也,令琉球长史司复核其实,戒毋诳。越辛卯,长史蔡瀚等核诸舆民勋戚,同然一辞;佥曰:尚清乃先王真之冢嗣,立为世子有年矣。具文申部,宗伯韪之。越壬辰春,礼部请差二使往封,给事中为正、行人为副;侃与澄适承乏焉。命下之日,时夏五望也。六月,各赐一品服一袭,侃以麒麟、澄以白泽,俱大红织金罗为表、绢为里;绿罗褡褸、青罗褶子,里亦用绢。带以玉,则自备。又各赐家人口粮四名。八月,侃等始治装戒行。

越癸巳五月,侃至三山,澄亦以六月至闽。三司诸君承礼部咨文,已将过海事宜会裁已定。七月二日定艚修船。十一月,琉球国进贡船至,余等忧闽人不谙海道,喜来得询其详。翼日,又报琉球国船至,乃世子遣长史蔡廷美来迓;则又喜其不必询诸贡者,而有为之前驱者矣。长史进见,道世子遣问外,又道世子亦虑闽人不善操舟,遣看针通事一员率夷梢善驾舟者三十人代为之役;则又喜其不必藉诸前驱,而有同舟共济者矣。

越甲午二月,舟始毕工。四月十八日,舟先发于南台。二十六日,余等启行。三司诸君送至南台,酒三行,余等起谢曰:曩时海国之役,必数年始克竣事,闻之舟不易成也;今未及期月而有航海之期,谁之功也!敢不再拜!诸君皆歌烝民之诗以赠,亦再拜;遂别。是晚,宿于舟中。翼日,至长乐,长史舟亦随行。

五月朔,余等至广石,大舟亦始至。二日,祭海登舟,守巡诸君设宴为饯。是日,遂别诸君,慨然登舟。连日风逆,五日始发舟;不越数舍而止,海角尚浅。至八日,出海口,方一望汪洋矣。风顺而微,波涛亦不汹涌;舟不动而移,与夷舟相为先后。出舱观之,四顾廓然,茫无山际;惟天光与水光相接耳。云物变幻无穷,日月出没可骇;诚一奇观也。

九日,隐隐见一小山,乃小琉球也。十日,南风甚迅,舟行如飞;然顺流而下,亦不甚动。过平嘉山、钓

① 〔明〕萧崇业、谢杰撰。据明万历刻本,参校《台湾文献史料丛刊》版。

鱼屿，过黄毛屿，过赤屿，目不暇接，一昼夜兼三日之程。夷舟帆小不能及，相失在后。十一日夕，见古米山，乃属琉球者；夷人鼓舞，喜达于家。夜行彻晓，风转而东，进寸退尺，失其故处；又竞一日，始至其山。十三日，风又转而壮，逆不可行，欲泊于山麓；险石乱伏于下，谨避之。长年执舵甚坚，与风为敌，遂上下于此山之侧。相持至十四日夕，舟剌剌有声，若有分崩之势。大桅原非一木，以五小木攒之，束以铁环；孤高冲风，摇撼不可当，环断其一。众恐其遂折也，惊骇叫嚣；亟以钉钳之，声少息。原舟用钉不足、舱麻不密、板联不固，罅缝皆开；以数十人辘轳引水，水不能止。是时惟长年数人，色不少动；但云风不足惧；速求罅缝而塞之，可保无虞！于是有倡议者曰：风逆则荡、顺则安，曷回以从顺！有一人执舵而云：海以山为路，守此尚可以生；失此，恐无以救！但众股栗，啼号不止；姑从众，以纾其惧。旋转之后，舟果不荡。执烛寻罅塞之，水不能入；众心遂定。计十六日旦，当见古米山；至期，杳无所见。执舵者曰：今将何归？余等亦忧之。忽远见一山巅微露，若有小山伏于其旁；询之夷人，乃曰：此叶壁山也，亦本国所属。若更从而东，即日本矣。申刻，果至其地，泊焉。十八日，世子遣法司官一员，具牛、羊、酒、米、瓜、菜之物为从者犒；通事致词曰：天使远临，世子不胜忻踊！闻风伯为从者惊，世子益不自安。欲躬自远迓，国事不能暂离；谨遣小臣具菜、果，将问安之敬。余等爱其词雅，受之。

时余之舟已过王所之东，欲得西风为顺；夏月诚不易得。世子复遣夷众四千人，驾小舟四十艘，欲以大缆引余之舟；通事乃曰：海中变出不测，岂宜久淹从者！世子不遑寝食，谨遣众役挽舟以行；敢告。船分左右，各维一缆，迤逦而行，若常山蛇势；亦一奇观也。一昼夜，亦行百余里。十九日，风逆甚，不可以人力胜，遂泊于移山之岙；法司官率夷众环舟而宿，未尝敢离左右。泊至五日，余众苦之；在舟日久，郁隆成疾，求登岸以避之而不可得。二十四日，世子复遣长史来曰：世子闻至移山，刻期拱候；六日不詹，中心孔棘。恐为从者忧，谨遣小臣奉慰。余等谢之。二十五日，方达泊舟之所，名曰哪霸港。计广石登舟，至此几一月矣。

越既望，行祭王礼。七月二日，封王。九月十二日，登舟而回。泊舟之港，出海仅一里；中有九曲，夹岸皆石，惟灭风而后可行。坐守六日，王日使人侍于侧。至十八日，风少息，挽舟而出，亦斜倚于岸；众恐其伤于石，大惊。幸前月亲督修舱，不为所伤。复止二十日，始克开洋，夷舟同行。二十一日，飓风陡作，舟荡不息，桅舵俱折。二十三日，黑云蔽天，风又将作，卜珓易舵。二十六日，风大作，相与叩神；风若少缓，舟行如飞。彻晓，已见闽之山矣。二十八日，至定海所。十月初二日，入城。痛定思痛，不觉伤感！凡接士大夫，叙其所以，无不为之庆幸。

嘉靖四十年，钦差正使吏科左给事中郭汝霖【江西永丰人】、副使行人李际春【河南杞县人】敕封国王尚元。

嘉靖三十四年六月，琉球国中山王尚清薨。三十七年正月，世子尚元差正议大夫、长史等官到京，请乞袭封王爵。礼部以请勘俱系彼国官民，乃不复行勘，奏请如故事，差正、副使二员赍诏敕、皮弁冠服等往。时科中应行者吴君时来，行人司则李君际春也。命下，二月十六日矣；部咨翰林院撰文、各衙门造该用仪物。延之三月终，未行；而吴君有戍事，汝霖乃同李君承乏焉——四月初二日也。部中鉴前畏避之嫌，促日起程；霖等亦以重命不可再缓，遂请诏书易名，改赐品服。初八日，慨然解舟南下。

七月初，抵江西地方。霖意海警连年，事须巧速；因一面差人至福建布政司，令作速委官伐木造船。九月中，亲至闽坐督，刻次年春汛必行。奈地方多事，贼报交驰；当事者已疑不能必往，管工官亦泄泄。于是船自十一月起工，至次年四月仅完其半。贼报紧急，不俟工完；四月初四日出坞，尹参将令百户严继先等接至镇，驾守。十一日午刻，方至镇，未刻贼已接踵相望数里；不为所夺，幸也。是年，倭奴辏集福州城外，称数万，城门闭者三月。余等亦日日上城，同有司巡守。

先是，戊午冬，琉球世子差来迎迓长史梁炫等住柔远驿，尽为所掠，声息转闻琉球。三十九年正月，蔡廷会等来修贡，传其国有领封之情呈文该司，该司以时事艰难、国体所系，遂为转奏。本下部议，以旧典难遽变，俟海晋稍宁，必期渡海终事。时勘合到迟，将届六月，倭寇伺侯海口者又比比。余召漳州火长、舵工等役，中途又为贼阻；各役依山缘径而来，动经月余，至则又七月矣。前船既有伤损，久住内港，乌舨丛生。乌舨者，生于淡水，则坠于咸水；生于咸水，则坠于淡水。内港，淡水也；一至海，则垂垂而坠，船板精华俱为所蚀,油灰不能复住,水从罅隙而入,何可止也。余时与诸司议,但挟数十人从夷舟往。夷舟颇小,举动敏捷;既不为贼觊觎,又可藉以济事。有司固执,以堂堂天朝为此举动,何以威临四夷!若事不易济,宁修船俟时。欲从权济事,亦须上闻;不然,他日谁任其咎!李君亦曰:既不能行,毋徒躁动,不若专意修船。事大,非一手可掩;他日当有人谅也!余然之。火长、舵工等因呈乞有司,改造前船。八月,再定艎。至十一月,毕工出坞。

越嘉靖四十年四月,忽值内地广兵之变。五月初六,则有贼二百余至闽安镇之下江。时各役告请行粮,余亦牒有司,渐次散给。兵道杨君来言曰:今事急,且不论行,即船将如何守!既贼乃从下江口,由长乐入福清;而船始报安焉。五月十九日,船至长乐取水。余与李君二十五日起行,抚、按、三司饯于南台,府、县别于新港。二十六日辰刻,至长乐。时自二十三日起,连有南风,遂决而行。二十七日,至广石。二十八日,祭海登舟,别三司诸君。二十九日,至梅花,开洋。幸值西南风大旺,瞬目千里,长史梁炫舟在后,不能及,过东涌、小琉球。三十日,过黄茅。闰五月初一日,过钓鱼屿。初三日,至赤屿焉。赤屿者,界琉球地方山也。再一日之风,即可望古米山矣。奈何屏翳绝驱,纤尘不动,潮平浪静;海洋大观,真奇绝也。舟不能行,住三日。初六日午刻,得风乃行,见土纳已山。时东南风旺,用舵者欲力驾而东。至申刻,乃见小古米山,夷人望见船来,即驾小艓来迎。有二头目,熟知水路,且曰:既不能从大古米山入,何可傍土纳已山而入!其中多礁。余等闻之骇。二头目一面令夷船入报,渠遂躬在余船道驾,从小古米山而入;且云:得一日一夜之力,即未遽登岸,可保不下叶壁山矣。余等厚赏赐之,昼夜赶行。初七日未刻,望见王城哪霸港焉。然东风为多,相隔仅五十里,不能辄近。世子遣法司官来迓。夷船凡五十余,辏集封舟前后;欲用先年挽入故事,然竟弗能行。至初八日午刻,有冲风暴雨;余曰:可整舟;挽而行。初九日辰刻,遂达岸焉。

既抵岸三日后,有传贼船从其境上过者;盖篷力小,大洋中自不相及。择六月初九日祭王,二十九日封王;礼毕,守候风汛回国。往者,九月终,交初冬,则东北风旺;是年九月内风气不定,日东、日南。守之至十月初,飓风大作;伙长等皆以飓风既过,可以遂行。十月初九日,登舟。及登舟之后,方图举帆,而风雨骤至,阻于哪霸港口。盖港口险隘,仅容一舟;稍有偏侧,船辄不保。船之泊港口也,两旁系以大缆;至十五夜,右缆忽断。陈孔成忙吹号举炮,夷人二千余来牵转,再加新缆。至十八夜,天忽郎霁,月光如画;四更时,诸人与夷官、夷梢乃导而出。出港后,东北风旺,舟行如飞。二十日午后,忽有黑云接日,冥雾四塞;舟人惧曰:此飓征也!顷刻,果飓征旋至,舟人守之益慎。至夜二鼓,劈烈一声,舵已去矣。余一家人跑入窗传报,举舟哭声振天。时陈孔成传将各舱所载重者一面丢抛,一面令吴宗达等倡言舵虽折,尚有边舵,决保无虞!余谂之曰:静以御变,极是!但舵何时可换?达等曰:天明可换。吾不举大篷,但张二篷、三篷,任其漂流;至后,可补针也。陈大韶、曾宏俱从陈、高过洋者,亦来;大言曰:往年亦如此。然往年船不固,今此船固;往年船发漏,今不发漏;往年无边舵,今有边舵;往年折舵并折桅,今舵虽折而桅尚存。余闻其言,心亦颇定。然播荡反侧,无顷刻宁;风涛之势,与天上下,舟亦虩虩如裂屋响。呼吸存亡,茫然不知何所在也!至次日,风又不息;余乃口为文,令吏陈佩床前书之,以檄天妃。适一晨刻风稍定,始得换舵。舵既定,诸人颇有生望。但牵舵大缆兜之自尾至船首者,又忽中断;则海水咸厉,绳缆不能久。舵工等又惧舵不能稳,稍摆动金口,船分两片矣;此尤危也。乃用银重赏一夷人,系其腰,令下海接之;竟不能接。吴宗达来禀,欲穿二舱、三舱透绳系舵,而不能决。余闻,即慨然是之;乃凿而度绳,舵始得安,行之。至二十六,许严等来报曰:渐有清水,中国山将可望乎!二十七日,果见宁波山。历温、历台,闽人未能尽晓浙中山岙,疑迷莫测,仍怀忧思。至二十九日,忽至福宁;见定海台山,心始安焉。从五虎门入。十一月初二日,入省城。追想前迹,为之恻然!凡士夫相会,真同再世。

郭汝霖记。

万历七年,钦差正使户科左给事中萧崇业【云南临安卫籍,应天府上元县人】、副使行人谢杰【福建长乐县人】敕封国王尚永。

今上万历改元之冬十二月,琉球国中山王世子尚永表请袭封,若曰:先臣故中山王尚元于壬申夏溘先朝露,臣不谷当嗣守外藩。谨遣波臣伏阙下,冀制诏远贲,为封疆重。先是,以有司行查例虚文,亦恐规避者缘此得成其计，故辄遣封。乃是年复行查，盖缓之也。旧规：副使属大行，然犹差遣无常名，而省中则坐次户垣，人人知必余无疑矣，咸恐之。延至丙子秋，国大夫、长史等报曰：世子永，免衣褓而齿于嫡嗣久；诸臣曷敢以不类奸天王之大典乎！于是不佞业，遂叨正使命；而副则大行谢君杰焉。如故事，各赐一品服。即以九月十一日赍诏敕，出潞河传，遽入闽。

闽中比年求巨木造战舟，余复斩为高名之丽，美材略尽；而间有中绳斧者，往往产于崎岩邃壑之侧，致之甚艱。一时闽抚、按又新故，相代未视事；督无其人，以故采木经年，迄丁丑秋七月始定艫。乃舰匠弗恪，适坏裂之。于是驰介四出取，复于十月再兴工；得艫者，把总林天赠也。至于桅之取尤难，桅必杉木而后如式。第杉之材，故可为樨傍者，以是民间率隐不以闻。余先遣李应龙往寿宁伐三木，一最巨；里豪利其可材，遂于梢半潜锯五、六寸，欲短之。然嫌有小伤，故置。乃纷纷林薮中，旁搜逖括，务遴其全；而龚大德报出闽清者，又道路岌嶪，力不可猝致。毕竟皇皇垂成之时，仍取寿宁之桅而用之；采督之使，良亦苦矣。而抚中丞庞惺庵氏代到，故擅风裁，乃矫矫好约缩，出教不欲私役其民。凡木之伐自山者、输及水者、截为舟者，丝忽皆公帑云。费已不赀而丝忽又公帑出，余心内弗自安，时时与谢君商之，舟从汰其什一、军器损其什五、交际俭其什七。先是，诸具物率治之以官；今令平贾，而精黠奸户故求多于有司，诸具物往往以丑恶相欺售。谢君为闽中人，素晓畅其事；乃一一□条其大小诏余不然者，辄奉三尺随其后。于是舟之庀也，大都多谢君指画焉。

舟完，例趣治行。而彼国夷船以汛期，宜候于境上；乃戊寅年，独爽不至。长年三老，佥谓海洋风涛叵测，与陆路不同。须俟向导行之便。余与谢君又念事关国体重，万一取轻致偾，为患非细；于是辄具疏以改期请，奏可。久之，正议大夫梁灿等至自琉球；询其故，乃知船因风逆，打入别港，遂坐失汛，非敢违玩、有他意也。于是卜以己卯年五月初六日，封舟先发旺崎。余等初十日启行，抚、按、三司祖道南台，重王命也。次日，抵长乐。十五日，广石庙行谕祭礼，守、巡亦在焉。忽传封舟出闽安镇，引港民船有司弗夙戒，乃迷道阁浅发漏；人言啧啧甚危。抚、按风闻，辄夜走使留督造官争出长策为处。已而裂者复合，稍稍修葺，无大损毁；故又锐然有行志。二十二日，从梅花所开洋；海似镜面，渔舟数点可黑豆大。自此睇望，汪汪万顷矣。余于是而知江河之恶沱也。

二十三日，风少东，舟折而南下。二十四日，东风益剧，水与舟相吞搏，有噌吰镗鞳之声；而欹侧簸扬，舟中瓶瓮、门椅皆仆，人人惴恐。于是有食而呕者、步而蹶者、晕而卧者；问之，舌举而不下者；答之，口呿而不合者。顾独漳人，则夷夷弗为动耳。风既相左，针路遂舛误，依依莫知所之。连行七余日，而窾阔窅无山屿；但唯孤燕飞绕于前后，一细蜻蜓入神舍不去，众咸异焉。陈孔成等懑然悒热，乃令舰匠作彩船以禳；又听习于巫者喧金鼓降箕，已又俯伏神前求珓：穷祈祝事，一无所吝。当是时，舟人望山之切，真不啻朝饥之忙粱谷，又如弱孺恩慈媪而弗得亲也。三十日，余令夷梢上桅以觇；辄欣然白曰：云间隆隆起者，非古米，即叶壁山也。去此可五、六百里许，当无虑已！于是舟中人无不拍手大欢，各排愁破虑，举觞相慰劳，称见山酒云。余二人望之，亦舞于眉端；万水中高岭独出，何止中流砥柱耶！踌躇四顾，辄见三龙并起于海，其起处水乃转涌，旋腾滚滚；上天有声，听如狮吼、如千乘车过，又如殷雷軯鼓轰轰彻地。碧气三道，磔入云雾内，长百丈有余，峙犹鼎足。然舟中人畏栗，不敢迫仰，率扬赭鞭、烧毛羽秽物以厌胜之。须臾，雨四面至矣。传云：玄龙迎夏。则凌云而奋鳞，乐时也；岂有据耶！即是观之，则海上光傀可骇之事，固人世所未睹哉！

六月初一日，过叶壁山前，有小舠驾八、九人，破巨浪来；远睆封舟娑娑，胡卢笑。至则持二螺献，少赏之。于是随舟夷总管附去，薄山下，先骑报世子。由此陆路入国，犹两日程也。余二人倚膀而观，一篙工谓有鱼数头逐舟游。夷梢熟海者，往来常具钓饵行。于是垂六物取之，辄获鲜鳞二；颔下中数创，尚跳跃不即僵。顾其色青绿，闪烁有光耀；较中国恒鱼异。余欲生之；选间，僵不可放矣。庖人强烹之，味果佳；第终诧，不欲多食也。初三日，世子始遣法司官具牛、酒以劳从者；亦如例分左右维一缆以挽舟，逡巡至。初五日而后，泊哪霸港口。询之，国人梁灿等尚未宁家。然彼十八日先余舟开洋，今何故后耶？居有顷，报舟漂北山；又十二日，得抵国，隔封舟浃一旬矣。

越二十九日,行祭王礼。七月十九日,行封王礼。余尝念世子产于沈斥,必一切疏简,不可人;今观其貌虽不盈五尺,而言仪恂雅,大与庸俗人相万,盖庶几鞠躬君子耳。岂凡统楫群元者,其体具固自不偶然哉!余二人寓此久,王子馈问赆饯,每每不失礼;而礼有过腆者,辄却去不受:语在仪注中。

旋国时,卜以十月十三日。因旬内雨频,风又东西忽易,无可准。守候至二十四日,始出港口,顷刻数里。回盼琉球,若有、若无,而叶壁、马齿等山,眇犹覆盂。时虽冬乎,然气候朗肃,都无纤翳;望之霁宇澄彻,块噫潜嘘,天吴遁迹,阳侯屏怡。彼一时也,歊暑溽蒸,情悰甚恶;此一时也,凉飔袅瑟,景况颇佳。上下巨浸,宛如图画中人。第愧无河朔量,少酬之耳。且四围俱碧、水天一色,辄欲罄所,指顾亦复浑浩荒邈、涣无津涯。时时出楼舫外,肆目奇诡瑰异之览,应接不暇。有平平者、突突者、鸥狎波者、鳞鼓鬣者、鳅呼风者、蜃作雾者、沓若岭者、纤若谷者、潆漭若沸羹者、绵亘若匹练者、蹲若伏虎者、奔若飞鼺者、步骤而来若喜者、惊号而至若怒者:恢张点缀,即神工鬼笔无可名状。然宁惟是哉,乃至阑夕凄清之际,月舍参井间,空明虚白,可别淄素;灵下天高,尤非尘境。星汉流光,云霞隐曜;微风细浪交激成声,其鸣乍急、乍徐、乍大、乍小,居然有笙簧金石之韵:正昔人所谓如天上坐也。优而游之,旷襟爽骨,飘飘便欲仙去,更不知人世复有娱心极意之事矣。海之壮观,一至是乎!二十六日,风益助顺,令楫师五帆并张,摇扬披拂,猎猎不可御;盖与归心飞相送也。但抵暮,阴云四塞,乃大雨。于是西风为梗,终食弗进寻丈。幸一日夜,辄转而北矣。然北又多暴,舟迅而荡甚,欹侧簸扬;时戛轧为裂帛响,颓然若屋宇将倾之状。人如磨上行,四方易位,头目眩迷;颠踬呕晕,避匿舱内不出、咄咄自嗟者,前十人而五、今十人而九已。此皆孱夫不习水,且漫不知降伏其心,故稍涉惊危可愕之事,神竟为所夺耳。漳州长年极力捩柁,坚与风为敌;棍牙数数折伤,柁叶亦为巨涛击去,独柁以铁力木得存;更再易之,人人愈益惴恐。二十九日晚,见台州山;于是无不哗呼舞蹈,哄然色笑焉。当是时,即臞儒之取一第、窭子之拾千金,犹未喻其喜也。

三十日,由台历温,溯官澳,望晴屿。十一月朔日,经台、奎二山,福宁在其北;夜无风,舟不能行。初二日午,薄黄崎,进定海所。顾其地渐近,其境渐逼;而洋中奇诡瑰异之览,无复陈于前矣。譬之适都邑者,一旦返乎故庐,虽其桑梓在念,时时欣悦;而转忆声名文物之盛,又未始不萦结于怀也。

初五日,入闽城。抚、按、三司俱出劳于郊;谭往道旧,仿佛梦中。凡向之纵险尝艱、欢奇适胜,指星测水、校雨量风者,允矣木荣之飘尘、好音之过听、浮云之点空、翔鸟之驰隙,殆蓦然倏然忘其然而然耳,又何以知蹈海之足以定至危之倪,又何以知宇宙之足以穷至大之域乎!于戏!海哉,海哉!此固孔子之所欲桴而未能、季路之所欲从而未许也。彼有视为畏途,乃仅仅取足于几席襟带间,而不复以上下四方为度内者,诚漆园吏所谓井蛙不可语于海耳。若夫保生重己之说,尤浅之乎其为丈夫者哉!

萧崇业曰:仲尼云:君子素其位,而行不顾乎其外。盖有味乎其言之也。人惟傥幸之心胜,乃先以利害横于其中,是故怀居登垄,靡所弗至;殊不知孰平、孰险、孰祸、孰福?虽机变之士智如炙輠,亦安从而逆睹之!昔者,漠北牧羝麟阁显,浪泊居瘴铜柱标;潮阳入阻昌黎重,岭州历七元城还:何险非平乎!诡谋求售郦生困,遗危择逸晁错诛;全躯苟活李陵族,估宠竞荣霍禹亡:何福非祸乎!推之至于巧而媚灶、奸而倚水,嗟卑而吊汨、饮郁而书空,伤燠凉以勒门、怵传逮而投阁,抵疑释讥愤藻以明衷、闲居拍张托词而志蹇;用之则哗众矜矜而为虎,不用则骫体缩缩而为鼠:是皆未明夫素位之义耳!此义晦而趋避之,徒纷然出也,何足怪矣!噫嘻。惑哉!风波倾覆,即世路亦时时有之;宁独畏于海上耶!然此非余言也;余闻之钓鳌异人,其说如此。

卷上·造舟

萧崇业曰:于戏!圣人制舟之义深哉!夫水之有舟航,犹陆之有车马也。舟车所至、人力所通、日月所照、霜露所坠,凡有血气者,莫不尊亲。吁!圣人作舟车以臣属天下,其功德荡然而不可及也,一至是乎!何以明其然耶?盖山非梯不周其阻,即卉服向风无自也;惟车骤马驰,则地尽封域矣。海非航不测其广,即鲛人慕义无由也;惟舟便飚利,则源穷洲岛矣。是故蓬壶之境淖约长生,久视之夫,第患海中无此耳。藉令有之,亦可望而至其地、寻而访其人,告之以黄虞中正之道而移其僻,不难已;又何论称臣入贡之国如琉球者乎！中庸赞至诚曰配天，盖言圣人之功德遍覆博载，与天地无纪极；而山溪之险，果不足以限之也。于戏！言有据矣。志造舟。

按舟制，与江湖座船不同。座船前后调停，出入甚便；中间窗户玲珑，开明爽朗，不异安宅也。此则舱口低凹，上覆平板为战棚，列军器焉。即官舱亦仅高四、五尺，俯偻深入，下上以梯；面虽启牖，若穴隙然。盖恐太高则冲风，故稍卑之耳。桅竖五，大者长八丈、根围九尺，余以次而短。舵长三丈一尺，围三尺七寸；艣长五丈二尺，围九尺。桅用杉木，取其理直而轻；舵用铁力木，取其坚劲；艣用松木，取其沈实，能久渍也。架龙棚之外，有兜艣鞠；锁梁钉之外，有米锤鞠：河口匠欲以铁、漳泉匠欲以木，乃参用之。舟后故作黄屋二层，中安诏敕；上设香火，奉海神、天妃尊之，且从俗也。

舵备三，用其一，副其二。橹置三十六枝。大铁锚四，约重五千斤。大棕索八，每条围尺许、长百丈。小艓二，不用，则缚附两旁；用，则往来藉登岸，或输行李。水具大柜二，可载五、六百石；小如瓮者十数：以海泉咸不可食也。舟最紧要者三，曰艣、曰桅、曰舵。把总林天赠得艣于延平、李应龙得桅于寿宁、经历罗克念得舵于广东，诸木既精好，当于用；而三者又殊材，中绳度。以故终焉允臧，得安流无恙，为舟人幸；孰非一时事事者之恪哉！定艣日，三司诸君率府、县官俱往南台陪祭外，若竖桅、治缆、浮水出坞，亦靡神不举者。凡以王事所在，诚重之耳。甲午年，一舟计费二千五百两有奇；今止一千八百云。

高澄操舟记曰：甲午岁四月朔，海舟造完，戒行有日。乡宦谢活水、黄青崖、高文溪、李百竹、林榕江、龚云岗诸公饯余乌后山，询及从行人几何？余曰：闻前使人各一舟，舟各三百人；计料值三千两有奇，募值亦三千两有奇。兹行欲共一舟，不唯省费，抑亦可以共济也；何如？诸公以为善；但曰：二公以千金之躯，奉九重之命；百凡慎重，庶可无虞！盍审诸役孰至琉球、备知海道，立之以司一舟之命，可也。余曰：诺。次日，至舟遍询，无有应之者。初意此辈必通番，恐律有禁，故讳之不言也；孰知皆河口无赖，徒取募值而不知操舟之法者乎！复问诸公，诸公咸笑曰：知之久矣，第未为二公告。宜速差人至漳州，访知海道者二、三人，乃可。遂持檄至府。时南风已便，通番者俱开洋矣；唯一舟姑待明日。乃获其持舵者三人，咸惊惶无措；持檄者曰：适天使琉球封王，募汝辈驾舟；至则有赏无罚，不必惧也！遂来见余。问其姓名，曰谢敦齐、曰张保、曰李全。曾至琉球否？曰：未。余曰：亦不济事。敦齐对曰：仆虽未至其地，然海外之国所到者不下数十。操舟之法，亦颇谙之。海船在吾掌中、针路在吾目中，较之河口全不知者，径庭矣。但不知所造之舟善否？盍往观之！至则见舟，且哂且戚曰：几败乃公事！求其所以；曰：此舟不善者有三：盖海舶之底板不贵厚，而层必用双；每层计木三寸五分，各锢以铁钉、艌以麻灰。不幸而遇礁石，庶乎一层敝而一层存也。今板虽七寸而钉止尺余，恐不能钩连；而巨涛复冲撼之，则钉豁板裂，虽班师弗能救矣：此一不善也。闻前使二舟，则舱阔人稀，可免疫痢之患。今共一舟，则舱止二十有四，除官府饮食、器用所占，计三十人共处一舱；恐炎蒸抑郁，则疫痢者多，虽卢医弗能疗矣：此二不善也。海涛巨而有力，舵杆虽劲木为之，然未免不坏，亦不免不换也。今舵孔狭隘，移易必难；仓卒之际，谁能下海开凿以易之！舵不得易，则舟不得行；虽神人亦弗能支矣：此三不善也。三者未善，何以利涉大川乎！闻者悚之。于是思斋忿詈不已，若曰是孰阿谀权奸，残我辈性命也？一时藩、臬、府、县董舟诸君，心咸弗安。先是，巡按方公以封王重事也，正月岁首即以五月舟完，使臣过海行礼之事题知。至此，虽欲别造一舟，恐逾时违制，亦弗敢也。思斋怒甚，诸公相顾，无可奈何。敦齐乃跪而言曰：仆，愚民也。今既来此·敢不尽心。愿公息怒，待仆处之！众人忧少释。乃取藤、竹各五千斤，制作巨箍；舟首至尾凡七处，束之。艣之缝隙，复钉以铁锔。开其舵孔，旁各寸余。又于船面搭矮凉棚，使舱居者更番上坐以乘风。与夫应用器物，治之靡不精好。五月八日，遂开洋。十三日，至古米山。夜半，飓风作，遮波板架及箍所不到处，尽飘荡无遗。唯船身及艣底，屹然不动。使非谢谋，则此舶瓦解久矣。逾旬不至，天气颇炎。船面虽可乘风，舱口亦多受湿；染疫痢者十之三、四，竟不起者七人。使非谢谋，则此辈物故必多矣。海水、飓风，劲不可敌；铁力木之舵叶，果荡而不存矣。遂以榛木者易之，亦幸其孔之有容也。使非谢谋，则旧者不能出、新者不能入，未免覆厥载矣。谢非天授而何哉！然其功之可取者，不特此耳；如观海物而知风暴之来、辨波纹而识岛屿之近、按罗经而定趋向之方、持舵柄而无逊避之意、处同役而存爱敬之心：其所可取者亦多矣。及舟回桅折之夕，众方惊仆，彼独餐饭自如；问之，曰：无恙也！余等惧甚,慰之曰:无恙也!呜呼!微斯人,则微斯四、五百人矣;谢非天授而何哉!至闽泊岸日,反痛哭流涕向余等曰:公之不死者,天幸也!仆之慰公者,勉强也。讵知琉球之行,若是其险哉!盖西南诸国,行不二、三日,即有小港以避风;岂若琉球去闽万里,殊无止宿之地,恶能保其行不遇风、风不为害也哉!一舟之人不死者,真天幸也,真公庇也!言讫,若有苦楚状。询之,乃持舵时身为咸水所拍,北风裂之,故痛不可忍也。遂命医人吴念三疗之,用蜜半斤、淡酒三十斤、防风当归等药末半斤,煎汤浴之;一夕而愈矣。察院三司诸公以渠有劳,厚赏之,得金十余两;语人曰:我每岁为人募而通番,可获千金;今所得几何!缘诸国皆富,而琉球独贫故也。尽出所有,与同役者饮酒;唯求一冠带,倩闽人以鼓乐送之,自誓再不通番以延残喘也。敦齐约年三十有余,膂力骁勇,识见超绝;彼二人,则庸琐无足道也。呜呼!天下之事,唯在得人而已。苟得其人,则危可使安、险可使平;苟非其人,则安亦危也、平亦险也。余于操舟之术而悟任贤之理,故僭为之记。

嘉靖三十八年制造封船,照依旧式,长带虚梢一十五丈、阔带橹部二丈九尺七寸、深一丈四尺,分为二十四舱。自官厅至二桅两旁,并无遮浪舨板。工成,遇倭乱沮行;港内延住至三十九年,秋虫蛀坏。方议改造,陈孔成、马魁道思见船长舱阔梁稀,不免软弱;乃请益为二十八舱,以应二十八宿。各舱通用樟木贴梁,大抵舱狭梁多,尤见硬固。时福匠不知琉球水路多横风浪,外设老鼠桥为美观。及返棹遇风,浪涌入船,倾艕折舵,几至误事。今造封船,计长带虚梢一十四丈五尺、阔二丈九尺、深一丈四尺,舱数、贴梁、龙骨照旧。仍监前谢敦齐之说,制大铁条二十座;自艌底搭之两舷,则外势束缚益严,胜藤箍矣。福匠何细二又执老鼠桥式;该孔成等亲历艰险,惩戒往辙,执造漳人过洋船式,两旁加以舨柱、钉板等料,绸密牢壮,小艕击于舨外,朴素浑坚,及增重艪、头极、交拴等十二件,以故船得风,浪不侵,往来无虞。

过海防船器械,旧规佛郎机铳二十门、鸟铳一百门、碗口铳十门、袖铳六十门、藤牌二百面、长枪六十枝、镖枪一千枝、铁甲一百副、盔一百顶、腰刀三百把。今酌用佛郎机铳十门、鸟铳六十门、碗口铳四门、袖铳三十门、藤牌一百面、长枪六十枝、镖枪八百枝、铁甲四十副、盔四十顶、腰刀一百五十把;至于弓箭、火药、铅弹等项,各取三分之一:大约省银三百余两。然皆备而不用耳;事完,仍归有司。

封舟剩材,往时每为宵人乾没;今查所遗吉溪高洋樟、松等项合估价银一百三十四两,还官。荒生刚铁,原派八万九百一十二斤;今除打造铁锚、家火共用过五万九千四百零三斤、随船备用荒铁一万零五百斤,减去一万一千零九斤,还官。黄藤,原派六千五百斤,今减去一千七百零五斤;桐油,原派二万斤,今减去一千四百七十三斤;蛎灰,原派四万斤,今减去四千四百五十六斤;青麻,原派一万八百斤,今减去七百三十八斤:各还官。以上诸料,无非舟中所必须者。大都怕患市井之黠,预领官银,纳不以时;人往往丛奸售敝,倒智囊于锱铢之间。所贵督工良有司清出而核入之,余等数数稽于其上,然后物不苦窳而船得实用云。

萧崇业曰:封舟之制,大抵什九式旧;而或变通于篙师者,仅什一耳。余览前录,每详于其巨;而麻、油、灰、铁琐屑之物,皆略而靡纪。夫是数者,船所赖以为固也。一有弗慎,悔无及已。余始亦谓有司之事,稍稍勾阅各行,强半以滥恶相罔;乃辄胪核而程督之,因抶其不勉者。于是狡户少不敢呈其赝,而封舟庶藉之以完。于戏!是可概为琐屑之物而不加之意耶!

卷上·用人

萧崇业曰:相之用人,与将之用人不同。相用人,则录端悫绳检之士;将用人,则收雄俊精悍之夫,而险情赘行弗计焉。两者参错互察以成其用,而大要则固各有攸属也。舟中之用人,殆犹之将而已矣。取其能,不责其素;庸其长,不较其短。是故闾阎壮士投石拔距;夫岂不勇;然以之操舟,则必泥矣。惟漳人以水则习、以事则闲、以力则便健而机警;渡海舍漳人,譬之询道于瞽、辨声于聋,吾惧其罕有济也。传所称耕当问奴、织当问婢,其是之类乎!漳人陈孔成、马魁道,乃前郭、李二君所用者,夫亦识途之马耳。所拣长年三老,多出其手云。

按造船,以用人为要。故必择有司之贤能者,而以指挥二员副之;此题准新例也。余至闽时,诸司业已遴委海防周同知,而指挥则漳州卫覃显宗、陈震;以漳故习于海耳。然馆多吏冗,势难颛理;卫复客寓,素乏等威:厂中庶务,视为儿戏。乃又白抚、按,委闽县丞陈邦靖分综其事;而以福州卫指挥邢端代陈震,庶彼此相协,威令并行:船务之所由以集也。若夫督采诸木,则延剑节推姚一新、建宁指挥仲世臣、黄河原把总陈孔成、马魁道;趣运则吏目危民怀、主簿蒙希颐、典史郑金土。总理经始,慎出纳,则先周铎;以迁秩行,各行户有去思,后改通判张霆、郑敦复。监厂庀具兼过海竣役,则覃、邢二指挥往往有干局;而天文生蔡锦亦机警,能赞察于耳目之所不周。此皆著劳绩于使事者,法得不泯云

省祭三名:一、陈子章,旧管篷、缆、棕、藤、竹、木,过海则提调饮食、器皿、椅桌、旗幔。一、林一鸾,旧管麻、油、硬木棍、舵牙,过海则提调笼柜、纸扎、布绢。一、金庭楷,旧管炭、铁、钉、椇、橹、锚,过海则提调钲鼓、火药、弩槍、军器。至岸,仍分职充读赞官。引礼通事一名,冯玺;译语通事三名,陈朝用、陈邦秀、冯炳,则各司国中交际、廪饩之仪。医生一名,何继熙;所以备药物、防疾疫,又数百人躯命之所关也。此之为责,岂不重哉!

匠人亦有二:其在河口者,经造封船,颇存尺寸;出坞浮水,俱有成规。然笃于守旧,而不能斟酌时宜;又苟且用料,而不必求其当:此其失也。漳、泉之匠,善择木料;虽舵牙、橹棍之类,必务强壮厚实。然粗枝大叶,自信必胜,而不能委曲细腻以求精:此其失也。余弃短取长而两用之,因革损益;倘有可商,使互相参较而无得龃龉,以阴坏其制。至于扶膀做工以帮助舰匠,又厂中之最要者。往时率用铺夫,以其众易集而绪易就也。今有司革去,而代以机兵。第机兵出自市井,每多儇佻之徒,不谙土木;匠不称能而人力掣肘,又无以助之。故今年定致成功之期较之前次独缓,然其舟则坚致牢固;思过半矣。

篙工、舵师,余信旧录,用漳人颇多;而言者稍稍摇之。夫取士必于邹、鲁,谈兵必于燕、赵;岂谓两地皆文武材哉!譬之福人,虽亦有习于水者,但未若漳人之精耳。博访而公择之,顾何嫌于私耶!余乃令陈孔成等各举其尤,复檄海澄县核实以应;壮健便捷者留之,脆弱颓阘者汰之。如伙长何国清、周时凤、李国传、魏通,又皆采之于舆论者。后洋中风涛急遽之际,信有主张可倚仗云。

八月二十六日,国中飓风拔木,瓦片絮飞,夜至亭午不息,人皆匍匐为兽行。封舟四缆大如缸,忽断去;漂下港口三、四十丈许,几溺海者咫尺矣。兼之暴雨倾盆,昏塞不辨牛马;即王遣数千人来,第束手无救也。守船夷梢亦惶惧,跳入水逃;独漳州柁工林余宗、王怀、林世、碇手莫三、陈走、三班手林八——凡五、六人,孤危于上。余等具冠服告天,须臾风宁,舟为二夷舶所抵綮,得不没。向微五、六人之勤劳自矢,可复望耶!吁!此固天心警戒意也,敬之哉、敬之哉!

查照嘉靖三十九年封舟随行近五百人,时又遇警;自兴工造船,守船、水梢各日支粮银二分。至四十年六月开舟,动费经千两。今各裁省及革三卫并万安所等军士,随行仅四百人。大约各役给食,每称事为差。除指挥、天文生系新增外,把总、省祭、通事等官如旧;余惟伙长、舵工、大桅、班手稍优,其二桅、头碇,二碇、护针、总甲、水梢、行匠及衙门服役人等俱人给银五两三钱,无复殊矣。案具存有司,兹不赘。

过海人数,皆任有职役;如无事而空行者,辄汰除之。取于福州者,自医画、书办、门皂、行匠以下凡六十余人、听用民梢又四十人外,总甲四名、缭手十一名、车手十四名、橹头十七名,俱镇东、定海、梅花所军。伙长七名、舵工十六名、头碇八名、班手十四名、管水火旗幔总甲十七名、缭手十四名、橹头十八名、车手二十九名、管小艕四名、听用民梢二十名:以上俱漳州人。大率福人居什三、漳人居什七矣。盖其浮历已多,风涛见惯;纲纪其事者能严慎勤劳,而趋役者亦复奔走敏捷。彼近城水梢,则一筹莫展;带之多,适碍手脚耳。旧录所谓主张行船之人,断非漳人不可者;岂虚也哉!

萧崇业曰:漳人老于舟者,以余往回海上藉其力,诚足多焉。第前录不列名数,后莫可考;余故著而志之。

卷上 · 敬神

萧崇业曰:嗟乎!鬼神之理亦微矣,谈何易哉、谈何易哉!顷航海,试言水事。昔者,河出图,八卦呈;洛出书,九畴列。圣王黄龙白鱼之异,客星乘槎犯斗之奇;赤穴浮土而为廪君,滹沱冰合以符帝业:是数者,谓非有神物以主之,不可也。然此,犹其显者耳。若夫神经怪牒所纪,幽窅诡幻、惊疑噫吒之事,盖难以更

仆数矣。矧天妃,故海神之正,又载在祀血者;其灵应,岂不尤为赫耶!古靡得而考已,余闻之后说,云渡海者无论天子使臣,即通洋贸易之夫,有叩必应,捷于影响;诚所谓体物而不遗者也,其为德不亦甚盛矣乎!余故摭往迹、著事验,以为敬神篇。

嘉靖十三年,使臣陈侃、高澄行至古米山,舟刺刺发漏;群噪呼天妃,风定塞袽,得免于溺。归国时,又值桅、舵俱折,舟人哭声震天,无不剪发设誓,求救于神;已而红光烛舟,舟果少宁。翼日,风剧,不能易舵;乃请珓得吉,众遂跃然起舵。舵柄甚重,约二千余斤;平时百人举之而不足,是时数十人举之而有余。舵既易,众始有喜色。忽一蝶飞绕于舟,疑者曰:蝶质甚微,在樊圃中飞不越百步;安能远涉沧溟?此殆非蝶也,神也。复一黄雀立于桅上,令以米饲之,驯驯啄尽而去。是夕疾风迅发,白浪拍天,巨舰漂荡如苇;风声雷吼,而水声助之,真不忍闻。舟一攲侧,流汗淫淫至踵矣。二人乃遂冠服默祷,矢以立碑,奏闻于上;言讫,风若少缓。彻晓,已见闽之山矣。神明之助,讵偶然哉!

嘉靖四十年,使臣郭汝霖、李际春行至赤屿无风,舟不能行。当昼,有大鱼出跃,形如巨舟,旁有数小鱼夹之。至暮,舟荡甚。皆谓无风而船如此,事诚可怪。乃亦从俗,施金光明佛经一部,并作彩舟舁之舱口;而风忽南来,得保无虞。居无何,开洋回国,中见麻雀一双,宛宛来泊舱篷;须臾巨飓大发,舵忽折去。郭乃为文告曰:霖等钦奉上命,册封琉球;仰荷神佑,公事既完。兹当归国,洋中折舵,无任惊惶!惟尔天妃、海若,皆国家庙祀正神。今朝使危急,华夷五百生灵所系;岂可不施拯救!若霖有贬心之行,请即殛之于床,无为五百人之累;若尚可改过而自新也,神其大显威灵,俾风恬浪静,更置前舵,庶几可以图全,神其念之!祭后,风稍息,遂易新舵。嗟乎!鬼神冥邈,谈者未有不疑。然此四无边岸之中,宛弱双雀,何从而来?易舵之后,又一鸟常据以桅尾。孰谓世间事,可尽以恒理臆决哉!

卷上·敬神·天妃灵应记【陈侃】

神怪之事,圣贤不语;非忽之也,惧民之惑于神而遗人道也。侃自早岁承父师之传,佩敬而远之之戒。凡祷祠斋醮、飞符噀水、诵经念佛之类,闾党有从事者,禁之不可,则出避之;或过其宫,则致恭效程子焉。

乃者琉球国请对,上命侃暨行人高君澄往将事。飞航万里,风涛叵测;玺书郑重,一行数百人之生,厥系匪轻。爰顺舆情,用闽人故事,祷于天妃之神;且官舫上方,为祠事之。舟中人朝夕拜礼必虔,真若悬命于神者。灵贶果昭,将至其国,逆风荡舟,漏不可御;群噪乞神,风定塞袽,乃得达。及成礼还,解缆越一日,中夜风大作,樯折舵毁,群噪如初;须臾,红光若烛笼自空来舟,皆喜曰:神降矣,无恐!顾风未已。又明日,黑云四起,议易舵未决、卜珓于神;许之。易之,时风恬浪静,若在沼沚,舵举甚便,若插筹然。人心举安,允荷神助。俄有蝶戏舟及黄雀止樯,或曰:山近矣;或曰:蝶与雀,飞不百步,山何在?其神使报我以风乎!予以其近于载鸣鸢之义,颔之曰:谨备诸!已而飓风夜作,人力罔攸施;众谓胥及溺矣!予二人朝服正冠坐,祝曰:我等贞臣恪共朝命,神亦聪明正直而一者,庶几显其灵!语毕,风渐柔。黎明,达闽。神之精英烜赫,能捍大患如此;谓非皇上怀柔,百神致兹效职哉!然非身遇之,安敢诬也!

揆之祭法,庙而事之允宜。在宋、元时,已有封号庙额;国朝洪武、永乐中,屡加崇焉。予二人缩廪,附造舟余直,新之广石;望崎行祠,则从行者敛钱以修。行当闻之朝,用彰神贶;因纪其概。

高君让侃援笔举以告巡按侍御方君涯,韪之;又命福郡倅姚一和视勒诸石。

卷上·敬神·临水夫人记【高澄】

甲午仲夏八日,西南风便,舟始开洋。巨舶稳流,屹然不动,俨然楼船之泛里河也。余窃喜曰:人言误矣,何险之有!陈公曰:此天幸也,勿言!行才五日,忽望见古米山巅,其去琉球止二、三日路矣。余复喜曰:人言误矣,何远之有!陈公曰:此紧关也,勿喜!夜半,忽逆风作焉。山近多礁,亦喜;风少违顺,可以徐行避之。奈东北势猛,舟难与角。震荡之久,遂致大桅箍折、遮波板崩;反侧弗宁,若不可一息存者;众心惊惧。乃焚香设拜,求救于天妃之神。时管军叶千户平日喜扶鸾,众人促其为之。符咒方事,天妃降箕,乃题诗于灰上曰：香风惊动海中仙，鉴尔陈、高意思专！谁遣巽神挠海舶，我施阴隙救官船。鹏程远大方驰步，麟阁勋名待汝还！四百人中多善类，好将忠孝答皇天！诗毕，复判曰：吾已遣临水夫人为君管舟矣，勿惧、勿惧！达旦，风果转南，舟亦无恙。然不知临水夫人何神也，祠何在也。

及归闽，感神贶既彰，念报赛当举；乃于水部门外敕赐天妃庙中，立石以纪异，设祭以旌诚。行香正殿，忽见左庑有祠，額题曰临水夫人祠；询之道士曰：神乃天妃之妹也。生有神异，不婚而证果水仙，故祠于此。又曰：神面上若有汗珠，即知其从海上救人还也。今岁自夏至秋，汗珠不绝；或者劳于海舶焉！余等讶之，乃再拜谢之，始知箕判验矣。

卷上·敬神·天妃显异记【高澄】

天妃显异之迹，同差给舍陈公于灵应记中、乞祀典疏中已备陈之矣。唯余素感神佑，始终详细则未之及也。

嘉靖乙酉季夏，余以府庠弟子员同友周应龙、王仲锦、高进小试于通州；试毕，暇日相与游戏于天妃庙，见有跪而祈籤者。周曰：吾将决吾侪中否！俟其籤出桶中，遂紾其臂而夺之观，乃第十六籤也。籤诗曰：久困鸡窗下，于今始一鸣；不过三月内，虎榜看联名。是秋，余等四人果侥幸。九月，往谢之，又祈籤以卜来春之事。其诗曰：开花虽共日，结果自殊时；寄语乘桴客，危当为汝持！然不知所谓。岁己丑，余三人俱登进士，仲锦除知州、进除知县、余除行人；独应龙不第，乃以举人选太原通判：结果似殊矣。然后二句之意，犹不可晓。

逾年，余被使琉球之命，朝缙绅以此地险不可行、往不可返为余忧惧。余则坦然，付命于天，知素定也；乃以癸巳岁夏六月至闽，一应事宜，其难其慎。有司请余祷于天妃曰：神司大川，可以呵禁不祥也！余从之，凡修祀行香，必诚必敬，罔敢怠忽。故自始而制舟、迄终而成礼，神之阴相默助者，可胜言哉！如甫至闽台，而妖狐之就戮；既定船艫，而瑞鹤之来翔；才越庙限，而梁板之忽坠；方折桅舵，而异香之即闻。与夫雀蝶之报风、灯光之示救、临水之守护、巫女之避趋，卒之转灾为祥、易危为安者，何往而非神之相助哉！籤诗后意，似乎为余发也。然余陋劣，岂能致此！良由圣明在上，百神效灵；故皇恩得以覃下国，而微躯得以返中原也。敢不仗忠义而为上为德、为下为民，以答神贶于万一哉！

尝考天妃之说，盖妃者，配也。神于海运之往来、商贩之出没，危无不持、颠无不扶，其所全活者不知几千万人矣！功德可以配天，故曰天妃，犹言天能生人、神能救人也。世俗但知灵异之迹而不辨名义之理，故并及之。

卷上·敬神·广石庙碑文【郭汝霖】

广石庙，庙海神天妃者也。天妃生自五代，含真蕴化，殁为明神。历宋、历元、迄我明，显灵巨海，御灾捍患、拯溺扶危。每风涛紧急间，现光明身、著斡旋力；礼所谓有功于民，报祟祀典。而广石属长乐滨海地，登舟开洋，必此始；庙之宜，旧传自永乐内监下西洋时创焉。成化七年，给事中董旻、行人张祥使琉球新之。嘉靖十三年，给事中陈侃、行人高澄感坠板异，复新之。板上所书，即董、张新庙日月也。

皇帝三十七年，琉球世子尚元乞封，上命汝霖充使往，而副以行人李君际春。余承命南下，长老多教余致敬天妃之神。弭节闽台，造舟百凡，按陈、高使录行。惟广石庙遭倭寇焚，乃耆老刘仲坚等闻余至，亦来言庙事。余檄署篆孙通判大庆考其遗趾并材料工价值百金，往陈、高捐俸二十四金助；余与李君如之。往从行者各敛银一星，得三十两余；是则从行者尚未定名。往长乐民力饶，可以鸠工；今连年有兵务。往刘知县尹邑久，今孙乃署篆且未久也：于是七十余金无从得。余因言于代巡樊公斗山，樊遂标罚赎余成其事；且命通判速工，请记于余。不两越月，庙貌鼎新，巍然焕然，瞻趋有所，人心起敬；他日飞航顺便、重荷神贶者，樊之功哉！

或因是以鬼神事质于余；余曰：是说也，荐绅先生难之矣！考孔子曰：敬而远。夫谓之敬，必有以也；谓之远,特不专是以侥媚云耳。故其祭神如神在,乡人傩,朝服立阼阶,孔子岂无见耶!而初学小生稍谈鬼神,则冒然称茫昧,避谄渎讥;及遇毫发事,辄俯首叩祷不暇:果能知事人、事鬼者乎?今夫航海之行,尊皇命也。一舟而五百余人在焉,彼溟洋浩荡中,无神司之,人力曷能张主!学者知是说,则知余非惑、樊非徇;而是庙之祀,可以勒诸将来。

樊名献科,字文叔;浙缙云人。其巡闽也,酌时机、务省约;而事之关体要者,独无所惜云。

卷上・敬神・重修广石庙碑记【萧崇业】

万历戊寅春,余以使事,客闽近二载。已日,将有祀于广石天妃之神。里中长老走省会,具言庙当治状,以庙故天使过临一修;兹去郭、李时十八年所矣,垣序剥落,恐不雅观。公倘有意于维新乎,野人窃愿有请也!于是余与谢君慨焉为念,乃遂檄长乐孙县尹捐少赀助之;大略垩故涂陈、易蠹立圮而已,无更改作也。己卯夏四月,县尹使使告成请记,顾余又办严未暇也;顷竣事还,可不谓神贶哉,义不敢以不文辞!

记曰:天妃盖海神之最灵异者,世传生自五代,姓林氏;岂亦有足征者相参验乎!曩余考揽故记,见多援轶事璅闻,以神明其说。骇光傀者,则曰形如烛笼;讶肖似者,则曰现体于物。或号召道流,拔剑升坛禹步,作隐语不可了;或令巫师、舞婆祖降箕,书篆模影牵情:卒又阔诞无所信。职由一时昏剧仓皇,不知求神于此心之虚灵,而猥倘张于幻妄之迹;亦其平日所为弗类,反之愧涩惭沮,终不能质之而无疑。是故宁为人非而深怖鬼责,重罹冥祸而轻犯王章;此其势有固然,亡足论者。夫神而以天妃名,盖其聪明正直克配两间,犹曰俔天之妹焉耳。使颂天者徒以其一草一木、一生一成为足以赞天之功,而天遂执之以为德将巍巍者,得无邈乎其小耶!今世之崇奉天妃者,穹宫邃宇,华于闾俗;金身碧骨,俨于海滨而闽最著:则其神殆无感而无乎不感、无应而无乎不应也。所为拯溺济危、阴相默佑之功,诚有与天合德,民无能名者矣;而区区轶事璅闻如红光现体云云者,恶足以睹神之大哉!虽然,庸人之性,不激之未形则弗兴,不惧之已往则弗劝。兹者,国家弛通番之禁,凡浙、闽、广粤驾楼舻横金洋外者,所在而是;其于惊涛怒浪覆劫万方,陈乎前不一。入其舍,顾独畏天妃而神又灵,为能消剑其枭悍虣睢之心,使之仆仆然蛾伏罗拜于下。居常操筹钩万货夤数而尘较之,斯即半赀修供弗为吝;而贪鄙爱利之欲稍不至溃决而不可收拾,未必非红光现体之异有以先入之也。譬之一草一木、一生一成,天虽不以为功,而电灼霆击,间亦振襮其不测之威焉;要皆助宣夫造化之所不及耳。由斯以谈,则天妃之所以自赫其灵异者,其功岂不尤为闳巨哉!余航海时,与谢君过广石行谕祭礼,于是里中长老复稽首来谢;余乃谂于众曰:天妃之神,载在祀典,其已久矣;然庙貌往往视使臣以为兴坏。我明天子万年无疆,则中山之请命益万年无替;广石之庙,虽谓与国咸休可也。今第堇堇补葺耳,其何能加一力耶!于是里老唯而退。

县尹名濂,南海人;政识先务,此特其微者。故程期功费,皆得略之。记成还闽之冬十一月。

萧崇业曰:余读鲁论至子不语怪力乱神,未尝不掩卷三叹也。嗟乎!圣人之用意,何其微乎!夫怪不经而乱、力非道,以此不形于言,良是也。然神杂见于诗书坟记者不鲜,乃亦讳焉;何以故?盖神理正直,惧人以邪佞谄渎,反失其指;要在以吾心之诚凝吾心之神,而后能与之为徒,合其吉凶而不悖。故圣人或称体物,或言敬远;即答问所及,亦止开末而抑其端、曲辞以阐其略。所云未能事人,焉能事鬼,大抵明二者同条而共贯,有不必求鬼于人之外耳;其奥义,端未易窥也。至若巨海灏瀁冥赜与人区迥异,夫岂无神!曩余计偕过蜀江,毋论瞿唐、滟滪——即中流无恙之所,一遇风至,榜人辄檥舟鹄立,莫敢下上;矧汪汪万顷,瀵势张天!当是时,维无所于引、舵无所于缒也,讵安得不求援于造化耶!故谓海之神尤显赫较章,信非虚耳。余自开洋以来,往往遇波涛訾涌而复恬、舟航震荡而复定,空旷……

卷下・题奏

礼部为俯竭愚忠,条陈过海事宜,以隆大典、以重差遣事。

该本部题:仪制清吏司案呈,奉本部送礼科抄出户科等衙门左给事中等官萧崇业等题:照得琉球国请乞袭封王爵,该礼部题奉钦依,差臣业、臣杰充正副使,赍捧诏敕前往彼国行礼。臣等窃闻遣人使于四方,古人所慎择也。故仲尼曰:使乎!使乎!言其职未易称有如此。因是尝览观汉、唐之际,其有事于远人也,必广求可使绝域之才;无非欲其出虑发谋、殚忠毕力,能取重于外夷,以明中国之有人耳;此岂漫然而尝试之者哉!洪惟我国家日域仰泽、月窟向风,輶轩之使,通驿万国。然其一遇差遣也,率以该衙门轮定资次为准;不屑区区与小邦挈长较短、争寸取尺,以求胜于彼我之间。故如臣等蚊负蠡测之资,皆得滥叨梯山航海之役。日夜循省,感愧交并,惴惴焉深惟无以对扬休命是恐。臣等又思忠信可行于蛮貊,而不辱以有耻为先。臣等自幼诵习斯语,颇知向往;其在今日,尤当益励进修,而不敢甘心诿避以为盛明玷也。除臣等各相警勉外,所有过海事宜,辄敢条为四事上请。伏乞敕下该部详议可否,令臣等遵照施行;则事不迟误,而于使职为少尽矣等因。奉圣旨:礼部知道。钦此。钦遵抄出到部,送司案呈到部。看得户科等衙门左给事中等官萧崇业等奉使琉球条议过海事宜款开请留诏敕、祈报海神、责成有司、议处人从,俱于使事有裨。相应开列前件,酌议上请。伏候圣明裁定,敕下本部通行各该衙门一体遵奉施行。

计开:

一、请留敕诏。夫远夷向慕王化,所恃以为镇国之宝者,惟此诏敕而已。前使臣陈侃等比照弘治、正德年间修撰伦文叙、编修沈焘等差往安南国留敕事例,曾经题奉钦依听其请留,案在礼部可据。但臣等系赍捧之官,应否听留?必须出自上裁;义不敢以前例而自专者。合无敕下礼部查议,容臣等临时斟酌:如其意果诚恳,则亦俯顺夷情,听其请留;庶臣等有所遵守,而可以慰远人敬奉之心矣。前件臣等看得:户科左给事中等官萧崇业等题称请留诏敕一节,为照琉球修贡效顺,阅世已久;每遇袭继,则遣使臣赍捧诏敕赐封。盖示小国无敢擅专,必待天朝之宠命也。先是,颁去诏敕,彼国每欲请留;是亦远人知所钦崇之意,在天朝亦何所靳!往年使臣陈侃等奏请及此,本部覆奉钦依,准其请留去后。今本官仍为申明,合候命下,行令到彼临时酌取。如其请留之意委系诚切,亦宜照例与留,以顺舆情。伏乞圣裁!

一、祈报海神。臣等查得先给事中陈侃等奏为乞祠典以报神功事,奉世宗皇帝圣旨:礼部看了来说。钦此。该礼部覆:看得给事中陈侃等奉使海外,屡遭风涛之险,幸获保全。海神效职,不可谓无;赐之以祭,礼亦有据。随移翰林院撰祭文一道,行令福建布政司备办祭物、香帛,仍委本司堂上官致祭,以答神休——已经遵行外,臣等窃惟河、渎、海、岳,载在国典;而柴望祭告,原非不经。且鬼神本体物而不遗,君子当无时而可射。与其有急而邀捍御之福,孰若先事而修秩祀之仪。合无敕下礼部,行令福建布政司于广石海神庙备祭二坛:一举于启行之时而为之祈,一举于回还之日而为之报。使后来继今者,永著为例;免致临时惑乱、事后张皇,而神之听之,亦必有和平之庆矣。前件臣等看得:户科左给事中等官萧崇业等题称祈报海神一节,为照捍灾御患,载在祀典;祈报之礼,自昔有之。今使臣奉将王命,远涉海涛;虽仰仗皇上威灵,百神自为之效职;然而赐之以祭,是亦所谓御灾捍患则祀之之意也。先年已有回还报祭事例,惟启行之祈尚属缺典。相应俯从所请,除报祭文先已撰去外,合候命下,移文翰林院再撰述祈祭文一道,行令该布政司备丰腆祭二坛;俟本官启行及回还之日,即于海神庙亲自同本司堂上官举行。仍永著为例,后来一体遵行。伏乞圣裁!

一、责成有司。夫济险以船、督工以人,二者相因而并重者也。往年委官造船,其品秩稍崇者,则每厌为琐细之务,而不屑于经理;若夫卑官下吏,则又视为奇货可居,而专以侵欺为事。以故用失其人,而器多弗精;往往有中流折柁者。臣等窃惟宫室轮舆之类,坏而复修,犹甚无害;至于船不如法,辄有他虞。即使公输在左、巧倕在右,亦无济于缓急矣。此造船所以不可不慎也。合无敕下该部,转行彼处抚、按衙门遴选所属佐贰之中,或同知、或推官,必有才略而无负志节者,然后委之以造船之务,而又副之以廉干指挥二员。俟船完之日、凡有司、工匠一并随行。夫彼知其异日将不免于同舟也,则必加意督修,而不敢苟且搪塞以饰目前之观。此固先年执事者之所议行,而非臣等敢为此拘牵之说以厚责于人也。前件臣等看得:户科左给事中等官萧崇业等题称责成有司一节,为照督理造船,关系委重;往年任使非人,不行加意督修,以致造不如法,辄有中流折柁之虞。本官具题前因,相应申饬;合候命下,行福建抚、按衙门选委廉干府佐官一员督造船只,仍以廉干指挥二员副之。务要责令各官不宜图节省之虚名,惟当核修理之实费;不贵速完以邀敏捷之誉,而务期坚久以为万全之谋。事竣之日,抚、按官详加查核;如有草略完事及任意侵克者,即行指实参奏,以凭重加降黜。至谓欲令有司、工匠随行,先年使臣亦曾议及;但臣等窃谓有司各有官守,似难擅离职役。查得该省都司例拨指挥监军护送,合无将前项选委廉干督理指挥二员即以监军,及与该役工匠一并随行;彼知利害相同,自不敢苟且塞责,而造作可必其如法矣。伏乞圣裁!

一、议处人从。夫远涉异国,必阅历时日而后竣事。其间饮食、物用、弓矢、器械之类以及观星占风、听水察土、医卜技艺之流,皆得备具。盖王命所关,故不得不重其事如此也。夫前项供给之需既出官府,则必有所遵奉而后可以动支。若分外多带一人,则不惟过烦公费,而抑且事嫌私交,均足以累使臣而损国体。臣等查得福建都司例拨指挥等官三员、军四百名护送;见今海防已靖,似宜减去其半,非熟于海道者不用。至于天文生照旧取之南京,其医生二名亦各择其善者以行;与夫驾柁、执帆、船中应用之役,并今题请所不及、但系前时所必用者,容臣等在福建布政司酌量取用。大约贵精而不贵多,毋徒滥带冗杂无用之人,以滋劳费。开船之日,仍令布政司将带过人员、用过钱粮、造过器用等项逐一造册,臣等会同巡按御史题知;此亦防闲节用之一端也。前件臣等看得:户科左给事中等官萧崇业等题称议处人从一节,为照远涉海外,岂惟阅历时日,亦且风土异宜;凡一应合用饮食、器械之类及观星占风、听水察土、医卜技艺之流,委不可缺。但谓见今海防已靖,所有旧例护送指挥、官军似应减半及称不欲分外多带一人以滋公费,且嫌私交,盖深知使臣之体者;相应依拟。合候命下,本部移咨南京礼部,行令钦天监选取精晓天文生一名;其医生二名,听本官自便,各择其善者随行;凡合用供给之物与夫应该随行之人,俱听于福建布政司酌量取用。夫随带既无有冗滥,则廪饩自不至虚糜,外国亦无所骚扰;其于臣节、国体,有裨多矣。本官启行之日,该布政司将带过人员、用过钱粮、造过器械,一面申呈抚、按官会同本官题知;仍一面核实造册送部,以凭查考。伏乞圣裁!

万历四年八月二十二日,本部尚书兼翰林院学士马自强等具题。二十四日,奉圣旨:依议行。钦此。

户科等衙门左给事中等官臣萧崇业等谨题:为出使海邦竣役复命,以纾宸虑事。

照得琉球国世子尚永于万历四年七月内请乞袭封王爵,钦蒙皇上命臣业、臣杰充正副使,往封世子尚永为中山王;复蒙赐臣业麒麟衣一袭、臣杰白泽衣一袭、诏敕二道,并王、妃衣服表里等物。随即陛辞,赴福建督造封舟,业于万历六年已完。顷缘该国接封夷船未至,臣等曾具疏以改期请。今陪臣正议大夫梁灿等率通事、夷梢诸人来迎,臣等谨以本年五月初十日由福建南台解缆;十六日,薄厂石;二十二日,梅花所开洋。次日,东风剧作,舟折而之南,因是遂迷针路。连行数日,茫无一山。周览仿徨,深切疑悚。掣掣泄泄于巨浸之中,泛泛悠悠于狂澜之上;犹赖神明默佑,漂流不远。三十日,望见叶璧山。自此,去国可五、六百里许;乃挽舟而上,进寸退尺,为力甚难。至六月初五日,始檥舟哪灞港口,世子遣文武陪臣导引如仪。越二十九日,行祭王礼。七月十九日,行封王礼。在世子登降揖让之间,固能恪遵成度而不敢失;在使臣辞受取与之际,亦知谨守大闲而不敢违。巨典已修,若可遄归矣;又以北风未届,故尔迟迟。于是以十月二十四日,自哪灞港出洋。比日风愈顺,舟疾如飞。二十八日,飓发辄止;三十日,即抵台、温地方。至十一月初五日,仅十一昼夜;仰藉国家威灵,凡四百余人俱无恙,旋于闽之三山矣。计臣往还海上之期,历年将半,寒暑倏更;虽微有波涛小警,然以井蛙曲士获纵大观,所谓尘宇壮游,谅无逾此。要之,皆圣明之间宠、儒弁之奇遭也。

臣等窃惟寰海之外,封界寥阔,以国称者万数。琉球固上仁之所不绥而强武之所不詟者,乃独于皇祖统驭之初,衷诚奔附,被服裳缨;继今敬畏,秉忠不隳。臣节陈书奏表,有华士之风;履绳蹈规,为夷王之冠。翼翼然恭而有礼,郁郁乎文而不惭!膺朱芾之章,三锡有光于殊俗;捧丝纶之重,一字何止于百朋!惊睹汉官,忻逢周典;允矣,海国中千载一时也。臣等又惟在昔使臣,渡海屡罹艰危;谭及往事,令人不寒而栗。今二臣无折桅损柁之虞,而安流利涉,得以竟使事之荣;岂非中国有圣人,使海若效灵、冯夷助顺,则亦何能侥厚幸如是耶!此尤见帝德之显宣,真足以轶越前徽、驰骋哲躅,而陋挽近世于不居矣。臣等曷胜欢欣仰戴之至!

缘系出使海邦竣役复命以纾宸虑事理，备将使事本末，谨具题知。

琉球国中山王尚清谨奏：为谢劳事。

伏念臣清僻居海邦，荷蒙圣育，封臣为中山王，不胜感戴。除具表谢恩外，今有差来使臣二员－－正使吏科左给事中陈侃、副使行人司行人高澄冒五月之炎暑，冲万里之波涛；艰险惊惶，莫劳于此。臣等小国荒野，无以为礼；薄具黄金四十两，奉将谢意。此敬主及使，乃分之宜；酬德报功，亦理之常。二使惧圣明在上，坚不敢受。微臣情不能尽，无以自安；令陪臣顺赍贡奉，伏乞天语叮咛，赐彼二使：庶下情尽而远敬伸，无任激切感仰之至等因。

奉圣旨：览奏谢，足见敬慎。金著陈侃等收了。礼部知道。

光禄寺等衙门少卿等官臣陈侃等谨题：为谢劳事。

侃原任吏科左给事中、高澄原任行人司行人，于嘉靖十一年蒙钦命差往琉球国，封世子尚清为中山王。往返三年，已于今年五月二十四日复命讫。近中山王尚清差陪臣谢恩，顺赍臣等所郄黄金四十两，具本进呈；欲天语叮咛，下赐臣等。节奉圣旨：金著陈侃等收了；钦此钦遵。切念臣等奉皇上之命远使琉球，琉球乃素知礼义之国，臣等至彼，正欲敷扬圣德、恪守臣节，为中华增重；安敢受彼非礼之馈！故筵宴之设必陈方物，具书固却，至再、至三；书备于使琉球录中，已尘御览矣。临行，以金四十两为赆，坚不肯受；彼心不自安，冒渎天听，蒙皇上鉴彼敬慎之心，特下收受之命。臣等闻命自天，措躬无地，敢不拜受以为家宝！但奉使奔走，乃臣等职分之常；自揣无功，曷敢受兼金之惠！伏乞皇上将此金收储内帑或命彼带回，庶遂臣等之初心，而于君命斯不辱矣。无任感激敬恳之至等因。

奉圣旨：已有旨了，不准辞。该衙门知道。

光禄寺衙门少卿等官臣萧崇业等谨题：为谢劳事。

业原任户科左给事中、谢杰原任行人司行人，于万历四年蒙钦命差往琉球国，封世子尚永为中山王。往返四载，已于本年五月十九日复命讫。近中山王尚永差陪臣马良弼谢恩，顺赍二臣所却黄金四十两，具本进呈，欲赐臣等；奉圣旨：礼部知道。钦此。窃念臣等奉皇上之命远使琉球，正欲喻德宣誉，为天朝增重；故凡一切燕飨、馈问之仪，必斟酌裁省，期于不辱。临行，复以黄金四十两为赆；此虽彼国酬劳之典，但揆之大义，实所未安。故臣等坚却不受，原非矫饰。况彼国素称守礼，臣等即有微劳，要不过率循常职、奉行故事而已；初非有昔人批难解纷之功、归疆服叛之烈也，曷敢受非分之物、伤不取之廉，以贻外夷口实哉！伏乞皇上敕下该部，议将此金收储别用或仍命彼带回，庶使节以明、君命不辱，而于风厉臣工之道未必无小补矣。臣等不胜激切敬恳之至！

奉圣旨：准辞。付该国使臣带回。礼部知道。钦此。

卷下・艺文・大安禅寺碑记

宣德五年，正使柴山奉命远造东夷。东夷之地，离闽南数万余里；舟行累日，山岸无分。茫茫之际，蛟龙涌万丈之波，巨鳞涨冯夷之水；风涛上下，卷雪翻蓝：险衅不可胜纪。天风一作，烟雾忽蒙；潮澜洊湃，波涛之声振于宇宙：三军心骇，呼佛号天。顷之，忽有神光大如星斗，高挂危樯之上；耿焕昭明，如有所慰。然后众心皆喜，相率而言曰：此乃龙天之庇、神佛之光矣。何以至是哉？是咸赖我公崇佛好善，忠孝仁德之所致也。迨夫波涛一息，河汉昭明，则见南北之峰远相迎卫；迅风顺渡，不崇朝而抵岸焉。

既而奉公之暇，上择冈陵、下相崖谷，愿得龙盘虎据之地，以为安奉佛光之所，庶几以答扶危之惠。于是掬水闻香，得其地于海岸之南。山环水深，路转林密；四顾清芬，颇类双林之景。遂辟山为地，引水为池，救之陾陾、筑之登登，成百堵之室，辟四达之衢。中建九莲座金容于上，供南方丙丁火德于前；累石引泉，凿井于后。命有道之僧，董临其事。内列花卉，外广椿松；远吞山光，平挹滩濑。使巢居穴处者，皆得以睹其光焉;此酬功报德者之所为也。且东夷与佛国为邻,其圣迹海灵钟秀有素矣。此寺宇之建,相传万世无穷,良有以夫。

建寺者谁?天朝钦命正使柴公也。

卷下·艺文·千佛灵阁碑记

粤自大明开基,混一六合;东渐于海,西被于流沙,声教迄于四海。凡在远方之国,莫不捧琛执帛而来贡焉。时东夷逋居东海之东,阻中华数万余里。水有蛟龙之虞、风涛之悍,陆有丘陵之险、崖谷之危。无县郭之立、无丞尉之官,污樽杯饮,尽其俗也。虽然,亦累贡所产于朝;永乐之间,亦常纳其贡焉。洪熙纪元之初,遣正使柴山暨给事中、行人等官奉敕褒封王爵,颁赐冠冕;仍遣祭前王,使其知尊君亲上之道、笃仁义礼乐之本。天朝之恩,无以加矣。当今圣人继登龙驭,率由旧章。宣德二年,复遣正使独掌其事,莅临以询之,则见其王钦已于上、王相布政于下,其俗皆循礼法,熙熙如也。宣德三年,本国遣使归贡于朝。迨夫五年,正使山复承敕来兹,重宣圣化。涯海往返,沧波万顷;舟楫之虞、风涛之患,朝夕艰辛,惟天是赖。思无以表良心,遂倡三军垦地营基,建立佛寺,名之曰大安;一以资恩育之勤,一以化诸夷之善。寺宇既成,六年卒事复命。

迨宣德八年岁在癸丑,天朝甚嘉忠孝,特敕福建方伯大臣重造宝船,颁赐衣服、文物之劳之。日夜栖迹海洋之间,三军有安全之欢,四际息风涛之患;或夜见神光、或朝临瑞气,此天地龙神护佐之功,何其至欤!于是重修弘仁普济之宫,引泉凿井于宫之南,鼎造大安千佛灵阁;凡在诸夷,莫不向化。宝阁既成,佛光严整。八月秋分,又有白龙高挂,以应其祥;此嘉祥之兆,良有自也。建立碑记,以纪其事;使万世之下,闻而知者咸仰天朝德化之盛,而同趾美于前人。因书为记。

建寺者,故柴山云。

卷下·艺文·航海赋【萧崇业】

句町痴人奉命中山之役,戒艘于闽。有镜机子,俨然造曰:盖闻宁俞竭力事主,艰险不避,人谓之愚;汲黯数好直谏,难惑以非,史称其戆。吾观若貌愉而和、行通而悫,匪愚匪戆,何故名痴?岂有说耶?痴人良久不言,乃莞尔而笑曰:仆鄙野之人,僻陋无心;胡敢当二贤也!顾即之时事、验乎物情,名亦有自来矣。且夫乘人斗捷,智者相倾;而任理直前,则愚之所以优于械也。随俗脂韦,謏者相和;而秉德持闲,则戆之所以不为佞也。兹者,傥宠灵以航异域,其孰敢违!彼訿訿者,避犹桎梏;萌萌者,但若康庄。诡蔓饰隙,远脱冥翔;见几之作,我则未遑!是以观者讶其辨之不早,众故讥其痴而无量耳。镜机子爽然自失曰:若可谓安义命,而笃于自守者也。痴盍足病哉!书云:若济巨川,用汝作舟楫;又独不闻犯斗之奇耶?第今时世日益浇已,顾安所得楂也者而乘之!若惟单精毕力以造万斛之舟,意者其有济乎!

于是痴人唯唯;遂命工师求大木,程之以有司、督之以当路。阅彼闽山礧硊,黝霭葪蓼轮囷;连抱蓃矗夭蟜,閜珂蔚若邓林。弥皋欐阜,荫谷蟠岑;攒郁丛骈,朗昼盱瞑:尊磊磊其上覆,森落落而刺云尔。其考制抡材,凌峦超壑;移兵走檄,涤薮摧岀。松樟采于剑之津,铁力贸于岭之表。巨不厌修,细罔遗小。是断是迁,载坚载好。凡既备矣,大工斯肇。于是览易爻,思象旨;仪工倕,法虞昫。考日力之程,较费务之纪;问轶事于故游,鸠黎人以经始。离朱督绳,班输削墨。殊裁润之时宜,概度稽于往牒;定丰约以执中,酌文质以立则。雕土岂效之务相,窾木用扩乎古哲;为梁远陋夫绛襜,涉川无取于瑶楫。扛艫参桅,交籍合槼。穴牖梯舱,副柁重底;飞庐翟室,望之如宇。其上则有彤宫镂像,滦栌华欂;旋函绮棱,睿制琼章。锡衣命服,皮弁纁裳;玄冠鳌绶,玉佩锵锵。犀金麟紫,芾舄斯皇。繁繐冰纨,纬罗束帛;连烟之文,独茧之色。凡夫取竭天产、发输人迹,为九赋之所敛、九式之所节者,是用传宣乎会极之门,远颁乎来王之国。其次则有文椸莞蒻,毛席毾㲪;瓶缶匕匙,寿光水器。兰膏朱火,贲烛金羊;炊釜篪缄,彝卣屏面。甂瓯陶素,裛绣编连;盐酪豉薪,唾壶兽子。绸杠绛縿,组帷流苏;旓旆飚悠以容裔,羽旌骚杀其纷如。材官畜用,利械兼储;修鍜延鏦,铦戈刺殳;佛即鸟嘴,阳夷勃庐。大屈之弓,綦卫之矢;溪子之弩,越女之剑。龟蛇之旐,鸟隼之旟;军容翼翼，豫戒不虞。若乃弘舸巨舰，非常可模。抗指南之暐晔，崇五楼之峥嵘；运货狄共鼓之巧，使尽变化乎其中。是故外阔内虚，大人度也；阳行阴翕，方壶境也；画鹢琢云，等威异也；虬螭蜿蜿，椀橹击也！鹰瞵枭瞷，力士从也；峤崒峰攒，棨戟列也；鸾翔鹘逸，麾盖张也；蔽天翳日，帆扬而缦移也；流霞掣电，银黄饰而赭漆光也；震霆轰辇，钲音革响也；舞鸾律鷟、韵乌部蛙，钧天角抵、缤纷错集者，殊俩薄伎，散襟期也。若乃推验天文，审测风日；星翳卜算，羽祝庖丁。匠氏缝工，调人司救；象胥掌讶，篆镂丹青。与夫吴歈蔡讴，阮啸孙吟；曹诗刘饮，秋奕嵇琴。陶泓毛颖，陈玄楮生：俨然数客，述古删今。以至解难之丸，杯肘之射；棘猿之术，雕龙之英：靡不广询博取，竞爽攄能尔。其大虽谢于驰马，制实迈于采菱；庶几御长风以利往，责千里于寸阴。乃若梁丽晋舶，越舼蜀艅；沙棠木兰之称，青翰三翼之名：方斯蔑矣。

于是遴长年、齐三老，命先期以诹辰，辄开舟而出坞。士庶伫眙，观者如堵；冠裳杂沓，纷饯于祖。导鱼须，负矢弩；会候亭，循旧矩。割齦鲜，差燔脯；酌醴酬觞，鸣金伐鼓。挥丝竞肉，移宫换羽。欢溢厮舆，礼殷客主。仆马幅凑，譬风行雨。散烝瀎于，南台之浒尔。乃揖让辞筵，慷慨升车；祀天妃于广石，初纵苇于梅花。临万顷之瀇滉，杳莫窥其津涯；觇五两以为表，指六合而为家：仗皇威之远庇，托灵胥而自夸。遂竦节而结旅，忽轻举以征遐；高宇淡乎其若寂，大块恬然其不哗。映流光以霁色，照落景而俱嘉。穷区没渚而不见，万里藏岸其何遮！泓溴信难测之于蠡，渺茫无足语之于蛙尔！乃顺飚鼓帆，凌波骤舳；不行而罔不至，不疾而靡不速。冏然若翔云绝岭之翼，倏乎如驰隙遗风之足。陋登仙以矜荣，擬乘槎而仿佛：此非海外之壮游、人世之奇瞩也耶！若乃阳侯磅磕以跳沫，天吴激礴而鼓涛；飞涝澌澌以相漏，洪澜訇訇而互淆。转天轮而颓戾，回地轴而争挠。駊騀错乎嵩衡抗崪，磈错乎雷澍叫号。潏潏浤浤，则星河似覆；漖漖潗潗，则日月如摇。篙工于是乎谨柁，楫师于是乎弛绡。当此之际，末可如何！虽冯虚以御风兮，境非赤壁；纵遗世而独立兮，心异东坡。有时乎竦慑战怖，无日乎爽旷婆娑。恍千态以万状，怵谈笑而起戈；须臾久于年岁，瞬息虑乎风波。有车马行，公无渡河。由斯以谭，则知郭景纯之所赋者，特泊泊之见，未习夫江汉之委输也；木玄虚之所云者，乃想象之言，犹未睹夫灏溔之实际也。故尝嗟徐衍之负石，怪精卫之塞溟；壮荆飞擒蛟而成气，贤夏禹视龙其弗惊！若乃陈茂拔剑，事偶然耳；海童邀路，其谁忘情！夫是以仰舟中主敬之程子，悟遇风思过之管宁。坐而待旦，动与惧并；行无辙迹，止无所凭。郁郁墨墨兮众心惙惙，摇摇悝悝兮我头岑岑。

逡巡数日，乃始达于其境。于是世子遣文武之臣，驾雕辂，骖骕骦；坐组甲，建旗常。扈乌号，翘干将。羽骑飞蕤，金戈耀铓。魋结左言之渠，镂膺钻发之行。蟁蠯惊捷，舞蹈趋跄。前驱骋路，盱眸自旁。睹汉官之上仪，咸輾咍以振踊；庆千载之嘉会，愈色泽而神竦。亦有靡闻不来，无见而拱；周环罗列，盘辟举踵。于是盛礼兴乐，供帐设乎皇华之庭；夙戒具而赞典，纷呼嵩以祝龄。僸佅𠎝离，于焉俱集；四夷迭奏，昭德之馨尔。其尚之以金章，加之以元服；戴丽垂缨，拖绥鸣玉。变左衽之陋风，袭中华之芳躅。御纂组于公庭，告先公于祠屋。追养之礼殚，受终之仪肃。齐虎拜于部夷，称霞觞于宗族。然后捧纶章，留琳牍；奎翰辉煌，宝书雪煜尔。乃稽首顿首扬言曰：明明天子，万寿无疆者也！于是命膳夫以大飧，爰致敬于使臣；涤濯孔嘉，礼仪振振。载之以醪酤，设之以豆登；丰之以饔饩，介之以芳芬。馆舍之所问候，缉御之所频仍；佳胜之所赏玩，筐篚之所错陈。淹藻景于二时，笃邻好而常新；却裹，之厚馈，坚不辱于远人尔。

其巨典既毕，涉冬始归。瀇滉浮空，旋亦如之；伤心极目，褰望窅拘。风帷兮寒削，月帐兮凄严；蓦玄英兮换节，迅金素兮迎年。狂澜回兮渐以远，驾飞舲兮俄还。安危值于所遇，变幻殊乎目前；而出坎履顺，殆有鼓欢声而振天者矣。

缅惟乡之所谓神蕊形茹、股弁背芒，惴惴然而莫知所营者，果虚邪、实邪？抑虚者，舟邪；实者，我邪？谁虚谁实，谁我谁舟！盖譬犹空中之态、梦中之境，物物皆游，物物皆观耳。彼有认水为海、认陆为岸，乃至认我为我，卒相角遂而不已者，得无障乎！于是闽之耆老、士大夫、缙绅先生之徒，罔不掀颜慰劳，深喜其获终王命，以为邦国重也。

是时，镜机子亦在贺中；顾独出席盱衡而诘曰：猗欤，伟哉！痴人固能蹈海哉！昔者子路喜桴海之从，圣人抑其好勇；广德执乘船之谏，贤主嘉其直言。祸福所倚，几希之间；此招贾之文，诵者悚焉！若幸免于风波之危而克如期以竣事也,讵非有相之道欤!第尝闻之,识治体者,在修文德以服远;尊中国者,不割齐民以附夷。兹缘蕞尔之小邦,而乃奉先人遗体;冀幸鱼龙之牙吻,徒取彼重蒙:窃惑焉!痴人怃然有间,曰:客故习夫筱议乎?倘若所谕,适足以明其暗于全,而掇乎琐胶拘谫之忌,而未睹其恢恢者矣!何则?忘九隩之藩屏而不以边陲为襟带者,乃曲士之井也;偷持禄之苟安而龌龊以避险崎者,非达人之所壮观也。古之帝王,陋偏据而规小、恒宅中而图大;掩略八极,靡国弗营。既尊居乎神州之卓荦,尤勤骛于鸟兽之外氓。北出名师,南驰信使;輶车朱轩络绎不绝,楼船戈舫纷沓旁午。然皆弗克遗显号于后世、传土地于子孙!方今圣明在宥,威德房皇;九域密如,四封不耸。辽绝之党、冠带之伦乐贡效贽者,盖以亿计。琉球沾濡浸润,历年滋多;其奋濯泥滓,比埒箕子之邦。岂与夫乌浒狼皖、屠婆缚妇,奇肱反膝之酋、交胫长臂之种可同年而语哉!客倘愿闻若说,请为左右扬摧而陈之!夫琉球者,上古所不能化,秦、汉所不能从。考之四限,则大荒之外;测其封界,则闽、粤之东。远望蓬桑,则曜灵晰逸,蜃雾晦蒙;琴高影响而化幻,犊配绰约以昌容。旁睇岛夷,则朝鲜纲络,越裳蔓引;渤泥迢递以乖阂,苏禄牢罗以互亘。其苑囿,则傀峰幽屿,秀起特出;嵯峨降屈,中州所慕。其草木,则石帆、凤尾,紫绛纶组;抗茎敷萼,布濩皋甄丘。其鱼,则有吞舟吐浪,拥剑琵琶;蜂目豺口,狸斑雉驱:奇形殊类,胡可胜图!其虫兽,则雄螭牖鳌,王珧海月;绣螺绮贝,土肉石华:诡桀出录,瑰异无书。其禽鸟,则爰居避风,大鹏垂天;英眸缥翠,瀑濆洒珠:往来喧聒,集若霞铺。其宫室,则木无雕镂,土仅白盛;重闱连阕,去泰去甚。欢会作门,漏刻听政;殿曰奉神,名义斯正。乃设官僚,授之以柄:察度司刑,耳目司问。王亲是崇,亦有赐姓;通事、长史,爰以将命。范茫群丑,此焉则胜;海滨之风,兹亦等竞。是故赋仿井田,历遵正朔。横盗无斩关之惨,墨吏免椎肤之虐。攘鸡何有于轲书,捕蛇不闻于柳说:则闾阎乐业,有余嬉也。醇醴驯致,宪度渐陈。教亦崇乎释氏,诗颇效乎唐人;羡声名而遣学,精奕数而绝伦。岁时无须乎视草,髑髅岂聚于王城:则传志绵邈,自覆瓿也。物贡所产,器贡刀、锡;胡椒、苏木,硫黄、怪石;降香、樟子,岂苞重驿。望日而趋,间载而至:则尉佗倨傲,不足云也。迩者东鳀即序,西倾顺轨;交南怀化,漠北跂指。织路骈衢,梯山楫水。献名琛于殊邻,出瑰琰于冥垒。粪积壤崇,此麇赴坌举;而称臣入侍之辈,相与充斥乎蘽街之邸。天子于是弘王者之无外,抚胡、越之一家。命鞮鞻以掌音,设韎任之舞曲;以娱五戎之君,以睦八荒之狄。驾长策于胷爽,广博施于疏逖;常武辑啴啴之旅,小戎埋辚辚之迹。三五为之跨蹑,八九为之韬轶。祯符之所伟兆,鸿巨之所舄奕:合在于此矣。然则琉球虽远,岂其得而弃之!四牡虽劳,又恶可以已之!且夫兼容并包者,英辟之宏略也;布德宣誉者,臣子之急务也。故汉皇驰域外之议,博望不辞勚于月氏;隋帝采殊方之俗,朱宽久衔使于海国。值斯之动,农夫辍耰,红女寝机;士马创吮铤而瘢耆、老弱伤严镞而蹂践,遐氓为之震竦。黔首蒙被其难,而邪行横作;侵犯边境者,犹不可殚纪。矧朝廷纯茂,夷夏熙恬;游原于迩狭,泳沫于迥阔。寰海之外,有不喁喁响慕中国者,则鲛人窃嗤之为士,而不称引帝德。如之何,其不叫呼于芸夫!且仆以泛瓢之弱干,荷郅隆之倬典。方谓无异螳螂之臂;客奈何独以宗元之招贾者,惧惧然相恐也?已事而盘辛无谈虎哉!于是,镜机子柔气汗辞而谢曰:斯事体大,固肤浅所不能备也!降阶捧手,欲让而行。痴人曰:复位,仆授而以航海之诗。其辞曰:于皇帝德,暨四方兮;中山请命,厥惟常兮。天子曰俞,尔宜王兮。锡以弁冕,黼及裳兮;赫赫诏敕,使臣将兮。布帆无恙,神所襄兮。一人有庆,率土康兮;本支百世,炽而昌兮。

卷下·皇华唱和诗【附】·梅花开洋

月吐青山倚舰楼,为驰王事渡仙舟,槎随博望从今日,雨罢扶桑定晚秋。舱外云飞星欲动,洋中涛起地俱浮,遥知天路行应远,记得君平说斗牛!【萧崇业】

仙崎渡口水飞楼,十丈青莲太乙舟,风笛数声江阁暮,梅花五月海门秋。天高北极星辰转,地坼南溟日夜浮。此去若过乌鹊渚,好将消息问牵牛。【谢杰】

卷下·皇华唱和诗【附】·过东沙山

出使殊方水国遥,东沙入望翠如髻,欲从日域开金诏,非为天台访石桥。海色晴疑云外雨,涛声听似乐

中詔。丈夫意气笼霄汉，何必区区戒弄潮！【萧崇业】

一线峨眉入望娇，芙蓉双黛削岧峣，看从日际晴如昼，失却风前翠转遥。碧落无垠波接汉，沧浪有信月随潮，探奇不用燃犀照，海怪年来已尽销。【谢杰】

卷下·皇华唱和诗【附】·迎熏歌

琉球入海针为路，孤舟去去南风渡，蓦然东折不可行，石尤之风反南征。波涛汹涌高百丈，湍流横蹙喷舟上，阳侯激怒势欲倾，银屋飞来与船并。又如千驷奔蹀躞，万斛雄舸邈一叶，四围冥昧灏无边，昼夜茫茫混大圆。狂涝喧豗纷不止，雷震碧空差可拟，转天摇日蛟螭藏，三峡回川那足方！舟人股弁靡所立，孱儿群呼抱相泣，使君危险总忘情，重视王命此身轻。"忠义"二字良独守，泰山、鸿毛我何有！丈夫所贵意气多，慷慨翻为浩浩歌。封姨一夜熏风正，大家拍手篙师兢。使君至此开心颜，航海难于上青天，肠断征帆几半月，何时得到中山国？【萧崇业】

琉球东来海为路，乘风七日即得渡，石尤作祟未可行，翩翩彩鹢翻南征。楼船去水高寻丈，水花飞薄楼船上，突然下涌船底平，船高直与牙樯并。船稳如山劲如铁，簸弄中流如一叶，瀑布飞来万缕鲜，玻璨碾碎乱珠圆。银山雪屋纷纷起，钱塘之潮那足拟！鲲鹏飞跃蛟龙翔，广陵之涛何敢方！天吴九首作人立，舟中弱竖骇欲泣！使君持节了不惊，君命为重身为轻。平生忠信知无负，风波颠危我何有！凭谁为语海波罗，临流一赋迎熏歌，歌声夜彻群灵听，明朝一箬华风竞。【谢杰】

卷下·皇华唱和诗【附】·见山谣

水国迢迢几万里，天涯浩浩无穷已，封舟一去淼何之？更忆岛中山可指。少女倏忽反东风，四方易位晦朦胧，柁工迷路随波逐，海客无谋任转蓬。平嘉岭已踰，鸡笼屿安在？花瓶隐不浮，钓鱼沉翠黛。洪涛白浪如梦中，长年、三老虚相待。武夷盘九曲，八闽峰钩连，铁障与鳌顶，巉岩不可攀。青山盈睫不用一钱买，沧海之山何太艰！魂飞思山处，目断望山时，精卫费木石，安得愚公移！舟人日日频指点，谓云是山还复疑，蓦看波前鸭头绿，邈然太仓一粒粟。须臾突起喜欲狂，譬若迁乔出空谷。有山海可渡，见山舟可行，开醅使君饮，操觚使君吟。如此风波俱度外，祇有苍苍解我心！【萧崇业】

船中惜水胜惜浆，洋中见山如见娘。槽间汲水不盈尺，七日看山迷黛色，长年、三老阴自怜，使君不语心悄然。今朝隐隐波前起，万碧丛中著黑子，舟人指点信复疑，稍看如发又如眉。风帆去去迅于箭，苍翠须臾应可辨，满船色喜浑欲狂，娘尔何来天一方！七闽连山千百里，处处相看不知喜。【谢杰】

卷下·皇华唱和诗【附】·三龙吟

我驾楼船壮心目，海洋白浪如银屋，手持洒露紫泥书，赫赫威灵清水族。七日泛长流，三龙突出游，伏晖匿景天地暗，喷沫涌珠烟雾幽。三行气嘘白，万丈虹森列，呼吸风雷不可当，篙工、舟子面无血。竖儿勿惴慑，使君且从容，纷纷航海者，听我掀髯歌三龙。暴螭惧陈茂，潜蛟没周处，丈夫视龙犹蝘蜓，玉节在船何敢阻！我宝双龙剑，一雄还一雌，结佩上长安，意气谁与媲！提携白日横四海，无乃神物会有时。天王御九有，鲸波息已久，况复金函诏，百神咸护守。三龙接翼巧相期，得非来朝惟恐后！世间诡异难尽知，海中变幻何太奇！泥蟠天飞固其理，圣作物睹乃如此。使君解龙意，粉牌朱书字，龙悉使君示，须臾形渐避。麾除群怪如驱羊，呵禁不祥走无地。叠阁俄兴霖雨机，三老始成舟楫事。舟楫霖雨总一时，诏指中山望不迷，龙行雨散云霞止，人人都在光天里。【萧崇业】

九五龙飞利见时，双星行部临东夷，手持黄纸盘龙字，照入沧波光陆离。波底蛟龙惊欲奋，扶摇何独鲲鹏运！重译未知天使来，波灵已识龙颜近。一龙哭起巽之东，欲起未起云冥蒙，苍涎涌作三天塔，白气嘘成千丈虹。二龙接翼临单卯，涛头欲现黄金爪，回首三龙在艮隅，水族相期何太巧！雾滃澜翻势转殊，怒涛如失颔下珠，匿伏景光成变幻，混茫天地入虚无。舟师面面无人色，此物向来势何棘！一吸能空万斛舟，孤槎讵抗三龙力！使君自苦还自疑，灵物何应嫁祸奇？金函开诏龙来集，此意就中知者谁！仓卒传呼走衙吏，牌上朱书两行字：知龙来意贯龙朝，深藏毋令舟人悸！牌发斯须龙渐消，似来欲往势可招，如虹白气随风散，带雪苍涎逐浪飘。满船更生惊复喜，群来问我何能尔？君王神圣万灵驯，来为斯来止为止，来时欲朝咫尺威，止处尤占威不违。烦君更作葛陂杖，护我天涯星使归！【谢杰】

卷下·皇华唱和诗【附】·祭王漫赋【有引】

故事，迎谕祭龙亭至，世子第出庙立候，于义未安，因让之，乃拜。盖前此所无者，志为例。

二使遥临草色芳，晴云绕绕阁穹苍，殊方召对闻天语，绯服新披接御香。露洒扶桑情漫切，槎登瀛海路偏长，控津四望流千顷，环郭群峰水一方。压渚楼台高欲堕，夹堤松竹郁成行。干旌迓日荣东土，鼓角凌空入大荒。节惠贻名恩自渥，悼先有典礼宜庄！片言感悟从舆论，五拜雍容伏道旁。鸳鹭鸣珂迎凤辇，貔貅拂剑护龙章。牲牢奠处悲风起，楮币焚时白昼黄。祠庙阴深人已去，弓裘业绍世弥昌！鸿基远镇鲸波国，麟彩光摇薜荔墙。阙望北辰仪肃肃，嵩呼三寿舞蹡蹡。小部笙镛陈不作，外庭客主酌初尝，飞花落席银题暗，晚照当轩羽骑茫。半下祥乌栖暝树，左言夷稚拥归缰。皇仁浩荡包藩服，独此冠裳拟汉、唐。【萧崇业】

谁洒扶桑露，相将到薜萝！西原分气色，东海沐恩波。鹤久乘云去，龙初捧日过，玉堂太史笔，金马使臣珂。典出尚方异，仪同藩邸过。二牢崇汉祀，三爵酹周醝，楮币方相燎，钲铙鼓吹歌。费词非聚讼，故事定传讹，咫尺瞻天近，寻常如礼何！一言能转悟，五拜不须诃。义可因心起，诗奚徒诵多！主威与臣节，九鼎重峨峨。【谢杰】

使琉球录①

历朝使琉球姓氏考

宣德三年,钦差内监柴山、副使阮【旧录失查其名】敕封国王尚巴志【请封自巴志始;父思绍,系追封】。

正统八年,钦差正使给事中俞忭、副使行人刘逊敕封国王尚忠。

正统十三年,钦差正使给事中陈傅、副使行人万祥敕封国王尚思达。

景泰三年,钦差正使给事中陈谟、副使行人董守宏敕封国王尚金福。

景泰七年,钦差正使给事中李秉彝、副使行人刘俭敕封国王尚泰久。

天顺七年,钦差正使给事中潘荣【漳州府龙溪县人】、副使行人蔡哲敕封国王尚德。

成化八年,钦差正使给事中官荣、副使行人韩文敕封国王尚圆【长子尚宣威传位一年逝,未及请封】。

成化十五年,钦差正使给事中董旻、副使行人司副张祥敕封国王尚真。

嘉靖十三年【甲午】,钦差正使给事中陈侃【浙江鄞县人】、副使行人高澄【顺天府固安县人】敕封国王尚清【前此使录俱无所考,刻之自陈、高二君始。事具载于后】。

嘉靖四十年【辛酉】,钦差正使吏科左给事中郭汝霖【江西永丰人——吉安之永】、副使行人李际春【河南杞县人】敕封国王尚元。

万历七年【己卯】,钦差正使户科左给事中萧崇业【云南临安卫籍,应天府上元县人】、副使行人谢杰【福建长乐县人】敕封国王尚永。

万历三十四年【丙午】,钦差正使兵科右给事中夏子阳【江西广信府玉山县人】、副使行人王士祯【山东兖州府泗水县人】敕封国王尚宁。

卷上·题奏

礼部为循职效忠,条陈奉使事宜,以隆大典事。

仪制清吏司案呈,奉本部送礼科抄出兵科等衙门署科事给事中等官洪瞻祖等题前事等因;奉圣旨:该部知道。钦此。钦遵抄出到部,送司案呈到部。看得兵科等衙门给事中等官洪瞻祖等为领差琉球开款具疏,大都谨慎将事之意。内除探倭一节事关兵科,已经议覆外,其例应本部题覆者四:一、请留诏敕。属国之所以请封者,惟藉此以为世宝;使臣恭赍以往,俟该国请留诚恳,应照累朝故事,听许其留:示以天朝褒锡殊恩,坚其向化之志。一、祈报海神。按昔年航海,有报无祈;今科臣议增祭一坛。盖身涉险途,礼可义起。合无于临行之日,听其请敕二通:一祈于起行之初,一报于回还之后。凭借天子宠灵,百神效职;量增一祭,于礼非过也。一、责成造船人员。夫万里水道,非一苇可航;则督造者,诚不可不慎。科臣既经条议,容臣等移咨福建抚、按择贤能有司监造;其官属、工匠,一并随行。同舟则同命,而复有以疏略塞责者必不然矣。一、议处从行人员。都司所拨指挥及医卜人等,选带自有成规。其官兵四百名,往例虽尝减半;今科臣思患豫防,并应足额,选用壮丁习谙海道者防护。若支销钱粮,布政司严行稽核;回日,使臣会同抚、按题知,则冒破自杜矣。盖谕朝廷大一统,固不忍拒小国之情;而为使臣虑万全,亦当思正大国之体。所请诸事,皆合允行。伏乞圣明裁定等因。

万历三十年三月十六日,本部尚书兼翰林院学士冯琦等具题。十八日,奉圣旨:依议行。钦此。

---

① 〔明〕夏子阳、王士祯撰。据台湾学生书局明代史籍汇刊影印抄本,参校《台湾文献史料丛刊》版。

钦差兵科等衙门右给事中等官臣夏子阳等谨题:为循旧典、效愚忠,敬陈奉使事宜,以隆君命、以重国体事。

窃照琉球国王,介在东海之表,世为荒服之臣;嗣位已十五年,请封方在前岁。荷蒙皇上俯念属国之敬共,率循累朝之彝典,乃从礼官之请,命臣充补正使,同臣士祯赍诏敕以往。臣拜命知荣,抚躬增愧。窃念臣子阳猥以愚庸,谬叨侍从。虚縻廪禄,曾无补衮之功;滥役远夷,益切负山之惧。盖历观使职,主于宣上德而壮国威。故或以言论风采,而耸外国之听闻;或以节义忠诚,而起殊域之敬畏。此其人,皆夙抱真才,确持劲节;是以使轺所至,足以增国家于九鼎之重,而益坚外夷慕义之诚。臣等何人,获与于斯!故自闻命以来,夙夜凛凛,何敢一日而忘祗慎!惟是事不避难,人臣之义;行己有耻,使职之先。臣等其敢不益矢精白之心,愈笃砥砺之节;期于不辱君命,庶几无旷厥官!至于过海事宜,著之旧典者,已经前使臣洪瞻祖照例条陈,奉有成命;地方诸臣必能同心体悉,共以国体、王命为重,协谋宣力,期于允济;臣无庸再赘。但臣既膺新命,例得条陈。请除议留诏敕,俟其恳请虔切,应听请留;祈报海神,应撰敕二道,同福建布政司官于广石海神庙举祭二坛,一祈一报:已经该部覆奉钦依,无容别议外。有事体未尽,应参酌时宜、稍稍损益者,谨开列上请;伏乞敕下该部再加详议,令臣等得遵照施行,庶事有持循,而于使职亦可以少尽矣。

一、责成有司。夫航海之役,乘长风行万里浪,则一舟之所关系,诚非细矣。故采木必须良材,造作必须良工,督造必须良有司;诚慎之也。往时委官督造,不肖者往往视为奇货而肆为侵渔。其稍知饬励者,又或希节省之虚名,而不究利济之实用;冀速成以图完事,而不务坚固以慎万全:此皆由于利害不相关,以致督造不如法耳。前后使臣目击心怵,惩鉴往事,皆议欲精选贤能府佐一员、有才略志节者或同知通判等,委以监督造船之任;而又副以廉干指挥二员,使之朝夕协赞。俟船成日,官属、工匠一并同行;则同舟同命,自当谋出万全:已经前使臣条列,礼部覆奉钦依,无容复议。但臣等万里衔命,固臣子奉职之常;而效劳员役与之同涉大海、履此至险,若不稍加优异以示酬劳,似非所以激劝人心而使之乐趋也。合无请乞于府佐则优以竣事升迁,指挥则优以咨部叙用;与夫船中一切总理、分管之流系往例所有者,果能效有劳绩,听臣一体并叙,酌量示酬:则奉公趋事者,均乐有异数之恩,庶人心竞劝而事可必其有济矣。然臣犹有说焉:国家凡有差遣,如监兑、恤刑、典试之类,未尝不与之操柄,所以重王命而肃人心也。以故法可施行,而事无龃龉。今臣奉使海外异国,所以效劳王事,非自为汗漫游也。节约谦慎,臣等固自有行己法度。然在闽首尾竣事,动经三、四年之久,始之以采木、继之以造船、终之以择人,与夫一切物用,皆取办于有司。而有司以事不相关,漫不加意;地方当事者,或又以膜外悠悠视之:则如一体奉公之义何!闻已卯之使,甚为当事者所龃龉。虽中间赖有善调停者,庶几幸而获济;然其费唇吻而分秦、越,则亦甚矣。合无请乞申饬地方抚、按官以王事、国体为念,同心共济,毋分彼此。其郡邑有司事相干涉采木造船、取用工匠及伙长舵工人役之类经其奉行者,事竣之日,听臣分别贤否,揭荐吏部;其或阘茸怠玩、苟且塞责、营私侵渔或至旷时误事者,听臣径行参论,重加降出,以为有司不职之戒。至于海中或有寇钞警急,沿海将吏有隐匿不报者,并行究处:庶几法行而有联属之势、事立而无怠误之虞矣。伏乞圣裁!

一、议处人从。夫远涉异国,阅历半载;其间气候异宜、风土异尚,故凡饮食、物用、弓矢、器械之类,与夫驾船、执舵、观星、占风、听水、察土,以及医卜、技艺之流,皆例得备带。盖王命所关,不得不慎重其事如此也。查得往时前项人从,皆有日用供给;而供给所出,皆取之编派钱粮。其应备人数,固不得减少以致缺乏;其或冗杂可已者,亦不得多带以滋烦费。此在闽中藩司皆有旧籍可按,臣等宜查照省约。至于所用指挥官二员及护送军四百名,皆熟于海道者;先因海防宁靖,减半用之。方今浙、直、闽、广处处寇钞,则似不得不仍其旧数;且得选锋壮丁,可资捍御:已经前使臣条议,礼部覆奉钦依,无容议矣。但查船中最要,莫如伙长、舵工、阿班等役。往例取之海澄县,而应募者率非惯熟精练之人,则以募资微而人不乐应;或豪猾通海者,私而庇之。所在有司亦视为故事,而不加精求耳。今后宜慎加咨访,籍名豫报,毋令通海豪猾得以藏匿。至于给资召募,亦宜优给从厚,使其乐趋;还日,并给冠带荣之:庶几惯海者可得为用,而不至于临时求索之艰矣。他如熟之温、台海道,则宜选之梅花所、定海所军;熟于漳、泉海道,则宜选之镇东万安所军。医卜各带二名,则取之所便。天文生一名,往时取之南京;近闻彼实不谙海上风候,不若总就闽中择之可也。

此外，或有题请所不及，但系前途合用，如名色把总、省祭官之流为旧时所有者，容臣等从福建布政司酌量取行。大抵什物取其精坚，人役取其熟练；皆贵精、不贵多，期于应用足备任使而已。毋徒徇人皮面，滥带贪残冗杂、不堪使令之辈，以糜官帑、以扰外藩。总待还日行令布政司将带过人员、用过钱粮、造过器物等项逐一核实造册，臣等会同抚、按题知，庶费用有所稽考、钱粮不至于冒滥矣。伏乞圣裁！

奉圣旨：礼部知道。

礼部一本：为循旧典、效愚忠，敬陈奉使事宜，以隆君命、以重国体事。

该本部题：仪制清吏司案呈，奉本部送礼科抄出兵科等衙门右给事中等官夏子阳等题前事等因；奉圣旨：该部知道。钦此。钦遵抄出到部，送司案呈到部。看得敕使渡海事宜，先经科臣洪瞻祖等具题，本部覆奉钦依，通行去后。今该科臣夏子阳等复行条奏，尤加详慎；俱于使事有裨。相应如议参酌开列上请，伏候圣明裁定，臣等通行各该衙门一体遵奉施行。

计开：

一、责成有司。前件，臣等看得督造船只既选委府佐一员，复副以指挥二员，官属、工匠一并同行；逮及竣事，府佐优以升迁、指挥优以叙用，与夫船中总理、分管之流果能效有劳绩，一并酌叙示酬，则人心乐趋，诚得激劝之道。若郡邑有司奉行采木造船、取用工匠舟师之类，或有怠玩侵渔以致旷时误事者，听使臣参奏处治；沿海将吏如遇海洋警息重大，一体报知，不得隐匿；至使臣衔命将事，抚、按、司、道正赖协心共济，岂宜秦、越以误使事：俱当依拟申饬。再照万历四年止以造船指挥二员并充护送，而府佐覆免从行；盖府佐系临民之官，不惟职役难以擅离，而杂之各役则不堪、夷于使臣则非体。第得廉能之吏用心督造舟楫坚牢，其同行与否，仍听使臣与抚、按官临时斟酌。伏乞圣裁！

一、议处人役。前件，臣等看得船中合用伙长、舵工、阿班等役，须令该县选取惯熟谙练之人；其募资宜从优厚，回时择其班头有劳者量给冠带。如有豪猾私庇及有司漫不加意者，听使臣会同抚、按官查究。又如熟于海道者，或取之梅花、定海军，或取之镇东、万安军，又或取之琉球夷梢；医卜各二名，取之所便；天文生一名不用南京，取之于闽；名色把总、省祭官之流，以备委用；强壮武艺之夫，以资御侮：俱听于该布政司精选应用。启行之日，布政司将带过人员、用过钱粮、造过器械，一面核实造报抚、按，一面造册报部，俟事竣会本题知。再照护送人役，例四百名；而万历四年题覆，止用其半。今海氛未靖，已经题准全用。是在查照旧规，临时伸缩。不得拘限名额，以图节省；亦不得徇情滥收，以滋扰费。使臣再议及此，深得奉使绝域之体：俱当依拟申饬。伏乞圣裁；

奉圣旨：依拟行。诏敕在船，著差去官用心安奉。合行事宜，该抚、按悉心料理；有违玩的，科臣参奏来。钦此。

钦差兵科等衙门右给事中等官臣夏子阳等谨题：为属国信不可爽，使臣义当有终；谨沥悃诚，恳乞圣明允坚成命，以慰远夷、以光封典事。

窃惟帝王之驭夷也，有不可携之大信；人臣之奉职也，有不可辞之大义。盖事不避难，固臣子职分当为；信以怀远，尤中国绥柔宏略。执此而论，则知今日琉球之封、使臣之遣，有不可轻议改者；伏祈皇上试垂听焉。先是，琉球国中山王世子尚宁请封袭位，蒙皇上不遣武臣，照旧仍差文官。盖念琉球之臣节不替，先朝之故典当循；一以慰远人祈望之心，一以崇四夷观瞻之体：德意盖甚盛也。时科臣当应命而往者，为兵科给事中洪瞻祖。比偶值浙江抚臣刘元霖海上捕获夷船，审有琉夷、倭夷并在获中，疑其阳顺阴逆；礼部题奉圣旨：琉球册封，著洪瞻祖、王士祯去。既盘获夷船声息未定，有关国体；还著遵前旨，待该国质审回奏、海寇宁息无警，方渡海行礼。钦此。维时之所忧者在海警，故使臣洪瞻祖条议疏中，亦颇及之。迨洪瞻祖以丁父忧去，臣乃叨转兵垣；礼部题奉钦依，以臣补充正使。臣感激天恩，惟恐不克称任使是惧。时从仓场尚书谢杰讲求使事要领，盖杰乃己卯使琉球者；因知此差之难，非特海上风涛之患，而且有地方玩视之苦。维时臣之所忧，惟在地方之不以王事为重。故臣具疏条议，独以责成地方及抚、按同心为惓惓；而海警稀闻，臣时固已略之。蒙下部议覆,钦奉圣旨:依拟行。诏敕在船,著差去官用心安奉。合行事宜,该抚、按悉心料理;有违玩的,科臣参奏来。钦此。臣于是仰见皇上绥怀属国盛心,又体念臣等远使殊域至意。臣欣戴天恩,益增感激;誓图报称,顶踵俱忘。故自万历三十一年三月陛辞,八月抵家,即于十月驱车入闽。臣谓封事皆有相沿成规具在,地方自宜率循而行;且蒙天语严重如此,所司必且奉行惟谨。何意地方人情乖谬,纪法陵夷;用人者惟私贿是徇,谋用者惟溪壑是餍,恣睢者只凭血气用事,比周者鲜知痛痒相关:事事掣肘,件件龃龉。时值抚、按缺人,臣欲言无所、欲行不得;困顿抑郁,苦不可言。臣又念寄命于人,宁为含垢抑情忍受;惟时时仰屋窃叹而已。及后半年,按臣方元彦至。臣往会之于邵武,为言其概,并移文知会之,始为臣催理;而狂逞者,犹且变乱黑白、颠倒是非,以簧鼓其间。迨后抚臣徐学聚升许为臣担认催督,始稍稍事有次第。然事既耽误于前,一时亦未能趣督于后;多臣等躬自料理,日夜拮据经营,任劳任怨,殚心力为之。入今岁来,木料渐集,船始就绪,工完七、八。但诸务犹未尽备,大桅尚未采得;臣忧惶无计,昨月移书抚臣,恳其悬赏购募。正在愁切,忽接按臣方元彦书,并以移会抚臣疏稿见示:谓滨海多事、警报频仍,欲申先年抚臣许孚远之议,仍请改遣武臣。臣一面移会抚臣,求其亟止前议;一面遣人驰书按臣,求其亟止前疏。不意按臣疏已从建宁先发,追之不及矣。此其心,虽虑海外夷情叵测,念明旨国体攸关,为是长虑却顾,并为臣等及五百人私忧过计,心非有他。但念臣等身为使臣,义不避难;既已奉命而出,岂可畏难而止!且琉夷请封日久,跂望甚殷。前年,遣正议大夫金仕历及夷梢二十人具咨来迎;去年六月,彼国进贡长史蔡朝信等回,臣已回咨的许以今年五月渡海行礼。及至九月,彼国又复遣都通事阮国等来迎。是臣等衔命至此,琉球固久已知之;即海上各国,亦莫不宣传闻之。若一旦改议武臣,不但失信于属国,无以慰其仰望之心;且恐示怯于外夷,亦非堂堂中国所为尊崇之体也。即或云琉球与倭密迩,风传稍有讹言;然倭自关酋毙后,未见狡焉启疆。风传浪语,或虚张者以惑听视,未可知也;亦安足信而安足畏哉!臣等愿奉命而往、完事而归,庶上以报陛下任使之恩,下以慰属国云霓之望;远以隆中国常尊之体,近以全使臣不辱之义。此则臣等当为职分,亦是臣等自尽职业;不然,始受命之谓何!终委弃而去之,旷官之罪,安所逃耶!然事不避难,臣之义也;同心相济,地方之责也。今人心不古,世态愈漓:不但以卑凌尊,且欲以客事主;不但视同秦、越,甚至酿成冰炭。憸人簸弄,为毒已非小矣;而且爱憎徇情,荡无法纪。如曾问大辟、贪残极恶指挥叶重光,于万历三十一年八月内钻谋领银三百五十两采木,又于延平府领银七十两运木,又先于本年四月内谋领银一百八十两为厂坞募夫诸费。是先后共领封王钱粮银六百余两,不为不多矣;采木经年,不为不久矣。乃竟侵入私囊,尽为乾没;地方官竟不查问。及至去年七月,臣涓吉兴工,竟无木来应用;惟臣设法催运,一松艑到耳。又且隔年侵费厂坞诸银,临期则又坞厂未备、采木无木、募夫无夫。至苦臣等束手无策,只得再易吉期,行令各官代为出银整理、设法选募海军代夫应用;又不得已,行令权借河下商木应急,而商人又多藏匿,甚费区处。彼且借采木为奇货,所过索过山、买休等银。至捆诈寡妇、白骗民木,虎噬鸱张,无异寇攘;曾经童华、魏阿南等告证。此非侵官剥民、大误封事,亟宜正法之尤者乎!乃至今犹然宽纵,上下推诿。此非有人焉为之弥缝,捍蔽其间;问官怀投鼠之忌、畏含沙之毒,何为若此!夫误封事者无罪,人人争效尤矣;凌使臣者见录,人人望风旨矣。今日封事迟误,船工迄今未成、物料迄今未备、大桅迄今未得,总皆由此。臣等孤臣耳,苦心已极!船不得成,岂能飞渡!况大桅乃一船司命,实臣等与四、五百人性命所关。旧录所载:围长尺寸,一以官尺为准;盖恐人或以意短长之,不知海上安危所系耳。今空朽者,既无当于用;如式者,地方又多纵奸民凿坏之。然则大桅安得,从天降、从地出?封船安得成,而使事又安得完局也!嗟嗟!使事至此,良亦苦矣。然苦在人情,而风涛未必若是之苦;苦在中华,而外国未必若是之苦:臣等又何惧而不往!伏乞敕下礼部复议上请,仍旧遣臣等将命渡海行礼,不必更议武臣,以滋作舍。仍乞天语申饬地方抚、按、司、道同心共济,速采桅木,造船坚固;俾臣等速往速归,涉险无虞,毋致久延传闻外国,更生他衅:庶几国典、使事两有攸赖,而臣等亦可以无负厥职矣。至背违君命、龂龂使臣,致误封事、贪险文武各官应当参论者,与夫忠勤任事、不避艰难、有功封事、应当叙录者,总俟竣事,当为陛下陈之。伏乞圣慈照鉴,刚断主持,封事幸甚!臣等幸甚!干冒天威,臣曷胜激切屏营候命之至。

钦差兵科等衙门右给事中等官臣夏子阳等谨题:为封船已备、使事可完,谨报渡海日期,以隆大典事。

臣等猥以一介草茅,荷蒙皇上任使,遣臣等奉诏敕往封琉球国中山王世子尚宁。臣等离远阙廷,踯躅海滨;拮据封事,将及四载。臣子阳荷蒙皇上擢臣转左,又蒙擢臣升工科都给事中;臣感激天恩,俱已焚香望阙叩谢讫。惟是臣身为羁旅,职在任使,无能讽议庙堂之上,少效献替之忠;惟有驰驱王事,不避艰难,少毕使臣分义而已。

先是,因地方怠玩,人情龃龉;桅木未得,致误去年行期。议者又因风传讹言,欲议改遣武职;臣等以属国信不可爽、使臣义当有终,上疏请行,并乞敕地方速采桅木以完盛典。台省诸臣咸是臣言,相继疏请;荷蒙皇上明见万里,主持刚断,奉圣旨:册命已颁,使臣久出,无中止之理。礼部便行该省抚、按作速完造海艘,令差去二员渡海竣事,以彰大信;仍转谕彼国,以后令其领封海上,著为定规。钦此。臣等仰见皇上崇重国体,昭示大信,至明至断;足以惕励臣工、风示四夷矣。奉旨之日,臣等固额手称庆,深窃自幸;而地方从此始敬共王事,留意采桅。

第前此官民两乐其败而恶其成,堪用巨木砍坏略尽;于是不得已议令取中空未甚者,更另取一木帮成之,以为大桅:此亦甚委曲迁就其间矣。而奈之何复有大田县故纵而凿毁者,则无法甚矣。臣据该县及督造官覆验申文,查果被其连次凿毁;臣乃行手本移会抚、按二臣,中称看得封船大桅,乃航海要棋,数百人司命也,贵在全材;关系非细。前经购募访报,幸有数处堪用;及移文知会,差役勘验如式,已经封号。乃有司官故纵刁民阻抗,一凿毁于政和县张孙鉴等,而已倡其端;再砍锯于安溪县吴钦江等,而益肆其毒:遂致大桅无得,耽误今年渡海,地方岂得辞责!近藩司行令建、延、泉、邵四府访报,限以过季参罚;法非不善。奈何人情藐玩如故,仅取旧报空朽之木塞责而已;竟无有用心采报者。顷督造把总苏道亨议取大田县岭柄中空且凿之木,与彼所自访后甲萧子衙坚实之木,帮合作桅;姑取备用。此亦见事势穷蹙,不得已为此迁就权宜之计,已非旧制与完策矣。何期地方势豪复重加深凿过半,且用火烧毁焦脆,以致不堪取用。看守谓何!该县责将谁诿!且据该县所申砍伐日期文内,亦为隐护不报。此明系县官纵容误害,阴设阳施;不然,岂有不畏院司而畏势豪者!似此违玩,害将何极!有限之木,岂能供其无穷之毁乎!即今闽省府、县咸欲龃龉封事,容保刁奸以希合取怜,诚为借资得策。但本科、司钦奉使命,非自为汗漫游也;义难中止,非船何济!况今日困顿已极,迟误已甚!若更纵容阻误欲为禁锢之计,即使臣寡不敌众,势莫如何!而明年又不得渡海,此事如何结局?近奉新旨:礼部便行该省抚、按作速完造海艘,令差去二员渡海竣事,以彰大信。赫赫纶音,中外传播;彼该县宁独不闻乎!合行移会。为此备用手本前去贵院,烦为查照提究,上紧采取施行。于是抚、按始行提究,藩司并行提安溪县豪民吴钦江等追究正法。盖吴钦江等乃前年砍坏封号合式巨木,最为害事而可恨者;于是人心稍稍知有王事。而今所取用大桅,则偶闻得之汀州府宁化县山中;议者据该县申文,咸以为深阻艰难,而必不可出矣。时逼岁暮,抚臣又在杜门;臣等忧惶无计,亟恳求之。幸而抚臣行道勘验,而延平府推官徐久德还报,得其不难之状;入今岁正月,尽得其实,决计取用。虽尾围稍小,未尽如式;幸有前萧子衙一木可以帮之。次桅,则得之侯官县天仙庙木,中空丈余;姑取裁用之。然此虽云得之甚艰,运之则又甚易;据运官称:上下山坂、涉历险滩,运行如飞,若有神助。此皆仰藉皇上威福,山川百神奉职,故地效其灵、天助其顺若此耳。从二月间桅木已即运至,三月已即安竖;今船已完备,汛期在迩。臣等即择于五月初四日启行,由闽省至长乐县;祭海祀神事毕,即登舟候汛,从梅花所开洋行矣。

臣等仰承钦命,宣布皇上恩威;诏敕经行,神灵默相;天威震耀,岛夷詟服:臣等固可恃以无恐。所虑者,内地或有奸人官属暗生戎狄,包藏祸心,潜行勾引窥伺;则不可知耳。如军门听用探倭把总许豫,名为探倭,实为通倭。先年勾引倭僧载回,经问大辟。去年六月,因桅木未得,夷官请给咨文回国驰报,并求伙舵护送,以便熟识山屿;臣等以事理可从,许之。乃许豫潜将常贩日本弟侄许美等及违禁货物,贿夷官王立威搭船载去,见在日本可据;乃怪都通事阮国与之龃龉,遂投匿名词于抚臣,诬害国等并中伤臣。已而又贿通海上把总谢以忠等扶同申报院道,以实其言。臣察知其奸,亟行福州府海防馆委官盘验,尽将伙舵各役发回;并留阮国及船只,不许出海:始免中其毒计。夫以此等一介小人,近在军门听用,犹敢簸弄为奸、螫毒使臣,全无忌惮如此。若孤处外国,彼弟侄俱密迩其间,潜行通谋,又安可测!臣当移书抚臣发其奸状,求其慾处;抚臣答书亦谓许豫其人,险不可测!第其在闽久、在倭亦久,彼此情实,皆其掌中。要机防闲,当在封船渡海之日。故臣昨已具揭恳抚臣求其收禁、勒取甘状保结外,而意外隐忧,总不可测。伏乞皇上敕谕抚、按、司、道严禁奸人,不许蛊谋阴害;严申海禁,不许乞船出海,交通倭国。如有疏虞,罪坐地方:庶几臣可生还,还可无忧耳。伏祈皇上留神一览,即赐批发;非独臣等之幸,亦国体之大幸也。

所有造过船只器械与带过人员、用过钱粮,查之旧例,皆有定数。臣今次所带人员,通共三百九十一名。所支廪给、口粮、行粮,通共银二千三百五十八两六钱;与所造器械,通共银一千三百六十四两六钱八分。虽中间稍有更置损益,然总之就中通融,一如己卯旧数而已。盖备物、备官,各事其事,自是天朝相沿之体;而伙舵、缭碇、水梢各役,又船中之必不可减者:臣等固不得浮慕节省而轻汰之也。至于造船,查布政司旧册及旧题稿,上次共用银三千五十三两有奇;今次造船,皆臣等躬自稽查撙节,仅仅二千零三十二两而已。虽布政司给发尚不止此,然稽其实用与追还实数,总不出此。如指挥叶重光前后领木价银及厂坞银共六百两,为其乾没侵用;自是应追之数。即使地方官欲姑息宽纵,曲准开销;第恐公道难掩、宪法难私,亦当追三、四百两还官耳。总俟提问完日,尚当核实具闻。惟是护送海军,查历来取之三卫,几及百人;己卯之役,以海防宁静,减用其半。今次前差科臣洪瞻祖以海警时间,仍题全用,已奉钦依。但查海军止堪贴驾,不堪御侮;且军行又欲议给行粮,殊难措处。故臣等移会抚臣,即议选营兵,量带三十二名随行;则器与人习,既可缓急备御,而兵有兵粮即以发给,又可不劳繁费。此则一举两利之术,而诸臣共以为然者也。此外,臣等驻扎支费,往例待臣还日,总行查核会题,则又不必先为烦渎耳。伏乞圣慈查照施行,使事幸甚!臣等幸甚!

奉圣旨:据奏使船渡海,知道了。海上情形难测,便行抚、按官申严禁例,不许地方人交通岛夷,擅启衅孽。该部知道。

钦差册封琉球兵科等衙门右给事中等官夏子阳等谨题:为渡海册封竣役复命事。

照得万历二十九年十一月内,该礼部题:据琉球国世子尚宁上表,请乞袭封王爵;钦奉皇上遣臣子阳、臣士祯为正副使,各赐臣一品服一袭,赍奉诏敕二道及颁赐冠服等件,前往琉球封世子尚宁为中山王,仍谕祭前中山王尚永。臣随于万历三十一年三月内,陛辞;入福建省城,督造封舟。乃缘地方人情乖谬,百端龃龉;幸再藉天语叮咛申饬,于万历三十四年三月始克成舟。遂以本年五月初四日由福建南台解缆,至长乐县;十九日,至广石,谕祭海神。次日,登舟;二十四日黎明,从梅花所开洋。时值顺风,凡七昼夜兼行,即抵其境。次日,彼国闻知,遣官来迎及率夷舟导引入港;遂以六月初二日登岸,世子尚宁遣文武陪臣具仪从拜迎诏敕至天使馆安奉。择本月三十日,行祭王礼。七月二十一日,行封王礼。是日,尚宁俱躬率臣民跪拜道周,步行前导。至开读,一如仪注;嵩呼舞蹈,执礼弥恭。已而请留诏敕,极其诚恳;臣等令恭捧其先世珍藏者来看,则先后宸章辉煌具在;因如制许之。大礼既毕,似可遄归。但球琉居闽之东北,必待立冬后东北风发,始可戒途。因守候至十月十五日,登舟。计住彼国凡一百三十余日,其间宴会、馈遗之礼与人役供应之资,在彼国固皆有相沿旧规,在臣等亦多为之节约浮费。至于每次宴金,臣等皆却还之。其后临行,复致为赆;往返再三,臣等卒坚辞不受。然亦见尚宁感戴皇恩,加礼使臣如此。又臣等先未渡海时,传闻倭警,且恐内地奸谋叵测,临行疏请申严海禁;盖诚虑国体所系,宜切豫防。比臣等在琉球,果闻倭狂谋汹汹,幸而畏疑中寝。及九月间,有数舶至,称为贸易;臣等行令琉球豫为陈兵备御,且严禁从役勿与交通。倭知有备,亦敛戢不敢肆。闻之琉人,谓倭酋帖息之状,大异往昔。此皆赖皇上挞伐余威,震乎殊域;故臣等不烦指麾而自定耳。臣等登舟之后,至二十日始得出港。次日,开洋返棹,方尔安行。忽二十三日午后,飓风大作;连日涛涌如山。系舵大索为一船纲维者,连断其四。运舟巨舵为一船主宰者,连折其二,舟中所存仅一舵矣;亟整理易之,又复为巨浪击去舵叶。即合木巨桅,亦缘振撼损裂,摇拽欲仆。如此者又经三昼夜,以一无舵之舟簸荡于烈风狂涛中,颠危倾仄,几覆溺矣。幸赖我皇上威福,以致神明默佑;二十九日,三易舵后,风伯助顺,始得安澜以归。三十日,抵福建定海所。十一月初一日,入五虎门港口。臣等与阖舟四百余人方私相庆幸,喜遂生还;乃沿海地方官秦、越相视,竟违臣等所行之牌,无一舟来引港,遂至封舟迷礁阁破，一番惊恐，又几没溺。所幸此属内地，臣等亟觅小舟避去；从行各员役皆扶救登岸，仅以身免。夫濒危数四，殆而复安；此非仰藉皇上宠灵，其焉能有今日哉！

窃惟环海之外，鳞介之属以国称者，何虑数百！琉球，亦东海一夷国耳；自昔不通中华。爰自我明，始慕义来王，世修职贡；遂获被累朝锡封之典，荷皇上植立之恩。纶章宠贲于遐荒，典礼耸闻于殊域。皇仁有脚，立登俭岁为丰年；帝德如春，倏令穷陬为乐国：遂使臣等忻逢盛际，叨被余荣。封豕长蛇，睹汉官而畏威惕息；冯夷海若，钦帝命而呵护生还。是臣等自今之年，总皆皇上再造之赐；忻感无量，图报难名。琉球国王遣官护送臣等回还者，已随臣等同舟至闽。其所遣另舟赍谢表谢恩王舅毛凤仪等，闻亦于去冬岁暮已抵闽城；除听其自行具谢外，臣等仰荷天恩，叩首阙廷，曷胜忻跃感戴之至！

缘系渡海册封竣役复命事理，备将使事本末，谨具题知。

奉圣旨：知道了。该部知道。

琉球国中山王臣尚宁谨奏：恳存旧礼，以谢劳臣事。

臣宁僻居海国，荷蒙圣育封臣为中山王，不胜感戴。除具奏谢恩外，今有使臣二员——正使兵科右给事中夏子阳、副使行人司行人王士祯奉命远使，亲督造舟，三年劳瘁于闽中，万里间关于海外；勤劳辛苦，倍逾昔日。自从入境，体恤节省，禁令森严；民间胥戴，举国衔恩。且当倭舶之来，风传汹汹；二使臣教臣以治兵修器、守险戒严；倭至贸易，亦惧天使先声，遵守约束，不敢如往年狂跳。凡此使臣之德，悉皆圣恩之广大也。臣日夜兴思，益怀感激！臣小国荒野，无物将敬。宴款之际，代物以金；虽自知乎菲薄，实世缘以为例。兹蒙二使臣屡宴屡辞，往返书谕，坚持大义不受。至临行，臣复将各宴席金并代土仪诸金，每员共计黄金九十六两，遣法司、长史等官马良弼等官臣手书坚恳鉴纳，二使臣仍答书返金，固辞不受。窃惟二使臣清白自励，为圣朝臣节之光、外国使臣之表；高风大节，信超出寻常万万矣。但劳苦数年，风涛万里；小国情礼，丝缕未尽：臣与通国诚不自安。谨将原金二封用印钤记，共计黄金一百九十二两；今差来王舅毛凤仪同正议大夫阮国等顺赍献奉，伏乞天语叮咛，敕令二使臣收受：庶臣旧礼无缺、微敬获伸，臣无任激切踊跃之至！

奉圣旨：览奏，具见该国诚款。但夏子阳等却馈能廉，正得使臣等之体。其礼金，还著来使赍回。礼部知道。

卷上·使事纪

万历二十有八年正月，琉球国中山王世子尚宁遣长史等官表请袭封，距其故中山王尚永之薨已十二年矣。所以迟迟者，盖惕于日本关白之乱也。先是，福建抚臣许公孚远议：以海警，欲令领封；业有成命矣。嗣以世子表请，议改遣武臣往；而世子又援礼制及已卯例为请，甚恳。礼部上其议，遂得旨仍用文臣二人往。故事，册封琉球正使属科臣，而以行人副之。大行王君士祯序当行，已报部矣；而省中坐兵垣，一时皆迁转去，虚无人。至十月，洪君瞻祖以馆选补兵垣；命下，遂举以属焉。会浙江盘获夷船，称琉球人，而译辞颇异；部议令琉球使者质认。且虞海警未定，欲俟查报，以便遣使；故诸君尚有待，未行。至次年八月，洪君丁外艰去，正使且缺；阳方承乏户垣，嗣后叨转兵垣右，遂有补充正使之命，而与王君同事焉。时事体递更、人情观望，诸司办造仪物既悉未备，而序属寒冱，遽未可行。因得从总督仓储大司徒谢绎翁访求使事要领——绎翁，盖已卯使琉球者；余等乃悉此役所急在造船惟坚、用人惟练、督造有司惟良，而其最吃紧者则尤在地方抚、按同心协力以约束郡邑有司将事，庶乃有济耳。洪君未丁忧前，已曾循例条列具题请留诏敕、祈报海神、责成有司、选带人从，而益以探报海警；礼部覆疏，俱一一如议奉钦依。惟谢绎翁所谭事体，洪君疏中或有未及、未尽者。故余等独摘二款再请，幸圣明在上，渡海事宜，责令地方抚、按悉心料理；而违玩者，许令参奏：则实为明见万里焉。

癸卯二月，余等始领诏敕及颁赐仪物以行；蒙各赐大红一品服一袭，阳以麒麟、祯以白泽；带以玉，则自备云。三月，陛辞，由潞河南下。阳抵家后，即以十月驱车入闽；祯亦以十二月至。时闽中抚、按相继物故，藩、臬二司及郡邑长又皆入观行，署司事者为右伯徐公学聚、署福州府事则推官阮自华也。先是,抚、按及藩司承礼部咨文后,凡编派钱粮、措置船厂木料诸务,区画已周。惟采木之役,往例布政司发钱粮贮建、延二府,就委该府推官一员督之;故功有责成,而费可稽核。左伯王公恩民已发银千两贮福州海防馆,移檄建南道刘公毅令其差官领发,循往例也。有指挥叶重光者,新脱大辟,婪而且黠;意欲窟穴其中。初,谋为造船总督,即豫领厂坞银一百七十八两以去,未餍也;乘王方伯入棘闱,夤缘阮推官复掣去采木银三百五十两。比刘公委官来,则固已入重光橐,盖为结纳费矣。重光藉此得计,欲取偿民间;故所在猎诈,甚至捆捉人妇女、迫卖人房屋,而所采木则尽强夺,无分文给也。民间骚然,无异寇攘;而市井无赖之徒,效尤者复趾相错。民苦封事为厉,盖怨声载道矣。余入境闻之,大骇。会重光来谒,诘之;率皆诞漫支吾语。而木主童华等受害最剧,具词泣诉;余乃批行署延平府徐通判,令其处分查给,以弥民怨。而阮推官者,实翼重光,且又恃有为己翼者;旋以礼节相抗。而主者复嗔余不从,遂多方掣肘,百端龃龉。余念王事靡监,姑谨持大体优容之;而修隙者谋益工,窘困且四面至。盖半载间地方之精神智计,不用之奉公而用之私斗;威令权力,不用之集事而用之偾事。故人心观玩,事体益弛;所报政和县合式桅木,遂为奸民张孙鉴凿毁而坏之矣。时悻悻者,阳辞封事不与以抗余,而阴实操阻坏之柄。初牒赴海防郭同知矣,旋即申使署福清篆去;初以钱粮支应属闽、侯二县矣,旋复纷纷议革厨皂柴米、革余等铺陈、革答应驿马——即修理天妃宫庙及柔远驿皆先经藩司批允动用别项钱粮者,至是亦故尔增入封银数内;且借交际为名,欲议额外加派。盖将为余辈窘,且使速谤也。余以旧额具在,裒益通融,自不诎乏,固不必减、亦不必增;下檄止之。二司诸君咸是余言,而悻悻者犹不顾,琐琐见侵,殊骇观听。于是莅事各官人人自危,咸欲弃去;而事乃益寝阁。时维六月,余所选七月十五兴工之期逼矣;而百无一备,皇皇蒿目。会直指方公元彦将至,余喜甚;而方公入境后,即驰按邵武。余不得已,亦就邵武会焉而告之故;且移文趣之。方公亦讶其所为,许以身任;余还省,姑以十五日兴工。……三司诸君亦循旧例,举酒陪于南台;然仅仅一艣木在焉,聊举以应吉期而已。余日望方公之檄,庶可集事。嗣檄下藩司,主者乃故属之阮推官,则遂游辞舞文,以簧鼓为戈矛;而主者又附和之。予始不能堪,欲上疏以闻;适徐公新得抚闽之命,虑余疏不利于彼,乃尽委罪于阮推官而力许以身任。余念论奏只为造舟计,业已许矣,其又何求;疏遂止不上。然事既久误于前,亦难趣督于后;一时所须船坞未备、厂未成、木未至、夫未募,定艣吉期已再易而又迫矣。诸项钱粮既尽为叶重光乾没、无从追取,造船各官束手无策;幸而余等前移书与方公谋,得市商木五十根应急。坞厂,则令督造各官代为捐赀,日夜经营;夫役,则令选募海军,代为应用。于是稍稍就绪,始得定艣;盖八月二十二日也。然物不素具,或作、或辍,工匠又皆欲解去。余乃恳之于抚院,求委一官再从商人市木。时值起建军门新第,土木方兴;人惧有他祸,又避不应。其一时备急,得杉木八十余根应用;实余所遣官自选择之力也。徂冬涉春,木料渐集。如樟木材大数多,次第麇至;则福宁守洪君翼圣、福安尹金君汝砺、宁德尹区君日振,实与有力焉。余等夙夜拮据,殚厥心力;船工粗就,冀得遄往。乃桅木不得,往往恳之当事,而竟无为之督采者。时闻安溪县多材,而吴钦江之木最巨;委官验之合式。已移文抚院求取矣,而竟为砍锯作板,且扞罔不出,遂致担误。会京师讹言岛夷叵测,将不利于使事;直指方公会疏,议欲止余等行而改遣武臣。时方公驻建宁,余等亟驰书止之,则前疏已发;余乃抗疏,明不可止状【语具在疏中】。台省诸公咸是余言,相继疏入;得旨仍旧,且申饬地方,令速具舟。赫赫宸断,度越千古矣;而玩视者复悠悠如故。会方伯范公涞至,悯余辈株守,属意采桅;檄行泉、建、延、邵四郡立限立罚,以必得木为事。而人心阴怀畏忌,卒无应者;仅取具文塞责而已。时督造官计无复之,议欲姑取前所报大田县木围长如式而中空未甚者,更择一木帮之。余念此非旧制,亦非完策;但事势至此,无可奈何,姑听之。而方得一帮木,其大田之木又寻为豪家凿毁;予乃移会两院,语稍讽之;于是始行追究。而范公逮限比诸役至,追原误事之害,实由吴钦江;遂严下檄拘治。盖抚台经年所不能治之奸,今始就吏正法。闽中远近翕然,服范公之断;云向使早遇范公其人者,将乙巳可以完事,又何至多留一年、靡费供应,而复为此纷纷哉!其后大桅得之汀州宁化县,复有以道路岌嶪为词者;赖延平推官徐君久德勘报,言木可致状甚悉。追取道以出木,翻然若驰,似有神助焉。其二桅,则侯官县天仙庙木,虽中空丈余,姑取裁用之;亦神之贶也。由是,丙午三月船工告竣。盖距癸卯入闽,已历四载;自昔奉使造舟,未有若余等之艰苦者也。

将行,余等乃遣家人赍疏以渡海上闻,并请申严海禁;盖前有疑而后有伏,余不得不戒心也。遂卜以五月初四日启行,抚院饯于南门城楼、三司及乡缙绅饯于南台,酒各数行,别去;封舟亦于是日从旺畸发。余等暮抵长乐,宿于舟中。次日入城,循故事,举醮于神宫。十四日,藩司吴君至;十七日,同抵广石。封舟重大,内河水浅,兼值北风,难行;引港者戒于已卯之失,故出港迟。十八日,夷大夫金仕历请先往报,以慰其国;余等许之。十九日,行谕祭海神礼,吴君同与焉。抵暮,封舟始至。先是,有传各员役带货多而船重者;余等亟出示谕禁,复行海防馆盘验。至是,余等亲往验之,乃长年辈称船轻,尚欲载石;余两人坐小船亲验水痕,果离水蛇一尺五寸。盖海船欲稳,故以水平水蛇为准;即出汛兵船亦必压石,令水蛇平,乃能破浪耳。次日,别吴君登舟。舟人各率厥职,料理舟中器具。已而抵梅花所,取水、复取石五,船压重;仍行香天妃宫。并散给照身印票,逐名清理,而一切影射带货者尽驱一空矣。

二十四日黎明,开洋。南风迅发,一望汪洋,渺渺连天;海波起伏,前激后拥,澎湃有声。封舟初在内港,安然若山;至此随波荡漾,飘如一叶,舟中人晕者、呕者、昏迷欲倒者纷如矣。午过东沙山,有渔船遣小艓献鱼,余令给米赏之。次日,过鸡笼屿。午后,过小琉球;相去甚远,望之如空青一点耳。时风顺帆轻,水天一色。余辈登船楼最高处观之,四顾辽廓,茫无涯际。波翻白浪,风送涛声;镗鞳噌吰,乍远乍近。或时浪拍船欹,人皆欲仆;或时涛涌船立,人似登高。波纹旋转如织,突兀如沸、迭宕如奔、惊怪如怒。大鱼扬鬐鼓鬣,隐隐隆隆;白鱼横飞水面数丈,云为大鱼所逐。或见波底鱼目如镜,晶光奕奕,映日射人,则殊可骇。二十六日,过平佳山、花瓶屿。二十七日,风忽微细,舟不行,而浪反颠急;舟人以为怪事,请作彩舟禳之,而仍请余辈拜祷于神。甫拜毕,南风骤起,人咸异焉。午后,过钓鱼屿。次日,过黄尾屿。是夜,风急浪狂,舵牙连折。连日所过水皆深黑色,宛如浊沟积水,或又如靛色;忆前使录补遗称:去由沧水入黑水,信哉言矣!二十九日,望见米粘山,夷人喜甚,以为渐达其家。午后,有小艓乘风忽忽而来;问之,为粘米山头目,望余舟而迎者;献海螺数枚,余等令少赏之。夷通事从余舟行者,因令先驰入报。是日,舟人喜溢眉端;其晕船呕哕、连日不能兴者,亦皆有起色矣。三十日,过土那奇山,复有一小夷舟来迓;即令导引前行。午后,望见琉球山,殊为欢慰;然彼国尚未及知。比遣官并引港船至,时已夜矣。舟人疑有礁,不敢进,即从其地泊焉;盖去那霸港四十里也。次日为六月朔,世子遣法司、王舅等官具猪、羊、酒、果来劳从者;并率夷舟十余只布左右,以缆挽舟。次日,始达那霸港。登岸询之,夷官金仕历等船尚未至;盖漂在北山,越二十日始得还国,计隔封舟匝二旬矣。

越三十日,行祭王礼。七月二十二日,行封王礼。先是,夷中连年荒旱,至掘草根、树皮而食;疫疠并作,人多夭札。南北山头贡献布、米者,又屡屡飘溺。至是年春,米价稍平,始不艰食。及封舟入境,雨旸时若,百谷顺成,南北米船飏至鳞集,莫知其所以然而然。民间丰裕,欢若更生;益信天朝之威德广大,而颂声洋洋矣。居使馆数月,王候问、宴会,一如旧礼;而余辈唯其诚、不惟其物,每次所馈宴金,余辈皆往复固却【语详在礼仪中】。即从行各役供应,亦每稽核而节省之,且严戒无得横扰:国中夷众皆悦服。

九月间,忽夷属有报倭将来寇者,地方甚自危;余辈召法司等官问计,惟云恃险与神而已。予等乃谕之曰:若国虽小弱,岂可无备御计!幸吾等在此,当为尔画策共守。因命其选兵砺器,据守要害;更饬吾众兼为增械设防。夷国君臣乃令王舅毛继祖率夷众千余守于国北之地——曰米牙矶仁;盖倭船所经过处也。无何,倭数舶至,则贺国王及来贸易者也。余恐我众潜通市易或致生端召衅,乃下令严禁,绝勿与通;吾众凛凛奉法。倭闻先声,且知吾有备,亦惴惴敛戢,不敢动。及闻余辈将返,请愿一见为荣。时左右皆曰:倭佩刀,性如犬羊;请勿与见!余曰:倭素猖獗,不知礼。今以吾天朝之威求见,若拒之,是示怯也;如堂堂之体何!令陈兵卫,开门坐见之。彼一见气夺,伏地稽颡,再拜而出;语琉球人曰:吾见吾国王,未尝惧;今见天使,吾胆落矣!后二日,余辈出;望见前驱,即远避伏睹,不复如曩日之逼视恣睢矣。

是岁十月初八日,初冬风未定,余辈已择十一日还。国王闻,先遣官奉留;复躬自出饯,令法官致恳词款款。盖虑飓风欲作,海中犹可虞也。余等感其意,改期慰之。遂以十五日祭海登舟,王遣法司等官率来跪送。是夜,初宿舟中;见船窗景象,忽忆来时,诚感萍迹蓬飘,韶光隙过也。次早,风未定,舟未即发;法司、王舅复来见。十七日,风转暴,云霾四塞,与归心相违。十九日,稍息。二十日,舟遂出港,下碇泊焉。

二十一日向晓,开洋;三法司各驾舟追送至数十里,辞之归。回望琉球,若云若雾;而孤舟泛泛恍惚,槎在星河也。余辈且喜使事毕,可计日直抵三山矣。二十二日早,过粘米山,有二巨鱼逐舟;漳人戏垂钓,获一重可二百余斤。余闻,亟令释之;时为众蹂躏,业已先仆,遂入舟人釜中,殊为怏恨!午后风颇逆,舟行倒退;粘米山已过一日矣,暮复遥见之。二十三日,四面无山,忽见一麻雀飞入船,翎羽稍异;众方疑之,复有断虹见于西北。旋即北风大发,舟荡甚;水激入后舱。将晡,系舵大索忽断去,一舟皆惊。人来报余,余未之动,而舵工辈咸乌乌泣;询之,乃曰:船主于舵,而制舵惟索。索断,则舵无制;舵无制,则击撞冲突,稍撼金口而船尾分裂,不可救矣!予闻之竦然。时伙长李美辈以铁钩垂捞,应手而得,因即续焉;众喜,若获百朋。是夜,风狂转厉,船欹欲倾,坐卧东西颠越,如蹶如枪;余辈彻晓不能贴席。至次日巳刻,忽霹然一声,舵折去矣;举舟惊怖。长年辈急使下篷,告曰:舵虽折,副者尚有二。风定,即可易,无忧!但冀神明之佑耳。各呼天妃求救。少顷,风稍定,众遂扶舵易之。然易未移时,风复厉,舵牙连折者二;两木所合成大桅,亦为震撼损裂。至入夜初更,霹然一声,新易之舵又折去矣。时当昏黑,策无所施。巨浪翻天,风涛交激,声若奔雷;船东侧西欹,剌剌然如栋宇将倾之状。人心眩瞀,号哭震天;余辈乃为致祷于神。丙夜,稍定。次早,长年辈复告曰:今止一舵矣!欲易之,则虞风暴;不易,则虞船裂。船摆裂,则舵亦无济矣;乞请筊于天妃。余等从之;而神许以午时,顾缉整为艰。至酉时,始得易;风亦微转东北,舟稍稍顺行而荡犹未定也。二十六日,复有麻雀一群飞集船上,顷即飞去;众异之,疑为飓征。次日,风果暴剧,倏而舵叶又为巨涛击去。众思船中止此一舵,若此干复折,则必无归;亟下偏舵,将舵干拔起。船从兹无主,簸扬倾荡倍甚于前。怒涛山立,涌过船顶,势如万骑齐奔;水建瓴而下,作滩濑声,辘轳运之不能止。此时颠危将覆之状,真若一发之引千钧也。长年亦惧甚,令将锅灶什物之类尽弃海中。举舟哭声腾沸,有剪发代禳者、有束发待毙者、有仿徨求死者、有气息奄奄者;僵仆狼籍,不可为状。所恃者,苏道亨及漳人数辈担当维持耳。余等思朝廷之宠命在,端必无忧。乃勉慰众人,无为汹汹;趣令治舵,以安人心。遂于舟中冶铁为钉、削木为板,但风涛翻侧,人难立足;一日之功,仅成其半。二十八日,尚未就绪。忽有报船裂入水者,众决必死,放哭益哀。余亦自思必无生理,顾谓王君曰:仆与君共使,虽地方抑郁数年,而于君命已幸不辱,则使事毕矣。今日之遇者,天也;当与君慷慨受之!言未讫,李美至前曰:舱虽入水,船尚未裂;小人已令人塞其处,幸毋惊!但船所以障水者,恃两舨耳;今舨上灰钉颇脱,势必分裂;宜速绞之!乃集取各役所带棉布数百匹,于两舨节节绞之;而浪大风横,人益恐惧。余等乃为檄告龙王,词用严切。顷乃波涛稍定,舟亦御风荡行。二十九日早,隐隐望见一船;众喜,谓有船,则去中国不远;且水离黑入沧,必是中国之界。未刻,舵成,风亦稍定,亟令安之;而风复厉。然此数日舟人望山之切,诚不啻饥者之于饮食、婴儿之慕慈母也;佥曰:从?米山至此七日矣,奈何一山莫睹!此一飘也,不知将何所底止乎!乃令人觇日入处天际,犹未见黑影;盖谓日下有黑影,则明日可见山也。余等益廑忧,乃复向神虔祷,许之立庙并为奏闻加封。顷之,风忽转东,浪亦随平;船行如飞,人心始定。二更余,忽见对面火光如炬,光处仿佛见山。舟师虞风迅夜昏,迷疑莫辨,恐遂冲礁,复请筊于神;神示以宜南向。乃折而南,一转舵而火光遂灭矣;人人惊异,始知为神护也。不则,连日无山,惟风是御;黑夜触礁,必破没矣。次日黎明,果见福宁州山。由是,入鳌屿,溯官塘,泊大屿。举舟欢呼雷动,咸谓今日乃得生矣!余辈于此始信神明之呵护非虚,而要皆仰藉朝廷之宠灵耳。虽然,危哉一至是乎!向余以七昼夜抵中山,意谓行路无难者,直以坦途视之;竟不知人间世之有此危险事也!更一事者,长一识;吾得之海上矣。

十一月朔日,舟入五虎门,应定海所及该汛地拨船引港护送;时皆玩视不前。而吾舟中任事数人连日困顿,又莫能兴;舟忽负于礁石,难以人力胜。已而潮退船欹,复罹一番警险;余等各觅兵船避去。封舟阁损,水满其中。各员役扶救登岸,仅以身免;所带回行李,尽损失无存矣。余等以初三日进城,当道诸公及诸缙绅皆来慰劳良苦。余见之,恍若梦中;而诸君之闻余海上事者,又莫不惊诧吐舌,直以余等为更生云。

嗟夫!人皆谓渡海难;余则谓渡海非难,难在于所以渡海耳。夫往返可以夏冬计,而采取不可以岁月程;波涛可以忠信涉,而藩篱不可以精诚破;杳冥可以君命孚,而冠裳不可以大义格;鳞介可以天威慑,而鬼蜮不可以人理测:此余等所以叹息于时事、兴慨于世道人心,以为倍难于昔人者也。孰谓兹使也,而非有天幸哉！夏子阳记。

卷上·造舟

水行资舟，古志之矣。第中国之水，即险犹可依山泊岸；不则易而陆焉，舟犹长物也。浩浩沧溟，万里一碧，舍舟奚从焉！夫奉天子之明命以抚柔远人，将国之威德，于是乎布脱有不戒，而委君贶于草莽，毋亦惟是综理之疏略以自贻伊戚，其何以称任使德意！故材有宜、制有式、工有所、费有经，凡举必书；非琐也，是有最重者也。

按海船形制，与江湖座船不同。座船前后调停出入甚便，中间窗户玲珑，开明爽朗，不异安宅也。此则舱口低凹，上覆平板为战棚；下为官舱，仅高五、六尺。俯偻深入，下上以梯；面虽启牖门，然篷桅当前，外无所见：盖恐太高则冲风，故稍卑之耳。桅有三：大者居中，余以次而胪列于前。舵在船后之枢，艍居其底，为船之主。凡两艖交榛，龙膀、龙骨、通梁参错钤束，皆附艍以起。架龙棚之外有兜艍鞠、锁梁钉之外有米锤鞠，或铁、或木，参用之。官舱之后，为司针密室，伙长居之；又后为梢，舵工在焉。梢尾最高处，为黄屋二层，中安诏敕；上设香火，奉海神也。两边设舨，自头至尾如墙壁然，所以障波涛也。登舟之门，左右各一，高可容人。舵备三：用其一，副其二；甲午以四，尤为有备焉。橹置三十六枝。大铁锚四，约重五千斤；大棕索八，每条围尺许、长百丈。小艓二，以藉往来登岸，或输行李。水具，大柜二，载五、六百石；如大瓮者十数。以海水咸，不可食；故舟中仅二使盥漱，余止限给与饮食，惧水尽也。凡造船，必先定艍。旧例：定艍日，三司诸君率府、县官俱往南台陪祭；外若竖桅、治缆、浮水出坞，亦皆有祭：凡以王事所在，诚重之也。先是，甲午陈、高二公使船制不得式，赖舵工谢敦齐临时区处，始幸免患。辛酉、己卯二使鉴于前事，造船皆躬亲督之；其制益周。旧为一层板，厚七寸，故钉不入；后易作二层，每层厚三寸五分，钉舱为密。意下层或致损漏，犹可恃内一层也。原为二十四舱，后改为二十八舱。各舱通用樟木贴梁，舱狭梁多，尤为硬固。原以藤箍匝船，盖亦一时权宜之计；后易以铁条二十。座自底搭之两舷，则外势束缚益严；而又加以舨柱、钉板等料及增重艍头极、交拴等十二件，以故涉险无虞。大抵海船身太长则软而不就舵，头太大则尾偏而损舵，尾太大则坠尾而不前；故今次船式多依漳匠斟酌损益而尽制曲防，颇极周密。船身长六丈一尺，头艖长二丈七尺八寸，尾艖二丈；连头尾虚梢，共计十五丈。船阔三丈一尺六寸，深一丈三尺三寸。舱数仍用二十八，而附艍加增勾拴，每层倍用龙骨及极木、串板，转艍、正艍之类皆多为之具而详为之制。至于曲舨之内尽为眠篱，以栖执事；各官舱为三层以安顿众。小艓安顿棚上，不悬舨外，以免涛浪撼击。上下金及桅座不用钉，以防引水渗入；更为得法。以故归舟舵数折，风涛颠顿五、六昼夜而船不致决裂，则勾连坚固之力也。此皆出于把总苏道亨云。

封舟所用木，桅以杉，取其理直而轻也。舵以铁力，取其坚劲也。桅以松，取其沈实能久渍也。其他头尾艖，桅座、鹿耳、马口、通梁之类，皆须樟木为之；取其翕钉而坚实也。诸木皆取之闽，惟铁力木取之广东。先是，藩司差官戴朝用往采，经年未报；余等虑其迟误，因令把总陈申再往采焉。后督造官合选之，共备三舵，然率非真铁力木。而陈申者，犹彼善于此，故舵工首取用焉；而返日乃坏。戴朝用者，则一用辄败折，而其一犹令人惴惴惧不免，则几致误事。后委买者宜慎，而选用者尤宜慎，不可以司委而曲徇之；或如甲午多备一门，亦不为过也。艍木采自叶重光，乾没多金，仅仅得此，然又不以时至；余委指挥张维藩守趣之，令其五日一报，始得赴用。惟大桅更多龃龉：初报政和县者为奸民张孙鉴凿毁，且殴报木公差，地方竟宽之；故人人闻风效尤。继而安溪、又继而大田，皆攘臂勃兴；而安溪者尤为可恨！盖此最称良材，地方官不中阻，即可早竣事矣。其次桅，则侯官县天仙庙木，省祭谢景怀所报也；地方官亦多阴阻，且为危言耸余。余令祭告于神伐之，寂无他异；惟中空丈余，不中大桅之程，故取裁用焉。三桅，则从商人选买之河下，实医官何应晓力也。最后，宁德之木，有司妄申以为必不可出；上下信其言，亦以为必不可出矣。幸而勘验为延平推官徐君久德，还报具言近水不难致状，始获取用；仍以萧子衙一木帮合成之。不则，又几废阁而丙午行期且当再误矣。大抵闽山多材，桅木处处不乏。惟不亏民价，多与之值；而当事者更以共济真心求之，民间方乐自献，而有司亦何敢推诿也。兹行议用合桅，盖地方大材砍锯略尽；而督造官恐中阴祸，不得已议用之，亦出侥幸计耳。其后遭飓风,摇拽仅如竹杖而损裂有声;人皆危之,至不敢挂篷。吁!亦幸矣。后之用者,切宜鉴之!其次,如棕、如铁,闽省皆有,精粗美恶不等。解役多黠,应封事用者率以滥恶相欺。厂官稍选汰之,辄抗不应;甚且弃掷而去,反诬厂官索勒:盖皆有所恃而然。此任事各官,所以人人自危也。棕产南平诸邑,督催两年不至;亦赖徐节推之力,始获解用。而民间每里仅出数斤,不愿领价;复还之藩司,尤称节省。铁则王君承差许楠所选买,亦多精良云。

造船厂坞地在南台江边,中有天妃舍人庙在焉。旧为林尚书业,额十亩;官府以雪峰寺田十亩五分易之为造舟之所,其来已阅数封矣。中深而下,为坞以顿舟。庙之左爽垲,为厂以为科司院道驻临地;而坞之两旁,则以堆置木料诸物与工匠人等居之。左有小沟为界,旧时铁锚尚没其处;右则抵路为界。前则临江,而后有墙脚,界限甚明:居民故老皆能言之。乃己卯封事后,值丈量初起,有通事林钟和者以旧管厂之故,潜以地盗售之林仲愚开池;而左旁地则陈卿请佃于官,亦辟为池;遂致材料无所安顿。司厂者屡屡为言,竟不问。及余移文按院督催,中稍及之,而狂妄者反变乱黑白,谬指为借民间地。后经闽县尹尹君遂祈审勘明实,始获返所侵地而详司立石焉。吁!以官地而指为民地、以民占而反称为官夺,则指鹿为马何异乎!余故详著以告后人,且以见龃龉者之悖谬,类如此云。

过海防船器械如大铳、镖枪、盔甲、弓箭、火药等项,旧规设有定额。余初欲借用之军库,以省此一费。后海防许君申议,谓库中军器、火药率皆久顿不堪,而防备海外不测,尤宜精制;余等乃听其另造。后至夷国闻有他警,亦藉此为有备云。

造船额派银三千两,而今次所费仅二千三十二两,则实余辈躬自稽核而节省者也。去时,经海防馆许君册报止此数;回时又据藩司吴公移会手本,亦止如许君之数而已。厂中剩料樟、杉诸木并桐油、荒铁,皆檄令海防馆变价还官;即木屑、棕边,督造官俱不敢入私橐,故所省宽然有余。而指挥叶重光所侵没银数百两,至今尚未追还;此则又在所剩之外者也。

往例,使臣地方交际酒席,皆取诸纲银;盖院司道所通用也。余辈此行,时异势殊,簸弄者方以术绐人,借口加派。故一切应酬酒席,竟如余初议,即以其人之仪还答其人之礼;如抚院、税监、总戎、司道诸公宴会,每以原席、原仪答之是也。即郡邑诸君经会城谒诸当道有少致程者,亦莫不如是答之。其或遇旧公祖、旧上司而势不免于那用者,即令扣日用廪银补还。顷藩司吴公以廪银出诸上赐,且封银余剩颇多,差官将余二人所补廪银一百九十余两送还,并以渡海所用金银酒器共二百三十余两追送诸境上;余等皆固却之。盖宁省费以俭于身,毋宁廉用之累地方而速之谤也!

封事文移,凡属封事者科、司二使皆得下檄于有司,而有司隔属难行,势不得不檄于藩司、经历司;令之呈堂转行者,则惟科使得以行之:此皆相沿旧规。余阅福州府己卯旧案,有藩司印信扎付一纸,乃转奉科使之檄令其委官采木而扎行于福州府者;是固一明征也。至于有司奉檄从事,或有害事作奸应究拟而具详者,余以封使无罚赎之例,檄令止免;其或法难末减,则令其径申当道详行。此亦造船中文移一事,故附记之。

八月间,飓风大作,飘瓦折木;夷人皆以大绳维屋,恐为风所拔。且阴霾四塞,暴雨倾盆;那霸港水涨浪横,封舟几为荡损。余等亟令指挥把总率船众守护,而国王亦遣数百人至,协力助守;即淋漓风雨中,不避也。其后连次皆然,相救如左右手,乃获无虞;余等每令给牛、酒劳之。盖舟虽在港安泊,而所患之大又如此,可不慎乎!故列记于造舟。

按旧录载船之尺寸,一以官尺为定。盖民尺一尺,仅官尺八寸故也。今次仍依辛酉、己卯议,俱用官尺为准。舵身长六丈一尺,舵长三丈一尺,大桅长七丈二尺、围七尺五寸,二桅长六丈五尺、围六尺二寸。然大桅旧式须足官尺八丈,乃为中程;今次如式者既屡为凿毁,而长不及数与尾围尖小不满四尺者又不堪用,故临期仓皇,不得已取两木帮为合桅,外以铁箍束之。然回日遭飓风,摇拽竟不免损裂之患;乃知前人之必用全桅者,良有以也。

夏子阳曰:夫封舟,费之大者也。然以终王事,义实在焉。市井之徒何知好义,以向其利者为有德;故费在官则竞为饕,费在民则朋为匿。使臣者,载义而行者也。义不能徇人以欲,则任怨;徇之不可而拮据卒猪、躬为经画也，则任劳；经之而不得柄之必须以日矣，积日不能无积费，谁实为之，而且以为口实也，则任谤。此三任者，义之所不能辞也，使臣所遇之不获已也。而要之以共王之大义，则必有任其责者耳。

卷上·用人

任事在人，授事在择人。海艘之役，其需人也多矣。始而营之，惟工师；终而操之，惟长年。其间总理而分效之，则惟有司与诸执事：是皆有事者也。虽然，是非直事也，吾身以之者也。听群不习之人而以使事戏，一旦有急，虽欲悔，吾其如人何！夫虑其卒，安得不慎其初，是吾所以择也；实见得是，何恤于人言！吾求济吾事而已。济吾事，所以济吾身也，济吾身，所以济君命也。志用人。

按造船，以用人为要；故必择有司之贤者，而以指挥副之：此已卯题准新例也。有司属之海防馆，初为同知郭君立言，亦能效力；往复计议，而为上下所制，不敢尽露其长。后又去而署篆，其事益弛。郭寻殁，而臬幕李官来署事，处于两难；然犹知大义，以王事为念。后得同知许君在廷，则毅然任事，从中调停。故事无掣肘，功有成绪；此其品最高，而其劳最著。时以人情乖异、纲纪凌夷，渠独率幕属、丞簿，令其朔望参谒，守礼不失；谓外夷所观，安可不示天朝体统：则所见尤得其大者。至于选报舟师、召幕众役，同心相济期于得人，则漳州海防馆陶君拱圣、海澄尹姚君之兰；督采樟木、搜罗巨材，孜孜奉公、舳橹相望，则福宁州守洪君翼圣、福安尹金君汝砺、宁德尹区君日振；查勘桅木、驱驰山谷，先之以大田、继之以宁化不辞劳瘁、克秉公忠，则延平节推徐君久德焉。此数君者，著绩使事，于法皆得不泯；而大桅斯得、封事斯完，徐节推之功尤为独著云。

封舟督理分任，皆有员役。余辈未至之前，司、府皆已派委。但此事历数十年间一举行，当道所不经见；而议事者与出海者利害不相关，又往往贿嘱是徇。故所用尽无赖子，即显犯大辟、遣戍城旦舂之徒概议用议允；此辈尽为身谋、溪壑是餍，一切海上事，固懵如也。余曾见旧录，言甲午用人多由府、县，县取具吏书，欲行者行、欲免者免；所以不能得人。读高公操舟记，可为寒心！辛酉鉴于前弊，遂躬选义民马魁道、陈孔成、陈宗达等数人，授以名色把总，令之各举所知，而参以访论，皆事属使臣；而于其主事者，每厚之以恩。初时人犹疑之，而卒赖其力。已卯，亦用此法；时陈孔成、马魁道尚在，遂仍用之。所拣舟工，皆出其手，故称得人。然是岁已增添指挥二员，专理其事，而谢绎翁为闽人，人与事又其习知，故所选指挥覃显宗、邢端两人皆可托；而都中为余等言，犹念之不置。及抵闽，询其人，则俱已物故，无复有识途之马矣。故今次所苦，其难先在用人。访之二司诸君，又莫肯举。后访一张维藩，复以龁龁，委而去之。时两指挥俱虚，余移会按院另行取用，而司、府竟不报。及后抚院莅任，始以维藩补焉；而综理稽核船务，终始兢兢畏慎，则亦不负所委者也。把总苏道亨精于造船、熟于航海，则曩在都中从太常博士陈君处偶闻之者。及半载后，工匠、舟师迄无端绪，始檄漳州海防馆陶君取之；道亨惧而他匿。余为陶君言其由，始强致之；见其貌朴而言皆凿凿中窾，遂令充把总，以造舟、择人委焉。凡指画工匠、选办长年、勘验桅木与一切船务，巨细率皆赖之。临行，抚院徐公檄海防馆令其以指挥体统行事，止余等勿复选补指挥，或亦念其劳耳。后海洋连值风涛，舟竟无恙；虽神灵默相，而舟坚人练，不可谓非其功也。第贾人习气不免，于费防范则驾驭尤贵于得法云。

篙工、舵师，旧录皆用漳人。盖其涉险多而风涛惯，其主事者能严、能慎，其趋事者能劳、能苦，若臂指相使然者。但精能者，往往为海商私匿。余因檄漳州海防馆，令其俟洋船回日，从海商查报；籍名送至，复使苏道亨等办认其真伪、能否，稍汰其老者及冒名者，依原额取用。伙长六名，内惟李美、柯镇为最真勤、有胆智；艰险时多赖焉，亦危中之最得力者也。舵工十六名，皆称所职；而潘沂、陈诚、黄安、赖友尤为最。此二役，船中关系甚重，诚不可不慎择者。唯是此辈多乐于商船，而不乐于随封；盖商船募资厚而获利倍，官府则仅仅工食银六两余耳。况一经籍名，数年不得出海，既苦守候之艰；而官船带货有限，且又禁其贸易，不免折资之怨。此精良者，所以匿不肯应；即官府严拘之，亦徒得其赝者耳。其孰从而辨之！故选择之任，不可无漳海之人；而此辈既藉其力，亦不可不恤其私而体念之也。然兹行失利，大拂其情；后虽欲招徕之，恐精良者亦未易得矣。

造船舰匠有二：在河口者，能知尺寸、守成规而不能斟酌时宜；在漳州者，善用料、务坚致而不能委曲细腻:各有短长。余仍旧两用之,而使其互相参酌,以集其长。至于扶膀拽木以帮助舰匠,又厂中之最要者。时此项工费,已为乾没者侵糜,无从指处;余乃用中军百户林凤鸣之议,选镇东卫及万安梅花所、定海所军共六十二名代之。以军有原粮,工食可免;而他日出海贴驾,即以所选者充之,庶称两便。而扶拽劳苦,则日给盐菜银一分以少资之;军既乐趋,而较之募夫尤省:此最称良便云。至于催运艣木,则指挥张维藩、主簿刘文楷;催采樟料,则经历李应霈;趣运,则主簿熊立、李文熹、典史孙朝遇、张秉彝、杜惟忠。而把总钟元和奔走厂务,朝夕勤劳;至洋中危险、水涌入舱,乃巡视调度、督军戽水,与把总王万化俱连夜目不交睫,则尤为得力云。

过海人数,指挥、把总、伙长、舵工之外,省祭三名:林有源、林一淇、金廷楷。在厂,则收放木料;至琉球,则充为读赞官。引礼通事一名,郑玺;译语通事三名,郑仲和、陈仕顺、冯应隆。民梢总甲哨官四名、班手十四名、水梢总甲八名、护针总甲并管水火旗幔总甲共九名、碇手共八名、绞手共十四名、橹头共十六名、车手共三十二名、管小艕四名、听用水梢共四十七名。其贴驾军梢并总小甲四十七名,即镇东、万安、梅花、定海扶膀军也。此外,医画、书办、门皂、行匠,亦俱照旧。其行粮,惟伙长、舵工则给以六两余,班手亦稍优,余则概给以五两三钱。大抵此行人数,悉如己卯之役;而所给行粮,较之己卯犹少省焉。虽带防御牙兵三十四名,亦惟自支营中本粮耳,行粮不与给也。至于万安所军仍量带七名者,则以谢译翁言此不宜革故也【语具在使录补遗中,兹不复赘】;然亦即在卫所军四十七名内伸缩通融,非额外增设也。

夏子阳曰:封舟之用人,其良有司操其纪纲者也。吾取其德,且取其才;其他皆以长试而已。有长,则不能无短;舍其短,所以集其长也。善哉乎!子思之比于用木也:杞梓连抱,不弃于尺朽。吾得之以用桅焉:中稍空者,裁而用之;末稍纤者,帮而用之。吾非不欲用其全,无可奈何而姑取焉。能使长为吾用,而舟卒赖以济;其用人也,亦若是则已矣。故吾之所弃,必臃肿不任绳墨与最为蠹者也。呜呼!其长足以济矣,吾取其能渡海而已;而又安能必以君子概责之小人哉!

卷上·敬神

神无不在,而于海最灵;非神独灵于海也,人之神至海而灵也。吾所大患,谓吾有身。有身而生死、顺逆、夷险交乎前;其外斗,故其中驰,神弗附也。渡海,则身直寄耳。遗汝形、敛汝精,收视却听而一禀于固然;吾之神凝而触则通之,神告我矣。在海言海,其为灵之昭昭也亦宜。录曰敬神,志神所由通也。采集往事,并得以览焉。

嘉靖十三年,使臣陈侃、高澄行至古米山,舟刺刺发漏;群噪呼天妃,风定塞袽,得免于溺。归国时,值桅、舵俱折,舟人哭声震天,无不剪发设誓,求救于神;已而红光烛舟,舟果少宁。翼日,风剧不能易舵;乃请珓得吉,众遂跃然起舵。舵柄甚重,约二千余斤;平时百人举之而不足,是时数十人举之而有余。舵既易,众始有喜色。忽一蝴蝶绕于舟,疑者曰:蝶质甚微,在樊圃中,飞不越百步;安能远涉沧溟!此殆非蝶也,神也。复一黄雀立于桅上,令以米饲之,驯驯啄尽而去。是夕疾风迅发,白浪拍天,巨舰漂荡如苇;风声雷吼,而水声助之,真不忍闻。船欹侧,流汗至踵矣。二人乃遂冠服默祷,矢以立碑奏闻于上;言讫,风若少缓。彻晓,已见闽之三山矣。神明之助,讵偶然哉!

嘉靖四十年,使臣郭汝霖、李际春行至赤屿无风,舟不能行。当昼,有大鱼出跃如巨舟,旁有数小鱼夹之;至暮,舟荡甚。皆谓无风而船如此,事诚可怪!乃施金光明佛经一部并作彩舟舁之舱口,而风忽南来,得保无虞。居无何,开洋回国,中见麻雀一只宛宛来泊舱篷,须臾巨飓大发,舵忽折去;郭乃为文告曰:霖等钦奉上命册封琉球,仰荷神佑。公事既完,兹当归国;洋中折舵,无任惊惶!惟尔天妃、海若,皆国家庙祀正神;今朝使危急,华夷五百生灵所系,岂可不施拯救!若霖有贬身之行,请即殛之于床,无为五百人之累!若尚可改过而自新也,神其大显威灵,俾风恬浪静,更置前舵,庶几可以图全。神其念之!告后,风稍息,遂易新舵。嗟乎!鬼神冥邈,谭者未有不疑;然四无边岸之中,宛弱双雀,何从而来?易舵之后,又一鸟常据于桅尾。孰谓世间事,可尽以恒理臆决哉!

万历七年,使臣萧崇业、谢杰出洋,东风相左,针路舛误,舟伥伥莫知所之。连行七余日,而窾阔窅无山屿;但惟孤燕飞绕于前后,一细蜻蜓入神舍不去,众咸异焉。陈孔成等漶然悒热,乃令舰匠作彩舟禳之;又听习于巫者喧金鼓降箕,又俯伏神前求珓:穷祈祝事,一无所吝。后二日,得至叶壁山。比归,舟将至台洋之前一夕,舵叶失去,舟漂荡震撼,卧者几不能贴席;时扶二使君登棚理之。二把总问珓,卜舵何时可易?神许以巳时。及期,风猛如故;诸役恐起舵牙致危,不敢任。谢乃从神之许,主令起之;风随息。至易新舵抵水,风乃厉如故;然舵方易新,虽风不妨矣。次日,即望见台洋之山;盖神标其奇如此。

夏子阳曰:余睹海神事,有感焉。夫天妃诞自莆阳,五代至今,历著灵异;载在祀典,旧矣。凡国崇祀以庇民也,国以庇民报祀、神以庇民食报;神无日不为民庇也,特人心自为有无耳。顷者,余从海上行,初时人犹凛凛;及过花瓶屿,无风而浪,一祷辄安。风起天末,七昼夜即至其国,人视涉沧溟犹涉江耳;盖不知其为神之庇也。归舟,且稍懈矣。乃中洋断舵索者四、失舵者三,合木大桅亦震撼损裂;人始日夜呼救于天妃,备极诚恳。然而捞舵索,则水面现灯;示飓征,则异雀再集,东风助顺,而一瞬千里;昏夜迷山,而火光烛之:其应也如响,神果在人心外哉!呜呼!曷其奈何弗敬!

卷下·附旧使录·琉球录撮要补遗【琐言附】【谢杰著】

琉球录,为使琉球作也;业已备矣。然就中有文而烦者、有阙而略者,余为撮其要而补其遗;盖期于简要,工拙非所论云。

原委

琉球,于古为流虬地,介万涛间;远而望之,蟠旋蜿蜒,若虬浮水中,故因以名;后更名曰琉球。所辖有粘米、太平、马齿、七岛诸山,并隔海外,不相联属;合而计之,亦不当倭什之一。自古不与中国通。隋炀帝时,曾命将一再至其国,仅俘百十人以还,不能臣服;以其凭险,虽武,无所用之也。明兴,慕义来贡;高皇帝嘉其款诚,封为中山王。以其国有三王:曰山南王、山北王,后为所并,故独称中山封之者,仍其旧号也;锡以麟袍、犀带视二品秩,若嫌其与宗藩并者。永乐间,命使为盖宫殿,制颇闳敞;然以板代瓦,亦若嫌其与宗藩之宫殿并者。洪、永二次各遣十八姓为其纪纲之役,多闽之河口人;合之凡三十六姓,并居彼国之营中。子孙之秀者,得读书南雍;俟文理稍通,即遣归为通事,得累升长史、大夫。今所存者仅七姓,缘所居地狭,族类不能蕃故也。每科、司出使,必以河口土著人充通事,谓之土通事;七姓充者,谓之夷通事。土通事能夷语,夷通事能华语。七姓言语、衣服与夷无别,仅以椎髻别之:髻居中者七姓、居偏者夷种也。七姓男虽贤,不为国婿;女虽美,不为王妃:盖其祖训然尔。国之政事,分委于职官。其最尊者,曰三法司——即国相,率王之母舅、妻父任之。其次有察度官,以司刑名;有耳目官,以资访问;有哪霸官,以理钱谷:其法似以亲亲兼贤贤云。大夫、长史则专主封贡,不与其政事。等威以手巾别之——手巾者,裹首帛也:紫手巾最贵,即国相、大夫之类,黄手巾次之,红、绿等手巾又次之,青者为下。王手巾,则兼用五色。我使往封,彼皆易华服来见,不复用彼服色。洪、永时,使者多用内监;不时往使,有至二、三次者。宣德间,改用科、司,始定世及一封;至今因之。关白之乱,闽抚台曾请停封,余有疏从臾之;比得允,闽人皆向余贺。余曰:未也。关白存,我不遣封,彼亦不敢请。关白若平政,须别议耳。今果然。余固知夷之必请,又知高庙神灵之必不欲废此典也。

使礼

二使之往也,衣则科赐麒麟、司赐白泽,玉带则俱自备。己卯之使,科使玉带赠自六科,约六十余金;时省垣官全且玉,价未甚高也。余玉带,本署力不能备,曾多方转借,绝无应者;不得已,私市保定石带以行。然温润去玉远甚,观者咸以为不雅。后本署先辈有任台省者累累,为余叹息;其同差张中贵——号中山者闻之,慨然曰:谢使君所封中山王,偶与吾别号同,得非有前缘乎!遂解所束带借余。同寅德之,群然造谢;渠复盛筵相款,盖劳且费云。余归,仍礼而还之。入闽,科、司之礼稍异;以余父母之国,不得不异也。入夷而后,科、司之礼同。封舟抵浒,国相以下跪迎。王时为世子,不迎;以倭舶在近,不免戒心,故尔。至往祭、往封,世子始出郊迎。然迎封拜,迎祭不拜;诘之,辄以旧典为解。余二人谕之曰:礼可义起,拜封、不拜祭,是重己、不重亲。此自关世子忠孝彝常,使者何与焉!世子闻言,瞿然亟拜。因志为例,其贤有足多者。甲午、辛酉二使凡六、七赴王城。王滨行,仅一造谢。科使语余曰:封、祭,上命也;不敢不往。兹事竣矣,宜谢却诸宴;高卧馆中,以待风汛。余曰:然。王知余二人意,遂往拜,亲致请启;而后余二人如例应之,重其款诚也。然王来,百官空国以从,人役约以千计;宴犒之需不赀,非久积亦不能办。实则可一、不可再也者。王受封后,遽束玉带以出;诘之曰:带赐犀而腰玉,何也?长史跽禀曰:王之玉腰,相延已久。不然,国相、大夫束花金,长史束光金,王如腰犀,下人骤见者,似为王之服饰反出国相、大夫之下。愿稍存国体,以释众惑!余辈姑仍之。宴之日,拜位、坐位俱分宾主;王至使馆亦然。国相等拜二使则并四拜,二使不还拜;其体与待中国属官稍略。王每宴,国相每问安寒暄等语,皆长史辈代致;惟议事紧要语,国相方自言。然数十句,译者仅以数句了之;以华音一字夷音皆三、四字,此不得不简、彼不得不烦也:故始疑而终释然。若王跽问圣躬万福及呼万岁!万岁!万万岁!则备极清朗;盖习之旬月而能,虽操华音者不能过之矣。余则片语不通也。

封舟

使夷航海,必资于舟。以余所忆,舟带虚艄长十七丈、阔三丈有奇,舱分二十八;与录所载异。造时宜酌之。询之,每舱多用龙骨,欲实而密,令坚致可久。底必须厚,分为二层;钉必须坚,务择精铁。其铁须买之尤溪,价必多给,方得上好;慎勿轻买、轻收。己卯之使,曾买下铁到厂,造船官不收;买铁者反讼之军门,谓彼索贿刁蹬之。军门恚,几欲以军法捆打。余不得已,亲往白之曰:每铁百斤,上铁价若干,中铁、下铁价若干;今给上价不翅而反得下铁,宜造船者之不收!乃具二钉以进。上铁钉凿断如纹银,下铁钉凿断如蜂窝;以蜂窝之钉钉板不大半折矣,船安能坚!军门悟,乃释造船者不治;而改委官另买。后船被伤而渡海犹得保全者,则以坚厚故也。船之材,取诸近山处所,而建宁为多;船之役,招诸近海处所,而漳清为多。艣木必用松,桅木必用杉,舵木必用铁力;余若樟木、杂木,亦皆随宜而用。但材既大,非数百年之木不中程;木既巨,非数万人之力不能运。如木过一乡,即以一乡之夫拽之;隔一程,有夫来换,前夫即遣归。二程、三程,以后皆然。众轻易举,原不甚劳。但骤览其名,则一乡用夫三、四百名,十乡即三、四千名;沿途所经府、县,似有十万之数:实则片时数刻而已。军门骤闻,不胜大怒;尽数裁革,拨兵六百人代之。每日厚给以工食,即铺夫亦代以机兵。此辈初往甚喜,一日、二日运甚捷,三日、五日稍迟;十日以后,俱惫告退。其言曰:从今以往,虽三钱一日,亦不愿领!盖散十万之众于数百里间,借其朝旦之力,则人乐于易集;虽不给,且不怨也。萃十万众之事于数百人,责以旬月之久,则人苦于难继;虽给以厚直,不堪也。此事之理,无异足者。又不得已,往白之军门;幸悟而得稍仍旧。盖从容和婉以道之,未有不入者也。余后序中所云功虽迟,不失为君子正;使录中所云舟之庀,大都多谢君指画者,并以此。

用人

航海以船为命,故舟人急焉。造船所急在船匠,行船所急在船梢。船匠有二:漳匠善制造,凡船之坚致赖之;福匠善守成,凡船之格式赖之。船梢有三:伙长司针者、舵工司舵者、阿班司篷缭鋈橹及执诸事者。司针密室在舵前,其室穴一孔,与舵相对;针左则舵左、针右则舵右,舵工听命于伙长焉。去时向东北,针用单卯、甲卯、乙卯;回时向西南,针用单酉、庚酉、辛酉。吾辈急在择人;伙长得人,针随所用可也。舵工用舵亦然。舵工名数倍于伙长者,以把舵劳而主针逸也。人必足数,乃可行。己卯军门欲裁其半,余恳请得免。及后台洋失舵时,舵工八人俱蹶不起;向非次班者代之,几危矣。密室看针,即白昼亦燃灯。总名之曰十更船,昼五更、夜五更也。然福、漳二匠虽兼用,而漳匠可量多数名。伙长诸役虽多用漳人,而福人亦不可尽弃:以其各有所用也。如万安、梅花、定海各所军,当事者初欲概革;余争之力,乃得存梅花、定海而独革万安。后归至台洋,阿班等禀曰:过洋事毕矣;此后礁之有无、水之浅深,某皆不知!吾辈愕然。忽梅花、定海诸军跃出曰:某等幼随父兄钓鱼于此,其夷险备知之。从此抵家,万万可保无虞!余叹曰:误矣、误矣!设使当时不挟此二军以行,今将安归乎!比南行不数程,余忽心悟,因召梅花军一人诘之曰:假使我舟飘入南,由闽人广之海路,汝知之乎?曰:不知;此万安军知之。余又怃然叹曰:误矣、误矣!万安军可尽革乎!我舟之不飘而南,天幸也!大都海为危道,乡导各有其人:看针、把舵过洋,须用漳人。由闽以北熟其道者,梅花、定海人;由闽以南熟其道者,镇东、南安人。至夷熟其道者,又须用夷人;夷王遣夷梢三十人来接,正为此也。南路虽非正途,天风不测,似不可不豫防者。初使夷时,曾因南风劲而飘入北,则又安知归时不因北风劲而飘入南乎!彼万安军之熟于南路者,安可去也!虽然,兵不贵多,贵精。船中择漳人,须试其谙于过洋者;择梅花、定海人,须试其谙于闽、浙海道者;择万安人,须试其谙于闽、广海道者:又不可徒徇其名而滥收也。

启行

启行,由南台渡马江入长乐,至广石下船,至梅花开船。离梅花三十里,用铅坠测水;绳长百二十丈犹不及底,其深可知。马江中流阔四十里,余亦十里、五里不等,足称巨浸。封舟行其中,日不能数十里;历一百八十里程,五日方至。初甚讶其迟,且疑舟之太巨。及泛大洋,瞬息数百里;时而遇风,簸弄如一叶;方诧其速,而犹恨其小也。故事:引港用闽县县丞或簿、尉一员,引至长乐界上,乐丞来接,闽丞方归;以为常。时疏新添造船指挥二员,当事者即以指挥代之,而县丞不行;余以为言,不见听。比舟入港,偶阁浅渚,伤其四舱。余正愁苦待葺间,一父老皤然进曰:今次封王,县佐贰何不来?余告以故;父老答曰:指挥但能造船,岂知行船!所以用县佐贰者,以其便起乡夫也;所以起乡夫者,以其善知水性也。且问此船入水几何?余曰:一丈八尺。其人遽呼曰:幸潮未退;此地潮退仅深一丈四、五尺,舟伤如此,何堪再伤乎!余惧,亟敕舟人移避深处,始得免。葺完将发,议者不一:或谓海洋天险,舟伤宜再造;或谓封船材料倍蓰战船、盐船,以此易彼,实称两利。余颇难初议,颇主末议:欲易盐船以行;以盐船无冒破,坚于战船也。适又一父老进曰:某习知船事,希借一观!余许之。比引入舱,其人喜曰:不须易也。此船坚甚,所伤不多;稍加粘补,虚其四舱,即可径渡。若易船,无论战船——即盐船亦不可。凡船行海中,虽若汪洋无际,实由南而北或北而南,率循汇不远。惟封船自西徂东、自东还西,乃冲横浪万余里;去由沧水入黑水、归由黑水入沧水,此岂盐船力量所能胜乎!于是决意不易,竟得无恙。时冗且悴,不及询二父老姓名;归而访之,不知所在。果父老乎?抑神只之相余也!旧录所不纪、旧役所不知,何二父老立谈片言,历历中款也!夫县丞之引港、军牢之兼用,皆系故事;但载其事而不明其故,以致不知者轻有更张。余因详推其始末,以告来者;庶后人知前事之可循,不敢轻于变易也。

敬神

航海水神,天妃最著。天妃者,莆阳人;生于五代,封于永乐间。以处子得道,以西洋显迹;莆人泛海者辄呼为姑娘,盖亲之也。使者往还,每值风发,必有先征:或为蜻蜓、蛱蝶,或为黄雀、红灯笼,令人得豫为之计。然亦颇标其奇;信之不笃者,往往受其惊恐。己卯之使,众役初往,事神颇虔,因得晏然抵浒。归日,稍有易心,不复如前之敬信;于是将至台洋之前一夕,舵叶失去,舟飘荡震撼,卧者几不能贴席。黎明,陈孔成、马魁道二把总潜白余曰:舵去矣,余人见之必忧悸周章。幸其尚卧未起,禁令毋出。惟率漳人扶二使君登棚理之。余如其言。二把总问珓,卜舵何时可易?神许以巳时。及期,风猛如故;诸役曰:船虽欹而无虞者,恃有舵牙插水也。今欲易舵,必并起牙;颠危之时,谁敢任此责乎!久之,余应曰:吉凶在此一举,宜如神所命。君子素位而行,又将谁怨!二把总曰:唯、唯。亟起舵牙,风亦随息,如坐密室中。从巳至未,舵易方完;一抵水,而风厉如故。然舵方易新,虽风不妨矣。次日,即望见台洋之山。向使神不标其奇,归日必各矜其能,不复归功于神;余是以知神之当敬,又不必待标其奇而后敬也。夷中之神,其灵异亦率类此。方舟之将至夷也,忽海波顿裂,深黑不可测;役之老成者曰:此龙神迎诏也。顷之,涎涌如白塔,高可数十丈;涎尽处,突起白虹直至天表,且不翅千余丈。如是者三,有若鼎足然。虹尽处结成黑云,大可盈亩;须臾,骎广。众请发牌止之,正使以为幻;人心汹汹惧甚,啧有烦言。余以安众心为请,始勉为书诏敕在船,龙神免朝八字;牌一发,即云散于天、涎归于海,其去来若可呼而应者:盖皆朝廷之宠灵使然也。威震殊俗,百神诃护;古语不信然乎哉!

国俗

琉球虽夷俗,然渐染于中华,亦稍知礼义。有子居丧,数月不食肉者;有寡妇不嫁,守其二子者:每谆谆对华人道之。风尚似胜北虏远甚。其人俭而不勤、贫而不盗,浑仆而有等。职官之家,有弥旬茹蔬素者。女力织作,男子反坐而食之。耕不用粪,衣不用染。曾见众役砌墙十余丈,历四、五旬不完;其懒缓可笑。民犯剽掠,无轻重,辄加开腹之刑。民房盖用草,官房则用瓦。王宫外,闾阎服色八千为群,皆缟素可厌。土无木棉,隆冬亦衣苎;苎较闽加密者,用以御寒故也。富且贵者,或衣绵丝;贫子衣苎五、六重,即过一冬。我众十月西归,身犹衣葛;由气候之暖也。天无霜雪,或数年而一见。产无鹅、鸭,即鸡、豚亦不堪所产。硫黄最多,值且甚贱;从人多窃贩以归。然性善传火,临行不可不严禁。每宴会,或杂用夷乐,童子按节而歌;抑扬高下,咸中度可听。中有人老不得长少年之句,可译而知,亦及时为乐之意;余不审为何语。居常所演戏文,则闽子弟为多。其宫眷喜闻华音,每作,辄从帘中窥之。长史恒跽请典雅题目,如拜月西厢、买胭脂之类皆不演,即岳武穆破金、班定远破虏亦嫌不使见,惟姜诗、王祥、荆钗之属,则所常演;夷询知,咸啧啧羡华人之节孝云。山多蛇,无虎;前使役人曾击杀蛇,后众多伤于蛇。余初至夜,有蛇蟠跋上,鼓人以闻,余戒勿击;以后竟无至者,若有知然。山形回曲,亦多似蛇。夷中怪异事甚众,姑纪其可述者。书籍有四书、无五经,以杜律、虞注为经。其善吟者,绝句仅可通,律与古风以上俱阁笔矣。教书、教武艺,师皆倭人,聪警雄俊则不逮倭。器械亦钝朽,具数而已。苟非恃险与中朝之神灵,为倭所图久矣。彼国未封之前,岁多凶、船多坏;封后,则常丰、常宁。所以外侮既除之后,知其必请封不已也。

御倭

夷与倭为邻;而民贫国小,有所不足,辄假贷于倭。每遇封使远临,在他国或至、或不至,倭无不至者;名称往贺,实则索逋于其国也。所居舍馆,去天使馆不二里而近;夷虑我众之不善于倭、又虑倭众之不利于我,每为危言以相恐,欲迁我众于营中。科使问余;余曰:此非故事;但须严禁诸役勿擅与通,自可无虞。若无故而亟迁,是避倭也,岂有堂堂中国而避外夷乎!科使如余言,不迁。久之,飓风大作,我众与倭各卫其舟,致有争竞。倭伤首役一人,血流淋漓;众遂大怖,扶归哀诉,状颇仓皇。余验其伤,乃刀背、非刀口,喜曰:此急而自救,非乱而相戕也。宜收众役入馆;徐敕彼之馆伴往谕,倭众必不为祸。科使然之。少顷,王亦遣彼众二千余人驰来护舟,舟各获完;倭亦随息。盖其时之天幸如此。先是,辛酉之使,前导驱倭不退,以鞭鞭之;倭怒,操利刃削其鞭立断,然亦未尝伤人。己卯继往,戒诸役曰:我使仪卫入城,倭夹道而来者,乐观其盛耳。势不必驱,亦不待驱!皂辈咸唯唯。比往还,竟无他衅。盖倭号倭奴,其曰奴者,有主之者也;时无主者,故不为乱。后之遇此,当思所以驭之:严于自治而勿与校可也。余详日东交市记。

以上八条,多前录所遗;余怀之二十余年,不以告人。今乃复谆谆者,亦旧政告新之意也,览者亮之!

附:日东交市记【录未刻,故补之】

使节抵夷,适倭舶通市者先期至。倭故尝入寇,为中国患;夷知,辄举以相恐,仍请迁群役入营避之。营去署甚远,且非故事。余辈公出,倭或夹道纵观;又辄斥曰:疾去!毋令华人惊。盖其意欲锢我众以便己私,姑假倭为词。然往来饰说,徒示弱耳。余察其有巧,白于谏议;谏议曰:足下世海上居,宜洞倭情。余曰:倭性悍而,遂无他肠。然上下山阪风雨疲劳疾斗操利兵,中国之人弗能与也。化则盗,敌则杀;非化与敌,固弗盗、弗杀也。濒海诸恶少者欲愚用其力,亟奇货居倭身为之化嗾,与华人敌;倭业已鹰犬于人,遂肆剪戮无少忌,是直倭罪哉!世目倭为奴,倭诚奴也,固有主之者也。比倭大创去,又舶通西南夷,利更什倍,倭患遂弭;斯其故可知已。今吾以封临,倭偶以市至,期与事会无所怨德,非敌也;又孰为之化者?可无恐!

第境外无私交，制也；宜葺群下勿与通，足矣。谏议然余言，召长史迥谕之曰：甲午之使，倭亦尝至，众弗迁；迁众，非便，其勿听！且胡越一家，倭人吾人耳，各事乃事；其勿拒！复号于众曰：倭者，国家所弃外，禁弗与通。诸有辄通倭者，罪有赦。矧夷伺察甚周，若属宜自爱，毋贻僇为使君羞！令下，众奉法凛凛。迄倭去，无敢与交一谈。倭弗为害，居亦卒得弗迁云。

谢生曰：嗟，使难哉！方夷之以倭詟我也，词甚张，义亦近正；直其心私耳。于时少为动，即堕夷术中。乃吾严为禁，徐为之图；不急倭衅、不中夷巧、不违众情，静重而周悉，于使事足称不辱，则正大夫之略、众庶之共也。不佞有余艳焉，敢漫为之记。

言琐【二则】

琐言本不欲言，势有不容不言者；故仍言之。

事权

天下事，假之以权则易集，权不在手则难成；况使夷航海，大事、危事乎！甲午之使，闽未设抚台，事皆藩司主之，府、县任之；而统之于按台。按台多巡历，且于科使情密分均，权盖不待假而专者。辛酉，则又专于甲午矣。以其时倭方内讧，破城、破所，无日无之。军门自救不暇，且虑为人所龁龁；乃更假以便宜之权，其示于民间曰：封船、战船，事同一体。诸有违误作弊者，并以军法从事。故其时事皆不令而行、不期而集者，以下之有所畏而奉命也。己卯则异于是；世值升平，官多节省，一木、一料、一夫、一役皆军门操之，不使科、司独专其柄。其所在告示曰：采木虽系封事，不无骚扰民间。科、司人役，不许伐人墓树、不许伐人风水树、不许拆人篱舍、不许伤人田禾；有一于此，并以军法从事。夫此一军法也，昔以治乎不事事者，今以治乎事事者；则其利害难易之相悬，岂但天渊哉！于是民间刁顽之徒，但有木为有司所号者，并累土其旁，争以墓树、风水树为解；而伤田禾、拆篱舍之讼于有司者，无日无之。论曲直，则直常在群奸而航海者为曲；论功罪，则功常在捕缉而效劳者为罪。以故役之在官者，日就惊危；使之在事者，日就局促。厂中人役得不概坐株连，即为天幸。自有使事以来，未有掣肘如当日者，似亦其遭之阳九使然也。此番奉使，计不至己卯，亦不必如辛酉；得如甲午足矣。盖己卯有所为而为，不念远使之苦，失之太过；辛酉有所畏而蹙，亦非宪体之宜，失之不及。惟甲午使事，官箴两得其中而无失，真令人敬且慕焉。今之缙绅、大夫所存所行，岂殊甲午！必能各去成心、各存厚道，期于共济王事，不至矫矫为名高；则前使所苦者，其免矣乎、其免矣乎！

恤役

利者，君子所不道；故曰天子不言有无，诸侯不言多寡。然所不言者，己之有无、多寡也。若其为下、为民，则周官周礼所载，盖谆谆乎言之矣。航海危役，吾役即吾民也。吾鄙迫于大义，分当致身，彼役何知焉！苟非利以驱之，何以结其心而得其力！洪武间，许过海五百人行李各百斤，与夷贸易；实以利啖之，亦以五万斤实所载也：著为絜令。故甲午之使，因之得万金。总计五百人人各二十金上下，多者至三、四十金，少者亦得十金、八金：于时莫不洋洋得意。辛酉诸役冀仍如前，其往者率皆工巧精技；二使之警于倭而获免者，未必非得人之效也。比所获利，仅六千金。以五百人计之，人各十二金耳；多者可二十金，少者或五、六金：不无稍觖所望。是以己卯招募，仅得中才应役，不能如前之精工；然犹冀其如辛酉也。不意值夷贫甚，所获仅三千余金。虽时所带止四百人，亦人各八金耳；多者可十五、六金，少者或三、四金或一金：亦无不免大失所望。吾辈至捐廪助之，而后得全师以归。盖甲午之使，番舶转贩于夷者无虑十余国，夷利四倍；故我众之利亦倍。辛酉之使，番舶转贩于夷者仅三、四国，夷利稍减；故我众之利亦减。己卯之使，通番禁弛，漳人自往贩，番一舶不至，夷利顿绝；故我众之利亦绝：势使然也。今次所招众役，精者未必可致；似应稍优其直，量加其赏。且夷王之立已过十年，其所蓄积必已稍充，不至如前之贫甚；宜示以此意招之，庶巧者、能者、前次效劳者咸乐于趋赴，而后可竣厥事也。不然，群诸海滨恶少年而聚之曰：是可为伙长，是可为舵工，是可为阿班、军牢，而疏于针法、舵法，拙于操舟、懵于海道，则亦将焉用彼哉！此事人所难言，诸录不载；而今敢于直言而弗隐者，时势至此，有不得不言者也。

瀛寰志略[①]

卷一·东洋二国

日本。古称倭奴。其国在东海中。平列三大岛。北曰对马岛。与高丽南境相直。一夜可达。明季关白为乱者是也。中曰长崎。土较大。与浙海普陀山相直。内地商船互市于此。南曰萨峒马。与浙之温台相直。人强健。刀最利。兼产马。明嘉靖年间。扰闽浙之倭寇萨峒马也。……长崎与普陀东西对峙。水程四十更。【六十里为一更】。横洋剪渡。风浪极险。厦门至长崎水程七十二更。由台湾鸡笼山之北。渡米糠洋。香箄洋。北风从五岛门进。南风从天堂门进。前明中叶。大西洋之葡萄牙。尝欲据其海口。又以天主教诱其土人。日本与之战。荷兰以兵船助日本。葡萄牙遁去。故其国与通商者。中国与荷兰而已。所产者。红铜硫磺海菜之类。

顾亭林天下郡国利病书云。倭奴邻三韩而国……自两汉时始通中国。魏晋以后得五经佛教于中土。于是沙门之教盛行。唐贞观间。尝遣使往谕。宋初。遣国僧奝然浮海贡献。太宗赐紫衣。厚存抚之。其传国已六十四世矣。【按后汉书倭在韩东南大海中依山岛为居凡百余国自武帝灭朝鲜后通汉者三十许国大倭王居邪马台国男子皆黥面文身男女无别饮食以手俗皆徒跣云云是日本在汉时并非一国土俗与诸番岛无异其文字官制自是两汉通中国后始学得之此所云六十四世溯之当在商周其国王一切名号当系通华文后增饰为之耳】。又元史。世祖至元间。遣的黑由高丽往谕日本。日本不纳。又命秘书监赵良弼往。日本始遣使臣弥四郎来。然良弼再往。皆仅至其太宰府。未至王京。十一年。命经略忻都等。以舟三百载兵一万五千人征之。入其国。败其兵。矢尽而还。十八年。命范文虎阿塔海将兵十万。以战船九百征日本。至平壶岛。大风破舟。文虎等乘坚船遁还。弃十余万众于山下。尽为日本所歼。得还者三人而已。后再议征讨。以刘宣言而止。又明史。洪武四年。日本国王良怀遣僧祖朝来贡。七年以后。屡寇山东浙江。沿海备之。永乐元年。国王源道义遣使入贡。赐以金印。仍寇抄不已。十七年。总兵刘江大破倭于望海埚。俘斩二千余人。由是稍敛迹。嘉靖初。国王源义植幼闇不能制命。群臣争贡。僧宗设与僧瑞佐在宁波争坐次相仇。遂大肆杀掠。屡寇宁台。徽人汪直。为倭舶渠魁。奸民徐海陈东毛烈并引倭为寇。沿海骚动。王忬督师至浙。荐材勇将俞大猷等。大有斩获。既而罢去。以张经督军务。大破倭于王江泾。因赵文华谗构论死。倭遂犯苏松诸郡县。所至残破。胡宗宪为总督。以计诱歼徐海。俘麻叶陈东。复诱汪直内渡斩之。贼渠略尽。而汪直余党。趋闽海大肆杀掠。屡破郡邑。宗宪寻被逮自杀。命戚继光刘显俞大猷协力剿闽广贼。屡战克捷。擒斩略尽。倭患始息。万历二十年。倭酋平秀吉寇朝鲜秀吉者。萨摩州人。贩鱼为业。关白信长【关白日本官名】。收养之。能画策。会信长为其下所杀。秀吉平其乱。遂居关白之位。以诱劫降六十六州。朝鲜之金山。与日本对马岛相望。时朝鲜王李昖湎于酒。秀吉谋取其国。遣其渠行长清正率舟师数百艘。逼釜山镇。朝鲜望风溃。王奔平壤。复奔义州。倭遂入王京。剽府库。八道几尽没。王复奔避爱州。遣使告急。朝议救之。前军失利。兵部尚书石星议遣人探之。嘉兴无赖子沈惟敬应募往。寻以李如松为东征提督。袭平壤大捷。斩级千二百。余皆焚溺死。行长遁还龙山。官军乘胜轻进。败于碧蹄馆。已而封贡之议起。石星主之。为倭所绐。乃再议东征。以邢玠总督蓟辽杨镐驻天津。倭渠清正攻南原。守将杨元弃城遁。官军退守王京。麻贵攻尉山。垂克而遽收军。官军寻大溃。死者万余。时刘綎以川兵至。约行长为好会。行长以五十骑来。綎伏兵欲擒之。行长驰去。无何。平秀吉死。诸倭引兵归。刘綎等邀击之。有斩获。倭遂扬帆去。诸帅以大捷闻。论功有差。沈惟敬

① 〔清〕徐继畬撰。据清道光二十八年福建抚署刻本。

以通倭弃市云。余尝谓日本一国。崇崇大海之东。制仿周汉。文同斯邈。非以寇攘为俗者。自通中国以来。虽共球不时至。而未尝西向。遗一矢付之度外。何损华威。元世祖雄心夸肆。忽欲强以臣妾。招谕不从。威以兵力。无端举十万之师。坑之海外。轮台旋悔。不谋再举。倭人自是遂有轻中国之心。有明一代。寇掠频仍。驯至东南半壁。蹂躏无完宇。而朝鲜亦几遭蚕食。皆由元人为之祸始也。我国家龙兴辽沈。声灵先播阳谷扶桑。片土慑栗有年。故静守东隅。不敢箕踞向汉。又禁绝贡舟。我之估帆往。而彼之市舶不来。二百年中。遂相安于无事。信筹边自有良策矣。

元王恽汎海小录云。由对马岛六百里。逾一岐岛。又四百里。入容浦口。又二百七十里。至三神山。其山峻削。群峰环绕。海心望之。郁然为碧芙蓉也。上无杂木。惟梅竹灵药松桧桫罗等树。其居民多徐姓。自云皆徐福之后。海中诸屿。此最秀丽。方广十洲记所云。海东北岸。扶桑蓬邱瀛洲。周方千里者也。余按三神山本方士夸诞之说。用以欺诳人主。果即系日本附近小岛。则当日船交海中。何为求之不得。后汉书倭国传。称会稽海外有夷洲及澶洲。秦始皇遣方士徐福。将童男女数千人。入海求蓬莱神仙。不得。徐福畏诛不敢还。遂止此洲。世世相承。有数万家人民。时至会稽市。王恽小录所云。或即夷洲澶洲之类。至三神山之名。其为傅会无疑也。泉州陈资斋提军。【伦炯】。少时尝附商舶游日本。言其风土甚悉。云日本人皆复姓。单姓者。徐福配合之童男女也。徐福所居之地。名徐家村。其冢在熊指山下云。徐家村。熊指山不知在日本何地。盖华人入倭。自徐福始。其遗民年久繁衍遂散布于通国。倭人通中国文字当系君房教之。特海外远夷。轺车罕至。往来者皆商贾之流。无由探悉其原委耳。

琉球。在萨峒马之南。东洋小国也。周环三十六岛。皆海中拳石。其国都之岛较大。南北四百余里。东西不足百里。旧分山南山北中山三国后。并入中山为一。故称中山王。王尚姓。自纪载以来。一姓相传无改步。国小而贫。逼近日本。属役良苦。自前明世修贡职。我国家煦育寰瀛。体恤尤至。其贡舟三年一至。许其贩鬻中土之货。免其关税。举国赖此为生。王薨则世子遣使请命。遣文臣二人为正副使。赐一品服。持节航海。册其世子为中山王。故其国之风土。多有能言之者。由福州之五虎门放洋。用卯针约四十余更。至孤米山。其国之大岛也。再东即至其国。国分三路。曰首里。曰久米。曰那霸。由内地往。收泊必于那霸。其地商贾萃集。为大都会。

周海山尚书。尝使琉球。著中山志云。琉球自古未通中国。隋时有海船望见之。始知有其地。因其岛屿纡蟠。如虬龙流动之形。故称为流虬。后乃改为琉球字。唐宋以后。渐通中土。明初入贡。太祖赐以闽人善操舟者三十六姓。修贡职甚谨。封舟频往。后为日本所灭。王被虏。不通音信者数十年。已而遣使来。言王被执不屈。倭送还复国。由是复修职贡如常期云。余按琉球东洋小岛。受役于倭。贫弱不能自存。惟赖贡舟贩鬻。稍得余资以糊口。资本皆贷于日本。贩回之货运往日本者八九。国人贫甚。不能买也。其国比之南澳平潭差大。而不及台湾之半。盖沧海之一粟耳。然累世效贡职。受正朔。遂为东海藩臣。比于朝鲜交阯国贵自立岂不信哉。

卷一·南洋滨海各国

越南即安南古之交阯……南境临海有都会曰柬埔寨。真腊之故都也。闽广商船。每岁往来贸易。别国商船入港。讥防甚严。権税亦重。诸国恶其烦苛。故市舶罕有至者。

天下郡国利病书云。占城古越裳氏地。……宋元嘉二十年使宗慤檀和之讨之。乃遣使朝贡。隋初未宾服。遣刘方宁长真伐之。其王梵志遣使谢罪。于是朝贡不绝。唐贞观中。王头黎死。子镇龙被弑。立头黎女为王。国人不服。更立头黎姑之子诸葛地为王。妻以女。国乃定。周显德五年。王释利因德漫遣使朝贡。始自称占城国。有宋一代屡入贡。时时与交州构兵。乾道四年占城以舟师袭真腊。入其国都。

庆元五年。真腊大举伐占城。杀戮殆尽。俘其王以归。国遂亡。其地悉归真腊。因名占腊云。其后国王。或云真腊人。或云占城恢复。无可据者。元世祖至元十五年。遣使贡方物。奉表降。十九年。以其国王孛由补剌者吾既内属。即其地立省。而其子补的负固不服。遣唆都征之。自广州航海至占城港。分遣陈仲达等。由琼州三道攻之。入其国。其王逃入山。遣使求归顺。复潜杀使臣。唆都转战至木城下。阻隘不得进。遂引还后虽归款。终无顺志。明洪武元年。遣使入贡。二年。遣行人吴用赐以玺书。自是常修贡职。迄嘉靖年间朝贡不绝。

又天下郡国利病书云真腊一名甘孛智。【一作甘莫惹又作澉浦只又作于波底阿俗称柬埔寨】。又曰吉篾本扶南属国。隋时始通中国。唐贞观初。并扶南而有之。

陈资斋海国闻见录云。柬埔寨介居两大之间。东贡安南。西贡暹罗。稍有不逊。水陆各得并进而征之。余按据顾书则真腊在明初尚称富盛。据陈录则真腊在国初尚存小国。今则为越南之嘉定省。不知何时夷灭。盖安南虽累世通贡。而蛮触相吞。向无入告之说。故占城真腊之亡于何时。竟未有能言之者

陈资斋海国闻见录云。安南以交址为东京。以广南为西京。由厦门赴广南。取道南澳。见广之鲁万山。琼之大洲头。过七洲洋取广南外之呫哔罗山。而至广南。计水程七十二更。赴交址则由七洲洋西绕北而进。计水程七十四更。七洲洋在琼州府万州之东南。往南洋者必经之路。中国商舶行海。以望见山形为标识。至七洲洋则浩渺一水。无岛屿可认。偏东则犯万里长沙。千里石塘。偏西则溜入广南湾。舟行至此。罔不惕惕。风极顺利。亦必六七日方能渡过。七洲洋有神鸟。似海雁而小。红嘴绿脚。尾带一箭。长二尺许。名曰箭鸟。行舟或迷所向。则飞来导之。

俗传红毛船最畏安南。不敢涉其境。其人善于泅水。遇红毛夹板。则遣数百人背竹筒。携细缕。没水钉于船底。从远处登小舟牵曳之。俟其搁浅。乃火焚而取其货。又或谓安南人造小舟。名曰轧船。能攻夹板船底。故红毛畏之。以今考之皆不甚确。盖占城之北。海形如半月。海水趋湾。其势甚急。海船或溜入湾内。无西风不能外出。红毛夹板。入溜搁浅。曾败数舟。故至今欧罗巴人涉海。以望见广南山为厉禁。商船入安南内港。土人皆用小船系绳牵引。乃虑其搁触礁浅。藉为向导。即中国各港之引水船。反用之以碎敌船理。或有之惟没水而钉船底则事涉杳茫矣。至轧船之制。曾有绘图仿造者。施之海面。仍无异常船。耳食之谈施。之实事往往凿枘。正不独此一事也。

澎湖有蔡进士名廷兰者。为诸生时。渡海遭飓风飘至安南之广义。王从陆路遣送归。

(暹罗)其入贡由海道抵粤东

天下郡国利病书云。……隋大业三年。屯田主事常骏等自南海郡乘舟使赤土。至今讹传为赤眉遗种。元元贞初。暹人尝遣使入贡。至正间。暹始降于罗斛而合为一国。明洪武初。遣使朝贡。进金叶表。七年九年二十年皆入贡。二十八年。遣内臣赵达宋福等使暹罗。祭故王。赐其嗣王文绮。永乐元年。遣使贺即位。自是入贡不绝。十七年。遣使谕其国王。俾与满剌加平【即麻喇甲】。十九年。遣使贡方物。谢侵满剌加之罪。自正统至嘉靖间入贡如常期云。

海国闻见录云。厦门至暹罗水程。过七洲洋。见外罗山。向南见玳瑁洲鸭洲见昆仑。偏西见大真屿小真屿。转西北取笔架山。向北至竹屿港口。计一百八十八更。入港又四十更。乃抵万国都城。共水程二百二十八更。而由厦门至柬埔寨。仅水程一百十三更。何以相去甚远。盖柬埔寨南面之海。尽属烂。泥名曰烂泥尾下接大横山小横山。是以纡回外绕而途远也。

暹罗流寓。闽粤人皆有之。而粤为多。约居土人六分之一。有由海道往者。有由钦州之王光十万山。穿越南境而往者。

天下郡国利病书云。缅人古朱波也。汉通西南夷后谓之掸。唐谓之骠。宋元谓之缅。自永昌西南。山川延邈。道里修阻。因名之曰缅也。汉和帝永元五年。掸国王雍繇调重译奉珍宝。赐以印绶安帝永宁元年。遣使朝贺。献乐及幻人。唐德宗十八年。骠国王雍羌。遣其弟悉利移来朝。献国乐。其曲皆梵音经论。宪宗元和元年。懿宗太和六年。皆遣使来贡。宋徽宗崇宁四年。缅甸贡白象。五年蒲甘入贡【今缅甸王城】。高宗绍兴间。俱来贡。元世祖至元中。由吐番三讨之。后于蒲甘缅王城。置邦牙等处宣慰使司。明洪武间始归附。永乐间遣翰林张洪使其地。

按南荒诸蛮部。安南暹罗缅甸。国势相埒。欧罗巴诸国。自前明中叶。即航海东来。南洋各番岛。处处占立埔头。三国地皆滨海。岂无繁盛之区。动其盼羡。安南虽有广南湾之险。而内地商船。时时贩鬻。我能往彼岂不能往。暹罗则内港深通。驶行甚便。乃欧罗巴于此二国。皆未尝措意。即缅甸亦仅于海滨荒旷之土。草创一廛。而未尝深入割据者何也。若谓因其贫瘠。不屑经营则又不然。安南最贫。然物产未必逊于诸番岛。暹罗缅甸。则夙称丰饶。谓西人概从唾弃。非情也。盖西人以商贾为本。计其沿海设立埔头。专为牟利。若处处留兵护守。则得不偿失。南洋诸岛大小不同。皆四面环海。不相联络。其人则巫来由番族。性既愚懦。复不知兵。地形可以周览而尽。伎俩可以一试而知。震以炮火。即鸟惊兽骇。窜伏不敢复动。故西人坦然据之。而不疑至安南等三国。地虽滨海。而境土则毗连华夏。山川修阻。丁户殷繁。进可以战。退可以守。与各岛之孤悬海中者形势迥别。又立国皆数千百年。争地争城诈力。相尚战伐之事。夙昔讲求其意计之所至。西人不能测也。设强据其海口。即一时幸胜。能保诸国之甘心相让乎。留重兵则费。不资无兵则恐诸国之乘其不备聚而歼。市舶虽往。而埔头不设殆为是耳。

卷二·南洋各岛

坤舆四大土。皆周回数万里。惟中国之南洋。万岛环列。星罗棋布。或断或续。大者数千里。小者数百里。或数十里。野番生聚其间。榛狉相仍自为部落。其种人统名巫来由。【一作无来由】。又有称为绕阿。【即瓜亚】。武吃者。【一作芜吉】。西汉时。诸番始通贡献。唐以后。市舶麇集于粤东。明初。遣太监郑和等航海招致之。来者益众。迨中叶以后。欧罗巴诸国东来。据各岛口岸。建立埔头。流通百货。于是诸岛之物产。充溢中华。而闽广之民。造舟涉海。趋之如鹜。或竟有买田娶妇。留而不归者。如吕宋噶罗巴诸岛。闽广流寓。殆不下数十万人。则南洋者。亦七鲲珠崖之余壤。而欧罗巴之东道主也。

按南洋各岛。泰西人所绘图。最为审细。而其说不甚详。译写地名。亦多舛异。历考诸家杂说。各有短长。陈伦炯海国闻见录。得其大致。而方向界址。大半迷误。其所云水程更数。亦多舛错。【如息为至麻剌甲仅二三百里而陈录云厦门至息力一百八十更至麻剌甲二百六十更大误】。王大海海岛逸志。言噶罗巴事最详。彼侨寓其地者十余年。躬所履览。自不诬也。其余半涉影响。惟谢清高海录。于暹罗诸属国。暨婆罗洲苏门答腊两大岛。缕悉言之。确凿可据。盖曾游览其地者。其余各岛。则有乖有合。此外史籍官书。半由采辑。仅可志其沿革。不能据为典要。今就泰西人原图。博采诸家之说。又询之泰西人。及厦门曾历南洋之老舵师。参互考订。约略言之。不能保其必无舛午也。

吕宋在台湾凤山县沙马崎之东南。由厦门往。水程七十二更。北面高山一带。望若锯齿。俗名宰牛坑。即吕宋之北境也。地形似鱼振尾。南北约二千余里。西界海滨一带多腴壤。迤东山岭错杂。林莽深阻。有火峰。时时地震。山内野番。黑面拳毛。结茅寮。衣树皮。与台湾内山生番相似。地本巫来由番国。前明隆庆年间。欧罗巴之西班牙国。遣其臣咪牙兰驾巨舰东来。行抵吕宋。见其土广而腴。潜谋袭夺。万历年间。以数巨舰载兵。伪为货船。馈番王黄金。请地如牛皮大。陈货物。王许之。因剪牛皮相续为四围。求地称是。月纳税银。番王已许之。不复校。遂筑城立营。猝以炮火攻吕宋。杀番王。灭其国。西班牙镇以大酋。渐徙国人实其地。其国负东向西。有内中外三湖。各广三百余里。西人建城于外湖西海之滨。名曰龟豆。又于城之左角曰庚逸屿者。作炮台以控扼之。建城之地名马尼剌。【一作蛮哩喇】。人称为小吕宋。而以西班牙本国为大吕宋云。【或谓西班牙本名吕宋故以马尼剌为小吕宋殊不知西班牙之据此岛在万历年间而洪武七年入贡其国即名吕宋本系客袭主名反谓主借客名盖亦未考其缘起耳】。马尼剌帆樯辏集。百货流通。埔头之盛。甲于诸洋。土肥湿宜稻。产米最多。又产白糖棉花麻烟草加非可可子。【加非似扁豆青黑色炒而煮之味苦香似茶西洋人用以代茶或沃糖酥饮之可可子亦果名即药料中呵子西洋人亦以代茶】。金珠玳瑁冰片燕窝海参乌木红木。

吕宋迤南大小十余岛。闽人称之。曰利仔攴。曰甘马力。曰班爱。曰恶党。曰宿雾。曰猫雾烟。曰网巾礁脑。【一作蚊巾焦老又名涧仔低】。泰西人称之。曰撒马。曰马邻得。曰把拉湾。曰泥鄂巴。曰尼末巴地。曰西武。曰马垩。曰邦闵。曰多罗来地。曰民答那峨。皆巫来由土番族类。天时与吕宋相仿。中国商船。由吕宋分往贸易。所产鹿麂牛皮筋脯苏木乌木降香速香黄蜡燕窝海参之类。岛番愚蠢。无蓄积。须中国布帛以蔽形。大半归西班牙管辖。

海国闻见录云。吕宋下接利仔攴。水程十二更。至甘马力二十一更。至班爱十更。至恶党二十三更。至宿雾二十四更。至网巾礁脑五十八更。其图附于四海总图。以意为之殊不足据。泰西人所绘图。吕宋迤南。大小凡十余岛。而其地名与闻见录全不同。盖以闽音译番语。已多恍惚。而以汉字书番语。尤言人人殊。且欧罗巴人多随意命名。不尽系各岛本名。今就各岛地名详译之。甘马力似即马邻得。班爱似即把拉湾。恶党似即泥鄂巴。宿雾似即西武。猫雾烟似即马垩。最南一岛较大。海国闻见录称为网巾礁脑。似即欧人所云民答那峨。海岛逸志称为涧仔低者。究亦未知其是否也。

邵星严【大纬】。薄海番域录云。明洪武七年。吕宋同琐里诸国贡方物。万历四年。助讨逋贼有功。寻入贡。取道福建。先是华人贩吕宋既伙。留居涧内。名压冬。积至数万人。万历三十年。有妄男子张嶷。称吕宋机易山生金豆。时矿务方殷。诏遣漳州郡丞王时和偕嶷往勘。是时吕宋已为西班牙所据。【原文误为佛郎西今更正之】。守土者乃西酋。时和至。酋陈兵。问山各有主。何得越采。且金豆生何树。时和不能答。酋自是疑华人。以兵围而坑之。死者二万余。仅余三百人。华船遂绝迹。台官奏劾。嶷坐诛。时和悸死。三十三年。遣商船谕吕宋无生事。西酋亦悔前事。复厚遇华人。估帆稍稍复集。其后留者复成聚云。又海国闻见录云。吕宋原系土番。今为是班牙【即西班牙】。据辖。汉人娶本地土番妇者。必入其教。……又黄毅轩【可垂】。吕宋纪略云。吕宋为干丝蚋。【一作千丝腊】。干丝蚋在海西北隅。地多产金银。【产于南北亚墨利加墨西哥秘鲁诸国乃千丝腊属藩非其本国也】。与和兰【即荷兰】。勃兰西【即佛郎西】。红毛【即英吉利】。相鼎峙。俗呼为宋仔。又曰实班牛。【即西班牙转音】。人之状貌类中华。帽高角。衣狭袖。饮食器用。略同于和兰。闽广所用银饼。肖其国王之貌而铸者也。闽海之东南数千里。即吕宋在焉。东界万澜涧仔低大海。西界闽广大海。南界苏禄大海。北界万水朝宗大海。计其地三千里有奇。南北东西相去各千余里。【此不甚确其地南北长而东西狭】。土番户口。不下数十万余。金珠玳瑁冰片燕窝海参乌红木鱼盐之利。用于海外。前明时。干丝蚋据其国。设巴礼院。【即天主教】。行礼拜之教。巴礼者。番僧也。【天主教之师】。以濂水为令。不祀先祖。所奉之神。惟教祖而已。【即耶苏】。濂水者。以巴礼王【即罗马教王】。之尸。煎为脂膏。将奉教之时。令人自誓其身为教祖所出。巴礼将脂水滴其头。故曰濂水。娶妻谓之牵手。亲迎之日。教父【即教师】。以链环男女之颈。每七日至院乞巴礼改罪曰看弥卅。有女尼院。专司财贿。以供国用。其院封锁甚严。男子绝迹。日用所需之物。壁上用转斗传进。女子有欲进院修行者。悉入焉。

余按吕宋一岛。在闽海东南。距台湾不远。地形风土俱相似。台湾顷为荷兰所据。郑氏夺还。遂归版籍。吕宋稍远。西班牙以诡谋取之。倚为外府者。数百年矣。陈黄两书所记。大半皆天主教规。乃西班牙本国之俗。其以一昼夜为两昼夜。相传为防变而起。惟种蛊之说。泰西向无此事。当是土番旧俗耳。地近闽疆。漳泉两郡之民。流寓其地者。不下数万。其例内地客民。每年输丁票银五六两。方许居住。当台湾未开之前。吕宋之米。时时接济闽中。近厦门通商。吕宋之米复至。较之珍奇玩好。其为利益也大矣。

近年诸番来粤东者。多聚于马尼剌。米利坚佛朗西遣酋来通市。其船皆会集于此。盖其地为七洲洋之东岸。转舵北行。即入长沙头门。而抵粤东。诸番倚为东道之逆旅。薪水糗粮。皆取办于此。故近来小吕宋之繁盛。为南洋诸岛之最。

又黄毅轩吕宋纪略云。乾隆年间。西北海之英黎。【即英吉利】。猝造夹板船十余。直溯吕宋。欲踞其地。化人巴礼纳币请解。英黎乃返。余按化人巴礼即天主教之师。泰西人皆奉天主教。每用其人以解纷。然英人之遽肯收兵。亦非信巴礼之说也。西班牙之有吕宋。已二三百年。不特市舶流通。资为外府。而国势之所托俨然。东西两境若为英人所夺。则千丝腊亡其半矣。彼即中衰。究系西洋大国。命脉所关。势且背城借一。英国虽强。岂遽能灭此朝食。割土于重译之外。延敌于门阈之间。非计也。故吕宋之不可夺。英人亦明知之。特胁之以威力。待其哀请而罢兵。使之畏我。德我。不敢抗我颜行。然后我之市舶东来。即以彼土为东道之主。而彼不敢靳噶罗巴之已夺而复还。亦同此意。皆情势之显然可见者。

由吕宋正南视之。有大岛踞于巳方。曰西里百。【一作失勒密土又作细利洼】。岛分四支。如人臂股。汊港尤为奥曲。北一支曰马拿多。【一作茫拿陀】。东向两支。曰多罗。曰摩尼。南向一支。曰马加撒。【一作茫佳风又作望加锡又作茫加萨】。荷兰于南北两支。各立埔头。建炮台。戍以兵。马加撒土番。在巫来由中别一种类称曰芜吉。【或作武吃氏】。刚猛好武。技击最精。男女自童时即习之。一人持短刀可敌数十人。每扬帆海上。海贼望而引避。闻其名无不辟易者。其种人散布诸岛国。人皆重之。获利则归养其亲。旧本噶罗巴属国。魁处马甲撒山中。自称营喏。如爪亚之称巡栏不受荷兰约束。与盟约为兄弟而已。又一种番名武敦。刚猛类武吃氏。居于马甲撒之南。诸岛物产。与吕宋略同。幼布海参最良。按芜吉在岛番中别一种类。泰西人称为南海之杰。其人武勇。且知孝养。得此辈数万。可以固圉。可以创霸。而惜其僻处荒岛。无奇杰以为之倡也。果有其人。泰西诸国。何遽能得志于南洋耶。

吕宋群岛之西南。婆罗洲之东北。有小国曰苏禄。接连三岛。岛俱渺小。而户口颇繁。本巫来由番族。悍勇善斗。民多习为海盗。西班牙既据吕宋。欲以苏禄为属国。苏禄不从。西人以兵攻之。反为所败。其海产明珠玳瑁。山产苏木豆蔻降香藤条。又产鹦鹉。户口繁多地硗瘠食不足。籴于别岛。厦门商船。时由吕宋往贸易。由厦至苏禄。水程一百一十更。【海国闻见录谓苏禄与吉里问文莱其一土系属错误今更正之】。

薄海番域录云。苏禄分东西峒。有三王。明永乐十五年。东王巴都葛巴叭答剌。西王麻哈剌吒葛剌麻丁。峒王巴都葛巴剌卜。并率其属三百余人。来贡方物。各给印诰封为王。东王归次德州卒。命葬以王礼。令其子都麻舍还国。留次妃葛本宁。次子安都禄等守墓。岁支米七十五石。万历中裁。其五世孙安守孙奏复之。我朝雍正六年遣使至闽贡方物。求内附。以其险远。未之许也。余按苏禄南洋小国。独喁喁慕义。累世朝宗。当西班牙荷兰虎视。南洋诸番国咸遭吞噬。苏禄以拳石小岛。奋力拒战。数百年来安然自保。殆番族之能自强者哉。

由吕宋西南视之。有大岛居于午位。曰婆罗洲。【一作浡泥又作蟠尼阿】。其岛周回数千里。大山亘其中。曰息力。由东北而西南。山之西畔。极北曰文莱。【一作文来】。极南曰吉里问。【一作吉里门又作吉里地闷又作蒋里闷】。山之东畔。极南曰马神。【一作马辰】。与吉里问接壤。马神之北曰新当。再北曰卸敖。再北曰戴燕。再北曰万喇。【一作万澜又作万郎又称万老高】。再北曰昆甸。再北曰巴萨。极北曰古达。由古达逾山而西北。即文莱界矣。自古达至新当。旧皆马神所属。故诸书统称马神。而诸部之名不著。山之西。广莫荒凉。其海涛泷壮猛。多礁石。舟楫不能近岸。故土番南惟吉里问。北惟文莱。余皆人迹不到之秽墟。即两国亦贫甚。多驶船海中为盗。山之东。物产充盈。海道通利。又产黄金铨石。攻矿之工所萃。故丁户殷盛。部落较多。诸番皆巫来由种类。沿溪筰屋为居。身不离刃。精于标枪。见血即毙。性喜铜钲。器皿皆用铜。上衣曰沙郎。下衣曰水幔。贫者以布。富者用中国杂色丝绸。

裂条缝集为文采。俗从回教七日礼拜不食猪肉,【巫来由皆从回教回教兴于小西洋之亚剌伯故传染于南洋】。山中别有黎人。性凶顽喜杀。然不敢出山肆扰。诸部旧多噶罗巴属国。荷兰船初到此洲。入马神内港。欲据其地。番畏炮火。避入深山。以毒草渍水上流。荷兰受毒狼狈去。后卒于海滨立埔头四。曰八三。【即巴萨】。曰本田。【即昆甸】。曰万郎。【即万喇】。曰马生。【即马神】。繁盛远逊噶罗巴。又海盗时时钞掠。贸易益微。息力大山金矿极王。别有铨山。产铨石。铨石即金刚石。俗名金刚钻。有五色。金黑红者为贵。欧罗巴人以为至宝。大如棋子者。值数万金。细碎者。钉磁之工用之。近年粤之嘉应州人。入内山开矿。屯聚日多。遂成土著。初娶黎女为妇。【巫来由女不嫁唐人】。生齿渐繁。乃自相婚配。近已逾数万人。择长老为公司理事。谓之客长。或一年或二年更易。丁口税银。由客长输荷兰。洋船登头金。【船税也】。亦荷兰征收。番酋听荷兰给发。不敢私征。每岁广潮二府。有数船入港贸易。获利甚厚。诸国土产。金与铨石之外。铅锡冰片豆蔻胡椒海参燕窝玳瑁翠羽乌木檀香藤条。由厦门往文莱。取道吕宋。往吉里问马神者。取道七洲洋。由茶盘转而东向。

薄海番域录云。婆罗一名文莱。负山面海。俗素食念佛。禁食猪肉。犯者论死。有东西二王。永乐四年。各遣使来朝。相传国王闽人。随郑和往。因留镇焉。王府旁有汉字碑。番人嫁娶。请王金印印背。印篆文兽形。云是永乐间赐。王髡发裹金绣巾。腰插双剑。步行。亲属称班奇兰。严重亚于王。国有木石二城。因长腰屿筑岸御潮。拆石城以为塘。止存木城云。又云吉里地闷【即吉里问】。满山皆楠檀。至伐为薪。田肥宜谷。气候苦热。午必俯首向水坐。差可避瘴。男女断发短衫。俗以立为尊。不知年岁。无文字以石片记事。满千石则总于绳为一结。讼者两造各牵羊曲者没之。盖犹有结绳束矢之风焉。又明史。浡泥于古无考。【此浡泥当是马神】。宋太宗时。始通中国。洪武三年。遣使自泉州往。阅半年始抵其国。时其国为苏禄所侵。颇衰耗。又素属阇婆。【即噶罗巴】。阇婆人间之。其王意颇中阻。使者谕以阇婆久臣服中国。尔畏阇婆。反不畏中国耶。乃遣使奉表进贡。洪武八年。命其国山川。附祭福建山川之次。永乐三年入贡。封为国王。赐印敕。其王率妃及子女弟妹陪臣。泛海来朝。十月王卒于馆舍。帝哀悼。赐祭葬。谥曰恭顺。其子袭封。定为三年一贡。又乞封其国之后山。【即息力大山】。敕封为常宁镇国之山。御制碑文勒其上。洪熙后贡使渐稀云。又谢清高海录云古达。息力大山西北一国也。王居埔头。有荷兰人镇守。由埔头买小舟。沿西北海。顺风约一日。到山狗王。【地名】。为粤人贸易耕种之所。由此登陆。东南行一日。到三画又名打喇鹿。其山多金。内山有名喇喇者。有名息邦者。又有乌落新泥黎各名。皆产金。而息邦所产为佳。巴萨在古达南。沿海顺风约日余可到。地不产金。华人居此者。惟事耕种。所辖松柏港。产沙藤极佳。亦有荷兰人镇守。昆甸在巴萨南。沿海顺风约日余可到。海口有荷兰人镇守。买小舟入内港。行五里许。分为南北二河。国王都其中。由北河东北行约一日。至万喇港口。万喇水自东南来会之。又行一日。至东万力。其东北数十里。为沙喇蛮。皆华人淘金之所。万喇在昆甸东山中。由昆甸北河入万喇港口。舟行八九日可至。山多钻石。亦有荷兰人镇守。戴燕在昆甸南。由昆甸南河溯流而上。约七八日至双文肚。即戴燕境。又行数日。至国都。乾隆末。粤人吴元盛刺杀番酋。国人奉以为主。元盛死。子幼。妻袭其位。至今犹存。卸敖在戴燕南。由戴燕逆流而上。约七八日可至。新当在卸敖南。由内河行。约五六日程。马神在极南。由昆甸沿海顺风行。五六日可至。疆域较大。产钻石金藤席香木豆蔻海参佳纹席猩猩。有荷兰人镇守。蒋里闷【即吉里问】。在马神西。顺风约二日可到。疆域稍狭。土产与邻国同。文来【即文莱】。在极北界。幅员甚长。中多乱山。绝无居人。土番亦无来由种类。喜中国布帛。土产燕窝冰片沙藤胡椒。【云云】。余按婆罗洲为南洋第一大岛。西洋人称为蟠尼阿。即浡泥之转音。唐高宗总章二年入贡。谓之婆罗国。宋太宗太平兴国年间入贡。谓之浡泥国。明初入贡。又分吉里地闷文莱浡泥等国。盖浡泥为此岛总名。宋明之称浡泥者。乃马神。疆域较大。力能驾诸部之上。故以全岛之名为国名。犹大亚齐之独称苏门答腊耳。陈资斋海国闻见录。谓息力大山踞其中。外吉里问文莱朱葛焦喇马神苏禄五国。环而居之。今考苏禄在马神东北。乃海中三小岛。与此土不连。朱葛焦喇。别书不见其名。惟王柳谷海岛逸志云。荷兰所推甲必丹。【见噶罗巴说】。有大雷珍兰武直迷朱葛焦诸称呼。似陈录所云。误以官名为国名矣。又陈录谓吉里问在文莱之北。与诸书皆不合。自是舛误。【海岛逸志云由噶罗巴往马神道经吉里门日睹电光青而不成条噶罗巴在马神之西南往马神而路经吉里门其在马神之西可知】。谢清高海录。纪此洲最详。惟历数诸国。俱云某国在某国东南。揆之西洋图。地形方向。尚有舛误。今据图稍更正之。荷兰人于南洋各岛。遍设埔头。诸番皆奉命惟谨。马神独能毒流退师。可云铮佼。然卒为西人所制。番族固无远谋也。息力大山夙称金穴。近年粤东流寓。几于成邑成都。倘有虬髯其人者。创定而垦拓之。亦海外之一奇欤。

由厦门趋七洲洋。用未针指。西南过昆仑。越茶盘。历水程二百八十更而抵噶罗巴。【或作噶剌巴又称咬嚠巴又称呀瓦即瓜哇国】。噶罗巴者。南洋大岛。西界与苏门答腊隔一海港。峡口曰巽他。【峡两岸即旧港地】。为泰西诸国东来必由之路。其国东西横亘约千余里。背负南海。以火焰山为屏障。左曰万丹。【即古阇婆地】。右曰井里汶。其北两山夹峙如巷。曰狭内。狭南诸屿罗列。有王屿夹板屿鼎马屿白屿草屿等名。谓之屿城。历屿城而抵其国。门户重叠。形势甚壮。旧本绕阿番部。【或称爪亚又作爪鸦又作耀亚皆统阿之转音乃巫来由别种元史称挝哇明史称瓜哇哇即亚之转音挝瓜又爪之转音也】。其王称巡栏。居于山中。地名览内。各部之渠称史丹。王官有双柄伽头山海美色葛内外淡板公杯突公勃垄诸名目。史丹官属。有把智淡板公把低等名。自古为南洋名国。附近诸番岛半归统辖。前明中叶。荷兰兵船避风入巴地。见其土地雄阔。可建城池。乃入万丹。饵以卑辞厚币。借海岸片土修船。又以设立木栅蔽内外为请。绕阿贪利从之。遂袭破万丹。并取巴地。绕阿震慑不敢争。荷兰与盟约。每岁纳租银。其沿海一带之地。并归荷兰统辖。巴王由是为荷兰所制。惟命是从。王死。王子非荷兰命不得立。除授官职。亦听命于荷兰。荷兰镇以大酋。于海口建城邑。设市廛。街衢方广。货物充牣。闽广之海船。大小西洋之夹板。每岁往来。以千百计。遂为南洋第一都会。其地当赤道之南。炎热异常。隆冬如内地之初夏。花木四时相续。春雨秋旱。岁止一收。而土田肥沃。米价极贱。闽广之民。流寓其地者。以数万计。荷兰择其贤能者为甲必丹。【欧罗巴官名如中国州县之类】。专理华人词讼。近年因华人把持行市。禁新到唐人。不准留住。【诸洋番称中国为唐人犹西北诸部之称汉人】。其部落井里汶之东南为北胶浪。北胶浪之东北。有大埔头曰三宝垄。商船萃集之地。富盛又亚巴城。再东为竭力石。又极东临海为士里莫。东北临海为外南旺。巴城以西之万丹。古称阇婆国。荷兰据其滨海之地立埔头。繁盛亚于三宝垄。巴地所产者。米谷白糖加非燕窝。近年学种闽茶。味颇不恶。但不甚多。附近诸番岛。以噶罗巴为总汇之地。货物毕萃于斯。

天下郡国利病书云。瓜哇国。【即噶罗巴】。古呵陵也一曰阇婆。又名莆家龙。在真腊之南海中洲上。其属国有苏吉丹打板打底纹等国。【即史丹淡板公把低之讹误以官名为国名】。有文字。知星历。宋元嘉九年。始通中国。后绝。至唐贞观二十一年。与堕和罗堕婆登皆遣使入贡。天宝中。自阇婆迁于婆露伽斯城。宋淳化五年入贡。元时。始称瓜哇。世祖大举兵征之。不克。后命将史弼破其国。擒酋长以归。寻放还。明洪武二年。遣行人吴用锡以玺书。随入贡。封其王昔里八达剌为国王。三佛齐。【即旧港见后】。其属国也。八年二月。令三佛齐瓜哇山川之神。附祭于广东山川之次。后分为东西二国。永乐年间。并遣使朝贡。东王寻为西王所灭。天顺四年复入贡。自是不可考。【云云】。按噶罗巴为南洋大国。刘宋时即通中土。西包三佛齐。东括数十番部。筐篚叠贡。俨然海外雄藩。乃一旦为荷兰所结。门庭户牖。悉滋他族。奄然跧伏。几于陈蔡不羹。彼西人炮火之威。抵御固非易易然。马辰以毒流获全。苏禄以血战自保。而噶罗巴乃独以贪饵酿祸。绕阿素黠。竟智出两部下乎。荷兰据巴国海口。年月不可考。大约在明之中叶。自是粤海无瓜哇片帆矣。鲸鲵既已。横绝鲽鹣。无效顺之路。可哀也夫。

海岛逸志云。噶剌巴海中泽国。由厦门往水程二百八十更。四季皆如夏候。炎风暴厉。触之生疾。河水甘凉。浴之却病。米价平贱。人民富庶。货物皆各处属国辐辏以赴贸易者。非巴中所产也。地本爪亚之国。和兰【即荷兰】。所居边海之地。十不得一。爪亚之人。数百倍于和兰。俗尚质朴。人愚蠢。性柔怯。畏惧和兰。闻其名则合掌。主仆之分最严。见主人必屈膝合掌。名曰占巴。春雨后田水平满。抛种于田。不烦耘锄。自然畅茂。米价极贱。其米粒长而糯。内地不及也。家计生产。皆妇人主之。生女为贵。赘婿于室。生男则出赘于人。室如亭。四面开窗。无椅榻。席地而坐。地皆铺席。施帷幄。男女盘膝杂坐。见客以握手为礼。俗重槟榔。客至则捧以为敬。食不设箸。以手掬之。啖牛肉。不食猪犬。女子不施脂粉。不簪花。衣无领。裙而不绔。男子则衣有领。鬓簪花。身有绔。百花四季不凋。百果相续不绝。味皆美于闽广。蔬菜价倍于鸡鹜。缘米价贱。人不肯竭力灌园也。巴国以风为鬼。以水为药。凡感冒风热。浴于河则愈。产妇及小儿出痘。皆浴于河。虽盛暑不敢露体扇风。卧必密室。施帷幕。少冒风则病立作。所以窗户皆用玻璃。取不透风而光亮也。【以上皆言爪亚土俗】。自明初迄今四百余载。闽广之人。留寓者生齿日繁。富商大贾。获利无穷。因纳贿和兰。求其推举为甲必丹。华人角口斗殴。皆质之甲必丹。长揖不跪。自称晚生。是非曲直无不立断。至犯大罪。并嫁娶生死。皆申报荷兰。水旱来往。皆给与文凭。使不得滥相出入。人命惟重见证。见证必斩鸡发誓。方敢花押定案。所以杀人往往无偿。无敢作见证故也。巴城地势平坦。人居稠密。出览光。【城市也】。皆为园地。而和兰园林相接。联络数十里。其中楼阁亭台桥梁花榭。曲尽精巧。每七日一礼拜。于巳刻入寺。讲经念咒。拱听者或低首垂泪。似能感发人心也者。约半时许散去。是日不理事。入园林游赏。尽一日之欢云。【此言荷兰制度风俗】。三宝垄。【一作三巴郎】。巴国所属之区。百货所聚。贾帆凑集。甲于东南诸洲。北胶浪膂森。其左右翼也。唠呐哖其仓廪也。堤坳二胞其门户也。所辖上下数百里。土田肥沃。人民殷富。为诸邦之冠。天气清凉。人少疾病。远胜巴国。米价尤贱。市无饥者。风俗质朴。道不拾遗。夜不闭户。和兰有官驻守。职名鹅蛮律。又有杯突大写财副新蛲嗹等属。分司各事。凡推华人为甲必丹。必申详其祖家。巴中甲必丹。权分而利不专。三宝垄甲必丹。则利权独擅。煮海为盐。丈田为租。皆甲必丹有也。故得膺其职者。则富逾百万矣。礼拜寺有高楼。钟声四达。丑未之初为一点钟。至十二点而止。未正丑正为二点钟。则家家闭户而卧。路无行人。是一日如两日。一世如两世矣。【此与吕宋同俗或泰西本有此俗也】。北胶浪。巴国东南之区。面山背海。列屋而居。南北限以栅。华人萃处其中。俗呼为八芝兰。【番言街衢】。厦屋连延。危楼高耸。西向者为甲必丹。第有园数亩。树木亭沼。幽雅特绝。迤北有泽海真人祠。栅门外为泊面。【番言税馆】。征往来之税。随河而北约半里为外泊面。稽查偷漏。又四五里。达于海口。有圣墓极灵。舟楫往来。必具香楮拜祷。浪中有和兰官杯突驻守。有城有兵。城与八芝兰隔一河。城之南。园林深邃。杰阁巍峨者。杯突居焉。浪中为巴国山僻之地。景色天然。不假修饰。夕阳在山。渔歌互答。有似楚江音节。河水不深不浅。菱芡纵横。仿佛苏杭景象。俯仰之间。皆足以游目骋怀者也。

万丹古称阇婆国。在巴国之西。爪亚所居。地方宽广。土田肥沃。货物繁多。人皆富裕。所产佳纹席幼席。为南洋最。和兰据海边。招集诸夷。往来交易。纳其租税。史丹【爪亚之主】。处于山中。居第极壮丽。第外筑一小城。和兰官十二人。兵百人居之。名曰护卫史丹。实钤禁之。史丹殁。其子非和兰命。不得立也。爪亚四处散处。虽有国王。惟知畏和兰而已。

噶罗巴漳泉之人最多。有数世不回中华者。语番语。衣番衣。食番食。读番书。不屑为爪亚。而自号曰息坔。【南字去声】。其寄居未久。及时往来者。服食语言仍华俗。和兰专设甲必丹。以理华民。为甲必丹者。皆漳泉人。或以此致富。则满载归来不复往。漳人陈曎代其堂兄映为三宝垄甲必丹。番官淡板公往候之。队马数百。整肃而来。至栅门外则下马。入门则膝行而前。旳危坐。俟其至。乃少欠身。爪亚之敬畏和兰如此。【王柳谷居噶罗巴十年赘于甲必丹某之家巴国境内游历殆遍故言巴事最为详核今摘录数则于此】。

按海南饶沃之土。以噶罗巴为最。荷兰以诡谋取之。遂致富强。明季夹板四出。侵扰闽浙。实倚巴地为巢穴也。其后渐以掊克为事。华人贩鬻其地者。许置货。不许携银。货又产于别岛。不能时至。华船守候过时。归途多遭台飓。以此咸怀怨咨。嘉庆年间。荷兰王为佛郎西拿破仑所逼。走死荒野。国为佛郎西所并。英吉利恐佛人之兼有巴地也。嘉庆十四年秋。以舟师逼巴城。荷兰酋坚守不下。逾年复往。以天炮环攻。荷兰酋遁去。地遂为英所有。除荷兰苛法。商旅便之。一时轰传荷兰为英吉利所灭。即此事也。后数年。拿破仑败。荷兰复国。其王以卑礼厚币请于英。英复以巴地还畀之。然英船视巴地为东道主。荷兰不敢迕也。

噶罗巴迤东诸岛接连。由东南而东北。士里莫之东曰洛莫。【一作沦泊】。洛莫之东曰麻里。【一作巴里又作猫厘又作麻黎】。洛莫差大。麻里亚之。两岛土腴宜稻。平畴万顷。产米最多。麻里之东曰松墨洼。【一作逊巴瓦】。岛形槎牙。港澳环曲。地差大于洛莫。松墨洼之东南曰萨尔温。【一名檀香屿】。地如松墨洼之半。萨尔温之东北曰佛理屿。【一作弗罗力士】。东西狭长。地倍于萨尔温。佛理屿之东。有六小岛接连相望。六小岛之南。有大岛曰池问。【一作知汶又作地门又名胎墨尔】。池问。译言东也。地倍于佛理屿。东畔有葡萄牙埔头。西畔为荷兰埔头曰古邦。以上诸岛。皆与噶罗巴东西平列。累累相望。由池问而北。隔海面数百里。曰武罗。【一作木鲁】。系荷兰埔头。地如池问三之一。人户甚稀。亦无物产。武罗之东曰西兰。【一作西尔郎莫】。地倍武罗。野番不解耕作。食沙谷米。【沙谷米非谷也番岛有此种树伐其枝条捣碎浸水中树汁凝水底成白粉取粉晒干为细末喷水滚成小珠形如粟米煮粥味淡而滑似仓中陈粟米南洋岛番多以此为粮】。武罗西兰之直北。有大岛曰摩鹿加。【一作士罗洛又作苏洛又作美洛居又作马路占】。荷兰所属。地形如人臂股。与西里百相似。物产颇丰。摩鹿加之西南曰安门。【一作安汶】。荷兰大酋所驻。统辖群岛。海口设炮台。东北曰万他。有火山。多地震。摩鹿加之西。有小屿曰德拿。其地天时和煦。园林极佳。惟火山一发。遍地皆灰烬。西兰之东南。有吉宁暴暴诸岛。摩鹿加之西南。有亚罗地门律两岛。皆野番所居。不属荷兰大抵自洛莫至池问一带。旧皆噶罗巴属岛。迤北诸岛。亦有归噶罗巴统辖者。自噶罗巴受制于荷兰。诸岛半属荷兰埔头。其人皆巫来由。亦有野番。野番面黑色。或毛发螺拳。丑恶如夜叉。又或深目高准。口阔至耳。男女皆穿耳。而大其孔瑱以杙。所产者。胡椒燕窝海参鱼翅海菜玉果藤条苏木玳瑁鹤顶红龙涎香丁香木香豆蔻血竭之类。

考泰西人书。诸岛之外。尚有提读义罗罗巴治安等名。与王志谢录所云各岛地名多不同。大半皆噶罗巴旧属。尔时南洋东畔无显国。独噶罗巴早通中土。其声名足以自耀。又疆宇恢阔。市舶通行。诸岛之影附响臻亦势所必然。自噶罗巴遭荷兰禁锢。号令不行于四境。诸岛亦随风而靡。半为荷兰役属。大者且不能抗。况于培嵝之琐琐。当前明隆庆年间。葡萄牙船初抵摩鹿加之德拿屿。西班牙船适相值。争此群岛。互相攻击。至泰昌年间。荷兰以兵船逐两国。遂专擅摩鹿加群岛之利。然所售之丁香豆蔻等物。不足补防守之费。又禁绝他国货船。不准入口。故获利甚微。而群岛亦终古荒僻也。

摩鹿加之东南有大岛。曰巴布亚。【又名那吉尼】。形如昂首之龟。幅员亚于婆罗洲。其地自古未通别土。草木蒙翳。深昧不测。野番从林中跳出。黑面拳毛。见人则攫而裂之。争啖其肉。别有一种似巫来由者。稍通人性。道光十三年。荷兰人初开港道。调兵防守。商船偶有至者。物产未详。

按巴布亚为东南洋极大之岛。荒秽与澳大利亚同。【即新荷兰】。荷兰既失澳大利亚又复经营此岛盖亦不得已而思其次也。

由七洲洋过昆仑。越真腊之烂泥尾。趋暹罗内海之西岸。地形如股。由西北伸于东南。中有连山如脊。山之东。有小国七。极北界暹罗者曰斜仔。【一作埏仔】。南为六坤。【一作六昆】。再南为宋卡。【一作宋脚】。再南为大哖。【一作大年又作大泥】。再南为吉连丹。【一作吉兰丹】。再南为丁噶奴。【一作丁加罗】。皆暹罗属国。极南为彭亨。俱由小真屿向西分往。自厦门往。水程一百五六十更不等。诸国皆巫来由番族。裸体挟刃。下围幅幔。所产者。黄金铅锡翠毛燕窝海参藤条冰片。惟丁噶奴胡椒最良。贸易难容多艘。闽广贩洋之船。时有至者。

通考四裔门云。埏仔【即斜仔】。在西南海中。男子服短衣。布幔。跣足持刀。女子穿花色衣。被丝幔。曳浅拖鞋。土产燕窝番锡象牙绵花。距厦门水程一百八十更。六崑【即六坤】。与埏仔接壤风俗物产相同。又谢清高海录云。宋卡。【一作宋脚闽音谓脚为卡读如克上声】。或作宋腒朥。在暹罗南。由暹罗陆路则十七八日。水路则东南顺风五六日可到。疆域数百里。土番名巫来由。俗不食猪。与回回同。须上留下颔。出入怀短刀自卫。男多赘于女家。俗以生女为喜。为可以赘婿养老也。分资财男女各半。死无棺椁。葬椰树下。不墓不祭。王传位必以嫡子。庶子不得立。君臣之分甚严。王虽无道。无敢觊觎者。妇人穿衣裤。男子惟穿短裤。裸其上。有事则用宽幅布缝两端。袭于右肩。名沙郎。民见王及官长俯而进。至前。蹲踞合掌于额。立而言。平等相见。惟合掌于额。山多古木。产孔雀翡翠玳瑁象牙胡椒槟榔椰子银铁沈降速伽楠诸香海参鱼翅。岁贡于暹罗。大呢【即大哖】。在宋卡东南。陆路五六日。水路顺风一日夜可到。连山相属。疆域亦数百里。风俗土产。与宋卡略同。海艘所泊处。谓之淡水港。其山多金。产金处名阿罗帅。中华人多往淘金。国属暹罗。岁贡金三十斤。吉兰丹。【即吉连丹】。在大呢东南。由大呢沿海顺风约日余可到。疆域风俗土产。略同大呢。亦无来由种类。为暹罗属国。王居在埔头。埔头洋船湾泊处也。种竻竹为城。加以木板。仅一门。民居环竹外。王及官长。俱席地而坐。裸体跣足。无异居民。出则有勇壮数十。拥护而行。各持标枪。见者咸蹲身合掌。王过然后起。王日坐堂。酋长咸入朝环坐。有争讼者。皆持烛一对。俯捧而进。王见烛则问何事。讼者陈诉。命传所讼者进质。王决以片言。无敢不遵者。如是非难辨。则令没水。【令两造出外遇道路童子各执一人至水旁延番僧诵咒以一竹竿令两童各执一端同没水中先浮起为曲】。又有探油锅法。【盛热油满锅取一铁块投锅中番僧诵咒令两造探而出之曲者手烂直者手不伤】。

居民皆奉佛甚虔。土番居埔头者。多操小舟捕鱼。早出暮归。居山中者。或耕种或樵采。惟剥大树皮。围其下体。无屋宇。穴居巢处。土番俱善标枪。能掷杀人于数十步外。争讼有不能决者。常自请于王。愿互用标枪。死无悔。王亦听之。但酌令理直者先标。不中。则听彼反标。顾鲜有不中者。凡献馈食物。皆以铜盘盛之。戴于首而进。饮食不用箸。以右手搏取。重右轻左。若以左手取食物相遗。则怒为大不敬。云其地有双戈呀喇顶等处。皆产金。中国每岁至此者。数百人。闽人多居埔头。贩卖货物。种植胡椒。粤人多居山顶。淘取金沙。纳税按船大小。大者洋银五六百枚。小者二三百枚。谓之登头金。其酿酒贩鸦片开赌场税亦特重。赌账追比最力。各国多如此。食鸦片则吉兰丹为甚。其土产惟槟榔胡椒为多。以金三十斤。为暹罗岁贡。【按此篇言巫来由土俗最详故录之以例其余】。丁加罗。【即丁噶奴】。在吉兰丹东南。由吉兰丹沿海约日余可到。疆域风俗。与上数国略同而富强过之。各国俱喜养象。丁加罗尤甚。闻山中有象。先以木栅围之。由远而近。俟其饥困。然后用驯象勾致之。土产胡椒槟榔椰子沙藤冰片燕窝海参油鱼鲍鱼带子【蛤类似江瑶柱】。紫菜孔雀翡翠速降伽南诸香。胡椒最佳。甲于诸番。岁贡暹罗安南及据噶罗巴之荷兰彭亨。在丁加罗南。由丁加罗陆路约二日可到。疆域风俗民情。均与上数国同。亦产金。而麻姑所产为最。土产胡椒冰片沙谷米。由彭亨东南行。约日余。复转西入白石口。顺东南风约日余。则到旧柔佛。又薄海番域录云。彭亨。一名彭坑土沃候温。宜稼。饶蔬果。俗尚佛。杀人血祭。明洪武中贡方物。余按明初入贡诸国。有彭亨之名。而丁噶奴以北六国无闻。或因夙事暹罗。荒服附庸。不能自达于中朝耳。真腊盛时。尝并有鸠密富那迦诸国。当即斜仔至彭亨一带。其人裸体与真腊同俗。盖皆狼裸国之种类也。

过昆仑入白石口。转而西北。即彭亨。至斜仔一山之背。地形如带。与苏门答腊相对。彭亨之南。当地尽处。谽谺成内港。有地曰息力。【一作实力一作息辣旧名柔佛英人名为新嘉坡一作生嘉坡又作新奇坡又作星隔伯儿】。旧本番部。嘉庆二十三年。英吉利有之。其地当南洋小西洋之冲。为诸海国之中市。英人免税以聚商船。西洋夹板。每岁来者以数百计。闽粤贩洋之船。南洋诸国之船。亦时至。帆樯林立。东西之货毕萃。为南洋西畔第一埔头。每年交易之货价。数千余万圆。英人筑楼馆以居。户口无多。闽广流寓万余人。巫来由土人。与芜吉客民。居于海滨。由息力循海岸而西北。约三百余里。曰麻剌甲。【即满剌加或马六甲】。本暹罗属国。前明时。葡萄牙据之。旋为荷兰所夺。嘉庆年间。地归英吉利。立为埔头。繁盛不如息力。麻喇甲西北海中。有岛曰槟榔屿。【英人称为新埠】。内有高峰。山水清胜。居民五万四千。闽广人居五分之一。亦归英吉利管辖。英有大酋驻息力。总理三埠贸易之事。【息力麻剌甲槟榔屿】。三埠所产者。金银铅锡犀角象牙胡椒玉果降香苏木燕窝翠毛佳纹席之类。厦门至息力。水程一百七十更。息力至麻喇甲七更。由麻喇甲过红毛浅。有国曰沙剌我。亦巫来由番部。山中皆黎人。裸体跣足。与巫来由不相为婚。沙剌我之西北曰基德。【亦名计哒】。后山与宋卡毗连。土产亦相类。闽粤商船。间有至此两国贸易者过此。则缅甸南界。接连印度诸部。称为小西洋。内地舟楫。不能往矣。

明史。柔佛近彭亨。一名乌丁礁林。万历间。其酋好构兵。邻国丁机宜彭亨屡被其患。华人贩他国者。其人多就之贸易。时或邀至其国。国中覆茅为屋。列木为城。环以池。无事通商于外。有警召募为兵。称强国焉。字用茭草叶。以刀刺之。见星方食。岁序以四月为首。死者皆火葬。产犀象玳瑁片脑没药血竭之类。又谢清高海录云。旧柔佛在彭亨之后。陆路约四五日可到。疆域亦数百里。风俗与彭亨等国略同。为巫来由种类。本柔佛旧都。后柔佛土番徙于别岛。故名旧柔佛。嘉庆年间。英吉利以此为海道四达之区。垦辟土地。招集商民。薄其赋税。数年来海船辐辏。楼阁连亘。遂为胜地。番人称其地为息辣。闽粤人谓之新州府。亦或作新嘉坡。土产胡椒槟榔膏沙藤紫菜。槟榔膏即甘沥可入药。【云云】。余按息力旧本荒僻小番部。无足轻重。自英吉利创设埔头。遂为东西扼要之地。英船东来。至息力如归故土。行李之乏困。咸取办于此。近年中国盛传新奇坡。意其为广土众民。洋洋大国而不知固海滨一廛也。又天下郡国利病书云。满剌加国。古哥罗富沙也。汉时常通中国。后为顿逊所羁属。其国傍海。山孤人少。受役属于暹罗。每岁输金为税。明永乐三年。遣使入贡。十年。命太监郑和等。统官兵二万七千余人。驾海舶四十八艘。往诸番岛开读赏赐。封西利八儿达剌为国王。九年七月。嗣王拜里迷苏剌。率其妻子陪臣九百四十人。来朝京师。厚加赏赐遣归。嗣后朝贡不绝云云。按满剌加即麻喇甲。本暹罗属国。明初其王率妻子陪臣倾国来朝。慕义可谓至矣。后为葡荷两国所据。今为英吉利埔头。其或仅据海口。如瓜哇之拳蛰。抑竟琐尾流离。如柔佛之他徙不可得而知也。

息力之南。噶罗巴之西。有大岛横亘西南。曰苏门答腊。【一称亚齐】。长约二千余里。中有大山绵亘。曰万古屡。迤东洼下。海潮侵涨。林莽秽杂道路难通。迤西平坦。有大河萦带。地产沙谷米沙藤胡椒槟榔血竭冰片安息香山产黄金铜铁硫磺河产金沙海产龙涎香。兽多水马狒狒熊虎。木多椰子。处处成林。部落之大者。曰大亚齐。在此岛北面之西界。西洋人称为亚珍。唐宋以来。朝贡中国。封苏门答腊国王者。即此国也。大亚齐之东曰锡里。再东曰溜里。与息力隔海相对。大亚齐西尽海。转而至岛之南面。曰小亚齐。小亚齐迤东曰苏苏。再东曰叭当。再东曰茫古鲁。【即万古屡或作南勃利】。茫古鲁之东尽海。转而北。入峡口。峡之两岸曰旧港。本名三佛齐。王居峡西。此东界部落之大者。出峡口而西北。又至岛之北面。海中别一屿曰岗甲。再西北别一屿曰龙牙。龙牙之西。即新柔佛。与溜里又相望矣。诸部皆巫来由番族。荷兰英吉利分据海口。各立埔头。近年英吉利以此岛埔头易麻剌甲。遂全归于荷兰。其大埔头在南界者曰巴唐。【即叭当】。在东北界者曰巴邻傍。巴邻傍即旧港之西岸。东岸为噶罗巴之西界。峡口阔止数十里。名曰巽他。欧罗巴诸国东来。必取道于此。足为南洋之总门户。若由麻剌甲息力转折而来。则间道也。岗甲屿又名丁机宜。产铅锡最多。荷兰设官榷税。闽广贩洋之船。时往贸易。又巴唐之西南。有小岛曰呢士。【一作亚尼】。亦产铅锡。大亚齐西北海中。有孤岛曰尼古巴拉。野番所居。以椰子鱼为粮。不谷食。

天下郡国利病书云。苏门答腊。【或称须文达那】。古大食也。【大误】。宋初。与占城通贡南唐。遂达于宋。淳化四年。舶主蒲希密献方物。后与宾童龙国来朝。自是入贡不绝。寻分部领勿斯离【疑即锡里】。弼琶罗巴跋布【疑即巴唐】。那姑儿【疑即茫古鲁】。等国。洪武年间。苏门答腊入贡。永乐三年。酋长宰奴里阿必丁随中官尹庆朝贡。封为苏门答腊国王。宣德六年。复来贡。十八年。复请封其子为王。初太监郑和奉使至苏门答腊。伪王苏干剌方谋夺王位。怨使臣赐不及己。邀击官军。和击败之。追至南勃利国。【即茫古鲁】。并其妻子俘之以归。永乐十三年。斩于行在。诸番震服。苏门答腊西去一昼夜程。有龙涎屿。每至春间。群龙交戏于上。遗涎。则国人驾独木舟。采之以为香。一觔值其国金钱一百九十二枚。嘉靖年间。奉旨采办。每觔给银一千二百两。又云。三佛齐国。古干陀利也。居真腊瓜哇之间。其王号詹卑。其人多姓蒲。梁天监元年入贡。后绝。唐天佑初。始通中国。宋建隆初。遣使朝贡。淳化年间。为阇婆所侵役。【即噶罗巴之万丹】。南渡后。入贡不绝。明洪武二年。遣行人赵述使其国。随入贡。册封为三佛齐王。后为瓜哇【即噶罗巴】。所废。以其地为旧港。仍立头目以司市易。永乐三年。遣行人谭胜受千户杨信等。往旧港招抚广州逃民梁道明。五年九月。太监郑和使西洋诸国。还至旧港。遇海贼陈祖义等。与战。杀其党五千余人。擒祖义械送京师。斩于市。诸番詟服。是年旧港头目施进卿。遣使入贡。诏以进卿为旧港宣慰使。自是朝贡不绝云。又谢清高海录云。三佛齐及苏门答腊岛。在新柔佛岛对渡。【旧柔佛为西人所据其土番徙新岛在息力南周围数百里】。西南海中。别峙一大洲。九国环之。曰溜里。曰锡里。曰大亚齐。曰小亚齐。曰苏苏。曰叭当。【即巴唐】。曰茫古鲁。【即万古屡一作南勃利】。曰旧港。曰龙牙。大小亚齐及苏苏。皆苏门答腊故地。旧港则三佛齐故地也。溜里在柔佛西南。由柔佛渡海而南。约日余可到。疆域数百里。风俗土产。与柔佛同。潮州人多贸易于此。锡里在溜里西北。疆域风俗。与溜里同。由溜里买小舟沿海行。约四日可到。海东与麻剌甲相对。土产鱼肚冰片椰子胡椒。大亚齐在锡里西北。疆域稍大。由红毛浅外海西北行日余即到。由国都西北陆行五六日。则至山尽处。俱属大亚齐地。风俗与巫来由各国同。山尽处与新埠【即槟榔屿】。斜对。土产金冰片沙藤椰子香木海菜。由大亚齐山尽处北行少西。顺风约十一二日。至尼古把拉。海中小岛也。土番皆野人。性情淳良。日食椰子熟鱼。不食五谷。【按此岛去苏门答腊甚远不在九国之中】。小亚齐一名孙支。在大亚齐西。由大亚齐西北行经山尽处。转东南行。约日余可到。疆域亦数百里。风俗与大亚齐同。土产金胡椒椰子冰片沙藤。苏苏。在小亚齐南。水路顺风约二日可到。疆域风俗土产。与小亚齐同。叭当在苏苏东南。水路顺风亦二日可到。疆域风土与上略同。叭当之西。有岛峙海中曰呢士。【即亚尼】。又名哇德。民似中国而小。常相掳掠贩卖。出入持标枪。不食五谷。惟以沙谷米合香蕉煎食。其地产铅锡。【按此亦附近小岛与苏门答腊一土不连】。茫古鲁在叭当东。水路顺风约五六日。可到沿海都邑。近为英吉利所夺。国王移居内山。【按英人近年以苏门答腊所得地易麻剌甲于荷兰即此录所云茫古鲁与旧港也】。土产海参丁香豆蔻胡椒椰子槟榔。旧港即三佛齐也。在茫古鲁东。疆域稍大。由茫古鲁东南行。约三四日。转北入葛剌巴峡口。【即巽他峡口】。顺风行半日。方出峡。峡东西皆旧港疆土。峡西迤北大山。名网甲【即岗甲又名丁机宜】。别峙海中。产铅锡。山麓有文都上卢寮下卢寮新港等处文都有英人镇守。榷锡税。【近年已归荷兰】。国王所都在峡西。由文都对海入小港。西行四五日方至。两岸居民。俱临水起屋。颇称富庶。土产金锡沙藤速香降香胡椒槟榔水鹿。龙牙在旧港北。由峡口水路到此约三日。由此北行日余。则至柔佛。西北行日余。则至溜里。龙牙多木。大者数十围。中华洋船至此。多换桅舵。凡溜里锡里皆巫来由种类。惟大小亚齐及苏苏民稍淳良。余俱凶悍。以盗劫为生云云。余按苏门答腊一土。古名婆利洲。为西南洋极大之岛。明人不知为何地。以隔海万里之大食【即今波斯一带】。当之。误之甚矣。此岛部落之名。尚有层檀黎伐之属。时代变更。译音转易。莫可得而稽。近时惟谢氏海录最为详确。西界虽分数部。而以大亚齐为纲领。独擅全岛之名称苏门答腊国。固南洋大部也。东界之三佛齐。为自古朝贡之国。自瓜哇废其国为旧港。渐以式微。前明中叶以后。荷兰人据沿海要口。营立埔头。诸番族为所钤制。不复能自列于王会。亦可慨夫。

薄海番域录云。丁机宜地近柔佛。屡为所侵。始通姻好。幅员最狭。酋众仅千余。以木为城。王居列钟鼓楼。与华人舟中互市。岁首十月。盖奉瓜哇正朔云。按海国闻见录。谓丁机宜在吕宋群岛之南。与万老高芒佳虱同居巳方。顷余在厦门。晤老舵师陈姓。往来西南洋最熟。曾屡至丁机宜。询其方向。则云。过昆仑。用未针。与噶罗巴相近。所言与海国闻见录异。甚以为疑。近阅薄海番域录云。丁机宜地近柔佛。乃知即苏门答腊东境之岗甲屿。老舵师之言信不诬矣。其地产锡。故厦门贩洋之船时往贸易。

泰西人万国地理书。云南洋诸岛。沿海土人。皆巫来由番族。黑面长发。头缠布。赤足。腰围花纹布。穿裙。插短刀。多驾船捕鱼。或为海盗。皆奉回回教。内地有黑面土番。居山穴树林。如中国苗猓之类。中国流寓甚众。广州嘉应州之人为工。潮州之人为农。泉州漳州之人为商。获利多者为泉漳人。闽粤游手。谋生无策。往往自投绝域。不复首邱。或娶番妇生子女。遂化为异族。

按南洋一水。万岛环生。补巽维之空缺。其种人名为巫来由。黑丑无慧。蠢蠢如豕鹿。汉平南越后。诸番稍通贡献。唐宋两朝。番舶乃聚于粤东。明成祖好勤远略。特遣诏使。遍历各番岛开读。于是诸番岛喁喁内向。效共球者数十族。如吕宋瓜哇婆罗洲苏门答腊之类。幅员差广。可称为国。亦有蕞尔洲。岛户不盈千。仰慕威灵。携挈求观。遂至。渔獠蜑户概锡王封。虽云盛事。抑未免夸而滥矣。中叶以后。欧罗巴诸国航海东来。蓄谋袭夺。番族愚懦。不能与校。于是吕宋群岛。遂为西班牙所据。而苏门答腊以东大小数十岛。处处有荷兰埔头。万历后。诸番国朝贡之舟无复抵香山。奥者以为远人之日久寖疏。而不知其流离琐尾。地已为他族有也。自泰西据南洋诸岛。城池坚壮。楼阁华好。市廛繁富。舟楫精良。与前此番族之荒陋气象固殊。而中土之多事亦遂萌芽于此。英吉利诸埔头。在息力以西。南洋诸岛。非其有也。然国势既强。西班牙荷兰非其匹敌。莫敢近视。其视南洋诸岛。若已有之。修船炮。备糗粮。诸岛皆奉承唯谨。不必涉息力以西。而后能办应也。昔之南洋为侏儸之窟宅。今之南洋乃欧罗之逆旅。履霜冰至。岂伊朝夕事势之积渐。盖三百余年于兹矣。

天下郡国利病书云。汉时朱崖之南。有都元谌离夫甘都卢黄支等国。近者十余日。远至四五月程。前后遣使入贡。多异物。武帝时。遣应募人。与其使俱入海。市明珠璧琉璃奇石异物。赍黄金杂缯而往。所至国皆廪食为耦。蛮夷贾船转送致之。夷珍货流入中国始此。桓帝时。扶南之西。天竺【即五印度】。大秦【即罗马】。等国。皆由南海重译贡献。而贾胡自此充斥于扬粤矣。其贡玳瑁象齿吉贝【树名可以作布】。沈水香琥珀。兽则驯象元犀猩猩之属。多不可殚纪。三国时吴孙权遣宣化从事朱应中郎康泰使诸番国。其所经及传闻。有数百国。康立传记。谓之扶南土国。曰蒲卢中。曰优欠。曰横趺。曰诸簿。曰北掳。曰滨那专。曰乌乂。曰斯调。曰林阳。曰马五洲。曰薄叹洲。曰耽兰洲。曰巨延洲。晋武帝平吴后。入贡者。林邑扶南之外。曰牟罗。曰横芦。曰末利。曰卑离。曰满都。曰缠余。曰沙楼。曰蒲林。皆昔所未闻者也。刘宋萧齐时。入贡者。有师子毗加梨【即孟加拉国国】。干陀利【即三佛齐】。阇婆【即噶罗巴】。婆黄阿罗陀【即麻剌甲】。阿罗单婆使狼牙修【即锡兰】。盘盘顿逊等十余国。梁武帝时。通贡者有婆利【即苏门答腊】。丹丹【即万丹】。毗骞【即噶罗巴】。等国。隋时入贡者益多。有投和边斗之属。其贡大抵金宝香药等物。亦有献佛牙舍利者。皆奉婆罗门教故也。余按以上诸番国。历代异名。重译之余。展转淆讹。莫可究诘。其为今何国何岛。有可考有不可考。大约近者为南洋诸番。远者至五印度而止。海外诸番之通贡。实萌芽于两汉。欧罗巴诸国市舶之来粤。则始于前明。今南洋印度诸岛国。皆变为欧罗巴诸国埔头地则。犹是也。而主者非其旧矣。

又天下郡国利病书云。置岭南市舶使始于唐。以岭南帅臣监领之。设市区令。蛮夷来贡者为市。稍收利入官。贞观十七年。诏三路舶司。番商贩到龙脑沈香丁香白豆蔻四色。并抽解一分。武后时。都统路元睿冒取番酋货物。酋不胜忿。杀之。后于广州设结好使。每番舶至则审事宜以闻。贞元间。岭南奏请移番市于安南。陆贽在中书。奏议驳之。宋开宝四年。置市舶司于广州。以知州兼使。通判兼判官。淳化二年。始互抽解二分。凡诸番之在南海者。并通货。以金锡缗钱。易其犀象珊瑚琥珀珠琲镔铁鼊皮玳瑁玛瑙水晶番布乌樠苏木香药等物。太宗立榷务于京师。诏诸番货至广州。非出官库。不得私相贸易。其后又诏非珍奇物。皆听市。后又诏他物之良者。亦听市其半。大抵海舶至。征其什一而给其余价值。岁入以数十巨万计。县官经费有助焉。熙宁中。广州市舶岁课亏折。或以为市易司扰之故。令提举究诘以闻。于是务官吕邈以阑取番物劾免。后以言者。罢杭州市舶诸司。皆隶广州。元丰三年。中书言广舶已修定条约。宜选官推行。诏广东以转运使孙迥。罢帅臣兼领。大观元年。复置广浙福建三路市舶提举司。三年。诏番商欲往他郡者。从舶司给券。毋杂禁物。其防船兵仗给之。建炎二年。诏市舶多以无用之物枉费国用。取税榷。自今以后。笃耨香指环玛瑙猫见眼睛之类。博买前来。及有亏番商者。重治其罪。惟赐臣寮象笏犀带。可者量令输送。绍兴二十七年。诏广南经略市舶司。察番商假托入贡。隆兴中。臣寮以象齿珠犀。比他货最重。请十分抽一。罢博买。乾道初。臣寮又言。福建广南货有市舶。宜置官提举。淳熙二年。诏广州市舶。除榷货物。他物之良者。止市其半。宋自南渡后经费困乏。一切倚办海舶。岁入固不少。然金银铜锡钱币亦由是漏泄外境。而钱之泄尤甚。法禁虽严。奸巧愈密。其弊卒不可言。元世祖尝立提举司。寻罢。至英宗治平六年。遣使榷广东番货。乃复立之。听海商贸易。归征其税。顺帝元统六年。罢广东提举二司。至正二年。复立广东提举司。申严市舶之禁。三年。总海商贸易。归征其税。明制诸番例三年一贡。世见来王。准互市。立市舶提举司。以主诸番入贡。应入贡番。先给以符簿。及至三司与合符。视其表文方物无伪。乃送入京。若国王王妃及陪臣等附至。货物抽其十分之五。其余官给之直。暹罗瓜哇二国免抽。其番商私赍货物。入为市易者。悉封籍之。抽其十二。乃听贸易。然闽广奸民。往往有椎髻耳环效番衣服声音入其舶中。导之为奸。因缘抄掠。傍海甚苦之。初洪武三年。颁科举诏于安南占城。以其通中国文字也。海外诸番。自是朝贡不绝。永乐改元。遣行人闻良辅内臣侯显郑和等。招谕西南诸番。暹罗瓜哇以至西洋古里诸国。诸番贡献毕至。奇货重宝。前所未有。乃命内臣监镇市。而设公馆于城南水滨。后改建于郡西仙湖。永乐四年。置怀远驿于广州城蚬子步。创房百二十间。以居番人。隶舶市所提举司。然内官总货提举官吏。惟领簿而已。成化弘治之世。贡献至者日盛。有司惟容其番使入见。余皆停留于驿。往来设宴管待。方许入城。衣服诡异。亦有帽金珠衣朝霞者。老稚咸竞观之。椒木铜鼓戒指宝石。溢于库市。番货甚贱。贫民承令博买。多致富。正德十二年。西海夷人佛郎机亦称朝贡。突入东莞县。大铳迅烈。震骇远近。残掠甚至炙食小儿。【详佛郎西图说】。海道奉命诛逐。乃出境。自是海舶悉行禁止。例应入贡诸番。亦鲜有至者。贡舶乃往漳泉广城。市贸萧然。非旧制矣。于是两广巡抚都御史林富稽祖训会典。奏上得允。于是番舶乃通焉。嘉靖中。诸夷市舶抵粤。内臣乘船至澳。遣知县有廉干者往船盘抽。提举司官吏。亦无与焉。余按南海诸番之通中国自汉始。而岭南之榷番税自唐始。唐以前之通番。不过求珍异之货。夸王享之仪。其重在贡。而唐以后则榷其货税。以益国用。其重在市。由唐至明中叶。闽广之所谓番舶者。不过南洋小西洋诸岛国。非今日欧罗巴之番舶。亦无所谓鸦片毒物也。然南宋时已有钱币漏泄之忧。前明时已有奸民假冒之弊。殆所谓势有必至。理有固然者欤。古圣人不贵异物。不宝远物。岂惟谨节制度。杜侈汰之萌。而防患未然之意。亦可谓深切著明矣。顾亭林海外诸番贡市一篇颇为详核。故采录之以资考镜焉。

海国闻见录云。南洋为闽粤商船数至之地。海道有数险。舟师皆谨识之。最险者为南澳气。古称落漈。在南澳之东南。隔水程七更。屿小而平。四面挂脚皆乱石。生水草长丈余。气吸四面之流。船不可到。到则随溜吸阁不能返。气之北。浮沈皆沙垠。约长二百里。尽北处有两山。名曰东狮象。与台湾沙马崎对峙。隔洋面水程四更。名沙马崎头门。气之南。续沙垠至粤海。为万里长沙头南隔断一洋。名曰长沙门。又从南首复生沙垠。至琼海万州。曰万里长沙。沙之南又生乱石。至七洲洋。曰千里石塘。皆南洋极险之地。海舶遭风。或舟师迷误。犯此数险。鲜不败者。长沙一门。西北与南澳。西南与平海之大星。适成鼎足之势。门南北约阔五更。粤之番舶商艘。往东南洋吕宋文莱苏禄数国贸易者。皆从长沙门出。北风以南澳为准。南风以大星为准。惟江浙闽三省。往东南洋者。从台湾沙马崎头门过。而至吕宋诸国。西洋夹板。从昆仑七洲洋之东。万里长沙外。过沙马崎头门。而至闽浙日本。以取弓弦直洋。中国往南洋者。以万里长沙之外。渺茫无所取准。皆从沙内粤洋。而至七洲洋。汪洋一水之中。生此界限亦溟渤之户阈也。七洲洋之南。有大小二山。屹立澎湃。称为昆仑【或作昆屯】。南洋必由之路。山产佳果。幽寂无人迹。神龙所宅。昔荷兰失台湾。归途过昆仑。欲建立为埔头。龙与为患。荷兰以大炮与龙斗。久之多发狂病毙。乃扬帆去。至噶罗巴而舟覆。康熙四十五六年。荷兰又图昆仑。就海滨营埔头。夜辄为鳄鱼所吞。又为广南海盗所劫杀。乃仍虚其地。凡中国洋艘过昆仑。天时极晴霁。瞥见黑云一点。蜿蜒摇曳。狂风立至。顷刻而止。俗呼鼠尾龙云。云白者风尤烈。日两三作。或四五作。舟人焚鸡毛鲎壳。使龙触秽气而远避。过昆仑即无此事。由昆仑而西南。有小岛曰茶盘。为西南洋分路之地。往息力者西行。往噶罗巴者南行。

天下郡国利病书。谓真腊民色甚黑。号为昆仑。唐时所谓昆仑奴也。今考南洋诸岛番。面色大半皆黑。不独真腊为然。且黑有甚于真腊者。至昆仑二山。乃南洋小岛。蛟龙之宅。寂阒无人。地虽近真腊。而非其所属。何以黑民独称真腊。而又以昆仑为名耶。盖昆仑为南洋往来必由之路。海舶皆耳熟其名。遂相沿为诸番之通称。而因以为黑民之别号。唐代正当真腊强盛之时。尝役属南洋诸番部。故又以昆仑专属之真腊也。【宋史称波斯入贡其从者目深体黑谓之昆仑奴波斯黑奴当是印度人似又指西域之昆仑矣】。

卷二·东南洋各岛

澳大利亚。一名新荷兰。在亚细亚东南洋巴布亚岛之南。周回约万余里。由此岛泛大洋海。东行即抵南北亚墨利加之西界。其地亘古穷荒。未通别土。前明时。西班牙王遣使臣墨瓦兰。由亚墨利加之南。西驶再寻新地。舟行数月。忽见大地。以为别一乾坤。地荒秽无人迹。入夜磷火乱飞。命名曰火地。又以使臣之名。名之曰墨瓦蜡尼加。西班牙人以此侈航海之能。亦未尝经营其地也后荷兰人东来。建置南洋诸岛。展转略地。遂抵此土。于海滨建设埔头。名之曰澳大利亚。又称新荷兰。旋为佛郎西所夺。佛人寻弃去。最后英吉利得之。因其土地之广。坚意垦辟。先流徙罪人于此。为屯田计。本国无业贫民。愿往谋食者。亦载以来。他国之民。愿受一廛者听之。地在赤道之南。天气炎燥。海滨多平土。山岭高者。不过三十丈。江河绝少。杂树荒草。灌莽无垠。鸟兽形状诡谲。与别土异。土番黑面披发裸体。食草根山果。结巢于树。予之酒。一饮即醉。卧泥中如豕负涂。男役女若畜。怒辄杀之。英人流寓者。垦海滨湿土。种麦与粟。草肥茂。牧羊孳乳甚速。毛毳细软。可织呢绒。现居民不足十万。每年运出之羊毛。值银二百余万两。百物未备。日用之需。皆从别土运往。英人于东境海口建会城曰悉尼。居民二万。捕鲸之船。时时收泊。贸易颇盛。而流徙之户本莠民。饮博荡侈。相习成风。流寓良民亦颇染其俗。而境滨大南海。英人新徙入户。已成聚落。西境亦创置一廛。在江河之滨。北境近赤道。天气酷热。产海参海菜燕窝。英人派陆兵驻守。以防侵夺。计澳大利亚一土。英人四境所耕收。仅海滨片土。不过百之一二。其腹地则奥草丛林。深昧不测。土番如兽。老死无往来。不特风土。无从探访。即山川形势亦无由乘轺历览。英人谓此土虽荒旷而百余年后当成大国。南海诸番岛当听役属。如附庸也。近命名曰南亚细亚。

按澳大利亚。即泰西人职方外纪所云天下第五大州。陈资斋海国闻见录。绘四海总图。东南隅有片土。署曰人迹不到处。即此土也。地之广莫。为东南洋诸岛之冠。野番兽处。亘古昏蒙。西班牙既探得亚墨利加两土。侈心不已。展转西寻。忽见此土以为搜奇天外。而不知地球圜转。已至亚细亚之东南洋也。荷佛为鹬蚌之争。旋以穷荒弃之。英吉利惜其广土。极意经营。欲收效于数十百年之后。亦可谓好勤远略哉。

班地曼兰岛。【一作地闽岛】。在澳大利亚之东南隅。相隔一港。地周回约七八百里。土脉膏腴。五谷薯芋蔬菜。皆可种植。英人开垦已及大半居民务农之外。兼捕鲸鱼。沿海港口甚多。贸易颇盛。

搦日伦敦两岛。一名新西兰。在班地曼兰之东。幅员倍之。有高山插霄汉。顶上终年积雪。灿白如银。雪水消融。由涧壑分流而下。可以灌溉。土番黑丑。略知人事。有酋长。凶顽好杀。获仇则脔食其肉。藏其头以示武。其土极腴。宜麻谷蔬菜。英人买其土。徙户口垦种之。渐以耶苏教化其土人。捕鲸之船时至。以鸟枪绒毡易食物。土番健有力。鲸船间雇为水手。然不过数人。多则恐其生变。尝有鲸船。雇土番数十驶海中。土番忽群起。尽杀船户。炙其肉而啖之。两岛别有佛郎西割据之土。

东南洋番岛甚多。泰西人就其形似。随意命名。有新危尼新耳兰新撒罗门希伯等名。或有酋长成部落。或野番散处。野番皆黑面矬身。与兽无别。或有别土人登岸。则磨牙吮血攫而食之。

卷二·大洋海群岛

自澳大利亚迤东迤北。抵南北亚墨利加之西界。谓之大洋海。水程数万里。岛屿甚稀。间数千里乃一遇。其岛四围多盘石。亦生珊瑚。海船近辄搁浅。故不能遍及。大洋海风浪最恬。泰西人称为太平海。各岛天气晴和。水土平淑。产椰子芋薯。果实足供采食。土人织草为衣以蔽形。性驯而慧。异于迤西岛番之悍犷。近年耶苏教之徒。游其地而诱进之。多有信从易俗者。岛名不能尽悉。英人因教事而命以名。

一曰会群岛。言其人耶苏教之会也。岛之大者曰阿他害地。附近群岛甚多。以此岛为纲领。其地山水秀淑。风景宜人。土人笃信耶苏教。广设学馆。又阿歪希者。亦大岛。属岛甚多。有国王。嘉庆年间。举国奉耶苏教。学馆尤繁。其王颇谙武备。常有师船巡海。

一曰友群岛言与耶苏教为友也。土人形貌端正。有心计。耶苏教之徒。时游其地诱化之。有加罗林者。属岛最多。内有一族颇通艺术。商船偶过其地。亦停泊贸易。

一曰贼群岛。言其非善类也。各岛多西班牙所据。西人以天主教诱劝之。土人不肯从。遂至互相攻击。交哄不已。

此外小岛尚多。名不尽著。土产惟椰子。人户甚少。未与他国往来。道光二十二年。佛郎西新开马耳其杀群岛。风土未详。

按四海之中。惟大洋海最大。即中国之东海。直抵亚墨利加之西境。四万里茫茫巨浸。别无广土。即岛屿亦晨星落落。据泰西人所传述。各岛风土人类。远胜于亚细亚南洋诸岛。然帆樯偶涉。率略未详。盖由东道往。水程当十余万里。由西道往。须历南亚墨利加之铁耳聂离。途既险远。又无利可牟。故商船罕有至者。惟捕鲸之船专骛大洋。无所不到。于诸岛数数遇之。乃得稍通声闻耳。

卷三・五印度

（印度）自后汉通中国唐时屡入贡

明弘治八年。欧罗巴之葡萄牙。航海至印度西南界之孟买。开凿海港。建立城邑。市舶通行以此致富。荷兰忌之。以兵船相攻。亦攘其地立埔头。设公班衙。擅印度海之利权者数十年。迨英吉利东来。驱除两国而有其地。佛郎西亦于南印度之东界立埔头。康熙七年。英吉利在东印度之孟加拉。买地建馆。筑炮台。造屋七十所。帆樯云集。百货流通。埔头日益富盛。乾隆十七年。孟加拉国酋长毁其居。囚其人。英人以大兵攻之。遂灭孟加拉。乘胜兼南中诸部。诸部合纵御之。心力不齐。纷纷溃败。有为英所灭者。有听其置吏。仅拥空名者。有受役属为藩国者。由是五印度全土。归英辖者十之七。仅余西北数部尚未服也。英人于沿海立藩部三。曰孟加拉。曰麻打拉萨。曰孟买。内地立藩部一。曰亚加拉。

孟加拉。【或作旁葛剌又作网加拉又作孟加腊】。印度极东之地。其会城曰加尔各搭。【或作甲谷他】。在安额支河之滨。沟壕深广。城垣巩固。城内馆舍闳敞。逵衢矢直。高楼对起。皎如白雪。城外万艘鳞集。百货所萃。富盛为五印度之最。英吉利有大酋。统辖印度全土。驻于此城。

孟买。【一作网买粤东称为港脚】。在印度西界。沿山傍海。地形狭长。其民勤于生计。供太阳火神。死者不葬。以饱乌鸢。明初。葡萄牙初开海港。建设埔头。康熙初年。为英人所夺。其地所产者。棉花胡椒椰子珊瑚之类。海船甚巨。有载二万二千五百担者。粤东最大之洋艘。皆从港脚来也。

孟买之北。海滨旧有苏疏城。昔为商贾云集之地。

北日不尔之南滨海。有地名屙吧。疴袜。【一作俄亚】。俗称小西洋。长一百二十里。阔六十里。明正德五年。葡萄牙取之。建城设险。役属邻藩。自葡萄牙衰。而其地贸易亦微。又荷兰有城在海滨曰可陈。【一作固贞】。近年亦为英人所取。

按五印度别国埔头。尚有数处。属佛郎西者。本地治里之外。曰加黎架尔。【在加尔那的部内】。曰牙那安。【在北西尔加耳部内】。曰商德尔那哥耳。【在孟加拉国部内】。曰马黑。【在马拉巴尔部内】。属葡萄牙者。疴袜之外。曰达蒙。【在古塞拉德部内】。曰的玉。曰奔达。曰加那哥纳。曰比这灵。曰萨达利。曰比尔凝。曰阿斯德拉加尔。曰巴黎。曰英巴尔巴升。曰顺达拉瓦的。曰加哥剌。【皆海滨小聚落】。属嗹国者。曰西林不尔。【在孟加拉国部内】。曰达郎给巴尔。【在加尔那的部内】。大约不过一城一邑。或海滨一廛。藉此以侨寓客商。居积财货。非裂其壤土而有之也。则亦不足著录矣。

锡兰【锡伦。西仑。僧加剌。楞伽山。宝渚。则意兰。则意拉】。在南印度之东南。海中大岛也。……前明中叶。葡萄牙据锡兰海口立埔头。寻为荷兰所夺。嘉庆元年。英吉利驱逐荷兰尽有海滨之地。时锡兰酋残虐失民心。其都城在海滨。名可伦破。英人屡进攻。内溃而亡。全岛遂为英有。英以大酋镇守。海舶屯集之地。名停可马里。

天下郡国利病书云。锡兰山国。古狼牙修也。自苏门答剌顺风。十二昼夜可至。其国地广人稠。货物多聚亚于瓜哇。中有高山。上产鸦鹘宝石。每遇大雨。冲流山下。从沙中拾取之。隋常骏至林邑极西望见焉。番语谓高山为锡兰。因名。相传释迦从伽蓝屿来登此山。犹存足迹。山下有寺。中贮释迦涅盘真身及舍利子。明永乐六年遣太监郑和等。诏谕其王亚烈若奈儿。赍供器宝幡。布施于寺。建石碑。赏赐国王头目有差。亚烈若奈儿负固不服。擒之以归。择其支属贤者亚巴乃那立之。十四年。偕占城瓜哇满剌加苏门答剌等国贡方物。正统十年。天顺三年。复入贡。

(那哥不尔)所属通商之地。曰罢架尔。曰郎德各。曰昭布尔。曰拉登不尔。曰马合罢。曰列不尔。曰古达。曰威拉合尔。

(卖索尔)所属通商之地。曰邦加罗尔。曰几那巴登。曰几德尔德拉克。曰赛拉。曰哥剌尔。

(乌德)所属通商之地。曰非萨巴尔。曰几拉巴。曰巴来支。曰丹达。

(萨达拉)所属通商之地。曰马合比里昔尔。曰美黎至。曰般德尔不耳。曰合达尼。

达拉王哥尔。亦英属国。在南印度极西南海角。都城曰的里弯德棱。所属通商之地。曰达拉王哥尔。曰波尔架。曰固兰。曰安任加。

欧罗巴诸国之居印度。始于前明中叶。倡之者葡萄牙。继之者荷兰佛郎西英吉利。皆以重资购其海滨片土。营立埔头。蛮人愦愦不察萌牙。英吉利渐于各海口建立炮台。调设兵戍。养锐蓄谋。待时而动。迨孟加拉一发难端。遂以全力进攻诸蛮部。连鸡棲桀。等于拉朽折枯。于是五印度诸部。夷灭者十八九。哀哉。英人自得五印度。榷税养兵。日益富强。其陆地与西藏之南界。滇省之西界。虽壤地几于相接。而梯度绳悬。往来不易。水程则自孟加拉至粤东兼旬可达。迩年英人货船。自印度来者十之六七。昔日之五印度求疏通而不得。今日之五印度求隔绝而不能。时势之变。固非意料所及矣。

英吉利印度埔头。孟加拉国最盛。孟买次之。麻打拉萨又次之。英吉利本国商船。与欧罗巴诸国之船。每岁往来以数千百计。其税银每岁得千余万。养兵太多。支销之外。所余亦无几。

孟加拉孟买。皆英吉利大埔头。闽粤之货山积。由两处至回疆。皆商贾通行之熟路。转运固甚便矣。

谢清高海录云……曼哒喇萨。【即麻打拉萨】。在明呀喇西南。由葛支里沿海陆行。约二十余日。水路顺风约五六日。亦英吉利大埔头。

笨支里。【即本地治里一作房低者里】。在曼哒喇萨西南。为佛郎机所辖地。由曼哒喇萨陆行约四五日。水行约日余即到。土产海参鱼翅诃子棉花猩梭豸。

呢咕叭当。【即海国闻见录所云尼颜八达旧为荷兰埔头】。在笨支里西岭介中。疆域甚小。土番名耀亚。【即绕阿一作瓜亚】。

西岭。又名咕噜慕。由笨支里水路约六七日可到。土番名高车子。风俗与明呀哩略同。土产海参鱼翅棉花苏合油。

打冷莽柯。【即达拉王哥尔】。在西岭西北。顺风约二三日可到。疆域甚小。土番极贫。而性颇淳良。风俗与上略同。属邑有地名咖补。西洋客商皆居此。土产海参鱼翅龙涎香诃子。

亚英咖。在咖补西北。顺风约五六日可到。土俗与上略同。土产棉花燕窝椰子诃子。

固真。【即可陈】。在亚英咖西北。顺风约日余可到。本荷兰埔头。近亦为英吉利辖。土产乳香没药鱼翅棉花椰子苏合油血竭砂仁诃子大枫子。

隔沥骨底。在固真北少西。顺风约二日可到。土俗与上同。产胡椒棉花椰子。俱运至固真售卖。

马英。在隔沥骨底北少西。顺风约二日可到。为佛郎西所辖地。【即马黑】。风俗土产。与上略同。

打拉者。在马英西北。陆路约数十里。土俗与上同。产胡椒海参鱼翅淡菜。

马剌他。【即马卢袜一作马尔洼本印度大国英人灭之地产鸦片最多】。在打拉者西。疆域甚长。沿海分为三国。一小西洋。一孟婆啰。一麻伦呢为回回种类。

小西洋。【即俄亚】。在马剌他西北境。为大西洋【即葡萄牙】。所辖地。

孟婆啰。在小西洋北山中。由小西洋顺风约日余可到。王都在山中。以竹为城。风俗与小西洋同。土产檀香犀角。

麻伦呢。在孟婆啰北。顺风约日余可到。风俗与孟婆啰同。土产海参鱼翅鲍鱼。二国资物多运至小西洋售卖。

盎叽哩。在麻伦呢北少西。顺风约一二日可到。风俗与小西洋略同。土产玛瑙棉花鸦片洋葱。洋葱之白寸余。熟食味极美。

孟买在盎叽哩北少西。相去约数十里。为英吉利大埔头。有城郭。土番名叭史颜色稍白。性极淳良。家多饶裕。土产玛瑙大葱棉花阿魏乳香没药鱼膏鱼翅鸦片番碱。棉花最多。

苏辣【即苏剌】。在孟买北。水路约三日可到。土番名阿里敏。物产同上。

淡项【读平声】。在苏辣北。水路约日余可到。土产同孟买。

唧肚在淡项北。疆域稍大。顺风约二日可到。风俗与盎叽哩诸国略同。土产海参鱼翅。俱运往苏辣孟买贩卖。

自曼哒喇萨至唧肚。土番多不食猪牛羊犬。惟食鸡鸭鱼虾。男女俱带耳环。自明呀喇至唧肚。西洋人谓之哥什塔。【一作戈什塔】。中国称为小西洋。土人多以白布缠头。所谓白头番也。遇王及官长。蹲身合掌上于额。过然后起。子见父母。亦合掌于额。平等相见亦如之。其来中国贸易。俱附英吉利船本土船从无至中国。中国船亦无至小西洋各国者。

卷三·印度以西回部四国

(波斯)富多宝货。与中国贸易最早。所谓碧眼波斯胡也。

唐宋两朝。(波斯)屡贡方物。

明永乐间。(波斯)尝入贡。

法尔斯之西南。有海口曰亚不支尔。为通国大埔头。东南隅有恶末屿者。古时海舶互市于此。

阿剌伯地分六部。首部曰黑德倭斯。都城曰麦加。建于山谷之中。厦屋云连。街衢闳直。海口甚大。出运之货。以加非为主。贩行欧罗巴各国。次曰也门。曰亚达拉毛。曰呵曼。曰剌沙。曰内德惹。其海口在西方者曰热他。富商所萃。在东方者曰木甲。与英吉利米利坚定约通商。以兵船巡海护之。

亚丁小岛也。在红海口门之外。现为英人所据。

明初。郑和等由海道使西洋。至天方而止。称为西洋尽处。彼盖由印度海驶入红海。遂以为海尽于此。而不知小西洋之外尚有所谓大西洋也。

后汉书东汉和帝永元九年。西域都护班超。遣椽甘英往通大秦。抵条支临海欲渡。安息西界船人。告以海水广大。往来须赍三岁粮。英疑惮而止。大秦屡欲遣使于汉。为安息遮遏不得通。桓帝延熹九年。其王安敦遣使自日南徼外。献象牙犀角玳瑁。始得一通。

汉书所云。从安息陆路。绕海北行。出海西至大秦。人庶连属。十里一亭。三十里一置。从无盗贼寇警者。的确不诬。又云。道多猛虎狮子。遮害行旅。不百余人赍兵器。辄为所食。按西里亚以西。皆大秦名都大邑。四达通衢。安得有猛兽遮害行旅。盖安息贪绘彩交市之利。必不欲大秦之通汉。故为此诞说。以阻汉使之西行。所谓遮遏不得通者此也。若由条支从海道往。则阿非利加之大浪山一路。自明以前。未通舟楫。【即今欧罗巴诸国货船往来之路明弘治间葡萄牙始创行之】。欧罗巴东来海道。率取道于地中海红海。条支都城在麦加。乃红海北岸。【汉书云条支城在山上周回四十余里正今之麦加城也】。而其东境。又临阿勒富海。甘英所临之海。未知其为阿勒富海抑即红海。若为阿勒富海。则须绕条支三面之海。计水程六七千里。至红海之尾。而海尽。行陆路一百七十里。【地名苏尔土麦西国也】。至地中海之东南隅。再登舟西驶约六千余里。而抵大秦都城。【即罗马】。计水程约一万三千余里。若所临系条支都城之红海。则西北驶千余里。已至红海之尾。计水程不足万里。中间隔陆路一百七十里。不能一帆直达。【明以前欧罗巴大船不能直抵中国即因此阻隔海国闻见录所谓恨不用刀截断者也近年英吉利用火轮船递送文报皆由此路地中海另有火轮船接递】。然舍此别无道路。计其水程速则四五十日。迟亦不过两三月。半载尽可往返。何至须赍三岁粮。盖安息总不欲大秦之通汉。故使西界船人【麦加距安息已远甘英所临之海当系阿勒富海也】。设此词以难之。甘英惮于浮海。遂中止耳。至安敦之入贡。

由日南徼外。即今越南南境之占城一带。乃由红海驶入印度海。东南行。至苏门答腊噶罗巴之巽他海峡。转而北行。入南洋抵越南之南境。今欧罗巴诸国来粤东。绕阿非利加至印度海后。亦由此路。若从陆路。须由日南历暹罗缅甸抵东印度。越中印度。至西印度。无论中间历数十番部。使币难通。而西印度以西。仍须经遮遏之安息方达大秦东境。故知其必由海道无疑也。

卷四·欧罗巴

其至粤东贸易者。英吉利船最多。居各国十分之六。西班牙之船。大半自吕宋来。粤东称大小吕宋。不称西班牙。船之多。几过于英吉利。而洋米之外少别货。此外则奥地利亚普鲁士次之。嗹国荷兰又次之。瑞国又次之。佛郎西货船。每岁来粤。多不过三四只。少则一二只。所载皆呢羽钟表诸珍贵之物。葡萄牙即居澳门之大西洋。其本国商船。来者甚稀。日耳曼之翰堡【一作昂不尔厄】。北闵【一作不来梅】。两埠。间有货船来粤。比利时现求通商。船尚未来。意大里亚近分四国。商船无来者。土耳其系回回。希腊新造小国。向未通商。

西北之耀武功始于汉。故称中国为汉人。岭南之聚番舶始于唐。故称中国为唐人。然唐时之番舶。亦不过南洋小西洋诸岛国。王涯之胡椒八百斛故南洋产也。后来盛称波斯胡。波斯即今之包社。在印度之西。中土统谓之小西洋。欧罗巴诸国之东来。先由大西洋而至小西洋。建置埔头。渐及于南洋诸岛。然后内向而聚于粤东。萌芽于明中。滥觞于明季。至今日而往来七万里。遂如一苇之杭。天地之气。由西北而通于东南。倘亦运会使然耶。

欧罗巴诸国来粤东。皆从大西洋海开行。沿亚非利加之西岸。南行至尽头之岌阿稳葛朴。【一作好望俗名大浪山】。乃转而东北。舟行至此。风涛最恶。彼土人惯于浮海。亦罔不慄慄危惧。过此乃额手称庆。浮印度海东北行。入苏门答腊噶罗巴之巽他海峡。又东北而至粤东。计程约七万余里。俗称来三去五。盖由大西洋来中国。约三月程。回国则须五月程。往返同途。而迟速不同者。非尽由风信之顺逆也。四海之水。皆东趋至尾闾而入大地。又从万派源泉分流而出。由欧罗巴至中国。则为顺流。由中国西旋。则为逆流。故迟速不同耳。

欧罗巴诸国。皆善权子母。以商贾为本计。关有税而田无赋。航海贸迁不辞险远。四海之内遍设埔头。固由其善于操舟亦因国计全在于此。不得不尽心力而为之也。

卷四·俄罗斯国

彼得罗堡之西南曰斯多尼亚部。再西南曰里窝尼亚部。两部内港有大埔头曰利牙。每年出入商艘千余。

有天使头城。在白海内港之滨。冰消之时。商船可以出入。

前明中叶。俄罗斯既兴。有商舶于冰消时。驶至西伯利海岸。以洋货易皮货。

痾哥德斯科。【一作阿谷】。在亚古德东北。地尽亚细亚之东北隅。寒冽过于亚古德。土人亦以猎兽为生。俄设官以赋其皮。城建海滨。与海东各岛通商。以收皮货。冈札德加。【一作堪察加】。在痾哥德之东。东界斜伸入海。形如大刀头。其地终年寒冽。草木稀疏。海鸟翔集如蝇蚋。居民捕鱼为食。穴地而居。【即东省所谓鱼皮鞑子】。俄人设口收皮。朝臣有重罪者。流窜于此。自亚细亚极东北。至亚墨利加海中各岛。称亚律群岛。迤南接日本各岛。称古利群岛。皆产皮。俄船往来收皮。鬻于中国。北亚墨利加之西北隅。曰监札加。俄人逾疴哥德之墨领海峡。跨而有之。地寒冻无他产。所得者皮货而已。

其海口之可通舟楫者。北方则白海之隅。泽加牙之湾。西北则芬兰利牙之湾。西南则亚速之湾。港汊四通。舟行似便。惟因地气严寒。海水之不冰者。岁不过六七月。或四五月。船不能以时往来。其南界之黑海。由他大尼里海峡。与地中海一线相连。海道不如他国之通利。是以远涉为难。

卷四·瑞国

(瑞国)其商船时有来粤东者。

卷四·嗹国

欧罗巴小国也。其商船常挂黄旗故。粤东称为黄旗国。

卷五·奥地利亚国

欧罗巴大国也。其商船初抵粤东时。旗画双鹰。遂讹称为双鹰国。

卷五·普鲁士国

亦欧罗巴大国。亚于奥地利亚。粤东称为单鹰国。亦因其商舶所画之旗而得名也。

卷五·日耳曼列国

(昂不尔厄)其船时至粤东。

(不来梅)其船亦时至粤东。

卷六·意大里亚列国

至桓帝延熹九年。大秦王安敦遣使自日南徼外。献象牙犀角瑇瑁始乃一通焉。

考之泰西人所纪载。罗马都城最大。与汉书周围百余里之说相合。又罗马自努马七世后。不立国王。选贤者居高爵。立公会以治事。与汉书王无常人简立贤者之说相合。汉成帝二年。唯大屋践王位。仍世及。汉书所云。乃其往事。又汉顺帝十二年。王安敦嗣位。号为中兴。与汉书延熹九年。大秦王安敦遣使入贡之说。年代名氏均相合。则意大里之为大秦无可疑矣。意大里在两汉时。欧罗巴一土。隶幅员者十七八。故大秦之外。别无海西部落之名。见于范书。惟安敦之入贡。由日南徼外。其为航海东来。可想而知。然则谓欧罗巴诸国。明以前未通中国者。殆不其然。惟市舶之聚于粤东。则自前明始耳。【唐宋以来皆以拂箖为大秦不知拂箖乃大秦东鄙属部犹之称浩罕为安集延也然自宋以后拂箖为回部所据并不属大秦中国不知其原委故因仍不改耳】。

卷六·荷兰国

当前明中叶。荷兰航海东来。至中国之东南洋。据瓜哇海口。【即噶罗巴】。迤东迤北各岛国。皆建设埔头。通东西七万里之海市。故国虽小而富饶甲于西土。明季尝以兵船扰闽浙。垦台湾而据之。后为郑氏所逐。小西洋各埔头。亦颇为英佛诸国所侵削。而南洋数大岛。则依然荷兰有也。

胜国季年。闽浙两洋。时见侵轶。尝踞舟山。【定海道头地方尚有红毛马头之名】。毁普陀。【普陀岩有万历年间官塑佛像荷兰以巨炮摧之取其宝藏而去】。鼓棹月港。【即海澄县从前海港深通大船可直抵城下荷兰船时来游奕后港渐淤浅乃移市舶于海门海门又淤乃移于厦门】。寄迹澎湖。【崇祯三年荷兰据澎湖闽抚南居益以楼船航海击之荷兰遁去】。卒乃据台湾而有之。彼时概称为红毛。即荷兰也。郑成功长江之败。金厦不能守。适荷兰通事何斌负逋税逃内地。献谋取台湾。成功悉锐渡海。夺鹿耳。据安平。相持一年。荷兰大困。成功乃纵之去。由此绝意中国。不敢复觊片土。先是郑芝龙受抚后。尝以小舟焚荷兰三艘。厥后成功扼之于台湾。几致片帆不返。以彼横肆如鲸鲵。遇郑氏父子而弱焉。亦足为远夷侵凌中国之炯戒矣。

欧罗巴诸国。皆好航海立埔头。远者或数万里。非好勤远略也。彼以商贾为本计。得一埔头。则擅其利权而归于我。荷兰尤专务此。其航海而东来也。亚非利加印度麻喇甲苏门答腊。即已遍设埔头。噶罗巴【即爪哇】。一岛。大小西洋入中国之门户。富盛甲于两洋。为诸岛国之纲领。荷兰以诡谋据其海口。建设城邑。流通百货。由是迤东迤北诸岛国。如婆罗洲【一名蟠尼阿】。西里百【一名失勒密士】。摩鹿加【一名失罗洛】。巴布亚【一名那吉尼】。之类大小凡数十处。【说见南洋图】。皆巫来由绕阿武吃番族。荷兰以次据口岸。立埔头。有租赁其地者。有侵胁得之者。大约近年以来。小西洋诸岛国。以英吉利为主。东南洋诸岛国。除吕宋属西班牙。余皆以荷兰为主。地本弹丸。而图国计于七万里之外。历数百年无改。亦可谓善于运筹者欤。

郑芝龙焚荷兰船。见闽人所著台湾外纪。其书虽小说。而事多实录。非尽荒唐。维时荷兰夹板扰闽浙。芝龙已受抚为裨将。奉军门令往剿。荷兰船坚炮猛。不能胜。乃募死士善泅者。以小船堆柴薪。浇以油。中藏火药。前置引线。船首施短铁链。缀利锥。死士一人。持斧坐船头。数人从旁乘风潮急棹。旁夷船以斧钉锥于船舭。燃药线。投水凫回。药燃火发。风又猛烈。荷兰夹板。被焚三艘。余悉遁去云。余按芝龙本海中剧盗。所养皆亡命之徒。其权谲能得人死力。以此出奇制胜。理或有之。他书言火攻者纷纷。有谓用千百木筏积薪。顺风潮而纵之者。有谓锁千百小舟积薪。舣港面而围之者。大约皆江河火攻旧说。否则攻海盗旧说。施之夹板凿枘甚矣。海面宽阔。夹板皆相地散泊。近者相隔一二里。远者三四里。木筏小舟虽多。岂能塞满汪洋。如墙而进。又岂能引针拾芥。无端而使之相著。此自焚舟何与彼事。不如芝龙之钉船事虽难而尚有实际耳。

卷六·比利时国

比利时于国初时。曾来粤贸易。绝迹多年。佛郎西其姻邻也。近复为之代请通市。朝议许之。

卷七 ·佛郎西国

欧罗巴各国。皆以贩海为业。如英吉利米利坚吕宋之属。每岁商船至中国。多者百余艘。少亦三四十艘。所贩鬻者。多棉花洋布粗重之物。至如洋米胡椒苏木海参之类。皆从东南洋转贩。并非西产。独佛郎西商船最少。多则三四艘。少则一二艘。入口之货。皆羽毛大呢钟表诸珍贵之物。盖其国物产丰盈。制作精巧。葡萄酒大呢绸缎之类。售之欧罗巴各国。即已利市十倍。不必远涉数万里而谋生。其航海而东来也。意在于耀声名。不专于权子母。国势既殊。用意迥别。其情势可揣而知也。

顾亭林天下郡国利病书云。佛郎机【即佛郎西】。古无可考。素不通中国。正德十二年。驾大舶突至广州澳口。铳声如雷。以进贡请封为名。抚按查无会典旧例。不允。遂退泊东莞南头。径自盖房树栅。恃火铳以自固。有至部者。不行跪礼。朝见欲位先诸夷。御史邱道隆何鳌皆言其残逆称雄。先年潜遣火者亚三。假充满剌加国使臣。风飘到澳。往来窥伺。熟我道途。略买小儿。烹而食之。近日满剌加国王。奏其夺国仇杀等情。宜即驱逐。严禁私通。将所造房屋城寨。尽行拆毁。诏皆从之。诛其首恶火者亚三。海道汪鋐。以兵逐其余党。反用铳击败我兵。或献计。使善泅者入水。凿沈其舟。尽擒之。余乃遁去。汪鋐由此得佛郎机铳式。请颁于边镇。至今三边实赖其用。嘉靖中。党类更番往来。私舶杂诸夷中。首领人皆高鼻白皙。广人能辨识之。又云佛朗机人好食小儿。其国惟国王得食之。臣僚以下皆不能得。至是潜市十余岁小儿食之。每一儿市金钱百文。广之恶少。竞掠小儿往卖。居二三年。儿被掠益众。远近患之云云。按佛郎西之至粤。在正德年间。是为大西洋抵粤东之始。明人不知有大西洋。以为其国在瓜哇之南。误矣。当时疆臣以会典所无。绝其封贡。言官复请驱逐。童牛之牿。所虑未尝不远。而凿舟之役。事殊杳茫。嘉靖以后。更番来粤。又何尝能禁绝之也。至烹食小儿。非人类所为。即有献媚之易牙。未必遂沿为故事。佛国之在西土。称雄已千余年。果有此事。诸国当视为豺虎。谁甘以牛耳相让。我朝通市二百年。佛人每岁来粤。何以不闻有此。似当时之传闻。亦未必尽确也。【或云佛郎西人好买小儿教织起花绸缎此则近似泰西诸国惟佛人能织花缎也】。鸟枪之制。由此传入中土。实为水陆利器。靖潢池之反侧。肃幂庭之鸣吠。星驰电扫。利赖何穷。而不知此技之由来。乃即从中国之火炮变化而出。论者乃谓火器创于泰西。盖亦不考之甚矣。【已详言之欧罗巴图说泰西人书凿凿足知其不诬也】。

凿舟之说。自来以为奇策。谓募善水之人。伏于船底用利斧凿孔。其船立沈。又闻善水之人。能伏水底七昼夜。能于水中食饼饵。兼操作。尝以询之窦升堂提军。【振彪】。提军云。此技余少时尝学之。未成也。而知其梗概。凡人入海水必闭目。否则为咸水所侵。目且盲。必闭气。否则流随吸入。转瞬而腹彭亨。年少力壮者。闭气稍久。亦断无逾刻许者。其能不浮不沈。恃手足之运动。运动少停则随波涌出水面。断无在水中尚能施力运斧之理。且海水波浪最劲。愈深愈劲。能浮江河之水者。入海水则败。能浮内港之水者。入大洋则败。善水之人。在大洋落水。得片板可不死。若徒手浮沈。大浪中力尽气微。亦未有不死者。此技即使至精。断不能化其身为鱼鳖。世俗所传。大半得之耳食。资谈柄则奇创可喜。竟欲施之实事则愚矣。又守备吴金魁。【水师勇士杀海贼无算为贼伤毙得旨优恤】。亦尝习此技。余问之。亦云然。阅天下郡国利病书所记佛朗机事。有凿舟之说。因附记于此。

卷七·西班牙国

吕宋在中国东南洋。与欧罗巴相去绝远。西班牙于前明中叶探得之。立为埔头。由是其商船来粤东者。率称大小吕宋。或称宋仔。而西班牙之名转隐。

卷七·葡萄牙国

葡萄牙人精于算数。习天文。用仪器测量日出入并星躔度数。知水陆之方向远近。明初其国王遣善操舟者。驾巨舰南行。由亚非利加之西境转而东。历亚非利加之东境。抵五印度之西境。复转而东。至麻喇甲。又从苏门答腊噶罗巴之海峡。遍历东南洋诸岛国。所至辄留葡人营。立埔头。隆庆初抵粤东。香山县之濠境。【即澳门】。请隙地建屋。岁纳租银五百两。疆臣林富代请许之。葡萄牙人遂立埔头于澳门。是为欧罗巴诸国通市粤东之始。其后西班牙荷兰接踵东来。佛郎西英吉利继之。葡萄牙所立小西洋东南洋埔头咸被侵夺。仅余澳门一廛。为诸国东道之逆旅。

按粤东之居夷自葡萄牙之居澳门始。维时尚方珍玩。皆取办于粤。或不时给。辄为中涓所嬲。适葡人有濠镜之请。当事利其居积货宝。便于供办。又所谓欧罗巴者。尔时不知为何地。以为不过南洋诸夷之类。一枝暂借。无足重轻。非必贪其五百金之利也。葡萄牙本西洋小国。得此奥宅。如登天上。以其余资广筑楼馆。绵亘万厦。欧罗巴诸国来粤者。倚为东道主人。其留粤收逋欠者。皆租其房屋久居不去。诸夷之浸淫狎熟于粤东。则由澳门为之权舆也。林富一代名臣。而谋国之疏若此。语云。涓涓不绝。将成江河。可不慎哉。

葡萄牙初至澳门。其本国商船。来者甚多。极为饶裕。迨后印度南洋各埔头。多为诸大国所侵夺。本国估帆。遂致绝迹。生计日益贫窘。仅以屋租为养命之源。其居澳门者。长子孙已数百年。粤人谓之土生仔。生齿既繁。忧贫特甚。

澳门之夷。俗呼为大西洋。又称为意大里亚。当其初来。中土不详其部落之名。彼谓从大西洋来。则称为大西洋。而不知葡萄牙之在大西洋不过滕薛之类也。至称意大里亚。则以意大里为彼土一统之朝犹之称中国为汉人唐人耳。又利玛窦南怀仁之属。以历学名中土。皆意大里之罗马人。而其来也。皆居澳门。讹误相仍。有自来矣。

卷七·英吉利国

(英吉利)盖四海之内其帆樯无所不到。凡有土有人之处。无不睥睨相度。思朘削其精华。而目前之倚为外府。而张其国势者。在于五印度。其地在后藏西南。由水程至粤东。不过两三旬。盖英人之属地久已近。连炎侥而论者。止知其本国。以为在七万里之外也。

卷八·阿非利加·阿非利加北土

元世祖时。马八尔俱蓝两国曾入贡。马八尔即阿北西尼亚。俱蓝似即努比阿。是为阿非利加通中国之始。

由西印度西行。有小岛曰亚丁。英吉利之所据也。由此入红海。西北行四千里而港尽。至麦西之苏尔士。行旱路一百七十里。即地中海之东南隅。再舟行七千里。出直布罗陀海口。即大西洋海。较之纡回南向绕阿非利加之西境至极南之岋朴而始转舵东北者。计里约减二万计程约近一月。惟苏尔士隔旱路一百七十里。舟楫不能通行。海国闻见录谓恨不用刀截断者。即指此也。近年英吉利制火轮船。递送文书。由印度海驶至亚丁。入红海至苏尔士。行旱路至地中海东南隅。彼处有火轮船递接。西驶出直布罗陀海口。火轮船行驶甚速。不畏风浪。而计程又近二万里。故五十日可达英伦国都。自明以前欧罗巴通中国。皆由此路。

卷十·北亚墨利加南境各国

按欧罗巴至中国。道途之纡远。阻于阿非利加红海地中海之间。隔苏尔士旱路一百七十里。若疏为海道。则水程减二万里。米利坚至中国。道途之纡远。阻于巴拿马片土。若疏为海道。则西行而抵中国之东。水程当减三万余里。两土之人。谋疏凿者非一日矣。然开河道易。开海道难。且两地之限隔。天地之所以界画东西也。今欲以人力凿之。不亦傎乎。

海国图志[①]

卷一·筹海篇一【议守上】

自夷变以来。帷幄所擘画。疆场所经营。非战即款。非款即战。未有专主守者。未有善言守者。不能守。何以战。不能守。何以款。以守为战。而后外夷服我调度。是谓以夷攻夷。以守为款。而后外夷范我驰驱。是谓以夷款夷。自守之策二。一曰守外洋。不如守海口。守海口。不如守内河。二曰调客兵。不如练土兵。调水师。不如练水勇。攻夷之策二。曰调夷之仇国以攻夷。师夷之长技以制夷。款夷之策二。曰听互市各国以款夷。持鸦片初约以通市。今请先言守。

今议防堵者。莫不曰御诸内河。不若御诸海口。御诸海口。不若御诸外洋。不知此适得其反也。制敌者。必使敌失其所长。夷艘所长者。外洋乎。内河乎。吾之所御贼者。不过二端。一曰炮击。一曰火攻。夷之兵船。大者长十丈。阔数丈。联以坚木。浇以厚铅。旁列大炮二层。我炮若仅中其舷旁。则船在大洋。乘水力活。不过退却摇荡。不破不沈。必中其桅与头鼻。方不能行驶。即有火轮舟牵往别港。连夜修治。惟中其火药舱。始轰发翻沈。绝无泅底凿沈之说。其难一。若以火舟出洋焚之。则底质坚厚。焚不能然。必以火箭喷筒。焚其帆索。油薪火药。轰其柁尾头鼻。而夷船桅斗上。常有夷兵远镜瞭望。我火舟未至。早已弃碇驶避。其难二。【夷船起碇必须一时之久故遇急则斩缆弃碇而遁】夷舶三五为帮。分泊深洋。四面棋布。并非连樯排列。我火船攻其一船。则各船之炮。皆可环击。并分遣杉船小舟救援。纵使晦夜乘潮。能突伤其一二艘。终不能使之大创。而我海岸绵长处处防其闯突。贼逸我劳。贼合我分。其难三。海战在乘上风。如使风潮皆顺。则即雇闽广之大梭船大米艇外裹糖包亦可得胜。郑成功之破荷兰。明汪鋐之破佛郎机。皆偶乘风潮。出其不意。若久与交战。则海洋极寥阔。夷船善驾驶。往往转下风为上风。我舟即不能敌。即水勇水雷亦止能泅攻内河淡水。不能泅伏咸洋。其难四。观于安南两次创夷。片帆不返。皆诱其深入内河。而后大创之。则知。欲奏奇功。断无舍内河而御大洋之理。贼入内河。则止能鱼贯。不能棋错四布。我止御上游一面。先择浅狭要隘。沈舟絙筏以遏其前。沙垣大炮以守其侧。再备下游椿筏以断其后。而后乘风潮选水勇。或驾火舟。首尾而攻之。【沈舟塞港之处必留洪路以出火舟】或仿粤中所造西洋水雷。黑夜泅送船底。出其不意一举而轰裂之。夷船尚能如大洋之随意驶避。互相救应乎。倘夷分兵登陆。绕我后路。则预掘暗沟。以截其前。层伏地雷以夺其魄。夷船尚能纵横进退自如乎。两岸兵炮。水陆夹攻。夷炮不能透垣。我炮可以及船。风涛四起。草木皆兵。夷船自救不暇。尚能回炮攻我乎。即使向下游沈筏之地。豕突冲窜。而稽留片时之间。我火箭喷筒已烬其帆。火罐火斗已伤其人。水勇已登其舱。岸上步兵又扛炮以攻其后。乘上风纵毒烟。播沙灰。以眯其目。有不聚而歼旃者乎。是口门以内。守急而战缓。守正而战奇。口门以外。则战守俱难。为力一要。既操四难。俱释矣。或曰门户失守。则民心惊惶。纵贼入庭。则必乾罪戾。倘贼方入口。即分夷兵登岸。夹攻我后。或进攻我城。则如之何。曰所谓诱贼入内河者。谓兵炮地雷水陆埋伏。如设阱以待虎。设罾以待鱼。必能制其死命。而后纵其入险。非开门延盗之谓也。奏明兵机。以纵为擒。何失守之。有贼虽入口。尚未至我所扼守之地。何惊惶之有。然海口全无一兵。尚恐贼疑。未敢长驱深入。必兼以废炮羸师佯与相持。而后弃走。引入死地。即如粤之三元里。非内地乎。若非夷兵登岸肆扰。安能成围酋截敌之举。松江府城。非内河乎。尤提军于上海失守之后。整兵二千以待夷船驶入。放炮相持。二日而退。使先备火攻。塞去路。安在不可奏安南殄敌之功。传曰。不备不虞不可以师。易曰。王公设险以守其国。夫险者。非徒据口拒守。敌不能入之谓。谓其口内四路。可以设伏。口门要害。可截其

① 〔清〕魏源撰。据清光绪二年魏光焘平庆泾固道署刻本。

走。寇能入。而不能出也。自用兵以来。寇入粤东珠江者一。入宁波甬江者一。入黄埔松江者一。皆惟全力拒口外。而堂奥门庭。荡然无备。及门庭一失。而腹地皆溃。使舍守口外之力以守内河。守口外兵六七千者。守口内兵不过三千。得以其余。为犄角奇伏之用猾。贼知兵。必不肯入。如果深入送死。一处受创处。处戒心。断不敢东闯西突。而长江高枕矣。何至鲸驶石头之矶。霆震金焦之下哉故。曰守远不若守近。守多不若守约。守正不若守奇。守阔不若守狭。守深不若守浅。

请纵言浙江。浙江岛屿林立。而舟山居其一。以险则非门户。以富则非沃壤。以大则仅弹丸。明汤和经理沿海。并未收入内地。【明之定海今之镇海县也。康熙初始移定海于舟山。而改旧卫称镇海。】顺治八年。议政王大臣奏言。舟山乃本朝弃地。守亦无益。其令副都统率驻防满兵回京。此皆开国老成。瞻言百里。故康熙以前皆弃化外。盖城傴海滨。船抵城外。炮及城内。迥非台湾琼州崇明之比。【崇明虽最小。而四面沙滩。两港曲折。数十里。非小舟不能入。】乃宁波濒海连岸之南田山。垦成沃壤者。反禁不许开。而重兵以守孤悬之岛。使外夷得以挟制。此不得地利者一。然则如之何。曰弃定海。移其兵民于南田。严守宁波。佯退镇海。招宝山以诱入之。而后于甬江下游狭港。塞其去路。乘风火攻者上策。专守镇海不使入者。次之分。守定海者为下。

请纵言广东。香港与尖沙嘴裙带路三屿相连。周百余里。堪避风浪。而孤悬海面。亦粤之舟山耳。夷与我通商。则必入虎门方能贸易。不与通商。则夷虽孤处香港无益。其地距广州四百余里。距虎门二百余里。何预咽喉利害。次则沙角大角。炮台远隔虎门之外。江面寥阔。大炮仅及中泓。不足遏夷艘。适足招夷炮。何必守。所宜守者。虎门之横档三门。与虎门内乌涌。再进曰猎得。曰大黄滘。盖广东外城卑薄。而城外市廛鳞次。必应扼其要口。以为外障。至四方炮台。踞省城后山。俯视全城。乃国初王师破城所设。是攻城之要。非守城之要也。事平后早宜毁折。而阻其上山之径。乃不严守省河要口。而反守四方炮台。即使不失守。其炮能遥击夷船乎。抑将俯击城中之人乎。其失地利者二。然则如之。何曰拆去四方炮台。增修外城。沈舟筏于猎得大黄滘。倚山近水。坚筑土城。守以兵炮。使夷兵断不能闯省城。而后潜遣人椿塞乌涌上下。火舟乘夜夹攻者上策。弃沙角大角固守虎门者次之。弛内备而徒争香港者为下。

请纵言福建福州泉州。诸河溜急。皆潮至通舟。潮退浅阁。则一潮不能直达。故贼大艘不敢闯入。所守者。惟厦门。厦门有鼓浪屿障其外。大舟进港。可至虎头关。小舟可至税关。旧设炮台于口门。不足制贼。仅足自守。上年反于口外。大档小档峿屿青屿等。纷增炮台。备多力分。故为夷所破。其失地利者三。然则当如之。何曰以精兵重炮内伏虎头关。尽藏火舟于内港。佯以废炮疲兵守口。弃走诱入内港。而后水勇火具四面歼之者上策。固守口门旧炮台不使入者次之。纷增多台自相牵制者为下。

请纵言江苏。宝山城傴海塘。三面寥阔。潮头浪花。高溅雉堞。故国初。李成栋军至此。惊为绝地【见宝山县续志】。且以财赋文学之邦。而城中无千金之产。无一命之士。即承平尚宜内移于江湾罗店。或与嘉定上海同城。乃以重兵多炮守洋面。即使不失守。亦何能出奇制胜。此失地利者四。然则当如之何。曰弃宝山。专守上海。沈舟筏阻江湾。而后诱其入江潜。以椿筏塞东沟下游。而火舟水勇攻歼之者。上策固守。东沟毋使深入者次之。守宝山海塘者为下。

请并言天津。天津府城直沽河。距海口二百里。潮退浅阁。且外有沙洪为门户。中通大艘。可以舟筏沉塞。倘夷艘敢北犯。但内徙炮台于近城。纵其深入。截其出口。而火舟水雷夹攻之者上策。设兵炮于沙洪。伏地雷于近岸者次之。远设炮台于口外者为下。

然则浙之钱唐江。苏之扬子江。广阔浩瀚既不能沈舟筏以截其前后。而火攻又易于驶避。若何。曰钱唐江西岸。潮落沙滩十余里。夷船即入。止能东扰萧山。断不能西犯杭城。且海口龛赭二山。近皆涨浅。猾夷早已探明。故不肯驶入。扬子江口外有君山圌山两重门户。江阴鹅鼻嘴。即君山之麓也。斗入江中。与对江之刘文沙。相距四五里。圌山与对江之东新河。相去二三里。国初。张名振。郑成功动辄闯入。大炮远则无力。本难恃为门户。故凡言守圌山者。皆道听耳食之谭也。若既闯入以后。非北窥扬州。即西犯江宁扬州宝塔湾。回肠曲折最便于伏火舟。断去路。惟运河浅狭。夷大舰不能入。其入者。

不过火轮杉板四五舟。夷兵六七百人。即烬之亦无能大创。惟江宁省会。则大兵艘环集于石头城【即下关也】。其外界沙洲数十里。江面极狭。而城内秦淮可藏火舟。可出火舟。夷船惟火轮。无风能行。其兵船货船则无风不能动。攻之之法。宜乘无风之夜。潮退之时以火舟水勇出水西门。顺流而下。以数小舟攻一舟。夷船首尾无炮。其同帮各船之炮。恐自击其邻舟。则不敢开火。烈具举船各自救。亦不暇开。我兵或泅或伏。出没如意。亦不畏其开。其尾大不掉之兵舰。有不帆焚索断。柁烬鼻坏者乎。四者去则船不能行。人船可以并获。其奏功之小大。则视火舟之多不多。水勇之练不练。火舟多。水勇练。以数百火舟攻数十兵艘。即有散碇于下游他岸者。亦有下游火艇由运河出。由瓜洲出。由中闸出。各攻各舰。但使一夕无风。夷艘必无噍类。若得粤中水雷百具。水勇黑夜泅送各艘之底。一举而烬之。尤万全策。若弥旬连日大风。竟无风息之时。则以火舟攻其上风。而以石油江豚油之火箭喷筒从下风夹攻之。专攻帆索。亦必可焚其半。夷若乘东风驶往上游。则不能出海。仍是槛笼中物。若乘西风驶往下游。则驱逼出海。纵不可歼敌。而可以走敌。永不敢再窥内江矣。或曰。此皆谋之在预。备之于先。若既不能拒之口外。又未尝备诸口内。一朝夷艘闯入。仓卒风鹤。无火具可购。无小舟可雇。无水勇可募。其若之何。曰调度不得其人。虽谋之期年。亦溃之一旦。若调度有人。则龙关六闸。乃木箄所集。沿江洲地。为薪荻所薮。上海之闽广水手。仪征下河之私枭。匪艇出没风涛。亡命骛利。视死如归。一呼数千可集至。火药火球火箭奇油毒药。军兴防堵局购办。所费巨万。夷自六月初破宝山后。七月朔日始抵江宁。九月始出江口。前后将及三月。但一面羁縻。一面备战。何事不可立办。顺治十七年。海寇郑成功百万之众。破瓜洲。破镇江。沿江郡县。望风纳款。其时江宁防兵。调征云贵。守备空虚。东南全局皆震。其岌岌岂但今日。而梁化凤且款且守。突出陆战以挫之。火其百艘以走之。彼岂备之于先。谋之于豫哉。千兵易得。一将难求。粤东初年有歼夷之备而无其机。近日江浙有歼夷之机而无其备。机与才会。事功乃出。或曰。圌山。君山之隘。说者皆谓可沈舟以断其去路。子何独谓其不能。火攻必乘顺风。子何以必待无风。若夷舟不能动。则大洋无风。亦可攻之。无风何又患其驶避。岂夷船能无风驶动于大洋。而不能驶动于长江耶。曰。沈舟塞江之事。即使施诸珠江。甬江。黄浦江浅狭之处。尚必深下木桩。厚联竹缆。加以大树大石。始可御潮汝而免漂散。况长江近海之处。至狭亦必数里。江愈狭则洪愈深。溜愈急。又桩不能下。缆不能联。如以无桩无缆。高仅丈许之舟。深沈于数丈之底。横亘于数里大溜之间。以当千里潮汐之冲。何异以朽株遏奔驷。荷兰沈二甲板船于鹿耳门。有浑潮而无内水。故淤沙愈涨愈积。足以纤束港口。若内水与外潮互相撞击。即尽沈夷舶百十。尚不足填天堑。况能截其去路。是沈舟之策。断不可施诸长江。我顺风而火之。夷亦顺风而避之。惟有无风则大艘寸步难动。而小舟桨橹如飞。此安南札船所以制胜也。夷艘虽称能转风势。然亦止能驶三面之风。而不能驶迎面猛烈之风。尤不能驶行无风。观上年夷帅士密之兵船。自澳门至虎门。五日方至。其证一。穰西之兵船。在闽洋南澳。为我水勇所攻。以无风不能开动。良久风起始起碇。其证二【均见新闻纸】。韩世忠以海舟邀金师于黄天荡。使船如使马。兀术募破海舟之策。以小舟载土铺板。乘无风。火其帆索。海舟不能避。烟焰涨天。其证三。盖赤壁鄱湖之役。千艘緪联。万樯林立。故顺风一火。势若燎原。若夷船不过数十艘。分泊各岸。无所牵制。乘风弃碇。谁执惊鸥。若非沈舟截之。则必以无风蹙之。但大洋无风无浪之时极少。盖无论顺风逆风微风。皆难制者大洋。无论顺风逆风无风。皆可攻者内河。长江形势。比之内河则不足。比之大洋则有余。故有风不可攻。而无风则可攻。

英吉利夷艘。两碎于安南。人遂以为安南水战。无敌于西洋。札船且胜于洋舶。请试诘之曰。安南船炮果无敌也。则嘉庆入寇闽浙之艇匪。即阮光平所遣乌艚船百余艘。宜乎横行海外。何以敢劫商船。而不敢劫夷艘。又何以屡被挫于闽粤。被飓碎于浙江乎。殊不知安南胜英夷者。在纵其深入内河。而非驰逐于外洋。拒守于海口也。其所用札船。狭长多桨。进退捷速。如竞渡之龙舟。如粤东之快蟹艇。蜈蚣艇。特多一尖皮顶及左右障板。以避铳炮。以小胜大。以速胜迟。若大洋则不能使桨。是斗舰火攻之具。非楼船水犀之军也。富良江。广南港。江面广阔。与钱唐江。扬子江等。一则诱至滩浅潮落而阁之。一则预备火舟晦夜而乘之。以驰骋大洋则不足。以犄角内河则有余。斗智不斗力也。夷船横行大洋则有余。深入堂奥则不足。为客不如为主也。安南界连闽奥。民习水战。同于漳。泉。惠。潮。故夷船始至。则畏闽粤而不敢攻。继则两次闯入虎门。厦门。皆弃之不守。而惟滋扰于江浙。使得调度闽粤水勇之人。则夷船凡入粤河。入浙河。入吴淞。入长江。同于安南可乘之机者。凡四。交臂束手。而惟归咎于船炮之不如。夫安南之创夷。其为洋舶洋炮者安在。惠。潮。漳。泉间。其为安南之人何限。其为札船之技何限。或又谓倭寇专骚内地。故舍外洋御海岸。舍海岸御城外者。御倭寇之法。非御英夷之法。不知此又适得其反也。倭寇长于陆战。短于水战。由其人寇皆穷岛亡命。无力置大艘大炮。惟恃其胆力渡洋。恃其刀枪豕突。故登陆则不可敌。使以倭船遇闽粤之船。则如石碾米也。使其倭船遇大炮火器。则如狼驱羊也。明代剿倭名将。亦惟知角诸陆战。虽间或击其惰归。亦已伤深疮痏。惟唐顺之。俞大猷始惓惓于击贼海中。且谓击归船不若击来船。深得治倭要领。而戈船水犀之备。亦未及见施行。夫倭之所长在陆。击之外海。在攻其所短。英夷所长在海。待诸内河。待诸陆岸。则失其所长。乃明人御倭者。不知御之于外。而今日御英者。又不设伏于内。故天下实效之事。必与庸众之议论相反。

或曰。专守内河。诚可制夷艘之横突。而不能制夷炮之猛烈。则我兵犹慑虚声。夺锐气。其若之何。曰。大炮者水战之用。非陆战之用也。即水战。亦我师击沈敌舟之用。非敌舟击伤我兵之用也。且沈舟亦攻海面远舟之用。非内河近岸近舟之用也。西北平原大碛。陆战用炮。必先立战车。以制敌骑。然后驾炮于车。以破敌阵。东南江滨海澨。夷若以轮推炮上岸。则有滩涂沮洳之险。有塘陡岸峭之险。有港汊横纵之险。大船不能近岸。小舟不能载大炮。故自用兵以来。夷兵之伤我者。皆以鸟枪火箭。从无携炮岸战之事。惟我兵之扛炮扛铳。则跋涉奔驰。所至可用。且较彼鸟枪火箭。更远更烈。其可无惧者一。若夷从船上开炮。则无论数千斤之炮。数十斤之弹。遇沙即止。而我兵得于沙垣中炮击其舟。故厦门。定海。宝山。屡为我炮击破夷船。而厦门定海之土城。宝山之土塘。皆未尝为炮破。即镇海。镇江之城墙。亦未尝为炮破。松江夷船开炮两日。我兵列阵城外。伏而避之。炮过后起。毕竟未伤一人。其破城者。皆小舟渡贼登岸。攻我背后。我兵望风辄溃。及夷至。则城中已无一人。何尝与炮事哉。但使近塘近城之地。兼伏地雷。则我炮可伤夷。夷炮不能伤我。其可无惧者二。夷船在大洋。去岸数里。枪箭所不能及。故非数千斤大炮。不能遥击。闯入内河。则舟岸相去。不过半里数丈。而我之扛炮必可及半里。火箭喷筒。可及十数丈。但沿岸先筑土垣。则我之火器可及夷。夷炮不能及我。其可无惧者三。或谓内河上游要隘。我可预沈舟筏。筑炮城。备兵勇。其下游纵敌入隘之处。预设之则敌疑不前。不备之则仓卒无及。不知惟大炮笨重难运。至椿木筏材。可伏近村。囊沙涂泥。散乱堆野。敌一望无可疑。俟敌舟已过之后。分遣兵勇。一面运筏下椿。一面垒沙成垣。顷刻可就。而我扛炮之兵。亦顷刻可集。不恃大炮而用扛炮。出奇设伏。其利无穷。可无惧者四。然有一宜防者。则曰飞炮。非谓县桅上之号炮。而谓仰空堕弹之炸炮也。我之炮台虽坚。而彼以飞炮注攻。炸裂四出。迸射数丈。我将士往往扰乱。虽攻粤城时。所放飞炮火箭。非堕空地。则飘池塘。以隔城而不能有准。【见章奏】而厦门则以飞炮而众溃。宝山则又以飞炮而众溃。惟是内河水势。深浅不能一律。即使夷船冒险驶入。必须时时测量。以防浅搁。断不能数十艘一齐拥进。其飞炮能及垣内者。不过逼近塘岸之数艘。急用大炮扛炮。注攻其火药之舱。拉蓬索扶头鼻之人。是为急策。更有预备之策。先于土垣内横挖浅田。铺砖贮水。我兵可以往来。飞炮火箭堕水即熄。或为斜坡。前高后低。使飞炮转落深坑。此须预先历试。不可临时侥幸。由此观之。夷之长技曰飞炮。我之长技曰扛炮。扛炮又不如扛铳。若能讲求益精。于轻炮中藏用炸弹。则且兼有飞炮之长。诚能出奇设伏。则多造大炮。不如多造扛炮轻炮。铸制易。演练易。运负易。挟攻追剿易。横放直透。可伤数十人。可及百余丈。视笨重不灵之大炮。得力十倍。乃张夷者竞曰夷炮之利。御夷者亦曰铸大炮之利。曾不问所施何地。试问用兵以来。定海总兵以扛炮。连战数日。歼夷千计。而大炮则击破一舟之外。无他效也。大宝山以扛铳三十。击死夷兵四百。而招宝山所列大炮。不曾一用。至去冬以来。浙江铸炮。益工益巧。光滑灵动。不下西洋。而效安在也。甚至沙角大角之战。陈连升以地雷扛铳。击死夷兵三四百。而虎门左右。所购列西洋夷炮二百余。未闻足以拒敌。而适以资敌也。不讲求用炮之人。施炮之地。与攻炮守炮之别。陆炮水炮之宜。纷纷惟以畏炮为词。铸炮为事。不过祇藉兵而资寇。故曰。城非不高也。池非不深也。兵甲非不坚利也。委而去之。是器利不如人和也。

兵无利器。与徒手同。器不命中。与徒器同。自军兴以来。各省铸大炮不下二千门。虎门。厦门。定海。镇海之陷。宝山。镇江之陷。每省失炮约四百余。此皆重八千斤至一千斤。先后遗敌者。千五六百门。夷初攻厦门之役。我军开炮二百余。仅一炮中其火药舱。大艘轰裂沈海。夷船遂退。是数百炮仅得一炮之力也。再攻定海时。葛总兵开炮数日相持。仅一次击中其火轮头桅。即欹侧退窜。是数百炮仅得一炮之力也。攻广东省城时。惟中其一火轮。一兵船头桅。及杉板数舟。攻宝山时。陈提军炮中其火药舱。沈翻者二。击破其头鼻头桅者二。夷遂绕攻小沙背。是亦仅各得数炮之力也。使发而能中。则我炮亦足以破夷船。发而不中。即夷炮亦成虚器。中则一炮亦足威敌。不中则千炮徒费火药。其至炮力也。其中非炮力也。夷兵艘五十。火轮艘十。大小杉板舟数十。但使我军开数百炮。内有数十炮命中。即可伤其数十舟。大者翻沈。次者损折。沈一船可歼数百人。伤一船可伤数十人。尚何敌之不摧。如发而不中。则虎门所购西洋夷炮二百位。其大有九千斤者。何以一船未破。一炮未中。是知炮不在大不在多。并不专在仿洋炮之式。惟在能中与不能中。不能中之弊有三。炮台依山者前低后高。依水者四面受敌。皆易受飞炮。是建置不得地。难中一。山炮陷于石洞。台炮陷于垣眼。陆炮木架不能运转左右。是以呆炮击活船。难中二。兵士施放不熟。测量不准。临时仓皇。心手不定。难中三。夷船大炮。不过重三千斤。我守城守岸之八千斤大炮。本夷船所极畏。止以蹈前三弊。故夷船得以先避我炮路。施其炸弹。诚使台得地势。垣可藏身。架可拨转。别伏奇兵。以防后路。炮眼分作两层。高者准夷之中舱。低者准夷之舷底。测以仪器。演以标的。临时手眼合一。心胆俱壮。夷船虽坚。桅虽大。能当一二千斤炮。不能当八千斤之大炮。乌有中而不裂者。其火轮船杉板船。则二三千斤炮亦足以破之。其船面拉篷索扶头鼻之人。则千斤炮亦足以歼之。乌有中而不摧者。至夷之炮架。均用车轮。裹以铁叶。其数百斤及千斤之炮。亦可推挽登岸。然泥涂坡坎。即不能行放。定海。慈溪两次陆战。均无推炮。镇江曾推数炮上岸。以地势不便而退。英夷又有马炮军。骆驼炮军。惟用于西洋本国。去冬粤东奏夷船四艘。其载马二百匹。皆高大于内地之马。曾至定海。盖将为陆战之用。然安南缅甸。皆以象负炮。而战伤其象鼻则反奔。况马与骆驼乎。

自用兵以来。中外朋议。不出二端。非苟且即虚憍。虚憍之议。如雇商艘以战大海。沈舟筏以截大江。人皆知其难行。然遂欲以苟且为苟安。信下策为上策。则其谬尤不可不破。说者曰。我兵皆立船上。而夷兵皆藏船中。我以血肉之躯当炮。而夷以坚厚之舟当炮。况我军炮不如。火药不如。炮手更万万不如。奈何误信稗史周郎江上之火。鄂王湖中之草。施诸浩瀚大洋。欲以烬夷舰而胶火轮。岂非儿戏。应之曰。自用兵以来。我兵未尝与夷一战于海中也。安有立船上以受夷炮之事。夷攻岸。则我兵伏土塘中矣。夷攻炮台。则我兵伏沙垣中矣。夷攻城。则我兵又伏女墙中矣。又安有立露地以当夷炮之事。且大炮弹重者数十斤。小者十余斤。若果能以大炮陆战。则无论我炮夷炮。横放直透。当者皆必决成血渠。死伤百计。试问夷寇粤闽。寇江浙。曾有大炮陆战之事乎。且夷兵虽藏舱中。而其拉篷索扶头鼻之兵数十人。则皆立舱面。故我炮能从垣出击夷船。而夷炮不能隔垣以伤我。是我以沙土当夷炮。而夷以血肉当我炮。其证一。夷船一面攻炮台。一面以小舟渡兵。绕攻旁岸。夫夷兵涉滩涂。爬峭岸。我兵守岸上。得以扛铳矢石俯击。一可当百。其船上大炮。恐自伤其攻岸之夷。亦不敢遥击。是夷兵又以血肉当我火器。而我兵以土岸当彼夷炮。其证二。乃夷兵抵岸后贼即撤去其舟。使绝反顾。故能冒死突前。而我兵立于万全之地。进退自由。反为一二飞炮惊走。既走之后。溃兵逃将。既张皇敌炮以逭诛。缙绅耳食。复神奇敌军以胁款。甚至以周瑜江上。岳王湖中之火攻水战。皆不足信。不知江上湖中。皆内河非大洋也。安南广南两烧夷舶。片帆不返。非内河火攻乎。余姚之艘陷软泥。台湾之艘搁浅礁。皆人船并获。其浅阁而我师不攻者。定海郭士利之舟【辛丑春议款。夷兵退出定海。郭士利三桅大舟陷浅。旁有二舟救护。兼雇远近乡民。拔载二日始动】。粤东天字炮台下之舟【粤东款后。夷兵退出。大舟阁于炮台。粤民欲火之。义律移文大吏出示禁止】。皆数日始能移动。非明证乎。迩者夷破吴淞后。欲闯苏州。遣火轮舟测水至泖湖。轮胶于水草而返。又非岳湖故辙乎。况火轮非战舰。不过哨探之用。

炮伤其一轮。则全舟欹侧不能行。方火轮窥松江。窥余姚。慈溪。窥扬州时。其河横不过三四丈。深不过丈许。有何浩瀚汪洋之处。沈筏沈舟沈大树。皆可塞其走路。火轮不能闯过。稽延片时。而两岸伏兵追兵。伏炮扛炮。火舟火器齐发。何难收岳王湖上之功。乃不但战舰不能制。并火轮杉板皆不能制。且故危其词。如鬼神雷电。例内河于大洋。诬正史为稗史。悲夫悲夫。

方夷寇初兴。人皆谓其仅长舟战。一登岸则无用。及浙粤屡北。则又谓夷兵陆战。亦不可敌。陆兵败矣。而所以致败之由。终未明于天下。夫沙角炮台之战。副将陈连升以兵六百。当夷数千。歼夷数百。以无援救而败。大宝山之战。副将朱桂以兵六百。当夷二千。歼夷数百。以无策应而败。三元里之战。以区区义兵。围夷酋。斩夷帅。歼夷兵。以款后开网纵之而逸。孰谓我兵陆战之不如夷者。至定海之守甚严。战甚力。何亦败陷。其所以败陷之由。则亦至今未明于天下。方夷寇之未逼定海也。三镇以兵五千。往防堵善后。首议修城。其地三面环山。前面濒海。城外二三里为红毛道头。市长里许。三镇议筑外城。包道头街于城内。左右抵山。其三面则以山为城。有诤者曰。天下无一面之城。此海塘非外城也。贼一翻山入。即在城内矣。备多则力分。山峻则守劳。请前勿包埠。左右勿倚山。但环旧城。再筑外郛。庶城足卫兵。兵足守城。而议者皆谓市埠不可弃。且左右高山。我兵踞高临下。仰攻不入。时主兵者。未渡海。但据图指挥。遂从之。呜呼。山虽高峻。而外非峭壁。径路坡陀可上。但知白日晴明之可守。而不知晦冥风雨之难守也。但知一二日之可守。而不知旬久师疲之难守也。夷兵攻城退后。回舟安息。我无舟师水勇以扰之。而我兵则时时处处。昼夜设防。山高岭峻。寝食无所。天下有此守城之法乎。是秋夷艘至。果乘大风雨昼夜攻扰。至第五日。乘我守疲。兼值风逆。遂以小舟渡兵。撤舟死战。火气炎上。下击无力。遂登山入陷之。呜呼。定海本不必守之地。而所修筑者。又必不可守之城。城陷久矣。而所以致陷者。终未明于天下。不戒前车。仍踵覆辙。恐将来倒柄受敌者。未有已也。然则当如之何。曰。兵无常形。地无定势。要之。凡战者必先谋敌之所以败我。至于六七。竭智共攻其无可败也。乃可以行。凡守者必先谋敌之所以攻我。至于六七。竭智共攻其无可入也。乃可以守。

孰为正。孰为奇。节制纪律不可败。坚壁清野不可犯。正也。出奇设伏。多方误敌。使不可测。奇也。今御外夷。请先言外夷之兵法。缅甸用兵。遇强敌。则专用大木树栅。为不可拔。有时守御坚固。虽英吉利军亦为所拒【四洲志】。故李定国攻阿瓦都城之役。其城三面环水。缅于一面陆地。复凿为湖。而树木城于其前。出兵守之。俄于木城外。复立一木城。亦出兵守之。如此渐逼定国营。始出兵大战。虽因象阵被伤反走。而据栅为固。终不可败【刘健庭闻录】。乾隆征缅之役。缅守老官屯。先据高坡。坚立木栅。栅外三壕。壕外列鹿角。官兵大炮火箭地雷。百道攻之。终不可拔。此即步步为营。以守为战之法。暹罗军栅亦然。所谓正也。英吉利康熙中以兵船由地中海攻俄罗斯。俄罗斯敛兵。纵其登岸。而奇兵绝其归路。天大风雪。英军饥冻。不战自溃。此一奇也。佛兰西。嘉庆初合列国兵数十万。由陆地攻俄罗斯。俄罗斯倾国迁避。佛兰西兵长驱入其国都。俄罗斯兵乘大风雪夜。潜回纵火。佛兰西兵焚冻死各半。败绩而遁。此二奇也。准噶尔康熙中以兵三万。由色棱格河。攻俄罗斯。两岸高山。中通一峡。深入六七百里。不见一人。准噶尔疑其设伏诱陷。急班师遁去。此三奇也。俄罗斯之待强敌与安南之待英夷。如出一辙。夫缅甸。安南之待英军。岂皆有洋艘洋炮。而一胜以陆兵之节制。一胜以水战之诱伏。今师出无律。是不知有正也。临出无谋。是不知有奇也。以无律无谋之兵。即尽得夷炮夷艘。遂可大洋角逐乎。不知自反。而惟归咎于船炮之不若。是疾误庸医不咎方。而咎药材之无力也。噫。

卷一・筹海篇二【议守下】

夷事无所谓用兵也。但闻调兵而已。但闻调邻省之兵而已。夷攻粤。则调各省之兵以赴粤。夷攻浙。则调各省之兵以赴浙。夷攻江苏。则又调各省之兵以赴江苏。兵至而夷已就抚。则供客兵者。又逆归兵。兵甫旋。而夷或败盟。则又调归兵以为战兵。夫国家各省养兵。原以备各省缓急之用。而沿海尤重兵所在。江苏五万。浙江逾四万。福建六万。广东将及七万。若谓本省不皆精锐。而选调客兵。必皆精锐乎。则何以夷初至闽粤时。未尝调他省一兵。而守御屹然。及征兵半天下重集于粤。而粤败涂地。

重集于浙于江。而江浙又败涂地。若谓英夷强寇。非一省所能抵御乎。则夷兵舰大小不过五十艘。其攻城上岸。不过二三千人。岂一省养兵数万。无数千可用之兵。沿海民风强悍。岂无数千可团之义勇。若谓闽粤民兵虽可用。而多通外夷。江浙虽无汉奸。而民多柔弱。则何以广东之斩夷酋捐战舰者皆义民。两禽夷舶于台湾。火攻夷船于南澳者。亦义民。而明人平倭寇。皆处州义乌之兵。近日战定海保松江者。皆寿春之兵。然则各省之勇民。原足充各省之精兵。练一省之精兵。原足捍一省之疆圉。所要者止在募练之得法。所难者止在调度之得人。不在纷纷多调客兵也。前代钱氏有吴越。王氏有闽。刘氏有粤。各通番舶。倘有海警。岂能借助于邻援。又岂能合从以御侮。况防海宜习水战。而多调陆兵。舍长用短。以短攻长。不利一。在籍有安家。在途有传食。事竣有回递。县县传送。驿驿供张。则累在官。来如乳虎。败如鸟散。则骚在民。每土兵四五。而赡一客兵。曷若省客兵之费。以练土著。不利二。故曰。调兵者。选调本省之兵而已。募兵者。选练本省之人而已。远调不如近调。远募不如近募。或曰。贼如舍沿海。而专攻一省。他省有兵无贼。此省贼多兵少。则如之何。承平恬熙。水陆弛懈。即有可用之兵。而无训练。有可募之勇。而无纪律。安能俟数月训练之成。以应仓卒之敌。则如之何。曰。一巡抚提督所辖。则本省之兵也。一总督所辖。则近省之兵也。贼少专用本省。贼多兼用近省。如寇攻粤。则募本省水勇为水师。而广西出陆兵以佐之。贼攻浙。则练金。处。温。台劲兵备陆战。而福建选水勇以佐之。夷攻苏。则练淮扬。松江水勇与徐州兵备战。而安徽寿春兵佐之。合两省之兵勇。岂尚不足御一面之贼。故曰。要在募练之得法。难在调度之得人。不在纷纷多调客兵为也。

问曰。远调不如近调。则然矣。至募勇。则当纠合四方精锐。而曰远募不如近募。何耶。曰。挑选土著之利有三。一曰服水土。二曰熟道路。三曰顾身家。计调兵一而当募勇之费十。当土著之兵五。以十丁之费募一丁以五兵之费养一兵。练益精则调益寡。调益寡则费益省。以所省者练兵。兵何患不精。费何患不给。或曰。戚继光论选兵之法。除城市柔猾奸巧之人。必不可用外。必选气力。选武艺。选身躯。选灵警。而尤必以胆为主。无胆则气力武艺伟岸灵警。皆无所用。又曰。选浙兵。处州为上。义乌次之。台州次之。绍兴又次之。此外虽韩白复生。不可用。选兵若是之难。矍相之圃。几何人乎。曰。此言专为杭。嘉。湖。苏。松之人而发。又为福建上四府而发。至漳。泉。惠。潮之民。械斗则争先赴敌。顶凶则视死如归矣。舟战则出没风涛。如履平地矣。江北颍。亳。寿。泗。徐。沛之民。家家延教师。人人佩刀剑。或一人能负放大炮矣。仪征下河贩盐小舟入捍舟。持械冒险。莫敢谁何矣。此其胆何待选。武艺何待教。故选精兵于杭。嘉。苏。松。是求鱼于山。求鹿于原也。选精兵于海南。于江北。则求柴胡桔梗于沮泽也。不可以胜收也。一省且有可调不可调。可募不可募。况纷然征调于数千里外哉。故选兵先在选地。

募水勇之事。天津。山东不如江浙。江浙不如闽广。以福建言之。当夷艘初犯厦门。大吏激厉水勇。人人思奋。故出洋立功。及款议兴。俘夷释。军赏迁延。而气一挫。是秋所募赴浙水勇八百。皆人人精悍。及至浙而定海款议成。水勇空往空返。而气再挫。次年又募精锐千人赴粤。及至粤而前数日款议成。水勇空往空返。而气三挫。颜制军召募本省水勇八千。闻粤东款议。漫然散遣。不择其精锐。拨补水师。而气四挫。自是水勇。人人离心。及夷船再至。无暇号召。其猾者甚且内应。而厦门不守矣。广东初年。水勇五千。前后出洋烧夷艇。匪艇逆夷望风畏窜。及款议兴。一朝散遣。而气一挫。新至诸帅。误疑粤民尽汉奸。无一可信。又不约束客兵。骚扰居民。而气再挫。于是虎门不守。而省城累卵矣。及夷兵淫掠。激民之怒。于是一战于三元里。而夷酋大困。一截烧于虎门横档。而夷艘煨烬。可见闽粤民风之劲悍。各省所无。外夷所慑。而水战火攻。尤其绝技。断不可望于山东天津渔盐之户。盖东南长水。西北长陆。迁地弗良。得人者昌。

今日沿海所患安在乎。必曰械斗之民也。烟盐私贩也。海盗也。渔艇蛋户也。今日陆地所患安在。必曰回匪也。盐匪也。拈匪。红湖匪。曳刀匪也。官吏切齿为乱民。有事则目为汉奸。其中有一二人能号召数百二三千人者。非有乌获之力。猗顿之财。而信义意气。能豪一方。其人皆偏裨将才。其所属皆精兵。而自文法之吏视之。则且谓乱民之首也。夫兵者毒药。药不毒则不能攻毒。故易之师曰。以此毒天下而民从之。华事夷言曰【英夷所著书】。中国之兵。若善调度。即为第一精兵。现在广东岸上力作之人。与水中渔贩之人。其技勇皆欧罗巴人所不及。若挑练此等人为兵卒。可谓一等勇壮之兵。雍正中。西虏未靖诏各省选技勇送京师。得数千人。其最者能挽铁弓及二十力弓。以鸣镝射其胸。镗然而堕。举巨石千百斤。号勇健军。总督命史贻直领之。屯巴里坤。故一时北省盗贼绝踪。此先朝牢笼猛士之成效。道光回疆之役。伊犁将军奏选南北路遣犯二千为死士。屡挫贼锋。惜事平尽赦回籍。未能收入营伍。如雍正故事。尚有待于推广焉。嘉庆中。海贼蔡牵犯闽。诏安有知县某者传回乡总四人。各予银千圆。令团乡勇。日甫夕。而每总理各以二千五百人至。枪械藤牌毕具。一日而得精兵万。贼望风遁。其人即皆械斗之民也。蔡牵又与朱濆窥台湾后山。地本化外。有泉人吴沙者。集四社棚民与熟番拒之。一战其前。一攻其后。牵大败走。事闻。始诏即其地立葛玛兰厅。悍贼不烦官兵。何以文法吏不肯收以为用。然此辈亦不肯为用。盖绿营之饷。不足以赡其身家也。英夷攻粤东时。募汉奸三千人。每人给安家银三十圆。每月工食银十圆。而我守虎门兵。月饷不及三两。提督关天培悯兵之穷苦。自捐赏恤。每兵银二圆。而议者且劾水师兵挟制提督要赏。尚望其出死力乎。闽广水师。每省三万有奇。江浙水师。每省二万有奇。虚冒半之。老弱半之。未必有数千之可用。诚能汰虚冒冗滥之缺。并两兵以养一兵。广东约万五千。福建约万五千。专选惠。潮。漳。泉四府。精训练而严节制之。以此推诸浙东江北。岂但国家增无数之精兵。而且沿海销无数之械斗。中原收无数之枭匪。精气化痰。痰化精气。岂二物耶。乌喙附子。以毒攻毒。毒去而药力亦销。顾用之者何如耳。精兵出其中。李长庚罗思举之骁将。亦出其中。不此之图。而惟窃窃然曰。无将无兵。古人讵借才于异地哉。

言调兵言筹饷者。动虞兵单费绌。而今言并兵并饷。则兵不愈少。饷不愈费乎。不知一省之兵。本足守一省之地。一省之饷。本足养一省之兵。即有军兴。一切格外之费而一省之财。亦总足供一省之。请详破其惑。夫兵之多少。视其实不视其名。养兵数万。而无数千之可用。视一千有一千之用者。则不侔矣。视一千可当数千之用者。更不侔矣。调外省之兵。而置本省之兵于不练。则本省之饷皆滥饷。外调之费皆冗费。今以额饷养额兵。而不增一饷。以全饷养半兵。亦不裁一饷。兵减而实多。饷增而实省。其可无惑者一。戚继光鸳鸯阵法。或谓其止可驭三千。不可驭十万。夫十万皆三千所积也。一镇练三千。十镇即练三万。大阵包小阵。大营包小营。岂数万人之节制。有异于三千人之节制。且连大阵。辟战场。决胜负者。惟开创草昧之时。及西北平原之地。若承平东南剿寇。沟洫纵横。坡坎交错。则用三千之处为多。英夷兵艘所在。为数几何。若各省有百练敢死之卒数千。再团练沿海之渔船蛋户。以绝其羽翼。何烦更调外兵。其可无惑者二。练兵之费。取诸并饷。团勇之费将何出。东南沿海。殷富甲天下。计自军兴以来。粤闽江浙。每省商捐绅捐各数百万。以本地之富民。养本地之劲民。卫本地之身家。但使用得其宜。尚可撙节赢余。为造船械。修垣垒。悬购赏之费。何尝尽烦外兵外饷。此可无惑者三。沿海之利。莫大鱼盐。前此宁波试行票盐。两月销至七万。引及停止后。岁销仅二万。引闽盐派签殷户充商。有甘出十余万金。求免签者。潮州之盐运同。历任赔累。亏空巨万。皆出官费。胥役费。捆工费。层层蠹蚀。不能减价敌私。倘沿海皆行票盐。尽省浮费。匪独化私为官以助饷。并可化枭为良以助兵。他若浙江之南田山。福建之封禁山。许民屯垦。沿海之银矿山。许民开采。境内自然之利。用之不穷。此可无惑者四。至于兵分见寡之由。由无战舰。别详下篇。

匪特兵不宜多。也即炮台亦不宜多。今为贼去关门之计者。不过曰增炮台。移营汛。增炮台之说。曰多一重门户。增一重保障。夫人家御贼。非固守大门拒不使入。即固守腰门而开大门以延敌。今无一门可恃。而但多设重门以待贼之攻陷。岂知一重失守。重重胆破。何如并十重之费。以修一重。修必固。并十重之兵炮。以守一重。守必固。以近事证之。厦门旧止二炮台。而守御屹然。迨于口门内外。峿屿。青屿。大档。小档。增建各台。而贼至立破。宝山有东西炮台。有海塘而失守。松江城无炮台。而贼攻不入。是知炮台不在多而在固。固之法如何。曰建之得地。修之得法。守之得人。福州城距五虎城二百里。一潮不能达。而潮退即浅阁。杭州城外。潮退沙滩十余里。海口赭龛二山淤涨数十里。故此二省城。贼皆不犯。厦门宁波。旧建炮台。本得形势。方当弃去舟山。拆去青峿各屿炮台。安有更加增建之理。惟广州及江宁。夷船可直抵城下。粤东新城以外。市廛栉比。既无可筑外郛之地。惟猎得大黄滘二处炮台。实省城内障。与虎门外障并重。于此二处扼险。果能阻遏夷艘。则堂奥高枕。而此外各港汊。正可留为出奇设伏之地。安用处处设炮。河河填塞。若此处不可恃。则他处更可恃乎。江苏则吴淞口内。惟江湾东沟二处。可扼要设炮以守上海。福山口内。惟君山【即鹅鼻嘴】圌山二处。可设炮以守长江。方当徙宝山之城。拆去东西炮台。内徙要害。安有更加增建之理乎。地势既得。守必万全。万全之策。在乎奇正相生。一。固土城以御大炮【必三合土坚筑女墙先以炮演试不为度】。二。开浅池以备飞炮【见上篇】。三。沈椿石舟筏以遏冲突【此法不可施于长江。而可施于内河。或临河有大树。则伐倒沈之。又或以大木为笼。长数丈。内贮极大石。横亘水中。视碎石舟筏。尤堪御潮刷而阻冲突】。四。伏地雷掘暗沟以防陆路。五。别伏奇兵以备陆战。甚或守台之兵。弃炮佯走以诱敌。使敌但知全力攻台。而不知台非我所顾惜。又使敌即知分路绕台。而不知台外劲旅尚多。初观之以炮台为正。伏兵为奇。至于奇正相倚。变化不测。致敌而不为敌致。诱敌而不为敌诱。则又反以伏兵为正。而以炮台为奇。方尽兵行诡道之秘。以视泥守炮台。有正无奇。一处受创。望风四溃者。其巧拙不可同年语矣。但所用之伏兵。必须平日精选。优养勤练。而严节制之。必使人人心灵胆壮。技精械利。且将士一心。臂指呼应。临时方足出奇制胜。此则全在训练得人。有非空言所能取效者。

卷二·筹海篇三【议战】

内守既固。乃御外攻。岳飞曰。以官军攻水贼则难。以水贼攻水贼则易。今以海夷攻海夷之法如何。筹夷事必知夷情。知夷情必知夷形。请先陈其形势。英夷所惮之仇国三。曰俄罗斯。曰佛兰西。曰弥利坚。惮我之属国四。曰廓尔喀。曰缅甸。曰暹罗。曰安南。攻之之法。一曰陆攻。一曰海攻。陆攻在印度逼壤印度者。曰俄罗斯与廓尔喀。俄与英之国都中隔数国。陆路不接。而水路则由地中海与洲中海。朝发夕至。康熙三十年间。英吉利曾由地中海攻俄罗斯。败绩遁归。自后不相往来。而兵争专在印度。印度者。葱岭西南与我后藏廓尔喀。缅甸接壤。去英夷本国数万里。英夷以兵舶据东南中三印度。而俄罗斯兵。则由黄海。里海间。取游牧诸部。亦与西中二印度接壤。止隔一雪山。各以重兵拒守。自东印度之孟阿腊之麻尔洼。南印度之孟迈之曼达喇萨。鸦片盛行。英夷岁收税银千余万。俄罗斯觊觎之。及英夷调印度兵艘。入犯中国。深恐俄罗斯乘其虚以捣温都斯坦【中印度】。又传闻俄夷使者已自比革特起程入中国【比革特其东都也】。惴惴惧其犄角。盖康熙中用荷兰以款俄罗斯。又联俄罗斯以逼准噶尔。故英夷之惧俄罗斯者。不在国都而在印度。此机之可乘者一。廓尔喀者。亦在后藏之西。与东印度逼处。方乾隆中。我师征廓夷时。英夷印度兵船。亦乘势攻其东境。故上年英夷罢市后。廓夷亦即禀驻藏大臣。愿出兵攻击印度。当时若许廓夷扰其东。俄罗斯捣其西。则印度有瓦解之势。寇艘有内顾之虞。此机之可乘者二。故可乘而不乘。非外夷之不可用也。需调度外夷之人也。

海攻之法。莫如佛兰西与弥利坚。佛兰西国逼近英夷。止隔一海港。弥利坚与英夷则隔大海。自明季国初之际佛兰西开垦弥利坚东北地。置城邑。设市埠。英夷突攻夺之。于是佛夷与英夷深仇。及后英夷横征暴敛。于是弥利坚十三部起义驱逐之。兼约佛兰西为援。三国兵舶数百艘。水陆数十万。不解甲者数载。弥利坚断其饷道。英军饥困。割地请和。弥利坚遂尽复故地二十七部。英夷止守东北隅四部。不敢再犯。即印度地亦荷兰佛兰西开之。而英夷夺之。乾隆初。印度上酋约佛兰西。荷兰二国。合拒英夷。连兵数载。始分东印度属英夷。而南印度属西洋诸夷。立市埠。此各国之形也。其互市广东。则英夷最桀骜。而佛。弥二国最恪顺。自罢市以后。英夷并以兵艘防遏诸国。不许互市。各国皆怨之。言英夷若久不退兵。亦必各回国。调兵艘与之讲理。去年靖逆出师以后。弥利坚夷目。即出调停。于是义律来文。有不讨别情。只求照例通商之请。并烟价香港亦不敢索。此机之可乘者三。乃款议未定。而我兵突攻夷馆。反误伤弥利坚数夷。于是弥利坚夷目不复出力。而佛兰西于英夷再次败盟之后。是冬有兵头兵船。至广东求面见将军密禀军务。自携能汉语之一僧。请屏去通使。自言愿代赴江浙与英夷议款。必能折服。不致无厌之求。倘英夷不从。亦可藉词与之交兵。乃自正月与大帅晤商。始则不许代奏。及奏又支离其词。反以叵测疑佛兰西。延至六月。闻浙江奏请款抚。始许其行。时英夷兵船。已深入长江犯江宁。于是佛兰西船驶至上海。请我舟导其入江。而上海官吏。又往返申请稽时。迨佛兰西易舟入江。则款事已定数日。尽饱溪壑。佛兰西怅然而返。此机之可乘者四。故可乘而不乘。非外夷之不可用也。需调度外夷之人也。

今日之事。苟有议征用西洋兵舶者。则必曰借助外夷。恐示弱。及一旦示弱数倍于此。则甘心而不辞。使有议置造船械。师夷长技者。则曰糜费。及一旦糜费十倍于此。则又谓权宜救急而不足惜。苟有议翻夷书。刺夷事者。则必曰多事【嘉庆间。广东有将汉字夷字对音。刊成一书者。甚便于华人之译字。而粤吏禁之】。则一旦有事。则或询英夷国都。与俄罗斯国都。相去远近。或询英夷何路可通回部。甚至廓夷效顺。请攻印度而拒之。佛兰西。弥利坚愿助战舰。愿代请款而疑之。以通市二百年之国。竟莫知其方向。莫悉其离合。尚可谓留心边事者乎。汉用西域攻匈奴。唐用吐番攻印度。用回纥攻吐番。圣祖用荷兰夹板船攻台湾。又联络俄罗斯以逼准噶尔。古之驭外夷者。惟防其协寇以谋我。不防其协我而攻寇也。止防中华情事之泄于外。不闻禁外国情形之泄于华也。然则欲制外夷者。必先悉夷情始。欲悉夷情者。必先立译馆。翻夷书始。欲造就边才者。必先用留心边事之督抚始。

问曰。既款之后如之何。曰武备之当振。不系乎夷之款与不款。既款以后。夷瞰我虚实。藐我废弛。其所以严武备。绝狡启者。尤当倍急于未款之时。所以惩具文。饰善后者。尤当倍甚于承平之日。未款之前。则宜以夷攻夷。既款之后。则宜师夷长技以制夷。夷之长技三。一。战舰。二。火器。三。养兵练兵之法。请陈国朝前事。康熙初。曾调荷兰夹板船。以剿台湾矣。曾命西洋南怀仁制火炮以剿三藩矣。曾行取西洋人入钦天监。以司历官矣。今夷人既以据香港。拥厚资。骄色于诸夷。又以开各埠。裁各费。德色于诸夷。与其使英夷德之以广其党羽。曷若自我德之以收其指臂。考东中二印度。据于英夷。其南印度。则大西洋各国市埠环之。有荷兰埠。有吕宋埠。有葡萄亚埠。有佛兰西埠。有弥利坚埠。有英吉利埠。每一埠地。各广数百里。此疆彼界。各不相谋。各埠中皆有造船之厂。有造火器之局。并鬻船鬻炮于他国。亦时以兵船货船。出租于他国。其船厂材料山积。工匠云辏。二三旬可成一大战舰。张帆起舵。嗟咄立办。其工匠各以材艺相竞。造则争速。驶又争速。终年营造。光烛天。声殷地。是英夷船炮在中国视为绝技。在西洋各国视为寻常。广东互市二百年。始则奇技淫巧受之。继则邪教毒烟受之。独于行军利器。则不一师其长技。是但肯受害不肯受益也。请于广东虎门外之沙角。大角二处。置造船厂一。火器局一。行取佛兰西。弥利坚二国。各来夷目一二人。分携西洋工匠至粤。司造船械。并延西洋柁师。司教行船演炮之法。如钦天监夷官之例。而选闽粤巧匠精兵以习之。工匠习其铸造。精兵习其驾驶攻击。计每艘中号者。不过二万金以内【英夷有军器之趸船。每艘值银二万余员。大兵船三桅者每艘值银四万员。见澳门新闻纸。凡侈言每艘需十万金者皆妄也。现在广东义士。请弥利坚人造二桅兵船。果仅费银万九千两】。计百艘不过二百万金。再以十万金造火轮舟十艘。以四十万金造配炮械。所费不过二百五十万。而尽得西洋之长技。为中国之长技。每艘配兵三百人。计百艘可配三万人【靖逆将军弈山。奏夷三桅大兵船三百人。二桅中号兵船二百余人。火轮船八九十人。杉板船大者六七十人。小者二三十人】。广东一万。福建一万。浙江六千。江苏四千。其所配之兵。必凭选练。取诸沿海渔户枭徒者十之八。取诸水师旧营者十之二。尽裁并水师之虚粮冗粮。以为募养精兵之费。必使中国水师。可以驶楼船于海外。可以战洋夷于海中。不增一饷一兵。而但裁并冗滥之兵饷。此其章程可推广者。尚有六焉。我有铸造之局。则人习其技巧。一二载后。不必仰赖于外夷。如内地钟表。亦可以定时刻。逮二十五年大修之期。即可自行改造。一也【夷艘例二十五年一修】。有铸造之局。则知工料之值。工食之值。每艘每炮有定价。然后可以购买。凡外夷有愿以船炮售官抵税者听。闽商粤商出贩南洋。有购船炮归缴官受值者听。不致以昂价赝物受欺。二也。沙角大角。既有船厂火器局。许其建洋楼。置炮台。如澳门之例。英夷不得以香港骄他夷。生觖望。而我得收虎门之外障。与澳门鼎峙。英夷不敢倔强。广东从此高枕。嘉庆中澳夷曾备兵船二。英夷备兵船四。愿助剿海盗。今更得佛。弥二夷效顺。彼贪市舶之利。我收爪牙之助。守在四夷。折冲万里。三也。鸦片趸船。敢于蔓延者。欺我水师之不敢攻剿。今水师整饬。鸦烟自不敢来。纹银自不透漏。以用财为节财。四也。官设水师米艇。每艘官价四千。已仅洋艘五分之一。层层扣蚀。到工又不及一半【靖逆将军弈山奏言。水师例修之船新造二只覆以藤棉。加以牛皮。外施鱼网七层。演试千斤之炮。打穿两面。不能适用】。今制海舰。不拘例价。若不善立章程。则将来修造之期。必然有名无实。考洋艘所以坚固。皆由驶犯风涛。遄行万里。令官艘终岁停泊。会哨徒有具文。自后即无事之期。而战艘必岁护海运之米。验收天津闽广则护运暹米。吕宋米。台湾米。江浙则各护苏。松。杭。嘉。湖之米。凡承造之人。即皆驾驶之人。凡内地出洋之商。愿禀请各艘护货者听。凡水师提镇大员。入京陛见。必乘海艘。不许由驿陆进。其副将参游以下。入京引见。或附海运之舟北上。总禁由陆。其文吏愿乘海艘入京者听。惟不许承办船工。五也。国家试取武生。武举人。武进士。专以弓马技勇。是陆营有科。而水师无科。西洋则专以造舶驾舶造火器奇器取士抡官。上之所好。下必甚焉。上之所轻。下莫问焉。今宜于闽粤二省。武试增水师一科。有能造西洋战舰火轮舟。造飞炮火箭水雷奇器者。为科甲出身。能驾驶飓涛。能熟风云沙线。能枪炮有准的者。为行伍出身。皆由水师提督考取。会同总督拔取。送京验试。分发沿海水师。教习技艺。凡水师将官。必由船厂火器局出身。否则由舵工水手炮手出身。使天下知朝廷所注意在是。不以工匠柁师视在骑射之下。则争奋于功名。必有奇材绝技出其中。昔李长庚剿海贼。皆身自持柁。虽老于操舟者不及。故知水师不能舍船械而空谈韬略武备。不能舍船炮而专重弓马。六也。

天下有不可强者三。有其人。无其财。一难也。有其财。无其人。二难也。有其人。有其财。无其材【谓材料】。三难也。自用兵以来。所糜费数千万。计出其十之一二。以整武备有余。则财非不足明矣。海关浮费。数倍正税。皆积年洋商与官吏所肥橐。起家不资。其费皆出自鸦片。岂不当派数百万之军饷。则财又非不足明矣。中国智慧。无所不有。历算则日月薄蚀。闰余消息。不爽杪毫。仪器则钟表晷刻。不亚西土。至罗针壶漏。则创自中国。而后西行【罗针始自中国。见华事夷言】。穿札扛鼎。则无论水陆。皆擅勇力。是人才非不足明矣。船桅船舱。所需铁力之木。油木樫木柿木。皆产自两广。蓬帆浸以晋石。火不能焚。出自山西。火药配以石油。得水愈炽。出自甘肃【关外玉门县赤金卫迤南之石油河。本年二月陕甘总督解至石油三千六百斤】。火箭参以江豚油。逆风更猛。出自四川。军符所下。旦夕可至。硝提数次而烟白。铁经百练而钢纯。皆与西洋无异。则材料又非不足明矣。飞炮火器。皆创自佛兰西。而英夷效之。以及船械相等之葡萄亚。荷兰。吕宋。弥利坚等国。皆仰我茶黄。贪我互市。欲集众长以成一长。则人争效力。欲合各国以制一国。则如臂使指。诚欲整我戎行。但得一边才之两广总督。何事不可为哉。或曰。五十艘之船械。且造且购。一年而可集。百艘之船械。且造且购。二年而毕集。即其制造施用之法。以我兵匠学之。亦一年而可习。二年而可精。是一二年后。已无铸造之事。尚远重修之期。更何局厂之设乎。曰。是何言也。夫西洋惟英吉利国兵船五百余艘。佛兰西国兵船三百余艘。盖为分守各国埠头而设。其余各国战舰。亦各不过数十艘。而皆有船厂火器局。终年不息者。何哉。盖船厂非徒造战舰也。战舰已就。则闽广商艘之泛南洋者。必争先效尤。宁波上海之贩辽东贩粤洋者。亦必群就购造。而内地商舟。皆可不畏风飓之险矣。西洋火轮舟之受数千石者。止为远越重洋。其在本国内河内港之火轮舟。皆不过受五百石至九百石而止。以通文报。则长江大河。昼夜千里。可省邮递之烦。以驱王事。则北观南旋。往还旬日。可免跋涉之苦。以助战舰。则能牵浅滞损坏之舟。能速火攻出奇之效。能探沙礁夷险之形。诚能大小增修。讵非军国交便。战舰有尽。而出鬻之船无尽。此船厂之可推广者一。火器亦不徒配战舰也。战舰用攻炮。城垒用守炮。况各省绿营之鸟铳火箭火药。皆可于此造之。此外量天尺。千里镜。龙尾车。风锯。水锯。火轮机。火轮舟。自来火。自转碓。千斤秤之属。凡有益民用者。皆可于此造之。是造炮有数。而出鬻器械无数。此火器局之可推广者二。古之圣人刳舟剡楫。以济不通。弦弧剡矢。以威天下。亦岂非形器之末。而睽涣取诸易象。射御登诸六艺。岂火轮火器不等于射御乎。指南制自周公。挈壶创自周礼。有用之物。即奇技而非淫巧。今西洋器械。借风力水力火力。夺造化。通神明。无非竭耳目心思之力。以前民用。因其所长而用之。即因其所长而制之。风气日开。智慧日出。方见东海之民。犹西海之民。云集而鹜赴。又何暂用旋辍之有。昔汉武欲伐南越。爰习楼船水战于昆明湖。乾隆中以金川恃碉险。爰命金川俘卒建碉于香山。又命西洋人南怀仁制西洋水法于养心殿。而西史言俄罗斯之比达王。聪明奇杰。因国中技艺不如西洋。微行游于他国船厂火器局。学习工艺。反国传授。所造器械。反甲西洋。由是其兴勃然。遂为欧罗巴洲最雄大国。故知国以人兴。功无幸成。惟厉精淬志者。能足国而足兵。

人但知船炮为西夷之长技。而不知西夷之所长。不徒船炮也。每出兵以银二十员安家。上卒月饷银十员。下卒月饷银六员。赡之厚故选之精。练之勤故御之整。即如澳门夷兵仅二百余。而刀械则昼夜不离。训练则风雨无阻。英夷攻海口之兵。以小舟渡至平地。辄去其舟。以绝反顾。登岸后。则鱼贯肩随。行列严整。岂专恃船坚炮利哉。无其节制。即仅有其船械。犹无有也。无其养赡。而欲效其选练。亦不能也。故欲选兵练兵。先筹养兵。兵饷无可议加。惟有裁并之而已。粤省水师。将及四万。去虚伍计之。不及三万。汰其冗滥。补其精锐。以万五千人为率。即以三万有余之粮。养万五千之卒。则粮不加而足。以五千卒分防各口炮台。与陆营相参。以万人分配战舰。可得三十余艘。无事日。令出哨外洋。捕海盗。缉烟贩。有事寇在邻省。则连艅赴援。寇在本省。则分艘犄角。可以方行南海矣。或曰。粤洋绵长三千余里。水师数万。尚虞不周。今裁汰大半。不弥形单寡乎。曰。水师多而不敷。以无战舰也。无战舰出洋。则口岸处处出防。以水师当陆师之用。故兵以分而见寡。今以精兵驾坚舰。昼夜千里。朝发夕至。东西巡哨。何患不周。是兵以聚而见多。英夷各处市埠。自大西洋至中国。首尾数万里。何以水师不过九万。即能分守各国。又何以入寇之兵。不过五十艘。而沿海被其骚动。况水师外尚有本省绿营数万。何患其无兵分守。前年杨参赞有请水师改为陆兵之奏。吾谓不如并岸上之水师。为船上之水师。用力少而收效广。

问。西洋与西洋战。亦互有胜负。我即船炮士卒。一切整齐。亦何能保其必胜。曰。此为两客相攻言之。非为以客待主言之也。夫力不均。技不等。而相攻。则力强技巧者胜。力均技等。而以客攻主。以主待客。则主胜。攻劳守逸。请言其状。夫海战全争上风。无战舰。则有上风而不能乘。即有战舰。而使两客交哄于海中。则互争上风。尚有不能操券之势。若战舰战器相当。而又以主待客。则风潮不顺时。我舰可藏于内港。贼不能攻。一俟风潮皆顺。我即出攻。贼不能避。我可乘贼。贼不能乘我。是主之胜客者一。无战舰。则不能断贼接济。今有战舰。则贼之接济路穷。而我以饱待饥。是主之胜客者二。无战舰。则贼敢登岸。无人攻其后。若有战舰。则贼登岸之后。舶上人少。我兵得袭其虚。与陆兵夹击。是主之胜客者三。无战舰。则贼得以数舟。分封数省之港。得以旬日遍扰各省之地。有战舰。则贼舟敢聚不敢散。我兵所至。可与邻省之舰夹攻。是主之胜客者四。故历考西洋各国。交兵凡英吉利往攻弥利坚本国。则弥利坚胜。以英吉利往攻俄罗斯本国。则俄罗斯胜。若英吉利与各国互战于海中。无分主客。则舵师得上风者胜。

问曰。船厂火器局。设于粤东矣。其福建。上海。宁波。天津。亦将仿设乎。不仿设乎。战舰百艘。果足敷沿海七省之用乎。曰。沿海商民。有自愿仿设厂局。以造船械。或自用。或出售者听之。若官修战舰火器局。则止需立于粤东。造成之后。驶往各岸。无事纷设。盖专设一处。则技易精。纷设则不能尽精。专设则责成一手。纷设则不必皆得人。战舰既成以后。内地商艘。仿造日广。则战艘不必增造。何者。西洋货船与兵船。坚固同。大小同。但以军器之有无为区别。货船亦有炮眼。去其铁板。即可安炮。内地平时剿贼。尚动雇闽广商艘。况日后商艘尽同洋船。有事立雇。何难佐战舰之用。惟水师则必以闽广为主。而江浙为辅。何则。福建之役。夷船泊于南澳港。邓制军所募水勇。佯作商舟。乘无风攻之。夷艘甫觉。我水勇已逼其后艄。焚其帆索。伤其柁师水手。夷艘无风不能起碇。逼近不能开炮。且小舟外障湿幔。铳弹不能入。良久风起。夷船始遁。此江浙水勇所不能也。粤东之役。官军方失利于城外。而我武举梁体群。夜以火舟三队。从穿鼻洋截攻其后。乘潮至虎门。横档夷船。甫开一炮。而我火舟已逼其后梢。火药舱轰发。两桅飞起空中。全艘俱毁。佛山义勇。又围截夷兵于龟冈炮台。绕出上风。纵毒烟以眯夷目。尽歼夷兵。并击破其应援之杉板舟。此江浙水勇所不能也。靖逆将军奏言粤中水勇。以小舟八人荡桨。旋折如飞。将及夷炮所近之处。即覆舟入水。戴之而行。及至夷船。仍翻舟而上。以火球喷筒焚其帆索。得势即跃上夷船。不得势。即仍下水。覆舟而行。铳炮皆不能及。已募得二百余人。此江浙所无也。夷船犯乍浦时。余艘留踞镇海招宝山。有委员雇闽勇三百余。以火舟易使贼觉。献策用大油篓。各装火药二百斤。载以小竹筏。以铁索拴筏四角。套于项颈。手扶篓筏。贴水潜行。远望不见。及至夷船后。潜挂柁上。火发轰烈。全船立毁。既而有尼之者。飞檄中止。此亦江浙所无也。此皆在无战舰之时。可用若是。况配入战舰。用其所长。外夷尚且畏之。岂他省所及。故江浙舟师宜专护海运。而闽粤舟师宜专剿海寇【汉口。瓜洲。钱塘江。亦有没水之人。能伏行江底。然每处仅二三十人。不能多也】。问。子于议守篇。专守内河。守近岸。使夷船夷炮失其所长。已可收安南创敌之功。则又何艘械之足学。而厂局之足设耶。曰。夷兵之横行大洋者。其正也。其登岸。及入内河者。其偶也。夷性诡而多疑。使我岸兵有备。而彼不登岸。则若之何。内河有备。而彼不入内河。则若之何。观其初至也。以结怨之广东而不攻。继以结怨之厦门而不力攻。及突陷舟山。徘徊半载。而不敢深入。是犹未测内地之虚实。尚有所畏也。自广东主款撤防。破虎门。围省会。而夷始肆然无忌矣。再破厦门定海。驶入宁波。而益无忌矣。再破乍浦。宝山。上海驶入长江。而益无忌矣。使夷知内河有备。练水勇。备火舟。如广东初年之事。其肯深入死地哉。故广东初年。有歼夷之备。而无其机。江浙近年。有歼夷之机。而无其备。且夷兵舶五十艘。货船二十余艘。火轮舟十艘。其闯入珠江。入甬江。入黄埔江者。皆不过兵舰七八艘。火轮二三艘。杉板小舟十余而已。其余仍寄碇大洋。即使歼其内河诸艇。而奇功不可屡邀。狡夷亦不肯再误。且夷贪恋中国市埠之利。亦断不肯即如安南。日本之绝交不往此。后则非海战不可矣。鸦片趸船。仍泊外洋。无兵舰何以攻之。又非海战不可矣。夷船全帮数十艘驶入者。惟长江。江面虽狭于外洋。而倍阔于他港。夷艘散泊各岸。不聚一处。即用兀术之火攻。而天时风色难必。亦不过歼其三分之一。究恐有窜出大半之舰。则亦非追剿不可矣。苟夷畏我内河。专肆惊扰。声东击西。朝南暮北。夷人水行一日可至者。我兵陆行必数日方至。夷攻浙。则调各省之兵以守浙。夷攻江。则又调各省之兵以守江。即一省中。而有今日攻乍浦。明日攻吴淞。后日又回扰镇海。我兵又将杂然四出。应接不暇。安能处处得人。时时设备。况战舰火器。乃武备必需之物。二三百万。乃军需十分之一。何惮不为。而见轻于四夷。况有洋舰洋炮之后。亦非漫然浪战也。客兵利速战。主兵利持重。不与相战。而惟与相持。行与同行。止与同止。无淡水可汲。无牛羊可掠。无硝药可配。无铁物可购。无蓬缆可补。烟土货物。无处可售。柁桅无处可修。又有水勇潜攻暗袭。不能安泊。放一弹。即少一弹。杀一夷。即少一夷。破一船。即少一船。而我之沿海腹地。既有战舰为外卫。则内河近岸。高枕无虞。所至接济策应。逸待劳。饱待饥。众待寡。是数十艘可当数百艘之用。况夷兵以大艘为身。以杉板小舟为四足。但多募渔舟快艇。专毁其杉板小舟。小舟尽则大舟亦可为我有。在得人而已。在得人而已。

卷二·筹海篇四【议款】

我患夷之强。夷贪我之利。两相牵制。幸可无事。非今日主款者之秘略乎。鸦片岁耗中国财数千万计。竭我之富。济彼之强。何以处之。则曰。但禁内地吸食。试问持议之人。果严禁内地吸食乎。则又曰。宜缓不宜急。急之恐触外侮而生内变。嗟乎。强邻恶少。日设赌博于门。诱我子弟。匮我基业。败我教化。一朝绝不与通。攻门索斗。媕婀调停者曰。姑听其仍开博场。一日赌博。一日无事。百年赌博。百年无事。我产之耗不耗。勿计也。我业之完不完。勿计也。我子弟之败类不败类。勿计也。欲制夷患。必筹夷情。请先陈夷情而后效其说。

中国以茶叶湖丝驭外夷。而外夷以鸦片耗中国。此皆自古所未有。而本朝有之。茶叶行于西洋。自康熙始。而鸦片之入中国。亦自康熙始。初准以药材上税。乾隆三十年以前。岁不过二百箱。及嘉庆元年。因嗜者日众。始禁其入口。嘉庆末。每年私鬻至三千余箱。始则囤积澳门。继则移于黄埔。道光初。奉旨查禁。复移于零丁洋之趸船。零丁洋者。在老万山内。水路四达。凡中外商船之出入外洋者。皆必由焉。夷艘至。皆先以鸦片寄趸船。而后以货入口。始趸船不过四五艘。其烟至多不过四五千箱。

可用火攻。而大吏密奏请暂事羁縻。徐图禁绝。于是因循日甚。其突增至二十五船。烟二万箱者。则在道光六年。设巡船之后。巡船水师受月规。放私入口。于是藩篱溃决。及道光十二年。始裁巡船。而积习已不可挽。道光十七年。复设巡船。议定每千箱。以若干箱送水师报功。而鸦片遂岁至四五万箱矣。今以道光十七年。广东与英夷贸易出入之数计之。湖丝价银六百五十九万员。茶叶价银千有四百万员。白矾。串珠。樟脑。桂皮。磁器。大黄。麝香。赤布。白糖。冰糖。雨伞。百二十二万六千员。共计英吉利船所购出广东之货。二千一百八十一万六千员。其入口者。棉花八百二十二万员【六十七万七千石】。洋米二十三万八千员【二十一万石】。大呢百五十五万员。羽纱四十万员。哔叽八十万员。羽缎五万员。洋布七十万员。棉纱七十三万员【千有八百石】。水银二十三万员【二千石】。锡二十九万五千员【万五千石】。铅八万九千员【万四千石】。铁四万八千员【万六千石】。硝七万五千员【共万石】。檀香。乌木。象牙。珍珠。胡椒。沙藤。槟榔。鱼翅。鱼肚。花巾。洋巾。计七十一万员。共英夷进口货千四百四十七万八千员。少于出口货价银七百余万员。使无鸦片而以货易货。则英夷应岁补中国银七百余万员。乃是岁鸦片价银反出口二千二百万员。计销鸦片四万箱。此数之确然可考者。弥利坚国。是岁出口之货。绸缎价七百五十万员。茶叶五百十九万八千员【十二万余石】。丝棉。葛布。磁器。席糖。五十七万九千员。共计千有三百二十七万七千员。入口洋货三百六十七万员【内有洋米八十六万员。洋布四十五万员。白银四十二万员。价最银】。计少银九百六十万员。何以不闻补银。盖亦鸦片价内开除之数【英夷所运者。印度鸦片。弥夷所运者。都鲁机鸦片】。他西洋诸国。出口入口者。约计二百万员。共计外夷岁入中国之货。仅值银二千十四万八千员。而岁运出口之货。共值银三千五百有九万三千员。以货易货。岁应补中国价银千四百九十四万五千员。使无鸦片之毒。则外洋之银。有入无出。中国银且日贱。利可胜述哉。综计英夷所购出之货。莫大于茶。而湖丝次之。所售入中国之货。莫大于鸦片。而棉花次之。至大黄则蒙古所需。非西洋所急。故每岁出洋大黄。不过值五万余员【即俄罗斯市大黄归。亦仅用以染色。非用以治病。见松筠绥服纪略】。茶叶虽西洋所盛行。而佛兰西国不甚需之。以其本国皆饮白酒。不甚饮茶。故佛兰西到粤之船较少。然前代市舶。从不闻茶叶出洋。茶叶出洋。自明季荷兰通中国始。及康熙二年。英吉利商。又自荷兰购归百斤。饮而甘之。国人饮者。岁增一岁。康熙四十九年。至十四万斤。雍正二年。至二十八万斤。乾隆二十四年。二百二十九万斤。三十七年。五百四十七万斤。五十年。遂至千三百万斤。嘉庆十八年。二千一百二十八万斤。道光二年。二千三百七十六万斤。十年后。三千余万斤。及英夷公司散后。各商自运。销茶愈广。十七年广东出口茶叶三十余万石。共价银千有四百余万员。又弥利坚国。道光十七年。购茶价银三百六十九万两【共茶十二万余石】。荷兰岁需茶二百八十万斤不等。佛兰西二十三万斤不等【佛兰西茶。沿途售与各国。其到本国者无几】。此外西洋各国。大约二百万斤。惟俄罗斯由蒙古运往茶叶。岁六百四十余万斤。是西洋之饮茶。亦犹中国人之吸鸦片。虽损益悬殊。皆始自近日。非古昔所有。故知洋钱流入内地。皆鸦片未行以前。夷船所补之价。至鸦片盛行以后。则绝无货价可补。而但补烟价。洋钱与纹银。皆日贵一日矣。漕务盐务边务。皆日困一日矣。使非养痈于数十年之前。溃痈于设巡船之后。何以至是。今但归咎割痈之人。而养痈溃痈者不问。故至今益以养痈为得计。此边患宜溯其源者一。

西洋互市广东者十余国。皆散商无公司。惟英吉利有之。公司者。数十商辏资营运。出则通力合作。归则计本均分。其局大而联。散商者。各出已赀。自运自售。利害皆一人独当之。其势专而散。方其通商他国之始。造船炮。修河渠。占埠头。筑廛舍。费辄巨万。非一二商所能独任。故必众力易擎。甚至借国王资本以图之。故非公司不为功。及通市日久。垄断他商之路。挥霍公家之帑。费愈重利愈微。国计与民生两不利。则又惩公司流弊。而听散商自为之。以中国比例。公司如广东十三家洋行。而散商则如各省赴粤之客货也。公司如淮南盐法之滚总之整轮。而散商则如票盐如散轮也。道光十三年以前。粤东贸易。一出公司。其局初立于印度。继立于广东。初议公司止设三十年。及限满而公司欲专其利。不肯散局。复以助本国兵饷为词。请再展三十年。而糜费开支。浮冒乾没。且运回之货。居奇踊贵。百物滞销。国人皆不服。屡控国王。请散公局。各自贸迁。皆为大班数人把持。与通国散商为怨敌。其公司资本银三千万员。主事二十四商。首领二人。专司机密。每商捐银二千五百员以赡之。道光十年。本国会计人公帑银万有五百万员。公使费银九千万员。公欠项银七千五百万员。公司贸易无利。道光十二年。载资出本国。出印度国者。置价共三千万员。而所售回之价。仅千有六百万员。公司不如散商者六倍。故道光十三年。遂散公司之局。国王尽收帑本。任商自运。而第征其税。此粤中公司合散之情形也。方广东公司未散时。各大班恃其势大多金。凡抗衡中国官吏。皆公司大班所为。公司散则势涣易制。而卢制军莅任未久。误听洋商言。以英夷公司虽散。而粤中不可无理夷务之人。反饬令彼国派领事来粤。十四年始来者曰劳律卑。突入省河。罢市调兵而后退。十六年再至者。即义律也。祇便洋商一日之私图。岂期边疆今日之戎首。试问粤中互市。西洋十余国。何尝有夷官驻粤。若谓英夷货多事赜。则弥利坚国每年货艘至粤之多。亦亚于英吉利。何以二百载从无桀骜。观禁烟新令初颁。各国遵令。即英国新至货船。亦遵例具结。而义律驶兵船阻其入口。苟当时无公司领事。则英夷各商。亦不过随同各国具结。惟恐卸货之不早。骛利之不先。何暇抗文法。争体制。何至开兵炮。停贸易。又何至诉国王。请兵舰。连兵万里。构衅数年。故驭边在先悉夷情。公司散局。此海疆一大机会。而中国边臣失之者二。

禁鸦片之议有二。一内禁。一外禁。自夷船犯顺。人皆谓外禁必不可行。果必不可行乎。又以夷变归咎于缴烟。果由于缴烟乎。何以五月缴烟之后。旁徨半年而未动。何以尚肯出船货充公之结。何以尚悬购告犯之赏。何以逐出老万山外复尚有愿遵大清律乞回澳门之禀。是其激变绝不由缴烟。而由于停贸易明矣。英夷国禁浓酒小带。有佛兰西使者至其国。英夷闻其携违禁货物。因监禁其使。令禁缴出禁物。始释之。与广东之勒缴烟土何异。又英夷国律例。凡他国商携违禁货物入境者。罚其货价三倍。是即科以彼国之法。亦无可辞。其非因缴烟而由停贸易又明矣。然则不停贸易。固可免用兵。亦可禁鸦片使不来乎。曰。奚不可之有。请先陈夷情而后效其说。英夷之说曰。若要印度人不栽波毕。除非中国人不食鸦片。若要中国人不买鸦片。除非印度不栽波毕。中国人若以鸦片贸易。同英国讲论。英吉利国王定肯禁止贩运。即印度栽种波毕之事。亦可停止。而栽种别物。仍可得税饷贸易之利【澳门月报】。又曰。有人言情愿断止鸦片一物。别开南边港口贸易可乎。我恐未必能行【华事夷言】。是外禁之事。英夷亦未尝不筹划及之。但外夷惟利是图。惟威是畏。必使有可畏怀。而后俯首从命。故上者严修武备。彼有趸船。则我能攻之。彼有夹私。应停贸易。则立停之。使我无畏于彼。彼无可挟于我。自不敢尝试。次者代筹生计。使彼即停鸦片。而上无缺税。下无缺财。则亦何乐走私之名。而不趋自然之利。请得而详之。夷烟产自印度。而销于广东。其东印度种鸦片之地。皆官地。如中国盐场置官收税。不得私煎。除鸦片地税银四百余万员外。加以栽种时。开花时。取汁时。出口时。四次收税。又凡五百余万员。共计孟阿腊岁税九百六十八万四千余员。又南印度之孟迈。鸦片税亦百余万员。除印度兵饷支用外。岁解英吉利国都者。三百余万员。此其国最大之利薮。考康熙。乾隆中。准商船运吕宋。暹罗米入口者。每米万石。免其船货税十分之五。米五千石以上。免税十分之三。即不及五千石。亦免税十分之二。并许商人运暹米二千石以上。议叙顶戴。此二国产米。不产鸦片。有利无弊。自后港脚夷船。援例岁运印度。新嘉坡。葛留巴米入口者。不下四十万石。多以鸦片寄趸船。而以米入口。由是粤海关裁抑之。但免入口米税。不免出口货税。今与夷约。果能铲除鸦片之地。改种五谷者。许其多运洋米入口。并援例酌免其货税。则夷喜于地利之不荒。其必乐从者一。粤东出口之货。是洋行会馆。每百两抽内商三分。而三分必增诸货价。其入口之货。则每一大洋艘至黄埔。官费及引水通事使费。约需银五千员。皆在正税之外。虽不明取于鸦片。而夷则失诸彼者偿诸此。我则收其实而避其名。今与夷约。果鸦片不至。则尽裁一切浮费。举以前此贡使所屡求。大班所屡控者。一旦如其意而豁除之。俾岁省数百。万夷必乐从者又一。彼国入口之货。莫大于湖丝茶叶。出口之费。莫大于棉花。洋米。呢羽。今中国既裁浮费。免米税。商本轻省。则彼国不妨于进口之茶丝。出口之棉米呢羽。酌增其税。以补鸦片旧额。此外铅铁硝布等有益中国之物。亦可多运多销。夷必乐从者又一。威足慑之。利足怀之。公则服之。有不食桑葚而革鸮音者乎。水师之通贿不惩。商胥之浮索不革。战舰之武备不竞。而惟外夷操切是求。纵获所求。且不可久。矧乃河溃而鱼烂。鸟惊而兽骇。尚何暇议烟禁哉。张奂之服西羌。班超之告任尚。此机会可乘。反以过急失之者三。

此皆未变以前事也。既变以后。则不独以夷攻夷。并当以夷款夷。国初俄罗斯争黑龙江地。构兵连年。圣祖命荷兰寄书俄罗斯。而献城归地。喀尔喀两部争衅构兵。诏命达赖。剌麻遣使往谕。而喀部来庭。缅甸不贡。闻暹罗受封而立贡。廓尔喀未降。闻英吉利助兵而即降。故款夷之事。能致其死命。使俯首求哀者上。否则联其所忌之国。居闲折服者次之。上年靖逆将军未至粤时。弥利坚夷目即出调停讲款。于是义律来文有。不讨别情。只求照例通商。倘带违禁货物。船货充公。之语。并许退出虎门之说。夫命将出师。不过因夷之索烟价。索埠地。踞虎门。今三事皆不敢违命。是不战屈夷。亦足以征朝廷折冲千里之威。非弥利坚居间。岂能有是。而利害未能陈明。章奏未能剀切。于是而英夷要盟。又于是而英夷败盟。是冬佛兰西兵帅。复以兵艘至粤。求面见将军。密陈军事。请代款。请助兵以夷攻夷。以夷款夷。在此一举。而又迟疑之。支诎之。延及半载。始令赴江宁。则英夷款议已成数日。视弥利坚原议。相去天渊。故不款于可款之时。而皆款于必不可款之时。此机会可乘不乘者四。

此四机者。谨其始机。则鸦片不至流毒。乘其二机。则公司不致桀骜。乘其三机。则不以罢市兴兵。乘其四机。则不致款议失体。一误再误。三误于事前。四误于事后。经此四误。而鸦片之外。禁不可行矣。今日之事非内禁不可矣。内禁之不效有三。一曰。不许告发也。二曰。不速限期也。三曰。不先黥后僇也。不许告发之故。在防诬陷。夫吸烟有瘾。贩烟有土。告不实有反坐。何患其诬。且有告发之令。则雇工邻右。人怀戒心。大厦深堂。皆无固志。虽有贪欲贪利之徒。不敢再为尝试。其必效一。限期不速者。恐死刑太多也。不知期愈宽。犯愈众。昔宋臣宗泽守汴京。承兵燹之后。百物昂价倍蓰。泽念小民所急惟食。乃枭一饼师之首。下令平价。不三日。而市价尽平。夫速则枭一人而万人肃。迟则刑千百而四海玩。果不果之异也。且烟瘾有限期。贩烟有何限期。但使沿海各郡县。每城立枭贩烟之首一二人。以令下之日为始。不俟限期。风行雷厉。其必效者二。吸烟未至限期。罪不至死奈何。曰有大清律刺面之法在。今再下令。三月不戒者黥。黥后再三月不戒者死。以下令为始。十七省各出巡烟御史一人。专司有犯必黥之事。其缙绅富户。哀求免黥者。许以金赎。不黥面而仍黥手。黥手逾期不戒。毋得再赎。如此则法易行。法必行。且在前次限期之外。岂得更议其期迫乎。此必效者三。总之。法信令必。虽枷杖足以惩奸。法不信。令不必。虽重典不足儆众。饮食不已。酿为讼师。小刑之刀锯不肃。酿为大刑之甲兵。圣人垂忧患以诏来世。岂不深哉。岂不深哉。

卷五·东南洋一·越南一·重辑

万国地理全图集

中国所来之大小船三百只。安南往新嘉坡每年三十有余只。但其水手系汉人。

圣武记

初阮氏世王广南。以顺化海港为门户。与占城暹罗皆接壤。阮光平以兵篡国。国用虚耗。商舶不至。乃遣乌艚船百余。总兵官十二。以采办军饷为名。多招中国海盗。使为向导。入寇闽。粤。江。浙。嘉庆初。各省奏擒海贼。屡有安南兵将。及总兵封爵敕印。诏移咨安南。尚不谓国王预知也。暹罗既与广南积怨。会黎氏甥阮福映者。乞师暹罗。克复西都。并缚海贼莫扶观等。献诸中国。中国始知阮氏父子薮奸诲盗之罪。时嘉庆四年也。

瀛环志略

南境临海。有都会。曰柬埔寨。真腊之故都也。闽广商船。每岁往来贸易。别国商船。入港讥防甚严。榷税亦重。

卷五·东南洋一·越南疆域附考

粤中见闻

由广东入交趾海道。自钦州南。大海扬帆一日至西南岸。即交趾潮阳镇。又自廉州冠山前海发舟。北风顺利。一二日可抵交趾海东府。若沿海岸而行乌雷岭。一日至白龙尾。又二日至玉山门。又一日至万宁州。又二日至庙山。又三日可抵交趾海东府。自钦州天涯驿。经猫儿港由万宁州抵交趾国城。陆路止二百九十一里。又钦州城下登舟。两日至涌沦。自涌沦至防城。陆路一十五里。防城有廉州府同知。龙门协左营。一守备驻札。防城水路三日。可至交趾万宁州管下之江坪。防城水路两日。可至钦州管下如昔司巡检所辖之东兴街。有钦州州判与龙门协左营一千总驻札东兴街。至江坪陆路止五十里。隔一小河耳。江坪各省商贾辐凑。多有婚娶安居者。计钦州东兴街至安南国城。海道约六七日。陆路约一十一二日也。

卷六·东南洋二·越南分国二

东西洋考

安南分十二承政司。其实一承政不能及中国一府。……中国贾舶。至其海口。司关者以币报酋。舶主见酋。行四拜礼。献方物。酋为商人设食。乃给木牌于廛舍。听民贸易。酋所须者辇而去。徐给官价以偿。广南酋号令诸夷。埒于东京。新州提夷皆属焉。凡贾舶在新州提。夷者。必走数日程。诸广南入贡。广南酋亦遥给木牌。民过木牌必致敬乃行。

皇清通考四裔门

红毛国人夹板船最大。风帆不利。漂入广南湾者。国人即遣小舟数百。云集其处。人负一竹筒。纳长缕没水而钉缕于船下还棹小舟。远曳以行。使其阁浅。始夺其货。而焚其舟。故红毛人以不见广南山为幸。他国商船入广南者。税物加倍。康熙八年。广东都司刘世虎等遇风漂泊其地。广南国王遣臣赵文炳送归。并带货物船只来粤。部议。赵文炳等虽奉广南印文遣来。实系中国之人。或留或遣。请旨定夺。其带来之物。现奉海禁。不便贸易。应入户部。得旨。广南国王送刘世虎等回粤。殊为可嘉。著给以照验遣归广南。船货不必入官。仍给来使。凡往来商船。由厦门至广南者。先过安南界。历七洲洋。向广南外之占毕罗山。即入其境。国无城郭。周栽刺竹以自固云。

陈伦炯海国闻见录

红毛甲板船。风水不顺。溜入广南湾内者。国遣小舟数百人。背竹筒。携细缕。没水密钉细缕于甲板船底。远浆牵曳。船以浅阁。火焚而取其辎重。今红毛甲板以不见广南山为戒。见则主驾舟者曰伙长。国有常刑。厦门至广南。由南澳见广之鲁万山。琼之大洲头。过七洲洋。取广南外之占毕罗山而至广南。计水程七十二更。厦门至交阯。由七州西绕北而进交阯。水程七十四更。七州洋在琼岛万州之东南。凡往南洋者必经之所。西洋甲板有混天仪。量天尺。较日所出刻量时辰。离水分度。即知为某处。中国洋艘无此仪器。止用罗经刻漏沙。以风大小顺逆较更数。每更约水程六十里。风大而顺。则倍累之。潮顶风逆。则减退之。虽知某处。不如西洋船之确。必见某处远山。分别上下山形。用绳驼探水深浅。验其沙泥。一一配合。方为准确。至七州大洋大洲头而外。浩浩荡荡。无山形标识。风极顺利对针。亦必六七日。始能渡过。而见广南占毕罗外洋之外罗山方有准绳。偏东则犯万里长沙。千里石塘。偏西则恐溜入广南湾。无西风不能外出。且商船非本赴广南者入其境。以为天赐。税物加倍。均分犹若不足。比于红毛人物两空。尚存中国大体。所谓差毫厘失千里也。七州洋中。有种神鸟。状似海岸而小。喙尖而红。脚短而绿。尾带一箭。长二尺许。名曰箭鸟。船到洋中。飞来引导。人呼是则飞而去。间在疑似。再呼细看决疑。仍飞而来。献纸谢神。则翱翔不知其所之。相传王三宝下西洋。呼鸟插箭命在洋中为记。

旧志谓阮氏恢复广南。借佛郎机之力。考海国闻见录。作于雍正初。前乎阮氏数十载。已言广南水战为红毛船所畏。何为反借助于红毛。且此志中语及广南战舰。戒心动色。情见乎词。固不得不虚称欧罗巴援救之功。以揜英吉利创败之辱。彼谓西洋水犀戈船无敌海内外者。抑知五行迭相克阴阳迭相胜。天下有不可制之物耶。广南濒海之顺化港口。即古宾童龙国。为占城东尽境。自明王圻。谬指为舍卫国。明史因之。悲夫悲夫。筹防边。问兔园。语庙谟。恃郢书。用陈汤。不如石与匡。

卷六·东南洋二·越南分国沿革上

晋书

初徼外诸国。尝赍宝物。自海路来贸货贿。

宋书

高祖永初二年。林邑王范杨迈遣使贡献。即加除受。文帝永嘉七年。遣使自陈与交州不睦。求蒙恕宥。八年。又遣楼船百余寇九德。入四会浦口。交州刺史阮弥之遣队主相道生将三千人赴讨。攻区粟城。不克。引还林邑。欲伐交州。借兵于扶南王。扶南不从。十年杨迈遣使上表。献方物。求领交州。诏答以道远不许。太祖元嘉初。侵暴日南。九德诸郡。二十三年。使龙骧将军交州刺史檀和之伐之。遣太尉府振武将军宗悫受和之节度。

隋书

高祖既平陈。乃遣使献方物。其后朝贡遂绝。

新唐书·南蛮传

武德中。再遣使。献方物。高祖为设九部乐飨之。贞观时。王头黎献驯象。镠锁。五色带。朝霞布。火树。与婆利罗刹二国使者偕来。

卷六·东南洋二·越南分国沿革下

宋史

占城国……其国前代。罕与中国通。周显德中。遣其臣。贡方物。有云龙形。通犀带。菩萨石。又有蔷薇水。洒衣经岁香不歇。猛火油。得水愈炽。皆贮以琉璃瓶。建隆二年。来贡。表章书于贝多叶。以香木函盛之。

淳化元年。新王杨陁排自称新坐佛逝国。遣使贡驯犀方物。表诉为交州所攻。国中人民财宝皆为所略。上赐黎桓诏。令各守境。

嘉佑七年。交州李乾德言其王领兵三千人。并妻子来降。以正月至本道。九年复遣使来。言其国自海道抵真腊一月程。西北抵交州四十日。皆山路。

七年。闽人有抵占城者。其国方与真腊战。皆乘大象。胜负不能决。闽人教其王习骑射以胜之。战大捷。明年复来琼州。拒之。愤怒。大掠而归。

元史

占城近琼州。顺风舟行。一日可抵其国。世祖至元间。广南西道宣慰使马成旺。尝请兵三千人。马三百匹。征之。十五年。右丞唆都。以宋平。遣人至占城。还。言其王有内附意。诏降虎符封占城郡王。十九年十月。朝廷以占城国主。岁遣使来朝。称臣内属。遂命左丞唆都等即其地。立行省以抚安之。既而其子负固弗服。朝廷使人往暹国。往八马儿国。舟经占城皆被执。故遣兵征之。十一月。兵至占城港。港口北连海。海旁有小港五。通其国。大州东南止山。西旁木城。官军依海岸屯驻。占城兵治木城。四面约二十余里。起楼棚。立回回三梢炮百余座。又木城西十里。建行宫。其酋亲率重兵屯守应援。行省遣官招之。七往终不服。二十年。正月十五日。夜半。发船攻城。至期分遣兵千六百人。由水路攻木城。三百人攻东南沙嘴。又以三千人分三道攻南面。舟行至天明泊岸。为风涛所碎者十七八。贼开木城南门建旗鼓。出万余人。乘象者数十。亦分三队迎敌。矢石交下。自卯至午。贼败北。官军入木城。复与东北二军合击之。杀溺死者数千人。城中余众数万悉溃。国主弃行宫。烧仓廪。杀前所留使。逃入山。

明史

占城居南海中。自琼州航海顺风一昼夜可至。自福州西南行十昼夜可至。

洪武二年。遣使奉表来朝贡。帝遣官赍玺书。大统历。文绮纱罗往赐。自后或比岁贡。或间岁。或一岁再贡。

洪武二十一年。真腊贡象。占城夺其四之一。其它失德事甚多。帝闻之怒。命行人董绍敕责之。寻遣使谢罪。国王失道。大臣阁胜弑王自立。明年遣太师奉表来贡。帝恶其逆。却之。永乐元年。以即位诏谕其国。洪武六年。贡使言海寇自称元。剽劫海上。国王击破之。贼魁溺死。获其舟二十艘。苏木七万斤。谨奉献。帝嘉之。命给赐加等。其冬遣使献安南之捷。帝谓省臣曰。去年安南言占城犯境。今年占城谓安南扰边。未审曲直。可遣人往。谕各罢兵息民。洪武十年正月。与安南王陈煓大战。煓败死。占城乘胜入其国。王遣使奏朝贡人回。赐物悉遭安南掠夺。又畀臣冠服印章。胁为臣属。帝怒敕责安南。而赐占城王钞币。永乐四年。帝方大发兵往讨。乃敕占城严兵境上。遏其越轶。永乐五年。四月攻取安南所侵地。获贼党。献俘阙下。自后郑和复连使其国。

正统元年。琼州知府程莹。言占城比年一贡。劳费实多。乞如暹罗诸国例。三年一贡。帝是之。然番人利中国市易。虽有此例。迄不遵。

成化十四年。王孙遣使朝贡请封。命给事中冯义。行人张瑾往封之。义等多携私物。既至广东。闻王孙已死。其弟古来遣使乞封。义等虑空还失利。亟至占城。则安南已以伪敕立其国人提婆台为王。义等不俟奏报。辄以印币授提婆台封之。得所赂黄金百余两。又往满剌加国。尽货其私物以归。冯义至海洋病死。张瑾具其事。并上伪敕于朝。朝廷不知也。

古来乃自老挝挈家赴崖州受封。命南京右都御史屠滽往至广东传檄安南。宣示祸福。而募健卒二千人。驾海舟二十艘。护古来还国。

海录

凡南洋海艘。俱由老万山出口。西南行过七洲洋。有七洲浮海面。故名。又行经陵水。顺东北风。约四五日。便过越南之顺化界。顺化即越南王建都之所也。又南行约二三日到新州。又南行约三四日过龙柰。又谓之陆柰。为安南旧都。由龙柰顺北风。日余至本底国。本底国在越南西南。又名勘明疑。即占城也。国小而介于越南暹罗二国之间。其人颜色较越南稍黑。语音亦微异。土产铅。锡。象牙。孔雀。翡翠。箭翎。班鱼脯。又顺东北风西行约五六日。至暹罗港口。

源案

越南之西都。在顺化港。即占城旧地。也此别指本底为占城。非是。本底为柬埔寨。即古真腊国。海录出于贾客舟师之口。故见闻虽真。而考古多谬。特附录而辩之。至占城东南濒海。尚有宾童龙国。即宋史所谓宾陀罗者。与占城相连。今并入广南境内。疑即龙柰之地。明王圻续通考谬指为佛经之舍卫城。辩见美洛居岛图后。

卷七·东南洋三·暹罗一

暹罗建都于曼谷。两面皆山。一宽长之大谷也。山虽层迭。均不甚高。无过五百丈者。土沃产丰。为海舶市埠之最。附近各国皆不及。

卷七·东南洋三·暹罗一·重辑

皇清通考·四裔门

明洪武中入朝。赐印文。始称暹罗国。顺治九年十二月。暹罗遣使请贡。并换给印敕勘合。从之。自是职贡不绝。康熙三年。先是外洋贡船入广东界。守臣查验属实。进泊河乾。封贮所携贡物。俟礼部文到。始贸易。物辄毁坏。二十三年六月。国王遣使来贡。因疏请嗣后贡船到广具报后。即次河乾。俾货物早得贸易。并请本国采买器用。乞谕地方官给照置办。贡使进京。先遣贡船回国。次年。差船迎敕归国。许之。二十四年。增赏暹罗缎币表里五十。四十七年。诏贡使所携货物。免其征税。六十一年。诏曰。暹罗国贡使。言其地米甚饶裕。银二三钱可买稻米一石。朕谕令分运米三十万石至闽广浙江。于地方甚有裨益。不必收税。雍正二年。贡稻种。果树。其船梢目九十六人。本系汉人。求免回藉。许之。七年。御书天南乐国匾额赐之。并减免速香。安息香。袈裟。布匹等贡。乾隆元年六月。咨礼部。言往时钦赐蟒龙大袍。藏承恩亭上。历世久远。难保无虞。恳再邀恩赏赐一二。每年造福送寺。需用铜斤。求暂开禁采买。部议不可。诏特赏蟒缎四匹。加赏铜八百斤。后不为例。八年九月。奉旨。暹罗国商人运米至闽。源源而来。嗣后外洋货船带米万石以上者。免船货税银十之五。五千石以上者。免税十之三。即载米不足五千之数。亦免其船货税银十分之二。次年。福抚陈大受奏言。闽商前赴暹罗贩米。其国木料甚贱。应听造船运回。给照查验。报可。十四年。御书炎服屏藩匾额赐之。十六年。闽督奏准商人赴暹罗运米至二千石以上者。查明议叙赏给顶带。十八年二月入贡。并恳赐人参缨牛。良马。象牙。并通彻规仪内监。部议不可。诏赐人参。四十六年正月。暹罗国长郑昭遣使入贡。奏称自遭缅匪侵凌。虽复土报仇。绍裔无人。兹群吏推昭为长。遵例贡献方物。五十一年。其子郑华嗣立。复入贡。诏封华暹罗国王。其国都。在广东省西南。海道约四十五昼夜可至。始自广东香山县登舟。乘北风。用午针出七洲洋十昼夜。抵安南海次有一山名外罗。八昼夜。抵占城海次。十二昼夜。抵大昆仑岛。又用东北风转舟。向未及申三分。五昼夜可抵大真树港。五昼夜可抵暹罗港。入港二百里。即淡水洋。又五日抵暹罗城。其国西南有大山绵亘。由暹罗沿山海而南。为宋腒膀。埭仔。六昆。大呢。皆暹罗属国。

海国闻见录

厦门至暹罗水程过七洲洋。见外罗山。向南见玳瑁洲。鸭洲。见昆仑。偏西见大真屿。小真屿。转西北。取笔架山。向北至暹罗港竹屿。一百八十八更。入港又四十更。共水程二百二十八更。而东联柬埔寨。仅水程一百十三更。何以相去甚远。盖柬埔寨南面之海。一片尽属烂泥。故名烂泥尾。下接大横山。小横山。是以外绕而途远也。

地球图说

现有中国广东福建人。能驾暹船。与之贸易。或至此务农。

又马六甲国之南。有一地。名新嘉坡。与中国人通商之处。产鹿角。象牙。白豆蔻。胡椒。各样香料。米。盐。锡。藤木料。牛虎等皮。所进入之货。大抵购自中国。

每月统纪传

每年有上海。宁波。泉州。厦门。潮州。广东船进。其都城称万国。兼占地门贸易。英吉利及亚墨利加各国之船。皆进万国黄河江贸易。其女人亦为商贾。只恨居民懈惰多荒地。若非汉人代为耕种经营。甚难度日也。

外国史略

其木最坚美宜于造船。且料多而价贱。较中国造船费惟值半价。又多红木。或运出新埠。或载广州。上海。天津。宁波等港。又多种白糖。胡椒。每年六万余石。亦运卖与中国其白糖十万余石。汉舶买豆蔻。降香。树膏。藤黄。各项颜色。白糖。红木。乌木。檀香。象牙。锡。虎骨。虎皮。牛皮。犀角并杂货。唐人之船。亦载米糖卖与南海各岛。最多在新埠各海港。所进中国之船。每年约九十只。小船甚多。俱由海南岛。昔有花旗船。载旧铁炮以易白糖。每年约一二只。今则少矣。印度国每年亦有数船到是港。载布匹易白糖等货。统论汉船每年所载之货。约四万吨。外国之甲板。约二万吨。向暹人无水手。后有世子仿外国甲板船。亦造数只。赴各国贸易。遂为通商之始。

卷八·东南洋·暹罗国

圣武记

阮光平既篡黎氏。据安南。惧王师再讨。又方与暹罗构兵。恐暹罗乘其后。叩关谢罪乞降。又言闻暹罗贡使将入京。恐媒孽其短。乞天朝勿听其言。及阮光平受封后旋死。其子阮光缵嗣立。而黎氏甥农耐王阮福映者奔暹罗。暹罗妻以女。第助之兵。克复农耐【农耐,海录作农柰。海国闻见录作禄赖。其国在广南之南。在柬埔寨之东北。即真腊东境。与广南隔一海港】。势日强。号旧阮。屡与新阮战。夺其富春旧都。并缚献海贼莫扶观等于朝。皆中国海贼。受安南东海王伪封。及总兵伪职。又献其攻克富春时所获阮光缵封册金印。时嘉庆四年也。七年十二月。阮福映全灭安南。遣使入贡。乞以越南名国。诏封越南国王。

瀛环志略

暹罗流寓。粤人为多。约居土人六之一。有由海道往者。有由钦州王光十万山穿越南境往者。

卷八·东南洋·暹罗本国沿革一

晋书

泰始初。(扶南)遣使贡献。升平初。复有竺旃檀称王遣使贡驯象。

南齐书·扶南传

扶南。晋宋世通职贡。宋末。扶南王侨陈如遣商货至广州。有天竺道人那伽仙附载欲归国。遭风至林邑。掠其财物皆尽。那伽仙间道得达扶南。永明二年。扶南国王遣那伽仙表言。林邑王本其旧奴。窜逸聚众。遂破林邑。自立为王。常构凶衅。请中朝出师伐逆。臣国愿助翦扑。并献金缕龙王坐像一躯。白檀像一躯。牙塔二躯。古贝二双。琉璃苏鉝二口。玳瑁槟榔柈一枚。那伽仙诣京师。言其国俗事摩醯首罗天神。神常降于摩耽山。土气恒暖。草木不落。

梁书

宋文帝时。奉表献方物。天监二年。跋摩复遣使送珊瑚佛像。并献方物。大同五年。又言其国有佛发长一丈二尺。诏遣沙门释云宝随使往迎之。

隋书

大业三年。屯田主事常骏。户部主事王君政等请行。赍物五千段以赐赤土王。其年十月。骏等自南海郡。乘舟昼夜二旬。每值便风。至焦石山。而过东南。泊陵迦钵拔多洲。西与林邑相对。上有神祠焉。又南行至师子石。自是岛屿连接。又行二三日。西望见狼牙须国之山。于是南达鸡笼岛。至于赤土之界。其王遣婆罗门鸠摩罗以舶三十艘来迎。吹蠡击鼓。进金锁以缆骏船。月余至其都。王遣其子以礼见。先遣人送金盘。贮香花。金合贮香油。金瓶贮香水。白叠布四条。以供使者盥洗。其日未时。又将象二头。持孔雀盖以迎使人。并致金花金盘以藉诏函至王宫。骏等奉诏书上阁。王以下皆跪。宣诏讫引骏等坐。奏天竺乐。事毕还馆。又遣婆罗门就馆送食。以草叶为盘。其大方丈。后数日。请入宴。仪卫导从如初见之礼。礼遗甚厚。寻遣子贡方物。并献金芙蓉冠龙脑香。以铸金为多罗叶。隐起成文以为表。金函封之。令婆罗门以香花奏蠡鼓而送之。既入海。见绿鱼群飞水上。浮海十余日。至林邑东南。并山而行。其海水阔千余步。色黄气腥。舟行一日不绝。云是大鱼粪也。循海北岸。达于交趾。

元史

暹国当成宗元贞元年。进金字表。暹人与麻里予儿旧相仇杀。至是皆归顺。

明史

暹罗在占城西南。顺风十昼夜可至。即隋唐赤土国。后分为罗斛。暹二国。暹土瘠不宜稼。罗斛地平衍。种多获。暹仰给焉。元时。暹常入贡。其后罗斛强。并有暹地。遂称暹罗斛国。洪武三年。命使臣吕宗俊等。赍诏谕其国。四年。其王遣使贡驯象。六足龟及方物。诏赐大统历及彩币。洪武五年。贡黑熊。白猴及方物。明年复来贡。其王之姊。别遣使进金叶表。贡方物于中宫。凡再却之。时其王懦而不武。国人推其伯父主国事。遣使来告。贡方物。且献本国地图。洪武七年。来贡。言去年。舟次乌猪洋。遭风坏舟。飘至海南。赖官司救护。尚存飘余兜罗锦降香苏木诸物。进献。广东省臣以闻。帝怪其无表。既言覆舟。而方物乃有存者。疑其为番商。命却之。谕中书及礼部臣曰。古诸侯于天子。比年一小聘。三年一大聘。九州之外。则每世一朝。所贡方物。表诚敬而已。唯高丽颇知礼义。故令三年一贡。他远国如占城。安南。百洋。琐里、爪哇。浡泥。三佛齐。暹罗斛。真腊诸国。入贡既频劳费太甚。今不必复尔。其移牒诸国。俾知之。然而来者不止。其世子亦遣使上笺于皇太子贡方物。命引其使朝东宫。宴赍遣之。洪武八年。其旧明台王世子亦遣使奉表朝贡。宴赍如王使。洪武十年。世子承其父命来朝。上喜。赐以暹罗国王之印。自是其国遵朝命始称暹罗。而比年一贡。或一年两贡。至正统后。乃或数年一贡云。洪武二十年。温州民有市其沈香诸物者。所司坐以通番。当弃市。帝曰。温州乃暹罗必经之地。因其往来而市之。非通番也。乃获宥。洪武二十八年。世子遣使朝贡。且告其父之丧。命中官赵达等往祭。敕世子嗣王位。谕之曰。朕自即位以来。命使出疆。周于四维。足履其境者三十六。声通于耳者三十二。风殊俗异。大国十有八。小国百四十九。较之于今暹罗最近。迩者使至。知尔先主已逝。王绍先王之绪。有道于邦家。臣民欢怿。兹特遣人锡命。王其罔失法度。罔淫于乐。以光前烈。钦哉。

永乐二年九月。有番船。飘至福建海岸。诘之。乃暹罗与琉球通好者。所司籍其货以闻。帝曰。二国修好。乃甚美事。不幸遭风。岂可因以为利。所司其治舟给粟。俟风便遣赴琉球。是月其王贡方物。乞赐烈女传。请颁量衡。为国永式。从之。先是占城贡使返。风飘其舟。至彭亨。暹罗羁留不遣。苏门答剌及满剌加又诉暹罗夺所赐印诰。帝降敕责之。六年。中宫郑和使其国。其王贡方物谢罪。永乐七年正月。奸民何八观等逃入暹罗。帝命使者。还告其主。毋纳逋逃。其王即奉命送还。赐敕币奖之。永乐十七年。责暹罗侵满剌加。王遣使谢罪。宣德八年。其国贡舟。次占城新州港。尽为其国人所掠。正统元年。贡使来京诉状。敕占城王。令尽还所掠人物。已而占城移咨礼部。言本国前岁遣使往须文达那。亦为暹罗贼人掠去。必暹罗先还所掠。本国自不敢不还。成化十七年。贡使还至中途。窃买子女。且多载私盐。命遣官戒谕。先是河州人谢文彬。以贩盐下海。飘入其国。仕至坤岳。犹天朝学士也。后充使来朝。因贸易禁物事觉下吏。宏治十年。以四夷馆无暹罗译字官。诏广东访取能通彼国言语文字者。赴京备用。正德四年。暹罗船有飘至广东者。市舶中官熊宣与守臣议税其物供军需。事闻。诏斥宣妄揽事柄。撤还南京。十年。进金叶表朝贡。馆中无识其字者。诏选留其使一二人入馆肄习。嘉靖元年。暹罗占城货船至广东。市舶中官牛荣从家人私市。论死如律。三十二年。遣使贡白象及方物。白象死于途。其使者以珠宝饰其牙。盛以金盘。并献白象尾毛为信。帝嘉其意。厚遣之。隆庆中。其邻国东蛮牛求婚不得【东西洋考曰。东蛮牛俗名放沙】。惭怒。大发兵攻破其国。王自经。虏其世子以归。次子嗣位。厉志复仇。万历间。东蛮牛兵复至。王整兵奋击。大破之。暹罗由是雄海上。移兵攻破真腊。降其王。从此岁岁用兵。遂霸诸国。万历三十年。日本破朝鲜。暹罗请潜师直捣日本。牵其后。中枢石星议从之。两广督臣萧彦持不可。乃已。迄崇祯十六年。三月犹入贡。其国周千里。风俗劲悍。习于水战。大将用圣铁裹身。刀矢不能入。圣铁者。人脑骨也。王琐里人。官分十等。自王至庶民。有事皆决于其妇。其妇人志量。实出男子上。妇私华人。则夫置酒同饮。恬不为怪。曰。我妇美。为华人所悦也。崇信释教。男女多为僧尼。亦居庵寺。持斋受戒。衣服颇类中国。富贵者尤敬佛。百金之产。即施其半。气候或寒或热。地卑湿。人皆楼居。男女椎髻。以白布裹首。富贵者死。用水银灌其口而葬之。贫者则移置海滨。听群鸟飞啄。谓之鸟葬。交易用海蚆。是年不用蚆。则国必大疫。其贡物有象。象牙。犀角。孔雀毛。翠羽。龟及六足龟。宝石。珊瑚。片脑。米脑。糠脑。脑油。脑柴。蔷薇。水碗。石丁皮。阿魏。紫梗。藤竭。藤黄。硫黄。没药。乌爹香。安息香。罗斛香。速香。檀香。黄熟香。降真香。乳香。树香。木香。丁香。乌香。胡椒。苏木。肉豆蔻。白豆蔻。荜茇。乌木。大枫子。及撒哈剌。西洋诸布。其国有三宝庙。祀中官郑和。

瀛涯胜览

自占城西南舟行七昼夜。方至新门海口入港。方达其国。

明·黄衷海语

暹罗国在南海中。自东莞之南亭门放洋。南至乌潴独潴七洲星盘坤未针。至外罗坤申针。四十五程。至占城旧港。经大佛灵山。其上峰墩则交趾属也。又木针至昆(屯)山。又坤未针至玳瑁洲。玳瑁及于龟山。酉针入暹罗港。水中长洲。隐隆如坝。船出入如中国车坝。然其国之一控扼也。

卷八·东南洋·暹罗属国沿革二

隋书

真腊国在林邑西南。本扶南之属国也。去日南郡舟行六十日而至。

大业十三年。遣使贡献。帝礼之甚厚。其后亦绝。

唐书

水真腊地八百里。王居婆罗提拔城。陆真腊或曰文单。曰婆镂。地七百里。王号笪屈。开元天宝时。王子率其属二十六来朝。拜果毅都尉。大历中。副王婆弥及妻来朝。献驯象十一。擢婆弥试殿中监。赐名宾汉。是时德宗初即位。珍禽奇兽悉纵之。蛮夷所献驯象。畜苑中。元会充庭实者。凡三十二。悉放荆山之阳。元和中。水真腊亦遣使入贡。

宋史

政和。宣和皆来朝贡。

明史

真腊在占城南。顺风三昼夜可至。隋唐及宋皆朝贡。宋庆元中。灭占城而并其地。因改国名曰占腊。元时仍称真腊。洪武三年八月。遣使臣郭征等赍诏抚谕其国。四年。其国巴山王使使进表贡。洪武十六年。遣使赍勘合文册赐其王。凡中国使至而勘合不符者。即属矫伪。许絷缚以闻。复赐织金文绮三十二。磁器万九千。其王即使使来贡。洪武十九年。复遣行人刘敏。唐敬。偕中官赍磁器往赐。洪武二十年。唐敬等还。其王使使贡象五十九匹。香六万斤。寻遣使赐其王镀金银印。永乐中屡入贡。使者以其国数被占城侵扰。久留不去。帝遣中官送之还。并敕占城王罢兵修好。景泰后不常至。

东西洋考

柬埔寨。即古真腊国也。……隋大业十三年。遣使贡献。帝礼之甚厚。至唐疆上浸辟。神龙以来。国分为二。北多山阜。号陆真腊。南近海。号水真腊。久之仍合为一。今贾舶所至。大都水真腊地也。宋时屡入贡。建炎间。其国屡与占城战失利。至建元时。大兴复仇。破占城。遂王其地。改国号占腊。于是地方七千余里。元之置省占城也。尝遣虎符金牌。同往真腊。为所拘执。元贞中。始招谕宾服之。明兴。职贡不绝。今贾舶未有到王城者。只到海隅。一属国耳。故不见其靡丽。或云即蒲甘也。按宋史蒲甘入贡。朝议欲待以交址之礼。乃本朝贡夷。独无蒲甘。应是为真腊所并无疑矣。源案。蒲甘即今港口夷。一作龙奈。

皇清通考·四裔门

柬埔寨在西南海中。……每冬春间。浙闽粤商人往彼互市。近则兼市丝觔。及夏秋乃归。粤人之归也。舟必经七洲大洋。到鲁万山。由虎门入。计程七千二百里。距厦门水程一百七十更。国王名辣。王丹女之子篡之。不知其姓名。安南暹罗属国也。其旁有尹代吗国。距厦门水程一百四十更。亦属安南暹罗。风俗略与港口柬埔寨同。

海国闻见录

广南沿山海至占城禄赖。绕西而至柬埔寨。厦门至占城。水程一百更。至柬埔寨。水程一百一十三更。柬埔寨虽另自一国。介在广暹二国之间。东贡广南。西贡暹罗。稍有一逊。水陆各得并进而征之。番系白头无来由。多裸体。以布幅围下身。名曰水幔。地产铅。锡。象牙。翠毛孔雀。洋布。苏木。降香。沈速诸香。燕窝。海菜藤。案。海录禄赖作龙柰。柬埔寨作本底国。

皇清通考·四裔门

港口国濒西南海中。安南暹逻属国也。……其产海参。鱼乾。虾米。牛脯。雍正七年后。通市不绝。经七洲大洋。到鲁万山。由虎门入口。达广东界。计程七千二百里。距厦门水程一百六十更。源案。港口地方。与柬埔寨相连。非海岛也。亦真腊旧境。疑即宋史所谓蒲甘国而阮王福映之农耐旧国。

一作龙柰者也。通考修于乾隆末。而阮福映借暹兵克复安南。则在嘉庆初云。

元周达观真腊风土记

自温州开洋行丁未针。历闽广海外诸州港口。过七州洋。经交址洋。到古城。又自占城顺风可半月到真蒲。乃其境也。又自真蒲行坤申针。过昆仑洋。入港。港凡数十。惟第四港可入。其余悉以沙浅。故不通巨舟。然弥望皆修藤古木。黄沙白韦。仓卒未易辨认。故舟人以寻港为难。自港口北行顺水可半月抵其地。曰查南。乃其属郡也。又自查南换小舟。顺水可十余日。过半路村。佛村。渡淡洋。可抵其地。曰干傍。取城五十里。按诸番志称。其地广七千里。其国北抵占城。半月路。西南距暹罗半月程。南距番禺十日程。其东则大海也。旧为通商往来之国。本朝唆都元帅之置省占城也。尝遣一虎符百户。一金牌千户。同到本国。竟为拘执不返。元贞乙未。遣使招谕。以次年二月离明州。二十日自温州港口开洋。三月十五日抵占城。中途逆风不顺。七日始至。大德丁酉六月回舟。八月十二日抵四明。

卷九·东南洋四·暹罗东南属国今为英吉利新嘉坡沿革三

明史

满剌加在占城南。顺风八日至龙牙门。又西行二日即至。或云即古顿逊国。唐曰哥罗富沙【梁书·海南诸国传顿逊国在海崎上。地方千里。城去海十里。有五王。并羁属扶南。杜氏通典。顿逊国。梁时闻焉。在海崎山上。北去扶南可三千里。其国之东界通交州。其西界接天竺。诸国贾人多至其国而互市焉。顿逊回入海中千余国。涨海无涯岸。船未曾得径过也。其市东西交会。日有万余人。珍宝物货无种不有。又哥罗富沙国。亦见通典】其地无王。亦不称国。服属暹罗。岁输金四十两为赋。永乐元年。遣使赐以织金文绮。宣示威德招徕之。其酋大喜遣使随入朝贡。永乐三年九月。至京师诏封为满剌加国王。请封其山为一国之镇。帝制碑文勒山上。永乐九年。王率妻子陪臣五百四十余人来朝。抵近郊。命中官有司宴劳。供张会同馆。入朝奉天殿。帝亲宴之。锡赉甚厚。永乐宣德中。王屡率妻子陪臣来朝。并诉暹罗见侵状。朝廷屡敕暹罗。暹罗乃奉诏。成化十七年九月。贡使言成化五年贡使还。飘抵安南境。多被杀。余黥为奴。今已据占城地。又欲吞本国。帝乃因安南使还。敕责其王。后佛郎机强举兵侵夺其地。国王出奔。遣使告难。时世宗已嗣位。敕责佛郎机。令还其故土。而谕暹罗国诸王救灾恤邻。迄无应者。满剌加竟为所灭。时佛郎机亦遣使朝贡请封。抵广东。守臣以其国素不列王会。羁其使以闻。诏予方物之直遣归。后改名马六甲云。所贡物。有玛瑙。珍珠。玳瑁。珊瑚。树鹤顶。金母鹤顶。琐服。白苾布。西洋布。撒哈剌犀角。象牙。黑熊。黑猿。白麂。火鸡。鹦鹉。片脑。蔷薇露。苏合油。栀子。花乌。爹泥。沈香。速香。金香。阿魏之属。有溪可淘沙取锡。田瘠少收。民皆淘锡捕鱼为业。气候朝热暮寒。男女椎髻黝黑。间有白者。唐人种也。俗淳厚。市道颇平。自为佛郎机所破。其风顿殊。商舶希至。多直诣苏门答剌。然必取道其国。率被邀劫。路几断。其自贩于中国者。则直达广东香山澳。接迹不绝云。

明黄衷海语

满剌加在南海中。始为暹罗属国。厥后守土酋长叛其主而自立。自东莞县南亭门放洋。星盘与暹罗同道。至昆(屯)洋。直子午。收龙牙门港。二日程至其国。为诸夷辐辏之地。亦海上一小都会也。王居前屋用瓦。乃永乐中太监郑和所遗者。余屋皆锡箔为饰。

正德间。西洋佛郎机之船。互市争利而哄。夷王执其那达而囚之。佛郎机人归。诉于其主。乃治八大艘。精兵及万。乘风突袭其国。大被杀掠。满剌加王退保陂堤里。佛郎机将以其地索赂于暹罗而归之。暹罗辞焉。佛郎机满载而归。王乃复所【瀛涯胜览。满剌加旧名五屿。以海有此山也。东南距海西北皆岸。岸连山。地瘠卤收获殊寡。故未称国。隶暹罗。岁输金五十两。否则被伐。永乐七年己丑。上命太监郑和册为国王。王自是不役属暹罗。携妻子赴京谢。愿修职贡。上赐舶还。其境有大溪灌王宫入海。跨溪桥之。构亭于上。约二十余楹。交易者来集。俗尚回回教。持斋受戒。王以白缠头。风俗淳朴。民舍如暹罗。联榻趺坐。业渔。刳木为舟。泛海而渔。婚丧类爪哇。中国舶亦至其地。栫木为栅。辟四门。鼓楼夜巡以铃。内设重栅。有仓库可贮货。五月中。方发舶。厥产黄连。香乌木。打麼香。此香乃树脂坠地成。遇火即燃。国人以当灯。及涂舟。水不能入。明莹者若金箔。名水珀是已。南怀仁坤舆图说。满剌加国。地不甚广。为海商辐辏。正在赤道下春秋二分。气候极热。赖无日不雨。故可居。产象及胡椒佳果木。终岁不绝。人良善。不事生业。或弹琵琶闲游】。

谢清高海录

宋卡国在暹罗南少东。由暹罗陆路十七八日。水路东南行顺风五六日可到。

海录又曰。太呢国在宋卡东南。由宋卡陆路五六日。水路顺风。约日余可到。连山相属。疆域亦数百里。风俗土产。均与宋卡略同。民稀少而性凶暴。海艘所泊处。谓之淡水港。其山多金。山顶产金处。名阿罗帅。由淡水港至此。须陆行十余日。由吉兰丹港口入。则三四日可至。故中华人到此淘金者。船多泊吉兰丹港门。以其易于往来也。国属暹罗。岁贡金三十斤【明张奕东西洋考。太呢国华人流寓甚多。趾相踵也。舶至。献果币如他国。初必设食待华人。后来此礼渐废矣。货卖彼国不敢征税。惟与红毛售货则湖丝百斤税红毛五斤。华人银钱三枚。他税称是。若华人买彼出货下船则税如故】。

又曰吉兰丹国。在太呢东南。由太呢沿海。顺风约日余可到。……中国至此者岁数百。闽人多居埔头。粤人多居山顶。山顶则淘取金砂。埔头则贩卖货物。及种植胡椒。凡洋船到各国。王家度其船之大小。载之轻重。而榷其税船。大而载重者。纳洋银五六百枚。小者二三百不等。谓之凳头金。客人初到埔头。纳洋银一枚。居浃岁。又纳丁口银一枚。居吉兰丹山顶淘金欲回中国者。至埔头。必先见王。纳黄金一两。然后许。年老不复能营生者减半。若甲必丹知其贫而为之请。则免。甲必丹者。华人头目也。凡洋船造船出赁者。谓之板主。暹罗盘指示方向者。谓之伙长。看柁者谓之太工。管理银钱出入者。谓之财库。舱口登记收发货物者。谓之清丁。而出资赁船置货贸易。则为船主。船中水手。悉听指麾。故有事亦唯船主是问。其酿酒。贩鸦片。开赌场者。税亦特重。私家逋负。酋长尝置若罔闻。而赌账则追捕甚力。各国多如此。食鸦片烟则吉兰丹为甚。客商鲜不效尤者。其土产唯槟榔胡椒为多。亦以三十斤金为暹罗岁贡【源案。吉兰丹即大呢之马头也。风俗俱同大呢。嘉靖末。海寇余众。遁归于此。生聚至二千余人。行劫海中。商舶苦之。或谓吉兰丹。即小葛兰国。按小葛兰与柯枝接境。而吉兰丹与大呢相连。去彼远甚。但大呢吉兰丹。俱铸金为钱。而柯枝与小葛兰。亦俱用金钱。以此相同。影响之所自起也。姑载之以破疑】。

又曰丁加罗国。一作丁葛奴。疑即丁机宜也【源案。此语误甚。丁机宜。别自一岛。在苏门答剌之东。非暹罗相连之地】。在吉兰丹东南。由吉兰丹沿海约日余可到。

以上数国。闽粤人多来往贸易者。内港船往各国。俱经外罗山南行。顺风约一日过烟筒大佛山。又日余经龙柰口。过昆仑海。日余见昆仑山。至此然后分途而行。往宋卡。暹罗。大呢。吉兰丹各国。则用庚申针。转而西行矣。由彭亨东南行。约日余复转西。入白石口。顺东南风。约日余则到旧柔佛【明史。彭亨在暹罗之西。洪武十一年。其王表贡。永乐十年。遣中官郑和使焉。其国土田沃。气候常温。米粟饶足。煮海为盐。酿椰浆为酒。上下亲狎。无寇贼。然惑于鬼神。刻香木为像。杀人祭赛以禳灾祈福。所贡有象牙。片脑。乳香。速香。檀香。胡椒。苏木之属】。

又曰旧柔佛在彭亨之后。陆路约四五日可到。疆域亦数百里。民情风俗。略与上同。土番为无来由种类。本柔佛旧都。后徙去。故名旧柔佛。嘉庆间。英吉利以此为海道四达之区。垦辟土地。招集商民。贸易耕种。而薄其赋税。数年来舟船辐辏。楼阁连亘。遂为胜地。番人称其地为息辣。闽粤人谓之新州府。亦或作新嘉坡。土产胡椒。槟榔膏。沙藤。紫菜。槟榔膏。即甘沥。可入药【明史。柔佛。近彭亨。一名乌丁礁林。永乐中。郑和遍历西洋。无柔佛名。或言和曾经东西竺山。今此山正在其地。疑即东西竺。万历间。其酋好构兵邻国。丁机宜彭亨屡被其患。华人贩他国者。其人多就之贸易。时或邀至其国。国中覆茅为屋。列木为城。环以池。无事通商于外。有警则召募为兵。称强国焉。地不产谷。常易米于邻壤。字用茭蕈叶以刀刺之。见星方食。节序以四月为岁首。居丧。妇人剃发。男子则重剃。死者皆火葬。所产有犀象。玳瑁。片脑。没药。血竭。锡蜡。嘉文。簟木。棉花。槟榔。海菜。燕窝。西国米。冰片。吉柿之属。皇清通考四裔门。柔佛在西南海中。背山而国。前临大海。历海洋九千里。达广东界。经七洲大洋。到鲁万山。由虎门入口。国中无城郭宫室。王府即建于海滨。支以竹木。盖以茅叶。民皆环山而居。崇山峻岭。树木丛杂。野兽纵横。天时虽秋冬亦暖。王以柳叶为衣。左衽下裳。密缀小花为之。佩刀。首蓄发长二三寸。蒙以金花帕。跣足。民人冠用铜线为胎。幔以白布。衣短衫。或裸。而以裳围其下体。妇女织席。挽椎髻。肩披锦。父母丧。则剃发衣黑衣为丧服。夫皆赘于妇。相见以合掌拱上为礼。俗轻生好杀。尚佛教。喜斗鸡。伐乌木。拾海菜。时出海劫掠。饮食用手。忌猪肉。嗜烟。岁斋一月。举国绝食见星乃食。历三十日始止。土产降香。乌木。西国米。冰片。海参。胡椒。燕窝之属。亦产沙金。铸花小金钱为币。康熙初。严南洋诸国商贩之禁。故闽粤无柔佛之船。而内地商船。亦无往其国者。迨雍正七年。弛禁后。其国通市不绝。距厦门水程一百八十更。七洲洋中有神鸟。状如海雁而小。长喙色红。脚短而绿。尾羽如箭。长二尺许。能导人水程。呼是则飞去。曰否则仍飞而来。献纸谢神。翱翔不知所之矣。柔佛属国。有丁葛奴。单咀。彭亨。皆雍正七年后通市。丁葛奴亦濒南海。四时皆暖。无霜雪。崇山峻岭。蜿蟺相望。风俗略同柔佛。土产胡椒之美。甲于他番。余则沙金。冰片。沙藤。速香等物。其国人终身不出境。无航海而来中国者。每岁冬春间。粤东本港商人。以茶叶。瓷器。色纸诸物。往其国互市。乾隆二十九年。以两广总督苏昌奏准带土丝及二蚕胡丝。浙闽人亦间有往者。及夏秋乃归。必经七洲大洋至鲁万山。由虎门入口。达广东界。计程九千里。单咀距厦门水程一百三十更。风俗。衣服。饮食。土产。与柔佛同。彭亨国与柔佛连山相枕。内地商民往柔佛国。有转附番舶至其地贸易者。陈伦炯海国闻见录。柔佛国山虽联于彭亨。其势在下。水路应到昆仑。用未针取茶盘转西。至柔佛。计厦门水程一百七十三更。番情与上诸国相似。所产亦相同。惟较之略美而倍多。每年经商。可容三四舶。就舟交易。产沙金。国以铸花小金钱为币。重四五分。银币不行】。

又曰马六甲。一作满剌加。在旧柔佛西少北。东北与彭亨后山毗连。陆路通行。由旧柔佛水路顺东南风半日。过琴山径口。又日余到此。土番亦无来由种类。疆域数百里。崇山峻岭。树木丛杂。民情凶恶。风俗诡异。属荷兰管辖。初小西洋各国番舶往来中国。经此必停泊采买货物。本为繁庶之区。自英吉利开新嘉坡。而此处浸衰息矣。土产锡。金。冰片。沙藤。胡椒。沙谷米。槟榔。燕窝。犀角。水鹿。玳瑁。翡翠。降速伽楠各香。闽粤人至此。采锡及贸易者甚众。【陈伦炯海国闻见录由柔佛而西麻喇甲。亦无来由族类。官属名曰恶耶。国王仿暹罗用汉人理国事。掌财赋。产金银。西洋布。犀角。象牙。铅。锡。胡椒。降香。苏木。燕窝。翠毛。佳文席等类。金钱银币皆互用。中国洋艘。到此而止。距厦门水程二百六十更。海录又曰。沙剌我国。在马六甲西北。由马六甲海道顺东南风二三日。经红毛浅。下有浮沙。其水不深。此国在红毛浅东北岸。疆域数百里。民颇稠密。性情凶犷。后山与丁加罗吉兰丹相连。山中土番。名獠子。裸体跣足。鸠形鹄面。自为一类。亦服国王管辖。但与无来由不相为婚。尝取蜜蜡。沙藤。沈香。速香。降香。犀角。山马。鹿脯。虎皮等物。出与国人交易。闽粤人亦有到此者。其产锡。冰片。椰子。沙藤。

又曰。基德国在新埠西北。又名计达。由新埠顺东南风。日余可到。后山与宋卡相连。疆域风俗。

亦与宋卡略同。土旷民稀。米价平减。土产锡。胡椒。椰子。闽粤人亦有至此贸易者。由此陆路西北行二三日。海道日余。到养西岭。陆路又行三四日。水路约一日。到蓬呀。俱暹罗所辖地。自宋卡至此。皆无来由种类。性多凶暴。出入必怀短刀。以花铁为之。长六寸有奇。镶以金。海马牙为柄。其刃未有花纹者。持以相斗。刀头有纹者。则佩之以为吉庆。王及酋长皆然。】

每月统纪传

麻剌甲在明朝时。有马莱由之王【马莱由。一作无来由。】因暹罗侵地。麻剌甲遣贡使至北京控诉。永乐三年。诏暹罗国王勿开兵隙。暹罗王遣使谢罪。然阳遵阴违、竟侵服之。嘉靖年间。葡萄牙兵船往麻剌甲。尽力征服。设官治之。天启崇祯年间。荷兰又战胜葡萄牙。而有其地。至嘉庆年间。英吉利以万古累易之。于是麻剌甲为英吉利新藩。开英华院。以教唐人与土人。且义学甚多。男女不论土番汉人。皆知读书。故广东与福建人居此。种园耕田。与实力屿。槟榔屿贸易。柔佛为阿细亚大山。诸国极南入海之山。副马莱酉王管之。彭亨有金沙锡甚盛。福建船希往彼。以柔佛彭亨性悍好斗。正是马莱酉族类之习。此外海滨国属于暹罗者。皆地小不足比数。

颜斯综南洋蠡测

南洋之间有万里石塘。俗名万里长沙。向无人居。塘之南为外大洋。塘之东为闽洋。夷船由外大洋向东。望见台湾山。转而北。入粤洋。历老万山。由澳门入虎门。皆以此塘分华夷中外之界。唐船单薄。舵工不谙天文。惟凭吊铊验海底泥色。定为何地。故不能走外大洋。塘之北为七洲洋。夷人知七洲多暗石。虽小船亦不乐走。塘之西为白石口。附近有一埠。四面皆山。一峡通进。平原旷野。颇有土人。并无酋长。产胡椒。沙藤。有唐人坟墓碑记。梁朝年号。及宋代咸淳。或云此暹罗极东边境。十余年前。英吉利据此岛。名之曰星忌利坡。召募开垦。近闻已聚唐人杂番数万。闽粤之轻生往海外者。冒风涛蹈覆溺而不顾。良由生齿日众。地狭民稠。故无室无家之人。一往海外。鲜回乡者。此岛由外洋至粤十余日。由七洲洋至粤仅七八日。近来英吉利甘心留粤。一则恃南洋港脚诸番。沿途俱有停泊。二则恃星忌利坡。离粤不远。彼国虽隔数万里之遥。今则无异邻境。此外海岸土瘠产稀。如飞头蛮等处。虽常到不屑顾。其志盖欲扼此东西要津。独擅中华之利。而制诸国之咽喉。古今以兵力行商贾。以割据为垄断。未有如英夷之甚者。

贸易通志

东南洋贸易之盛者。莫如暹罗及新嘉坡。暹罗与安南缅甸相接。而通商最广。中国买米买货之船。赴其国者。岁百余号。所驻中国人五万有余。英吉利亚默利加等国互市。每年货价约银五百万余员。新嘉坡本非国。乃斗入南海中一大峡。地方二千里。距澳门水程十更。向为闽广客民流寓。约二万余人。英吉利屡以兵船争夺。嘉庆二十三年。袭而据之。置城戍兵。营肆货。招商贾。设英华书院。凡国中书籍。皆镂板翻译。延华人教其子弟。屹然为巨镇。计闽广船岁往者。八九十艘。安南三十六艘。暹罗四十艘。各南洋小船千三百余艘。夹板船四百七十四艘。货物出入。约计银各八百余万员。其地近中国。故凡红毛船之自澳门归。与自西洋至者。均以此为总汇。此外麻剌甲。槟榔屿等处。亦英吉利公司所据。而贸易有限。不及新嘉坡三分之一。

每月统纪传

柔佛为亚西亚诸国极南入海之大山。马莱酉王管之。又彭亨有金沙锡矿。福建船希往彼。永乐年间。二王遣公使朝贡。盖柔佛与彭亨王两国好斗。正是马莱酉各族之性情也。此外各岛在东海滨。朝贡暹罗王奉金叶表诸方物。都是小地方。居民甚懈惰。又曰新甲埔。一名息力。此小岛旧是马莱酉土君所辖。为海贼之薮。近归英国所管。地虽极小。其生理为南海至盛。不但西洋夹板断续往来。且武吉及马莱西之船。安南暹罗各国之船。皆无数出入。英国之官。不纳饷税。任人贸易。商贾辐辏。福建广东人住此。为商匠士农者无数。英吉利有营泛炮台。

外国史略

新嘉坡。或称新实力坡。或称新埠头。海峡中之屿。北极出地一度十五分。偏东一百零四度。土甚硗。大林多虎。出胡椒。槟榔膏。为印度绕至中国之路。海由西转东。此峡为所必经。故英国公班衙。于嘉庆二十三年。买以开埠。其始居民仅百五十口。顿增至二万余。中多唐人。尽免税饷。道光十四年。各西国及他国之甲板四百七十二船。中国之商二十七船。越南四十九船。暹罗二十四船。芜来由七十二船。婆罗岛一百三十八船。西里白岛五十五船。巴里屿六十三船。牙瓦岛七十二船。苏门他拉岛五百一十四船。槟榔屿八船。马六加六十船。西边芜来由族类四十六船。料屿二百五十一船。附近之列屿二百二十船。各国所运入货物。约共一千万员。而运出之物。有加于此。各方云集。遂为亚西亚之大市。

新嘉坡宾当岛。荷兰在此筑炮台。开市。称曰料屿。出胡椒。槟榔膏。土民所食者参蒌叶。槟榔子。制造物件。多潮州人。通商不广。收饷甚微。设兵守岛。有巡船捕海盗。有芜来由土酋。代办岛务。

又曰芜来由列国。……皆甚贫乏。赖中国人代理其贸易。最多者厦门等处之人。

万国地理全图集

麻海峡之东口有新嘉坡埠。北极出地一度十五分。偏东一百零四度。屿地不大。独出胡椒。槟榔膏。嘉庆二十三年。英国官宪买其屿。以后广开商路。不论何国船只。赴市概免税饷。遂为南海各岛买易之中市。中国船只每年几十巨舰。常驾闽粤客数十人。到此买卖耕作。所居汉人。其一万有余丁。此外列西国夹板。每年几百只。运进布帛器皿。以南洋物产易之。居民早夜奔驰。日无宁晷。芜吉芜来由等人。住其海滨。皆属英人管辖。每年运进载出之货价。其计银八千九百万员。

又曰南洋岛之沿海。芜来由族居之。……内地居民不同。面有紫黑二类。黑面者寓山穴丛林。为其原土人。智量有限。是以中国人乘机取利。广州府与嘉应州人为工。潮州府人为农。福建人为商。最获利者。乃厦门漳州之商。大半留住不归。每年一次寄信及银。以补亲戚之用。一归故乡。尽皆耗费。仍返棹寻利矣。

魏源曰。英夷开辟新嘉坡。富庶闻于中国。已数十年。皆不知为古时何国。阅海录及英夷海图。始知即柔佛。满剌加故墟。盖明以前满剌加为南洋之都会。英夷始移其贸易于柔佛【新嘉坡有坚夏书院。弥利坚国人所建。马六甲有英华书院。英吉利所建。皆外夷习学汉文及翻刻汉字书籍之所。故所刻书皆署此两书院藏板】。皆暹罗之东南境海岸相连。并非岛屿。距大屿山仅五六日程。平衍数百里。斗出海中。形如箕舌。扼南洋之要冲。乾隆以前多为闽粤人流寓。自英夷以兵夺据。建洋楼。广鄽市。又多选国中良工技艺。徙实其中。有铸炮之局。有造船之厂。并建英华书院。延华人为师。教汉文汉语。刊中国经史子集图经地志。更无语言文字之隔。故洞悉中国情形虚实。而中国反无一人瞭彼情伪。无一事师彼长技。喟矣哉。

卷十·东南洋五·缅甸·沿革

谢清高海录

乌土国。在暹罗蓬牙西北。疆域较暹罗更大。由蓬牙陆路行四五日。水路顺风约二日。到佗杯。为乌土属邑。广州人有客于此者。

地理备考

阿瓦国在亚细亚州之南。……其贸易通市。与印度中华居多。

卷十一·东南洋·吕宋夷所属岛一

明史

吕宋岛。居南海中。去漳州甚近。洪武五年正月。使使偕琐里诸国来贡。永乐三年十月。遣官赍诏抚谕其国。八年。与冯嘉施兰入贡。自后久不至。万历四年。官军追海寇。林道乾至其国。国人助讨有功。复朝贡。时佛郎机强与吕宋互市【源案。吕宋岛。本名蛮里喇。明季为西洋吕宋夷船所据中国人因呼曰小吕宋。盖对其本国而称之。犹爪哇岛之称。改新荷兰也。明史误以吕宋为此岛本名。因妄谓吕宋岛灭于佛郎机。误甚。至今此岛尚有吕宋镇守之兵。无佛郎机之兵】。久之见其国弱可取。乃奉厚贿遗王。乞地如牛皮大。建屋以居。

先是闽人以其地近。且饶富。商贩者至数万人。往往久居不返。至长子孙。佛郎机既夺其国【案。以后佛郎机字。均当作吕宋】。其王遣一酋来镇。虑华人为变。多逐之归。留者悉被其侵夺。万历二十一年八月。酋郎雷敝里系朥侵美洛居。役华人二百五十助战。有潘和五者。为其哨官。蛮人日酣卧。而令华人操舟。稍怠辄鞭打。有至死者。和五曰叛死棰死。等死耳。否亦且战死。曷若刺杀此酋以救死。胜则扬帆归。不胜而见缚。死未晚也。众然之。乃夜刺杀其酋。持酋首大呼。诸蛮惊起。不知所为。悉被刃。或落水死。和五等尽取其金宝甲仗。驾舟以归。失路之安南。为其国人所掠。惟郭惟太等三十二人。附他舟获返。时酋子郎雷猫吝驻朔雾。闻之率众驰至。遣僧陈父冤。乞还其战舰金宝。戮仇人以偿父命。巡抚许孚远闻于朝。檄两广督抚以礼遣僧。置惟太于理。和五竟留安南。不敢返。初酋之被戮也。其部下居吕宋者。尽逐华人于城外。毁其庐。及猫吝归。即令城外筑室以居。会有传日本来寇者。猫吝惧交通为患。复议驱逐而孚远适遣人招还。蛮及给行粮遣之。然华商嗜利。趋死不顾。久之复成聚。其时矿税使者四出。奸宄蜂起言利。有阎应龙张嶷者。言吕宋机易山素产金银。采之岁可得金十万两。银三十万两。万历三十年七月。诣阙奏闻。帝即纳之。命下。举朝骇异。言官金忠士。曹於汴。朱吾弼等。连章力争。皆不听。事下。福建守臣迫于朝命。乃遣海澄王时和。百户于一成。偕嶷往勘。吕宋人闻之大骇。华人流寓者谓之曰。天朝无他意。特奸徒横生事端。今遣使者按验。俾奸徒自穷。便于还报耳。其酋意稍解。命诸僧散花道旁。若敬朝使。而盛陈兵卫讶之。时和等入。酋为置宴。问曰。天朝欲遣人开山。山各有主。安得开。譬中华有山。可容我国开耶。且言树生金豆。是何树所生。时和不能对。数视嶷。嶷曰。此地皆金。何必问豆所自。其上下皆大笑。留嶷欲杀之。诸华人共解。乃获释归。时和还任。即病悸死。守臣以闻。请治嶷妄言罪。事已止矣。而吕宋人终自疑。请天朝将袭取其国。诸流寓者为内应。潜谋杀之。明年。声言发兵侵旁国。厚价市铁器。华人资利尽出而鬻之。于是家无寸铁。酋乃下令录华人姓名。分三百人为一院。入即歼之。事稍露。华人乃群走菜园。酋发兵攻。众无兵仗。死无算。奔大仑山。蛮人复来攻。众殊死斗。蛮兵少挫。酋旋悔遣使议和。众疑其伪。扑杀之。酋大怒。敛众入城。设伏城旁。众饥甚。悉下山攻城。伏发众大败。先复死者。二万五千人。酋寻出令诸所掠华人资。悉封识贮库。移书闽中守臣。言华人将谋乱。不得已先之。请令死者家属。往取其孥与贿。巡抚徐学聚等亟告变于朝。京师惊悼。下法司议奸徒罪。万历三十二年十二月议上。帝曰。嶷等欺诳朝廷。生衅海外。致二万商民。尽膏锋刃。损威辱国。死有余辜。即枭首传示海上。并移檄吕宋。数以擅杀罪。令送死者妻子归。竟不能也。其后华人复稍稍往。而蛮人利中国互易。亦不拒。久之复成聚。时佛郎机已并满剌加。益以吕宋。势愈强。横行海外。遂聚广东香山澳。筑城以居。与民互市。而患复中于粤矣。

皇朝通考四裔门

吕宋居南海中。在台湾凤山沙马崎东南。本朝崇昕中。吕宋遣使进贡于明。使臣留闽未还。顺治三年。福建平守臣送其使入都。四年六月。遣归本国。康熙五十六年。以吕宋等国口岸多聚汉人。禁止商船。往南洋贸易。雍正五年后。通市如故。十三年正月。吕宋以麦收歉薄。附洋船载谷二千石。银二千两。海参七百斤。来厦门。欲易麦二三千石。时提臣王群以例禁五谷出洋。奏请。诏曰。国家严禁五谷出洋者。乃杜奸商匪类。暗生事端。若各国米粮缺少。随时奏闻。朕尚酌量丰余以济之。今载谷易麦。更近情理。著均平粜籴。以济其用。

又曰干丝腊在西北海中。与英吉利相近。风俗与英吉利同。其国王姓名。传国世次无考。每岁驾夹板船来广东互市。据吕宋速巫等处为贸易之处。

漳州黄可垂吕宋纪略

干丝腊所造甲板船极大。帆樯甚固。枪炮毕备。洋寇不得近。往来吕宋间。皆用量天尺照水镜。浅石沈礁。无不洞悉。其法更妙于指南车。华人之客吕宋者。恒乐其舟楫之利。而喜其制度之巧焉。其甲板船来吕宋。计程行三月。迨其船回本国。水性不同。行须五月。华人贸易。往来相安。数百年矣。国朝乾隆年间。西北海之红毛英圭黎番猝造甲板船十余。直逼吕宋。欲踞其地。化人巴礼愿纳币请解。英圭黎遂返。余因经商吕宋。爰纪其略。陈伦炯海国闻见录曰东南诸洋。自台湾而南。台湾居辰巽方。北自鸡笼山至南沙马崎。延袤二千八百里。与福。兴。泉。漳对峙。隔澎湖水程四更。隔厦门水程十有一更。西面一带沃野。东面俯临大海。崇祯间。为红毛荷兰人所据。郑成功夺之。康熙二十二年。郑克塽归顺。方入版图。惟吕宋岛至今为西洋人所据。其岛在凤山沙马崎之东南。居巽方。距厦门水程七十二更。北面高山一带。远视若踞齿。俗名宰牛坑。山有土番。属于吕宋与沙马崎。西北东南远拱。中有数岛。惟一岛与台湾稍近者。名曰红头屿。有土番居住。无舟楫往来。语言不通。食薯芋海族之类。产沙金。台湾曾有舟到其处。吕宋大山北从宰牛坑延绕东南。昔为大西洋干丝腊是班亚所据。是班亚。国亦名吕宋国。故以名。此岛地宜粟。米长者五六分。漳泉人耕种营运者甚盛。年输丁票银五六金。方许居住。经商惟守一隅。四方分定。不许越界。地原系土番。今为吕宋据辖。为东南洋贸易最盛之地。因大西洋干丝腊是班亚番舶所聚。

谢清高海录

小吕宋岛。本名蛮里喇。在苏禄尖笔阑之北。亦海中大岛也。周围数千里。今为西洋吕宋国所辖。故改名小吕宋。地宜五谷。土番为英酉鬼。与西洋同俗。性情强悍。乐于战斗。吕宋在此镇守者。有万余人。中华亦多贸易于此者。但各寓一方。不能逾境。欲通往来。必请路票。岁输丁口银甚重。土产金及乌木。苏木。海参。所属地有名伊禄古者。小吕宋一大市镇也。米谷尤富。其东北海中。别峙一山。名耶黎。亦属吕宋。其人形似中国。其地产海参。千里石塘在是岛西。船由吕宋北行。四五日可至台湾。若西北行五六日。经东沙。又日余见担千山。又数十里。即入万山到广州矣。东沙者。海中浮沙也。在万山东。故呼为东沙。往吕宋苏禄者所必经。其沙有二。一东一西。中有小港可以通行。西沙稍高。然浮于水面者亦仅有丈许。故海船至此遇风雨。往往迷离至于破壤。凡往潮闽江浙天津各船。亦往往被风至此。泊入港内。可以避风。掘井西沙。亦可得水。沙之正南。是为石塘。

万国地理全图集

小吕宋岛。在中国东南。……泉州人年年驾船至吕宋港。称为马尼刺。古时未属是班牙国。土蛮居之。山内黑面之族。鬈发。服树皮。栖茅屋。土虽膏腴。却惮劳。宁饿死。不工作。明永乐间。国王遣臣进贡。往往招汉人来居其国。隆庆四年。是班牙兵船取其地。为本国之藩属。开垦勤劳。与澳门。英吉利。亚黙利加各国通商。

贸易通志

西班牙所据之新地。为吕宋岛。近闽粤产米。及白糖。椰油。珈琲。麻烟等。道光十二年。甲板船百三十六只入口。出口货各百三四十万员。居民二百余万。纳税甚重。然商贾趋之如骛也。其余南海各洲若芜莱西。若丁葛卢。若彭亨。各为番君所自治者。税饷皆苛。故贸易不盛。

万国地理全图集

小吕宋西。苏录群岛虽小。而物产甚多。出珍珠。玳瑁。苏木。豆蔻。鹦鹉。降香。藤。福建厦门船。屡赴其岛互市。居民为海贼。肆行劫掠。与吕宋兵船交战获胜。人户繁多。五谷不足。必买运别处。

外国史略

小吕宋各岛。在中国之东南。……明朝时。岛君入贡中国。自明以来。多福建泉州人。每年商船大集亦多遭坏。其群岛曰闵他邦岛。撒马岛。米地岛。巴尼岛。西布岛。闵多罗岛。其最大者惟吕宋。为是班亚国兵所驻。于明嘉靖三十九年。是班亚船始到此岛。隆庆二年。调师船往据其地。其土人多不服。及今日尚有岛不属所辖者。是班亚既与中国。日本开通商之路。贸易岁倍。唐人来不胜数。酿成巨衅。为是班亚所诱戮者几万人。乃立法律。惟准商贾居住。船回商亦回。惟入天主教。始准任意居住焉。更兼管束其贸易。禁例烦扰。惟泉州船恒时来往。乾隆二十六年。是班亚国与英人战。英人将夺其地。计以重赂。始退兵焉。然其银今日尚拖欠也。后与亚黙利加通商。每年二三巨舰。装十五万石。价值约千二百万员。由亚黙利加所运出者多银条。或中途与他国交战。而失其船则所损重矣。嘉庆年间。亚黙利加藩属地自立为国。不受是班管辖。广开港口。所获利渐微。乃复调兵帅以代治其岛。会同土人护守之。每年国帑所收银百五十万员。所运入之货。约银五百十五万七千余员。所运出者。约银百四十三万六千员。其土产每年益增。准外国任意往来。不复禁止。故通商愈兴旺。惟国币久空。所收税务。未足偿还本国欠项也。

台湾吕宋之中间。尚有数岛。属是班亚国者。其居民不多。出粮食。与他国不往来。惟有遭风船到彼。尚蒙接济其难民焉。

瀛环志略

近年诸番来粤东者。多聚于马尼剌。米利坚。佛郎西遣酋来通市。其船皆会集于此。盖其地为七洲洋之东岸。转柁北行。即入长沙头门。而抵粤东。诸番倚为东道之逆旅。薪水糗粮。皆取办于此。故近来小吕宋之繁盛。为南洋诸岛之最。

厦门商船时由吕宋往贸易。由厦至苏禄。水程一百一十更。

卷十二·东南洋·荷兰所属　大岛

万国地理全图集

婆罗岛。北极出地。自五度半。至南极四度半。偏东自一百零九度。至一百十八度。……汉人自古以来。与此洲交易。嘉应州人进山开矿。穿山开道。自立国家。择其长老者。称为公司。限一年二年办国政。每年广州。潮州。船数只到港。开行贸易。其西边则荷兰国人开港口。在三人。本田。万执。马生等处。但因岛之大半旷野。并无田亩。海贼劫掠。生意微矣。

西里百岛。在婆罗东。沿海港汊。形势古怪。北极出地。自一度四十分。至南极五度三十分。偏东自一百十九度。至一百二十五度。广袤方圆。二十二万五千方里。产珈琲。苏木。燕窝。海参。玳瑁等货。其居民勤劳织布。驶船四方。其名称曰芜吉。曰芜来由。常带短刀。猛心报仇。内地惟务耕田。不肯出外。此地国君不自主。待居民集会。公举为王。荷兰国南北开港口。南曰马甲撒。北称马拿多。筑炮台。调防兵。

巴布亚在西东。因内地土蛮无交通之理。尚未识此岛。居民异类不同。尚有黑面之人。带有骀卷头发。亦有如芜来由之族。狡戾巧诈。树高林丛。物产不多。其地虽广。未知其形势。道光十三年。荷兰开港。而调兵守地。自此以后。商船来往不绝。

陈伦炯海国闻见录

由吕宋正南而视。有一大山。名息利大山。山之东为苏禄。西邻吉里门。又沿西文莱。即古婆罗国。再绕西朱葛礁喇。大山之正南为马神。其山之广大长短。莫能度测。山中人迹不到。产野兽。亦莫能名。苏禄。吉里门。文莱三国。皆从吕宋之南分筹。而朱葛礁喇。必从粤南之七洲洋。过昆仑。茶盘。向东而至朱葛礁喇。一百八十八更。马神亦从七洲洋。茶盘。葛剌巴而往。水程三百四十更。厦门由吕宋至苏禄。水程不过一百一十更。共在一山南北。远近相去悬殊矣。又隔东海一带。为芒佳瑟大山。由马神至芒佳瑟。水程二十七更。

谢清高海录

古达国。疑即古志所称爪哇也。在尖笔兰山东南海中。别起一大山。迤逦东南。长数千里。十数国环据之。或谓之息利大山。此其西北一国也。由尖笔兰东南行顺风。约二三日可到王居埔头。有荷兰番镇守。由埔头买小舟。沿西北海顺风。约一日到山狗湾。为粤人贸易耕种之所。

又曰巴萨国。一名南巴哇。在古达东南沿海。顺风约日余可到。地不产金。中国人居此者。唯以耕种为生。所辖地有名松柏港者。产沙藤极佳。亦有荷兰镇守。

又曰昆甸国。在巴萨东南沿海。顺风约日余可到。海口有荷兰番镇守。洋船俱湾泊于此。由此买小舟入内港。行五里许。分为南北二河。国王都其中。由北河东北行约一日。至万喇港口。万喇水自东南来会之。又行一日。至东万力。其东北数十里。为沙喇蛮。皆华人淘金之所。乾隆中。有粤人罗芳伯者。贸易于此。豪侠善技击。颇得众心。时土番窃发。商贾不安。芳伯屡率众平之。又鳄鱼为害。芳伯为坛于海旁。陈列牺牲。取韩昌黎祭文。宣读而焚之。鳄鱼遁去。华人敬畏。尊为客长。死而祀之。至今血食不衰。

又曰万喇国。在昆甸东山中。由昆甸北河入万喇港口。舟行八九日可至。山多钻石。亦有荷兰番镇守。

又曰戴燕国。在昆甸东南。由昆甸南河向东南溯洄而上约七八日。至双文肚。即戴燕所辖地。又行数日。至国都。乾隆末。国王暴乱。粤人吴元盛。因民怨而杀之。国人奉以为主。华夷皆取决焉。元盛死。子幼。妻袭其位。至今犹存。

又曰新当国。在卸敖东南。……闽粤人流寓淘金沙。钻石及贸易耕种者。常有数万。戴燕。卸敖。新当各国。亦有数百人。皆任意往来。不分疆域。唯视本年所居何处。则将应纳丁口税饷。交该处客长。转输荷兰而已。其洋船凳头金。亦荷兰征收。本国王祇听荷兰给发。不敢私征客商也。华人居此多娶妻生子。传至数世。……中华人初到彼。所娶妻妾皆獠子女。其后生齿日繁。始自相婚配。鲜有妻獠女者矣。

又曰马神。在昆甸南少东。由昆甸沿海顺风东南行。约二日经戴燕国境。又行二三日到此。

又曰蒋里闷。在马神东南。沿海顺风约二日可到。疆域稍狭。风俗土产。与邻国同【案此即吉利门也】。

又曰三巴郎国。在蒋里闷南少东。海道顺风约二三日可到。疆域颇大。闽粤人至此者亦多。

又曰麻黎国。在三巴郎东南。疆域同三巴郎。沿海顺风。约四五日可到。

又曰茫加萨。在麻黎东南沿海约四五日可到。亦耀亚种类。疆域风俗土产。均与麻黎略同。二国俱用中国钱。历代制钱。俱有存者。

又曰细利洼。在茫加萨东南。由海道约行二三日可到。沿海土番。为无来由种类。内山土番。为耀亚种类。耀亚王所居。山名伯数奇。风俗各从其类。皆归荷兰管辖。三国亦与噶喇巴邻近。其货物多归葛剌巴售卖。自古达至此。同据息力大出。西南半面而各分港门。其港皆口西向。

又曰文来国。在细利洼西北。由细利洼东南。入小港向西北行。顺风约五六日可至。由地问北行。顺风七八日可至。幅员甚长。中多乱山。绝无人居。奇禽野兽。莫能名状。土番亦无来由种类。喜中国布帛。土产燕窝。冰片。沙藤。胡椒。

又曰苏禄国。在文来北少西。舟由文来小港。顺东南风约七八日可至。风俗土产与文来同。货物多运往昆甸马神售卖。二国同据息利大山。东北半面山中。绝巘崇岩。荆榛充塞。重以野番占据。不容假道。故与西南诸国。陆路不通。船由广东往者。出万山后向东南行。经东沙。过小吕宋。又南行即至苏禄海口。由古达往。则须向东南行。至细利洼入小港。转西北沿山行。经文来。然后可至其国。西北大海。多乱石。洪涛澎湃。故虽与古达比邻。舟楫亦不通也。

海岛逸志

海上之虹。远者只见其半如常也。近者竟如环无端矣。余初闻之巴人云。吉理门之电青而不红。余未之信。及往马辰。道经吉理门。是晚有电。果不红而深青。其光散漫无条绪。东坡云。天下奇观到海尽。信哉是言也【源案。往马辰道经吉理门。即海录所谓蒋里闷。在马神东南也。海国闻见录言苏禄。吉利门等国相连。确凿可证。吉理门在婆罗岛。而元兵往爪哇。师次吉里门者。必非葛留巴之小爪哇矣】。

每月统纪传

近吕宋之苏录屿小有巉岩之岭。其极南为石崎山。犀角屿。珠池。其土产为珍珠。玳瑁。荜茇。苏木。豆蔻。鹦鹉。降香类。因岛屿绕环。海内有珍珠。商船至彼。其土番探珠。获小者不计外。获巨珠则赒十倍。福建人多住生理。土番为回回。与婆罗洲芒佳瑟民结友为海贼。除非吕宋兵船。无人管束之。永乐十五年间。其国王率妻子朝贡中国。雍正六年间。公使至闽贡献。吕宋兵帅攻伐其屿二次。不能服之。此与婆罗洲中之苏禄地。皆苏禄国王所辖。虽不同岛。而非二国也。

外国史略

婆罗岛。最广之岛也。北极出地五度及南极四度半。原名曰古曼坦。长二千五百里。阔千有百六十里。其内地未及深入。故未能知其底里。惟海滨之埠。荷兰人所开者。在西北两海边。芜莱由民迁此地搭棚。藏匿海盗者。在东边。于布吉开埠贸易。其奴卷发黑面。皆未向化之族类也。古今唐人萃焉。广东嘉应州人最多。或开肆。或采金沙。或贩锡藤。胡椒。乌木。

荷兰国之埠共三所。南曰班热马星。西曰三巴。曰本地亚纳。贸易皆不甚大。昔时英国人。亦于此间开埠。后复失之。旋复开埠于西北边拉布安岛。与中国火轮船往来贸易。虽产石炭。其屿尚荒芜。近婆罗岛。最著名者曰苏禄洲。共六十里。北极出六度。偏东百二十度。以婆罗为东北向。与中国通商。亦入贡。所居多汉人。广开恳。出蜡。玳瑁。谷。云母壳。珍珠。每年值银二万五千两。海菜。桂皮。冰片。乌木。胡椒。沙藤。香料等货。其土民各异。与芜来由悉崇回回教。与附近各岛通商。此时绝西洋甲板船之贸易。居民悉海盗。为商船害。尤与吕宋是班牙国为仇。二国调兵船以讨之。

西里白岛。形势千曲万环。北极出自二度及南极出六度。偏东自百一十九度及百二十五度。广袤方圆二千五百五十万里。居民三百万口。多支港。内地溪河四流。多湾泊处。米谷罕而珈琲丰盛。有金沙。亦产燕窝。海参。海菜。玳瑁。鱼翅等货。卖于中国。

瀛环志略

由吕宋西南视之有大岛。居于午位。曰婆罗洲【一作浡泥。又作蟠尼阿】。……近年粤之嘉应州人。入内山开矿。屯聚日多。遂成土著。初娶貜女为妇【巫来由女不嫁唐人】。生齿渐繁。乃自相婚配。近已逾数万人。择长老为公司理事。谓之客长。或一年或二年更易。丁口税银。由客长输荷兰。洋船凳头金【船税也】。亦荷兰征收。番酋听荷兰给发。不敢私征。每岁广潮二府。有数船入港贸易。获利甚厚。诸国土产金与铨石之外。铅。锡。冰片。豆蔻。胡椒。海参。燕窝。玳瑁。翠羽。乌木。檀香。藤条。由厦门往文莱。取道吕宋。往吉里问马神者。取道七洲洋。由茶盘转而东向。

余按。婆罗洲。为南洋第一大岛。西洋人称为蟠尼阿。即浡泥之转音。唐高宗总章二年入贡。谓之婆罗国。宋太宗太平与国年间。入贡谓之浡泥国。明初入贡。又分吉里。地闷。文莱。浡泥等国。盖浡泥为此岛总名。宋明之称浡泥者。乃马神疆域较大。力能驾诸部之上。故以全岛之名为国名。犹大亚齐之独称苏门答腊耳。陈资斋海国见闻录谓息力大山踞其中。外吉里问。文莱。朱葛焦喇。马神。苏禄五国环而居之。今考苏禄在马神东方。乃海中三小岛。与此土不连。朱葛焦喇。别书不见其名。惟王柳谷海岛逸志云荷兰所推甲必丹【见噶罗巴说】。有大雷珍兰武直迷朱葛焦诸称呼。似陈录所云。误以官名为国名矣。又陈录谓吉里问在文莱之北。与诸书皆不合。自是舛误【海岛逸志云由噶罗巴往马神。道经吉里门。目睹电光青而不成条。噶罗巴在马神之西南。往马神而路经吉里门。其在马神之西可知】。谢清高海录纪此洲最详。惟历数诸国。俱云某国在某国东南。揆之西洋图。地形方向尚有舛误。今据图稍更正之。荷兰人于南洋各岛。开设埔头。诸番皆奉命惟谨。马神独能毒流退师。可云铮佼。然卒为西人所制。番族固无远谋也。息力大山。夙称金穴。近年粤东流寓。几于成邑成都。倘有虬髯其人者。创定而垦拓之。亦海外之一奇欤。

又按出厦门放海。首小吕宋。次琉球。西则苏禄。又南文莱。马辰等。又西南则婆罗大洲。又西南则大小爪哇。又西南则苏门答腊。亚齐等。已绕出西人新嘉坡之西。而近印度之锡兰山矣。倘因诸华人流寓岛上者。举其雄桀。任以千城沈思密谋。取丑夷聚而歼旃。因以漳泉惠湖嘉人为流官。雄长其土。破除陈例。归于简要。自辟僚属。略等藩镇。庶足为南服锁钥与。

卷十二·东南洋·波罗爪哇大岛各国沿革考

(婆罗国)

新唐书赤土西南入海得婆罗。总章二年。其王遣使者与环王使来朝。明史婆罗又名文莱。东洋尽处。南洋所自起也。唐时。有婆罗国高宗。时常入贡。永乐三年遣使者赍玺书彩币。抚谕其王。四年。其国东西二王入贡。其地负山海。崇释教。恶杀喜施。禁食豕肉。王剃发裹金绣巾。佩双剑。出入徒步。从者二百余人。有礼拜寺。每祭用牺。厥贡玳瑁。玛瑙。车渠珠。白焦。花布。焦布。降真香。黄蜡。黑小厮。万历时为王者闽人也。或言郑和使婆罗。有闽人从之。因留居其地。其后人竟据其地。而王之邸旁。有中国碑。王有金印一。篆文上作兽形。言永乐朝所赐。民间嫁娶。必请此印。印背上以为荣。后佛郎机横举兵来击。王率国人走入山谷中。放药水流出。毒杀其人无算。王得返国。佛郎机遂犯吕宋。

(浡泥国)

宋史　浡泥在西南大海中。去阇婆四十五日程。去三佛齐四十日程。去占城三十日程。所统十四州。前代不通中国。宋太平兴国中。始遣使入贡。

明史　浡泥于古无所考。宋太宗时。始通中国。太祖洪武三年。遣使自泉州航海。阅半年。抵阇婆。又逾月。至其国。王傲慢不为礼。责之。始下坐。拜受诏。时其国为苏禄所侵。颇衰耗。又素属阇婆。阇婆人间之。王意中阻。使者折之。曰。阇婆久称臣奉贡。尔畏阇婆。反不畏天朝耶。乃遣使奉表。笺贡鹤顶。生玳瑁。孔雀。海参。冰片。龙脑。西洋布。降真诸香。洪武八年。命其国山川。附祀福建山川之次。永乐三年冬。使使入贡。遣官封为国王。赐印诰刺符。王大悦。率妃及弟妹子女陪臣。泛海来朝。十月。王卒于馆。帝哀悼。辍朝三日。遣官致祭赙。东宫亲王皆遣祭。有司官棺椁。冥器。葬之安德门外石子冈。树碑建祠。有司春秋祀以少牢。谥曰恭顺。其子袭封国王。上言。臣国岁贡爪哇片脑四十斤。乞敕爪哇罢供岁。进天朝。臣今归国乞命官护送。就留镇一年。慰国人之望。并乞定朝贡期。及兼从人数。帝悉从之。命三年一贡。又乞封国之后山为一方镇。乃封为长宁镇国之山。御制碑文勒其上。洪熙后。贡使渐稀。正德间。佛郎机阑入为寇。诸番通贡。概行屏绝。嘉靖九年。给事中王希文言。暹罗。占城。琉球。爪哇。浡泥五国来贡。并道东莞。后因私携贾客。多绝其贡。万历中。其王卒。无嗣。族人争立。国中杀戮几尽。乃立其女为王。统十四洲。在旧港之西。自古城四十日可至。初属爪哇。后属暹罗。改名大泥。华人多流寓其地。时红毛番强商其境。筑土库以居。其入彭湖互市者。所携乃大泥国文也。案此传中阇婆当作婆罗。又与暹罗所属之大泥无涉。

(爪哇国)

元史　爪哇在海外。视古城益远。自泉南登舟。海行者。先至古城而后至其国。其风俗土产不可考。大率海外诸番国。多出奇宝。取贵于中国。而其人则丑怪。情性语言。与中国不能相通。世祖抚有四夷。其出师海外诸蕃者。惟爪哇之役为大。至元二十九年。以爪哇剌敕使孟右丞之面。声罪致讨。诏福建行省。除史弼亦黑弥失高兴平章政事。会福建。江西。湖广三行省兵。共二万。发舟千艘。给粮一年。十一月。福建。江西。湖广。三省军会泉州。十二月。自后渚启行。三十年正月。至勾栏山议方略。二月。亦黑弥失孙参政先领本省幕官五百余人。船十艘。先往招谕之。大军继进于吉利门。弼与进至爪哇之杜并足。与亦黑弥失等议分军下岸。水陆并进。水军自杜并足田。戎牙路。港口。至八节涧。马步军自杜并足陆行。以万户申元为前锋。遣副元帅等乘钻锋船。由戎牙路于麻喏巴社浮梁前进。赴入节涧。期会招谕爪哇。宣抚司官言爪哇王婿土罕必阇耶举国纳降。土罕必阇耶。不能离军。先令其宰相昔剌难答吒耶等五十余人来迎。三月一日。会军八节涧。涧上接杜马班王府。下通莆奔大海。乃爪哇咽喉必争之地。又其谋臣希宁官。沿河泊边观望成败。再三招谕不降。行省于涧边设偃月营。留万户王天祥守河津。令水军马步军水陆并进。希宁官惧。弃船宵遁。获鬼头大船百余艘。令都元帅那海等镇八节涧海口。大军方进。土罕必阇邪遣使来告。葛郎王追杀至麻喏巴社。请官军救之。亦黑弥失张参政先往安慰土罕必阇邪。郑镇国引军赴章孤接援。七日。葛郎兵三路攻土罕必阇邪。八日。黎明。与脱欢军出东南路遇贼。战杀数百人。余奔溃出谷。日中。西南路贼又至。兴再战至晡。又败之。十五日。分军为三道。伐葛郎期。十九日。会答哈。听炮声接战。水军溯流而上。亦黑迷失等由西道。兴等由东道进。土罕必阇邪军继其后。十九日。至答哈。葛郎国王以兵十余万交战。自卯至未。连三战。贼败奔溃。拥入河。死者数万。杀五千余人。国王入内城拒守。官军围之。且招其降。是夕。国主哈只葛当出降。抚谕令还。四月二日。遣土罕必阇邪还其地。具入贡礼。以兵二百护送。十九日。土罕必阇邪背叛逃去。留军拒战。二十四日。我军引还。得哈只葛当妻子官属百余人。及地图户籍。所上金字表。以还。

元史史弼传　世祖欲征爪哇。授弼尚书省左丞。行浙东宣慰使。旋拜福建等处行中书省平章政事。往征爪哇。以亦黑弥失高兴副之。十二月。弼以五千人。合诸军发泉州。风急涛涌。舟掀簸。士卒皆数日不能食。过七洲洋。万里石塘。历交趾。占城界。明年正月。至东董西董。由牛崎屿入混沌大洋橄榄屿。假里。马答勾栏等山。驻兵伐木造小舟以入。时爪哇与邻国葛郎构怨。爪哇主已为葛郎主所杀。其婿土罕必阇邪。攻葛郎不胜。退保麻喏巴社。闻弼等至。遣使以其国山川户口。及葛郎国地图迎降求救。弼与诸将进击葛郎兵。大破之。葛郎酋走归国。高兴言。爪哇虽降。倘中变与葛郎合。则孤军悬绝。事不可测。弼遂分兵三道。与兴及亦黑弥失各将一道。攻葛郎。至答哈城。葛郎兵十余万迎敌。自旦至午。葛郎兵败入城自守。遂围之。葛酋出降。并取其妻子官属以归。土罕必阇邪乞归易降表及所藏珍宝入朝。弼与亦黑弥失许之。遣万户二人。以兵二百护之还国。土罕必阇邪于道杀二人以叛。乘军还夹路攘夺。弼自断后。且战且行。行三百里。得登舟。行六十八日夜。达泉州。士卒死者三千余人。有司数其俘。获金宝。香布等直五十余万。又以没理国所上金字表。及金银犀象等物进。于是朝廷以其亡失多。杖七十。没家资三之一。元贞元年。起同知枢密院事。月兜鲁奏。弼等以五千人。渡海二十数万里。入近代未尝至之国。俘其王及谕降傍近小国。宜加矜怜。遂诏以所籍还之。拜荣禄大夫。江西等处行中书省右丞。

明史　爪哇国在占城西南。洪武二年。遣使以即位诏谕其国。其使臣先奉贡于元。还至福建。而元亡。因入居京师。是年二月。太祖复遣使送之还。且赐以大统历。三年六月。以平定沙漠颁诏。洪武十年。其国王及东西二王。各遣使朝贡。洪武十三年。遣使赐三佛齐王印。绥爪哇怒其以属国抗己。诱而杀之。天子怒留其使将加罪。已遣还。赐敕责之。洪武十四年。遣使贡黑奴三百人。及方物。明年又贡黑奴男女百人。大珠八颗。胡椒七万五千斤。永乐元年。东西二王并贡。三年。遣中官郑和使其国。永乐四年。西王与东王构兵。东王战败。国被灭。适朝使经东王地。部卒入市。西王国人杀之。凡百七十人。西王惧。遣使谢罪。帝赐敕切责之。命输黄金六万两以赎。永乐六年。再遣郑和使其国。西王献黄金万两。礼官以输数不足。请下其使于狱。帝曰。朕于远人欲其畏罪而已。宁利其金耶。悉捐之。自后比年入贡。或间岁一贡。或一岁数贡。中官吴滨郑和复先后使其国。时旧港地有为爪哇侵据者。满剌加国王矫诏。命索之。帝乃赐敕。令毋信满剌加之言。永乐十六年。送还朝使。遭风诸卒。自是贡使岁一至。正统元年闰六月。遣古里。苏门答剌。锡兰山。柯枝天方。加异。勒阿丹。忽鲁。谟斯。祖法儿。甘巴里。真腊使臣。偕爪哇使臣郭信等。同往赐爪哇敕。令其护送。其国近占城。二十昼夜可至。元时遣帅西征。以至元二十九年十二月发泉州。明年正月即抵其国。相去止月余。宣德七年入贡表书。一千二百七十六年。盖汉宣帝元康元年乃其建国之始也。地广人稠。性凶悍。男子无少长贵贱。皆佩刀。稍忤辄相贼杀。其甲兵为诸番最。字类琐里。无纸笔。刻于茭草叶。气候常似夏。稻岁二稔。无几榻。匕箸。人有三种。华人流寓者。服食鲜华。他国贾人。居久者亦尚雅洁。其本国人最污秽。状黑黝。猱头赤脚。崇信鬼道。杀人者避之三日。即免罪。父母死。舁至野。纵犬食之。不尽。则大戚。燔其余。妻妾多燔以殉。其国一名蒲家龙。又曰下港。曰顺塔。万历时。红毛番筑土库于大涧东。佛郎机筑于大涧西。岁岁互市。中国商旅。亦往来不绝。其国有新村。最号饶富。中华及诸番商舶辐辏。其地宝货填溢。其村主即广东人。永乐九年。自遣使表贡方物。【案】此传下港。顺塔。莆家龙皆与此爪哇无涉。

魏源曰。中国东南海洋诸洲。以是洲为最大。其疆域再倍日本。四倍台湾。吕宋。十倍琉球。计环息利大山十余国。何国最强。则诸小国皆役属之。故唐曰婆罗。宋曰浡泥。元曰爪哇。明曰苏禄。皆洲中雄长迭兴之国。而是洲反无一定之总名。考息利大山为一洲之主。则宜名息利岛。而各国环错。听其自为沿革。自史传不知此法。传会蜂起。重纰貤缪不可究诘。或以浡泥为大泥。则移海岛于海岸。或以婆罗为阇婆。则移全洲于下港。或以大爪哇为小爪哇。则移是洲于葛留巴。误始明张奕王圻之书。而明史袭之。诸志乘又袭之。三人市虎。积非胜是。惟两爪哇之误尤甚。夫元史征爪哇之军。先至吉利门。正此洲东岸冲要。而葛郎邻国来拒。即此洲之朱葛焦喇国也。元世祖用兵海夷。惟日本与爪哇之役最巨。苟弹丸小屿。曷足远怒戈船。明太祖封三佛齐为国王。爪哇怒其以属国抗己。杀使阻封。而渤泥亦有岁供爪哇片脑之奏。若葛留巴。尚不及浡泥三佛齐之大。安能胁臣二国。上抗天朝。今此洲各国已皆服于西洋。号新荷兰洲。而以葛留巴为小新荷兰。是大小爪哇之又一变。

卷十二·东南洋·英荷布路三夷分属地问等岛

海录

又曰地问岛。一作地盆。亦名茶盘。……闽粤人亦有于此贸易者。土产檀香。蜡。蜂蜜。货物亦运往葛剌巴售卖。

余按。诸番通中国自汉始。岭南榷番税自唐始。其前求珍异。唐后则榷货税益国用。然明中叶闽广犹不过南洋小西洋诸国。无欧罗巴亦无所谓鸦片也。南宋已忧钱币漏泄。明时亦有奸民假冒之币。势有必至。理有固然。圣人不宝远物之意深矣。

海录

大西洋海舶来中国。指南行过峡转东南经地问。葛剌巴置买杂货。北入葛剌巴峡。过茶盘即地盆。经红毛浅而来。若不泊葛剌巴。则由地问北经马神。昆句。西至茶盘北。经红毛浅而来。九日以后。北风急。则由地问借风。向文来。苏录。小吕宋。东沙而来。其往小西洋贸易者。则由葛巴西北行。经苏录之西。尼是之东。又西北经尼古巴腊而往。由小西洋复来中国。则东南行。经亚齐东北。马六甲西南。入白石口转茶盘而来。遇北风则由白石口东南行。至细利洼入小港。经苏禄。小吕宋。东沙而来。内港船来往。则必乘南北风。其苏录。吕宋一道。从未有能借风而行者。

卷十三·东南洋·英荷二夷所属葛留巴岛

明张奕东西洋考。下港一名顺塔。唐称阇婆。在南海中者也。一名呵陵。亦曰社婆。元称爪哇。一统志又名蒲家龙。甲兵为诸番之雄。加留巴者。下港属国也。半日程可到。风土相类。华船将到。先以橘一笼。小雨伞二柄。送番目。番目报国王。比到港以果币进王。有华人为财副者四人。番财副二人。

华人谙夷语夷书为通事。船各一人。其贸易王置二涧。城外设立铺舍。凌晨各上涧贸易。至午而罢。王日征其税。又有红毛荷兰番来下港者。起土库在大涧东。佛郎机起土库在大涧西。二夷俱夹板船。年年往来贸易。其本地夷。则用铅钱。铅钱十。当西洋一。下港为四通八达之衢。华船与番船贸易盛甲诸岛。

皇清通考·四裔门

葛剌巴。本爪哇故地。巫来由种也。后属荷兰国。在南海中。距福建厦门。水程二百八十更。计万六千八百里。闽广间人。浮海为业者。利其土产。率流寓不返。康熙五十六年。以葛剌巴口岸多聚汉人。恐浸长海盗。禁止南洋往来。其从前出洋之人。限三年回籍。然亦尚有留者。雍正五年。弛洋禁。嗣后通市不绝。初葛剌巴自明季为荷兰人所据。委夷目镇守。汉人居之者。以数万计。生长其地。曰土生仔。司汉人贸易者。曰甲必丹。人有罪则流戍西陇。西陇在西洋中。距葛剌巴甚远。荷兰旧国所属地也。六年闰六月。为群番所扰。荷兰力不胜。遣流人御之。许立功后令还葛剌巴。诸流人奋勇效力。战屡捷。群番败走。荷兰既有立功赎罪之令。又虑释还流人。则西陇孤弱。一再令葛剌巴调无辜汉人往代。时有甲必丹琏者。以汉人在此贸易。惟领票输银。无调取之例。不受命。番目拘之。被徙者。先后不胜计。于是汉人大恐。鸣金罢市。番目怒。举火鸣炮相攻。杀伤颇多。署福建总督策楞。提督王郡。以闻。策楞又奏言被害汉人。久居番地。屡奉招徕。而自弃王化。今被其戕杀。孽由自作。但葛剌巴以地隔重洋。恃其荒远。残害罔忌。恐嗣后扰及商船。请禁止南洋商贩。俾知畏惧。俟革心悔罪。再请恩施。广东道监察御史李清芳奏言。商人往东洋者十之一。往南洋者十之九。一加禁遏。则江浙闽广海关税额必缺。每年不下数十万。且民间贸易皆先时而买。及时而卖。预为蓄积。以俟流通。若一旦禁止。商旅必至大困。应请止停葛剌巴一国贸易。此外南洋不宜尽禁。既而王大臣会同兵部奏言。今闻葛剌巴已将夷目黜责。于我船返棹时加意抚慰护送。嘱令再往。并无扰及商客之意。宜仍准其通商。从之。

陈伦炯海国闻见录

麻剌甲。南隔海。对峙大山为亚齐。系红毛人分驻。凡红毛甲板往小西洋等处贸易。必由亚齐经过。添备水米。自亚齐大山绕过东南。为万古屡尽处。与葛剌巴隔洋对峙。红毛回大西洋者。必从此洋出。然后向西南过乌鬼甲。绕西至大西洋。就中国往葛剌巴。厦门计水程二百八十更。原系无来由地方。为红毛荷兰所据。分官属名曰甲必丹。外统下港。万丹。地问三岛。下港产胡椒。万丹另埔头。地问产胡椒。檀香。而葛剌巴盛甲诸岛。洋舶云集。中国。大小西洋。白头乌鬼无来由各番珍宝物食。无所不有。荷兰建城池。分埔头。中国人在彼经商耕种者甚多。年给丁票银五六金。方许居住。中国人口浩盛。住此地何啻十余万。近荷兰亦以新唐禁革。不许居住。令随船回。茶盘一岛。居昆仑之南。毗于万古屡山之东。皆南洋总路水程分途处。岛番捕海为生。产佳文草。顶细而长者年仅足二席之用入王家辟虫蚁。值价四五十金。次者二三十金。最贱有一二金者。

谢清高海录

葛剌巴。在南海中。为荷兰所辖地。海舶由广东往者。走内沟则出万山后。向西南行。经琼州。安南。至昆仑。又南行三四日。到地盆山。万里长沙在其东。走外沟则出万山后。向南行少西。约四五日。过红毛浅。有沙坦在水中。宽百余里。其极浅处止深四丈五尺。过浅又行三四日。到草鞋石。又四五日。到地盆山。与内沟道合。万里长沙在其西。沟之内外以沙分也。万里长沙者。海中浮沙。长数千里为安南外屏。沙头在陵水境。沙尾即草鞋石。船误入其中。必为沙所壅。不能复行。多破坏者【遇此须取木板。浮于沙面。人卧其上。数日内若有海舶经过。放三板小舟拯救。可望生还若直立沙中。数刻即为沙所掩没矣】。七洲洋正南。则为千里石塘。万石林立。洪涛怒激。船若误经。立见破碎。故内沟外沟。亦必沿西南。从无向正南行者。由地盆山。又南行约一日到网甲。经葛剌巴峡出峡口。又南行过三洲洋。约三日到头次山。即葛剌巴边境也。上有中华人所祀土地祠。又行二十余里。到海次山。有数岛。一以居中华之为木工者。一居疯疾。一为罪人绞死之所。其余皆以囤积货物。过次山则至葛剌巴山。山纵横千里。有城郭炮台。南海中一大都会也。本荷兰所辖地。后英吉利师侵而夺之。荷兰行成仍命管理。而岁分其贡税焉。荷兰番镇守此地者。三四千人。又有乌番兵数千。凡荷兰分守南洋。及小西洋各国者。俱听葛剌巴酋帅调遣。土番亦无来由种类。俗尚奢靡。宫室衣服器用。俱极华丽。出入俱驾马车。与明呀喇。新埠。息辣各处相同。而葛剌巴为尤盛。中华人在此贸易者。不下数万人。有传至十余世者。然各类自为风气。不相混也。民情凶暴。用法严峻。中华人有殴荷兰番者。法斩手。戏其妇女者。法绞。乌番兵俱奉天主教。死则葬于庙。荷兰番死。则葬于坟园。土番风俗。与大泥吉兰丹各国同。土产落花生。白糖。丁香。咖达。子蔗。燕窝。带子。冰片。麝香。沉香。

每月统纪传

三大岛之至盛为呀瓦。即葛剌巴也。……唐人之到呀瓦大洲。立埔头者。自明朝始。及至顺治年。福建同安人多离本地。往葛剌巴贸易耕种。岁输丁票银五六金。此后。每有厦门巨艚船载万余石。赴葛剌巴及钣马廊埔头。但因水程甚远。沙礁无数。必有西洋伙长。用浑天仪。量天尺。较日出时刻。离水分度。用罗经刻漏沙。以风大小顺逆较更数。始知为某处。近日中国人口浩盛。住此地何啻十余万。故荷兰总管禁革新唐。令随船回。然汉人流寓。富贵者甚多。荷兰兼用汉人为甲必丹。理国政掌财赋。此外。毗于。呀瓦之岛。多是马莱西士番所居。兼海贼无数。若地汶岛及池门屿皆有荷兰与葡萄亚建城镇守。产檀木。蜜蜡等货【马来酉一作无来由】。

万国地理全图集

呀瓦岛。南极出自六度至九度。偏西自一百度至一百九度。巽他海陕隔之故。与苏岛不接。……明朝年间。汉人已到呀瓦地。经商获利。给丁票银。每年一名五六员。至今中国人口浩盛。住此地何啻十余万。

海岛逸志

葛剌巴。南洋一大岛国也。厦门扬帆过七洲。从安南港口。历巨港马六甲。经三笠而入屿城。至其澳。计水程二百八十更。每更五十里。距泉州约一万四千里。可到其国。……货物则皆各国辐辏以赴贸易。非本岛所产也。其所统辖。有北胶浪。三宝垄。竭力石。四里猫。马辰望。加锡。安汶。万澜。涧仔低。万丹。麻六甲等处。不下数十岛。闽广之人。扬帆而往者。自明初迄今。四百余载。留寓长子孙。奚止十万之众。……华人自明永乐时。三宝太监郑和等下西洋采买宝物。至今通商。来往不绝。于冬至后厦岛。开棹廿余日可达巴城。连衢设肆。夷民互市。贵贱交易。所谓利尽南海者也。富商大贾。获利无穷。因而纳贿和兰。其推举有甲必丹。大雷珍兰。武直迷。朱葛礁。诸名目。俱通称甲必丹。华人或口角。或殴斗。皆质之甲必丹。长揖不跪。自称晚生。其是非曲直。无不立断。或拘或挞。无容三思。至犯法大罪。并嫁娶生死俱当申报和兰。水旱来往。皆给与文凭。不得滥相出入。其用法之森严。设税之周密。大约可见矣。

三宝垄。巴国所属形胜之区也。地方寥阔。物产繁多。贾帆凑集。甲于东南诸洲。北胶浪。? 森。其左右翼也。

北胶浪。为巴国东南之区。亚于三宝垄。面山背海。列屋而居。可五六十家。南北限以栅。华人息居其中。俗呼为入芝兰【谓街衢也】。

实班牙。华人呼为宋仔。亦曰大吕宋。居于西北海之隅。国名千丝腊。每发船往高奢国。采买西洋布。以贩巴国。资本极大。华夷均负其债。高奢国【此白帽回国也。高奢即包社二字转音】。在巴国之西。约水程二百余更。华人称为些逸。其人高大多须。状甚魁梧。衣花锦袄。白练裙。以白布缠首。手持念珠。国甚富。土产西洋幼布。名绞只。次名毛里。上者每匹百余金。有袈裟薄如蝉翼。中有纹彩。极其精致。

明末和兰据台湾。近鹿耳门。筑小城以居。俗呼曰红毛城。实即和兰也。海寇郑氏游扬海上。自南京败还。遂攻台湾。为负嵎之所。和兰炮铳虽精。然孤城无援。败归巴国。其祖家国主怒。即将败归之和兰致死于巴国城楼上。至今巴国之和兰。历历能道其详。

我华人远贩于此。向来皆就所售货之银。或置货。或携银回乡。各从其便。今则严禁不许携银出口。必令将银转置货物。方许扬帆。而其货物。又皆产于他处。未到巴地。以致唐船久候。风泛过时。年年不能抵厦。甚遭夏秋风飓。人船俱没。数十年如是。商贾莫不嗟叹。国课亦因减额。惟付之莫可如何。岂意英圭黎红毛久伺其利。觊觎已久。及嘉庆十四年秋。遂兴其甲板舟师数十。往攻不克。退回其国。越年夏秋间。仍备舟师再往。以大炮环攻而克之。和兰不敢与敌。逃回祖家。今之巴地。悉属红毛统辖。除去和兰酷法。招商如故。人皆悦服。远近商贾。莫不交通。红毛此举。亦海洋之一快也。

卷十三·东南洋·葛留巴风土述

海岛逸志

巴国地在西南。气候迥异。……余于十二月。厦岛扬帆。次年正月初间到巴国。

海岛逸志曰。陈豹卿。名畽。漳之石美人。性机警。能知人。其堂兄映。为三宝垄甲必丹。豹卿往访。辄能佐理其事。映卒。遂袭其职。贾帆数十发贩州府。所到则其利数倍。不数年。富甲一方。歌童舞女。食前方丈。侍妾数百。余始至垄。见番官淡扳公。往候豹卿。队马数百。整肃而来。至栅门外。则下骑入门。则膝行而前。豹卿危坐。俟其至。乃少欠身。噫。异乡贵显。一至于是。真为华人生色也。巴中有大第一区。名三宝垄土库。唐帆初到。客有欲到三宝垄者。则进其土库。并有船护送至垄。或通谱。或瓜葛。或荐举。或投奔。悉皆收录。因才委任。各得其宜。华夷均领其资本。经商者不计其数。垄地贾帆辐辏。货物充盈。甲于南洋。迨没之日。贾帆停泊。生涯顿歇。垄中为之寂寞。语云。人杰地灵。良有以也。

许芳良。漳郡人也。为巴城甲必丹。性开扩。有雅量。蔡锡光时为门下客。每称其气量。人所不可及。闽果有棕梨者。漳之佳果也。亦不可多得。唐帆或有携一二枚至岛。大者百金。小者数十金。芳良市两枚付锡光。将以进之巴王。而锡光误以为常果。剖而供之芳良。徐曰。此诚故乡中珍果也。悉呼其客。及家人共尝之。安汶有丁香油。用玻璃瓶宝之。大者每瓶价百金。锡光拂几。误碎之。香闻远近不可隐。遂告之芳良。曰生毁有数。何必较也。巴中宴贵客。则用玻璃器。杯盘茗碗。俱系玻璃。每副价值一二百金。一日宴客。婢失手尽碎之。长跪请死。芳良曰。无须。进内但云我误碎可矣。盖巴中法度。驭婢仆甚严。仆则自行管束。婢则细君主之。不如是则婢殆矣。有许姓者。落魄为佣。时巴中诸许皆贵显。芳良每以自。有云佣者姓许。芳良即招之曰。即系子侄行。到巴。当即见我。何自苦为也。录用之。不数年。竟成巨富。其雅量类如此。不能毕举焉。

黄井公。漳之漳浦人也。性朴讷。胸无宿物。初为三宝垄甲必丹。以诗酒自豪。不受约束。遂遭遣谪。又以课项未明。竟至囹圄。或为井公谋。以其所负于已者告之上台。使偿已责。井公曰。缘我一人。而累及众人。吾宁死不为也。众共仰其义。愿为之地。各敛金而出之。长子绵光。在巴奋志经营。颇为小康。乃奉井公归养巴中。筑园于清漪之沼。日与二三游侣。啸咏自适。人皆以为古厚之报佛宾者。三宝垄观音亭之住持僧。漳之漳浦人也。能书善画。出言滑稽。公然娶妇育子女各一。蓄婢仆。客至唤婢烹茗。诚可笑也。盖西洋僧家。有妻有妾。无足为奇。余有戏赠佛宾绝句云。闻道金仙在此间。禅家事事竟安闲。袈裟自绣闺房里。待客烹茶唤小鬟。

漳城东门外深青社。有苏某者。经商南洋。娶妇某氏。数载以不获利而归。遂卒于家。南洋妇闻其讣。且知其家贫。亲老子幼。乃孑然帆海至闽。养姑教子。以终其身。其节义求之中华妇女。尚不多得。况荒服僻壤哉。惜未详其姓氏。为可憾。

卷十三·东南洋·附葛留巴所属岛

海岛逸志曰。葛剌巴国。其地一线之横。背负南海。左万丹。右自井里汶。直葛。北胶浪。三宝垄。二肥缕。营森。竭力。石泗。里猫。至外南旺。不过三四十日。可以陆路相通。其地舆水乡泽国。入巴国经营者。东至于万澜。西至于巴东。南背于南海。北背于狭巴国。港口浮屿罗布。曰王屿。甲板屿。爛炣屿。白屿。草屿。不可枚举。总而言之。曰屿城。巴国统辖属国。东有望加。锡安。汶万。澜涧。仔低。东北有马辰。西有把东。西北有马六甲。柔佛。其余荒壤之国。但入贡而已。西北大海之中。有泽国数处。土地甚大。皆属和兰统辖。但华人未到其处。不能尽详其风土。今述其就近属岛。可知者于左。

一瓜亚番。其类甚多。自万丹巴城。井里汶。北胶浪。三宝垄。背森。竭力石。泗里。猫仔。外南旺边海一带。以及柔佛巨港占卑览房之处。皆其种类。俱尊三宝垄览内为巡栏。其余各处。但称史丹而已。其人粗蠢愚直。胸无宿物。怡然听受。不纪年岁。以十二月为一岁。见月之日。为初一。其字迹如蛇蚓。音语则各处有同异。然受制于和兰。役使如奴隶。遵循维谨。不敢少懈。

一华人。有数世不回中华者。遂隔绝声教。语番语。食番食。衣番衣。读番书。不屑为瓜亚。而自号曰息览。奉回教。不食猪犬。其制度与瓜亚无异。日久类繁。而和兰授与甲必丹。使分管其属焉。

一无来由番。其种类甚多。散居四处。马六甲。吉礁。把东。望久里。马辰。里骂。知汶。把实之属。皆其类也。性狡狯。反复多有劫掠海洋中者。巢穴处于吉里门。龙牙等处。内地所谓艇匪者是也。出没无常。闽广患之。其言语和兰遵之以通融华夷。如官音然。

一武乞氏。岛居于望加锡。其魁处于山中。自称背喏。如瓜亚之称巡栏。南洋诸国皆习武艺。武乞氏为最勇。武艺精者。父母荣之。乡里敬之。尊之曰牛实地大好汉也。能断一乡。无不服从者。所以不论男女。十岁以上。则演习枪刀跳舞诸技。其枪法刀法。皆有教师秘传。其教之名色甚多。如太祖达尊猴拳鹤势之类。故其武艺为南洋之冠。每扬帆海上。贼船遇之。莫不辟易。不受和兰节制。与盟约为兄弟而已。土产幼布。海参。二者为西洋最【友人王砥候。有仆数人。随其驾舟往万澜。中途遇盗。舟师大惧。诸仆曰。我等武乞氏。武艺皆高强。此辈所慑服。无恐也。戒舟人勿言动。以示懦怯状。盗见之曰。此必巴国唐人之船。畏怖如此。齐登船上。诸仆持刀以待。盗伙一见皆错愕曰。何得武乞氏之船。即欲遁去。仆大喝。盗长跪。称误犯死罪。各献所有。叩头而去。又曰武乞氏女子。丽而乖巧。能识人意。余一婢名掌珠。随往马辰。中途遇贼。众寡不敌。仓皇失措。婢云无恐。持枪而出。守于楼门不动。贼登舟拥至。婢以枪挥之。立伤数人。贼退而相谓曰。何得有武乞氏之枪法。婢叱曰。我即武乞氏也。贼惧而尽披靡】。

一苗鳌。岛居于外南旺之东。状类瓜亚。男女皆穿耳。而大其洞。女子颇有色。性勤俭持家。不属和兰统辖。其地当巴国之极东。四面大海。浮屿罗布。中多石洞。土产燕窝。海菜。鱼翅。海参。翠羽。

一武敦。岛居于望加锡之南。与息肯门相近。状貌丑黑。性强悍。视死如归。诸番所畏。其刚猛不亚于武乞。而粗豪过之。不属和兰统辖。土产长藤。苏木。海参。鹤顶。龙涎香。

一暴暴。岛居于安汶之东。状如夜叉。浑身漆黑。毛发螺拳如艾。丑恶不堪。手足敏捷。上树如飞。多木处而穴居。不火食。血如浓墨。性多嗜酒。和兰喜蓄此种为仆。以其状丑。便于出入。与西兰吉宁比连而处。风俗亦略相同。皆称曰乌鬼仔。土产文烟。血结。香木。苏木。海菜。西国米。

一知汶岛。在尾陈之极东。番语东曰知汶故云。无来由所居。与猫釐相邻。地方垦瘠。人物粗蠢。国贫不属和兰统管。土产香木。丁香。木香。苏木。海参。海菜。

一把实岛。在马辰之东。风土略同马辰。而富裕不及。坐地之番什籍无来由。自有国主。不属和兰管辖。每年只纳贡税而已。土产燕窝。长藤。沙金。诸岛称为富国。

一色仔年岛。华人呼为乌鬼。无祖系。如巴国设立礼拜寺于城中。其年岁。字迹。音语俱遵和兰。衣服饮食。器用宫室。亦并相同。人物清秀。女子甚美。惟与和兰婚娶。其它不屑也。其属多从写字。或从营伍。性机警。和兰妒忌。不肯使之为民上也。

一里猫柔。岛居于马辰之西。处山中。属马辰巡栏统辖。其状貌略似瓜亚。产沙金。长藤。鹿肉。其类皆以抽藤打鹿淘洗沙金为事。马辰之国甚富。数处产金。又产铨石。其性最坚。磨之光耀如镜。可鉴毫发。闪艳夺目。如日月之精华。入火不灭。磨之光彩依旧。大者无价。小者用米粒兑之。以米十六粒为一葛力。每葛力价二三十金。和兰不贵珠玉。以铨石为至宝。钮扣领袖。皆用以为饰。或云重至十葛力以上者。佩之可辟凶邪【铨石即金刚钻】。

一里骂岛。在望加锡之东。无来由所居。不属和兰经管。地里偏僻。风俗贪暴。土产良马。鲜有经商之舟。每年惟载良马入贡巴国而已。

一安汶岛。在巴国之东南。与万澜涧仔低相鼎峙。色仔年。息览。无来由。什处其地。其属国浮屿。有些罢。赖余。肯亚哥。肯里哥。务里。万里罢。土产海参。丁香。荖荖。鹦哥。雾鸟。花油。盒蜜。

一万澜岛。在巴国极东南之地。与苏洛。宿务相近。相传从此回厦。较之巴国为近。但未有行之者。土产海参。玳瑁。沙金。珍珠。其浮屿属国尚多。

一西垄岛。在西北海之隅。地极广大。距葛留巴极远。和兰。红毛。佛兰西。吕宋诸国。错处其间。产金银。宝石。五色俱备。光彩夺目。地属和兰管辖。徙葛留巴之犯流罪者。悉置于此。华人之犯罪者。亦置于此。余则不能到也。

一龟静岛。在西北海之滨。与垄西垄三处鼎峙。地方甚大。和兰聚集居处其间。人烟稠密。不亚葛留巴。但华人未有到其地者。

卷十四·东南洋·葛留巴所属岛

明朝年间。唐人已到呀瓦大洲。赴埔头。顺治年。福建同安人。离本地往驻葛剌巴。经商耕种。年结丁票银五六金。此后每每有厦门巨艚船。载万余石。赴葛剌巴兼钣马廊埔头。但因水程甚远。沙礁无数。必有西洋伙长。其用混天仪。量天尺。较日所出。刻量时辰。离水分度。用罗经刻漏沙。以风大小顺逆较更数。即知为某处。近因中国人口浩盛。往此地何啻十余万。归家鲜矣。作家业。娶土女。故荷兰总兵禁革新唐。不许居住。令随船而回。然唐人土著。生长富贵人甚多。与荷兰友睦交接。兼荷兰亦用唐人为官属。为保甲。名甲必丹。理国政。掌财赋。毗于呀瓦之岛等。是巫来酉族类土番所居。兼蛮海贼无数。在地本屿。或地门屿。荷兰与葡萄亚建城。产檀木。蜜蜡等货。

外国史略

众岛之中。牙瓦最贵。古名小爪哇。今名葛留巴。……明永乐三年。有回回教师领大军强服其土民。使弃偶像而拜回回教主。元时亦入贡中国。

在牙瓦各海口。亦有唐人经商致富。

地门岛阔八百里。长约十三里。皆山地。……此岛分二分。西分归荷兰。其港口曰古邦。东方归葡萄牙。筑炮台曰和睦。每年由澳门开船前往。买黑奴。蜡。檀香等货。虽设严禁。犯者益多。

卷十四·东南洋·葛留巴岛旧为狼牙修沿革

梁书

扶南以南。入海中为顿逊国。其西为盘。盘国又西南为丹。丹国海中有毗骞国。去扶南八千里。又西南为乾陁利。乾陁利国在南海洲上。其俗与林邑。扶南略同。出班布。吉贝。槟榔。天监中。其王遣使贡献方物。乾陁利之西南。为狼牙修岛。又西南为婆利岛国。再西南则中天竺。再西南为海中狮子国。

狼牙修国。在南海中。其界东西三十日行。南北二十日行。去广州二万四千里。

天监十四年。遣使阿撒多奉表。

卷十四·东南洋·葛留巴岛旧为阇婆小爪哇沿革

唐书

呵陵亦曰杜婆。曰阇婆。在南海中。东距婆利。西堕婆登。南濒海。北真腊。……贞观中。与堕利罗。堕婆登。皆遣使入贡。太宗以玺诏优答。堕和罗丐良马。帝与之。……大历元和太和中。皆入贡。

宋史

阇婆国在南海中。其国东至海一月。泛海半月。至昆仑国。西至海四十五日。南至海三日。泛海五日。至大食国。北至海四日。西北泛海十五日。至勃泥国。又十五日。至三佛齐国。又七日。至古逻国。又七日。至柴历亭。抵交阯。达广州。……先是宋元嘉十二年。遣使朝贡。后绝。淳化三年。贡象牙。真珠。绣花。销金。及绣丝。绞杂色丝。绞吉贝织。杂色绞布。檀香。玳瑁。槟榔盘。犀装剑。金银装剑。藤花簟。白鹦鹉。七宝饰。檀香。亭子。其使别贡玳瑁。龙脑。丁香。藤织花簟。至明州定海县。其使饰服。与尝来入贡波斯相类。其国与三佛齐有仇怨。互相攻战。本国山多猴。不畏人。呼以霄霄之声。即出。或投以果实。则其大猴二先至。土人谓之猴王。猴夫人。食毕。群猴食其余。使既至。上令有司优待。久之使还。赐金帛甚厚。仍赐良马。戎具。以从其请。其言邻国。名婆罗门云。大观三年六月。遣使入贡。诏礼之如交趾。又有摩国。太平兴国七年。载宝货至广州海岸。南毗国在大海之西南。由三佛齐风帆月余可至。其国王每巡行。先期遣兵百余人。持水洒地上。以防飓风扬沙尘。列鼎百以进食。日一易之。置翰林官。供王饮食。俗喜战斗。习刀槊。善射凿。杂白银为钱。产珍珠。番布。其国最远。番舶罕到。时罗巴智力乾父子。其种类也。居泉之城南。自是舶舟多至其国矣。

广东通志

爪哇国。古呵陵也。一曰阇婆。又名莆家龙。在真腊之南海中洲上。东与婆利。西与隋婆登。北接真腊国。南临大海。自占城起程。顺风二十昼夜。可至其国。地广人稠。甲兵药铳。为东洋诸番之雄。其港口入去马头。曰新村。屋店连行为市。买卖商旅最众。三佛齐国为其所并。改名旧港。以别于新村。源按。并三佛齐者。乃大爪哇。非此小爪哇也。

明史

阇婆。宋元嘉时始朝中国。唐曰呵陵。又曰社婆。其王居阇婆城。唐宋皆入贡。洪武十一年。遣使表贡。其后不复至。或曰爪哇。即阇婆。然元史·爪哇传不言。且曰其风俗物产无可考。而太祖时。两国并时入贡。其王之名不同。或本为二国。其后为爪哇所灭。然不可考。源案。阇婆为下港。小爪哇为葛留巴。诸书皆以爪哇即阇婆。独此分之。然尚与大爪哇相混。

魏源曰。葛留巴昔为小爪哇。今为小新荷兰。其与下港仅隔一峡。凡西洋南洋之番船。必绕过峡中。而后分赴各国。故帆樯廛市。雄甲南海。视婆罗洲之大爪哇尤繁盛。荷兰之有小爪哇。犹英吉利之有东印度。凡各岛驻防之兵。均皆听号令。受节制焉。其并于天方也。在明天顺。吞于荷兰也。在明万历。交哄于佛兰西英吉利也。在嘉庆之初。天方之服之也。以回教。荷兰之蛊之也。以鸦烟。皆阴谋潜伏于无形。而夺人家国。气运所迁。机智所阈。乌乎。安所极哉。诸书或以阇婆即爪哇。或以噶留巴即大爪哇。而下港为小爪哇。甚至谓爪哇疆域南抵大食。而以西南之苏门答剌当之。不知唐书大食王遣人囊金阇婆之郊。阴试女王之令者。盖商船往来。速邮传命。讵真谓万里波斯之国。鸡犬相闻。明洪武中。命外夷山川附祭各省。安南。占城。真腊。暹罗。锁里。附祭广西。三佛齐。小爪哇。附祭广东。日本。琉球。浡泥。附祭福建。今则大半归于西洋。

卷十五·东南洋·英荷二夷所属亚齐及三佛齐岛

谢清高海录

三佛齐及苏门答剌岛。在新柔佛岛对渡。旧柔佛为英吉利所据。其土番徙新岛。周围数百里。由柔佛岛对渡。西南海中。别峙一大洲。九国环之。曰溜里。曰锡里。曰大亚齐。曰小亚齐。曰尼古巴拉。曰苏苏。曰叭当。曰尼是。曰茫古鲁。曰旧港。曰龙牙。九国同此一山。亚齐及苏苏。皆苏门答剌故地。旧港则三佛齐故地也。溜里国。在柔佛西南。不与柔佛相连。由柔佛渡海而南行。约日余可到。疆域约数百里。风俗土产与柔佛同。土番较强盛。潮州人多贸易于此。海东北为琴山径。

锡里国。在溜里西北。疆域风俗与溜里同。由溜里买小舟沿海行。约四日可到。海东为麻六甲。由此又西北行。约二日。仍经红毛浅。土产鱼肚。冰片。椰子。胡椒。

大亚齐国。在锡里西北。疆域稍大。由红毛浅外海西北。行日余即到。由国都向西北陆行丘六日。水路顺风一二日则至。山尽处。俱属大亚齐。风俗与无来由各国同。海东北岸为沙喇我国。山尽处。则与新埠斜对。土产金。冰片。沙藤。椰子。香木。海菜。

尼古巴拉。西南海中孤岛也。由亚齐山尽处。北行少西。顺风约十一二日可到。土番俱野人。性情淳良。日食椰子。熟鱼。不食五谷。闽人居基德者。常偕基德土番到此。采海参及龙涎香。其海道亦向西北。约旬日可到。由此又北行。约半日许。有牛头马面山。其人多人身马面。嗜食人。海艘经过。俱不敢近。望之但见云气屯积。天日晴朗。遥见山顶似有火焰焉。又北行旬日。即到明牙喇海口。若向北少西行。顺风六七日。可到曼达喇萨。

小亚齐国。一名孙支。在大亚齐西。由大亚齐西北行。经山尽处。转东南行。约日余可到。疆域亦数百里。风俗与大亚齐同。土产金。沙藤。胡椒。椰子。冰片。

苏苏国。在小亚齐南。水路顺风约二日可到。疆域风俗土产。与小亚齐同。

叭当国。在苏苏东南。水路顺风亦二日可到。疆域风俗。与上略同。海西别有一岛。为呢是国。

呢是国。又名哇德。在苏苏叭当二国之西。海中独峙一山。民似中国而小。常相掳掠贩卖。出入必持标枪。惧炮火。不食五谷。惟以西谷米合香蕉煎食。年老者子孙则抱置树杪。环其下而摇之。俟跌死而后已。其灭伦理至于此极。自此以西。海中多大石。风涛险阻。故大西洋海舶。往小西洋者。必由叭当之西。咒是之东。茫古鲁在巴当东。水路顺风。约五六日可到。陆路亦通。但山僻多盗贼。故鲜有行者。沿海都邑。近为英吉利所夺。国王移居山内。然英吉利居此者。不过数十人。领跛兵数百而已。土产海参。丁香。豆蔻。胡椒。椰子。槟榔。

旧港国。即三佛齐也。在茫古鲁东。疆域稍大。由古东南行。约三四日转北。入葛剌巴峡口。顺风行半日。方出峡。峡东西皆旧港国疆土。峡西大山名网甲。别峙海中。山麓有文都上卢寮。下卢寮。新港等处。山南复有二小岛。一名空壳槟榔。一名朱麻里。皆产锡。闽粤人到此。采锡者甚众。文都有英吉利镇守。而榷锡税。凡采者。俱向借资斧。得锡则偿之。每百斤止给洋银八枚。无敢私卖。国王所都在峡西。由文都对海入小港。西行四五日方至。亦有荷兰镇守。两岸居民。俱临水起屋。颇称富庶。国王殿廷为三级。每日听政。王坐于上。次列各酋长。庶民争讼者。俱俯伏于下。体制严肃。而民性凶恶。多为盗贼。不知尊中国而畏荷兰。英吉利如虎。凡有诛求。无敢违抗。巫来由番皆然。不独此国也。土产金。锡。沙藤。速香。降香。胡椒。椰子。槟榔。水鹿。

龙牙国。在旧港北。由峡口水路到此。顺风约三日。由此北行日余。则为柔佛。西北行日余。则至溜里。此山多木。大者数十围。中华洋船至此多换桅柁。凡溜里。锡里。大抵皆巫来由种类。唯大亚齐及苏苏。民稍淳良。余俱凶恶。盗劫为生。凡巫来由各国。俱产黑燕窝。速香。降香。鸡骨香。槟榔。椰子。海菜。

外国史略

唐船每年有一二到巴林邦口。买沙藤。锡。胡椒等货。海边又任汉人开市。百姓为荷兰管束。不敢远出。

卷十五·东南洋·亚齐旧港即古婆利沿革考

梁书

婆利国。在广州广南海州上。去广州二月日行。国界东西五十日行。南北二十日行。有一百三十六聚。气暑如盛夏。谷一岁再熟。草木常荣。海出文螺。紫贝。有石名蚶贝罗。初采柔软。刻削为物乾之。遂坚。国人披吉贝如帊。及为都缦。王乃用班丝布以婴络绕身。头著金冠。高尺余。形如弁。缀以七宝带。金装剑。偏踞金高坐。银蹬支足。侍女皆为金花杂宝之饰。持白毦拂。及孔雀扇。王以象驾舆。舆以杂香为之。上施羽。盖珠帘。导众吹螺击鼓。王姓陈㤭如。自古未通中国。言白净王夫人。即其国女。天监十六年入贡。

明史

苏门札剌在满剌加之西。顺风九昼夜可至。或言。即汉条枝。唐波斯。大食二国地。西洋要会也。成祖初。遣使。以即位诏谕其国。永乐元年。遣使赐其酋织金文绮。中官尹庆使爪哇。便道复使其国。其酋遣使朝献。诏封为国王。遂比年入贡。而郑和凡三使其国。先是。王之父与邻国花面王战。中矢死。王子年幼。有渔翁率国人往击。馘其王而还。王妻遂与之合。称为老王。既而王子年长。复杀老王。而袭其位。及是郑和至其国。老王弟苏乾剌以颁赐不及己。怒。统数万人邀击。和勒步卒及国人御之。大破贼众。追至南渤利国。俘以归。宣德五年。帝以外番贡使多不至。遣和及王景宏。遍历诸国颁诏。凡历二十余国。明年遣使入贡者再。八年。贡麒麟。九年。王弟哈利之汉来朝。卒于京。成化二十二年。其使者至广东。有司验无印信勘合。乃藏其表于库。却还其使。别遣番人输贡物。京师稍有给赐。自后贡使不至。迨万历间。国两易姓。初其国有大臣握兵权。大臣有奴桀黠。出谓其主曰。国王左右侍卫少。主拥重兵出镇。必入辞。请以奴从。主言有机事。乞屏左右。奴乘间刺杀之。大呼曰。王不道。吾杀之。吾主即王矣。敢异议者血此刃。众慑服。不敢动。其主遂篡位。任奴为心腹。委以兵柄。未几奴复弑主而代之。乃大为防卫。拓其宫。建六门。不得阑入。虽勋贵不得带刀上殿。出乘象。象驾亭而帷其外。如是者。百余俾人莫测王所在。其国俗颇淳。出言柔顺。惟王好杀。岁杀十余人。取其血浴身。谓可除疾。贡物有宝石。玛瑙。水晶。

石青。回回青。善马。犀牛。龙涎香。沈香。速香。木香。丁香。降真香。刀。弓。锡锁服。胡椒。苏木。硫磺之属。货舶至。贸易称平。地本瘠。无麦有禾。禾一岁二稔。四方商贾辐辏。华人往者以地远价高。获利倍他国。其气候朝如夏。暮如秋。夏有瘴气。妇人裸体。惟腰围一布。其它风俗。类满剌加。篡弑后易国名曰亚齐。又有须文达那者。古不知何国。洪武十六年来贡。或言须文达那。即苏门答剌。洪武时初更。然其贡物与王之名皆不同。无可考。

皇清通考·四裔门

亚齐在西南海中。相传旧为苏门答剌国名。万历中乃易今称。其王严防卫。拓宫殿。建六门。虽勋贵不得带刀上殿。出乘象。象驾亭而帷其外。如是者。百余俾人莫测王所在云。风俗男女穿长衣。头缠白布。土产西洋布。丁香。肉果。水安息。苏合油之属。地本瘠。无麦有禾。一岁二稔。市道称平。内地商船。常往其地贸易。

宋史

三佛齐国。盖南蛮之别种。……泛海使风。二十日至广州。其王号詹卑。其国居人多蒲姓。唐天佑元年。宋建隆元年。皆来朝贡。终宋世。职贡不绝。

明史·三佛齐传

三佛齐。古名乾陀利。宋孝武帝时。尝遣使奉贡。梁武帝时数至。宋名三佛齐。修贡不绝。洪武三年。太祖遣行人赵述。诏谕其国。明年遣使奉表。随入朝贡方物。诏赐大统历。及绵绮有差。其货舶至泉州者。命勿征税。时其国有三王。八年九月。遣使随招谕。拂菻国朝使入贡。洪武九年。遣使贡犀牛。黑熊。火鸡。白猿。红绿鹦鹉。龟筒及丁香。冰脑诸物。其使者言。先王殁。嗣子不敢擅立。请命于朝。诏遣使赍印。敕封为三佛齐国王。是时爪哇强。已威服三佛齐。而役属之。闻天朝封为国王。与己土祭。大怒。遣人诱朝使邀杀之。天子亦不能问罪。自是其国益衰。贡使遂绝。洪武三十年八月。礼官以诸番久缺贡。奏闻。帝曰。洪武初。诸番贡使不绝。迩者安南。占城。真腊。暹罗。爪哇。大琉球。三佛齐。渤泥。彭亨。百花。苏门答剌。西洋等三十国。以胡惟庸作乱。三佛齐乃生间谍。给我使臣。至彼爪哇。王闻知。遣人戒饬。礼送还朝。由是商旅阻遏。诸国之意不通。惟安南。古城。真腊。暹罗。大琉球。朝贡如故。大琉球且遣子弟入学。凡诸番国。使臣来者。皆以礼待之。我视诸国不薄。未知诸国心若何。今欲遣使爪哇。恐三佛齐中途阻之。闻三佛齐本爪哇属国。可述朕意。移咨暹罗。俾转达爪哇。然是时。爪哇已破。三佛齐据其国。改其名曰旧港。三佛齐遂亡。国中大乱。爪哇亦不能尽有其地。华人流寓者。往往起而据之。有梁道明者。广州南海县人。久居其国。闽粤军民。泛海从之者。数千家。遂推道明为首。雄视一方。会指挥孙铉。使海外。遇其子挟与俱来。永乐三年。遣使赍敕。招之随使入朝。四年。旧港头目陈祖义。梁道明各遣其子来朝。祖义亦广东人。虽朝贡而为盗海上。贡使往来者苦之。五年郑和自西洋还。遣人招谕之。祖义诈降。而潜谋邀劫。有施晋卿者。告于和。祖义来袭。被擒。献于朝。伏诛。命设旧港宣慰司。以晋卿为使。赐诰印及冠带。自是屡入贡。然进卿虽受朝命。犹服属爪哇。其地狭小。非故时三佛齐比也。嘉靖末。广东大盗张琏作以官军已报克获。万历五年。商人诸旧港者。见琏列肆为番舶长。漳泉人多附之。犹中国市舶官云。其地为诸番要曾。在爪哇之西。顺风八昼夜可至。辖十五洲。土沃宜稼。语云。一年种谷。三年生金。言收获盛而贸金多也。俗富好淫。习于水战。邻国畏之。地多水。惟部领陆居。庶居皆水居。编筏筑室。系之于桩。水涨则筏浮。无沈溺患。欲徙则拔桩去之。不费财力。下称其上曰詹卑。犹国君也。后大酋所居。即号詹卑国。而故都则改为旧港。初本富饶。自为爪哇破灭后。渐至萧索。商舶亦鲜至其地。风俗物产。俱详宋史。

瀛涯胜览

旧港古号三佛齐。曰渤淋邦。隶爪哇。东距爪哇。西距满剌加。南距大山。自西北滨海。舶入淡港。入彭家里舍。易小舟入港。达其国。国人多广东漳泉人流寓。土沃人稠。宜稼穑。俗好赌博。如把龟。奕棋。斗鸡。皆索钱具也。市亦用中国铜钱。布帛之类。

魏源曰。三佛齐国。自宋以来。臣服中国。苏门答剌亦终明世。职贡不衰。国朝独不列王会之图。则知为西夷窟穴久矣。其地自宋以前。则为婆利洲。梁隋唐皆入贡。而隋唐书言婆利国。自交趾浮海。南过赤土。丹丹。乃至其国。国界东西四月行。南北四十五日行。赤土即古扶南。今暹罗。而丹丹即今柔佛等国。地望相准。且唐以后。无婆利。宋以前无三佛齐。今此昔彼。亦沿革相承。又史言婆利东西南北数千里。为海南大国。舍是岛外。更无大洲。足当婆利故壤者。断非明史南渤利南巫里梨我阿鲁那孤儿等小屿。居民千余家之伦。至明史沿王圻之谬。以苏门答剌为古大食。波斯等国。乌乎。何以至是。

卷十五·东南洋·荷佛二夷所属美洛居岛

明史

美洛居。俗讹为米六合。居东海中。颇称饶富。酋出威仪甚备。所部合掌伏道旁。男子削发女椎结。地有香山。雨后香堕。沿流满地。居民拾取不竭。其酋委积充栋。以待商舶之售。东洋不产丁香。独此地有之。可以辟邪。故华人多市易。万历时。佛郎机来攻。其酋战败请降。岁以丁香充贡。不设戍兵而去已。红毛番横海上。知佛郎机兵已退。乘虚直抵城下。执其酋语之曰。若善事我。我为若主。殊胜佛郎机也。酋不得已。复听命。佛郎机酋闻之大怒。率兵来攻。值红毛番已去。遂破美洛居杀其酋。立己所亲信主之。无何红毛番至。又破其城。逐佛郎机所立酋。而立美洛居故王之子。自是岁岁构兵。人不堪命。华人流寓者。游说两国。令各罢兵。分国。万老高山为界。山以北属红毛番。南属佛郎机。始稍休息。而美洛居竟为两国所分。

每月统纪传

万古累巴当二岛。西南海滨巴邻纲甲二岛。在东北海滨。为荷兰所管。建炮台。开埔头。因良久与山内之白头回回僧战斗不息。故其地官府时时防范。巴邻纲甲。沿溪楼阁群居。广东船进江。买胡椒。藤。锡等货。勒索太甚。万古累先为英国藩属地。因公费过于税入。故以麻剌甲邑易之。万古累地。丁香树。胡椒园。不胜数。惟种之者无利。纲申屿附苏门答剌洲。岁出锡几万石。故荷兰设官发卖。且广东人开锡山甚难。米食物都由外国运出。盖其地为石山而已。

又曰。闽堂屿。是荷兰所管。有炮台在山岭及大营泛。其产物为胡椒等货。潮州府人。耕田买卖向有几万。今其数渐减。

明史

丁机宜。爪哇属国也。幅员甚狭。仅千余家。柔佛黠而雄。丁机宜与接壤。时被其患。后以厚币求昏。稍获宁处。民俗类爪哇。物产悉如柔佛。华人往商。交易甚平。自为柔佛所破。往者亦鲜。又苏吉丹。爪哇属国。后讹为思吉港。国在山中。止数聚落。又有碟里国。日罗夏治国。皆近爪哇。于永乐初入贡。

合苗里。海中小国也。土瘠多山。山外大海。饶有鱼虫。人知耕稼。永乐三年。遣使附爪哇使臣朝贡其国。又名苗里务。近吕宋商舶往来。渐成富壤。华人入其国。不敢欺凌。市法最平。故华人为之语曰。若要富。须往苗里务。有网巾礁脑者。最凶悍。海上行劫。因是苗里务商舶亦稀。地渐贫困。

海国闻见录

吕宋下接利仔友。水程十二更。至甘马力水程二十一更。二处汉人从吕宋舟楫往彼贸易。利仔友之东南。隔海对峙有五岛。曰班爱。曰恶党。曰宿务。曰苗务烟。曰网巾礁脑。均土番族类。山海所产。与吕宋同。水程必由吕宋之利仔友海而南。吕宋至班爱十更。至恶党二十三更。至宿务二十四更。至网巾礁脑五十八更。人愚罔知识。国各有酋惟谨守国土。其东南又有万老高。丁机宜二岛。居于巳方。国土人物产类相似。水程吕宋至万老高一百七十四更。至丁机宜二百一十更。

魏源曰。……国朝互市。诸番在西北洋者。皆夷船来市。惟南洋则华船往市。以冬春往夏秋归。康熙初开东洋海禁。尚未许赴南洋。雍正乾隆海禁大弛。鲎帆鷁舶。万里遄征。然内地商船。远极印度南洋而止。无至小西洋者。明太监郑和。亦仅远至小西洋。无至大西洋者。

卷十五·东南洋·英夷所属新埠岛

谢清高海录

新埠。海中岛屿也。一名布路槟榔。又名槟榔士。英吉利于乾隆年间开辟者。在沙剌我西北大海中。一山独峙。周围约百余里。由红毛浅顺东南风约三日可到。西南风亦可行。

何大庚英夷说

近粤洋海岛。有名新埠者。距大屿山仅十日程。沃土三百里。闽粤人在彼种植。以尽地利者。不啻数万。阡陌田园。一岁再熟。即粤人所谓洋米是也。

明史

麻叶瓮在西南海中。永乐三年十月。遣使赍玺书赐物。招谕其国。其酋长迄不朝贡。自古城灵山放舟。顺风十昼夜。至交栏山。其西南即麻叶瓮。山峻地平。田膏腴。收获倍他国。交栏山甚高。广饶竹木。元史弼。高兴伐爪哇。遭风至此山下。舟多坏。乃登山伐木重造。遂破爪哇。其病卒百余。留养不归。后益蕃衍。故其地多华人。

元·汪大渊岛夷志略

勾栏山。岭高而林密。田瘠谷少。气候热。俗射猎为事。至元初。军士征阇婆。遭风于山。轻损舟。一舟幸免。见此山多木。故于其地造舟十余只。飘然长往。有病卒百余人不能去。遂留山中。今唐番杂居。【源案】交栏山。为往大爪哇婆罗洲必由之地。又山高壤沃。似即新埠之地。

卷十七·东南洋·日本岛国录

明史

日本。古倭奴国。唐咸亨中。改日本。以近东海日出而名也。地环海。惟东北隅大山。有五畿。七道。三岛。共百十五洲。统五百八十七郡。其小国皆服属焉。国小者百里。大不过五百里。户小者千。多不过一二万。国主世以王为姓。群臣亦世官。宋以前皆通中国。朝贡不绝。惟元世祖。数遣使招之不至。乃命范文虎等。师舟师十万征之。至五龙山。遭暴风军尽没。终元世。未相通也。明兴。乘中国用兵。屡寇海滨州县。洪武二年。遣使颁诏书。且诘其入寇之故。日本不奉命。侵掠如故。屡入贡。皆无表。却之。二十年。命江夏侯周德兴往福建。信国公汤和往浙江。整饬海防。命福建备海舟百艘。广东倍之。会胡惟庸谋逆。藉日本为助。其王遣僧如瑶。率兵卒四百余人。诈称入贡。且献巨烛。藏火药刀剑其中。既至而惟庸败。事露。乃决意绝日本。专务防海。后著祖训不征之国十五。日本与焉。永乐初。始通表贡。时对马台岐诸岛。贼掠滨海居民。谕其王捕之。王发兵。捕其众。絷其魁二十人以献。自是频入贡。亦频献所获海寇。且表言。岛上无赖鼠窃者。实非臣所知。愿贷罪。然海寇犹不绝。十七年。辽东总兵官刘江。大破之于望海埚。自是寇掠为稀。贡使亦不至。正统四年。八年。倭船四十艘。连寇台州。海宁。先是洪熙时。黄岩。龙岩民二人。因徭役叛。入倭为之乡导。倭性黠。时载方物戎器出没海滨。得间则张其戎器。肆侵掠。不得则陈其方物。称朝贡。东南海滨患之。其贡使亦屡杀人犯法。其来贡者。皆利互市。交通沿海奸豪。故且贡且寇。

嘉靖二十七年。巡抚朱纨。乃严为申禁。斩其交通者。由是浙闽大姓素为倭内主者。失利而怨纨。又数腾疏于朝。显言大姓通倭状。以故闽浙人咸恶之。巡抚御史周亮闽产也。上疏诋纨。请改巡抚为巡视。以杀其权。其党在朝者左右之。竟如其请。后又夺纨官。罗织其擅杀罪。纨自杀。自是不置巡抚者。四年。海禁复弛。乱益滋甚。祖制浙江设市舶提举司。以中官主之。驻宁波。海舶至。则平其直。制驭之权在上。及世宗尽撤天下镇守中官。并撤市舶。而滨海奸人遂操其利。初犹市。商人为之主。已而严通番之禁。遂移之贵官家。而负其直者愈甚。索之急。则以危言吓将吏。俾之剿兵将出。又以好言绐之走。谓吾终不负若直。倭丧其资不得返。已大恨。而大奸若汪直。徐海。陈东。麻叶辈素窟穴其中者。以内地不得逞悉。逸出海岛中。为倭谋主。诱之入寇。而海中巨盗。遂袭倭服饰旗号。并分艘掠内地。倭患日剧。于是廷议复设巡抚。三十一年七月。乃以佥都御史王忬任之。而势已不可扑灭。先是国初沿海要地建卫所。设战船。董以都司巡视副使等官。控制周密。及承平久。船敝伍虚。及遇警。乃募渔船以资哨守。兵非素练。船非专业。见寇舶至。辄望风逃匿。而上又无统帅御之。以故贼帆所指。无不残破。三十二年三月。汪直勾诸倭。大举入寇。连舰数百。蔽海而至。浙东西江南北。滨海数千里。同时告警。破昌国卫。四月犯太仓。破上海县。掠江阴。攻乍浦。八月劫金山卫。犯崇明及常熟。嘉定。

三十三年正月。自太仓掠苏州。攻松江。复趋江兆。薄通泰。四月陷嘉善。破崇明。复薄苏州。入崇德县。六月。由吴江掠嘉兴。还屯柘林。纵横来往。若入无人之境。忬亦不能有所为。未几。忬改抚大同。以李天宠代之。又命兵部尚书张经总督军务。乃大征兵四方。协力进剿。是时倭以川沙洼。柘林为巢。抄掠四出。明年正月。贼夺舟犯乍浦。海宁。陷崇德。转掠塘栖。新市。横塘。双林等处。攻德清县。五月。复合新倭突犯嘉兴。至王江泾。乃为经击斩一千九百余级。余奔柘林。其它倭复肆掠苏州境。延及江阴。无锡。出入太湖。莫有御之者。大抵真倭十之三。从倭者十之七。倭战则驱其所掠之人为军锋。法严人皆致死。而官军素懦怯。所至溃奔。帝乃遣工部侍郎赵文华督察军情。文华棼。颠倒功罪。诸军益解体。经天宠。并被逮。代以周琉。胡宗宪。逾月。琉罢。代以杨宜。时贼势蔓延。江南北。浙东西。既无不遭其蹂躏。新倭来益众。每自焚其舟。登岸劫掠。自杭州西剽淳安。突徽州歙县。至绩溪。旌德。过泾县。趋南陵。遂达芜湖。烧南岸。奔太平府。犯江宁镇。径侵南京。倭红衣黄盖。整众犯大安德门。及夹冈。乃趋林陵关而去。曲溧水。流劫溧阳。宜兴。闻官兵自太湖出。遂越武进。抵无锡。驻惠山。一昼夜奔一百八十余里。抵浒墅。为官军所围。追及于杨林桥。歼之。是役也。贼不过六七千人。而经行数千里。杀戮战伤者几四千人。历八十余日始灭。此三十四年九月事也。

应天巡抚曹邦辅以捷闻。文华忌其功。以倭之巢于陶宅也。乃大集浙直兵。与宗宪亲将之。又约邦辅合剿。分道并进。营于松江之砖桥。倭悉锐来冲。遂大败。文华气夺。贼益炽。十月倭自乐清登岸。流劫黄岩。仙居。奉化。余姚。上虞。被杀掳者无算。至嵊县乃歼之。亦不满二百人。顾深入三府。历五十日始平。其先一枝。自山东日照。流劫东安卫。至淮安。赣榆。沭阳。桃源。至清河阻雨。为徐邳官兵所歼。亦不过数十人。流害千里。杀戮千余。其悍如此。而文华自砖桥之败。见倭寇势甚。其自柘林移于周浦余。泊于川沙旧巢。及嘉定高桥者。自如他侵犯者无虚日。文华乃以寇息请还朝。明年二月。罢杨宜。代以宗宪。以阮鹗巡抚浙江。于是宗宪乃请遣使谕日本国王。禁戢岛寇。招还通番奸商。

许立功免罪。既得旨。遂遣宁波诸生蒋洲陈可愿往。及是可愿还。言至其国五岛。遇江直。毛海峰。谓日本内乱。王与其相俱死。诸岛不相统摄。须偏谕。乃可杜其入犯。又言萨摩洲者。虽已扬帆入寇。非其本心。乞通贡互市。愿杀贼自效。乃留洲传谕各岛。而送可愿还。宗宪以闻兵部。言直等本编民。既称效顺。即当释兵。乃绝不言及。第求开市通贡。隐若属国。然其奸叵测。宜令督臣振扬国威。严加备御。移檄直等。俾剿除舟山诸贼巢以自明。果海疆廓清自有恩赏。从之。

时两浙皆被倭。而慈溪焚杀多惨。余姚次之。浙江柘林。乍浦。乌镇。皂林间。又皆为贼巢。前后至者。二万余人。命宗宪亟图方略。七月。宗宪言。贼首毛海峰。自陈可愿还。一败倭寇于舟山。再败之沥表。又遣其党招谕各岛。相率效顺。乞加重赏。部令宗宪以便宜行。是时。徐海。陈东。麻叶方连兵。攻围桐乡。宗宪设计间之。海遂擒东叶以降。尽歼其余众于乍浦。未几。复蹴海于梁庄。海亦授首。余党尽灭。江南浙西诸寇略平。而江北倭则犯丹阳。及掠瓜洲。烧漕艘者。明春复犯如皋。海门。攻通州。掠扬州。亭邮。入宝应。遂侵淮安府。集于庙湾。逾年乃克。其浙东之倭。则盘踞于舟山。亦先后为官军所袭。先是。蒋洲宣谕诸岛。至丰后被留。转令僧人住山口等岛。传谕禁戢。于是山口都督源义长具咨送还被掠人口。而咨乃用国王印。丰后太守源义镇遣僧德阳等。具方物奉表谢罪。请颁勘合修贡。送洲还。前杨宜所遣郑舜功出海哨探者。行至丰后岛。岛主亦遣僧清授附舟来谢罪。言前后侵犯皆中国奸商。潜引诸岛夷众。义镇等实不知。于是。宗宪疏陈其事。言洲奉使二年。止历丰后山口二岛。或有贡物而无印信勘合。或有印信而非国王名称。皆违朝典。然彼既以贡来。又送还被掠人口。实有畏罪乞恩意。宜礼遣其使。令传谕义镇。义长转谕日本王。擒献倡乱诸渠。及中国奸宄。方许通贡。诏可。汪直之踞海岛也。与其党王滶。叶宗满。谢和。王清溪等。各拥众诱挟倭寇为雄。朝廷至悬伯爵万金之赏。以构之。迄不能致。及是内地官军颇有备。倭虽横。亦多被剿戮。有全岛无一人归者。往往多尤直。直渐不自安。宗宪与直同郡。馆直母与其妻孥于杭州。遣蒋洲赍其家书招之。直知家属固无恙。颇心动。义镇等以中国许互市。亦喜。乃装巨舟遣其属善妙等四十余人。随直等来贡市。于三十六年十月初。抵舟山之岑港。将吏以为入寇也。陈兵备。直乃遣王滶入见宗宪。立遣之。直又邀一贵官为质。即命指挥夏正往。直以为信。遂与宗满清溪偕来。宗宪大喜。礼接之甚厚。令谒巡按御史王本固于杭州。本固以属吏。滶等闻大恨。支解夏正。焚舟登山。据岑港坚守。逾年。新倭大至。屡寇浙东三郡。其在岑港者。徐移之柯梅。造新舟出海。宗宪不之追。十一月。贼扬帆南去。泊泉州之浯屿。掠同安。惠安。南安诸县。攻福宁州。破福安。宁德。明年四月。遂围福州。经月不解。福清。永福诸城。皆被攻毁。蔓延于兴化。奔突于漳州。其患尽移于福建。而潮广间亦纷纷以倭警闻矣。

至四十年。浙东江北诸寇以次平。宗宪寻坐罪被逮。明年十一月。陷兴化府。大杀掠以据平海卫不去。初倭之犯浙江也。破州县卫所城以百数。然未有破府城者。至是远近震动。亟征俞大猷。戚继光。刘显诸将。合击破之。其侵犯他州县者。亦为诸将所破。福建亦平。其后广东巨寇。曾一本黄朝太等。无不引倭为助。隆庆时破碣石。甲于诸卫所。已犯化州。石城县。陷锦囊所。神电卫。吴川。阳江。茂名。海丰。新宁。惠来诸县。悉遭焚掠。转入雷廉琼三郡境。亦被其患。万历二年。犯浙东宁。绍。台。温四郡。又陷广东铜鼓卫。双鱼所。三年。犯电白。四年。犯定海。八年。犯浙江韭山及福建彭湖东涌。十年。犯温州。又犯广东。十六年。犯浙江。然是时疆吏惩嘉靖之祸。海防颇饬。贼来辄失利。其犯广东者。为蜑贼梁本豪勾引。势尤猖獗。总督陈瑞。集众军击之。斩首千六百余级。沈其船百余艘。本豪亦授首。帝为告谢郊庙。宣捷受贺云。

日本故有王。其下称关白者最尊显。时山城州渠信长为此职。偶出猎遇一人卧树下。惊起冲突。执而诘之。自言为平秀吉。沙摩洲人之奴。雄健矫捷。有口辩。信长见而悦之。令牧马。名曰木下人。后渐用事。为信长画策。夺并二十余州。遂为摄津镇守。大将有参谋阿奇支者。得罪信长。命秀吉统兵讨之。俄信长为其下明智所弑。秀吉方攻灭阿奇支。闻变与部将行长等。乘胜还兵讨之。威名益振。寻废信长三子。僭称关白。尽有其众。时为万历十四年。于是益治兵征服六十六州。又以威胁琉球。吕宋。暹罗。佛郎机诸国。皆使奉贡。乃改国王所居山城为大阁。广筑城郭。建宫殿。其楼阁有至九重者。实妇女珍宝其中。其用法严。军行有进无退。违者虽子婿必诛。以故所向无敌。乃改元文禄。并欲侵中国。灭朝鲜而有之。召问故时汪直遗党。知唐人畏倭如虎。气益骄。益大治甲兵。缮舟舰。与其下谋。入中国北京者。用朝鲜人为导。入浙闽沿海郡县者。即用唐人为导。虑琉球泄其情。使毋入贡。同安人陈甲者。商于琉球。惧其为中国害也。与琉球长史郑回谋。因进贡请封之使。具以其情来告。甲又旋故乡。陈其事于巡抚赵参鲁。参鲁以闻。下兵部。部移咨朝鲜王。王但深辨乡导之诬。亦不自知其谋已也。初秀吉广征诸镇兵。储三岁粮。欲自将以犯中国。会其子死。旁无兄弟。前夺丰后岛主妻为妾。虑其为后患。而诸镇怨秀吉之虐已也。咸曰。此举非侵大唐。乃袭我耳。各怀异志。由是秀吉不敢亲行。

二十年四月。遣其将清正行。长义智僧。元苏宗逸等。将舟师数百艘。由对马岛渡海。陷朝鲜之金山。乘胜长驱。以五月渡临津。掠开城。分陷丰德诸郡。朝鲜望风溃。清正等遂逼王京。朝鲜王李昖弃城奔平壤。又奔义州。遣使络绎告急。倭遂入王京。执其王妃王子。追奔至平壤。放兵淫掠。七月。命副总兵祖承训赴援。与倭战于平壤城外。大败。承训仅以身免。八月。中朝乃以兵部侍郎宋应昌为经略都督。李如松为提督。统兵讨之。当是时。宁夏未平。朝鲜事起。兵部尚书石星计无所出。募能说倭者侦之。于是嘉兴人沈惟敬应募。星即假游击将军御。送之如松麾下。明年如松师大捷于平壤。朝鲜所失四道并复。如松乘胜趋碧蹄馆。败而退师。于是封贡之议起。中朝弥缝。惟敬以成款局。事详朝鲜传。久之秀吉死。诸倭扬帆尽归。朝鲜患亦平。然自关白侵東国前后七载。丧师数十万。糜饷数百万。中朝与朝鲜迄无胜算。至关白死。兵祸始休。诸倭亦皆退守岛巢。东南稍有安枕之日矣。秀吉凡再传而亡。终明之世。通倭之禁甚严。而闾巷小民。至指倭为詈骂。甚以噤其小儿女。

武备志

又曰。日本造船与中国异。必用大木取方。相思合缝。不使铁钉。惟联铁片。不使麻筶桐油。惟以短水草塞罅漏而已。费功甚多。费材甚大。非大力量。未易造也。凡寇中国者。皆其岛贫人。向来所传倭国造船千百只。皆虚诳耳。其大者容三百人。中者一二百人。小者四五十人。或七八十人。其形卑隘。遇巨舰难于仰攻。若于泥沈。故广福船皆其所畏。而广船旁陡如垣。尤其所畏者也。其底平不能破浪。其布帆悬于桅之正中。不似中国之偏桅帆常活。不似中国之定惟使顺风。若遇无风逆风。皆倒桅荡橹。不能转戗。故倭船过洋。非月余不可。今若易然者。乃福海沿海奸民。买舟于外海。贴造重底。渡之而来。其船底尖能破浪。不畏横风。斗风。行使便易。数日即至也。

俞正燮癸巳类稿

万历中。台湾为日本倭所据。末年。荷兰红毛人自西洋来。欲据香山不可。则据澎湖。又不可。乃南据美洛居。及葛留巴。以鸦片烟诱葛留巴。葛留巴人俱朧腑不能动。役于荷兰。既而荷兰聚集精锐。攻香山。战败。扬帆东走至澎湖。使人行重贿于福建巡抚。援意大里亚人居香山故事。以求澎湖必得。巡抚使人善谕之。则投日本于台湾。岁纳鹿皮三万。求台湾互市也。适日本倭居台湾者。新奉天主教。遂许之筑赤嵌城以居。今安平镇是也。荷兰既得地。即数数与日本倭构争。倭既染其教。争不胜。尽属东去。愤甚。尽诛其人之习天主教者。并约束琉球。而荷兰据有台湾。置揆一王。亦不复东。郑芝龙者。闽人也。为日本婿。家于台湾。日本之东归也。芝龙以舟楫人众横于海。大清顺治二年。芝龙自安平奉表降。其子成功逃入海。晚年。率舟师数百艘攻台湾。荷兰寡不敌众。遂去而伺于葛留巴。台湾人犹有习其教者。曰教册。成功则尽除之。康熙初。郑克塽降。廷议弃台湾。施琅力争曰。是资荷兰也。卒置郡县。功施至今。

陈伦炯海国闻见录

朝鲜。居天地之艮方。其南隔一洋。日本国属之对马岛。顺风一夜可抵。自对马岛而南。寅甲卯东方一带。七十二岛。皆日本倭奴之地。而与中国通贸易者。惟长崎一岛。长崎产乏粟菽。难供食。指开贸易。人公家通。计岁终所获利。就长崎按户口均分。国王居长崎之东北。陆程近一月。地名弥耶谷。译曰京。王服中国冠裳。国习中华文字。读以倭音。……人皆覆姓。其单姓者。徐福配合之童男女也。徐福所居之地。名曰徐家村。其冢在熊指山下。俗尊佛。尚中国僧。敬祖先。时扫坟庐。

长崎于普陀东西对峙。水程四十更。厦门至长崎。七十二更。北风从五岛门进。南风从天堂门进。对马岛坐向登州。萨峒马坐向混台。地产金。银。铜。漆器。磁器。纸笺。花卉。染印。海产龙涎香。鳆鱼。海参。佳蔬等类。萨峒马山高巉岩。溪深水寒。故刀最利。兼又产马。人壮健。嘉靖间。倭寇者。萨峒马是也。日本原市舶永嘉。因倭之渔者十八人。被风入中国。奸人引之为乱。髡须剃额。杂以远处土语。递相攘掠。群称倭奴。及就擒仅十八人。随禁市舶中国。听我往彼。至今无敢来者。普陀往长崎。虽东西正向。直取而渡横洋。风浪巨险。谚云。日本好货。五岛难过。厦门往长崎乘南风。见台湾鸡笼山北。至米糠洋。香蕈洋。再见萨峒马大山天堂。方合正针。糠蕈二洋者。洋中水面若糠秕。水泡若蕈菌。呼之为米糠洋。香蕈洋。萨峒马而南。为琉球。居于乙方。计水程六十八更。中山国是也。习中国字。人弱而国贫。产铜器。纸。螺甸。玳瑁。无可交易。至日本琉球而东。水皆东流。所谓尾闾也。

皇清通考四裔门

李言恭撰日本纪国。书土俗颇详。而世系弗晰。相传国王。以王为姓。居长崎岛之东北。地名弥耶谷。译曰京。从长崎至弥耶谷。陆行近一月。去辽东远而闽浙迩。史称从带方至倭国。循海水行。历朝鲜国。乍南乍东。渡三海。历七国。凡一万二千里。然后至其国。又言去乐浪郡。及带方郡。并一万二千里。在会稽东。与儋耳相近。就至其国都而言。故纡回如此。若日本所属之对马岛。与朝鲜仅隔一洋。顺风一宿可抵。昔朝鲜国王李昖时。关白兴师。七载不解。八道几没者屡矣。自内附本朝。倭人震慑帖息。崇德四年。日本岛主令平智连滕智绳等致书朝鲜云。去年大君有疾。久不听政。今春始瘳。大君左右用事之人。需索贵国土产甚多。近来贵国土产数少。且唐代交易之路又绝。大君左右所求。无以应之。望将贵国乙亥以后。未给之物。一一补给。然后两国可保无虞矣。萨摩洲太守。主和琉球。肥前州太守。主和南蛮。每岁所得不资。岛主主和贵国。而所得零星。以视二州为何如哉。朝鲜国王奏其书。言倭情叵测。应令边臣戒饬防守。以备不虞。是时。日本虽观衅而动。而朝鲜究未被兵者。皆震慑天威所致。七年二月。日本君以生子故。建祠祈福。索助祭器于朝鲜。八年三月。日本复遣告朝鲜。令致书所生之子如君例。兼索朝鲜国王空白印纸。倧请遣使往日本致贺仪。藉观形势。许之。顺治以后。惟通市不入贡。其市亦惟中国商船往。无倭船来也。其与中国贸易。在长崎岛。百货所聚。商旅通焉。外此有七十一岛。自对马岛而南而东。皆日本地也。国饶铜。我朝鼓铸所资。自滇铜而外。兼市洋铜。安徽。江西。江苏。浙江等省。每年额四百四十三万余斤。设官商。额船十六只。皆以内地缎。丝。棉。糖。药往易。商办铜斤。必藉倭照以为凭验。又有额外浮给之小照。数止一二百箱。川二三年即废。其摄摩依势若佐传多之民。相矜以贾。积资或百万。和泉一州。鼎食击钟。有中国风。萨摩之鹦哥里。其民知礼义。重犯法。独伊纪之头陀。僧三千八百房。颇羯狭。嗜杀。诸州郡统于山口。丰后。出云三军门。三军门相揃剽。国分为三。而丰后独强。总属于山城君。明代入寇者。萨摩。肥后。长门之人居多。市舶所集。内奸勾引故也。人物秀丽。气候与江浙齐。产五色磁器。漆器。金文。纸马。萨摩州者。良地产铜锻工。所聚刀最利。故倭人好以为佩。龙涎香及海参。鳆鱼之属。皆海中产。所统属国。北为对马岛。与朝鲜接。南为萨摩州。与琉球接。对马岛与登州直。萨摩州与温台直。长崎与普陀东西对峙。由此达彼。水程四十更。厦门至长崎。北风由五岛入。南风由天堂入。水程七十二更。以海道不可以里计。舟人率分一昼夜为十更。故以更记里云。

莼乡赘笔

鲁监国航海时。其臣阮进欲乞师日本。遣使赍补陀藏经以往。有僧湛微者。前自日本来。因与同载。阮抵日本。其国初闻有藏经往。喜甚。及闻湛微名。大惊曰。此僧复来。则速死耳。囚不受敕。护经而归。叩其故。则以湛微曾入天主教。逋逃回也。先是西洋人以天主教诱其国人。各授以秘术。民间闺阃。多为所乱。一入其教。死生不易。主者遂肆奸术。纠众怙乱。其国大发兵扑灭之。自是痛绝西人。以铜板镂天主形。置通衢。凡各国人往者。必使践踏而过。衣囊或携西洋一物。或西洋画册。搜得。一船皆诛。见张遴白奉使日本纪略。

外国史略

日本与中国往来不多。元世祖怨日本不入贡。调战船攻击。狂风忽起。到岸者皆被杀。后日本海盗。据掠浙江。江苏界。侵高丽。以雪怨。连二百年。

不甚与外国贸易。每年惟荷兰船一。唐舶五。琉球船亦不过十。

黄宗羲行朝录曰。明季海盗有周崔芝者。福清人也。少读书不成。去而为盗于海。其人饶机智。尝往来日本。以善射名。与日本之萨摩岛主。结为父子。日本三十六岛。每岛各有王统之。其所谓东京者。乃国主也。国主曰京主。拥虚位而已。一国之权。则大将军掌之。其三十六国王。则如诸侯之职。萨摩王于诸岛为最强。王与大将军为首尾。崔芝既熟日本。故在海中无不如意。久之招抚以黄华关把总。稽察商舶。乙酉秋。唐王隆武加水军都督副黄斌卿驻舟山。其冬崔芝遣人至萨摩岛。诉中国丧乱。愿假一旅。以齐之存卫。秦之存楚故事望之。将军慨然约明年四月发兵三万。一切战舰军资器械。自取其国之余资。供大兵中华数年之用。自长琦岛至东京三千余里。驰道。桥梁。驿递。公馆。重为修葺。以待中国使臣之至。崔芝大喜。益备珠玑玩好之物以悦之。参谋林钥(一作学)舞为使。期以四月十一东行。钥舞将解维。而斌卿止之曰。大司马余煌书来曰。此吴三桂乞师之续也。崔芝怒而入闽。福州既破。郑芝龙降。丁亥三月。崔芝克海口。镇东二城。遣其义子林皋。随安昌王至日本乞师。不得要领而还。戊子御史冯京第。谋于黄斌卿。借其弟黄孝卿往日本。至长琦岛。其王不听登陆。始有西洋人为天主教者。入日本作乱于其国。日本勒兵尽诛教人。焚其船于岛口。绝西洋人往来。于中衢置铜板。刻天主教像于其上。以践踏之。囊橐有西洋一物。搜得必杀无赦。西洋人复以大舶载炮。来与日本为难。日本拒之。甫退一日。而京第至。故戒严同于外国。京第效包胥故事。于舟中朝服拜哭不已。会东京遣官行部。如中国巡方御史。秃顶坐蓝舆。京第因致其血书。萨摩王闻长琦王之拒中国也。曰中国丧乱。我不遑恤。而使其使臣哭于我国。我国之耻也。与大将军言之。议发各岛罪人出师。京第还。日本致洪武钱数十万。盖其国不自鼓铸。但用中国古钱。舟山之用洪武钱由此也。而黄孝卿假商舶留长琦岛。长琦岛多官妓。皆居大宅。无壁落。以绫幔分为私室。当月夜。每室悬各色琉璃灯。诸妓各赛琵琶。中国之所未有。孝卿乐之。忘其为乞师而来者。见轻于其国。其国发师之意益荒矣。己亥冬。有僧湛微自日本来。为荡胡伯阮进述请兵不允之故。且言金帛不足以动之。日本最敬佛经。诚得普陀山藏经为贽。则兵必发矣。进与定西侯张名振上疏监国。以澄波将军阮美为使。王亲赐宴。十一月朔。出普陀。十月至五岛山。与长琦相去一程。是夜大风黑浪兼天。两红鱼乘空上下。船不知所往。十二日见山。舵工惊曰。此高丽界也。转帆而南。又明日乃进长琦。凡商舶至国。例拨小船讯出入。名曰班船。阮美喻以梵箧乞师。其王闻之大喜。已知船中有湛微者。则大骇。初湛微之在日本也。长琦岛有三大寺。一曰南京寺。中国北僧居之。一曰福州寺。闽浙广僧居之。一曰日本寺。本国人居之。南京寺住持名如定。颇通文墨。国人重之。湛微拜为师。湛微所能不若师而狡狯多变。乃之一岛名职泉者。其岛无中国人往来。不辨诗字之好丑。湛微得妄自高大。恶札村谣。自署金狮子尊者。流传至东京。大将军见之曰。此必西洋人之为天主教者。潜入吾国。急捕之。既知其为江西僧。逐之过海。日本不杀大唐僧。有犯法者止于逐。再往则戮及同舟。湛微欲以此举自结于日本。于是阮美始知为其所卖也。遂载经而返。然日本自宽永享国三十余年。母后承之。其子复辟。改元义明。承平久矣。其人多好诗书。法帖。名画。古奇器。

十三经。十七史。异日值千金者捆载既多。不过一二百金。故老不见兵革之事。本国且忘。岂能渡海为人复仇乎。即无西洋之事。亦未必能行也。

瀛环志略

坤舆四大土。皆周回数万里。惟中国之南洋。万岛环列。星罗棋布。或断或续。大者数千里。小者数百里。或数十里。野番生聚其间。榛狉相仍。自为部落。其种人统名巫来由【一作无来由】。又有称为绕阿【即爪亚】。武吃者【一作芜吉】。西汉时诸番始通贡献。唐以后。市舶麕集于粤东。明初遣太监郑和等航海招致之。来者益众。迨中叶以后。欧罗巴诸国东来。据各岛口岸。建立埔头。流通百货。于是诸岛之物产。充溢中华。而闽广之民。造舟涉海趋之如鹜。或竟有买田娶妇。留而不归者。如吕宋。葛罗巴诸岛。闽广流寓。殆不下数十万人。则南洋者。亦七鲲珠崖之余壤。而欧罗巴之东道主也。

顾亭林天下郡国利病书云。倭奴邻三韩而国。故名韩中倭。……自两汉时始通中国。魏晋以后。得五经佛教于中土。于是沙门之教盛行。唐贞观间。尝遣使往谕。宋初。遣国僧奝然浮海贡献。太宗赐紫衣。厚存抚之。其传国已六十四世矣。【按后汉书倭在韩东南大海中。依山岛为居。凡百余国。自武帝灭朝鲜后。通汉者三十许国。大倭王居邪马台国。男子皆黥面文身。男女无别。饮食以手。俗尚徒跣云云。是日本在汉时。并非一国。土俗与诸番岛无异。其文字官制。自是两汉通中国后。始学得之。此所云六十四世。溯之当在商周。其国王一切名号。当系通华文后。增饰为之耳。】元王恽泛海小录云。由对马岛六百里。逾一歧岛。又四百里入容浦口。又二百七十里至三神山。其山峻削。群峰环绕。海心望之。郁然为碧芙蓉也。上无杂木。惟梅竹灵药松桧桫罗等树。其居民多徐姓。自云皆徐福之后。海中诸屿。此最秀丽方广。十洲记所云。海东北岸。扶桑蓬丘瀛州。周方千里。余按三神山本方士夸诞之说。用以欺诳人主。果即系日本附近小岛。则当日船交海中。何为求之不得。后汉书·倭国传称会稽海外有夷洲。及澶洲。秦始皇遣方士徐福。将童男女数千人。入海求蓬莱神仙不得。徐福畏诛不敢还。遂止此洲。世世相承。有数万家人民。时至会稽市。王恽小录所云。或即夷洲。澶洲之类。至三神山之名。其为傅会无疑也。泉州陈资斋提军【伦炯】少时尝附商船游日本。言其风土甚悉。云日本人皆覆姓。单姓者徐福配合之童男女也。徐福所居之地。名徐家村。其家在熊指山下云。徐家村。熊指山。不知在日本何地。盖华人入倭。自徐福始。其遗民年久繁衍。遂散布于通国。倭人通中国文字。当系君房教之。特海外远夷。轺车罕至。往来者皆商贾之流。无由探悉其原委耳。

卷十七·东南洋·附东南洋诸岛形势上

明史

宾龙童国与占城接壤。气候风土大类占城。有昆仑山。节然大海中。与占城东西竺鼎峙相望其山方广而高。其海即曰昆仑洋。往诸西洋者。必待顺风。七昼夜始得过。故舟人为之谚曰。上怕七州。下怕昆仑。针迷舵失。人船莫存。此山无异产。人皆穴居巢处。食果实鱼虾。无室庐井灶。

源案。宾龙童乃占城海岸之国。昆仑岛则在其南海中。非地相连也。大小昆仑。即东西竺山。宋史。天竺注辇国来朝。行二百余昼夜。至三佛齐国。又行十八昼夜。度蛮山水口。历天竺山。至宾头狼山。又行二十昼夜。至广州是也。明史沿王圻续通考之误。分昆仑竺山为二。谬一。又望文生义。谓东西竺山为柔佛国。谬二。既以柔佛为佛国。竺山为天竺。因并以其对岸之宾龙童。即舍卫城。然则佛国近在占城。而大秦当近在长安乎。昆仑屿中。当有河源乎。谬甚。

海国闻见录

昆仑岛。七洲洋之南。大小二山屹立澎湃。呼为大昆仑。小昆仑山。尤甚异。土产佳果。无人迹。神龙盘踞。昔荷兰失台湾。边海界禁未复。因金厦二岛。平荷兰。掠普陀。毁铜像铜钟。万历间。宫塑脱纱佛像。刀刃不能伤。驾火炮坏之。取里所实金银财宝。见像必剖以取藏宝。悉收而去。至昆仑意欲居之。龙与为患。藉火炮与龙斗。相持有日。后荷兰状若颠狂。自相戏。以曲腕击背心。日益毙。扬帆而去。将至噶喇巴。船击碎。存活者可十人。雍正丁未岁夏。噶喇巴海面立一中国人。群相棹舟往视。惟浮一铜钟。上镌普陀白华庵。知为昔荷兰掠沈者。回浙洋艘。互相争载。公议求筊。有黄彦者得筊。载回通港。惟此舟小而旧敝。顺帆不及月。抵南澳后转运至普陀。别船有被劫红毛者。有失风水者。佛力如此。前惟付之劫数耳。康熙四十五。六年间。红毛又图昆仑。不敢近山居住。就海旁立埔头。以昆仑介各洋四通之所。嗜涎不休。而中国洋艘亦多载砖瓦。往易红毛洋货。以其本廉而利大。夜围宿沙洲。多为鳄鱼步岸所吞。伐木围栅。稍宁。夜闻山中语。语促归。红毛为水土不服。毙者甚多。又为广西番劫杀殆尽。乃虚其地。凡中国洋艘由昆仑者。备鸡鹅毛鲎壳。到昆仑洋。天时极晴霁。见黑云一点。随化为烟。蜿蜒摇尾。即如江浙夏月。湖中云龙。下蓬惟恐不及。狂风立至。幸不及时而霁。俗呼鼠尾龙风。白云者。其风尤甚。日遇二三次。或四五次。间或不遇者少。故焚翎毛鲎壳。取秽气触远。过昆仑则无。

海国闻见录

南澳气岛。居南澳之东南。屿小而平。四面挂脚皆礁古石。底生水草。长丈余。湾有沙洲。吸四面之流。船不可到。入溜则吸阁不能返。隔南澳水程七更。古为落漈。北浮沈。皆沙垠。约长二百里。计水程三更。余尽兆处有两山。名曰东狮象。与台湾沙马崎对峙隔洋。阔四更。洋名沙马崎头门。气悬海中。南属沙垠。至粤海为万里长沙头。南隔断一洋。名曰长沙门。又从南首复生沙垠。至琼海万州。曰万里长沙。沙之南又生礁古石。至七州洋。名曰千里石塘。长沙一门。西北与南澳。西南与平海之天星。鼎足三峙。长沙门南北约阔五更。广之番舶洋艘。往东南洋。吕宋。文莱。苏禄等国者。皆从长沙门而出。北风以南澳为准。南风以大星为准。惟江浙闽省往东南洋者。从台湾沙马崎头门过。而至吕宋诸国。西洋甲板。从昆仑七州洋东。万里长沙外。过沙马崎头门。而至闽浙。日本。以取弓弦直洋。中国往南洋者。以万里长沙之外。渺茫无所取准。皆从沙内越洋而至七州洋。此亦山川地脉联续之气。而于汪洋之中。以限海国也。沙有海鸟。大小不同。少见人。遇舟飞宿。人捉不识惧。抟其背。吐鱼虾。以为羹。余在台丙午年。时有闽船在澎湖南大屿。被风折桅飘沙坏。有二十人。驾一三板脚舟。用被作布帆回台。饿毙五人。余询以何处击碎。彼仅以沙中为言。不识地方。又云潮水溜入。不得开出。余语之日。此万里长沙头也。尚有旧时击坏一甲板。潮虽溜入。汝等若以南风棹长潮。再不得归矣。大洋之水。为沙两隔。节次断续。南北沙头。为潮汐临头。四面合流。外长而内退。外退而内长。须沿沙节次。撑上断续沙头。夹退潮乘南风东向尽流南退。虽欲北上求生。而南下者。正所以生也。何也。南风夹退潮。方能出溜。虽溜下然而归于大海。不入内溜。方得乘南风而归。舟人闻余语。群起惊呼曰。亦曾到此地平。不则何为知之详。确如目睹耶。坏甲板尚存。为飞沙污没。饥抱海鸟为餐。渴饮其血。驾长潮为溜所吸。不待开动。三四日。无奈祷筊掉退潮漈。入大洋。飘十二日到台。余又语之日。潮水分合。退为长。长为退。夹流双开。临头汇足。南澳气受四面流水。吸入而不出。古为落漈。试问入而不出归于何处。岂气下男有一海。以收纳乎。四人者从上而入。必从下而出。如溪流涌急。投以苇席入而出于他处。此理甚明。并以志之。

明黄衷海语

昆仑山。在大佛灵南。凡七屿七港。是谓七门。其旁洲屿。皆翼然环列。适诸国者。此其标也。其山多兕犀。野马。巨麏。异蛇。大木。复平川沃壤数百顷。椰树骈生。堕实弥谷。冬瓜延蔓。苍藤径寸。实长三四尺。大榆一围。海上无人之境。产物皆硕大。予客朱岩。令人采取何首乌。天南星二药。皆三倍于常品。气味自别。固知有枣如瓜。非诞语也。麋腐若泥淖然。船欲樵苏。非百人不能即往。日老估尝镌崖壁。识险以示防云。

又曰。分水在占城之外罗海中。涉屿隐隐如门限。延绵横亘。不知其几百里。巨浪拍天。异于常海。由马鞍山抵旧港。东注为诸番之路。西注为朱岩儋耳之路。天地设险。以限华夷者也。由外罗历大佛灵。以至昆吨山。自朔至望。潮东旋而西。既望至晦。即西旋而东。此又海中潮汐之变也。惟于操舟者。乃能察而慎之。

又曰。万里石塘在乌潴二洋之东。阴风晦景。不类人世。其产多珎璪。其鸟多鬼车。九首者。三四首者。漫散海际。悲号聒耳。惨颜怆神。舵师脱小失势。误落石汊。百无一免。

又曰万里长沙。在万里石塘东南。即西南夷之流沙河也。弱水出其南。风沙猎猎。晴日望之。如盛雪。船误冲其际。即胶不可脱。必幸东南风劲。乃免陷溺。

又曰铁板沙。所在有之。舟触即败。成化二十一年。宪庙遣给事中林荣。行人黄乾亨。封占城官。治大艘。凡大船之行。必选熟于洋道者。驾小艚船先行探水。大船后复系二小船。以便樵汲。且防不虞。是役也。军民千人。物货太重。而火长又疏于径路。次交址之占城。罗误触铁板沙。船坏。二使溺焉。军民死者十九。予里中有麦福者。同七十余人夺一脚艇。棹至崖侧。巨浪簸荡。舍舟登山。回望大船覆处。近如席前。洪涛澜汗。惟败篷破甑。出没其间。数百人沤灭无迹。众皆长恸。昼行夜伏。捕蛇鼠。拾草木之实而啖。风雨晦冥。石妖木魅。怪侮万状。且已忘甲子。惟视月弦望以验时日。曾未浃旬。死者强半。存者二十四人。复已缺食二日。踽跚冥行。佽入空谷。石窟宽坦如堂。有草叶如广之水蕉。掘之根类。蹲鸱而大。竞取以食。喉间微觉苦涩。余味如葛。识者曰。此非恶草也。第未经风日。水土气。作苦涩味耳。乃曝之日中。偃息酣寝。比寤。晓星煌煌矣。迟明敲火燃草。取所曝者煨而食之。味转香滑。晨进一枚。饥渴俱弭。相率肆力搜采。顷之根窬都尽。窟居二日。体力完健。乃人负数枚。复沿水际而行。俄闻溪中人语。至见岛夷数辈。乘三小船。循溪搜捞缎帛器物。有谙夷语者。询之。乃交址占城界之巡徼船也。共载以归。二国夷王闻是天朝人民。馆谷如礼。于是占城遣人以二使来讣。广中始知大船汩没。守臣以闻。二使均荷恤荫。又逾年。二国始具海舟。送回中国。

王圻续文献通考

龙六犀角岛。地内平而外尖。民皆蚁附而居之。气候常热。以亲戚尊长为重。一日不见。则持酒肴问安。地产沈速。降香等。

又。龙涎屿。浮海内。波击云腾。每至春间。群龙来集。交戏遗涎。番人乃驾独木舟。登屿采归。设遇风波。则人俱下海。旋即至岸。其涎初若脂胶。黑色。有鱼腥气。久则成大块。或大鱼腹中割出。亦觉腥气。迨焚之。其香清远。货于苏门。官秤一斤。金钱一百九十二。准中国铜钱四万九千文。

又。龙牙门。在三佛齐之西北。山门相对。若龙甲状。中通船。山涂田瘠。气候常热。四五月间淫雨。人以掳掠为豪。遇有番船。则驾小舟迎敌。若得顺风。则幸脱。否则被其截劫。泛海者宜慎焉

又。吉里地闷岛。地在连迦罗之东满山。茂林皆檀香。树无别种。商贩聚十二所。有尊长。田肥谷茂。朝热暮寒。商船染病。十死八九。盖其地多瘴气也。

谢清高海录曰。东洋诸岛。曾历其地者。曰哇大岛。哇希岛。匪支岛。唵呢岛。千尼岛。蓦格是岛。那韦巴岛。亚哆歪岛。以上八岛。俱在东海。由地问正东行。约二月可到。每岛周围十余里。各有土番数百。其地多豕。西洋船经此取铁钉四枚。即易豕一头。可三十斤。人性浑庞。地气炎热。土番不穿布帛。惟取鸟衣。或木皮围下体。能终日在水中。有娼妓。见海舶来。俱赤身落水。取大木一段。承其颔。浮游水面。海舶人招呼之至。听其调谑。与之铁钉二枚。则喜跃而去。不知其何所用也。有花旗番。寓居亚哆歪岛。采买货物。土产珍珠。海参。檀香。薯芋。无五谷。牛马鸡鸭。有果形似柚而小。

熟时人取归。火煨而食之。味如馒头。不食盐。由此又东行二三月。海中有三山。西洋人呼其一为努玉。一为衫里。一为亚剌德反。并无居人。惟有鸟兽。闻过此以东。则南针不定。番舶亦不敢复往云。又曰。开于岛。在东北海。由哇夫岛北行。约三月可到。谢清高昔随西洋海舶至此。采买海虎。灰鼠。狐狸各皮。天气凝寒。雪花遍地。船初至海口。有冰块流出。大者寻丈。未敢遽进。鸣大炮。有土人摇小船来引。其船皆刳独木为之。舶中有通其语者。故得与交易。其人甚稀。而形似中国。食乾鱼。每日见太阳在南方。高仅数丈。一二时即落。而未甚昏黑。惟戌亥二时始晦。余时俱可见人。每月唯望前后数日。可见月光。星光则未见也。初到时。手足皆冻裂。而土人无恙。唯来往手中。皆执大木叶二。坐则以足踏之。知必有取也。亦效之。果愈不知为何木。土人极喜中国皮箱。见则以皮交易而去。偶上岸步行。入一土窟。土人外出。见藏皮箱十余。开看皆装人头。怖而返。由此复北行。二十余日。至一海港。复鸣炮。不见人来。遂不敢进。闻其北是为冰海云。其东洋诸国。清高所未至。故皆不录。

卷十八·东南洋诸岛形势下

琉球。一作流虬。古未通中国。随时有海船望见之。唐宋后渐通中土。明初入贡。太祖赐以闽人善操舟者三十六姓。修职贡甚谨。后为日本所灭。不通音问者数十年。已而王被执不屈。倭送还国。国在日本萨峒马岛之南。周环三十六岛。南北四百余里。东西不足百里。旧分山南。山北。中山三国。后并入中山为一。故称中山王。王尚姓。自记载以来。一姓相传。无改步。国小而贫。属役日本。惟赖贡舟贩鬻。稍得余资以自给。由福州五虎门放洋。用卯针四十余更。至姑米山。其国大岛也。再东即至其国。收泊于那霸港。国分三路。曰首里。王居之。曰久米。曰那霸。用中国文字。入本朝更恭顺。修职贡。其官之最尊者。为金紫大夫。守土之官曰按司。一按司所辖约六七里。土硗瘠。产米绝少。以地瓜为食【即番薯】。非官与耆老不食米。无麻絮。以蕉为布。负戴者围下体。余皆裸露。

卷十八·附南洋各岛

地理备考曰。巴劳岛在南洋之北。加罗梨那岛之西。纬度自北六度五十三分起。至八度九分止。经度自东一百二十七度三十九分起。至一百三十三度四十分止。中有十八岛。人烟稠密。物产丰阜。人民良善。作事勤劳。岛之大者。曰渡卑都狎。曰哥罗。曰尼利斯黎都。

又曰。加罗梨那岛。在南洋之北。马黎亚纳岛之南。纬度自北六度起。至十二度止。经度自东一百三十三度起。至一百六十七度止。中有三十岛。地势错落。不相联络。人烟纷繁。树林稠密。地气温和。风雨不时。岛之大者。曰亚巴。曰我里。日么结母。曰系利亚威内。曰五亚兰。

又曰。慕尔加拉威岛。在南洋之中。马黎亚纳岛之东南。纬度自北一度起。至十度止。经度自东一百六十八度起。至一百七十一度止。田土瘠薄。物产不阜。岛之大者。曰布路尼。曰剌达各。曰剌利客。曰斯加波路。日京师米尔。

又曰。维的岛。在南洋之中。慕尔加拉威岛之南。纬度自南十五度四十五分起。至十九度四十三分止。经度自东一百七十四度四十分起。至一百七十九度四十分止。长一千二百五十里。宽一千一百里。地势错落。不相联络。田土膴厚。物产丰饶。诸酋分辖。不相统属。岛之大者。曰维的黎勿。曰千打本。曰华兰黎勿。曰罗斯。曰当基。又曰当加岛。又名亚米。在南洋之中。维的岛之东南。纬度自南十三度二十分起。至二十五度三十分止。经度自西一百七十三度十八分起。至一百七十八度三十八分止。中有一百五十岛。大者维三。曰尝加。曰瓦瓦阿。曰意五亚。田土肥饶。物产丰厚。地气酷热。海风清凉。人民壮健。作事勤劳。诸酋分辖。不相统属。

又曰。花和尔尼岛。在阿塞亚尼亚州之中。地势错落。不相联络。岛之大者。曰五瓦。曰好望岛。曰何尔尼。

又曰。么阿岛。在南洋之中。纬度自南五度三十分。经度自东一百五十二度十七分。中有七岛。诸酋分辖。岛之大者。曰波剌。曰阿牙剌瓦。曰茂拿。曰罗沙。

又曰。给尔焉的岛。在南洋之中。维的岛之南。纬度自南三十度三十六分。经度自东一百七十八度五十分。中有三岛。曰剌五耳。曰马告来。曰姑尔的斯。

又曰。古各岛。在南洋之中。纬度自南十八度四十五分起。至二十一度二十六分止。经度自西一百五十九度四十五分。起至一百六十二度十五分止。地气错落。不相联络。岛之大者。曰马拿牙。曰亚的五。

地理备考。都波哀岛。在南洋之中。纬度自南二十三度三十分。经度自西一百五十二度。地势错落。不相联络。岛之大者。曰都波哀。曰鲁都。曰黎马打剌。曰来瓦外。曰鲁都意。

又曰。达义的岛。在南洋之东。纬度自南十七度二十九分。经度自西一百五十一度。田土肥饶。谷果丰登。多上品树木。地气温和。岛屿不一。诸酋分辖。岛之大者。曰达义的。曰弟都罗亚。曰母勒亚。曰买弟亚。曰化衣尼。曰剌牙的亚。曰打下。曰波剌波剌。曰茂卑的。曰都拜。

地理备考。色么度岛。在南洋之东。纬度自南十四度起。至二十三度止。经度自西一百五十二度起。至一百四十度止。岛屿纷繁。地势低陷。岛之大者。曰剌沙勒。曰蝇岛。曰澳罗罅。曰巴黎射。

又曰。门达那岛。在南洋之东。纬度自南七度五十分起。至十度三分止。经度自西一百四十度起。至一百四十三度止。岛屿纷繁。分为两区。在南东者。曰马尔给沙。山势峻峭。峰峦参天。在西北者。曰窝神敦。地气高燥。层峦耸峙。其余各岛。曰达度意瓦。曰达卢亚大。曰瓦波亚。曰瓦卢加。

又曰。合威岛。其地在南洋之东北。纬度自南十九度起。至三十三度止。经度自西一百五十六度起。至一百六十四度止。田土肥饶。谷果丰登。地气温和。诸酋分辖。不相统属。中有十三岛。大者曰合歪。曰茂维。曰窝亚卢。曰亚堆。

又曰。斯波拉大岛。在南洋之南北。其南之大岛有六。曰本林。曰巴给斯。曰沙剌。曰阿赊亚即。曰亚尔都耳。曰圣自尔那都。其北之大岛有五。曰巴剌打。曰罗卑斯。曰圣巴尔多罗么。曰圣巴多罗。曰罗也斯。各岛人民稀乏。物产不阜。

外国史略曰。东洋岛三种。一曰山地。山高自二百丈及一千丈。各有火。内产石蚝蚬等物。山脚草木茂盛。二曰珊瑚屿。乃沙地。有珊瑚磐。四围系珊瑚内之虫负土积累致成高石。三曰丘地。产物丰盛。出椰子。甘蔗。有饼树。其果如馒。味甘美。并各蕉大薯。番薯。兽只犬豕鼠。今则五畜资养焉。居民之状。与芜来由相似。众尚蛮。拜偶像。厚接外客。日捕鱼。其头目时时交战。远驶海隅。坐小船以攻大敌。恶僧弄权。甚至杀人祭鬼。衣甚少。仅以叶束腰而已。男女苟合。近日天主教于各岛开学馆。以教化之。

群屿太多。今述其最广者。无人屿。在日本东南。系荒岛。乃外国水手所开。人少物稀。惟捕鲸之船。随时到此。与居民往来。买蔬菜牲畜。北向一带岛屿。皆属日本。

侧屿在台湾东北。极出地自十二度及二十一度。偏东自一百四十四度。至一百四十八度。其南向之屿。有居民。归是班牙权辖。林甚密。牛羊豕满野。

加罗林群岛。北极出地自三度至十六度。偏东自百三十三度。至百七十三度。共四十六州。皆有居民。好航海。地惟有鼠。无他牲畜。居人以芋。番薯。鱼鳖为食。裸身。草舍。屡相争斗。所往之船。惟有海参。檀香等贸易。

此州之南。曰菲治群屿。居民墨面。性凶残。各酋互相交战。虏敌即吞食之。亦有时屠宰人。一日至二百余。出檀香。商人之船。至今罕犯。

东牙群屿最大者。周三十里。其地丰盛。居民稠密。互相交斗。

航海群岛。在菲治岛东北。其八岛最广者。周六十里。有火山。多火浆。地丰甚出树木。居民健身。高体。色白。

谷群屿。南极出地自十八度。至二十三度。偏东百五十七度及百六十度。系茅塞之地。居民多奉耶稣教。

会党险海群屿。南极出地自十四度至二十五度。偏西自一百二十四度。及一百五十七度。其屿繁多。最大者曰他希地。出木甚美。居民昔时仇恨相杀。以血歃神像。今奉耶稣教。改过向化。

马其群屿。多沙而低。居民雕题甚丑。俱出海参。珍珠。土人寐水中。寻出之。外国水手。至此贸易。多为人所杀。

阿盛希等屿。共八所五州。北极出地自十九度及二十三度。偏西自百五十五度及百六十度。居民十万八千三百九十三。但今人户日消减。地繁盛。中有佳果。蔬菜。檀香。甘蔗。绵花。有火山。恒出火浆。乾隆间。此屿尚荒无。居民以芋鱼为饭。后英国水师到此。导以风化。嘉庆二十三年。居民皆去塑像。而拜上帝。其都曰阿那罗路。居民六千。各国之船所集。

东洋之竟屿虽多。但褊小。居民罕少。除椰子等货。别无产物。

卷十八·附东南洋道路

东西洋考南洋针路。自七州山。七州洋始【琼州志曰。在文昌东一百里。海中有山。连起七峰。内有泉。甘洌可食。舶过用牲粥祭海厉。不则为祟。舟过此极险。稍贪东。便是万里石塘。即琼州所谓万州东之石塘海也。舟犯石塘。希脱者。七州洋打水一百三十托。若往交址东京。用单申针五更。取黎母山】。黎母山【在琼州定安县南四百里。广东通志曰。五指山。一名黎母。生黎峒。中五峰如人指屹立。每辰巳后。云雾收敛。则一峰耸翠插天。申酉间。复蔽不见。用庚卯针。十五更。取海宝山】海宝山【用单亥针及乾亥。由涂山海口。五更。取鸡唱门。即安南云屯海门也】交址东京【一统志曰。东至海。西至老挝。南至占城。北至思明府】。又从七州洋【用坤未针。三更。取铜鼓山】铜鼓山【广东通志曰。在文昌东北铜鼓海。极深险。用坤未针。四更。取独珠山】独珠山【山在万州东南海中。峰势高峻。周围五六十里。南国诸番修贡水道。视此为准。其洋为独珠洋。舶人云。有灵伯庙。往来祭献。打水六十五托。用坤未针。十更。取交阯洋】交阯洋【打水七十托。用坤未针。取占笔罗山。是广东港口】。广南【汉为日南郡。隋唐为驩州。国朝为乂安府】。又从交阯洋【用未申针。三更。取望瀛海口。入清华港】。清华港【汉为九真郡。隋唐为爱州。交阯为西京。国朝为清化府】。又从交阯洋。【取小长沙海口。入顺化港】。顺化港【国朝为顺化府】。又从交阯洋【用坤未针。十一更。取外罗山】。外罗山【远望城门。近看东高西低。北有椰子塘。西有古老石。船傍西行。打水四十五托。用丙午针。三更。取马陵桥。其内为提夷。是交阯属县】。提夷马陵桥【打水二十五托。内外俱可过船。南边有桥出水。用丙午针。四更。至交杯屿。即新州港口】。新州港【国朝为新安府】。新州交杯屿【两屿相对。故名。内打水十八托。用丙午针。三更。取羊屿】。羊屿【有小石塔。好抛锚。内打水八九托。外二十托。南有羊角礁。不可近。用丙午针。三更。取烟筒】。烟筒山【此交阯占城分界处也。用丙午针。三更。取灵山】。灵山【与占城山连接。峻岭而方。山顶一石块。似佛头。故名灵山。往来贩舶。于此樵汲。崇佛诵经祈禳开。打水六十托。用单午针。取伽南貌】。伽南貌山【港内有三屿。潮涨则不见山。远过打水十五托。用坤未针。五更。由圭龙屿。取罗湾头。即占城港口】。占城国【一统志曰。东距海。西抵云南。南接真腊。北连安东。南北至广东。舟行可半月程。至崖州。可十日程】。占城国罗湾头【打水五十托。用坤申针。五更。取赤坎山】。赤坎山【宋时占城王常避交人。徙居兹山。近打水二十托。外十八托。用单申针。四更。取鹤顶山】。鹤顶山【打水二十五托。洋中国玳瑁洲宜防。若往柬埔寨由此分路。用单庚针。四更。取柯任山】。柯任山【自赤坎沿山而行。因风应变。外任寻港。用庚申针开。有石烂礁在西南。若行船放落屿下。开头用单庚及庚申针。看风让高收毛蟹州】。毛蟹州【打水六七托。船头对洲收拾。有三托水。在浅内船。恐犯洲尾浅。要认毛蟹州。须见两边坤身头崎便是。大略晴明。潮水晓退。在外任开船。东风小午到浅。至午。进港为妙】柬埔寨【即古真腊地也。又名占腊。将至港。俱是泥地。故名占腊泥国。人自呼甘孛智。后讹为甘破蔗。舶人又讹为柬埔寨】。

又从赤坎山【单未针。十五更。取昆仑山】。昆仑山【屹然海中。山高而方。基盘广远。俗云。上怕七州。下怕昆仑。针迷舵失。人船莫存。用单庚及庚酉针。三更。取小昆仑】。小昆仑【两边有礁出水。

用庚酉及单酉针。八更。取真屿】。真屿【看成三山。内过打水十四托。泥地外过。打水十八托。沙地远过。只七八托便是假屿。水浅不可行。直从真屿东北边。出水礁。南边过船。用庚戌针。五更。取大横山】。大横山【到此是暹罗界。外过南边。打水二十五托。为正路。北边水浅。只五托水。船在南边。见小横山】。小横山【其山多树。打水十四托。用辛戌针。十更。单戌针。十更。乾戌针。十更。取笔架山】。笔架山【远望形如笔架。故云。山下打水十四托。开打水二十托。壬亥针。五更。取陈公屿及黎头山】。黎头山【西边高大。东南稍低。其内有屿。西北一派是石排山。用壬子针。五更。取圭头浅】。圭头浅【打水四十托。单用乾针。二更。取竹屿】。竹屿【浅口打水四五托。用壬子针。及乾亥。没山坤申尾即暹罗】。暹罗【乃古赤土及婆罗刹地。至本朝合暹与罗斛二国。名暹罗。一统志曰。在占城极南】又从昆仑山【用坤申及庚酉针。三十更。取吉兰丹】。吉兰丹【即大屿港口。用坤申针。七更。入港是大泥国】。大泥国【贡道由福建入】。又从昆仑山【取真屿。用辛酉针。二十八更。取六坤】。六坤【暹罗属国也。其地与大泥相连】。又从昆仑山【用坤未针。三十更。取斗屿】。斗屿【用丁午针。五更。取彭亨国】。彭亨国【一名彭坑。单午针。五更。取地盘山】。地盘山【在彭亨港外。打水二十八托。内四十四托。三更。至东西竺】。东西竺【此柔佛地界也。用丁未针。十更。取罗汉屿即柔佛港口】。柔佛国【一名乌丁樵林】。罗汉屿【水浅宜防。往来寻白礁为准。往满剌加从北边过船。用庚酉针。五更。入龙牙门】。龙牙门【山门相对如龙牙状。中通船。田瘠谷薄。据掠为豪。番舶于此防之。夜不敢行。以其多盗。且南有凉伞礁也。中打水三十托。北二十托。南八九托。又过淡马锡门。用庚酉及辛戌针。三更。取吉里问山】。吉里问山【打水二十七托。两边有浅。用乾亥针。三更。取昆宋屿】。昆宋屿【打水二十五托。用单亥针。五更。取箭屿】。箭屿【打水三十四托。用乾亥针。五更。取五屿】。五屿【先时酋门镇于此。此中有真五屿。假五屿。沿山而入。为马六甲】马六甲【即满剌加国也。船人音讹耳。在古为歌罗富沙地】。又从东西竺【用丙午针。十更。取长腰屿】。长腰屿【北边正路。打水二十六托。若往丁机宜。用坤申针。四更。取独石门】。独石门【出门用单酉针。过铁钉屿】。铁钉屿【其外水流急甚。用单庚及庚申针。四更。至鳄鱼屿】。鳄鱼屿【西是坤身。昼南流而夜北流。再进由第二港入。是丁机宜国】。丁机宜【爪哇属国】。又从长腰屿【用丁午针。十更。取龙雅大山】。龙雅山【在马户边过。用单午针。三更取馒头屿】。馒头屿【收入即是詹卑。七更可到】。詹卑【三佛齐人称其国王为詹卑。其国既为爪哇所破。故王徙居于此。因以名地】。七屿【从馒头屿驾开。用丁午针。三更。到此又用丁未针。七更。取彭家山】。鼓家山【用坤申针。五更。取西南第二山。有沈礁用坤申针。收旧港】。旧港【即三佛齐故都也。其先为乾陁利国。初时为爪哇所并。改名旧港。以别于彼之新村】。又从彭家山【用辰巽针。十更。取进峡门】。进峡门【用丙巳针。巡坤身。七更。见三麦屿】。三麦屿【过屿用单丁及丁午针。五更。单未针。五更。取都麻横港下】。都麻横港口【中望一山。名真不真。假不假。正路打水十七托。用单午针。十更。取览邦港口】。览邦港口【览邦夷人好食人。故舶无维缆者。外有小屿。名奴沙呀。近屿打水八九托。用丁午针。三更。取奴沙剌。打水十四托。又用丁午针。三更。远望锡兰山】。锡兰山港口【即梁时所谓狼牙修也。今讹为石旦夷。言高山为锡兰。因名。此瓜哇地。而称锡兰港口者。亦就望见言之。其实去彼尚远。地广人稠。亚于爪哇。海边有一盘石。上印足迹。长三尺许。常有水不乾。称先世释迦从翠蓝屿来登此。足蹑迹至今尚存。永乐间其王来贡。旋复负固不恭。郑中贵和虏其王归。上命释之。洋中凡五屿。正门打水四五托。用丙巳针。六更。至下港】。下港【即古阇婆。在南海中者也。亦名社婆。至元始称爪哇。今下港。正彼国一巨镇耳。舶入亦名顺塔。再进入为咖嚁吧】。又从满剌加国五屿【分路入苏门答剌。用单乾针。五更。取绵花屿】。绵花屿【第三湾正好过船。打水七八托。外二十托。用单戌针。过浅。辛戌针。四更。取鸡骨屿】。鸡骨屿【对开打水六十六托。有浅。船宜远过。用乾戌针。十更。取双屿】。双屿【对开打水三十五托。门中十托。即正路所经也。用乾戌针并辛戌。四更。取单屿】。单屿【内打水十六托外四十托。用辛戌针。十更。认亚路】。亚路【坤身打水三托。洋中二十托。用壬亥及乾亥针。若杂山。用乾戌针。十五更。取巴禄头】。巴禄头【其旁为九州。山林木丛生。永乐间郑和遣人入山采香。有长六七丈者数株。香味清远。黑花细纹。山人张目吐舌。言天朝威力若神。用单亥及乾戌针。五更。取急水湾】。急水湾【西边有湾。沈礁打浪。对开水二十五托。用辛酉针。五更。取亚齐】。哑齐国【即苏文答剌国也。一名苏文达那。广东通志曰。自满剌加九昼夜可至】。又从玳瑁洲【用丁未针。三更。取东西董】。东西董【从西董过船。远似石礁状。用单丁针。五更。丁未。三十更。取失力大山】失力大山【近山用坤未针。五更。取马鞍屿】。马鞍屿【用巽巳。五更。取塔林屿】。塔林屿【山尖有老古石。正路在西。用辰巽针。三十更。取吉宁马哪】。吉宁马哪山【山上有池。池土石壁有古篆。用单巳针。七更。单丙针。六更。取勿里洞山】。勿里洞山【丙午。十五更。取吉里问大山】。吉里问大山【西面坤身。拖尾甚长。有老古浅离山宜防。用辰巽针四更取保老岸山】保老岸山【山与吉里问相对。俗讹呼巴哪大山。番舶未到。先见此山。顶耸五峰。云覆其上。用巽巳针。四更。取椒山】。椒山【即猪蛮地。沿山取磨屿。七更。收入饶洞】。思吉港饶洞【即苏吉丹国。与爪哇国相近。而吉力石为之主】。

又从保老山【用乙辰针。五更。取吉力石港】。吉力石港【即爪哇之柱板村。史所谓通蒲奔大海者也。打水八九托。用乙辰针。一更。取双银塔】。双银塔【用丁未针。五更。取磨里山】。磨里山【即星槎胜览所谓彭里者也。俗尚寇掠。用单乙针。三更。取郎木山】。郎木山【山下有三吧哇屿。屿前有老古浅。用单卯针。五更。取重迦罗】。重迦罗【船人讹呼高罗地。与爪哇界相接。高山奇秀。内一石洞。前后三门。可容万人。用单卯针。五更。取火山】。火山【内是里马山。有真里马。假里马。过火山门。用辰巽针。二更。取大急水】。大急水【一名双牌。水深流急。出门用乙辰针。三更。至髻屿】。髻屿【用乙卯针。十更。取大云螺。小云螺】。大小云螺【用乙卯针。六更。单卯针。七更。取苏律山】。苏律山【有红毛番居此。不宜进舶。用乙辰针。三更。收山。取印屿】。印屿【用单卯针。二更。至美罗港。即是池闷】。池闷【即吉里地问。是诸国最远处也】。

又从吉宁马礁【往文郎马郎分路。用丙巳及巽巳针。五更。取吧哩马阁】。吧哩马阁【即白水。打水八托。是正路。近屿有浅。可防。用乙卯针。五更。甲卯针。五更。单卯针。五更。即取三密港】。三密港【用乙卯针。二更。取龟屿。打水六托。是正路】。龟屿【稍开有石六七块。名猫著万里浅。用单巳针。三更。取单戎世力山】。单戎世力山【有浅宜防。打水五托。是正路。用单巳针及巽巳。四更。又辰巽针。收美哑柔】。美哑柔港口【是处多盗。好夜杀人。前有大山。是马神国】。文郎马神国【古称文狼】

卷十八·东洋针路

太武山【用辰巽针。七更。取彭湖屿】。彭湖屿【是漳泉间一要害地也。多置游兵。防倭于此。用丙巳针。五更。取虎头山】。虎头山【用丙巳针。七更。取沙马头澳】。沙马头澳【用辰巽针。十五更。取笔架山】。笔架山【远望红豆屿并浮甲山。进入为大港】。大港【用辛酉针。三更。取哪哦山】。哪哦山【再过为白土山。用辛酉针。十更。取密雁】。密雁港【南是淡水港。水下一湾。有小港。是米吕萼。下一老古湾。是磨力目。再过山头。为岸塘】。

又从密雁港【幞头门用丙午单午针。十更。取六藐山】。六藐山【下有四屿。用单巳针。五更。取郎梅屿】。郎梅屿【单午针。四更。取麻里荖屿】。麻里荖屿【用丁午针。五更。取苏安山及玳瑁】。玳瑁屿【东是傍柱旋栏。用壬子针。四更。及癸丑针。五更。取表山】。表山【山甚高。为涛门之望。故名。用丙午针。及单午针。五更。取里银中邦】。里银中邦【用丙巳针。五更。取头巾礁】。头巾礁【用单午针。五更。收吕宋国】。吕宋国【国初贡路。由福建入。用丙巳针。及乙辰针。十更。取沙塘浅开。是猫里务】。猫里务国【即今猫里国也。永乐时。与吕宋贡使偕来】。

又从吕宋【取猪末山。入磨荖央港】。

又从吕宋【过文武楼,沿山至龙隐大山,为以宁港】以宁港【山尾十更,西边取里摆翰,至高药港】。

又从以宁港【用丙巳针。取汉泽山。即屋党港口】。汉泽山【用单巽针。取海山】。海山【用单巳针。五更。取呐哔。其内为沙瑶】。

又从汉泽山【用丙午针。二十更。取交隘。一名班溢】交溢【稍下为逐奇马山。用乙辰针。七更。取魍根礁老港】。魍根礁老港【用乙辰针。七更。见绍山。】。绍山【又用乙辰针。十更。入千子智港。是米洛居地。今佛郎机驻此】。乾子智港【对面是直罗里。稍上是绍武淡水港。红毛夷驻此】。绍武淡水港【此处大山。凡四进。入即美洛居。舶人称米六合】。

又从交溢【对西开船。取犀角屿】犀角屿【外有三四白礁。南势开船。用单申针。入苏禄国】。苏禄国【国初朝贡。有东王。西王。峒王。其后惟东王来贡不绝。疑是为东王所并矣。商舶所至。则峒王地】。又从吕蓬【用坤未针。五更。取芒烟山】。芒烟山【用丁亥针。十更。取磨叶洋】。磨叶洋【用单未针。并丁未取小烟山】。小烟山【其上有仙人掌。用丁未针。五更。取七峰山】。七峰山【用单丁针。五更。取巴荖圆】。巴荖圆【用丁未针。五更。取罗卜山】。罗卜山【用丁未针。三更。取圣山】。圣山【自圣山东去。突山二大尖。两傍皆老古石。中只一沟。舟行甚险。用单未及坤未针。五更。取昆仑山】。昆仑山【此又别一昆仑。是舶人强名之耳。用坤未针。取长腰屿】。长腰屿【舶过屿门。用单午针。五更。取鲤鱼塘】。鲤鱼塘【取毛花蜡。即文莱港口】。文莱国【即婆罗国。此东洋最尽头。西洋所自起处也。故以婆罗终焉】。

卷十八·西南洋五印度国志

叙曰。南洋为印度海。惟西北二印度。尚各自为国。其中南东三印度。并据于西洋。东印度为英夷驻防重镇。凡用兵各国。皆调诸孟加腊。每卒月饷银约二十员。又与我属国缅甸。廓尔喀。邻近世仇。故英夷之逼中国。与中国之筹制英夷。其枢纽皆在东印度。南印度斗出南海。有佛兰西。弥利坚。葡萄亚。荷兰。吕宋各国市埠环列。而英夷之市埠。曰曼达萨喇。曰孟迈。皆产鸦片烟。与孟加腊埒。各国不得分其利。恒外睦内猜。故我之联络佛兰西。弥利坚及购买船炮。其枢纽皆在澳门与南印度。中印度为英夷与俄罗斯相拒之所。中惟隔一兴都哥士大山。俄罗斯逾山则可攻取温都斯坦。英夷设重兵扼守之。故我之联络俄罗斯。其枢纽在中印度。不悉东印度之形势。则不知用廓夷。虽有犄角捣批之策。而不敢信也。不知南印度之形势。则不知用佛兰西。弥利坚。欲行购造兵船之策。而未由决也。不知中印度。北印度之情形。则不知联俄罗斯。方询俄罗斯国都与英夷国都远近。不知其相近者。在印度边境。而不在国都也。昔唐太宗贞观中。王元策用吐番之兵。以捣印度。即廓尔喀攻孟加腊之路。元太祖兵至北中二印度而返。及宪宗命诸王旭烈先攻取西印度。而后回取五印度。即今俄罗斯侵偪温都斯坦之路。明三宝太监郑和以舟师破锡兰山。俘其国王归献诸朝。即今粤夷兵船赴南印度之路。具载往牒。近征商舶。事异凿空。形同肘腋。指示发踪。谁端衔策。志西南洋实所以志西洋也。故以东南中三印度冠其前。而以西印度之天方教。天主教。附其后。五印度沿革。又附其后。

卷十九·西南洋·重辑

每月统纪传曰。明宏治年间。葡萄亚人精神涌发。营大图艰。始寻水路到五印度国。欧罗巴沿海各邦闻知之。皆乘船踵至其地。葡萄亚官禁之。令师舰纵横洋面。截劫商船。各国商船。不敢孤行。故各人出钱。或千员。或万员。或三万员。积藏公帑。备船炮。募弁兵。遇葡舰海贼。则决战保货。返国则以所载之货。发卖各捐户。公分其利。由此立商会。曰公班衙。公班衙者。为群商捐措资本钱。其作贸易也。荷兰公班衙为首。始出公银二百五十万员。赴牙瓦洲摩鹿群岛。买丁香。胡椒等货归国。获益一倍。年年续驶南海。利路大开。始则向土酋买地。开新埠。后则开衅战斗。而夺其旁地。兵盛势强。两攻澳门。败退。因据台湾之港口。与福建沿海居民贸易。开垦愈广。钱货益增。船舶满海。筑城建邑。商变为君。后有为福建郑成功所攻。时荷兰公班衙通事何斌。知港路深浅。说成功联樯并进。荷兰严守安平大港。成功从鹿耳门进。水涨三丈余。入据台湾。与荷兰相持甚久。围其堡台。鏖战不息。镇守官乞盟。返棹回国。

阿兰牙墨。南印度部落。东界弥那。南界靡渣布。西界海。北界堪力市。领小部落九。俗奉墨那敏佛教。海录谓居斯土者。为巴史种类。颜色稍皙。即今来粤贸易之白头夷也。家居温厚。人习商贾。所属孟买。为麻尔洼鸦片出口之埠头。

卷二十·西南洋·五印度土君藩属国

西洋各国所据五印度地。葡萄牙属地曰峨亚。在西南方。海边港口嘉邑也。地多山。无通路。其田大半能耕。居民五十万。崇天主教三分之二。地门亦海口。昔与中国通商。撒米居民十万。

卷二十一·西南洋·中印度各国

西域闻见录

温都斯坦。亦西域回国之大者也。……其地之江河。皆通海洋。时有闽东海航。到彼停泊。多有以大黄渔利者。两广福建之物。往往有之。或重贩至叶尔羌。转入中国矣。哈什噶尔回子。买得漳绒一端。上有天顺字号。固闽货也。

卷二十一·西南洋·东印度各国

海录

乌土国。在暹罗。蓬牙西北。疆域较暹罗更大。由蓬牙陆路行四五日。水路顺风。约二日到佗歪。为乌土属邑。广州人有客于此者。……自安南至此。乃南洋诸国。沿海俱有鳄鱼。形如壁虎。嗜食人。土番有被鳄吞者。延番僧咒之。垂钓于海。食人者即吞钩而出。其余则不可得也。由备姑西北行。沿海数千里。重山复岭。并无居人。奇禽怪兽。出没号叫。崇岩峭壁间。多古木奇花。所未经睹。舟行约半月方尽。亦海外奇观也。彻第冈。在乌土国大山之北。数十年来。英吉利新辟之地。未有商贾。其风俗土产未详【案。此皆印度之东境。即古柯枝国也】。

又曰。明呀喇【即孟加腊】。英吉利所辖地。周围数千里。西南诸番一大都会也。在彻第冈海西岸。由彻弟冈渡海。顺东南风。约二日夜可到。陆路则初沿海北行。至海角。转西又南行。然后可至。为日较迟。故来往都由海道。其港口名葛支里港。外沿海千余里。海水浑浊浅深叵测。外国船至此。不能遽进。必先鸣炮。使土番闻之。请于英吉利。命熟水道者。操小舟到船。为之指示。然后可。土番亦必预度其深浅。以泡志之。泡者截大木数尺。制为榄形。空其中。系之以绳。坠之以铁。随水道曲折。浮之水面。以为之志。土番谓之泡。每一望远及转折处。则置一泡。然外人终不能测。是殆天险也。港口有炮台。进入内港。行二日许。到交牙炮台。又三四日。到古里噶达。英吉利官军镇明呀喇者治此。

卷二十二·西南洋·北印度各国

俄罗斯与印度构兵记

巴社者。回回祖国。即来粤贸易之白头番。所谓港脚者也。小白头为温都斯坦。大白头为巴社。

是时。钦差大臣赴广东禁鸦烟。罢互市。声其罪恶。布告诸国。其佛兰西。弥利坚。仇英夷者咸称快。廓尔喀亦白驻藏大臣。愿率所部收东印度【姚莹康輶纪行。廓尔喀为我全藏藩篱。而与英吉利有隙。道光十八。九年间。英吉利初扰广东。廓尔喀求助之饷。往攻第里八察。大臣不知第里八察即孟加剌也。不许及英夷大扰江浙。廓尔喀自以兵乘虚攻之。大有破获。英夷回救不及。乃以所得中国银百万赎其俘千人以和】。鄂罗斯使臣亦自比革尔国都起程赴阙。约中国由缅甸西藏夹攻印度。事虽未行。而英夷则惴惴。甚或欲乘鄂国使臣未至。速行入寇。或料中国疑鄂罗斯更甚于疑他国。未必遽信其言。然南洋西洋闻罢市之信。各埠茶叶。大黄已不肯售。踊贵价倍。而英夷国中缴烟价。罢关税。各缺银千余万员。诸银肆复不出贷。价复翔贵。借贷邻国数百万充兵饷。而弥利坚。佛兰西先后在粤请助兵船。为中国效力者。屡见于粤中督抚及将军章奏。事则可征也。时则可乘也。

卷二十二·西南洋·南印度各国

海国闻见录曰。小白头南入于海之地。曰戈什峡。东西南三面皆临大海。为大西洋各国市埠所环据。戈什峡东面沿海地名有三。曰网礁腊。则英机黎埔头也。曰房低者里。则佛兰西埔头也。曰泥颜八达。则荷兰埔头也。其西面沿海地名有二。曰苏喇。曰网买。则英机黎埔头。其地俱红毛所建置。此外又悬一岛。曰西仑大珠。即锡兰山也。此皆南天竺地。

海录

曼达喇萨。在明呀喇西少南。由葛支里沿海陆行约二十余日。水路顺东风约五六日。俱英吉利所辖地。至此别为一都会。有城郭。英吉利居此者。亦有万人。叙跛兵二三万。此地客商。多阿里敏番。即来粤东戴三角帽者是也。土番名雪那里。风俗与明呀哩略同。土产珊瑚。珍珠。钻石。银铜。绵花。诃子。乳香。没药。鸦片。鱼翅。猨。梭豸。梭豸形如小洋狗。又有金边洋布。价极贵。一匹有值洋银八十枚者。内山为哓包补番。哓包补者。犹华言大也。本回回种类。其间国名甚多。疆域不过数百里。所织布极精细。大西洋各国番多用之。

笨支里。在曼达喇萨西南。为佛郎机所辖地。由曼达喇萨陆行约四五日。水行约日余即到。土产海参。鱼翅。诃子。棉花。猨。梭豸。内山亦属哓包补。

尼古叭当国。在笨支里西岭界中。疆域甚小。土番名耀亚。

西岭在笨支里少北。又名古鲁慕。由笨支里水路约六七日。陆路约二旬可到。为荷兰所辖地。土番名高车子。风俗与明呀里略同。内山为乃弩王国。土产海参。鱼翅。棉花。苏合油。海参生海中石上。其下有肉盘。盘中生短蒂。蒂末即生海参。或黑或赤。各肖其盘之色。竖立海水中。随潮摇动。盘边三面生三须。各长数尺。浮沉水面。采者以钩断其蒂。捞起剖之。去其秽。煮熟。然后以火焙乾。各国俱有。唯大西洋诸国不产。

达冷莽柯国。在西岭西北。顺东南风约二三日可到。疆域甚小。民极贫穷。然性颇淳良。风俗与上略同。属邑有地名珈补者。西洋客商皆居此。土产海参。鱼翅。龙涎香。诃子。

亚英加。在加补西北。顺风约五六日可到。为英吉利所辖地。土番风俗与上略同。土产棉花。燕窝。椰子。诃子。又曰固贞。在亚英加西北。水路顺风约日余可到。为荷兰所辖地。土番风俗与上略同。内山为晏得尼加国。实回回种类。土产乳香。没药。鱼翅。棉花。椰子。苏合油。血竭。砂仁。诃子。大枫子。

隔沥骨底国。在固贞北少西。水路顺风约二日可到。陆路亦通。风俗与上同。土产胡椒。棉花。椰子。俱运至固贞售卖。内山仍属晏得尼加。

马英。在隔沥骨底北少西。水路顺风约二日可到。为佛郎机所辖地。土产风俗与上略同。内山亦属晏得尼加。达拉赭。在马英西北。陆路相去约数十里。为英吉利所辖地。土番风俗亦与上同。土产胡椒。海参。鱼翅。淡菜。内山仍属晏得尼加。

马喇他国【此与孟加腊音近地异。此南印度。彼东印度也。毋混为一】。在达拉赭西。疆域自东南至西北长数千里。沿海边地分为三国。一小葡萄。一盂婆罗。一麻伦尼。为回回种类。凡拜庙。庙中不设主像。唯于地上作三级。取各花办。遍撒其上。群向而拜。或中间立一木椎。每月初三。各于所居门外。向月念经。合掌跪拜稽首。土产棉花。胡椒。鱼翅。鸦片。

小葡萄。在马喇他东南。沿海边界。由达拉赭向北少西行。经马喇他境。约六七日到此。为葡萄亚国所辖地。疆域约数百里。土番奉蛇为神。婚嫁与明呀里同。死则葬于土。每年五月男女俱浴于河。延番僧坐河边。女人将起。必以两手掬水洗僧足。僧则念咒取水靧女面。然后穿衣起。又有苏都鲁番。察里多番。古鲁米番三种。多孟婆罗国人。西洋人取以为兵。西洋人居此者有二万人。土产檀香。鱼翅。珊瑚。犀角。象牙。鲍鱼。尝有西洋太医院。随船至此。闻其妻死。特遣土番赍札回大西洋祖家。请于国王。以半俸给其家养儿女。是知此地亦有陆路可通大西洋也。

孟婆罗国。在小葡萄北山中。由小西洋水路顺风。约日余可至国境。王都在山中。以竹为城。疆域亦数百里。风俗与小西洋同。土产檀香。犀角。

麻伦尼国。在孟婆罗北。水路顺风约日余可到。疆域风俗与孟婆罗同。土产海参。鱼翅。鲍鱼。二国所产货物。多运至小西洋埔头售卖。

盎几里国。在麻伦尼北少西。水路顺风一二日可到。疆域风俗与小葡萄略同。土产洋葱。其头寸余。熟食味极清酣。玛瑙。棉花。鸦片。内山亦属哓包补。自曼达喇萨至郎杜。土番多不食豕牛羊犬。唯食鸡鸭鱼虾。男女俱戴耳环。

孟买。在盎几里北少西。相去约数十里。为英吉利所辖地。有城郭。土番名叭史。颜色稍白。性极淳良。家多饶裕。英吉利镇此地者数千里。土产玛瑙。大葱。棉花。阿魏。乳香。没药。鱼膏。鱼翅。鸦片。番靓。棉花最多。亦南洋一大市镇也。邻近马喇他。盎几里。哓包补。即杜诸国。多辇载货物到此贸易。其内山亦属哓包补。

苏辣。在孟买北。水路约三日可到。亦英吉利所辖。土番名阿里敏。土产同上。

淡项在苏辣北。水路约日余可到。为葡萄亚所辖。土产同孟买。

即杜国。在淡项北。疆域稍大。由淡项水路顺风约二日可到。风俗民情。与盎几里诸国略同。土产鸦片。海参。鱼翅。俱运往苏辣。孟买贩卖。自明牙喇至此。西洋人谓之戈什峡。总称为印度海。土人多以白布缠头。所谓白头回也。遇王及官长。蹲身合掌上于额。俟王及官长过。然后起。子见父母亦合掌于额。平等亦如之。其来中国贸易。俱附英吉利船。本土船从无至中国。中国船亦无至小西洋各国者。自此以西。海波汹涌。一望万里。舟楫不通。浅深莫测。沿海诸国不可得而纪矣。其即杜内山。则为金眼回回国。闻其疆域极大。不与诸国相往来。故其风俗土产亦不可得而纪也【案。金眼回回在南印度山内。当是中印度之莫卧尔白头回国也】。

外国史略

锡兰山岛在印度东南。……锡兰岛自古有名。珍奇钟萃。号为宝渚。时有中国大商艘。赴岛贸易。亚西亚各国。皆于是港通商。

卷二十三·西南洋·西印度西巴社回国沿革

新唐书

永徽二年。大食王始遣使者朝贡。自言王大食氏。有国三十四年。传二世。开元初。复遣使献马钿带。谒见不拜。有司将劾之。中书令张说谓俗殊慕义。不可置于罪。玄宗赦之。使者又来辞曰。国人止拜天。见王无拜也。有司切责乃拜。十四年。遣使苏黎满献方物。拜果毅。赐绯袍带。或曰。大食族中。有孤列种世酋长。号白衣。大食种有二姓。一曰盆尼末换。二曰奚深。有摩诃末者勇而智。众立为主。辟地三千里。克夏腊城。传十四世。至末换杀兄自王。下怨其忍。有呼罗珊木鹿人并波悉林将讨之。徇众曰。助我者皆黑衣。俄而众数万。即杀末换。求奚深种孙为王。更号黑衣大食。至德初遣使者朝贡。代宗取其兵平两京。贞元时。与吐番相攻。十四年。遣使者三人朝。

宋史

大食国。本波斯别种。隋大业中。据有波斯西境。唐永徽后。屡入朝贡。乾德四年。僧行勍游西域。因赐其王书。以招怀之。开宝中。太平兴国贡方物。自后屡朝。职贡不绝。其从者目深体黑。谓之昆仑奴。

卷二十四·西南洋·西印度西阿丹国沿革

新唐书

波斯居达遏水。……贞观十二年。遣使朝贡。……开元天宝间。遣使者十辈。献玛瑙床火毛绣舞筵。乾元初。从大食袭广州。焚仓库庐舍。浮海走。大历时复来献。

明史

天方。古筠冲地。一名天堂。又曰默伽。水道自忽鲁谟斯四十日始至。自古里西南行三月始至。其贡使多从陆道入嘉峪关。宣德五年。郑和使西洋。分遣其侪诣古里。闻古里遣人往天方。因使人赍货物。附其舟偕行。往返经岁。市奇珍异宝。及麒麟。狮子。驼鸡以归。其国王亦遣陪臣随朝使来贡。宏治三年。其王速檀阿黑麻。遣使偕撒马儿罕。土鲁番。贡马驼玉石。

又曰默德那。回回祖国也。地近天方。宣德时。其酋长遣使偕天方使臣来贡。后不复至。

明史

阿丹在古里之西。顺风二十二昼夜可至。永乐十四年。遣使奉表贡方物。辞还。命郑和赍敕及彩币。偕往赐之。自是凡四入贡。天子亦厚加赐赉。宣德五年。海外诸番久缺贡。复命和赍敕宣谕。其王即遣使来贡。八年至京师。正统元年。贡使始还。自后不至。

按阿剌伯。古条支国也。回教既兴。乃有天方天堂等名。皆花门夸耀之称。比其国于天上。其实本无此名。其国在波斯之西南。前明时累次朝贡。多由西域陆路来。明初郑和等由海道使西洋。至天方而止。称为西洋尽处。彼盖由印度海驶入红海。遂以为海尽于此。而不知小西洋之外。尚有所谓大西洋也。

后汉书

东汉和帝永元九年。西域都护班超遣掾甘英往通大秦。抵条支。临海欲渡安息西界。船人告以海水广大。往来须赍三岁粮。英疑惮而止。大秦屡欲遣使于汉。为安息遮遏不得通。桓帝延熹九年。其王安敦遣使自日南徼。献象牙。犀角。玳瑁。始得一通云云。考泰西人地图。安息即今之波斯。条支即今之阿剌伯。东汉时大秦【即意大理之罗马】。正当全盛。未分东西【详意大里图说】。其国都在意大里之罗马东境。至西里亚犹太【即唐书之拂菻国】。与安息接壤。若由安息往大秦。渡妫水。入安息境。约三千余里【即今波斯】。即已入大秦东境【今土耳其东土美索不达迷亚部之巴索拉地】。再西北行约三千余里【今土耳其东土。中土】。渡海峡【即君士但丁黑海峡日】。历西腊之北境【今土耳其西土】。约二千里。至意大里之东北境【今奥地利亚地】。又西南行千余里。即至大秦都城【即今罗马】。计陆路万里而近。自西里亚以西。皆大秦地。汉书所云从安息陆路绕海北行出海西至大秦。庶连属十里一亭。三十里一置。从无盗贼寇警者。的确不诬。又云道多猛虎狮子。遮害行旅。不百余人。赍兵器。辄为所食。按西里亚以西。皆大秦名都大邑。四达通衢。安得有猛兽遮害行旅。盖安息贪绘彩交市之利。必不欲大秦之通汉。故为此诞说。以阻汉使之西行。所谓遮遏不得通者此也。若由条支从海道往。则阿非利加之大浪山一路。自明以前未通舟楫。【即今欧罗巴诸国货船往来之路。明宏治间葡萄牙始创行之】。欧罗巴东来海道。率取道于地中海。红海。条支都城在麦加。乃红海北岸【汉书云。条支城在山上。周回四十余里。正今之麦加城也】。而其东境又临阿勒富海。甘英所临之海。未知其为阿勒富海。抑即红海。若为阿勒富海。则须绕条支三面之海。计水程六七千里。至红海之尾而海尽。行陆路一七千里。【地名苏尔士麦。西国地】。至地中海之东南隅。再登舟西驶。约六千余里。而抵大秦都城【即罗马】。计水程一万三千余里。若所临系条支都城之红海。则西北驶千余里。已至红海之尾。计水程不足万里。中间隔陆路一百七十里。不能一帆直【明以前欧罗巴大船。不能直抵中国。即因此阻隔。海国闻见录所谓恨不能用力截断者也。近年英吉利用火轮船递送文报。皆由此路。地中海另有火轮船接递】。然舍此别无道路。计其水程速则四五十日。迟亦不过两三月。半载尽可往返。何至须赍三岁粮。盖安息总不欲大秦之通汉。故使西界船人【麦加距安息已远。甘英所临之海。当系阿勒富海也】。设此词以难之。甘英惮于浮海。遂中止耳。至安敦之入贡。由日南徼外。即今越南南境之占城一带。乃由红海驶入印度海东南。行至苏门答腊。噶罗巴之巽他海峡。转而北行入南洋。抵越南之南境。今欧罗巴诸国。由粤东绕阿非利加。至印度海后。亦由此路。若从陆路。须由日南。历暹罗。缅甸。抵东印度。越中印度至西印度。无论中间历数十番部。使币难通。而西印度以西。仍须经遮遏之安息。方达大秦东境。故知其必由海道无疑也。

卷二十五·西南洋·各国回教总考

广东通志

宋岳珂程史云。番禺有海獠杂居。其最豪者蒲姓。本占城之贵人也。既浮海而遇风涛。惮于反复。乃请于其主。愿留中国。以通往来之货。岁益久定居城中。屋室少侈靡逾禁。使者方务招徕。以阜国计。且以其非吾人。不之问。故其宏丽奇伟。益张而大。富盛甲一时。……岁四五月舶将来。群番入于塔。出于窦。啁哳号呼以祈南风。亦辄有验。

卷二十六·西南洋·西印度之如德亚国沿革

新唐书

拂菻。古大秦也。居西海上。一曰海西国。……贞观十七年。遣使献赤玻璃绿金精。下诏答赉。大食稍强。遣军伐之。拂菻约和。遂臣属。乾封至大定再朝献。开元七年。因吐火罗大酋。献师子。羚羊【源案。唐书所言大秦之盛皆隔海。欧罗巴大秦。非拂菻所有。故云度海二千里。当以后汉书为正】。

宋史

拂菻国。东南至灭力沙。北至海。皆四十程。西至海。三十程。东至西大食。及于阗。回纥。青磨。乃抵中国。历代未尝朝贡。元丰四年十月。其王始遣大首领来献鞍马刀剑真珠。……元佑六年。其使两至。诏别赐以玉帛二百匹。白金瓶袭衣金束带【文献通考案。唐史有拂菻国。以为即古大秦也。然大秦自后汉始通中国。历晋唐贡献不废。而宋四朝·史拂菻传则言其国历代未尝朝贡。至元丰始献方物。又唐传言其国西濒大海。而宋传则言西距海尚三十程。其余界亦龃龉不合。土产风俗亦不同。故以唐之拂菻附入大秦。而此拂菻自为一国云。源案。唐之拂菻已非后汉之大秦。而宋之拂菻又非唐之拂菻。皆慕前代柔远之盛。而冒名之者】。

明史

拂菻。即汉大秦。桓帝时始通中国。晋及魏皆曰大秦。尝入贡。唐曰拂菻。宋仍之。亦数入贡。而宋史谓历代未尝朝贡。疑其非大秦也。元末。其国人捏古伦。入市中国。元亡不能归。太祖闻之。以洪武四年八月召见。命赍诏书还谕其王。复命使臣普剌等。赍勅书彩币诏谕。乃遣使入贡。后不复至。万历时。大西洋人至京师。言天主生于如德亚。即古大秦国也。其国自开辟以来六千年。史书所载。世代相嬗。及万事万物原始。无不详悉。谓天主肇生人类。言颇诞谩。其物产珍宝之盛。具见前史【今西洋诸书。止言天主生如德亚。无大秦之号。此徐光启傅会唐书而明史沿之】。

卷二十六·西南洋·景教流行中国碑【唐建中二年。大秦寺僧景净述】

大秦国上德阿罗本者。于贞观九年至长安也。京兆府义宁坊建大秦寺。度僧廿一人。贞观十有二年也。此即天主教入中国之始【未斋金石考略】。

按。西洋奉天主耶稣。或谓即大秦遗教。据碑有判十字以定四方之语。与今天主教似合。然日下旧闻考载天主堂。构于西洋利玛窦。自欧罗巴航海九万里入中国。崇奉天主云云。若大秦一名如德亚。今称西多尔。其在欧罗巴南印度之西。相距甚辽远。似不能合为一也。

四库全书提要

西学凡一卷。附录唐大秦寺碑一篇。碑称贞观十二年。大秦国阿罗本。远将经像。来献上京。即于义宁坊敕造大秦寺一所。度僧二十一人云云。考西溪丛语。载唐贞观五年有传法穆护何禄。将祆教诣关闻奏。敕令长安崇化坊立祆寺。号大秦寺。又名波斯寺。至天宝四年七月。敕。波斯经教出自大秦。传习而来。久行中国。爰初建寺。因以为名。将以示人。必循其本。其两京波斯寺。并宜改为大秦寺。天下诸州郡有者准此。册府元龟载开元七年。吐火罗国王上表献解天文人文慕阇。智慧幽深。问无不知。伏乞天恩唤取。问诸教法。知其人有如此之艺能。请置一法堂。依本教供养。段成式酉阳杂俎载孝亿国界三千余里。举俗事祆。不识佛法。有祆祠二千余所。又载德建国。乌浒河中有火祆祠。相传其神本自波斯国乘神通来。因立祆祠。内无像。于大屋下置小庐舍向西。人向东礼神。有一铜马。国人言自天而下。据此数说。则西洋人即所谓祆。斯天主即所谓祆神。中国具有纪载。不但有此碑可证。又杜预注左传。次睢之社。曰睢受汴。东经陈留。梁谯。彭城入泗。此水次有祆神。皆社祠。顾野王玉篇亦有祆字。音呵怜切。注为祆神。徐铉据以增入说文。宋敏求东京记载宁远坊有祆神庙。注曰四夷朝贡图云。康国有神名祆。毕国有火祆祠。或曰石勒时立。此是祆教。其来已久。亦不始于唐。岳珂桯史记番禺海祆。其最豪者蒲姓。号白番人。本占城之贡人。留中国以通往来之货。屋室侈靡逾制。性尚鬼而好洁。平居终日。相与膜拜祈福。有堂焉以祀。如中国之佛。而实无像设。称谓聱牙。亦莫能晓。竟不知为何神。有碑高袤数丈。上皆刻异书如篆籀。是为像主。拜者皆向之。是祆教至宋之末年。尚由贾舶达广州。而利玛窦之初来。乃诧为亘古未睹。艾儒略作此书。既援唐碑以自证。则其为祆教更无疑义。乃无一人援古事以抉其源流。遂使蔓延于海内。盖万历以来。士大夫大抵讲心学。刻语录。即尽一生之能事。故不能征实考古。以遏邪说之流行也。

卷二十九·西南洋五印度沿革总叙

唐以前西域贡道。由葱岭达玉关。道虽迂迢。而历代取经求法之僧。足与目谋。图画指掌。至宋天圣中。防西夏钞掠。始改大食等国贡道。由海达广州。自后习于航海之使。

元史征爪哇。谓以五千卒。渡海二十五万里。征从古未至之国【史弼传】。考其方域。距闽粤皆里不及万。至马八尔国。在天方之西境。较注辇。爪哇稍远。亦计里不过万余。而元史谓自泉州至其国。约十万里。皆无稽之说。地周九万里。自欧罗巴大西洋至中国几于绕地半周。为里亦不过五六万里。乌有阿细亚洲之南洋近接西藏。缅甸。动称数十万里者乎。

卷二十九·西南洋·五印度沿革总考【原本无今补辑】

后汉书

天竺国。一名身毒。……和帝时数遣使贡献。后西域反叛乃绝。至桓帝延熹二年。四年。频从日南徼外来献。

晋法显佛国记

(法显)遂顺恒水东下十八由延。其南岸有瞻波大国。佛精舍经行处。及四佛坐处。悉起塔。从此东行。近五十由延。到多摩梨靬国。即是海口。其国佛法亦兴。法显住此二年。写经及画像。于是载商人大舶。泛海西南行昼夜十四日。到师子国。其国在大洲上。东西五十由延。南北三十由延。左右小洲百数。皆统属大洲。多出珍宝。佛至其国。现神足降恶龙。有青玉像。高二丈许。通身七宝。右掌中一无价宝珠。国中可五六万僧。常以三月出佛齿。供养。法显住此国二年。更求得沙弥塞律藏本。复上大舶南还。至青州长广郡界。法显自发长安六年。到中天竺停六年。还三年。达青州。凡所游历。咸三十国。

魏书

南天竺国。……世宗时。其国王婆罗化。遣使献骏马金银。自此每使朝贡。

梁书

汉桓帝延熹九年。大秦王安敦遣使自日南徼外来献。汉世唯一通焉。其国人行贾。往往至扶南。日南。交趾。其南徼诸国人。少有到大秦者。魏晋世绝不复通。唯吴时扶南王范旃遣亲人苏勿使其国。从扶南发投拘利口。循海大湾中正西北入。历湾边数国。可一年余到天竺江口。逆水行七千里。乃至焉。积四年方返。其时吴遣中郎康泰使扶南。及陈宋等具问天竺土俗。云佛道所兴国也。人民敦厖。土地饶沃。其王号茂论。

卷二十九·西南洋·北魏僧惠生使西域记【见洛阳伽蓝记】

宋史

天竺之法。国王死。太子袭位。余子皆出家为僧。不复居本国。有曼殊室利者。乃其王子也。随中国僧至焉。太祖令馆于相国寺。善持律。为都人所倾向。财施盈室。众僧颇嫉之。以其不解唐言。即伪为奏求还本国。许之。诏既下。曼殊室利始大惊恨。众僧谕以诏旨。不得已。迟留数月而后去。自言诣南海。附贾人船而归。终不知所适。太平兴国七年。益州僧光远至自天竺。以其王没徙曩表来上。以释迦舍利附光远上进。

至道二年八月。有天竺僧随舶至海岸。持帝钟铃杵铜铃各一。佛像一躯。贝叶梵书一夹。与之语不能晓。

卷三十·西南洋·东印度沿革

明史

榜葛剌。即汉身毒国。东汉曰天竺。其后中天竺贡于梁。南天竺贡于魏。唐亦分五天竺。又名五印度。宋仍名天竺。榜葛剌。则东印度也。自苏门答剌顺风二十昼夜可至。永乐六年。其王霭牙思丁遣使来朝。贡方物。七年。使凡再至携从者。二百三十余人。帝方招徕绝域。颁赐甚厚。自此比年入贡。永乐十二年。及正统三年。凡两贡麒麟。百官表贺。自是不复至。其国地大物阜。城池街市。聚货通商。繁华类中国。四时气候常如夏。土沃一岁二稔。不待耔耘。俗淳庞。有文字。男女勤于耕织。容体皆黑。间有白者。王及官民皆回回人。丧祭冠婚。悉用其礼。男子皆剃发。裹以白布。衣从颈贯下。用布围之。历不置闰。刑有笞杖。徙。流数等。官司上下。亦有行移。医卜阴阳。百工技艺。悉如中国。盖皆前世所流入也。其王敬天朝。闻使者至。遣官具仪物。以千骑来迎。王宫高广。柱皆黄铜包饰。雕琢花兽。左右设长廊。内列明甲马队千余。外列巨人。明盔甲。执刀剑弓矢。威仪甚壮。丹墀左右。设孔雀翎伞盖百余。又置象队百余于殿前。王饰八宝冠。箕踞殿上高坐。横剑于膝。朝使人。令拄银杖者二人来导。五步一呼。至中则止。又拄金杖者二人。导如初。其王拜迎诏。叩头。手加额。开读受赐讫。设绒毯于殿。宴朝使。不饮酒。以蔷薇露和香蜜水饮之。赠使者金盔。金系腰。金瓶。金盆。其副则悉用银。从者皆有赠。厥贡良马。金银琉璃器。青花白瓷。鹤顶。犀角。翠羽。鹦鹉。洗白苾布。兜罗棉。撒哈刺糖霜。乳香。熟香。乌香。麻藤香。乌爹泥。紫胶。藤竭。乌木。苏木。胡椒。粗黄。【宋史丹眉流国。东至占腊五十程。南至罗越水路十五程。西至西天三十五程。北至程良六十程。东北至罗斛二十五程。东南至阇婆四十五程。西南至程若十五程。西北至洛华二十五程。东北至广州一百三十五程。其俗以版为屋。跣足衣布。无绅带。以白纻缠其首。贸易以金银。其主所居广袤五里。无城郭。出则乘象车。亦有小驷。地出犀。象。鍮石。紫草。苏木诸药。四时炎热无雪霜。未尝至中国。咸平四年来贡。按其方位四至。亦东印度地】

明史

或言柯枝。即古盘盘国。宋梁隋唐皆入贡【唐书盘盘。在南海。西北距环王。限少海。与狼牙修接。自交州海行四十日乃至。宋元嘉梁大通中。均入贡。其民濒水居。比木为栅。石为矢镞。贞观中。王遣使朝。其东南有哥罗富沙罗王。州二十四。其兵有弓矢。矟殳。以孔雀羽饰纛。每战以百象为一队。一象百人。鞍若槛。四人执弓矟在中、赋率输银二铢、无丝纻、惟吉贝、非有官不束发。凡嫁娶纳槟榔为礼。多至二百盘。东南有拘蒌密。海行一月。至南距婆利。行十日至。东不述行五日至。西北距文单。行六日至。与赤土堕和罗同俗】。自小葛兰西北。行顺风一日夜可至。永乐元年。遣中官尹庆赍诏抚谕其国。赐以销金帐幔。织金文绮彩币及华盖。永乐六年。复命郑和使其国。六年。遣使来贡。十年。封其国中之山。勒石山上。宣德八年。遣使偕锡兰山诸国来贡。正统元年。遣其使者附瓜哇贡舶。还国赐敕劳王。其国与锡兰山对峙。中通古里国界。东大山。西南北皆大海。气候常热。田瘠少收。俗颇淳。筑室用椰子树。即取其叶为苫覆。王琐里人。尊释教。佛座四旁皆水沟。复穿一井。每旦鸣钟鼓。汲水灌佛再三。始罗拜而退。人分五等。第一南昆王族类。二回回。三哲地。皆富民。四革全。皆牙侩。最贱者曰木瓜。屋高不得过三尺。盖极贫民。执贱役者。岁中二三月时有少雨。国人皆治舍储食物以俟。五六月间大雨不止。街市成河。七月始晴。八月后不复雨。岁岁皆然。地产诸谷。独无麦。诸畜亦皆有。惟无鹅与驴。【澳门纪略柯枝国。分上三等。曰南昆王族类。曰回回。曰哲地。下二等。曰革全。皆牙侩。曰木瓜。最贫贱。遇南昆。哲地人。辄伏地】

明史又曰。小葛兰。其国与柯枝接境。自锡兰山西北。行六昼夜可达。东大山。西大海。南北地窄。西洋小国也。永乐五年。遣使附古里。苏门答剌入贡。赐其王锦绮。纱罗。鞍马诸物。其使者亦有赐。王及郡下。皆琐里人。奉释教。敬牛。及他婚丧诸礼。多与锡兰同。俗淳土薄。收获少。仰给榜葛剌。郑和常使其国。厥贡止珍珠。伞。白绵布。胡椒。又有大葛兰。波涛湍悍舟不可泊。故商人罕至。土黑坟。本宜谷麦。民懒事耕作。岁赖乌爹之米以足食。风俗土产。多类小葛兰。【柯枝即海录之乌土国。故大小葛兰地接柯枝。土亦黑坟。无一不合。考英夷所绘中国地图。亦列柯枝于大金沙江海口。东岸与缅甸接。以上二国皆东印度边境。故附著之。】

又曰。古里。西洋大国。西滨大海。南距柯枝国。北距狼奴尔国。东七百里。距坎巴国。自柯枝舟行三日可至【观柯枝至古里必由舟行。可见中隔江河。盖古里介大金沙及恒河二水之间。而柯枝则在江河合流之东南岸也】。自锡兰山十日可至。诸番要会也。永乐元年。命中官尹庆。奉诏抚谕其国。赉以彩币。其酋遣使。从庆入朝贡。三年达南京。封为国王。赐印诰。及文绮诸物。遂比年入贡。郑和亦数使其国。十三年。偕柯枝南勃利。甘巴里。满剌加诸国入贡。十四年。又偕瓜哇。满剌加。占城。锡兰山。木骨都束。溜山。南浡利。不剌哇。阿丹。苏门答剌。麻林。剌撒。忽鲁谟斯。柯枝。南巫里。沙里。湾泥。彭亨诸国入贡。是时。诸番使臣。充斥于廷。以古里大国。序其使者于首。十七年。偕满剌加十七国来贡。十九年。又偕忽鲁谟斯。阿丹。祖法儿。剌撒不剌哇。木骨都束。柯枝。加异勒。溜山。南浡利。苏门答剌。阿鲁满剌加诸国。遣使千二百人入贡。时帝方出塞。敕皇太子曰。天时向寒。贡使即令礼官宴劳。给赐遣还。其以土物来市者。官酬其直。自成祖崩。中朝不遣使诸国诸国。贡使亦不来。宣德五年。复遣郑和使其国。八年其王遣使偕苏门答剌。柯枝。锡兰山。祖法儿。阿丹。甘巴里。忽鲁谟斯。加异勒。天方使臣入贡。其使久留都下。至正统元年。乃命附瓜哇贡舟西还。自是不复至。其国山多地瘠。有谷无麦。俗甚淳。行者让道。道不拾遗。人分五等。如柯枝王敬浮屠。凿井灌佛亦如之。每旦。王及臣民。取牛粪调水。涂壁及地。又煆为灰。抹额及股。谓为敬佛。国中半崇回回教。建礼拜寺数十处。七日一礼。男女斋浴谢事。午时拜天于寺。未时乃散。王老。不传子而传甥。无甥则传弟。无弟则传于国之有德者。国事皆决于二将领。以回回人为之。刑无鞭笞。轻者断手足。重者罚金珠。尤重者夷族没产。鞫狱不承。则置其手指沸汤中。三日不烂。即免罪。免罪者。将领导以鼓乐送还家。亲戚致贺。富家多植椰子树。至数千。其嫩者浆可饮。亦可酿酒。老者可作油糖。亦可作饭。乾可构屋。叶可代瓦。壳可制杯。穰可索绹。煆为灰。可镶金。其它蔬果畜产。多类中国。所贡物有宝石。珊瑚珠。琉璃瓶。琉璃枕。宝铁刀。拂郎双刃刀。金系腰。阿思模达涂儿气。龙涎香。苏合油。花毡。单伯兰布。苾布之属。

又曰。西洋琐里。洪武二年。命使臣刘叔勉。以即位诏谕其国。三年。平定沙漠。复遣使臣颁诏。其王遣使。奉金叶表。献方物。成祖颁即位诏于海外诸国。西洋琐里亦与焉。永乐元年。二十一年偕古里阿丹等十五国来贡。【源按。一统志云。西洋琐里。本一小国。乃占城。暹罗。锡兰山。柯枝诸大国王。旧志皆云琐里人。故特存之。此与古里皆东印度境。于大地方位为南洋。非西洋也。明史云。概西洋者。失之。明史。西天阿难功德国。西方番国也。洪武七年。遣其讲主必尼西来朝。贡方物及解毒药石。诏赐文绮禅衣及布帛诸物。后不复至。又有和林国师。亦遣其讲主来朝。献铜佛舍利。曰哈丹布及元所授玉印玉图书。又曰尼八剌国。在诸藏之西。去中国绝远。其王皆僧为之。洪武十七年。太祖已招徕诸番。议通使其地。命僧智光赍玺书彩币往。并使其邻境地涌塔国。智光精释典。负才辩。宣扬天子德意。其王即遣使随入朝。贡金塔佛经及名马方物。二十年。达京师。帝喜。赐银印。玉图书。诰敕。符验及幡幢彩币。又赐其使者。二十三年。再贡加赐玉图书。红罗伞。终太祖时。数岁一贡。成祖嗣位。复命智光使其国。永乐七年。遣使来贡。十一年。命杨三保赍玺书银币赐其嗣王及地涌塔王。十六年。命中官邓城赍书往。所经罕东灵藏。必力工瓦乌斯藏及野蓝卜纳。皆有赐。宣德二年。又遣中官侯显。赐其王绒锦纻丝。地涌塔王如之。自后贡使不复至。又有速睹崇者。亦西方之国。永乐三年。遣行人连迪等。赍敕往招。赐银纱彩币。其酋以道远竟不至。万历野获编曰。西天功德阿难国。古来不闻此夷名。金元诸史及国朝会典皆不载。必胡僧赚赏伪造美名。以欺天朝耳。源案。明史尚有加异勒国。甘巴里国。吉兰丹国皆永乐宣德中。郑和所奉使招徕。偕古里。柯枝。南浡利等国入贡。其邻境尚有小阿兰。拔丹二国。皆东印度之部落。】

卷三十·西南洋·南印度沿革

新唐书

瞻博。或曰瞻婆。北距殑伽河。多野象群行。显庆中。与婆岸。乾支。弗舍跋若。磨腊四国。并遣使入朝。乾支在西南海中。本南天竺属国。亦曰半支跋若。唐言五山也。北距多摩苌。又有哥罗舍分。修罗分。甘毕三国。贡方物。甘毕在南海上。东距环王。有胜兵五千。哥罗舍分者。在南海南。东婆和罗。修罗分者。在海北。东距真腊。其风俗大略相类。有君长。皆栅郛。二国胜兵二万。甘毕才五千。又有多摩苌。东距婆凤。西多隆。南千支弗。北呵陵地。东西一月行。南北二十五日行。俗无姓。婚姻不别同姓。王坐常东向。胜兵二万。有弓刀甲槊。无马。果有波那婆。宅护遮。庵摩。石榴。其国经萨卢。都呵卢。君那卢。林邑诸国。乃得交州。显庆中。贡方物。

卷三十・西南洋・南印度海中锡兰山岛国沿革

梁书

师子国。天竺旁国也。其地和适无冬夏之异。五谷随人所种。不须节。其国旧无人民。止有鬼神及龙居之。诸国商贾来共市易。鬼神不见其形。但出珍宝。显其所堪价。商人依价取之。诸国人闻其土乐。因此竞至。或有停住者。遂成大国。晋义熙初。始遣献玉像。经十载乃至。像高四尺二寸。五色洁润。形制殊特。殆非人工。此像历晋宋世。在瓦官寺。寺先有征士戴安道手制佛像五躯。及顾长康维摩画图。世人谓为三绝。至齐东昏遂毁玉像。前截臂。次取身。为嬖妾潘贵妃作钗钏。宋元嘉六年。十二月。其王刹利摩呵遣贡献。大通元年。后王伽叶伽罗呵梨邪使奉表。

新唐书

师子国。居西南海中。延袤二十余里。有棱加山。多奇宝。以宝置洲上。商舶偿直。辄取去。后邻国人稍往居之。能驯养师子。因以名国。总章三年。遣使者来朝。天宝初。王尸罗迷迦再遣使献大珠钿金宝。

明史

锡兰山。即古狼牙修。梁时曾通中国。自苏门答剌顺风十二昼夜可达。永乐中。郑和使西洋。至其地。其王欲害和。和觉。去之他国。其王又不睦邻境。屡邀劫往来使臣。诸番皆苦之。及和归。复经其地。乃诱和至国中。发兵五万劫和舟。且塞归路。和乃率部卒二千。由间道乘虚。攻拔其城。生擒其王。妻子。头目。献俘于朝廷。诸臣请戮。帝释之。择其族之贤者立之。其旧王亦释归。自是海外诸番。益服天子威德。贡使载道。而其王遂屡入贡。其国地广人稠。货物多聚亚于瓜哇。东南海中有山三四座。总名曰翠蓝屿。大小七门。门皆可通舟。中一山尤高大。番名揆笃蛮山。其人皆巢居穴处。赤身髡发。自此山西行七日。见鹦哥嘴山。又二三日。抵佛堂山。即入锡兰国境。海边山石上有一足迹。长三尺许。故老云佛从翠兰屿来践此。故足迹尚存。中有浅水。四时不乾。人皆手蘸以洗面目。山下僧寺有释迦真身。侧卧床上。旁有佛牙及舍利。相传佛涅盘处也。其寝座庄严甚丽。王所居侧有大山。高出云汉。产诸色宝石。每大雨冲流山下。海旁有浮沙。珠蚌聚其内。故其国诸珠宝特富。王所居国。人崇释教。重牛。日取牛粪烧灰。涂其体。又调之以水。遍涂地上。乃礼佛。手足直舒。腹贴于地以为敬。不食牛肉。止食其乳。死则瘗之。有杀牛者。罪至死。气候常热。米粟丰足。虽富饶。然不喜啖饭。欲啖则于暗室。不令人见。男子裸上体。下围以布。遍体皆毫毛。悉剃去。惟发不剃。所贡物有珠。珊瑚。宝石。水晶。撒哈喇。西洋布。乳香。木香。树香。檀香。没药。硫磺。藤竭。芦荟。乌木。胡椒。磁石。驯象之属。

案。梁书狼牙修国与师子国。分叙为二国。狼牙叙于千陀利之后。婆利之前。而师子国则叙于婆利及天竺之后。东西判然。回不相侔。安得以狼牙修为锡兰山。而置龙鬼合居之师子国于不问乎。明史之外国沿革。无一不缪。有如此者。

广东通志

锡兰山疆域在西洋。与柯枝国对峙。南以别罗里为界。自罗里南去。顺风七昼夜可至溜山洋国。十昼夜可至古里国。二十一昼夜可至卜剌哇国。柯枝接大小葛兰二国。山连赤土。上自小葛兰顺风二十昼夜可至木骨都东国。自古里顺风十昼夜可至忽鲁谟斯国。二十昼夜可至剌撒国。二十二昼夜可至阿丹国。又自忽鲁谟斯四十昼夜可至天方国。乃南洋之尽处也。书称狼牙修国在南海中。其界东西三十日行。南北二十日行。北去广州二万四千里。盖即此国。

西域记附注。僧伽罗国。古之师子国。又曰无忧国。即南印度。其地多奇宝。又名曰宝渚。昔释迦牟尼佛化身名僧迦罗。国人推尊为王。以大神通力破大铁城。灭罗刹女。拯恤危难。于是建都筑邑。化导四方。示寂留牙。在于兹土。国有凶荒灾异。恳祈随应。今之锡兰山。即古之僧伽罗国也。王宫侧有佛牙精舍。饰以众宝。辉光赫灼。累世相承。敬礼不衰。今国王阿烈苦柰貌。琐里人也。崇祀外道。不敬佛法。暴虐国人。永乐三年。太监郑和奉香花往诣彼国供养。王欲加害。郑和知其谋。遂去。后复遣郑和往赐诸番。并赐锡兰山国王。王益慢不恭。欲图害使者。用兵五万人。刊木塞道。分兵以劫海舟。会其下预泄其机。郑和等归路已绝。潜遣人回舟。备水师拒之。而和自以兵三千。夜由间道攻入王城。守之。其劫海舟番兵乃与其国内番兵四面攻围。数重拒战六日。和等执其王。凌晨开门。伐木取道。且战且行。凡二十余里抵暮。始达舟。即礼请佛牙登舟。灵异匪常。光彩照辉。历涉巨海数万里。风涛不惊。如履平地。永乐九年七月。至京师。诏于皇城内。庄严旃檀金刚宝座。贮修供养。佛牙精舍侧有小精舍。亦以众宝而为莹饰。中有金佛像。此国先王等身而铸。肉髻则贵宝饰焉。至是并归中国。

元汪大渊岛夷志略

僧加剌。叠山环翠。洋海横峙。其山腰有佛殿岿然。则释迦佛舍利所在。海滨有石如莲台。上有佛足迹。长二尺有四寸。阔七寸。深五寸许。迹中海水入其内。不咸而甘。病者饮之则愈。土人面紫。身黑。眼巨而长。手足温润而壮健。寿多至百余岁。佛初怜彼方之人贫而为盗。故以善化其民。复以甘灵水洒池。俾产红石。土人掘之。得此以济贸易。皆令温饱而善良。其佛前有一钵盂。非玉非铜非铁。色紫而润。敲之。有玻璃声。故国初凡三遣使取之云。

南怀仁坤舆图说

印第亚之南。有则意南岛。离赤道北四度。人自幼以环系耳。渐垂至肩而止。海中多珍珠。江河生猫睛。昔泥红。金刚石等。山林多桂皮。香木。亦产水晶。尝琢成棺殓死者。相传为中国人所居。今房屋殿宇。亦颇相类。西有小岛数十。总名马儿地袜。悉为人所居。海中生一椰树。其实甚小。可疗诸病。

按。南印度之楞伽岛。旧为罗刹所居。人不敢至。佛为说法。尚不能戒杀。见于法苑珠林所载。梁书亦言其为龙与鬼神所居。何以后世竟为耕桑商舶之地。惟西域记附注言僧伽剌王。仗佛力以灭罗刹之事。得其实矣。凡佛经所言转轮圣王及阿修罗。皆劫初时地天之通未绝。非后世所有。故昔日罗刹夜叉各岛。今皆开辟。生齿繁殖。而西牛货州。东神胜洲。今亦商舶通行。气运日开。不怪为怪。固难以为夏虫井蛙道也。

又案。瀛环志略言中有高山。土产鸦鹘宝石。每遇大雨。冲流山下。从沙中拾取之。隋常骏至林邑极西。望见之。番人谓高山为锡南。因名云。

卷三十·西南洋·附补落伽山及溜山

大唐西域记

南印度濒海。有秣剌耶山。产龙脑香。山东有布呾落迦山。顶有池。池侧有石天宫。观自在菩萨往来游舍。从此山东北海畔有城。是往南海僧迦罗国路。从此入海。东南可三千余里。至僧迦罗国。唐书师子国。亦南印度之境也。国周七千余里。昔本宝渚罗刹居之。前王僧伽剌治兵浮海而往。诵咒奋武。遂有其国。其王即释迦佛之前生也。案。补落迦山在南印度濒海之岸。非岛也。由此下海。乃至锡南山岛。故别载之。

海岛逸志曰。穆迦滨于南海。真佛所居。山极高峻。遍地黄金。美玉。百神守护不得取也。真修者必登穆迦。礼拜真佛。持斋受戒。数年而出。人皆称曰老君。自能降神伏怪。驱邪斩鬼。手持念珠。慈悲可掬。见者知其有道。案。此即南印度濒海之落迦山也。非锡兰岛。

明史

溜山。自锡兰山别罗里南去。顺风七昼夜可至。自苏门答剌过小帽山。西南行十昼夜可至。永乐十年。郑和往赐其国。自后三贡。并与忽鲁谟斯诸国偕。宣德五年。郑和复使其国。后竟不至。其山居海中。有三石门。并可通舟。无城郭。倚山聚居。气候常热。土薄谷少。无麦。土人皆捕鱼。暴乾以充食。王及群下。尽回回人。婚丧诸礼。多类忽鲁谟斯。山下有八港。各以溜名。或言外更有三千溜。舟或失风。入其处。即有沈溺之患。

魏源曰。五印度之地。惟南印度斗出大海。形如箕舌。似中国之登莱。而补落迦山。则犹登州之成山。其锡兰岛之楞伽山。则四面皆海。犹琼州。台湾也。普陀之在西藏。在浙江定海者。皆后出附会。惟此近翔实。以非西夷市舶所集。故无述焉。独是锡兰岛。逼近印度。史称地广富庶。亚于瓜哇。南怀仁艾儒略均图述之。何以亦阒然。于英夷据印度之后。惟地理备考以榜甲剌等十九部为印度公司兼辖之地。以锡兰岛为土君专辖之地。其言较核于诸夷书。盖南洋斗出濒海之岸。为大西洋各国市埠环峙。有英吉利埠。有荷兰埠。有佛兰西埠。有弥利坚埠。有葡萄埠。岸市盛。故岛市微矣。溜山诸岛林立。环锡兰山。而地理备考谓锡兰山四面乾屿环之。其人物生殖者。惟四五十岛。亦最切南洋之形势。谈印度者。可无唐枣凿空之憾焉。

案。海间小岛。名目实繁。西人以意命名。不能划一。大约大则百里。小则数十里。洲屿星列耳。

卷三十・西南洋・西印度沿革

后汉书

安息国居和椟城。……章帝章和元年。遣使献狮子。符拔。符拔形似麟而无角。和帝永元九年。都护班超遣甘英使大秦抵条支。临大海欲度。而安息西界船人谓英曰。海水广大。往来者逢善风。三月乃得度。若过迟风。亦有二岁者。故入海人皆赍三岁粮。海中善使人思土恋慕。数有死亡者。英闻之乃止【案。大秦与条支。止隔地中海。海长虽万余里。仅广二三千里。顺风对度。数日可至。安有此阻难之理。此西夷贪汉使财物。恐其西通大秦。自相贸易。则己国不得垄断其利。故为此恐吓之诞词也。至魏书始破其妄】。十三年。安息王满屈。复献狮子。及条支大鸟。时谓之安息雀。自安息西行三千四百里。至阿蛮国从阿蛮西行三千六百里至斯宾国。从斯宾南行度河又西南至于罗国。九百六十里。安息西界极矣。自此南乘海。乃通大秦。其土多海西珍奇异物焉。

魏书

(波斯国)神龟中。遣使入贡。

隋书

炀帝遣李昱使波斯。寻遣使贡方物。

宋史

注辇国。东距海。五千里。西至西天竺千五百里【宋史原本作距海五里。又天竺上无西字。此据文献通考】。南至罗兰二千五百里。北至顿田三千里。自古不通中国。水行至广州。约四十一万一千四百里。……自昔未尝朝贡。大中祥符八年来贡。以盘奉珍珠。碧玻璃升殿。布于御坐前。降殿再拜。离本国舟行七十七昼夜。历郍勿丹山。娑里西兰山。至占宾国。又行六十一昼夜。历伊麻罗里山。至古罗国。国有古罗山。因名焉。又行七十一昼夜。历加八山。占不牢山。舟宝龙山。至三佛齐国。又行十八昼夜。度蛮山水口历天竺山。至宾头狼山。望东西王母冢。距舟所将百里。又行二十昼夜。度羊山。九星山。至广州之琵琶洲。离本国凡千一百五十日。至广州焉。凡宴赐恩例同龟兹使。明道二年。表进珍珠。衫帽。及真珠一百五两。象牙百株。自言数朝贡。而海风破船不达。愿将上等珠。就龙床脚撒殿。顶戴赡礼。以申向慕之心。乃奉银盘升殿。跪撒珠于御榻下而退。

宋史云。层坛国。在南海傍。城距海二十里。熙宁四年。始入贡。海道使风行百六十日。经勿巡古林。三佛齐国。乃至广州。

明史

祖法尔国。自古里西北放舟。顺风十昼夜可至。永乐十九年。遣使偕阿丹。剌撒诸国入贡。命郑和赍玺书赐物报之。宣德正统屡贡。其国东南大海。西北重山。天时常若八九月。五谷蔬果。诸畜咸备。人体颀硕。王及臣民悉奉回回教。婚丧亦遵其制。多建礼拜寺。遇礼拜日。市绝贸易。男女长幼。皆沐浴更新衣。以蔷薇露或沈香油拭面。焚沉檀俺八儿诸香于炉。人立其上。以熏衣。然后往拜。所过街市。香经时不散。天使至。诏书开读讫。其王遍谕国人。尽出乳香。血蝎。芦荟。没药。苏合油。安息香诸物。与华人交易。乳香乃树脂。其树似榆。而叶尖长。土人斫树。取其脂为香。有驼鸡。颈长类鹤。足高三四尺。毛色若驼。行亦如之。常以充贡。【案。地产驼鸡。知为安息。大食境。故入之西印度】。又曰。忽鲁谟斯。西洋大国也。自古里西北行二十五日可至。永乐十年。天子以西洋近国。已航海贡琛。稽颡阙下。而远者犹未宾服。乃命郑和赍玺书往抚忽鲁谟斯。比剌。溜山。孙剌诸国。赐其王锦绮。彩帛。纱罗。妃及大臣皆有赐。至忽鲁谟斯。王即遣陪臣奉金叶表。贡马及方物。十二年至京师。命礼官宴赐酬以马直。比还赐王及妃。以下有差。自是凡四贡。和亦再使。后朝使不去。其使者亦久不至。宣德五年。复遣和宣诏其国。乃遣使来贡。八年至京师。宴赐有加。正统元年。附瓜哇舟还国。嗣后遂绝。其国居西海之极。自东南诸蛮邦。及大西洋商舶。西域贾人。皆来此贸易。故宝货填溢。气候有寒暑。春发葩。秋陨叶。有霜无雪。多露少雨。土瘠谷麦寡。然他方转输多。价极贱。民富俗厚。或遭祸致贫。众皆遗以钱帛。共振业之。王及臣下。俱回回人。婚丧悉用其礼。人多白晰丰伟。妇女出则以纱蔽面。市列廛肆。百物具备。惟禁治犯者罪至死。医卜技艺。皆类中华。交易用银钱。书用回回字。王遵其教。日斋戒沐浴虔拜者五。地多咸。不产草木。牛羊马驼皆啖鱼腊。垒石为屋有三四层者。寝处庖厕及待客之所。皆在其上。饶蔬果。有核桃。把聃。松子。石榴。葡萄。花红。万年枣之属。有大山。四面异色。一红盐石。凿以为器。盛食物。不加盐而味自和。一白土。可涂垣壁。一赤土。一黄土。皆适于用。所贡有狮子。麒麟。驼鸡。福禄灵羊。常贡则大珠。宝石之类。【源案。西印度诸国。皆安息。大食之地。故皆产驼鸡。即汉书所谓安息大鸟。今闽粤。宁波。上海洋船。多载还内地。其鸡高三四尺。花冠翠羽。其行若驼。俗云洋鸡者也。但此尚非至大者。其本国驼禽。高大更倍。天方典礼云。驼鸡尾长似雉。雌者高三尺至七八尺。雄者高丈余。背有肉鞍似驼。可乘致远。蹄苍色。张翅甚大。其卵如瓮。可作器。舟舶难载。故罕至云。此皆西南洋。非大小西洋。而明史谓其国居西洋之极者。郑和之舟。至此而返也。】

卷三十一·西南洋【沿革】·北印度西北邻部附录

明史

成化中。其锁鲁檀偕亦思罕各酋长贡二狮至肃州。其使者还。不由故道。赴广东。又多买良家女为妻妾。又请泛海至满剌加。市狻猊以献。市舶中官韦眷主之。布政使陈选力陈不可。乃已。宏治二年。

其使由满剌加至广东贡狮子。鹦鹉诸物。守臣以闻。礼官耿裕等言南海非西域贡道。却之。薄犒其使。量以绮帛赐其王。

卷三十三·小西洋·重辑

元史

海外诸番国。惟马八尔与俱蓝足以纲领诸国。而俱蓝又为马八尔后障。自泉州至其国。约十万里。其国自阿布河大王城。水路得便风。约十五日可到。比余国最大。世祖至元间。行中书省左丞唆都等。奉玺书十通。招谕诸番。未几占城。马八尔国。俱奉表称藩。余俱蓝诸国未下。行省议遣使十五人往谕之。帝曰。非唆都等所可专也。若无朕命。不得擅遣使。十六年十二月。遣广东招讨司达鲁花赤杨庭璧招俱蓝。十七年三月。至其国。国主书回回字降表。附庭璧以进。言来岁遣使入贡。十月。授哈撒儿海牙俱蓝国宣慰使。偕庭璧再往招谕。十八年正月。自泉州入海。行三月。抵僧伽耶山。舟人郑震等以阻风乏粮劝往马八尔国。或可假陆路以达俱蓝国。从之。四月至马八尔国新村马头。登岸。其国宰相马因的。谓官人此来甚善。本国船到泉州时。官司亦尝慰劳。无以为报。今以何事至此。庭璧等告其故。因及假道之事。马因的乃托以不通为辞。与其宰相不阿里相见。又言假道。不阿里亦以它事辞。五月。二人蚤至馆。屏人令通使输情。言我一心愿为皇帝奴。我使札马里丁入朝。为我大必阇赤赴算弹【华言国主也】告变。算弹籍我金银。田产。妻孥。又欲杀我。我诡辞得免。今算弹兄弟五人。皆聚加一之地。议与俱蓝交兵。及闻天使来。对众称本国贫陋。此是妄言。凡回回国金珠宝贝。尽出本国。其余回回尽来商贾。此间诸国皆有降心。若马八尔既下。我使人持书招之。可使尽降。时哈撒尔海牙与庭璧以阻风不至俱蓝。遂还。哈撒儿海牙入朝计事。期以十一月俟北风再举。至期。朝廷遣使令庭璧独往。十九年二月。抵俱蓝国。国王及其相马合麻等迎拜玺书。三月。遣其臣入贡。时也里可温兀咱儿撒里马及木速蛮士马合麻等亦在其国。闻诏使至。皆相率来告。愿纳岁币。遣使入觐。会苏木达国亦遣人因俱蓝主乞降。庭璧皆从其请。四月。还至那望国。庭璧复说下其主。至苏木都剌国。谕以大意。即日纳款称藩。遣其臣入朝。二十年。马八尔国遣僧撮及班入朝。五月。将至上京。帝即遣使迓诸涂。二十三年。海外诸蕃国以杨庭璧奉诏招谕。至是皆来降。诸国凡十。曰马八尔。曰须门那。曰僧急里南无力。曰马兰舟。曰那旺。曰丁呵尔。曰来来。曰急兰亦鯓。曰苏木都剌。皆遣贡方物。

源案。唐书始言拂林之西南。度碛二千里。有黑人国。盖即今利未亚乌鬼各国。然仅得诸传闻。非通使贡也。惟元史马八尔。俱蓝国近之。考元太宗命皇弟旭烈荡平西域。尽取诸回国。凡天方。默德。拂林。古安息。条支之地。尽入版图。安有元世祖时又创招西域。殚力若此。则马八尔。俱蓝必在回部以西。利未亚洲之域。更在天方之外无疑。其曰自阿布河大王城水路。得便风约十五日可到者。阿母河。一作暗布河。在葱岭西。为笃来帖木儿大王封地。从其地顺流而下至印度河海口。即可溯。西红海至马八尔国。以四洲地志考之。马八尔。盖即伊揖国。俱蓝。即阿迈司尼国。故言俱蓝为马八尔后障。必假道马八尔始至俱蓝。与利未亚之伊揖及阿迈司尼二国。形势相符。利未亚州惟此二大国富而文。非余乌鬼国比也。西图又谓之厄入多国及亚毗心域国。地邻天方。亦奉回教。前史汉唐通西域极于条支。拂林。皆阿细亚洲之尽境。未及利未亚洲。通利未亚洲者。自元代始。故以备小西洋之沿革。其同时来贡之十国。则皆南洋岛夷。非小西洋也。曰须须门那。即明史之须文达那。曰苏木都剌。即苏门答那。曰僧急里。即僧伽剌。曰急兰亦鯓。即吉兰丹。余可类推。至瓜哇大岛。则元史别有专传。故不列于十国。

海国闻见录

乌鬼国东北山与阿黎米亚相联。向西南生。出坤申方大洋。何啻四五国之远。其尽处曰呷。即中国支山入海尽处。曰表。表者。标也。佛兰西曰呷。英机黎曰岌。皆顺毛乌鬼地。是以红毛甲板船。从小西洋来中国者。由亚齐之北麻喇甲之南。穿海过柔佛。出茶盘而至昆仑。自呷而东。至戈什嗒。自戈什嗒而东。至亚齐。其海皆呼曰小西洋【原本戈什嗒。当作戈什峡。又西南洋称小西洋亦误。盖利未亚洲方为小西洋】。人黑白不同。皆西域装束。长衫大领。小袖。裹头。缠腰。国富庶。产宝器。生银。洋布。丁香。肉果水。安息吧喇。沙末油。苏合油等类。以金为币。钻石为宝。

源案。此所谓呷者。指暹罗南境之新嘉坡而言。计西南洋中新嘉坡为第一峡。南印度戈什嗒为第二峡。利未亚之大浪峰为第三峡。凡地之斗出海中甚长。如登莱类者。所谓峡也。呷嗒皆即峡之别字。又案。赛马尔罕者。元时封藩统辖葱岭以西各国。至明中叶赛马尔罕已分十余国。不尽为所属矣。近日更全变为回国。若敖罕。若布哈尔。若爱乌罕。若巴达克山。若克什米尔等。凡十余国。而闻见录犹以古时赛马尔罕统称之。误矣。至又以赛马尔罕为噶尔旦之国。则误中又误矣。谓俄罗斯国惟限于西洋。而其与中国相首尾之东北万里概置不提。皆疏舛之尤者。书作于雍正。判于乾隆八年。在新疆未服以前。故传闻遥揣。举一漏百。故删节而辩正之于此。

海录

妙里士岛。西南海中岛屿也。周围数百里。为佛郎机所辖。凡大西洋各国船回祖家。必南行经葛剌巴至地问。然后转西少北。行约一月。可到此山。无土人。其所居皆佛郎机及所用乌鬼奴。土产乌木。由此向北少西。行约半月有奇。谓之过峡一路。风日晦暝。波涛汹怒。寒雪飘零。六月不息。舟人战栗。咸有戒心。其天气与妙哩上迥别。过峡后至一岛。谓之峡山。为荷兰所辖。天复炎热。但海阔风狂。波浪腾涌。舟行经此。遇风过猛。必须稍待风和而行。山亦无土人。唯荷兰及鬼奴居之。土产梨及牛黄。有大鸟莫知其名。其卵大数寸。由此更北行少西。顺风约七八日。复至一岛。名散爹里。周围约百里。为英吉利来往泊船取水之地。无土产。有英吉利兵在此镇守【源案。此峡即坤舆图之大浪山。在利未亚州极南境】。

又曰。鬈毛乌鬼国。在妙里士正西。由妙里士西行约一月可至。疆域不知所极。大小百有余国。民人蠢愚。色黑如漆。发皆鬈生。其麻沙密纪国。生那国。加补五犂国。皆为蒲萄亚所夺。又尝掠其民。贩卖各国为奴婢。其土产五谷。象牙。犀角。海马。牙橙。西瓜。

海岛逸志曰。鸽岛在西北之隅。和兰甲板船数十只。岁往通其祖家。必由此地停泊。更换舟工水手。装下伙食。然后再驶。盖其地当半途之间。华人在巴。有受其佣雇为舟人者。至此地必更和兰人。华人暂处于此。配船而还巴。不令往其祖家。然甲板船来往。相传来三去五。其来风水为顺。只有三月。往则水逆道纡。当须五月。又云将至之处。有暗海。不见日月。舟行二三日始出。盖天地之大。有不可思议者矣【即所谓大浪峰也。为小西洋利未亚极南之峡。凡船回大西洋者。过此曰过峡】

卷三十七·大西洋·大西洋各国总沿革

后汉书

大秦国……与安息。天竺交市于海中。利有十倍。其人质直。市无二价。谷食常贱。国用富饶。邻国使到其界首。有乘驿诣王都。至则给以金钱。其王常欲通使于汉。而安息欲以汉绘彩与之交市。故遮阂不得自达【观此语。则知安息传中所言土人告汉使赍三岁粮乃得渡海。及海中使人思慕死亡之语。皆安息人所以恫喝汉使。不欲其通大秦也】。至桓帝延熹九年。大秦王安敦遣使自日南徼外。献象牙。犀角。瑇瑁。始乃一通焉。

晋书

大秦国……安息。天竺人与之交市于海中。其利百倍。邻国使到者。辄廪以金钱。途经大海。海水咸苦不可食。商客往来。皆赍三岁粮。是以至者稀少。汉时都护班超遣掾甘英使其国入海。船人曰。海中有思慕之物。往者莫不悲怀。若汉使不恋父母妻子者可入【此皆彼士人夸诳之词。妄以地中海为大海】。英不能渡。武帝太康中。其王遣使贡献。

万国地理全图集

欧罗巴列国。……洎明嘉靖年间。舟楫无所不至。初寻出亚默利加大地。次到五印度国。后驶至中国。通商日增。见识日广。此时欧列国万民之慧智才能高大。纬武经文。故新地日开。遍于四海焉。

瀛环志略

按以上各国。惟峨罗斯与中国互市。在西北陆路。不由海道。其至粤东贸易者。英吉利船最多。居各国十分之六。西班亚之船。大半自吕宋来粤东。称大小吕宋。不称西班亚。其船之多。几过于英吉利。而洋米之外。少别货。此外则奥地利亚。普鲁士次之。琏国。荷兰又次之。瑞国又次之。佛郎西货船每岁来粤。多不过三四只。少则一二只。所载皆呢羽钟表诸珍贵之物。葡萄亚即居澳门之大西洋。其本国商船来者甚稀。日耳曼之翰堡【一作昂不尔厄】。北闵【一作不来梅】两埠。间有货船来粤。比利时现求通商。船尚未来。意大里亚近分四国。商船无来者。土耳其系回回。希腊新造小国。向未通商。

欧罗巴诸国来粤东。皆从大西洋海开行。沿亚非利加之西岸南行。至尽头之好望海角。俗名大浪山。乃转而东北。舟行至此。风涛最恶。彼土人惯于浮海。亦罔不栗栗危惧。过此乃额手称庆。浮印度海东北行入苏门答腊。葛留巴之巽他海峡。又东北而至粤东。计程约七万余里。俗称来三去五。盖由大西洋来中国约三月程。回国则须五月程。往返同途。而迟速不同者。非尽由风信之顺逆也。四海之水皆东趋。至尾闾而入大地。又从万派源泉。分流而出。由欧罗巴至中国则为顺流。由中国西旋则为逆流。故迟速不同耳。

卷三十八·大西洋·葡萄亚国沿革

皇清四裔考

博尔都噶国【即布路亚国。一作葡萄亚。即住澳之大西洋国也。博都噶即布路亚三字转音】。……明以前未通中国。雍正五年。表贡方物。乾隆十八年。复贡。命钦天监正刘松龄前途引导至京。召见赐宴。先是雍正五年朝贡。于常赏外。特赐国王人参四十斤。库缎二十五匹。磁器一百三十件。洋漆器六十六件。纸三百张。墨二十匣。字画绢一百张。及荔枝酒。哈蜜瓜。松糕。茶糕。芽茶。香饼。灯扇。香囊等物。又加赏来使倭缎。磁器。漆器。纸墨。扇绢等物。至乾隆十八年。又特赐国王龙缎四匹。妆缎花缎线缎各八匹。百花妆缎十二匹。绫纺丝各二十二匹。罗十三匹。杭绸七匹。册页一付。玛瑙玉器六件。珐琅器二种。漆器十九种。磁器三十三种。及紫檀木器。画绢。香袋。香饼。纸墨。扇。茶。又加赏正使画绢。纸墨。扇。茶及文绮。又随敕书赐国王龙缎。片金各二匹。蟒缎。倭缎各三匹。妆缎七匹。花缎六匹。闪缎。花缎。青花缎。蓝缎。青缎。帽缎。线缎各四匹。绫纺。绸各二十二匹。罗十三匹。绢七匹。又因端阳节加赏国王纱四十匹。葛百匹。香囊。香串。宫扇。药锭等物。并正副使葛香囊。香串。药锭等物。盖念其远来。从优锡予焉。二十五年。广东南海县民林六。因缘入教。至于变易服饰。娶妻生子。经两广督臣李侍尧奏准。比照左道惑众为从例治罪。以维风俗。部议从之。

海录

大西洋国。又名布路亚士。气候严寒。由散爹里正北行。约二旬可到国境。其海口南有二炮台。谓之交牙炮台。储大铜炮四五百架。有兵二千守之。凡有海艘回国。及各国船到本国。必先遣人查看。有无出痘疮者。若有则不许入口。须待痘疮平愈。方得进港。

澳门纪略【乾隆十六年。宣城张汝霖撰】

西洋夷居香山澳。自明万历迄今几二百年。悉长子孙。其国上世有历山王。又号古总王。今有二王。曰教化王。曰治世王。治世者。奉教化之命惟谨【案。教化王最大者惟一人。驻意大里国总掌西洋各国之天主教。谓之教皇。犹西藏之活佛。非国国有之也。今来粤贸易。各国从未有每国各二王之说。此篇所述澳门亦有法王。不过大僧师之称耳。若国中只有一法王。既来驻澳。其本国又安得有法王。岂能遥制数万里外乎】。澳寺番僧皆教化类。夷人贸易者则治世类。西洋国岁遣官更治之。澳素饶富。国初洋禁严。诸番率借其名号以入市。酬之多金。财货盈溢。今诸番俱得自市。又澳舶日少。富庶非昔比。大西洋去中国远。三年始至。稍西曰小西洋。去中土万里。大西洋遣酋守之。澳门头目。悉禀小西洋。令岁轮一舶往。有大事则附小西洋酋帅以闻。不能自达也。有地汶岛。在南海中【即地问岛。一作地盆】。水土恶毒。人黝黑。无所主。大西洋与红毛分据其地。有兵头镇戍。三年一更。遣自小西洋。由澳而后达于地汶。亦岁轮一舶往。澳夷罪不至死者。遣戍之。终其身无一生还者。其行贾之地曰马西。与之约。不得以所产市他国。康熙中。马西背约。私与他国市。澳夷怒。驾舶往所市之国责之。马西患之。遂相仇杀。死者三百余人。市道中绝。今所与市易者。曰哥所达岛。曰葛罗巴岛。曰吕宋岛。凡所往之国。海道不可以里计。但分一昼夜为十更。计由某达某路若干更云。

其人白皙。鼻昂而目深碧不眴。不畜须发。别编黑白发蒙首及颈。蜷然蒙茸。赐自法王。得者以为荣。其通体黝黑如漆。特唇红齿白略似人者。是曰鬼奴。明洪武十四年。爪哇国贡黑奴三百人。明年又贡黑奴男女百人【案。海南太守以摩呵赠陶岘即此】。唐时谓之昆仑奴。入水不眯目。贵家大族多畜之。明史亦载和兰所役使名乌鬼。入水不沈。走海面若平地。粤中富人亦间有畜者。绝有力。可负数百斤。生海外诸岛。初至时与之火食。累日洞泄。谓之换肠。或病死。若不死。即可久畜。渐为华语。须发皆鬈而黄。其在澳者则不蓄须发。女子亦具白黑二种。别主奴。凡为户四百三十有奇。丁口十倍之。

澳城明季创自佛朗机。万历中。总督何士晋令隳澳城台。天启时。徐如珂署海道副使。澳夷奔告红毛将犯香山。请兵请饷。请木石以缮墉垣。如珂昌言于两府曰。此狡夷尝我也。已而夷警寂然。而澳垣日筑百丈。如珂遣中军领兵戍澳。谕之曰。墉垣不毁。澳人力少也。吾助若毁。不两日粪除殆尽。夷相啃视。自是稍戒心。今城固而庳。大门一。小门三。炮台六。大者曰三巴炮台。列炮二十八。上宿番兵。台垣四周。为砖龛以置守夜者。台下为窟室贮焰硝。次则东西望洋。两台对峙。东置炮七。西五。余制与三巴略同。娘妈角炮台。在西望洋下。炮二十有六。南环炮台置炮三。噶斯兰炮台置炮七。设火药局于左侧。通计炮七十有六。大者六十一。余差小。铜铸四十六。余铁。其大铜铸者重三千斤。大有余。围长二丈许。受药数石。明时红毛擅此火器。尝欲窥香山澳。胁夺市利。澳人乃仿为之。其制视红毛尤精。发时以统尺量之。测远镜度之。靡不奇中。红毛乃不敢犯。今海宇承平。诸番向化。以此为天朝守海门。而固外围耳。夷兵头遣自小西洋。率三岁一代。辖番兵百有五十。分戍诸炮台及三巴门。番人犯法。兵头集夷目于议事亭。或请法王至会鞫定谳。籍其家财而散其眷属。上其狱于小西洋。其人属狱。候报而行法。其刑或戮。或焚。或缚置炮口而烬之。夷目不职者。兵头亦得劾治。其小事则由判事官量予鞭责。判事官掌刑名。有批验所。挂号所。朔望礼拜日。放告。赴告者先于挂号所登记。然后向批验所没入。既受词。集两造听之。曲者子鞭。鞭不过五十。亦自小西洋遣来。理事官。一曰库官。掌本澳番舶。税课。兵饷。财货出入之数。修理城台街道。每年通澳佥举诚朴殷富一人为之。番书二名。皆唐人。凡郡邑下牒于理事官。理事官用呈禀上之郡邑。字遵汉文。有番字小印。融火膝烙于日字下。缄口亦如之。凡法王。兵头。判事官。岁给俸一二千金有差。理事官食其所赢。不给俸。外红棍官二等。大红棍于夷人将殁时。察其资财而籍记之。询其人以若干送寺庙。若干遗子女。若干分给亲属。详书于册。俾无后争。二红棍于夷人既殁。有子女俱幼不能成立者。即依大红棍所开应给之数。抚育其子女。而经理其余财。待其既长婚嫁。举以付之。如无子女。悉归其资于寺庙。其晨昏讥察如内地保甲者。曰小红棍。兼守狱。狱设龙松庙右。为楼三重。夷人罪薄者。置之上层。稍重者系于中。重则桎梏于下。有土窟委乾牛马矢。炷火其中。名曰矢牢。皆无禄。凡中国官府如澳。判事官以降皆迎于三巴门外。三巴炮台然大炮。番兵肃队。一人鸣鼓。一人飐旗。队长为帕首靴裤状。舞枪前导。及送亦如之。入谒则左右列坐。如登炮台。则番兵毕陈。吹角演阵。犒之牛酒。其然炮率以三。或五发七发。致敬也。岁十月肖楮。为红毛夷。缚而走于市。诸番手椎追击之。詈而出。歌而入。晚则焚于野。明季红毛夺澳市。澳夷怨之。每岁有举。所以志之也。番舶视外洋夷舶差小。以铁力木厚二三尺者为之。锢以沥青。石脑油。钉以独鹿木。束以藤。缝以柳索。其碇以铁力水桫。底二重。或二樯三樯。度可容数百人。行必以罗经。掌之者。为一舶司命。每舶用罗经三。一置神楼。一舶后。一桅间。必三针相对而后行。向编香字号。由海关监督给照。凡二十五号。前数年。尚有一十六号。近年止十三号。二十余年间。飘没殆半。澳番生计日绌。其夷目舶税。上货抽加二。次加以五。又次加一。小艇曰三板。长丈余。西洋俗以行贾为业。富者男女坐食。贫者为兵。为梢工。为人掌舶。妇女绣巾带。炊饼饵糖果。粥之以糊口。凡一舶货值巨万。家饶于财。辄自置舶。问其富。数舶以对。资微者附之。或数十主同一舶。每岁一出。出则数十百家之命系焉。出以冬月。冬月多北风。其来以四五月。四五月多南风。计当返则妇孺绕舍呼号。以祈南风。脱卒不还。相率行乞于市。乞者常千人。然性侈。稍赢于资。居室服食辄以华靡相胜。出必张盖乘舆。相见脱帽以为礼。

卷三十九·大西洋·大吕宋国

大吕宋国。在葡萄亚国之北少西。亦明以来住澳之大西洋也。

卷三十九·大西洋·大吕宋国沿革

职方外纪

欧罗巴初通海道。周经利未亚。过大浪山。抵小西洋。而至中国贸迁者。从此国始。

海录

大吕宋国。又名意细班尼惹。在布路亚北少西。由布路亚西北行。约八九日可到。海口向西。疆域较布路亚稍宽。民情凶恶。亦奉天主教。风俗与布路亚略同。土产金银铜铁。多罗绒。羽纱。哔叽。蒲桃。酒。琉璃。番硷。钟表。凡中国所用番银。俱吕宋所铸。各国用之。佛朗机国。又名佛兰西。在吕宋北少西。疆域较吕宋尤大。沿海舟行四十余日方尽。由吕宋陆行。约二十日可到。民情淳厚。心计奇巧。所制钟表。甲于诸国。风俗土产。与布路亚略同。亦奉天主教。所用银钱。或三角。或四方。中有十字文【案意细班尼惹。即以西把尼亚。音同字异】。

卷四十·大西洋·荷兰国沿革

明史

和兰。又名红毛番地。近佛郎机。古不知何名。永乐宣德时。郑和七下西洋。历诸番数十国。无所谓和兰者。其人深目。长鼻。须眉发皆赤。足长尺二寸。颀伟倍常。万历中福建商人。岁给引往贩大泥。吕宋及交留巴者。和兰人即就诸国转贩。未敢窥中国也。自佛郎机市香山。据吕宋【佛夷惟市香山。未尝据吕宋。据吕宋岛者。乃西洋之大吕宋。以其国名名此岛。至今尚然。未尝为佛郎机所据也。此语亦误】。和兰闻而慕之。万历二十九年。驾大舰。携巨炮。直薄吕宋。吕宋人力拒之。则转薄香山澳。澳中人数诘问。言欲通贡市。不敢为寇。当事难之。税使李道即召其酋入城。与游处一月。亦不敢闻于朝。乃遣还。澳中人又虑其登陆。力为防御。始引去。海澄人李锦及奸商潘秀。郭震。久居大泥。与和兰人习语及中华事。锦曰。若欲通贡市。无若漳州者。漳南有彭湖屿。去海远。诚夺而守之。贡市不难成也。其酋麻韦耶曰。守臣不许。奈何。曰。税使高寀嗜钱甚。若厚贿之。彼特疏上闻天子。必报可。守臣敢抗哉。酋曰。善。锦乃代为大泥国王书。一移寀。一移兵备副使。一移守将俾。秀震赍以来。守将陶拱圣大骇。亟白当事。系秀于狱。震遂不敢入。初秀与酋约入闽有成议。当遣舟相闻。而酋卞急不能待。即驾二大舰直抵彭湖。时三十二年之七月。汛兵已撤。如入无人之墟。遂伐木筑舍。为久居计。锦亦潜入漳城。侦探诡言。被获逃还。当事已廉知其状。并系狱。已而议遣二人。谕其酋还国。许以自赎。且拘震与俱。三人既与酋成约。不欲自彰其失。第云我国尚依违未定。而当事所遣将校詹献忠赍檄往谕者。乃多携币帛食物觊其厚酬。海滨人又潜载货物往市。酋益观望不肯去当。事屡使使谕之。见酋语辄不竞。愈为所慢。而寀已遣心腹周之范诣酋。说以三万金馈寀。即许贡市。酋喜与之。盟已就矣。会总兵施德政。令都司沈有容。将兵往谕。有容负胆智。大声谕说。酋心折。乃曰我从不闻此言。其下人露刃相诘。有容无所慑。盛气与辨。酋乃悔悟。令之范还所赠金。止以哆啰嗹。琉璃器及番刀番酒馈寀。乞代奏通市。寀不敢应。而抚按严禁奸民下海。犯者必诛。由是接济路穷。番人无所得食。十月末扬帆去。巡抚徐学聚劾秀锦等罪。论死遣戍有差。然是时佛郎机横海上。红毛与争雄。复泛舟东来。攻破美洛居国。与佛郎机分地而守。后又侵夺台湾地。筑室耕田。久留不去。海上奸民阑出货物与市。已又出据彭湖。筑城设守。渐为求市计。守臣惧祸。说以毁城远徙。即许互市。番人从之。天启三年。毁彭湖所筑城。移舟去。巡抚商周祚。以遵谕远徙上闻。然其据台湾自若也。已而互市不成。番人怨。复筑城彭湖。掠渔舟六百余艘。俾华人运土石助筑。寻犯厦门。官军御之。俘斩数十名。乃诡词求款。再许毁城远徙。而修筑如故。已又泊舟风柜仔。出没浯屿。白坑。东碇。苪头。古雷。洪屿。沙洲。甲洲间。要求互市。而海寇李旦复助之。滨海郡邑为戒严。其年巡抚南居益初至。谋讨之。上言臣入境以来。闻番船五艘续至。与风柜仔船合。凡十有一艘。其势愈炽。有小校陈士瑛者。先遣往交留巴宣谕其王。至三角屿遇红毛船。言交留巴王已往阿南国。因与士瑛偕至大泥。谒其王。王言交留巴国主。已大集战舰。议往彭湖求互市。若不见许。必致构兵。盖阿南即红毛番国。而交留巴。大泥与之合谋。必不可以理谕。为今日计。非用兵不可。因列上调兵足饷方略。部议从之。天启四年正月。遣将先夺镇海港而城之。且筑且战。番人乃退守风柜城居。益增兵往助攻击数月。寇犹不退。乃大发兵。诸军齐进。寇势窘。两遣使求缓兵。容运米入舟。即退去。诸将以穷寇莫追。许之。遂扬帆去。独渠师高文律等十二人据高楼自守。诸将破擒之。献俘于朝。彭湖之警以息。而其据台湾者犹自若也。崇祯中。为郑芝龙所破。不敢窥内地者数年。乃与香山佛郎机通好。私贸外洋。崇祯十年。驾四舶由虎跳门薄广州。声言求市。其酋招摇市上。奸民视之若金穴。盖大姓有为之主者。当道鉴壕镜事。议驱斥。或从中挠之。会总督张镜心初至。力持不可。乃遁去。已为奸民李叶荣所诱。交通总兵陈谦为居停。出入事露。叶荣下吏。谦自请调用以避祸。为兵科凌义渠等所劾。坐逮讯。自是奸民知事终不成。不复敢勾引。而番人犹据台湾自若。其本国在西洋者。去中国绝远。华人未尝至。其所恃惟巨舟大炮。舟长三十丈。广六丈。厚二尺余。树五桅。后为三层楼傍。设小窗。置铜炮。桅下置二丈巨铁炮。发之可洞裂石城。震数十里。世所传红夷炮。即其制也。然以舟大难转。或遇浅沙即不能动。而其人又不善战。故往往挫衄。其所役使。名乌鬼。入水不沈。走海若平地。其柁后置照海镜。大径数尺。能照数百里。其人悉奉天主教。所产有金银。虎珀。马瑙。玻璃。天鹅绒。琐服。多罗嗹。国土既富。遇中国货物当意者。不惜厚资。故华人乐与为市。

皇清四裔考

明万历中。荷兰来侵吕宋。泊香山澳。入彭湖屿。寻据台湾。又与葛剌巴合。将入彭湖求互市。明发兵击败之。崇祯十年。复为明将郑芝龙所破。余众犹据台湾。教习土番耕作。筑平安。赤嵌二城以自固。顺治九年。郑成功寇镇江败归。谋取台湾。会荷兰通事何斌逋夷负。遁投成功。说成功以水师从鹿耳门人。与荷兰相持久。荷兰战屡败。弃台湾走。十年。广东巡抚奏报荷兰愿备外藩。谨修职贡。十三年六月。赍表朝贡。经礼部议覆。应五年一贡。贡道由广东入。诏改八年一贡。以示柔远。康熙三年。大兵渡海攻郑锦等。进克厦门。荷兰国率舟师助剿。以夹板船乘势追击。斩首千余级。遂取浯屿。金门二岛。事由靖南王耿继茂奏闻。赐国王文绮。白金等物。先是二年六月入贡。有刀剑八。皆可屈伸。马四。凤膺鹤胫。迅速异常。二十五年。献方物。请定进贡限期。五年一次。又贡船例由广东入。但广东路近而泊地险。福建路远而泊地稳。嗣后。请由福建入。部议应如所请。是年。定减荷兰贡额。乾隆元年。裁减荷兰税额。谕曰。朕闻外洋红毛夹板船到广时。泊于黄浦。输税之法。海船按梁头征银二千两左右。再按则抽其货物之税。此向例也。近于额税之外。将伊所携置货现银。另抽加一之税。名曰缴送。与旧例不符。非朕嘉惠远人之意。著查例裁减。并宣谕各夷知之。荷兰故居西北地界西陇。去中国甚远。自通市后。常占居葛剌巴地。事详葛剌巴传乾隆六年。闽浙总督策楞奏称西陇为荷兰祖家。去葛喇巴甚远。所谓西陇者。当即西洋故地。荷兰虽占居葛喇巴而荷兰之名久通朝贡。故仍其故号云。

海录

荷兰国。在佛郎机西北。疆域。人物。衣服。俱与西洋同。唯富家将死。所有家产欲给谁何。必先呈明官长。死后即依所呈分授。虽给亲戚朋友亦听。若不预呈。则必籍没。虽子孙不得守也。原奉天主教。后因寺僧滋事。遂背之。然仍立庙宇。亦七日礼拜。死则葬于坟园。国王已绝嗣。群臣奉王女为主。世以所生女继。今又绝。国中不复立王。唯以四大臣办理国政。有死者则除其次。如中国循资格。以次迁转。不世袭。所属各埠各岛。虽在数万里之外。悉遵号令。无敢违背。亦以天主教纪年。国中所用银钱为人形。骑马举剑。谓之剑钱。亦有用纸钞者。土产金。银。铜。铁。琉璃。哆罗绒。羽纱。哔叽。番视酒。钟表。羽纱。而琉璃尤甲于诸国。

伊宣国。在荷兰北。疆域较布路亚稍狭。由荷兰向北行。约七八日可到。风俗土产。与布路亚同【此即所谓弥尔尼壬国也。与荷兰运疆域。始合终分。奉加特力教。与荷兰异】。

盈兰尼士国。在伊宣西北。疆域。风俗。土产。与伊宣同。由伊宣沿海向北少西行。约旬余可到。

亚里披华国。在盈兰尼士东。其南与佛郎机毗连。由盈兰尼士向东少北行。约数日到。人颇豪富。男子所穿衣。较布路亚稍长。女人以巾裹头。连下颔包之。头戴一圈。平顶插以花。其额围以珠翠。亦与布路亚稍异云。

壬颇犖国。在亚里披华东北。风俗。疆域。土产略同。其伊宣。盈兰尼士。亚里披华。壬颇犖各国交界处。有地名郎玛。众建一庙。礼拜者日无隙晷。是布路亚。吕宋。佛朗机。伊宣。壬颇犖。双鹰。单鹰七国所共奉祀。盈兰尼士。亚里披华二国则不拜【四洲地理志。佛朗西。布路亚。大吕宋俱尊加特力教。此庙必是也。其不拜者。殆与荷兰均奉波罗士特教】。

贸易通志曰。荷兰国沿海。有大港口。自古专务贸易。其通商自顺治康熙年间甚盛。于今渐衰。所载出者为牛油。酥饼。丹参。麻子。麻布。酒等。进口者各南洋之货。道光十年。国都进口之船千有九百八十四只。进口货价千五百万员。出者千四百万员。国帑亏空。故重征饷税。甚塞通商之路。南有罗得坦埠头。道光八年。进口船二千零八十五只。其余海口。各港各埠。赢缩不等。

万国地理全图集曰。……当此时荷船驶到四海。战舟与英佛交锋获胜。其商贾驶开新地。又在东南盖建葛拉巴。又据台湾。与日本国往来。其势隆隆。炎炎日盛。

瀛环志略曰。欧罗巴诸国。皆好航海。立埔头。远者或数万里。非好勤远略也。彼以商贾为本计。得一埔头。则擅其利权。而归于我。荷兰尤专务此。其航海而东来也。亚非利加。印度。麻喇甲。苏门答腊。即已遍设埔头。噶罗巴【即瓜哇】一岛。大小西洋入中国之门户。富盛甲于两洋。为诸岛国之纲领。荷兰以诡谋据其海口。建设城邑。流通百货。由是迤东迤北诸岛国。如婆罗洲【一名蟠尼阿】。西里百【一名失勒密士】。摩鹿加【一名美罗洛】。巴布亚【一名那吉尼】之类。大小凡数十处【说见南洋图】。皆巫来由。绕阿。武吃番族。荷兰以次据口岸。立埔头。有租赁其地者。有侵胁得之者。大约近年以来。小西洋诸岛国。以英吉利为主。东南洋诸岛国。除吕宋属西班牙。余皆以荷兰为主。地本弹丸。而图国计于七万里之外。历数百年无改。亦可谓善于运筹者欤。

卷四十一·大西洋·佛兰西国沿革

明史

佛郎机近满剌加。古不知何国【案。满剌加乃暹罗南境。明季为佛郎机所据。遂误以大西洋为南洋。相去数万里。明史舛甚】。永乐时。海外诸邦。通中国者。以百数亦未有其名。自正德中据满剌加地。逐其王。十三年正月。遣使臣加必丹未等贡方物。请封。诏给方物之直遣之还。其人久留不去。剽劫行旅。至掠小儿为食。已而夤缘镇守中贵。许入京。武宗南巡。其使火者亚三因江彬。侍帝左右。帝时学其语以为戏。其留怀远驿者。益掠买良民。筑室立寨。为久居计。十五年十二月。御史邱道隆言。满剌加乃敕封之国。而佛郎机敢并之。且啖我以利。邀求封贡。决不可许。宜却其使臣。明示顺逆。还满剌加疆土。方许朝贡。倘执迷不悛。必檄告诸番。声罪致讨。御史何鳌言。佛郎机最凶狡。兵械较诸番独精。前岁驾大舶突入广东会城。炮声殷地。留驿者违制交通入都者。桀骜争长。今听其往来贸易。势必争斗杀伤。南方之祸。殆无纪极。祖宗朝贡有定期。防有常制。故来者不多。近因布政吴廷举。谓缺上供香物。不问何方。来即取货。致番舶不绝于海澨。蛮人杂沓于州城。禁防既疏。水道益熟。此佛郎机所以乘机突至也。乞悉驱在澳番舶。及番人潜居者。禁私通。严守备。庶一方获安。疏下礼部。言道隆先宰顺德。鳌即顺德人。故深晰利害。宜俟满剌加使臣至。廷诘佛郎机侵夺邻邦扰乱内地之罪。奏请处置。其它悉如御史言。报可。亚三侍帝骄甚。从驾入都。居会同馆。见提督主事梁焯不屈膝。焯怒挞之。彬大诟曰。彼尝与天子嬉戏。肯跪汝小官耶。明年武宗崩。亚三下吏。自言本华人。为番人所使。乃伏法。绝其朝贡。其年七月。又以接济朝使为词。携上物求市。守臣请抽分如故事。诏复拒之。其将别都卢既以巨炮利兵肆掠满剌加诸国。横行海上。复率其属疏世利等。驾五舟击破巴西国。嘉靖二年。遂寇新会之西草湾。指挥柯荣。百户王应恩御之。转战至稍州。向化人潘丁苟先登。众齐进。生擒别都卢疏世利等四十二人。斩首三十五级。获其二舟。余贼复率三舟接战。应恩阵亡。贼亦败遁。官军得其炮。即名为佛郎机。副使汪鋐进之朝。九年秋。鋐累官右都御史。上言。今塞上墩台城堡。未尝不设。乃寇来辄遭蹂躏者。盖墩台止瞭望城堡。又无制远之具。此所以往往受困也。当用臣所进佛郎机。其小止二十斤以下。远可六百步者。则用之墩台。每墩用其一。以三人守之。其大至七十斤以上。远可五六里者。则用之城堡。每堡用其三。以十人守之。五里一墩。十里一堡。大小相依。远近相应。寇将无所容。足可坐收不战之功。帝悦。即从之。火炮之有佛郎机自此始。然将士不善用。迄莫能制寇也。初广东文武官。月俸多以番货代。至是货至者寡。有议复许佛郎机通市者。给事中王希文力争。乃定令诸番贡不以时。及勘合差失者。悉行禁止。由是番舶几绝。巡抚林富上言。粤中公私诸费。多资商税。番舶不至。则公私皆窘。今许佛郎机互市。有四利焉。祖宗时诸番常贡外。原有抽分之法。稍取其余。足供御用。利一。两粤比岁用兵库藏耗竭。藉以充军饷。备不虞。利二。粤西素仰给。粤东小有征发。即措办不前。若番舶流通。则上下交济。利三。小民以懋迁为生。持一钱之货。即得展转贩易。衣食其中。利四。助国裕民。两有所赖。此因民之利而利之。非开利孔为民梯祸也。部议又从之。自是佛郎机得入香山澳为市。而其徒又越境商于福建。往来不绝。至二十六年朱纨为巡抚。严禁通番。其人无所获利。则整众犯漳州之月港浯屿。副使柯乔等御却之。二十八年。又犯诏安。官军迎击于走马溪。生擒贼首李光头等九十六人。余遁去。纨用便宜斩之。怨纨者御史陈九德。遂劾其专擅。帝遣给事中杜汝祯往验。言此满剌加商人。岁招海滨无赖之徒。往来鬻贩。无僭号流劫事。纨擅自行诛。诚如御史所劾。遂被逮自杀。盖不知满剌加即佛郎机也。自纨死。海禁复弛。佛郎机遂纵横海上。无所忌。而其市香山澳。壕镜者。至筑室建城。雄踞海畔若一国【此澳门有西洋夷屋之始。然佛郎机旋去澳不居。非今日之澳夷也】。将吏不肖者反视为外府矣。壕镜在香山县南虎跳门外。先是暹罗。占城。瓜哇。琉球。浡泥诸国互市。俱在广州。设市舶司领之。正德时移于高州之电白县。嘉靖十四年。指挥黄庆纳贿。请于上官移之壕。岁输课二万金。佛郎机遂得混入。高栋飞甍。栉比相望。闽粤商人趋之若鹜。久之其来益众。诸国人畏而避之。遂专为所据。四十四年。伪称满剌加入贡。已改称蒲都丽家。守臣以闻。下部议。言必佛郎机假托。乃却之。万历中。破灭吕宋。尽擅闽粤海上之利。势益炽。明年番禺卢廷龙入都。请尽逐澳中诸番。出居浪白外海。还我壕镜故地。当事不能用。番人既筑城。聚海外杂番。广通贸易。至万余人。吏其土者。皆畏惧莫敢诘。甚有利其宝货。佯禁而阴许之。总督戴耀在事十三年。养成其患而不问。番人又潜匿倭贼。敌杀官军。四十一年。总督张鸣冈檄番人驱倭出海。因上言。粤之有澳夷。犹疽之在背也。澳之有倭贼。犹虎之傅翼也。今一旦驱斥。不费一矢。此圣天子威德所致。惟是倭去而番尚存。有谓宜剿除者。有谓宜移之浪白外洋就船贸易者。顾兵难轻动。而壕镜在香山内地。官军环海而守。彼日食所需。咸仰于我。一怀异志。我即制其死命。若移之外洋。则巨海茫茫。奸宄安诘。制御安施。似不如申明约束。内不许一奸阑出。外不许一倭阑入。无启衅。无弛防。相安无患之为愈也。部议从之。居三年。设参将于中路。雍陌营。调千人戍之。防御渐密。天启元年。守臣虑其终为患。遣监司冯从龙等。毁其所筑青州城。番亦不敢拒。其时大西洋人来中国亦居此澳【今称澳夷为大西洋国始此。其实名葡萄亚也。澳夷见明史者。只此一语。由外国传中不立葡萄亚传。故今谭澳夷皆莫得其源委】。盖番人本求市易。初无不轨谋。而中朝疑之过甚。迄不许其朝贡。又无力以制之。故议者纷纷然。终明之世。此番故未尝为变也。其人长身高鼻。猫睛鹰嘴。拳发赤须。好经商。恃强陵轹诸国。无所不往。后又称乾系腊国。所产多犀。象。珠贝。衣服华洁。贵者冠。贱者笠。见尊长辄去之。初奉佛教。后奉天主教。市易但伸指示数。虽累千金。不立约契。有事指天为誓。不相负。自灭满剌加。巴西。吕宋三国。海外诸番无敢与之抗者。

皇清四裔考

顺治四年八月。广督佟养甲疏言。佛朗机国人寓居壕镜。澳门。与粤商互市。于明季已有历年。后因深入省会。遂饬禁止。请嗣后仍准番舶通市。自是每岁通市不绝。惟禁入省会。其族种有居吕宋者。详吕宋传。来粤互市。或从其本国。或从吕宋国至云【此误。以吕宋为佛朗机。辩见于前】。

贸易通志曰。佛兰西国。其西港口曰波尔多。每年商船出口二千九百三十八只。道光八年。货价三百七十八万员。其南港口曰马耳西利。道光十二年。海关征税六百万员有奇。通计国中大小各船插佛兰西旗者。共计八万二千三百九十八只。载三千余石。水手三十五万八千人。外国船进其口者。三千三百八十二只。道光十一年。国中进口货价万四千七百万员。出口货价万二千九百万员。

卷四十二·大西洋·佛兰西国总记下

瀛环志略

欧罗巴各国。皆以贩海为业。如英吉利。米利坚。吕宋之属。每岁商船至中国。多者百余艘。少亦三四十艘。所贩鬻者。多绵花洋布粗重之物。至如洋米。胡椒。苏木。海参之类。皆从东南洋转贩。并非西产。独佛郎西商船最少。多则三四艘。少则一二艘。入口之货。皆羽毛大呢钟表诸珍贵之物。盖其国物产丰盈。制作精巧。葡萄酒。大泥。绸缎之类。售之欧罗巴各国。即已利市十倍。不必远涉数万里而谋生。其航海而东来也。意在于耀声名。不专于权子母。国势既殊。用意迥别。其情势可揣而知也。

卷四十三·大西洋·意大里国沿革

明史

意大里亚居大西洋中。自古不通中国。万历时。其国人利玛窦至京师。为万国全图。

皇清四裔考

意大里亚……从古未通中国。明万历九年。有利玛窦者。始泛海抵广州。二十九年。遂入京师。中官马堂以其方物进献。嘉其远来。给赐甚厚。利玛窦安之。遂留不去。

康熙九年六月。国王遣使奉表。贡金刚石饰金剑。金珀书箱。珊瑚树。珊瑚珠。琥珀珠。伽南香。哆啰绒。象牙。犀角。乳香。苏合香。丁香。金银乳香。花露。花幔。花毡。大玻璃镜等物。十七年八月。召见于太和殿。宴赉遣归。五十六年。广东碣石镇总兵官陈昂疏言。天主一教。各省开堂聚众。在广州城内外者尤多。加以洋舶所汇同类招引。恐滋事端。乞循康熙八年例。再行严禁。毋使滋蔓。从之。五十七年。两广总督杨琳疏言。西洋人开堂设教。其风未息。请循康熙五十六年例。再行禁止。五十九年。西洋人德里格以妄行陈奏获罪。从宽禁锢。雍正元年。恩诏释德里格于狱。时浙闽总督觉罗满保疏言。西洋于内地行教。闻见渐淆。请除送京效力人员外。俱安置澳门。其天主堂改为公廨。奏入得旨。远夷住居各省年久。今令其迁移。可给限半年。委官照看。毋使地方扰累。沿途劳苦。二年十二月。两广总督孔毓珣疏言。西洋人先后来广东者。若尽送澳门安置。滨海地窄难容。亦无便舟归国。请令暂居广州城天主堂内。年壮愿回者。附洋舶归国。年老有疾不能归者听。惟不许妄自行走。衍倡教说。其外府之天主堂。悉撤为公廨。内地人民入其教者。出之。三年二月。毓珣又言。广东香山澳。有西洋人来居。此二百余年。户口日繁。至三千余丁。迩来常从外洋造船回澳。已及二十五艘。请著为定额。毋许添置。彼处头目。以瓜期来代者许留。余悉随船归国俱报可。三年八月。意达里亚国教化王表谢圣祖抚恤恩。并贺上登极。贡方物。使臣归国。令赍敕谕其王。四年六月。释西洋人毕天祥。计有纲于狱。初。天祥等于康熙间以罪系广东狱。及是。教化王伯纳第多请援德里格之例。释天祥等。从之。乾隆五十年十月。奉谕前因西洋人巴亚里央等。私入内地传教。经湖广省查拿。究出直隶。山东。山西。陕西。四川等省。俱有私自传教之犯。业据刑部审。拟永远监禁。第思此等人犯。不过意在传教。尚无别项不法情事。且究系外夷。未谙国法。若永禁图圄。情殊可悯。俱著加恩释放。交京城天主堂安分居住。如情愿回洋者。著该部派司员押送回粤。示柔远至意。

瀛环志略曰。罗马国一称教宗国。古罗马旧都也。

后汉书

大秦国。一名犁鞬。以在海西【此海指地中海】。亦云海西国。所居城邑周围百余里。置三十六将。皆会议国事。其王无有常人。皆简立贤者。其人民皆长大平正。有类中国。故谓之大秦。与安息【即波斯】。天竺【即印度】。交市于海中。其王常欲通使于汉。为安息遮遏。不得自达。至桓帝延熹九年。大秦王安敦遣使自日南徼外。献象牙。犀角。玳瑁。始乃一通焉云云。

考之泰西人所纪载。罗马都城最大。与汉书周围百余里之说相合。又罗马自帑马七世后不立国王。选贤者居高爵。立公会以治事。与汉书王无常人。简立贤者之说相合。汉成帝二年。唯大屋践王位。仍世及汉书所云。乃其往事。又汉顺帝十二年。王安敦嗣位。号为中兴。与汉书延熹九年大秦王安敦遣使入贡之说年代。名氏均相合。则意大里之为大秦无可疑矣。意大里在两汉时欧罗巴一土隶幅员者十七八。故大秦之外。别无海西部落之名。见于范书惟安敦之入贡。由日南徼外。其为航海东来。可想而知。然则。谓欧罗巴诸国明以前未通中国者。殆不其然。惟市舶之聚于粤东则自前明始耳【唐宋以来。皆以拂箖为大秦。不知拂箖乃大秦东鄙属部。犹之称浩罕为安集延也然。自宋以后。拂箖为回部所据。并不属大秦。中国不知其原委。故因仍不改耳】。

卷四十四·大西洋·耶马尼分国二十二

汉麦即来粤贸易之胜波利国。

卷四十四·大西洋·耶玛尼国沿革

万国全图集

在日耳曼国内尚有自主之城邑。不服国王。各自通商。设官以掌其政。一曰汉堡。在易北河口。系各国之易市。众商云集。其船只亦赴中国经商。于道光二十二年。其城大半焚毁。居民十二万丁。所进出货价银四千二百九十有余两。一曰北悯城。居民四万二千丁。在威悉河滨。其船亦赴广东通商。

卷四十五·大西洋·耶马尼下

外国史略

北闵城。在威悉河。亦通商。亦到中国贸易。

卷四十六·大西洋·奥地里亚国沿革

海录

双鹰国。又名一达辇。在祋古港口之西北。与单鹰国为兄弟。患难相周恤。亦奉天主教。风俗大略亦与西洋同。番舶来广东。有白旗。上画一鸟双头者。即此国也【案。双鹰旗即奥地里亚国。单鹰旗即普鲁社国。故与都鲁机毗连。广东人以其市舶旗所画呼之。非其本名也】。

贸易通志曰。奥地利亚国。粤人呼为双鹰。土地甚广。产水银。朱砂。铜。铁。白矾。丝。绸。缎。五谷。酒。蜡。烟。皮毳。物产虽丰。民不务商。南有港口曰得尔士。每年进口货价二千万员。出口货价九百万员【此条补入】。

万国地理全图集

现时欧罗巴各国权势最大者。第一英。第二峨。第三佛。第四奥也。其国商于广州互市。插旗画双鹰。故华人以双鹰国名之。

外国史略曰。奥地利国。亦名东国。中华称为双鹰。因其船旗名之也。

卷四十八·大西洋·北土鲁机国沿革

海录

祋古国。在布路牙。吕宋佛朗机之后【案。此都鲁机国也。祋。即都鲁二字之双声。疆域大而奉回教是其明证。云在吕宋。佛朗机之后者。言方向大概。非必接境】在伊宣各国之北。疆域极大。本回回种类。人民强盛。穿大袖衣。裹头。服皮服。不与诸国相往来。西洋人谓之。仍跛喇多者。犹华人言大国也。唯称中华及祋古为然【西洋称大国者惟中华及俄罗斯。海录中无俄罗斯者。专述海船贸易之国也。土鲁机兼跨欧罗巴。阿细亚二洲之境。故亦云大国】。

卷五十一·大西洋·英吉利国广述上

外国史略

……自后。英国振兴商船。遍航四海。于明万历年间。始通中国。

卷五十二·大西洋·英吉利国广述中

皇清四裔考

英吉利。……康熙间始来通市。后数年不复来。雍正七年后。互市不绝。初广东碣石镇总兵官陈昂。奏言臣遍观海外诸国。皆奉正朔。惟红毛一种。奸宄莫测。其中查有英圭黎诸国。种族虽分。声气则一。请饬督抚关部诸臣。设法防范。乾隆七年十一月。英吉利巡船遭风。飘至澳门海面。遣夷目至省城求济。广东总督策楞。令地方官给资粮。修船只。先是其互市处所。或于广。或于浙。二十二年。部议英吉利不准赴浙贸易。于是皆收泊广东。每夏秋交。由虎门入口。土产同西洋各国。而船械特多。制造尤巧绝。二十四年方严丝斤出洋之禁。两广总督李侍尧奏言近年英吉利夷商屡违禁令。潜赴宁波。今丝觔禁止出洋。可抑外夷骄纵之气。惟本年丝斤已收。请仍准运还。奏入报可。是年英吉利夷商洪任辉。妄控粤海关陋弊。讯有徽商汪圣仪者。与任辉交结。擅领其国大班银一万三百八十两。按交结外国。互相买卖。借贷财物例治罪。二十七年。英吉利夷商白兰等。求仍照前通市。两广总督苏昌奏准。照东洋铜商搭配绸缎之例。酌量配买。每船准买土丝五千斤。二蚕湖丝三千斤。其头蚕胡丝及绸绫绸匹。仍如旧禁止。不得影射取利。自是英吉利来广互市。每船如额配买。岁以为常。其明年并准带绸缎成匹者二千斤。

海录

英吉利国即红毛番。在佛朗机西南对海。由散爹里向北少西行。经吕宋佛朗机各境。约二月方到。海中独峙。周围数千里。民少而豪富。房屋皆重楼叠阁。急功尚利。以海舶商贾为生涯。海中有利之区。咸欲争之。贸易者遍海内。以明牙喇曼达喇萨孟买为外。府民十五以上。则供役于王。六十以上始止。又多养外国人为卒伍。故国虽小而强兵十余万。海外诸国多惧之。海口埔头。名懒伦。由口入舟行百余里。地名兰伦。国中一大市镇也。楼阁连亘。林木葱郁。居人富庶。匹于国都。有大吏镇之。水极清甘。河有三桥。谓之三花桥。桥各为法轮。激水上行。以大锡管接注通流。藏于街巷道路之旁。人家用水。俱无烦挑运。各以小铜管接于道旁。锡管藏于墙间。别用小法轮激之。使注于器。王则计户口而收其水税。三桥分主三方。每日转运一方。令人遍巡其方居民。命各取水。人家则各转其铜管小法轮。水至自注于器。足三日用。则塞其管。一方遍则止其轮。水立涸。次日别转一方。三日而遍周而复始。其禁令甚严。无敢盗取者。亦海外奇观也。国多娼妓。虽奸生子必育之。男女俱衣白。凶服则衣黑。武官俱服红。女衣其长曳地。上窄下宽。腰间以带紧束之。欲其纤也。带头以金为扣。两肩以丝带络成花样。缝于衣上。有盛宴则令年少美女。盛服歌舞。宛转轻捷。富贵家女人。亦幼而习之。以为乐。军法五人为伍。伍各有长。二十人则为一队。号令严肃。无敢退缩。唯以连环枪为主。其海艘出海贸易。遇覆舟。必放三板。拯救得人。则供其饮食。资以盘费。俾得各返其国。否则有罚。此其善政也。其余风俗大略与各西洋同。土产金银铜锡。铅铁。白铁。藤。哆啰绒。哔叽羽纱钟表玻璃。牙兰米酒而无虎豹麋鹿。

英吉利国夷情记略【歙叶钟进蓉塘寄味山房杂记】

英吉利不见明史。入本朝始通于中国。

其下篇曰。英吉利国。前明始大。自大西洋葡萄亚通中国。乞得澳门以居。置买茶叶大黄等物。归售各国。各国慕之。闻风踵至。乾隆年间大开洋禁。以粤东为市易所。设洋商通事。西南各国麕至。惟俄罗斯船不许开舱。盖其国与我北方蒙古毗连。向有榷场互易。若再开东南市舶。恐碍蒙古生计也。至是澳夷始不得独擅其利。乃以澳门夷屋赁与各国居。止澳夷向有番差一人以约束。理词讼。司达一人治赋税。英吉利既常来。遂于乾隆四十几年间。创立公司。公司者。国中富人。合本银设公局。立二十四头人理事。于粤设总理人。俗谓大班。二班。三班。四班。外有茶师。写字。医生及各家子弟来学习者。共数十人。每年七八月。夷船到时。始至十三行夷馆。许雇唐人。买办食用。年终事毕。船归。各夷仍往澳栖止。驾船者有船主。统管一舟。人有大二三四伙长。测星日。看罗经。量刻漏。对洋图。以掌舵行舟。有写字人登记数目出入。有医生治疾病。有兵卫掌枪炮。有水手管风帆。以及搭客等。初年每舟不下千余人。牛羊犬马皆备。至澳报同知衙门。派渔船引水入泊黄浦。洋商雇西瓜艑船。驳货出入。嗣海道日熟。递次减少。今每舟不过三四百人。大西洋既不得专利。来船日少。佛兰西幅员阔。人民众。然富者始饮茶。贫者以炒豆代。故船久不来。荷兰资本薄。无多船他如单鹰双鹰黄旗等国。间有至者。惟英吉利公司商船最盛。然所市皆非本国土产。皆采买他国。尤以万达剌沙暨东印度各国采买最众。易茶丝等货。以归各国及俄罗斯西境。皆就近至彼国转贩。每年三四月间。英国海舶云集。其初不过数船。近年增至大舶二十只。益以小船。其茶叶收赋极重。约埒中国买价。又禁他人不得置。即船主伙长等人置者。到日交公司酌领价值。由是富强日盛。

有大二三四等头人以治政事。其酋所居城。名兰墩。跨海汉造桥。上行车马。下过舟航。富贵家皆有苑囿。春秋佳日。礼拜之期。听男女游玩。夜则街巷遍悬油灯。行者无庸烛。其费出于仁会。亦有诙谐杂剧。夜始演。作昼有禁。恐妨工作也。人性强悍。好土人。荷兰等国皆畏之。推为盟主。以时聘问。数年一会。各酋长至其国以申盟约。宴游累月。方各登航以归。惟米利坚夷。不与相下。米利坚即中国所称花旗者。沃衍宜五谷。周亦数千里。人勤力作。常以余粮济各国。设十二酋长。以理事。一酋死。复公举之。必众服而后立。故其人最重行谊。无梗化。无催科。有军事方治赋。英夷常起兵攻之。十余年不能胜。又禁谷麦。不粜与英兵。英兵益困。各国力为和解。始罢兵。米夷常指英夷为山狗性。如稍畏让。彼必追来。一返身相向。反曳尾而去。故兵虽解。终不往还也。

其在东印度各国采买。亦设大班诸人。遇有可乘隙即用大炮兵舶。占踞海口。设夷目为监督。以收出入税。先后得有孟剌甲新埠。及新加坡等处。即葛剌巴本荷兰在前明所踞者。英夷亦曾夺之。近始仍归荷兰。其用兵饷费出于公司。各港所征税。公司得收三十年。期满始归其国王。凡用兵只禀命而自备资粮。以故到处窥伺。所恃惟枪炮。炮子用生铁铸。重者至三十斤。故所向无不披靡。至东印度。皆回民。仍各有酋长。英夷虽据其海口。亦未深入其内地。其回夷贸易中国者。所驾舶。亦需英夷测度以行。故用英夷旗号。名曰港脚。嘉庆十一二年间。有大班喇佛者。约孟剌甲兵头。以兵船十艘。窥伺安南。为安南所烬。无颜返国。以所余三艘顺抵粤洋。喇佛又与内奸说合。欲占澳门不果。喇佛不能回复兵头。遂潜匿不出。不能开舱。此十三年秋冬间事也。其兵头竟趋澳。占踞炮台。西夷仅保守大炮台。发禀告急。时总督吴熊光。巡抚孙玉庭。调兵戒严。饬澳门文武驱逐。夷兵虽回舶。然不去也。直待十四年春。喇佛给与金银带归以恤死难。方回。喇佛以此被革。改用四班益华成为大班。盖议欲占澳时。惟伊不肯署名。嘉其有识也。喇佛旋以忧死于澳。益华成之后。有大班吐丹东者。冀我大屿山为居止。寄信回国。求奇异物入贡。自粤趋天津口。天津盐政以闻。奉准人都朝见。该夷使等不能行跪拜礼。诏将贡物发还。即饬盐政护送回粤。此嘉庆二十二年秋事也。时总督蒋攸铦亦将就从事。不能如各国使臣仪。其初设公司。所来呢羽。立股份售与洋商。总商有三股四股者。散商有两股一股者。所买茶即以股份为则。其茶价照客价明加。每石有银十两八两不等。名曰饷磅。以此重啖洋商。收茶时。用以上下其手。洋商媚夷者。茶多溢额。如近年东裕行两股呢羽交茶。逾怡和四股之数。此明验也。洋商中贤愚不一。每年互相倾轧。倘有泄外夷之短者。该夷公司必知遇事挑斥。故洋商遇地方官。询以夷事。皆谬为不知。而中国用人行政及大吏一举一动。彼夷翻无不周知。

闻嘉庆年间。夷船到口。该大班等恭请红牌来省馆。诘朝穿大服。佩刀剑。到各洋行拜候。稍有名望之商。必辞以事不见。俟其再来。然后往答。迎送如礼。一惟洋商言是听。迩年来船益多。销茶益盛。洋商仰其厚润。于是夷船将到。洋商托言照应。过关即出远迎又复常踞十三行之英夷。知汉字能汉语。常矜其出入口税。饷每年几及百万。而澳夷货来甚少。税饷极微。翻得坐享澳门市易租赁之利。每欲效之。遇班中人新来。多方播弄。如道光七八年。于夷馆前立大马头。置围墙栅栏。其地为对河居民来往渡口。禀控大宪。屡禁不遵。迨奉廷寄。巡抚朱桂桢亲督拆毁。该夷又将来船碇泊零丁洋面。不人口开舱。以八事人禀要挟。又纠各国夷。随声附和。惟米利坚夷不从。回称如我国有船至汝英国贸易。必遵汝英国制度。今来中国图觅利耳。如无利即请汝亦不来。何须喋喋也。维时各船主争噪。向例到即开舱。起货下货。不过一。二月。即开帆回。今久碇于外。不但货物霉蒸。一船数百人食用何出。大班部楼顿。庸懦无能。听二三四班许供给各船食用。自七八月相持至下年正月。大班见不能了。潜附便舟而去。适洋商以所定茶不交。一年费用无出。再约齐至澳解说。始于是月十四五日。入口开舱。三月初间。忽有火轮船目孟甲喇来乃该港。坐班及驻巡夷目专信申饬。令其作速开舱。毋误一年贸易。火轮船者。中立铜柱。空其内烧煤。上设机关。火焰上即自运动。两旁悉以车轮。自转以行。每一昼夜可行千里。自该处至粤。仅三十七日。据夷人云。道光初年始创造。不能装货。以通紧急书信而已。斯一奇也。是年秋。夷船到三班。边司大班。事益以肆。竟带夷妇寓十三行。出入必乘肩舆。翻不许洋商乘轿入馆。种种故为乾犯。大宪怵以言。遂架大炮于夷馆两旁。设兵守护。居民愤慍。即他国夷亦谓天朝怀柔过甚。其肩舆乃东裕行司事谢治安所送。被官拿究瘐死于狱。嗣通事头人蔡刚。往谕蔡刚有胆识。善语言。厉声辩诘。始有畏意。撤去兵炮。夷妇仍不肯遽回。盖洋商于奉谕饬查时。已具禀谓大班患病。需人乳为引。故带以来。俟稍愈即遣回澳。故该夷得延抗也。

先是道光三四年间。公司以缅甸西南必姑港。土产甚盛。发兵船占踞。为缅酋所败。兵船来粤取饷。碇零丁洋面。本新安县属。有兵上岸。滋事。用鸟枪击毙数人。大宪责令洋商向大班索凶手。据称此系过往兵船。未经入口。非我能约束。且带兵人。如中国官长。我乃贸易民人。岂敢往谕回覆。适是时又有米利坚船。载佛兰西夷商在黄浦。以砂斗击卖水果人。落水死。报验船主。将夷送出正法。而新安数命。迄无以偿。后闻其兵船不回国。在外三年。始归该国。仍革去职事以其不能约兵丁也。近年该班等又欲于澳门寓馆前立马头。竖旗杆。商之澳夷。澳夷初答以此中国地方。非我所主。继思英夷在省。如此横行。倘洋商迎合。为之营乾滕准。是澳为彼有矣。次日向该班改说。此地乃中国界我居住。已数百年。汝等来贸易。暂赁以居。现有十余国在此如皆各立马头竖旗杆。是此澳为汝各国之地矣。该班妄念遂止。澳旁高山。西夷建一望海楼。面零丁洋。用大千里镜。远观可见数日后所到船。并能认知何国旗号。山后向有小路可上。原许一切人登眺。至是西夷不许该班登眺。翻将山后小路铲去。大路设卡。彼亦无如何。时有英夷在葛剌巴犯事。潜逃来粤。原告踪至控于澳夷目。将该夷拿禁炮台议罪。该班为之缓颊。不听。及令他夷往视。又为守者拒不得入。因相口角。一并拿禁。诸班哑忍。不能致辞。以上闻之。通事头人蔡刚。定非虚妄。然十四年间。英夷曾占踞炮台。西夷仅得大炮台以守。幸大吏亲饬文武员弁驱逐。英夷始俯首而去。今此虽夷目裁抑。未尝非藉中国威灵也。又各夷尝颂中国之盛。实无比伦。他港贸易货物。每有售有不售者。至于置货。更非经年累月不能集。惟粤港无论何货。即压船之石。已烂之铁。及剪弃之碎呢片羽。一至即售。所置货值数百万。一二月即齐立可开航。此虽绕大地一周。无此港口也。故英夷来船。皆有木榜横列数十款。闻系申戒之词。盖不独彼国土产。来此销售。而茶叶大黄。实彼生命攸关。况彼国赋饷所出。时虞封港。故告戒严极。无如夷性好强。又贪三十年之专利。而听积久盘踞奸夷之怂恿。以至屡行悖妄。苟非大宪镇静待之。几何不酿成事端也。近闻该公司之期久满。后日富商不得续人。屡屡控争。该国酋贪其重利。日事因循。迩以兵烦费重。加之在事头目各怀已私。亏折支绌。再二三年亦必散歇。公司一散。海疆可保永绥。盖党羽众多。势力始横。善治者必先设法解散。而后易于制驭。公司之夷迩来横甚。散后则各管各船。各自牟利。此为易制。然恐不知者翻以为忧。因备记之俾见者知所去取焉。

又曰。澳门所谓新闻纸者。初出于意大里亚国。后各国皆出。遇事之新奇。及有关系者。皆许刻印。散售各国无禁。苟当事留意探阅。亦可觇各国之情形。皆边防所不可忽也。

源案。公司散则易制。此语甚扼要领。不料十四年散后。粤督反行文英吉利。索其专派公司来粤。总司贸易。其来人即义律也。误听洋商簧惑之谋。遂启边防无涯之祸。惜哉。探阅新闻纸。亦驭夷要策。

海防余论【南海颜斯综】

广东有通洋之利。恐有通洋之患。诸国熙熙皆为利来。而英夷尤专为奇技淫巧。以易取中国之财。彼国无税亩之征。行什一之法。首务商贾。税课特重。其人深谋远虑。好大夸功。号令甚严。从无宽贷。用兵机警。国内人少。多募他国杂番。而督以本国武官。爱惜士卒。知难即退。即如商船船主。御下甚严。仿佛军法。水手人等有过犯。与头目应议鞭多少。立案生死不计。其俗谋夺人地。非必出自国主之意。所谓港脚者。不止殑迦挐三处地方。散处海外。皆有大小兵船。时常巡徼。往来游弈头目。多有携眷。三五富人。群居谘议。欲占据某国之某地。告知国主。许往凑合钱粮。即抽拨各处之兵船。令往攻取。若战胜得地。其地利益。国主与出资之人均分。自有章程。前者夷兵到澳门。登岸进至黄浦。乃夷商公司所为。其明征也。各夷常说天下富庶无如中华。诸国所来。船多不觉其多。所来少不觉其少。无卖不尽之货。又买不尽此地之货。为海内第一。是天下更无大于中华。英吉利久有垄断之心。常谓濠镜澳西洋人可居。我辈不可居耶。其觊觎久矣。次则大屿山。货物艰于来往。若老万山。则孤悬海外。皆非其所属意。英吉利尝欲称帝。称可汗。诸国不服。仍王号其本国船。俗呼祖家。以别于港脚。白头港脚番志在牟利。虽为所辖。不乐战争。船上船主。必是英吉利。愚以为若有贫民陷夷。宜开一面网。许其自拔立功。加之重赏。足以疑惑其心。彼之伎俩。专务震动挟制桅上悬炮。登岸放火。占据各处地方。多用此法。然未敢尝试于大国之边疆。恐停贸易。则彼国之匹头港脚之棉花。何处销售。茶叶等货。何处购买。彼之国计民生。岂不大有关系。彼若并阻。诸国之来船肆彼劫夺。则与之争斗者。当不止一国。彼能无虑及此哉。驭夷者必先得其情。而后有以消其桀骜之气。折冲万里之外。刍荛之语。聊备采择。

瀛环志略

按。粤东之居夷自葡萄牙之居澳门始。维时尚方珍玩皆取办于粤。或不时给。辄为中涓所齮。适葡人有濠镜之请。当事利其居积货宝。便于贡办。又所谓欧罗巴者。尔时不知为何地。以为不过南洋诸夷之类。一枝暂借。无足重轻。非必贪其五百金之利也。葡萄牙本西洋小国。得此澳宅。如登天上。以其余资广筑楼馆。绵亘万厦。欧罗巴诸国来粤者。倚为东道主人。其留粤收逋欠者。皆租其房屋。久居不去。诸夷之浸淫狎熟于粤东。则由澳门为之权舆也。林富一代名臣。而谋国之疏若此。语云涓涓不绝。将成江河。可不慎哉。

卷五十三·大西洋·英吉利国广述下

记英吉利【道光十二年清河萧令裕】

圣祖仁皇帝。谓中国西洋。俱在赤道北四十度内。海洋行船。中国论更次。西洋论度数。自彼国南行八十度至大浪山。始复北行。入广东界【东华录】。又谓西洋至中土。有陆路可通。为鄂罗斯诸国所遮。改由中路而行者是矣。……英夷在粤。自称辖天竺国五印度地。其东印度之来粤懋迁者。又名为港脚国【即唧肚也】。粤人知港脚。不知即东印度也。印度与后藏缅甸相邻。距英吉利之本国绝远。而奉其命令惟谨。若新埠【沃野五百里】新嘉坡。与马六甲相连【广袤二千数百里】。则海道顺风至广东之老万山。或六七日程。或十余日云。

坤舆外纪

或谓英吉利专贩鸦片以蠹中国。鸦片流行自嘉庆十年以后。其人精勤织作。商粤东已数十年。呢羽罽布之货走天下。初非全资于鸦片。故中士之人无吸食。彼亦莫能为也。

又康熙二十三年。台湾平。议开海禁。于是设榷关四。于广东澳门。福建漳州府。浙江宁波府。江南云台山。署吏以莅之【姜宸英湛园集】。宁波在宋元明三朝。均置市舶司。海外诸番。莫不习知其地。

顾设关时。舟山尚未置县【康熙二十七年设定海县。今夷人知舟山。不知定海也】。商船出入宁波。往还百四十里。水急礁多。往往回帆径去。英吉利时名英圭黎。往来于澳门厦门。复北泊宁波之舟山。监督宁波海关。屡请移关定海。部议不许。三十七年。监督张圣诏以定海澳门宽广。水势平缓。堪容外番大舶亦通各省贸易。请捐建衙署。以就商船。当岁增税银壹万余两。诏可。乃于定海城外道头之西。建红毛馆一区。安置夹板船之水捎。此英吉利番舶来定海之始也。其入粤贸迁。据舟车闻见录。以为雍正十二年。今考之定海县志。则来粤已先。顾粤关通市久。官吏多所求索。洋商通事。规费渐增。雍正中。广东巡抚杨文乾等。节次清厘。奏报充饷。名曰改正归公。乃归公。来几。规费又渐如故。转多一归公正饷。由是所取无艺夷商知浙税较粤为轻。而浙之商贩牙行又争相招致。

乾隆二十年。英吉利夷船收定海港。总商喀喇生。通事洪任辉。船商华苗殊。请于宁绍台道。收饷定海。运货宁波。其明年复来数舶。二十二年。闽督广督上言。浙关正税。视粤关则例。酌议加征一倍。部议从之。得旨洋船向收广东口。粤海关稽察征税。浙省宁波。不过偶年一至。今奸牙勾结渔利。至宁波者甚多。番舶云集。日久留住。又成一粤之澳门矣。海疆重地。民风土俗均有关系。是以更定章程。视粤稍重。俾洋商无所利。而不来。以示限制。意初不在增税也【今户部则例浙海关税则未加当。由番舶未至故不加收】。俄而。英吉利洪任辉等。必欲赴宁波开港。既不得请。自海道驾船直入天津。仍乞通市宁波。并讦粤关陋弊。二十四年七月。命福州将军新等来粤按验。苛勒有状监督李永标家人七十三等。拟罪如律。代作讼呈之刘亚遍。以教诱主唆伏法。夷商洪任辉。上命押往澳门圈禁三年。满日释逐回国。于是粤关规费。又复裁改归公。总督李侍尧奏防范外夷五事。一曰禁夷商在省住冬。二曰夷人到粤。令寓居洋行管束。三曰禁借外夷赀本。并雇倩汉人役使。四曰禁外夷雇人传信息。五曰夷船收泊黄埔。拨营员弹压。皆报可。二十六年。英吉利船来粤。携夷官公班衙番文。恳释洪任辉。疆吏饬驳。二十七年九月。三年届满。释夷囚洪任辉。交大班附舶载回。两广总督照会英吉利国王收管约束。毋任潜入内地。英吉利来粤商夷由是知所敛戢矣。然英吉利诸番。本聚香山之澳门。自去澳门。移泊番禺之黄埔。有船坞而无夷楼。独以澳门属大西洋。听回易哥斯达诸岛。常鞅鞅生觊觎心。澳门前明所谓濠镜也。

嘉庆中。佛郎机得寓居焉。久之为西洋所据。历国朝不改。岁输租银五百于香山。而华民之错居澳地者。澳夷征租不啻倍蓰。澳船额二十五【雍正中奏定】。来澳止输船钞。货则听入夷楼。有买者为出税。非若英吉利诸夷商。船货并税之比。澳夷挈家定居长子孙。澳地得以自主。英夷或索逋未清。下澳押冬【住冬者日押冬】。必监督给照。逗遛则驱之归国。押冬夷赁庑澳门。又须交租西洋之司达【西洋官名】。自二十四年后。至乾隆之末。阅三十余年。向之海关规费。所谓裁改。归公者又复强取如故。或加甚焉。在广州夷商尤大以为不便。故其艶羡澳门。窥得宁波之隐意迄未已也。乾隆五十七年九月。英吉利夷船入粤。以其王雅治命。禀陈督府。前年大皇帝八旬万寿。未申祝釐。遣使臣马戛尔尼。将由天津入贡。广督奏闻。五十八年六月一日。贡舟自浙江定海洋北行。使臣马戛尔尼息党东都。同行者四舟。大舟长三十二丈。阔五丈五尺。吃水五丈五尺。三桅三篷。大桅约十三丈。围一丈一尺。头桅约十二丈。围一丈。后桅约八丈。围六尺。安铁炮四十二。铜炮三十二。鸟枪腰刀各六百余。柁水兵役六百余。小舟长十丈。阔二丈二尺。双桅双篷。铁炮四。水梢十四。其年七月抵都后。献见事毕。使臣出其王表。请留一人居京师。理贸易事。高宗以都城距澳门将万里。何由顾及懋迁。且语言服制全殊。事不可行。特敕谕其王止之。使臣复言。请于浙江宁波珠山【珠舟音近。珠山即舟山也】。暨直隶天津维舟通市。并依俄罗斯故事。于都门别立一行交易。仍给附近珠山一小岛。附近广东省城一小地。俾有定居。或令澳门寓居之夷。得出入自便。又自广州城下澳。货物由内河行走。或不税。或少税。上以宁波天津无通事洋行。交易未便。且俄罗斯自立恰克图以后。久不在京寄寓。都下为万方拱极之区。岂容外藩开设行店。若夷商抵广。例不得入省城。以杜民夷之争论。立中外之大防。今欲居珠山海岛。并广东附近省城地华夷参错。尤不可行。其诸番出入往来。亦应地方有司督洋行随时稽察。不得全无限制。至贸易纳税。皆有定则。不能以其国夷船多。使税则独为减少。所请均属格碍。使谕使臣于朝。并作敕告戒其王。九月三日。贡使回国。时先乘贡舟。已还泊定海。上令使臣由内河至定海放洋。军机大臣。户部侍郎松筠伴实行。贡使于路要求。请寓宁波。市茶丝各物。松筠为奏恳免税。既而到杭州。以行李从人。上定海贡舟。使臣仍请道内河达广。上降意从之。饬松筠回京。改命两广总督长龄督带过岭。十一月十七日。贡使抵粤。十二月七日乘贡舟返国。先是上以远夷响慕。诚款可嘉。使人之来。燕赉优渥。比贡使越分乾请。罔知大体。既未遂所求。虞有勾结煽诱。开边衅。或回至澳门诱他国夷商。垄断牟利。特简重臣护行。许以兵力弹压。所过提镇。陈兵接护。圣虑周详。无微不至。以故谕旨。覆奏多用六百里驰递火票牌单。朝夕络绎。顾英吉利藉贡陈丐。虽未渠包藏叵测。较夷酋洪任辉益多非。望其本谋在立马头。减关税。如西洋澳门事例不必欲舟山。未尝不意望舟山。宸令宣照。阴相制驭。未讼言其效尤。澳门之隐然。已大沮夷气矣。

五十九年。上念英夷贪狡。恐日久生心。复以所颁国王。敕谕二道。宣示两广总督入于交代。俾后来者知所从焉。英吉利既贡之三年。为乾隆六十年初。贡使将归。有旨许其再来款贡。是岁在粤之大班波朗。上事国主。备贡物。交商舶寄粤。请代进。署两广总督朱珪译其副表。以前年贡使入都。赏赉优渥。藉表悃忱。又言。天朝大将军。前年督兵至的密。英国曾发兵应拨。所谓的密者。在中土西北与英吉利海道。毗连盖即廓尔喀也。大将军者。大学士公福康安也。五十七年。福康安用兵西藏。英国自表其诚。以明效顺奏入。敕书赐赉如例。嘉庆七年春。英吉利来兵船六。泊鸡颈洋。淹留数月。有窥澳门意。协办大学士两广总督吉庆。饬洋商宣谕回国。以是年六月去。去之日特遣其夷陈谢。谓佛兰西欲侵澳门。故辄举兵来护也。讹言请勿轻信。意将以掩其迹也。会西洋人索德超等居京师者。言于工部侍郎管西洋堂大臣苏楞额。上闻驰询吉庆以英夷开帆日奏【以上均两广总督署旧档】。事遂寝。十年英吉利国王雅治。复遣其酋多林文。献万物。仍附商舶来粤总督倭什布。译汉表。云。佛兰西与之构兵播谣中国以间我。盖指七年来。粤六兵船之事恐为佛兰西中伤。妨其通市故也。复云。遇有事情要我出力。我亦喜欢效力。云云。时海洋不靖。澳门之西洋夷目。请备兵船二。协剿海贼。当事者以无借助外番理。巽词拒之。至是英吉利来护货兵船四。泊虎门外。意以入洋捕盗。故以效力为言。上命赍贡入京。按例颁赏。并以澳门已近内地倘有劫掠贻笑远人。谕新任总督那彦成整饬戎备其护货兵船。申画疆界勿令逾越。后三年而有度路利之事。

又嘉庆十三年。秋七月。英吉利来巡船三。曰家赍。曰拉。曰简敦家贡船。番梢七百。拉船番梢二百。简敦船番梢一百。他枪炮剑刀火弹称是。故事英吉利护货兵船例泊十字门外。其年货船未至。即给言护货。既而。兵头度路利扬言法兰西侵据西洋。国主迁于亚美利加洲。英吉利与西洋世好。虑佛兰西入澳滋扰。因以兵刀来助其实。英夷败于安南。覆其七艘。故以余艘抵粤。驻粤大班喇佛乃唆令占澳门为补牢计。澳夷不敢校也。然英夷惧中国不从。亦未敢显言据澳。两广总督吴熊光饬洋商。谕大班。俾兵船旦夕回帆。度路利不听。议登岸入澳定居。澳夷理事官委黎多服从。诡云国主有书。许令安置八月二日。以二百人入三巴寺。一百人入龙松庙。以二百人踞东望洋。一百人踞西望洋。其在三巴寺者十二日复移于西洋市楼。澳民惊怖。纷纷逃匿。熊光与监督常显会谕洋商。挟大班赴澳慰遣。坚不肯行。十六日乃下令封舱。禁贸易、断买。办移驻澳左翼。碣石二镇。师船五十。红单船三十六。自虎门晋省防护。方迁延集议间。而英吉利复续来兵船八。每船番梢六七百。泊鸡颈九洲洋。虎头门者在东莞县。为中路海洋进口要隘也。左翼镇驻兵于此。建炮台焉。顾守御单弱。未可以抗夷舶。九月一日遂驶三兵船入虎门。进泊黄埔。越三日总督飞章入告。撤番山虎门兵。回营自卫。二十三日。度路利率其兵目十余。夷兵四十。水梢二百。自黄埔乘三板船三十余。直抵会城入馆寄寓。二十六日。又载三板船十余。以禁断买办为名。云至十三行。公司夷馆。取其素所储蓄。碣石总兵黄飞鹏。方统师船驻省河。飞炮击之。毙夷兵一。伤夷兵三。始惧而退。顾其已入夷馆者自若也。初封舱令下。大班请还累年夷帐。载所已市茶出口。或退茶洋行。而价银息银全偿。监督常显严词饬驳。续来贸易夷舶。皆泊零丁洋。停其带引入埔。会英吉利祖家【所谓欧罗巴之本国也】。至船主一人。以封舱怼大班曰。犯中国而绝市。虽得澳门不如已时兵总统船十余。征饷于来粤之商船。每一舶银数万圆。大班已不支先时夷船。七月抵广换货后。十月即回帆。至是泊港外数月。货不得起。各国夷商亦咸怨。十月十日前奏回奉抗延剿办之。谕旨。各路官军云集【二千六百名】。距澳门八里之关闸。二十里之前山寨。复留重兵防守。英夷大恐。虑其贸易之停也。始议迁贿澳夷。约以番银六十万圆犒军。澳夷输款。英吉利之兵总悦。大班乃具状归诚。请给买办。复开舱。以入埔入澳夷兵。陆续回归国。熊光许焉。十一月七日。英夷兵船。起碇出洋。十一日。复开舱验货。上以熊光办理迟缓。又未亲莅澳门。耀兵威。虽开舱在夷兵既退之后。而许其开舱。则在夷兵未退之先。严旨切责。下部议夺职。代者永保。卒于途。特简百龄为两广总督。十四年三月抵任。承命确核英夷来去之由。受事第二日。驰赴澳门询访。尽得英夷觊觎实情。遂劾熊光示弱失体。畏葸有状。上震怒。下熊光于狱。论戍伊犁。调任巡抚孙玉庭以讳匿不陈。并勒回籍。镇广之将军都统等。均罢所支盐菜口粮银三万二千二百。熊光责偿二万。玉庭责偿一万一千二百。是役也。英吉利来船十一。淹留三四月之久。鲎帆飙忽。烽及会城。于时人心骇怖。寝息不安。而市井无赖之子。号召徒众千余。露刃张拳。伺夷兵一动。即劫掠城外巨室。素封之家。屏息待尽。熊光恇怯不知所出。一切惟玉庭部署。顾粤东水师。实未足以当捕击。其调虎门兵回营自卫。尤失策。方是时。蔡牵朱濆之余孽。蹂躏海上无虚日。外洋商船。频肆掳钞。遇夷舶则不敢动。一夷舶之利。足抵十商船。而卒无相侵夺者。自知其力不足以制也。水师不能御艇匪。而艇匪乃深畏夷舶。故夷舶之入虎门。晋省河。水师林立。相顾动色而已。赖英吉利贪贾市。虽涎澳门。于中国未有衅。溪壑已盈。逡巡遂去。而英夷亦旋革大班之职。以图占澳门。非国王意也。是岁前山寨。设游击守备。水师千总各一。把总外委。额外外委各二。募马步兵四百。分左右哨为前山营。一把总。率兵六十。防关闸汛。闸外里许之望厦村。并派弁兵协防。其虎门亭步汛之新埔山。添建炮台。以壮声援。蕉门之海口。排钉椿木。沈石其中。以杜绕虎门。进狮子洋之路。层迭钤束拊脊扼吭。盖皆为控制英夷故也。次年改左翼与总兵。设水师提督。统五营。额兵四千五百余。镇虎门。【以上均旧档及粤中采访】

又嘉庆二十一年夏五月。英吉利夷官加拉威礼来粤。由洋商递番字禀函。译云英国太子摄政。已历四年。感念纯皇帝恩德。仰慕大皇帝仁圣。于上年九月遣使起程来献方物。仍循乾隆五十八年贡道。由海洋舟山一路至天津。赴都请见。恳总督先奏。时两广总督蒋攸铦方入朝。广东巡抚董教增权总督事。许夷官晋见【以上档册】故事。粤督抚大吏。见暹逻诸国贡使于堂皇。贡使皆拜伏。如陪臣礼。加拉威礼不肯。迫洋商白总督议相见之仪。往复再四。教增不得已许之。其日署两广总督。广州将军左右副都统。粤海关监督毕集。大陈仪卫。坐节堂。加拉威礼挟通事上谒。免冠致敬。通事为达其意。如禀函言。教增离座起立。问英吉利国王好。复坐。乃询贡使行日程途。允为入告。加拉威礼径出。此即前所议相见之仪也。当教增立询时。将军以下。皆振衣起。副都统张永清独据案坐。不少动。意殊拂然【以上采访】。教增奏入。俄而贡使罗尔美。副贡使马礼逊。乘贡舟五已达天津。六月。上命户部尚书和世泰。工部尚书苏楞额往天津。率长芦盐政广惠。料理贡使来京一昼。夜驰至圆明园。车奔石路。颠簸不堪。又贡使衣装辎车。皆落后未至诘朝。上升殿受朝会。正贡使已病。副贡使言衣车未至。无朝服。何以成礼。和世泰恐以办理不善获谴。遂饰奏两贡使皆病。上怒。却其贡不纳。遣广惠伴押使臣回粤。逾日。事上闻。上始谴和世泰。而酌收贡物。复赐其国王珍玩数事。以答远忱云。

初。粤人贪红毛番之财。横索欺凌。又长吏缙绅夷夏之辨。太严持之过急而视之甚卑。一买办。一仆使。皆官为制置尺寸不能逾越。夷性犷悍。深苦禁令之束缚。粤海关之官商吏胥。于归公规费之外。又复强取如故。或加甚焉。英吉利积不能平。故欲改图。请互市于宁波。天津又几幸如俄罗斯国留居京师。盖不甘受侮。将自表异于诸藩也。既三修职贡。未如所望。而举兵来澳门。又不得逞。十五年。大班喇佛等。乃禀诉于广东巡抚韩崶。其略曰。始时洋商。行用减少。与夷无大损益。今行用日夥。致坏远人贸迁。如棉花一项。每石价银八两。行用二钱四分。连税银约四钱耳。兹棉花进口。三倍于前。行用亦多至三倍。每担约银二两。即二十倍矣。他货称是。是洋行费用。皆由祖家贸易摊还。其何以堪。巡抚韩崶咨总督监督。饬布政司核议。久之竟寝不行。所谓行用者。始时每两奏抽三分。以给洋商之辛工也。继而军需出其中。贡价出其中。各商摊还夷债亦出其中。遂分内用外用名目。此外。尚有官吏之诛求与游闲之款接。则亦皆出于入口出口长落之货价。以故夷利渐薄。而觖望弥深。至是仍思藉贡输忱。以希恩泽。顾其贡表失辞。抗若敌体。复铺张攻伐佛兰西战功。有要挟意。又值理藩院诸臣迓接不如仪。上故疑其使人之慢。绝不与通。罗尔美等既出都。上始知不尽贡使之罪也。复降。谕锡赉追至良乡及之。仍敕谕其王。交两广总督。俟贡使至粤颁发【以上档册】。睿庙怀柔之意。度越千古矣。十一月二日。英吉利贡使抵粤。宴赉如常。仍免其归舟茶税。十二月四日。贡使放洋回国。濒行两广总督蒋攸铦。宴使臣于海幢寺。晓之曰。大皇帝不宝异物。后可勿劳贡献。如必欲入贡。广东为尔国贸易之所。贡舟应收泊广东。毋径赴天津。致驳回。使臣唯唯。攸铦复曰。尔国通市广州。于今百年。凡尔之俸饷经费一惟于市取办。市之赀。每岁以数千万计。其利溥矣。中国之裨益于尔尤大矣。继今以往。宜效顺。毋自误。使臣应声曰。凡市。中国与本国两利。毋徒为我计【以上采访】。是岁设天津水师。置总兵官。未几复省。

台湾进呈英夷图说疏【总兵达洪阿兵备道姚莹】

道光二十二年四月初六日。奉上谕。据达洪阿姚莹驰奏。遵旨严讯夷供一折。览奏均悉。昨据奏称逆夷复犯台港。经该总兵等生擒白夷十八人。红夷一人。黑夷三十人。汉奸五名。该逆夷中必有洞悉夷情之人。究竟该国地方。周围几许。所属国共有若干。其最为强大。不受该国统属者。共有若干。又英吉利至回疆各部。有无旱路可通。平素有无往来。俄罗斯是否接壤。有无贸易相通。此次遣来各伪官。除仆鼎查系该国王所授。此外各伪官。是否授自国王抑由带兵之人派调。著达洪阿等逐层密讯。译取明确供词。据实具奏毋任讳匿。钦此。查二次获红夷头目颠林伙长律比及汉奸黄舟等。前经臣等提讯供情。业同起获夷书图信具奏。其前奏所未及者。谨督同各委员。复提颠林等逐层隔别究诘据。供该国王城。地名兰邻。在大地极西北隅海中。其国本不甚大。王城东西南北。周六十里。后枕大山。其名哀邻。近兰邻之西海中。一地名埃伦。自王城东南陆行半日许。即登海舟。南行十五昼夜。至弼爹喇。更南五十昼夜。至急卜碌。转东北行五十昼夜。至望迈。再自望迈东行二十五昼夜。至新地坡。其地东北即安南。更东行七昼夜。即至广东。复三昼夜而至浙江。凡一百五十余日。极顺风。一百二三十日夜亦。可至不顺风亦有迟至半年以上者。

西海诸国。最强大而为英吉利。所畏者一曰米利坚。华言称为花旗。在的赊士之西。二曰佛兰西。皆地土大于英吉利。而船炮如之。亦好贸易。与荷兰黄祈大西洋俱在广东通市颇恭顺。佛兰西船少。近年未至。此其海路之情形也。

其王现为女主。议政之大臣曰马伦侍。其在浙江之统帅。人名沙连弥。仆鼎查。其官为比利尼布颠第依弥。一切兵听其调派。其次主兵官为赞你留。其人名沙有哥哈。即吧噶。又主船政官为押米娄。其人名沙外廉巴加。即思哑敕力巴敦时。仆鼎查系一等官。年得俸银一万圆。以下分等递减。其在厦门者。官为善用勒弥沙。人名时蔑。又称士匆。乃主船政之官。其在广东之香港者。文官为马厘士列。即马礼逊。其人名赞臣。武官为善用哈沙。其人名礼亚时皆授自国王。而听命于仆鼎查。又有甲毕丹。亦主船政。又称急敦。亦授自国王。或有自贵官授之而报名于王者。凡三桅大船。黑夷以六头目管之。一正五副。二桅中船。黑夷头目三人。一正二副。小船。黑夷头目二人。一正一副。正头目夷言沙冷。副头目夷言燉低。此次大小夷船百余只。实在兵船连火轮。船七八十只。内多即贸易之舟。配以夷官。改作兵船。其兵皆黑夷。雇自各岛。共约四五万人。每月工资番银二三员至十员不等。至同来兵船。见颠林被获。是否逃回浙江。抑往广东。无从追问。臣等伏思逆夷兵船。半即商舟。人众数万。月费工资数十万金。夷酋俸银。夷众口粮。军装火药。月费亦数万金。船本货本。又数百万。计犯顺已逾二年。费亦不下二千万。夷以货财为命。今闭关其货不行。所在私售无多。价亦大减。主客异形。逆夷虽富何能久支。仆鼎查始冀为义律故。智思得所欲。及不可得。且人船丧失。所耗益多。其情势必绌。饥而扑食。乃更扬言继师大举。窃恐其众将离未必复能久持也。然贼穷必有变计。臣等防守不可不益加严。其余谷条。皆如前供。

英吉利地图说【兵备道姚莹进呈】

然佛兰西人不善经商。今广东贸易之夷。自大西洋外。有英吉利。米利坚。荷兰。黄祈。佛兰西诸国。惟英吉利船较多。常年六七十艘。诸国无公司。独英吉利有之。公司者。其国王自以本钱贸易故名。诸国至广东十三行商。公建楼屋居之。如客寓。诸夷商去来无定。非如大西洋之常住澳门也。英吉利通商广东自云二百余年矣。

自望迈至新地坡。舟行二十五日夜。其东北即近安南更。舟行向东七日夜。即广东。明史西洋利玛窦言其国至中国九万里。英吉利又在其北。海道可知矣。

卷五十六·北洋·元代北方疆域考下

峨罗斯货船。嘉庆十一年。曾有来粤东者。道光二十八年。又有一船至上海。皆经奏明驳回。盖其国货船偶随诸国私来。并非奉其国命。故一经驳饬随即回航而去。

卷五十七·北洋

普鲁社国。即来粤贸易之单鹰也。

卷五十七·北洋·普鲁社国沿革

海录

单鹰国。又名带辇。在双鹰西北。疆域风俗略同。今番舶来广东。用白旗画一鹰者是。

外国史略曰。陂路斯国。汉人谓之单鹰。亦以其船之旗名之。

卷五十八·大西洋·嗹国沿革

皇清四裔考

嗹国地居西北方。凡历海洋六万余里。始达广东界。……自雍正年间。有夷商来广通市。后岁以为常。

万国地理全图

……曰。丁抹国。或曰黄旗国。……赴市广东。因插黄旗。故称此名。

地球图说

埭尼国。又名低纳马尔加。粤人谓之黄旗。

卷五十八·大西洋·瑞丁国沿革

万国地理全图集

其商船亦到中国贸易。

海录

绥亦占国。在英吉利西少北【案绥亦占。即瑞丁国也。在英吉利西地。其非海南之瑞国明矣。瑞国在英吉利之东也】。风俗土产如英吉利。而民情较淳厚。船由荷兰往约旬余。由英吉利约六七日可到。来广贸易。其船用蓝旗。画白十字。

皇清四裔考

瑞国在西北海中。达广东界。俱系海洋。计程六万余里。……通市始自雍正十年。至今不绝。

海录

盈黎马禄加国。在绥亦占【即瑞丁】西北。与绥亦占同一岛。陆路相通。而疆域较大。人稍粗壮。风俗土产亦同。即来粤黄旗船是也【即那威国】。

卷六十·外大西洋·弥利坚国即育奈土迭国总记【原本】

粤人称曰花旗国其实弥利坚。

卷六十·外大西洋·补辑

万国地理全图集曰。花旗国。一曰兼摄邦国。因船插星旗。广东人谓之花旗。亦称之曰米利坚。皆指一国也。

海录

咩里千国。在英吉利西。由散爹里西少北行。约二月由英吉利西行。约旬日可到。亦海中孤岛也。疆域稍狭。原为英吉利所分封。今自为一国。风俗与英吉利同。即来广东之花旗也【案。咩里千。即弥利坚之音转。故言即广东之花旗。然以洲言。则其地数万里。岂得谓之孤岛。以国言。则二十七部落。富强为英夷劲敌。岂得谓之疆域稍狭。盖谢清高。但至欧罗巴洲未至弥利坚洲。故传闻不确不详】。土产金银铜铁铅锡白铁玻璃沙藤洋参鼻烟牙兰米洋酒哆啰绒羽纱哔叽。其国出入多用火船。船内外俱用轮轴。中置火盆。火盛冲轮轮转拨水无烦人力。而船行自驶。其制巧妙。莫可得窥小西洋诸国近多效之【原无今补】。

卷七十七·筹海总论一·陈伦炯·天下沿海形势录

天下沿海形势。从京师天津东向辽海。左延山海关。宁远。盖平。复州。金州。旅顺口。鸭绿江而抵高丽。右衮山东之利津。清河。蒲台。寿光。海仓口。登州而至庙岛。其登州一郡。陡出海东尽于成山卫。与旅顺口南北隔海对峙。海船往盛京。天津者以成山为标准。此登州西北之渤海也。成山卫转西南。则靖海。大嵩莱。阳鳌山。灵山而至江南海州。此皆登州西南之海也。

海州而下。庙湾而上。则黄河出海之口。沙泥入海。则沈实支条缕结。东向淤长。潮满则没。潮汐或浅或沉。名曰五条沙。中间深处。呼曰沙行。江南之沙船往山东者。恃沙行以寄泊。船因底平。少阁无碍。闽船遇此。则魄散魂飞。盖闽船底圆。加以龙骨三段。架接高昂。阁沙则碎折。更兼江浙海潮。外无屏蔽之山。以缓水势。故潮汐比他省为最急。苟乏西风开避。则舟随溜阁。靡不为坏。是以海舶往山东两京必从尽山对东开一日夜。避过其沙。方敢北向。而登莱淮海。稍宽海防。亦由五条沙为之保障也。

庙湾南自如皋通州而至洋子江口。内狼山。外崇明。锁钥长江。沙阪急潮。其概相似。而崇明上锁长江。下扼吴淞。东有洋山。马迹。花脑。陈钱诸山接连浙之宁波。定海外岛。而嘉兴之乍浦。钱塘之鳖子。余姚之后海。宁波之镇海。虽沿海相连要疆。但外有定海为之捍卫。实内海之堂奥也。惟乍浦一处。滨于大海。东达渔山。北达江南之洋山。定海之衢山剑山。外则汪洋。言海防者。所当留意。江浙外海以马迹为界。山北属江。山南属浙。而陈钱外在东北。俗呼尽山。山大澳广。可泊舟百余艘。贼舟每多寄泊。江浙水师。更当加意焉。由此再南历衢山。岱山而至定海。东南由剑山长涂而至普陀。普陀直东。外出洛迦门有东霍山。夏月贼舟亦可寄泊。伺劫洋舶回棹。且与尽山南北为犄角。山脚水深。非加长碇缆。不足以寄普陀之南。自崎头至昌国卫。接连内地。外有韭山吊邦。亦贼舟寄泊之所。此皆宁波之内海也。

自宁波。台州。黄崖沿海而下。内有佛头。桃渚。崧门。楚门。外有茶盘。牛头。积谷。鲎壳。石塘。枝山。大鹿。小鹿。在在皆贼艘出没之区。而乐清束峙玉环。外有三盘。凤凰。北屺。南屺。而至北关以及闽海。接界之南关。实温台内外海径寄泊樵汲之区。不可忽也。闽之海。内自沙埕。南镇。锋火。三沙。斗米。北交定海。五虎而至闽安。外自南关。大嵛。小嵛。闾山。芙蓉。北竿塘。南竿塘。东永而至白犬。为福宁。福州外护。左翼之藩篱也。南自长乐之梅花镇。东万安为右臂。外自磁澳而至草屿。中隔石牌洋。外环海坛大岛闽安。虽为闽省九口咽喉。海坛实为闽省右翼之扼要也。

由福清之万安。南视平海内虚海套是为兴化。外有南日湄洲。再外乌丘海坛。所当留意者。东北有东永。东南有乌丘。亦犹浙省之南屺。北屺。韭山。衢山。江省之马迹。尽山也。泉州北则崇武獭窟。南则祥芝永宁。左右拱抱。内藏郡治。下接金厦二岛。以达漳州。金为泉郡之下臂。厦为漳郡之咽喉。漳自大武而南。镇海。六鳌。古雷。铜山。悬钟。在在可以寄泊。而至南澳。则闽粤分界矣。

泉漳之东。外有澎湖三十有六岛。而要在妈宫西屿头北港八罩四澳。北风可以泊舟。若南风不但有山有屿可以寄舶。而平风静浪黑沟白洋。皆可暂寄。惟洋大而山低。水急而流回。北之吉贝沈礁。一线直生东北。内皆暗礁布满。仅存一港蜿蜒。非熟习者不敢掉入。至南有大屿。花屿。猫屿。北风不可寄泊。南风时宜巡缉焉。澎湖之东则台湾。北自鸡笼山与福州之白犬洋对峙。南自沙马崎与漳之铜山对峙。延绵二千八百里。西面一片沃野。自海至山。浅阔相均。约百里。西东穿山至海。约四五百里。郡治南抱七鲲身而至安平镇大港。隔港沙洲。直北至鹿耳门。鹿耳门隔港之大线头。沙洲而至隙仔海翁隙。皆西护府治。而港之可以出入巨艘。惟鹿耳门与鸡笼淡水港。其余港汊虽多大船不能出入。仅平底之澎船四五百石之三板头船。堪以出进。此亦海外形势以捍内地者也。南澳东悬海岛。捍卫漳潮。为闽粤海洋适中之要隘。外有三澎小岛。为南风贼艘经由暂寄之所。内自黄冈大澳而至澄海。放鸡。广澳。浅澳。靖海。赤澳。此虽潮郡支山入海。实潮郡贼艘出没之区。晨远扬于外洋以伺掠。夜西向于岛澳以偷泊。故海贼之尤甚者多潮产也。

赤澳一洋。自甲子南至浅澳。田尾。遮浪。汕尾。鲘门。港天。星平海。虽属惠州而山川人性。与潮无异。故立碣石镇以扼其中。自此而入粤省。外自小星。笔管。沱泞。福建头。大嵛山。小嵛山。伶仃山。旗而屿。九州洋而至老万山。岛屿不可胜数。处处可以樵汲。在在可以湾泊。粤之贼艘。不但艚艍海泊可以伺劫。即内河桨船渔艇。皆可出海剽掠。粤海之藏垢纳污莫此为甚。广省左捍虎门。右扼香山。而香山虽外护顺德。新会。实为省会之要地。不但外海捕盗。内河缉贼。港汊四通奸匪殊甚。且其域澳门外防番舶。与虎门为犄角。有心者岂可泛视哉。升出十字门而至者万。此洋艘番舶来往经由之标准。下接崖门。三灶。大金。小金。乌猪。上川。下川。戙船。澳马。鞍山。此肇郡。广海。阳江。双鱼之外护也。高郡之电白外。有大小放鸡。吴川外有硇州。下邻雷州。白鸽。锦囊。南至海安。自放鸡而南至于海安。中悬硇州。暗礁暗沙。难以悉载。非深谙者莫敢内行。而高都地方。实藉沙礁之庇也。

雷州一郡。自遂溪。海康。徐闻。向南乾出四百余里而至海安。三面滨海。幅阔百里。对峙琼州。渡海百二十里。自海南绕西北至合浦。钦州。防城。而及交址之江平。万宁州。延长一千七百里。故自海安下廉州。船宜南风。上宜北风。自廉之冠头岭而东。自龙调埠川。江永。安山口。乌兔。处处沉沙。难以尽载。自冠头岭而西至于防城。有龙门七十二径。径径相通。径者岛门也。通者水道也。以其岛屿悬杂。而水道皆通。廉多沙。钦多岛。地以华夷为限。而又产明珠。不入于交阯。是以建海角亭于廉。天涯亭于钦。琼州屹立海中。地从海安渡。脉南崖州。东万州。西儋州。北琼州。与海安对峙。诸州县环绕熟黎。而熟黎环绕生黎。而生黎环绕五指岭七指山。五指西向。七指南向。周围陆路一千五百二十里。府城中路。直穿黎心。至崖州五百五十五里。万州东路直穿黎心。至儋州五百九十里。自海内港之东路沿海。惟文昌之潭门港。乐会之新潭那乐港。万州之东澳。陵水之黎庵港。崖州之大蛋港。西路沿海。惟澄迈之马岛港。儋州之新英港。昌化之新潮港。感恩之北黎港。可以湾泊船只。其余港汊虽多。不能寄泊。而沿海沉沙。有舟实为艰险。此亦海外稍次之台湾。惜田畴不广。岁仰专于高雷。虽产楠沈诸香。等于广南。甲于诸番。究非台湾沃野千里可比。中国之海防。自辽而始。至琼而尽。首尾凡万余里。

卷七十七·筹海总论一·张汝霖·澳门形势篇

濠镜澳之名。著于明史其曰。澳门。则以澳南有四山离立。海水纵横。贯其中曰十字门。故合称澳门。或曰澳有南台北台。两山相对如门云。澳今西洋意大里亚夷人僦居。环以海。惟一径达前山。故前山为拊背扼吭地。北距香山县一百二十里而遥。南至澳门十有五里而近。其有寨自明天启元年始。立参将营。国初因之。康熙三年。改为副将。未几以左营都司代【何准道曰。康熙七年秋。海贼从寨右登岸。攻劫果福国村。副镇遂请移驻县城。坐令扼塞之地。武备损威】。相仍至今。五十六年。建土城。起炮台。兵防二门。外复建台。列炮各十。雍正八年。设县丞署。乾隆九年。建广州府海防同知署。增兵舍百间。而前山之势益重。东门外为教场。出南门不数里为莲花茎。即所谓一径可达者。前山澳山对峙于海南北。茎以一沙堤亘其间。径十里。广五六丈。茎尽处有山拔起。跗萼连蜷。曰莲花山。万历二年。茎半设闸官。司启闭。康熙十二年。建官厅于旁。以资戍守。出闸经莲花山下。有天妃庙。折而西南一山青巉巉。中嵌白屋数十百间。形缭而曲。东西五六里。南北半之。有南北二湾。可以泊船。规圜如镜。故曰濠镜。是称澳焉。前明故有提调备倭巡缉行署三。今惟议事亭不废。国朝设有海关监督行台及税馆。其商。僧。传。译。买办。诸杂色人多闽产。若工匠。若贩夫。店户。则多粤人。赁夷屋以居。烟火簇簇成聚落。其舟楫有高尾艇。有西瓜扁。又有省渡。石歧渡。新会江门渡。有洋船。石立庙祀天妃。名其地曰娘妈角。娘妈者。闽语天妃也。雍正七年。观风整俗。使焦祈年。乾隆十年。分巡广南韶连道薛韫先后巡视有记【薛韫澳门记。自香山县凤栖岭。迤南凡一百二十里。至前山又二十里。为濠镜澳。不至澳六七里。山薪然断。亘沙堤如长桥。曰莲花茎。茎末山又特起。名莲花山。又伏又起。中曲拗长五六里。广半之。直坤艮是称澳焉。澳惟一茎系于陆。馈粮食。余尽海也。以故内洋舟达澳尤便捷。遵澳而南放洋十里许。右舵尾。左鸡颈。又十里许。右横琴。左九澳湾峰。表里四立象箕宿。纵横成十字。曰十字门。又称澳门云。其东南百里间。为老万山。孤岛具营垒。山东北注虎门。属番舶入中国道。此山外则天水混同。无复山矣。而澳夷出入洋。则不于虎门。于十字门二门俱斜直老万山。十字门特近澳也。澳夷西洋族。自嘉靖三十年来此。岁轮廛缗五百一十有五。孳育蕃息。迄今二百有余年矣。其户四百二十有奇。其丁口三千四百有奇。白主黑奴。内剌兵一百五十名。其渠目兵头一。掌兵理事官一。司库判事官一。司狱而总领于番僧一人。其教号天主。其业惟市舶。慧者肄天官术为庙者八。曰三巴。曰咖斯兰。曰大庙。曰板樟。曰龙崧。曰风信。曰支粮。曰花王。附庙置狱。狱三重。薄罪圈拘。听礼拜庙即释。重则缚置炮口。击人海。为炮台六。曰东望洋。曰咖斯兰。曰三巴。曰南湾。曰西望洋。曰娘妈角。炮铜具四十六。铁具三十。大者六十一。小者十有五。凡庙若炮台。独三巴为崇闳焉。乾隆十年乙丑二月。予以巡海至此。偕海防印同知光任。香山江令日暄登乃台。译人次理事官前导。而兵目领番卒手布绣旗肩鸟铳一十二人排右。台方广可百亩。中有堂。西南指十字门。东望则九洲洋如列星罗。几砚间下。即宋文天祥勤王经由之伶仃洋也。西望则三灶黄扬诸山。而北折而上为崖山也。转而内瞩。洲屿参互。水有艨艟哨桨之次比。陆有亭障壁垒之相望。前山寨附其背。虎门扼其吭。国家御内控外。大一统岂不伟哉】。

澳东为东澳山。又东为九星洲山。九峰分峙。多岩穴。奇葩异草。泉尤甘。商舶往来必汲之。曰天塘水。其下为九洲洋。旁连鸡拍山。多暗礁。又东为零丁山。东莞香山。新安三邑画界处。下为零丁洋。又东至于旗纛澳。又东北不二百里。有二门。曰虎门。蕉门。蕉门南瞰大洋有暗礁。不能寄碇。与东洲门。金星门。可泊艚艍漕船洋舶不由之。金星门之旁。有鸡笼洲小茅山。虎门即虎头门。大虎山峙其东。小虎山峙其西。双扉砉然。海水出入其中。横档山限之。所谓粤东山有三路。分三门。而以大庾为大门。海有三路。亦分三门。而以虎头为大门。东西二洋之所往来。以此为咽喉者也。横档山有东西炮台。与南山三门炮台。声势相应。虎门协副将领之。上有虎门寨。明万历十六年建。国初毁于寇。康熙二十六年建今寨于石旗岭。筑土为之。五十七年改建砖城。官兵自邑还驻之【薛韫虎门记。虎头门以虎山得名。山有二。西曰小虎山。东曰大虎山。如连珠巨浸中。稍折而东南。右横档山。左南山。相距五六里。岿然双阙。而海出入其间。界中外。故曰门横档山。首尾树炮台二。高水面约五十仞。南山炮台一。可三仞及水。俱宿目兵焉。循南山下十余里。三门炮台二。三门者。山前突二石。插波划水为三也。目兵如各炮台数。横档南三十里许。为龙穴山。先置泛哨。今废。南山东南三四十里为校椅湾。略如郊关形。而已旷廓。外绝涯涘矣。虎山内外重洋。而门当其最深流处。番舶及内郡巨艚。必由以入。绝狮子洋。达广州。海中函谷关也。而门左右半浅洋。惟不任漕舶行。他舟纵所如冢平。闭外夷之门一。而开内攘之门且千矣。夫陆有冈。海有港。此胜败得失之地也。虎头门既城。石旗麓聚兵。千有八百八十八人。领于副总兵官。而偏师亦往往守港口。但使声援。罔有不及。逻诇罔有不谨。重门击柝。以御暴客。庶其惩而毖后患哉。虽然海门以闭内外也。外困于内。变生于常道。必又有制治于兵防之先者】。又名秀山。宋张世杰奉帝昺。退保秀山即此。由是逾狮子洋。入黄埔。是为今诸番舶口。虎门天启。海阔而多礁。舟触之立碎。番船至。必官给引水人导之入。固天设之险也。又虎门下有合兰海。每岁正月初三四五日。现城阙楼台车骑人物倏忽万状。康熙丙辰见戈甲之形。粤有兵变。盖海市也。

北则青洲山前山澳山。盈盈隔一海。兹山浸其中。厥壤砠。厥木樛巑岏荟蔚。石气凝青。与波光相上下。明嘉靖中。佛郎机既入澳。三十四年。复建寺于兹山。高六七丈。闳敞奇閟。天启元年。守臣虑其终为患。遣监司马从龙毁其所筑城。番不敢拒。今西洋番僧。构楼榭。杂植卉果。为澳夷游眺地。又北为秋风角。为娘妈角。一山巇然斜插于海。磨刀犄其西。北接蛇埒。南直澳门。险要称最。上有天妃宫。其前山迤北由陆道雍陌【明万历中设雍陌营】。逾径顶达凤栖岭。以至于县。

澳西不十里。有北山。下为北山村。沙尾村。西为灯笼洲。其与秋风角对峙者。曰南野角。旁为挂碇山。船可寄碇。又西为大托山小托山。大磨刀小磨刀山。有炮台上下二门。过此为虎跳门。崇祯十年。红毛驾四舶。由此门入广州求市。外有岛。广百余里。是为浪白滘。明初诸番互市于此。嘉靖中始移濠镜。万历三十五年。番禺举人卢廷龙计偕入都。请尽逐澳中诸番。出居浪白外海。当事不能用。又西为黄杨山。上有张世杰墓。下为黄梁都。有巡检司。城方一里。都司戍之。稍南为咸汤门。外为三灶山。产盐。有大使领之。高澜山多鹿。元海寇刘进据之。明初平。有腴田三百顷。居民烟火。与三灶相望。

其南有四山。为内十字门。又二十里有四山。为外十字门。澳夷商舶出入必由之。有横琴山宋益王南迁泊此。丞相陈宜中欲奉之。奔占城飓作而殂。宜中遁。夜有火烧舟舻几尽。一名深井山澳曰井澳。横琴二山相连。为大小横琴。元末海寇王一据之。旁一山曰银坑。水最甘冽。又南。五十里曰蒲台石。又东南为老万山。自澳门望之隐隐一发。至则有东西二山。相距三四十里。东澳可泊西南风船。西澳则东北风船泊之。山外天水混茫。虽有章亥。不能步已。岁五六月。西南风至。洋船争望之而趋。至则相庆。山有人魋结。见人辄入水。名曰卢亭。相传晋贼卢循溃兵逃此。子孙皆裸体。尝下海捕鱼充食。能于水中住三四日不死。地多伏莽。山故名大奚山。有三十六屿。周三百余里。居民不隶征徭。以鱼盐为生。宋绍兴间招降之。刺其少壮者。充水军。老弱者放归去。寨有水军使臣及弹压官。庆元三年。盐禁方厉。复啸聚为乱。遣兵讨捕。墟其地。以兵戍之。未几罢。后有万姓者。为酋长。因呼老万山。雍正七年。两山各设炮台。分兵戍之。与大屿山屯哨为犄角。则澳门虎门之外蔽也。

卷七十七·筹海总论一·英夷入贡旧案

乾隆五十八年敕谕前一道

皇帝敕谕英吉利国王知悉。咨尔国王。远在重洋。倾心向化。特遣使恭赍表章航海来庭。叩祝万寿。并备进方物。用将忱悃。朕披阅表文。词意肫恳。具见尔国王恭顺之诚。深为嘉许。所有赍到表贡之正副使臣。念其奉使远涉。推恩加礼。已令大臣带其瞻观锡予筵宴。迭加赏赉。用示怀柔。其已回珠山之管船官役人等六百余名。虽未来京。朕亦优加赏赐。俾得普沾恩惠。一视同仁。

至尔国王表内恳请派一尔国之人。住居天朝。照管尔国买卖一节。此则与天朝体制不合断不可行。向来西洋各国有愿来天朝当差之人。原准其来京。但既来之后。即遵用天朝服色。安置堂内。永远不准复回本国。此系天朝定制。想尔国王亦所知悉。今尔国王欲求派一尔国之人住居京城。既不能若来京当差之西洋人在京居住。不归本国。又不可听其往来。常通信息。实为无益之事。且天朝所管地方。至为广远。凡外藩使臣到京。译馆供给。行止出入俱有一定体制。从无听其自便之例。今尔国若留人在京。言语不通。衣服殊制。无地可以安置。若必似来京当差之西洋人。令其一例改易服饰。天朝亦从不肯强人以所难。设天朝欲差人常住尔国。亦岂尔国所能遵行。况西洋诸国甚多。非止尔一国。若俱似尔国王恳请派人留京。岂能一一听许。是此事断难行。岂能因尔国王一人之请。以致更张天朝百余年法度。若云尔国王为照料买卖起见。则尔国人在澳门贸易。非止一日。原无不加恩视。即如从前博尔都噶尔亚意达里等国。屡次遣使来朝。亦曾以照料贸易为请。天朝鉴其悃忱优加体恤。凡遇该国等贸易之事。无不照料周备。

前次广东商人吴昭平。有拖欠洋船价值银两者。俱饬令该管总督。由官库内先行动支帑项。代为清还。并将拖欠商人重治其罪。想此事尔国亦闻知矣。外国又何必派人留京。为此越例断不可行之请。况留人在京。距澳门贸易处所。几及万里。伊亦何能照料耶。若云仰慕天朝。欲其观习教化。则天朝自有天朝礼法。与尔国各不相同。尔国所留之人。即能习学。尔国自有风俗制度。亦断不能效法中国。即学会亦属无用。天朝抚有四海。惟励精图治。办理政务。奇珍异宝。并不贵重。尔国王此次赍进各物。念其诚心远献。特谕该管衙门收纳。其实天朝德威远被。万国来王。种种贵重之物。梯航毕集。无所不有。尔之正使等所亲见。然从不贵奇巧。并无更需尔国制办物件。是尔国王所请派人留京一事。于天朝体制既属不合。而于尔国亦殊觉无益。特此详晰开示。遣令贡使等安程回国。尔国王惟当善体朕意。益励款诚。永矢恭顺。以保乂尔有邦。共享太平之福。除正副使臣以下。各官及通事兵役人等。正赏加赏各物件另单赏给外。兹因尔国使臣归国。特颁敕谕。并锡赉尔国王文绮珍物。具如常仪。加赐彩缎罗绮文玩器具诸珍。另有清单。王其祗受悉朕眷怀。特此敕谕。

乾隆五十八年敕谕后一道

皇帝敕谕英吉利国王。知悉尔国王远慕声教。向化维殷。遣使恭赍表贡。航海祝釐。朕鉴尔国王恭顺之诚。令大臣带领使臣等瞻观。锡之筵宴。赉予骈蕃。业已颁给敕谕。赐尔国王文绮珍玩。用示怀柔。昨据尔使臣以尔国贸易之事。禀请大臣等转奏。皆系更张定制。不便准行。向来西洋各国及尔国夷商。赴天朝贸易。悉于澳门互市。历久相沿。已非一日。天朝物产丰盈。无所不有。原不藉外夷货物以通有无。特因天朝所产茶叶磁器丝斤。为西洋各国及尔国必需之物。是以加恩体恤。在澳门开设洋行。俾得日用有资。并沾余润。今尔国使臣于定例之外多有陈乞。大乖仰体天朝加惠远人抚育四夷之道。且天朝统驭万国。一视同仁。即广东贸易者。亦不仅尔英吉利一国。若俱纷纷效尤。以难行之事。妄行干渎。岂能曲徇所请。念尔国僻居荒远。间隔重瀛。于天朝体制原未谙悉。是以命大臣等向尔使臣详加开导。遣令回国。恐尔使臣等回国后禀达未能明晰。复将所请各条缮敕。逐一晓谕。想能领悉。

据尔使臣称。尔国货船将来或到浙江宁波珠山及天津广东地方收泊交易一节。向来西洋各国前赴天朝地方贸易。俱在澳门设有洋行。收发各货由来已久。尔国亦一律遵行。多年并无异语。其浙江宁波直隶天津等海口。均未设有洋行。尔国船只到彼。亦无从销卖货物。况该处并无通事。不能谙晓尔国言语。诸多未便。除广东澳门地方仍准照旧交易外。所有尔使臣恳请向镇江。宁波。珠山及直隶天津地方泊船贸易之处皆不可行。

又据尔使臣称尔国买卖人要在天朝京城另立一行收贮货物发卖仿照俄罗斯之例一节更断不可行京城为万方拱极之区体制森严法令整肃从无外藩人等在京城开设货行之事尔国向在澳门交易亦因澳门与海口较近且系西洋各国聚会之处往来便益若于京城设行发货尔国在京城西北地区相距辽远运送货物亦甚不便从前俄罗斯人在京城设馆贸易因未立恰克图以前不过暂行给屋居住嗣因设立恰克图以后俄罗斯在该处交易买卖即不准在京城居住亦已数十年现在俄罗斯在恰克图边界交易即与尔国在澳门交易相似尔国现有澳门洋行发卖货物何必又欲在京城另立一行天朝疆界严明从不许外藩人等稍有越境搀杂是尔欲在京城立行之事必不可行

又据尔使臣称欲求相近珠山地方小海岛一处。商人到彼即在该处停歇。以便收存货物一节。尔国欲在珠山海岛地方居住。原为发卖货物而起。今珠山地方现在洋行。又无通事。尔国船只已不在彼停泊。尔国要此海岛地方亦属无用。天朝尺土俱归版籍。疆址森然。即岛屿沙洲。亦必画界分疆。各有专属。况外夷向化天朝。交易货物者。亦不仅尔英吉利一国。若别国纷纷效尤。恳请赏给地方居住。买卖之人。岂能各应所求。且天朝亦无此体制。此事尤不便准行。

又据称拨给附近广东省城小地方一处。居住尔国夷商。或准令澳门居住之人。出入自便一节。向来西洋各国夷商。居住澳门贸易。画定住址地界。不得逾越尺寸。其赴洋行发货夷商。亦不得擅入省城。原以杜民夷之争论。立中外之大防。今欲于附近省城地方。另拨一处。给尔国夷商居住。已非西洋夷商历来在澳门定例。况西洋各国在广东贸易多年。获利丰厚。来者日众。岂能一一给拨地方分住耶。至于夷商等出入往来。悉由地方官督率洋行商人。随时稽查。若竟毫无限制。恐内地夷人与尔国商人。间有争论。转非体恤之意。核其事理。自应仍照定例在澳门居住。方为妥善。又据称英吉利夷商自广东下澳门由内河行走货物或不上税。或少上税一节。夷商贸易。往来纳税。皆有定则。西洋各国。均属相同。此时自不能因尔国船只较多。征收稍有溢额。亦不便将尔国上税之例独为减少。惟应照例公平抽收。与别国一体办理。嗣后尔国夷商贩货赴澳门。仍当随时照料。用示体恤。

又据称尔国船只请照例上税一节。粤海关征收船料。向有定例。今既未便于他处海口设立交易。自应仍在粤海关按例纳税。毋庸另行晓谕。至于尔国所奉之天主教。原系西洋各国向奉之教。天朝自开辟以来。圣帝明王垂教创法。四方亿兆。率由有素。不敢惑于异说。即在京当差之西洋人等居住在堂。亦不准与中国人民交结。妄行传教。尤属不可。以上所谕各条。原因尔使臣之妄说。尔国王或未能深悉天朝体制。并非有意妄乾。朕于入贡诸邦诚心向化者。无不加之体恤。用示怀柔。如有恳求之事。若于体制无妨。无不曲从所请。况尔国王僻处重洋。输诚纳贡。朕之锡予优加。倍于他国。今尔使臣所恳各条。不但于天朝法制攸关。即为尔国代谋。亦俱无益难行之事。兹再明白晓谕尔国王当仰体朕心。永远遵奉。共享太平之福。若经此次详谕后。尔国王或误听尔臣下之言。任从夷商将货船驶至浙江天津地方欲求上岸交易。天朝法制森严。各处守土文武。恪遵功令。尔国船只到彼。该处文武必不肯令其停留。定当立时驱逐出洋。未免尔国夷商枉劳往返。勿谓言之不预也。其凛遵毋忽。特此再谕。

卷七十七·筹海总论一·奏英夷贡表转进摺【乾隆六十年十二月粤督朱粤关舒奏】

奏为英吉利国呈进表贡。奏明请旨事。据洋行商人蔡世文等禀称。据英吉利国大班披朗。称伊国王备具恭进大皇帝表文方物。由本国夷船寄粤。令伊面见总督关部大人。将表贡赍呈。转求代奏等语。臣等当即传见该大班。据将夷字正副表二件。伊国自书汉字副表一件。贡物一分呈出。臣等公同阅验。其汉字副表虽系中华字书而文理舛错。难以句读。随令通晓该国字书之通事。将夷字副表与汉字表核对。另行译出。臣等核其文义。缘该国王因前年贡使进京。仰蒙皇上怀柔体恤。赏赉渥优不胜喜欢感激。是以备具表文土物呈进。以表悃忱。且声明前年天朝差大将军带兵到的密地方。伊国曾发兵相助。此事在从前贡使起身之后。他们不曾得知。是以未在大皇帝前奏明等语。臣等询问该大班的密是何地方。据云在中华西北地方。与本国海道毗连等语。是的密似即系廓尔喀地名。其所称曾经发兵相助之语。措词极为恭顺。而又意存见好。外夷慕化输诚。益仰德威广被。惟是各国进贡。向系专遣使臣赍奏。今该国并无贡使来粤。止系该大班接到表贡。求臣等转奏。与例未符。谨缮录贡单同原表三件。恭摺奏呈御贤。其贡物如准赏收。俟命下。臣等另行委员赍送京师。

卷七十七·筹海总论一·乾隆六十年译出汉字夷表

英吉利国王雅治。管佛兰西并爱伦等处地方呈天朝大皇帝。我宗室议政大臣马甘尼。由天朝京都回到本国。带有大皇帝书信。所谕情由恩典。我心中十分感谢欢喜。所差贡使进的礼物。蒙皇上赏收。赍到御赐各物。当即拜领。足感大皇帝记念。彼此虽隔重洋。但俱要望通国太平无事百姓安宁。蒙大皇帝谕称凡有我本国的人来中国贸易。俱要公平恩待。此是最大天恩。虽天朝百姓不能来我国贸易。若有来的。我亦要尽心一样看待。我已分付在港脚等处地方官员。遇有天朝百姓兵丁人等。务要以好朋友相待。从前天朝差大将军带兵到的密地方。我国兵总亦曾相助。前贡使到京时。未得我们因都士丹地方音信。是以未曾将此事奏明。将来如有机会。亦可以表我的诚心。据贡使回称大皇帝万寿康宁。并称我将来年寿。仰托鸿福。均同一样。我心实在欢喜感激。惟望中华同外国永久共沐。天恩顺具本国些须土物。伏乞赏收。自英吉利国本都。呈一千七百九十五年六月二十日。【按。因都士丹即温都斯坦。译音不同。盖言贡使未接印度兵总之信息也。】

卷七十七·筹海总论一·嘉庆九年译出汉字夷表

英吉利国王雅治管爱伦等处地方。呈天朝大皇帝。从前太上皇帝。恩威远播。四海升平。今大皇帝仁慈威武。天下太平。均同一德。凡有本国人来中国贸易。俱蒙一体公平恩待。我因天朝百姓不能来我本国贸易。我已分付在港脚等处地方官员。如与中国相连地方。遇有天朝百姓兵丁人等。务要加意相待。即遇有别项事情。要我出力。我亦十分欢喜效力。我与佛兰西国前已修和。因和之后。伊国强横无理。是以我今复与伊国战争。我本意原欲和好无事。岂料伊国强横凌辱。致我不能忍受。又于海口地方设立重兵。显有歹意。我恐被伊国占夺。无奈亦只得设立重兵防守。并非意存好斗。我虽然与伊国战争。仍可照旧来中国贸易通好。并无阻碍。那佛兰西国海口。虽有重兵。我已用兵船围住。伊不能出口。此外又多派兵船护送。是以我贸易船只可保无虞。又幸遇大皇帝圣明。即使佛兰西国有著人到中国谣言疏间我国。我想大皇帝必不听信。再伊国不独存心想占夺我国。并欲占夺我之属国。伊国若兵力不能相敌。伊必另设阴谋。即伊国恃强设计我国。均能设备提防。可保无虞。查该佛兰西国内。已乱了十三年。佛兰西老国王。为人甚好。竟被伊国人弑害。深为可悯可恨。如今伊国有一人做了国长。存心无道意欲惑乱人心。使通国之人。不顾五伦。不畏天地。我想伊断不能惑中国。大皇帝英明素著。定然洞察其奸。恭祝大皇帝长享四海升平之福。具本国些须土物。伏乞大皇帝赏收。自英吉利本都一千八百四年五月二十二日。

卷七十七·筹海总论一·粤【督倭关延】奏片稿【嘉庆九年十二月】

查英吉利国王表内所称。与佛兰西国争斗及佛兰西国有著人到中国谣言疏间等语。查系嘉庆七年八月间。有在澳居住之夷目委黎多。寄信与在京居住之西洋人索德超。言英吉利国有大战船六只。近澳门停泊。恐有觊觎澳门情事。转呈管理西洋人大臣苏楞额具奏。钦奉谕旨查询经前督臣吉查明英吉利国护货兵船。均已陆续回国。其在澳门外湾泊时并未滋事。因该国向来恃强。住澳夷人是以惊疑等情。奏蒙圣鉴在案。今该国王表文所称谣言疏间之语。自系指前事而言。本年该国亦有护送货物兵船四只来广。随即护送货船回国。并无丝毫滋事且贸易夷船。英吉利国货物最细。较别国买卖殷厚。该国夷目夷商。均称恭顺。臣等窥测其隐。因与佛兰西蛮触相争。恐为离间。有妨贸易。故于表内特陈其事。密询洋商潘致祥等。亦佥称委系此意。该二国僻居东北海外。去粤东甚遥。断无虞别滋事端等语。似属可信。可以仰慰圣廑。

卷七十七·筹海总论一·粤【督那关延】覆奏【嘉庆十年三月】

奏为英吉利国呈进表贡。接奉廷寄。恭摺覆奏事。伏查外洋各国夷商。俱无兵船。惟英吉利国货船有兵护送。而该国商船亦无兵船。惟其国王货船。始有兵船四只护送。其兵船在虎门外。交易后随同货船回国。不准少有逗遛。臣等亦派有兵役防送。其余各夷国货船内。均有炮火器械。自资防范。于例原准携带。至该国原表称欢喜效力等语。隐跃其词。自系闻洋面盗贼不靖。或需伊等出力之意。查夷人不过沾沾计利。即如上年澳门夷目。愿备兵船二只。帮同师船出洋缉捕。臣延即以体制不符。且不能得力。与倭议以后。停止夷船协捕。于本年正月会奏在案而此二只洋船。迄今无踪。亦实无遭风失事等事。细揣其情形。不过藉协捕为名。可以免此二船出入纳税。而英吉利国自亦得闻此事。希冀效尤免税。又恐澳门夷船出力有功。或待彼国冷淡。其意不过如此。至各该国夷船。船只既大。多载炮火。向来洋盗俱不敢抢劫澳门等要处。又有师船巡防。不致少有疏失。可以无廑圣念。

卷七十七·筹海总论一·嘉庆二十一年七月奉

上谕此次英吉利国贡使到天津时。谢筵不遵礼节。至通州已称叩跪必能如仪。迨至御园。朕将次升殿。正副使臣俱托病不能瞻观。是以降旨即日遣回。但念该使臣虽有失礼之愆。该国王万里重洋。奉表纳贡其意至为恭顺。未便绝之已甚。转失字小之意。因将该国王贡品内择其至轻微者。地理图四张。画像二张。铜板印画九十五张。加恩赏收。仍赏给该国王白玉如意一枝。翡翠玉朝珠一盘。大荷包二对。小荷包八个。交该贡使领赍回国。以示厚往薄来之意。该贡使等领到赏件。极为欣感。亦颇形悔怯。现已自通州起行。俟到粤后著蒋攸铦等仍照例给予筵宴一次。并谕以尔等福分浅薄。已至宫门。不能瞻仰天颜。大皇帝怜念尔国王慕化输诚。仍酌收贡件。并赏尔国王贵重品物。尔等应感激天恩。迅速回国。俾尔国王敬悉恩意。其未收贡件。均妥为照料上船。勿令损失。倘晓谕之后。该贡使等复将未收贡物。恳乞赏收。总以业经奉有明旨不敢渎请王言拒绝。钦此。

敕谕英吉利国王知悉。尔国远在重洋。输诚慕化前于乾隆五十八年。先朝高宗纯皇帝御极时。曾遣使航海来庭。维时尔国使恪恭成礼不愆于仪。用能仰承恩宠。瞻观筵宴锡赉便蕃。本年尔国王复遣使赍奉表章。备进方物。朕念尔国王笃于恭顺。深为愉悦。循考旧典。爰饬有司。俟尔国使臣至日。瞻观宴赉。悉仿先朝之礼举行。尔使臣始达天津。朕饬派官吏在彼赐宴。讵尔使臣于谢宴时。即不遵礼节。朕以远国小臣。未娴仪度。可从矜恕。特命大臣于尔使臣将次抵京之时。告以乾隆五十八年。尔使臣行礼悉跪叩如仪。此次岂容改异。尔使臣面告我大臣。以临期遵行跪叩不致愆仪。我大臣据以入奏。朕乃降旨于七月初七日令尔使臣瞻观。初八日于正大光明殿。赐宴颁赏。再于同乐园赐食。初九日陛辞。并于是日赐游万寿山。十一日在太和门颁赏。再赴礼部筵宴。十二日遣行。其行礼日期仪节。我大臣俱以告知尔使臣矣。初七日瞻观之期。使臣已至宫门。朕将御殿。尔正使忽称急病不能动履。朕以正使猝病。事或有之。因祗令副使入见。乃副使二人亦同称患病。其为无礼。莫此之甚。朕不加深责。即日遣令归国。尔使臣既未瞻观。则尔国王表文亦不便进呈。仍由尔使臣赍回。但念尔国王数万里外奉表纳赆。尔使臣不能敬恭将事代达悃忱。乃尔使臣之咎。尔国王恭顺之心。朕实鉴之。特将贡物内地理图画像山水人像收纳。嘉尔诚心。即同全收。并赐尔国王。白玉如意一柄。翡翠玉朝珠一盘。大荷包两对。小荷包八个。以示怀柔。至尔国距中华遥远。遣使远涉。良非易事。且来使于中国礼仪不能谙习。重劳唇舌。非所乐闻。天朝不宝远物。凡尔国奇巧之器。亦不视为珍器。尔国王其辑和尔人民。慎固尔疆土。无间远迩。朕实嘉之。嗣后无庸遣使远来。徒烦跋涉。但能倾心效顺。不必岁时来朝。始称向化也。俾尔永遵。故兹敕谕。

卷七十八·筹海总论二·粤东市舶论【清河萧令裕】

康熙二十三年。台湾郑氏平。海禁大开。二十四年。从疆吏之请。设江海关。浙海关。闽海关。粤海关。于是内地商舶。兼通南洋。荷兰助顺。先请互市。他岛夷望风景附。莫不瞻戴斗牛。梯航岁至。英吉利最后款关。其国皆在大西洋。荒远莫测。而自汉以来所通西域。仅至西南洋而止。然以汉书前后西域二传考之。则知西域之与西洋地虽相辽。俗不甚远也。班书称罽宾国王。治循鲜城。其民巧雕文刻镂。治宫室织罽。刺文绣。好酒食。有金银铜锡以为器。市例以金银为钱。文为骑马。幕为人面。其风气物类与罽宾同者。有乌弋安息之属。乌弋之钱。独文为人头。幕为骑马。安息亦以银为钱。文独为王面。幕为夫人面。今英吉利佛兰西荷兰诸国。善制钟表。穷极工巧。织罽之属。精妙绝伦。所用洋钱。亦以银铸。幕为人面。或为王面。斯其俗相近一矣。班书称安息国。画革旁行为书记。师古谓今西方胡国及南方林邑之徒。书皆横行不直下。今西洋诸国书旁行斜上。皆拉体纳字【今钦天监有书拉体纳字文】。鸟迹蛛丝。由左以达右。斯其俗相近二矣。班书自宛以西至安息国。虽颇异言。然大同自相晓知。其人皆深目多须髯。善贾市。争分铢。贵女子。女子所言丈夫乃决正。今西洋诸国。善贾争利。家事取决。常于女子。妇主资财。夫无妾媵。微不同者。深目鲜须耳。斯其俗相近三矣。盖大西洋之地。在汉书惟大秦国足以当之。范书言大秦国。亦云海西国。以金银为钱。银钱十当金钱一。其王常欲通使于汉。而安息欲以汉缯彩与之交市。故遮阂不得自达。至桓帝延熹九年。大秦王安敦。遣使自日南徼外。献象牙犀角玳瑁。始乃一通焉。直至明代万历中。利马窦入中土。而大秦人始通于中国。继以佛郎机。荷兰戈船相继至粤闽。故大西洋之通。自明代始。若天竺国。一名身毒。则西南洋非西洋也。亦于明季国初。为西洋诸国据其海口。设炮台。立市埠。今来粤贸易港脚白头夷附英吉利旗号者。即古之天竺国。于是。大西洋与西南洋始混而为一。征诸汉时西域之俗既如彼。验之今日南洋之舶又如此。岂非向背之故。振古如兹。怀诱之方。无远不届者哉。夫象胥达志。情款非易通也。涨海浸天。帆樯非乐赴也。而黄支献见。汉以来始不绝书。番禺都会。唐以后舶乃云萃。可知殊裔之贡珍。视中华为天府。诸蕃之怀化。求市贾以自封也。昔之圣王稔其风尚。故结以恩信。招以货贿。蛮夷竭欢。象来致福。减戍守之费。兵革不兴。收征榷之赢。军储是赖。远览古今因时之制。得失之林。断可识已。是故趋利如鹜者。种人溪壑之常。因势要约者。函夏金汤之固。孟坚所谓汉多财物。必市乃得所欲。乃罽宾实利赏赐贾市。其使数年而一至者。真为得其情实也。知其情实而御之。有道矣。

或曰圣王分九州。制五服。务盛内。不求外。汉之蛮夷。通市货买。好辞为诈。多求使者护送。以事绝远。故孟坚谓盛德在我。无取于彼也。今南洋诸舶。抵我边境。什百为群。连樯相接。器则火炮蛮刀。人则趫捷狙犷。设有伏莽。坐见披猖。汉之已事。可得拟乎。应之曰。此未足以为虞也。军旅之事。必权衡于主客。洲岛之俗。惟利益于贸迁。凡夷之必我资者二。而我之不夷患者二。番人性耆奶酪。胶结肠腹。惟大黄茶叶荡涤称神。一不得食。立致困病。异时恰克图口。不与俄罗斯通市。西洋各国市大黄于粤。每国限以五百斤。防其漏入俄罗斯也。比开关如故。红毛花旗诸酋合辞吁请。毋限定数。是知疵疠之祲。非药罔济。旗枪之用。在彼同需。今茶斤出口。岁计四五十万。频年交易。定有积存。然茶之为物。霉变易生。三岁以后。不可复食。如闻英夷夸诈。诩有三十年之蓄。此其欺罔。不辩自明。设有禁断。惊扰内作。其必我资者一也。番人近利尚功。以海商为世业。沿海埠头。竞思垄断。转相贩鬻。算及毫厘。其有别部杂港。思商中国。率为遮阂。用擅专利。又叩关之舶。珍货山积。来自本国。例讥重税。国主藉有税入。用供饷俸。住澳门者为大班。总其贸易。厚资本者为船主。统曰公司。他伙长水梢附货载舱。无不希收余羡。用裨生计。举国上下。皆以中华为利薮。其必我资者二也。英夷窟宅。渺隔重洋。惟澳门租住。是其顿宿之所。澳夷虽甚贫薄。未易全以贿通。其米利坚佛兰西诸国夙与仇雠。不能统一。如有跳梁。使相攻击。以夷伐夷。正可抚为我用。故佛郎机之寇新会。卒以成擒【明嘉靖中】。和兰番之寓台湾。终归败遁。老巢既远。持久为难。其不夷患者一也。民非水火。莫能生活。番舶之来。商梢百数。近时洋米。载自吕宋。转饷无乏诚难与争。然万山以外。飓风堪虞。一入万山。粮道立断。加海水味淡秋冬变咸【潭洲迤北之洋。春夏清甘可饮。盖北江之所从入也。秋冬水溷海气上浮矣】。夷来下碇。每在秋冬。涓涓之滴。不堪入口。是故守炮台之险。绝奸民接济之路。断校椅之泉。截大屿龙穴之汲。以守岸为上计。不交锋于大洋。我逸彼劳。彼客我主。其不夷患者二也。去彼二患。守我二资。交易坦途。番客大至。航三万里之海。但有牵来。讥四十柁之征。都无检阅。兹非柙藩之善政。钦贤之遗规与且尤有说焉。凡夷之狡焉生心者。皆汉奸之导诱也。而汉奸之敢于煽惑者。皆执事之侵渔也。往夷货之来。有税有钞。有进口出口之规。有分头匹头之算。箱包漆木动辄规例之收。呢羽钟表咸入彤廷之贡。此取之在上者也。商保之船。必资规费。货销之数。按抽行用。黄埔一进。伯而丁胥之事例已多。省澳一往来而牌照之取求又夥。吏役之生活。仰给惟于舶来。蔬米之日需。翔贵由于买办。此取之在下者也。取得其道。则官吏乐输。而荒服有出涂之愿。取失其道。则商胡敛怨。而奸豪售贪狡之谋。何者。商行资用。类皆取自夷中。一苛于商。即商因而厚敛。一敛于夷。即夷从而忮求。厚敛者以官为市。而商或润其余。忮求者引商为援。而夷斯逞其忿。始则规制弁髦。侈然而违犯。继则语言慢易。咙然而上侵。小则炮械森陈。阳为防护将牢之说。大则兵船飘忽。阴怀恫疑虚喝之谋。欲惩奸而畏首畏尾。欲大创而筹饷筹兵。盖贪纵侵凌于无事之日。不得不弥缝姑息于有急之秋也。苏轼谓絜廉哲人之细事。而古今边患。常生于贪。守边得廉吏则夷夏乂安。谅哉言乎。

市舶之通。人多同异。自英吉利横海上。骄嫚日闻。于是有为封关罢市之议者。应之曰。市舶者。岛夷向化之诚。沿海居民之利也。得其所欲。则瀛渤晏安。失其所营。则奸豪反侧。善谋国者。但当自计利害。不足与论是非也。方嘉靖时。海寇大作。毒东南者十余年。其始因倭舶至闽浙互市。诸大姓及商贾多负其直。倭粮匮为盗。诸大姓胁将吏捕逐之。兵且出又泄师期。令去约他日至偿其直。他日至负如初。倭大怨恨。而内地奸民复煽为乱。遂焚掠州县。巡抚朱纨至。首严通番禁。犯者置重典。又愤闽浙势家多庇贼。上疏言过激。中朝士大夫与为难。争掣其肘。劾纨至死。中外莫敢言海禁事。于是徐海汪直内讧。而倭乱成矣。乡使互市之倭。不亏其直。洋来之舶。不禁其通。则徐海汪直。公然贸易之商。日本佛郎机长此朝宗之集也。挟倭之贼以胁官。即挟官之兵以胁倭。诪张为幻。负直不偿。金鼓一振。毒逋四海。当时商贾酿祸。万死莫辞。而市舶既革。利权在下。港外交通。走险不择。朱纨通番之禁。殆亦因噎而废食者哉。郑晓称倭祸起于市舶。礼部遂请罢市舶。而不知所当罢者。市舶太监。非市舶也。可谓深切著明矣。今粤海通市。百有余年。假令奏罢。停其来舶。洋行货直。类多赊贷。一时殷商垫给。既所不甘。疲商责偿。于何取办。势必远夷怨咨。要遮不去。而买办引水。渔船快蟹之徒。沙文马占【沙文者雇于夷马占通夷语者也】。通事洋货铺之属。惧于失业。潜为教诱。椎髻之俗。好乱由于性生。飞鸮之音集林忘其怀化。未形隐患。可胜言耶。且防边之策尤贵招徕汉书谓匈奴贪。尚乐关市嗜汉财物。汉亦通关市不绝以中之。故知抚绥遐服。非财赂无以款通。怀畏远人。必负贩乃能要结也。夫中行说卫律之谋主。是汉患之内生也。卖马邑交易之无功。由衅端之自启也。如彼英夷不同冒顿。自为海贾。何暇远图。但使关市持平。夷商亲附。脱有奸猾。隐为诈虞。屏之远方。肆诸朝市。百蛮慑伏。岂敢动哉。然而体顺夷情。主平市价。必有以大服其心。乃使其无藉口。必先外藩无轻节府之意。而后款塞谨功令之遵。其要在于行禁肃清纲。首难以贿进而无取乎闭关封港。俾番商裹足而望洋也。后汉书张奂传迁安定属国都尉。羌性贪而贵吏清。前有八都尉。率好货财。为所患苦。及奂正身洁已。威化大行。班超谓任尚曰。蛮夷难养易败。宜荡佚简易。宽小过总大纲而已。夫小过之纠。不肯为其简易。财货之好。乃甘为其患苦。抑何方寸。岑楼不揣本而齐末之甚乎。君子是以知君卿之导利。推本信诚卢奂之清白。用怀远俗也。

鸦片烟。一名阿片。一名阿夫容。出英吉利属国。种红莺粟花。叶如靛青。子如茄。每根仅结子二三颗。熟时。夜以刀划皮分许。膏液流出。晨收而浸于水。俄顷出之。贮诸器。取叶暴乾为末。杂揉其中。视叶末多少。以定成色。叶末半则得膏半。然后捏为团叶裹之【见海录】。有公斑。有白皮。有红皮。公斑为上。白皮次之。红皮最下。前代无此物。明时始入中国。龚云林医鉴。用阿片泥和糯米为丸。治百病。名一粒金丹。李时珍本草纲目云俗人房中术用之。雍正中。年希尧刊集验良方。鸦片屡见。初不言其吸食也。镶竹为管。或磁或银。挑烟于盒。如粒如丸。就灯而吸。倚枕侧眠。盖自乾隆末年始。嘉庆初食者渐多。特奉明禁。至今日而家喻户晓。俗不可挽。凡食烟之人。燃灯在榻。必两两对卧。左右移易。邂逅论心。用除嫌恨。名曰开灯。日久中病。应时而食。名曰烟引。引至而不得食。则四肢颓然。涕泗交下。刻不能支。吸烟数口。精神顿回。名曰过引。引深者。日须三四钱。引少者。以数分计。盛年柔脆。先零何早。筋力乍衰。髓竭乃槁。此食烟之状也。烟土之入。始在澳门。继归黄埔。今上初元。森严设禁。乃移泊于新安县属之零丁洋。其地水路四通。凡福建天津江浙之泛外海者。皆必由焉。岛民万余家。皆蜑户渔艇。贩私为业。道光三四年。来趸船五六舶。前总督阮元密奏请暂事羁縻。徐图禁绝。近则约十七八船。经岁逗遛。接递新烟洋船驶进鹿门。转入蛟门。以所载之土。运黄埔深井【地名】。有窟宅为奥援。有快蟹为护送。分售于会城之窑口。其送烟匪艇【一名扒龙】数十健儿。摇桨如飞。列炮械而行。比年澳门之押冬夷。往来省城。自觅各船交易。窑口之利又分而天津闽浙船。大率在省议价。到趸交土。他大吏之贡船差船。私携过岭者。岁又不知几许。此贩烟之众也。鸦片烟惟公班行于粤。各省类白皮。每白土一包。合三斤。直洋银二十一二圆。去窑口之沾润。规费之花销。番夷约得银十三四圆。贱时亦每包十三四圆。番夷约得银八九圆。每岁以一百万包计。番夷实得银千三百万圆不等。自余价银尚七八百万四五百万圆。大抵水师有费。巡船有费。关役有费。营汛有费。差保有费。以窑口为授受。以烟价为取偿。世尽奇货之居。人竞染指之望。此售烟之利也。其害深。其习锢。其来远。其利溥。其人夥。其势横。法令之设。祇同于具文。根底之深。遂蟠于天下。说者谓番舶来货。亦贮趸船。异时禁之。税额将虞短绌。然关税之赢。百数十万。鸦片之耗千万有余。岂贪其至轻。而忘其至重耶。夫赀财销竭。逾其人心。风俗之闲。鸩毒晏安。惰我坚甲利兵之气。职谋国是。不得不挽救力操也。然而有所操即有所遗。操其末者遗其本。操其伪者遗其诚。惟末是趋。而以伪相市。更反十年。而其效可睹矣。

粤东滨海之区。耕三渔七。幅员辽阔。民食不敷。岁仰广西桂柳梧浔诸府之接济。设遇粤西年荒。诸府闲籴。则粤东米价翔贵。小民粒食维艰。惟洋米产小吕宋国。地在闽粤之南。土沃水膏。不耕而获。稻米一石。值银数钱。由海道来广。不过六七日。粤关市舶。每载八口。乾隆八年。钦奉谕旨。凡遇外洋货物来闽粤等省贸易。带米一万石以上者。免其船货税银十分之五。带米五千石以上者。免其船货十分之三。其米听照市价公平发粜。仰见圣谟广远轸切民依灼知。开禁南洋。为控制外番起见。国家富有四海。并非需此税银。与其以茶叶大黄易呢羽钟表无用之物。不如助筹足食利赖闾阎。训典煌煌胜算操而垂裕远也。自司榷者专利自封。多不以此为便。奉行日久。旧制渐湮。嘉庆十一年以后。续来米舶。粤关止予免钞。饬令空船出口。由是夷商无利。来米顿稀。道光四年。总督阮公。奏请各国夷船专运洋米来粤。免其丈输船钞。所运米谷。起贮洋行粜卖。原船载货出口。一体征收税课。得旨允行。一时黄埔澳门。岁增米十余万石。然各国来粤米船。均系零星小贩。并非资本充裕之夷。每船载米三四千石及一二千石不等。虽有出口货物。其数不甚相悬。洋米之获利既微。出口之税银仍纳。所免进口钞规。始犹抵敷关费。渐且不足取偿。缘阮公入告之时。仅据县禀议行。其乾隆八年。宽免米船货税之恩旨。未经查明声叙。是以但能导夷船之岁至。而不能使洋米之积余。可以收效于会城。而未得推行于全省。本年早稻收获。仅及六成。秋冬亢旱。晚稻不足三成。来岁青黄不接之际。即查照乾隆嘉庆年间成案。饬商采买洋米回粤粜卖。将来平其市价。非不可转歉为丰。而暂时举行。究非永久之善策。似应奏援乾隆八年旧例。嗣后凡遇外洋夷船并无别货携带专运洋米来粤五千石以上者。免其出口货税十分之三。一万石以上者。免其出口货税十分之五。其载米不过五千石以上者。仍照道光四年成案。止免进口钞规。不宽出口货税。以广皇仁而昭限制。如此则外洋米谷进口愈多。以关市之征资积贮之益。然而议者或曰天朝民食。岂藉外洋。榷货免征。且将亏税。夫茶马者。西北之利也。以内茶易番马。不得谓中国之战骑取给于夷也。通其地之有无。使所产不归红腐。收其土之蕃育。使所积皆我边储。神明之用。因应无方也。若粤关正额盈余。岁需银九十万两。比年奏销。常溢收四五十万。其中进出货物。以英吉利公司夷船为大宗。英吉利风俗。向来精勤织作。所制呢羽洋布纱线等物。非中国无以流通。洋米产小吕宋等处。不过一隅之地。又距英吉利国都方万余里。使进口洋米。出口减税。止港脚花旂诸夷。闻风兴贩。亦无过十之五六。英吉利阖境民夷。必不容废其织作。专以贩米牟利。是进口之呢羽如常。即出口之货税无减。粤关正余之数。岁终岂虑悬绝耶。且即关税稍绌。而藏富于民。备户口之流亡。免司农之赈贷。以下益之有余。补上损之不足。经国之远猷。绥边之至计。讵与天头会箕敛者。较短絜长耶。或者又谓米非洋产。买自边郡。船若畅来。尽携鸦片。此皆参随巡拦之属。造为飞言。阻挠善政。以殖其私不知内米洋米味各不同。市价番价岂甘折阅。况零丁趸船自贩烟土。即洋米不通而货船独不赍夹耶夫。洪范八政一食二货。因货通而食足。交易而退。各得其所。裁成辅相之方。莫善于是。是在当路君子之勤求民隐而已。谨议。

源案。此议洋米。但知小吕宋而不知暹罗。及新嘉坡。葛留巴。港脚诸地。皆岁岁运米入口。又不知运米一二千石者。亦准免税十之一。且有赏给米商顶戴。自康熙至乾隆迭次恩旨。具载皇清通考四裔门别详东南洋吕宋。暹罗二国志内。

卷七十八·筹海总论二·粤东章奏一【两广总督林则徐】

窃臣等承准军机大臣字寄。道光十九年十二月十一日。奉上谕。本日据曾望颜奏夷情反复。请封关禁海。设法剿办。以清弊源一摺。又另片奏澳夷互市货物。亦请定以限制等语。著臣等悉心妥议具奏。谨将察看筹议情形敬陈之。

查原奏以制夷要策。首在封关。无论何国夷船。概不准其互市。而禁绝茶叶大黄有以制伏其命。封关之后。海禁宜严。应饬舟师。将海盗剿捕尽绝。又禁大小民船。概不准其出海。复募善泅之人。使驾火船乘风纵放。而以舟师继之。能擒夷船。即将货物全数给赏。该夷未有不畏惧求我者。察其果能诚心悔罪。再行奏恳。准其互市。仍将大黄茶叶毋许逾额多运。以为钳制之法等语。臣等查粤东二百年来。准令诸夷互市。原系推恩外服。普示怀柔。并非内地赖其食用之资。更非关榷利。其抽分之税。况自上冬断绝英夷贸易以来。叠奉谕旨。区区税银。何足计论。大哉谟训。中外同钦。臣等有所秉承。无所用其瞻顾。惟将各外国在粤贸易。一律停止。则有尚颂从长计议者。窃以封关禁海之策。一以绝诸夷之生计。一以杜鸦片之来源。虽若确有把握。然专断一国贸易。与概断各国贸易。揆理度势。迥不相同。

盖鸦片出产之地。皆在英吉利国所辖地方。从前例禁宽时。原不止英夷贩烟来粤。即别国夷般亦多以此为利。而自上年缴清趸船烟土以后。业经奏奉恩旨。概免治罪。即未便追究前非。此后别国货船。莫不遵具切结。层层查验。并无夹带鸦片乃准进口开舱。惟英吉利货船。聚泊尖沙嘴。不遵法度。是以将其驱逐。不准通商。今若忽立新章。将现未犯法之各国夷船。与英吉利一同拒绝。是抗违者摈之。恭顺者亦摈之。未免不分良莠。事出无名。设诸夷禀问何辜臣等即碍难批示。且查英吉利在外国。最称强悍。诸夷中惟米利坚及佛兰西。尚足与之抗衡。然亦忌且惮之。其它若荷兰。大小吕宋连国瑞国单鹰双鹰等国。到粤贸易者。多仰英夷鼻息。自英夷贸易断后。他国颇皆欣欣向荣。盖逐利者喜彼绌而此赢。怀忿者谓此荣而彼辱。此中控驭之法。似可以夷治夷。使其相间相睽。以彼此之离心各输忱而内向。若概与之绝。则觖望之后。转易联成一气。勾结图私。左传有云。彼则惧而协以谋我。故难间也。我朝之驭诸夷。固非其比。要亦罚不及众。仍宜示以大公。且封关云者。为断鸦片也。若鸦片果因封关而断。亦何惮而不为。惟是大海茫茫。四通八达。鸦片断与不断。转不在乎关之封与不封。即如上冬以来。已不准英夷贸易。而臣等今春查访外洋信息。知其将货物载回夷埠。转将烟土换至粤洋。并闻奸夷口出狂言。谓关以内法度虽严。关以外汪洋无际。通商则受管束而不能违禁。不通商则不受管束。而正好卖烟。此种贪狡之心。实堪令人发指。是以臣等近日不得不于各海口倍加严拿。有一日而船烟并获数起者。可见英夷货去烟来之言。转非虚捏不然。以外洋风浪之恶。而英船仍不肯尽行开去。果何所图。

若如原奏所云。大小民船概不准其出海。则广东民人以海面为生者。尤倍于陆地。故有渔七耕三之说。又有三山六海之谣。若一概不准出洋。其势即不可以终日。至谓捕鱼者止许在附近海内。此说虽亦近情。然既许出洋。则风信靡常。远近难定。又孰能于洋面而阻之。即使责令水师查禁。而昼伏则夜动。东拿则西逃。亦莫可如何之事。臣林则徐上年刊立章程。责令口岸澳甲。编列船号。责以五船互保。又令于风帆两面及船身两旁。悉用大字书写姓名。以及里居牌保。惟船数至于无算。至今尚未编完。继又通行沿海县营。如有夷船窜至。该辖无论内洋外洋。均将附近各船暂禁出口。必俟夷船远遁。始许口内开船。其平时出入渔船。逐一验查。只许带一日之粮。不得多携食物。若银两洋钱。尤不可许随带出口。庶少接济购买之弊。至大黄茶叶二物。固属外夷要需。惟臣等历查向来大黄出口。多者不过一千担。缘每人所用无几。随身皆可收藏。且尚非必不可无之物。不值为之厉禁。

惟茶叶历年所销。自三十余万担至五十余万担不等。现在议立公所。酌中定制。不许各夷逾额多运。即为钳制之方。然第一要义。尤在沿海各口查拿偷贩出洋。否则正税徒亏。而漏卮依然莫塞。是以制驭之道。惟贵平允不偏。始不至转生他弊。若谓他国买回之后。难保不转卖英夷。此即内地行铺互售。尚难家至日见。而况其在域外乎。要知英夷平日广收厚积。本有长袖善舞之名。其分卖他夷。独牟余利。乃该夷之惯技。今断绝贸易之后。即使从他夷转售一二。亦已忍垢蒙耻。多吃暗亏。譬如大贾殷商。一旦仅开子店。寄人篱下。已觉难堪。惟操纵有方。备防无懈。则原奏所谓该夷当畏惧而求我者。将于是乎在矣。至于备火船。练乡勇。募善泅之人。则臣等自上年至今。皆经筹商办理。惟待相机而动。即各山淡水。上年本已派弁守之。始则夷船以布帆兜接雨水。几于不能救渴。继而觅诸山麓。随处汲取不穷。则已守不胜守。似毋庸议。总之驭夷宜刚柔互用。不必视之太重。亦未便视之太轻。与其泾渭不分。转致无所忌惮。曷若熏获有别。俾皆就我范围。而且用诸国则不啻驱鱼。此际机宜。不敢不慎。况所杜绝者。惟在鸦片。即原奏亦云。凡有夹带鸦片夷船。无论何国。不准通商。则不带鸦片者。仍皆准予通商亦已明甚。彼各国夷人。原难保其始终不带。若果查出夹带。应即治以新例。不但绝其经商。如其无之。自不在峻拒之列也。又另片请将澳门西洋贸易定以限制。查上年臣林则徐先已会同前督臣邓廷桢。节次议及。嗣经核定章程。谕令澳门同知。转饬西洋夷目遵照。即如茶叶一项。每岁连箱准给五十万斤。仍以三年通融并计。以示酌中之道。其它分条列款。该夷均已遵行。至所请责令澳夷代英夷保结一节。现既不准英夷贸易。自可毋庸置议。

卷七十八·筹海总论二·奏弥利坚代英夷请款疏【参赞大臣杨芳等】

窃照英吉利逆夷。于二月二十四日。乘驾兵船。及火轮三板等船。欲进省河。经凤凰冈官兵。奋力击退。即于二十五日缮折由六百里驰奏在案。

是日米利坚国领事多利那。因该国货船。并不在禁止通商之列。先经琦善批准。带进黄埔贸易。适值英夷攻打虎门。被阻不得入口。闻凤凰冈官兵击退逆船。来向营盘禀诉。据总兵长春报知前来。当饬署广州府知府余保纯带同通事译讯。据多利那称英夷既被击退。自不敢再有他求。惟念称兵犯顺。系英国兵头所作之孽。其带货商船。并未敢随同滋事。而因此阻滞年余。不得贸易。在该商为其本国兵头所累。原不足惜。而我米利坚等国向来恭顺。不敢私卖禁物。蒙天朝恩准照常贸易。极为感激。乃到粤经年。被英国牵累。不能进埔开舱。以致货物霉烂。资本亏耗。现查英国夷商。情亦急迫。可否于此次击退兵船之后。姑准其商船一体贸易。庶各国不被英国妒恨。免致阻梗牵留。而英国货船在埔。其兵船即有顾忌而不敢滋事。似亦制服之一法等语。臣谕以该夷所言。虽亦近理。殊不知英夷肆逆逞凶。罪恶重大。实自绝于天朝。今蒙命将出师。特申天讨。即谓夷商并无助逆。究系英国之人。又安敢以通商为请。正词回复去后。是日逆船虽无动静。而探知退泊未远。臣料其早晚又必来扰。戒备益严。惟省城所存炮位。不如虎门之大。虎门炮台既失。炮亦随之。且外海师船。在虎门者。均被逆夷烧毁。别营舟师。刻难调集。虽有内河巡船。及招募水勇快艇。只能防而不能攻。臣与兼署督臣怡良等正极焦切。适于二十六日巳刻长潮之际。南风大起。该逆大小兵船添至七只。火轮船三只。三板船二十余只。果皆乘风拥至。其时凤凰冈等处营盘。各放枪炮。击毙夷兵不少。而逆船恃其坚厚。且行且拒。冒死闯入省河。飞炮火箭。施放无数。幸各城上下内外。已将官兵壮勇。排列如山。不令少有空隙。且臣等先经示谕军民。以防御英逆与他寇不同。其炮弹能于远处裂开以烧房屋。而火箭又著物即燃。此时保卫城垣。首须扑除火患。是以于列队兵勇之外。复逐段多添扑火兵丁。使房屋不烧。人心即定。虽是日逆船炮箭施放不绝。而省城内外。周密巡防。并无一处失火。该逆见守城如此严紧。立即移窜空旷之白鹤滩中心。暂行下碇不敢逼近城垣。亦不敢复放炮箭。第仍虑其堵截上下游各船。则省中一切日用以及军火所需。皆无不棘手。正在分筹剿逐间。复据洋商伍怡和等。以各国领事夷商。于英逆带兵之人。无不交口斥詈。该兵船因见城上岸上。均各森严。亦即畏惧而退。

二十七八九等日。兵船及火轮船三板船。均陆续开离省河。惟各国夷人在粤。均望承平。谓英夷既经缴还定海。不敢更有他求。惟贸易一事。系天朝二百年来。稠迭恩施。不得不代恳法外施仁。仍循旧制。呈出义律等所立笔据。有不讨别情。惟求即准照常贸易。如带违禁之货。即将船货入官字样。是其前此要求奸计。此时无可复施。惟臣等奉命督兵。祗知军务为亟。断不因各国连番环请。稍任懈我军心。即其笔据之言。虽曾寓目。仍如无睹。第既有此情形。理应据实入告。固不敢冒昧陈乞。亦不敢壅于上闻。至其所云贸易夷人。并未随同滋事。货船入口正可制服夷兵等语。臣暗访明查。尚非诞妄。而就兵机而论。亦有时以纵为擒。与其峻拒群夷。恐致一同觖望。或先从权制驭。借以密运深谋。伏候圣主指示机宜。不胜凛感悚惶之至。【案所云不讨别情只求照例通商是烟价香港皆不敢索又许退出虎门也非弥利坚夷目从中讲款不能有此机会】

卷七十九·筹海总论三·覆奏各国夷情疏【靖逆将军奕山等】

窃臣等承准军机大臣字寄。道光二十一年正月十九日。奉上谕。怡良奏接办粤海关务税课短绌一摺。据称粤海税务。以夷税为大宗。本年所到夷船。不及十分之二。因各国之船为英夷拦阻。不能进口。是以六月后。正当征输畅旺之时。转致短绌等语。广东例准各国通商。其恭顺各国自仍照常贸易。英夷强悍桀骜。阻挠各国生计。各国岂肯甘心失利。著奕山隆文祁𡎴于先后抵粤时。查明各该国情形果否怨恨英夷。阻挠生计。抑稍有觖望于天朝。未能招徕抚绥。以致向隅失业。据实具奏。将此各谕令知之。钦此。臣等抵粤后。密加查明。缘粤海关务旧章例准通商各国。除居住澳门西洋夷人货船向在澳门卸货外。其余米利坚。佛兰西。荷兰国。大小吕宋国。甚皮立国。梿国。瑞国。单鹰国。双鹰国。英吉利国。并港脚各国货船。向例应进黄埔查验开舱。各该国距粤程途。远近不同。每年来船数目。约在一百余只二百只不等。自二十年三月二十六日起。截至六月初二日止。只到有米利坚国吕宋国货船十九只。自是之后。并无货船进口。盖因英夷犯顺。驶有兵船。来泊澳洋。所有各国贸易商船。均被英夷阻挠。不得进口。英夷强悍桀骜。各该国力不能制。阻遏外洋。无不同深怨恨。迨至本年二月初六日。英夷闯入虎门。攻破乌涌卡座。夷船直达黄埔。是以向准通商之米利坚国。佛兰西国。及港脚货船共四十二只。始得随后进口。英夷恳求通商。经臣杨芳会同抚臣怡良体察情形。奏明仍准恭顺各国。照旧通商。各夷无不欣感。共戴皇仁。并不敢觖望于天朝。传讯各通事所禀亦俱相符。现在虽经开舱。而殷实客商。均经纷纷迁避。商民交易者甚属寥寥。臣等现已出示晓谕。令其急速回来。各安生业。与恭顺各国照常贸易。无须惊疑。日来渐次归业。民情少觉安贴【谨案。廷寄之意原欲以夷攻夷。惜覆奏未能仰体庙算详察夷情也】。

卷七十九·筹海总论三·奏佛兰西国夷情疏【道光二十二年二月将军奕山等】

查佛兰西与英夷毗连疆界。各为一国。素称强悍。前因争扰地方。构有嫌隙。彼此交兵多年。后经议和。该国亦与广东向来交易。上年十二月间。据报该国新到兵船一只。兵头真时尔士思利。管驾来粤。泊在香港对面尖沙嘴地方。并云后尚有兵船未到等语。正在密饬查访间。旋据报称佛兰西兵头士思利。乘坐小三板来省入馆。当经密饬洋商等暗为访询。据云来省意欲面见官府。有禀商事件。不肯明言。带有素晓中华言语之和尚玉遮依里达二人同来。禀称该国兵头有密商军务。不用通事传话。恳请面禀等情。臣等以该国向通贸易。素称恭顺。乃英夷兴兵犯顺。阻挠各国生意。未始不怨恨英夷。今既据禀请当面密陈军务。正可因势利导。驾驭羁縻。为以夷攻夷之计。当即于距城十里之半塘地方传令来见。询其来意。据称该国王闻英夷与中华构兵。恐该国商船。被其扰累。是以遣伊前来保护。并谕令到此从中善为解散。臣等谕以尔国向称恭顺。素所深知。英逆如此顽梗不化。肆行强暴。将来尔等各国。必受其害。尔国王既遣尔带兵前来。果能出力报效。必自当据实奏明大皇帝格外优待恩施。据称我国与英夷虽属敌国。但现在新和。无隙可乘。不能妄动。若无故攻彼。恐别国不愤。不如息事罢兵。早了此局方妥。当讯以尔有何息事之法。据称伊愿与英夷讲说。伊若允从。则已如不允从。即向其藉词交兵等语。臣等谕以英逆屡次犯顺。现在侵犯宁波定海等处。致乾圣怒。简派扬威将军各路带兵前往剿办。此时本将军等。如何敢擅准令伊讲说。据称大人等既不敢奏。我先出外洋。与英夷兵头讲说。如有何信息。再来回报。当即酌加赏赉。该兵头及和尚旋即辞出外洋。又据泛弁探报。逆夷兵头仆鼎查于上年十二月间。由浙潜回香港。又探得佛兰西兵头到香港。与逆夷兵头见面二次。旋据香山驻澳县丞张裕。禀称佛兰西和尚玉遮等面禀。该兵头现有要事。于正月十六日开船。前往吕宋去看兵船。留话给真时尔和尚进省禀覆。二月初五日真时尔到。行呈递说帖。仍以解和为词。希冀赏给英逆马头。臣等察其行事。以英逆新与连和。佛夷思于中取利。又思分地。故为之居间。夷情诡谲多端。该兵头虽阳为恭顺。焉知不藉探内地虚实。别生事端。虽现在该夷同米利坚各国夷商进省行照常贸易。而无故求和。不能不疑。遂以好言拒绝。并导以不可助逆玉石俱焚。若能为中国出力。大皇帝必加恩于尔等语。除密饬水陆兵勇严加防范观其动静外。所有佛兰西兵头来省情形。不敢壅于上闻。据实附陈【案。佛兰西求面禀军情。其来意之诚可见。且得与英夷素仇之勍敌使之讲款。英夷必曲从。即使不从而藉词交兵。英夷亦必畏事。机莫善于此。乃稽延半载始听其行。及入长江而江宁款议已定数日矣】。

卷七十九·筹海总论三·覆奏各国夷情疏【靖逆将军奕山等】

道光二十二年正月二十四日。奉上谕。有人奏英逆纠集天竺。佛南。小吕宋等国夷船数十只。同恶相济。请饬晓谕解散等语。此等远夷被该逆纠合。自系迫以威利。未必真心相助。果能设法解散。以孤其势。此事或有转机。著该将军督抚体察情形。悉心筹画。如果各夷可以理谕。即剀切宣示。晓以大义。俾不为逆夷所愚。但须斟酌尽善。然后举行。又须持以慎密。断不可少露风声。原片著抄给阅看。钦此。臣等伏查原奏。内声称镇海等处。停泊夷船数十只。五月初六日。定海新到夷船二十一只。初九日。又到夷船四十余只。或云来自天竺。或云佛南及吕宋各夷等语。查前次奏报逆船摺内。自四月至五月初六日止。先后共出老万山。驶赴浙洋者。计四十七只。所称镇海定海两处停泊逆船。自必即系四月内由粤驶往船只。但从前据该营县探报。均称该船系自英逆本国驶来。并无声明别国之说。兹复细加采访。缘西洋诸国。总名为欧罗巴洲。并无天竺国名目。史载天竺国。一名身毒。在月氏东南数千里。其俗重佛法。又闻天竺一名。印度孟呀喇及喀布尔。皆系印度之一隅。喀布尔即前此传闻与英夷打仗之国。孟呀喇则英夷属国。至佛南国或即系佛兰西。因夷语西字是尾音。以致传写不一。本年春间。佛兰西国兵头真时尔及士思利。管驾兵船来粤。带有素晓华语之和尚玉遮依里达二人同来谒见。曾经臣等将晓谕该夷情形。奏明在案。风闻该国与英逆两不相下。现因英逆日强。恐其蚕食。早已整顿兵船。预为防备。吕宋在粤洋之东南。该国如赴浙江。即由台湾福建一带北驶。原不必由粤洋经过。有无船只助逆。无从而知。闻该国贫而弱。自顾不暇。未必能以兵助逆。且该国商船向在澳门贸易。亦颇恭顺。惟访闻海外各国。另有一种船只。名为西裟柳。其船上多系黑夷。炮火俱备。往往受雇于各外国。代人打仗。索价数万员至一二十万员不等。现在英逆分扰各省。难保非此等船只在内。该逆插以旗号。即作为伊本国之船。亦未可知。臣等伏思佛兰西与吕宋各国。素称恭顺。原可以理晓谕。设法解散。惟该国是否与英逆同恶相济。无从得其确据。且该国现无大兵头在粤。仅止小夷商贸易。似未便向其讲说。转失天朝体制。查佛兰西兵头。于春间呈递说帖。本以代英逆讲和为辞。嗣因该兵头士思利出洋后。总未再来。臣等随时体察情形。如果有机可乘。自当因势利导。以靖逆氛而崇国体。

卷七十九·筹海总论三·覆奏印度夷情疏【将军奕山等】

道光二十二年四月。奉上谕。御史苏廷魁奏粤海逆夷潜遁。当乘机速办善后事宜一摺。据称传闻。英夷为孟阿喇攻破逆夷兵船。纷纷遁回。请选派兵勇。赶紧修筑虎门炮台以资抵御。广东省城东北陆路。名燕塘墟。贼若乘间而入顷刻可至。其要隘莫过于城东之大沙河。宜筑长堤。省城西南地名龟岗。其东岸宜设营兵。使彼首尾不能照应。水陆皆可制胜等语。逆夷恐恶贯满盈。结怨各国。现在传闻有孟阿喇攻袭之语。著奕山等密查粤东所泊夷船。驶去若干只。夷众传说若何。如果该国有事逆夷陆续逃遁。该国夷人在粤甚众。总可得其实。在底里或系他国与英逆有争斗之事。或孟阿喇纠集别国与之为难。均著查访明确。据实速奏。该将军等前奏修复虎门各路炮台。必须由内及外。次第办理。此时该逆如果将船只陆续撤退。留泊广东无几。正可趁此赶紧购料兴工集事。毋稍观望。并著奕山相度机宜。倘可乘该逆窘迫之际。出其不意。明攻暗袭。殄灭无遗。亦足以纾众愤而快人心。至燕塘墟。大沙河龟岗。为贼陆路所必经。应否筑堤设营。水陆交严之处。著奕山等相度地势。妥筹办理。该御史原奏。著钞给阅看。将此由五百里谕令知之。钦此。臣等伏查本年二月间。风闻英逆所属之孟阿剌地方。向有英夷兵目。带领黑白夷兵各数百名驻守。因黑夷出兵在外。多有伤亡。仅剩白夷兵。不敷驻守。该逆兵目于去冬勒派土夷商民充当兵役。因而构怨。群起刺杀夷目。并将白夷兵数百名焚毙殆尽。嗣又据香港探报。英逆前占孟阿剌埠头。藉产鸦片厚利。得充兵饷。因被孟阿剌么恾鬼子将八颠之弟杀死。夺回鸦片埠。以至兵饷不继等语。当经臣等以得自传闻。究无确据。曾于前次奏报摺内。声明在案。是该御史所奏。合之粤中传闻。不为无因。惟该逆兵船。是否因此纷纷遁回。前此密饬查探。兹据署大鹏协副将。及各处探报。前闻孟阿剌将英国兵头戕害。英夷遣火轮船来粤。赶回兵船巡船。驶至孟阿剌应援之说。如果属实。自不应有兵船驶至。乃现在英逆兵船火船又陆续驶到三十余只。查探所到之船。已有向东开驶者。其余湾泊各船或云留泊香港。或又云亦欲驶往江浙。据查探情形。似该逆夷船只。驶回孟阿剌应援之说。未必可信。但近日又访闻得英国之东。另有恩田国相距约三月水程。英夷欲得其地。被恩田国设计诱骗。于本年正月内杀毙英兵万余名。现在乾戈仍未止息等语。又传闻逆夷先与喀布尔打仗。现在又与治拉拉拔打仗。有地名古斯尼。仍被治拉拉拔夺。回该逆夷深恐喀布尔与治拉拉拔和好。又访闻喀布尔与孟阿剌各处总名印度等语。奴才等窃思该夷在海外。欺凌各国。因而各国与之为难。似系事所必有。而现在查询该国夷众。所有孟阿剌。恩田国及喀布尔各情节。或称得自传闻。或称并无其事。其所言地名。亦恐传播语音不无讹错。一时殊难得实。【案。加布尔城即阿付颜尼城。乃爱乌罕之国都也。在中印度西。此境与俄罗斯游牧接壤。治拉拉拔即机洼国之音转。恩田国在印度东。水程三月。疑即缅甸国之音讹。】

卷七十九·筹海总论三　·覆奏英夷清形疏【扬威将军奕山】

窃臣等准军机大臣字寄。道光二十二年三月。奉上谕。本日据奕经等奏广东送来通事二名。熟悉夷语。现派司员向逆夷等连日隔别。诘问等语。白夷乾布尔既属头目。必知该国一切情形。且现有通事二名。自可一面妥为抚养。一面细询该国底里。著奕经等详细讯明。英吉利国距内地水程。据称有七万余里。其至内地所经过者几国。克食米尔距该国若干路程。是否有水路相通。该国向与英吉利有无往来。此次何以相从至浙。其余来浙之孟加剌大小吕宋双鹰国夷众。带兵头目私相号召。抑由该国王招之使来。是否被其裹胁。抑或许以重利。该女主年甫二十二岁。何以推为一国之主。有无匹配。其夫何名。何处人。在该国现居何职。又所称钦差提督各名号。是否系女主所授。抑系该头目人等私立名色。至逆夷在浙鸱张。所有一切调度伪兵及占据郡县。搜劫民财。系何人主持其事。义律现已回国。果否确实。回国后作何营谋有无信息到浙。该国制造鸦片烟。卖与中国。其意但欲图财。或另有诡谋。以上各条。该将军等即分别诘问。详晰具奏。将此各谕令知之。钦此。臣等遵即督饬司员等带领通事。将各条逐件连日询问。据该白夷等供称。自英吉利国城至内地广东地方总视风信。遇顺风时不过三个月即至香港。

迟则四月五月不等。至迟亦不过六个月即可以到。所过地方若佛兰机。急欲罨士郎。骂达剌沙。姑路庇令。骂勒格。星加坡等处。皆英吉利所属。其所经有何国。均难指实名目。或船上淡水乏食。遇有洋面附近之山。即用小船拢岸取水。其地方名目。未能细辨。至克食米尔即孟加剌地方。孟加剌是其总名。克食米尔乃孟加剌所属。孟加剌又英吉利所属。英吉利所有大船到加剌吉达为止。其地有小河可通克食米尔。亦有陆路距加剌吉达约计千里。复有陆路通鲁慎。大吕宋。佛兰机等处。此次来浙之兵。均系该国王所调。只有英吉利人当兵。其吕宋孟加剌双鹰国之人不能当兵。所来之各国夷人。乃商船雇工系该带兵官雇来办事。及充当水手。该国女主乃老国王之侄女。国王无子。其侄女赋性聪明。故立为主。名域多唎乃英吉利所属。渣骂剌国王之子。名鼻连士阿剌拔。国人称为法是满。乃该国第一等官职。并不乾预国事。至钦差提督等名。从未听闻。亦非女主所授。大约皆系私立名色。至犯浙一切事件。从前乃占那丽架阑顿调度。自该逆死在定海后。乃占那哥付调度。其人一向在宁波厦门定海等处。占那哥付乃骂达剌沙之勾连那官。即陆路之兵头也。义律系去年即由广东动身回国。其有无音信来浙。该白夷等均未能知晓。鸦片烟土。乃孟加剌孟米乡所出。就深山地方。秘密制造。其本国人苟非制造鸦片之辈。俱不准入乡看其制法。盖恐泄漏其术。其利或为所夺。英吉利及西洋花旗等国。俱系赴孟加剌益米各处贩入内地。但欲图利。并无诡谋等语。以上各条经司员等逐件细询理合恭摺覆奏。

卷七十九·筹海总论三·覆奏越南轧船情形疏【两广总督祁𡐤】

道光二十一年八月十八日。奉上谕。朕闻英吉利逆夷在粤滋扰。有越南国贸易人。声言英夷悖乱天常。称兵犯顺。并云彼国善制船炮。工且迅速。各项火器精于英吉利所为。若有文檄与之。彼国自能效顺等语。逆夷近日迭肆猖獗。必应设法大加惩创。越南是否素为该逆所最畏。船炮火器。是否能制英夷之命。其愿为效顺之语。果否出于至诚。抑系别有所图。著祁𡐤梁章巨确探密查。并于接奏后密行知广西巡抚周之琦一体查探。据实具奏。事关重大。毋稍含混。亦慎勿泄漏。是为至要。将此密谕知之。臣等遵查此事。先于本年四月间有越南国人阮得烘。在臣祁𡐤衙门呈控新会县船行梁潘辉等。于数年前。失风漂至越南。打沈船货。向伊借银买带货物。今来粤追讨未偿。呈恳追还等语。随饬县传讯。梁潘辉等供认。欠银属实。即行措交。阮得烘在省守候追欠之时。复在臬司衙门呈递一纸。内称伊在粤见英夷如此猖獗。不过恃船坚炮利。本处战船力不能敌。该国所造之船。颇为坚厚。皆系甘露鬼子驾驶。如中国给该国王文书。当可代造。不过四百金即造一只。并称该国与英夷近无嫌隙。事宜机密等语。臣等随访查越南。虽素产木植。若造一坚厚大船。亦非数百金所能办。即造成该船式样。本地无人驾驶。前督臣林则徐仿照越南制成轧船四只。内港外洋均不可用。是其明征。又查阮得烘不时外出贸易。本年只身来粤。并不常住越南。恐非安分之徒。揆其情词。不过冀恳速为追欠。似无别意。其所称该国可代造船只之语。该国王并不知晓。臣等以事关外夷。未敢冒昧。俟再访查办理。旋据新会县禀报。欠项全数交清给领。即饬令阮得烘回国。兹奉谕旨饬查。当即一面飞行广西抚臣周之琦。一体确实查探。臣等一面密为商核。查越南之于天朝。久称恭顺。闻昔曾战败英夷之师。至今两不侵犯。此特见之前人说部。系嘉庆十三年之事。迄今已阅三十余年。英夷日见强肆。且与越南未再交兵。故未闻有英夷畏惧越南之语。至其船炮之坚利与否。广东距越南较远。一时难得确据。容臣等再为探访。该国船炮火器。果否精于英夷所为。该国王有无至诚效顺之意。逐一设法确探密查。并俟广西抚臣就近查访实情。是否可行。移知到日。另行具奏。

卷七十九·筹海总论三·再奏越南轧船情形疏【两广总督祁𡐤】

十月十五日承准军机大臣字寄。奉上谕。祁𡐤驰奏。遵查越南国人阮得烘在粤守候追欠。曾于臬司衙门呈称英夷猖獗。专恃船坚炮利。该国所造之船。颇为坚厚。如中国给该国王文书。即可代造。揆其情词。不过冀恳追欠。现在欠项全清。已经饬令回国。至该国之船炮果否坚利。尚须查探等语。广东距越南较远。一时难得确据。自系实在情形。著祁埙梁章巨确加查访。该国船炮火器是否精于英逆所为。该国王有无至诚效顺之意。逐一设法探询确实。即行奏闻。钦此。臣等以此事所关重大。必须查探明确。不敢稍有虚饰。因思现在钦州知州黄定宜。籍隶广西龙州。其在籍时应有所闻。而钦州地方。又与越南接壤。就近查访亦易得实。当即据越南夷人阮得烘前在省城所禀之言。一面严密饬行该州详加访察。一面会同随时密访。有常往越南贸易之顺德县民人周彦才。及琼山县民人陈姓。现在省城。详加询问。据周彦才口称。本年八月伊甫自越南起身回家。越南现因英夷滋事。亦随时警备。约造有战船七八只。每船三桅。四十余桨。船用长木直板。船身则以硬木为之。厚五六寸。或七八寸不等。又另有仿造英吉利之属国新洲货船约十余号。亦用硬木制造。皆坚重有余。而灵动不足。该国铜炮颇少。铁炮亦不甚大。又该国寓兵于农。其打仗多以象力取胜。但能陆战。而不善水战。该国由都城出港三十余里。始为大海。各外国货船如至该国。议明入港后。该国先将各国船中炮械搬至岸上。代为看守。俟出港时送还。看来越南向恐各国在其本国滋事。并未闻英逆有畏惧越南之说。访之陈姓所言。亦大略相同。又访闻现募乡勇中有炮手林九。其人从前曾被张保招去。后经改过投回。复为良民。曾帮张保与越南打仗。必知底细。随令管带乡勇之可靠绅士密向查询。据称越南战船有金蟹银蟹之名。如天津来粤货船式样。坚牢而不能快驶。其内河船有名牙钗者。长十余丈。阔二丈。桨百枝亦看风势为迟速。曾被张保打沈数只。看来难与英夷对敌等语。又据钦州知州黄定宜禀称。本籍龙州地方。与现任之钦州。均与越南之东北境毗连。惟距该国王驻扎之富春地方。尚有二千余里。其海防船只制作未能深悉。就平日传闻该国向制巡洋大师船二只。悉令附近居民合力探取坚巨大木。输纳成造以铜包底。故俗呼为铜皮船。约可载二百余人至三百人不等。此项船只。料件虽坚。滞笨不灵。此外复有巡洋小兵船。多用藤篾穿扎而成。俗名藤船。止可坐二三十人或四五十人。船行驶较便。第遭风撞礁。即行破散前此该国王令夷官修造巡船。大者几及数月。小者亦几一月始竣。是木料虽多。而工匠未见迅速。且查道光二十年间。该国夷目阮廷豪等兵船。在崖州洋面遭风沈船。递至钦州。转送回国有捞获铜炮三位。一重八十余斤。一五十余斤。一止三十余斤。式样与内地过山鸟枪相似。又闻越南现闻英夷滋事。亦虑扰其边地。修备防守。该国自去冬添造战船。至今尚未毕工。时时托人探听英逆消息等语。又检阅档案。道光十二三年间。该国奸民陈加海纠结内地游匪扬就富等。在夷洋狗头山啸聚劫掠。曾经该国以兵力不足。请内地舟师前往帮捕。始能歼厥渠魁。可见该国巡船并不得力。臣等查广东省虽距越南稍远。然该国情形节次访查。大略相同。伏思该国世受天恩。素称恭顺。现在国王阮福暶新受敕封。尤当感恩图报。如果该国船坚炮利。兵力精强。断无不竭诚报效之理。而该国王并未表文陈请。亦未呈恳督抚据情奏。其为力不从心。未能与英夷为难已可想见。除由广西抚臣周之琦就近查访确实另奏外。所有臣等会同密访缘由。理合先行具奏。

按。越南两次击败英夷。皆诱其深入内河。而后以小船环攻胜之。非以驰逐大洋角胜也。越南轧船破敌见于皇清通考。四夷门并非说部。又见于英夷所撰之四洲志。则敌国公论。必得其实。非夸张传说之词。谓越南不长于大洋而长于内河。则可谓越南长于陆战而不长水不可。

卷八十・筹海总论四・剿夷兵勇约法七条【两广总督林则徐】

一。夷兵船虽长若干丈。尔等不必看得他长。虽有大炮若干门。尔等不必畏他炮多而大。盖夷炮惟在两旁。我师只要攻其头尾。譬如头南尾北。有北风则攻尾。有南风则攻头。若头东尾西。亦以东风攻头。西风攻尾。既占上风。又避炮火。再兼察看潮势。取其顺潮。则得胜必矣。夷船吃水多者二丈余。少亦丈余。我船吃水不过数尺。自远处绕转。必能占其上风。若攻头则必先打其头鼻。攻尾则必先打其后舱。后舱有玻璃者。乃其带兵大官所住。火药等物皆在焉。此处叠攻必破。破则火药自发。其舵虽有铜包。但是生铜。炮打可断。舵断鼻断。则全船皆无主宰。且船内拉篷之人。前后最多。若经几炮轰打下海。则船上无人。不能自动。即大炮皆为我得矣。

一。驶近夷船头尾。则我船俱须分左右翼。如雁翅行。斜向船头扑拢。船尾摆开。方能聚得多船。

且火器不致误掷自己帮内。譬如夷船头东尾西。我船乘西风攻尾。则近左者。船头应向东南。其近右者。船头应向东北。大家都用斜势。则炮火无非击在夷船。不至反击自己。其余俱可类推。此惟在乎舵工转舵之得力。巧者快者。加赏数倍。并将所得夷船上银钱钟表呢羽等物。以双分给予舵工。若临时误事。当进不进。当转不转。即将舵工斩首示众。

一。炮火能及之处。即先开炮。至鸟枪可及。便兼开枪。迨喷筒火罐能及。则随便用之多多益善。总须掷到夷船。不至误掷本船为要。其桅上抛火罐之法。应择两人。头戴竹盔。胸前遮小藤牌。系绳于背。其腰仍带双刀。并系火绳。一人上头桅。二人上二桅。皆上至顶。与篷齐为止。其下每桅。两人拉滑车。将竹篓所装火罐【每篓约装火罐十余。每罐用药线四根包以布袋】。用力拉上。其桅顶之人。即用火绳点著火罐。随点随放。此篓放完。彼篓又上。总使夷船上应接不暇。且桅上抛罐。而船头仍须多放喷筒。如此络绎不绝。则夷船被毁必矣。即使船未全毁。而火势既猛。夷人必站不住。我师定可乘势过船。既过之后。则火罐喷筒。皆停止不用。

一。兵勇过船遇夷人便用刀砍。其首级留在随后统算。不可急献首级。转误要事。除砍夷人外。其船内最要之物。莫如柁车缆篷桅缆鼻头缆。能将各缆全行砍断。则船已为我有。又何患银钱货物之不我有哉。且得一夷船。所有过船之人应将船上银货。一律尽行分给。并别颁重赏总不许于船内先行抢货。转误杀贼工夫。违者照军法惩办。

一。我船斜向攻击夷船头尾。大抵以四角分计。每角拖船。至多不过容四只。其大者不过容三只。即四角合攻亦不过用十二船至十六船攻击夷船一只。此外即有多船。亦可分击他船。不必聚在一处。转致凌乱。若有时必须多船齐攻。应听带兵将官号令【鼓声大擂。红旗招呼。即是集船合攻】。或有时前队船斜攻已久。未见得手。则应暂令休息。后队仍由斜向拢上。但须听带兵官号令方准调换。不得擅自退息。违者立斩。

一。瓜皮小艇。应雇三十只。上装乾草松明擦油麻斤。配火药十之一二。用草绳捆住。上盖葵席。船之头尾各用五尺长小铁链一二条。以铁环系定其一头拴大铁钉。长七八寸。其末须极锐利。船上置大铁锤二把。使善泅者二三四人。皆半身在水。半身靠在船旁。挨桨以行。妙在甚低。夷舡炮火所不能及。一经拢近夷船。无论头尾两旁。皆可贴紧敲钉。将火船钉在夷船木上。将火点著燃起。其人即泅水走开。纵有极大夷船。有此火船十余只钉住焚烧。亦无不毁之理。况上面有火罐喷筒。中间有壮勇爬桅过船。下面又有火烧。该夷三层受敌。抵当此一层。不暇兼顾彼一层。安有不授首于我者乎。

一。破敌首重胆气。胆大气盛者必胜。况此次杀一白夷赏一百圆。黑夷半之。生擒者视其人之贵贱格外倍赏。是杀得十夷。即得千圆。杀得百夷。即得万圆。再多者。并可得官。何等快乐。即或阵亡。亦可得二百圆赏恤。各宜拼命奋勇。立功邀赏。如有临阵退后。即刻斩首悬竿示众。

卷八十·筹海总论四·答奕将军防御粤省六条

一。水道要口。宜堵塞严防也。此时夷船既破虎门。深入堂奥查省河。迤东二十余里。有要隘曰猎德。其附近二沙尾。两处皆有炮台。其河面宽约二百丈。水深二丈有零。又曰河西南十五里。有要隘曰大黄滘。亦有炮台。其河面宽一百七丈。水深三丈余尺。若前此果于该两处。认真堵塞。驻以重兵。则逆夷兵船万难闯进。省垣高枕。何须戒严。乃既延误于前。追悔无及。今夷船正于此两处要隘。横亘堵截。使我转不能自扼其要。几如骨鲠之在咽喉矣。惟有密饬近日往来说事之员。督同洋商先用好言诱令夷船退离此两处。而在我则密速备运巨石。雇齐人夫。一见其船稍退。即须乘机多集夫兵累千。连夜填塞河道。一面就其两岸厚堆沙袋。每岸各驻精兵千余。先使自河得有外障。然后再图进剿。此事不可缓图。尤不可偏废。若仅驻重兵而不塞水道。则夷船直可闯过。虽有兵如无兵也。仅塞水道。而不驻重兵则逆夷仍可拔开。虽已塞犹不塞也。塞之驻之。而不堆沙袋。则以兵挡炮。立脚不住相率而逃。仍犹之乎不塞不驻也。此两处办成后。应致力于内洋之长洲冈。及蚝墩。最后则筹及虎门。彼处有南沙山巨石可采。如何堵塞容再酌议。

一。洋西大小船只。应查明备用也。查虎门所泊师船。除沙角失事时被焚十只外。闻尚有提中营二号三号。大米艇二只五号。小米艇一只。提右营二号大米艇一只。五号小米艇一只。现停镇口自应由水师提督。配齐弁兵炮械。以备调用。其虎门以外。附近之水师营分。东则提左营大鹏协平海营碣石镇。西则香山协广海寨。现在各有师船若干。配驾弁兵炮械若干。亦应分饬配足报明。候调至省河。有府厂运厂两处。均系成造师船之所。现在各有造竣师船几只。另购堪以出洋大船几只。应饬据实开报。并府蓬索杠椇。即日备齐。听候查验。再上年府厂改造巡船。及新造安南三板。现在告存几只。装配炮械若干。亦即开明。听用其招到快蟹船十九只。现泊何处。此内壮勇若干。炮械若干。亦即禀候核夺。

一。大小炮位应演验拨用也。查此次虎门内外各炮台。既被占夺。所失铜铁炮位。合各师船计之。不下五百余尊。其中近年所买夷炮。约居三分之一。尽以藉寇资盗。深堪愤恨。今若接仗非先筹炮不可。而炮之得用与否。非先演放不可。查佛山新铸八千斤火炮十四尊。佥谓无处试放。殊不知演炮并不必极宽之地。祇须水上备一坚固之船。安炮对山打去。其山上两头设栅拦截。必不至于伤人。并须堆贮大沙袋。每袋约长四五丈。宽二尺余。堆成横竖各一丈。高七八丈。以为炮靶。对靶演放。既有准头。而炮子之入沙囊。深至多少尺寸。果否沙可挡炮。亦即见有确凭矣。此十四尊。试过如皆可用。即日运省备防。其余即于佛山如式再铸。倘试后有须酌改铸法之处。亦即就近谕匠遵办以臻周妥。又番禺县大堂。现有五千斤夷炮四位。似可拨至离省十五里之雁塘墟。向来演炮处所。亦照前式。堆排沙袋演试。又广协箭道。有夷炮六位。斤重较小。似可拨在北较场如式堆演。所有来粤客兵。即令该管官带领轮班演炮。如此则炮力之远近。炮挡之坚松。与兵技之高下。无不毕见。一举而三善备焉。再前据广州协赵副将开报该协箭道。并贤良祠现存该用各炮。约五百位。又红单船。拖风船卸下各炮。亦约有一百位。虽俱不大。然未尝不可备防。似应分别查验演放。以便分配各船。及岸上营盘应用。至装配船兵。宜将船只驾到将近佛山之五乂口。茉莉沙。瓜埠口等处。分起装就听调。庶免疏虞。

一。火船水勇。宜整理挑用也。查夷船在内河最宜火攻。前月经杨参赞。饬备柴草油料松香。装就火船。约百余只。闻系署督标中军副将祺寿。候补知县钱燕诒等。经理其事。兹隔多日。恐柴草等物。霉湿短少。应饬查明。重加整理。其装载之船。原只以备焚烧。固不必坚固新料。但亦不宜过于朽旧。且必须有篷。方能驶风。若专藉一二人之力。犹恐推送迟缓。不能成功。其船约以数只为一排驶近夷船。则环而攻之。能于各船头尾系大铁钉。钉住夷船燃火。使之推不开。拔不去。当更得力。其未用之先。此船宜移上游。近佛山一带。装载完妥。黄夜乘风。与有炮各船。一同放下。随攻随毁。谅必有效。又内河东路之菱塘司一带。另有捐办火船百余只。即某所捐办也。分段停泊。如需应用。亦可随时调集。以收夹击之效。至水勇一项。人人以为必须雇用。惟患其有名无实。前此虚縻雇资。已非一次。除淇澳之二百八十人。系鲍鹏为前琦部堂雇用。闻已散去。可毋庸议外。若臬运两司访雇之水勇一百二十名。闻有董事管带。应可得用。第未知其船现泊何处。似应查点试验。又番禺县张令。原由揭阳带来壮勇三百名。皆系以鸟枪擅长。每人各有自带之枪。施放颇准。此一起虽系雇为陆路之用。而上年曾经谕明。肯下船者。多加雇资。彼即欣然下船。似宜将此壮勇三百名。作为水战之用。此外再雇。务须考其技艺。查其底里。必使层层保结。不任滥竽。并谕明临阵争先者。即予拔官。如敢潜逃。立斩示众。信赏必罚。自足以励士气而壮戎行矣。

一。外海战船。宜分别筹办也。查洋面水战。系英夷长技。如夷船逃出虎门外。自非单薄之船所能追剿。应另制坚厚战船。以资制胜。上年曾经商定式样。旋因局面更改。未及制办。其船样尚存虎门寨。如即取来斟酌。赶紧制造。分路购料。多集匠人。大约四个月之内。可成二十船。以后仍陆续成造。总须有船一百只。始可敷用。此系海疆长久之计。似宜及早筹办。若此船未成之前。即须在洋接仗。计惟雇觅本省潮州及福建漳泉之草鸟船。亦以百只为率。将其人船器械。一齐雇到给予厚资。听其在洋自与夷船追击。不用营员带领。以免牵掣。仍派员在高远山头。瞭望探报。果得胜仗。分别优赏。其最得力者。赏拔弁职。充入营伍。缘漳泉潮三郡。人性强悍。能出死力。既可兼得名利。自必踊跃争先。较之本地弁兵。顾惜身家者。相去远甚。至于能在水里潜伏之人。查本省陆丰县之高良乡。饶平县之井洲。及福建澎湖之八罩乡。其人多能久伏水中。似亦可以募用。其火攻器具。如火箭喷筒火球火罐之类。亦宜多制备。以便临阵抛用。

一。夷情叵测。宜周密探报也。查逆夷兵船进虎门内者。在三月中旬探报。有三桅船十四只。两桅船三只。火轮船一只。两桅大三板四只。单桅大三板一只。其各国货船。在黄埔者。现有四十只。自虎门以外。则香港地方。现泊有夷兵船十七只。伙食船三只。此等情形。朝夕变迁。并非一致。似宜分遣妥乾弁兵。轮流改装分路确探。密封飞报。不得捕风捉影。徒乱人意。其澳门地方。华夷杂处。各国夷人所聚。闻见最多。尤须密派精乾稳实之人。暗中坐探。则夷情虚实。自可先得。又有夷人刊印之新闻纸。每七日一礼拜后。即行刷出。系将广东事传至该国。并将该国事传至广东。彼此互相知照。即内地之塘报也。彼本不与华人阅看。而华人不识夷字。亦即不看。近年雇有翻绎之人。因而辗转购得新闻纸。密为译出。其中所得夷情。实为不少。制驭准备之方。多由此出。虽近时间有伪托。然虚实可以印证。不妨兼听并观也。至汉奸随拿随招。自是剪其羽翼之良法。但汉奸中竟有数十等。其能为之画策招人。掉弄文墨。制办船械者。是为大奸。须将大者先除。则小者不过接济食物。即访拿亦易为力矣。

卷八十·筹海总论四·禀夷船克制之法【江浙委员】

伏查夷船最大者。长十五丈。宽二丈余。次者长十二丈。宽一丈九尺。高五层。下三层装货。吃水二三丈。上二层出在水面。炮位多者七十二门。次者五六十门不等。炮位安设两旁。其船头尾皆高仰。不能安炮。与内地兵船不同。船头有东丈大斜木一根。一应精巧帆索。均系其端谓之头鼻。乃一舡之把握。非数十人不能运动。而尾后之柁。机括灵活。只须一二人便可手拨。与内地之全力在柁尾又不同。大桅系大木三截接驾。并非一木独竖。驶风能行三面。若迎面顶风。则较内地洋船。尤形笨缓。其桅虽称坚固。所悬炮位甚小。有警即放桅炮。以为号令。临战或仰空飞堕炮子。以警敌人。其实并非攻击之用。前广东林制宪用价一万八千元。购得西洋大号旧夷船一只。以备兵勇演习仰攻。丈量查勘。具得实在情形。我兵攻击之法。当避其两旁。而专注其首尾。缘两旁不但有炮。且夷兵皆伏舱内。彼能外击。而我难内攻。惟头鼻无炮。而挽鼻掌索之夷。均立船面。无所遮护。但能断其头鼻。或杀挽鼻夷兵。则全船皆乱。不能行驶。我兵迎头抢上。势如破竹矣。又舡尾有后楼玻璃窗二面。系船主所居。瞭望之地。其下系火药舱。亦其要害。若用小船水勇。于尾后攻击。使彼船旁炮位无从施放。而我以火器掷入舱内。则船主等不难一轰而毙。此用内地小船克制大夷船制胜之法。盖西洋花旗夷及安南夷破英吉利。均系专用小船。去年邓制宪在厦门。即得力于水勇夹攻其首尾。而林制宪派调师船。两次接仗。亦系断其头鼻。皆获胜仗。是以夷船在粤。惟远泊大洋。方敢下碇。至近港口二三十里以内。私贩鸦片则船必终夕随风潮往来行走。不敢停留。盖恐我小舟水勇乘夜潜袭。天明即返。夷目入夜昏暗不能瞭准。难于施炮抵御。及至浙江招宝山下。则数大船停泊数月。距岸虽近。无所畏惮。实由浙江不知闽广设策破夷。未曾出师攻击之故。若能内河守御严密。再募水勇。乘用内地网船杉板船草鸟船之类。改装渔贩船户。潜拢夷船。前后夹攻。夷船转东。则尾随而东。转西则尾随而西。夷船笨大。不如小船之灵捷。夷炮不能及。即贼技无所施。且焚且攻。夜出昼返。则道头港招宝山之船。何能守留数月。安然无事。诚恐将来夷船。驶入江境。我兵勇未谙攻击之法。合亟禀请通饬沿海营县。先购募沿海渔户水勇。练习火船攻剿技艺。分藏各港口内。遇有夷船驶入内河。即仿用前法夜乘风潮。攻其首尾。使该夷受创。永远不致窥伺。实于扼要剿堵。大有裨益。

卷八十·筹海总论四·陈天津御夷情形疏【扬威将军奕山道光二十三年五月】

窃五月十一日臣等因逆夷攻陷江苏宝山县。飞饬总兵尤渤带兵改道赴苏接应。旋接到两江总督牛鉴来咨。宝山失守。提督陈化成业已阵亡。该督现在退至嘉定地方。连日据各路禀报。夷船由西南外洋驶向东北而去。纷纷不一。现在上海已有夷船二十余只。定海道头等处停泊。及驶出夷船约四十余只。陆续在金唐羊山横水各洋面。游奕无定。现又据象山县官禀报。自西南外洋驶来四桅三桅二桅等船十六只。亦向东北驶去。大约夷船统在八十只内外。其形长圆不一。并不似一国之船。但逆船既多分窜。沿海迤北各口岸。均属吃紧。臣等已飞咨各督抚将军加意防范。至天津海口为畿辅切近之区。年来一切防堵事宜。节经钦派大臣审度周详。该督及带兵大臣。定能布置妥善。设逆夷胆敢窜进。必将自取灭亡。惟臣等到浙半年以来。身历其事。所有该逆伎俩。见闻较为亲切。该督等或未能灼悉。谨就所知。胪叙五条。以备防堵之助。

一。天津货船。皆能直抵关门。逆夷如欲驶近。宜以镇宁防守为要。凡系商渔船只。皆宜聚于关内。勿使出入。免致夺我船只。资为逆用。且凡通海港汊。及偏僻小路。均宜派人稽查堵截。毋令一人来往。以断汉奸传递消息。接济粮食。并令府城内外各居铺。连环取保。其庙宇等处。概不许容留闲人。庶不致造作浮言。摇惑众心。

一。江浙地狭路仄。难于布列阵势。不得不于沿海近海之处。安兵防堵。北方地势宽展。尽可于逆夷火炮不及之地。扼要安营。并于高阜处搭设高架。遥为瞭望。以次传报。该逆惟恃船炮。如欲豕突上岸。彼之大炮一时不能运动。我兵用抬炮连环轰击。较为得力。

一。沿塘筑土墩。不甚可恃。逆炮力猛有准。不过一二炮土墩便已坍塌。其逆炮大半自桅顶施放。凭空下击。我兵虽藏伏墩内。仍不能避。或于营外建筑土城。庶可避其火箭。

一。逆夷声东击西。是其惯技。每当枪锋相施。烟焰迷漫之际。彼必多方从背后及两旁绕出。或冲营阵。或截营盘。我兵腹背受敌。遂不得手。是宜先将各处小路。设法截断。或拨兵瞭望堵筑。并加意防守营盘。自不致有顾此失彼之虞。

一。北方地势既旷。逆夷登岸。必以大队攻扑。我兵即须以大队迎敌。该逆总以五人鱼贯一排。腰插手枪尖刀。背插火箭。其鸟枪以四杆轮替为首者施放。第五人装药。以次传递。联络不绝。我兵于正面攻剿之外。尤须于远处多伏马队。两旁横冲其阵。彼必自乱。并查逆夷惯用炸炮。我兵易致受伤。如临敌之际。地势宽展。宜各以数十人分作数队。庶彼炸炮落于空地。不致每发伤人。

以上五条。请饬下直隶总督。及带兵大臣。酌议办理。或于防剿事宜。稍有裨益。

卷八十一·夷情备采一·澳门月报【论中国道光十九年及二十年新闻纸。两广总督林则徐译出中有四条。曾附奏进呈】

中国不肯与外国人在海面打仗。惟有关闭自己兵丁在炮台内。又断绝敌人之火食。此或者是最好之法。亦系将来必行之法。然此法实难行。盖因各处人烟布满。居民只欲卖火食。所以在尖沙嘴铜鼓洋各处。火食亦甚易得。但要好待土地人方好。或者中国必用旧时待郑成功法子。将其沿海各岸人民。驱入三十里内地。不遵命者杀。我思此法今亦难行。因遍处海岸皆系富厚城池。当日所以能行者以开国得胜之兵威也。

现在中国人买甘米力治船。又要扣留黄旂两船入官。此事不久。可见一番新世界。今暹罗安南。亦学别国制造兵船。故中国亦用此法。然有两种阻碍。一系中国水手愚蠢。难得明白精熟之人。必寻别国之人方会驾驶。一系工价太贱。若雇外国人不敷养赡。不肯为中国用。安南国船亦仍照旧制。只比中国师船稍好看。然亦不甚利便。暹罗国尚有西洋式样船数只。不过用以贸易。况其船舱制造不好。现在都鲁机人曾有西洋人指点装造好船样。然总不及欧罗巴。若中国人欲学外国之式制造师船。必寻外国人指点如何驾驶。凡有外国人肯为中国人所用者。初时必定应许多少工价。各样恩典。迨后定必被骄傲官府。骗其工价。并且凌辱。如荷兰人在日本国。务与西洋人相反。事事遵从日本法律。并助日本国捕陷西洋之人。毕竟得何好处。现在荷兰在日本之贸易。已减至两只船而已。

卷八十一·夷情备采一·澳门月报二【论茶叶】

贸易中货物之利于人。并利于税饷。舍茶叶外断无胜于此者。中国每石茶叶收税饷二两五钱。又洋行会馆各费。每石抽银六员至九员不等。先日公司与洋商交易时。每石茶叶纳饷并费皆系六两七钱。比今减少。除中国省城税饷外。海中沿途尚有关口七八处。亦须俱纳税饷。俟到英吉利国。每棒税饷又纳银三钱七分五厘。统计茶叶税饷较之原值已加一倍。再加水脚各费。运至英国卖价。与武夷山买价。岂止加数倍耶。惟米利坚国税饷减少。故各埠茶价较贱。

英吉利之外。米利坚人销用绿茶最多。一千八百三十三。四两年【道光十三四年】。米利坚船由中国装出茶叶不下一千八百六十八万八千五百三十三棒。从前并无此数也。欧罗巴内地销用茶叶以荷兰俄罗斯两国为最。荷兰每年要销二百八十万棒。耶麻尼每年销用一百八十万棒或二百万棒。佛兰西在广东出口时。茶叶虽多。然沿途分售。及到本国进口时。数已减少。只销二十五万棒。然只用之以作医胆经之药材。因佛兰西酒多便宜。故不甚销中国之茶也。俄罗斯茶在北边蒙古地方买去。在一千八百三十年【道光十年】。买去五十六万三千四百四十棒。在一千八百三十二年【道光十二年】。买去六百四十六万一千棒。皆系黑茶。由喀克图旱路运至担色。再由水旱二路分运娜阿额罗。其黄旂船绥领船普鲁社船所运茶叶皆不甚多。其印度各埠销用之茶。每年有英国六七船前去售卖。其阿支比拉俄各岛中茶叶系中国福建商人装出贩卖。中国人海船放到苏禄。文莱。路哥尼阿。新奇坡附近各处。系顺西北风驶去。英吉利人亦有在新奇坡买中国茶回国者。其茶均是上等。现在各岛每年销茶之数。年增一年。总而计之中国每年出口之茶叶有七千余万棒。与鸦片贸易可以抵对。

卷八十一·夷情备采一·澳门月报三【论禁烟】

鸦片制造。一在八达拿。一在默拿【皆孟阿拉地方】。而孟阿拉各官设法加工。总要引中国人嗜好此物。在加尔吉达【孟阿拉首部落】税簿上。即可查出。每年鸦片到中国多少。到别处多少。无不列明。近来六年间。孟阿拉出产七万九千四百四十六箱。内有六万七千零三十三箱到中国。故鸦片乃是中国最销流之物。今将其数目开列于下。一千八百三十三年【道光十三年】。中国七千五百九十八箱。各处一千八百一十箱。三十四年【道光十四年】。中国一万二百零六箱。各处一千七百九十箱。三十五年【道光十五年】。中国九千四百八十五箱。各处一乾五百一十箱。三十六年【道光十六年】。中国一万三千零九十四箱。各处一千七百五十七箱。三十七年【道光十七年】。中国一万零三百九十三箱。各处二千二百十三箱。三十八年【道光十八年】。中国一万六千二百九十七箱。各处三千三百零三箱。此但系孟阿腊一处鸦片数目。除孟迈等处所发卖在外。每年印度所收鸦片税饷。自五百万至一千万员不等。故巴利满遂以印度为属。国中之第一。以近来论之。鸦片运到中国者。从古以来实无多过于今日。总因孟阿腊官府贪心所致。故孟阿腊港口贸易。较之孟买尤大。计所纳税饷。多于地租。每年解至英国之银。约六十三万九千棒【合三百一十五万员】。连存留在印度以及各官所用之银。大约有二百万棒【合一千万员】。故英国受鸦片之利益不少。亦以此招中国人之忌。

在印度鸦片之税。英国多年得孟阿拉地税银四百二十二万九千七百十二员。地税外又征收饷银。现在常例外。再加四款税饷。第一款种波毕之时。即须上税。第二款波毕成熟之时。以估价之多少上税。第三款于取波毕汁之时。亦须上税。第四款于出口之时。又要上税。合计收饷银连地税。共收银九百六十八万四千余员。除公司贸易外。余地皆禁止不准栽种。以免走私漏税之弊。但除英国所辖地方外。他国亦有出产鸦片者。如麻尔洼地方亦种。波毕且制作好。价值昂。先年麻尔洼鸦片有公司包揽时。三分中只有一分由孟迈出口。二分由布路亚国所辖之拿孟出口。及近二年去此包揽贸易之后。今却有十分之九由孟迈出口。只一分由拿孟出口。因此英国逐年得孟迈鸦片税饷银百万员。此法度之好无穷。故今鸦片之税饷。在英国实在难去。

一千八百年间。中国准鸦片进口。以药材上税。及后奉旨禁止。而广东官府仍准鸦片趸船长湾在黄埔。距省有十二里。至一千八百二十年。鸦片进口太多【道光二年】。故令趸船出口。不准湾舶黄埔。由是湾零丁洋及澳门急水门等处。又议定规银每箱若干。自总督衙门以及水路文武官员皆有之。惟关口所得最多。或在船上来取。或在省城交收。皆逐月交清。亦有将鸦片准折。每次自一箱以至百五十箱为止。却无定数。此走私之光景。著实可痛。正犹西洋人好饮辣酒。都鲁机及印度无来由人好食生鸦片。皆害人性命之物。而争食不已。以致印度及麻尔洼【亦印度自主之国未属英吉利者】。各相争种。若想印度人不栽波毕。除非中国人不食鸦片。若想中国人不买鸦片。除非印度不栽波毕。二者皆所不能。

鸦片乃印度各官养成。后又得巴利满甘文好司示谕允准。而印度之官利其税饷。于二十年间。每年有七百五十万员税饷。近来数年已至一千余万。在英吉利属国中最为资财之薮。自广东公司散后。其公司之人。即作鸦片买卖。又将卖鸦片之银买茶叶回国。而英国之茶叶饷亦甚大。故国中所受鸦片利益不少。今义律缴销二万余箱。如此英国岂不破费一千二百五十万员。此刻我等可为贩卖鸦片之人贺喜。缘鸦片买卖原是一件就要崩倒极危险之事。久在其头上。西边之善人老实人。久已为之痛哭。兹竟如此平安收场。实意想不到。故我等为其喜不可言。

前在一千七百三十七年【乾隆三年戊午】。带来鸦片不过四千余箱。前时鸦片准纳税进口。至一千七百九十六年。才禁止【嘉庆元年丙辰】。一千八百三十六年【道光十六年丙申】。又欲如前纳饷进口。奏而未允。其时已多至三万余箱。因恐外国以鸦片易换纹银。又必多开银矿。致竭中国之财源。中国乃天下生齿繁盛出产最丰之国。若以鸦片易纹银。犹如拔取其国中之精华。如中国之绉纱。佛兰西之小带及烟叶皆英国所禁。又如英国之疋头。为陷麦所禁【陷麦乃耶马尼国部落】。中国禁鸦片。犹如佛兰西之波利稔王禁英人不准至本地贸易相同。虽是严禁。皆不能行。缘鸦片趸船泊在外洋。外国人未尝自带进口。系中国走私船执其所买之鸦片单。驶至趸船。凭单交土。而中国人带进内地者。用重银贿赂官府。求其佯为不知。所以有鸦片贸易罪过论。系地尔洼于一千八百三十九年【道光十九年】。在兰顿所作。以为不独坏中国人之风俗。且使中国人猜忌英吉利人。令两国通商事情有碍。且有走私之恶名。

特尔达说零丁洋系中国荒地。并无兵房营泛保护。可以任外国人停泊。然忆在一千八百二十八年。娜威额达船上水手为人所杀。中国亦将凶手捉获施刑。又一千八百三十五年。英吉利多罗顿船被劫之事。亦系一件证见。是中国人在相近自己海岸上。施行其政治。以保护他国之旗号。故亦可在彼处地方行其所立之章程。不得谓在零丁洋面贩卖鸦片。系合法之事。只好说贩卖鸦片之船只。比中国水师船布置更好。格外坚固而已。

鸦片贸易。英国人带至中国。每年约有一千二百余万棒。银计六千余万员。鸦片系印度之波毕所作。即如我国比酒仁酒系薏仁所作。墨兰地酒系额立所作。皆恶酒也。有智之人。恐受其害。多不敢饮。而饮葡萄酒白酒。然饮仁酒比酒之人。亦不能禁绝。如英国人要弥利坚人除去黑奴。及要俄罗斯人除去其耕田之奴仆。并要中国人除去妇人裹足之事。改换其法律。准人遵从各样教门。惩治溺死儿女。待外国人如本国人等事。中国其肯从之乎。又如英国禁止浓酒之事。其始斯葛兰爱伦兰墩销售浓酒。其酒税为国中税饷之最。其后因浓酒害人。加重其税饷。俾其昂价则穷人饮之者少。乃走私日多。饮者亦日多。徒漏税饷而无益于禁酒。当英吉利国王渣治第一管国时。定例每棒浓酒收税饷。时令两个半只准领牌零卖不准开设馆。又出赏格。凡有一小杯酒未纳足税。罚银一百棒。给与报信之人。读此例者。皆满身汗流。凡有身家之人。皆知禁止。而浓酒贸易。遂落于下等不堪之人。此等人无产业可罚。放胆走私。且将报信之人满街驱逐。两年间积案万有二千人。每年国中销流浓酒。尚不下五千六百万棒。一千七百四十二年。始仍准人领牌开浓酒馆。减少税饷与中国禁鸦片事无异。

中国人若以鸦片贸易同英国讲论。英吉利国王定肯禁止。贩运鸦片到中国。即印度栽种波毕之事。亦定可停止。而栽种别物。国家之税饷。及众人之利益。仍可再得。况现在鸦片贸易不十分大行。以致各处贸易利息。亦皆减少。看此时势惟有等候中国之事情定夺而已。今将缴与中国及存下鸦片之数目。开列在下文。义律缴与中国鸦片共计二万零二百八十三箱。值鲁碑二千五百万个。麻尔洼存旧鸦片一万二千箱。值鲁碑七百二十万个。存新鸦片二万三千箱。值鲁碑一千一百五十万个。孟阿拉存旧鸦片八千箱。值鲁碑三百二十万个。孟阿拉新鸦片二万二千箱。值鲁碑八百八十万个。总共值鲁碑五千五百七十万个。该五百五十万棒有奇。

方缴鸦片时。义律立意赔补之。给与各船收单。并问各人要在印度收回鸦片。抑或要会单在国库内收银。时鸦片客商。皆愿得会单回国收银。义律遂写会单十七张。寄与国中管库官支银。并付回国中文书。限十二个月。由本国库给还所缴鸦片之价。今年广东围公司馆勒缴鸦片之事。正如我英国监禁佛兰西使者在炮台上。因我等关口官府。闻佛兰西使者在近哆洼地方。携佛兰西小带上岸。故将佛兰西使者监禁。待他缴上违禁货物后。方才释放。与今广东事一样。

闻义律望国王之命四个月即可回来。必待接到回信。方准船只进黄埔。近日所到之依里沙士地挖船。系八月初二日【中国七月十三日】自兰顿开船。云广东缴烟之事。兰顿于七月十三日【中国六月二十日】即已知道。国中之人皆摇动。自律衙门及甘文好司之官府。俱各相问。尚未接到义律之信。盖义律之信。系交阿厘尔船带往兰顿。大约总要十月间【即中国九月】才能到。又有兰顿所接孟迈及中国商船家信。说及缴烟之事。英国各皆警动即买卖亦不甚好。银铺利钱长至六分。又向佛兰西银铺借银四百万棒。又向花旗银铺借银八十万棒。交与银店支发。真是从未闻过如此之紧。茶叶价长至加二分。而各庄茶叶尚不肯卖。所有东边货物逐一长价。

十二月到兰顿之茶七万包。当卖去五万八千包。存下一万二千包未卖。所存下之茶。内有一半系带茶叶进口之人贮起。奈价甚高。卖出之茶叶比十月间价更贵。后因买者日少。价钱渐已减落。前月十六日接得印度信来说。自七月间广东已将英国贸易停止。遂致茶叶价值又复长价。至前月下旬。传说国家要与中国打仗。茶叶价更增长。自后市上卖茶之人。皆囤积不卖。买茶之人。到外购买。毫不能得。以致下等之黑茶绿茶。亦如常时好茶。并工夫茶一样价值。

中国围守夷人缴烟之信。七月三十一日【即六月二十一日】已到兰顿之因底阿好司都内各衙门。及贸易店银店俱有扰乱。是日在兰顿天色昏惨。米价亦昂贵。国中甚苦缺银。银价即已增长。湖丝前时价值不好。现今已大改变。所有茶叶尽皆起价。兰顿各对象无不昂贵。在此季内。孟迈地方。要到中国鸦片棉花。存下未去者。共计亏银六百万棒。真是大有害于利益。若再迟延不理。必倒塌许多贸易。地方穷困。

中国与英国贸易。而英国库中每年所得之税饷。不下四百五十万棒【约一千五百万员】。若一经停止。数月之间国中定必困乏。前时有公司时。各大班亦常虑及停止贸易之事。常要蓄积茶叶。以备两年之需。因散公司后。即无茶叶存蓄。缘散商贸易。茶叶到国立图即销。何能存积。现在英吉利。并米利坚二国。亦已鼓动禁鸦片。并即出告示定贩鸦片及食鸦片之罪。又出赏格求人做极好之告示。以禁止鸦片。又有鸦片贸易罪过论。系地尔洼于一千八百三十九年【道光十九年】。在兰顿所作。以为鸦片不但坏中国人之风俗。并令中国人猜忌英吉利人。令两国通商有嫌恨。现在有许多仁爱之人。立为一会。欲禁止此贸易。其哲付里士。系此会著名之人。在孟阿拉建立医馆。同律山顿及沙渣治士当顿。共立此会。欲先讲明与众人。感动其良心。然后递禀回国。求律好司甘文好司及巴利满衙门。各官府助理此会立定章程。必要巴利满开口。分付东印度公司禁止不准栽种鸦片。方可禁止。变作他项正经贸易。

兰顿新闻纸内载云。律士丹合递一禀。讲论中国停止贸易。皆由鸦片犯禁起见。请国王将鸦片贸易停止。中国人禁止鸦片。系为风俗政事税饷。外国人即应遵其法律而行。现在众人皆说中国官府受规不管。禁止有名无实。又说中国拘禁我等使者。殊不思受规乃官府之事。而朝廷一知立即究办。安得说禁止有名无实。况义律并非使者。不过系代理人而已。若按英国律例。即应按各客商所有之鸦片。更加三倍罚银。今中国不过只将其鸦片收缴而已。然因致累我国正经贸易。亦受亏缺。所以不能任人再卖。

我等自知以鸦片贻害中国之故为中国人所憎恶。常欲自解于中国。因思惟医道有益于人。于嘉庆十年有医生俾臣者。至粤教种牛痘一年。收所种小儿数千。道光七年有医加厘赤者。在澳施设眼科。五年中医愈华人四千余。费去施药银千有八百余棒。皆众人捐助。道光十五年。复有弥利坚国名医伯驾者。

亦开外科。数年间医愈七千余人。一切下证皆来就医。其余轻证难以数计。所费银亦三千两。亦众人捐助。此皆伯驾不贪利。不厌烦。一片诚心所致。

卷八十二·夷情备采二·澳门月报四【论用兵】

现在兰顿国都中。有助官兵要打仗者。有助民人不欲打仗者。争论三昼夜。决以纸阄。各大官得九分战阄。方免争论。现在东印度英国属地及国中各部落。已出令各船装定军器。往东印度会合。又甘文好司分付。不准扰害中国地方。又云打仗之事。宜长久不宜短速。试问我等应将鸦片抛弃乎。抑与中国长久打仗。以保鸦片乎。看来中国究没有行过一事。足为我国攻打之故。

中国海岛约分三段。一广东海岛。其最大者在省之西南。其省之极东。即有南澳。若论泊船适中之地。莫好过尖沙嘴。二福建海岛。大者曰台湾。甚是富厚。有淡水。鸡笼二港。口其对面彭湖地甚瘠瘦。然为台湾必要之区。次即海坛。不及二岛之大。然人民居彼甚多。三浙江之海岛。舟山甚小。然形势甚好。以之作贸易。必更兴旺于别处。因系中国中央地方如宁波。杭州。上海。苏州等处。往来必由之路。故亦紧要。我等若得如此一处地方。在彼立定。再得一处如新奇波海岸。可招集邻近地方到来贸易。又必其地所产足敷居民之用。且为贸易来往必经之港口。则所获利益不少。

广东谣传中国官府欲将省城外房屋拆毁以为城池之保障。此不足信。广东省城高有十忽。周围亦有炮眼。并无城濠。如欧罗巴各国无城墙之部落一样。凡工作手艺栈房贸易。多在城外。较城中更为蕃庶。岂能尽行拆毁。若行此法。则受害之人更多。

道光己亥十一月【即中国九月三十日】。新闻纸曰。得忌喇士船主遵义律之命。去攻打九龙山炮台。正在出力时。已经衰败。被中国打退。又另有三板几只。赶前帮助。亦皆退回。陆续归尖沙嘴。次日又预备有军器之杉板船。再去攻打。众船至亦皆觉得昨日之败。若不报复。英吉利旗号必定受辱。于天未明时鼓勇而去。岂知所预备之事。皆属枉然。是日又收回尖沙嘴。义律此事办理大错。无一件错事可以比之。诸事软弱。可悲可怜。此举原系保护我国旗号之体面。及我等自己之声名。理应极力攻打烧毁师船。拆毁炮台。以除所受之凌辱。今却如此收煞。我笑义律意见错又能忍受也。

道光己亥九月十二日【即八月初五日】。有大吕宋墨尔咩那两只桅船。湾泊在潭仔。清早五点钟时。被中国数船拢近。似是兵船。吕宋水手即扯起旗号。不久即见有两火船驶来。水手即放碇炼以避火势。后又有大艇两只。一在船头一在船尾。纵火大烧。时又有许多小兵船拢来。满船俱是手执军器之人。趸船上人惊慌齐下水。又被中国人捞起。众人遂搜取船上物件。连水手衣服。伙长路程图取去。割下旗号。复放火烧船。约共值银二万余员。将伙长水手及捞起多人。俱带回去【此趸船被逐未回国者】。

道光己亥十月二十八日【即九月二十二日】。英国两只兵船自澳门洋面起碇至虎门。因风被阻。延至十一月初二日早才到【共走五日方至虎门】。兵头士密。一到穿鼻洋。即禀求不要烧毁尖沙嘴湾泊之船。容在彼等候国王回信。或另设法卸货。递禀后退出三里听候批示。及至次早提督发回。并未启视。谕速交出凶犯。旋见提督师船出洋。将近英国兵船。士密先放大炮攻打。即有师船四只一同放炮回击。打了两点钟之久。因提督显其大勇。扶持船只致未大伤。我们华轮船上被提督炮伤船头并绳索等件。人亦受伤。速即退出回到澳门洋面。义律。士密。马礼臣。随即上船赴尖沙嘴。赶回保护矣。

前时船主士密在尖沙嘴退出外洋。中国即以为是害怕他。缘中国是顺风顺水。直来奔击英船。仿佛就要全烧毁我等船只。士密等因在炮台下打仗。恐有危险。我等不能退步。所以及早退出。近闻九龙炮台新修更坚固。又闻多出师船并装满引火之物。明是要围两只兵船。待湾泊著。即向船放火。现在我等船湾泊铜鼓洋。潮水甚急。难于湾泊。却利于中国人顺流火攻。甚于尖沙嘴。不知士密何故在此湾泊。

道光庚子七月初二日【即六月初四日】。香山县会同澳门同知出一告示。言奉总督之命。英国兵船近来离出海岸。足见不敢攻敌中国。兵威不过保护鸦片走私贸易。谕令师船封禁大小河口。以免英国兵船进来。除师船装载火炮器械出外洋毁灭夷船外。并令渔船蛋家出洋攻打。其家属官为资给养赡。所赏之银。亦比前时。赏格上所说最多。不知可能准给否。然中国人预备攻打封港兵船之事。甚是勇壮。又闻有船百只。由虎门出来。

道光庚子新闻纸曰。二月二十八日【即正月二十六日】。有广东师船二只。及许多小火船烧然。向金星门之船吹来。幸被风水淌近岸边。烧了中国许多小艇。及外国底威尔大杉板船头桅。被烧不久救息。又有哥沣支麻里船。避火搁在浅滩。久方驶脱。其窝拉尼兵船上。当遣杉板将火船拨至岸上。离去各船。以免于险。闻各船上装有喷筒。不见开炮。是晚又有火船到来。皆不得顺遂。所喜是晚潮小风软。中国人若放得各火船得法。我等船必大受其害。此算是第一次。后来恐中国人若一练熟。驶火船有准。即更有危险之事。切当小心堤防之。

道光庚子六月十三日【即五月十四日】新闻纸云。早上有十只火船。乘著猛流向金星门来。我等湾泊许多船。皆起碇以避其害。并放下在兵船上之杉板。将火船驱至岸上。惟闻炸裂之声。不能为害。当火船冲来时。有许多中国官艇拢来。欲望有著火之船。即行攻打。后见火船不能成功。遂即驶回。只跳过两桅之特威尔船上。杀死水手几名。即跳下水去。火船样子皆甚好。满载引火之物。一对一对用炼炼起【以上皆林制军督广东事】。

道光庚子五月二十二日【即四月二十二日】。有希尔拉士船主穮西在福建南澳岛之西北。遇见八只中国商船。三只大舵船。外看全似买卖船。毫无分别。渐驶渐近。船主才起疑心。分付预备。尚未停妥。那船已贴著我船右后梢。施放鸟枪。此时风静。又在打鱼洞中。我船不能离开发炮。亦只得放枪回拒。乃我之枪火放去。全不中用。因中国船用皮席遮蔽甚好。彼水手在席后地放枪火。甚稳定有准。又用火料数次烧著。皆救灭了。不致延烧船上绳索。良久风才起。我船方能转动开炮。海贼始行逃去。我船上水手五十名。被伤十五名。而船主穮西。受伤甚重。下腮及眼。周身及腿皆受重伤。心中甚可忧愁【此福建邓制军所募水勇攻剿之事。夷不知以为海贼也】。

又九月十九日【即八月二十四日】新闻纸曰。福建泉州来信云。布尔麻兵船。帮同阿厘牙达兵船。在厦门与中国打仗。我之弹子。穿过中国师船。直打至岸上。共打沈师船数只。中国人遂连夜将各师船。驶回港口内。次日中国又择选师船装上大炮二百零四门。其中有极重大之炮。再与我等打仗。我兵因不能上岸。遂将兵船驶开至炮弹不及之处。然中国打至兵船之弹子亦不少。其炮弹有重至十八棒者【十二两为一棒】。兵船大桅之帆竿已被打折。中国又在港口及对面海岛。建炮台数座以为防守。前时派设兵船数只。封厦门港口。惟现在兵船遇了勇敌之后。大抵必去再请兵帮助矣【此亦福建邓制军时事。以后新闻纸无考】。

兰顿付来新闻纸云。现在甘文好司派设甘密底去查察仓库。并立定仓库之法。将去年所得之税饷。并去年国中之费用。民间所拖欠之税饷。一并列明。在一千八百四十年【道光二十年】。按大概情形看来。所收之税饷钱粮约有四千七百六十八万五千棒。另在印度公司所收之税饷钱粮。已有十五万七千棒。合共算来已有四千七百八十四万二千棒。计开本年还账之银二千九百四十三万九千棒。此外别样大庄使费银二百四十一万棒。其余各官俸银之类。约有一千七百四十五万一千棒。总共算来约费用银四千九百三十万棒。若将所收钱粮税饷之数与费用之数比较起来。即见得所入不敷所出。查前任管库官为国中费用不足。故由库中出单揭下银一百万棒。以为文学馆之费用。此项已归于杂项大庄费用之数内。再去年库中曾出单揭下银二十六万棒。以为在爱伦地方各和尚之费用。此项亦系前任管库官拖欠下来之账。俱已归于杂项费用数内。除此两项之外尚差一十九万八千棒。此数系归在本年费用之数内。现在尚未查清。所以不能得知是亏空不是。去年所收得之钱粮税饷。约有四千八百一十二万八千棒。去年费用银四千九百九十八万八千棒。除去所揭下为文学馆用之项。短少银八十六万棒。后又提出为军需费用银七万五千棒。合共算来短少费用银九十三万五千棒。在去年共计亏空银一百四十五万七千棒。然除却在上文所载为爱伦地方各和尚费用银二十六万棒之外。亏空银一百一十九万七千棒。又除却为付寄书信费用银二十五万棒之外。亏空银九十四万七千棒。又除去为军需等项费用。短少银九十三万五千棒之外。实亏空银一万二千棒。并无著落。此系去年所收税饷并费用之数也。在本年所算清之数。论及各款费用。即有赔还账目和息银三千四百八十七万七千棒。奉两好司衙门之命。给出兵费银。为水师用六百万棒。为军器库用五百六十五万九千棒。为武备杂项费用银一百八十八万五千棒。其中多已出了银单。只存二百七十三万六千棒。未曾出单。为各官俸银一千六百八十八万棒。总共费用银四千八百七十五万七千棒。此外尚有数款费用银。一系水师费用并各兵之工食。定必要丰。致可令兵力强勇。为此项已经提出一十万棒。后又为派设官府费去银七万五千棒。第二系加拿达【系在北阿米利坚洲英属地方】之费用。因本年查仓库之时候。比往年更早。所以尚未得知。前年加拿达之费用银。系五十万棒。去年加拿达费用银一百万棒。本年加拿达之费用银虽未得知。然就最少之数。且算三十五万棒。第三系与中国行兵之使费。皆系印度国家先支。然后国中给回。前时与瓜洼【系噶啦吧地方】打仗时。尚可以预料所用之银。故能先出银单。但与中国行兵之事。未知何时方能歇止。所以不能定其数目。况印度兵丁之费用甚大。所以更不敢预先料定。现在按东印度公司付来之数。自起兵后至五月初一【即三月三十日】已经费去银五万四千棒。若再行兵六个月之久。其费用必致有一十六万二千棒。连以上所用五万四千棒。算来即有二十一万六千棒。然其中有运载船之费。若打仗得久。即不必用运载船。如此看来。大抵一十五万棒。即可以足余为打仗之费。除却自起兵后至五月初一【即三月三十日】所用之银外。即可留下一十万棒。以为再打仗六个月之费。此项兵费。乃系东印度公司先行支给。待至再查库时给回。此去年并本年查库各款之数也。再推算下年国中费用之大概数目。计还账目利息银。约要三千一百八十七万七千棒。为水师并军器库各项零碎银。约要一千六百八十八万棒。合共费用银四千八百七十四万七千棒。再加上水师费用银一十万棒。武备及水上派设官员费用银七万五千棒。为加拿达费用银三十五万棒。为与中国行兵事费用银一十五万棒。大概下年查库时。其费用必致有四千九百四十三万二千棒之多。此系一定必须之数。其余尚有许多未曾列出。

卷八十二·夷情备采二·澳门月报五【论各国夷情】

新奇坡新闻纸云。暹罗国王闻我等攻敌中国之事。甚非笑轻忽我等以一撮之多。而攻打天朝无数之兵丁。现在暹罗国王将所有赴中国贸易之船。尽收回船厂。而在曼果【暹罗国都】贸易之中国人与新奇坡贸易之中国人。亦皆戏笑我等。可见中国人如何恃其人民之众。又曰国中新得作飞炮之法。可与佛兰西人斗胜。盖佛兰西人初用飞炮之时。英吉利人即十分留心学之。而佛兰西人于打仗时用兵船少而能胜英人者。皆因其火药胜于英吉利之火药。现在喏付厘亦说英吉利飞炮与佛兰西飞炮一样。在英国试飞炮之法。乃建一只大坚固之船。无论船只相距远近。俱可施及。直飞至大船上。炮即裂开。将此船打成碎片。仅剩船底未坏。而片刻即沈海矣。用火药不过十一二棒。弹子内又包藏火药两棒半。亦少有烟。落下时亦无声而远方闻之。如放八十棒火药之大炮。此亦国家之新鲜强勇。故国家封密。不令人知。惟佛兰西有此。

米利坚驳英吉利新闻纸曰。尔屡次争论。不过结上有云。若查出船上有一两鸦片。甘愿将犯人交中国官府正法。船货入官等语。尔岂不思英国屡次示知。义律云。凡到中国贸易之人。皆应遵守中国法律乎。我等若不夹带鸦片。中国人亦不能加以刑法。傥我等船只人民到英国若有违犯英国法律。岂能不按英国法律治罪。何以到中国遵中国律例即以为有辱本国之尊贵。前英国噶船色循船均具结进口。皆系公众道理。

又曰。米利坚旗号。已被英国鸦片贸易所污。因子月前有走私鸦片之船。扯米利坚旗号。在中国海岸来往。且有英吉利人口说。必要尽心尽力以陷害米利坚人等语。幸中国官府识破其奸。米利坚人方免受害。我今请问尔英吉利船。扯米利坚佛兰西黄旗各国之号。为公正道理乎抑为不顾私利乎。又如缴烟时。鸦片价值每箱不过洋银二百五十员。何各英国人将烟卖与义律呈缴之时。又索价每箱五百员之多。欲望英国库中偿补之。我并非欲揭出英国人之短处。但果系如此。必更有许多不堪说之事。故不得不略陈之。

澳门西洋兵头复英吉利兵头士密信曰。英吉利人不要想我留英人在此居住。我亦必守中国人所定章程。不肯违背之。只是中国与英国两边之事。我皆不理。尔但说英吉利人不在澳门居住之难。不思及西洋五千人为英人亦受重累。所有贸易。皆要停止。尔若不念朋友之情。我即将近来几个月内所有之事。宣布与通天下人知道。求各国公议判断。尔所行之事。不独犯我国法律。乃亦有犯于英吉利国家之法律。

设欲停止正经贸易。不许外国通商。如日本近来二百年。不与外国往来之事。此必不能。彼时日本人之机智。与欧罗巴各国相等。即国中之强勇亦与欧罗巴各国相同。况彼时欧罗巴人。已得中国之利益。故视日本之贸易不甚要紧。今二百年来西洋各国行船之法。勇敢之心及国中财帛。俱已大增于前。在日本贸易之日浅。在中国贸易之日久。所以中国贸易。即难停止。

育乃士跌国【即米利坚国名】定必无打仗之意。其信内云。无论米利坚人在中国如何吃亏。育乃士跌国家。定必尽心调停平安而已。前因欧罗巴各国时常打仗。大吕宋各部落亦屡扰乱。所以米利坚凡事俱能忍耐。不肯同别国打仗。

英国人离省城后。因行为有不是之事。故中国人以此罪英国人。米利坚人系恭顺中国。得以照常贸易。前月问我等已议定暂在港外贸易之章程。独花旗不与和心。此系外国不能齐心会合之大害也。

米利坚人从前只欲作两边俱不管之人等语。观去年米利坚人缴鸦片时。只当系英吉利人之物。难道英吉利国家。便不赔补米利坚人所代缴之鸦片价值乎。但米利坚人如果欲作两边不理之人。即应停留在虎门外洋。方得平安。不应具结进口。米利坚人若果能长长两边不理。即可免却我等许多忧愁之事。

英吉利。欧斯特里。俄罗斯。普鲁社四大国。已经同都鲁机国立定章程。又将此章程写寄与伊揖国之巴渣官。但未曾会合佛兰西国。恐此事将来令佛兰西与英吉利两国不相睦。巴利满衙门已命水师军添二千水手。又命即速整顿船只。佛兰西亦增添其兵丁。此事系两边错会了意。我等望其相友爱而定夺之。

卷八十三·夷情备采三·华事夷言录要【此书两广总督林则徐译出。曾见于两江总督裕谦奏摺】

火药外国未用时。中国已有之。罗针亦由中国海船行至西洋。磁器则近日西洋各国亦设窑仿造。而普鲁特之墨林部落尤多。终不及中国之泥细而精洁。惟种牛痘一法。系由西洋传至粤也。

广东走私之船。曰快艇。曰蜈蚣艇【以其多桨形似得名】。排列枪械每于黑夜由小河鱼贯而出。分赴各岸售私。专与官船相避。粤东汊港纷歧。熟习港歧。易于趋避。倘遇官船邀截。不及走避。即持械拒捕。

鸦片船皆下碇于伶仃洋。其岛高尖独峙。颇有居民。山可御东北风。若风暴将起。则驶往对面之金星门。否则被风吹出大洋外矣。

西洋种罂粟花曰波毕。其上等者在麻哈黙那。次等者在麻尔注。孟买。加尔吉达【即孟阿腊首部落】。皆英吉利所辖东印度地。每箱载两满。每满各重六十七棒【十二两为一棒】。合中国秤。每箱百斤有零。其价自一千三百鲁卑。至一千五百鲁卑不等【五十五先士值一鲁卑二鲁卑值一番银】。装箱后。用格拉巴船运至各国售卖。除印度外。又有回教之都鲁机亦产鸦片。每年亦有千余箱运至中国。多是弥利坚船运之。凡装载鸦片之船。每船约载三百趸【每千六百八十斤为一趸】。俟过七洲洋后。到伶仃洋。即有军器之船。在波湾泊。将鸦片移入有军器船内。至夜有内地蜈蚣艇来接。载运至省城。此等船常有二三十只。与官船抗拒。其格拉巴船在伶仃洋守候。鸦片卖完时。扬帆回去。中国始由穿鼻洋跟至老万山。空放响炮。回称夷船尽已驱逐远扬。

粤省与外国交易番银。俱是用大吕宋之达剌洋钱。故外夷各带达剌番银。以买中国之货。近则出口之银比入口更多。以鸦片年增一年。烟价多于茶价也。

广东炮台外。砌有围墙。以防敌人上岸。攻我炮台后路。而墙皆脆薄。只好圈其兵丁不令外走。若以御敌即不能。夷船禁烧酒。同于中国之禁鸦片。水手好酒同于中国之嗜烟。盖水手在船尽受炎热。夜卧风露。加以烧酒之力。一饮则必醉。醉则必发寒热。往往不治。禁令虽严。而水手以酒为命。时时盗买。多藏于水桶。船主望见。但见是水不知皆酒也。

黄埔在水中央。周围皆洋货船。而内地尤帆樯如林。以外国贸易船比之。外国所纳税饷。不过本地百中之一。所以中国不甚希罕外夷在粤之贸易。

中国商欠固多。亦有外夷不清粤店之帐。即开帆回国者。粤店既不能禀官追还。而外夷不法。亦不能禀官处治。

俄罗斯不准船到粤。只准陆路带茶六万六千箱。计五百万棒。因陆路所历风霜。故其茶味反佳。非如海船经过南洋暑热。致茶味亦减。然俄罗斯亦托外国船只带货到粤贸易。

每年中国与各国贸易。并中国出口与外国贸易者约直银八千万员。以英吉利。米利坚为最大。

自公司散后。无人管事。洋商有再著大班来粤之请。英国遂派领事一人。律劳卑于道光十四年至粤。管理贸易。欲在粤设立审判衙门一所。并如英国设主里十二人以助审案。七月二十四日。律劳卑并未经洋商通报。突然闯进省河。中国总督大怒。遂停贸易禁火食。预备火攻。于是委船押同律劳卑下澳。律劳卑到澳。即气忿死。道光十六年。英国义律至澳。由广督奏称各国贸易。惟英吉利设有公司。四首商管束。曰大班。二班。三班。四班。其船定于七八月到广。以货换货。至次年二月出口。维时各大班请牌下澳。至七月间请牌上省。自公司散后。事无专责。前督卢曾奏请敕令夷商寄信回国。再遣大班来粤管理贸易。今十六年十一月接据夷人义律携一妻一子至澳。约束商人水手。惟不管贸易。

广东洋货税饷甚重。夷商屡禀官宪。且洋行会馆抽分。每百两抽内地卖家三分。公贮以备洋行倒塌。欠款无著者。即以此代偿。近因洋行欠项太重。公项不敷。遂仍各欠各还。第公项代赔之例虽改。而抽分如故。名为抽内商。而内商必增货价。则亦仍出自外夷贸易中矣。夷船进黄埔装载七百趸者。计其官费及引水通事一切。使费银将近五千圆。故非大船不能堪此重费。

康熙初。鸦片准作药材进口。每担纳税银三两。后又每包加税银二两四分五厘。至乾隆年间吸食日多。广督奏请奉旨严禁入口。嘉庆间。禁益严。初枷杖。后军流。

鸦片私趸船。初在澳门。后因住澳之布路亚人索费太多。业此者遂议改他地。于道光二年设立趸船。安设军器。抛碇伶仃洋。由葛留巴之船载至伶仃洋。过载趸船。即卸载回帆。商人在省讲定价值。即先交银。写立发票。付与快蟹船。扒龙船。付伶仃洋运入省城。所过地方水师官。均已受贿放过。故近数年多至数倍。

嘉庆二十三年。印度鸦片进口者。只有三千二百十箱。道光六七年。九千九百六十九箱。道光十二三年。有二万三千六百七十箱。道光十六七年。即多至二万四千箱。计印度接济中国。鸦片居其大半。虽亦有销售别处者。总不若此地之多。此外都鲁机亦有千箱。能以入口。除鸦片外。亦有他税重之货。亦泊于伶仃洋。由快艇潜运货物至岸。偷漏税饷。此由道光五年加增海口税饷。始有此弊。后因广东洋米接济。奉旨免米船进口之税。因此鸦片及重货。多暗寄于未甚满载之米船入口。

有人言情愿断止鸦片一物。另开南边港口贸易可乎。我恐未必能行。盖天朝只准在粤贸易者。畏恶外夷。拒而远之。不许深入腹地也。

中国文字。天下闻名已数千年。才能迭出。甲于天下。许多道理规矩。皆与欧罗巴之国略同。只是疲懦不善于战。故为外国人所轻。若以中国人之才能而兼外国之刚强。则欧罗巴人视中国人又不同。想因承平日久。刚气已退。自知不善战。故每事只用柔治。其防守之兵有事只闻炮声而已。水师船遇西洋并无军器之商船。尚抵挡不住。何况兵船。且军器亦多废铁造成。年久并未修理整新。火药则烟方出口。子即坠地矣。

水师之无用。亦由不善调度之故。我见广东岸上粗工力作之人。甚是勇壮。即如中国水上之人。欧罗巴人尚不能及。若以欧罗巴人与岸上粗力人比。自更不能及。若拣此等强壮之人。充当兵丁。真可谓精兵。昔有大吕宋人到广日记云。中国之人若善调度。即为第一等勇壮之兵。言诚不谬矣。

卷八十三·夷情备采三·滑达尔各国律例【米利坚医生伯驾译出】

中国。日本国。无有照会某处之船准进。某处之船不准进。皆禁止外国人。不许进口。在欧罗巴洲中各国。除与有仇敌之数国。此外人人皆可游行。国国可以进口。一经准其进口。就当遵顺其律例。

卷八十四·请造战船疏【方熊飞安庆府监生】

英夷犯顺荼毒生灵。所以猖獗日盛者。以我军徒守于岸。无战船与之水战耳。海口城市居民稠密。绵亘数里。防守弁兵。丛集海岸。夷炮轰击。不必审准。发无不中。房屋倾颓。兵民伤毙。无胆者相率而逃。有勇者不免于死。于是议者动谓逆夷船坚炮利其锋莫当。不知逆夷之炮固利。我军之炮何尝不利。但夷船在水。进退左右。四面皆能自如。我军只有退后一路。其余三面。皆受其制。盖在岸者其势聚。聚则易于中。在水者其势散。散则难于中。此胜负所由分也。

夫边疆有警。则战场在陆。沿海有警。则战场在水。我军若有战船。散布水面。夷船不过三四十只。其来必乘风涛之便。不能一时俱到。乘其大帮未至。才到数船。即放炮轰之。随来随剿。既可省力。即使大帮全至。我军但能预先提向上风。压而击之。则火弹火箭火罐。固可因风施为。即风色或转逆风。不利攻击。则游弈趋避。沿海港汊。皆我内地。可以寄足而夷船不能也。战船定系两旁有木架高下两层。遇贼即用绵絮渔网浸海水挂之。贼炮虽猛。以柔制刚。以水克火不能为害。夷船高大如山。体势笨重。非风不行。海上亦有数日无风者。昏夜暗令善水者数人乘无风时。伏其舵后。用斧锯断其系舵巨缆。舵必上仰而不得力。一遇风作。其船自覆。即不覆亦不能动。此时若用渔船。连环堆载火薪油硝。夜往焚之。渔船低小。夷炮不能下及。夷船底面虽有铜片包裹。而船上之篷席绳索一烧。船亦坐困。此时再以战船逼之。殆如釜中之鱼。将焉逃哉。而且将士在船。四围皆水。不比在岸之一人先逃。众即相率而溃也。既绝逃生之念。自萌敢死之心。此时勇气百倍。何患攻之不力。战之无功。

愚昧之见。各海口用战船数十只。雇渔人之素习风涛。惯驶船舵者。以充水勇。在船训练。每船以百人为断。以武弁数人领之。巡防海洋。自是有备无患之胜算。何也。各处沿海城市。如前此所失之镇海。宁波诸处以及后之失守等处。皆海港以内之地非即海滨。其距海滨或百余里。如天津之距海滨百二十余里是也。至近亦有数十里。皆非海船之夷炮所能及。惟逆夷知无战船以袭其后。故敢直入内港攻陷城池。抢夺无忌。若有战船散寄外洋。彼必不敢直入港内。而惧战船之截击港口。断其归路矣。则港内地方。何至有失守之虞。不但此也。凡有汉奸与逆夷通水米。贩烟土者。即以战船阻截。放炮击之。逆夷之粮食无从而给。烟土无从而卖。财物无从而掠。水战无从而胜。计穷势蹙。坐而待毙矣。此一劳永逸之道。而议者概不及此。盖因承平日久。额设之战船。例价甚轻。监造者不肯赔累。板薄钉稀。一遇风涛颠播。必至破坏不堪适用。若得新造战船。每船必需万金方能坚实。修造计百万金。恐耗经费。故隐忍不言。不思逆夷之患。何时能休。军饷之需。伊于胡底。以防守无益之费。作造船练兵之资。当时之所费相当。后日之所省甚大。如曰造船。必待时日之久。缓不及急。则一面修造战船。一面雇大商船以应之。且雇大渔船以助之。但能善乘风潮。亦可出奇制胜。至战船成则无虑矣。请以地势之所宜酌为船数之多寡。而详定之。奉天天津。粤之虎门。闽之厦门。皆最大海口也。各宜二十只。浙之定海宜十五只。其乍浦宜十只。以为策应。江苏之崇明宜十五只。其上海宜十只以为策应。福建之福州。山东之登州一处。海口最狭。防守犹易。各宜十只。几十处共船百五十只。无事各巡海口。一有警报。福州厦门相近可以互援。江苏浙江可以互调赴援。山东天津奉天亦可以互调赴援。外洋乘风乘潮。行船瞬息千里。应敌者相与暂阻于前。赴敌者不难随蹴于后。我军前后夹攻。逆夷腹背受敌。将见守无不坚。战无不胜。是在水之百五十战船远强于在岸之数十万雄兵。尚何逆夷之足云。况战船一造。即操必胜之权。有明征矣。前此李提督之以三十只船。破粤东艇贼三百余船。又破台湾巨盗蔡牵八百余船。及姚总督之破郑芝龙。皆以船灭贼。以少胜多。又况逆夷闻修战船。谅必心惊胆丧。不俯首求款。即望风而溃。不战而自遁矣。岂非策之最上者哉。战船之修。宜及此时。亡羊补牢。三年蓄艾。未为迟也。迨夷匪荡平。即以此船巡洋缉盗。武备张而不弛。遐方畏而胥怀。长治久安在此一举。

卷八十四·覆奏仿造夷式兵船疏【两广总督祁𡎴】

九月二十五日。奉上谕。奕山等奏制造战船一摺。据称快蟹。拖风。捞缯八桨等船。仅可用于江河港汊。新造之船。亦止备内河缉捕。难以御敌。惟在籍郎中潘仕成捐造之船。极其坚实。驾驶演放炮手已臻娴熟。轰击甚为得力。并仿照米利坚国兵船。制造船样一只。现拟酌照英夷中等兵船式样制造。并将年分例修师船暂停节费。为改造大船之用。各等语。朕思防海事宜。总以造船制炮为要。各省修造战船竟同具文。以致临时不能适用。深堪愤恨。此次所造各船自不致拘守旧式。有名无实。据奏停造例修师船。改造战船所办甚合朕意。均著照议办理。惟海船大炮。系属悬放。火药发时。势必向后坐掣。如何得有准头。现该督等奏业已娴熟得力。著将如何施放之处。再行详晰具奏。所进图说各五件。著再缮就三分。咨交江苏福建浙江督抚。本日已有旨谕。令各就该省洋面情形详加复勘。何者合用。奏请制造。并将原件发给讷尔经额。转交托浑布阅看。加果合用。将来均需粤省制造。分运各省。据奏潘仕成所捐之船坚实得力。以后制造船只即著该员一手经理。断不许令官吏涉手。仍致草率偷减所需工价。准其官为给发。并不必限以时日。俾得从容监制。务尽所长等因。钦此。臣等遵即传到该员潘仕成。恭宣谕旨。该员感激天恩。情词踊跃。自愿垫发银两。交木商购备船料。由该员监工制造。尽心竭力。务使一船得一船之用。旋据禀称即行先发银十万两。交木商出海。约可购船料十余分等情。臣等查此项经费银两。仍须由官给还。

前经靖逆将军奕山。会同臣等奏明。拟将粤东现届拆造年分例修师船。暂停制造。惟每年节省。为数无多。随后再行筹款奏办等因在案。兹督同各司道等覆行详查。所有届限应行大修小修。各项师船原因虽有损坏。尚堪修理。若一概不修。是以有用之船。全归废弃。而各海口额定船只。短少太多。难资巡缉。是已届小修大修船只。似仍应照例修理。其届限应行拆造船只。系全照价制造即可全行停止。合计各厂。每年应行拆造师船。多者十余只。少者八九只。间有三四只者。其师船有米艇及捞缯等项之殊。米艇又有大中小之别。每只例价。自一千六百余两。至四千三百余两不等。就十年以来。比较经费。若每岁节省。约计三万两上下不等。此外别有遭风损坏师船。事出不虞。不在寻常岁修之例。每年难以核定。亦拟将应修者。仍行估修。应改造者亦即一律停止。以归节省。惟每岁节省银两无多。不敷改造大船之用。查本省外省士民援照豫工新例。在广东藩库报捐。前于具奏办理夷务用过银两数目折内声明。有已上兑银十七万两。统应归入军需项内备支。嗣后陆续报捐截至九月底止。计共捐银四十五万余两。现在军务既定。可无意外之需。广西留防兵丁一千五百余名。已全数撤令归伍。水陆各勇。亦经分别裁撤。止存六千余名。每月不过用银五六万两。此后壮勇。尚可再行裁汰。更可节省。所有造船之费。即可在报捐银两内动用。

其一切制造事宜。统由潘仕成一手经理。毋许官吏涉手。仍钦遵前奉谕旨。咨商两湖四川督。臣将可造大船坚实木料俟体察实在可用。即分别咨取。一并发交潘仕成监制。俟造就三十只后是否足用。再行酌量办理。并另造小号战船三四十只。跟随大船作为羽翼。常用驾驶操练。将来旧式师船。每年停造之数渐多。即将此项新船。补拨各海口。平时可资巡缉。有事调备不虞。似于海防有裨。至前奉谕旨。饬令粤海关监督臣传谕洋商。设法购买夷船。已据洋商伍秉鉴潘正炜禀称。捐买米利坚。吕宋夷船各一只。臣等查验木料坚实尚堪应用。惟船只尚小。且亦略旧。现仍督饬洋商随时察访购办。谨将船只图说各五件。遵旨照缮。移咨江苏。福建。浙江各省备查。再船内放炮取准一节。查夷船桅上造有桅盘。用中等木桩镶做。形似半筐。其上可容十余人。桅上所用大炮。系用绳悬拽起。安置桅盘之上。现在潘仕成所造之船。船身系照夷船制造。其桅篷则仍是内地式样。船上止有桅杆。并无桅盘。不能悬放大炮。现在所造船内用炮架安置演放轰击。其炮架图说。先已进呈。俟下次采到木料。即全仿夷船桅盘之式。一律制造。前又有造就夷船小样一具。业经奕山携带回京。豫备进呈。

卷八十四·造炮工价难符例价疏【靖逆将军奕山等】

查军营器械必须整齐。枪炮必须坚利。方足以壮军威。办理防堵善后。炮械尤须制造精良。粤东旧存军械。及各兵丁随带军装本不敷用。且损烂遗失均应随时添补。惟时值急需。工价物料。倍昂于平日。若照例价核发。断难备办。且此次新铸三千斤以上各大炮。炮身愈重。则膛口愈宽。炮子则须加大加重。适与膛口配合。方能轰击有准。又恐炮子过重。不能及远。查夷人所用大炮子。多有通心。亦有空心者。今仿照制造。庶几模大质轻。可期攻坚致远。又将空心炮子分作两开。炼成熟铁。中系铁练。约长尺许。用时将铁练收入空心。仍旧扣合。无异寻常。炮子一经轰击出口。则两半飞舞。形如蝴蝶。击中夷船桅索。即行钩挂焚烧。名为蝴蝶炮子。再旧式炮子合缝处。总有线痕一道。横梗中央。轰击时不无窒碍。现在饬匠铸造。务须磨光无线。此等名目做法。例所不载其工料价值。亦非寻常所铸炮子可比。应请俟各样炮子铸成后。核明铜铁斤重数目。汇同军装器械各项。援照浙江奏案。于例价外酌加四成。俾工料可期坚固。而制办不致棘手。事竣一律造销。再英夷猖獗。全恃火器猛烈。我军亦须多添枪炮。广东自兴军以来至今已陆续铸造铜铁大小炮千余位。自数百斤至八千斤及万余斤不等。并有各国夷人护货来粤。带有大炮鸟枪。其枪炮铸造精良。别有自来火鸟枪。推动机关。即能燃放。无需火绳较为灵便。当饬洋商及绅士军民广为购买。而价值亦较昂贵。应请按照购买制造实价确切造具细册核销。至铅丸火绳。军营需用甚多。查乾隆五十七年。工部奏明各省备办铅丸。不准另开耗铅火工。其火绳一项。常年操演所用。令兵丁自备。以归节省。倘遇另案军需动用。该督抚预行奏明。均照京城制造药铅火绳工料办理。奉旨依议钦遵在案。今英夷滋事。各兵勇操练巡防。需用药铅火绳等项。为数不少。制造铅丸不无火耗。未便责令自备。应请照奏定章程。均照京城制造工料办理。但广东产麻较少。火绳向用榕树皮成造。用之已久毋庸更张。应仍按麻火各绳。分别例价核销。又查从前旧式炮架。笨滞艰涩。旋转不能如意。且系寻常杂木。木性松脆。一经炮发震动。榫缝开裂。既难取准。又不能再行施放。况从前所用炮位。数百斤及一千斤上下者居多。此次添铸二三千斤至一万斤以上大炮。断非旧式炮架所能运动。即五六百斤各炮架。亦须坚实利用。现系拣选至坚至重之樬木及油椎等木。装作两层。上层四小铁轮中贯铁心。如磨盘式。以便旋转。下加两大木轮四全铁轮。以凭扯运。中间著力处所。加用铁条外包铁皮。其本轮钉以铁瓦。所用工料价值。较之从前制造。相去悬殊。而运用较灵。查大炮之轰击有准。全在炮架得力。未便因工料昂贵。即为迁就。除一万余斤之大炮架尚须筹议制办外。其已经制造之大小炮计架一千五百余座。内有照旧用式样另换工料者。有平底两层四轮。中用磨盘心者。有照夷式四轮两旁加用滑车。以便牵拉进退者。又有照夷船内所用炮架。分为两层者。费用计复不赀。谨将各炮架式样绘缮图说四分。并另缮炮架价值银数清单。先行恭呈御览。

卷八十四·水勇小舟攻击情形疏【将军奕山等】

道光二十一年八月二十八日。奉上谕。给事中朱成烈奏拒炮之法。以牛革两片联而为一。使尖其脊。如蛤之开。负于背后。高出于首。贼如开炮。则群伏于地。牛革上窄下宽。炮子必皆滚落。此陆战之法。若与水战。则以木驴置于小舟之上。亦以牛革为之。如船篷式而尖其脊。炮子到脊。滑不能住。皆从两旁滚入水中。且小舟高不过一尺。木驴高不过三尺。大炮自六七尺以上飞过。不能击及。可操必胜之权等语。现在逆焰凶恶。全恃炮火。我兵于避炮之法。不可不博采众论。加意讲求。著该将军参赞。及沿海各将军督抚体察情形。该给事中所陈御炮之法。是否可行据实具奏。将此各谕令知之。臣等当即如法。用牛革双层。上窄下宽。制就蛤形。傍设二环在内。左右分执。以便开合起伏。于常操时。用抬炮遥试。锣鸣即伏。可躲避。惟两手持牌不能执持枪械。又不能遮身后之人。夷人炸炮落地。始行轰裂四击。毒火满地。即使牌可护身。不能前进。夷人闯至。徒手亦不能杀贼。至木驴载以小船。加牛皮三层。臣等亲放至海面。使快蟹船以子母炮演放。二百步外。两层俱透。五百斤炮中之。连船俱覆。春间在燕塘制造护船挡牌。以大木为架。用藤笆二层。棉胎二层。牛皮三层。用一千斤大炮。在三百步外试之。中皆洞彻。详细体察情形。以此御夷。皆不得力。惟粤省现制长牌。下缀双轮。以藤为托。以棉絮厚铺其上。幔以牛皮。覆以湿被。牌上留孔。以红糖盐水灌透。永不乾燥。以二人执之在前。行则护炮。止则为营。植牌时牌尖向后斜立。火箭抬炮。俱可自上溜过。陆战尚属可用。该给事中又称水战。则以牛皮木驴置于小舟之上。而尖其脊。炮子到脊滑不能住等语。该给事中意在以小胜大。以卑避高。诚不易之论。粤中水勇亦用此法。惟船上不用木驴。系用八人以桨荡扒龙小艇。旋转如飞。驶进贼船。即覆舟下水。以首戴之而行。一近贼船。即反船超上。抛掷火弹火炮。得势则钩船而上。不得势仍覆舟荷之而行。大炮下击。子必落水。且人在水中。万不能中。但此等人非真习水性者不能驱使。陆续广为招徕。现在仅得二百余人。随火船出没或可乘间制胜。

卷八十四·制造出洋战船疏【靖逆将军奕山等】

道光二十二年六月十四日。奉上谕。前据奕山奏广东曾捐造大号兵船一只。颇能驾驶出洋。可见木料人工。随地皆有。急公好义。正不乏人。嗣后如有捐资制造战船炮位者。该督抚查明保奏。朕必照海疆捐输人员。从优鼓励。钦此。

又七月十五日奉上谕。沿海向备战船。原以为巡哨御侮之需。近来各省。多半废弛。不能适用。是以海氛不静。御寇无资。广东为沿海首要之区。必应先行整顿。前经降旨。谕令该省制造大号战船。自必早为筹划。妥密办理。惟此项船只。无论大小。总以坚固适用为主。并能于中间安放炮位。若仅依向来水师战船修造。仍属有名无实。著该将军等极力讲求。雇觅工匠。迅将各样大小战船。赶紧制造。其式样如何。著先行绘图贴说驰奏呈览。如木料不能坚实。制造不能如法。将来经朕派员查出。惟奕山等是问。倘一时不克凑集。如有可购买之处。著即先行设法购买。钦此。

又七月十六日奉上谕。前因海疆防御。首重战船。降旨饬令粤省酌筹制造。并将方熊飞原呈钞给阅看。兹复据金应麟奏请饬。多备船只。其造舟之法。如子母舟。联环舟。及楼船。走舸。斗舰。海鹘。游艇。蒙冲。并三层船。两头船。闯头钉船。皮船等项式样不一。著奕山等悉心体访查明。该少卿折内所奏各船究以何项船只。最为得力。即购备坚实木料。赶紧制造。并将拟造船式绘图贴说具奏。其该省洋商内。如有深悉造船之法。及力能设法购买夷船者。并著文丰留心访察。加以激劝。原折著钞给阅看。将此谕知奕山祁𡎴等知之。钦此。

臣等伏查该少卿金应麟具奏各项船只。俱系征诸载籍。所论不为无稽。惟是造舟之法。贵因时以通变。尤贵因地以制宜。往往有宜于古而不宜于今。宜于江而不宜于海者。该少卿奏称川广之船。足以制江。闽粤之船。可以防海。原非专指粤东一省而言。而臣等体察粤东现在情形。自应专于讲求防海御敌之船。以期得力。若如该少卿所称子母舟一项。遇敌即钩其舟。母船纵火。与彼俱焚。伏兵开子船归。联环舟一项。分为两舟。中连以环。遇敌纵火。前环既解。后舟即回。二者但可为焚烧敌船之用。又如走舸。轻若飞鸥。游艇则回军转阵。蒙冲则开掣掉空。矢石难破。四者但可为掩袭敌舟之用。至于楼船。则建楼三重。可驰车马。斗舰则百二十步。以木为城。但质体笨重。昔人已虑其陡起暴风。人力难制。又如三层船。首尾造暗舱。以通上下。中层铺刀板钉板。以设机关。两头船两头制舵。遇东风则西驰。遇南风则北驰。以及闯头钉船。状如板片人在舱底。每多掩蔽。水拍船上。亦不沉没。皮船用生牛马皮竹木缘之。状如箱形以竿系木。相辅而行。以上各项船只式样不一。现在粤东省河内。如快蟹。拖风及捞缯。八桨等船。似亦大同小异。然悉心体察。仅可用之于江河港汊。若施之于茫茫大海则亦未见其尽善也。匪特此也。即如粤东自上年造船以来。绅士许祥光等。捐造船二只。左右设桨六十四枝。轻捷便利。若驶往大洋。又苦于不能荡桨。批验所大使长庆承造船一只。仿照昔人两头船之法。两头制舵。中设两轮以激水。左右设桨三十六枝以上。三船仅可备内河缉捕之用。广州府知府易长华。承造船一只。较之例造大号米艇。工价加倍。虽可驾驶出洋。但木料板片未能一律坚致。亦难御敌。惟查上年绅士潘仕成。捐造船一只。仿照夷船作法。木料板片。极其坚实。船底全用铜片包裹。以防虫蛀。现已调拨水师营弁兵驾驶。逐日演放大炮。臣等亲往白鹅潭。督令操练炮手已臻娴熟。轰击甚为得力。现在潘仕成续又造成新船一只。照旧船加长。工料亦仍旧坚固。尚有未造成二只。与此船同式督工赶办。约九月内亦可造竣。

本年夏间。有米利坚国兵船二只。护送夷货。驶至黄埔。该夷船人告知通事等云。伊外国兵船结实长大。如天朝官员想上船看视。尽管来看等语。维时南韶连总兵马殿甲。署督粮道西拉本。赴东路一带。稽查壮勇。与提督吴建勋等。登其兵船。该兵头呈献小三板船一只。伊国地理图一册。随优加赏赉。以示怀柔。当即逐细察看。该兵船分上下两层。安设大炮四十余位。均有滑车。演放推挽。极为纯熟。其尤灵便。处中间大桅及头尾。桅均三截。蓬亦如之。设值风暴即将上截桅篷落下。较之我船桅系整枝。尤觉适用。譬如北风。若行船自南而北。即系顶风。谓之折戗。我船迟笨。戗驶行似梭织。夷船转篷灵便。戗驶略偏风而行。我船向用木碇棕绳。若遇急流巨浸。下碇不能抓地。该夷船碇。纯用铁造。尤为得力。随觅巧匠。照该船形势制造船样一只。臣等公同阅看。悉心筹画。逆夷恃其船坚炮利。因我师船不能远涉外洋。与之交战。所以肆行无忌。监生方熊飞所称额设战船例价甚轻。监造者不肯赔累。以致板薄钉稀。难御风浪。系属实在情形。而该少卿所称造舟之法。宽以岁月。持以实心。无惜重资。无拘文法。数语尤属中肯。此时如讲求最为得力之船。必须仿照夷船式样。庶堪与该夷对敌。惟最大夷船。炮位三层。可安大炮七十余位。船身长十七八丈。亦觉制造维艰。兹拟就其中等兵船式样。如法制造。并将官绅等造成各项船只。分别绘图贴说。恭呈御览。

至采办木料。上年委员赴钦州一带购买。据禀洋面不靖。安南木商。不肯出海。无从购办。查坚实木料。出产于外洋者居多。现在设法招商采办。并传谕粤海关监督文丰晓谕洋商购买夷船。兹据该监督呈称。转据外商禀称。现在黄埔夷船。俱系载货来粤。仍须原船载货回国。未肯出售。俟探听进埔之船如有坚固愿售者。再行设法购买等语。至现在潘仕成造成战船一只。核实估价计银一万九千两。该监督情愿捐廉。陆续发给。无须动用帑项。各等情理合一并奏闻。再查制造战船。既取其工坚料实。断不能吝惜重价。必须先造大号战船三十只。再造小号船三四十只。既可为大船羽翼。又可资洋面缉捕。所费实属不赀。臣等公商。拟将粤东现届拆造年分例修师船暂停制造。以冀节省经费为改造大船之用。每年节省为数无多。容随后筹出款项。再为奏明办理。

又道光二十二年五月。靖逆将军奕山奏查逆夷巡船有大中小三等。专为接仗而设。大巡船载炮七十余门。中巡船载炮四十余门。小巡船载炮二十余门。其装兵船。则仅有炮十门八门及四门二门不等。系为夷兵居住。及装载火食之用。

水师提督吴建勋拟仿照夷船制造战船式。计长十三丈宽二丈九尺。深丈八尺。木料坚实。间或购自外洋。船底骨长十丈七尺。底板内板计两层。底板厚四寸。内板厚三寸五分。头桅二桅。俱长六丈。三桅长五丈七尺。每桅分为三截。视风之大小。随时续之使长。卸之使短。大可驶风行走。风篷用布。亦分四层张挂。如遇顶风折戗。收驶便捷。船底板之内。内板之外。共安横柴一百五十四道。曲手一百五十四对。舨柱一百零八条。舵条长三丈七尺五寸。径一尺。铁锭大小四门。抛泊时随宜用之。共重五千六百斤。系铁链大小三条。共重一万九千斤。船底骨并头尾鳌舵俱用铜片包裹。共铜片重一万三千余斤。另用生铜钉一千四百余斤。铜柱钩环不在此内。铁钉自一尺三寸长。至五寸二分不等。共计重一万六千余斤。此外铁板铁箍及钩环之类。约计用铁一万余斤。船底骨用洋杪木。桅用杂木。底板内板俱用梨木。舵柱舵牙缴关心俱用樬木。舨柱缴关盘炮架俱用吕宋格木。头鳌横柴曲手俱用樟木。舱面用红罗木。其余多用油松或杉木。船头安炮一位。船尾左右安炮二位。上层左右共安炮二十二位。下层左右共安炮二十四位。各重二三千斤不等。船内设水柜四个。米舱二个。械舱二个。火药舱一个。炼舱二个。另有官舱为开兵栖止处所。此船约可容三百余人。所用工料银两。将来造成方能核计。【另有图一张进呈】

广州府知府易长华。承造师船长一十二丈。宽二丈六尺。深一丈零五寸。较大米艇加长三丈五尺。加宽五尺四寸。加深一尺二寸。船底及舭板俱厚三寸。较米艇加厚一寸。大桅长八丈七尺。头长七丈五尺。三桅长三丈二尺。船头并两旁及船尾。共开炮门二十五个。各安一二千斤大炮。大桅之前为缴关用以盘绞篷索。大桅之后。中间为火药柜。两旁为淡水舱。木料俱选用坚实。间有采于广西。购自番舶者。缴关风坛舵柱。用橞木。桅夹横柴拱腰舭柱曲手用樟木。舭板上下用梨木。中有杉木。战棚板用红罗木。大桅头桅用洋木。大桡二桡三桡俱用咖喃呢木。其余均用杉木。船头两旁安舭板。以便探水。船外两旁。各安水蛇五道。其内安大曲手五对。中曲手二十一对。以固船身。船内两旁。安拱腰二百四十四条。又于舭板内。安舭柱一百七十四条。排比极密。以拒炮子。铁钉俱加长加密。自长一尺九寸至五六寸不等。共享铁一万五千余斤。此船约可容二百人共用。工料银八千余两。【另有图一张进呈】

批验所大使长庆。承造水轮战船一只。船身长六丈七尺。舱面至船底。深四尺三寸。头尖连阳桥宽五尺三寸。中连阳桥宽二丈。两头安舵两旁分设桨三十六把。中腰安水轮两个。制如车轮。内有机关。用十人脚踏旋转。轮之周围。安长木板十二片。如车轮之辐。用以劈水。巴杆二道。以西桅杉木四根为之。各长三丈。每道安布篷一架。舱底安曲手湾绕共三十四对。以樟木为之。水轮用梨木榄木。舵用橞木桷木。其余多用杉木。铁钉自长九寸至三四寸不等。约共享铁三千余斤。两头及两旁共安大炮十二位。二千斤至八百斤不等。其船上墙板炮窗等处。用生牛皮为障。毛竹为屏。架以藤屉。夹以棉胎。以避炮火。交战之际。更罩罟网六层。并棕片布屉为软障。用时以水灌湿。庶可御敌。以壮军心。其篷索平时以药浸制。再于船中暗设火器药烟。临阵旋转旋放。此船约可容百余人。共享工料银七千两。【另有图一张进呈】

在籍刑部郎中潘仕成新造战船一只。船身长十三丈三尺六寸。底骨长十丈零八尺。面宽二丈九尺四寸。高深二丈一尺五寸。底骨用洋梢木围大六尺。径二尺。船底横柴八十余度。俱大六寸。厚六寸。两边拱腰。共计三百三十余度。俱厚七寸。大五六寸。上下曲手共一百六十余只。俱用樟木梨木。船底用柳州杉板。厚三寸。船帮用洋油木。板夹拱腰共厚一尺三寸。船内柜口龙并柜幢共一百一十五条。通用洋杪木油木。椽黎俱大八寸厚六寸。柜板用红罗木。厚二寸半。船内外横筋共三十二度。大一尺二寸。至八九寸不等。大桅长八丈七尺。中间甲口。围大八尺四寸。径二尺七寸。用洋来吧嘛木。头桅长七丈五尺。中间甲口围大六尺六寸。径二尺一寸。用洋来杪木。舵碇俱用咖喃呢木。船底用铜片包裹。连钉片共用铜六千七百余斤。铁钉长二尺。短至五寸不等。共计用铁二万四千余斤。另铁铙二门。及铁条铁马铁勾。以拘船身。风帆三架。俱用洋来砜布计长四百余丈。船舱分三层。下层压石。约深三尺。余二层间档板十六度。俱用红萝木。厚二寸半。中藏水柜三个。火药柜三个。弹子柜二个。中层两旁安大炮二十位。船尾安炮二位。自二千斤至三四千斤不等。柜顶棚面。两旁安炮十八位。自一千斤至数百斤不等。仍可分列子母炮数十杆。船头炮位。随宜安放。此船可容三百余人。共享工料银一万九千两。尚有未造成战船二只。亦照此式制造。约九月杪可以完竣。【另有图一张进呈】

在籍户部员外郎许祥光等捐造战船二只。船身长九丈九尺。及十丈不等。均宽一丈六尺。高深一丈三尺。大桅长五丈六尺。头桅长四丈二尺。三桅长二丈三尺。船底以西桅杉木为之。厚三寸。底骨用足油松木。舭板及左右护板。俱用杉木柚木。舭板厚八寸。护板厚三寸半。舱内横柴共一百二十根。用樟梨等木。曲手共二百四十条。用樟木。舵碇用橞木。桅夹风坛。俱用大樟木。火药柜外用铁片包裹。铁钉自长九寸半至长数寸不等。共享铁九千八百余斤。中分二层。上层头尾并两旁。共安大炮十五位。自二千斤至八百斤不等。炮位之上设护板。炮手在下。籍以遮蔽。护板上。密排子母炮三十六位。与大炮相间。连环施放。上层舱面。留廒口二处。与下层相通。以便炮手人等出入。下层左右。设桨六十四枝。桨眼间设子母炮。及小铜炮。以备近攻。打桨者与放炮者各有专司。且各有避炮之处。有风驶帆。

无风打桨。每大战船一只。用此船二只。前后策应。船内共设水勇一百七十四名。其船吃水仅三尺。遇浅水亦驾驶如常。此船工料。每只约用银五千余两。【另有图一张进呈】

卷八十四・安南战船说【余姚县知县汪仲洋】

前两广制府林公到镇海。论及战船。检箧中绘存图式以授。计凡八种。而安南船居其半。一种广东水师营快蟹艇图。计两桅。每面用桨二十枝。一种知沙碧船图。计三桅。有头鼻与英夷船同。炮二层。三十四位。长十二丈。一种花旗船图。三桅与英夷船同。炮二层。二十八位。一种安南国鱼船图。此船一名战船。用在布梭大头三板船后。长约八丈余。宽约八九尺余。更加宽长亦可。形如大西瓜扁式。两边安炮。兵在篷内打仗。不见敌人炮火。有胆进攻。木料要十分坚厚。使炮子打不动。头尾两边。各设桨三四枝。或设车轮激水。更为稳捷。炮眼上一层设木栏。栏如女墙式。排列枪炮。栏上设木拱。篷厚二尺。顶有井口。以透烟气。

一种安南国大师船图。船身约长十四丈。宽约二丈一二尺。舱深一丈余。船头与尾均平。绞缆用绞盘。船底艕厚五寸余。水离艕厚七寸余。舷边一尺余。以坚木为之。舷外企排六寸。宽厚木枋以挡炮。舱内通挡藏火药。舱安大炮。后正中两边。夹以水柜。相离二尺。不至潮湿。用木桶装贮。不用瓦器。凡两桅。桅凡二段。以笋接竖。式与英夷相同。此船较鱼船更巨。皆安南之大船也。

一种安南布梭船。形如夷船。小三板式。长约三丈。宽六尺。两旁每面设桨十余枝。头尾各安熟铁大子母炮一位。两旁配小炮四位。枪兵二十余名。两头用舵。首尾不分。随意棹走。一种安南大头三板船图。此与布梭船当先夹攻。其船头须十分坚厚。外加八字桨。以生牛皮数层盖之。且船头高于船尾二尺。弹子击来。伤不著船中之人。船两旁高与掉桨人头齐。船头安千斤炮一位。两艕船尾各安子母炮。配桨兵二十余名。把舵一名。司炮数名枪兵数名。每船约用三十余人。船身长三丈余宽七八尺。艕用坚木厚约二寸。此船及梭船。越南谓明太祖用小船破陈友谅大船之法。英吉利来侵越南。赖此等船胜之。以其不借风潮。而能运动如飞也。

一种车轮船图。前后各舱。装车轮二辆。每轮六齿。齿与船底相平。车心六角。车舱长三尺。船内两人齐肩。把条用力。攀转则轮齿激水。其走如飞。或用脚踏转。如车水一般。船身长一丈七尺五寸。船舱肚阔五尺。船边护木。离船一尺一寸。头尾用木篷。中用竹篷。船篷至底高六尺余。一半入水。如船轻用石压之。盖船底入水一尺。则轮齿亦入水一尺也。按以上安南船凡四种。其布梭船大头三板船。长仅三丈。操楫飞行。进退惟意。实与轧船相似而无轧船之名。诚能仿安南之四种。若大师船鱼船造三分之一。布梭船大头三板船造三分之二。工料务求坚实。枪炮咸为预备。拣选善没水之勇健。不时操练。分布粤之虎门。闽之厦门。浙之镇海。乍浦。吴之上海。北直之天津。随英夷所到之处。长短大小相卫。但于海口内洋攻之。彼何能肆行无忌。阑入内地。

瀛环志略曰。英吉利兵船极大者。安炮一百二十门。次一百。次九十。次七十四。次六十。中等者安炮四十四。次三十六。次二十八。小者安炮二十。次十。次六。其船大者三桅。长十五六丈。次者二桅。长约十丈。船形平直。两舷高六七尺。船腹入水深者三丈余。浅者两丈余。小者丈余。包以铜片。厚一二分。防蚝虫蚀船也。船底有三龙骨。正中者高三尺许。平而直。两旁者相距尺许。低于中龙骨尺许。船底厚约七八尺。表里两层。故谓之夹板。钉极密。以铜为之。长尺许。舵甚小。在中龙骨之尾。长与中龙骨齐。桅三节。在根者围约三尺余。长约十丈。入船腹者三丈余。直抵龙骨。在外者七丈余。中一节。围约尺余。长约二三丈。上一节围不及尺。长止丈余。每节相接处有木架。可坐数人。持仪器审方向。又可悬炮击远。帆分三幅。以布为之。卷舒极速。绳索密如蛛网。两旁有绳梯。用以登桅。船首有桅。长二三丈。其势斜立。亦施篷以兜风。谓之头鼻。炮位少者一层。多者两层。至三层。上一层在船面下。两层于船旁开炮洞。人在船腹。其船行大洋中。不畏风浪。其篷关捩灵巧。能收八面之风。惟入水过深。最畏礁石。一搁浅即立败矣。船料皆番木。或黄色。或赤黑色。皆极坚纫。船之内外。时时拭涤。皆极光泽。绳索拭以油。使其柔纫。隔数日辄重拭之。

万历中。汪鋐凿舟沈敌之说。自来以为奇策。谓募善水之人伏船底。用利斧凿孔。其船立沈。又闻善水之人。能伏水底七昼夜。能于水中食饼饵。兼操作。尝以询之窦提军【振彪】。提军云。此技余少时尝学之。未成也。而知其梗概。凡人入海。必先闭目。否则为咸水所侵。目且盲。必闭气。否则流随吸入。转瞬而腹彭亨。年少力壮者。闭气稍久。亦断无逾刻许者。其能不浮不沈。恃手足之运动。运动少停。则随波涌出水面。断无在水中尚能施力运斧之理。且海水波浪最劲。愈深愈劲。能浮江河之水者。入海水则败。能浮内港之水者。入大洋则败。善水之人在大洋落水。得片板可不死。若徒手浮沈。大浪中力尽气微。亦未有不死者。此技即使至精。断不能化其身为鱼鳖。世俗耳食。资谈柄则可喜。施之实事则愚矣。又守备吴金魁【水师勇士。杀海贼无算。为贼伤毙得旨后恤】。亦尝习此技。余问之亦云然。

卷八十五·火轮船图说【歙县郑复光】

曩见传钞火轮图说。不能通晓。嗣见小样船仅五六尺。其机具在内者未拆视。又于丁君守存处见一图。俱有在内机具。与前图相表里。故会通其意。为之图说。其尺寸就小样船约之。质多用铜。大船未必尽然。会心之士。必毋泥执。

一曰架。铜为之下槛四根。长短各二。连成长方以为底。上梁四根亦如之。四角各竖一柱。而架成矣。其近前梁处。加一横梁。从上直穿三圆孔。中一旁二。其后槛居中。亦从上穿一圆孔。其旁两长槛。当横梁之下。各有圆孔。则横穿之。架之大小。称船之舱。

二曰轮。后轮二。命为支轮。缘其小于前轮。取其支架。令平可陆行以抵舟也。形似车轮。两轮共轴。轴端圆而轴中竖短柱一。柱端亦圆。为直轴入后槛孔中。则两轮可前后转。以便左右也。轮在舟内。前轮二。命为飞轮【名见奇器图说】。缘轮体重而形圆。一周之重如一。故其未动也似多一重。而其既动也。则多一力。所谓已似无用。而能以其重助人力者也。轮心孔方。轴圆而榫方。轮随轴转者也。轴近榫处。各作一曲拐曲。拐外贯旁槛横孔乃安轮。轮在槛外。而舟内外轮二。命为行轮。轮舟双环。连之以版。或八片。或十余片。用以拨水如桨然。在舟外两旁。毂孔亦方。

三曰柱。曲拐二。皆运之以柱。为边柱下端各作圆孔。以受曲拐。上贯横梁两边孔。另有中柱贯横梁中孔。三柱上齐连以横栓。所以同其下上之也。中柱稍短。其下入于气筒。气筒颇粗面有盖。盖心有管恰套中柱下端。密而宽。宽以利柱之下上。密欲其不甚泄气也。气动中柱。则边柱同动。而曲拐运转飞轮也。【附】气筒机。具得自丁君传来之图。甲乙为总管。藏在锅内。气从甲下。行至乙。则分而为二。上由丙入己。下由丁入庚。乙内有舌如门扇。轴安左边【如风箱中事件】。气从乙入为舌所碍。不能两管并进。必寻隙而行。辛为铁条【即如申柱】入子孔内。戊为记版。以铜铁为之【初疑太厘或夹皮如水炮中事件。丁君言在沸水热气中。皮难坚久。见风枪中事件。亦铜铁也】。壬另一管。上通丁。下通癸。原称癸为盘不类殆是筒也。内气化水则入于此。癸外当另有盘贮冷水。癸浸其内。气过盛使化水。不致毁裂机器也。气寻隙行。假令隙在丙。舌必下而掩丁。气全入己则戊为之下矣。戊下已足。气来不止。必寻隙入丁。舌自上而掩丙。气全入庚。则戊为之上矣。夫己庚相等。则势均力齐因子稍泄气。癸能化水。自生呼吸。所以下上甚速。灵动微妙。不可思议。但曲拐之转。因柱下上。可左可右。而飞轮一动。重助其势。则左之必左。右之必右。自有顺无逆矣。

四曰外轴。【内外】枢。轴内端方而外圆。连内方处。圆之入船帮。连外圆处。方之入轮毂。方端入内枢。圆端入外枢。内枢铜版一片。厚一分。阔七八分。长视飞轮。内径稍杀。中作方孔。以受轴内端。版片两端。各立短柱。入飞轮两辐之间。辐动则拨短柱。而轴随之转矣。外枢略同内枢。长视外轮。径稍盈则向内一折。使足函外轴。又向外一折。各作两孔。用两螺丁以固于船帮。中心作圆孔以受轴外端。所以管轮而利轴转也。

五曰外轮套。径足函外轮而止。内外两层。外为正面。全圆之。内为背面。半圆之连合以墙。亦半圆而止。所以围外轮。束水使上不旁倾也。半圆径边。安两合页。用螺丁固于船帮墙上。

六曰锅灶。锅下安灶。后开火门。锅边起墙。高及架。上有盖。立两柱夹之柱端。安横梁。中开孔。以螺丁固其盖。前有灶突高过于架以出烟。锅近上口。旁有一管。横曲上出。其端如碗以入水。碗底管旁横一柄。命为闭气柄。右推则开以入水。左推则闭不泄气。稍下复次第安两管。为出水管。皆横曲下垂。有闭气柄。盖为斟酌水之多寡设也。锅灶切近。内之后气筒。则在架前横梁之下。当是长管藏锅内。从项下垂。将至锅底。一折横行。至气筒处。以远滚气入筒也。曲拐左近。下有垂管。安闭气柄。想与气筒相通。盖欲泄气以泊舟。兼为气化以出水也。

七曰桅。两截参差相接。下截高过船舱。端作长方栅栏架。长约尺半。阔八寸。上可栖人。以窥远用炮也。

八曰绳梯。上结栅架。下结船边。

九曰破风三角帆。有木如桅卧安船头。长四五尺。突出船头者三四尺。端系两绳。一附木系于桅根。一斜迤而上系下截桅上。成三角形略合句四股三之度。布作三角帆斜边及下边。安铜圈无算。套两绳上。逆风张之以破风。不逆则收之。然不能一捋便收。必解绳方无碍。则用铜圈者为收折如扇。以省手揲之烦耳。

十曰破浪立版。舵版立舟底。高约及尺厚二三分。前齐舟底。后杀于底者寸余。另附木片高称之。阔约一寸为之舵。舵乾上入舟处。有木套形似碑。藏其机于内。高及胸上。端横出一轴。轴端有加版轮【名出奇器图说】。顺拨则舵左。逆拨则舵右。

十一曰全图。原传图说。言帆虽设而不用。逆风日行二千里。图说甚略俱不明了。晋江丁君拱辰演炮图说云。夹板船大顺风。日夜行六百里。火轮船顺逆风顺逆流亦行六百里。以表与脉较准。一呼一吸为时一秒二。船皆行二丈一尺似属征实。然一周八万六千四百秒。以二丈一尺乘之。里法百八十除之。得一千八百不合。盖所据推算尺度之殊不足异也。至原传图说。帆设而不用则何必设。又画有法条。实为无用皆不足据。或谓风力可以飞石移山。并其逆风能行者亦疑之。不知飞不移山之风。顺风且不可行。逆风岂真谓此。殆谓寻常逆风。他舟袖手。此可径进。风若稍顺。则熄火张帆。未尝废帆不用也。其巧在三角帆以破风立版以破浪。行船巧在轮运。轮巧在曲拐。若夫风浪之力。所以大者气法也。水火之力亦气法也。分风擘浪。则彼气之力失势。火炽水沸。则此气之刀得势。彼失此得其加减此例。诚有不可拟议者则逆风能行。理有固然。虽日二千里不无夸张。或谓书夜行千二百里者近是。

火轮船式

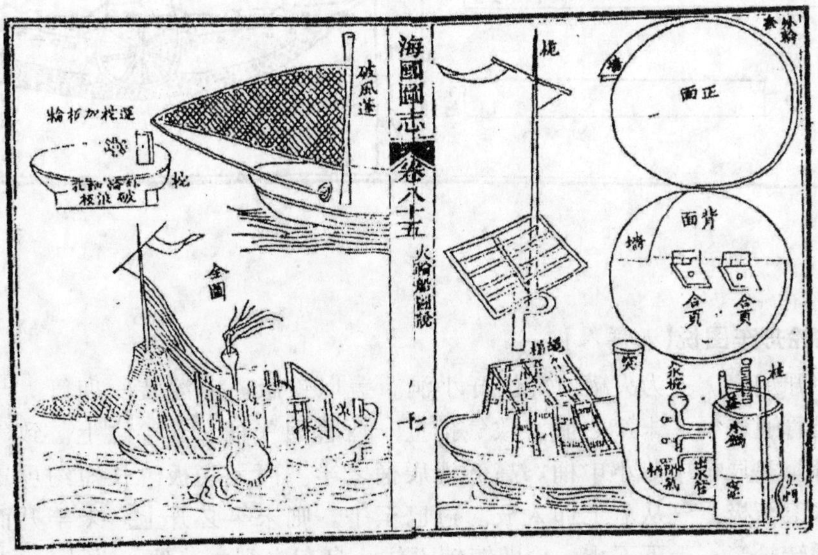

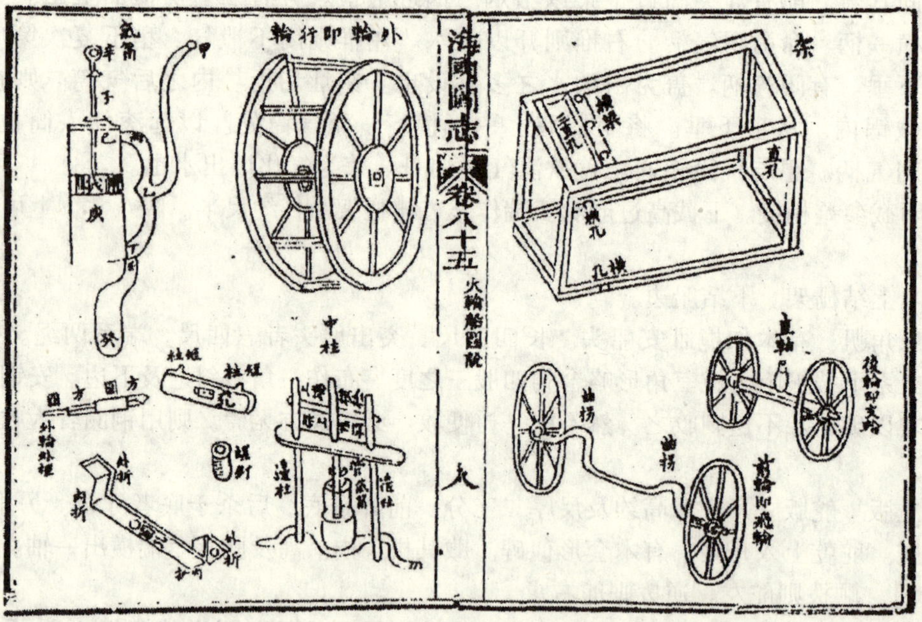

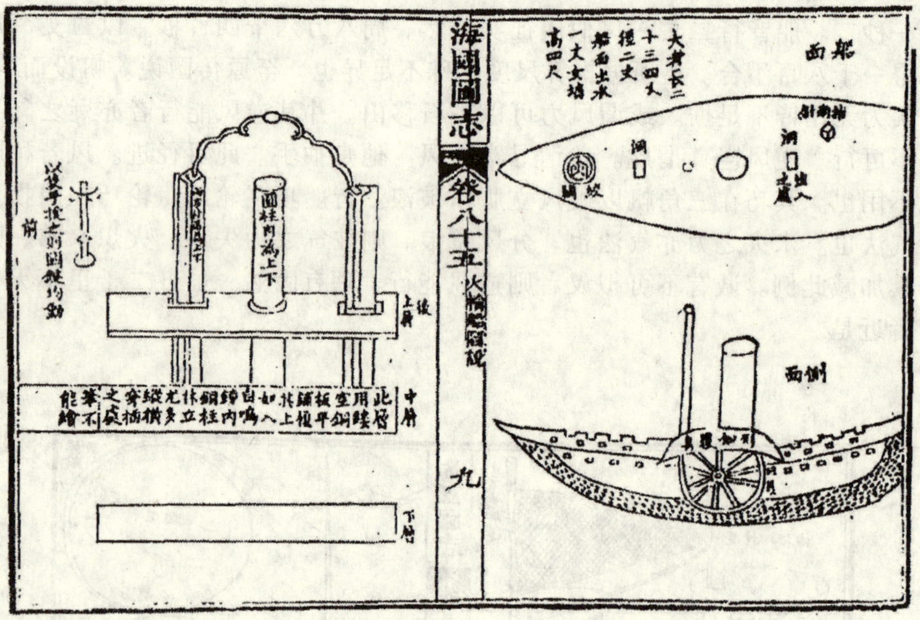

卷八十五・火轮舟车图说【西洋人】

子作火炉。上开烟窗。丑为火罐。寅位开小洞。盖以铁版。上湾装一卯管。与辰桶连。辰桶下装巳戌酉三管。巳管通午桶。未竿之底。致气推上。酉管通午桶。未竿之上。致气推下。惟戌管独弯。通出气之亥管。又辰桶中装小申桶。高低视辰桶之半。而无底板。长短约可罩住。或巳戌或酉戌二管。故丑罐水滚至极。气从丑上卯入辰。过巳至午。则未竿必升上。未竿升而申竿必下。未申竿头装曲柄。各系转轮竿。上下不止。轮即辘轳不住。舟车之利。莫便于此。又卯管当半装机关钮。

如关之则水气不通辰桶。而未申竿即不运动。舟车可立止不行。其寅位铁版之轻重。约以丑罐中水气之加减五分之一。假如水气得五十斤。则铁版当用四十斤。气满丑时。罐随气可升降。若无此铁。恐罐有迸裂之忧也。昔未作此器时。牛马之外。最捷莫如明驼。日行千里。由今视之。则瞠乎后矣。有心济世者。曷勿仿式为之。

其丁筒内之戊号铁片。既水气蒸激如此。其动甚快。激上迫下。则辛号用一条铁。连合戊号铁片。上出筒外。合著机关。辛号铁条就感动在外之机关。虽此条但上下感动。而因此牵制于别项活窍。则周围轮机。无不转动也。

又曰火轮船自英国寄信至印度。由地中海行走。二月可到。若用常船。则虽走地中海捷路。亦须三四月方到。其方便可见矣。惟此船费银甚多。公司今要罢之。各商情愿捐银。仍照此法办理也。此船由英国京城起程。驶入地中海。地中海东南有一地。在南海之间。如腰带之形。相连亚西亚及亚非利加之地。海舟在此。要改般三日之陆路。过至红海。另用炊气船接进印度海。直至孟买后。可由陆路转寄孟雅剌各处矣。但此等火船。只可在外洋阔河驾驶。宜慎用于小河窄港。缘斯船中舱之底。火煮两铜锅沸水。待水之沸气。蒸入机窍内。则机关自动。机动则能使船旁两轮。棹水转动不停。其行如飞。恐有迎面小艇。狭港相遇。则有翻倾之害。故中国可行于长江大河。难行于舟艇聚密之小港也。

卷八十五·火轮船说【西洋人】

每月统纪传曰。今西方各国最奇巧有益之事。乃是火蒸水气。舟车所动之机关。其势若大风之无可当也。或用为推船推车。至大之工。不藉风水人力。行走如飞。或用之造成布匹。妙细之业。无不能为。甚为可奇可赞。至其感动之理。却非难明。盖万物之内。多被热气布涨成之。虽铁条厚实之物性亦如此。近火烘热。则必涨大一些。而水力尤甚。盖水一分煮到极沸。则变为气。须千分百分之地。才可容载之。兹若将一罐以水斟满。而将盖封之。致气不能出。则水到沸时。其罐必迸裂。是水布涨之力可见矣。今以蒸水之气感动机关。即是此理也。读者看上画图。可明此理。其甲号者乃是大铁罐。用时必斟满以水。在下乙号是火炉。炎火甚炽。因煮水滚。必当有变气。罐内独有丙号一筒。为水气所出。气过此筒则别至丁号大筒。此筒上下皆塞。惟有癸号小筒。水气由之进。至壬号大盘复冷变回水也。其丙号筒至子号。则分为二。其一在己号。入丁号筒之上。其一在庚号。入丁号筒之下。在子号又有一扇小门。转移于已号庚号两小筒之间。此通则彼塞。又丁号筒内。有戊号一片铜或铁。密合其筒内径。而可在筒内上下。

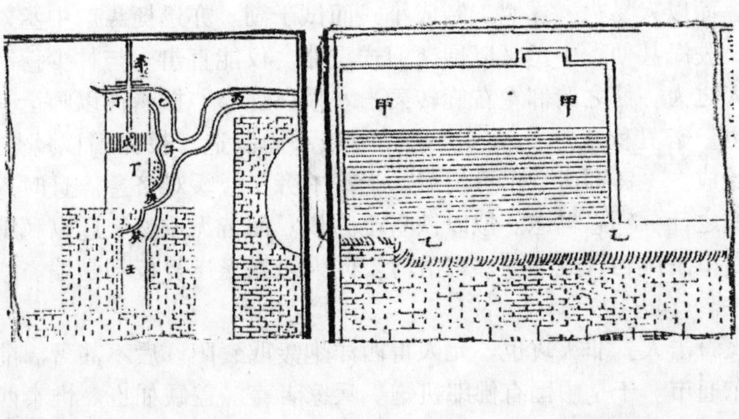

水气由丙筒至子号小门。上己筒进丁筒。其戊号铁片则迫下。且子号小门封塞。已筒水气。则必由庚筒下进至丁筒。其戊号铁片。复激上至子号小门。则封塞庚筒也。戊之铁片。恒常上下。如此致所进之气。不复由己庚二筒而出。乃由庚后一癸筒出。至壬处复变水矣。

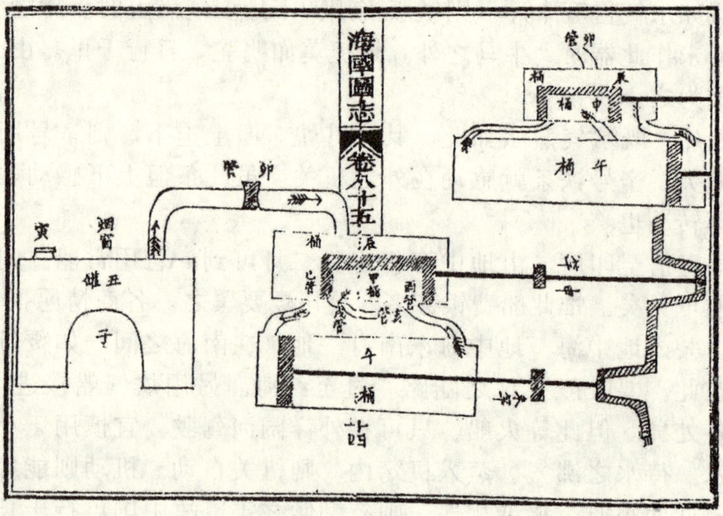

卷八十六·铸炮铁模图说

浙江巡抚刘片奏。查嘉兴县县丞龚振麟。于道光二十年六月。调赴宁波军营差委。因素有巧思。在营制造轮船。前钦差大臣裕谦。令督制军营一切器械。迨九月间。臣复令在省局监工。凡军器中一切应用机括之物。皆系该员督率指示。如铸造炮位向须合土为模。再行范金倾铸。而土模非月余不能乾燥。极为费手。上年冬问。雨雪连绵。模不能乾。以致炮不能铸。该员冥心苦索。创为铁模。试用与土模无异。仍可源源熔铸。且事简功倍。所省工费尤多。不特内地工匠等所未知。并为西洋夷法所未有。其运施之灵。用心之细。实属不可多得。现在扬威将军。已照会臣将该员先行记功。以示鼓励。兹查出该员监造鸟枪。亦有不能合用。功罪不能相掩。是以臣声请一并交议。但其在局数月监造之器。不计其数。且多灵巧坚固。洵属劳绩懋。著即鸟枪之震落门盘。露有沙眼。亦因多加火药之故。况仅止四杆。为数无多。可否将该员应得处分。俯予宽免。奉旨准行。

庚子夏英夷犯顺。侵入舟山。其时振麟备职禾中。奉檄赴甬东。见逆帆林立。中有船以筒贮火。以轮击水。测沙线。探形势。为各船向导。出没波涛。维意所适。人佥惊其异。而神其资力于火也。振麟心有所会。欲仿其制。而以人易火。遂鸠工制成小式而试于湖。亦迅捷焉。中丞刘公开制船事。令依前式造巨舰。越月而成。驶海甚便。中丞又以炮架旧式重滞。仅能直击。与林少穆制府其相筹画。拟数千斤重器置于上。畀一人之力。使之俯仰左右旋转轰击。授以绳墨。振麟得以师承其意。而如法以成。即图中磨盘架四轮车是也。辛丑秋八月。蛟门失事。省城添局制造。授振麟以铸炮事。铸炮向以合土为模。经旬累月。一模始成。一铸即废。不可复用。当军书旁午。缓难济急。且时入冬令。雨雪连绵。制尤不易。尝谋一劳永逸之计。殚思竭虑。拟以铁易土为模。而苦无成法。遂以私臆创造。模成后鼓铸便捷。旋蒙入告。并以所呈图说刊订成书。移咨沿海。同人纷索。遂复校刊是编。叙而存之。以志一时之知遇云尔。龚振麟自序。

炮始于范蠡。然飞石击人。非火攻也。元人得西洋炮轰取襄阳。后不甚著。前明中官郑和造大舶征服西洋诸国。招徕粤东通市。于是中国有佛郎机炮。兵家者言。盖缺如也。惟泰西汤若望火攻挈要秘要两卷。专讲炮法。颇为详备。然其建炉造模之繁难。甚于内地。内地泥模。层层笋合。虽较汤法简便。泥以水合。非一月不能乾透。若值冬令。雨雪阴寒。晴霁绝少。则非三两月不能乾透。且一铸之后。随即毁之。当军兴紧迫之际。何能咄嗟而办。禾城龚振麟县丞。精于泰西算法。故制造军械。皆能覃思极巧。神明乎规矩之外。如造夷船式。炮车用四辋。可以推拽进退。车上另用磨盘木四面旋转。皆堪施放。辛丑夏。英夷犯顺。予从事镇海粮台。兼管炮局。甚虑制造之艰缓。与商变通之法。振麟拟创铁模。工匠骇为河汉。既而铸造若干。著有成法。其法至简。其用最便。一工收数百工之利。一炮省数十倍之资。且旋铸旋出。不延时日。无瑕无疵。自然光滑。事半功倍。利用无穷。辟众论之。异轨开千古之法门。其有裨于国家武备者岂浅鲜哉。道光癸卯四月上浣。东牟鹿泽长识。

卷八十七·炸弹飞炮轻炮说【江苏候补知府黄冕】

一。攻夷宜用炸弹飞炮。方足制胜也。伏查夷变以来。历见各省章奏。虎门厦门宝山。皆为夷船飞炮所溃。其炮弹所到。复行炸烈飞击。火光四射。我军士多望风胆裂。其实夷船亦不尽飞炮。大抵攻坚城。沈敌船。则用实心之弹。惊敌阵。溃敌众。则用空心之炸弹。而内地大炮。则惟有实心铁弹。故止能透一线。洞一孔。而无益于行阵变化之用。有正无奇。非善策也。惟飞炮炸弹之法。内地罕见。多骇为神奇。不知如何制造。道光二十四五年间。剿番青海。曾随林制军讲求火器。师心创铸。居然造成。曾经演试。其弹炸裂。飞击远到。边方聚观。无不骇异。且其弹浑成铸就。较之洋夷飞弹。用两瓣合成者。更为圆巧适用。曾经奏奉朱批嘉奖在案。其弹椭圆。有如鹅卵。其法以泥为外模。复以泥为中胎。其泥胎中。先藏尖利锥刀碎磁等件。复留上窍。以便铸成之后去泥入硝磺入毒药。大约二斤之弹。须空五六两。六七斤之弹。须空一斤有奇。余以类推。装药填实之后。仍与实心弹同重。则以椭补圆之故也。浑圆之弹。轻而寡力。故放出不能及。惟椭圆力重。到远始炸也。其入药宜磺多而硝少。以硝性直出。磺性横出也。弹皮不宜过厚。亦不宜过薄。厚则药力不能炸。薄则药先炸而不能及远也。弹所到处。其弹皮固炸裂四散。而弹心之尖锐锥刀。亦复横穿直透。且毒烟所及。人皆晕倒。火光所射。众皆溃骇。数弹落营。而阖营皆乱。一弹入船。而全船可破。声如霹雳。势如鬼神。实为破敌奇器。伏查近年办理善后以来。所造防江大炮。身笨膛小。虽七八千斤。不过抵三四千斤之用。不若将此炸弹多造。装入配用。则炮虽不可改造。而弹子易于得力。亦足以挽其弊。

一。水陆战炮重笨。扛炮受子无多。宜改制以小受大之轻炮。方能利用也。窃查整顿水师之要。总以船炮为先。而内地江船。断不能如海船之坚大。至于海运沙船。虽系行海。亦非战舰。即一二千斤之炮。亦难施用。而抬炮之力量远近。又仅与抬铳等。故无以御海贼。今日欲反其弊。必须讲求炮制。使能以小受大。以轻胜重。以短及远。简便灵动。庶几一炮抵数炮之用。小炮同大炮之长。足以收克捷实效。飞炮炸弹。固为制敌奇器。但大弹必大炮方能容受。止可施于守城。守炮台。而不能施诸战阵。可施于大海船。而不可施于中号小船。犹未足征利用之效。因又讲究小炮。可容大弹之法。不用铸造而用打造。不用生铁而用熟铁。方能使炮身薄而炮膛宽。缘生铁铸成。每多蜂窝涩体。不能光滑。难于铲磨。故弹子施放。不能迅利。至熟铁则不可铸。而但可打造。其打造之法。用铁条烧熔百炼。逐渐旋绕成圆。每五斤熟铁。方能炼成一斤。坚刚光滑无比。初次制成小炮二位。一重二百斤。一重一百六十斤。二百斤者。可容二斤有零之大弹。可抵千二百斤炮之用。重百六十斤者。可容一斤十二两大弹。可抵千斤炮之用。虽不能以一当十。已可以一当五。因又精益求精。再仿制百二十斤小炮。一位百斤小炮一位【以上小炮现存江南城守营】。而其膛可受大弹。仍与前两炮等。竟可以一当十矣。炮愈轻。工愈精。力愈大【炮轻力大。则其架必须稍大。或压以沙袋。庶放炮时架不扬起】。铁经百炼。永无铸造之炸裂。施用灵活。尤胜巨炮之笨重。弹子飞出。到远四炸。又足以惊敌营而裂贼船。一人可以挽放。两人可以扛抬。小车小船。皆可运载。即施之陆战行阵。亦可进止自如。摧坚破众。较之生铁铸成。身厚膛小之大炮。其用广而效大。治不可同年语。即较之抬炮仅受弹子数两者。亦得力十数倍。

再大炮惟用诸战舰。而不便于陆战。现在江浙所制炮车炮架。亦止可施于沿海近岸。而西北平原。列阵驰击。尚非所宜。冕曾随林制军剿番青海。创制陆战炮车。仿轿车式而略小。不用木箱。而用生牛皮以铁架撑之。倒安威远炮一位。内用抽屉。分藏火药炸弹。其箱内可放衣械行粮。驾以一马。虽沙陆之地。皆可长驱而进。临敌则卸马用人。以后为前。两人倒推而进。连环开放。一如排枪之用。地狭列小阵。前环十余车。地广列大阵。前环数十车数百车。连环施放。间以抬枪弓矢。夹护左右。我军既有凭恃障蔽。心定胆壮。敌军莫能犯。夜间下营则以数百车环列向外。即成营盘。可代鹿角。历来讲求车战者莫善于此。东南各省。不能车行者。无所用之若。天津沿海陆路。伏地雷数层。迎敌于前。遥列车炮于地雷之后。敌至则先点地雷。后开车炮。而官兵大队之鸟枪抬炮。又在车炮之后。此万全必胜之策。宜于平时置备。庶金汤巩固。而人心安堵矣。

或谓空心炸弹。长于横击。至攻坚直透则不如实心弹之有力。曰有此轻铁宽膛之炮。则实心大弹亦可用。但其弹亦必用熟铁。而不用生铁。用打造而不用倾铸。方可光圆滑溜。与夷弹相等。以百斤之轻炮。而可容二斤之实心大弹。亦胜营制炮弹得力良多。

卷九十二·攻船水雷图说【广东候补道潘仕成】

阴符经曰。火生于木。祸发必克。凡物必相克而后可相制。水克火也。乃藉水势激发而火愈烈。相反而适以相济。其理不可测。而其巧固不可阶矣。海夷犯顺。恃其船坚炮利。而欲制炮必先制船。会米利坚夷兵官壬雷斯抵粤。自言能造水雷。遣善泅水者。潜至敌人船下。或顺流放去。泊于船底。藉水激火。迅发如雷。虽极坚厚之舟。罔不破碎。事成索酬数万。时值闽浙用兵。猝欲得其法以破敌。不惜重资如数予约。乃禀商靖逆将军。暨督抚大宪。结札开局。凡九阅月而水雷成。演试以径尺余西桅数百本。联贯六层。排比周密。缆椤成箄。广袤七尺余。厚约六七尺。将炮具载火药二百斤。安置箄底。须臾机发。如迅雷惊霆。烟焰烧空。木植飞腾折裂。屡试辄验。夫夷船底厚不过尺。似此炮力猛锐。又何坚之不摧。何敌之不破哉。奏赍进呈。复于天津演试。其效如前。且每造一具。数日可成。价仅需四十金。每省但费四千金。即可造成百枚。可攻百艘之敌。制夷胜算。莫过于此。爰绘图系说。刊布流传。以便演习而靖海防。易传曰。水在火上既济。既继之曰。思患而豫防之。成之为此。盖亦居安思危之志也夫。

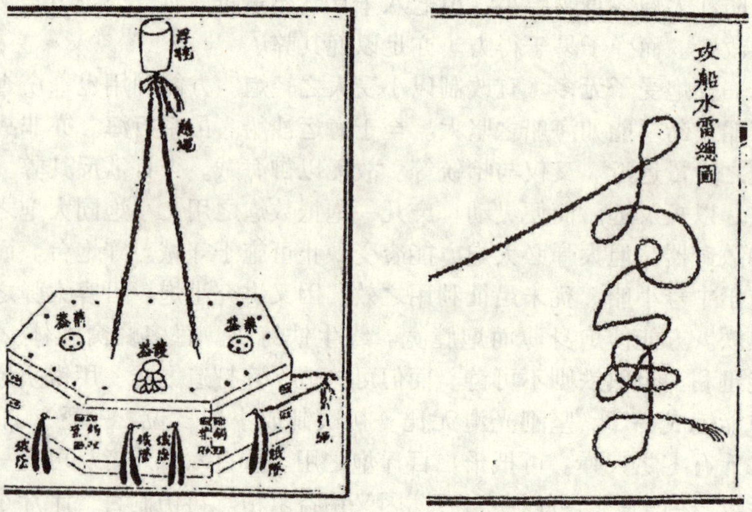

神之震威善击者莫如雷。制器以象之。利用破敌。沈之水中。即藉水激火而轰焉上发。此水雷之所由名也。凡铜之事九。曰护盖。曰罗盖。曰药盖。曰火床。曰揭板。曰火帽。曰柱套。曰直水管。曰曲水管。铁之事八。曰锔叶。曰坠。曰揭板轴。曰弹条。曰火塔。曰鼓钉。曰鼓柱。曰螺丝。钉木之事七。曰椟。曰隔板。曰浮球。曰塞。曰扛机板。曰扛锭。曰机檝。革之事二。曰鼓围。曰垫。绳之事二。曰引。曰悬。弦之事二。曰机系。曰鼓椤。合硝磺炭之事一。曰药。油灰以密之。漆布以固之。而器之事备矣。引绳之长。利搭放也。椟锐首尾。利分水也。油灰漆布。防濡滞也。锔叶螺丝。合缝固也。加以革垫。密无罅也。挂铅铁坠。坠使沈也。悬之浮球。宜浅深也。护盖横窍。以时启闭。通缓急也。千窍为罗。滤水滓也。水管窍细。机欲缓也。管底一曲。通鼓腹也。革木坚韧。水鼓牢也。竖柱夹鼓。欲不倚也。火床之设。在鼓旁也。床有揭板。承起弹也。揭板有轴。利转捩也。弹条三级。并有力也。并弹丸三。防或失

也。自然火帽。冒火塔也。火塔中空。药管通也。揭板之鼻。系机系也。机系上系。扛机板也。扛锭承板。与鼓对举而易起也。机欃之揳也。欲系急而勿褪也。拔塞灌水。用适时也。水涨鼓起。机括动也。揭起弹落。激火发也。药气上轰。震如雷也。无坚不破。有触皆飞。而器之用利矣。

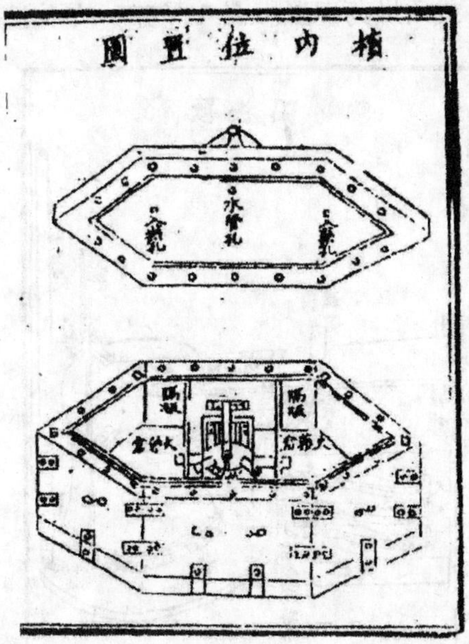

椟制八木合成。大小长短任便配造。木以樟榆之类为佳。其过坚及脆而松者。均不合用。今制大号者。长三尺六寸。高一尺五寸。宽一尺三寸五分。木厚一寸五分。内用隔板分作三隔。中隔安置水鼓火床各机括。首尾二隔。可共受火药一百八十斤。次者长二尺八寸五分。高一尺五寸。宽一尺三寸五分。木厚一寸五分。除安置机括外。可受药百二十斤。若欲多用火药三四百斤。以至千斤。则将椟制拓大。自无不可。

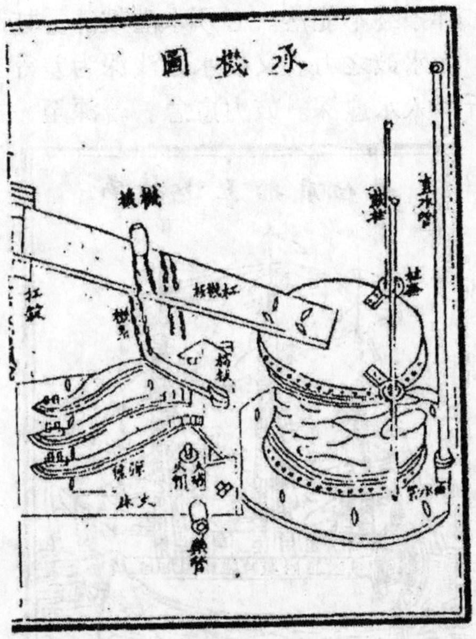

水鼓火床等器。先按部位。安于椟内。将椟试水。保无渗漏。然后扳起三弹条。承于揭板。唇上系机系于揭板鼻端。按底水鼓。将机系上系于扛机板孔中。取机欃揳紧。使不得松褪。火帽三。紧冒于火塔之首。火床药管内。实满烘药。逐件查点妥当。用油灰螺丝钉固封椟盖。其罗盖护盖加用皮垫。应用一切。预备完全。俱运至水次。将火药。由椟盖药孔倾入。首尾两隔。实满而止。即将药盖用皮垫油灰

封固。系定浮球。及引绳。用木塞紧塞护盖移椟于水。四面配挂铅铁坠。使椟沈而球浮。斯水雷之事备。若同时应用。有数十雷器之多。承机亦不宜太早。约预先三二日内陆续装备。其椟试水后。须晾令全乾。凡铜铁机括。用油拭过。方为妥协。缘五行相生之理。铜铁俱能生水。若装贮后封备日久。恐水气泛而锈衣积聚。或致机括涩蚀。或致烘药潮湿。有一受弊。便不能灵应如意也。

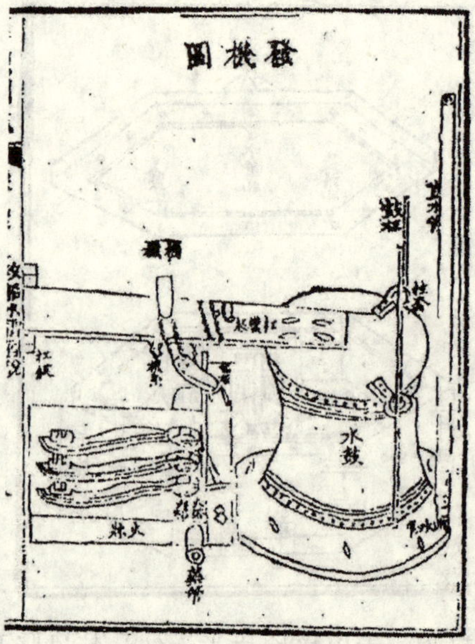

雷器装备妥协后。令极善没水之兵。潜送至敌人船底。将引绳搭系水中锚索。务使水雷恰在船底之中。勿得差错。即将护盖木塞拔出。速即登岸远避。为时约五六分久。水灌鼓涨机板扛揭板而起。揭板起尽。弹条击落。火帽迸裂发火。迫入火塔。直透药管内。烘药然。火势横溢。药仓如迅雷轰然起矣。雷椟入水。必须深至三尺五六寸。方能发弹。缘火床三弹条。用力扳起。承于揭板之唇。其力共享约三十斤。系定机括。任从上颠下顿。弹条终不能落。必须水灌鼓涨。扛起揭板。乃能落弹。用雷器者。断无误发机括之虞。此最妙之法也。而水鼓之力。又视水之浅深为差等。如椟入水一尺。鼓之起力约有十斤。入水三尺。则起力可得三十斤。入水愈深。鼓力愈急。若深至一丈。则鼓力能起百斤之弹矣。

洋舶大者长十五六丈。次者长十一二丈。八九丈不等。其系锚之索。抛在水面。离船约二三丈。水雷引绳须长七八丈。方合用计。搭于锚索。放去尚可入船底四五丈间。适当大桅之下矣。若锚索或偏左偏右。度其势顺流放去。不能适当船底之中。则须另制小铁锚。系定引绳。至敌船上流安插。务使雷椟恰顺流浮在船底中间。地位不可差失。然洋船身重。泊定后风吹不甚动移。且首尾俱有锚索。若用两雷器将引绳之稍结连。一从船左。一从船右。顺流而下。引绳遇锚索挂。住两雷器恰在船底。左右夹攻。更为得力。

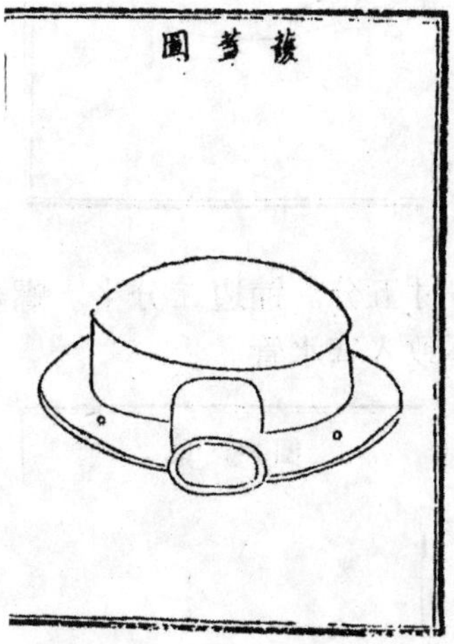
護蓋圖

护盖。范铜为之。厚一分。高一寸二分。径二寸四分。铺边五分。螺丝钉四。内容罗盖。外横设圆窍。管长九分。径八分。受塞木。使水不得入。欲用则拔塞以受水。取厚铜所以防搕踫。取横窍所以防上压也。

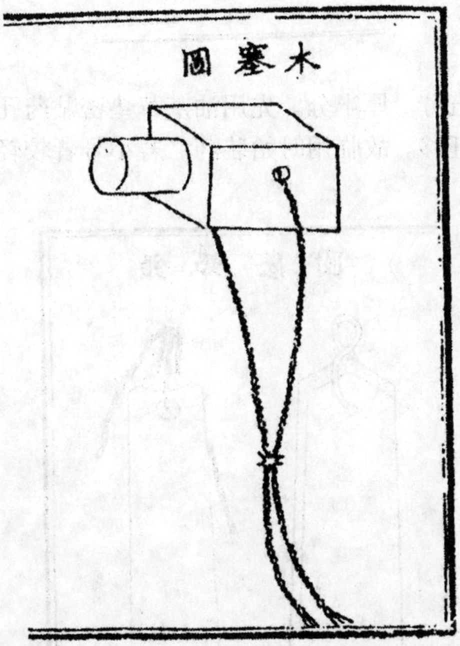
木塞圖

塞木不宜过坚。松杉之类为佳。长二寸许。一头削圆以纳护盖横窍。一头削方。以便用力楔紧。务使涓滴不能渗漏。方能将此雷椟久藏水中。万无一失。如要用时。即拔去塞木。水自灌入。约为时五六分久。水涨鼓起弹落而火发矣。此塞木先编烙字号花押。水勇缴令。即执以为凭。

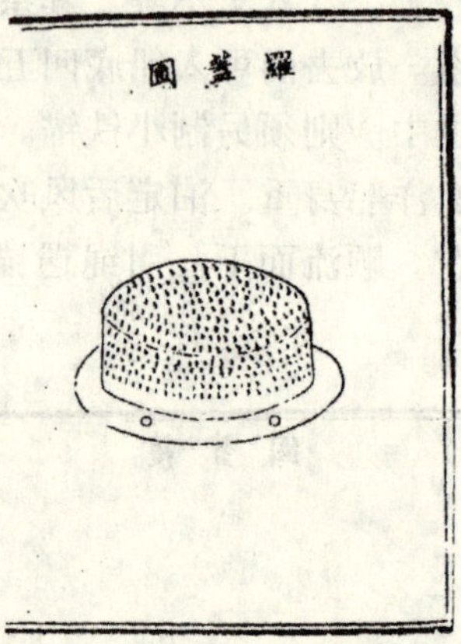

罗盖。炼薄铜为之。高八分。径一寸五分。铺边二分半。螺丝钉四周身细窍千百。罩于水管之上。藏于护盖之内。所以滤去水中渣滓。不致入塞水管。

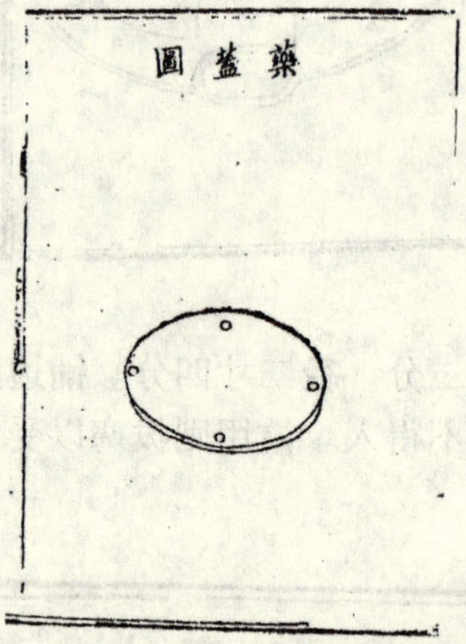

药盖。圆铜片为之。径一寸五分。厚半分。先用油灰革垫密贴药孔。后用盖封。有四螺丝钉。缘雷棱。大号者。装药后过重。难于迁移。故临用时始装药。若小号者较轻。装药后始封棱盖。则盖上未开入药之孔。药盖原可不用。

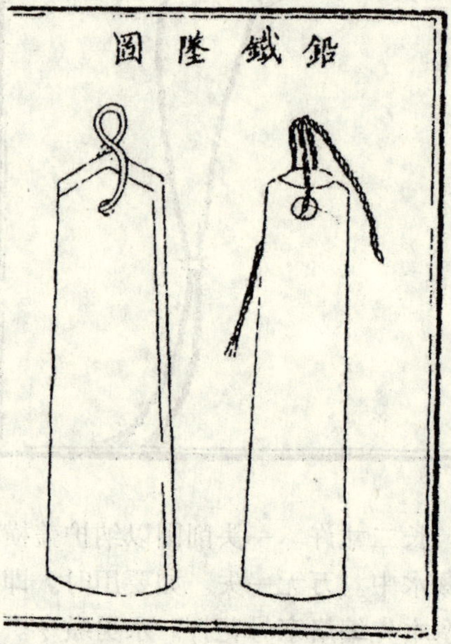

坠以铅铁为之。大小轻重任便。器大宜重坠。器小宜轻坠。先于椟外四围下半截安定。有环螺丝钉。入水时始用坠。周围均匀系挂。必安于椟之下半截者。欲其下重则波浪掀翻。无倾侧之患也。必入水时始挂坠者。欲椟与坠分运。则轻便易举也。夫木器内空。入水则力善浮。铅铁坚重。入水则力善沈。若浮力与沈力适均。则椟仅平水面。届在浮沈之间。必再加六七斤沈力而椟始沈。惟一沈必直至水底乃止。故必用浮毬。有十二三斤浮力者。悬绳以提之。欲椟入水七尺。则悬七尺之绳。欲椟入水一丈。则悬一丈之绳。使浮沈浅深因地置宜。惟我所命。浮球必须十二三斤浮力者。欲其抵对六七斤沈力之外尚有余力。不致俱沈也。

卷九十三·攻船水雷图说下

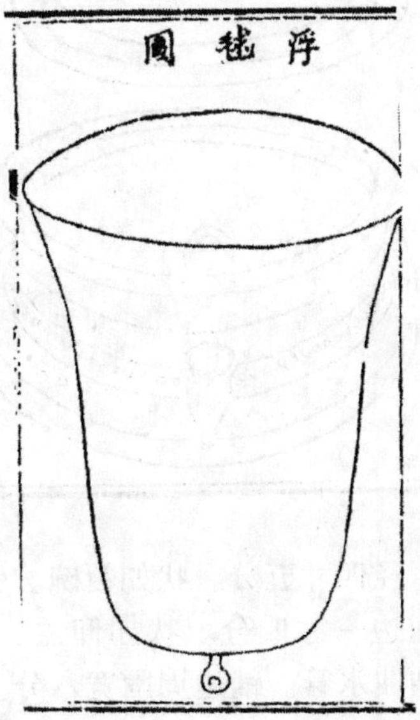

浮球。用木制造。空其中。底盖周围。俱用油灰密抿使不渗漏。方圆长短。样式不拘。但以得浮力十余斤为度。底安环钉系悬绳双股。绳之下系。分系于雷椟盖上环钉。其球微露水面。须用漂流弃物。如烂木板片草束之类遮掩。使敌人不觉。

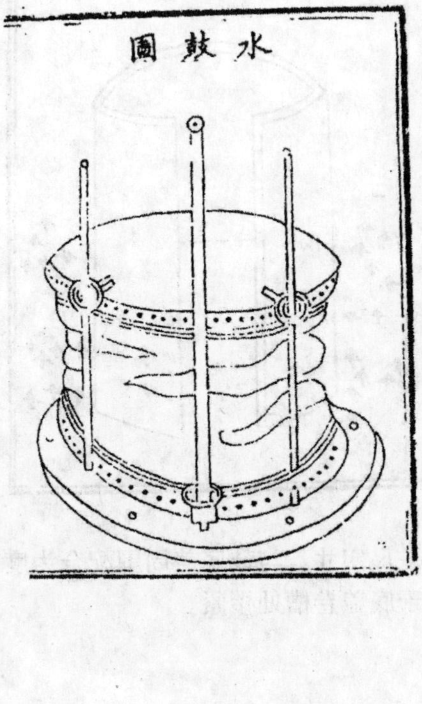

水鼓底盖用木。围用革。于底之铺边处。设曲水管。横插入鼓底。中通鼓腹。曲水管之上口。受直水管之下口。使水由直水管达于曲水管。由曲水管达于鼓腹。须完密无罅漏。方合用。未灌水时。鼓身缩小。高约三寸五分。灌水后。鼓身渐次涨满。约高六寸五分。

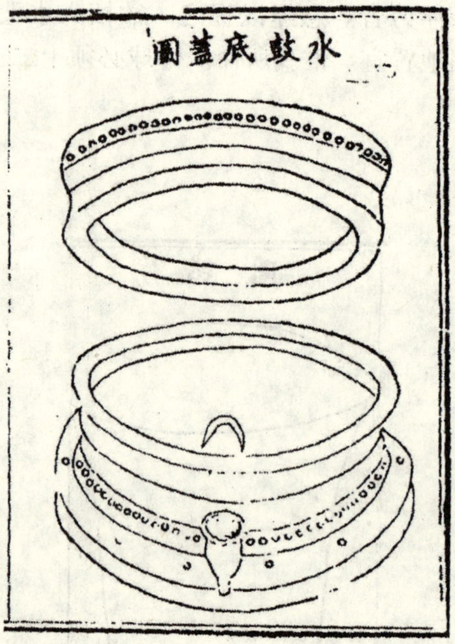

鼓底盖均用坚木。盖厚一寸四分。径四寸五分。状如覆碗。旁边平处所以受缀皮之钉。卷槽处所以受㮟皮之弦。鼓底径四寸五分厚。连铺边一寸四分。状如仰盂。其缀皮受钉㮟弦。与盖同。惟俯仰异势。侧面凿一孔横通于仰盂之底。以纳曲水管。铺边周围宽八分。厚四分。离水管二寸。左右各竖鼓柱以夹鼓。周围螺丝钉六。所以安鼓于雷椟之底。

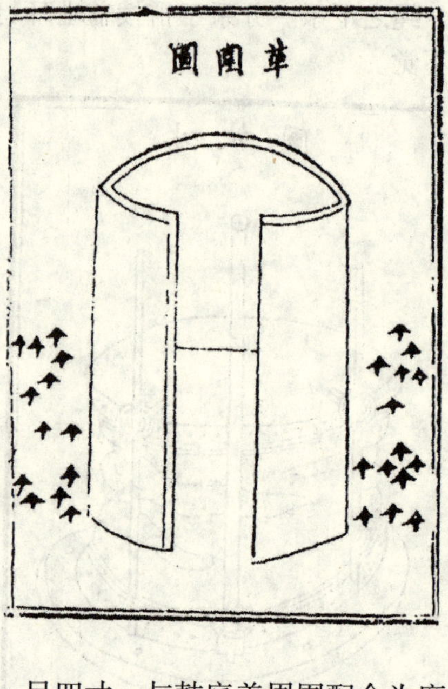

鼓围取厚韧牛皮。纵七寸。横一尺四寸。与鼓底盖周围配合为度。马油渍透。纫合其纵缝。次用漆灰。鼓钉密缀于鼓之底盖。复用弦于底盖卷槽处㮟紧。

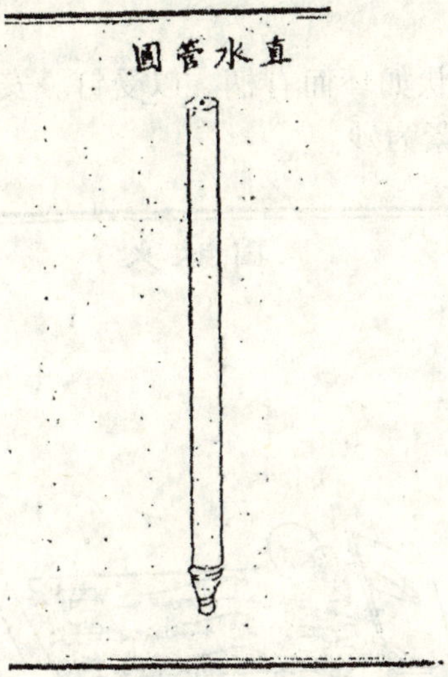

直水管。范铜为之。径五分。长一尺一寸五分。椟高则加长。椟矮则减短。总以透出椟盖为度。管内径二分。上口收极小仅如小米粒大。使水不得骤入。则发机不虞太疾。又须较罗盖之孔略大。庶水中渣滓能过罗盖者。则断不致滞塞于水管。脚下有盘。径七分。厚一分。盘下有牡螺丝。径四分。长四分。所以纳曲水管上口之牝螺丝。

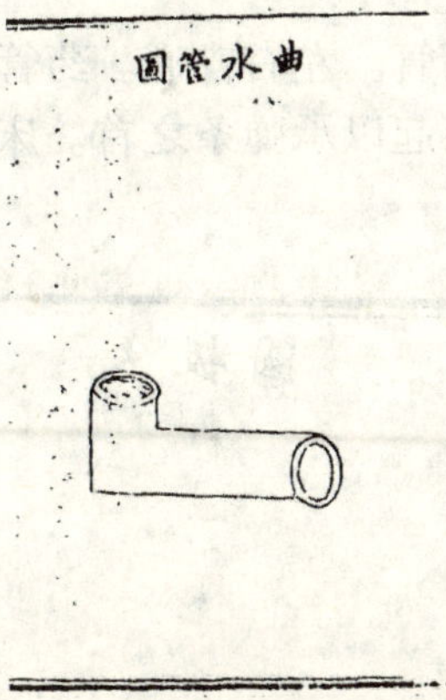

曲水管。范铜为之。径六分。曲上处长一寸二分。口内有牝螺丝。以受直水管之牡螺丝。曲入鼓底处长二寸。管内径二分。

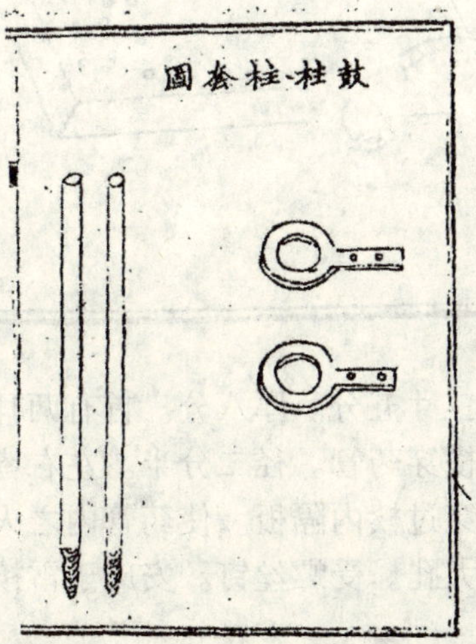

鼓柱凡二。以铁为之。径二分半。长七寸。上穿柱套作牡螺丝。竖于鼓底铺边。所以扶鼓。使不得偏倚。

柱套凡二。熟铜制造。厚半分。状如环而有柄。以受钉。安鼓顶木旁。套环中空径五分。套加柱上。使宽绰有余。鼓身起落。不致吃紧为妙。

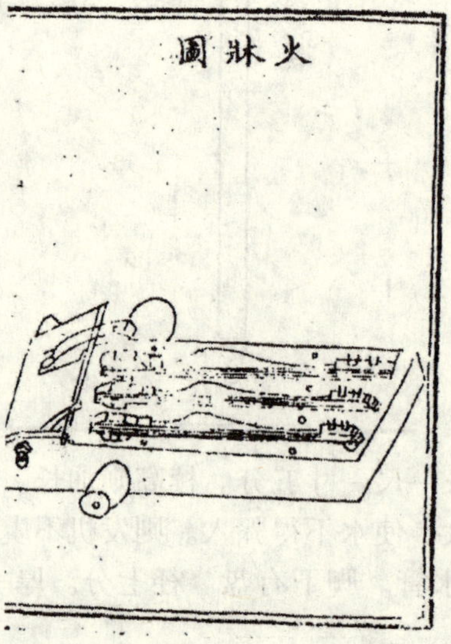

火床。范铜为之。方长如床。横设药管。左右皆通。药管当腰开三小孔。作牝螺丝。以纳铁火塔。火塔之顶。冒以铜火帽。床首设揭板。斜起以承弹条之首。床尾安三弹条。弹条之首。适当火塔之上。承于揭板之唇。

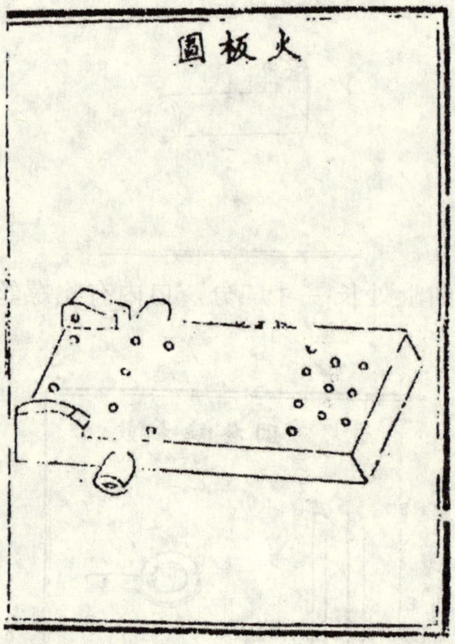

铸纯铜为床板。长五寸八分。阔三寸五分。厚八分。首有两耳。各高六分。阔五分。长九分。耳有圆孔。受揭板之轴。离首一寸四分。横穿药管。径二分半。左右皆通药管。当腰匀排三孔。所以纳火塔药管。两端各长一寸。径六分。所以穿过棱内隔板。使药管内之火药与隔板仓内之火药相连。尾有六小孔。可纳弹条。有六螺丝钉。身排八大孔。受螺丝钉。安床于雷棱之底。

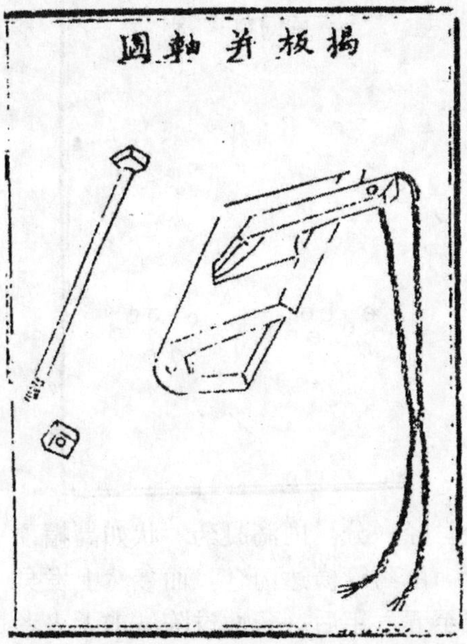

揭板。纯铜铸造。厚二分。横二寸四分。斜起处纵一寸七分。底平处纵九分。承弹条之唇。侧面宽二分半。唇上离床板面高一寸一分。贯轴处厚五分。有鼻自板面中间隆起。宽四分。长二寸四分。半在板面。厚四分半。出唇外厚二分。鼻端穿小孔。所以系机系。

揭板轴。以铁为之。长三寸七分。径不及二分。贯揭板连于火床板之两耳。

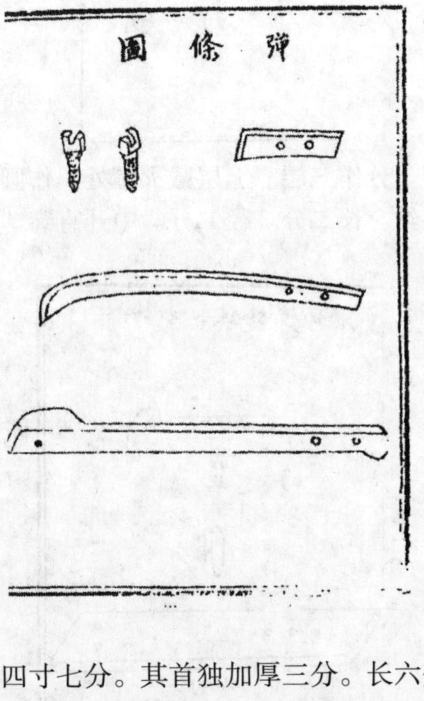

弹条。炼纯钢为之。下一条长四寸七分。其首独加厚三分。长六分。厚处之底。中间有窝。大一分半。深半分。中一条长三寸五分。其首微屈作俯势。上一条长一寸一分。均宽四分。均厚半分。螺丝钉二。并上中下三条。安于火床之尾。下条之首独厚者。欲其力聚于首也。底之作窝者。欲其击火帽使迸裂不得外散也。中条之俯其首者。欲其助力于下条也。上条之独短者。所以护其根。使扳弹条而起。无拗折之虞也。弹条凡三道者。防其或有一击不然之失也。

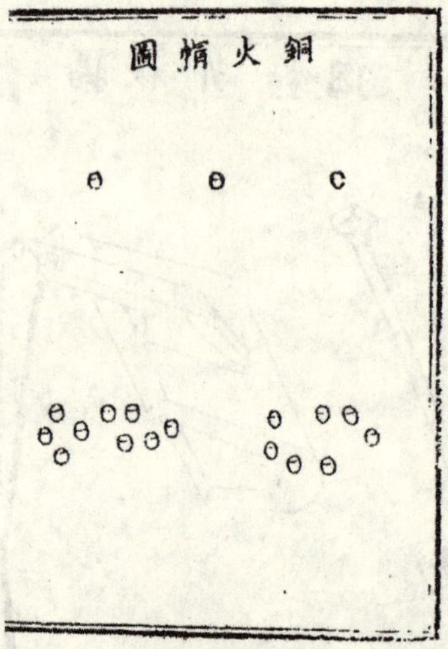

火帽。极薄红铜制造。高一分。径一分。内滴凝药。状如高帽顶平。恰紧冒于火塔。上层弹条。击落迸裂。自然迫入火塔。直达药管。由药管横达药仓。而轰然上发矣。此物本来自外夷。今广东已能仿制。价颇贱。惟收贮须乾洁。若藏至五六年后。药性过陈试击无火者。便不合用。

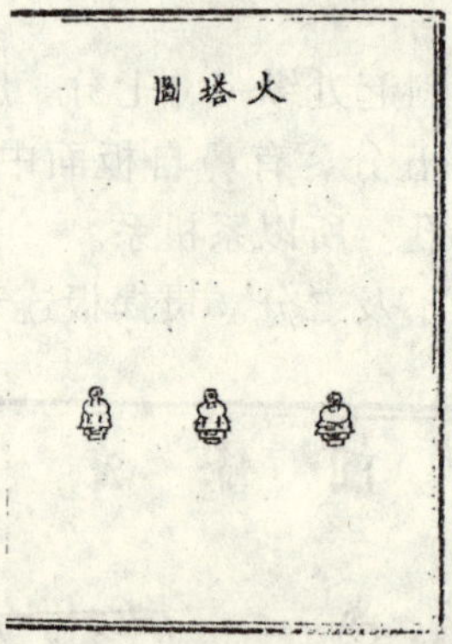

火塔炼。纯钢制造。长四分半。分作三层。上层戴火帽处。作圆柱长一分半。径一分。中层作八角砖。厚一分。径三分。下层作牡螺丝。长二分。径二分。中开直窍。上小下大。安于火床药管之上。三塔匀排其窍。直透药管内。

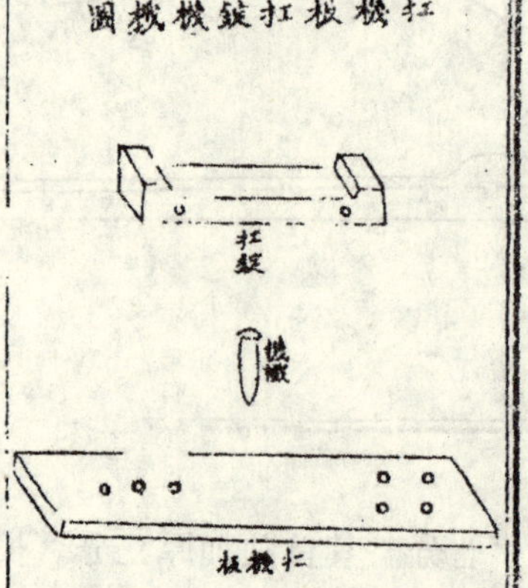

扛机板。坚木为之。宽一寸。厚五分。长约八寸。椟宽则须加长。椟狭则须裁短。腰中凿小孔以系机系。孔内用机㰂揳紧。使系弦不得松褪。一头用四螺丝。安于水鼓之顶。一头架于扛锭之上。

扛锭削木作锭式。宽厚各一寸。长二寸。安于水鼓对面之椟墙。部位须较按低水鼓之顶高二寸。以为此头。预先借起地位。

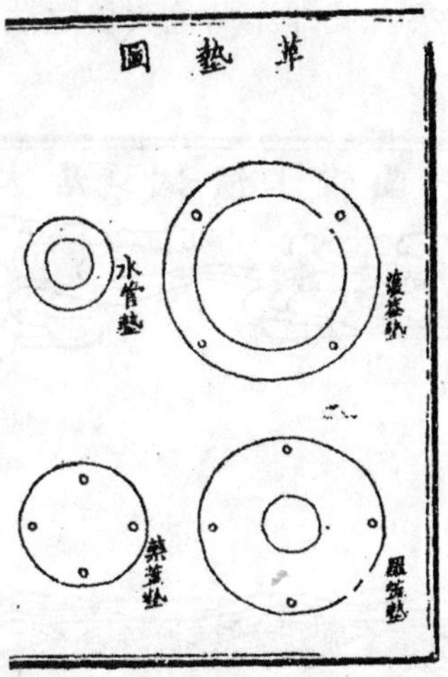

垫以软薄牛皮为之。凡四。曰护盖垫。曰罗盖垫。曰水管垫。曰药盖垫。各如其器之大小裁用。垫于二器合缝之处。使吃紧而无有罅漏。

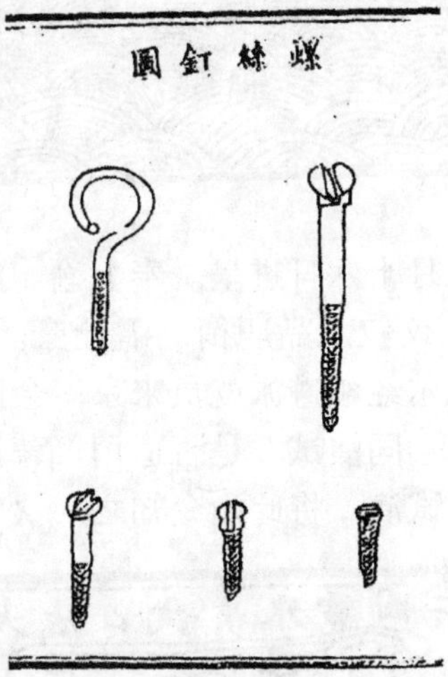

凡钉俱用铁。鼓围钉过小。不用螺丝。余钉俱用螺丝。欲其得力于吃紧处。且钉口无木纹暴裂之虞。兼安好后仍可脱卸之便。

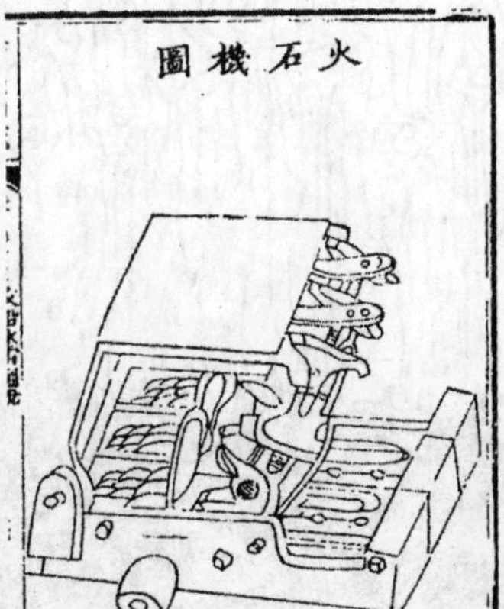

铜火帽。来自外夷。或偶虞缺乏。即以火石机代之。其法合三火机于一床。床之首尾。各安钢条。可抑扬以取力。设钢掩以掩药盘。兼受石击。设钢喙如鸟喙。各衔火石一块。其顶扣于揭板之唇。揭板起则石击钢掩。火星纷迸。药盘而轰发矣。此即洋鸟枪火机之法。略为变通。随处俱可仿制。自无庸藉铜火帽于外夷。

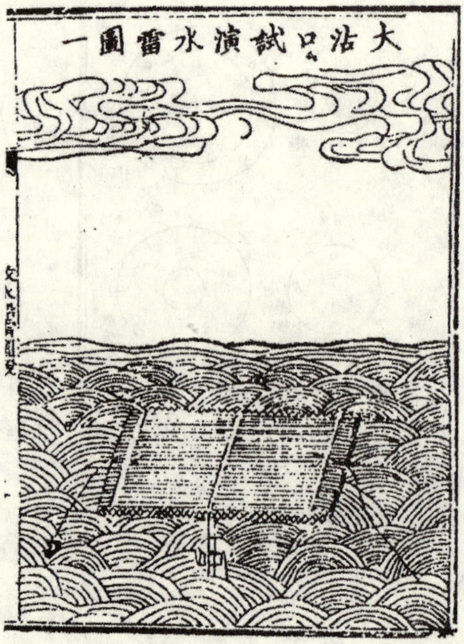

水雷造成赍京。于道光二十三年八月十六日进呈。奉上谕。前据祁埙等奏。候选道潘仕成制造水雷二十具。派令学习制造之生员李光钤。议叙八品职衔。潘仕豪。议叙从九品。李光业带同匠役赍京试演。现在李光钤等业将水雷赍到。著讷尔经额遴派乾员来京。会同李光钤等三人。将水雷火药一并带至天津。交善禄向荣。择水深宽厂之处。会同演试。是否适用。著该督即行具奏。其水雷图说一册。届时交该委员带给该总兵等阅看。以便如式试演。将此谕令知之。钦此。

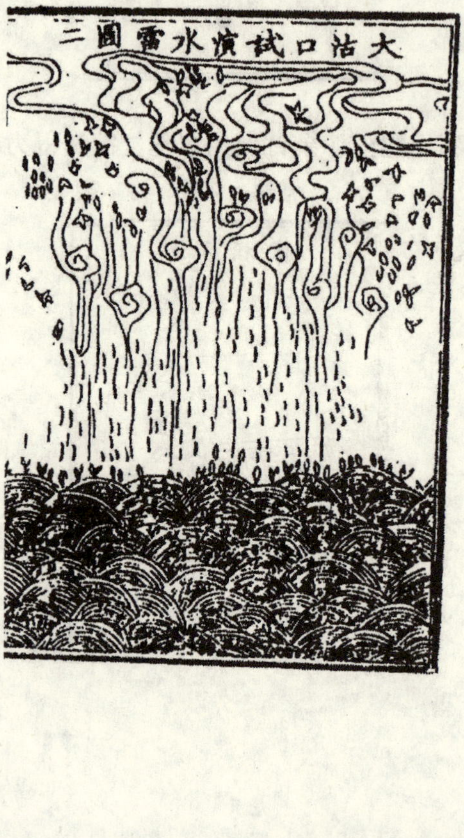

天津镇善。通州镇向。天津道文于九月初八日在天津大沽海口。会同演试。用厚八寸。长丈六杉木四层。共厚三尺六寸。系备木筏。安于海河。坠定锚缆。将吃药百二十斤水雷。送至筏底。系定引绳。拔塞后。待时四分许。轰然一声。激起半空。将木筏击散。碎木随烟飞起。其海河水势亦围圆激动。洵为火攻利器。旋禀直隶总督讷据情覆奏。

卷九十四·西洋器艺杂述

海岛逸志

西洋行舟。不专用指南车。以量天尺量之。则知舟行几许里。又能按图知海中沙礁。泥泞之处。毫无差错。其形略似纸箑能开阖。有一横尺。一斜尺。尺中有分有寸。俱书西洋字。每量必于午刻日中之际。其横者以定均平。其斜者以观道途之远近。海中之浅深。然明其尺量而无海图亦无益于事。故海图为体。量天尺为用。二者不可缺。

天船短小。其式如亭。可容十人。内置风柜。极其巧如浑天仪。用数人极力鼓之。便能飞腾。至极高之处。自有天风习习。欲往何处。则扬帆用量天尺量之。至其处乃收帆听其坠下。相传曾有被日火烧毁并曝死者。所以不敢频用也。

葛留巴城海口。有甲板屿。因和兰建造甲板船之处。故名曰甲板屿。其船二十五年则拆毁。有定限也。其船板可用者用之。无用者焚之。而取其铁钉。船板厚经尺。横木驾隔。必用铁板两旁夹之。船板上复用铜铅板。连片遍铺。桅三接。帆用布。船中大小帆四十八片。其旁纽纤绊。悉皆铜铁造成。所以坚固牢实。鲜有误事。其船艕如女墙。安置大炮数十。船大者炮两层。小者炮一层。水手每人各司一事。虽黑夜雨暴风狂不敢少懈。法度严峻。重者立斩。船主主之。所以甲板船。洋寇不敢近也。

谢清高海录

西洋木工。多用风锯。其制先为一板屋。令四柱皆活。可随意迁转。取大木一。长于板屋数尺。圆以为轴。横穿左右两壁。铁环之。以轴纳其中。两端出于壁外。以一端为轮。轮十六辐。分两层。环植于轴。内层与外层各八相间尺余。其长数尺。编竹篾以为帆。帆有八。斜张于内外辐上以乘风。两辐则张一帆。其长视辐。宽则较内外辐之纵而定其尺寸。上复幕以布帆。帆乘风而轮转。则轴随之而转。布帆则视风之疾。徐以为舒卷。疾则卷。徐则张。屋曰轴上环以数铁锯。架木于锯端以石压之。锯随轴转。则木自断矣。所以活屋之四柱。任意迁徙者。欲以乘八风也。

西夷火轮船图说

火轮船上安大铁缶。盛水欲满。书甲字二。下为火炉以炽炭。书乙字二。缶旁开一口为丙字筒。由丙字横斜至子字筒分为二。其上己筒。其下庚筒。由己入丁。为丁字筒。与己庚平列。丁止一筒。分为上下。中安双铁片。夹皮绾于一铁柱为戊字。而子字筒中。复设一铜片作小门。转移于已庚两小筒之间。此通则彼塞。密合其筒。而铁片与铁柱从之上下焉。庚之下一小筒为癸。癸之下一大盘为壬。而戊字铁片所连一铁柱。上出筒外为辛字。即船面所突之白气管也。凡火炽水沸。气从丙字出。至子字小门。上己筒。进丁筒。戊字铁片。则迫下子字小门。封塞己筒。水气由庚筒下进丁筒。戊字铁片。复激上子字小门。封塞庚筒。铁片常时上下。而所进之气。不更由己庚二筒而出。乃穿庚后之癸筒。出壬字之大盘。仍化水矣。水气蒸激。往来不已。戊之铁片。与辛之铁管。牵挽并动。在船轮机无不周转矣【其船上机轮别有图说】。

卷九十四·鸦片来中国统计若干列【见英夷所刊汉字日月刻度通书】

丙辰年一千零七十箱。乙亥年二千九百九十九箱。丁巳年二千三百八十七箱。丙子年二千七百二十三箱。戊午年一千九百八十五箱。丁丑年三千三百七十六箱。己未年一千七百一十八箱。戊寅年二千九百一十一箱。庚申年一千八百六十七箱。己卯年三千五百七十五箱。辛酉年三千二百二十四箱。庚辰年一千四百四十一箱。壬戌年一千七百四十四箱。辛巳年三千五百九十一箱。癸亥年二千零三十三箱。壬午年一千九百三十六箱。甲子年二千一百一十六箱。癸未年三千二百零六箱。乙丑年二千三百二十二箱。甲申年三千九百二十三箱。丙寅年二千一百三十一箱。乙酉年五千三百六十五箱。丁卯年二千六百零七箱。丙戌年四千六百二十六箱。戊辰年三千零八十四箱。丁亥年五千八百六十一箱。己巳年三千二百二十三箱。戊子年七千三百四十一箱。庚午年三千零七十四箱。己丑年四千九百零三箱。辛未年三千五百九十二箱。庚寅年七千四百四十三箱。壬申年二千七百八十八箱。辛卯年五千六百七十二箱。癸酉年三千三百二十八箱。壬辰年六千八百一十五箱。甲戌年三千二百一十三箱。癸巳年七千五百九十八箱。甲午年七千八百零八箱。己亥年三万二千五百五十箱。乙未年一万二百零七箱。庚子年二万八千四百四十四箱。丙申年一万二千六百六十箱。辛丑年二万六千二百五十箱。丁酉年一万九千六百零五箱。壬寅年二万六千六百五十箱。戊戌年三万七千零九十箱。

合共计三十二万零三十七箱。譬如每箱五百员。计共银一千六百万零一千八百五十员。自丙辰年起。至壬寅年止。

交易买卖。番人俱要现钱。不用货易货【以上皆英夷原文】。

海外纪事[1]

卷一

上元灯夕。始登舟于西濠。时驾海艨艟。已放关候于黄浦矣。是夕。潮退濠涸。几十人挽舟。不能达珠江。与随杖诸子坐西瓜艑。茶食果饵以充夜膳。细雨微蒙。船头牡丹花二缸。缸数十朵。含意欲放。

二鼓潮生。出珠江。溯流至东敌楼泊焉。鸡鸣潮退。顺流而下。平明达黄浦。山渐低。海渐阔。远望艨艟。汩没于风涛浩渺间。须臾并舟楼船。进早膳。楼船余所坐以往还端江者。向视之。庞然大也。今并缆海船之侧。仰视海船龙肋。梯而后上。则渺乎小矣。顾语随杖诸子曰。凡物之不可自大。而欲于无佛处称尊者。庶几其有悟乎。船上四五百人。货物填委。相随僧众五十余人。行李称是。船主人相顾莫知措处。将客货退转羊城。余亦半分僧众行李。从二船继发。俄顷始决。于是搬运上下。器物纵横。人语讙嚷。一时耳目为之改观。分布得四马篱。阔者容五六人。窄亦三四人。尚余露处者。过午开船。风正潮随。两小船探水引路。双帆插花满挂。巾顶高悬。前屑后送齐张。目无留岸。南海神祠隐映平林。指顾相失。为诗曰。

番禺看地尽。四渎有神祠。碧落连沧海。红垣蔽绿漪。混茫收禹甸。灵异纪韩碑。此日扬帆过。安澜为尔祈。

断续冈峦小。东南海气骄。中流多晒网。曲径少归樵。梅榄依村树。春烟锁板桥。王维图画似。记取静来描。

薄暮碇船。雨气空蒙。虎门几点。南浮白水。一痕塔影。东挂云端。询之为东莞县治。是夜宿东莞界中也。马篱促狭。不能转侧。仰卧申旦。细雨廉纤。露宿数十人。挤逼神前寻丈之内。喧争终夕。余念为法南行。偶然局蹐。尚所不堪。彼估客之挟重赀以冒风涛。逐十一而终身不觉。计云拙矣。

晓起。行李半为雨湿。随杖各郁悒。欲道宵眠之苦。视余黙然罢。而舟子料理停顿。目前得少清楚。近午放船。风潮顺利。舟行若飞。将近虎门里许。舟忽浅。盖沙阜游移。舵公自用。不依引导小船蹊径也。舵挂于下。船不能行。风压于上。篷不及卸。霹雳一声。半边欹侧飐水。众旁皇失色。谓船必坏。急落帆。人尽立上风。用三小艇。数十百人曳拖不得动。余预备有四小旗。上书吾秉释迦无上法王慧命。下书曰大雨暂止。曰顺风相送。曰诸神拥护。曰龙王免朝。急呼竖诸神拥护旗。旗张而舵自堕。船复正。是非人力也。究前声响处。为夹舵辅板折断。尾闾亦微有裂缝。即时修补。

假此少停。得久览形胜。与虎头相对。两旁小山皆童砠断连倚伏。唯大虎小虎二石昂立水中。拗曲而上。若虎距而昂首状。石赭铁色。小虎左岸一炮台。临水涯依山春锐上。俗名阿娘鞋。为形似也。一带小山之麓。人家烟火。悉渔户盐场。非耕作之民矣。凡高险处俱设戍台。控海山背。殆澳门云。作虎门望海七律二首。

白马灵旗带晚霞。风涛万顷走龙蛇。通宵不夜非关月。到处行空可是槎。天上有星分野外。眼前无地说中华楼。船事往皆春梦。千古还因汉使嗟。

遥闻飒沓铁衣声。玉破珠残历乱倾。风卷一山天际落。惊涛万鼓水中鸣。陆沉城阙苍烟出。鬼市楼台白昼生。鲁漫零丁俱在望。七州洋外不知名。

停舟夜半。北风骤作。波涛溏滐。缆索欲绝。水手皇怯。不敢下三板抛第二锚。众诟骂。惧而往。

① 〔清〕释大汕撰。据清康熙刻本，参校中华书局1987年版。

获稍安。念彼辈所得。亦不过十千。而遽以生死等之蜉蝣。世之贪富贵而履危机者。其视水工。亦若是而已。比晓。风雨连天。余命竖大雨暂止旗。少顷晴霁。遂度虎门。沙碛上蠢蠢如狗子。顷之。一人坐小舟来。乃粤海关差收税票者。停舟重加整顿。驾小船。往山溪取淡水。水柜皆满载。引路两小船遣去。裒小脚船载之舟中。便复张帆。水面浮山。犹数重未遽尽也。是知东粤形胜。港口稠密富庶。为有由矣。

向晚。缆定阻乌猪山。山上有茶。不由树艺。可治瘴疠。为渔人之利矣。水碧绿。舟师用椶索系铅测深浅。绿苔长径尺。挂索上为苔菜云。味腥咸可食。白鲏成群。状如猪。白色。有起者伏者。有立水面移时而没者。皆少见而多怪矣。闻有角带井。相传伏波征蛮时。军士渴乏。置带一围。令军士向带中汲饮。悉甜淡。得不困。今至称角带井。如镜光游移水面。一二里间。见者吉祥云。是说为无稽矣。远近渔船数十艘。张帆往来。到处山坳。浓烟滃滃为盐场。盖濒海鱼盐。所以足百粤而资南赣者。咸取给乎此也。船上器物安置停妥。洗刷鲜明。鸣金击鼓。献牲酌醴。一巫青衣长袖。戴蓝多罗弥雪帽。著红腰缠。执朱木棍。拜舞婆娑。仰神号呼。每一阕。辄鸣钲鼓以助之。吾辈杂估客环视。巫忸怩不自胜。急节舞罢欲去。祝者挽而诟之。抒袖再一舞而入。洎后船上不复闻金鼓矣。

是晚天气爽朗。云罅嘒嘒明星。舟人偃卧纵横于微月星光之下。四顾旁皇。微吟绝句五首。以贻知己。

北多平陆南多海。乘马乘船有惯家。惟我北南无住处。间从鞭镫间乘槎。

无水无舟秖强名。何曾筋骨不分明。长樯铁鹿沧溟去。万斛舟同一叶轻。

大海风漂断壑哀。涛声彻夜响奔雷。天空云暗归渔火。乱点沧波作雨来。

孤岛遥看青一痕。经过此外总无垠。披衣独坐蒲团月。无定风涛定裹翻。

故人别我上元灯。应料安南到未曾。谁道乌猪山港外。艨艟还坐白头僧。

次早食已起船。竟日始抵极望之岛而止。岛名鲁漫山。相传海外鹦鹉过此山。不死即飞去。为伏波所放云。同洎一舟差小。往趂加喇巴者。人各屏息。波涛溯湃。船之首尾低昂播荡。渐有晕眩不能坐起者。余以饱食获安。然亦非昨宵兴致矣。

是月十九夜也。二鼓风雨大作。卧闻舟师耶许声。未久。如千丈瀑泉。飞洒于长林断壑。如暴风骤雨。吹落于莲叶蕉林。乂如铁衣介马驰骤于沙场战垒。天崩地裂。蛟龙飞舞而来。至此一切境遇。委之自然。益征人定力矣乃。忆大藏记云。有明楞严。法华经旨之比丘行于山林。鬼神呵护。所经湖海。龙王必朝。遂呼坚龙王免朝旗。船即驶而安。及起篷窓窃视。始知阴凝不雨。惟水与天连。渺然一叶独驾。混茫草昧之初。四顾无垠。绝无攀缘倚恃。此中境界。有非可喻人者。

尝谓江北之山。无丘垤培塿。所见皆大陆高陵。今海洋之波类是。涟漪尺浪。无复沦沦矣。水色蓝如靛。著衣弥月不干。殆知古人称海淀。尔雅谓蓝汁可染曰淀。为有见也。船上寂然。惟水手船主数辈坐守其役。亦穆穆有敬惧之容。余多呕吐狼籍。行止饮食如常者。两三人而已。余苦脾气。掖而后往。否或颠仆。居平北风乍起。横波杨子江。逡巡不敢;今乘万斛之舟。驾长风破臣浪。何大观也。然后知万斛之舟。非长风巨浪不足以成利涉。所以跅跐之士。苟遇兴王扰攘。皆足以建功名;处之清平庸主。适成衡决之患。庄生所谓置杯焉则胶者乎。骇神夺魄。不敢久视。啖青榄数枚。掩船扉伏枕而息。成渡洋歌寄怀琅公石大司马。

正月十九夜半北风起。舟师大声疾声呼不止。声势砰磅不收看。端坐船舱侧两耳。忽如烈风暴雨迷大麓。长林叶叶皆披靡。百丈悬崖泻瀑泉。飞沫奔流激石齿。又如铁衣介马夜归营。万弩齐张飞羽矢。海鳅目电隐无光。蛟龙潜寐鼋鼍死。此身逐浪任低昂。那如一息几千里。晓来所见非故物。俯仰旁皇天与水。阴气僭越神物尊。鸟大如箕不敢指。云是祝融海使回。不然大洋之中焉有此。此间七州曾陆沉。冤魄至今凭海底。时出水面弄兵仗。白日与人相角抵。洵知深山大泽多怪奇。一种鲛人与山鬼。不见西北太华高高三万六千丈。胡为于此成坎块。无平不陂理或然。坐令对此增惆怅。洪流不洗世间心。胷中洁白无尘侵。何不人寰洗秽浊。八荒清净无龌龊。否则天河洗甲兵。蚩尤涿鹿无交争。安澜海若辨和会。惊涛平伏消鲲鲸。平生本事水云乡。曾穿吴楚凌齐梁。洞庭水阔河淮长。大江亦得丝绳量。唯是沧溟汨南极。鹏飞不尽天茫茫。需之有孚占利涉。济川才重作舟楫。屹然砥柱定中流。澜狂飓怒人无忧。怀公建节南交州。吾意与海同悠悠。

如是两昼夜。每凌晨。有箭鸟从波中起。绕船一匝。向前飞去。舟人曰。此神鸟。乃护和上而道所往之不差者也。廿二日。风息。气顿暖。仅可单衣一层。由已抵琼州。安南界。故热。不关风色云。自后每日顺风止二三时。余俱泛泛洋海中。船虽动而行缓。汹涌之势少止矣。

廿四。船主大书于柱曰。先见山者赏钱一贯。人人眉宇俱开。喜慰可知矣。先是船上有水工阿班者。安南人。年不满二十。壮健趫捷。每挂帆即上巾顶。料理缆索。往来如履半地。方在目前。仰视已据桅巅。上下跳踯。毫不芥带。识者谓先见山者必是人矣。时有群燕飞绕樯上。越三日尚渺无山影。至廿七将午。有大呼桅顶曰。山在是矣。果阿班也。举船哄然大笑。然未尝有同见者也。注目凝神。移时而见者。百中之一矣。又移时见者。十中之一矣。于是舵工谋所向。船主贾客欲收会安港。便货卖；僧众欲收顺化港。便见王。相持而质成于余。余曰。诸公皆急思到岸否。曰。急矣。余呼竖顺风相送旗而曰。今看风信宜何。如宜会安则会安。宜顺化则顺化。顾无所择也。众曰。善。而操舟者终以会安为偏向。时风正满帆。便于会安。少顷风渐横逆。便于顺化。水手又卸帆不行。望去山痕犹盈盈百十里之外。诘朝。复往审观山势。从西来迤逦如钩曲横水上。大越国于钩股上作都邑人民聚落也。

早饭毕。余问曰。今收会安风耶。收顺化风耶。皆曰。顺化顺。会安逆。余笑而曰。若是则当收顺化矣。操舟者知不能挠。各目顾方决向顺化。乘风一息遂人。山环为尖碧萝山云。渐而见其峰峦起伏矣。渐而见其平野断连矣。树林之乔木。茆屋之参差矣。厥土白赍。坡坂为潮汐漂洒。莹净如银钩。又成却月岸矣。发巨炮数员。使沿边者知到有海船也。口子仍非瞻瞩所及。惟海面一线微动。俄顷。一帆如钺斧背夕阳来。比到。已入暮矣。俯视其人。裸体披发。以布绦缠掩其前。间有椎髻便操作者。侏㑩黑齿。非奉命而来。不敢上船。人有下其舟者。亦不受。惟王差两番僧与之语。既而礼辞。以缆缀下其舟。驰以报王。继来一舟。有官。亦披发跣足。张灯坐守不去。彻夜嚣嘈。卧不能寐。

平明。四而舟如蚁赴。番人充斥。扇帽鞋袜之类。不问即携去。尤爱雨伞。辰时。有两战舰。王所差国舅相迓者。并二僧复来作礼。即促登舟。言国舅祗候舟中矣。令数十水军舁余以下。鸣铜鼓棹讴而去。舟内外皆丹漆。莹可鉴发。左右各二十五楫。水军丁壮。舱门雕云龙文赭漆。上盖藤文簟。下铺青缘细草席。炉爇奇南。金盒盛槟榔。蒌结凉枕。唾壶具焉。

到公堂泊岸。公堂即税馆也。茆菅一椽而已。果国师暨王舅请余登陆。陈王迎币于前。有奇南。轮珠。金银之属。拜言曰。王以国政未能远迓。特备礼命某奉迎。王出宫门数里外以延道驾。惟老和上量而摄受焉。已而行李捡齐。洋船主作别。四舟联发。两岸平畴。绿苗厌厌。含花待放。询之。殆不粪而岁三获。亦上错与。满望树林碁布。茆屋竹篱为乡落矣。树多笏竹。波罗。椰子。槟榔。山石榴。花则丁香。术兰。番茉莉。暖气浮动。香透篱藁。独不见桃李梅花耳。土俗民风。焕然一新。作初抵大越国诗六首。

巨洋寒雨满征帆。到岸初春著夏衫。墟上蛮歌声呖呖。庯中调笑语喃喃。番军杂沓沙千里。王使来迎书一函。自古东南传地缺。落霞仍有万山衔。【庯。土音坡。即海口市卖也。】

相看峋嵝冷丹台。铜柱分茆隔海隈。人物却疑新气色。衣冠犹似旧时裁。金刀出戸从舆去。银烛通宵照客来。入市当垆皆妇女。临风舞袖卖花回。

瘴气频蒸漠漠天。木兰风度满溪湾。近村人语烟中竹。隔岸鸡鸣云里山。画桨水翻红袖去。奇南香赠绿衣还。官家几处倾椰酒。归路松灯照醉颜。

汉唐开拓贡前朝。几代雄图即次消。定远歌残关塞月。伏波声震海天潮。秋深野草纷纷合。夜静灵旗往往飘。晓望长林争岸出。山川一半是渔樵。

郊外黄烟野日微。林边白雾转霏霏。渔郎散发频牵网。草屋临流半掩扉。海岸多风鹰眼疾。沙田无雪麦苗稀。蛇人曲唱高绵调。薄暮横骑乳象归。

却月堤边紫翠浮。打鱼淀舍【淀舍。船名。】聚沙头。天清艾岭云争起。花覆盘江水倒流。日午春光浑似夏。晚凉海气更如秋。不辞异国轻行役。自爱吟情尚远游。

时正月廿八日也。夹岸行人女多于男。衣尚红绿。将近王府。渺无城郭。周围种竻竹为垣。竹内列茆房。房架铜炮。自数百斤至数千斤。工铸精巧。朱砂翡翠。斑驳光芒。盖历年久远。摩娑之功所致。若作炉瓶一类。顾为鉴家什袭之珍。价不知几何矣。炮后再围竻竹。内有矮红墙。方广一二里许。王居在中也。过不远。舟人报潮涸。国师起白曰。须此登岸矣。一时官民男女。聚观杂沓。舆不得进。转两三山坡。闻竹林里鸣钟擂鼓。国师迎至殿中。坐半晌。礼足者络绎。通事曰。某官某。多不辨识。颔之而已。

有他船从广东来者。询知后船为客货未齐。当迟数日放洋。然竟杳无音耗。踰期不至。深以为虑。随杖僧众不服水土。患病几半。余以泄泻胃热口破。苦饮啖。

卷二

初十晚。王差内监来称贺云。适才地方报老和上后船已抵尖碧萝山下。王命淀舍船先接老和上人物。不日即到矣。十三夜。入至顺化港。次早僧众到。面目黎黑。泥垢满爪。言从二月二十日放洋。仅得一昼夜顺风。播荡于七州洋波中者半月。见诸怪异。每有大箭鸦飞绕樯上。尾羽若带矢状。又浪上竖小令旗。或红或黑。乍浮乍沉。一枝过去。一枝复来。续有十数枝。相顾骇异。莫敢言。说者谓鬼船见则不利云。风涛奋发。云霾滚滚。有乌龙蜿蜒出船左。烧硫黄鸡毳。乱以秽物。挥洒得不近傍。一夕。阴云晦昧。星月无光。忽有火山从后起。光烛帆上。如野烧返照。渐与船并。水工群以木扣舷不绝响。约两更次。后审知舵挂其体。船稍横开。始隐不见。盖海鳅目电云。然不知鱼之大为何如矣。飘蓬既久。奇怪迭见。睇望大越。杳无踪影。南风大作。人人面如土色。西堂虔祷得顺风。又为伙长不谙取道。再迟两日。水米俱绝。将索某等于蜃楼海市间矣。

十三日。差太监顶礼云。明日王出演武场操象。半月始还。欲请老和上一观。允否。余诺。至十五日黎明。内监速登舟。水浸三五晨星。高林鸡唱。宿雾将收。去棹逶迟十许里。微闻烟际嗷嘈。内监报曰。至矣。

卷三

广东乃四海五湖云水来龙口。长寿系十洲三岛沙门总马头。

客有言。归帆风信。须及立秋前后半月。西南风猛。一帆风顺。四五日夜。便抵虎门。处暑后北风渐起。水向东流。南风微弱。不敌东归流急。难保为稳便矣。盖洋海中横亘沙碛。起东北直抵西南。高者壁立海上。低或水平沙面。粗硬如铁。船一触即成齑粉。阔百许里。长无算。名万里长沙。渺无草木人烟。一失风水漂至。从不破坏。人无水米。亦成馁鬼矣。去大越七里路。上重约七百里也。先国王时。岁差淀舍往拾怀船金银器物云。秋风潮涸。水尽东洄。一浪所涌。即成百里。风力不劲。便有长沙之忧。

十八日。王先发舟出海口。解自佩金刀。命内监赠余为戒刀。道所持赠之意。使得在老和上手中时时拂拭。不至钝置。光芒透露。愿求断绝烦恼也。今文武俱随王驾候送。前途海口。乃王都顺化出而之他府门户也。

盖大越国土。总是一山曲折起伏于巨洋中。或向或背。皆依山傍海而为都邑。山峻水险。树木丛翳。多犀象虎狼。各府无径路相通。凡从一港所入。尽可通之地为一府。别府则另一港。故适他府者。必从外洋循山而入他港。近岸则浪大难行。遇好风信。一日可达。否则便为半月十日之程。洋艚从五月时放至会安。会安者升华府属。自顺化到会安。陆路须经艾岭。即舆记谓。二三月时艾花开。流入海。鱼食之化龙者是也。山峻暑耨。度岭惟艰。将必乘舟沿海为便。

至廿八日三鼓时分。该伯监官拨红船。淀舍各八头。运载行李。侵早戒子四众骈集。众军执金枪刀排道。国人聚观者林立。从寺门直至河津。登舟之顷。拜送衣袂扬尘。对面莫睹。鸣钲解缆。挥涕成雨。至有号呼动地。舟棹中流。夹岸沿河而送。直至路穷水远。伫立呜咽。目断而返。余亦不禁泫然。念彼辈之不获随我而归也。船头坐一官。尾立一守舵者。每船棹军六十四人。中设朱红四柱龙架。横搁一木。如梆子。一军坐击之。棹听以为节。船应左则左。应右则右。或耶许。或顿足。无一参错者。悉于梆乎命之。乍聆者不知所为音节矣。船长狭。状如龙舟。昂首尾。丹漆之。不能容爨具。窃讶多人饮食。无所从出。余携茶食自给。棹军赤体。暴烈日中。惟贮淡水一缸。渴则勺饮。馁腹而用力不衰。固堪悲其劳悴。然亦足验此躯。无事过为安养。反令骄生而不能劳矣。

转至大河。数船雁列。众军鼓勇。行如矢疾。注目两岸。莫辨马牛。将午。抵河中寺。极望弥漫。为洋海奥区。波涛冲激所不及。浅濑淤泥。水草交加。鱼蟹蜃蛤之薮。平堤柴栅。水杨生焉。茫荡间。有结茆半椽者。殆海利谋生之巢居乎。寺处平壤。三面临水。门外百步即淤涂。远近蚝花为堤。杨柳荫其上。微风滄渚。弱藻纵横。鸟鱼泥蟹寄生螺之所泳游。行人折旋嬉戏。归兴放眸。思何如也。比至。苍松翠阴。数百年古木。国中诸山无非槟榔。庵摩。椰子各种杂植。松则此仅见者矣。穿松而入。不筑围垣。有方池环绕殿外。与潮汐消长。枕海地低。所固然耳。池中赤鲤无数。随行争以象耳饼投之。群起嚵嚼。往来自得。绝不畏人。蔬畦瓠架。杂卉丛菊。分布松根隙地。殿后一松大数抱。虬枝古干。轮囷离奇。自是千岁之物。上叶蟠郁成球。传记松尾成球。下必有茯苓琥珀。然不敢张其说。以戕此美荫矣。该伯。监寺延入殿中供斋。监寺。戒子也。斋毕。还舟解缆。回望绀殿朱檐。蔽亏于细柳高林。与水烟云日相照媚。恍若蓬莱阆苑矣。咏河中寺诗。

绿柳垂垂隐梵宫。钟声迢递满河风。竹篱草径浮岚掩。石壑霞楼倒影空。候食红鱼吹水上。啼烟翠鸟落花中。王家祠庙阴森处。迥有灵光射海东。

水声山色滄秋客。翠拱南湖六七峰。地涌珠林金粟细。风清香叆碧云重。门前露压千竿竹。殿里涛生四而松。焉得故山诸旧好。月明都在小桥逢。

潮上芦鸡两岸闻。中流烟寺绝尘氛。客来南国伤青草。僧在西窗梦白云。鸟语寂时清磬远。山光断处隔河分。徜徉松下无余事。吟罢归舟已夕曛。

暮至海口停船。王已著人备膳相候矣。去王行幄尚里许。夜暗未及相过。各遣人致声而已。次早请见。掉舟往造。王架水阁于中流。四面战舰围匝。为门以入。既见。喜不自胜。言。今日之喜。即为他日之悲。此番良晤。别后海天盈盈。欲观慈光。未知何日也。惟望不惜频频遣侍师渡海。庶几如见老人道容。或者家山公事圆满。不辞跋涉。肯一再来。尤意外之望也。某亦居位数年。世子长成。堪理政事。即择贤良辅导传之。某将削发为僧。了吾末后大事。既蒙明示。亦觉宿世元系大明僧。偶然失足至此。岂肯终身为富贵声色之汨没而昧本来乎。留恋笃挚。订明日备席于圭峰永和寺再饯。周览大洋于此。可以日送归帆也。至夕。出凉枕。西域磁针诸细巧物相遗。

越日。绳舆已夙驾河干矣。该伯小队为导。朝霭断连。一阜累然。去不数舍。曙烟未散。人隔寻丈。但闻喧呼。旭日隙光中。有颇焉弁出而不见其下者。有双足动踏而不见其上者。沙路丛生。簺簩枳棘。田多种薯。居民有锄薯而牵牛以食薯蔓者。署大或径三四寸。盖沙上松而宜此也。夫至山麓。徒御小憩。始登不甚高。稍陡峻。以斯委折而上。磴道随土石为之。临崕为栏槛。以防险仄。悉扫除整洁。多美荫可坐。仆夫挥汗喘息。闻林莽钟鼓声甚近。然窈窕离合。犹移时始至。寺踞山巅。虽不弘壮。亦牢固絜齐。山寺规模则尔也。诸官延入。摆茶毕。众道出山门。大地平衍。可数十亩。茂树婆娑。坐息其下。时当午。天气清朗。纵目一观。水天相接。波涛射日。银山金嶂。卷地而来。直撼山根。响震林表。若怵惕其漂没以去者。不知距海犹数里也。古人谓登太华。则黄河直撼其下。亦若是耶;盖太华高。视远疑近。兹则海大。势迫若近为不同耳。诗四章。

网舆十里到层峰。半岭风传出谷钟。遥见人行云外石。忽惊果落寺前松。上方细雨啼红鸟。下界飞涛挟白龙。放眼乾坤容一啸。望洋绝顶倚孤筇。

宴会凌霄法界开。离人去国重徘徊。花明远岫僧初出。磬响高林鹤自回。幽径曲随芳草引。闲心远为探奇来。行吟亦任香台畔。短发离披坐绿苔。

招提鼎建永和年。古殿凭虚沧海边。平地雾来山作浪。半空云起屋如船。秋光遥映千村竹。日影翻流一壑天。贪看夕阳崕畔立。番僧与我乞枯禅。

苍崕百迭踏晴空。应接林峦路不穷。茆屋半开秋雨外。烟霞斜锁翠微中。异乡地尽雪依水。近海天低草战风。记取登临当此日。胜游知复几时同。

圭峰突出海岸。所见皆海。右手一带苍山为艾岭。沿山东北上。为会安港口。舟行将来便径云。群山皆崚嶒耸削。独几点青螺如髻。覆于群山之下。与粤东七星岩相似。监官指曰。此三台也。寺居其中。为果国师道场矣。因言此山多岩洞。有如门者。如牖者。为衢巷者。堂者。房者。如釜鬵樊笼者。莫不玲珑爽凯。可坐可卧。可以弹琴咏诗。琅然清圜。声响答和。顾老和上明日之所必游矣。余方以圭峰虽大观。而无幽邃岩壑可以搒求翫赏。闻之恨不一时放舟以去矣。

斋后。复出四览。作别还舟。天色入暮。欲造谢王并告开船。适王兄诸公携素榼攀话。散时二鼓。倦且欲寝矣。平明。王方与诸臣转棹游河中。须候回面别。况此种拳拳。如饮醇醪。令人自醉。不能恝然便去也。是日闲暇。续成晓发祖湖抵海口诗四章。

百桨苍茫发五更。舟师击柝晓风生。天邊月落他乡影。海外湖流故国声。碧水旋翻云树暗。金蛇夭矫浪花明。遥看宿草朝暾起。野寺浮空画不成。

清秋拨棹疾如驰。不觉篷窗过钓矶。岸上马鸣寻猎去。湖中人语趁潮归。青山带雾迎船出。白鸟惊风背水飞。漠漠海天如疋练。隔林小雨更霏微。

征铙铜鼓响沙边。渔火光吞水底天。夹岸不分三里雾。轻舟冲破一湖烟。何方羌笛吹无尽。待晓秋风影自妍。缥缈疎钟来渡口。却疑珠浦问花田。

舟行隐隐乱山依。一路烟深似翠微。芳草远思随画舫。水云明欲上秋衣。堤边独树窥人立。沙际游鱼破浪飞。露下乌啼天晓月。怀乡老客趁风归。

夜半。始闻王还水阁。诘朝。国师来。闻余欲往辞。曰。王多情。老人若见。彼又迟留不舍。反致耽阁。不如只管收拾放舟。濒行。修书遣侍告别足矣。某目今一见王。从陆路先去会安料理。候老人驾也。余曰。然。因令先行。从顺化送来四众。各慰劳遣归。传众船官军决于今夜二鼓开船。

廿六午后。人始从王处回报。準备开船事。忽西北风暴作。扬沙偃木。大雨如拳。路上行人。目不能展。群舟依岸而缆。独余傍岸一大坐船。为会客及随杖坐卧之所。余畏热。系红船于外。便于晴明撤去围闭。缆索不牢。为所漂荡。守舟军力少不能抵岸。军见之。赴水牵挽者四五十。而暴风大雨。鼓涌浪势。无能为力。竟吹至中流。沙浅。始得稍定。举皆惶怖。余固知风之所来纵漂漾也。只至此。故坐视晏如。任一身之沾湿而已。

雨晴缆定。随有撮余从陆为实落者。亦有言淀舍为稳便者。议论纷起。多官皆微笑默然。视余所指。以卜愚智。余曰。诸公之言。何其惑也。余自发足时。筹之熟矣。决坐红船下会安。岂因一阵邪风盲雨。便尔变易耶。从路去五六十人。随身铺盖夫马二三百。已自劳民。况酷暑天时。长途峻岭。现病者几人。能无虑乎。若淀舍迟重难行。旷自经久。或遇风雨。至如今日风雨。非日日常有。纵有亦在未申时分。断不在此夜。我们今晚乘趁风便。二鼓开船渡海。平明入会安港。午抵三台山寺。但恨无今日风雨耳。有。不尤增一段景色耶。诸公且保拟矣。余殆守初志而不移者也。众官方合掌笑曰。果然老和上所见卓绝也。俟出海时。方知红船之妙耳。然众中终有移行李过淀舍者。须臾具糇粮。贮淡水。供给军人进晚膳。舣舟相送。诸贵臣咸曰。此番聚首。未知何日再覩慈容。言讫眷恋依依。挥泪而别。

卷四

七月初一海口发舟。是夕也。天色晴霁。四野烟沉。村灯渔火。历乱繁星。别国离怀。不禁其为黯然者。该伯鸣铜鼓三通。众船齐棹。船中悉灭灯烛。惟该官持火绳一条。立于船头。或左或右。或迟或疾。皆视一星之火为号令。舵楫应之不爽。出至洋边沙碛上泊定。复撤去凉篷。幢然一舟。露寝其上。夜及二鼓。铜鼓复鸣。百桡拨动。波浪如山。震撼崖谷。众军奋力。棹起咸波。尽成碧焰。凝望海中。轰雷掣电。似数十条火龙。飞度于冈峦之上。身之彝险。亦不复知矣。假寐片时。东方既白。披衣起视。水色澄渟。不知已入山环抱中。沿海崕石。碨礧嵯岈。树上白猿。成群啸踯。山花野果。红翠纷披。跂望隔坡。桅如聚矢。询知则为粮船候风于会安港矣。

八舟俱到。暂停港口。沙平如镜。一望无际。上有海漂消。螺蚬觳。红白斑斓可爱。复架凉篷坐卧。因识红船利涉。为人力强。虽海涛奔涌。而能杀其势使平以随舟也。转出沙觜。不移时到粮船泊处。维舟两岸。人烟辏集。行人负担。怱怱为趁早市矣。一红船先在镇。土官来见。盖会安藩镇云。供早膳颇鲜备。由是始知沿途具供。候者行者皆按日时晷刻不少爽。殆释然乎了无罂具之故。而愍军人用力之齐;亦可见王令如山。人莫敢易。顾语随杖曰。修行薄劣。何以当此。而不折福乎。戒子庵于此者及信向四众皆持槟榔鲜果茶食礼献。饭讫。铜鼓一响。军之登岸。而炊者无问已熟而食。或熟而未食。或半熟或接淅。咸奔还解缆。梆击中流。时而鱼贯。时而雁行。时列而为一。时分而为二。时而顿足棹歌。莫不秩然中节。微风水面。湛澹涟漪。远近平坡。竹林曲薄。既幸舟行之顺利。复计归国之有期。胸次悠然。有未及名言者。乘兴作秋夜渡海晓抵会安诗三首云。

秋生海国忆乡关。良夜归帆一破颜。人语却从天上下。诗情多在雾中间。疏星人水流千丈。远棹移灯出半山。犹问会安何处是。不知身到蓼花湾。

倒岳倾湫乱雪堆。还疑天上走轰雷。披衣坐向船头望。大水声从地下来。树杪咸波飞电出。峯坳落月老龙回。番人送供烟郊外。镇土茆堂隔岸开。

老鬓萧疏逐客程。烟波漠漠海中行。风寒断岭猿声急。浪卷新沙云影横。落托人皆疑慢世。浮沉吾不尚虚名。此时归去松门下。正好看花步月明。

方拟题名峰曰海洞。涌曰华严。作歌砻石镌铭。监官闻之。乃告曰。王令今日送老和上到会安。迟恐某等有违君令之咎。况军人盈千。此处粮食无所措处。必请还舟。暇日再来。余惜山水胜游。造物亦且忌全耶。随登舟解缆。行未几。日已夕。由支河取径捷。潮涸。为粮船所梗。诸军下淤泥推挽。不可动。内监怒打军人。努力扛舟而渡。

二鼓抵会泊岸。仍宿舟中。作游三台山长歌一章。七律二首。

归帆欲趁西南风。红船送出祖河中。多情国主重离别。海口复饯登圭峰。道是此峰凌海岸。目送余舟转粤东。峰顶云藏永和寺。周回林木何青葱。绳舆驾出当晓日。刀枪金鋈排长虹。逶迤导我披林莽。前行没胫沙鬔松。平坡踏尽到山麓。拔地直抵沧溟冲。海气浮空但烟雾。天风迢递来疎钟。断连仄磴悬树杪。仆夫喘息穿筱丛。两步一歇到峰顶。水天冥漠开鸿蒙。身危若欲辄倾坠。波涛荡潏骇心胷。此时天色渐清朗。烟峦几点浮虚空。指说征途从此去。三台更是蓬莱宫。我闻发舟不待旦。咸波棹拨光游龙。蛟鼍潜寐不知醒。达曙忽睹三高崧。嵖岈山根啮海水。草木石罅偏丰茸。策杖登临已停午。沙子日炙妨追从。山前寺僧供笋蕨。入座数朵青芙蓉。阴晴石壁异向背。苔藓翡翠丹砂红。行近双崖迎面起。转侧一线天忽通。方圆乱石迭磴道。勾枝仰视时相蒙。如陟太华千尺崍。肴函真可丸泥封。豁然百丈开平衍。应封掘强来山童。告我岩窦一十七。中有一洞诚天工。何须坐此苦摇扇。彼中六月长三冬。微茫小径绕殿后。欹斜石立生胡衢。到头削壁辟牖户。岌嶪欲度心怦忡。初行窅窱渐黖黯。山鬼暗伏窥人踪。薜荔沿崖牵客袂。蹑足叶响回秋枫。旁皇注目漏光影。没阶螭日方曈曈。地平圆洁若明镜。举头显敞高穹窿。笑看环堵坐罋甑。通天穴窍垂�笼。大石如房小如卵。鬪凑整截成崆峒。迭文波浪或冰裂。阔窄起伏纷难穷。古藤直挂三百尺。浑身皱理龙鳞同。几回摩娑手不释。坐久便觉寒飙冲。还寻洞口出周览。云岩处处争玲珑。登高纵目奔浩瀚。阴泉赴壑流淙淙。一树一石亦幽趣。惜哉胜概生不逢。渺无名题称赏鉴。纵横怪石埋蒿蓬。翻遭俗物加点缀。坐使胜迹亏人功。若然置之通都与大邑。名流觞咏殊春容。不见山阴及岘首。群贤雅集羊公雄。至今传颂各不朽。空山何致鸣秋蛩。我将华严颜洞峰海涌。长篇短作镌石精磨砻。山灵人事更否泰。庶与日月齐初终。同游居士木湾子。记者别号乃厂翁。

南溟一壑起云幢。海气旋空绝壁苍。忽卷晴天飞雾雨。倒翻大地射台光。岩花曲引通霄路。涧水分流散谷王。洞口烟霞萝半掩。山精相逐老蛟藏。

风雷响处涌层峦。隔涧飞猿上翠干。遥望浮天青几点。平空踏玉白千盘。高穿石窦苍藤古。细挂云帘碧乳攒。绕径蒸沙当日午。偶来息影觉秋寒。

次早登岸。住弥陀寺。院宇偪窄。不足以容大众。分布于观音堂各处。谓少停几日。便上洋艚。无事起盖房屋。以重烦苦军人为也。该伯内监终以王令为重。翌日。竹木并举。朝筑暮成。寮舍八九间。中为一厂会客。盖会安各国客货马头。沿河直街长三四里。名大唐街。夹道行肆。比栉而居。悉闽人。仍先朝服饬。妇人贸易。凡客此者。必娶一妇。以便交易。街之尽为日本桥。为锦庯。对河为茶饶。洋艚所泊处也。人民稠集。鱼鰕蔬果。早晚赶趁络绎焉。药物时鲜。顺化不可构求者。于此得致矣。大约会安东南北三面近海。惟西边一路绵亘连山。接东京而通西粤。故西去数十里外设镇土衙门。状如王府。防邻警也。客居既繁。因之旅榇无归。而遗骸暴露者。在在都有。

七月十三日。洋船移椿。先将粗重器物。付载船上。然须十五始到尖碧萝。约二十日登舟候风。王差番官通吏道及僧铁帆送余归国。十九侵晨。监官备田姑船四十只。坐余红船中。中午解缆时。余虽喜指日还乡。然谓风信水势过期。行未必果。但不欲明言。恐为兆耳。

至港口夜泊。候潮三鼓齐发。平明抵碧萝。上洋船。定十二马篱为偪窄。以归故可相忘矣。王差人候问所需。计无有缺。转恐风信延迟。不妨多贮水米。以备不时。因书付差还报。越两日。赤白米共四十担运至。讶其何速。知者曰。此间有象路。为王急使之径。一旦可达顺化。令到即港中粮船支发。故快耳。内监该伯告回船亦整顿贮水。专候举帆。

随杖在弥陀寺中。无一不发热出瘢者。独余最后。将谓可免。不意上船三日而寒热起矣。连日皆东北风。雨色微蒙。山不见顶。客老此者曰。此作春也。大越气候岁以秋冬为春夏秋冬时每阴雨连绵。云雾四塞。诸溪水涨。路断行人。百物腾贵。束薪十钱。不熟一炊。居人预为之备。谓之做春。斯时则群山无影。茫茫海中。莫辨所向。船不敢出口矣。以故风雨因病转添病因。风雨增剧。奄奄一气。喘息船中。差僧铁帆棹还会安延医。兼报王风信不便状。至廿七过午渐晴。彻夜星光。明日白露。次早即速开船。船主终以风信不便为辞。且谓差僧未还。病无医药。归心如焚。遂乃明烛烧香。望西南起拜。持咒祷风。薄暮。西南风起。差僧亦至矣。

于三十日鸣锣起碇。数十田姑艇缆带出口。风正满帆。渴望得归。此乐何似。是夕也。木湾梦人裘带都雅。梦中惊异。何从得是人流寓此间者耶。既而谓木湾曰。汝曾读爱诚子书。当如在老和上不难相助。然有说焉。手出革绦与之。且曰。为我寄和上。将来因缘在此也。梦醒历历。乃述与余。不知何意。是时船正疾行。皆不理论。而南吹渐微。舟所进几与所退相敌。顷刻大雨。北风猛作。势不可支。举船尽以长沙为忧余披衣持咒。久之。东南一阵飓风陡起。黑夜云霾。手不见掌。各仓惶听命。总管见龙行隐隐。飞舞于船左右。约一更龙去。从前北风所飘流之路。须臾尽复。风雨后海光天色。照灼远近。至是而归心始灰矣。

平明霁色。见山痕淡淡。不数十里外。仍是尖碧萝也。随风竟返至山港。舟人击鼓赛神。各加额曰。余生再造也。连日风浪滔滔。海边小船。尽推沙坂之上。余时寒热。腹患渐止。饮食不进。况船上攧扑多日。肌泽无存。朽骨数茎而已。

木湾语亦尔侍者云。今天气风色如此。势不能开船归国。闻此山上有观音堂。何不且请老人上去。一沾土气。运行血脉。或可加餐乎。适又闻述初六有大风。边海人风色素谙。不可不信。何苦令老人病躯复受攧扑也。亦尔不向余明言。但一上岸踏看。即驾两小船来促登岸。此时风浪渐紧矣。观音堂离数里。不能往。僦居草屋。门檐低压。罄折以人。行人数至摩顶。盖近海避风制唯尔也。坐定。风涛转急。人夜。飓风怒号。摧山陨石。茆屋尽倒。潮撼群山。声势凌厉。碎人心胆。余幸得片地栖身。念船中诸子。遭此危险。生死间止容发。惨栗之状。不知何似。然黑夜风涛。将奈之何。竟夕为之不寐。乍晓。船上者奔至。皆曰重生。昨宵情状。可不言矣。

过日晴霁。强起扶筇。访之方人。乃知即岣嵝山葛洪因是而请为令者。然丹砂无复气矣。形胜殊佳。地脉疑有灵焉。洲岛数峰环抱如几。海中平横一案。东缺。复两山对峙为塞。中则洋船出入门户也。直接主峰之下。有本头公庙。庙左百步。有石泉清甘。村人所汲。男女浴者无虚候。俗记好浴。果不诬也。山足平沙如月。落落茆屋。不满百间。除老弱幼稚。籍于官者犹三百壮丁生事渔樵二者而已。醢腊臭腥。比户然也。山皆石。树木蓊蔚。遍山花果。牧竖鼠雀之余矣。庙颇弘敞。神甚灵。洋船往来。必虔祷祀也。命该社开扃钥。侍者上香。一瞻神像。读封衔。知即汉伏波将军。本头公。国人所崇谥号云。搴帷瞻像。儒雅风流。木湾恍然曰。畴前之夜见梦者。俨若人也。始忆诫子书伏波所作革绦。其佩韦义乎。因缘宜缓。老和上今歳殆不能还。神人明相告也。壁间粉板有徐孚远七律一首。字为尘埃封掩。拂拭读之。甚佳。是以效颦。作诗书壁。

涛声滚滚石巉巉。汉将神祠祀碧嵓。自昔茆分东下水。至今人渡北来帆。梦传佩韦言三复。预报迟归书一函。千古威灵遗像在。秋风落日照安南。

先余数日放洋一船名马艚。亦是日还。兹舟海上有名便利。人力精锐。至是三出皆返。遂群决压冬之志。压冬者。洋船他国度歳之名也。归兴冰释。铁帆驰报王未返。徜徉于浓阴盘石之上。作岣嵝阻风诗十首。

已去复还住。秋高故国心。念将身命重。缘与岛彝深。孤屿无猿果。鸣皋有鹤音。朔风连日起。花雨散前林。

歳序秋将半。安南始作春。波涛声彻夜。雷雨势经旬。山色今朝绿。泉流昨雨新。舆图记风俗。好浴果然真。

田姑【船名】送出浅。贯索带艨艟。钲鼓喧晴日。西南正好风。宁还岣嵝港。复问本头公。欲假明神力。扬帆指粤东。

留恋舟师意。蹉跎白露时。人情看既尔。节候况如斯。微吹轻难进。回波急莫支。故山频怅望。不独我归迟。

开疆原汉代。请令葛洪过。服食无仙吏。灵祠有伏波。丹砂空髣髴。风雨在岩阿。惟见渔樵径。烟寒月下簔。

病躯苦危浪。罄折入柴扉。海飓秋方盛。衡茆夜尽飞。村灯微欲曙。林鸟湿难归。不寐愁诸子。中流何处依。

强起看秋色。扶筇傍涧隈。沙明前渚月。潮响后山雷。野果留官禁。饥猿向客哀。片帆归日暮。妻子喜鱼回。

远近皆渔舍。中厨水族多。居然充甑粟。竟可委田禾。腥气透帷入。秋声卷树过。渺余滞南国。长日盼沧波。

缺月漏茆屋。危峰振海飙。水云迷旧国。风雨正生潮。野鼠依山啸。寒鼋驾浪骄。病中眠数起。竹影对萧萧。

道人遗菜把。相逐笑颜开。边海那能得。空山何意来。洋船留不返。番使去忘回。上下无交日。乡心梦里催。

是日铁帆迎船至矣。午后返会安。王差内监赍书。红船亦接到。便欲迎还顺化供养。奈病体羸弱。

不任舟车。复于弥陀寺结茆葺宇。安住大众。庶就参蓍药饵。调息精神。怡情翰墨。消此客中歳月。间上顺化见王而已。不谓王闻不果归粤。先自庆慰。语人曰。吾苦留老和上不可得。今风信为我稽行。岂非龙天挽留老和上。于我国宿世缘深耶。亟促国师来。久雨潦溢泥涂。未即行。王遽命撤禅林方丈。另盖于天姥寺。差人候请。既而两番俱报余病。未堪劳役。乃续遣奉书并人参。至感此眷眷之情。往答未能。暂裁书著侍报谢。

前者。老僧万不得已。必欲还山。悉在王之洞鉴中也。时王苦留。不住三年。亦须一载。稍尽供养。自顾薄福。抱惭忍别。劳驾统领阖国文武贵官相送海口。挽登圭峰设饯。而后送过会安。到尖碧萝山前。及上洋艚。秋经白露。船主。伙长皆言北风甚急。帆不能放。老僧持咒祈请南风。次日西南风起。击鼓鸣锣。扬帆出海。经两昼夜。北风渐作。行莫能前。于是再祈。午后南吹满篷。正发巾顶疾行时。忽然北风飞浪。大雨倾盆。龙腾蛟起。地覆天翻。几乎有万里长沙鱼腹之患矣。余惟嘿坐持咒。正在慌?无措处。陡作一阵东风。将船送回碧萝山下。谛想龙天亦有欺贫重富心。不然何偏吹些不顺风。使老僧去不得。以满国王一年供养之愿。竟不管我常住大众厨库绝粮。王闻老僧不及归。乃欢喜曰。天随我愿也。即令内官发红船接到会安。亟欲来朝。奈飞涛迭浪中抛掷二十余日。腹泻头疼。寒热交加。随杖僧众皆然。正在病中。未得遣候为怅。不出半月。迭来手札。每送人参。老僧抱痾正用得著。在王殷殷之意。极尽师生之情。然事事累及。使余中心觉难为词耳。惟指海月天云。与吾天纵道人共相照耀也。良晤非远。余当面罄。风雨深秋。缕缕不宣。

连时阴雨。河水泛涨。寺门枨闑维舟。气候渐凉。侍者从顺化回。言王见时亲热喜悦之状。细询老和上饮食起居。始知果病。因道似此则随老和上方便。暂时将息。俟稍平复。订来日期。即拨夫马应接。幸毋留恋会安。我之望老和上如望岁也。况相隔涉。一切供养难以周到。于心恨然无容自安耶。花郎布一疋。副以绫缎。为老和上添冬衣。其余洋布绢素。为大众各制一袭。仍差内监同来祗候。

卷五

次早。烟雨迷离。尽日行霖潦中。王差左右工部该伯官驾红船预待海口。领队军五百接至中途。跪而请曰。王著某只候多时。以天雨泥濘。有失远迎。言讫。引导而行。是夜凡三宿旅馆矣。明日。五鼓登舟。回忆下会安泊舟时。王臣相送圭峰。添翠路。改新流。转盼五越月也。

溯自上元登舟。月尽抵国。初住于顺化禅林。再住于会安弥陀。阻风岣嵝。转住天姥。泛大洋。度艾岭。往复乎山海之间。荏苒年余。日逐与王臣酬对。四众盘桓。耳目既亲。传闻所属。凡为政治之得失。风俗之邪正。山川人物。草木虫鱼。纵所未经者尚多。然知远之近。已粗悉其梗概。

日本考①

卷之一·倭国事略

日本古倭奴国依山岛为城邑在百济新罗东南地形类琵琶东高西下东西数千里南北数百里

其西北至高丽也必由对马岛开洋【各岛之人俱至堆沙儿撒思乃山谷三岙开洋至高丽之则失多顺风一日约五百里】

南至琉球也必由萨摩州开洋顺风七日其贡使之来必由博多开洋历五岛而入中国因造舟水手俱在博多故也贡舶回则径收长门因抽分司官在焉故也若其入寇则随风所之东北风猛则由萨摩或由五岛至大小琉球而视风之变迁:北多则犯广东东多则犯福建【彭湖岛分䑸或之泉州等处或之梅花所长乐县等处】

若正东风猛则必由五岛历天堂官渡水而视风之变迁东北多则至乌沙门分䑸或过韭山海闸门而犯温州或由舟山之南而犯定海【经大猫洋入金塘蛟门】犯象山奉化【由东西厨入湖头渡】犯昌国【入石浦关】犯台州【入桃渚海门松门诸港】

正东风多则至李西岙壁下陈钱分䑸或由洋山之南而犯临观【过渔山两头洞三姑山入蛏浦则犯绍兴之临山三山过霍山洋五屿烈表平石则犯宁波之龙山观海】犯钱塘【过大小衢徐公入鳖子门赭山则簿省城也】

或由洋山之北而犯青南【过马迹潭而西】犯太仓【过马迹潭而西北】或过南沙而入大江【过茶山入瞭角嘴涉谷椟狼福山而瓜仪常镇】

若在大洋而风欻东南也则犯淮扬犯登莱【过步州洋乱沙入盐城口则犯淮安入庙湾港则犯扬州再越而北则犯登莱】

若在五岛开洋而南风方猛则趋辽阳趋天津大抵倭船之来恒在清明之后前乎此风候不常届期方有东北风多日而不变也过五月风自南来倭不利于行矣重阳后风亦有东北者过十月风自西北来亦非倭所利矣故防春者以三四五月为大汛九十月为小汛其停桡之处焚劫之权若倭得而主之而其帆樯所向一视乎风实有天意存乎其间倭不得而主之

向之入寇者萨摩肥后长门三州之人居多其次则大隅筑前筑后博多日向摄摩津州纪伊种岛而丰前丰后和泉之人亦间有之乃因商于萨摩而附行者也

日本之民有贫有富【如摄摩伊势若佐博多其人以商为业其地方街巷风景宛若中华富者各数千家有积贲至百万者又如和泉一州富者八万户皆居积货殖】有淑有慝【如萨摩之鹨奇里方数千里其邑长安庆能纳民于轨物无一人为盗又如宫岛人不嗜杀人有不平事但诣神庙罚钱又如纪伊之头陀僧三千八百房专习武艺杀人而不犯中国】富而淑者或登贡舶而来或登商舶而来凡在寇舶皆贫与恶者也

卷之一·寄语岛名

山城【羊马失罗】　筑前【职骨前】　太和【野马多】　筑后【职骨骨】　河内【茄怀知】　丰前【孛前】　和泉【因字米】　丰后【蓬哥】　摄津【子奴因你】　肥前【非前】　伊贺【衣加】　肥后【非谷】　伊势【衣舍】　日向【兄加】　志摩大隅【阿思米】　尾张【倭阿里】　萨摩【撒子马】　三河【迷茄怀】　远江　纪伊

① ［明］李言恭撰。据明万历刻本。

【乞奴苦艺】 炎路【山奴计】 骏河 阿波【挨怀齐】 伊豆【因慈】 讚耆 甲裴【嘅怡苦艺】 伊豫【伊右】 相摩 土佐【拖撒】 武藏【木撒署】 山口【即周防羊马窟诸】 安房【阿它】 美作【迷马撒家】 备前【避然】 上总【茹迷倭撒】 下总【什么倭撒】 备中【避画】 常陆 备后【避卧】 若佐【坏加棚】 安艺【阿计】 越前【日智前】 摄摩【法里马】 越中【日书】 长门【奴茄多】 越后【日清谷】 丹渡【丹白】 加贺【坑茄】 丹后【丹哥】 能登【奴杂】 但马【哒什么】 佐渡【沙渡】 因幡【奚奴白】 近江【多乌米】 伯耆【花计】 美浓【米奴】 出云【因字木】 飞弹【非大智】 石见 信浓【申阿农】 隐岐【和计】 上野【康子计】 伊岐【尤计】 女岛 下野【什么子计】 陆岙【话收】 多艺 出羽【迷外】 宫岛【迷挨什么】 五岛【我岛】 男岛【贺什么】 小岛【科什么】 对马岛【则什么】 连岛【卒赖甚么】 种岛【他尼什摩】 博多【花哈嗒】 竹岛【他计甚么】 平户 佐加关 三岛【密什么】

卷之一·倭船

日本造船与中国异必用大木取方相思合缝不使铁钉惟联铁片不使麻筋桐油惟以草塞罅漏而已【名短水草】费功甚多费材甚大非大力量未易造也凡寇中国者皆其岛贫人向来所传倭国造船千百只皆虚诳耳其大者容三百人中者一二百人小者四五十人或七八十人其形卑隘遇巨舰难于仰攻苦于犁沉故广福船皆其所畏而广船旁陡如垣尤其所畏者也其底平不能破浪其布帆悬于桅之正中不似中国之偏桅机常活不似中国之定惟使顺风若遇无风逆风皆倒桅荡橹不能转戗故倭船过洋非月余不可今若易然者乃福建沿海奸民买舟于外海贴造重底渡之而来其船底尖能破浪不畏横风斗风行使便易数日即至也

凡倭船之来每人带水四百斤约八百碗每日用水六碗极其爱惜常防匮乏也水味不同海水咸不可食食即令人泄故彼国开洋必与五岛取水将近中国过下八山陈钱之类必停舶换水所以欲换者冬寒稍可耐久若五六月蓄之桶中二三日即坏虽甚清洌不能过数日也海洋浩渺风涛叵测程不可计遇山而汲亦其势耳盥颓沐浴海水山水皆可用或云浴海水令人肤裂近访之不然但黑肌肤而已倭奴有一秘法煮泉一二沸置之缸缶能令宿而不坏然亦不过半月久则不能也其至普陀必登者非换水亦非真欲焚香乃觇兵防虚实耳

卷之一·寇术

江海之战本非其所长亦能联虚舟张弱帘以空发吾之先锋捐妇女遗金帛以弭退吾之后逐

凡舟之裙墙左右悉裹布帛被褥而湿之以拒焚击交閧间或附蓬而飞越即雷震而风靡矣

卷之二·沿革

秦遣方士徐福将童男女千人入海求仙不得惧诛止夷澶二州号秦王国属倭国中国总呼曰徐倭非日本正号其性多徂诈狼贪往往窥伺得间则肆为寇掠故边海复以倭寇目之

卷之二·疆域

东南大海中依山岛为居西南皆距海东南隅隔以大山广袤四面各数千里也东北山外历毛人国至文身国约七千里南到侏儒国约四千里西循一支乍北望耽罗渡百济到乐浪及带方等郡约一万二千里

卷之二·属国

拘那韩国方可五百里在新罗百济东南渡一海约千余里名曰对海国居绝岛方可四百余里山险多深林禽鹿千余成群户无良田食海物自活乘船南北市籴

又南渡一海约千余里名曰瀚海国方可三百余里多竹木丛林户三千余差有良田食不给亦南北市籴

又渡一海曰末卢国约千余里户四千余滨山海居草木茂盛行不见前人好食鱼鳆水无浅深皆沉没取之

东南陆行五百里曰尹都国户有千余又东南百里曰奴国户二万余又东行百里曰不弥国户千有余又南水行二十日曰投马国户五万余又南水行十日陆行一月曰邪马一国即邪摩维国大倭王所都

自是而东而南曰斯焉国曰已百支国曰伊邪国曰郡支国曰弥奴国曰好古都国曰不呼国曰姐奴国曰对苏国曰苏奴国曰呼邑国曰华奴苏奴国曰鬼国曰为吾国曰鬼奴国曰邪焉国曰躬臣国曰巴利国曰支维国曰乌奴国曰竹斯国曰秦王国凡百有余国小者百余里大不过五百里皆为大倭王所属其新罗百济等国虽非所属皆以倭为大国多珍物并仰之通使往来

卷之二·朝貢

自汉武帝灭朝鲜使驿始通于汉三十余国至光武中元二年使人自称大夫奉贡朝贺赐以印绶安帝永初元年倭国王师升等献生口百六十人愿请见是后倭韩俱属带方郡也

魏景初二年既平公孙氏倭女王遣大夫难升米等诣郡求请天子朝献太守送诣都乃以金印紫绶封为亲魏倭王难升米等并拜中郎校尉假银印青绶劳赐优渥平始八年倭女王卑弥呼与狗奴国男王卑弥弓乎素不合遣使诣郡说相攻伐状遣塞晋椽史张政等赍诏告谕之卑弥呼死宗女台与嗣遣使送张政还因献男女生口贡白珠异文杂锦

晋武帝安帝文帝时俱遣使入贡至隋开皇二十年遣使诣阙求法华经大业三年遣朝贡使者曰闻海西菩萨天子重兴佛法故遣朝拜兼沙门数十人来学佛法国书曰日出处天子致书曰日没处天子无恙云云帝览不悦明年遣文林郎裴世清使倭国其王遣小德何大礼奇多毘从二百骑郊劳设仪仗鼓乐迎至彼都其王与世清来贡方物此后遂绝

至唐太宗贞观五年遣使入朝帝矜其远诏有司无拘岁贡遣新州刺史高仁表往谕与王争礼不平诏不宣而返久之更附新罗使者上书永徽四年其王孝德即位遣律师道照求佛法献琥珀码磁时新罗为高丽所暴高宗赐玺书令出兵援显庆三年天丰财遣僧智通辈求大乘法相教越明年天智遣使者偕虾蛦人朝咸亨元年持总遣使贺平高丽长安元年文武遣朝臣真人栗田贡方物求书籍武后宴之麟德殿授司膳卿还之开元四年圣武复遣粟田辈请从诸儒授经诏四门助教赵玄默即鸿胪寺为师献大幅巾为贽悉赏物货书以归其副朝臣仲满慕华不肯去易姓名曰朝衡历左补阙久乃还后建中元和光启等年常贡不绝

宋雍熙元年守平遣僧奝然与其徒五人献铜器十余事并日本职员年代纪一卷上召见存拊甚厚赐紫衣给郑氏注孝经一卷记室参军任希古撰越王孝经新义一卷印本大藏经一部越明年附台州宁海县商舶归后数年遣弟子奉表谢又别启贡佛经并方物咸平五年建州海贾周世昌遭风飘至日本七年还与其国人滕木吉至上召见之以国诗献其词雕刻肤浅无取赐装钱遣归景德八年僧寂照等八人来朝诏号圆通太师赐紫方袍天圣四年明州言日本国太宰府遣人贡方物而不持本国表诏却之是后不通朝贡南贾传其货物至中国熙宁五年僧诚寻至天台止国清寺愿留州以闻诏使赴阙献银香炉木槵子白琉璃等物神宗以其远人而有戒心处之开宝寺并赐僧伴紫方袍元丰年明州又言得其国太宰府牒因使人孙忠等还遣僧仲回贡色段二百疋水银五千两州以孙忠乃泛海商人且贡物与诸国异请自移牒报而答其物直付仲回东归从之乾道五年附明州纲首贡方物淳熙三年其国人泛海遭风飘至明州无口食诏给之又有百人行乞于市至临安诏守臣支给津遣明州养赡候有便船发回十年七十三人飘至秀州华亭绍熙元年飘至泰州诏见行货物免抽买舟悉与给还仍给常平赈恤庆元六年至平江嘉定二年至定海诏并支给钱米养赡候风便津发

宋自中叶历久无贡元世祖遣使招谕之不从乃命范文虎率兵十万征之至五龙山暴风破舟败绩终元之世使竟不至

逮国朝洪武四年国王良怀遣僧祖朝贡七年复来以无表文却之其臣亦遣僧贡方物不恪却其贡僧人发陕西四川各寺居住著为训示后绝不与通至三十五年复来诏定贡期约十年一贡太宗嗣登大宝国王嗣立受册封自是或二三年或五六年贡无定期皆诏至京师燕赏优渥稇载而归是以其贡而来也于利不于义往往各道争先受遣之为幸正德四年南海道刺史右京兆大夫细川高国强请勘合遣使宋素卿贡正德六年西海道刺史左京兆大夫内艺兴强请勘合遣使省佐贡

嘉靖二年各道争贡国王源义植嗣位幼冲势不能制大内艺兴遣使宗设谦导西川高国遣使瑞佐宋素卿交贡船舶宁波港互相抵毁宗设谦导等特忿执锐雠杀宋素卿伴从追至绍兴所过地方莫不搔动十年复来贡二十二年西海道遣使长门僧人福师驾舡三号来貢一号遭風坏于半途二号救载坏舡人从返止一舟行沿松门卫送至定海诏令四十人朝见燕赏如旧二十七年复遣原使贡却之彼欲将贡物易货载回督海衙门不容叱归由此禁绝海商以致海船阕阕商贾失务三十二年间因而起衅构党犯津作耗浙直大遭其殃总制大司马胡公命谋士蒋洲陈可愿诣国假诏谕以言归责于王彼原不知所犯作耗者皆海内流商舡户之类非真倭也三十六年遣使僧人清守清乘称贡因其所贡无恪又以先年将二僧留在四川寺内从伴令归自此每每拒绝不通

卷之二・贡物

马　盔　铠　剑　枪　腰刀　琥珀　硫黄　苏木　牛皮　贴金扇　洒金厨子　洒金文台　描金粉匣　洒金手箱　涂金粧彩屏風　抹金提銅銚　洒金木銚角盥　水晶数珠

卷之二・贡船开泊

本国七道三道额定造船朝贡南海道应贡土佐州造船至秩子坞开洋山阳道应贡于周防州造船花旭塔开洋西海道应贡丰后州造船五岛开洋但海外有秧子坞养久山坞叶落埠三岛乃海之咽喉琉球及南海道贡船必由此而分行南行系琉球西行至大唐

惟西海道五岛开洋此岛又为秧子坞三岛之总喉西行至中华北行至高丽由此岛至中国普陀山隔海四千里如得东北顺风五日五夜至普陀山如风静宁息程途有限如值逆风卸却蓬帆任其蕩行力不可輓倘不幸遭暴風坏之复回本国造舡再行如不坏船纵风不便不过半月有余已到中国来贡之舟每泊台州定海请验勘合令其收拾兵器贮库移至宁波佳宾堂给赡住候朝命诏至留从伴一半守船一半入京朝见宁波市货彼国缺者肯重价买之故此地若贡使至得其利朝罢与各同返燕赏之物与守船者均之

卷之二・出海通番

常有唐人用几千金令精巧木匠造至大之船名曰船主但各国客商下海通番有本银一万先偿舟价二千本国州郡官先索商税止知税银而不税货且如商贾挈本下国往西番大唐等处买卖约日登舟报官差卒捕至舟逐一搜过充得商人本银一万额定税银一千方容出海若买货回任凭贸易毫忽无侵

海内行舟患防划舡结党抢夺一大船出海必带勇从百余多备器械方行划船访有出海商舟斜集野棍百余共棹划船数十围住大船各逞强横舍死抵敌如大船胜小船各窜方免其掠若划船胜必遭其掳大船虽胜划舡必不空散追至大舡之前齐齐摆列称为护送下情求赏必须厚薄劳之始止其扰如不然缠无休息往返难免其患划船既得其利各从野散虽官兵严捕势难禁矣故下海之舟俱各预防

卷之二・商船所聚

国有三津皆通海之江集聚商船货物西海道有坊津地方有江通海萨摩州所属花旭塔津有江通海筑前州所属东道有洞津本国乡音曰阿乃次以津呼次是也有江通海系伊势州所属

三津乃人烟辏集之地皆集各处通番商货我国海商聚住花旭塔津者多此地有松林方长十里即我国百里之状名曰十里松土名法哥煞机乃厢先是也有一街名大唐街而有唐人留恋于彼生男育女者有之昔虽唐人今为倭也

三津惟坊津为总路客船往返必由此地而过花旭塔为中津地方广阔人烟凑集商贾等项无物不备洞津为末津地方又远与山城京都相近货物或备或缺不一

卷之五・文辞

东大寺大朝法斋大师奝然启

伤鳞入梦不忘汉主之恩枯骨合欢犹亢魏氏之敌虽云羊僧之拙谁忍鸿霈之诚奝然诚惶诚恐稽首顿首死罪

奝然附商舟之离岸期魏阙于生涯望落日而西行十万里之波涛难尽顾信风而东别数千里之山岳易过妄以下根之卑适诣中华之盛

于是宣旨频降恣许荒外之跋涉宿心克协粗观宇内之瓌奇况乎金阙晓后望尧云于九禁之中岩扃晴前拜圣灯于五台之上就三藏而禀学巡数寺而优游遂使莲花回文神华出于北阙之北贝叶印字佛照传于东海之东

重蒙宣恩忽趁来迹季夏解台州之缆孟秋达本国之郊缓逮来春初到旧邑缁素欣待侯伯慕迎伏惟皇极御上惠溢四溟功高五岳世超黄轩之古人直金轮之新

奝然空辞鳳凰之窟更还蝼蚁之封在彼在斯只仰皇德之盛越山越海敢忘帝念之深纵粉百年之身何报一日之惠染笔拭涙伸纸搖魂不胜慕恩之至谨差上足弟子传灯大法师位嘉因并大朝剃头受戒僧祚干等拜表以闻

永延二年岁次戊子二月八日实端拱元年也

戒严王思行成表

臣闻三王五帝立极禅宗惟中华而有主岂夷狄之无君乾坤浩荡非一主之独权宇宙洪寛作诸邦而分守盖天下者乃天下之天下非一人之天下也

臣居远弱之倭偏小之国城池不满六十封疆未足三千尚存知足之心故知足者常足也

今陛下作中华之主为万乘之君城池数千余座封疆百万余里犹有不足之心常起绝灭之意

夫天发煞机移星换宿地发杀机龙蛇起陆人发杀机天地反复尧舜有德四海来宾汤武施仁八方奉贡

臣闻陛下有兴战之策小邦有御敌之图论文有孔孟道德之文章论武有孙吴韬略之兵法

又闻陛下选股肱之将起竭力之兵来侵臣境水泽之地山海之洲是以水来土掩将至兵迎岂肯跪土而奉之乎顺之未必其生逆之未必其死相逢于贺兰山前聊以博戏有何惧哉倘若君朦臣输且满上国之心设若臣胜君输反作小邦之耻

自古讲和为上罢战为强免生灵之涂炭救黎庶之艰辛年年进贡于上国岁岁称臣为弱倭今遣使臣答黑麻敬诣丹墀臣诚惶诚恐稽首顿首谨具表以闻

卷之五・诗赋

咏西湖

一株杨柳一株花原是唐朝卖酒家惟有吾邦风土异春深无处不桑麻

又

昔年曾见此湖图不意人间有此湖今日打从湖上过画工犹自欠工夫

春日感怀

中原二月绮如尘异卉奇葩景物新可是吾天仁更阔小塘幽草亦成春

奉边将

弃子抛妻入大唐将军何事苦堤防关津桥上团圆月天地无私一样光

答风俗问

君问吾风俗吾风俗最淳衣冠唐制度礼乐汉君臣玉瓮藏新酒金刀剖细鳞年年二三月桃李一般春

普福迷失乐清被获感怀

来游上国看中原细嚼青松咽冷泉慈母在堂年八十孤儿为客路三千心依北阙浮云外身在西山返照边处处朱门花柳巷不知何日是归年

题春雪

昨夜东风胜北风酿成春雪满长空梨花树上白加白桃杏枝头红不红莺问几时能出谷燕愁何日得泥融寒冰锁却秋千架路阻行人去不通

萍

锦鳞密密不容针只为根儿做不深曾与白云争水面岂容明月下波心几番浪打应难灭数阵风吹不复沉多少鱼龙藏在底渔翁无处下钩寻

保叔塔

保叔缘何不保夫造成七级石浮屠纵然一派西湖水洗得清时也是污被张太守禁舟中叹怀

老鹤徘徊日本东笑看宇宙作樊笼只因飞入尧天阔恨在扁舟一叶中

被张太守禁舟中叹怀

老鹤徘徊日本东笑看宇宙作樊笼只因飞入尧天阔恨在扁舟一叶中

游育王

偶来览胜鄮峰境山路行行雪作堆风搅空林饥虎啸云埋老树断猿哀抬头东塔又西塔移步前台更后台正是如来真境界腊天香散一枝梅

四友亭

四友亭名万古香清香曾递到遐方我来不见庭中主松竹青青梅自黄

题花鸟画

娇鸟奇花谁画成花无香气鸟无声任君舒卷从君看花不雕零鸟不惊

鸠鹊争鸣

鸠一声兮鹊一声鸠声啼雨鹊声晴老天若也难分判一半晴时一半阴

日本国志[①]

卷一 · 国统志一

相传孝灵时徐福率童男女三千人来居熊野浦

崇神天皇【讳御间城入彦五十琼殖】开化第二子即位之元年当汉武皇帝天汉四年也崇重神道奉神器于大和笠缝邑遣使将兵巡察北陆东海西国丹波始校户口课男女调役造舟船开沟洫在位六十八年号曰御肇国天皇【梁书言日本自称为吴泰伯后相传亦称为徐福后彼国纪载本以此为荣其后学者渐染宋学喜言国体宽文中作日本通鉴源光国驳议曰谓泰伯后是以我为附庸国也遂削之赖襄作政纪并秦人徐福来亦屏而不书余谓泰伯之后本无所据殆以日本断发文身俗类句吴故有此讹传欤至徐福之事见于三国志后汉书倭国传意必建武通使时其使臣自言史记称燕齐遣使求仙所谓白银宫阙员峤方壶盖即为今日本地君房方士习闻其说故有男女渡海之请其志固不在小今纪伊国有徐福祠熊野山有徐福墓其明征也日本传国重器三曰剑曰镜曰玺皆秦制也君曰尊臣曰命曰大夫曰将军又周秦语也自称神国立教首重敬神国之大事莫先于祭有罪则诵禊词以自洗濯又方士之术也崇神立国始有规模计徐福东渡已及百年矣当时主政者非其子孙殆其徒党欤至日本称神武开基盖当周末然考神武至崇神中更九代无事足纪或者神武亦追王之词乎未可知也】

景行孙日本武尊第二子也始置大连亲征熊袭卒于军在位九年皇后气长足姬摄位是为神功皇后后为男妆率师渡海征新罗降之高丽百济皆归款后遂遣使于魏【初仲哀讨熊袭有神告后曰海西有宝玉国曰新罗帝先征之熊袭不讨自服后以谏帝帝不从战失利暴崩后遂发师航海祝曰吾奉天神言越海远征苟捷有功则波臣当手梳吾发分为二浴于海如其言遂结两髻如男子亲执巨弩至新罗新罗主面缚降后取质子申盟约征金帛八十艘而旋后为岁贡额】

【(醍醐天皇)帝方励精求治以连年水旱不登诏求直言式部大辅兼大学头三善清行上封事略曰……其十二请修鱼住泊西南三道舟程自搅生至河尻凡五泊各行一日今此泊废自韩泊直指轮田每岁荡覆舟过百艘望差官司修造以播磨备中税给其费】

卷二 · 国统志二

帝(深草天皇)在位十四年【改元五曰宝治曰建长曰康元曰正嘉曰正元】上皇迫令禅位于同母弟恒仁是为龟山天皇时赖死子时宗执权又废大将军而以其子惟康袭职年甫三岁时元世祖三遣使来皆却之帝在位十五年【改元三曰文应曰宏长曰文永】禅位皇太子世仁是为后宇多天皇【母京极院藤原氏】八岁即位兵攻对马壹岐诸岛而还复两次遣使时宗皆斩之寻败元兵

后花园天皇【讳彦仁后伏见五世孙北朝崇光曾孙父贞成亲王母敷政门院源氏】年十岁即位义教遣使贡于明明宣宗皇帝赐之永乐钱三十万缗自后称臣奉正朔世以为常

(秀吉)令德川家康等五大老辅嗣子秀赖家康任征夷大将军开府江户大封诸侯行赏立制课诸侯城江

① 〔清〕黄遵宪撰。据清光绪十六年广州富文斋刻本。

户城骏府命诸侯妻子尽住江户间一岁乃交代就国禁西诸侯造战舰开长崎港通商寻辞职诏以其子秀忠为将军

先是南洋各岛国咸来通商至是以禁耶稣教故遂禁吕宋交趾占城互市英吉利西班牙请互市皆辞却终德川氏之世惟许中国及和兰通商而已

卷三·国统志三

(庆应)十一年正月我大清钦差出使大臣何如璋等来驻东京

卷四·邻交志上一·华夏

日本之遣使于我盖以崇神时为始云其时使驿通于汉者三十余国【山海经称南倭北倭属于燕境史记封禅书云齐威宣王燕昭王皆尝使人入海至三神山见所谓仙人不死之药渤海东渡后遂不绝似即今日本地然彼国尚未通往来也至论衡云周初天下太平越裳献白雉倭人贡鬯草未知何据又云笈七籤谓日本有腾黄神兽寿二千岁黄帝得而乘之以周旋六合日本神皇政纪谓孝灵时就秦求三皇五帝之书始皇送之尤为神仙家诞言惟徐福东渡之后已及百年崇神立国始有规模而其时武帝灭朝鲜声教远暨使驿遂通事理可信故今以正史为断】后委奴国王遣使奉贡朝贺于汉使人自称大夫光武帝赐以印绶【日本天明四年筑前那珂郡人掘地得一石室上覆巨石下以小石为柱中有金印一蛇纽方寸文曰汉委奴国王余尝于博览会中亲见之日本学者皆曰那珂郡古为怡土县日本仲哀纪所谓伊都县主即魏志所谓伊都国是也上古国造百三十余国其在九州者分十九国在四海者分为十国汉书地理志倭人分为百余国三国志倭人旧邑百余国汉时有朝见者今使驿所通三十国二书所谓百余国与国造本纪相符所谓三十国盖指九州四海之地地在日本西南海滨距朝鲜最近此委奴国意必古伊都县主或国造之所为并非王室之所遣其日委奴译音无定字云余因考魏志云到伊都国世有王皆统属女王国郡使往来常所驻后汉书云委奴国倭国之极南界也又云其大倭王居邪马台国邪马台即大和之译音崇神时盖已都于大和矣谓委奴国非其王室此语不诬特识于此】又于安帝时遣使献生口百六十人愿请见神功皇后四十七年遣大夫难升米等诣带方郡求诣天子朝献太守刘夏遣吏将送诣京都魏明帝诏书报倭女王曰制诏亲魏倭王卑弥呼带方太守刘夏遣使送汝大夫难升米次使都市牛利奉汝所献男生口四人女生口六人班布二匹二丈以到汝所在踰远乃遣使贡献是汝之忠孝我甚哀汝今以汝为亲魏倭王假金银紫绶装封付带方太守假授汝其抚绥种人勉为孝顺汝来使难升米牛利涉远道路勤劳今以难升米为率善中郎将牛利为率善校尉假银印青绶引见劳赐遣还今以绛地交龙锦五匹绛地绉粟十张蒨绛五十匹绀青五十匹答汝所献贡直又特赐汝绀地句文锦三匹细班华罽五张白绢五十匹金八两五尺刀二口铜镜百枚真珠铅丹各五十斤皆装封付难升米牛利还到录受悉可以示汝国中人使知国家哀汝故郑重赐汝好物也魏齐王芳又命太守弓遵遣建中校尉梯隽等奉诏书印绶诣倭国拜假倭王并赍诏赐金帛锦罽刀镜采物倭王因使上表答谢诏书恩倭王旋复遣使大夫伊声耆掖邪狗等八人上献生口倭锦绛青缣绵衣帛布丹木㺃短刀矢掖邪狗等壹拜率善中郎将印绶诏赐难升米黄幢付郡假授带方太守王颀到官倭女王卑弥呼与狗奴国男王卑弥弓呼素不和遣倭载斯乌越等诣郡说相攻击状乃遣塞曹椽史张政等因赍黄幢诏书拜假难升米为檄告谕之其后遣掖邪狗等二十人送政等还因诣台献上男女生口三十人贡白珠五千孔青大句珠二枚异文杂锦二十匹旋又遣使入贡于晋应神帝之初得论语千文于百济王仁四十一年庚午复遣阿知使主都贺使主于吴【二人汉孝灵皇帝之后也魏受禅后辟乱至倭考庚午即西晋永嘉四年其曰吴者意当时就吴地求之也此事载日本应神本纪】求织缝女抵高丽高丽乃副久礼波久礼志二人为乡导及得工女还帝已崩乃献之大鷦鷯皇子即仁德帝仁德五十八年高丽人导吴人至反正时遣使朝贡于晋允恭时倭王遣使朝贡宋武皇帝诏曰倭赞万里修贡远诚宜甄可赐除授赞又遣司马曹达奉表献方物倭王珍又遣使贡献于宋自称使持节都督倭百济新罗任那秦韩慕韩六国诸军事安东大将军倭国王表求除正宋文皇帝诏除安东将军倭国王珍又求除正倭洧等十三人平西征虏冠军辅国将军号诏并听倭国王济又遣使

奉献复以为安东将军倭国王旋加使持节都督倭新罗任那加罗秦韩慕韩六国诸军事安东将军如故并除所上二十三人军郡雄略帝六年倭王兴遣使贡献于宋孝武帝诏曰倭王世子兴奕世载忠作藩外海禀化宁境恭修贡职新嗣边业宜授爵号可安东将军倭国王八年遣使身狭青桧隈博德于吴十四年身狭青桧隈博德再奉命往吴因得吴织汉织并缝女姊妹四工女而还【雄略十五年秦公酒奏言臣族流亡散逐十无二三请赐检括鸠集帝为命小子部雷以准人检括获一万八千六百七十人命酒统领养蚕蚕大蕃息帝赐姓禹豆席佐谓有补益也初秦人弓月以应神帝十四年自百济来自言是始皇帝后弓月祖即公子扶苏扶苏得罪其子阴率徒属渡辽君其地至弓月为旁邻侵掠属于百济后遂率阖部来日本书纪姓名录皆书为王追孙普洞赐姓波陀美其制茧之功也至是分为二秦一曰秦一曰太秦帝诏书秦建宝库于宫旁名曰朝仓宫始置库司以酒为长十六年诏检汉部置伴造赐姓直应神时阿知都贺率其族党来即汉直之先也至钦明帝元年颁诸秦诸汉于郡国编贯秦户溢至七千以大藏椽某为伴造又据姓氏录有文氏桑原氏丰冈氏并出于汉高祖桧前村主下日佐并出于汉齐王肥吉水连出于汉盖宽饶下村主出于汉光武松野连出于吴王夫差可知汉人来日本者甚众尔后蕃膴不知其几何矣】二十二年倭王武自称使持节都督倭百济新罗任那加罗秦韩慕韩六国诸军事安东大将军倭国王遣使上表于宋顺皇帝曰封国偏远作藩于外自昔祖祢躬擐甲胄跋涉山川不遑宁处东征毛人五十五国西服众夷六十六国渡平海北九十五国王道融泰拓士遐畿累叶朝宗不愆于岁臣虽下愚忝胤先绪驱率所统归崇天极道径百济装治船舫而句骊无道图欲见吞掠抄边隶虔刘不已每致稽滞以失良风虽曰进路或通或否臣亡考济实忿寇雠壅塞天路控弦百万义声感激方欲大举奄丧父兄使垂成之功不获一篑居在谅闇不动甲兵是以偃息未捷至今欲练甲治兵申父兄之志义士虎贲文武効功白刃交前亦所不顾若以帝德覆载摧此强敌克靖方难无替前功窃自假开府仪同三司其余咸假授以劝忠节顺皇帝诏除武使持节都督倭新罗任那加罗秦韩慕韩六国诸军事安东大将军倭王及齐高皇帝进新除使持节都督倭新罗任那加罗秦韩慕韩六国诸军事安东大将军倭王武号镇东大将军梁武皇帝进武号征东将军【源光圀作大日本史青山延光作纪事本末皆谓通使实始于隋而于魏志汉书所叙朝贡封拜概置而弗道余揣其意盖因推古以降稍习文学略识国体观于世子草书自称天皇表仁争礼不宣帝诏其不肯屈膝称臣始于是时断自隋唐所以著其不臣也彼谓推古以前国家并未遣使汉史所述殆出于九州国造任那守帅之所为余考委奴国印出于国造是则然矣魏志汉书所谓女王卑弥呼以神道惑众非神功皇后而谁武帝灭朝鲜而此通倭使神功攻新罗而彼受魏诏其因高丽为缅导情事确凿无可疑者神功既已上表贡物岂容遽停使节且自应神以还求缝织于吴求论语千文佛像经典于百济岂有上国朝廷反客一介往来之理宋顺帝时倭王上表称东征毛人五十五国西服众夷六十六国渡平海北九十五国谓有国造守帅能为此语者乎惟宋齐梁诸书所云倭王赞珍济兴武考之倭史名字年代皆不相符然日本于推古时始用甲子始有纪载东西辽远年代舛异译音展转名字乖午此之不同亦无足怪要之列史纪述溢于简册苟非伪造不容妄删今节录其事仍称倭王不系之帝以志疑也至彼国一偏之辞未敢辄信焉日本人每讳言臣我而中土好自夸大辄视如属国余谓中古之时人文草昧礼制简质其时瞻仰中华如在天上慕汉大受封固事之常此不必讳也隋唐通使往多来少中国虽未尝待以邻礼而新旧唐书不载一表其天愿称臣称藩以小朝廷自处已可想见盖已窃号自娱几几乎有两帝并立之势矣五代以后通使遂稀而自元兵遇飓倭寇扰边以来虽足利义满称臣于明树碑镇国赐服封王而不知乃其将军实为窃号神宗之封秀吉至于裂冠毁冕掷书于地此又奚足夸也史家旧习尊己侮人索虏岛夷互相嘲骂中国列日本于东夷传日本史亦列隋唐为元蕃传中国称为倭王彼亦书隋主唐主譬之乡邻交骂于事何益今此篇谨遵条约睦邻国书称帝之意参采中国日本诸书纪事务实不为偏袒曰皇曰帝亦不贬损所以破儒者拘墟之见袪文人浮夸之习也】

推古十五年遣使于隋【先是遣使诣隋令所司访其风俗使者言倭王以天为兄以日为弟天未明时出听政跏趺坐日出便停理务云委我弟高祖曰此大无义理于是训令改之】以大礼小野妹子为大使鞍作福利为通事上书曰日出处天子致书日没处天子无恙云云炀帝览之不悦谓鸿胪卿曰蛮夷书有无礼者勿复以闻先是世子厩户奉佛尤谨【自谓衡山僧惠思是其前身】此行也命妹子登衡山施僧求法华经使者至曰闻海西菩萨天子重兴佛教故遣朝拜兼沙门数十人来学佛法时称妹子曰苏因高【即妹子二字译音】炀帝旋遣鸿胪寺掌客裴世清报使苏因高从而还及至难波帝遣难波雄成【隋书作小德阿辈台译音也】造新馆于高丽馆上以船三十

艘数百人设仪仗鸣鼓角迎之以中臣麻吕【一作宫地乌麿】太河内糠手等为掌客后十日又遣额田部比罗夫【隋书作大礼哥多毗译音也】帅骑七十余迎之海石榴市双骑引导至阙是日帝临轩世清进国书信物亲王诸王文武百官皆绅冕立仗国书曰皇帝问倭皇使人大礼苏因高等至具怀朕钦承宝命临御区宇思宏德化覃被含灵爱育之情无隔遐迩知皇介居海表抚宁民庶境内安乐风俗融和深气至诚远修朝贡丹款之美朕有嘉焉稍暄比如常也故遣鸿胪寺掌客裴世清指宣往意并送物如别帝语清曰我闻海西有大隋礼义之国故遣朝贡我僻在海隅不闻礼义是以稽留境内不即相见今故清道饰馆以待大使冀闻大国维新之化清答曰皇帝德并二仪泽流四海以王慕化故遣行人来此宣谕乃飨清于朝既而引就馆帝问世子曰书辞如何曰天子赐诸侯书式也然曰皇曰帝其义一矣宜答书报之其后清遣人告曰朝命既达请即戒途于是设飨以遣清复以妹子为大使雄成为小使鞍作福利为通事送之还学生倭汉福因奈罗译语惠明高向元理新汉大国学生新汉日文南渊清安志贺惠隐等从之世子亲草答书曰东天皇敬白西皇帝使人鸿胪寺掌客裴世清等至久忆方解季秋薄冷尊候何如想清愈此即如常今遣大礼苏因高乎那利【乎那利即雄成译音】等往不具十七年小野妹子还自隋唯福利留而不还二十二年遣犬上御田锹矢田部造使于隋二十三年御田锹等还三十一年学生惠济惠光医惠日福因等从新罗使还自唐奏曰唐礼仪之国也宜常相聘问学生在唐者皆已成器愿召还之

舒明帝二年遣大仁犬上御田锹大仁药师惠日使于唐唐太宗皇帝矜其远诏有司毋拘岁贡四年御田锹等还唐使新州刺史高表仁【新唐书作仁表旧书作表仁日本书纪亦作表仁今从之】偕至学僧灵云僧日文等从而还表仁抵难波遣大伴马养以船三十艘旌旗鼓角迎诸川嘴难波小槻大河内矢伏莅难波赍神酒【是后外国使至必赐神酒见延喜式】表仁至都与争礼不平不肯宣天子命五年表仁还遣吉士雄麻吕等送至对马十二年学生惠隐清安学生高向元理从新罗使还自唐孝德白雉四年发两遣唐使分乘两船一船以小山上吉士长丹为大使小乙上吉士驹副之学生巨势药冰老人学僧道严道昭等从之以宝原御田为送使一船以大山下高田根麻吕为大使小乙上埽守小麻吕副之学僧道福等从以土师八手为送使船各百二十人根麻吕船至萨摩竹岛【一作多褂岛】遭风漂没仅门部金等五人抱木得不死长丹船至唐献虎魄大如斗玛瑙若五升器高宗皇帝抚慰之五年再遣小锦下河边麻吕为大使大山下药师惠日为副使大乙上书麻吕为判官大锦上高向元理为押使分乘两船取道新罗经莱州达长安献方物高宗赐玺书令出兵援新罗元理寻卒吉士长丹等还【帝嘉其多得图书珍宝授少华下位封二百户赐姓吴氏】齐明帝元年河边麻吕还自唐四年敕僧知通智达等往唐学法于唐僧元奘五年遣小锦下坂合部石布大山下津守吉祥使于唐并携虾夷男女二口石布船漂至南海夷岛众为所杀唯坂合部稻积等五人夺夷船逃至括州吉祥船至越州八朝高宗皇帝于东京高宗问虾夷种类地名甚悉【虾夷须长四尺许珥箭于首善射令人载瓠立数十步外射悉中因献弓箭白鹿皮等物】天智帝甲子岁【时齐明已崩天智素服摄事未即位】唐百济镇将刘仁轨遣朝散大夫郭务悰等抵对马令内臣中臣镰足遣沙门智祥劳赐复飨之而送归焉丙寅岁仁轨又遣朝散大夫沂州司马上柱国刘德高等来帝命飨赐德高等使大友皇子见之令小锦守大石小山坂合部石积等送还丁卯岁仁轨遣熊津都督府司马法聪等送石积等于筑紫都督府法聪归又遣小山下伊吉博德大乙下笠诸石护送之天智帝二年遣河内鲸于百济府贺唐平高丽四年刘仁轨使李守真来复遣郭务悰帅二千人驾四十七船巡视各国达比智岛遣僧道久往告对马国司国司牒报大军府府驰驿入告会天智崩大友遣内小七位阿昙稻敷于筑紫以丧告悰悰吊恤尽礼厚赐甲胄弓矢绢布绵等送悰还天武帝七年僧定惠道光还自唐【传宗律自道光始】十二年学生土师甥白猪宝然从新罗还持统帝元年始用唐人元嘉历已而更用仪凤历文武帝大宝元年以粟田朝臣真人为遣唐执节大使【考日本各籍称守民部尚书粟田真人盖粟田是其氏朝臣乃姓嵯峨帝赐其子姓为源朝臣是也真人则其名唐书称朝臣真人粟田误矣】左大辨高桥笠间为大使右兵卫率阪合部大分为副使二年至唐朝见武太后真人冠进德冠顶有华蘤四披紫袍帛带进止有容太后宴之麟德殿授司膳卿【后二年还自唐赐谷一千斛田二十町赏其奉使绝域也余进位赐物有差】元正帝灵龟二年遣使于唐以从四位下多治比县守为押使从五位下阿部安麻吕为大使正六位下藤原马养副之大判官一人少判官二人录事少录事各二人从八位上阿部仲麻吕从八位下吉备真备选为留学生既而以大伴山守代安麻吕使之未发也先令祀神祇于盖山之南赐县守节刀后二年县守等还自唐入观著唐帝所赐朝服大和国造大和长冈素好刑名之学从县守往质问疑义多所发明及归而言法律者皆就质焉【六年有唐人王元仲造飞船进之帝帝

嘉纳之授从五位职】天平四年以多治比广成为遣唐大使从五位中臣名代副之判官录事各四人未发遣近江丹波播磨备中监造四船是后遣使以四船为率【先是简择使臣皆难其人石上乙麻吕才学颖委为众所推遂拜大使寻复易广成】广成授节刀明年乃至唐又明年归发苏州会风作四船漂散广成船至越州候风踰年乃至广成在唐易姓曰丹墀子孙遂称丹墀氏其还也学生真备僧元昉等从之【真备在唐请从诸儒授经诏四门助教赵元默即鸿胪寺为师献大幅布为贽悉赏物贸书以归新唐书叙此事谓开元初粟田复朝云云考真备二字日本音同真人故误以为武后时来朝之粟田真人也今从日本改正】真备献唐礼一百三十卷大衍历经一卷乐书要录十卷测影铁尺一枝铜律管一部【及弦缠漆角弓马上饮水漆角弓露面漆四节角弓射甲箭平射箭等物】元昉亦献佛像及经论章疏五十余卷【时有唐人袁晋卿年十九善声学习尔雅文选从广成来圣武令与来使等奏唐新罗乐擢为音博士遂由元蕃头升大学头】八年中臣名代还自唐初名代船漂至南海艰难辛苦仅得复至唐明皇帝悯之敕书遣还曰敕日本国王主明乐美衔德【新唐书作王明乐当从文苑英华作主文苑英华作美御德当从新唐书作衔主明乐美衔德即日本天皇二字译音盖当时咨询其名而使者诡以此对也】彼礼义之国神灵所扶沧溟往来未尝为患不知去岁何负幽明丹墀真人广成等入朝东归初出江口云雾斗暗所向迷方俄遭恶风诸船飘荡其后一船在越州界即真人广成寻已发归计当至国一船飘人南海即朝臣名代艰虞备至性命仅存名代未发之间又得广州表奏朝自广成等【案此广成乃判官也】飘至林邑国既在异国言语不通并被劫掠或杀或卖言念灾患所不忍闻然则林邑诸国比常朝贡朕已敕安南都护令宣敕告示见在者令其送来待至之日当存抚发遣又一船不知所在永用疚怀或已达彼蕃有来人可具奏此等灾变良不可测卿等忠信则尔何负神明而使彼行人罹其凶害想卿闻此当用惊嗟然天壤悠悠各有命也中冬甚寒卿及百姓并平安好令朝臣名代还一一口具遣书指不多及十一年判官平群广成还【初广成船与诸船相失漂至昆仑国船中人多死唯存广成等四人得见其酋给粮安置后遇钦州熟昆仑至潜从而还时阿部仲麻吕留学于唐为言于朝给粮遣回由登州达渤海途复遇风覆溺独广成得还】

孝谦帝天平胜宝二年以从四位下藤原清河为大使从五位下大伴古麻吕副之判官主典各四人先发遣参议左大辨石川年足于伊势大神宫及畿内七道诸社奠币祷风也从四位上吉备真备亦拜副使清河古麻吕皆给节刀既至唐明皇命仲麻吕接伴及朝明皇赏其仪容呼日本曰礼义君子国令仲麻吕导观府库及三教殿又命图清河真备等状貌春正月朔唐皇帝受诸蕃使朝贺于含元殿叙新罗使东班在大食上清河等西班在吐蕃下仲麻吕以为不宜班之后于新罗也为之请将军吴怀宝乃引清河与新罗使易位及还明皇赋诗赐之遣鸿胪卿送至维扬仲麻吕请与还明皇因命为使【仲麻吕赋诗有衔命将辞国非才忝侍臣天中恋明主海外忆慈亲等句其将还也从明州上舟夜深月出仲麻吕作歌世传为绝唱三笠山辞是也初仲麻吕慕华不肯去易姓名曰朝衡历左补阙仪王友多所该识在唐五十四年与王维李白包佶储光羲往来赠答后擢左散骑常侍安南都护大历五年卒赠潞州大都督新唐书又作仲满满即麻吕翻音也】与清河同船帆指奄美岛不知所之真备古麻吕漂益久岛明年三月乃至献所赐币以告先陵历代使还皆授位阶此行更优多至二百二十三人舵师厨人皆得与焉斯时广陵僧鉴真率僧尼优婆塞四十余人从古麻吕行至萨摩由难波入都孝谦方崇信浮屠遣大纳言藤原仲满迎之河内安宿王出罗城门迎拜公卿竞来问法孝谦卒至舍身七年改年为载从唐制也废帝天平宝字三年以从五位下高元度为使【时叙航唐舶从五位下赐锦冠一曰播磨一曰速鸟】迎前使清河归初清河与仲麻吕同船漂至安南后偕清河还至驩州复至长安明皇帝以清河为特进秘书监更名河清仲麻吕亦授职五年高元度还自唐元度初至以乱故未朝见肃宗皇帝遣中使敕元度曰特进秘书监藤原河清当从请遣还而贼徒未平道路多阻元度宜取南路先归复命即令中谒者谢时和送至苏州刺史李岵为造船供给使越州浦阳府折冲沈惟岳率九人送还六年遣参议藤原真光飨惟岳于太宰府寻以右虎贲卫督从四位下仲石伴为大使上总守从五位上石上宅嗣副之贡牛角初元度之还也肃宗勅曰祸乱以来兵甲雕弊欲造弓弧切要牛角异日还国卿幸输之元度还奏乃令东海等六道备牛角七千八百遣上毛广濑等于安艺造船四舶寻罢石上宅嗣以左虎贲卫督从五位上藤原田麻吕代之发船从安艺至难波江口船胶沙而沉乃减使人限两船更令判官从五位下中臣鹰取为使给节刀正六位上高丽广山副之并送惟岳等还阻风不能发寻闻唐安史乱未平乃令太宰府曰大唐之乱未已恐道途多阻使命难通惟岳等宜安置供给如怀土愿归者宜给船送之【时除唐人李元环为织部正唐人来教乐者后皆授位李元环叙从五位

上皇甫东朝等并从五位下既而东朝为雅乐员外助兼花苑司东朝等从前使中臣名代来者也】是年停仪凤历更用大衍历三年尊先圣孔子为文宣王【初天宝中有膳大邱者随使游国子监见门题文宣王庙问之学生程贤告以今上追尊先圣用王号之故至是大邱请用谥号从之】光仁帝宝龟二年遣使安艺造遣唐舶四只六年以正四位下佐伯今毛人为大使正五位下大伴益立从五位下藤原鹰取副之判官录事各四人授录事羽粟翼外从五位下为准判官帝御殿授节刀命之曰卿等奉使言语必和礼意必笃毋生嫌隙毋为诡激判官以下违者便宜从事乃各赉御服【初藤原清河留唐时已卒赴尚未达帝赐书曰汝奉绝成久经年序忠诚远著消息时闻汝今因使迎之赐绢一百匹细布一百端砂金一百两汝其努力随使归朝相见非远指不多及及使归清河女从而还】船发至肥前松浦郡阻风不能前还博德请待来岁寻罢益立以中左辨小野石根备中守大神末足代之八年春令使者拜神祇于春日山下行至摄津今毛人以病引还令副使持节服紫假行大使事抵扬州海陵观察使陈少游言寇乱以后馆驿凋弊得中书门下牒限二十员进京石根请加二十三人许之九年朝见代宗皇帝于宣政殿时上元日也逾月复见于迩英殿燕赏有差四月皇帝遣中使赵宝英为押送使石根辞曰海路茫渺风汛无常万一颠踬惧损盛意诏仍护行六月监使杨光耀送至维扬秋九月舣船各出扬子江候风两月石根先与第二舶入海遭飓船坏舳舻断为二石根宝英等六十三人皆溺主神【神官名时令大宰府职主神一人掌诸祭祀事盖护行人也】津守国麻吕与押送之判官等五十余人攀断舻漂甑岛判官大伴友继人等四十人坐舳浮荡六昼夜漂天草岛判官韩国源驾第四舶亦抵甑岛源盖与判官海上三狩等漂耽罗三狩为所拘源独与十余人脱归此行也判官小野滋野第三舶人船俱完十月至肥前橘浦归报情事且请接待送使之仪乃遣左少辨藤原鹰取等迎劳之命安艺预造送客船二舶十年末足等还自唐夏四月唐使孙兴进秦衍期入都【时领客使奏言唐使行道左右建旗又有带仗未合旧典诏听带仗不令建旗又奏称昔粟田真人如唐五品舍人衔命迎劳无拜谢礼新罗王子则于马上答谢渤海使乃下马再拜今唐使将至遵何典朝议听之】遣将军发六位以下子弟八百充骑队虾夷二十人充仪卫迎之城门外入见帝致国书信物帝先问天子安及途次供奉如礼否慰劳甚至设飨于朝堂赠绵三千纯右大臣大中臣清麻吕又延诸私第临行赙赠宝英绢八十匹绵二百纯令从五位下布势清直为送客使十一年唐使高鹤林至再飨宴之【案赵宝英既溺于水所谓唐使孙兴进秦衍期皆其僚属高鹤林亦其僚属乃别船后至者也考此事新旧书皆不载当时仅以中使为押送使耳日本称有国书疑事不实而其随行官属日本遂以大使之礼待之盖自高表仁至后相去百五十年忽来使节诧为至荣故迎劳宴飨皆有同礼观于折冲送客参议设飨商人至馆鸿胪供给况此之在帝左右口传诏旨者乎其优待无足怪也】天应九年布势清直等还自唐桓武帝十四年授诸唐人官阶【护送藤原清河之沈惟岳卒留不归先改姓清河宿祢授从五位下其随行九人皆进官赐姓】十七年诏读书一用汉音毋混吴音【时官有音博士专正音吴音之传最久译人习之自百济王仁以汉音授经始有汉音齐明帝时百济尼法明来对马诵维摩经以吴音人争效之自此吴汉踳驳无复分辨帝善解汉音能辨清浊至是定儒书读法专用汉音】二十年以从四位上藤原葛野麻吕为大使从五位上石川道益副之判官录事各四人未发二十一年又以学少允菅原清公高阶真人达成等为判官随使二十二年春赐使臣等彩帛召对赐宴一依汉仪亲酌酒并作歌送之赐葛野麻吕被三领衣一袭黄金二百两授节刀道益衣一袭金百五十两四月出难波遭风破船有溺死者葛野麻吕等引还遣典药头藤原贞嗣等修船二十三年三月再饯葛野麻吕等赐玉杯宝琴伴少胜雄以善碁充使员学僧空海亦从秋七月发肥前田浦途遇风两船漂回八月至福州长溪县观察使阎济美使葛野麻吕等二十三人赴长安【初至长溪州吏讶其无国书入船检察葛野麻吕命空海作书赠观察使曰上国之于敝邑待以上宾固非与琐琐诸藩比矣竹符铜契本防奸伪诚实无诈何事文契敝邑使人已无诈托信物亦不用玺印建中以前旧典如此今以无国书见责事与昔乖愿顾郑谊云云据此则当时使臣皆不赍表文盖不臣则我所不受称臣则彼所不甘而彼国有所需求不能停使故为此权宜之策耳其在中国列之于新罗大食之下未尝待以邻交而其在日本遣使则不赍表文迎客则不居臣礼以小事大则有之以臣事君则未也有唐一代典礼如此】其别船菅原清公等已先至冬十二月至京有内使赵忠以飞龙厩细马来迎葛野因监使刘昂进信物昂传命慰劳寻朝德宗皇帝于宣化殿赐宴赏有差【葛野译名为兴能善邻国宝所谓藤贺能是兴能贺能皆葛野二字译音兴能善书其纸似茧而泽人莫能识考新唐书系此事于德宗建中元年惟是时日本并无遣使新书误也】二十四年春正月预朝曾班是月德宗皇帝崩葛野麻吕等素服举哀三月二日顺宗皇帝令内使王国文监送至明州道益病死六月至对马僧最澄永忠随

还【初澄在天台国清寺就道遂受台教又遇龙兴寺顺晓受灌顶密教朞年而还台教之传自此始忠留学二十余年兼学音律上其所得律吕旋宫日月图各二卷律管埙等乐器】秋七月葛野麻吕上信币乃分所赐于参议以上及内侍使臣等皆进秩有差奠所赐币于先茔平城帝大同元年判官高阶真人远成以学生橘逸势学僧空海等还【远成在唐二年除中大夫试太子中允职勅曰日本国使判官正五品上兼行镇西府大监高阶真人远成等奉其君长之命趋我会同之礼越沧溟而万里献方物于三检所宜褒奖并赐班荣可依前件学生橘逸势善隶书人呼为橘秀才僧空海在长安晤青龙寺慧果深见器重得密教衣钵自是密教流行全国考唐书云橘逸势空海愿留肄业历二十余年使者高阶真人来请逸势等俱还诏可今考空海等自到长安及归仅历二十五月又所谓高阶真人者即上文所遣判官高阶真人远成也日本纪又称空海归于大同元年十月二十日上新请来经等目录表曰谨附判官正六位上行太宰大监高阶真人远成奉表以闻据此则与唐书请与俱还之语相合唐书盖误月为年也】是岁奉摄津住吉大神从一位阶报使船无风难也二年春遣使奠所赐彩币于香椎宫于诸陵于伊势神宫分所赐绫锦香药等于参议已上嵯峨帝宏仁九年诏曰朝会之礼常服之制拜跪之等不分男女一准唐仪但五位以上礼服服色及仪仗之服并依旧章六年勅植唐茶于畿内近江丹波播磨诸国每岁贡献淳和帝天长六年始令诸国模仿唐制造龙骨水车以便灌溉【太政官下符曰耕稼之利水田为最闻大唐堰渠皆构龙骨多收其利宜仿造以资农作贫无力者国司资给之】仁明帝承和元年以参议藤原常嗣为大使弹正少弼小野篁副之判官四人录事三人【常嗣葛野麻吕子也父子相继为使时人荣之篁妹子五世孙也】一时多选材艺之士琴棋医卜名择其能者偕往以正五位下丹墀贞成为造舶使长官主税助朝原岛主为次官左中辨笠仲守右少辨伴成益为唐使装束司秋八月任遣唐录事准录事知乘船事各一人以外从五位下三岛岛继为造舶都匠二年三月令太宰府以绵甲一百领胄一百口袴四百腰充使舶不虞之备十二月授常嗣正二位篁正四位三年春正月令奉陆奥八沟黄金神封户二烟以国司祷神多得砂金助遣使费故也二月为使者祷于北野令使者奉币贺茂大神社赐使臣等彩帛赀布有差夏四月廷饯使臣召五位以上各赋诗帝亲授节刀于常嗣又亲举酒赋诗赐之并赉御衣御被良技清上作新乐奏之名曰清上乐复奉币五畿内七道名神为使者祈祷并赠前使臣学生藤原清河阿部仲麻吕等八人往而不还者之秩位遣右近卫中将藤原助于摄津难波慰劳使者并奠币于诸先陵秋七月使臣第一第二第四船皆遭风折还第三船漂海舵折众乃坏船作筏散乘漂岸八月召还使臣留判官录事各一人修船四年二月使臣祀神于爱宕秋七月启行仅用三船第一第四船漂著壹岐第二船著值嘉岛令丰前守筑前权守等为修舶使五年常嗣以第一船穿漏奏易副使船【篁因常嗣争舟称病不行作西道谣刺之事闻流之隐岐】六月常嗣等航海由扬州入长安【考遣唐典礼此次为最重因先是航唐者动罹风难故遍祀海内诸神遣使下陆常总升斋主武瓮锤四神位阶太政官复遣人告新罗倘有漂船随宜护送及漂船折还第三舶未回帝大惊愕勅太宰府遣人值嘉岛然燎火备济援及再往又命常嗣祭神于是日停诸廨公务又诏太宰筑紫每国度一人配国分神宫两寺又诏诸寺讲读龙王般若经至回帆日止皆以祷风也未几遂停遣唐使】朝见文宗皇帝摄副使者判官长岑高名也六年常嗣等还常嗣忧己船不完借楚州新罗船九艘道经新罗中途与诸船相失九月至上勅书令奉所赠物于伊势大神宫及诸陵设三幄于建礼门陈唐物令内藏寮官人及内侍等交易名曰宫市十一年赐学僧圆仁圆载金十四年圆仁自唐还【初圆仁从藤原常嗣入唐驻维扬开元寺节度使李德裕善遇之后归又遭风漂回登州转入长安遇青龙寺义真究台真两教又受悉昙学于南竺三藏悉昙字之传始于仁大内有灌顶最胜内供奉法会亦其所建也】嘉祥二年始有唐商舶来太宰府文德帝天安二年僧圆珍随唐李延孝归【先是珍偕商人来船漂琉球时以琉球为鬼国一船皆怖会便风抵福建历温台入长安久之召还献经论千余卷藤原良房迎之入都】清和帝贞观二年冬十月令用唐明皇帝御注孝经【先是孔郑传注为大学正业久著令甲】十二月新修释奠式成颁之诸道【先是播磨博士和迩部宅继上言谨检唐开元礼国子州县皆有释奠式我邦有大学式无国学式而国忌祈年诸祭更用中丁等式未经颁行诸国或准大学或从州学有用乐者有不用乐者礼制不一都鄙无章尊道严师法宜整饰如在之祭岂合参差伏望蒙贶定式永为盛典】三年诏行长庆宣明历【初遣唐录事羽粟翼还上实应五纪历曰唐已改大衍历请用此经然当时无习推步者仍格不行及是阴阳头真野麻吕建言开元以还已三改历元今专依旧法实有差午请停旧用新诏从之】六年秋八月太宰奏通事张友信如唐未还而唐商来无定期请暂留唐僧法惠充译司许之七年秋七月唐商李延孝等六十余人至国都馆鸿胪供给如式八年秋九月商人张言四十人至十六年六月遣伊豫权

椽大神己井丰后介多治比安江等于唐市香药唐商崔岌等三十六人来松浦十八年唐商杨清等三十人至太宰府阳成帝元庆元年商人崔铎等六十三人送多安江等还令安置出云供给之学僧智聪与唐人骆汉中俱还【聪请曰汉中唐国处士博综众艺颐加优恤从之】光孝帝仁和元年敕太宰府禁私市唐货宇多帝宽平六年有唐使来聘【考此事新旧唐书皆不载日本书唯见于扶桑略记亦无使者姓名青山延光曰是时唐乱使节不通而商舶来者日多此当是商人假冒也】留学僧中瓘托致书于其太政官寻归八月以参议菅原道真为大使右少辨纪长谷雄副之道真请曰臣谨案僧中瓘去年附商客书具载唐国雕弊中瓘虽区区学僧为圣朝尽诚代马越鸟岂非习性臣伏检旧记聘使渡海或不胜任或没于贼能达者无几此中瓘所忧也臣伏愿以中瓘状遍下公卿详议可否此国之大事不独为一身明年遂罢遣唐使

卷五・邻交志上二・华夏

自遣唐使罢至朱雀帝承平五年吴越王钱元瓘遣使蒋承勋来馈羊数头其明年承勋又至左大臣藤原忠平附之赠书村上帝天历元年吴越王钱俶又遣蒋承勋致书于左大臣藤原实赖实赖答书【有南翔北向难附寒温于秋鸿东出西流只寄瞻望于晓月之语】七年吴越又遣蒋承勋致书右大臣藤原师辅师辅报书有云人臣之道交不出境锦绮珍货奈国宪何【杨亿谈苑云吴越钱氏多因海舶通信天台智者教五百卷有录而多阙贾人言日本有之钱俶厉书于其国王送黄金五百两求写其本尽得之云云据此则当时实附海舶通信此蒋承勋频年屡至亦系贾人非专使也】然商务大通唐物麕聚特设唐物使一官驻于筑紫以检查真赝【初唐舶货至皆特遣中使检点录上延喜新式太宰府上奏客至乃遣藏人先检查货物而后更遣出纳司辨给价值府官仍以上奏醍醐帝时又禁贾估之不由官司私相交易者右商人以孔雀至醍醐献之法皇亲点货物】而彼此高僧云游往来者日众华山帝永观二年学僧奝然至宋朝见太宗皇帝上职员令年代纪及郑氏注孝经一卷赐紫衣居四载召还一条帝长保四年僧寂照上表请航宋至宋朝见真宗皇帝诏询风土民物甚悉赐号圆通大师并紫方袍后卒不归【杨亿谈苑称寂昭愿游天台诏令县道续食三司使丁谓为言姑苏山水之奇寂昭因留止吴门寺以黑金水瓶寄谓谓分月俸给之有国王弟与寂昭书称野人若愚又左大臣藤原道长书略云胡马犹向北风上人莫忘东日又治部卿源从英求唐经史及内外经书末云生为雨乡之身死会一佛之土三书皆二王之迹云】后三条帝延久元年僧成寻随宋商孙忠如宋朝见神宗皇帝上银香炉白琉璃等物给紫衣方袍馆兴国寺至白河法皇时成寻自宋上表并有金字法华经及锦段杂货称宋朝所赐【帝诏公卿议酬品或曰和琴可或曰宜金银或曰宜蚌珠议不决乃召宋商孙忠问之】承历元年因宋商孙忠馈绢二百匹汞五千两于宋明州以其贡礼异诸国请自移牒报而答其物二年孙忠赍牒至牒书赐日本国太宰府令藤原经平【时廷臣会议遗宋物品以锦唐黄为定式】四年孙忠又赍明州牒至牒曰宋国明州牒日本国廷议亦报之牒【时通好久绝而比年忽有书信廷臣初疑其诈冒议不报后卒令大江匡房草报牒还之】鸟羽帝元永元年宋商孙俊明郑清等赍牒至略曰矧尔东夷之长实维日本之邦人崇谦逊之风地富珍奇之产曩修方贡归顺明时隔涧弥年久缺来王之义遭逢熙旦宜敦事大之诚云云帝下百官议卒不报【式部大辅菅原在良议曰推古天皇十六年隋炀帝书曰皇帝问倭皇天智天皇十年大唐郭务悰来聘书曰大唐帝敬问日本天皇天武天皇元年郭务悰来书函题曰大唐皇帝敬问倭王又大唐皇帝敕日本国卫尉寺少卿大分书曰皇帝敬致书于日本国王古式如此云云考郭务悰乃刘仁轨所遣使当时以系私使不令入京而此云有国书疑事失实】高仓帝承安三年宋明州刺史又致牒书朝议欲却之时法皇执不可卒赠报书附以彩革砂金【宋淳熙间日本商民遭风至明州诏给日食又有行乞于临安者诏守臣给送明州侯舶送还其后凡遇难民靡不赀遣而中国商之飘至日本者亦多资救护】后鸟羽帝建久二年僧荣西还宋又赍茶种及菩提还【荣西两至天台多赍释书而归其后二十年又有僧俊芿还获律经章疏暨儒书凡二千余卷而归国】顺德帝建保二年宋陈和卿至镰仓时源实朝为将军和卿善造佛像引之见实朝大喜遂定航宋之意后以船不适用而止四条帝仁治二年荣西弟子圆尔还自宋后数年宋僧道隆复自蜀至将军北条时赖延礼之屡往参禅为之建寺时又有僧得陶法而归【自荣西倡禅宗京师有圆尔镰仓有道隆其宗日炽遂蔓延全国又有僧道元者亦尝至天童又受曹洞宗及归亦为时赖所重大行其教其徒道莲得瓷陶法而还日本瓷器遂行天下】后嵯峨帝建长六年时赖令筑紫诸司地头曰顷岁宋舶猥进港口货物阑出自今之后限以五艘过则毁之有宋一代聘使虽罕而缁流估客来往日密频年上书献

物非由僧侣即出商人之手维时将军秉政朝野悉崇佛教而商人亦常滋事端【后冷泉时宋商尝扰太宰府放火毁廨】后世货舶之限盖自此始

后亀山帝文永五年元世祖皇帝以黑迪殷宏为国信使持书命高丽王王植向导迪等望海未渡植先遣其臣潘阜赍书致太宰府时北条时宗奉惟康亲王为将军执政权得书上之书曰朕惟小国之君境土相接尚务讲信修睦况我祖宗受天明命奄有区夏遐方异域畏威怀德者不可悉数高丽朕东藩也日本密迩高丽开国以来时修职贡独至朕躬从无一介之使以通和好尚恐王国知之未审故特遣使布告朕心圣人以四海为家不相通问岂一家之理哉或至用兵夫孰所好王其图之高丽王亦致书劝通好朝野大骇亀山帝诏参议藤原长成草答书时宗议不可令却还修边防祷神社以备有变潘阜留五月还白状元复遣黑迪等至高丽谕以必得日本要领为期植乃遣臣申思佺潘阜等再来不达六年三月黑迪等至对马岛请前岁报牒不答执岛民二人而还世祖见之谓曰汝国朝贡久矣今吾欲汝国来聘非逼汝也但欲耀名耳秋八月高丽金有成高柔等又奉中书省牒至太宰府并还俘口亦不报七年元命赵良弼为秘书监充国信使发兵送之高丽屯驻金川以待良弼还令高丽给粮食【又遣忻都史枢等谕高丽曰朕通谕日本不谓其执迷固滞今将经略敕有司发卒屯田为进取计庶免汝国转运之劳仍先示招怀卿其知悉】八年冬高丽复遣徐称等导良弼至筑前金津岛津吏望见使舟举刃相向良弼登岸宣旨太宰府环以兵问来状良弼以前书不报为不恭求国书盛以金柜外施锁良弼指之曰此书必见汝主始授不得与他人固请之得副本书曰盖闻王者无外高丽既为一家王国实为邻境故尝驰使修好疆场之吏抑而不通所获二人已敕有司抚慰俾赍牒以还复无所闻继欲通问属高丽权臣林衍构乱坐是弗果岂王亦因是辍不遣使或已遣而中路梗塞耶不然日本素号知礼之国王之君臣宁肯漫为弗思之事乎近已灭林衍复旧王安集其民特令秘书监赵良弼充国信使持书以往如即发使与之偕来亲仁善邻国之善事其或犹豫以至用兵夫谁所乐为也王其审图之太宰府致之镰仓时传闻蒙古强盛颇怀疑惧十一月朝廷修炽光法祈弭祸又命藤原公守告难于伊势神宫十二月太宰府送良弼于对马良弼遣书状官张铎先归九年张铎率弥四郎等二十余人如元寻遣还植复致书令必通好亦不报十年良弼还元具陈日本不恭状并及爵号州郡风俗土宜世祖怒用兵之意遂决十一年元遣风州经略使忻都总管洪茶邱等发舟师万五千人攻日本高丽以兵五千六百助战役后更以忽敦为都元帅洪茶邱为右副元帅与高丽金方庆等以蒙古汉高丽兵二万三千战舰九百发合浦十月五日拔对马十四日转攻壹岐翌日城陷遂及肥前沿海郡邑十九日入博德明日舍舟登岸骑而进至今津佐原百道原赤阪诸地还上舟会矢将尽二十日夜大风雨多触礁遂还是役也刨弹如球声如霹雳土人不知为何物杀掠所过得女子或以绳贯掌系之于船云后宇多帝建治元年元复遣侍郎杜世忠郎中何文著计议官撒都鲁丁等致书高丽使人导之达长门室津至太宰府府送之镰仓北条时宗竟杀之合修长门周防安艺备后四国海防省公私冗费调关左兵戍镇西以北条实政为筑紫探题节制军务二年勅诸僧修炽盛光法禳兵祸也北条时宗令山阳南海严戍长门三年元建淮东宣慰司于扬州命沿海官司通日本商舶既闻世忠等被杀复决计声讨立日本行中书省招集避罪附宋蒙古回鹘等军兼立镇边万户府于金州控制之宏安二年元命湖南扬赣泉四省造战舰六百又命塔纳等如高丽益修战舰世祖从范文虎议先遣周福栾忠致书日本暂缓师期周福栾忠至又斩之博德四年元命日本行省右丞相阿剌罕右丞范文虎及忻都茶邱等率兵压境阿剌罕病改阿盐海代总军事高丽亦出师助战忻都茶邱等发合浦高丽兵偕发文虎李庭等发江南【将发世祖谕文虎等曰闻汉人言取人家国若尽杀人民得土何用汝等其恪体此意】两军约会于壹岐平户等岛五月二十一日忻都兵先至对马遂进壹岐太宰府报急于镰仓北条时宗议迁二上皇于镰仓而以兵严卫京师二皇大骇元兵攻壹岐至太宰府所至人民窜匿闻小儿啼辄搜捕至有先杀儿而遁者六月五日战于志贺岛遂进至宗像洋文虎兵适会泊于能古志贺二岛时元兵预期必胜多携耕器九国震骇关东及九国二岛兵皆会太宰府先是筑前缘海甃石为垒高丈余亘十三里外面峻削不可跻攀内可俯射上设燎望守备甚严然人人惩文永之役颇有难色有草野经长者夜乘轻舸入舰阵纵火而还初元兵以铁锁联舟为营外向列弩日本船小不能敌袭击者率败死相约勿离队独进时河野通有独背堤而阵率二舟冲入有所杀伤斯时日本诸道兵皆会而元兵之在筑肥间者楼船蔽海炮声震天诸国汹汹市无粜米民有饥色讹言四兴忽而曰蒙古由长门径趋京师矣忽而曰蒙古捣东海矣忽而曰九国为蒙古所据闯入北陆矣朝议迁二上皇于关东召兵守京后宇多帝临神祇官亲祷七昼夜亀山上皇亲诣石清水社默祷达旦又遣人往伊势神宫亲为祷词愿以身代国难而元将多苦航海议攻议退不辄

决高丽将金方庆力持进攻之说不听遂移泊鹰岛见山影蘸波疑有暗礁不敢近岸会青虬见海中硫磺气腥臊怪云走空盖飓征也文虎气微馁择坚舰先走六月晦日夜西北风大作明日益甚风涛簸掀系舰自相撞碎溺死无算其在鹰岛者犹数千人推张百户为主帅方伐木造舟多为日本所袭捕还杀之那珂川文虎李庭船亦坏漂著鹰岛收回残卒十无二三由高丽还初都元帅张禧与文虎庭同抵肥前禧即舍舟垒平户约各舰相距五十步预避撞击诸军不之信逮飓作禧船独完及文虎等议还禧曰士卒溺死者半其脱死者皆壮士曷若因其无回顾心因粮于敌以进战文虎等不从禧乃分船与之因得脱去时平户岛屯兵四千乏舟禧曰我安忍弃之遂悉弃舟中所有马匹以济其还八月文虎自高丽归尚饰败形无何败卒于阊归言其情久之莫青吴万五亦逃归皆江南残卒也是役也全军十五万人归者不能五之一文虎军十万归者三人耳【考元史称得还者才三人此盖指文虎所率江南军而言耳癸辛杂志云全军十五万归者不能五之一此令史李顺所目击者可以为据】北条时宗仍令严修海防命九国将士更番戍守五年元兵官沈聪等六人由高丽脱归高丽王啃遣使请以兵舰百五十助元再入日本遂命高丽耽罗及平乐杨隆兴泉诸州造大小舰三千艘除反逆重囚外悉赦以充军日本亦以远江守北条时定为镇西奉行居侄滨统辖军事三河守吉见赖行镇石见六年世祖复以阿塔海为日本行省右丞相与撒里帖木儿刘国杰募兵峙粮修舰谋再举御史中丞崔彧吏部尚书刘宣淮西宣慰使昂吉儿力谏民劳乞罢兵世祖不听适补陀僧如智说曰彼俗尚佛臣请以佛理喻之乃俾王君治赍书随如智行八月过黑水洋遭风而还明年复遣尚书王积翁以如智往将入境舟中有怒积翁者俱谋杀之卒不得至是岁北条时宗死子左马权头贞时代为执权八年元复立征东行省以阿盐海刘国杰陈岩洪茶邱督其事调江淮漕粮募习泛海水工期明春次第发会高丽合浦世祖问良弼良弼曰臣居彼岁余覩其俗狠勇嗜杀地多山水少耕桑之利得其人不可役得其地不加富况海风无期祸害莫测弗击为便日本惟康亲王令北条时定谕镇西将士曰坚壁岩垒以备不虞虽有缓急毋得私赴镰仓是岁元因交址逆命廷议先事交址遂暂罢日本兵伏见帝正应四年民间流言元兵将至人情汹惧京师镰仓诸祠众寺咸行祈禳十余年来祈禳盖无虚岁所费不赀五年世祖遣洪君祥如高丽询用兵日本事宜王啃乃先遣其臣金有成及郭麟赍书以往送漂民劝和好太宰府留而不遣永仁元年帝延僧大内禳厌外患亲为文以祷有曰昔年蒙古奉书还复以兵要好兴自文永及于今日将士戒严久累邦家延及黎庶加之天灾地旱宗社不禄贤哲不登咸余一人薄德之所致自今以后斋宿凝神敢祈皇神冀宝祚亡摇寰宇扩清是岁镇西奉行北条时定死北条兼时为镇西探题自是北条氏族更番为探题正安元年元成宗皇帝加补陀僧一山号妙慈宏济大师赍诏来日本诏略曰先帝向再遣使皆不果达自朕临御绥怀属国薄海内外靡有遐遗日本之好宜复通问补陀僧一山道行素高今附商舶期以必达朕亦欲成先皇遗意也至于敦好恤民之事王其审图之太宰府送之镰仓北条贞时令致之伊豆修禅寺后延之镰仓迁住诸寺后二条帝乾元元年命太宰府筑石砦于博德海滨造兵船以严海防德治元年商人至元有献金铠甲者【寻在庆元路放火府城在天童有日本僧数十人亦拘絷之】然于时禁不通商海舶往来皆奸利小民元亦悬禁久之遂流为海寇其后日本内乱分南北朝盗贼竞起频扰沿海郡县至明而患益甚

后村上帝正平二十三年明太祖皇帝遣行人杨载赍诏书至太宰府书曰上帝好生而恶不仁我中国自辛卯以来中原扰扰尔时来寇山东乘元衰耳朕本中国旧家耻前王之辱师旅扫荡垂二十年遂膺正统间者山东来奏倭兵数寇海滨生离人妻子损害物命故修书特报兼谕越海之由诏书到日臣则奉表来庭不则修兵自固如必为寇朕当命舟师扬帆捕绝岛徒直抵王都生缚而还用代天道以伐不仁惟王图之时日本怀良亲王在太宰府肥后守菊池武政奉为征西将军以抗足利氏书至太宰府不报后龟山帝建德元年明又遣莱州府同知赵秩赍诏招谕怀良亲王延见之秩谕以中国威德而诏书有责其不臣语怀良曰吾国虽鄙远未尝不慕中国惟蒙古以小邦视我欲臣妾之而使其臣赵姓者訹诳我既而水军十万环列海岸赖天地之灵震雷疾风尽覆其军自是不通中国今新天子帝中夏天使亦赵姓岂昔蒙古之裔耶亦将訹以好语而袭我也目左右将刃之秩不为动徐曰我天子神圣文武非蒙古比我亦非蒙古使者后如不吾信而先杀我恐尔祸亦不旋踵且天命所在人孰能违我朝以礼怀尔岂可以蒙古之诳言袭尔者比耶于是怀良改容礼之而归二年怀良亲王遣僧祖来等九人奉表笺称臣贡马及方物且送还明台二郡被掠人七十余口十月抵京太祖嘉之宴赉使者念其俗信佛亦遣僧祖阐克勤等八人送使僧还赍大统历及文绮纱罗赐怀良怀良拘而不遣遂居筑紫祖阐在筑紫二年作书寄延历寺座主某略曰我皇帝凡数命使于日本关西亲王皆自纳之然意在见其天皇今密遣吾二僧来上宣谕曰王国之民寇我边疆商贾不通宜剿贼

修好以循唐宋故事吾持佛戒而为帝者使即为佛使幸遵我佛不妄不盗之戒为通此意【时日本南北两帝明使之来皆止太宰府不得达命书中故云或曰当时盖以怀良为日本王祖阐居年余始知其非临时制词本非太祖所命文中二年将军足利义满召祖阐入都聚徒演法人颇敬信久之日本僧海寿等随往明】三年有僧宣闻溪等赍书上明中书省贡马及方物称其大臣所遣太祖以无表命却之仍赐其使者遣还天授元年征夷将军源义满遣僧中津妙佐于明大内氏久亦遣僧上表太祖以无国王命且不奉正朔亦却之而赐其使者命礼官移牒责以越分私贡之非又以频入寇掠命中书移牒责之二年怀良遣僧圭庭用于明太祖恶其不诚降诏戒谕宴赉使者如制六年义满遣使于明赠丞相胡惟庸书书辞倨慢太祖却其贡遣使赍诏谯让宏和元年义满又遣使太祖不受礼官移书来责王并责征夷将军有欲征之意【有吾奉至尊之命移文于王王若纵民为盗不审其微并观蠡测自以为大无乃构隙之源乎等语】书不达京师于是怀良亲王遣僧如瑶上书称臣而词终不逊【略曰臣居远弱之倭偏小之国尚且知足陛下城池数千余封疆百万里乃常欲吞灭人国臣闻天朝有攻战之策小邦亦有御敌之方倘陛下选股肱起精锐来侵臣境臣将扫境内以迎将军岂肯望马尘而拜乎顺之未必生逆之未必死相逢于贺兰山下聊以博戏臣何惧哉倘君胜臣负君亦不武设臣胜君负不免贻小邦之羞自古和为上策幸上国图之云云】太祖得书愠甚先是胡惟庸谋反潜遣招倭与期会未发而败日本未知也复遣如瑶来且献巨烛中藏火药刀剑久而事发太祖命锢之云南由是恶日本时甚著祖训列不庭之国十五日本与焉寻命汤和巡视闽浙沿海诸城又命和筑濒海城防倭命江夏侯周德兴于福建滨海四郡筑城练兵以备寇后小松帝应永八年准三后源道义【时义满让职其子削发称道义】遣使肥富及僧祖阿于明上书并献甲铠剑马纸粽器黄金千两还所掠人口书称日本准三后道义上书大明皇帝陛下诚惶诚恐顿首顿首谨言九年明建文皇帝遣僧道彝一如赍诏书并班大统历锦绮九月至道义处之北山馆是月复遣肥富及僧中正上书略曰日本国王臣源道义表臣闻太阳升天无幽不烛时雨沾地无物不滋矧大圣人明并耀英恩均天泽万方向化四海归仁钦惟大明皇帝陛下以尧舜神圣汤武智勇启中兴之洪业当太平之昌期虽垂旒深居北阙之尊而皇威远畅东滨之国是以谨遣使某伏献方物为此谨具表闻明年十月至南京时成祖既即位遣使以登极诏谕又遣左通政赵居任行人张洪偕僧道成往将行肥富等已达宁波遂称贺即位成祖厚礼之遣官偕其使还赉道义冠服龟纽金章及锦绮纱罗诏书略曰咨汝日本国王源道义知天之道达理之几朕登大宝即来朝贡归向之速有足褒嘉用锡印章世守尔服十一年中正等还赵居任等随至【始传四书集注诗集传等书号为新注朱子之学遂兴又以盐粮易永乐钱数百万贯而还】道义延之北山馆旋遣使贺册立皇太子时对马壹岐诸岛贼掠滨海居民成祖谕捕之明年十一月将军义持捕奸凶二十余人献于明且修贡成祖遣鸿胪少卿潘赐偕中官王进赐义满九章冕服及钱钞锦绮加等而还其所献之人令其国自治使者还至宁波尽置之甑烝杀之十三年明又遣侍郎俞吉士赍国书褒嘉赐赉优渥颁勘合印百道限十年一贡使臣限二百员船止二艘禁挟带刀枪封肥后阿苏山为寿安镇国之山御制碑文曰朕惟丽天而长久者日月之光华丽地而长安者山川之流峙丽于两间而长久者贤人君子之令名也朕皇考太祖圣神文武钦明启运俊德成功统天大孝高皇帝知周八极而纳天地于范围道贯三皇而亘古今之统纪恩施一视而溥民物之亨嘉日月星辰无逆其行江河山岳无易其位贤人善俗万国同风表表兹世固千万年之嘉会也朕承洪业享有福庆极所覆载咸造在近周爰咨询深用嘉叹迩者对马壹岐诸小岛有盗潜伏时出寇掠尔源道义能服朕命咸殄灭之屹为保障誓心朝廷海东之国未有贤于日本者也朕尝稽古唐虞之世五长廸功渠搜即叙成周之隆庸蜀羌髳微卢彭濮率遏乱略光华简册传诵至今以尔道义方之是大有光于前哲者也日本王之有源道义又自古以来未之有也朕维继唐虞之治举封山之典特命日本之镇山号寿安镇国之山赐以铭诗勒之贞石荣示于千万世义满又遣使谢赐冕服连年往贡并献所获海寇【使还请赐仁孝皇后所制劝善内训二书诏给之】十五年道义死十二月世子源义持遣使告丧成祖命中官周全往祭赐谥恭献且致赙又遣官赍勅封义持为日本国王时山东有倭寇又谕义持捕盗义持遣使谢恩寻献所获盗十八年明复遣内官王进赍敕褒赉至兵库而还先是道义死义持以臣贡为非至是阻明使不得达二十五年明遣刑部员外郎吕渊等赍敕诘海寇并责令送还所掠中国人义持遣僧等持告绝好明使至太宰府而归二十六年明使余某复来先是有载马匹硫黄称入贡者实日向土豪私船也成祖以无表不受至是使其徒十六人还义持令人持汉文阻之略曰修好通商靖边利民非不甚愿然我朝凡百听神神所不许虽细故不敢举行先君自承历服雨阳不和寻罹疾疢易箦之际遗命誓神宜绝通信向既再申此意使今犹至殆未之通耶若夫流贼暴掠海岛实

逋逃凶徒所为国家不与知听上国力剿锄之而已终义持之世绝不相通后花园帝永享四年明宣宗皇帝念日本久不贡命中官柴山往琉球令其王转谕日本赐之谷将军源义教遣僧道渊上表乃有贡茅不入固缘敝邑多虞行李往来愿复治朝旧典语明年宣宗复遣内官雷春裴宽鸿胪少卿潘锡等送还赉银绮缎匹等物【考日本书详载当时赐物今备录以下以征一时典章皇帝颁赐日本国王白金二百两妆花绒锦四匹四季宝相花蓝一匹细花绿一匹细花红二匹纻丝二十匹织金胸背麒麟红一匹织金胸背狮子红一匹织金胸背白猩绿一匹晴花骨朵云青一匹晴细花绿四匹晴细花绿一匹晴细花青一匹素青三匹素红二匹素绿三匹罗二十匹织金胸背麒麟红一匹织金胸背狮子青一匹织金胸背虎豹绿一匹织金胸背海马蓝一匹织金胸背海马绿一匹素红五匹素蓝三匹素青三匹素柳绿二匹素柳青一匹素砂绿一匹素茶褐一匹纱二十匹织金胸背麒麟红一匹织金胸背狮子红一匹织金胸背白猩青一匹织金胸背海马绿一匹织金胸背虎狗绿一匹晴花骨朵云红一匹晴花骨朵云青二匹晴花骨朵云蓝二匹晴花八宝骨朵云绿一匹素绿一匹素红一匹素青一匹彩绢二十匹绿七匹红七匹蓝六匹王妃白金一百两妆花绒锦二匹细花红一匹四季宝相花蓝一匹纻丝十匹织金胸背犀牛红一匹织金胸背海马青一匹晴花八宝骨朵云青一匹晴细花红一匹晴细花青一匹晴细花绿一匹素青一匹素红二匹素绿一匹罗八匹织金胸背狮子青一匹纤金胸背虎豹红一匹素蓝二匹素红二匹素青二匹素柳一匹纱八匹织金胸背狮子绿一匹织金胸背犀牛红一匹暗花骨朵云蓝一匹暗花骨朵云青一匹素红二匹彩绢十匹红三匹绿四匹蓝三匹皇帝特赐日本国王并王妃朱红漆彩妆戗金轿一乘大红心青边纤金花纻丝坐褥一个脚踏褥一个朱红漆戗金交椅一对大红织金纻丝褥二个脚踏褥二个大红心青边金纻丝坐褥二个朱红漆戗金交床二把大红罗销金梧桐叶伞二把浑织金纻丝十四浑织金罗十四浑织金纱十四绿绢三百匹银盂等器二十件各色丝彩绣圈金各样花镜袋十个朱红漆戗金宝相花折叠面盆架二座镀金事件全古铜点金斑花瓶二对古铜点金斑香垆二个象牙雕荔支乌木杆痒合子二个香儿一百个朱红漆戗金椀二十个橐全黑漆戗金椀二十个橐全魫灯笼四对云头桃竿全龙香墨二十笏青广信纸五百张兔毫笔三百枝各样笺纸一百枚蛇皮五十张猿皮一百张虎皮五十张熊皮三十张豹皮三十张苓香十箱每箱五十斤鹦哥二十个宣德八年六月十一日】六年道渊引锡等至驺骑至千二百余匹八月雷春等还义教又遣僧中誓随行上表表有争覩使星光彩则知官仪中兴秋水长天极目虽迷上下春风和气同仁岂阻东西等语八年中誓赍敕及赐物还是岁又遣使嘉吉二年将军义胜遣使于中朝宝德三年将军义政遣僧允澎芳贞于中朝上表称臣用正朔尔后为常享德三年使还先义政表曰书籍铜钱久仰上国永乐中例赐铜钱近无恩赉公府索然何由利民钦请周急景皇帝命给之使臣捆载而归【先是贡船不如永乐时定数宣德初又定约人毋过三百舟毋过三艘而日本贪利所携私物增十倍例当给值礼官言所贡硫黄苏木刀扇漆器向给钱钞或折支布帛为数无多已获大利今若依畚制当给钱二十一万七千银价如之宜大减其值给银三万四千七百有奇从之使臣请益诏增钱万复请赐物诏增布帛千五百】义政闻贡使至临清有掠居民货事遂囚之狱寻移书朝鲜王转请谢罪旋又遣使贡马于中朝后土御门帝宽政五年义政复遣清启等于中朝贡表有云渺茫海角虽不隶版图之中咫尺天颜犹如在辇毂之下至京随人伤人于市宪宗皇帝命付清启寻释归文明七年义政复遣僧妙茂等于中朝表乞铜钱书籍诏赐钱五万贯暨百川学海法苑珠林等书【其表曰日本国王臣源义政上表大明皇帝陛下口照天临大明式朝万国海涵春育元化爰及四方华夏蛮貊归仁草木虫鱼遂性洪惟木明皇帝陛下神文圣武睿智慈仁皇家二统车书攸同敝邑多虞鼓角未息禹贡山川之外身在东辄洛邑天地之中心驰北阙兹遣正使妙茂长老副使庆瑜首座谨拜方物亲承宠光冀推丹衷曲赐素察谨表以闻臣源义政诚惶诚恐顿首谨言成化十一年乙未秋八月念人日日本国王臣源义政谨表义政名下钤日本国王印又别幅具开贡品咨礼部曰马四疋散金鞘柄大刀二十硫黄一万斤马脑大小二十块贴金屏风三副黑漆鞘柄大刀一百把枪一百把长刀一百柄铠一领砚一面并匣扇一百把又奏讨日成化五年伏奉制书特颁勘合并底簿等物圣恩至重手足失措感戴感戴然而敝邑抢攘所谓给赐等件件皆为盗贼所剽夺只得使者生还而已爰有景泰年间所颁未填旧勘合请以此为照验今后滥行今填勘合者必贼徒也罪当诛死抑铜钱经乱散失公库索然土瘠民贫何以赈施永乐年间多有此赐又书籍焚于兵火又一秦也敝邑所须二物为急谨录奏上伏望俞容书目开列于左方佛祖统记全部三宝感应录全部教乘法数全部法苑珠林全部宾退录全部兔园策全部遯斋闲览全部类说全部百川学海全部北堂书钞全部石湖集全部老学庵笔记全部末书右咨礼部成化十一年八月念八日钤用日本国王】十五年复乞铜钱表略曰敝邑

久承焚荡之余铜钱扫尽公私俱虚何以利民今差使入朝所需在斯圣恩鸿大愿赐钱一十万贯则国用足矣时日本所在用兵自是不能复通而往来通商者皆周防大内氏丰后大友氏为多明应元年将军义植遣僧天泽使于中朝不达【考明史称宏治五年源义高使来还至济宁其下杀人所司请罪之诏自今止许五十人入都余留舟次严防禁十八年冬来贡时武宗已即位命如故事铸金牌勘合给之正德四年冬来贡舟止一又无表帝命所司移文答之是时日本大乱将军遣使不达当系筑紫豪族私通不则奸民混冒也】后栢原帝永正五年将军义植令禁恶钱听用洪武永乐宣德等铜钱破毁者而定其价值

六年足利义澄遣宋素卿于中朝【素卿鄞县朱氏子名缟为其叔所卖更姓名仕细川政元至是充使事发当死刘瑾纳其金庇之】赐飞鱼服而还八年义植遣僧永寿于中朝求释奠仪注不获大永三年管领畠山高国遣僧瑞佐宋素卿于中国通商抵宁波会大内义兴亦遣宗设市易争宴席坐遂互斗宗设杀瑞佐而逃中国因执素卿斩之【故事凡市舶至则陈货验发以船先后至为次宴席亦如之宗设先至瑞佐争席理屈遂行贿于市舶中官赖恩乃先瑞佐宗设怒遂相斗杀瑞佐率其徒五百人放火府廨夺货杀掠进掩素卿馆追至绍兴素卿匿免还过宁波大掠而归因执素卿囚之会朝鲜捕送其余党狱成斩素卿】久之有琉球使臣郑绳归国中朝命传谕日本以擒献宗设及被掠之人否则闭关绝贡时琉球使臣蔡瀚道经日本将军义晴附表求赐新勘合金印修贡如常礼官验其文无印篆谓谲诈难信宜勅琉球王传谕仍遵前命后奈良帝天文八年将军义晴上书于中朝义晴求勘合不许大内义隆亦遣僧周良于中朝时华商多在周防贸易公卿僧徒文士以四方鼎沸多避乱山口义隆又好读书爱玩文物屡延华商尽收古书画名瓷诸玩好一时称盛十六年义隆复遣周良往中国舟四人六百泊海外以待事闻朝旨勅守臣勒回【明年六月周良复求贡朱纨以闻从纨请不限五十人进都例相贡舟大小以施禁令】初大内氏独有勘合迨义隆死亡于兵燹通商遂绝然伊豫能岛来岛因岛诸奸民久狃互市之利私航不绝汉奸多为之导虏劫放火千百成群攻陷州县江南北浙东西所在骚扰尝同时告警别有侵山东犯日照各县者海寇巨魁汪直毛海峯陈东等皆与潜结势益张寇皆习倭服饰旗号船帜题八幡大菩萨五字八幡者应神帝号也人呼曰八幡船宏治元年明总督杨宜遣郑舜功至日本肥前平户见大友义镇诘之曰通好久矣何扰吾边疆虔刘吾民果是贼民亟见禁戢义镇以闻将军义辉命诸将会议大和守三渊藤贤曰方今我国所在用兵而结怨大国甚为不便请从应安例严为制戢乃命能岛久留岛因岛诸兵检点海舟剿捕凶奸而内乱日剧卒不能制既而胡宗宪代宜为总督奏请遣使日本谕国王禁戢海寇招还奸商许立功免罪中朝许之乃遣宁波诸生蒋洲陈可愿至日本可愿还言抵五岛遇汪直毛海峯谓日本大乱诸岛不相统摄须遍谕乃禁遏及蒋洲还山口守源义长丰后守源义镇皆遣使谢罪送还被掠人口请颁勘合修贡宗宪奏请礼遣其使并谕擒献乱人及中国奸商方许通贡诏允之宗宪已计擒陈东又招诱汪直义镇等以中国许互市遂装巨舟遣其属善妙等四十余人随汪直来直至被擒而逾年新倭大至又寇浙东三郡寻犯福泉兴漳蔓延于潮广其后又有广东巨寇引倭为患迭经将吏击讨久而后平【倭寇之患与明相终始而自嘉靖二十六年至万历十六年四十年间沿海州县被祸尤酷闾巷小民至指倭相骂詈甚以噤其小儿女云今考日本是时瓜分豆剖各君其国诸国又互相攻击日寻干戈无赖奸民以尚武好斗之风流为盗贼杀掠为生上虽严禁合有不行准之今日公法实为海寇无与邻交故节录其大概如右不复详载】

后阳成帝天正十八年关白丰臣秀吉已平定全国因朝鲜使者赠书于朝鲜王李昖曰吾邦久属分离秀吉起于微细讨逆除暴曾不数载定六十余国夫人世年不满百予亦安能郁郁久居此乎吾欲假道贵国超越山海直入于明使四百州尽化我俗以施王政于亿万斯年凡海外诸蕃后至者皆在所不释贵国先修使币帝甚嘉焉秀吉入朗之日王其率士卒会军营为我前导昖得书大愕十九年秀吉丧子闷甚【一日登清水寺阁浩然叹曰大丈夫当用武海外何悒郁为遂大会诸将曰吾藉诸君之力平定海内亦可以息矣特海外有阻王化者吾深羞之今将举内治委秀次而自将入朝鲜驱其兵以踪明地分割土壤以封诸君诸君能为我效力耶诸将相视愕眙无敢对者浮田秀家曰殿下举此无前之事谁敢异议者】遂命造大舰数十艘筑营于名古屋冬十二月颁朝鲜地图分西南四道兵为八军以向八道以加藤清正小西行长为第一二军迭为先锋置水军以九鬼嘉隆等督之水陆凡十五万人别有游军六万备应援而秀吉自以德川家康等畿甸东北三道将士十万自卫文禄元年夏秀吉率兵抵名古屋命浮田秀家代将【秀吉初欲亲往以其母忧甚乃命秀家或劝秀吉盍以善汉文者从秀吉哂曰此行也吾欲使彼用我文耳】诸军齐会先锋既入海是月抵釜山诸将迭攻朝鲜望风溃五月初陷都城督将秀家入据王京分命诸将图

进取王昖弃城奔平壤又奔义州清正至咸镜道之会宁府执二王子珒珲而纵王妃使逃行长追王至平壤分兵四掠朝鲜八道几尽没旦暮且渡鸭绿江【初秀吉闻前军陷都城贻书秀次曰韩都已破矣予将不日入明奉銮车而西以汝为阀白若韩与本国当别择其人为主汝其知之日本称朝鲜为韩沿三韩称也时自韩都抵釜山烽火相望然庆尚全罗二道尚固守又恐明援军至乃遣石田三成等三将名曰三监率游军六万赴援三成等至亦驻都城】初秀吉胁琉球使供粮并遏贡舟琉球惧报之中朝兵部咨问朝鲜朝鲜惟辨向导之诬尚不知其谋已至是请援告急之使络绎于道明朝得报大惊廷议以朝鲜为国藩篱在所必争命副总兵祖承训渡鸭绿江赴援大战于平壤城外承训仅以身免【日本人马皆鬼头狮面明兵骇乱行长麾兵蹂之承训兵大溃行长乃投书李昖曰王尚不导我兵耶明于我犹羊群见虎耳今舟师十万将由西海至王将安之】八月明朝乃以兵部侍郎宋应昌为经略旋又以李如松为东征提督时兵部尚书石星计无所出募说客侦之得嘉兴无赖沈惟敬假游击衔命赴军前明年正月如松师大捷于平壤行长遁渡大同江朝鲜所失黄海平安京畿江源四道并复清正亦遁还王京如松乘胜趋碧蹄馆败而退师于是封贡之议起惟敬往来弥缝日本退守釜山议送回朝鲜王子大臣中朝诏留一军防守时朝臣多言封贡非计而石星一意主款卒从经略顾养谦封秀吉为日本王之议【先是壬辰七月惟敬见行长于平壤城行长曰当以大同江为界平壤以西属朝鲜惟敬诺之曰待五十日还报行长驰使告秀家当是时诸道未平韩兵所在蠭起谋恢复日本拒之互有胜败时已十月明兵已出关惟敬遮应昌于途曰和将成矣应昌虑其阻士气欲斩之未果中朝亦以倭诈未可信促应昌进兵既而行长败渡大同江据凤山旋回都城韩兵争起应明军清正悬军在咸镜又为宋应昌所败秀家乃令北道诸将咸撤守来会都城如松径趋至碧蹄馆恃胜而骄不赍铳炮日本拒以短兵纵横挥击明军大破如松遁还临津旋退平壤秀吉闻明军捷议亲渡海诸将联署止之是年癸巳三月议使七将攻晋州晋州城险兵情七将皆大败退兵又多疫于是三监欲退守釜山或曰粮尽宁食沙都城不可弃也乃议乞援兵秀吉先令二万赴援既无兵可征秀吉乃叹曰吾不幸生于小国兵力不足使我不克遂耀武八表之志奈何奈何怅然久之会如松使沈惟敬再谋和至韩都谓行长曰归王子则割庆尚全罗忠清三道封为王行长许之时三监及行长皆怀归报秀吉曰明欲尊殿下为皇帝秀吉乃许和惟敬请解都城兵诸将乃火而东仍屯于蔚山东莱间以俟秀吉令惟敬遂谒秀吉于行营秀吉飨之而遣小西如安与偕许还二王子大臣惟令诸将屠晋州城以偿前败惟敬既至北京明朝以倭方议和仍攻晋州疑倭谲诈令舍如安于辽东明年甲午正月秀吉令独留在韩戍兵余尽召还时明朝议久不决至十月乃召小西如安入朝既至石星优遇如王公如安殊扬扬过关不下既集多官面译要以三事一勒倭归巢一既封不与贡一誓无犯朝鲜如安皆听从神宗皇帝复见之谕于左阙十二月封议定案此所云小西如安乃小西行长侍史素为行长所亲昵冒小西氏为飞驒守明史作小西飞盖因其自书小西飞驒守而误也】乃以临淮侯李宗城充正使都指挥杨方亨副之同沈惟敬往【初明使于乙未夏发燕中朝命令驻朝鲜都城俟日本撤戍而进秋九月宗城等至朝鲜日本诸将不得已撤诸戍聚釜山然将士卒不肯济海至丙申六月诸将乃尽撤还仅留岛津义宏等在釜山】庆长元年春小西行长还告和成沈惟敬随来私赍蟒玉翼善冠地图武经及燕代良马三百匹献于秀吉惟敬憾已不得与册使思倾宗城而代之乃令人以危词怵宗城宗城果遁还夏中朝更以方亨为正使惟敬副之朝鲜使黄愼等亦偕行秋抵伏水秀吉乃责朝鲜不献三道不使王子来谢为欺辱拒朝鲜使不许见独恭迓方亨等九月册使见秀吉翌日宴飨秀吉戴冕披蟒服使德川家康等七将皆著其所赐章服既罢使者出召人读册文至封尔为日本国王秀吉色变立脱冕服抛之地取册书裂之骂曰吾掌握日本欲王则王何待髯虏之封且吾而为王若王室何即夜命驱明使并告朝鲜使曰若归告而君我将再遣兵屠而国也遂下令西南四道发兵十四万人以明年二月再会于名古屋二年春秀吉以其侄秀秋为元帅居釜山总军务浮田秀家副之命清正行长间日互为先锋仍分八军正月清正行长皆抵釜山警报达明神宗大怒命逮石星沈惟敬按问【初方亨等还佯言秀吉恭顺受封谢表且至别购猩毡鹅绒伪称日本方物至是石星诘责之曰倭非有他不过责朝鲜无礼耳方亨惧始直吐本末委罪惟敬并出石星前后手书帝遂怒逮石星等】以兵部尚书邢玠为总督麻贵杨镐为经理时日本兵既络绎入朝鲜然朝鲜乱后无粮可因海运又艰诸将不敢进声言献三道如约则止王昖奔海州日夕告急明廷臣议以割地乃沈惟敬私言万不可许然特缓惟敬使说日本以弭兵惟敬仍往来遗书玠檄杨元执之自惟敬执而议和遂绝【后诛之】明援军入全罗七月日本已得间山乘胜西进遂破南原据全州犯全庆逼王京明因二城既失邢玠至王京专扼汉江险为守遣将分守稷山交战互有胜败日本以冬寒稍收兵退釜山仍沿海连营互为声援泗川南

海竹岛梁山蔚山顺天皆分将据守邢玠议专攻清正别以兵牵制行长遂以十二月萃兵蔚山遣水军绝援既合围断汲道清正苦守不挠日本诸将闻蔚山急谋以兵来救三年春杨镐闻援师大至遽策马遁诸将失统御大溃清正纵兵逐北明兵死者万余镐至王京犹欲上捷赞昼丁应泰劾杨镐等罪中朝震怒罢镐以万世德代之夏四月秀吉遣使谕诸将留秀秋行长清正及岛津义宏等十余将余尽召还留者分四军秀秋居釜山清正守蔚山居右行长守顺天居左义宏守泗川居前四城兵凡十万明兵亦可十万世德既至与邢玠议令董一元当义宏刘綎当行长麻贵当清正陈璘以水军出其后彼此相持刘綎欲攻顺天遣使约行长曰先锋前既与我盟吾欲亲与先锋会行长出会遇伏跃上马夺路而去明兵又逼蔚山清正坚壁固守立花宗茂以五百人自釜山往援途遇明兵破之又与清正夹击麻贵大败当是时岛津父子在新寨与董一元夹晋江而军岛津筑八砦尤险者为望津前带晋江新寨峙其后一元用茅国器谋先陷望津望津兵退守泗川一元遂悉军渡江分取数砦向新寨冬十月朔一元合兵攻之城兵殊死战会炮裂明军乱岛津父子率骁骑千余开门直冲明军披靡岛津纵兵追击遂大败溺江者无数【明史作石曼子即岛津二字译音也】蔚山顺天之明兵闻败亦解围去而秀吉既先于是年八月卒矣两军未之知也【秀吉病革召家康曰外事未竣而吾罹此病吾死则难作今以海内托卿又密谕秀赖曰今与明构兵吾深悔之彼闻吾死或大举来报国家自古未曾受外辱及我而辱国吾所深耻吾是以托国于家康至我家存亡未暇恤也又命浅野长政石田三成曰汝赴朝鲜收我兵不能则遣家康家康不可往则遣利家二人遣一虽有百万敌不能尾我也临绝张目曰勿使我十万兵为海外鬼言讫而瞑先是壬辰之役秀吉闻明师捷大会诸将欲亲往浅野少弼曰臣视殿下近状为野狐所凭耳天下才定疮痍未起乃兴无名之师使我父子兄弟暴骨海外民怨嗷嗷殿下一举趾恐未达釜山六十州之盗贼雷动风起根本之地反为人所据以殿下平日岂有不察于此不察于此故谓之狐凭谚曰鳖欲啖人反啖于人殿下之谓也秀吉大怒曰狐乎鳖乎吾且舍诸以臣骂君不可舍也拔刃欲斩之或拥之而退既而肥后贼起急召少弼曰吾甚惭于汝也秀吉之攻朝鲜也日本论者或夸其耀武于外邦或责其贻祸于内国余考其事当时群雄割据类皆百战之余秀吉手定海内知不可以威力屈故兴无名之师驱之海外胜则割彼膏腴广子封土以图自安不胜则死于锋镝不许生还亦所以自便乃先后七年既不获大胜又未受巨创而悉索敝赋民困已极至于临绝悔愤洒泪满襟英雄末路亦可悲矣】既秀吉赴闻明人举酒相贺诸将各理归装釜山之军先引回对马十一月清正义宏各收兵入海刘綎追围行长清正与义宏返击拔行长俱上舟陈璘以舟师邀击之互战各有胜败卒脱归是月尽达对马无何诸将皆至名古屋长政三成迎劳之令解兵各就国【德川家康与诸大老奉行论功行赏曰微新寨一捷吾军几不振旅矣赐岛津义宏以公田在萨摩者三万石清正行长以下得赏各有差】明仍留万世德戍朝鲜后三年尽撤自壬辰迄此前后凡七年明丧师数十万縻饷数百万日本亦困累甚至秀吉死而祸始息

后水尾帝庆长六年岛津义宏奉将军命遣岛原忠安送被掠人二十余口于明明厚遇之为许岁通二商舶于坊津【界商伊丹某闻之遂结奸细要之硫黄海上毁船掠货义宏捕磔之鹿岛】然明船后不果至庆长十一年德川秀忠为将军禁用永乐钱犹用京钱【京钱汉古杂钱也足利氏时屡乞钱于中朝永乐钱铜质纯良流通全国以一当古杂钱四二贯当黄金一两而民间往往争取斗讼沿用盖二百余年至是停之】十五年前将军德川家康颁给印票于明商约互市商给印票始此冬十二月商人周性谒见家康乞禁海寇家康知开港通商之利而中国独不通公商遂命本多正纯作书附性致福建总督陈子贞略曰敝国与中华通问久矣内外史籍历历可征台下所知也前曰兵马倥偬之际尝一辱专价情绪不通来往顿绝遗憾不已今也吾主源君戡定祸乱厘革前辙西南诸番国咸来朝贡独遗中华而不相通洵乖旧好适周某来得通问好机请自今结符信通福船两国之利孰大焉且吾海商岁航蕃方者遭风破船或匮薪粮亦愿见惠敝邑僻处海隅所谓蕞尔国也中华以大字小之意幸有熟图长崎奉行长谷川广智亦致书皆不答十八年将军秀忠命岛津家久因琉球王尚宁致书于福建巡抚丁继嗣求互市亦不答元和七年明浙直总兵遣人赍书请禁海寇将军却之宽永二年将军复令末次正直贻书于福建总督求通商亦不得报

卷六・邻交志上三・华夏

日本明正帝正保三年丙戌时我世祖章皇帝定鼎燕京既三年矣我大清龙兴东土声威所播先及阳谷莫不震詟又当德川氏执政权方欲以文治致太平故二百余载彼此安和海波无警是年八月郑芝龙奉明唐王聿键意

赠书暨方物乞援兵【芝龙福建南安人先为商寓长户娶妇田川氏生二子长曰森即郑成功也既而芝龙去为海盗拥众数万崇祯时就明招抚有战功封平虏侯尝图其军容赠日本求还儿与之故素与日本通往来】书闻将军德川家光召宰执酒井忠胜等议之又下议德川三亲藩赖宣建议曰援而有功无益于国倘若无功匪翅辱国结怨强邻实贻后患勿援为便议遂寝命日根野吉明如长崎告之会闻大清兵下福建芝龙就抚遂罢使却信物令西北诸大藩阴戒不虞冬十二月崔芝复遣使致书乞兵【按芝福清人初为海盗既而受抚乙酉秋唐王加水师都督驻舟山黄宗羲行朝录作崔芝是也各书多误作周鹤芝】书略曰芝忝任水师都督有志无力有力无兵贵国人皆义勇兵皆精悍惯于刀枪熟于舟楫芝思竭君辱臣死之忱难忘泣血枕戈之举敢効七日之哭借三千之兵壮我同泽同袍之气永缔如带如砺之盟又致一书乞给日本甲二百副皆不纳后二年戊子郑彩致书乞兵器成功亦贻书长崎有司书略曰大明龙兴三百余年治平日久人皆忘乱以至今日成功誓心报国徘徊蛸闽颇有感愤乐从者然孤军悬绝四面无援成功生于贵国值此艰难倘惠假数万甲兵感岂有极亦不报【戊戌成功又遣使赔书暨方物致惓恋之意亦不答成功后据台湾时与长崎通商至郑氏降乃绝】己丑冯京第黄宗羲以明鲁王以海命来长崎乞师不达朱之瑜亦来乞师不达【之瑜字舜水明余姚贡生亦鲁王遗臣尝至安南又三至长崎图藉外援终不遂其志至岁己亥遂留长崎不归筑后人安东守约分廪禄之半师事之德川光国钦其德义请之幕府延为宾师水户文教之兴与有力焉是时有僧陈元赟明进士辟难削发来居西京有福建僧隐元德川家纲遣人迎之命于宇治创万福寺名曰黄蘖传衣钵者多汉人其后有画工沈诠号南苹幕府聘之来长崎亦留不归均为日本所重附识于此】暨明唐鲁二王亡遂绝音问【日本籍称我康熙十二年七月平南王尚可喜及刘进忠致书于长崎奉行赠销金马鞍以通商舶书有山丽水秀人物清华之语考尚可喜于十二年三月告老以兵事属其子之信进忠时官潮州镇总兵十三年叛旋结郑锦掠潮惠盖郑氏素与日本往来进忠知之将萌叛志预图外援故有此举可喜时为之信所制不得出一令未必知也】而华商之来日本者日众有船一百八十四艘杂居长崎街市和同贸易不经官司至德川纲吉始设官董理限七十艘旋增十艘德川家宣又限五十艘德川吉宗又限四十艘尔后递减至二十艘德川家重又限十五艘旋许例额外加二十艘德川家治又限十三艘至德川家齐定十艘终德川氏之世无复增减初限输出货物岁值银八千贯继减至二千七百四十贯【国朝以来商船日增无定额纲吉始限七十艘行之十一年改八十艘限输出物岁银值八千贯行之十七年家宣限五十艘输出值三千贯又铜一百五十万斤行之三年吉宗改限四十艘输出值八千贯行之二年更限四千贯行之十四年限二十九艘行之三年限二十五艘行之四年限二十艘行之九年家重又限十五艘输出值四千贯行之十年许例额外加二十艘行之六年家治又限十三艘输出值三千五百一十贯行之二十六年家齐定限十艘输出值二千七百四十贯】始设长崎奉行三员【二员驻长崎一员驻江户后又增一员驻江户】建哨台于长崎小濑户浦及横濑浦以讥察来船巡禁私商又筑华商馆于长崎来去出入均有法制家宣时特遣使长崎更正贸易法始给信牌【船有信牌者乃得至岸】世以大村氏监护长崎至家齐时大村纯昌筑逻所于商馆门外严检出入华商愤遂与哨兵斗毁逻所旋复筑之后又因捕兵株连毁馆滋事【长崎奉行久世广正捕华商漏税者七十六人交大村纯昌监禁遣监察议治其罪华商群起毁馆门筑前戍卒缚二百余人戮党首沈扬等余皆释之日本之天保六年事也】华商输入之货绵糖【将军家重时长崎人某始学蔗糖之法于华商幕府命长崎平户人造之不成既而尾张长门造糖成遣吏验之颇精良然未得精白品之方】绸缎【德川纲吉时禁呢绒布帛玩好珍异入口除药物外一切动植物悉禁入口行九年开呢绒布帛动植物之禁又六年开玩好珍异之禁】书籍【诗文集及类书为多乾嘉之间考据之学盛行日本争购其书于是又有考据之学惟日本以禁耶苏教故凡舶来书籍有译西文者概涂抹之至德川吉宗时解禁日本因是得窥西人星算测量之学】文具为多【惟禁广东人参进口曾焚四百五十斤参于商馆门外】输出之货铜最为大宗【考日本各籍称自庆安戊子至宝永戊子六十一年间华商与和兰商共输出金三百三十九万七千六百两银三十七万四千二百九贯铜则宽文癸卯至宝永戊子输出一亿一万一千四百四十九万八千七百斤中间五十七年不详自明和丙戌迄天保壬寅七十七年中共输出铜一亿四千二百八十万八千一百四十斤反输入银一万零九百四十七贯我与和兰分购铜数不详大约华商每岁购铜约一百五十万斤而金银出入前后迥异者盖因日本素无蔗糖后于乾隆中学得其法竞相栽种不复如前之仰给于外故省费至多货物出入相抵外仍有输入之银也】余则昆布【即海带】鳆鱼及铜漆杂器而日本商人绝无至中国者【考乾隆四十六年户部颁发江海关则例刊载东洋商船进出口货税并有洋商

入市之条似日本亦有商人至上海者惟日本是时严禁国人出海通商先是有长崎代官末次平藏父子窃造商船载军器贸易台湾诸处事觉处流或当时有一二商人潜附我商舶而来抑或和兰运铜之船转贩于中国故称洋船均未可知】衹有漂风难船资给送还而已【康熙三十二年癸酉九月兵剖议覆广东广西总督石琳奏称风漂日本国船至阳江县地计十二人请发回伊国应如所请上谕曰外国之人船只被风漂至广东情殊可悯著该督抚量给衣食护送浙省令其归国又嘉庆元年十月上谕军机大臣等日本国贸易夷民在洋猝遇暴风漂至赫哲地方殊为可悯向来该国遭风难民俱送至浙江乍浦遇有赴东洋便船附带回国今安治录等三名令带回浙省传谕该抚委员送至乍浦寻有便船归国以示体恤柔远至意】盖德川氏执政权专以锁港为国是长崎通商唯许华商及和兰他皆禁绝逮三十年前美舰俄舶迭以兵劫盟内国纷扰遂至废幕府尊王室与泰西诸国互结条约

至我同治九年为今皇即位之明治三年王政维新广事外交念与我为千余年旧好又两大同在亚细亚不可不缔和好以示亲睦七月乃遣外务权大丞柳原前光赍外务卿书呈我总理各国事务衙门预商通好事宜【书曰大日本从三位外务卿清原宣嘉从四位外务大辅藤原宗则谨呈书大清国总理外国事务大宪台下方今文化大开交际日盛我邦近岁与泰西诸国订盟邻近如贵国宜最先通情好结和亲而惟有商舶往来未修邻交之礼不亦一大宏典乎我邦维新之始即欲遣公使修盟约内国多故迁延至今深以为憾兹谨奏准特遣从四位外务权大丞柳原前光正七位外务权少丞花房义质从七位文书权正郑永宁等于贵国预商通信事宜以为他日遣使修约之地伏冀贵宪台下款接各员取裁其所陈述谨白先是我同治元年长崎奉行遣僚属附和兰船携货至上海因和兰领事谒上海道吴煦请曰日本向衹与荷兰通商自英法诸国挟以兵威逼令立约利权尽为西商占尽无如力不能制未能拒绝我官民等会商佥谓若自行贩货分赴各国贸易或可稍分西商之势今既到上海愿仿照西洋无约各小国之例不敢请立和约惟求专来上海一处贸易并设领事官照料完税诸事通商大臣薛焕允其暂由荷兰商人报关验货尚未许其购货商人归时又请倘允通商乞谕知和兰领事转达将来或遣公使吁求至同治三年又有日本商船至上伍请英国领事巴夏礼为介绍通商大臣又允其以日本商名自行报关同治七年长崎奉行河津某又由英国领事致书于江海关道应宝时书称与欧罗巴诸州往来时有公使奉命绅士游历附洋舶而西者过境请为照料又有日本商民请赴内地传习学术经营商业就便侨寓者均有本国护行印照请验明符信顾念邻谊云云此皆德川将军时所遣至是朝廷始派委员】……我朝特简钦差大臣协办大学士直隶总督李鸿章为全权大臣办理日本通商事务江苏按察使应宝时署直隶津海关道陈钦随同帮办六月宗城等至天津往复商论至七月遂定修好条规十八条通商章程三十三款附以中国日本海关税则【先是前光等归我疆臣有以前明倭寇为辞奏请拒绝日本通商者钦差大臣直隶总督李鸿章奏驳之略谓我朝朝鲜内附声威震詟日本固不敢越属藩而窥犯北边亦从未勾内奸而侵掠东南实属畏怀已久顺治迄嘉道年间常与通市江浙设官商额船每岁购铜百万斤咸丰以后苏浙闽商往长崎贸迁寄居者络绎不绝其安心向化可知矣论者拒绝之请于今昔时势彼国事实盖未深究……】宗城订约之后旋进京谒总理衙门王大臣赍呈国皇所献大皇帝仪物朝廷亦加酬报命宗城赍归初前光之来先呈约草以两国利益为辞……【惟内地通商一事先是泰西诸约既经指定口岸通商而约中混入许其游历内地通商一语本系牵连附及出于疏误而西人据此遂谓许入内地买卖货物各国援一体均沾之词纷纷效尤于是华商亦多假借西商希免税厘抗法度流弊孔多及是章程中声明不准运货入内地不准入内地置买土货前光等坚以有异泰西为辞鸿章面折以华人前往西国随处通行并无限制今日本系以人口岸与中国通商华人既不能到日本内地贸易日本人亦岂应入中国内地贸易此系两国从同确乎公允何得引西约为例前光始语塞而退】宗城既归日本意尚觖望宗城旋以事免官五年二月以外务大丞柳原前光兼少办务使【即四等公使】使于我议改约不得要领而还【……前光又陈通商章程所载进出口税各条须议由日本海关按照成规抽收不必指明税则前光谒鸿章鸿章曰日本与泰西改约成否未可知事果有成可以换约后再商海关收税亦可俟届时商办带刀之禁原虑细民滋事预为防范由理事官布告禁令亦无不可俟约满时删除至从中调处一语信如外务卿所谓各国均有此权但议约时不载则可既载复裁转贻耻笑两国交际于定约之后未换之先遽尔遣员议改旋允旋悔不几于全权立约之命相柄凿乎条规所载信守弗渝之谓何万国公法最忌失信尔国何可蹈此不韪贻笑外人前光嗫嚅缩伏第言惶愧惟求赐覆鸿章亦覆以书案万国公例各国流寓之民均归地方官管辖海关收税轻重多寡悉由自主他人不得干预日本于是时既悉外交利弊特遣岩仓具视等使欧美各国欲仿泰西通例将旧约中领

事官以己国法审断己民之条及海关收税彼此会商之语一概删改权归自主故种臣等有此商请唯西人既得之利难以遽夺自岩仓归后今已越十年尚无归宿……】十月有秘鲁国商船玛利亚留士在澳门骗诱华民三百余名为佣载赴其国既而遇飓风泊横滨佣人苦舟师虐使投水遇救【英国兵舰长挨仁雕救之引告神奈川县】走诉神奈川县厅时副岛种臣为外务卿命阻留商船解放诸佣告于我国我国遂遣同知陈福勋来日本携之还深谢其邻谊【时日本与秘鲁未立约秘鲁旋遣使责日本越俎多事要以偿款彼此驳论久未决乃会请俄皇公判至明治八年六月俄皇断以日本所办合于公法秘鲁不得要偿议乃结】十一月以外务卿副岛种臣为特命全权大使使于我换条规【先以书致北洋大臣李鸿章曰前派使员请暂缓换约并商改章今我改约大使东徂西转已越一年若俟其归似太迟缓今已疏请先行换约奉命以种臣为大臣即日来华种臣谒鸿章又自陈前光之来非其意所乐为云】六年四月至天津我朝命北洋大臣李鸿章为换约大臣遂互换条规种臣旋入京时穆宗毅皇帝亲政礼成泰西公使咸吁请观见伸庆贺六月穆宗毅皇帝召见于紫光阁种臣以头等全权大臣在俄美英法诸使之先捧国皇书入观书曰大日本国大皇帝敬问大清国大皇帝曩者两国俱与泰西各国交通往来而独两国未修亲睦故于去岁简派亲臣大藏卿伊达宗城经与贵国议定条规已予批准允宜派使互换适闻大皇帝已成婚且亲政朕深欢喜乃特遣外务大臣副岛种臣于贵国交换条约并伸庆贺朕固知种臣堪为喉舌专司外务无不代朕肩承言归于好冀大皇帝思交谊笃邻好待该使臣优加仁厚彼此两国蒙庆永久弗渝特兹敬白并祈大皇帝多福眉寿种臣观礼成鞠躬肃退皇帝命覆以国书书曰大清国大皇帝复问大日本国大皇帝好兹接使臣副岛种臣赍到来书披阅之余实深忻悦朕祗承天命寅绍丕基中外一家罔有歧视矧关邻谊尤重推诚上年所立条规现已宣谕刊布嘉仪孔多足征厚意用答微物藉使寄将愿我两国永敦和好同荷天庥朕有厚望焉仍命种臣赍归自中国与外国缔交三十余载今以特恩召见种臣居首班世夸为至荣种臣换约之后以井田让为总理事管十五口商务品川忠道为理事驻上海兼管宁波镇江九江汉口四处林道三郎为副理事管广东琼州潮州三处而驻于香港各令赴任视事种臣既归留前光为公使明年乃有台湾生蕃之事

先是辛未十一月有琉球船遇飓风飘至台湾为生蕃劫杀五十四人癸酉三月小田县民四名亦漂到遭害喜事者因谓生蕃豺狼不可不膺惩特以生蕃熟番有异欲先质经界于我会种臣在北京乃寄谕种臣命询台地事种臣难于启口因遣副使柳原前光问我总理衙门大臣毛昶熙董恂昶熙等答曰蕃民之杀琉民既闻其事害贵国人则我未之闻夫二岛俱我属土属土之人相杀裁决固在于我我恤琉人自有措置何预贵国事而烦为过问前光因大争琉球为日本版图又具证小田县民遇害状且曰贵国已知恤琉人而不惩台蕃者何曰杀人者皆属生蕃故且置之化外未便穷治日本之虾夷美国之红蕃皆不服王化此亦万国之所时有前光曰生蕃害人贵国舍而不治然一民莫非赤子赤子遇害而不问安在为之父母是以我邦将问罪岛人为盟好故使某先告之反复论诘者累日卒不能毕议及前光归白状于是征台之议遂决甲戌三月以陆军少将西乡从道为都督陆军少将谷干城海军少将赤松则良为参军率兵赴台湾陆军少佐福岛九成为厦门领事兼管蕃事别延美国人李仙得参谋议【李仙得者曾充驻札厦门之美国领事以美船事曾至台湾生蕃诸社后为外务省所聘副岛种臣使中国亦尝随行】佣英美船为运输而特命参议兼大藏卿大隈重信为综理四月从道等率海陆军发品川旋抵长崎以萨邸为蕃地事务局重信等随至时美国公使某执局外中立之例建言曰大邦无端率军舰兵卒而入华境彼必以为寇边我船舶人民苟为大邦所佣役彼又必以我为应援我与华人亦为同盟岂敢独有私于大邦而结怨邻好凡属美国所有愿一切收还遂布告其流寓商民守中立例并令厦门美领事捕李仙得等英国公使亦言中国必生异议按之公法实无此举于是内阁大生纷议急遣权少内史金井之恭传内旨于长崎令重信止军行且归京重信走告从道从道不奉命曰近日朝政朝令夕改令人危疑况招集精锐驾驭一误溃败四出祸且不测岂止佐贺之比【佐贺谓是年前参议江藤新平叛乱之事见国统志中】必欲强留某则奉还勅书躬自捣丑虏巢窟剿而后已万一清国生异议朝廷目臣等为亡命流贼则于答之乎何有【先是日本欲于蕃地为屯田计因命从道募兵鹿儿岛县其兄隆盛为募骁健子弟八百余会停师令下忽有流言谓熊本大坂兵将东上叩阙请出师之命故从道以是要挟从道又曰即使内阁大臣西下亲谕亦不能从辞色俱愤重信乃曰内旨非必停师特以外国公使有违言将俟后图恳谕百端从道卒不肯即夜下令发师翌日领事九成等遂率兵二百人乘有功舰先发】重信电报状朝议大忧又命内务卿大久保利通于长崎从道卒不听乃戒以姑行勿妄交兵以待后命利通等遂携李仙得还东京五月二日诸舰相率发【日进

孟春三国共三舰】寻达社寮港既上岸移阵龟山【社寮平旷无可扼守时日进舰放小舟测海生蕃出没岸上发小铳狙击乃移营龟山扼内山冲路族遣轻兵入山牡丹社蕃伏匿茂草中猝起邀击殪伍长某越二日以熟蕃为导生蕃亦出关日本兵发铳于丛莽毙其一余皆奔遁熟蕃告以佯走有伏日本兵不敢追蹑】进攻竹社风口石门诸蕃【石门拒龟山二十余里巉岩天险生蕃迭石为壁据险力拒日兵不能进有别道军绕出其背乃骇奔日本兵追杀三十余人】从道亦乘高砂舰继至【初以美英公使有违言所赁船舶悉解约还之于是运粮调兵皆失便众皆愤郁乃谋购买而外舶骤倍其价以银六万圆购一美舰可容兵五百名曰社寮又以十万圆购一英舰可容兵千载物千吨高砂舰是也社寮亦继至】至则分道进攻不利乃退守龟山修桥梁辟荒芜为屯田持久计【六月一日仍分竹社风口石门三道攻牡丹社向四重溪是地距龟山仅八九里涂有一河众水奔注势如激箭诸军提挈乱流而渡兵或漂溺既而深入山谷涧水横流泥淖没踝土蕃伐木塞路日本兵扪葛藤攀岩壁蜗旋鱼贯而行屡为土蕃所阻力进奋击焚庐舍数所蕃人徒跣陟险而走其捷如飞日本兵追之不及从道等乃谓土蕃出没不常我兵追击则鸟遁兽逸倏失所在功不偿劳计不如杜巢穴绝馕道以术制之以待其窘乃寘守于双溪石门风港者道收军还龟山造都督府设病院修桥缮道为开垦久守之计】初师发长崎复遣柳原前光于北京领事九成至厦门亦书告闽浙总督李鹤年【书曰去年副岛大使以下既报贵国政府今将起师问罪于贵国化外之地若贵国声教所暨则秋毫不敢侵犯疆场密迩愿毋致骚扰鹤年覆书曰台湾全岛我所管领土蕃犯禁我自有处置何借日本兵力为至贵国人民四名之遇祸者我台湾府吏实救庇之何可以怨报德请速收兵退我地勿启二国衅】鹤年以闻时总理衙门北洋大臣既先驰奏我朝乃命船政大臣沈葆桢巡视台湾调兵警备前光至京谒总理衙门词旨抵牾于是二国势将构兵日本即征兵诸国商购铁甲舰于英我则筑炮台于澎湖诸岛设海底电线于台湾厦门间购新法洋枪三万枝于德国调淮兵来台议购铁甲舰于丹国欧美海客在两国者论彼我曲直强弱日付之新闻纸乘机鼓煽船舰兵仗之价顿增三倍日本兵久屯龟山以酷暑多病疫棺椁相望进退维谷【国皇特遣侍医及外国医员往疗之命御库制冰运往别募新兵罢归病者】而是时赤松则良在上海侦探驰报巡抚王凯泰将兵二万向台地日本大恐

至岁丙子光绪二年为明治九年我朝乃特简翰林院侍讲何如璋为钦差大臣候选知府张斯桂为副使并分设理事【先是议约之始曾国藩奏称日本物产丰饶百货价贱去中国不过数日程立约之后彼国市舶将络绎东来中国贾帆亦必联翩东渡不如泰西诸国洋商来而华商不往华人往者已多中国似须派员驻札日本约束内地商民讯办华洋争讼案件李鸿章亦奏称中外已定和约均宜各派官员往驻其国庶消息易通势力均敌近年奉诏迭次派员往泰西各邦通好业与从前隔阂情形小异日本近在肘腋自变更西法造兵船开铁路又派人往西学习技艺其志固欲自强以御侮究之距中国近而西国远联络之则为兄弟拒绝之或反为仇雠诚宜简员往驻随时侦其动静与之推诚相与设法牢笼亦可管束我国商民云云其后福建巡抚王凯泰丁日昌湖南巡抚王文韶均以为言】

卷十·地理志一

日本之为国乃独立大海中旷然邈然不与邻接由东而往凡历一万五千余里乃至美利坚由西南而往凡历二三千里乃至上海台湾即最与邻近之朝鲜亦历数百里而后能至

卷十三·职官志一

遣唐使征东大使征夷将军之类皆临时所命在此外焉

卷十四·职官志二

驿递局驿递总官一人【三等官】驿递官四人【凡四等】属官【无定员凡十等】职司邮政……其邮寄外国书函如寄上海香港美国每重十五具【法国权量之名每一具即日本二分六厘六毫强十五具即三钱九分九厘也】收税五钱由南洋至欧罗巴收税二十钱有奇由大东洋至南北美利坚者收十钱有奇局中别造精纸方广七

分许镂刻精美名曰印纸书其上曰邮便税寄书者自购而自粘之

卷十六・食货志二・租税

船税 日本船容百石以上岁纳金一圆西洋式船容一百吨以上岁纳金十五圆例于管辖所领取准牌入港之处呈牌查验未领准牌者罚常税金五倍其渔船及搬运船不问容石多少由舳至舻长三间【每六尺为一间】每岁税金二十钱加长一间增税十五钱烙印于船以便查验漏税者罚金五倍

海外旅券等税 旅游海外诸国者由管辖厅给照护行名曰旅券唯奉国命出使以官费留学者例不纳税此外每照一纸纳金五十钱每人限持一张【唯五岁以下小儿随其父母者记于其父母照内不别给照】若执照失去则于所赴之国之日本公使馆领事馆补领每照纳金二圆归国之日缴照于所领官厅凡附外国船往来日本诸港者于船未开行之前备书姓名籍贯附载某国船往某处必须本人自请于管辖所求给公凭每一人限公凭一纸每一公凭限用一次到岸之日交还警察官吏若中途一时登陆【如由横滨至长崎必停泊神户于神户上陆之类】警察官有所查询必须将照呈验其不领公凭竟自附载外国船者照违式罪处分【考泰西各国轮舶来往无所不至然由此国属港至彼国属港则两国船舶互相通行若于一国所部之内由此达彼则必以己国之船运载不许他国之船来往日本通商以后本国轮船如三菱会社之类日渐扩充已令富商巨贾醵赀集力复以国家公款筹谋津贴其维持商利扩充船务可谓至矣然外国船舶往往互争揽载甚有亏本减赀以相竞夺者日本欲示禁而势有不能欲斗力而力有不敌乃为此领凭规则必须本人到官领凭不领者查觉有罚欲使附载外船之人畏其烦难退而阻止则其利仍归于本国船也意固不在税也闻此例行之后卒有效云】凡外国船舶入港以引水为业者必须申报内务省试以港路沙线入选者给予执照方许营业其领取执照须纳金十圆限用一年次年仍执此业每岁纳金一圆其未领照而擅为向导或既领照而不为向导者事觉均科罚【此条亦兼以保护行旅稽察奸宄泰西诸国多有此例如前数年英俄因阿富汗争地事互有违言其在华地云士铎之俄国官吏先行示禁凡外国兵轮商船欲入珲春俄境必以俄之海军武官为引水所以防敌船突入者此亦一扼要之事也】

卷二十・食货志六・商务

古无商贾第以有易无而已至显宗时铸造银钱商业盖权舆于此自通使大唐唐物麇聚特于太宰府设唐物使一官舶至则遣藏人检查货物命出纳司辨给价值其珍异之品朝廷或以献上皇以告山陵而特禁贾估不由官司私相交易者盖当时所重远方难得之物不在通商也修好中绝宋明之间偶通商舶而贸易不盛又以海寇肆扰每禁通商德川氏之初规模宏远尝许荷兰英吉利葡萄牙西班牙吕宋安南暹罗互市外舶至者辄给以印票许持票再来其时坊津长崎平户和泉界浦海帆云集而日本商人亦造巨舶出海德川氏定为二十家船名曰朱印船禁教之后入海者必奉牒而行又谓之奉书船然卒以天主教倡乱悉绝互市并禁造大舶【禁帆用三桅漕船外不得过五百石著为永例】外舶抵港不许上陆而国民出海虽遭风难民归亦处斩二百余年兢兢墨守专以锁港为国是终德川氏之世唯长崎开港许中国与和兰通商而已当时输入之货绵糖绸缎书具文籍为多输出之货铜为大宗余则昆布鳆鱼及铜漆杂器耳而德川氏中叶屡减舶数限出入货物值数故商务日以衰微【事详邻交志上下篇中盖亚细亚诸国重农而不重商但恐货物匮之或无以养人之欲给人之求故立之制限使货不滥出则价不腾贵意在保民不在通商古来政体如此与今日泰西诸国广兴商务以争利益迥不侔也】

及美舰俄船迭来劫盟乃订条约通邻交以横滨箱馆大阪神户新泻夷港长崎筑地为通商市场而海禁大开国势一变矣既开互市外商鳞集轮船帆船联翩络绎东来西往日本亦颇有出巨赀以营商业者……【明治三年有豕白腹者或诧为异物购而去俄而出赀争购各以肥腯彭亨为贵商人贪利甚至寄电报购之香港广东蔷薇万年青因一二华族购而玩赏效尤竞起一花一叶竟费中人之产犹不能得其殊异者兔为日本所无外商乘机谋利乃至每头值数百金商民之愚昧者倾家购取以侥幸一时之利既而价落破产者殊众且有人自杀云】……【蚕卵纸耗损以后日本学制红茶又因滥制争卖而不得利输出之货丝最为大宗商人又虑其败也乃联合众丝商结

一生丝转运局凡外商买丝必至此局捺式样定价值乃许发卖日本丝商不得自与外商私相交易自设局后外商嚣然不愿请于公使公使商之外务外务辞以此商人之事非吾辈所得干预外商乃停止买卖相持数月卒以欧洲丝价甚昂外商乃不得已而从其章程盖内商与外商争权此为第一次云】

而政府自通商以来力以殖物产兴商务为人民提倡既广开官工场属内务省者有千住制绒所爱知纺绩所广岛纺绩所砂糖制造所属大藏省者有造币局印刷局属海军省者有横须贺造船所唐津石炭所属工部省者有佐渡生野阿仁院内三池之矿山有赤羽深川兵库长崎之工厂属开拓使者有水车器械制造所木工所炼铁所面粉制造所麦酒酿造所葡萄酒酿造所鱼油制造所燧木制造所昆布精制所鱼粕制造所罐鱼制造所招集群工日事兴作复举国家所有轮舶付之三菱会社岁给赀金使争内外航海之利【生蕃之役购以载兵役运军器者共十三艘事平属于大藏省改为商船以谋海运命三菱会社代司其事八年七月改隶内务省九月尽举诸舶付之三菱且每年由政府给金二十五万圆以资助之考泰西各国商民创建轮船铁路国家有以官船给之者有以官地付之者有岁出官金以资助之者有借给经费免收利息以助之转运者甚有与商人订约岁得四分五分利苟经营不足此数筹款以弥补之者盖轮船铁路为一国公益所关国家遇有军务赈务既便征调尤便运输且民间重滞难运之物若煤若铁寻常人力不便营运者苟轮船能通铁路能到不难变废弃之物而为货财化穷僻之乡而为富庶非独利商实则裕国又况各国皆有而我国独无则利权尽为外人占据但使创立一轮船商会无论其得利与否此商会中有十余艘轮船每岁所得转运之赀及一百万则此一百万金仍归于吾民不至为外人夺去国家安得不设法保护之乎凡创办之事根本甫立外人争揽利权者又往往倾赀以争竞设策以摇撼故得利甚难国家出赀助之亦势之不得不然者也三菱会社既设即于是年购美国船四艘以分走上海旋又与英国彼阿会社争日本沿海之利英船卒让之独行十年麑岛之乱尽举轮帆诸船以供国家调兵运粮国家亦赖其利盖办理已有成效矣】

外商之工于谋利者又且以英美之物效日本之制输入之物每年累加设关以来浮于输出者遂不下亿万矣输出入货值既不足相抵金银日益滥出自安政五年横滨开港迄于明治四年凡十三年间溢出金银大约及八千万圆通商之始未谙外情所订条约以货币互换为言政府乃定以洋银一枚三分之一换金一两之制外商不劳而获厚利百方交换其时流出者盖不知凡几【美国条约云外国货币与日本货币种类同轻重同许其通用听两国人民互相交换又云日本人民未习用外国货币开港之后凡一年间官于各港设经理所所有日本货币应听米利坚人求请照价交换英佛俄兰诸约皆同而政府是时未知外国货币价格也乃定以洋银一枚三分之一换金一两之制外商以兑换之间骤得美利日夕持银责官吏互换官吏乃限每日每人许换之数外商又雇人互换行之一年而后已按当时价值每洋银一圆仅值日本金一两十分之七五云】以各税关未经查核故未悉其确数然自庆长铸金以后累世积蓄倾荡殆尽云明治五年以后税关始稽金银溢出之数至十三年输出过于输入凡六千六百余万其中有新铸货币五千余万综计通商至今为数凡一亿四千余万云若通商各国输入之货以英为最多输出之货以美为最多其与中国通商则近岁输出入之数各在四五百万圆间不甚悬殊也

输出入货值国别表一

		英吉利	米合众国	清	佛兰西	东印度及暹罗	日耳曼
输入	六年	12181386	1035831	11064858	2533447	12113	2076472
	七年	10149888	1010359	8360404	1683763	28753	703074
	八年上半季	7127226	69578	274456	2249297	3790	511472
	八年度	12210580	1800438	4214605	3354655		497515
	九年度	12273765	1236290	4900982	3150743		494652
	十年度	19627602	2175529	4800303	3057736	708847	1034377
	十一年度	16125021	3435608	4521917	3225377	995816	1016700

续表

		英吉利	米合众国	清	佛兰西	东印度及暹罗	日耳曼
输出	六年	5169152	4226162	4793312	3625846	729	169754
	七年	3232665	7464843	3655010	2759496		62718
	八年上半季	878001	3254039	1311723	1236288		16655
	八年度	2566301	6887307	2641945	3304498		16655
	九年度	7762549	5441217	2958742	7461915		22143
	十年度	6007818	5678021	5427131	5347581	1569593	52359
	十一年度	3436557	7435627	5691333	6000238	433870	84364
出入合计	六年	17350538	5261953	15858170	6159293	12842	2246226
	七年	13382553	8475202	12015414	4443259	28753	765792
	八年上半季	8005227	3049825	4056291	3485585	19797	522551
	八年度	14776881	8687745	6856550	6695153		514570
	九年度	20036314	6667487	7859724	1063658		516795
	十年度	25635420	7853560	10227434	8405317	3278440	1086736
	十一年度	19561578	10871235	10213250	9225615	1429686	11011064

输出入货值国别表二

		伊大利	豪斯多剌利亚	白耳义	瑞士	和兰	鲁西亚
输入	六年	19438					
	七年			3302	24235	73186	6952
	八年上半季	11138	2047	2892	36050	14298	822
	八年度	33393					
	九年度	44167					
	十年度	119367	5082	146351	66985	132456	7280
	十一年度	65860	93644	179090	56932	58181	7897
输出	六年	2265480					
	七年	647657			32615	97482	2599
	八年上半季	1081172	1708	40	30	5245	28753
	八年度	472689					
	九年度	1661550					
	十年度	808129	178938	140	20350	8059	44143
	十一年度	703312	177670	35	68274	51067	54399
出入合计	六年	2265480					
	七年	647657		3302	56850	170668	9551
	八年上半季	119310	3755	2932	36080	19543	29575
	八年度	506082					
	九年度	1705717					
	十年度	927172	184020	146491	873125	140515	44143
	十一年度	769172	271314	179125	125206	109248	54399

输出入货值国别表三

		西班牙	秘鲁	奥地利	瑞典及诺威	土耳格	丁抹
输入	六年						
	七年	773		17417			59432
	八年上半季						2232
	八年度						
	九年度						
	十年度	12123	465	18442	5539	1459	15732
	十一年度	10188	853	17895	9373	3410	2880
输出	六年						
	七年			12476		100	11842
	八年上半季			7742			20
	八年度						
	九年度						
	十年度	62264	6716	12686	27	212	124
	十一年度	31951	37245	12245		48	92
出入合计	六年						
	七年	773		29893		200	71256
	八年上半季			7742			2252
	八年度						
	九年度						
	十年度	74387	7181	40128	5566	1671	15856
	十一年度	42139	37245	30140	9373	3458	2972

输出入货值国别表四

		布哇	葡萄牙	英领诸地香港及新加坡		其它诸州	计
输入	六年					65732	28989277
	七年	3228				180742	22305408
	八年上半季	1497	979	1603884	3556	34464	15042998
	八年度			2374934		608219	25094739
	九年度					447102	25121875
	十年度		485			6356	31927956
	十一年度	1012	238			4951	19815343
输出	六年						
	七年	150				131774	1821409
	八年上半季	55	40	530336	1323	23861	6514462
	八年度			1350893		119500	17359788
	九年度			1621212		169676	27099004
	十年度		84			95818	26329203
	十一年度	380				31432	24240139

续表

		布哇	葡萄牙	英领诸地香港及新加坡		其它诸州	计
出入合计	六年						
	七年	3278				312516	40416817
	八年上半季	1552	1019	2134220	4879	58325	21557460
	八年度			3725827		727719	42454527
	九年度			4205406		616778	52220879
	十年度		569			102174	58257159
	十一年度	1392	238			36383	54055482

卷三十二·学术志一·经说书目

外史氏曰日本之习汉学萌于魏盛于唐中衰于宋元复起于明季迨乎近日几废而又将兴盖自王段博士接踵而来于是有论语五经而人始识字隋唐遣使冠盖相望于是习文章辞赋而君臣上下始重文惟中间佛教盛行武门迭起士夫从事金革不知有儒汉学一线之延仅赖浮屠氏得以不坠

卷三十三·学术志二·文字

自王仁赍论语千文来帝使教太子

五十母字相传为吉备真备从遣唐使留学其师王化言所定【据唐书吉备所师为四门助教赵元默岂以化言精于音韵特受其传欤新旧唐书无所见其详不可考】或谓出于悉昙传教空海二僧亦从遣唐使留学当唐贞元年间并受悉昙学于梵僧故其徒相传授以至于今云

卷三十七·礼俗志四·神道

仲哀天皇九年有神告神功皇后曰海西有宝玉国曰新罗帝往征之则熊袭不讨自服帝不从出师失利暴崩皇后伤帝慢神乃命群臣造斋宫于小山田邑皇后亲为祭主使武内宿祢奏琴以中臣武贼津使臣为审神者请天神曰向教示天皇者何神愿闻其名祷祈七日七夜神凭人告名且垂诲后遂发师西征航海祝曰吾奉天神言越海远征苟捷有功则波臣当手梳吾发分为二浴于海如其言遂结两髻如男子至新罗惊为神人新罗主面缚降及凯旋到筑紫从神诲立祠于穴门山田邑祭表筒男神中筒男神底筒男神自神武创业崇神肇基神功远伐皆托之以神而神道益尊

历代诏书每曰祭与政出于一国有大事若迁都若迁宫若与外国争战必告于神所得吴织唐币及新罗玉帛必供于神时有水火旱潦疾疫荒歉必祷于神固不独三种传国神器之赫赫在人耳目中也余观上古之世清静穆礼神重祭万国所同而一切国政皆出于神道则日本所独世所传方士徐福之说殆非无因欤自崇神立国始有规模计徐福东来已越百载凡百政事概缘饰以方士之术当时执政者非其子孙或其徒党欤曰剑曰镜曰玺皆周秦制也君曰尊臣曰命曰大夫曰将军亦周秦语也【或曰日本上古盖无文字所谓剑镜玺及大夫将军之称皆于传习汉文之后译而名之不足为秦人东来之据然考日本之传论语始于晋时其编辑国史在隋唐间既不用商周以前之称又不用汉魏以后之制则上世口耳相传必有父老能言其故者况若镜若玺明明秦物固有可据乎或又曰果使徐福东来当时应赍文字何待数世之后百济王仁始行传授余又以为徐福方士不重儒术其所携三千男女尽属童年不习文字本无足怪又其时挟书有禁自不能径携卷册而行斯说也亦不足为难也】尔后国政以出纳属之秦造以禊词属之东西汉若有特重于秦汉人者当亦有故也抑余考日本诸教流行独无道教盖所谓神道者即为道教日本固早重之彼张鲁之米教寇谦之符箓杜光庭之科仪反有所不必行矣

卷三十七·礼俗志四·佛教

佛之人日本也钦明帝十三年十月百济国王献佛像及经论……【神皇正统纪曰华严僧朗辨传于唐僧杜顺创立东大寺故东大寺又名大华严寺三论孝德帝时高丽慧观所创即苻秦罗什三藏所传也后僧道慈在大安寺衍其法与华严并行法相兴福寺所传僧定慧游唐受之元奘三藏定慧即大织冠镰足之子也后僧正元昉游唐学泗州僧智周智周元奘之法孙也律宗唐僧鉴真天平胜宝中所刱尔后南都有恩圆北京有我禅俱舍成实道慈律师所刱】天台始于传教【传教大师名最澄延历中创立止观院于北叡山延历二十三年从遣唐大使藤原葛野朝臣游唐受密教于天台道邃详见神皇正统纪及元亨释书按宋史日本传曰葛野与空海大师及延历寺僧澄入唐诣天台山传智者止观义当元和元年也佛祖统纪道邃传曰贞元二十一年日本国最澄远来求法听讲受诲昼夜不息书写一宗论疏以归】真言始于空海【宏法大师名空海从葛野朝臣游唐受法于慧果大同中归奏建真言院于宫中赐东鸿胪地建东寺又创金刚峰寺今之高野山是也详见神皇正统纪及元亨释书旧唐书日本传曰贞元二十年遣使来朝留学生橘免势学问僧空海谷响集引诸宗志曰不空弟子有慧果者元和中日本空海入中国从果归国盛行其道】禅宗始于荣西【叶上僧正名荣西号明庵又号千光法师仁安三年从商舶游宋登天台得天台新章疏三十六部归文治三年再游宋受禅法于天童虚庵建久三年在筑前香栖屋郡创建久报恩寺六年又建圣福寺于博德后鸟羽天皇赐宸翰额曰扶桑最初禅窟建仁二年将军源赖家创立建仁寺以荣西为开山此禅宗之始也详见元亨释书及东鉴】荣西西游当赵宋时禅僧之来归及游学于宋者络绎不绝五山十刹【五山十刹历应中所定京师镰仓位次历朝不同今以京师天龙相国建仁东福万寿等寺为五山而南禅寺独冠五山】于是建立尔后源空【以念佛为宗号净土宗】亲鸾【创立本愿寺号一向宗又号本愿寺门徒】日莲【以唱法华经题目为宗故俗呼为法华宗】亦相继刱宗门皆在镰仓氏时指归虽各异其源出于天台至晚近支流余裔不复止此

卷三十八·物产志一·茶

日本植茶盖始于嵯峨帝时【……皇太弟永忠曾于宝龟中入唐留学得制茶及栽培法延历中归朝自试其法并传于人及是帝遂命畿内及近江丹波播磨诸国植茶盖始于延历盛于宏仁也】其后中绝及后鸟羽院文治中僧千光游宋赍江南茶种归分栽于背振栂尾诸山茶事复盛

卷三十八·物产志一·棉

日本有棉未详所始古谓之筑紫棉【万叶集沙弥满誓有咏棉和歌称为筑紫棉】神护景云三年始敕太宰府岁贡棉迄延历十九年有昆仑人赍种来始传其种【类聚国史曰延历十三年七月有蛮舶漂流至参河其人以布覆背左肩挂绀布状似袈裟询之昆仑人也其资物有棉种十九年颁纪伊淡路赞岐伊豫土佐及太宰府诸州播种】中世久绝至永禄天正之间又来自西域【或云天文十一年葡卜牙商船至丰后曾以棉种赠大友宗麟然其时并未栽布也】尔后播种殆及全国【始制棉花以明和中周防国人村本五三郎为佳后以东海畿内二道为多】然未知产额至明治七年始调查内地产额计自明治八年至十一年内外供给共二亿四千七百六十四万四百三十一斤其中输入之数凡一亿三千二百零三万七千九百十九斤价值四千四百余万圆自英国输入者十之七自中国输入者十之二各国输入者不及十之一云

卷三十八·物产志一·糖

初享保年间德川氏命萨摩国征蔗苗于琉球始令栽种关东东海西海南海诸国然未谙制糖之法【先是庆长中有大隅国大岛人直川智漂入汉土携蔗苗归始学制糖亦未得法至宝历中有赞岐人研究其术制糖较精宽政中赞岐人向山周庆所制尤佳】诸国遂争相仿效然安政通商以来输入之额逐年加增自明治元年至十一年输入共五亿六千五百余万斤值价二千余万圆自中国输入者十之九他国输入者十之一故近年政府商议改约亟欲重课糖税为保护国产计【据明治十三年沙糖共进会报告日本全国每年费糖须九千万斤以全国户口计

每人每岁须用二斤六分而国内所产仅足供半额云

沙糖输入价量表

	年＼类别	赤沙糖	白沙糖	棒沙糖	冰沙糖	果子并沙糖渍	合计
量	元年	17061163	5498852	511249			23071264
	二年	23536136	6920552	826881			31283569
	三年	52727119	8892444	611244			62230807
	四年	52193824	10707146	619966			63520936
	五年	33301378	8259190	646484			42207052
	六年	37296823	8240650	910752			46448225
	七年	47019908	9143048	911094			57074050
	八年上半季			63197	316296		379473
	八年度	62302193	10046495	237568	958510		64544766
	九年度	51241843	8149375	116467	776653		60284338
	十年度	43088671	8818778	128091	807310		52842850
	十一年度	43242626	8167466	236164	745197		52391453
	计	463011684	92843996	5819157	3603966		565278803
价	元年	529312	343496	45969			918777
	二年	1090893	519711	103496		361	1714466
	三年	2317920	707813	82224			3107957
	四年	2188314	827388	89845		1101	3106648
	五年	1156697	514711	93983			1765391
	六年	1599959	55892	114467		995	2274346
	七年	1888934	694106	89168		965	2673173
	八年上半季	1520317	374825	8070	30612	1449	1935273
	八年度	2410466	703207	24959	87322	3061	3229015
	九年度	2159868	588834	17969	72859	2873	2843403
	十年度	2261246	726091	15003	88644	5170	3096154
	十一年度	2121942	704891	26091	86019	3350	2942293
	计	21245868	7263994	711244	365456	20334	29606896

沙糖类平均百斤价表

年＼类别	赤沙糖(圆)	白沙糖(圆)	棒沙糖(圆)	冰沙糖(圆)
元年	310	625	899	
二年	464	751	1252	
三年	440	796	1345	
四年	419	773	1449	
五年	347	623	1445	
六年	429	678	1257	

续表

年＼类别	赤沙糖(圆)	白沙糖(圆)	棒沙糖(圆)	冰沙糖(圆)
七年	402	757	979	
八年上半季				
八年度	387	700		
九年度	422	723		
十年度	525	823		
十一年度	491	863	1105	1154

卷三十八·物产志一·海产类

海产所出从前多在西海自开拓北岛则一意经营以期拓充多出于北海道矣内国所用不及十一欧美诸国不以海物供肴馔亦鲜购之者所销售者中国而已闻北海道海产取之无禁用之不竭近以人工培育益生生不穷其输入中国亦逐岁加增遂为国产一大宗所输出多干腩之类近学西法以熟肉盛锡罐中竟能千里赍行不至馁败云

海产输出斤数表上

年＼类别	板昆布	刻昆布	鲳	干鲍	海菜	煎海鼠	鲨鳍
元年	7938330	1244131	642124	210240	247157	15363	45264
二年	2842700	222829	852957	323145	221771	274146	79953
三年	2778235	2090121	123274	368626	272227	269464	76882
四年	15013414	2173883	1039803	455579	283606	248226	55038
五年	13395357	3542929	1772213	390910	333399	336655	62664
六年	23083424	4756909	1635861	564579	364286	483948	104301
七年	19677598	1486478	2650716	741203	566384	521683	103032
八年上半季	5467119	804614	500853	132931	723682	151704	59249
八年度	13895569	1747707	2169849	705709	1175425	467538	29670
九年度	20194241	2531150	2169963	676338	892360	540955	107129
十年度	17834486	2730998	3137225	666048	1031181	450909	107929
十一年度	23026543	3938797	2024392	910381	1205885	545368	128447
计	183174016	29160546	19609230	6147489	7317463	4444238	1049558

海产输出斤数表下

年＼类别	干鱼	干海老	干贝	贝柱	淡菜	干蛤	十三品合计
元年	178827	40300					
二年	67859	19498					
三年	167495	32300			45647		
四年	23700	49905			36045		
五年	103566	48923			60502		

续表

年 \ 类别	干鱼	干海老	干贝	贝柱	淡菜	干蛤	十三品合计
六年	1982	52070			136052		
七年	32006	49672					
八年上半季	300945	4374	73120	33768	204		
八年度	769881	72455	204183	95280	38066		
九年度	383128	73310	59212	68916	74222	80349	
十年度	1024830	157636	188237	14953	167341	51053	
十一年度	675882	225078	199526	36205	133534	132161	
计	3747930	825521		249122			

海产输出价格表上

年 \ 类别	板昆布	刻昆布	鰑	干鲍	海菜	煎海鼠	鲞鳍
元年	163448	50852	35853	64534	62679	54101	2582
二年	454638	121347	173585	103070	66263	22451	17208
三年	415220	89207	195601	20139	98102	32356	24512
四年	472798	88848	204454	125563	108387	97654	17708
五年	296492	117863	278191	93242	78166	144079	20271
六年	397447	139700	282029	144602	102920	232265	30698
七年	259260	38554	383737	190050	134243	188506	29761
八年上半季	78236	22411	62448	33549	183650	57239	15116
八年度	348205	60359	279375	203956	307754	185930	36656
九年度	358361	77529	315518	187554	198791	183736	31601
十年度	367568	88800	497752	203090	218027	146030	33934
十一年度	549986	125358	330842	274815	269141	183768	40528
计	4161659	1020828	3129385	1734164	1828123	1708088	309575

海产输出价格表下

年 \ 类别	干鱼	干海老	干贝	贝柱	淡菜	干蛤	十三品合计
元年	5554	9612	9060				557275
二年	3335	5338	5025		5907		1068167
三年	5543	6757	4463		4827		1076727
四年	996	8647	216080				1161135
五年	4991	7170	92320		7678		1140463
六年	1140	7681	31143		12922		1382547
七年	1608	6614	37900		983		1271216
八年上半季	3999	610	14000	6118	17	4555	490948

续表

类别 年	干鱼	干海老	干贝	贝柱	淡菜	干蛤	十三品合计
八年度	37106	10528	30123	10627	2942	7521	1521055
九年度	19617	9261	6573	9464	7554	4163	1409722
十年度	42585	20284	19781	6219	13742	2588	1660400
十一年度	34846	28791	25125	14898	10699	6040	1894837
计	170320	121293	311593	47326	67271	24867	14634492

海产各种平均百斤价表

类别 年	板昆布	刻昆布	鰑	干鲍	海菜	煎海鼠	鲞鳍
206	206	409	1960	3070	2535	2522	2559
384	384	574	2035	3190	2988	4102	2152
353	353	427	1757	2988	3604	4541	3188
315	315	409	1966	2756	3822	3934	3218
221	221	333	1570	2385	2345	4279	3235
172	172	294	1724	2561	2825	4799	2943
七年	132	259	1448	2564	2370	3619	2889
八年上半季	143	279	1247	2524	2538	3773	2551
八年度	251	345	1350	2883	2618	3976	3063
九年度	178	306	1454	2773	2228	3397	2950
十年度	206	325	1587	3049	2114	3239	3144
十一年度	239	318	1634	3019	2232	3370	3155
类别 年	干鱼	干海老	干贝	贝柱	淡菜	干蛤	
元年	32	2385					
二年	492	2738			1292		
三年	331	2092			1339		
四年	421	1733					
五年	482	1466			1269		
六年	576	1475			950		
七年	503	1332					
八年上半季	432	1396	1915	1812	863		
八年度	482	1453	1475	1115	773		
九年度	512	1263	1110	1373	1018	518	
十年度	416	1287	1051	4160	821	507	
十一年度	516	1279	1259	425	801	457	

卷三十八·物产志一·铜铁铅

未通商前惟中国与和兰在长崎互市其时仁浦购铜之船每岁一至惟德川氏主政时岁限船额限铜数所购

亦不多至近年来间一购买而已铁铅二物国产不足供用外国多有输入者

铜铁铅输出价量表

	类别/年	丁铜	矿铜	板铜及铜线	铜及溃铜	鏞及溃鏞	铅	铁	矿物	合计
量	元年		5276		109556		688125	51890		
	二年				603616	4500	2540	16800		
	三年		187266		550198	80592	4000	342156		
	四年		252373		4629452	211034			26200	
	五年		1267060		5616591	2123440	561630	12100	36850	
	六年		1246026		472726	1377029	1616499	19202	111364	
	七年		99463		3181564	546097	222805		21828	
	八年上半季	119519	140330	9051	825672		5038	30065	34392	
	八年度	195237	523096		964198	38766	100	160955		
	九年度	773249	829212		356375	1234		23530	27673	
	十年度	2589334	855863		409330	325545		521	85981	
	十一年度	2406468	1285743	321780	314708	1598			599798	
	计	6083807	6691708		18033987			3100737		
价	元年		8686		19540		25206	1037		64469
	二年				120679	555	197	873		122304
	三年		28110	73571	10653	6319	286	137127		228525
	四年		37367	107879	6321248	17376			630	795600
	五年		194408	229110	886928	245022	28666	744	372	1587250
	六年		222056	1217832	74808	215058	92279	460	2356	924849
	七年		17619	26810	505958	92427	10718		1923	655455
	八年上半季	31877	27939	2610	172737	6011	252	902	674	243002
	八年度	39747	105041	2061	214087	7475	8	4427	2417	275765
	九年度	165985	158852	19701	69878	200		560	589	425765
	十年度	493029	159852	15586	71370	42167		9	2004	784017
	十一年度	455499	208503	63206	51851	243			14922	794224
	计	1186137	1170433	868366	2926696	632843	167612	201749	25887	7000723

铜铁铅类平均百斤价表

类别/年	丁铜	矿铜(圆)	铜板线	铜溃铜(圆)	鏞溃鏞	铅(圆)	铁(圆)	矿物(圆)
元年		16464		1784		512	200	
二年				19999	1234	779	520	
三年		1501		1936	783	715	402	
四年		1481		1366	823			241
五年		1550		1579	1154	510	615	101
六年		1782		1583	1562	571	240	212

续表

年＼类别	丁铜	矿铜(圆)	铜板线	铜溃铜(圆)	鏞溃鏞	铅(圆)	铁(圆)	矿物(圆)
七年		1772		1590	1693	481		158
八年上半季	2667	1991	2884	2092		501	1200	196
八年度	2036	2008		2220	1928	800	275	
九年度	2147	1916		1961	1622		238	213
十年度	1904	1868		1744	1295		179	233
十一年度	1893	1622	1964	1648	1521			249

卷三十八·物产志一·诸细工物类

所出漆器木器铜器多精雅工致足供甄赏中西诸国多喜购之然性不坚牢不堪用也西人喜其华美颇以充几案间物故亦为输出一宗

诸细工物类输出价格表

年＼类别	陶器	扇子	鏞器	屏风	漆器	伞	竹器	铜器	合计
元年	23014		323	64	17065		462	5086	46014
二年	4703	192		411	1909	204	287	204	7910
三年	26235		899	37	43198	316	3152	986	74823
四年	22354	2054	1764	175	60386	228	5309	246	92516
五年	45531	19142	17630	623	88028	7043	2739	10252	190988
六年	26480	49653	42489	4844	159445	16515	1566	19271	410263
七年	108675	90977	24986	3896	223200	22056	4065	4778	482633
八年上半季	50172	36546	18584	3099	94787	18343	168	1480	223179
八年度	103134	137263	138882	4384	123679	8586	303	398	391629
九年度	77902	37151	14552	5211	154032	5249	3149	3696	390942
十年度	145830	155749	2663	10215	174154	8246	5454	5324	531584
十一年度	190608	166611	25921	16164	152485	9402	5188	5182	571561
计	914638	785338	187642	49123	1292368	96188	31842	56908	3414042

卷四十·工艺志·织工

应神帝三十七年遣阿知使臣都加使臣于吴求缝织工有兄媛弟媛吴织穴织四人来始学作锦绣【考拾遗记称员峤山有冰蚕长七寸黑色有角有鳞以霜雪覆之然后作茧长一尺其色五彩织为文锦入水不濡以之投火经宿不燎唐尧之世海人献之尧为黻黻是书多神仙诞妄之辞固不足据韵府续编采杜诗集注称汉武帝时日本贡麒麟锦十端金花炫目亦不言书所自出考魏景初中赐倭女王以绛地交龙锡五疋绀地句文锦三疋女王即应神母后又越数十年乃始遣使求织工则汉武时贡锦之说亦不足凭也】雄略帝时又有手末才伎汉织吴织来于时秦公酒献绢赐姓为禹豆麻佐盖中古时既能习织工矣

卷四十·工艺志·扇

世传将军源义家军扇以竹为骨凡十二行长一尺二寸表里用朱银分绘日月后有用铁骨者足利氏称臣于明每以充贡中国颇盛行【折叠扇本始于东人宋时既有流传自明以来盛行于世据刘元卿贤奕编张东海贵耳集谓永乐之初惟仆御下人始用之及成祖遍赐群臣内府又仿其制以供赐予遂盛行于世云】

中山传信录①

卷一・封舟

封舟图

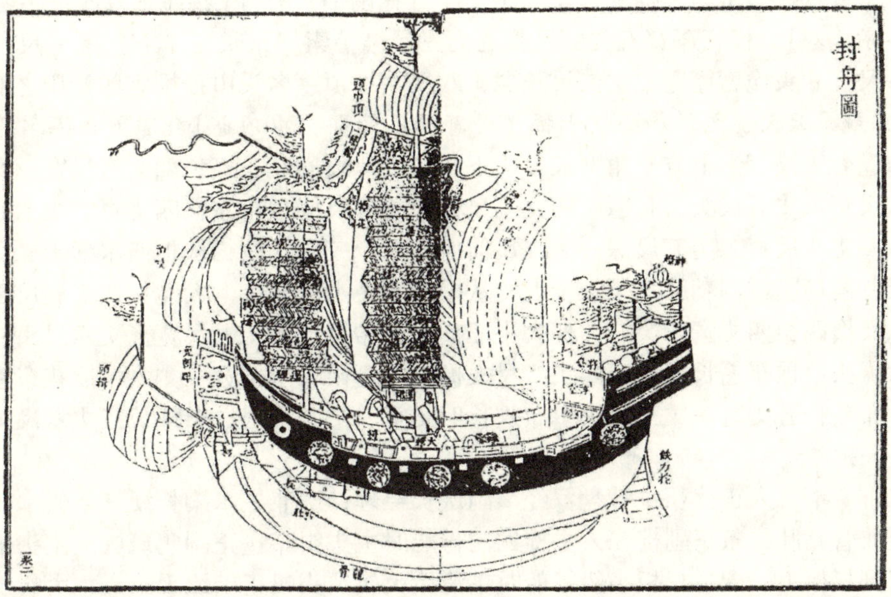

从前册封以造舟为重事历考前册采木各路骚动夫役开厂监造縻费官帑奸吏假手为弊无穷经时累岁其事始举自前明以至本朝册封之始其烦费迟久前后一辙也康熙二十一年使臣汪楫林麟焻即取现有二战舰充之前弊始绝至今三十余年区宇升平海滨利涉沿海县镇巨舶多有册封命下臣等未到闽前督臣满保移檄各镇选大船充用豫为修葺诸具咸备二船取自浙江宁波府属皆民间商舶较往时封舟大小相埒而费轻办速前此未有也【按宋徐兢奉使高丽神舟二皆敕赐名字客舟六共八舟明封舟或一或二今二舟】

一号船使臣共居之二号船载兵役一号船前后四舱每舱上下三层下一层填压载巨石安顿什物中一层使臣居之两旁名曰麻力截为两层左右八间以居从役舱口梯两折始下舱中宽六尺许可横一床高八九尺上穴舱面为天窗井方三尺许以通明雨即掩之昼黑如夜舱面空其右以行船左边置炉灶数具板阁跨舷外一二尺许前后圈篷作小屋一二所日番居以避舱中暑热水舱水柜设人主之置籤给水人日一瓯船尾虚梢为将台立旗纛设藤牌弓箭兵役吹手居其上将台下为神堂供天妃诸水神下为柁楼楼前小舱布针盘伙长柁工及接封使臣主针者居之船两旁大小炮门十二分列左右军器称是席篷布篷九道舱面横大木三道设轴转缭以上下之船户以下共二十二人各有专掌其中最趫捷者名鸦班正副二人登樯瞭望上下如飞兵丁皆习行船事每船百人为之佐一号船千总督之二号船守备督之

一号船长十丈宽二丈八尺深一丈五尺【前明封舟连尾虚梢长十七丈宽三丈一尺六寸深一丈三尺三寸嘉靖中正使陈侃副使高澄等题请定式嘉靖三十八年封舟依旧式造长带虚梢一十五丈宽二丈九尺七寸深一丈四尺万历七年造封舟带虚稍一十四丈宽二丈九尺深一丈四尺崇祯六年册使杜三策从客胡靖记录封舟长二十丈广六丈本朝康熙二年张学礼记形如梭子长十八丈宽二丈二尺深二丈三尺康熙二十二年汪楫记选二

① 〔清〕徐葆光撰。据清康熙六十年二友斋刻本。

鸟船充用船长一十五丈有奇宽二丈六尺按海防册云烽火营鸟船一只长一十二丈三尺宽二丈五尺闽安中营鸟船一只长一十二丈二尺宽二丈六尺五寸】前后四舱水舱四水柜四水桶十二共受水七百石柁长二丈五尺五寸宽七尺九寸西洋造法名夹板柁不用勒肚柁以铁力木为之名曰盐柁渍海水中愈坚【前明封舟定制铁力木柁三门每门长三丈五尺有大缆系之由船底兜至船头谓之勒肚以桄藤为之今二封舟皆取商船充用二号制如鸟船式用勒肚二条一号船系西洋夹板肚不用勒肚又不置副柁将出海时与闽中有司争置副柁本船伙长林某云船柁西洋造法最坚稳可无用副且柁重万斤船中亦无处置之竟不置副柁与前小异云】大桅长九丈二尺围九尺头桅长七丈二尺围七尺橹二长四丈宽二尺三寸椗大小各二大者长二丈七尺小者长二丈四尺皆宽八寸及七寸形如个字皆以铁力木为之椗上棕索二条长一百托围一尺五寸【按字书碇锤舟石也与矴同无椗字今以木为之故俗字从木】大桅席篷宽五丈二尺长五丈三尺辘轳索三条长三十五托围一尺二寸缭母索二条长一十五托围一尺五寸头桅席篷宽二丈二尺长二丈八尺大桅顶篷名头巾顶惟官舶始用之商船不得用长五丈四尺宽五丈【徐葆录云大桅之巅加小帆十幅谓之野狐迅殆即头巾顶也】大桅下布篷名篷裙长六尺宽一丈五尺头桅上布篷名头幞上尖下方三角形长三丈下阔二丈八尺插花布篷长四丈八尺宽三丈四尺插花下布篷名插花裤长六尺宽一丈五尺头缉布篷长四丈五尺宽二丈五尺尾送布篷长四丈宽二丈七尺共篷九道

二号船长十一丈八尺宽二丈五尺深一丈二尺前后共二十三舱水舱二水柜四水桶十二受水六百石柁长三丈四尺宽七尺制同鸟船柁用勒肚二条长十五丈从尾左右夹水兜至头上大桅长八丈五尺围八尺五寸头桅长六丈五尺围六尺橹四长四丈宽二尺二寸椗大小三具大桅席篷长五丈七尺宽五丈六尺头桅席篷长五丈七尺宽五丈六尺大桅头巾顶布篷长五丈宽四丈八尺大桅下布篷裙长六尺宽一丈六尺插花布篷长四丈八尺宽三丈二尺插花裤布篷长五丈宽一丈三尺头缉布篷长四丈宽二丈四尺尾送布篷长三丈六尺宽二丈五尺共篷八道少头幞布篷一道

每船船户以下二十二人正伙长主针盘罗经事副伙长经理针房兼主水鍧长绠三条候水浅深正副舵工二人主柁二号船上兼管勒肚二条正副椗二人主椗四门行船时主头缉布篷正副鸦班二人主头巾顶帆大桅上一条龙旗及大旗正副杉板工二人主杉板小船行船时主清风大旗及头帆正副缭手二人主大帆及尾送布帆缭母棕缭木索等物正副值库二人主大帆插花天妃大神旗又主装载押工一人主修理杠椇及行船时大桅千斤坠一条香公一人主天妃诸水神座前油灯早晚洋中献纸及大帆尾缭头阡一人主大桅綷索大椗索盘绞索大橹车绳二阡二人主大桅綷索副椗索盘绞索大橹车绳三阡一人主大桅綷索三椗索盘绞索车子数根正副总舗二人主锅饭柴米事

卷一·渡海兵役

渡海兵役正使家人二十名副使家人十五名外海防厅送使副共书办二名巡捕二名长班四名门子二名皂隶八名健步四名轿伞夫二十名引礼通事二员【郑任译冯西熊】护送守备一员【海坛镇左营守备蔡添略】千总一员【蔡勇】官兵二百名【闽安镇烽火营海坛镇左右中三营各四十名】内科医生一人外科医生一人道士三名老排一名吹鼓手八名厨子四名舰匠二名舱匠四名风帆匠二名索匠二名铁匠二名裁缝二名糊纸匠二名裱褙匠一名糕饼匠一名待诏一名【凡兵役随身行李货物每人限带百斤按历来封舟过海兵役等皆有压钞货物带往市易旧例万历七年已卯册使长乐谢行人杰有日东交市记后有恤役一条言自洪武间许过海五百人行李各百斤与琉人贸易著为条令甲午之役得万金五百人各二十金多者三四十金少者亦得十金八金辛酉之役仅六千金五百人各得十二金多者二十金少者五六金稍失所望是以已卯招募仅得中材应役不能如前之精工也所获仅三千余金人各八金多者十五六金少者三四金大失所望至捐廪助之始得全体而归盖甲午之役番舶转贩者无虑十余国其利既多故我众所获亦丰辛酉之役番舶转贩者仅三四国其利既少故我众所获亦减已卯之役通番禁弛番舶不至其利顿绝故我众所获至少势使然也今康熙二十二年癸卯之役是时海禁方严中国货物外邦争欲购致琉球相近诸岛如萨摩洲土噶喇七岛等处皆闻风来集其货易售闽人沿说至今故充役者众升平日久琉球岁来贸易中国货物外邦多有此番封舟到后土噶喇等番舶无一至者本国素贫乏货多不售人役并困法当禁绝商贾利徒之营求充役者损从减装一可以纾小邦物力之艰一可以绝众役觊觎之想庶几两利俱全

矣乎】

玻璃漏　针盘

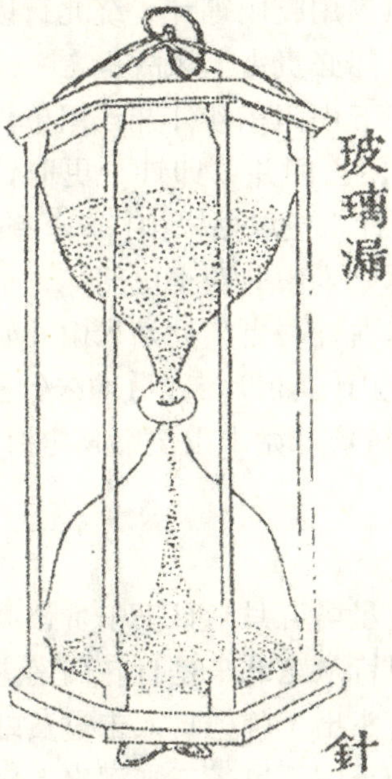

卷一·更【定更法】

海中船行里数皆以更计或云百里为一更或云六十里为一更或云分昼夜为十更今问海舶伙长皆云六十里之说为近

旧录云以木梯从船头投海中人疾趋至梢人梯同至谓之合更人行先于梯为不及更人行后于梯为过更今西洋舶用玻璃漏定更简而易晓细口大腹玻璃瓶两枚一枚盛沙满之两口上下对合通一线以过沙悬针盘上沙过尽为一漏即倒转悬之计一昼一夜约二十四漏每更船六十里约二漏半有零人行先木梯为不及更者风慢船行缓虽及漏刻尚无六十里为不及更也人行后于梯为过更者风疾船行速当及漏刻已踰六十里为过更也

针路图

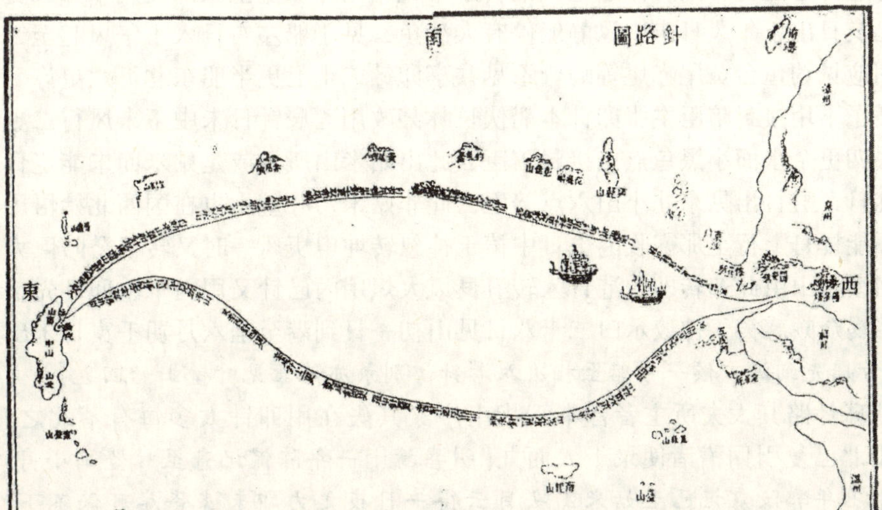

卷一·针路

琉球在海中本与浙闽地势东西相值但其中平衍无山船行海中全以山为准福州往琉球出五虎门必取鸡笼彭家等山诸山皆偏在南故夏至乘西南风参用辰巽等针衺绕南行以渐折而正东琉球归福州出姑米山必取温州南杞山山偏在西北故冬至乘东北风参用乾戌等针衺绕北行以渐折而正西虽彼此地势东西相值不能纯用卯酉针径直相往来者皆以山为准且行船必贵占上风故也

指南广义云福州往琉球由闽安镇出五虎门东沙外开洋用单【或作乙】辰针十更取鸡笼头【见山即从山北边过船以下诸也皆同】花瓶屿彭家山用乙卯并单卯针十更取钓鱼台用单卯针四更取黄尾屿用甲寅【或作卯】针十【或作一】更取赤尾屿用乙卯针六更取姑米山【琉球西南方界上镇山】用单卯针取马齿甲卯及甲寅针收入琉球那霸港福州五虎门至琉球姑米山共四十更船

琉球归福州由那霸港用申针放洋辛酉针一更半见姑米山并姑巴甚麻山辛酉针四更辛戌针十二更乾戌针四更单申针五更辛酉针十六更见南杞山【属浙江温州】坤未针三更取台山丁未针三更取里麻山【一名霜山】单申针三更收入福州定海所进闽安镇琉球姑米山至福州定海所共五十更船

卷一·前海行日记

闽有司既治封舟毕工泊于太平港罗星塔五月十日壬午赍诏勅至南台以小舟至泊船所十五日祭江取水蠲吉于二十日壬辰奉诏勅升舟连日夜风皆从东北来是日转西南遂于未初起椗至怡山院谕祭于海神

二十一日癸巳日出西南风日中至管头出金牌门日入未过黄虾鼻下椗

二十二日甲午日出丁未风过梅花头日中丁风带午乘潮出五虎门放洋过官塘尾日入至进士门夜至九漏转丁未风接封陪臣正议大夫陈其湘率其国伙长主针用乙辰针三更半

二十三日乙未日出见东涌在船后约离一更半许丁未风用乙卯针二更约离官塘八更半许

二十四日丙申日出丁午风仍用乙卯针日未中过米糠洋【海水碧彻如靛细黄沙如涎沫连亘水面如米糠】见群鱼拜水日将入有大鸟二来集于樯是夜风益利用乙卯针四更共计十三更半当见鸡笼山花瓶棉花等屿及彭家山皆不见夜用乙卯针四更半共十七更船东北下一更半许

二十五日丁酉日出丁未风轻用单乙针二更乙卯针一更半夜至四漏转正南风用单乙针一更半共计二十一更

二十六日戊戌日出正南风日未中转丁午逾时丁未风微起用单乙针一更日中风静缒水无底晚晡转丙午风用乙卯针风静船停不上更日入风微起至四漏转丁午风用乙卯一更至八漏又用单卯二更至天明

二十七日巳亥日出丁午风日未中风静船停有大沙鱼二见于船左右日入丁午风起至二漏转丁风用乙辰针二更半天将明应见钓鱼台黄尾赤尾等屿皆不见共享卯针二十七更半船东北下六更许

二十八日庚子不用接封陪臣主张卯针本船伙长林某改用乙辰针日未中丁未风行二更半鸦班上樯见山一点在乙位约去四更余水面小黑鱼点点接封陪臣云此出姑米山所见或是姑米而未能定日入风转丁午用辰巽针二更二十九日辛丑日出见东北小山六点陪臣云此非姑米乃叶壁山也在国西北始悟用卯针太多船东北下若非西北风不能提舟上行至那霸收港也日中祷于神忽转坤申庚风一时又转子癸陪臣大喜乃回针东南行指一小山云此名读谷山由此迤转即入港日入转丑艮风大炽用丙巳针又用丙午单卯针先是四五日前未见山舟浮不动水舱将竭众颇惑祷于神珓示曰二十八日见山初一日到港至是六月朔壬寅日未出遂入港行海中凡七昼八夜云【二号船先到海口候一号船至相次入港针簿别录亦落北见叶壁山始回也】

臣葆光按琉球针路其大夫所主者皆本于指南广义其失在用卯针太多每有落北之患前使汪楫记云封舟多有飘过山北已复引回稽诸使录十人而九【明嘉靖十一年陈侃记舟至叶壁山小舟四十牵挽八日始至那霸嘉靖三十七年郭汝霖记已至姑米山头目云得一日夜之力即未遽登岸可保不下叶壁山矣可见下叶壁即琉人亦以为戒万历四年萧崇业记六月初一日过叶壁山薄山下由此陆路至国两日程挽舟初五日始泊那霸康熙二年张学礼记舟抵琉球北山与日本交界北风引舟南行始达那霸】封舟不至落北者惟前明

册使夏子阳及本朝汪楫二人考夏录则云梅花所开洋过白犬屿又取东沙屿丁上风用辰巽针八更船取小琉球山未上风乙卯针二更取鸡笼申酉上风用甲卯针四更船取彭家山亥上风用乙卯针三更船未上风用乙卯针三更船取花瓶屿丁未上风用乙卯针四更船取钓鱼屿丙午上风用乙卯针四更船取黄尾屿丙上风用乙卯针七更船丁上风用辰巽针一更取姑米山又辰巽针六更船取土那奇翁居里二山【今译为度那奇安根呢山二山在马齿山之西】又辰巽一更取马齿山到港汪录则云【本录不载见洋舶针簿内】乙辰八更取鸡笼头用辰多辰巽三更取梅花屿单卯十更取钓鱼台北边过乙辰四更取黄尾屿【得力在此四更船身提上已见黄尾屿下用甲卯针取姑米定是正西风利故也】甲卯十更取姑米山乙卯七更取马齿山甲寅并甲卯取那霸港盖自鸡笼山东行钓鱼屿赤尾屿以至姑米山诸山皆在南借为标准俱从山北边过船见山则针正应见不见则针已下渐东北行必至见叶壁山矣要其病皆由于用卯针太多又不能相风用针夫西南风固皆为顺而或自午或自丁或自未与坤者方位又各不同今指南广义所录则专言针混言风又多用卯针故往往落北不见姑米而见叶壁也后人或不见山不可信接封者主张卯针当深翫夏汪二录酌风参用辰巽等针将船身提上则保不下叶壁矣

卷一·后海行日记

二月十六日癸丑巳刻封舟自琉球那霸开洋用小船百余引出港口琉球官民夹岸送者数千人小船竖旗夹船左右送者数百桨是日晴明南风送飄用乾亥针一更半单乾针四更过马齿安根呢度那奇等山海水沧黑色日入见姑米山二点离二更半许夜转丁未西南风十三漏转坤未风用乾戌三更半风有力头巾顶索连断三次

十七日甲寅日出龙二见于船左右水沸立二三丈转西北风用单子针一更日入至十四漏转坤未风用乾戌一更夜见月至明

十八日乙卯日出用单乾乾戌四更日入至十四漏西南风有力用乾戌四更半夜见月至明

十九日丙辰日出转辛酉西风带南风不定用单庚一更日中转壬子癸风用单酉针至日入转子癸又转丑癸用单戌三更半夜见月至明

二十日丁巳日出转艮寅东北顺风日中转甲卯用辛戌四更日入转乙辰风大雨船共行二十六更半是日海水见绿色夜过沟祭海神转巽巳风用辛酉三更半至明

二十一日戊午日出大雾正南风转西南又转西北风不定船行缓不上更縋水四十八托有鸟来集于樯转子癸风至十三漏转东北大顺风用庚申二更至明

二十二日己未日出东北风晴大寒用庚酉申四更半日入有燕二来集樯上至十一漏转乙卯风縋水四十托用庚酉一更夜雨大雾

二十三日庚申日出雾大雨无风縋水三十二托日晡壬亥风起日入转壬子风夜雨大寒用庚酉二更未明见山离一更远许

二十四日辛酉日出用单申一更至鱼山及鳳尾山二山皆属台州封舟回闽针路本取温州南杞山此二山又在南杞北五百里船身太开北行离南杞八更远许日晡转北风用丁未针三更日入舟至鳳尾山风止下碇

二十五日壬戌无风舟泊鳳尾山夜雨有数小船来伺警至明

二十六日癸亥日出东北风起碇行大雷雨有旋风转篷日晡转壬亥风用单未坤未三更日入风微用单未一更见南杞离一更许

二十七日甲子日出晴见盘山至温州东北顺风用坤申庚四更縋水十四托离北关一更许日入用坤申庚一更至台山下碇夜十八漏又起碇至明见南北关二号船先一日过南关

二十八日乙丑东北风无力船泊七星山縋水九托夜至五漏飓作碇走用乙辰针行七漏加副碇泊船

二十九日丙寅日出至霜山东北风用申庚酉针日晡与二号船齐至定海所琉球谢恩船先一日到相次泊

三十日丁卯东北风乘潮三船雁次进五虎门日中至怡山院谕祭于海神行海中凡十四昼夜云

臣葆光按册封之役有记录者自前明嘉靖中陈侃始至康熙二十一年汪楫等凡七次封舟回闽折桅漂柁危险备至披阅之次每为动心今奉皇上威灵海神效顺踰年行役幸避冬汛之危半月漂浮绝少过船之浪桅柁无副

竟免摧伤偶有风暴随祷立止上下数百人安行而回远胜畴昔额手庆幸胥戴皇恩至于颠仆呕逆小小困顿海舶之常何足云也

卷一·历次封舟渡海日期

嘉靖十三年甲午陈侃使录海行十八日至琉球【五月初八日出海二十五日至那霸港】七日回福州【九月二十日出那霸二十八日至定海所】

嘉靖四十一年壬戌郭汝霖使录海行十一日至琉球【五月二十二日出海闰五月初九日至那霸港】十一日回福州【十月十八日出那霸二十九日至五虎门】

万历八年庚辰萧崇业使录海行十四日至琉球【五月二十二日出海六月初五日至那霸】九日回福州【十月二十四日出海十一月初二日到定海所】

万历三十三年乙巳夏子阳使录八日至琉球【五月二十四日出海六月初一日至那霸】十一日回福州【十月二十一日出海十一月初一日到五虎门】

崇祯六年癸酉杜三策【从客胡靖录】九日至琉球【六月初四日出海八日过姑米山】十一日回福州【十一月初九日出海十九日到五虎门】

康熙二年癸卯张学礼使录十九日至琉球【六月初七日日到五虎门】出海二十五日到那霸十一日回福州【十一月十四出海二十四日至五虎门】

康熙二十二年癸亥汪楫使录三日至琉球【六月二十三日出海二十六日到那霸】十一日回福州【十一月二十四日出海十二月初四日至定海所】

臣葆光按封舟以夏至后乘西南风往琉球以冬至后乘东北风回福州此言其概也南风和缓北风凛冽故归程尤难非但内外水势有顺逆也嘉万封舟回闽率先冬至在九十月中朔风犹未劲归帆最宜十一月十二月冬至前后则风势日劲浪必从船上过矣若正月则风飓最多且应期不爽万无行舟之理二月中则多雾龙出海矣然春风和缓兹役亲验之浪无从船上过者殆远胜于冬至前后也海船老伙长言十月二十日后东风送顺为吉葆光在琉球无日不占风所向历考数月内风自东来不间断者惟十月二十日后十一月初五日前半月中为然因考陈侃以来惟萧崇业之归闽较为安吉其出海日期乃十月二十四日为不诬也附此以告后来者

卷一·风信

清明后地气自南而北则南风为常霜降后地气自北而南则北风为常若反其常则台飓将作

风大而烈者为飓又甚者为台飓常骤发台则有渐飓或瞬发倏止台则连日夜或数日不止大约正二三四月为飓五六七八月为台九月则北风初烈或至连月俗称九降风间或有台则骤至如春台船在洋中遇飓犹可为遇台不可当矣

十月以后北风常作然台飓无定期舟人视风隙以往来五六七八月应属南风台将发则北风先至转而东南又转而南又转而西南

台飓始至多带雨九降风则无雨

五六七月间风雨俱至舟人视天色有点黑则收帆严舵以待之瞬息间风雨骤至随刻即止若豫备少迟则收帆不及或至倾覆

天边有断虹亦台将至云片如帆者曰破帆稍及半天如鲎尾者曰屈鲎出北方者甚于他方

海水骤变水面多秽如米糠海蛇浮游水面亦台将至

风暴日期

正月初四日【接神飓】初九日【玉皇飓此日有飓后飓皆验否则后亦多不验者】十三日【关帝飓】二十九

日【乌飓又龙神会】又正月初三日初八日十一日二十五日月晦日皆龙会日主风

二月初二日【白须飓】初七日【春明暴】二十一日【观音暴】二十九日【龙神朝上帝】又二月初三日初九日十二日皆龙神朝上帝之日

三月初三日【上帝飓又名真武暴】初七日【阎王暴】十五日【真人飓又名真君暴】二十三日【天妃诞妈祖飓真人飓多风妈祖飓多雨】二十八日【诸神朝上帝】又三月初三日初七日二十七日皆龙神朝星辰之日

四月初一日【白龙暴】初八日【佛子飓又名太子暴】二十三日【大保暴】二十五日【龙神大白暴】又四月初八日十二日十七日皆龙会太白之日

五月初五日【系大飓名屈原飓】十三日【关帝飓】二十一日【龙母暴】又五月初五日十一日二十九日皆天帝龙王朝玉皇之日

六月十二日【彭祖飓】十八日【彭祖婆飓】二十四日【雷公诞此暴最准名为洗炊笼飓自十二日起至二十四日止皆系大飓之旬】又六月初九日二十七日皆地神龙王朝玉皇之日

七月初八日【神煞交会】十五日【鬼飓】又七月初七日初九日十五日二十七日皆神煞交会之日

八月初一日【灶君飓】初五日【系大飓旬】十四日【伽蓝暴】十五日【魁星飓】二十一日【龙神大会】又八月初三日初八日二十七日皆龙王大会之日

九月初九日【重阳暴】十六日【张良飓】十九日【观音飓】二十七日【冷风暴】又九月十一日十五日十九日皆龙神朝玉帝之日

十月初五日【风信暴】初十日【水仙王飓】二十日【东岳朝天】二十六日【翁爹飓】又十月初八日十五日二十七日皆东府君朝玉皇之日

十一月十四日【水仙暴】二十七日【普安飓】二十九日【西岳朝天】

十二月二十四日【送神飓又名扫尘风】

凡遇风暴日期不在本日则在前后三日之中又箕壁翼轸四宿亦主起风皆当谨避之

风信考以下至此皆指南广义所载或采禁忌方书或出海师柁工所记其语尽雅驯而参考多验今附此以告后来者

天妃灵应图

卷一・天妃灵应记

天妃莆田湄洲屿林氏女也【张学礼记云天妃蔡氏女猴屿人非是】父名愿【字日惟悫母王氏一云林孚第六女】宋初官都巡检妃生而神灵少与群女照井有神捧铜符出以授妃群女奔骇自是屡著神异常乘片席渡海人咸称为通贤灵女一日方织忽据机瞑坐颜色变异母蹴起问之寤而泣曰父无恙兄殁矣有顷信至父与兄渡海舟覆若有挟之者父得不溺兄以柁摧遂堕海死雍熙四年升化于湄州屿【张学礼记云救父投海身亡非是一云妃生于建隆元年庚申三月二十三日一云妃生于哲宗元佑八年一云生于甲申之岁按妃于宋太宗雍熙四年九月初九日升化室处二十八岁则当以建隆元年一说为是生弥月不啼名日默】时显灵应或示梦或示神灯海舟获庇无数土人相率祀之

宋徽宗宣和五年给事中路允迪使高丽八舟溺其七独允迪舟见神朱衣坐桅上遂安归闻于朝赐庙额曰顺济高宗绍兴二十六年始封灵惠夫人赐庙额曰灵应三十年海寇至江口神见风涛中寇溃就获泉州上其事封灵惠昭应夫人孝宗乾道二年兴化疫神降于白湖去潮丈许得甘泉饮者立愈又海寇至雾迷其道至庙前就擒封灵惠昭应崇福夫人淳熙十一年助巡检姜特立捕温台寇封灵惠昭应崇福善利夫人【汪录作灵慈昭应崇善福利夫人灵慈乃庙号凡封皆原灵惠始封之号当作灵惠崇福先封后加善利二字乃言为善人利之意以上封夫人凡四封】光宗绍熙三年以救疫旱功特封灵惠妃宁宗庆元四年以救潦封灵惠助顺妃嘉定元年平大奚寇以雾助擒贼金人犯淮甸战花靥镇神助战及战紫金山又见神像再捷三战遂解合肥之围封灵惠助顺显卫妃嘉定十年救旱获海寇加灵惠助顺显卫英烈妃嘉熙三年钱塘潮决至艮山祠若有限而退封灵惠助顺嘉应英烈妃宝佑二年救旱封助顺嘉应英烈协正妃三年又封灵惠助顺嘉应慈济妃四年封灵惠协正嘉应慈济妃是岁浙江堤成封灵惠协正嘉应善庆妃五年教授王里请于朝封妃父积庆侯母显庆夫人女兄以及神佐皆有锡命景定三年反风胶海寇舟就擒封灵惠显济嘉应善庆妃【宋封夫人四加封妃十凡十四封】

元世祖至元十八年以海运得神佑封护国明著天妃【封天妃之始】又进显佑成宗大德三年以漕运效灵封辅圣庇民明著天妃仁宗加封护国庇民广济明著天妃文宗天历二年加封灵感助顺福惠徽烈【共二十字】庙额灵慈【元晋封天妃凡五加封】皆以海运危险历见显应故也

明太祖封昭孝纯正孚济感应圣妃成祖永乐七年封护国庇民妙灵昭应弘仁普济天妃【至今皆仍此封号】自后遣官致祭岁以为常庄烈帝封天仙圣母青灵普化碧霞元君已又加青贤普化慈应碧霞元君【明封圣妃一仍改封天妃一改封元君二凡四封】

本朝仍永乐七年封号康熙十九年收复台湾神灵显应福提万正色上闻加号致祭神灵昭著于今转赫凡渡海者必载主舟中往年册封琉球谕祭两行夏祈冬报皆预撰文使臣昭告皆获安全盖圣德所感神应尤显云

封舟捄济灵迹【惟洪熙元年捄济柴山灵迹详显圣录以下无考今断自陈侃始】

嘉靖十三年册使陈给事侃【陈侃始有记故自侃始】高行人澄舟至姑米山发漏呼祷得塞而济归值飓桅樯俱折忽有红光烛舟乃请筊起柁又有蝶雀示象是夕风虐冠服祷请立碑风乃弛还请春秋祀典

嘉靖四十年册使郭汝霖李际春行至赤屿无风有大鱼荡舟乃施金光明佛并彩舟舁之遂得南风而济及回闽日飓将发豫有二雀集舟之异须臾飓发失柁郭等为文以告风乃息更置柁又有一鸟集桅上不去

万历七年册使萧给事崇业谢行人杰针路舛错莫知所之且柁叶失去虔祷之次俄有一燕一蜻蜓飞绕船左右遂得易柁舟乃平安

万历三十年册使夏给事子阳王行人士祯舟过花瓶屿无风而浪祷于神得风顺济归舟柁索四断失柁者三大桅亦折水面忽现神灯异雀来集东风助顺

崇祯元年册使杜给事三策杨行人抡归舟飓作折柁牙数次勒索皆断舟中三人共购一奇楠高三尺值千金捐刻圣像俄有奇鸟集樯端舟行若飞一夜抵闽云本朝康熙二年册使张兵科学礼王行人垓归舶过姑米飓作暴雨船倾侧危甚桅左右欹侧龙骨半折忽有火光荧荧霹雳起风雨中截断仆桅舵旋不止勒索皆断祷神起柁三祷三应易绳下柁时有一鸟绿觜红足若雁鹜集战台舟人曰天妃遣来引导也遂达定海

康熙二十二年册使汪检讨楫林舍人麟焻归舟飓风三昼夜舟上下倾仄水满舱中合舟能起者仅十六人厨灶漂没人尽饿冻虔祷天妃许为请春秋祀典桅箍断而桅不散顶绳断而蓬不落与波上下竟保无虞

今封舟开洋风少偏东祷立正多用卯针船身太下几至落漈遂虔祷得改用乙辰针又筊许二十八日见山果见叶壁船下六百余里欲收那霸非西北风不能达祷之立转一夜抵港舟回至鳳尾山旋风转船篷柁俱仄呼神始正至七星山夹山下椗五更飓作走椗将抵礁呼神船如少缓始得下椗人皆额手曰此皆天妃赐也

卷一·谕祭文【祈报二道】

维康熙五十八年岁次已亥五月癸酉朔越祭日癸巳皇帝遣册封琉球国正使翰林院检讨海宝副使翰林院编修徐葆光致祭于海神曰惟神显异风涛效灵瀛海扶危脱险每著神功捍患御灾允符祀典兹因册封殊域取道重溟爰命使臣洁将禋祀尚其默佑津途安流利涉克将成命惟神之休谨告

维康熙五十九年岁次庚子二月戊戌朔越祭日丁卯皇帝遣册封琉球国正使翰林院检讨海宝副使翰林院编修徐葆光致祭于海神曰惟神诞昭灵贶阴翊昌图引使节以遄征越洪波而利济殊邦往复成事无愆克畅国威实惟神佑聿申昭报重荐苾芬神其鉴歆永有光烈谨告

卷一·春秋祀典疏

差回琉球国翰林院检讨臣海宝编修臣徐葆光等谨奏为奏闻事臣等于康熙五十七年六月初一日奉旨册封琉球国王十四日于热河面请圣训出都至闽于五十八年五月二十日登舟次日至怡山院谕祭天妃二十二日从五虎门放洋西南顺风行八日六月初一日登岸二十七日行谕祭礼七月二十六日行册封礼诸宴礼以次举行十二月二十六日登舟候汛本年二月十六日乘东北顺风行半月三十日始抵福州五虎门臣等往返海道略无危险皆皇上德迈千古福与天齐臣等奉命经行绝远之处神灵效顺臣等阖船官兵以及从役数百人无一亏损皆得安归臣等不胜欣幸即琉球国属并福省官民人等俱称奇致颂以为皆我皇上德遍海隅之所致也其中往返之时风少不顺臣等祈祷天妃即获安吉自前平定台湾之时天妃显灵效顺已蒙皇上加封致祭今默佑封舟种种灵异如此仰祈特恩许著该地方官春秋致祭以报神庥伏候圣裁谨奏闻

礼部谨题为奏闻事该臣等议得差回琉球国翰林院检讨臣海宝编修臣徐葆光等奏称臣等奉旨册封琉球国王往返海道阖船官兵以及从役数百人无一亏损皆得安归其中往返之时风少不顺臣等祈祷天妃即获安吉自前平定台湾之时天妃显灵效顺已蒙皇上加封致祭今默佑封舟种种灵异仰祈特恩许著地方官春秋致祭以报神庥等语钦惟皇上德周寰宇化洽海隅诏命所经神灵协应兹以册封琉球国王特遣使臣举行典礼往返大海绝险之区官兵从役数百人皆获安吉固由天妃显灵实皆我皇上怀柔百神海若效顺所致也查康熙十九年臣部议得将天妃封为护国庇民妙灵昭应弘仁普济天妃遣官致祭等因具题奉旨依议钦遵在案今天妃默佑封舟种种灵异应令该地方官春秋致祭编入祀典候命下之日行令该督抚遵行可也臣等未敢擅便谨题请旨等因康熙五十九年八月初三日题本月初六日奉旨依议

臣葆光按元史志云至元中以护海运有奇应加封天妃神号积至十字庙曰灵慈直沽平江周泾泉福兴化等处皆有庙皇庆以来岁遣使赍香遍祭金幡一合银一锭付平江官漕司及本府官用柔毛酒醴便服行事祝文云维年月日皇帝特遣某官等致祭于护国庇民广济福惠明著天妃则岁时之祭自元已有之矣前明嘉靖中册使陈侃使还乞赐祭以答神贶礼部议令布政司设祭一坛报可此又特祭一举行者也万历三年册使萧崇业始请秩祀海神合举祈报二祭至今封舟出海因之康熙二十二年册使臣汪楫还具疏请照岳渎诸神著地方官行春秋二祭礼部议未准行今臣等在海中祈神佑庇窃计封号尊崇已极惟祀典有缺故专举为词神应昭格今果蒙恩特赐允行典礼烜赫以答神庥超越千古矣

卷二·封舟到港

封舟到港图

封舟六月朔旦至那霸港泊海口迎舟数十独木船双使一帆者又数百桨世曾孙尚敬守次先遣法司以下诸陪臣来迎诏随来随遣前后数辈致牲礼迎劳如仪午潮上岛民艤船数百或在船或入水施百絙引舟至迎恩亭下【亭建自永乐中尚巴志时修茸如新】陪臣班列仪仗金鼓皆集亭左右迎请龙亭未刻以次登岸众官前导至馆奉安诏勅行礼讫以次入谒法司王舅紫金大夫紫巾官为一班三叩头天使立受揖答之耳目官正议大夫中议大夫为一班三叩头天使立受拱手答之那霸官长史察侍纪官遏闼理官都通事为一班三叩头天使坐受抗手答之嗣后朔望及逢五十日王遣法司王舅以下至馆一起居见天使皆下坐应对皆起立每月初二日十六日天使亦遣使至王府答问云

卷二 · 天使馆

天使馆图

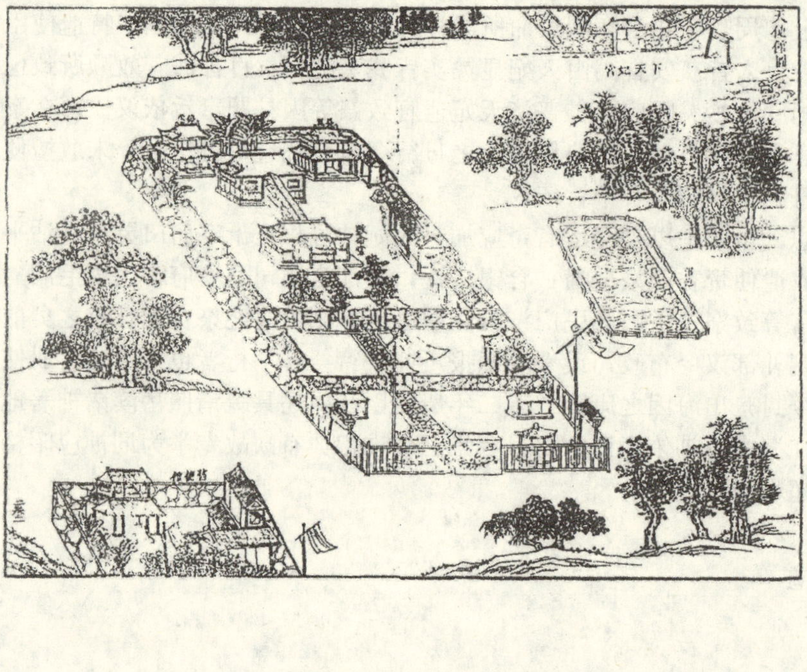

天使馆去迎恩亭一里许面南屋宇皆如中国衙署外栅四周栅内东西门房各四楹竿上施册封黄旗二八角鼓栅左右二所大门内东西役房各六楹仪门上有天泽门三字匾前明万历中使臣夏子阳题今失去臣等补书其上大堂前庭方广数亩陪臣行礼于此甬道左右臣等植大榕树四株堂上前楹前使张学礼王垓题天威远布隶书四字汪楫林麟焻题敷命堂三字皆在臣等又书皇纶三锡四字悬正梁上盖自康熙二年封王尚质今王之高祖也康熙二十二年封王尚贞今王之曾祖也王之祖尚纯未及立王之父尚益未及请封至今国王尚敬已阅五世皆受我皇上玺封六十年中大典三行泽及五世实为千古仅事故特书之以示远人明我皇上与天无极之治海隅日出覆育无穷也左右楹间特书二牓一载前明册使姓名一载本朝三遣使臣姓名

牓记附录

前明洪武中中山王察度始通于朝武宁嗣位始来告丧请袭终明之代传十六世世世请封封使三十余人具列正史而稗载多舛傥中外异书非一统同文之义皇清受命王尚质始来请封于今五世册礼三行皆奉我皇上宝玺以来尤为千古盛事并书于次所以昭旷典慎使职也遣使踰年始达嘉靖以后有迟至三四年者今按史书之一以遣使之年为定洪武以来使事不以册封行者姓名不能备考故不并列云册使例以行人充明正统中始用给事中为之正副仍之后遂不变用翰林与中书舍人自前使始两使皆史臣唯兹役

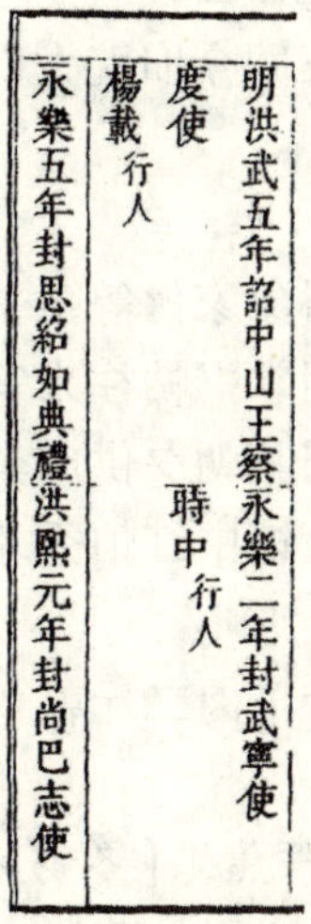
明洪武五年詔中山王察度永樂二年封武寧使
度使
楊載 行人
聘中 行人
永樂五年封思紹如典禮洪熙元年封尚巴志使

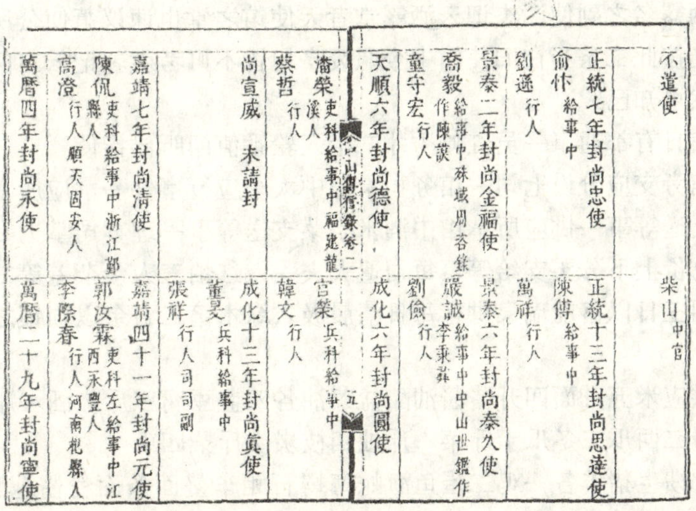
不遣使
正統七年封尚忠使
俞忭 給事中
劉遜 行人
景泰二年封尚金福使
喬毅 給事中 殊域周咨錄作陳謨
童守宏 行人
天順六年封尚德使
中山傳信錄卷二
潘榮 吏科給事中福建龍溪人
蔡哲 行人
尚宣威 未請封
嘉靖七年封尚清使
陳侃 吏科給事中浙江鄞縣人
高澄 行人順天固安人
萬曆四年封尚永使
柴山 中官
正統十三年封尚思達使
陳傅 給事中
萬祥 行人
景泰六年封尚泰久使
嚴誠 給事中 中山世鑑作李秉彝
劉儉 行人
成化六年封尚圓使
五
官榮 兵科給事中
韓文 行人
成化十三年封尚眞使
董旻 兵科給事中
張祥 行人司司副
嘉靖四十一年封尚元使
郭汝霖 吏科左給事中江西永豐人
李際春 行人河南杞縣人
萬曆二十九年封尚寧使

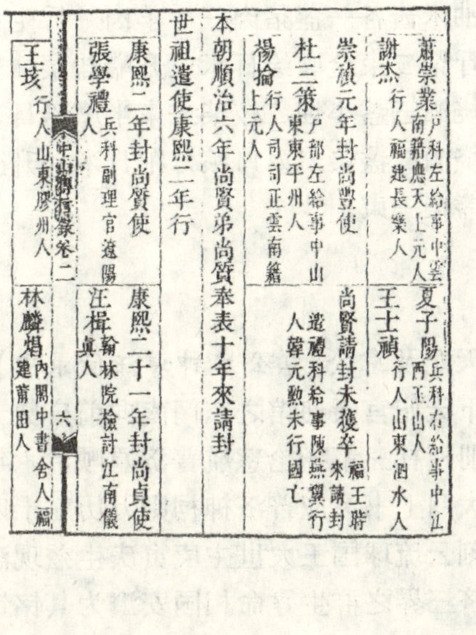
蕭崇業 戶科左給事中雲南籍應天上元人
謝杰 行人福建長樂人
崇禎元年封尚豐使
杜三策 戶部左給事中山東東平州人
楊掄 行人司司正雲南籍上元人
本朝順治六年尚賢弟尚質奉表十年來請封
世祖遣使康熙二年行
康熙二年封尚質使
張學禮 兵科副理官遼陽人
中山傳信錄卷二
王垓 行人山東膠州人
夏子陽 兵科右給事中江西玉山人
王士禎 行人山東泗水人
尚賢請封未獲卒 福王時來請封 遣禮科給事陳燕翼行人韓元勲未行國亡
康熙二十一年封尚貞使
汪楫 翰林院檢討江南儀眞人
六
林麟焻 內閣中書舍人福建莆田人

尚益未请封父尚纯未立先卒子尚敬今封

堂后穿堂六楹内堂三楹左右两使臣房后院东西二板阁东日长风前使臣汪楫书西日停云使臣林麟焻书匾已废楼亦重葺臣等重题其上两行役房各九楹东西相向东院有水井一砺石墙四周如城高一丈三四尺许极坚致堂屋内地皆用方砖上施铜瓦惟壁皆用夹板役舍则以芦箔墁土其上

【附】旧使馆

使馆西南有旧使馆址相连前亦有辕门大门上有小板阁入门大堂三楹以板铺地去地三尺许外有驻节二字前使王垓所书又前明崇祯中使臣杜三策书有怀靡及四字西有楼今无存【胡靖记云杨行人抡居西偏小楼名曰听海】今新葺板阁惟东板阁系旧建樫木梁柱皆极坚固前使张学礼记云楼上有杜三策题梅花诗百首今已墁灭无存测量平丰二臣居之扃前辕门凿后垣共门出入

旧使馆向有息思亭嘉靖三十七年册使郭汝霖有息思亭说云琉球天使馆自门而入正堂三间自正堂引至书房三间余处于东李君际春处于西房之后再三间官舍辈处之两旁翼以廊房各六间门书舆皂寓焉暑月蕴隆琉之人为余卜后垣空地砌土瓦茅竖柱而亭之余因扁曰息思以咏以歌庶忘其身之在异乡已

天使馆堂旧名洒露万历四年册使萧崇业有洒露堂说云使馆故有匾弗称唐人云海东万里洒扶桑意在怀远也余以洒露名之副使谢杰记云洒露堂者天使馆之堂也谏议萧使公所以名斯堂也云云

臣葆光按此二条当在旧使馆中今匾废亭圮皆不可考就郭记云自门而入正堂三间今旧院大门内即大堂无仪门居然可知已

天使馆日有都通事一员红帕秀才二十人轮番值门听候指使

天使馆旁支应分设七司一馆务司掌馆中大小应行事件一承应所掌馆中修葺对象家伙等事一掌牲所掌羊豕鸡鸭支送等事一供应所掌馆中酒米小菜支送等事一理宴司掌七宴事一书简司掌书帖往来等事一评价司掌评定物价上下分买支给等事每司遣大夫一人红帕三人余杂差等二十人主一司其朝夕供应奔走别有库官等为之国王日以宫前瑞泉供客每日清晨汲入绿木筩二石余以锁锁之走十里送至馆中红帕秀才九人分日押送

每日供应米五升面四升酱酱油醋盐菜油各四盏豆腐三斤烧酒一瓶鱼肉各三斤羊肉二斤乾鱼四斤鸡二蛋十枚海蟳二西瓜二冬瓜十斤菜一斤烛四枝炭十斤柴四束

起居日馈生猪羊各一鸡二蛋鱼海蛇海蟳石鲍车螯面条面粉酱蘸醋蒜胡椒甘蔗蕉果【冬易以橘】烧饼佳苏鱼各一盘烧酒一埕炭一包烛一束朔望加吉果米肌银酒黄酒之馈吉果以米粉为之形如薄饼米肌如白酒而稍淡银酒即烧酒黄酒国中所酝煮酒色黑醲少有油气

守备千总日米四升酱油醋盐菜油米酱各一盏猪肉三斤羊肉一斤生鱼二斤乾鱼三斤鸡一蛋十枚蔬菜一斤豆腐一斤烧酒六盏小烛二枝炭五斤柴二束全廪给日米三升醋盐菜油豆酱各一盏猪肉二斤生鱼二斤乾鱼二斤鸡一蛋五枚蔬菜一斤豆腐一斤烧酒三盏小烛二枝柴二束半廪给日米二升醋盐菜油豆酱各一盏猪肉一斤乾鱼一斤鸡一蔬菜一斤豆腐一斤烧酒二盏柴二束口粮月粮日米一升五合醋盐菜油豆酱各半盏猪肉一斤盐鱼一斤蔬菜一斤豆腐半斤烧酒一盏柴一束

卷二·天妃宫行香

入馆后涓吉鼓乐仪从奉迎船上天妃及拿公【拿公水神详汪使录中】诸海神之位供于上天妃宫内朔望日行香琉球天妃宫有二一在那霸曰下天妃宫天使馆之东门南向前广数十亩有方沼池宫门前石神二入门甬道至神堂三十步许堂内有崇祯六年册使杜三策杨抡慈航普济匾顺治六年招抚司谢必振普济生灵匾康熙二年癸卯册使张学礼王垓普济群生匾大门上书灵应普济神祠则万历三十四年册使夏子阳王士祯所立也两旁皆民房国中案牍多储于此有钟一架刻云琉球国王大世主庚寅庆生兹现法王身量大慈愿海而新铸洪钟以寄舍本州下天妃宫上祝万岁之宝位下济三界之群生辱命相国安瀭为其铭铭曰华钟铸就挂著珠林撞破昏夢诚

【汪录误作正字】祷天心君臣道合蛮夸不侵彰凫氏德起追蠡吟万古皇泽流妙法音景泰丁丑年月朔旦施

上天妃宫在久米村夏给谏子阳使录云此为嘉靖中册使郭给事汝霖所建他无碑记可证宫在曲巷中门西向神堂北向门旁亦有石神二进门上甬道左右宽数亩缭垣周环正中为天妃神堂右一楹为关帝神堂右为僧寮阶下钟一所大门左有神堂上向供龙神天妃堂内有崇祯六年册使杜三策杨抡立德配玄穹康熙三年癸卯册使张学礼王垓生天福灵二十二年册使汪楫朝宗永赖三匾副使林麟焻二十三字长联后称裔侄孙麟焻敬题盖天妃为莆田林氏闽中林姓多作此称梁上有灵应普济神祠之额乃万历中册使夏子阳王士祯所立也

始至馆第二日先诣孔庙行香次至天妃宫冬至则设万岁龙亭于庙左明伦堂使臣以次行礼讫亦载谒夫子像朔望则否天尊庙祀雷声普化天尊汪录永乐中贡使自京师塑像归祷必应故第二日亦往行香朔望则不再至云

卷二·中山先王庙

谕祭先王庙图

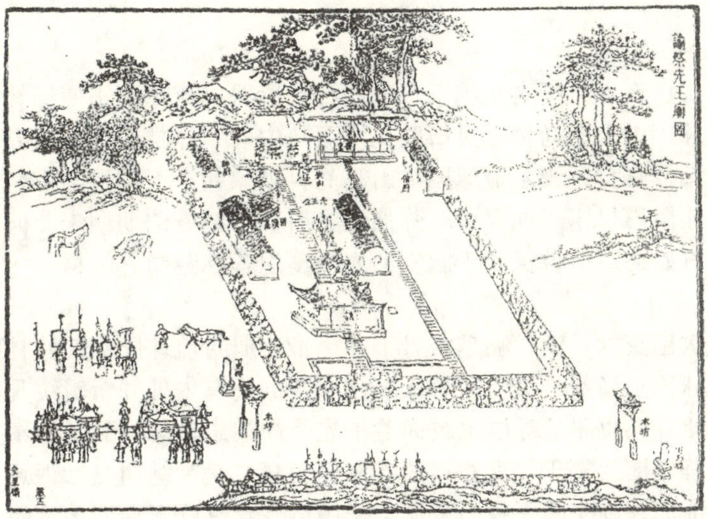

自天使馆至先王庙二里许天使馆东有天妃宫宫前有方沼池过池东北沿堤行不半里有泉崎桥桥旁有孔庙由庙东行数百步北折为长虹堤堤长亘二里许下作水门七以通潮【堤旁有小石山名七星山七石离立沙田中】堤尽北折为安里桥【此处地名安里故名汪录作真玉桥误另有真玉桥在丰见城北玉湖之上】过桥东折即中山先王庙庙前松冈数重左右流涧宽丈许环注安里桥下入海庙前石路方广左右立木坊及下马石碑左右各一庙垣四周皆砺石磊成正中作圈门三左右角门二门内前堂三楹匾肃容二字即祭毕设宴待客之所更进甬道东西厅各三楹阶下两丛铁树攒郁正庙七楹堂楹之上前使臣张学礼题河山带砺汪楫题永观厥成二匾俱在【臣等亦书世笃忠贞四字悬其次】堂西神厨二楹东为佛堂前后六楹旁三楹为僧厨

卷二·仪注【俱从前使臣汪楫更定】

六月二十六日丁卯行谕祭礼先期洒扫王庙中堂屏蔽神主以便迎请龙亭设香案于庙中设司香二人设开读台于滴水西首设开读位东南向设中山先王神主位于露台东首西向设世曾孙俯伏位于先王神主位之下北向设世曾孙拜位于露台中北向设众官拜位于世曾孙拜位后左右层列设奏乐位于众官拜位之下北向

祭日黎明法司官率众官及金鼓仪仗毕集天使馆前天使启门参谒毕迎请龙亭进公馆中堂捧轴官捧谕祭文二道奉安龙亭内又捧赍赐绢帛二百端白银二百两奉安彩亭内众官排班行三跪九叩头礼毕前导至安里桥世曾孙皂袍角带率众官迎伏于桥头道左龙亭暂驻世子众官平身天使趋前分立龙亭左右通事官唱排班世曾孙率众官行三跪九叩头礼毕世曾孙率众官前导至庙门外龙亭由中门入至庙内中堂彩亭内银绢分列于先王位前案上天使随入左右立捧轴官由东角门入至庙东边门外西向立宣读官展轴官由西角门入至开读台下东

向立司香二人举香案置龙亭前添香世曾孙率众官由东角门入上露台各就拜位行三跪九叩头礼毕退立于先王神位之下西向捧轴官由庙东边门入庙中堂天使先取谕祭先王尚贞文授捧轴官高举出庙中上开读台宣读官次之展轴官又次之捧轴官上台立案右宣读官就开读位展轴官立案左与捧轴官对展通事官唱开读世曾孙众官皆俯伏于先王神位之下北向候宣读官从容读毕通事官唱焚帛世曾孙率众官皆平身至焚帛所候焚毕回露台同众官谢恩三跪九叩头礼毕退班世曾孙捧先王尚贞神主由庙东边门入庙内安于东偏神座世曾孙又捧先王尚益神主就位天使又取谕祭先王尚益文授捧轴官如前仪谕祭文二道皆另誊录焚黄原勅俱请留供庙中谕祭礼毕天使易服世曾孙揖至东厅行相见礼【世曾孙未受封犹守幕次至此始与使臣相见七宴自此始张学礼记始至有迎风宴非也】天使居东世曾孙居西各三拜送坐奉茶毕请就前堂宴天使左行世曾孙右行至前堂天使居东世曾孙居西安坐正使居东副使居西俱南面坐世曾孙面东北坐不设乐茶酒皆亲献天使辞天使酬献亦辞席终请天使舆至滴水前世曾孙下阶揖别众官出门跪送世曾孙是日不及诣馆谢先遣官至馆谢劳天使次日亦遣官入王城谢宴为第一宴

卷二·谕祭先王文【二道】

维康熙五十八年岁次已亥六月壬寅朔越祭日丁卯皇帝遣册封琉球国正使翰林院检讨海宝副使翰林院编修徐葆光谕祭于故琉球国中山王尚贞之灵曰朕抚绥万邦中外一体越在荒服咸畀湛恩矧效忠既笃于生前斯赐恤弥隆于身后眷言鸿伐宜贲龙光尔琉球国中山王尚贞肃凛朝章丕扬世绪秉声灵于天府水静鲸波奉正朔于大庭风清岛服靖共匪懈恩早锡于九重贞顺弥加时将历乎三纪方谓期颐未艾何图徂谢遥闻深用怆怀特颁祭恤呜呼作屏翰于遐方始终臣节被优崇于幽穸炳焕纶褒用荐苾芳尚其歆格

维康熙五十八年岁次巳亥六月壬寅朔越祭日丁卯皇帝遣册封琉球国正使翰林院检讨海宝副使翰林院编修徐葆光谕祭于故琉球国王尚益之灵曰朕承天庥抚驭区寓罔有内外并予辑绥凡所宾贡不忘存恤有庸必报虽远弗遗所以示怀柔昭巨典也尔琉球国王嗣尚益承先受祚继志输忠世著勋劳奉共球而内向代修朝请航溟渤以归诚乃莅职止于三年嗣封阙于再世眷言藩服方期多福之是膺勉树嘉猷讵意修龄之难得讣音远告褒恤特申虽锡命未逮于生前而荣施实隆于身后爰颁祭醊用遣专官呜呼玉册遥传庶慰来王之志纶函覃被聿昭抚远之忱载设牲牺庶其歆格

卷二·中山王府

册封中山王图

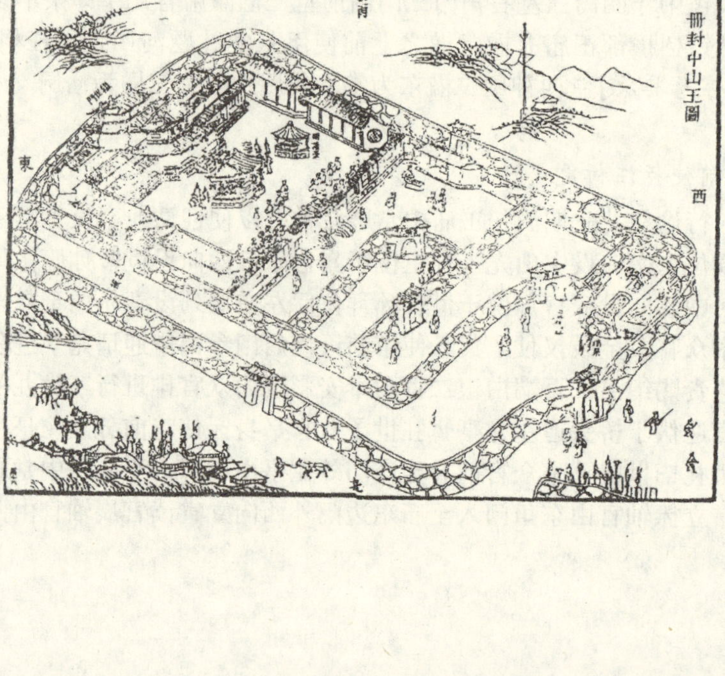

自天使馆至中山王府十里册封日自先王庙以东红帽吏排仗夹道列至王宫先王庙南折为八幡桥更东过冈二里许为差回桥亦名茶崎上冈东行为万松岭石路修整冈峦起伏松皆数围夹道森立更进为万岁岭更进半里许有坊牓曰中山道南有安国寺寺对街累墙如削为世子第夹路皆砺石短墙高三四尺中路有鳳蕉一丛累石环之又进半里许有坊牓曰守礼之邦中山王伏迎诏于此坊下道旁石墙渐高八九尺坊外道左有天界寺寺门北向佛殿西向寺前西南为王茔对街缭垣内为大美殿更进半里许为欢会门即中山王府城也在山顶砺石城垣四周三四里远望如聚骷髅自古纪之盖言其形似也山形殿址本南北向由那霸至中山从西冈上故门皆西向城外石崖上左刻龙冈右刻虎崒城四面各一门【前欢会门西向后继世门东向左水门南向右久庆门北向】更进欢会门至石崖下为瑞泉上崖门西北向牓曰瑞泉【左右皆甬道有左掖右掖二门通入王宫】更进楼牓曰刻漏西向更进为广福门西北向更进为奉神门左右三门并峙西向王殿九间皆西向殿楼上供御书中山世土四字大牓即王宫也前殿庭方广数十亩左为南楼北向右为北宫南向匾曰忠诚可嘉凡宴天使皆于此殿屋皆固樸多柱础屋一间施二十柱无华采之饰亦不甚巍峻以在山顶多海风故也

卷二·仪注【俱从前使臣汪楫更定】

册封先一日所司张幄结彩于天使馆国中经行处所皆结彩造板阁一楹为阙庭设于王殿庭中中置殿陛左右层阶设香案于阙庭前设司香二人于香案左右设世子受赐予位于香案之前设宣读台于殿前滴水之左设世子拜位于露台正中设众官拜位于世子后左右层列世子左右立引礼官二员众官左右立赞礼官二员陈仪仗于王殿左右设奏乐位于众官拜位之后

七月二十六日丁酉黎明法司官众官率金鼓仪仗毕集天使公馆前天使启门参谒毕迎请龙亭入公馆中堂捧诏官捧勅官各捧诏勅奉安龙亭中捧币官捧缎疋等分置左右彩亭中王与妃各一亭众官排班行三跪九叩头礼毕前导世子率众官伏迎于守礼坊外龙亭暂驻世子众官平身天使趋前分立龙亭左右通事官唱排班世子众官行三跪九叩头接诏礼毕众官世子前导立殿下龙亭入至阙庭中彩亭分列左右天使分立龙亭左右捧诏官捧勅官立殿陛下宣读官立开读台下司香者举香案于龙亭前添香奏乐引礼官引世子由东阶升诣香案前乐止引礼官唱跪众官各就拜位皆跪引礼官唱上香案右司香者捧香跪进于世子之左三上香讫俯伏兴平身奏乐引礼官引世子出露台就拜位率众官行三跪九叩头拜诏礼毕平身乐止天使诣前正中立捧诏官捧勅官由东阶升天使取诏授捧诏官取敕授捧勅官高举下殿陛同宣读官上开读台诏勅并置案上通事官唱开读乐止引礼官唱跪世子众官皆跪捧诏勅官以次对展宣读官次第读毕引礼官唱平身世子众官皆平身奏乐捧诏勅官各捧诏勅升殿陛天使仍奉安龙亭中捧诏勅官下东阶国王及众官行三跪九叩头谢封礼毕平身乐止天使宣制曰皇帝勅使赐尔国王及妃缎疋彩帛引礼官引国王由东阶升法司官随行国王至受赐予位跪奏乐天使取赐王及赐王妃缎疋一一亲授国王国王高举法司官跪接传置案上毕俯伏兴平身引礼官引国王复位率众官行三跪九叩头谢赐礼毕平身乐止引礼官引国王升东阶至龙亭前跪问圣躬万福天使答曰圣躬万福国王俯伏兴平身奏乐引礼官引国王复位率众官行三跪九叩头问安礼毕平身乐止引礼官引国王升东阶至香案前跪请留诏勅为传国之宝法司官捧前代诏勅呈验天使验明允所请捧亭中诏勅亲授国王国王平身仍奉安亭中奏乐引礼官引国王复位率众官行三跪九叩头谢恩礼毕国王请天使更衣俱肄北宫对拜安坐献茶一如前仪用乐人声居上钟鼓列下陛迭奏为第二宴

卷二·册封诏

奉天承运皇帝诏曰朕恭膺天眷统御万邦声教诞敷遐迩率俾粤在荒服悉溥仁恩奕叶承祧并加宠锡尔琉球国地居炎徼职列藩封中山世子曾孙尚敬屡使来朝贡献不懈当闽疆反侧海寇陆梁之际笃守臣节恭顺弥昭克殚忠诚深可嘉尚兹以序当缵服奏请嗣封朕惟世继为家国之常经爵命乃朝廷之巨典特遣正使翰林院检讨海宝副使翰林院编修徐葆光赍诏往封为琉球国中山王尔国臣僚以暨士庶尚其辅乃王慎修德政益励悃忱翼戴天家庆延宗祀实惟尔海邦无疆之休故兹诏示咸使闻知

康熙五十七年八月□□日

皇帝勅谕琉球国中山王世子曾孙尚敬惟尔远处海隅虔修职贡属在家嗣序应承祧以朝命未膺罔敢专擅恪遵典制奉表请封朕念尔世守臣节忠诚可嘉特遣正使翰林院检讨海宝副使翰林院编修徐葆光赍勅封尔为琉球国中山王并赐尔及妃文币等物尔祇承宠眷懋绍先猷辑和臣民慎固封守用安宗社于苞桑永作天家之屏翰钦哉毋替朕命故谕颁赐国王蟒缎贰疋青彩缎叁疋蓝彩缎叁疋蓝素缎叁疋闪缎贰疋衣素贰疋锦叁疋纱肆疋罗肆疋紬肆疋颁赐妃青彩缎贰疋蓝彩缎贰疋妆缎壹疋蓝素缎贰疋闪缎壹疋衣素贰疋锦贰疋纱肆疋罗肆疋

康熙五十七年八月□□日

臣葆光按前明赐赉币物随时有异附志于后以备参考中山世鉴载正统十四年赐国王尚思达锦四【妆花连球花红一妆花连胜宝相花红一十字绫花黄一百花绒锦黄一】纻丝六【织金胸背麒麟红一狮子青一天花云红一云绿一素青一暗八宝绿一】纱八【织金胸背白泽红一麒麟青一暗花蓝一暗花骨朵云八宝红一素红一青一绿一蓝一】罗六【织金胸背麒麟红一青一素红一青一绿一蓝一】赐王妃锦二【妆花云凤青一百花绒锦黄一】纻丝四【织金胸背白泽红一暗花骨朵云青一宝云绿一暗天花八素青一】纱四【织金胸背白泽红一暗花骨朵云绿一素红一青一】罗四【织金胸背彪一素青一绿一蓝一】又赐王叔锦一【连胜宝相花黄一】纻丝四【织金白泽大红一暗花骨朵云青一暗八宝天花云绿一素红一】景泰二年赐国王尚金福及妃锦纻等数同王叔无赐为异嘉靖十三年册使陈侃录赐国王尚清纱帽一【展角全】金厢犀束带一常服罗一大红织金胸背麒麟圆领一青褡护一绿贴里一皮弁冠服一副柒旒皂皱纱皮冠一【旒珠金事全】玉圭一【袋全】五章绢地纱皮弁服一套大红素皮弁服一纁色素前后裳一纁色素蔽膝一【玉钩全】纁色妆花锦绶一【金钩玉玎珰】红白素大带二大红素纻丝舄一双【袜全】丹矾红平罗销金夹包袱四素白中单一纻丝二【黑绿花一深青素一】罗二【黑绿一青素一】白氁丝布一赐王妃纻丝二【黑绿花一深青素一】罗二【黑绿一青素一】白氁丝布十与正统景泰中所赐已各不同

琉球国王印

顺治十年国王尚质来缴前朝故印请封重给康熙元年册使始至国赐王此印印文六字琉球国王之印左满

右篆不称中山

臣葆光按康熙元年册封诏曰遣官捧诏印封为琉球国中山王则印文似当云琉球国中山王之印始与诏文相应然考前明洪武十六年始赐王察度镀金银印十八年又赐山南王山北王驼纽镀金银印各一是时国分为三察度止有中山则当称中山王今琉球既并山南山北为一已三百余年矣而本国尚仍中山一隅之号盖承前袭封旧文疑乎自示不广以义揆之当如赐印止称琉球国王为正

中山王图【年二十岁康熙三十九年庚辰六月十九日生】

卷二·中山王肄馆仪仗

中山王仪仗图

七月二十六日册封礼成中山世曾孙尚敬始称中山王择吉告祖庙

八月二日受国中各岛臣民贺讫初九日中山王躬诣天使馆谢封盛仪仗备官僚成礼而还其初出府门也乘十六人肩舆及过长虹堤至孔庙南小驻别馆易衣减舆夫之半始至天使馆还至别馆仍易衣仪从如前归府第今所见者与前使臣汪楫所记少异略载于后鸣金四人鼓吹三队队八人方棍六人红隔路二人旗十六人铁义二人曲枪二人留家住四人狼牙钩二人长钩四人　斧四人长杆枪三十二人月牙四人鸡毛帚十二人马尾帚二人大刀二人黄伞二人花伞二人引马二人提炉二人黄缎團扇二人绿珠團扇二人印箱二人衣箱二人轿前红杆枪四人红鞘长腰刀四人黑腰刀二人长砍刀四人【萧崇业录云有武士戴铜假面衣添甲带刀者数十辈今则以常服执之】大掌扇一人红络金炉二人金葫芦二人珠兜扇二人小鹅毛扇二人蝇拂二人【金炉以下俱小童执近侍小童名察度奴示】黄帽对马三十人【耳日官大夫以下等员】紫帽对马十二人【紫巾官紫金大夫等员】绿地五花织金帽对马二人【王舅法司等员】

附录贺封路供

是日国王经行之处道旁皆设各种花供泉崎桥堤上道旁盆盎中罗花卉数十种排列数层朱栏绕之中刻木作一兽绘画如麟状后立一木版书云非龙非彪非熊非罴王者之瑞兽更无对句此久米人所设

使馆东下天妃宫前沼池内作假山剪纸作白鹤一池上斧大松一株立地中上亦作一白鹤如飞鸣相向状四围以纸皮作假山罗花草数十种围之中作一老人二鹿如山呼祝寿状此那霸人所设

卷二·中秋宴

中山王府中秋宴图

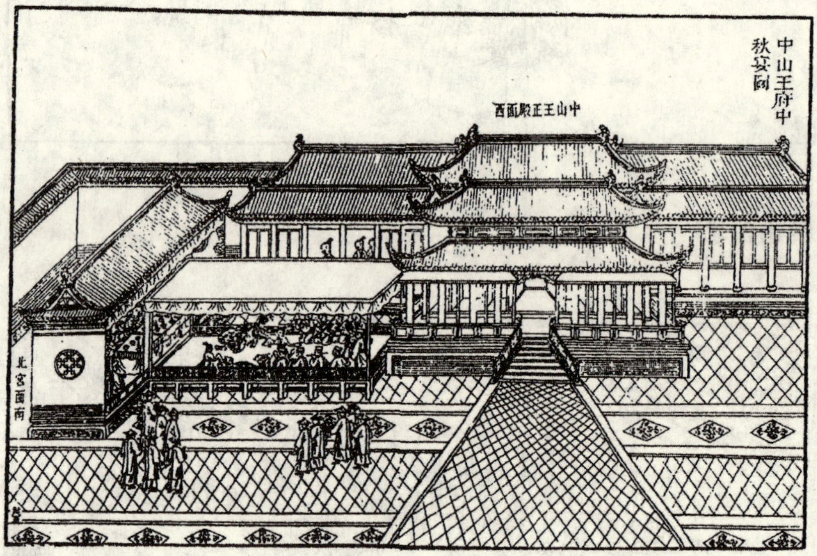

王府庭中于北宫滴水前造木台方五六丈帷幕四周王延客入席坐定先呈神歌祝颂说帖云本国混沌之初首出御世者为天孙氏如中国羲皇澹泊为治嗣后国君登位神每出示灵佑乃制迎神歌以欢乐之迨后神不屡出神歌遗曲至今犹存每当国王即位及行庆诸事必皆举行从前先王受册封后宴天使例首演之作一老人登场不作乐惟唱神歌拜祝皇上万岁中外升平次颂国王共蒙福祉今当中秋佳节天使降临真神人共喜之日也谨遵例首唱起神歌黄发老人百拜稽首恭颂皇上恩德如天国王带砺百世老人歌罢拜退次令戚臣子弟俊秀者数十人衣彩衣队队相续歌太平曲以供宴乐云

先有乐工六人引声如梵呗音无乐次有戴寿星假面一人登场和之三拜搓手起舞舞毕又三拜止次有乐工

十四人穿杂色红绿衣帽檐六棱低压头顶或戴燕尾绿头巾持乐器三弦二提琴一【即用三弦著引弓于上】三弦槽柄比中国短半尺许笛一小锣一鼓二登场前后二行曲踞上向引吭曼声歌褰幔处有小童可十三四岁四人著朱色袜五色长衣无带开襟摇曳头戴黑皮笠朱缨索曼长垂胸前回旋而上时作顾盼坐起之态登场一行面乐工小坐乐工代为解笠卷朱缨盘著笠上仍授之小童起立执笠顿足按节而舞乐工曼声歌与相应为第一遍笠舞又有四小童宫妆剪金扇面作花朵朱帕紫额上有金饰五色衣项上带五色花索一围长垂膝下登场乐工歌脱花索交手顿足按节如前为第二遍花索舞次有小童三人可十余岁戴珠翠花满头著宫裙五色锦半臂肩小花篮各一提登场鼎立乐工歌顿按如前为第三遍篮舞次幼童四人短朱绿五色宫衣长裙间彩曳地摇曳登场向乐工小坐乐工各授小竹拍四片起舞按节手拍应之为第四遍拍舞次有武士六人著黑白相间綦纹大袖短衣金箍束额作平顶僧帽式挺白杖交击应节为第五遍武舞又有小童二人五色衣执金球球上四面著小金铃长朱索曼缨左右舞引二青狮登场旋扑为第六遍球舞席终换席又有小童三人宫妆登场向乐工小坐工授以小花金杆二枝长不及尺许两头著红花交击应节为第七遍杆舞次有小童四人易宫衣登场手执花竿长三尺许各一枝舞应节为第八遍竿舞时已向昏彻帷幕庭中设烟火数十架又令数人头戴火笠骑假马头尾烟爆齐发奔走庭中以为戏乐宴毕出城火炬长二丈许者数千夹道送归使馆为第三宴

卷二·重阳宴

重阳宴图

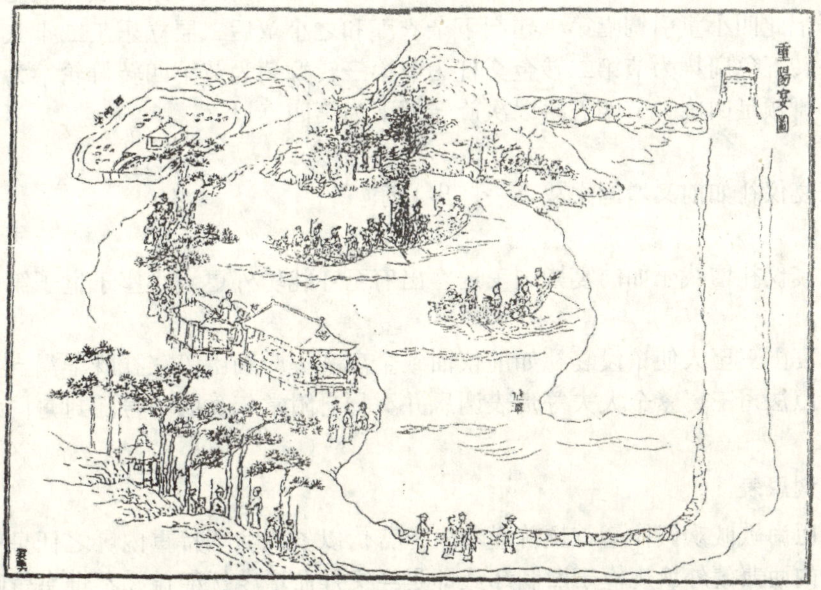

龙潭在王宫之北圆觉寺西长不半里宽数十亩水渟潆与圆觉寺前荷池相通瑞泉下流所汇也南岸为神岳蕉树攒密不见曦月掩映碧潭岸无余址北岸长堤上蛎墙连墉皆巨族居之跨东西有小桥潜渠入田东岸突出尖埠跨潭之中花树森立三面临水重阳宴为龙舟戏设坐于此埠之上

先设木阁于埠上结彩数重毡席四周王揖客坐定龙舟三式与福州所见略同梭长三丈余桨二十八人皆一色衣一红一白一黑每舟中央设鼓彩衣小童击以为节前后二彩衣童执五色长旗船首一人击锣与鼓相应齐唱龙舟太平词以歌圣德及远永享治平海国蒙恩竭忠仰报之意问其词大略与前使所录同左右旋绕四岸士女匝观者数百人龙舟戏毕国王先辞客回府第仍开宴于北宫演剧六折略记如后

第一为老人祝圣事老夫妇二人率子孙五六人登场跪国语致词日当今圣天子德高尧舜道迈汤文八埏昭日月之辉一统著车书之盛国王夙沐圣恩新受册封天使贲临举国欢忭小臣老夫妇生长本国年一百二十岁皆

康健子孙三百三十余人多有登仕籍为官者举家蒙福子孙内有能歌唱彩舞者率领献寿老夫妇再拜先舞其歌词曰王德如海民之父母受封于天带砺永固舞罢群彩衣童队队相续一團扇曲【六童舞】一掌节曲【三童舞】一笠舞曲【四童舞】一篮花曲【三童舞】以上皆名太平歌

第二为鹤龟二儿复父仇古事中城按司毛国鼎忠勇为国时胜连按司阿公少为郡马骄贵蓄异志忌中城谗之于王诬以反王令阿公率师族灭之毛公自刺死二子一名鹤年十三次名龟方十二既俊秀父居常以宝剑二教之击刺事时随母在外家山南查国吉所闻变泣请于母欲以间杀阿公复父仇求宝剑各佩之步肄胜连伺阿公春游即怀剑而前阿公喜且醉解衣带分赐二童携一剑并赐鹤鹤乘其醉拔剑刺之大呼曰我毛公子今杀汝为我父复仇阿公惊起头随剑落矣群从皆醉尽为二童所杀云

第三为钟魔事中城县姑场村农家陶姓有儿名松寿年十五岁白皙端丽至首里从师一日行至浦添山径中向昏黑持一竹竿点地行见灯求宿乃一猎家父出夜猎止一女年十六颇妖丽留宿挑之松寿坐睡不许强拥之松寿拂衣起女羞且怒持猎具欲杀松寿松寿走女逐之山曲有万寿寺主持僧普德颇有行松寿奔入号救四顾无隐处僧伏之大钟内令三徒守钟旁女至三僧戏嬲逐之女不得松寿仰哭如癫出门去僧启钟有声女还奔入方欲为恶忽披发改形人钟内普德与诸僧绕钟咒之女自钟倒垂首出见鬼面手一义下击诸僧僧咒不已寺外大雷电女化魔走出不知所在二事皆百年前国中事

第四折为天孙太平歌共五十余人先有一披发头陀执白木杆引五色衣小童花抹额各色蕉比甲腰中各插菊花一枝金轮转竿一枝共十九人上场左旋作一围立为第一层次有各色红绿杂衣郎二十人上场右旋作第二层立次有彩衣小童二执小点鼓杂衣郎二人执铜点八人执腰鼓上场左旋作第三层立次有彩衣小童四人三人执纸帚一行中立每唱此四小童引调唱第一句起下杂衣郎和之小童后二层立乐工二十人居中外三层左右交转外一层小童第一转五色扇舞为节第二转金交杆为节第三转舞菊为节第四转舞轮竿为节毕转入第二层杂衣郎转出外一层手舞顿足回旋为节四五番以次旋转而下为第四宴

饯别宴为第五宴仪礼如前又增国中故事一三出为乐

拜辞宴为第六宴仪礼增戏乐如前宴毕国王送客出府至守礼坊外更设小座于世子第中手奉三爵为别

望舟宴为第七宴国王至天使馆设宴礼如前仪面致金扇一握为别臣等宴礼既毕涓吉登封舟候风归朝复命中山王尚敬遣陪臣法司王舅紫金大夫等赍表谢恩并贡物自附常年贡船一号随封舟同发

卷二·中山王谢恩表

琉球国中山王臣尚敬诚欢诚忭稽首顿首谨奉表上言伏以圣武弘昭特重内屏之任皇文丕振复膺外翰之权隆体统于藩臣安内而兼攘外焕规模于旧制纬武即是经文拜命增虔抚躬益励恭惟皇帝陛下

道隆尧舜德迈汤文统六合而垂衣教仁必先教孝开九重以典礼作君又兼作师臣敬世守藩疆代供贡职荷龙章之远锡鲛岛生辉沐凤诏之追扬丹楹增色对天使而九叩望象阙以三呼谨遣陪臣向龙翼程顺则等虔赍土物聊表芹私伏愿乾行不息泽沛弥崇统王会以开图合车书者千八百国占天时而应律验祯祥于三十六风将见文麟献瑞彩凤来仪矣臣敬无任瞻天仰圣激切屏营之至谨奉表称谢以闻

康熙五十八年十一月□□日琉球国中山王臣尚敬谨上表

又疏琉球国中山王臣尚敬谨奏为恭谢天恩事臣敬弹丸小国僻处海隅深沐皇恩允臣嗣封康熙五十八年蒙钦差正使翰林院检讨海宝副使翰林院编修徐葆光等赍捧诏勅币帛随带员役坐驾海船贰只于本年六月初一日按临敝国臣依旧例令通国百官臣庶奉迎诏敕安于天使馆中拣吉于六月二十六日先蒙谕祭臣曾祖琉球国中山王尚贞复蒙谕祭臣父琉球国王尚益续于七月二十六日宣读诏勅封臣敬为中山王荷蒙钦赐蟒缎等项并妃彩缎等物臣敬率领百官拜舞叩头谢恩外随请于天使恳留诏勅为传国之宝蒙天使查验前封卷轴依听许

留付臣一并珍藏窃惟圣朝加意抚柔有同覆载臣敬等曷胜感激为此特遣陪臣法司王舅向龙翼紫金大夫程顺则使者杨天佑通事蔡文河副通事郑元良蔡墉等赍捧表章土仪赴京恭谢天恩仰冀睿慈俯鉴下悃臣敬无任激切屏营之至谨上奏以闻

贡物

金鹤二【银座全】盔甲一副【护手护肷全】金靶鞘腰刀二银靶鞘腰刀二黑漆靶鞘镀金铜结束腰刀二十黑漆靶鞘镀金铜结束枪十黑漆靶鞘镀金铜结束衮刀十黑漆洒金马鞍一辔镫全金彩画围屏四扇五百土绵二百纹蕉布二百土苎布一百白钢锡五百斤红铜五百斤

金鹤以下乃其谢封贡物旧例有胡椒今缺以白钢锡代之其常年贡物止于白锡【一千斤】红铜【六千斤】硫磺【二万斤】三项皆纳福州藩库贡使赍表至京前明于福州特设市舶提举一员专理琉球贡事以内官领之本朝省并其事于海防同知今贡使犹称之曰提举云

卷二・又请存旧礼以劳使臣疏

琉球国中山王臣尚敬谨奏颁封事竣恳存旧礼以劳使臣事

康熙五十八年蒙钦差正使翰林院检讨海宝副使翰林院编修徐葆光恭奉诏勅币帛于本年六月初一日按临敝国二十六日先蒙谕祭臣曾祖琉球国中山王尚贞复蒙谕祭臣父琉球国王尚益续于七月二十六日宣读诏勅封臣敬为中山王荷授钦赐蟒缎等项并妃彩缎等物此诚天朝之殊恩而臣敬永代之荣光也窃惟皇上覆载无外覃恩于弱小之邦使臣冲风破浪艰险惊虞莫此为甚使臣入国以来抚绥海邦约束兵役举国臣民无不感仰惟臣敬所深愧者臣国边海荒野无以将敬故于宴款之际代物以金虽自知乎菲薄实是缘以为例乃辱使臣屡辞往还再三坚持大义固却不受在使臣冰兢自矢允矣有耻不辱为圣朝使节之光矣但念使臣间关劳瘁远涉万里风涛实为臣躬之故藉物表敬礼不将仪心窃难安至临行时复将屡宴前金特差法司大夫长史等官专送恳受使臣复遣送还清白之操可谓始终靡间独是微臣酬德报功莫展万一殊慚旧礼有阙寸志莫伸谨将送还屡次宴金四封共计一百九十二两具本附遣陪臣法司王舅向龙翼紫金大夫程顺则等赍进恳乞钦赐使臣收受不胜惶恐激切之至谨上奏以闻

礼部谨题为颁封大典已竣恳存旧例以劳使臣事

该臣等议得琉球国王尚敬奏称钦差正使翰林院检讨海宝副使翰林院编修徐葆光等按临敝国封臣敬为王宴款之际代物以金使臣屡辞往还再三坚持大义固郄不受但微臣酬德报功莫展万一谨将宴金二封共计一百九十二两具本附陪臣法司王舅向龙翼等进呈恳乞敕赐收受等语查康熙二十三年使臣翰林院检讨汪楫等册封琉球国王所与宴金伊等未受该国王奏请臣部议覆仍不准其收受具题奉旨这琉球国所与宴金仍著使臣收受钦遵在案今该国王尚敬虽称谨将宴金具本附陪臣等进呈恳乞勅赐收受等语但海宝徐葆光等仰体皇上特简至意既未经收受应将该国王所请收受之处毋庸议

九月初一日奉旨宴金仍著使臣照旧例收受

臣葆光按前明使臣却金不受始于陈侃世宗仍命侃等收受嗣后例辞亦有准辞令贡使带回者本朝康熙二年癸卯二十二年癸亥及今三役皆蒙恩仍著收受所以奖厉使臣者至矣癸亥之役琉球国王疏引张学礼伏还原职旧例为汪楫林麟焻等题请议叙优升是时海氛虽靖海禁犹严行役艰险议叙为宜今则升平日久中外一家加以海灵效顺履险如夷区区往来臣子常分何劳可言虚词求叙实不敢踵为故事也

卷三・中山世系

中山世系图

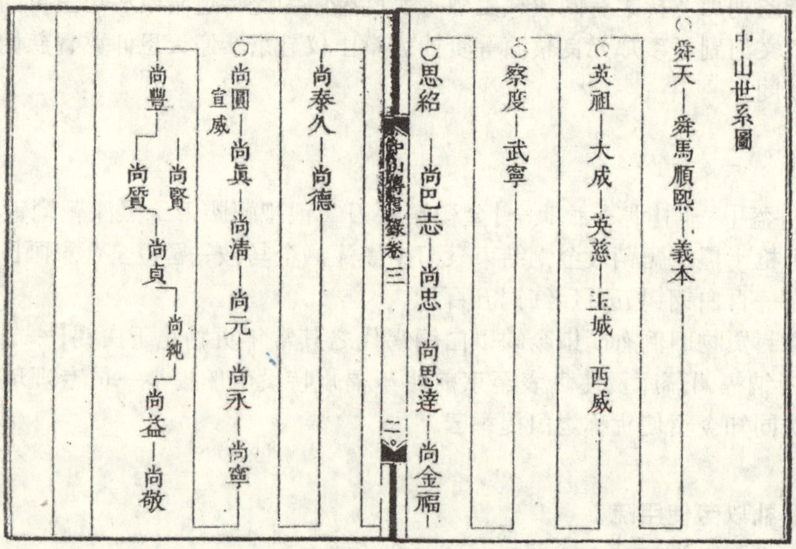

臣按前使汪楫譔中山沿革志皆采前明实录时汪与修明史采录颇称详备然皆就其封贡往来中朝者言之故一一明悉至本国承袭先后之间或多昧焉时据所称世缵图所载互订一二而已臣今至国遍访所谓世缵图者不独民间无共书即国库中亦无其图惟抄撮尚宣威以前事名中山世鉴事与中山沿革志所载颇有不合者后细询本国此书乃尚质王弟尚象贤字文英者为之汪使封尚贞王时此书尚未成也中山开辟以来至舜天始有国字至尚象贤始穷搜博采集成此书本国称其聪明才俊佐其侄尚贞有功于国其书必详尽事理惜未及见其全书今但考正其历代世系而以汪楫所采明史实录中封贡往来之事附于其次以备考云

中山世鉴云琉球始祖为天孙氏其初有一男一女生于大荒自成夫妇曰阿摩美久生三男二女长男为天孙氏国主始也二男为诸侯始三男为百姓始长女曰君君二女日祝祝为国守护神一为天神一为海神也天孙氏二十五代姓氏今不可考故略之起乙丑终丙午凡一万七千八百二年今断自舜天始

舜天

宋淳熙十四年丁未舜天即位

舜天日本人皇后裔大里按司朝公男子也淳熙七年庚子年十五屡有奇征长为浦添按司人奉其政断狱不违天孙二十五世故衰逆臣利勇恃宠执权鸩其君而自立舜天讨之利勇死诸按司推奉即位赏功罚罪民安国丰在位五十一年寿七十二嘉熙元年丁酉薨

舜马顺熙

宋嘉熙二年戊戌舜马顺熙嗣位

舜马顺熙舜天第一子淳熙十二年乙巳生五十四岁嗣位在位十一年寿六十四淳佑八年薨

义本

宋淳佑九年巳酉义本嗣位

义本舜马顺熙第一子开禧二年丙寅生四十四岁嗣位其明年国中大饥次年疾疫人民半失君叹息召群臣曰饥疫并行不德谁让群臣举惠祖世嫡英祖君大悦召试国政举贤退不肖疾疫止遂摄政七年义本让位隐于北山在位凡十一年寿五十四岁舜天至义本凡三传共七十三年

英祖

宋景定元年庚申英祖即位

英祖天孙氏后裔惠祖世主孙绍定二年巳丑生有瑞征十二岁名闻国家二十通经传国人思事为伊祖按司宝佑元年癸丑摄政及即位年三十二明年巡行国中效周彻法正经界均井地然后谷禄平百度举矣景定五年西

北诸岛始来贡咸淳二年丙寅北夷大岛来朝厚给赐遣归是为大岛朝贡之始自后每年入贡英祖在位四十年寿七十一大德三年薨

大成

元大德四年庚子大成嗣位

大成英祖世子宋淳佑七年丁未生五十四岁即位以仁义措事以礼让接物国治民安在位九年寿六十二至大元年薨

英慈

元至大二年巳酉英慈嗣位

英慈大成第二子宋咸淳四年戊辰生四十二岁即位在位五年治遵旧章深而有谋疏通知事寿四十六皇庆二年薨

玉城

元延佑元年甲寅玉城嗣位

玉城英慈第四子元贞二年丙申生十九岁即位世衰政废内为色荒外为禽荒诸按司不朝国分为三中山王山南王山北王山南王大里按司也佐敷知念玉城具志头东风平嶋尻喜屋武摩文仁真壁兼城丰见城以上十一国从山南王山北王今归仁按司也羽地名护国头金武伊江大宜味今归仁恩纳数国从山北王中山惟有首里王城那霸泊浦添北溪中城越来读谷山具志川胜连首里三平首里有西平南平真地平等谓之三平等数国中山山南山北时时兵发角战数十年玉城在位二十三年寿四十一

西威

元至元三年丁丑西威嗣位

西威玉城第一子至和元年戊辰生十岁即位政归母后牝鸡乱政时察度为浦添按司有德国人归服西威在位十四年寿二十三国人废世子奉浦添按按司察度为王

英祖至西威凡四传共七十七年

察度

元至正十年庚寅察度即位

察度浦添间切谢那村粤间大亲之子粤间大亲业农质纯厚天女来格而生察度始为浦添按司西威薨世子五岁母后乱政国人废世子奉之即位德厚民归灾变日销国家丰饶

明史实录洪武五年行人杨载赍诏至国诏曰昔帝王之治天下凡日月所照无有远迩一视同仁【此句之下中山世鉴有故中国尊安四夷得所非有意臣取之也三句】自元政不【作失】纲天下兵争者十有七年【下有四方遐裔信奸不通二句】朕起布衣开基江左命将四征不庭西平汉主陈友谅东缚吴王张士诚南平闽越北清幽燕朕为臣民推戴即皇帝位定有天下之号曰大明建元洪武【以上一段中山世鉴作朕肇基江左扫群雄定华夏臣民推戴已主中国号曰大明建元洪武】是用遣使外邦播告朕意使者所至称臣入贡惟尔琉球在中国东南远处海外未及报知兹特遣使往谕尔其知之【此段中山世鉴作顷者克平元都疆宇大同已承正统方与远迩相安于无事以共享太平之福惟尔四裔君长酋帅等遐迩未闻故兹诏示想宜知悉】于是王遣弟泰期奉表贡方物【中山世鉴云其贡物马刀金银酒海金银粉匣玛瑙象牙螺壳海巴棹子扇泥金扇生红铜锡生熟夏布牛皮降香木香速香檀香黄熟香苏木乌木胡椒硫磺磨刀石】是为琉球通中国之始七年王又遣泰期等入贡并上皇太子笺贡物如之太祖赐大统历及文绮纱罗赐泰期衣币靴袜副使惹爬燕之及通事从人皆有赐泰期复来贡并上皇太子笺命刑部侍郎李浩赍赐文绮陶铁器且以陶器七万铁器千就其国市马及硫磺九年夏王遣泰期从浩入贡马四十匹浩言其国不贵纨绮惟贵磁器铁釜自是赏赉多用诸物十年王又遣泰期等表贺元旦贡马十六匹硫黄千斤十一年十三年贡方物赐赉悉如例十五年王又遣泰期及陪臣亚兰匏等贡马及硫黄太祖赐币帛有加命尚佩监奉御路谦送泰期等返国十六年王遣亚兰匏表贺元旦贡方物山南王承察度亦遣其臣师惹等奉表入贡太祖赐王镀金银印及币帛七十二疋山南王赐币帛如之时二王与山北王互相攻伐遣中使梁民勅王曰王居沧海之中崇山环海为国事大之礼不行亦何患哉王能体天育民行事大之礼自朕即位十有六年岁遣人朝贡朕嘉王

至诚命尚佩监路谦报王诚礼何期复遣使来谢今令内使监丞梁民同前奉御路谦赍符赐王镀金银印一近使者归言琉球三王互争废农伤民朕甚悯焉诗曰畏天之威于时保之王其罢战息民务修尔德则国用永安矣谕山南王承察度山北王帕尼芝曰上帝好生寰宇之内生民众矣天恐生民互相残害特生聪明者主之迩者琉球国王察度坚事大之诚遣使来报而山南承察度亦遣人随使者入观鉴其至诚深可嘉尚近使者自海中归言琉球三王互争废弃农业伤残人命朕闻之不胜悯怜今遣使谕二王能体朕意息兵养民以绵国祚则天佑之不然悔无及矣于是王及山南王山北王皆遣使入谢各赐衣币十七年王遣阿不耶等入贡赐钞币十八年表贺元旦贡方物太祖赐王海舟一山南王如之又补给山南王山北王驼纽镀金银印各一十九年王遣亚兰匏等贡马百二十匹硫磺万二千斤赐宴及钞二十年王遣亚兰匏等贡方物进皇太子笺献马山南王承察度叔汪英紫氏山北王帕尼芝亦各遣使入贡二十一年王遣使甚模结致等贡马贺天寿圣节二十三年表贺元旦贡方物世子武宁亦贡马五匹硫磺二千斤胡椒二百斤苏木三百斤通事屋之结者携胡椒三百斤乳香十斤为门者所获当入官诏还之仍赐屋之结等六十人钞各十锭【中山世鉴云洪武二十三年庚午南夷宫古岛八重山岛始来贡其后每年来贡】二十四年王及世子武宁遣亚兰匏嵬谷致等贡马及方物山南王叔汪英紫氏亦遣使表贺天寿圣节二十五年王及世子武宁各进表笺贡马并遣从子日孜每阔八马寨官子仁悦慈入国子监读书国人就学自兹始太祖各赐衣巾靴袜并夏衣一袭钞五锭秋又赐罗衣各一袭及靴袜衾褥山南王承察度亦遣从子三五郎尾及寨官子实他卢尾贺段志等入国子监读书赉如中山例先是国人才孤那等二十八人采硫磺于河兰埠遇风飘惠州海丰为逻卒所获语言不通以为倭人送至京至是贡使为白其事太祖皆遣归赐闽人善操舟者三十六姓以便往来【万历中副使谢行人杰记云洪永二次各遣十八姓多闽之河口人合之凡三十六姓今所存者仅七姓中山世鉴云今存者仅蔡郑林梁金五家】二十六年王遣使麻州等贡方物已又遣使寿礼结致等贡马偕寨官子段志每入国子监读书太祖命赐夏衣靴袜秋又赐罗绢衣各一袭傔从各给布衣二十七年王遣亚兰匏等贡方物赐宴于会同馆二十八年王遣王相亚兰匏贡方物山北王珉山南王叔汪英紫氏亦各遣使入贡太祖赐钞有差二十九年王两遣使贡方物山北王攀安知山南王承察度山南王叔汪英紫氏亦入贡诏遣三五郎亹等归省赐三五郎亹白金七两彩缎六表里钞五十锭寨官子实那卢亹钞二十锭彩缎一表里归未数月会世子武宁遣使贡偕寨官子麻奢理诚志鲁二人入国子监就学三五郎亹复与俱来请卒业太祖许之仍赐衣冠靴袜三十年王两遣使贡马及硫磺山北王攀安知山南王叔汪英紫氏亦入贡三十一年王遣亚兰匏等贡马及硫磺世子武宁贡如之女官生姑鲁妹偕入谢恩以昔常在京读书也太祖赐钞有差三月太祖命以冠带赐王先是王尝请中国冠带太祖命礼部图冠带之制示之至是匏等复以为请赐如制并赐臣下冠服永乐改元遣使以即位诏谕王王遣从子三五良亹奉表贺且贡方物成祖赐钞币袭衣宴于会同馆遣行人边信刘亢赍绒锦绮纱罗赐王

臣按中山世鉴云王在位四十六年洪武二十八年十月五日薨今实录二十九年后尚书王贡如常岂未讣于朝耶

武宁

明洪武二十九年丙子武宁嗣位

中山世鉴云武宁察度世子元至正十六年生四十一岁嗣位违父遗命荒于禽色日夜逸游诸侯多背山南王讨灭之在位二十六年

明史实录云察度卒子武宁遣三五良亹讣告于朝永乐二年正月成祖遣行人时中往祭赙以布帛诏武宁袭爵诏曰圣王之治协和万邦继承之道率由常典故琉球国中山王察度受命皇考太祖高皇帝作屏东藩克修臣节暨朕即位率先归诚今既殁尔武宁乃其世子特封尔为琉球国中山王以承厥世惟俭以修身敬以养德忠以事上仁以抚下克循兹道作镇海邦永延世祚钦哉四月山南王弟汪应祖亦受封于朝应祖故山南王承察度从弟承察度无子遗命应祖摄国事元年常遣长史王茂朝贡会山北王攀安知遣使善住古耶贡方物丐赐冠带衣服以变国俗成祖许之至是应祖遣使隗谷结致来朝贡方物且奏乞如山北王例赐冠服成祖遂遣使赍诏封之赐如所请偕其使俱还三年行人时中使琉球还王遣三五良亹奉表贡方物谢袭封恩赐衣币宴于会同馆已又遣养埠结制等贺万寿圣节时山北工攀安知山南王汪应祖亦遣贡应祖又遣寨官子李杰赴国子监受学赐衣如例四年王及山南王山北王皆表贺元旦王遣寨官子石达鲁等六人就学赐衣钞有差王进阉者数人成祖不受

臣按前使汪楫记云世缵图云洪武二十九年王即位凡在位二十六年其国继世嗣位类先自立而后请于朝故所纪嗣位之年与中朝遣封之时多不合然明初贡使时通封卒年岁不应参差如是即云洪武二十九年嗣位中更靖难赴告踰期顾在位二十六年则永乐之末尚宜无恙何五年遂有祭赙之典耶按中山世鉴云武宁在位二十六年卒于永乐十九年辛丑尚巴志于永乐二十年立与世缵图所记同皆非是遍问国中老成云武宁永乐二年受封薨于永乐三年在位十年山南王既灭武宁尚巴志举兵讨山南王并灭中山而奉其父思绍为王明史实录永乐五年世子思绍告其父武宁之丧来请嗣爵若合符节为不谬云

察度至武宁凡二传共五十六年

思绍

明永乐四年丙戌思绍即位

明史实录云永乐五年四月世子思绍遣三吾良亹贡马及方物别遣使以其父武宁讣告成祖命礼部赐祭赙诏思绍嗣王爵【按中山世鉴云宣德三年封尚巴志为中山王乃追封其父思绍为王非也追封之王主不入庙今先王庙中有思绍神主其及身为王明矣况实录又凿然可据无疑也】六年王遣使阿勃吾斯奉表贡方物谢袭封恩时山南王汪应祖亦贡马各赐钞币七年王遣使贺万寿圣节山南王汪应祖亦贡马各赐衣币八年王遣三吾良亹朝贡山南王汪应祖亦遣使贺万寿圣节皇太子皆赐之钞币王遣官生模都古等三人入国子监受学皇太子各赐巾衣靴绦衾褥帐具通事林佑本中国人启请赐冠带从之九年王遣三吾良亹贺元旦偕王相之子怀德寨官之子祖鲁古入国子监受学又遣使坤宜堪弥贡马及方物疏言长史王茂辅翼有年请升茂为国相兼长史事又言长史程复【一作朱复】饶州人辅臣祖察度四十余年勤诚不懈今年八十有一请命致仕还其乡悉报可十年王遣使贺元旦山南王汪应祖亦入贡巳又遣使贺万寿圣节成祖赐钞币又赐琉球生夏布襕衫绦靴十一年王两遣使贡马偕寨官子邬同志久等三人【一作三十人】入国子监受学巳又与山南王汪应祖各贡马赐钞及永乐钱十二年王遣使贺元旦遣三吾良亹贡马及方物赐钞币皇太子赐琉球生益智每等二人罗布衣各一袭及襕衫靴袜衾褥帷帐从人皆有赐成祖赐邬同志久等三人衣钞十三年成祖遣行人陈季芳【一作若】等赍诏封山南王汪应祖世子他鲁每为琉球国山南王时应祖为其兄达勃期所弑各寨官合兵诛达勃期推他鲁每摄国事他鲁每表请袭封故遣使往并赐诰命冠服及钞万五千锭王及山北王攀安知俱各遣使贡方物王世子尚巴志亦遣使宜是结制贡马及方物赐文绮三十表里十四年王遣三吾良亹贡马及方物巳又遣使贡马山南王他鲁每亦遣使来贡谢袭封恩十五年王及山南王他鲁每俱遣使贡赐赉甚厚巳又与世子尚巴志各遣使贡马十六年王两遣使贡方物成祖赐使者冠带钞币有差十七年王三遣使贡马及方物二十年王遣使贺元旦巳又遣贡方物二十一年世子尚巴志遣使奉表贡方物皇太子命礼部宴劳之二十二年二月王讣闻于朝命礼部遣官赐祭赙以布帛九月遣行人周彝赍勅以行【一作仁宗嗣位命行人方彝诏告其国】

臣按中山沿革志云思绍永乐五年嗣位二十三年卒在位十八年非也王在位十六年永乐十九年薨今明史实录二十年以后尚书王贡如常至二十二年始讣于朝未详其故

尚巴志

明永乐二十年壬寅尚巴志嗣位

中山世鉴云尚巴志佐铺按司思绍嫡子也洪武五年壬子生洪武三十五年壬午年三十一嗣父思绍为佐铺按司赏罚不违视民饥如巳饥民寒如巳寒南方诸侯归之者甚众时山南王恃胜而骄穷欲于人朝暮游宴诸侯皆遁归服于佐铺按司共兵攻落山南王遂进兵浦添并攻落中山王山北王皆次第降当元延佑中国分为三百有余年中山山北交攻七十余战山北辄胜今战败自杀中山王顺天御坐琉球国又合为一统永乐二十一年癸卯秋遣使奏曰我琉球国分为三者百有余年战无止时臣民涂炭臣巴志不堪悲叹为此发兵山南山北今归太平伏愿陛下圣鉴不违旧规给臣袭封谨贡土产马及方物大明皇帝赐诏云尔琉球国分人民涂炭百有余年比尔义兵复致太平是朕素意自今以后慎终如始永绥海邦子孙保之钦哉故谕【尚巴志之奏及成祖之谕明史实录皆不载姑存以备考】

明史实录云洪熙元年仁宗遣中官柴山赍勅至国封世子尚巴志嗣中山王勅曰昔我皇考太宗文皇帝躬膺天命统御万方恩施均一远迩归仁尔父琉球国中山王思绍聪明贤达茂笃忠诚敬天事大益久弗懈我皇考良用

褒嘉今朕缵承大统念尔父没已久尔其嫡子宜俾承续特遣内官柴山赍勅命尔嗣琉球国中山王尔尚立孝立忠恪守藩服修德务善以福国人斯爵禄之荣延于无穷尚其祗承无怠无忽仍赐冠带袭衣文绮方仁宗遣山时贡使已两至表称世子贺成祖万寿圣节至是始知改元是年凡四遣使贡马及方物云宣德元年王遣使贡方物谢袭封恩附奏曰臣祖父昔蒙朝廷大恩封王爵赐皮弁冠服洪熙元年臣奉诏袭爵而冠服未蒙颁赐宣宗命行在礼部稽定制制以赐之先是仁宗遣封已赐冠带而王复以为请故宣宗特赐以皮弁冠服王遣使郑义才进香长陵义才言海风坏舟附内官柴山舟得达乞赐一舟归国且便朝贡宣宗命行在工部与之已又两遣使贡马及硫磺赐袭衣靴袜有差二年王两遣使贡方物时山南王他鲁每亦遣使进香长陵三年王遣使郑义才贡马及方物谢赐皮弁海舟宣宗赐义才等冠带及金织纻丝袭衣余皆素纻袭衣宣宗以朝贡弥谨遣使赍勅劳之并赐王纻丝纱罗锦缎已又遣内官柴山副使阮渐赍勅赐王金织纻丝纱罗绒锦四年王遣使表贡贺万寿圣节已又两遣使贡马及方物山南王他鲁每亦两遣使入贡俱赐宴及钞币又命山南王使赍勅及钞绢归赐王【汪记云自是山南王不复遣使盖并于中山矣永乐十三年以后山北王攀安知不复入贡则山北先山南而亡者十四年矣】五年王四遣使入贡宴赉如例仍赐王钞二万一千七百六十锭六年王两遣使入贡又表贡马及金银器皿谢赐锦币七年宣宗以外国朝贡独日本未至命内官柴山赍勅至国令王遣人往日本谕之明年来朝宣宗命行在工部给中山贡使漫泰来结制海舟一以贡使言来舟损坏故是年王遣使入贡者凡四宴赉如例八年王遣使入贡者凡二宴赉如例九年王遣使贡马及方物已又遣使谢赐衣服海舟宣宗赐币有差仍命赍勅及币归赐王十年王遣使谢礼部尚书胡濙奏量遣正副使从人一二十人赴京余悉留彼处给待从之正统元年英宗颁赐大统历适王遣贡使伍是坚至令是坚赍回勅谕王及日本国王源义王再遣使贡马及方物使者至福建如例止具贡物以闻其自携螺壳九十海巴五万八千失于自陈有司以漏报没入使者吁请给值英宗命行在礼部如例给之后浙江市舶提举司王聪复以为言英宗谓礼部曰海巴螺壳远人资以货殖取之奚用命悉还之仍著为令二年王遣陪臣义鲁结制等贡马及方物奏称本国各官冠服皆国初所赐年久朽敝乞更赐又言本国遵奉正朔而海道险阻受历之使或半载一载方返事下礼部覆奏命冠服本国可依原降造用大统历福建布政司给与之三年遣使义鲁结制等贡马及方物赐币有差四年遣使梁求保入贡已又遣阿普礼是等入贡赐宴币如例巡按福建监察御史成规疏言琉球使臣俱于福建停憩通事林惠郑长所带番稍人从二百余人除日给廪米外其茶盐酰酱等物勒折铜钱按数取足稍缓辄肆詈殴渐不可长事下礼部以为于例止日给廪米一切费宜悉罢之其通事人员不行禁戢请治罪英宗以远人姑示优容令移文戒谕之五年王遣步马结制等贡马及方物宴赉如例先是朝贡者朝参出入皆给马至是令止给正副使著为令中山世鉴云赐尚姓自兹始自是定例二年一贡巴志在位十八年寿六十八正统四年己未薨

尚忠

明正统五年庚申尚忠嗣位

尚忠尚巴志第二子洪武二十四年辛未生五十岁嗣位正统七年遣长史梁求保入贡以巴志讣告乞嗣位英宗遣给事中俞忭行人刘逊赍诏至国诏曰昔我祖宗恭天明命君主天下无间远迩一视同仁海外诸国咸建君长以统其众朕承大宝只奉成宪用图永宁故琉球国中山王尚巴志爰自先朝恭事朝廷勤修职贡始终如一兹既云亡其世子尚忠敦厚恭慎克类前人上能事大下能保民今遣正使给事中俞忭副使行人刘逊赍勅封为琉球国中山王以主国事尔大小头目人等其钦承朕命尽心辅翼惇行善道俾国人咸乐太平副朕仁覆苍生之意并勅王曰尔遣长史梁求保奏尔父王尚巴志亡殁良深悼念特遣使命尔为琉球国中山王以主国事尔宜笃绍尔父之志益坚事上之诚敬守臣节恭修职贡善抚国人和睦邻境庶几永享太平之福仍赐王及妃皮弁冠服金织袭衣币布等物当忭等未至忠已两遣使贡马及贺明年元旦犹称世子云九年王遣使入贡者四使臣梁回奏乞一海船以便岁时朝贡从之十年王遣使入贡者二宴赉如例十一年王遣使入贡者二宴赉如例

臣按中山世鉴云王在位五年寿五十四正统九年薨而实录十年十一年尚书王贡纪年参差有误

尚思达

明正统十年乙丑尚思达嗣位

尚思达尚忠子永乐六年戊子生三十八岁嗣位正统十二年遣长史梁求入贡以其父尚忠讣告请袭爵三月英宗遣给事中陈傅行人万祥谕祭故王尚忠封世子思达嗣王勅曰尔比遣长使梁求等奏尔父王尚忠亡殁良深

悼念特封尔为琉球国中山王继承尔父主理国事尔宜笃绍先志敬守臣节恪修职贡简任贤良善抚国人和睦邻境以保国土仍以皮弁冠服常服及织金纻丝罗缎等物赐王复诏谕其国臣庶尽心辅翼各循理分毋或僭踰俾凡国人同乐雍熙副朕一视同仁之意王遣通事蔡让等贡马及方物宴赉如例十三年王遣使入贡十四年王遣使梁同等贡马及方物时福建尤溪沙县方有冦警所司请缓期三月始达巳又遣使马权度等入贡王叔尚金福亦贡马及方物赐衣币冠带命权度赍勅并彩币归赐王及王妃王叔景泰元年遣使百佳尼朝贡景帝命赍勅并文绮彩币归赐王及妃通事程鸿言船坏不能返国愿以赐币造船礼部请移文福建三司听其自造不得扰民从之巳又遣使梁回贡马及方物宴赉如例二年王遣使察都等入贡亦以自备工料造船为请礼部言今福建地方被贼人民艰窘宜令其候本国进贡通事李敬等回日附载归国从之巳又遣使亚间美等入贡王在位五年寿四十二正统十四年巳巳薨无子乃立王叔尚金福为王

尚金福

明景泰元年庚午尚金福即位

尚金福巴志第六子洪武三十一年生四十八岁即位景泰二年景帝遣左给事中乔毅【殊域周咨录作陈谟】行人童【一作董】守宏谕祭故王思达封其叔尚金福为中山王金福两遣使入贡犹称王叔盖命未达也四年王四遣使入贡宴赉悉如例在位四年寿五十二景泰四年癸酉薨

尚泰久

明景泰五年甲戌尚泰久即位

中山世鉴云泰久尚金福第一子永乐十三年乙未生四十岁即位

明史实录云金福既卒其弟布里与其子忠鲁争立焚烧府库两伤俱绝所赐镀金银印亦镕坏国人推尚泰久权国事景泰五年泰久以闻并请铸印颁赐命所司给之巳又遣使入贡表称琉球国掌国事王弟尚泰久景帝命赍勅及彩币归赐王弟六年王弟两遣使入贡遣给事中严诚【殊域周咨录作李秉彝】为正使行人刘俭为副使赍诏封王弟尚泰久嗣王诏曰帝王主宰天下恒一视而同仁藩屏表率国中或同气以相嗣朕躬膺天命抚驭诸侯琉球国王尚金福既薨其弟尚泰久性资英厚国众归心兹特遣使赍勅封为琉球国中山王凡彼国中远近臣庶宜悉心辅翼罔或乖违长坚忠顺之心永享太平之福故兹诏示咸使闻知又勅王曰尔自先世恪守藩维传及尔兄益隆继述敬天事上久而愈虔属兹薨逝轸于朕怀尔乃王弟宜绍国封特遣使赍诏封尔为琉球国中山王并赐尔及妃冠服彩币等物尔尚砥砺臣节怀抚国人钦哉七年遣使入贡犹称王弟及册封后遣使入谢又遣使入贡天顺二年王遣使朝贡者三三年王遣使李敬贡马及金银器皿疏言本国王府失火延烧仓库铜钱请照永乐宣德间例所带货物以铜钱给赐礼部以铜钱系中国所用难以准给宜将估计钞贯照旧六分京库折支生绢其四分移文福建布政司收贮纻丝纱罗绢布等物依时值关给从之王遣使亚罗佳其等入贡宴赉如例四年王遣使入贡五年王遣使王察等贡马及方物六年王遣使程鹏等贡方物宴赉悉如例

中山世鉴云诸寺诸山建立大钟皆王所铸在位七年寿四十六天顺四年庚辰薨

臣按思达非金福子也中山世鉴误汪记引世缵图云泰久系尚思达之弟而实录则云金福之弟盖实录止以请封之疏为据他无可考也

尚德

明天顺五年辛巳尚德嗣位

尚德尚泰久第三子正统六年辛酉生二十一岁嗣位天顺六年遣使入贡以泰久讣告英宗命吏科右给事中潘荣行人司行人蔡哲充正副使往祭故王泰久封世子尚德为王诏曰朕绍帝王之统缵祖宗之绪主宰天下一视同仁抚驭华夷靡间遐迩惟尔琉球国僻居海岛密尔闽中慕义来庭受封传业盖有年矣故国王尚泰久克笃勤诚敬天事人甫余六载倏尔告终先业攸存可无承继其世子尚德性资仁厚国众归心兹特遣正使吏科右给事中潘荣副使行人司行人蔡哲赍诏往封为琉球国中山王仍赐以皮弁冠服等件凡国中官僚士庶宜同心辅翼作我外藩呜呼循理谨度永坚率俾之忠亲族睦邻丕冒咸宁之化故兹诏示悉使闻知七年王遣使崇嘉山等入贡宴赉如例成化二年王遣使程鹏等贡马及方物赐宴及衣币三年王遣长史蔡璟入贡赐币四年王遣使程鹏巳又遣使读诗贡马及方物俱赐衣币五年王遣长史蔡璟入贡又遣使查农是等入贡宴赉如例

中山世鉴云尚德君德不修朝暮渔猎暴虐无道鬼界岛叛不朝贡数年王自将攻伐之归弥自满以致败亡在位九年年未三十成化五年已丑薨寿二十九岁世子幼稚国人废之奉内间里主御锁侧是为中山王尚圆

思绍尚巴志至尚德凡六传共六十七年

尚圆

明成化六年庚寅尚圆即位

中山世鉴云尚圆北夷伊平人即叶壁山也永乐十三年乙未生字思德金其先不可知或曰义本让位隐北山疑即其后也一云叶壁有古岳名天孙岳尚圆即天孙氏之裔也父尚稷为里主尚圆生有异瑞年二十四始渡国头来仕中山尚金福时始给黄帽尚泰久时领主内间内间之民皆亲爱之时久旱田苗皆稿独其田不雨而润民惊传为异王惧载妻子隐避一十四年德日懋尚金福闻其贤召为黄帽官转御锁侧即今耳目官也誾誾侃侃万事当理德著民怀尚德嗣位多行不义尚圆极谏云君用财若无穷杀人若不胜尚德怒不听再避隐于内间尚德卒世子幼稚群臣杀之于真玉城请御锁侧立为王以安国家尚圆固让不获乃至首里即位除其虐政顺民所喜山林隐逸随材器使远近蛮夷皆归心焉

明史实录云成化七年尚圆遣使蔡璟等入贡以父尚德薨来赴请袭爵宪宗遣户科都给事中丘弘为正使行人司行人韩文为副使赍仪物行庆吊礼封世子尚圆为中山王弘行至山东病卒改命兵科给事中官【一作管】荣偕文往八年王遣长史梁应贡马及方物宴赉如例九年王遣王舅武实入贡谢袭封恩十年王遣使沈满志等贡马及方物宴赉如例仍以钞绢酬其自贡物值满志等乞如旧制折给铜钱不许十一年王遣使程鹏入贡附奏乞如常例岁一朝贡宪宗勑王曰王使朝贡已如例赏赐遣还近福建镇守官奏通事蔡璋等还次福州杀人劫财非法殊甚今因使臣还特降勅省谕勅至王宜问璋等故纵其下之罪追究恶徒依法惩治自后定例二年一贡止许百人多不过加五人除正员外不得私附货物并途次骚扰有累国王忠顺之意其省之十二年王遣使梁应等入谢会宪宗立皇太子应因奏乞如朝鲜安南例赐诏赍回礼部以琉球日本占城皆海外国例不颁诏宪宗特命降勅并以锦币归赐其王及妃十三年王遣使李荣奉表谢恩已又遣程鹏贡马及方物复请岁一遣使朝贡不许命如前勅王在位七年寿六十二成化十二年薨

尚宣威

明成化十三年丁酉尚宣威摄位

中山世鉴云尚宣威尚圆之弟宣德五年庚辰生少育于兄九岁从兄渡国头至中山为黄帽官尚圆卒世子尚真年十三宣威摄国事六阅月国人乐附后引尚真掖就王位已东向立退隐于越来其年卒【汪录世缵图云丙申八月四日卒】寿四十八谥义忠今其子孙尚存

尚真

明成化十三年丁酉尚真嗣位

尚真尚圆世子成化元年乙酉生年十三嗣位成化十四年遣长史梁应等请袭封宪宗命兵科给事中董旻为正使行人司右司副张祥为副使赍诏之国封世子尚真为中山王赐皮冠服金镶犀带并以彩币赐王及妃应等具奏仍欲一年一贡不许十五年王遣使李荣朝贡迎封册赐宴及衣币十六年王遣使马怡世入谢附奏乞如旧制不许十八年王遣使贡马及方物乞以陪臣子蔡宾等五人于南京国子监读书令有司如旧制岁给衣服廪饩王又以不时进贡为请礼部言其意实假进贡以规市贩之利宜勿听礼部又言琉球国进贡旧例到京少则四五十人多则六七十人俱给赏有差迩因各国进贡率多奸弊每国止许五七人不过十五人到京余俱留边以俟今福建以例止容正议大夫梁应等十五人赴京既已官答以次均给庶不减削太甚失柔远之意从之二十年王遣使程鹏贡马及方物奏永乐年间所赐船破坏已尽止存其三乞自备物料于福建补造部议许造其一给赏余六七十人俱留布政司宜发二十二年王遣使蔡曦贡马及方物二十三年遣陪臣马审礼等贡方物谢恩至则孝宗嗣位登极四月赐冠带衣币仍命领诏赐王及妃锦币弘治元年王遣使皮扬那等从浙江入贡孝宗命却之以贡道当由福建且贡非其时也皮扬那等具以国王咨礼部文言成化二十一年本国正议大夫程鹏等进贡回国报知皇太子册妃乃遣使表贺并贡方物礼部言琉球入贡虽与例限不合然远人之情可念况笺文方物已至京难于终却请暂赐容纳后仍以旧例裁之或因福建风水不便取路浙江亦令审实奏请方许起送今次所给正副使彩缎等物宜如旧例番伴从人

减半以示裁抑之意从之时蔡宾亦随贡使至言成化中读书南京国子监今吏部侍郎刘宣时为祭酒特加抚恤乞容执贽于宣所致谢许之三年王遣使马仁等进香别遣王舅麻勃都入贡奏称本国来贡人员近止许二十五人赴京物多人少恐致疎失又谓本国贡船抵岸所在有司止给口粮百五十名其余多未得给孝宗命来京许增五人增口粮二十名五年七年皆遣正议大夫梁德入贡赐王锦缎宴赉德等如例九年十三年皆遣正议大夫郑玖入贡赐王锦缎宴赉玖等如例十五年王遣使入贡请于福建补造海船以便往回从之十六年王遣使吴诗等往满剌加国收买贡物遇风舟覆诗等百五十二人漂至海南登岸为逻卒所获广东守臣以闻孝宗命送诗等于福建守臣处给粮赡养候本国贡使归之十七年王遣使具言前使遭风未回致失二年一贡之期至是补贡纳之武宗登极命行人左辅颁诏至国正德二年王遣王舅亚嘉尼施等贡马及方物奏乞每岁一贡礼部议琉球在昔朝贡不时至成化十一年因使臣不法勅令二年一贡今彼因入贡违期故为此奏以餙非宜勿听武宗特许之长史蔡宾奏乞自备工料修造贡船二只礼部议行镇巡官验实量修不必改造宾复奏武宗曰令二船拆卸补造第勿过式四年王遣正议大夫程琏入贡五年请以官生蔡进等五人入国子监读书许送南监仍给衣廪等物如例六年王遣正议大夫梁能七年又遣正议大夫梁宽等贡宴赉如例十年王遣长史陈义十一年遣正议大夫梁龙贡马及方物宴赉如例十二年王遣正议大夫陈义入贡十三年遣长史蔡迁十五年遣长史金良贡马及方物宴赉悉如例

嘉靖改元王遣王舅达鲁加尼进香贡方物庆贺诏赐王及妃锦币勅王仍遵先朝旧例越二年一朝贡每年不过百五十人仍命福建巡按御史查勘验放三年王遣长史金良等二十人入贡良言其国先有正议大夫郑绳领谢恩方物渡海风漂未至而表文在此请得先进许之明年绳至言方物以舟败至是复进福建守臣以闻世宗命就彼中宴赉遣还方物令所司转运仍令绳赍勅转谕日本国王令捕系倡乱者以献五年官生蔡廷美等请就国子监读书令礼部照例给廪米薪炭及冬夏衣取

中山世鉴云王在位五十年天姿明敏又能谦已受益继述父业治道大明政刑咸备年六十二岁以嘉靖五年薨

尚清

明嘉靖六年丁亥尚清嗣位

尚清尚真第三子【汪录云天缵王子非是中山王无称天缵王者】弘治十年丁巳生年三十一岁嗣位嘉靖七年遣正议大夫郑绳等进贡请袭封绳等回至海中溺死九年又遣蔡瀚入贡申前请礼部以袭封重典命福建镇巡官查访申报瀚请遣读书官生蔡廷美等四人还本国婚姻给赏币布有差瀚又言来经日本日本国王源义晴托赍表文乞赦其使臣宋素卿之罪并乞新勘合金印复修常贡礼部验其文俱无印篆言倭情谲诈不可遽信勅琉球国王遣人传谕日本令擒献首恶送回掳去指挥奏请裁夺十一年正议大夫金良赍国中人民结状请册封世宗遣吏科左给事中陈侃为正使行人司行人高澄为副使赍诏之国诏曰朕恭膺天命为天下君凡推行乎庶政必斟酌夫古礼其于锡爵之典未尝以海内外而有间焉尔琉球国远在海滨久被声教故国王尚真夙绍显封已踰四纪兹闻薨逝属国请封世子尚清德惟克类众心所归宜承国统朕笃念怀柔之义用嘉敬顺之诚特遣使赍诏封尔为琉球国中山王仍赐以皮弁冠服等物王宜慎乃初服益笃忠勤有光前烈国中耆俊臣僚其同寅翼赞协力匡扶尚殚事上之心恪尽臣藩之节保守海邦永底宁谧又勅王曰惟尔世守海邦继膺王爵敬顺天道世事皇明尔父尚真自袭封以来恭勤匪懈比者薨逝良用悼伤尔以冢嗣国人归心理宜承袭兹特遣使封尔为琉球国中山王并赐尔及妃冠服彩币等物尔宜祗承君命克绍先业修职承化保境安民以称朕柔远之意十三年遣正议大夫梁椿入贡表称世子时诏命犹未达也十四年陈侃等还言海中风涛之险多藉神庥不致颠覆乞赐祭以答神贶礼部议令布政司设祭一坛报可王遣王舅毛实等入贡谢恩宴赉如例仍以锦币杂物赐王先是王以金四十两馈侃等不受实等并以金奏进世宗命侃等受之十七年王遣使陈赋入贡宴赉如例十九年王遣长史梁梓贡马及方物奏请补造海船四以便续贡许之禁不得违式二十年王遣使殷达鲁等入贡宴赉如宜祗承君命克绍先业修职承化保境安民以称朕柔远之意十三年遣正议大夫梁椿入贡表称世子时诏命犹未达也十四年陈侃等还言海中风涛之险多藉神庥不致颠覆乞赐祭以答神贶礼部议令布政司设祭一坛报可王遣王舅毛实等入贡谢恩宴赉如例仍以锦币杂物赐王先是王以金四十两馈侃等不受实等并以金奏进世宗命侃等受之十七年王遣使陈赋入贡宴赉如例十九年王遣长史梁梓贡马及方物奏请补造海船四以便续贡许之禁不得违式二十年王遣使殷达鲁等入贡

宴赉如陈赋等贡马及方物宴赉如例并以礼币报王王请遣官生梁炫等归娶时炫等就学南监已踰七年诏给资粮驿骑遣人护归二十四年王遣长史梁显入贡送还朝鲜漂流人口宴赉如例二十六年王遣陈赋入贡赋与蔡廷会偕来廷会祖蔡璟闽人永乐中拨往琉球克水手而产籍在闽与给事中黄宗概上世有亲至是廷会来宗概与交通馈谒事觉逮下诏狱礼部请并罪赋革其赏世宗曰陈赋无罪赏如例蔡廷会交结朝臣法当重治念属贡使姑革赏示罚蔡璟既永乐中拨出何得于中国置产立籍行抚按官勘明处分二十八年王遣正议大夫梁显入贡宴赉如例二十九年王遣官生蔡朝用等五人诣京请入监读书许之三十二年王遣长史梁炫入贡宴赉如例三十四年王遣正议大夫梁硕入贡具言贡舟至港其势必坏请令使臣买海上民船驾还诏福建守臣覆状听买不得过大又请放官生蔡朝用等归国省亲许之遣使送归

中山世鉴云王刚强英毅时大岛绝贡不朝王亲征之得疾危甚法司国头马思良祈天代死竟死王疾瘳返中山官其子厚恤之今其子孙世袭国头按司【汪记误入尚元王条下】王在位二十九年寿五十九岁嘉靖三十四年卒

尚元

明嘉靖三十五年丙辰尚元嗣位

尚元尚清第二子嘉靖七年戊子生年二十九岁嗣位嘉靖三十六年尚元遣正议大夫蔡廷会等入贡请袭封先是三十五年倭冠自浙败还入海至琉球境中山王世子尚元遣兵邀击尽殲之得中国被掠人金坤等六名至是廷会等入贡献还因言穷岛远人须乘夏令遇南风汛始得归国乞如三十四年例每岁自行修买归舟不候题请世宗嘉其忠顺许之仍赐勅奖谕赏银五十两彩币四表里有功人马必度及廷会等俱厚赐三十七年遣给事中吴时来行人李际春为正副使无何时来疏论大学士严嵩奸邪状嵩言其畏航海之役故生事妄言世宗怒杖时来遣戍改命刑科给事中郭汝霖为正使偕际春以行三十九年汝霖等尚未行而正议大夫蔡廷会入贡奉表谢恩称受其世子命以海中风涛叵测倭人出没不时恐使者有他虞获罪上国请如正德中封占城故事遣人代进表文方物而身同本国长史梁炫等赍回诏册不烦遣使巡按御史樊献科以闻下礼部议言琉球在海中诸国颇称守礼故累朝以来待之优异每国王嗣立必遣侍从之臣奉命服节册以往今使者未至乃欲遥受册命则是委君贶于草莽其不可一也廷会奉表入贡乃求遣官代进昧以小事大之礼弃世子专遣之命其不可二也昔正德中流贼为梗使臣至淮安抚按官暂为留住候事宁即遣贡阙下占城国王为安南所侵窜居他所故令使者赍回勅命乃一时权宜且此失国之君也造无稽之词以欺天朝援失国之君以拟其主其不可三也梯船通道柔服之常彼所借口者特倭人之惊风涛之险耳不知琛賨之谕纳贡使之往来果何由而得无患也其不可四也当时占城虽领回诏勅然其王沙古卜洛犹恳请遣使为蛮邦光重且廷会非世子面命又无印信文移若遽轻信其言万一世子以遣使为至荣谓遥拜为非礼不肯受封复上请使如占城将谁任其咎哉其不可五也乞令福建守臣以前诏从事便至于未受封而先谢恩亦非故典宜止许入贡方物候受封后方进谢恩表文世宗从之四十一年汝霖等始奉诏至国诏曰朕受天命主宰寰宇凡政令之宣布惟成宪之是循其于锡封之典遐迩均焉尔琉球国远处海陬声教渐被修职效义阅世已久故国王尚清显荷爵封粤踰二纪兹者薨逝属国请封世子元朕念厥象贤众心归附是宜承绍国统特遣正使刑科右给事中郭汝霖副使行人司行人李际春赍诏往封为琉球国中山王仍赐以皮弁冠服等物王宜谨守礼度益笃忠勤凡国中官僚耆旧尚其同心翼赞以佐王饬躬励行用保藩邦故兹诏示咸俾悉知王遣其舅源德偕汝霖等入谢初王以金四十两馈汝霖为谢却之至是源德等赍所馈金请命世宗谓朝廷命使无受谢之义诏听汝霖等辞寻以二臣远行著劳各赐银币四十二年王遣正议大夫郑宪入贡送还中国漂流人口世宗降勅褒谕赐镪币宪因奏本国亦有流入中国者乞命守臣恤遣下其疏于濒海所司四十四年王遣长史梁灼贡马及方物送还本国北山守备郑都所获中国被掠人口世宗嘉王忠顺再勅奖谕仍赐银五十两彩币四表里灼都各二十两一表里隆庆改元王遣使入贡宴赉如例二年王遣使入贺宴赉如例三年王遣守备由必都等归日本掠去人口守臣以闻穆宗以王屡效忠诚赏银币同前仍赐勅奖励由必都等给银币有差五年王遣正议大夫郑宪入谢又归被掠人口再勅奖励赐银币给赏如前遣南监受学官生梁照等三人归国从王请也王在位十七年寿四十五岁隆庆六年薨

尚永

明万历元年癸巳尚永嗣位

尚永尚元之第二子嘉靖三十一年生年二十一岁嗣位万历元年遣使入贡请袭封礼部行福建镇巡官查勘又送还被掠人民奖赉如例二年世子遣王舅马中叟长史郑佑等十八人入贡贺登极宴赉如例三年世子两遣使入贡四年世子遣正议大夫蔡朝器等贡方物如例给赏外神宗命每五日另给鸡鹅米面酒果以示优异以户科左给事中萧崇业为正使行人谢杰为副使赍皮弁玉圭往封尚永嗣王崇业等疏言四事一颁去诏勅如彼国恳留宜加例俯循其请一秩祀海神合举祈报二祭一造船宜专责府佐副以指挥二员造完一并随行一饮食物用弓矢器械以及观星占风听木察土医卜技艺之流毕备许酌量取用悉如所请五年正议大夫梁灼入贡表称世子时崇业等尚未行也八年庆诏至国诏曰朕受天明命君临万方薄海内外罔不来享延赏锡庆恩礼攸同惟尔琉球国远处海滨恪遵圣教世修职贡足称守礼之邦国王尚元绍序膺封臣节冞谨兹焉薨逝悼切朕衷念其侯度有常王封当继其世子永德惟象贤惠能得众宜承国统永建外藩特遣正使户科左给事中萧崇业副使行人司行人谢杰赍诏往封为琉球国中山王仍赐以皮弁冠服等物凡国中官僚耆旧尚其协心翼赞毕力匡扶懋猷勿替于承先执礼益虔于事上绥兹有众同我太平则亦尔海邦无疆之休勅王曰惟尔先世守此海邦代受王封克承忠顺迨于尔父元畏天事大益用小心诚节懋彰宠恩洊被遽焉薨逝良用悼伤尔为冢嗣克修厥美群情既附宜绍爵封兹特遣使封尔为琉球国中山王并赐尔及妃冠服彩币等物尔宜恪守王章遵述先志秉礼守义奠境安民庶几彰朕无外之仁以永保尔有终之誉王遣王舅马良弼入谢偕陪臣子郑周等三人就学命送南京国子监如例给衣粮九年王遣正议大夫梁灿入贡十一年王遣使梁灼入贡十五年王遣正议大夫郑礼谢恩别遣使贡方物宴赏悉如例是年王卒在位十六年年三十五岁

尚宁

明万历十六年戊子尚宁即位

尚宁尚真王之孙尚懿之子尚永无世子国人立尚宁年二十五岁即位遣使郑礼入贡言国方多事未暇请封【万历十四年日本平秀吉僭称关白威胁琉球等诸国皆使奉贡又虑琉球泄其情使毋入贡】二十七年宁遣使郑道等请封部议不必遣官但取具该国王舅法司等官印结与世子奏本到即颁封神宗曰今既请封可著选廉勇武臣一员同往行礼二十九年礼部右侍郎署尚书事朱国祚言琉球国僻处东南世修职贡时当承袭屡遭倭警延逭至今既经世子尚宁奏请相应准封其该用皮弁冠服纻丝等项宜照例应付遣官已奉明旨但据其陈乞情词援引会典必以文臣为请惟圣明裁定乃命兵科给事中洪瞻祖行人王士祯为正副使往瞻祖以忧去以兵科右给事中夏子阳代之三十三年神宗命夏子阳等作速渡海以彰大信仍传谕彼国以后领封海上著为定规先是万历二十三年琉球使臣于霸等为世子尚宁请封抚臣许孚远以倭氛未息议遣使赍勅至福建听来使面领或遣惯海武臣同彼国使臣往得旨待世子表请然后如议颁封迨二十八年请封表至则有用武臣之旨二十九年世子再疏乞差文臣始改后命于时子阳等方赍勅入闽而巡按方元彦以滨海多事偕抚臣徐学聚请仍遣武臣前往子阳等具言属国言不可爽使臣义当有终乞坚成命以慰远人俱未报而礼部侍郎李廷机言宜断行领封初旨并武臣之遣而罢之于是御史钱桓给事中萧道高各具疏力言其不可且云此议当在钦命未遣之先不当在册使既行之后宜行该抚速造海船勿误今年渡海之期候事竣复命然后定为画一之规先之以文告令其领封海上永为遵守从之于是子阳等赍诏之国诏曰朕恭膺天命诞受多方爰暨海隅罔不率俾声教所讫庆赉惟同尔琉球国僻处东南世修职贡自我皇祖称为礼义之邦国王尚永祗袭王封恪遵侯度倏焉薨逝良恻朕心其世子宁贤足长人才能驭众间关请命恭顺有加念其国统攸归人心胥属宜膺宠渥固我藩篱特遣正使兵科右给事中夏子阳副使行人司行人王士祯赍诏封为琉球国中山王仍赐以皮弁冠服等物凡国中官僚耆旧尚其殚忠辅导协力匡襄坚事上之小心巩承先之大业永绥海国共享升平惟尔君臣亦世世永孚于休又勅王曰惟尔上世以来建邦海外代膺封爵长固藩维尔父永恪守王章小心只畏忠诚茂著称我优嘉遽至长终良深悼恻尔为冢嗣无忝象贤既允群情宜崇位号特兹遣正使兵科右给事中夏子阳副使行人司行人王士祯赍勅谕封尔为琉球国中山王并赐尔及妃冠服彩币等物尔宜益虔侯度克绍先猷保乂人民奠安境土庶几恢朕有截之化抑亦贻尔无疆之休三十四年夏子阳等事竣复命王遣王舅毛鳳仪及正议大夫阮国入谢并以二使所却赆金上于朝神宗命来使赍回王附奏洪永间赐闽人三十六姓知书者授大夫长史以为朝贡之司习海者授通事总为指南之备今世久人湮文字音语海路更针常至违错乞依往例更赐事下礼部寝之三十六年王遣使郑子孝等十三人入贡宴赉如例三十八年王遣王舅毛

鳳仪长史金应魁急报倭警致缓贡期福建巡抚陈子贞以闻四十年浙江总兵官杨崇业奏报倭情言探得日本以三千人入琉球执中山王迁其宗器宜勅海上严加训练而兵部疏言倭入琉球获中山王则三十七年三月事也世缵图云浦添孙庆长即察度王之孙兴于日本自萨摩洲岛举兵入中山执王及群臣以归留二年法司郑迵【法司郑迵字利山嘉靖四十四年入太学夏子阳使录云法司不用三十六姓今用之自郑周始按周字格桥万历七年入太学与迵为兄弟但郑周官至长史为法司者则迵也今传写作郑回则尤误矣迵乃都通事郑禄第二子适第三子其长曰达无名回者】不屈被杀王危坐不为动庆长异之卒放回王在位三十二年寿五十七岁泰昌元年薨

尚丰

明天启元辛酉尚丰即位

尚丰尚永弟尚久之第四子也尚宁卒无世子国人立尚丰万历十八年生年三十二岁于天启元年即位【是年改元颁登极诏福建布政司转命卫指挥萧崇基赍诏至国】三年遣使蔡坚等贡硫磺马匹请袭封先是定期二年一贡万历间国被倭难诏停贡已十年至是以为言部议本国休养未久暂拟五年一贡待册封后另议五年丰遣使入谢并乞封典六年再遣使入贡七年遣正议大夫蔡延等入贡宴赉悉如例崇祯二年丰遣使入贡再申前请命礼官何如宠复以履险糜费请令陪臣领封帝不从乃命户科左给事中杜三策为正使行人司司正杨抡为副使赍诏及仪物往封尚丰为琉球国中山王六年三策等始至国王遣使入谢九年遣使入贡宴赉悉如例

中山世鉴云王通诸艺始制陶器以赡国用在位二十年寿五十一岁崇祯十三年薨

尚贤

明崇祯十四年庚辰尚贤嗣位

尚贤尚丰王第三子天启五年生十七岁嗣位十七年遣使金应元入贡请袭会中朝道阻不得归王在位七年寿二十三岁顺治四年薨

尚质

大清顺治五年戊子尚质嗣位

尚质尚贤之弟崇祯二年生年二十一岁嗣位先是尚贤请封未报使者留闽中至是与通事谢必振等至江宁投经略臣洪承畴转送入京礼部言前朝勅印未缴未便授封遣通事谕旨六年贤弟尚质称世子遣本国通事周国盛赍表归诚随通事入朝七年遣王舅何榜琨正议大夫蔡锦等奉贡入贺船漂没未达八年世祖章皇帝令来使周国盛赍勅归谕世子十年世子遣王舅马宗毅正议大夫蔡祚隆等贡方物缴前朝勅印请封备言其国王殁勅即随葬惟尚宁未葬故即以宁勅赍缴十一年又遣官进贡请封赐国王蟒缎二彩缎六蓝缎二素缎二闪缎二锦三紬四罗四纱四赐王妃彩缎四闪缎一蓝缎二素缎三锦二罗四纱四赏王舅彩缎表里各四正议大夫彩缎表里各三蓝缎一紬二罗二使者彩缎表里各二蓝缎一紬一罗一纱一通事从人纱缎紬布银两各有差遣兵科爱惜喇库哈番张学礼为正使行人司行人王垓为副使赐诏书一道镀金银印一伙令二年一贡进贡人数不得过一百五十人许正副使二员从人十五名入京余俱留边听赏学礼等疏请十事部议赐一品麟蟒服于钦天监选取天文生一人南方自择医生二人赐仪仗给驿护送外给从人口粮至福建修造渡海船选将弁二兵二百人随行因海氛未靖还京待命未行今上御极念远人延伫日久谴责学礼等卒遣行康熙二年奉诏勅至国诏仍顺治十一年所颁勅则康熙元年也勅曰皇帝勅谕琉球国世子尚质尔国慕恩向化遣使入贡世祖章皇帝嘉乃抒诚特颁恩赉命使兵科副理官张学礼等赍捧勅印封尔为琉球国中山王乃海道未通滞闽多年致尔使人物故甚多及学礼等奉掣回京又不将前情奏明该地方督抚诸臣亦不行奏请迨朕屡旨诘问方悉此情朕念尔国倾心修贡宜加优恤乃使臣及地方各官逗留迟误岂朕柔远之意今已将正副使督抚等官分别处治特颁恩赉仍遣正使张学礼副使王垓令其自赎前罪暂还原职速送使人归国一应勅封事宜仍照世祖章皇帝前旨行朕恐尔国未悉朕意故再降勅谕俾尔闻知诏曰帝王只德应治协于上下灵承于天时则薄海通道罔不率俾为藩屏臣朕懋缵鸿绪奄有中夏声教所绥无间遐迩虽炎方荒略亦不忍遗故遣使招徕欲俾仁风暨于海澨尔琉球国粤在南徼乃世子尚质达时识势只奉明纶即令王舅马宗毅等献方物禀正朔抒诚进表缴上旧诏勅印朕甚嘉之故特遣正使兵科副理官张学礼副使行人司行人王垓赍捧诏印往封为琉球国中山王仍赐以文币等物尔国官僚及尔氓庶尚其辅乃王饬乃侯度协摅乃荩守乃忠诚慎又厥职以凝休祉绵于奕世故兹诏示咸使闻知赐王印一缎币三十妃缎币二十三年王遣陪臣吴

国用金正春奉表谢恩进贡且疏言捧读勅谕因臣使物故甚多滞闽日久将正副使并督抚诸臣处治但中外均属臣子臣躬承天庥不能少为诸臣之报而反重为诸臣之累臣何人斯岂能宴然清夜上命还学礼等原职赐国王蟒缎二彩缎四蓝缎二素缎二闪缎二锦二紬二罗二纱二赏王舅彩缎表里各四罗四靴一双彩缎三紫金大夫彩缎表里各四罗三靴一双使者彩缎表里各二折钞布四通事从人缎布有差四年中山王遣使进香并贺登极进贡其贡物有在梅花港口遭风漂溺者奉旨免其补进五年补进贡物奉旨发回又令应进玛瑙乌木降香木香象牙锡速香丁香檀香黄熟香等十件不系土产免其进贡其硫磺留福建督抚收贮余所贡方物令督抚差人解送其来使不必赍送到京即给赏遣回六年令贡使仍令赍表入观七年王卒在位二十一年寿四十岁

尚贞

大清康熙八年巳酉尚贞嗣位

尚贞尚贤子顺治二年生年二十五岁嗣位康熙八年进贡耳目官到京于常贡外加进红铜及黑漆嵌螺茶碗照例给赐惟正使不系王舅与副使正议大夫赏同十年进贡于常贡外加进鬃烟番纸蕉布其被风飘失贡物免其查议十三年进贡于常贡外加进红铜及火炉丝烟十八年补进十七年贡物除赴京存留官件外其余员役令先乘原船归国十九年遣使进贡奉谕琉球国进贡方物以后止令贡硫磺海螺殼红铜其余不必进贡贡物旧有金银罐金银粉匣金银酒海泥金彩画屏风泥金扇泥银扇画扇蕉布苎布红花胡椒蘇木腰刀大刀槍盔甲马鞍丝绵螺盘后俱免进外有加贡物无定额熟硫磺一万二千六百斤海螺殼三千个红铜三千斤二十年遣使入贡上以贞恪共藩职当耿精忠叛乱之际屡献方物恭顺可嘉赐勅褒谕仍赐锦币五十又于常贡内免其贡马著为例二十一年世子遣耳目官毛见龙正议大夫梁邦翰上言先王尚质于康熙七年告薨贞嫡嗣应袭爵具通国结状请封礼部议船海道远应令贡使领封见龙等固请部议执不可上特允之命翰林院检讨汪楫为正使内阁中书舍人林麟焻为副使楫等疏陈七事一请颁御笔一请照例谕祭海神一渡海之期不必专候贡使一请带修船官一同渡海一请给关防一请增兵护行一请预支俸银奏上御笔大书中山世土四字赐王特许带修船匠役随行制祭文二道祈报海神并给俸二年以往二十二年楫等渡海先行谕祭故王礼谕祭文曰朕受天景命君临万邦殊方海澨罔不宾服凡有恪共藩职累世输诚则必生加锡命之荣殁隆赙恤之典所以旌扬归附柔怀荒远垂为国宪昭示亿年尔琉球国中山王尚质式廓前徽诞膺世祚作藩屏于南海辑圭瑞于中邦浮航贡赆凛遵王享之规踰险求章虔秉朝宗之志方谓河山永固带砺之胙常存何期霜雪遄零松栢之姿忽谢眷言藩服朕实伤焉爰沛褒纶优加祭恤赐恤银一百两阔绢五十疋次行册封礼诏曰朕躬膺天眷统御万邦声教诞敷遐迩率俾粤在荒服悉溥仁恩奕叶承祧并加宠锡尔琉球国地居炎徼职列藩封中山王世子尚贞屡使来朝贡献不懈当闽强反侧海寇陆梁之际笃守臣节恭顺弥昭克殚忠诚深可嘉尚兹以序当缵服奏请嗣封朕惟世继为家国之常经爵命乃朝廷之巨典特遣正使翰林院检讨汪楫副使内阁中书舍人加一级林麟焻赍诏往封为琉球国中山王尔国臣僚以及士庶尚其辅乃王慎修德政益励悃诚翼戴天家庆延宗祀实惟尔海邦无强之休故兹诏示咸使闻知又勅王曰惟尔远处海隅虔修职贡属在冢嗣序应承祧以朝命未膺罔敢专擅恪遵典制奉表请封朕念尔世守臣节忠诚可嘉特遣正使翰林院检讨汪楫副使内阁中书舍人加一级林麟焻赍勅封尔为琉球国中山王并赐尔及妃文币等物尔祗承宠眷懋绍先猷辑和臣民慎固封守用安宗社于苞桑永作天家之翰屏钦哉毋替朕命赐王蟒缎锦币三十疋妃二十疋二十二年遣法司王舅毛国珍紫金大夫王明佐等谢封汪楫等回京复为题请远人向化请赐就学奉旨准令就学二十五年王遣官生梁成楫蔡文溥阮维新郑秉钧四人入大学附贡使耳目官魏应伯正议大夫曾夔船桅折伤秉钧飘至太平山修船二十七年始到京上令照都通事例三人日廪甚优春秋四季赐袍挂衫裤靴帽被褥俱备从人皆有赐又月给纸笔墨朱银乙两五钱特设教习一人又令博士一员督课三十年贡使耳目官温允杰正议大夫金元达到京国王请官生归国赐宴各给赏云缎紬布等乘传厚给遣归三十二年王遣耳目官马廷器正议大夫王可法等入贡方物宴赉有差三十四年遣耳目官翁敬德正议大夫蔡应瑞入贡三十六年遣耳目官毛天相正议大夫郑弘良入贡三十八年遣耳目官毛龙图正议大夫梁邦基入贡四十年遣耳目官毛得范正议大夫郑职良入贡毛得范行至杭州病卒四十二年遣耳目官毛兴龙正议大夫蔡应祥入贡四十四年遣耳目官温开荣正议大夫蔡肇功入贡四十六年遣耳目官马元勲正议大夫程顺则入贡四十七年国中多灾宫殿尽焚台飓频作人畜多死四十八年遣耳目官向英正议大夫毛文哲入贡是年七月十三日王卒在位四十一年寿六十五岁

尚益

大清康熙四十九年庚寅尚益嗣位

尚益尚贞王世子尚纯之子尚纯为世子时先卒尚益以嫡孙嗣位年三十一岁立康熙五十年遣耳目官孟命时正议大夫阮维新入贡五十一年七月十一日王卒立三年未及请封

尚敬

大清康熙五十二年癸巳尚敬嗣位

尚敬尚益第一子年十一岁康熙五十二年立是年遣耳目官毛九纪正议大夫蔡灼入贡灼回至福州卒五十四年遣耳目官马献功正议大夫阮璋入贡五十六年遣耳目官夏执中正议大夫蔡温入贡且告曾祖尚贞与其父尚益之丧请袭疏云琉球国中山王世曾孙尚敬谨奏为请封袭爵以效愚忠以昭盛典事臣曾祖尚贞于康熙四十八年七月十三日薨逝臣祖尚纯为世子时早已弃世臣父尚益未及请封已于康熙五十一年七月十一日薨逝念臣小子曾孙承祧然侯服有度不敢僭称王业永存循例请袭俾臣拜纶音于海岛砥柱中流膺诰命于波区雄藩外甸谨遣陪臣耳目官夏执中正议大夫蔡温等虔赍奏请伏望圣恩体循臣曾祖事例乞差天使封袭王爵上光宠渥之盛典下効恭顺之微忱庶藩业得以代代相传顶祝皇恩世世不朽矣五十七年六月朔遣翰林院检讨海宝编修徐葆光充正副使往封五十八年又遣耳目官向秉乾正议大夫杨联桂入贡联桂行至涿州病卒海宝等于五十八年六月朔至国谕祭册封诸宴礼皆毕五十九年二月海宝等自琉球还代请官生入太学读书并请给海神天妃春秋祀典皆蒙准行王遣王舅向龙翼紫金大夫程顺则入贡并谢封贡金鹤盔甲马鞍等物赐宴赉有差详载第二卷内

卷四・星野

琉球星野图

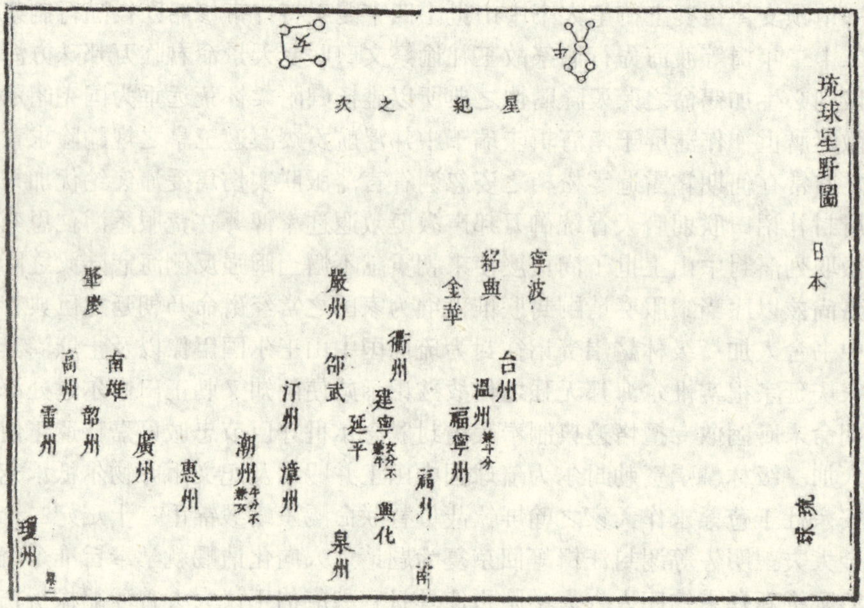

琉球分野与扬州吴越同属女牛星纪之次俱在丑宫臣海宝臣徐葆光奉册将行上特遣内廷八品官平安监生丰盛额同往测量旧测北京北极出地四十度福建北极出地二十六度三分今测琉球北极出地二十六度二分三厘地势在福州正东偏南三里许旧测福建偏度去北极中线偏东四十六度三十分今测琉球偏度去北极中线偏东五十四度与福州东西相去八度三十分每度二百里推算径直海面一千七百里凡船行六十里为一更自福州至琉球姑米山四十更计二千四百里自琉球姑米回福州五十更计三千里乃绕南北行里数故少为纡远耳向来纪载动称数万里皆属悬揣今逢皇上天纵推日晷远近高下以定里数舆图幅员了如指掌海外弹丸今见准的智能量海功媿指南矣

卷四・潮

琉球潮候与福建不同率后三辰东西地势往复自然之理也各洋潮候海舶柁工言之皆不同西洋一日一潮率以申涨以寅退是又以一昼夜为消息矣潮生潮涨潮退率三辰为准今略列表如后

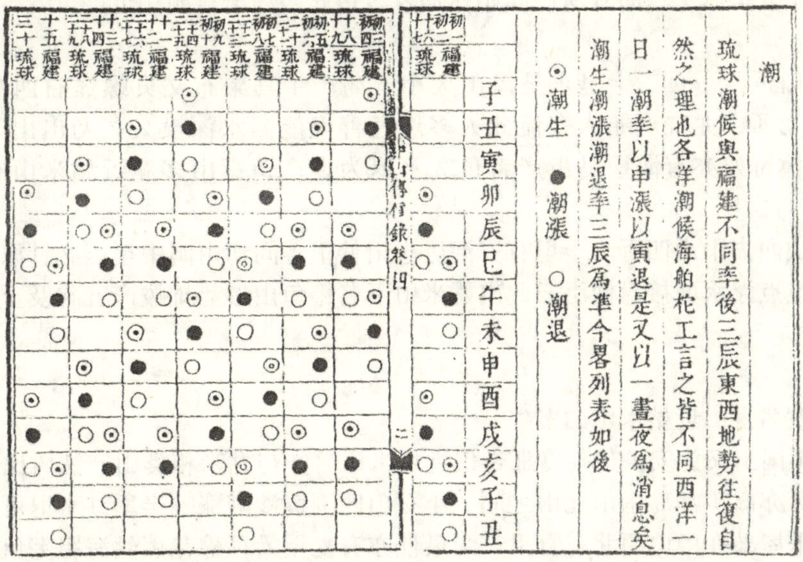

卷四・琉球三十六岛

琉球三十六岛图

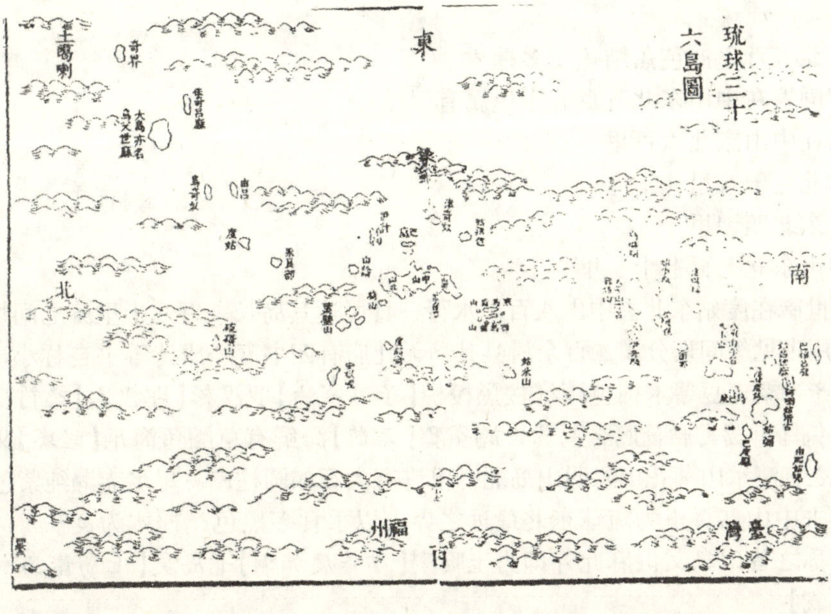

琉球属岛三十六水程南北三千里东西六百里远近环列各岛语言惟姑米叶壁与中山为近余皆不相通择其岛能中山语者给黄帽令为酋长又遣黄帽官莅治之名奉行官亦名监抚径岁易人土人称之曰亲云上听其狱讼征其赋税小岛各一员马齿山二员太平山八重山大岛各三员惟巴麻【中山读问字音同麻华言山也下仿此】伊计椅山硫磺山四岛不设员诸岛无文字皆奉中山国书我皇上声教远布各岛渐通中国字购畜中国书籍有能读上谕十六条及能诗者矣

东四岛

姑达佳译为久高在中山东一百四十五里产赤秔米黄小米海带菜龙虾五色鱼佳苏鱼佳苏鱼本名黑馒鱼

大者长八九尺围尺许割其肉为腊各岛多有产此者良山多螺石

津奇奴译为津坚在中山东三十五里

巴麻译为滨岛南北二岛在中山东三十五里

伊计在中山三十五里以上三岛其所产同姑达佳皆多鱼此四岛语言颇相近

正西三岛

马齿二山在中山正西一百三十里东马齿山大小五岛产牛马粟布文贝螺怪石西马齿山大小四岛有座间味渡嘉敷等间切西山尤硗瘠罪人多流此人多黑色善渔能泅水深没久久乃出山下海中产海松山人能泅水取之姑达佳津奇奴亦有海松马齿产者色久不退为良产鱼螺山多鹿近姑米山有姑巴汛麻山亦多鹿无人居

姑米山在马齿山西去中山四百八十里有安河巨志川仲里等间切由闽中至国必针取此山为准封舟行海中第七日有小黑鱼点点浮水面接封使臣云此出姑米山下名墨鱼山形势雄拔产五谷及土绵茧紬白纸蜡烛螺鱼等物山多鸡

西北五岛

度那奇山译曰渡名喜山近姑米山山多牛

安根岖山译曰粟国山又为安护仁与度那奇俱近姑米语言亦与姑米相类山产铁树比他处生者良山多豕

椅山亦曰椅世麻亦曰伊江岛中山北山之间一小石山四围黄沙潮涨隔半里许水退可徒涉至山上无居民

叶壁山土名伊平屋岛在中山西北三百里产米最佳亦有麦稷粱豆棉花蕉丝海胆毛鱼等物中有一山宛转如龙尚圆王祖茔所在

硫黄山又名黑岛山多鸟亦名鸟岛在中山西北三百五十里与姑米山南北相峙山无草木置采硫磺户四十余家岁遗米廪食之统二酋长泊府官遥领之其人为硫磺气熏灼目皆如羊不精明相近有灰堆山尤

东北八岛

由论在中山东北五百里产芭蕉结蕉实多樫木

永良部讹为伊阑埠在中山东北五百五十里属有温镇

度姑译曰德岛在中山东北六百里

山吕在度姑东北三十八里

乌奇奴在度姑东北四十里

佳奇吕麻在中山东北七百七十一里

大岛土名乌父世麻在度姑东北去中山八百里水行三日可达其岛长一百三十里分七间切有西间切东间切及笠利名濑屋喜住用古见等间切分属二百余村县其岛无孔庙有四书五经唐诗等书自称小琉球大酋长十二员小酋一百六十余员产米粟麦豆薯木棉芭蕉红樱黑樱栌【子可窄油】罗汉杉【即樫木】桑竹畜有牛马羊犬猪鸡【无鹅】野兽有山猪兔鸟有鸳鸯雁鹭鹰野鸭鹭青鸠雀鸦【无鹊】海鲜有草鳣鱼海爪【蛏类】果有槠子烧酒米肌黑糖苏铁等物皆有之有清水山菊花山永明山岛北一里许有大石如圆柱广一里名赤濑纯紫色无人居

奇界亦名鬼界去中山九百里为琉球东北最远之界人以手食多黑色产樫木为良

以上八岛国人称之皆曰乌父世麻此外即为土噶喇【亦作度加喇】七岛矣【七岛诸岛水程远近见汪记录以非琉球属岛故不载】

南七岛

太平山一名麻姑山【始为宫古后为迷姑今为麻姑】在中山南二千里有筑山甚高土名七姑山上有碧于亭用艮寅针至中山那霸港福建至太平山自东涌开洋至钓鱼台北风用单卯并乙辰针可达山周围五六十里颇富饶产畜五谷牛马甚多出棉布麻布草席红酒名太平酒每年八月归贡税于中山

伊奇麻译曰伊喜间在太平山东南

伊良保在太平山西南

姑李麻译曰古里间在太平山正西

达喇麻在太平山正西

面那在太平山西南

乌噶弥在太平山西北

以上皆属太平山国人称之皆曰太平山

西南九岛

八重山一名北木山土名彝师加纪又名爷马在太平山西南四十里去中山二千四十里由福建台湾彭家山用乙辰针至八重山明洪武中中山王察度始通中朝时二大岛来贡于中山即八重山太平山也山较太平尤饶给多樫木乌木黄木红木草席产牛马螺石出麻布棉布海参红酒名密林酒五谷车璖瑇瑁珊瑚羊肚松纹海芝海松海栢等石每年五六月与太平山来贡于中山

乌巴麻二岛译曰宇波间在八重山西南

巴度麻译曰波渡间在八重山西南

由那姑呢在八重山西南【以上四岛皆近台湾】

姑弥在八重山西较他岛为大

达奇度奴译为富武在八重山西姑弥东

姑吕世麻译为久里岛在八重山西少北

阿喇姑斯古译曰新城在八重山西

巴梯吕麻译曰波照间在八重山极西北

以上八岛俱属八重山国人称之皆曰八重山此琉球极西南属界也

三十六岛前录未见惟张学礼记云赐三十六姓教化三十六岛其岛名物产则未之及也今从国王所请示地图王命紫金太夫程顺则为图径丈有奇东西南北方位略定然但注三十六岛土名而已其水程之远近土产之硗瘠有司受事之定制则俱未详焉葆光周谘博采丝联黍合又与中山人士反复互定今虽略见眉准恐舛漏尚多加详审定请俟后之君子

臣葆光按旧传岛屿误谬甚多前人使录已多辨之前明一统志云鼋鼊屿在国西水行一日高华【一作英】屿在国西水行三日今考二屿则皆无有又云彭湖岛在国西水行五日按彭湖与台湾泉州相近非琉球属岛也昆山郑子若曾所著琉球图一仍其误且以针路所取彭家山钓鱼屿花瓶屿鸡笼小琉球等山去琉球二三千里者俱位置在姑米山那霸港左近舛谬尤甚太平山远在国南二千里郑图乃移在中山之巅欢会门之前作一小山尤非是

卷四 · 琉球地图

琉球地图

琉球始名流虬【中山世鉴云隋使羽骑尉朱宽至国于万涛间见地形如虬龙浮水中故名】隋书始见则书流求宋史因之元史曰瑠求明永乐中改琉球国在闽福州正东一千七百里偏南三里其地形东西狭宽处数十里南北长四百四十里自中山首里南至喜屋武边海紧行一日半北至国头边海紧行三日半明永乐以前国分为三曰中山曰山南曰山北宣德时并为一分为三省中山为中头省属府十六山南为岛窟【一作尻】省属府十二山北为国头省属府九府土名间切所属皆称村头土名毋喇国中亦有五岳辨岳在中山八头岳在山南佳楚岳名护岳恩纳岳在山北比他山为高佳楚岳尤峻为琉球第一峰云

首里王宫所在不称间切属村县二十一崎山【在王宫东南有崎山山左行为东苑】金城【在王宫西南有金城桥翠岩凌霄亭国丈毛氏家园有泉名奇泉】内金城新桥【在王宫东北有升篙山佐敷殿前王尚益为世子采地封佐敷故其第称佐敷殿今为故宫人所居】赤平【在王宫北有石虎山】仪保【在朱平村北】西仪保末吉【在王宫北有社坛有龟山有吉泉】山川新川殿川寒川大中鸟崛汀白次赤田姑场川桃原【有笠泉】当藏真和地立岸【有万松岭茶崎桥观音亭下有慈眼院】中山省泊【在首里西五里有泊山有泊桥跨海亦名高桥东北有泊津西流入海】属村县二东境西境

那霸【在首里西十里那霸江港口有南北炮台并峙海门旁有巨石当中流名马加四围皆铁板沙沙坚如铁其平如板板面嵌空槎牙沿海皆是潮长沙没舟误触无完者故国人恃为金汤南北炮台皆从江口跨入海中蛎石筑成长堤蜿蜒半里许北炮台堤中作桥门三以通潮南炮台堤中有番字石碑一额题日丫搅新森城碑文嘉靖三十三年国王尚清时立余皆番字石颇剥蚀又有一石上题一梵字下小字云书法华经一石一字二炮台石工甚整皆于康熙五十五年新修大夫蔡温有碑文记其修筑始末立北堤上其略云霸江百川所会与海相通贡船暨西北诸艘往来中山之咽喉也南距饶波北抵泉崎东达宇平板敷近人规小利或聚泥土筑田陌川苦其狭变为涸沟其尤甚者至塞川以为田烂土泥水流入霸江江将塞矣明君贤相特命向文思等疏浚斯江或播田地以广其川或除烂泥以深其水宇平板敷等处复通长川顺流临海寺西筑石桥三座迎恩亭北构石桥一座渡地村临江筑塘架木桥二座计桥五座垣花村加二桥共木桥三座泉崎桥改修牧志南派之水决以西注自康熙丁酉五月初五日起至明年闰八月二十日告成或日临海寺南石何为不除文思日斯石系乎风水且江海飓台不时若非斯石船只难泊也康熙五十七年戊戌十二月记北炮台堤中临海寺门外有重修临海桥旧碑文康熙三十五年丙子立大夫程顺则撰文言国王尚贞时补葺旧堤架石为桥碑阴又云原有四桥一在寺西三在寺东共东西二桥明万历间废塞惟中二桥今修之又云康熙四十八年已丑十月大风立损堤十余丈癸巳二月失火烧碑今国王命官修堤碑用旧文为记不敢没先造也并记国相向佑以下姓名及工钱数目末云俱用鸠字钱康熙五十二年癸巳五月程顺则再识】属村县六东县西县泉崎若狡町辻山渡地久米【在那霸】有东门村西门村北门村南门村【亦名大门村旧有普门寺故又名普门地皆洪武中赐闽人三十六姓居之不他徙故名唐营亦称营中后改为唐荣】

真和志【在首里西一里】属村县十二识名【山下有圣应寺】国场牧志【有日泉相传见红日坠地生泉泉上有古松长虹桥七星山皆属此】天久松川与仪龟田安里【有安里桥先王庙八幡桥八幡宫】凑川古波藏【有城岳】仲井间上间

南风原在首里西三里属村县七宫平津嘉山【旧有玉那霸今并入】内岭本部喜屋武神里平川

东风平【在首里西三十里属中山省地在山南界中】属村县九东风平富盛志多伯世名城友奇高良山川宜寿次当铭西原【在首里东十里】属村县十六幸地小桥川安宝桃原我谢翁长平郎小那霸棚原末吉石岭嘉手苅小波津与那城内间吴屋

浦添【在首里东三十里】属村县十一浦添【在浦添山】伊祖牧港安波茶泽纸屋富祖城间【有客馆】西原内间【有尚圆王旧宅王始为内间里主后避位居于此】势理客前田

宜野湾【在首里东三十里】属村县十二宜野湾【沿海皆晒盐场】谢名【有金宫崇奉社察度王母天女也行其地见石物皆黄金银父胜连按司遣大夫取此金银日此地灵所也作楼阁金宫】普天间【有寺名普间山神宫寺松寿院皆真言教有天真泉】新城具志川城田嘉数安仁屋伊佐喜友名野嵩我如古

中城【在首里东四十里有姑场岳此处人物俊秀能诗善书常为王孙采地】属村县十九中城【有世子殿国王时往游】姑场【在姑场山下】热田当间岛袋奥间和宇庆屋宜津灞安谷屋伊集渡口喜舍场添石瑞庆覽新垣

安里中顺比嘉

北谷【亦称北溪在首里东四十里此府多稻田】属村县十二北谷【有无漏溪义本王当宋淳佑中溪中恶蛟兴暴风雨为患募童女为牺祭之宜野湾章氏女真鹤应募舍身养母孝感天神灭蛟除害王大喜以配王子】滨川砂边野国野里玉代势屋良桑江嘉手纳平安山伊礼前城

读谷山【在首里东六十里】属村县十二读谷山【亦称座喜味】高志保喜名宜间渡具知大湾伊良皆渡庆次波平长滨赖名霸根波

胜连【在首里东北四十里】属村县十胜连神谷比嘉平敷屋平安名内间新垣龟岛滨村南原

与那城【在首里东北五十里】属村县六仲田平安座安势理上原池宫城伊计

越来【在首里东五十里】属村县十越来【尚圆王弟宣威采地越来代尚圆立六月让位于尚圆子尚真退老于越来今其子孙世为越来按司】照屋安庆田湖屋上地诸见里山内宇庆田大古回中宗根

美里【在首里东四十里】属村县十八嵩原高原恩纳【亦称东恩纳以别北山之恩纳】石川古谢伊波野原松本田里楚南比屋根与仪宫里知花池原嘉手苅登川山城

具志川【在首里东四十里】属村县十七安里上江洲宇坚祝岭中岭天愿高江洲田场田崎安庆名江洲江洌大田荣野比川崎兼个谷兼嘉段

以上中山省间切十六【久米在那霸不入间切自泊以下至具志川为十六】

山南省大里【在首里南四十里】属村县十七与那原与古田涌稻国板良敷仲程与那霸稻福上与那原大城官城古坚因取眞岛袋南风原高宫城眞境名当眞

玉城【在首里南四十里】属村县十一玉城【有八头岳有雨城国王祈雨处有玉泉】中村渠富里丝数垣花富名腰前川当山和名奥武志坚原

丰见城【在首里南十五里山南王弟汪应祖故城国中祈雨例在丰见城】属村县十七丰见城饶波【有石火山山下有石火桥水东北流为饶波】长堂翁长眞玉桥【桥有水门五下为玉湖】盛岛奥平高岭仪保亦称宜保我那霸渡嘉敷高安伊良波名嘉地田头保荣茂嘉数

小禄【在首里南二十里】属村县十一小禄【在小禄山下】上原当间翠宫城大岭【在海边村无他树皆种呀呾呢成林村南岭石佳有泉南流入海南去为砂川有砂岳在海中一里许石奇无人居】仪间【仪间山在那霸迎恩亭对岸天使馆正南山下有垣花村村中多米廪东有乐平泉】湖城具志多加良安次岭赤岭

兼城【亦日金城在首里南三十里】属村县十兼城座波照屋嘉数波平武富安波根丝满【在海边村石甚奇有白金岩】潮平【在海边】志茂田

高岭【土名多嘉志在首里南三十里山南王故城名大里城城下有惠泉又有芳泉有大里桥旧石桥水门三今架木为之山南子孙那姓今迁居首里有为官者】属村县五大城真荣里国吉【有国吉山在高岭东南】与座屋姑

佐敷【亦称佐铺在首里南二十里有苏姑那岳】属村县八佐敷新里屋比久手登根外间津波古与那岭小谷

知念【在首里南三十里】属村县十知念敷名久手坚山口钵岭久高外间知名安座真下敷屋

具志头【在首里东南三里】属村县六具志头波名城中座喜纳新城与座

麻【亦作摩】文仁【在首里南三十里】属村县五麻文仁【有山名樱岛】米次石原松岭小渡

真壁【在首里南六十里】属村县八真壁田岛真等平丝洲宇荣城古波藏新垣名城

喜屋武【在首里南四十里为国中极南沿海边土】属村县五喜屋武上里福地山城束边名以上山南省间切十二

山北省金武【在首里北一百十里】属村县五金武【在金武山山上为金峰山下有洞有千手院有富藏河二百年前有日秀上人泛海到此时年大丰民谣云神人来兮富藏水清神人游兮白沙化米日秀上人住波上三年后回北山】宜野座奥松汉那祖庆

恩纳【在首里北一百里】属村县九恩纳【在恩纳山亦称佐渡山】安富祖名嘉真山田真荣田仲泊古良波

谷茶富津喜

名护【在首里北一百三十里】属村县九名护【在名护岳山上有万松院出兰叶如桂抽箭如蕙攒花如兰香更烈称名护兰有诸喜泉悬瀑崖上】屋部世富庆安和喜濑幸喜松堂【有轰堂】许田【有手水旁有手水观传昔有客遇一女求水女手水进客饮之故名有许田湖】宫里

久志【在首里北一百八十里】属村县十一久志松田边理古嘉阳宜作次濑嵩汀间松滨田荣良川田宇富良

羽地【在首里北一百五十里】属村县六池城屋嘉伊指川真喜屋源河谢敷

今归仁【在首里北三百里有佳楚山一名宇胜岳最高为中山第一峰山下有水西南流为大荣川】属村县十一今归仁【山北王故城城内有受剑石山北王素尊一石为神战败以石不佑已砍分为四山北王系绝出山猪】亲泊【有亲川泉戏马台村东有获剑溪山北王有宝剑名重金丸败欲自刎剑钝不入王掷于志庆真河百年后流至水涨溪光插天伊平屋人得之献中山王今为王府第一宝剑】谢名中城运天【亦称上运天有山北王墓土人呼为百按司墓有运天山在名护山北山下有运天江名运天津西流北山舟艕泊此津山下多稻田】崎山玉城平敷仲宗根吴我【有我部盐屋昔于此地作盐】天底【林木最茂不见日月】我部

本部【在首里北三百里】属村县七伊野波浦崎渡久知崎滨濑底伊豆味谢花

大宜味【在首里北三百里】属村县五屋嘉地【地作一比】喜如嘉田凑根路铭津波

国头【在首里北三百八十里尚元王病国头人何姓者祈神代死果死王疾有瘳至今其子孙世荫为国头按司】属村县四国头边土名伊地宇郎以上山北省间切九

琉球旧无地图前使录云周围可五六千里东西长南北狭皆意揣也葆光咨访五六月又与大夫蔡温遍游中山山南诸胜登高四眺东西皆见海本国里数皆以中国十里为一里今皆以中国里数定之乃南北长四百四十里东西狭无过数十里而已再三讨论始定此图备录三十七间切下诸县村名如右或更有误以俟再考云

卷四·纪游

中山山岳寺院及游者惟首里那霸数处略记如后

临海寺在北炮台长堤之中为国王祈报所门东向佛堂面南三楹面东板阁一间石垣四周潮至墙下僧名盛满寺旧名定海前使汪有临海寺隶书匾有钟天顺三年铸

奥山龙渡寺在炮台西水中小土山潮至弥漫数十里潮退则平沙浅水不胜舟楫山旧为蛇窟僧心海始辟之蛇相率渡水避去筑堤截潮引泉种松构屋五六楹前方沼中小亭二所遍地植佛桑鳳尾蕉等颇可憩玩山东有小尖阜名鹤头山潮至板敷宇平等湖渔舟夕照为那霸近所第一胜处

辻山在临海寺西对港相望辻字一字两音国人读为失汁山汪记讹为青芝山小石阜沿海下皆茔墓

波上在辻山西北一名石笋崖山下海中生石芝沿海多浮石嵌空玲珑白色山头石垣四周垣后可望海垣内板阁离立三楹扃钥无僧下有平堂三楹波上西北沿海中有山名雪崎下有洞雪崎西北有小石山空洞名龟山【海滩拳石二非末吉之龟山也】

护国寺在波上山坡之中国王祈祷所僧名赖盛汪使有匾曰护国寺旧名安禅寺亦名海山寺亦名三光院佛龛中有神手剑而坐名曰不动或曰火神也殿下有钟景泰七年丙子铸铭文与天妃宫同西面庭中蕉石扶疎颇有致

天尊庙在护国寺下供玉皇有钟为景泰七年丙子九月二十三日铸铭文与天妃宫同

广岩寺在天尊庙下左右皆村居佛宇数椽庭中剪桧及黄杨为玩系新建

西福寺在泉崎桥之东曲径中门前黄杨夹路作屏两行剪剔使平而方数十步许僧舍一区屋后有松冈甚茂松根出土蜿蜒如龙相近有东寿寺门前亦以黄杨作屏

东禅寺在久米村南圆觉寺下院也相近有清泰寺皆止三四楹小寺也那霸惟此二寺及广岩寺系禅僧余俱真言教

善兴寺在使馆曲巷中倚山崇基汪录云斗室丈阶花木颇清幽今已废有屋一椽而已宣德中册使柴山三到

琉球曾建大安禅寺千佛阁明夏子阳录中载其记二篇今皆莫知其处【护国寺旧名安禅寺或即所建问国人皆不知】

以上在那霸

天久山在先王庙后沿海与波上雪崎相望下有圣现寺石墙四围方十余亩中屋一区墙外老松十余株有天久洞洞前观音阁一座扃钥无僧沿海东行大石离立或方或圆侧倚层岩之上下作崖洞颇奇更里许有水西流入海名泊津

神德寺在先王庙后由八幡桥石桥西北行有八幡宫南向尚德王所建供八幡菩萨即大士也下为神德寺寺门东向中供不动神与护国寺同

以上在泊村

城岳一名灵岳汪使旧录云有板屋一区今已尽废惟丛灌一林密筱攒蕉以石为神浇酒祈福渡海报赛处前古松数百株亭立前地少洼四山皆松东三十余步有泉名旺泉从石溜出注潭中涓涓不绝泉上老松三株偃挺尤奇东望有壶家山瓦屋数区为国中陶处

以上在真和志

东苑在崎山王宫以南一带石山皆名崎山石状甚奇苑门西向入门茵草遍地板亭南面二间更进有屋三间面南屋上有潮音应世匾额为天启五年诏使指挥同知萧崇基所书亭东土阜一丘形如覆盂颇高竦汪录云是雩坛更进少屈南下西转山岩下有石狮石虎尚存激溜养鱼处皆已废撤南面皆山南平田东行登小板阁即望仙阁也匾已失去葆光为重书之阁中有小龛以香木为柱气如桂皮作薄板刻空作字大小参差阁后有小佛堂匾名能仁堂南面出佛堂东过小竹桥登阜正东见林木丛茂为佐敷中隔海港少西见小山林木郁然即辨岳也南北望皆见海中山之东属岛姑达佳译为久高前使汪楫为国王题东苑匾今已失去题东苑八景有久高朝旭识名积翠等八景此为国苑制甚简朴云

龟山在末吉村土称末吉山山在中山之北重冈环绕山半有木亭前后二楹南望见海林木郁然为第一胜处山下有万寿寺寺中有察度王旧影万历三十八年毁今再毁末吉有社坛

圆觉寺在王宫之北久庆门外国王本宗香火所在规模宏敞为诸寺之冠寺门西向门前方沼数亩四围林木攒郁沼中种莲中有一亭有观莲桥供辨才天女名天女堂池名圆鉴池亦名辨才天池辨才天女云即中国斗姥也架桥通之名天女桥更西有龙潭桥亦名龙渊桥入寺佛殿七间极高丽殿左广庭中有古松云已二百余年高不四五尺青葱正茂名古松岭亦名神木香积厨后有井泉名石泠泉方丈前名蓬莱庭钟楼南有杂华园国人称圆觉寺中有八景寺系尚真王时始建寺前土阜上有碑弘治十一年立三山许天锡撰【其文曰大琉球东南海岛之国自昔不通中华胜国初尝招谕不至洪惟我太祖高皇帝应天启运混一区宇薄海内外罔不臣服于时率先入贡显被优宠别于他邦永乐初始受册封王爵百余年来修贡弥慎弘治丁巳秋国大夫程琏长史梁能通事陈义奉今尚真王命朝贡于京师竣事道三山谒翰林庶吉士许天锡曰球阳有邦历世远矣惟今王大有令德思辑用光常遵旧典请以陪臣之子入太学得一闻天朝仁义礼乐之化以壮国体试言其概国克择旧有书王以正朔请尊之因参用大统历法先世深居固卫以贰其下王惟推诚□□躬巡境内跋履穷僻恒省其税赋遇孤寒辄赀出给之民咸戴忭王宽仁不嗜杀亦未尝曲法以轻贷人犹能谨于□士伏创圆觉禅寺规模宏敞仪物备至以为祝祷之场王每游豫必与民同实国之环观也兹欲勒石于寺是以彰王德赐之以言某日如子之说则王之贤诚可谓奋远特立于百世之上者矣乃为之歌辞俾昭示于后裔词曰球阳有国系于裨海弗庭于华奚啻千载惟我皇祖仁厚万方率先慕义来享来王圣教渐加十有余世风清气回储祥发祉崛生贤王适号尚真离群绝类舍旧图新简刑省罚恤孤振阨春行秋巡厚下安宅上熙下怡二十有余祀崇德厚泽川流冈峙有美大人薄言孔昭我作诗章庸代歌谣大明弘治十一年岁次戊午八月十二日臣程琏郑玖梁能陈义稽首谨立】

天王寺在圆觉寺东北门前临溪有古松四株寺东有天王桥堂上佛龛供佛手持七星轮及刃曰金刚也堂西老松最奇一钟为景泰七年丙子铸上刻天龙寺钟寺在浦添寺钟有二移其一于此僧名得髓

天界寺在欢会门外道南寺门北向入寺西南石室高丈许方广中山王茔也尚圆以来诸王皆葬于此寺有钟成化己丑年铸考铭文本相国寺钟也【铭曰琉球国君世高王乘大愿力新铸巨钟寄舍相国寺说偈以铭是祝王

基之万岁安国利民圣天子继唐虞之化全文偃武贤宰相霈霖雨之秋兹有巨钟新铸就高楼挂肃万机心无端扣起群生梦天上人间妙法音时成化已丑十月月七日住持溪隐】寺西又有安国寺国中案牍皆储此寺中

仙江院在天王寺之右前使汪录云行荒榛中门户萧然僧宗实能诗颇学元僧白云集体今宗实尚存年六十九改字际外称球阳大和尚

万松院今改名莲华院在天王寺之南剪黄杨作径两旁篱屏颇整寺中方庭中有小土山剪松树数株蟠屈有致汪使旧录称万松院僧不羁与天王寺僧瘦梅及宗实相倡和今瘦梅不羁皆化去不羁徒二人一日德叟今在莲华院一日元仁字东峰别开院于北山名护岳上仍名万松院年五十余亦能诗

兴禅寺在圆觉寺北小径中寺甚小庭中黄杨松桂甚多僧了道旧时圆觉寺国师喝三之徒能诗

广德寺在莲华院之南寺亦甚小花木颇丽东望山椒林麓郁然如深山僧名灵源弟子名笑岩相近有建善寺有僧兰田能诗

石虎山天庆院僧梁天名智津亦能诗山在赤平村

万岁岭在万松岭东大道之北石碑立阜上其文略曰兹岭以万岁为名盖取嵩呼之义以作中山都会尚真君上命于天俾为斯记大明弘治丁巳仲秋吉旦奉诏扶桑散人樗不材谨记

以上在首里

卷五·官制

官表

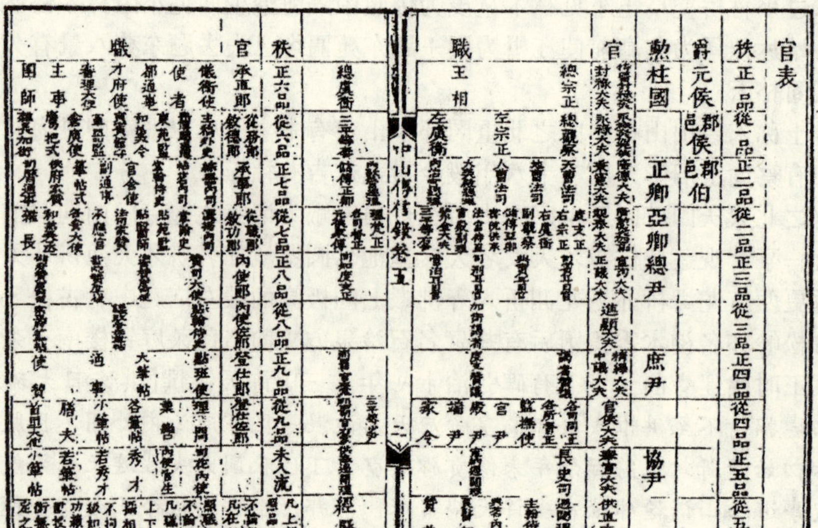
官表
秩 正一品 從一品 正二品 從二品 正三品 從三品 正四品 從四品 正五品 從五品
爵 元侯 郡侯 郡伯 邑侯 邑伯
勲 柱國
正卿 亞卿 總尹 庶尹 協尹
官
職 王相
中山傳信錄卷五
秩 正六品 從六品 正七品 從七品 正八品 從八品 正九品 從九品 未入流
官 承直郎 從務郎 敘德郎 承事郎 敘功郎 從職郎 內使郎 內使從郎 登仕郎 登仕佐郎
職

官制品级略彷中国分为正从九等大僚重职亦有加官协理大小官皆领地方为采地王弟王叔国相皆称某地王子领一府者称某地按司【旧制每府一按司莅治之权重兵争尚真王改制令聚居首里遥领其地岁遣察侍纪官一员知其府事岁终上其成于按司】王舅法司及紫巾官称某地亲方三品以下黄帽官皆称某地亲云上未有地方者称某里之子亲云上或称某筑登之亲云上从六品叙德郎从七品叙功郎皆称某掟亲云上八品红帽官称某里之子领地方者称某地里主九品红帽官称筑登之未入流称某子皆不称姓名也具列如左

国相一员正一品王叔有才略者任之

元侯正一品王子弟膺此封

郡侯邑侯从一品元侯子孙膺此封有功者加晋爵元侯品同

法司三员正二品王舅勲戚任之天曹司礼地曹司农人曹司元轮值王宫大事集议上之国相加衔法司品

紫巾官从二品或郡伯或邑伯散秩大臣为亚卿无定员亦有加法司衔者

耳目官【士名御锁侧】二员正三品副耳目官二员从三品一司宾一典宝一司刑一管泊【泊府事】

谒者【一名申口官】从三品无定员预议事班无定掌加衔谒者品同

赞议官正四品佐谒者度支官议诸政事

那霸官二员从四品左堂首里人右堂那霸人为之分掌钱谷

察侍纪官【国人读为座敷读察侍纪三字音如座敷也下仿此】从四品无定员侍直王宫分理诸职

遏闼理官【国人读为当座】正五品入直王宫者十二员又有加衔遏闼理官从五品

承直郎仪卫使【土名势头】九员正六品掌王仪仗及扈从徒属又有叙德郎【土名加势头】从六品吏员授此衔

承务郎从六品承事郎【土名牌金】里之子亲云上正七品又有从职郎从七品儒士授此衔

叙功郎【土名加牌金】吏员授此衔筑登之亲云上从七品

内使郎【土名察度奴示译为里之子】正八品亦称赞度内使内使佐郎【土名里之子座】从八品轮班供王宫内役

登仕郎【土名筑登之】点班使九员掌朝仪行列正九品登仕佐郎【土名筑登之座】从九品

首里泊村那霸三府人出身名筑登之如久米之秀才也其管钱谷米薪杂职之人皆称库官大者察侍纪官下至笔者若笔者俱为之

以上皆首里泊那霸本国之人任其职

久米协理府官凡六等

紫金大夫一员从二品加协理法司衔名总理唐荣司辖久米村事为最尊主朝贡礼仪各岛文移诸事

正议大夫正三品加谒者亦名申口官从三品中议大夫正四品皆无定员

长史二员从四品主久米地方事

都通事从四品加遏闼理副通事从五品副通事正七品皆无定员专司朝贡有留福建福州琉球馆者名存留通事

以上皆久米府秀才出身者任其职

职官员额

国相府家傅紫巾亚卿一员以下称日摄政下大亲官家令察侍纪官三员家赞三员掌翰史一员

法司三司家赞各三员

谒者耳目官司宾一员属官赞司大使一员典宝一员司刑一员管泊一员属管泊笔帖一员赞议官五员议政堂主稿外史一员掌笔帖六员贴笔帖三员

度支官度支正紫巾亚卿一员同知度支正二员赞议官三员典簿厅主簿一员核省厅核减二员羡余所大使二员掌笔帖十员

王法宫侍直紫巾亚卿无定员侍直察侍纪官无定员宣纳遏闼理官十二员赞度内使十二员司花内司十二员内使官生十二员

九引官奉引仪卫使九员奉引点班使九员

内宫总理宫事法司正卿一员副理宫事紫巾亚卿三员宫尹察侍纪三员

近习中涓舍人三员不拘品级

内厨烹调膳夫一员

国书院供奉紫巾亚卿三员遏闼理官三员遏闼理赞二员主翰侍史一员掌翰侍史三员贴翰侍史三员【以上三项土称为大笔者副笔者若笔者】典茗内司三员贴茗内司三员综器内司二员洒扫内司三员赞度内使十二员司花内司六员内使官生六员

典膳所和羹令三员和羹丞三员大使二员大笔帖一员小笔帖一员

调禄所大使二员大笔帖一员小笔帖一员烹调膳夫三员

宴器局大使一员掌笔帖一员

良医所良医师六员贴医师二员

贮药局大笔帖二员小笔帖二员

宗正府总宗正元侯一员左宗正郡侯一员右宗正紫巾亚卿一员经历三员掌笔帖三员

赋税司督正赋税紫巾亚卿一员同正赋税劝农使三员大使三员掌笔帖六员

核实司核实督正紫巾亚卿一员核实同正察侍纪二员大使六员掌笔帖九员

典乐所典乐正察侍纪一员掌笔帖一员

造金局督工察侍纪一员掌笔帖一员

承运左库大使二员掌笔帖二员验金法马使一员

承运右库大使二员掌笔帖一员

广丰仓大使二员掌笔帖二员

典廐署圉师一员掌笔帖一员

大美殿总理殿事法司正卿一员副理殿事紫巾亚卿二员殿尹察侍纪一员

内懿宫总理宫事法司正卿一员副理宫事紫巾亚卿三员宫尹察侍纪三员

世子府储傅法司正卿一员【以下称为世子下大亲官】储傅紫巾亚卿三员端

尹察侍纪四员赞善六员掌翰侍史二员赞度内使三员内使官生三员鹰把式一员

世孙府储傅法司正卿一员储傅紫巾亚卿三员端尹察侍纪四员赞善六员掌翰侍史二员赞度内使三员内使官生三员圉师一员

元侯府家傅紫巾亚卿一员家令察侍纪三员家赞三员掌翰史一员

进爵元侯府家令察侍纪一员家赞二员

东苑监监令一员贴监一员

寅宾馆馆守一员

虞衡司总虞衡元侯一员左虞衡郡侯一员右虞衡紫巾亚卿一员副虞衡察侍纪三员掌笔帖三员掌笔帖一员

观察司总观察郡侯一员副观察紫巾亚卿一员

首里三平等各乡分巡察官真平等左大尹郡侯一员

右大尹紫巾亚卿一员少尹察侍纪四员南平等左大尹郡侯一员右大尹紫巾亚卿一员少尹察侍纪四员西平等左大尹郡侯一员右大尹紫巾亚卿一员少尹察侍纪四员

理梵司理梵司紫巾亚卿一员理梵副察侍纪二员掌笔帖二员

综石局督工察侍纪一员掌笔帖一员

铁冶局督工察侍纪一员掌笔帖一员

司窑局督工察侍纪一员掌笔帖三员

嵌螺局督工察侍纪一员掌笔帖二员

贮材局督工察侍纪一员掌笔帖二员

工正所督工察侍纪一员大使一员掌笔帖二员

审理所大使三员掌笔帖三员

中山征课使主事一员掌笔帖五员山南山北古米山征课使员同

协理府紫金大夫一员正议大夫中议大夫皆无定员长史二员属官大笔帖一员都通事副通事皆无定员司历通事一员笔帖式一员讲解师一员训诂师一员皆不拘品级通事秀才若秀才等皆无定员

那霸官左堂赞议官一员右堂察侍纪一员大笔帖一员小笔帖一员理问所理问四员承应所承应一员业辔所业辔一员

武备司军器监一员掌笔帖一员

弥世公馆大使三员掌笔帖三员若笔帖六员烹调膳夫一员

董舟所大使二员大笔帖一员小笔帖一员

那霸库大使一员大笔帖一员小笔帖一员

麻姑仓大使二员掌笔帖二员

转运所大使二员掌笔帖三员

糖团主事一员大使二员掌笔帖二员

奉监司麻姑山监抚使一员监抚掌笔帖二员八重山监抚使一员监抚掌笔帖二员各府各岛监抚不拘品级

祝长七社神乐祝七员神歌长一员神歌协长三员巫觋长二员

各郡土官协尹治土泰一员首里大使一员

麻姑山土官头目比郎攞一员芝茂治一员鸟头嘉一员首里大使五员

八重山土官头目彝师加纪一员鸟巴麻一员弥椰椤一员首里大使四员

臣葆光案旧录官制舛略汪录颇正其讹而未备今从蔡大夫温得其品秩大概程大夫顺则示以官制其进启云中山设官分职已非一日恭逢圣天子声教诞敷本国官爵敢不仰遵翻正因照原衔首定秩勋次列官职大小臣工尽由资格冠簪服色画一不刋论名则同而异列品则异而同总以符旧制谐正音虽班爵实尊王也其书表列条晰彬彬可观但立国建官文武并重今按仪卫使武备司外武职太略军制兵仗亦未详载当俟后续考备列云

卷五·冠服

国王侧翅乌纱帽盘金朱缨龙头金簪蟒袍带用犀角白玉皆如前明赐衣制王妃鳳头金簪宫人亦分为五等约百人命妇头簪皆视其夫品秩

正一品以下帽八等簪四等带四等具列如左

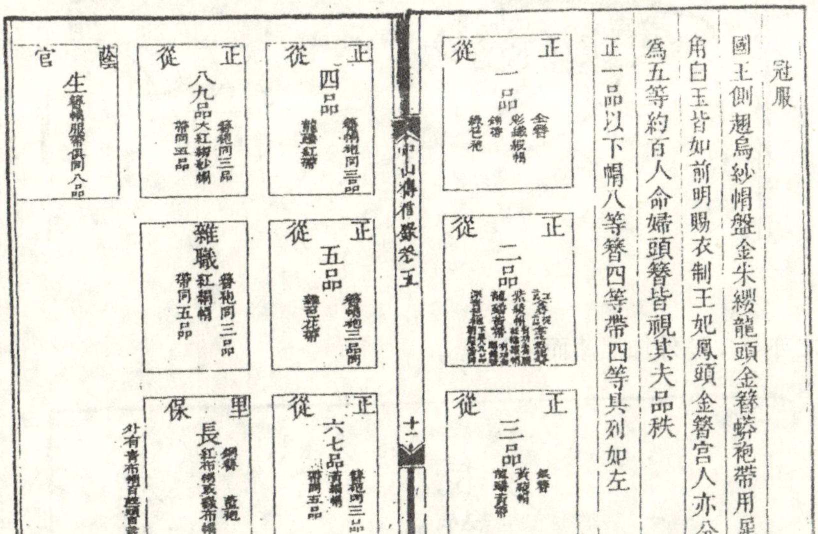
冠服

國王側翅烏紗帽盤金朱纓龍頭金簪蟒袍帶用犀

角白玉皆如前明賜衣制王妃鳳頭金簪宮人亦分

爲五等約百人命婦頭簪皆視其夫品秩

正一品以下帽八等簪四等帶四等具列如左

正 從 一品

正 從 二品

正 從 三品 銀簪 黄綾帽 龍蟠黄帶

正 從 四品

正 從 五品

正 從 六七品 簪袍同三品 帶同五品

正 從 八九品大紅縐紗帽 簪袍同三品 帶同五品

雜職 紅縐帽 簪袍同三品 帶同五品

醫官 生 簪帽服帶俱同八品

里 保 長 銅簪 紅布帽

中山傳信錄卷五 十二

凡官员外衣长过身大带束之腰间提起三四寸令宽博以便怀纳诸物纸夹烟袋皆自贮胸次以时取用大僚幼童无不皆尔贱役执事则反结其袖于脊上幼童衣袖胁下令穿露三四寸许年长剃顶中发即缝属之僧衣两胁下皆穿其它皆连衽无隙漏处首里人衣年小者皆用大红为里外五色紬锦亦反复两面著之官员紬缎作衣诸色不禁每制一衣须大缎三丈五六尺其费殆倍于中国云

女人外衣与男无别襟皆无带名之曰衾披身上左右手曳襟以行前使录云男妇皆无里衣今贵官里衣亦有如中国者女衣贵家衣襟上即本色紬纱作鳞比五层状男衣无是女比甲背后下垂处或作燕尾形

寝衣比身加长其半有袖及领厚絮拥之国人呼衣曰衾此则衾又如衣也

各色锦帽锦带本国皆无之闽中店户另织市与之本国惟蕉布则家家有机无女不能织者出首里者文采尤佳自用不以交易也

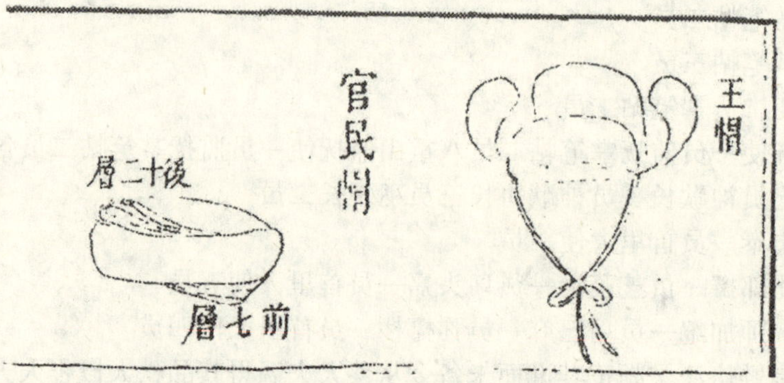

国王乌纱帽双翅侧冲上向盘金朱缨结垂领下三四寸许盖前所赐旧制也云有皮弁为朝祭之服而未之见

帽糊纸为骨帕蒙之式如僧毘卢帽中空无顶绢方幅覆髻之半口互交前檐著额处鳞次七层后檐十二层彩织帽以下紫最贵黄次之红又次之中又以花素为等别青绿帽为下

片帽皆以黑色绢为之漫顶下檐作六棱寒时家居帽医官乐工及执王宫茶灌之役剃发如僧者皆戴之

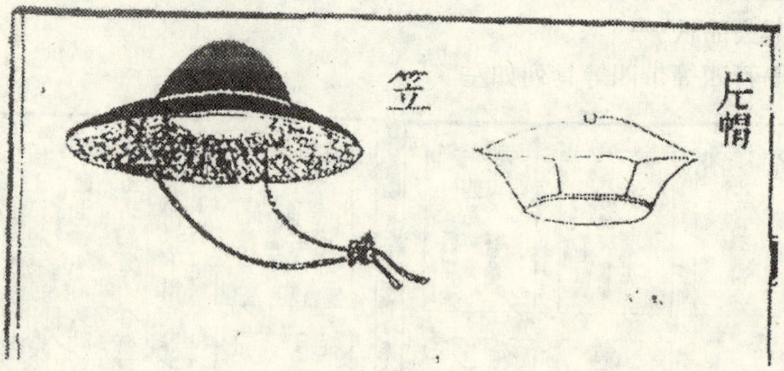

笠多以麦茎为之亦有皮笠外加黑漆而朱其里

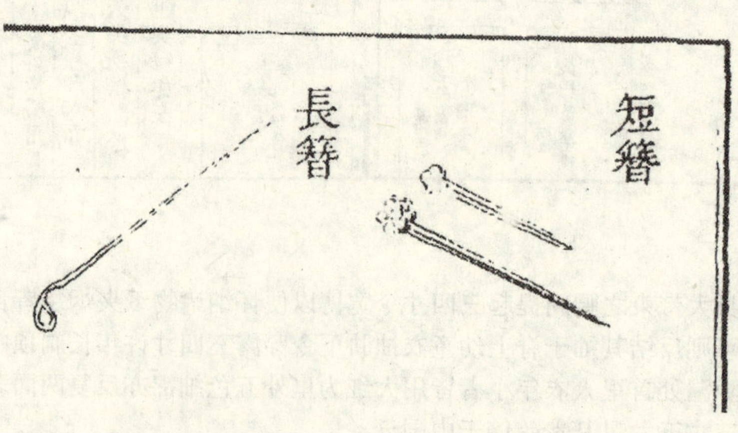

短髻簪长三四寸许已冠去顶中发者簪之花头圆柱亦有方柱六棱柱金最贵金头银柱次之银又次之铜为下

长簪长尺余妇人幼童大髻者簪之亦以金银三品分贵贱民家女簪皆以玳瑁

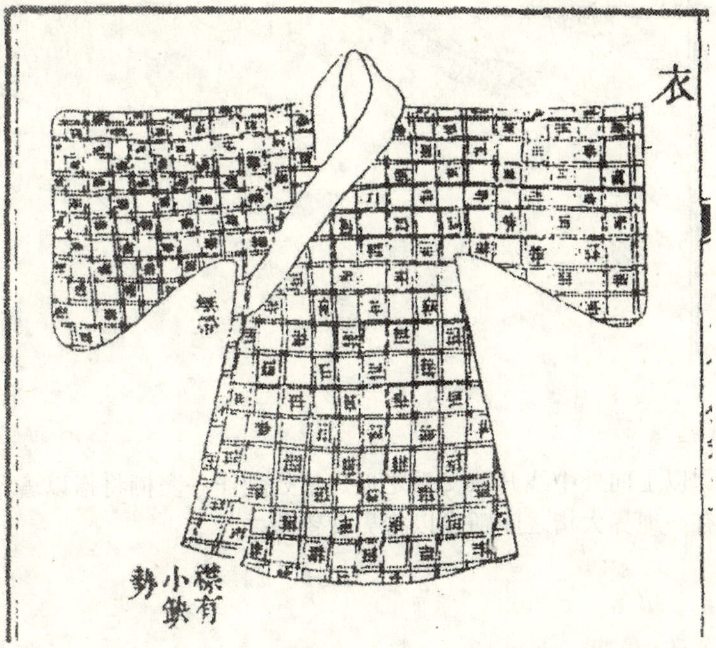

衣皆宽博无后交衽袖大二三尺长不过手指右襟末作缺势无衣带多以蕉布蕉葛为之綦文间采男女衣皆同呼之曰衾

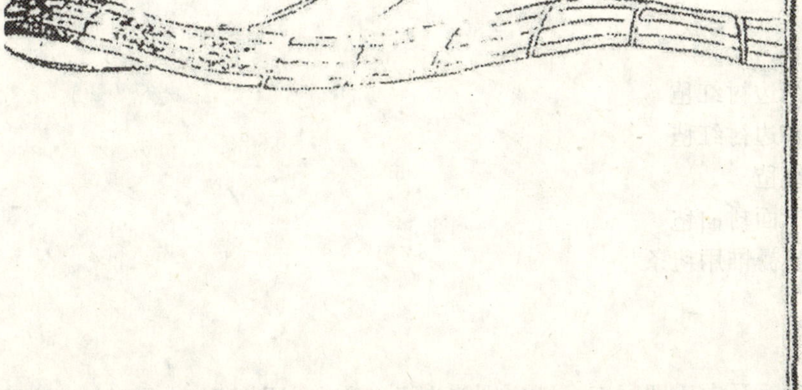

大带长一丈四五尺宽六七寸蟠腰间三四围杂花锦地为贵大花锦带次之龙蟠黄地红地者又次之下者皆杂色花带

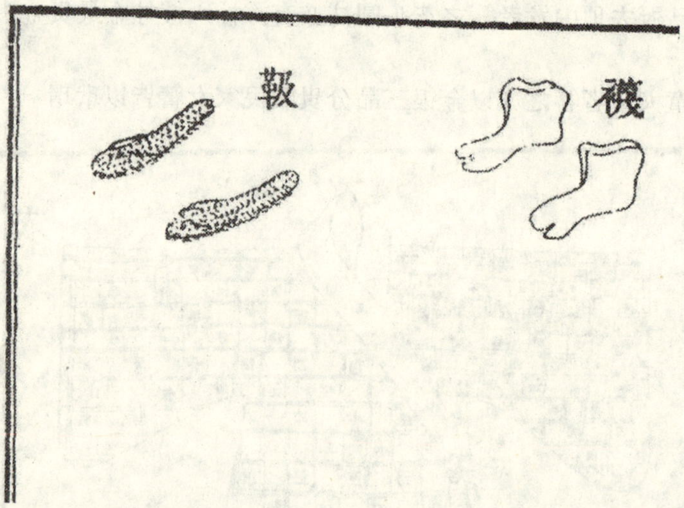

袜或布或革袜短及踝以上向外中线开口交系之近足指处别作一窦栖将指以著草靸中

靸以细席草编成前有一绳界大指之间踵曳以行男女皆著之

卷五·仪从

国相开棍二人刀二人枪二人旗二人共五十人绿紬伞板舆二人肩【外用倭缎铜钉内加彩绘轿式与竹轿皆同】

法司王舅红开棍二人红板二人真倭刀二人真倭枪二人【枪上有大红呢旗长一尺宽二寸许】竹舆二人肩下同

紫金大夫红开棍二人红板二人假长倭枪二人真倭刀二人

正议中议大夫红开棍二人红板二人假长倭枪二人【以木为之上方下圆】

法司以下平日皆用绿地印花布伞今见每人皆用有花雨伞各一人前踏鸣金一人

坐褥

一品红褐心青褐边衬红毡

二品青布心红布边衬红毡

三品青布面衬红毡

四品五品俱蓝布面衬白毡

六品以下不用坐褥惟用毡条

卷五·氏族

首里四大姓向翁毛马向氏即国王尚姓之别族少远则称向以别之故世世不与王家通婚姻其本国人与王家婚姻者惟翁毛马三家世为王舅法司今现为法司者三人马献图翁自道向圣廖国丈毛邦秀【今王尚敬之外祖王妃则马氏也】世系俱未详俟续考列谱

久米三十六姓皆洪永两朝所赐闽人至万历中存者止蔡郑梁金林五姓万历三十五年续赐者阮毛两姓每姓子孙皆不甚繁衍余寄籍起家贵显者多有然非赐姓之旧也今阅九姓世谱中多读书国学及充历年贡使之人故并列其字爵以备考焉

蔡氏原福建泉州府晋江县人【按明史实录成化五年长史蔡璟入贡自言其祖南安县人】宋端明学士襄

之后十二世共八十一人

郑氏原福建福州府长乐县人十三世共五十七人

梁氏原福建福州府长乐县人十世共六十九人

梁氏世系未考者四十五人

通事湘通事复通事振长史回【景泰元年贡使】通事密祖长史求保通事振通事德仲通事袖通事琦长史宾正议大夫应【成化十八年贡使】正议大夫德【弘治五年七年贡使】通事信通事正正议大夫能【正德六年贡使】通事泽顺秀才渊正议大夫宽都通事裕秀才珀通事敏秀才洪通事广通事俊

正议大夫椿【嘉靖十三年贡使】秀才贵秀才实通事瓒通事瀚秀才瑞通事仕秀才敬长史梓【嘉靖二年入太学十九年贡使】正议大夫炫【嘉靖十五年入太学三十二年贡使】秀才明秀才栋正议大夫硕【嘉靖三十四年贡使】正议大夫灼【嘉靖四十四年贡使万历十一年贡使】官生焌【嘉靖四十四年入大学】官生照【嘉靖四十四年入太学】通事壁通事焕正议大夫灿【万历九年贡使】通事顺

金氏原福建□□人十一世共三十三人

林氏原福建福州府闽县林浦人十二世共二十一人

阮氏原福建漳州府龙溪县人五世共十七人

毛氏原福建漳州府龙溪县人五世共十八人

卷五·取士

国中人入仕宦者惟首里泊那霸久米四村之人余皆村户其略识国字者为酋长曰掟【土名山巴归】奉文檄调遣村民任徭役其次为保长曰大屋者【土名山劈姑】皆任下役戴青绿帽终身为之不升迁也

首里泊那霸三村民曰仁也其俊秀知书者呼为子子剃顶发号筑登之即登仕郎次名筑登之座为登仕佐郎又有名若笔者如中国笔帖式又有副笔者有大笔者有大官笔者主理一乡事如各乡村山巴归之类不升迁其人仕者授地为筑登之亲云上以渐升迁至亲方

此为平民子弟入仕之始

世官子弟呼为里之子盖言公子也土名察度奴示【土音读察度二字如里字奴字如之字示字如子字】年小者为内使佐郎名里之子座供内役亲侍从年过十五至十八剃顶中发易小髻即不复入授地为里之子亲云上以渐升至亲方此为宦家子弟入仕之始

久米村皆三十六姓闽中赐籍之家其子弟之秀者年十五六岁取三四人为秀才其十三四不及选者名若秀才读书识字其秀才每年于十二月试之出四书题令作诗一首或八句或四句能者籍名升为副通事由此渐升至紫金大夫【紫金大夫亦称日亲方】

此为久米子弟入仕之始

卷五·采地【禄】

王叔王孙勲旧大臣皆授一府或二府为采地大夫以下有功者三十六姓世袭者皆授一县为采地初赐者世其禄长子承受其自致爵位所授采地官已即除岁收其地所出三分之二如田一顷出米一百石耕夫收五十石禄主收五十石禄主五十石内有公费杂派等一十余石除此外实收三十余石约当三分之二也鸡豕薪樵之数以米石多少为准以时取之其采地之人来受役者视官秩为多寡国相法司十六人紫金大夫十一人紫巾官十人黄帽官四人红帽官二人皆月更

国相采地一府【或二府】禄六百石有功者加七八九百至千石止世袭嗣子及孙赐禄三百石采地一府至曾孙量功为差

法司采地一府禄四百石例世禄嗣子及孙赐禄八十石采地一府至曾孙量功为差

国舅采地一府【或一县】禄八十石或百石二百石皆量功赐之世禄视功之大小赐禄采地及子孙

紫巾官采地一府【或一县】禄三十石或四十五十至八十石止皆视功之大小赐之世禄量功为差

司宾耳目官采地亦一府禄八十石典宝司刑管泊耳目官并度支正度支同知皆四十石赞议官皆俸支给一十六石那霸官采地一县禄八十石

遏闼理官俸支给十石

以上首里泊那霸本国职官采地禄俸之数

紫金大夫采地一邑禄五十石或八十石或百二十石皆视功之大小赐之世禄赐嗣子采地禄五十石或四十石至孙量功为差【明季有紫金大夫蔡坚者禄三百石赐嗣子一百石康熙癸卯年以后减为五十石孙四十石今曾孙三十石】正议大夫采地一县禄二十石或三十石量功为差未赐禄者岁俸支给一十二石

中议大夫采地一县岁俸支给一十石

长史采地一县禄二十石

都通事俸支给八石或有采地或无采地

副通事俸支给五石

通事俸支给四石

秀才俸支给二石【原有三石康熙癸亥年以后裁减为一石】

若秀才一石【原有二石癸亥年以后裁减为一石久米子弟自七岁为若秀才即有俸首里那霸子弟仕至库官始有俸下此皆无俸也】

以上久米村唐营职官俸禄之数

耳目官以下大小官员有功者世禄采地传及子孙皆量功为差

卷五・土田

土田皆于九月十月耕种五月收获毕各官分赐采地皆亲至其地视耕视获有职官或子弟督之十月十一月绿秧皆出水科秧分艺大雨时行雷震发生蚯蚓鸣气候如春北风间作亦不甚凛冽十一月下旬遣加谒者一员察侍纪官二员分巡各村劝农月余始归六月中大飓屡作海雨横飞果实皆落岁以为常非收获早毕必多拔禾之患故其国秋耕冬种春耘夏收者一就雨泽之利一避台飓之害经年温燠理宜两熟而六月后皆旷田不事者以此

卷五・历

历奉正朔贡使至京必候十月朔颁历赍回及至国已踰半年故国人设司历通事官秩七品豫推算造历应用历面书云琉球国司历官谨奉教令即造选日通书权行国中以候天朝颁赐官历共得凛遵一王正朔是千万亿年尊王归化之义也

卷五・礼仪

冬至元旦国王皮弁执珪先拜岁德【随岁德所在之方向之拜】乃北向遥贺皇上万万岁三跪九叩礼毕始登殿受百官贺礼如明制就班一揖跪三拜兴一揖跪又三拜兴又一揖礼毕皆用乐明夏子阳使录云元旦行礼后各官易常服王亦衣宽博锦衣戴五色锦帽坐阁二层众官跪阶下唱太平曲卑者按拍和歌尊者捧觞为寿王亦等级赐之酒肴今闻元旦行礼后国人皆散惟久米村大夫下至秀才王皆赐酒酺竟日乃散

上元国王登殿受贺礼同元旦

皇上万寿圣诞王率陪臣北向祝如元旦礼

国王诞日登殿受贺礼如上元各官升迁俱于此日计功定爵

辨岳行香国王登位受封皆亲祭每年正月五月九月国王斋戒举行祭山海及护国神或遣官行礼辨岳之神名祝祝乃天孙氏第二女也神墙四周丛木尤攒密小门内拒南向门外木亭二所左傍有小石塔及石灯案左右各

五入门内石磴北屈而东数十阶级至顶无所有石炉上炷香数十枝而已此为祭本山神处木亭前平地方广南向见海东南方有一石炉炷香为祭海神处国中凡丛木蒙密短垣四周有小门内拒者皆名岳如中国土地之神村村皆有之

崇元寺先王庙春秋二祭或亲祭或遣官三日斋乐俱用天孙太平歌歌祖宗功德神灵历世绵远之意

圆觉寺本宗香火有时祭有月祭【名兰盆祭】三日斋忌辰有特祭朔望献茶天王寺天界寺礼同

卷五·先王庙神主昭穆图

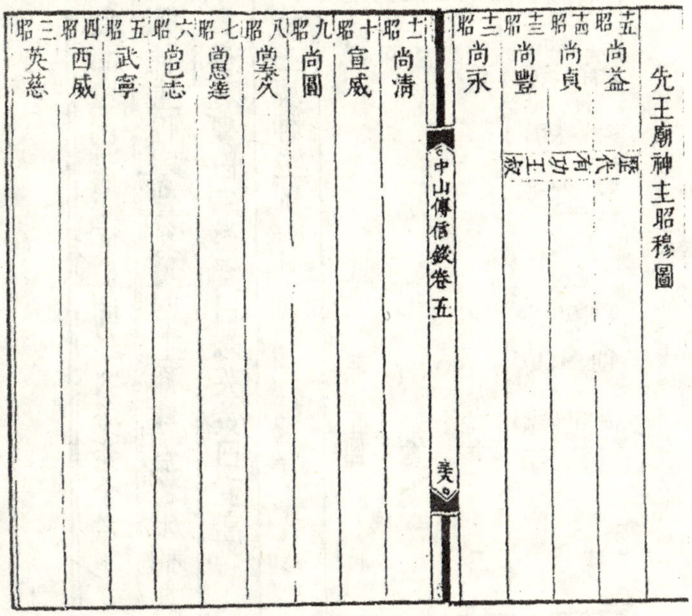

先王廟神主昭穆圖

十五昭尚益

十四昭尚貞

十三昭尚豐

十二昭尚永

歷代有功王叙

中山傳信錄卷五

十一昭尚清

十昭宣威

九昭尚圓

八昭尚泰久

七昭尚思達

六昭尚巴志

五昭武寧

四昭西威

三昭英慈

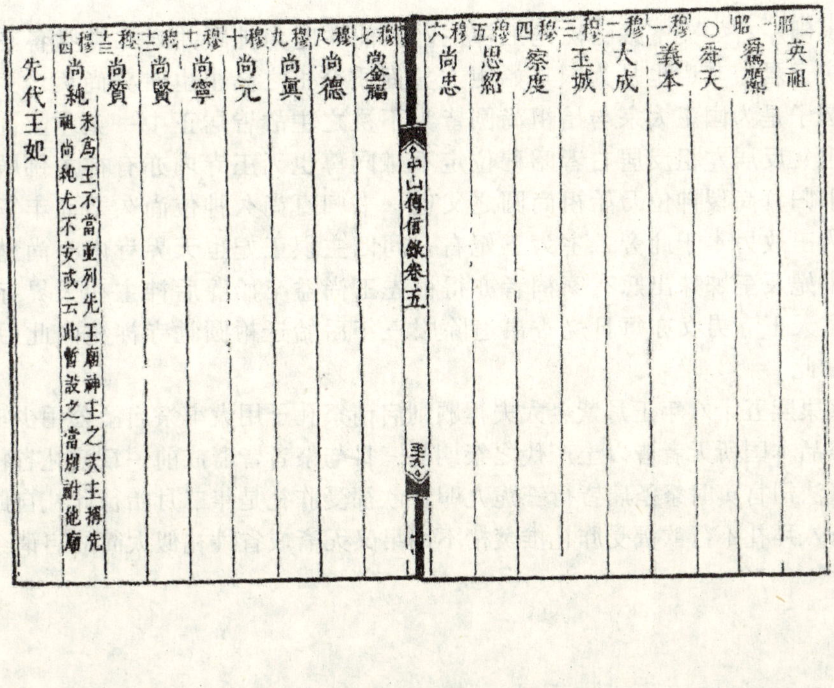

二昭英祖

一昭舜馬順熙

○舜天

一穆義本

二穆大成

三穆玉城

四穆察度

五穆思紹

六穆尚忠

中山傳信錄卷五

七穆尚金福

八穆尚德

九穆尚真

十穆尚元

十一穆尚寧

十二穆尚賢

十三穆尚質

十四穆尚純

未爲王不當並列先王廟神主之末主稱先祖尚純尤不安或云此暫設之當別祔他廟

先代王妃

前使汪楫中山沿革志前图序次少紊今考正之诸皆称神主惟宁丰贤质四主称尊灵又加称其字宁曰康翁

丰曰宗盛贤曰秀英质曰直高

卷五·圆觉寺左庑神主图

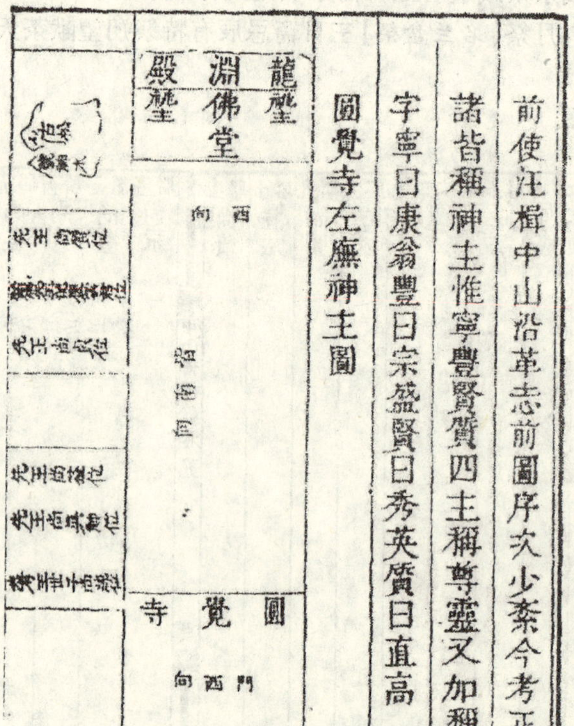
前使汪楫中山沿革志前圖序次少紊今考正之諸皆稱神主惟寧豐賢質四主稱尊靈又加稱其字寧曰康翁豐曰宗盛賢曰秀英質曰直高

圓覺寺左廡神主圖

佛殿中一间供佛左右如夹室藏已祧先王神主佛殿前左庑为神殿并列二堂堂各三间皆南向上一堂三龛中为尚圆龙庆云君盖其谥也是为国王始祖左龛尚质今王之高祖也右龛尚贞今王之曾祖也下一堂三龛为尚真乃尚圆子是为国王太宗与始祖尚圆皆为不祧之主故皆居正中一龛左龛尚益今王之父也右龛尚纯今王之祖也父反居左祖反居右者昭穆位定不嫌同尊也天王寺内亦有神主佛殿南向三间中供佛左一间神主二一书归真尚稷神位乃始祖尚圆之父也一书归真尚久神位尚久乃尚丰王之父尚元第三子也二人皆王父未为王故另奉于此旁二主为王妃右一间四主俱王妃也天界寺内有尚懿神主乃尚宁王之父寺中皆女主供王妃及王姊妹出嫁有家祠者亦得祔先王尚益卒始葬后神主在天界寺男女各官孝服每日哭临百日后移主天王寺男女亦每日烧香帛迨除服三年后始迁祔圆觉寺神龛内此后内人不得与祭列矣以前先王礼皆如此

圣庙春秋二祭康熙五十八年正月紫金大夫程顺则启请祭孔子用大牢祭启圣公用少牢其爵帛粢盛笾豆之数具图载之其祭品本国所无者皆以土产代之祭期前三日与祭者皆斋戒前一日演礼省牲丁日王遣紫金大夫丑时祭启圣祠遣法司官寅时祭圣庙皆行三跪九叩首飲福受胙礼是年二月始行此礼自此以前以紫金大夫或长史官为主祭行八拜礼不行飲福受胙礼惟焚楮不用帛又无斋戒省牲礼似太简故启请今礼如仪

圣庙祭品图

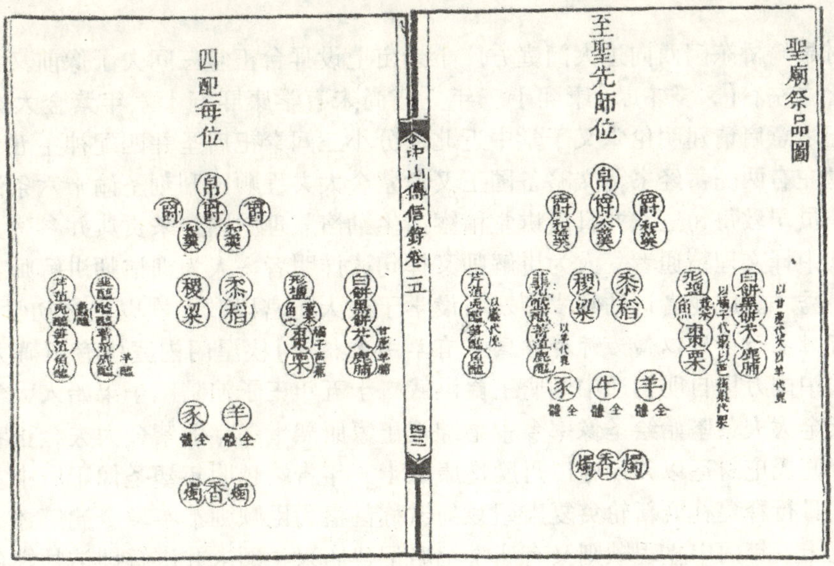

启圣祠祭品图

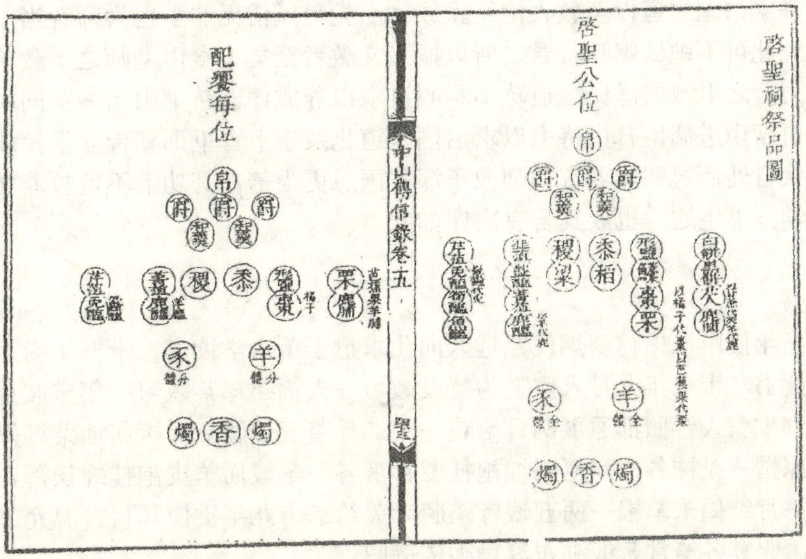

蜡祭每年五月六月各地方收获后举行报赛田神诸礼中山世鉴云古初未知稼穑阿摩美久初分种粟菽于久高岛【姑达佳】知念大川玉城诸处春稻夏熟至今在所春夏四度祭神二月久高四月知念玉城是为报本返始之大祭也

请雨每于十月垦种后先三日斋各官皆诣龙王殿及天尊庙拜请又请龙王神位升龙舟至丰见城设雨坛拜请旱甚国王亲诣椅山雩坛躬祷或诣雨城【在玉城村内】躬祷首里圆觉寺及波上护国寺皆令僧众人祈祷

凡跪拜皆合掌膜拜伏地久之乃起搓手为敬妇女拜先双手左右三拂膜拜叩首与男礼同见舅姑尊长始行之平行无交拜等礼仪也

凡拜佛先膜拜一叩头起立手九拂再叩一首起立又三十三拂父兄代病者许愿求神者共三百三十三拂

卷五·学

圣庙在久米村泉崎桥东门西向进大门庭方广十余亩上设拜台正堂三间夫子像前又设木主四配各手一经正中梁上亦牌上立左右【文多不录】康熙十三年立庙尚未有学康熙五十六年紫金大夫程顺则因学宫未备取汪林二公庙记之意启请建明伦堂又于堂中近北壁分小三间奉祀启圣并四配神主五十七年秋七月起工冬十月告成明伦堂左右两庑蓄经书籍文略备国王又命紫金大夫程顺则刊刻圣谕十六条演义数节月令讲之旧例以紫金大夫一员司教每旬三六九日诣讲堂稽察诸生勤惰兼理中国往来贡典并参赞大礼又于久米内大夫都通事秀才诸人中择文理精通者一人为讲解师又择句读详明者一人为训诂师讲解师岁廪十二石设学于启圣祠内以教通事秀才之成业者训诂师岁廪八石设学于上天妃宫以教七岁以上之初学者【首里亦有乡塾三所其外村小吏百姓之子弟则以僧为师皆学国字有草书无楷字】棂星门内庭中有石碑大夫程顺则记其略日琉球远在海外去中国万里自明初通中国膺王爵洪武二十五年王子泊陪臣子弟始入大学复遣闽人三十六姓往铎焉万历间紫金大夫蔡坚始绘圣像率乡中缙绅祀于家康熙十一年前紫金大夫金正春启请立庙王允其议乃卜地久米村令匠氏庀材运以斧斤施以丹雘迄康熙十三年告竣越明年塑圣像于庙中左右立四配王命儒臣于春秋二仲上丁日行释奠礼既新轮奂复肃俎豆猗欤称甚盛焉臣顺则恭奉教令摛笔述兴造始末并勒之石以垂不朽云康熙五十五年丙申立程顺则又有庙学纪略记建庙兴学颠末并讲解训诂师姓名甚备大夫蔡文溥中山学校序云中山自通贡典文教三百余年今子弟游观通经甚少是由父兄之训不严遂至子弟之业不修也今我嗣君勤修学问自王都以及乡邑各建学堂选士之通经善行者为师以教子弟又遣近使巡宣谕劝诸生曰尔曹潜心肄业孤甚嘉之但学必以不倦为功积久而后有成不可以旦夕效也且学不但诵读章句而已小而洒扫应对进退之节大而修身齐家治国之道以至敦人伦笃家族和乡党美风俗无非学也为师者当以此教为弟者当以此习即国之取士亦不外此可不勉欤呜呼吾君之所以振兴文教者至矣大矣由是师之所教弟子之所习皆以实而不以文凡所以致知力行之事致君泽民之道莫不尽心讲求以养成德器跻中山于一道同风之治矣又云方今新嗣君聪明性成爰开讲席用进儒臣日讲诗书以求治国之道化及于下首里那霸皆立学校以教子弟文风大振岂非盛事欤我唐荣之人自幼而冠赐俸养育立师教子深蒙国恩更当倍蓰其功上不负教养之恩斯无媿矣蔡文溥康熙二十五年入太学读书生之一也故其言有次序如此

官生入国学读书

本朝康熙二十三年使臣汪楫林麟焻代题远人向化求遣子弟入学读书二十五年尚贞王遣官生梁成楫蔡文溥阮维新入国学读书二十七年九月入监上为特设教习一人福建郑某教习一年宁波贡生徐振教习三年徐振议叙以州同即用官生三人皆照都通事例日给鸡一肉二斤茶五钱腐一斤椒酱油菜等俱备每年春秋赐绵缎袍挂纺丝紬裤各一凉帽一靴袜各一双夏赐纱袍挂罗衫裤各一冬缎面羊皮袍挂绵袄裤各一皮帽皮靴绒袜被褥俱备从人皆有赐每月纸墨朱笔银一两五钱皆鸿胪寺关给二十九年贡使耳目官温允杰正议大夫金元达到京国王请遣官生归国赐宴各给赏云缎紬布等物乘传遣归

代请官生入学读书疏

差回琉球国翰林院检讨臣海宝编修臣徐葆光等谨奏为奏请事臣等奉旨册封琉球礼毕宴语王令通事致词云本国僻处海外荒陋成风于康熙二十五年奉旨许遣官生阮维新蔡文溥等三人入学读书今得略知文教皆皇上之赐也自此三十年来无从上请今幸天遣使臣至国求照前使汪楫代请入学读书旧例陈明远人向化之意倘蒙谕允得照前例再遣官生入学读书则皇上文教益广矣

礼部谨题为奏闻事礼科抄出差回琉球国王正使翰林院检讨海宝副使翰林院编修徐葆光等奏于康熙五十九年七月十五日到部该臣等议得册封琉球国王使臣翰林院检讨海宝编修徐葆光等奏称臣等册封琉球国王礼毕宴语王令通事致词云本国僻处海外荒陋成风于康熙二十五年奉旨遣官生阮维新等三人入学读书今得略知文教自三十年来无从上请幸天遣使臣至国求照前使汪楫代请入学读书旧例陈明远人向化之意倘蒙

再遣官生入学读书则皇上文教益广矣等因具奏到部查康熙二十三年差往册封琉球国王使臣翰林院检讨汪楫等将该国王尚贞所请令陪臣子弟赴京入监读书等语转奏到部臣部照其所请议覆具题奉旨依议钦遵在案今琉球国王尚敬倾心同化既称再请将官生入学读书则皇上文教益广等语应如所请准其官生等赴京入监读书应行事宜到日再议具题可也于康熙五十九年八月初三日题本月初五日奉旨依议

卷五·禅宗

国无道士释有临济宗真言教二种临济宗为禅门戒荤酒多学为诗真言教为人作佛事如中国副应僧之类荤酒不尽绝矣居首里诸寺者皆临济宗在那霸者惟东禅寺清泰寺及广严寺三处为禅宗余俱真言教也

国自唐时有佛智圆融国师渡海参学始有临济宗藏经所有者惟法华经维摩经楞严经法宝檀经梁皇忏临济录中峰录碧严录等又有三籁集石屋中峰侑堂三僧所著三僧皆元时人又有高泉禅师本朝初闽人后居日本黄蘖山著有洗云诗集佛国诗偈藏林集其弟天池闽僧能书

国禁僧不得渡海入中国惟至日本参学者有之僧衣多用朱黄色等紬绢为之袈裟外更有一衣如背心状名断俗帽多用毡如中国笠帽然

卷五·僧禄

僧披剃后有名著籍上之理梵司皆有廪米圆觉寺僧为国王本宗香火所在僧禄特重岁八十石天王寺天界寺崇元寺【即先王庙】岁二十四石临海寺亦二十四石护国寺四十石二寺在海滨为国王许愿献佛之所故禄石次之其它有万寿寺神德寺圣现寺龙福寺安国寺不论僧众多少每年支米八石【一云支口粮四名每名一石三斗五升共五石四斗云】

卷六·风俗

中山风俗已见前录兹役久淹见闻尤核略为诠次以备采风

正月十六日男妇俱拜墓女子于岁初皆击球为戏又有板舞戏横巨板于木桩上两头下空二三尺许二女对立板上一起一落就势跃起五六尺许不倾跌欹侧也

二月麦穗祭国中同日祭麦神此日妇女不作女红男不事田野【麦谷四祭皆同】

二月十二日花朝前二日各家俱浚井女汲取井水洗额云可免疾病

三月三日上已家作艾糕相饷遗官民皆海滨禊饮又拜节相往来此月中同日又祭麦神谓之大祭

五月五日竞渡龙舟三【泊一那霸一久米一】一日至五日角黍蒲酒同中国亦拜节此月稻穗祭选吉同日祭稻神此祭未行稻虽登场不敢入家明夏册使子阳使录云国中神有女王者王宗姊妹之属世由神选以相代五谷成时女王渡海至姑达佳山探其谷穗成熟者嚼之各处乃敢获若未尝先获者食之即毙故田间绝无盗采者

六月稻大祭选吉同日祭稻神又有六月节国中蒸糯米为饭家家相饷此日亦不作女红不事田野同上四祭日此月有月之夜士民皆拔河争胜

七月十五日盆祭祀先预于十三日夜家家列火炬二于大门外以迎祖神十五日盆祭后送神

八月家家拜月明夏子阳使录云俗有待月之愿凡月初三十八二十三夜皆修吉果拜待初三夜焚香对月拜十八夜焚香立待待升明而拜拜毕乃敢坐二十三日焚香坐待待月出则拜谓可益寿延禧

白露为八月节先后三日男女皆闭户不事事名守天孙此数日内如有角口等诸事故必犯蛇伤国中蛇九月出伤人立毙同日蒸糯米交赤小豆为饭相饷

十二月逢庚子庚申日通国皆作糯米糕椶叶包裹三四层和糖蒸食相饷名曰鬼糕俗传古有鬼出作此祭之亦驱傩禳疫之意二十四日送灶次年正月初五日始迎灶

每月朔望家家妇女取瓶罂至炮台汲新潮水归献灶神或献天妃前石神

正三五九此四月国人名为吉月妇女相率至沿海雪崎洞中拜水神祈福

官民家有人渡海者斲木为小舟长尺许樯帆俱备著竿首立庭中候风以卜归信归即撤之

凡许愿皆以石为神凡神岳丛祠之所皆有巨石数处离立设香炉炷香烛于前烧酒设牲果酬愿皆就石献供不设神像也旧录有女王女君办天戈六臂神之类盖即君君祝祝开国诸神传久异辞不尽核也女巫为人祈疾者曼声呗诵彻夜无鼓乐

通国平民死皆火葬官宦有力之家先用生葬踰时舁出仍用火葬【前使录云以中元前后日浴尸于溪水三四五年后以水入穴泼尸去腐肉收骨入瓮藏石坎中岁时祭扫启视之】

棺制圆如木龛高三尺许温水洗膝盖屈足趺殓

墓皆穴山为之既窆垒以石贵家则磨石方整亦建拜台墓门远望如桥门更有穴山葬在层崖之上者扫墓不设牲菜用木盘炷香果挂蕉扇设三板于墓侧或折花供墓前

男女食皆不同器各设具别食食余弃之与客会饮不各设具一桮传饮筯一双著盎间同用今其贵官对客亦效中国同器分筯飲食或其居常尚仍旧俗耳夏子阳录云居官言事必具酒二壶至其家跪而酌之酌毕告以所事云

剃顶发

前明琉球人皆不剃发惟不用网巾万历中册使谢行人杰闽之长乐人母舅某从行携网巾数百事至无可售谢使迟册封礼久不行云本国既服中华冠带册封日如陪臣有一不网巾者册事不举琉人竞市一空福建至今相谑强市者则云琉球人戴网巾也至本朝始剃顶发自国王以下皆遵时制留外发一围绾小髻于顶之正中首里与久米人皆无异夏子阳录云首里人髻居偏久米人髻居中今不然也剪唇上髭令齐者间有之

五官正

国中惟三种人皆剃发如僧一为医官名曰五官正一为王宫执茶役者名曰宗叟又名御茶汤六人又有司灌园六人皆全剃发戴黑色六棱幔顶宽檐帽名曰片帽衣外多著短挂一领比大衣略短二三尺许黑色二种人皆趋役无时栉发恐稽时事故皆使从径省云

屋宇图

卷六・屋舍

作屋皆不甚高以避海风去地必三四尺许以避地湿民间作屋每一间瓦脊四出如亭子样瓦如中国铜瓦极坚厚非此不能御飓故也无砖墙每屋四旁皆夹设板为壁庭院中围墙及外围墙则用蛎石垒成首里大家外围墙磨削一面如切成极坚整无砖地多用板阁高三四尺许

门窗皆无户枢上下限皆刻双沟道设门扇其中左右推移以为启闭

室中以席裹草厚寸许缘以青布布满室中入室必脱三板故名脚踏绵自王宫以至民间皆然

屋宇在那霸所见者皆村中民居首里所见官戚大家墙垣栋宇皆极华整然亦一行作屋分内外无层构复室也惟官署始连楹八九作大屋每屋一间柱础多至二十余所屋用樫木作梁柱坚润细理千年不蠹一名罗汉杉大岛奇界所出尤良价亦甚贵作屋一间费至五百金故久米大夫家从宦有年尚多结茅者首里大家皆以此造屋铺地久之光润可鉴

壁既用板无粉墁墙多用砑花重粉笺或白色或白地绿花者糊之

竹帘极粗以细竹全乾编之挂屋檐四周

屋中画轴皆短小不过四五尺屋小故也若首里贵家长与中国画轴无异

屏幅字或用四扇例先书一大字于首如春夏秋冬仁义礼智之类下缀诗语三四行亦不必与大字相应

屋中开轩多旁向或东或西庭院中设小山石树黄杨乌木桧松之类必剪束整齐或方或圆层层有致茸草如茵极细软柔结寸许连土不散布满山上下或置小石池畜鱼其中中立小石石上植铁蕉等小木为玩

村径皆极宽洁多编细叶小竹作屏篱剪叶令齐方整缜密村落皆是寺院前或列植黄杨剪束就方叶密如墙数十步许又有树叶如冬青六七月生小白花香如栀子极芬烈土名十里香亦截作篱屏将至王宫夹道数里

卷六・米廪

藏米廪亦悬地四五尺远望如草亭下施十六柱柱间空处可通人行上为版阁官仓皆如此村民或数家共为一亭藏米其中分日守望

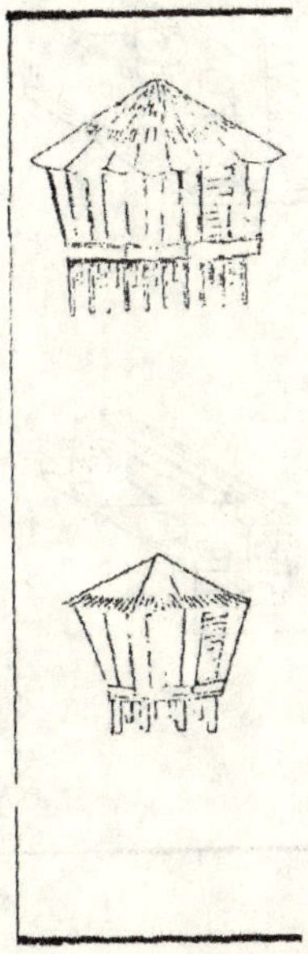

卷六・器皿

室中皆席地坐无椅桌之用饮食诸具皆低小以便用其与中土异制者图之如左

盘

凡饮食置碗之具如古俎豆盘器或方或圆皆著脚高五六寸许食罗数具于前

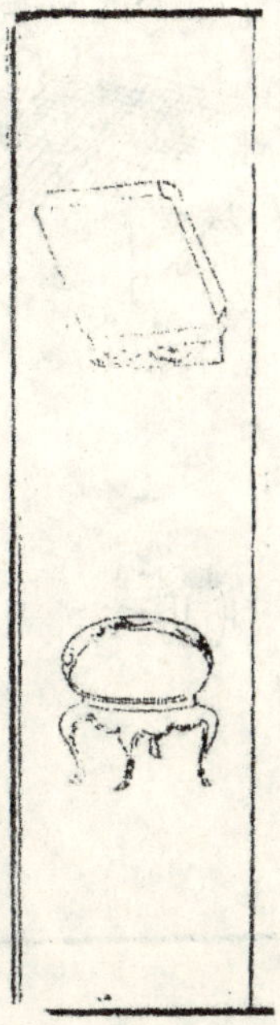

烟架

烟架一奁中火炉一唾壶一烟盆一室中置数具人前各置一具王宫制用甚精饬

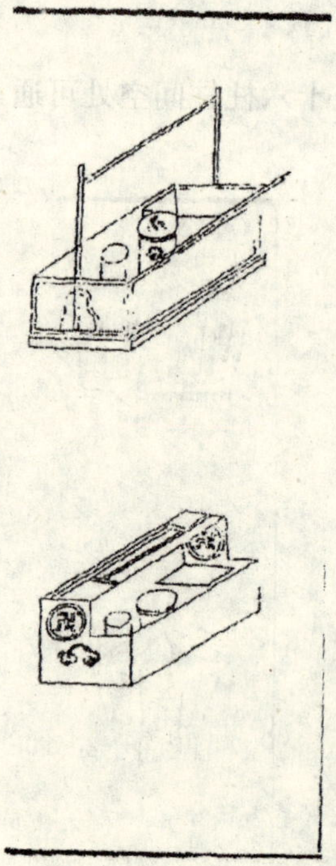

棋枰

棋局高尺许脚二三寸面厚七八寸极坚重使不倾侧黑子磨黧石为之白子磨螺蛤顶骨为之人皆善奕谓之悟棋下时不用四角黑白势子局终数空眼多少以定亏赢不数实子也亦有象棋

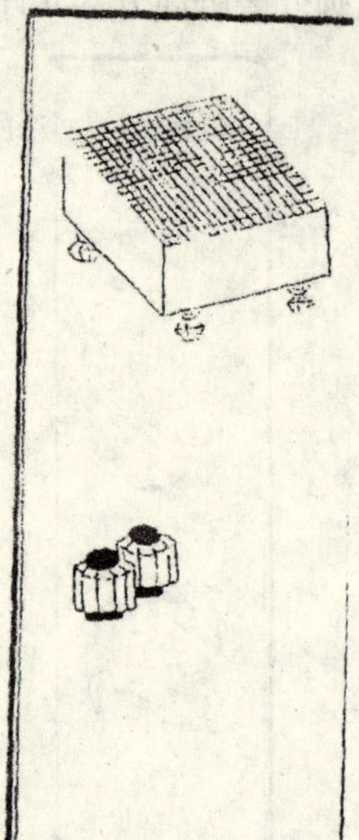

榼

士夫家有一榼或朱或黑渗金间采制作甚精郊飲各携一具中四器置食物旁置酒壶一盏一筯二诸具略备民家食榼或方或圆皆作三四层刳木为之

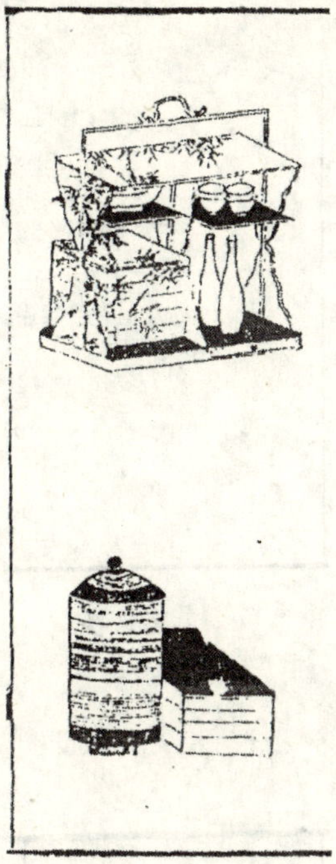

垆

水火垆制用轻简铜面锡里一置火一置水外作一小木架盛之下二层黑漆奁三四事中藏茗具入茶担中国王令秀才二人值之客出游则携以随

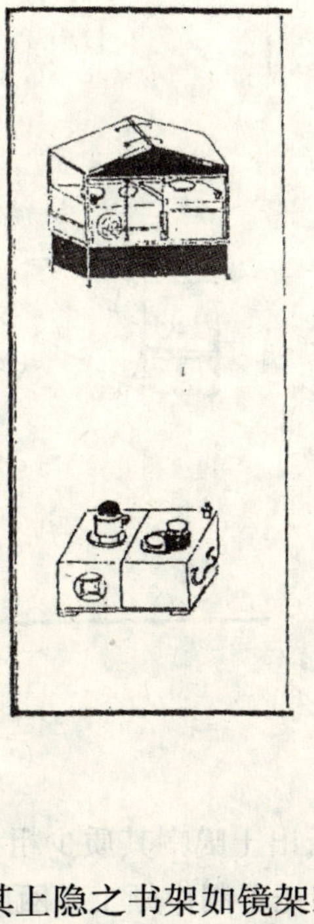

几【书架】

曲隐几仿古式绕身如扇形高一尺许加褥其上隐之书架如镜架著小座高半尺许席地坐用之

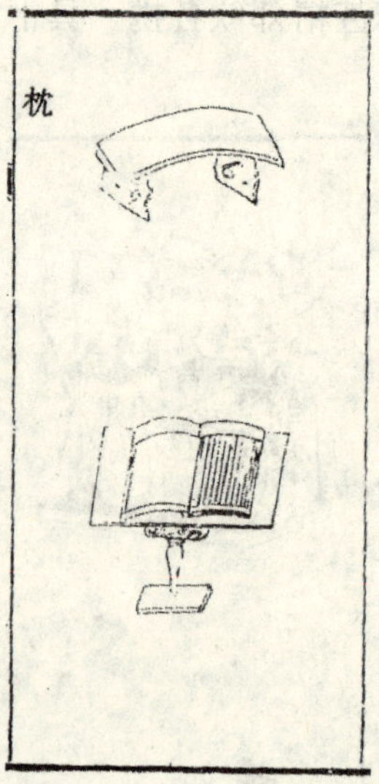

枕

大小套枕中藏数具客至则人授一枕

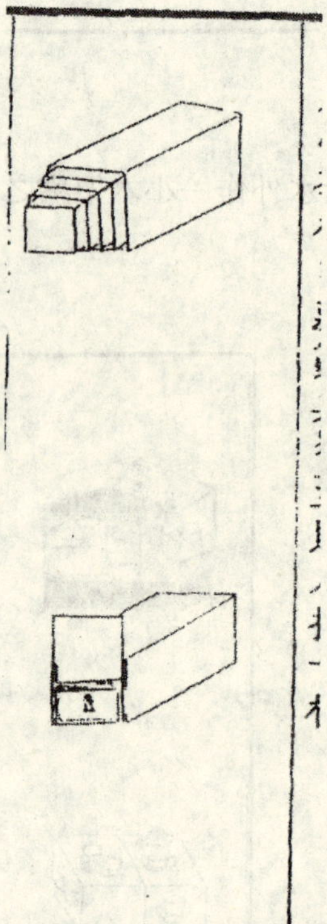

茶瓯【茶托茶帚】

茶瓯色黄【无白地者】描青绿花草云出土噶喇其质少粗无花但作冰纹者出大岛

瓯上造一小木盖朱黑漆之下作空心托子制作颇工茶瓯颇大斟茶止二三分用果一小块贮匙内此学中国

献茶法也若国中烹茶法以茶末杂细粉少许入碗沸水半瓯用小竹帚搅数十次起沫满瓯而为度以敬客

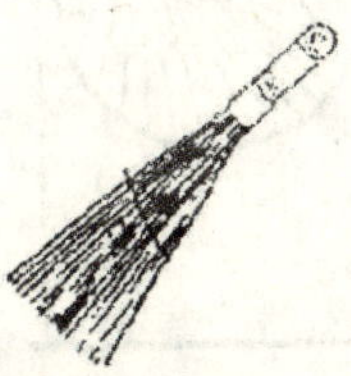

灯【烛】

烛灯木底四方格上宽下窄白纸糊之而空其上施木柄钉柱上虽大风不致灭烛也王宫内所用皆然民间灯多不用烛以木作灯四方糊纸高木座笼油碟其中置地席上烛如黄蜡而色黑国中有油树取其子窄油为之

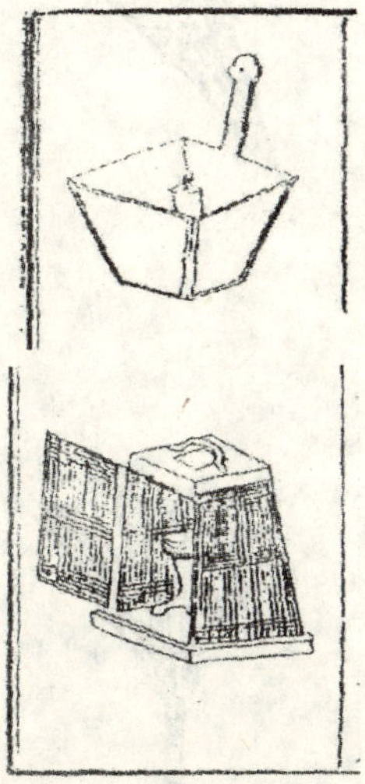

扇

蕉扇圆者为日扇男子用之妇人用者缺其傍如缺月状名月扇

折叠扇名棹子扇即倭扇也皆单边无宽边者粗细不等有绝佳者本国官民冬夏用之横插大带间以为饰又有折腰扇扇骨两截下合上开僧人所用

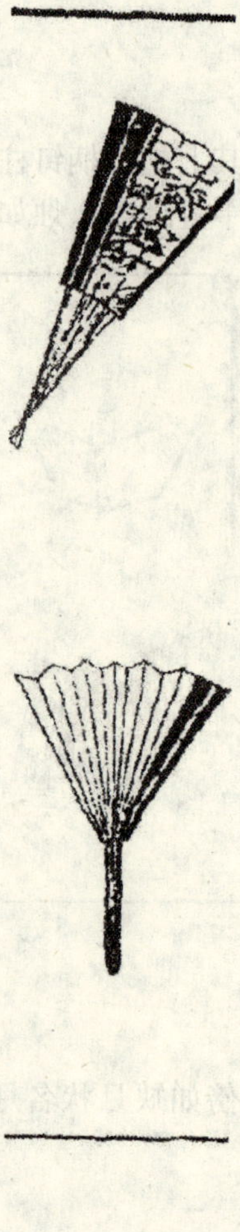

團扇以竹为骨茧纸糊之或青或白洒金作画有泥金五华者名玉團扇惟王宫中有之命妇或受赐始得用之

匠具

斧凿皆类中国惟锯用纯铁为之形如刀下著柄列齿口端为用

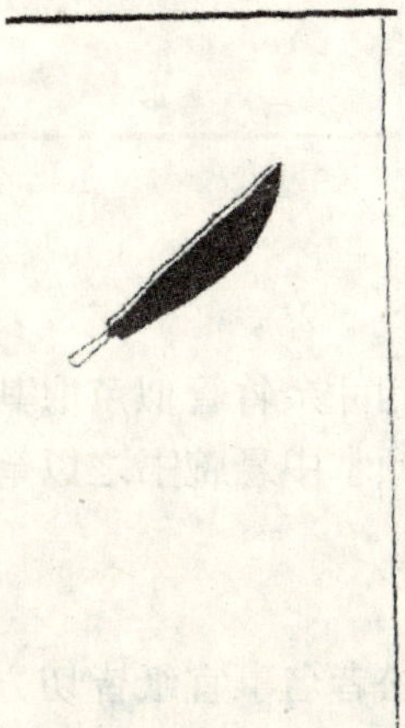

陶器

瓶罂多类中国其小异者茶具火炉一二种图之

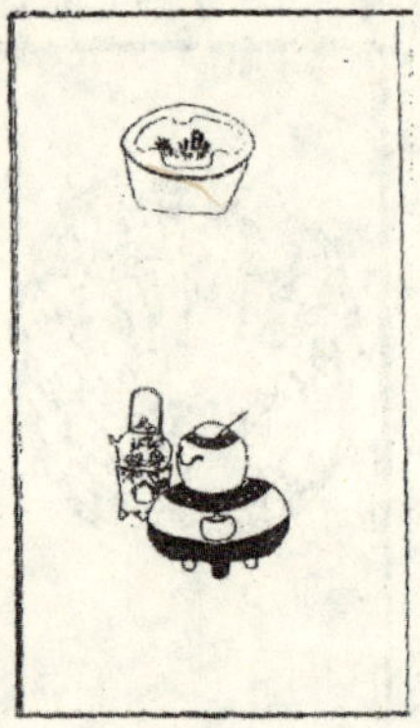

釜

炊爨锅器皆有铁者制亦颇与中国异或有柄有提处夏使旧录云多用螺敹炊爨今不尔间以大螺敹烹茶者有之

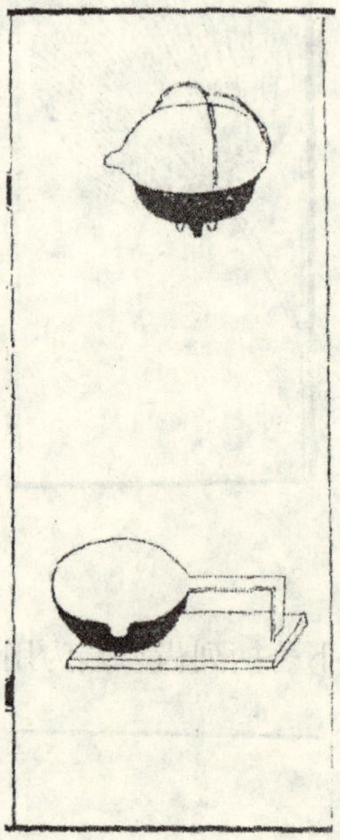

笔

笔用鹿毛为之短管比中国笔较短仅长四寸余竹管似芦取其轻细管之末有番字小帖笔帽皆有小开处国人作书皆不倚桌或立或坐倒卷纸尾左手箝顿掌中悬腕书之以笔蘸墨则横笔卧卷之

纸

纸以茧为之有理坚白者极佳其黄色质松者名事宜纸皆切方幅为用与高丽茧纸正同其质厚者染紫色可为衣名内用纸有印花者如锦极可爱

耕器

粗犂皆彷中国但减从轻小高田惟仰雨泽下田层列引泉下溉其江湖通潮者皆卤不可溉故无桔皋戽斗诸具

织具

机形坐处窄外宽高一尺五六寸低著脚仅三四寸许机前立竹竿一下垂引扣下上梭长四寸余如皂角形器用轻小席地为便家家有之缕蕉丝杂纫织之

渔具

沿海近港所见皆用独木小舟或钓或施伞网以取小鱼螺蛤蟹虾石鲍海胆随潮下上者夜候潮落篝火取之

乐器

乐器与中国无异筝笛等俱备【无笙】三弦柄比中国短三寸余弹拨惟用食指笛曲有青山曲【即中国银绞丝五更转也】落雁曲乐平曲太平歌乃神曲每击小铜点起调一人先唱下乃齐声和之

前使张学礼记云国王遣子壻于从客某所学琴今已失传国中无琴但有琴谱国王遣那霸官毛光弼于从客福州陈利州处学琴三四月习数曲并请留琴一具从之

女集图

卷六・女集【钱女饰】

市易之所旧录云向在天使馆东天妃宫前平地上后徙马市街今市集移在辻山沿海坡上早晚两集市集无男人俱女为市所市物惟鱼虾番薯豆腐木器磁盘陶器木梳草鞁等粗下之物仕宦家多不入市

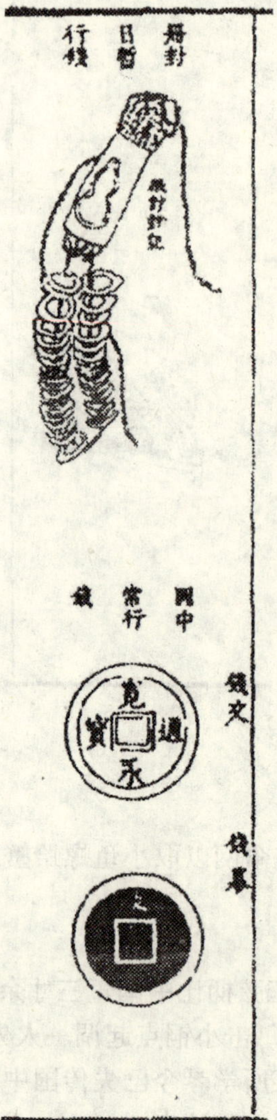

市中交易用钱无银钱无轮廓间有旧钱如鹅眼大磨漫处或有洪武字已绝少今用者如细铁丝圈一贯不及三四寸许重不逾两许贯口封一纸扣钤记之散即不可用每千值国银二分二厘【明万历中萧崇业夏子阳等录即云国中用黑铜钱极轻小千不盈掬凡五贯折银一钱则其来已久本国称为鸠字钱云】其平日皆行宽永通宝钱【钱背无字或有一文字按日本宽永元年为前明天启二年岁在壬戌此日本旧钱也钱模大小亦与前明万历钱相埒钱质皆赤铜每百值国银一钱二分国朝典汇云琉球市用日本钱以十当一为近是】临时易之使还则复其旧国中旧有洪武钱永乐十一年又赐永乐钱天顺二年王请照永乐宣德间例所带货物以铜钱给赐礼部寝之本朝又无赐钱之例故其国少中国钱

妇女小民家簪用玳瑁长尺许倒插髻中翘额上髻甚松前后偏堕疑即所谓倭堕髻也不穿耳间国中大家女亦然无脂粉无首饰珠翠俱废不用足无所矫揉或穿半袜或著三板或赤足行沙土中手背皆有青点五指脊上黑道直贯至甲边腕上下或方或圆或髻为形不等不尽如梅花也女子年十五即针刺以墨涂之岁岁增加官户皆然闻先国王曾欲变革集众议以为古初如此或深意有所禁忌骤改前制不便遂至今仍之过市所见无不尽然

入市货物无肩担者大小累重皆戴于首即大瓮束薪皆然登坡下岭矫首曳袖而行无偏堕者

土妓行市中暑月衣襟上亦用红绢缘于领掖间以此识别旧录云良家入市手持尺布以自别今亦间有之妇人抱小儿者惟一手操小儿腰臂令骑坐左右腰义上所见皆然

卷六·舟

太平山船独木船

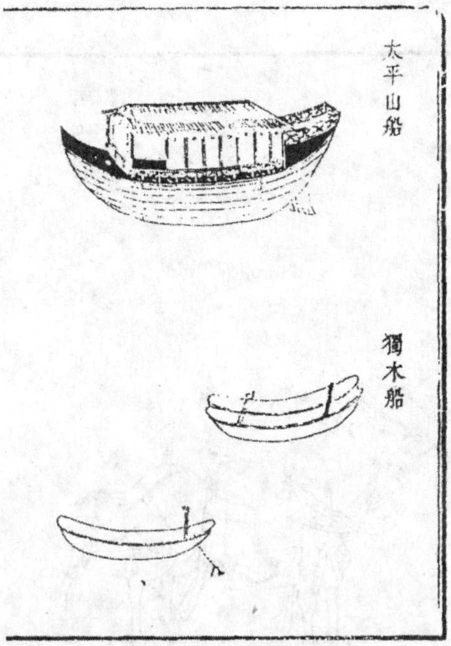

贡舶式略如福州鸟船船掖施橹左右各二船长八丈余宽二丈五六尺前明洪永中皆赐海舟后使臣请自备工料于福州改造今本国舟工亦能自造如式其各岛往来通载之船大小皆尖底底板鳞次太平山船加饰栏槛为异故图之小船皆刳独木为之极轻捷村民渔户皆用之一舟不胜载则双使为用

卷六·轿

通国惟国王肩舆彷中国式或十六人或八人轿上亭盖帷幔悉如中国国相法司以下皆两人肩舆式皆矮小著扛木于轿顶二人前后舁之轿高不踰三尺许席底趺坐远望如笼榼然前使汪录云不知其中有人信然也贵族亦有造作精致者用罗汉杉木雕镂铜饰锦边绘里纱縠为蔽而其高下大小则一也

国中无车山谷非所宜也

马饰图

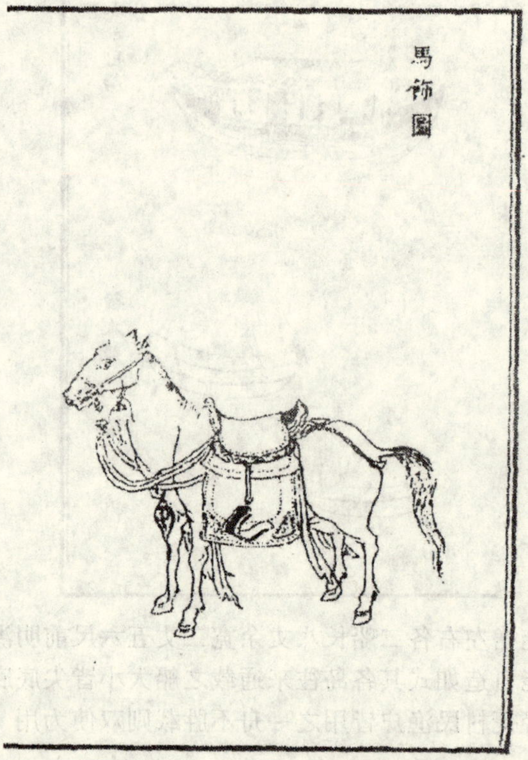

卷六·马

马与中国无异高七八尺者绝少蹀躞善行山路崎岖上下沙砾中不见顚蹶此则其所习也上山涉水则驰

地既多暖冬草不枯马终岁食青不识栈豆故虽村户下贫亦皆畜马有事则敛用之事过散还村家亦有以马耕者

鞍制同中国黑漆红漆不同有极精者鞍前后加红帕四条分垂左右以为马饰

韂与障泥皆从简略仕宦者或用红毡一条

勒口索贵家多用五色相间蕉布全幅入手两盘垂之尚及马胁也

镫以木为之式如曲杓形一边著绳系鞍下空其口以便赤足穿踏或鞲皮为之朱黑漆有极精者

国人骑马皆不用鞭能骑者纵控令速行否则折树梢用之下马即掷去

宦家女人骑马拥领蔽面多侧坐鞍上两足共一镫人控徐行前使汪录有记今偶见亦有之

卷六·长弓短箭

弓长七尺余卓地高齐屋檐箭比中国箭乃较短一握许射必卓地执靶时不在正中乃就下窄处扣弦发矢皆用决拾如古制发不甚远旧录云射二百步外则未之见

卷六·月令

正月桃夭【碧桃绛桃樱桃俱于是月开】长春始荣【四季开此月尤盛】蚕豆食新莺舌有簧蛇出于穴始电雷乃发声枇杷熟【与中国无异形略长如枣元旦食新为百果先】

二月木笔书空海棠红棠棣华春菊有芳【百合丽春花俱于此月开】月橘子红【月桔一名十里香花六月开子红累累至此月满树】萍始生田豆收蟋蟀鸣蛰龙出于海

三月粟兰香石竹花【玫瑰蔷薇藤萝罂粟俱于此月开】紫苏生诸豆毕种王瓜登于市麦乃秋虹始见

四月梯沽红【树高十余丈花如木笔攒生榴葵萱花金钱花杜若凤仙皆于此月开】铁钱花开甘露见于蕉【芭蕉此月始结实名甘露】山丹吐焰蔗田熟【杨梅亦于此月熟】青瓜出竹笋抽林螳螂生蜻蜓亦生此月蜩鸣鸦养羞蚯蚓出蝼蝈鸣鸟凤来【小鸟名又有鸟名古哈鲁亦于此月来】

五月刺牡丹开右纳花【花与秋葵无异木本高三四丈】月橘花【色白如雪香闻十里】夏菊开【茉莉栀子木兰俱于此月开】莲有华苋菜秀桃有实【榴亦于此月实】蕻菜生豇豆出草不腐为萤飓母时怒

六月佛桑烧空【三月开至冬此月尤盛】挂兰香【蕙亦于此月花】桔梗花决明开禾毕登于场绿豆收鹿入水为鱼【沙鱼跃岸化为鹿鹿畏热以舌咂水亦化为沙鱼】

七月木兰再芳【海棠玉簪俱于此月开】棉花收龙眼圆玄鸟来【燕至此月始来】寒蝉鸣刀豆出【丝瓜亦于此月出】野菊秀【如中国青蘘生满田中】毛鱼阵于水【此月朔前后五日八月朔前后五日毛鱼排队成阵他月不然】

八月木芙蓉华【桂亦于此月花】容蓝至【鸟名又有鸟名恨煞亦于此月来】赤小豆收

九月梅始华戊土实【果名古把梯斯形如青果而匾闽中亦有之名戊土】柿紫霜乃降海鹰来【国中无鹰此月东北风起自日本飘来】大豆收麦种下雷始收声【或至冬不收声时有之】田野毕垦麻石求子来【鸟名绿翅白眉】蛇为暴【此月蛇出伤人立毙】

十月绿秧出于水橘实田豆下种铁树有花蛇乃蛰虹藏不见松露入土化为菌【松下土中此月有土菌形如芋松露滴入土中所化色白出牛粪中者灰色不可食】纸鸢升石求读来【鸟名又有鸟名莫读史与伊石求子皆于此月来】

十一月水仙开寒菊花枸杞红蚯蚓鸣美人蕉红野有黄华【如中国蒲公英开遍山罅中】大雨时行

十二月佛手指空绿鸠至蛰虫不俯蚊不收声无冰

卷六·物产

中山气候多暖少寒无冰霜雪希降草木常青土产所有同中国者祇标其名异产则详其形状花卉并记其开

时如后

谷则六谷咸备米六种麦三种菽有绿豆赤豆黑豆白豆大豆小豆大豆即中国黄豆毛荚七八月生田中所见比中国产者特小仅如细黑豆异产有番薯在处皆有之犂种沙土中蔓生蔽野人以为粮功并粒食家种芭蕉数十本缕丝织为蕉布男女冬夏皆衣之利匹蚕桑明册使萧崇业夏子阳旧录云土不植棉地不宜茶今亦间有之但不甚繁植云

蔬有白菜芥菜菠菜萝卜香菜丝瓜冬瓜茄子刀豆蚕豆芋葱蒜韭姜胡椒蕹芹荠蕨瓠菱葽茴菜茼蒿香菰紫菜菘木耳石花菜异产有海带菜女蒡辣荞茯苓菜瓮菜又有松露土音称为蓄萝九十月中生大松树下土中实圆白色菌类味鲜美产具志头者尤良灰色者生牛粪中不可食【海菜有海带一名昆布又有红菜类石花菜而少匾出海滩中又有鸡脚菜麒麟菜】

木有松栢桧杉榕樟栀柳槐棕榈黄杨梧桐甚少异产有樫木等

樫木一名罗汉杉叶短厚三棱与中国罗汉松同木理坚腻国中造屋梁柱皆用之诸岛皆有出奇界者尤良

福木叶如冬青特大对节生长二寸许如腰子形厚而光泽一名常盘木树直上长丈余四时不凋叶可染绿色开小黄花结实如橘可食又有一木土名呀喇菩叶皆似福木亦对节生白花似梅十一二月实俱号君子树【叶纹对缕如织中边映日通明作金黄色旧传斗镂树叶如橘当即此也】

铁树即凤尾蕉一名海椶榈身蕉叶叶劲挺对出杂褷如凤尾映日中心一线虚明无影四时不凋处处植之

乌木叶如桂直上外与常木不异中心木质黑色然亦有白理者又有红木

油树叶似橘实如橘大不可食用以榨油又有福满木树高数尺叶似木槿差小花如橘子累累红色可食又有树叶似冬青高丈余花如枣子累累生如中国女贞子甘酸可食亦可染物作青莲色名山米又名野麻姑当即青精也

古巴梯斯树高二三丈余叶大如柿叶花五桠八九月实如青果而少匾味香甘闽中有之名戊土

右纳树高三四丈余叶似白桐夏季开花如中国秋葵黄瓣檀心

地分木高五六丈叶如谷树小白花丛生冬月开有毒可药鱼

月橘树高丈余细叶如枣五六月开小白花甚芬烈名十里香结实如天竺子稍大二月中红累累满树

梯姑树高七八丈大者合数围叶大如柿每叶抽作品字形对节生四月初花朱红色长尺二三寸每乾直抽攒花数十朵花叶如紫木笔吐焰高丽种出太平山

悉达慈姑树高丈许叶类桃子如葡萄穗累累深蓝色名慈姑奶不可食

花有梅桃杏桂木兰木莲水芙蓉红樱雪球山茶安石榴杜鹃【杜鹃十月开花至三月止花绝大四倍于中国所产者】佛桑【千叶者有大红及浅红二色单叶者惟大红一种中心蘂高出花瓣外一寸许如烛承盘状故一名照殿红四时皆花六月为盛】山丹【比中国特大有成树长丈余者红花四出数十朵攒生如火有千叶者重台甚艳五雅统注云山丹扶桑同出日本始入中国】兰【四时皆开】菊茉莉海棠长春水仙【十月花】剪秋罗月季蔷薇千日红银台金盏【即水仙】杜若菖蒲百合葵鸡冠萱石竹仙人掌雁来红藤异产有名护兰等

名护兰叶短而厚与桂叶同大仅如指三四月开花与兰无异一箭八九朵攒开香清越胜兰出名护岳岩石间不假水土或寄树桠上或以棕皮裹悬之又有风兰叶比兰较长香如山柰茴香蔑竹为盆悬挂风前极易蕃衍俗皆尚兰号为孔子花

粟兰一名芷兰叶如凤尾花如珍珠兰又有松兰竹兰棒兰【状如珊瑚树绿色无叶花从桠间出似兰较小】

野牡丹土名苮花叶与牡丹无异二三月花开作丛累累如铃铎素瓣紫晕檀心如碗大极芳烈其叶嚼之以为口香种出大平山又有野海棠仙人竿箒桃野兰【即中国青蘘】

文萱花一名欢冬花花如萱花特小叶有青白相间纹

山苏花一名猿莛花无花无乾出土长不及尺叶如蕉而小坚厚有纹

雷山花土名吉茄叶如铁梗海棠花如牵牛花差小鸦翠色四五月开至十一月结子如豆苞如榴房藏子数十粒可种

吉姑罗一名火凤人家墙上多植之以辟火乾似霸王鞭草叶似慎火草花似黄菊亦有红者名福禄木

果有藕蔗西瓜青瓜木瓜橘【数品】香橙金柑佛手荔枝龙眼葡萄樱桃杨梅覆盆子【形如杨梅】栗柿核桃枇杷梅【小如龙眼】异产有蕉实等

蕉实芭蕉所结实名甘露花紫红色大如瓢日开一瓣结实如手五六指并垂采久之肤理似藕之最嫩者可蒸食之如薯而甘

阿呾呢叶长旁有刺久成林连蔓坚利可为藩墙叶可造席根可造索开花者为男木花白若莲瓣合尖左右迸叠十余朵直上五桠蘂露如杖长数寸芳烈如橘花女木无花结实大如瓜肤纹起钉皆六棱可食云即波罗蜜别种粤东亦有之名菠萝

槠子一名芝子如橡栗而小山中处处有之一名椎子

竹有苦竹猫竹虎斑竹凤竹竿竹篃竹乌竹大竿竹矢竹竻竹异产有观音竹

观音竹著地丛生叶长尺许宽三四寸紫色

兽有牛马羊豕犬猫鹿猿山猪无虎兔獐【明一统志言其土产有熊罴豺狼今考皆无之】

畜有鸡鸭鹅异畜有太和鸡比常鸡特小短足长尾种出七岛

禽有雀乌鸽鹭鸥凫鸭班鸠绿鸠【十二月来】野鸠鹑鴳【俗呼神鸟】田鸟雉鹡鸰杜鹃鸳鸯燕七月来不巢人屋鹰九月中东北风从外岛飘来雁偶有之不恒至鹤或一有亦希见之异鸟有古哈鲁等

古哈鲁金黄毛羽长觜短尾四月鸣

麻石趐羽绿色白眉九月来又伊石求子似麻石

乌凤一名王母鸟四月来

恨煞毛羽似鹰而差小八月来

容蔬翅灰褐色黑头八月来

石求读毛羽似雀十月来春乃鸣

莫读史绿毛十月来

虫有鼠蝙蝠蝎虎能作声如雀冬夏皆然蜥蜴生水池中红腹背有金光又有四脚小青蛇常见之国中蛇最毒九月中每出伤人人立毙【前使录云其蛇不伤人未然】蚊蝇皆冬生蚁与中国同但腹亮如晶毙之有点水

鳞族有鲛鲤鲋鳗鳅虾金鱼银缕鱼异产有毛鱼针鱼燕鱼等其绿色红色绿鳞红章五彩相闲或圆或长者不可胜数士人就其色其形呼之皆无名海鱼生切片夜中黑处视之皆明透有绿火光色如热河夜光木

毛鱼细小外视似腐咀爵有味闽人皆重之为珍品七月朔前后五日八月朔前后五日于海中排阵出他月则否

针鱼头戴针形亦名鱵靴鱼头长如靴

燕鱼如燕有翼能飞古名鳐俗呼飞鱼

介族有龟鼋鳖异者有玳瑁等

玳瑁甲如龟鳖首尾形少尖头带淡红色

海马马首鱼身无鳞肉如豕颇难得得者先以进王

石鉅首圆下生四尾屈曲士人皆以入馔

蟳肉最佳味如蟹而大性温

蟹大小种族各异有小蟹五色两螯左大右小小以取食大以外御惟大螯朱红色名曰照火小蟹居螺壳中名寄生

海胆背生刺如猬蠕蠕能运徐行味如虾蟳

螺族尤异五色璀璨形状诡出蜯螯大如盘国人以为盎为户枢为釜皆是异者有壁虎鱼等

壁虎鱼螺殼上生五六爪形如壁虎名壁虎鱼

桅螺殼尖出如桅生刺满之名桅鱼

贝有数种一种外白色内朱绀色一种玳瑁斑内紫白色

龙头虾名鳊大者一二尺形绝似龙时以供馔蛤蚶之族不可胜纪

佳苏鱼削黑馒鱼肉乾之为腊长五六寸梭形出久高者良食法以温水洗一过包芭蕉叶中入火略煨再洗净以利刃切之三四切皆勿令断第五六七始断每一片形如兰花渍以清酱更可口

海松

海松生海水中大者二三尺根蟠海底石上久之与石为一矣国人亦名曰礒松似言松元木类附生石上如义甲义髻之义此字甚切按字书礒石貌别是一意其枝叶纤细与侧栢无少异鲜焰如火疑以栢枝叶成朱色有腥气不可近翫其根木色轮囷屈曲如老树根以刀刻之拒不可久俨然石也生马齿山者较他处尤良红色不即褪落又有一种无枝叶拳石殷红上作蜂窠细眼攒蹙徧满如鸡冠花头皆生海底惟马齿山渔人能泅水深没取之中山渔户能入水者亦不能及也

石芝

石芝生沿海海底石罅中天使馆西北海上有小石山名石笋崖土人亦称为波上此崖之下石芝所聚前使旧录云有根有叶大者如盆小者如盎其它如菌如菊如荷叶者不可胜数灵壁羊肚俱不足道亦惟马齿山人能深没取之盐水久渍而成腥气尤不可近出水久之腥气渐退然脆折亦难致远故不贵重云

凡石大小皆极嵌空大者如楼如屋玲珑明透古藤萦结葱郁即拳石亦有奇致山崖海边遍地多有但质甚松利易脆折惟磨刀石甚坚而腻以为砺胜中国者故世以充贡

卷六·字母

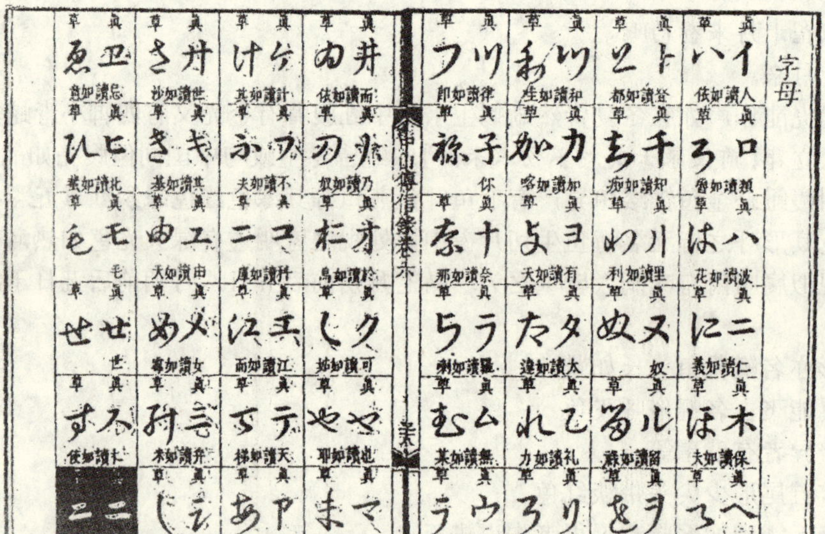

琉球字母四十有七名伊鲁花自舜天为王时始制或云即日本字母或云中国人就省笔易晓者教之为切音色记本非字也古今字繁而音简今中国切音字母旧有三十六后渐简为二十八自喉腭齿唇张翕轻重疾徐清浊之间随举一韵皆有二十八母天下古今有字无字之音包括尽矣今实略彷此意有一字可作二三字读者有二三字可作一字读者或借以反切或取以连书如春色二字琉人呼春为花鲁二音则合书八口二字即为春字也色为伊鲁二音则合书亻口二字即为色字也若有音无字则合书二字反切行之如村名泊与泊舟之泊并读作土马伊则一字三音矣村名喜屋武读作腔字则又三字一音矣国语多类此国人语言亦多以五六字读作一二字者甚多得中国书多用钩挑旁记逐句倒读实字居上虚字倒下逆读语言亦然本国文移中亦参用中国一二字上下皆国字也四十七字之末有一字作二点音妈此另是一字以联属诸音为记者共四十八字云

元陶宗仪云琉球国职贡中华所上表用木为简高八寸许厚三分阔五分饰以髹扣以锡贯以革而横行刻字于其上其字体科斗书又云日本国中自有国字字母四十有七能通识之便可解其音义其联辏成字处髣髴蒙古字法以彼中字体写中国诗文虽不可读而笔势纵横龙蛇飞动俨有顚素之遗今琉球国表疏文皆用中国书陶所云横行刻字科斗书或其未通中国以前字体如此今不可考但今琉球国字母亦四十有七其以国书写中国诗文笔势果与顚素无异盖其国僧皆游学日本归教其本国子弟习书汪录所云皆草书无隶字今见果然其为日本国书无疑也

卷六・琉语

臣按前明嘉靖中册使陈侃记云称有夷语夷字附录卷末所传钞本阙而未见万历中册使夏子阳给谏使录刻有琉语本朝张学礼册使亦略载杂记中今就其本少加订正对音参差轻重清浊之间终不能无讹也

天文

天【町】日【飞】月【子急】星【夫矢】风【喀买子】雨【阿梅】雷【喀五渺一】云【枯木】雪【又急】电【贺的】霜【什吒】下雨【阿梅福的】下雪【又急福的】雾【气力】露【秃有】霞【噶喀泥】雹【科立】明日【阿著】起风【喀买福的沽】天阴【町奴姑木的】天晴【町奴法力的】后日【阿煞的】大后日【郁加】

地理

地【池】土【足池】江【密乃度】河【喀哇】海【乌米】山【呀麻问字亦读同麻音】水【闵子】冰【谷亦里】路【密之】岸【倭喀】石【一是】井【依喀喇】泥【巴洛】沙【是梛】灰【活各力】砖【呀及一什】瓦【喀哇喇】远【士煞迷】近【土古尼迷】长【拿夹煞】短【阴夹煞】前【妈乜】后【吒什的】左【分搭里】右【名急里】上【威】下【昔著】东【窟之】西【尼失】南【灰】北【屋金尼失】府【间切】村【毋喇】

时令

春【哈罗】夏【约之】秋【阿纪】冬【灰唷】冷【晦煞】热【阿子煞】寒【辟角罗煞】暑【奴罗煞】阴【姑木的】阳【法力的】昼【皮罗】夜【唷罗】朝【阿噶子吉】晚【有煞吒的】时【吐吉】气【亦吉】年【多式】节【些谷尼即】正月【夏括子】二月【腻括子】三月【三括子】四月【式括子】五月【吾括子】六月【六姑括子】七月【失之括子】八月【瞎之括子】九月【空括子】十月【蠲括子】十一月【蠲一之括子】十二月【蠲腻括子】初一【之搭之】初二【福子介】初三【之搭之密介】初四【之搭之唷介】初五【之搭之一子介】初六【之搭之美介】初七【之搭之梛介】初八【之搭之鸦介】初九 之搭之哭古鲁 初十 之搭之土介 十一【之一子泥子】十二【之泥泥子】十三【之三泥子】十四【之唷泥子】十五【坐古泥子】十六【坐六古泥子】十七【坐十七泥子】十八【坐瞎之泥子】十九【坐苦苦泥子】二十【瞎子介】二十一【瞎子介痆】二十二【瞎子介泥泥子】二十三【腻徂三泥子】二十四【腻徂唷介】二十五【腻徂姑泥子】二十六【腻徂六姑泥子】二十七【腻徂失之泥子】二十八【腻徂瞎之泥子】二十九【腻徂苦苦泥子】三十【三徂泥子】

花木

茶【札】花【豁那】叶【豁】枝【又打】树【那吉】果【吾乜】松【贸子】栢【贸子那吉】竹【托几】笋【打吉】枣【那多乜】木【鸡】草【谷煞】梅花【五梅】莲花【临】龙眼【客梗】木头【梅五梅拿乃】杉木【思鸡】榆木【掐鸡】乌木【哭罗鸡】桃【莫莫拿乃】杏【色莫莫】柳【现其】芭蕉【巴拉】石榴花【石古鲁】藕【菱公】扶桑花【菩萨豁那】榕【茄子埋大】梧桐【谷多】桂【鸡花】鸡冠【鸡朵】茉莉【木一乖】凤尾蕉【靴底子】荔枝【利市】甘蔗【翁吉】胡椒【窟受】苏木【司哇】

鸟兽

龙【达都】虎【土拉】鹿【呵五失失】马【吒马】狮【施失】牛【兀失】兔【兀煞吉】熊【谷马】象【喳】鸡【推】鹅【乌孤欲士】猪【呀妈失失】狗【因】皮【喀哇】鼠【聂】莺【打荅噶】羊【皮著】蛇【密密】猴【煞陆】龟【喀乜】雀【由门多里】凤凰【呼窝】麒麟【其邻】孔雀【枯雀姑】獬豸【瞎宅】仙鹤【司禄】象牙【喳冷其】玳瑁【喀也那各】牛角【兀失左奴】喜鹊【孔加喳司】鹤顶【拖立奴谷之】

宫室

宫【迷耶】屋【耶】门【浊】户【耶独可之】窗【马都】墙【掐几】垣【仝上】亭【堤】园【腻滑】阶【乞斋它书又喀五条书】瓦房【喀喇亦弃牙】

器用

弓【忧米】箭【一牙】担桶【五格】木杓【你波】脚踏棉【波著子】棹【琫】浴桶【克搭里】椅子【倭里那】风炉【鲁】牙刷【番五脚鸡母鲁】畚箕【失忒】戥子【法介依】天平【斤马荅白】刀【和著】刀鞘【丝古礼耶】轿子【夹介子】木套【阿书著】伞【夹煞】竹片【兀执】床【闲札古】灯【秃罗】面桶【他古又他里】锅【那牌】锅盖【福大】瓦罐【之五】瓢【弥五】扫箒【火气】船【胡你】算盘【山姆盘】油盏【虽之既】木梳【沙八巳】瓮【客浼】索【争拿】斧头【霞爽】汤盆【他阿喇】竹笼【古衣八古】筯【卖生又皮爬失】锁【柴心又沙四内古】烟筒【启力】荷包【荷作】茶钟【茶碗】饭碗【麦介衣】铜罐【约惯】爓签【式执直】围棋【古】香炉【科炉】箱子【科阿里阿哥】面盆【汗你及里】盘【他喇古】匣【哥八】水注【闵子磁之】镜子【喀敢泥】酒壶【亏奴】烛签【乱思古苔】短箸【喀你煞失】长箸【弥夸】酒杯【失六加泥】象棋【冲棋】盔【噶坞吐】甲【幼罗衣】弦【子奴】枪【牙立】盆【大莿】瓶【匹胡平】船【莆泥】桅【花时】舵【看失】橹【罗】篷【贺】带【文笔】书【什么子】画【夷夷喀之】字【阿三那】笔【夫的】墨【细米】纸【瞎皮】砚【思子里】扇子【丫吉】屏风【飘布】花瓶【抛拿】香盒【福法名】倭扇【杠其】玉带【衣石乞各必】金杯【孔加泥麻佳里】围棋【右】

人物

皇帝　倭的每　国王【哭泥华】王妃【倭男礼喇】王子【倭奴郁勃人夸】朝廷【倭每奴】大夫【大福】长史【文史】使者【使臣】通事【通资】正使申司副使【付司】大老爷【阿几噶那什】老爷【安主】大臣【沈噶】女婿【母姑】祖【五虎之】孙子【姆马噶】父【会几噶乌耶】子【括】女儿【会南姑括】大【五晦煞】小【枯煞】弟妇【唷美】妻【拖厨】夫【户多】弟【屋多】兄【洗之】朋友【独需】你【呀】我【挖五】妓【俗里】母【会南姑乌耶】男【会几噶】女【会南姑】丫头【土母】仆【浓煞】亲戚【喂街】公子【三波堤】客人【客姑】主人【堤就】唐人【叨浓周】姊【洗之乌乃】妹【屋多乌乃】贫【平素奴周】富【喂既奴周】和尚【巴子】医生【一著】伯【洗之浑局】叔【屋多浑局】姑娘【喂妈】爹【靴罗买】娘【阿姆买】阿侄【威】小孩子【歪拉培】丈人【色多】师父【失农褒】琉球人【倭急拿必周】日本人【亚马吐必周】朝贡使臣【噶得那使者】琉球国王【倭急拿敖那】

人事

作揖【礼及】洗浴【阿美的】上人洗面【乌木的阿采】下人洗面【思答阿来来】拳头打【蹄子烘】打【乌兄】脱衣【轻化子荣】杀【枯必起】大醉【威帝】睡【般帝】上人吃【三衣米小利】疼【呀的】痛【阿格著】洗东西【阿约的】采花【抬奴吉之】行路【阿之】等待【末之】病【牙的】生【一吉之】死【失直】伤风【哈那失几】兴【屋起坚】

走迫姑一甚行【亚立其】好【优答煞】不好【它煞】买【科的】卖【屋的】打更【柯北音】言语【么奴喀答里】上紧走【排姑亦急】上御路【恶牙密即约里】梦【一梅】瘦【捱的】肥【滑的】再叩头【麻达喀篮子其】入朝【大立叶密达】鞠躬【曲尸麻平的】底头【喀兰自之】立住【答止歪立】叩头【嗑篮自之】谢恩【温卜姑里】朝贡【密加你吸之】平身【度漫思吾】庆贺【密由乌牙】表章【彪乌】赏赐【吾加一每奴】起来【揭之】进贡【喀得那】进表【漂那阿杰的】报名【包名】辞朝【畏之谩归】回去【阕都里一其】早起【速都密的】下程【司眉曰尸】筵宴【札半失】勅书【倭眉脚都司墨】晓得【识达哇】不晓得【失篮】圣旨【由奴奴失】御前谢恩【恶牙密温卜姑里】且慢走【慢的】拿来【一得姑】放下【由六尸】给赏【乌鹊没谷古里】方物【木那哇】多少【亦加煞】请来【子失之】

身体

发【哈那子又喀拉齐】头【他喇子】眉【卖由】眼【美】耳【你米】鼻【豁纳】舌【失著】口【阔生】齿【夸】须【非几】手蹄脚【烁】身【掐鞑】心【气么】头颈【科必】胸【五足】奶【齐】牙【诺其】额【失脚衣】脐【哭素】指头【威彼】臂【非之】腿膜膜

衣服

衣裳【衾】帽【掐煞】衣服【密子满吉又岂奴】裤子【哈加马】带【乌必】手巾【梯煞几又皮沙之】被【乌独】帐子【喀著】毡单【木心】枕【妈括】褥子【福冬】袜【搭弼】衫子【哈加】笠【由沙】缨【毛疽】靴【呵牙】鞋【煞巴】汗衫【阿米琴】冬短衣【木绵景】夏短衣【百索景】紬【亦周】缎【动子】纱【撒】罗【罗】绢【活见】布【奴奴】绵衣【奴奴木绵】纱帽【纱帽】网巾【网巾】圆领【员领】裙【喀甲眉】

饮食

饭【五班】酒【煞几】烟【塔八孤】油【阿五打】酱【弥沙】酱油【沙由】米【可木】盐【麻虾】豆腐【托福】茶【札】肉失失菜【绥】索面错闵菜瓜【喂】蒜【非徒】西瓜【乌贻】冬瓜【失布衣】生姜【那没烧介】黑豆【枯罗马马】蕉实【巴煞那】番薯【番子母】豆牙菜【马米那】饼【木之】芋羹【坤轧姑】果【刻纳里】粉【由诺姑】鱼【一由】虾【一必】蛤蜊【克培】螺甸【阿古噶】蟹【夹煞眉】砗渠【阿札噶】海狮【子菩拉】

珍宝

金【枯轧腻】银【喀腻】钱【一层】铜【阿里喀腻】铁【窟碌喀腻】锡【右碌喀腻】钞【支腻】玉【依石】珠【挞马】石【一石】玛瑙【吾马那达马】珊瑚【牙马那达马】水晶【血子达马】玉石【挞马一石】琥珀【它喇】犀角【吾失祖奴】硫黄【油哇】

数目

一【抵子】二【打子】三【乜子】四【夭子】五【一子子】六【姆子】七纳纳子八【呀子】九【科过碌子】十【拖子】十一【拖抵子】二十【腻徂】三十【掺徂】四十【细徂】五十【古徂】六十【六古徂】七十【锡汁徂】八十【河汁徂】九十【苦徂】一百【夏古】千【先】一千【一贯】万【漫】两【聊茶切】钱【层】分【风】一半【纳加那】一样【一奴摩奴】轻【喀罗煞】重【五卜煞】多【屋火煞】少【一革拉煞又速都】长【那夹煞】短【阴夹煞】阔【非罗煞】狭【一伯煞】中【屋之】上【威】下【昔著】满【抵子密之】浅【阿煞之】里【利】一钱【一止买每】二钱【足买每】三钱【山买每】四钱【申买每】五钱【吾买每】六钱【六姑买每】七钱【式之买每】八钱【法之买每】九钱【枯买每】一两【执买每】十两【撒姑每】一百两【撒牙姑】一万个【麻孰

吐失】 千岁 【森那】 万万岁 【麻由吐失】

通用

甜的 【阿妈煞】 酸的 【关爽煞】 辣的 【喀喇煞】 咸的 【什布喀煞】 淡的 【阿法煞】 黄【绮罗】 红 【阿夹煞】 青 【哑煞】 白 【稀罗煞】 念书 【西米那那容】 看 【妙母】 听得【乞介楞】 不听得 【乞介蓝】 有 【阿美】 无 【你嫩】 臭 【哭煞煞】 求讨 【答毛里】 说话【么奴喀达里】 知道 【识之】 不知道 【失蓝子】 不敢 【扬密撒】 东西 【加尼尼失】 闲 【谩图押里】 说谎 【由沽辣舍】 实话 【马讼沽夷】 不见 【迷阑】 快活 【括其】 辛苦 【南及之】笑 【瓦喇的】 啼 【那其】 叫 【院的】 痒 【课沙】 明早起身 【阿著速图拖枚榻支】 抛球【马一】 捉七子 【一深虐古】 下碁 【古乌鞑】 唱歌 【屋鞑】

琉球土人居下乡者不自称琉球国自呼其地曰屋其惹盖其旧土名也

琉球国志略[1]

题奏

翰林院侍讲臣周煌谨奏

为恭进琉球志略仰求圣鉴事

窃臣西蜀单寒毫无学识由进士蒙恩拔置史馆造就多年幸窥中秘之书粗习编摩之役伏念臣自奉使之初亲承圣训以前此使臣类有纪录意存润饰传闻异辞兹当就耳目所及加以订正务求征信无事铺张臣衔命战兢每怀靡及遵即于往返途次及使馆余闲随时采辑略具草稿续自回京数月以来分门比类以次告竣臣愚窃谓前疑尽释识神护之非诬近事有征较陈编而略备谨斋心熏沐恭录成书上呈睿览外具该国地图二幅并录臣衔恩纪事韵语二册随书恭进统祈皇上垂慈训示臣不胜惶悚屏营之至谨奏

乾隆二十二年十二月十八日

奉旨留览钦此

卷首・御书

圣祖仁皇帝御笔　中山世土　康熙二十一年　赐王尚贞

世宗宪皇帝御笔　辑瑞球阳　雍正二年　赐王尚敬

皇上御笔　永祚瀛壖　乾隆四年　赐王尚敬

卷首・诏敕

顺治十一年封王尚质诏

奉天承运皇帝诏曰帝王祗德应治协于上下灵承于天时则薄海通道罔不率俾为藩屏臣朕懋绩鸿绪奄有中夏声教所绥无间遐迩虽炎方荒略亦不忍遗故遣使招徕欲俾仁风暨于海澨尔琉球国粤在南徼乃世子尚质达时识势祗奉明纶既令王舅马宗毅等献方物禀正朔抒诚进表缴上旧诏敕印朕甚嘉之故特遣正使兵科副理官张学礼副使行人司行人王垓捧诏印往封为琉球国中山王仍锡以文币等物尔国官僚及尔氓庶尚其辅乃王饬乃侯度协摅乃荩守乃忠诚慎乂厥职以凝休祉绵于奕世故兹诏示咸使闻知

赐王印一缎币三十匹妃缎币二十匹

臣按前使臣张学礼记将敕印付官张宿耀上左台宣读王跪听宣毕将敕印并恩赐蟒缎装花绫绸四十八匹付王收受王妃敕谕付官孟道脉上右台宣读王妃跪听宣毕将蟒缎装花绫绸四十八匹付王转付妃收受则似有两敕设两台而匹数亦与诏文不符谨录之以俟参考

康熙元年封王尚质敕

皇帝敕谕琉球国世子尚质尔国慕恩向化遣使入贡世祖章皇帝嘉乃抒诚特颁恩赍命使兵科副理官张学礼等赍捧敕印封尔为琉球国中山王乃海道未通滞闽多年致尔使人物故甚多及学礼等奉掣回京又不将前情奏明该地方督抚诸臣亦不行奏请迨朕屡旨诘问方悉此情朕念尔国倾心修贡宜加优恤乃使臣及地方各官逗遛迟误岂朕柔远之意今已将正副使督抚等官分别处治特颁恩赍仍遣正使张学礼副使王垓令其自赎前罪暂还原职速送使人归国一应敕封事宜仍照世祖章皇帝前旨行朕恐尔国未悉朕意故再降敕谕俾尔闻知

① ［清］周煌撰。据清乾隆二十四年漱润堂刻本。

康熙二十二年封王尚贞诏

奉天承运皇帝诏曰朕躬膺天眷统御万邦声教诞敷遐迩率俾粤在荒服悉溥仁恩奕叶承祧并加宠锡尔琉球国地居炎僥职列藩封中山王世子尚贞屡使来朝贡献不懈当闽疆反侧海寇陆梁之际笃守臣节恭顺弥昭克殚忠诚深可嘉尚兹以序当缵服奏请嗣封朕惟世继为家国之常经爵命乃朝廷之巨典特遣正使翰林院检讨汪楫副使内阁中书舍人加一级林麟焻赍诏往封为琉球国中山王尔国臣僚以及士庶尚其辅乃王慎修德政益励悃忱翼戴天家庆延宗祀实惟尔海邦无疆之休故兹诏示咸使闻知

康熙二十一年六月十一日

康熙二十二年封王尚贞敕

皇帝敕谕琉球国中山王世子尚贞惟尔远处海隅虔修职贡属在冢嗣序应承祧以朝命未膺罔敢专擅恪遵典制奉表请封朕念尔世守臣节忠诚可嘉特遣正使翰林院检讨汪楫副使内阁中书舍人加一级林麟焻赍敕封尔为琉球国中山王并赐尔及妃文币等物尔祗承宠眷懋绍先猷辑和臣民慎固封守用安宗社于苞桑永作天家之屏翰钦哉毋替朕命故谕

颁赐国王蟒缎二匹青彩缎三匹蓝彩缎三匹蓝素缎三匹闪缎二匹衣素缎二匹锦三匹纱四匹罗四匹绸四匹

颁赐王妃青彩缎二匹蓝彩缎二匹妆缎一匹蓝素缎二匹闪缎一匹衣素缎二匹锦二匹纱四匹罗四匹

康熙二十一年六月十一日

康熙五十八年封王尚敬诏

奉天承运皇帝诏曰朕恭膺天眷统御万邦声教诞敷遐迩率俾粤在荒服悉溥仁恩奕叶承祧并加宠锡尔琉球国地居炎僥职列藩封中山王世子曾孙尚敬屡使来朝贡献不懈当闽疆反侧海寇陆梁之际笃守臣节恭顺弥昭克殚忠诚深可嘉尚兹以序当缵服奏请嗣封朕惟世继为家国之常经爵命乃朝廷之巨典将遣正使翰林院检讨海宝副使翰林院编修徐葆光赍诏往封为琉球国中山王尔国臣僚以暨士庶尚其辅乃王慎修德政益励悃忱翼戴天家庆延宗祀实惟尔海邦无疆之休故兹诏示咸使闻知

康熙五十七年八月　　日

康熙五十八年敕谕王世子尚敬

皇帝敕谕琉球国中山王世子曾孙尚敬惟尔远处海隅虔修职贡属在冢嗣序应承祧以朝命未膺罔敢专擅恪遵典制奉表请封朕念尔世守臣节忠诚可嘉特遣正使翰林院检讨海宝副使翰林院编修徐葆光赍敕封尔为琉球国中山王并赐尔及妃文币等物尔只承宠眷懋绍先猷辑和臣民慎固封守用安宗社于苞桑永作天家之屏翰钦哉毋替朕命故谕

颁赐国王蟒缎二匹青彩缎三匹蓝彩缎三匹蓝素缎二匹闪缎二匹衣素缎二匹绵三匹纱四匹罗四匹绸四匹

颁赐王妃青彩缎二匹蓝彩缎二匹妆缎一匹蓝素缎四匹闪缎一匹衣素缎二匹绵二匹纱四匹罗四匹

康熙五十七年八月　　日

乾隆二十一年封王尚穆诏

奉天承运皇帝诏曰朕恭膺天眷统御万方声教诞敷遐迩率俾粤在荒服悉溥仁恩奕叶承祧并加宠锡尔琉球国地居炎僥远隔重洋世列藩封屡膺朝命代修职贡恭顺弥昭兹以中山王世子尚穆序当缵服奏请嗣封朕惟世继为家国之常经爵命乃朝廷之巨典特遣正使翰林院侍讲全魁副使翰林院编修周煌赍诏往封为琉球国中山王尔国臣僚以暨士庶尚其辅乃王慎修德政益励悃忱翼戴天家庆延宗祀实惟尔海邦无疆之休故兹诏示咸使闻知

乾隆二十年十二月　　日

乾隆二十一年敕谕王世子尚穆

皇帝敕谕琉球国中山王世子尚穆惟尔远处海隅虔修职贡属在冢嗣序应承祧恪遵典制奉表请封朕念尔世守藩服恭顺可嘉特遣正使翰林院侍讲全魁副使翰林院编修周煌赍敕封尔为琉球国中山王并赐尔及妃文币等物尔其只承宠眷克懋先猷和辑臣民增修德政永延宗社之嘉庥长作天家之屏翰钦哉毋替朕命故谕

颁赐国王蟒缎二匹青彩缎三匹蓝彩缎三匹蓝素缎三匹闪缎二匹衣素缎二匹绵三匹纱四匹罗四匹绸四匹

颁赐王妃妆缎一匹青彩缎二匹蓝彩缎二匹蓝素缎二匹闪缎一匹衣素缎二匹绵二匹纱四匹罗四匹

乾隆二十年十二月　　日

卷首·谕祭文

康熙二十二年谕祭故王尚质文

维康熙二十二年岁次癸亥八月庚子朔越六日乙巳皇帝遣正使翰林院检讨汪楫副使中书舍人林麟焻谕祭于故琉球国王尚质之灵曰朕受天景命君临万邦殊方海澨罔不宾服凡有恪共藩职累世输诚则必生加锡命之荣殁隆赙恤之典所以旌扬归附柔怀荒远垂为国宪昭示亿年尔琉球国中山王尚质式廓前徽诞膺世祚作藩屏于南海绥岛服以咸宁辑圭瑞于中邦莅民人而胥靖浮航贡卖凛遵王享之规逾险求章虔秉朝宗之志方谓河山永固带砺之祚常存何期霜雪遄零松柏之姿忽谢眷言藩服朕实伤焉爰沛褒纶优加祭恤呜呼尔敦以下奉上之节忠诚克励于遐方朕弘视远如迩之仁锡赉宜崇乎异数肆陈芬苾尚其来歆

康熙五十八年谕祭故王尚贞文

维康熙五十八年岁次己亥六月壬寅朔越祭日丁卯皇帝遣册封琉球国正使翰林院检讨海宝副使翰林院编修徐葆光谕祭于故琉球国中山王尚贞之灵曰朕抚绥万邦中外一体越在荒服咸畀湛恩矧效忠既笃于生前斯赐恤弥隆于身后眷言鸿代宜贲龙光尔琉球国中山王尚贞肃凛朝章丕扬世绪秉声灵于天府水静鲸波奉正朔于大庭风清岛服靖共匪懈恩早锡于九重贞顺弥加时将历乎三纪方谓期颐未艾何图徂谢遥闻深用怆怀特颁祭恤呜呼作屏翰于遐方始终臣节被优崇于幽穸炳焕纶褒用荐苾芳尚其歆格

康熙五十八年谕祭故王尚益文

维康熙五十八年岁次己亥六月壬寅朔越祭日丁卯皇帝遣册封琉球国正使翰林院检讨海宝副使翰林院编修徐葆光谕祭于故琉球国王尚益之灵曰朕承天庥抚驭区宇罔有内外并予辑绥凡所宾贡不忘存恤有庸必报虽远弗遗所以示怀柔昭巨典也尔琉球国王嗣尚益承先受祚继志输忠世著勋劳奉共球而内向代修朝请航溟渤以归诚乃莅职止于三年嗣封阙于再世眷言藩服方期多福之是膺勉树嘉猷讵意修龄之难得讣音远告褒恤特申虽锡命未逮于生前而荣施实隆于身后爰颁祭醊用遣专官呜呼玉册遥传庶慰来王之志纶函覃被聿昭抚远之忱载设牲牺庶其歆格

乾隆二十一年谕祭故王尚敬文

维乾隆二十一年岁次丙子七月丁卯朔越二十有七日癸巳皇帝遣翰林院侍讲全魁詹事府右春坊右中允周煌谕祭于故琉球国中山王尚敬之灵曰朕惟恩昭柔远眷藩服于东瀛典著饬终焕纶褒于北阙奕世之效忠既笃中朝之赐恤弥殷尔琉球国中山王尚敬继绪球阳作屏华屿纳藎琛乎万里曰求厥章奉珪瑞者三十年予嘉乃德方期保艾膺带砺以延休何意奄徂感春秋之屡易兹以覃恩于嗣服益深追轸于重泉式荐苾芬用昭优渥呜呼衍嘉声于世土业永河山贲显宠于天朝光增窀穸歆兹奠醊庶克钦承

康熙二十二年谕祭海神文【二道】

维康熙二十二年岁次癸亥六月壬申朔越二十日辛卯皇帝遣册封琉球国正使翰林院检讨汪楫副使中书舍人林麟焻致祭于海神曰惟神显异风涛效灵瀛海扶危脱险每著神功捍患御灾允符祀典兹因册封殊域取道重溟爰命使臣洁将禋祀尚其默佑津途安流利涉克将成命惟神之休谨告

维康熙二十二年岁次癸亥十二月戊戌朔越八日乙巳皇帝遣册封琉球国正使翰林院检讨汪楫副使中书舍人林麟焻致祭于海神曰惟神诞昭灵贶阴翊昌图引使节以遄征越洪波而利济殊邦往复成事无愆克畅国威实惟神佑聿申昭报重荐苾芬神其鉴歆永有光烈谨告

康熙五十八年谕祭海神文【二道】

维康熙五十八年岁次己亥五月癸酉朔越祭日癸巳皇帝遣册封琉球国正使翰林院检讨海宝副使翰林院编修徐葆光致祭于海神曰惟神显异风涛效灵瀛海扶危脱险每著神功捍患御灾允符祀典兹因册封殊域取道重溟爰命使臣洁将禋祀尚其默佑津途安流利涉克将成命惟神之休谨告

维康熙五十九年岁次庚子二月戊戌朔越祭日丁卯皇帝遣册封琉球国正使翰林院检讨海宝副使翰林院编修徐葆光致祭于海神曰惟神诞昭灵贶阴翊昌图引使节以遄征越洪波而利济殊邦往复成事无愆克畅国威实惟神佑聿申昭报重荐苾芬神其鉴歆永有光烈谨告

乾隆二十一年谕祭海神文【二道】

维乾隆二十一年岁次丙子六月丁酉朔越六日壬寅皇帝遣册封琉球国正使翰林院侍讲全魁副使詹事府右春坊右中允周煌致祭于海神曰惟神显异风涛效灵瀛海扶危脱险每著神功捍患御灾允符祀典兹因册封殊域取道重溟爰命使臣洁将禋祀尚其默佑津途安流利涉克将成命惟神之休谨告

维乾隆二十二年岁次丁丑二月癸亥朔越十三日乙亥皇帝遣册封琉球国正使翰林院侍讲全魁副使詹事府右春坊右中允周煌致祭于海神曰惟神诞昭灵贶阴翊昌图引使节以遄征越洪波而利济殊邦往复成事无愆克畅国威实惟神佑聿申昭报重荐苾芬神其鉴歆永有光烈谨告

卷一·星野

康熙五十八年圣祖仁皇帝特遣内廷八品官平安监生丰盛额偕册使海宝徐葆光同往琉球国测量按琉球分野与扬州吴越同属女牛星纪之次俱在丑宫旧测北京北极出地四十度福建北极出地二十六度三分今测琉球北极出地二十六度二分三厘地势在福州正东偏南三里许旧测福建偏度去北极中线偏东四十六度三十分今测琉球偏度去北极中线偏东五十四度与福州东西相去八度三十分每度二百里推算径直海面一千七百里凡船行六十里为一更自福州至琉球姑米山四十更计二千四百里自琉球姑米回福州五十更计三千里乃绕南北行里数故稍为纡远耳始知从前动称万里者皆属悬揣云

臣按夏子阳录云以一统舆图视之则在东南以闽省视之则在闽之东北故去必仲夏乘西南风来必孟冬乘东北风兹役多用乙针直指姑米遥度中山又似实居艮方姑据所见罔敢臆断

卷三·封贡【招抚　恩赐　褒恤　入监诸事附】

书云不宝异物则远人格故越雉旅獒征风声之远而古先哲王辄因以曰懋厥德焉国家文治郅隆超唐轶虞凡天之所覆地之所载莫不如众星拱极悉主悉臣百余年来尽琛献异筐篚包匭络绎来庭有涂山所未及辑王会所难尽图者猗欤盛已琉球东南蕞尔隋招之不至元耆之不服迄明初始入贡称臣世为属国然亦由明祖遣使慰谕而后致之我世祖章皇帝应天受命甫及三年琉球则不需征会叩闽守臣输诚入贡非夫赫声濯灵远迩怀畏何以得此而其率先效顺世修候度唯谨亦足多也圣祖仁皇帝六十余年以来三锡恩纶赉予稠叠且免其贡马及常贡内非其国所产概予捐除世宗宪皇帝嘉其恭顺屡辍贡期该国君臣益深感激恪共典礼历久弥虔恭逢皇上御

极揆文奋武万国梯航东怃暹罗南怀缅甸西扫伊犁大宛罔不率俾矧琉球世守藩封者哉今兹臣忝膺介选远贲简书开读之曰拜瞻三朝宸翰鸾翥龙翔后先辉映洵为海邦世宝荣宠莫逾爰集封贡事宜并以前代招抚诸事附见于篇重昭圣朝绥来雅化度越前古亦以征东风入律海不扬波良非虚语云尔志封贡

明洪武五年太祖遣行人杨载赍诏至国诏曰昔帝王之治天下凡曰月所照无有远迩一视同仁自元政不纲天下兵争者十有七年朕起布衣开基江左命将四征不庭西平汉主陈有谅东缚吴王张士诚南平闽越北清幽燕朕为臣民推戴即皇帝位定有天下之号曰大明建元洪武是用遣使外邦播告朕意使者所至称臣入贡惟尔琉球在中国东南远处海外未及报知兹特遣使往谕尔其知之中山王察度遣弟泰期奉表贡方物【中山世鉴云贡物马刀金银济海金银纷匣玛瑙象牙螺壳海巴棹子扇泥金扇生红铜锡生熟夏布牛皮降香速香檀香木香黄熟香苏木乌木胡椒硫磺磨刀石】

臣按隋大业元年海帅何蛮上言海上有烟雾状不知有几千里乃流求也流求之名始见于此三年四年屡遣使招之不服元世祖至元中曾命将往伐无功而还成宗元贞初亦以师征卒不听命至明太祖洪武初遣行人赍诏往谕而方贡乃来此琉球通中国之始也

七年王又遣泰期等入贡并上皇太子笺太祖赐大统历及文绮纱罗赐泰期衣币靴袜副使惹爬燕之及通事从人皆有赐是年泰期复来贡并上皇太子笺

八年太祖命附祭琉球山川于福建【先是天下山川太祖皆躬祀太常以琉球入朝亦请祀已两年矣至是礼部尚书牛谅言躬祀非礼始改命】

九年太祖命刑部侍郎李浩赍赐文绮陶铁器且以陶器七万铁器千就其国市马及硫磺王遣泰期从浩入贡马四十匹浩言其国不贵纨绮惟贵磁器铁釜自是赏赉多用是物十年王又遣泰期等表贺元旦贡马及硫磺

十一年十三年贡方物赐赉悉如例

十五年王又遣泰期及亚兰匏等贡马及硫磺太祖赐币帛有加命尚佩监奉御路谦送泰期等返国

十六年王遣亚兰匏等表贺元旦贡方物山南王承察度亦遣其臣师惹等奉表入贡太祖赐王镀金银印及币帛七十二匹赐山南王币帛如之时二王与山北王互相攻伐遣中使梁民敕王敕曰王居沧海之中崇山环海为国事大之礼不行亦何患哉王能体天育民行事大之礼自朕即位十有六年岁遣人朝贡朕嘉王至诚命尚佩监路谦报王诚礼何期复遣使来谢今令内使监丞梁民同前奉御路谦赍符赐王镀金银印一近使者归言琉球三王互争废农伤民朕甚悯焉诗曰畏天之威于时保之王其罢战息民务修尔德则国用永安矣并敕谕山南王承察度【福建通志作承宗误】山北王帕【通志作怕】尼芝敕曰上帝好生寰宇之内生民众矣天恐生民互相残害特生聪明者主之迩者琉球国王察度坚事大之诚遣使来报而山南王承察度亦遣人随使者入观鉴其至诚深可嘉尚近使者自海中归言琉球三王互争废弃农业伤残人命朕闻之不胜悯怜今遣使谕二王能体朕意息兵养民以绵国祚则天佑之不然悔无及矣山南王山北王皆遗使入谢各赐衣币

十七年王遣阿不耶等入贡赐钞币

十八年表贺元旦贡方物太祖赐王海舟一山南王如之补给山南王山北王驼纽镀金银印各一

十九年王遣亚兰匏等贡马百二十匹硫磺万二千斤赐宴及钞

二十年王遣亚兰匏等贡方物进皇太子笺献马山南王承察度叔汪英紫氏山北王帕尼芝亦各遣使入贡

二十一年王遣使甚模结致等贡马贺天寿圣节

二十三年表贺元旦贡方物世子武宁亦贡马五匹硫磺二千斤胡椒二百斤苏木三百斤通事屋之结等私携胡椒三百斤乳香十斤为门者所获当入官诏还之仍赐屋之结等六十人钞各十锭

二十四年王及世子武宁遣亚兰匏嵬谷致等贡马及方物山南王叔汪英紫氏亦遣使表贺天寿圣节

二十五年王及世子武宁各进表笺贡马并遣从子日孜每阔八马寨官子仁悦慈入国子监读书太祖各赐衣巾靴袜并夏衣一袭钞五锭秋又赐罗衣各一袭及靴袜衾褥【此国人就学之始】山南王亦遣从子三五郎尾及寨官子实他卢尾贺段志等人监读书赉如中山例遣归惠州海丰所送至京采硫磺遭风人才孤那等二十八人赐闽人善操舟者三十六姓以便往来【今所存者七姓然毛阮二姓又万历间再赐者实仅金梁郑林蔡五家】赏通事程复叶希尹以寨官兼通事职加冠带从王请也

二十六年王遣使麻州等贡方物已又遣使寿礼结致等贡马偕寨官子段志每入监读书太祖命赐夏衣靴袜秋又赐罗绢衣各一袭傔从各给布衣

二十七年王遣亚兰匏等贡方物赐宴于会同馆赏亚兰匏品秩冠带以通事程复叶希尹充千户从王请也赐王相秩同中国王府长史称王相如故

二十八年王遣王相亚兰匏贡方物山北王岷山南王叔汪英紫氏亦遣使入贡赐钞有差

二十九年王两遣使贡方物山北王攀安知山南王承察度山南王叔汪英紫氏亦入贡诏遣三五郎亹【实录前作尾今作亹】等归省赐银钞缎匹有差会世子武宁遣使入贡偕寨官子麻奢理诚志鲁二人入监三五郎亹复与俱来请卒业太祖许之仍赐衣巾靴袜

三十年王两遣使贡马及硫磺山北王山南王叔汪英紫氏亦入贡

三十一年王遣亚兰匏等贡马及硫磺世子武宁贡如之女官生姑鲁妹偕入谢恩以昔常在京读书也三月太祖命以冠带赐王并赐臣下冠服

永乐元年太宗遣使以即位诏谕王王遣从子三吾良亹奉表贺且贡方物太宗遣行人边信刘亢赍绒绵绮币赐王还奏称旨擢信为湖广道监察御史亢为工科给事中未几王卒子武宁遣三吾良亹讣告于朝山南王弟汪应祖遣长史王茂入贡山北王攀安知遣使善住古耶贡方物丐赐冠带衣服太宗许之

二年正月太宗遣行人时中往祭赙以布帛诏武宁袭爵诏曰圣王之治协和万邦继承之道率由常典故琉球国中山王察度受命皇考太祖高皇帝作屏东藩克修臣节暨朕即位率先归诚今既殁尔武宁乃其世子特封尔为琉球国中山王以承厥世惟俭以修身敬以养德忠以事上仁以抚下克循兹道作镇海邦永延世祚钦哉四月山南王承察度无子遗命王弟汪应祖摄国事遣隗谷结致贡方物且奏乞如山北王例赐冠服【太宗谓吏部尚书蹇义曰国必有统众必有属既能事大又能抚众且旧王所属意也宜从所言以安远人遂遣使赍诏封之赐如所请已而礼部尚书李至刚奏其使擅诣处州市磁器当逮问成祖曰远人知求利而已朝廷于远人当怀之不足罪暹罗船往琉球遭风漂至福建布政司籍记所有请命成祖谕至刚曰暹罗与琉球通好自是番邦美事岂可乘其危而利之乡有善人犹能济困况朝廷统御天下哉其令所司舟坏为之修理人乏食给之粟或归或往琉球俟风便导之去】

三年行人时中使琉球还命复职中初为四川布政司右参议罪当戍上书愿改过遂命使至是还职王遣三吾良亹奉表贡方物谢恩已又遣养埠结制等贺万寿圣节山北王入贡山南王亦入贡又遣寨官子李杰赴国子监受学赐衣如例

四年王及山南王山北王皆表贺元旦王遣寨官子石达鲁等六人入监王进阉者数人太宗曰彼亦人子无罪而刑之何忍命礼部还之礼部言恐阻远人归化之心请但赐敕止其再进太宗曰谕之以空言不若示之以实事今不遣还彼欲媚朕必有继踵而来者天地以生物为德帝王乃可绝人类乎卒不受

臣按汪楫志云世缵图云洪武二十九年王即位凡在位二十六年按其国继世类先自立而后请于朝故所纪嗣位之年与中朝遣封之时多不合而其后惮于供应甚有迟至十余年乃上请者然明初贡使时通封卒年岁不应参差如是即云洪武二十九年嗣位中更靖难赴告逾期顾在位二十六年则永乐之末宜尚无恙何五年遂有祭赙之典耶臣谨稽前史及其国纂记详者始末务求至当疑者仍阙参之国统可以互见

五年世子尚思绍遣三吾良亹贡马及方物别遣使以其父武宁讣告太宗命礼部赐祭赙诏思绍嗣王爵

六年王遣使阿勃吾斯奉表贡方物谢恩山南王亦贡马各赐钞币

七年王遣使贺万寿圣节山南王亦贡马各赐衣币

八年王遣三吾良亹入贡山南王亦遣使贺万寿圣节皇太子皆赐之钞币王遣官生模都古等三人入监皇太子各赐巾服等物冬太宗赐琉球生李杰等冬衣靴袜礼部尚书吕震曰昔唐太宗兴学校新罗百济皆遣子入学当时仅闻给廪膳未若今日赉予周备也太宗曰远方慕中国礼义故遣子入学必足于衣食然后乐学太祖高皇帝命资给之著于令典所谓曲成万物而不遗者安得违之赐通事林佑冠带【佑本闽人】

九年王遣三吾良亹贺元旦偕王相子怀德寨官子祖鲁古入监又遣使坤宜堪弥贡马及方物使人有匿不尽贡者监察御史廉得其实以闻太宗曰此非国王意也宥之王遣使谢贡方物敕赐王钞及彩币升长史王茂为国相兼长史事命长史程复致仕还乡皆从王请也【复本江西饶州人一作朱复】

十年王遣使贺元旦山南王亦入贡已又遣使贺万寿圣节太宗赐钞币又赐琉球生夏布襕衫绦靴

十一年王两遣使贡马偕寨官子邬同志久等三人入监【三人一作三十人】已又与山南王各贡马赐钞及永乐钱模都古等三人奏乞归省太宗曰远人来学诚美事思亲而归亦人情宜厚赐以荣之赐衣币及钞为道里费仍命兵部给驿传留学者皆赐冬夏衣

十二年王遣使贺元旦遣三吾良亹贡马及方物皇太子赐琉球生益智每等二人罗布衣等物从人皆有赐太宗赐邬同志久等三人衣钞

十三年太宗遣行人陈季芳【一作若】等赍诏封山南王汪应祖世子他鲁每为琉球国山南王时应祖为其兄达勃期所弑各寨官合兵诛达勃期推他鲁每摄国事表请袭封故遣使往并赐诰命冠服及钞万五千锭王及山北王俱遣使贡方物世子尚巴志亦遣使宜是结制贡马及方物赐文绮三十表里

十四年王遣三吾良亹贡马及方物谢遣使不谨之罪【先是贡使直佳鲁犯法坐诛太宗敕论王曰比王所遣直佳鲁等来京朕优待之及还至福建乃肆狂悖擅夺海舶杀死官军殴伤中官夺其衣物直佳鲁首罪当置大辟已命法司如律其阿勃马结制等六十七人与之同恶罪亦当死眷王忠诚特遣归俾王自治自今遣使宜戒约之毋犯朝宪】已又遣使贡马山南王遣使入贡谢恩赐琉球生夏衣

十五年王及山南王俱遣使入贡已又与世子尚巴志各遣使贡马

十六年王两遣使贡方物赐使者冠带钞币有差

十七年王三遣使贡马及方物

二十年王遣使贺元旦已又遣贡方物

二十一年世子尚巴志遣使奉表贡方物皇太子令礼部宴劳之【世鉴云二十一年癸卯秋遣使奏曰我琉球国分为三者百有余年战无止时臣民涂炭臣巴志不堪悲叹为此发兵山南山北今归太平伏愿陛下不违旧规给臣袭封谨贡土产马及方物大明皇帝赐诏云尔琉球国分人民涂炭百有余年比尔义兵复致太平是朕素意自今以后慎终如始永绥海邦子孙保之钦哉故谕尚巴志之奏及成祖之谕明史实录皆不载姑存以备考】

二十二年二月王讣闻于朝遣官赐祭赙九月遣行人周彝赍敕以行

臣按徐葆光录称思绍永乐五年嗣位十九年卒以沿革志称二十三年卒为非又以明实录二十年以后尚书王贡如常至二十二年始讣于朝未详其故臣窃以实录止据本国疏文比事属辞沿革志虽采世缵图实以实录为主也详见国统

臣又按汪楫志称山南王承察度遣从子三五郎尾【又作亹】入学中山王察度遣从子三吾良亹入谢自是两人无疑第良亹既为察度从子则是武宁兄弟行矣而武宁遣讣告哀及入谢皆曰侄至思绍凡四遣入贡亦皆曰侄岂数人名称皆同抑臣主不以世系为序耶臣因详考其故盖国人名字皆王所赐子孙不改多系采地间有以官为名者至后人有能亢宗者又别赐采地则更他名矣且名字系有定制大抵所名不过三四十数比户多彼此同名者问之曰此琉球名也亦别有姓名备而不用如按司国音呼为安知山北王有攀安知者必其上世有为按司者故以官名也若斯之类不一而足岂仅惊座之陈遵小冠之子夏哉惟久米村唐人三十六姓及本国常充贡使选者有姓字名号仿效中华闻亦各别有琉球名与众同其姓名止为朝贡设国中不用也想明初国俗犹朴故尔

洪熙元年仁宗遣中官柴山赍敕至国封世子尚巴志嗣中山王敕曰昔我皇考太宗文皇帝躬膺天命统御万方恩施均一远迩归仁尔父琉球国中山王思绍聪明贤达茂笃忠诚敬天事大益久弗懈我皇考良用褒嘉今朕缵承大统念尔父没已久尔其嫡子宜俾承续特遣内官柴山赍敕命尔嗣琉球国中山王尔尚立孝立忠恪守藩服修德务善以福国人斯爵禄之荣延于无穷尚其只承无怠无忽仍赐冠带袭衣文绮【方仁宗遣山时贡使已两至表称世子贺成祖万寿圣节至是始知改元】是年凡四遣使贡马及方物

臣按夏子阳录作宣德三年事有副使阮姓阙其名且谓请封自巴志始父思绍系追封但抄旧录未见实录故尔

宣德元年王遣使贡方物谢恩【附奏曰臣祖父昔蒙朝廷大恩封王爵赐皮弁冠服洪熙元年臣奉诏袭爵而冠服未蒙颁赐宣宗命行在礼部稽定制制以赐之先是仁宗遣封已赐冠带而王复以为请以皮弁故宣宗谓礼部尚书胡濙曰远人归诚固是美事特赐冠服亦表异恩古人言招携以礼怀远以德朕与卿等尤当念之】又遣郑义

才进香长陵赐海舟一已又两遣使贡马及硫磺赐袭衣靴袜有差

二年王两遣使贡方物山南王他鲁每亦遣使进香长陵

三年王遣郑义才贡马及方物谢赐皮弁海舟宣宗遣使赍敕劳王并赐王纻丝纱罗锦缎已又遣内官柴山副使阮渐赍敕赐王金织纻丝纱罗绒锦

四年王遣使表贡贺万寿圣节已又两遣使贡马及方物山南王亦两遣使入贡赐宴及钞币又命山南王使赍敕及钞绢归赐王【汪志云自是山南王不复遣使盖并于中山矣永乐十三年以后山北王不复入贡则山北先山南而亡者十四年矣】

五年王四遣使入贡宴赉如例仍赐王钞

六年王两遣使入贡又表贡马及金银器皿谢赐锦币

七年宣宗命内官柴山赍敕至国令王遣人赍往日本谕其朝贡明年日本遂来朝命行在工部给王使漫泰来结制海舟一是年王四遣使入贡宴赉如例

八年王两遣使入贡宴赉如例

九年王遣使贡马及方物已又遣使谢赐衣服海舟命贡使赍敕及币归赐王

十年王遣使谢【礼部尚书胡濙奏曰比奉旨节一切冗费以安军民今四裔使臣动以百数沿途疲于供给宜敕诸路总兵官并都布按三司继今审其来者量遣正副使从人一二十人赴京余悉留彼处给待从之】

正统元年英宗颁赐大统历适王遣贡使伍是坚至令赍回敕谕王及日本国王源义教敕曰我国家统有天下薄海内外罔不臣服列圣相承无间远近一视同仁尔为国东藩世修职贡益永益虔王遣使来朝贡马及方物礼意勤至朕嗣承祖宗大宝期与四海群生同乐雍熙矧王笃于事大良可嘉尚使者还特赐王及王妃白金彩币以答远意王其钦崇天道仁恤有民永保藩邦以副朕意王再遣使贡马及方物【使者至福建如例止具贡物以闻其自携螺壳九十海巴五万八千失于自陈有司以漏报没入使者吁请给值英宗命行在礼部如例给之后浙江市舶提举司王聪复以为言英宗谓礼部曰海巴螺壳远人资以货殖取之奚用命悉还之仍著为令】

二年王遣使义鲁结制等贡马及方物【附奏本国各官冠服皆国初所赐年久朽敝乞更赐又言本国遵奉正朔而海道险阻受历之使或半载一载方返事下礼部覆奏命冠服本国可依原降造用大统历福建布政司给与之】

三年王遣使义鲁结制等贡马及方物赐币有差

四年王遣使梁求保入贡已又遣阿普礼是等入贡宴赉如例【巡按福建监察御史成规疏言琉球国往来使臣俱于福建停憩馆谷之需所费不赀比者通事林惠郑长所带番稍人从二百余人除日给廪米外其茶盐醯酱等物出于里甲相沿有例乃故行刁蹬勒折铜钱今未半年已用铜钱七十九万六千九百有余按数取足稍缓辄肆詈殴虽远人不足与较而凭陵之风渐不可长已行福州等府县止将例应供给之物按日支与不许私以铜钱支当但烦琐多端终非久计乞令该部定议于人支日廪之外量加少许听其自办其林惠等不行禁戢坐视纷纭请执治事下行在礼部以为于例止日给廪米一切费宜悉罢之其通事人员不行禁戢请治罪英宗以远人姑示优容令移文戒谕之】

五年王遣使步马结制等贡马及方物宴赉如例【先是朝贡者朝参出入皆给马至是令止给正副使著为令】

六年英宗遣还东影山遭风往瓜哇国市贡物通事沈志良等【福建巡按郑颙疏言琉球国通事沈志良使者阿普斯吉载磁器等物并护船器械往瓜哇国遭风进港妄称进贡今已拘收候旨英宗曰远人宜加抚绥况遇险失所尤当矜怜其悉以原物还之听自备工料修船从还本国】

七年世子尚忠遣长史梁求保入贡以巴志讣告请封遣给事中俞忭行人刘逊赍诏敕至国封世子尚忠为王诏曰昔我祖宗恭天明命君主天下无间远迩一视同仁海外诸国咸建君长以统其众朕承大宝只奉成宪用图永宁故琉球国中山王尚巴志爰自先朝恭事朝廷勤修职贡始终如一兹既云亡其世子尚忠敦厚恭慎克类前人上能事大下能保民今遣正使给事中俞忭副使行人刘逊赍敕封为琉球国中山王以主国事尔大小头目人等其钦承朕命尽心辅翼惇行善道俾国人咸乐太平副朕仁覆苍生之意并敕王曰尔遣长史梁求保奏尔父王尚巴志亡

没良深悼念特遣使命尔为琉球国中山王以主国事尔宜笃绍尔父之志益坚事上之诚敬守臣节恭修职贡善抚国人和睦邻境庶几永享太平之福仍赐王及妃皮弁冠服金织袭衣币布等物忭等未至忠巳两遣使贡马及贺明年元旦犹称世子

九年王四遣使入贡赐使臣梁回海舟一

十年王两遣使入贡宴赉如例

十一年王两遣使入贡宴赉如例

十二年世子尚思达遣长史梁球【一作求】以其父尚忠讣告请封三月命给事中陈傅行人万祥谕祭故王尚忠封世子思达为王敕曰尔比遣长史梁球等奏尔父王尚忠亡没良深悼念特封尔为琉球国中山王继承尔父主理国事尔宜笃绍先志敬守臣节恪修职贡简任贤良善抚国人和睦邻境以保国土仍以皮弁冠服常服及织金纻丝罗缎等物赐王复诏谕其国臣庶尽心辅翼各循理分毋或僭逾俾凡国人同乐雍熙副朕一视同仁之意王遣通事蔡让等贡马及方物宴赉如例

十三年王遣使入贡

十四年王遣梁同等贡马及方物已又遣马权度等入贡王叔尚金福亦贡马及方物赐衣币冠带仍命赍敕并彩币归赐王及王妃王叔

景泰元年王遣使百佳尼入贡景帝命赍敕并文绮彩币归赐王及妃已又遣梁回贡马及方物宴赉如例【通事程鸿言船坏愿以赐币造船礼部请移文福建三司听其自造不得扰民】

二年王遣使察都等入贡已又遣亚间美等入贡【察都请自备工料造船礼部言宜令候本国进贡通事李敬等回日附载归国】景帝命左给事中乔毅【殊域周咨作陈谟】行人童守宏【童一作董】谕祭故王思达封王叔尚金福为王

三年金福两遣使入贡犹称王叔盖命未达也

四年王四遣使入贡未几王卒王弟布里与其子志鲁争立焚烧府库两伤俱绝所赐镀金银印亦镕坏国人推尚泰久主国事

五年泰久以国难告并请铸印颁赐命所司给之已又遣使入贡命赍敕及彩币归赐王弟

六年王弟两遣使入贡命给事中严诚【殊域周咨作李秉彝】行人刘俭充正副使赍诏敕封王弟尚泰久为王诏曰帝王主宰天下恒一视而同仁藩屏表率国中或同气以相嗣朕躬膺天命抚驭诸侯琉球国王尚金福既薨其弟尚泰久性资英厚国众归心兹特遣使赍敕封为琉球国中山王凡彼国中远近臣庶宜悉心辅翼罔或乖违长坚忠顺之心永享太平之福故兹诏示咸使闻知又敕王曰尔自先世恪守藩维传及尔兄益隆继述敬天事上久而愈虔属兹薨逝轸于朕怀尔乃王弟宜绍国封特遣使赍诏封尔为琉球国中山王赐尔及妃冠服彩币等物尔尚砥砺臣节怀忯国人钦哉七年遣使入贡犹称王弟及册封后遣使入谢又别遣使入贡

天顺二年王三遣使入贡

三年王遣使李敬贡马及金银器皿【疏言本国王府失火延烧仓库铜钱请照永乐宣德间例所带货物以铜钱给赐礼部以铜钱系中国所用难以准给宜将估计钞贯照旧六分京库折支生绢其四分移文福建布政司收贮纻丝纱罗绢布等物依时值关给从之】已又遣使亚罗佳其等入贡宴赉如例

四年王遣使入贡

五年王遣使王察等贡马及方物

六年王遣使程鹏等贡方物宴赉如例已又遣使入贡以泰久讣告英宗命吏科右给事中潘荣行人司行人蔡哲充正副使往祭故王泰久赍诏封世子尚德为王诏曰朕绍帝王之统缵祖宗之绪主宰天下一视同仁抚驭华夷靡间遐迩惟尔琉球国僻居海岛密迩闽中慕义来庭受封传业盖有年矣故国王尚泰久克笃勤诚敬天事人甫余六载倏尔告终先业攸存可无承继其世子尚德性资仁厚国众归心今特遣正使吏科右给事中潘荣副使行人司行人蔡哲赍诏往封为琉球国中山王仍赐以皮弁冠服等件凡国中官僚士庶宜同心辅翼作我外藩呜呼循理谨度永坚率俾之忠亲族睦邻丕冒咸宁之化故兹诏示咸使闻知

七年王遣使崇嘉山等入贡宴赉如例

成化二年王遣使程鹏等贡马及方物赐宴及衣币

三年王遣长史蔡璟入贡赐币

四年王遣使程鹏已又遣使读诗贡马及方物俱赐衣币

五年王遣长史蔡璟入贡已又遣使查农是等入贡宴赉如例王卒世子幼国人废之共立御锁侧尚圆为王【广东市舶司奏九星洋有遭风番舶番知是琉球贡船欲贸货往闽造船回国部覆令广东巡抚严加译审果无虞诈方许贸易仍谕今后进贡务由福建故道并敕地方官禁约下人不得因而侵损失向化之心】

六年王遣使程鹏贡马及方物宴赉如例【福建按察司奏琉球贡使程鹏至福州与委官指挥刘玉私通货贿俱应究治诏逮治玉而宥鹏】

七年尚圆遣使蔡璟等入贡以父尚德薨来告请封宪宗命户部都给事中邱弘行人司行人韩文充正副使赍仪物行庆吊礼封世子尚圆为王弘至山东病卒改命兵科给事中管【一作官】荣偕文往【贡使蔡璟以织金蟒罗制衣为锦衣卫校尉所诇刑部鞫之璟固称是国王受赐于先朝者稽旧籍无有没入内库仍敕谕王知之】

八年王遣长史梁应贡马及方物宴赉如例【福建三司官奏琉球国先因进贡潜居内地遂成家业应遣还礼部议其人若承户部勘合许入籍者留余如请】

九年王遣王舅武实入贡谢恩【奏称王常遣人往满剌加国收买贡物遭风飘至广东有司转送福建愿自备工料修船同回许之】

十年王遣使沈满志等贡马及方物宴赉如例【仍以钞绢酬其自贡物值满志等乞如旧制折给铜钱不许】

十一年王遣使程鹏入贡【附奏乞如常例岁一朝贡礼部覆称去年福建守臣言琉球使臣登岸焚劫访察不获宜令鹏等赍敕省谕并定贡期宪宗敕王曰王使朝贡已如例赏赐遣还近福建镇守官奏通事蔡璋等还次福州杀人劫财非法殊甚今因使臣还特降敕省谕敕至王宜问璋等故纵其下之罪追究恶徒依法惩治自后定例二年一贡只许百人多不过加五人除正贡外不得私附货物并途次骚扰有累国王忠顺之意其省之】

十二年王遣使梁应等入谢会宪宗立皇太子应因奏乞如朝鲜安南例赐诏赍回礼部以海外国例不颁诏宪宗特命降敕并以锦币归赐其王及妃是年王卒

十三年王遣使李荣奉表谢恩已又遣使程鹏贡马及方物复请岁一遣使朝贡不许

十四年世子尚真遣长史梁应等请袭封命兵科给事中董旻行人司右司副张祥充正副使赍诏封世子尚真为王赐皮弁冠服金镶犀带并以彩币赐王及妃应等具奏乞仍一年一贡不许

十五年王遣使李荣朝贡迎封册赐宴及衣币

十六年王遣使马怡世入谢【附奏臣伏读祖训条章许臣国不时朝贡故自臣祖父以来皆一年一贡迩年旧抚福建大臣以臣国使有违法规利者令臣二年一贡此诚臣之罪也然臣祖宗所以殷勤效贡者实欲依中华眷顾之恩杜他国窥伺之患乞如旧制宪宗不许敕王曰曩因尔国使臣入贡往往假馈送为名污我中国臣工其实以为己利又不能箝束傔从以致杀人纵火强劫民财又私造违禁衣服俱有显迹故定为二年一贡之例朝廷富有万方岂为尔一小国而裁省冗费哉此例既定难再纷更特兹省论王其审之】

十八年王遣使贡马及方物乞以陪臣子蔡宾五人于南京国子监读书令有司岁给衣服廪馔如例【王又以不时进贡为请疏言以小事大如子事父礼部言其意实假进贡以规市贩之利宜勿听仍敕王曰朝廷定尔国二年一贡已具前敕臣之事君遵君之敕可也屡违敕奏扰可乎所以固拒者非为惜费盖二年一贡正合中制朕恤小之意实在此王其钦遵毋事纷更礼部又言琉球国进贡旧例到京少则四五十人多则六七十人俱给赏有差迩因各国进贡率多奸弊每国只许五七人不过十五人到京余俱留边以俟今福建以例止容正议大夫梁应等十五人赴京既已给赏余六七十人俱留布政司宜发官帑以次均给庶不减削太甚失柔远之意从之】

二十年王遣使程鹏贡马及方物【奏永乐间所赐船破坏止存其三乞自备工料于福建补造部议许造其一】

二十二年王遣使蔡曦贡马及方物【王咨部请遣官生蔡宾等五人归国省亲帝曰昔阳城在太学诸生三年不归省者斥之矧远人岂可长留不遣其即放归以遂定省之私】

二十三年王遣使马审礼等贡方物谢恩孝宗赐冠带衣币仍命领诏赐王及妃锦币

弘治元年王遣使皮扬那等入贡【时从浙江入贡帝命却之以贡道当由福建且贡非其时礼部言远人之情可念减赏从人稍示裁抑从之时蔡宾亦随贡使至言成化中读书南京国子监今吏部侍郎刘宣时为祭酒特加抚恤乞容执贽于宣所致谢许之】

三年王遣使马仁等进香别遣王舅麻勃都入贡【奏称本国来贡人员近只许二十五人赴京物多人少恐致疏失又谓贡船抵岸所在有司只给口粮百五十名其余多未得给命来京人员许增五人增口粮二十名】

五年七年王皆遣正议大夫梁德入贡赐王锦缎宴赉如例九年十三年王皆遣正议大夫郑玖入贡赐王锦缎宴赉如例

十五年王遣使入贡

十六年命广东守臣送所获国王遣使往满剌加国收买贡物遇风舟覆漂至海南登岸之吴诗等百五十二人于福建守臣处给粮养赡候本国贡使归之

十七年王遣使补贡【王具言前使遭风未回致失二年一贡之期至是补贡纳之】武宗登极命行人左辅颁诏至国

正德二年王遣王舅亚嘉尼施等贡马及方物【奏乞每岁一贡礼部议彼因入贡违期故为此奏以饰非宜勿听武宗特许之长史蔡宾奏乞自备工料修造贡船二只部议验实量修不必改造宾复奏武宗曰宾善人也令二船拆卸补造第勿过式】

四年王遣正议大夫程琏入贡

五年王请遣官生蔡进等五人入国子监读书许送南监给衣廪如例

六年王遣正议大夫梁能七年遣正议大夫梁宽等入贡宴赉如例

十年王遣长史陈义十一年遣正议大夫梁龙贡马及方物宴赉如例

十二年王遣正议大夫陈义入贡

十三年王遣长史蔡迁十五年遣长史金良贡马及方物宴赉如例

嘉靖元年王遣王舅达鲁加尼进香贡方物庆贺诏赐王及妃锦币敕王仍遵先朝旧例二年一朝贡每年不得过百五十人仍命福建巡抚御史查勘验放

三年王遣长史金良等二十人入贡【良言先有正议大夫郑绳领谢恩方物风漂未至表文在此请得先进许之明年绳至言方物以舟败至是复进福建守臣以闻世宗命就彼中宴赉遣还方物令所司转运仍令绳赍敕转谕日本国王令捕系倡乱者以献】

五年官生蔡廷美等请就国子监读书令礼部给衣廪如例是年王卒

七年第五子尚清【汪志作天缵王卜称第五子徐录云尚真第五子】遣正议大夫郑绳等入贡请封绳等回至海中溺死九年又遣蔡瀚入贡申前请礼部以袭封重典命福建镇巡官查访申报瀚请遣蔡廷美等四人归娶给赏有差【大学录作十一年事瀚又言来经日本国王源义晴托赍表文乞赦其使臣宋素卿之罪并乞新勘合金印复修常贡礼部验无印篆倭情谲诈不可遽信敕琉球国王遣人传谕日本令擒献首恶送回据去指挥奏请裁夺】

十一年正议大夫金良赍国中人民结状请封世宗命吏科左给事中陈侃行人司行人高澄充正副使赍诏敕封世子尚清为王诏曰朕躬膺天命为天下君凡推行乎庶政必斟酌乎古礼其于锡爵之典未尝以海内外而有间焉尔琉球国远在海滨久被声教故国王尚真夙绍显封已逾四纪兹闻薨逝属国请封世子尚清德惟克类众心所归宜承国统朕笃念怀柔之义用嘉敬顺之诚特遣使赍诏封尔为琉球国中山王仍赐以皮弁冠服等物王宜慎乃初服益笃忠勤有光前烈国中耆俊臣僚其同寅翼赞协力匡扶尚殚事上之心恪尽臣藩之节保守海邦永底宁谧又敕王曰惟尔世守海邦继膺王爵敬顺天道世事皇明尔父尚真自袭封以来恭勤匪懈比者薨逝良用悼伤尔以冢嗣国人归心理宜承袭兹特遣使封尔为琉球国中山王并赐尔及妃冠服彩币等物尔宜祗承君命克绍先业修职承化保境安民以称朕柔远之意

十三年遣正议大夫梁椿入贡表称世子时诏命犹未达也【诏弛朝鲜琉球贡使在京五日一出之禁从朝鲜国王李怿请也】

十四年陈侃等使还言海中值风涛之险多藉神庥不致颠覆乞赐祭以答神贶礼部议令福建布政司设祭一

坛升侃为光禄寺少卿澄为尚实司丞王遣王勇毛实等入贡谢恩仍以锦币杂物赐王【先是王以金四十两馈侃等不受实等并以金奏世宗命侃等受之】

十七年王遣使陈赋入贡宴赉如例

十九年王遣长史梁梓贡马及方物【奏请造海舟四许之】

二十年王遣使殷达鲁等入贡宴赉如例

二十一年长史蔡廷美招漳州人陈贵等驾船之国因与潮阳船争利互杀遂安置贵等于旧王城尽没其赀贵等夜奔为守者多所掩杀于是诬贵等为贼械送福建廷美赍表将赴京陈奏巡按徐宗鲁会三司官译审以闻留廷美等待命得旨贵等违法通番著重治琉球既屡与交通今乃敢攘夺货利擅杀我民且诬以贼诡逆不恭莫此为甚蔡廷美本宜拘留重处念素系朝贡之国姑且放回后若不悛即绝其朝贡令福建守臣备行彼国知之

二十二年王遣正议大夫陈赋等贡马及方物宴赉如例并以礼币报王王请遣官生梁炫等归娶时炫等就学南监已逾七年诏给资粮驿骑遣人护归

二十四年王遣长史梁显入贡送还朝鲜漂流人口宴赉如例

二十六年王遣使陈赋入贡【赋与蔡廷会偕来廷会祖璟本闽人永乐中拨往琉球充水手而产籍在闽会来与给事中黄宗概上世有亲遂与交通馈谒事觉逮问礼部请并罪赋世宗曰陈赋无罪赏如例廷会交给朝臣法当重治念属贡使姑革赏示罚仍行抚按官将廷会在闽产籍勘明处分】

二十八年王遣正议大夫梁显入贡宴赉如例

二十九年王遣官生蔡朝用等五人诣京请入监读书许之三十二年王遣长史梁炫入贡宴赉如例

三十四年王遣正议大夫梁硕入贡又请放官生蔡朝用等归国省亲许之遣使送归是年王卒

三十六年尚清第二子尚元遣正议大夫蔡廷会等入贡请封【先是三十五年倭寇自浙败还入海至琉求境世子尚元邀击尽歼之得中国被掠人金坤等六名至是献还因乞每岁自行修买归舟不候题请世宗嘉其忠顺许之仍赐敕奖谕赏银五十两彩币四表里有功人马必度及廷会等俱厚赐】

三十七年命给事中吴时来行人李际春充正副使赍诏封世子尚元为王时来寻疏论大学士严嵩奸邪状嵩言其畏航海之险故生事妄言世宗怒杖戍时来改命刑科给事中郭汝霖偕际春以行

三十九年汝霖等尚未行正议大夫蔡廷会入贡奉表谢恩【时称受世子命以海中风涛叵测倭人出没不时恐使者有他虞获罪上国请如正德中封占城故事遣人代进表文方物而身同本国长史梁炫等赍回诏册不烦遣使巡按御史樊献科以闻下礼部议言琉球在海中诸国颇称守礼故累朝以来待之优异每国王嗣立必遣侍从之臣奉命服节册以往今使者未至乃欲遥受册命则是委君贶于草莽其不可一也廷会奉表入贡乃求遣官代进昧以小事大之礼弃世子专遣之命其不可二也昔正德中流贼为梗使臣至淮安抚按官暂为留住俟事宁即遣贡阙下占城国王为安南所侵窜居他所故今使者赍回敕命乃一时权宜且此失国之君也造无稽之词以欺天朝援失国之君以拟其主其不可三也梯航通道柔服之常彼所籍口者特倭人之警风涛之险耳不知琛实之输纳贡使之往来果何由而得无患也其不可四也当时占城虽领回诏敕然其王沙古卜洛犹恳请遣使为蛮邦光重且廷会非世子面命又无印信文移若遽轻信其言万一世子以遣使为至荣谓遥拜为非礼不肯受封复上书请使如占城将谁任其咎哉其不可五也令福建守臣以前诏从事使至于未受封而先谢恩亦非故典宜止许入贡方物俟受封后方进谢恩表文世宗从之】

四十一年汝霖等始奉诏至国诏曰朕受天命主宰寰宇凡政令之宣布惟成宪之是循其于锡封之典遐迩均焉尔琉球国远处海陬声教渐被修职效义阅世已久故国王尚清显荷爵封粤逾二纪兹者薨逝属国请封世子元朕念厥象贤众心归附是宜承绍国统特遣正使刑科右给事中郭汝霖副使行人司行人李际春赍诏往封为琉球国中山王仍赐以皮弁冠服等物王宜谨守礼度益笃忠勤凡国中官僚耆旧尚其同心翼赞以佐王饬躬励行用保藩邦故兹诏示咸俾悉知王遣王勇源德偕汝霖等入谢诏升汝霖为光禄寺少卿际春为尚宝司丞【初王以金四十两馈汝霖等为谢却之源德赍所馈金请命世宗谓朝廷命使无受谢之义诏听汝霖等辞寻以二臣远行著劳各赐银币】

四十二年王遣正议大夫郑宪入贡送还中国漂流人口世宗降敕褒谕赐镪币宪因奏本国亦有流入中国者

乞命守臣恤遣下其疏于濒海所司

四十四年王遣长史梁灼贡马及方物送回本国北山守备郑都所获中国被掠人口世宗嘉王忠顺再敕奖论仍赐银五十两彩币四表里灼都各二十两一表裹

隆庆元年王遣使入贡宴赉如例

二年王遣使入贺宴赉如例

三年王遣守备由必都等归日本掠去人口守臣以闻穆宗以王屡效忠诚赏银币同前仍赐敕奖励由必都等给银币有差

五年王遣正议大夫郑宪入谢又归被掠人口再敕奖励赐银币给赏如前遣官生梁照等三人归国从王请也明年王卒

万历元年尚元世子尚永遣使入贡请封礼部行福建镇巡官查勘又送还被掠人民奖赉如例

二年遣王舅马中叟长史郑佑等十八人入贡贺登极宴赉如例

三年世子两遣使入贡

四年世子遣正议大夫蔡朝器等贡方物如例给赏外神宗命每五日另给鸡鹅米面酒果以示优异命户科左给事中萧崇业行人司行人谢杰充正副使赉皮弁玉圭往封尚永为王【崇业等疏言四事一颁去诏敕如彼国恳留宜如例俯循其请一秩祀海神合举祈报二祭一造船宜专责府佐副以指挥二员造完一并随行一饮食物用弓矢器械以及观星占风听永察土医卜技艺之流毕备许酌量取用悉如所请】

五年遣正议大夫梁灼入贡表称世子时崇业等尚未行也

八年崇业等始赍诏敕至国诏曰朕受天明命君临万方薄海内外罔不来享延赏锡庆恩礼攸同惟尔琉球国远处海滨恪遵声教世守职贡足称守礼之邦国王尚元绍序膺封臣节罙谨兹焉薨逝悼切朕衷念其侯度有常王封当继其世子永德惟象贤惠能得众宜承国统永建外藩特遣正使户科左给事中萧崇业副使行人司行人谢杰赍诏往封为琉球国中山王仍赐以皮弁冠服等物凡国中官僚耆旧尚其协心翼赞毕力匡扶懋猷勿替于承先执礼益虔于事上绥兹有众同我太平则亦尔海邦无疆之休又敕王曰惟尔先世守此海邦代受王封克承忠顺迨于尔父元畏天事大益用小心诚节懋彰宠恩洊被遽焉薨逝良用悼伤尔为冢嗣克修厥美群情既附宜绍爵封兹特还使封尔为琉球国中山王并赐尔及妃冠服彩币等物尔宜恪守王章遵述先志秉礼守义奠境安民庶几彰朕无外之仁以永保尔有终之誉王遣王舅马良弼入谢偕陪臣于郑周等三人就学命送南监给衣粮如例

九年王遣正议大夫梁灿入贡

十一年王遣使梁灼入贡

十五年王遣正议大夫郑礼谢恩别遣使贡方物明年王卒

十九年尚圆嫡孙尚宁遣使郑礼入贡言国方多事未暇请封部咨该国世子宜速请袭爵镇压国人毋以地方多事为辞

二十三年国人哈那等船飘温州浙江巡抚刘元霖以闻神宗命优恤遣还

二十七年宁遣使郑道等入谢请封【部议不必遣官但取具该国王舅法司等官印结与世子奏本到即颁封神宗命选廉勇武臣一员同往】

二十九年命兵科给事中洪瞻祖行人司行人王士祯充正副使往【礼部右侍郎署尚书事朱国祚言琉球国僻处东南世修职贡时当承袭屡遭倭警延逭至今既经世子尚宁奏请相应准封其该用皮弁冠服纻丝等项宜照例应付遣官已奉明旨但据其陈乞情词援引会典必以文臣为请惟圣明裁定得旨如请】时浙江巡抚刘元霖报获海船系琉球国差探封贡声息其中类倭数人衣笠刀仗皆倭物会同馆译问长史蔡奎奎不能辨神宗命待该国质审回奏再遣瞻祖等往已而瞻祖以忧去以兵科右给事中夏子阳代之

三十二年宁遣王舅毛继祖等入贺册立东宫并谢赐还本国漂流人口各赐衣服帽袜

三十三年神宗命夏子阳等作速渡海以彰大信仍传谕彼国以后领封海上著为定规【先是二十三年琉球使臣于霸等为世子请封抚臣许孚远以倭氛未息议遣使赍敕至福建听来使面领或遣惯海武臣同彼国使臣往得旨待世子表请然后如议颁封迨二十八年请封表至则有用武臣之旨二十九年世子再疏乞差文臣始改后命

于是夏子阳等方赍敕入闽而巡按方元彦以滨海多事警报频仍偕抚臣徐学聚请仍遣武臣前往子阳等具言属国言不可爽使臣义当有终乞坚成命以慰远人俱未报而礼部侍郎李廷机言宜断行领封初旨并武臣之遣而罢之于是御史钱桓给事中萧道高各具疏力言其不可且云此议当在钦命未遣之先不当在册使既行之后宜行该抚速造海船勿误今年渡海之期俟事竣复命然后定为画一之规先之以文告令其领封海上永为遵守从之】子阳等赍诏敕至国诏曰朕躬膺天命诞受多方爰暨海隅罔不率俾声教所讫庆赉惟同尔琉球国僻处东南世修职贡自我皇祖称为礼义之邦国王尚永祗袭王封恪遵侯度倏焉薨逝良恻朕心其世子宁贤足长人才能驭众间关请命恭顺有加念其国统攸归人心胥属宜膺宠渥固我沛篱特遣正使兵科右给事中夏子阳副使行人司行人王士祯赍诏往封为琉球国中山王仍赐以皮弁冠服等物凡国中官僚耆旧尚其殚忠辅导协力匡襄坚事上之小心巩承先之大业永绥海国共享升平惟尔君臣亦世世永孚于休又敕王曰惟尔上世以来建邦海外代膺封爵长固藩维尔父永恪守王章小心祗畏忠诚茂著称我优嘉遽至长终艮深悼恻尔为冢嗣无忝象贤既允群情宜崇位号兹特遣正使兵科右给事中夏子阳副使行人司行人王士祯赍敕谕封尔为琉球国中山王并赐尔及妃冠服彩币等物尔宜益虔侯度克绍先猷保乂人民奠安境土庶几恢朕有截之化抑亦贻尔无疆之休

三十四年子阳等事竣复命升子阳为太常寺少卿士祯为光禄寺丞王遣王舅毛凤仪正议大夫阮国入谢【凤仪等贵子阳等所辞金上于朝神宗命来使赍回王附奏洪永间赐闽人三十六姓知书者授大夫长史以为朝贡之司习海者授通事总为指南之备今世久人湮文字音语海路更针常至违错乞依往例更赐礼部寝之】

三十六年王遣使郑子孝等十三人入贡宴赉如例

三十八年王遣王舅毛凤仪长史金应魁急报倭警致缓贡期巡抚陈子贞以闻

四十年浙江总兵官杨崇业奏报倭情言探得日本以三千人入琉球国执中山王迁其宗器宜敕海上严加训练而兵部疏言倭入琉球获中山王则三十七年三月事也【时福建巡抚丁继嗣奏琉球国使柏寿陈华等执本国咨本言王已归国特遣修贡臣窃见琉球列在藩属固已有年但尔来奄奄不振被拘日本即令从归其不足为国明矣况在人股掌之上保无阴阳其间且今来船方抵海坛突然登陆又闻已入泉境忽尔扬帆出海去来倏忽迹大可疑今又非入贡年分据云以归国报闻海外辽绝归与不归谁则知之使此情果真而贡之入境有常体何以不服盘验不先报知而突入会城贡之尚方有常物何以突增日本物于硫磺马布之外贡之赍进有常额何以人伴多至百余名此其情态已非平日恭顺之意况又有倭为之驱哉但彼所执有辞不应骤阻以启疑贰之心宜留正使及人伴数名候题请处分余众量给廪食遣还本国非常贡之物一并给付带回始足以壮天朝之威正天朝之体章下礼部覆如抚臣言】

四十四年王遣通事蔡廛来言迩闻倭寇造战船五百余只欲协取鸡笼山恐其驰突中国为害闽海故特移咨奏报福建巡抚黄承玄以闻

天启元年颁登极诏于福建布政司转命卫指挥萧崇基赍诏之国

三年尚丰遣使蔡坚等贡硫磺马匹请封【尚丰尚元第三子尚久之子元之孙也先是定期二年一贡万历间国被倭难诏停贡已十年至是以为言部议本国休养未久暂拟五年一贡待册封后另议】

五年丰遣使入谢并乞封典

六年丰遣使入贡

七年丰遣正议大夫蔡延等入贡宴赉如例

崇祯二年丰遣使入贡再申前请礼官何如宠以履险糜费请令陪臣领封不从命户科左给事中杜三策行人司司正杨抡充正副使赍诏及仪物往封尚丰为王

六年三策等始至国王遣使入谢

九年王遣使入贡宴赉如例

十二年王遣使蔡坚等入贡明年王卒

十七年尚丰第三子尚贤遣使金应元入贡请封会中朝道阻不得归

大清顺治三年福建平尚贤请封使者与通事谢必振等至江宁投经略臣洪承畴转送入京礼部言前朝敕印未缴未便授封遣通事往谕

六年尚贤弟尚质自称世子遣本国通事周国盛赍表归诚随通事入朝

七年质遣王舅阿榜琨正议大父蔡锦等奉贡入贺船漂没未达

八年世祖章皇帝令来使周国盛赍敕归谕世子

十年世子遣王舅马宗毅正议大夫蔡祚隆等贡方物缴前朝敕印请封备言其国王没敕即随葬惟尚宁未葬故即以宁敕缴

十一年又遣官进贡请封赐国王蟒缎二彩缎六蓝缎二素缎二闪缎二锦三绸四罗四纱四赐王妃彩缎四闪缎一篮缎二素锻三锦二罗四纱四赏王舅彩缎表裹各四正议大夫采缎表裹各三蓝缎一绸二罗二使者彩缎表裹各二蓝缎一绸一纱一罗一通事从人纱缎绸布银两各有差遣兵科爱惜喇库哈番张学礼为正使行人司行人王垓为副使赍诏书一道镀金银印一颗令二年一贡进贡人数不得过一百五十人许正副使二员从人十五名入京余俱留边听赏学礼等疏请十事部议赐一品麟蟒服于钦天监选取天文生一人南方自择医生二人赐仪仗给驿护送外给从人口粮至福建修造海船选将弁二兵二百人随往因海氛未靖还京未行

圣祖仁皇帝御极念远人延伫日久譴责学礼等卒遣行康熙二年至国诏仍顺治十一年所颁敕则康熙元年也

三年王遣陪臣吴国用金正春奉表谢封进贡且疏言捧读敕谕因臣使物故甚多滞闽日久将正副使并督抚诸臣处治但中外均属臣子臣躬承天庥不能少为诸臣之报而反重为诸臣之累臣何人斯岂能宴然清夜圣祖命还学礼等原职赐国王蟒缎二彩缎四蓝缎二素缎二闪缎二锦二绸二罗二纱二赏王舅彩缎表裹各四罗四彩缎三靴一双紫金大夫彩缎表裹各四罗三靴一双使者彩缎表裹各二折钞布四通事从人缎布有差王又另疏进学礼等所辞宴金正使一百两副使九十两请令二臣收受部议不可奉旨这琉球国所与宴金仍著使臣收受

四年王遣使进香并贺登极进贡其贡物有在梅花港口遭风漂溺者奉旨免其补进

五年补进贡物圣祖命发回又令应进玛瑙乌木降香木香象牙锡速香丁香檀香黄熟香等十件不系土彦免其进贡其硫磺留福建督抚收贮余所贡方物令督抚差人解送其来使不必赍送到京即给赏遣回

六年令贡使仍赍表入观明年王卒

八年尚质世子尚贞遣使入贡于常贡外加进红铜及黑漆嵌螺茶碗照例给赐惟正使不系王舅与副使正议大夫赏同

十年进贡于常贡外加进鬃烟番纸蕉布其被风飘失贡物免其查议

十三年进贡于常贡外加进红铜及火炉丝烟

十八年补进十七年贡除赴京存留官伴外其余员役令先乘原船归国

十九年世子遣使进贡圣祖谕琉球国进贡方物止令贡硫磺海螺壳红铜其余不必进贡【贡物旧有金银罐金银粉匣金银酒海泥金彩叠围屏泥金扇泥银扇叠扇旧布苎布红花胡椒苏木腰刀大刀枪盔甲马鞍丝绵螺盘后俱免进外有加贡物无定额熟硫磺一万二千六百斤海螺壳三千个红铜三千斤】

二十年世子遣使入贡圣祖以贞恪共藩职当耿精忠叛乱之际屡献方物恭顺可嘉赐敕褒谕仍赐锦币五十又于常贡内免其贡马著为例

二十一年世子遣耳目官毛见龙正议大夫梁邦翰上言先王尚质于康熙七年告薨贞嫡嗣应袭爵具通国结状请封礼部议航海道远应令贡使领封见龙等固请部议执不可圣祖特允之遣翰林院检讨汪楫内阁中书舍人林麟焻为正副使楫等疏陈七事一请颁御笔一请照例谕祭海神一渡海之期不必专候贡使一请带修船官匠一同渡海一请给关防以稽诈冒一请增兵护行以壮国威一请预支俸银为办装赀礼部尽议不行仍令会同户兵工三部再议奏上圣祖大书中山世土四字赐王特许带修船匠役随行制祭文二道祈报海神并给俸二年以往

二十二年楫等至闽时方治兵攻台湾遂不候造船径取战舰渡海六月楫等至国谕祭故王尚质册封尚贞为王王遣法司王舅毛国珍紫金大夫王明佐等谢封楫等回京复为题请远人向化请赐就学礼部议覆准行王又另疏进楫等所辞宴金一百九十二两请令二臣收受部议不可奉旨这琉球国所与宴金仍著使臣收受

二十三年八月奉圣祖论汪楫等奉使琉球往回甚速黾勉尽职可嘉著吏部议叙具奏

二十五年王遣官生梁成楫蔡文溥阮维新郑秉均等四人入太学附贡使耳目官魏应伯正议大夫曾夔船梳

折伤乘均飘至太平山修船

二十七年贡使到京于正贡外加屏风纸二千张嫩蕉布五十匹圣祖令成楫等三人照都通事例日廪甚优四季赐袍褂衫裤靴帽被褥俱备从人皆有赐又月给纸笔墨朱银一两五钱特设教习一人又令博士一员督课

三十年王遣贡使耳目官温允杰正议大夫金元达到京请官生归国赐宴各给赏云缎绸布等乘传厚给遣归【以后贡使例遣耳目官一员为正正议大夫一员为副后不具书官名他官则书】

三十二年王遣马廷器王可发等入贡宴赉有差

三十四年王遣翁敬德蔡应瑞入贡

三十六年王遣毛天相郑弘良入贡

三十八年王遣毛龙图梁邦基入贡

四十年王遣毛得范郑职良入贡得范至杭州病卒

四十二年王遣毛兴龙蔡应祥入贡

四十四年王遣温开荣蔡肇功入贡

四十六年王遣马元勋程顺则入贡

四十八年王遣向英毛文哲入贡国中多灾宫殿尽焚台飓频作人畜多死草木皆枯是年王卒

四十九年尚贞世子尚纯子尚益以嫡孙嗣立

五十年益遣孟命时阮维新入贡

五十一年尚益卒未及请封

五十二年尚益世子尚敬嗣立遣毛九经蔡灼入贡灼至福州病卒

五十四年敬遣马献功阮璋入贡

五十六年敬遣夏执中蔡温入贡且告曾祖尚贞与其父尚益之丧请封

五十七年遣翰林院检讨海宝编修徐葆光充正副使往

五十八年又遣向秉乾杨联桂入贡联桂至通州病卒六月海宝等至国谕祭故王尚贞尚益册封尚敬为王

五十九年海宝等自琉球回代请官生入学并请给天妃春秋祀典礼部议俱准行王遣王舅向龙翼紫金大夫程顺则入贡并谢封贡金鹤盔甲马鞍等物宴赉有差【徐录金鹤二银座全盔甲一副护手护肷全金靶鞘腰刀二银靶鞘腰刀二黑漆靶鞘镀金铜结束腰刀二十黑漆靶鞘镀金铜结束衮刀十黑漆洒金马鞍一辔镫全金彩画围屏四扇五百土绵二百纹蕉布二百土苎布一百白铜锡五百斤红铜五百斤以上皆谢封贡物旧例有胡椒今缺以铜锡代之其常年贡物止白锡一千斤红铜三千斤硫磺一万二千八百斤硫磺纳藩库贡使赍铜锡至京前明于福州特设市舶提举一员专理琉球贡事以内官领之本朝省并其事于本府海防同知今贡使犹称之曰提举云】王又另疏进海宝等所辞宴金一百九十二两请令二臣收受部议不可奉旨宴金仍著使臣照旧例收受

六十年王遣毛廷辅梁得宗入贡圣祖谕将琉球国王照安南国王于常赏缎匹数目外增添缎匹加赏交来使赍回赐王其正副使通事人等各加赏缎匹有差

六十一年王遣毛弘健陈其湘入贡附遣官生四人入监至闽洋触礁俱溺死

雍正元年王遣王舅翁国柱及曾信入贡复遣官生郑秉哲等四人入监路卒一人

二年世宗宪皇帝召见王舅翁国柱于乾清宫御书匾额辑瑞球阳四字赐王及玉级等物交与翁国柱赍回仍赏国柱银币【法琅炉瓶盒一分白玉盒一对汉玉玦一件白玉镇纸二件三喜玉杯一件青玉炉一件白玉提梁礶一件汉玉螭虎笔洗一件青玉三喜花插一件白玻璃大碗四白玻璃盖碗六磁胎烧金法琅有盖靶碗六青花白地龙凤盖碗十二青花白地龙凤盖钟十篮磁喋十二霁红碟十二霁红碗十填白八寸盘十二绿龙六寸盘二十青花如意五寸盘二十青团龙大碗十二五彩宫碗十四绿地紫云茶碗十紫檀木盒绿端砚一方棕根盒终端砚一方上用缎二十四赏王舅翁国柱银一百两上用缎八匹】恤病故官生蔡宏训银三百两留【一百两修理坟墓其二百两著翁国柱带回交宏训之母养赡】王遣毛健元蔡渊入贡

三年王遣紫巾官向得功及郑士绚入贡

四年召见紫巾官向得功于乾清宫赐王玉缎等物交得功赍回仍赏得功银币【内造缎二十四玉方鼎一件

玉夔龙水注一件汉玉方壶一件玉五老双寿杯一件玉异兽花插一件玉荷叶盘一件玉龙凤方盒一件玉螭虎双寿碗一件玉云喜卮一件玉磬一架白玻璃碗四蓝玻璃盖碗六青龙红水七寸盘十二霁红白鱼七寸盘二十青花如意五寸盘二十绿地紫云茶碗十青龙暗水大宫碗十二五彩蟠桃宫碗十四霁红盘十二霁红盖碗十霁蓝盘十二红龙高足有盖茶碗六青花龙凤盖碗十二青花龙凤盖钟十法琅炉瓶盒一分紫檀木盒绿端砚一方杏木盒绿端砚一方赏紫巾官向得功内造缎八匹银一百两】王遣毛汝龙郑廷极入贡并进谢恩礼物世宗命将进到四年贡物存留准作六年正贡其六年应进表文仍令照例遣使赴京恭进嗣因汝龙等呈请表文方物一并来京部议不许仍令将六年表文俟八年正贡时一并恭进遣官生郑秉哲郑谦等归国

六年王遣毛鸿基郑秉彝入贡

八年王遣王舅向克济及蔡文河入贡

九年礼部议琉球国王奏进贡方物请遵依旧典二年一贡不敢愆期应如所请奉谕旨朕因琉球地处重洋之外奉表修贡远涉风涛深为轸念曾经降旨将雍正八年贡物准作十年正贡今该国王奏请按期入贡情词恳切具见诚悃知道了著仍遵前旨若十年贡物已经遣使起程即准作十二年正贡十一年不必遣使前来将此行文该国王知之

十年赏王舅向克济玉磁器物【黄玻璃瓶一对红玻璃瓶一件绿玻璃瓶一件白玉笔搁一件白玉双龙觥一件汉玉双喜杯一件红玛瑙水盛一件牛油石福寿盒一件铜法琅花瓶一件铜法琅茶盘一件琼石荷叶觥一件青绿鼎一件彩漆小圆盘八件哥窑四系花囊一件蓝磁瓶一件霁红瓶二件霁青瞻瓶二件哥窑瓶一件官窑双管瓶一件填白双圆瓶二件粉红磁小瓶一件青花磁桃式盒一件五彩套杯一副正彩洒钟四件洋红酒钟四件】王遣温思明郑仪入贡

乾隆元年王遣毛光润郑国柱入贡光润至福建病卒

二年王遣王舅向启猷及金震入贡

三年王遣向维豪蔡墉入贡

四年皇上以王遣使庆贺忠悃可嘉降敕奖谕并御书匾额永祚瀛壖四字赐王及文绮等物

五年王遣王舅翁鸿业及蔡其栋入贡并进谢恩礼物其栋至福州病卒

六年礼部议琉球国谢恩礼物照雍正四年之例存留准作二年一次正贡奉旨依议

七年王遣毛文和蔡用弼入贡

九年礼部议将琉球国进到礼物存留准作九年正贡其九年应进表文仍令照例遣使赴京恭进奉旨依议

十一年王遣毛允仁梁珍入贡

十三年王遣向永成郑秉哲入贡

十五年王遣毛元烈阮为标入贡元烈至福建病卒又遣都通事阮超群等送回十四年内地被风失舟吴永盛等四船九十二名其林士兴等六船一百三十名因船身坚固先已拨给桅木廪饩资送回籍闽浙总督喀尔吉善巡抚潘思榘以闻奉旨赐国王蟒缎二匹闪缎二匹锦二匹彩缎四匹素缎四匹以示嘉奖其伴送之都通事阮超群东观旭等亦著该督抚优加奖赉有差

十六年福抚潘思榘奏琉球国使臣毛如苞等二号贡船一只在洋遭风飘回本岛修葺补进并将闽县遭风船户蒋长兴等常熟县商民瞿长顺等三十九人留养两年随船护送来闽奉旨于常例外赐国王蟒缎二匹闪缎二匹锦二匹彩缎四匹素缎四匹以示优奖其在船官伴人等亦著该抚分别赏赉有差是年王卒世子尚穆遣陪臣郑国贞告哀署福建巡抚新柱以闻

十七年世子穆遣向邦鼎杨大壮入贡

十九年世子穆遣毛元冀蔡宏谟入贡兼请袭封疏云琉球国中山王世子臣尚穆谨奏为沥恳循例封袭以光世土以效忠勤事窃以敝国蕞尔弹丸眇兹尺土沐天朝深仁厚泽有加无已臣元祖尚质于顺治十一年荷蒙天恩颁给王爵印篆为中山王永奠海邦臣高祖尚贞于康熙二十一年恭沐诏敕册封臣曾祖纯祖益未及请封早已辞世臣父敬于康熙五十七年叨蒙册封为中山王嗣爵以来夙夜惟寅矢勤矢慎虔输忠诚恪恭匪懈于乾隆十六年正月二十九日薨逝念臣小子穆恭循典例以嫡继统谨遣陪臣耳目官毛元翼正议大夫蔡宏谟等虔赍奏请伏乞

圣恩体循臣父事例差选天使按临蛟岛俾臣穆拜纶音于海表永守藩强膺诏命于波区代供贡职则顶祝皇恩浩荡世世不朽矣伏祈睿鉴敕部施行臣穆不胜惶悚待命之至谨具奏以闻琉球国中山王世子臣尚穆诚惶诚恐稽首顿首谨奉表上言伏以玉版恢图焕规模于旧制宝纶沛泽隆体统于藩臣率土莫不尊亲众星拱北普天咸称神圣诸水朝宗欢洽臣民庆腾宇宙恭惟皇帝陛下覆育同天光华匝地躬桓蒲谷悉归王会之图侯甸要荒尽入职方之府臣穆世沐帝泽代守海藩胙土分茅自古之帝王大典请封袭爵今日之臣子微忱谨遣陪臣毛元翼蔡宏谟等仰请纶音望龙墀而悚栗叩希天眷瞻凤诏以遥颁伏愿至德弥崇覃恩愈广制仪制礼因旧典以广新恩教孝教忠由内臣而及外吏将见川岳效灵九有观昭光之盛江河献瑞万方沾熙皞之隆矣臣穆无任瞻大仰圣激切屏营之至谨奉表恭进以闻乾隆十九年十月二十二日琉球国中山王世子臣尚穆谨上表

二十年五月初七日遣翰林院侍讲全魁编修周煌充正副使往封

二十一年七月初八日臣魁臣煌至国先行谕祭故国王尚敬以八月二十一日宣读诏敕册封尚穆为琉球国中山王是年王遣向全才阮超群入贡

二十二年正月臣魁臣煌自琉球还代请官生入国子监读书并陈天威远播神应弥昭请加天后封号别颁谕祭文二道事下礼部部议俱准行王遣王舅法司官马宣哲紫金大夫郑秉哲入贡奉表恭谢天恩贡金鹤盔甲马鞍等物宴赍有差

卷四上·舆地【建置　疆域　形胜　城池炮台附】

淮南子谓八埏之外有八极裨海之外复有大瀛海环之其言廓落不足征信固然矣顾乾坤定位覆载难名指实固属臆说据理则甚寻常昔人多谓琉球北有落漈之患漈即尾闾台湾淡水外亦然据此则琉球以东别无地矣何以尚有鸟语鬼形之毗舍那国蠕蠕于琉球东隅烟雾间耶是弱水之外更有洲峤扶桑以后犹多岛屿诚不容以蛙蠡之见概之也国家膺图御宇声教暨讫幅员周广列在职方者不胜亿计琉球蕞处万里外视版图所绘仅如毛发比独能尊事天朝世世滋益恭因是以仰赖皇威永保厥土邻境詟伏一视中华蒲谷之班濒海安恬无复曩时鷸蚌之扰臣于使竣辄按方舆得其道里远近之数与其村县统辖之详而形势要害以次附录务期异同有考今古殊观庶蜃穴鲛区灿然如指上螺纹爰以备史宬采辑之万一志舆地

建置

流虬隋使羽骑尉朱宽至国于万涛间见地形如虬龙浮水中始曰流虬【中山世鉴】

流求国居海岛之中当建安郡东水行五日而至土多山洞其王姓欢斯名渴利兜不知其由来有国代数也【隋书】

流鬼【见新唐书】

宋景定五年西北诸岛始来贡咸淳二年丙寅北夷大岛来朝自后每年来贡【中山世鉴】

瑠求在漳泉福州界与澎湖诸岛相对西南北岸皆水【元史粤志亦作瑠求】

元延佑元年国王玉城嗣位世衰政废内为色荒外为禽荒诸按司不朝国分为三大里按司据佐敷知念玉城具志头东风平岛尻喜屋武摩文仁真壁兼城丰见城十一国称山南王今归仁按司据羽地名护国头金武伊江大宜味恩纳七国称山北王中山惟有首里王城那霸泊浦添北溪中城越来读谷山具志川胜连首里三平【西平南平真地平】等数国【中山世鉴】

明洪武十六年命内使监丞梁民同奉御路谦赍符赐王镀金银印一十八年补给山南王山北王驼纽镀金银印各一【明史实录】

洪武二十三年庚午南夷宫古岛八重山岛始来贡其后每年来贡【中山世鉴】

永乐二十一年癸卯秋尚巴志遣使奏曰我琉球国分为三者百有余年臣巴志为此发兵山南山北今归太平伏愿陛下圣鉴不违旧规给臣袭封【中山世鉴】自后国虽合一仍称中山王

国朝顺治八年世祖章皇帝遣使封尚质为中山王赐印一颗印文止称琉球国王诏敕文称琉球国中山王如故

疆域

琉球国国都元延佑间分为三宣德时并为一国分为三省中山为中头省属府十四山南为岛窟【一作尻】省属府十二山北为国头省属府九【府土名间切】府所属曰村头【土名母喇】地形东西狭其宽处可有数十里南北长四百四十里自中山首里南至喜尾武边海紧行一日半北至国头边海紧行三日半

臣按汪楫录云幅员周回可五六千里东西长南北狭非惟国都失实即以属岛准之亦非是

进贡由福建海道来以冬至自姑米山起五十更【六十里为一更计三千里】回以夏至至姑米山止四十更【二千四百里】姑米至国都四百八十里径直海面西距福建布政司一千七百里距京师七千八百三十二里国人至今自呼琉球地曰屋其惹

臣按屋其惹徐葆光录谓其旧土名非也细考之乃土音如此今之作书则仍是琉球两字耳

辖三十六岛东四岛西三岛西北五岛东北八岛南七岛西南九岛水程南北三千里东西六百里远近环列语言惟姑米叶壁与中山为近余皆不相通择能中山语者给黄帽为酋长又遣黄帽官莅治之主听讼征赋名奉行官亦名监抚使岁易人土人称之曰亲云上【读如牌金盖三字两音也】太平山大岛八重山各三员马齿山二员小岛各一员惟巴麻【国音读间字同麻华言山也】伊计椅山硫磺山四岛不设中山省【首里泊久米那霸不入间切真和志以下共十四间切】

首里王宫所在不称间切属村县二十一　崎山【在王宫东】　金城【在王宫西南】　内金城　新桥【在王宫东北】　赤平【在王宫北】　仪保【在朱平村北】　西仪保　末吉【在王宫北】　山川　新川　殿川　寒川　大中　鸟崛　汀白次　赤田　姑场川　桃原　当藏　真和地　立岸

泊【土音土马爷一字三音在首里西五里】属村县二　东境　西境

那霸【在首里西十里】属村县六　东县　西县　泉崎　若狡町　辻山【辻音失汁一字两音】　渡地

久米【粂字土音苦念搭一字三音今讹为久米在那霸东】属村县四　东门村　西门村　北门村　南门村【亦名大门村旧有普门寺又名普门地皆洪武中赐闽人三十六姓居之不他徙故名唐营亦称营中后改唐乐以村中贵者为总理唐荣司】

真和志【在首里西五里】属村县十二　识名　国场　牧志天久　松川　与仪　龟田　安里　凑川　古波藏　仲井间　上间

南风原【在首里南七里】属村县七　宫平　津嘉山【旧有玉那霸今并入】　内岭　本部　喜屋武【读如腔三字一音】　神里　平川

东风平【在首里南二十五里地在山南省界中】属村县九　东风平　富盛　志多伯　世名城　友寄　高良　山川【首里同名】　宜寿次　当铭

西原【在首里东七里】属村县十六　幸地　小桥川　安室桃原【首里同名】　我谢　翁长　平郎　小那霸　棚原　末吉【首里同名】　石岭　嘉手刈　小波津　与那城【与那城府同名】　内间　吴屋

浦添【在首里东三十里】属村县十一　浦添　伊祖　牧港安波茶　泽岻　屋富祖　城间　西原【西原府同名】　内间【西原同名】　势理客　前田

宜野湾【在首里东三十里】属村县十二　宜野湾　谢名　普天间　新城　具志川【具志川府同名】　城田　嘉数　安仁屋　伊佐　喜友名　野嵩　我如古

中城【在首里东四十里】属村县十九　中城　姑场　热田当间　岛袋　粤间　和宇庆　屋宜　津灞　安谷屋　伊集　渡口　喜舍场　添石　瑞庆览　新垣　安里【真和志同名】　中顺　比嘉

北谷【亦称北溪在首里北四十里此府多稻田】属村县十二　北谷　滨川　砂边　野国　野里　玉代势　屋良　桑江　嘉手纳　平安山　伊礼　前城

读谷山【在首里东六十里】属村县十二　读谷山【亦称座喜味】　高志保　喜名　宜间　渡具知　大湾　伊良皆　渡庆次　波平　长滨　濑名霸　根波

胜连【在首里东北六十里】属村县十　胜连　神谷　比嘉【中城同名】　平敷屋　平安名　内间【浦添同名】　新垣【中城同名】　龟岛　滨村　南原

与那城【在首里东北五十里】属村县六　仲田　平安座　安势里　上原　池宫城　伊计

越来【在首里北五十里】属村县十　越来【尚圆王弟宜威采地代尚圆立六月让位圆子尚真退老于此今其子孙世为此村领主】　照屋　安庆田　湖屋　上地　诸见里　山内　宇庆田　大古回　中宗根

美里【在首里北六十里】属村县十八　嵩原　高原　恩纳【亦称东恩纳以别北山之恩纳】　石川　古谢　伊波　野原　松元　田里　楚南　比屋根　与仪【真和志同名】　宫里　知花　池原　嘉手苅　登川　山城

具志川【在首里东六十里】属村县十五　安里【真和志同名】上江洲　宇坚　祝岭　中岭　天愿　高江洲　田场　田崎　安庆名　江洲　大田　荣野比　川崎　兼嘉段　山南省【属间切十二】

大里【在首里南二十里】属村县十七　与那原　与古田　涌稻国　板良敷　仲程　与那霸　稻福　上与那原　大城　宫城　古坚　目取真　岛袋【中城同名】　南风原【南风原府同名】　高宫城　真境名　当真

玉城【在首里南四十里】属村县十一　玉城　中村渠　富里　丝数　垣花　富名腰　前川　当山和名　奥武　志坚原

丰见城【在首里南十五里有山南王弟故城国中祈雨例在此】属村县十七　丰见城　饶波　长堂　翁长【西原同名】　真玉桥　盛岛　奥平高岭　仪保【首里同名亦称宜保】　我那霸　渡嘉敷　高安　伊良波　名嘉地　田头　保荣茂　嘉数【宜野湾同名】

小禄【在首里南二十里】属村县十一　小禄　上原　当间【中城同名】　翠宫城【土音翠为五十宫为诐城为五十姑三字六音】　大岭　仪间　湖城　具志　多加良　安次岭　赤岭

兼城【亦曰金城在首里西南三十里】属村县十　兼城　座波　照屋【越来同名】　嘉数【宜野湾丰见城同名】　波平　武富　安波根　丝满【在海边村石甚奇】　湖平　志茂田高岭【土名多嘉岭在首里西南三十里】属村县五　大城【大里同名】　真荣里　国吉　与座　屋姑

佐敷【亦称佐铺在首里南二十里】属村县八　佐敷　新里　屋比久　手登根　外间　津波古　与那岭　小谷

知念【在首里南三十里】属村县十　知念　敷名　久手坚山口　钵岭　久高　外间【佐敷同名】　知名　安座真　下敷屋

具志头【在首里南三十里】属村县六　具志头　波名城　中座　喜纳　新城【宜野湾同名】　与座【高岭同名】

麻文仁【麻亦作摩在首里南四十里】属村县五　麻文仁　米次　石原　松岭　小渡

真壁【在首里南四十里】属村县八　真壁　田岛　真荣平　丝洲　宇荣城　古波藏【真和志同名】　新垣【中城胜连同名】　名城

喜尾武【在首里南四十里为国中极南沿海边上】属村县五　喜屋武【南风原同名】　上里　福地　山城【美里同名】　束边名

山北省【属间切九】

金武【在首里东北九十里】属村县五　金武　宜野座　奥松　汉那　祖庆

恩纳【在首里北一百里】属村县九　恩纳　安富祖　名喜真　山田　真荣田　仲泊　古良波　谷茶　富津喜

名护【在首里北一百五十里】属村县九　名护　屋部　世富庆　安和　喜濑　幸喜　松堂　许田　宫里【美里同名】

久志【在首里东北一百五十里】属村县十一　久志松田　边野古　嘉阳　宜作次　濑嵩　汀间　松滨　田荣良　川田　宇富良

羽地【在首里北一百七十里】属村县六　池城　屋嘉　伊指川　真喜屋　源河　谢敷

今归仁【在首里北二百里】属村县十二　今归仁　亲泊　谢名【宜野湾同名】　中城【中城府同名】

运天【亦称上运天】 崎山【首里同名】 玉城【玉城府同名】 平敷 仲宗根 吴我 天底【林木最茂不见天日】 我部

本部【在首里北三百里南风原同名】属村县七 伊野波 浦崎 渡久知 崎滨 濑底 伊豆味 谢花

大宜味【在首里东北三百里】属村县五 屋嘉比 喜如嘉 田凑 根路铭 津波

国头【在首里东北二百十里】属村县四 国头 边土名 伊地 宇郎

东四岛

姑达佳【译为久高在国东一百四十五里夏录作孔达佳山多螺石海松产赤秔米黄小米海带龙虾佳苏鱼五鲁鱼】

津奇奴【译为津坚在国东三十五里产海松】

巴麻【译为滨岛南北二岛在国东三十五里】

伊计【译为池岛在国东三十五里四岛语言颇相近】

西三岛

东马齿山【在国西一百三十里大小五岛夏录云俗呼溪赖米产牛马粟布文贝螺怪石】属间切一渡嘉敷【丰见城同名】

西马齿山【大小四岛】属间切一座间味【地极硗瘠人多黑色善泅水久久乃出产海松鱼螺鹿】别有姑巴汛麻山【近姑米山无人居产鹿】

姑米山【译曰久米岛在国西四百八十里产五谷土棉茧紬白纸蜡烛螺鱼鸡豚牛马由福州至国必针取此山为准】属间切二安河具志川仲里【或作金城名地二间切】

西北五岛

度那奇【译曰渡名喜岛近姑米山多牛】

安根尼【一作阿姑尼译曰粟国岛又为安护仁与度那奇俱近姑米山语言亦相类产铁树比他处良多豕】

椅山【亦曰椅世麻亦曰伊江岛在中山北山之间四面黄沙潮涨隔半里许水退可徒涉至山上有稻田民颇富饶】

叶壁山【土名伊平屋岛在国西北三百里夏绿云俗呼禹臣马产米五谷棉花蕉丝海瞻毛鱼】

硫磺山【一名黑岛多鸟又名鸟岛在国西北三百五十里与姑米山相对不生草木置采硫磺户数十家岁运米廪食之统以二酋长泊府官遥领之其人目为硫气熏灼皆如羊不精明】相近有灰堆山尤家埠移山奥

东北八岛【国人皆曰乌父世麻过此为土噶喇七岛土噶喇亦作度加喇】

由论【在国东北五百里产芭蕉果樫木】

永良部【讹为伊阑埠在国东北五百五十里有温镇】

度姑【译曰德岛土音读德字为度姑二音在国东北六百里】

由吕【一作由路在度姑东北三十八里】

乌奇奴【又曰浮野在度姑东北四十里】

佳奇吕麻【吕一作路又作加喜吕麻在国东北七百七十一里】

大岛【土名乌父世麻在国东北八百里水行三日可达其岛长一百三十里自称小琉球分七间切有西间切东间切笠利名濑屋喜住用古见等分属二百余村大酋长十二员小酋长一百六十余员领之有四书五经唐诗等书产米粟麦豆薯木棉芭蕉稷桑竹栌罗汉松杂畜禽鸟多有海鲜有草鳣鱼海爪蛏类小似爪子果有槠子烧酒米肌黑糖苏铁皆有之】

奇界【亦名鬼界在国东北九百里人多黑产樫木】

臣按汪楫录七岛者口岛中岛诹访濑岛恶石岛卧蚆岛平岛宝岛也人不满万惟宝岛较大国人统呼之曰土噶喇或曰即倭也然国人甚讳之殊不知有日本者臣闲览其国所置经书悉系日本所刻仍用汉文旁印钩挑字母且有宝历永禄元和宽永天和贞享元禄诸名色又皆日本僭号则与日本素相往来明矣一说七岛本国属尚宁王

被袭割地与之王乃归即七岛也今非所属故不详前使臣汪楫至时适七岛人在其国欲仰观天朝使者因得一见至问之则书手版曰琉球国属地是未免国人诳之耳汪又云北山寂无人来或云倭常执王割地乃得返即北山实则非也

南七岛【国人皆曰太平山】

太平山【始为宫古后为迷姑今为麻姑在国南二千里夏录云俗呼苗恭用艮寅针至中山福州自东涌开洋至钓鱼台北风用单卯并乙辰针可达周围五六十里颇富饶每年五月归贡税于中山】

臣按汪楫录云太平山去国甚近岂二千里可云近耶殆未之详考也

伊奇麻【译曰伊喜闲一作伊计闲在太平山东南】

伊良保【一作惠良部在太平山西南】

姑李麻【译曰古里间一作来麻土名来曰姑李在太平山正西】

达喇麻【一作太良末在太平山正西】

面那【一作水名土音水曰面子名曰那在太平山西南】

乌噶弥【一作宇间味在太平山西北】

西南九岛【国人皆曰八重山】

八重山【一名北木山土名彝师加纪在太平山西南四百里去中山二千四百里由台湾彭家山用乙辰针可达察度王当洪武时二大岛来贡即八重山太平山也较太平尤饶给多樫木黑木黄木赤木草席产牛马螺石出麻布棉布海参红酒名蜜林酒五谷车渠璹瑁珊瑚羊肚松纹海芝海松海柏等石每年五六月与太平山来贡中山】

乌巴麻【二岛译曰宇波间一作小滨在八重山西南】

巴度麻【译曰波波间一作鸠间在八重山西南】

由那姑呢【译曰与那国在八重山西南以上四岛皆近台湾】

姑弥【一作西表产异兰名西表阑在八重山西较诸岛为大】

达奇度奴【译为富武一作武富在八重山西姑弥东】

姑吕世麻【译为久里岛一作黑岛在八重山西少北】

阿喇姑斯古【译曰新城在八重山西】

巴梯吕麻【译曰波照间在八重山极西北】

臣按隋书大业四年炀帝遣武贲郎将陈棱浮海至高华屿又东行二日至鼊鼊屿又一日至流求明一统志亦云鼊鼊屿在国西水行一日高华【一作英】屿在国西水行三日今皆无其名又元史瑠求境与澎湖诸岛相对明一统志亦云澎湖岛在国西水行五日然考澎湖与台湾相近实非国之属岛也至郑若曾所著琉球图以针路所取去国都二三千里之彭家山钓鱼台花瓶屿鸡笼小琉球等山错列在那霸港左近去国都二千里之太平山悮置于中山欢会门之前前人则既详辨之已

形胜

中山雄踞东溟土硗地险三十九府碁列于中三十六岛星罗于外洵海表之巨藩也北恃叶壁尾闾控其后敌虞落漈南凭那霸马加镇其前舟惧冲礁处则以逸待劳如长蛇之阵挚首则尾应出则因臂使指若捕鹿之形扼吭而角掎宜乎倭酋不敢侵大岛不复贰长为天家之屏翰世守瀛峤之金瓯欤

地形狭长海水环注井极深多咸苦然在处山隈岩窦有甘泉涌出

王城高峙中山绝顶俯视南北遥瞩群岛四面海洋皆在眉睫中左耸龙冈右蹲虎萃当诸间切孔道有居重驭轻由中制外之势自万岁岭东至王府衢路太直特结圆墩一所琢砺石砌成上植凤尾蕉十余丛籍之以上培国脉下阜民生亦堪舆家罗星水口补凑之法所不可缺者

久米村旧为普门寺地明洪永间赐闽人三十六姓因以居大奥山作案辻阜为屏泉崎水萦带其间中岛石卓立如印真所谓天马行空鬼乐相生但帷幛重迭毡褥未备乃港堤突出圆广如唇加以木石分植宛似龙形有文明之象允宜簪缨甲诸村而俊髦辈出崭然见头角也

臣按汪楫录称那霸港口礁石峠崿左右筑炮台实无一人一物土人谓无险可守惟港口数里皆铁板沙非生长斯土者不能引舟入港大海中既不得泊近山又虑触礁且遥望雉堞翼如也有望而返耳以故恒不设备然万历间萨洲岛倭猝至王被执去所谓铁板沙者亦不足恃据此则与莒人城小而恶又不设备卒无救渠邱之溃古今同诮书所以云有备无患也倘恃险而骄虐用其民虽金城汤池无所用之是知保邦之胜算又在德不在险矣

城池【炮台附】

王城【在首里中山绝顶累砺石为垣高四五丈广四五里四门前欢会门西向即国门也后继世门东向左水门南向右久庆门北向进欢会门为瑞泉门左右二掖门有刻漏楼仿中国丽谯为内城皆无雉堞】

臣按外间切及各岛以城名者甚众要皆不立城郭徒有其名故不录

炮台【有三俱在那霸港口中流有巨石名马加四围皆铁板沙沙坚逾铁嵌空嵯岈沿海皆是潮长则没舟误触辄碎国人恃为金汤南北跨海筑长堤两炮台并峙皆琢砺石砌成极坚整方广亩许环以埤堄北堤中作桥门三以通潮桥西有临海寺门外有重修临海桥碑一康熙三十五年程顺则立五十二年再刻碑阴桥东迎恩亭前有修堤碑一康熙五十五年蔡温立南炮台堤中有番字石碑一额曰了揽新森城碑文嘉靖三十三年国王尚清时立余皆番字石剥蚀不可读又一石题一梵字下有小字云书法华经一石一字漫湖中别有小炮台突起小屿四面临水上狭下广方长可亩许无雉堞近奥山□属岛姑米山马齿山俱有炮台亦曰烟台为往来舟楫举号火处】

卷四下·风俗【形质　气候　习尚　仪节　节令　服饰舍宇附】

琉球国俗臣至日所见如席地危坐盘盂依仿俎豆行酒必主人先饮而后酌客之类皆为近古闻曩时世家大族始剏瓦屋迩乃栋宇渐兴颇知营造要之初犹俭啬朴野几与雕题凿齿反踵贯胸裸袒涅颜者埒今历染华风顿除蛮习诚有如夏子阳所云蹋蹄娣主之陋浸为王化所移不可尽诋杜氏之谬也志风俗

隋书深目长鼻亦有小慧

朝野佥载人形短小似昆仑今亦有魁梧俊伟者首里久米泊那霸四村秀美尤多姑米山所见间有丰颐修髯殊异常夷

胡靖录国中无名利萦心之累民间无有余不足之忧人无所事事亦不群然嬉聚或一二静对清言茹烟而已是以人无劳心多致天年夏录云迩来渐有机械浑沌日雕琢矣

集事渊海其人骁健夏录云但能耐饥寒任劳苦尚血气不平则露龈裂眦相忿争或持刀剸之旋自引刀自剖腹死

以上形质

谢杰使录补遗地无木棉隆冬亦衣苎较闽加密用以御寒富贵者或衣丝棉贫子衣苎五六斤重即过一冬我众十月西归身犹衣葛由气候之暖也

夏子阳录气候常热以海岛卑湿而近于东隆冬时间有霜雪

又云田多瘠硗谷亦丰歉不齐俗传受封之后必大有年顷驻节日验之果岁丰时和雨露之泽良不偶耳

徐葆光录多暖少寒无冰霜雪希降草木常青蚊至冬不收声十一月秧田插莳【徐葆光冬耕诗寒风飒飒却为霖高下连山耕事深十月芋日叶未老隔棱已透绿秧针菊含英处已寻梅六月收田十月栽有稻常闻两番熟无花不是一年开】

以上气候

隋史无文字徐录称舜天时依日本国书制字母四十七名依鲁花……有一字可作二三字读者有二三字可作一字读者略仿中国切音三十六字母意或借以反切或取以连书如春色二字琉人呼春为花鲁二音则合书八口二字即为春字色为依鲁二音则合书亻口二字即为色字若有音无字则合书二字反切行之如村名泊与泊舟之泊并读作土马伊则一字三音矣村名喜屋武读作腔字则又三字一音矣语言亦多以五六字读作一二字者得

中国书多用钩挑旁记逐句倒读实字居上虚字倒下逆读语言亦然文移中亦参用中国一二字上下皆国字也据元陶宗仪云琉球国进贡中华表文用木为简高八寸许厚三分阔五分饰以髹釦以锡贯以革而横行刻字于其上字体科斗书又云日本国中自有国字字母四十有七能通识之便可解其音义其联辏成字处彷佛蒙古字法以彼中字体写中国诗文虽不可读而笔势纵横龙蛇飞动恍有颠素之遗今表疏皆中国书如陶所云或其未通中国以前字体如此但今国中字母亦四十有七以国书写中国诗文果与颠素无异汪录云皆草书无隶字信然国僧多游学日本归教其国中子弟则其为日本国书无疑臣尝见其国中四书悉照中国官板印刷装钉两旁字母钩挑疏密分明细如丝发询之云自福州购回福州殊无是也偶见有宝历宽永日本诸僭号始信徐录不谬夏子阳录僧识番字亦识孔氏书以其少时尝往倭国习于倭僧陪臣子弟十三四岁皆从之习字读书若三十六姓复从旧时通事习华语以储他日长史通事之用作诗惟僧能之然颇晓音韵而已许以效唐则过也

杜氏通典妇人产必食子衣以火自炙令汗出食皆用手偶得异味先进尊者今俱不然

谢杰补遗俭而不勤贫而不盗浑朴而有等职官之家有弥甸茹蔬者女力织作男反坐而食之

夏子阳录男子多仰给于妇人司牝鸡之晨者十室而九

汪楫录农习于惰纴妇较耕男为勤家织蕉布非是则无以为衣也负薪运水亦妇人为之

张学礼录小心畏法道不拾遗夜不闭户臣兹役见道旁有以竹枝夹物件插置墙隙者问之云系见遗失者拾而插之以俟本人来取即他人亦无冒取之也后又闻有窃盗者则黠夷乘随封人众番官难于稽察故间有之

汪楫录国人无姓或以所生之地为名或以上世所官之地为名至充贡使或谒使者旋乞姓名书手版上与本名迥异臣履其国细询之乃知其名祖父子孙兄弟皆同或国中集事则书其名于上旁别注某子几男之类以故事多延缓至有功王赐以姓始敢称姓实则各有私姓家藏图谱王城以紫巾官入国史院者专掌之若古者献民数之遗不仅首里久米有姓也然即二府人平居极亲昵相比隣问以所识者之名氏懵如也问以田名则随口而对矣若姓名则曰唐名张学礼录士大夫恒好奕僧院辄以奕供客有倦意则授以枕枕如小文具中藏三四层人各枕其一

徐葆光录棋局高尺许脚三四寸面厚七八寸极坚重黑子磨黧石为之白子磨螺蛤顶骨为之人皆善奕谓之悟棋下时不用四角黑白势子局终数空眼多少不数实子也亦有象棋

汪楫录士大夫无事辄聚饮好以拇战行酒曼声而謌摛三弦和之其音哀怨抑而不扬秋夜四望丝肉盈耳近亦有唱中国弦索歌曲者云系飘风华人所授又云无贵贱老幼遇中国人必出纸乞书不问其工拙也得使臣书尤恭谨俯身搓手高举加额而后启视臣见其国俗凡有所受必高举为礼一茶一烟皆然即尊长受之卑幼亦然不独得使臣书始然也

张学礼录女子有不嫁人者离父母自居专接外岛贸易之客女之亲戚兄弟毋论贵贱仍与外客序亲往来不以为耻臣兹役甫至风闻土妓甚众谓之侏儰实则倾城二字之音也外岛且更继至因移书唐荣总理司谕其善为驱逐毋令蛊我华人

以上习尚

隋书土人呼王为可老羊妻曰多拔茶夏录云今称王曰敖那称妃曰札喇岂方言或以世异乎徐录琉球国王曰倭急拿敖那国王曰哭泥华王妃曰倭男礼喇臣细访之国语多有音无字即国字译者第就汉文之音同者代之究非的字也今称曰御主加那志御主二字音如屈诗又如勿苏称妃曰御妃音为屈非国之女人则称妃曰倭男札喇加那子国人读可字音如加老字音如那盖隋书系其国人姑以汉字与国语同音者译加那两字初未尝知华音为可老也敖与加国音相近故夏录因作敖字徐录则只据其音书之不知御音如屈主音如诗因以相近哭泥之音代之若解御音为屈则屈非正御妃正字耳至国人呼男曰会几噶女曰会南姑亦只男女二字其音若是故呼册使曰阿几噶加那子呼妃曰倭男札喇加那子倭男即会南音也想徐录必误谓夏录札字系礼字省文故特书正文礼字遂大径庭矣大抵夷语音多字少与华人酬接今俱用汉文可不深究也若可老音如加那则拔茶音正与札喇不远又不得概谓旧史之不足信也故夏录张录徐录末皆以国语附之实多影向傅会间有一二合者率皆浅俚无适于用今俱略之又彼国以御字作尊字用如御用御座平等书札皆用之对华人则不敢用

夏子阳录王视朝群臣具夷服搓手膜拜跪移时不起又云过先王庙前辄下马搓手而行居官言事必具酒二

壶至其家踞而酌之酌毕告以所事

张学礼录百姓见官长经过男女皆去簪脱屐俯伏道旁俟过而后行今不去簪若坐则两手据地蚁行而过

汪楫录屋内必布细席内裹草荐以布为缘名曰脚踏棉

徐葆光录室中皆席地坐无椅桌之用饮食诸具皆低小

胡靖录客至脱屦以进始知坐字两人从土礼云户外二屦其谓是欤

汪楫录客入无拱揖之烦坐定主人则以烟架置客前听客自取架列火炉一唾壶一烟匣一【今俗呼烟为淡巴菰总呼曰淡巴菰盆】烟管横其上一室中常置数架人各授一具

徐葆光录饮食置碗之具如古俎豆盘器或方或圆皆著脚高广各尺许水火炉制用轻筒铜表锡里一置水一置火外作一木架盛之下二层黑漆奁三四事中藏茗具国王令秀才二人值之客出游则携以随茶瓯色黄描青绿花草出土噶喇其质少粗无花但作水纹者出大岛瓯上有朱黑漆木盖下有空心托子瓯颇大斟茶止二三分用菓一小块贮匙内此学中国献茶法若彼国烹茶法以茶末杂细米粉少许入碗沸水半瓯用小竹帚搅之起沫满瓯面为度以敬客士夫家有一榼渗金间采制作甚精郊饮各携一具中四器置食物旁置酒壶二盏箸略备民家食榼或方或员皆作三四层刳木为之曲隐几仿古式绕身如扇形高尺许书架如镜架著小座高半尺许席地坐用之灯制四方木格上宽下窄白纸糊之空其顶施木柄钉柱上民间灯多不用烛以木作灯四方糊纸笼油盏其中置地席上

隋书凡有宴会执酒者必待呼名而后饮上王酒者亦呼王名衔杯共饮夏子阳云今不然胡靖录肴馔尽干制无调羹各盘贮而不相共饮酒止以一杯相传有我合彼分我分彼合之别

张学礼录宴宾席甚简薄斤肉樽酒可当数人叙款洽而已一席不过一二器即妻子从不同食客来不分坐次随客意自坐【今宾主平等皆危坐或皆盘膝若卑幼则跪伏于前然后危坐尊者令安坐始敢盘坐或主人系卑幼宾至则改危坐】坐下烟茗酒馔接踵而至客退竟出主人绝不迎送

隋书嫁娶以酒肴珠贝为聘或男女相悦便相匹偶

明一统志浴死者之尸以布帛缠之裹以苇草亦知造坟

夏子阳录今官民之家遇有吉庆之辰亲知具酒二壶相贺有丧则邻里聚送亲者护柩而泣送至墓掩毕而归木主属僧题之男书圆寂大禅定女书禅定尼绝无考妣之称

汪楫录嫁女不治奁具父母走送之壻家衣仍白国俗不讳也送葬者亦剪纸垂布为旛前导棺制一二尺长仅及身之半屈死者足殓之

徐葆光录墓皆穴山为之既窆垒以石贵家则磨不方整亦建拜台墓门远望如桥门更有在层崖之上者女墓前挂椶叶片扇白巾男墓前白布笠立杖草履木屐若插花筒置香炉则男女墓皆同

臣闻旧俗每三年开函一视复封之今则不尔亦有以三和泥筑成者国中无道士尼姑惟有僧亦有男巫女巫

渡海者家立长竿置小木舟其上长尺许桅柁帆橹皆备另作薄木片风轮五叶安船首尾以候风之有无顺逆归乃撤之即古五两旗遗意也

凡许愿皆以石为神神岳丛祠皆无神像设香炉炷香浇酒搓手膜拜若渡海则凡在船人等同日齐往数十处神祠遍祷奉一石置船上归国又遍酬之

夏子阳录国中有女王者王宗姊妹之属世由神选以相代五谷成时女王渡海至姑达佳山采其谷穗嚼之各山乃敢获若未尝先获者食之立毙又云凡月初三十八二十三夜皆修吉果拜待初三夜焚香对月拜十八夜焚香立待待升明而拜拜毕乃敢坐二十三日焚香坐待待月出则拜谓可延龄益寿今皆无之吉果糯米粉为饼火焙熟之白净如雪国王每朔望馈天使食物有之圆大如盘闻此惟王府得为之民间只三指宽三四寸长而已姑米山人呼曰雪米鸟喇

以上仪节

隋书云望月盈亏以纪时节候草荣枯以为年岁

臣按此皆未通中国之初然尔今历世凛奉正朔贡使至京必候赐时宪书赍回而国中特设通事官豫依万年书推算应用【书面云琉球国司宪书官谨奉教令印造选日通书权行国中以俟天朝颁赐宪书颁到日通国皆用

宪书共得凛遵一王之正朔是千亿万年尊王向化之义也】琉球虽穷岛荒陬固长在光天化日之下矣因并录其俗之节令以备采风

元旦至初六拜贺如中国

徐葆光录正月十六日男女俱拜墓是月女子皆击球板舞为戏板舞者横巨板于木橙上两头对立一起一落就势跃起四五尺许不倾跌欹侧也【徐葆光鹊踏花翻词一板横蹻两头起落双双瞥见飞仙驾翩反如燕身轻借势低昂春风擫袖争高下一边乍踏鹊翻枝一边已打乌飞柘那霸正月彩虹齐跨惊鸿不著秋千架掀动六尺轻槎纵然平地归客犹惊诧美他纤趾会腾空凌波可学应无价】

二月国中同定吉日祭麦神十二日各家俱浚井汲取新水洗额云可免病

三月三日作艾糕相饷遗同定吉日又祭麦神谓之大祭

五月五日竞渡【泊一那霸一久米一共龙舟三】角黍蒲酒拜节同中国定吉日祭稻神此祭未行稻虽登场不敢入家

六月同选吉日又祭稻神亦谓之大祭又同选吉日作六月节国中蒸糯米为饭相饷

七月十五日盆祭祀先预于十三日夜列火炬二于大门外以迎祖神十五日盆祭毕送之臣至国适上旬出经道旁民舍小童各手一纸幡对立招展问之为中元迎送祖神也亦有延僧作盂兰盆醮祀者

八月初十十五两日各家蒸糯米交赤小豆为饭相饷【徐录有白露先后三日守天孙今无其俗】

九月放纸鸢

十二月初八日通国作糯米糕樱叶包裹三四层和叶烝食相饷名曰鬼饼亦驱傩之意【徐录作庚子庚午日】二十四日送灶次年正月初五日迎灶正三五九此四月名为吉月妇女相率至沿海雪崎洞中拜水神祈福每月朔望妇女取瓶罂至炮台汲新潮水归献灶神及献天后宫前石神

以上节令

隋书男女皆以白纻绳缠发从项后盘绕至额男子冠装以珠贝饰以赤毛形制不同妇人以罗纹白布为帽其形方织斗镂皮并杂色纻杂毛为衣缀毛垂螺为饰下垂小贝其声如佩缀铛施钏悬珠于颈织藤为笠饰以毛今俱无之

张学礼录男女不剃胎发男二十成立完姻之后将顶发削去惟留四余今则孩童至五六岁皆髡然如僧即十三四便有薙发者未薙前则呼小名名之类约有四十余隋其所用惟父子不得同孙则同祖之名既薙后则改呼田名如某地筑登之座至二十以上有职事者谓之某地筑登之惟久米人七岁后称若秀才给米二石薙发后先拜孔圣次拜国王王籍其名谓之秀才给米三石康熙癸亥年各裁一石首里泊那霸子弟仕至库官始有俸也未剃顶时髻上插长簪八九寸许如妇人簪冠则易短簪一梅花头一耳挖形夏录云首里人髻偏右久米人髻居中今悉居中隋书云男子剪去髭须夏录云今剪唇上髭令齐者间有之徐录云惟三种人发尽剃如僧一医官一王府茶役曰宗叟一司灌园人今医官亦不剃簪制王用龙头金簪妃凤头金簪官爵最贵者起花金簪次者金头银柱余皆用银百姓则用铜命妇士妻视其夫民间则以玳瑁皆倒插髻中翘额上土妓若中国人遗以银簪则弗禁别无首饰珠翠皆不用凡花有香有色者俱不戴惟木兰则累累髻畔不穿耳年十五即针刺手指背以墨黥之岁岁增加至中年黧然矣或方或员形状不伦南史云作虫蛇之文夏录云作花卉文张录云作梅花文皆不实衣服男女宽博交衽袖广二尺许长不掩指右襟末缺五六寸袖口不缉夹衣则两面可反复穿之皆无钮无带总名曰衾以织成棋纹细布为之亦有素质染绘成文者裹衣短小男女皆作竖领如中国女衣项上一钮胸右一带外衣惟男子以带束之别有大带长一丈四五尺宽六七寸围于腰带锦细花最贵锦大花次之龙蟠红黄缎又次之杂花色者不拘胸前将前襟擀起凸然烟包纸袋小刀梳篦之属皆怀之幼童及僧衣两胁下皆不缝帽则初以帕缠首后易薄槛木片为骨以帕蒙之前七层或九层后十一二层紫最贵黄次之红又次之青绿斯下矣中又以绢之花素为别国王见天使仍明时衣冠乌纱帽双翅侧冲上向盘金朱缨垂颔下更有皮弁受封后诣馆谢及望舟宴时皆著之闻居常亦裹五色帽而摄政者则花锦帽远望如屋漏痕又有片帽以黑色绢为之漫顶下檐作六棱寒时皆戴之雨笠以麦茎及藤为之皮笠则黑漆其外而朱其裹系官役所戴女人衣不设带左右手曳襟以行襟袖视男子较长土妓多衣红衫俗呼红衣人汪

录云良家妇行路上手持尺布以自别徐录云妓襟用红绢为缘今俱无之男妇皆无中衣今间有之妇裳至短迭其下为两层风不得开髻垢軏洗之散发行走不以为异也抱儿惟一手又置腰间履无贵贱男女皆草靸名曰三板编草为底上横平梁中界寸绳著时举足入梁纳绳于拇指二指之间贵宦近亦著袜或布或革及踝而止别为一窦栖将指贵家女衣襟上即本色或异色紬纱作鳞比五层状亦有比甲背后下垂处或作燕尾形

明一统志地不产奇货人无剽掠商贾不通时驾舟楫缚竹为筏急则群舁之泅水而遁夏录云舟舶之制与中国略同如小艇则刳木为之陪臣入贡航海必别以巨舟缚竹为筏未之见也徐录云前明洪永中赐海舟后每请自备工料于福州改造今本国亦能自造如式各岛之船大小皆尖底太平山船加饰栏槛小船皆刳独木为之或不胜载则并两为用

王肩舆照中国式或八人或十六人轿上亭盖帷幔髹木为之国相以下轿高不逾三尺席底趺坐四围以席远望如笼榼贵族亦有用罗汉杉木雕镂金漆锦边绘里纱縠为蔽皆用两人以木杠贯其顶而抬之

马高者绝少善山行上下沙砾中不见颠蹶终岁食青不识栈豆故虽村户下贫亦多畜马鞍制略同中国朱黑漆描金前后加红帕四条以为饰鞯黑漆皮描金龙简略者只用红毡一条勒索用五色相间蕉布全幅入手两盘垂之尚及马胁镫以木或铜铁为之式如曲杓形一边著绳系鞍下空其口以便赤足穿踏骑马皆不用鞭官家女人骑马拥领蔽面多侧坐鞍上两足共一镫人控徐行

以上服饰

屋宇不甚高以近海多风去地必二三尺以避地湿每一间瓦脊四出如亭子样瓦皆瓯瓦粘盖极厚非此不能御台飓也门牕皆无户枢上下限俱刻双沟道设门扇其中为方格以纸糊之左右推移以为启闭外限复设板门重迭一处闭时递次至末扇内有暗拴自落限窍屋用樫木纹理细润坚重千年不蠹出奇界岛尤良然价贵难购故久米有从仕多年尚处茅屋者壁无粉墁多用砑粉花笺及名书画表之室内地板上无贵贱悉铺脚踏画轴皆短小屋矮故也中间多作神龛以香炉置青石其中白沙实之为玩或云即祖神也

盖家不设神主贵家始有祠堂又多以天地君亲师五字供奉者竹帘以全茎细竹为之挂四周内可见外外不见内然皆一行作屋无重构复室也居无砖墙惟迭海崖砺石砌成贵家有削磨极平者屋上门前多安瓦狮及立片石刻石敢当者隋书谓门户必安兽头骨角殆以此欤屋中开轩多旁向或东或西庭院中设小山石树乌木榕桧樫木福木及佛桑紫薇山丹榴槿兰竹之类更地多茸草极细软如茵或置小石池畜金鱼螺蜯其中石上植铁蕉墙上密栽慎火草庭隅必立石椿置石盆贮水椿前用瓦砌如小池填以石笋池前铺一石或方或员以备盥洗手足之用盖国人晨起即盥涤其中不用热水故也村径皆极宽洁多编细叶小竹或列植十里香作屏篱时时剪剔令整齐方平久米最盛为中山八景之一【徐葆光条村竹篱诗村村编竹墙筠绿满秋径客伴迷东西隔篱忽相应】米廪亦悬地四五尺远望如草亭下施十六柱柱间空处可通人行上为板阁村民有数家共一亭者

女集向在天使馆东天后宫前后徙马市街今移在辻山沿海坡上早晚两集无男人俱女为市市物惟鱼盐米菜及粗窳陶木器间有土织蕉棉布亦极薄恶价复不贱道中无肩担背负凡柴薪米豆累百余斤者女人悉以首衬草圈顶之垂手曳袖无偏堕者闻首里市集亦女人为之店肆唯使馆前略有数间近皆移空以居从役

以上舍宇

卷五·山川【国中山　属岛山　海潮候　风信　针路附　水泉　桥梁】

海【潮候　风信　针路附】

环岛皆海也海面西距黑水沟与闽海界福建开洋至琉球必经沧水过黑水古称沧溟【溟与冥通幽元之义】又曰东溟琉地固巽方实符其号东邻日本萨摩洲【指南广义作要是麻】常所交市国一苇可航北望野古可直达高丽南逼台澎淡水后之溜山恰与叶壁后之漈水同属尾闾沃焦之壤而三十六岛唇齿相依臂指互用水中复有沙洲隐现断续于各岛间直若草蛇灰线马迹蛛丝以故气脉牵联地土物候大同小异是海固不可以道里计而球阳之海则实有无形之区限在焉若其舟航之便利鳞介之蕃滋又足以聚其人民而遂其生长建邦斯土者其永覩海波之不扬而长视中国万年有道之圣人恪共尔职慎固吾圉我皇上覆载同仁中外一体自必深嘉乐予加

惠无穷而不忍膜外视之者矣

水之进退有度朝而至者为潮夕而至者为汐然世之论者不一山海经以为海鳅出入之故夫鳅特一微物耳顾能横四海之大而鼓之以盈缩耶浮屠氏谓为神龙变化之迹殊不知龙见于春夏蛰于秋冬则秋冬之潮汐又何物变化而致其往来乎抱朴子则云两水相合相荡而成然必疾风暴雨始足以张其势乃雨霁水枯未闻其或辍也要皆支离诞妄不足为典要及观卢肇之赋以日出于海冲激而成而高丽图经谓天包水水承地地沉则水溢地浮则水缩余襄公之论独以为水之应月各从其处月临卯酉则水涨于东西月临子午则水平于南北综是数说应月之论为最与邵康节经世书所云海潮者月之喘息相吻合臣窃覩阴燧水精皆可映月而取明水于八月望夜尤速且多可验应月之说为不诬矣福州与各直省潮水率皆与月为进退琉球独较福州每潮率后三辰望日福州午时潮满琉球则满以戌时余日因以递迟似不与月运同行然据望日书潮以戌时满而望前夜潮则实于望日辰时满虽谓之早于福州两辰亦可况凡物必有所自始而其来也有渐琉球地偏东极而尾闾在其后安知非月始离海之精琉球受光独近得气尤盛初出之光华与内地方中之精彩略等且水生于西而归于东而物从其朔潮之生也恒自东则琉地之潮逐月始生而即涨又何足异乎故八卦先天之坎位月象也而后天之坎位乃一六生成之所畴谓潮汐非应月而生者哉虽然覆载之大非可以常见拘据各洋船往来所见潮候又各不同西洋一日一潮定以申涨以寅退是有汐而无潮马寻诸国则一日两潮计昼夜各两潮两汐即钱塘潮古亦有偶三日不至者臣所以不能不复参之理气之说也华钥谓潮汐者天地嘘吸之气阴阳消长之理自然而成似属通论足括群言【潮侯】

封舟例以夏至后乘西南风至琉球以冬至后乘东北风回福州然北风凛烈不比南风和缓故归程尤难考嘉万封舟回闽最称安吉者惟箫崇业其放洋日期乃十月二十四日故海船老伙长皆言无论冬至迟早总以十月二十后东风顺送为吉若冬至前后则风势日劲浪从船上过矣正月风飓最多应期不爽万无行舟之理二月则多雾恐风顺遇山不见反致逼山且龙蛰甫惊常多出海复有龙风之患前使海宝等回闽于二月十六日放洋十七日即见二龙起于船之左右水沸立二三丈益信十月二十后之说为不刊也

清明以后地气自南而北则南风为常霜降以后地气自北而南则北风为常反是飓台将作矣正二三四月多飓五六七八月多台飓骤发而倏止台渐作而多日九月则北风或至连月俗称九降风间有台起亦骤如飓船在洋中遇飓犹可遇台难当十月以后多北风台飓无定期舟人视风隙以来往凡飓将至天色有黑点急收帆严柁以待之稍迟则收帆不及或至倾覆台将至天边断虹见若片帆者曰破帆稍及半天如鲎尾者曰屈鲎若见北方者比他方尤虐又海面骤变多秽如米糠及海蛇浮游皆台飓征

十二月二十一日起一日应来年一月或一日风作一次二次则来年所应之月台亦一两作多次亦如之记而验之无不应者

暴期

正月初三日【龙神会】初四日【接神飓】初八日【龙神会】初九日【玉皇飓此日有飓各飓皆验此日无飓则各飓多不验】十一日【龙神会】十三日【关帝飓】二十五日【龙神会】二十九日【乌飓又龙神会】二月初二日【白须飓】初三日【龙神朝帝】初七日【春明暴】初九日【龙神朝帝】十二日【龙神朝帝】二十一日【观音暴】二十九日【龙神朝帝】三月初三日【真武暴又龙神朝星辰】初七日【阎王暴又龙神朝星辰】十五日【真君暴多风】二十三日【天妃诞妈祖暴多雨】二十七日【龙神朝星辰】二十八日【诸神朝帝】四月初一日【白龙暴】初八日【佛子飓又龙会太白】十二日十七日【俱龙会太白】二十三日太保暴二十五日【龙神太白暴】五月初五日【屈原飓又天帝龙王朝玉皇】十一日【天帝龙王朝玉皇】十三日【关帝飓】二十一日【龙母暴】二十九日【天帝龙王朝玉皇】六月初九日【地神龙王朝玉皇】十二日【彭祖暴此日至念四皆系大飓旬】十八日【彭祖婆暴】二十四日【雷公诞此暴最准名为洗炊笼飓】二十七日【地神龙王朝玉皇】七月初七日初八日初九日【皆神煞交会】十五日【鬼飓又神煞交会】二十七日【神煞交会】八月初一日【灶君飓】初三日【龙王大会】初五日【系大飓旬】初八日【龙王大会】十四日【伽蓝暴】十五日【魁星暴】二十一日二十七日【皆龙神大会】九月初九日【重阳暴】十一日十五日【皆龙神朝帝】十六日【张良暴】十九日【观音暴又龙神朝帝】二十

七日【冷风暴】十月初五日【风信暴】初八日【东府君朝玉皇】初十日【水仙王暴】十五日【东府君朝】二十日【东岳朝天】二十六日【翁爹暴】二十七日【东府君朝】十一月十四日【水仙暴】二十七日【普安飓】二十九日【西岳朝天】十二月二十四日【送神飓又名扫座风自此日至年终每遇大风名送年风】二十九日【火盆飓】

凡遇暴期不在本日则前后三日又日值箕壁翼轸四宿亦主起风皆宜谨避

以上风信

琉球在海中与浙闽地势东西相值但平衍无山船行海中以山为准福州往琉球出五虎门取鸡笼山花瓶屿彭家山【或作平佳】钓鱼台黄尾屿赤尾屿姑米山马齿山【以上山皆取北过】收入那霸港回福州出那霸港由姑米山取温州南杞山台山里麻山【一名霜山】收入定海所进五虎门指南广义云自五虎至姑米四十更自姑米至定海五十更一更六十里以沙漏定之漏用玻璃瓶两枚细口大腹一枚盛沙满之两口对合中通一线以过沙倒悬针盘上沙尽为一漏复转悬之计一昼夜约二十四漏每二漏半有零为一更风缓船迟虽及漏刻尚不及更风疾船速未及漏刻已逾六十里为过更也

高澄操舟记漳人谢敦齐曰西南诸国行不二三日即有小港避风若琉球则去闽万里中道无止宿地

陈侃使录嘉靖十二年癸巳封王尚清五月侃至闽七月初二日与副使高澄照题准定式定艚造船【长十七丈宽三丈一尺六寸深一丈三尺三寸择日务与使臣之年庚合非是弗利】十三年三月船竣五月初八日自广【以冉切】石放洋初九日小琉球初十日过赤屿一昼夜兼三日程十一日夕见古米山十二日至山下十三日北风十四日夕舟裂十五日塞罅十六日见叶壁山申刻泊山十八日小舟四十牵挽十九日风逆甚泊移山之澳二十五日至那霸【共十八日】九月十二日登舟风逆二十日开洋二十一日飓作桅柁折二十三日易柁二十六日舟行如飞二十七日黎明见福建山二十八日至定海【共七日】十月初二日入城【针路无考】

郭汝霖使录嘉靖三十四年乙卯封王尚元九月至福州十一月起工造船倭警三十九年八月再定艚十一月毕工【舟长十五丈宽二丈九尺七寸深一丈四尺】四十年五月二十九日梅花开洋过东涌小琉球三十日过黄茅闰五月初一日过钓鱼台初三日赤屿无风初六日午风见土纳奇申刻见古米山几下叶壁初七日未刻见那霸港初八日暴雨初九日辰刻到那霸【共十一日】十月十八日开洋二十日夜二鼓柁失抛货二十一日换柁肚绳断凿二舱系柁二十六日至清水二十七日见宁波山二十九日至福宁入五虎门【共十一日】十一月初二日入城【针路不载】

萧崇业使录万历四年丙子封王尚永十月至闽五年七月定艚旋坏十月再定艚【舟长十四丈宽二丈九尺深一丈四尺】七年五月二十二日梅花开洋直至三十日不见山孤燕绕桅飞青蜓入神舍不去三龙起于海六月初一日过叶壁山初五日泊那霸港【共十四日】十月二十四日开洋二十七日北风暴柁牙折柁叶失二十九日晚见台州山三十日历温州十一月初一日经台山初二日进定海【共九日】初五日入城

萧崇业过海图梅花头正南风单辰针六更辰巽针二更取小琉球乙卯针四更彭佳山单卯针十更钓鱼屿乙卯针四更黄尾屿单卯针五更赤尾屿单卯针五更姑米山乙卯针六更马齿山

夏子阳使录万历三十年癸卯封王尚宁十月入闽甲辰八月二十二日定艚丙午三月告竣【船度未载】五月二十四日自梅花所开洋过白犬屿又取东沙丁风用辰巽针八更取小琉球山未风乙卯针二更二十五日过鸡笼山申酉风甲卯针四更二十六日过平佳山亥风乙卯针三更未风乙卯针三更取花瓶屿二十七日丁未风乙卯针四更取钓鱼台丙午风乙卯针四更二十八日过黄尾屿柁牙数折丙风乙卯针七更丁风辰巽针一更二十九日过古米山三十日又辰巽针六更过度那奇山又辰巽针一更至马齿山六月初一日至那霸港【共八日】十月十五日登舟二十一日开洋二十二日过古米山二十三日一麻雀入船断虹见西北北风大发柁绳断伙长钩取续之二十四日巳刻柁折易副柁柁牙连折二桅损裂夜初副柁又折二十五日酉刻又易柁二十六日麻雀群飞船上二十七日柁叶失去起柁干二十八日舟裂入水集棉布数百疋绞之二十九日离黑水入沧水风大几逼山神火示现见礁急转柁免三十日入鳖屿十一月初一日到五虎门【共十一日】舟阁浅损裂水入各觅小船扶救仅以身免初三日入城

杜三策从客胡靖录崇祯元年封王尚丰六年五月二十三日登舟【舟长二十丈广六丈深五丈载五百人】

六月初四日梅花开洋初八日暮过姑米山初九日到那霸港【共六日徐录九日误】十一月初八日登舟初九日开洋十一日飓风大作舵一柁工柁牙日折几十次十九日异鸟集樯杪二十日到五虎门【共十二日徐录十一日误】

国朝张学礼使录顺治十一年封王尚质十二年三月入闽造船十五年以海氛未靖制回康熙元年复遣行二年四月入闽五月初四日登舟【舟长十八丈宽二丈二尺深二丈三尺】候风至六月初七日梅花开洋初九日过分水洋十一日见巨鱼如山十二日过糠洋自梅花七日不见山十五日见北山十九日泊伊兰埠地近龙潭二龙见大桅决铁箍失二三转至山南二十五日次温镇抵那霸港【共十九日】十一月十一日冬至十二日登舟十四日开洋过姑米山十六日飓大作桅半折霹雳断桅十八日勒索断柁浮十九日风止起柁二十一日异鸟集战台二十三日见浙江山二十四日到五虎门【共十一日】

汪楫疏抄康熙二十二年封王尚贞移文闽督选二鸟船【长十五丈宽二丈六尺海防册烽火营鸟船一长十二丈三尺宽二丈五尺闽安中营鸟船一长十二丈二尺宽二丈六尺五寸】六月二十三日开洋双鱼导引万鸟回翔二十四日酉刻过钓鱼台二十五日过赤屿薄暮祭沟二十六日过马齿山至那霸港【计四日洋舶针簿载汪楫海行云乙辰八更取鸡笼头用辰多长巽三更取梅花屿单卯十更取钓鱼台北边过乙展四更过黄尾屿甲卯十更取姑米山乙卯七更取马齿山甲寅井甲卯取那霸港】十一月二十四日开洋二十七日过姑米山二十八日夜初飓大作大桅铁箍断十三顶绳断金栓裂尺余十二月初二日见南杞山初四日泊定海【共十一日】

徐葆光传信录康熙五十八年封王尚敬闽督预取宁波商舶二号备用【船长十丈宽二丈八尺深一丈五尺】五月二十二日出五虎门开洋【前此皆由梅花所由五虎自己亥始】夜丁未风乙辰针三更半二十三日丁未风乙卯针二更二十四日丁午风乙卯针过米糠洋二大鸟集桅夜四更当见鸡笼山不见复四更二十五日丁未风单乙针二更乙卯针一更半夜正南风单乙针一更半二十六日正南风转丁午复丁未单乙针一更晚丙午风乙卯针夜丁午风乙卯针一更单卯针二更二十七日丁午风夜丁风乙辰针二更半连日用卯针二十七更半船身东北下六更许诸山皆不见二十八日改用已辰针丁未风二更半日入丁午风辰巽针二更二十九日见叶壁山日中坤申庚风又子癸风回针东南行取读谷山日入丑艮风丙巳针又用丙午单卯针取那霸港六月初一日登岸【共十日】五十九年二月十六日开洋南风干亥针一更半单干针四更日入见姑米山夜丁未风转坤未风干戌针三更半头巾顶绳连断三次十七日二龙见水沸立西北风单子针一更夜坤未风干戌针一更十八日用单干干戌针四更日入西南风干戌针四更半十九日辛酉风单庚针一更午转壬子癸风单酉针日入子癸风又丑癸风单戌针三更半二十日东北艮寅顺风午转甲卯风辛戌针四更日入乙辰风夜过沟巽巳风辛酉针三更半二十一日大雾有鸟集桅夜东北大顺风庚申针二更二十二日东北风庚酉申针四更半日入双燕集桅乙卯风庚酉针一更二十三日日入壬子风庚酉针二更未明见山二十四日单申针一更至鱼山日晡转北风丁未针三更日入至凤尾山二十五日无风舟停二十六日壬亥风用单未坤未针三更日入单未针一更二十七日见盘山东北风用坤申庚针四更离北关一更许日入一更至台山二十八日夜飓作碇走乙辰针二更半二十九日至霜山东北风用申庚酉针日晡与二号船齐至定海所谢恩船先一日到三十日进五虎门【共十五日】

臣谨按琉球海道虽与福州东西径直然船身宜上不宜太下历考前使自陈侃有录以来封舟不至落北者惟前明册使夏子阳及本朝使臣汪楫余皆多用卯针以致飘过北山臣兹役深鉴前车独删指南广义主用卯针之说折衷于夏汪二录时饬本舟伙长敬谨遵用以故由五虎开洋三日之间直至姑米方谓媲美前封乃臣等奉使无状陡遭巨飓阁礁坏舶几至颠覆幸以诏敕在舟神灵显应保护天章红光示见俾臣等获登彼岸使事有终莫非深荷皇上生成之德覆载之仁谨述兹役往琉回闽针路附载于篇

乾隆十九年琉球国中山王世子尚穆遣其陪臣毛元翼蔡宏谟等赍表恭请袭封二十年五月初七日大学士会同翰林院掌院等拣选带领引见奉旨侍讲全魁充正使编修周煌充副使钦此礼部条列封例上闻蒙恩赐正一品麟蟒服臣等于二十一年二月初四日恭请圣训次日赴礼部只领节诏敕谕祭文新铸清篆驼纽印银币等物初九日驰传出都门以四月二十四日抵闽而督臣喀尔吉善抚臣钟音已先选备福州民船二座充用【船长十一丈五尺宽二丈七尺五寸深一丈四尺加上棚六尺前九舱中八舱后七舱水柜二水桶二共受水六百二十石】择六月初二日恭捧诏敕奉安官舱正中由南台江登舟初五日至太平港初六日祭江取水申刻到怡山院谕祭海神天

后宫行香初七日至金牌门上道初九日巳刻到五虎门未时祭海初十日早潮出五虎门过官塘进士门开洋单午风乙辰针至日入行船六更夜单午风单乙针行船五更见鸡笼山头十一日上午坤未风单乙针三更下午单酉风单乙针至日入行船四更见钓鱼台【连日俱有大鱼夹舟左右或三或四又宿洋鸟绕樯而飞】夜单丙风单乙针行船四更十二日单午风单乙针一更见赤洋转单丁风单乙针至日入行船五更夜单午风单乙针四更是夜过沟祭海十三日丁午风甲卯针行船二更见姑米山风轻转单午单乙针日入行船一更夜丁午风乙卯针二更姑米人登山举火为号舟中以火应之十四日单甲风姑米头目率小舟数十牵挽至山西下椗十五日单卯风小舟又挽至山北下椗距岸约三四里许【自开洋至姑米北岸计五日】礁石犷狰铁沙荡激舟未得近十六日风止舟胶十七十八日俱东北逆风十九日寅刻雷雨风暴二十日卯刻虹见东北风辰刻雨二十一日卯刻微雨东北风二十二日东北大风接封大夫郑秉和请易小舟登岸暂避臣等惧其惊众不许是夜风转暴二十三日暴甚船身播荡呕伏者相枕郑秉和再请登岸臣等谕以诏敕在舟岂容暂离若奉以行众将何恃不如勿动以安人心有议以绳系腰而縋入小舟者其说愈陋复力止之二十四日风愈暴椗索屡下屡断众议以地多礁石欲起帆随风漂流臣等以利害婉示之问筊于神神许以专泊此地可保终吉因谓之曰风势如此不致逼山者帆未起也脱一起帆瞬息虀粉矣且柴蔬水米俱尽开将何往乃止是夜四鼓椗索十余一时皆断柁走龙骨触礁而折底穿入水时既昏黑兼大雷雨帆叶厨棚吹没殆尽倏见神火飞向桅未焚招风旗而坠又海面一灯浮来若烟雾笼罩状于是众悉呼曰天妃遣救至矣须臾船身直趋向岸一礁石透入船腹不动亦不沉因令解放杉板【本舟小船】下水臣等乃获捧诏敕节印陆续登岸同舟二百余人举庆更生佥谓仰赖我皇上如天之福阽危获安且群颂天后广庇之德随感而孚云是日起岛人日送蔬米公馆中供应弥谨二十九日王世子遣耳目官等来候七月初四初五日王世子连拨国中海舶迎载初七日臣等谨捧诏敕节印赐物奉安船上仍迎请天后神像登舟遂乘西南风开驾夜过马齿山初八日至那霸港【自遭风登岸易海船至那霸计二十三日】

十月中旬琉球国更造新船配用原船桅柁报竣臣等即于本月二十六日恭奉节印登舟中山王尚穆先诣迎恩亭候送跪请圣安十一月初一日冬至初七日东风微起封舟同谢恩进贡两舟乘潮出港午遇飓仍同收回潮落风狂几复触礁嗣因风信已过波浪日恶至二十日中山王遣陪臣敦请进馆须候春信始可开洋臣等谨奉节印再入馆中十二月十二日二号船到臣等饬将原船修补择乾隆二十二年正月二十八日登舟三十日卯时东北风遂率三舟一同开洋用乙卯针行三更午时至马齿山安护浦下椗二月初一日西南风初二日未刻转西风初三日北风甚壮初四日寅时单癸风用午针出湾巳刻转丑风单辛针三更午时过姑米山单申针五更初五日早乙辰风单辛针五更夜辰巽风单辛针六更过沟祭海初六日单艮风辛针六更转辰巽风单辛针四更初七日风同辛针三更申刻大雾不见山寄椗初八初九日俱大雾西南风初十日早白虹见雾暂开见台州石盘山午复大雾白虹再见转午风戌时东北风起椗用未针见温州南杞山亥时雷电风雨交作船欹急落帆叶只用半篷十一日东北风单辛针七更晚至罗湖下椗十二日风同用申针收入定海所下椗十三日巳刻进五虎门午时至亭头二号船已于初六日先至臣等至怡山院行谕祭海神礼进贡船同日至谢恩船是日至定海【共十四日】十六日入城【以上针路】

卷六·府署【王府世子府附　使馆　学校】

古称岛夷卉服则穴居土处可知按隋书称国王所居曰波罗檀洞堑栅三重环以流水树棘为藩盖其时栋宇之制未备而亦寖异乎巢窟之旧矣今则闬闳轮奂阶戺轩崇大改前模至于安奉诏敕供顿使臣公所则多仿中国矩度纵未足云壮丽亦既燥湿不虞无忧从者不直此也方当圣朝重熙累洽百有余年举万类而甄陶之凡在域外波臣咸知向学文教浸兴则又且俎豆尼山置师儒弟子胶黉之设无异华风前此未有也志府署

王府

王城在首里由万松岭东上数里许衢道修广有坊牓曰中山道南有安国寺对街为世子第中路砌石为大墩内植风蕉一丛更进又一坊牓曰守礼之邦【汪录云万历初封王尚永制词有足称守礼之邦故以为额】道左有天界寺寺西南为王茔对街为大美殿更进为欢会门即王府城也高踞山巅砺石砌成削磨如壁苍黝磊历远望如聚髑髅故隋书因其形似误谓王所居多聚髑髅其下耳城外石崖上左刻龙冈右刻虎崒城四面门各一前西向即

欢会门后东向为继世门【汪录世子嗣位由此门入】左南向为水门右北向为久庆门进欢会上崖有门西北向牓曰瑞泉【门左有碑前使徐葆光镌中山第一四字】左右甬道有左掖石掖二门通入王宫更进有楼西向牓曰刻漏【上设铜壶漏水】更进有门西北向为广福门即王府门也城周回三四里有马道无雉堞

王殿在山顶康熙元年毁五十一年重建【前使臣张学礼时殿尚未建预题曰东南屏藩受封在世子殿】前为奉神门左右三门并峙在广福门内与殿皆西向山形本南北向以中国在海西表忠顺面内之意故也殿九间左右夹室一殿前站台建穹亭覆之中阶七级石栏周护雕刻花鸟颇工整殿上有楼为御书楼极高敞壮丽巨梯当槛立正中悬奉圣祖仁皇帝御书中山世土匾额左奉世宗宪皇帝御书辑瑞球阳匾额右奉皇上御书永祚瀛壖匾额臣等于开读日拜瞻宸翰天章炳焕日月光华诚海邦世宝也下为王听政位中壁悬上古伏羲画卦像龙马负图立其前【汪录作孔子像】绢色苍古微有剥蚀非近代物【前使臣海宝题中山王府诗中山祖德见诒谋世缵图成贡典修三锡皇纶来汉使万年臣节戴宗周星花屿环芳甸弦管烟村带画楼敷命采风皆我职史编为纪海东头前使臣徐葆光拜瞻御书华匾恭纪二章锡祚煌煌语有神帡幪五世命三申垂封已许天同久拜赐时瞻墨尚新玉札半纶为誓券沧波一渡作通津桑田可变恩常在不怕重扬东海尘龙章卅载贲山陬拜舞楼头五色开始信天文垂象远直从海角观光来河山旧誓留千叶鸾凤余辉照八垓真个乘槎到云汉举头咫尺见昭回】殿庭方广数十亩分砌三道方砖铺之左厢北向为南楼窻尽垂帘楼隅隙地亩许蟠松与凤蕉错植奇石间前使汪楫题曰听涛右厢南向为北宫匾曰忠顺可嘉【亦用制词中语】凡宴天使皆于此以其地面南故殿屋皆固朴多柱础一间至用二十余柱屋梁举手可接以处山冈且防海飓

世子府第在安国寺南别有世子殿在中城【徐录云国王时往游】

天使新馆

馆在那霸去迎恩亭里许面南一仿中朝官廨制度前筑照墙东西辕门外栅四周栅内东西门房各四楹以居国之执事人员左右鼓角亭各一旗竿二上施册封黄旗各一大门署曰天使馆门内东西班房各六楹以处书吏隶役仪门署曰天泽门前明册使夏子阳题年久失去前使徐葆光隶书补题门内甬道至站台前徐葆光种榕树左右各两株庭中广可数亩陪臣行礼于此正中为大堂前楹前使张学礼王垓隶书天威远播匾屏门上前使汪楫林麟焻题敷命堂匾汪楫又联于门曰帝德著怀柔正朔万年颁上国臣心表忠信南风三日到中山中楹前使海宝徐葆光题皇纶三锡匾臣魁题其左曰露洒扶桑左右楹间徐葆光复书二牓一载前明册使姓名【洪武五年诏中山王察度使行人杨载永乐二年封武宁使行人时中五年封思绍不遣使洪熙元年封尚巴志使中官柴山正统七年封尚忠使给事中俞忭行人刘逊十三年封尚思达使给事中陈傅行人万祥景泰二年封尚金福使给事中乔毅一作陈谟行人童守宏六年封尚泰久使给事中严诚一作李秉彝行人刘俭天顺六年封尚德使吏科给事中潘荣福建龙溪人行人蔡哲成化六年封尚圆使兵科给事中官荣行人韩文尚宣威未请封成化十三年封尚真使兵科给事中董旻行人司司副张祥嘉靖七年封尚清使吏科给事中陈侃浙江鄞县人行人高澄顺天固安人四十一年封尚元使吏科左给事中郭汝霖江西永丰人行人李际春河南杞县人万历四年封尚永使户科左给事中萧崇业云南藉应天上元人行人谢杰福建长乐人二十九年封尚宁使兵科右给事中夏子阳江西玉山人行人王士祯山东泗水人崇祯元年封尚丰使户科左给事中杜三策山东东平州人行人司司正杨抡云南籍上元人尚贤请封未获卒】一载本朝历遣使臣姓名【康熙二年封尚质使兵科副理官张学礼辽阳人行人王垓山东胶州人二十一年封尚贞使翰林院检讨汪楫江南仪征人内阁中书舍人林麟焻福建莆田人尚纯未立先卒子尚益未请封五十八年封尚敬使翰林院检讨海宝满洲镶白旗人翰林院编修徐葆光江南吴江人今上乾隆二十一年封尚穆使臣魁臣煌忝任斯役谨续题其后】后为中堂安奉诏敕所臣煌恭题曰声教东渐复敬书一联曰圣化浃扶桑万里而遥瞻日近皇华临辨岳九州之外仰天高左右为两使臣房堂后左右板阁各一汪楫题其左曰长风阁林麟焻题其右曰停云楼寻废徐葆光重书之且系以诗左右廊房各九楹以居从人东院有水井一砺墙周围如城高丈余堂屋皆上瓦下用方砖壁悉用厚板役舍则以芦箔漫土其上楼上铺脚踏棉余舍铺设桌椅床帐及诸什物悉照中国制造设专司掌之堂后徐葆光构小东轩迭石种蕉以供燕适今废臣煌重植凤蕉一丛【徐葆光敷命堂前种榕诗使馆邀纶世一开圣皇册命已三来天无稽泽随时降树有余阴为手栽门合海隅迎日月根蟠龙爪压风雷诸卿好与勤

封殖若木光中拱上台汪楫长风阁喜雨诗三年荒徼望甘霖一夜轻雷送好音有脚春来天子惠随车雨足使臣心蕉花穿户红全湿橘叶遮坦绿更深见说涂人歌且舞老夫高眺亦长吟徐葆光停云楼诗身似孤云复此停楼头举目海天青行人旧迹今何在鸿爪从来偶一经停云霭霭觉身孤尽日流观山海图一出随风栖绝岛无心也忆故山无又小东轩诗半庭花药好凿牖小楼偏卧席看云变规窗学月圆一琴消院漏薄醉作秋眠灯影凌虚泛吴江舴艋船又使院种芭蕉诗逾海莫逃暑况兹日出隅人徒既充院而复画地居主人夙敬客莽灌咸扫除庭宇固疏旷炎郁乃不舒朝树盼夕荫十年计何迂芭蕉叶垂云草木无一如分列植百本取诸织纴余微雨众卷圻一夕俄纷敷砺墙影交碧灰野光敛晡炎风应序来飒然秋与俱人事戒欲速济变亦良图置物苟得所安往非吾庐】

天使旧馆【支应司附】

旧馆在使馆西南大门上有小板阁八门大堂三楹万历中册使萧崇业取唐人海东万里洒扶桑句以洒露名之前使王垓书驻节匾堂中楹明使臣杜三策书每怀靡及匾后有楼楼西隙地数亩前封测量平安丰盛额居之【胡靖记云杨行人抡居西偏小楼名曰听海杜三策题四律有一帆多藉乘风力万里长悬捧日心与来欲泛张骞斗归去羞言陆贾金诸警句楼今废张学礼记云楼上有明杜三策梅花诗百首今已埋灭并诗亦不传胡靖听海楼诗二首夜听鱼龙出水吟一尊对月酒频斟寒涛喷洒连天雪残菊飘零满地金数曲歌萦孤客思几回梦绕故园心平生浪迹知多少此处夷犹可再寻支离游况此来豪万顷波光入彩毫泼墨烟云龙出海临池朗月鹤鸣皋浮槎欲泛天河斗乘兴犹疑雪夜舠千饮中山浑是梦不知身寄海天高】或云弥世公馆即其地

天使馆旁支应分设七司一馆务司掌馆中应行事件一承应所掌馆中修葺对象一掌牲所掌羊豕鸡鸭支送等事一供应所掌酒米小菜支送等事一理宴司掌七宴事一书简司掌书帖往来等事一评价司掌评定物价等事每司遣大夫一员红帕三人杂差等二十人主其事七司外又有总理司亦名长史所设紫金大夫一人长史四人笔者十二人总理七司大小事及上下文移其朝夕供应奔走别有库官等为之

【附】那霸公馆【有二一在旧使院前一在天使馆东下天妃宫左皆极深邃宏敞为差办管理那霸钱谷狱讼二官公所】

【附】姑米岛公馆【亦有二一在金城间切一在内间切在内间者臣等兹役遇飓登岸时同居之臣煌颜其堂曰宝典流辉复系一联云鳌首驾山来拥卫不违天咫尺蕃民迎节拜欢呼创见汉威仪】

学校

学校在久米村泉崎桥北圣庙东偏康熙十三年立庙【庙制详见祠庙典礼】尚未立学五十六年紫金大夫程顺则启请建明伦堂又于堂北祀启圣并四配神主五十七年冬堂成蓄经书略备国王又敬刊圣谕十六条命程顺则演其文义月吉读之官师则紫金大夫一员司之每三六九日诣讲堂稽察诸生勤惰兼理中国往来贡典讲解师则择久米内文理精通者一人为之不拘大夫都通事秀才皆可岁廪十二石训诂师则择句读详明者一人为之岁廪八石程顺则有庙学纪略蔡文溥有中山学校序颇详悉俱见艺文久米七岁以上初学者则说塾于上天妃宫以教之首里亦设乡塾三所外村小吏百姓之子弟则以寺为塾以僧为师皆学国字有草书无楷字近那霸等村亦多家塾读书之声有中宵朗朗弗辍者殊可嘉也

乾隆二十二年四月二十一日代请官生入学读书疏

翰林院侍讲臣全魁臣周煌谨奏为据词代请事

臣等蒙恩简用远使琉球事竣将旋中山王臣尚穆诣馆宴送令陪臣通事向臣等致词云海隅下国迭被皇仁宸翰荣褒纶音宠锡但僻处弹丸荒陋成俗向学有心执经无地先于康熙二十二年经恳前使汪楫等代请陪臣子弟四人入学读书奉部议准遣官生阮维新等入学在案嗣于五十九年恳前使海宝等援例代奏复蒙许遣今幸天遣使臣至国敢祈陈明远人向化之诚俾得再遣入学读书下国不胜悚企等语臣等理合据词缮折代奏伏候圣鉴敕部议覆施行谨奏

即日奉旨该部议奏钦此

礼部谨奏为遵旨议奏事

乾隆二十二年四月二十三日内阁抄出翰林院侍讲全魁周煌奏称臣等使竣将旋中山王令陪臣通事致词云海隅下国荒陋成俗向学有心执经无地先于康熙二十二年经恳前使汪楫等代请陪臣子弟四人入学读书奉部议准遣官生阮维新等入学在案嗣于五十九年恳前使海宝等援例代奏复蒙许遣今幸天遣使臣至国敢祈陈明远人向化之诚俾得再遣入学读书下国不胜悚企等因具奏到部查康熙二十三年册封使臣翰林院检讨汪楫等五十九年使臣翰林院检讨海宝等事竣回京俱奏称该国王恳求转奏令陪臣子弟入监读书经臣部覆准具奏奉旨依议钦此随据该国王前后遣令官生到京臣部并札国子监读书三年遣令归国各在案今翰林院侍讲全魁等既称该国王尚穆向化输诚恳请陪臣子弟入学读书应如所请准其于应贡之年遣令来京臣部札行国子监肄业俟命下之日行文福建巡抚转行该国王遵照可也谨奏

于乾隆二十二年五月初一日奏本日奉旨依议钦此

卷七·祠庙【寺院附】

文庙【在久米村泉崎桥北南向红墙朱扉左右立下马碑内棂星门三进门广庭甬道上设拜台大殿三间奉先师孔子神位圣像两旁二龛设四配位像各手一经中梁摹竖圣祖御书万世师表匾一康熙十三年建前使汪楫林麟焻各有记见艺文五十六年紫金大夫程顺则复启建明伦堂又于堂中近北壁分三小间祀启圣并四配位两庑蓄经书略备国王命顺则敬刊圣谕十六条演义于月吉读之久米之子弟就学其中顺则立碑记之又有庙学纪略前使徐葆光为书启圣祠明伦堂儒学三大牓立碑一俱见艺文臣煌至馆循例展谒拜瞻之下进诸秀才悉加奖勉谆宣我皇上右文德意令通事官传示众皆忻忻拱听似有会心者其规制未备则如启圣公主尚仍公号殿上未增祀十二哲亦未建两庑祀配食诸贤臣因举内地诸郡邑条规移咨国王知之其春秋祀典详见典礼】

天妃宫【有三一在那霸天使馆东曰下天妃宫门南向明夏子阳王士祯立灵应普济神祠额前广数十亩有方沼池门左右石神二甬道宽广殿宇宏敞堂内有崇祯六年册使杜三策杨抡慈航普度匾顺治六年招抚司谢必振普济万灵匾康熙二年册使张学礼王垓普济群生匾张录别有中外慈母匾五十八年册使徐葆光书联云那霸唐营并峙两官分上下夏来冬往安流二至合华彝有钟一铭文与天尊庙同唯相国缺名处作辱命相国安濡为其铭末作景秦丁丑年一在久米村曰上天妃宫夏录云嘉靖中册使郭汝霖所建门南向亦为石神二甬道左右宽数亩周围缭垣正中为天妃神堂右一楹祀关帝左为久米幼童诵读地门额旧夏子阳王士祯书灵应普济神祠年久匾失康熙中徐葆光取宋宣和及元天历两赐额合书之曰顺济灵慈之宫堂内有杜三策杨抡德配元穹匾康熙中张学礼王垓生而神灵匾徐录作生天福灵汪楫朝宗永赖匾林麟焻联一累朝迭诰表神功岳降自鲘江翊运疑麻频现红灯宣圣化重译献琛逢盛世皇华临马齿抠衣展拜永清碧海耀吾宗麟焻莆田人天妃族故未称裔侄孙徐葆光联一统全海之洪波俯顺人情应念东西南北综历朝之宝册仰觇圣德一心忠孝慈仁臣等姑米遇飓仰藉皇上威灵神光护佑全船二百余人无一亏损易舟到港谒庙行香臣煌谨安愿大能成匾一神为德其盛乎呼吸迴天登彼岸臣何力之有也忠诚若水证平生联一敬抒微忱稍答神贶有钟一镌文与下天妃宫同一在姑米山系新建兹役触礁神灯示见且姑米为全琉门户封贡海道往来标准臣煌谨同臣魁公启国王代建新宫崇报灵迹中山王尚穆现在遴员卜地鸠工臣煌使旋有日恭制匾联各一匾曰玉山仙姥联曰凤舸灿神光一片婆心扶泰运龙津标圣迹万年福曜镇安嘉姑米地名更为立碑以纪其事】

臣谨按天后氏族里居存没之迹错出前纪街谈巷说传闻异辞据徐葆光录天妃灵应记云天妃姓林氏莆田湄洲人【张记云蔡氏猴屿人非是】宋都巡检愿【一作孚】第六女以建隆元年庚申三月二十三日生弥月不啼名曰默生而神灵少与群女照井有神捧铜符出以授妃群女奔骇自是屡显灵异常乘片席往来海上或驱檣前铁马渡江人咸称为通贤灵女或称神姑一日方织忽据机瞑坐颜色变异母蹴问之寤而泣曰父无恙兄殁矣顷之信至父与兄渡海舟覆父若有挟之者得不死兄以柁摧救不获雍熙四年九月初九日升化室处二十八岁【张记云救父投海身亡误】时显灵应或示梦或示神灯海舟获庇无数土人相率祀之

天后封号

宋徽宗宣和五年给事中路允廸使高丽八舟溺其七独允廸见神朱衣坐桅上遂安归闻于朝赐庙额顺济高宗绍兴二十六年始封灵惠夫人赐庙额灵应三十年海寇至江口神见风涛中寇溃就获泉州上其事加封昭应孝宗乾道二年兴化疫神降于白湖去湖丈许得甘泉饮者立愈又海寇至雾迷其道至庙前就擒加封崇福淳熙十一年助巡检姜特立捕温台寇加封善利【汪录作灵慈昭应崇福善利夫人灵慈乃庙号凡加封皆原灵惠始封之号当作灵惠以上夫人凡四封】光宗绍熙三年以救疫旱功特封灵惠妃宁宗庆元四年以救潦功加封助顺嘉定元年平大奚寇以雾助擒贼金兵至淮甸战花靥镇及紫金山神见像再捷三战遂解合肥围加封显卫十年救旱获海寇加封英烈嘉熙三年钱塘潮决至艮山祠若有限而退加封嘉应宝佑二年救旱加封协正三年加封慈济四年以浙江堤成加封善庆五年教授王里请于朝封妃父积庆侯母显庆夫人女兄以及神佐皆有锡命景定三年反风胶海寇舟就擒加封显济【以上封妃凡宋共十四封】

元世祖至元十八年以海运得神佑封护国明著天妃又进显佑成宗大德三年以漕运効灵加封辅圣庇民仁宗延佑元年加封广济文宗天历二年加封灵感助顺福惠徽烈【共二十字】庙额灵慈【元晋封天妃凡五加封】

明太祖洪武五年封昭孝纯正孚济感应圣妃成祖永乐七年封护国庇民妙灵昭应弘仁普济天妃自后遣官致祭岁以为常庄烈帝封天仙圣母青灵普化碧霞元君又加青贤普化慈应碧霞元君【明封圣妃一改封天妃一改封元君二凡四封】

本朝康熙十九年收复台湾神灵显应提督万正色以闻加封护国庇民妙灵昭应弘仁普济天妃【仍永乐七年号】遣官谕祭

臣谨按天妃庙祀自元至元中于直沽平江周泾泉福兴化等处皆有庙皇庆以来岁遣使賫香遍祭明嘉靖中册使陈侃使还乞赐祭以答神贶礼部议令布政司设祭一坛报可万历三年册使萧崇业始请秩祀海神合举祈报二祭至今封舟出海因之康熙二十二年册使汪楫等还疏请照岳渎诸神著地方官行春秋二祭部议未准五十八年册使海宝等具疏再请得旨著地方官春秋致祭编入祀典臣等兹役自闽海往还祈神获佑窃疑封号尚袭前明即谕祭文内但云海神不言天妃敬沥微忱乞加封号并请明颁谕祭俱蒙圣慈俞允崇报益隆名实悉称典礼周详超轶千古矣

乾隆二十二年四月二十一日请加封号谕祭疏

翰林院侍讲臣全魁臣周煌谨奏为天威远播神应弥昭敢沥微忱仰祈睿鉴事臣等蒙皇上天恩简使海外陛辞之日训诲周详賫命以来惟冀克竣典礼无贻陨越顾往返辄有滞留风波不无惊阻今得趋赴行在瞻仰天颜皆由我皇上再造之鸿恩故能使天妃效灵更生有庆所有微臣等感激之私有不得不陈请于圣主之前者伏查天妃康熙十九年收复台湾神灵显应福建提督臣万正色奏请加封经礼部议准封为护国庇民妙灵昭应弘仁普济天妃则是仍明永乐间封号也又查前明册封琉球有祈报海神文二道康熙二十一年前使臣汪楫等奏请谕祭海神其略云海神天妃灵感最著是以海神为天妃矣臣等兹役遵例于怡山院致祭按其地有天妃宫仅一拈香而谕祭之典则又设位于江岸实望祭也伏读祭文内所引事实似指天妃然但云致祭于海神未明著天妃之号臣等窃疑海自有神岳渎载于祀典似不得即以天妃为海神明矣伏念臣等始渡海时以六月初十日出五虎门十三日已见琉球之姑米山十四日近山下椗守风之次适当暴期波浪兼天舟身震撼呕逆颠仆者无数臣等屡祷于神神出筊示谓宁泊此毋舍去也于是肃将简命虔告天妃神若默佑生灵当为神乞加封号并请于册封之年明颁谕祭奈臣等忠信未孚延至二十四日夜台飓大作椗索十余一时皆断舟走触礁龙骨中折底穿入水时既昏黑兼値雷雨距岸约六七百步许自分此时百不一生呼吁之顷忽神火见于桅顶又海面灯光浮来若烟雾笼罩状举舟之人皆所共见乃胥呼曰天妃救至矣须臾舟稍向岸赖一礁石透入舟腹得不沉溺复不漂流以故解放本舟小船次第救免臣等于万迭惊涛之中賫奉节诏赐物登岸实皆荷我皇上洪福恩同覆载履险终平而天妃呵护之灵尤其彰明较著者是用殚竭愚忱仰恳皇上天恩敕部议加封号更请于册封之年别颁谕祭文二道与海神并举抑或于谕祭海神文内明著天妃之号庶崇报益隆名实允称为此缮折恭奏伏候圣裁臣等无任激切屏营之至谨奏

即日奉旨该部议奏钦此

礼部谨题为遵旨议奏事

乾隆二十二年四月二十四日内阁抄出翰林院侍讲全魁周煌奏称天妃于康熙十九年收复台湾神灵显应福建提督臣万正色奏请加封经礼部议准封为护国庇民妙灵昭应弘仁普济天妃则是仍明永乐间封号也又查前明册封琉球有祈报海神文二道康熙二十一年前使臣汪楫等奏请谕祭海神其略云海神天妃灵感最著是以海神为天妃矣臣等兹役遵例于怡山院致祭按其地有天妃宫仅一拈香而谕祭之典则又设位于江岸实望祭也伏读祭文内所引事实似指天妃然但云致祭于海神未明著天妃之号臣等窃疑海自有神岳渎载于祀典似不得即以天妃为海神明矣伏念臣等始渡海时以六月初十日出五虎门十三日已见琉球之姑米山十四日近山下椗守风之次适当暴期波浪兼天舟身震撼呕逆颠仆者无数臣等屡祷于神神出筊示谓宁泊此毋舍去也于是肃将简命虔告天妃神若默佑生灵当为神乞加封号并请于册封之年明颁谕祭奈臣等忠信未孚延至二十四日夜台飓大作椗索十余一时皆断舟走触礁龙骨中折底穿入水时既昏黑兼值雷雨距岸约六七百步许自分此时百不一生呼吁之顷忽神火见于桅顶又海面灯光浮来若烟雾笼罩状举舟之人皆所共见乃胥呼曰天妃救至矣须臾舟稍向岸赖一礁石透入舟腹得不沉溺复不漂流以故解放本舟小船次第救免臣等于万迭惊涛之中賷奉节诏赐物登岸实皆荷我皇上洪福恩同覆载履险终平而天妃呵护之灵尤其彰明较著者是用殚竭愚忱仰恳皇上天恩敕部议加封号更请于册封之年别颁谕祭文二道与海神并举抑或于谕祭海神文内明著天妃之号庶崇报益隆名实允称等因具奏到部臣等谨按会典四海龙神各有封号东海称显仁龙王之神西海称正恒龙王之神南海称昭明龙王之神北海称崇礼龙王之神有司以岁时秩祀会典内开载天后亦称海神康熙十九年敕封海神天妃为护国庇民妙灵昭应弘仁普济天妃二十年福建提臣万正色以天后著灵奏闻于朝诏封昭灵显应仁慈天后五十九年翰林院检讨海宝等奏称奉旨册封琉球于怡山院祭天妃往返海道略无危险经臣部议准该地方官春秋致祭编入祀典乾隆二年福建总督郝玉麟疏称台湾守备陈元美等在洋遇风虔祷天后俱获安全褒封宜加亦经臣部议准加封其字样交内阁撰拟进呈钦定福佑群生四字钦遵各在案是向来册封琉球使臣所祭实系天后而非南海昭明龙王之神已确有可据今该侍讲全魁等奏称万迭惊涛之中賷奉节诏赐物登岸实皆荷我皇上洪福恩同覆载履险终平而天妃呵护之灵尤其彰明较著者仰恳天恩敕部议加封号更请于册封之年别颁谕祭文二道与海神并举抑或于祭文内明著天妃之号等语应如所奏恭请加封其封号字样应照例交内阁撰拟进呈恭候钦定嗣后谕祭天后祈报文二道书明天后封号即于怡山院天后宫举行祭事于礼乃为允协并请别颁谕祭南海龙神祈报文二道于江岸望祭庶礼仪咸备而祀典逾隆矣恭候命下之日行文该处钦遵办理臣等未敢擅便谨题请旨

乾隆二十二年五月十四日

奉旨依议钦此

内阁谨奏为请旨事

据礼部来文内称本部议覆翰林院侍讲全魁周煌题请加封护国庇民妙灵昭应弘仁普济福佑群生天后酬神贶其加封字样交内阁撰拟等因移咨前来臣等谨拟加封字样进呈御览伏候钦定

乾隆二十二年六月十八日

奉旨用诚感咸孚钦此

天后灵迹

臣谨按天后救济灵迹不胜枚举兹但就历使封舟显应条录于左【洪熙元年册使中官柴山遇险获济事详显圣录以后无考今断自陈侃始】

嘉靖十三年册使陈侃高澄舟至姑米山发漏呼祷得塞而济归值飓风桅樯俱折忽有红光烛舟乃请筊起柁又有蝶雀示象冠服祷请立碑风乃弛还请春秋祀典【详甲午使录】

嘉靖四十年册使郭汝霖李际春回闽日飓将发有二雀集舟之异及飓发失柁汝霖等为文以告风乃息更置柁一异鸟集桅不去【详癸亥使录】

万历七年册使萧崇业谢杰针路舛错且柁叶失去虔祷之次俄有一燕一蜻蜓飞绕船左右遂得易柁【详己卯使录】

万历三十年册使夏子阳王士祯舟过花瓶屿无风而浪祷于神得风顺济归舟柁索四断失柁者三大桅亦折水面忽见神灯异雀来集东风助顺【详丙午使录】

崇祯元年册使杜三策杨抡归舟飓作折柁牙数次勒索皆断舟中有奇楠木高三尺三策等捐千金购刻神像俄有奇鸟集樯端舟行若飞一夜抵闽【详癸酉使录】

本朝康熙二年册使张学礼王垓归舶过姑米飓作桅左右攲龙骨半折忽有火光荧荧霹雳起风雨中截断仆桅柁旋不止勒索皆断祷神起柁三祷三应易绳下椗有一鸟若雁绿嘴红足集战台上舟人喜曰天妃遣来引导也遂达定海【详记录】

康熙二十二年册使汪楫林麟焻归舟飓三昼夜舟上下倾仄水满舱中虔祷天妃许请春秋祀典桅箍断而桅不散顶绳断而篷不落与波上下竟保无虞【详使录】

康熙五十八年册使海宝徐葆光多用卯针几至落漈虔祷得改用乙辰针又筊许二十八日见山果见叶壁复祷得西北风一夜抵港归舟至凤尾山旋风转船蓬柁俱侧呼神复正至七星山飓作椗走几触礁呼神获免【详传信录】

臣等兹役舟泊姑米候风忽飓台作连三昼夜六月二十四日夜半椗绳尽断龙骨触礁而折底穿入水呼吁之顷众见神火起于桅顶焚招风旗而落又海面灯光浮来若烟雾笼罩状船遂牢搁礁上得不沉溺以次获济登岸归舟至石盘阻雾不进祷得见山既起椗雾复合风雨雷电交作落帆叶不下舟攲甚再祷再霁赖以安行臣又闻护封二号船去时亦于六月二十四日夜在洋被浪击损右舭杉板漂失神前灯已灭逾时复燃舟以渐驶得抵温州云

关帝庙【在上天妃宫神堂之右册使汪楫匾曰莫不尊亲徐葆光联云赤心常挂扶桑日正气时通大海风程顺则有记见艺文】

龙神庙【在上天妃宫大门内左厢北向徐葆光联云受朝宗而宅海敷雨露以行天国王祷雨以舟载像至丰见城设坛祈之】

水母庙【张学礼图录近奥山今未详其处】

卷十·赋役【钱法附】

东瀛之岛如暹罗苏门满喇加高句丽爪哇日本交趾占城等国凡十数而琉球最贫明初始受封入贡亦因以贸迁有无以供国用本朝列圣轸恤穷蕃度越前代屡免方贡马匹且加意怀柔弛海舶市货之禁国中物力藉是稍纾故能仰体皇上深仁子惠黎庶轻徭薄税以治其邦但地小土硗山多人少其度支赢缩输纳条款求之闻见未悉其详臣谨录其有据者以存属国穗秸蛮民趋事之梗概云志赋役

夏子阳录中山田赋稍寓古人遗法上下各食其土无他诛求惟过世及请封则从其始日即派取谷米苎布于各属岛预为积贮数年以供宴犒事毕乃止

臣按其田有公私之别公田有二一为王府公田每亩收谷岁有定额农民代耕碾米入仓王家储供及各官俸禄功米支给悉资于是一为各官采地公田分给各官与农民均分凡田土应派公费杂项则出于官所应分数内二项田皆不得售买私田则系民间应募垦辟及自行开垦者除每亩量纳官米外听为世业仍许售买然价值甚昂亩约二三百金受役之法各地头每岁比户派定人数有事按名受役每人役二日大事则尽役之官府无役隶舆皂系其采地之人来受役视官秩为多寡皆月更其鸡豕薪樵之数以米石多少为准以时供送

钱法国中常用宽永钱每遇册封则另铸小钱开局兑换非铅非铁大不及鹅眼无轮廓文字虚其中以受贯一百可长寸许或三十为一贯或五十或一百以至一千皆自成贯以草绳穿定绳头紧札以纸封固用黑朱小印钤记之或贯绳散断印文擦损则不堪用事毕则按数缴还兑回银钱然亦有私铸中国人不能辨时有受其欺者误携以

入市市人不受也五十五贯当球银一两

徐录称洪武永乐皆赐钱天顺二年请照永乐宣德间例以铜钱给赐礼部议寝之

本朝无赐钱例故国中少中国钱

卷十一·典礼

迎诏礼

封舟七月初八日午刻至那霸港潮水正满迎舟十数皆其国陪臣之贵近者奉世子命来接又独木舟数百浆水中岛民无数悉施长绠引舟至却金亭下搭浮桥直接亭阶陪臣班列仪仗鼓吹皆集亭左右迎请龙亭登岸众官前导王世子吉服跪迎道左复至迎恩亭中香案前行三跪九叩头礼恭请皇上圣躬万安臣等谨对圣躬万安礼毕复导迎至馆奉安诏敕节印王世子旋至馆候问臣等对拜待茶毕送归府

谕祭礼

七月二十七日行谕祭体臣等参酌前使臣汪楫徐葆光二录更定谕祭仪注先一日长史等官洒扫庙中堂以便迎请龙亭设香案于庙中司香二人设开读台于滴水西首设开读位东南向设先王神主位于露台东首西向设世子俯伏位于先王神主位之下北向设世子拜位于露台中北向众官拜位设在世子后左右列设奏乐位于众官拜位之下亦北向

谕祭日黎明法司官率众官金鼓仪仗齐集天使馆启门参见毕请龙亭进公馆中堂捧轴官捧论祭文奉妥龙亭内【彩亭二载祭绢祭银】奏乐引礼通官唱排班各官行三跪九叩头礼毕前导至安里桥世子素衣角带率众官跪于桥头道左龙亭暂驻世子众官平身天使趋前分立龙亭左右引礼通官唱排班世子率众官行三跪九叩头礼毕世子前导至庙门外由东角门进立于先王神主侧龙亭由中门进至庙内中堂天使随入左右立宣读官展轴官由西角门入至开读台下东向立司香者举案置龙亭前添香世子上露台率众官行三跪九叩头礼毕复立于先王神位下捧轴官由庙东边门进天使授谕祭文于捧轴官捧轴官由中门出上开读台宣读官展轴官次之捧轴官立案右展轴官立案左对展宣读官就开读位世子率众官俯伏于先王神位下西北向引礼通官唱主祭官就位天使诣先王位前上香献爵不行礼引礼官唱开读读毕引礼官唱焚帛世子平身至焚帛所捧轴官捧誊黄加帛焚之焚毕捧轴官捧谕祭文由正中门入奉安龙亭内世子率众官回露台再行三跪九叩头谢恩礼毕天使诣先王神位前行一跪三叩头礼世子率众官俯伏于先王位侧礼毕退班世子捧先王神主由庙东边门进庙内安于东偏神座世子谢天使行一跪三叩头礼天使答拜世子出更衣天使易服世子揖至前堂天使居东世子居西皆四拜拜毕安坐正使东首副使西首俱面南坐世子西首面东北坐不设乐茶酒皆亲献天使辞紫金大夫代献天使酬献世子亦辞引礼通官代献席终天使舆至滴水前世子下阶揖别众官出门跪送

是日世子遣官诣馆谢天使次日遣官入王城答谢

册封礼

八月二十一日行册封礼臣等参酌前使臣汪楫徐葆光二录更定册封仪注

先一日所司张幄结彩于天使馆备龙亭三座彩亭二座国中经过处所皆结彩造板阁一楹为阙庭设于王殿庭中中置殿陛左右层阶设御案五于阙庭中中案奉节左案奉诏敕右案置印边左置赐王币边右置赐王妃币设香案于阙庭前设司香二人于香案左右设世子受赐予位于香案之前设宣读台于殿前滴水之左设世子拜位于露台正中设众官拜位于世子后左右层列世子左右立引礼官二员众官左右立赞礼官二员陈仪仗于王殿左右设奏乐位于众官拜位之下

册封日黎明法司官众官皆吉服候于馆外金鼓仪仗毕备天使启关参见毕迎请龙亭入公馆中堂正使捧节副使捧诏敕捧印官随行各安奉龙亭中捧币官捧缎匹置于左右彩亭中奏乐排班众官行三跪九叩头礼毕前导世子率众官伏迎于守礼功外龙亭暂驻世子众官平身天使趋前分立龙亭左右引礼官唱排班世子率众官行三跪九叩头接诏礼毕世子前导入国门立殿下龙亭进至奉神门执事者脱节衣奉节授正使奉诏敕授副使奉印授

捧印官捧币官分捧缎币随行至阙庭正中各安奉御案上天使分立左右捧诏官捧敕官立殿陛下宣读官立开读台下司香者举香案于御案前添香奏乐引礼官引世子由东阶升众官各就拜位世子诣香案前乐止引礼官唱跪世子众官皆跪引礼官唱上香案右司香者捧香跪进于世子之左世子三上香讫平身奏乐引礼官引世子出露台就拜位率众官行三跪九叩头拜诏礼毕平身乐止副使诣前正中立捧诏官捧敕官由东阶升奏乐副使取诏授捧诏官取敕投捧敕官高举下殿陛同宣读官上宣读台华诏敕并置案上引礼官唱跪世子众官皆跪引礼官唱开读乐止捧诏敕官以次对展宣读官读毕引礼官唱平身世子众官皆平身奏乐捧诏敕官各捧诏敕升殿陛副使仍安华御案上捧诏敕官下东阶国王率众官行三跪九叩头谢封礼毕平身乐止天使宣制曰皇帝敕使赐尔国王及妃缎币引礼官引国王由东阶升法司官随行至受赐予位跪奏乐正使取国王缎四副使取王妃缎匹一一传授国王国王高举法司官跪接传置案上毕平身引礼官引国王复位率众官行三跪九叩头谢赐礼毕平身乐止天使宣制曰清字篆文告成另铸新印皇帝敕使赐尔国王领受引礼官引国王由东阶升法司官随行至受赐予位跪奏乐天使取印亲授国王高举法司官跪接仍传置案上毕平身引礼官引国王复位率众官行三跪九叩头谢赐印礼毕平身乐止引礼官引国王由东阶升至香案前跪请留诏敕为传国之宝法司官捧前代诏敕一一呈验天使验明允所请副使捧诏敕亲授国王国王平身仍安奉御案上法司官捧旧印授国王国王跪授天使仍并置御案上奏乐引礼官引国王复位率众官行三跪九叩头谢恩礼毕平身正使取节执事者加节衣仍置御案上诏敕印币法司官等捧入内殿节案旧印案仍设阙庭中各派官员敬谨守护国王请天使拜御书引上殿阁天使瞻拜礼毕国王请天使更衣同往北宫奏乐并四拜礼毕安坐献茶一如前仪席终国王前导仍至御案前正使奉节副使奉印各安华龙亭内天使随出奉神门与国王揖别各乘舆国王先行率众官出俟欢会门外龙亭回过国王以下跪送天使至出舆国王揖别众官皆跪送

是日国王遣官诣馆谢天使次日遣官入王城答谢

谢册使礼

国王既受册封大典择八月二十四日率百官于王府庭中行北面谢恩之礼二十六日诣天使馆拜谢是日鼓吹仪仗照例全备国王先至更衣处差长史一员来禀国王轿至头门巡捕官跪请轿进至仪门王欲下轿巡捕官跪请如前国王至滴水前下轿天使进前迎接一揖拱上大堂交拜一跪三叩首礼毕天使请国王更衣揖让登席一如前仪席终国王辞回一揖天使送至滴水同一揖国王上轿一揖天使亦一揖国王轿至仪门巡捕官跪送

晏礼

张学礼录旧例使臣有七宴迎风宴事竣宴中秋宴重阳宴冬至宴饯别宴登舟宴徐葆光录谕祭第一宴册封第二宴中秋第三宴重阳第四宴饯别第五宴拜辞第六宴望舟第七宴今与徐同

谕祭宴　似不宜宴然与饮胙之意略近是日不奏乐不簪花天使世子萧容堂上各一席随弁左庑国相陪之从客右庑紫金大夫陪之俱各一席皆高座两厢及堂左右全半廪给口月粮等分坐以长史或正议大夫中议大夫陪之通事时在天使左右传译不预席

册封宴　天使于王殿右厢正中设席随弁左间皆面南从客于王殿左厢设席面北全半廪给口月粮等设于奉神门左右房及广福门内是日奏乐簪花

中秋宴　王府庭中于右厢滴水前造戏台一所帷幕四周天使及随封员役皆坐位如前惟从客坐位移王殿右序向西以便观演夷剧【乐工十余人俱著红帕伶童数十人皆戚臣子弟俊秀者习之衣彩衣著红绫袜先演舞队作一老人登场唱起神歌歌罢退小童齐唱太平歌乐工引声和之皆侏儒不可解译者称黄发老人百拜稽首恭颂皇上恩德如天国王带砺百世中外升平共家福祉今当中秋佳节天使遥临正神人共喜之日也次笠舞次花索舞次花篮舞次竹拍舞次武舞次狮球舞次杆舞后演杂剧悉其国中故事凡舞剧皆以提琴三弦短笛小锣鼓和之小童只演科白唱则乐工旮时撤帷幕庭中设烟火数架又有数人骑纸马头尾烟爆齐发奔走戏乐宴毕出城火炬夹道送归使馆所有歌曲关白大略与前录相同然皆淫哇鄙陋不足备韎韡氏之采张录有走马弄刀刺枪击剑踘球走索诸戏今悉无之】

重阳宴　是日先设坐于龙潭之北观竞渡龙舟三朱一白一黑一衣饰浆帜各如其色久米那霸泊村人各办一舟舟中执楫则皆首里贵戚子弟谙习者【汪录云国中竞渡以重阳犹中朝端午也实亦端午各戏于本村至宴天使则因现在龙舟姑演之以供游燕】金鼓震荡歌声应节【汪录有歌词云三龙舟池中游彩童歌唱报重恩凤凰台上凤凰游天朝仁如海深球国歌唱报重恩忠敬两字万世心一朝表奏九重天双凤衔书渡碧渊风送玉音知帝德云卷旌旗五色悬炎海巍然隔远洲南屏北座枕中流福星临照双呈彩草木含晖露下稠气吞云梦压飞尘恭承圣泽宠赉新自惭海岳恩难报忠诚两字长书绅天池挺出双瑞莲炎帝赠君荷盖钱金专未尽莫辞醉又看秋鸿蹴水仙太乙星移下泰阶长安日丽拥三台归帆自有风神佑万里长途一瞬哉锦舸言旋入帝京车书万里庆升平大清日月当天照常有余光到海城今所歌略同】龙舟戏毕仍开宴于王府座次演剧与中秋宴同不设烟火

饯别宴　座次演剧如前

拜辞宴　如前仪宴毕国王揖送先至世子第中更设小座手奉三爵为别

望舟宴　国王至天使馆设宴礼如前仪面致金扇一握为别臣等宴礼既毕涓吉登舟候风中山王臣尚穆亲率陪臣以下诣迎恩亭恭送节印跪请圣安俱如前礼王遣法司王舅紫金大夫等赍表谢恩并贡物自附常年贡船一号随封舟同发

中山王谢恩表

琉球国中山王臣尚穆诚欢诚忭稽首顿首谨奉表上言伏以帝泽旁流九边尽播史臣之册皇仁广被四海悉归王会之图恩沛九重之膏湛露时降瑞兆五云之彩醴泉常生欢溢臣民庆腾宇宙钦惟皇帝陛下虑周万物治冠百王乃圣乃神焕规模于典礼允文允武隆体统于海陬臣穆嗣守藩封代供贡职拜荷凤诏褒封之典社稷生辉仰沐龙墀锡予之章蜗居增色对天使而九叩望象阙以三呼拜命增虔抚躬益励谨遣陪臣马宣哲郑秉哲等赍捧表章恭陈帝座伏愿德合坤干恩同川岳感覆冒者万国莫不尊亲沾雨露者四方尽皆顶祝将见文麟献瑞调玉烛以无疆彩凤来仪巩金瓯于有永矣臣穆无任瞻天仰圣踊跃欢忭之至谨奉表称谢以闻

乾隆二十一年十月十二日琉球国中山王臣尚穆谨上表

奉朱批览王奏谢知道了该部知道

【又】谢恩兼陈封舟情形疏琉

球国中山王臣尚穆谨奏为恭谢天恩兼陈封舟情形仰祈睿鉴事

臣穆弹丸小国僻处海隅荷沐皇上鸿慈允臣嗣封乾隆二十一年钦差正使翰林院侍讲全魁副使翰林院侍讲周煌等持节赍棒诏敕币帛钦颁新印于本年七月初八日按临臣国臣穆即率百官臣庶于迎恩亭恭请皇上圣躬万安奉诏敕安于天使馆择吉于七月二十七日先蒙谕祭臣父王臣尚敬随于八月二十一日荷蒙宣读诏敕封臣穆为中山王钦赐臣并妃蟒缎彩缎等物臣穆率领百官拜舞叩头谢恩外随请于天使恳留诏敕为传国之宝蒙天使查验前封卷轴依听许留付臣一并珍藏复蒙颁赐清篆镀金银印一颗臣穆恭设香案拜受讫其顺治十一年所领镀金银印一颗臣谨亲交天使代送缴销窃惟圣朝加意抚柔有同覆载臣穆忝膺笼命曷胜感激惟是臣夙夜歉仄不能自安者六月十七日据姑米地方报称册封头号宝船于十四日因风不顺暂在姑米港口抛下碇索候风臣随即运遣官问候天使起居讵意二十四日夜风暴大作碇索已断封舟触礁致坏幸赖皇上之洪福圣朝之庥恩天使亲奉诏敕登岸随封二百余人皆获安全臣得报之下恐惧靡宁星夜趱备海船差法司官马宣哲等迎接七月初八日转到那霸得见天使询无恙大喜且惊但护封二号船被风飘回十二月十二日已抵臣国始知洋面遭飓经危之事臣心惴惴既乃安然为此特遣陪臣法司王舅马宣哲紫金大夫郑秉哲使者向廷瑛都通事毛如苞通事郑鸿勋金宿等赍捧表章士仪赴京叩谢天恩仰冀睿慈俯鉴下悃臣穆无任激切屏营之至谨上奏以闻

乾隆二十一年十二月二十四日琉球国中山王臣尚穆谨奏

奉朱批览王奏谢具见悃忱知道了其进贡方物念中国加惠外藩不欲频烦贡献但航海远来又不便令其携带回国著将所进方物留作下次正贡该部知道

贡物　金鹤二【鹤踏银岩座全】盔甲一副【护手护肷全】金靶鞘腰刀二银靶鞘腰刀二黑漆靶鞘镀金铜

结束腰刀二十黑漆靶鞘镀金铜结束枪十黑漆靶鞘镀金铜结束衮刀十黑漆洒金马鞍一【辔镫全】金彩画围屏四扇五百土棉二百练蕉布二百纹蕉布一百土苎布一百白钢锡五百斤红铜五百斤

【又】请存旧礼以劳使臣疏

琉球国中山王臣尚穆谨奏为颁封事竣恳存旧礼以劳使臣事

乾隆二十一年蒙钦差正使翰林院侍讲全魁副使翰林院侍讲周煌等持节恭奉诏敕币帛篆印于本年七月初八日按临臣国二十七日先蒙谕祭臣父王臣尚敬续于八月二十一日荷蒙宣读诏敕封臣穆为中山王钦赐臣并妃蟒缎彩缎等物此诚皇上天高地厚之殊恩而臣穆永代之荣光也窃惟天使入国以来抚绥海邦臣民无不感仰惟臣穆所深愧者臣国边海无以将敬故于宴款之际代物以金虽自知乎菲薄实是缘以为例乃辱使臣屡辞往还再三固却不受在使臣冰兢自矢允矣有耻不辱为天朝使节之光矣但念使臣间关劳瘁远涉风涛实为臣穆之故藉物表敬礼不将仪心已难安况重以姑米之险行李损失辛苦倍常尤臣所悚惕靡宁者也臣于临行时复将屡宴前金特差法司大夫长史等官专送恳受使臣仍复送还清白之操可谓始终无间独是微臣酬德报功莫展万一殊惭旧礼有阙寸志莫伸谨将送还屡次宴金二封共计一百九十二两具本附遣陪臣法司王舅马宣哲紫金大夫郑秉哲等赍进恳乞钦赐使臣收受臣穆不胜惶恐激切之至谨上奏以闻

乾隆二十一年十月十二日琉球国中山王臣尚穆谨奏

奉朱批览王奏知道了使臣奉命册封自应仰体朕意不欲滋扰外藩所送宴金不必收受著仍令该国使臣带回该部知道

参谒供应

天使初进馆陪臣进谒天使法司王舅紫金大夫紫巾官为一班一跪三叩头天使立受揖答之耳目官正议大夫中议大夫为一班一跪三叩头天使立受拱手答之那霸官长史遏闼理官都通事为一班一跪三叩头天使坐受抗手答之白事必长跪命坐赐茶法司官等设毡堂内耳目官等坐廊下那霸官等坐露台下朔望及每五十两日王俱遣陪臣起居馈食进谒如仪天使各即以馈物款酌之别赉以扇笔字画香墨等物【徐录云起居日馈生猪羊各一鸡二蛋鱼海蛇海蟳石鉅车螯面条面粉酱蒜醋蒜胡椒甘蔗蕉果冬以橘烧饼佳苏鱼各一盘烧酒一埕炭一包烛四枝朔望加吉果米肌银酒黄酒之馈今同】

天使日有供应米一斗面粉四斤猪肉五斤羊肉三斤鸡二只蛋十枚生干鱼各四斤蟳二枚西瓜二圆蔬菜十一斤米酱酱油醋盐菜油各四盏豆腐三斤酱菜半斤烛四枝烧酒二瓶炭十斤柴四束

每日国王以瑞泉水供客绿水筒贮之加封锁其上派红帕察度奴示轮值押送两使各二石

随弁二员每日供应米四升猪肉三斤羊肉一斤生鱼二斤干鱼三斤鸡一只蛋十枚菜五斤豆腐一斤米酱酱油菜油盐醋各一盏烧酒六盏烛二枝炭五斤柴二束

全廪给每日米四升肉二斤生鱼一斤干鱼二斤鸡一只蛋五枚蔬菜一斤豆腐一斤豆酱菜油醋盐各一盏烧酒三盏小烛二枝柴二束

半廪给每日米三升肉一斤干渔一斤鸡一只蔬菜一斤豆腐一斤豆酱菜油醋盐各一盏烧酒二盏柴二束

口粮每日米三升肉一斤干鱼一斤蔬菜一斤豆腐半斤豆酱菜油醋盐各半尽烧酒一盏柴一束

月粮每日同

卷十五·艺文

谢恩疏 【康熙三年】中山王尚质

琉球国中山王臣尚质谨奏臣质海隅庸劣遭际圣朝荷先帝柔远之仁抚字优恤十余年来虽海道未通所赐臣敕印滞闽多日然岛屿之归悃臣民之向化未尝一日有遐迩之间也恭逢皇上践祚景命维新臣僻处一隅远隔万里不能匍匐梯航舞蹈阶墀在天王圣明量逾覆载不庭之诛臣实凛凛乃臣不揣冒昧敢有披沥君父之前者皇上仁孝天成不改父道仍遣正使兵科副理官张学礼副使行人司行人王垓赍捧先帝敕印币帛于本年七月十七

日臣恭设香案望阙叩头跪听宣读愈知皇上轸念微臣倍加恩赉臣弹丸荒陋即捐糜顶踵不知何以报天恩于万一也但臣捧读皇上敕谕为臣使人物故甚多滞闽日久将正副使并督抚诸臣分别处分臣抚躬扪心感悚无地伏念物故多人各有命数已蒙我皇上格外殊恩死有余荣至庀材鸠工缮兵选将破浪冲风艰险万里以竣大典臣不敢谓非诸臣仰遵皇上恩宠臣至意以至此也臣已躬承天庥窃幸亿万斯年世守藩屏不能少为诸臣之报而反重为诸臣之累中外均属臣子臣何人斯岂能宴然清夜乎伏祈皇上推继述先意之诚广锡类群工之惠悯念臣恳切愚衷敕下吏部悉加优叙庶雷霆雨露无非天恩臣踧踖愚忱得以稍舒矣臣再有请者先帝诏书皇上敕谕臣已恳留奉为传国之宝且使臣子子孙孙永戴恩于无已也理合题明臣曷胜激切悚息待命之至

为此具本令陪臣吴国用金正春抱赍谨具奏闻

谢恩疏 【康熙二十二年】中山王尚贞

琉球国中山王臣尚贞谨奏为恭谢天恩兼陈封舟瑞应以慰睿怀以彰使节事臣贞弹丸小国僻处海隅感沐皇仁已经再世蒙天恩特遣正使翰林院检讨汪楫副使内阁中书舍人加一级林麟焻赍捧诏敕币帛封臣贞为琉球国中山王臣与通国臣民恭设香案叩头跪听宣读毕又蒙皇上特恩赐臣御笔煌煌天翰遥颁小邦荣光烛天不特臣守藩之为荣即奕世之为光矣臣历查前代请封虽蒙恩准遣使而奉命以后每迟至三四年而后临臣国甚有十余年而后临臣国者如前封顺治十一年遣使直至康熙二年始临臣国若使臣汪楫林麟焻之朝拜命而夕就道且当海疆多事之时冲风冒险而来从前所未有也更有未见之瑞应不敢不为我皇上陈之臣国僻在海东去中国不可以道里计往者封舟开驾惟恃西南风而行中道绝无停泊之处故二三十日而至者有之月余而后至者有之甚至水米俱尽更有不可言者从未有自五虎门开洋三昼夜而达小国者也臣差有大夫通事舵工伙长迎护封舟渡海亲见舟行之际万鸟绕蓬而飞两鱼夹舟而送经过之处恍若梦寐不知已抵琉球内地矣通国耆老臣民无不以为此开辟以来所未有不啻从天而降此皆皇上之文德功烈格天感神且有御笔在船所以有如此之瑞应也臣自受封以后飓风不作雨泽应期五谷有收穷民得食臣身亦加安泰此皆皇上之恩赐也而两使臣之克副任使真不愧皇上之特简矣臣以为宜宣付史馆记载其事以彰盛朝之瑞应以纪皇上之实政至两使臣成劳议叙知皇上自有鉴裁非臣所敢妄奏但查前封使臣张学礼等以数年渡海经先臣奏请蒙加复职之恩则今日之两使臣勤劳茂著似不可不从优议叙以励臣工者也至于皇上所颁诏敕臣恳留为传国之宝已经两使臣查验前封卷轴付臣一并珍藏理合题明皇上所颁御笔臣举国瞻仰惟有舞蹈欢忻不能仰酬万一奉上土产物件少布涓滴微忱统祈慈鉴

为此具本特差法司官王舅毛国珍紫金大夫王明佐等赍奏谢恩臣无任激切屏营之至谨上奏闻

谢恩表 【康熙五十八年】中山王尚敬

琉球国中山王臣尚敬诚欢诚忭稽首顿首谨奉表上言伏以圣武弘昭特重内屏之任皇文丕振复膺外翰之权隆体统于藩臣安内而兼攘外焕规模于旧制纬武即是经文拜命增虔抚躬益励恭惟皇帝陛下道隆尧舜德迈汤文统六合而垂衣教仁必先教孝开九重以典礼作君又兼作师臣敬世守藩疆代供贡职荷龙章之远锡鲛岛生辉沐凤诏之追扬丹楹增色对天使而九叩望象阙以三呼谨遣陪臣向龙翼程顺则等虔赍土物聊表芹私伏愿干行不息泽沛弥崇统王会以开图合车书者千八百国占天时而应律验祯祥于三十六风将见文麟献瑞彩凤来仪矣臣敬无任瞻天仰圣激切屏营之至谨奉表称谢以闻

使琉球录序 【明册使】夏子阳

皇上之御极二十八年琉球中山王世子尚宁奏请袭封时盖嗣位一纪矣初以关白侵扰海上戒岩故乞封稍缓而会前抚臣代称世子奉正朔守封疆关酋不能胁天子嘉其恭顺数下礼臣议所使题覆至再最后从世子请仍遣文臣二人往如令甲于是子阳以兵科给事中充正使而行人司则王君士祯副之癸卯三月入闽治舟以行凡三年工始告竣遂以丙午仲夏泛海抵中山诹吉册封毕事而旋报命且有日乃采逞使所纪综以时变质以周咨稍修饰之以为录录成余宜有序盖余于役而益仰我皇上之明圣也先时余等在闽使舟尚不获就适有讹倭将为使事

伺者闽中二台臣虑损国威欲请更成命余谓奉命而出海外具瞻奈何以不信示之而使妄窥吾怯其损国威更甚疏上天子主余议趣守臣速为治舟毋淹朝命已复饬毖内地不得阴通嶋夷启生戎心比使事往还卒恃无恐嗟乎向非庙谟雄断明见万里则海上之舟几为道旁舍余等踯躅进退且贻秦越者嗤矣余又追忆畴昔关酋犯顺蹂躏我朝鲜一时掖垣典戎之臣率驰驱视师倥偬无宁晷琉球距日本咫尺耳朝鲜既失则琉球亦难独存我东南之地且与夷逼前所讹言或亦可为隐忧赖国家赫声濯灵倭奴遁迹平壤敉宁以故中山一弹丸区戴天所覆世世奉冠带称为东海波臣即余承乏兵垣亦凭借宠灵万里作使不以武饬而以文绥大异畴昔驰驱倥偬状遭际明盛何幸如之顷余驻中山时倭舶卒至余为约束从役谨持天朝大体倭卒敛戢不敢肆至有避道窃观啧啧汉官威仪已复从使馆愿谒稽首而去余甚异焉夫琉球不大于朝鲜也中山世子未变于曩日也嗣位之初倭为扰受封之后倭为艳此其故不在倭不在琉球而在我国家耳夫维天子恩威并畅制驭得宜即犬马犹然怗服安知海外殊域渐被声教而向慕文明不以中山为前矛而余列交戟下随且终藉国家无事之福以伫观重译来王之盛则斯役也以昭明主以表清时以征瑹化亦载笔之一快也故诸具录中者不叙而叙余所快睹历历如此语有之天子有道守在四夷是惟今日哉

中山沿革志序　【国朝册使】汪楫

琉球隋书宋史皆曰流求元史则曰瑠求时皆未与中国通故纪名各异隋炀帝大业三年令羽骑尉朱宽入海访求异俗海帅何蛮言之遂与俱往抵其国语言不通掠一人而返明年宽复受命往抚之不服武贲将陈棱率昆仑军人通语言者往终不服逆战为棱所败掠男女千人嗣是遂绝元世祖至元二十八年海船副万户杨祥请以六千军往降之给金符赍诏以行出海洋遽掠一山军小挫未至瑠求引还成宗元贞三年福建省平章政事高兴上言瑠求可图状遣省都镇抚张浩等袭之禽生口百三十人抗命如故明洪武五年命行人杨载诏谕而中山王察度遂遣使入贡明太祖待之恩礼有加于是山南王承察度山北王帕尼芝亦相继臣服俱受封于朝其后二王使不复至云为中山所并然年时皆不可考终明之世亦无有疑而致问者臣楫备员史官常思搜罗放轶补旧乘之阙会有册封之役入国首以此为问皆谢不知世系沿革亦秘不以告盖国有厉禁一切不得轻泄也嗣以谕祭故王入其祖庙预敕从吏具笔札俟行礼时密录其神主以归已又购得琉球世缵图一卷卷中番字多不可辨委曲探索始知其国南宋始称王明初始通中国元延佑间国剖为三明宣德时复合为一自宋至今代已四易所谓姓欢斯者无据谓皆尚姓亦非也爰就图中所载可识者书之疑者阙之参以实录约略诠次为中山沿革志二卷用备稽考云

使琉球杂录序　汪楫

琉球自明洪武初通中国历今三百余年奉使至其地姓名可纪者凡三十余人考其譔著惟嘉靖中陈侃作使琉球录上之于朝于是中山风土间为学士大夫所称说然其言弗质也万历中萧崇业因之少有增益又附纪前此奉使者爵里姓氏纰漏实多嗣后夏子阳又因之至崇祯中杜三策从客胡靖所刻琉球图记则荒诞谬妄百无一实矣国朝康熙三年使臣张学礼归自中山有纪事一书质实无支语已镂板行后为所知诮议谓海外归来赵夸谩以新耳目谁相证者而寂寥如是学礼乃毁所镂板而他客辄以意为之今刻遂与原本大异臣受命后即遍购诸书以行按籍核之合者殊少爰即闻见所及杂录成编编分五卷曰使事曰疆域曰俗尚曰物产曰神异皆据事质书期不失实而已周礼职方氏掌天下之图以周知其利害而小行人之职使适四方其礼俗政事教治刑禁之属各各条录别为一书用反命于王以周知天下之故是知适四方者必有录自古然矣若比于搜神括异志怪之书则臣不敢以所未见侈诡异之谈也

中山传信录序　【册使】徐葆光

琉球见自隋书其传甚略北史唐书宋元诸史因之正史而外如杜氏通典集事渊海星槎胜览赢虫录等书所载山川风俗物产皆多舛漏前明洪武五年中山王察度始通中朝而明一统志成于天顺初百年中为时未久故所载皆仍昔惧几无一实焉嘉靖甲午陈给事侃奉使始有录归上于朝其疏云访其山川风俗人物之详且驳群书之谬以成纪略质异二卷末载国语国字而今钞本什存二三矣万历中再遣使萧崇业夏子阳皆有录而前后相袭崇

祯六年杜三策从客胡靖记尤俚诞本朝康熙二年兵科张学礼使略杂录二卷颇详于昔二十二年检讨汪楫譔中山沿革志二卷杂录五卷典实远非前比然于山川辖属仍有阙略风俗制度物产等亦俱未备盖使期促迫摻讨仓卒语言文字彼此讹谬是以所闻异词传焉寡信

今臣奉命为检讨臣海宝副以往自己亥六月朔至国候汛逾年至庚子二月十六日始行计在中山凡八阅月封宴之暇先致语国王求示中山世鉴及山川图籍又时与其大夫之通文字译词者遍游山海间远近形势皆在目中考其制度礼仪观风问俗下至一物异状必询名以得其实见闻互证与之往复去疑存信因并海行针道封宴诸仪图状并列编为六卷虽未敢自谓一无舛漏以云传信或庶几焉且诸史于外邦载记大率荒略今琉球虽隔大海新测晷景与福州东西相值仅一千七百里世世受封岁岁来贡与内地无异伏观蔡廷新刊舆图朝鲜哈密拉藏属国等图皆在焉海外藩封例得附于其次若仍前诞妄不为厘正亦何以见圣朝风化之远与海邦内向之久以附职方称甚盛哉故于载笔时尤兢兢致慎云

圆觉寺碑 【明】许天锡

大琉球东南海岛之国自昔不通中华胜国初尝招谕不至洪惟我太祖高皇帝应天启运混一区宇薄海内外罔不臣服于时率先入贡显被优宠别于他邦永乐初始受册封王爵百余年来修贡弥慎弘治丁巳秋国大夫程琏长史梁能通事陈义奉今尚真王命朝贡于京师竣事道三山谒翰林庶吉士许天锡曰球阳有邦历世远矣惟今王大有令德思辑用光常遵旧典请以陪臣之子入太学得一闻天朝仁义礼乐之化以壮国体试言其概国克择旧有书王以正朔请尊之因参用大统历法先世深居固卫以贰其下王惟推诚布德躬巡境内跋履穷僻恒省其税赋遇孤寒辄赀出给之民咸戴忭王宽仁不嗜杀亦未尝曲法以轻贷人犹能谨于国阳伏创圆觉禅寺规模宏敞仪物备至以为祝祷之场王每游豫必与民同实国之瓌观也兹欲勒石于寺是以彰王德赐之以言某曰如子之说则王之贤诚可谓奋远特立于百世之上者矣乃为之歌辞俾昭示于后裔词曰球阳有国系于裨海弗庭于华奚啻千载惟我皇祖仁厚万方率先慕义来享来王圣教渐加十有余世风清气回储祥发祉崛生贤王适号尚真离群绝类舍旧图新简刑省罚恤孤振阨春行秋巡厚下安宅上熙下怡廿有余祀崇德厚泽川流冈峙有美大人薄言孔昭我作诗章庸代歌谣

琉球国新建至圣庙记 汪楫

自州县皆得建学而吾孔子之庙祀始遍天下然学以外无所谓庙也群州守邑令博士弟子奔走对越以为之礼钟鼓管弦虡磬柷敔以为之乐牛羊鹿豕酒脯俎豆以为之献享不如是则与浮屠道士之事佛老者无以异故孔子之祀行于庙而备于学呜呼至矣今天子重道崇儒常以兴教化勤学校考吏之殿最于是职方版图莫不以修学新孔子庙为务而琉球国远在海东万里外亦建至圣庙于国门之久米村盖创始于康熙之十二年立国以来所未有也夫琉球自隋唐以后国名始见于史书又千余年至明初始修职贡通中国皇清受命首列藩封历三十年而祀圣人于今天子践阼十年之后谓非皇帝盛德大业度越千古有以渐被之而然欤

庙为屋二重其外临水为屏墙翼以短栅如棂星门中仿戟门之意半树塞以止行者堂外为露台东西拾级以登皆与浮屠道士家异制堂内割后楹为神座塑王者像垂旒搢全而署其主曰至圣先师孔子神位座左右四人雁行立各手一卷则诗书易春秋四经也余惟孔子以道德为百世师颜曾思孟配享载于祀与不可谓其专治何经海外之诵法者惟孔子而所以尊吾孔子者实惟此诗书易春秋之故若知此四经者非弟子之徒之所能为而又见夫圣庙之有四配与诗书易春秋之数适相当也遂人予以一经而祀之若曰吾以祀吾经云尔总之皆以祀吾孔子云尔

呜呼琉球之君若臣其可不谓信经之笃而尊圣之至者欤虽然君子之举事也始定其规模继必求其美善今日者庙既成矣因庙而扩之为学则费不繁而制大备吾闻琉球之取士也举秀才于童子中而不以文艺试于有司此意最为近古然当其始董戒必禀于父师而其人亦莫不自励以待举迨其后德业之消长一听其人之自为吾不知果皆率循强勉而勿怠否也夫秀才者将以储异日长史大夫之用则教之不可无专师试之不可无成法诚因庙而扩之为学择国中敦行谊工文章者为之长俾以时训督其子弟修举释菜释奠之礼国之中或难其选则有疏其

事而请于朝乞如往昔教育故事圣天子声教诞敷方将登四海于文明之治吾知其必得当也如此则琉球之经学日明因所及而益广其未备于以表率友邦凡有志于圣人之学者无不奉琉球为指归呜呼岂不盛哉岂不盛哉

琉球国新建至圣庙记 【册使】林麟焻

康熙二十有二年夏六月予同太史维扬汪公奉命封琉球由广石扬帆天风自南不三日而抵其国甫驻节通事宜循故事以谒孔子庙天妃宫为请予思天妃司海道历著灵异琉球祀之旧矣若吾夫子之庙稽诸往载琉球未闻有祀者于是进诸大夫而询之咸诡而言曰圣庙之建肇自康熙八年陪臣入贡中国见夫学宫巍峨布满天下瞻慕感动归而陈诸王前度材命工厥庙斯兴予闻其言肃然起敬爰洁斋只谒至则覩轮奂具美丹艧黼黻恍登堂而亲申如夭如之容缭以周垣坚以甓甃笲簴在列如入室而闻金石丝竹之音虽讲经肄业之舍稍未有备而规制弘阔其与中国亦几无以异焉夫自吾夫子春秋后中国崇祀圣人垂三千年而外夷无闻今琉球一旦先之呜呼伟矣

谨按星槎胜览诸书及前代群公使录所记盛称琉球虽僻处一隅在瀛海中最为守礼之邦岁奉职贡恭顺谨畏得尊君亲上之义官制巾服有别乡举里选由俊秀而升试以文艺然后服官国中搓手膜拜道隅尊者辄伏地不敢仰视风俗淳厚路不拾遗人重犯法无剽掠争斗之事赋税则王及臣民分土以为禄食上下不交征庶几古井田遗法焉独惜其未有祀孔氏以为遗憾今圣天子在上重道石文加意学校以仁义礼乐怀柔万方中山贤王果能观感淬砺建立圣庙仪型其国此邦风俗之美教化之行岂不视昔有加哉吾夫子常欲居九夷矣或曰陋子曰君子居之何陋之有又其告子张也言忠信行笃敬虽蛮貊之邦行矣然则圣庙既建人知向学争自濯磨俾紩衣兜帽之俗咸彬彬然有儒雅之风是又忠信笃敬行于变貊之明验也九州之外岛屿杂国贯胸雕题介于琉球者动以万计诚见圣道至大极天际地靡不覆帱吾知穷发之乡日月出没之所必有闻风而俎豆者矣秉彝好德人心攸同中山贤王之率先倡化与其诸大夫之导君以善皆可书也

抑予更有进焉庙之崇祀圣人非徒设轮奂具美丹艧黼黻已也凡释菜释奠合舞合声以至乡射读法诸大典必一一仿中国而行之庶几不为具文王与诸大夫其勖之哉予故乐记其盛而为之援笔以告

琉球国学碑铭 徐葆光

中国无孔子庙皆学也自京都至于十四直省府州县无虑数千百靡不设学学之中辟堂寝以释奠于先师岁再举著不忘其自正所以为学也若徒庙祀孔子与浮屠氏之宫何以异且圣德侔天地戋戋牲豆曷克报称而以庙为中山之祀孔子也四十余年矣其未立庙也人之谓中山云何及庙既立人之称中山者又云何贤王之世世向化与贤公卿都人士之遵王路而道日新也皆于是可觇已

余方奉使时检前使刻录读汪林两使臣中山孔庙记知其兴起也有端及来是邦封礼未行先拜庙廷楹庑秩如堂序皇如俛仰之间又肃焉而生敬矣大夫程君顺则有碑记建庙颠末实成于康熙之十三年甲寅之岁时尚未有明伦堂也今观其庙之左方有室新建堂构维杰上室奉启圣公及四配神主两庑设学教授岁立讲解训诂师二员惟其人丰廪饩尊体貌而以通事秀才之隽者若而人皆从业焉月有讲岁有考六经之丈与上论十六条等书凡有裨于行谊者皆笺刻而讲明之斌斌乎其日懋则斯堂之为之也

八月上丁释尊之辰公卿人士咸执帛爵举国欣欣以就典礼斋宿维三鼎俎有实品列上下有度有文远人环观者皆翕然称之大夫又以启圣公祠明伦堂儒学三大牓来乞书余矍然知中山之能尊我夫子也閟宫之诗云新庙弈弈奚斯所作孔曼且硕万民是若大夫启请踵庙成学以教其民其自今日进于治欤夫中国皆由学而有庙今中山则由庙而有学登阙里之堂而观其车服礼器之惟一又何先而何后欤海隅出日罔不率俾堂哉皇哉殆不越乎学之一言而已爰拜手而为之铭曰水东流兮归大荒中有国兮邻扶桑岁职贡兮戴我皇就日月兮圣道大光庙貌兮有赫有弈拜祀兮祝辞重译鱼为牲兮鳌为脯物从土兮礼则古弦诵兮两庑颙颙海中兮邹鲁六学昌兮毋忘厥祖士由世选兮尔藩尔辅其永永献琛于寿考兮来宾旅

琉球国新建至圣庙记 【中山陪臣】程顺则

夫以圣人而君天下不如以圣人而师天下也君天下者泽及于一时师天下者举凡古今来天之所覆地之所

载舟车所至日月所照之处靡不被教化焉噫岂偶然哉盖尝稽古危微之旨尧以是传之舜舜以是传之禹禹以是传之汤汤以是传之文武周公至我孔子而集其大成所以删诗书定礼乐赞周易作春秋使天下后世之君臣父子夫妇昆弟朋友无不相安于名分靡有乱者较之君天下者何如也

琉球远在海外去中国万里宜若不闻圣道者然自明初通贡献膺王爵至洪武二十五年王子洎陪臣子弟始入太学复遣闽人三十六姓往铎焉万历间紫金大夫蔡坚始绘圣象率乡中缙绅祀于其家望之俨然令人兴仰止之思不可谓非圣教之流于海外也至皇清定鼎声教诞敷期文丕振较前尤盛时有紫金大夫金正春于康熙十一年议请立庙王允其议乃卜地久米村命匠氏庀材运以斧斤施以丹艧至康熙十三年告竣越明年塑像于庙中左右列四配如中国制王乃命儒臣行春秋二丁释奠礼既新轮奂复肃俎豆猗欤盛哉从此觏车服礼器恍如登阙里之堂躬逢其盛也师天下之功不于此而见其无外哉

臣顺则奉王命纪建庙颠末谨摛笔而记以勒诸石永垂不朽云

新建启圣公祠记　程顺则

稽古帝王之兴必以祖考配郊社重厥本也况集群圣之大成而为万世师者而可不尊其所自出耶皇帝握符御宇声教诞敷文命之化遍及遐陬故琉球虽僻处东溟人颇知学已鼎建文庙春秋行释奠礼矣唯是尼山振响实发源于鄹邑今孔子既有庙而启圣公弗祀则所云尊其所自出者之谓何予乃同长史等官议援中国例启请建祠王允其请既发帑金命匠氏庀材立祠于庙左于康熙五十七年秋七月起工随至季冬报竣中设启圣公神主祀之左右以四氏配飨悉遵天朝旧制非创也维兹之举而水源木本寓焉是亦可以教孝矣乎而吾王之尊圣必遡其所从生者而祀之亦足千古矣

庙学纪略　程顺则

琉球国僻处海外风俗质朴自明初通中朝膺王爵时王子洎陪臣子弟始入太学至洪武二十五年复遣闽人三十六姓往铎焉虽东鲁之教泽渐濡而尼山之仪容未覩及万历间紫金大夫蔡坚始绘圣像祀于家望之俨然令人兴仰止之思嗣紫金大夫金正春恐家祀近亵非尊圣重道意于康熙十一年请立庙王允其议乃卜地久米村至康熙十三年令匠氏庀材不日成之越明年塑像于庙又明年行春秋释菜礼既新轮奂复肃俎豆恍如登阙里之堂躬逢其盛也创始之功洵不祧矣续于康熙二十二年蒙册封正使翰林院检讨汪公楫副使内阁中书舍人林公麟焻赍到御书中山世土四大字赐王复奏允陪臣子弟入国子监读书均异数也然皆立庙以后事可知崇圣教即邀帝眷其理微矣从此睿藻辉皇如睹龙文凤彩监生归国与人言孝言忠孰非圣泽之所及者远且大耶顺则仰瞻旷典感激欢忭载笔特书以志一时之盛云

中山学校序　【中山陪臣】蔡文溥

粤稽古帝王之抚天下也未有不广立学宫而能昌明世道淳厚民风者也盖学校之设原以养人才人才之生实以备国用三代之时自国都至于州闾以及乡党皆有学校以广教化凡礼乐刑政之事尽出于学而士之所见所闻无非先王之前言往行故士习日以醇而人才日以盛岂非由上之人化之教之得其道耶迨其后去先王之世久学校之教衰为治者不以礼教而以法令是以科条愈烦民风愈浇岂今人之不古若欤亦无以化导之使然耳

中山虽在海外自大明以来通中国贡典不绝沐圣天子文教者盖三百余年矣今世家子弟徒嗜膏粱日好游观者常多而笃志芸牎精通经史者甚少是亦由父兄之教不严遂致子弟之业不修也今我新嗣君勤修学问讲论治平凡所设施皆宪章古圣贤之道上行下效捷如影响故自王都以及乡邑莫不奋然感发兴起康熙乙未岁会议于各乡中随分捐资公建学堂而选士之通经善行者为师以教子弟诚一时之盛事万世之良模也于是从游者皆争先恐后就师肄业而知言忠信行笃敬有彬彬邹鲁之余风焉贤君嘉文教大行特遣近使巡宣钧谕劝勉诸生曰尔曹潜心肄业孤甚嘉之但学必以不倦为功积久而成不可以旦夕求其效也且所谓学者不但诵读章句而已盖小而进退应对之节大而修身齐家治国之道其敦人伦笃宗族和乡党美风俗之事无不出于学也故为师者当以此施教为弟子者当以此讲习为国取士亦不外此可不勉欤呜呼吾君之所以振兴文教化导士人者至矣大矣由

是师之所教学者所习皆以实学而不以虚文凡所以致知力行之事忠君泽民之道莫不尽心讲求处期无愧于圣贤出期有用于邦国养成德器他日登庸廊庙皆可以为菁莪棫朴之选也伫见都邑之间风醇俗美户诵家弦臣与臣言忠子与子言孝跻中山于一道同风之盛矣

予才惭制锦学愧操刀未获刺股之勤徒切生花之梦莫能颂扬休风于万一不揣固陋以叙其事云尔

琉球国创建关帝庙记　程顺则

予至中华见所在神祠血食乡土者甚多独关帝庙貌清肃庄严上自公卿大夫下至健儿牧竖莫不凛然起敬瞻礼恐后也帝果何以得此于人哉蓝吾尝闻英雄之生也其气足以凌霄汉其节足以激怒涛夫当汉献孱弱群雄割据有一才一技者孰不思有所依附以成功名而帝独识昭烈为帝室之胄委心事之间关劳苦百折不回且其时江东有权许都有操亦足称一代人杰乃颠倒贤豪驾驭一世而独有帝在其眼中盖吴虽得地利而不知辅汉魏则挟天子令诸侯均非光明磊落之所为视帝之忠义奚啻天壤也其心折于帝也宜哉且熟读春秋手不释卷举凡二百四十二年之事了然于胸所以一举一动皆本麟经而出之予尝读帝庙联有云后文宣而圣山东一人山西一人由此观之中朝以帝为圣其尊帝可谓至矣兹琉球国已建孔子庙而独于帝缺其祀典岂帝之声名止洋溢于中复而不能远播于海外欤予谓不然岁癸亥为今上御极之二十有二年册封正使翰林院检讨汪公楫副使内阁中书舍人林公麟焻知吾国有欲为帝立庙意乃捐俸五十金以为之倡我王喜为立像祀之从此俎豆馨香帝之灵爽实式凭焉

然或则疑之谓琉球王位世及相传弗替小心恭顺兵革不兴祝帝之意果何为也者不知帝之正气可以塞天地帝之大义可以贯古今能使后之为臣子者靡不知有君父焉岂独廉顽立懦宽鄙敦薄已哉若止论其武功则古今战胜攻取号称万人敌者夫岂无人而何以独帝之声名至今存也然则立庙之意固在此而不在彼

重修南北炮台记　【中山陪臣】蔡温

霸江百川所会与海相通贡船暨西北诸艘往来中山之咽喉也南距饶波北抵泉崎东达宇平板敷近规小利或聚泥土筑田陌川苦其狭变为涸沟其尤甚者至塞川以为田烂土泥水流入霸江江将塞矣明君贤相特命向文思等疏浚斯江或播田地以广其川或除烂泥以深其水宇平板敷等处复通长川顺流临海寺西筑石桥三座迎恩亭北构石桥一座渡地村临江筑塘架木桥二座计桥五座垣花村加二桥共木桥三座泉崎桥改修牧志南派之水决以西注自康熙丁酉五月初五日起至明年闰八月二十日告成或曰临海寺南石何为不除文思曰斯石系乎风水且江海飓台不时若非斯石船只难泊也

康熙五十七年戊戌十二月记

册封礼成即事

夜雨廉纤快晓晴相看搓手贺升平海风不动秋风劲吹作嵩呼万岁声

龙跳天门下碧虚光芒万丈掩璠玙强邻一任夸多宝敢把珍奇斗御书

紫巾黄帕桡丹墀鼍响鲸鸣羽扇欹独上龙亭呼万福锦衣纱帽好威仪

石城百尺拥王宫浑朴规模自不同严壑回环松影外楼台隐见海光中

八月十七夜过波上候潮　汪楫

中山忽过中秋节连宵对月乡心切客言十八潮生辰万里波翻定奇绝我闻此语神为王隔夜传呼启门臬海滨大都无障碍望远还须登嵂嵲夷官遥指波上好胜地佳名夙所悦半夜骑马到山脚皎月繁星一时灭天欹地侧风怒号列炬如林不得爇歇鞍徒行杖马棰或作蹒跚或蹩躠小憩争依石台稳冥坐只觉山根裂神女掷砂群目闭水怪抟风万夫咽拟凭绝壁窥鲛宫转类乘车入鼠穴不分空蒙都晦昧真惭胜游成哤龓昌黎黙祷衡云开东坡密咏庐峰列顾我胡能匹二公正直感通同一彻摩空谁将银烛晃掠波恍见金蛇掣须臾天地还旧观放眼依然对瀣沆剪余十丈五丈云扫剩千堆万堆雪石笋崖下浪如炮匉訇乍定偏清澈波底石片能作花朵朵芙蓉手堪掇惜哉

可望不可亲铁网徒令青玉缺泗水巧凿烦老渔擘出苍皮等蝉蜕意中得失浑错料宇外游观殊小别归来作歌纪所见天淡云收笑才竭

中山竹枝词　汪楫

道是佳人亦复佳一生赤脚守荆钗宵来忽作商人妇竟戴银簪不脱鞋【土妓不得簪银道遇官长必脱草鞁跣足据地候马过乃起若中国人主其家则超然禁令之外矣】

两耳无环髻不殊孰为夫壻孰罗敷译人笑说公毋惑验取腰间带有无【国俗男子二十始薙项发为小髻服与妇人无别唯男子必以大帕束腰女则曳襟而趋皆无衣带】

谕祭中山王尚贞尚益礼成恭纪廿四韵　徐葆光

海岛无遗泽天王归赗遥吉辰仪具举幽圹礼咸昭专介求恩□貤纶走使轺经年迟节命十日降云霄仙诏诸灵护龙光奕叶邀戒期开正寝列陛设行朝铙吹军仪肃氍毹马步骄海沈香爇路火浣帛拦桥排仗云霞丽侵晨风雨销岩松飞翠盖铁树引云韶抃舞肩相属啁噌语绝嚣望尘迎玉案谒阙备工寮缁素犹冠首冲牙未佩腰拜庭祈祝号宣祭遣巫招悱恻天心露铿锵玉韵飘屏藩勋最茂枝干恨连凋海服丧频告曾孙齿尚龆十年今赐恤三世幸承祧体荐牲牢洁登歌箫管调两楹设银绮三爵奠兰椒昭穆欣同祔恩光被一朝刻铭留鼎鼐顶册秘琼瑶宠渥鲛人波恩浓鳀户谣伏鲸长守窟怒飓不惊条献雉趋王会浮航指斗杓万年同寿域世世戴唐尧

册封礼成恭纪四章　徐葆光

海邦万里岁朝宗奉册天朝礼最恭中外一家同寿域祖孙五世共皇封国泉瑞应天边诏翠盖阴成岭上松六十年来三遣使日边偏荷圣恩浓

十里连冈走翠虬云璈夹路引珠斿仗前争拥夷民拜域外如亲帝里游玉检辉煌天上册朝仪照耀海中洲蓬莱仙馆环相望只恐炉烟障远眸

中山宫殿压山椒设阙王庭俨内朝乍启瑶函瞻日丽高宣天语入云飘龙章五色从中赐御玺三封奕世邀九列亲方随拜舞紫罗帕首锦缠腰

大典重光欢会门玉函带砺誓长存十年摄事犹称子此日膺封始拜恩舞蹈庭中藩礼肃起居阙下译词温使臣将命无余事载笔归来献至尊

琉球三十六岛图歌　徐葆光

琉球属岛三十六画海为界如分疆罗列众星皆内拱中山大宅居中央往来税赋有期会冬夏候汛输舟航其北太岛号爷马境邻倭国分东洋太平诸山作南镇台湾直北遥相望前王察度通朝贡岛酋始附中山强星槎旧录缺地纪其国有禁多周防封舟此来落国北叶壁六点斜相当勒柁回针取那霸船头但见椅山黄姑米马齿渺何许面南极望空青苍今来三月遍谘访海滨踏尽犹彷徨洲屿虽能举一二更船远近犹迷方主人输诚出图籍题写六六何周详棋置尺幅三千里对音绎字标其旁其中各岛语言别译词受事中山王颛颛独居乃恭顺无一自大如夜郎圣人声教弥六合河源佛国归堂皇天下全图成一览朱书墨界穷毫芒琉球弹丸缀闽海得此可补东南荒朝来张挂向东壁红旭冉冉升扶桑

中山竹枝词　徐葆光

小船矗起半天中一尺樯悬五寸蓬渡海归人当有信竿头昨夜是南风【渡海之家例造小木船桅帆毕具置竿头立庭中候风以卜归期自闽归国皆以南风为候】

衾子垂垂不系腰招风长袖学芭蕉不知螺髻东西堕玳瑁簪长尾倒翘【女衣名衾子腰无带被身上头髻甚松东西偏堕盖古倭堕髻也女簪玳瑁长尺许倒插髻中尾翘额上】

纤纤指细玉抽芽三五初交点点瑕墙上空怜小垂手回风如卷落梅花【女十五黥手指背墨点如梅花】

海滨鱼市早潮还细径斜通失汁山头戴荷筐趁墟去归来压匾翠云鬟【辻山一名失汁山女集所】

海光晴漾碧天云三五龙姑自作群石笋崖边朝不动雪崎洞里拜龙君【波上山一名石笋崖寺中有神手剑而立名不动波上山东有小山名雪崎下有洞正三五九月谓之吉月女子相约拜洞以为常】

中秋满月照空村鸡犬无声昼掩门八月灵辰惟白露家家三日守天孙【白露节国中为大节前后三日闭门不语静坐守天孙天孙氏国中开世祖也】

小窗傍晚向西开忽见纤纤落镜台豫算初三拜新月隔墙先约小姑来【俗有待月之期初三夜焚香对月拜十八夜焚香立待月升拜毕乃坐廿三夜焚香坐待月上乃拜】

海波日出静无垠子午灵期又一新银蟾今日团圞夜汲取新潮献灶神【每月十五女至炮台取潮水献灶】

呈册封天使四韵　蔡文溥

熙朝恩宠航溟海万里鲛宫紫气临五色彩云天子诏一泓秋水使臣心东藩恪守共球职北阙颁封雨露深为咏皇华光远地高悬远望想商霖

卷十六·志余

张学礼纪略封舟过海例有从客偕行苏州陈翼字友石多才艺王请授世子弥多罗王婿亚弗苏三法司子喀难敏达罗三人琴寓天界寺习一月移至中山王府又月余授世子思贤操平沙落雁关雎三曲授王婿秋鸿渔樵高山三曲法司子流水洞天涂山三曲西湖吴燕时字羽嘉精岐黄术国中求治者立愈亦有数人受其传

徐葆光录国中无琴但有琴谱国王遣那霸官毛光弼于从客福州陈利州处学琴三四月习数曲并请留琴一具从之汪楫绿有神异一条康熙二十年九月十四日黎明梦与同官乔莱登一山仰瞻有碧霞元君庙疑为泰山神下拜神衣饰如妃后命坐辞神曰公操爵人之柄坐宜也因坐已复赐食一器觉以告莱二十一年元旦谒关帝得签诗有一纸官书火速催扁舟东下浪如雷句三月与中书林麟焻同充册封琉球国使林盖字石来乔则字石林乃知梦与签诗莫非预定独疑于泰山神无涉行次杭州楫时方疏请谕祭天妃及登吴山谒天妃宫见牖书碧霞元君越日于孩儿巷得天妃经一函详书历朝封号始知崇祯十三年加封碧霞元君示梦者盖即天妃也

又云使臣登舟必先迎请天妃奉柁楼上而以挐公从祀挐公者福建挐口人常行贾卧舟中闻神语曰某日将行毒于某处公谨伺之至期果见一人抛毒物水中公投水收取尽食之遂卒以是面作靛色后为土神明兵攻闽不即下出牌誓曰入城不留一人公化为耆老进曰若改留为杀当献城从之请以水灯为号时获芦门水深不设备而居民以神诞日放灯于此明兵望灯入公拥沙助之遂克城果不杀一人后封宣封护国天下兵马司协佑尊王海船必奉之者以海上多礁雾专藉神力导引云臣兹役亦循例奉迎香火上船姑米之险石塘之雾神实有灵焉因详访闽人云公实卜姓以业挐舟为神故称挐公今各省藩司库神皆明时命以公主之故人亦多奉为财神

又云封舟过东沙山有两大鱼傅舟左右行或前或后首尾时见长略与船等入夜星光烂然白鸟不可数计环樯而飞迎棹之神鸦不足异矣臣兹役到闽相传封舟渡海必有大鱼导引不特汪使时有之但他时不觉耳臣出洋后留心察之果见大鲨鱼或二或四夹舟而行将至姑米万鸟亦复回翔及近山反无一雀舟人云是宿洋鸟止则浮窠水面飞则衔窠而起又有红蜻蜓绕桅而飞旧录云台飓将起之兆也后果验

又云过沟风涛大作投生猪羊各一泼五斗米粥焚纸船鸣钲击鼓诸军皆甲露刃俯船作御敌状问沟之义曰中外之界也食之复兵之恩威并济之义也

夏子阳录洪永时出使琉球等国者给事中行人各一员假以玉带蟒衣极品服色预于临海之际经年作舟藏明器二具前刻天朝使臣上钉大银牌一面有急知不免则请使臣仰卧其中以铁锢之任其漂泊庶有人见取其银而置之于山俟后使得载归耳夏子阳曰琉球之役窅渺汪洋茫无际涯或见绝岛孤山一点空青半落天外幸而济则幸矣不然我躬不阅遑恤我后是以前使久已去之要之只在造舟用人处吃紧其所足恃惟式凭国家宠灵与仗平生忠信两者而已如曰设桴翼造水带则愈浅矣

张学礼纪略请封各官王念其远出多年各加俸米不等

徐葆光录前明琉球人不剃顶发亦不用网巾万历中册使谢杰长乐人有母舅某从行携网巾数百事至无售者谢使迟册封礼久不行云本国既服中华冠带如陪臣有一不网巾者册事不举琉人竞市一空闽人至今相谑强市者则云琉球人戴网巾也

又云亲泊村戏马台东有获剑溪山北王有宝剑名重金丸兵败掷于志庆真河百年后流至水涨溪光插天伊平屋人得之献中山王今为王府第一宝剑

汪楫录传闻国祀六臂女神手执日月名曰辨戈天灵异特著以妇人不二夫者为尸尸名女君王及世子陪臣莫不稽首致敬国有不良神辄告王擒之邻寇来侵神能易水为盐化米为沙寻即解去故国人事神甚谨明有使臣某至国诘王国无城郭兵甲何以御外侮王备言女神之灵使臣曰脱神偶不灵奈何其后倭忽大至王被执久之始释王曰神之灵遂为天使一言败之乎嗣是不复以辨戈天为言臣按使馆后善兴寺右有天满神云即祀天孙氏女处圆鉴池天女堂称办才天女戈字疑才字之误天字下当加女字于义为顺姑阙之

徐葆光录中山僧有临济宗真言教二种临济宗为禅门礼诵外多学为诗真言教为人祈祷书符咒正五九月尤多祈福俱戒荤酒居首里诸寺皆临济宗在那霸者惟东礼寺清泰寺及广严寺三处为禅宗余皆真言教也国禁僧不得渡海入中国惟至日本参学者有之僧衣多用朱黄色等紬绢为之袈裟外更有一衣如背心状名断俗僧披剃后有名著籍上之理梵司皆有廪米圆觉寺为国王本宗香火所在僧禄特重岁八十石天王寺天界寺崇元寺岁二十四石临海寺亦二十四石护国寺四十石二寺在海滨为国王许愿献佛之所故禄石次之他则不论僧众多少每年支米八石一云支口粮四名每名一石三斗五升共五石四斗云

粤海关志①

卷一·皇朝训典

臣谨案自周易有重门击柝之文周礼有司关举货之法经制所定在昔为然秦汉以来征榷愈密降及明季以军兴饷绌税额屡增我朝肇造区夏荡涤繁苛顺治元年革明末加增税额四年禁势官土豪津头牙店擅科私税六年禁例外多征迨海禁既开悉停口内桥津地方贸易车船货物抽分又酌减洋船丈抽之例康熙三十七年减广东海关税额至乾隆年间外洋夷船有舍粤海而趋浙海者疆吏欲据浙关科则更定粤海课额高宗纯皇帝谕以示在限制不在增税列圣相承如天覆冒温纶诰诫至再至三惟恐司榷之人因利乘便我皇上又整饬关务谕以实力整顿包揽等弊严行约束家人书吏盖必清榷务之源而后可以裕课可以通商可以便民可以柔远所谓一得而无不得者道在此也书曰是彝是训于帝其训又曰圣有谟训明征定保凡在司事臣工所当恭阐德意而遵行勿替焉尔

顺治六年圣谕设关征税原寓稽察奸宄之意非专与商贾较锱铢也尔部行文各关满汉官员以后俱照原定则例起税如有徇情权贵放免船只乃于商船增收或希充私橐例外多征以病商民者一经查出定行重处

顺治八年圣谕榷关之设原有定额差一司官已足何故滥差多人忽而三员忽而二员每官一出必市马数十匹招募书吏数十人未出都门先行纳贿户部填给粮单沿途骚扰鞭打驿官奴使村民包揽经纪任意需索量船盘货假公行私商贾恐惧不前百物腾贵天下通行河道何以至此朕灼知今日商民之苦著仍旧每关设官一员其添设者悉行裁去以后不得滥差其裁缺撤回之员既不利于商贾又何利于州县之民户部不得妄咨勤劳吏部不得更与铨补国家爱惜牧民之官岂仍前朦混尔部谨识朕谕实心遵守毋负朕通商爱民之意

康熙四年圣谕各省关钞之设原期通商利民以资国用近闻各处收税官员巧立名色另设戥秤于定额之外恣意多索或指称漏税挟诈过往商民或将民间日用琐细之物及衣服等类原不抽税者亦违例收税或商贾已经报税不令过关故意迟延掯勒遂其贪心弊端甚多难以枚举嗣后凡地方收税官员俱著洗心涤虑恪遵法纪如有前项情弊在内科道官在外督抚严密参奏从重治罪如督抚不行参奏别经首发即治该督抚以徇纵之罪

康熙二十五年圣谕国家设关榷税必征输无弊出入有经庶百物流通民生饶裕近来各关差官不恪遵定例任意征收托言办铜价值浮多四季解册需费将商人亲填部册改换涂饰既已充肥私橐更图溢额议叙重困商民无裨国计朕思商民皆我赤子何忍使之苦累今欲除害去弊必须易辙改弦所有见行例收税溢额即升加级纪录应行停止其采办铜斤定价既已不敷作何酌议增加其四季达部册籍应俟差满一次汇报嗣后务令各差洁己奉公实心厘剔以副朕体下恤商至意如或仍前滥征侵隐藐玩不悛作何加等治罪至铜价既议加给额税应否量征俱著九卿詹事科道详议具奏又圣谕凡收海税官员因系创行设课希图盈溢将出入商民船只任意加征以致病商累民亦未可定著严加申饬务令恪遵定例从公征收无溢无苛以副朕轸恤商民至意

雍正元年圣谕国家之设关税所以通商而非累商所以便民而非病民也朕抚御寰区加惠黎庶惟恐民隐不能上达近闻榷关者往往寄耳目于胥役不实验客货之多寡而止凭胥役之报单胥役于中未免高下其手任意勒索饱其欲者虽货多税重而朦蔽不报者有之或从轻报者有之不遂其欲虽货少税轻而停滞关口至数日不得过是以国家之额税听猾吏之侵渔以小民之脂膏饱奸胥之溪壑司其事者竟若罔闻又闻放关或有一日止一次者江涛险急河路窄隘停舟候关于商民亦甚不便嗣后榷关者务须秉公除弊过关之船随到随验应收税者纳税即放不得任胥役作奸勒索阻滞以副朕通商便民之意

雍正二年圣谕从来关榷之设或用钦差专辖或令督抚兼理无非因地制宜利商便民之至意也大抵关差之弊皆惟知目前小利恣意侵渔听信家丁纵容胥吏开关分别迟早肆无厌之诛求报单任意重轻为纳课之多寡饱溪壑者则任其漏税代为朦胧不遂欲者则倒箧倾箱不遗纤细致商贾畏惧裹足不前行旅彷徨越关迂道则困商

① ［清］梁廷枏撰。据清道光广东刻本。

实所以自困也故关差惟在严禁苛求使舟车络绎货物流通则税自足额至于督抚皆封强大吏当仰体朝廷归并之心不得视为带理漫不经心误任属员听其剥削况钦差犹每年更换而督抚兼理则无限期若不实心奉法遴委得人责有攸归其恪遵朕旨又圣谕朕念商贾贸易之人往来关津宜加恩恤故将关差归併巡抚兼理以巡抚为封疆大吏必能仰承德意加惠商旅也但各关俱有远处口岸所委看管之家人贤愚不一难免额外苛求及勒取饭钱之弊稍不如意则执送有司有司碍巡抚之面徇情枉法则商民无所控诉矣嗣后将上税课之货物遵照则例逐项开明刊刷详单分发各货店徧行晓示使众皆知悉其关前所有刊刻则例之木榜务令竖立街市人人共见不得藏匿屋内或用油纸揜盖以便高下其手任意苛索立法如此自能剔除弊端但尔等受朕委任之重尤当仰体朕心遴选诚实可信之人以任稽查之责必期商民有益方为称职

雍正七年圣谕各关开放船只之处向例部颁号簿以便稽查近闻各关别设私簿征收惟于报部之时始将号簿挨日填造其意以水路商船往来多寡不齐若据实填簿则不能逐日有征收数目恐干部驳是以设法匀派填造如此则簿内全非实在数目与商船过税串票毫不相符殊非政体凡事据实则可以无弊作伪则弊窦丛生今既任意匀派填造则号簿亦为虚设矣嗣后各关于部颁号簿务须据实填写如无船只过税之日亦即注明不得仍蹈前辙致滋弊端又圣谕朕即位以来屡有臣工条奏各处地方官征收落地税银交公者甚少所有盈余皆入私橐雍正三年又有人条奏广西梧州一年收税银四五万两不等止解正项银一万一千八百两浔州一年收税银二万两止解正项银二千六百两应令该抚查核据实奏闻并令各省抽收税银之处俱据实奏报等语随经九卿议令各省督抚遴选干员监收一年之后视其盈余若干奏闻候旨朕思孟子言治国之道首称取于民有制所谓有制者即一定额征之数也若课税之属无显然额征之数则官吏得以高下其手而闾阎无所遵循即如从前各处税课经地方官征收有于解额之外多数倍者且多至数十倍者既无一定程则多寡可以任意其弊不可胜言属员既已贪取上司必至苛求官员既已营私胥吏必至横索日积月累渐有增加之势岂非生民之隐患乎朕是以允从条奏所请及九卿所议令各省督抚委员监收以定科则其征收不及旧额者亦令奏闻降旨裁减年来报出盈余之处朕皆令留于本地或作各官养廉之需或为百姓公事之用使官员用度有赖自不妄取民财使地方公用有资即可宽恤民力无非以小民财物仍用之于民间不令饱贪官污吏之欲壑而已乃闻外省中多有奉行不善者以朕爱民除弊之善政而庸劣有司借归公之名或肥身养家或争多斗胜以致肩挑背负之微物皆征收税课而该督抚等又不悉心稽查民间苦于扰累自谕到通行之后倘仍有如此者必从重治罪决不宽贷

雍正八年圣谕向来各处落地税银大半为地方官吏侵渔入己是以定例报出税银四百两者准其加一级后因查报渐多吏部定议报出税银八百两者准其加一级多者以此计算年来地方官员皆知守法奉公凡有税课随收随报不敢侵隐其报出之数每倍于旧额只恐将来不无冀幸功名之人希图优叙以致恣意苛索扰累小民且落地税银非正项钱粮有一定之数者可比侵蚀隐匿者固当加以处分而争多斗胜者不但不当议叙亦当与以处分其如何定议并如何议叙加级处分之处著吏部户部悉心妥议具奏

雍正十三年高宗纯皇帝圣谕朕闻各省地方于关税杂税外更有落地税之名凡耰锄箕帚薪炭鱼虾蔬菜之属其值无几必查明上税方许交易且贩于东市既已纳课货于西市又复重征至于乡村僻远之地有司耳目所不及或差胥役征收或令牙行总缴其交官者甚微不过饱奸胥猾吏之私橐而细民已重受其扰矣著通行内外各省凡市集落地税其在府州县城内人烟凑集贸易众多且官员易于稽查者照旧征收不许额外苛索亦不许重复征收若在乡镇村落则全行禁革不许贪官污吏假借名色巧取一文著该督抚将如何裁革禁约之处详造细册报部查核倘奉旨之后仍有不实心奉行暗藏弊窦者朕必将有司从重治罪该督抚并加严谴此旨可令各省刊刻颁布务令远乡僻壤之民共知之

乾隆二年圣谕据原任江西巡抚俞兆岳奏乾隆元年九江赣州两关税课盈余银两较前任共减收九万有余此事交与该部及新任巡抚岳浚查核奏闻朕前因各省关税于正额之外每多无名之费恣意科索苦累商民是以降旨厘剔弊端将应行减除者概令禁止全在督抚大臣等督率司榷之员洁己奉公实力遵行以副朕轻徭薄赋加惠商民之至意今就江西一省言已少收银十万两推之各省则约计百有余万矣如果商民得沾实惠即更逾此数亦朕所乐闻有何吝惜但从来关榷税务与百物价值原系相为表里如果关税减轻则物价亦必平贱若税轻而价仍不减是各关所减课银商民并未沾被恩泽徒饱吏胥之囊橐耳我皇考临御以来澄清吏治凡此等官侵吏蚀之

习久已弊绝风清今督抚诸臣如不能稽察属员被其朦混则庸懦无能有忝封疆若或己身稍有染指则名节有亏朕一经摈斥之后断不复加录用也可将此旨传谕各省督抚令其各行稽察深自警省若错会朕厘剔弊端藏富于民之意又欲多报赢余以致商民受困识见卑鄙其罪更不可逭矣又圣谕御史舒赫德条奏请将各省税务归併旗员管理此奏甚无识见彼意以为旗人生计艰难若管理税务则可沾余润以资养赡不知国家设立关隘原以查察奸宄利益商民并非为收税之员身家之计也若以旗员贫乏而差遣之是导之使贪矣朕日以砥励廉隅训勉臣工尚恐其不能遵奉而可以谋利之见为之导乎况当日旗员管理关务者亦指不胜屈惟视此以为利薮故贪黩之风侵蚀之弊不一而足因而身罹罪谴籍其家产累及子孙是今日旗员之贫乏未必不由于当年收税之所致也岂可使之复蹈前辙且各省委办税务率多道府等官并无满汉之别如满洲有任道府而廉洁自爱者何尝不可派委而必定其为例乎总之为上者施逮下之仁惟有励以忠勤示以节俭固其根本之图而为下者则当早作夜思宣力供职以永受国家惠养之恩方可谓之计长久盖厚其生计之道不可不思而长贪风以为下则利未见其为利且贻害于后日此理甚非所以教旗员之道并非所以爱旗员之心也朕御极之初图理琛即为此奏总理王大臣亦以为可行朕并未俞允后此陈奏者纷纷朕概不准行亦未交议今舒赫德又条奏及此可将朕旨宣示于外使咸知朕意毋得以竟不可行之事再行妄奏又圣谕朕思商民皆为赤子轻徭薄赋俾人人实沾惠泽乃朕爱养黎庶之本怀但恐官吏不能实力奉行仍多取巧以饱私橐则徒于国课有亏而于商民无益即如年来各省关税较前额数大减矣其取之商民者仍似未减若关税减轻则商货价值亦应平减今京师货物腾贵仍复如前可知商民未得实沾减赋之益

乾隆六年圣谕各省关税定有正额而尽收尽解自有赢余此不过杜司榷者侵蚀之弊并无有累于商民也但各省年岁之丰歉不同货物之多寡亦异其赢余原不能每年画一近见各关报满之时如赢余浮于上年则部中不复置议如减于上年之数即行驳核司榷者惟恐部驳必致逐岁加增年复一年将何所底止苦累商民事有必然之势朕思关税赢缩相去本不致悬殊若乙年所报赢余之数稍不及甲年原可不必驳核若过于短少亦必有情由惟应令督抚稽查则地方实在情形自难逃于公论总之查核过严则额数日增其害在于众庶查核稍宽则司榷侵蚀其损在于国帑此中轻重固有权衡况清廉之吏断不肯侵帑肥家而不顾行止者终必败露亦断无安享无事之理其如何定例之处著大学士会同该部详议具奏又圣谕近见居官者家计多觉艰难而旗员为甚朕思百姓尚欲其盈宁而况居官者乎因欲措久远利益之道而先思其所以致此之由细推其故盖由于查办亏空其囊橐不足抵补则将房屋入官以致资生无策栖身无所且不独本身为然旁及弟兄亲戚平日沾其余润者亦皆牵带于中以补公项而仕宦之家遂多致贫乏矣又思当日所以如此办理者盖以其先各省火耗听其自取漫无稽查而关税正额之外盈余尽皆入己以致官员纵欲败度恣意奢靡亲族分肥于一时而不计后日之波累若不加意整饬则官箴不恤国法渐弛大为人心风俗之害是以我皇考旋乾转坤密筹默运然后定有章程世风丕变虽满汉官员等用度不能充余然无甚贫甚富之别且不贻后日身家之患此我皇考仁至义尽之举非言利也若云言利则未解火耗之前地方一切公务皆系官民承办今则动用公项公项犹前之火耗也然以公项不足而请动正帑者不知其凡几矣众所共知国家亦岂利此而为之乎又如关差一项从前司税之人归之私囊者后令报出即为盈余耳并非现征之外有所加增也虽管关之人贤愚不一或有奉行不善欲增课以见长因而需索累民者然此十之二三耳较之未经澄清以前已觉减少者盖多矣朕临御以来又复核减税课不下数十万且不时严饬该管诸臣剔除诸弊至再至三今条奏关税者尚属纷纷如海望系皇考及朕简用之大臣岂不知国体而但知言利者比其管理崇文门税务不过尽收尽解尽行报官不似先前之入私橐因而见其独多耳朕即另派大臣管理想亦如其数也若如御史胡定所奏苛索种种朕可以信其必无何为加此过甚之词耶崇文门税务不必另议至外省关课皆久经该督抚就近稽查除现设口岸报部有案者照旧设立外其有私行增添之口岸逐一详查题报应留者留应革者革此番查办之后司榷之员若再有违例苛索者胥役严处官吏严参该督抚不行查察经朕访闻必于该督抚是问至浒墅北新二处系江浙大关尤为紧要交与杨超曾德沛照此稽查办理杨超曾德沛皆系国家公忠大臣必不肯徇庇管关之员而贻累小民亦断不肯似腐儒妄生议论违道以干誉也此番定议之后嗣后各官风闻不实之言不得再行渎陈总之天下之事盈虚消长相为倚伏从前官员取盈以图快意未几而有缺正帑国法具在清查著追而家计荡然不但取盈者不为己有且并失其祖父所留之业子孙并受其困比比皆然莫之或爽近观臣工之意颇有以现在所行之例为不便者

意欲将耗羡尽与本官司榷悉从内遣谓可多得养廉食用丰裕不知豪奢之习起于有余目下多获资财不过三数年间俯仰从容欣欣得意未几而匮乏随之且必致仍前之亏缺公帑而清查著追之事随之朕纵不能措置得当使受目前之惠又何忍纵之败度以隐贻日后之忧乎况古云王者之国富民霸者之国富士仅存之国富大夫如果百姓家给人足即居官者不甚丰饶犹不失轻重之权衡也且言居官贫乏仍出于居官者之口而入于朕耳朕亦不过疑信各半究之思所以富之之心未如思所以富万民之心之切也朕仰皇考贻谋远略一切章程惟有守而不失间或法久弊生随时酌量调剂则可若欲轻议更张不独势有不可亦且朕之薄德力有所不能可将此晓谕内外大小臣工并八旗知之

乾隆七年圣谕朕惟惠养万民之道以轻徭薄敛为先自御极以来于蠲租减赋外割除各省关税不下百万又令将税课规条刊刻木版遍行晓谕不许额外征收宜其商民均沾惠泽行旅各安牧圉乃近闻各关过往商旅尚不能普被恩惠怨声啧啧究其由来皆因司榷之家人胥役巧立名色重戥征收勒掯需索弊端百出不饱其欲则逗遛不肯放行大为行旅之害是国家徒有减税损上之德而商民未受减税益下之恩无知者尚哓哓于税课之重所谓不揣其本而齐其末即使再减数百万额税用是以往朕知其于商民仍属无益也夫司榷官员一任家人胥役肆横无忌漫无觉察商旅其何以堪朕思督抚有稽查通省之责凡属地方利弊何一不当留心厘剔而关税弊窦若此朕在京尚有所闻督抚身在本省岂竟一无闻见乎总因视非己事故尔漠不关心耳嗣后著该督抚严行访察遇有此等弊端立即严拿重究如司榷官员瞻徇袒护亦即据实奏闻不得视为具文以奉旨之后一查即可了事务期实力稽查俾商民永无苦累倘朕再有所闻或被科道指实参奏朕惟该督抚是问

乾隆三十七年圣谕据弘晌奏闽海关各口岸委员征收税课请咨部分记功过一折所办非是各关口分派委员稽查就其勤惰分记功过以示劝惩乃该管关衙门自应酌办之事本非可由部议叙议处是以前岁弘晌条奏时即批不必交部今与钟音详酌办理嗣据钟音议核此款应听该衙门自行办理而文员考核功过毋庸另办因为允行今弘晌奏到竟按分数盈绌开列清单请咨部稽核殊属琐屑不成事体国家设立榷关原以稽查奸宄巡缉地方即定额抽征亦恐逐末过多藉以遏禁限制至各口岸商船出入每月多寡不同税额即因之赢缩岂能预为定数且委员等如果有多征少报及勒索贿放等情弊查出即应治罪若因此繁设科条按月额为殿最非惟事涉纷繁不成政体并恐委员等畏过贪功违例浮征苛刻商贾其流弊将无底止即如昨岁淮关监督方体浴上年过关船少额数不足遂尔多方繁扰致商贩裹足不前经朕察其办理不善将伊交部严加议处即寓防微杜渐之意朕办理庶政务崇大体从不肯为繁碎难行之事至征榷一事惟严稽官吏之侵剥不使丝毫累及商民弘晌所奏不可行并著传旨申饬仍通谕中外知之

嘉庆十七年圣谕御史陈超曾奏请饬各关监督及总理兼理关务各员慎选家丁书吏并随时严行约束一折各省关口征收税课势不能不派家丁书吏代为经管该丁役等有诚实谨守者或不敢作奸犯科若贪诈之徒用度侈靡则亏缺侵隐之弊相因而起近年各省关税每多绌短未必不由于此嗣后各直省有经征关税之责者务宜选诚实家丁书吏分派经管并随时查察严行约束其狡伪侵欺者即随案惩办庶榷务肃清自于公帑有裨将此通谕知之

嘉庆十九年圣谕关市之设所以通商便民成法极为详备近日该管官奉行不实日渐废弛各关口应立之课税木榜并详单小本均不竖立刊刻商贾不知税例多寡任听家人吏役额外抑派多收少报亏课病商丛滋弊窦至各省牙行亦不按年清查率多顶冒朋充甚或假托官差多方苛索俱应随时查禁著通饬管理税务衙门及省地方官申明例禁实力奉行勿任奸胥市侩勾串欺朦以除积蠹

道光三年上谕给事中清安等奏整饬关务以澄弊源一折各关正额盈余例有常数近年征收亏短缘积弊未能悉除凡关津市镇地方往往有恶棍把持蠹役盘踞及牙行铺户人等相缘为奸包揽商贾串嘱在关家人书吏以重报轻以多报少通同掩饰渔利分肥甚至纳贿私放偷漏隐匿皆所不免嗣后各关务须实力整顿包揽等弊严行约束家人书吏毋得稍有徇纵俾关务胥归核实以裕课项

卷二·前代事实【一】

臣谨按马端临作文献通考立市籴门以市易与互市并列窃以为二者名同而实异也市易之法原于均输和

买曰贷息曰抵当曰贸迁以县官而行黠商豪贾之所为究之物价腾踊商民怨讟此新法所以乱天下也若互市则诚所谓以其所有易其所无矣无抑配之弊无科率之烦收征税之入省戍守之费华夷交资其用公私均享其利故自汉至今行之不改在陆路者曰互市在海道者即曰市舶其设官也肇于唐其立制也备于宋然有明中叶又时通时罢者何哉盖宋之市舶主于助国用明之市舶主于总货寳有所利而为之势必有委曲以事弥缝侵渔以快垄断者求其万全岂可得乎我国家经费有常不资商榷不贪为宝无取珍奇惟推柔远之怀为便民之举衡之前代原不可同年而语顾不知前代之所以失无由知我朝之所以得法积久而大备则前事之师固鉴古者所不废也谨叙两汉六朝通商之事而唐宋以来市舶按时代编焉

汉

汉高帝十一年遣陆贾立赵佗为南越王与剖符通使和集百越毋为南边患害与长沙接境高后时有司请禁南越关市铁器佗曰高帝立我通使物今高后听谗臣别异蛮夷隔绝器物此必长沙王计也【史记南越尉佗传】

谨案宋赵汝适作诸番志序以为禹贡载岛夷卉服厥篚织贝为蛮夷通货中国之始不知夏书所言专谓职贡非通市也惟赵佗传言南越关市铁器当为通市之始宋史食货志言互市舶法始于汉初与南粤通关市是也故首载之

粤地处近海多犀象瑇瑁珠玑银铜果布之凑中国往商贾者多取富焉番禺其一都会也自合浦徐闻南入海得大州东南西北方千里武帝元封元年略以为儋耳珠厓郡元帝时罢弃之自日南障塞徐闻合浦行可五月有都元国又行可四月有邑卢没国又行可二十余日有谌离国步行可十余日有夫甘都卢国自夫甘都卢国行可二月余有黄支国民俗略与珠厓相类其州广大户口多多异物自武帝以来皆献见有译长属黄门与应募者俱入海市明珠璧流离奇石异物赍黄金杂缯而往所至国皆禀食为耦蛮夷贾转送致之亦利交易剽杀人又苦逢风波溺死不者数年来还大珠至围二寸以下平帝元始中王莽辅政欲耀威德厚遗黄支王令遣使献生犀牛自黄支行可八月到皮宗行可二月到日南象林界云黄支之南有已程不国汉之译使自此还矣【汉书地理志】

后汉

交址之南有越裳国周公居摄六年越裳以三象重译而献白雉周德既衰于是稍绝及楚子称霸朝贡百粤秦并天下威服蛮夷始开岭外置南海桂林象郡汉兴尉佗自立为南越王传国五世至武帝元鼎五年遂灭之分置九郡元帝初元三年罢珠厓逮王莽辅政元始二年日南之南黄支国来献犀牛世祖建武十二年九真儌外蛮里张游率种人慕化内属明年南越儌外蛮夷献白雉白肃宗元和元年日南儌外蛮夷究不事人邑豪献生犀白雉安帝永初元年九真儌外蛮夷举土内属延光元年九真儌外蛮贡献内属三年日南儌外蛮复来内属顺帝永建六年日南儌外叶调王便遣使贡献永和二年日南象郡儌外蛮夷乱交址刺史樊演发兵救之反为所攻公卿百官皆议遣将发兵大将军从事中郎李固驳之四府悉从固议拜祝良为九真太守张乔为交址刺史由是岭外复平灵帝建宁三年乌浒人内属皆受冠带熹平二年口南儌外国重译贡献六年复来贡献【后汉南蛮西南夷交址传】

孟尝迁合浦太守郡不产谷实而海出珠宝与交址比境常通商贩贸籴粮食【后汉书本传】

六朝

西南夷诃罗陁国宋元嘉七年遣使奉表愿敕广州时遣舶还不令所在有所陵夺【宋书夷蛮传】

扶南国在日南郡之南海西大湾中去日南可七千里在林邑西南三千余里城去海五百里其南界三千余里有顿逊国在海崎上地方千里城去海十里顿逊之东界通交州其西界接天竺安息儌外诸国往还交市所以然者顿逊迴入海中千余里涨海无崖岸船舶未曾得径过也其市东西交会日有万余人珍物宝货无所不有【梁书海南诸夷传】

海南诸国大抵在交州南及西南大海洲上相去或四五千里远者二三万里其西与西域诸国接汉元鼎中遣伏波将军路博德开百越置日南郡其儌外诸国自武帝以来皆朝贡后汉桓帝世大秦天竺皆由此道遣使贡献及吴孙权时遣宣化从事朱应中郎康泰通焉其所经过及传闻则有百数十国因立记传晋代通中国者盖鲜故不载

史官及宋齐至梁其奉正朔修贡职航海往往至矣【南史海南诸国传】

梁萧励为广州刺史广州边海旧饶外国舶至多为刺史所侵每年舶至不过三数及励至纤毫不犯岁十余至【南史梁宗室传】

王僧孺为南海太守郡常有高凉生口及海舶每岁数至外国贾人以通货易旧时州郡以半价就市其利数倍僧孺并无所取【梁书本传】

唐

唐始置市舶使以岭南帅臣监领之设市区令蛮夷来贡者为市稍收利入官凡舟之来最大者为独樯舶能载一千婆兰【胡人谓三百斤为一婆兰】次曰牛头舶比独樯得三之一又次曰三木舶曰料河舶递得三之一【谨按此数语顾氏采之宋史食货志】贞观十七年诏三路舶司番商贩到龙脑沈香丁香白豆蔻四色并抽解一分武后时都督路元睿冒取番酋货舶酋不胜忿杀之开元初市舶使周庆立与波斯僧造奇巧以进劾罢又罢遣使者之南海求珠翠者【开元四年有湖人上言南海多珠翠奇宝可往营致因言市舶之利又欲往师子国求灵药及善医之妪置之宫掖上命监察御史杨范臣与胡人偕往求之范臣从容奏曰陛下前年焚珠玉锦绣示不复用今所求者何以异于所焚者乎彼市舶与商贾争利殆非王者之体胡药之性中国多不能知况于胡妪岂宜置之宫掖夫御史天子耳目之官必有军国大事臣虽触冒实瘴死不敢辞此特胡人眩惑求媚无益圣德窃恐非陛下意愿熟思之上遽自引咎慰谕而罢之】后于广州设结好使每番舶至则审事宜以闻时诸番多所更改林邑号环王而真腊亦号文单皆尝犯边元和中安南都护张舟击败之乃复铜柱以正疆场于是贡琛溢于王府其后节度使马总又铸二柱以继之贞元时波斯波罗二国入贡多珍物节度使王处休奉宣威德抚令市易常外一无所取其后以军兴渐加市税太和中文宗下诏除之【郡国利病书】

南海舶外国也每岁至安南广州师子国舶最大梯上下数丈皆积宝货至则本道奏报郡邑为之喧阗有番长为主领市舶使藉其名物纳舶脚禁珍异番商有以欺诈入牢狱者【李肇国史补】

广德元年十二月广州市舶使吕太一反逐其节度使张休【新书代宗纪】

文宗太和八年疾愈德音南海番舶本以慕化而来固在接以恩仁使其感悦思有矜恤以示绥怀其岭南福建及扬州番客宜委节度观察使常加存问除舶脚收市进奉外任其来往通流自为交易不得重加率税【文苑英华】

王方庆拜广州都督广州地际南海每岁有昆仑乘舶以珍物与中国交市旧都督路元睿冒求其货昆仑怀刃杀之方庆在任数载秋毫不犯【旧书本传】

柳泽开元中监岭南选时市舶使右威卫中郎将周庆立造奇器以进泽上书言庆立雕制诡物造作奇器用浮巧为珍玩以谲怪为异宝乃治国之巨蠹明主所宜严罚者也书奏元宗称善【新书本传】

王锷迁广州刺史岭南节度使西南大海中诸国舶至则尽没其利由是锷家财富于公藏日发十余艇重以犀象珠贝称商货而出诸境周以岁时循环不绝凡八年【旧书本传】

卢奂为南海太守遐方之地贪吏敛迹人用安之以为自开元已来四十年广州节度清白者有四谓宋璟裴伷先李朝隐及奂中使市舶亦不干法【旧书卢怀慎传】

徐申进岭南节度使外番岁以珠瑇瑁香文犀浮海至申于常贡外未尝剩索商贾饶盈【新书本传】

李勉除广州刺史兼岭南节度使前后西域舶泛海至者岁才四五勉性廉洁舶来都不检阅故末年至者四十余【旧书本传】

孔戣元和十二年拜岭南节度使番舶泊步有下碇税始至有阅货宴所饷犀琲下及仆隶戣禁绝无所求索旧制海商死者官籍其赀满三月无妻子诣府则没入戣以海道岁一往复苟有验者不为限悉推与【新书孔巢父传】

卢钧开成元年为广州刺史御史大夫岭南节度使南海有蛮舶之利珍货辐辏旧帅作法兴利以致富凡为南海者靡不捆载而还钧性仁恕为政廉洁请监军领市舶使已一不干预【旧书本传】

韦正贯宣宗立擢岭南节度使南海舶贾始至大帅必取象犀明珠上珍而售以下正贯既至无所取吏咨其清

【新书韦皋传】

陆贽论岭南请于安南置市舶中使状曰岭南节度经略使奏近日舶多往安南市易进奉事大实惧阙臣今欲差判官就安南收市望定一中使与臣使司同勾当庶免欺隐希颜奉宣圣旨宜依者远国商贩唯利是求广州地当要会俗号殷繁交易之徒素所奔辏今忽舍近而趋远弃中而就偏若非侵刻过深则必招怀失所且岭南安南莫非王土中使外使悉是王臣若缘军国所需皆有令式恒制人思奉职孰敢阙邑必信岭南而绝安南重中使而轻外使殊尖推诚之体又伤贱货之风望押不出【陆宣公奏议】

韩愈送郑尚书序其海外杂国若耽浮罗流求毛人夷亶之州林邑扶南真腊干陀利之属东南际天地以万数或时候风潮朝贡蛮胡贾人舶交海中若岭南帅得其人则一边尽治不相寇盗贼杀无风鱼之灾水旱厉毒之患外国之货日至殊香象犀瑇瑁奇物溢于中国不可胜用【昌黎集】

宋

市舶司掌市易南番诸国物货航舶而至者初于广州置司以知州为使通判为判官及转运使司掌其事又遣京朝官三班内侍三人专领之后又于杭州置司淳化中徙置于明州定海县命监察御史张肃主之明年肃上言非便复于杭州置司咸平中又命杭明州各置司听番客从便若舶至明州定海县监官封荅堵送州凡大食古逻阇婆占城勃泥麻逸三佛齐宾同胧沙里亭丹流眉并通货易以金银缗钱铅锡杂色帛精粗瓷器市易香药犀象珊瑚琥珀珠宾铁鼊皮瑇瑁玛瑙砗磲水晶番布乌樠苏木之物太平兴国初京师置榷易院乃诏诸番国香药宝货至广州交址象州两浙非出于官库者不得私相市易后又诏民间药石之具恐或致阙自今惟珠贝瑇瑁犀牙宾铁鼊皮珊瑚玛瑙乳香禁榷外他药官市之余听市货与民其后二州知州领使如劝农之制通判兼监而罢判官之名每岁止三班内侍专掌转运使亦总领其事大抵海舶至十先征其一其价酌番货轻重而差给之【宋会要】

开宝四年六月命同知广州潘美尹崇珂并充市舶使以驾部员外郎通判广州谢处玭兼市舶判官【宋会要】

太平兴国元年五月诏敢与番客货易计其满一百文以上量科其罪过十五千以上黥面配海岛过此数者押送赴阙妇人犯者配充针工淳化五年二月又申其禁四贯以上徒一年递加二十贯以上黥面配本地充役兵【宋会要】

太平兴国二年正月命著作佐郎李鹏举充广南市舶使【宋会要】

太平兴国七年闰十二月诏闻在京及诸州府人民或少药物食用今以下项香药止禁榷广南漳泉等州舶上不得侵越州府界紊乱条法如违依条断遣其在京并诸处即依旧官场出卖及许人兴贩凡禁榷物八种瑇瑁牙犀宾铁鼊皮珊瑚玛瑙乳香放通行药物三十七种木香槟榔石脂硫黄大腹龙脑沈香檀香丁香丁香皮桂胡椒阿魏莳萝事澄茄诃子破故纸豆蔻花白豆蔻鹏沙紫矿胡卢芭卢会荜拨益智子海桐皮缩砂高良姜草豆蔻桂心苗没药煎香安息香黄熟香乌樠木降真香琥珀后紫矿亦禁榷【宋会要】

雍熙二年九月己巳禁海贾【宋史太宗纪】

雍熙四年五月遣内侍八人赍敕书金帛分四纲各往海南诸国勾招进奉博买香药犀牙珍珠龙脑每纲赍空名诏书三道于所至处赐之【宋会要】

淳化二年四月诏广州市舶每岁商人舶官尽增常价买之良楛相杂官益少利自今除禁榷货外他货择良者止市其半如时价给之粗恶者恣其卖勿禁【宋会要】

谨按宋史食货志载此条又云岁约获五十余万斤条株颗

至道元年三月诏广州市舶司曰朝廷绥抚远俗禁止末游比来食禄之家不许与民争利如官吏罔顾宪章苟徇货财潜通交易阑出徼外私市掌握之珍公行道中靡虞薏苡之谤永言贪冒深蠹彝伦自今宜令诸路转运司指挥部内州县专切纠察内外文武官僚敢遣亲信于化外贩鬻者所在以姓名闻【宋会要】

至道元年六月诏市舶司监官及知州通判等今后不得收买番商杂货及违禁物色如违当重置之法先是南海官员及经过使臣多请托市舶官如传语番长所买香药多亏价至是左正言冯拯奏其事故有是诏【宋会要】

大中祥符二年八月九日诏杭广明州市舶司自今番商赍鍮石至者官为收市斤给钱五百以初立禁科也时

三司定斤钱二百诏特增其数【宋会要】

大中祥符九年九月十八日太常少卿李应机言广州勾当市舶司使臣自今后望委三司使副使判官或本路转运使奏廉干者充选从之【宋会要】

天禧三年十月备库使时其昌言广州市舶库门旧令钤辖监阅望止于都监押内轮司其事从之【宋会要】

天禧四年六月右谏议大夫李应机言广州通判系审官院差缘兼市舶公事望自今中书选差候得替日如不亏递年课额特与改官优加任使其市舶使臣亦候得替依押香药纲使臣例迁转亲民任使诏广州通判于京朝官中选累有人奏举者具名取旨其市舶依所请施行【宋会要】

天圣五年九月自今遇有舶船到广州博买香药及得一两纲旋具闻奏乞差使臣管押【宋会要】

天圣六年七月十六日诏广州近年番舶罕至令本州与转运司诏诱安存之【宋会要】

天圣八年六月诏广州监市舶司使臣自今三班院依拣走马承受使臣例选取三人各会有举主三人已上者具脚色姓名申枢密院其差出使臣如在任终满三年委实廉慎别无公私过犯仍令本路转运使副保奏当与酬奖【宋会要】

景佑五年九月七日太常少卿直昭文馆任中师言臣在广州奉敕管勾市舶司使臣三人通判二人亦是管勾市舶司名衔并同勘会所使印是市舶使字乞自今少卿监以上知广州并兼市舶使入衔内两通判亦充市舶判官或主辖市舶司事管勾使臣并申状诏知州徐起兼市舶使今后少卿监已上知州兼市舶使余不行【宋会要】

仁宗时诏杭明广三州置市舶司海舶至者视所载十算其一而市其三海舶岁入象犀珠玉香药之类皇佑中总其数五十三万有余【文献通考】

熙宁四年五月十二日诏应广州市舶司每年抽买到乳香杂药依条计纲申转运司召差广南东西路得替官往广州交管押上京送纳事故充替之人勿差至元符三年六月十一日广东转运司奏欲于上京送纳字下添入如逐路无官愿就即不限路分官员并许召差如无官仍约定纲数申省乞差军大将装押字从之【宋会要】

熙宁七年正月一日诏诸舶遇风信不便飘至逐州界速申所在官司城下委知州余委通判或职官与本县令佐躬亲点检除不系禁物税讫给付外其系禁物即封堵差人押赴随近市舶司勾收抽买诸泉福缘海州有南番海南物货到并取公据验认如已经抽买有税务给到回引即许通行若无照证及买得未经抽买物货即押赴随近市舶司勘验施行诸客人买到抽解下物货并于市舶司请公凭引目许往外州货卖如不出引目许人告依偷税法【宋要会】

熙宁七年七月十八日诏广东路提举司劾广州市易务勾当公事吕邈以擅入市舶司拘拦番商物故也十九日诏广州市舶司依旧存留更不併归市易务【宋会要】

熙宁九年五月二日中书门下言给事中集贤殿修撰程师孟乞罢杭州明州市舶司只就广州市舶司一处抽解欲令师孟赴三司同共详议利害以闻三司言今与师孟同共详议明广州市舶利害先次删立抽解条约诏恐逐州有未尽未便事件令更取索重详定施行【宋会要】

元丰三年八月二十七日中书言广州市舶条已修定乞专委官推行诏广东以转运使孙迥广西以转运使陈倩两浙以转运副使周穜福建以转运判官王子京迴穜兼提举推行倩子京兼觉察拘拦其广南东路安抚使更不带市舶使【宋会要】

元丰五年十月十七日广东转运副使兼提举市舶司孙迥言南番纲首持三佛齐詹毕国主及主管国事国主之女唐字书寄臣熟龙脑二百二十七雨布十三匹臣昨奉委推行市舶法臣以海舶法敝商旅轻于冒禁每召贾胡示以条约晓之以来远之意今幸刑戮不加而来者相继前件书物等臣不敢受乞估入官委本库买彩帛物等候冬舶回报谢之所贵通异域之情来海外之货从之【宋会要】

元丰五年十二月二十一日广西转运副使吴潜言雷化发船之地与琼岛相对今令倒下广州请引约五千里不便欲乞广西海一带州县如土人客人以载米谷牛酒黄鱼及非市舶司抽解之物并更不下广州请引诏孙迥相度于市舶法有无妨碍【宋会要】

元佑元年杭明广三州市舶是年收钱粮银香药等五十四万一百七十三缗匹斤两段条个颗脐只粒支二十三万八千五十六缗匹斤两段条个颗脐只粒【文献通考】

元佑五年十一月二十九日刑部言商贾许由海道往来番商兴贩并具入舶物货名数所诣去处申所在州仍召本土物力户三人委保州为验实牒送愿发舶州置簿给公据听行回日许于合发舶州住舶公据纳市舶司即不请公据而擅乘舶自海道入界河及往高丽新罗登莱州界者徒二年五百里编管往北界者加二等配一千里并许人告捕给舶物半价充赏其余在舶人虽非物主并杖八十即不请公据而未行者徒一年邻州编管赏减擅行之半保人并减犯人三等从之【宋会要】

元符二年五月十二日户部言番舶为风飘著海州界若损败及舶主不在官为拯救录物货许其亲属召保认还及立防守盗纵诈冒断罪法从之【宋会要】

崇宁三年五月二十八日诏应番国及土生番客愿往他州或东京贩易物货者仰经提举市舶司陈状本司勘验诣实给与公凭前路照会经过官司常切觉察不得夹带禁物及奸细之人其余应有关防约束事件令本路市舶司相度申上书省先是广南路提举市舶司言自来海外诸国番客将宝货渡海赴广州市舶务抽解举民间交易听其往还许其居止今来大食诸国番客乞往诸州及东京买卖未有条约故有是诏【宋会要】

崇宁四年五月二十日诏每年番到岸应买到物货合行出卖并将在市实价例依市易法通融收息不得过二分从广南提举市舶司请也【宋会要】

崇宁五年三月四日诏广州市舶司旧来发舶往来南番诸国博易回元丰三年旧条只得却赴广州抽解后来续降革不同今则许于非元发舶州往舶抽买缘此大生奸弊亏损课额可将元丰三年八月旧条与后来续降冲改参详从长立法遵守施行【宋会要】

大观元年三月十七日诏广南福建两浙市舶依旧复置提举官【宋会要】

政和四年五月十八日诏诸国番客到中国居住已经五世其财产依海行无合承分人及不经遗属者并依户绝法仍入市舶司拘管【宋会要】

宣和三年十一月二十六日诏诸路市舶本钱并依茶盐钱已得指挥【宋会要】

宣和四年五月九日诏应诸番国进奉物依元丰法更不起发就本处出卖倘敢违戾市舶司官以自盗论【宋会要】

宣和七年三月十八日诏降给空名度牒广南福建路各五百道两浙路三百道付逐路市舶司充折博本钱仍每月具博买并抽解到数目申尚书省【宋会要】

卷三·前代事实【二】

宋

建炎元年六月十三日诏市舶司多以无用之物枉费国用取悦权近自今有以笃耨香指环玛瑙猫儿眼睛之类博买前来及有亏番商者皆重置其罪令提刑司按举闻奏【宋会要】

建炎元年十月二十三日承议郎李则言闽广市舶旧法置场抽解分为粗细二色般运入京其余粗重难起发之物本州打套出卖自大观以来乃置库收受务广帑藏张大数目其弊非一旧系细色纲只是珍殊龙脑之类每一纲五千两其余如犀牙紫矿乳香檀香之类尽系粗色纲每纲一万斤凡起一纲差衙前一名管押支脚乘赡家钱约计一百余贯大观已后犀牙紫矿之类皆变作细色则是旧日一纲分之为十二纲多费官中脚乘赡家钱三千余贯乞将前项抽解粗色并令本州依时价打套出卖尽作见钱桩管许诸客人就行在中纳见钱赍执兑便关子前来本州支请诏依旧余依所乞【宋会要】

建炎四年二月二十六日尚书省言广南路提举市舶司言检准敕节文广南市舶司状广州市舶库逐日收支宝货钱物浩瀚全藉监门官检察欲乞许从本司奏准无赃私罪文武官充广州市舶库监门庶几得人检察杜绝侵盗之弊从之【宋会要】

建炎四年六月二十二日诏诸路市舶司钱物今后并不许诸司官划刷如违以徒二年科罪【宋会要】

绍兴元年七月二十日提举广南市舶张书言上言阇婆番首勤坚附到番信与广州知州并提举市舶官未敢收受诏不许如愿中卖即依数支还价钱不得两有亏损【宋会要】

绍兴元年十一月二十六日提举广南路市舶张书言言契勘大食人使蒲亚里所进大象牙二百九株大犀三

十五株在广州市舶库收管缘前件象牙各系五七十斤以上依市舶条例每斤价钱二贯六百文九十四陌约用本钱五万余贯文省欲望详酌如数目稍多行在难以变转即乞指挥起发一半令本司委官秤估将一半就便搭息出卖取钱添同给还蒲亚里本钱诏令张书言拣选大象牙一百株并犀二十五株起发赴行在准备解笏造带宣赐臣僚使用余依【宋会要】

绍兴二年四月二十六日户部言据提举广南路市舶张书言札子近年以来不朝廷给降本钱而转运司又取拨过本司见钱五万贯文见今委实阙乏诏令礼部给降广东路空名度牒三百道紫衣两字师号各一百道拨还本司充博买本钱支用【宋会要】

绍兴二年六月二十一日广南东路经略安抚提举市舶司言广州自祖宗以来兴置市舶收课入倍于他路每年发舶月分支破官钱管设津遣其番汉纲首作头梢工等人各令与坐无不得其欢心非特营办课利盖欲招徕外夷以致柔远之意旧来或遇发众多及进贡之国并至量增添钱数亦不满二百余贯费用不多所说者众今准建炎二年七月敕备坐前提举两浙市舶吴说札子每年宴犒诸州所费不下三千余贯委是枉费缘吴说即不曾取会本路设番所费数目例指挥寝罢窃虑无以招怀远人有违祖宗故事欲乞依旧犒设从之【宋会要】

绍兴三年七月一日诏广南东路提举市舶官今后遵守祖宗旧制将中国有用之物如乳香药物及民间常使香货并多数博买内乳香一色客算尤广所差官自当体国招诱博买仍令户部限三日将市舶司抽解博买旧法参酌重别立定殿最赏罚条格具状申尚书省以尚书省言提举官往往非其人致番商稀少理合讲究故也【宋会要】

绍兴三年八月二十二日新差提举广南路市舶姚焯言恩付以南海舶事唯番商物货之职而已他不与焉今赴新任窃恐入境已后或见本路民间有的实利病乞依守臣五事例得以条具闻奏庶几远民咸喻德意从之【宋会要】

绍兴三年九月九日诏广南市舶库钱物除朝廷指定取合应付外其余官司今后并不得取拨支使虽奉特旨亦听本司执奏不行提举姚焯言本司钱本多为转运司画旨取拨致无以应副番商故也【宋会要】

绍兴三年十一月十二日户部言诸路收买市舶司博易物色本钱欲依旧用坊场钱应副从之【宋会要】

绍兴三年十二月十七日户部言勘会三路市舶除依条抽解外番商贩到乳香一色及牛皮筋角堪造军器之物自当尽行博买其余物货若不权宜立定所起发窠名窃虑枉费脚乘欲令三路市舶司将今来立定名色计置起发下项名件欲令起发赴行在送纳金银珍珠玉乳香牛皮筋角象牙犀脑子麝香沉香上中次笺香檀香乌文木鹏砂朱砂木香人参丁香琉璃珊瑚苏合油白豆蔻牛黄腽肭脐龙涎香藤黄血碣荜澄茄安息香缩砂降真香肉豆蔻诃子舶上茴香茯苓菩萨香鹿茸黑附子油脑苁蓉琥珀上等螺犀中等螺犀下等螺犀水银上等药犀中等药犀下等药犀鹿速香赤仓脑米脑脑泥木扎脑夹杂银石碌白附子铜器银朱苛子南蕃苏木高州苏木随风子青木香干姜川芎红花雄黄川椒石钟乳琉黄白术夹杂黄熟香头上等生香茴香乌牛角白牛角沙鱼皮上等鹿皮鱼胶海南苏木熟速香画黄龟鼊皮鱼鳔椰心簟番小花狭簟菱牙簟番显布海南棋盘布海南吉贝布海南青花棋盘皮单下色瓶香海南白布海南白布皮单拣香上色瓶乳香中色瓶香次下色瓶香上色袋香中色袋香下色袋香乳香塌香黑塌香水湿黑塌香青棋盘布绸生速香斫削拣选低下水湿黑塌香黄蜡松子榛子夹煎黄熟香头白芜荑山茱萸茅术防风杏仁五苓脂黄芪土牛膝毛绝布高丽小布占城速香生熟香夹煎香上黄熟香中黄熟香下笺香石斛下项名件欲令本处一面变卖蔷薇水御碌香芦荟阿魏荜拨史君子豆蔻花肉桂桂花指环脑丁香扶律膏大枫油加路香火丹子紫藤香笃芹子豆蔻黑笃耨龟童没药天南星青桂头秦皮橘皮鳖甲莳萝官桂榆甘子益智高良姜甲香天竺黄草豆蔻藿香红豆草果大腹子肉破故纸苓苓香蓬莪术木鳖子石决明木兰皮丁香皮㲉豆蔻乌药柳桂桂皮檀香皮姜黄相思子苍术青椿香幽香桂心大片香姜黄熟缠末潮脑三赖子龟头枝实密木檀香缠丁香枝白胶香椿香头鸡骨香龟同香白芷亚湿香木兰茸乌黑香粗熟香下等丁香下等冒头香下等粗香头下等青桂片香麝香木蕃槟榔肉连皮槟榔旧香连皮大腹粗熟香头海桐皮松搭子犀蹄土半夏常山蕤仁远志暂香下速香下黄熟香诏依【宋会要】

绍兴五年闰二月八日诏市舶务监官并见任官诡名买市舶司及疆买客旅舶货以违制论仍不以赦降原减许人告赏钱一百贯提举官知通不举劾减犯人罪二等【宋会要】

绍兴七年闰十月三日上曰市舶之利最厚若措置合宜所得动以百万计岂不胜取之于民朕所以留意于此庶几可以少宽民力尔先是诏令知广州连南夫条具市舶之弊南夫奏至其一项市舶司全藉番商来往货易而大商蒲亚里者既至广州有右武大夫曾纳利其财以妹嫁之亚里因留不归上今委南夫劝诱亚里归国往来干运番货故谕及之【宋会要】

绍兴八年七月十六日臣寮言广南福建两浙市舶司抽买到市舶香药物货依绍兴六年四月九日朝旨立定合起发本色并令本处一面变转价钱赴行在送纳名件缘合起发内尚有民间使用稀少等名色若行起发窃虑枉费脚乘及亏损官钱诏令逐路市舶司如抽买到和剂局无用并临安府民间使用稀少物货更不起发本色一面变转价钱赴行在库务送纳内广南福建路仍起轻赍【宋会要】

绍兴十一年十一月户部言重行裁定市舶香药名色仰依合起发名件须管依限起发前来所是本处变卖物货除将自来条格内该载合充循环本钱外其余遵依已降指挥计置起发施行不管违戾合赴行在送纳可以出卖物色细色诃子中笺香没药破故纸丁香木香茴香茯苓玳瑁鹏砂莳萝紫矿玛瑙水银天竺黄末朱砂人参鼊皮银子下笺香芹子铜器银朱熟速香带根丁香桔梗泽瀉茯神金舶上茴香中熟速香玉乳香麝香夹杂金夹杂银沉香上笺香次笺香鹿茸珊瑚苏合油牛黄血碣膃肭脐龙涎香荜澄茄安息香琥珀雄黄钟乳石蔷薇水芦荟阿魏黑笃耨鳖甲笃耨香皮笃耨香没石子雌黄鸡舌香香螺奄葫芦芭翡翠金颜香画黄白豆蔻龙脑有九等熟脑梅花脑白苍脑油脑赤苍脑脑泥鹿速脑木扎脑粗色胡椒檀香夹笺香黄蜡黄熟香吉贝布袜面布香米缩砂干姜蓬莪术生香断白香藿香荜拨益智木鳖子降真香桂皮木棉史君子肉豆蔻槟榔青橘皮小布大布白锡甘草荆三棱碎笺香防风蒟酱次黄熟香乌里香苓苓香中黄熟香冒头香三赖子青苎布下生香丁香海桐皮番青班布下等冒头香下等五里香苓牙簟修割香中生香白附子白熟布白细布山桂皮暂香带枝檀香铅土茴香乌香牛齿香半夏芎褲布石碌紫藤香官桂桂花花藤粗香红豆高良姜藤黄黄熟香头藤黄熟香片螺头斩銼香生香片水藤皮苍术红花片藤琉璃水盘头赤鱼鳔香纚小片水盘头杏仁红橘皮二香大片香糖霜天南星松子麄小布大片水盘香中水盘香璋脑青桂香斧口香白苎布鞋面布丁香皮草果生苎布土檀香青花番布苁蓉螺犀随风子细丁海母龟同亚湿香菩提子鹿角蛤蚧洗银朱花梨木琉琉殊椰心簟犀蹄番糖师子绥枝实麄重枉费脚乘窊木大苏木小苏木硫磺白藤棒修截香青桂头香番苏木次下苏木海南苏木镬铁白藤麄铁水藤坯子大腹子姜黄麝香木跳子鸡骨香大腹檀香皮把麻倭板倭枋板头薄板板掘短板肩椰子长薄板合簟火丹子蛙蛄干倭合山枝子白檀木黄丹麝檀木苎麻苏木稍靸相思子倭梨木榼藤子滑皮松香螺殼连皮大腹吉具花布吉贝纱琼枝莱砂黄麄生香琉璜泥黄木柱短小零板杉枋厚板松枋海松板木枋厚板令赤藤厚枋海松枋长小零板板头松花小螺殼麄黑小布杉板狭小枋令团合杂木柱枝条苏木水藤篾三抄香团铁脚珠苏木脚生羊梗黄丝火杴煎盘黑附子油脑药犀青木香白术番小花狭簟海南白布单青番棋盘小布白芜荑山茱萸茅术五苓脂黄芪毛施布生熟香石斛大枫油秦皮草豆蔻乌药香白芷木兰茸蕤仁远志海螺皮生姜黄芩龙骨草枕头土琥珀冷瓶密木白眼香脔香铁熨斗土锅豆蔻花砂鱼皮拍还脑香柏皮黄漆滑石蔓荆子金毛狗脊五加皮榆甘子菖蒲土牛膝甲香加路香石花菜粗丝茧头大价香五倍细辛韶脑旧香御碌香大枫子檀香皮香皮末大食芎仑梅董陆香召亭枝龟头犀香豆根白脑香生香片舶上苏木水盘头幽香番头布海南棋盘布海南青花布皮单长木长倭条短板肩二十三日臣寮言广东福建路转运司遇舶船起发差本司属官一员临时点检仍差不干碍官一员觉察至海口俟其放洋方得回归如所委官或纵容般载铜钱并乞显罚以为慢令之戒诏下刑部立法刑部立到法诸舶船起发【贩番及外番进奉人使回番船同】所属先报转运司差不干碍官一员躬亲点检不得夹带铜钱出中国界仍差通判一员【谓不干预市舶职事者差独员或差委清疆官】覆视候其船放洋方得回归诸舶船起发【贩番及外番进奉人使回番船同】所委点检官覆视官同容纵夹带铜钱出中国界首者依知情引领停藏负载人法【失察者减觉二等】即覆视官不候其船放洋而辄回者徒一年从之【宋会要】

绍兴十四年九月六日提举福建路市舶楼璹言臣昨任广南市舶司每年于十月内依例支破官钱三百贯文排办筵宴系本司提举官同守臣犒设诸国番商等今来福建市舶司每年止量支钱委市舶监官备办宴设委是礼意与广南不同欲乞依广南市舶司体例每年于遣发番舶之际宴设诸国番商以示朝廷招徕远人之意从之【宋会要】

绍兴十六年九月二十五日宰执进呈广南市舶司缴进三佛齐国王寄市舶官书且言近年商贩乳香颇有亏损上曰市舶之利颇助国用宜循旧法以招徕远人阜通货贿于是降右朝散大夫提举福建路常平茶事袁复一官以前任广南市舶亏损番商物价故有是命【宋会要】

绍兴十七年十一月四日诏三路市舶司今后番商贩到龙脑沉香丁香白豆蔻四色并依旧抽解一分余数依旧法施行先是绍兴十四年一时措置抽解四分以市舶司言番商陈诉抽解太重故降是旨【宋会要】

绍兴二十一年七月八日广南市舶司言广州通判二员主管市舶职事比之干办公事职事为简乞将通判赏减定依干办公事官一等推赏诏下本司上差通判一员主管市舶职事其赏依本司所乞与干办公事一等比监官条法减半推赏施行【宋会要】

绍兴二十七年六月一日宰执进呈户部措置广南铜钱出界事上曰广南市舶司递年有番商息钱如及额许补官此祖宗旧制前两年有陈乞推恩人朝廷不与恐缘此番商不至今后可与依旧例推恩即非创立法制【宋会要】

绍兴二十九年九月二日宰执进呈御史台检法官张阐论市舶事上日广南福建两浙三路市舶条法恐各不同宜令逐司先次开具来上当委官详定朕尝问阐市舶司岁入几何阐奏抽解与和买以岁计之约得二百缗如此即三路所入固已不少皆在常赋之外未知户部如何收附及如何支使卿等宜取见实数以闻汤思退奏曰谨当遵依圣训行下逐路舶司钞录条法并令取见收支实数俟到条数闻奏以御史台检法官张阐言比者叨领舶司仅及二载窃尝求其利害之灼然者无若法令之未修何当福建广南各置务于一州两浙市舶务及分建于五所三路市舶相去各数千里初无一定之法或本于一司之申请而他司有不及知或出于一时之建明而异时有不可用监官之或专或兼人吏之或多或寡待夷夏之商或同而或异立赏罚之制或重而或轻以至住舶于非发舶之所有禁有不禁买物于非产物之地有许有不许若此之类不可概举故官吏无所遵守商贾莫知适从奸吏舞文远人被害其为患深欲望有司取前后累降指挥及三路节次申请厘析删修著为一司条制故上谕及之【宋会要】

隆兴元年十二月十三日臣僚言舶船物货已经抽解不许再行收税系是旧法缘近来州郡密令场务勒商人将抽解余物重税却致冒法透漏所失倍多宜行约束庶官私无亏兴贩益广户部看详在法应抽解物不出州界货卖更行收税者以违制论不以去官赦降原减欲下广州福建两浙转运司并市舶司钤束所属州县场务遵守见行条法指挥施行从之【宋会要】

隆兴二年七月二十五日臣僚言熙宁初创立市舶一司所以来远人通物货也旧法抽解既定数又宽期纳税使之待价此招致之方也迩来州郡官吏趣办抽解之外又多名色兼迫其输纳货滞则减价求售所得无几恐商旅自此不行欲望戒敕州郡推明神宗皇帝立法之意使商贾懋迁以助国用从之继而户部欲行广南福建两浙路转运司并市舶司钤束所属州县场务遵守见行条法施行毋致违戾【宋会要】

谨按此条是开宝时所置市舶使犹循唐制至新法既行乃置为司也

乾道三年四月二十二日诏广南两浙市舶司所发船回日内有妄托风水不便船身破漏樯柁损坏即不得拘截抽解若有别路市舶司所发船前来泉州亦不得拘截即委官押发离岸回元来请公验去处抽解从福建路市舶程佑之请也【宋会要】

乾道七年十月十三日诏今后广南市舶司起发粗色香药物货每纲以二万斤正六百斤耗为一纲依旧例支破水脚钱一千六百六十二贯三百三十七文省限五个月到行在交纳如别无欠损违限与依押乳香三十斤推赏其差募官管押等并依见行条法指挥从户部尚书曾怀之请也【宋会要】

乾道九年七月十二日诏广南路提举市舶司申乞于琼州置主管官指挥更不施行先是提举黄良心言欲创置广南路提举市舶司主管官一员专一觉察市舶之弊并催赶回舶抽解于琼州置司臣僚言昔贞元中岭南以舶船多往安南欲差判官往安南收市陆贽以谓示贪风于天下其事遂寝遣官收市犹不可况设官以渔利乎故有是命【宋会要】

淳熙二年二月二十七日户部言市舶司管押纲运官推赏今措置欲令福建广南路市舶司粗细物货并以五万斤为一全纲福建限三月程广南限六月程到行在无欠损与比仿押钱帛指挥推赏如不及全纲以五斤为则作十分组计亦依押钱帛纲地里格法等第推赏从之【宋会要】

开禧元年八月九日提辖行在榷货务都茶场赵善谧言泉广招买乳香缘舶司阙乏不随时支还本钱或官吏除克致有规避博买诈作飘风前来明秀江阴舶司巧作他物抽解收税私卖搀夺国课乞下广福市舶司多方招诱申给度牒变卖给还价钱仍下明秀江阴三市舶遇番船回舶乳香到岸尽数博买不得容令私卖从之【宋会要】

开禧元年十月十一日诏泉广市舶司将逐年博买番商乳香自开禧二年为始权往博买【宋会要】

开禧三年正月七日前知南雄州聂周臣言泉广各置舶司以通番商比年番船抵岸既有抽解合许从便货卖今所官司择其精者售以低价诸司官属复相嘱托名曰和买利既薄怨望愈深所以比年番船颇疏征税暗损乞申饬泉广市舶司照条抽解和买入官外其余货物不得毫发拘留巧作名色违法抑买如违许番商越诉犯者计赃坐罪仍令比近监司专一觉察从之【宋会要】

嘉定六年四月七日两浙转运司言临安府市舶务有客人于泉广番名下转买已经抽解胡椒降真香缩砂豆蔻藿香等物给到泉广市舶司公引立定限日指往临安府市舶务住卖从例系市舶务收索公引具申本司委通判主管官点检比照元引色额数目一同发赴临安府都税务收税放行出卖如有不同并引外出剩之数即照条抽解将收到钱分起发上供今承指挥舶船到临安府不得抽解收税差人押回有舶司州军即未审前项转贩泉广已经抽解有引物货船只合与不合抽解收税诏令户部今后不得出给兴贩海南物货公凭许回临安府抽解如有日前已经出给公凭客人到来并勒赴庆元府住舶应客人日后欲陈乞往海南州军兴贩止许经庆元府给公凭申转运司照条施行自余州军不得出给其自泉广转买到香货等物许经本路市舶司给引赴临安府市舶务抽解住卖即不得将元来船只再贩物货往泉广州军仍令临安府转运司一体禁戢从之【宋会要】

谨按宋制于广州明州杭州皆置市舶司后又置于泉州南渡后又增秀州温州江阴军今惟取会要中所载广州市舶著于篇余皆略之以明限断

明杭广州市舶司博到乳香计三十五万四千四百四十九斤【三司卖过香附】广州【熙宁十年帐内不开说系用是何钱物博买到】收三十四万八千六百七十三斤【四色瓶香二十一万七千九百九十五斤三袋香一十万四千九百六十三斤黑塌香一万五千四百五十斤水湿黑塌香一千二百一十七斤散缠香末九千四十八斤】西南香价西香六等【回纥每斤三贯三百文第一等回纥瓶香每斤三贯三百文回纥颗块香每斤二贯文回纥第一等瓶香缠每斤一贯二百文回纥缠每斤一贯二百文回纥缠末每斤三百文】南香六等【拣上第一等瓶香每斤四贯九百文第一等瓶香每斤三贯八百文第二等每斤三贯三百文第三等每斤二贯文黑塌每斤一贯六百文七香合每斤一贯三百文】三司三年出卖计八十九万四千七百一十九贯三百五文【元丰元年香药库见在香一百二万一千四百二十一斤市易务下见在香九千六百二十七斤见在】熙宁九年三十二万七千六百六贯一百四十七文【市易务二十二万六千六百七十五贯九百六十八文外州军关到钱五万五千六十二贯六百九十五文杂买场关到钱五万七千六百五十九贯三百二十七文已上计三千三万九千三百九十七贯九百九十文内除药钱一万一千七百九十一贯八百四十三文外计到上项钱贯数】熙宁十年三十一万三千三百七十四贯二百四文【市易钱一十七万七千三百七十贯八百四十八文上界还到一万七千九百四十五贯九百五十文关到卖过密州板桥镇香三万七千九百一十四贯八百三十八文外州军关到钱四万五千五百八十八贯九百五十三文杂买场关到钱三万四千八百五十三贯六百一十五文】元丰元年二十五万三千七百三十八贯九百五十四文【市易务一十九万二千三百七十五贯五百二十四文上界关到卖过密州板桥镇香钱二万一百三十贯九百六十六文外州军关到三万三千一百六十一贯七百一文杂买场关到钱八千七十贯七百六十三文毕衍中书备对】

谨按备对所言三州市舶司乳香三十五万四千四百四十九斤其内明州所收惟四千七百三十九斤杭州所收惟六百三十七斤而广州收者则有三十四万八千六百七十三斤是虽三处置司实只广州最盛也

白敏中知广州兼掌市舶至荆南预市药物以往在任无所须【宋史本传】

杨覃知广州南海有番舶之利前后牧守或致谤议惟覃以廉著【宋史本传】

马亮知广州时海舶久不至使招来之明年至者倍其初珍货大集【宋史本传】

张田知广州临政以清女弟聘马军帅王凯欲售珠犀于广顾曰南海富诸物但身为市舶使不欲自污尔【宋史本传】

王涣之知广州番客杀奴市舶使据旧比止送其长杖笞涣之不可论如法【宋史本传】

卷四·前代事实【三】

元

世祖定江南凡邻海诸郡与番国往返互易舶货者其货以十分取一粗者以十五分取一以市舶官主之【王圻续文献通考】

至元十五年八月辛未诏行中书省唆都蒲寿康等日诸番国列居东南岛屿皆有慕义之心可因番舶诸人宣布朕意诚能来朝者朕将礼之其往来互市各从所欲【元史世祖纪】

至元二十三年十一月改广东转运市舶提举司为盐课市舶提举司广东宣慰司【元史百官志】

至元二十五年禁广州官民毋得运米至占城诸国出粜【元史食货志】

至元二十九年命市舶验货抽分中书省定抽分之数及漏税之法卖者细色于二十五分之中取一粗色于三十分之中取一免其输税其就市舶司买者止于卖处收税而不再抽漏舶物货依例断没三十年又定市舶抽分杂禁凡二十一条【元史食货志】

至元三十年四月广东置市舶司【元史世祖纪】

至元三十年立海南博易提举司至大四年罢之禁下番船只延佑元年弛其禁改立泉州广东庆元三市舶提举司每司提举二员从五品同提举二员从六品副提举二员从七品知事一员【元史百官志】

至元三十一年十一月罢海北海南市舶提举司【元史世祖纪】

元贞二年八月丁酉禁舶商毋以金银过海诸使海外国者不得为商【元史成宗纪】

至大二年罢行泉府院以市舶提举司行省四年又罢之延佑元年复立市舶提举司仍禁人下番官自发船贸易回帆之日细物十分抽二粗物十五分抽二七年以下番之人将细丝银易于外国人并提举司罢之至治二年复立泉州庆元广东三处提举司申严市舶之禁三年听商贸易归征其税泰定元年诸海舶至者止令行省抽分【元史食货志】

延佑七年五月辛卯遣使榷广东番货【元史仁宗纪】

元世祖尝立提举司寻罢至英宗至治六年遣使榷广东番货乃复立之听海商贸易归征其税顺帝元统六年罢广东提举二司至正二年复立广东提举司申严市舶之禁三年总贸易归征其税【郡国利病书】

市舶禁金银过海又禁香木又禁广州官民毋得运米至占城诸番出粜违者罪之至官自具船给本运人入番贸易诸货其息以十分为率官取其七民得其三仁宗延佑七年以下番将丝银细物易于外国罢市舶司提举司禁贾人下番货然顺帝时中书省发两艅船下海通番为皇后营利【续文献通考】

合并市舶转运司至元二十三年三月御史台承奉中书省札付为卢右丞建言市舶等事移准上都中书省咨六月二十九日本省官奏过内一件这课程的勾当里两件儿勾当有一件勾当卢市舶司的勾当系官钱里一十万定要了他著海船里交做买卖行别个民户做买卖的每休交行么道奏来去近众官人每老的每等官司做买卖的罢了百姓做买卖的每市舶的勾当做者依著在先体例里要课程抽分者市舶司根底转运司里合并道来么道奏呵那般者么道圣旨了也钦此【元典章】

市舶则法二十三条　至元三十年八月二十五日福建行省准中书省咨至元二十八年八月二十六日奏过事内一件南人燕参政说有市舶司的勾当是国家大得济的勾当有在先亡宋时分海里百姓每船只做买卖来呵他每根底客人一般敬重看呵咱每这田地无用的磨合罗磁器家事帘子这般与了博换他每中用的物件来近来忙兀台沙不丁等自己根寻利息上头船每来呵教军每看守著将他每的船封了好细财物选拣要了为这般奈何上头那壁的船只不出来有咱每这里人去来的每些小来为那上头市舶司的勾当坏了有如今亡宋时分理会的市舶司勾当的人每有也委付著那的每市舶司勾当教整治呵得济有留状元也说来市舶司的勾当亡宋时分哏大得济来如今坏了有那时分理会的市舶司勾当那个根底问著行呵大得济有么道说有奏呵是那般也者那人每根底说话者是呵行者么道圣旨了也钦此访闻得留状元称知市舶人员李晞颜移江浙准行省咨根访到前行大司农司丞李晞颜报到亡宋抽分市舶则例合设司存关防情节备细令行泉府司比照目今抽分则例逐一议拟

于后及令知会市舶人李晞颜前去咨请照验事准此令李晞颜报到亡宋市舶则例会集到各处行省官行泉府司官并留状元及知市舶人李晞颜议拟到下项事理于至元三十年四月十三日奏过事内为江南地面里有的市舶司上头去年赛因囊加歹状元等题说在先亡宋时分市舶司的钱物多出办来自归附之后权豪富户每坏了市舶司的勾当出办的钱物入官哏少有道是呵亡宋时分市舶司勾当里行来的蛮子李晞颜小名的人他根底教来商量呵怎生奏呵那般者圣旨了来那人根底教来了众人与理会得的每一处商量来如今合整治市舶司勾当的有二十三件勾当商量来奏呵那般者行者圣旨了也钦此都省今将合行逐项事理开坐前去咨请钦依禁治施行

一议得市舶抽分则例若依亡宋例抽解窃恐舶商生受比及定夺以来止依目今定例抽分粗货十五分中一分细货十分中一分所据广东温州澉浦上海庆元等处市舶司舶商回帆已经抽解讫货物并依泉州见行体例从市舶司更于抽讫货物内以三十分为率抽要舶税钱一分通行结课搬贩客人从便请给文遣买到已抽经税货物于杭州等处货卖即于商税务内投税凭所赍文遣数目依例收税验至元二十九年杭州市舶司实抽办货物价钱于杭州商税务课额上依数添加作额恢办将杭州市舶司革罢将元管钱帛等物行泉府司明白交收为主为此于至元三十年四月十三日奏过事内一件江南地面里泉州上海澉浦温州庆元广更杭州七处市舶司有这市舶司里要抽分呵粗货十五分中要一分细货十分中要一分有泉州市舶司里这般抽分了的后头又三十分里官要一分税来然后不拣那地面里卖去呵又要税有其余市舶司里似泉州一般三十分要一分税的无有如今其余市舶司依泉州体例里要者温州的市舶司并入庆元杭州市舶司并入杭州税务里的怎生商量来奏呵那般者圣旨了也

一议得拘该市舶司去处行省官行泉府司官市舶司官在先坐往勒令舶商户计梢带钱本下番回舶时将贵细物货贱估价钱准折重取利息及不依例抽解官课又通同隐瞒亏损公私为此于至元三十年四月十三日奏过事内一件行省官人每行泉府司官人每市舶司官人每百姓每的做买卖去的船里交梢带著自已的钱物去回来呵那钱物内不与官私抽分私下要有那船每也则他每占著抽分全不交与官有今后这般百姓的船里梢带去的禁治呵怎生不拣是谁别了这言语梢带将钱物去呵有人告呵将那钱物断没了把他每重要了罪过教勾当里出去了首告的人根底断没了的钱内三分中一分充赏与呵怎生商量来奏呵是也那般者圣旨了也

一议得使臣并大小官吏军民人等因公往海外诸番勾当皆是官司措办气力船只前去却有因而做买卖之人今后回船之时应有市舶物货并仰于市舶司照例抽分纳官如有进呈希罕贵细之物亦仰经由市舶司见数泉府司具呈行省行省开坐移咨中书省闻奏仍仰今后应有过番使臣却不得以进呈物货为名隐瞒抽分如违并以漏舶治罪物货没官为此于至元三十年四月十三日奏过事内一件或是这里差去的使臣每那里拜见上来的么道因著那般夹带著百姓每的钱物不与官司抽分那般行的多有今后但那来的依著百姓每的体例里要抽分若有拜见的物呵那里行泉府司里行省里明白这些个物件拜见上去么道写了数目把那写来的数目与将这里来者似在前一般不与抽分背地里隐藏上来的有罪过者商量奏呵是也那般者圣旨了也

一议得和尚先生也里可温答失蛮人口多是夹带俗人过番买卖影射避免抽分今后和尚先生也里可温答失蛮人口等多过番兴贩如无执把圣旨许免抽分明文仰市舶司依例抽分如违以漏舶论罪断没为此于至元三十年四月十三日奏过事内一件和尚先生也里可温答失蛮每但做买卖去呵依著百姓每的体例里与抽分者商量来奏呵这的言语不曾了来那甚么拟定那般者圣旨了也

一诸处市舶司舶商每遇冬汛北风发时从舶商经所在舶司陈告请领总司衙门元发下公据公凭并依在先旧行关防体例填付舶商大船请公验柴水小船请公凭愿往番邦明填所往是何国土经纪不许越过他国至次年夏讯南风回帆止赴原请验凭发船舶司抽分不许越投他处舶司各舶司亦不许互指他处舶司舶商如本处舶司依见定例抽税讫从舶商发卖与搬贩客人亦依旧例就于所在舶司请给公遣从便于各处州县依例投税货卖其原指所往番邦国土如有不能得到所指去处委因风水打往别国就博到别国物货至回帆抽分时取问同伴在船人等相同别无虚诳依例抽分如中间诈妄欺瞒官司许诸人首告是实依例断没告人给赏

一舶商请给公验依旧例召保舶牙人保明牙人招集到人伴几名下船收买物货往某处经纪公验开具本船财主某人纲首某人库某人梢工某人杂事等某人部领等某人人伴某人船只力胜若干樯高若干船面阔若干船身长若干每大船一只止许带小船一只名曰柴水船合给公凭如大小船所给公验公凭各仰在船随行如有公验

或无公凭即是私贩许诸人告捕给赏断罪所载柴水船于公凭内备细开写亦于公验内该写力胜若干樯高若干船面阔若干船身长若干不到物力户某人委保及与某人结为一甲互相作保如将带金银违禁等物下海并将奸细歹人回舶并元委保人及同甲人一体坐罪公验后空纸八张泉府司用讫印信于上先行开写贩去物货各各名件斤重若干仰纲首某人亲行填写如到彼国博易物货亦仰纲首于空纸内就地头即时日逐批写所博到物货名件色数斤重至舶司以凭照数点秤抽分如曾停泊他处将贩到物货转变渗泄作弊及钞填不尽或因事发露到官即从漏舶法断没保明人能自首告将犯人名下物货以三分之一给与充赏如舶司官吏容庇或觉察得知或因事发露到官定将官吏断罢不叙所给公验行泉府司置半印勘合文簿立定字号付纲主某人收执前去某处经纪须要遵依前项事理所有公凭小船并照公验一体施行

一番船南船请给公凭公验回帆或有遭风被劫事故合经所在官司陈告体问的实移文市舶司转申总府衙门再行合属体复如委是遭风被劫事故方与销落元给凭验字号若妄称遭风等搬摙船货送所属究问断没施行或有沿途山屿滩㠘与海岸停泊汲水取柴恐有梢碇水手搭客等人乘时怀袖偷藏贵细货物上岸博易物件或有舶商之家回帆将市舶司私用小船推送食米接应舶船却行辄取贵细货物不行抽解即是渗泄并许诸人告捕余行断没犯人杖一百七下告捕人于没官物内三分之一给赏仍行下沿海州县出榜晓谕屿？等处责在官吏巡检人等常切巡捉催赶船只随即起离彼处不许久停至年例停泊如东门山等具呈各处市舶司廉能官封堵坐押赴元发船市舶司又行差官鉴搬上舶检空船只搜检在船人等怀空方始放令上岸如在番阻风经冬不还者次年回帆取问同船或同伴船只人等是实依例抽分若使妄称风水不便转指买卖许诸人首告依例断没告人给赏

一海商不请验凭擅自发舶船并许诸人告捕犯人断罪船物没官于没官物内以三分之一充赏犯人杖一百七下如已离舶司即于沿河所在官司告捕依上追断给赏

一海商所用兵器并铜锣作具随住舶处具数申所属依例寄库起舶日给

一海商每船募纲首库杂事部领梢工碇手各从便具名呈市舶司申给文凭船请公印为记人给五名为保

一海商贸易物货以舶司给籍用印关防具注名件斤数纲首杂事部领梢工书押回日以物籍公验绸市舶司

一海商自番国及海南买贩物货到中国虽赴市舶司抽分而在船巧为藏匿者即系漏舶正行没官仍许诸人告首依例给赏犯人断罪

一金银铜钱铁货男子妇女人口并不许下海私贩诸番物如到番国不复前来亦于元赍去公验空纸内明白开除附写缘故若有一切违犯止坐舶商船主

一市舶司招集舶商船只行省行下衙门无得差占及有新造成舶船之家本欲过番兴贩经纪亦是抽取课程并仰籍定数目今后并不得将上项船只差占有妨舶商兴贩经纪永为定例以示招徕安集之意

一各处市舶司每年办到舶货除合起解贵细之物外据其余物色必须变卖者附近杭州各司舶货每年不过当年十二月终起解赴杭州行泉府司官库交割舶司画时开数具呈行省令有司随即估体时价比至次年正月终须要估体完备行省预为选收

一见今舶商去来不定多在海南州县支泄细货仰籍定姓名仍令海南海北广东道沿海州县镇市地面官司用心关防如遇回舶船只到岸常切催赶起离前赴市舶司抽分如官吏知情受赂容纵如或觉察得知定是依条断罪

一舶商梢水人等皆是办课程之人落后家小合示优恤所在州县并与除免杂役

一夹带南番人将带舶货者仰从本国地头于公验空纸内明白备细填附姓名物货名件斤重至市舶司照数依例抽税如番人回还本国亦于所坐番船公验内附写将去物货不致将带违禁之物仍差谙练钱谷廉干正官发卖其应卖物货将民间必用并不系急用物色验分数互相配合须要一并通行发卖管限四月终了毕并不许见任官府权豪势要人等诡名请买违者许令诸人首告得实将见物价尽数没官断罪于没官价内一半付告人充赏仍令拘该肃政廉访司体察外有泉府广东两处市舶司相离杭州地里窎远依上差官就彼一体发卖

一行省行泉府司市舶司官每岁若至舶船回帆时月预期前去抽解处所以待舶船到来依例封堵检次先后随时抽收不得因而走透作弊其监抽官员亦不得违期前去停滞舶商

一舶商下海开船之际合令市舶司轮差正官一员于舶商开岸之日亲行检视各各大小船内有无违禁之物如无夹带即时开洋仍取检视官结罪文状如将来有人告发或因事发露但有违禁之物及因而非理骚扰舶商取受作弊者检视官并行断罪肃政廉访司临时体察

一抽分市舶关防节目若有该载不尽合行事理行省行泉府司就便斟酌事宜从施行

一定到舶法抽分则例关防节目仰行省行泉府司各处市舶司所在官员奉行谨守不得灭裂违犯行御史台廉访司常加体察毋致因循废弛【元典章】

谨按元典章所载尚有泉福物货单抽分一条以非广东市舶事例故不备录

合剌普华改广东都转运盐使兼领诸番市舶时惠州负贩之徒万人为乱讨捕之【元史本传】

卜天璋升广东廉访使先是豪民濒海筑堰专商舶以射利累政以赂置不问天璋至发卒决去之【元史本传】

明

明洪武初设市舶司于太仓黄渡三年二月罢之凡番舶至太仓者命军卫有司封籍其数送赴京师寻复设市舶司于浙江福建广东浙江通日本福建通琉球广东通占城暹罗西洋诸国【续文献通考】

谨按其时置驿于浙江福建广东三省以待市舶之至者在广东者曰怀远驿

洪武二年九月定朝贡附至番货欲与中国贸易者官抽六分给价偿之仍免其税【明实录】

谨按丘浚大学衍义补言明虽沿前代市舶司之名而无抽分之法今考实录则明初□定抽分其后又有抽十分之五有抽十二者丘浚考之未审也

明除元乱定诸番例三年一贡世见来王许以互市立市舶提举司以主诸番入贡旧制应入贡番先给以符簿凡贡至三司以合符视其表文方物无伪乃送入京若国王王妃陪臣等附至货物抽其十分之五其余官给之暹罗瓜哇二国免抽其番商私赍货物入为易市者舟至水次悉封籍之抽其十二乃听贸易然闽广奸民往往有椎髻耳环效番衣服声音入其船中导之为奸傍海甚苦之【郡国利病书】

洪武二十七年以海外诸夷多诈绝其往来惟琉球真腊暹罗许入贡而缘海之人往往私下诸番贸易香货因诱蛮夷为盗命礼部严禁绝之【明实录】

永乐元年八月帝以海外番国朝贡附带货物交易者须有官专主之遂命吏部依洪武初制于浙江福建广东设市舶提举司布政司【明录实】

谨按洪武时已设市舶司至是乃定为提举一员副提举二员吏目一员

永乐元年八月西洋琐里国王遣使贡附载胡椒与民互市有司请征税命勿征又刺泥国回回哈只马哈没奇刺泥等入贡因附载胡椒与民互市有司请征其税亦不听【续文献通考】

永乐四年六月广东布政司奏每岁海外番夷入贡方物水路以舟楫运载惟南雄至南安限隔梅岭舟楫不通请用民力接运上曰番贡无定期而农民少暇日自今番夷入贡如值农务之时其方物并于南雄收贮俟农隙运赴南安【明实录】

景泰三年五月瓜哇国使臣乞以赐物贸易油麻之类于广东许之【续文献通考】

成化十七年暹罗贡使还至中途窃买子女及私盐命遣官戒谕诸番【宪宗本纪】

宏治十年暹罗国入贡时四裔馆无暹罗译字官阁臣徐溥请移牒广东访取能通彼国言语文字者赴京备用从之【孝宗纪】

先是暹罗占城瓜哇琉球浡泥诸国互市俱在广州设市舶司领之正德时移于高州之电白县【明史外国传】

正德四年暹罗船有飘至广东者市舶中官熊宣与守臣议税其物诏斥宣妄揽事权撤还【明史食货志】

正德十年暹罗国进金叶表朝贡馆中无识其字者阁臣梁储请选留其使一二人入馆肄习报可【明史外国传】

正德十二年西海夷人佛郎机亦称朝贡突入东莞县大铳迅烈震骇远迩残掠甚至炙食小儿海道奉命诛逐

乃出境自是海舶悉行禁止例应入贡诸番亦鲜有至者贡舶乃往漳泉广城市贸萧然非旧制矣于是两广巡抚都御史林富稽祖训遵会与奏上得允于是番舶乃通焉湾泊有定所抽分有定例俸粮折色椒木兼支嘉靖中革去市舶内臣船至澳遣知县有廉干者往船抽盘提举司官吏亦无所预【郡国利病书】

嘉靖元年暹罗占城货船至广东市舶中官牛荣纵家人私市论死如律万历时红毛番筑土库于大涧东佛郎机筑于大涧西岁岁互市中国商旅亦往来不绝【明史食货志】

嘉靖元年给事中夏言上言倭祸起于市舶礼部遂请罢市舶而不知所当罢者市舶太监非市舶也夷中百货皆中国不可缺者夷必欲售中国必欲得之以故祖宗虽绝日本而三市舶司不废盖东夷有马市西夷有茶市江南海夷有市舶所以通华夷之情迁有无之货收征税之利减戍守之费又以禁海贾抑奸商使利权在上罢市舶而利取在下奸豪外交内讧海上无安日矣【明会典】

嘉靖九年巡抚林富乞裁革珠池市舶内臣疏言广东滨海与安南占城等番国相接先年设有内臣一员盘验进贡方物臣以为市舶太监不必专设以贻日朘月削之害市舶乞改巡视海道副使带管待有番船至澳即同提举等官督率各该管官军严加巡逻其有朝贡表文见奉钦依勘合许令停泊者照例盘验若自来不曾通贡生番如佛郎机者则驱逐之少有疏虞听臣纠察庶几事体归一而外患不生若欲查照浙江福建事例归并总镇太监带管似亦相应但两广事情与他省不同总镇太监住札梧州若番舶到时前诣广东省城或致久妨机务所过地方且多烦扰引惹番商因而辄至军门不无有失大体故臣愚以为不如命海道副使带管之便也【郡国利病书】

嘉靖十一年五月巡按林有孚疏言镇守内臣之害兵部尚书李承勋复议大学士张孚敬力持之遂革镇守并市舶守珠池内臣皆革之一时称快【明史食货志】

嘉靖三十九年凤阳巡抚唐顺之议复三市舶司部议从之【明史食货志】

唐顺之云国初浙福广三省设三市舶司在浙江者专为日本入贡带有货物许其交易在广东者则西洋番舶之辏许其交易而抽分之若福建既不通贡又不通舶而国初设市舶之意浸不可考矣舶之为利也辟之矿然封闭则国收其利权而自操之是为中策不闭不收利孔漏泄以资奸宄啸聚其间斯无策矣今海贼据浯屿南屿诸岛公然通番舶之利而中土之民交通接济杀之而不能止则利权之在下也宜讲求国初设立市舶之意无泄利孔使奸人得乘其便其于海禁利害晰如也然市舶之与商舶其说稍异市舶者诸夷船舶无近地与内地民互为市若广之濠镜澳然商舶者盖土著民醵钱造舟装土产径望东西洋而去与海岛诸夷相贸易其出有时其归有候广洋巨浸船一开帆四望惟天水相粘茫无畔岸而海人习知海道者用指南针【即罗经也】为其导向相传有航海针经针或单用或指两辰间以前知某洋岛所在约更时当行水路几许打量水深浅几托【方言几仞为几托】海中岛屿作何状某洋礁险宜慎或风云气候不常以何法趋避之异时海贩船十损二三及循习于常所来往舟无恙若安澜焉盖海滨民射利精知如此东洋若吕宋苏禄诸国西洋暹罗占城诸国及安南交址皆我羁縻属国向无侵叛故商物不为禁而特严禁贩日本者比于通番接济之例于时凡贩东西二洋鸡笼淡水诸番及广东高雷州北港等处商渔船引俱海防官为管给每引纳税银多寡有差名曰引税【东西二洋每引纳税银三两鸡笼淡水及广东引纳税银一两其后加增东西洋税银六两鸡笼淡水税银二两万历十八年革商渔文引归沿海州县给发惟番引仍旧】每请引百张为率随告随给尽即请继原未定其地而亦未定其船万历十七年巡抚周采议将东西二洋番舶题定只数岁限船八十八只给引如之后以引数有限而私贩者多增至一百十引矣其征税之规有水饷有陆饷有加增饷水饷者以船之广狭为准其饷出于船商陆饷者以货之多寡计值其饷出于铺商又虑有藏匿禁船商毋辄起资以铺商所接买货物应税之数给号票令就船完纳而后许粥卖焉【西洋船面阔一丈六尺以上者征饷银五两每多一尺加银五钱东洋船颇小量减西洋十分之三陆饷胡椒苏木等类计值银一两者征饷银二分鸡笼淡水名曰小番地近船小每船面阔一尺征水饷银五钱陆饷亦如东西二洋之例】加增饷者东洋中有吕宋其地无出产番人率用银钱易货【钱用银铸造字用番文九六成色漳人今多用之】船多空回即有货亦无几故商贩回澳征抽水陆二饷外属吕宋船者每船另追银百五十两谓之加增【郡国利病书】

彭韶迁广东左布政使中官奉使杂沓镇守顾恒市舶韦眷珠池黄福皆以进奉为名所至需求民不胜扰韶先后论奏【明史本传】

谨按韦眷事又见陈选及高瑶传

黄光升迁广东海北副使番舶税重商人百计求免光升为奏减十之六商乃乐输【明史本传】

沈思孝授番禺知县殷正茂总制两广欲听民与番人互市思孝持不可【明史本传】

王希文授刑部给事中税珰所至暴敛不法而粤珠池市舶尤甚疏奏罢之【香山县志】

张大猷谓香山令税珰李凤谋驻节县内大猷言地近海瘴非税使所宜居且番情叵测万一犯及税使如朝廷威德何珰沮而止【香山县志】

万历末年李凤增粤税至二十万粤商苦累百计求免不得四十一年十月给事中郭尚宾奏捧诵圣旨李凤既已久病垂危著在任调理不准辞所收现在税课并一应钱粮方物等项差内官阮升前去暂管钦此伏查两粤同一体先年粤西税监病故皇上命四川税监兼管今内臣何敢蔽圣聪不循粤西事例而令阮升得营接李凤之差岂以广东尚堪朘削乎夫粤东非有天雨之粟地出之金异于中州大藩也粤东商民非有计然之积蓄陶朱之多藏比于中州大贾也他藩钱粮惟供本藩粤东协济粤西兵饷四五万金他藩地方之患尚缓粤东盗贼之警无处无日不报岁征兵饷兵船银四十万两支给不敷也以浙江福建湖广大省监税止各五六万止因当时粤东抚按失计税金遂三四倍于大藩至今尚十八万金加之商税不足又派之粮差又派之稻谷又派之宰牛鱼虾菜果等项又派之濠镜澳货二万两榷解十余年以来商民皮肉已尽脂髓并穷愁苦无聊之状自抚按司道以至府县之官无不人人目睹心悲望皇上撤回李凤脱粤东商民于汤火者见于抚按之屡疏可征也李凤初至粤东纵棍徒以掠乡民所在蠢蠢思乱赖巡按李时华缚其爪牙法绳之凤始稍戢人心始稍安自后李凤时复咆哮粤民屡欲扑杀之亦赖时华禁止李凤乃得保其首领阮升不知前车之当戒急作李凤之后身营求内援立取中旨一时传宣举朝无不骇愕今粤东望照粤西事例带管而不可得且旨内又无不许骚扰地方之语将听阮升为所欲为耶目前虑澳夷之叵测澳夷亦雄据以相持不过为此二万饷金耳榷此不能益内帑之毫毛减此可以图夷人之徙舍夷人已成尾大不掉之势皇上乃吝二万饷金之蠲以忘国恤皇上之自为谋与为皇上谋者能恝然视为无害耶四十二年二月给事中郭尚宾奏旧年税监李凤物故皇上察廷臣言不委阮升止命闽监高采兼管粤东闻命之日欢声动地讵意奉旨兼管曾几何时高采辄听棍徒唆拨而有移住粤东之望福建巡抚袁一骥乃言近因广东税监李凤病故已奉旨代为督理该监方欲移住彼处或姑听其便夫粤东民非众于他藩地非广于他藩然粤东一年之税他藩三四年之税也江西七万而四万取之赣关福建六万而三万取之东西二洋乃粤东取二万于澳夷犹不足额每年凑解十六万无一非民膏民脂也近圣恩捐减二万粤民喜跃欲狂然二万之减在他藩当为旷荡之恩施在粤东仅为太甚之稍去粮差之加减如故而杼轴日空一日牛米鸡豚菜果之苛敛如故而关市曰扰一日盗贼日繁一日军兴之费日增一日粤民困苦至此高采即令营得入粤然已无可朘之民膏只有不可轻犯之民怒入粤何益于采也传闻棍徒自粤走闽为该监画策该监为棍徒所用欲求一餍足于粤而忍心于此一骥复导之为择食之枭明背兼管之新纶阴坚遣珰之弊政臣以为高采在闽坐而虚縻在粤东飞而肆虐坐而虚縻不可也飞而肆虐尤不可也惟并撤高采而付各税于有司则为闽也实所以为粤也乃臣更有请焉粤东尚征十六万虽云势难骤减谈者不谓粤民之易虐而谓粤力之能供榷之者不忧力之已殚而忧数之少绌粤民之无告久矣有如大赐减免令粤民得比他藩税额则圣治民生两大有裨珰辈亦当不萌觊觎又何营求移住邻国哉【香山县志】

郑和经事三朝先后七奉使所历占城瓜哇真腊旧港暹罗古里满剌加渤泥苏门答剌阿鲁柯枝大葛兰小葛兰西洋琐里加异勒阿拨把丹南巫里甘把里锡兰山喃渤利彭亨急兰丹忽鲁谟斯比剌溜山孙剌木骨都束麻林剌撒祖法儿沙里湾泥竹步榜葛剌天方黎伐那孤儿凡三十余国所取无名宝物不可胜计【明史宦官传】

谨按费信作星槎胜览所记盖即郑和下西洋事而所载国名与郑和传间有异同

卷五·口岸一

臣谨案粤东之海东起潮州西尽廉南尽琼崖凡分三路在在均有出海门户自海禁既开帆樯鳞集瞻星戴斗咸望虎门而来是口岸以虎门为最重而濠镜一澳杂处诸番百货流通定则征税故澳门次之余如惠潮如肇高雷廉琼各有港亦各设口岸征榷凡货之自外入自内出者得查验之盖即古者诘奸御暴之意也而臣愚以为讲关榷之口岸与论海防异海防重其险而难犯口岸则取其通而易行见今所设有正税之口有稽查之口有挂号之口正

税之口三十有一在琼州者十在潮州者九在惠州者四在广州雷州廉州者各二在肇庆高州者各一稽查之口二十有二在雷州者八在广州高州者各五在惠州者三在廉州者一挂号之口亦二十有二在潮州者十在广州者九在惠州者三是非有往来之利无覆溺之虞何以云集各口者舟航给绎如此哉第地环大海港屿纷歧去路来源胥资稽察故欲知控驭非图不明谨分每口为一图而地之所道之相距具存其说于后云

大关图

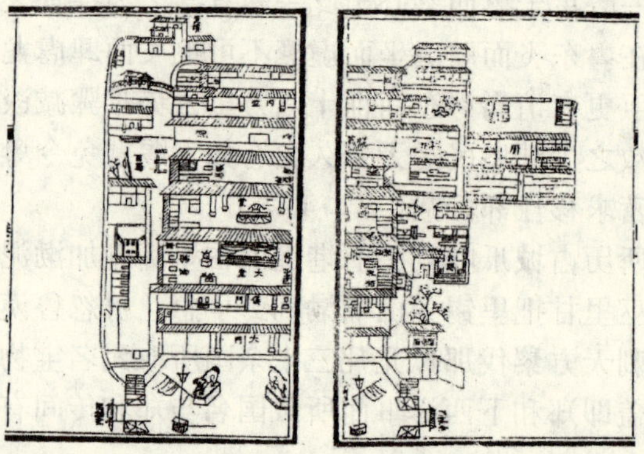

谨案大关在广东省城五仙门内康熙二十四年以盐院旧署改建监督至则居此银库吏舍并在焉别有监督行署在广州府香山县澳门今不载

总巡口图

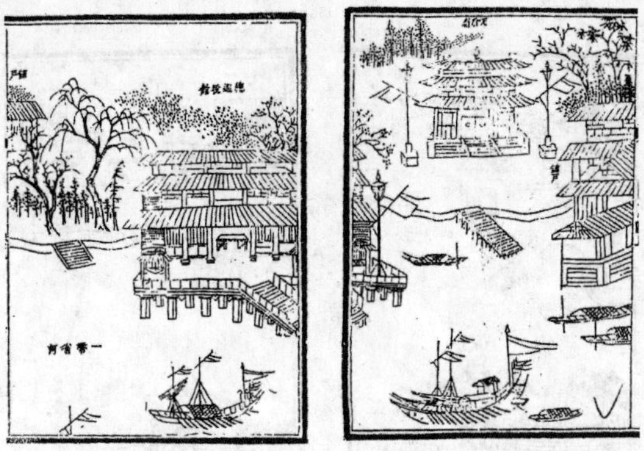

谨案此系挂号口在广州府南海县附城

行后口图

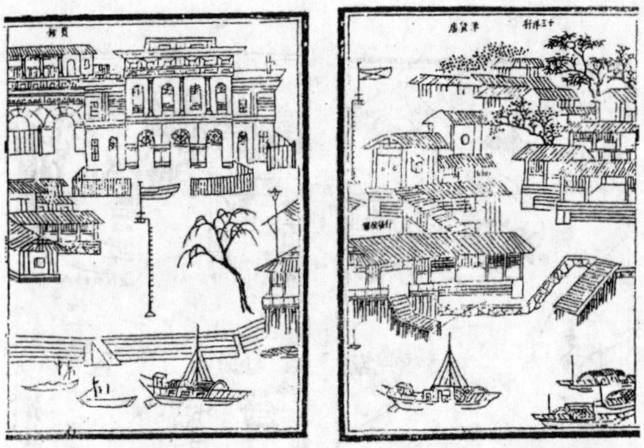

谨案此系稽查口在广州府南海县附城为总巡口所辖

东炮台口图

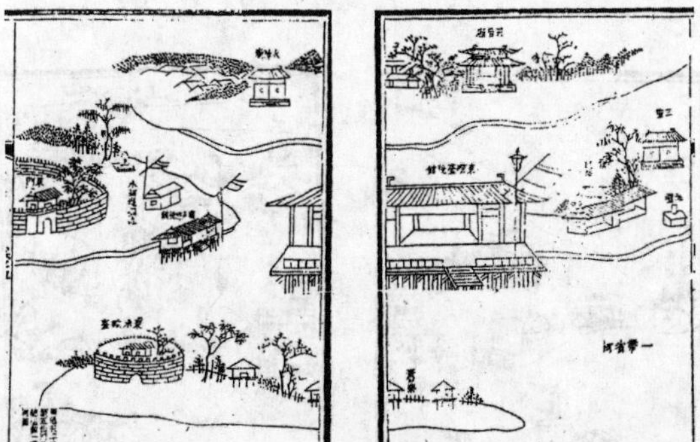

谨案此系挂号口在广州府番禺县附城

西炮台口图

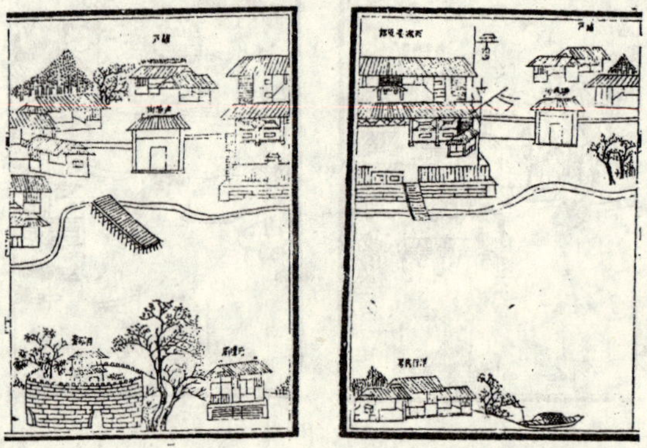

谨案此系挂号口在广州府南海县附城

佛山口图

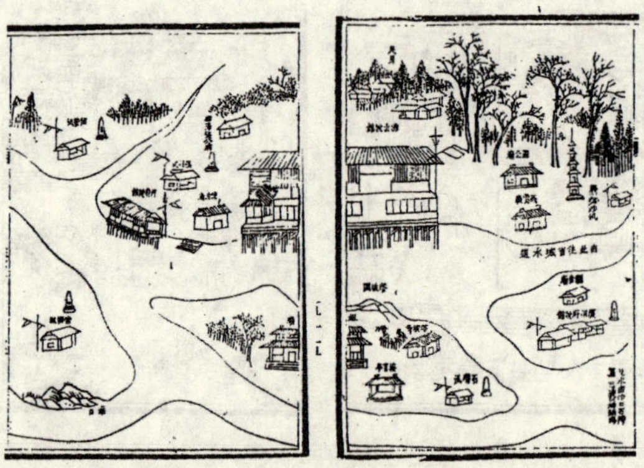

谨案此系挂号口在广州府南海县距大关六十里

黄埔口图

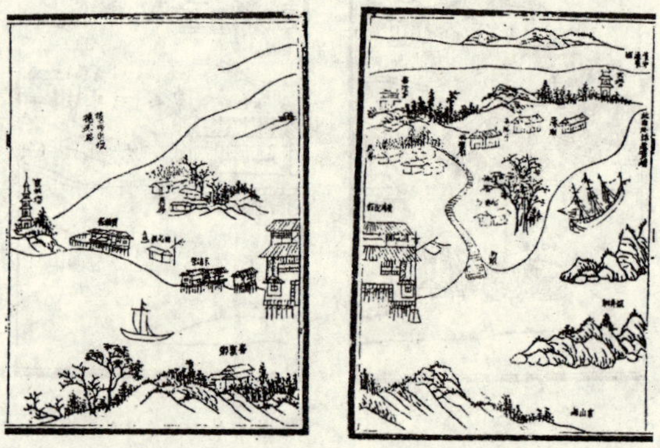

谨案此系挂号口在广州府番禺县距大关三十里

虎门口图

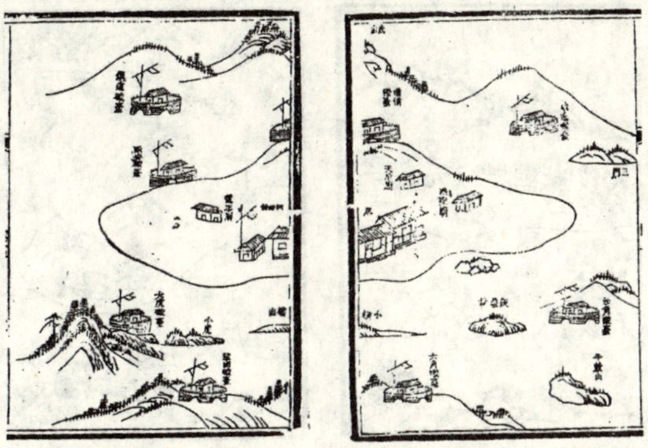

谨案此系挂号口在广州府东莞县距大关一百六十里

紫泥口图

谨案此系挂号口在广州府番禺县距大关一百里

市桥口图

谨案此系挂号口在广州府番禺县距大关一百里

镇口口图

谨案此系挂号口在广州府东莞县距大关一百六十里

江门口图

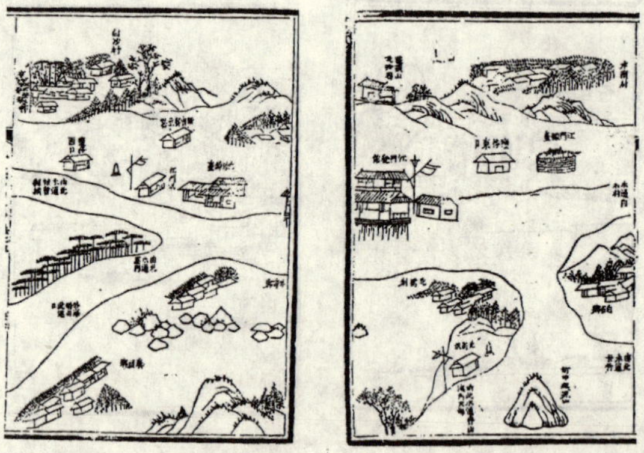

谨案此系正税口在广州府新会县距大关二百里

澳门总口图【大马头口南湾口关闸口娘妈阁口附】

谨案澳门系正税总口在广州府香山县距大关三百里大马头距澳门总口一里南湾距澳门总口二里关闸距澳门总口五里娘妈阁距澳门总口一里并在香山县均系稽查口

乌坎总口图

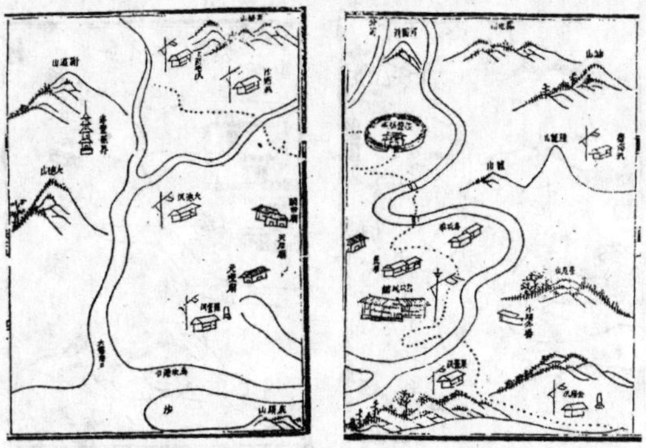

谨案此系正税总口在惠州府陆丰县距大关七百里

神泉口图

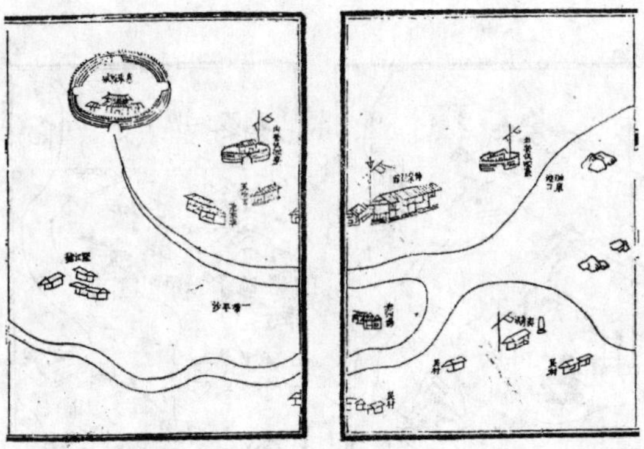

谨案此系正税口在潮州府惠来县距乌坎总口一百八十里距大关九百里

甲子口图【湖东口附】

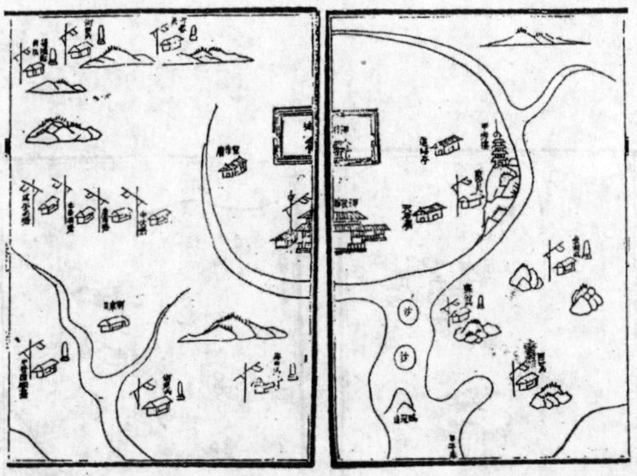

谨案此系正税口在惠州府陆丰县距乌坎总口一百里距大关八百里湖东系挂号小口在惠州府归善县为甲子口所辖

碣石口图

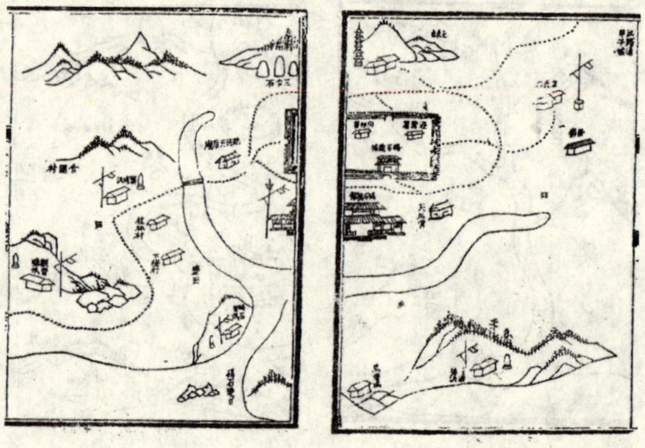

谨案此系挂号小口在惠州府陆丰县距大关八百里为甲子口所辖

汕尾口图【长沙鲘门口附】

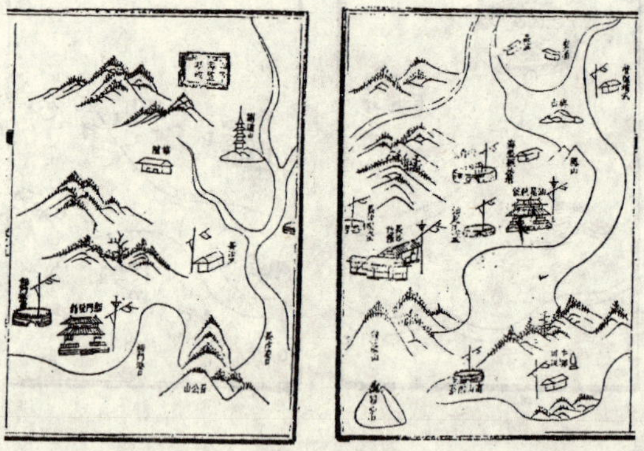

谨案汕尾系正税口在惠州府海丰县距乌坎总口九十里距大关六百里长沙口鲘门口均系稽查口并在海丰县同为汕尾口所辖

平海口图【稔山口附】

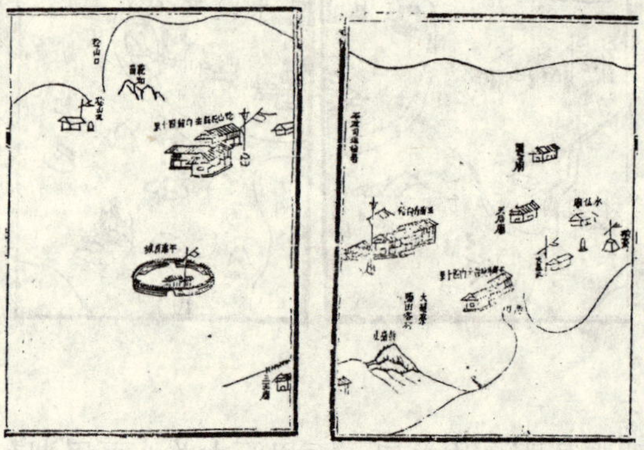

谨案平海系正税口在惠州府归善县距乌坎总口二百七十里距大关五百里稔山系稽查口在归善县为平海口所辖

墩头口图

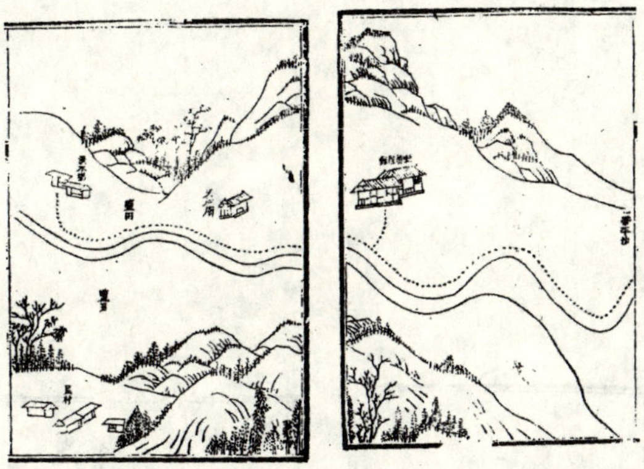

谨案此系挂号口在惠州府归善县距乌坎总口四百里距大关六百里

卷六・口岸二

图目下

靖海口图

庵埠总口图【双溪口　溪东口　汕头口附】

潮阳口图【后溪口　海门口　达濠口附】

澄海口图【南洋口　卡路口附】

东陇口图【樟林口附】

府税馆口图

黄冈口图【乌塘口附】

北炮台口图

梅菉总口图

水东口图

硇州口图

芷芎口图

暗铺口图

两家滩口图

阳江口图

海安总口图

白沙田头博赊南樵对楼锦囊口图

雷州口图

赤坎乐民口图

廉州口图【山口口附】

钦州口图

海口总口图

铺前口图

清澜口图

沙荖口图

乐会口图

万州口图

儋州口图

北黎口图

陵水口图

崖州口图

靖海口图

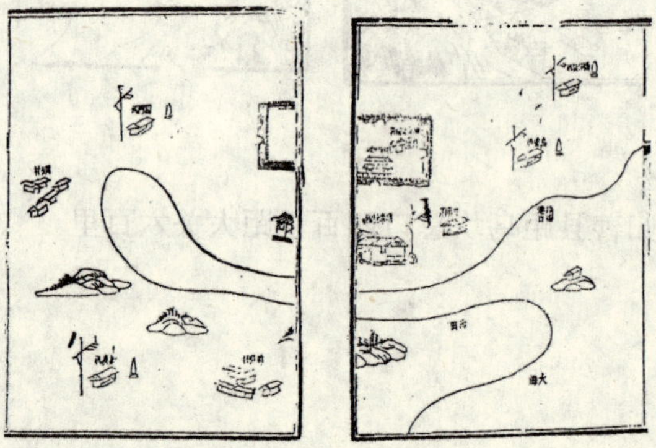

谨案此系正税口在潮州府惠来县距乌坎总口二百五十里距大关九百里

庵埠总口图【双溪口溪东口汕头口附】

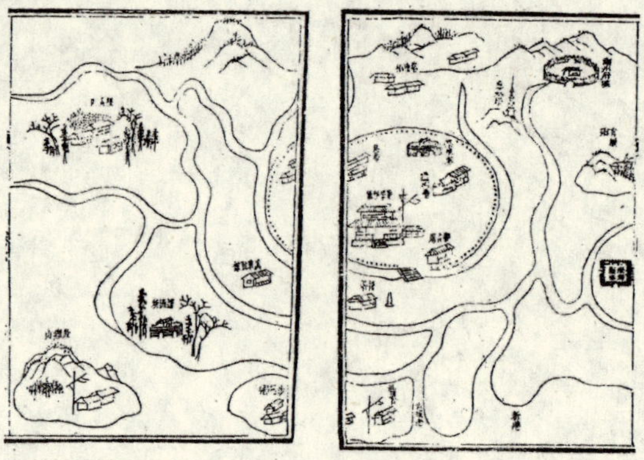

谨案此系正税总口在潮州府海阳县距大关一千六百里溪东口双溪口汕头口均系挂号小口并在海阳县同为庵埠总口所辖

潮阳口图【后溪口海门口达濠口附】

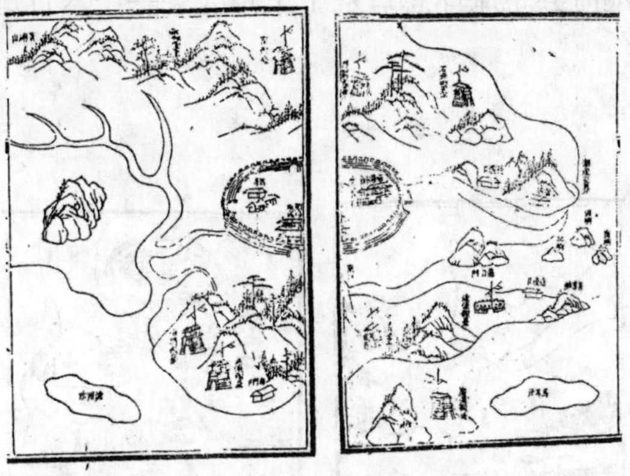

谨案此系正税口在潮州府潮阳县距庵埠总口一百二十里距大关一千八百里后溪口海门口达濠口均系挂号小口并在潮阳县同为潮阳口所辖

澄海口图【南洋口卡路口附】

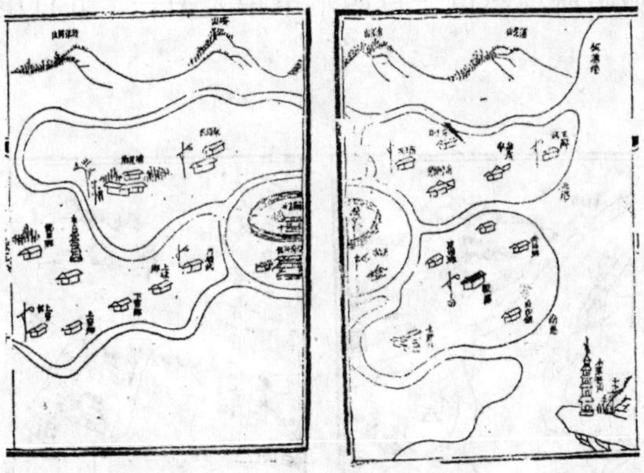

谨案此系正税口在潮州府澄海县距庵埠总口二十里距大关一千六百里卡路口南洋口均系挂号小口并在澄海县同为澄海口所辖

东陇口图【樟林口附】

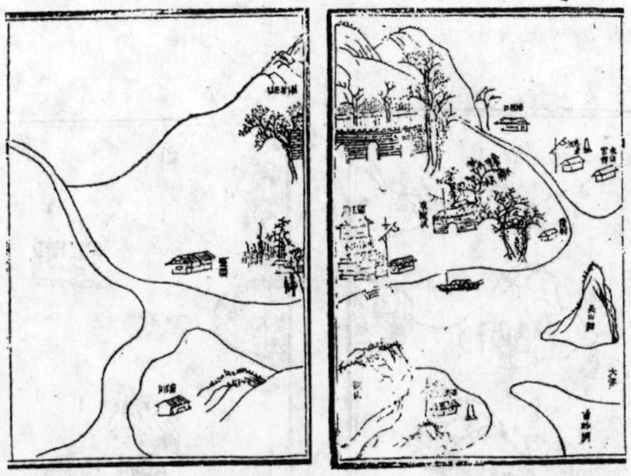

谨案此系正税口在潮州府澄海县距庵埠总口八十里距大关一千六百里樟林口系挂号小口在澄海县为东陇口所辖

府税馆口图

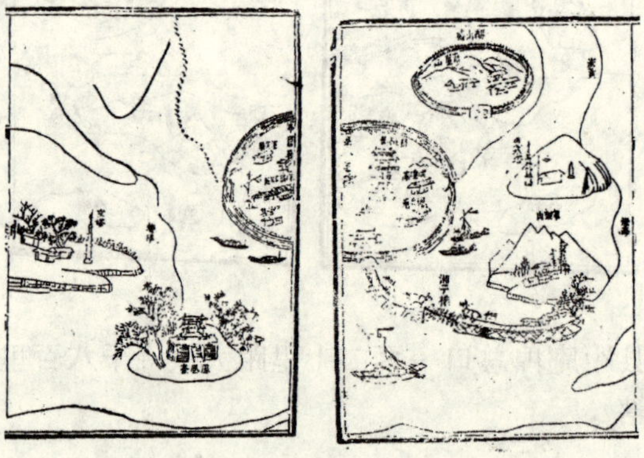

谨案此系正税口在潮州府城距庵埠总口一百四十里距大关一千五百里

黄冈口图【乌塘口附】

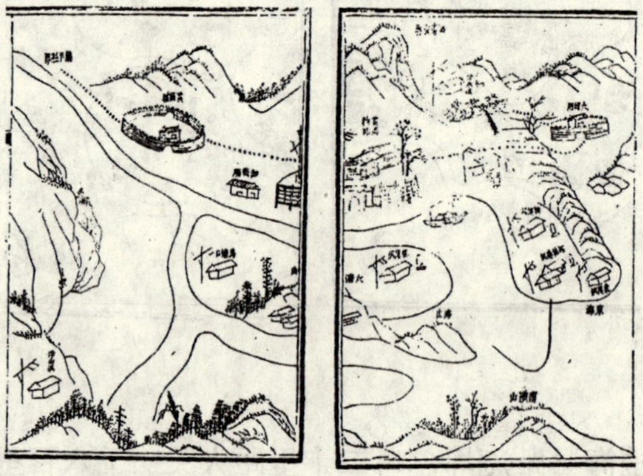

谨案此系正税口在潮州府饶平县距庵埠总口一百四十里距大关一千七百里乌塘口系挂号小口在饶平县为黄冈口所辖

北炮台口图

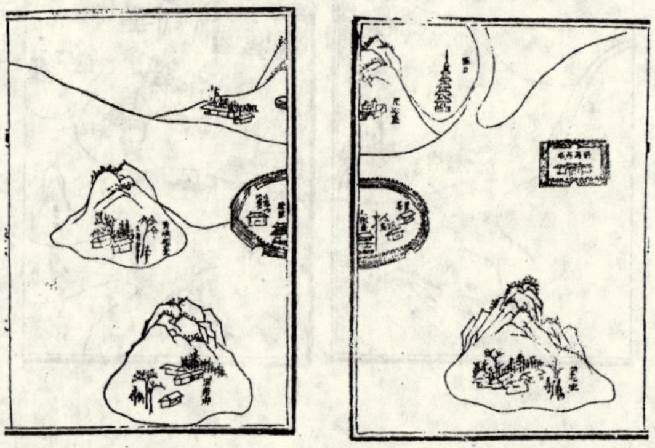

谨案此系正税口在潮州府揭阳县距庵埠总口一百二十里距大关一千六百里

梅菉总口图

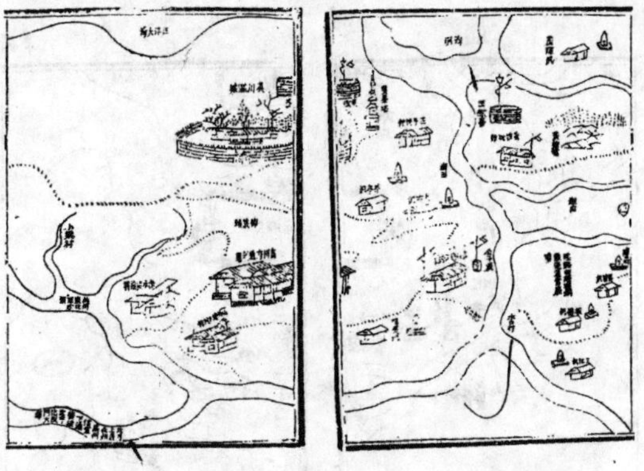

谨案此系正税总口在高州府吴川县距大关一千四百里

水东口图

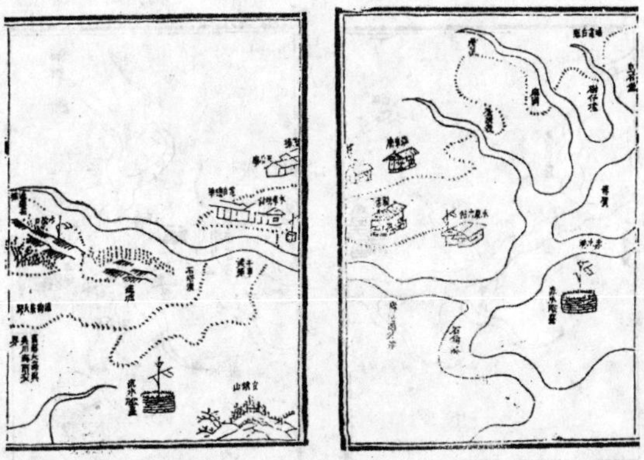

谨案此系稽查港口在高州府吴川县为梅菉总口所辖距总口六十里距大关一千三百四十里

硇州口图

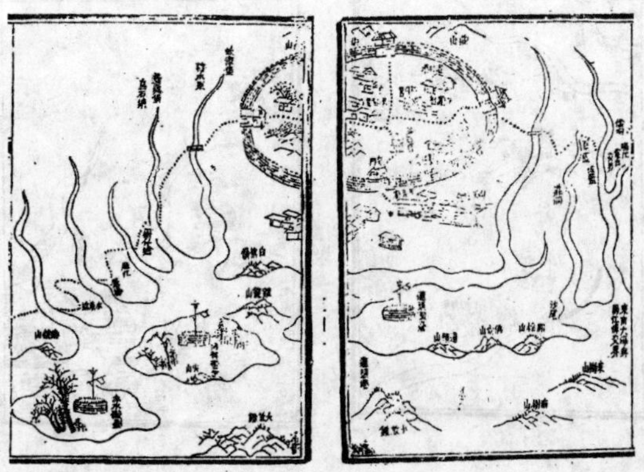

谨案此系稽查港口在高州府吴川县为梅菉总口所辖距水东口八十里距总口一百四十里距大关一千二百六十里

芷芎口图

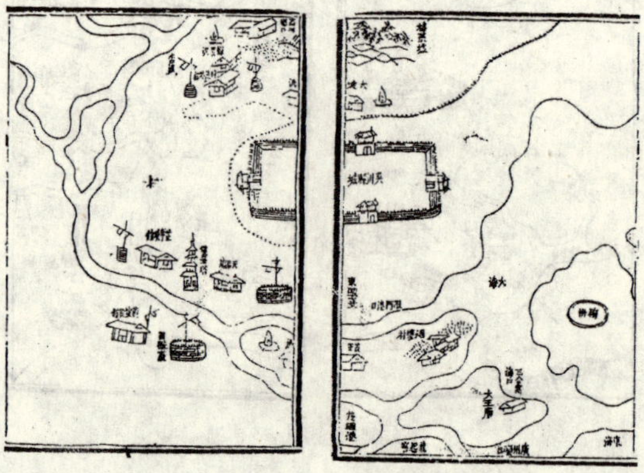

谨案此系挂号口在高州府吴川县距梅菉总口一百里距大关一千一百里

暗铺口图

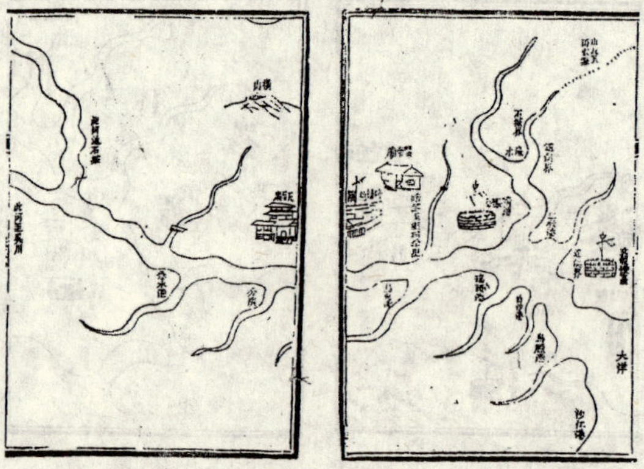

谨案此系挂号口在高州府石城县距梅菉总口二百六十里距大关一千一百六十里

两家滩口图

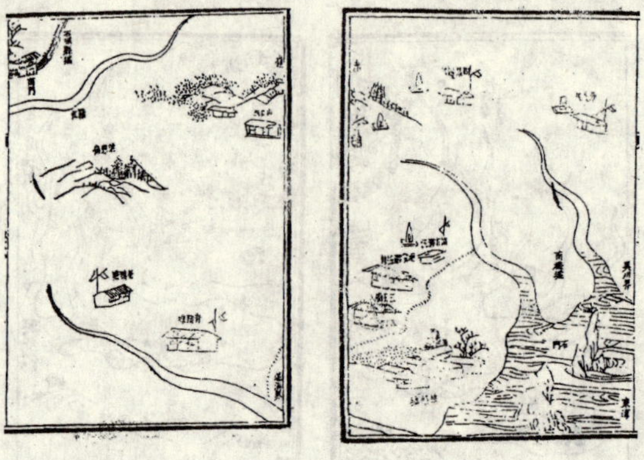

谨案此系正税口在高州府石城县距大关一千一百六十里

阳江口图

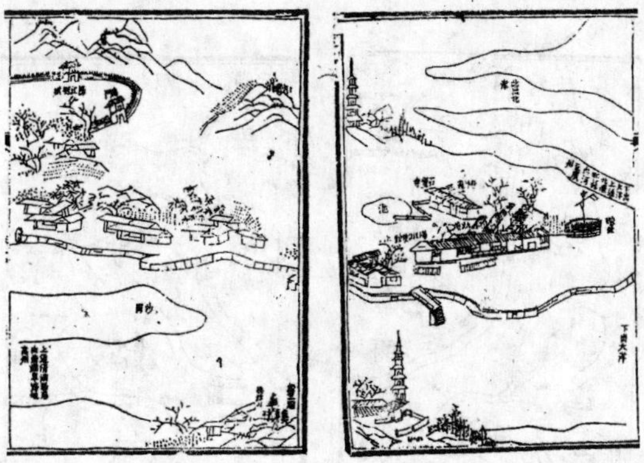

谨案此系正税口在肇庆府阳江县距梅菉总口七百五十里距大关八百里

海安总口图

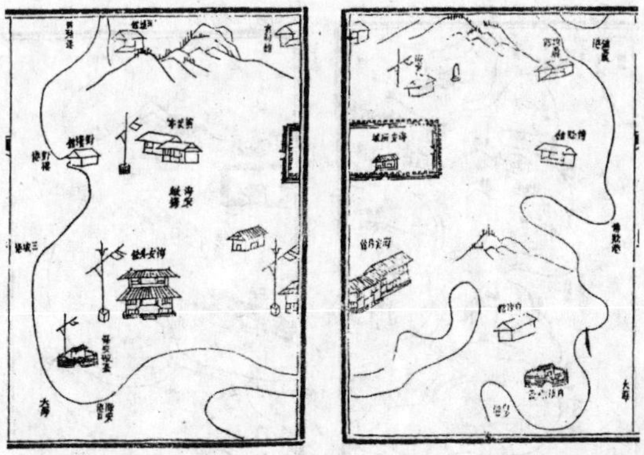

谨案此系正税总口在雷州府徐闻县距大关一千七百里

白沙田头博赊南樵对楼锦囊口图

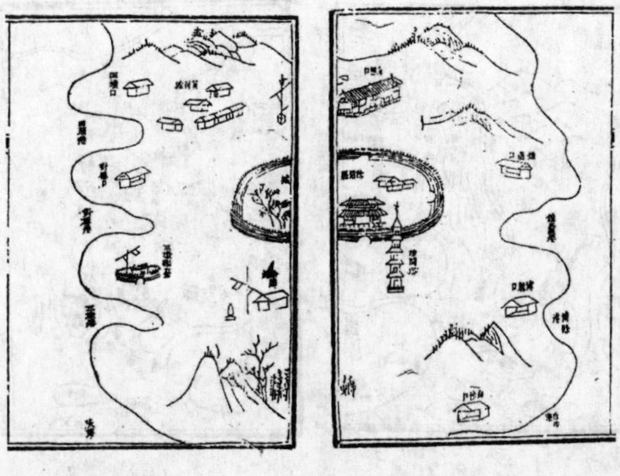

谨案白沙小口博赊小口南樵小口对楼小口田头小口锦囊小口均系稽查口并在雷州府徐闻县同为海安总口所辖

雷州口图

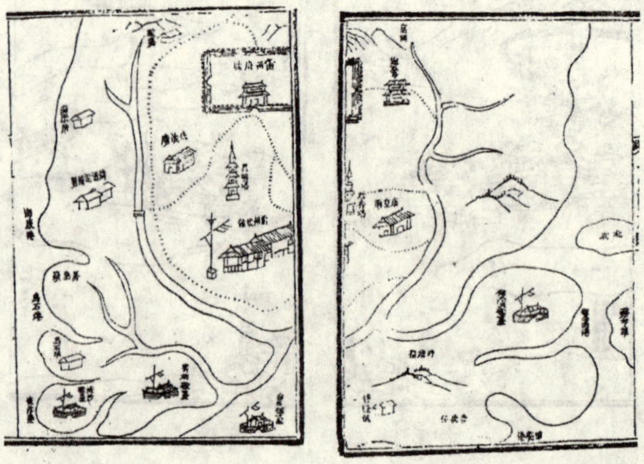

谨案此系正税口在雷州府海康县距海安总口一百五十里距大关一千三百里

赤坎乐民口图

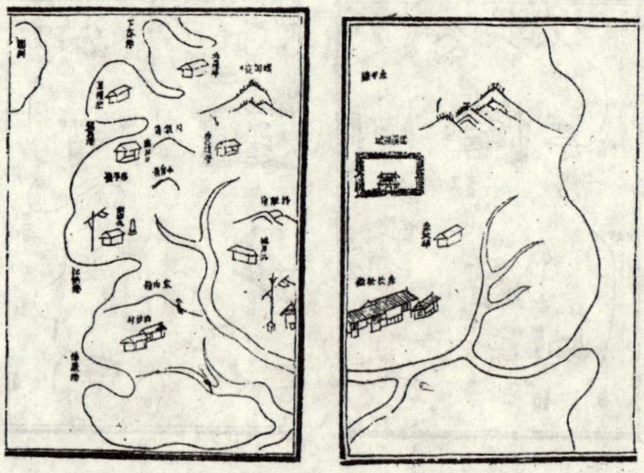

谨案赤坎口系稽查港口乐民港系稽查小口并在雷州府海康县同为雷州口所辖

廉州口图【山口口附】

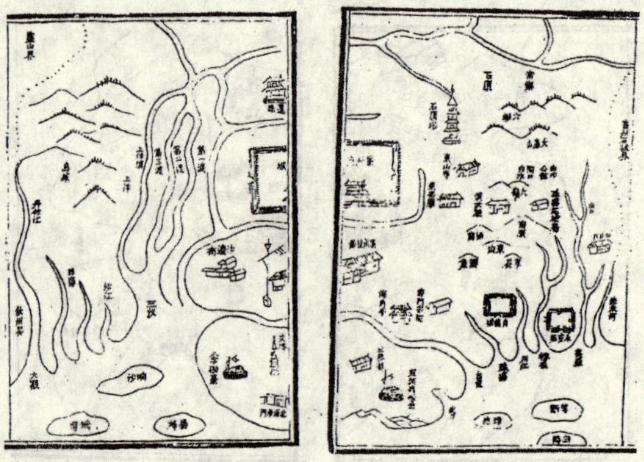

谨案此系正税口在廉州府合浦县距海安总口九百三十里距大关一千四百里山口口系稽查小口在合浦县为廉州口所辖

钦州口图

谨案此系正税口在廉州府钦州距海安总口一千二百里距大关一千八百里

海口总口图

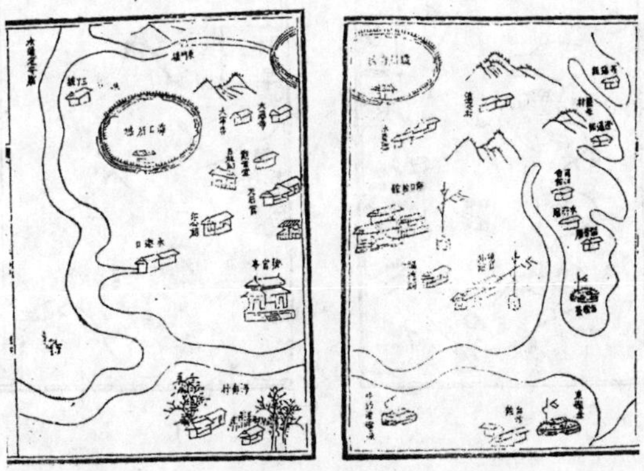

谨案此系正税总口在琼州府琼山县距大关一千七百里

铺前口图

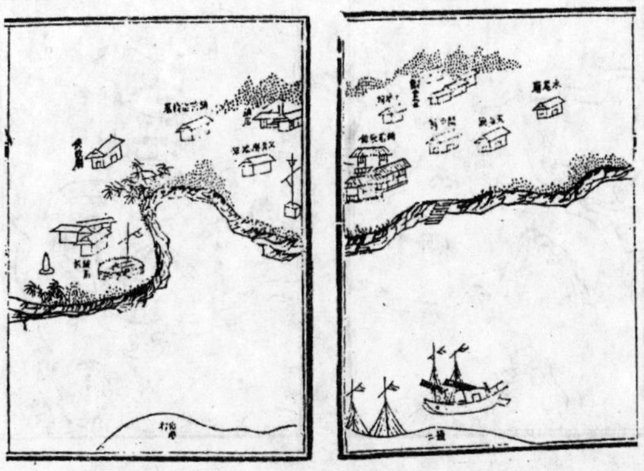

谨案此系正税口在琼州府文昌县距海口总口七十里距大关一千七百里

清澜口图

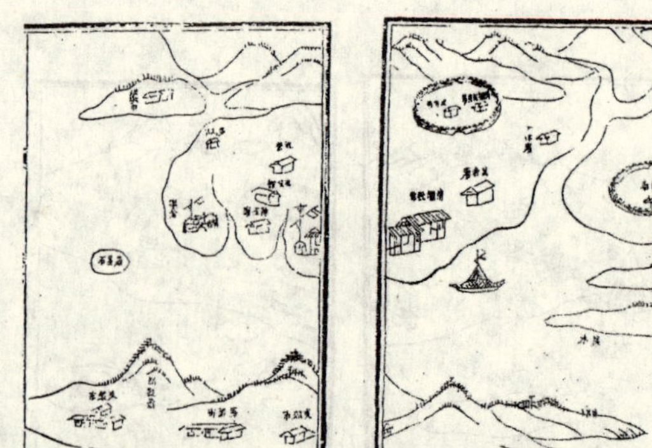

谨案此系正税口在琼州府文昌县距海口总口二百四十里距大关一千九百里

沙茬口图

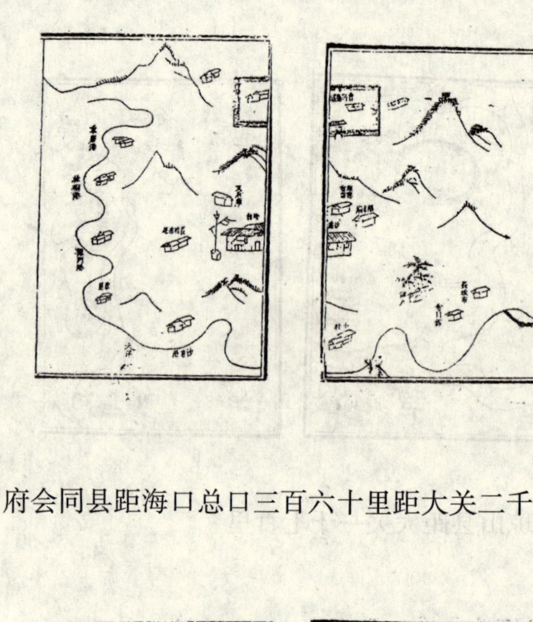

谨案此系正税口在琼州府会同县距海口总口三百六十里距大关二千里

乐会口图

谨案此系正税口在琼州府乐会县距海口总口三百二十里距大关二千里

万州口图

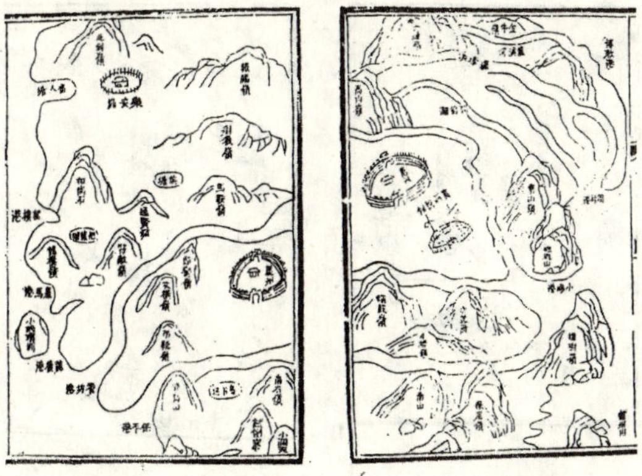

谨案此系正税口在琼州府万州距海口总口四百八十里距大关二千一百里

儋州口图

谨案此系正税口在琼州府儋州距海口总口三百六十里距大关二千里

北黎口图

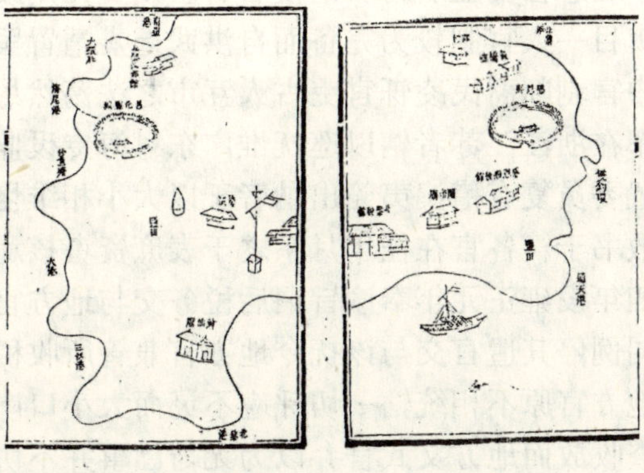

谨案此系正税口在琼州府感恩县距海口总口六百四十里距大关二千三百里

陵水口图

谨案此系正税口在琼州府陵水县距海口总口六百四十里距大关二千四百里

崖州口图

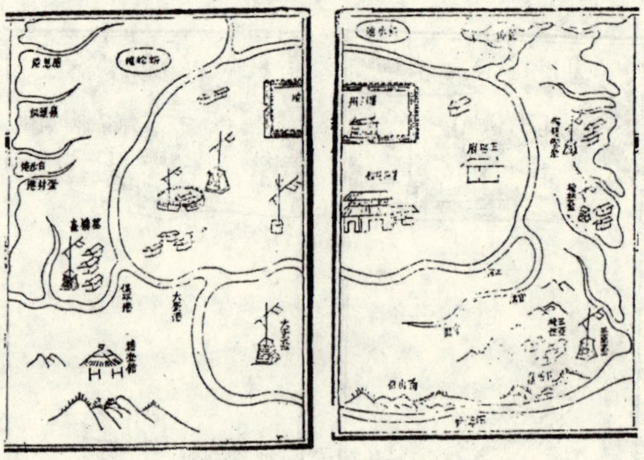

谨案此系正税口在琼州府崖州距海口总口九百六十里距大关二千七百里

卷七·设官

臣谨按唐市舶使之名不见于唐志会要盖唐时所谓使者有事则置无则废之至宋置司元加提举乃为专官明设提举一人副提举二人其属吏目一人官制较为完备而自洪武迄嘉靖置罢不常又始置三司后复罢浙江福建而专属之广东大抵归其权于中官剥削商民凌轹官吏古人互市之法荡然尽矣我朝厘定关榷官制有兼管有简充天下海关在福建者辖以将军在浙江江苏者辖以巡抚惟广东粤海专设监督诚重其任也至分司其事大关澳门则设防御其余五大总口并置委员复有稽澳夷莞出纳者于以大小相维恪恭职守其通商而裕课者岂不法良意美哉谨以建置始末吏役额数书于篇各官在任年月系之于表庶资考核焉

粤海关监督一员康熙二十四年设雍正元年奉谕旨嗣后税务交与地方官监收于钱粮地方均有裨益著议奏等因寻议准粤海关九江等关同例停其遣官交与该抚令地方官兼管所收税银照例解部七年复设监督十二年十二月奉谕旨省关税监督于地方官原不相统辖一切呼应不灵而大小口岸甚多监督一人势难分身兼顾虽选委书吏巡役公同亲信家人稽查收放而地方文武官弁以为无与己事并不协力或转怀挟私意则奸商之隐漏地棍之把持督抚或不关心监督动则掣肘不独于税务无补即于地方亦难免扰累嗣后凡有监督各关著该督抚

兼管所属口岸饬令该地方文武各官不时巡查如有纵容滋扰情弊听该督抚参处至监督征收税课及一切应行事宜仍照旧例遵行不必听督抚节制如此庶关税既有专司地方官仍无敢歧视于税课商民均有裨益嗣据监督毛克明奏称粤东海关地面辽阔事务繁多洋商胥吏以及地方势豪引诱串通弊端百出监督一官难于稽查防范不若就近归于督抚兼管则通省文武军民均受统属节制不敢欺公玩法再令京员掌管监督印信监收钱粮则税务肃清而弊可杜疏入照所请行乾隆三十五年奉谕旨向来各省盐政关差一年任满例由该部院题请更换而关差内间有自行奏请并不经部办理者究非体制嗣后除将军督抚盐政织造兼管各关仍由该将军等照例自行题奏外其九江粤海等关将届一年期满并著一体报部听该衙门具题请旨著为令嘉庆十四年六月奉谕旨粤海关税务自乾隆十五年以后均系监督征收会同总督题报迨至五十七年钦奉特旨改令监督事管仍责成该督抚查明按月造册密行咨部俟期满核对以防弊窦以严钩稽乃近来该督抚以事不关己漫不留心而吴熊光等于该关征收税务情形竟全不过问是稽核之例竟系有名无实嗣后粤海关务仍著该督抚一体稽查倘有情弊即随时参奏并著按月造册密行咨报户部俟一年期满该部将该督抚与该监督所报清册核对如查有弊端即行参劾该督抚不得以并无兼管之责视为具文甚或通同弊混致干咎戾廨舍在广东外城五仙门内康熙二十四年以旧盐政署改建又有行廨在香山县澳门监督时出稽查则居之又溯稽旧制监督赴任恭请勅书外又领精微批文一道乾隆三十八年停止精微批文

管理总口委员七员　一大关旗员　一澳门总口旗员　一惠州府同知　一潮州府海防同知　一雷州府同知　一琼州府同知　一高州府通判　乾隆五十一年七月总督穆腾额等会奏言窃照粤海关管理总口七处以省城大关为总稽查城外十三洋行及黄埔地方各国夷船进口出口货物以澳门为夷人聚集重地稽查进澳夷船往回贸易盘诘奸宄出没均关要是以向设立旗员防御两员一驻大关总口一驻澳门总口每年请将军衙门选员前往弹压一切关税事务于大关澳门两总口又分为附省十小口向由监督及奉旨兼管关务之督抚分派家人带同书役管理此外惠州潮州高州琼州及雷廉五总口并分隶五总口之各小口四十余处监督亦分派家丁带同书役分路查察仍每一总口委官一员每年由藩司于现任及试用佐杂人员内详请督臣派委前往稽查约束此向来办理关务之章程也臣穆腾额与臣孙士毅熟商利弊除大关澳门两总口及分附省之十小口夷船货物在在经由其黄埔澳门两处均与洋行逼近民夷交涉最易藏奸一切出入点验货物及防范走私短报各弊有必需家丁驱遣往来不能尽委之书役者监督及奉旨兼管关务之督抚就近分派平素亲随老成之家丁管理需人无几尚易遴选如有营私舞弊情事离署不远耳目易周一经访闻即可尽法处治所有附首之总小各口应请仍听管关之总督巡抚及监督照例派遣外其余五总口及分之各小口四十余处系内地本港船只出入之所距省自数百里至二千余里不等所有每年详委之佐杂本非熟习关务且官职较卑书吏家丁视为微员未能受其拘管即有一二向上之员又因递年更换不肯实心经理而向来派往远路口岸者因家丁不能敷用每多遣派长随若辈或留或去既不比家丁之易就约束一经派管惟利是图非侵蚀课饷即剥削客商臣穆腾额到粤以来不能不照旧派用但每念及若辈恶习相沿求其小心怕事者尚不可多得又安有廉洁自爱之人兹与臣孙士毅公同筹酌此等离省较远各口岸与其委用佐杂长随稽察难周易启弊端不若责成就近之丞倅督率经理缘该丞倅等本任事务既简且官职较优非佐杂微员可比书吏人等不得不受其□束于整顿关务较为有益除各口岸申报文稟往来巡缉必需责成书役仍照例秉公签掣派往外其派令家丁长随前往五总口并各小口及每年详委佐杂经管之处应请概行停止查惠潮高雷廉琼各府与五总口附近之处均适有同知通判内择其才守较优者督臣监督曾同抚臣饬委督同书役稽查一切税务如附近之丞倅才具不甚相宜并许在通省之丞倅中遴委兼管倘有疏废弛即会同严参如果饷课岁有加增咨部议叙再查监督库内从前所存饷银不过二三十万至四五十万亦不等臣穆腾额自乾隆四十九年接任递年增至七八十万两余银数较昔年不啻加倍而向例止设库书二名经理其事殊非慎重钱粮之道应请照藩运两司库之例添设库大使一员专司其事至丞倅各员如准其稽查口岸其本任均有应得俸廉足资办公毋庸议给饭食银两所有惠潮等处总口每年详委佐杂各员及家丁应给饭食等项共银四千一百二十二两均可节省归入平余项下一并报解奉朱批如所议行广州府澳防同知一员乾隆八年总督策楞题请添设海防军民同知一员专理澳门夷务因移肇庆府同知于前山寨照理同知例给与把总二员兵丁一百名统于香山虎门两协内各半抻拨并酌拨哨船四只以资巡缉

香山县丞一员康熙四十三年裁雍正八年复设驻前山

广盈库大使一员乾隆五十一年裁南雄府司狱改设库建于乾隆五十七年

守库武弁二人以千把总选派如不敷用以外委代之每年由督标营派拨一年更替其有勤慎当差者临时酌留

一书吏大关额设二名承办通关收支报解税项五年役满归农于各房掌案书内拔补高雷廉琼惠潮五总口五名间届一年期满于五口内轮流更调统计五年役满归农乾隆三十三年四月户部咨称准户科移会查各关额设经制书吏有经管钱粮之责是以定例遇有年满事故缺出该监督召募既实良民考取充补并取具地方官印甘各结造具该吏年貌清册该监督加具印结赍送部科查验注册与例相符始准著役原以杜年满恋缺积蠹等弊嗣经各关呈报著役文结内有未符定例者本科又经通行在案今查各关有随补随报亦有充补一二年后始行呈报且有呈报册结内有不符定例者违例之处种种不一但关吏有经收税银解饷之责该监督理应遇缺出即行挑补何以任其恋缺舛错致违定例相应行文户部烦即转行各监督嗣后凡有书吏丈量单书缺出即召募殷实良民充补取具原籍地方官切实印甘各结该监督出具印结报科勿得仍前迟误舛错致干驳查可也嘉庆二年监督常福咨会总督吉庆称前监督穆腾额会同前总督孙士毅于乾隆五十一年清理关务条奏事宜内载明各口书役定例以一年期满调回另行签派其有勤慎办公者期满时亦间行酌予留办三月或半年等语查向例期满调回者所以均劳逸而杜占据其或有舞弊营私等事原可随时撤回究办若果办公无缺原不必纷纷更调致启钻营陋习惟遇关部或有升调一年尚未届期署任新任接篆不论期满纷纷更调以致各口书役心存观望其不肖者或故意亏缺卸与后人或藉称一年未满旺淡不均以为亏短地步嗣后总以一年期满方行更换而署任新任毋庸纷更姓氏则各口书差得以尽心经理即有短绌亦无可诿卸合咨查照嘉庆十七年五月奉谕旨饬各关监督及总理兼理关务各员慎选家丁书吏并随时查察严行约束其狡伪侵欺者即随案惩办钦此经户部遵查各关书吏花名向系于五年役满更换顶补之日造册分送部科至经管家丁向由各监督自行签派如有不妥原可随时更换若令一一造册分送部科未免事涉烦应令各监督钦遵圣训严加约束以期无弊所有应送各册均照从前成案造送向来所无即毋庸造报其征收税册亦照旧例办理奏入报闻嘉庆二十三年监督祥绍咨定核拨税饷章程将琼州歉收之口额饷量为酌减归入近年较裕之口办理今在庚辰年分第四季自本年八月二十六日起至十一月二十五日止一季期内为始琼州总口减额饷银五千两乐万口减额饷银四百两崖州口减额饷银四百两北黎口减额饷银二百两清澜口减额饷银一百两沙荖口减额饷银五十两共减额饷银六千一百五十两即加入近年较裕之口亦于庚辰年分第四季期内雷赤口加额饷银二千两庵埠口加额饷银五百两潮阳口加额饷银二千两北炮台口加额饷银一千两黄冈口加额饷银五百两府馆口加额饷银一百五十两共加额饷银六千一百五十两以符琼属各口裁减之数至琼属委员应于庚辰年分第四季为始照各属委员之例毋庸按股分认责成该年新差吏书巡役办理以昭画一现在核议调剂原因琼州各口关期积闰趱前势须随后弥补以致解贮道库迟延不能依期兑换司库实收报部连年办理已属掣肘来年又当趱闰必致贻误今自本年八月差期为始嗣后掣得琼州陵水乐万崖州北黎清澜沙荖各口书役人等即将减外应完饷平等银先行缴库以备找解司库方准赴口如不能先期缴者即行改差愿缴者方准赴口

一大关案书　掌册案书　掌平案书　掌稿案书　单房案书　算房案书　贡房案书各一名

一大关各房缮写书【人数无定给饭食银两有定】

一大关平柜一名

一澳门总口总书一名

一柜书　澳门总口　高州总口各一名　惠州总口　潮州总口　雷廉总口　琼州总口各二名

一大关清书十二名

一口书　总巡口　东炮台口　西炮台口　黄埔口　虎门口　佛山口　碣石口　神泉口　乌坎口　汕尾口　平海口　庵埠口　溪东口　黄冈口　水东口　阳江口　暗铺两家滩口　廉州口　铺前口　儋州口　陵水口　乐会口　崖州口　北黎口各一名　江门口　潮阳口　澄海口　北炮台口　东陇口　雷州口各二名　通关口岸四十七缺除例归京差三缺【东西炮台黄埔口三缺留赏请领印簿解货色册添平三项之京差谓

之京差三缺】计清帮书一百九十二名先掣其后先名次每年以四十四人掣四十四缺四年余即可轮差均遍其掣得缺分举别差代者以已掣论代者仍以未掣论

一家人　大关四名　总巡口　黄埔口　江门口　大马头口各一名　东炮台口　西炮台口　虎门口　佛山口　紫泥口　市桥口　镇口口　澳门总口各二名

一巡役　总巡口　东炮台口　黄埔口　紫泥口　市桥口　镇口口　江门口　惠州总口　靖海口　墩头口　庵埠口　海门口　达濠口　南洋口　樟林口　芷芎口　暗铺两家滩口　雷廉总口　东西乡口　雷州口　钦州口　儋州口　陵水口　乐会口　崖州口　清澜口　沙荖口各一名　高州总口　琼州总口各二名　澳门总口五名【内澳门口　关闸口　大马头口　南湾口　娘妈阁口各一名】乾隆五年九月十一日吏部会同兵部奏言会议得协理浙江道监察御史廖必琦奏称沿海关泛之设原以稽查匪类及违例夹带之物顾各关泛阳藉稽查之名阴行勒索之术凡遇船只出入于挂号之时需索银钱顺其意即刻放行拂其情需时等候伏惟濒海之区潮汐靡常风波不测每因挂号迟延今日暂停而明日之潮信朝暮忽更此处耽搁而他处之风涛南北顿异司汛口官弁不能不假手书记衙役因而相倚为奸在上司见闻既远访察或未能周在商人出入营生含不能与较仰祈皇上敕下督抚提镇凡沿海关汛所有员弁巡查挂号之处严行饬禁不许借端需索故意留难等因前来查守关官弁兵役借端留难勒掯商民者久经著有定例各省督抚提镇自应实力遵行严饬官弁兵役人等毋得借端留难勒掯苦累商民今该御史奏称沿海关泛阳藉稽查之名阴行勒索之术凡遇船只出入于挂号之时需索银钱顺其意即刻放行拂其情需时等候商人挟不赀之血本历万顷波涛以求微利其情已苦而司汛口官弁不能不假手书记因而相倚为奸在上司见闻既远访察或未能周在商人出入营生含忍不能与较种种需索日甚一日是关口弁兵借端留难勒掯虽经著有定例但恐日久废弛汛口官弁兵役人等阳奉阴违亦未可定应如该御史所请行令督抚提镇凡沿海关泛所有文武员弁巡查挂号之处严行饬禁不许借端需索故意留难如有此等情弊即行查参将守口官弁照衙役犯赃例分别议处书记衙役计赃论罪如守口官弁照借端勒掯例降二级调用该督抚提镇失于觉察比照假冒顶替托人代考等弊事发将巡缉官失于查察者罚俸一年例罚俸一年俟命下之日臣部等部行文沿海等省督抚提镇衙门一体遵行奉旨依议

一水手　碣石口　潮州总口差船水手　湖东口各一名　靖海口　潮州总口　钦州口　万州口　各二名　惠州总口　神泉口　北黎口　清澜口各三名　市桥口　墩头口　阳江口　雷州口　廉州口　崖州口　沙荖口各四名　佛山口　镇口口　平海口　北炮台口　雷廉总口　铺前口　儋州口　陵水口　乐会口各五名　紫泥口　乌坎口　汕尾口　黄冈口　芷芎口　暗铺两家滩口各六名　江门口　高州总口各七名　东炮台口　西炮台口　东陇口各八名　南洋口九名　琼州总口十名　黄埔口十一名　庵埠口十二名　总巡口十三名　又座船水手二名　潮阳口十四名　澳门总口十五名　虎门口十八名

一水火夫　神泉口　汕尾口　平海口　墩头口　庵埠口　雷州口各一名　高州总口二名　潮州总口三名

一火夫　潮阳口　澄海口　北炮台口　水东口　芷芎口　阳江口　暗铺两家滩口　铺前口　儋州口　陵水口　乐会口　万州口　崖州口　北黎口各一名　澳门总口　惠州总口各二名　琼州总口内外馆厨子火夫四名

一大关轿伞扇夫八名　吹手八名　大堂役二名　二堂役一名　三堂役一名　听事役二名　西厅役一名　东厅役一名　打扫夫一名　炮手一名　内库役二名　东西辕门役二名

一大关库丁十八名

凡守口吏役一年更换道光十六年八月议定交代日期注册遵行

书吏口书日期　平海口口书一【四月二十六日】　乌坎总口口书一【二月十九日】　黄埔口口书一【六月初四日】　海安总口书吏一口书二　雷州兼赤坎口口书二　海口总口书吏一口书二【俱六月二十六日以上三口六月旺收余俱赔垫故遇闰不扣】　东炮台口口书一【七月二十六日】　乌坎总口书吏【八月十四日】　江门口口书二【内一】　神泉口口书一【并八且二十六日】　虎门口　暗铺口各口书【并九月十六日】　总巡口口书　澳门总口【总书柜书】　碣石口口书　庵埠兼澄海口口书三　潮阳兼卡路口口书三

东陇口口书二　黄冈口　北炮台口口书二　溪东口　后溪口【各口书并九月二十六日】　佛山口口书【十月初一日】　廉州口口书【十十一月日】　阳江口口书【十月二十日】　铺前口　儋州口【各口书并十月二十六日】　乌坎总口口书一【十一月十六日】　西炮台口口书【十一月二十三日】　甲子口口书【十一月二十八日】　汕尾口口书【十二月十一日】　庵埠总口书吏　万州兼水东口口书二【并十二月二十六日】　梅菉总口书吏【十二月八日】　北黎口　陵水口　崖州口【各口书并短差四个月】　乐会口口书【短差三个月】

巡役日期【每口各一】　达濠口【正月二十八日】　南洋口【二月初一日】　府馆口【三月二十六日】　黄埔口【六月初八日】　市桥口【六月十五日】　镇口口【六月十八日】　紫泥口【六月二十四日】　总巡口　雷廉总口【二并六月二十六日以上二口六月旺收余俱赔垫故遇闰不扣】　澳门总口【七月初一日】　大马头口【七月初六日】　高州总口【七月初九日】　南湾口【七月二十五日】　钦州口【八月初□】　海门口【八月十六日】　樟林口【九月二十六日】　东西乡口　乐□港口【二并十月十三日】　儋州口【十月二十六日】　娘妈阁口【十一月二十日】　江门口【十一月二十一日】　靖海口【十一月二十六日】　关闸口【十二月初三日】　长沙口【十二月十一日】　墩头口【十二月二十六月】　陵水口　崖州口【并短差四个月】　清澜口　沙茔口【并短差三个月】　乐会口【短差两个月】

职官表

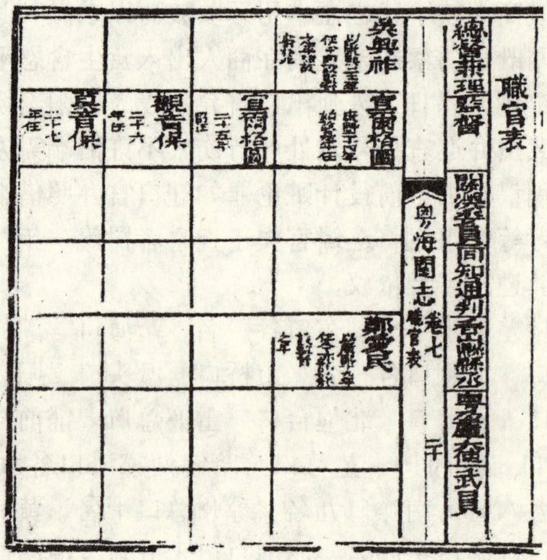

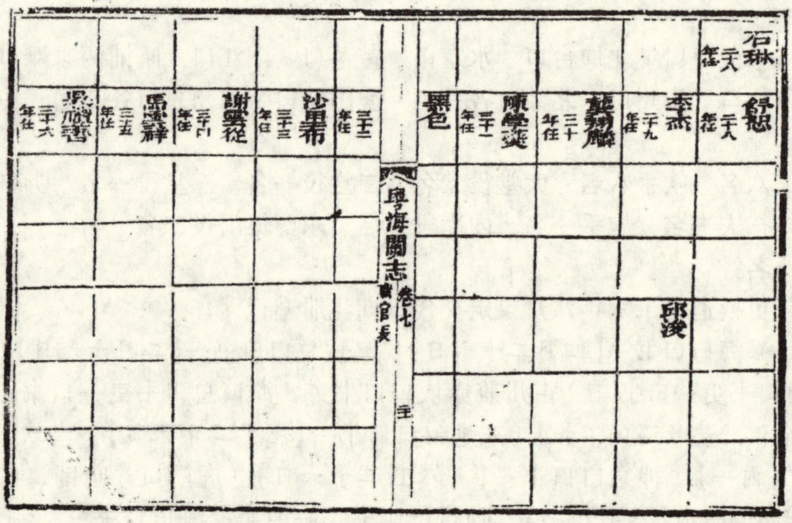

曾甲 三十七年任
索衛弼 三十八年任
陳廷運 三十九年任
費揚古 四十年任
海壽

四十一年任
郭世隆
孫文成 四十二年任
安泰 四十三年任
卓佛和 四十四年任
德政 四十五年任
任蓮儒
缺裁

趙宏燦
德政 四十六年留任
常泰 四十七年任
查爾布 四十八年任
李國屏 四十九年任
紀貴

五十年任
巴賴 五十一年任
巴賴 五十二年留任
韓楚漢 五十三年任
哈爾金 五十四年任

哈爾金 五十五年留任
明德 五十六年任
穆音保 五十七年任
馬泰 五十八年任
傅德

五十九年任
五十一 六十年任
薩克素 六十一年任
楊琳
那山 雍正元年任以後歸巡撫
年希堯

孔毓珣　楊文乾 雍正元年…兼任
楊文乾 三年起…兼任
楊文乾 四年…兼任
楊文乾 五年…兼任
楊文乾 六年…兼任

粵海關志 卷七 職官表　三五

郝玉麟　祖秉圭 …設
祖秉圭 七年任
鄂彌達　祖秉圭 八年留任　…設…
祖秉圭 九年留任　朱念高
毛克明 十年八月…

毛克明 十年…任
毛克明 十一年…任
鄭五賽 十二年…
鄭五賽

粵海關志 卷七 職官表　三六

鄭五賽 乾隆元年…任
鄭五賽 二年…任
馬爾泰　鄭五賽 三年…任
王安國 四年…
王安國

嚴復　…
朱叔權 六年十二月…
伊拉齊 七年…
策楞 八年…

粵海關志 卷七 職官表　三七

馬爾泰　策楞 九年…任
那蘇圖　…十年以…任　顧(?)嵩
…泰 十一年…任
策楞 十二年…

碩色 十三年十月[illegible]
高𣶶 十三年十一月[illegible]
碩色
蘇昌 [illegible]
陳大受 十四年[illegible]
蘇昌 十五年[illegible]
賽奕
嵩晃

李永標 十六年留任
沈文[illegible]
阿里袞
李永標 十七年留任
班第
李永標 十八年留任
楊應琚
李永標 十九年留任

楊應琚 二十年十月[illegible]
潘沫霖
楊應琚 二十一年留任
胡名鉞
楊應琚 二十二年留任
王旭奐
陳宏謀 二十三年[illegible]任
李侍堯
尤拔世

二十四年[illegible]任
尤拔世 二十五年留任
蘇昌
尤拔世 二十六年留任
蘇昌 二十七年十二月[illegible]
尤拔世 二十七年留任
蘇昌 二十八年[illegible]
方體浴 二十八年[illegible]任

李侍堯
方體浴 二十九年四月任
薛天衢
楊廷璋
方體浴 三十年留任
德魁 三十一年[illegible]任
李侍堯
德魁 三十二年留任
德魁
孟廷奐

三十三年留任
李侍堯 三十四年十[illegible]
德魁 三十四年[illegible]任
德魁 三十五年[illegible]任
徐[illegible]麟
德魁 三十六年留任
德魁 三十七年留任

粤海關志卷七　職官表　三十

李侍堯 三十八年十二月總督署任	德魁 三十八年留任				
	李文照 三十九年三月任　德魁 是年九月再任				
	德魁 四十年留任		裁兼鑑		
	德魁 四十一年留任				
楊景素 四十二年十二月總督署任	德魁 四十二年留任				
桂林	圖明阿 四十三年三月任				
	圖明阿 四十四年留任				
巴延三 四十五年三月總督署任	圖明阿 四十五年留任				

粤海關志卷七　職官表　三十一

	伊齡阿 四十六年三月任				
	李質穎 是年四月任				
	李質穎 四十七年留任		周克達		
	李質穎 四十八年留任				
舒常	穆騰額 四十九年正月任				
富勒渾	穆騰額 五十年留任		陳新槐 任佛防同知		
			曾大任 任惠州府同知　德亮 任佛防同知		
孫士毅 五十一年五月總督署任	穆騰額 五十一年正月任	孫燧 大關委員 [illegible]	房吉齡 任雷州府同知		設庫大使

粤海關志卷七　職官表　三十二

	佛寧 是年十一月任	以下委員 [illegible]	陳國勳 任雷州府同知　史滦 任廉州府同知		謝繼功 把總
	佛寧	黑達色 派門	程兆齡 任高州府同知		
	佛寧 五十三年留任	興家保			黃日胖 把總
	佛寧	翰宜阿	佟學詩		林元啟
	五十三年留任	派門	任佛防同知		周文通
			歐陽新 任佛防同知		花希 [illegible]　徐廠
福康安 五十四年四月總督署任	佛寧 五十四年留任	金源 派門	賓森 任高州府通判署府知		伍毓
	盛住 五十四年[illegible]月[illegible]任　蘇德 是年[illegible]月[illegible]任				

額爾登布 嘉慶七年月任	額勒登布 五十五年留任	郭世勳 嘉慶五年月巡撫署任	額勒登布 嘉慶十年月任			
	文明 六月	蘇泉林 澳門				
謝德功	舒必顯	張鳳毖	高廷部	朱璉	馮裕墀	

粤海關志 卷七 職官表 三十四

額勒登布 五十八年留任	郭世勳 嘉慶九年巡撫署任	盛住 嘉慶十二年月任	盛住 五十七年二月任
七十九 六月	顏鎮遠 澳門		倪廣添 澳門
周作淵 任廣州府同知	羅前蔭 任廣州府通判		韋協中 任澳防同知
賈兆晉			
許八十一			

佛喜 嘉慶 福昌				
五十九年七月 巡撫署任	蘇楞額 嘉慶八月任	舒璽 五十九年十月任		
王錡瑞	王文輔 澳門	秋得 六月	張玉 澳門	
吳光祖 任惠州府同知		邱桂山 任澳防同知	丁如玉 任廣州府同知	黃聚棟
			蔡兼森	

粤海關志 卷七 職官表 三十五

朱珪	常慶 嘉慶 佶山			
舒璽 六十年留任	嘉慶元年八月任		常福 二十六年月任	
羅錦 澳門	蔣攀遠 澳門		五十四 六月	
任廣州府同知	翟經倫 任廣州府同知	宗聖垣 任廣州府同知	丁如玉 任澳防同知	
			吳兆晉	

		常慶 佶山 嘉慶十一年月 總督署任		
常福 二十年 留任		嘉慶十八年月任		
鍾萬浄 澳門	常慶 六月	李培滔 澳門	葉茂濟 六月	海興
宗聖垣 任廣州府同知	何鍾 任澳防同知	唐森湯 任廣州府同知	袁樹 任惠州府同知	
馮德廷	黎佩奇	趙陛		

粤海關志 卷七 職官表 三十六

	佶山 五年留任		
澳門	黃鏵 六月	富納哈 澳門	
	孫輝 任廣州府同知	馬濾 任高州府通判	
葉長春	葉常春	崔德	譚殷俊
藍應元	梁聯芳	藍應元	

三義助 六年十月任
德舜 任雷州府同知
陳國寶 王成佐 俱[illegible] 覃[illegible]福 甘[illegible] 俱[illegible]

三義助 七年留任
[illegible]必[illegible]
李[illegible]惠 王成佐 林海 俱[illegible]

《粤海關志》卷七 職官表

保什布
三義助 八年留任
六十八 [illegible]
彭[illegible]璜 任惠州府同知
[illegible]住 [illegible]
余得成 張[illegible]高 陳烈光 俱[illegible] [illegible] 盧慶元 高[illegible] 龍[illegible] 俱[illegible]
延豐
蘇[illegible]保
丁[illegible]

[illegible]慶成 [illegible]光
阿克當阿 十年十二月任
[illegible] 俱[illegible]
胡[illegible]
[illegible] 九年七月任
[illegible]源 [illegible]
[illegible] 謝[illegible] [illegible] [illegible] 許[illegible] 邵[illegible] 盧慶元 [illegible]

《粤海關志》卷七 職官表

阿克當阿 十一年留任
[illegible] 俱[illegible]
曾成龍 [illegible]
李[illegible]實 任潮州府同知
洪[illegible] 任高州府同知
[illegible] 余承[illegible] 龍[illegible] 武[illegible] 陳[illegible] [illegible] 謝[illegible]
吳熊光 十二年十月[illegible]
常顯 十二年八月任
[illegible]明 [illegible]
王[illegible] 任[illegible]府同知

[illegible] 十三年留任
六十八 [illegible]
[illegible] 十二[illegible]
[illegible] 任[illegible]州府同知
[illegible] 任[illegible]州府同知
[illegible]
[illegible] 謝[illegible] 常[illegible] [illegible] 陳[illegible] 梁[illegible] 陳[illegible] 梁[illegible]信

《粤海關志》卷七 職官表

百齡 十四年[illegible]
常顯 十四年九月任
[illegible] 俱[illegible]
于[illegible]龍 任[illegible]州府同知
李[illegible]
李[illegible] 丁[illegible] 余得成 梁[illegible]信 黃[illegible]

粵海關志 卷七 職官表

常顧 十五年留任
魁亭 大關
司能任 任惠州府同知
易萬里 任高州府通判
潘世綸
劉禮祖 [illegible]
孫積昌
戴積臣
黃繼華
馬明裕
邱琳

松筠
德慶 十六年四月任
善慶保 大關
萬仕耀
汪旭耀 俱澳門
區遜 任澳防同知
潘仁 任惠州府同知
周兆熊
陳泰朝
甘華詰
余得成
邱海
蔣攸銛
德慶 十七年留任
馬雄
梁文光
張廣哲

粵海關志 卷七 職官表

祥紹 十八年七月任
楊承慶 大關
善慶保 澳門
張廣哲
伍宏虎
梁文龍
謝廷亮
喬廣高
陳玉

祥紹 十九年留任
毓廸保 大關
李璋 澳門
陳國選 任瓊州府同知
喬廣高
鮑朝治
鮑朝治
王位明
馬雄
蔡世高
喬廣高

粵海關志 卷七 職官表

祥紹 二十年留任
王宗珩 大關
烏林岱 澳門
劉星渠 任澳防同知
鄔正淞 任澳防同知
王榮添
喬廣高
張其我
潘鈺
陳永義

祥紹 二十一年留任
樊茂齡 大關
廣亮 澳門
鍾英 任澳防同知
宋[illegible] 任雷州府同知
黃登桂
喬廣高

阮元
祥紹 二十二年留任
金奇重 大關
黃登桂
余得成
余得朋
洪亮
梁德高
梁大成
吳亮

粵海關志　卷七　職官表

京璧　滿洲
阿爾邦阿　二十年　十月任
海亮　六月
黃朝文
興瑞
鄧塽　任高州府通判
梁文光
陳輝
喬履高
喬繼武
馮鵬飛
戴登程

阿爾邦阿　二十一年　四月任
舍番壐　六月
蔡琦　滿洲
顧嗣業
蔡燁
鄧塽
黃綺
阿爾邦阿
海亮
陳國鑑
劉大任
伍相
余德明
蔡宸章
劉大任

粵海關志　卷七　職官表

二十五年　四月任
楊承燮　六月　滿洲
任廣州府同知
阮元　道光元年十月總督任
達三　道光元年九月任
興瑞　六月
鍾英　任海防同知
常應魁
黃世迥
陸朝勳
馬冕龍
許岐貴
許岐貴
劉大任
喬履高

達三　二年四月任
萬仕燿　六月
興瑞　滿洲
王汝楨
李傳鑕　任廣州府同知
盧殿楠
孫盛
左紹光
陸朝勳
喬履高
喬紹武
喬紹武
王榮泰
許岐桂

粵海關志　卷七　職官表

任廣州府通判
達三　三年四月任
黃世城　六月
楊承燮　滿洲
陶泰福　任廣州府同知
許岐貴
何上清
劉大任
謝廷亮
馬國輝
曾禎成
張枝貴

七十四　四年三月任
淳濟　六月
文邃　滿洲
劉大鉞　任廣州府同知
葛景熊
張紹光
馬國輝
劉大任
謝廷彥
楊景泰
高啓甲
馬朝亮
喬履高
達三
海安
鄔正淞

李鴻賓		李鴻賓
文連	文連 六年十二月任	五年八月任
與瑞	章世超 肇州	楊會緒 俱大鵬 吉拉明阿 潮州
沈嵩清	湘普 任惠州府同知	崔炘 任高州府通判 汪鑾元 任潮防同知 鄧存詠 任廉州府同知 任澳防同知
	夏文灝	
梁文光 劉兆甯 俱外委 鄧志 曾得成 俱把總 梁大猷 曾得成 鄧志 俱把總	鄧志 曾得成	龍炳文 俱外委 杜傑才 杜鎮才 香山

粤海關志 卷七 職官表 四十六

李鴻賓 九年七月總督兼署任		十年十一月總督兼署任
中祥 九年十一月任	延隆 八年二月任	本年留任
章世超 大鵬	楊承燮 大鵬	余清華 潮州 大鵬
		任瓊州府同知
黃道理 外委 劉大任 外委 黃道理 左紹光 喬紹武 俱把總	龍炳文 馬朝亮 俱外委	余孔彰 俱把總 倫世光 楊景泰 俱外委 湯承光 高殿甲 俱把總 余孔彰 高殿甲

粤海關志 卷七 職官表 四十七

盧坤		
中祥	中祥 十一年留任	中祥 十年留任
	余清華 大鵬	興瑞 大鵬 鍾承武 潮州
裴續		靳加滙 任瓊州府同知 葛景熊
高殿甲	梁大猷 馬耀 俱把總 丁瑞超 余得朗 俱把總 蔡鴻韜 余得明 俱外委	黃道理 外委 梁大猷 千總 余孔彰 把總 嚴光 劉秉常 外委 嚴光 俱外委

粤海關志 卷七 職官表 四十八

十二年留任
陸向榮 任廣州府同知 任高州府通判
中祥 十三年留任
文魁 大關
胡承光 任澳門同知
千總 左紹光
鄧錫麟
俱把總 劉秉仞
劉秉韜
黃有貴 俱外委
把總 杜儲才

粵海關志 卷七 職官表 四十九

彭年 十四年八月任
興森 澳門
章世型 大關
倫朝光 外委
喻廷蘭
梁大猷 俱把總
倫朝光 外委把總
梁文岳
馬朝亮 俱外委

盛廷楨
彭年 十五年留任
余清華
黃世藩 俱大關
易長華 任惠州府同知
楊承斐 澳門
文祥 十六年三月任
興瑞 大關
喬紹平
馬雄
蔡榮森 俱把總
黃利邦 外委
馬彪
張遇陞 俱千總
丁瑞超

粵海關志 卷七 職官表 五十

張遇陞 俱把總
馬彪 外委把總
陳廷相 外委把總
陳廷相 外委
張九經
喬紹平
文祥 十七年留任
興瑞
唐忠
瑞麟 任惠州府同知

俱大關
周世炬 任雷州府同知
徐懷懋 澳門
朱楧 任高州府通判
祿堃 十八年五月任
俱把總
梁玉瓏
劉秉鉞 俱外委
劉秉常 千總
劉秉衍 把總
武錫坤
梁文岳

粵海關志 卷七 職官表 五十一

俱外委

卷八 · 税则一

臣谨按周官太宰以九赋敛财贿有邦中之赋有四郊之赋有邦甸之赋有家削之赋有邦县之赋有邦都之赋有关市之赋有山泽之赋说者谓载师所言园廛二十而一即邦中之赋也近郊十一远郊二十而三即四郊之赋也甸稍县都皆无过十二即邦甸家削县都之赋也漆林之征二十而五即山泽之赋也独不言关市者盖关市所税同于山泽皆较他赋为重然先王之制不必有因而无革圣人有作制国之用皆本子惠黎元之隐所积而推故衡较前代不特坊场牙契板帐月桩诸法为今世之所无即崇本抑末亦必损之又损而常额之外复特加优贷如米豆则免税珠宝则免税贡船渔船则免税其取民也有制而施惠也无穷此固成周之治所不逮者也今辑税则一门先之以事例继以正税比例估值而以各口税货历年征数各口旺月与夫耗折平码征存拨解归公例终焉

凡征税关各颁其则锲而树于市令商自注于册而输课遂给以单稽其隐匿者起行者重则罪之轻则罚之凡贡物皆征其税惟外藩之贡物则不征凡免税者核其实而验放焉

凡输税者衣物之属以匹计以身计以卷计以筒计以件计以个计以副计以条计以斤计以十双百双十顶百顶计食物用物及杂货之属以斤计以篓计以包计以个计以担计以块计以件计以张计以坛计以埕计以石计以十套百套十把百把计牲畜之属以口计以价计其货有包者不除包皮每百斤作九十斤科算

凡杂货如装载砖瓦石灰蚬壳缸坛稻谷柴灰草料猪牛杂毛之属其船俱补半料

凡澳门夷船系本省发往外洋者照本省洋船例科征其外洋抵澳之西洋船照外洋本条科征

凡商船回澳止征船税丈其货物而籍记之货入于夷室俟华商懋迁出澳始纳税

凡外洋贩到货物有为则例所未载者该监督于满任后比例定则报部

凡肉果枳梗炭乌木臭泥臭莲肉之属免其科税腌蒜苗瓜菜神元宝之属亦免科税不类此者不得牵混援引

凡一切洋货旧任监督已经科给有红单者新任不得重征

康熙二十三年九卿等议覆户科给事中孙蕙奏言海洋贸易宜设立专官收税应如所请得旨海洋贸易创收税课若不定例恐为商贾累当照关差例差部院贤能司官前往酌定则例嗣经郎中伊尔格图酌定开海征税则例奏请给与各关定例款项于桥道渡口征收税课奉圣谕向令开海贸易谓于闽粤边海民生有益若此二省民用充阜财货流通各省俱有裨益且出海非贫民所能富商大贾贸迁有无薄征其税不致累民今若照奉差郎中伊尔格图所奏给与各关定例款项于桥道渡口等处概行征收何以异于原无税课之地反增设一关科敛乎此事恐致扰民尔等传谕九卿詹事科道会议具奏户部等衙门遵谕议覆福建广东新设关差止将海上出入船载贸易货物征收其海口内桥津地方贸易船车等物停其抽分并将各关征税则例给发监督酌量增减定例从之

康熙二十四年户部札称本部准礼部咨题内开查定例内开凡外国进贡船只不过三等语今奉圣谕外国进贡船只所带货物一概收税于柔远之意未符等因应将外国进贡定数船三只内船上所携带货物停其收税其余私来贸易者准其贸易贸易商人部臣照例收税等因会议具题奉旨依议

康熙二十八年户部奉圣谕近闻江浙闽广四省海关于大洋兴贩商船遵照则例征收税课原未累民但将沿海地方采捕鱼虾及贸易小船概行征税小民不便今应作何征收俾商民均益著九卿詹事科道会同确议以闻寻经议奏奉旨采捕鱼虾船只及民间日用之物并糊口贸易俱免其收税

雍正十三年七月户部奏言粤海关征收货物则例于雍正六年经前署抚臣将湖丝木香等款不符缘由查明具题经臣部议覆照现行征收各款分别详载刊榜晓示务使商民知有定规吏胥无从滋弊等因具题奉旨依议钦遵行文在案今广东副都统兼管粤海关税务毛克明等奏称则例凡税则及免例不开者以杂货算查杂货每百斤税止二钱价值相去悬殊一概算作杂货未免税额过轻是以历任遵照引比征收之条设立比例簿册第未经奏明又不咨部恐轻重有差碍难画一遵守理合缮写比册一本伏乞敕部核覆等语臣部将该关比例税册与原额则例较对均有多寡不一但历任引比征收商贾乐于输将应如该副都统毛克明等所奏将节年征收比例一体载入例册刊榜晓示庶征收税课得有遵守而商民咸知奉行于国课实有裨益而关政之弊窦自可清除再该副都统奏称每年外洋所到货物比例未经开载者按其价值估计输税难以预拟俟期满奏销另行咨部等语亦应如所奏俟该关一年期满将收过外洋货物比例定拟送部查核并令该监督毋致征多报少以滋侵隐等弊可也等因奉旨依议

乾隆二年覆准各省米谷税例九江粤海芜湖凤阳清江厂北新天津浙海等关并广西之桂林平乐梧州浔州

富州贺怀集等府县皆称征收船料未便遽行更张但米谷为民食所资与百货不同若不分别丰歉概行征收恐歉岁省分致增米价有妨民食嗣后旧征米税船料各关除丰登之年遵照旧例按则征收外倘地方偶遇旱潦其附近省分各关口令该督抚即将被灾情形具奏请旨宽免凡米谷船一到即便放行俟该地方秋收成熟方准按照旧例征收

乾隆七年八月二十日户部会议言内阁钞出协理山东道事广东道监察御史李清芳奏江苏布政使管理浒关安宁奏称浒关米谷麦豆杂粮等项俱计石征收至船料从不收取今准部议船料一体输纳等因现在按照各项船只长短深浅阔狭核其受载多寡逐一分晰报部等语臣思关税一件关系民生查天下各关空船征料及货船并征者甚少其余不过就货税银并无征收船料而户部议内云各关空船既系征料船料自应一体输纳是户部据数处之关以悬揣天下之关也安宁奏内称浒关则例本不收取船料甚明而云现在按照各项船只长短深浅广狭逐一分晰定议是本不收取船料之关今将添设船料税额也万一天下各关依此例办理是不问何项船只有货无货凡过关者俱当上税矣我皇上至圣至明念切民依将过关米豆尽行免税泽至渥也今若如此办理是免商人米豆之税以惠民而收穷民本不纳税之船银以充用臣虽至愚必知其不可也且民间有船其装载粮食者十之一其不装载粮食者十之九即以江浙之苏松常镇杭嘉湖等府言之人烟凑集其船只之多大小不下数十万艘百姓赖以资生者何啻数百万人其间不装粮食以往来者居其大半今若一概征而税之则自杭之北新关以至淮安等处千里之内当纳船料四五处矣小民以船为生父母妻子俱在其中千里往还所得无几其船大者货价不过六七两小者三四两其间行家埠头抽剥殆尽终岁勤勤涉历风涛比之行商贾客尤为可念臣谨细绎圣谕内各关征收则例不一有征商税者有征船料者有商税船料并征者今既蠲米豆之税其船料一项若不分晰明确著有规条恐致混淆滋弊是以敕部详查妥议原以米税既免恐税料并征之关混淆滋弊也若将本不征收船料之关议令更张收税殊与谕旨不符臣愚以为凡从前税船之关仍旧输纳船税不得以米豆借口其本无征输船料者不应议及添设船税则圣主之恩膏下究而万民实受其福矣等因于乾隆七年七月初十日奉朱批九卿议奏钦此臣等正在核议间又据协理陕西道事山东监察御史沈廷芳奏称臣阅邸钞御史李清芳奏米税船料一折殊未详悉伏查米豆蠲税一事荷圣主断自宸衷举由宋迄明五百年掊敛之陋政一旦而廓清之恤商便民利存万世凡司计管榷诸臣自当仰体皇上爱民贱货之心务崇宽大略去苛刻今部议乃恐船户串通分船装载或有偷漏行令详查夫圣主意在广施恩泽故于米税之重者既尽予蠲除岂于船料偷漏之区区尚宜锱铢计较况米商挟赀侔利邀恩免税万姓欢呼已深感戴若雇船载米多装一船即多一船之雇费船到关即行开放听其所之使米商易于往来则米价自能平减今又议令将免过数目造册报部则凡有米船抵关其石数税银之多寡关吏仍须细加盘诘得贿者或即行先放无贿者或托故留难不特守候稽迟更开吏胥需索今米船既行免税则每年所免额税之数公家即不必与闻若年满造册徒滋累商无裨善政必致恩波不能遍及请将各关米船之船料亦永远蠲除等因乾隆七年七月奉旨九卿一并议奏钦此钦遵于本月十七日钞出到部该臣等伏查乾隆七年四月圣谕米豆各项向因商人贩贱鬻贵是以照则征输第思小民朝饔夕飧惟谷是赖非他货物可比今特降谕旨将直省各关口所有经征米豆应输额税悉行宽免永著为例至各关征收则例不一有征商税者有征船料者有商税船料并征者今既蠲免米税其船料一项若不分晰明确著为规条恐致混淆滋弊应如何办理之处著交该部详查妥议具奏钦此经遵经户部议令该关监督将向例征收空船料银者遇有装载米粮过关其应纳料银应照依空船料银之数纳料如本系空船及按年抽单纳课者仍照旧例征收但船只料银各关俱系收纳何计石征收之关独不收纳料税或系料税即在计石征收之内则例未经开载查各关空船既系征料是船料自应一体输纳应令该关监督详细查明定议报部等因具奏奉朱批依议钦此通行各督抚监督在案今该御史李清芳奏称浒关本不收取船料而云现在按照各项船只分晰定议是将添设船料税额万一天下各关俱依此办理不问何项船只有货无货过关俱当上税是将本不征收船料之关议令更张收税殊与谕旨不符请将从前税船之关仍旧输纳船税其本无征输船料者不应添设船税又据御史沈廷芳奏称天津芜湖等关向纳船料今请一体蠲除等语臣等正在详加会议于乾隆七年八月奉圣谕朕爱养黎元特沛殊恩将关榷米豆等税悉行蠲免以为充裕民食之计但船料一项议论不一现发九卿会议尚未覆奏朕思此事并无难办之处向征船料者应照例征收向不征船料者岂可因免米豆之税而转加征船料著该部即速行文各关知之钦此钦遵仰见我皇上加惠商民恩施周洽今船料一项各关监督钦遵谕旨将旧有船料者照例征收向无船料者

不得因免米豆税银转加船料务俾商贩流通米粮价平减以仰副皇仁应将该御史李清芳所奏船料不应添设并御史沈廷芳所奏船料一体蠲免之处均毋庸再议至该御史沈廷芳奏称米税既除米船到关即行开放听其所之今议令将免过数目造册报部则凡有米船抵关其石数税银之多寡关吏仍须盘诘不特守候稽迟更开吏胥需索年满造册徒滋累商应请永停等语查各关征收米粮税银送部稽考簿内有将米粮字样指出者亦有笼统开造并无米数者而各关年满奏报户部例系将上年所收之数比较核题今若不将免过数目造报恐管关之员或藉免税之名任意亏缺无从查核是以议令将免过数目年满造册报部原为稽考核题起见且榷关之设自古职司稽察若云米船到关即可任其所之不必稽查恐有藉称米船暗带违禁等物希图影射偷越者在商人或有自爱赀本不必尽出于此而舵工水手人等奸良不一惟利是图将来此等情弊所必至则过关查验放行止以便商非以累商而查验之时即可将米粮数目彙册报部亦无累商之处今该御史奏请停止造册应俟一年造报之后各关免过米粮税银已有成数则以后皆可约略而知再行停其造报庶为妥协又该御史沈廷芳奏称淮安宿迁两关近闻米船到彼关吏以部覆未定仍欲征收以致米商裹足不前淮宿浒墅既皆若此奉行失实恐他关亦约略相等等语查各关钦奉圣谕即应将蠲免米豆税银出示晓谕商民今现据江南督臣将奏明各关停征米税原折送部及据浒墅关监督安宁奏称准到部文即将到关之米谷豆麦杂粮等船钦奉恩旨免其输纳奏明在案是该御史所奏关吏以部覆未定仍欲征收以致米商裹足不前之处事属风闻原无确见应毋庸议

乾隆十三年四月初八日户部奏言内阁钞出两广总督策楞奏称粤海关规例户部于火毁文卷案内查取经前抚臣准泰咨送并将历年更正遗漏各条粘籤声明准部议覆以海关规例系乾隆元年奏明刊刻未便据咨遽议等因臣于接管关务之后复通行各口逐加细核现据造送前来臣查粤海关规例从前查造之时因只就各书役开报陋规即为刊刻送部并未与现收条款逐细核明是以有将现征之条遗漏未经入册者有将口岸平色笼统开列而不为分晰声明者有减免在前仍行造入册内者有续经奉文宽免而未及删除者其中并有实在重复科征历任查出减免者海关与督抚衙门俱历有案卷可查实无别项情弊除查照各口现收条款与原刊之册逐一核对添注并另缮清册咨送户部外臣谨遵照部议缮折奏明等因乾隆十三年二月二十四日奉朱批该部议奏钦此钦遵于本月二十八日钞出到部臣等查得粤海关向征外洋商船税正课之外另有船规分头担头耗羡等项银两从前系官吏私收入已自雍正四年至七年前任巡抚杨文干等节次报出归公递年奏解迨至乾隆元年前任监督郑五赛等将征收条款自行奏明刊刻送部备查在案嗣因臣部贵州司案卷于乾隆十年九月内被焚行令补造送部旋据调任广东巡抚准泰咨称规例条款碎繁从前查报归公一时考核难周未能悉行刊入亦有一二因时制宜应酌量核定者历任监督随时咨明督抚更正今将现行各条并节任相沿更正缘由一并登注例册等因臣部以该关规例系乾隆元年奏明刊刻送部未便据咨遽议咨覆该抚各在案今据该督策楞将粤海关原刊规例逐一添注另缮清册奏请更正前来臣部将该关原刊例册并添注更正条款清册逐一详细较对有从前查报归公时遗漏而今补载者有平色笼统而今分晰者有银数讹刻而今改正者有重复开列而今删除者并有奏明特旨减免而今声明者该督既称从前只就书役开报即为刊刻送部实无别样情弊自应更正以垂永远遵守又册内裁减钞规担银八条历任管关官员既因扰累商民随时咨明督抚裁减商民称便均应如该督策楞所奏准其更正仍将更正条款刊榜晓示画一征收毋许不法吏胥格外需索致累商民至册称紫泥口载货每船规银二钱内给水手盘费银三分余银一钱七分归公崖州口每船家人巡役各收车轿银七八钱水手把港钱二三百文向给家人巡役水手不入归公册报等语查前项规银既经奏明刊入例册理应征收解部何得以为家人盘费之用且查该关经费册内家人等役已给有工食银两未便又将前项规银重复给发应令该督将前项规银仍照旧例征收解部再查规例银两从前既已奏明归公即属正课无异如有一二因地制宜应行更正之处理宜随更随报庶臣部有所稽查今除前项更正条款既据该督策楞声明海关与督抚衙门俱有案卷可查实无别样情弊应毋庸议外嗣后倘有更正之款令将更正缘由声明报部则部中有所稽查而内外办理均得画一矣等因奉旨知道了

乾隆二十二年户部奏言据闽浙总督喀尔吉善两广总督杨应琚会奏称外洋红毛等国番船向经粤海关稽查征税投牙贸易少至浙江是以浙海关税则略而不详今乾隆二十年二十一年外洋番船连来船只收饷定海运货宁波交易往来视同熟境先因该番商偶一至浙非比久常一切科税诸事无不逾格从宽兹既舍粤就浙若不将粤海浙海两关则例互相比较更定章程则道路之远近无别货殖之低昂不分必致奸牙蠹吏私扣暗加不特课额

有亏亦与番商无补悉心会商将粤海关征收外洋货税则例及比例规例并出口货物估价各册逐一查核除比例缘物类繁多税则未能备载以此例彼原无轩轾其规例系从前吏胥家人私收陋例嗣经查出归公以上二项浙关循照征收毋庸另议增减惟正税一项未便仍照粤海关科则征收盖向由浙江赴粤之货今就浙置买税饷脚费俱各轻减而外洋进口之货分发苏杭亦属便易该番商既比在粤贸易利加多则浙关税则未便概行减少拟将浙关征收外洋船只正税科则照依粤关则例酌议加增其中有货物产自粤东原无规避韶赣等关税课者悉仍旧则概不议加正税之外仍照加一征耗其粤海关估价一项系将该商出口货物估计价值按货本一两征收银四分九厘名为分头先年亦系官吏家人私收入己之项迨后清出归公今应循照办理但估价原系按照货物时值估计科银未便意为约略如湖丝茶叶磁器等各种货物现就浙江时值多与粤海关原例不符似应按照时值增估更定其中有时价相符者仍循其旧至船只梁头之丈尺及货物进口出口之担头悉照粤关则例征收不准减免其浙江上年咨请改征饭食轻减之案俟更定则例咨部查销等语查设关收钞裕课必须通商而剔蠹除奸柔远尤宜经久外洋红毛等国番船前因偶一至浙并非经年往来贸易是以浙关原定科则从宽今该督喀尔吉善等既以番船舍粤就浙若不更定章程必致奸牙蠹吏私扣暗加课额有亏与商无补悉心会商将循例征收概不议加及应行加征增估各款分晰声明开单会奏除循照旧例科征之比例规例正税火耗估计各项既无增减毋庸置议外其奏请更定之正税估价二项臣部按单逐加确核亦属因地制宜之道应分缮清单恭呈御览俟命下之日行文各监督遵照办理仍将更定条款刊榜晓示画一征收毋许不法胥役格外需索致累番商再查单开瑚珠科税一条臣部检查粤例并无此款系按何例核税之处并令浙督查明报部可也等因奉旨依议此折内所称若不更定章程必致私扣暗加课额有亏与商无补等语尚未深悉更定税额本意向来洋船俱由广东收口经粤海关稽察征税其浙省之宁波不过偶然一至近年奸牙勾串渔利洋船至宁波者甚多将来番船云集留住日久将又成一粤省之澳门矣于海疆重地民风土俗均有关系是以更定章程视粤稍重则洋商无所利而不来以示限制意并不在增税也将此明白晓谕督抚知之

乾隆二十四年十二月二十二日总督李侍尧监督尤拔世会奏言窃臣李侍尧前奏请除外洋夷船规礼名色以杜混弊以协体制事钦奉圣谕查审监督李永标一案检阅粤海关则例内开外洋番船进口自官礼银起至书吏家人通事头役止共规礼火足开舱押船丈量贴写小包等名色共三十条又放关出口书吏家人等共验舱放关领牌押船贴写小包等名色共三十八条头绪棼如实属冗杂臣等查省各关从无关礼名色载入则例独粤海关存有此名者因从前此等陋规皆系官吏私收入已自雍正四年起管关巡抚及监督等节年奏报归公遂同正税刊入例册循行已久自当仍旧征收但存此规礼名色在口人役难免藉端需索情弊应请皇上敕交新任监督尤拔世会同督抚将此前项规礼等名目一概删除合并核算改刊每船进口归公银若干俾归一定既与体制相协蠹役奸胥亦不能藉端弊混矣抑臣等更有请者外洋夷船既经更定则本港洋船及别省至粤船只一切规礼名色均请刊改归公二字以臻画一再则例内开载碎各口参差不齐易启在口人役高下其手之弊亦请敕交监督会同督抚详加核定以垂永久所有外洋夷船进口出口规礼名目谨照则例缮具清单恭呈御览是否有当伏乞皇上圣鉴等因乾隆二十四年九月二十二日奉到朱批李侍尧会同尤拔世详议具奏钦此兹臣尤拔世已于十月初二日抵任臣李侍尧遵即会同逐加确核伏查粤海关凡外洋本港商船货物出入向则除按照则例科征正税船钞之外另有官吏家人通事巡役人等规礼以及分头担头等项银两从前原系私收入已从雍正四年至七年前任管关巡抚杨文干等节次奏报归公以后原系汇并征解而则例册内仍照从前开报各项名色分别胪列诚于体制未协兹遵汇并核算统作进口出口归公银各若干将一切规礼火足开舱验舱放关押船贴写小包等名色与各条内凡有字义未协之处悉行删除更正至丈量领牌原与收税章程无碍止须除去书役家人收取字样毋庸过为更易转致牵混难明其分头担头等项向有分列数条者今统作一条造报至于各口规则其中间有因船只货物大小轻重不同或满载半载之别是以从前所开征收银钱有多寡不等字样既无一定确数难免书役家人高下其手征多报少兹查明历年收税册档分别等次开造以杜弊窦以上更正各条均与原收规则毫无增减又查省城大关以及虎门潮州雷州琼州各口向有书役家人收作饭食舟车等费亦备列则例册内似有未协但往来稽查港口以及看守洋船押同起货盘费食用在所必需难裁汰兹将前项银钱统作归公造报另列应支条款送部核定按年支销奏报俱属有余而无不足俟覆核奏准刊刻颁发各口永远遵守繁冗既删名目亦正洵足清税款而杜弊端部议从之

乾隆二十八年总督苏昌奏言粤海关向来除征收正额税钞并加一火耗外另有私收规礼火足验舱开舱押船丈量贴写放关领牌小包以及分头担头等项陋规银两每年不下六七万两从前原系丁役私收入己自雍正四年起历任管关巡抚监督节次报出归公一并刻入例册征收除支给通关人役火足经费外余银列入杂羡盈余项下解部迨乾隆九年复经前任管关广州将军臣策楞将粤海关原定经费逐一核定应支款项数目并查出另有并兑平余漏税罚料及吏役应给火足截旷银两三项每年约银二千两议请另款收贮以充公用于乾隆九年七月内奏明经部覆准在案此一切规礼担头等项陋规久经归公支销报解之原委也又海关衙门设有承舍等七班人役听候差遣并备各税口换班之用共二百余名向无额编工食惟藉商船货物进出每百斤收担银一分一厘零至一分三厘不等每年约收银三四千两每名岁得十余两或一二十两不等以为工食养赡之资亦经前管关将军臣策楞于乾隆九年十一月内奏请照旧留给钦奉俞允又各项陋规虽经节次查出归公其种种名色仍刊入例册征收与体制未协乾隆二十五年复经前任督臣李侍尧等奏请悉行删除改作归公字样并查得省城大关虎门及潮州雷州琼州各口岸向有家人书役查船收取饭食舟车银自一二钱以至一两钱自一二十文以至五六百文不等向或以一半归公一半赏给或全数给与载入例册征收查系必须之项亦请改作归公名目征收另列支销条项造报经部覆准亦在案此又近年逐渐厘正归公之情节也查以上各项陋规俱历经奏明改作归公条款刊入例册征收所收之银或支给经费或解部充公均应照旧存留办理至现在大小口岸除征收正税火耗之外惟统收归公银两以资公用其余一切纷繁条款悉行删除实无额外私征及贿纵浮收等弊并无应革之款所有查明粤海关陋规久经归公应照旧存留办理情由谨查明奏覆奉朱批该部知道

谨按此案先一年两江总督尹继善奏请将各关陋规酌量应留应革以资办公经部将本关规礼担银并平罚料截旷以及舟车饭费等六项议留

乾隆三十二年四月户部咨称据巡抚兼理临清关事务崔【名缺】咨称查得临清户关税则从前原按钞贯核算每钞一贯征收银三厘一毫七丝三忽耗银加一嗣于乾隆二十九年本院奏明将钞贯更定银数按款核征不特商税每单原有奇零尾数即所征粮石空重人载船料等项每款每票亦各有零星长尾是以向来商人逐日亲填并年满奏销分送部科红单稽考等簿俱将毫丝以下尾数逐一开写造送今大部议奏各省征解盐课关税等项其中条目虽多碎不免有零星撒数但每款各有成总原不难删繁就简应令嗣后于总数之下遵照谕旨归减等语则关税一项是否于征收商税石头以及空重人载船料每款每单每票各将奇零尾数归减其分送部科单票簿籍亦按每条归减造送抑或止于年满奏销之时将征收钱粮总数之下遇有零星长尾在五毫以上者作为一厘归并造报其不及五毫悉行减除原奉部咨未经分晰指明恐致办理舛错再查户关原额之外每年向有应解铜斤水脚银七千六百九十二两三钱一分二厘五毫嗣后奏销之时是否将五毫之数仍存其旧抑或统归三厘奏报拟合咨部示覆等因前来查本部覆奏删减银米等项零星尾数原折内开凡银数统以厘为断其不及一厘之零数应请折中归减在五毫以上者作为一厘归并造报不及五毫者悉行删除查各州县卫经征钱粮向例每户每岁各给易知由单单内前列细款后开总数便民输纳嗣后应征钱粮统令于由单总数之下遇有奇零遵照归减其单内前列细款仍存其旧以符赋役全书鱼鳞册籍之款至如征解关税等项条目虽多琐碎不免有零星撒数但每款各有成总原不难删繁就简应令嗣后于总数之下一体遵照归减等因在案是关税一项自应遵照原奏于征收税商石头以及空重人载船料每款照旧填注细款其每单每票总数下各将奇零尾数归减至造送部科单票簿籍及奏销钱粮即按每单每票归减总数报销仍将单票一并分送以便查核再各项总数既经按照原奏归减则临清户关应解铜斤水脚款内尾零二厘五毫亦应统归三厘奏报以昭画一相应一并咨覆该抚并通行各管关督抚监督遵照办理仍出示晓谕毋许吏役藉端需索

乾隆三十三年七月二十一日户部奏言臣等查得本年五月内经内务府奏准通行嗣后各处官办贡物俱令各关照数查验按例税课等因在案今据淮安关监督方体浴奏称各省所办贡物之外每年有官办铜锡铅斤纸张颜料木植毛竹等项经过该关向例俱系除官物外查有余货按数科税今贡物更定新例此项官物是否仍照旧例办理等语查各处所办贡物内务府议令一体查验纳税者原因押送人役借贡品名色夹带私货希图影射漏税起见至各省一切官办物件如该监督所称铜锡铅斤纸张颜料木植等类以此类推不可枚举但额支帑项采买运解之物若令一体纳税其税银仍须在正项银内开销既动官帑以办官物复支官项以输官税一出一纳间挹彼注兹

实属徒滋烦琐自应悉令循照旧例办理其官物之外带有余货仍应按数科税至奏称向例铜铅过关将所带添秤余铜应税数目填给印花统归崇文门报税所有各处贡物可否仿照此例办理仍将过关月日报内务府查考等语查官办铜斤各解员备带添秤余铜例准纳税售卖但其实在余剩若干必俟交局足数后方有定準过关时无凭悬拟核数是以止照各关应纳税则填给印花以便俟有余铜确数彙总科税至各处贡物均经开写贡单有数可稽原与余铜之预无确数者不同其经过各关自应遵照内务府原奏按单逐件查验依则收税以杜偷漏仍报明内务府查核未便照铜斤过关之例办理恭候命下臣部通行各关一体遵照可也奉旨依议

是年十一月初一日户部奏言山西道监察御史鲁赞元奏称窃查水陆南贩输课抽分一切木竹杂货及船只梁头均有一定税则其各关则例由部校颁勒为成式俾收与纳不得以意为重轻犹恐吏商交涉奸欺易生又给以循环亲填各印簿亲填商本若干纳税若干令商人亲手填注使吏胥无由操纵而因以杜征多报少之弊一年届满缴还原簿部科磨勘以稽情伪循环簿亦然迩来生齿繁盛商贾增而货益流通是以各关取入岁有盈余惟是收税成法间有更易即如亲填簿一项不尽商人填注所上税银概由吏胥登记名为流水簿流水簿记定始誊入亲填簿辗转兑那商无由知伏思簿名亲填乃由吏胥手录是以察弊之法资作奸之具改易侵漏何所不可其过往货上下关犹可互稽若在本地销售者报税之后谁从而稽其跳换商贩多不谙则例所上银数又不得据实自填始终贸贸是以守关之家人吏役一气操纵例外索诈以肥私橐而商本益费商本费而物价腾所关于民间利病非小也臣愚请令各关口将现定则例刊揭木榜使商民共闻共见货物到关秉公验定令各商按则上税亲填印簿不必责其字画一律则呈缴部科笔迹昭然有无弊端磨勘立见至刊列木榜及收税法平并令各该督抚不时较查勿使吏胥藏奸庶索诈不行侵渔渐杜矣等因乾隆三十三年十月十三日奉朱批该部议奏钦此钦遵于本月十四钞出到部臣等伏查雍正二年奉圣谕各省关税嗣后将应税货物则例刊刻木榜务令立街市使人共见不得藏匿屋内或用他纸掩盖以便高下其手任意苛索钦此又雍正七年奉圣谕各关例有部颁号簿以便稽查兹闻各关另设私簿征收惟于报部之时始将号簿挨日填造其意以据实填簿则不能逐日有征收之数目恐干驳查是以设法匀派填造如此则簿内全非实在数目号簿亦为虚设矣嗣后各关于部领号簿务须据实填写不得仍蹈前辙钦此又乾隆七年奉圣谕近闻各关司榷人役巧立名色重戥征收勒指需索弊端百出大为行旅之害嗣后各该督抚严行核察遇有此等弊端立即严拿重究如司榷官员瞻徇袒护亦即据实奏闻不得视为具文倘朕再有所闻或被料道知有实据参奏朕惟该督抚是问钦此钦遵均经臣部通行在案今据山西道监察御史鲁赞元奏称各关收税亲填簿不尽商人填注所上税银概由吏胥登记商贩多不谙则例所上银数又不得据实自填始终贸贸请令各关口将现定税则刊揭木榜使商民共闻共见货物到关令该商上税亲填并令各该督抚不时较查木榜平法等语臣等伏思各关刊揭木榜胪列应征税则俾商民通晓并设立印簿逐日令商按则输税即据实亲填如有遗漏不令亲填者将收税官参处定例綦严且屡经钦奉圣谕训饬整顿尤为谆切详明是该御史所奏木榜亲填簿二项均经著有成规遵行已久司榷之员果能实心经理则吏胥自不敢售其奸伪愚弄商民如其阳奉阴违潜滋弊窦咎在奉行之不力并非立法之未周自毋庸另行置议至各关税务督抚原有密防严查之责果有越例苛征及重戥浮收等弊耳目甚近何难立即纠参即科道访闻确切亦可指实参奏若但悬拟其弊窦请加整顿不过付之具文一加饬行而已究与裕课恤商之道毫无实效况木榜平法亲填簿等项在督抚政务殷繁岂能数数自往查勘不过委之属员仍属有名无实臣等愚见凡关榷所在均有地方官员一切情弊见闻最易应责令本省督抚严行体察一有违例私征等弊即行参究则榷务未有不肃清者至于考较细务如平法之类事涉琐屑既非政体亦无实际应毋庸议可也等因奉旨依议

乾隆四十九年奉圣谕留京办事王大臣议覆福康安舒常等筹酌粤省洋行事宜一折内称洋货内珍珠宝石等项抽税易于偷漏应令新任监督等悉心筹酌以期永久无弊等语国家抚御外洋不贵异物每岁番民与内地洋行交易货物均沾利益原所以体恤夷商至洋货内珍珠宝石等项并无需用之处向来粤海关抽税亦属无多况此等物件本难定价易至居奇且便于携带藏匿难保无偷漏分肥否则过于吹求若设法严禁逐项搜查实属不成事体现在京师及各处关隘商税则例内本无此项税课不如听商人等自行交易免其收税则诸弊悉清更毋广多为防范嗣后粤海关珍珠宝石概不准征收税课著为令

乾隆元年兵部尚书甘汝来奏言窃查商贾通有无以便民司市贡货贿以足赋故关津有过路之税镇集有落地之税酌其所利息之多寡不过什取其一以充赋课下不病商上可益国由来久矣自有司奉行不善往往浮收过

取而赢余之数以出近日则视赢余多寡为议叙是以监督有司悉力苛索多方取盈甚则不问则例有无定额总籍口于赢余无出而诛求不已毫发无遗嗟兹商旅何堪剥削况其病不独在商也商增一分之税即货长一分之价而民受一分之害是所谓赢余者非富商之资本实穷民之脂膏也我皇上爱惜黎元德洋恩溥于田房契纸一项已荷革除深为民便臣窃以为商贾一项亦可準此意而略为厘定谨将臣耳目所及不便于商民者敬陈之

一榷税不宜重复也查一省之内每有设关数处者原因各有出入要口不得不层层稽查非为已税者越数百里而复征也乃浙江两广等处节节皆关一关甫榷一关又征此甚非立关之本意实奉行之不善也请嗣后凡货物经过如初关已税即给票为信他关只验票放行毋得重征苛勒

一米谷之税应豁免也查食为民天非他货可比各省原无米谷税例惟广西各关独征之故广东独受米谷昂贵之害其余夔关淮关等处虽不征米谷之税但俱照船只尺寸则例抽报科税亦仍是米谷征税也夫米为穷民所必需之物土窄人稠之地或偶有水旱之乡皆仰资于邻省苟增一关之税银即长一层之米价曷若蠲此毫末之税项而令小民受饱饫之实惠乎请嗣后凡米谷船到关止稽查有无夹带私盐违禁等物概停其征收税银船料则小民沾无穷之实惠矣

一沿海捕鱼船只不应输饷也查边海之地遍处汪洋居民惟有采捕鱼虾藉以活命其船则用单桅不能出洋贸易向例只在于本县给照稽其出入并不输税近闻各海关监督虽单桅船只亦令请领关牌同双桅出海贸易之船一体输钞此无论输钞之多寡即请领关牌一次已需规例四五六两嗟此穷渔奚能堪此请敕令海疆督抚查明单桅鱼船概免领牌输饷庶滨海贫民得有生计不至困迫为盗则官与商民又胥享安静之福矣

一鱼鸭埠之税宜尽蠲也凡近海居民资生为业有用竹篓取鱼者有于埠头养鸭者闽广之间悉按篓按埠征税而穷民之生计益蹙矣此项税银无多原无裨于国计而极有害于贫民应请尽蠲除以苏民累

一各关之饭钱宜革也商旅到关未问正税先索饭钱尝见货物无多之客商其所费饭钱竟有数倍于正税者请敕令各省督抚及各关监督务严饬胥役凡商旅到关止按则例征收正税概不许需索饭钱如再有不法之徒剥削商民督抚监督置若罔闻者许科道不时纠参严加议处以上数条皆臣见闻所及灼知其甚有病商民故敢不避烦琐冒昧渎陈是否可采伏乞睿鉴施行嘉庆十一年监督阿克当阿咨会总督吴熊光称查乾隆五十一六十等年因粤东米价昂贵均有谕商传谕夷商情愿载米来粤发卖免其征钞之案查澳门黄埔二处夷船均有采买洋米今酌议如有夷人情愿载米来粤进泊黄埔者果系专载米石并无别项货物准免丈量输钞仍令空船出口其进泊澳门米船亦须查无夹带进口货物始免完纳钞银仍准其装货出口如进口时带有货物及黄埔米船进口带有些须货物均不得免输船钞如此分别办理庶于民食饷课两无违碍相应咨会查照

道光四年总督阮元奏言溯查乾隆五十一年六十年嘉庆十一年屡有近粤港脚等国粗货夷船载运洋米来粤发卖之事定例夷船进口应丈量船身大小报征船钞粤海关向无米税从前洋米来粤并免丈输船钞以示招徕只于粜竣后放空回国不准装货出口以示区别此系向来办理章程近年以来洋米罕到询之洋商据称外夷运米远来虽免完纳船钞而放空回国远涉重洋并无压舱回货抵御风浪该夷等既惮风涛之险又无多利可图是以罕愿载运合无仰恳恩准令各国夷船如有专运米石来粤并无夹带别项货物者进口时照旧免其丈输船钞所运米谷由洋商报明起贮洋行按照市价粜卖粜竣准其原船装载货物出口与别项夷船一体照例征收货税彙册报部臣谨会同巡抚陈中孚监督七十四具奏奉上谕阮元等奏请定洋米易货之例一折广东粤海关向准洋米进口粜卖免输船钞粜竣回国不准装载货物近年以来该夷等因回空时无货压舱难御风涛且无多利可图是以米船来粤者少自应将成例量为变通著照所请嗣后各国夷船来粤如有专运米石并无夹带别项货物者进口时照旧免其丈输船钞所运米谷由洋商报明起贮粜卖粜竣准其原船装载货物出口与别项夷船一体征收税课彙册报部以示体恤

道光十年三月总督李鸿宾会奏言窃臣于道光九年十月因英吉利夷船延不进口将晓谕防备及该夷人禀恳减输规银各缘由会同臣卢坤附片密奏钦奉上谕该夷人禀内夷船规银不论船只大小一律征收恳请分别纳饷等款尚可量为变通著该督等妥议具奏等因钦此臣等遵查各国夷船来粤向照西洋船例分三等征钞康熙二十四年定为酌减二分嗣奉部行西洋船照东洋船例则酌减等因粤海关历办税务系将夷船分为一二三等均照东洋船例减钞银十分之二按船征收丈量各船时梁头长阔丈尺将应征银数递增递减凡一等大船征钞自一千

一百余两至二千一二百两不等二三等中小船征钞八百余两至四百余两不等此粤海关分别等次征收洋船正钞之旧例也其货物税银则分货之精粗计以斤两丈尺照则输纳又于船钞货税之外另有进口规银不分等次一律完纳从前原属官吏丁役人等私收入已以作费用迨雍正四年后经管关巡抚臣杨文干等节次报出归公遂刊入例册每船额收进口规银一千一百二十五两九钱六分九折扣算随同正税解部历久遵行无异今该夷等以进口规银呈恳减纳奏奉谕旨准予量为变通实属恩施格外自应仰体圣主周恤远人至意酌量核减以示怀柔臣等悉心会议夷船进口规银系于船钞货税之外另有此项以从前官吏所收之使费改为归公银两原属与正饷稍有不同自可随时斟酌俾更乐于输将通盘合计不独二三等船规银过于正钞必须予以轻减即以一等大船而论各国情形不同亦不可不详加体察臣等再三查核每年来粤贸易如咪利坚国或三十余船暨二十余船十余船不等其一等船不过十之一二二三等船则居十之八九又港脚或三十余船及二十余船不等其一等船则居十之五六二三等船不过十之三四荷兰咈嚰哂等国来船不过三五只亦系大船少而小船多惟英吉利国连年夷船到粤二十余只全属一等大船并无二三等船只若一等船不许酌减则二三等船多之国按船减银独沾厚惠一等船多之国所减甚微甚至无船可减未免向隅似于圣朝一视同仁之道亦有未协应请嗣后各国夷船进口规银仿照康熙二十四年酌减洋船钞银二分之例将一二三等各船规银均减去十分之二以昭公溥如此斟酌变通庶各国大小洋船一体仰沐皇仁同沾渥泽矣至夷船另有出口规银五百余两九折征收为数较少亦系随饷解部放关银一百三十余两系拨充普济堂公用报部核销俱应毋庸议减奉旨俞允

道光十三年奉上谕卢坤奏筹裕灾区民食请动项采运米石并官运商贩均照例免税一折本年广东省城被水灾区粮价昂贵现经酌动仓谷碾米平粜民食仍虞缺乏必应预为经画招徕贩运以资接济据该督体察情形请就近动项采买招商贩运著照所请准其于广西省梧州浔州等府酌借库银采买米四五万石一面遴派妥员前往领运俟陆续买有成数先行同运灾区济粜并招商由官给票分投前往贩运一面于该省藩库米耗盈余项内酌动银五万两发交洋商承办购运洋米减价出粜仍将粜钱易银循环转运俟市价平减再行停止所有借动库贮银两合计粜折及运脚等项另行筹补足数归款其借动广西府库银两即就近作正开销统归广东藩库分别存贮报拨及归还原款以省沿途寄解至采运米石系赴灾地出粜毋论官运商贩经过关津均著照例免其纳税以广招徕而裕民食余著照所议办理右事例

卷九·税则二

衣物

衣【番布衣每百斤税银三钱各色哆啰绒羽纱番衣每件税八分绒衣各色剪绒番衣每件各税四分】帽【绒帽每百斤税三钱象牙帽每顶税二钱三分毡帽每百斤税二钱粗草帽每百斤税一钱绵纱帽每八顶丝帽每四顶番帽每一顶各税四分】帽边【海龙皮帽边每副税二厘四毫】带【熏金银织丝带每百斤各税二两二钱金线带每斤税一钱】中衣【羽纱剪绒绸缎番裤每二条税四分】袜【缎袜丝袜绒袜每百双各税八钱绵纱袜每百只税四钱毡袜每百斤税二钱】靴【缎靴每百双税一两】

衣物免征【沿海贸易小船照数免税兴贩大洋者仍照则征】帽【暖帽藤草凉帽每百顶各税二钱】带【绵纱带每百斤税三钱】袜【纱袜每百双税八钱布袜每百双税四钱】靴【马皮靴每百双税一两牛皮靴布靴每百双各税六钱】鞋【缎绸鞋每百双税二钱五分布鞋每百双税一钱五分木屐每百双税一钱收】

食物

米【东洋米沙谷米每百斤各税二钱五分】芝麻【每百斤税二钱】番荳【每百斤税一钱】面【花面面头干每百斤各税五分】酒【包酒每十包蒲酒每坛豆酒每大坛各税三分豆酒每小坛税三厘洋酒每瓶税二分每五斤每五圆罐皆作每瓶科算顺酒桂酒每十瓶惠泉酒每坛各税一分五厘】茶【番茶每百斤税三钱三分三厘细土茶每百斤税二钱粗土茶每百斤税一钱】烟【倭烟每百斤税一两五钱倭烟叶每百斤税三钱烟每百斤税二钱】荤味【白燕窝每百斤税四两红燕窝每百斤税二两红白对报每百斤税三两鱼翅每百斤税三钱鹿筋每百斤税二钱五分海参鲍鱼鲦鱼鳆鱼破肚子每百斤各税二钱火腿每百斤税一钱二分虾米淡菜牛乳油饼每百斤各税一钱海菜每百斤税五分】蔬菜【海粉每百斤税九钱二分蘑菇羊肚菜每百斤各税三钱香蕈紫菜番小菜

每百斤各税二钱木耳闽笋每百斤各税一钱】作料【胡椒每百斤税四钱八角茴香番酱油酱油每百斤各税二钱麻油豆油每百斤各税一钱蒜头每百斤税五分】果品【蜜钱丁香桃乳葡萄干枣番蜜饯各色糖果每百斤各税五钱蜜饯糖果每百斤税三钱六分松子每百斤税三钱核桃肉榛子肉酸子每百斤各税二钱圆眼荔枝每百斤各税一钱二分各色京果每百斤税一钱柚子落花生每百斤各税五分】蜜糖【蜜糖每百斤税二钱麦芽糖白糖冰糖每百斤各税一钱黄糖片糖每百斤糖水每三百斤各税六分】凡琼潮高惠雷廉白糖黄糖片糖每一百八十斤作一百斤科税大关仍照百斤实算

食物免征【沿海贸易小船照数免税兴贩大洋者仍照则征收】

粉面【米粉豆粉白面线面每百斤各税五分茶茶辣每百斤税二钱】酒【每百斤税三分】烟【烟草每百斤税五分】荤味【糟鲥鱼每百斤税一钱二分咸鱼干沙鱼干鱼子西施舌蛏干蛤干咸野味鹿脯牛肉干咸肉每百斤各税一钱咸鱼海蜇每百斤咸蛋每千个各税五分大卤鱼每百斤税二分五厘小卤鱼每百斤税一钱五分】蔬菜【黄花菜金针菜笋干豆豉每百斤各税一钱缅茄每十斤税八分作料鰕酱生姜每百斤各税五分醋槽每百斤各税三分】果品【风菱角藕粉椰粉榄仁榄干每百斤各税一钱橘子柑子橙子雪梨沙梨蕨粉每百斤各税五分】

用物

缎绸纱锦绫罗绢绒褐【天鹅绒每匹税四两各色缎绸纱锦绫罗绢锦糚缎金缎织花红缎姑绒剪绒零绒洒线料每百斤各税二两二钱土绵绸土纱土绢土绒织绒每百斤各税一两八钱羽缎每丈褐子每百斤各税一两羽纱每丈税六钱番牛郎各色锁鞋喇洋金缎每丈各税五钱各色番锁袱每丈小绒每丈各税三钱哔叽缎纱番紦番斜纹洋剪绒每丈交趾绢西洋绸绢每匹各税一钱五分】布【绣梭布绣斜纹布每百斤各税二两二钱梭布夏布云布葛布波罗每百斤一等西洋布每匹各税五钱斜纹布交趾粗花布每百斤各税四钱绵布油布幔布每百斤各税三钱二等西洋布柳条布袈裟布番斜纹布番布幔绣布幔每匹各税二钱二分麻布每百斤税二钱西洋葛布海葛每匹羽布每丈各税一钱五分番边每匹税一钱西洋粗布每匹税五分琉球粗葛布每匹税一分】丝絮缨线【湖丝丝经每百斤各税五两四钱乌缨每百斤税三两洋金线洋银线金线线绒每百斤各税二两二钱天蚕丝洋丝土线每百斤各税一两八钱土丝纵土丝湖绵番红绵纱每百斤各税一两波罗麻料每百斤税四钱雨缨每十斤税三钱绵花花绒每百斤各税一钱五分金银线每斤税一钱带子绵花每百斤税七分五厘】皮张【象皮犀牛皮每百斤各税一两山马皮麖皮每百斤各税二钱六分鹿皮小花片獐皮每百斤各税二钱五分银鼠皮灰鼠皮貉獾皮獭皮每百张各税二钱四分牛皮每百斤兔皮每百张各税二钱貂皮虎皮豹皮每张各税一钱狐皮每张小者每二张作一张各税五分臭皮每百斤税三分沙鱼皮蛇皮每张土沙鱼皮每四张各税一分】毡球【大皮花毯西洋大毡每张各税一两中皮花毯西洋中毡西洋毛球西洋小毡系剪绒绵花被面者每张各税五钱土毡各百斤税四钱毡条每百斤税三钱线球每百斤税二钱小皮花球洋白毡西洋小坐毡每张各税一钱大绒条每条税六分小绒条每条税三分】布帛绒皮翠饰零星用物【乌帕香袋纱汗巾缎棹围椅褥每百斤各税二两二钱翠花绒花每百斤各税一两八钱皮手套每百只税四钱番小帐系锦花被面者每张税二钱洋大手帕每条洋花大棹布每块绒包每个各税二分西洋小手帕洋花小棹布每块各税一分】金银器【累丝金器每件银器每斤各税八分洋累丝银器每比税四分】各色金银器【金推钟小金亭镶标每个挂推钟金亭挂金标金亭座每座各税一两六钱小银自鸣钟每个税一两金标银标钟每个各税八钱银规矩金鼻烟盒每个各税二钱大银人物每件金丝标炼每副各税八分小银人物银鼻烟盒每个金丝带扣银丝标炼金钮扣每副金剑头事件镀金女事件每件金戒指银鞋扣每四个金钮每四伙银扣每二十个金鞋扣小银调羮义银鞭杆头每二个各税四分】法蓝器【大土烧法蓝器洋小法蓝器每件各税四分小土烧法蓝器每件税二分】各色法蓝器【洋法蓝器自鸣钟每个税四两洋法蓝标每个税八钱洋法蓝酒杯洋法蓝小菜蝶每个各税二钱土法蓝片盘每件税八分】铜锡器【番铜器每百斤税五分铜器每百斤税三钱五分锡器每百斤税三钱】各色铜器【大自鸣钟每个税十两中自鸣钟每个税五两浑天球量天尺每架小自鸣钟大吊驼钟每个洋罗经每百个各税一两大铜画每张税六钱大铜标吊驼标时辰标铜自行珠箱铜架大显微镜每个铜规矩每四个番铜花每二枝各税四钱小铜画每张税三钱铜日规每个税二钱剃头小规矩每个税一钱乌金茶壶酒壶水壶每件各税八分洋大天屏架每副税五分乌金炉每个税四分洋小天屏架每副税二分五厘】铁器【熟铁器每百斤税一钱生铁器每百斤税八分】各色铁器【大洋鸟枪每枝税四钱铁锅

不论二三四五口等连每六连作一百税二钱小洋鸟槍每枝洋针每斤各税一钱洋剑刀每把税三分洋刀义洋小刀洋剪刀每把各税一分】木器【紫檀器檀香器影木器每百斤各税九钱凤眼木器花梨木器铁梨木器乌木器每百斤各税一钱】各色竹木器【紫檀大围屏每架税五两紫檀小围屏每架税二两五钱花梨木大围屏楠木大围屏每架各税五钱粘金小木棹每张大番琴大风琴每架小番琴每二架木小千里镜每二十个各税四钱粘金木鹳每个小风琴每架各税二钱柳杯每十个柳瓢每百个各税三分五厘织绒花竹簾每二斤税一分八厘粘金木扣每二粒粘银木扣每四粒各税一厘】各色珍玩器【珊瑚器每斤大蜜珀箱每对蜜珀镜架每个波罗松器每十斤各税一两珊瑚蜜珀牙花盆景每盆玉器每十件鹤顶红器每斤小蜜珀箱每对各税四钱大草珠塔盒每个珀器每斤雄黄器每十件各税二钱小草珠塔盒每个税八分琥珀沙漏每斤税五分】各色石器【青金石磬每架咖石喻茶杯咖石喻大规矩每个各税八钱咖石喻小规矩每个税六钱青金石杯盘器每件青金石鼻烟盒咖石喻水罐鼻烟罐鼻烟盒洋花石小箱每个钻石花每枝各税四钱绿松石器每斤石器每百斤各税二钱小咖石喻器每件咖石喻烟球每个各税一钱二分玛瑙器每斤税一钱青金石小鼻烟壶洋花石小盒每个各税八分玛瑙杯碟每件税五分金精石器水精石器每件洋花石鼻烟壶每个洋花石调羮每枝洋花石珠每颗咖石喻刀义每把咖石喻钮扣大者每十粒小者每二十粒咖石喻珠大者每五粒小者每十粒咖石喻快子头每条各税四分玛瑙鼻烟盒每个税二分五厘】蜡石器【蜡石器每二斤大蜡人物每个各税二钱小蜡人物每个各税八分】磁器【洋磁器细磁器每百斤各税三钱中磁器每百斤税二钱粗磁器每百千税一钱土磁器每百斤税三分凡磁器不秤每十枝作一百斤又每一桶亦作一百斤不折算系古磁器另算】土器【细土罐每百斤税二钱大泥人物每个税四分小泥人物每个倾银鏪每百个各税二分倾银罐每百个税一分泥烟筒每枝税一厘】烧料器【大玻璃烛台每对玻璃缸每个各税六分玻璃箱每个税五钱玻璃日规千里影每个千里镜大者每一个小者每四个玻璃球大者每个小者每二个各税四钱小玻璃烛台每对玻璃影盖时辰牌每个玻璃杯壶瓶盘每十个各税三钱凡玻璃杯壶盘瓶大者另算大玻璃灯每个税二钱四分洋料丝棹亭每架玻璃灯罩每个各税二钱玻璃时辰牌小玻璃灯玻璃小酒桶每个各税一钱二分玻璃镜高七寸宽五寸者每面玻璃镜柜每面玻璃影画箱每个各税一钱玻璃画鼻烟盒大土玻璃灯小人物每个各税六分百步灯每个税六分大珠灯大料丝灯每个各税四分小土玻璃灯每个玻璃钮扣每二十个玻璃水中人每五个各税三分小珠灯小料丝灯每个各税二分玻璃鼻烟盒每个税一分五厘洋小火镜玻璃圆小手镜玻璃小影盒显微镜每个玻璃时辰标盖每二个各税一分】漆器【漆大围屏每架税五钱番漆器每百斤税四钱漆小围屏每架税三钱杂色漆器每百斤税二钱五分】骨角皮革器【牙器每百斤象牙席每张各税二两三钱雕花牙屋每座税一两六钱小牛角千里镜每十个牙船每只各税四钱骨器角器角带子每百斤各税二钱牙扇每百把税一钱大洋角灯每个税五分小羊角灯每一个税二分五厘雕花牙器每件洋小皮盒镜每个各税二分】瑇瑁器【每斤税六分】螺蜔器【每百斤税三钱海螺杯每百斤税二钱螺蜔扇每百把税一钱螺蜔鼻烟盒每个税一分】诸色镶嵌器【洋磁器镶时辰标假山每座税四两乘金镶钻石花标钟风琴每架税三两玛瑙镶金推钟玛瑙镶钻石大规矩每个各税一两六钱玛瑙镶钻石小规矩每个税一两二钱玻璃影画时辰钟每个紫檀镶石围屏每架各税一两镀金镶标玻璃圆手镜每面镶玛瑙金标玛瑙镶钻石鼻烟罐镶花石金标镀金铜柱棹标镶水晶石架标每个各税八钱镀金丝玛瑙规矩镶花石小规矩洋法蓝镶钻石鼻烟盒洋法蓝镶金银鼻烟盒镶玛瑙鼻烟盒镶花石金鼻烟盒每个各税四钱镶银大玻璃箱银镶边玻璃油画盒镶油画玻璃盒每个皮镶玻璃小沙漏每十个各税三钱镶玛瑙鼻烟罐镶蜜珀鼻烟盒每个各税二钱镶银小玻璃箱每个税一钱五分玻璃镜镶玻璃油画每面税一钱镶金鼻烟盒银镶沙鱼皮鼻烟盒镶洋法蓝鼻烟壶镶洋花石杯金镶乌木槟榔箱每个各税八分铜镶玻璃鼻烟盒每个税六分银镶螺蜔鼻烟盒镶钻石戒指每个镶钻石扣每粒铜镶磁器鼻烟盒铜镶瑇瑁鼻烟盒镶宝石扣每二个镶银杯每二十个镶银箸每二十对各税四分银丝小玻璃镜每个税一分】诸色裱褙器【大绣洋画每张税一两二钱推公洋屏油画每架税九钱小绣洋画大油画每张各税六钱绢裱围屏大纸围屏每架各税五钱纸小围屏每架小油画每张各税三钱西洋纸画每百张各税一钱油绢裱画每轴纸裱画每二十轴沙画每三张洋大画每张各税六分纸画每百张小册页每套各税三分】藤草器【一等佳软席每张税四钱二等每张税二钱三等每张税一钱谩呾席一等每张税一钱二等每张税五分番花藤席三尺五寸以上者每张税二钱三尺五寸以下者每张税一钱藤枪杆每百枝税一钱二分粗藤席每张洋鞭杆藤杆每百斤各税一钱龙须席每张粗者两张作一张杂

用藤杆每百斤各税五分棕杯每十个税三分五厘番单草席每张税三分番夹草席每张税二分五厘】诸色零星用物【番眼镜每百个税一两交趾扇川扇金扇纱扇每百把雨伞面杆每百斤各税一钱纸面每百把土眼镜每百个各税五分大纱灯每个税八厘小纱灯每个税四厘】

用物免征【沿海贸易小船照数免税兴贩大洋者仍照则征收】

绵絮线缕【布料每百斤绵线每百斤各税三钱麻绵每百斤税二钱新绵胎每百斤税一钱五分皮张羊皮每百张马骡驴皮每百斤各税二钱狗皮每百张税六分】布绵零星用物【葛布手巾每百斤税五钱布手巾每百斤税三钱麻布手巾每百斤税二钱】木器【算盘天平架每百斤各税二钱杂色木器每百斤税一钱】藤草竹丝器【藤竹丝器每百斤税三钱竹席每百条竹篦每百斤各税二钱竹轿每乘蒲席每百条雨伞竹帘葵扇粗草席草荐每百斤各税一钱】皮革器【皮箱每百斤税三钱大皮鼓每十面税四分小皮鼓每十面税二分】铁器【土针每斤税一钱】土器【粗土罐每百斤税一钱】

杂货

药料杂贩一切药材【除后开各项】每百斤税二钱【黄连丁香每百斤各税二两牛黄每斤肉桂皮沙血蝎没石子山羊血三七每百斤各税一两五钱丁香子豆蔻缩砂每百斤各税一两四钱芦荟乌药没药每百斤各税一两二钱三分雄黄天竺黄忽金付子川贝母蜡丸丸药紫河车羚羊角石蟹阿魏每百斤各税一两二钱紫梗米牙嘣米象皮膏膏药番红花好木香每百斤各税一两低木香每百斤税五钱好低对报每百斤税七钱五分好冰片每斤税一两条冰片每斤税六钱好低对报每斤税八钱冰片泥每四斤税一两好乳香每百斤税九钱低乳香每百斤税五钱好低对报每百斤税七钱龟鹿胶阿胶砂仁肉硼砂鹿茸大黄膏每百斤各税六钱交趾土桂皮每百斤税五钱胭脂米红花米红花荜茇子紫梗每百斤各税四钱知古辣苦果儿茶槟榔膏每百斤各税三钱三分三厘人参每斤人参须每十斤砂仁樟脑每百斤各税三钱火艾通大海炉底石每百斤水安息每斤各税二钱猴枣每个税一钱八分七厘五毫桃核良姜姜黄黄姜黄蘗土艾诃子冷饭团大枫子紫草山柰沙蚕干每百斤各税七分石膏藿香叶每百斤税五分象胆熊胆蟾酥每斤薯苓香树皮红树皮纸树皮每百斤各税三分】颜料【朱砂每百斤税二两四钱碗青每百斤税一两六钱藤黄每百斤税一两五钱洋红每斤各色洋颜料□砂银朱每百斤各税一两二钱石绿每百斤税八钱土朱每百斤税六钱徽墨靛花每百斤各税三钱铜绿黄丹好低苏本每百斤各税二钱土墨土粉乌烟每百斤泥金末每二斤各税一钱大青每斤税六分三厘猩猩红每斤税五分二青每斤税三分一厘染靛每百斤税三分】香料【好番速香每百斤税二两低番速香每百斤税一两四钱好低对报每百斤税一两七钱安息香每百斤税一两二钱上檀香每百斤税一两下檀香每百斤税七钱上下对报每百斤税八钱五分速香每百斤税八钱洋麝香每斤税五钱黄熟牙香桂兰香各色细香每百斤各税四钱好伽楠香每斤香末树香大降香每百斤税二钱大小对报每百斤税二钱五分麝香每斤麝香殼每四斤苓香每百斤税二钱奇速香每斤税一钱二分中伽楠香每斤税一钱沉香每斤税六分排香各色粗香每百斤各税五分】杂料【苏合油冰片油檀香油每百斤各税三两水银每百斤税一两二钱白蜡每百斤税一两洋蜡烛砖蜡洋蜡每百斤各税八钱洋漆每百斤税六钱丁香油每斤税五钱土黄蜡火漆每百斤各税四钱漆每百斤税三钱稿烛蜡烛鱼胶硫磺每百斤安息油每斤各税二钱花露油每瓶税一钱五分每罐税三分靓每百块税一钱二分牛油烛稿油牛油柳子油牛皮胶青白矾松香每百斤各税一钱爩焉油每三斤税三分花露水后福水每瓶每五罐各税二分】纸札各色纸每百斤税二钱【金银版纸每百斤税二两二钱洋白纸每百斤税四钱锡箔纸每百斤税三钱千张纸每百斤税二钱粗纸每百斤税一钱乌金纸每千张税八厘金笺纸每张税一厘】

杂色纸料【纸蓪花纸扇面每百斤税二钱金扇面每二斤税一钱纸堆花每张税一厘三毫七丝五忽】杂色珍玩【一等珊瑚枝每斤三等珊瑚枝蜜珀药珠每十斤各税一两糟烂大瑚珠每斤税八钱二等珊瑚枝糟烂小珊瑚珠每斤各税六钱四等珊瑚枝碎琥珀玻璻松每十斤各税五钱大洋法蓝片每块税四钱小洋法蓝片每块珍珠鹤顶红每斤草珠每百斤税二钱琥珀末每五斤税五分】各色石料【玛瑙砗磲绿松石嗡铁石每十斤各税一两大咖石喻片每片黑地白花石蜡石每百斤各税四钱宝心石每个税三钱七分五厘小咖石喻片每斤片咖石喻石每斤宝沙石每百斤石阶砖每二百斤各税二钱玛瑙珠每斤洋花石洋青石洋花石片每二斤各税一钱大青金石片每斤税八分小青金石片每片税四分水晶石每斤税二分五厘玛瑙片每块税一分二厘五毫火石每百斤税一

分】烧料【土琉璃围棋子每百斤各税二钱洋烧料每斤税三分】金银铜锡铅铁杂货【皮金银箔每百斤各税二两二钱番锡每百斤税八钱锡箔每百斤税六钱铜丝铜箔每百斤各税五钱番铜每百斤税四钱铜番钢铁线倭铅黑铅铅砂每百斤各税三钱烂铜铁锡粉每百斤各税二钱烂锡每百斤税一钱五分金箔每斤税一钱烂钱每百斤税五分雷公铜每斤税四分】骨角羽毛杂货【大象牙每百斤税三两八钱小象牙每百斤税三两大小对报每百斤税三两四钱碎象牙每百斤税三两马尾每十斤税八钱小螺觳每百斤税五钱龟筒即瑇瑁每十斤税三钱虎骨鹿角每百斤各税二钱犀角每斤税一钱八分珠海觳牛角每百斤各税一钱药每斤税九分洋明角片料每五斤税五分鸾翔每副池鸡毛翠鸟毛每百枝海鹅翎每十斤各税四分象骨牛骨猪骨每百斤各税三分】竹木料【楠木寿枋杉木寿枋各按五块为一副如系板头以两块作一块凡每副各税五钱大竹五寸以外者每百枝税三钱竹木牌凡木围八寸以下者每连税二钱大木围二尺以上者每根税六分中木围一尺五寸以上者每根杉木板枋每十板楠木板铁梨板每块各税二分小木围一尺五寸以下者每根杂木板枋每十块椽子木每十根杂木寿枋每块如系板头以两块作一块各税一分】零星竹木藤草杂货【紫檀每百斤税九钱紫榆每百斤税三钱紫檀紫榆对报每百斤税六钱蓪草每百斤税二钱藤丝每百斤税一钱五分花梨板乌木沙藤包索麻绳每百斤各税一钱番花梨番黄杨凤眼木鸳鸯木红木影木每百斤各税八分楠木花梨木铁梨木黄白藤凉粉草荖叶干每百斤柳子每百个各税五分蔡榄椰每百个税三分柳青桄椰绒每百斤各税二分桄椰木每百斤爉焉每十枝各税一分】诸色零星杂货每百斤【除前开各项】税二钱

杂货免征【沿海贸易小船照数免税兴贩大洋者仍照则征收】

颜料【红土石粉紫粉每百斤各税一钱油胭脂每斤税三分一厘绵胭脂每十斤税二分二厘】香料【土线香芸香每百斤税五分】杂料【桂花油绿云油每百斤各税五钱浙竹水粉每百斤各税二钱米面酒饼每百斤各税一钱靓每百斤税六分】纸札【草纸每百斤税一钱】竹料【棕竹每百枝税一钱二分筀竹斑竹每百枝各税一钱竹青每百斤税五分小竹每百枝税一分】毛骨皮革杂货【羊毛每百斤税三钱牛筋每百斤税一钱】竹木藤草杂货【竹节珠每百斤税一两苎麻灯草每百斤各税二钱白麻斑枝花木珠每百斤各税一钱棕草根黄麻芥菜子油菜子每百斤各税五分花子每百斤税四分茶子枯每百斤税三分桧柴每百斤税一分】诸色零星杂货【头发每百斤税八钱】

船料

东洋夹板船【一等船长七丈四五尺阔二丈三四尺长阔相乘该十八丈该纳饷银一千四百两二等船长七丈有零阔二丈一二尺长阔相乘该十五丈四尺该纳饷银一千一百两三等船长六丈有零阔二丈有零长阔相乘该十二丈该纳饷银六百两四等船长五丈有零阔一丈五六尺长阔相乘该八丈该纳饷银四百两】西洋夹板船【一等船船身丈尺饷额与东洋同二等船长七丈二尺阔二丈二尺长阔相乘该十五丈八尺四寸该纳饷银一千一百两三等船长六丈五六尺阔二丈长阔相乘该十三丈二尺该纳饷银六百两】以上东西洋船饷银俱照额减贰征收乌白艚船【丈尺税银与东洋二等船同】出洋大船【一等船阔二丈二尺长七丈三尺以上者每丈税十五两二等船阔二丈长七丈以上者每丈税十三两三等船阔一丈八尺长六丈以上者每丈税十一两四等船阔一丈六尺长五丈以上者每丈税九两】以上出洋各船丈尺俱长阔相乘按丈科税出海贸易香料艚舶船每尺税三钱俱长阔相乘按尺科税出海盐船【自八尺起科该料银五钱每长一尺递加料银五分船身算至一丈二尺止料银递加至七钱止又自一丈三尺起科该料银八钱每长一尺递加料银五分船身算至一丈七尺止料银递加至一两止又自一丈八尺起科该料银一两一钱每长一尺递加料银五分船身算至二丈二尺止料银递加至三两止】沿海贸易桨艉船【自五尺起科至七尺九寸止每尺科料银三钱不行递加自八尺起以上照盐船例每长一尺递加料算】以上盐船桨艉船料俱一年两次征收澳门船【澳门发往外洋船照本省洋船例科料】

右正税

玻璃镜【高七寸宽五寸作玻璃镜一面每面一钱】大自鸣钟【每个比自鸣钟十个每个一两】中自鸣钟【每个比自鸣钟五个每个一两】金笺纸【每一张比金扇一把每百把一钱】大洋鸟槍【每枝比千里镜一个每个四钱】小洋鸟槍【每四枝比千里镜一个每个四钱】洋酒圆罐【每五礶比洋酒一瓶每瓶二分】洋酒【每五斤作洋

酒一瓶每瓶二分】千张纸【比杂货例每百斤二钱】柳条布【比二等西洋布每匹二钱二分】大皮花毯【比西洋大毡每张一两】中皮花球【比西洋中毡每张五钱】小皮花球【比西洋小坐毡每张一钱】大蜡人物【每个比玉器五件每件四分】小蜡人物【每个比玉器二件每件四分】金标【每个比千里镜二个每个四钱】银规矩【每二个比千里镜一个每个四钱】玛瑙珠【每二斤比珀器一斤每斤二钱】玛瑙片【每块比珀器一两每斤二钱】剑刀【每把比玻璃杯一个每个三分】花露水【每瓶比洋酒一瓶每瓶二分每五礶比洋酒一瓶每罐四厘】番酱油【比番小菜例每百斤二钱】葡萄干【比番蜜饯每百斤五钱五分】藤鞭杆【比沙藤每百斤一钱】牛乳油饼【比牛油每百斤一钱】泥烟筒【每枝比倾银罐一个每百个一分】玻璃烛台【每对大者比玻璃镜六面小者比玻璃镜三面每面一钱】青金石鼻烟盒【每个比玉器十件每十件四钱】咖石喻鼻烟盒【每个比玉器十件每十件四钱】剃头小规矩【每四个比千里镜一个每个四钱】咖石喻鼻烟罐水罐【每个比玉器十件每十件四钱】火漆【比紫梗每百斤四钱】洋小刀【每把比番眼镜一个每个一分】洋翦刀【每把比番眼镜一个每个一分】玻璃画鼻烟盒【每个比玻璃杯二个每个三分】金丝带扣【每副比玉器一件每件四分】金丝标炼【每副比玉器二件每件四分】螺蛔鼻烟盒【每四个比玉器一件每件四分】雕花牙器【每二件比玉器一件每件四分】银丝标炼【每副比玉器一件每件四分】洋小火镜【每个比番眼镜一个每个一分】洋金线银线【比金线每百斤二两二钱厚福水每瓶比洋酒一瓶每五罐比洋酒一瓶每瓶二分】洋天屏架【每副大者比番铜器十斤小者比番铜器五斤每百斤五钱】羽布【比哔叽缎例每丈一钱五分】水安息【比麝香每斤二钱】小绒【六折作锁鞋喇例每丈五钱】番斜纹【比哔叽缎例每丈一钱五分】咖石喻石【比珀器每斤二钱】玻璃小影盒【每个比番眼镜一个每个一分】风琴【每架大者比千里镜一个小者二架比千里镜一个每个四钱】炉底石【比药材每百斤二钱】洋累丝银器【每件比玉器一件每件四分】猩猩红【每斤比番红花五斤每百斤一两】番帽【比绒衣一件每件四分】百步灯【每个比大洋角灯一个每个五分】水晶石【每四斤比玛瑙一斤每斤一钱】玻？松【比碎珀每十斤五钱】蒲酒【每埕比包酒十包每十包三分】惠泉酒【每埕比顺酒十瓶每十瓶一分五厘】瑇瑁器【每斤作龟筒二斤每十斤三钱】油布【比绵布每百斤三钱】荳酒【每埕大者比包酒十包小者比包酒一包每十包三分】排香【比粗香每百斤五分】三籁【比良姜每百斤一钱】番酱油【比番小菜每百斤二钱】犀牛皮【比象皮每百斤一两】乌金炉【每个比玉器一件每件四分】藤槍杆【比棕竹每百枝一钱二分】番钢【比铁线每百斤三钱】交趾扇牙扇【比金扇每百把一钱】香末【比树香每百斤三钱】冰片油【比苏合油每百斤三两】银箔【比金银版纸每百斤二两二钱】布子绵花【每二百斤作一百斤绵花每百斤一钱五分】银人物【比玉器大者每件比二件小者每件比一件每十件四钱】松子【比蘑菇每百斤三钱】桃乳【比低乳香例每百斤五钱】纸裱画【每二十轴作绸绢裱画一轴每轴六分】沙画【每三张比绸绢裱画一轴每轴六分】东洋米【比沙谷米每百斤二钱】珍珠【比珀器每斤二钱】桂酒【比顺酒每十瓶一分五厘】草珠塔【大者每个比玉器五件小者每个比玉器二件每件四分】绵纱袜【比布袜每百双四钱】知古辣苦果【比儿茶每百斤三钱三分三厘】玻喻松器【比蜜珀每十斤一两】山羊血三七【比沙血蝎每百斤一两五钱番枣比番蜜饯每百斤五钱】羊蜡烛【比砖蜡每百斤八钱】鹤顶【比珀器每斤二钱】蜜珀箱【每对大者比珀器五斤小者比珀器二斤每斤二钱】咖石喻规矩【每个大者比玉器二十件小者比玉器十五件每十件四钱】咖石喻扣钮【大者每十粒比玉器一件小者每二十粒比玉器一件每件四分】咖石喻快子头【每条比玉器一件每件四分】咖石喻烟球【每个比玉器三件每件四分】咖石喻珠【大者每五粒比玉器一件小者每十粒比玉器一件每件四分】青金石片【每片大者比玉器二件小者比玉器一件每件四分】显微镜【比番眼镜每个一分】玛瑙鼻烟盒【每个比玛瑙四两每斤一钱】洋法蓝片【每块大者比玉器十件小者比玉器五件每件四分檀香油比苏合油每百斤三两】玻璃灯【每个比玻璃杯四个每个三分】铜日规【每二个比千里镜一个每个四钱】玻璃鼻烟盒【每二个比玻璃镜一个每个三分】时辰标【比千里镜每个四钱】针金女事件【比玉器每件四分】洋法蓝镶金银鼻烟盒【每个比玉器十件每十件四钱】洋法蓝镶钻石鼻烟盒【每个比玉器十件每十件四钱】洋法蓝小菜碟酒杯【每个比玉器五件每十件四钱】洋法蓝标【每个比千里镜二个每个四钱】混天球【每架比自鸣钟一个每个一两】推公洋屏油画【每架比绸绢裱画十五轴每轴六分】油画【每张大者比绸绢裱画十轴小者比绸绢裱画五轴每轴六分】镶银玻璃箱每【个大者比玻璃杯十个小者比玻璃杯五个每个三分】玻璃水中人【每五个比玻璃杯一个每个三分】丝袜【比缎袜例每百双八钱】洋刀义【比番眼镜

每个一分】织绒【比土绒每百斤一两八钱】火石【每二百斤比广椰绒一百斤每百斤二分】蛇皮【比沙鱼皮每张一分】獭皮【比貉獾皮每百张二钱四分】土烧法蓝器【大者每件比玉器一件小者每二件比玉器一件每件四钱】铁梨木器比花梨木器每百斤一钱】落花生【比芥菜子每百斤五分】稿烛蜡烛【比浙烛每百斤二钱】猴枣【每个比牛黄二两每斤一两五钱】铜箔【比铜丝每百斤五钱】红花米【比紫梗每百斤四钱】镶金鼻烟盒【每个比玉器二件每件四分】金线带【比金箔每斤一钱】洋金缎【比锁鞋喇每丈五钱】洋剪绒【比哔叽缎每丈一钱五分】翠花【比土绒每百斤一两八钱】银鼠皮【比貉獾皮每百张二钱四分】小千里镜【每四个作一个每个四钱】洋画【每张比绸绢裱画一轴每轴六分】麻绳【比包索每百斤一钱】牛油烛【比牛油每百斤一钱】琥珀沙漏【每斤作珀器四两每斤二钱】金银线【比金箔每斤一钱】鹿茸【比龟鹿胶每百斤六钱】红木】比番花梨每百斤八分】皮【比羊皮每百张二钱】番細【比哔叽缎每丈一钱五分】纸堆花【每张作酒线料一两每百斤二两二钱】洋白毡【比西洋小坐毡每张一钱】槟榔膏【比儿茶每百斤三钱三分三厘】木小千里镜【每二十个比千里镜一个每个四钱膏药比象皮膏每百斤一两】咖石喻片【每片大者比玉器十件小者比玉器五件每件四分】咖石喻茶杯【每个比玉器二十件每件四分】丁香油【比洋麝香每斤五钱】番茶【比儿茶每百斤三钱三分三厘】玻璃球【大者比千里镜一个小者二个比千里镜一个每个四钱】银标钟【每个比千里镜二个每个四钱】大铜标【每个比千里镜一个每个四钱】镶油画玻璃盒【每个比玻璃杯十个每个三分】玻璃镜镶玻璃油画【作玻璃镜算每面一钱】银镶边玻璃油画盒【每个比玻璃杯十个每个三分】凤眼木【比番花梨每百斤八分】棕杯【每十个比椰瓢一百个每百个三分五厘】金扇面【每二斤比金箔一斤每斤一钱】灰鼠皮【比貉獾皮例每百张二钱四分】纸蓪花石器【纸扇面比杂货例每百斤二钱】泥人物【每个大者比杂货二十斤每个小者比杂货一十斤每一百斤二钱】面头干【比白面例每百斤五分】铜镶玻璃鼻烟盒【每个比玻璃杯二个每十个三钱】玛瑙器【每二斤比珀器一斤每斤二钱】番琴【每架大者比千里镜一个每个四钱】洋花石调羹珠【每枝颗比玉器一件每件四分】玛瑙杯碟【每件比玛瑙半斤每斤一钱】海葛【比西洋葛布例每匹一钱五分】织绒花竹帘【每二斤比土绒一斤每百斤一两八钱】铁锡粉【比杂货例每百斤二钱】柚子【比□子例每百斤五分】牙幱米【比番红花例每百斤一两】洋鞭杆【比沙藤例每百斤一钱】镶花石金鼻烟盒【每个比玉器十件每件四分】洋丝【比进口湖丝例每百斤一两八钱】紫梗米【比番红花每百斤一两】羊蜡【比砖蜡每百斤八钱】红树皮【比薯苓每百斤三分】袈裟布【比二等西洋布每匹二钱二分】金鼻烟盒【每个比玉器五件每件四分】丝帽【每四顶比绒衣一件每件四分】波罗麻【比葛布每百斤五钱】洋花石【每二斤比玛瑙一斤每十斤一两】乌金茶壶水壶酒壶【每件比玉器二件每件四分】爔焉油【每三斤作苏合油一斤每斤三分】影木【比番花梨每百斤八分】蜜珀箱【每对比珀器二斤每斤二钱】臙脂米【比紫梗例每百斤四钱】象牙碎【比小象牙例每百斤三两】银器【每斤比玉器二件每件四分】象牙帽【每顶比象牙器一十斤每十斤二钱三分】番豆【比各色京果例每百斤一钱】洋法琅自鸣钟【每个比自鸣钟四个每个一两】玻璃时辰牌【每个比玻璃杯四个每个三分】玻璃影盖时辰牌【每个比玻璃杯十个每个三分】铅砂【比黑铅例每百斤三钱】洋烧料【每斤比玻璃杯一个每个三分】冰片泥【每四斤比好冰片一斤每斤一两】象牙席【每张比牙器一百斤每百斤二两三钱】织花红缎【比各色绸缎每百斤二两二钱】金缎【比各色绸缎每百斤二两二钱】黄姜【比良姜每百斤一钱】玻璃缸【每个比玻璃杯二十个每个三分】洋青石【每二斤比玛瑙一斤每斤一钱】镶洋花石杯【每个比玉器二件每件四分】大玻璃灯【每个比玻璃杯八个每个三分】咖石喻刀义【每把比玉器一件每件四分】酱油【比番小菜每百斤二钱】小纸围屏【比小漆围屏每架三钱】金精石器【每件比玉器一件每件四分】水精器【每件比玉器一件每件四分】姜黄【每百斤比良姜例每百斤一钱】香树皮【比薯良例每百斤三分】砂仁肉【每百斤比砂仁二百斤每百斤三钱】各色剪绒番衣比绒衣例每件四分各色哆啰绒羽纱番衣每件比绒衣二件每件四分布番衣比布料例每百斤三钱洋红每斤比朱砂五十斤每百斤二两四钱锡箔每百斤比锡箔纸二百斤每百斤三钱海龙皮帽边每副比貉獾皮一张每百张二钱四分绿松石器比珀器例每斤二钱宝纱石比杂货例每百斤二钱银镶沙鱼皮鼻烟盒每个比玉器二件每件四分零绒比各色绸缎例每百斤二两二钱量天尺每架比自鸣钟例每个一两金剑头事件每副比玉器例每件四分银鼻烟盒每件比玉器例每件四分累丝金器每件比玉器二件每件四分银鞭杆头每二个比玉器一件每件四分小银调羹义每二个比玉器一件每件四分金钮每四颗比玉器一件每件四分金戒指每四个比

玉器一件每件四分镶宝石扣每二个比玉器一件每件四分金鞋扣每二个比玉器一件每件四分银鞋扣每四个比玉器一件每件四分千里影比千里镜例每个四钱小铜画每张比绸绢裱画五轴每轴六分大铜画【每张比绸绢裱画十轴每轴六分】大土琉璃灯【每个比玻璃杯二个每个三分】小土琉璃灯【比玻璃杯例每个三分】镶花石小规矩【每件比玉器十件每件四分】纱扇【比金扇例每百把一钱】缎棹围椅褥【比各色绸缎例每百斤二两二钱】蜜饥丁香【比番蜜饯例每百斤五钱】镶银杯【每二十个比玉器一件每件四分】鹤顶器【每斤比珀器二斤每斤二钱】玻璃小人物【每个比玻璃杯二个每个三分】金颈扣【每副比玉器一件每件四分】羽纱剪绒绸缎番裤【每二条比绒衣一件每件四分】土法琅片盘【每件比玉器二件每件四分】丁香子【每百斤比丁香七十斤每百斤二两】小册页【每套比纸画一百张每百张三分】羊肚菜【比磨菇例每百斤三钱】椰子油【比麻槁油例每百斤一钱】象骨【比牛猪骨例每百斤三分】绣洋大画【每张比绸绢裱画二十轴每轴六分】绣洋小画【每张比绸绢裱画十轴每轴六分】桃核【比各色京果例每百斤一钱】皮手套【比布袜例每百双四玻璃灯【每个比玻璃镜二面每面一钱】镶金丝玛瑙规矩【每个比千里镜一个每个四钱】宝心石【每个比牛黄四两每斤一两五钱】虎骨【比鹿角例每百斤二钱】玻璃影画箱【每个比玻璃镜一面每面一钱】洋花石片【每二斤比玛瑙一斤每十斤一两】青金石小鼻烟壶【每个比玉器二件每件四分】洋花石鼻烟壶【每个比玉器一件每件四分】镶洋法蓝鼻烟壶【每个比玉器二件每件四分】小洋法蓝器【比玉器例每件四分】洋花石小箱【每个比玉器十件每件四分】洋花石小盒【每个比玉器二件每件四分】小牛角千里镜【每十个比千里镜一个每个四分】洋花大棹布【每块比西洋大手帕一条每条二分】洋花小棹布【每块比西洋小手帕一条每条一分】黑地白花石【每百斤比杂货二百斤每百斤二钱】铜自行珠箱【比千里镜例每个四分】药水【每瓶比洋酒一瓶每五罐作洋酒一瓶每瓶二分】玻璃钮扣【每二十个比玻璃杯一个每个三分】洋罗经【比番眼镜例每百个一两】小咖石喻器【每件比玉器三件每件四分】熏金银织丝带【比金线例每百斤二两二钱】洋白纸【每百斤比各色纸二百斤每百斤二钱】蜡石器【每二斤比珀器斤每斤二钱一】麝香殻【每四斤比麝香一斤每斤二钱】麦牙糖【比冰糖例每百斤一钱】糖水【每三百斤比黄糖一百斤每百斤六分】花露油【每罐比苏合油一斤每斤三分】通大海【比药材例每百斤二钱】海鹅翎【每十斤比池鸡尾一百枝每百枝四分】镶蜜珀鼻烟盒【每个比珀器一斤每斤二钱】臭皮【比茶子枯例每百斤三分】人参须【每十斤比人参一斤每斤三钱】洋磁器【比细磁器例每百斤三钱】洋小皮盒镜【每个比番眼镜二个每个一分】各色洋颜料【比水银例每百斤一两二钱】皮镶玻璃小沙漏【比玻璃杯例每十个三钱】银丝小玻璃镜【比番眼镜例每个一分】泥金末【每二斤比金箔一斤每斤一钱】粘金木鹳【每个比番膝器五十斤每百斤四钱】粘金小木棹【每张比番膝一百斤每百斤四钱】织绒【比土绒例每百斤一两八钱】紫草【比大枫子例每百斤一钱】角带子【比鲍鱼例每百斤二钱】铜镶磁器鼻烟盒【每二个比玉器一件每件四分】银镶螺蛔鼻烟盒【每个比玉器一件每件四分】绣棱布【比各色绸缎例每百斤二两二钱】小番琴【每二架比千里镜一个每个四钱】绢裱围屏【比大漆围屏例每架五钱】沙蚕干【比米例每百斤一钱】雕花牙屋【每座比玉器四十件每件四分】金镶乌木槟榔箱【每个比玉器二件每件四分】凤眼木器【比乌木器例每百斤一钱】花露油【每瓶比苏合油五斤每百斤三两】银扣【每二十颗比玉器一件每件四分】银小自鸣钟【比自鸣钟例每个一两】粘金木扣【每二粒比金扇一把每把一厘】洋针【比土针例每斤一钱】鸳鸯木【比番花梨例每百斤八分】玻璃圆小手镜【比番眼镜例每个一分】粘银木扣【每四粒比金扇一把每把一厘】镶花石金标【每个比千里镜二个每个四钱】玻璃影画时辰钟【每个比自鸣钟一个每个一两】铜规矩【每四个比千里镜一个每个四钱】噏铁石【比绿松石例每十斤一两】楠木【比花梨木例每百斤五分】吊驼标【每个比千镜一个每个四钱】大吊驼钟【每个比自鸣钟一个每个一两】玻璃箱【每个比玻璃镜五面每面一钱】玻璃镜柜【照依玻璃镜尺寸核征每面一钱】核桃肉【每百斤比各色京果二百斤每百斤一钱】象胆【比熊胆例每斤三分】绣斜纹布【比各色绸缎例每百斤二两二钱】椰杯【每十个比椰瓢一百个每百个三分五厘】蜡石【每百斤比杂货二百斤每百斤二钱】铜镶瑇瑁鼻烟盒【每二个比玉器一件每件四分】螺蛔扇【比金扇例每百把一钱】纸树皮【比薯苓例每百斤三分】大纸围屏【比大漆围屏例每架五钱】乌烟【比红土例每百斤一钱】铁梨木【比花梨木例每百斤五分】楠木大围屏【比大漆围屏例每架五钱】绣布幔【比番布幔例每匹二钱二分】牙船【每只比玉器十件每件四分】檀香器【比紫檀器例每百斤九钱】花梨木大围屏【比大漆围屏例每架五钱】紫檀围屏【每架

比大漆围屏十架每架五钱珀末每五斤比碎珀一斤每百斤五两】铜架大显微镜【每个比千里镜例每个四钱】镶钻石戒指【每个比玉器例每个四分安息油比麝香例每斤二钱】鸾翎【每副比池鸡尾一百枝每百枝四分】紫檀镶石围屏【比大漆围屏二架每架五钱】珊瑚蜜珀牙花盘景【每盘比玉器十件每件四分】影木器【比紫檀器例每百斤九钱】凉粉草【比海菜例每百斤五分】玻璃时辰标盖【每二个比番眼镜一个每个一分】波萝麻料【八折比葛布例每百斤五钱】雷公铜【每斤比番铜十斤每十斤四分】紫檀小围屏【每架比大漆围屏五架每架五钱】大黄膏【比阿胶例每百斤六钱】榛子肉【每百斤比京果二百斤每百斤一钱】青金石盘杯器【每件比玉器十件每件四分】青金石磬【每架比玉器二十件每件四分】镶银快子【每二十对比玉器一件每件四分】石阶砖【每二百斤比杂货石器一百斤每百斤二钱】玛瑙镶钻石鼻烟罐【每个比玉器二十件每件四分】玛瑙镶钻石小规矩【每个比玉器三十件每件四分】玛瑙镶钻石大规矩【每个比玉器四十件每件四分【镶玛瑙鼻烟罐【每个比珀器一斤每斤二钱】镶钻石扣【每粒比玉器一件每件四分】绵纱帽【每八顶比绒衣一件每件四分】番黄杨【比番花梨每百斤八分】洋漆【每百斤比土漆二百斤每百斤三分】洋明角片料【每五斤比洋角灯一个每个五分】糟烂大瑚珠【每斤比珀器四斤每斤二钱】糟烂小瑚珠【每斤比珀器三斤每斤二钱】钻石花【每枝比珀器二斤每斤二钱】番铜花【每二枝比千里镜一个每个四钱】玛瑙镶金推钟【每个比千里镜四个每个四钱】镶玛瑙鼻烟盒【每个比玉器十件每件四分】金推钟【每个比千里镜四个每个四钱】镶花石金标【每个比千里镜二个每个四钱】老叶干【比烟草每百斤五分】镀金镶标玻璃圆手镜【每面比千里镜二枝每枝四钱】乘金镶钻石花标钟风琴【每架比自鸣钟三个每个一两】挂推钟金亭【每座比千里镜四枝每枝四钱】小金亭镶标【每个比千里镜四枝每枝四钱】玻璃日规【每个比千里镜一个每个四钱】蜜珀镜架【每个比珀器五个每斤二钱】镶水晶石架标【每个比千里镜二个每个四钱】玻璃小酒桶【每个作玻璃灯一个比玻璃杯四个每个三分】针金铜柱棹表【每个比千里镜二枝每枝四钱】挂金标金亭座【每座比千里镜四枝每枝四钱】洋磁器镶时辰标假山【每座比自鸣钟四个每个一两】洋烧料丝棹亭【每架比大料丝灯五个每架二钱】金镶玛瑙规矩盖内镶时辰标【每个比玉器四十件每件四分】马鞍镶宝石推钟一架【比自鸣钟二架每架一两】洋珐琅镶宝石带头【每副比玉器四件每件四分】洋珐琅镶宝石嵌标带头【每副比玉器四十件每件四分】洋烧花顶盆景镶玻璃自行人物乐钟【每架比自鸣钟五架每架一两】洋珐琅花顶嵌标花瓶【每个比玻璃瓶四十个每个三分】镀金马镫【每副比番铜器一百斤每百斤五钱】洋珐琅马鞍事件【每件比玉器件每件四分】皮弓义撒袋【每件比沙鱼皮八张每张一分】洋瓷器酒杯嵌时辰标【每个比千里镜二枝每枝四钱】嵌表镶料石牙扇【每把比千里镜二枝每枝四钱】珍珠镶宝石凤【每顶比玉器二十件每件四分镀金标带扣【每副比时辰标一个每个四钱】洋大珐琅带扣【每副比玉器四件每件四分】洋玛瑙带扣【每个比玉器四件每件四分】镶玛瑙洋小刀【每把比玻璃杯八个每个三分】镶钻石珐琅洋小刀【每把比玻璃杯八个每个三分】珐琅牙签筒【每四个比千里镜一枝每枝四钱】镶标珐琅洋小刀【每把比千里镜二枝每枝四钱】镶宝石珐琅洋小刀【每把比玻璃杯八个每个三分】镶金洋小刀【每把比玻璃杯八个每个三分】珐琅洋小刀【每把比玻璃杯八个每个三分】镶料石嵌标洋腰刀【每把比千里镜二枝每枝四钱】镶料石鞘靶洋小刀【每把比玻璃杯八个每个三分】小法条【每二条比银丝标炼一条每条四分】小铜炼【每四条比银丝标炼一条每条四分】镶宝石牙扇【每把比千里镜一枝每枝四钱】金丝镶宝石茶具盒【每个比玉器一百件每件四分】镶宝石玻璃嵌表烛台【每个比千里镜二枝每枝四钱】金镶桃式嵌表双开鼻烟盒【每个比千里镜二枝每枝四钱】洋珐琅玻璃镜双面棹屏【每架比自鸣钟一架每架一两】羽紬【每丈比羽纱五尺每丈三钱】马尾布【每丈比哔吱缎五尺每丈七分五厘】粘金烧料鼻烟壶【每件比镶珐琅鼻烟壶每件八分粘金烧料带表鼻烟壶【每个比金表一个每个八钱】粘金洋花石带表鼻烟盒【每个比金表一个每个八钱】粘金带表小鼻烟壶【每个比金表一个每个八钱】粘金镶玛瑙带表烛台【每对比金表一个每对八钱】针金铜丝自鸣雀嵌表雀笼【每架比小自鸣钟二架每架二两】海龙皮【每张比貂皮十张每张一两】带表金戒指【每件比玉器四十件每件一两六钱】珐琅带标戒指【每件比玉器四十件每件一两六钱】珐琅镶料石推钟【每个比小自鸣钟一架每个一两】粘金带标纱扇【每把比千里镜二枝每把八钱】镶玛瑙钻石大规矩【每个比玉器四十件每件一两六钱】宝石【每斤比珊瑚器一斤每斤一两】钻石【每斤比瑚器四斤每斤四两】针金镶表文房事件都成盘【每件比玉器一百件每副四两】草蔻肉【比砂仁肉每百斤六钱】洋

珐琅带表小千里镜【每枝比千里镜三枝每枝一两二钱】漂白线布【比斜纹布【每百斤四钱】带表玻璃花瓶【每个比洋珐琅花顶嵌表花瓶每个一两一钱】针金带标花瓶自鸣鹊事件梳糕盒【比针金镶表文房事件都成盘一副每个四两番漆四面镶玻璃镜马车轿【比小自鸣钟十二架每乘十二两】洋珐琅规矩【比大咖石喻规矩每个八钱】顶带玻璃钢针金铜丝嵌标雀笼二个【每个比小自鸣钟三架税三两】顶带玻璃缸针金铜丝雀笼二个【每个比针金铜丝自鸣嵌表雀笼税二两】洋木车轮自行椅二张【每张比自鸣钟二架税二两】雕花牙口【比雕花牙屋一座每座一两六钱】五色砌花彩毛布【比番牛郎税五钱】铁钵【比小自鸣钟每个一两】海骡皮【每张比貉獾皮十张每张二分四厘】哔叽纱【比哔叽缎每丈一钱五分】洋织绒二丈【比哔叽缎一丈每丈七分五厘】

右比例

燕窝【每一百斤估银七百八十两】大自鸣钟【每架估银五百两】中自鸣钟【每架估银三百两】土丝琴线肉桂丁香湖丝洒金线【金银线带同】土绒线丝带丝经【各每百斤】小自鸣钟【每架以上估银一百两】人参【每一斤】瑇瑁瑇瑁器番速香龟筒牙器番红线纱绒织花竹帘金线玛瑙器【各每百斤以上估银五十两】朱砂金银版纸水银牙囒米鳯砂硼砂【各每百斤以上估银三十五两】咖石喻【每斤估银三十二两】铁线织绒绣花斜纹布天蚕丝贝母檀香速香黄连附子熏金线【各每百斤】大天平【每架以上估银三十两】象牙白蜡大二青【各每百斤以上估银二十五两砂仁京布线毡铜器梭布斜纹布鹿胶黄蜡洋酒东洋米木香土绵绸绣花布龟胶【各每百斤绣花洋布帐【每顶】时辰标【每个以上估银二十两】水安息【每斤估银一十六两】绒花砖蜡【各每百斤金地花剪绒绣线剪绒【各每匹】小天平【每架以上估银十五两】夷茶【每百斤估银十三两原估八两乾隆二十五年二月奏改】铜片土琉璃铜法马雀笼铜器铜丝松茶【各每百斤以上估银十二两原估七两乾隆十五年二月奏改】麻线绵布手巾绵布番漆器雄黄红花【红花米同】绵胭脂番布衣放衣锡器蜡丸布料绵纱带帆布葡卜干鹿角藤黄【各每百斤】番琴【番琵琶同】西洋毡【各每张】汉府缎天鹅绒花剪绒【各每匹】玻璃镜【每一面高二尺以上估银十两】徽墨绵花火腿【各每百斤】锦熏金片金缎线缎绣缎姑绒绣丝纱绣花洋布红金缎【各每匹】绣裙【每四块作绣缎一匹】大洋角灯【每对】绣被面绣花洋布被面【各每张】大料丝灯大玻璃灯大玻璃缸【各每个】绣花彩【每件杉木板枋【每百块以上估银八两】紫梗樟脑香荳【各每百斤】绣牛朗【每匹每块长一丈二块作一匹以上估银七两】胡椒【每百斤估银六两五钱】紫檀器虾米【各每百斤】番眼镜【每百个】一等谩咀席【每张】灰鼠皮统绣茧绸衫羊皮统【各每件】剪绒花程乡茧花麻纱绒绣点绸绣绢绣线绸【各每匹以上估银六两】大漆围屏【每架估银五两四钱】玻璃镜【每一面高一尺】大千里镜【每枝】爆竹天平架漆角器酸子竹篦螺蛔寿山石器花梨器板漆器藤鞭杆椰器沙血蝎石绿灯草石黄夏布鱼胶漆力木器紫粉骨器香袋莲子葵扇【纸扇面同】儿茶马钱颜料靛花蓝福烟包索羊肚菜土朱水晶石骨器铅粉油布藤丝竹丝器竹青杂货【各每百斤以上估银五两】彩缎彩牛朗闪缎柳条缎【各每匹以上估银四两五钱】八丝缎花八丝缎【每匹】白铅【每百斤以上估银四两四钱】桔饼【番蜜饯同】洋烛铜绿麻布凡珠烧料珠细磁器土墨花梨木牛皮胶烧料戒指京果【各每百斤】银花纱斜纹牛郎番边小黄绞绢小绒柳条五丝花牛郎程乡茧一等西洋布阔牛郎茧缎【各每匹】番牛郎【每匹】绣彩【每块】二等谩咀席【每张】各色大小绒羽纱番衣【每件】绣衣【每件】银器【每件】象牙帽【每顶】银器【每斤】小羊角灯【每对】小玻璃灯小料丝灯大草珠塔大草珠盒银累丝玻璃盒【各每个】黄蜡烛【以上估银四两闪五丝【每匹估银三两六钱】柳条绢线纱花绢柳条布彩绢穿花绢花五丝缎柳条牛郎五丝缎二等西洋布闪绢【各每匹】锦花被面【每张】黄丹【每百斤以上估银三两五钱】绢纱画花绢【各每匹画绢斗方每二十块作一匹以上估银三两三钱】细土罐中磁器八角各色纸黑铅木器铅器竹帘锡箔纸沙藤藤丝牛角竹器皮箱木耳铅砂烟草【各每百斤】花幔斜纹绸牛朗绸【各每匹】大青竹【每百枝】牛朗衫绣花洋布衫各色剪绒绸緞番衣绣牛郎衫纱袍褂【各每件】大洋绣画描金皮画大油画绣布裙被【每张】绣裙【每条】小漆围屏绢裱小棹屏【各每架】大竹【每千枝】土眼镜【每百个以上估银三两】麻纱彩花线油丝绵绸线绸熏金纱柳条线绸【各每匹以上估银二两八钱】粗土片金【每匹】冰糖小螺蔱珠海蔱【各每百斤以上估银二两五钱】铁锅茶槁桐油腌肉雪梨药材牛油腌鸭牛肉干信石牛皮牛奶油甘草牛奶饼番豆黄白豆芥菜子蜜

糖土磁器木梳牛烛芥末粗土罐【各每百斤】画纱帐白绉纱西洋粗布点绸海葛闪象眼绸绣花绫闪绸象眼绸罗大蓝绞绢【各每匹】小草珠盒小草珠塔小玻璃缸大纱灯大玻璃灯大千张纸灯大土琉璃灯【各每个土玻璃灯同】虎皮小绸画【各每张】绣花小棹围【每条】小铜画【每轴】丝纱帐【每顶】册页【每副】小青竹【每百枝】小竹【每一千枝以上估银二两】哔叽【每丈估银一两八钱】铁器【每百斤估银一两六钱】白糖雨伞黄白藤大黄沙谷米面杆麝香金箔【各每斤】雕花牙器牙宝塔【各每个】银罗麻彩【每匹以上估银一两五钱】柯子蜜饥糖果番小菜枝圆酱油酱【各每百斤以上估银一两二钱】绢【每块估银一两一钱】草纸米粉白面头干苏木咸鱼水粉黄糖烧酒土粉豆粉【各每一百斤】小雕花牙器【每件】银人物船【每件锡人物同原估银五分】玉器绸衫裤大蜡人物【各每件】锁鞋喇【即哆啰绒每尺】绒帽倭帽【每顶】画绢土茧绸丝纱帐纱番布幔纱画麻纱小彩丝幔【每匹】洋剑刀【每把】大花藤席粗藤席【各每张】小千里镜【每枝】洋红【每两】洋螺蛔盒小纱灯绒狗小千张纸灯小土琉璃灯【土玻璃灯同】小玻璃灯【每个堂鼓【每面以上估银一两】犀角【每斤】羚羊角【每斤】小花藤席【每张以上估银八钱】良姜姜黄冷饭头【各每百斤】金银扇面【每斤以上估银七钱五分】绢幔【每条青紬【每块】紬手巾【每匹二十条】土绸丝手巾土绫土绉绸【各每匹以上估银七钱】粗草席青白矾【各每百斤以上估银六钱】土法蓝器【每件】绸绢裱画【每轴】洋酒【每方瓶蜜珀【每两】桂皮倭烟知古辣豆蔻檀香器膏药番铜器土针【各每斤】斜纹布【每匹】泥烟筒【每百枝】小蜡人物【每件】酒土线香松香【各每百斤以上估银五钱】玻璃器【每件比玻璃杯四个】绣帽【每顶】缎靴【每双】绣花洋布手巾【每条以上估银四钱】丝袜缎袜【各每双以上估银三钱六分】银朱【每斤估银三钱五分】沉香倭烟叶【各每斤】橙子柑子柚子红土【各每百斤】厚福水【每罐花露水同】洋酒【每罐】大木【每枝】杉木板枋【每砧】石阶砖【每块】松杂木枋【每块】番布衣【每件以上估银三钱】小土法蓝器【每件估银二钱五分】榴檬蒜头【各每百斤绵纱袜【每双】洋手巾【每条】药水【每罐】丝帽【每顶】包酒东洋米【各每包】竹席【每条】银鼠皮番夹草席【各每张大皮鼓【每面】玻璃水中人【每个以上估银二钱】乌烟【每百斤估银一钱五分】银镶杯碟【每个估银一钱二分】靓【每块】食水【每罐】绒鞋【每双】小皮鼓【每面】土螺蛔盒【每个】倾银罐鸡蛋【各每百个】洋刀义中木【各每枝】缎鞋【每双】藤帽【每顶】泥人物玻璃杯瓶【每件】鸭蛋【每百斤】大洋纸画金箔纸灰鼠皮羊皮金笺纸【各每张】土毡纸蓮花毡条玻璃松器头发【各每斤】洋小刀【每把以上估银一钱】金扇瑇瑁扇牙扇【各每把以上估银九分】布鞋【每双估银八分】棹布【每块估银七分】布袜【每双】纸裱画【每轴】绸纱画小洋纸画土沙鱼皮【各每张】顺酒【每瓶】小木【每枝】瑇瑁器银人物船【各每件】棕杯碗椰杯【各每个】苎麻【每斤以上估银五分】暖帽【每顶】草珠槟榔【各每斤以上估银四分】杉木【每枝估银三分】纸画纸堆花【各每张以上估银二分五厘】纸扇葵扇【各每把估银一分】

右估值例

大关【凡进出外洋本港福潮浙闽等处货物船只】

总巡口【进口胡椒番锡铅苏木京果油豆各货出口磁器药材各杂货】

行后口【为总巡口所辖小口不征银两人役自洋船进口日差派稽查洋船出口完日撤回】

东炮台口【进口胡椒番锡铅苏木京果油豆各货出口茶叶磁器药材各杂货】

西炮台口【同总巡口】

佛山口【进出税过洋南各货】

黄埔口【同总巡口】

虎门口【同总巡口】

紫泥口【并无货物进出惟征收沿海采捕渔船及进出澳渡琼南船只号规】

市桥口【并无货物进出惟征收沿海采捕渔船号规】

镇口口【进出口零杂各货及沿海采捕鱼船】

江门口【进口槟榔椰子藤丝豆油各货出口零星杂货】

澳门总口【进口青白矾磁器白铅各货出口紫檀番锡胡椒各货】

大马头口　南湾口　关闸口　娘妈阁口【以上四口为澳门稽查小口不征银两】

乌坎总口【出产黄白糖及咸鱼米各货】

神泉口【出产黄白糖及咸鱼虾米等物】

甲子口【出产黄白糖咸鱼虾米各货】

碣石口【归甲子口辖不征银两】

汕尾口【出产黄白糖咸鱼虾米各货】

长沙口【归汕尾口辖不征银两】

鲘门口【归汕尾口辖不征银两】

平海口【出产黄白糖咸鱼虾米各货】

稔山口【归平海口辖不征银两】

湖东口【归甲子口辖不征银两】

墩头口【出产黄白糖咸鱼虾米各货】

庵埠总口【出产黄白糖各货】

双溪口　溪东口　汕头口【以上三口俱归庵埠口辖不征银两】

潮阳口【出产黄白糖各货】

后溪口　海门口　达濠口【以上三口俱归潮阳口辖不征银两】

澄海口【出产黄白糖各货】

卡路口　南洋口【以上二口俱归澄海口辖不征银两】

府馆口【出口货船杉木并盐船钞等项】

东陇口　樟林口【归东陇口辖不征银两】

黄冈口【出产黄白糖及柿花瓜子各货】

乌塘口【归黄冈口辖不征银两】

北炮台口【出产黄白糖各货】

梅菉总口【出产粗纸烟叶薯苓土碗各货】

水东口【归梅菉口辖不征银两】

硇州口【归梅菉口辖不征银两】

芷艿口【出产粗纸烟叶薯苓土碗各货】

暗铺口【出产粗纸烟叶薯苓土碗各货】

两家滩口【同暗铺口】

阳江口【出产粗纸烟叶薯苓土碗各货】

海安总口【出产黄白糖花生豆油油楂各货】

东西乡口　白沙小口　博赊小口　南樵小口　对楼小口　田头小口　锦囊小口【以上七口俱归海安口辖不征银两】

雷州口【出产黄白糖花生豆油油楂各货】

赤坎口【为雷州口所辖稽查港口所有货物仍归雷州口输税册报】

乐民口【为雷州稽查小口货税五钱以下者许该口就近征收仍彙入雷州口册报】

廉州口【出产薯苓海参蛏干各货】

山口小口【为廉州稽查小港不征银两】

钦州口【出产薯苓咸鱼各货】

海口总口【出产槟榔藤丝椰子楠木板枋牛皮京皮各货】

铺前口　清澜口　沙荖口　乐会口　万州口　儋州口　北黎口　陵水口　崖州口【以上九口俱与总口同】

右各口税货

卷十·税则三

乾隆十四年十二月二十六日起至十五年十二月二十五日止计一年大关各口共征银四十六万六千九百四十两七钱二分九厘

乾隆十五年十二月二十六日起连闰至十六年十一月二十五日止计一年大关各口共征银四十五万九千八百四两二钱八分四厘

乾隆十六年十一月二十六日起至十七年十一月二十五日止计一年大关各口共征银五十万二千七百六十九两六分五厘

乾隆十七年十一月二十六日起至十八年十一月二十五日止计一年大关各口共征银五十一万四千八百一十两八厘

乾隆十八年十一月二十六日起连闰至十九年十月二十五日止计一年大关各口共征银五十一万五千三百一十八两三分九厘

乾隆十九年十月二十六日起至二十年十月二十五日止计一年大关各口共征银四十八万六千二百六十七两七钱九分四厘

乾隆二十年十月二十六日起连闰至二十一年九月二十五日止计一年大关各口共征银四十万四千九百五十七两四分八厘

乾隆二十一年闰九月二十六日起至二十二年九月二十五日止计一年大关各口共征银三十二万五百三十两六钱七分八厘

乾隆二十二年九月二十六日起至二十三年九月二十五日止计一年大关各口共征银三十七万三十七两二钱九分五厘

乾隆二十三年九月二十六日起连闰至二十四年八月二十五日止计一年大关各口共征银三十五万四千六百六十八两二分九厘

乾隆二十四年八月二十六日起至二十五年八月二十五日止计一年大关各口共征银三十五万六千二百八两九钱七分二厘

乾隆二十五年八月二十六日起至二十六年八月二十五日止计一年大关各口共征银三十八万二千六百一十两四分九厘

乾隆二十六年八月二十六日起连闰至二十七年七月二十五日止计一年大关各口共征银三十八万二千六百三十两六钱一分五厘

乾隆二十七年七月二十六日起至二十八年七月二十五日止计一年大关各口共征银四十一万一千六百二十三两七分二厘

乾隆二十八年七月二十六日起至二十九年七月二十五日止计一年大关各口共征银四十七万四千三百三十六两六钱六分五厘

乾隆二十九年七月二十六日起连闰至三十年六月二十五日止计一年大关各口共征银五十万五千三十一两六钱八分五厘

乾隆三十年六月二十六日起至三十一年六月二十五日止计一年大关各口共征银五十九万九千九百六十四两九钱五分九厘

乾隆三十一年六月二十六日起至三十二年六月二十五日止计一年大关各口共征银五十四万六千七百三十六两一钱四分二厘

乾隆三十二年六月二十六日起连闰至三十三年五月二十五日止计一年大关各口共征银五十四万七千一百二两四钱九分一厘

乾隆三十三年五月二十六日起至三十四年五月二十五日止计一年大关各口共征银五十四万八千三百

六两一钱五分六厘

乾隆三十四年五月二十六日起至三十五年五月二十五日止计一年大关各口共征银五十九万六十三两二钱七厘

乾隆三十五年五月二十六日起连闰至三十六年四月二十五日止计一年大关各口共征银五十七万八千六十六两五钱九分

乾隆三十六年四月二十六日起至三十七年四月二十五日止计一年大关各口共征银五十九万一千九百九十七两五钱二分一厘

乾隆三十七年四月二十六日起连闰至三十八年闰三月二十五日止计一年大关各口共征银五十五万三千八百二十六两一钱七厘

乾隆三十八年闰三月二十六日起至三十九年三月二十五日止计一年大关各口共征银五十四万一千五百五十三两一钱八分五厘

乾隆三十九年三月二十六日起至四十年三月二十五日止计一年大关各口共征银五十四万一千八百六十三两七钱三厘

乾隆四十年三月二十六日起连闰至四十一年二月二十五日止计一年大关各口共征银五十三万三千一百七十八两四钱一分二厘

乾隆四十一年二月二十六日起至四十二年二月二十五日止计一年大关各口共征银五十八万八千四百七两九钱六分五厘

乾隆四十二年二月二十六日起至四十三年二月二十五日止计一年大关各口共征银五十八万八千四百五十三两九钱七分

乾隆四十三年二月二十六日起连闰至四十四年正月二十五日止计一年大关各口共征银五十五万六千一百八十五两一钱

乾隆四十四年正月二十六日起至四十五年正月二十五日止计一年大关各口共征银五十五万六千二百三十三两九钱三分七厘

乾隆四十五年正月二十六日起至四十六年正月二十五日止计一年大关各口共征银五十八万一千八百二两一钱九分一厘

乾隆四十六年正月二十六日起连闰至十二月二十五日止计一年大关各口共征银五十四万八千八百八十三两三钱一分六厘

乾隆四十六年十二月二十六日起至四十七年十二月二十五日止计一年大关各口共征银五十二万一千一百四十两五钱五分二厘

乾隆四十七年十二月二十六日起至四十八年十二月二十五日止计一年大关各口共征银七十九万七千八百六十一两五钱七分一厘

乾隆四十八年十二月二十六日起连闰至四十九年十一月二十五日止计一年大关各口共征银七十四万八千一百二十五两七钱一分九厘

乾隆四十九年十一月二十六日起至五十年十一月二十五日止计一年大关各口共征银八十七万二千一百五十两九钱八厘

乾隆五十年十一月二十六日起连闰至五十一年十月二十五日止计一年大关各口共征银九十五万三千九百六十两六钱六分三厘

乾隆五十一年十月二十六日起至五十二年十月二十五日止计一年大关各口共征银九十八万一千六百八十六两三钱一分二厘

乾隆五十二年十月二十六日起至五十三年十月二十五日止计一年大关各口共征银一百三万六千九百九十九两三钱二分一厘

乾隆五十三年十月二十六日起连闰至五十四年九月二十五日止计一年大关各口共征银一百一十万一

千三百六十一两九钱六分三厘

乾隆五十四年九月二十六日起至五十五年九月二十五日止计一年大关各口共征银一百一十二万七千五百六十二两八钱八分三厘

乾隆五十五年九月二十六日起至五十六年九月二十五日止计一年大关各口共征银九十九万五千八百八十二两五钱二分三厘

乾隆五十六年九月二十六日起连闰至五十七年八月二十五日止计一年大关各口共征银一百一万一千四百二十六两二钱八分三厘

乾隆五十七年八月二十六日起至五十八年八月二十五日止计一年大关各口共征银八十八万五千六百一十二两七钱九分九厘

乾隆五十八年八月二十六日起至五十九年八月二十五日止计一年大关各口共征银九十七万三千九百四十八两五钱一厘

乾隆五十九年八月二十六日起连闰至六十年七月二十五日止计一年大关各口共征银一百一十七万一千九百一十一两二钱六分

乾隆六十年七月二十六日起至嘉庆元年七月二十五日止计一年大关各口共征银九十八万一千一百八十六两六钱九分

嘉庆元年七月二十六日起连闰至二年闰六月二十五日止计一年大关各口共征银九十七万三千一百七十二两九钱七分五厘

嘉庆二年闰六月二十六日起至三年六月二十五日止计一年大关各口共征银一百三万五千七百五十七两四钱七分七厘

嘉庆三年六月二十六日起至四年六月二十五日止计一年大关各口共征银九十三万七千七十三两二钱六分

嘉庆四年六月二十六日起连闰至五年五月二十五日止计一年大关各口共征银一百二十万一千二百四十六两五钱三分七厘

嘉庆五年五月二十六日起至六年五月二十五日止计一年大关各口共征银一百三十三万六千一百七十一两八钱三分一厘

嘉庆六年五月二十六日起至七年五月二十五日止计一年大关各口共征银一百五十四万七百七十三两九分二厘

嘉庆七年五月二十六日起连闰至八年四月二十五日止计一年大关各口共征银一百六十九万五千三百八十九两三分

嘉庆八年四月二十六日起至九年四月二十五日止计一年大关各口共征银一百五十五万五千五百八十六尔四钱五厘

嘉庆九年四月二十六日起至十年四月二十五日止计一年大关各口共征银一百六十四万一千九百七十一两七钱六分八厘

嘉庆十年四月二十六日起连闰至十一年三月二十五日止计一年大关各口共征银一百六十二万一千三百七十五两九钱九分八厘

嘉庆十一年三月二十六日起至十二年三月二十五日止计一年大关各口共征银一百六十六万三千八百三十两四分八厘

嘉庆十二年三月二十六日起至十三年三月二十五日止计一年大关各口共征银一百四十七万四百六十两二钱二分六厘

嘉庆十三年三月二十六日起连闰至十四年二月二十五日止计一年大关各口共征银一百四十五万七千二百一两七钱七分七厘

嘉庆十四年二月二十六日起至十五年二月二十五日止计一年大关各口共征银一百四十万八千六百四

十一两八钱六分四厘

嘉庆十五年二月二十六日起至十六年二月二十五日止计一年大关各口共征银一百一十六万五千二百六十三两一钱二分六厘

嘉庆十六年二月二十六日起连闰至十七年正月二十五日止计一年大关各口共征银一百三十四万七千九百三十六两八钱九分一厘

嘉庆十七年正月二十六日起至十八年正月二十五日止计一年大关各口共征银一百二十四万六千七百八两一钱六分

嘉庆十八年正月二十六日起至十九年正月二十五日止计一年大关各口共征银一百二十三万五千二百五十七两六钱九分八厘

嘉庆十九年正月二十六日起连闰至十二月二十五日止计一年大关各口共征银一百一十八万五千四百六十一两八钱二分六厘

嘉庆十九年十二月二十六日起至二十年十二月二十五日止计一年大关各口共征银一百三十三万一千二百三十九两八钱六分

嘉庆二十年十二月二十六日起连闰至二十一年十一月二十五日止计一年大关各口共征银一百四十四万六千九百七十九两九钱六分五厘

嘉庆二十一年十一月二十六日起至二十二年十一月二十五日止计一年大关各口共征银一百四十二万一千三百三两七钱九分九厘

嘉庆二十二年十一月二十六日起至二十三年十一月二十五日止计一年大关各口共征银一百四十三万二千九百一十两九钱九分九厘

嘉庆二十三年十一月二十六日起连闰至二十四年十月二十五日止计一年大关各口共征银一百三十八万九十七两八分八厘

嘉庆二十四年十月二十六日起至二十五年十月二十五日止计一年大关各口共征银一百四十七万九千八百二十两一钱二厘

嘉庆二十五年十月二十六日起至道光元年十月二十五日止计一年大关各口共征银一百四十九万七千二十二两四钱九分二厘

道光元年十月二十六日起连闰至二年九月二十五日止计一年大关各口共征银一百四十八万五千一百四十六两八钱三分

道光二年九月二十六日起至三年九月二十五日止计一年大关各口共征银一百四十万四千九百一十三两一钱六分

道光三年九月二十六日起连闰至四年八月二十五日止计一年大关各口共征银一百四十四万四千三百二十二两六钱一分六厘

道光四年八月二十六日起至五年八月二十五日止计一年大关各口共征银一百二十九万八千八百二十八两九钱六分二厘

道光五年八月二十六日起至六年八月二十五日止计一年大关各口共征银一百五十七万六千六百三十七两一钱六分二厘

道光六年八月二十六日起连闰至七年七月二十五日止计一年大关各口共征银一百八十五万四十五两九钱九分二厘

道光七年七月二十六日起至八年七月二十五日止计一年大关各口共征银一百四十四万一千九百二十四两五钱九分六厘

道光八年七月二十六日起至九年七月二十五日止计一年大关各口共征银一百四十九万九千五百八十两七钱四分三厘

道光九年七月二十六日起连闰至十年六月二十五日止计一年大关各口共征银一百六十六万三千六百

三十四两九钱七分八厘

道光十年六月二十六日起至十一年六月二十五日止计一年大关各口共征银一百四十六万一千八百六两一钱六分三厘

道光十一年六月二十六日起至十二年六月二十五日止计一年大关各口共征银一百五十三万二千九百三十三两二钱四分九厘

道光十二年六月二十六日起连闰至十三年五月二十五日止计一年大关各口共征银一百四十七万七千八百四十六两二钱六分五厘

道光十三年五月二十六日起至十四年五月二十五日止计一年大关各口共征银一百六十六万九千七百一十二两六钱四分一厘

道光十四年五月二十六日起至十五年五月二十五日止计一年大关各口共征银一百四十二万四千九百四十四两一钱六分九厘

道光十五年五月二十六日起连闰至十六年四月二十五日止计一年大关各口共征银一百六十七万四千八百五十一两七钱二分八厘

道光十六年四月二十六日起至十七年四月二十五日止计一年大关各口共征银一百七十八万九千四百二十四两三钱二分三厘

道光十七年四月二十六日起至十八年四月二十五日止计一年大关各口共征银一百二十四万二千四十四两二钱一分五厘

谨案乾隆十四年以前案卷霉烂故此篇断自十五年始

广属各口

总巡挂号口【每年约征银九千三百两零】

东炮台挂号口【每年约征银一千二百两零】

西炮台挂号口【每年约征银一千三百两零】

佛山挂号口【每年约征银一千六百两零】

黄埔挂号口【每年约征银一千四百两零】

虎门挂号口【每年约征银三百两零】

紫泥挂号口【每年约征银四百两零】

市桥挂号口【每年约征银二百两零】

镇口挂号口【每年约征银三百两零】

江门正税口【每年额征银一万四千三百两零】

澳门正税总口【每年约征银二万九千六百两零】

惠属各口

乌坎正税总口【每年额征银一千一百两零】

神泉正税口【每年额征银六百两零】

甲子正税口【每年额征银一千两零】

碣石挂号口【每年约征银三百两零】

汕尾正税口【每年额征银二千八百两零】

平海正税口【每年额征银九百两零】

湖东挂号口【每年约征银一百两零】

墩头挂号口【每年约征银二百两零】

靖海正税口【每年额征银一百两零】

潮属各口

庵埠正税总口【每年额征银四千二百两零】
双溪挂号口【每年约征银三十两零】
溪东挂号口【每年约征银六百两零】
汕头挂号口【每年约征银八两零】
潮阳正税口【每年额征银五千四百两零】
后溪挂号口【每年约征银三百两零】
海门挂号口【每年约征银四十两零】
达濠挂号口【每年约征银一百两零】
澄海正税口【每年额征银四千八百两零】
卡路挂号口【每年约征银三十两零】
南洋挂号口【每年约征银二两零】
府馆正税口【每年额征银四百两零】
东陇正税口【每年额征银六千六百两零】
樟林挂号口【每年约征银六十两零】
黄冈正税口【每年额征银三千两零】
乌塘挂号口【每年约征银九两零】
北炮台正税口【每年额征银三千两零】
高属各口
梅菉正税总口【每年额征银二千三百两零】
芷芎挂号口【每年约征银三百两零】
暗铺挂号口【每年约征银一百两零】
两家滩正税口【每年额征银三百两零】
阳江正税口【每年额征银一千两零】
雷廉属各口
海安正税总口【每年额征银三千二百两零】
雷州正税口【每年额征银三千两零】
廉州正税口【每年额征银五百两零】
钦州正税口【每年额征银二百两零】
琼属各口
海口正税总口【每年额征银一万二千七百两零】
铺前正税口【每年额征银六百两零】
清澜正税口【每年额征银五百两零】
沙荖正税口【每年额征银三百两零】
乐会正税口【每年额征银二千二百两零】
万州正税口【每年额征银三百两零】
儋州正税口【每年额征银一千两零】
北黎正税口【每年额征银三百两零】
陵水正税口【每年额征银三千二百两零】
崖州正税口【每年额征银二千七百两零】
右历年征数

各口旺月

大关【以下各口先后以旺月多者为次】 总巡口 东炮台口 西炮台口 黄埔口 墩头口【并自六月至十一月】 佛山口 汕尾口【并自七月至十一月】 江门口 乌坎口 北炮台口【并自四月至八月】 庵埠口 潮阳口【并五六七月十十一等】 芷芎口 暗铺口【并四五六十十一等月】 甲子口【四五七八九等月】 市桥口 镇口口【并七八九十等月】澄海口 阳江口 铺前口 清澜口 沙荖口 万州口 儋州口【并四五六七等月】 神泉口 靖海口 乐会口【并三四五六等月】 雷州口【三四五等月】 海安口【三四五六等月】 黄冈口【四五十十一等月】 东陇口【五六七八等月】 澳门口【八九十十一等月】 平海口【九十十一十二等月】 北黎口 崖州口 陵水口【并三四五等月】 虎门口 梅菉口 海口口 廉州口【并四五六等月】 钦州口【二三四等月】 紫泥口【六七八等月】 府馆口【旺淡月相间】

右各口旺月

各口征钞耗折成色平码及征存拨解

大关【所收正税钞耗纹银司平其担规杂项或九成九二色九八平司平不等日逐兑收贮库】

总巡口【所收担规银两系九成色九八平每月除支工火外折实司平纹银解贮大关】

行后口【不征银两】

东炮台口 西炮台口 佛山口 黄埔口 虎门口 紫泥口 市桥口 镇口口【以上八口俱与总巡口同】

江门口【征收正税钞耗系纹银其担规或九成色九八平不等系折实司平纹银每月除支工火外余存银两同挂号钱文解贮大关】

澳门总口【征收正税钞耗系十字番银库平每两补水八分其担规杂项收十字番钱九八六澳平每月仍核实库平除支工火外余存银两按季解贮大关】

大马头口 南湾口 关闸口 娘妈阁口【以上四口为澳门稽查小口不征银两】

乌坎总口【征收正税钞耗系十字番银每两补水七分其担规杂项收十字番银系库平每月除支工火外余存银两按季解贮大关】

神泉口【征收正税钞耗系十字番银每两补水七分其担规杂项收十字番银系库平每月除支工火外余存钱两按季由总口彙解大关】

甲子口【所收银色平头及支销与总口同余存银两按季由总口彙解大关】

碣石口【归甲子口辖不征银两】

汕尾口【与甲子口同】

长沙口 鲘门口【以上二口归汕尾口辖不征银两】

平海口【与甲子口同】

稔山口【归平海口辖不征银两】

湖东口【归甲子口辖不征银两】

墩头口 靖海口【以上二口与甲子口同】

庵埠总口【征收正税钞耗府担系纹银司平其本担杂项俱收番银每月除支工火外余存银两按季解贮大关】

双溪口 溪东口 汕头口【以上三口俱归庵埠口辖不征银两】

潮阳口【征收正税钞耗府担系纹银司平其本担杂项俱收番银每月除支工火外余存银两按季由总口彙解大关】

后溪口 海门口 达濠口【以上三口俱归潮阳口辖不征银两】

澄海口【与潮阳口同】

卡路口 南洋口【以上二口俱归澄海口辖不征银两】

府馆口【征收正税钞耗府担系纹银司平每月除支工火外余存银两按季由总口彙解大关】

东陇口【与潮阳口同】

樟林口【归东陇口辖不征银两】

黄冈口【与潮阳口同】

乌塘口【归黄同口辖不征银两】

北炮台口【与潮阳口同】

梅菉总口【征收正税钞耗等项俱收纹银司平其担规杂项或纹银或九三核实纹银不等每月除支工火外余存银两按月解贮县库俟年满彙齐各子口税银就近拨解兵饷如有余存仍解大关】

水东口　硇州口【以上二口归梅菉口辖不征银两】

芷芎口【余存银两按季由总口彙解】

暗铺口【所收银两俱系纹银司平每月除支工火外余存银两按季由总口彙解】

两家滩口【与暗铺口同】

阳江口【征收税钞耗担规等项俱纹银库平每月除支工火外余存银两按季由总口彙解】

海安总口【征收正税钞耗担规等项一切俱收纹银司平每月除支工火外余存银两按月解贮县库俟年满彙齐各子口税银就近拨兵饷如有余存仍解大关】

东西乡口　白沙小口　博赊小口　南樵小口　对楼小口　田头小口　锦囊小口【以上七口俱归海安口辖不征银两】

雷州口【所收银色平头及支销与总口同余存银两按季由总口彙解】

赤坎口【为雷州所辖稽查港口所有货物仍归雷州口输税册报】

乐民口【为雷州稽查小口货税五钱以下者许该口就近征收仍彙入雷州口册报】

廉州口【与雷州口同】

山口口【为廉州稽查小港不征银两】

钦州口【与雷州口同】

海口总口【征收正税钞耗系纹银司平其担规杂项或收纹银九三色九八平不等每月除支工火外余存银两核实纹银司平按月解贮县库俟年满彙齐各子口税银就近拨解兵饷如有余存仍解大关】

铺前口【征收正税钞耗系纹银司平其担规杂项或收纹银或九二色九八平不等每月除支工火外余存银两按季由总口彙解】

清澜口【征收正税钞耗系纹银司平其担规杂项俱收九二色司平每月除支工火外余存银两按季由总口彙解】

沙荖口　乐会口　儋州口　北黎口　陵水口　崖州口【以上七口与清澜口同】

右各口征钞耗折成色平码及征存拨解

卷十一·税则四

大关

凡各外国夷船到查丈该船梁头照则例长阔相乘分别等第西洋船照东洋船例减二分科征正钞【无耗正钞每两收一钱二分】进口规银一千一百二十五两九钱六分【内佛蘭哂加一百两苏喇减一百两】出口规银五百三十三两八钱【以上俱纹银九折库平】

凡洋船进口第一月分收规银二两六钱又自第二月分起每月收规银一两三钱不满一月者按日科算【九折九八平纹银】

凡进出各货物照则例科征正税【火耗加一】又按正税每两收银一分六厘按货每百斤收担头银三分八厘内出口货物估计价值每两收分头银四分九厘【以上纹银九二折库平】

凡夷船禀请批照起运零星货物往来省城黄埔每次收银一钱【纹银九折九八平】

凡夷船禀报起布包木箱每次收银二两

凡夷船禀请批照雇木匠漆匠往黄埔修船每名收银一钱凡夷船驳运进出货物扁艇每只收银二钱四分如尾艇三板每只收银一钱二分

凡洋船进口各项货物秤验报税上行后运往内河别处发卖每百斤拆票银一分

凡夷船自进口日起至出口日止每日收银六钱

凡夷船黄埔起货每日收银三两四钱八分【以上俱纹银九折九八平】

谨按向例凡夷船出口各货估计价值每两收银一钱【九三色九八平】乾隆元年十月奉免

凡夷船出口缎绢牛郎彩闪锦剪绒纱等项每匹收匹头银一分【纹银九二折库平】

谨按丝斤自乾隆二十五年禁止出洋至嘉庆年开禁复征

凡本港各洋船到查丈该船梁头照则例长阔相乘分别等第科征正钞【火耗加一】正钞每两收银二分【九二折】进口归公银十七两五钱九分二厘出口归公银七十三两九钱九分二厘内江南沙船加收银二两【俱纹银九折库平】

凡进出口各项货物照则例科征正税【火耗加一】正税每两收银一分六厘【纹银九二折库平】按货每百斤收担头银三分四厘

凡出口押载缸瓦【每大艇收银六两每小艇收银六钱】

米照每张收银二两五分

谨按米照乾隆七年六月奉免十四年复征

凡搭载商客腰牌每张收银一钱一分【以上纹银九折库平】凡每船自进口日起至清舱日止又出口自下货日起至出口日止每日收银六钱【纹银九折九八平】

凡贸易船装货往琼高雷廉各货物照例科税正税每两火耗加一各货物每百斤收担头银三分六厘应免货物无税每百斤收担头银二分四厘每船出口收银六两腰牌每张收银一钱一分

米照每张收银三钱五分

凡琼高雷廉船来省进口在各本口税过各项货物每百斤收担头银二分每船收银一两四钱应免货物无税每百斤收担头银二分四厘空船出口领米照每张收银三钱五分【以上俱纹银九折库平】

凡捞缯渡船装货物往澳照正税每两收银一分六厘货物每百斤收担头银三分四厘每船收银二两扁艇二只作一只共收银二两【以上俱纹银九二折库平】

凡潮州惠州福建船装载咸鱼进出口无税每载收银二两三钱咸鱼不及一载者仍照免货例每百斤收银二分空船出口往潮惠闽领米照每张收银二钱五分

凡贸易船装货物往惠潮每百斤收担头银二分七厘五毫应免货物无税每百斤收担银一分九厘装载豆麦每船满载作六分载每一分载照梁头科算每两【火耗加一】每分载收银五钱又每船收银二两一钱

谨按则例米麦杂粮不便按担征收止论载补科不及一分载者免税故向来豆麦船只进口按分数科饷其担银照分载饷收如不及一分载者每担收银三分三厘其麦子不及一分载者每担征收归公银两及装载一分以并豆货按载担银又小船装粮米进口均于乾隆七八等年均奉宽免自乾隆十四年部咨豆麦仍论分载科征麦子按担征收税耗不及一分载者仍旧豁免其豆子仍按担复征

凡惠潮船装货来省在惠潮税过货物每百斤收担头银一分五毫每船收银七钱免货无税每百斤收担银一分九厘生猪每只收银四分出口往惠潮领米照每张收银二钱五分

凡往虎门装海蜇白蚬每船收银一两七钱凡闽浙江南天津山东船进出口货物进口每船收银二两二钱出口每船收银一两六钱进出口货物每百斤收担头银四分豆麦每一分载收银五钱免货每百斤收担银一分九厘出口领米照每张收银五钱五分腰牌每张收银一钱一分贸易船装盐一次收补钞银一两【火耗加一】驳盐照票收银四钱凡盐易惠潮等处船钞照例科算【火耗加一】梁头每尺收银五分【九四折】凡新烙盐易船梁头每尺收银一钱每船收银十三两九钱凡新烙水母船收银七两三钱

凡新烙蛋艚船收银四两九钱

凡盐易船惠潮等处船只给牌春季收银一两零五分秋季收银五钱五分

凡盐易船入册收银七两

凡盐易船改名收银二两

凡琼州船在省换牌收银三两七钱梁头每尺收银一钱【九四折】

凡新开洋货行收银四十两

凡新开福潮佛山江门海南行收银一十六两

凡新充通事每名收银二十六两

凡装载木头船每船收银八两

凡本港船改贸易船收银九两四钱

凡贸易船改洋船收银九两四钱

凡本港洋船批手本装盐一次收银五两

凡本港船盐船往琼装货一次收银七两

凡空船往来琼高雷廉潮惠闽浙江南天津山东等处无银征收如载有免货核征担银一两五钱以上者仍照各本处进口出口例按船征收

凡商船装载元宝榖往琼州照依免货之例征收担银外每百斤加收银一分

凡商船装载草包往福潮琼惠等处以每束作四十三斤核算斤两每百斤收银一分

凡往琼澳并本港洋船中磁器俱七五折科税仍以九折核收担银

【以上除本条注明外余俱纹银九折库平】

总巡挂号口

凡夷船本港洋船澳门来往货【每九折红重一百斤收银八厘在澳门税过串票来省货物无收】琼南福建惠潮宁波辽东船来往货【每九折红重一百斤收银四厘免例货物无收】装咸鱼菜脯麦子【每载收银一钱详见大关按语】丈量新船【收银五钱报修请丈量者无收】本港洋船进出口本港洋船下货丈量本港洋船【以上每只收银二钱】丈量新贸易艚船【每只收银一钱】下本港洋船货【每一单收银五分】琼南进出货船【每只收银二钱空船不收】琼南船下货【每只收银二钱】下琼南船货【每单收银五分】下缸瓦【每一大艇收银二钱如下零星者不收】澳门福建江南宁波辽东货船进出【每只收银五分空船不收】下澳门福建江南宁波辽东货船【每一单收银五分】惠潮货船进出【每只收银三分空船不收】下惠潮货船【每一单收银三分以上俱纹银九扣九八平】

西炮台挂号口

凡红单洋南货【不拘粗细每一百斤】澳来串票货【每一百斤】锁鞋喇羽缎羽纱【每丈作一百斤】哔叽缎小绒番斜纹【每二丈作一百斤】洋席不拘等数【每二张作一百斤】洋布不拘等数【每四作一百斤】洋花被面【每张作一百斤】洋酒【每十瓶作一百斤洋手帕【每十条作一百斤】翠鸟毛【每百张作一百斤】孔雀尾【每一瓶作一百斤】杂木寿枋【每一块作一百斤】椰子【每五十个作一百斤以上每百斤收银七厘】白单洋南货【每百斤收银一分】楠木寿枋【每块收银九厘】荔枝木蔗校【每副收银一钱】本港洋船出入口【每只收银一两一钱】海南船有货入口【每只收银二两四钱】海南船有货出口【每只收银一两四钱】上海宁波船有货出口【每只收银七钱】福建船有货出入口【每只收银三钱五分】捞缯船有货出入口【每只收银四钱五分】白艚船有货出入口【每只收银一钱二分以上俱纹银九扣九八平如空船俱不收】

谨按佛山驳运来省白铅于乾隆二年三月内裁免

佛山挂号口

凡省来红单洋南各货【每百斤收银七厘】翠鸟毛【每百只作一百斤】省来白单洋货【每百斤收银二分】省来白单南货【每百斤收银一分】澳门来红单各货到口【每百斤收银二分四厘】江门来红单各货到口【每百斤收银一分三厘】江门由路来红单各货到口【每百斤收银一分一厘】江门东莞各处来土鱼胶到口【每百斤收银一钱二分鲍鱼比例】土紫菜到口【每百斤收银二分四厘】出口【收银二分海粉比例】江门来椰子【每百个收银五分】出口【收银二分】佛山白单洋货出口【每百斤收银二分】佛山白单南货出口【每百斤收银一分

不及一百斤免征】佛山绒线绸缎纱湖丝往香澳【每百斤收银二钱四分】佛山纱罗绸缎湖丝往下路各乡【每百斤收银一钱二分往上路不收】佛山茶叶白糖往下路各乡【每百斤收银一分二厘往上路不收】佛山茶叶白糖往香澳【每百斤收银二分四厘】佛山木油往香澳并下路各乡【每桶收银六分每埕收银一分往上路不收】佛山磁器往香澳并下路各乡【每子收银一厘每笠收银二厘每百子收银一钱二分每桶收银二分四厘往上路不收】佛山白铅往香澳【每百斤收银三分六厘往别处不收】佛山水银辰砂往香澳【每百斤收银六分往别处不收】佛山白冷饭头往香澳【每百斤收银一分二厘往别处不收】佛山火腿漆器往香澳【每百斤收银一分八厘往别处不收】佛山矾石往香澳【每百斤收银二分四厘往别处不收】佛山南货红单出口【每百斤收银七厘】楠木寿枋每副收银三分六厘以下洋货燕窝丁香冰片【每百斤收银一钱二分】西洋布每匹收银三分六厘】小绒每丈收银三分六厘】锁鞋喇哔叽缎【每丈收银七厘】洋棉花【每包收银六分以上俱收纹银九扣九八平】

谨按本地白铅驳运出口于乾隆二年三月内裁免

东炮台挂号口

凡海南船装槟榔等货进口【每只收银二两四钱】海南船装绵布等货出口【每只收银一两四钱】海南船装缸瓦免货出口并无正税单货者【每只收银四钱】本港洋船装货出进口【每只收银一两一钱】浙江海船装货出进口【每只收银七钱】福建海船装货出进口【每只收银五钱】广盐乌艚空船出口驳盐广艚装缸瓦等物重五千斤出口潮州白艚装货出口【以上每只收银四钱】潮州白艚装货进口【每只收银一钱七分】扁艇驳夷船饷货进出口【每只收银二钱四分】尾艇并夷三板驳夷船饷货进出口【每只收银一钱二分】批照夷货船饷货手本【每个进出口收银一钱二分】洋南货拆红单出口【每百斤收银七厘】楠板拆红单出口【每块收银九厘】杂板拆红单出口【每块收银七厘】锁鞋喇拆红单出口【每丈收银七厘】哔叽羽缎羽纱羽布拆红单出口【每丈收银三厘五毫】洋南货拆白单出口【每百斤收银一分以上俱纹银九扣九八平】

黄埔挂号口

凡本港洋船进出口【每只收银二两三钱】海南乌艚船入口【每只收银二两二钱】海南乌艚船出口【每只收银一两四钱】海南白艚船入口【每只收银一两八钱】海南白艚船出口山东天津江浙等处船进出口福建船装京果入口【以上每只收银一两二钱】福建船装咸鱼入口【每只收银五钱】福建船出口【每只收银五钱】白艚船进口【每只收银三钱五分】白艚船出口【每只收银三钱驳鬼货扁艇【每只收银二钱四分】驳鬼货尾艇三板【每只收银一钱二分】鬼子搭寮贮各货物【每个收银二两三钱】修整鬼船木匠漆匠【每名收银二钱二分】大小盐船并出进口空船无饷货装者均免【以上俱纹银九扣九八平】

市桥挂号口

凡小料船出口水手【每名收银四分六厘四毫】艚船出口每只收银一钱四分随带三板每只收银七分】船出口【每只收银四钱】板出口【每只收银一钱四分】索料出口【每只收银三钱六分】艚船出口【每只收银八分随带三板每只收银四分】大坭船出口【每只收银一两一钱】小蚬艇【每只收银八分砖瓦船【大船收银八分小船收银四分】杉木每截【收银六分】新安柴船进口【大船收银四钱八分小船收银二钱四分】虎门渡载咸鱼进口【每篓收银八厘】黄角渡载【黄麻每把收银一分五厘薯莨每百斤收银四分以上俱收纹银九扣九八平】

江门正税口

凡往琼南雷州高州各口贸易船只正饷货红重【每百斤照则例征收税银】正税【每一两火耗加一】各正税货【每百斤红重收九色担头银四分四厘】正饷货物满载【每船出口收九色银九两七钱】如装载各饷货四五十担至七八十担【每船出口收钱六百文至一百担者照满载征收】

凡县牌单桅船批照装载正饷货物【收九色银六钱】

凡免单各货物【每百斤收九色担头银二分四厘】

凡免单元宝殻【每百斤收九色担头银四分四厘】

凡免单缸瓦【每大排收九色担头银六两六钱】每中排缸瓦【收九色担头银四两四钱】每小艇缸瓦估斤两【每百斤收九色担头银二分四厘】

凡往惠潮各口白艚贸易船只正饷货红重【每百斤照则例征收税银】正税【每两火耗加一】各正税货【每

百斤红重收九色担头银四分四厘】如装载各饷货四五十担至七八十担【每船出日收钱六百文至一百担者照满载征收】正饷货船满载【每船出口收九色银二两一钱】免单各货【每百斤收九色担头银二分四厘】

凡往浙闽白艚贸易船只正饷货红重【每百斤照则例征收税银】正税银【每一两火耗加一】各正饷【每百斤红重收九色担头银四分四厘】正饷货船满载【每船出口收九色银三两八钱】如装载各货四五十担至七八十担【每船出口收钱六百文至一百担者照满载征收】免单各货物【每百斤收九色担头银二分四厘】

凡贸易双桅船期满换牌正钞银【照则例征收每一两火耗加一】梁头【每尺收九色规银五分】换牌【收九色银四两二钱】客商领腰牌【每张收九色银一钱一分】

凡潮州白艚贸易船期满换牌正钞银【照则例征收每两火耗加一】梁头【每尺收九色银五分】换牌【每张收九色银一两五钱】

凡海南贸易货船进口税过椰咸【每大簀收九色银六分六厘每中簀收九色银三分三厘每小簀收九色银二分二厘】椰玉【每大包收九色银七分二厘每中包收九色银三分六厘每小包收九色银二分四厘】税过黄白藤藤丝【每大把收九色银三分三厘每中把收九色银二分二厘每小把收九色银一分一厘】税过楠木寿枋【每副收九色银一钱三分二厘】税过各货【照红单每百斤收九色银三分三厘】免单蔗校【每副收九色银二钱四分】税过椰子【照红单每一千个收钱一千六百文】

凡高州雷州贸易货船进口良姜绖税过【每船进口收九八色银一十二两每簀收九八色银二分四厘不满载不收进口银每簀收九八色银七分二厘每一十包作八簀征收】装载免单豆枯花生菜子满载【照船牌梁头每尺收九八色银一两七钱】船装货不满载【照来单批注按分载征收梁头】如搭有税过正饷各货【照红单每百斤收九八色银三分一厘】豆枯花生莱子满载【仍收梁头每尺九八色银一两七钱】杂木板【每块收九八色银一分】税过各货【照红单每百斤收九八色银三分一厘】

凡阳江梅菉路车来税过椰咸【每大簀收九色银一分八厘】椰玉【每大包收九色银二分四厘】山货冷饭头牛皮皮碎等良姜砂仁咸砂三籁木耳草仁芝麻蜜糖白糖【每包捆埕收钱四文】豆油【每埕收钱六文】芥藤土麻【每把捆并每百斤收钱一十文】税过藤丝藤黄蜡等货【照红单每百斤收九色银一分二厘】税过楠木寿板【每副收九色银三分六厘】

凡澳门香山渡船进口规例税过各饷货【照红单每百斤收九色银一分二厘】

凡省城各船来口税过洋货【照红单每百斤收九色银一分二厘】

凡省城佛山各船来口税过南货【照来单每百斤收九色银七厘】

凡广西来黄藤【每百斤并把捆收钱一十文】

凡有洋船被风湿捞拣洋货正饷货红重【每百斤照则例征收税银每两火耗加一】各正饷货红重【每百斤收九二色担头银六分四厘每银一两加平银一分六厘】

凡广海各货来正饷货红重【每百斤照则例征收税银每两火耗加一】各正饷货红重【每百斤收九色担头银四分四厘】赤菜【每百斤收钱一十文】路车往阳江梅菉等处铁锡【每包收钱一十二文】

凡往省佛各乡行店拆出各货物椰咸【每大簀收钱一十五文中簀收钱七文五毫小簀收钱五文】各货【每百斤收钱一十文】椰子【每百个收钱一十文】楠木寿板【每副收钱三十文】各行领拆票【每张收九色银一分如核收号钱二十文以下者免收折票银】往省佛糖漏【每大船收钱一百二十文中船收钱六十文小艇收钱三十文】往省佛各乡蔗种甘蔗【每大船收钱一百二十文中船收钱五十文小艇收钱二十文】

凡海南陵水来未经税过货物正饷货红重【每百斤照则例征收税银每两火耗加一】正饷货【每百斤收担头银二分四厘】正饷货【每百斤收银一分九厘八毫】单桅船批照【每张论货每百斤收银六厘又每船另收九色银六钱】正饷货红重【每百斤收九色银三分三厘】椰咸【每大簀收九色银六分六厘每中簀收九色银三分三厘每小簀收九色银二分二厘】黄白藤【每大把收九色银三分三厘每中把收九色银二分二厘每小把收九色银一分一厘】

凡海南清澜来未经税过货物正饷货红重【每百斤照则例征收税银每两火耗加一】椰子【每一千个作七百个照则例征收税银】正饷货【每百斤收担头银一分二厘】椰子【每百个红数收银四分单桅船藤步船批照

每张收银二两二钱】各正饷货红重【每百斤收银三分三厘】椰子【每千个红数收钱一千六百文】

凡海南崖州来未经税过货物正饷货红重【每百斤照则例征收税银每两火耗加一】正饷货【每百斤收担头银二分七厘】各饷货【每百斤收银二分九厘七毫】单桅船藤步船批照【每张收银一两五钱又每百斤收银一分各饷货红重【每百斤收银三分三厘】槲咸【每大箦收九色银六分六厘每中箦收九色银三分三厘每小箦收九色银二分二厘】黄白藤【每大把收九色银三分三厘中把收九色银二分二厘小把收九色银一分一厘】惠潮咸鱼船进口【每载收纹银三两零七分】

虎门挂号口

凡本港洋船进出口【每只收银三两零五分福南浙洋船进出照收】琼南往来装货船【每只收银二两空船进出免收如有免单批照零星货物出口者收银三钱】福南浙贸易船装货进口【每只收银一两五钱空船进出免收】福建船装咸鱼进口【每只收银五钱】广惠潮贸易船装货进出【每只收银三钱空船进出免收若空船有免单手本批照零星货物出口收银三钱】福南船装草包等免单货物出口【每只收银五钱】盐蛋艚船【装盐进口不收空船出口免收若有免单手本批照零星货物出口收银三钱】采捕水母船出口【有牌每只收银八分无牌每只收银一钱六分进口不收】采捕水母头艇【出口每只收银四分进口不收】小料采捕缯鱼船【出口每只收银一钱一分进口不收】新安艇水母头艇装竹木缸瓦【出口每只收银四钱进口不收】新安柴船装柴【进口每只收银四钱空船出口不收采捕水母船出口采柴【每只收银一钱六分其盐船于雍正十年裁免】贸易船进口【每只收银二钱以上俱收纹银九扣九八平】

镇口挂号口

凡北江杉木牌出口【每梢收银八钱大者以八截为一梢小者以十三截为一梢如不及一梢之数者仍照每梢之例按截科算征收】东江杉木牌出口【每梢收银六钱】竹牌出口【每一千枝收钱八十文】装缸瓦船出口【每大船收银五钱小船收银四钱】装杉木船出口【每满载收银五钱不满载收银四钱】装砖瓦石船出口【每大船收钱七十文小船收钱六十文】装蔱灰船出口【收钱四十文】装煤炭出口收钱六十文】捞水母头船出口【收银四分】高尾艇装杂货出口【收银二钱】文蓢渡装杂货每月收钱四百五十文】装纸料元宝线香艇出口【大艇收钱八十文中艇收钱七十文小艇收钱六十文】石隆咸鱼艇出口【收钱十六文】小料船出口【收钱八十文】鱼君艇出口【收钱四十文】市桥渡船装咸鱼【每十篓收银三分】装柑蔗艇出口【收钱四十文】装片糖船进口【收钱五十文】茅州渡北栅渡装油【每一桶收钱十文铁锅每连收钱五文】装大竹船出口【收银三钱小船收银二钱】装杂木板枋【每十块收银三分以上俱收纹银九扣九八平】

紫泥挂号口

凡部牌双桅船装载商货出口往琼【每只收银二两五钱】部牌双桅船在琼装客商货进口往省每只收银二两七钱】部牌双桅船装盐进口【每只收银五钱】部牌双桅船装柴进口【每只收银五钱】部牌双桅船装竹叶青竹藤香进口【每只收银五钱】部牌双桅船装载缸瓦出口往高州【每只收银一两五钱】部牌双桅船装载商货出口往潮州【每只收银一两二钱】部牌双桅澳渡装载商货出进口【每只收银二钱五分】新安县照票船装载椽子木出口往新安【每只收银六钱】新安县照票船装竹叶青竹进口【每只收银六钱】新安县照票船装柴进口【每只收银六钱】扁船装载房料石灰砖瓦出口往澳【每只收银二钱五分】扁船装载单票商货手本照夷人出进口【每只收银二钱五分】高尾艇装载单票商货手本照夷人出进口【只收银二钱五分】香山渡船一只【每月收规银五钱以上俱收纹银九扣九八平】

谨按部牌双桅澳渡装载商货出进口每只收银二钱五分乾隆二年三月内裁免

澳门正税口

凡往来货物【照例征收正税每两火耗加一正耗收十字银每两加水八分将七分二厘归入正项解余银八厘归入归公例内解】

凡本澳回帆洋船【照本省洋船例论等第科钞不加耗正钞收十字银每两加水八分新来外国洋船收银七十两】

凡贸易船换牌【照例论丈尺科钞每两火耗加一正耗收十字银每两加水八分一年两次征收】

凡熟米麦【每担征正银六厘耗水照货例加收详见大关按语】串票货【每百斤收担头银五分】到澳上税粗货【每百斤收担头银三分】到澳上税绸缎中细磁器茶叶白糖倭船【此五宗作色货每百斤收担头银五分】省来照票货【每百斤收担头银二分四厘八毫】上省照运票货【九折净每百斤收担头银二分四厘八毫】

凡本澳洋船回帆【收银三十五两本澳洋船批手本大修【收银二十四两本澳洋船批手本小修【收银一十二两】本澳洋船出口【每船收银一十两五钱】本澳洋船【每只领牌一张收银五两六钱】

凡福建艚船装货进口【收银三两五钱一分】

凡广渡装货进口【收银二两零六分】广渡装货一百担之外者【出口与进口例同】广渡雇西瓜扁装货进口【收银七钱】广渡雇西瓜扁装货五十担之外者【出口与进口例同】

凡贸易船装货由娘妈阁进口【收银四钱】贸易船装货由前山进口【收银二钱八分】贸易船装货五十担之外者出口【与进口例同】贸易船雇西瓜扁装货进出者【与本船例同】贸易船换牌【梁头每尺收银一钱头季收银二两三钱二季收银一两八钱】新贸易船请丈【收银一十四两】

凡沙梨头渡装货进口【收银二钱三分】前山渡装货进口【收银二钱七分】高尾艇装货进口收银二钱四分】装杉木船进口【收银三两九钱六分】装缸瓦砖船进口【收银一两八钱五分以上俱收澳平十字银】

右归公例一

卷十二·税则五

甲子正税口

凡黄白糖【两篓作一担每篓重五十二三斤每船免水手每名一担免神福舵工船户三担外余数每担毛收十字银一钱零二厘科饷九折一归八除分黄糖六分白糖四分照则科税火耗加一每两补水七分每船除红单银五钱又每担收银一分九厘总于一钱零二厘内除算余剩作余羡担头归公开报】乌糖【两篓作一担每担九折一归八除照黄糖例科饷火耗加一每两补水七分毛重每担收银三分三厘每船收红单银五钱又每船出口收银一两一钱五分五厘】福建进口大木【每枝收银九分九厘】中木【每枝收银六分六厘】小木【每枝收银三分三厘木段【两段作一枝】杉木寿枋【每块收银一钱一分】火板【每块收银九分九厘】水板【每块收银一分六厘五毫饷照则征收火耗加一】

凡饷货物进出口【照例科征税钞每两火耗加一】咸鱼往福建及省城【论水手名数每十名免一名每名收银二钱四分七厘五毫又每船收银一两一钱五分五厘】小船载咸鱼往潮及墩头者【每担七折收银三分三厘】潮来税过大中小木【每段收银一分六厘五毫】桷木毛杉椽子【每枝收银八厘二毫五丝】水板【每块收银一分六厘五毫】桅木【每枝收银一分六厘五毫】中桅木【每枝收银一钱一分】咸肉虾干淡墨脯【每担收银六分六厘】鳗脯鱇脯鲱金针菜苎麻网浮【每担收银九分九厘】生猪【每十只作九只每只收钱四十四文】草席草纸竹篾竹叶箍【俱四捆作一担小捆六捆作一担每担收银三分三厘】车轮板【大载收银一两一钱小载收银八钱】盐艚装盐往省【每只收钱六百六十文】蛋艚装盐往潮【每只收钱三百三十文】柴炭船进口【每只收钱二百二十文】缸瓦小竹咸墨鱼每担收银三分三厘】路糖往墩头【每担九折收银六分】又领印票【每张收银五钱】葵潭路糖往墩头【九折每担收银五分】又领印票【每张收银五钱】油枯船【满载论水手名数每十名免一名每名收银一两一钱如不满载每担收银三分三厘】商船有部牌者空船出口【放收关银一两一钱五分五厘】豆麦船进口【按分载科饷担银照分载饷收如不及一分载者每担收银三分三厘详见大关按语】

凡丈量新造艚船【每只收银三两七钱单桅船不收】丈量新双桅商船【每只收银九两三钱】

凡墩头货进口【有单来者收钱三百三十文】

凡双桅船【换牌按梁头每尺收银一钱五分换给新牌收银一两五钱】

凡省来及各口税过货物及免单货物进口【每担收银三分三厘惠属各口来不收】

凡领给串票【每张收银五钱】领给商照【每张收银三钱】领给印票【收钱一百文领给米照【每张收钱一百文详见大关案语】如零星进口饷货【俱填入汇单报内】串票银【凡正税不及五钱者免收零星乌糖往福潮者照黄糖例科饷【火耗加一每担毛重收银三分三厘】

外馆

凡柴炭船进口【收钱三十文】商船载路糖咸鱼生猪往墩头【收钱三十文】商船装油枯往潮【收钱三十文】商船装糖咸鱼往闽【收钱四十四文其余空船出口一概不收以上俱收十字番银司平正耗每两补水七分】

碣石挂号口

凡咸鱼往闽及省城【论水手名数每十名免一名每名收银二钱四分七厘五毫又每船出口收银一两一钱五分五厘】咸鱼往潮州【七折每担收银三分三厘】鳗脯墨脯虾脯【九折每担收银六分六厘】潮来税过大木【每枝收银六分六厘小木【每段收银一分六厘五毫】角木【每枝收银一分六厘五毫】椽木【每枝收银六厘六毫墩头装货【有单来者每船收钱三百三十文】小船墩头装杉木进口【每船收钱五十文】小船装生猪往墩头【每十只作九只每只收钱三十三文】艚船装盐往省【每只收钱一百六十文】小船驳盐出口【每只收钱四十五文】缸瓦进口【八折每担收银三分三厘】装柴炭船【大载收钱一百九十八文小载收钱一百三十二文】装煤炭进口【每载收钱二百二十文】小船装灰出口【每船收钱二十五文】小船装水咸鱼出口【每包收钱七文】税过茹苓等货【每担八折收银三分三厘】各船领给印票【每张收银一钱】领给米照【每张收银一钱详见大关案语以上收银者俱十字番银司平正税每两补水七分】

乌坎正税口

凡黄白糖【每担毛收银八分八厘税耗平水等银在内】乌糖饷耗照例征收【每担毛重收担头银三分】虾米【每百斤收银三分】虾干【每篓收银九分】螺干【每篓收银九分】咸肉【八折每篓收银六分】臭肉脯【每篓收银九分】鱼鲑【每百斤收银六分】腌蛋【每千个作一担收银六分】淡脯【每篓收银六分】菜脯【九折每篓收银三分】生猪【每十只作九只每只收银六分】咸鱼【每大篓收银三分每小篓收银一分】蚟皮【小篓二篓作一担收银三分】蒜头【每百斤收银三分】油枯【每百斤收银三分】皮碎【每百斤收银三分】牛角【每百斤收银三分】烟梗【每百斤收银三分】糖水饷耗照例科算【每百斤收担头银二分】

凡闽来货物杉木寿枋【以下五项除按照征税外另收担头银五钱】杉木板枋【每块收银一分水板【每块收银二分】水藤【每百斤收银三分】粗纸【每百斤收银三分】

凡进口货物缸瓦【每百斤收银三分】茹苓【每百斤收银三分】葵衣【每百斤收银三分】葵扇【每百斤收银三分】灯草【每百斤收银三分】豆子米麦【每石收银三分详见大关按语】烟叶【每百斤收银九分】金针菜【每百斤收银六分】苎麻【每百斤收银六分】

凡潮来税过木料大木【每枝收银一钱】中木【每枝收银六分】小木【每枝收银三分】大木段【每段收银三分】中木段【每段收银二分】小木段【每段收银一分】椽木【每枝收银六厘】桷木【每枝收银六厘】桷片【每枝如散者每三片作一枝收银五厘】杉木板枋【每块收银一分】杂木板枋【每块收银六厘】废木【每节收银五厘】板皮【每块收银五厘门【每副收银八厘】拖风桨【每枝收银一分】鱼网【每篓收银一钱】网浮【二小篓作一担收银九分】布鞋【每双收银一厘五毫】樟木桅夹【每副收钱一百文】煤炭【每船收钱三百文】

凡往墩头货物路糖【九折二包作一担收银六分】咸肉【八折每担收钱四十文】咸鱼【九折每篓收钱十六文】地豆【九折每担收银三分】荳油【九折每百斤收银六分】禾虫干【每百斤收银三分】生猪【每十只作九只每只收钱三十文】茶枯【每百斤收银三分】

凡商船换牌【照例科征钞耗按梁头每尺收银一钱五分换给新牌收银一两七钱如丈量新船加收银三两三钱】

凡商船出口【收银一两零五分】领给串票【每张银一两凡正税不及五钱者免收】领给米照【每张收银三钱详见大关按语】领给印票【每张收银五钱惟路糖收银一两】领给商照【每张收银三分】

凡路糖【每载收银一两四钱以上所收各项归公银两每两加平余银六分另收钱六文惟路糖并单票不计两加收平余共止收钱一百文以上收银者俱十字番银司平正耗每两补水七分】

号馆蛋艚船载盐出口【收钱一百二十文】蛋艚船载各项货物【收钱一百二十文】贩艚船载各项货物收钱三十文贩艚船载蚬壳进口【收钱三十文其余一切货物有未经收过开载未尽者每百斤俱收银三分】

平海正税口

凡商船换牌【照例科钞双桅一年两次火耗加一正耗每两加平银六分梁头每尺收银一钱五分换给新牌收银一两九钱】新烙蛋艚船【其正饷加耗加平各项悉照商船例征收另收给牌银六两四钱单桅船不收外馆挂号收银一钱一年一次征收】

凡商船进口来税货物长杉桅【每枝收钱一百文】中杉桅【每枝收钱五十文】大毛杉【每枝收钱五十文】中毛杉【每枝收钱三十文】小毛杉【每枝收钱一十五文】杉木寿枋【每副收钱五百五十文】火板【每副收钱四百文】杂木厚枋【每块收钱三十文】杉木水板【每块收钱二十文】大毛竹【每枝收钱三文】杉木门枋【每副收钱一十二文】桨尾【每枝收钱五文】小青竹【每六把作一担每担收钱五十文】大椗【每门收钱一百文】高大木桶【每个收钱二十文】虾米鱼翅九孔螺破肚子一切饷货【俱照例征收核计正税五钱以上者加收红单银二钱正税一两以上者加收红单银三钱凡征税不及五钱者免收】

凡商船载咸鱼满载出口往福建潮州省城【按水手名数每十名免一名每名收钱一百二十五文每船出口另收钱一千三百五十文】领给米照印票【每张收钱二百五十文详见大关案语】领给商照【每张每名收钱三百文】

凡贩艚运艚装咸鱼由墩头往海丰及各路【照盐票算每百斤收钱八文鱼干每百斤收钱十二文】墟船装水鱼往稔山【每载收钱三十文】墟船由稔山装货来口茹苓槟榔烟叶一切等货【俱每担收钱三十文】桁条【每枝收钱四文】水板【每块收钱五文】

凡商船潮来税过货物连杉清流木【每枝收钱三十文】杉木板枋【每块收钱六文】大毛杉【每枝收钱三十文】中毛杉【每枝收钱二十文】小毛杉【每枝收钱一十文】大木【每枝收钱一百文】中木【每枝收钱五十文】小木【每枝收钱三十文】大木【每段收钱三十文】中木【每段收钱二十文】小木【每段收钱一十文】椽子木【每枝收钱五文】桷木【每枝收钱五文】杉木门枋【每副收钱五文】桁条【每条收钱八文】网浮线面白面青竹竹篾蓬斗油烛米糖柑子黄白藤草纸赤菜蒜头布鞋茹员水靛黄麻黄白糖糯米饭干米粉干京果等项【以上每百斤收钱五十文】糖水竹叶【每百斤收钱三十文】新网【每张收钱二百文】旧网【每张收钱一百文】

谨按线面白面米粉干糯米饭干于乾隆八年奉免十四年议定后内面粉米干等照旧免征

凡商船载高雷廉税过茹苓进口【照红单每百斤收钱三十文】

凡琼州来税过蜜糖槟榔黄白藤等货【每百斤收钱五十文】凡惠属各口收过税担领有单票各货【俱不收担钱】

凡海丰大鹏贩艚进口大八字【每副收钱三十五文】中椗【每门收钱五十文】中八字【每副收钱二十五文】小椗【每门收钱三十文】小八字【每副收钱一十五文】板柁【每块收钱一十文】杂木水板【每块收钱五文】小柁【每枝收钱一十文】大走马【每副收钱一十文】小走马【每副收钱六文】大桅夹【每副收钱一百文】中桅夹【每副收钱五十文】小桅夹【每副收钱三十文】大枫檀【每条收钱五十文】小枫檀【每条收钱二十文】大樟木尾钦【每段收钱五十文】小樟木尾钦【每段收钱三十文】樟木梁头【每块收钱三十文】杂木梁头【每块收钱一十文】双柱【每副收钱一十文】车心【每条收钱二文】扁挑秤杆【每二条收钱一文】大柁【每门原收钱三四五百文不等今奉禁不出】木屐身棕屐【一百二十双作一担每担收钱三十文】旧柁【每门收钱二百文旧桅【每枝收钱一百文】烂麻【每捆收钱一十文】烂麻绳【每条收钱十文以上二项往稔山】水靛糖油地豆铁仔咸沙粗茶蒜头菜脯黄麻【以上每百斤收钱五十文】糖水豆麦【详见大关案语】土藤磨齿竹叶【俱每担收钱三十文】生猪【每只收钱三十文】甘蔗【每把收钱三文瓦【每千块收钱五十文】凡省来缸瓦各项免货【每百斤收钱五文无免单每担收钱十文】甘蔗【每把收钱五文】小荳酒【十埕作一担每担收钱三十文】本港驳盐小船一年一次收银二两二钱纹银司平】

凡进口出口饷货【毛重每百斤收担头银三分三厘系番银无补水加平以上收银者正耗加平收纹银如收十字番银每两补水七分其余担头归公俱收番银司平】外馆挂号大乌艚装盐往省【收钱四百文】水母船装盐往省【收钱三百文】广艚装盐往省【收钱二百文】蛋艚装盐往省【收钱一百五十文】蛋艚装货进出口【收钱一百文】贩艚装货进出口【收钱五十文】连艚装货进出口【收钱三十文】商船县照装鱼出口【收钱一百文如

空船进出口俱不收】

墩头挂号口

凡出口各项货物不拘有饷无饷【每担八折实每担收银三分三厘收番银司平】

凡进口各项货物于惠属各口收过税饷领有单照者【惟收挂号钱担银不收】

凡商船进出装货【收钱一百文】蛋艚船进出装货【收钱一百文】贩艚船进出装货【收钱五十文】连艚船进出装货【收钱三十文若空船进出俱不收】

凡各船装靛青一载进口【收钱三百文装生猪进口无税过照单者每十只作八只每只收银三分三厘】小鱼船舵身【大者每条收银五钱小者每条收银三钱】领给印票【每张收银三钱】杂木大梁头板【每块收钱三十文】中梁头【每块收钱二十文】小梁头【每块收钱十文】杂木枫檀【大者每段收钱五十文小者每段收钱三十文】杂木小水板【每块收钱五文】杂木短板【每块收钱五文大八字【每副收钱三十文】中八字【每副收钱二十文】小八字【每副收钱一十五文】双柱【每条收钱五文】大尾襟【每块收钱二十五文】小尾襟【每块收钱一十五文】大走马【每副收钱一十文】小走马【每副收钱五文】桅甲【每副收钱一十五文】椗身【每条收钱二十文】短枋截【每副收钱四文】水栅板【每块收钱四文】小木段即是舵牙【每段收钱一文】桨头【每枝收钱二文】桨尾【每枝收钱三文】牛车板【每块收钱二文】大长连杉木【每枝收钱三十文】中长连【每枝收钱二十文】小长连【每枝收钱十文】杉木板枋【每块收钱二十文】杉木短筒【每条收钱五文】小短筒【每条收钱四文】杉木桷子【每筒收钱五文】小杉木桁【每枝收钱五文】小椽木【每条收钱一文】小杂木【每条收钱五文】犁椽【每枝收钱一文】犁箄【每捆收钱五文】曲零木【每件收钱一文】锄头柄【每把收钱一文】窻板【每扇收钱一文】扁挑【每二条收钱一文】长板皮【每块收钱五文】短厚板【每块收钱五文】小薄聘板【每副收钱二十文】屐身【每夹收钱三文】板头【每块收钱四文】小杉尾【每枝收钱一文】大杉尾【每枝收钱三文】短碎板【每块收钱一文】小青竹【每三枝收钱一文】小木截【每截收钱四文】篷拱【每枝收钱二文】秤杆【每枝收钱一文】大橹木【每枝收钱一十五文】小橹木【每枝收钱十文】短板片【每筒收钱五文】小短板【每块收钱三文】凡进口水咸鱼【一载收钱二百文半载收钱一百五十文】

汕尾正税口

凡正税钞【每两火耗加一如往惠属税耗无征往各府各省仍征】

凡出入税货【每担毛重收银三分三厘】

凡换贸易招牌【每张收银一两四钱又按梁头每尺收银一钱五分】领给红票【每张往江南闽浙收银一两进口每张五钱凡征税不及五钱者免收以上收十字番银每两补水七分司平】

凡进口税过货【每担毛重收银三分三厘】往省城闽浙惠属浙江各处虾干每篓螺干咸肉【俱每担收银六分六厘】领给商照【每张收银三钱以上收十字番银无补水司平】

凡潮来税过领有印票大木【每枝收银六分六厘】小木【每枝收银一分五厘四毫】中木【每枝收银三分三厘】椽木【每枝收银五厘五毫】桷木【每枝收银三厘三毫】小桅木【每枝收银九分九厘】小毛杉【每枝收银六厘六毫】大木【每段收银四分六厘二毫】中木【每段收银二分三厘一毫】小木【每段收银七厘七毫】清流尾【每段收银二分三厘一毫】大杂木板枋【每块收银一分一厘】小杂木板枋【每块收银五厘五毫】杉木寸枋【每段收银二分三厘一毫】水板【每块收银一分一厘】杉木板枋【每块收银五厘五毫】杉木寿枋【每块收银一钱一分】杉木寸枋【每节收银七厘七毫】桷片【每枝收银三厘】杉木薄板【每块收银一厘一毫】门枋门【每副收银五厘五毫以上十字番银无补水司平】

凡商船贩艚出入装豆麦米缸瓦竹篾竹叶草席葵衣麻皮四把作一担【每担收钱三十三文内豆麦奉免复征详见大关案语】

凡内河公平大安长沙小漠各处进口杂木薄板【每块收钱一文】杂木梁头【每块收钱五文小桁仔小木仔桨木车心碇齿双地【俱每枝收钱一文】椗身【每门收钱十文】碓木身【每副收钱一十五文】木仔【每把收钱三文】竹仔【每把收钱五文】木棍【每十条收钱五文】小舵【每门收钱五十文】桅夹八字龙须【俱每副收钱二十文】土泥竹【每把收钱三文木盘桶每个收钱二文大柜每个收钱十文小柜【每个收钱四文】大枫桕尾钦【每

段收钱五十文以上如由福潮来者另收加一归公钱】凡装往惠属贩艚杂货布【每担收钱三十三文惟收担钱税耗不收】公平渡装糖水【每担收钱十一文】糖【每篓收钱十一文】墩头新溪咸鱼【九折每十担收钱六十六文扁涌港同】公平咸鱼【八折每筐收钱三文】闽来新鱼网【每张收银二钱二分如潮来收担头银每张作三百斤】潮来网浮【二篓作一担收钱三十三文】

凡大盐船出口【收钱五百五十文外馆收钱一百文】县牌船装货出入【收钱一百文】蛋艚装货出入【收钱九十文】贩艚装货出入【收钱五十五文】小贩艚装货出入【收钱三十三文】

凡各船装鱼往省潮闽【每载按水手名数每十名免一名每名收银一钱四分七厘五毫】

凡每船出口【收银一两一钱五分五厘】领给印票【每张收银二钱】领给米照【每张收银二钱惟咸鱼船补水六分若货船补水七分详见大关案语】

凡蛳蚶【每船收钱五百五十文】鸭蛋【每担收钱三十三文】生猪出口【每十只作九只每只收钱三十三文】

凡米进出不上一分载者免饷【六折每担收钱三十三文其不及一分载者每担征收银久经豁免详见大关案语】

凡鲘门小渡装鱼往汕尾【每筐收钱三文】虾米杂货【每担收钱三十三文】鲘门驳运咸鱼入内河【每十担收钱六十六文】凡商船往鲘门装满咸鱼俱到汕尾取印票放关甲子乌神泉碣石平海墩头有照单货入汕尾口【担银不收】潮来税过汕尾收过担银货物或客人在本口难卖转运内河四乡【担银不再收】

凡路糖装往墩头【每二包作一担八折每担收银六分六厘】领给印票【每张收银二两五钱黄白糖及虾米等货往惠府本口发卖【惟照例收担银正税不征以上收银俱十字番银无补水司平】

凡往墩头无论饷货免货【俱不收税耗惟收担银六分六厘十字番银无补水司平】

凡本口及鲘门拖风渔船回潮州自带咸鱼【免收水手出口印票补水银两每担七折止收银三分三厘仍给照单】

凡潮来煤炭【满载收钱六百六十文不满载以分数论减】扁桶来小毛杉条【每十枝收钱三文糖水往江南闽浙【每三担折白糖红重一担收税耗】咸萝卜出口【比照咸鱼例收】杂木各色甚多【以长短大小比科论收】

凡新造艚船照甲子总口例【按梁头每尺收银一钱五分又每船收银四两八钱】

凡闽浙江南来免征则例内货【俱每担收银九分九厘】黄白糖【两篓作一担每篓重五十二三斤每船免水手每名一担免神福舵工船户三担外余照数每担毛收十字银一钱零二厘科饷九折一归八除黄糖六分白糖四分照则科税加一火耗每两补水七分每船除红单银五钱又除每担一分九厘总于一钱零二厘内除算所有余剩作余羡担头归公开报】

靖海挂号口

凡咸鱼【每大篓收钱三十三文中篓收钱二十二文小篓收钱一十一文俱八折】水咸鱼【每载收钱一千八百文】水鱼【每舱收钱二百文】咸肉咸蛋水龟鱼脯金龙脯等【每百斤收钱六十六文】鳔蝤鱼【每百斤收钱九十九文】

凡豆麦进口【每担收担银三分三厘详见大关按语】税过各货进口【每百斤收担头银三分三厘其在惠属各口税过者免征】税过大木【每段收钱四十文】中木【每段收钱二十文】小木【每段收钱七文】盐船出口【每载收钱一百八十文】税过桷木桨片【每枝收钱五文】税过木头船进口【收钱一百文】路糖往墩头【每两包作一担收银六分六厘】路糖【每载收银五钱钱三百文不收放关】竹篾竹叶【每四把作一担收钱三十三文】小竹青【每个捆作一担收钱三十三文】

凡各船装货出口【每载收钱一百八十文】煤炭船进口【每载收钱一百六十文】各船放关【收银七钱七分】

凡领给印票米照【每张收钱一百文详见大关案语】领给商照【每张收钱二百文】领给红单【每张收银五钱凡征税不及五钱者免收以上收十字番银司平正税耗每两补水七分】

神泉正税口

凡黄白糖【两篓作一担每篓重五十二三斤每包作一担免水手每名一担又免神福舵工船户共三担余照

数每担毛收纹银八分一厘如十字银每两补水七分另每担收十字银一分三厘科饷九折一归八除】黄糖六分白糖四分【按则征收火耗加一总于八分一厘内除算余剩作余羡担头归公开报】零星乌糖往福建等处【九折一归八除算每担征税银六分耗银加一每担收担头银三分三厘】往上海乌糖【每担收银六分其余税耗照黄白糖例】

凡新造商船【收银八两五钱】应换牌同甲子口例【不收挂号单桅不收】

凡饷货免货出进口及别口税过货【每担收担头银三分三厘】

凡部牌船出口有货载【每船收银七钱七分如县牌小船不收】部牌船装咸鱼出口【每载按水手名数每十名免一名每名收银二钱四分七厘五毫又每船收银七钱七分另钱一百文】

凡云霄牌小船装咸鱼出口【每载收钱一千七百八十文连米照印票等钱在内县牌船同例内米照钱详见大关按语】凡小船装咸鱼往潮州【论篓八折征收大篓收银三分三厘中篓收银二分二厘小篓收银一分一厘零星者每篓收钱三十三文】水咸鱼【两担作一担每担收银三分三厘零星者收钱三十三文】咸肉牛肉脯河豚脯虾干鳔蛸鱼淡墨脯等【俱每担收银六分六厘】生猪【每十只作九只每只收银四分四厘不及十只者每只收钱四十四文】丝蚶咸草坚炭【大载收钱七百一十文小载收钱三百八十文】金针菜二包苎麻二把【俱作一百斤每担收银六分六厘】竹叶竹篾草席草纸【俱四捆作一担每担收银三分三厘】

凡灰壳煤炭进口【每载收钱一百六十文】盐船出口【每载收钱一百八十文】油枯船出口【按水手名数每十名免一名每名收银九钱九分又收钱一百文每船出口银另收】小船装油枯往潮州【每载收钱一千六百文】

凡潮州税过木料进口由东陇来者【论载征收担银不收税耗每大载收钱四千六十文中载收钱三千七十文小载收钱一千八百五十文】由庵埠澄海及零星来者【论件征收】桅木【每枝收银一钱一分】大木【每段收银三分三厘】中木【每段收银二分二厘】小木【每段收银一分一厘】椽桷木【每枝收银五厘五毫】毛杉【每枝收银三厘三毫】杉木板枋【每块收银五厘五毫】寸板【每节块收银一厘一毫】门【每合收银三厘三毫】凡福建木船进口【正税照则例科征火耗加一担头照饷科算每两收担银一钱】杉木寿枋【每副收银五钱五分】水板【每块收银一分一厘】杂木寿枋【每副收银五分五厘】火板【每九块作一副收税银三钱火耗加一担银照饷科算收银三钱三分】大木【每枝收银六分六厘】中木【每枝收银四分四厘】小木【每枝收银二分二厘】凡木段【两段作一枝】

凡路糖往墩头【每二篓每二包作一百斤不折每担收银六分六厘每载收银五钱另钱三百文】

凡上海商船装货进口【每一载收银二两四钱如不满载收银一两二钱】麦子船出口【照分载科税火耗加一担银照税收如不及一分载者论担征收另收加一归公详见大关按语】领给米照【每张收银一钱详见大关按语】领给印票【每张收银一钱】领给商照【每张收银二钱】

凡各船装货进出口【每只收钱五十文满载者加收钱五十文】

凡本口商船换牌【按梁头照则例科钞火耗加一梁头每尺收银一钱五分又每船收归公银一两一钱单桅船不收以上收十字番银司平正耗每两补水七分】

甲子湖东挂号口

凡咸鱼往福建及省城【论水手名数每十名免一名收银二钱四分七厘五毫又每船出口收银一两一钱五分五厘另收钱三十文】往潮州及墩头者【每担七折收银三分三厘另收钱三十文】

凡印米照【每张收钱一百文详见大关按语商照【每张收银二钱】

凡煤炭进口【收钱二百五十文】蚬壳出口【收钱五十文其余一切进出货物俱照甲子口征收】

潮州府馆正税口

凡黄白糖【毛重每百斤收担银四分】糖船上海船【每只收归公银八钱】白糖【每包收红单银二厘】黄糖【一厘】

凡上海船【红单正饷十两以内者收银六钱十两以外者收银一两澄海口系每两五分算凡征税不及五钱者免收红单银】一切有饷货物【每百斤收担银三分】

凡上海来苎麻金针菜【每百斤收担银四分进澄海口者收银三分】明杉瓦【每百斤收银四分】废铁往琼

州【每百斤收担银六分】杉木【每百段收担银四钱五分又收归公银四钱五分八八折又每百段收银一钱零五厘】椽子木【每百枝收担银五分】杉木板枋【每块收担银八厘】杂木板枋【每块收担银四厘俱八八折】杉木排红单【每张收银三钱凡征税不及五钱者免收红单银】

凡换贸易船牌梁头【每尺收银一钱】换牌【每张收银八钱】换盐船牌梁头【每尺收银一钱】换牌【每张收银四钱】贸易商船【换大名收银三两换实名收银五钱十字番银司平】

凡造贸易商船【每只收银十两零九钱收十字番银司平】造贸易单桅小船【每只收银六两单桅船例不归关久经豁免】贸易商船大修【收银四两十字番银司平】

凡豆麦船论分载梁头【每尺收银一钱详见大关按语】

凡装明瓦往江南【满载者收银四两不满载者收银三两】

凡商照【每张客人一名者收银八钱如客人二名收银一两二钱潮阳口每名五钱】

凡米照【每张收银二钱详见大关按语】印票【每张收银一钱以上除例收番银各项外其余俱收纹银司平】

庵埠正税口

凡黄白糖往上海【除饷耗外每毛重一百斤收府担银四分本口担银二分满载收归公银三两一钱又府馆归公银八钱如不上五百包及单桅小船者各项归公银减半每百包例免五包免饷不免担上海来绵花船照算无府馆归公银如不满载者本口归公银减半】

凡出口船牌挂号【收银五钱福建矾牌三钱】

凡商船装明瓦【每百斤收府担银四分本口担银二分二厘如系满载每船另收银二两三钱】

凡府馆税过木排往潮阳大中小木【每段收银九毫九丝】椽木板枋【收银二毫二丝】

凡东都船装豆麦进口【按分载征饷外每梁头一尺收府担银一钱每一分载收本口担银二钱每船收归公银二两五钱如不及一分载则按担收本口银二分详见大关按语】东都船装货出口【除饷耗外每担正免货俱收本口担银二分如系满载每船另收银二两五钱】

凡商船装铁锅往琼州【每百斤收本口担银四分又每船收银三两八钱】单桅船装载一切免货【除往来本地方外俱每担收本口担银二分】纲桩船十六只【一年两次每只每次收银一两二钱久经豁免】

凡琼州高州税过槟榔薯苓等货【俱照红单毛重每百斤收本口担银二分满载者每船另收银二两五钱如半载及小船收银一两二钱五分】

凡商船换新牌【每张收银二钱】商照【每张收银八钱如多一名即加收银六钱】印票【每张收银一钱】米照【每张收银二钱详见大关案语】

凡商船装海蜇出口【每担收本口担银二分上一百担者七折征收】装木头出口大木【每段收银六分】中木【每段收银二分五厘】小木【每段收银一分二厘五毫】杉木板枋【每块收银一分】椽木【每枝收银六厘】桷木【每枝收银三厘以上六项除饷耗外余存作担银开报】又寸枋【每节收银三厘】门枋【每合收银六厘均按照本口担银加一征收如零星木头往潮阳达濠等处同此例往篷州鮀浦照此例八折征收】

凡折税过货物并免单货物【往惠州每担收银三分往琼高均收银二分】

凡潮阳渡船四只【每只每月收钱五百五十文】

凡装丝蚶船出口【每只大者收银二两小者收银七钱】

凡单桅船装咸鱼进口或装木头船出口往双溪查验【大船每只收钱七十文小船每只收钱五十文】

凡渡船往潮阳达濠茶叶牛皮药材锡箔香簟木耳江西磁器内河毡帽毡底【以上每百斤收银一钱】各色京果未税过芝麻虾米内河绵花每包废铁牛油铁钉麻皮桐油茶油柏油鲧鱼瓜片笋干槐花色料白糖大布【以上每百斤收银六分】饼药麦子【详见大关案语】烟叶蒜头茹粉靛青桐子白【如系小船装者收银六分】竹叶茶枯棕【以上每百斤收银三分】菉荳【详见大关案语】白麻苎麻米糖色纸【每块以上每百斤收银二分】大锅【每口收银一分五厘】中锅【每口收银一分】小锅【每口收银六厘】大猪【每只收银三分】中猪【每只收银二分】生羊小猪【每只收银一分】士碗【大篓收银一分小篓收银六厘】香末乌烟【每篓收银二厘】草纸【每块收

银六厘】竹叶草席【每把收银五厘】黄糖【每篓收银一分九厘】糖漏【每篓收银一分】鱼苗【每担收银四分】扶手【每个收银三厘犁头铁【每副收银二厘】水门【每副大者收银五钱中者收银四钱小者收银三钱】梁头【每件收银三钱】商船梁头【每件收银五钱】樜校【每副收银三钱】桅柁椗【每碇件收银三钱】商船桅柁椗【每件收银五钱】寿枋【每块收银一钱】船底板【每块收银一分五厘】杉木板枋【每副收银五厘】车板【每块收银四厘】毛杉油枝【每枝收银六厘】流木【每枝收银一分】桷片撑片【每枝收银三厘以上渡船装载各货九折收钱如小船装往潮阳揭阳等处实收钱不折另收加一归公钱以上收银者正耗府担府馆印票归公银系纹银司平其余俱十字番银司平】

溪东小口

凡商船装载黄白糖往上海【每包收担番银六厘一毫满载收归公银八钱又挂号收银六钱】商船上海装载绵花等货进口【每百斤收担银一分若福建船满载收归公银八钱本港船收银六钱又挂号新牌收银六钱旧牌收银四钱】商船装载铁锅废铁出口【每百斤收银二分又每船收归公银八钱挂号收银六钱】

凡福建东都船装豆麦进口【每分载收担银一钱无归公详见大关按语】若载木料出口水板每块毛杉每枝板枋每块椽木每枝桶柴草席每捆【以上每件收银二厘算】大杉木每枝清流木每枝长枋每块【以上每件收银四厘】又每船出口【收银六钱】小商船出口【收银三钱】若本港小商船【不收】

凡单桅小船载货出进口【每百斤收担银一分】若装木料【每件收钱二文】若装咸鱼进口【每载收钱三百文半载收钱二百文】小艚船装载各货出进口【每百斤收银一分】若装咸鱼进口【满载收钱二百文半载收钱一百八十文】商船装丝蚶往福建【每载收银一两小载收银七钱】

凡府来税过木排往潮阳【每排收银六分】

凡装运盐船【新牌挂号收钱二百文旧牌不收】

凡庵埠渡船装载麻皮桐油铁锅出口往潮阳达濠【每百斤收钱五文铁锅每口收钱一文别货不收】

凡小船三板头装载丝蚶进口【每载收钱一百文不满载者收钱六十文】小船仔装载鱼苗进口【每载收钱五十文】

凡高州装载茹苓进口【每百斤收银一分无归公出口挂号收银六钱】琼州税过各货进口【每百斤收银一分无归公出口挂号收银六钱】

凡各项货物【每百斤收银一分】若零星货物【每百斤收钱一十文】

凡出水等货【每百斤收钱五文以下归公】

凡铁船满载【收银四钱】糖船及绵花船【收银三钱】福建商船装货出进口【满载收银一钱五分若小商船满载收银一钱】单桅小船装载木料咸鱼出进口【收钱五十文】府来税过木排往潮阳【每排收银一分】高州琼州商船进口【装货满载收银一钱五分】潮阳小渡【每月收钱五十文】零星货物出进口【收归公钱加一】石头船【每载收钱六十文】车扇船【每载收钱三十文】装载海蜇脚【小者收钱三十文大者收钱六十文】装明瓦船【每载收钱五十文】装山货【每载收钱一百文】装菜脯船【每载收钱五十文】绵花船大船糖船铁船【收船头银二钱】庵埠渡船四只【每月每只收钱六百文久经豁免】达濠渡船二只【每月每只收钱三百文】往汕头查绵花大船糖船【收银二钱】木头船出口【收钱六十文】生铁船【收钱十文】单桅船载咸鱼进口【收牌送至庵埠收钱三十文】煤炭船出口【每载收钱一百一十文番茹船进口【每载收钱五十文】糖漏船进口【每载收钱六十文以上俱收十字番银司平】

汕头小口

凡装生牛【每只收钱二十文】咸鱼零星小篓【每篓收钱二文】零星货物上府【每载收钱二十文】

凡大船出进口【在庵埠溪东收担银本口不收】商船进口【收牌送至庵埠收钱三十文】油枯船进口【每载收钱一百文如半载收钱五十文】山货船往潮阳【每载收钱一百文半载收钱五十文】进口空糖漏船【每载收钱一百文半载收钱五十文】青竹船往潮阳【收钱四十文】

双溪小口

凡糖船绵花船进出口【收银三钱】铁船【收银四钱】商船出进口【满载收银一钱五分】小商船【每载收

银一钱以上俱收十字番银司平】凡单桅船装咸鱼木料出进口【收钱五十文】潮阳小渡四只【每月共收钱一百二十文】庵埠大渡四只【每月收钱四百文久经豁免】达濠渡一只【每月收钱五十文】海蜇船进口【大者收钱三十文小者收钱十五文】装盐鱼番茄苎豆麦草席油枯等货船【每载收钱三十文内豆麦详见大关按语】三板头装蚶进口【每载收钱五十文】黄冈船装货物出进口【收钱四十文】小船驳糖至大船【每载收钱三十文】三篷船出口【收钱十五文】石船炭船出进口【每载收钱十五文】瓦船出进口【每载收钱三十文】装蒜头进口【每载收钱二十文】煤炭出口【每载收钱一百文如半载及小载收钱五十文】零星木头往篷州鮀浦等处【每大段收钱一文小者两段收钱一文】柴船出口【每载收钱二十五文】小船装鱼苗进口【每载收钱三十文】

澄海正税口

凡正饷照则例征收【每两火耗加一】

凡各货九折收饷【担头毛重每百斤收府担纹银三分本担番银三分】

凡无正饷货物出入【每百斤收本担番银三分所担银不收如上海江南来金针菜苎麻二项免货每百斤收府担纹银三分本担番银一分】福建来者【府担不收】

凡货物出本口用印票附照【每张收银一钱五分货少者收银一钱】

凡货物出入【照正饷每两收红单银五分凡征税不及五钱者免收】

凡糖船往江南【每百包例免五包作九十五包科税每百斤收府担纹银四分本担番银二分另每包收番银二厘又每船收番银三两一钱如载糖不及四百包者收番银一两六钱五分】

凡各项货物税过进口【毛重每百斤收担番银三分】

凡高州税过薯莨进口【照红单每百斤收担番银六分因薯莨对折上饷故收银六分】

凡部牌商船出口不拘有货无货【新牌每张收钱二百文旧牌每张收钱一百文县牌亦同】船在南洋港出口部县牌【新者每张收钱五百文旧者收钱三百文】

凡船装明瓦出口【往上海收番银八两往本省地方收番银六两】

凡豆麦船出入【按梁头打分载科税每正饷一两火耗加一本口担银照正饷每两收担银一两正饷五钱收担银五钱府担照梁头每尺收担银一钱不及一分载者每担收银三分十担折作八担六分载者每船收银二两九钱如三分载者每船收银一两四钱五分其奉免复征详见大关按语】

凡大木【每枝收银一钱五分】中木【每枝收银六分】小木【每枝收银四分】大木【每段收银六分】中木【每段收银四分】小木【每段收银二分】椽木【每枝收银七厘】桷木【每十枝收银三分杉木板枋【每块收银一分三厘】杂木板枋【每块收银二分以上各项担耗在内】木器【每件大者收钱十文小者收钱五文】荔枝船【每载收钱四百文少者收钱二百文】水母船出口【满载论水手算每名收银一钱五分】窦门板【每副大者收钱四百文小者收钱三百文系杉木松木修整基口所用】

凡商照【每张收银八钱每客一名收银八钱二名收银一两六钱三名免一名】米照【每张往福建收银一钱往江南本省收银二钱详见大关按语】出水单【每张收钱五文】

凡新造商船【每只本口收银七两府馆收银十两九钱】

凡新鱼网出口【每张新者收银二钱旧者收银一钱】

凡福建装寿板枋船进口【满载每船收银二两九钱半载收银一两四钱五分别处俱不收】装青竹子船进口【论水手算每名收银一钱五分十名免一名】

凡铁锅船出口饷担银两在府馆收兑

凡大木【每枝收银七分二厘每段收银二分一厘】中木【每枝收银三分四厘每段收银一分七厘】小木【每枝收银二分七厘每段收银一分三厘五毫】杉木寿枋【每块收银五分】杉木板枋【每块收银一分】椽木【每枝收银五厘七毫】杂木板枋【每枝块收银一分八厘七毫】桷木【每十枝收银二分五厘七毫】水板【每块收银一分比杉木板枋大些】

凡竹篾竹叶草席【每四捆作一担收银三分】

凡纸碎【大者二篓作一担小者四篓作一担】草纸【四捆作一担小者六捆作一担收银三分草纸每大块收

钱十文以上饷耗担每两俱收归公银一钱有按船征银者每两收归公银五分不及十两者免其按船征收其归公银照加一收惟江南糖船不拘担数包数府馆归公纹银八钱本口归公番银八钱如载不及四百包者减半征收其余一切每担收银三分】

凡咸鱼船进口【每载收钱四百四十文小载减半征收以上正耗府平归公印票银收纹银司平其余俱收十字番银司平】

本口挂号

凡商船出口【新牌收钱五十文县牌新旧俱收钱五十文】

凡大木出口【每枝收钱三文】中木【每枝收钱一文】小木椽木【每百枝收钱三十文】

卡路挂号小口

凡商船装糖往上海【收银二钱】装上海货进口【收银二钱】装木出口【收银二钱】商船出口【新牌收钱一百文旧牌收钱五十文】福建船出口【收钱八十文】内河船装货往府【有单照者收钱三十文】咸鱼船往府【收钱五十文】煤炭船进口【收钱三十文出口收钱六十文】船在莱芜驳货进口【收钱三十文】炭船【收钱三十文】船在内河装树头【收钱三十文】新造商船【收银二钱以上收银俱十字番银司平】

南洋小口

凡商船出口【新牌收钱二百文旧牌收钱一百文】装木头出口【收钱二百文】装咸鱼进口【收钱二百文】炭船【收钱三十文】各口税过货单照进口【收钱四十文】灰殻船进口【收钱五文】番茹船进口【收钱十五文】内河船驳咸鱼上府【收钱三十文】新造商船【收钱二百文】

东陇正税口

凡往福建单桅船【装载椽木一百八十枝桷木一百八十枝每船收番银一两五钱三分双桅商船不驼两傍者同此例如内再下小木每枝另补收番银一分四厘其银除税耗及红单银三钱五分九厘外余存作担银开报后俱照此其商船装椽木桷木及驼两傍者每船收番银二两二钱三分内如装椽桷木半载小木半载不驼两傍者亦照收番银二两二钱三分如驼两傍者每船加收银五钱往惠者无论大小载每船收银三钱】往惠商船【装载杉木驼两傍者如梁头八尺以外每船收番银四两四钱四分梁头八尺以内每船收番银三两八钱七尺者收番银三两六钱六尺五寸者收番银三两四钱六尺者收番银三两二钱其单桅及大商船装载杉木不驼两傍者每船均收番银二两四钱四分如内载下杂木每段另补收番银一钱六分五厘】商船装黄白糖往江南【每百包例免五包免税不免担每糖一包收府担纹银四分本口担番银二分又红单白糖每包收银二厘黄糖每包收银一厘每载府馆收归公纹银八钱本口收归公番银二两八钱商照每张填商人一名收纹银八钱二名收纹银一两二钱如有三名则另真给商照米照一张收纹银二钱米照详见大关按语】

凡商船在江南装货进口【每百斤收府担纹银三分本口担番银三分如有金针菜苎麻每担收府免担纹银三分本口担番银三分满载府馆收归公纹银八钱本口收归公番银二两八钱】在高州装薯苓进口【照单加倍一百担作七十担每百担收钱三千三百文】福州商船装杉木寿枋进口【每副收税银五钱火耗加一红单照正税每两收银五分俱收纹银又每副收担番银三钱按照税耗单担算每两收加一番银一钱其杂木寿枋每副收番银三钱三分内除税耗补水外余存作担银开报红单照正税每两收银五分凡正耗不及五钱者免收】

凡新造双桅船【每只收番银一十七两九钱九八平单桅例不归关久经豁免】

凡商船装明瓦出口【大船收番银十两中船九两小船八两不满载者每篓收钱八十文】在福州装竹仔进口【满载收钱一千九百八十文】装水母出口【每大舱收钱三百三十文中舱收钱二百二十文小舱收钱一百一十文】

凡往黄冈并各处木排【每百枝九五折算】大木【每枝收番银一钱六分五厘松木大虾桩同】中木【每枝收番银一钱一分】小木【每段收番银二分二厘】椽木【每十枝收番银三分三厘】桷木【每十枝收番银一分一厘】杉木板枋【每块收银二分二厘以上六项除税耗补水外余存作担银开报另加红单纹银三钱又归公番银六分】

凡毛竹【每枝收钱七文七毫小者四文四毫】

凡往黄冈平底船装载货物木器草席缸瓦【每大载收钱四百四十文中载收钱三百三十文半载收钱二百二十文小载收钱一百一十文】青苎黄白麻红曲牛油茶豆稿油毡底布鞋蒜头猪牛骨杂货草纸【大者四捆作一担小者八捆作一担】竹叶竹篾【四捆作一担】咸鱼香末绵花葵扇木套底料【八夹作一担】凡一应货物俱九折【每担收钱三十三文每大船另收钱一百一十文中船收钱八十八文小船收钱五十五文】大船出口下有免单货物【每担俱收钱三十三文】各口有单货物由东陇口查验【收钱四十四文】

凡商船新牌【收钱四百四十文】空船出口【收钱四百四十文】县牌单桅船载货物出口【收钱三百三十文】盐船新牌【收钱二百二十文批照同】

凡煤炭浮炭往黄冈盐灶等处并下大船【每大载收钱二百二十文中载收钱一百六十五文小载收钱一百一十文】灰殼船进口【大载收钱一百七十六文小载收钱八十八文】出口新鱼网【每张收钱二百二十文】石门【斗大者每副收钱二百二十文小者每副收钱一百一十文蔗校同】船装载咸白蚬进口【大载收钱二百二十文中载收钱一百六十五文小载收钱一百一十文】鱼鲑工鱼【每担收钱三十三文】咸鱼进出口【每担收钱三十三文】竹仔进出口【大把收钱十一文中者收钱五文五毫小者收钱三文三毫】咸鱼船领有别口照单进口者【每载收钱二百二十文】

凡往樟林近处大杂木【长二文余每枝收钱二十二文中者收钱十一文小者收钱五文五毫】

凡青篓叶出口【每十担八折每担收钱三十三文】生猪出口【每十只九折每只收钱十六文五毫】猪仔【八折每只收钱三文三毫】糖漏【每十个收钱七十七文】空糖漏【每十个收钱十一文】海山进口糖员【每担收钱三十三文】牛车板【每块收钱五文五毫】

凡往南澳茶豆牛槁等油土布干果水靛【每担收钱六十六文】黄麻糖水灰面杂货【每担收钱三十三文内灰面详见平海按语】

凡苎麻金针菜【进口每担收钱六十六文出口收钱三十三文】虾脯出口【每担收钱六十六文】篓干出口【大篓收钱三十三文小篓收钱十六文五毫】豆麦进出口【每担收钱三十三文详见大关按语】

凡樟林小贩船上府往还各货【每担收钱十一文】

凡往近地各乡杉木【小木八折每枝收钱十一文椽木八折每十枝收钱十六文五毫】细竹【每担收钱十一文土竹大把每把收钱十一文小把每把收钱五文五毫】门板【每副收钱十一文】灰瓦土砖【每载收钱三十三文】

凡往近地各处并上府落花生【每担收钱十一文如下大船每担收钱三十三文】薯苓茶枯出口【九折每担收钱三十三文】鲜果船【收钱一百一十文】鲜桔柑子船【每大载收钱四百四十文中载收钱三百三十文小载收钱一百一十文】鲜荔枝船【大船收钱二百二十文小船收钱一百一十文】烟梗纸碎进口【每担收钱三十三文】商船在福建装载鲜荔枝进口【收钱四百四十文】柑子橄榄下大船出口【六折算每担收钱三十三文】近地工鱼鲑往府【八折每担收钱十一文】小船装载零星货物往樟林【每担收钱十一文】出水单【每张收钱五文】

樟林小口

凡福建小艇出口【收钱四十五文】

凡南澳渡船往来装茶豆牛槁等油土布干果水靛麻布【每担收钱五十文】黄白麻红曲咸鱼篓叶海山糖员烟梗杂货薯苓【进口八折】麦芽糖豆面【进口往府八折】鱼脯【进口往府八折】金针菜烂铁锅【进口】土碗【过澳】篷篾【四捆作一担】鱼鲑【以上每担收钱三十文内豆麦详见大关按语】

凡草席【四捆作一担】竹叶【八捆作一担】柴藤面线香锡薄糖水仙草薯粉鱼鲑薯苓【过澳】豆麦【进口过埠俱八折】网浮竹箍【四捆作一担以上每担各收钱三十文】

凡海南税过往澳牛皮【每担】大木【每段】生猪【每十只八折每只以上各收钱十五文】中猪【八折】生羊【八折】咸鱼【往府过埠】小木【每段】生姜【每担】锅头【大号每个收钱十文】小锅头【每个】草纸【每块】竹子【每把以上收钱五文】猪仔【八折每只】犁头【七折每个】毛杉【每枝】大竹【每枝以上收钱三文】桷木【每枝收钱一文】

凡澳渡载饷货报东陇馆秤验输饷

凡番茹船【每载收钱四十文】小船载臭白蚬工鱼【每船收钱五文】

凡经过米粮小船【收钱二百文详见大关按语】

黄冈正税口

凡柿饼烟叶白糖【过埠发卖者每十担作八担每担收钱六十六文过澳者收钱一百一十文】黄糖苎麻【每担收钱三十三文过澳者收钱六十六文】白矾【过埠每担收钱六十六文】水靛红白绿豆咸鱼粪枯毛边纸萝卜干灰面竹纸落花生线香麦子竹叶茶豆枯薯粉土布赤菜【以上每担收钱三十三文内豆麦详见大关按语灰面详见平海按语】茶油芝麻柏油【过澳每担收钱一百一十文过埠每担收钱六十六文】黄白豆黑豆【进口每担收钱十三文过埠仍收钱三十三文土碗过埠两篓作一担每担七五折收钱三十四文】生猪【每只大者收钱三十三文中者收钱二十二文小者收钱十一文】东陇木排【到口每排收钱八十文另每百枝收钱八文路担挑来】土丝【每个收钱一百四十四文】陡门板【二十块作一副每副收钱三百三十文小者收钱二百二十文】金针菜【两包作一担每担收钱六十六文】蔗校【每副收钱二百二十文】草纸【每束收钱十一文】黄麻【出口每担收钱一百一十文】土布【过澳每担收钱一百一十文】糖漏【每漏五文五毫进日同】无糖空漏【每漏收钱一文一毫进口同】犁头【每个收钱五文五毫】木屐朴【每担收钱三十三文】大木脚盘【每个收钱五文五毫】外港鱼船【进口收钱四十四文福建来者收钱一百一十文】装石灰船【每仓收钱七文七毫】铁锅【每口大者收钱二十二文小者收钱一十一文】烟梗船【每大载收钱三百七十文中载收钱二百六十文小载收钱一百五十文】装土灶缸瓦【每船收钱一百一十文小载收钱七十七文】装蛃蟥殼【每船收钱一百一十文】茶叶【过埠每担收钱六十六文过澳收钱一百一十文】装西瓜【每大载收钱八十八文中载收钱七十七文小载收钱六十六文】盐船进口【每票收番银二钱】草船出口【每船收钱三四十文不等久经豁免】杂木板【每十块作八折每块收钱三十三文板皮两块作一块】樟木板【每块收钱五十五文大者收钱一百十文】装青柿【大载收钱六十六文小载收钱四十四文】桷片【每十片收钱五文五毫】布鞋【每担收钱三十三文】毛杉【每枝收钱三文三毫小杂同】青流木【每段收钱三十三文中者收钱二十二文小者收钱一十一文】杂木【每枝大者收钱四十四文小者收钱三十三文】水藤【每担收钱六十六文】中木【每枝收钱一十一文】青金子【每担收钱三十三文】走马木【每枝收钱六文六毫】桨片【每枝收钱四文四毫庵埠并各口进口照单【每张收钱四十四文货少者收钱三十三文】松木【每枝大者收钱一百一十文中者收钱六十六文小者收钱五十五文】松木板【每块收钱一十六文五毫】樟木【每节大者收钱一百一十文小者收钱五十五文】床板【每十块收钱五文五毫】麻夏布【每担收钱六十六文过澳者每担收钱一百一十文】樟板皮【每大者收钱四十四文中者收钱三十三文小者收钱二十二文再薄小者收钱十一文】水板【每块收钱十一文】木耳【每担收钱六十六文】木柜【每个门每扇收钱五文五毫】诏安路担绵花【每包约重一百斤收钱一百一十文其船装往庵埠浮洋南洋等处】渡船小船驳进薯苓【每担收钱六十六文过埠收钱三十三文】糖水【三篓作一担每担收钱三十三文】渡船载烂铁锅进口【每担收钱三十三文】竹篾【每捆收钱四文】土鬼船进口【每载大者收钱一百六十五文中者收钱一百五十四文】福建土船进口【每载大者收钱六十六文小者收钱五十五文】灰殻船进口【每载大者收钱九十九文中者收钱八十八文小者收钱三十三文】桃子【每船收钱四十四文小载收钱三十三文】小青竹出进口【每把收钱十一文】草席船进口【每载收钱四百四十文】浮炭【每船收钱三十三文】水车板【每副收钱四十四文】咸蟹【每担收钱三十三文】蒜头猪骨葱头【过埠来者每担收钱三十三文】

凡糖船【每百包例免五包作九十五包用后用一归八除折实科税免糖免饷不免担每包红单白糖收银二厘黄糖收银一厘免糖包不收红单银府担毛算每百斤收担头银四分米照每张收银二钱商照每张收银八钱客二名共一张者收银一两二钱以上俱系纹银司平本口担每百斤收银二分每载收本口归公银八钱府归公银一两】又双桅船【每只出口收银二两】单桅船【收银一两五钱以上俱系番银司平其余别货除饷耗外担头府馆纹银三分本口担番银三分别货红单每张纹银三钱又按照税耗担算每两收加一归公银一钱内红单米照商照免收加一归公银其征税不及五钱者免收红单银米照详见大关按语】

乌塘小口

凡各口进口照单【每张收钱四十四文】蚝殻每船【收钱一百三十二文小者六十六文】福建土船【每船收

钱五十五文不满载者收钱四十四文】土鬼船【每只收钱一百七十六文不满载者收钱一百六十五文】青柿【每船收钱六十六文不满载者收钱五十五文】桃子【每船收钱三十三文不满载者收钱二十二文】瓦船【每船收钱三十三文】小鱼船【每船收钱三十三文】灰船【每船收钱三十三文】灰殼船进口【每船大者收钱九十九文小者收钱八十八文】

潮阳正税口

凡进出货物正饷【每两火耗加一】

凡糖船往江南【双桅满载收本口番银五两又府馆收纹银八钱如半载者及单桅船俱减半征收】黄白糖【每百包内免神福舵水五包免饷不免担每一百八十斤作一百斤收饷其担银仍照一百八十斤收每百斤收府担纹银四分本担番银二分又红单白糖每包收纹银二厘黄糖每包收纹银一厘】双桅上海船来【满载收归公番银四两又收红单纹银一两如半载及单桅船归公银减半征收若货少免征】糖水【每三百斤作黄糖一百斤收饷其担银仍照三百斤征收府担纹银四分本担番银二分二厘】

凡进出饷货【每百斤收府担纹银三分本担番银三分三厘其红单论正税多寡征收凡正税不及五钱者免收红单银】明瓦【每百斤收府担纹银四分本担番银二分二厘】如系糖船载往上海者【收府担纹银四分本担番银二分】

凡上海来免单金针菜苎麻【每百斤收府担纹银三分收本担番银三分无按船等银征收者每百斤收府担纹银三分收本担番银三分三厘】免单货物进出口【每百斤收本担番银三分三厘】

凡本省各关税过货物进口【照红单伸毛重每百斤收本担番银三分三厘】

凡高来薯苓【照红单每一百斤伸二百斤每百斤收番银三分三厘以上免单本省高来三项进出达濠海门二口每百斤收本担番银三分三厘后溪口每百斤收本担番银二分二厘】

凡寿枋进口【每副收本担番银二钱七分五厘】板枋【每块收本担番银一分一厘】桅木【每枝收本担番银五钱五分】柁木【每枝收本担番银二钱二分】

凡装水母往福建【每载按水手名数算每名收本担番银一钱六分五厘】装丝蚶往福建惠高等处【双桅每载收钱一千九百八十文单桅每载收钱七百七十文】如往潮属等口【每担收钱二十二文】装油枯往潮属等口【每百块八折收钱一百一十文】福来竹船【小竹仔论载按水手名数每名收番银一钱六分五厘大竹论把每把收番银三厘三毫惟竹箍四捆作一担每百斤收本担番银三分三厘】税过货物往潮属【每担收钱五文】往福建水鱼【每舱收钱一百一十文】府城来税过木排【不论大小每枝段收番银一厘一毫】商船进出口双桅【每只收番银二钱单桅每只收番银一钱】庵埠饷渡四只【每月共收钱八百文】咸水母土鬼往福建等处【每百斤收本担番银三分三厘如淡者论舱每舱收番银一钱一分】税过货物拆往高雷省城福建等处【每百斤收本担番银三分三厘】印票【每张双桅船收纹银二钱单桅船收纹银一钱】商照【每张收纹银五钱】新牌【每只收番银二钱】米照【每张收纹银二钱详见大关按语以上收银者俱司平】

渡船小船例豆油排草紫海菜虾米鲧鱼龙虱鱼翅牛筋银鱼脯冬布夏布漆沙蚕海粉牛角牛油猪油草帽黄腊废铜【以上渡船装载者每担收钱五十一文小船装载者每担收钱一百一十文】虾干螺干烟叶蚝花烂铁【以上渡船装载每担收钱二十五文五毫小船装载者每担收钱六十六文】水靛蒜头【以上渡船装载每担收钱二十五文五毫小船装载每担收钱五十五文】黄糖鱼脯墨蹄脯米糖烟仔冰糖小虾干【以上渡船装载每担收钱十七文小船装载每担收钱三十三文】纲沙木耳香簟药材束香八角【以上渡船装载每担收钱八十五文小船装载每担收钱一百一十文】白糖渡船【每担收钱三十四文小船每担收钱六十六文】大猪羊【每只渡船收钱十文二毫小船收钱三十三文】中猪羊【每只渡船收钱五文一毫小船收钱二十二文】小猪羊【每只渡船收钱二文五毫五丝小船收钱一十一文】广丝【每担渡船收钱四百二十五文小船收钱五百五十文】广丝杂货【每担渡船收钱二百五十五文小船收钱三百三十文】路来绵花【每担渡船收钱五十一文小船收钱一百一十文】牛皮【每担渡船收钱五十九文五毫小船收钱一百一十文】油枯【每舱渡船收钱一百七十文】

达濠口

凡糖船往江南【每载收银一两七钱如不满载者及单桅船俱减半征收】

凡上海船进口【每载收银一两七钱如不满载者及单桅船俱减半征收若货少免征】

凡进出货物【每百斤收担银五厘五毫如已按载收银者每百斤收担银五厘】寿板【每块收银二分七厘五毫】水板【每块收银二厘二毫】桅舵【每枝收银三钱三分】载水母往福建【按水手名数算每名收银八分二厘五毫】福建来竹船【小竹仔论载照水手名数算每名收银八分二厘五毫大竹论把每十把收银一分六厘五毫惟竹篾四捆作一担每担收银五厘五毫】明瓦【每担收银一分六厘五毫如已按载收银者每担收银一分五厘】海蜇【每担收银八厘八毫如已按载征银者每担收银八厘如淡者不满载每舱收银五分五厘】新换船牌【每只收银二钱二分】生猪【内馆出单每只收银五厘五毫惟本口出单往潮属大猪收钱三十三文中猪收钱二十二文小猪收钱一十一文】

凡进出商船【双桅收银四钱四分单桅收银二钱二分以上俱收番银司平】渡船二只【每月共收钱八百八十文】装鲧鱼虾米【每担收钱二百二十文】黄糖【每担收钱二十二文】白糖【每担收钱四十四文若潮阳给单本口每担收钱五文五毫】再庵埠来照单麻皮桐油铁钉铁锅【千口作一百斤收钱五文五毫】

凡府来税过大木【每枝收钱五十五文】小中椽木【每枝收钱一文一毫若潮阳折出水照单来每排收钱二十二文】

凡小船装糖往潮属口岸【每百斤收钱三十三文】菜脯丝蚶【每百斤收钱二十二文】咸土鬼往福建【每担收银五厘五毫淡者论舱每舱收银五分五厘番银司平】小船装白蚬土鬼本口出单往潮属口岸【大者每舱收钱一百一十文小者每舱收钱五十五文】盐船新换牌【收钱二百二十文】丝蚶往福建及惠高等处【双桅每载收钱九百九十文单桅每载收钱五百五十文】小船往潮属等口鲧鱼虾米【每担收钱一百一十文】虾脯【每担收钱六十六文】鱼脯【每担收钱五十五文】薯粉猪骨菜子【每担收钱三十三文】小船庵埠照单装各货进口【每担收钱十一文】惠州装咸鱼等货往庵埠黄冈揭阳潮属等口双桅单桅贩艚等船【每只收钱八十八文】木头船【往惠州经过收钱八十八文】装瓦片【每船收钱四十四文】装煤炭【每船收钱五十五文】装咸草船【收钱一百一十文】鱼苗水靛【每担收钱六十六文】税过货物本口出单往潮属等口【每担收钱五文五毫】照单【每张收钱五文】

海门口

凡糖船往江南【每载收银一两七钱如不满载者及单桅船俱减半征收】

凡上海船进口【每载收银一两七钱如不满载者及单桅船俱减半征收若货少免征】

凡进出货物【每担收银五厘五毫】生猪【每只作一担算如已按载征银者每担收银五厘】寿板【每块收银二分七厘五毫】水板【每块收银二厘二毫】福建来竹船【小竹仔照水手名数算每名收银八分二厘五毫大竹论把每十把收银一分六厘五毫惟竹篾四捆作一百斤每担收银五厘五毫】明瓦海粉【每担收银一分六厘五毫如已按载征银者每担收银一分五厘】海蜇【每担收银八厘八毫如已按载征银者每担收银八厘如淡者不满载每舱收银五分五厘】新换招牌【每只收银二钱二分】

凡进出商船【双桅收银四钱四分单桅收银二钱二分以上俱收番银司平】小船装咸草【每只收钱二百二十文】灰殼船【大者每只收钱一百一十文小者每只收钱六十六文】煤炭【每船收钱六十六文】水鱼【每舱收钱五十五文】

后溪口

凡糖船往江南【每载收银二两五分如不满载者及单桅船俱减半征收】

凡上海船进口【每载收银二两五分如不满载者及单桅船俱减半征收若货少者免征】

凡进出货物【每百斤收银五厘五毫】生猪【每只作一担算】明瓦虾米鲧鱼虾干【每百斤收银一分六厘五毫】海蜇【每百斤收银八厘八毫如已按载征银每百斤收担银五厘五毫者止征银五厘收银一分六厘五毫者止征银一分五厘收银八厘八毫者止收银八厘】双桅船装各货往福建及惠高雷等处【满载收银二钱如单桅船减半若货少者免征】

凡进出商船【双桅收银四钱四分单桅收银二钱二分】福建来竹船【小竹仔照小手名数每名收银八分二厘五毫大竹论把每十把收银一分六厘五毫惟竹篾四捆作一担每担收银五厘五毫】寿板【每副收银二钱七

分五厘】水板【每块收银二厘二毫】新换船牌【每只收银二钱二分】海运盐船换新牌【每只收银二钱二分】渡船装广丝杂货往庵埠【每担收银五分五厘以上俱收番银司平】丝蚶往福建及惠高雷等处双桅【每载收钱九百九十文单桅每载收钱三百八十五文】小船出单往潮属等口装载黄糖豆油各货【每担收钱一十一文】渡船往庵埠装白糖【每百斤收钱五文五毫】废铁【每百斤收钱十一文】油枯【每舱收钱一百一十文】再庵埠来照单桐油麻皮铁钉【每百斤收钱五文五毫】铁锅【每口收钱一文小者二口作一口算】府城来税过木排【每排收钱十六文五毫】樟木桅木【每枝收钱五十五文】山货船进口【每载收钱一百一十文】缸瓦船进口【大船每载收钱二百二十文小船每载收钱一百一十文】油枯装往潮属等口【每百块收钱四十四文】鱼船出口【大者收钱二百二十文小者收钱一百一十文】小船装土鬼往黄冈等处【收钱四十四文】各口税过货物进口【每百斤收钱五文五毫】小船自揭阳黄冈等处装货进口照单算【每百斤收钱十一文】咸草船进口【大船每载收钱二百二十文小船每载收钱一百一十文】小船装桂竹进口【八折每把收钱一文一毫】小网船出口收钱三十三文】油尖桨木牛车板【每枝收钱三文三毫】油槽蔗校【每副收钱二百二十文】香末【每篓收钱三文三毫】篷叶【每百斤收钱四文四毫】草席【四捆作一担收钱十一文】税过货物往潮属等口【每百斤收钱五文】小船装零碎货物往揭阳等处【每百斤收钱十一文】大渡船【每只每月收钱七百文久经豁免】小渡船【每只每月收钱一百文】揭阳渡船【每只每月收钱二百文】

北炮台正税口

凡黄白糖【每包收担银二分九厘每船收青红单银一两二钱又收银七钱六分免担每包收银一分九厘每百包免神福糖五包免饷不免担又每包收银一厘每船收银一两三钱又收府馆纹银八钱】

凡本港商船满限换牌【每尺梁头收银一钱又每船收银三钱六分另钱一百文】本港造新商船府馆并本口【共收银一十七两九钱】盐船【每只收银七钱六分若新牌加收银三钱六分另钱一百三十文】用出商照【每张一名者收纹银八钱二名者收银一两二钱】米照【每张收纹银二钱详见大关按语】出水单【每张收钱五文】

凡商船有货三五担至十余担者【每担收银三分三厘若满载者加收青红单银一两二钱又收番银二两六分府馆纹银八钱凡征税不及五钱者止收担银】灰殻大船【每只收钱三百五文中船每只收钱二百五文小船收钱一百六十五文】殻小小船【每只收钱九十文】殻平底小小船【每只收钱六十六文】石头船【每只大者收钱二百五文小者收钱一百二十五文】缸瓦船【每只收钱一百一十文若殻船装载照殻船收】煤炭船【每只收钱一百二十五文】火炭船【每只收钱六十六文咸土鬼咸白蚬船每舱收钱七十七文】三板船装鲜白蚬鲜土鬼及鱼虾螃蟹等货【每只收钱十五文如不满载及用小三板载者收钱三十三文如小三板不满载者收钱二十二文】丝蚶船【每舱收钱一百一十文如不及一舱者每担收钱三十三文】咸水草船【大者收钱二百二十文小者收钱一百一十文】咸水草席船【大者收钱三百三十文小者收钱二百二十文】番茄芋头太平底船载者【每只收钱一百一十文小平底船载者【收钱六十六文】再小者【收钱五十五文】如殻船载者【照殻船收】靓沙【每四篓作一担大者二篓作一担每担收钱三十三文】蒜头糖水豆麦菜脯豆枯茶枯等货【每担收钱三十三文内豆麦详见大关按语】油校蔗校【每副收钱四百四十文旧者收钱二百二十文】牛车板【每块大者收银六厘六毫小者收银五厘五毫】烟叶【每篓收钱十六文五毫】糖漏船【有糖者每个收钱十文无糖空漏每船照缸瓦船收】铁锅【每口收钱三文】犁头【每个收钱一文】潮阳渡船【每只每月收钱四百文】达濠贩艚船【每只每月收钱四百四十文】府来税过木排及庵埠来者【每一百八十枝作一排收银一钱】荳枯茶枯如大船载者【每只收钱一千文】工鱼船【大者每舱收钱二百二十文小者每只收钱一百一十文】各口来税过货物【收钱四十五文以上收银者正税府担商照印票归公等项系纹银司平其余系十字番银司平】

右归公例二

卷十三·税则六

梅菉正税口

凡薯苓往福潮【对折征收】黑白糖【一百八十斤作一百斤征收】密糖荳油【连坛七折征收】碗器菜碗【三十副作一百斤】饭碗【五十副作一百斤】茶钟菜碟【七十副作一百斤】

凡往雷州货物【四折征收】

凡往雷琼省佛货物【正税外每两火耗加一】单内货物【每百斤收钱八文】领给红单【收钱一百文凡征税不及五钱者免收】领给商照【每张收银三钱】

凡往福潮货物【收正税外每两火耗加一】单内进出货物【每百斤收担银二分该船装货出口上福船收银二两潮船收银一两九钱五分】领给米照【各收银一钱详见大关案语】换船牌【收正钞外每两火耗加一每张收银二两】换本口驳运河船牌【收银一两三钱五分另钱四百文】

凡出口免货麦子糯米黄黑豆【每石收钱十一文详见大关案语】烟草【大簣收钱八十八文中簣收钱六十六文小簣收钱四十四文小笠收钱三十三文】豈枯【往潮州每担收银八厘往省佛每大載收钱四千四百文中載收钱三千三百文小載收钱二千二百文】土碗【往芷每百副收钱五十文】线面线香豆豉靛种鞋襪故衣等【每包簣篓大收钱六十六文中收钱五十五文小收钱四十四文内线面详见平海案语】土针【每斤收钱二十二文】菜头靓水【每缸收钱四十四文】柑子橙子【每載收钱一千一百文每一分載收钱一百一十文】各免货批单出口者【收钱一百文】拆榔干往各处【每簣收钱三文】藤丝【每三百斤作一簣】榔玉【每三百斤作一簣】葵扇雨伞【每捆大者收钱四十四文小者收钱三十三文】暖帽【每条收钱十一文】角子刀路光檑木【每百枝收钱五十五文以上收银者正耗俱收纹银司平其余俱系十字番银司平】

凡进口各货琼来税过榔干【每簣收钱十文】榔玉藤丝各货【每三百斤作一簣收钱十文】椰子【每百个收钱二十文】椰器【每千个收钱三十文】楠木杂木各寿枋【每副收钱二十文】碗青【每笠收钱七文】墨渣每笠收钱五文】榔青【大包收钱六十六文中包收钱五十五文小包收钱三十三文再小者收钱二十二文】豈油【每坛收钱十一文每缸收钱二十二文】椰殼【每簣收钱二十二文苎麻【每百斤收钱四十四文】波萝麻【每百斤收钱十一文】土藤丝【每把收钱五文】海南船装榔干进口【收牌钱一百文】凡零星税过各货【每百斤收钱十文】

梅菉口外馆

凡领有高字号红单货物【每单收钱一百五十文凡征税不及五钱者免收】出口领有红单税货【每百斤收钱八文】单尾批免故衣鞋袜等包簣【大者收钱五十五文中者收钱四十四文小者收钱三十三文再小者收钱二十二文】钱串白麻草席雨伞等【大束收钱二十二文小束收钱十一文】暖帽【每条收钱十一文】烟草【大簣收钱八十八文中簣收钱六十六文小簣收钱四十四文小笠收钱二十二文】香粉线香豆豉线面等【每簣收钱二十二文每笠收钱十一文内线面详见平海案语】黄波墟渡装載糖碗柑橙子烟【每箩收钱五文】往芷土碗【每百副收钱四十四文】往各墟铁锅【每连收钱七文】往各墟片糖【每簣收钱二十二文】拆单榔干往各墟【每簣收钱七文】拆单榔干往两家滩青平墟【每簣收钱十六文】柑橙子【每載收钱六百六十文每一分載收钱六十六文】路车绵花绵布杂货等由内河往塘teeth墟【每车收钱十一文】路车海参西利蟹肉由塘teeth内河来【每簣收钱二十二文每笠包收钱十一文】福船红单【每单收九三色银五钱另钱一百文凡征税不及五钱者免收】潮船红单【每单收九三色银四钱另钱一百文凡征税不及五钱者免收】潮船换牌【每张收九三色银二钱另钱一百文以上收银者俱司平】河船换牌【每张收钱二百文】琼来榔干榔玉榔咸等【计三百斤作一簣每簣收钱二十文】琼来黄蜡黄白藤碗青白糖山马麖皮等【计三百斤作一簣每簣收钱二十文】海安来白糖【每包收钱十一文】墨渣【每大笠收钱五文小笠收钱三文】福琼来楠木杉木板枋【大副收钱四十四文小副收钱三十三文】杂木板枋【每副收钱二十二文】光檑木刀路角子【每百枝收钱五十五文】芝麻黑白豆麦子糯米等【每石收钱十一文内豆麦详见大关案语】虾酱【每缸收钱十六】河船驳运薯苓往芷【每載收钱三百五十文】芷拆单福潮船汤菜碗【七寸每百副收钱三十三文】五篙宫碗【每百副收钱四十四文】京果茶酒杯【大笠收钱二十二文小笠收钱一十一文】废铁【每百斤收钱二十二文】蒜头海蜇皮贡川纸【每百斤收钱二十二文】牛骨牛角【每篓收钱二十二文小篓收钱十一文】榔青【每包收钱六十六文】椰子【每百个收钱四十四文】塘teeth来山马麖皮等【大束收钱六文中束收钱五文小束收钱三文】塘teeth来土藤丝【每把收钱十一文】椰殼椰器【每簣收钱二十二文】蚬皮【每載收钱二百二十文如不满載收钱一百一十文】榔干【每百簣收钱三十三文】菜子【每石收钱十一文】

芷芎挂号口

凡潮州福建进出口货物【每担红重收银一分四厘】薯莨照红单对收】潮州【每只收银八钱七分】如换新牌【另收银二钱七分福建每只收银一两二钱七分】福潮杉杂木寿枋板枋【每副收银一分四厘】免单豆麦油枯【每担收银八厘以上司平十字番银详见大关案语】

凡琼南进口【照牌梁头每尺收钱六十文】凡货案红单【每单收钱六十文】椰干椰玉椰咸【每簣收钱十文如无簣装者三百斤作一簣】椰子【每百个收钱四十四文】藤丝黄白藤【三百斤作一车收钱十文】楠木寿枋【每副收钱二十二文】南【每只收钱四百五十文】

凡领有高字号红单货往各处者红重【每百斤收钱十一文又按红单每张收钱一百二十文凡科税不及五钱者免收又按船收钱二百文货少者收钱一百文】

凡各口税过货进口【每百斤收钱十一文】烟草【每大簣收钱八十八文中簣六十六文小簣四十四文】荳油【每埕收钱十一文每缸算二埕】柑橙果【照批单每千收钱一百一十文每舱收钱四百文】椰青【每大包收钱五十五文小包收钱四十四文】搭小豆麦【每包收钱十一文】菜子黑荳土墨【每包收钱十一文内豆麦详见大关案语】拆单椰干【每簣收钱十二文】各处进口出口红单尾批免货至五六百斤【每百斤收钱十一文货少者免收】上本处铺店蜜糖【每十埕收钱五十五文】州来片糖上铺【每大篓收钱三十三文中篓二十二文小篓十一文】板料【每百块大者收钱一百三十二文小者收钱一百一十文】装槟榔河换牌每张收钱二百文水坛尖篙船装运货物【每船收钱二百文货少收钱一百文】

凡有各货往雷安者【俱准七折】福来篓装茶酒钟调羹小碟香炉瓶盏等件【俱准每百斤八折簠簋每十五副作一百斤七寸盘每三十副作一百斤菜碗同汤碗饭碗五寸盘每五十副作一百斤俱不折】尖篙装运谷往琼【每大收钱三百文每小收钱二百文详见大关案语】

阳江正税口

凡各货税照例征收【每两火耗加一按正饷每两内馆收银三分外馆收银一分五厘】担头照单内红重【每百斤内馆收担银三分外馆收担银一分五厘】免单货【每百斤内馆收担银三分外馆收担银一分五厘】给领红单【每张看货多寡征税五钱以上者收银一钱二两以上者收银二钱三两以上者收银三钱凡征税不及五钱者免收】

凡福潮载薯莨【二百斤作一百斤征税火耗担头照上收】又每【内馆收银五钱外馆收银二钱五分】米照【收银三钱详见大关案语】换牌钞银【照例征收火耗加一】又按梁头牌底【每尺收银二钱五分】领牌【每张内馆收银五钱外馆收银六钱以上纹银司平】

凡海南装载椰干等货进口【大者内馆收钱四千四百文外馆收钱二千二百文小者内馆收钱三千文外馆收钱一千五百文】放关不论有货无货【大者内馆收钱四百文小者内馆收钱三百文外馆照收】进口椰干【每簣内馆收钱三十文外馆收钱十文】椰咸【二簣作椰干一簣中簣两簣作一簣】椰玉【二包作椰干一簣】椰子每百个作椰干一簣】藤丝黄白藤皮蜡等货【三百斤作椰干一簣】楠木板【每副内馆收钱一百文外馆收钱五十文】杂木板【内馆每副收钱二十文外馆收钱十文】

凡藤步装槟榔椰子进口【大者内馆收钱二千四百文外馆收钱一千二百文小者内馆收钱二千二百文外馆收钱一千一百文】另每出口【大者收钱三百文小者收钱二百五十文外馆照收】

凡水母由海运装缸瓦进口【每只内馆收钱一千四百文外馆收钱八百文】钱【每包内馆收钱二文外馆收钱十文】椰咸由江门运来阳江【每簣内馆收钱十五文外馆收钱五文】白糖咸砂土藤白叶油米各山货由内河往省佛【每一河船外馆收钱一百二十文小收钱六十文内米货详见大关案语】小料鱼【每只每月外馆收钱一百文】

暗铺两家滩正税口

凡饷货【俱照则例九折征收饷银火耗加一】薯莨【对折征收】豆油蜜糖连坛【七折征收】饷货出口【按红单每张收钱三百六十文凡征税不及五钱者免征又每张收钱七百九十文饷货少者减半】饷货进出口【收钱九百文又按各船梁头每尺收钱一百文此二项进出只收一次货少者减半】

凡福潮装货出口【收钱二百五十文】领米照【一张收钱三百文详见大关案语】

凡琼来货【每船收钱三百七十文货少减半】往琼货【每船收钱二百文货少减半】县牌船装载货物【收钱三百文进出只收一次】

凡货进出【外馆收钱一百二十文】河船装载饷货【满载收钱四百文半载收钱三百文

凡琼来椰干【每簣收钱三十文】椰玉【每包收钱三十文椰青【每簣收钱五十六文如小包俱二包作一簣算四五十斤者免征】

凡土瓷器【头塔三十副作一百斤二塔五十副作一百斤三塔七十副作一百斤每百斤收钱十二文】粗纸三籁等货【每百斤收钱一十二文不折】丁纸【每排收钱五十六文】火纸【每排收钱三十六文】草席【每张收钱二文】烟草【每大簣收钱一百二十文中簣收钱一百文小簣收钱八十文】薯苓【照红单算每百斤收钱二十四文】

凡暗铺虾米牛角蜜糖牛皮等【每百斤收钱三十六文不折】领免单【每张收钱一百二十文】领印票【每张收钱三百文】生猪【每只收钱五十文】南桥驳运薯苓往芷【每船收钱一千五百文如半载者减半】拆单椰干来往每簣收钱二十文谷船出口【每载收钱三千一百五十文半载收钱一千五百七十五文小半载收钱一千三百二十文详见大关案语】

凡广西各埠运盐过暗铺口【每票收钱三千四百文】暗铺腌虾往广西【每船收钱一百文】虾酱【每缸收钱五十文】两家滩虾酱【每缸收钱四十文】杂木板往各墟【每块收钱五文】柴藤【每收钱三百文小收钱二百文】芷拆单杉木板进口【每块收钱十二文】河装载饷货往芷搭领有红单【收钱三百六十文凡征税不及五钱者免收血藤每载收钱一千五百文半载者减半】暗铺木头杠装货【满载收钱五百七十文如不满载者收钱四百七十文】暗铺进口各货【有红单者照单算每百斤收钱十二文】

凡钦州进口牛骨【照红单算每百斤收钱二十四文】琼来楠木板【每块收钱三十文】杂木板每块收钱十二文】粪枯【每载收钱三千一百五十文大半载者收钱二千一百六十文小半载者收钱一千三百二十文】椰壳【每簣收钱三十文】落花生黄白黑豆【每大包收钱二十四文小包收钱十二文内豆钱详见大关案语】州来片糖【每担收钱三十六文】芋种【每大船收钱五百文小船收钱三百文】黑糖往广西【每篓收钱六十文】换牌【照则例征收钞银火耗加一每梁头一尺收银一钱五分】领给牌【每张收银一两五钱以上俱收纹银司平】

麻章墟挂号口

凡芝麻牛皮【每百斤收钱一百二十文】荳油【每缸收钱一百文每坛收钱七十文每缸重一百四五十斤每坛重一百斤俱连皮】黑片糖【往各村墟每篓收钱六十文往广西每百斤收钱三十六文】黄白黑荳【往各村墟每石收钱五文详见大关案语】落花生【每石收钱五文】

谨案麻章墟口旧归雷州口兼收雍正十一年归并石城两家滩口

海安正税口

凡黄白片糖三项【俱以一百八十斤作一百斤算饷】糖水【以三百斤作黄糖一百斤算饷】豆油蜜糖二项【俱以一百斤作七十斤算饷】薯苓良姜二项【俱以一百斤作五十斤算饷】黄白糖雇小艇驳往海口上行转搭商往江南者【每百包上饷之外向例准免驳载糖五包】

凡正税【每两火耗加一】正钞【两火耗加一】

凡上饷货物【毛重每百斤收担头银二分一切粗细杂货同又毛重每百斤收钱二十四文又每包捆件收钱四文】

凡黄白片糖糖水【毛重每百斤收担银一分一厘又毛重每百斤收钱十八文又每包件收钱四文】良姜【不收担银每簣收钱七十二文如系包装者三包作一簣算】

凡双桅大白艚装豆枯满载【每船收钱一十二千文】单桅小白艚装豆枯满载【每收钱一十千文】双桅海南装豆枯满载【每船收钱一十千文装花生黑豆菜子同豆子钱详见大关案语】单桅海南装豆枯满载【每收钱九千文】单桅小驳装豆枯往海口上白艚【每船收钱六千文以上双单桅只如装豆枯满载者俱照依前开钱数征收如装不满载及有别项货物搭装在船者其豆枯按照该船所装分载递减科算征收】

凡零星驳装往潮州荳枯【每担收钱三十文】零星驳装往海口豆枯【每车收钱一百文】烟草花生麦子菜子豆油自海安港出口往琼高廉者【每包收钱二十八文内麦子详见大关案语】生猪由海安港出口往琼【每只收钱六十四文】灯草出口【每大簣收钱二百文中簣收钱一百文小簣收钱五十文】带子棉花【每包收钱四十文】布故衣【每捆收钱五十文】紬故衣【每箱收钱一百文】紬布鞋【每双收钱二文】布袜【每双收钱二文】纱袜每双收钱四文布靴【每双收钱六文】藤草凉帽胎【每顶收钱二文】暖帽【每顶收钱二文】皮帽【每顶收钱八文】土针【每斤收钱十文】绵纱绳带【每百斤收钱二百文】缝成公服【每件收钱四文】竹木器梳篦笔【每百斤收钱五十文】黄笋干【每簣收钱一百文每包收钱五十文】木料板枋【每块段收钱十五文】苦糖水【每桶收钱十五文】白艚船来安装载苦糖水【每担收银二分】白艚船来安装餉货【每百斤红重收银二分免货无收】

凡东西二乡各小港出口花生菜子黑豆【每包收钱十二文内豆子钱详见大关案语】东西二乡各小港出口餉货【每件收钱四文】良姜【每簣作二件】别口税过各项货物给有红单者【每百斤收钱十二文又每件收钱三文】虾榄酱【每缸收钱十四文】草席【每捆收钱十四文】海口拆白单税过京布棉花各货【俱每件收钱十四文】海口拆白单来税过铁锅【每六连收钱十四文】木屐【每排收钱三文】藤帽【每顶收钱三文】海口白单照来各项免货【每包件收钱十四文】

凡换牌梁头【每尺收银二钱五分】换牌【每张另收银一两一钱】商照【每张收银一钱】米照【每张收钱二百文详见大关案语】往梅菉廉州潮州江门红单【每张收银一钱如餉银不及一两者不收以上收银者俱纹银司平】

凡白糟船装豆枯出口【每只收钱一于二百文】双桅海南装豆枯出口【每只收钱一千文】单桅海南装豆枯出口【每只收钱八百文】单桅小装豆枯出口【每只收钱五百文】班渡及双单桅装货进口【每只收钱一百文货少者不收】

东西二乡各小港征收

凡黄白糖出口【每包收钱二文五毫】豆油蜜糖土茶等杂货【每件收钱四文】豆麦【每包收钱十五文详见大关案语】花生桐子【每包收钱十二文沙罗子同】片糖【每簣收钱十文】虾榄酱【每缸收钱十四文】生猪出口【每大只收钱四十文】中猪【每只收钱三十文】泥藤【每担收钱十二文】木料【每条收钱四文每车收钱十六文】零星出口苦水【每桶收钱十文如五十桶以上者俱赴海安馆批单该港止收钱三文】装良姜豆枯出口【大每只收钱八百文中船每只收钱七百文小船每只收钱六百文】烟草【收包收钱二十文】零星油枯【每十块收钱五文】装餉货出口【每只收钱二百五十文】生牛【每只收钱四十文】生羊【每收钱一百五十文】海口拆白单来税过京果棉花【每包收钱二十文】海口拆白单来税过杂木寿板【每副收钱三十文】草席伞【每捆收钱十四文】藤帽【每顶收钱二文】木屐【每排收钱一十文】小竹【每车收钱二十文】鱼网【每包收钱二十文茶子枯【每块收钱二文】杂木蔗校【每副收钱五十文】海口拆白单来税过铁锅【每六连收钱十四文】

雷州正税口

凡正税货物照则征收【每两火耗加一每毛重一百斤收担银三分六厘纹银司平】蜜糖【每百斤折算七十斤】白糖黄糖片糖【每一百八十斤折算一百斤】糖水【每三百斤折算一百斤】荳油【每百斤折算四十斤如往省城江门浙江等处折算七十斤】茹苓【每百斤折算五十斤染靛同】三籁【每百斤折算五十斤良姜同】猪牛骨【每百斤折算五十斤】牛油【每百斤折算七十斤】楠木寿枋【每副作五百斤】杂木寿枋【每副作三百斤】其余一切税货【俱九折算纹银司平】进出各货挂号免单等钱

凡琼州税过椰干椰青【每簣收钱四十文筐同每包收钱二十文】如给部牌双桅装椰干椰青者【收钱一千六百文】县牌单桅船装椰干椰青者【收钱二千一百文】如装椰干椰青十余簣筐者或装十余小包者【收钱一百一十文】

凡琼州小船及鱼各货进口【论货物多寡每载收钱六百六十文货少者收钱一百一十文】

凡高雷吴川遂溪梅菉黄坡等小及河装货进口出口【论货物多寡每载收钱三百三十文半载收钱二百二十文小半载收钱一百二十文货少者不收】

凡琼州税过椰子【每百个收钱五十文椰殻每簣收钱四十文每包收钱二十文椰棕同】椰殻【每簣收钱二

十文每包收钱十文】茶油枯【每个大者收钱二文小者收钱一文】木套【每排收钱十文】藤帽【每顶收钱一文】

凡高琼税过土棉绸土丝土毡京果糖果芝麻【每百斤收钱五十文】税过梭布棉布【每卷收钱二十文每捆收钱三十文】竹木器【每百斤收钱四十文各处进口同】石羔青种豆豉白线面粗细麻【每百斤收钱四十文如系篓包亦照数收内线面钱详见平海案语】线香【每簣收钱二十文】麦子黑白豆菉豆生姜【每担收钱四十文粟米同米豆麦详见大关案语】税过棉花【每大包收钱六十文小包收钱三十文花条同】税过染靛【每缸收钱四十文每小笠收钱五十文】鞋袜【每双收钱二文小者收钱一文】故衣【每包收钱四十文绸缎倍收】税过各色纸粗纸【每百斤收钱四十文每把收钱二十文】大草席【每百张收钱五十文小者每百张收钱四十文】税过楠木寿枋【每副收钱一百五十文】税过杂木寿枋【每副收钱一百文】税过大头竹【每枝收钱二文】旁竹排【每大排收钱一千二百文中排收钱九百文小排收钱六百文半大排作一小排科征】税过土磁器菜碗【每百副收钱一百文】汤饭碗【每百副收钱五十文】五篡碗【每百副收钱二百文】七寸盘【每百副收钱一百文】五寸盘【每百副收钱五十文】小碟茶钟酒盏汤匙【每大篓收钱四十文每小篓收钱二十文】菜头榄酱虾酱咸蛋蛤干【每缸收钱四十文如菜头福建小埕装者收钱二十文】柑橙进口论【大舱满载收钱七百文小舱满载收钱六百文如不满载者俱按分载递减科算征收如系河船装进口每舱收钱八百文】落花生【每担收钱二十文】葱头【每手车收钱六十文】生猪【每大只收钱八十文小只收钱四十文】烟草灯草【每大簣者收钱一百文中者收钱七十五文小者收钱五十文】

凡海康荳枯落花生菜子【每载收钱六千六百二十文不满载者每一分载收钱六百六十二文按分计算】

凡一切货物已税进口者【细货每百斤收钱五十文粗货每百斤收钱四十文】

凡官牛渡船载片糖进口及小载片糖往石城【每簣收钱一百文】

廉州正税口

凡正税货物照则例征收【每两火耗加一每货一百斤收担头银三分】

凡换牌照则例征收【每两火耗加一又梁头每尺收银二钱五分换牌每张收银三钱】

凡海南来槟榔【照红单每百斤收担银三厘五毫每包收钱二十一文又大船收钱四千六百文中船收钱三千五百文小船收钱二千五百文如船小货少收钱二千一百文】

凡琼雷各处来税过白糖豆油各项杂货【每百斤收担银七厘每二百斤作一包收钱四十文】

凡进口红单【每张收钱一百文】

凡血藤往江坪【每大船收钱一千六百文中船收钱一千文小船收钱二百文】生猪出口【每只大者收钱一百文中者收钱五十文小者收钱十文】缸瓦每牛车【收钱三百文每车一百件每件收钱三文】进口落花生黄黑豆【每包收钱四十文内豆子钱详见大关案语】出口烟草【每大簣收钱二百文中簣收钱一百文】火纸【每条收钱三文】朴纸【每条收钱十文】花朗纸【每条收钱三十文】土碗【两筒作一合每合收钱三文】酱醋【每埕收钱二十文】烧酒【每埕收钱十文】土香【每千收钱三文】木屐【每双收钱三文水络【每十对收钱五文】酒饼【每斤收钱一文】西利干【每斤收钱一文】松油饼【每块收钱五十文小者收钱四十文】咸鱼【每大篓收钱四十文中篓收钱三十文】故衣【每捆收钱二百文】沙螺干【每大包收钱三百文中包收钱二百文】咸水草【每大船收钱六百文小船收钱五百文】小竹仔【每千枝收钱七十文】江坪来杂字钱【每千收钱十六文】税过榔玉拆运往钦州【每包收钱四十二文】

凡薯苓红单【每张满载者收银一两半载者收银五钱货少者收银三钱凡正税不及五钱者免征红单银每大船收钱三千文中船收钱二千文小收钱一千五百文】米照【每张收银一钱详见大关案语以上俱收纹银司平】

钦州正税口

凡货物征收正税耗银无论多寡俱系对折征收并无担头挂号等项

凡由别口税过虾米进口【每大包收钱三十文每小包收钱二十文】税过粗细磁器进口【每百筒收钱一百文】税过榔玉【每包约二百五六十斤收钱二十文】税过豆油并杂油【每缸一百余斤收钱五十文】税过棉布并梭

夏布等【每捆约五六十斤收钱三十文】税过片糖【每篓约重二百七八十斤收钱五十文】税过白糖【约重一百余斤收钱二十文】落花生【每包约一百五十斤收钱三十文】黄黑等豆【每包约一石收钱三十文详见大关案语】榄酱【每缸收钱三十文】虾酱【每缸收钱三十文】螺肉干【每百斤收钱一百文】腌鱼【每篓约一百五六十斤收钱五十文】烟草【每簣约二百七八十斤收钱一百文】菜脯【每缸收钱五十文】茶脯【每百斤收钱一百文】装满载【收钱二百五十文】装半载【收钱一百二十五文】福潮【收钱一百文】税过黄蜡【每百斤收钱一百文】木屐【每对收钱一文】荳豉【每百斤收钱一百文】出口苎白麻【每百斤收钱一百文】暖凉帽【每顶收钱五文】布鞋【每对收钱五文】故衣【每件收钱五文】布棉袜【每双收钱五文】缎鞋【每对收钱八文】大猪【每只收钱一百文中者每只收钱五十文小者每只收钱一十文】火纸【每条收钱十文】酱醋【每埕收钱二十文】酒饼【每百斤收钱一百文】火酒【每大埕收钱二十文每小埕收钱十文】面【每百斤收钱一百文详见平海案语】粗香【每百筒收钱二十文】元宝朴【每条收钱二十文】缸瓦【每船收钱二百文小船满载收钱一百五十文半载收钱一百文零星每件收钱一文】棉胎【每张收钱十文】蚝壳【每百封收钱五十文】血藤【每船约一百担收钱二十文】

海口正税口

凡正饷【照则例征收每两火耗加一】正钞【照梁头征收每两火耗加一】

凡往省高雷廉货【每担收银七厘】榔青【每担收银九厘】往福潮江南货【每担收银一分进口同】换牌梁头【每尺收银二钱五分】换牌【每张收银五钱】往江坪榔青【每只收银十二两】木料【每件收银五厘六毫以上俱收纹银司平每两加平一分】

凡省货出口并进口【每担收银一分七厘】阳江货出口【每担收银一分六厘五毫九折】福潮江南出口并进口【每担收银二分五厘四毫九折】洋进口出口【每只收银十六两如船小货少收银八两】洋货【每担收银六分四厘红重九折纹银司平】

凡新烙给牌梁头五尺上下【收银八两三钱三分】新烙给牌梁头一丈以上【收银十二两】

凡单桅货【每担收钱五文每船货多收钱一百文货少往本口近处不收】税过货拆单【每担收银一分八厘】应免货【每担收银二分九折】户改名【收银一两二钱】豆麦【每大包收钱五十文详见大关案语】铁锅【每连收钱十文】油枯【每担收钱六十文】姜【担收钱三十文】灯草【每大簣收钱一百二十文】花生【每大包收钱五十文】麻【每百斤收钱五十文】棉花【每包收钱三十文】京布【每包收钱二十文】佛布【每包收钱三十文】草包【每大捆收钱一百文每小束收钱二十文】草席【每百张收钱一百文】藤帽【每顶收钱一文】布皮鞋【每双收钱一文】咸鱼【每担收钱五十文】皮料每斤收钱三文】鱼网【每担收钱三百文】土碗【每副收钱一文】臬皮【每捆收银七分】牛脯【每捆收银七分】葱头【每车收银一钱】江南花子【每担收银三分六厘九折】米照【每张收钱二百文详见大关案语】印票【每张收钱一百文】墨渣【每包收银六分】虾榄酱【每缸收钱三十文】苦糖水【每担收钱十文往福建江南等处每担另收银一分】海北来豆子【每包收钱五文】往潮州荳子【每包收钱二十文详见大关案语】商照【每张收银三钱】原单照运【每担收银一分九折】荳豉【每大包收钱一百文每百斤五十文】蛇皮【每张收钱二十文】毛榔殻【每笠收钱一百二十文如零星每千个收钱二百文】烟草【每簣收钱三十文】靓水【每两埕作一百斤收钱三十文】梅菉酒【每埕收钱十五文】钱串绳【每束收钱十文】皮皷【每合收钱一文】竹叶【每把收钱一十五文】线香【每簣收钱三十文以上收银者俱九三色九八平】

外馆征收

凡东京江门省城阳江福潮江南进出货物挂号并原拆单【每担收银七厘九折九三色九八平】

凡高雷廉进出货并原拆单【每担收银五厘九折九三色九八平】鱼网【每百斤收钱一百文】榔青【每担收银七厘九折九三色九八平】藤帽【每百顶收钱三十文】草席【每百张收钱三十文】磁器【每百副收钱四十文】单桅装货出口【每百斤收钱十文又每只收钱二百文】苦糖水【每百斤收钱五文】货满载【收钱二百五十文如不满载者收钱一百五十文】荳豉【每包收钱三十文】换牌【每张收钱二百文】土烧酒【每埕收钱三文】钱串绳【每束收钱三文】白单往近处税过货【每担收钱七文】草包【每束收钱五文】麻【每担收钱十文】竹叶【每把收钱五文】糖船放关【大收钱三百文小者收钱一百五十文】豆麦【每包收钱五文详见大关案语】油枯【每百斤收钱十文】灯草【每簣收钱十文】佛布【每捆收钱十文】梭布【每捆收钱十文】咸鱼【每担收钱二十

文】椰殼【每大笠收钱二十文】落花生【每包收钱十文】葱头【每牛车收钱一百文】臭皮【每捆收钱十文】菜头虾榄酱【每缸收钱十文】烟草【每大簣收钱三十文中者二十文小者一十文海安给有单进口者不收】皮料【每百斤收钱一百文】

乐会正税口

凡正税【每两火耗加一】正钞【每两火耗加一】

凡换牌【耗钞外梁头每尺银三钱】新烙给牌【每只收银十二两八钱】凡各货往本省【每担收银一分】各货往江南【每担收银一分三厘】各洋货照红单九折【每担收银六分四厘】榔青【每担收银一分二厘以上纹银司平每两加平银一分】

凡各货挂号照红单【每担收银八厘一毫】往省城江门各货【每担收银一分八厘又每收银四两五钱】往阳江各货【每簣收银三分六厘又每船收银一两八钱】往梅菉雷州各货【每簣收银三分又每船收银一两二钱】楠木寿枋往省城江门【每副收银七分】往江南米照【每张收银二钱详见大关案语】往江南商照【每张收银三钱】单桅装货批照【每张收银三两六钱如船小货不满载者收银二两七钱】缸瓦进口【每只收银三两五钱如船小货不满载者收银一两四钱】税过进口【每担收银一分八厘】应免货进口【每担收银一分八厘】臭皮【每担收银二分】出口货船【每只收银二两四钱】各货往省城江门梅菉雷州【每只收银四钱】往阳江【收银六钱以上九二色司平】

沙荖正税口

凡收正税饷【每两火耗加一】货物【每百斤收担银一分八厘】换牌正钞银【每两火耗加一】梁头【每尺收银三钱】换牌【每张收银六钱以上纹银司平每两加平银一分】凡往梅菜槟榔【每簣收银三分六厘】往阳江槟榔【每簣收银四分二厘】往江门槟榔【每簣收银四分八厘】出口红单【每张收银三钱凡征税不及五钱者免收】槟榔出口【每只收钱九百二十五文】货出口【每只另收银二两四钱小船收银一两四钱以上收银者俱九二色司平】

万州正税口

凡正税【每两火耗加一】正钞【每两火耗加一】

凡换船牌【钞耗外梁头每尺收银三钱】换牌【每张收银六钱】新烙给牌正钞归公各项【共收银十二两】

凡各货往本省【每百斤收银二分八厘】各货往江南【每百斤收银三分一厘】洋货照红单九折【每百斤收银六分四厘以上纹银司平每两加平银一分】

凡各货放关【每百斤收银二分七厘如往本处内口者不收】进口税过货物【每百斤收银二分一厘】

凡单桅装货批照【每百斤收银一分六厘如往本处内口者不收】

双桅货出口【每只收钱一千七百文单桅船收钱一千四百文】

凡免单货【每百斤收银一分八厘】

凡往江南米照【每张收银二钱详见大关案语】商照【每张收银三钱】

凡货出口【每只收钱六百文】货出口【每只收银一两二钱小收银六钱以上收银者俱九二色司平】

崖州正税口

凡正饷钞【每两火耗加一】

凡货【每担收银二分七厘】

凡换牌梁头【每尺收银二钱五分】换牌【每张收银五钱以上纹银司平每两加平银一分】

凡货往省城【每担收银二分九厘七毫】往琼潮廉西等货【每担收银三分三厘】单桅批照【每担收银一分又每张收银一两】免单货【每担收银二分四厘】换牌【每尺收银五分每张收银一钱】每大【收银八钱】小【收银七钱】每大【收钱三百文】小【收钱二百文以上收银者俱九二色司平】

陵水正税口

凡正饷【每两火耗加一】

凡货物出口【每担收银二分四厘】如往江南货【每担收银二分七厘】

凡钞【每两火耗加一】梁头【每尺收银五钱以上纹银司平每两加平银一分】

凡单桅藤步船货物【每担收银一分又收批照银六钱】货出口【每只收钱六百文】商照【每张收银三钱】米照【每张收银一钱四分详见大关案语】楠木寿枋【每块作一百四十斤】杂木【每块作一百二十斤】椰子【每个作二斤照收担头出口银】缸瓦进口【大收钱八百文中收钱五百文小船收钱三百文以上收银者九二色司平】

凡外洋苏木乌木等货【每担收银六分四厘红重九扣纹银司平】总收饷耗担货物归公则例

凡藤丝【每担收银一钱七分三厘】槟榔【每担收银九分四厘】椰子【每百个收银一钱三厘】楠木寿枋【每块收银一钱四分四厘】杂木寿枋【每块收银四分】猪牛骨【每担收银五分四厘】粗香黄白藤藤杆花梨木【每担收银七分四厘】土黄蜡细香【每担收银四钱二分】山马麖皮【每担收银二钱八分二厘】牛皮鹿角海参鱼胶【每担收银二钱二分二厘】牛角牛油虾米木耳【每担收银一钱二分三厘】鱼翅树香【每担收银三钱二分一厘】鹿筋【每担收银二钱七分二厘以上俱纹银司平】

北黎正税口

凡饷货出口【每担收银二分七厘纹银司平每两加平银一分】

凡往省城饷货【每担收银二分七厘】单桅装货往省照印票【每张收银一钱】

凡免单货花子出口【每担收银一分一厘】免单烟草出口【每担收银一分七厘】免单咸鱼出口【每担收银一分七厘】免单鹿脯出口【每担收银一分七厘】免单烟草花子出口【每担包收钱二文】

凡税过货进口【每担收银一分八厘】油枯进口【每百个收银一钱五分】草席进口【每百张收银五分】竹簀进口【每百合收银一钱五分四个为一合】藤帽进口【每百顶收银一钱】草竹帽进口每百顶收银五分】土碗进口【每百副收银一钱茶酒杯三副作一副】鞋簀杂货簀进口【每个收银五分】线面面簀进口【每个收银三分详见平海案语】木屐进口【每百双收银四分】线香簀进口【每个收银三分】虾酱进口【每缸收银三分】豆豉进口【每担收银二分四厘】雨伞进口【每百把收银五分】米豆进口【每包收银三厘详见大关案语】其余零星进口货物【俱按担收银一分八厘】楠木寿枋【每副作六百斤每副收担头归公银一钱二厘】杂木寿枋【每副作五百斤每副收担头归公银八分五厘】粗丁纸进口【每包收银三分以上俱收九二色司平】

儋州正税口

凡正饷照则例征收【每两火耗加一】

凡换牌照梁头收钞银【每两火耗加一】

凡各货【每百斤毛重收银二分八厘以上纹银司平每两加平银一分】

凡出口毛货【每担收银一分六厘五毫往琼州本地不收】

凡进出口免货【每担收银二分】进口税过货拆单【每担收银二分】

凡换船牌梁头【每尺收银四钱纹银司平】换牌【每张收银五钱纹银司平】

凡单桅装货【收钱四百文如不满载收钱二百文】蔗校【每副收银一钱六分五厘】生猪出口每只收钱十文】牛骨【每百斤收银二分八厘】黄白藤花梨白木香【每百斤收银二分八厘】鹿筋【每百斤收银二分八厘】山马麖皮【每百斤收银二分八厘】藤丝【每百斤收银二分八厘】牛角京果瓜子【每百斤收银二分八厘】椰玉【每百斤收银二分八厘】黄蜡各色细香【每百斤收银二分八厘】山马鹿角牛皮鱼胶蜜糖【每百斤收银二分八厘】楠木寿枋【每块作一百二十斤收银三分三厘六毫】杂木寿枋【每块作一百斤收银二分八厘以上收银者俱九二色司平】

清澜正税口

凡正税照则例征收【每两火耗加一】正钞照梁头征收【每两火耗加一】

凡换牌【钞耗外梁头每尺收银二钱五分每张收银二钱】新印烙给牌银【十二两八钱】

凡各饷货进出【每百斤收银一分二厘】椰子【每百个七折收饷八折收担以上纹银司平每两加平一分】椰咸往阳江江门【每簀收银二分四厘】椰干往梅菉【每簀收银一分六厘】椰干往雷州【每簀收银二分】

凡进出口免单【每担收银一分六厘】进口税过货照毛重【每担收银七厘】椰子【每百个收银二分六厘】

单桅给印照【每张收银一两五钱】只进出【收钱三百五十文空船不收】由长岐出口槟榔各货【每簣收银四厘以上俱收九二色司平】

凡出口货【每担收银一分三厘】进口货【每担收银七厘】椰子【每百个作一百六十斤每百斤收银一分三厘】榔咸往江门【每百斤收银一分三厘】榔干榔咸往阳江【每簣收银一分二厘】榔干往梅菉【每簣收银八厘】榔干往雷州【每簣收银一分】凡只装货出八【收钱一百文空船不收】换牌梁头【每尺收银五分每只收银一钱】

凡进出口免单货【每担收银八厘以上收银者俱九二色司平】

铺前正税口

凡正税货【每百斤九折照则例征收每两火耗加一】正钞【照则例科算每两火耗加一】梁头【每尺收银二钱五分】换牌【每张收银三钱】

凡榔干【每百斤九折毛收银八分】椰子【每百个七折毛收银五分九厘】灯油【每百斤八折毛收银九分八厘】榔青【每百斤九折毛收银三分】染靛【每百斤九折毛收银四分】土棉布【每百斤九折毛收银三钱零七厘】黑糖【一百八十斤作一百斤毛收银八分四厘以上俱纹银司平每两加平一分】

凡新给牌【每只收银一十二两纹银司平】

凡单桅装槟榔干【每十簣收银三钱五分如五簣以下免收】

凡各税货【每百斤收银一分】

凡税过货进口【每百斤收银一分一厘】榔干【每簣收银二厘】椰子【每五十个作一百斤收银二厘】各税货【每百斤收银二厘】

凡换牌【每张收银二钱】

凡双桅出口放关【收钱一百八十文】

凡免单货油枯【每百块收钱二百二十文】杂木板料【每十块作一件收银一分四厘如大者五块作一件短者十五条作一件薄板二十块作一件】芦麻【每百斤收钱四十四文】腌鱼【每百斤收钱二十文】烟叶【每大簣收钱四十四文每小簣收钱三十三文】芦席【每百张收钱二十文】旧鱼网【每包收钱二十六文】石臼【每百个收钱二百文】石磉【每四个作一副每百副收钱二百文】粗竹帽【每百顶收钱三十文】毛椰殼【每小簣收钱三十三文如大簣收钱四十九文】线香【每百斤收钱二十二文奉神者不收】虾酱【每缸收钱十六文】

外馆挂号

凡各税货【照红单每百斤收银七厘九折】

凡换船牌【照梁头每尺收银五分每张收银五分】

凡榔干出口【照红单每百斤收银七厘九折每簣收银一分】椰子【每五十个作一百斤收银七厘九折】

凡单桅装槟榔【每簣收银九厘】单桅装榔青出口【每簣收银九厘】以上货物出口【每船收钱一百一十文如五簣以下免收】

凡免单货油枯【每百块收钱一百一十文】税过货物进口【照红单每百斤收银五厘五毫】杂木板料【每十块作一件收钱三文如大者五条作一件短者十五条作一件薄者二十块作一件】腌鱼每百斤收钱十文】芦席【每百张收钱十文】芦麻【每百斤收钱二十二文】烟叶【每大簣收钱二十二文】旧鱼网【每包收钱十三文】石磉【每四个作一副每百副收钱一百文】石臼【每百个收钱一百文】粗竹帽【每百顶收钱十五文】毛椰殼【每簣收钱十六文】线香【每百斤收钱十一文奉神者不收】虾酱【每缸收钱八文】本港往各口换牌回臼【每只收银三钱以上收银俱九二色九八平】

右归公例三

卷十四·奏课一

臣谨案番舶下碇之税始于有唐迨宋淳化初海舶至者十征其一皇佑中总岁入象犀珠玉香药之数五十三万有余治平中又增十万元制或二十五取一或三十取一其自官发贸易者细物取十分之二粗物取十五分之二

然皆抽货非输银也明嘉靖以后佛朗机居澳门始岁纳二万金为税其时中官朘削番商苦之市舶日少我朝富有寰海法行宽大德布怀柔番舶之来恒百余计岁额乃至百万于是设典守之官严出纳之令先之考核察其盈余终于报解稽其延缓然而心存羡溢则启官吏之横征意在克期又虑行商之赔垫恭惟庙谟深远训诰时申德意旁流推行尽利此务所由万全无弊也欤谨编奏课为一门而以考核报解为二子目焉凡户关之属二十四粤海关居其一焉其课有正额有盈余粤海正额旧九万一千七百四十四两五钱康熙二十七年题减八千三百八十二两四钱八分三十八年题减四万三千三百三十二两今定额银四万两铜斤水脚银三千五百六十四两又盈余银八十五万五千五百两

凡粤海关税务著督抚一体稽查倘有情弊即随时参奏其每月到关船数若干所载货物粗细各若干详细查明按月造册密行咨报户部俟一年期满户部将督抚所报清册与监督所报清册核对如查有不符即行参劾

各关监督征收盈余溢额按多收分数分别给予议叙其历年足额之粤海关遇有短征盈余应行著赔议处仍照旧章办理

京外各关短征税银数在三百两以下定限半年完缴三百两以上定限一年一千两以上至五千两者予限二年五千两以上至二万两者予限三年二万两以上至五万两者予限六年五万两以上至十万两者予限八年其数至十万两以上者亦予限八年完缴【奏案以奉旨之日起限咨案以到部之日起限】

各关监督完缴关税赔限均令依限完缴概不准呈请扣俸限满不完即著革职监追如监追后仍复不完永远监追其子孙代赔之项亦令依限完纳不完照例监追如系赤贫力难完缴由各该旗籍并历过任所查明实无财产寄顿取具印甘各结方准据呈奏明在于应得俸廉银内扣抵清款

管关之员如一任两任三任各有亏缺概不准接续扣算统计先后所亏银数多寡并按照例分年完缴

管关之员任满时倘有以多报少或于亏缺之数以少报多即与侵蚀仓库钱粮无异应责成各该督抚就近察访如有前项情弊立即严参革职送部监追仍照例治罪倘该督抚徇隐不奏一并照例议处

各关交代责令接任之员详细查若有侵蚀情弊准其据实参奏扶同徇隐一并议处如查无亏缺照例具文报部之后即不得复以前任短少藉词推诿

乾隆元年二月初三日户部奏言臣等查得江南督臣以征收各项钱粮原系足色纹银不许青潮江省纳解钱粮必须倾成凸心镜面无纹方称足色每两必须多加一二分耗折仍系一两作为一两之用并无毫末之加他省各关税课均多效尤虽属慎重钱粮合计每年倾销耗费几至十万之多以有用之民膏而靡耗于无影无形之中殊为可惜请嗣后无论元宝小锭止须足色纹银蜂窠深小丝纹圆细平面洁白即行兑收无庸凸心镜面仍于国帑毫厘无亏而闾阎实受无涯之节省等因会题前来查各省征解银两并无部颁定式江省创为凸心镜面每年倾销耗折几至十万之多实为民累应如该督所请将凸心镜面无纹锭式速行革除嗣后地丁关税芦课各项钱粮止须蜂窠深小丝纹圆细平面洁白十分足色者即行兑收奉旨发议

是年四月二十四日户部奏言议得粤海关兼收外洋只税课向有规分头担头耗羡节省及各行缴送等项银两从前原系官吏私相收受人已后经原任管关巡抚杨文干等节次报出归公每年自数万两至十五万余两不等均系自行折奏将应解银两具批解部汇入考核案内题明在案今该抚杨文干副监督郑五赛虽请将挂号头开舱放关牌照对单小包等项归公银三万余两米麦豆鱼等项归公银三千余两又缴送银三四万两不等并洋进出口规礼杂费银一万余两每年约银八九万两悉予减免其分头每年约银一万数千两并担头每年约银三四万两系开关以来即有之项请存留支销等语但查节年解部案内并无挂号船头开舱放关牌照对单小包等项归公名色亦无洋进出口规礼杂费款项且该抚册内所开细数均系吏役人等例规是此二项银四万余两原为酌给官吏办公饭食之费并非归公解部之项其装载米麦豆鱼等项归公银三千余两归入何项解部之处从前并未咨报今折内又未声明均属无凭查核应令该抚等查妥议如果有累商民应行裁革者另行具折奏请若系相沿旧例日久相安者仍行照旧办理使伊等办公有资不致别生弊端有亏课额至洋缴送与分头担头等项皆系前抚臣杨文干等奏准充公递年批解考核无异即属公项钱粮有关国帑未便竟行裁减应将该抚等所奏之处毋庸议等因奉朱批依议又于其年十一月内奉部札行钦奉谕旨将缴送银两豁免征收

乾隆五年六月初四日户部奏言查各关解部盈余银两有较上年短少者向系臣部于题覆内议令该监督将

短少缘由声明具奏咨覆臣部如有迟延臣部即行咨催必俟该关将具奏缘由咨报之日始行结案但各关年满考核例不画一如北新浙海系年满题报臣部核覆其余各关只按季咨报于年满考核时臣部据咨核题设有应行驳查及议令具奏之处该监督每多迟延往返有需时日以致不能按季考核请嗣后各关于一年任满时将银两册档悉行解部一面缮本具题臣部即便核议题覆如有盈余数目较上年短少以及应行驳查之处亦令各关缮本具题庶办理画一而考核亦早得完结现在臣部题覆北新关考核一本其盈余短少之处拟即令该监督将短少缘由改用题本奏覆以期画一俟命下之日将粘签扣实钤印至各关有留拨内务府公项银两向来该关祗将所拨总数入于征收项内报部考核其动用细并不开报臣部从无查核之例合并陈明奉旨是

是年七月户部咨称查各关收税册档向有本部刊刻商填循环稽考等三簿事由印板凡有领册刷印给发相沿已久不知起于何年试思各关册档自应关员预备送部今各关具文到部俱称送部钤印其实并不自行预备多有在京装钉完备送部其中恐有书吏暗中揽办需索或差役借名影射开销均未可定应将各关部册由头各刷一张通行各督抚监督嗣后照式刊刷将一年需用册档本数自行装钉成籍于面页上钤盖关印签差送部凡送到之日即钤盖部印给发至在京新放监督原无格式需用册档本数应令该员具呈赴领事由册式亦令自行装钉呈送钤印给发可也其年奏准各关任满但将一年征收额税缮本具题其或较上年多寡并因何短少缘由不必叙入本内令该监督等另折具奏

乾隆六年二月初六日户部奏言臣等伏查各关管理税务日期前经臣部奏请俱令扣足一年为满者原无论两任三任奏报盈余题销关税均应一例办理若奏报盈余既令扣足一年而关税题销仍复各清各任不惟一事两歧亦且易启数目牵混之弊是以调任福州将军德敏管理闽海关任内二百三十七日征收税银并各项公用动交银两先经臣部议令该将军新柱遵照奏准之例俟接扣一年期满之日分别奏报在案查各关税银两系奏报盈余之后方准考核具题其题奏曰期原属画一该将军自应查照办理所有奏请题销税银毋论两任三任俱令扣足一年为满之处毋庸再为置议仍令该将军新柱将前任德敏任内二百三十七日征收税银并各顷公用动支银两遵照奏准之例办理俟命下之日臣部再通行各管关督抚监督一体遵照可也奉旨依议

是月初十日户部奏言据江南道监察御史金溶奏称省关税应免报盈余也查各省关税俱有应收正额银两而额收之项亦多陆续加增即如崇文门应收税银较之从前原数加增数万两四川夔关应收税银较从前亦加增数万两其余关税大概皆然而乃正额之外复有盈余一项乾隆五年九月据巡视长芦盐政奏报盈余银五千余两较之元二两年盈余数目未敷奉户部行令将缺少情由题覆在案夫既定以额则额之外即滥收非应取也况商人不惮跋涉之劳以图锱铢之利而已征之于额中复取之于额外商人裹足不前则困商货重利以售则困民且盈余取之于额外而盈余亦必题报势必至盈余之外复有盈余奉行者借报盈余之名反可巧为图利之计额数有定而盈余无定行之既久所以重累商民将不在正额而在盈余矣伏乞恩旨饬令省关税嗣后务照定额征收不必复奏盈余银两其货物应收正数浮于原额者约照盈余之数量为减轻正期足于额中不得设法取巧亦惠民之一端也等语臣等窃念税之设定例已久于通津大路商贾必由之地酌立口岸以防透漏又酌定则例刊刻木榜俾来往通知以防苛索此裕课之道实务本抑末之义也其非通津大路非商贾必由之地例不设口岸不设巡逻日用细物皆听任交易此便民之举即遗秉滞穗之意也伏查雍正元年钦奉恩诏将各关加添盈余银两作何减除之处令该部酌议具奏随经户部定议将淮安北新关等加增盈余额银尽行裁去令各监督每年应征额税照数完解如有盈余另行据实奏闻不得侵隐等因奉旨依议钦遵在案是额外加征久经严禁而额征之货或值充羡按例征收时有溢额该监督不敢侵隐据实报解并非许其违例滥征于正额之外复取盈余也我皇上惠爱商民体恤周至于雍正十三年十月内特颁谕旨凡落地税银在乡镇村落重复征收者全行禁革又乾隆元年户部覆准原任督臣条奏各关止收加一火耗其余一概巧取名色尽行革除如有经费不敷即添动盈余为各关书吏人役工食之用以绝其勒索之弊计自乾隆元年以来各关报解盈余较之雍正十三年以前每年已减少四五十万两不等然而京师物价并未平减商贾生意尚觉萧条居民不沾实惠行旅啧有烦言偭若报解赢余实有以困商民者则有续增口岸过多胥役需索倍甚以至商本加重物贵难售此实关之吏借盈余之名以私图便利者之为累也伏查会典内开各关近多滥征甚至支河小港以及关之近地旱路俱行拦截肩挑负担之民尽遭检束令各该督抚不时查察纠参如别经发觉将该督抚一并处分等语今旧例现在日久废弛如北新关于报部七务六小关之外复设有西湖德胜坝等处数口

岸浒墅关于报部三桥七港之外复设有王庄杨尖等二十余口岸虽经各该督抚题奏声明止以稽察偷漏并不抽收货税但或借巡查以勒索托盘诘以刁难实所未免其余各关虽无案可稽而私添口岸亦大概此至于抽收之弊则巧立名色明索暗增火耗之外又有饭钱有单钱及至纳税又或重其戥砝或短其丈尺层层扣剥种种勒措商民之受累实职此之由臣等请嗣后各关除从前原设口岸报部有案者仍令照旧设立外其私行增添之口岸及浒墅关北新关私添王庄杨尖等口岸西湖德胜等坝令各该督抚逐一详查题报禁革凡则例所无木榜所未开载如有浮加斤两重戥称收一切巧取之名色具奏革除至于民间日用细物违例检束者胥役严处官吏严参其该督抚不为查察或为徇隐以致别经发觉者即遵照会典将该督抚一并处分如此则既不至滥征有累商民亦并不至侵隐以饱关吏矣其年议定嗣后各关赢余银如与上年数目相仿者户部即考核出题如本年所报赢余与上年数目悬殊令各该督抚就地方情形详细查核如无侵隐等弊即据实声明覆奏倘该督抚覆奏不实及扶同徇隐别经发觉一拜交部议处

乾隆十四年十一月户部奏言臣等公同酌议请嗣后各关征收赢余银两除各关监督向系自行奏闻者仍照旧例办理外其例系报部者该监督于年满之时比较上届若有短少即行申报就近督抚据实查如无侵隐情弊该督抚即行出结会奏其各关有属督抚管理者亦令于年满时互相出结会奏倘各该督抚并不实力稽查及有扶同徇隐等弊或经臣部察出或于他处发觉立即据实题参严加议处所有比较上届短少银两即于各该督抚监督名下照数追赔如此互相稽查庶关税得收实效而案牍不致繁琐抑臣等更有请者查关税考核定例内开收税官员欠不及半分者降一级留任欠半分至一分以上者降一级调用欠二分以上者降二级调用欠三分以上者降三级调用欠四分以上者降四级调用欠五分以上者革职等语原因正额短少是以分别议处今查盈余银两多少虽与正额有间已据各该督抚查会奏并无侵隐情弊但亦缘各管关官员并未细心稽查办理不善之所致若不酌加处分恐启日渐懈弛之弊臣等酌议除从前驳查未结各案仍照向例办理外应请嗣后征收赢余银两除比较上届短少不及一分者免议外其一分以上者罚俸一年二分以上者罚俸二年三分以上者降一级留任四分以上者降一级调用五分以上者降二级调用如此立定规条庶管关官员皆知慎重办理于税课实有裨益仍令各关监督按照则例征收不得藉端滋扰致干参处再工部所管各关亦应一体办理俟命下之日臣部通行各省督抚各关监督遵照奉圣谕此折所见虽是但盈余究在正额之外然非额外别征盈余缘照额征收尽解其溢于成额者即谓之盈余是名虽盈余实课帑也亦即正供也岂有居官食俸受国家豢养之恩至侵课帑而可置之不问之理然该部定议亦有未协之处如议而行则好论之徒必将谓计臣习于言利故不得不为详悉开示当康熙年间关差各有专员恣意侵蚀不但无盈余并不敷正额然至任满之时未尝不量其所入派工派差无得饱其私橐者而当时风气俱视缺额谓分所当然是以雍正年间一番清理凡官侵吏蚀仆役中饱举烛照而数计焉于是各关以盈余报者相属而缺额者从未之闻矣可见岁额本敷盈余本有向之有缺无盈其弊自在漏卮耳自朕御极而中外人心举知政尚宽大希图欺隐时则盈余岁减一岁又将渐开亏省正额之端用是曾降谕旨所有较前减少之员交部严行察议令其稍知法纪而朕意又恐查核过严则各关自顾考成必求溢羡或致藉端横索因令数目相仿者该部即行核题如其大相悬殊令各该督抚就地方实在情形据实声覆非不知督抚查核不过据监督之所申报代为奏闻并无另行查办之处自以盈余非库帑可比论之洁己奉公之道固不当染指但尚与侵盗钱粮有间故为伊等稍留余地开一解免之门亦可知朕意之所在矣迄今年复一年较前有减无增部臣以督抚核题虽称并无侵隐亦缘该员办理不善请比照上届短少至一分以上者各按分定以处分此虽为慎司国计起见然所称与上届比较不无流弊有如甲盈一万则下届之乙必思盈及万有五千再下届之丙又将加增二万至丁而三万似此相竞不已又将无所底止必致病商敛怨非理财之正道也夫盈余无额而不妨权为之额朕意当以雍正十三年征收盈余数目为定其时正诸弊肃清而亦丰约适中之会也自雍正十三年而上下二三十年之中岁时之殷歉相若也贾舶之来往相若也民风之奢俭相若也则司之征收又何至大相悬殊哉嗣后正额有缺者仍照定例处分其各关盈余成数视雍正十三年短少者该部按所定分数议处永著为例

乾隆十五年六月二十一日户部奏言臣等查得各关征收税课有一年期满者有未及年满离任者亦有管理一年零数月者是以奏报盈余向系按照管关日月各清各任而臣部查核覆奏如系一年期满则较上年盈余成数此较其未满一年并征收数月者俱系按上年之数匀算比较盖缘月日畸零无凭查照故于匀算之中寓查核之意

也惟是各关税课统年征收则货物之出产皆齐商贾之往来毕集较之上年银数自应相仿即年岁偶有丰歉亦不过略有参差如系征收数月则货物有衰旺之分商贾有多寡之异管关官员或数月内适值货物俭少盈余较绌虽系实力稽征臣部仍行驳查且查管关一年零数月者该监督奏报案内比较一年成数其零日又往往不行比较若概照历年之数匀算比较未免偏枯臣部碍难查办臣等公同酌议请嗣后各关管理税务日期凡接任征收者无论两任三任俱令扣足一年为满其管关一年零数月者将一年盈余奏报零月归于下届统俟扣足一年再行汇奏以昭画一其各任征收盈余较之成数俱属无亏及此任征多能抵补彼任短少者均毋庸议倘此任短少而彼任所余之数不能抵补者祇将短少之员议处如各任所征银数俱少者均行照例议处如此分别办理庶各关有所遵照皆知慎重抑臣等更有请者各关接任征收既令扣足一年为满司各员值货物丰盛之时以征收盈余足敷本任数目此外视为无关已责易启侵蚀之端其值货物俭少之际又或藉后任可以抵补并不实力征收均未可定若不立定稽查之法窃恐彼此观望转多推卸之弊请嗣后各关监督如前任所收税课实力稽征尽收尽报饬令接任之员详细查出具并无捏饰印结送部其已经出结以后专行责成接任不得复将短少缘由推诿前任倘接任官员查出前任果有征多报少侵蚀等弊即行据实参奏如扶同徇隐并不实力稽查或经臣部查出或别经发觉即将滥行具结之员一并交部议处如此酌定成规庶前任征收数目因后任实力稽查不致征多报少而后任视为己责亦不得藉端推卸于税课实有裨益俟命下之日通行各管关督抚监督并吏工等部一体遵照奉旨依议

乾隆十八年二月十九日奉圣谕各省奏报关税盈余数目较上届短少部议俱交督抚查明情由该督抚不过据监督及管关委员所报取结声明具覆从未有察出侵蚀情节据实查参者章奏往返竟成故套甚属无谓朕思关税时盈时绌势所不免若该监督等无故短少或任意侵肥该督抚自应随时查察奏闻治罪如其果无情弊何必重复声明徒滋案牍嗣后各省奏报关税盈余数目该部核覆时毋庸复交督抚查奏

乾隆十九年正月户部奏言臣等伏查各关近年奏报盈余银两大抵较多于前是以臣部历年查办如较上届短少仍行驳查在案今圣谕以各省督抚查奏关税竟成故套嗣后核覆时毋复交督抚查奏仰见皇上洞悉务崇尚实政之至意臣等公同酌议嗣后各关征收盈余银两如较上届短收无几者臣部钦遵谕旨即行随奏核结毋庸再行驳查致滋案牍至较上届短少数目大相悬殊者令该监督按照该关该年情形据实奏报如有无故短少任意侵肥臣部即行查参将所短银两在于管关监督名下照数追赔其工部所管龙江等关亦应一体办理俟命下之日臣部通行各管关监督并知照工部一体遵照奉旨依议

是年五月户部咨称查关税盈余前以雍正十三年成数比较今各关征收盈余银两经本部于本年正月内议以较上届短收无几者即行随奏核结毋庸再行驳查至较上届短少数目大相悬殊者令该监督将该关该年情形据实奏报如有无故短少任意侵肥者本部即行查参将所短银两在于管关监督名下照数追赔等因奏明通行遵照在案是各关嗣后奏报盈余自应遵照本部原奏祇将上届比较乃各关仍有将雍正十三年成数入奏者办理殊不画一应通行各关监督查照其年户部咨称据户科移称查各关红单底簿向由部送科磨对后发回户部核题此定例也近因闽海关红单内有缺少节经户部贵州司换封加印未便专咎关吏之疏虞是以传令户部贵州司经手三面查对并酌议嗣后部吏随红单底簿到科公同磨对以免推诿当经移会户部原不过稍易从科发部之往返于成例既无更张政体亦归易今户部以历来并无部吏赴科磨对之例不肯令部吏前来亦属循例办理之意似可毋庸另议章程至户部移称令关吏将红单底簿径行送科之说则又何为显置定例而不顾查会典内开凡各关差官员赴本科亲领四季印簿令本商自填纳税数目按季送科差满仍造送总册本科移取户部红单磨对如有舛混违限者题参等语是红单底簿例系该关先送户部查收本科查对之时始行移取遵循已久历来无异至于过虞破损恐有推诿似属不必如果损在关吏未投之先户部查验自可当即驳还并即饬令该关严谨封固亦无难事若关吏原封投交并无破损仅在户部署中由厅而承发科由承发科而贵州司相隔咫尺即可辗转无须耽延照看查送何至破损即或间有破损之处户部查阅查明页数钤印加封本科亦可凭数磨对若云部吏送科磨对并无明文则令关吏径行送科亦违定例本科断不敢破例而行相应移覆贵部仍照旧例办理等因前来除各关征收税银红单底簿户部既称毋庸部吏赴科磨对应毋庸议外至由部送科之处既经赴科移会本部照会典内开移取之例办理相应通行各关嗣后将红单按照口岸挨顺月分装钉成本注明张数钤印加封于封外注明本数张数同底簿一并交给解吏敬谨赍送仍移会户科于该关题本奉旨发钞之日即行移文本部出具移会令该关解吏随同本部印文将

原封亲赍送科磨对俟磨对后严密封固按封注明本数张数钤盖科印同底簿移还本部考核具题以符会典移取之例以免辗转交收擦损推诿之虞再查本部办理外省题奏事件定有例限今各关红单底簿即应户科移取所有题本例限应于户科移取到部之日起限俟户科磨对移还日再行接算前限查办完结

乾隆二十二年奏准嗣后各关征收盈余银两较上届数目大相悬殊者令监督按照该年情形据实奏报即交督抚委员赴关严查若有征多报少情弊立即揭参若果尽收尽报出结声明具详由督抚查具奏其督抚管理各关亦互相查勘办理如户部核对税册经征数目果属相符即行准销有未符者再为指驳详查至督抚并不实力稽查及有扶同徇隐情弊查出参处仍将短少银两著落按数分赔

乾隆四十一年三月奉圣谕前因各关盈余参差不齐恐每年逐渐加增无所底止曾经降旨以雍正十三年成数为准示以折衷之制俾不致多寡悬殊其法最为妥善乃行之未久部臣复因各关奏报盈余大概较多于前谓仍以上届数目为此较遂无成式可循以致递行短少此部臣办理之未善也嗣后各关考核务照雍正十三年之数比较

是年六月十八日户部奏言据仓场侍郎嘉谟范时纪将坐粮厅苏楞额杨有涵经管税务任内自乾隆四十年四月初九日起连闰至四十一年三月初八日止一年征收正额盈余银两数目循例比较一折于乾隆四十一年四月十四日具奏十八日奉旨知道了于四月二十七日钞录原折咨送到部臣等查得坐粮厅每年征税银六千三百三十九两二钱六分今据该侍郎嘉谟等奏报坐粮厅厅员苏楞额杨有涵等乾隆四十年分征收正额银六千三百三十九两二钱六分臣部查与额征银数相符至盈余一项本年三月三十日钦奉谕旨嗣后各关考核务照雍正十三年之数比较又乾隆二十二年臣部奏明各关盈余银两短少无几者准其随奏核结等因各在案今该厅员于乾隆四十年分征收盈余银六千二百六十八两零比较雍正十三年盈余之数计少收银二百四十六两为数无几应毋庸议再查各关税务各省地方情形不同而今昔异宜其所收盈余亦多寡不一臣等将各关近年奏报盈余银两详加查核其中比较雍正十三年之数短少者固所时有而比较雍正十三年加多者亦复不少盖因商货日盛斯课税日增若概以雍正十三年之数比较恐日久奉行不善或启征多报少之渐臣等公同酌议嗣后奏报盈余其短少各关于各该监督奏到时臣部悉照雍正十三年之数比较核议具奏至多收盈余各关倘有较雍正十三年之数虽多而与近年现在征收数目大相悬殊者臣等于核议奏覆时仍声明请旨遵行并请先通行各关监督妥协经理尽收尽解不得因奉行比较雍正十三年之数遂视为有盈无绌胥吏或乘机弊混致与近年现征数目有亏谨将各关近年盈余银两比较雍正十三年多寡数目另缮清单恭呈御览奉旨知道了

乾隆四十二年八月初三日奉圣谕户部奏查核扬关征收税银较雍正十三年短少至三万二千六百余两请著落经管之道员孙桰赔补一折因命军机大臣交户部查该关历年盈余之数较雍正十三年多寡若何今阅单开各年盈余数目惟乾隆十四十七两年较雍正十三年有盈无绌其余各年则节次短少并非始自近年各关税课盈余例与上届相比较朕临御之初本不知各处所收关税多寡之数因谕部臣即以雍正十三年为准使胥吏不敢例外苛求监督不能征多报少且使每年比较不致岁渐加增加减无所底止实于体恤商民之中寓司关税者不致作弊克减之意并非因雍正十三年关税独多使各关税必足其数也乃行之未久部臣因各关奏报盈余较雍正十三年有盈者居多若置上届于不问恐监督以比旧已多即可从中侵隐易滋流弊请仍与上届相比较又复通行日久昨岁考核淮安凤阳关较上届屡形短绌因令复照雍正十三年比较则所短之数更多自系办理不善今扬关亦复节年短少且通计短少最盛者惟此三关若因此而遍及诸关未免窒碍且恐无识之徒疑朕于关税必欲从其多者相核实不知朕体恤商民之本意矣若朕有意于帑项增多则不三次通免天下钱粮其所增益不较此百倍乎又思乾隆二十八年临清关征收盈余较二十七年短少朕曾谕户部令与二十五六两年再行比较嗣经部臣奏称该关盈余之数虽较上届少银三万余两而较之二十五六两年尚多银一万五千余两即予免议盖税课盈缩率由于年岁丰歉固难免参差不齐而通计三年即可得其大概若多寡不甚悬殊原可毋庸过于拘泥此法最为平允嗣后各关盈余数目较上届短少者俱著于再上年复行比较如能较前无缺即可核准若比上三年均有短少再责令管关之员赔补彼亦无辞夫朕以雍正十三年为准者本属美意今既有此求全之毁嗣后此例不必行所有扬关本年比较盈余交该部照此例另行核议具奏并将此通谕知之

乾隆四十五年圣谕粤海关经征课税向来原视洋之多少货物之粗细以定盈绌非浒墅等关征收内地货物

者可比所有图明阿短少银三万二千二百余两据称系小货粗尚属有因著加恩免其赔补嗣后该部查核粤海关征收课税即以该年之只货物核实考察毋庸照各关例将上三届比较

是年十月初四日圣谕荆关满任监督哲成额奏应分赔接征前任短少盈余银六千三百余两又本任内比较上两届短少盈余银一万四百余两请将房屋尽数折变先交并应得一切俸廉公费尽数陆续坐扣一折各关缺少盈余税课定例令其按数赔缴原所以杜侵蚀之弊但如浒墅淮扬长芦等关监督养廉本优又多留任接管则以其赢积垫补缺少尚可不至赔累然其中有实因商贩稀少并非经征不力者朕尚为加恩令其减数酌赔至一年报满之小差养廉本属无多所值又丰歉不一若以盈余短少辄令折变房产既非所示体恤将来差员转不免视为畏途甚或有预虞赔垫更别生病商累民之事流弊亦不可不防也既以其办理不善量示惩儆亦止须将其任内养廉按数追出不准赏给亦足以蔽其辜何必另将房产交官朕办理庶务无不斟酌情理从不肯有意从苛所有哲成额名下应赔银两除将伊任内得过养廉核明扣抵外余著加恩豁免嗣后此等一年税差并俱照此办理倘监督等恃有此旨辄敢征多报少则督抚等具有耳目即当据实严参从重治罪

乾隆五十二年奏准各关需用收税册档离京最远之太平粤海闽海等关限关期未满九月以前差吏赴部请领倘有请印迟延以致擅用本关簿册登填者照例严参

乾隆五十七年九月十三日圣谕毕沅奏荆关征收钱粮比较一折内称近年因下游之江南安徽江西浙江等处年岁屡丰粮价平减与川省相仿兼之水脚盘费贩运每多亏本是以往来只稀少以致不能比较最多之年等语各省年岁丰登粮价平减商贩自然络绎关税正当增盈湖广近年亦庆屡丰断无因稔收转致税额短绌之理前次淮杨等关短少盈余即以豫东等省因旱薄收豆麦南下者少为词今荆关盈余短少又藉词于粮价平减只短少则岁歉固绌岁丰亦缺必如何而后可岂司务者因关税短少而转望歉收有是理乎各督抚于办理地方事件欲为属员地步往往不顾事理之是非意为轩轾托词陈奏即如常平等仓州县等欲详采买即云岁丰粮贱宜趁此买补或不欲采买则又云收成虽好粮价尚未平减而该上司亦任其朦混禀报不加稽核以致各省仓储不免亏缺若果如毕沅所奏则如湖广四川江南安徽江西浙江等处粮价平减即应趁此丰收采买使仓储充足而此数省内常平等仓该督抚亦能一一保其无缺耶各省督抚皆受朕厚恩简任封圻遇有关系钱粮重务自应各矢天良平日严密稽察勿任吏胥舞弊以致亏短或因水旱不齐稍有短绌之处原不妨据实陈何必藉词年岁转成虚饰殊非事君以诚之道嗣后该督抚等于粮价关税等务宜详慎核俱以实入告勿任属员等蒙混禀报率行转奏除将毕沅折交部核议外将此通谕知之

乾隆六十年正月户部咨称据粤海关监督苏楞额奏粤海自乾隆五十八年八月二十六日起至五十九年八月二十五日止一年征收税银比较盈余一折乾隆五十九年十月二十八日奉朱批知道了钦遵钞出到部查粤海关比较盈余固以洋多寡为率尤以货物粗细为定总在造册详明本部将上届及本年款目细为核对方能得其盈绌数今据前任粤海关监督苏楞额奏称该关自乾隆五十八年八月二十六日起至五十九年八月二十五日止一年共到洋船四十三只通关各口共收正杂盈余银九十七万二千九百四十八两零虽比较五十八年分多收银八万七千三百三十五两零比较五十六年分仍少收银十五万四千六百一十四两零而该关册造只将货物粗细各数散列开造未将某货应定为细者共若干某货应定为粗者共若干汇总核计本部无从核对至该监督所报清册共收洋货物税银七十三万五千九百四十五两零与奏报通关各口正杂盈余银九十七万二千九百四十八两零银数亦不符合此系该监督只造洋货物税数未将各口货物税数分别开造殊属未协至该总督造册送部自应钦遵谕旨按月密行造报与奏报时无误核对方昭慎重今自乾隆五十八年八月二十六日起至五十九年正月二十五日止送部清册未经分别粗细款目前经行令该督等另造妥册咨送迄今尚未补造到部又自六月二十六日起至八月二十五日止应行造报清册亦未造送本部俱无凭核对应令该督抚即行造送俟咨部到日以便议奏其造送迟延职名业经本部咨取在案亦即遵照本部前行开送核议仍令该监督将各口岸征收货物税数造具清册及该年所收洋货物分别某项细货各若干某项粗货各若干汇总核计粗细总数另造简明清册速行送部到日再行核议覆奏毋得仍前含混致干参办

嘉庆四年圣谕向来各关征税于正额之外将盈余一项北较上三届征收最多年分如有不敷即著经征之员赔补以致司各员藉端苛敛而赔缴之项仍未能如数完交徒属有名无实因思各关情形不同所有盈余数目自应

酌中定制以归核实而示体恤已于户部所奏各关盈余银数清单内经朕查照往年加多之数分别核减自此次定额之后倘各关每年盈余于新定之数再有短少即行著落赔补如于定数或有多余亦即尽收尽解其三年比较之例著永行停止至工部料竹木等税除渝关盈余向无定额及由闸等关并无盈余外其余亦经分别减定嗣后一律办理毋庸再行比较又奉圣谕各省管理关务各员自盈余减定不行比较之后固不得稍有苛收倘遇征收丰旺之时仍当核实办理尽收尽解亦不得以盈余业经减额将多收税银隐匿不报倘经科道核奏朕有所访闻必当从重治罪又奉圣谕各处关税盈余经上年酌量删减后于定额盈余之外其逐年比较以示体恤但司各员因盈余定有额数于足额之外未必尽收尽解或任意欺隐藉肥私橐实难保其必无著通谕各处嗣后所征关税盈余银两如较新定额数实有加增即当据实报出朕必加恩甄叙倘稍有隐匿征多报少一经发觉必将该管之员照监守自盗律治罪

嘉庆五年圣谕上年将关税盈余酌加裁减原以体恤行旅加惠商民在各关监督等自当仰体朕恤商惠民之意不敢于正税之外复有勒索扰累之事而所派之巡役家人等难保无肆意苛求藉稽查税务之名妄行勒措情弊现在芦沟桥彰义门经管税局人役竟有讹索过往行人银钱等事业经分别惩治辇毂之下尚敢如此其余各省关税种种情弊不问可知该监督等所管税口不止一处于稽查税务一节不能不另派胥役家人等分任其事务当谆切晓谕不许例外讹索仍时加查访严行管束以绝弊端嗣后京外各关税局除随时密访外或别经告发或被人指参如再有讹索饭钱扰累商旅等事不独将所派之巡役家人等从重治罪并将各关监督一体严办示惩不稍宽贷

嘉庆十七年五月初三日户部奏言各关征收缺额业经分限赔交尚在限内续有缺额者如数在万两以内即令具文报部准其各按承追定限同时完交如数在万两以外应否准其接续完交之处令该督抚监督具奏请旨如系参革降调之员均准其接续完交起限日期奏案以接奉谕旨之日为始咨案以接到部咨之日为始其核算银数应令各归各年无须并算再查臣部则例每届续纂之年如有更改旧例者均应注明嗣后查照新例办理字样臣部及各省不得以旧册应行删除之弊条牵混援引至各省督抚咨请部示事件有例未备或时地异宜必须酌增更订者均应酌议奏明毋得据咨率覆以昭核实奉旨依议

是年六月初四日户部奏言臣部则例载承追官员欠项除顷奉谕旨定有限期专案勒令完缴外其余采买价脚解送运脚驿站军需及预发垫支事竣核减追缴等项银两均于文到日起旗员即由该都统咨部查参汉员即由该督抚咨部查参等语惟关税监督盈余短少只载即行著落赔补并无分限专条近年赔缴盈余缺额之案除该监督督抚奏报缺额仰蒙恩旨予限完缴并该督抚监督奏请分限完缴奉旨允准外间有随案声明照数完缴亦有援引承追例咨部分限完缴者未能画一伏思关税盈余赔项与承追户属项下一切银两事属相同若不明定限期转恐管关之员以银数较多借口力难清完转致延宕似应即照承追定例按银数多寡分别予限俾得按例措交如逾限不完现任管关人员臣部指明查参离任人员内任者旗员由该都统咨部汉员由臣部查明参办外任者旗员汉员均由该督抚咨部查参如此明定章程画一办理庶关税赔项不致久悬奉旨依议

嘉庆十八年十二月户部奏言臣等查税银系应解部款嘉庆十七年五月臣部曾经奏准各省非有刻不可缓之需不得擅行借动应遵照原奉谕旨通行省于解部税银毋许藉称急需奏拨截留至管关人员短少税银既奉旨著赔经部分别定限承追之员自应依限催追未便任其延宕应请责成该管之督抚都统转饬将逾限者勒令立即扫数完缴未满限者务令限内全完倘再迟延即指名参办承追不力一并查取职名议处奉旨依议

道光二年总督阮元会奏言窃九月十八日广东省西关失火延烧洋行夷馆情节业经臣等陆续陈奏在案正在查勘抚恤闲据夷人大班喊臣等呈递夷禀当交夷商通事等译出据云夷等远来中国贸易已近百年仰蒙列圣鸿慈至优极渥今西关失火风势过猛以致延烧存贮货物馆舍将本年贩到之大呢哔叽及历年余存洋货暨本夷国王公售之物均成烬其中并有虽经认保尚未分给洋商大呢哔叽等项共核计应输税银十四万二百四十余两钱粮无著夷等进退无路痛不欲生伏闻大皇帝仁覆寰区恩周内外惟求大人等代为叩恳天恩乖念远方小夷梯航万里情节堪怜伏祈恩施豁免等语又据洋商伍敦元卢棣荣等连名具呈商等世受国恩沦肌浃髓兹遇火灾原不敢妄有陈诉但商等十一行被烧者六家其余五家行馆虽未被灾而货栈房屋亦俱焚毁明年正月即届开征之期商力竭蹶实难按限支饷亦祈代奏量予恩施经臣以帑项攸关严加饬驳而该商等遍赴臣等衙门求请不已臣等复亲履被灾之区逐一察看并委员详细查核该商夷等所诉尚属实在情形查粤海关钱粮自上年十月二十六

日起连闰计至本年九月二十五日止一年期满经臣阮元兼署关务及臣达三回粤接印两任共征银一百四十八万五千一百四十余两较之嘉庆四年钦定止额盈余银八十五万五千五百两计多收银六十三万余两前经臣达三恭折奏明在案伏查广东省此次火灾实为数十年来所未见经臣等据实具奏其商夷拮据情形早在圣明洞鉴之中若不稍加调剂明年大饷实难依限催征臣等伏查本年征收银一百四十八万五千一百四十六两八钱三分内除出口饷银五十一万五十五两七钱七分二厘及各口征银一十二万八千五百九十三两五钱一厘钞银一十八万二千九十七两五钱三分二厘共计银八十二万七百四十六两八钱六厘仍督饬征齐届期解部其进口饷银六十六万四千四百两二分四厘向例于满关后六个月内征齐起解惟是税由货出今大呢哔叽等物既被焚毁其尚未分散各行税银应由夷人交出者计十四万二百四十三两四钱四分六厘其货已给商税银应由商人交出者计五十二万四千一百五十六两五钱七分八厘自应分别仰恳恩施俾商夷均资调剂臣等查该夷人货物被焚赀本已归乌有若再令交税未免拮据所有应交税银十四万二百四十三两四钱四分六厘可否准其豁免以示圣主体恤远夷出自鸿慈至该商等应交税银五十二万四千一百五十六两五钱七分八厘未便遽请蠲豁臣等酌议合无仰恳皇上格外施恩俯准明年先令该商等交银二十六万二千七十八两二钱八分九厘其余一半自道光四年起行馆未烧栈房被灾者五家分为三限其行馆栈房俱被烧毁者六家分为五限带征归款庶商力稍舒征输较易如蒙俞允帑项既不致虚悬而该商等感戴恩施激发天良向后办理税饷自必倍加踊跃至内务府交售参价银七万六千八百两造办处年例办公银五万五千两仍饬令照数交纳不容稍有拖延臣等往返熟商意见相同伏祈圣明训示奉上谕阮元等奏商夷被灾恳恩调剂一折广东省城西关本年九月内不戒于火延烧洋行夷馆据该督等查明被灾情形较重商夷拮据所有粤海关本年征收税银除出口饷银及各口征银并钞银两仍督饬征齐解部外其进日饷银六十六万四千四百两零著照例于满关后征齐起解实属力有不逮著照所请加恩将该夷人应交税银十四万二百四十三两零全行豁免以示体恤其该商等应交税银五十二万四千一百五十六两零著于明岁先交银二十六万二千七十八两零所余一半自道光四年起行馆未烧栈房被灾者五家分为三限其行馆栈房俱被烧毁者六家分为五限带征归款以纾商力至内务府交售参价银七万六千八百两造办处年例备公银五万五千两仍著饬令照数交纳该部知道

是年七月十九日户部奏言窃各关收税银有一年期满者有数月离任者亦有管理一年零数月者向来奏报盈余均系按照管关月日各清各任办理乾隆十五年臣部奏明各关管理税务日期凡接任征收者无论两任三任俱令扣足一年为满其管关一年零数月者将一年盈余奏报零月归于下届统俟扣足一年再行汇奏其各任所征盈余较之成数俱属无亏及此任征多抵补彼任短少者均毋庸议倘此任短少而彼任所余之数不能抵补者祇将短少之员议处如各任所征银数俱少者均行照例议处并请令接任之员查如系尽收尽解出具并无捏饰印结送部其已经出结以后专责接任不得复将短少缘由推诿前任奏奉谕旨准行在案惟原奏只言处分未曾论及分赔臣部从前办理赔项均系按本任亏数著令独赔迨后按照处分之例奏明一年核计匀摊分赔并纂入则例亦在案嗣后于嘉庆二十四年右翼监督哈丰阿普恭短收税银一以请按任分赔一以请按例分赔咨部经臣部奏奉谕旨现既查明哈丰阿任内所收银两尚属有盈无绌普恭接任后始行缺额所有短收银二千六百九十一两零全行著落普恭赔缴等因臣等窃思关税一项乾隆年间并无匀摊著赔之条自仿照处分定以赔项月日例案遂致亏缺多者追赔少而处分轻亏缺少者追赔多而处分转重而哈丰阿一案又与久行例案两歧臣等再三筹酌关税月分虽有衰旺不同但前任短少摊于后任究属失平况现在调集各关报部印册有年月相同丰歉迥异可见税之衰旺亦视乎天时人事若以此定为匀摊必致恃有分赔之例不免以多报少应请旨饬令通行管关人员各按各任计成核算除有盈无绌者应免置议外其本任缺额者即照短收分数分别正项盈余办理庶足以昭公允而归核实如蒙俞允即纂入则例一体遵行奉旨依议

道光四年十一月初七日户部奏言上年六月内军机大臣会同户工二部议奏各关税课情形一折附片具奏各关赔项章程内称向例各关经征税银一年期满管关官员无论两任三任倘有短少按照在任月日匀摊分赔嗣于道光二年臣部具奏关税月分虽有衰旺不同但前任短少摊于后任恐属失平请各按各任计成核算奏准纂入则例在案惟臣等伏思各关情形不同立法期于无弊如照匀摊之例恐各任恃有分赔固不免以多报少如各按各任计成核算又恐月分衰旺不同若前任亏短后任亦未必肯以多收之数全行奏报抵补是否照旧匀摊抑或遵照

新例各任赔补之处请旨饬下各省督抚就近察看各关情形酌中定拟奏奉谕旨各关分赔章程著各督抚就近察看情形应否照旧匀摊或仍遵新例各按各任赔补之处妥议具奏当经臣部通行遵照办理在案兹据各省督抚等陆续奏咨到部臣等查闽海赣关龙江西新淮关南北新浙海天津临清芜湖凤阳粤海太平崇文门坐粮厅山海江海左翼右翼张家口等十九关俱系请照旧章一年期满无论两任三任匀摊分赔惟浒墅扬关九江杀虎口归化城等五关请照新例各按各任赔补臣等伏查各关征收税课如系两任三任各按各任赔补则月分有淡旺之殊商贾有多寡之异责令各自赔缴则多收者不必全交少收者反致赔累似应仍照旧例统以一年为期无论两任三任倘有短少按照在任月日匀难分赔较为平允各关赔项章程自应概行遵照办理兹查各督抚议奏案内淮安江海浒墅扬关同隶江苏一省淮安江海既遵旧例而浒墅扬关则遵新例九江赣关同隶江西一省赣关既遵旧列而九江则遵新例办理殊未画一臣等公同酌议应请嗣后各关征收税课遇有短少俱照旧例毋论两任三任统以一年三百六十日计算如有多余尽收尽解倘有短少即将一年少收数目按各任经征月日匀摊分赔其管关一年零数月者将一年征收数目奏报零月归于下届期满汇奏至一年内两任三任此任有余准其抵补彼任之不足倘所余不敷抵补只将短少之员议处其足额者免议如各任俱亏分别正额盈余均照例议处并令接任之员确查前任征收银数实系尽收尽解出具并无以多报少印结送部则前任亏短后任既可稽查此任亏短彼任亦可抵补统计一年牵平合算以昭平允而归画一其道光二年所定新例应请即行更正是否有当恭候命下之日臣部行文各管关巡抚将军监督并知照吏部工部一体遵照办理臣部纂入则例永远遵行奉旨依议

道光十二年七月初十日户部奏言江南道监察御史郑世任奏称查乾隆十四年户部议奏内开向系各关短收正额不及半分者降一级留任欠半分至一分以上者降一级调用欠二分以上者降二级调用欠三分以上者降三级调用欠四分以上者降四级调用欠五分以上者革职其短收盈余处分亦经议定不及一分者免议一分以上者罚俸一年二分以上者罚俸二年三分以上者降一级留任四分以上者降一级调用五分以上者降二级调用等语定例之时因系三年比较未经定有盈余数故相未改也夫必盈余全数报亏而后亏及正额向来亏正额者即不计盈余处分今短收盈余五分以上既以降二级调用而短收正额不及半分转得降一级留任半分至一分以上转得降一级调用一似畸轻畸重未足以昭平允应请饬部妥议量为更改庶办理两无妨碍等语臣等查关税短收处分既有正额盈余之分自应递加递重方可并行不悖今短收盈余五分以上既以降二级调用而短收正额不及半分转得降一级留任半分至一分以上转得降一级调用诚不免畸轻畸重难昭平允查各关税历系有盈无绌或间有亏缺止属盈余从未有亏及正额者是以遵行已久尚无窒碍近来亏缺渐多并有盈余全亏而亏及正额之时办理殊难允协应如该御史所奏量为更改查定例亏缺盈余处分轻重适宜自可无庸另议其亏缺正额处分今请改为欠不及半分者降二级调用欠半分至一分以上者降三级调用欠二分以上者降四级调用欠三分以上者降五级调用欠四分以上者革职仍照旧不再计盈余处分如此办理庶足以昭平允而管关各员亦更知所警畏其分赔著追年限仍遵照道光十一年八月奏定章程办理如蒙俞允俟命下之日臣部纂入则例永远遵行并移知吏部工部通行各管关督抚将军监督一体钦遵办理奉旨依议

道光十三年五月二十三日户部奏言据两广总督卢坤等奏称查各商未完新旧正饷及杂项共银一百三十万六千六百两二钱一分二厘经臣彭年将欠数最多各商奏参勒限催追钦奉谕旨勒限三个月将部催正项扫数全完倘逾限无完即行从重究办等因随会同严切催追嗣届三个月限满欠项仍未全完臣卢坤节次严檄督催据天宝等行商人梁承禧等先后完缴银二十四万三千零四两七分五厘惟万源行革商李应桂未完银十九万五千七百八十三两四钱八厘茂生行革员林应奎未完银二千三百五十九两六钱九分五厘当将李应桂家产查抄估计所值无多不敷变抵该革商尚有应解未准部催之历年正杂各款连前项共计银三十一万四千二百五十三两一钱七分虽经收禁比追察其情形实属无力完缴林应奎早经革退更属清款无期惟有著落众商摊赔已据怡和等行商人伍绍荣等承认将李应桂林应奎两行未完银两在于该商等十行名下摊赔归款其甲午年未完正杂及癸巳等年应解杂款除李应桂名下未完银十一万八千四百六十九两七钱六分二厘已归众商摊赔外据各商陆续完缴银三十五万二千五百一十八两五钱一分三厘尚未完银三十九万四千四百六十四两七钱五分九厘据各商以历年赔累过重现在新饷紧急货物滞销节次禀求宽限并求将代赔李应桂等欠项接续分限完缴臣等详细体察近来洋商殷实者不过一二家自上年八月至今六个月之内追完旧欠银五十余万两实属筋疲力尽此时

若必令其全完旧欠势不得不挪移新饷与其挪掩一时旧欠甫完新欠复积不若将新饷加紧催征力杜挪掩旧欠分限带缴逐渐清厘庶足以昭核实而绝弊源相应仰恳皇上天恩将各商未完正杂等款银三十九万四千四百六十四两七钱五分九厘俯准此次奏奉谕旨之日起分限五年带征全完其怡和等行付赔李应桂等欠项银三十一万六千六百一十二两八钱六分五厘俟前项五年限满征完后再行分限三年摊赔归款庶商力稍为展舒而旧欠均归有著等语臣等伏查各商未完正杂等款银两既经奉旨勒限三个月扫数完缴自应严切督催务于限内将各商所欠全数征缴以裕国课而警延玩岂容于新限甫逾复请分限带征致各商又生观望惟据该督等奏称各商历年赔累过重又值洋货滞销自上年八月至今六个月之内追完旧欠五十余万两实属筋力疲尽此时必令全完旧欠势不能不挪移新饷旧欠甫完新欠又积不若将新饷加紧催征力杜挪掩旧欠分限带缴逐渐清厘是尚为催征新饷年清年款起见且可免挪新掩旧之弊应准其分限带征但限期未免过宽请将各商未完正杂等款银三十九万四千四百六十四两七钱五分九厘分限三年带征每年应带征银十三万一千四百八十八两二钱五分三厘其李应桂等未完银三十一万六千六百一十二两八钱六分五厘业经怡和等十行承认摊赔归款应俟前项三年限满后再行分限二年摊赔归款每年应带赔银十五万八千三百六两四钱三分二厘五毫仍责成该监督勒限严追于每年带征之数不得再有丝毫短少倘有未完即将该商等查抄治罪并将经征经催各监督严参惩办至旧欠既准宽期完缴则新饷尤应实力催征经此次宽限之后该关额征新饷务须按年征完起解不能借口摊赔稍有延宕倘再不能年清年款即将该监督从重参办再查该关道光十年六月二十六日起连闰至十四年五月二十五日止奏报征存税银除已解部外尚存关库银一百二十九万五百五十一两三钱一分七厘经臣部节次严催迄今仍未据解部似此任意玩延殊非慎重国帑之道应请旨饬下两广总督广东巡抚并粤海关监督将前项存库银两并现据奏报各商续完存库银五十九万五千五百二十二两五钱八分八厘迅速派委妥员按三日一批一并起解赴部交纳以清库款倘再迟延臣部即行奏明参办奉旨依议

右考核

卷十五·奏课二

凡省各关一年期满题报考核其所收税银粤海关于一年关期届满六个月内奏报起解如有逾限不解者将该管监督题参议处

凡各关起解税银委员领解时按照程途例限解部如有守风等情随时报明经过地方官详报督抚咨部稽查在途无故耽延者照例议处

凡各关征收正税盈余俱扣准一年自行奏报一年之外如有余日交与接任监督归于下年期满时分晰汇报其未及一年期满离任者将所收税银报交与后任监督详查出结接征扣至一年期满分晰前任本任征收数目汇行奏报

凡各关监督所收税银四季报解部科簿单任满之日亲自投缴

凡各关任满具题即将银数册籍一同起解仍于题本内将委员起解日期声明题报其册籍到部移送户科磨对俟户科发回之日由部扣限具题如该关题本已到而银册迟至二十日后未到者取具该管官职名参处

凡各关起解钱粮俱一体填给勘合火牌兵牌其节省水脚银两同正额盈余解交户部

乾隆十四年十一月户部奏言臣等伏查春秋二季解部银两系官兵饷之所必需事关出纳钱粮甚属要岂容任意稽查是以从前会典开载山东河南长芦山西四省以文到日定限起解六十日到部江南江西浙江湖广四省以文到日定限起解八十日到部福建广东广西三省以文到日定限起解一百日到部如有逾限照例查参等因在案各省督抚自应遵照定限刻期委员解部以副例限今苏州本年春拨漕项及两浙盐课银两臣部俱于四月十七日行文拨解按该省程途定限计算苏州应于五月初一日接到部文该抚迟至九月初三日委员始行解到已逾定限四十二日两浙应于五月初四日接到部文而该抚迟至九月二十九日委员始行解到已逾定限六十五日以致前项银两不能依限到部实与定例有违相应将委员起解迟延之各督抚盐政等官职名一併送部查议嗣后凡有解部银两务令各该督抚盐政遵照原定限期以接到部文之日为始一面遴委妥员按期解部仍将接到部文日期及委员姓名起解日期一并预行咨报以便稽查如各该督抚盐政有借端迟延或解员途耽搁以致逾限臣部即行

题参交部议处如臣部司员不行查出亦将该司员一并交部议处再查滇省办运京铜向令该督抚将运员起解日期预行报部并行文途督抚转饬经过地方文武员弁实力防护催趱定有章程遵行在案至解送饷鞘尤关重大理应设法稽查加意防护则责有攸归自无耽延逾限之虞盖解京饷银缘由驿起解运送是以经过地方州县各官不过应付车辆夫马营泛各员不过拨发兵役护送原未议有途稽查催趱之条以致地方各官不行查催而饷鞘到时始行备给车辆夫马未免稍耽时刻解员又复有任意迁延是以往往逾限解交殊非慎重钱粮之道应请嗣后务令各该督抚凡解送饷银先行知会前途文武各官预派官弁备齐夫马车辆俟饷鞘到时查挂号立刻起行按站派官一员带兵护送交替催趱该解员不许停留严行巡查将出境入境日期并有无事故出具印结转报督抚该督抚按日查加结报部查核即实有事故羁延亦有所稽考倘解员无故逗遛及有营私迁延情弊该地方官不实力催趱及徇隐不报者该督抚即行题参如该督抚瞻徇不行查出以致饷银逾限解交者臣部将各该督抚一并题参交部议处奉旨依议

乾隆三十三年八月二十三日户部奏言两广总督李侍尧奏称窃臣承准军机处字寄乾隆三十三年六月二十日奉圣谕据管理三库奏验兑粤海关委解关税共短少银六千四百余两请令德魁明白回奏一折关税解部自应按数兑准即偶有短缺何至数千余两之多且每锭竟有不按十两定例缺少数钱至一两者更不得借口于弹兑时之手轻手重併不得以备带添平之数改解水脚正项为词妄行牵混著传谕李侍尧将此项关税因何致有短平之故详悉查明据实覆奏关税原系督臣兼管见闻尤为亲切断不可稍有瞻徇思欲颟顸了事原折并钞寄阅看遵旨寄信并钞录原奏到臣伏查粤海关税务臣有兼管稽查之责兹因解部银两弹兑短少至六千四百余两荷蒙谕旨下询臣何敢不据实陈复有丝毫掩饰查粤海关历年起解税银奉行奏准定例每千两应加银十五两入鞘除原有征收加法补平银十三两五钱抵补外尚不敷银一两五钱又到库弹兑每千两应补平银十两又解内务府备贡等银每千两应补平银二十两缘向来起解关税银两例准每千两支银三十八两五钱以为水脚添平等用所有前项解部入鞘不敷银一两五钱补平银十两及内务府补平银二十两均于此内支应其间有于十两二十两之外尚须添补者亦均于水脚内节省通融办理以故历来解交从无不足迨至乾隆二十八年关税改归驲递起解水脚银两悉行归公惟时前监督方体浴起解乾隆二十八九两年关税因加鞘添平银两无款可动是以仍照向例于水脚银内支出奏解嗣奉部驳不准开销饬行追解时值方体浴调任淮关未经办理接任监督德魁起解乾隆三十年关税银两因加鞘添平银两既已不准支销实无项可以拨补随经会同前署督臣杨廷璋查明实应添补银数仍请在于归公水脚银内支销并历来开销案据节次咨部核覆仍行驳饬又经监督德庆会同臣查明前项应需添补银两实无浮冒咨部核销于起解乾隆三十一年盈余银两仍照数于水脚银内扣除解部甫经起解旋准部覆止准于水脚项下拨补入鞘不敷银一两五钱其部库每千两补平银十两内务府每千两补平银二十两仍不准核销是以监督德魁与臣相酌行令解员周自邠等将原支添平银四千五百七十六两五钱六分九厘内务府添平银六百五十八两七钱一分一厘仍归入水脚项下解交一面将缘由咨明户部其补平不敷俟弹兑短少若干行知到粤另行筹画办理此该解员等所以有备带添平银两改作水脚解交之覆也查粤海关税银解京由臣衙门遴委道府大员前往会同监督解员覆兑每鞘加入银一十五两钉鞘封固起解其部库内务府添平向系按照起解银数于水脚项下分别一十两二十两之数支出另交解员备带添补入鞘起解且系委员与监督三面眼同弹兑实属无从滋弊今解部三十一年正杂盈余等银四十五万七千六百五十六两八钱四分二厘经部库弹兑短少银六千四百八十六两合之每千两十两之数尚短少银一千九百余两但如乾隆三十年以添平银凑补之外尚短少银二千八百十余两亦系解员张若炳等在京设措补足监督衙门现有文禀可据今起解乾隆三十一年税银已于水脚项下支出添平银两交付备带续因部驳不准支销饬令归入水脚交纳以致无项添补短少繁多合计三十年添平与短少之数实属不相上下至十两一锭短少之处查粤海关税银系各商自行觅匠倾容交纳每锭有十两以外或九两七八钱及九两三四钱者如有不足均以碎银凑补历久相原非每百两止有十锭即现在贮库之银经臣提取数封逐加称兑亦有轻重不齐然归总合兑实无亏短惟在粤兑解之银到京覆兑轻重自然一律何至多寡如此悬殊臣查此处解银系委广州府知府顾光眼同监督解员一律兑准逐封俱经贴有印花并将部颁法马交解员赍带部库比较查兑解既无轻重之别而交收短少悬殊惟该解员是问仰恳圣恩饬下银库询明兑收之员劈鞘时印封或有破损情弊即将该解员周自邠等交送刑部查审究议现在兑少银六千四百八十六两应俟讯明解员有无情弊另行定议著

赔抑臣更有请者查关税银两既经定以由驲起解所有水脚理应归公自未便复于此内支销添平银两而鞘外加平系属粤海关相陋例不免易致弊混今起解银两到部兑收既多不足应请嗣后征收税银照依解部兑收法马收足即以原封批解亦毋许鞘外另备添平每逢收银之日由臣衙门委员前往监同兑收以杜弊窦起解银两不致复有亏短而于政益得肃清等因奉朱批该部议奏钦遵随将原奏付送银库查办去后嗣于乾隆三十三年九月十五日准银库付称当即传询监督劈鞘之大使并粤海关解官周自邠等所有饷鞘内印信有无情弊之处现据解官周自邠等供称卑职等奉文管解粤海关税银起解时照向例抽兑十数封其中不无手轻手重间有短少当时补足至装鞘内十大封计银一千两一小封计银十五两俱用皮纸包封上盖印花入鞘装钉坚固封口起解途兵役护送住宿经地方官点明贮库又经贴有印花至解交部库劈鞘眼同大使点验印封俱无破损始行拆封弹兑等语又据大使覆称监劈粤海关饷鞘时曾经点验印封并无破损等情查该大使等既称点验鞘内印封并无破损其中途有无开拆情弊及该关监督于弹兑包封入鞘时有无手轻手重之情无从查办应将原奏移付查办等因移覆到部正在核议间复据粤海关监督德魁覆奏称查粤海关税银向来起解赴京例准每千两支银三十八两五钱作为水脚添平等项所有应需补平银两均于此内支出添补至乾隆二十六年银库奏准定例关税每鞘另封加银一十五两入鞘前监督臣尤拔世因大关所收加法补平止有银一十三两五钱尚不敷银一两五钱即于水脚项下拨支凑足入鞘此外到京弹兑另有不敷亦于水脚银内拨补迨乾隆二十八年关税改归驲递水脚运费归公之后前监督臣方体浴因加鞘添平无款动支于起解乾隆二十八九两年税饷仍照例于水脚内二次支出添平银八千二百九十五两零解京兑收旋奉户部饬驳不准开支著令补解前监督方体浴未经办覆离任臣于乾隆三十一年九月到粤适值起解乾隆三十年分关饷之期随商同前督臣杨廷璋再四筹画实无别项可以拨补当经据情会折具奏钦奉谕旨著令将每年实应添补若干详晰查明于归公项下酌量扣出抵补咨部定议等因案至起解乾隆三十一年分正杂盈余并解内务府备贡节省等银仍按例于水脚内拨支银五千二百三十五两零以为添平之项经督臣李侍尧饬委广州府顾光到关监视传集解员周自邠夏文中程廷杜等公同用部法马逐封较準详慎兑足即时每封粘贴印花交明该员等亲装入鞘钉固起解嗣于乾隆三十三年正月初九日接准部覆止准于水脚内拨补加鞘银一两五钱其余添平各数仍不准开支是以复经会同督臣李侍尧饬行解员周自邠等将前项添平银两照数拨归水脚项下解交一面会咨户部查核此原系遵照部文归款并非私行改抵别项至粤海关征收税饷均系行商自行倾销交纳每锭原有轻重不一总以加添碎银补足并未按锭成封非敢有意亏短惟臣身任监督之责征解税饷到部弹兑短少上廑宸衷实切惶恐何敢复为隐饰益蹈罪谴谨此据实明白回奏等因奉朱批这回奏情节该部议奏于九月二十一日钞出到部臣等查得粤海关起解税银除该关征税每千两向有征收加法补平银一十三两五钱外又于水脚项下拨补银一两五钱封入鞘内仍外带添平银十两又解内务府银两每千两添平银二十两统于水脚款内开销嗣因关课改由驲递水脚节省归公据该关呈请于水脚银内照旧划出添平节经臣部驳饬删减于上年十一月内议定照闽海太平等关奏准每千两添平十五两定数支销所有该关外带部库添平及内务府加平银两一概删除归入水脚项下充公报解随据该监督于起解乾隆三十一年税银案内将备带添平银两业经核饬解员拨归节省水脚银款报解缘由会同该督咨报臣部在案嗣因银库兑验该关解到税银四十五万七千六百五十两共少银六千四百八十六两亏短过多据解员禀称曾经备带添平续又改作水脚抵交致使短平银两无项可补经管理三库衙门奏令该监督将短少银六千四百八十六两作速补解完项并将起解银两何致短少既经曾备带添平何以复行改抵别款之处明白回奏奉旨知道了并交两广总督李侍尧查明据实覆奏各在案今据该督李侍尧该监督德魁先后覆奏缘该关起解税银向系于每鞘加入银一十五两之外尚有部库内务府添平另于水脚项下分别支出交解员备带后因水脚节省归公屡经部驳节据该监督会同督臣杨廷璋李侍尧声请照旧支销拨补仍经部议不准添支兹乾隆三十一年税银适当该关起解之时尚未接到部文该监督仍循旧例按照起解银数于水脚项下共核支添平银五千二百三十余两交付委员备带甫经起解旋准部驳仍令归入水脚全数交纳随复与督臣会商行令解员将原支添平银两仍作水脚解交其补平不敷俟兑少若干行知到粤另行筹办嗣经银库兑短银六千四百八十六两除原带部库添平改作水脚报解银四千五百七十六两外尚短交银一千九百余两此该督等覆奏此案短少银两之情节也至此次解银据称系广州府知府顾光到关传集解员会同监督较準每封粘贴印花并据该督以前项银两兑解既无轻重而交收短少悬殊恳请敕下银库询明兑收之员劈鞘时印封或有破损情弊即

将解员交送刑部查审究拟现在兑少银两应俟讯明解员有无情弊另行定议著赔等语臣等伏思该关起解税课如果照依部颁法马足数弹兑则到库兑收何至短少银六千四百八十余两之多若谓因备带添平改作水脚解交所致则该关添平银款已有每千两核定十五两之数与各关画一支销岂应独有不敷尚须以别款贴补至水脚一项原应全数节省归公历年以来该关于此内支出添平均经臣部节次核追今该监督以例应充公正项仍欲拨补添平之用牵混支销殊属不合况除此项银四千五百七十余两之外尚短少银一千九百有余而较核所短银数每千两自八九两至三四十两不等如止系弹兑之手轻手重则各鞘短少银两即少有参差亦应不相上下何以多寡数目大相悬殊此不得诿之于一时手轻手重可知也又据银库查明监劈饷鞘时验印封俱无破损讯之解员据供称从前领解银两时监督先一日兑齐职等照向例抽兑过十数封间有短少当时补足等语是领解之时并未当面逐封兑交解员止于四百五十余鞘之内抽兑十余封已有短少则其余未经抽兑之各封自必俱有短少可以例推此又不得以当面兑交诿之解员可知也以上情节明系该关藉有鞘外备带添平于原兑入鞘时并未弹兑足数是以起解银两后接准臣部不准鞘外添平之文该监督即有与督臣会商行令解员将补平不敷俟兑短若干行知到粤另行筹办之语所有前项兑短银六千四百八十六两自应令该监督如数补足即行解部完项并将臣部节次核追少解水脚银两行令现任监督德魁前任监督方体浴作速按年照数解还以清公款再查银库兑收各处银两或十两一锭或五两一锭俱系一律轻重并无参差不齐今该关解到税课不按每锭十两之数画一倾销竟有九两三四钱甚至不足九两者恐该关恃有添平一项暗中滋偷减之弊或家人与关胥银匠串通舞弊监督受其愚弄而不知以致税项亏短是以奏令该关查情节声覆兹既据该督等声明实系该关向例令各商自行觅匠倾镕每锭原有轻重不齐历久相总以碎银添补并非有意短少尚无别项弊窦应毋庸议再该督奏称该关嗣后征收税银照依解部兑收法马收足即以原封批解不得再有短少亦毋许鞘外另备添平等语查各关收纳税银均经臣部颁给法马以此征收即以此解交是在关在库交收虽异而所用部法马则同并非另有解部兑收之法马何必藉此为词另立名色致启在关书役巧取浮收扰累商民之弊至鞘外加平银两臣部久经行令该关照各关之例画一删除在案自可毋庸再议等因奉旨依议

乾隆四十七年准户部札粤海关监督李质颖奏称窃照粤海关税饷内地各口俱系随时验货收银并无拖欠惟外洋夷到广俱先投省行认保将载来货物起贮行内行商又代为置货回国所有进口出口各货俱由行商报验核明税额填单登簿俟洋全数出口之后始行立限开征每岁相行商以代销洋货税从货出为词逐渐拖延以致起解迟滞臣上年四月到任距乾隆四十五年分满关已逾十五个月洋税尚未征完臣赶催交于闰五月初八日收清起解当即严立限期将四十六年分税饷于十二月二十四日征完起解已逾部限六个月伏思各关税饷俱系随货征收交库关满后即可倾销弹兑造册报解粤海关情形虽有不同但内部定限满关六个月以内起解为期已属宽余何致递年逾限实系行商积习疲缓臣当经严谕嗣后洋到关时照各口定例每查验进口洋货完毕即将应输税银先行交纳其置买内地货物下全竣亦照数交税给牌出口不许仍前延滞随据行商潘文岩等禀称洋进口将洋货起卸各行算给商等代卖完税甫经起货之后商等一时不能代为垫交其出口货物系保商代夷人置辨所有税项可以随货扣清先行完缴俾其领牌出口再赶将进口洋货代卖交纳税饷务遵部限之内全数交清不敢稍迟等情又据各国大班罢剌查巴律多伦等禀称夷等年年前赴天朝贸易屡蒙体恤各国夷人甚是感激所有出口货税应听行商先行完交至进口货税夷等不能即时措办恳求照依从前各船回帆之时夷等将货物按照应交税数交明行商上代卖输纳沾恩不浅等情臣仰体皇上绥柔远人之至意俯顺夷情洋进口货税准其照常办理至于出口税饷商等既称随货交纳务饬逐征完方行给牌出口伏查洋到广多寡不等进口出口税数约计各半如此立定章程则洋出口之先已将一半税银在库满关后只余一半税银六个月内商等办纳甚易不致藉词拖延再逾部限自可永远奉行现今四十七年分税饷即照此办理已遵部限于满关后六个月内起解谨将酌办缘由恭折奏明等因乾隆四十七年八月初二日奉朱批该部议奏钦遵于本月初六日钞出到部臣等查得粤海关征收税饷前因节年奏解迟延恐启那掩之弊经臣部于乾隆四十三年十月内奏准嗣后总于关期报满六个月以内迅速奏解如有迟延即行随奏核参等因在案今据该监督李质颖以该关税饷内地各口俱系随时验货征收并无拖欠惟外洋夷到广俱先投省行认保将载来货物起贮行内行商代为置货所有进口出口各货应纳税银向俟洋出口之后始行立限开征以致每岁起解迟滞奏请嗣后洋船出口货物应纳税项饬令行商于代置货物时随货扣清先行完缴其进

口货物应纳税银照旧于各夷人只回帆时办纳如此立定章程不致藉词拖欠再逾部限可以永远奉行等语臣等伏思关收税惟在该监督因地制宜随时妥办况粤海关滨海通洋与内地各关情形又稍有不同其一切稽征事宜尤当加意经理俾税课得以按期奉解不致拖延前因该关征收外洋夷进口出口货税银两统俟洋出口之后始行立限起征以致每年奏解迟延今该监督奏请嗣后洋船出口各货应纳税银令行商于代置货物时随货扣清先行完缴其进口各货于夷回帆之时核明输税从此输项得以年清年款不致稽迟且于外洋夷人并无苛累筹议尚属妥协应如该监督奏办

乾隆四十八年九月户部咨称浒墅关嗣后解部饷银务须遵照定例数在十万两者委同知通判知州知县等官管解数在五万两者委州同州判等官管解数在五万两以下者委县丞佐贰杂职等官管解各给批文分期起解庶该解员等各有专责便于照应而途地方员弁亦易于护送不致疏虞并应通行省各督抚盐政监督画一照例办理以昭慎重

嘉庆十一年六月十六日户部奏言查各关征收税银崇文门左右翼杀虎口等四关系按四季报解浒墅九江扬州淮安芜湖等五关按两季报解西新关系分两次解部坐粮厅张家口太平赣关闽海山海关等十五关均按一年报解等因复思各关征收税项国帑攸关自应年清年款不容稍有延宕近因各关所收税银未能按期报解考核亦未依限题报若不申明旧例立定限期诚恐管关各员日久懈生任意延缓至起那掩之渐臣等公同酌议嗣后各关征收税银除粤海关奏准于关期届满六个月内报解起程外其余各关应令按季按年报解统于关期届满勒限三个月内全数起解至崇文门左右翼近在京城尤应遵照四季批解亦于关期届满勒限一个月内全数解交如有逾限不解者即将管关之将军巡抚监督参办所有各关册档限期仍照旧定章程办理如此予以限制则各关起解税银不敢任意迟滞而于课亦不致启侵挪之弊矣奉旨依议

道光四年户部奏言伏查各省关税银两例于本省应行扣充兵饷及由部议准其动拨外余俱解交部库以京营兵饷及一切经费等项应用并无外省自行指拨之例迨嘉庆年间有外省督抚将本省关税自行指款请拨经臣部于嘉庆十七年五月内奏明请旨敕令各督抚遇有实在急需迫不可缓之用准其奏明办理其非迫不及待之项不得奏请动拨关税银两奉旨允行经臣部行文各督抚一体遵照在案七八年来径请指拨者尚少乃近来各省又复纷纷指拨关税银两视为故常其因拨办灾赈者固为迫不及待之项至如地方养廉公费及借垫年例应解河银等事即令奏请由部酌拨亦毫不至于迟误乃复自行指拨关税在各关监督乐于节省运费怂恿督抚请留而督抚亦乐于留用致与旧章不符殊非慎重帑项之道臣等伏思京师为四方之本库贮备庶政之需国家薄赋轻徭于各项钱粮从不轻加铢黍岁入岁出皆有一定之额并非务为封殖即关税银两解存部库原以京畿至重每年额需兵饷及一切经费视外省尤为浩繁若任听外省自行指拨则都中入库之项渐少而岁支各款在在所需又将何项应用臣部为度支总汇内外缓急各项皆通盘酌剂非外省督抚只计本省而不他顾者可比相应申明旧案请旨饬令各督抚俟后如有迫不及待之项应声明实在情形准其奏明办理其非迫不及待之款遇有需用或于本省另筹闲款抑或请旨饬部酌拨不得自行指拨关税以符定制奉上谕据户部奏各省关税银两除本省扣充兵饷及部议准其动拨外余俱解交部库以京营兵饷及一切经费请饬各督抚毋得自行指拨等语国家薄赋轻徭各项钱粮从不轻加铢黍岁入岁出俱有定额并非务为封殖各省关税银两解存部库原以备庶政之需若任听外任自行指拨在各关监督不过节省运费而库项渐少岁支各款又将何项应用嗣后各省督抚如有迫不及待之款仍准其声叙实在情形奏明办理其非迫不及待之款遇有需用或另筹闲款或饬部酌拨毋得率行指拨以符定制

道光十一年户部奏言两广总督李鸿宾粤海关监督中祥奏粤海关进口税银请自癸巳年分始随时按船完纳以杜洋商挪掩之弊解部银两得提早三月并将壬辰年分未完进口税银分限带征一折道光十年八月十九日奉朱批户部议奏钦遵于八月二十二日钞出到部据两广总督等奏称窃照粤海关征收洋税进口出口两项近年以来每年约收银一百四五六十万两不等出口税银十止三四进口税银十居六七历来出口税银当即按卯完交从无延欠惟进口税银向例俟一年关期报满后阅三个月开征再阅三个月奏报征齐起解以符部限其实起解之时各行商尾欠甚多因满关后六个月内续有夷进口无力洋商往往挪移新货饷银完纳满关以前旧饷自嘉庆年间至今无不□年挪掩竭蹶完公迨道光四年以后各洋行内有丽泉西成同泰福隆等行节次倒闭共欠税饷银六十八万余两夷账银一百四十五万余两皆系现开各行商分摊赔缴商力日绌完项日增若不早筹变通恐年复一

年将有积重难返之势请俟后自癸巳年分为始进口货物于夷清舱之日责令保商通事先行报明某货已经某行买受某货夷人尚未卖出已卖之货由行商完纳未卖之货由夷商交饷保商代纳夷商以货换货不许借给行商银两行商照例交易毋许多欠夷商货价凡有一回帆即将一进口饷银完清方准请牌出口遇有洋因守候新茶出口迟滞者其应纳进口货饷以验货后三个月为限责成保商完纳不得缓至请牌之时俾免延误庶进口之货源源征收每年关期报满后三个月即可全数收清查道光九年七月二十六日起连闰扣至十年六月二十五日一年期满系壬辰年分税饷共应征进口银八十八万六千六百八十七两零尚未征存在库而六月二十六日以后即系癸巳年分新季税银必须趁此划清方不致新陈牵混现饬洋商自六月二十六日起夷进口货物即遵照随时按纳饷于三个月内交完惟六月二十五日以前应征壬辰年分进口饷银若仍照旧于三个月后起卯开征则新饷旧饷同时并纳商力必有不逮兹据洋商伍受昌等禀请癸巳年进口新饷情愿赶于验货三月后完缴其壬辰年进口饷银恳请酌展限期分年带缴前来臣等查行商贸易每年出入货物不甚相悬今已将癸巳年饷税提早征收则壬辰年饷项自难同时并纳合无仰恳皇上天恩俯准将道光十年壬辰年分进口税银八十八万六千六百八十七两零自道光十一年起分限五年带征全完以纾商力仍责成总商伍受昌卢文锦二人随时督催毋任再有带欠如蒙俞允则癸巳年分关税即可于十一年六月二十五日满关后三个月征齐起解计可提早三月以后逐年照办自皆年清年款其壬辰年分出口税银仍照旧于十一年春间批解赴部惟壬辰进口饷银既分作五年带征只可于十一年内先解五分之一其余俟十二十三十四十五等年按年带征于每年满关后附各年饷税一併解部如此办理嗣后每年关税起解之期即可早提三月现在壬辰年分进口饷银分限交纳商力亦不致拮据而夷船货税随到随征不似从前限期延缓致疲商挪掩之弊众商均累摊赔似于国课商情均有裨益等语臣等伏查臣部例载各关一年期满提报考核其所收税银粤海关于一年关期届满六个月内奏报起解又例载外洋夷到粤海关进口货物应纳税银督令受货洋行商人于夷回帆时输纳至外洋夷出口货物应纳税银洋行保商为夷商代置货物随货扣清即系按卯交足该关应于一年关期届满时将进口出口等税如数征齐奏报起解乃该督等奏称近来该关征收进口税银于一年关期报满后阅三个月开征是值征收新饷之时始行开征旧饷且系同时并征并非随时完纳属与例不符以致该商等掩旧挪新势所不免今该督等议令进口货物于夷清舱之日责令保商通事先行报明某货已经某行买受某货夷人尚未卖出已卖之货由行商完纳未卖之货由夷商交饷保商代纳凡有一回帆即将一船进口饷银完清方准请牌出口其出口稍迟者以验货后三个月为限责成保商完纳不得缓至请牌之时俾免延误庶进口之税源源征收每年关期满后三个月即可全数收清报解之期计可提早三月等语查例载六个月内奏报起解今以三个月全数收清实可提早三月该督等系为摧提税课整饬弊端起见应如所奏办理至该督等奏称道光九年七月二十六日起连闰扣至十年六月二十五日系壬辰年分税饷共应征进口银八十八万六千六百八十七两零尚未征存在库而六月二十六日以后即系癸巳年分新季税银必须趁此划清方免新陈牵混现饬洋商自六月二十六日起夷船进口货物随时按纳饷于三个月内交完惟六月二十五日以前应征壬辰年分进口饷银若同时并纳商力必有不逮奏请酌展限期分限五年带征全完以纾商力等语查粤海关征收税银历系有盈无绌今因提早征收之故请将壬辰年分进口饷银带征完款以纾商力虽属该关实在情形但分限五年未免为期太远应请将该关道光十年壬辰年分进口税银八十八万六千六百余两分限三年带征全完于十一年内先解三分之一其余俟十二十三两年按年带征于满关后附各年税饷解部其壬辰年分出口税银照旧于满关六个月内奏报起解嗣后该关征收进口饷银遵照此次奏定章程随时按完纳于三个月内交完随同出口税银一并报解以清年款所有臣等核议缘由是否有当伏祈皇上训示遵行谨奏

右报解

卷十六·经费

臣谨按古者经国之道财用供于有司式法颁于太宰式法定则在上者无过取在下者无妄供所以国用裕而民力纾也我朝圣相承躬行俭德加以左藏充溢无俟取资关税第考周官大府之职言关市之赋以待膳服可知量入为出固不妨取其羡余以益正供且海官吏即为商贾设也现行则例粤海关正税盈余每年报解部饷外官司之养廉取之吏书之火足取之胥役之工食取之又以补兵饷备缉捕资修动支款项罔不裕如恭绎仁宗睿皇帝圣谕

不必稍存惜费之见致有窒碍废弛盖不吝于用又不轻于用所以能节其用也谨辑经费一门而分其目曰养廉曰火足曰工食曰杂支曰筹拨而以捐助考核附焉

监督岁支养廉银三千两【内应归查口委员养廉银五百两彙八截旷项下报解】

库大使岁支银九十六两【平余项下动支】

大关委员一人月支银一十五两岁共支银一百八十两

澳门委员一人月支银一十一两六钱六分六厘岁共支银一百四十两

谨案通关额设委员七人大关澳门总口两处额支火足银两余如惠州潮州高州雷州琼州五总口于乾隆五十一年六月奏请改委就近地方之丞倅兼管各员俱有本任廉俸停止支给

守库千把总二人岁共支银一百九十二两【平余项下动支】每年移交藩库正额银四万两【又铜斤水脚银三千五百六十四两交藩库兑充兵饷取实收随同奏销声明报部】

每年备贡银五万五千两【内二万两解内务府备贡三万两留本省办贡有余仍于年满时奏明解内务府备贡】

内阁费用银二百两【或年满随同奏销批解或奉文行催随时批解】

庶吉士帮俸银四十两

两次季报饭食银六十两【首二季报专差批解三四季报随同奏销批解】

预领册档纸张饭食银二十四两【内批解饭食银十二两送部钉装纸张银十二两】

户部领札饭食银五十两【随同首二季报批解】

户部考核饭食银三百三十两

户科考核饭食银二百四十两

盈余解费银十两【以上三款均于年满随同奏销批解】

两次季报盘费银三百两【首二季一百六十两三四季一百四十两】

起解盈余每千两支解部饭食银二十九两【年满随同奏销批解】

起解盈余银两解内务府备贡等银每千两支水脚银三十八两五钱

起解京饷协饷分由水陆程【自省至京计五十建省计二十一站零三十六里至广西省计六站零五里至福一十四站零七十里至贵州省计四十六站至云南省计五十六站零六十五里】所解饷银按每万两每站给水脚银三钱经由英德县至始兴县水程按每万两每站增给水脚银五分凡解饷时值冬春按每万两每站增给水脚银五分每解饷银千两给倾镕鞘箍银六钱如不需倾镕衹给鞘箍银三钱

大关修理衙署执事银以二百两为率

大关每年心红纸张银以三百两为率

守口盘费及专差公干盘费银以一千两为率

雍正十一年题准琼州等口所收税银俟季满时具文解交粤海关监督库内途经过地方官拨兵护送解役盘费于羡余项下按程支销各口修理税馆银以二百两为率

各口巡银以二百两为率

各口神供银以二百两为率

丈量夷船每次额定银三两

赏给夷商牛面酒每银以三十两为率

火足银两

大关书吏二名每名月支银四十两岁共支银九百六十两惠州总口一名月支银二十五两岁共支银三百两潮州总口一名月支银三十两岁共支银三百六十两高州总口一名月支银二十五两岁共支银三百两雷廉总口一名月支银二十五两岁共支银三百两琼州总口一名月支银三十两岁共支银三百六十两

大关掌册案书一名月支银一十两岁共支银一百二十两掌平案书一名月支银五两岁共支银六十两

掌稿案书一名月支银一十五两岁共支银一百八十两单房案书一名月支银五两岁共支银六十两

算房案书一名月支银七两岁共支银八十四两

贡房案书一名月支银六两岁共支银七十二两

大关各房缮写书【无定人】月支银三十两岁共支银三百六十两

大关平柜一名月支银八两岁共支银九十六两

澳门总口总书一名月支银一十五两岁共支银一百八十两

柜书澳门总口一名月支银三两岁共支银三十六两惠州总口二名每名月支银五两岁共支银一百二十两潮州总口二名每名月支银六两岁共支银一百四十四两高州总口一名月支银四两岁共支银四十八两雷廉总口二名每名月支银五两岁共支银一百二十两琼州总口二名每名月支银八两三钱三分三厘岁共支银一百九十九两九钱九分二厘

大关清书十二名每名月支银三两岁共支银四百三十二两

口书总巡口西炮台口黄埔口虎门口佛山口各一名月各支银四两每口岁各支银四十八两东炮台口一名月支银三两四钱岁支银四十两八钱碣石口神泉口乌坎口汕尾口平海口庵埠口溪东口黄冈口水东口阳江口暗两家滩口廉州口各一名月各支银四两五钱每口岁各支银五十四两铺前口儋州口崖州口各一名月各支银六两每口岁各支银七十二两陵水口乐会口北黎口各一名月各支银六两每口岁各九个月各支银五十四两江门口二名月各支银四两岁共支银九十六两潮阳口澄海口北炮台口东陇口雷州口各二名月各支银四两五钱每口岁各支银一百八两

家人大关四名月共支银四十两岁共支银四百八十两总巡口黄埔口各二名月各支银七两五钱每口岁各支银一百八十两东炮台口西炮台口虎门口佛山口紫泥口市桥口镇口口大马头口各一名月各支银四两五钱每口岁各支银五十四两江门口二名月各支银四两五钱岁共支银一百八两澳门总口二名月各支银六两五钱岁共支银一百五十六两

巡役总巡口江门口惠州总口靖海口墩头口庵埠口海门口达濠口南洋口樟林口芷芎口暗铺两家滩口雷廉总口雷州口钦州口各一名月各支银三两每口岁各支银三十六两黄埔口紫泥口镇口口各一名月各支银四两每口岁各支银四十八两市桥口一名月支银三两五钱岁支银四十二两高州总口二名月各支银三两岁共支银七十二两澳门总口五名月各支银三两岁共支银一百八十两琼州总口二名月各支银三两六钱岁共支银八十六两四钱崖州口儋州口各一名月各支银三两六钱每口岁各支银四十三两二钱陵水口乐会口清澜口沙荖口各一名月各支银三两六钱每口岁各九个月支银三十二两四钱东西乡口一名月支银三两每岁六个月支银一十八两

右火足

工食银两

水手额定每名每月支工食银一两二钱　虎门口十八名岁共支银二百五十九两二钱　澳门总口十五名岁共支银二百一十六两　潮阳口十四名岁共支银二百一两六钱　总巡口十三名岁共支银一百八十七两二钱　庵埠口十二名岁共支银一百七十二两八钱　黄埔口十一名岁共支银一百五十八两四钱　琼州总口十名岁共支银一百四十四两　澄海口九名岁共支银一百二十九两六钱　东炮台口　西炮台口　东陇口各八名岁各支银一百一十五两二钱　江门口　高州总口各七名岁各支银一百两八钱　紫泥口　乌坎口　汕尾口　黄冈口　芷芎口　暗铺两家滩口各六名岁各支银八十六两四钱　佛山口　镇口口　平海口　北炮台口　东西乡口　铺前口　儋州口各五名岁各支银七十二两　市桥口　墩头口　阳江口　雷州口　廉州口各四名岁各支银五十七两六钱　惠州总口　神泉口各三名岁各支银四十三两二钱　靖海口　潮州总口钦州口各二名岁各支银二十八两八钱　碣石口　湖东口各一名岁各支银一十四两四钱　乐会口六名每岁九个月共支银六十四两八钱　陵水口五名九个月共支银五十四两　崖州口　沙荖口各四名九个月各支银四十三两二钱　北黎口　清澜口各三名九个月各支银三十二两四钱　万州口二名九个月共支银二十一两六钱　潮州总口差水手一名月支银二两三钱二分二厘岁共支银二十七两八钱六分四厘　总巡口座水手二

名月各支银一两二钱岁共支银二十八两八钱

火夫【厨子水火夫同】 澳门总口二名月各支银一两岁共支银二十四两 惠州总口二名月各支银五钱岁共支银一十二两 神泉口 乌坎口 铺前口 儋州口各一名月各支银四钱岁各支银四两八钱 汕尾口 平海口 墩头口 芷芎口 阳江口 暗铺两家滩口各一名月各支银六钱岁各支银七两二钱 潮州总口三名月各支银六钱岁共支银二十一两六钱 庵埠口 潮阳口 澄海口 北炮台口 水东口各一名月各支银三钱岁各支银三两六钱 高州总口二名月各支银六钱岁共支银一十四两四钱 雷州口一名月支银二钱岁共支银二两四钱 琼州总口内外馆四名月各支银五钱岁共支银二十四两 陵水口 乐会口 万州口 崖州口 北黎口各一名月各支银四钱每岁九个月各支银三两六钱

大关轿伞扇夫八名月各支银一两岁共支银九十六两

吹手八名月各支银一两岁共支银九十六两

大堂役二名月各支银一两岁共支银二十四两

二堂役三堂役各一名月各支银六钱岁各支银七两二钱

听事役二名月各支银六钱岁共支银一十四两四钱

西厅役东厅役各一名月各支银六钱岁各支银七两二钱

打扫夫一名月支银六钱岁共支银七两二钱

炮手一名月支银六钱岁共支银七两二钱

内库役二名月各支银六钱岁共支银一十四两四钱

东西辕役二名月各支银六钱岁共支银一十四两四钱库丁十八名月各支银一两岁共支银二百一十六两

琼州总口内外馆门役二名月各支银五钱岁共支银一十二两

雷廉总口海安庙司祝月支银五钱岁共支银六两

右工食

杂支银两

禡祭 总巡口月支银一两二钱岁共支银一十四两四钱 东炮台口 西炮台口月各支银八钱岁各支银九两六钱 黄埔口月支银一两六钱岁共支银一十九两二钱 虎门口月支银一两岁共支银一十二两 佛山口月支银五钱岁共支银六两 紫泥口月支银五钱岁共支银六两 市桥口月支银五钱岁共支银六两 镇口口月支银六钱岁共支银七两二钱 江门口月支银八钱岁共支银九两六钱 澳门口月支银一两六钱岁共支银一十九两二钱 惠州总口月支银五钱岁共支银六两 碣石口月支银二钱二分岁共支银二两六钱四分 湖东口月支银二钱二分岁共支银二两六钱四分 靖海口月支银二钱二分岁共支银二两六钱四分 神泉口月支银四钱四分岁共支银五两二钱八分 乌坎口月支银三钱岁共支银三两六钱 汕尾口月支银四钱岁共支银四两八钱 平海口月支银三钱三分岁共支银三两九钱六分 墩头口月支银二钱五分岁共支银三两 潮州总口月支银八钱六分四厘岁共支银一十两三钱六分八厘 庵埠口月支银六钱五分岁共支银七两八钱 潮阳口月支银三钱二分四厘岁共支银三两八钱八分八厘 澄海口月支银五钱岁共支银六两 北炮台口月支银四钱三分二厘岁共支银五两一钱八分四厘 东陇口月支银六钱四分八厘岁共支银七两七钱七分六厘 黄冈口月支银三钱二分四厘岁共支银三两八钱八分八厘 高州总口月支银一两四钱岁共支银一十六两八钱 水东口月支银三钱岁共支银三两六钱 芷芎口月支银三钱岁共支银三两六钱 阳江口月支银六钱岁共支银七两二钱 暗铺两家滩口月支银五钱岁共支银六两 雷廉总口月支银一两岁共支银一十二两 雷州口月支银四钱岁共支银四两八钱 廉州口月支银九钱岁共支银一十两八钱 钦州口月支银六钱岁共支银七两二钱 琼州总口内外馆月支银一两八钱岁共支银二十一两六钱 铺前口月支银一两岁共支银一十二两 儋州口月支银六钱岁共支银七两二钱 陵水口月支银五钱每岁九个月共支银四两五钱 乐会口月支银一两九个月共支银九两 万州口月支银八钱九个月共支银七两二钱 崖州口月支银一两九个月共支银九两 北黎口月支银八钱九个月共支银七两二钱 清澜口月支银四钱九个月共支银三两六钱 沙荖口

月支银五钱九个月共支银四两五钱

烛油 大关

天后庙香油月支银二两五钱岁共支银三十两总巡口月支银二两二钱二分岁共支银二十六两六钱四分东炮台口月支银八钱岁共支银九两六钱 西炮台口月支银一两六钱六分岁共支银一十九两九钱二分 黄埔口月支银一两六钱八分岁共支银二十两一钱六分 虎门口月支银六钱岁共支银七两二钱 佛山口月支银七钱九分九厘岁共支银九两五钱八分八厘 紫泥口月支银五钱岁共支银六两 市桥口月支银三钱岁共支银三两六钱 镇口口月支银四钱二分岁共支银五两四分 江门口月支银五钱七分岁共支银六两八钱四分 澳门口月支银六钱岁共支银七两二钱 惠州总口月支银五钱岁共支银六两【又观音堂灯油月支银三钱岁共支银三两六钱】 靖海口月支银三钱岁共支银三两六钱 乌坎口月支银二钱岁共支银二两四钱墩头口月支银二钱岁共支银二两四钱 潮州总口月支银五钱四分岁共支银六两四钱八分 庵埠口月支银八钱【并纸笔】岁共支银九两六钱【谨案庵埠潮阳等口有灯油纸笔两项合并为一款者不能分载统归一项而以双行小字别之】月支溪东双溪汕头三口银一两【并纸笔】岁共支银一十二两 潮阳口月支银八钱【并纸笔】岁共支银九两六钱月支海门等口银一两五钱【并纸笔】岁共支银一十八两 澄海口月支银九钱一分【并纸笔】岁共支银一十两九钱二分月支南洋口银一两七分【并纸笔】岁共支银一十二两八钱四分 北炮台口月支银一两一钱三分四厘【并纸笔】岁共支银一十三两六钱八厘 东陇口月支银五钱四分岁共支银六两四钱八分 黄冈口月支银五钱四分【并纸笔】岁共支银六两四钱八分 高州总口内外馆月支银八钱三分岁共支银九两九钱六分 水东口月支银一钱岁共支银一两二钱 芷芎口月支银三钱五分岁共支银四两二钱 阳江口月支银六钱岁共支银七两二钱 暗铺两家滩口月支银四钱岁共支银四两八钱 雷廉总口月支银一两岁共支银一十二两 雷州口月支银二钱岁共支银二两四钱月支查河牛烛银二钱岁共支银二两四钱 廉州口月支银二钱岁共支银二两四钱 钦州口月支银二钱岁共支银二两四钱 琼州总口月支银二两八钱五分岁共支银三十四两二钱 铺前口月支银一两六分岁共支银一十二两七钱二分 儋州口月支银一钱每岁九个月共支银九钱 万州口月支银二钱九个月共支银一两八钱 崖州口月支银二钱九个月共支银一两八钱 北黎口月支银一钱九个月共支银九钱 清澜口月支银一钱九个月共支银九钱

纸笔 总巡口月支银八钱岁共支银九两六钱 东炮台口月支银三钱岁共支银三两六钱西炮台口月支银三钱八分岁共支银四两五钱六分 黄埔口月支银八钱五分岁共支银一十两二钱 虎门口月支银二钱岁共支银二两四钱 佛山口月支银三钱一分七厘岁共支银三两八钱四厘 紫泥口月支银二钱岁共支银二两四钱 市桥口月支银一钱岁共支银一两二钱 澳门口月支银二两岁共支银二十四两 惠州总口月支银四钱五分岁共支银五两四钱 碣石口月支银五分岁共支银六钱 湖东口月支银五分岁共支银六钱 靖海口月支银三钱岁共支银三两六钱 神泉口月支银三钱岁共支银三两六钱 乌坎口月支银三钱岁共支银三两六钱 汕尾口月支银三钱五分岁共支银四两二钱 平海口月支银三钱五分岁共支银四两二钱 墩头口月支银三钱岁共支银三两六钱 潮州总口月支银二两五钱九分二厘岁共支银三十一两一钱四厘 高州总口月支银七钱岁共支银八两四钱 水东口月支银一钱岁共支银一两二钱 芷芎口月支银一钱五分岁共支银一两八钱 阳江口季支银四钱岁共支银一两六钱 暗铺两家滩口月支银一钱四分岁共支银一两六钱八分雷廉总口月支银一两岁共支银一十二两 雷州口月支银二钱岁共支银二两四钱 廉州口月支银二钱岁共支银二两四钱 钦州口月支银二钱岁共支银二两四钱 琼州总口月支银一两岁共支银一十二两 儋州口月支银六钱岁共支银七两二钱 崖州口月支银二钱每岁九个月共支银一两八钱 沙荖口月支银一钱九个月共支银九钱

船地各租费 总巡口月支馆租银一两三钱五分岁共支银一十六两二钱月支行后扁艇租银七两八钱岁共支银九十三两六钱月支桨挽银四钱八分岁共支银五两七钱六分 东炮台口岁支地租银一两佛山口月支巡艇桨圈银三分岁共支银三钱六分 紫泥口岁支地租银一两二钱 江门口月支巡艇租价银一两五钱岁共支银一十八两 惠州总口岁支巡艇租银一十二两八钱又查湖东口艇租银月支三钱岁共支银三两六钱 碣石口月支馆租银五钱五分岁共支银六两六钱 湖东口月支银三钱三分岁共支银三两九钱六分 靖海口月

支银三钱三分岁共支银三两九钱六分　神泉口月支银三钱二分五厘岁共支银三两九钱　乌坎口月支大德馆地租银三钱岁共支银三两六钱月支巡艇租银四钱岁共支银四两八钱　汕尾口月支鲘门长沙馆租银六钱三分岁共支银七两五钱六分月支查港艇租银五钱八分五厘岁共支银七两二分　平海口月支内外馆租银二两岁共支银二十四两月支稔山馆租银二钱岁共支银二两四钱月支查稔山口艇租银五钱六分七厘岁共支银六两八钱四厘　潮州总口岁支查艇租银一十七两七钱九分一厘　庵埠口月支馆租银三两三钱五分岁共支银四十两二钱　潮阳口月支银九钱一分八厘岁共支银一十一两一分六厘月支海门等口馆租银一两五钱六分六厘岁共支银一十八两七钱九分二厘月支巡船租银四两五钱六分岁共支银五十四两七钱二分月支查港艇租银一两二钱一分岁共支银一十四两五钱二分　澄海口月支馆租银一两三钱三分岁共支银一十五两九钱六分月支巡船租银二两一钱六分岁共支银二十五两九钱二分　东陇口月支樟林口馆租银五钱四分岁共支银六两四钱八分月支巡船租银二两四钱八分四厘岁共支银二十九两八钱八厘　黄冈口月支馆租银一钱七分三厘岁共支银二两七分六厘月支巡船租银二两四钱八分四厘岁共支银二十九两八钱八厘　高州总口月支馆租银一两岁共支银一十二两　水东口月支馆租银四钱岁共支银四两八钱　芷芎口月支地租银一钱岁共支银一两二钱月支黄坡馆租银一钱岁共支银一两二钱　阳江口岁支馆租银二两七分　雷廉总口月支馆租银五钱岁共支银六两　雷州口月支银八钱岁共支银九两六钱月支查港艇租银一两岁共支银一十二两琼州总口巡船二只每只月支租价银二两七钱五分岁共支银六十六两月支马袅馆租银八钱每岁六个月共支银四两八钱铺前口月支馆租银一两三钱四分岁共支银一十六两八分　儋州口月支馆租银一两二钱岁共支银一十四两四钱　陵水口月支内外馆租银三两每岁九个月共支银二十七两　乐会口月支内外馆租银三两一钱九个月共支银二十七两九钱　万州口月支馆租银一两六钱九个月共支银一十四两四钱　崖州口月支馆租银一两二钱九个月共支银一十两八钱九个月共支查船艇租银二十五两八钱　北黎口月支馆租银一两九个月共支银九两查港艇租银九个月共支银一十三两五钱　清澜口月支艇租银八钱四分九个月共支银七两五钱六分月支馆租银一两八钱九个月共支银一十六两二钱　沙荖口月支馆租银二两四钱九个月共支银二十一两六钱

单册盘费　黄埔口月支银六钱八分岁共支银八两一钱六分　虎门口月支银二钱岁共支银二两四钱江门口岁支银七两二钱　澳门口月支银三钱岁共支银三两六钱　惠州总口月支银一钱五分岁共支银一两八钱　乌坎口月支银一钱五分岁共支银一两八钱　汕尾口月支银二钱岁共支银二两四钱　平海口月支银二钱岁共支银二两四钱　墩头口月支银三钱岁共支银三两六钱　高州总口月支银一两二钱岁共支银一十四两四钱　阳江口月支银一两五钱岁共支银一十八两　暗铺两家滩口月支银七钱岁共支银八两四钱海口海安月支银四钱岁共支银四两八钱　雷州口月支银四钱岁共支银四两八钱　琼州总口月支银一钱岁共支银一两二钱　清澜口月支银一钱五分每岁三个月共支银四钱五分　沙荖口月支银四钱三个月共支银一两二钱

年节神供　总巡口岁支银三两三钱　东炮台口岁支银二两四钱　西炮台口岁支银四两五钱六厘　黄埔口岁支银二两八钱七分二厘　虎门口岁支银三两五钱　紫泥口岁支银一两　市桥口岁支银九钱　镇口口岁支银二两　暗铺两家滩口岁支银一两　雷廉总口岁支银一十二两四钱　雷州口岁支银一两二钱　琼州总口岁支银四两四分　铺前口岁支银四两四分　儋州口岁支银四两四分　陵水口每岁九个月共支银四两四分　乐会口九个月共支银一十二两四分　万州口九个月共支银六两五钱三分九厘　崖州口九个月共支银四两四分　北黎口九个月共支银四两四分　清澜口九个月共支银四两四分　沙荖口九个月共支银四两四分

右杂支

卷十七・禁令一

臣谨按礼记王制曰关执禁以讥则关之有禁尚矣国朝顺治年间禁佛郎机人不许入广东省会荷兰之入贡者亦只令在馆贸易其时海禁方严也康熙二十三年始少为变通而犹禁商舶不得往南洋及雍正五年

累洽重熙民殷物阜世宗宪皇帝念中外一家特弛海禁于是东南舟楫之区鲸波不惊商渔乐业荷兰暹罗等国矫首面内不惮超数十更以来其他小弱附景希光者殆不可悉数于是缘其职贡以通其货贿立之期会以均其劳逸宽减税额以丰其生息厚加锡予以作其忠诚而又核验官符严诘奸宄弛张互用畏慕滋深此我朝市舶之所以盛也详查各部则例所载禁令大端不越官吏商贩二者官吏之禁令或在于徇玩或在于苛勒商贩之禁令或在于漏匿或在于逗遛而阑入阑出之物稽核尤严行之既久奉法惟谨近年以来独以鸦片烟流毒中华上廑圣虑臣随同钦使督抚诸臣实力稽查夷人震慑天威呈缴烟土至二万余箱现复严立规条除恶务尽此实海关要务故于此篇详载历次办理鸦片烟章程俾万世有所遵循庶仰副圣主培国本厚民生之至意焉

官吏禁令

一各关征税科则责令该管官详刻木榜监立关口街市并责令地方官将税则刊刷小本每本作价二分听行户颁发遵照倘该管官将应刊木榜不行设立或书写小字悬于僻处掩以他纸希图高下其手者该督抚查参治罪地方官将应刊税则不行详校致有舛漏或更扶同徇隐者并予严参

一各关应征货税均令当堂设柜听本商亲自填簿输银投柜验明放行其有不令商亲填者将该管官严加议处

一各关商填循环稽考三簿令各关照依部颁册式事由刊刷装订于面页上钤盖关印佥差送部由部钤盖堂印给发粤海关限关期未满九月以前赴部请领如有请领违限及关期已满册档未到擅用本关印簿登填者照例严参分别议处

一各关书吏如该监督于任满时通情举保留充各该抚查明参奏议处倘有朋充恋栈按律治罪失察之该管官一并惩处

一海洋贸易商船令报明海关监督及地方官该地方官严查系殷实良民取具保结准其依式成造仍取具船主不得租与匪人甘结将船身烙号刊名查明在船人口与例相符填给执照于出口时呈官验放若遇舵水偶有事故许该船户就近召募出具保结赴该海关厅县请验照挂号回日覆验销号若有诡名顶冒失察情弊俱分别议处治罪

一澳门地方民人向许与夷商交易应责成澳门同知就近稽查出示严谕凡民人自与夷商买物不许使用官银亦不许将官银换给夷人查有前项情弊拘拿治罪如该同知漫无查察一经发觉即将该同知严参

一各国货船所带护货兵船不许擅八十字门及虎门各海口如敢擅进守口员弁报明驱逐停止贸易至夷船到口即令先报澳门同知给与印照注明船户姓名守口员弁验照放行仍将印照移回缴销如无印照不准进口所有夷商买办之人由澳门同知选择取具保结承充给予印照在澳门者由该同知稽查在黄埔者即由番禺县就近稽查如代买违禁货物及勾通代雇民人服役查出治罪失察地方官查参

一沿海内地米谷麦豆粮有偷运出洋接济奸匪及虽无接济奸匪情弊而希图厚利将米谷等出洋贩卖者俱分别治罪船货入官地方文武员弁知情贿纵者一并治罪失察者分别议处

一商民将内地头湖丝及绸缎绵绢私贩出洋者照米石出洋例治罪船只货物入官失察之员弁议处

一商夷船将内地黄金红黄铜斤铜器私贩出洋者照铁货私出外洋律治罪关汛文武员弁失察者议处贿纵者治罪若官弁兵役借端勒掯一并分别议处治罪

一各处洋船出口准带煮食铁锅其有额外多带铁锅出洋者照废铁出洋例治罪沿海樵采船只每船止准带铁锅一口每人止准带斧斤一把在船人数不得过十人令地方官于照内注明出入查验若有夹带出口及进口缺少者均严行究治官役徇纵一并究处

康熙五十年广州将军浙闽总督两广总督会同议准洋船造时报明海关监督地方官亲验印烙取船户甘结并将船只丈尺客商姓名货物往某处贸易填给船单令沿海口岸文武官照单严查按月册报督抚存案每日食米人各一升并余米一升以防风阻如有越额之米查出入官船户商人同罪如将船卖与外国者造船与卖船之人皆立斩所去之人留在外国将知情同去之人枷号三月该督行文外国将留下之人令其解回处斩沿海文武官如遇私卖船只多带米粮偷越禁地等事隐匿不报从重治罪

右狗玩之禁

一各关于额设口岸之外有滥差多役于近关水岸各口四出扰民者该督抚察实题参其管关人役有巧立名色需索饭钱重戥苛收者严拿究治计赃论罪监督纵容袒护督抚即行严参督抚徇隐一并议处

一近关土豪革役冒充巡拦将不应纳税之物勒索银钱者许监督及地方员弁协拿究治

一各关商民输税填写收税红单二纸一给商人一送部察核其有不给红单或纳银数多给票数少及私将红单撤回多征勒索者许商民首告究拟

一沿海单桅捕鱼船概免领牌纳税监督违例征收该督抚题参

一各省商税银两均令按照额征数目照例征收造册报部其有监收官员横征勒索及隐匿侵蚀者即行参处

一凡海口外来船到岸以及各澳诸项小船出入责令汛口员弁不时稽查如能盘私米麦豆杂粮者准赏十分之三在洋拿者给半其余充公首报者赏亦如之若巡查兵役有将居民食米指称私积借端诈害者严拿究治一使臣出入关口通事及迎送守关官兵不得索取土物陋规违者该管官参处

右苛勒之禁

商贩禁令

一客商漏税照律治罪货物一半入官若所漏之税为数无多分别议罚免其究治粤海关核计正税在五钱以上者加罚一倍一两以上者加罚两倍二两以上者加罚三倍三两以上者加罚四倍四两以上者加罚五倍五两以上者将货物一半入官充公一半补税如走漏免单担等货核计银数在五钱以下者止令完纳正数在五钱以上者均加罚一倍

一海船到岸即将货物尽实报官抽分若停歇不报及虽报而不尽不实者分别治罪货物入官

一凡商贾到关先取官置号单备开货物凭官吊引照货起税如到关不吊引者同匿税法

一各项商人出洋地方官查明真实姓名住居地方及往何洋贸易取具里邻甘结与印照守口官弁验准放行仍载入稽考簿内其从外洋贩货进口者亦必详查人货讯明经由何洋概行注册

一出洋小本商民因风信届期不能回籍请照在广东者呈明南海县该县取具行户船主保结给与印照行知该地方官备案回日仍赴原衙门销照其舵水货客有在番地帐目不清及别项事故者原给照衙门取具邻船客商水手甘结移行地方官存案回日呈明缴销

右漏匿之禁

康熙二十四年议准番船贸易完日外国人员一并遣还不许久留内地

右逗遛之禁

康熙二十四年议准贸易番船回国除一应禁物外不许搭带内地人口及潜运造船大木铁钉油麻等物

康熙五十七年议准澳门夷人夹带中国之人并内地商人偷往别国贸易者查出之日照例治罪

雍正三年议准附居广东澳门之西洋人所有出洋商船每年出口时将照赴沿海该管营汛挂号守口官弁将船号人数姓名逐一验明申报督抚存案如出口夹带违禁货物并将中国之人偷载出洋守口官弁徇情疏纵者革职至入口之时亦将船号人数姓名逐一验明申报督抚存案除头目遇有事故由该国发来更换者准其更换外其无故前来者不许夹带人口及容留居住若稽察不到将守口及地方该管各官照失察例议处又覆准西洋人附居澳门如有夹带违禁货物并中国之人偷载出洋者地方官照讳盗例革职

右人口船料之禁

康熙二十三年诏开海禁其硝磺军器等物仍不准出洋其时内阁学士席柱奏福建广东沿海居民情形谕曰百姓乐于沿海居住原因海上可以贸易捕鱼先因海寇故海禁不开今海氛廓清更何所待下九詹事科道议寻议准今海外平定台湾澎湖设立官兵驻扎隶山东江南浙江福建广东各省先定海禁处分之例应尽行停止若有违禁将硝磺军器等物私载出洋贸易者仍照处分其罪

康熙二十四年议准兵器向来禁止不准带往卖给外国但商人来往大洋若无防身军器恐被劫掠嗣后内地贸易商民所带火炮军器等项应照船大小人数多寡该督酌量定数起程时令海上收税官员及防海口官员查照数目准其带往回时仍照原数查验

康熙五十九年禁止出洋商船携带炮位军器

乾隆三十四年二月圣谕向来硫磺出入海口俱系例禁原因磺斤系火药所需自不便令其私贩若奸商以内地硝磺偷运出洋或外来洋船私买内地硫磺载归者必当实力盘诘治罪乃定例于洋船进口时亦不许其私带殊属无谓海外硫磺运至内地并无干碍遇有压舱所带自可随时收买备用于军资亦属有益何必于洋船初来多此一番诘禁乎嗣后惟于海船出口时切实稽查不许仍带磺斤以防偷漏之弊违者照例究治其各省洋船入口禁止压带硫磺之例概行停止著为例

乾隆五十六年四月圣谕福康安等奏稽查炮位酌定章程一折内称各国来广贸易洋船向有带炮位刀槍等项由粤海关监督于该船出入虎门时查验开报例准随带外其本省商船领照出口无论远赴夷地及赴各省贸易均由守口文武员弁验照放行不准携带炮位等语已于折内批示矣商船出洋携带炮位原为洋面御盗之用不特各国来广贸易商船未便禁止即内地出口商船概行不准携带炮位倘遇海面匪船行劫临时不能抵御岂有转令束手待毙之理况在洋行劫者不独内地匪徒想各国夷匪亦有纠约为盗携带槍炮出没海洋为行旅之害而内地出洋商船内转无炮位抵御该商等即不保护货物亦各爱惜身命若拘泥禁止何以卫商旅而御盗劫著福康安等即饬令海口文武员弁只须于商船出洋时将炮位稽查验后仍准其携带不可因噎废食也

嘉庆元年四月圣谕硝磺火药例干严禁近来海洋盗匪每遇商船即放炮为号海洋非出硝磺之地此等硝磺若非奸徒偷卖盗匪又从何购觅是欲杜私贩透漏情弊必先于出产地方严行查禁著传谕各该督抚饬令地方官严行查察于官为给照采办之外毋许丝毫私售使奸徒不能贩运偷卖而盗匪即无从接济该督抚等务当饬属严禁毋得日久生懈

嘉庆十一年八月圣谕吴熊光等奏查明粤东硝磺情形筹办透漏一折据称粤省产磺各厂煎解年久时逾缺乏查有夷船压舱咸沙一项亦可煎硝曾经办理有案且洋船压带硫磺例准收买压舱咸沙较之倭磺更多收买不尽尤易透漏似应仿照办理应请俟夷船进口时即将压舱咸沙及所带磺斤一并饬商认买俟二项充足可备一二年之用将磺厂封闭硝厂亦一并暂停采煎等语硝磺二项例禁綦严岂容稍有透漏今盗船火药甚多自应设法严防杜其接济吴熊光等请于进口洋船随时详验将压舱咸沙及所带磺斤查明饬商认买以济营用兼以杜透漏之弊亦是一法著如所奏办理但盗船之接济其途甚多总须在海口地方查察严密方免透漏如营泛兵丁即有将火药卖给盗船之事前经节次降旨令于滨海各处严密稽查水米火药等项出洋济匪该督等仍当谆饬各营县实力奉行方可以杜盗源而靖洋面勿任稍涉疏懈为要

嘉庆十一年十一月圣谕御史严烺奏称广东惠潮两府奸民违例制造大船以取鱼为名远出外洋接济盗匪水米火药州县官利其港规不加查禁请饬广东督抚将归善等县现有之违式大渔船查明若干印烙字号造册申报督抚存案嗣后大渔船遇有破漏者即随时报明地方官拆毁不准复修亦不许违例添造各等语粤省洋匪滋扰日久未能剿净总由该处奸民接济水米火药著吴熊光等即照该御史所奏实力查禁如有地方文武私得渔船港规纵令奸民通盗一经查出即当据实参办至渔船每船应有若干人应带水米干自当予以限制今该御史称水手人等不得过二十名只许携带数日水米是否可行亦著查明办理至渔船私济盗匪粤省既有此弊福建浙江江南山东等省均应一体查禁以清盗源将此传谕各督抚知之

右军器火药之禁

内地银两毋许夷船偷运出洋责令地方文武会督各口员弁丁役实力稽查如有洋商人等将官银私运夷船出洋及洋商找给夷商货价搀用官银者查出无论银数多寡尽行充公仍照私运例治罪倘有洋行小伙不法匪徒将官银偷载小艇暗运出口著责成大关总巡并佛山虎门等处关口员弁巡船及巡洋舟师地方文武派拨巡船于各夷船将次回国时严密巡查遇有私载官银立即拿解究明官银来历照例惩治倘由洋行中发出将该商加等治罪

夷商来粤贸易以货易货不能价适相符倘遇数行洋商找给夷商银两先令同赴粤海关监督衙门联名出具并无搀和官银甘结再行找给夷人收银后倘经员役查出官银即将找付官银之行商严行治罪并将联名出结之行商一体治罪

雍正八年禁西洋海舶毋得贩黄金出洋又题准嗣后有黄金贩卖出洋者照铁货铜钱等物私出外境下海律

治罪其监督守口文武官弁受贿故纵与犯人同罪失察者照例参处

乾隆九年大学士伯鄂尔泰张廷玉奏言福建道监察御史范廷楷奏称闻得内地奸商私带制钱往海外各洋与诸番交易用数十文可易番银一圆利最重迨返舶之时或带番饼或买洋货致制钱透漏散布彼地现今百千岛屿星罗棋布无不行使制钱者又闻闽广江浙凡出口洋船无不夹带制钱查例载私卖制钱下海者杖一百海禁定例凡商船往来官给照票并开货单一纸今若将商船有无夹带制钱验货单之时一体盘明原无烦扰仰请皇上谆切饬谕沿海各省督抚提镇等访拿奸商从重究治别经发觉将该督抚等加以处分奉旨依议

嘉庆十九年圣谕据苏楞额奏严禁海洋私运一折据称近年以来夷商贿运洋行商人藉护回夷兵盘费为名每年将内地银两偷运出洋至百数十万之多该夷商已将内地足色银两私运出洋复将低潮洋钱运进任意欺朦商贾以致内地银两渐形短绌请旨饬禁等语夷商交易原令彼此以货物相准俾中外通易有无以便民用若将内地银两每年偷运出洋百数十万岁积月累于国计民生均有关系著蒋攸铦祥绍查明每岁夷商等偷运足色银两实有若干应如何酌定章程严密禁止会同妥议具奏总督蒋攸铦奏言臣遵即会同粤海关监督祥绍传洋商伍敦元卢棣荣等严切究问当据禀称纹银出洋节经历任监督示禁夷商来粤贸易向系以货换货彼此准定互易如有应找不敷尾数皆用洋钱每圆以七钱二分结算两无加补实无偷运纹银出洋情事复取各种洋钱煎试比较足色均在九成上下不致过于低潮吊查洋商贸易出入货簿嘉庆十七年进口货价一千二百七万余两出口货价一千五百一十余万两十八年进口货价一千二百六十三万余两出口货价一千二百九十三万余两则所称只有找回洋钱之语尚属可信至于洋钱进口民间以其使用简便颇觉流通每年夷船带来洋钱或二三百万圆或四五百万员亦有数十万圆不等现在市价每圆换制钱七百二三十文若至浙江江苏等省可值制钱八百数十文江浙商民贩货来粤销售后间有径带回洋钱者此条该处洋钱市价昂贵非由夷人抬价欺朦合无仰恳天恩俯顺与情免其饬禁仍准照常行使以安夷商而便民用奉旨依议

道光二年二月掌贵州道监察御史黄中模奏言窃查定例广东洋商与夷人交易只用货物不准用银立法之意至为深远嘉庆十四年间因有银两偷漏出洋之弊奉旨饬查经总督百龄会同粤海关监督常显奏明申禁在案乃近因各省市肆银价愈昂钱价愈贱小民完粮纳课均需以钱易银其亏折咸以为苦臣细加探访实因广东洋面偷漏依然如故以致内地银两渐少其价日增至偷漏之由系因广东民间喜用洋钱其风渐行于江浙等省于是洋商私用纹银收买洋钱与江浙茶客交易作价反高于纹银其洋船出口虽经两广总督设有员弁巡查无如查弊之人即作弊之人率多贪得陋规私行纵放广东省城多有奸徒与海口员弁素相交结包送货船出洋是以肆无忌惮此在洋商方自以为得计殊不知洋钱镕化仅得七八成低银洋商与夷人兑换则皆十足纹银而作价反低于洋钱暗中亏折殊甚况天地之生财只有此数外洋日见其多内地日见其少其纹银一经出洋即属去而不返久之内地纹银缺少并不能以洋钱完粮纳课所关于民生者诚非浅鲜臣伏思洋商既用纹银向夷人收买洋钱即不免用银收买洋货实属违例病民即使各省茶客有需买洋钱洋商理应仍用货物向夷人收买转售断不可私用纹银应请旨饬令广东督抚暨海关监督严行查禁并密拿包送洋船之奸徒有犯必惩海口巡查之员有能拿出洋银两者立加重赏如查有纵放之员即行参革治罪庶几偷漏之风可戢臣更闻迩来鸦片烟流传甚广耗财伤生莫此为甚相应请旨通饬各省关隘一体查拿如系何处拿即应究明于何处行走所有各关纵放员弁加以严议如此则人人自顾考成或不致得钱卖放之弊而鸦片烟之源可绝内地民生永裕矣奉上谕御史黄中模奏请严禁海洋偷漏银两一节所奏甚是定例广东洋商与夷人交易衹用货物收买转贸不准用银立法甚为周备近因民间喜用洋钱洋商用银向其收买致与江浙等省茶客交易作价甚高并或用银收买洋货实属违例病民不可不严行查禁著广东督抚暨海关督派委员认真巡查出口洋船不准偷漏银两仍不时查察如有纵放之员即行参革治罪至洋商与外夷勾通贩卖鸦片烟重为风俗之害皆由海关利其重税隐忍不发以致流传甚广著该督抚密访海关监督有无收受黑烟重税据实奏闻并通饬各省关隘一体严密查拿如系何处拿即应究明于何处行走所有各关纵放员弁即参办示惩倘该督抚访察不力或瞻徇不奏别经发立即加之惩处务期洋船出入积弊革除以清关隘而裕民生

道光十三年四月上谕前因给事中孙兰枝奏江浙钱贱银昂商民交困除弊各款当经降旨交陶澍等悉心筹议兹据陶澍林则徐酌筹利民除弊事宜分晰具奏所称洋钱平价民间折耗滋多惟当设法以截其流一条洋钱行用内地非自近年势难骤禁当从民便之中示以限制其价不得浮于纹银庶不致愈行愈广至请改铸银钱大变成

法不成事体且洋钱方禁止不暇岂有内地亦铸之理所称鸦片烟进口潜易纹银为害最甚该督等务当委饬关津营县于洋船未经进口以前严加巡逻务绝其勾串之源如有偷漏一经查出即将谋利奸商得规兵役加倍重惩法在必行方可除弊所称纹银出洋请明定例禁一条刑部律例只有黄金铜铁出洋治罪明文于纹银未经议及著刑部酌定具奏纂入则例颁行是年十月刑部议奏言福建道监察御史黄爵滋奏称纹银出洋有禁而洋银无禁意以洋银本来自外洋不妨转用出去而不知内地实积有仿铸洋钱之弊今日内地之洋银即内地之纹银也应请敕下各省督抚实力稽查凡有仿铸洋银之犯即照私铸铜钱科罪至刑部新定黄金出洋治罪专条仅仿照偷运米谷出洋例似未允协等语臣部议得惩创固贵从严而情罪必期适当白银出洋从前原无治罪专条前于奉旨交议时经臣等查黄金白银与米谷丝斤之均系内地物产其偷运黄金白银出洋与偷运米谷丝斤出洋情事相同是以即照米谷丝斤出洋另立治罪专条仰蒙允准通行各省在案所请应毋庸议奉上谕前据御史黄爵滋奏纹银应并禁出洋杜绝仿铸从重科罪一折当交刑部妥议具奏兹据刑部将仿铸洋钱明定治罪科条具奏著照所议办理其禁止洋钱出洋交易事宜是否可行著沿海各督抚体察情形妥议章程酌核具奏等因钦此嗣经总督卢坤会同奏言伏查洋银一项来自夷船内地因其计枚定价不必较银色之高低又无需秤分两之轻重远行服贾便于携带是以东南沿海各省市廛通行而粤东为夷人贸易之所行用尤广大商小贩无不以洋银交易海口出入向不查禁御史黄爵滋因内地每有仿造洋银即与纹银无异奏准将洋银一并禁止出洋原为慎重海防起见臣等详加体察并传洋商伍绍荣等查询粤省洋银出洋有内地商贾携带者有外洋夷船携带者在内地商贾或由别省载货来售或由粤省携赀往贩多系航海往还赀本盈千累万其中固多贸迁货物而有时无货可贩或货少本多即挟赀而归或携本往别省置货制钱既难多带金银出洋又干例禁势不能不携带洋银亦势不能因商贾携有洋银即禁其不由海洋行走此内地商贾来往不能无出海之洋银也至夷船载运洋银来粤系备买货找价之需所带洋银多寡不定其置买内地货物或多或少亦听其自便如进口货多出口货少该夷船所带洋银即有余剩势不能禁其不仍带回即内地洋商与夷人交易除以茶叶大黄湖丝绸缎等物易换洋货之外价值如有不敷既不便强令夷人添置货物又不准官银交兑向以番银找给历经奏明有案既以番银找给夷人即不能禁其不载运回帆此外洋夷人来往不能无出海之洋银也是禁止洋银出洋于广东夷商均有窒碍且恐因禁止洋银而转致金银偷漏更于海防非宜至内地仿造番银名为土板其银色成本原未必轻于外洋而经纪交易向不行用即间有搀入洋银行使者亦必挑出发换不特不能行之夷人即内地商贾亦不行使更不必因此为纹银出洋之虑所有广东省洋银出入海口应仍照旧章办理免其查禁谨合词恭折具奏奉旨依议

右金银制钱之禁

乾隆十四年浙江巡抚方观承奏言窃照雍正五年准开南洋海禁以来商民俱得携带内地货物前往贸易红黄铜与铜器皆不在例禁之内缘南洋地不产铜商民贩往税轻而利重故贩者日多查阅税簿每年赴南洋货买之大小铜器常至千百余件黄红铜一二万斤不等伏思滇铜洋铜竭力采办恒不敷各省鼓铸之用而民间日用必需之器具又皆仰给于此今各处钱价昂贵民用维艰实缘铜不充盈岂容复任肆贩外洋相应请旨饬部通行查禁严立科条犯者分别究治将铜货入官并定关汛文武买弁失察故纵处分奉部议准

右铜之禁

内地商人私行夹带不成器皿之铁至五十斤者将铁入官百斤以上者照例治罪

雍正七年二月工部议准刑部尚书励廷仪疏请凡有将废铁潜入边境及海洋贩卖者一百斤以下杖一百徒三年一百斤以上发边卫充军若卖与外国及明知海寇卖与者绞监候沿口近边关隘官弁有徇私故纵该管上司题参

雍正九年十二月圣谕据广东布政使杨永斌奏称铁器一项所关綦重不许出境货卖律有明条粤东出产铁锅凡洋船货卖历来禁止乃夷船出口所买铁锅有自一百连至二三百连甚至五百连者一千连者查铁锅一连约重二十斤如一船带至五百连千连即无虑一二万斤计算每年出洋之铁为数甚多诚有关系嗣后请照废铁之例一体严禁违者该商船户人等即照例治罪官役通同徇纵亦照徇纵废铁例议处凡遇洋船出口仍交与海关监督一体稽察至于商船每日煮食之锅应照旧置用官役不得藉端勒索滋扰如此则外洋之铁不致日积日多于防奸杜弊之道似有裨益至煮食器具铜锅砂锅俱属可用非必尽需鐵锅亦无不便外夷之处于朝廷柔怀远人之德意

原无违碍等语铁斤不许出洋例有明禁而广东夷船每年收买铁锅甚多则与禁铁出洋之功令不符矣杨永斌所奏甚是嗣后稽察禁止及官员处分商人船户治罪之处悉照所请行倘地方官弁视为具文奉行不力经朕访闻或别经发定行从重议处粤东既行查禁则他省洋船出口之处亦当一体遵行著该部通行晓谕著为例

右铁之禁

嘉庆十二年十二月初七日圣谕朕闻粤海关每年出口白铅为数甚多白铅一项因不能制造弹丸无关军火之用向未立出洋明禁但系鼓铸必需之物近年各省钱局铅斤日形短少自系贩运出洋日多一日之故不可不定以限制以防流弊著传谕常显即将粤海关每年出口白铅查明数目大加裁减或竟可不令贩运出洋奏明设禁停止亦无不可该监督务须体察利弊轻重会同总督酌定章程不可贪图小利因循滋患也将此传谕知之钦此嗣于次年正月监督常显奏言查白铅一项每年出洋数目多寡不齐向不查禁亦无限制今钦奉谕旨咨会督臣查明十年以内出洋细数内至少年分七十余万斤至多年分三百三十余万斤其余年分一二百万斤不等关例载明照倭铅例每百斤收正税银三钱加以耗担归公等款共收银五钱六分七厘每年收白铅税银约计四五千两至一万数千两不等伏思白铅一项出洋由来已久虽征税有限实为夷人岁需之货今若一旦禁止不许出洋在远夷无知不免心生疑虑似不足以昭体恤而示怀柔但白铅为内地鼓铸必须之物诚如圣谕不可不定以限制应请嗣后夷船回货置买白铅每年通计各船先以最少年分七十万斤为率查白铅向于广东佛山镇地方凭洋商收买陆续运省报验然后卖与夷人出洋严密稽查不许额外多带如此酌定章程在夷人虽少带白铅仍得以照旧贸易而内地鼓铸需用白铅亦不虞短少似于钱局夷情两有裨益报闻

嘉庆十七年广东布政司曾燠移奉两广总督蒋攸铦行据西洋国使摄理澳夷事务宾额带呖吃架哧隆哆吐哩喊嘛禀称白铅一项为夷人所需向听澳夷均同别货一律就近澳门自凂铺商采买自奉定例每年白铅限以七十万斤出洋为率澳夷离省隔涉素不与洋商交易未知购运尽被外洋夷船尽额买去澳船连年缺买大小西洋各埠需用维艰是以于嘉庆十四五年迭经通票分拨额铅三十万斤归澳船买运批令自投洋商均匀拨买无如洋商多方遏抑至今未蒙拨买据此查出洋白铅钦奉谕旨饬令定以限制以防流弊久经奏明每年以买运七十万斤为限不容稍有溢漏经前总督咨准粤海关监督咨覆查澳门夷船每年征收税饷不过数万余两尚不及黄埔十分之一今请以征收税饷多寡定匀拨白铅斤数每年匀拨七万斤令澳夷自投洋商买运如此办理既与原奏相符亦不致澳夷向隅本司等伏查西洋澳夷恭顺天朝百数十载所纳税饷积算已多况澳门夷船现亦不少今仅拨给十分之一未免偏枯应照七十万斤之数拨给澳门夷船十分之二计白铅一十四万斤其澳夷所称免投洋商自赴收买恐滋弊端应请照粤海关来咨饬令洋商每年扣出十四万斤以备澳夷承买

道光十二年七月户部遵旨议奏内阁抄出两广总督李鸿宾巡抚朱桂桢粤海关监督中祥等会奏外夷各国均已产铅无须来粤贩运请将报部出洋白铅定额暂行停止应如所奏即将前定出洋额数裁停以归核实奉旨粤东滨临大海通洋水道甚多现在白铅停止出洋诚恐日久疏于防范以致奸商贩运复有偷漏营私等弊著该督等严饬关津要隘地方各随时认真巡查遇有私贩铅斤即照违例分别严办仍于年终取具关厂各官并无出洋白铅切实印结送部查核并酌定稽查章程报部核办以垂永久而杜流弊

右白铅之禁

卷十八·禁令二

商贩禁令

康熙四十七年都察院佥都御史劳之辨奏言江浙米价腾贵皆由内地之米为奸商贩往外洋之故请申饬海禁暂撤海关一概不许商船往来户部议准自康二十二年开设海疆商民两益不便禁止至奸商私贩应令该督抚提镇于江南崇明刘河浙江乍浦定海各口派兵巡察除商人所带食米外如违禁装载五十石以外贩卖者其米入官文武官弁有私放者即行参处

雍正六年福建巡抚高其倬奏准定出口船只所带米石暹罗大船三百石中船二百石噶喇巴大船二百五十石中船二百石吕宋等船大船二百石中船一百石埭仔等处中船各一百石如有偷漏以接济外洋例论罪

雍正八年题准采捕渔船夹带米谷皆由私牙代置囤户豫积小船搬运停泊游移之故嗣后米牙必择身家殷

实取邻甲同行保结如串商代买本人并滥保者一例治罪其海口居民多行囤积私粜者邻甲举首免罪止究本人容隐发并行连坐外来船均令进口停泊其各澳小船令地方官按数查明编号入册取具互结令各营县汛口官弁兵役实力稽查如有盘出私米及首报者准其赏给十分之三在洋拿者给半余入官充公仍饬巡查兵役不得将海口居民食米指称私积诈害违者按律治罪

乾隆二年议准嗣后如有奸徒偷运米谷接济外洋者照出洋船多带米粮接济外洋例拟绞立决其希图厚利但将米谷偷运出口贩卖并无接济奸匪情弊者计算米一百石以上谷二百石以上照将鐵货潜出海洋货卖一百斤以上例发边卫充军米一百石以下谷二百石以下照越渡关津例杖一百徒三年至米不及十石谷不及二十石照违制律杖一百仍枷号一个月示警

又议准沿海地方内商出洋暨洋商入市每船核计人口及往返程期每人粜米日以升半为率毋许逾限

又覆准偷运麦豆杂粮出洋者照偷运米谷之例科断

右米之禁

嘉庆二十二年总督蒋攸铦奏称福建之武彝茶及由安徽入浙江之松罗茶为西洋夷人必需之物而各夷中又惟英吉利销售更多从前商人悉由江西内地贩运来粤近因洋面平靖希图迅速渐改为海运溯查嘉庆十八年始有海运进口之茶七十六万四千七百九十余斤至二十一年竟有六百七十二万三千九十余斤所增之数已不啻十倍茶叶为夷人生命所关实为控制之要道今若任听商人惯由海运难保无奸商串通黠夷于海中偏僻岛屿随处寄碇私相买卖又起运之时装捆坚密多至盈千累万设有夹带违禁之物亦无从觉察应请敕下闽浙安徽各督抚严行查禁并出示晓谕产茶之区及各海口自嘉庆二十三年为始概令仍归内河过山贩运以收控驭之益奉圣谕闽皖商人贩运武彝松罗茶赴粤省销售向由内河行走自嘉庆十八年渐由海道贩运近则日益增多洋面辽阔漫无稽查难保不夹带违禁货物私行售卖从前该二省巡抚并不查禁殊属疏懈念其事属已往姑免深究嗣后著福建安徽及经由入粤之浙江三省巡抚严饬所属广为出示晓谕所有贩茶赴粤之商人俱仍照旧例令由内河过岭行走永禁出洋贩运傥有违禁私出海口者一经拿将该商人治罪并将茶叶入官若不实力禁止仍听私运出洋别经发觉查明系由何处海口偷漏除将守口员弁严参外并将该巡抚惩处不贷漏税事小通夷事大不可不实心实力杜绝弊端也

右茶之禁

乾隆五十四年总督福康安遵旨查禁大黄出洋取有各国大班依结酌定章程奏言伏查粤东地处海疆多通洋面若大黄任其出洋势必辗转入于俄罗斯国内自应亟为设法查禁但民间疗疾在所必需防范过严又恐商贩裹足以致内地药材短缺诚如圣谕不可因噎废食查大黄出产川陕二省商人运贩到粤于省城佛山两处售卖每年约二十余万斤其卖与洋行各国夷人约十余万斤内地各府州地方亦约销十余万斤至外洋各国与俄罗斯海道一水可通难保无偷漏之事但各国疗疾亦所必需似未便竟行禁绝其西洋各国应照琉球之例每年每国贩买亦不得过五百斤饬令省城洋行及澳门商人将售买大黄数目及卖与何国夷人分晰列册呈缴南海香山二县一面通详一面移行守口文武员弁按察稽查至暹罗一国与粤东向不通贸易大黄一项嗣后应行禁止惟遇该国进贡之年贡船回国时每次准其买带五百斤俾资疗疾其安南一国亦应照琉球之例每次贡使回国购带五百斤即以本年阮光显等回国为始报闻

乾隆五十七年户部咨称署两广总督郭世勳粤海关监督盛住奏称英吉利咪利坚等国夷商段利臣等称说恭闻天朝现准俄罗斯开关通市货物内大黄一项实系各国治病要药恳请照从前仍准各夷商买运免其限以五百斤定数其出产海龙等项皮张亦恳准带进口起贮省城售卖并请嗣后内港出海船只一律免禁所有应征税银仍饬照例输纳奉朱批如所请行

右大黄之禁

乾隆二十四年议准各省丝斤绸缎违例出洋分别治罪将船货物入官失察之文武各官议处

乾隆二十七年圣谕苏昌等奏英吉利夷商伯𠸄等以丝斤禁止出洋夷货艰于成造吁恳代奏酌量准其配买情词迫切一折前因出洋丝斤过多内地市值翔踊是以申明限制俾裕官民织纴然自禁止出洋以来并未见丝斤价平亦犹朕施恩特免米豆税而米豆仍然价踊也此盖由于生齿日繁物价不得不贵有司恪守成规不敢通融调

剂致远夷生计无资亦堪轸念著照该督等所请循照东洋办铜商船搭配绸缎之例每船准其配买土丝五千斤二湖丝三千斤以示加惠外洋至意其头湖丝及绸绫缎匹仍禁止如旧不得影射取戾

乾隆二十九年总督苏昌会奏言粤省本港船户林长发等呈称噶喇巴暹罗港口安南吗辰叮叽呅旧港东捕寨等处各国夷民呈恳配买丝斤绸缎请令每船酌带土丝一千斤二湖丝六百斤绸缎八折扣算疏下部议寻议内地丝斤外洋势所必需而海外铜斤可资内地应照商船采办铜斤之例准其配买丝斤绸缎随带出洋易铜既使海外属国同沐皇仁而于内地鼓铸亦有裨益其酌定数目并立法稽查之处行令该督等详议具奏到日再议嗣奉谕旨据尹继善等奏复议弛洋禁丝斤以便民情一折前因内地丝斤绸缎等物价值渐昂经御史李兆鹏等先后条奏请定出洋之禁以裕民用乃行之日久而内地丝价仍未见减且有更贵者可见生齿繁衍取多用宏盖物情自然之势非尽关出洋之故曾降旨江浙闽广各督抚令其各就该省情形悉心体察将应否即行开禁之处详悉妥议具奏今尹继善等筹酌定议奏请弛禁而庄有恭并称前抚浙时体察杭嘉湖三府民情亦以丝斤弛禁为便等语江浙之情形如此则余省亦可概见盖缘出洋丝斤本系土丝及二三粗糙之丝非腹地绸缎必须精好物料可比徒立出洋之禁则江浙所产粗丝转不得利是无益于外洋而更有损于民计又何如照旧弛禁以天下之物供天下之用尤为通商便民乎况所产粗丝既不准出洋势不得不充杂于头好丝之内一体售卖于民间组织尤多未便且英吉利噶喇巴等国先后以织纴不供恳请卖给货买俱已特旨准其酌带配用是外洋诸国取给于丝者正复不少亦宜一视同仁曲为体恤现在新丝将届收成所有出洋丝斤即著弛禁仍遵照旧例行其各省情形或微有不同应作何酌定章程及设法稽查之处俟各该督抚奏齐时该部详悉妥议具奏寻议采办洋铜之官商范清洪额商杨裕和等每年出东洋额船十六只应请每船准配二三糙丝一千二百斤按照绸缎旧额每一百二十斤抵绸缎一卷扣算如愿照旧携带绸缎者亦听其便其非办铜商船仍不得援例夹带其由江苏省往闽粤安南等处商船每船携带糙丝准以三百斤为限不得逾额多带闽浙二省商船每船准配土丝一千斤二粗丝一千斤其绸缎纱罗及丝绵等项照旧禁止至粤省外洋商船较他省为多其配往各洋丝斤出洋售卖者按年分核算其数目亦较他省加广请令每船于旧准带丝八千斤外再准加带粗丝二千斤连尺头总以一万斤为率其头湖丝缎匹等项仍严行查禁不得影射夹带滋弊

右丝斤绸缎之禁

外国来使不得私买违制服色兵器史书一统志地里图及凡违禁之物伴送人员亦不得将违禁货物私相贸易违者俱按律治罪

右书史之禁

乾隆四十三年四月圣谕李侍尧奏前在粤省时见近年外洋脚船进口全载绵花颇为行商之累因与监督德魁严行饬禁嗣后倘再混装绵花入口不许交易定将原船押逐初不知缅地多产绵花今到滇后闻缅匪之宴共羊翁等处为洋船收泊交易之所是缅地绵花悉从海道带运似滇省闭关禁市有名无实等语所陈切中缅匪情弊著传谕杨景素会同李质颖德魁于海口严行查禁如有装载绵花船只概不许其进口务实力奉行勿以空言塞责仍不时留心访察如有胥役等受贿私放者立即重治其罪

右绵花之禁

嘉庆十二年十月御史郑士超奏粤东吏治废弛奉圣谕折内条奏鸦片烟一项不遵例禁私贩私销起由闽粤延及各省以至京城内外应请严密查拿等语此虽属事之小者然于地方风俗殊有关系该省并不实力查禁可见积习因循毫无整顿著即一律严拿按法惩治并责令粤海关监督于洋船过口时稽查杜绝毋许偷漏干咎

嘉庆十六年三月湖北巡抚钱楷奏请饬禁外洋鸦片烟奉圣谕著责成各处海关监督严加禁遏并交广东福建浙江江苏沿海各督抚认真查察嗣后海船有夹带鸦片烟者立行查拿按律惩办如委员胥吏有卖放情弊均予量惩倘竟透入内地货卖一经发觉著穷究来从何处买自何人不得以买自不识姓名商船搪塞朦混当将失察卖放之监督及委员人等一并惩办

嘉庆十八年六月奉圣谕自鸦片烟流入内地深为风俗人心之害从前市井无赖之徒私藏服食乃近日侍卫官员等颇有食之者甚属可恶沉湎荒淫自趋死路大有关系深惑人心不可不严行饬禁著刑部定立科条凡商贩售卖鸦片者应作何治罪侍卫官员等买食者应议以何等罪名军民人等买食者应议以何等罪名区别轻重奏定

后通行颁示俾群知警戒以挽浇风钦此嗣经刑部奏言臣部审办买食鸦片烟之案因例无正条俱照违制律杖一百法轻易犯实不足以示惩儆自应钦遵谕旨分别官民严立科条俾昭炯戒再内地鸦片烟未能浮绝皆由各海关查察疏懈所致政贵清源应请敕交沿海各督抚及海关监督遇有海船进口认真搜查有犯必惩奉旨刑部议奏侍卫官员买食鸦片烟著革职杖一百枷号两个月军民人等杖一百枷号一个月均著照所议办理近日侍卫官员中朕风闻即有违禁买食者始因事未发觉免其查究若不知悛改将来或经举发即照新例惩办不能宽贷再太监供役内廷闻亦有买食者其情节尤为可恶著总管内务府大臣先通行晓谕如有违禁故犯者立行查拿枷号两个月发往黑龙江给该处官员为奴至鸦片烟一项由外洋流入内地蛊惑人心戕害生命其祸与鸩毒无异奸商嗜利贩运陷溺多人皆由各处海关私纵偷越前曾降旨各省海关监督等严行查禁乃数年来迄未遏此并闻各海关竟有私征鸦片烟税银者是竟导奸民以贩鬻之路无怪乎流毒愈炽也著再严饬广东福建浙江江苏等省沿海各关如查有奸民私贩鸦片烟冒禁过关一经拿将鸦片烟抛弃入海奸商按律治罪倘各关监督等阳奉阴违私收税课著该督抚实力查参将该监督先行革职由驿具奏朕必从重惩治其各处辗转运贩之徒并著五城顺天府步军统领衙门及各省督抚等一体严查按律究办

嘉庆十九年五月初四日圣谕本日崇禄等奏盘广东贡生卢赞跟随仆人张四携带鸦片烟一案已交刑部审办矣鸦片烟其性至为毒烈服之者皆邪慝之人恣意妄为无所不至久之气血耗竭必且促其寿命实与自饵鸩毒无异辗转流传最为人心风俗之害其来由于番舶先至广东进关后以渐败各省若粤海关各口查禁认真不许丝毫透入内地则外夷商人皆知中国厉禁之物不能售卖利自必不复携带如仍有违禁私与中国商民交易者查出按例治罪杜其来源较之内地纷纷查拿实为事半功倍再天主教绝灭伦理乃异端为害之尤者此在西洋人自习其教原可置之不问若传习内地民人不止大干例禁为国家之隐忧贻害最大比白莲教为尤甚岂可不思深虑远乎蒋攸铦等广为刊示晓谕该处沿海商民并来粤交易之西洋人等一体知悉如中国民人有私习天主教者地方官立即访拿从重治罪其西洋人诱惑内地商民者一经究出拿一体治罪断不宽贷务各凛遵例禁以熄邪说而正人心将此谕令知之

嘉庆二十年三月总督蒋攸铦会同粤海关监督祥绍奏言粤东州县濒海者十居六七而香山县属澳门地方为西洋夷人赁居之所向来西洋夷船赴粤东贩货回澳并不经关查验即将货物运贮澳地俟卖货时方行报验纳税难保无夹带违禁货物之事臣等与海关监督臣祥绍熟商鸦片烟虽来自外夷其贩卖实由汉奸如果汉奸畏法则鸦片烟岂能不胫而走惟流弊已非一日或地方文武畏从前失察处分瞻顾因循势所难免应请嗣后西洋货船到澳时先行查验并明立赏罚凡拿鸦片烟之文武委员等职应计其烟斤数给予议叙倘地方官及管关委员并守口员弁胆敢得受陋规徇情故纵立即特参拿问兵役人等挟嫌诬拿即治以诬良之罪似此酌定条规庶各知有惩劝而查禁益昭慎密矣奉圣谕鸦片烟一项流毒甚炽多由夷船夹带而来嗣后西洋货船至澳门时自应按船查验杜绝来源至粤省行销鸦片积弊已久地方官皆有失察处分恐伊等瞻顾因循查拿不力嗣后有拿鸦片烟之案除查明地方委员等有得规故纵情事应严参办理外其仅止失察者竟当概行宽免处分至所请拿兴贩烟斤自二百斤至五十斤以上分别纪录加级及送部引见军民人等拿奖赏以及诬良治罪之处俱著照该督等所请行

道光元年十月总督阮元粤海关监督达三会奏言臣访得鸦片烟来路大端有三一系大西洋一系英吉利一系咪利坚大西洋住居澳门每于赴本国置货及赴别国贸易之时回帆夹带鸦片回粤偷销英吉利鸦片访系水手人等私置其公司船主尚不敢自带独咪利坚因少国王钤束竟系船主自带鸦片来粤嘉庆二十年钦奉圣谕如一船带有鸦片即将此一船货物全行驳回不准贸易原船即逐回本国等因此诚正本清源之办法惟向夹臣与监督衙门传谕各国大班事件俱发交洋行商人转为传谕钦遵办理盖洋商与夷人最为切近夷船私带鸦片即能瞒臣等之耳目断不能瞒该商之耳目如果该商等不徇情面遇有夷船夹带即禀明遵旨驳回船货不与贸易且于鸦片未来之前先期告诫晓以利害夷人数万里而来岂敢因夹带违禁物件自断茶叶等项正经买卖如此官商同心合力办理可冀此风渐息乃频年以来从未见洋商禀办一船洋商内伍敦元系总商居首之人各国夷情亦为最熟今与众商通同徇隐殊为可恶相应请旨将伍敦元所得议叙三品顶戴摘去责令率同众洋商力为杜绝以为不实力稽查者戒奉上谕鸦片流传内地最为人心风俗之书夷船私贩偷销例有明禁该洋商伍敦元并不随时禀办与众商通同徇隐情弊显然著将伍敦元所得议叙三品顶戴即行摘去以示惩儆仍责令率同众商实力稽察如果经理

得宜鸦片渐次杜绝再行奏请赏还顶戴倘仍前疲玩或通同舞弊即分别从重治罪

道光二年十二月初八日上谕御史尹佩棻奏请严禁私食鸦片烟据称鸦片烟之来福建浙江江南通海口地方俱有私带总以来自广东者为最一由于地方官不认真查拿或差一二武弁巡查徒为该弁肥囊之计一由于粤海关之包税洋船一到即有包上税者将烟雇载渔船先行寄顿然后查船且闻鸦片非数换不卖独海巡兵丁不惜减价卖给居心尤为可恶等语鸦片流行内地大为风俗人心之害民间私贩私食久干例禁节经降旨严饬稽查而此风未尽革除总由海口守巡员弁卖放偷漏以致蔓延滋甚著阮元达三于通海各口岸地方并关津渡口无论官船民载逐一认真查拿毋任员弁稍有捏饰倘查有奸民以多金包揽上税及私运夹带进口等弊立即从严惩办以除积蠹总在有犯必惩慎勿日久生懈仍归具文也

道光三年八月吏部兵部会奏言溯查嘉庆二十年钦奉圣谕嗣后有拿鸦片烟之案除得规故纵严参办理外其仅止失察者竟当概行宽免处分钦此是以吏兵二部例内只有严参贿纵之例并无议处失察之条兹臣等公同酌议应请嗣后如有洋船夹带鸦片烟进口并奸民私种罂粟煎熬烟膏开设烟馆文职地方官及巡查委员如能自行拿究办免其议处武职该管地方官失察处分亦请照文职画一办理奉旨据吏兵二部奏请酌定失察鸦片烟条例鸦片烟一项流毒甚炽总由地方官查拿不力所致向来地方官只有严参贿纵之例并无失察之条且止查禁海口洋船而于民间私熬烟斤未经议及条例尚未周备嗣后如有洋船夹带鸦片烟进口并奸民私种罂粟煎熬烟膏开设烟馆文职地方官及巡查委员如能自行拿究办免其议处其有得规故纵者仍照旧例革职若止系失于觉察按其烟斤多寡一百斤以上者该管文职罚俸一年一千斤以上者降一级调用武职失察处分亦照文职画一办理其文武官拿烟斤议叙均著照旧例行

道光十一年二月上谕前据给事中邵正笏奏近年内地奸民种卖鸦片烟大伙小贩到处分销地方官并不实力查禁当经降旨严饬各省督抚切查明惩办并将如何严禁之处妥议章程具奏兹据阿勒清阿奏查明山西省尚无栽种鸦片烟地方惟太谷平遥介休各县民人多在广东及南省等处贸易日久沾染颇有嗜食之人此烟既非晋省所产则系来自外方自应责成各该地方官认真查拿使贩者无从托足则食者不禁而自绝著通谕各省督抚严饬所属如有奸民种作鸦片烟随时拿究办并饬令各关口及州县文武各员严行查禁如有奸商夹带偷漏一经拿即当究明来历将偷漏之关口暨失察之地方官一并交部议处如后任及他人拿亦著将前任失于查拿之员交部议处该地方官并不实力查拿及胥役人等有得规故纵情弊著该督抚严参究办并令地方官按季禀报查核责成该管道府于年终出具所属并无种卖鸦片烟切实印结报明该督抚每年具奏一次毋得日久视为具文致干重咎是年五月兵科给事中刘光三条奏请酌加买食鸦片烟罪名复经部议军民买食杖一百枷号两月仍令指出贩卖之人查拿如有容隐将食烟人坐以贩卖为从例杖一百徒三年职官及在官人役加等治罪仍令督抚及道府州县官出具署内并无买食甘结年终汇奏刑部又奏言据两江总督陶澍等奏鸦片烟土惟严立科条重惩奸犯先绝其源贩者无从托足则食者不禁而自绝查外来兴贩多由洋船夹带苏省各海口关口有为洋船之所必经者稽查尤关要臣等迭经移咨各关监督并严饬各关道实力查拿又经严饬各处守口员弁一体认真查察窃思烟土不能即食必待熬汁而后成贩土可以瞒保甲于不知而熬烟则必为街坊所先觉稽查较易请嗣后熬烟人犯即照制造赌具例首犯问拟奉旨依议是年七月上谕李鸿宾等奏查禁鸦片烟章程一折鸦片烟来自外洋内地奸民近有将罂粟花栽种熬膏售卖渔利前已屡降谕旨通饬各省督抚各就地方情形妥议章程严行查禁兹据李鸿实等奏粤省惟潮州府属闲有种植罂粟花之事已饬地方官随时铲拔以杜萌蘖正恐潮州府属之外栽种者亦复不少至夷商夹带入口奸民辗转贩卖广东一省向为尤甚若不杜绝来源以净根株是以内地有用之财易外洋害人之物流毒方来伊于何底该督抚等严饬所属州县如有奸民偷种私卖等事责令保甲人等首报勘明将地入官并拘犯即照贩卖鸦片烟例治罪并将徇隐之地保乡约及族长人等分别枷责兵役得规包庇从重惩办各州县因公下乡及编查保甲之便随时认真察访按季申报该管道府即委员分往覆查于年终出具所属甘结详报该督抚每年终具奏一次至外洋夹带烟泥进口贩售尤当设法查拿重究务使弊端永绝方为正本清源之道不可有名无实日久视为具文致干重咎

道光十四年总督卢坤巡抚祁监督彭年会奏言奉谕旨饬令查明鸦片烟延入内地之由为拔本塞源之计查近年鸦片行销日盛皆由土棍驾驶快艇透漏节经咨行舟师将在洋停泊夷船随时催令开行并严禁民船蛋艇与

夷船交易接济并严拿走私土棍先后经各员弁在洋用槍炮击沉快艇不少复据香山协迭次拿与夷船交易民人及走私快蟹艇只人船并起烟土业将办理情形奏蒙圣鑒在案钦奉前因查夷船来粤多在零丁外洋及磨刀洋面寄泊各该处均为贸易商船进口出口必由之地寄泊夷船有即时开行者亦有称因探听货物行市及守风修杠延逗者该处远在外洋离省数百里何船趸载鸦片巡洋兵船亦不能搜查实未便于众船聚泊之时遽用炮火轰击致失天朝怀柔之义其趸船一项常年在洋惟有于各国商船回帆以后查明如有在洋趸私船只即调集水师大加兵威严行驱逐第鸦片虽系夷船载来若无内地匪徒勾串贩运该夷人即有私货亦从何行销可见夷人全藉土贩表里为奸则严拿走私尤为扼要现在饬令香山协派拨巡船二只在于夷船湾泊洋面常川巡查一切买卖食物民蛋船均不许拢近夷船私相交易以杜接济遇有土棍驾驶快艇向夷船兴贩鸦片及私买呢羽等货即时查拿解究并责成内河营县派拨巡船在于各海口及一切通海港分定段落昼夜轮流巡缉遇有奸贩偷越进出即行拿解各关口一体实力严查官弁量予鼓励兵役酌给奖赏如员弁疏于巡缉或兵役得规故纵除兵役照例治罪外将该管官从严参办仍饬地方官访拿开设窑口土棍查钞严办并饬洋商传谕英吉利夷商互相查察如有一船偷漏税货即将众船不准贸易使其彼此自相稽察防闲更为周密又片奏鸦片之害屡经周谘博采有谓应仍照昔年旧章准其贩运入关加征税银以货易货使夷人不能以无税之私货售卖纹银者有谓应弛内地栽种粟之禁使吸烟者买食土膏夷人不能专利纹银仍在内地转运不致出洋者其说均不无所见然与禁令有违窒碍难行更有谓内地所得不偿所失不若从此闭关停止外夷贸易不知夷人在粤贸易已阅二百余年且亦不止英吉利一国万无闭关之理臣等受恩深重固不敢畏葸苟安养痈贻患亦不敢徒设侈言不顾全局悉心筹画与其铤而走险各处蔓延不若暂为羁縻严加约束亦不致越驶他省再行徐图禁绝至偷漏税货重在各口严查不在趸船之有无也奉上谕广东夷船私带鸦片多在外洋售卖即有内地匪徒勾串贩运经卢坤等严饬舟师将在洋停泊夷船随时催令开行并禁民船蛋艇与夷船交易严拿走私土棍各等情但洋面众船聚集之时难分玉石惟有于各国商船回帆以后查明如有在洋趸私船即调集水师大加兵威严行驱逐仍饬令该管将弁派拨巡船二在夷船湾泊洋面常川巡缉一切民蛋艇只均不许拢近夷船私相交易以杜接济倘有土棍驾驶快艇向夷船兴贩鸦片及私买鸦片货物即查拿解究从重治罪并责成内河营县派拨巡海在各海口及一切通海港分定段落昼夜轮流巡缉如有奸贩偷越进出即行拿解各关口一体实力严查无论外海内河拿走私漏税人赃船艇即照例奏请分别奖励倘员弁疏于查缉或兵役得规故纵除兵役照例治罪外将该管官从严参办仍饬地方官访拿开设窑口土棍查钞严惩如不认真办理别经发觉从重参处并令洋商传谕英吉利夷商互相查察如有一船偷漏即将众船一概不准贸易使其彼此自相稽察防闲更为周密卢坤等遇有此等案情有犯必惩不准姑息更不可日久生懈视为具文又另片奏夷情为利息是图其私贩已久必不甘心舍弃或伺官兵撤后复来或穷蹙窜驶他省等语该督等务当严加约束外则巡以舟师内则谨防海口使不致行销无忌亦不致驶越他省总须相机妥办严行禁绝方为不负委任

卷十九·禁令三

商贩禁令

道光十八年闰四月鸿胪寺黄爵滋奏言臣惟皇上宵衣旰食所以为天下万世计者至勤且切而国用未充民生罕裕情势积渐一岁非一岁之比其故何哉考诸纯庙之世筹边之需几何巡幸之费几何修造之用又几何而上下充盈号称极富嘉庆以来犹微丰裕士夫之家以及巨商大贾奢靡成习较之目前不啻霄壤岂愈奢则愈丰愈俭则愈啬耶臣窃见近日银价递增每银一两易制钱一千六百零非耗银于内地实漏银于外夷也盖自鸦片流入中国我仁宗睿皇帝知其必有害也故诰诫谆谆例有明禁然当时臣工亦不料其流毒至于此极矣早知若此必有严刑重法遏于将萌查例载凡夷到广必先取具洋商保结保其必无夹带然后听其入口尔时虽有保结视为具文夹带断不能免故道光三年以前每岁漏银数百万其初不过纨裤子弟习为浮靡尚知敛戢嗣后上自官府搢绅下至工商优伶以及妇女僧尼道士随在吸食置买烟具为市日中盛京等处为我朝根本重地近亦渐染成风外洋来烟渐多有趸载烟不进虎门海口停泊零丁洋中之老万山大屿山等处粤省奸商勾通巡海兵弁用扒龙快蟹等运银出洋运烟入口故自道光三年至十一年岁漏银一千七八百万两自十一年至十四年岁漏银二千余万两自十四年至今渐漏至三十余万两之多此外福建浙江山东天津各海口合之亦数千万两以中国有用之财填海外无穷

之壑易此害人之物渐成病国之忧日复一日年复一年臣不知伊于胡底各省州县地丁漕粮征钱为多及办奏销皆以钱易银折耗太苦故前此多有盈余今则无不赔垫各省盐商俱系钱文交课尽归银两昔之争为利薮今则视为畏途再至数年间银价愈贵奏销如何能办税课如何能清设有不测之用如何能支臣每念及此辗转不寐今天下皆知漏卮在鸦片所以塞之之法亦纷纷讲求或谓严查海口杜其出入之路固也无如稽查员弁未必悉皆公心每岁既有数千余万之交易分润毫厘亦不下数百万两利之所在谁肯认真查办偶有所已属寥寥况海万余里随在皆可出入此不能塞漏卮者一也或且禁止通商拔其贻害之本似也不知洋夷载入呢羽钟表与其所载出茶叶大黄湖丝通计交易不足千万两其中沾润利息不过数百万两尚系以货易货较之鸦片之利不敌数十分之一故夷人之著意不在彼而在此今虽弃粤海关税不准通商而烟本不进口停泊大洋居为奇货内地食烟之人刻不可缓自有奸人搬运故难防者不在夷商而在奸民此不能塞漏卮者二也或曰查拿兴贩严治烟馆不能清其源亦庶可遏其流不知自定例以来兴贩鸦片者发边远充军开设烟馆者照左道惑人引诱良家子弟罪至绞今天下兴贩者不知几何开设烟馆者不知几何而各省办此案者绝少盖原粤省总办鸦片之人据设窑口自广东以至各省途关口声势联络各省贩烟之人其资本重者窑口途包送关津胥吏容隐放行转于往来客商藉查烟为名恣意留难勒索其各府州县开设烟馆者皆奸猾吏役兵丁勾结故家大族不肖子弟素有声势于重门深巷之中聚众吸食地方官之幕友家人半溺于此未有不庇其同好此不能塞漏卮者三也或又曰开种粟之禁听内地熬煎烟膏庶可抵当外夷所入积之渐久不至纹银出洋殊不知内地所熬之烟食之不能过瘾不过兴贩之人用以搀和洋烟希图重利此虽开种罂粟之禁亦不能塞漏卮者四也然则鸦片之害其终不能禁乎臣谓非不能禁实未知其所以禁也夫耗银之多由于贩烟之盛贩烟之盛由于食烟之众无吸食者自无兴贩无兴贩则外夷之烟自不来矣今欲加重罪名必先重治吸食臣请皇上严降谕旨自今某月日起至明年某月日止准给一年期限戒烟虽至大之瘾未有不能断绝若一年以后仍然吸食是不奉法之罪民置之重刑无不平允查旧例吸食鸦片者罪仅枷杖其不指出兴贩者罪止杖一百徒三年然皆系活罪断瘾之苦甚于枷杖与徒故甘犯明刑不肯断绝若罪以死论临刑之急更苦于断瘾之苟延臣知其情愿绝瘾而死于家必不愿受刑而死于市椎皇上明慎用刑之意诚恐立法稍严互相告讦以至流及无然吸鸦片者是否有瘾到官熬审立刻可辨如非吸食之人虽大怨深仇不能诬枉良善果系吸食究亦无从掩饰故虽用刑并无流弊臣查余文仪台湾志云咬吧本轻捷善鬬红毛制造鸦片诱使食之遂疲羸受制其国竟为所据红毛人有自食鸦片者其法集众红毛人环视系其人竿上以炮击之入海故红毛无敢食者今入中国之鸦片来自英吉利等国其国有食鸦片者以死论故各国只有造烟之人无食烟之人臣又闻夷到广由孟烎经安南边境诱安南人食之安南人觉其阴谋立即严出示禁凡有食鸦片者死不赦夫以外夷之力尚令行禁止况我皇上雷电之威赫然震怒虽愚顽之沈溺既久自足以发聩振聋但大计非常情所及惟圣明干纲独断不必众议佥同诚恐畏事之人未肯为国任怨明知非严刑不治托言吸食人多治之过骤则有决裂之患今宽限一年是缓图也在谕旨初降之时总以严切为要皇上之旨严则奉法之吏肃奉法之吏肃则犯法之人畏一年之内尚未用刑十已戒其八九已食者竟藉国法以保余生未食者亦因炯戒以全身命此皇上止辟之大权即好生之盛德也复请饬谕各省督抚严切晓谕广传戒烟药方毋得逾限吸食并一面严饬各府州县清查保甲预先晓谕居民定于一年后取具五家邻佑互结仍有犯者准令举发给予优奖倘有容隐一经查出本犯照新例处死外互结之人照例治罪至如通都大邑五方杂处往来客商去留无定邻佑难于查察责成铺店如有容留食烟之人照窝藏匪治罪现任文武大小各官如有逾限吸食者是以奉法之人等为犯法之事应照常人加等除本犯官治罪外其子孙不准考试地方官于定例一年后如能实心任事拿多起者照获盗例请恩议叙以示鼓励其地方官署内官亲幕友家丁仍有吸食被者除本犯治罪外该本管官严加议处各省满汉营兵每伍取结照地方保甲办理其所管辖失察人照地方官衙门办理庶几军民一体上下肃清无论穷乡僻壤务必布告详明使天下晓然于皇上爱惜民财保全民命之至意向之吸食鸦片者自当畏刑感德革面洗心如是则漏卮可塞银价不致日昂然后讲求理财之方诚天下万世臣民之福也奏入谕曰黄爵滋奏请严塞漏卮以培国本一折著盛京吉林黑龙江将军省各督抚各抒所见妥议章程迅速具奏钦此

道光十九年五月宗人府等衙门会议奏言臣等查鸦片之来皆由海口内地奸民与夷匪私相交易加以弁兵纵容受财护送以致毫无顾忌肆意畅行锢习益深日甚一日受其害者类皆沉溺不返几同毒药迷人迨至骨立形销等于残废而执迷不悟莫可挽回我皇上恫在抱欲为天下除此大患特命廷臣会同妥议明定章程以期易俗移

风还淳返朴臣等谨就黄爵滋原奏及各省将军督抚科道条陈各折参互考订择其实可见诸施行者胪列以陈用备采择窃惟明刑所以弼教立法尤贵因时鸦片之禁载在爰书果能及早查拿何至流毒如今日之甚总缘各省大小臣工视为具文不肯认真查办遂致浇风日炽几成习惯自然当此波靡日甚之时势非雷属风行不足以振聋启聩查海贩窑口实为祸首罪魁必应一律从严分别论罪方足以破奸徒之胆而昭情法之平至若巡海兵弁假公济私内地奸商辗转销售以及开设烟馆引呼朋堕其术者罔不形同鬼域荡产倾家传染几徧天下核其情罪实为盛世所不容必应明罚敕法俾无幸逃使狡狯之徒共凛然于法律森严不敢冒危险以图重利而后其源可塞其流自清数十年渐染之风不待禁而自止矣至于吸食鸦片者则人引诱半属愚民近则视为泛常明目张胆已属罪不容诛倘经此次广为劝谕依然怙恶不悛律以藐法则为乱民律以梗化则为顽民缘情定谳愚民可宽乱民顽民必不可宽况吸食之一日不断则兴贩之来一日不绝是兴贩与吸食厥罪维均断不容稍从宽典惟有一律从严俾吸食者共畏刑书与贩者无从牟利庶可根株尽绝永杜弊源此外官员之失察胥吏之得财商之窝藏关津之偷漏棍徒之冒充官人奸民之栽赃诬陷种种流弊不可胜数臣等谨按所犯情节酌定罪名列为三十九条伏乞钦定

一开设窑口等犯向无治罪专条今拟海奸徒开设窑口勾通外夷潜买鸦片烟土入口囤积发卖图利一经审定首犯拟斩立决恭请王命先行正法仍传首海口地方悬竿示众为从同谋及接引护送之犯并知情受雇之户均拟绞监候房屋一律入官吏部查向例洋夹带鸦片烟进口等项情弊官员失察处分系按斤数核议至降一级调用止且只有该管地方官处分其各该管上司并未议及查则例内载洋夹带鸦片烟进口及奸民私种罂粟煎熬烟膏开设烟馆文职地方及巡查海口委员能自行拿获究办免其议处其有得规故纵者严参革职私罪若止失于觉察一百斤以上者罚俸一年一千斤以上者降一级留任五千斤以上者降一级调用俱公罪等语窃思现在严定章程海奸徒开设窑口勾通外夷买烟囤积罪名既拟以斩枭失察之地方官及该管各上司自应分别从严酌定处分以昭慎密应请嗣后如有沿海奸徒开设窑口勾通外夷潜买鸦片烟土入口囤积发卖所犯罪名至斩枭者该管各官亦应从重定议如有知情故纵者严参革职私罪如失于察照奸民倡设邪教惑众敛钱之例议处州县官降二级调用府州降一级留任道员罚俸一年两司罚俸九个月督抚罚俸六个月俱公罪如别处发因案审出或上司饬查俱系全究办或邻境关查随同全究办或自行查出获犯及半兼首犯俱准功过相抵免其议处犯及半未首犯或犯尚未及半已首犯俱照邻境犯之例减等议处兵部查失察之地方官应照失察民人传习西洋教例将专汛官降二级调用兼辖官降二级留任统辖官降一级留任提督总兵罚俸九个月俱公罪知情讳匿不报者专汛官照讳盗例革职私罪该管上司照讳盗例分别议处如别处发觉因案审出随即犯及半或邻境关查随同犯究办俱各照邻境犯之例减等议处自行查出究办者免议

一沿海员弁人等收受窑口财物纵放烟土向无治罪专条今拟海口员弁兵丁受贿故纵无论赃之多寡概拟绞立决其未经得贿但知情徇纵或漏信致令脱逃俱发往新疆地方系员弁充当苦差兵丁为奴如讯不知情实系失于觉察者兵丁杖一百徒三年文武员弁及失察之海关监督吏部查海设立员弁兵丁原以地近海洋稽查更宜周密若海口吏役人等收受窑口财物纵放烟土罪名既从严办理失察处分亦应从重定议应请嗣后如有海口吏役人等受贿故纵罪应绞决者失察之该管官即从重照失察海奸徒勾通外夷犯该斩枭之例降二级调用府州降一级留任道员罚俸一年两司罚俸九个月督抚罚俸六个月俱公罪知情徇纵漏信脱逃犯该军流者失察之该管官降二级留任府州罚俸九个月道员罚俸六个月两司罚俸三个月督抚罚俸两个月俱公罪自行查拿究办者免议如官员犯有前项情弊照本管官失察吏役处分上加等办理犯该绞决者失察之该管官降三级调用兼辖官降二级留任统辖官降一级留任两司罚俸一年督抚罚俸九个月俱公罪知情徇纵漏信脱逃罪应发往新疆充当苦差者失察之该管官降一级调用辖官罚俸一年统辖官罚俸九个月两司罚俸六个月督抚罚俸三个月俱公罪上司查出揭参者免议至海关监督失察所属官员及失察吏役人等犯有前项情弊者均照前例分别议处兵部查嗣后海兵丁如有受贿故纵犯该绞决者失察之该管官即照失察海奸徒勾通外夷犯该斩枭之例降二级调用兼辖官降二级留任统辖官降一级留任提督总兵罚俸九个月俱公罪知情徇纵漏信致令脱逃犯该军流者失察之该管官降二级留任兼辖官罚俸一年统辖官罚俸九个月提督总兵罚俸六个月俱公罪自行查出究办者免议如有官弁犯有前项情弊照本管官失察兵丁处分上加等办理犯该绞决者失察之该管上司降三级调用兼辖官降三级留任提督总兵降一级留任俱公罪知情徇纵漏信致令脱逃罪应发往新疆充当苦差者失察之该管上司降一

级调用兼统官罚俸一年提督总兵罚俸九个月俱公罪上司查出揭参者免议

一鸦片烟案内合伙开设窑口并合伙兴贩人犯应分别首从办理向无专条今拟拿获鸦片烟案犯如有合县开设窑口并合伙兴贩者无论出钱多寡以造意者为首余俱以为从论

一寄囤夷鸦片烟土之犯向无治罪专条今拟海奸徒贪利寄囤夷鸦片烟土流毒内地者照开设窑口从犯治罪其寻常兴贩烟土案内究出知情受寄之犯减首犯一等治罪

一得财卖放鸦片烟案犯之官役人等向无治罪专条今拟拿获兴贩鸦片烟及吸食之犯如有不肖官吏并兵役人等得财卖放者与本犯一体治罪赃重者计赃以枉法从重论吏部查拿获兴贩鸦片烟及吸食之犯如有吏役人等得财卖放罪应斩枭者失察之该管官降三级调用府州降二级留任道员降一级留任两司罚俸一年督抚罚俸九个月俱公罪罪应斩绞立决者该管官降二级调用府州降一级留任道员罚俸一年两司罚俸九个月督抚罚俸六个月俱公罪罪应斩绞监候者该管官降一级调用府州罚俸一年道员罚俸九个月两司罚俸六个月督抚罚俸三个月俱公罪罪应军流者该管官降二级留任府州罚俸九个月道员罚俸六个月两司罚俸三个月督抚罚俸两个月俱公罪自行查拿究办者免议如官员犯有前项情弊照失察吏役处分上加等办理罪应斩枭该管官降四级调用兼辖官降三级留任统辖官降二级留任两司降一级留任督抚罚俸一年俱公罪罪应斩绞立决者该管官降三级调用兼辖官降二级留任统辖官降一级留任两司罚俸一年督抚罚俸九个月俱公罪罪应斩绞候者该管官降二级调用兼辖官降一级留任统辖官罚俸一年两司罚俸九个月督抚罚俸六个月俱公罪罪应军流者该管官降一级调用兼辖官罚俸一年统辖官罚俸九个月两司罚俸六个月督抚罚俸三个月俱公罪上司查出揭参者免议兵部查拿获兴贩鸦片烟及吸食之犯如有不肖官兵得财卖放者既与本犯一体治罪失察之该管各官自应仍按罪名议处惟系官兵得财卖放应以次加等定议应请嗣后各省兵丁拿获兴贩鸦片烟及吸食之犯如有得财卖放犯该斩枭者失察之该管官即照失察海奸徒勾通外夷罪应斩枭之例加等降三级调用兼辖官降三级留任统辖官降二级留任提督总兵降一级留任俱公罪犯该斩绞立决者失察之该管官降二级调用兼辖官降二级留任统辖官降一级留任提督总兵罚俸一年俱公罪犯该斩绞监候者该管官降一级调用兼辖官降一级留任统辖官罚俸一年提督总兵罚俸九个月俱公罪犯该军流者失察之该管官降二级留任兼辖官罚俸一年统辖官罚俸九个月提督总兵罚俸六个月俱公罪自行查出究办者免议如员弁犯有前项情弊犯该斩枭者失察之该管上司降四级调用兼统官降四级留任提督总兵降三级留任俱公罪犯该斩绞立决者该管上司降三级调用兼辖官降三级留任提督总兵降二级留任俱公罪犯该斩绞监候者该管上司降二级调用兼统官降二级留任提督总兵降一级留任俱公罪犯该军流者该管上司降一级调用兼统官降一级留任提督总兵罚俸一年俱公罪上司查出揭参者免议

一禁卒人等递给鸦片烟与犯人吸食向无治罪专条今拟内外问刑衙门收禁人犯如有禁卒人等私行传递或代买鸦斤烟与犯人吸食者发极边烟瘴充军其奉官解递看守之犯解役看役人等有犯前项情弊发近边充军赃重者计赃以枉法从重论失察之该管各官吏部查禁卒人等将鸦片烟与犯人吸食该管官知情故纵者革职私罪失于觉察管狱官照约束不严例降一级调用有狱官降一级留任俱公罪如提解看守之犯解役看役人等将鸦片烟与犯人吸食者该管官失于觉察照有狱官例降一级留任公罪自行查拿究办者免议兵部查禁卒人等如有私行传递鸦片烟与犯人吸食者失察之管狱官照约束不严例降一级调用公罪其奉官解递看守人犯之兵役人等有犯前项情弊将失察之该管官降一级留任公罪自行查出究办者俱免议

一栽烟诬赖之犯向无治罪专条今拟拿鸦片烟见发有据者方坐不许妄攀拖累如兵役人等并地方匪棍冒充兵役假以查拿鸦片烟为由肆行抢夺并怀挟雠恨或希图讹诈栽烟诬赖审实不分首从俱照诬良为盗例发边远充军赃至一百二十两以上者为首拟绞监候吏部查定例捕役诬拿良民为盗私用非刑拷逼致死者将失察之州县官革职府州降二级调用道员降一级调用臬司降一级留任督抚罚俸一年俱公罪未致死者州县官降三级调用府州降一级调用道员降一级留任臬司罚俸一年督抚罚俸六个月俱公罪如系自行访拿审出未致死者免议已致死者仍照例议处上司查出揭参者免议又定例已革捕役诬良为盗已致死者州县官降二级调用未致死者降一级调用俱公罪如系自行访拿审出未致死者免议已致死者仍照例议处又定例地方豪棍游行街市藉端讹诈勒骗钱物酗酒行凶州县官失于觉察者降一级留任公罪自行拿究者免议各等语查捕役假以查拿鸦片烟

为由肆行抢夺并怀挟雠恨或希图讹诈栽烟诬赖既照诬良为盗例治罪失察之该管官亦应照失察捕役诬良为盗例议处系已革捕役亦照失察已革捕役诬良为盗例议处如系自行访拿审出未致死者免议已致死者仍照例议处系匪徒冒充兵役犯有前项情弊照失察棍徒讹诈财物例议处自行拿究者免议兵部查兵役人等栽烟诬赖既照诬良为盗例治罪其失察之该管各官亦应照诬良为盗例核议应请嗣后在京及各省兵丁如有栽烟诬赖拖累致死者将失察之该管官革职兼统官降二级调用总兵降一级调用提督罚俸一年如未经致死者该管官降二级调用兼统官降一级调用总兵罚俸一年提督罚俸六个月俱公罪上司各官查出揭参者免议该管官自行访拿究出已致死者降二级留任公罪未致死者免议至地方匪棍冒充兵役栽烟诬赖者责令该管营员巡查缉拿如明知不行查拿者专汛兼辖各官俱革职得财私纵谎称失脱者革职提问俱私罪如不知情失于查拿者专汛官降一级留任兼辖官罚俸一年俱公罪自行查拿究办者免议

一鸦片烟案犯告称留养向无专条今拟鸦片烟案内问拟流罪以上人犯有告称留养者概不查办

一鸦片烟案内自首及闻拿投首人犯向无专条今拟鸦片烟案内人犯如有专未发而自首者照犯罪自首律准其免罪闻拿投首者于本罪上减一等科断首后复犯加一等治罪不准再首

一吸食鸦片烟之案止准地方官弁访拿究办不许旁人讦告如有讦告者均不准审理傥系干犯各义仍照本律治罪

一开设鸦片烟馆原例为首拟绞监候为从拟满流今拟私开鸦片烟馆引诱良家子弟者首犯拟绞立决房屋入官从犯及知情租给房屋之犯发新疆给官兵为奴房屋一律入官兵役受贿包庇与犯一体科罪其知情之地保邻佑人等俱仍照旧例杖一百徒三年有赃计赃准枉法从重论失察之该管各官吏部查奸徒开设鸦片烟馆引诱民家子弟州县官知情故纵者革职私罪系吏役受贿包庇罪应绞决者失察之该管官降二级调用府州降一级留任道员罚俸一年两司罚俸九个月督抚罚俸六个月俱公罪自行查拿究办者免议系失察民人开设鸦片烟馆引诱良家子弟并无吏役包庇情事犯该绞决者州县官降一级调用府州罚俸一年道员罚俸九个月两司罚俸六个月督抚罚俸三个月俱公罪如别处发因案审出或上司饬查俱系全究办或邻境关查随同全究办或自行查出犯及半兼首犯俱准功过相抵免其议处若犯及半未首犯或犯尚未及半已首犯俱照邻境犯之例减等议处兵部查奸徒开设鸦片烟馆引诱良家子弟罪应绞决者失察之专汛官降一级调用兼辖官降一级留任统辖官罚俸一年俱公罪如别处发觉因案审出随即犯究办或邻境关查随同犯究办俱各照邻境犯之例减等议处倘兵丁受贿包庇罪应绞决者失察之该管官降二级调用兼辖官降二级任统辖官降一级留任俱公罪自行查拿究办者免议

一栽种鸦片烟及买土煎熬售卖人犯原例为首发边远充军为从流二千里兴贩鸦片烟人犯为首发近边充军加枷为从满徒今拟内地奸民人等有栽种罂粟花收浆制造鸦片烟土或煎熬成膏售卖及兴贩鸦片烟膏烟土发卖图利数至五百两或虽不及五百两而兴贩多次者首犯拟绞监候为从发极边烟瘴充军若兴贩仅止一二次并为数不及五百两为首发新疆给官兵为奴为从发极边足四千里充军兵役受贿包庇与首犯一体科罪赃重者计赃以枉法从重论其知情租给田地房屋之业主及知情受雇之户但在一年以外者发边远充军一年以内杖一百流二千里半年以内杖一百徒三年田地房屋一律入官有能自行首告将犯指拿到官者免罪田地房屋并免入官首而无获者但准免罪田地房屋仍行入官邻佑地保知而不首各杖一百有赃者计赃准枉法从重论仍令各督抚责成该管道府实力查禁其有查禁不力并失察兴贩之该各官吏部查内地奸民人等栽种罂粟花收浆制造鸦片烟土烟膏售卖兴贩州县官知情故纵者革职永不叙用私罪系吏役受贿包庇罪应绞候者失察之该管官降一级调用府州罚俸一年道员罚俸九个月两司罚俸六个月督抚罚俸三个月俱公罪罪应拟军者该管官降二级留任府州罚俸九个月道员罚俸六个月两司罚俸三个月督抚罚俸两个月俱公罪自行查拿究办者免议如系民人栽种罂粟制造鸦片烟并兴贩烟土烟膏犯该绞候者失察之州县官降二级留任府州罚俸九个月道员罚俸六个月两司罚俸三个月督抚罚俸两个月俱公罪犯该军罪者州县官降一级留任府州罚俸六个月道员罚俸三个月两司罚俸两个月督抚罚俸一个月俱公罪如别处发觉因案审出或上司饬查俱系全究办或邻境关查随同全获究办或自行查出获犯及半兼获首犯俱准功过相抵免其议处若犯及半未首犯或获犯尚未及半已首犯俱照邻境获犯之例减等议处兵部查内地奸民人等如有栽种罂粟花收浆制造鸦片烟土或煎熬成膏售卖及兴贩鸦片烟膏烟土发卖图利犯该绞候者失察之专汛官降二级留任兼辖官罚俸一年统辖官罚俸九个月犯该军流者

专汛官降一级留任兼辖官罚俸九个月统辖官罚俸六个月俱公罪如别处发觉因案审出随即犯究办或邻境关查随即犯究办俱各照邻境犯之例减等议处倘兵丁受贿包庇犯该绞候者失察之该管官降一级调用兼辖官降一级留狂统辖官罚俸一年犯该军流者失察之该管官降一级留任兼辖官罚俸一年统辖官罚俸九个月俱公罪自行查出究办者免议【此系文武各员降调降留处分均不准抵销】

一栽种罂粟花连畦成亩尚未制烟售卖及收买鸦片烟尚未售卖者原例杖一百徒三年今拟栽种罂粟花尚未收浆制造烟土煎熬烟膏售卖及收买鸦片烟土烟膏尚末售卖贻害者为首发极边烟瘴充军为从杖一百流三千里

一吸食鸦片烟人犯在京各衙门以奉旨之日为始各省以奉到部文之日为始均予限一年六个月限满不知悛改无论官员军民人等一概拟绞监候其在一年六个月限内犯者仍分别办理

一平民吸食鸦片烟在一年六个月限内犯案者照旧例加重杖一百流二千里不能供出贩卖之人加一等杖一百流二千五百里系旗人销除旗档一体实发

一在官人役并官亲幕友长随人等一年六个月内在署吸食者照平民加一等治罪该管官徇隐不究吏部兵部在官人役并官亲幕友长随人等在署吸食鸦片烟该管官知情故纵者革职私罪如系失于觉察照约束不严例降一级调用公罪自行查拿究办者免议

一职官买食鸦片烟原例加平民一等治罪今拟职官买食鸦片烟在一年六个月内者仍加平民一等治罪均从重发往新疆地方充当苦差

一兵丁买食鸦片烟原例加平民一等治罪今拟在京各旗及各省驻防绿营兵丁买食鸦片烟在一年六个月内者发近边充军该管及本管各员弁兵部查在京各旗营兵丁买食鸦片烟该管各官如系知情故纵者革职私罪止于失察者该管官降一级调用兼辖官降一级留任统辖官罚俸一年俱公罪各省驻防兵丁有犯亦照此例办理至绿营兵丁买食鸦片烟该管各官如系明知故纵者革职私罪止于失察者该管官降一级调用兼统官降一级留任提督总兵罚俸一年俱公罪该管各官自行查出究办者免议并于挑募时讯取应募人各该族邻切实甘结一开设烟馆及栽种罂粟等花制烟售卖并兴贩鸦片烟首从各犯除现拟死罪外其余亦俟一年六个月后均拟绞监候

一拿获吸食鸦片烟人犯讯明虽经改悔戒绝但存有鸦片烟未经毁弃者向无专条酌照不应重律杖八十今拟加二等杖一百治罪

一制造及贩卖鸦片烟器具者照造卖赌具例分别治罪吏部查民人制造及贩卖鸦片烟器具系照造卖赌具例治罪失察之该管官应照失察造卖赌具例革职留任尚未贩卖行用即能访无论已成未成亦照拿获制造赌具例给予加一级兵部查制造及贩卖鸦片烟器具者既照造卖赌具例分别治罪其拿及失察之地方武职亦应照拿赌具并失察赌具例分别议叙议处应请嗣后拿制造鸦片烟器具之地方武职首先之员加一级协拿之员纪录一次倘拿获制造之家审明出于某汛将该汛失察之专管官降二级留任至境内有存留旧制器具希图售卖者该汛专管官未经查出罚俸一年境内有贩卖鸦片烟器具者专管官失于查拿别经发觉将失察之专管官罚俸两个月俱公罪

一同居子弟有买食鸦片烟者除本犯照例惩办外将家长照不能禁约子弟为窃之例治罪

一职官因吸食鸦片烟犯案在一年六个月以内发往新疆者永不叙用概不准各该城大臣等因事保奏

一宗室觉罗买食鸦片烟者照平民加一等治罪发近边充军谨案宗人府则例仅止折圈二年六个月加责四十板不足以示惩儆今拟宗室觉罗买食鸦片烟者从重发往盛京交该将军严加管束至宗室罗职官以及王公内有买食鸦片烟者均从重革职革爵发往盛京永不叙用并遵照此次章程予限一年六个月如限满复不知悛改仍有吸食者即照新定章程加重拟绞监候应按照旧例宗人府会同刑部恭进黄册请旨

一太监买食鸦片烟者内务府查太监等供役内廷理宜敬慎倘有故违禁令怙恶不悛尤当严定章程分别惩办旧例枷号两个月改发各省给官兵为奴未免轻纵亦无区别今当法律森严之际若不先行晓谕继以查恐难净绝根株仍系有名无实拟自此次奉旨之日起宫内圆明园各等处由总管内务府大臣徧行晓谕所有首领太监内如有从前吸食之人限一个月内将烟具等项投内务府衙门自首取具永远改悔甘结免治从前应得之罪如一月限满并无自首之人或仅有一二处一二人再由内务府传知宫内圆明园总管太监等限三个月各将本管兼管之

处认真查如有收藏烟具者即将其人奏明交出严行审讯从重治罪如三个月限满并末查出或查出若干人交出治罪后仍有吸食者经内务府大臣访闻具奏或别经发觉或该管总管首领等自行查出检举或经同伴告发如系在禁地坐更宫殿房禁门以内各房吸食者讯系实有其事究出贩烟之人不论有瘾无瘾初犯再犯拟将该太监定绞监候奏明后交刑部监禁待质家属发往新疆地方给官兵为奴其失察之总管奏请革职该处首领不论知情与否俱发往黑龙江给官员为奴同屋太监均发往打牲乌喇给官员为奴如系首领吸食将失察之本管总管奏请革职发遣该处其余首领及太监等俱发吴甸铡草五年究出贩烟之人若系太监审讯得实与吸烟之人同罪若系民人交刑部按现定条规加等治罪如有在外围房各地坦公所吸食者一经发觉审拟将该太监枷号六个月满日发极边烟瘴充军永远枷号交地方官转饬看管遇赦不赦其失察之总管奏请实降二级首领革职同屋太监发吴甸铡草三年如系首领吸食均照禁门以内新拟罪名办理如有告假在外或潜往私宅或在他处吸食者一经发觉审实拟将该首领太监在慎刑司永远枷号不赦若系该首领私宅将其家属杖一百徒三年房屋入官若系他处将容隐之人交刑部加等治罪亦将房屋入官究出贩烟之人交刑部加等治罪其地方失察处分由各该部从重议处失察之总管免议至陵寝当差首领太监等应令该管大臣委员随时查如有吸食者即行奏明解交慎刑司严讯一经审实拟照外围办理其王公门上之首领太监及各大臣宅中之太监等应责成该王公大臣等随时稽查如有吸食者奏交内务府审实在慎刑司永远枷号不赦究出贩烟之人均交刑部加等治罪其地方失察处分由各该部从重议处若未曾查出别经发觉将失察之王公大臣附折参奏以上各条拟请统限半年以内有犯者查出审实如此办理如自奉旨之日半年以后宫门以内有犯吸食者将该犯拟斩监候外围等处陵寝当差者及王公门上大臣宅中及已为民太监等有犯吸食者将该犯拟绞监候奏明后送交刑部监禁届期由部声明请旨至各项失察处分仍照前议办理并请嗣后宫内圆明园各等处如有新放更调之总管首领等自到该处之日限两个月将应管之首领太监访查明有无吸食应奏报者即行陈奏如实无其人出具甘结交内务府存案倘于报后查出或系新到该处者审系属实将吸食之人照新定章程治罪外其失察之处酌量援减若始终失察即照新例定拟治罪至犯案情形不一稽查尤关要如有随时酌定之处分别请旨遵办

一粤东洋商向因贸易准与夷人往来然住澳住行皆有一定限期不准任意羁留嗣后洋行与夷商交易应遵照定限于卖货完竣后即令起程如有逾限久留即照违制律杖一百如查有积囤鸦片情弊照例治罪房屋查钞入官一向例缉私兵弁准带官编字号鸟槍遇有大伙盐枭拒捕准令开放格杀勿论嗣后查拿鸦片烟遇有大伙聚众持械拒敌官兵者亦准施放鸟槍格杀勿论其拒捕之犯聚至三人以上执持器械杀人者为首并杀人之犯俱拟斩立决伤人之犯斩监候若伤人未死首犯斩监候为从下手如刃伤及折伤以上者绞监候伤非金刃又非折伤及在场助势未曾伤人各犯俱发往新疆给官兵为奴其聚众持械未经拒捕之首犯无论兴败次数及烟数多寡俱拟绞监候为从发极边烟瘴充军

一销毁烟土应防偷换嗣后州县等官拿烟土解省之日该督抚亲自查验真伪即行加贴印封存贮司库酌定日期销毁届期该督抚仍将各处解到烟土逐细覆验沃以桐油并搀和食盐白矾眼同销毁务令悉成烬投之河海不准委任他员致滋弊混

一沿海各省洋进口或该督抚亲往查验或派委公正大员前往实力查其并无夹带烟土各概不准丝毫滋扰庶商情踊跃不致裹足不前现在奉天天津江苏山东各省业将稽查海口章程开单具奏应令各该将军督抚率同该关监督实力奉行此外各省海口应责成督抚及海关监督就该处情形详议章程速行具奏

一各省海关监督稽查税务是其专责洋进口有无夹带鸦片烟土亦应一体稽查嗣后责成该监督严饬该关胥吏人等于验商货时认真检查报明究治如敢知情纵放并得贿包庇立即照例严惩倘有徇隐偷漏等弊将来别处发即予惩处吏部查海关监督稽查税务是其专责洋进口有无夹带鸦片烟土责成该监督严饬胥吏人等认真检查如有知情纵放得规包庇徇隐偷漏者革职私罪失于觉察犯该斩绞立决者降二级调用犯该斩绞监候者降一级调用犯该军流者降二级留任俱公罪自行查拿究办者免议此外不通海道各关津均照此办理

一鸦片总由海口上岸嗣后各省拿烟贩应将由何处购买何人经手何人包庇护送并由何处上岸及经过何处地方逐一根究分别受贿知情不知情照例惩办议处吏部查拿贩烟人犯审明系由何处购买何人经手包庇护送何处上岸经过何处查有贩卖包庇情事州县官知情故纵者革职私罪受贿故纵者革职治罪私罪如失于察系

吏役犯该斩绞立决者该管官降二级调用府州降一级留任道员罚俸一年两司罚俸九个月督抚罚俸六个月俱公罪犯该斩绞监候者该管官降一级调用府州罚俸一年道员罚俸九个月两司罚俸六个月督抚罚俸三个月俱公罪犯该军流者该管官降二级留任府州罚俸九个月道员罚俸六个月两司罚俸三个月督抚罚俸两个月俱公罪自行查拿究办者免议系民人犯该斩绞立决者州县官降一级调用府州罚俸一年道员罚俸九个月两司罚俸六个月督抚罚俸三个月俱公罪犯该斩绞监候者州县官降二级留任府州罚俸九个月道员罚俸六个月两司罚俸三个月督抚罚俸两个月俱公罪犯该军流者州县官降一级留任府州罚俸六个月道员罚俸三个月两司罚俸两个月督抚罚俸一个月俱公罪如别处发觉因案审出或上司饬查俱系全究办或邻境关查随同全究办或自行查出犯及半兼首犯俱准功过相抵免其议处若犯及半未首犯或获犯尚未及半已首犯俱照邻境犯之例减等议处若途经过并无包庇贩卖情事地方官失于查拿者罚俸一年公罪兵部查拿烟贩人犯审明由何处购买何人经手包庇护送何处上岸经过何处查有贩卖包庇情事专汛官知情故纵者革职私罪受贿故纵者革职治罪私罪如失于觉察系兵丁犯该斩绞立决者该管官降二级调用兼辖官降二级留任统辖官降一级留任提督总兵罚俸一年俱公罪犯该斩绞监候者该管官降一级调用兼辖官降一级留任统辖官罚俸一年提督总兵罚俸九个月俱公罪犯该军流者该管官降二级留任兼辖官罚俸一年统辖官罚俸九个月提督总兵罚俸六个月俱公罪自行查出究办者免议系民人犯该斩绞立决者专汛官降一级调用兼辖官降一级留任统辖官罚俸一年提督总兵罚俸九个月俱公罪犯该斩绞监候者专汛官降二级留任兼辖官罚俸一年统辖官罚俸九个月提督总兵罚俸六个月俱公罪犯该军流者专汛官降一级留任兼辖官罚俸九个月统辖官罚俸六个月提督总兵罚俸三个月俱公罪如别处发因案审出随即自行拿获究办或邻境关查随同犯究办俱各照邻境获犯之例减等议处若途经过并无包庇贩卖情事专汛官失于查拿者罚俸一年公罪

一拿获吸食鸦片烟人犯到案承审之员务须严行审讯毋许漏网如有徇情开脱照故出人罪例治罪倘讯系无其烟土烟具实系查拿人役栽诬陷害即将栽陷之人役照例惩办吏部查拿鸦片烟案内人犯讯系无辜之人即行省释倘有待质之处令其听候传质如有滥行收禁将该州县照滥禁律罚俸一年再降一级调用私罪挟私故禁者照挟私故禁平人杖八十私罪律降三级调用私罪因而致死者革职治罪私罪

一吸食已戒平民例得免罪而官民应分别办理查吸食鸦片期于能戒而止平民已戒即同无罪之人若现任官员为民表率但经吸食之人即难更司查办之职嗣后现任各员如有曾经吸食者该上司即行揭参勒令休致知而不揭吏部查现任官员如有曾经吸食鸦片烟该上司知而不揭照徇庇例降三级调用私罪兵部查官员吸食鸦片烟该上司知而不揭照徇庇例降三级调用私罪惟吸食全以现在有瘾无瘾为断若无瘾而以为曾经吸食则人人皆可诬指必须查有凭方准揭参如有挟私揭报及任意参奏者吏部兵部查该上司应照督抚挟嫌参劾属员例革职私罪系误行揭参照误揭属员之例降二级调用公罪该员本未断瘾而但以曾经吸食朦混揭报者吏部兵部查该上司应照循隐例降二级调用私罪

一查向例议叙以盗为最优然亦须拿获应斩决斩枭三名以上或应凌迟者一二名方准送部引见其道府大员止加一级今拿获鸦片各案皆蒙特恩破格升擢未便拘以常例嗣后各省文武查拿鸦片认真出力者准督抚核实保奏请旨定夺惟拿鸦片全以烟土为凭一经销毁真伪多寡皆难查究嗣后如有拿获烟案该即官将所烟土烟膏俱用印封实贴开明斤两数目如系大伙例得专案奏请者即行解省呈验倘有以伪作真以少报多情弊即行从严参处督抚徇情滥保交部严议吏部查则例内载地方各官能将邻境兴贩煎熬之犯并鸦片烟一并拿者每二百斤给予纪录一次每千斤给予加一级以次递加获至五千斤以上者准该督抚奏请送部引见恭候钦定如所人犯仅止私种罂粟并非煎熬烟斤者概毋庸议叙议处等语是向例拿兴贩鸦片烟二百斤始给予纪录一次一千斤始给予加一级五千斤以上始准送部引见且专指拿获邻境人犯始准议叙并无拿本境人犯亦准议叙之条恭查道光十八年六月十四日据中城御史奏请将拿兴贩吸食鸦片烟人犯之正指挥李遇亨不论双单月遇有同知缺出即行补用拣调副指挥许之瑞遇有缺出即补副指挥郝升荣以应升之缺升用奉旨允准经臣部查明与定例不符声明请旨于七月十三日奉旨吏部奏缉兴贩鸦片烟土人犯之正指挥李遇亨等分别升补与例未符现在严拿鸦片之时李遇亨等仍著该部遵照前旨升补以示鼓励钦遵在案以后各城拿获兴贩吸食鸦片烟人犯有由本城拿别城人犯奏请鼓励者亦有本城拿获本城人犯奏请鼓励者叠经奉旨允准臣部钦遵办理在案窃思欲绝鸦片烟

之流弊失察处分固宜从严而查鸦片之根株获犯议叙亦应量予从宽臣等公同酌议处分既按罪名轻重分别办理议叙亦应按罪名轻重分别等差其有拿烟犯自应无论邻境本境均准给予议叙以示鼓励惟奸徒开设窑口潜买烟土囤积及开设烟馆兴贩囤积并栽种罂粟收浆制造烟土烟膏煎熬售卖本境地方官本有失察之咎未便与拿获邻境人犯一律办理应请嗣后拿获邻境奸徒开设窑口勾通外夷潜买烟土囤积及开设烟馆兴贩囤积并栽种罂粟收浆制造烟土烟膏煎熬售卖犯该斩枭一名及一案内拿斩绞立决首犯一名从犯在三名以上全者均准该督抚保奏送部引见如只拿斩绞立决人犯一名准其加一级斩绞候人犯每名纪录二次军流人犯每名纪录一次如一年之内所获人数较多只按名给予加级纪录亦不足以示鼓励查钱粮议叙例内一官经征分数钱粮能于每年奏销前全完应于照常议叙之外量加优叙等语以后拿获兴贩鸦片烟人犯如一年内拿获斩绞立决人犯二名或拿斩绞立决人犯一名又兼斩绞监候人犯五名或拿获斩绞监候人犯十名以上者应比照每年钱粮全完于照常议叙之外量加优叙之例酌核办理除照例给予加级纪录外亦准该督抚保奏送部引见至本境有奸徒开设窑口勾通外夷潜买烟土囤积或开设烟馆兴贩囤积或栽种罂粟收浆制造烟土烟膏煎熬售卖地方官自行查出破案全行拿者始准照拿邻境烟案人犯之例按名给予议叙如与引见之例相符者亦准其送部引见其拿获烟案人犯例应送部引见之员该督抚但只暨请议叙者臣部核与引见之例相符即题请送部引见知该员另有失察烟案处分核其情罪相等亦准其声请抵销此内有拿获烟案人犯实在认真出力经该督抚奏请鼓励钦奉特旨指明以何官升用或以何官尽先补用应钦遵谕旨办理即知照该省遵行如事折保奏以何官升用或以何官补用钦奉谕旨允准核兴引见之例相符查系应升应补之阶即钦遵办理无庸送部引见若核与现定章程不符或非应升应补之阶仍由臣部查取审拟供招将不合例缘由声明请旨至现任候补人员拿获烟犯引见奉旨以何项官员升用及尽先补用者若在未升未补之前又有续获烟犯虽核与引见之例相符只照例按名给予议叙毋庸再行调取其业已调取尚未引见续有拿获烟犯核与引见之例相符者亦只照例按名给予议叙毋庸调取至现任道府大员拿鸦片烟案若与同知直隶州以下等官一律办理亦不足以示区别查道府获盗定例内载各省道员留心缉捕首先拿获盗犯核与州县官引见之例相符者每案准其加一级与例不符者每名准其纪录一次若系督同属员拿即毋庸给予议叙又定例各省试用知府拿盗犯核与州县官引见之例相符者准其遇缺尽先补用与例不符者照拿别境首伙盗犯之例分别议叙至现任知府有能首先拿盗犯核与引见之例相符者每案准其加一级与例不符者每名准其纪录一次若系督同属员拿即毋庸给予议叙等语原以道府体制较崇是以盗议叙与州县以下等官亦有区别应请嗣后如系试用知府拿获鸦片烟案核与州县等官引见之例相符者即查照拿盗案例准其遇缺尽先补用与例不符者分别名数给予议叙其现任道府拿获鸦片烟案核与州县等官引见之例相符者每案准其加一级与例不符者每名准其纪录一次若系督同属员拿获即毋庸给予议叙如地方等官拿获烟案人犯倘有以伪作真以少报多情弊即行从严参处该督抚徇情滥保将该督抚照徇情例降二级调用私罪兵部查则例内载地方官能将邻境兴贩鸦片烟首犯并烟斤拿每二百斤纪录一次每千斤加一级以次递加如获至五千斤者该总督巡抚将该员出具考语送部引见恭候钦定等语是向例俱按获烟斤数分别议叙且专指拿邻境人犯而言并无拿本境人犯亦准议叙之条窃思此等奸徒或开设窑口勾通外夷或开设烟馆兴贩囤积或裁种罂粟制造煎熬其人犯罪名俱按情节之重轻则拿议叙自不能仅论烟斤之多寡且此等奸徒非拿获到官无由破案非若地方失事有勒限承缉之责若拿邻境案犯准予议叙而本境仅免失察处分恐各员弁等恃其破案无由反舍本境应拿之犯而侥幸以邀功其查拿仍不得力惟本境员弁本有失察之咎亦未便与拿获邻境人犯一律办理查例载副将以下拿邻境盗犯罪应斩枭斩决数在三名以上该员本任并无承缉逃盗准该督抚奏请送部引见恭钦定倘未及三名按其罪名分别议叙至总兵果能留心缉捕核与副将以下等官引见之例相符者给予加一级其与引见之例不符者仍照拿伙盗例每名纪录一次又定例地方武职各官一年内拿获过境十人以上带有军器大伙私枭至五起者不论俸满即行升用各等语应请嗣后拿邻境开设窑口等犯如仅获烟斤人犯未仍照旧例按烟斤多寡分别议叙外如首先拿罪应斩枭及斩绞立决人犯数在三名以上者即照拿获邻境盗犯之例准该督抚奏请送部引见恭候钦定如未及三名而一年内能全五起其首犯内有罪应斩枭斩绞立决一二名或俱应斩绞监候者除按名给予加级纪录外仍照拿获大伙私枭之例不论俸满即行升用协拿之员亦按其罪名分别减等议叙如只拿获斩枭人犯一名者加二级斩绞立决者加一级监候者纪录二次军流者纪录一次如系总兵拿获核与副将等官引见之例相符者每案

准其加一级与例不符者仍照拿伙盗例每名纪录一次如系督同属员协拿者仍毋庸给予议叙至本境有开设窑口等犯地方官能自行查出破案全行拿内有罪应斩枭及斩绞立决数在三名以上者亦准该督抚奏请送部引见如未及三名而一年内能全十起其首犯内有罪应斩枭及斩绞立决三名或俱应斩绞监候亦准照拿大伙私枭之例不论俸满即行升用八起以上加二级四起以上加一级三起以下每一起纪录一次如地方武职各官拿烟案人犯倘有以伪作真以少报多情弊即行从严参处该管各上司徇情滥保照循情例降二级调用私罪

一查拿鸦片兴贩与吸食并重今拿获兴贩者得邀议叙而拿获吸食者并无奖赏非独兵役不能得力即员弁亦有懈心恐吸食一日不尽即兴贩一日不绝现在京内五城拿获职官吸食者已邀升擢嗣后各省如有能访吸食设法缉拿验明属实且人数较多或不止一案准各督抚查明实在出力之员酌量奏请议叙吏部查拿获兴贩鸦片烟人犯系邻境则分别罪名给予议叙系本境则必全行拿获始准分别罪名给予议叙原以一有兴贩则流毒亦不止一人是以拿获邻境兴贩人犯议叙概予从优即拿获本境兴贩人犯如能功足掩过亦不没其微劳至吸食人犯现拟一年六个月内拟流一年六个月外拟绞若与拿获兴贩人犯同按罪名议叙碍难核办且此等人犯有在别处未曾吸食而来至某处吸食者有在别处曾经吸食而来至某处复行吸食者有土著绅民愍不畏法而私行窃食者若与拿获兴贩人犯无论邻境本境一律分别议叙亦有未协其拿获吸食人犯与拿获兴贩人犯情节既有轻重甄叙亦须稍分等差如有拿获吸食人犯自应照拿获兴贩议叙量为从减而失察处分亦当稍有区别应请嗣后拿获吸食人犯实系土著绅民只免其失察处分毋庸议叙有别处发觉因案审出或上司饬查俱系全获究办或邻境关查随同犯究办均准免其议处如犯被邻境拿获该管地方官并未随同犯照防范不严例降一级留任公罪至往来官绅商民迁徙靡常与实在土著者迥不相同势不能再行分别邻境本境以致事多轇轕自应无论在何处吸食既行破获每名准给予纪录一次以示激劝而昭平允一年内能拿获十五名以上除照例给予议叙外准该督抚保奏送部引见兵部查则例内载地方武职各官一年内拿获过境小伙私枭每二起纪录一次应请嗣后拿获吸食鸦片烟人犯无论邻境本境每二案纪录一次八案加一级十五案加二级如员弁等果能实力查禁获犯多起准该督抚酌量保奏

一在京各衙门及外省督抚有将吸食鸦片之员列入京察卓异别经发觉即将原保举官议处吏部查吸食鸦片之员保举京察卓异者原保官照滥举匪人例降二级调用私罪自行查出揭参者免议惟属员吸食与否断难先期逆料如保举前实未吸食保举后始经吸食原保官应请免其议处至有将紧要差使派委吸食鸦片之员因而误公者统视所误公务之大小将原派官分别严议不得仅以失察论

一京城地面五方杂处稽察尤应严密应责成步军统领衙门顺天府五城各按所辖地面严饬所属随时访察遇有兴贩吸食者无论满洲汉人官民良贱一体查拿分别奏咨送交刑部审明治罪其客店庙宇会馆如敢知情窝藏留住或得贿纵容查明一律按例惩治并严禁番役兵捕人等藉端讹索以省扰累遵

一保甲之法原以缉捕奸宄今当严禁鸦片之时村僻镇难保无匪徒潜匿应令严饬所属地方官认真编查以十家为一牌设一牌长每牌上除将逐户人数生业详细开载并将兴贩吸食鸦片罪名开列俾众共知责成牌长如牌内之人有犯即行举发倘有受贿知情等弊一经犯案与地保邻佑一体惩办

一朔望宣讲宜广为劝谕查兴贩之徒愍不畏死固非语言所能化导至吸食之人各有身家果知一经吸食即犯死罪未必不痛自改悔嗣后地方官应于朔望宣讲后即将吸食鸦片之害传集众人明白宣示庶父诫兄勉咸知自爱

以上各条臣等悉心商酌积弊已久非严刑峻法不足挽回有就旧例所无原情定罪者有因旧例稍宽量为加重者总期施行无碍有犯即惩严兴贩以清吸食之源治吸食以绝兴贩之望此外应有各弊逐细讲求準情示罚应请旨饬下各将军督抚等各宜激发天良同心协力鼓其勇敢之气祛其回护之私持之以恒体之以实勿因畏难而中辍勿以条教为具文有治人而后有治法积弊虽深转移有术总使人人知所警惕则畏法者日众自犯法者日少而积重难返之端无难立见肃清化臻刑措以仰副我皇上惠爱元除恶务尽之至意奉上谕上年黄爵滋条奏鸦片积弊请旨设法严禁当交各将军督抚等各抒所见妥议以闻嗣经陆续奏到并据科道等官先后条陈特降谕旨交大学士军机大臣会同各该衙门议奏兹据详议章程会同奏入朕详加披阅尚属周安俱著照所议办理并著纂八则例永远遵行各该衙门其即速行刊刻颁发各省将军督抚等转行所属地方文武员弁一体遵照明白出示晓谕

咸使闻知朕维姑息非所以爱民明刑即所以弼教鸦片来自外夷日甚一日兼以内地栽种罂粟影射渔利军民人等受其毒者始则被人引诱继乃习为泛常甚至荡产戕生罔知悛改关系于人心风俗者甚巨若不及早查禁永杜弊源则传染日深其害伊于胡底朕痌在抱欲为天下除此祸患不惮再三训诫特议刑章以期易俗移风还淳返朴因思海贩窑口实为祸首罪魁倘非一律从严概置重兴不足以防偷漏而塞来源至吸食之弊一日不断则与贩之来一日不绝亦不得稍从宽宥今定以死罪立限严惩此外种种流弊尤应随时随地实力稽查历久不懈庶几根株净尽力挽浇风惟是有治人而后有治法该将军督抚等果能早为查办何至流毒如今日之甚朕姑宽其既往自此次明定章程以后其各激发天良湔除积习同心协力仰体朕怀为民除害其有不肖属员讳饰不办者立即据实严参重治其罪倘仍意存玩泄视条教为具文或畏难苟安或始勤终怠则是甘心骩法自丧天良朕言出法随决不宽贷其各凛遵毋忽又奉上谕林则徐等奏夷人带鸦片烟来内地者请照化外有犯之例人即正法货物入官议一专条并暂时首缴免罪如何酌予限期之处著军机大臣会同刑部议奏旋经奏言臣等伏查鸦片烟流毒中国为害日深究其根源皆由夷潜带入口希图售卖获利以致愚民被诱吸食寖以成风现经迭奉谕自将鸦片烟案犯从严定罪以期尽绝根株臣等业已会议章程具奏奉旨准行在案其外夷售卖鸦片烟之趸在粤东者亦经钦派大臣会同该督抚设法购勒令将烟土全数缴出销毁夷人贸易中土均在声教之内亦当知所儆畏悛悔于心惟念夷情嗜利现在虽经严办犹恐将来复蹈故辙非议定治罪专条尚不足以示惩儆查律载化外人犯罪者并依律拟断又新例载海奸徒开设窑口勾通外夷潜买鸦片烟土囤积发卖者首犯斩立决从犯绞监候各等语臣等议请此后夷人如带有鸦片烟入口图卖者为首即照开设窑口例拟斩立决为从同谋者从严拟绞立决由该督抚审明系带卖鸦片烟首从正法并无替冒情弊即交该地方官督同该夷人头目将各犯分别正法起获烟土全行销毁其同之众是否均系知情亦由该督抚分别酌量惩治所带货物概行入官以杜贪顽而严法禁恭俟命下臣等即行知两广总督以奉文之日为始予以一年六个月限期如于限内自首将烟土全数呈缴者仍免其治罪奉旨依议

右鸦片烟之禁

卷二十·兵卫

臣谨案有明一代惩倭之诈缘海备御大者为卫次为所又次为巡检司所在制曰数百料大船曰八橹哨船曰风尖快船曰高把梢船曰十浆飞船凡五等而各港屿澳又设有水寨营栅统以指挥千百户镇抚总以阃职督以宪臣其时广东一省分为三路盖环郡大洋风涛出没盗贼渊薮故楼船屯哨皆不容缓钦维圣朝恩覃有截海波不扬固无事明代之补苴张皇老师縻饷也然兵可百年不用不可一日无备国家于海设立汛防专在扶危济困恭读世宗宪皇帝圣训外洋番估携资贸易海风飘发不常货船或有覆溺全赖营汛弁兵极力抢救仰见恫众在抱衽席斯民二百年来人安物阜而保制治豫备不虞嘉庆年间于夷商往来总路建镇远猎德各炮台又于虎门添设水师提督复酌减米艇改造捞缯盖责效水师守必赖乎炮台战则资乎舟楫苟不讲求于平日何以收效于一时我皇上申命疆臣诘戎禁暴夷船越境慑以兵威税物走私严于缉捕榷务边防固相资为用矣今辑兵卫凡自内洋迄黄埔凡夷船经由之道之必归防范者具载营员界址所城炮台兵额舟舰之数以见军威之盛而以各营季报附焉

雍正七年七月圣谕粤东三面距海各省商民及外洋番估资置货往来贸易者甚多而海风飘发不常货船或有覆溺全赖营汛弁兵极力抢救使被溺之人得全躯命落水之物不致飘零此国家设立汛防之本意不专在于捕盗贼已也乃海不肖之弁兵等利欲熏心贪图财物每于商船失风之时利其所有乘机抢夺而救人之事姑置不问似此居心行事更甚于盗贼其无耻残恶已极岂国家弁兵忍为之事乎如雍正六年八月间有福建龙溪县人徐榜贸易西洋行至广东新宁将地方遭风损船广海寨守备邓成同兵丁等巡哨至彼捞银钱私相分取而坐视徐榜等在危困之中不行救护此案现在题参候审又闻有香山县澳门番人月旺贸易交趾于雍正六年十二月在琼州府会同县遭风损船该汛百总文秀即驾小船般运货物及至登岸止还本人缎匹银器数件其余藏匿不吐地方官现在查追似此贪残不法之事广东福建二省居多而他省江滨海之营汛亦所不免此皆该地方督抚提镇等不能化导于平时又不能稽查惩究于事后以致不肖弁兵等但有图财贪利之心而无济困扶危之念也嗣后若有此等应作何严究从重治罪之条使弁兵人等有所畏惧儆戒著海督抚各抒己见议奏到时九会同再行定议此旨颁到之时著一面即行出示宣谕弁兵等一面定议具奏

乾隆五年圣谕东南海一带如山东浙江福建广东广西江南等省俱设有战以为海防之备今承平日久官弁渐觉疏忽朕闻只数目竟有报部之虚名而十分之中不无缺少二三者至于大修小补之时每因数太多难以查覆该防营弁及州县官员通同作弊将所领帑银侵蚀入已报修十其实不过七八而又涂饰颜色以为美观仍不坚固且更有不肖官弁令子弟亲属载贩外省或赁与商人前往安南日本贸易取利者以朕所闻如此虽未必各省皆然然亦难保必无其事可传谕该省督抚提镇等嗣后严行稽查加意整顿务令诸弊尽绝以重海防倘将来再有风闻经朕特遣大臣前往查出则虚冒废弛之咎惟于该管之大臣是问

嘉庆五年总督吉庆会奏言虎门海口外沙角山逼近大洋形势陡削为洋船必经之路该口虽有横档南山二门炮台但海面辽阔远至三十余里炮位轰击似难得力若于此处建设炮台与横档南山遥相对峙形势联络防御更为周密

嘉庆九年二月圣谕本日御史周廷森条奏各省水师战船向照部颁定式只能在海边巡查不能放洋远出请改照商制度以收实角一折各省水师均设有战船惟身笨重不便驾驶多有雇用商船出洋堵拿盗匪者且该匪等如遇战船知系官兵缉捕转得驾舟逃逸是以各处出洋缉盗往往用商船暗伏兵丁乘其不备以为掩捕之计今该御史既有此奏亦为整饬水师起见但各省战亦难一律纷纷改造前次长麟在广东时曾捐办米艇数十只而闽浙两省近亦仿照商船之式改造于巡洋捕盗颇为得力因思江省滨海之区近日屡有盗劫之案自应严加搜捕所有该处战船著陈大文即行仿照广东闽浙等省之例妥为筹办或另制船只或改造战船详议具奏惟是出洋固须船只便利而尤在兵丁技艺娴熟方有实济若水师日渐废弛即多设捕盗船只仍无裨益该督务须专饬各镇将认真操演以期肃清洋面为要

是年六月圣谕孙玉庭奏粤东防洋匪情形一折据称舟师终年在洋迄无成效从古以来治海疆论海防而未闻海战是以此时以严守口岸添驻兵丁为第一要务等语此论尚属近理粤东水师废弛已久纪律全无遂致盗四出为患屡有上岸抢劫之事孙玉庭以洋面绵亘三千余里兵分势单营员又不得力是以注意防守为保护村庄之计所奏不为无见但所谓海防者亦非专事株守竟置舟师于不用粤东官运盐船及贸易船只俱由海道行走若无兵船巡护任令盗匪抢劫亦不成事体仍应责成营员于洋面梭织巡查往来缉捕与防兵互相接应设遇近岸之贼实力捕拿庶盗畏惧远扬海地方渐臻宁谧

嘉庆十年五月十六日总督那彦成会奏言钦奉圣谕据倭什布延丰奏上年澳门帮同捕盗夷船著那彦成延丰即谕知夷人等以伊等只不能得力令其速行驾驶回澳嗣后勿得再用夷船帮同捕盗等因钦此臣那彦成检查案卷上年夷船捕盗臣延丰以体制攸关且不能得力于上年十月咨明倭什布嗣后停止夷船出洋捕盗当经转饬夷目遵照在案兹荷圣明指示仰见睿虑周详臣等曷胜钦服除飞饬藩臬两司暨澳门委员等钦遵谕旨即令该二夷驾驶回澳嗣后永远停止出洋捕盗以示柔怀而昭体制一面饬知海文武员弁并咨明邻省督臣抚臣一体转饬挨查务得该二船实在下落再行覆奏

嘉庆十一年二月圣谕粤省滨海地方洋匪充斥缉捕要而缉捕尤以为先从前该省设有米艇较艍尤为得力嗣因米艇日渐旧地方官以修理不赀意存推诿营官则以无船驶驾借口偷安偶有盗警官兵需船配渡一时猝不及办辄将商船雇募应用商船无编号可查设被洋匪抢占岂不转为贼用甚或肆其诡计转将抢占船只作为商受雇与官兵驾坐探听消息皆属事之所有现在该省实有米艇若干是否一律修整足敷驾驶著吴熊光会同孙玉庭查明据实具奏至水师额兵均系本地民人应募充当果能留心遴募凡勇健之徒皆可籍之营伍地方多一精锐之兵即少一犷悍匪徒实为一举两得

是年六月圣谕朕恭阅皇考高宗纯皇帝实录恭载乾隆五十五年八月内钦奉谕旨沿海各省设立战原以捍御海疆巡哨洋面关系綦重水师兵丁自以试演水务为急乃该弁兵等辄称身笨重雇用民其意以民出海捕盗俱用本柁水不须兵丁驾驶是以藉词推诿该弁兵止习马射枪炮等项而于水师营务转不留心学习用违所长殊非核实之道著各督抚等严饬舟师实力训练俾驾驶娴熟于战船出入风涛务期帆柁得力各督抚于考拔时令其操驾篷泅水出没留心验看如果合式方准拔补似此行之日久自能悉臻纯熟便于行驶于水师实有裨益仰见我皇考慎重海疆简练舟师至意各督抚等如果实力钦遵则水师兵丁自能娴习驾驶于出海巡哨又何须别资柁工乃近来该弁兵等于操驾事宜全不熟习遇放洋之时仍系另行雇募此等柁工技艺高下迥殊其雇值亦贵贱悬绝向

来各省商船俱不惜重价雇募能致得力柁工至兵丁等出赀转雇价值有限往往合该兵丁等数名分例亦仅得次等柁工是名为舟师实不谙习水务又岂能责其上缉捕乎若水师不能操舟即如马兵不能乘骑岂非笑谈战船出没风涛呼吸之间一生命所系若非操驾得力有恃无恐焉能追驶如意此于水师捕务关系不浅嗣后著海各督抚均行通饬所管舟师勒期训练务令弁兵等于转帆捩柁折戗驾驶及泅水出没各技艺人人娴习择其最优者派令充当柁工专管操驾如果超众得力以一兵而收数兵之效念其所得分例有限又何妨即以把总超拔优给粮饷倘能屡次出洋加倍勤奋于本船缉捕有效并著该督抚据实奏闻自必随时施恩升擢如此明示奖励则水师弁兵岂不人人踊跃奋勉争先更可收得人之效该督抚等务当实力奉行酌量妥办具奏以期水师营伍日有起色绥靖海洋

嘉庆十四年四月二十日总督百龄会同奏言查澳门距广州府属之香山县城一百四十五里东西南三面枕海惟北面陆路可通县城向来西洋夷人在澳门设有炮台六座系该夷自行居守由县至澳西路曲折至前山寨地势开展建有土城居民稠密其寨外左右河路均与环海之海面相通迤南有沙一道名曰莲茎向有关闸一座障以石垣设门以通行旅其关闸外三里余即系入澳之三巴门规其水陆险要形制天成以前山寨而控澳门实有拊扼吭之势旧设同知一员管辖海防营把总二员水师防兵九十名又由香山协派都司千总各一员兵丁七十九名驻扎协守嗣因香山协副将频年出海缉捕历任都司调赴县城经理营务遂致前山衙署全行倾圮即关闸亦仅派兵二十八名在彼巡查地要兵单殊非慎重边防之道必须设立专营内护香山外控夷澳始足以壮声威而昭体制应请改游击一员中军守备一员水师千总一员把总二员外委二员额外外委二员招募兵马步战守四百名分左右二哨作为前山营其游击守备驻扎寨城镇守均改为陆路题缺派拨把总一员带兵六十名专防关闸汛地外委一员带兵二十名协防关闸外里许之望厦村并将同知旧管之兵丁九十名再新兵十名交水师千总督率外委一员管带驾坐桨船在澳门之东西南三处海面往来巡查统归游击管辖就近隶左翼镇兼辖庶几规模整肃钤束分明于边防益昭严密所有新设前山营游击守备各一员查有潮州平镇营之游击守备堪以移驻其千总一员请于抚标右营移拨把总二员请将原所设之海防营把总拨归外委二员请于督标中营移拨额外外委二员俟招募新兵操演纯熟即于本营拔补至平镇营原设游击拟以三水营都司改驻其三水营都司原缺拟以潮州城守营守备改驻该二营事务较简量为改拨均足以资弹压如此一转移间俸饷各仍其旧而于营制亦不至窒阂矣

嘉庆十四年六月圣谕百龄等奏查明登花船难于购料成造仍请添设米艇以期迅速竣工俾资缉捕一折粤洋捕匪船米艇具有成效前此吴熊光忽以米艇不能远出外洋请改造登花战船二十号往来外洋缉捕将米艇全行收入内洋防守现经百龄等查明此项所需桅柁大料因须在外番购觅是以二年以来未能购得且此时即购料成造一经风浪掣损将来亦无料换修仍属不能应用况粤洋绵亘四千余里止仗此二十只之力在外洋策应捕盗宁不顾此遗彼此皆吴熊光全无主见不过逞其臆度之词妄思更改而于空言陈奏之外仍无实际断不可行百龄等现已估计身价值计其一所需足造米艇两只请将原估登花船二十工料银十五万四千余两改设大中小米艇四十号以期节浮縻而便驾驶所议甚是著即照所奏办理至目下粤洋缉捕要而水陆营伍均属废弛该督等务当振刷精神实力整顿以期设一兵得一兵之力添一船得一船之用方为不负委任

是年又奏言查虎门为省城中路门户不但夷货各船均由此进即盗艘亦多往来窥伺实为第一要隘现在该处各岛屿设有三门沙角大横档小横档等处炮台均属扼要惟距虎门东南十余里之亭步汛左首新涌山俯临海距各炮台梢远不能联络臣等与护提臣左翼镇孙全谋再三筹议应请于新涌口添建炮台一座以资守御现据该处士民具呈捐出山麓自置窑屋田亩以为建台基址照式建筑安设炮械由左翼镇派千总一员带兵五十名按季轮班驻防其旧设亭步汛即请裁汰

嘉庆十九年总督蒋攸铦奏言东莞县虎门海口为夷商出入门户该处横档南山设立两炮台均有弁兵驻守惟缘海道日久变迁遂致今昔情形各别查虎门之横档小山与南山对峙海中凡外洋进口之船必由两山中流驶入从前该处海道水深两台东西相对可以轰击防堵颇为得力近则南山脚下沙淤约二十里由沙外至南山西北角入口旧炮台势难控制而南山西北角正与横档对拟于西北角山坡添建炮台一座其横档炮台原建地势较高从上临下施放炮力不得势拟于原炮台东面城脚增筑月墙一道约长八十丈将炮位移于月墙内架放与南山西北角新炮台及旧炮台形如品字对船夹击足以严关隘而壮捍卫一应弁兵炮械悉照原额毋庸另议奉部咨准所

有新建炮台名为镇远炮台

嘉庆二十年总督蒋攸铦奏言粤东海面辽阔港纷歧先于嘉庆十五年大帮洋匪平靖之后经前督臣百龄奏准酌留米艇及投诚额设大中小号米艇一百四十只分配各营常川巡缉并经议定各大小修年限及需用工料银数造册咨部在案兹据水师提督臣童镇升往来洋面体察情形所有大号米艇仍应照旧派巡以期有备无患其中小之船敲驶折戗不甚得力应量为裁改以期实用而节縻费臣等伏查粤东洋面宁谧而内洋以及沿海港口间有奸渔穷蛋乘间为匪亟须随时侦缉庶不致萌糵复滋其米艇原系在于外洋联帮缉捕攻击盗船至若浅水处所驾驶不灵自应量为变通俾外海内洋均收实效查米艇一项从前亦系照民成造今查有捞缯船一项系渔民聚族而居出海采捕之船无论分洋浅水海港口均能驾驶足可配兵缉捕较之米艇追逐灵便查外海水师各镇协营兵拨管驾米艇一百四十另额设缯艍艕仔十九只内河舢艚快马桨巡各船六十二只今议裁中小米艇二十号快马船九只内河巡船十五只仍留米艇一百二十号缯艍艕仔船十九只内河桨巡各船三十八只并将所裁中小米艇酌改捞缯船三十四只即以各案遭风应行补造及拆造未经领项之龙门协八号碣石镇左营三号达濠营一号南澳镇右营五号海门营三号澄海协右营二号东山营一号阳江镇左营七号龙门协原编广字十九号中米艇九只达濠营二号海门营七号澄海协左营五号水师提标右营五号崖州营原编南字八号海安营原编碣石五号及届应拆造之平海营第五号龙门协第十号小米艇八只共船十七只陆续裁改捞缯船只以资内洋缉捕至酌改捞缯船只除将前项应改米艇十七只外尚应裁改三俟将来遇有应补造拆造中小船只再行裁改又中号米艇拆造每需工料银三千六百二十两七钱六分零小号米艇拆造每需工料银二千六百七十七两八钱七分零计拆造中小米艇各十共需银六万二千九百八十六两三钱八分以之匀造捞缯船三十四只每只约需工料银一千六百余两共计可节省六七千两自造竣之日起仍照米艇章程三年准其小修再三年大修再三年拆造亦归核实加有被风等事仍照定例随时奏请办理又中米艇每只递年原额燂修篷索银五十两又加增燂修银二十五两小号每递年原额烟修银四十两又加增燂修银二十两计中小米艇各十共需燂修银一千三百五十两今改捞缯船匀算每每年应给燂修银二十八两又加增银十四两统计酌裁中小米艇二十改捞缯船三十四只每年支用经费亦属相仿奉部咨准行

嘉庆二十二年总督蒋攸铦奏言番禺县属猎德地方为各夷赴省往来总路应请于此处设立炮台为中权扼要请于商捐预备炮台工料项内动支兴建炮台奉部咨准行

是年十二月总督阮元奏言此次徧阅内港外海炮台兵房俱为得力惟内港大黄滘地方有大河一道南通香山东南通黄埔虎门为商船之所必经若由大黄滘抵省城即可不由东南之猎德是仅建猎德炮台不足以严两路门户臣阮元亲自相度大黄滘有小石山土名冈四面皆水堪以添建炮台又狮子洋外大虎山系中路外洋进口要道大溜逼近山脚旧建横档镇远炮台为第一层门户于大虎山脚添建炮台一座更成重门之势询据文武各员及附近士民众论佥同现饬司委员勘估查照前督臣蒋攸铦原奏在于商捐本款项下动支兴建奉部咨准行

道光七年六月初二日总督李鸿宾会奏言粤东外海内河奸匪丛集往往结党同舟昼夜横行或偷载违禁私货或强劫商贾财物此等匪随处皆有而由黄埔至虎门一带接近外洋之处为尤甚虽从前屡经拿办而其风未尝少熄所以然者该匪等数十人每共坐一其身长而狭两边各设木桨数十枝驾驶捷便名曰快蟹艇行走如飞每遇官兵巡奋力追捕亦不能及甚且敢用炮械抗拒巡兵而走私漏税劫财毙命之害因以日炽臣等于上年十月间与水师提督臣李增阶会同商议筹所以制伏之策因仿照该匪等所坐快蟹艇式样制造应用为以毒攻毒之法长五丈六尺宽九尺六寸安设木桨四十枝务期弁兵驾驶足资追捕核计自黄埔以及虎门外洋面各要隘地方共有七处须造快蟹艇七分设巡查并以此项只埔盗则有益地方缉私则有裨关税因与前粤海关监督臣达三会同筹议各办经费共成此举毋许开销库项迨冬腊间将快七先后造竣共用过工价银三千余两随将各添备器械均交水师提督臣李增阶选派精练弁兵按段实力巡缉自上冬至今凡行劫走私各匪大半潜踪即偶然驾艇窥同一遇巡即自弃其艇而逃陆续夺快蟹艇六余多该匪自行凿破沉溺深井黄埔虎门一带河道海口颇肃清办理不为无效半年以来每船派弁一名日给口粮银六分每船派兵四十名每兵日给口粮银四分皆系臣等与前监督达三现任监督文连各半筹给其拿匪之弁丁亦皆臣等捐赀给赏至此后每年弁兵口粮及修理添备器械一切用费约计一年需银四千两内外非可常行捐办亦仍不得动用库款必须筹一经久之策以期支用裕如容俟妥为筹画再行具奏奉上谕广东黄埔至虎门一带奸匪丛集其身长而狭名曰快蟹艇甚至用炮械抗拒巡兵经李鸿宾等会同李增

阶议筹制伏之策仿照快蟹艇式样造快七分段巡查与粤海关监督筹办经费造竣后交提督选派精兵实力巡缉上年冬间迄今该匪一遇巡即自弃其艇而遁陆续夺快蟹艇六余多自行凿沉黄埔虎门海口渐就肃清每船派弁一名日给口粮银六分每船派兵四十名每兵日给口粮银四分俱系该督等捐赀给赏所办甚属可嘉然必须行之以实持之以久始于地方有裨此后每年弁兵口粮及修理只添补器械一切用费按年约需银四千两势不能常行捐办亦不得请动库款自应筹一经久之策以期支用裕如弁兵得资口食出力缉捕不致渐形废弛著该督等妥为筹画俟奏到时再降谕旨该督等惟当认真经理以期永远遵行毋徒以空言塞责将此通谕知之

道光十四年三月上谕本日据程祖洛奏言闽省奸民之贸易广东者习学番语即在澳门交接夷人勾引来闽并据现之王略供认在澳门生理常与夷人交易稔知夷情凡夷之带有鸦片烟土者必先寄泊广东外洋勾引私发卖淨尽再收内洋报税开舱等语现在严禁鸦片较前查拿甚该夷船不能获利又素闻内地奸民通信以官兵驱逐夷船不肯用火器轰击遂致心存藐玩于闽省洋面有不遵驱逐之事转敢施放槍炮肆行拒捕向来营员驱逐夷船曾经降旨不准用炮轰击原期于示威之中仍寓怀柔之义乃该夷船一遇官驱逐胆敢放施槍炮且该夷人船只较大外洋本所熟悉官兵驾驶小船洋面未能徧识又复不敢擅用火器其应如何防范之处该督抚等务当随时体察情形斟酌妥善以靖洋面而杜私贩

道光十四年十一月总督卢坤会奏言查明史嘉靖年间有番人佛郎机入香山濠镜澳为市天启元年大西洋来中国亦居此澳终明之世未尝为变即今之澳夷也该夷人岁轮租银伍百两由县征解其建设炮台六座载在县志检查旧案西洋人在澳居住以后有红毛国夷人即今之英吉利窥伺澳门常欲胁夺市利西洋夷人遂设立夷兵建立炮台以为居守之计亦系前明时所设嘉庆十三年英吉利夷兵擅入澳门占据东西炮台经前督臣吴熊光奏奉谕旨晓谕退出嗣于十四年署督臣韩崶督臣百龄先后议设前山营官兵案内又将澳夷旧设炮台情形奏明有案本年英吉利夷目律唠啤擅至省城不遵法度臣卢坤虑其至澳生事并因西洋夷人近年贫弱恐为英吉利诱胁密派员弁在澳门水陆豫为调度并开导西洋夷人许以派拨官兵协守炮台杜其反侧之心密作牵制之计亦经奏闻在案其英吉利夷商贸易往来有时领牌赴澳暂寓或安顿家眷往来无常即如本年律唠啤押逐出省以后在澳店户寄寓旋即病故其眷属亦已搭回国是澳夷与英吉利并非一气其设立炮台番哨所以防御英吉利诸夷而非英吉利之声援由来已久惟该夷建筑炮台实在年分并无切志载且该夷如果有凌轹居民蔑视官法及奸夷勾结清事即使章程久定亦必应严行驱逐当经委员会同地方文武密访兹据查得该西洋夷人建设炮台系在前明天启年间造有三巴门伽思兰娘妈阁三处后因荷兰争占又添建东望洋西望洋南湾三处炮台并将初设炮台加修寛大添设炮位现在三巴门炮台安炮四十七具伽思兰炮台安炮十八具娘妈阁炮台安炮二十九具东望洋炮台安炮二十具西望洋炮台安炮十三具南湾炮台安炮五具此外尚有大小炮三十余位安放西洋夷馆其炮口自阔八寸至五寸五分不等并不能容三人蛇行而入所用火药均由小西洋运来收贮娘妈阁炮台临时取用其番哨原设四百八十名嗣因经费不足裁汰二百四十名又头目兵总五六十人番哨分守炮台每日早晨或鸣鼓换班或开放鸟槍并非终年训练住澳夷人共五百余家男丁大小一千余人黑夷奴二百余人该国派有喽嚟哆一名兵头番差各一名在澳管理该夷人遇天气晴明三五人驰马海旁谓之运气纳凉从无多人遍游山海之事其各国夷人到澳向西洋人暂时租屋居住并无在澳长住之人现在英吉利夷商在澳者十九人此外花旗咈囒哂各国自一二人至七八人不等徧查澳夷并无吗律成其人惟查英吉利前有夷商马里臣业经病故或系传听之讹亦未可定以上各情据在澳居住开店商民众口一辞亦与臣等平日见闻相符此澳夷设立炮台番哨原委及现在询访之实在情形也臣等复审度地势体察夷情澳门东西南三面滨海其南面系万山外洋为各国夷入粤海口北面陆路通香山县城该夷人所设炮台均在东西南三面望洋而建南面为独多北面并无炮台是其设险屯兵专为防御外洋而非意在抗衡内地形制显然距澳门五里即系前山营所辖之关闸汛为限制澳夷之界该处向就河内通海沙障以石垣设立一门以通行旅派有把总带兵四十六名防守自关闸西北十五里即系前山营从前设立陆路游击一员守备一员嗣于道光十年将守备移驻大鹏右营裁减兵额改游击为内河都司管带千把总外委四员兵丁三百六十三名与海防同知驻扎防守臣前赴该营阅兵周覽形势前山营控制澳门实有拊扼吭之势关闸咽喉界限尤为险要天成是澳夷虽有炮台番哨亦无险可恃而我内地层层扼要控制即使犬羊反复亦不敢肆其玩侮之心又查嘉庆十四年前督臣因澳门自伽思兰炮台至西望洋炮台迤南海一带石坎低矮曾为夷爬越奏奉谕旨令该夷人加

筑女墙增高培厚俾资防护亦因夷桀骜恐澳夷力不能御故为之固其圉以自保柔澳夷以所贪即制夷以所畏以夷防夷正与现奉圣谕先后同揆该夷人久在皇仁覆帱之中此时如遽行拆毁炮台驱逐番哨二百余年久设之藩篱一旦裁撤数百户澳夷未免转滋疑惧且使各国夷人以西洋人为天朝之所屏弃心致咸生鸠占之心转非绥靖海隅之道即以内地海疆而论澳门为广东门户本应建台设守该炮台虽建自夷人设遇海防要之时内地派员拨兵督同防护未始不得其捍卫之力臣等公同酌议所有澳门炮台番哨应仍存其旧邀免拆毁驱逐仍严加查察不使稍有违玩以杜衅端

道光十五年二月二十九日总督卢坤会奏言广东省城水路东通外洋向在省城东首设立炮台为防盗御夷之备惟东炮台逼近省城其距省二十里之猎德炮台又因河面淤沙不甚得势此时洋面安静且海口炮台周密夷亦不足虑惟地处海疆省会重地必应多设屏翰以壮声威臣卢坤上年与陆路提督曾胜调派弁兵堵御夷兵查得省城之东十五里有中流沙地方系外海入省必由河道河心涨有沙涂正当水路之冲当时即在彼安炮列兵阻遏夷进出实有扼吭之势今臣等复与曾胜会同诣勘委系中流扼要险阻天成应于此处向东建设炮台派拨弁兵安设炮位凡有外海驶入应行堵御迎面轰击较东炮台等处之从旁攻击者更为著力省城保障无过于此商之署沛司李恩绎暨在省司道均意见相同当派广州府等勘估工料共需银七千两零海关众商亦愿一律捐办毋需动用帑项拟俟虎门海口炮台工竣后即行兴办庶省城护卫益加谨严海防更形慎密矣

大鹏营驻广州府东南五百里东至归善县岭凹村陆路三十里西至新安县独树村陆路九十五里南至外洋北至归善县西乡凹陆路三里分防五汛一盐由二沱泞炮台三九龙炮台四红香炉水汛五大屿山炮台

水师提标中营驻东莞县南七十四里虎门寨城距省城一百二十里东至新安县城一百里南至香山县城二百三十里西至顺德县城一百十五里分防十汛一镇远炮台二南山炮台三三门卡房四武山五大涌口六大分七阁西山八新造九凤涌十沙角炮台

水师提标左营驻新安县城东至大鹏营陆程一百三十里西至虎门寨水程一百里西北至省水程二百八十里南临海分防五汛一莲花径二南头炮台三茅洲墩台四屯门五深圳

水师提标右营驻同中营分防五汛一大虎山炮台二横档月台三狮子塔炮台四鸡公石炮台五蕉门炮台

香山协左营驻香山县在广州府南二百二十五里东至新安县城二百十里西至新会县城三十里南至本营十字门外洋一百七十里北至顺德县城九十五里分防四汛一雍陌二平顶山三磨刀角炮台四吉大

香山协右营道里四至同左营分防九汛一小河洲二黄梁都土城三白鲤沙四新围五大托山炮台六虎跳门东岸炮台七小隐八象角九万山东澳炮台

前山营驻香山县南一百三十里东至香山协左营吉大汛十里南至澳门娘妈阁海二十五里与香山协左营洋面界西至香山协左营沙尾汛六里北至本营南大涌汛十里分防三汛一望厦二关闸三南大涌

右营址

大鹏营【原顺德右营游击守备千总把总等官康熙四十二年裁顺德总兵官将镇标右营改为大鹏营属提标原设游击雍正四年改为参将驻扎东莞县大鹏所城隶水师提督管辖】

参将一员【驻扎大鹏所城】

谨案左营原大鹏营因管辖大屿山东涌地方山势宽广查察难周兼商夷只经由寄泊之道防范最宜严密且距大鹏城四百余里实有鞭长莫及之势于道光十一年将大鹏营分作左右二营

左营【道光十一年分设左右二营其左营官弁惟把总一员裁拨右营余俱照原额设】

守备一员

千总二员

把总三员

右营【道光十一年设驻扎新安县东涌所城】

守备一员【道光十一年将前山营守备改设】

千总一员【道光十一年添设】

把总三员【道光十一年添设二员原大鹏改拨一员】

水师提标营【中左右前后五营前后二营内河水师余外海水师】

提督一员

中营【嘉庆十五年以左翼镇中营改设驻虎门城】

参将一员【嘉庆十五年以海口营参将移拨】

守备一员

千总二员

把总五员

左营【原左翼镇标左营嘉庆十五年改驻新安县城】

游击一员

守备一员

千总二员

把总四员

右营【原左翼镇右营嘉庆十五年改设驻同中营】

游击一员【嘉庆十五年以左翼镇中营游击移拨】

守备一员

千总三员

把总三员

香山协【隶水师提督营辖】

副将一员【标下左右二营】

左营【驻扎香山县城】

都司一员

守备一员

千总二员

把总三员

右营【驻扎同】

都司一员

守备一员

千总二员

把总四员

前山营【原海防营嘉庆十四年改以平镇营游击守备各一员移拨过营原系陆路道光十一年改为内河水师营驻扎香山县南一百三十里隶香山协管辖】

都司一员【原设游击一员守备一员道光十一年改设都司其守备改拨大鹏营右营】

水师千总一员【率外委一员带兵百名驾坐桨在澳门东西南三处海面巡查】

把总一员

谨案本营南通澳门与香山协左营洋面交界为香山一带门户要之地

右营员

大鹏守御所城【在新安县】

水师提督辖大鹏营参将驻扎所在县城东南一百二十里大鹏岭之麓明洪武二十七年广州左卫千户张斌筑周围三百二十五丈六尺高一丈八尺城楼四敌楼四警铺十六雉堞六百五十门三东西南三面环水濠周围三百九十八丈

东涌所城【在新安县】

水师提标右营守备驻扎所道光十一年新设虎门寨城【在东莞县】

水师提标及中营参将守备右营游击守备驻扎所明万历十六年始建城虎山前旋移山后国朝康熙二十六年建今寨于石旗岭筑土为之周围一百八十六丈久之圮五十七年改建砖城嘉庆十五年添设水师提督驻扎虎门移改总兵副将抽拨兵丁建造衙署兵房以资守御前山寨城【在香山县】

海防同知及水师提督辖香山协副将陆路提督辖广州协外标前山营游击守备驻扎所北距香山县一百二十里而遥南至澳门十有五里而近明天启始立寨国朝康熙二十六年建土城周围四百七十五丈高九尺每城二十丈增筑子城一丈凡二十四丈为门三北逼于山故不门起炮台兵房于西南二门之上台各置炮四位分置城上者六二门外复建台列炮各十雍正八年设县丞乾隆八年以肇庆府同知改设前山寨海防同知而前山之势益重嘉庆十四年设立专营控制澳门移平镇营游击守备兼拨千总外委驻扎作为前山营隶左翼镇管辖十五年因设水师提督区分水陆改归广州协辖

右所城

猎德炮台嘉庆二十二年建在番禺县属广州协左营西关汛距本协二十五里至新塘营沙河汛六里下至赤河汛十里

东炮台在番禺县属水师提标后营距营一百十三里上至沙河口汛六里下至顺德协右营西关汛十里

中流沙炮台道光十六年建在番禺县属水师提标后营

沱泞山炮台康熙五十四年建在新安县属大鹏左营在营西水程一百四十里

九龙寨炮台嘉庆十五年建在新安县属大鹏左营在营西水程二百九十里

谨案佛堂门原建炮台一座归大鹏营管辖因年久圮壤该台孤悬海外无陆可通又无村庄居民互相捍卫且距大鹏营县城二百余里距九龙汛水程四十余里控制不能得力提督钱梦虎议将该台移建九龙地方兵与民合声势联络守御较为得力

大屿山石笋炮台嘉庆二十二年建在新安县属大鹏右营在本营西水程四百里

谨案新安县属大屿山孤悬海外四面皆水为各夷必经之处内惟大澳口东涌口二处可以收泊其东涌口向无汛房惟大澳口额设守兵十三名山上向有鸡翼炮台系大鹏营千总驻守但与东涌大澳相距遥远不能兼顾嘉庆二十二年总督蒋攸铦阮元准部咨于东涌口建汛房八间又于东涌口狮山脚建炮台二座兵房七间火药局一间大澳口杨侯庙后建垛墙十丈

赤湾左炮台在新安县属水师提标左营东南十里南头炮台汛距本营二十里上至赤湾右炮台二里

赤湾右炮台在新安县属水师提标左营东南十里南头炮台汛距本营十七里上至石围塘汛十四里

新涌口炮台嘉庆十四年建在东莞县属水师提标沙角炮台汛距本营十二里上至太平汛八里下至左营碧头汛二十里

沙角炮台嘉庆五年建在东莞县属水师提标中营距本营十一里至三门卡房八里

谨案虎门览胜云沙角炮台在木棉洋南面临大洋势甚空阔凡阅水操师舟毕集于此惟夷自龙穴至此则折而西以趋武山虽巨炮仅轰击其尾无能为力也然台甚坚壮以备水阅而威外夷亦设险之要津矣故今虽改为望台仍具载之

威远炮台道光十五年建【即南山炮台前余地周围七十丈】在东莞县属水师提标中营距本营十里下至三门卡房十里

镇远炮台嘉庆十九年建营制同距本营十一里上至武山汛一里下至南山炮台一里

谨案虎门览胜云镇远炮台与横档炮台南北对峙相距三百六十余丈重洋至此为一大束真天险也盖自老万山以内下犹有地洋面虽极宽阔舟行必由水道以进犹陆路之康庄也外此则或暗沙淤浅或巨石崚嶒夷载重舱深入水必二丈余不遵其道非滞于沙即坏于石矣故诸夷赴黄埔必先于澳门请雇蛋民之谙于水道者引其舟以行□之引水官为之司至沙角炮台呈请报单载明某国赴某行贸易乃折而西至两炮台间其水道宽不过数丈余皆巨石相触不敢行也今夷人之者亦略能知之然自此至黄埔几二百里不能处处尽悉建台于此与横档炮台若门之两扉阖其扉奚自入哉

横裆月台嘉庆十九年建在东莞县属水师提标右营距本营十二里上至大虎炮台四里下至板头汛十二里

距镇远炮台三百余丈

大横档炮台康熙五十六年建

小横档炮台两台营制疆里均与月台同

大虎山炮台嘉庆二十二年建在东莞县属水师提标右营距本营十四里上至狮子塔炮台二十六里下至横档月台四里

西永安炮台在东莞县道光十五年建【周围六十八丈】巩固炮台在东莞县道光十五年建【在芦湾山周围五十一丈】

蕉门炮台嘉庆十七年建在香山县属水师提标右营距本营二十五里上至左口汛十里下至白藤滘汛六里

谨案现蕉门口新炮台原日建议时系在黄角山建筑旋以地非扼要经总督蒋攸铦巡抚韩崶覆勘改建蕉门山嘴脚下逼近狮子大洋西靠深山该处孤悬海外人迹罕到搬运物料均由狮子洋面经过风涛汹涌运价倍增真乃凿山填海工程浩大十六年二月开工至五六月连遭飓风所筑围坝屡被冲塌至十七年三月工筑始竣

三山炮台康熙五十七年建在香山县属香山协左营在本营西一百十里

涌口门炮台康熙五十七年建在香山县属香山协左营距本营四十五里上至右营山蕉坑石城环二十里下至平顶山汛十里

磨刀角炮台在香山县属香山协左营在本营西四十九里大托山炮台雍正十二年建在香山县属香山协右营在本营南七十五里

虎跳门东炮台雍正十二年建在香山县属香山协右营在本营西一百十三里

附澳门西洋夷人炮台

三巴炮台【台冠山椒上宿番兵台垣四周为砖龛以置守夜者台下为窟室贮焰硝六台中惟三巴最大】

东望洋炮台西望洋炮台【两台对峙制与三巴同】

娘妈阁炮台【在西望洋下】

南湾炮台【南湾澳门纪略作南环】

伽思兰炮台

右炮台

大鹏营左营

现额弁兵五百零五名

大鹏营右营

现额弁兵四百八十二名

水师提标中营

现额弁兵一千零八十一名

水师提标左营

现额弁兵一千名

水师提标右营

现额弁兵一千一百零一名

香山协左营

现额弁兵八百四十九名

香山协右营

现额弁兵八百四十九名

前山营

现额弁兵三百七十三名

右兵额

大鹏营

左营现额第一第二号大米艇二第三号四号中米艇二【俱巡查经由新安县海面定期分员会哨惟参将总巡本营并专防大屿山洋面防范夷船严紧毋庸会哨】

右营现额第一号大米艇一第二号中米艇一第三至第五号捞缯三【俱巡本营洋面定期分员会哨】

水师提标中左右三营

中营现额第一至第四号大米艇四第五号小米艇一第六号捞缯船一【上班守备下班参将管驾游巡东莞新安香山等县洋面】

左营现额第一至第三号大米艇三第四第五号中米艇二第六第七号捞缯船二【上班游击下班守备定期出洋游巡道光十二年令游击专防大屿山洋面毋庸会哨】

右营现额第一第二号大米艇二第三第四号中米艇二第五号小米艇一第六号捞缯船船一【上班游击下班参将定期会哨】额设内河巡五入额内河巡五

香山协左右二营

左营现额第一号大米艇一第二至第四号中米艇三第五号小米艇一第六号捞缯船一

右营现额第一第二号大米艇二第三第四号中米艇二第五号小米艇一第六号捞缯船一【副将及左营都司均巡澳门洋面毋庸会哨上班以右营守备下班以右营都司定期会哨】

额设第一第三第六第九第十号内河巡五入额第一第二第七第九至第十二第十四号内河巡船入

前山营

现额内河橹桨船二【于属内经管澳门内河东西南三处河面往来巡查并押夷船出入口岸水陆巡游向无会哨】

右战巡各船

各营季报

海口营【在琼州府】

南炮台港由澄海协左营守备造报本营参咨送

谨案广东省各汛港口商船所设水梢人数姓名及载运一切出入货物每岁均由所辖各营查验按季造册报明大关

龙门协【在钦州】

龙门防城永安港口由左右营都司造报本协副将咨送

碣石镇【在惠州府】

甲子湖东港口由中军守备造报左营游击呈本镇总兵官咨送

崎石乌墩港口由中军守备造报中军游击呈本镇总兵官咨送

汕尾港口由中军守备造报右营都司呈本镇总兵官咨送

潮州镇【在潮州府】

后溪口由中军守备造报镇属潮阳营游击咨呈沙汕头港溪东港由中军都司左营守备造报镇属澄海协副将移送

樟林港南洋港东陇港由中军都司右营守备造报镇属澄海协副将移送

化石营【在石城县】

汛内港日由左右哨把总造报本营都司呈缴

海安营【在雷州府】

汛内港口由中军守备造报本营游击咨呈

万州营【在琼州府】

汛内港口由中军守备造报本营游击咨呈

崖州协【在琼州府】

汛内港口由水师守备造报本协副将移送

右各营季报

卷二十一·贡舶一

臣谨案历代正史皆列四夷传所载诸国固有通贡中国者亦有但闻名而未尝与中国通者故唐杜佑通典著其例曰于某代通焉于某代闻焉况海南诸国处大瀛之滏相去或三五千里远者二三万里扬帆乘舶之尤非可以道里计哉顾海邦樯楫之盛衰即以觇中原幅员之广狭洪惟我国家统一函夏声教覃敷前代所称海外蛮今皆时享岁贡府不绝书仰溯列圣在御叠沛鸿施奖暹罗之米舶贷其税银赉荷兰之使臣逮及医士贡品飘没宽下次之补陈丝禁森严允夷商之吁请免金缎琉璃之纳赆加蒙茶锦绮之优颁我皇上又轸念远道驰驱载涂雨雪改定越南琉球暹罗四年遣使朝贡一次考诸史传所书绥怀远人实未有如我朝之有加无已者海隅出日罔不率俾殆不足拟今兹梯航之盛矣

暹罗国

暹罗在占城国西南顺风十昼夜可至隋唐赤土国后分为罗斛暹二国暹土瘠不宜稼罗斛地平衍种多暹仰给焉元元贞初暹人常入贡至正间暹降于罗斛合为一国明洪武初遣大理少闻良辅往谕之暹罗斛国王参烈昭毗牙遣使奉金叶表朝贡还赐大统历七年遣使沙里拔来朝自言本国令陪臣奈思俚侪剌识悉替入贡云八月舟次乌潴遇风舟坏漂至海南收漂余贡物苏木降香兜罗绵来献省臣以闻高帝以无表可据却之九年奉表来乃命礼部员外郎王恒中书省宣使蔡时敏往赐诏及暹罗国王之印二十年又贡胡椒万斤苏木十万斤二十八年遣中使赵达宋福等吊祭赐嗣王昭禄群膺敕谕并赐王及妃文绮罗毯丝布有差永乐元年遣使入贺始称暹罗国二年遣使坤文贡方物诏内使李兴等赍敕往劳之并赐文绮纱帛四年复贡方物且乞量衡为式诏赐古今列女传给与量衡七年遣使奉仪物祭仁孝皇后命中官以告几筵是岁复遣坤元现来贡方物先是南海民何八观等流移海岛遂入暹罗至是因其使归传谕国王遣八观等还毋纳流移以取罪戾并赉王金绒纻丝纱罗织锦八年贡方物送还流移人赐敕劳之嗣王三赖波磨札剌的兴兵侵满剌加满剌加诉于朝诏平之其后复遣人朝贡且谢侵满剌加之罪厚赐之自是每贡赏赉则稍减矣成化十三年遣使群谢提素英必美亚二人来贡方物美亚本福建汀州士人谢文彬也贩盐下海为风飘入暹罗遂仕其国尝至南都其从子瓒偶遇识之为织殊色锦绮贸易番货事觉下吏始吐实焉十七年遣行人姚隆册封其王宏治中遣给事中林恒复往行册封礼正德十年贡使至下回回馆译写大学士梁储疏据提督少沈冬魁呈准回回馆主簿王祥等呈窃照本馆专一译写回回字凡遇海中诸国如占城暹罗等处进贡来文亦附本馆带译但各国语言文字与回回不同审译之际全凭通事讲说及降敕回赐俱用回回字今暹罗来贡金叶表文无人识认查近年八百大甸等处音字失传内阁具题暂留差来头目蓝者歌在馆教习合无比照蓝者歌事例于暹罗来使内选留一二人在馆令其教习待肄业精熟将本使照例送回从之嘉靖元年暹罗及占城等国各载番货至广东市舶太监牛荣与家人蒋义山黄麟等私买至南京贩卖税司盘出送南刑部问拟蒋义山等违禁私贩番货例应入官苏木共三十九万九千五百八十九斤胡椒一万一千七百四十五斤可值银三万余两解内府收贮公用牛荣夤缘内珰得旨给主刑部尚书林俊复疏言现行条例通番下海买卖劫掠有正犯处死全家边卫充军之条买苏木胡椒千斤以上有边卫充军货物入官之条今蒋义山等倚恃威权多买番货天幸匿税事发将牛荣等参奏陛下方俞正法之请寻启用幸之门忽令给主夫明主爱一颦一笑敝裤以待有功今三万余两之物岂一敝裤比给还罪人岂赐有功者比皆臣等之所未喻也伏望大奋干刚立断是狱将代为营救之人并下法司明正其罪疏入乃命以赃货入官三十二年国王遣使坤随离等贡白象及方物白象已毙进牙一枝长八尺牙首镶金石榴子十颗中镶珍珠十颗宝石四颗尾置金钢锥一根又金盒内贮白尾为证万历三年九月国王昭华宋顷遣使握坤哪采思湾等来贡先是有东牛国与暹罗国邻因求婚王女不谐遂拥众攻暹罗陷其城王普喇照普哑先自尽掳其长子哪浡喇照为质时隆庆三年□月也其次子昭华宋顷嗣为王以印被兵焚因奏请另给礼部以印文颁赐年久无凭查给且表字译学失传难以辨验覆题行彼国查取印篆字样并取精通番字人员赴京教习五年八月通事握文源同其使握闷喇握文铁握文贴赍原奉勘合赴京请印并留教习番字各赐冠带衣服有差六年十月内阁大学士张居正题据提督少卿萧某呈请于本馆添设暹罗一馆考选世业子弟马应坤等十名送馆教习通事握文源言其国东连大泥南临东牛西接兰场北界大海由广东香山县登舟用北风下指南针向午行出大海名七洲洋十昼

夜可抵安南海次中有一山名外罗八昼夜可抵占城海次十二昼夜可抵大昆仑山又用东北风转舟向未兼申三分五昼夜可抵大真树港五昼夜可抵暹罗港入港二百里即水又五日抵暹罗城顺风四十日可至遇东风飘舟西行即舟坏犹可登山遇西风飘入东海中有山名万里石塘起自东海琉球国至海南龙牙山潮至则没潮退方见舟飘至此罕有存者来贡必用五六月南风还则用十一二月北风过此不敢行矣境内有大库司九曰暹罗曰可剌细马曰足曹本曰皮细绿曰束骨胎曰果平匹曰倒脑细曰讨歪曰六毗大库司犹华言布政司也府十四曰采纳曰老无曰比采曰束板鲁曰辣皮曰匹皮里曰采野曰多铙曰干无里曰细辞滑曰采欲曰款细湾曰沾奔曰魁山县七十二分隶各府土田东南平衍饶稻西北多大山产诸香木苏木城濠用砖砌分八门南北五里东西十里城中有小河通舟城外西南民居辏集有外城周遭十余里王居在城西隅另建一城约三里余殿用金糊彩绘覆以铜瓦室用锡瓦□用锡裹砖栏杆用铜裹木民楼居不土处□□槟榔片覆之亦有用陶瓦者坐卧即于楼板上藉以毡及藤席无床桌椅凳之制其服饰惟王以受封故留发冠金嵌宝石帽制兜鍪上衣长三尺用五彩缎小袖左衽下用五彩布幔鞋袜用红缎官及庶民俱剪发官一等至四等冠金嵌宝石帽五等至九等冠五彩绒缎帽庶民无帽俱著两截衣袜履用牛皮妇人糊髻于后饰用金银簪花戒指镯钏脂粉贫者用铜上衣披五色飞花布幔下衣五彩织金花幔拖地长二三寸足著红黑皮靸鞋其官制有九等一曰握哑往二曰握步喇三曰握蟒四曰握坤五曰握闷六曰握文七曰握板八曰握郎九曰握救其选举由乡邻举于大库司大库司审其堪用以文达于王所王为定期面试至期大库司引至王前咨以民事应对得当即授官服候用否则逐出考课亦以三年为期人皆有名无姓为官者称握某民上者称奈某最下称隘某王出乘金糊彩轿或乘车每日旦登殿各官于台下设毡以次盘膝而坐合掌于顶献花数朵有事则具文书朗诵上呈候王定夺习水战煮海为盐酿秫为酒土产珍宝有石榴子及猫儿眼青红绿三色石金钢钻金银铅锡铁玳瑁牙犀角珠毋食货有胡椒沉香速香降香木香丁香树香金银香大枫子马前白豆蔻玉豆蔻乌药儿茶阿魏鸦片冰片紫梗藤黄破肚子燕窝沙国米黄腊槟榔椰子布有西洋布阔三尺余长四五丈染五色花纹极工巧花木有猫竹黄竹班竹勒竹根竹藔竹苏木油木花梨木铁力木樟木松木榕木柏木涂木黄杨木檀木乌木石榴柑橘莲菊茉莉素馨莺爪月桂绵葵葛蒲萄甘蔗芭蕉菱角枣蔷薇露波罗蜜兽有犀虎豹熊猴猿貂鼠穿山甲南蛇山羊山牛山猪海马獐麂兔鹿豺狐狸马牛羊猫鼠禽有孔雀锦鸡鹇雉鹳鹤莺燕雁鸦雀鸠翡翠鹭莺鸳鸯水鸭鸽鸡鹅鸭鹦鹉有五彩红绿白数色鱼有鳄鲵沙鲤脍鲫斋银墨章莆带鲈黄乌边鞋底班宗马毋大口白甲笋壳七星三赖鳅鳝虾螃蟹蛤蚌有东瓜西瓜王瓜甜瓜木瓜土瓜苦瓜瓠茄葱蒜韭芥苋萝葡波凌鹿角油菜藤菱海菜角豆扁豆菉豆黄豆红豆诸物亦海外一大都会也国朝定贡期三年一贡由两广总督广东巡抚代题敕部议准后知照该督抚令其入贡其贡使来有正使二使三使四使其下为从人赴京者不得过二十六人其贡物为驯象备龙涎香幼噀香犀角牙豆蔻降香膳黄大枫子土桂皮乌木苏木荜拨樟脑儿茶皮树胶皮硫磺檀香冰片翠鸟皮孔雀尾阔红布大荷兰毡冰片油蔷薇露又贡物一分其数减半或有加进之物听其随宜进献题准收受交内务府象交銮仪卫表用金叶贮以金筒锦袱锦袋袋上有金钮金圈加盛以螺钿盒一贴金盒一并有花缎盒套套上各有金圈其颁赏赐国王锦八匹织金缎八匹织金纱八匹织金罗八匹纱十二匹缎十八匹罗十八匹赐王妃织金缎四匹织金纱四匹织金罗四匹缎六匹纱六匹罗六匹贡使各织金罗三匹缎八匹罗五匹绢五匹里绸二匹布一匹通事缎五匹罗五匹绢三匹从人各绢三匹布八匹伴送官彭缎袍一件如贡使系微员视职分酌减通事从人等俱一例酌减赏给所赏国王王妃物件及特恩加赐物件俱礼部移内阁撰入敕内交贡使赍回

暹罗国入贡仪注事例

一贡使人等到省委员备办牛酒米面筵席等项俟起贮表文方物后前赴犒赏

一起货通事船主先期将压舱货物呈报广州府转报委员查明其货物数目斤两册彙同表文方物由司详候督抚会疏题报俟题允日招商发卖其应纳货饷候奉部行分别免征

一贡使入京通事将起程日期具报广州府转报布政司移会按察司颁发兵部勘合一道驲传道路牌一张督抚委送官三员随同伴送将进京贡使人员廪给口粮夫数目填注勘合内经过途州县按日办应其在省看守贡人等以奉旨准贡日移明粮道每名每日支米八合三勺

一贡使入京伴送文职应委道府大员武职应委参将大员并委丞倅一员随往长途护送自省起程前抵韶州府例委分巡广州府之督粮道护送弹压自韶州府南雄州度岭应委南韶连道护送弹压出境仍饬各属照例应付

不准丝毫滥应京旋之日一体办理

一贡使进京令通事先将起程日期报府转报上司预行取办祭江猪只吹手礼生应用

一贡使京旋委员自京护送敕书大典回广到河下迎请安奉怀远驲馆遵奉筵宴一次候风讯便日起程

一贡使京旋广州府即谕令各修葺俟风讯顺便回国所买回国货物一切违禁物件不许买带外其应买货物俱照定例听其买回应委官一员监督盘运下并即令护送该出口俟其帆回报

又定贡使京旋回国在广东省筵宴一次额支银一十七两五钱其守候只梢目水手等额支口粮于奉旨准贡之日起支贡使回广之日住支伴送之委员自省赴京往回额给盘费银五十两均于广东存公银内并地丁项下额支米内动支

会验暹罗国贡物仪注

是日辰刻南海番禺两县委河泊所大使赴驲馆护送贡物同贡使通事由西门进城至巡抚西辕门安放贡使在头门外帐房候立俟两县禀请巡抚开中门通事行商护送贡物先由中门至大堂檐下陈列通事复出在头门外两县委典史请各官穿公服至巡抚衙门通事引贡使打躬迎接候巡抚开门升堂督抚各官正坐司道各官傍坐通事带领贡使由东角门报门进至大堂檐下行一跪三叩礼赐坐赐茶各官即起坐验贡毕将贡物仍先从中门送出西辕门通事引贡使由西角门出至头门外立候送各官回将贡物点交通事行商贡使同送回驲馆贮放

顺治九年十二月遣使请贡并换给印敕勘合顺治十六年题准暹罗国探贡压舱货物抽丈纳税

康熙二年暹罗国正贡行至七洲洋面遇风飘失止有护贡一只来至虎门仍令遣回

康熙三年七月平南王尚可喜奏言暹罗国来馈礼物却不受是年题准进贡正贡二令员役二十名来京补贡一令六人来京准该国贸易一次其年暹罗入贡方物凡十三种有孔雀六足龟

谨案是年定制孔雀六足后俱免进

康熙四年十一月国王遣陪臣握坤司吝喇低迈礼等赍金叶表文航海入贡其文曰暹罗国王森列拍腊照有龙拍腊马呼陆坤司由提呀菩埃诚惶诚恐稽首顿首谨奏大清皇帝陛下伏以新君御世普照中天四海沾艞幪之德万方被教化之恩卑国久荷天朝恩渥未倾葵藿之心今特躬诚朝贡敢效输款敬差正贡使握坤司吝喇耶低迈礼副贡使握坤心勿吞瓦替三贡使握坤司敕博瓦绨大通事揭帝典办事等臣梯航渡海赍奏金叶表文方物译书一道前至广省差官伴送京师进献用伸拜舞之诚恪尽远臣之职伏冀俯垂宽宥不恭微臣瞻仰天圣曷胜屏营之至谨具表称奏以闻圣祖仁皇帝命从优赏赉

康熙六年题定暹罗国贡期三年一次贡道由广东例于常贡外有加贡无定额又覆准进贡船不许过三只每不许过百人来京员役二十二名其接贡探贡概不许放入

康熙七年十一月遣陪臣握坤司吝喇低迈礼等来贡时部议以所贡物与会典不符应令后次补贡得旨暹罗小国贡物有产自他国者与会典难以相符所少贡物免其补进以后但以伊国所有者进贡是时贡物内有神幔一条非进天朝之礼交来使带回

康熙九年入贡

康熙十一年三月遣使来贡得旨贡使所携货物愿至京师贸易则听其自运或愿在广东贸易督抚委官监视之

康熙十二年二月遣使臣奉金叶表入贡其表文云暹罗国王臣森烈拍腊照古龙拍腊马呼陆坤司由提呀菩埃诚欢诚忭稽首顿首启奏大清皇帝陛下伏以天生圣君嗣登宝位刚明果断国治民安声闻海外泽及诸彝卑国世荷皇恩微臣继袭践祚远沾九重德化莫能瞻仰天颜幸遇贡期敢效输款端差正贡使臣握坤司吝喇低迈礼贰贡使臣握坤司殊噶剃西三贡使臣握坤押沠瓦耻通官握坤心物迈知理揭帝典办事文司叨申理呼等梯航渡海赍捧金叶表文方物译书前至广省差官伴送京师朝贡进献代伸拜舞之诚恪尽远臣之职恭祝皇图永固帝寿遐昌伏冀俯垂鉴纳庶存怀远之义微臣遵旨再陈明季旧颁敕银印卑国以凭进京朝贡前因宫殿火煨烬无存今进京朝贡无可为凭微臣以表文内不敢琐渎委握大库具文呈部转奏圣旨特赐敕银印以便进京奉贡康熙九年三月内贡使回国礼部奉旨咨文到暹罗内开使臣具表题请伏望圣恩颁赐敕印以光属国庶朝贡有凭按古例贡三到广贡使捧表进京朝贡其置办国需随汛回国庶臣早知圣体兴隆于次年再至广省迎接圣敕回国伏乞俞旨赐

依古例特敕礼部行文广省各衙门遵照施行微臣不胜胆天仰圣欢忭踊跃之至谨具表朝贡以闻后开贡物皇帝方物金叶表文一道译字表文一道龙亭一座【安奉金叶表文】驯一只孔雀四只六足四龙涎香一斤碗石一斤沉水香二斤犀角六座速香三百斤牙三百斤安息香三百斤白豆蔻三百斤膳黄三百斤胡椒三百斤大枫子三百斤乌木三百斤苏木三千斤胡椒花一百斤紫梗一百斤树皮香一百斤树胶香一百斤翠鸟毛六百张孔雀尾十屏儿茶一百斤鲛绡布六匹杂花色大布六匹天四条红布十匹红撒哈喇布六匹印字花布十匹西洋布十匹大冰片一斤中冰片二斤片油二十瓢樟脑一百斤黄檀香一百斤蔷薇露六十礶硫黄一百斤皇后方物一样减半【内止少驯象】奉圣谕暹罗国航海远来抒诚进贡其虫蛀短少等物免令补进嗣后各国皆照此例四月册封暹罗国王颁镀金驼纽银印赐诰命令使臣赍回诰曰来王来享要昭事大之诚悉主悉臣国家著柔远之义朕缵承鸿绪期德教暨于遐陬诞抚多方使屏翰跻于康乂彝章具在涣号宜颁尔暹罗国森烈拍腊照古龙拍腊马呼陆坤司由提呀菩埃秉志忠诚服躬礼义既倾心以向化乃航海而请封砺山带河克荷维藩之寄制节谨度无执玉之心念尔悃忱朕甚嘉焉今封尔为暹罗国王赐之诰命尔其益矢忠贞广宣声教膺兹荣宠辑乃封圻于戏保民社而王纂休声于旧服守共球之职懋嘉续于侯封尔其钦哉无替朕命

康熙二十三年遣正使王大统副使坤孛述列瓦提从人三十名进金叶表文奉旨览王奏航海远来进贡方物具见悃诚可嘉知道了余著议奏又奉圣谕暹罗国进贡员役回国有不能乘马者官给夫轿从人给舁夫

是年暹罗国王奏言贡到虎跳门地方官阻滞日久迨进至河下又将货物入店封锁候部文到时方准贸易每至毁坏乞敕谕广省嗣后贡到虎跳门具报之后即放入河下俾货物早得登岸贸易又本国采办器用乞谕地方给照置办部议准应如该国王所请

康熙二十四年十二月阁部议准增赏暹罗缎币表里五十康熙四十七年副贡加进金线猴二只又覆准暹罗国进贡压舱货物如愿在广东地方贸易照例免其收税

康熙五十九年入贡方物加进驯犀二西洋金缎二匹大西洋阔宋锦一匹

康熙六十一年四月遣使来贡赐其国王及王妃纱缎奉旨朕闻暹罗国米甚丰足价亦甚贱若于福建广东宁波三处各运米十万石来此贸易于地方有益此三十万石米系为公前来不必收税礼部问暹罗使人定议具奏钦此遵旨会问来使据称该国米用内地斗量每石价值二三钱今议定载米到时每石给价五钱除为公运三十万石不收税外其带来米粮货物任从贸易照例收税

雍正二年十月二十八日广东巡抚年希尧题报暹罗国运米并进稻种果树奉圣谕暹罗国遵圣祖仁皇帝谕旨不惮险远进献稻种果树及洋鹿猎犬等物最为恭顺殊属可嘉作何奖赏著定议具奏所奏谷种鹿犬已经差官送京各种果树俟来岁春和另行委解运来米石令地方官照粤省现在时价行发卖不许行户任意低昂所奏每米一石定价五钱则贱买贵卖甚非朕体恤小国之意著行文浙闽此次已到之米与该国现经发运续到者皆照粤省一体遵行嗣后且令暂停俟有需米之处候朕降旨遵行其压随带货物本当照例征税但该国王既能输诚向化冒险远来此次应输税银著一概免征来梢目徐宽等九十六名虽系广东福建江西等省人民然住居该国历经数代各有亲属妻子实难勒令还归著照所请免令徐宽等回籍仍在该国居住以示宽大之典赏长罗缎共十三匹加赏十四赏番梢每名绢布各十四特赐国王各色内缎二十匹珐琅器一件玉器七件松花石砚二方玻璃碗十件各色磁器一百四十六件差礼部司官一员赍送广东交该督抚转付长领回雍正四年覆准暹罗国前经奉旨暂停运米所差探贡二带有米石货物伊等由该国起行尚在未奉旨之先既已涉险远来听其就近发买俟风讯回国

雍正六年礼部议覆福建巡抚常赉疏言暹罗国王诚心向化遣该国商人运载米石货物达厦门请听其在厦发卖照例征税委员监督嗣后暹罗运米商来福建广东浙江者请照此一体遵行应如所请得旨依议米谷不必上税著为例

雍正七年六月载米艘因风飘泊其捞回压货物并免征税七月入贡方物加进宝剑一仗剑一金地交枝柳条版带二世宗宪皇帝御书天南乐国扁额赐之又奉圣谕暹罗国远隔重洋输诚向化恭顺修职历有年所其所请采买物件著行令该抚采买赏给以示朕嘉惠远人之意又奉圣谕该国远隔重洋所进方物赍送不易朕欲酌量裁减以示恩恤远藩之意但此次既已赍送难以带回本国著照往例收纳其常贡土物内有速香安息而等嗣后免其入贡是年议准免贡安息香速香胡椒紫梗织金白袈裟织金红袈裟织金红幼布阔幼花布幼花布花布幔等物十种

定如现额是年该国使臣请出馆观览京师之胜特赏银一千两听其购买物件特赐国王与二年同惟玉器增一件玻璃碗减二件赐贡使缎八匹银一百两又准暹罗国贡使购买驼马并动用内库银给以价值其年十一月该国贡使复以采买京弓铜线上请奉旨著采买赏给

乾隆元年六月国王森烈拍照广拍马呼陆坤司由提呀菩埃以嗣立故遣陪臣朗三立哇提等赍篆及方物例贡象一只因航海故增一以备又加进金缎二匹花幔一条并咨礼部言往时钦赐蟒龙大袍藏承恩亭上历世久远难保无虞恳再邀恩赐一二袭得旨暹罗远处海洋抒诚纳贡除照定例给赏外可特赏蟒缎四匹礼部言暹罗国昭丕雅大库呈称伊国造福送寺需用铜斤奉禁之后无从采办恳请准其赴粤采买查铜斤关系鼓铸禁止出洋定例已久今若准其采买恐日后奸商藉此为由越境滋弊应毋庸议得旨暹罗远处海洋抒诚纳款采买铜斤一项该国王称系造福送寺之用部议照例禁止不许令其采买固是今特加恩赏给八百斤后不为例

乾隆七年福建将军兼管闽海关事务新柱奏言本年七月内有暹罗国商人方永利一载米四千三百石零又蔡文浩一载米三千八百石并带有苏木锡等货先后进口查该番所载米石皆不足五千之数所有货税银未便援例宽免得旨该番等航海运米远来慕义可嘉虽运米不足五千之数著免货税银十分之三以示优恤

乾隆八年奉圣谕上年九月间暹罗商人运米至闽朕曾降旨免征货船税银闻今岁仍复带米来闽贸易似此源源而来其加恩之处自当著为常例著自乾隆八年为始嗣后凡遇外洋货来闽粤等省贸易带米万石以上者著免其货税银十分之五带米五千石以上者免十分之三其米听照市价公平发粜民间米多不需粜买即著官为收买以补常社等仓或散给海各标营兵粮之用俾外洋商人得沾实惠不致有粜卖之艰该部即行文该督抚将军并宣谕该国王知之

乾隆十三年入贡方物外附洋贡黑熊一只鬬鸡十二只泰和鸡十六金丝白肚猿一乾隆十四年入贡高宗纯皇帝御书炎服屏藩扁额赐之又赐蟒缎片金糚缎闪缎各二匹锦四匹缎八匹玉器六件玛瑙器二件珐琅器四件松花石砚二方玻璃器十件磁器一百四十六件又因续进黑熊白猿等物加赏国王库缎十二匹

乾隆十六年奉圣谕朕阅潘思矩折内称本年六月内收入厦口暹罗商一只买回米四千石等语闽浙各处现在需米孔殷若官为办理岂不于民食更有裨益但虑官办或致外人多疑或闻内地官为购觅即乘势居奇多方措勒必致价值日益昂贵并使商来往亦不能随便携带著传谕喀尔吉善潘思矩令其会同酌量无此虑可于暹罗等国产米之处官为购运或先行试买看其嗣后可以源源接济不致启番人指勒之弊抑或应仍听商人陆续运带一一详筹奏闻寻总督喀尔吉善等言该国地土广不过百余里户口无几每年余米有无多寡并无一定官赴采买番情趋利如骛难免居奇昂价止宜听商自行买运尚可资其缓急官为购运未便举行得旨俞允

乾隆十八年喀尔吉善奏言暹罗地方近年虽有商带回米石于民食不无裨济但欲采买补仓势须委员领帑前往买运向商招买过洋之米止可随到随粜不能日久贮仓今复加筹酌与其官买补仓不如仍听商贩带运随其多寡皆足有济民食得旨俞允是年二月入贡方物加进西洋金花缎番袍金花缎夹裤各一条西洋金缎带三条并恳赐人薓缨牛良马象牙及通彻规仪内监部议不可并饬使臣于归国后晓谕国王恪守规制益励敬恭得旨方物照例收受其筵宴赏赉著加恩照上次例行加赐人薓四斤锦缎共二十匹及玉器玛瑙器珐琅器玻璃器磁器铜暖砚

乾隆二十二年入贡特赐国王蟒缎锦缎各二匹闪缎片金各一匹八丝缎四匹玉器玛瑙器各一件松花石砚二方珐琅器十三件磁器一百四件

乾隆二十七年入贡

乾隆三十一年入贡皆蒙特赏物件后该国为花肚番即缅甸所破经两广总督奏明将三十一年原颁赏赐缴进

乾隆四十六年正月暹罗国长郑昭遣使臣朗丕彩悉呢霞握抚突等二人入贡并奏称自遭缅匪侵陵虽复土报仇绍裔无人兹群吏推昭为长遵例贡献方物得旨国长遣使航海远来具见悃忱该部知道原表并发赐宴使臣于山高水长所贡之物赏收象一犀角一担其牙洋锡籐黄胡椒苏木准其在广省自行变价并压舱货物一体免税特赏国长蟒缎锦缎闪缎片金八丝缎玉器玛瑙器珐琅器磁器松花石砚

乾隆五十年入贡正月初二日紫光阁筵宴赏正使二使三使有差

乾隆五十一年奉圣谕据穆腾额奏称暹罗国每年正副贡到关其随带之至十余只之多又有藉名探贡俱属内地商所带货物甚多该监督查明应征税银若干报明该督抚具题概行宽免殊非杜弊防奸之道请将正副贡各一照例免其纳税其余俱按货征税等语暹罗国修职输诚遣使呈进方物其正副贡自应免其征纳税银岂客内地商藉名影射希图免税此等商到关时该监督原可逐履勘除贡物之外若有私带无难一望而知自应按货征税该监督即当商之督抚分别办理何得概予具题邀免此系该督抚监督等分内应办之事何必形之章奏候朕降旨始奉行除就近传知穆腾额遵办外著传谕富勒浑孙士毅于该国贡到关所有正副贡各一只仍照例具题免税其余若果查系夹带客商私俱逐一查明按货纳税以杜奸商取巧通同弊混之计将此传谕知之

乾隆五十二年入贡赐宴紫光阁赏正副使有差

乾隆五十三年该国遣使入谢

乾隆五十四年入贡赐宴紫光阁赏正副使有差

乾隆五十五年入贡恭祝万寿赐宴紫光阁赏正副使有差加赏国王御书福字一个玉如意一柄玉器二件磁器玻璃器八件福字方一百幅大小绢笺四卷砚二方笔墨六匣雕漆盘四件

乾隆五十六年入贡赐宴紫光阁赏赉有差

乾隆五十八年入贡赐宴紫光阁赏正副使有差加赏国王大缎福字笺绢笺雕漆茶盘笔墨砚

乾隆六十年贡方物龙涎香沉香檀香白胶香降真香金钢钻冰片樟脑孔雀尾犀角象牙西洋毡西洋红布翠鸟皮甘蜜皮桂皮荜拨大枫子豆蔻籐黄乌木苏木皇宫方物其数减半除夕赐宴保和殿

嘉庆元年恭进太上皇帝皇上番字金叶表文汉字表文并方物正月初四日举行千叟宴赐正副使宴于宁寿宫又宴于紫光阁正大光明殿山高水长加赏有差

嘉庆二年入贡赐宴如例

嘉庆四年入贡赐宴如例

嘉庆六年入贡赏使臣羊裘缨帽又奉圣谕暹罗国第二贡使帕窝们孙哖哆呵叭突在广州南海地方患病身故情殊可悯现已饬地方官妥为照料著加恩再赏银三百两遇有该国便即令先行带回将银两给伊家属不必等候此次贡回国转致稽缓嗣后如遇有此等外国使臣在内地身故之事著照此例办理

嘉庆七年入贡赏正副使有差

嘉庆九年入贡重华宫筵宴加赏使臣通事有差

嘉庆十二年九月奉圣谕外洋诸国夷人自置货来广贸易自应专差夷目亲身管驾不得令内地商人代为贩运今金协顺陈澄发皆以内地客商领驾暹罗国载货贩卖虽询明委系该国王所遣并无假冒捏饰及夹带违禁货将但该国王何以遽肯造交伊等管带情节不无可疑且恐日久相必致奸徒潜往外夷赊欠诓骗或竟冒为夷货代盗销赃不可不防其渐吴熊光请敕下礼部于该国贡使到京时传知饬禁恐该贡使回国传述未能详切现已另降敕谕申明内外体制所有金协顺等二只既已驶至内地姑准其起货纳税另制新货给照回帆自此次饬禁之后如再有代驾夷进口即查明惩办又敕谕暹罗国王郑华嘉庆十二年九月据两广总督吴熊光奏称有商金协顺陈澄发装载暹罗国货物来粤贸易并请于起货后装载粤省货物回赴暹罗经地方官查明金协顺系福建同安县人陈澄发系广东澄海县人饬传暹罗国贡使丕雅史滑询问据称金协顺陈澄发二委系由该国新造来粤因该国民人不谙营运是以多倩福潮户代驾并非冒捏呈递译书禀结等情天朝绥怀藩服准令外域民人赴内地懋迁货物惠逮远人恩至渥也惟是中外之限申画然设关讥禁古有明训我朝抚御诸邦如朝鲜越南琉球等国各以本地物产来中土贸易皆系其本国民人附朝贡之便赍带前来从未有中国之人代彼经纪者今金协顺陈澄发以闽广商民代暹罗营运即属违禁中土良民谨守法度断不敢越制牟利其私涉外域者此中良莠不齐设将贩运货物隐匿拖欠致启讼端亦于该国诸多未便本应将金协顺等饬法治罪念其系由该国制造给令代驾从前未经严立科条此次且从宽免究并施恩准其起货售兑仍给照令其置货回帆特降敕谕知该国王宣明例禁嗣后该国王如有自置货务用本国人管驾专差官目带领同来以为信验不得再交中国民人营运若经此次敕禁之后仍有私交内地商民冒托往来者经关津官吏人等查出除不准进口起货外仍将该奸商治罪该国王亦难辞违例之咎柔远能迩宽既往以示含宏之义宅中驭外申明禁以严逾越之防尔国王其凛遵毋忽特谕是年贡使到京重华宫筵宴加赏有差

嘉庆十四年祝嘏进贡寿烛十对金钢钻一斤冰片二斤燕窝十斤沉香二十斤犀角二十斤孔雀尾五十屏翠鸟皮五百张檀香一百斤降真香一百斤砂仁米一百斤紫梗一百斤象牙二百斤豆蔻二百斤胡椒二百斤籐黄二百斤荷兰毡二领加赏正副使筵宴重华宫如仪其国王表请倩雇内商驾奉旨不准表文给还夷目带回

嘉庆十五年暹罗国世子遣使进贡请封在洋遭风沉失贡物九种奉圣谕据百龄等奏暹罗国赍贡使臣抵粤一折该国贡船在香山县荷包外洋突遇飓风击坏沉失贡物此实人力难施并非使臣不能小心防护其沉失贡物不必另行备进用昭体恤所有郑佛恳请敕封之处著该衙门照例查办俟该使臣回国即令领赍十二月贡使到京宴赉如仪

嘉庆十七年十二月入贡

嘉庆十八年十二月奉圣谕前据蒋攸铦奏暹罗国正贡只在洋失火所载贡使人役及表文方物等件俱无下落仅有副贡抵粤当经降旨将该国副贡使及所存贡品十种派员送京无庸补备正贡今又据蒋攸铦奏该副使啷拔察哪丕汶知突因在海感冒风寒又闻正贡失火焚烧致受惊恐现在患病难以起程请俟医治痊愈再行护送入都等语该副贡使患病受惊正需调理长途跋涉甚非所宜现已届年节不必再令进京著加恩令将所存贡品十种就近交贮粤省藩库由该督委员解京其副贡使令在粤休息妥为调治该国王抒忱纳赆其正副贡使适因事故不能到京而航海申虔即与赍呈无异所有例赏该国王及贡使人役物件著礼部查明奏闻将赏件发交该督转行颁给该副贡令其于病痊之日赍领回国并将此旨传知该国王以示怀柔远人之意礼部遵旨将例赏物件并敕书交兵部发交该督颁给

嘉庆十九年该国遣使补贡正贡遭风漂至越南副使在粤患病该国王闻遭风之信复补备贡物遣使来京赐宴紫光阁赏正副使有差

嘉庆二十年九月奉圣谕蒋攸铦等奏暹罗国王闻上年贡被风损坏复备副贡遣使补备方物到粤一折暹罗国所进嘉庆十八年正贡在洋焚烧其副贡所赍贡品业经进呈十九年该国王敬补方物分装正副入贡适遇飓风漂散现在正副已先后收泊其表文方物由该贡使赍送赴京该国王因闻贡遭风之信复备补贡方物来粤其恭顺实属可嘉该国向系三年一贡明年又届入贡之期著加恩即将此次赍到方物作为嘉庆二十一年例贡交粤省藩库存贮俟明年委员解京其使臣巧銮纹是通留于粤省俟本年进京各贡使旋粤时一体筵宴俾令回国并传知该国王明年无庸另备表文方物航海远来以示怀柔至意贡使到京同乐园听戏赏正副贡使有差暹罗国王复表请用内地水手礼部奏驳奉旨依议

嘉庆二十四年副使到京进万寿贡大寿烛五对小寿烛五对冰片二两金钢钻一斤沉香二十斤燕窝十斤犀角二十斤檀香二百斤荷兰毯二领降真香一百斤豆蔻二百斤砂仁二百斤胡椒二百斤翠鸟皮五百张孔雀尾五十屏象牙二百斤籐黄二百斤紫梗二百斤又贡方物如例加赏副使玉如意仙果献瑞花普洱茶膏人参膏蜜饯荔支哈蜜瓜赐宴正大光明殿入同乐园听戏

道光二年入贡方物

道光三年进万寿贡

道光七年入贡方物

道光九年入贡方物

道光十年进万寿贡

道光十一年入贡方物

道光十四年入贡方物

道光十七年入贡方物

道光十九年三月奉上谕向来暹罗三年一贡著改为四年遣使朝贡一次用示朕绥怀藩服之至意

卷二十二·贡舶二

荷兰国

荷兰又名红毛番地近佛郎机明永乐宣德时郑和七下西洋历诸番数十国无所谓荷兰者其人深目长鼻发

眉须皆赤足长尺二寸颀伟倍常万历中福建商人岁给引往贩大泥吕宋及咬吧者荷兰人就诸国转贩未敢窥中国也自佛郎机市香山据吕宋荷兰闻而慕之二十九年驾大舰携巨炮薄吕宋吕宋人力拒之则转薄香山澳澳中人数诘问言欲通贡市不敢为寇当事难之税使李道即召其酋入城游处一月不敢闻于朝乃遣还澳中人虑其登陆谨防御始引去海澄人李锦及奸商潘秀郭震久居大泥与荷兰人习语及中国事锦曰若欲通贡市无漳州者漳南有彭湖屿去海远诚夺而守之贡市不难成也其酋麻韦郎曰守臣不许奈何曰税使高采嗜金银甚若□贿之彼特疏上闻天子必报可守臣敢抗旨哉酋曰善锦乃代为大泥国王书一移采一移兵备副使一移守将俾秀震赍以来守将陶拱圣大骇亟白当事系秀于狱震遂不敢入初秀与酋约入闽有成议当遣舟相闻而酋卞急不能待即驾二大舰抵彭湖时三十二年之七月汛兵已撤如入无人之墟遂伐木筑舍为久居计锦亦潜入漳州侦探诡言被逃还当事已廉知其状并系狱已而议遣二人谕其酋还国许以自赎且拘震与俱三人既与酋成约不欲自彰其失第云我国尚依违未定而当事所遣将校詹献忠赍檄往谕者乃多橐币帛食物觊其厚酬海滨人又潜载货物往市酋益观望不肯去当事屡遣使谕之见酋语輙不竞愈为所慢而采已遣心腹周之范诣酋说以三万金馈采即许贡市酋喜与之盟已就矣会总兵施德政令都司沈有容将兵往谕有容胆智大声谕说酋心折乃曰我从不闻此言其下人露刃相诘有容无所慑盛气与辩酋乃悔悟令之范还所赠金止以哆啰嗹玻璃器及番刀番酒馈采乞代奏通市采不敢应而抚按严禁奸民下海必诛由是接济路穷番人无所得食十月末扬帆去巡抚徐学聚劾秀锦等罪论死遣戍有差然是时佛郎机横海上红毛与争雄复泛舟东来攻破美洛居国与佛郎机分地而守后又侵夺台湾地筑室耕田久留不去海上奸民阑出货物与市已又出据彭湖筑城设守渐为求市计守臣惧祸说以毁城远徙即许互市番人从之天启三年果毁其城移舟去巡抚商周祚以遵谕远徙上闻然其据台湾自若也已而互市不成番人怨复筑城彭湖掠渔舟六百余艘俾华人运土石助筑寻犯厦门官军御之俘斩数十人乃诡词求款再许毁城远徙而修筑如故已又泊舟风柜仔出没浯屿白坑东碇莆头古雷洪屿沙洲甲洲间要求互市而海寇李旦复助之滨海郡邑为戒严其年巡抚居益初至谋讨之上言臣入境以来闻番船五艘续至与风柜仔合凡十有一艘其势愈炽有小校陈士瑛者先遣往咬吧宣谕其王至三角屿遇红毛言咬吧王已往阿南国因与士瑛偕至大泥谒其王王言咬吧国主已大集战舰议往彭湖求互市若不见许必至构兵盖阿南即红毛番国而咬吧大泥与之合谋必不可以理论为今日计非用兵不可因列上调兵足饷方略部议从之四年正月遣将先夺镇海港而城之且筑且战番人乃退守风柜城居益增兵往助攻击数月寇犹不退乃大发兵诸军齐进寇势窘两遣使求缓兵容运米入舟即退去诸将以穷寇莫追许之遂扬帆去独渠帅高文律等十二人据高楼自守诸将破擒之献俘于朝彭湖之警以息而其据台湾者犹自若也崇祯中为郑芝龙所破不敢窥内地者数年乃与香山佛郎机通好私贸外洋十年驾四船由虎跳门薄广州声言求市其酋招摇市上奸民视之若金穴盖大姓有为之主者当道鉴濠镜事议驱斥或从中挠之会总督张镜心初至力持不可乃遁去已为奸民李叶荣所诱交通总兵陈谦为居停出入事露叶荣下吏谦自请调用以避祸为兵科凌义渠等所劾坐逮讯自是奸民知事终不成不复敢勾引而番人犹据台湾自若其本国在西洋者去中华绝远华人未尝至其所恃惟巨舟大炮舟长三十丈广六丈厚二尺余树五桅后为三层楼旁设小窗置铜炮桅下置二丈巨铁炮发之可洞裂石城震数十里世所称红夷炮即其制也然以舟大难转或遇浅沙即不能动而其人又不善战故往往挫衄其所役使名乌鬼入水不沉走海面若平地其柁后置照海镜大径数尺能照数百里其人悉奉天主教所产有金银琥珀玛瑙玻璃天鹅绒琐服哆啰嗹国土既富遇中国货物当意者不惜厚资故华人乐与为市

谨案明史外国传作和兰乾隆五十九年奉旨贺蘭国改写荷兰国

荷兰贡无定期由福建巡抚代题敕部议准后知照该抚令其入贡

谨案荷兰贡道后改由广东康熙六年荷兰违例从福建入境又经题准嗣后务由广东

荷兰贡使有正使副使或专以正使一员其次为夷目官为掌书记各一员其下为从人凡入京者不得过二十名其贡物大尚马珊瑚珠照身镜琥珀丁香檀香冰片鸟枪火石哆啰绒哔叽缎织金毡自鸣钟凡十三种皆无定数使臣有自进方物者俱照例题明准其收受其颁赏赐该国王大蟒缎三匹糚缎三匹倭缎三匹片金一匹闪缎五匹帽缎五匹蓝花缎五匹青花缎五匹蓝素缎五匹衣素缎五匹绫十四匹纺丝十四匹罗十匹绢二匹银三百两正使大蟒缎二匹糚缎二匹倭缎二匹帽缎一匹蓝花缎四匹青花缎四匹蓝素缎三匹绫六匹纺丝六匹绢四匹银一百两标官糚缎一匹蓝花缎二匹青花缎一匹蓝素缎一匹纺丝二匹绢二匹银五十两副使同库官掌案官倭缎一匹

蓝花缎一匹青花缎一匹蓝素缎一匹纺丝一匹绫一匹绸一匹绢一匹银四十两夷目官掌书记官同从人绸二匹绢二匹银十五两通事及伴送官各彭缎袍一件所赐国王物件礼部俱移内阁入敕内交来使赍回

顺治九年郑成功寇镇江败归谋取台湾会荷兰通事何斌逋夷负遁鹿耳门说成功以水师从鹿耳门入与荷兰相持久荷兰战败弃台湾去次年请贡兼请贸易广东巡抚具奏经部议驳

顺治十二年复来请贡礼部言荷兰国从未入贡今重译来朝诚朝廷德化所致念其道路险远准五年一贡贡道由广东入至海上贸易已经题明不准应听在馆交易照例严饬违禁等物得旨荷兰国慕义输诚航海修贡念其道路险远著八年一次来朝以示体恤远人之意使臣进贡方物哆啰绒倭缎各二匹哔叽缎六匹西洋布二十四匹琥珀十块琥珀珠珊瑚珠各二串镜一面人物镜四面白石画二面镀金刀镶银刀各一把鸟槍长槍各二杆玻璃杯雕花木盒石山匣各二个缨帽一顶皮小狗二个花鹦哥一个四样酒十二瓶蔷薇露二十壶奉旨赏伴送官巡海道镶领蟒袍一件护送兵丁缎袍一件贡使归国特降敕谕赐其国王曰惟尔荷兰国墨投为也甲必丹物马绥掘僻在西陲海洋险远历代以来声教不及乃能缅怀德化效慕尊亲择尔贡使杯突高啮惹诺皆色等赴阙来朝虔修职贡地逾万里怀忠抱义朕甚嘉之用是优加锡赉大蟒缎二匹糚缎二匹倭缎二匹闪缎四匹蓝花缎四匹青花缎四匹蓝素缎四匹帽缎四匹衣素缎四匹绫十匹纺丝十匹罗十匹银三百两以报孚忱至所请朝贡出入贸易有无虽灌输货贝利益商民但念道里悠长风波险阻舟车跋涉阅历星霜劳勚可悯若朝贡频数猥烦多人朕皆不忍著八年一次来朝员役不过百人止令二十人到京所携货物在馆交易不得于广东海上私自货卖尔其体朕怀保之仁恪恭藩服慎乃常赋只承宠命

顺治十三年贡使哔呖哦悦嘢哈哇惹等到京贡镶金铁甲一副镶金马鞍一副镶金刀镶银剑各六把鸟铳十三口镶金鸟铳四口短铳七口细铳二口铳药袋三个玻璃镜四面镶银千里镜八角大镜各一面琥珀五十斤珊瑚珠琥珀珠各二斤珊瑚树二十枝哆啰绒五匹哔叽缎四匹西洋布一百匹被十二床花被面六床大毡一床中毡二床毛缨六头丁香五箱共二百斤番木蔻一箱重三百六十斤五色番花三包共三百五十斤桂皮二包共二百一十斤檀香十石共一千斤恭进皇后镜一面玳瑁匣玻璃匣乌木饰人物匣各一个瑚珠琥珀珠各三串琥珀四块哆啰绒二匹哔叽缎三匹西洋布十八匹白倭缎一匹花毡一床花被面二床玻璃杯四个花石盒三个白石画二面蔷薇露十壶

康熙二年三月荷兰遣其户部官老磨军士丹镇总兵官巴连卫林等朝贡请贸易奉旨准二年贸易一次

康熙三年大兵渡海攻郑锦等进克厦门荷兰国率舟师助剿以夹板乘势追击斩首千余级遂取浯屿金门二岛事由靖南王耿继茂入奏赐国王文绮白金等物

康熙五年贡方物大尚马四匹鞍辔具镀金镶银马铳起花金刀各八把镶金鸟铳三把镶金小铳六把大哆啰呢大哔叽缎各十六匹中哆啰呢哔叽缎各八匹小哆啰呢一匹哔叽缎各四匹荷兰绒大花缎各六匹荷兰五色大花缎三匹大紫色金缎红银缎各一匹大珊瑚珠二百零二颗五色绒毡五色毛毡各二领西洋花布三十六匹西洋白细布西洋小白布各一百匹西洋大白布六十匹西洋五色花布褥十五领照身大镜二面小车一张西洋白小牛二只琥珀四块共五斤八两牡丁香白胡椒各五百斤檀香三千斤象牙五枝琉璃器皿一箱使臣又恭进珊瑚珠四串琥珀一块沈香六块密蜡金匣银盘盛珠银盒各一个火鸡蛋四个二眼长槍二眼马铳小鸟铳各二把铁甲一领白尔善国缎缛一条哆啰绒十匹海马角二块小马铜狮各一个小狗二个铜山一架铜炮二对刀二把照水镜四面蔷薇露二十罐赏正使亲男一名系闲散照从人例赏给伴送守备三等马一匹照磨官及土通事各缎一件护送兵丁彭缎袍一件奉旨荷兰国既八年一贡其二年贸易永远停止

康熙六年五月国王噶喽吧王油烦马绥极再遣陪臣奉表入贡有刀剑八皆可屈伸马四凤膺鹤胫迅速异常

康熙二十五年六月国王罗汉连氏甘勃氏遣使宾先吧芝表献方物哆啰绒十四乌羽缎四匹倭缎一匹哔叽缎二十匹织金花缎五匹织金大绒毡四领白幼软布二百十九匹文彩幼织布十五匹大幼布三十匹白幼毛里布一百匹大珊瑚珠六十八颗琥珀十四块照身镜江河照水镜各二面照星月水镜一面自鸣钟一座琉璃镫一架聚耀烛台一悬琉璃杯五百八十个象牙五枝镶金鸟铳镶金马铳小马铳起花佩刀各二十把马铳鸟铳镶金刀剑利阔剑各十把彩色皮带二十佩绣皮带十佩起花金剑六把火石一袋雕制夹板大小三只丁香三十石檀香二十石冰片三十二斤肉豆蔻四瓮丁香油蔷薇花油檀香油桂皮油各一罐葡萄酒二桶使臣又进方物银盘银瓶各一个

西洋刀头六柄荷兰花缎哆啰呢羽缎各一匹哆啰绒四匹倭缎织金线缎哔叽缎各二匹西洋咁马氏布西洋毛里布西洋沙南袍布西洋佛咬唠布各二十匹请定进贡限期五年一次又贡例由广东人但广东路近而泊地险福建路远而泊地稳请由福建八部议贡期如所请荷兰国贸易处所止许在广东福建两省赐敕谕曰朕惟柔远能迩盛化之嘉谟修职献琛藩臣之大节输诚匪懈宠赉宜颁尔荷兰国王属在遐方克抒丹悃遣使赍表纳贡忠荩之忱良可嘉尚用是降敕奖谕并赐王文绮白金等物王其只承益励忠贞以副朕眷又定减贡额嗣后荷兰贡物止令进大尚马珊瑚等十三种其织金缎羽缎倭缎及各样油小箱腰刀剑布琉璃镫聚耀烛台琉璃杯肉豆蔻葡萄酒象牙皮袋夹板样俱免其进献由是职贡弥谨雍正初年通市不绝夏秋交来广由虎门入口至冬乃回岁以为常

乾隆元年特命减荷兰税额谕曰朕闻外洋红毛夹板到广时泊于黄埔地方起其所带炮位然后交易俟交易事竣再行给还至输税之法每按梁头征银二千两左右再照则抽其货物之税此向例也乃近来夷人所带炮位听其安放中而于额税之外将伊所携置货现银另抽一分之税名曰缴送亦与旧例不符朕思从前既有起炮之例此时何得改易至于加添缴送尤非朕嘉惠远人之意著该督查照旧例按数裁减并将朕旨宣谕各夷人知之

乾隆二十七年准荷兰国夷商每配买土丝五千斤二蚕湖丝三千斤是年十月荷兰商人许力等呈称彼国无织纫之工求量带绸缎经两广总督苏昌奏准每丝千斤扣带绸缎八百斤著为例

乾隆五十八年十月奉圣谕据苏楞额奏凡红毛货进口与各国夷一律丈量收税等语前因英吉利遣使航海远来输诚纳赆是以格外加恩将携带货物免其纳税系指此次贡而言外省办事往往胶柱鼓瑟或因有此旨意存构泥竟将该国别项贸易商概行免税转致西洋各国心生冀望纷纷吁请一体免税成何事体著传谕苏楞额务遵前旨固不可例外浮收亦不得于贡之外概行减税惟当按照定例收纳以昭平允

乾隆五十九年十月奉圣谕长麟等奏荷兰国遣使赍表纳贡恳求进京叩祝一折披阅长麟等译书原表该国王因明年系朕六十年普天同庆专差贡使赍表到京叩贺情词极为恭顺长麟等因其表文系公班大臣呢德波等代伊国王出名与体制稍有不符复加盘诘何必如此深论自应准其来京瞻观遂其向慕之忱著长麟等即传谕该使臣等知悉并派委妥员护送起程祇须于十二月二十日封印前一二日到京俾得与蒙古王公及外藩诸国使臣一体同邀宴赏并著知会途经过省分令各督抚一体派员按例照料以便如期到京再荷兰因所进表文在京西洋人不能认识并著长麟等于住内地之西洋人有认识荷兰字体兼通汉语者著派一二人随同来京以便通译将此由六百里谕令知之十二月奉圣谕上年英吉利国遣使来京恭进表贡所有经过各省曾令各该督抚给与筵宴此次荷兰国遣使来京本日据陈淮具奏未经给宴但该国慕化输诚航海远至自因知上年英吉利使臣到京时得蒙天朝恩锡优渥宴赉骈蕃是以闻风踵至今该使臣等在途经过省分未预筵宴是同一西洋进贡使臣转似区分厚薄失中国正大之体该贡使等闻知未免稍觉觖望除俟该使臣等到京后一体酌加赏赉外著传谕各该督抚将来该使臣等回程经过时俱仍仿照英吉利使臣之例酌给筵宴时并宣谕该使臣等此次尔等慕化远来大皇帝鉴尔恭顺从前尔等进京时原应筵宴但因尔等赶于年内到京途行走期限紧迫恐耽延时日是以未经筵宴今尔等回程舒徐仍遵旨赏尔等筵宴等语向其明白宣示该使臣等闻知自必益臻欢感也是年贡使到京贡万年如意八音乐钟一对时刻报喜各式金表四对镶嵌金小盒一对镶嵌带版四副珊珠一百八颗琥珀珠一百八颗千里镜二枚风槍一对金银线三十斤琥珀四十斤各色花毡十版各色羽缎十版各色大呢十版西洋布十匹地毡二张大玻璃镜一对花玻璃壁镜一对玻璃挂镫四对燕窝一百斤檀香五百斤豆蔻一百斤丁香二百五十斤檀香油三十瓶丁香油三十瓶奉旨该国王例赏物件内银三十两折玉器二件又加赏玉如意一柄御书福字大红龙缎大红蟒缎百花糚缎闪缎漳绒绫罗春绸纺丝及玉器珐琅器磁器雕漆器文竹器又加赏贡使大班写字人医生佛嚂哂夷人跟役跟兵各有差又奉圣据奏荷兰国贡使搭坐商船来粤船商吉时现已装货完毕放洋业据吉时将入口出口船料税银等项全数交纳荷兰国贡使远来纳赆恭顺可嘉所有该贡使搭坐商除进日货物照例纳税外其应纳料及出口买带货物著加恩免其交税今此项出口料等税业据全交著俟该贡使回国时仍令给还以示柔远怀来至意

意达里亚国

谨案明史外国传作意大里亚今遵皇朝文献通考作意达里亚

意达里亚居大西洋中自古不通中国明万历时泰西利玛窦入中国即其国人也其地周一万五千里三面环海一面临高山土田饶沃州郡繁多其最大者凡六城曰罗玛曰勿搦祭亚曰弥朗曰纳波里曰拿亚曰福楞察罗玛

城周一百五十里地有大渠曰地白里由城外百里入于海四方商骈集于此万历二十九年利玛窦入京师中官马堂以其方物进献自称大西洋人礼部言会典止有西洋琐里国无大西洋其真伪不可知又寄居二十年方行进贡则与远方慕义特来献琛者不同但诸番朝贡例有回赐其使臣必有宴赏乞给赐冠带还国勿令潜居两京与中人交往别生事端不报已而帝嘉其远来假馆授粲给赐优厚利玛窦遂留居不去四十四年礼科给事中余懋孳言自利玛窦东来中国复有天主之教留都王丰肃阳玛诺等煽惑群众不下万人朔望朝拜动以千计夫通番左道并有禁令公然夜聚晓散一如白莲无为诸教且往来濠镜与澳中诸夷通谋而所司不为遣斥国家禁令安在帝纳其言至十二月命丰肃及庞迪我等俱遣赴广东听还本国久之迁延不行所司亦不为督发国朝康熙九年六月国王阿丰肃遣部臣玛讷撒尔逵聂等奉表进贡金刚石饰金剑金珀书箱珊瑚树珊瑚珠琥珀珠伽南香哆啰绒牙犀角乳香苏合油丁香金银乳香花露花幔花毡大玻璃镜等物得旨西洋地居极遐初次进贡具见慕义之诚可从优赏赉寻遣玛讷撒尔达聂等归国行次山阳县玛讷撒尔达聂以病故加恩谕祭

康熙十七年八月阿丰肃遣陪臣本多白垒拉奉表贡狮子并奏言凡在西洋所属瞻仰巍巍大清国咸怀尊敬愿率诸国永远沾恩等日月之无穷圣祖仁皇帝召见于太和殿宴赉遣归

康熙二十四年监督宜尔格图奏言粤东向有东西二洋诸国来往交易系市舶提举司征收货税明隆庆五年以夷人报货奸欺难于查验改定丈抽之例按大小以为额税西洋定为九等后因夷人屡请量减抽三分东洋定为四等国朝未禁海以前洋诣澳照例丈抽但往日多载珍奇今系杂货今昔殊异十不及一请于原减之外再减二分东洋亦照例行奉旨俞允

谨案康熙二十三年开海禁令广东福建沿海民人许用五百石以下只出海贸易其海口内桥津舟车等物停止征收是旧例丈抽已行议减是年因再酌减也西洋诸国以意达里亚为首故载于此

雍正三年八月意达里亚国教化王伯纳第多遣陪臣噶达都易德丰等表谢圣祖仁皇帝抚恤恩并贺世宗宪皇帝登极贡方物厚福水绿玻璃凤壶里呵波啰杯蜜蜡杯蜜蜡小瓶珐琅小圆牌蜜蜡小刀柄银累丝四轮小铜日规连银累丝瓶累丝花水晶满堂红灯各宝玩器咖石喻鼻烟礶各色玻璃鼻烟壶各宝圆球各宝鼻烟壶银累丝大小花盘实地银花盘连座银累丝银花匣连银累丝小花瓶镶宝石花银丝小漏盘线花画皮画皮扇面画绣花纸盘小银礶花石片铁花盘巴尔萨吗油咖石喻盖杯镀金皮规矩镶牙片鼻烟盒银花素鼻烟盒镶银花砂漏咖石喻绿石鼻烟盒阿噶达片番银笔咖石喻带头片玛瑙刀柄玛瑙鼻烟壶各色石鞭头小石盒珊瑚珠玛瑙珠各宝素珠花纸盘香枕囊显微镜石头火漆印把火字镜玻璃棋盘棋子火漆大红羽缎周天球鼻烟照字镜使臣归令赍敕谕其王曰朕缵承大统勉绍前徽王地处极远特遣使赍章陈奏感先帝之垂恩祝朕躬之衍庆周详恳至词意虔恭朕甚嘉慰使臣远来已加礼优待至西洋寓居中国之人朕以万物一体为怀教以谨饬安静果能慎守法度行止无愆自当推爱抚恤兹以尔使臣归特颁斯敕并赐糚缎锦缎大缎二十次缎四十王其领受悉朕惓惓之意又加赐国王貂皮人薓洋漆器芽茶纸墨绢扇并文绮又奉旨其来使赐宴毕差司宾序班一人伴送至广东该督抚差官护送出境

雍正四年六月初五日敕谕意达里亚国教化王览王奏诸援释放德里格之例将广东监禁之毕天祥计有纲一体施恩释放等语查德里格于康熙五十九年因传信不实又妄行陈奏我圣祖仁皇帝念系海外之人从宽禁锢及朕即位后颁降恩诏凡情罪可原者悉与赦免开以自新德里格所犯与赦款相符故得省释彼时广东大吏未曾以毕天祥计有网之案入大赦册内具题上闻今据王奏请朕查二人所犯非在不宥之条即王不行陈奏朕亦必察出施恩今特降旨与广东大吏将毕天祥计有纲释放以示朕中外一体宽大矜全之至意兹因使臣回国再赐人薓貂皮等项用展朕怀王其收受故兹特谕

雍正五年又遣使贡方物大珊瑚珠宝石素珠金镶咖石喻瓶金珐琅盒金镶蜜蜡盒银镶咖石喻盒金镶玛瑙盒银镶蓝石盒银镀金镶云母盒银镀金镶玳瑁盒玻璃瓶贮各品药露金丝缎金银丝缎金花缎洋缎大红雨毛缎大红哆啰呢洋制银柄武器洋刀长剑短剑针银花火器自来火长槍手槍上品鼻烟石巴依瓦油圣多黙巴尔撒木油璧露巳尔撒木油伯肋西理巴尔撒木油各品衣香巴斯第理葡萄红露酒葡萄黄露酒白葡萄酒红葡萄酒咖石喻各色珐琅料乌木镶青石桌面乌木镶黄石桌面乌木镶各色石花条桌织成各种远视画

博尔都噶尔雅国

博尔都噶尔雅在欧逻巴极西境周七百里西滨大洋地分五道四方商皆聚都城有大河曰德若经都城西入

海通海大市凡六水泉二万五千国有二学曰厄物辣曰哥应拔欧逻巴高士多出此学土产果实丝绵多水族善酿葡萄酒即过海至中国不壞园囿有周数十里者禽兽充牣异国名王过其地往射猎焉俗有仁会恤寡茕独商至或有死而无主者收其行李访其戚属还之国王随处遣官为子治家长则还所有且加益焉明以前未通中国人本朝西洋诸部落向风内面雍正五年四月其国王名若望者遣陪臣麦德乐表贡方物奉旨准其进献议准该国王感被德化特遣使臣不比寻常进贡所带贡物令其水路来京其来便从人愿带来者听其带来愿留粤者令该地方官从丰拨给房舍食物世宗宪皇帝优加宴赉赐敕书于国王令麦德乐赍归国又奏准该国次进贡遣内务府郎中一人同在京居住西洋人一人往迎来使至回国时送亦如之盖异数也

乾隆十八年三月遣陪臣巴哲格等表贡方物命钦天监监正刘松龄前途导引至京召见巴哲格等赐宴并赐敕谕博尔都噶尔雅国王曰览王奏并进方物具见悃忱洪惟我圣祖仁皇帝世宗宪皇帝恩覃九有光被万方因该国王慕义抒诚夙昭恭顺是以叠沛温纶并加宠锡今王载遴使命远涉重瀛感列圣之垂慈踵阙廷而致祝敬恭式著礼数弥虔披阅奏章朕心嘉悦既召见使臣遂其瞻仰之愿复亲御帐殿优以宴赏之荣西洋国人官京师者晋加显秩慰王远念兹以使臣归国特颁斯敕其锡赉珍绮具如常仪加赐彩缎罗珍玩器具等物王其只受悉朕眷怀先是雍正五年朝贡于常赏外特赐国王人参四十斤库缎二十五匹磁器一百三十件洋漆器六十六件纸三百张墨二十匣字画绢一百张及荔枝酒哈蜜瓜松糕茶糕芽茶香饼灯扇香囊等物又加赏来使倭缎磁器漆器纸墨扇等物至乾隆十三年又特赐该国王龙缎四匹糚缎花缎线缎各八匹百花糚缎十二匹绫纺丝各二十二匹罗十三匹杭绸七匹册页一付玛瑙玉器六件珐琅器二种漆器十九种磁器三十三种及紫檀木器画绢香袋香饼纸墨扇茶又加赏正使画绢纸墨扇茶及文绮又随敕书赐国王龙缎片金各二匹蟒缎倭缎各三匹糚缎七匹花缎六匹闪缎花缎青花缎蓝缎青缎帽缎线缎各四匹绫纺丝各二十二匹罗十三匹绢七匹又因端阳节加赏国王纱四十匹葛百匹香囊香串宫扇药锭等物并正副使纱葛香囊香串药锭等物盖念其远来从优锡予焉

卷二十三·贡舶三

英吉利

英吉利一名英圭黎明史作丁机宜职方外纪作谙厄地海国闻见录作英机黎盖译音无定字也其国在欧逻巴之西为荷兰属国后渐富强与荷兰为敌国复占据北利未亚之地称加那大英吉利而以欧逻巴之国为本国距广东界计程五万余里国中土地平衍宜麦禾果豆有一山名闲允产黑民为开采输税入官国人出入处左有那村右有加厘皮申村皆设立炮台二村中皆有大海驾船往来海邉多产火石王所居名兰仑有城距村各百余里王姓名世系远者不可考其近者为弗氏京也治传子昔斤京也治昔斤京也治传子非立京也治国朝康熙间始来通市后数年不复来至雍正七年以后互市不绝初广东碣石镇总兵官陈昂奏言臣徧观海外诸国皆奉正朔惟红毛一种奸宄莫测其中有英圭黎诸国种族虽分声气则一请饬督抚关部诸臣设法防范

乾隆七年十一月英吉利巡遭风飘至澳门海面遣夷目至省城求济广东总督策楞令地方官优给赀粮修整只令俟风便归国先是其互市处所或于广或于浙二十二年部议英吉利不准赴浙贸易于是皆收泊广东每夏秋交由虎门入口其土产则有大小绒哔叽羽纱紫檀火石及所制玻璃镜时辰钟表等物精巧绝伦二十四年方严丝斤出洋之禁两广总督李侍尧奏言近年英吉利夷商屡违禁令潜赴宁波今丝斤禁止出洋可抑外夷骄纵之气惟本年丝斤已收请仍准运还奏入报可是年英吉利夷商洪任辉妄控粤海关讯有徽商汪圣仪者与任辉交结擅领其国大班银一万三百八十两按交结外国互相买卖借货财物例治罪

乾隆二十七年英吉利夷商白兰等求仍照前通市两广总督苏昌请照东洋铜商搭配绸缎之例酌量配买得旨每准买土丝五千斤二蚕湖丝三千斤其头湖丝及绸绫缎匹仍如旧禁止不得影射取戾自是英吉利来广互市每如额配买岁以为常其明年并准带绸缎成匹者二千斤

乾隆五十七年遣使请由天津入贡署总督巡抚郭世勋奏言外夷各国凡遇进贡俱由例准进口省分先将副表贡单呈明督抚奏奉允准之日委员伴送使臣赍带贡物赴京呈进英吉利国历来在广东通商今欲赴天津进口该国王又无副表贡单臣等未敢冒昧遽行具奏奉圣谕准其所请以遂其航海向化之诚即在天津进口

乾隆五十八年入贡方物有天文地理音乐大表等凡二十九种特赐国王玉如意等品物十余种赏正副使副

使之子代笔官总兵官听事官管官等品物各有差又于如意洲赏正副使副使之子总兵官以下品物各有差八月十三日万寿圣节使臣行庆贺礼于含青斋赏正副使副使之子品物各有差副使之子绘画呈览赏大荷包及通事总兵官等九员品物各有差二十四日又于清音阁赏正使御笔书画册页玉杯等品物有差副使副使之子通事总兵官等九员品物各有差二十九日于太和门颁给敕书赐该国王品物数十余种又随敕书赐国王品物数十余种正使副使副使之子总兵官副总兵官二员通事管兵等官四员代笔医生等官九员贡使从人九名贡留存管船官五名留存贡兵役水手共六百十五名品物各有差其时贡使在京呈请于隶天津浙江等处贸易并恳赏给附近珠山小海岛一处及附近广东省城地方一处居住奉旨以该贡使越例干渎断不可行颁给该国王敕谕曰英吉利国王知悉尔国远在重洋倾心向化特遣使恭赍表章航海来庭叩祝万寿并备进方物用将忱悃朕披阅表文词意肫恳具见尔国王恭顺之诚深为嘉许所有赍到表贡之正副使臣念其奉使远涉推恩加礼已令大臣带领瞻观锡予筵宴叠加赏赉用示怀柔其已回珠山之管官役人等六百余名虽未来京朕亦优加赏赐俾得普沾恩惠一视同仁至尔国王表内恳请派一尔国之人住居天朝照管尔国买卖一节此则与天朝体制不合断不可行向来西洋各国有愿来天朝当差之人原准其来京但既来之后即遵用天朝服色安置堂内永远不准复回本国此系天朝定制想尔国王亦所知悉今尔国王欲求派一尔国之人住居京城既不能若来京当差之西洋人在京居住不归本国又不可听其往来常通信息实为无益之事且天朝所管地方最为广远凡外番使臣到京驿馆给行止出入俱有一定体制从无听其自便之例今尔国欲留人在京言语不通衣服殊制无地可以安置若必似来京当差之西洋人令其一例改易服色天朝亦从不肯强人以所难设天朝欲差人常住尔国亦岂尔国所能遵行况西洋诸国甚多非止尔一国若俱似尔国王恳请派人留京岂能一一听许是此事断难准行岂能因尔国王一人之请以致更张天朝百余年法度若云尔国王为照料买卖起见则尔国人在澳门贸易非止一日原无不加以恩视即如从前博尔都噶尔亚意达里亚等国屡次遣使来朝亦曾以照料贸易为请天朝鉴其悃忱优加体恤凡遇该国等贸易之事无不照料周备前次广东商人吴昭平有拖欠洋价值银两者俱饬令该管总督由官库内先行动支帑项代为清还并将拖欠商人重治其罪想此事尔国亦闻知矣尔国又何必派人留京为此越例断不可行之请况留人在京距澳门贸易处所几及万里伊亦何能照料若云仰慕天朝欲其观习教化则天朝自有天朝礼法与尔国不相同尔国所留之人即能习学尔国自有风俗制度亦断不能效法中国即学会亦属无用天朝抚有四海惟励精图治办理政务奇珍异宝并不贵重尔国王此次赍进各物念其诚心远献特谕该管衙门收纳其实天朝德威远被万国来王种种贵重之物梯航毕集无所不有尔国之正使等所亲见然从不贵奇巧并无更需尔国制办物件是尔国王所请派人留京一事与天朝体制既属不合而与尔国亦殊觉无益特此详晰开示遣令贡使等安程回国尔国王惟当善体朕意益励款诚永矢恭顺以保乂尔有共享太平之福除正副使臣以下各官及通事兵役人等正赏加赏各物件另单赏给外兹因尔国使臣归国特颁敕谕并赐赉尔国王文绮珍物具如常仪加赐彩缎罗绮文玩器具诸珍另有清单王其只受悉朕怀特此敕谕又敕谕曰英吉利国王知悉尔国王远慕声教向化维殷遣使恭赍表贡航海祝厘朕鉴尔国王恭顺之诚令大臣带领使臣等瞻观锡之筵宴赉予骈蕃业已颁给敕谕赐尔国王文绮珍玩用示怀柔昨据尔使臣以尔国贸易之事禀请大臣等转奏皆系更张定例不便准行向来西洋各国及尔国夷商赴天朝贸易悉于澳门互市历久相已非一日天朝物产丰盈无所不有原不藉外夷货物以通有无特因天朝所产茶叶磁器丝斤为西洋各国及尔国必需之物是以恩加体恤在澳门开设洋行俾得日用有资并沾余润今尔国使臣于定例之外多有陈乞大乖仰体天朝加惠远人抚育四夷之道且天朝统驭万国一视同仁即广东贸易者亦不仅尔英吉利一国若俱纷纷效尤以难行之事行干渎岂能曲循所请念尔国僻居荒远间隔重瀛于天朝体制原未谙悉是以命大臣等向使臣等详加开导遣令回国恐尔使臣回国后禀达未能明晰复将所请各条缮敕逐一晓谕想能领悉据尔使臣称尔国货船将来或到浙江宁波珠山及天津广东地方收泊交易一节向来西洋各国前赴天朝地方贸易俱在澳门设有洋行收发各货由来已久尔国亦一律遵行多年并无异语其浙江宁波隶天津等海口均未设有洋行尔国只到彼亦无从销卖货物况该处并无通事不能谙晓尔国语言兹多未便除广东澳门地方仍准照旧交易外所有尔国买卖人要在天朝京城另立一行收贮货物发卖仿照俄罗斯之例一节更断不可行京城为万方拱极之区体制森严法令整肃从无外藩人等在京城开设货行之事尔国向在澳门交易亦因澳门与海口较近且系西洋各国聚会之处往来便益若于京城设行发货尔国在京城西北地方相距辽远运送货物亦甚不便从前俄罗斯人在京城设馆贸易

因未立恰克图以前不过暂行给屋居住嗣因设立恰克图以后俄罗斯在彼处交易买卖即不准在京城居住亦已数十年现在俄罗斯在恰克图邉界交易与尔国在澳门交易相似尔国既有澳门洋行发卖货物何必又欲在京城另立一行天朝疆界严明从不许外藩人等稍有越境搀杂是尔国欲在京城立行之事必不可行又据尔使臣称欲求相近珠山地方小海岛一处商人到彼即在该处停歇以便收存货物一节尔国欲在珠山海岛地方居住原为发卖货物而起今珠山地方既无洋行又无通事尔国只既不在彼停泊尔国要此海岛地方亦属无用天朝尺土俱为版籍疆址森然即岛屿沙洲亦必画界分强各有专属况外夷向化天朝交易货物者亦不仅尔英吉利一国若别国纷纷效尤恳请赏给地方居住买卖之人岂能各应所求且天朝亦无此体制此事尤不便准行又据称拨给附近广东省城小地方一处居住尔国夷商或准令澳门居住之人出入自便一节向来西洋各国夷商居住澳门贸易画定住址地界不得逾越尺寸其赴洋行发货夷商亦不得擅入省城原以杜民夷之争论立中外之大防今欲于附近省城地方另拨一处给尔国夷商居住已非西洋夷商历来在澳门定例况西洋各国在广东贸易多年利丰厚来者日众岂能一一给拨地方分住至于夷商等出入往来悉由地方官督率洋行商人随时稽察若竟毫无限制恐内地民人与尔国商人间有争论转非体恤之意核其事理自应仍照定例在澳门居住方为妥善又据称英吉利国夷商自广东下澳门由内河行走货物或不上税或少上税一节夷商贸易往来纳税皆有定则西洋各国均属相同此时自不能因尔国只较多征收稍有溢额亦不便将尔国上税之例独惟减少惟应照例公平抽收与别国一体办理嗣后尔国夷商贩货赴澳门仍当随时照料用示体恤又据称尔国只请照例上税一节粤海关征收料向有定例今既未便于他处海口设立交易自应仍在粤海关按例纳税毋庸另行晓谕至于尔国所奉之天主教原系西洋各国向奉之教天朝自开辟以来圣帝明王教创法四方亿兆率由有素不敢惑于异说即在京当差之西洋人等居住在堂亦不准与中国人民交结妄行传教尤属不可以上所谕各条原因尔使臣之妄说尔国王或未能深悉天朝体制并非有意妄千朕于入贡诸诚心向化者无不加之体恤用示怀柔如有恳求之事若于体制无妨无不曲从所请况尔国王僻处重洋输诚纳贡朕之锡予优加倍于他国今尔使臣所恳各条不但与天朝法制攸关即为尔国代谋亦俱无益难行之事兹再明白晓谕尔国王当仰体朕心永远遵奉共享太平之福若经此次详谕后尔国王或误听尔臣下之言任从夷商将货驶至浙江天津地方欲求上岸交易天朝法制森严各处守土文武恪遵功令尔国只到彼该处文武必不肯令其停留定当立时驱逐出洋未免尔国夷商徒劳往返勿谓言之不预也其凛遵毋忽特此再谕并谕署总督郭世勲密行防范毋任潜行占住郭世勋覆奏言英吉利夷人贸易广东历年既久目睹西洋夷商居住澳门未免心生欲羡且同一夷人而英吉利国人投澳居住必向西洋人出租赁屋形势俨成主客是以吁请赏给附近一地方以为收存货物之地与西洋人澳门相埒溯查西洋人住澳已二百余年已往者不必驱之使去暂寄者岂可许其常留况广东附近各处滨临海洋尤不容任听外国夷人纷投错处诚如圣谕海疆一带戒备宜严钦此钦遵办理再查夷人到广不在澳门居住即在黄埔泊往来出入俱由该管官给票照验不容任意行走现在密饬地方官严行查察倘有洋行通事引水及地方无籍之徒串通该夷人诡图占住即密行拿究

是年十二月二十五日奉圣谕朱珪奏英吉利国呈进表贡一折该国王因前年贡使进京赏赉优渥特具表文土物呈进具见悃忱虽未专使来粤有何不可已准其赏收并发给敕书一道及赏赐缎匹等件朱珪接到后可即交与该国大班波啷转送回国俾该国王益加感戴恭顺以示怀柔至天朝官员例不与外夷交际其致送前任总督监督礼物朱珪饬令寄回所办是

嘉庆元年进贡黄色新样大呢等物

嘉庆九年十二月总督倭什布等会奏言英吉利国王表称与佛囒哂国争斗及佛囒哂国有著人到中国谣言疏间等语查嘉庆七年八月间有在澳居住之夷目唛黎哆寄信与在京居住之西洋人索德超言英吉利国有大战六只相近澳门停泊恐有觊觎澳门情事转呈管理西洋堂大臣苏楞额具奏奉谕旨查询经前督臣吉庆查明英吉利国护货兵均已陆续回国其在澳门外湾泊时并未滋事因该国向来恃强住澳夷人是以惊疑贸易夷英吉利国货物最细较别国买卖殷厚该国夷目夷商均称恭顺因与佛囒哂蛮触相争恐为离间有妨贸易故于表内特陈其事再据该夷目禀称该国宰相啰咖事哩有寄呈天朝中堂书一封总督书一封并礼物各一分又该国公班理事官押吡臣有寄呈总督关部书一封呈关部礼物一分当谕以该国王表贡不敢壅于上闻必据情转奏至寄呈书信礼物天朝国法森严大臣官员不准与番国交接不但中堂书信礼物不便转寄即我等亦不便接阅收受令其毋庸呈

出遇便带回本国奉圣谕据倭什布等奏英吉利国呈进表贡请旨遵行一折该国王重译输诚情词恭顺从前乾隆六十年间曾经附进表贡蒙皇考高宗纯皇帝俯赐赏收加以锡赉赐之敕书此次既据该国王备进方物自应照例赏收著那彦成等查照办理并将贡品赍京呈递再行颁给敕书赏件俾遂悃忱而示怀柔至另片所奏该夷目禀称该国宰相有寄呈天朝中堂书总督书一封礼物各一分又该国公班理事官寄呈总督关部书各一封呈关部礼物一分业据倭什布等以天朝法制大臣官员不准与外番交接谕令毋庸呈出带回本国等语所办甚是但外番呈进表贡例由总督关差转奏寄书通问尚属有因至寄呈天朝中堂之书必系该国王因从前进贡时知有和珅在朝且管理西洋堂事是以此次专函备礼看来所之书未必系偏致大学士公函现在倭什布等已将原信发还不妨向该夷目等将该国所寄中堂之书究系寄与何人之处讯问明晰遇便覆奏至该国与咈囒哂国构衅兴兵不过蛮触相争尽可置之不问惟所称有护货兵四只来广一节近闻外洋商到粤均有兵护送亦不独英吉利国为然必系因洋面不能肃清自为守卫之计迨驶至澳门已近内地口岸或有窃掠之事岂不贻笑外夷该督等当严饬地方文武整饬巡防使澳门一带商停泊得以安静无虞至伊等欲货兵向来必有湾泊处所总当循照旧规勿令任意越进为要再阅译出该国原表内称有别项事情要我出力我亦十分欢喜效力等语此言似非无因自系闻洋面时有盗警或需伊国兵力帮同缉捕是以隐踊其词洋海地面番舶往来原应内地官兵实力查缉焉有借助外藩消除奸匪之理那彦成到任后惟当遵照节次谕旨修明武备整顿营伍使奸徒闻风自远以慑外夷而靖海疆方为不负委任旋经总督那彦成监督延丰奏言臣等钦遵谕旨传谕夷目谕以该国王呈进表贡业荷大皇帝赏收并谕以大皇帝君临万国恩被四表无论内地外夷均系大皇帝百姓即如汝国钟表大呢羽毛等物原非中国必需之物所以准汝国贸易通商者皆出大皇帝怜外夷子民一视同仁之恩此次汝国王恭进表贡大皇鉴汝等恭顺之心谕令赏收谕令我等大人们好生恩待汝等并管束内地商人平允交易汝国来此贸易之人亦须安分谨遵禁令毋得有违将进到表贡委官恭送进京再降恩旨至汝国王子大臣等与中国中堂大人们书信礼物天朝法度森严大臣从无外交之事汝等带来礼物断不必送出惟所带书信必须交出我大人们也不敢私自拆阅将原封恭呈大皇帝御览再请发回至汝国管理贸易头人不过专为汝国贸易事务并无别项面见禀议事件只须在此好好管束汝国之人不得违禁生事自来中国大人从无私谒私见之例我大人们谨遵大皇帝恩旨体恤夷商管教内地民商公平贸易汝等须知天朝法度感大皇帝之恩等语明白晓谕该夷目等人人欢抃叩头感服伏查外洋各国夷人见小图利中国布帛茶叶等物亦其日用急需各夷又互相蛮触是以生恐刖夷国闲其往来贸易其书信因从前未经收受是以带回澳门今臣等明白宣谕伊等呈出原封书信礼单臣等又将副本令人译出清稿一併呈览查各国洋向来湾泊均有一定处所澳门离省三百余里系西洋夷人常川居住向止准西洋夷二十五只更替贸易其余各国夷例应收泊黄埔欲收泊黄埔必须先进虎门虎门离省一百六十里山岸阴沙自然天险其欲货兵只准在虎门外之潭仔零丁等洋面湾泊而黄埔虎门潭仔零丁等处层层炮台常川均有兵船巡防该夷收埔时臣等两衙门仍派武弁关役弹压稽查立法极为周备至各国夷俱无兵惟英吉利国货有兵护送而该国商亦无兵惟其国王货始有兵四只护送其兵在虎门外交易后随同货回国不准少有逗遛其余各夷国货内均有炮火器械自资防范于例原准携带至该国原表称欢喜效力等语隐跃其词诚如圣谕自系闻洋面不靖或需伊等出力之意查夷人不过沾沾计利即如上年澳门夷目愿备兵二只帮同师出洋缉捕臣延丰即以体制不符且不能得力与倭什布议以后停止夷协捕而此二只洋迄今无踪亦实无遭风失事等事细揣其情形不过藉协捕为名可以免此二出入纳税而英吉利国自亦得闻此事希冀效尤免税又恐澳门夷出力有功或待彼国冷淡其意不过如此至各该国夷只既大多载炮火向来洋盗俱不敢抢劫澳门等要处又有师巡防不敢少有疏失可以毋廑圣念奉圣谕那彦成等覆奏英吉利国呈进贡表一折览奏俱悉英吉利献表输诚呈进方物前已降旨加恩赏收现在那彦成等奏明专员赍京俟到京时颁给敕书赏件用示怀柔至折内称澳门夷目愿留兵协同缉捕之处延丰以体制不符且不能得力与倭什布商议停止所见甚是缉捕洋匪内地自有兵岂有天朝藉资外夷之理且安知伊等不窥探虚实因此生其轻视之心乃倭什布三义助上年于夷请往协捕时冒昧允准今该夷已查无踪迹可见并非认真出力那彦成延丰能见及此较之倭什布三义助有识多矣至各国洋向来湾泊既有一定处所自当仍循其旧那彦成等自当督率所派员弁随时留心稽查弹压勿稍疏懈又据覆奏译出英吉利贡使所带该国宰相寄呈天朝中堂大人书信一节那彦成等谕以礼物不必送出惟所带书信必须交出我们也不敢私拆将原封呈览等语此语甚是但看所译寄与天朝中堂书信其语气似专向一人

而言并非公信那彦成等当再加以询问究竟书内所指中堂系属何人若该使臣系寄呈天朝中堂之公信则当明白告知以总督关部俱驻扎粤省经管各国夷船尔国等寄呈书信尚无不合至于天朝大学士不止一人皆随大皇帝在朝办事从无外交尔国宰相不应寄呈书函礼物此后不必再有呈递那彦成等询问时看该使臣如何登覆著随时具奏又经总督那彦成奏言据该夷目覆称本国僻处重洋不知天朝有几位中堂亦不知中堂名姓以不过照常办理是以所寄书函并无专指等语奉朱批览

嘉庆二十一年署总督董教增曾奏英吉利贡使请由浙江舟山洋面赴天津入贡旋因贡使礼仪未谙敕令该贡使由粤回国将贡物领回仍免其回国茶叶等货税银一万六百八十两旋经蒋攸铦奏请该国货准其仍在广东贸易不得驶往他处致干驱逐以昭天朝怀远恩施奉圣谕董教增等奏英吉利国遣使入贡一折英吉利国纳赆输诚情词恭顺自应准其入贡其贡由天津登岸现已降旨谕知那彦成广惠妥协办理该抚等因天津等处口岸无熟悉夷情之人饬商派谙晓夷语夷字者二人分送隶浙江督抚衙门以备翻译之用办理甚为周妥至该国王所遣夷官咖啦嘁礼现在粤东省城该抚即传谕该夷官以尔国王输诚纳贡业经奏明大皇帝仰蒙允准尔国贡使到京定邀恩赉其夷官先行照例遣回本国可也是年七月奉圣谕此次英吉利国贡使不遵礼节是以降旨即日遣回但念该使臣虽有失礼之愆该国王万里重洋奉表纳贡其意至为恭顺未便绝之已甚转失字小之意因将该国王贡品内择其至轻微者地理图四张画像二张铜板印画九十五张加恩赏收仍赏该国王白玉如意一枝翡翠玉朝珠一盘大荷包二对小荷包八个交该贡使领回以示厚往薄来之意该贡使等领到赏件极为欣感亦颇形悔惧现已自通州启程俟到粤后著蒋攸铦等仍照例给与筵宴一次并谕以尔等福分浅薄已至宫门不能仰瞻天颜大皇帝怜念尔国王慕化输诚仍酌收贡件并赏尔国王贵重品物尔等应感天恩迅速回国俾尔国王敬悉恩意其未收贡件均妥为照料上船勿令损失倘晓谕之后该贡使等复将未收贡件恳乞赏收总以业经奉有明旨不敢渎请正言拒绝又敕谕英吉利国王曰尔国远在重洋输诚慕化前于乾隆五十八年先朝高宗纯皇帝御极时曾遣使航海来廷维时尔国使臣恪恭成礼不愆于仪用能仰承恩宠瞻观筵宴锡赉便蕃本年尔国王复遣使赍奉表章备进方物朕念尔国王笃于恭顺深为愉悦循考旧典爰饬百司俟尔使臣至日瞻观宴赉悉仿先朝之礼举行尔使臣始达天津朕饬派官吏在彼赐宴讵尔使臣于谢宴时即不遵礼节朕以远国小臣未娴仪度可从矜恕特命大臣于尔使臣将次抵京之时告以乾隆五十八年尔使臣行礼悉跪叩如仪此次岂容改异尔使臣面告我大臣以临期遵行跪叩不敢愆仪我大臣据以入奏朕乃降旨于七月初七日令尔使臣瞻观初八日于正大光明殿赐宴颁赏再于同乐园赐食九日陛辞并于是日赐游万寿山十一日任太和殿颁赏再赴礼部筵宴十二日遣行其行礼日期仪节我大臣俱已告知尔使臣矣初七日瞻观之期尔使臣已至宫门朕将御殿尔正使忽称急病不能动履朕以正使猝病事或有之因只令副使入见乃副使二人亦同称患病其为无礼莫此为甚朕不加深责即日遣令归国使臣既未瞻观则尔国王表文亦不便进呈仍由尔使臣赍回但念尔国数万里外奉表纳赆尔使臣不敬恭将事代达悃忱乃尔使臣之咎尔国王恭顺之心朕实鉴之特将贡物内地理图画像山水人像收纳嘉尔诚心即同全收并赐尔国王白玉如意一柄翡翠玉朝珠一盘大荷包二对小荷包八个以示怀柔至尔国距中华遥远遣使远涉良非易事且来使于中国礼仪不能谙习重劳唇舌非所乐闻天朝不宝远物凡尔国奇巧之器亦不视为珍异尔国王其辑和尔人民慎固尔疆土无间远迩朕实嘉之嗣后毋庸遣使远来徒烦跋涉但能倾心效顺不必岁时来朝始称向化也俾尔永遵故兹敕谕

谨按英吉利向由粤省入贡故按年详载至其驶入澳门事迹则分载夷商门以免牵混

琉球国

琉球土音屋其惹在福建泉州府东海岛中魏晋以前不著于史明代始内向服属事具明史国朝顺治三年遣使者至京礼部言前朝敕印未缴未便授封至十一年遣王舅马宗毅大夫蔡祚隆等来贡兼缴前朝敕印请封命兵科副理事官张学礼充正使行人司行人王垓充副使赍诏印往封令二年一贡贡道由福建亦无至粤贸易者嘉庆十五年因贡遭风收泊粤洋惠来县神泉司香黄澳洋面当将表文贡品使臣官伴官生人等送闽仍由故道入京

卷二十四·市舶

臣谨按明时泰西利玛窦进万国图分天下为五大州一曰亚细亚二曰欧逻巴三曰利未亚四曰亚墨利加五

曰墨瓦腊泥加其后艾儒略因之为方外纪虽其说近于夸诞然明列为图实指其地似亦非全无依据者窃以为前史所载外域大都阕于方隅是以有明中叶尚不知有大西洋其栖泊岛屿之国更无论矣国家当顿纮壹之际九译来王见闻倍即今市舶所集若暹罗若吕宋若蓟喇若噶喇巴则亚细亚州之地也若荷兰若意达里亚若英吉利则欧逻巴州之地也若加那英吉利若咪利坚则利未亚之地也此诚韩愈所谓东南际天地以万数者莫不瞻星戴斗会极朝宗裒而录之亦以见我圣天子无外之量有以包函而覆帱之焉尔

吕宋国

吕宋居南海中在台湾凤山沙马崎东南至厦门水程七十二更或曰即意氏班牙海国闻见录作是班牙为吕宋之祖家也其国北面高山远视若锯齿俗曰宰牛坑山有土番属于吕宋闽人以其地富饶商贩者数万人往往久居不返至长子孙俗淳朴无争讼出入佩刀自卫亦时礼佛诵经父子兄弟不同寝席晨昏鸣钟严夜禁黄昏张灯火成市明洪武五年遣使偕琐里诸国入朝永乐三年遣官赍诏抚谕其国八年与冯嘉施兰入贡自后久不至万历四年明兵追海寇林道干至其国国人助讨有功复朝贡国中有机易山产金银传闻树生金豆有中国奸民望风滋扰欲往采吕宋拒不纳而佛郎机者素与互市久之见吕宋弱可取乃奉厚贿遣王乞地如牛皮大建屋以居王不虞其诈而许之其人乃裂牛皮联属至数千丈围吕宋地乞如约王大骇然业已许诺无可奈何遂听之而稍征其税如国法其人既得地则营室筑城列火器设守御具为窥伺计已竟乘其无备袭杀其王逐其人民而据其国仍名吕宋其实佛郎机人也吕宋大山从宰牛坑延绕东南至利仔反水程十二更又南至甘马力水程二十一更隔海对峙有五岛曰班爱曰恶党曰速巫曰猫务曰烟岛各有王人家无所蓄其东南又有万老高人物土产俱与吕宋相方外纪言吕宋产一鹰王又言有一树百兽不得近之一过其下即毙似近妄诞云国朝崇德中吕宋遣使贡于明使臣留闽未还至顺治三年福建平守臣送其使入朝四年六月世祖章皇帝赐以服物赐敕谕于其王遣归本国

康熙五十五年奉圣谕大学士等曰朕访闻海外有吕宋噶喇巴两处地方噶喇巴乃红毛国泊之所吕宋乃西洋泊之所彼处藏匿盗贼甚多内地之民希图利往往于船上载米带去并卖而回甚至有留在彼处之人不可不预为措置也次年定制禁止商往南洋吕宋噶喇巴等处贸易

康熙五十七年兵部议覆两广总督杨琳疏言据原任碣石总兵官陈昂条奏臣详察海上日本暹罗广南噶喇巴吕宋诸国形势东海惟日本为大其次则琉球西则暹罗为最东南番族最多如文莱等数十国尽皆小邦惟噶喇巴吕宋最强噶喇巴为红毛市舶之所吕宋为西洋市泊之所而红毛一种奸宄莫测其中有英圭黎干丝蜡和兰西荷兰大小西洋各国名目虽殊气则一惟和兰西一族凶狠异常且澳门一种是其同派熟悉广省情形请令督抚关差诸臣设法防备或于未入港之先查取其火炮方许进口或另设一所关束夷人每年轮流贸易不许多并集查外国夷商利与中国贸易而夷商慑服有素数十年来沿习相安应听其照常贸易将该总兵所请查取火炮另设一所关束轮流贸易之处无庸议请于夷一到之时令海文武官弁昼夜防卫使其慑服无致失所应如所请奉旨俞允

雍正五年开洋禁奉谕旨昔年圣祖仁皇帝谕旨海外噶喇巴吕宋藏匿盗贼甚多内地之民往往留在彼处随经廷臣与闽广督抚议令内地之人留在外洋者附洋带回准行在案此乃圣祖仁皇帝绥靖海疆且不令内地之民转徙异地实仁育义正之盛心也但数年以来附洋而回者甚少朕思此辈多系不安本分之人若听其去来任意伊等益无顾忌轻去其乡而飘流外国者益众矣嗣后应定限期若逾限不回是其人甘心流移外方无可悯惜朕亦不许令其复回如此则贸易欲归之人不敢稽迟在外矣将此交与高其倬杨文干常赉悉心酌议并如何定例年月之处一并详议具奏寻议康熙五十六年定例出洋贸易人民三年之内准其回籍其五十六年以后私去者不得徇纵入口久已遵行在案又现住外洋之或去来人数不符或年貌互异者即系顶替私回应严饬守口官于洋回时点对照票细加稽查加有情弊将户与守汛官员分别治罪至闽粤洋出入总在厦门虎门守泊嗣后别处口岸概行严禁得旨康熙五十六年定例之人随据福建等省奏报回藉者几及二千余人是出洋之人皆已陆续返棹而存留彼地者皆甘心异域及五十六年以后违禁私越者也方今洋禁新开禁约不可不严以免内地民人贪冒飘流之渐其从前逗遛外洋之人不准回籍余依议

雍正十三年正月福建提督王郡言吕宋国以麦收歉薄附洋载谷二千石银二千两海参七百斤来厦卖银籴麦多则三千石少则二千石臣查五谷出洋律有明禁可否准以谷易麦候钦定得旨朕统御寰区内外皆为一体吕宋虽隔重洋朕心并无岐视著该督抚提督等转饬有司按照谷麦时价均平粜籴不许内地之人抑勒欺诈俾番载

麦回国以济其用并将朕旨传谕来商知之

乾隆十八年六月吕宋番官龙番敎鲁那罗被风飘入内地照例支给口粮护送归国

乾隆四十九年进口贸易

小吕宋国

小吕宋即是班牙西北临大洋东南俯中海西邻葡萄牙东北接佛郎机

乾隆六十年总督长麟巡抚朱珪监督舒玺谕澳门口委员等查乾隆五十一二等年因米价昂贵经前总督孙士毅饬令商民人等如有挟赀赴外洋粜济及自行专载米石到粤者均免其输纳船钞现值省城米价昂贵自应援照办理查小吕宋为产米之区其程途又较别国最近一帆达可以计日往还除另饬委员传谕大班运济外合就饬知遵照免其输纳钞以示招徕

嘉庆十一年小吕宋及英吉利之孟雅拉皆运米进口

道光十二年十一月布政司会详称奉总督卢坤札开粤东产米无多向藉西省接济至雍正乾隆嘉庆年间遇有外洋货载米来粤者宽其货税道光四年复经前总督阮元奏请运米夷无夹带货物者进口特免其丈输钞凡所以广招徕而裕民食也近年以来夷岁至洋米未见有余是否管口押船人役有暗中加索规费致令夷贩不前或亦囤户把持查夷商贸易洋商专任其事自应著落该洋商查明剔设法招徕俾洋米源源而来柔远便民所裨不浅札司即便会同臬运二司督粮道查明妥议详候核饬遵照即谕洋行总商限日议覆兹据洋商禀称夷载米来粤其米多产自小吕宋亦有由噶喇巴埠头装载来者凡装米来粤之各国夷均系各由本国驶前往小吕宋等处买米装载来粤该处市价每百斤洋银或一圆一二毫或一圆三四毫不等总以价在一圆五毫之内各米装米每多者不过四五千石少者止二三千石在六七千石以上者颇少查道光十年分各国共入口米一十五只共装米五百九十六万五千余斤洋谷一百二十二万四千余斤二共七百一十八万九千余斤又道光十一年分各国共入口米一十七只计装洋米六百九十二万五百余斤洋谷九十二万八千余斤二共七百八十四万九千余斤本年十一月二十日以前共计入口米二十九只共装米一千二百二十六万四千零十五斤洋谷一十五万零一百余斤二共一千二百四十一万四千一百余斤以前两年比较则米米石进口年多一年今年又多至十余只似无因有弊端致令夷贩不前之事洋米来自夷洋因受海风潮气每易霉壊不能囤贮日久似尚无囤积把持之弊再查洋米只入口已于道光四年奏定免征船钞出口时向有大关征收放关银共五百一十四两八钱四分八厘粮道衙门征收放关银一百一十六两四钱二分四厘二共放关银六百三十一两二钱七分二厘事涉关政且系帑商等未敢轻议等语本司道等伏查粤东民食向藉西省接济原不全需洋米但西谷贵贱丰歉不常不能必其年年价贱而到多至洋米价值极贵之时犹较少于内地极贱之数若使源源而至虽西谷偶缺亦可恃以无虞且洋米产自小吕宋噶喇巴二处不过一隅之地兴贩亦只港脚花旗诸国至关税自有英吉利呢羽洋布各货为大宗米舶虽多断无损于税额惟向来洋米到省设使任洋行全数留贮恐市价或致增昂今只暂留一半听候官用仍有一半流通且操纵在官市侩虽欲把持而无所施其技应请如该商等所议自后洋米入口每由洋行存留一半以二万石为率其发卖存留数目每季由洋行报知南海县转报院司道府各衙门查照统归粮道衙门经理洋行承受洋米不准标价抢买并请移咨海关衙门放关银两照例征收倘有管口押人役暗中加索规费随时查究惩办

岷利喇国

岷利喇即小吕宋其地宜稻米贱时石值三四钱即昂贵亦不过一两遇风便十日可至澳门

米时哥国

米时哥亦吕宋属国其地多铸花邉钱无物产海舶至粤者惟载银钱而已

噶喇巴国

噶喇巴本爪哇故地巫来由种也后属荷兰国在南海中由万山外罗新州绕陆耐国后向南行约四日至昆仑山为安南境又南行约五日至柔佛国又南行一日至网甲峡口又过三洲洋正南行三日为噶喇巴山名头峙山又南行二十余里至海峙山过此为噶喇巴大山广袤二百余里有城郭荷兰番在此约三四千人别有乌番兵二三千人明时诸番互市其国未尝一至其地产燕窝麝香丁香沈香落花生蔗糖咖哒流连子形如柚而小孟姑生形似柿有核其味清美

谨按噶喇巴为巫来由种巫来由者莽均达老国也地在东南海中雍正七年以后尝入中国通市恭载

皇朝通考而海国闻见录以噶喇巴有土番无来由种谓俗以外番之无可考者为巫来由其误甚矣

国朝初年噶喇巴始与吕宋苏禄等通商闽海闽广间人浮海为业者利其土产率潜处番地逗遛不返康熙五十六年以噶喇巴口岸多聚汉人恐寖长海盗禁止南洋往来其在外人民不得复归故土嗣奉恩旨凡五十六年以前出洋民人限三年回籍然亦尚有留者雍正五年弛海禁嗣后通市不绝乾隆元年闽督郝玉麟复奏准自康熙五十六年例禁后私去者不准归国其例前之民愿归者应听自便初噶喇巴为荷兰人所占委夷目镇守更代皆听荷兰之命汉人居之者以数万计生长其地曰上生仔司汉人贸易者曰甲必丹人有罪则徙之西陇西陇在西洋中距噶喇巴远甚荷兰旧国所属地也六年闰六月为群番所扰荷兰力不胜遣罪人御之许立功后令还噶喇巴罪人奋勇效命战屡捷群番为之退荷兰即有立功赎罪之令又虑遣还罪人则西陇孤弱一再令噶喇巴调无辜汉人往代时有甲必丹连富者以汉人在此贸易惟领票输银无调取之例不受命番目拘之被者先后不胜计于是汉人大恐鸣金罢市番目怒举火鸣炮相攻杀伤颇多署福建总督策楞提督王郡闻于朝策楞又奏言被害汉人久居番地屡邀宽宥之恩而自弃王化按之国法皆干严谴今被其戮杀多人事属可伤实则孽由自作但噶喇巴以地隔重洋恃其荒远罔知顾忌肆行残害恐嗣后扰及商舶请禁止南洋商贩俾知畏惧俟革心向化再为请旨施恩又广东道监察御史李清芳奏言商人往东洋者十之一南洋者十之九江浙闽广税银多出于此一加禁遏则四省海关税额必至于缺每年统计不下数十万其有损于国帑一也大凡民间贸易皆先时而买及时而卖预为蓄积流通不穷今若一旦禁止商旅必至大困二也应暂停噶喇巴贸易俟其哀求然后再往至南洋各道不宜尽禁奏入高宗纯皇帝令江浙闽广督抚详查议奏嗣两江总督德沛浙闽总督那苏图署福建总督策楞两广总督庆复皆遵旨议奏王大臣会同兵部奏言臣等查各督抚所议或请毋庸禁止南洋商贩或请暂禁噶喇巴往来虽所议不同其大意皆以仰体皇上怀柔无外之盛心令海外远夷悔过自新均沾德泽即议令暂禁噶喇巴者原欲使其畏惧今闻噶喇巴已将夷目黜责于我返棹时加意抚慰护送嘱令再往并无扰及商客之意宜仍准其通商为便奏入得旨俞允

乾隆十五年四月间督喀尔吉善等奏言龙溪县民陈怡老久居噶喇巴贸易娶廖噶适番女高冷为妾贿通夷目谋充甲必丹于十四年五月潜回厦门为地方官访以闻照例远遣乾隆二十四年禁丝斤出洋二十七年复弛英吉利瑞嗹诸国之禁而南洋噶喇巴诸国饬禁如故二十九年十二月广督李侍尧等奏言噶喇巴诸国仰望殊恩恳将上丝及二粗丝准一体酌带其数应以一千六百斤为率时江南督抚亦以为请恳严立限制不使外番求售无厌或致市价加昂奏入报可由是南洋诸国皆得衣被圣朝章采奉弥谨云

瑞国

瑞国在西北海中达广东界俱系海洋计程六万余里国中土地平衍有大山三一日庇高天牙礼花阅三四年辄有光烛天望之若烟火四面巉岩壁立千仞人迹不能到一曰布农故巴黎自山麓达于顶俱白沙童然无一草一木一曰化伦仕高劳华山中产红铜民为开采纳于王王所居土名仕的哥卢国人会聚之地土名乙顿巴梨距王居七百余里国中四面皆大泽汪洋千顷国人之散处者非驾不能往来乙顿巴梨盖泊总汇处也凡大市镇当国人贸易之期财有官司至若古司市者故市镇皆设馆舍以供驻宿置班卫以供使令其人信奉天主俗同英吉利通市始自雍正十年后岁岁不绝每春夏之交其国人以土产黑铅粗绒洋酒葡萄干诸物来广由虎门入口易买茶叶瓷器诸物至初冬回国乾隆二十七年特旨准配买丝斤是年十月瑞国商棉是咀等呈称夷等外洋各国虽有丝斤不谙织作以不能自织之国若止准带丝斤仍属无由服用现在瑞国已缺乏绸缎二三年恳先准带绸缎成匹者二千斤由两广总督苏昌代奏并请嗣后每丝千斤止准带绸缎八百斤毋得额外多求至现在瑞国恳先带绸緞二千斤之处为数无多臣等仰体皇上优恤远夷至意业准其带往奏入报闻其国王姓名世系远者无考近而可知者曰士的亚多传子非里地力非里地力传子亚敦非里地力是为瑞国王云

嗹国

嗹国地居西北方凡历海洋六万余里始达广东界一名但国即黄祁地与荷兰相对隔一小海国中土地平衍山泽少著名者有一山土名士嗹国人皆从此出入前临大海左右设炮台距王城五十里王所居土名颠地墨王名非厘德历王父为奚成王祖为奚厘成其远者无考其国人风俗则信奉天主多同英吉利土产黑铅琥珀白金及大青葡萄干之属自雍正间有夷商来广通市后岁以为常每夏秋之交由虎门入口至广东易买茶叶瓷器丝斤至冬

初风信到时驾而归本港商人无至其国者乾隆元年进口贸易

谨按瑞嗹二国皆与俄罗斯接壤海国闻见录有黄祁普鲁社吝因细密里也四国皆在北海以地图核之即瑞嗹二国也

咪利坚国

咪利坚俗称花旗与加那英吉利接壤英吉利言是其属国也英吉利之南为咪利坚咪利坚之西亦为蛮人所居其地产皮其东海中有岛名西氤地亚乾隆五十二年进口贸易其后来船甚多几与英吉利相埒其舶较他国差小随时可至非如他国必八九月始能抵口也今各国通行字相传为马逻可国所遗用二十六字母谐声比附以成字各国大略相同谓之拉丁字亦谓拉体纳字嘉庆二十二年匪犯诈抢咪利坚夷经督臣蒋攸铦拿奏办奉圣谕此案咪利坚国噢吔夷在香山外洋停泊蜑民李奉广等诈抢拒捕杀伤夷人五命该督将李奉广等拿恭请王命分别斩枭并传齐该国在粤夷商环视行刑俾知天朝法度森严咸知畏服所办甚是至将噢吔夷人量加赏恤一节则办理错误噢吔夷如系装载该国货物运赴粤省销售被内地奸民抢劫杀伤除将匪犯正法外自应优加赏恤以示怀柔兹该夷人所带鸦片烟泥是例禁之物如该夷人私运入口即应按律治罪今因其横被劫夺戕害数命不行究治已属恩施何得再加赏恤蒋攸铦即通行晓示各夷商以鸦片烟泥产自外夷不准私入内地天朝例禁綦严此次噢吔夷私贩烟泥因其未经进口又遭劫掠是以只将烟泥烧煅免其治罪嗣后各夷傥再有私带鸦片烟泥者进口之日兵役等照例严搜一经搜出除将烟泥焚毁沈溺外必将私贩之人从重治罪决不宽贷如此严切晓谕先令各夷商一体周知共知儆惧将来有犯必惩更不能托词未悉例禁也

咊芝利国

咊芝利前世未通中国亦佛即机属也乾隆七年进口贸易地近噶喇巴其进口也由噶喇巴所属之曼打拉撒陆路三二日可至若舟行遇东北风一日即至云

马塔喇国

马塔喇前世未通中国其地与小西洋望娑罗麻伦你二国皆沿海长数千里回回种也土产绵花花椒鱼翅乾隆七年进口贸易

望眉国

望眉国红毛所属也自小西洋北为望娑罗国又北为麻伦你国又北少西为英吉利国又北少西为望眉国有城郭物货殷阜风俗淳厚土产玛瑙绵花乳香没药阿魏鱼膏鱼翅马塔喇英吉利哓包补即肚诸国在此贸易红毛居其国者常数千人其后为哓包补地乾隆四年进口贸易

苏喇国

苏喇国回回种也或曰本明之苏门荅剌国郑和下西洋凡三至其国封其酋宰奴里阿必丁为苏门荅剌国王迨万历间国两易姓更国名曰亚齐土产西洋布丁香肉果水安息苏合油其贡物有宝石玛瑙水晶石青回回青善马犀牛龙涎香沈香速香木香丁香降真香刀弓锡琐服胡椒苏木硫黄之属地本瘠无麦有禾一岁二稔市道称平内地商常往贸易自望眉国北舟行三日陆路四五日可至其国风俗同望眉物产惟血蝎为望眉所无乾隆九年进口

双鹰国

双鹰又名打嗹奉天主教风俗与西洋同与单鹰国为兄弟患难相恤海舶来粤者用白旗上画一鹰二头乾隆四十五年进口

单鹰国

单鹰在双鹰西北风俗与双鹰同市舶用白旗画一鹰乾隆五十二年进口

鹰国

鹰国红毛种也乾隆五十一年进口

谨按双鹰单鹰与鹰国皆不知其名但据旗识为称

临国

临国红毛种也乾隆三年进口

咈啫哩国

咈啫哩红毛种乾隆五年进口

比利时国

比利时红毛种乾隆十七年进口

数间卢国

数间卢红毛种乾隆五十二年进口

甚波立国

甚波立亦红毛种也嘉庆七年进口

呫味臣国

乾隆五十一年总督孙士毅咨准监督咨开粤东近省州县春夏以来雨水愆期以致近山田亩收成歉薄米价昂贵据洋商与各国夷人询悉附近吕宋国地方米谷平贱等语当经面谕洋商雇赴买运回接济随据万和行洋商蔡世民禀称觅有呫味臣夷前往外洋吕宋国采买一万余千石回粤粜卖所有该载米进出钞规恳恩宽免查夷进出税钞一年一次征收今去而复回其求免似属情理等因准此查乾隆八年十月二十七日准户部咨钦奉谕旨外洋来粤米石在万石以上例止免货税银十分之五今呫味臣前往外洋吕宋国买米请免税钞夷进出税钞一年一次征收今去而复回求免似属情理虽与定例稍有未符但该货来粤应征钞税业已报纳兹该出洋采买事属因公自可免其征钞相应咨覆查照

路臣国

路臣即俄罗斯也俄罗斯例在恰克图通市嘉庆十年十二月有该国夷商噜臣顿尔嚽时二船载皮张银两至广东贸易经总督那彦成奏奉谕旨那彦成奏先准延丰咨商有路臣国即俄罗斯商二只载有皮张银两来广贸易应准开舱输税咨商会衔具奏那彦成正在议驳间又接延丰来字以新任阿克当阿抵粤延丰即日交卸起程将此案事宜会衔具奏那彦成阻止不及因飞札与新任监督暂止开舱卸货以免日后滋弊各等语此事前据延丰奏到朕即以伊等所办粗率传旨申饬并将延丰议处那彦成孙玉庭均交部察议谕令吴熊光即查明该商船如尚未卸货即令停止纳税奏闻候旨遵行兹那彦成奏俄罗斯僻在极北向止许在恰克图一带通市今请来广贸易恐奸商贪利私售且来往熟悉海道及内地情形亦多未便等语那彦成办理此事与朕意相符所见甚是那彦成有此一节可嘉其在粤东总督任内所各罪愆将来议上时朕尚可加恩末减现在那彦成业已飞札阿克当阿止其开舱卸货吴熊光应即会同阿克当阿晓谕该商以尔等向止在恰克图通商贸易本有一定界限不可轻易旧章著即将船只货物驶回本国不许在广逗遛并著吴熊光迅饬海船各口岸或该商驶往别处海口恳求通市均一体驳回并著嗣后严密稽查如各海口有似此越界欲求通市者俱实力禁止免滋事端又奉谕旨昨因延丰于路臣国商船至粤擅令交易一事办理粗率已降旨申饬并因延丰折内有札商那彦成及会商孙玉庭之语是以将延丰交部议处那彦成孙玉庭交部察议本日据那彦成奏称于陆丰途次接准延丰咨商路臣国即俄罗斯商船二只来广恳请贸易咨商会衔具奏那彦成正在议驳间适接延丰来字以新任监督阿克当阿抵粤延丰即日交卸已将此案事宜会衔具奏那彦成接信后已阻止不及因飞札新任监督暂止开舱卸货以免日后滋弊各等语那彦成所见甚是与朕意适相符合而前此延丰具奏折尾后声叙督臣那彦成现在出省巡问与之札商并与抚臣孙玉庭面商意见相同合词具奏是延丰于办理此事既经札商督臣并不候那彦成札覆是否准贸易之处熟商妥办辄敢擅将意见相同之语诳词入奏实属专擅乖谬前经交部议处尚觉稍轻延丰著交部严加议处那彦成于俄罗斯商船来粤通市接延丰札商时即欲议驳原无不合所有前次交部察议之处著即行撤回至孙玉庭现驻在省城于延丰会商时未经阻止亦随同准令卸货输税实属错误孙玉庭仍著交部察议

嘉庆十一年正月奉谕旨据吴熊光等奏查明路臣国来广贸易情形一折路臣国即俄罗斯国向例止准在恰克图地方通市贸易本有一定界限今该国商船驶至粤东恳请赴关卸货自应照例驳回乃延丰擅准进埔卸货实属冒昧且该国商船于十月初八十七等日先后进口延丰于二十九日始行具奏又于咨商总督后并不候那彦成回咨辄以意见相同之语捏词入告其咎甚重前经降旨将延丰降为七品笔帖式尚不足以示惩延丰著即革职仍令在万年吉地工程处效力行走接任监督阿克当阿因延丰已准该夷商起卸一船货物亦即不候那彦成移知率

准后船进埔卸载吴熊光孙玉庭未经详查明确遽准开船回国均属办理未协不能无咎吴态光孙玉庭阿克当阿均著交部议处嗣后遇有该国商船来广贸易者惟当严行驳回毋得擅准起卸货物以昭定制又奉谕旨路臣国贸易船只业据行商承保起卸货物自未便复行稽阻此次姑著准其贸易嗣后再有该国船只来至澳门即应严行斥驳不得擅与通市此一节并谕阿克当阿知之

哑啉国

道光四年奉上谕据阮元等奏小西洋哑啉国皮嘡偻嚧夷船一只载有胡椒槟榔等货来至零丁洋面寄碇该国从前并未来过询系夷商各自伙并非该国王遣令贸易暂令停泊候旨等语该夷远涉重洋此次姑照嘉庆年间成案暂准贸易以示体恤该督等即饬令洋商传谕该夷等此处暂准易货回国系天朝特恩不得援以为例嗣后断不准再来通市将此谕知阮元等并传谕七十四知之

越南国

越南旧安南国地嘉庆七年安南国王阮光缵负恩纳叛自取灭亡农耐国长阮福映遣使恭进表贡缚送洋盗莫观扶等三犯是年十二月奉谕旨安南国为南徼藩服前此船维祁与阮光平构兵先经率属内投继复弃国潜遁皇考高宗纯皇帝以利维祁巽懦无能不能自振天厌黎民不宜复加扶植惟念其流离失所将黎维祁送京入旗授职养赡其时阮光平修表敂关吁求内附并请亲诣阙廷祝厘瞻观皇考高宗纯皇帝鉴其诚悃锡之勅印封阮光平为安南国王阮光平受封之后时修职贡终其身只承恩眷及伊子阮光缵嗣封比年来闽粤洋面屡有劫盗经疆吏访闻入告该国竟有潜通窝纳之事朕以诚信怀远人尚谓事涉疑似只令饬知该国一体查缉旋据阮光缵自陈惶悚坚称实不知情本年八月吉庆奏到农耐国长阮福映遣使赍进表贡缚送盗犯莫观扶等三名系内地奸民经安南招往授以伪职并给与印箚行劫内洋审讯明已伏厥辜是阮光缵豢养盗贼通同劫掠负恩背叛情迹显然实为王章所不宥设阮光缵此时尚膺封土必应声罪致讨以惩诈乃伊国连年与农耐战攻上年阮福映拔取富春时阮光缵辄将天朝所颁勅印遣弃潜逃其罪更无可逭阮光缵不念皇考高宗纯皇帝覆帱深恩又不能继伊父之志于臣为不忠于子为不孝今已自取灭亡益见倾覆之理昭然不爽阮福映能为天朝缉捕逋逃缚献请旨定夺并将安南旧领勅印遣使呈缴深为恭顺兹表陈构兵颠末本系为伊先世复雠虽得其国土不敢擅专虔遣陪价纳贡请封除将表文请赐建国名号之处交大学士会同六部尚书议奏外所有安南阮光缵罪覆灭及阮福映恭顺出力缘由先行通谕中外知之寻经大学士六部尚书议曰考安南古曰南交周曰交趾至赵佗窃据始自称为南越王旋为汉灭郡县其地今南海苍梧郁林合浦皆为广东西两省州县至五代时士人曲承美据交州仅授为静海军节度使宋太祖开宝三年封丁部领为安南郡王真宗天禧元年封李公蕴为安平王至孝宗淳熙元年封李天祚为安南国王安南立国自此始元明至本朝封号皆因之核其疆域实止南越之一隅未便以一隅之地遽以南越自称且广东广西皆南越之旧地自汉以来久为中国若该国复南越之古名名实既不相符体制尤为未协所有该国长请赐名南越之处应毋庸议

嘉庆八年六月奉圣谕前此农耐国长阮福映表陈与安南构兵颠末为先世复雠恭遣陪价赍缴阮光缵遗弃旧颁勅印并缚献海洋逋盗恪恭请命朕鉴其航海输诚特予嘉纳曾经明降谕旨将安南阮光缵罪覆灭及阮福映恭顺出力缘由先行宣示中外嗣节据该国长请锡新封陈明该国系先有越裳之地今并有安南不愿忘其世守吁恳仍以南越名国经疆吏据清入告部臣议驳以南越命名与徼外封域未协特念其敂关内附敬抒悃忱命用越南二字以越字冠于上仍其先世疆域以南字列于下表其新锡藩封并令广西抚臣孙玉庭一面檄知阮福映一面委员伴送赍进表贡使臣赴京谕其缓程行走以示天朝柔远之意兹复据孙玉庭奏称阮福映接奉钦定越南恩命倍深感激情词欢忭出于至诚该使业已起程北上计七月下旬即可到京等语应即加之宠命封为越国王所有应行颁给该国王印信勅书等件著各该衙门查照定例先期预备并著钦天监衙门于颁行时宪书内将安南二字改为越南永遵正朔至将来册封时著派广西臬司齐布森将新颁勅印带同来使赍捧出关前往宣示诏旨俾该国王长承恩眷世守勿替将此通谕知之

道光九年四月上谕此次越南国王因内地生监遭风漂收到境恤给衣粮盘费护送回粤实属恭顺可嘉所有带来各货及将来出口货物均著加恩免其纳税至该国王请由海道来粤通市一节自当照例驳回但须妥为晓示著李鸿宾等传谕该国王现据尔国王请由海道来粤通市业经奏闻大皇帝以尔国王久列藩封素为恭顺尔国地

界毗连两广向与内地商民有陆路交易处所货物流通足资利用非他国远隔重洋必须航海载运者可比外夷诸国如有于各海口越界求通贸易例禁綦严今若允尔国王所请诚恐各外夷船只偶有搀越混入以致滋生事端于尔国王诸多未便转非所以体恤是以仍令尔国王恪守旧章于广东钦州及广西水口等关各陆路往来贸易毋庸由海道前来此系大皇帝格外施恩曲加优眷尔国王其善体此意敬谨遵循为要该督等接奉此旨即行遵照妥为办理

道光十三年六月上谕本日据卢坤等由驿驰奏越南国呈覆照会捕盗咨文并报到漂失师船已在该国收泊欵给修整送回一折上年十二月二十五日广东提标中营二号米艇配带官兵七十员名因遭风漂流越南茶山洋面收泊经该国王迎救抵次优给顿资用代修船只在彼阅四月之久外委梁国栋因遭风受瘴身故复为遣官料理祭赠有加及师起程各兵又有赏赉并拨医随行派兵帮驾添械防御已于本年五月初四日驶进虎门越南国远隔重洋素称恭顺今该国王于内地兵遭风漂收到境优待欵给种种周详曲到虔恪尽礼可嘉之至著降勅褒奖并赏赐该国王蟒缎四匹内缎四匹素缎四匹以示宠嘉此次该国王带有押舱货物及将来出口货物俱著加恩免其纳税仍循照旧章先行开舱起货销售俾免稽迟所有该国差官黎之谦等著该督抚优加赏赉交该国颁赏该督先行文该国王知之

历年夷船来数附

乾隆十四年己巳十二月二十六日起至十五年十二月二十五日止一年期内来【庚午年分】船十有八

谨案乾隆十三年以前案牍无存可考者自十四年始每年连闰月统算以足十二月为一年有余月即归下年接算闰月递积递多以干支年份按之每溢本年之外关例如此今仍之

十六年十一月二十五日止来【辛未年分】船十有九

十七年来【壬申年份】船二十有五

十八年【期俱同上】来【癸酉年分】船二十有六

十九年十月二十五日止来【甲戌年分】船二十有七

二十年【期同上】来【乙亥年分】船二十有二

二十一年闰九月二十五日止来【丙子年分】船十有五

二十二年九月二十五日止来【丁丑年分】船七

二十三年【期同上】来【戊寅年分】船十有二

二十四年八月二十五日止来【己卯年分】船二十有三

二十五年来【庚辰年分】船十有三

二十六年【期俱同上】来【辛巳年分】船十有三

二十七年七月二十五日止来【壬午年分】船十

二十八年来【癸未年分】船十有七

二十九年【期俱同上】来【甲申年分】船二十有四

三十年六月二十五日止来【乙酉年分】船三十有一

三十一年来【丙戌年分】船三十

三十二年【期俱同上】来【丁亥年分】船二十

三十三年五月二十五日止来【戊子年分】船二十有三

三十四年来【己丑年分】船二十有三

三十五年【期俱同上】来【庚寅年分】船二十有九

三十六年四月二十五日止来【辛卯年分】船二十有六

三十七年【期同上】来【壬辰年分】船三十

三十八年闰三月二十五日止来【癸巳年分】船二十有八

三十九年三月二十五日止来【甲午年分】船三十有一

四十年【期同上】来【乙未年分】船三十有四

四十一年二月二十五日止来【丙申年分】船二十有六
四十二年来【丁酉年分】船三十有九
四十三年【期俱同上】来【戊戌年分】船三十有三
四十四年正月二十五日止来【己亥年分】船二十有八
四十五年来【庚子年分】船二十有五
四十六年【期俱同上】来【辛丑年分】船三十有五
又四十六年十二月二十五日止来【壬寅年分】船二十有四
四十七年来【癸卯年分】船十有四
四十八年【期俱同上】来【甲辰年分】船三十有六
四十九年十一月二十五日止来【乙巳年分】船三十有五
五十年来【丙午年分】船四十有六
五十一年【期俱同上】来【丁未年分】船六十有八
五十二年十月二十五日止来【戊申年分】船七十有三
五十三年【期同上】来【己酉年分】船六十有五
五十四年九月二十五日止来【庚戌年分】船八十有三
五十五年来【辛亥年分】船五十有九
五十六年【期俱同上】来【壬子年分】船三十有八
五十七年八月二十五日止来【癸丑年分】船五十有五
五十八年来【甲寅年分】船四十有四
五十九年【期俱同上】来【乙卯年分】船四十有三
六十年七月二十五日止来【丙辰年分】船五十有九
嘉庆元年【期同上】来【丁巳年分】船五十有三
二年闰六月二十五日止来【戊午年分】船五十有一
三年六月二十五日止来【己未年分】船六十有三
四年【期同上】来【庚申年分】船五十
五年五月二十五日止来【辛酉年分】船五十有九
六年来【壬戌年分】船六十有四
七年【期俱同上】来【癸亥年分】船七十
八年四月二十五日止来【甲子年分】船八十有四
九年来【乙丑年分】船七十有七
十年【期俱同上】来【丙寅年分】船八十有五
十一年三月二十五日止来【丁卯年分】船九十有七
十二年来【戊辰年分】船九十有六
十三年【期俱同上】来【己巳年分】船八十有七
十四年二月二十五日止来【庚午年分】船六十有六
十五年来【辛未年分】船七十有七
十六年【期俱同上】来【壬申年分】船五十有一
十七年正月二十五日止来【癸酉年分】船七十有三
十八年来【甲戌年分】船五十有一
十九年【期俱同上】来【乙亥年分】船四十有七
又十九年十二月二十五日止来【丙子年分】船五十有二
二十年【期同上】来【丁丑年分】船七十有三

二十一年十一月二十五日止来【戊寅年分】船一百四
二十二年来【己卯年分】船一百一
二十三年【期俱同上】来【庚辰年分】八十有八
二十四年十月二十五日止来【辛巳年分】船九十
二十五年来【壬午年分】船九十有六
道光元年【期俱同上】来【癸未年分】船九十有四
二年九月二十五日止来【甲申年分】船八十有四
三年【期同上】来【乙酉年分】船六十有五
四年八月二十五日止来【丙戌年分】船七十有一
五年来【丁亥年分】船一百一十有二
六年【期俱同上】来【戊子年分】船八十有九
七年七月二十五日止来【己丑年分】船一百三
八年来【庚寅年分】船八十有六
九年【期俱同上】来【辛卯年分】船七十有六
十年六月二十五日止来【壬辰年分】船九十有九
十一年来【癸巳年分】船七十有七
十二年【期俱同上】来【甲午年分】船八十有七
十三年五月二十五日止来【乙未年分】船一百五
十四年来【丙申年分】船一百四十有三
十五年【期俱同上】来【丁酉年分】船一百四十有九
十六年四月二十五日止来【戊戌年分】船一百九十有九
十七年来【己亥年分】船二百十有三
十八年【朝俱同上】来【庚子年分】船一百二十有九

卷二十五·行商

臣谨按国朝设关之初番舶入市者仅二十余柁至则劳以牛酒令牙行主之沿明之习命曰十三行舶长曰大班次曰二班得居停十三行余悉守舶仍明代怀远驿旁建屋居番人制也乾隆初年洋行有二十家而会城有海南行至二十五年洋商立公行专办夷船货税谓之外洋行别设本港行专管暹罗贡使及贸易纳饷之事又改海南行为福潮行输报本省潮州及福建民人诸货税是为外洋行与本港福潮分办之始其后本港既分隶无常总商章程亦屡易盖商得其人则市易平而夷情洽商不得人则逋负积而饷课亏圣训昭垂谆谆于停贡献禁采办凡以为恤商也而拖欠夷债者必置之重法所以示调剂之平而专责成之效成规具在董其事者曷可不加之至意哉

凡粤东洋商承保税饷责成管关监督于各行商中择其身家殷实居心诚笃者选派一二人令其总办洋行事务并将所选总商名姓报部备查

凡外洋夷船到粤海关进口货物应纳税银督令受货洋行商人于夷船回帆时输纳至外洋夷船出口货物应纳税银洋行保商为夷商代置货物时随货扣清先行完纳

乾隆四十二年三月奉圣谕据李质颖奏革监倪宏文赊欠英吉利国夷商货银一万一千余两监追无著经伊胞兄倪宏业外甥蔡文观代还银六千两余银五千余两遵旨于该管督抚司道及承审之府州县照数赔完贮库俟夷商等到粤给还并请将倪宏文即照部议酌发等语倪文宏赤手无赖肆行欺诈赊欠夷商货银多至累万情殊可恶而其应追银两半系伊兄伊甥措缴半系地方官代赔伊转得脱然无累仅予发遣实不足以蔽辜倪宏文著发往伊犁永远安插以示儆惩

乾隆四十五年七月刑部会奏言广东巡抚李湖等奏称广东行商颜时瑛等借欠夷商银两分别扣缴给还一折奉朱批该部议奏钦此钦遵钞出到部查例载交结外国讵骗财物发远遣充军等语今行商颜时瑛张天球明知

借欠奉有例禁乃不将每年所得行用余利撙节归还任听夷人加利滚算显存诓骗之心应如该抚等所奏颜时瑛张天球应均照交结外国诓骗财物例拟军从重革去职衔发往伊犁当差以示惩儆再该抚等奏称所有泰和裕源行两商资财房屋交地方官悉行查明估变除扣缴应完饷钞外俱付夷人收领其余银两著落联名具保商人潘文岩等分作十年清还庶各行商人不能私借夷债并不敢混保匪人而放债之夷人既免追银入官且原本之外多得一倍益感天朝宽大之仁并将办理缘由剀切晓谕该大班令其于各该国夷船回航时禀请该国王岩饬港脚鬼子嗣后不许违禁放债如有犯者即追银入官驱逐回国臣等更有请者向来外番各国夷人载货来广各投各商交易行商惟与来投本行之夷人亲密每有心存诡谲为夷人卖货则较别行之价加增为夷人买货则较别行之价从减只图夷人多交货物以致亏本遂生借银换票之弊臣等虽严行示禁该行商等因无定例亦视为故套非奉明立科条终难禁遏臣等悉心筹酌请自本年为始洋船开载来时仍听夷人各投熟悉之行居住惟带来货物令各行商公同照时定价销售所置回国货物亦令各行商公同照时定价代买选派廉干之员监看稽查臣图明阿随时留心察访务使交易公平尽除弊窦所有行用余利存贮公所先完饷钞再照分年之数提还夷人等语查乾隆二十四年十二月军机大臣议准原任两广总督李侍尧条奏内地行商人等有向外夷违禁借贷者照例问拟所借之银查追入官等因在案今据该抚等奏祢夷人违禁放债又复重利滚息自应照例追银入官惟念该夷人于二十三年放债尚在例禁以前仰体皇上绥柔远人至意按其原本照例加一倍追还等语查颜时瑛等所供原欠夷人银两既系自二十三年起陆续所借而该夷商等于未禁之时并未截清欠数呈请追还是否在例禁以后有无续行借过之处自应查明分别酌办但联名具保之潘文岩等共有几人颜时瑛等家产现在估变若干除提饷钞外余剩银两给付夷人其不敷若干如何摊派分扣之处该抚折内均未分晰声明户部碍难核议应令另行查明奏到日再议至请自本年为始洋船载来货物及回国所置货物俱令各行商公同照时定价销售再行选派廉干之员监看稽查行用余利存贮公所先完饷钞等语查行商交易自应听从其便今因商人每多心存诡谲祇图夷人多交货物于临时定价任意高下致有亏本借贷诸弊应行设法示禁清理但如该抚等所请派员监看稽查立法之初或无他故久或官员索规吏胥取费难保其无需索扰累渐且串通作弊更难究诘是立一法而欲得其益转致由此而滋其弊亦正不可不防其如何整饬行规应令该督巴延三监督图明阿一并查明妥议具奏到日再议再此案系刑部主稿合并声明臣等谨会同户部具奏奉旨依议

乾隆四十九年九月军机大臣会同总督奏言查粤海关监督穆腾额奏洋商蔡昭复拖欠夷人番银一十六万六千余两即饬令出结之保商等按年照数分还以清夷欠一折奉朱批好知道了钦此昨又据舒玺告知面奉圣谕令臣等会同该督议奏钦此臣等当即询之舒玺据称洋商拖欠夷人银两总由夷人于回国时将售卖未尽物件作价留与洋商代售售出银两言明年月几分起息洋商贪图货物不用现银辄为应允而夷人回国时往往有言定一年托故不来迟至二三年后始来者其本银既按年起利利银又复作本起利以致本利辗转积算愈积愈多商人因循负累久而无偿等语臣等公同酌议嗣后洋商接受夷人货物必须公平定价并令众商立保将来可以清偿始准存留仍立定限务将本利按年全还不得以于限外稍有拖欠如逾限不清即照此次蔡昭复之例令出保各商先为填还其夷人回国时亦止准于立定年限内按本起利如逾限托故不来即停止利银尤不得以利作本违例滚剥如此立定章程则夷人回国时既得销售货物而行商起息银两各有限期自易清还亦可不致拖延积重于柔远恤商之道彼此均有裨益俟命下臣舒玺回粤后即会同粤海关监督穆腾额遵照妥办奉旨依议

乾隆五十五年十二月奉圣谕从前广东巡抚及粤海关监督每年呈进贡品俱令洋商采办物件赔垫价值积习相沿商人遂形苦累上年钦派尚书福康安前往查办将巴延三等分别治罪明降谕旨严饬该督抚等嗣后不准呈进钟表洋货等物并严禁地方官向商人垫买物件以杜弊端今粤海关监督穆腾额奏称该商等感戴恩施代为呈贡物件但粤省洋商究非两淮可比此次例进物件业已到京姑准留用外嗣后不准该商等再行呈进贡物俾商力益得宽裕至粤海关监督向不进呈贡物自德魁由如意馆出任监督备物进呈李质颖等遂相沿办理但念该监督每年养廉不过二千五百两办公及家用外未必能多有余赀不可与三处织造及盐政养廉丰厚者比嗣后该监督亦不准备物呈进至该督抚及监督等不得因洋商现已停止进贡复藉端令垫买对象致滋扰累以示朕体恤远商之至意若日久废弛故智复萌必重治其罪

谨案嘉庆二十五年十月总管内务府奏准各省将军督抚织造盐政关差毕献方物若一概停止究于体制未

协且无以申芹献之忱所有方物仍照旧例呈进粤海关监督遵奉行知准进朝珠钟表镶嵌挂屏盆景花瓶珐琅器皿雕牙器皿伽南香手串玻璃镜日规千里镜洋镜

乾隆五十六年奉圣谕行商吴昭平揭买夷商货贾久未清还情殊可恶应照拟发遣所欠银两估变家产余银先给夷商收领不敷之数各商分限代还但内地商人拖欠夷商银两若不即为清欠转致贻笑外夷著福康安等即将关税盈余银两照所欠先给夷商收领再令各商分限缴还归款

乾隆六十年七月奉圣谕朱珪等奏洋商石中和拖欠夷货价银审拟具奏一折已批该部议奏矣粤省洋商承售夷货先将价值议定俟转售后陆续给价其未售之货俟下次洋船到时一面归清旧欠一面又交新货不能年清年款固属实在情形但洋商等承售洋货即新旧牵算每有拖欠亦应予以限制此案石中和积欠夷商货银除变产抵还外尚欠五十九万八千余两为数实属过多现据该夷商呈控业经照例惩办将无著银两著令通行分限代还自可依限清理但此后各行商等似此拖欠过多或该国王闻知以内地行商拖欠夷人帐目多至数十万两或竟具表上闻实属不成事体著传谕广东督抚及粤海关监督嗣后洋商拖欠夷人货价每年结算不得过十余万两如有拖欠过多随时勒令清还即自今岁为始通饬各洋商一体遵照办理将此谕令知之

嘉庆五年监督佶山奏言窃臣钦承恩命监督粤海关税务于嘉庆四年八月十二日抵任所有一切榷务悉照旧章办理勿事更张惟查粤海关征输饷课招接民夷商货现有外洋每本港行福潮行三项名目外洋行专办外洋各国夷人载货来粤发卖输课诸务本港行专管暹罗贡使及夷客贸易纳饷之事福潮行系报输本省潮州及福建民人往来贸卖诸税其外洋本港一切纳饷诸务乾隆十六年间俱系外洋行办理共有洋行二十家并无本港名目亦无福潮行名止有省城海南行八家迨乾隆二十五年洋商潘振成等九家呈请设立公行专办夷船批司议准嗣后外洋行商始不兼办本港之事其时查有集义丰晋达丰文德等行专办本港事务并无禀定设立案据其海南行八家改为福潮行七家亦无案可稽迨乾隆三十五年因各洋商潘振承等复行具禀公办夷船众志纷歧渐至推诿于公无补经前督臣李尧尧会同前监督臣德魁示禁裁撤公行名目众商皆分行各办而本港行亦屡有开闭嗣后有如顺行刘如新怡顺行辛时瑞万聚行邓彰杰于乾隆六十年因拖欠夷帐被控押追由南海县详议将本港行三家概行革除该商所欠暹罗夷帐著外洋行众商先行垫还即将本港之行用分年扣还商欠其本港事务仍著外洋行兼办以昭慎重业据禀准行旋于嘉庆元年五月据外洋行商以不能兼顾为辞呈请将本港行事务改归福潮行商人经理议定章程仍由外洋行统辖复于是年十二月据福潮众商公举福潮昌隆行陈绪衍之弟陈长绪承开本港行一家讵陈长绪恃其独行大肆垄断侵吞客商于臣到任后迭被客人张启拔王名利等告发即于嘉庆四年九月间委粤盈库大使询明追还商欠咨明督臣将该商陈长绪立行斥革臣因与督臣再三筹议本港之生意虽非若外洋行之必须大本行商方可承充而招接暹罗贡使贸易税饷诸务事颇非细如外洋行有身家之人又不欲充当若仍以不甚殷实本分之人董司其事则将来弊窦正难预计至外洋行之不愿兼办本港者非力不能两顾不过以外洋之生计利厚自居大商视本港之行利微细若轻取行用则徒费经营如重取行用又恐致讦控是以屡为规避而本港行多设行口既非经久之道止开一家又起垄断之阶莫若仍著外洋行永远兼理或公同照料或公委二家承当凡有侵吞把持客商诸弊一经告发惟诸洋商是问在诸洋商自顾身家必谨慎自持谅不敢复蹈前辙也此事臣酌定章程不难即饬洋商遵谕办理第恐日久弊生若不奏明则将来该商等窥便推诿本港行一开又必致有刘如新陈长绪等案相应仰恳圣恩俯准将本港一行裁革仍归外洋行兼理永著为例庶可不误饷务取信民夷历久无弊矣臣与督臣往来计议意见相同为此具奉奏

朱批洋行之本总须正己督率切勿剥削汝斟酌既妥即照汝所办可也旋经监督咨称案照本港行事务前经奏准归并外洋行办理当经谕饬该商等遵照去后随据该商潘致祥卢观恒等禀称当即悉心细筹公同酌议所有本港行事务议举二行值年办理自嘉庆五年为始本年举议同文广利二行值年六年分系怡和义成二行值年七年分系东生达成二行值年八年分系会隆丽泉二行值年周而复始轮流值办如有新充之商即令挨次轮值歇业之商应请除名不准办理庶洋行现商无分新旧按年挨次轮值无可推诿实为公当至洋行兼办本港船事务必须设立章程俾众知所遵守画一办理不致日久废弛滋生事端始可垂诸永久容商等另行悉心妥议章程禀请宪示饬遵商等理合先将遵办缘由禀覆察夺等情据此查本港行事务各商等轮年值办最为公当除批示出具认状照依本港行向办事宜自行议明轮年承办务使商贾流通无欺无诈于国课商夷两有裨益

嘉庆十八年监督德庆奏言窃照外洋夷商重译梯航来广贸易全赖洋行商人妥为经理俾知乐利向风以昭天朝绥怀远夷至意臣蒙恩简任以来一切俱有旧章可循尚无应须查办之事惟查旧卷见从前办理洋商欠饷之案俱移会督抚将乏商家产查封变抵其不敷银两著落接办行业之新商代为补足如行闭无人接开众商摊赔完结倘再有亏欠夷人银两即会同督抚专折奏明从重治罪历来办理无异即如嘉庆十五年间有福隆行洋商邓兆祥亏饷潜逃经前监督常福移会前督臣百龄檄饬地方官一面严缉一面将该逃商家产查封备抵税饷其行业查有职员关祥向在该行司事其子关成发亦随父帮办有年经洋商黎颜裕结保关成发接办福隆行务即责令先行垫完邓兆祥所欠税饷俟查明邓兆祥遗产给领变抵虽经办结在案而邓兆祥尚未弋获未得即加惩创现在饬行地方官上紧严缉务获究办臣伏思洋商承揽夷货动辄数十万两承保税饷自数万两至十余万两不等责成綦重非实在殷实诚信之人不克胜任向来开设洋行仅凭一二商保即准充商并不专案报部本非慎重之道遇有一商亏饷每致贻累通行而不肖疲商于夷船进口时每有自向夷人私议货物情愿贵买贱卖只图目前多揽不顾日后亏折迨至开征即形支绌揆厥所由只因向无总商办理未能画一众商争先私揽相率效尤遂成积习臣到任后访悉前情即严行饬禁并督同一二诚实商人随时稽查极力整顿两年以来各商办理尚无贻误惟商力急切未能全臻充裕催征税课仍有竭蹶情形如将稍乏之商概行革退另招新商则一时难得其人且生手不谙夷情更恐办理不善臣与督臣蒋攸铦再四讲求与其纷更而无当不若因时以制宜商人之弊巧虽多同行之耳目难掩只以向无督率之责殷商避罪而容隐乏商效尤而竞利遂致积习难返关务日疲今欲整关务须察商情欲除弊窦须专责任惟有于各洋商中择其身家殷实居心公正者一二人饬令总理洋行事务率领各商与夷人交易货物务照时价一律公平办理不得任意高下私向争揽倘有阳奉阴违总商据实禀究臣仍不时面谕各商崇俭黜华各顾大体以期积弊尽除商力渐裕并嗣后如遇选新商责令通关总散各商公同慎选殷实公正之人联名保结项目咨部备查倘所举不实或有亏欠饷项情事著落原保商赔缴其因事革退者亦随咨部注销令每年满关后仍将商名造册随同各册档送部查考以昭慎重如此立定章程庶现在各商可望日有起色将来亦不滥用非人贻累关务奉圣谕粤东洋商承保税饷向来仅凭一二商人保举准充旋因亏折疲乏拖欠逋逃弊窦丛滋著照该监督所请准于各洋商中身家殷实居心诚笃者选派一二人令其总办洋行事务率领众商公平整顿其所选总商先行报部存案遇有选充新商时即责令通关散总各商公同联名保结专案咨部如有黜退报明注销并于每年满关日将商名通行造册送部以备稽考该部知道

嘉庆二十年十一月奉圣谕蒋攸铦等奏查明洋商拖欠夷人货帐银两业经停利归本请勒限分年清还一折该商等经此次清厘之后自遵照定限一律清还毋令再有拖欠惟是该夷人以货易货乃垄断盘剥任令疲商赊欠即明知亦有不得过十万之旧章朦胧匿报亦应严行饬禁近年内地银两为外夷贸易携去者动逾百万日久几同漏卮著该督抚及该监督留心稽察如外夷有以奇巧货物携至洋行重价求售者该监督断不准用重价购买呈贡亦不许私行留用此等对象饥不可食寒不可衣令其将中土财贝潜就消耗太觉不值殊为可惜果能实力禁绝该夷人等知内地不宝异物不能行商则来者渐少易去银两亦必日减亦节财流之一道也

道光九年监督延隆奏言窃照粤省外洋行从前共有十三家在西关外开张料理各国夷商贸易向称十三行街至今犹存其名惟近年止存怡和等七行其余六家或因不善经营或因资本消乏陆续闭歇自应另招新商随歇随补方可以复旧观自嘉庆十八年前监督德庆奏请设立总商经理行务并嗣后选充新商责令总散各商联名保结钦奉俞允准行在案是以十余年来止有闭歇之行并无一行添设推原其故皆因从前开行止凭一二商保结即准承充今则必需总散各商出具联名保结方准承充在总商等以新招之商身家殷实与否不能洞悉底里未免意存推诿倘有一行不保即不能承充以致新商虽有急公踊跃之心而历任监督以格于成例不便著充数年以来夷船日多税课日旺而行户反日少买卖事繁料理难于周到势不能不用行伙于是走私漏税勾串分肥其弊百出臣等愚昧之见应请嗣后如有身家殷实具呈情愿充商经臣察访得实准其暂行试办一二年果其贸易公平夷商信服交纳税项不致亏短即请仍照旧例一二商取保著充其总散各商联名保结应请停止如此略为变通实于国课商情均有裨益奉上谕延隆奏请变通招募新商章程一折粤省开设洋行止凭一二商保结即准承充自嘉庆年间奏准设立总商经理其选充新商责令总散各商联名保结该总商往往意存推诿以致新商格于成例不便著充数年以来洋船日多行户日少照料难周易滋弊窦自应量为变通著照所请嗣后如有身家殷实呈请充商者该监督

察访得实准其暂行试办一二年果能贸易公平夷商信服交纳饷项不致亏短即照旧例一二商取保著充其总散各商联名保结之例著即停止

道光十七年总督邓廷桢监督文祥会同奏言窃照粤东港口准予外夷通商全在行商经理得人方克仰副怀柔俾梯航溥沾乐利而杜私裕课均攸赖之于榷务所关非细从前洋行共有十三家因日久玩生各商内即有以亏饷连债治罪者曾于嘉庆十八年经前监督德庆奏请设立总商综理行务并嗣后选承新商责令总散各商联名保结等因奉旨允行迨至道光九年各洋行陆续闭歇仅存怡和等七行不敷经理前监督延隆以招商不前恐责令保结之总商意存推委又经议立变通章程亦奉旨钦遵在案自是以后缺商随时招补至今已复十三行旧观照料无虞不足而新充之仁和行商潘文海试办已历七年屡催未据出结咨部又孚泰行商易元昌东昌行商罗福泰暨新充尚未列册达部之安昌行商容有光试办或届二年或逾一年不等臣等现已勒限一月饬令赶紧遵照新例出具一二商切实保结咨部以专责成如逾限无商保结即行咨销其名仍查明试办有无经手未完分别严追究办惟是制事端贵因时立法尤期经久现行延隆奏准新例臣等公同悉心确核有宜于昔不宜于今者有弊生于法终于扞格难行者盖粤省洋行十三家由来已久每值船多税旺从无承办不周之虞延隆前因各行闭歇将半是以权宜变通听殷户自请充商察访得实即准其试办其作何限制并未议及小民趋利乘便设逐渐增多伊于胡底且商众则流品多杂稽查难周十余年来纹银出洋鸦片流毒以及走私漏税诸弊丛生固由外匪因缘为奸亦难保非蠹从内出即如本年三月拿获走私匪犯梁亚奇等案内起有洋商罗福泰与逸犯郑永屏书信因牵涉肇庆水师营守备罗晓峯干预该商挂牌情事经臣邓廷桢据实奏参奉旨革职解回提併审办现在案虽未定而该商资本不丰交通匪类已可概见当此查办吃紧之时若不亟截其流诚恐弊将滋甚又试办一层本为择商要术无如人心叵测安知其不于试办一二年内巧作弥缝以求遂其承商骩法之计迨至限满取结卮漏已形执法以从究竟何补是试办之毫无足恃亦有断然而无疑者至德庆奏准旧制保商必通行出结曹好曹恶一本大公何等郑重新例则虑其或涉推诿改议一二商具保遽准承充不知推诿致有迟延其误尚小若此一二商者使非其亲昵即事出贿通驯致覆餗偾辕为害乃大况向办商欠之案钞产不敷备抵统派众商摊赔今已援为成例无论保商与否不容稍事诿延然与其所赔非所保之人输资类难甘服何如所赔即所保之人滥举各生戒心之为愈臣等愚昧之见窃以洋商既已招补无缺足敷办公即当明立限制应请嗣后十三行洋商遇有歇业或缘事黜退者方准随时招补此外不得无故添设一商亦不必限年试办徒致有名无实其承商之时仍请复归联保旧例责令通关总散各商公同慎选殷实公正之人联名保结项目咨部著充毋许略存推诿之私以绝其垄断之念余俱循照旧例一律妥为办理如此明立定限庶几简而不滥充商者必挟重赀责有攸归保举者务求核实于以裕饷课而杜朋奸似亦不无小补矣奉上谕邓廷桢等奏请复承商旧制一折粤东洋商自嘉庆年间设立总商经理其选充新商责令总散各商联名保结后因夷船日多行户日少照料难周易滋弊窦是以量为变通以殷户自请充商暂行试办停止联名保结之例兹据该督等查明现在招补缺商已复旧额足敷办公自应仍复旧例以示限制嗣后该商遇有歇业或缘事黜退者方准随时招补此外不得无故添设一商亦不限年试办以归核实其承商之时责令通关总散各商公同慎选殷实公正之人联名保结项目咨部著充并著该督等随时查察毋许该总商等仍蹈从前推诿垄断恶习俾保充者务求核实而走私漏税诸弊亦责有□归以裕课饷而杜奸私该部知道

卷二十六·夷商一

臣谨案明初置互市其番舶之来泊无定所率择滨海地之湾环者为澳若新宁则有广海望峒东莞则有虎头门屯门鸡栖香山则有浪白濠镜皆置守澳官嘉靖之末诸澳尽废而濠镜亦非中国有推原其故番人之得市于濠镜也自黄庆始也番人之得居于濠镜也自汪柏始也史言吏其土者皆畏惧莫敢诘甚有利其宝货佯禁而阴许之者总督戴耀在事十三年养成其患明政不纲流毒一至于此然而佛郎机始据之旋为西洋所攘夺西洋继有之又不免为英吉利所窥伺夷人之性惟利是图以犬羊之桀骜成蛮触之争竞故自乾隆年间英吉利屡至澳门呈递夷禀实非敢有意滋事不过艳羡西洋之坐享厚利希冀效尤而我列圣天威震叠烛照几先我皇上又申命疆臣严行约束即于澳夷亦每事防范诚以地方安危系乎市易而市易利害在于夷商杜渐防微之道固不可不详且慎也故以英吉利交涉澳门之事及历次所议澳夷条约谨著于篇自香山县凤栖岭迤南一百二十里至前山又二十里为

濠镜澳不至澳六七里有山崭然断亘沙堤如长桥曰莲花茎茎末山又特起名莲花山又伏又起中曲均长五六里广半之是称澳焉遵澳而南放洋十里许右舵尾左鸡颈又十里许右横琴左九澳湾峯表里四立象箕宿纵横成十字曰十字门又称澳门当明代之初请国互市俱在广州正德时移于高州之电白县是时佛郎机最凶狡或驾大舶突入广东会城久留弗去御史何鳌邱道隆力请驱逐禁绝番舶未几巡抚林富复请通市嘉靖十四年指挥黄庆纳赂请于上宫移市舶于濠镜岁输课金二万而佛郎机已破满剌加击巴西又与红毛中分美洛居尽擅海上之利势愈强横适番舶有托言舟漕风涛愿借濠镜地暴诸水渍贡物者海道副使汪柏许之始仅茇舍渐运瓴甓榱桷为屋佛郎机乘之混入澳乃筑城以居闽粤商人趋之若鹜久之其来益众诸国人畏而避之佛郎机遂专据澳焉其人有吕武勝者尤黠慧土语华言及汉字皆谙晓人呼吕大班营债取息获利累巨万迨万历时西洋来中国亦居此澳传习天主教佛郎机为所惑习其教至国朝康熙年间居澳者尽易西洋人无复佛郎机矣佛郎机所建城一隳于万历时之总督何士晋再隳于天启时之海道副使徐如珂而西洋人居于澳因其遗迹缮完之虽庳而固大门一曰三巴门小门三曰小三巴门曰沙梨头门曰花王庙门又设炮台六最大者为三巴炮台列炮二十有八上宿番兵台之四周为龛以置守夜台下为窟室贮焇硝次则东望洋西望洋两台对峙东置炮七西则五娘妈阁炮台在西望洋下炮二十有六南环炮台置炮三噶斯兰炮台置炮七设火药局于左侧有夷目兵头遣自小西洋率三岁一代辖番兵百五十人番人犯法兵头集夷目于议事亭或请法王至会鞫定谳籍其家财而散其眷属上其狱于小西洋其人属狱候报而行法其刑或戮或焚或縛至炮口而烬之夷目不职者兵头亦得劾治其小事则由判事官量予鞭责判事官掌刑名有批验所挂号所朔望礼拜日放告赴告者先于挂号所登记然后向批验所投入既受词集两造听之曲者予鞭鞭不过五十亦自小西洋遣来理事官一曰库官掌本澳番航税课兵饷财货出入之数修理城台街道每年通澳佥举诚朴殷富一人为之番书二名皆唐人凡郡邑下牒于理事官理事官用呈禀上之郡邑字遵汉文有番字小印融火漆烙于日字下缄口亦如之凡法王兵头判事官岁给俸一二千金有差理事官食其所赢不给俸外红棍官二等曰大红棍曰二红棍大红棍于夷人就瞑目时察其赀财而籍记之询其人以若干送寺庙若干遗子女若干分给戚属详书于册俾无后争二红棍于夷人既殁有子女俱幼不能成立者即依大红棍所开应给之数抚育其子女而经理其余财待其既长婚嫁举以付之如无子女悉归其赀于寺庙其晨婚稽察如内地保甲者曰小红棍兼守狱狱设龙嵩庙右为楼三重夷人罪薄者置之上层稍重者系于中层最重则桎梏于下有土窟委干牛马矢炷火其中名曰矢牢凡天朝官如澳判事官以降皆迎于三巴门外三巴炮台然大炮番兵肃队一人鸣鼓一人飐旗队长为帕首鞾袴状舞鎗前导及送亦如之入谒则左右列坐如登炮台则番兵毕陈吹角演阵犒之牛酒其然炮率以三或五发七发致敬也

顺治四年户部议覆两广总督佟养甲疏言佛郎机国人寓居濠镜澳以携来番货与粤商互市盖已有年后深入省会至于激变遂行禁止今督臣以通商裕国为请然前事可鉴应仍照前明崇祯十三年禁其入省之例止令商人载货下澳贸易得旨准行

乾隆八年十月刑部奏言议得两广总督策楞等奏称澳门地方系民番杂处之地八年十月十八日民人陈辉千被夷人晏些卢用小刀戳伤身死据县禀据夷目禀称番人附居澳境凡有干犯法纪俱在澳地处治百年以来从不交犯收禁今晏些卢伤死陈辉千自应仰遵天朝法度拟罪抵偿但一经交出收监违犯本国禁令阖澳夷目均干重办恳请仍照例按法处治臣等伏查澳门一区夷人寄居垂二百年中间聚集番男妇女不下三四千人均系该国夷王分派夷目管束番人有罪夷目俱照夷法处治惟民番交涉事件罪在番人者地方官每因其系属教门不肯交人出澳事难题达皆不禀不详即或通报上司亦必移易情节改重作轻冀幸外结省事以故历查案卷从无澳夷杀死民人抵偿之案今若径行搜拿追出监禁恐致夷情疑惧别生事端倘听其收管又虑日久潜逃臣等公同酌核此等事件似应俯顺夷情速结为便随饬司檄委该府督同该县前往妥办各夷目遂自行限日将凶犯晏些卢于本月初三日用绳勒毙臣等查化外之人有犯原与内地不同若照例解勘成招夷情实有不愿且凶犯不肯交出地方官应有处分若不明定条例诚恐顾惜考成易起姑息养奸之弊可否仰邀圣恩特降谕旨嗣后澳夷商人有罪当绞斩而夷情愿即为抵偿者该县于相验之时讯明确切由司核明详报督抚再加覆核一面批饬地方官同夷目将犯人依法办理庶上申国法下顺夷情重案不致稽延而澳夷桀骜不驯之性亦可渐次迁改寻经刑部奏准澳夷杀人罪应斩绞令该县同夷目依法办理免其交禁奉旨依议

乾隆四十五年刑部奏言广东巡抚李侍尧奏称乾隆二十五年议准内地行店有向夷人违禁借贷勾结者照交结外国讵骗财物例问拟所借之银查追入官自申明例禁后二十年来各国夷商交易年清年款从无拖欠夷商之事讵上年九月有英吉利国土名哎哷喇吵船一只船主名宾墩顺带港脚鬼子番禀一封内称广东行商欠夷人银两甚多求著行商还回当传谕各国夷商大班传询据称本国王吩附不许放债有违天朝禁令二十年来俱是年清年楚并无私相借贷之事或我国港脚不肖鬼子携带番银来广偷放私债亦未可定随据大班等报开放债鬼子共十一人泰和行颜时瑛欠夷人本利番钱一百三十五万四千余圆裕源行商张天球欠夷人本利番钱四十三万八千余圆行据张天球供实止欠夷人银十余万两夷人将利银一并作本换票收执叠滚加息二十余年是以积至如许之多查夷人违禁放债又复重利滚息自应照例追银入官但放债在二十五年例禁之先仰体皇上绥柔远人至意按其原本照例加一倍息追还将颜时瑛张天球革去原捐职衔依例交结外国诓骗财物发遑远充军所有赀财房屋交地方官悉行查明估变除扣缴应完饷银外俱付夷人收领并将办理缘由剀切晓谕该大班令其寄信转知该国王岩饬港脚鬼子嗣后不许违禁放债如再有犯即追银入官驱逐回国奉旨依议嘉庆四年十一月总督吉庆奏言窃查各外夷来粤贸易船只惟英吉利船大货多今据英吉利兵船总兵嚟尔吔禀称本国与咈囒哂吕宋二处有隙货船来粤回国恐被栏截抢夺是以国王派有兵船三只来往护送船内粮面已乏恳求准买粮以资口食等情臣即派中军参将唐光茂等传谕该国总兵尔等皆远涉重洋护货来广自应仰体大皇帝怀柔远人德意按口计食准买口粮惟查向定章程商船准其进口在黄地方兵船则在澳门外洋湾泊不许擅入尔等自应遵照向办章程湾泊明白晓谕该夷人等俱各欣感臣会同监督臣佶山拣派明白洋商照料并饬令海口炮台镇静弹压不动声色严密防范仍催该国货船赶紧起卸买置货物随同兵船依限开行回国

嘉庆七年英吉利国有兵船数只停泊鸡颈洋面逗遛数月经总督吉庆驱逐始去

嘉庆十三年九月英吉利国兵头嘟路喱托言咈囒哂滋事藉保欲西洋人为名带兵七百名进入澳门占据东望洋娘妈阁伽思兰三处炮台奉圣谕吴熊光等奏英吉利国夷兵擅入澳门一事英吉利国夷人藉称大西洋国地方被咈囒哂占踞该国因与大西洋邻好恐西洋人之在澳门者被咈囒哂欺阻贸易辄派夷目带领兵船前来帮欲所言全不可信而且断无此理现在先后到船九只皆带有炮械火药等物竟敢湾泊香山县属鸡颈洋面并有夷兵三百名公然登岸住居澳门三巴寺龙嵩庙分守东西炮台实属桀骜可恶该督等现将该国夷船停止开舱派员剀切晓谕俟夷兵退出澳门方准起货并称该夷人若再延挨即封禁进澳水路绝其粮食所办尚是但究竟如何严切晓谕及现在作何凖备之处全未奏及所办太软遑疆重地外夷敢心存觊觎饰词尝试不可稍示以弱此时如该国兵船业经退出澳门则已如尚未退出吴熊光即著遴派晓事文武大员前往澳门严加诘责以天朝禁令綦严不容稍有越犯大西洋与咈囒哂彼此构衅自相争杀原属外夷情事之常中国并不过问即如近年缅甸暹罗二国互相雠杀节经敂关求援大皇帝一视同仁毫无偏向至于中国外藩自有一定疆界试思中国兵船从无远涉外洋向尔国地方屯札之事而尔国兵船辄敢驶进澳门登岸居住冒昧以极若云因恐咈囒哂欺侮西洋前来帮欲殊不知西洋夷人既在中国地方居住咈囒哂焉敢前来侵夺以致冒犯天朝即使咈囒哂果有此事天朝法令具在断不能稍有姑容必当立调劲兵大加剿杀申明海禁又何必尔国派兵前来代为防欲若云洋匪未净欲思効力天朝尤属无谓海洋盗匪屡经剿办不过东窜西逃既经兵船四路擒拿不日即可殲尽余孽又何藉尔国兵力乎看来竟系尔国夷人见西洋人在澳门贸易趁其微弱之时意图占住大干天朝厉禁矣尔国臣事天朝平素遣使进贡尚称恭顺乃此次无知冒犯实出情理之外本当即行拿究姑先明白晓谕尔若自知悚惧即速撤兵开帆不敢片刻逗遛尚可曲恕尔罪仍准尔国贸易若再有延挨不遵法度则不但目前停止开舱一面即当封禁进澳水路绝尔粮食并当调集大兵前来围捕尔等后悔无及如此逐层晓谕义正词严该夷人自当畏惧凛遵吴熊光等仍当密速调派得力将弁统领水陆官兵整顿预备设该夷人一有不遵竟当统兵剿办不可畏葸姑息庶足以伸国威而清海澨此于遑务夷情大有关系该督抚不此之虑而唯鳃鳃于数十万税银往复筹计其于防备机宜全未办及吴熊光孙玉庭均懦弱不知大体且吴熊光充当军机章京有年曾经擢用军机大臣尤不应如此愦愦吴熊光孙玉庭著传旨严行申饬伊等此次来折仅由马上飞递亦属迟缓此旨著由五百里发往著吴熊光等即速遵照办理并传谕常显知之

又奉圣谕前因英吉利国夷兵擅入澳门吴熊光等所办懦弱当经降旨严饬并令军机大臣将奏到英吉利国所递原禀翻译进呈朕详加披阅禀内所叙之词多不恭顺如所称该国王多派战船兵丁赴中国海面若佛囒哂国

人来至澳门预备防堵等语殊不成话该国王既知为中国海面即不应派兵擅入况咈囒哂国夷人并未来至澳门何得藉词越进天朝兵精粮足即使外藩部落或敢桀骜思逞不难声罪致讨若蛮触相争钕关求救天朝一视同仁亦断无偏欲何须该国王豫筹防堵耶又称咈囒哂系各国仇人该国王派兵作敌以期保欲中国博勒都雅英吉利三国贸卖等语尤属谬妄试思天朝臣服中外夷夏咸宾蕞尔夷邦何得与中国并论又称天朝海面盗案甚多商贩被劫该国王派备兵船情愿効力剿捕等语竟系意存轻视现在海洋水师兵船梭织巡缉沿海各口岸断绝接济盗匪日形穷蹙岂转待外夷相助种种藉词背谬于边务夷情大有关系该督接阅夷禀早当驱逐驳饬乃止以停止开舱封禁进澳水路绝其粮食虚言由寻常马递入告且该督等具奏后该国夷船曾否退去亦未据续行驰报吴熊光不应如此胡涂懈怠实出意想之外试思边防重地任令外夷带兵阑入占据炮台视为无关紧要不知有何事大于此事者该督等接奉此旨即著将夷船现在情形如何密饬筹备之处速行奏闻无论退去未退去即由五百里具奏

是月二十八日圣谕吴熊光覆奏英吉利夷船尚在澳门延挨观望情形一折所奏仍系一片空言并未设法驱逐殊属迟缓外夷擅入内地分占东西炮台地方紧要事务孰有大于此者吴熊光身任封疆重寄接据禀报早应驰赴该处躬亲筹办乃任其登岸住守两月有余船只人数日益增多竟如入无人之境及接奉严旨尚不即时亲往督办仅止委员前往又未将派委何员如何饬谕之处详晰声叙所称统兵剿办之语亦未将该夷人设不肯退出即从何路进兵一一部署周妥而折内尚称早为筹备果尔则节次奏报之折何以未将筹办之法详细奏及耶且据称夷人一经登岸则毫无伎俩又称恐其挺而走险窜入沿海地方掠食滋扰显系自相矛盾看来吴熊光平日因循废弛祇知养尊处优全不以海疆为重大负委任矣吴熊光著传旨严行申饬先降为二品顶戴拔去花翎仍交部严加议处用示薄惩现已另降谕旨令永保速赴澳门相机专办即与钦差无异吴熊光接奉此旨仍著速赴澳门亲身驱逐如能于永保未到之先将夷人速行驱逐尚可稍赎前罪倘永保到时或夷人尚未退去竟需酌调兵力吴熊光不得有意阻挠致令掣肘将此由五百里谕令知之仍著将夷人是否退去情形速行覆奏以慰廑注

其年十一月圣谕昨据吴熊光等奏英吉利夷兵全数退出澳门一折此次该国夷人自七月来至澳门住守数月有余夷情叵测必有所为而来何以又无故而去且所称见圣谕严明兵威壮盛业已不敢抗违之语所见系何谕旨所派系属何兵并未一一声叙况夷禀尚未呈递吴熊光辄称夷船风信一过即不能开行如果切实恳求即准其开舱俾夷情不致迟留等语竟欲以开舱见好于夷人岂非示之以弱乎外洋来至内地贸易输纳税课原因其恪守藩服用示怀柔并非利其财货若沾沾以征榷为重无怪该夷人肆意居奇意存轻视也永保驰抵粤东即会同韩崶详查英吉利夷船因何擅入内地自七月至今呈递夷禀几次吴熊光如何批示所称水陆两途严密布置官兵所派系属何兵节次奏称派员剀切晓谕并圣谕严明之语所见系何谕旨所派系属何员因何全行退出有无豫准开舱贸易之事逐一奏闻倘永保到彼后吴态光等业已准令开舱即当查明因何允准是否系该国夷人具禀恳求抑系吴态光先行准令开舱该夷人始行退去之处一并据实具奏不可稍有隐饰

嘉庆十四年二月圣谕韩崶奏查阅澳门夷民安堵并酌筹控制事宜一折澳门地面西洋人旧设炮台六座其自伽思兰炮台至西望洋炮台迤南沿海一带本有石坎因形势低矮上年英吉利夷兵即由此爬越登岸今拟加筑女墙一道增高四五尺共长二百余丈经韩崶查阅指示该夷民目等欢欣愿办应即令其克期兴工俾资防欲

其年四月圣谕百龄奏俟本年英吉利国货船到时先期侦探各情形所见甚是该国夷人素性强横奸诈虽现据夷商喇咈所禀夷兵不敢再来之语亦未可深信上年该夷兵来澳时吴熊光等不立行查办即失之于宽此时自应济之以猛著传谕百龄于本年该国货船到时先期留心侦探如再敢多带夷兵欲图进口即行调集官兵相机堵剿倘止系贸易船只并投递谢罪哀恳禀件亦应饬令停泊港外该督一面奏闻候朕降旨遵行又圣谕各省封疆大吏守土是其专责遇有关涉外夷之事尤当立时亲往勘办务臻妥协方为无忝厥职前次吴熊光在两广总督任内英吉利国商船带兵入澳占踞东望洋娘妈阁伽思兰三处炮台虽内系西洋商人防守所设但现在中国地面即与阑入内境无异吴熊光身任封圻其咎竟无可辞本日据百龄查奏上年七月二十一二等日该夷兵船来至鸡颈洋面八月初二日抵澳上岸占据西洋炮台地方文武节次禀报吴熊光批令照常防范至二十六日见该夷不退谕令封舱复经游击祁世和香山县彭昭麟等请兵堵逐吴熊光亦俱批以镇静不可张皇彼时香山县有澳内居民四散澳民乏食之禀吴熊光总未亲往查办该夷兵见无准备将兵船三只驶进虎门停泊黄埔吴熊光因于九月初四日具奏始派兵防范并令碣石镇总兵黄飞鹏管带师船在省河一带湾泊至二十三日该夷兵又驾坐三板艇船由黄

埔至省城外十三行停住求见总督恳请代奏在澳寓住吴熊光总未见面祇令其回黄埔候旨并饬禁买办火食该夷兵慌急驾船行至十三行装取火食官兵喝阻不理黄飞鹏开炮轰毙夷兵一名带伤三名该夷兵即行退回至十月初奉到谕旨吴熊光仅檄调各标兵丁在黄埔澳门驻扎防守并未攻击至十六日恭宣谕旨夷人当即畏惧愿撤兵复求开舱吴熊光谕令全行退去始准贸易该夷兵陆续退至外洋等语英吉利夷船带兵入澳藉名保欲西洋阴图占地谋利情殊诡谲即应立时驱逐况此次该夷兵遇官兵开炮并不敢稍有抗拒及奉有严饬谕旨亦即畏惧开帆远去是该夷兵尚知震慑天威无他伎俩设吴熊光于该夷兵登岸之初即亲往弹压晓以大义一面调兵防守该夷兵自知所畏惧即行退出庶足宣示国威吴熊光于此等要事迟至月余始行具奏既未亲往查办该夷目兵求见又只派员往谕并不面询斥逐虽开舱在夷兵既退之后而许其开舱究在夷兵未退之先是奏报既属迟延办理又行长葸且屡次夷人具禀乃吴熊光批示并轰毙夷兵等事并未入奏亦属含糊吴熊光由军机章京蒙皇考高宗纯皇帝不次超擢用至军机大臣复经朕简历任三省总督非新进不晓事者可比乃种种错谬实属辜负委任吴熊光前已革职著拿问交军机大臣会同刑部审讯定拟具奏至孙玉庭前在广东巡抚时并不将前后情形据实陈奏又不会同吴熊光迅速妥办软弱无能岂可复胜巡抚之任孙玉庭著革职回籍

是年八月总督百龄奏言英吉利祖家货船到粤历系带进虎门湾泊黄埔等候开舱贸易因上年有该国夷兵入澳之事当饬澳门同知虎门守口员弁香山县侦探本年该国祖家船到粤如果货船以外仍照向年止带欲货兵船二三只均令停泊外洋仍俟该夷具有谢罪禀件即当奏请谕旨遵办兹据该夷商大班喇咈等呈称本年祖家货船十有六只将次到粤再四哀恳先为具奏冀得早进黄埔免致久泊外洋有风涛之险并赍呈该夷汉字禀各一件奉圣谕上年该国夷兵冒昧入澳曾经降旨令该督察看该国夷人如果畏罪感恩俟其货船到日奏明请旨定夺今伊祖家船十六只将次到粤夷商等所具禀函以涉险远贸悔罪乞请为词尚属恭顺著准其照常贸易惟该夷人所带兵船原以外洋辽阔自备不虞若货船既抵内地焉用防范著该督严切谕禁令其将兵船留泊外洋恪遵功令为要

嘉庆十五年十一月总督百龄等会奏言英吉利国大班喇咈以洋商郑崇谦等负欠过多□行私给资本串同民人吴亚成代理行务实属违例多事未便任其久留内地觊觎垄断现在英吉利祖家公司货船陆续到粤该国因喇咈连年承办贸易事务不妥有违天朝功令已另派新大班啵唧不日来粤更换应俟该大班啵唧到粤即饬令将喇咈驱逐回国毋许逗遛以杜弊窦

嘉庆十九年十一月圣谕朕闻本年八九月间有英吉利护货兵船违例闯入虎门又有英吉利夷人哃当东前于该国入贡时曾随入京师年幼狡黠回国时将沿途山川形势俱一一绘成图册到粤后不回本国留住澳门已二十年通晓汉语定例澳门所住夷人不准进省哃当东在粤既久夷人来粤者大率听其教诱日久恐致滋生事端著蒋攸铦等查明哃当东有无教唆勾通歆迹如查有实据或迁徙安置奏明妥办又圣谕蒋攸铦等奏密陈夷商贸易情形及酌筹整饬洋行事宜一折所奏俱是粤省地方濒海向准各国夷船前来贸易该夷商远涉重洋懋迁有无实天朝体恤之恩然怀柔之中仍应隐寓防闲之意近来英吉利国欲货兵船不遵定制停泊外洋竟敢驶至虎门其诡谲情形甚为叵测蒋攸铦示以兵威派员诘责该大班始递禀谢罪此后不可不严申禁令该夷船所贩货物全藉内地销售如呢羽钟表等物中华尽可不需而茶叶土丝在彼国断不可少倘一经停止贸易则其生计立穷书云不宝远物则远人格该督等当深明此意谨守定制内固藩篱不可使外夷轻视嗣后所有各国欲货兵船仍遵旧制不许驶近内洋货船出口亦不许逗遛如敢阑入禁地即严加驱逐倘敢抗拒即行施放鎗炮慑以兵威使知畏惧所有该督等请严禁民人私为夷人服役及洋行不得搭盖夷式房屋铺户不得用夷字店号及清查商欠不得滥保身家浅薄之人承充洋商并不准内地民人私往夷馆之处均照所议行

嘉庆二十一年七月总督蒋攸铦示英吉利夷人从前禀求指一阔野地方行走闲散以免生病曾准于每月初三十八两日令赴关报明派人带赴海幢寺陈家花园内听其游散以示体恤但日落即须归馆不准在园过夜并责成行商严加管束不许水手人等随往嘈杂滋生事端兹查近年已无陈家花园各夷人每有前赴花地游散之事从前原定每月两次准该夷人出外闲游兹酌定于每月初八十八二十八日三次每次十名人数无多随带通事易于约束添以次数则夷人可以轮替前往于俯顺体恤之中仍寓稽查防闲之意准其前赴海幢寺花地闲游散解夷人每次不准过十人以外著令通事赴经过行后西炮台各口报明带同前往限于日落时仍赴各口报明回馆不准饮

酒滋事亦不得在外过夜如不照所定日期名数或私行给与酒食一经查出定将行商通事从重究治夷人即不准再去闲游其洋货店铺人等如敢私与夷人潜赴花地闲游并引诱勾结作弊军民人等无故阻拦滋事并干严究

卷二十七·夷商二

道光二年澳门众夷逐其番差兵题西洋住澳夷人向由该国设番差兵头等官番差者辖番众如内地文员兵头者辖番兵如内地武员是年番差兵头亏缺库项夷人逐之而自立番差兵头小西洋总管官闻之遣巡船一夷兵水梢二百余人以牌照至澳查办澳门夷众言兵头虽派自小西洋而番差则派自大西洋去年已禀国王不愿受小西洋牌照巡船船主及旧番差诉于总督将军监督寻议夷人自行查办之事内地本可不过问但小西洋不应派兵来粤饬文武令其事竣开行

道光八年十三行夷楼前面临河处所有公司马头向系停泊公司三板船只及夷人货物上落之处因与新荳栏马头毗连旧筑围墙一道以防民夷混杂夷人因河身淤浅改挪向前改筑未行禀明粤海关衙门及地方官听候批准经总督李鸿宾晓示

道光九年监督延丰咨称英吉利夷馆前面西边添筑围墙先经广州府督同南海县勘明尚与河道无碍请免拆毁至东南二面不许再行围筑竖立碑禁在案

道光十年二月据洋商伍受昌等禀称前据英吉利国大班盼师等欲于东南二面添筑围墙东边木板易石俾上落货物得免无虞当奉批斥著即传谕该夷等恪遵禁令不得妄生觊觎嗣于本月初九日初更时候忽有黄埔该国公司夷船三只水手一百余名上省该夷商督令将公司馆前铺地木板拆去将靖远街口海旁余泥连夜搬运填平所拆木板低洼之处商等立即会同前去向该夷晓谕阻止该夷商等强硬不服等因查公司馆系洋商建造给与夷人来省暂住之所该夷人贸易事竣仍应回澳门居住其馆前余地不与夷人相干何得率众黑夜偷填违犯禁令札委广州协广州府刻即传集洋商逐一勘明将该夷填土挑挖净尽俾地势仍旧该夷等如敢抗阻即遵照新奉谕旨将该夷等严行驱逐

是年广州将军庆保会奏言查各国夷人航海来粤贸易每年春夏皆寓居澳门至秋冬间因出进货物均在省城洋行交兑即移驻省中夷馆其随带番妇向只准居住夷船干降十六年始准寄居澳门仍不准携带进省【各处番夷就省投行交易原无准带妇女到省之例乾隆十六年闰五月十二日夜有荷兰国夷船哔嗹乘三板带有番妇一名番女二名上至瑞丰行居住经饬令该夷即将番妇寓居澳门俟开船时带领回国】迨乾隆三十四年有英吉利国夷商啡臣私带番妇来省居住经将该番妇押往澳门出示严禁三十四年以后传闻间有私携番妇来省或潜住数日无人知觉旋即回澳门此则无案可稽本年春间访有番妇到省潜住之事现在英吉利国大班盼师复携带番妇来至省城到公司夷馆居住又该夷商由船登岸坐轿进馆经臣李鸿宾谕饬洋商即将番妇驱令回澳并饰嗣后夷商进馆不许乘坐肩舆务遵旧制毋得稍违该大班等因闻外间讹言有派兵围逐夷商番妇之说心怀疑畏通信黄埔湾泊各夷船令水手百余人乘夜将炮位数座及鸟鎗等件收藏小船舱内偷运省城夷馆臣即饬令洋商通事等严诘该夷私运炮座等物至馆其意何居据称实因闻得即日派兵将夷人番妇一并撵逐一时惶惧情急将船上随带防身鎗炮夜间运来实不知炮位不准携带之物复查该夷等乘坐三板小船上省下澳向准其携带鸟鎗二三杆以防盗贼固属不禁若船上炮位历来不准移至省馆当经严饬该夷速将炮位鸟鎗刻即运回本船水手人等速归黄埔夷人遵将炮位携归番妇遣回澳门

其年十二月洋商伍受昌卢文锦潘绍光等禀称向来各国夷船来广贸易皆系各备赀本自行买卖惟英吉利国向设有公班衙发船来粤贸易名为公司船设立大二三班等在粤管理贸易事务该国来粤夷商水稍及所属港脚等国来粤夷商水梢均由大班管束是以事有专责历久相安兹该大班等忽声称本国设立公班衙定有年期计至道光十三年以后即已期满散局嗣后无公司船来粤贸易将来本国有船来粤亦系散商与港脚船无异查该国专以贸易为务公司既散则事不相统摄该夷梢等素性不驯若无管束之人万一有违犯功令之事虽斥责究办究于公事无裨应请谕饬大班吗治呼及早寄信回国转知该国王倘若将来公班散局仍否设立大班到粤管理该国及港脚各夷商来粤贸易船只既多人数不少倘有违犯天朝功令究竟责问何人转盼该公司即届散局之期务令该国预为筹协等语经监督中祥批斥该夷来粤贸易自雍正十二年其该国设立公班衙及公司大班名目已见于

乾隆十五年该夷禀牍距今八十年之久中间并未闻有公班衙散局之说是否该夷商贸易居奇故为耸听殊难凭信惟所禀预为公事起见现已准总督部堂咨谕令该商等传谕大班寄信回国如果公司散局仍应酌派晓事大班来粤总理贸易

道光十一年三月十六日上谕李鸿宾等奏申明防范外夷旧章并酌议变通增减以便遵守一折英吉利夷商前次因求减输规银延不进口上年又有私带番妇住馆偷运鎗炮至省城等事旋即自知悔悟不致始终抗违唯夷情诡谲必须严申禁令以重防闲旧定章程今昔情形不同亦有因时异宜之处该督等酌量增减俾共相遵守并责令员弁兵役实力巡防行商通事认真稽察以资控驭所有酌议八条著照所议办理该夷商前次屡违禁令因自知悔悟从寛免其惩办但必须责令遵守旧章岂得再有违犯若任其日增倨傲玩视法度恣意抗违渐至益形骄纵莫敢谁何尚复成何事体该督等严内地之成规杜外夷之滋事总当于抚驭绥来之中不失天朝体制方为妥善倘办理不能妥协将来该夷商辄敢再违禁令致生事端惟该督等是问勿谓诰诫之不早也

是年四月南海县禀称据洋商伍受昌等禀称本月初一日抚宪会同关宪亲临英吉利夷馆谕令将馆前西边道光七年所筑墙一度计长一十一丈六尺东边木板一度计长一十一丈六尺南便海边马头木栅栏一度计阔一十一丈又馆前淤积余地一段悉照丈尺掘毁兹商等遵谕于本月初二日雇觅工匠兴工将该夷馆前西边道光七年所筑墙一度计长一十一丈六尺东边木板一度计长一十一丈六尺南边马头上栅栏计阔一十一丈淤积余地照西边墙一十一丈六尺阔一十一丈连马头石块西边墙脚石块东边木板脚石块已于本月初十日一并遵限掘毁完讫理合禀报等情到县据此理合据情通禀察核

其年六月监督中祥咨称据洋商伍受昌等禀英吉利公司夷馆前旧有地一段东西建有围墙南边海旁原有石砌坡岸上设踈木栅栏一道以防鼠窃夷人起落货物俱由于此本年四月奉宪台会同抚宪亲临面谕将西边七年所筑之墙及东遌木板南边坡岸栅栏连淤积地段一并掘毁面奉抚宪谕将新筑之处掘至旧日基址其旧基址马头上应砌回坡岸以便夷人起下货物准于旧日马头上仍用石块砌筑坡岸照旧立踈木栅栏一道以防鼠窃用符体制而肃观瞻是月奉上谕前因有人陈奏广东贸易夷人日增桀骜英吉利动违禁令各款曾经降旨交朱桂桢逐款严密访察据实具奏兹据该抚查明上年英吉利国大班部楼吨回国二班盼师充大班即将眷口妇人带至省城夷馆并坐小轿登岸进馆故行违例又心疑官兵要用炮轰击并将船上所用炮械潜运至馆自为保欲经该督李鸿宾会同将军庆保等派兵防范该夷人等始知畏惧潜将炮械运回妇女亦均陆续搬回皆系盼师主使所致其延不开舱一节该国夷商并各国夷商亦皆归怨因所带羽毛大呢等物不能即时起卸致经潮湿半多虫蛀亏折本钱该国王已将其撤回惩治近所换之大班啰治臣人尚恭顺一切买卖俱属安静现在严饬弹压稽查使不敢再违禁令已往之事不复苛求至新砌临水马头较旧日马头寛出十余丈实属违例旋经该抚亲往查看饬令拆毁净尽一律如旧该夷亦并无违抗并据该抚查询夷人只知求利不过受人唆使曾经该督将私送绿呢小轿之谢五严办至地方官与夷商贸易货物向无交涉尚无苛虐情弊惟通事买办引水各项人等良莠不齐难保不勾引串唆匪徒练习快蟹船只为夷人运私偷税兵役朋比为奸自应拿办嗣后该督等总当随时稽查妥为防范并著水师员弁会同州县认真巡缉如有快蟹船只走私漏税者立即查拿究办毋得稍涉疏懈

其年八月洋行商人伍受昌卢文锦潘绍光谢隶华李应桂梁承禧严启祥潘文涛马佐良潘文海禀称窃商等前禀请将英吉利公司夷馆前马头照旧修复并砌回坡岸以便夷人起下货物一案奉批查公司夷馆南便马头新淤余地一段业经该商等遵尺丈挖毁完竣其旧有石坡驳岸尚未修筑将来夷船进口人货难以上落本关部正拟札商署督部堂谕饬该商等早日兴工赶办兹据称前于四月内该商已面奉宪谕将旧址马头砌回坡岸等因具征署督部堂体恤怀柔之至意此项工程亟应早日兴工务于夷船进口之先普律修筑完竣用符体制而肃观瞻其沿坡一带水势是否深通货船能否拢近并著该商等测量水势如有浅涩之处设法淘浚一律深通俾货艇足资湾泊货物易于搬移至所称坡岸之上设立踈木栅栏一道此时夷馆规模与道光二年未经被焚以前制度已有不同本可毋庸设立况夷馆自有门户关闭足防鼠窃何须于门外数十丈之外贴近马头地方竖立踈木栅栏方可无鼠窃本关部亲至其地路径记忆甚明所请碍难准行仰即遵照可也仍将砌回坡岸淘深水势各缘由俟工竣禀报查考等因嗣奉南海县主札奉本府转奉督宪札饬商等将英吉利夷馆前马头遵照于旧日马头赶紧砌筑坡岸石块以便夷船货物上落仍遵照宪行不得于坡岸之上建设栅栏致干查究并将兴工工竣各日期禀候通报各等因奉此

商等伏查英吉利公司夷馆前旧有地一段东西阔一十一丈南北长一十五丈系旧日建筑马头之地今遵于七月十四日兴工修筑马头砌回坡岸石块将南北长入二丈现计南北长一十四丈八尺东西阔照旧于八月二十四日工竣坡岸之上并未建设栅栏至沿坡一带测量水势亦已淘浚一律□通于货艇可资湾泊货物易于搬移所有兴工工竣日期合遵禀候察核

是年九月二十九日监督中祥咨称现据洋商伍受昌等禀称据英吉利公司大班吗治呼二班哆庇时等投称公司夷馆前马头前蒙宪恩批谕准令照旧日基址修筑以便起下货物惟奉批谕坡岸之上设立疎木栅栏一道此时夷馆规模与道光二年未经被火以前制度已有不同本可毋庸设立疎木栅栏所请碍难准行等谕夷等查旧日马头上面原有矮墙栏口一道中间开门二度起下货物其门系用疎木子栅门以便启闭道光二年被灾因马头前淤积上落货物艰难将马头迁出临河道光七年时西边砌筑砖墙一道与新荳栏民人马头隔别惟东南两边奉谕不准用砖砌筑现奉将淤积余地及马头掘去复回原日旧址而马头栏口矮墙栅栏未准建复因思从前设立矮墙原为华夷有别免滋事端起见今马头已蒙照旧日基址修筑完整而矮墙栅栏未蒙准建但公司夷馆马头与新荳栏民人马头贴连且荳栏马头比公司夷馆之马头伸出十余丈横水渡十只摆列在前若不建复栅栏毫无关阻蛋户艇只日夕在此湾泊日则畏行人往来混杂夜则怯鼠窃潜藏且此马头系上落货物之所若一时货多报验后势难立刻尽行搬进馆内不得不于此处暂时安放陆续方能搬进馆内安顿因北边虽有门户关锁而南边马头并无关栏蛋户船只男女人等可以随时湾泊上落行走倘不设立栅栏不独货物难于关顾更恐华夷混杂滋生事端夷等在在可虞况矮墙高不过五六尺用疎木子栅门内外可以望通非高墙密板间绝者可比建此不过稍为关栏起见于地方似无妨碍而华夷得以有别货物藉以安全浼商等代为禀恳宪恩格外体恤准令于马头照旧建设矮墙一道远夷赖安夷等十分沾感等情并据绘具该马头新旧形图前来商等理合据情禀候宪台察核可否俯如该大班等所请准令照旧建设之处出自宪恩等因据此当批查公司夷馆修复马头前经该洋商等禀请于坡岸上照旧设立疎木栅栏一道以防鼠窃等因当查夷馆自有门户关闭足防鼠窃何须贴近马头地方竖立疎木栅栏方可无虞鼠窃所请碍难准行批饬遵照去后今复据该总商等禀称若不建复栅栏蛋户日久湾泊货物难于兼顾更恐华夷混杂滋生事端等语所禀自系实情应准其建设栅栏一道用分界址而示关栏惟查该商等原禀但称海旁马头原有石砌坡岸上有疎木栅栏一道以防鼠窃云云今忽藉以大班为词旧日马头上原有矮墙一道请于马头上照旧建设矮墙一道等情该大班去年甫经更换何从知有旧日矮墙栏口且该商等前禀照旧设立疎木栅栏一道之语显有不符所请兴筑矮墙之处未便准行致滋走漏而碍瞭望仰即仍照前禀于修复马头坡岸之上通行设立疎木栅栏一道不得旁作矮墙并不得添用木板事关奏案合亟凛遵仍俟疎木栅栏设立之后禀报查考并候咨明欲督部堂查照可也等因印发外相应咨会为此合咨贵部堂烦查照施行

道光十二年正月洋商伍受昌卢文锦潘绍光谢隶华李应桂梁承禧严启祥潘文涛马佐良潘文海禀称窃商等于上年九月代英吉利公司大班吗治呼等据情转禀恳将夷馆马头上照旧建设矮栏一案奉宪台谕饬仍照前禀于修复马头坡岸之上通行设立疎木栅栏一道不得旁作矮墙并不得添用木板事关奏案合亟凛遵谕商等即便遵照建设疎木栅栏一道并将发还公司马头新旧图形二纸照式办理俟疎木栅栏建立工竣之日禀报仍将此二图缴关备查等因奉此商等遵于上年十二月底雇匠兴工在马头坡岸之上通行设立疎木栅栏一道兹于本年正月初十日工竣并未兴筑矮墙所有工竣日期理合禀报

是年七月初二日上谕据纳尔经额奏六月十八日有英吉利夷船复驶至山东洋面并刊刻通商事略说二纸大意以粤省买卖不公希冀另图贸易为言该夷人情殊可恶已经讷尔经额严饬将弁在彼弹压不许居民私相交易一俟南风稍息即督押南驶驱出东境因思该国夷人向例止准在广东贸易立法綦严乃该夷明知故违且以广东买卖不公为词是否广东洋商贸易不能公平抑或夷商另有他故藉端狡诈著李鸿宾等体察情形据实具奏至该夷船驶入内地必先由广东洋面经过如果水师员弁实力巡堵何致令其北驶至一经拦入内洋则洋面辽阔阻截较难即多派兵船驱逐截回或致别生事端实属不成政体著李鸿宾等妥筹防堵章程并晓谕该夷人以天朝定制该国夷船止准在广东贸易不准任意驶入内洋就地销货俾该夷恪遵定例是为正办并饬李增阶率水师将弁兵丁认真巡逻随时稽查倘有北驶夷船力行截回如再有拦入沿海内洋惟该督等是问其能当此重咎耶寻经总督卢坤会同监督中祥奏言查自道光十年奏准酌减夷船规费该夷商等感激皇上深恩无不遵照关税则例踊跃

输纳每岁英吉利到粤夷船二十余只情形极为绥顺其咪利坚港脚各国夷商来粤贸易者均无异词该洋商与夷商交易并无不公之处其驶至闽浙山东胡嗄咪甲利等船询据该洋商及夷商大班等均称不知有此船名且称该大班在粤远离本国数万里是否该夷船因江浙山东等省洋货价值比粤加昂图获重利假捏船名违例四窜实难悬揣其由该国何路驶往山东亦无从悉知惟英吉利夷船例不许驶往别省收泊贸易无论其如何牟利贩私总应立定章程毋令任意远扬方得控制之术

其年十月二十五日上谕据国祥等奏佐领徐士斌等禀报十月初二日在城隍岛遥见西南海面有英吉利夷船一只行驶甚速当即驾驶战船跟踪追逐等语英吉利夷船前由福建浙江江苏山东等省外洋游奕又驶至朝鲜国被该国王驱逐不与贸易今复由朝鲜国驶至盛京该夷行踪诡谲随处逗遛殊为可恶现据国祥等责成佐领管带弁兵尾追该夷船押令出境与邻省巡查各官明白交替著琦善陶澍程祖洛钟祥林则徐富呢扬阿魏元烺等严饬沿途州县及水师营弁管带兵丁驾驶船只于该夷船过境立即驱逐不许令其停泊登岸将货物与民人交易致令滋生事端至米粮尤不许沿海居民私行卖给接济该夷船一抵广东即著卢坤朱桂桢中祥等严诘该夷船各省游奕是何意见并谕以天朝制度尔国只应在广东贸易不准私越各省嗣后务须遵守定制不得有违即饬该国大班管束饬令迅速回国将此各谕令知之

道光十四年三月总督卢坤咨粤海关监督中祥称英吉利国公司散局事关外夷商船在内地贸易重务课税攸关总不可散而无稽其该国公司散局之故该商等应向该大班详细询明并应熟筹妥议具禀相应咨会一体饬谕该商逐一查明移覆察核以便会奏旋于四月准覆称据该大班称本国埋造公班衙定有年期今期已满不能复埋将来散商船只来粤贸易详细章程尚未得知并闻得本国有夷官来粤等语五月会同具奏奉谕旨即饬洋商令该夷商寄信回国另派晓事大班前来管理贸易事宜以符旧制

是年八月初六日总督卢坤会同粤海关监督中祥奏言英吉利国贸易公司道光十三年期满散局经谕大班寄信回国酌派晓事大班来粤总理贸易十四年六月有该国兵船载送夷目律唠啤一名来粤称系查理贸易事务兵船停泊外洋该夷目换船至省外夷馆居住不肯接见洋商旋赴城外呈致臣卢坤书信封面用平行款式妄写大英国字样当饬广州协副将韩肇庆谕以天朝制度疆吏从不与外夷通达书信复摘叙历次奏定夷人贸易条款谕饬洋商传谕开导前后四次旋据该商禀覆该夷目不遵传谕声言伊系夷官监督非大班人等可比以后一切事件应与各衙门文移往来不能照旧由洋商传谕伊亦不能具禀祇用文书交官转递坚执不移请即停止该国买卖臣当将本应封舱因体邱散商众人暂从宽缓缘由批饬再行晓谕该夷目若罔闻知并据报英吉利国复来兵船一只与前来兵船同在虎门口外九洲沙沥洋面渟泊复经咨行加紧防堵并严禁商渔艇只拢近接济随饬委员前往面加查询该夷目不肯令通事转传言语无凭晓谕臣等会同熟商惟有照例封舱将英吉利买卖暂行停止再粤海关近年征收夷船商税英吉利国约计银五六十万两在帑藏原无关毫末而国用为重亦不敢不通盘筹划惟夷情贪得无厌愈示含容则愈形傲睨现在外洋私贩鸦片夷船日多正在设法整顿又来此谬妄之夷目该国以贸易为生众商纷纷载货前来急于销售载货回国断不肯轻掷赀本守候误时各散商见律唠啤屡次违抗心多不服现据在海关禀求开舱必不任听固执自误营生且内地大黄茶叶磁器丝斤为该国必需之物溯查嘉庆十三年及道光九年因该夷人滋事封舱旋据吁请复开此该国不能不与中华交易之明证该夷人除炮火以外一无长技现已商同将军臣哈丰阿等派拨弁兵在省城内外分设堆卡加意巡防澳门一带亦密派员弁水陆分投布置镇静防范不至疎虞亦断不敢稍涉张皇肇衅酿事仍饬该府县访查汉奸严拿惩办至外夷贸易系洋商专责今夷目律唠啤来粤该商等既不先行禀报节饬传谕又一无能为殊属玩忽仍查明有无情弊严参究处奉上谕英吉利国夷人素性凶狡与中华不通文移惟化外蠢愚未谙禁例自应先行开导令该商等传谕饬遵兹该夷目既执构顽梗不遵法度自当照例封舱稍示惩儆俾知畏惧如该夷目及早改悔照常恭顺恳求贸易即准奏请开舱只期以情理之真诚化犬羊之桀骜但能无伤大体即无庸过事苛求倘该夷人自恃船坚炮利阴蓄诡谋不听约束犬羊之性急则反噬则驱逐出省不能不示以兵威其省城内外及澳门一带大屿山炮台等处务须密派弁兵加意巡逻不动声色镇静防范至外夷在内地通市如能照常安静自当一视同仁曲加体恤况天朝嘉惠海隅并不以区区商税为重该国贸易百数十年诸事均有旧章岂能以该夷目一人之执谬绝商舶之往来总当通盘筹划设法整顿自未便任听该夷目固执致各散商纷纷向隅务随时察看情形酌量办理固不可于国体有防稍事迁就亦不准令边夷启衅稍涉张皇至

该夷目胆敢抗违有无内地汉奸暗中唆使必应严饬该府县密速访拿从重惩办其外夷贸易系洋商专责兹该夷目来粤该商等既不先行禀报节饬传谕又无一能为殊属玩忽著该督等查明有无情弊严参究办其现在筹备防范各处该督等当约束弁兵密饬稽查防守以备不虞不准轻启衅端致烦兵力俟察看夷情安静即行撤回仍将办理情形随时据实具奏毋稍含混

其年九月初二日上谕前据卢坤等奏英吉利国夷情谬妄当经降旨令卢坤等镇静防范倘该夷目阴蓄诡谋不听约束即行驱逐出省示以兵威本日又据哈丰阿等由四百里驰奏八月初五日有夷人巡船二只乘风闯入内河该处炮台放炮攻击拦截夷船胆敢抗拒施放连环大炮回击现经左都统带左司协领海明杨承震二员水师旗营佐领二员骁骑校四员兵三百五十名于八月初十日驾船前往猎德隘口会同绿营将弁实力防堵等语此次英吉利夷人律唠啤自称夷目来粤查理贸易事宜不领红照擅自来省率递书函既经卢坤等传谕封舱停其贸易自应悔悟恭顺俯首认罪何以胆敢闯入内河我兵放炮拦截该夷船竟敢放炮回击彼此有无损伤迨经带兵防堵该夷船现在停泊何处且卢坤既与该将军等面商拨派水师兵船妥为堵筑何以此次折内卢坤等并不会衔外夷准令通商本系天朝体恤英吉利夷人犬羊性成心怀叵测由来已久此次夷船仅有二只夷人亦不过四百若不乘此加以威慑俾知畏惧将来酿成巨患重劳兵力尚复成何事体著卢坤暨该将军等悉心会商通盘筹划倍加留意防范切勿轻视既不可稍事迁就致滋后患亦不可过涉张皇肇启边衅卢坤等接奉此旨即著迅速查明并将现办情形由四百里据实覆奏又奉上谕本日据卢坤等由驿驰奏英吉利兵船闯入内河调兵驱逐一折此次英吉利夷目律唠啤来粤贸易不遵法度该夷兵船二只番梢共三百数十人寄泊外洋经该督于六月间即咨会水师提督李增阶派委参将高宜勇前往海口防范并檄行提标将弁督饬炮台严密看守迨该督等照例封舱以后又复咨令防堵勿任夷船进口乃竟疎于防御致该夷兵船于八月初五日乘水涨发阑进海口各炮台弁兵开炮轰击该夷船放炮回拒随于初九日驶至离省六十里之黄埔河面停泊现经该督等调派水师严行驱逐广东水师提督中军参将高宜勇于六月间即经往海口堵御辄任该夷兵船驶入内河已属疎玩复据称夷船乘潮驶风阻挡不及更难保非有心掩饬高宜勇著先革职枷号海口示众仍著该督查明如有玩纵掩饰情弊即行从严参办再降谕旨所有守台怠玩各弁既经派人接替俱著先行枷号各炮台示儆仍查明疎纵情形一并严参水师提督李增阶海防是其专责乃该夷船阑驶入口径行越过各炮台守台各弁兵丁于雨只夷船不能击退殊堪痛恨看来各炮台俱系虚设武备废弛一至如是该提督平日所司何事李增阶现因病请假亦断不堪起用著先行革职事定后再降谕旨两广总督卢坤既称六月间咨商防堵并非措手不及事出意外可比自应遴派得力将弁严行备御何致任令该夷船驶入内河不能防阻是该督无谋无勇咎无可辞有损国威深负委任卢珅著革去太子少保衔拔去双眼花翎先行革职暂留两广总督之任戴罪督办如果办理迅速诸臻妥协尚可稍从末减倘因循贻误致滋后患定当以军法从事决不宽贷凛之慎之又奉上谕据该督等奏称调用大船十二只每只用大石块十万斤横沈水内用粗大锚缆系椗复用木椑在水面阻塞堵其入省水路并调集提标大师船二只督标大小师船六只及新会顺德各营县内河巡船二十余只配备兵械严密巡防又调拨督标兵丁三百名抚标兵丁三百名提标兵丁七百名府县壮丁三百名整备枪炮在两岸陆路防备其大黄滘支河派委参将卢必沅带领巡船二十余只在彼拦截并用大木排堵塞河面又于对河建设木闸委都司洪发科率领督标精锐兵五百名水师兵一百名运带抬炮及劈山威远大炮以一百五十名防守炮台以三百五十名扎营策应等情卢坤恐澳夷西洋人为英吉利夷人所惑饬委副将秦裕昌会同文员晓谕布置并一体防范不致疎虞该西洋夷人极为恭顺感激情愿自行防守极应如此办理又另片奏此时前路两处全行堵塞后路亦在长洲冈地方购备大石派永靖营兵丁三百名令游击玉禄管带防守一俟碣石等处师船驶入即将大石堵塞河内该夷船即无出路并预备大小船百数十只暗藏硝磺柴草引火之物为火攻之计等语英吉利夷人桀骜性成心怀叵测白来已久此次夷船仅有二只番捎亦不过三四百人果能绝其进出之路阱兽釜鱼何难顷刻扫荡惟该夷目律唠啤既称来粤贸易何以一经封舱狡焉思逞竟敢阑入内河放炮回拒殊出情理之外恐尚有别项船只遥为接应必须确切查明通盘筹计该督等接奉此旨即悉心会商妥速办理如该夷目一经惩创计穷力蹙俯首引罪尚可寛其一线即饬洋商晓以利害责其擅进兵船擅用炮火并诘以因何来省之故倘仍执迷不悟顽抗如前该督等即请戎行相机驱剿务令该夷目震慑天威悔悟恭顺该督等倘仍前玩愒酿成巨患朕惟知执法从事断不能幸邀寛典也凛之慎之又奉上谕本日据哈丰阿由驲驰奏英吉利兵船夷目均已押逐出口一折此次英吉利夷

目律唠啤来粤贸易不遵法度该督照例封舱该夷目又不请牌照擅令兵船二只闯入海口进至内河黄埔地方经该督调派文武员弁兵丁并咨调旗营提标师船及新会等县内河巡船分布前路及两岸扼要处所该夷兵船人等见河面木排横亘枪炮如林大小师船排列数里陆路亦处处驻兵扎营声势联络军威严整该夷目等伏处舟中内外消息不通进出无路惶恐悔罪恳求给牌下澳该督因该夷目违禁胆玩若即准其出省来去自由不足以慑服夷情饬令洋商伍敦元严加诘问该夷目因何不领牌照擅将兵船闯入内地意欲何为且于兵丁开炮轰宁时辄敢放炮回拒令其明白登答方准出省旋据该夷商咖治等覆称律唠啤系属夷目与大班不同不晓事体实因商船封舱保欲货物缘海口兵丁开炮轰击夷兵亦放炮自欲深知悔错且该国商梢数千人俱以夷目不遵法度为非无一附和之人该督等因该夷目律唠啤既已认错乞恩众散商节次吁求自应宽其一线逐令出口即准该商等赴粤海关请领红牌该督派委文武妥员于八月十九日将律律唠啤押逐出口该夷兵船两只亦于是日开行押出虎门海口所有调防各处水陆官兵概行撤回分别归伍归巡当该夷进退两难之际何难立行剿灭但此等外夷趋利若骛其不谙例禁之处不值与之深较朕亦不为已甚玩则惩之服则舍之该督等办理此案尚合机宜前因该督等不能先事预防致令该夷兵船闯入内河劳师驱逐是以降旨分别革职示惩今既将该夷目等押逐出口是该督等始虽失于防范终能办理妥善不失国体而免衅端朕颇嘉悦卢坤著加恩赏还太子少保衔并给还双眼花翎其前次疎防亦难辞咎著仍带革职留任所有海防各营泛乃水师提督专辖前任水师提督李增阶业经革职现已事定著毋庸议即令回籍已革水师提标中军参将高宜勇著俟枷满一月后即行释放其看守炮台怠玩各弁著一并枷满释放此系朕格外施恩该督等惟当知感知惧力加振作于营务海防随时认真训练务将从前积习痛行湔除俾士卒悉成劲旅以壮声威而副委任又奉上谕此次英吉利夷目律唠啤来粤贸易不遵法度并将兵船二只闯入内河经官兵开炮截闹胆敢放炮回拒节经卢坤将该夷船进出之路全行堵塞该夷目瞭见柴草船只惟恐火攻实形惶恐现据该国散商咖治等投称律唠啤自认不谙例禁是以未领牌照兵船实因欲货误入虎门自知错误乞求恩准下澳兵船即日退出求准出口该督派文武妥员于八月十九日将律唠啤押逐出口该夷兵船业于二十二日押出虎门海口并将所调官兵撤回归伍办理尚为妥善该督等务严饬所派将弁加意防范不得因该夷船业经出口稍存怠玩又另片奏该省水师营伍人材甚少俟新任提督到粤后从长商办又各处炮台有无应行更定事宜俟亲往查勘酌量办理至该国公司既散仍应另派大班管理方可相安等语英吉利夷人与内地通市向来不通文移然必须有统摄之人专理其事著该督等即饬洋商等令该散商等寄信回国另派大班前来管理贸易事宜以符旧制至沿海各处炮台尤当力加整顿不可有名无实著该督于校阅营伍时亲往虎门一带逐加查勘如有应行更立事宜务当悉心妥议总期有备无患实在得力方足以壮声威而资防御其营务海防一切章程著俟新任提督关天培到粤后该督等会同筹商设法整饬力除从前怠玩积习俾该将弁等有勇知方悉成劲旅至关口进出稽查全在粤海关监督廉以饬躬严以驭下方能慑服诸番著该督等会同新任监督彭年将废弛积弊痛加整顿其如何厘剔弊端之处著即商酌详议厘定章程据实具奏将此谕知卢坤祁贡并传谕彭年知之又奉上谕有人奏近闻英吉利国大船终岁在零丁洋及大屿山等处停泊名曰趸船凡贩鸦片烟者一入老万山先以三板艇驳赴趸船然后入口省城包买户谓之窑口议定价值同至夷馆兑价给单即雇快艇至趸船凭单交土其快艇名曰快蟹亦名扒龙炮械毕具每艇壮丁百数十人行驶如飞兵船追拿不及各洋呢羽等货税课较重亦多由趸船私行售卖等语海防例禁綦严岂容夷船逗遛售私漏税且鸦片烟流毒内地迭经降旨严行□禁自应实力查拿务使根株淨尽若如所奏趸船之盘踞不归快蟹之飞行递送灌输内地愈禁愈多各项货物恃有趸船售私纹银之出洋关税之偷漏未有不由于此者该督等督饬所属即将趸船设法驱逐快蟹严密查拿勿任照前停泊致启售私漏税等弊该夷船如或驱此泊彼巧为避匿即责成巡哨水师认真巡缉从严惩办毋得稍有讳饰并著将查办情形先行据实具奏

道光十五年十二月署总督巡抚祁贡会奏言据洋商伍绍荣等转据英吉利夷商覃义理禀夷人来粤贸易所有书信必须往来传递逆风难行今有港脚烟船能行逆风并无帆樯止有烟管船内烧火烟气由管通出船旁两边各驾车轮烟动轮转行驶甚速欲行进省递信恐沿途炮台关口疑虑驱逐信达转禀饬行知照等情臣查外夷货船进至黄埔收泊其欲货兵船及别项船只止准在外洋寄碇不准擅入海口查该夷人此项烟船曾于道光十年驶至外洋旋经回国今欲将烟船进省送信惟夷情狡点且诡异不经之船未便准其入口谕饬师船在洋防范十一月十三日该船往内洋行驶炮台将号炮点放始行驶出至今尚未开行奉上谕外夷递送书信向有章程自应循照办理

何可以诡异不经之船擅入海口英夷素性诡诈虽现据查明烟船并无滋事情形惟既已饬禁不准进口乃仍欲驶入内洋实属藐法著邓廷桢等严饬各营县及虎门各炮台随时查察严行禁阻防范并谕饬澳门西洋夷目派拨夷兵在南湾一带巡查勿任烟船水手人等登岸滋事仍即驱逐开行回国毋令久泊外洋倘该夷人不遵法度竟肆桀骜立即慑之以威俾知儆惧该督等务当熟筹妥办循照旧章不得稍有疎懈将此谕知邓廷桢祁贡关天培并新任粤海关监督文祥知之

道光十六年十二月总督邓廷桢奏言本年十一月内接据英夷义律由澳门传禀内称准本国公书特派远职来粤总管本国商贾水梢乞准赴省等情经委员驰赴澳门查问据称义律即嘩系英吉利四等职于道光十四年秋间到澳经引水具报有案该夷住澳两载承办英吉利商船回国船牌签字现因公司未复并无大班奉该国王命一等大臣信知派伊管理商梢事务不管贸易若有商梢滋事唯伊是问等语访之澳夷及各国夷商佥称该夷人极安静并无别故等情虽核与向派大班不符但名异实同总之以夷驭夷不许别有干预似可量为变通查照从前大班章程准其至省照料现令该夷暂居澳门听候据情入奏如蒙恩准再行咨令粤海关监督给领红牌进省奉上谕据邓廷桢奏称英吉利国公司散局以后大班不来上年十一月内该国特派远职来粤总管本国前来贸易之商贾水梢等语该国来船络绎自应钤束得人以期绥静今该夷既领有公书文凭派令经管商梢事务虽与向派大班名目不同其为钤束则一著准其依照从前大班来粤章程至省照料并饬令粤海关监督给领红牌进省以后住澳住省一切遵照旧章不准逾期逗遛致开盘踞之渐该督等正可藉此责成该夷小心不准干预滋事仍应密饬该管文武及洋商等随时认真防察倘该夷越分妄为或有勾结汉奸营私骫法情事立即驱逐回国以绝弊源

道光十八年六月英吉利兵船二只驶至虎门外龙穴寄椗经总督邓廷桢会同水师提督关天培密为设备遣官谕以禁例并示兵威旋即驶去

澳船二十五号名目

第一号吷吋哔离

第二号咹哆呢咕噜嚹

第三号嗼嘁吣嘟嚧

第四号禄吔哩咕哆呢

第五号呢啊咕哂离哗

第六号知咕咧吔

第七号戎务咯愚

第八号呢咕唠啡鸣味

第九号喏瑟哑彼嚁

第十号明旺疏嗄

第十一号哔嗖虑山嗖吔咕噜嚹

第十二号利咹嗖路嚧吗

第十三号嘁嗼咧味哂哗

第十四号吗诺哥思哒

第十五号嗼嘁利呱路

第十六号喽星哊嚟嘁噜

第十七号嗦些变喏咖喇花嚧

第十八号咈浪斜膀呢唠

第十九号类嘶山治

第二十号山嗖咹哆呢

第二十一号唧啰哂呀哩

第二十二号喏望蒙吋惹

第二十三号哔嚹殊

第二十四号嗼嘁征先吔啰咱

第二十五号咈浪哂咕吖喇家嗄

番舶视外洋夷舶差小以铁力木厚二三尺者为之錮以沥青石脑油矴以独鹿木束以藤缝以椰索其碇以铁力木水桫底二重或二樯三樯度可容数百人行必以罗经掌之者为一舶司命每舶用罗经三一置神楼一舶后一桅间必三针相对而后行向编香字号由海关监督给照凡二十五号乾隆十年同知印光任分守时有一十六号比张汝霖接任止一十三号二十余年间飘没殆半澳番生计日绌其夷目舶税上货抽加二次加一五又次加一小艇曰三板长丈余

卷二十八·夷商三

广东布政使潘思榘疏

伏思外夷托处内地祗图市易通商规取岁利原可毋庸禁绝若如前明御史臣庞尚鹏疑其窃据窥伺疏请仍令撤房居舶湾泊旧澳使海壖栖附之夷纷然失所殊属过当第夷性类多贪黠其役使之黑鬼奴尤为凶悍又有内地奸民窜匿其中为之教诱唆使往往冒禁触法桀骜不驯凌轹居民玩视官法更或招诱愚民入教贩买子女为奴仆及夹带违禁货物出洋种种违犯虽经督抚臣严行示禁臣亦力为整饬究以越在海隅未得委员专理势难周察臣愚以为外夷内附虽不必与编氓一例约束失之繁苛亦宜明示绳尺使之遵守查前明曾设有澳官后改归县属至雍正八年前督臣郝玉麟因县务纷繁离澳窎远不能兼顾奏请添设香山县县丞一员驻扎前山寨就近稽查第县丞职分卑微不足以资弹压仍于澳地无益似宜仿照理瑶抚黎同知之例移驻府佐一员专理澳夷事务兼管督捕海防宣布朝廷之德意申明国家之典章凡驻澳民夷编查有法洋船出入盘验以时遇有奸匪窜匿唆诱民夷斗争盗窃及贩买人口私运禁物等事悉归查察办理通报查核庶防微杜渐驻澳夷人不致蹈于匪彝长享天朝乐利之休而海疆亦永荷敉安之福矣

澳门同知印光任议【乾隆九年】

一洋船到日海防衙门拨给引水之人引入虎门湾泊黄埔一经投行即著行主通事报明至货齐回船时亦令将某日开行预报听候盘验出口如有违禁货物夹带查明详究

一洋船进口必得内地民人带引水道最为紧要请责县丞将能充引水之人详加甄别如果殷实良民取具保甲亲邻结状县丞加结申送查验无异给发腰牌执照准充仍列册通报查考至期出口等候限每船给引水二名一上船引入一星驰禀报县丞申报海防衙门据文通报并移行虎门协及南海番禺一体稽查防范其有私出接引者照私渡关津律从重治罪

一澳外民夷杂处致有奸民潜入其教并违犯禁令之人窜匿潜藏宜设法查禁听海防衙门出示晓谕凡贸易民人悉在澳夷墙外空地搭篷市卖毋许私入澳内并不许携带妻室入澳责令县丞编立保甲细加查察其从前潜入夷教民人窜匿在澳者勒限一年准其首报回籍

一澳门夷目遇有恩恳上宪之事每自缮禀浼熟识商民赴辕投递殊为亵越请饬该夷目凡有呈禀应由澳门县丞申报海防衙门据词通禀如有应具详者具详请示用昭体统

一夷人采买钉铁木石各料在澳修船令该夷目将船身丈尺数目船匠姓名开列呈报海防衙门即唤该船匠估计实需铁斤数目取具甘结然后给与牌票印照并报粤海关衙门给发照票在省买运回澳经由沿途地方汛弁验照放行仍知照在澳县丞查明如有余剩缴官存贮倘该船所用无几故为多报买运希图夹带等弊即严提夷目船匠人等讯究

一夷人寄寓澳门凡成造船只房屋必资内地匠作恐有不肖奸匠贪利教诱为非请令在澳各色匠作交县丞亲查造册编甲约束取具连环保结备案如有违犯甲邻连坐递年岁底列册通缴查核如有事故新添即于册内声明一前山寨设立海防衙门派拨弁兵弹压番商稽查奸匪所有海防机宜均应与各协营一体联络相度缓急会同办理老万山澳门虎门黄埔一带营汛遇有关涉海疆民夷事宜商渔船只出口入口一面申报本营上司一面并报海防衙门其香山虎门各协营统巡会哨日月亦应一体查报

澳门同知张汝霖议【乾隆十四年】

一驱逐匪类凡有从前犯案匪类一概解回原籍安插取具亲属保邻收管不许出境并取澳甲嗣后不敢容留结状存案将逐过姓名列榜通衢该保长不时稽查如再潜入滋事即时解究原籍保邻澳甲人等一体坐罪

一稽查船艇一切在澳快艇果艇及各项蛋户罟船通行确查造册发县编烙取各连环保结交著保长管束许在税厂前大马头湾泊不许私泊他处致有偷运货物藏匿匪窃往来诱卖人口及载送华人进教拜庙夷人往省买卖等弊每日派拨兵役四名分路巡查遇有潜泊他处船艇即时禀报查拿按律究治失察之地保一并连坐兵役受贿故縱与犯同罪

一禁赊物收贷凡黑奴出市买物俱令现银交易不得赊给亦不得收贷黑奴对象如敢故违究逐出澳

一犯夜解究嗣后华人遇夜提灯行走夷兵不得故意扯灭灯笼诬指犯夜其或事急仓猝不及提灯与初到不知夷禁者冒昧误犯及原系奸民出外奸盗致被夷兵捉获者立即交送地保转解地方官讯明犯夜情由分别究惩不得羁留片刻并擅自拷打违者照会该国王严处

一夷犯分别解讯嗣后澳夷除犯命盗罪应斩绞者照九年定例于相验时讯供确切将夷犯就近饬交县丞协同夷目于该地严密处所加谨看守取县丞钤记收管备案免其交禁解勘情罪允当即饬地方官眼同夷目依法办理其犯该军流徒罪人犯止将夷犯解交承审衙门在澳就近讯供交夷目分别羁禁收保听候律议详奉批回督同夷目发落如止杖笞人犯檄行该夷目讯供呈覆该管衙门核明罪名饬令夷目照拟发落

一禁私擅凌虐嗣后如有华人拖欠夷债及侵犯夷人等事该夷即将华人禀官究追不得擅自拘禁屎牢私行鞭责违者按律治罪

一禁擅兴水土澳夷房屋庙宇除将现在者逐一勘查分别造册存案外嗣后止许修葺坏烂不得于旧有之外添建一椽一石违者以违制律论罪房屋庙宇仍行毁拆变价入官

一禁贩卖子女凡在澳华夷贩卖子女者照乾隆九年详定之例分别究拟

一禁黑奴行窃嗣后如有黑奴勾引华人行窃夷物即将华人指名呈禀地方官查究驱逐黑奴照夷法重处不得混指华人串窃擅捉拷打如黑奴偷窃华人器物该夷目严加查究其有应行质讯者仍将黑奴送出讯明定拟发回该夷目发落不得庇匿不解如违即将该夷目惩究

一禁夷匪夷娼窝藏匪类该夷目严禁夷匪藏匿内地犯罪匪类并查出卖奸夷娼勒令改业毋许窝留恶少赌博偷窃如敢抗违除内地犯罪匪类按律究拟外将藏匿之夷匪照知情藏匿罪人科断窝留恶少之夷娼男妇各照犯奸例治罪如别犯赌博窃盗其罪重于宿娼者仍从重拟断并将失于查察之夷目一并处分知情故纵者同坐

一禁夷人出澳夷人向例不准出澳奉行已久今多有匪夷藉打雀为名或惊扰乡民或调奸妇女每滋事端殊属违例该夷目严行禁止如敢抗违许该保甲拿送将本犯照违制律治罪夷目分别失察故纵定拟

一禁设教澳夷原属教门多习天主教但不许招授华人勾引入教致为人心风俗之害该夷保甲务须逐户查明禁止毋许华人擅入天主教按季取结缴送倘敢故违设教从教与保甲夷目一併究处分别驱逐出澳

谨案张汝霖所议经总督策楞核准为汉番交二道勒石通衢汉夷商民咸知畏忌知县张甄陶论澳门形势状

澳夷在粤贸迁藉以资民而桀悍亦足生事图近利者视为必不得已之局怀远虑者视为必不可解之忧窃以二者皆非也盖夷人之必当备者三其不足备者亦三而所以制之者亦有三何则凡异端左道邪说旁门皆以教诈财而夷人独以财行教此其志不在小故所至之国无肯容留惟明之末造人心喜异利玛窦始入售其说一时士大夫或震其历学之精诣或眩其艺事之经奇其实畴人历算古有专司分杪差歧亦无大害至于鸣钟风琴响乐水车非夺天巧则不能成以利民用全无所济徐光启殚心水器未有施行汤若望讲究火攻何尝一试惟是垄踞澳门历局聚徒营利而已今其立说有刊行皆下俚不足比二氏之皮毛惟以利啖人从之日众凡一贫民入教每岁与以十余金又读书识字之人入教每岁数十金又另择头人暗相邀结牢络分肥为利尤厚近年奉禁而贪昧者仍首鼠两端非为服教归依只是利心难割缘西洋治世国王之外别有善世国王僧身僧服惟以行教为事凡夷商夷僧能诱人入教者殿最多寡给其饩食以此精心煽诱凡内地之人入教彼国立明册籍谬加秩号借口中华信奉即可震詟

诸番至其所用十字水钱不过铅汞煎炼若得华人目睛点入即可成银都无销耗凡奉教之人临死则夷人以布幂其面喃喃持咒忏悔乘间窃其睛以去点铅之外杂之药物别有奇功用之不穷术由于此事颇秘密民为所愚即如香山县界各邑人民从前入唐人寺礼拜改服为夷业经封闭今闻其弊尚未尽绝只向之入唐人寺者今入三巴寺尤显迹可见耳税关司稽察而民事不亲同知驻前山而鞭长莫及虽有县丞移驻官卑秩小政令难行若稍纵容即滋芽孽可虑者一且夷性坚忍过人凡所规画期于必遂如服习此艺未精即戒子孙世世承学故其奇技淫巧若出天成实皆积思所到其谋入中土积虑尤深即如澳门本属红毛贿迁之地至万历间始有西洋夷人杂居之不知何以潜夺黙移全归彼类曲营台榭旁及青洲高建炮台隐如敌国纳地租即取偿地租输关税实未输关税盖夷人所纳地租仅五百两即将此澳内屋地租与在澳商民每岁收租数倍其额又其货船入口不敢稽查但量船身即搬入澳迨至内地商人赴买始行输税是所税皆内地之泉流非夷人之刀布也虽天朝体统不计锱铢但夷性不苦其渐奸而苦其渐近近日宿冬夷人住省竟不回澳即在十三行列屋而居危楼相望明树番旗十字飘扬一望眩目杂居狎处既恐事端射利钩奇又妨商业澳门在远犹恐他虞渐入省城殊难操纵可虑者二且入国问禁出使从俗况在陪藩尤宜恭顺而夷性狡阴有异于此凡触禁网虽明知无所逃遁必强颜抗拒以此为能如从前鬼兵擅折税馆栅门抗不就逮停税封船几于一月桀骜不顾至谕澳门居民尽行迁出示以闭关遏籴始忧稿饿送出鬼兵惩责修栅谢罪又如封禁唐人寺一案先亦强抗称愿回国后经丞令武职各带兵役前往谕以果愿回国立即出具遵依以凭题达始知悔惧将寺闭封然只封其中一座两旁令仍如故又如前年殴毙人民公然抗匿前张丞百方劝谕始一出讯旋即领回顺风扬帆径归本国后虽参处官吏已经招之不来又如去岁丞令通详禁约勒碑澳地条内有不许引诱华人入教一欵必不肯从延抗多时后乃以番字碑立议事亭汉字碑立县丞公署草草了事难驯已甚长此安穷可虑者三然而谓之不足虑者何也盖制驭番夷在揣得其情而制其死命则自气夺而不敢肆所谓知彼知已上兵伐谋者也今由澳门往小西洋水程几于半载由小西洋而归大西洋则须过大仑山贾舶难行浩无畔岸以此来中土者多不愿回即使此辈千纪伏诛该国安能为之虐耻且以澳门地形论之由香山县南去一百二十里前山有寨名曰莲花相其形势宛然惟肖盖前山如荷根山路一线出如茎澳地如心此外如大小十字门九洲洋鸡颈头金星山马骝洲星罗碁布宛如花之瓣澳夷男妇共有二千余人如蛲螟蠕动于荷心莲蔃之中非能为害于华严香海也其地不生五谷菜蔬一切仰于内地关闸坚闭立稿非难即使泥沙浅海可以潜行走漏一夫岂足为凭澳夷知之甚审不过外强中干以求苟免其形势一不足虑又或谓夷舶往来岁收其利今倘操之已蹙彼则相率飘然而去不特岁额立绌而粤民之游食者亦无以为生不知澳夷并非输其本国之货而贩鬻于中土不过以澳门为居货之地以暹罗苏禄交址吕宋为行货之地耳今考其输税绝无大西洋土物虽以鼻烟无用今亦累岁不来惟是锡蜡胡椒槟榔檀木之类皆由外番各国贩运而来又得中土之细茶茯苓湖丝糖果之物贩往各番抽其所得先输本国之税以养夷僧夷目夷兵又施其半入寺行教是彼方以澳为利薮非由彼国挟镪而至于澳从前制府题限澳以二十五号为额今连年澳夷失利有被风漂没者有缺资不能营运者仅余十号是澳额不止去其半矣而粤中关税辄日增益事理灼然去留何损盖该夷垄断逐利素为诸番所恶若西夷舶逐渐减少则各番国亦必逐渐增至且彼舍澳门则历局无灌输之路其伎立穷各番无回易之途其财立匮是彼当仰命于我我不应有虞于彼二不足虑又或恐其失志难归游魂岛外或刦掠沿海诸寨或引诱内地人民不知洋夷若离澳门如鱼失水现在如红夷佛郎机与彼深仇一遇大洋相为屠剑阑入内地笨难行至于入教奸民不过为财起意天主教除不祀神祇祖先以外别无他能三不足虑虽然善筹国者无忘衣袽无忽蜂虿无以未阴雨而弛绸缪无以已治安而遣厝火则不可不筹所以防微杜渐永远久安者其策亦有三一曰治之以渐二曰示之以别三曰备之以豫何谓渐治语曰猛虎在深山百兽莫敢抗居槛牢之中摇尾乞怜求食积威约之渐也今夷人之肆久矣欲骤而驯之势不可得是必渐以束之使徐入吾彀彀而后可从前设有海防同知虽仪卫规制颇属赫喧其实驭夷肯綮全在行商导之立即为非惕之易随敛戢今同知不司税务则不能驾驭行商通事高而无民势不相属今虽据暴令禀请夷舶出入必经同知点验其实从前同知何尝无点验之责正如十羊九牧徒见赘疣审欲振肃纪纲莫如核综名实但将税关协办之骁骑校改用同知兼理则自然外夷内商悉就约束而小艇漏税违禁出海入寺奉教诸弊自除再于澳地设同知公馆一所往来居住弹压番夷稽查奸宄情既相习爱戴自生可使革心何忧不率是治之之策一曷谓示别澳夷旧有城垣为明总制何士晋所堕今尚筑有短垣一带垣以下系望夏庄今县丞所驻空无居人垣以内则澳夷之居华人杂入其中赁屋营生租既归

夷又日滋衅从前有迁民出澳之语详牍虽在托之空言今若暂请将关税赢余酌给一二万金搭造官店赁与澳民初年免租以为迁徙之费次年以后将租抵税十载可完十载以后岁收其利审能行此有数利焉夷人居楼上赁华人居下体统倒置迁则可免一也夷人最重夜禁而华人好为夤夜往来易于挑衅启侮迁出则不相涉二也盗贼无自窜入扰害夷人三也汉奸无因拐诱夷妇四也且百物工匠皆在澳外夷每事俯命于我何敢跳梁胜于以口舌争五也此治之之策二曷谓备豫今粤人谈澳夷辄为变色不知如佛郎机红毛皆非善而内泊黄埔尤近肘腋此地迫居省会无用设官请仿闽省海关之例番舶入境起柁封铳开之日给还出口仍请照会各国夷王令自行晓谕一年之后如例遵行则规制森严可保永远无事是治之之策三也虽现今德威宣畅中外同风何庸长虑郄顾然欲覩未然而弥后患其策实不外此虽事关重大非敢以即见之施行或者千虑之愚足资采择

知县张甄陶上制澳夷状

一澳门设有海防同知专司弹压番夷规制颇为郑重其实事权不属夷性桀骜如初且未设此官之前该地离香城窎远一切事可已夷汉各不生心自设此官专司澳务其内地之法不得行于夷而夷人之事皆得责于我转之多事又其驻扎衙门在前山寨内离澳地十三里凡事不闻不见不过委之驻澳县丞此官几于虚设虽有标兵一百把总二员稽查夷出入其实夷只由关部稽查同知兵役不登船查验不过照依关部禀报具文而已伏思澳夷之犯法负固皆其夷目为之与澳夷无与因澳夷但知有夷目而不知有天朝之官是以听夷目之驱遣今欲束以绦铃而驯其血气宜使合澳夷人渐知有国法之可遵官吏之可恃则自渐有知识不听夷目之驱遣而夷目亦不得借其气势以自张应将税关委员改用同知料理则一切番舶出入皆听同知之稽查而一切情形无不瞭于同知之意内而又视其欲恶为之调剂则其心弥复归向虽复夷目迫之附己亦不肯从夷目失众夷之助自然不敢恣肆十数年后可使就绳约如内地语云虎噬人而媚养己者顺也或疑夷性难测不宜以同知迫处恐有意外之事而县丞骁骑校亦皆职官杂居已久何尝滋事哉

一澳夷言语不通必须通事传译历来俱以在澳行商传宣言语该商人之鼻息两相浃洽言语易从后于设立同知定议章程之时内有将同知标兵拨出二名充为通事一条商人即欲卸责地方而标兵充当通事既与澳夷不相谙熟不能得澳夷要领且人微言轻反以启侮更或侵渔生事关系非轻仍请照前用洋商通事乃商人视为畏途多方推诿此件颇为驭夷枢要用商人则夷人曲折无不谙晓用兵役则此辈无知反视夷人为奇货滋事作奸其弊无穷况商人之当通事犹民人之充当地保按年轮换不过暂时答应非有苦累不可听其置身事外盖澳夷惟利是知别无瞻顾商人服饰丽都钱财充牣可以取重于夷人又平日夷人孰良孰莠孰富孰贫无不周知断不宜骤易生手兵役致传译不通事有窒碍

一向来各番从无带人口入内地之例近来乃有一二番舶将妇女载入内地经前制宪行司查议许其寄搭澳门居住回船仍载出口盖恐番妇在行民夷杂处恐滋意外澳门则夷人气类相通别无嫌忌也不知澳夷性情黠巧与各番不同凡澳夷与番夷欲其离不欲其合何则凡关部之例各番船俱由东莞虎门入口即时赴关上税每番舶一只上税二三万金不等惟澳夷之舶则由十字门入口收泊澳门并不向关上税先将货搬入澳自行抽收以充番官番兵俸饷又有羡余则解回本国至十三行商人赴澳承买然后赴关上税是所税乃商人之税与澳夷无与又则例甚轻每一舶不过收税三四千金不等故澳夷得住澳之后震夸诸国以澳门地图为宝近年以来天主教不行该国夷王不肯输财于澳澳夷渐以困苦所有题定洋船照私赁吕宋夷舶影射入澳均分其利者其迹甚秘无可寻求犹幸各番与澳夷不睦尚未有勾通之路且澳夷窥视诸番不相款洽今若听各番得以妇女入澳则由寄顿而探视由探视而亲热万一凿破混沌将澳舶名号赁与各番则澳门添数舶于税额不增外番漏一舶则于税有缺海关每舶少万余金之税则澳夷辄增数万金之利关系非小请于现在洋舶回空之时严谕以后不许携带妇女入口万一仍有无知番人将妇女入口者即责令行家看守以洋行住一番妇料无大事不可听其寄顿澳门以为交通快捷方式

一澳门虽为地无几然夷人入住多年专以行教为事其志实不在小盖由该国有二王一曰善世国王系属僧身一曰治世国王系属民身僧王气势在民王之上专以行教为事如闻中土奉教者众则源源输财而至澳中始得饶富澳中旧有唐人庙一所唐人奉教者皆入庙礼拜凡香山顺德新会东夷而海番禺沿海嗜利之徒多入其教至

乾隆九年香山令张汝霖始详请将庙封闭大费心力始克遂事此后各处奉教民人始不敢至唐人庙礼拜然闻尚有竟至三巴寺礼拜者此为禁戢夷人之根柢但令其教不行则气势自然衰止仍请饬沿海各附近澳门州县每年将不许阴行奉教及偷至三巴寺礼拜事由禁谕一次其礼拜之期在冬至前后仍饬澳门同知严紧稽查但邪教永永不行则此等夷人久之又久亦与内地耕凿之民同安无事矣

部覆两广总督李侍尧议【乾隆二十四年】

一据称夷商在省住冬应请永行禁止也外洋夷船向系五六月收泊九十月归国即间有因事住冬亦在澳门居住乃近来多有藉称货物未销潜留省会难免勾结生事请嗣后夷船到粤销货后令其依限回国即有行欠未清亦应在澳门居住将货物交行代售下年顺搭回国查粤东贸易夷船其自进口以至归掉原有定期本不许潜留内地近因行商等或有挂欠未清以致该夷商等藉词迁延留寓省会希图探听各省货价置买获利而内地民人亦遂有诱令诓骗者今该督请于销货归本后依期随同原船回国则该夷商等不得藉词逗遛而内地商民亦不得往来交接夤缘为奸自属立法制防之道应如所请办理但夷商等既依期归掉一切销货归价自应责成殷商公平速售按期清楚不得任意拖欠即有零星货物未经销完伊等交易年欠自不无递年通融搭销带还之处但能信实相安彼此不致苦累原可无庸绳以官法若令该夷按年归国将货物交行商代售其中不肖行商知其势难久待或有意措留压滞有所不免嗣后遇有此等情弊一经告发地方官应将奸商按律处治毋庸稍有宽贷其夷商有因行货未清情愿暂留澳门居住者听其自便毋庸概勒归国以免扰累

一据称夷人到粤宜令寓居行商管束稽查也历来夷商到广俱系寓歇行商馆内乃近来嗜利之徒多将房屋改造华丽招留夷商图得厚租任听汉奸出入教唆引诱纵令出外闲行以致私行交易走漏税饷无弊不作请嗣后凡非开洋行之家概不许寓歇其买卖货物必令行商经手方许交易如有纵夷人出入以致作奸犯法者分别究拟地方官不实力稽查饬禁一并参处查夷商到粤寓歇行商馆内稽查管束原不许任意出入若非官充行商招引投寓不独勾引出入无从觉察而交易货物多寡不经行商通事之手更滋弊窦应如该督所请嗣后令夷商歇寓责成现充行商馆内送寓居住加谨管束房屋或有不敷并令行商自行租赁拨人照看毋许出入汉奸私相交易但行商等不得以操纵在已遂有把持短价勒措并令地方官留心访察严加查禁则奸夤既可永杜而远夷亦不致苦累矣

一据称借领外夷资本及雇倩汉人役使并应查禁也查近年夷商多将所余资本雇倩内地经营之人立约承领出省贩运则本地行店亦向伊借领本银生息互相勾结请嗣后内地民人倘敢故违将借领之人从重究拟查向来夷商到粤贸易衹许将带来货物售卖置买别货回国其应禁止出洋之货概不得私行贩运近来内地行店民人多有借夷商资本贸贩冀沾余润致有刘亚遍等之徒借领谋利教唆滋事于地方甚有关系应如该督所请令借领资本之行商人等据实首明勒限清还免其究拟嗣后倘有违禁借贷勾结者照交结外国借贷诓骗财物例问拟所借之银查追入官至夷商所带番厮人等足供役使原不得雇内地民人此后设立买办通事外如有无赖民人贪财受雇听其指使服役者应交地方官饬谕通事行商实力严查禁止倘有徇纵一并惩治

一据称外夷雇人传递信息之积弊宜请永除也夷商购买货物分遣多人前往浙江等省不时雇觅千里马往来探听货价低昂即如汪圣仪之案臣等所发牌单公文尚未递到该犯先已得信逃避又如钦天监刘松龄等两次奏请方守义等愿赴京效力俱以澳门来信为词皆由内地民人代为传赍信息请永行停止查外来夷商投行交易自不得任其藉词探听雇倩脚夫传递消息以致内地奸商往来交结此等积习亟宜革除应如该督所请严谕行商脚夫人等嗣后一切事务俱呈地方官听其酌量查办如有不遵禁约仍前雇倩往来即将代为雇觅及递送之人一并严拿究治至西洋人寄住澳门遇有公务转送钦天监应饬令夷目呈明海防同知转详督臣分别咨奏之处亦应如该督所请办理

一据称夷船进泊处应请酌拨营员弹压稽查也夷船进口之后向系收泊黄埔地方每船夷梢多至百余名或二百名不等均应防范向例酌拨广州协标外委带兵搭寮防守但外委职分卑微不足以资弹压请嗣后于臣标候补守备内酌拨一员督同稽查其米薪日用请于粤海关平余项下每月酌给银八两并令附近之新塘营酌拨桨船一只与该处原设左翼镇中军桨船会同稽察俟洋船出口即行撤回查夷船收泊所带夷梢为数众多种类各别性多暴悍易于滋事行凶而内地奸民蛋户复为勾引均所不免自应严行防范不致滋生事端今该督既称向派广州

协外委一员带兵十二名不足以资弹压应准其于督标内拣派候补守备一员专驻该处督同守寮弁兵实力防范稽查其候补人员例无廉俸所有每月酌给银八两之处亦应如该督所请准其于海关平余项下酌量拨给并酌拨桨船会同巡逻弹压至所拨弁兵俟夷船进口派往出口撤回如有巡防疎懈或致生事该管上司即严行参处

两广总督百龄监督常显议【嘉庆十四年】

查从前议奏防范规条本为详备因日久玩生致滋弊窦除再申明例禁督令切实奉行外至于今昔情形不同有应随时增易者谨分晰数条

一外夷兵船应停泊外洋以肃边防也查外夷来广贸易先将货船停泊零丁等处外洋报明引进黄埔河面以便查验开舱从不许护货之兵船驶入内港近年以来渐不恪守旧章应请嗣后各国货船到时无论所带护货兵船大小概不许擅入十字门及虎门各海口如敢违例擅进经守口员弁报明即行驱逐一面停止贸易

一各国夷南止准暂留司事之人经理货帐余饬依期归还不许在澳逗遛也查外夷商船向系每年五六月收泊九十月归国该夷商或因货物未销或有行商挂欠未清向准在粤海关请照下澳暂寓住冬仍俟行帐算明即于次年催令回国迩来该夷等竟有在澳久居迁延不去者名数较多且种类不一诚恐别滋事端嗣后各夷商如销货归本后令其依期随同原船归国不得在澳逗遛即有行欠未清止准酌留司事者一二名在澳住冬清理责令西洋夷目及洋行商人将留澳夷人姓名造册申报总督及粤海关衙门存案俟次年即令归国亦申报查考如敢任意久住或人数增多查出立即驱逐

一澳内华夷宜分别稽查也查澳内西洋人房屋自乾隆十四年议定章程止许修葺不许添造嗣因西洋夷人生齿日繁以致屋宇逐渐增添至澳内华人原议不准携带妻室以杜贩卖子女之弊嗣因西洋夷目呈称华夷贸易惟赖殷实华人方足取信若室家迁移则萍踪靡定虚实难稽是以住澳华人仍准携带妻室安土重迁亦难概令挈眷远徙惟澳内为地无多华夷杂处若不定以限制恐日致蔓延应将西洋人现有房屋若干户口若干逐一查明造册申报已添房屋姑免拆毁不许再行添造寸椽华人挈眷在澳门居住者亦令查明户口造册存案止准迁移出澳不许再有增添庶于体恤之中仍寓防闲之意

一夷船引水人等宜责令澳门同知给发牌照也查各国夷船行抵虎门外洋向系报明澳门同知令引水人带引进口近年竟有匪徒冒充引水致滋弊窦嗣后夷船到口即令引水先报澳门同知给予印照注明引水船户姓名由守口营弁验照放行仍将印照移回同知衙门缴销如无印照不准进口庶免弊混

一夷商买办人等宜责成地方官慎选承充随时严察也查夷商所需食用等物因言语不通不能自行采买向设有买办之人由澳门同知给发印照近年改由粤海关监督给照因监督远驻省城耳目难周该买办等惟利是图恐不免勾通外内商贩私买夷货并代夷人偷售违禁货物并恐有无照奸民从中影射滋弊嗣后夷商买办应令澳门同知就近选择土著殷实之人取具族长保邻切结始准承充给与腰牌印照在澳门者由该同知稽查如在黄埔即交番禺县就近稽查如敢于买办食物之外代买违禁货物及勾通走私舞弊并代雇华人服役查出照例重治其罪地方官徇纵一并查参

一夷船取货时责令洋行按股交易不准奸夷私行分拨也查夷货到粤向系行商公同酌议货物之贵贱均自承办不致彼此多寡悬殊近年夷商司事者竟随意分拨售卖内地行商因其操分拨之权曲意逢迎希图多分货物转售获利而奸夷遂意为肥瘠有殷商而少分者有疲商而多拨者以致年帐不清拖欠控追者不一而足嗣后夷货到时由监督亲督洋行总商于公司馆内秉公按股签掣均匀分拨不得任令乏商影射多买亏欠夷帐庶足以昭平允而杜争端

谨案原议凡六事最后夷船起货令洋行按股分拨一条经部议驳

卷二十九·夷商四

澳门同知王衷驳西洋国使眉额带历吃架哷隆哆吐喱喊嚈议【嘉庆十五年八月】

一据禀旧例西洋夷人上省置办货物料理贸易事宜祇经喽嚟哆代禀澳门关口即可放行并无批照求饬照旧章承办据府厅议查夷人上下省澳向由洋商禀明粤海关衙门批照俾沿途各衙门得于稽查于乾隆五十四年

经澳门同知侯丞禀请夷人上省由该同知衙门给照办理更为周密又于乾隆五十九年闲该同知韦丞具禀夷人上省亦照下澳之例仍令行商就近禀请粤海关衙门给照庶稽查周密兹该夷禀请由澳门关口准照放行则沿途各衙门并无文檄行知凭何稽察夷人上下省澳关系非轻倘有疎虞转非设立澳防同知专司稽查之本意嘉庆十二年据夷官嗘嚟哆具禀业经会议前例永远遵行未便妄请更改今所请碍难准行

一据禀俯念澳夷无田耕凿准设二十五号洋船往来贸易营生以资养育彼时人口未获盈千今生齿日繁男女计至五千余众且因近年外国打仗来往艰难竟至衣食无资乞再添船二十五号俾得源流贸易藉以养生准粤海关及府厅查澳夷趁洋船只始于雍正三年经总督孔毓珣题奉部咨定以限制诚恐夷船日多来者日众请将彼时现存洋船二十五号编列字号作为定额只准修葺补额不准额外添置推原昔日立法之意诚恐船多人众或致滋事生端嘉庆十二年据夷官嗘嚟哆具禀业经会议此洋船二十五号系久经题定额数未便无端添设今仍请添造碍难准行

一据禀澳额船钞昔蒙恩例准照东洋船例征输曾有设立碑牌永为垂志今将钞白呈查应奉新例征输等语并该夷续禀前由今移准粤海关查覆澳夷洋船如新船顶额即照东洋船例丈量长阔相乘至一十五丈四尺以上作为头等每尺钞银六两二钱二分二厘二毫二丝二忽长阔相乘至一十五丈四尺以下作为二等每尺钞银五两七钱一分四厘二毫八丝五忽长阔相乘至一十二丈二尺以下作为三等每尺钞银四两并无四等船例另收澳例新船规银七十两次年原船回澳即照本港船例丈量长阔相乘至一十六丈零作为头等每尺一两五钱长阔相乘至一十四丈作为二等每尺一两三钱长阔相乘至一十丈零作为三等每尺一两一钱长阔相乘至八丈者作为四等每尺九钱如相乘数目有不相近者禀明以两等船例对报另收旧船规银三十五两如外来洋船不论初来再来俱照东洋船例输钞另收澳例规银七十两再澳例系收十字花银应照库平兑收每银一两另补水银八分历久遵行递年由粤海关衙门入册报部在案并无现增新例毋庸另立章程嘉庆十二年据夷官嗘嚟哆具禀业经议覆今应遵照旧章办理毋庸改议

一据禀洋船坏漏必须修葺雇用工匠之人免其禀报不致串通衙差弁役藉端需索准粤海关查覆夷船大修例收归公银二十四两小修收归公银一十二两向有一定数目缴有关部衙门报部未便免其禀报以致归公银两无著

一据禀凡有红单盐船经由寄椗者饬定停泊娘妈阁口外分列两傍无许拥进内河将责载沙石填塞海道且至洋船归港稍有挟蹴动辄生端行据府厅查覆红单盐船闲有携带零星货物在该处交易由来已久未便遽行斥禁如只寄椗船只湾泊内地诚恐勾串土人载运夷货出洋走漏税课应请饬令湾泊娘妈阁口外不得入口以昭慎重嘉庆十二年据夷官嗘嚟哆具禀业经会议遵照旧章办理在案今应仍照旧章办理毋庸另议章程

一据禀白铅一项原系西洋倾银铸器必用之物且合洋船责载最善之资向例俱准澳船装运出口近因新例递年限以七千担出洋缘额数无多俱系黄埔别国洋船尽额购买出口以致西洋等埠需用艰难求恩给澳门递年限以三千担为度俾澳船得以装运回洋准粤海关及府厅查覆白铅一项为内地鼓铸必需之物先经前宪会同关部奏明每年限以七十万斤为率续奉圣谕令大加裁减或竟可不令放运出洋查明设禁亦无不可等因钦遵在案是前定七十万斤为数已多难以再行加增所有买铅章程前经议令洋商在佛山收买若干由佛山同知查明斤两填给印照运至省河复赴南番两县验明截角申报关部衙门覆验无异始准夷人分装出口查办最为严密况澳夷购货向无行商承报兹据称每年乞准买运若如所请则一切无所责成似非前议立法防弊之本意如果该夷必须白铅应令该澳夷即照外洋买铅之例自投洋商报明收买应由佛山同知及南番二县并粤海关衙门递相稽察以免日久弊生致滋浮买透漏之弊

一据禀澳夷设立嗘嚟哆系本国派点在澳所有奉公接应及与华夷交涉事件禀诉呈词俱由经理当有权握自后如有禀呈地方官不为申理者准其直达大宪庶下情不致枉屈而在澳华夷犹知畏敬等语据府厅查覆澳夷向来遇有禀陈事件俱由地方官代为转禀各宪示遵至华夷交涉事件向例亦由嗘嚟哆据呈地方官准理现在并无屈抑情事应请嗣后如果地方官有不为准理之事固应准其直达大宪倘并未禀呈地方官而直行越欣者应即照民人越诉不准之条办理

一据禀上路来澳各处货物以及日食所资前因海道未靖其水脚税务较前加倍以致货殖高昂华夷日用维

艰据府厅查覆澳门地方货殖均由省垣佛山各处市镇转运到澳售卖値价随时长落并无一定嗣后凡民夷买食均照市价公平交易毋庸立定章程

一据禀澳夷生齿日繁人多屋少竟至失所无依求恩奏请准行新建至各工匠禀报批牌饬定章程如系旧屋重修免其禀报据府厅查覆澳夷房屋庙宇止准修葺坏烂不得于旧有之外添建一椽一石违者以违制论罪嘉庆十二年据夷官唛嚟哆具禀业经会议应永远遵守未便更张至夷屋坏烂许其复修向来该承修工匠先将应修处所绘图禀报以拄添建之弊自应照旧禀报以便稽查地方官如果查明别无情弊立即批准船修不得假于书役之手以杜浮费而垂永久

一据禀澳夷买办既经点验乡民诚实者给领牌照免其改换新牌不致串通衙差弁役藉端需索据府厅查覆夷人买办嘉庆十四年奏准章程凡夷人买办著令澳门同知选择土著殷实之人取具族邻保结始准承充给予腰牌印照以便稽查代买违禁货物及勾通走私之弊应饬上紧招募选充将花名列册申送以凭传验查此项人役如系承充之后或欲别业禀退以及病废事故需人接充应令其将牌缴销改换新牌以杜私充滋弊其牌务令当堂发给不得假手胥役以免需索

一据禀澳夷上省下澳及澳中华夷搬运货物应用挑夫动以公务为词藉端需索每致留难阻滞即夷人自有黑奴搬运家私移顿货物实可无庸雇倩者竟有拦街殴夺起衅争端屡禀地方官严加究治伊等顽抗异常据府厅查覆澳中挑夫设有夫头每逢渡船往来承挑货物及夷人上省下澳均须雇倩近因米价高昂各夫头因日用不敷未免脚价比前较增应请饬禁不许多索至黑奴搬运家私什物应听该夷人自便挑夫倘有拦阻混争地方官出示查禁有犯即行究处

以上各条经粤海关监督广州府澳门同知循照旧章核议内如洋船澳房不能添设澳船税钞历有定规未便更张白铅祇能照依定数凭行赴佛山填照向买未便分给三千斤西洋夷人在澳装运其余各条或原有禁例或日久恐滋流弊应如议遵循办理

广东布政使曾燠会议详驳英吉利国大班益花臣议【嘉庆十五年十月】

一称伊等办理贸易遇事递禀若必用夷字恐致译错误事据该府等议以内地禀事悉用汉文缮写事由本系盛世同文之义因外夷不识汉字是以准用夷字系属格外体恤今该夷商等情愿学写汉字似于书同文之义尚无妨碍即向来夷禀亦多用汉文请俯顺夷情准其禀事时书写汉文本司道等议查夷性谲正不一恐致勾引内地民人代为书写如遇有语涉荒谬一经查究则又以不谙汉文倩人代写为推卸地步不可不防其渐应请嗣后如该大班能写汉字准其自书若本不谙习仍用夷字免致狡混而杜弊端

一地方官行用文书谕内用蛮夷等字似有轻侮之意府议以蛮夷二字系外国统称在南曰蛮在西曰夷犹内地民人曰汉人祇系稱呼并无轻侮之意况澳门系香山县地方各国夷人往来贸易遇有交涉事务不能不由地方官就近查考岂可推敲字句请毋庸议本司道等查此系夷目等不谙文义应如该府等所禀称毋庸置议并请饬知洋商明晰开导示以并非轻侮以释其疑

一地方官若有事至行请先为通知府议地方官赴行查察系为防范内地匪民虑有扰累外夷之事本无可疑先为通知亦属两便并无窒碍本司道议准地方官有公事前赴洋行查办本非秘密原可预先通知以示推诚布公之道应如所请办理

一公司船户有事驾三板来往关口巡役请无拦截府议以夷船既准贸易自应准其遇事往来关口巡役查看往来船只事隶关部请移咨查照旧章办理本司道议准公司船户遇有公事似可准其坐驾三板往来由粤海关查照向例办理倘有携带违禁货物仍须由各关口查办以示体制而免疎虞

一夷商来粤贸易须用民人为挑夫守门所用不下数百丁若用夷人恐与小民争执府议以十三行及澳门公司馆内向来雇用挑夫守门烧茶煮饭买物等项人等均不可少请照旧章准其雇用惟跟班沙文向例并未准行请照旧章禁止本司道议准挑夫守门人等若一概禁止该夷人来粤贸易未免不能熟悉自应仍准雇用惟省城十三行及澳门公司馆每处需用若干名应请移知粤海关酌定名数饬行遵照俾易稽核其沙文名目仍应严行禁止一历来护送货船来粤之兵船在川鼻交椅零丁鸡颈等洋面湾泊因乘风时便难常在一处请照常给买办一节府议

以巡船护送货船往来粤省向有一定湾泊地方业于嘉庆十年三月经总督那彦成具奏在案自应照旧章办理但护送货来即当护送货往若货船已经回国巡船即不得逗遛外洋致启他国夷商口实请嗣后英吉利巡船准令照旧护送货船往来货船未经回国以前准其给与买办若货船已经回国巡船即不得逗遛外洋以符旧例本司道议准货船在外洋来粤惟祖家船有兵船护送此系该国慎重之意并未禁止但兵船湾泊例祗准在外洋地方不得逼近内洋自应仍照旧章一俟祖家货船贸易事竣回国即应普同护送回帆不得逗遛亦不准再给买办如此立定章程巡船自不能任意湾泊

一货船在内巡船在外不得不以三板往来相通求禁止关口师船拦截府议以巡船三板与货船三板往来关口断难一一辨识稽查之法惟论有无违禁夹带情弊请嗣后英吉利货船进口后如有送信三板往来在内出者赴省城税馆黄埔税馆报验在外入者赴横档税馆报验验明并无军械私货由税馆给与照票知会附近师船炮台准予放行不必禁阻其有违禁夹带者照例阻止本司道议准货船驶入内河巡船祗准在外洋停泊如有三板往来似未便全行禁止然遇有出入各关口税馆必须严查如无违禁货物军械给予照票始准放行如查有弊混仍行阻止则以体恤之中仍寓防闲之意似可准行

一前日有港脚船出口已得红牌被师船放炮向击求定章程禁止府议以货船已领红牌自应放行不可阻止但该船已赴税馆报明税口亦应就近知会炮台方知何船出口以凭转报请嗣后货船领牌出口由税口知会炮台弁兵可免歧误本司道议准货船出口既已领牌自应即由税口随时知会炮台验放以免阻止致滋纷扰

一咪利坚国与英吉利国不睦所有英吉利货船常被咪利坚在夷洋拿获其掠过货物亦不容随便售卖府议以各国船只来粤贸易均有原领各国批照可据是以船至万山须用引水看过船只实有货物问明来历始赴澳门挂号挂号后引至虎门报验方始引进黄埔旧例相循已久若验明既系货船又有批照另于旧例外别生枝叶便易滋扰请仍照旧章办理至夷洋有无夷船互相争执内地无从查考应毋庸议本司道议准查各国货船来粤惟以该国批照为凭其货物来历本难稽考至该夷人等互相争执系外夷之事不值顾问应毋庸置议

广州府知府陈镇核英吉利国大班益花臣议【嘉庆十五年十月】

一英吉利夷商禀帖准用汉文系为俯顺夷情遇事方便起见如款式语句不合应驳换再收其有关陈奏事件请仍用夷字以符体制

一英吉利夷商禀事密封交行商代递系指紧要事务径赴总督辕门陈诉者而言其寻常贸易事务请仍赴粤海关衙门呈递以及交涉地方寻常事件仍赴澳门同知香山县及县丞衙门就近呈递以昭画一

一各国夷商来粤贸易统归粤海关衙门经管其有交涉地方事务在澳门者归澳门同知香山县及县丞经管在黄埔者归番禺县及茭塘司巡检经管立法最为简便惟英吉利向有护货兵船是以师船炮台亦须随时查考此次议定章程凡出入送信小三板船只均赴税口挂号查验给与照票如果该夷目等约束严紧请由税口知会就近炮台放行但不得稍滋事端致违天朝一视同仁之意

一大班益花臣等在粤贸易系受英吉利国王委任其具禀大小事件与内地办公无异断无以私废公之理请嗣后夷商禀事但论其事之应禀不应禀不问其船之开舱与不开舱即有迟延亦系伊等自误其事毋庸查问如此则浮言可息夷情益觉安帖

一内地办理犯法民人本与外夷无涉而以讹传讹最易煽惑请嗣后办案如有交涉外夷之处必先有文书饬行公司馆查照如无文书即不干外夷之事该夷商等无须询问

两广总督蒋攸铦监督祥绍疏【嘉庆十九年十月】

查南洋诸夷以英吉利为最强而并非富饶惟藉贸易为资生之计其货物不到内地亦别无销售之处且呢羽钟表中华尽可不需茶叶土丝彼国断不可少是其不能不仰给于贸易者其理易明惟是怀柔驾驭必当杜渐防微粤民趋利若鹜首在查禁汉奸近年如私借夷人赀本及拖欠夷债之郑崇谦吴士琼沐士芳等均经照例惩办现复访有曾为夷人服役积有家产朦捐职衔仍与夷人交结之李耀李怀远二名业经拿获查钞审明定拟具奏在案臣等仍督饬地方官密加侦访如有似此者均应逐一严惩并不准民人私为夷人服役责成洋商通事稽查其住居澳

门及省城十三行之贸易民人不得搭盖夷式房屋即售卖夷人衣履之铺户亦不得用夷字店号以杜勾通而严区别向来兵船护送货船到粤货船自行进口兵船即驶往零丁潭仔洋面停泊嘉庆十四年原奏但称不许进十字门及虎门各海口语涉笼统嗣后应仍其旧不得驶入内洋亦不准于所护货船出口之后复有逗遛致干驱逐至设立洋商令其互相贸易即藉以稽察夷情必须身家殷实办事明妥交易始能公平不欠夷人私债庶不致为夷人所轻视迩来充当洋商者共有十人实在赀财素裕者不过三四家其余虽皆有同商互保承充而本非殷实不过图得行规承充后又不善经理无处揭借不能不欠夷人之帐既有夷帐即不能不赊客商之货以抵还夷人迨至积欠逾多不敷挪揜为夷商所挟制是以评估货价不得其平内地客商转受亏折之累若俟该疲行陆续乏败时再行清理恐有积重难返之势向例货船出口海关监督衙门发给印照回国即取具夷人两无带欠夷字甘结存案此事章成故套难以凭信臣等再四熟商俟冬春交易事毕派委明干大员督饬总商伍敦元卢棣荣确查各商私欠夷帐多寡如为数有限易于归结者勒限清完准其承充外倘拖欠过多不肯据实供吐即应奏明斥革将承办贸易行规归于殷商分办仍照向办章程查钞变抵不敷之数令众商按股摊还现在各商已有代还之欵应俟摊完后分年续摊并饬此后不得滥保身家浅薄之人违者一体治罪如此则夷人不能抬价居奇以挟制洋行洋行亦不敢低估侵欺以拖累商价且夷帐既已清厘每年货船回国即有未售完之货可交住澳门大班等料理或酌留数人亦属无多仍严禁内地民人不准私往夷馆庶立法益臻周密而弊端可期剔除

两广总督李鸿宾监督中祥疏【道光十一年二月】

粤东省会滨临洋海番舶往来防察最宜周密乾隆年间因英吉利国夷商违犯天朝禁令经前督臣李侍尧奏定防范外夷章程五条用资约束迨日久玩生渐形疎畧道光九年英吉利夷商因求减输规银延不进口上年又有私带番妇住馆偷运鎗炮至省等事虽一经具奏该夷即知海悟不致始终抗违但夷情诡谲必须严申禁令以重防闲且旧定各条今昔情形不同亦有因时异宜之处应酌量变通俾可共相遵守臣等率同藩臬两司将原定章程参酌时势量为增减责令员弁兵役实力巡防行商通事认真稽查严内地之成规即以杜外夷之滋事似于控驭绥来之道益加周密谨会同核议章程八条敬呈御览

一夷商进口后泊船处所应照旧派拨弁兵稽查其住居行商馆内即令行商约束以免滋事也查原定章程夷船进口收泊黄埔地方酌拨广协外委一员带兵十二名搭寮防守并于督标内拣派候补守备一员督同稽查复于附近之新塘营酌拨桨船一只与该处原设左翼中营桨船会同稽查俟夷船出口即行撤回等因现在毋庸另议更改惟是日久视为具文应随时密加访查如巡兵怠惰偷安即行分别严惩至夷商寓歇洋商馆内向系责成行商管束其置买货物必令行商经手原以防范奸民引诱教唆嗣后夷商居住行商馆内不许夷商擅自出入致与奸民交易营私其在省河坐驾三板船只不准扬帆飞驶与省河民船踫撞争闹凡附近省城村落墟市不准听其游荡以杜衅端

一夷人私带番妇住馆及在省乘坐肩舆均应禁止也查各国夷人带妇婢至省居住久经严禁乃上年英吉利国大班违例带携已驱逐回澳访察来省之妇系属该夷商由本国带来其随从夷婢则系澳门居住之西洋妇女受雇服役嗣后应严谕各国大班夷商不许携带夷妇至省居住倘敢故违即停其买卖并即押令回澳一面责成关口巡查弁兵如遇夷人携带妇婢赴省即行拦阻截回又饬澳门同知转谕澳门西洋夷目唛嚟哆及番差等此后西洋妇女受雇与各国夷妇服役只准在澳门居住不准违禁听其随带赴省如违惟唛嚟哆是问至夷人在省坐轿皆因奸徒送给及肩夫贪利所致除谕饬各国夷人遵照嗣后不得在省乘轿上岸外并严禁奸商不得给送肩舆代雇舆夫及受雇肩抬希图获利一经访闻即严拘究治一夷人偷运鎗炮至省应责成关口巡查弁兵严加禁遏也查夷商在省不准带携鎗炮禁令本属森严乃上年忽有夷人偷运鎗炮载至省城夷馆殊违旧制嗣后应责成关口巡查弁兵认真访察遇有夷人偷运鎗炮赴省垣夷馆即行拦截不准前进若弁兵失于觉察甚或知情放纵致夷人复有偷运鎗炮至省之事即提该弁兵人等分别究拟

一夷商雇倩民人服役应稍变通也查原定章程夷商住居馆内除设立买办通事外如民人受雇服役者严查禁止等因查内地民人雇给夷商服役向有沙文名目久已禁革自应仍照旧章严行禁止惟近日各国夷商来者益众其看货守门及挑水挑货等项在在需人而夷商所带黑鬼奴性多蠢暴若令其全用黑鬼奴诚恐聚集人多出外

与民人争扰转致滋生事端应请嗣后夷馆应需看货守门及挑水挑货人等均由买办代为雇倩民人仍将姓名告知洋商责成该管买办及洋商稽查管束如此等民人内有教诱夷商作奸洋商买办即随时禀请拘究

一夷商具禀事务应酌量是否紧要分别代递自递也查夷商禀词应否交行商代递抑应自行投呈必须明定章程方免混行越诉应谕饬英吉利与各国夷商遵照嗣后遇有事关紧要必须赴总督衙门禀控者应将禀词交总商或保商代递不准夷人擅至城门口自投倘总商保商执意拦阻不为代递致夷情不能申诉方准夷人携禀前赴城门口营员接交其投禀时只准一二夷人前往不准带领多人张皇其事若事属寻常行商并未拦阻不为代投及不应具禀之事该夷人辄行逞刁违抗带领多人至城门递禀者即将该夷商贸易暂停一月不准买卖货物以示惩儆其余寻常贸易事务应赴粤海关衙门具禀及寻常交涉地方事务应赴澳门同知香山县及香山县丞等衙门禀陈者均仍准照常控理

一借贷夷商银两应杜拖欠弊端也查原定章程商民违禁借贷夷商银两串引勾结者照交结外国借贷诓骗例问拟所借之银查追入官等因是行商借贷夷商银两旧章久为严密惟行商与夷商交易有无拖欠尾项向于夷商出口时虚报了事不足以昭核实而杜朦隐应请嗣后除商民借贷夷商银两串引勾结者仍照例究治外共行商与夷商交易每年买卖事毕令夷商将行商有无尾欠报明粤海关存案各行商亦将有无尾欠据实具结报明粤海关查考如有行商亏本歇业拖欠夷商银两查明曾经具报者照例分赔未经报明者即不赔缴控告亦不申理所有应偿尾欠银两应饬令行商具限三个月内归还不准延宕如已归给即取具夷商收字报明存案若逾期不偿许该夷商控追倘逾期该夷商不愿控追应听其便其当时不控过后始行控追者不为申理以杜新旧影射之弊

一夷商不得在粤住冬应变通旧章随时防范也查原定章程夷船五六月间在粤收泊九十月间回国不得留寓省城探听物价置买获利及与内地民人往来交接夤缘为奸如有行货未清情愿暂留澳门居住者听其自便等因乾隆年间各国夷船至粤不过三四十号今则多至七八十号至百号不等近年英吉利国公司夷船每于七八月闲陆续来粤换兑货物至十二月及次年正二月内出口回国该国公司大班夷商人等于公司夷船出口完竣之后请牌前往澳门居住俟七八月闲该国货船至粤该大班人等复请牌赴省料理贸易此外港脚咪利坚各国夷船至粤生理来去并无定期非英吉利之有公司者可比其一人名下每年至粤船只或一二号或三四号或本人无船将货物附载别船售销该夷商均在省经理是现在夷船既倍多于前而收泊之期复无定且其在粤经理商务年久相安自不必拘定以九十月闲回国嗣后夷商如果早抵省城货物全销仍令照旧按期返棹倘迟至八九月闲始行到粤售货需时应责成各行商将住省夷商认真稽查约束一面公平售货迅速兑价不得拖欠掯延各国夷商一俟货销事竣不论何时即行随船回国或前往澳门居住不得无故潜留如此量为变通则远夷均无久滞省城之事而奸民亦鲜藉端勾引之弊矣

一英吉利国公司船户驾艇往来及夷商货船领牌出口均应遵定制也查夷船贸易其公司船户遇有公事往来坐驾三板艇只自难禁止应照旧准其驾驶倘有携带违禁货物即著落各关口弁兵严查禀办惟向来夷目船户始准坐驾插旗三板船只若非夷目船户不得妄驾插旗之船仍应循照旧章俾无朦混其由澳门黄埔至省及由省至黄埔澳门均照旧章请给红牌毋得来去自由致干查究至夷商货船领取红牌出口向赴税馆报明仍应由税口随时知会炮台验放免致拦阻滋闹

两广总督卢坤疏【道光十四年十月】

英吉利与内地通市诚如上谕必须有统摄之人专理其事而经理又必须经纪中人如从前之大班等项方可与内地洋商交易臣已饬洋商伍敦元等传谕该国散商寄信回国另派大班来粤管理贸易事宜以符旧制不得仍令夷目前来致如唠啤之徒生事端有碍贸易现复恭录谕旨饬商传谕钦遵

两广总督卢坤监督中祥疏【道光十五年正月】

窃外洋夷人来粤贸易自乾隆二十五年奏定防范规条以后嗣于嘉庆十四年道光十一年经各前督抚臣先后酌议章程奏准遵行立法已属周密第奉行日久或竟成具文或渐生流弊上年英吉利公司局散该国商人自来贸易司总无人虽经谕饬该夷商等寄信回国仍派大班来粤管理而现在商多人杂事无统属必应颁发章程俾资

遵守唯时事有今昔之殊且英夷公司既散贸易情形与前亦稍有不同除旧章无须更议各条照旧申明晓谕并将查办夷欠严拿走私各章程先经项目具奏外尚有应行酌量增易规条经臣等率同藩臬两司详加筹议肃体制以防踰越严交结以杜汉奸谨出入之防专稽察之责庶防范益昭详慎仍严饬洋商公平交易各顾大体俾诸番共沾圣泽咸凛畏怀

一外夷欲货兵船不准驶入内洋应严申禁令并责成舟师防堵也查贸易夷人酌带兵船自护其货由来已久向例止准在外洋停泊俟货船出口一同回帆不许擅入海口自嘉庆年闲以来渐不恪守旧章上年又有阑入海口之事虽该夷船驶入内河浅水之处毫无能为而防范总应周密除虎门一带炮台现在分别增建移设添铸大炮筹备堵御外应严申例禁嗣后各国护货兵船如有擅入十字门及虎门各海口者即将夷商货船全行封舱停止贸易一面立时驱逐并责成水师提督凡遇有外夷兵船在外洋停泊即督饬各炮台弁兵加意防范并亲督舟师在各海口巡守与炮台合力防堵弁兵倘有疎懈严行参处务使水陆声势联络夷船无从闯越

一夷人偷运鎗炮及私带番妇番哨人等至省应责成行商一体稽查也查夷人除随身携带刀剑鎗各一件例所不禁外其擅将炮位及鸟鎗军械并番妇人等运带赴省定例责成关汛弁兵稽查拦截唯关汛固有盘查之责而夷商在省外夷馆居住其房屋皆系向行商租赁该商等耳目切近断无不知自应一体责令稽查嗣后各国夷人概不准将鎗炮军械及番妇番哨人等运带至省如有私行运带者责成租馆行商查阻不许令其入馆一面赴地方官呈报如有容留隐匿即将该行商照私通外国例治罪关汛弁兵不行查出仍分别失察故纵从重究处

一夷船引水买办应由澳门同知给发牌照不准私雇也查澳门同知衙门向设引水十四名遇夷船行抵虎门外洋应报明该同知令引水带引进口其夷商在船所需食用等物应用买办亦由该同知选择土著殷实之人承充近来每有匪徒在外洋假充引水将夷人货物诓骗逃走并有匪类诡托买办之名勾串走私等弊迨事发查拿因该匪徒诡托姓名无从缉究嗣后澳门同知设立引水查明年貌籍贯发给编号印花腰牌造册报明总督衙门与粤海关存案遇引带夷船给与印照注明引水船户姓名关汛验照放行其无印花腰牌之人夷船不得雇用至夷船停泊澳门黄埔时所需买办一体由该同知给发腰牌在澳门由该同知稽查在黄埔由番禺县稽查如夷船违例进出或夷人私驾小艇在沿海村庄游行将引水严行究处如有买卖违禁货物及偷漏税货买办不据实禀报从重治罪

一夷馆雇用民人应明定限制也查旧制贸易夷人除通事买办外不准雇用民人道光十一年奏准夷馆看守门户及挑水挑货人等均由买办代雇民人惟愚民骛利鲜耻且附近省城多谙晓夷语之人若听夷人任意雇用难免勾串作奸自应定以限制并宜专以责成嗣后每夷馆一闲无论住居夷人多寡只准用看门人二名挑水夫四名夷商一人雇看货夫一名不许额外多用其人夫责成夷馆买办代雇买办责成通事保充通事责成洋商保充层递箝制如有勾串不法唯代雇保充之人是问仍令该管行商按月造具各夷商名下买办人夫名籍清册送县存案随时稽查其挑货人夫令通事临时散雇事毕遣回至民人受雇为夷商服役之沙文名目仍永远禁止倘夷人额外多雇人夫及私雇沙文服役将通事行商一并治罪一夷人在内河驶用船只应分别裁节并禁止不时闲游也查夷人入口贸易货船停泊黄埔其在省城澳门往来向惟英吉利公司船户准坐驾插旗三板船只此项三板船身较大上有舱板易于夹带器械及违禁货物现在公司已散所有插旗三板给应行裁革至夷人在夷馆居住不准擅自出入嘉庆二十一年前督臣蒋攸铦任内酌定每月初八十八二十八三日准其附近游散一次近年该夷人往往不遵旧章必须重申禁令嗣后各夷人船到黄埔或在省城澳门往来通信只准用无篷小三板船不得再用插旗三板船只其小三板经过关口听候查验如有夹带违禁货物及炮位器械即行驱逐在馆居住夷人只准于初八十八二十八三日在附近之花地海幢寺散游一次每次不得过十人限申刻回馆不准在外住歇饮酒如非应准出游日期及同游至十人以外并赴别处村落墟市游荡将行商通事一并治罪

一夷人具禀事件应一律由洋商转禀以肃政体也查外夷与中华书不同文其中闲粗识汉字者亦不通文义不谙体制具禀事件词不达意每多难解并妄用书信混行投递殊乖政体且同一夷务或由洋商转禀或由夷人自禀办理亦不画一嗣后凡夷人具禀事件应一概由洋商代为据情转禀不必自具禀词如系控告洋商事件或洋商有抑掯不为转禀之事仍许夷人自赴地方官衙门禀讦立提洋商讯究

一洋商承保夷船应认派兼用以杜私弊也查夷船来粤旧例系由各洋商循环轮流具保如有违法唯保商是问嗣恐轮保有把持之弊凡港脚夷船均听其自行具保惟现在公司已散所来夷船散漫无稽若责令仍照旧例由

洋商轮保恐有抑勒之弊而竟任其自行择保亦难保无勾串情事嗣后夷船到粤照旧听其自投相信之行为认保一切交易货物请牌完税公事均由认保承办收纳饷税查照则例毋许丝毫加增仍每船设立派保一人各行挨次轮派专司查察如认保行商与夷人通同舞弊作奸或私增税银拖欠夷帐责成派保之商据实呈首分别究追派保徇隐察出并究

一夷船在洋私卖税货应责成水师查拿并咨沿海各省稽查也查各国夷船贩运货物来粤理应入口完纳税钞由洋商发卖乃该夷船等往往寄泊外洋进口延缓亦有竟不进口旋即驶去者不特趸卖鸦片并恐私销洋货臣等每据禀报即严切批行舟师催令进口如不进口立时驱逐不准逗遛并在各海口分派员弁严拿走私匪徒历经拿获出洋贩卖鸦片人船究办惟粤省与福建浙江天津等省洋面毘连各省奸徒坐驾海船在外洋与夷人私相买卖货物即从海道运回此等奸贩既不由粤省海口出入无从堵拿而洋货分销入口渐少于税饷甚有关系嗣后应责成水师提督督饬舟师在于外洋常川巡逻如有向夷船私买洋货商贩即行拿解究办并立定章程无论何省海船置买洋货一律赴粤海关请用盖印执照详注货物数目不准私买咨明闽浙各省通行遵照并于各海口严行稽查如有海船运回外洋货物查无海关印照即属私货照例究办船货入官

卷三十·杂识

臣谨案夏禹定高山大川伯益类草木别水土而山海经作焉自是伊尹有朝献之令周书有王会之篇露犬纨牛乘黄兹白四海异物粲然毕陈盖学者辨物既于此广见闻而王者大同亦因之觇渐被后王德薄不能及远魏晋六朝疆分南北尚不能揽中原之全况在海外哉夷考历代经籍汉书艺文志有海中日月彗虹杂占及海中二十八宿国分与五星顺逆等六家但言天象不及地舆至隋志始有交州以南外国传临海水土物志唐志有顾愔新罗国记达奚通海南诸番行记岂铅椠之无人实獉狉之未开耳我朝混一车书冠带之伦纳贶奉琛载于皇清职贡图者不可悉数又自通商互市帆樯辐辏日异月增番客估师侪于编户故晦明风雨可测而知巨澥重溟按程可届昔扬雄把弱翰赍油素以纪别国方言诚以扶舆磅礴非博识不能该则搜录旧闻亦识海验风之一助云若夫真腊风土纪及禽鱼桂海虞衡偏详草木其细已甚概无取焉

海中杂占

朝看东南黑势急午前两暮看西北黑半夜看风雨【广舆图】

右占天

早起天顶无云日出渐明暮看西边无穷明日晴明游丝天外飞久晴便可期清朝起海云风雨霎时辰风静郁蒸热云雷必震烈东风云过西雨下不移时东南卯没云雨下巳时辰云起南山暗风雨辰时见日出卯遇云无雨必天阴云随风雨疾风雨霎时息迎云对风行风雨转时辰日没黑云接风雨不可说云布满山低连宵雨乱飞云从龙门起飓风连急雨西北黑云生雷雨必声訇云势者鱼鳞来朝风不轻云钩午后排风色属人猜夏云钩内出秋风钩背来晓云东不虑夜雨愁过西雨阵雨双煎大飓连天恶恶云半开闭大飓随风至风息始静然乱云天半绕风雨来多少风送雨倾盘云过都暗了红云日出生劝君莫出行红云日没起晴明不可许【广舆图】

右占云

秋冬东南起雨下不相逢春夏西北风夏来雨不从讯头风不长讯后风雨毒春夏东南风不必问天公秋冬西北风天光晴可喜长夏风势轻舟船最可行深秋风势动风势浪未静夏风连夜倾不昼便晴明雨过东风至晚来越添巨风雨潮相攻飓风难将避初三须有飓初四还可惧望日二十三飓风君可畏七八必有风讯头有风至春雪百二旬有风君须记二月风雨多出门还可记初八及十三十九二十一【一作二十四】三月十八雨四月十八至风雨带来潮傍船人难避端午讯头风二九君还记西北风大狂回南必乱地六月十一二彭祖连天忌七月上旬来争秋莫船开八月半旬时随潮不可移【广舆图】

逐月定日恶风正月初十二十一日乃大将军降日逢大杀午后有风无风则雨二月初三十七二十七日午后有大风雨三月初九十二二十四日有大风雨四月初八十九二十三日午时有大风雨五月初十十一十九日申酉时有大风雨六月十九二十七日卯辰有大风雨七月初七初九十五二十七日有大风八月初三初八十七二十七日有大风九月十一十五十七十九日有恶风雨十月十五十八十九二十七日府君朝上帝卯时有大风雨十一月

初一初三十九日有大风雨十二月初二初三初五初六十二二十八日有大狂风【东西洋考】

南海夏秋间或云物惨然则其晕如虹长六七尺比候则飓风必发故呼为飓母忽见有震雷则飓风不能作矣舟人常以为候豫为备之【岭表录异】

南海多飓风飓者具四方之风也或曰惧风言怖惧也初则自东而北而西而南乃止未至时三日鸡犬为之不安既大至则林宇悉拔覆舟杀稼俗有朝三晚七昼不过一之谚亦颇验云【图书编】

右占風

乌云接日雨即倾滴云下日光晴朗无妨早间日珥狂风即起申后日珥明日有雨一珥单日两珥双起午前日晕风起此方午后日晕风势须防晕开门处风色不狂早白暮赤飞沙走石日没暗红无雨必风朝日烘天晴风必扬朝日烛地细雨必至暮光烛天日光晴彩久晴可待日光早出晴明必久返照黄光明日风狂午后云遮夜雨雾沱【广舆图】

右占日

虹下雨雷晴明可期断虹晚见不明天变断虹早挂有风不怕【广舆图】

右占虹

晓雾即收晴天可求雾收不起细雨不止三日雾蒙必起狂风白虹下降恶雾必散【广舆图】

右占雾

电光西南明日炎炎电光西北雨下连宿辰阙电飞大飓可期远来无虑迟则有危电光乱明无风雨晴夏风电下来秋风对电起闪烁星光星下风狂【广舆图】

右占电

蝼蛄放洋大飓难当两日不至三日无妨满海荒浪雨骤风狂大海无虑至近无妨金银徧海风雨立待海泛沙尘大飓难禁若近山岸仔细思寻乌鲚弄波风雨必起二日不来三日难抵水上鹅毛风大难抛东风可守回南暂傲白虾弄波风起便和【广舆图】

右占海

每月初一三十日初二三四五六日水醒至初七平交十五水又醒至十六十七十八十九二十日水俱醒二十一日水平如前水醒流势甚紧凡船到七州洋及外罗洋值此数日斟酌船身不可偏东宜扯过西至初八九十一二三四水退流东二十三四五六七八水俱退东船到七州洋及外罗值此数日斟酌船身不可偏西西则无水宜扯过东【东西洋考】

右水醒

凡行船可探西水色青多见拜浪鱼贪东则水色黑色青有大朽木深流及鸭鸟声见如白鸟尾带箭此系正针足近外罗对开贪东七更船便是万里石塘内有一红石山不高如看见船身低下若见石头可防水痕忌日忌行船装载大月初一初七十一十七二十三三十日忌小月初三初七十二二十六日忌【东西洋考】

右水忌

月上潮涨月没潮涨大讯潮光小讯月上水涨东北东南旋澷西南水回便是水落北海之潮终日滔滔高丽潮来一日一遭莱州洋水南北长落北来是长南退方觉扬子江内粮舟之患最怕船密大风紧急系定且守船走难缆钮定必凶直至沙岸走花落矴神鬼惊散要知矴地大洪泥硬滩山一铁矴可障海中泥泞顺抛水矴黑水洋深接缴数寻成山开处名罗鼓地磨断宗毛篾缴可抛成山铁山万丈深泉【广舆图】

右占潮

广州潮

广人以潮汐为水节或日一潮而一汐或日两潮而两汐皆谓之节其在番禺之都朝潮未落暮潮乘之加以终风前后相蹙海水为之沸溢是曰沓潮一岁有之或再岁有之此则潮之变水之不得其节者也若以岁之十月自朔至于十有二日候潮朔日潮盛则明年正月必有大水二日则应二月日直其月至于十有二日皆然此亦潮之常而人罕知之盖水之神于节者也【粤东笔记】

琼州潮

凡江浙之潮皆有定候独琼海之潮半月东流半月西流潮之大小随长短星不系月之盛衰亦甚异也【太平寰宇记】

钦州廉州潮

岭外录钦州廉州日止一潮谓之小水朔望大潮谓之先水广州记石洲【名黄山】在海中山北日一潮山南日再潮【广潮辑说】

崖州潮

周密癸辛杂识续集广王驻硇州【属雷州界】改号祥兴至己卯岁二月北军大至战于崖山自晓至午南北皆倦欲罢平日潮信凡两时即退适此日潮总不退北军虽欲少退而潮势不可止遂死战南军大溃【海潮辑说】

海中澳港

沿海之中上等安澳可避四面飓风者凡三十三处曰马迹曰两头冋曰长涂曰高丁港曰沉家门曰舟山前港曰浔江曰烈港曰定海港曰黄岐港曰潮头港曰梅港曰石埔港曰猪头澳曰海门港曰松门港曰苍山澳曰玉环山梁澳等澳曰楚门港曰黄花水寨曰江口水寨曰大澳曰女儿澳中等安澳可避两面飓风者凡一十八处曰马木港曰长白港曰蒲门曰观门曰竹齐港曰石牛港曰乌沙门曰桃花门曰海闸门曰九山曰爵溪澳曰牛栏矶曰旦门曰大陈山曰大床头曰凤凰山曰南麂山曰霓澳其余下安等澳只可避一面飓风如三姑山衢山之类不可胜数必不得已寄泊一宵若停久恐风反别讯不能支矣又潭岸山滩山许山之类皆团生无澳一面之风亦所难避可不慎乎【图书编】

东洋记

天地之大何物不容轻清之气包涵万类星辰日月亦有所不及而圣人测理备至定四方制指南分二十四筹由近之远莫出范围启后世愚蒙识万国九州然而九州之外又有九州谨按四方外国地方海道人物风土粗据所见闻而畧志之俾后之君子有所采择朝鲜居天地之艮方联盛京对天津古箕子地分郡县幅员里道朝贡经由历代史典舆图备纪无庸剿说其南隔一洋日本国属之对马岛顺风一夜可抵明关白为乱者是也自对马岛而南寅甲卯东方一带七十二岛皆日本倭奴之地而舆中国通贸易者惟长崎一岛长崎产乏粟菽难供食指开贸易入公家通计终岁所获利就长崎按户口均分国王居长崎之东北陆程近一月地名弥谷译曰京受封汉朝王服中国冠裳国习中华文字读以倭音予夺之权军政国事柄于上将军王不干预仅食俸米受山海贡献上将军有时朝见而已易代争夺不争王而争上将军倭人记载自开国以来世守为王昔时上将军曾篡夺之山海应贡之物不产五谷不登阴阳不顺退居臣位然后顺若如故至今无敢妄冀者官皆世官世禄遵汉制以刺史千石为名禄厚足以养廉故少犯法即如年佥举一街官街官者乡保也岁给赡养五十金事简而闲通文艺者为高士优以礼免以徭俗尚净洁街衢时为拭涤夫妻不共汤羹饮余婢仆尚弃之富者履坐絮席贫者履坐荐席名曰毯踏棉各家计摊毯踏棉之多寡为户口男女衣服大领阔袖女加长以曳地画染花卉文采裤用帛幅裹绕足著短袜以曳履男束带以插刀髡须而薙顶额留鬓发至后枕阔寸余向后一挽而系结发长者修之女不施脂而傅粉不带鲜花剪彩簪珥而插玳瑁绿发如云日加涤洗熏灼楠沉髻挽前后爪甲无痕惟恐纳垢至于男女眉目肌理不敢比胜中华亦非诸番所能比拟实东方精华之气所萃人皆覆姓其单姓者徐福配合之童男女也徐福所居之地名曰徐家村其冢在熊指山下其国男子年五十余阳多痿奴者侬也故呼之曰倭奴俗尊佛尚中国僧敬祖先时扫墓庐得香花佳果非敬佛僧则上祖坟人轻生有犯法者事觉向荒山割肚自杀无累他人立法最严人无争斗语言寂寂呼僮仆鸣掌则然诸无售买人口佣工期满即归所统属国二北对马岛与朝鲜为界朝鲜贡于对马而对马贡于日本南萨峒马与琉球为界琉球贡于萨峒马而萨峒马贡于日本二岛之王俱听指挥气候与山东江浙齐长崎与普陀东西对峙水程四十更厦门至长崎七十二更北风从五岛门进南风从天堂门进对马岛坐向登州萨峒马坐向温台地产金银铜漆器磁器纸笺花卉染印海产龙涎香鳆鱼海参佳蔬等类萨峒马山高巉岩溪深水寒故刀最利兼又产马人壮健嘉靖间倭寇者萨峒马是也日本原市舶永嘉因倭之渔者十八人被风入中国奸人引之为乱髡须薙额杂以远处土语递相攘掠群称倭奴后平回国仅十八人王正以法随禁市舶中国听我往彼至今无敢来者倭载十八奇士普陀往长崎虽东西正向直取而渡横洋风浪巨险谚云日本好货五岛难过厦门往长崎乘南风见台湾鸡笼山北至米糠洋

香蕈洋再见萨峒马大山天堂方合正针糠蕈二洋者洋中水面若糠粃水泡若蕈菌呼之为米糠洋香蕈洋萨峒而南为琉球也居于乙方计水程六十八更中山国是也习中国字人弱而国贫产铜器纸螺甸玳瑁无可交易其衣冠人物贡由福州久熟习见故不详载自日本琉球而东水皆东流庄子所谓尾泄之不知何时已而不虚也【海国闻见录】

东南洋记

东南诸洋自台湾而南台湾居辰巽方北自鸡笼山至南沙马崎延袤二千八百里与福兴泉漳对峙隔澎湖水程四更隔厦门水程十有一更西面一带沃野东面俯临大海附近输赋应徭者名曰平埔土番其山重叠野番穴处难以种数捕鹿而食薯芋为粮不知年岁以黍熟酿酒合欢为年性好杀以人颅为宝文身黑齿种种不一晨听鸟音以卜行事吉凶男女野合成耦追崇祯间为红毛荷兰人所据就安平大港建炮台城三层以防海口教习土番耕作令学西洋文字取鹿皮以通日本役使劳瘁番不聊生郑芝龙昔鲸鲵海上娶倭妇翁氏生成功随带数十倭奴聚泊台湾视海外荒岛不足以有为仍寇江浙闽粤因嘱其子曰倘不可为台湾有如虬髯之安及郑成功寇镇江败归阻守金厦始谋取台湾会荷兰之通事何斌逋夷负钓鹿耳门知港路深浅说成功联樯并进荷兰严守安平大港成功从鹿耳门进水涨三丈余入据台湾与荷兰相持甚久因喻之曰台湾系我先王所有现存倭人为尔等所据今还我地资货无染荷兰悉众而去至康熙二十二年郑克塽归顺方入版图以承天府为台湾府天兴州为诸罗县万年州为台湾凤山二县雍正二年分诸罗北之半线为彰化县凤山沙马崎之东南有吕宋居巽方厦门水程七十二更北面高山一带远视若锯齿俗名宰牛坑山有土番属于吕宋与沙马崎西北东南远拱中有数岛惟一岛与台湾稍近者名曰红头屿有土番居住无舟楫往来语言不通食薯芋海族之类产沙金台湾曾有舟到其处吕宋大山北从宰牛坑延绕东南昔为大西洋千丝腊是班呀所据地宜粟米长者五六分漳泉人耕种营运者甚盛年输丁票银五六金方许居住经商惟守一隅四方分定不许越界广纳丁票听凭贸易东南洋诸番惟吕宋最盛因大西洋千丝腊是班呀番舶运银到此交易丝紬布帛百货尽消岛番土产云集西洋立教建城池聚夷族地原系无来由番今为据辖汉人娶无来由番妇者必入其教礼天主堂用油水画十字于印堂名曰浇水焚父母神主老终归天主堂挖坑土亲肤而埋富者纳赀较多寡埋堂上基内贫者埋墙外三年一清弃骸骨于深涧所有家赀明于公堂天主妻子作三股均分其蛊殊甚母传女而不传子即如牛皮火腿咒法缩小如沙令人食而胀毙又有虾蟆鱼蛊之类彼能咒解从口跃出成盘父子兄弟亦不得共寝席夜启户听稽察拭床席验有两温气者捕以买罚晨鸣钟为曰方许开市肆经营午鸣钟为夜阖市寂闭不敢往来昏鸣钟为日灯烛辉煌如昼营生夜半鸣钟为夜以闭市肆昼夜各以三时辰为日为夜傍午捉夜禁阖地皆鬼市下接利仔

反水程十二更至甘马力水程二十一更二处汉人从吕宋舟楫往彼贸易利仔反之东南隔海对峙有五岛班爱恶党宿务猫务烟网巾礁脑中国俱有洋艘往通亦系无来由族类山海所产与吕宋同如鹿麂牛皮筋脯苏木乌木降香速香黄蜡燕窝海参等类水程必由吕宋之利仔反海而南吕宋至班爱十更至恶党二十三更至宿务二十四更至网巾礁脑五十八更人愚罔有知识家无所蓄需中国布帛以蔽身国各有王惟谨守国土其东南又有万老高丁机宜二国居于巳方国土人物产类相似水程吕宋至万老高一百七十四更至丁机宜二百一十更由吕宋正南而视有一大山总名无来由息力大山山之北为苏禄从古未奉朝贡雍正戊申六年至闽贡献西邻吉里问又沿西文莱即古婆罗国再绕西朱葛礁喇大山之正南为马神其山之广大长短莫能度测山中人迹所不到产野兽亦莫能名其状苏禄吉里问文莱三国皆从吕宋之南分筹而朱葛礁喇必从粤南之七州洋过昆仑茶盘向东而至朱葛礁喇一百八十八更马神亦从茶盘噶喇巴而往水程三百四十更厦门由吕宋之苏禄水程不过一百一十更共在一山南北远近相去悬殊矣又隔东海一带为芒佳虱大山由马神至芒佳虱水程二十七更复绕而之东即系丁机宜东北系万老高而苏禄吉里问文莱朱葛礁喇总名皆为无来由绕阿番性喜铜钲器血皆铜沿溪箬屋为居俗甚陋身不离刃精于标鎗见血即毙以采色布帛成幅衣身经商其地往来乘莽甲【即小舟】伙从持利器相随产珍珠冰片玳瑁海参燕窝乌木降香海菜藤等类而马神番性相似人尤狡狯红毛人曾据其港口欲占其地番畏火炮莫敢敌入山以避用毒草浸洗上流使其受毒而自去产钢钻胡椒檀香降香科藤荳蔻冰片铅锡燕窝翠羽海参等类钻有五色金黑红者为贵置之暮夜密室光能透彻投之烂泥污中上幔青布其光透出各番以为首宝大如棋子值价十万余两西洋人购之为至宝吕宋至吉里问三十九更至文莱四十二

更此皆东南洋番国而朱葛礁喇马神非从吕宋水程应入南洋各国因同苏禄文莱南北大山是以附载东南洋俾览者识其形势焉【海国闻见录】

南洋记

南洋诸国以中国偏东形势用针取向俱在丁未之间合天地包涵大西洋按二十四盘分之即在巽已矣就安南接联中国而言海接廉州山绕西北而环南直至占城形似半月名曰广南湾秦象郡汉交址唐交州宋安南明交址陆接两粤云南风土人物史典备载后以淳化新州广义占城谓广南因舅甥委守淳化随据马龙角炮台北隔一水与交址炮台为界自淳化而南至占城为广南国亦称安南王阮姓本中国人氏古曰南郡产金楠沉诸香铅锡桂皮象牙绫绢燕窝鱼翅赤菜糖与交址相类以交址为东京广南为西京强于交址南辖禄赖东埔寨昆大吗西南邻暹罗西北接缅甸栽莿竹为城人善没红毛呷板风水不顺溜入广南湾者国遣小舟数百人用竹筒携细缕没水密钉细缕于呷板船底远桨牵继船以浅搁火焚而取其辎重今红毛呷板以不见广南山为戒见则主驾舟者曰伙长国有常刑厦门至广南由南澳见广之鲁万山琼之大洲头过七州洋取广南外之咕哔啰山而至广南计水程七十二更交址由七州西绕北而进厦门至交址水程七十四更七州洋在琼岛万山之东南凡往南洋者必经之所中国洋艘不比西洋呷板用浑天仪量天尺较日所出刻量时辰离水分度即知为某处中国用罗经刻漏沙以风大小顺逆较更数每更约水程六十里风大而顺则倍累之潮顶风逆则减退之亦知某处心尚怀疑又应见某处远山分别上下山形用绳驼探水深浅若干驼底带蜡油以粘探沙泥各各配合方为确准独于七州大洋大洲头而外浩浩荡荡无山形标识风极顺利对针亦必六七日始能渡过而见广南咕哔啰外洋之外罗山方有准绳偏东则犯万里长沙千里石塘偏西则恐溜入广南湾无西风不能外出且商船非本赴广南者入其境以为天送来税物倍加均分犹若不足比于红毛人物两空尚存中国大体所谓差毫厘失千里也七州洋中有种神鸟状似海雁而小喙尖而红脚短而绿尾带一箭长二尺许名曰箭鸟船到洋中飞而来示与人为准呼是则飞而去间在疑似再呼细看决疑仍飞而来献纸谢神则翱翔不知其所之相传王三宝下西洋呼鸟插箭命在洋中为记广南沿山海至占城禄赖绕西而至东埔寨厦门至占城水程一百更至东埔寨水程一百一十三更东埔寨虽另自一国介在广暹二国之间东贡广南西贡暹罗稍有不逊水陆各得并进而征之番系白头无来由裸体居多以布幅围下身名曰水幔【读平声】地产铅锡象牙翠毛孔雀洋布苏木降香沉速诸香燕窝海菜藤自东埔寨大山绕至西南为暹罗由暹罗沿山海而南为斜仔六坤大哖丁噶呶彭亨山联中国生向正南至此而止又沿海绕山之背过西与彭亨隔山而背坐为柔佛由柔佛而西为麻喇甲即丁噶呶之后山也由麻喇甲而西出云南天竺诸国之西南为小西洋戈什哒暹罗沿山海至柔佛诸国各皆有王均受于暹罗国所辖古分罗暹二国后合为暹罗国俗崇佛王衣文彩佛像内贴飞金用金皿陆乘象亭象辇舟驾龙凤分官属曰招夸以裸体跣足俯腰蹲踞见尊贵不衣裈而围水幔尊敬中国理国政掌财赋城郭轩豁沿溪楼阁群居水多鳄鱼从海口至国城溪长二千四百里水深阔容洋舶随流出入通黄河支流夹岸大树茂林猿猴采雀上下呼鸣番村错落田畴饶广农时合家棹舟耕种事毕而回无俟锄芸谷熟仍棹收获而归粟蒿长二丈许以为入贡土物因播秧毕而黄河水至苗随水以长水尺苗尺水丈苗丈无涝伤之患水退而稻熟矣干河入中国势猛而急支河入西域归东埔寨暹罗以出海势散而缓田畴藉以肥饶故产米之国石可三星俗语捕鹿枝头牵牛上楼盖鹿为水漂没搁息于树梢溪屋为水注浸引牛于楼人有被虎噉鳄吞者告于番僧僧咒拘而虎自至咒摅绵纱于水而鳄自缚剖而视之形骸犹存有受蛊者向僧求咒则解是以俗重佛教富者卒后葬以挖即释氏塔也又有一种男女名谓尸罗蛮与人无异但目无瞳子人娶之亦生男女夜眠魂变为狸狗率类向水厕嗜食粪秽将明附魄若熟睡翻覆其身魂不得附归女为经纪人戏以酸柑挤汁喋之眼泪长流而不可忍人染痢者若不洗涤夜为尸罗蛮舐食化作小物入谷道而食肠腹故居暹之人以近水搭厕便于净涤又有一种共人共者咒法名也刀刃不能伤王养以为兵卫犯事应刑番僧以咒劝化之使其自退其法方与受刑国多崇魔相传三宝到暹罗时番人稀少鬼祟更多与三宝斗法胜许居住一夜各成寺塔将明而三宝之寺未及覆瓦视鬼之塔已成引风以侧之用头巾顶插花代瓦幔覆今其塔尚侧三宝寺殿今朽烂椶绳犹存于屋瓦洋艘于篷顶桅上加一布帆以提吊船身轻快为头巾顶又于篷头之傍加一布帆以乘风力船无欹侧而加快为插花番病每向三宝求药无以济施药投之溪令其水浴至今番唐人尚以浴溪浇水为治病外洋诸番以汉人呼唐人因唐时始通故也番俗死后焚而后葬为消除罪孽

又一种生前发愿死后恬问饲鸟饲鱼者恬问即舍身也恬问鸟揳之山石之上群鸟翱翔毕集然后内一鸟红嘴足先下而啄凭鸟集下顷刻仅存髅骨收而埋之恬问鱼焚化成灰和面作块投之溪亦有先饲鸟后饲鱼两者皆兼之矣国造巨舰载万余石求桅木于深山大树先以咒语告求允许方敢下斧不则树出鲜血动手者立亡用牛挽辇沿途番戏以悦之咒语以劝之少有不顺则拔木而自回旧地挽至厂所其灵方息产银铅锡洋布沉束象牙犀角乌木苏木冰片降香翠毛牛角鹿筋藤席佳纹席藤黄大枫子荳蔻燕窝海参海菜以银荳为币大者重四钱中者一钱次者五分小者二分五厘其名曰拨皆王铸字号法不得剪碎零用找以海螺巴厦门至暹罗水程过七州洋见外罗山向南见玳瑁洲鸭洲见昆仑偏西见大真屿小真屿转西北取笔架山向北至暹罗港口竹屿一百八十八更入港又四十更共水程二百二十八更而东联东埔寨仅水程一百十三更何以相去甚远盖东埔寨南面之海一片尽属烂泥故名烂泥尾下接大横山小横山是以纡回外绕而途远也由暹罗而南斜仔六坤宋脚皆为暹罗属国大哖吉连丹丁噶呶彭亨诸国沿山相续俱由小真屿向西分往水程一百五六十更不等土产铅锡翠毛佳纹席燕窝海参科藤冰片等类相同惟丁噶呶胡椒甲于诸番为美番皆无来由族类不识义礼裸体挟刃下围幅幔槟榔夹烟嚼谷米和水吞贸易难容多艘而柔佛一国山虽联于彭亨其势在下水程应到昆仑用未针取茶盘转西至柔佛计厦门水程一百七十三更番情与上诸国相似而所产相同较之畧美而倍多年经商可容三四舶就舟交易产沙金国以铸花小金钱为币重四五分银币不行由柔佛而西麻喇甲亦系无来由族类官属名曰恶耶国王彷暹罗用汉人理国事掌财赋产金银西洋布犀角象牙铅锡胡椒降香苏木燕窝翠毛佳文席等类金钱银币皆五用往西海洋中国洋艘从未经历到此而止厦门水程二百六十更至于小西洋乌鬼国大西洋虽与大块相联西洋呷板来往语具大小西洋记麻喇甲南隔海对峙大山为亚齐系红毛人分驻凡红毛呷板往小西洋等处埔头贸易必由亚齐经过添备水米自亚齐大山生绕过东南为万古屡尽处与噶喇巴隔洋对峙红毛回大西洋者必从此洋出然后向西南过乌鬼呷绕西至大西洋就中国往噶喇巴而言必从昆仑茶盘纯用未针西循万古屡山而至噶喇巴厦门计水程二百八十更原系无来由地方为红毛荷兰所据分官属名曰呷必丹外统下港万丹池问三处下港产胡椒万丹另埔头池问产胡椒檀香而噶喇巴甲诸岛番埔头之盛各处船只聚集贸易中国大西洋小西洋白头乌鬼无来由岛番罄珍宝物食无所不至荷兰建城池分埔头中国人在彼经商耕种者甚多年给丁票银五六金方许居住中国人口浩盛住此地何啻十余万近荷兰亦以新唐禁革不许居住令随船而回茶盘一岛居昆仑之南毗于万古屡山之东皆南洋总路水程分途处岛番捕海为生产佳文草顶细而长者年仅足二席之用入王家辟虫蚁值价四五十金次者二三十金再次十金值一二金者犹锦绣布褐之相去也【海国闻见录】

小西洋记

小西洋居于丙午丁未方从麻喇甲暹罗绕西沿山而至于白头番国人即西域之状绻须环耳衣西洋布大领小袖缠腰裹白头故以白头呼之国有二东为小白头西为包社大白头二国北接三马尔丹即噶尔丹之本国也而三马尔丹之北邻细密里也国而细密里也之西为俄罗斯国小白头东邻民呀国民呀人黑穿著皆白类似白头英圭黎荷兰佛兰西聚此贸易民呀之西接天竺佛国民呀之东南远及暹罗民呀之南临海民呀之北接哪吗西藏及三马尔丹国属而小白头南入于海之地曰戈什嗒东西南三面皆临大海外悬一岛曰西仑中产大珠戈什嗒东之沿海地名有三曰网礁腊系英圭黎埔头曰房低者里系佛兰西埔头曰呢颜八达系荷兰埔头西之沿海地名有二曰苏喇曰网买皆英圭黎埔头其地俱系红毛置买所建也包社大白头国东邻小白头北与小白头皆联三马尔丹西北枕里海西邻东多尔其西南邻阿黎米也南临大海多尔其分东西二国皆回回东多尔其国不通海东邻大白头东北傍里海北接惹鹿惹也西邻西多尔其南接阿黎米也里海者诸国环而绕之东北细密里也西北俄罗东三马尔丹西惹鹿惹也西南东多尔其南包社大白头内注大海不通海棹其水惟从包社出海故为里海惹鹿惹也一国亦不通海东傍里海西傍死海北联俄罗斯南接东西多尔其女人姿色美而毛发红气味臭衣著同白头贡于包社死海者即黑海源从地中北俄罗斯南西多尔其东惹鹿惹也西民哖呻四面环绕不通大海故为死海而西多尔其民哖呻二国不通小西洋之海而滨于中海之东北中海系从大西洋之海而入语附大西洋记阿黎米也东邻包社大白头北接东西多尔其西北滨于大西洋之中海西联乌鬼国陆地一隅自西至西南与乌鬼之地隔对一海南临大洋国为多尔其所属贡男女于多尔其为奴婢乌鬼国东北山与阿黎米也相联向西南生出坤申方大洋何啻

四五国之远其尽处曰呷即中国支山入海尽处曰表表者标也佛兰西曰呷英圭黎曰岋皆顺毛乌鬼地方是以红毛呷板从小西洋来中国者由亚齐之北麻喇甲之南穿海过柔佛出茶盘而至昆仑自呷而东至戈什嗒自戈什嗒而东至亚齐其海皆呼曰小西洋人黑白不同皆西域装束长衫大领小袖裹头缠腰国富庶产宝器生银洋布丁香肉果水安息吧喇沙未油苏合油等类以金为币钻石为宝【海国闻见录】

大西洋记

案红毛等国居于西北辛戌干方而鬼国自坤申而绕极西至庚酉方皆乌鬼族类之国总而名之曰大西洋地缺东南干艮坤三方博厚相均而于巽未缺少故外生东南断续诸国尚未适均而又于噶喇巴万古屡之东南另生一地以补东南之缺案天图分度十二月日月方行到之度正当乌鬼地方之呷处日月行度坤巽相对因人迹不到尚未立名曾询之佛兰西人云昔时伊国呷板曾到彼处地有土人语言不通执其数人而去伊国王载之归此所以地面正四方于适均之处未均而又补之也是以西洋人志四方洋名以东南缺处之海洋为小东洋与戈什嗒少西之小西洋相对以日本之洋为大东洋与红毛大西洋相对自乌鬼地方系顺毛乌鬼北与小西洋阿黎米也之山相联沿海生向西南坤申方而尽呷处方绕向西北与闔年乌鬼王国为界又于呷之东面悬海大山系吗里呀氏简乌鬼一国间有舟楫通粤东自闔年又向西北复绕出极西酉方一带皆闔年绻毛乌鬼地方又自西复往西北与苏麻勿里乌鬼为界中又一国亦名乌鬼国王西面皆沿海接联北面一带陆地俱联苏麻勿里东与接联阿黎米也之顺毛乌鬼为界周围皆属乌鬼地方种类繁多肌骨皆黑生相不一地方广阔难以族举沿海亦有通舟楫贸易者各国以争鬬攘掠为事所掠人口活者俟红毛经过售买为奴死者类牲畜剖块晒干为食苏麻勿里亦系乌鬼西临大洋北邻弥黎吕黎惹林二国南北相联人口稀少山林深密多产奇状野兽弥黎吕黎惹林西临大洋北一带与猫喇猫里也毗联猫喇猫哩也乃回回族类多为海贼在中海西海劫掠西临大洋北一带与红毛隔中海对峙海从西入东自隔海之西北而东沿中海有葡卜牙是班呀佛兰西那吗民哖呻西多尔其而尽中海之东处阿黎米也由阿黎米也而向西直出至西洋皆猫喇猫里也中海沿边之地南北东诸国三面夹绕惟西通外海是为中海海产珊瑚西洋人来中国者谓中海阿黎米也之地西联乌鬼陆地处恨不能用刀截断即于中海可通阿黎米也内海而出小西洋戈什嗒至亚齐出茶盘何用绕极西极西南极东南而至噶喇巴北上茶盘远近相去年余之远也葡卜牙者澳门之祖家也东北二面地邻是班呀西临大洋南俯中海是班呀者吕宋之祖家也西北临大洋东南俯中海西邻葡卜牙东北接佛兰西佛兰西者西临大洋北接荷兰南邻是班呀东接那吗那吗者天主国王处也北接黄旗东沿中海而至民哖呻由民哖呻沿东南中海而至西多尔其由西多尔其东沿中海至阿黎米也由阿黎米也向西沿中海之南猫喇猫里也之地而出西洋就民哖呻之陆地东至死海北联那吗民哖呻者天主之族类也此从中海东北之地而言荷兰者噶喇巴之祖家也西邻佛兰西沿佛兰西而至西北皆临大海北面隔海对峙英圭黎东邻黄旗南接那吗由荷兰北海而至黄旗黄旗者均系红毛种类素未通中国近有舟楫来粤营生南接那吗民哖呻东邻普鲁社为界普鲁社系俄罗斯种类也北接吝因西隔海与英圭黎对峙沿北海而至吝因吝因者西北海之国亦系红毛种类素未通中国西南隔一海与英圭黎对峙英圭黎一国悬三岛于吝因黄旗荷兰佛兰西四国之外海自吝因沿海而东绕俄罗斯自俄罗斯而东至细密里也皆为北海不能行舟海冰不解故为冰海自吝因而南至乌鬼诸国皆为大西洋红毛者西北诸番之总名净须发披带赭毛带青毡卷笠短衣袖紧袜而皮履高后底署与俄罗斯至京师者相似高准碧眸间有与中国人相似者身长而心细巧凡制作皆坚致巧思精于火炮究勘天文地理俗无纳妾各国语言各别以摘帽为礼而尊天主者惟干丝腊是班牙葡卜呀黄旗为最而辟之者惟英圭黎一国产生银哆啰呢羽毛缎哔叽玻璃等类【海国闻见录】

大元海运记[①]

卷之上·永乐大典传录

惟我世祖皇帝至元十二年既平宋始运江南粮以河运弗便至元十九年用丞相伯颜言初通海道漕运抵直沽以达京城立运粮万户府三以南人朱清张瑄罗璧为之初岁运四万余石后累增及二百万石今增至三百余万石然春夏分二运至舟行风信有时自浙西不旬日而达于京师内外官府大小吏士至于细民无不仰给于此于戏世祖之德淮安王之初功逮今五十余年裕民之泽曷穷极焉世祖皇帝至元十九年初命上海总管罗璧张瑄朱清造海船六十艘募水上同官军自海道漕运江南粮四万六千余石明年三月至直沽从丞相伯颜所言也伯颜丞相奉旨取宋既得江南而淮东之北犹为宋守乃令张瑄朱清等自崇明州募舟装载亡宋库藏图籍货物经涉海道运入京师又命造鼓儿船运浙西粮涉江入淮由黄河逆水至中滦旱站船至淇门入御河接运赴都次后创开济州泗河自淮至新开河由大清河至利津河入海接运因海口涉壅又从东阿旱站运至临清接入御河及创开胶莱河道通海儹运至元十九年太傅丞相伯颜见里河之儹运粮斛前后劳费不赀而未见成效追思至元十二年海中船运亡宋库藏图籍物货之道奏命江淮行省限六十日造平底海船六十只听候调用于是行省委上海总管罗璧张瑄朱清等依限打造当年八月有旨令海道运粮至扬州罗璧等就用官船军人仍令有司召顾梢旋水手装载官粮四万六千余石寻求海道水路创行海洋沿山求岙行使为开洋风泛失时当年不能抵岸在山东刘家岛压冬至二十年三月经由登州放莱州洋方到直沽交卸

十九年十二月立京畿江淮都漕运司二传运江南粮仍各置分司催督纲运以运粮多寡为运官殿最中书省契勘南北粮饷固之大计前虽曾儹运虚费财力终无成功盖措置乖方用人不当以致如是今大都漕运司止管淇门运至通州河西务其中滦至淇门通州河西务至大都陆运车站别设提举司不隶漕运司管领扬州漕运司止管江南运至瓜州至申滦水路纲运副之押运人员不隶漕运司管领南北相去千里中间气力断绝不相接济所以粮道避滞官物亏陷失误支持所系非细比以省臣奏奉旨京畿江淮设立都漕运司二旧官尽行革去其江淮漕运司目除江南运至瓜州依旧管领外将漕运司官一半于瓜州置司一半于中滦荆山上下行司专以催督纲运每岁须要运粮二百万石到于中滦取京畿漕运司通关收附申呈扬州行省为照京畿漕运司自中滦运至大都仍将中滦至淇门河西务至大都车站拨隶本司总领其漕运司官一半于大都置司一半于中滦淇门上下行司专以催督纲运每岁须要运粮二百万石到都取省仓足数抄凭申呈户部为照每岁十二月终省部考较运及额数者为最不及额数者为殿当该运司官一最升一等三岁任满别行迁转一殿降一等次年又殿则黜之都省移咨杨州行省钦依施行

二十年六月王籍翁连议开挑河道漕运江南粮右丞麦术丁等奏王籍翁言亡宋都南京时每年运粮六百万石如今江南粮多若运至京师米价自贱以其说奏有旨命臣等议盖运粮之事惟广输运之途今止是中滦一处漕运尽力一年惟可运三十万石近者阿八赤新开一河又前奏准食奥鲁赤经由济州开挑一河又黄河迤上有沁河可以开挑一河遣人相视具见画图今脱忽思进呈如此等河道一一成就则所运粮数少自上白朕亲图宜如卿所奏是年八月以去岁初试海运暨诸河运总计所至者粮二十八万石丞相火鲁火孙参议秃鲁花等奏去年伯颜鲁言海道运粮火鲁火孙省官令试验今自扬州以船一百四十六运粮五万石四万六千石已到其余六船尚未到必是遭风来者又言此海道初行多不晓会沿海来去行绕辽远今海中间有经直之道乞遣人试验又奏阿八赤新所开河道二万石有余粮又东平府南奥鲁赤新开河道三万二千石粮过济州内五千余石暨御河常川儹运河道粮

---

① 〔元〕赵世延、揭傒斯等纂修;〔清〕胡敬辑。据清钞本。

总二十八万石俱已到余粮遂次将至奏旨称善

是年十月禁运粮军人及纲运船户扰民不便条制中书省准御史台呈江北淮东道提刑接察司言切见漕运粮军人并纲运人户牵驾粮船于扬州淮安运河要路故意阻塞河道将脚枝两边探出不通客旅往来间有客船欲于粮船两边经过或是船梢误冲探出脚道板或客船桅蓬高低牵绳长短误相牵挽不曾挽动分毫浮动物件运粮军人分布用篙将客船搠打或将客船篙棹芦席桅绳等物抢夺但去遮护便将客人行打及于两岸居住村坊店舍人家处取要酒食强打猪鸡但有推阻众人便将百姓殴打百端骚扰为此令淮安运漕分司讲究得运粮军人俱系江北两淮拨到汉军并新附军人诸翼辏集拨成一运俱有管军千户总把百户人员管领押运时暂漕运司勾当并和顾运粮船户亦系诸路顾到已有差定押纲官员但遇散军或船户骚扰行船客旅及岸上居民除将散军船户对证是实取讫招伏痛打断罪外将押运正官取勒约束不严招伏断罪似望易除民害本司参详如淮淮安漕运分司所言事理禁治实与民除害若不严行禁约切恐当路人民不能居止道路萧条深为不便除已移牒江淮都漕运司遍历经行漕运分司去处榜谕依上禁约外本台参详行御史台咨到约束运粮军人并船户不得阻塞路道扰民理事是为允当又拟本台呈山东东西道提刑按察司言照得本司于至元二十一年月日不等十次海宁州并淄莱路牒呈海州运粮过往行船梢水蛮军计一十五起动经聚众百十余人各持兵刃劫掠良民打夺财物及将所运官粮自相般夺等事除已行下合属行移捉贼外本司切详山东濒海地面土广人稀地形险恶未曾收复亡宋时其濒海去处在前有东路蒙古汉军都元帅速解儿管领军马行营种田并有守把海口壮丁军人屯驻以备不虞削平亡宋之后前项军马迁南即今前项海道与迤南诸蛮相通其间递运贵物过往行船梢水军人不时聚众下船侵害良民劫掠人口财物即便上船开洋去讫陆路不能根促又逃防弓兵数少难以御备兼濒海去处田野宽广合无量移军人置立屯田以备不虞实为长便于至元二十一年十二月十七日本台官大夫玉速帖木儿中丞阿剌帖木儿崔彧或侍御秃剌帖木儿启海道运粮军人来往经过海边郡邑居民多被骚扰今与省院官一同商量如何镇压从便举行启奉皇太子令旨允其所请送户部就与刑部一同讲究得如准台呈似为便当所有连官押纲官用心约束军人船户不致扰民者缘系职分当然难议优赏外据量移军人于濒海去处置立屯田镇压事理合从枢密院定夺都省准拟移咨江淮等处行中书省及下户部行下合属依上禁治札副御史台照会去讫军船短般前来淮安路交割纲运自江南吕城军船运至瓜州一节令江淮部转运使司别无约束外据瓜州运至淮安路短般粮船系是随路拨到路汉军新附军人使驾官船往来搬运今议得自瓜州装起重船三运两运三四运前后相序行程专差奏差一员乘坐站船往来催督及监视有无扰民之事每运头船并末尾船上各插白旗一面书写运官姓氏庶望被扰人民易认是何运次运官既立名旗亦惧连累知所警戒瓜州总司先取奏差人等须管往来催督运粮疾早到来淮安不致迟滞及监视运官约束军人毋传阻塞河道如遇客船两相躲过不致阻当客旅行程及不致军人殴打客船抢夺诸物不得于岸上村坊店舍百姓之家取要酒食强打猪鸡殴系良民如但有遣犯军人差来奏差亲见者奏差随即约会运官即将扰民军人捉拿痛行断讫别取运官钤束不严招伏先行入递申来淮安分司如运官私下不伏招取仰奏差人具由申来奏差前后催赶如不亲见扰成者但有客船或到村坊店舍须管询问百姓如但曾扰民者奏准等抄写百姓某人被那军人或夺讫物件或取讫酒食或打讫猪鸡或打伤某人即令百姓当地官司陈告申覆本管上司移关淮安分司奏差随时前来运官处说知挨向扰民军人随时依例断罪如运官不肯依例断治仰奏差一一申呈淮安分司等候粮运到来淮安随时挨举除运官已将扰民军人船户痛行断治约束不严招伏随时依例断治外据奏差察知或各路官司移文前来扰民公事将扰民人锁索监收回到扰民处所对证是实量情断罪讫仰奏差人等备细申覆瓜州总司等侯把总运官并各翼军官到于瓜州取勒运官并各翼官约束不严纵令军人扰民不行究治招伏依例断遣施行如纲运到来并无申扰民公事取要奏差运官重甘执结以后却有事发扰民者依下项条款断罪今约量定到各各罪名于后受宣官员若亲自部领军人扰民者或所辖军人因殴伤致人命者此二项但犯罪职如钤束不严致令军人扰民者虽将军人严行断讫本官取讫招伏初犯笞七下再犯一十七下三犯呈省定罪如亲见军人扰民不为断治者与部领军人扰民同如约束不严纵令军人扰民不为用心体究不行断治或因事发露者初犯笞一十七再犯二十七三犯呈省别议受勅官员若亲自部领军人扰民者或所管军人因殴伤人命者此二项但犯罪职如钤束军人不严致令军人扰民者或纵令军人扰民者不为用心体究不行究治或因事发露比受宣官员凡罪加一等

受省院札付帅府诸衙门札付官员若亲自部领军人扰民者或因殴伤人命者此二项但犯罢职如钤束军人船户不严致令扰民者并纵令扰民者不为断治或因事发露比受勅官员凡罪加一等

本司奏差但有军人扰民不为用心体究因事发露者除军人军官依例断罪外据奏差人等初犯二十七再犯三十七三犯罢去知而不举或看觑面情受钱物酒食不举者量其取受轻重断罪追钱并行罢去

淮安路御讫空船回去时淮安分司先取讫运官不致违犯执结亦差奏差一名取不致看循须管尽心执结乘坐站船随船催督疾早到瓜州复运及监视运官钤束军人亦如重船一体行事但有违犯并令瓜州总司断遣

和顾民船长运直到中滦并利津交割纲运

瓜州装起中滦济州长运纲船俱系和顾民船三纲两纲或三四纲船亦差奏差一员乘坐站船前后往来催督纲运监视押纲官钤束纲头船户依前例取讫押纲官钤束船户不致扰民执结及取讫奏差重甘执结到来淮安分司随时检举如有违犯将押纲官取招断罪如是亲见船户扰民不行约当者与自扰民同及船户殴伤百姓因伤致命或殴死者但犯罪职如遇河道浅涩去处若用赏奉都省行省明文许令各处添力盘剥牵拽者押纲官亲赍省府文字更行移当地官司取索与本处官司一同斟酌可用车牛或船只人夫盘剥者如当地官司不行著紧应付不虽应不及用度者押纲官即申附近漕运司照依奉到都省札付取本路首领官县达鲁花赤已下官员招伏就便的绝无得多移余取要车船人夫亦不得经直自拖拽车人船只如押纲官不经由当地官司经直拖拽民夫车船者或无赍执省府许令应付车船人夫文字不得骚扰官司取要如无文字取要人夫拖拽车船者此二项与亲领船户扰民同或多余取要气力者与约束军人不严致令扰民同如约束不严致令船户扰民者凡犯并与上顷受省札诸衙门文字军官同罪奏差约束亦同上例淮安分司开闸将重船放入淮河分为中滦济州两路随郎差奏差二员各随本纲催督前去

中滦粮船淮安分司催到临濠府已上系荆山分司各管催督自淮安临濠府沿路但者扰民事理仰奏差人等并申荆山分司等侯粮船到彼依上断治奏差到临濠府回来还司如但有心不用心体究或受钱物酒食买告不举者随处官司行移淮安分司一例断遣施行 荆山分司交割得上项粮纲亦差奏差一员乘坐站船催督前去及监视押纲官钤束军人毋令骚扰百姓直到杞县中间如有违犯即与上项短船军人罪同奏差等直申中滦行司侯纲船到中滦时行司依上断遣如有争差不伏行移取发元委奏差前去对证依上施行

杞县上流系中滦行司差委奏差催督纲船监视押纲官钤束船户无令骚扰百姓如有违犯直到中滦行司断遣

中滦回纲空船三五运差奏差一员押回直到荆山交割荆山差人直到淮安分司交割淮安差人直赴瓜州交割如有扰民依例各处断治济州利津粮船淮安分司差委奏差一员催督监押纲官钤束纲头船户直到济州漕运司交割中间但有扰民者仰奏差申覆济州漕运司依上断遣

利津回来空船利津分司差人押来济州交割济州差人押来淮安交割淮安分司差人前去瓜州交割如有扰民随处依上断遣 济州漕运司交割到上项粮纲别差奏差催督监视押纲官前去利津县行司交割中间但有扰民者申覆利津行司依上断遣

议得合于应干粮船经行河道两岸但有三家五家村店照依此条令瓜州漕运司尽行出榜晓谕百姓并军人船户通知及行移濒河州郡如遇粮船到界更为差官逃视 议得运官押纲官年终考较如有用心押束军人船户不曾扰民者合无量加优赏

是年十一月以海运可行议罢阿八赤新开河道丞相火鲁火孙等奏阿八赤新开挑河道迤南用船一百九十四只运粮四万八千九百六十一石其船一百四只内损坏讫粮五千五十一石外船九十只该粮二万三千九百九石凡粮之到者与已损者其数以闻有者以问阿八赤阿八赤言比前者扬州所运其船不坚又沿海边而行故多损坏非预臣事臣所将船五十才失其四其余当以风信未至耳省臣言阿八赤新开河口侯潮以入所损甚多民亦苦之今欲造小船五百只建仓三处上曰伯颜运粮之道与阿八赤所开河相通否对曰不通也阿八赤之言非实今春试行海道其船一百四十八皆已至矣其不至者七舟而已前有旨以其事嘱忙兀解今忙兀解使来言今用此道运粮为船二百七十所失者十有九舟今皆得之矣上曰果如是阿八赤不必用忙兀解好人也俟其来使便遵所用海道以行阿八赤新挑河可勿用

是年十二月以朱清为中万户易金符为虎符张瑄为千户仍佩金符以忙兀解为一府达鲁花赤余一府以万户之无军有牌者除充丞相伯颜平章札散右丞麦木丁等奏海运之事两南人言朝廷若支脚钱请用已力岁各运粮十万石至京师乞与职名臣等议朱清元有金牌今授中万户换虎符张招讨之子见带银牌换金牌为千户忙兀？见带虎符今为一府达鲁花赤余一府以万户之无军而带虎符者为达鲁花赤上从之

二十一年二月罢阿八赤河道以其军人水手及船分与扬州平滦两处运粮右丞麦术丁等奏干奴鲁兀解三次文书言阿八赤新挑河道损多益少漕运弗济其水手军人等二万船千艘俱闲不用乞付臣等岁运粮一百万石臣等前奉旨与忙兀解议用海道今已送粮回讫又朱清等各愿送粮十万又囊家解孙万户请得此船与军以充海运臣与伯颜丞相等议以阿八赤河道所有水手五千军五千船一千付扬州省教习水手运粮余军五千水手五千就驾平滦船从利津海道运粮上从之罪阿八赤所开河是年十一月约束运粮回船军人不使扰民都省据台呈为约束运粮军人船户梢水扰民事理送户部吾与刑部一同讲究准台呈禁治运粮船只总押送官到河西务等处下卸粮斛毕往往赴都求仕别无理会勾当却令梢水人等不成宗伴纵意畸零回还因而伺隙作过今后交割粮斛毕却将应管船只令已押粮官总行押运回还遇夜聚集一处停缆钤束梢水不致下岸似望易为关防解每宗粮船各用颜色标记及大字书写押运官职名容易辨认解如遇下船般柴取水摘委有职官员新行管押梢水人等下岸事军押还似望不致违犯　令押运官物收禁梢水人等船上夹带隐藏枪刀弓箭

二十二年二月以济州运粮船数阙命三省续造三十艘参政不鲁迷失海牙等奏自江南每岁运粮一百万石从海道来者十万石阿八赤乐实二人新开河道运者六十万石济州奥鲁赤所挑河道运者三十万石今阔阔你敦等言济州河道缺少船集臣等议令三省造船三千艘准奏是年七月支运粮梢水口粮省准户部呈利津海道万户府自江淮省起遣到新附梢水二千名合照运粮捎水例每名月支粳米四斗行下济州漕运司放支

二十三年二月以征日本所造船给海边民户运粮平章阿必失哈参政秃鲁花等奏忙兀解言修造征日本国船已完去岁无人看守有浥烂者令阿八赤忙兀解同议分付海边民户运粮上是之是年十一月海运船坏弃米者运官偿之人船俱溺者免所倍粮于下年带运平章薛彻于等奏海运粮四年凡一百一万石至京师者八十四万石不至者一十七万运者言江南斗小至此斗大以此折耗者有之又以船坏恐其沈溺困弃其米者有之固赏陪偿其人船俱没者不知合陪否上曰没于水何可使之陪又奏其合陪者差好人与忙兀解等一同教陪与明年粮一处运米上从之

二十四年立行泉府司专领海运增置万户府二总为四万户府都漕运海船上万户府亦速为头与张文龙等勾当 平江等处运粮万户府忙兀解为头与费拱辰张文彪等勾当 孛兰奚等海道运粮万户府与张武等勾当 彻彻都等海道运粮万户府与朱虎等勾当

二十四年正月始罢东平河运粮平章薛彻于等奏自江南海道经由东平新开河道所运粮船往来艰辛官未得济乞罪之制可

二十五年增海运粮一百万石丞相桑哥平章帖木儿阿鲁浑彻里等奏注者奏奉旨每岁运江南粮一百万石在后未足其数止运七十万石今养济百姓食用粮数多宜增运一百万石制可是年二月内外分置漕运司二丞相桑哥等奏以漕运粮斛旧投运司一兼管内外欺诈者多亦稽误公事比奉旨分置漕运司二在内者为京畿都漕运使司在外者为都漕运使司内钦奉旨命者一十一员只受敕牒者七员从之解是年十月内外漕运分掌税粮房照得两司分掌事务解京畿都漕运司使于河西务置司自济州东阿为头并御河上下直至直沽河西务李二寺通州坝河等处水陆趱运接运海道粮斛及各仓收支一切公事并隶本司管领解京畿都漕运使司站车赴各马头仓般运粮斛卸本司先将半印勘合文簿开发都漕运使司收管然后押印勘合关文开坐所运粮数分付押运官赍擎前去都漕运使司投下比对元发半印号簿相同都漕运使司亦同勘合下仓支拨交装毋致刁蹬停滞就取押运官明白收管随即其交装讫粮数行移京畿都漕运使司照会行下省仓依数收受仍厘勒押运官须要用心关防车户般运交纳如有短少随即追陪数足及取押运官招伏治罪每十日一次各司具实交装并到仓收讫数目申部呈省解都漕运使司凡支粮斛并船人粮马料须要依例置立勘合号簿明白书填押印勘合文贴下仓放支非奉省部许准明文毋得擅自动支解京畿都漕运使司应管各各仓分收支见在并趱运粮斛旬申月数目及点觑各仓桃到粮斛关防事理仰户部照例行下本司须要依例申部呈省仍令各仓每月一次结转赤历呈押毋致作弊违错解若有该

载不尽事理仰都漕运使纵长讲究申部拟定呈省

二十七年七月赐海漕运粮官毳官衣段各一丞相桑哥等奏自江南海运来者薛彻秃孛兰奚朱张万户等万户及千户百户今岁多用心力每人赐衣一领上曰南人爱毳段各赐毳段一端令还

二十八年八月罢泉府所司隶运粮二万户府从朱清张瑄所请也平章不忽术等奏海道运粮朱清张瑄万户言往岁运粮止以臣等二万户府自去年隶泉府司沙不丁再添二府运粮百姓艰辛所有折耗俱责臣等乞见怜宜罢二府或委他人上曰被所言是正令二府运之又奏朱张二万户言或有疑臣等者乞留臣等在此令臣之子代运上曰安用如此言止以朱张二人运之　是月并海道都漕运为万二户府张瑄以骠骑卫上将军淮东通宣慰使兼领海道都漕运万户府事朱清以骠骑卫上将军江东道宣慰使兼领海道都漕运万户府事中书令奏准合并设立海道都漕运万户府二处　一海道都漕运都达鲁花赤万户府系骠骑县卫上将军淮东道宣慰使兼领海道都漕运万户府事张瑄管领每年运粮以十分为率该运六分本府正官六员达鲁花赤一员万户二员副万户三员首领官四员经历一员知事一员照磨兼提案牍一员提控案牍一员令史六名通事一名译史一名奏差六名合属镇抚二员千户三十三员至元二十九年分作八翼庆元浙江翼江湾上海翼青浦翼崇明翼许浦沿江翼大场乍浦翼青龙翼顾迳下泙翼元贞元年并为四翼青浦江湾翼青龙顾径翼许浦崇明翼大场庆元翼大德七年再设六翼取知仁圣义忠和为名崇明知字翼青号青浦仁字翼红号许浦圣字翼花号青龙义字翼白号天场忠字翼黄号江湾和字翼黑号百户三十三员　一海运都漕运使达鲁花赤万户府系骠骑卫上将军江东道宣慰使兼领海道都漕运万户府事朱清每年运粮以十分为率该运四分本府正官五员达鲁花赤一员万户二员副万户二员首领官四员经历一员知事一员照磨兼提领案牍一员提控案牍一员令史六名通事一名译使一名奏差六名合属镇抚二员千户二十七员　至元二十九年作七翼殷武略翼朱忠显翼陈承务翼第忠武翼朱承信翼丁忠武翼赵国显翼至元三十年并为二翼殷武德陈承务翼蔡忠武杨忠显翼百户二十七员

二十九年二月海运水工每户月给家属五口粮免其差徭平章不忽术平章阔里等奏淮海运梢工水手人等选择堪用者顾佣钱价如例给之每户妻子以五口为则与之粮免其杂泛差役

三十年十月以朱虞龙授明威将军海道都漕运万户提调香糯事中书省奏以朱虞龙降虎符授明威将军海道都漕运万户提调香糯事别降印信设千户一百百户三制可

三十六年六月以军四百守护河西务十二仓又调军一千接江南新运　参政暗都剌等奏河西沿河等处收贮米粮仓廒一十二处看守军人四百名如米粮发热令军人及斗脚人等挑到曝然又奏海运未张船只自江南到时乞依去岁例调军一千迎接镇遏并从之

成宗皇帝元贞元年以岁置海运止运三十万石每石水运脚价减为六两五钱丞相完泽平章赛典赤等奏朱张海运往岁一百万石或增其数亦常运之如值禾稼不收人民艰食海运多得济亳懿州一带迤东贫民多聚集时并高丽地数岁缺食亦仰此海运账救今岁丰米贱若即海运切恐未宜去岁会计见在粮数只运三十万石今年如上年例亦运三十万石在先每石脚价钞八两五钱后减去一两今粮食诸物比往岁尤贱脚价内再宜减一两每石作六两五钱又奏每年斟酌海运粮米数以十分为率张万户运六分朱万户运四分今朱万户言乞均分停运并从之

二年三月谕行省行台诸司毋阻坏海道运粮都漕运万户府事圣旨谕行中省书行御史台宣政院通政院行泉府司宣慰司肃政廉访司转运司管军官管民官应管公事官吏军民站赤诸色人等据中书省奏海道都漕运万户府告说漕运粮斛恐有阻坏乞降添力圣旨事准奏海道都漕运万户府运粮其间诸衙门官吏人等不得扰搅沮坏如此晓谕之后沮坏者罪之运粮官吏等不依体例行事宁不知惧

大德二年五月以海运所顿香糯布囊完好者于下年复用中书省据海道多漕运万户府朱虞龙呈每岁海运上用细白粳糯并鼠耗附带该一十一万六千五百石合用夹布袋一十一万六千五百条每条该布一疋每疋官价下下五两计该中统钞六千余定针线不在其中和买布疋之时府司州县无过分派乡村动摇百姓是虽和买布疋须每家俵散成造如此动摇十万余户方得完备装运到都止将粮米支持其上项布袋仍于体源仓八作司太仓收顿别无用度日渐不无损坏今卑职参详每岁起运上项白粳糯米粮船户每石破耗三升明该是贴补折耗米数合于正粮布袋内添搭盛贮一体装运不须别给布袋外据正附粮米合用布袋若于体源仓八作司太仓等处累年积

下数内分拣勘好数目差官比及二三月间延南装粮之时先于里河装载前去江浙行省交割于内间有损坏去处官为补洗不致亏官损民实为两便今宣徽院京畿都漕运司八作司见在勘中夹布袋二十三万九千二百七条其平德二年白粳米五万石香沙糯米五万石今依朱怀远所言拟发夹布袋一十万条除就用京畿运司见收堪中夹布袋六万六千五百一十五除外不敷三万三千四百八十五条于八作司见收堪中布袋内令京畿运司委官选拣给付仍令都漕运司押纲官管领收贮俟海道运粮朱张万户至验数交割令本府收管顺带前去用度　咨江浙省都省准拟起运夹布袋二十万条札付户部都省准拟于现在夹布袋内通起二十万条就便行移合属早为依数运赴直沽令都漕运收贮伺候海运到来交割顺带前去

六年以海道运粮万户府官员本府自行举保从张文彪言也江浙等处行中书省参知事张文彪会验卑职父子于至元十九年以来钦依世祖皇帝圣旨创开运海道漕运粮斛今将二十余年先行泉府司所设衙四处运粮万户三十五员千户百户五百余员至甚冗滥卑职于二十八年亲赴都省陈说减并止设都漕运万户府二员在先年分运粮一百八十万或一百五十万石数目浩大本万户府以十分中合运六分除别蒙诠注都副达鲁花赤二员外所用头目依奉都台定例从卑职父子验数保举诸扎海道万户五员镇抚二员千户百户各三十三员首领官四员押运粮斛近年以来本府所运多不过三十五万石元设官员其实太冗虚受俸禄中间多有衰老不任风水人员兼都副达鲁花注来通署两府文字至甚不便以此卑职参详既是每年额运粮米数少拟合除减本府止设达鲁花赤一员正副万户四员首领官二员嘉定州置司所管头目设立镇抚二员千户百户各二十员非惟少裁冗滥可实省费俸钞以后倘有增运粮数足能办事亦不添设卑职在先建言创开海道若不举明伏虑因而废弛其呈都省已蒙准呈令通行选举到后项谙知海道愤识风水官员开坐于后如蒙都省早赐定夺闻奏不致失误来春装运外据其余歇下人员拟合依例给由到省求叙从优区用似望激励后人又据江西等处行中书省参知政事张瑄呈切惟馈运粮储始因诸河劳氏费财價运无成至元十九年钦依世祖皇帝圣旨创行海道般运从今二十余年已是成效在先行泉府司设立衙门四处该设万户三十五员千户百户人等五百余员官冗人滥不侵多端至元二十八年男张文彪亲赴都省陈言便利革罢减并止设海道都漕运万户二处此时年分运粮一百八十万或一百五十万石本万户府以十分中运六分除通行提调两府都副达鲁花赤二员本府达鲁花赤一员别蒙都省铨注外其余所用头目依奉都堂定例从卑职验数举保诸知海道万户五员千户百户各三十三员镇抚二员首领官四员责付运粮勾当近年以来所运粮斛水府与朱万户府停半分运多不过三十五万石元设官员为为太冗非惟多费俸禄中间亦有衰老不受风水之人又兼都副达鲁花赤往来通署两府事务甚不便当况近钦奉诏书厘政令未便等事以此大德四年有男张文彪究思元言与今事异拟除减外本府止设达鲁花赤一员正副万户四员首领官二员镇抚二员千户百户足可办事如此具呈都省已蒙准拟继举谙知海道惯熟风水员名开具合受职役保呈都呈定夺闻奏未奉明降卑职参详运粮人员起自卑职与朱参政创行海道由此都省从准所举文而为例盖航海冒险轻生非历练风涛壮年精健不能应当职名难同常调求备所历今男张文彪所保官员的系谙知海道及自幼根逐父祖下海精练风水熟谙公务之人卑职衰老坐疾不任辅政却缘初行海道创始艰难不易成就安忍坐视其废即目已是春暮装粮时分在迩若不蒙早赐定夺诚致失误今岁粮储将来渐至败坏为此今重时已保员数职名开坐于后保结具呈照详　本府元设官七十员 存设保升四十九员 保升升散官一员 达鲁花赤万户二员 副万户二员 经历知事二员 镇抚二员千户一十二员 就用二十员 千户一十二员 百户八员 减去二十九员 万户一员 提控案牍一员照磨一员 千户一十三员 百户一十三员

七年十二月并海道运粮三万户府为一设万户六员其属镇府抚所一官二员海运千户所十一每所官三员中书省奏前者海道运粮丘万户府三复并为一宜委付万户六员前孛可孙札刺儿解沙的为之长建康路达鲁花赤阿里之子曰忽都鲁撒剌儿次之余万户四员以先所委色目汉人南人内谨慎并年月未满及于内有才者四人如旧仍带虎符乞创降虎符四又奏万户之下合委千户镇抚首领官七十员内钦受宣命金牌六十七员就带金牌者三十九创降牌面者二十八受敕牌者三员并从之大德八年平江路开司属事当年六人割前万户旧有海舶一百二十五万料运粮 本府正官达鲁花赤一员 万户二员 副万户三员 首领官经历一员知事一员 提领案牍照磨一员 提控案牍一员 令使一十名 通事一名 译史一名 奏差一十名 合属一十二处每处设司吏二名 镇抚所官二员 海运千户所一十一处 平江等处香莎糯米千户所 达鲁花赤一员 千户二员 副千户二员 嘉定等处千

户所 达鲁花赤一员 千户二员 副千户三员 常熟所 昆山所 温台所 崇明所 上海所 嘉兴所 松江所 杭州所 江阴所 已上九所官员并如嘉定所之数 武宗皇帝至大四年十月海道运粮万户府旧设官六员尚书省增为八员 今复如旧数千户所十一今并为七镇抚所仍旧设置中书省奏运粮万户府官往岁六员尚书省添为八员乞依旧六员又奏千户所旧一十一处乞罢其四宜并昆山崇明为一松江嘉定为一杭州嘉兴为一常熟江阴为一创设温台庆绍所二并平江香糯所而为七镇抚所依旧设置并从之本府官六员 达鲁花赤一员 万户一员 副万户四员 千户所一十一处并作七处 常熟江阴所 昆山崇明所 松江嘉定所 杭州嘉兴所已上四所平江路置司温台所 温州路置司 庆绍所 庆源路置司 平江香糯所 镇抚所

是年遣官同江浙行省提调运粮官讲究海运久行良法中书启奉皇太子令旨以为讲议海运差委刑部田侍郎仍委高参政等提调督青万户府官同讲究久行良法今讲究到船户利病之由海运兴废之故议拟减运粮额去福建召顾扰民之弊增脚价充船户应用不敷之资除免一切差徭少苏民力弃远就近装粮以图民便选重望长官提振大纲汰冗员千户去除民蠹太仓盖仓移府就彼置司易为办事各项便宜事理开具申覆都省除准拟减运粮额并去千户所四处选官分职外其余元议船户免役等事未奉明降府司参详海运利病如蒙照依本府官万户王少中与中书省差来官并提调官江浙行省参知政事高中奉讲议已后运粮可以久行良法内除免船户里正主首差徭改拨上江真州等处粮米易钞拨斛浙西嘉兴松西江等处位下并各投下田粮收纳本色装发海运却将上江等处粮米易钞拨还投下及于太仓盖仓收粮海运移府就彼置事各所添设部目司吏办事实为官民便益开坐各项元议事件省府送户部议拟到下项事理 船户增添脚价据温台等处海运千户所状申温台两路船户夏吉甫等状告各有梯已海船于至大二年以来蒙官司召顾递年承运官粮别无短少又吉甫等住居濒海捕鱼为生接连福建之地至大四年十一月蒙官司召顾船只见数听候运粮此时吉甫等未曾支给脚价先蒙官司督并修理船只以此吉甫等贷钱预为收买桐油麻筋石灰木植等物顾匠修理船只至皇庆元年正月内才蒙官司放支一半脚价合用物料价直涌贵并本船合用梢水比之太仓加倍顾觅及置办贡具梢水口粮又具盘费浩大况本处水程约有三千余里才到起程至卸粮梢水合用口粮计该九月比附太仓船户五月开洋多用口粮四月所有官司召顾福建船只装粮到于直沽之时尚然优恤每石添支脚钞二两据吉甫等装粮船只内多有捕鱼小船今来官司若照浙西脚船户搬运支给般运脚价似为偏负近承奉都府指挥备奉江浙省劄付减并改立千户所往岁不照船户住居窎远隔越参杂管领今既从新理当随宜更改数内庆绍温台所即系创改运粮一切事务令各官前去规办拟于温州开置治所取勘船只给散脚钞催督起发除另行外今据见告卑所参详夏吉甫等俱系捕鱼为生递年官司自十月间召顾拘留船只不能生理举债收买物件修理船只次年正月才方支给一半脚价收籴米粮顾募捎水加倍费用比及太仓先行往回六千余里装粮了毕随处开洋运赴直沽比附太仓船户五月开洋多用口粮四月所得脚钱已用不敷若照依浙西船户一体支给脚价实为偏负至大元年温台等处荒嫌之时官司于太仓和顾船只赈济亦与脚价钞四两五钱至大四年温台等处浙西船户到于福建经营本处召顾运粮亦行每石添支脚钱二两议得夏吉甫等住居濒海接连福建递年官司召顾船户典妻卖女承运略举温州路船户陈孟四将一十三岁亲女卖与温州乐清县傅县尉得中统钞五锭起发船支此等船户到此极矣至大四年温台两路运粮回还在海遭风并直沽卸欠官粮出卖等船五十六只二万六千二百三十料又兼物料比之旧日色色增加若勿添支转见船户消乏船只事故理宜优恤既脚钱不亏则船户无损申乞照详至大四年奉江浙省等文备都咨省为至大四年海运正粮二百五十七万五千石除委刑部田侍郎驰驿前去咨请敬依委请本省官乌马儿平章高参政提词督责元委官万户府官照依作去春夏合起粮料趁时装发起运毋致耽误仍与差去官刑部田侍郎万户王仲温等一同从长请究已后可以久行良法拟定咨申奉此除春夏二运粮斛别行装运所讲究到海运利病数内一项运粮必合添支脚价资给船户修造船只以国家办事齐成先济海运脚钱三十年前创始之初钞法贵重百物价平此时江南米价每石中统钞三两运粮一石支脚钞八两五钱几及米价三倍又于旧年九月十月之间拨降好钞船户得此趁时买物修造海船如造船一千料所用工料价不过一百定运粮一千石随得脚钱一百七十定为有余利争趋造船专心运粮今则物重钞轻造船物料十倍价高每年船只必须修粘浮动贡具必合添办所得不偿所费船户艰辛虽蒙每石添作至元钞二两其物价愈翔不敷其用况浙东温台庆元海船水程窎远比到太仓装粮处所海洋水程不下二千余里难与附近船户一体支给脚价今量拟远者温台庆元船只运粮其石带耗添至元钞一两通作三两其余船只装运糙白粳

米香糯每石添钞六钱通作二两六钱稻谷每石添钞六钱通作二两于九月十月之间依散脚价以资给船户修理船只庶使船身贡具得以坚壮不致损失作弊亏损官粮照得先为讲究各项事理数内船户必合添支脚价已经移咨中书省照详未准回示户部议得温台庆元顾到船户经涉海洋既比两浙程远每石带耗量添脚价至元钞二钱通作至元钞二两二钱外据香糯糙白香粮稻谷近年以来已曾量添别难再议如遇给散脚价行移本道廉访司体察相应具呈照详　元讲议恤运粮船户与免杂泛差役使之专心运粮庶得易为成就照得至元三年十二月内钦奉圣旨节文但是运粮之户除免里正主首杂泛差役及蒙省拟晓谕即有船户乐从造船有三十万料装运之际钦奉诏书内一款节文民间和顾和买一切杂泛造远军人并大都至上都自备首思站户外其余不以是何户计与民一体均当钦此其各路有司将运粮船户复行差充里正主首生受已经讲议有曰运粮船户运官粮千石者除免本户梯已苗粮四十石里正主首杂泛差使其余多寡一体除免若有运粮一万石之上者役免不过四百石余苗依例应当外据无田船户依例优恤开申省府未奉明降讲议之后具平江路合属昆山州将温台千户所副千户刘居仁充本州里正著落催办差税将无催人户所欠税粮勒令刘居仁闭纳过四千一十余石俱有纳获仓钞存照以此将船户差充里正主首甚多俱有陪偿粮斛若不将船户免役切恐船户将船出卖或诡寄他人不肯运粮所系非轻谓财赋承佃户讨正是管领佃种财赋粮米甚为优轻官司尚且与免里正主首差徭白云宗僧人种田不纳税粮亦除里正主首其海运船户自备已钱造船若以创造一千料船一只工价油灰桅柁钉线板木等物价钱少者八百余定装粮一千石官给脚价二百定召顾梢水往回口粮短般脚价除销用外有不敷陪钱贴补起粮所给不及所费然后又令亲身下海运至直沽交卸粮储经涉海洋数万余里昼夜风涛弃生就死其落后家属复被有司捉拿勒令应当里正主首杂泛差役又将诡户逃亡无征粮斛监督倍纳即与财赋佃户并白云宗僧人实为优劣不同将来船户避重就轻海运废弛深系利害宜从省府移咨都省闻奏款依先降圣旨除免里正主首差役或照已讲议定验粮免征广使船户得以安养气力专心运粮办事可为久长便益乞照详照得先为讲究各项事理数内船户自备船只装粮一千石为则令各户依旧输纳官粮止免四十石苗粮里正主首杂泛差役运至一万石者止许免四百石差役余粮依验多寡与民一体均当已经移咨中书省照详未准回示户部照得至大四年三月十八日钦奉诏书内一款节该民间和顾和买一切杂泛差役除边远军人并上都至大都自备首思站户外其余各验丁产先尽富实次及下户诸投下不以是何户计与民一体均当应有执把除差圣旨懿旨所在官司就使均收本部议得所言诡名税粮合依已行归并田主粮数著落佃地之人征纳毋得似前勒令里正主首追陪除免杂泛差役一节拟合依例均当相应具呈照详　元讲议船上江东宁国池饶太平等处装粮不便又将湖广江西等处起运粮米至真州泊水湾与海船对船装其海船重大底小止可海内行使近年以来海运粮额增添坐下江东宁国池饶太平建康等路及真州对装粮斛勒令海船从杨子江逆流驾使前去装发缘江内水势湍急不当走沙涨浅山矶数多常于口内著浅粮船俱坏岁岁有之实为不便切照浙西各路多有各投下财赋及嘉兴松江府位下粮米约有百万余石递年折收轻赍变籴价钱若将财职等粮收纳本色装发海运却将江南湖广粮米令各路变钞或折价钱拨还投下唯复官为支付非唯船户支装快顺不误风讯亦免江河沙浅损失官粮之患官民两便外有起运香糯米粮旧例亦在直沽交卸在后朱虎龙害众利已要功同职将香糯直赴大都醴源仓送纳转交河船般剥经过闸坝河船户偷盗夹杂亏折官粮交割短少揭借重债开纳稽留日久岁终方回船户消户乏如蒙将上项香糯照依旧例与糙粮止于直沽交卸实为良便已经备申未奉明降如将装粮止于浙西起运香糯亦于直沽交卸实为官民便益照得先为讲议各项事理数内本省先拟嘉兴松江岁科秋粮六十余万石并江淮财赋府年办税粮一百余万石江浙财赋府办粮二十四万余石照依时依于系官钱内先行提拨却将前项粮数以充海运已经移咨中书省照详未准回示户部议得嘉兴松江两路财赋田粮启准充为海运江浙等处财赋府税粮约二十四万余石奏启一体免籴海运相应外据香莎糯米既已醴源仓下卸行之已久别难更改具呈照详元讲议太仓创盖仓廒收纳浙西等路税粮供给海运本万户府管军万户总司并昆山州于太仓置司似此却将十处千户所裁减每所额设司吏四名都目一员照略案牍办事熙得本府既管运粮海船多于太仓刘家港等处湾泊在先年分运粮数少就浙西各路支装海运近岁以来粮额增添督责海船直抵江东太平宁国池饶建康等处支装缘海船多系大料直州以上江面窄狭水势湍急山矶数多溯流而上损坏船粮年年有之浙西诸路相离太仓远者不过三二百里近者百里之上装粮之际顾觅里河民船剥至太仓装运海船其间东量西折公私扰害不便况太仓正系湾泊海船人烟辏集去处每岁粮船俱于此处装集整点起发开洋若于此

处盖仓收纳浙西各路税粮就移万户府于太仓置司装发海粮却将十处千户所裁减四处止设六处镇抚所香糯所依旧好存设已经照勘得千户所六处合该司吏四名计二十四名除见存应设司吏二十名外合添设四名都目八员照略案牍实为公便及有本府达鲁花赤阿散忽都鲁与都省差来官刑部田侍郎视诣太仓刘家港起发至大四年夏运搬略行踏视得太仓朱辛一房屋东北朱家庄旧有房舍周围空闲地基可以起盖仓廒收顿官粮兼有万户府于此镇守关防已经采尽图本开坐申蒙省府移准中书省咨减并讫千户所四处止设六处镇抚所香糯所依旧存设革去千户二十回员其元议盖仓移府州于太仓置司添设各所都目司吏未蒙准拟今岁皇庆元年海运粮斛一百八十万石跨涉一十七处装发实是关官办事幸而完备今来府司参详如蒙照依元议移咨都省拟于太仓起盖仓廒收纳浙西各路税粮供给海运本万户府管军万户总司并昆山州移于彼处置司每千户所一处添作司吏四名都目各一员照略案牍一则革去冗员千户蠹政害民之弊二则削除船户舍近趋远装粮之劳实为官民两益已经申覆省府照详未奉明降如准海道万户府所拟户部议得昆山州太仓刘家港起益仓廒囤储粮储濒靠大海中间恐有不测况兼运粮已久似难更张据运粮千户所难同有司不须添设司吏都目具呈照详

仁宗皇帝皇庆二年十月增海运粮脚价浙东每石中统钞一两五钱其余去所每石一两中书省奏江浙行省言今岁海运粮船阻风损坏者多若弗增其脚价船户艰辛又兼造船物料比之往岁价增数倍臣等议量其地里远近比元脚价之上除浙东每石添中统钞一两五钱其余去所每石添一两奏可

卷下·永乐大典传录

岁运粮数

至元二十年该运粮四万六千五十石运到四万二千一百七十二石二斗二升五合事故粮八百七十七石七斗五合　至元二十一年该运粮二十九万五百石运到二十七万五千六百一十石事故粮一万四千八百九十石　至元二十二年运粮一十万石已运到粮九万七百七十一石五斗五升事故粮九千二百二千八石四斗五升　至元二十三年运粮五十七万八千五百三十石已运到粮四十三万三千九百五石四斗事故粮一十四万四千六百一十四石六斗　至元二十四年运粮三十万石已运到粮二十九万七千五百四十六石七斗事故粮二千四百五十三石三斗　至元二十五年运粮四十万石已运到粮三十九万七千六百五十五石八斗七升事故粮二千三百四十四石一斗四升　至元二十六年该运粮九十三万五千石已运到九十一万九千九百四十三石事故粮一万五千五十七石　至元二十七年该运粮一百五十九万五千石已运到粮一百五十一万三千八百五十六石八斗事故粮八万一千一百四十三石二斗　至元二十八年该运粮一百五十二万七千二百五十石运到粮一百二十八万一千六百一十五石事故粮二十四万五千六百三十五石　至元二十九年该运粮一百四十万七千四百石已运到粮一百三十六万一千五百一十三石六斗八升事故粮四万五千八百八十六石三斗二升　至元三十年该运粮九十万八千石已运到粮八十八万七千五百九十一石五斗事故粮二万四百八石五斗　至元三十一年该运粮五十一万四千五百三十三石已运到粮五十万三千五百三十四石事故粮一万九百九十九石　元贞元年该运粮三十四万五百石供到元贞二年该运粮三十四万五百石已运到粮三十三万七千二十六石六斗事故粮三千四百七十三石四斗　大德元年该运粮六十五万八千三百石已运到六十四万八千一百三十六石九斗五升事故粮一万一百六十三石五斗　大德二年该运粮七十四万二千七百五十一石已运到粮七十万五千九百五十四石五斗事故粮三万六千七百九十六石五斗　大德三年该运粮七十九万四千五百石俱到　大德四年该运粮七十九万五千五百石已运到粮七千八万八千九百一十八石二斗七升事故粮六千五百八十一石七斗三升　大德五年该运粮七十九万六千五百二十八石已运到粮七十六万九千六百五十石事故粮二万六千八百七十八石　大德六年该运粮一百三十八万三千八百八十三石六斗三升已运到粮一百三十二万九千一百四十八石一斗事故粮五万四千七百三十五石五斗三升　大德七年该运粮一百六十五万九千四百九十一石三斗二升已运到粮一百六十二万八千五百八石八斗七升事故粮三万九百八十二石四斗五升　大德八年该运粮一百六十七万二千九百九石八斗六升四合已运到粮一百六十六万三千三百一十三石五斗九升事故粮九千五百九十六石三斗五升五合　大德九年该运粮一百八十四万三千三石九斗已运到粮一百七十九万五千三百四十七石一斗一升六合二勺事故粮四万七千六百五十六石七斗八升三合八勺　大德十年该运

粮一百八十万八千一百九十九石五斗已运到粮一百七十九万七千七十八石三斗七升五合二勺事故粮一万一千一百二十一石一斗二升二合八勺　大德十一年该运粮一百六十六万五千四百二十二石八斗五升五合三勺已运到粮一百六十四万四千六百七十九石一斗七升八勺事故粮二万七百四十三石六斗七升七合五勺　至大元年该运粮一百二十四万一百四十八石四斗八升八合七勺已运到粮一百二十万二千五百三石四斗七升三合九勺事故粮三万七千六百四十五石一升四合八勺　至大二年该运粮二百四十六万四千二百四石八斗已运到粮二百三十八万六千三百石四斗八升一合事故粮七万七千九百四石三斗一升九合　至大三年该运粮二百九十二万六千五百三十三石六斗四升九合已运到粮二百七十一万六千九百一十三石九斗九升五合事故粮二十万九千六百一十九石六斗五升三合四勺　至大四年该运粮二百八十七万三千二百一十二石一斗已运到粮二百七十七万三千一百六十六石一斗九升六合事故粮九万九千九百四十五石九斗四　皇庆元年该运粮二百八万有三千五百五石四斗七合已运到粮二百六万七千六石百七十二石八斗六斗七合事故粮一万五千八百三十二石五斗四升　皇庆二年该运粮二百三十一万七千二百二十八石八升四合已运到粮六十五万四千三十六石一升五合事故粮一十五万八千五百四十三石一斗一合【食货志至者二百一十五万八千六百八十五石】延祐元年该运粮二百四十万三千二百六十四石四斗三升四合已运到粮二百三十五万六千六百六石一斗二升二合事故粮四万六千六百五十八石斗三一升二合　延祐二年该运粮二百四十三万五千六百八十五石九斗九升八合运到粮二百四十二万二千五百五石一斗九升二合事故粮一万三千一百八十石八斗六合　延祐三年该运粮二百四十五万八千五百一十四石一斗八升五合已运到粮二百五十三万七千七百四十一石一斗八升五合事故粮一万七百七十三石　延祐四年该运粮二百三十七万五千三百四十五石四斗三合已运到粮二百三十六万八千一百一十九石六斗四升二合事故粮七千二百二十五石七斗六升一合　延祐五年该运粮二百五十五万三千七百一十四石三斗一合已运到粮二百五十四万三千六百一十一石五斗四升一合事故粮一万一百二石七斗六升　延祐六年该运粮三百二万一千五百八十五石八斗八升九合已运到粮二百九十八万六千七百一十七石九斗七升八合事故粮三万四千八百九十一石九斗一升一合　延祐七年该运粮三百二十六万四千六石五斗六升七合已运到粮三百二十四万七千九百二十八石一斗六升二合事故粮一万六千七十八石四斗四升八勺　至治元年该运粮三百二十六万九千四百五十一石五斗六升四合已运到粮三百二十三万八千七百六十五石九斗一升九合八抄五撮事故粮三万六百八十五石六斗四升四合九勺一抄五撮　至治二年该运粮三百二千五万一千一百四十石及带起附余香白糯米一万八千九百四十二石六斗一升二合已运到粮三百二十四万六千四百八十三石一斗五升七合事故粮二万三千五百九十九石四斗五升五合　至治三年该运粮二百八十一万一千七百八十六石九斗三升七合已运到粮二百七十九万八千六百一十三石九斗六升三合事故粮一万三千一百七十二石九斗七升四合　泰定元年该运粮二百八万七千二百三十一石七斗八升九合已运到粮二百七万七千二百七十八石三斗六升九合事故粮九千九百五十三石四斗二升　泰定二年该运粮二百六十七万一千一百八十四石六升已运到粮二百六十三万七千七百五千一石八斗九升四合事故粮三万二千四百三十二石七斗五升　泰定三年该运粮三百三十七万五千七百八十四石二斗八升已运到粮三百三十五万一千三百六十二石三斗六升事故粮二万四千四百二十一石九斗二升　泰定四年该运粮三百一十五万二千八百二十石六斗六升已运到粮三百一十三万七千五百三十二石七斗七升事故粮一万五千二百八十七石八斗九升　天历元年该运粮三百二十五万五千二百二十石四斗四升已运到粮三百二十一万五千四百二十四石三斗事故粮三万九千七百九十六石四斗四升　天历二年该运粮三百五十二万二千一百六十三石一斗已运到粮三百三十四万三百六石二斗事故粮一十八万一千八百五十六石九斗

收江南粮鼠耗则例

至元二十二年十月中书户部呈依奉省劄照依江南民田税石拟合依例每石带收鼠耗分例七升内除养赡仓官斗脚一升外六升与正粮一体收贮如有短折数目拟依腹里折耗例以五年为则准除四升初年一升二合次年二升三年二升四年三升四合五年共报四升余止不尽数目追征还官若有不及所破折耗从实准真无得因而

作弊多破官粮外据官田带收鼠耗分例若依行省所拟比民田减半每石止收三升五合却缘前项所破正粮拟合每石带鼠耗分例五升似为允当呈乞照详议得除民田税石依准户部所拟外据官田拟依行省所咨减半收受都省移文江浙等处行中书省照验定拟南粮北粮耗例　至元三十五年十月省臣奏准南粮每石带耗一斗四升北粮七升定例省仓马头仓站车坝河船运各各合该数目劄付户部去讫近据省仓马头仓官人等各称见定破耗委实不敷不惟仓官破家难辛苦司积累悬欠数多公私不便今都堂再行图议闻奏过下项各各合添耗粮例开例于后　南粮元破每石带耗一斗四升　海运至直沽每石四升　直沽每石一升三合　船运至河西务每石七合　河西务每石一升三合船运至通州每石七合　通州每石一升三合　坝河运至大都每石一升站车运至大都每石七合　省仓每石三升　今议每石带耗一斗七升五合　除元被外添三升五合　依旧破耗海运至直沽每石破四升直沽一升三合添破耗粮拟运直沽至河西务每石一升二合　元破七合　添破五合　河西务破耗二升　元破一升三合　添破七合　船运河西务至通州每石破耗一升五合　元破七合　添破八合　通州仓二升　元破一升二合　添破七合　坝河站车运至大都每石破耗一升五合　元破一升　添破五合　省仓每石四升　元破三升　添破一升　北粮元破每石运至破大都通破耗米七升河船运至河西务每石破五合　河西务海石破一升二合　盘船河西务运至通州每石破耗三合　通州仓每石破一升三合　站车运至大都每石五合　坝河运至大都每石七合省仓每石二升五合　合议每石带耗八升二合内除元破外添一升二合船运自唐村等处运至河西务每石破七合　元破五合　添破二合　河西务仓每石破一升五合　元破一升二合　添破三合　船运河西务至通州每石破五合　元破三合　添破二合　通州仓每石破一升五合　坝河站车运至大都每石破耗一升　元破七合　添破三合　省仓每石破三升　元破二升五合　添破五合

南北仓添鼠耗则例

至元二十六年闰十月省臣奏各仓官员皆称往岁定到鼠耗分例数少仓官陪偿破其家产鬻其妻小者有之因此多欠粮数臣等圆议去年奏添南粮自直沽里运至河西务每石元破七合今添五合河西务运至通州每石元破七合今添八合河西务仓内每石元破一升三合今添七合通州仓内每石元破一升三合今添七合坝河站车运至大都每石元破一升今添五合省仓内每石元破三升今添一升北粮内自唐村等处运至河西务每石元破五合今添二合河西务仓每石元破一升二合今添三合河西务船运至通州每石元破二合今添二合通州仓每石元破一升三合今添二合坝河站车运至大都每石元破七合今添三合省仓每石元破二升五合今添五合奏可省臣奏准再定南北粮鼠耗则例

至元二十九年八月完泽丞相等奏通州河西务仓官告说各仓收粮前省官定拟鼠耗分例数少至有鬻其妻子家产尚陪纳不完至今辛苦臣等议得前省官所定鼠耗分例不均如今南北耗各年分例比在先斟酌再定之上曰如乡所奏虽然亦合用心雀鼠待食用多少休因此教觧人作弊为盗欺诈依旧听耗唐村等处船运至河西务北粮每石破七合直沽船运至河西务南粮每石破一升二合河西务船运至通州李二寺南粮每石一升五合北粮每石五合坝河站车运至大都省仓南粮每石一升五合北粮每石一升今议拟听耗例大都省仓元定破耗南粮每石四升北粮每石三升今议拟限年听耗初年听耗南粮每石二升北粮每石一升五合次年听耗南粮每石三升北粮每石二升三合贮经三年以上依元定听耗南粮每石四升北粮每石三升河西务通州李二寺元定破耗南粮每石二升北粮每石一升五合今拟限年听耗初年依元定破耗南粮每石二升北粮每石一升五合次年听耗南粮每石五升北粮每石二升三南粮每石一升五合北粮每石五合坝河站车运至大都省仓南粮每石一升五合北粮每石一升今议拟听耗例大都省仓元定破耗南粮每石四升北粮每石三升今议拟限年听耗初年听耗南粮每石二升北粮每石一升五合次年听耗南粮每石三升北粮每石二升三合贮经三年以上依元定听耗南粮每石四升北粮每石三升河西务通州李二寺元定破耗南粮每石二升北粮每石一升五合今拟限年听耗初年依元定破耗南粮每石二升北粮每石一升五合次年听耗南粮每石五升北粮每石二升三合贮经三年已上听耗南粮每石四升北粮每石三升直沽仓除对船交装不须破耗外今拟一年须要支运尽绝南粮每石听耗二升元定破一升三合今拟添七合香糯白粳破耗大德三年中书省准户部呈若依糙米例定夺缘糙粳米俱各散装白粳香莎糯米终用夹布袋盛以此参详拟合比附散装糙米破耗定例三分中量减一分海运至直沽每石破耗八合河西务至通州李二寺

每石破耗一升如直沽装船经由通惠河径赴大都交卸止依至通州李二寺每石破耗一升八合排年海运水脚价钞至元十九年钦奉圣旨创开海道不给脚钞就用系官海船官司召顾水手起运粮储至杨村马头交卸讲究水程自开洋上海等处至杨村马头计一万三千三百五十里

至元二十一年依验千斤百里脚价每石该支脚钱中统钞八两五钱九分合近海有力人户自行造船顾募梢水依已定拟每石支钞八两五钱

至元二十九年减作每石七两五钱

元贞元年十二月二十八日奏朱张每运粮在先每石脚钱八两五钱减为七两五钱如今粮食诸物比之在先甚钱脚价亦合减若不减恐亏官臣等议每石宜减去一两为六两五钱奏可本年为头糙白粳米就直沽交卸每石支中统钞六两五钱香糯直赴大都醴源仓交纳每石增钞五钱计七两大德七年起运稻谷二十万石每石脚钱中统钞两五

至大元年四月初十日奏过海运粮脚价每石六两五钱如今粮食诸物涌贵量添五钱为七两已后不与照依先体例与六两五钱

至大三年准尚书省咨该本省咨至大三年海运粮解差官名顾到海船即目诸物涌贵春运脚价每石添派至元钞一两六钱必是海道府先令本管船只装运所据召顾海船俱系福建浙东等处召顾至平江大仓刘家港装运处所比附河道旧管船户先去一二千里之远日用日粮盘费偏负生受量添脚价官两便照得先咨运粮脚价费用不敷春运粮米每石量添至元钞三钱通该至元钞一两六钱夏运粮斛止依旧例不须添支移咨依上施行今夏运粮船户依准所拟照依春运例每石添支至元钞三钱咨请照验本年脚价糙白粳每石至元钞一两六钱香糯每石至元钞一两七钱

至大四年准中书省咨钱尚书省准本省咨讲究极治海运至大三年十月二十九日奏准运粮脚价每一石支至元钞一两六钱如今添为二两稻谷一石元支至元钞一两如今添为一两四钱至元钞本年为头脚价粮白粮每石至元钞二两香糯每石至元钞二两八钱稻谷每石一两四钱

延祐元年二月初六日海道府奉中书户部符文备奉中书劄付

皇庆二年十月二十五日奏准斟酌地里远近比元价之上添与脚钱本年为头粮解脚价内福建远船运糙粳每石一十三两温台庆元船运糙粳每石一十一两五钱香糯每石一十一两四钱绍兴浙西船每石一十一两白粮价同稻谷每石八两黑豆每石依糙白粳例支钞一十一两已后年分至今起运糙白粳香糯稻谷依前支价年例预支每岁八九月间海道府权依上年运粮额数为则扣算先支六分脚价差官赴省开拨管押前去平江庆元温台官库寄收侯都省坐到粮数委定提调省官职名或十月十一月内海道府差官禀请省官亲临平江路提调给散除庆路温台两浙合该脚价海道府差官前去丂各路所委官一同给散外本省提调官或有事故改委左右司官前去仅及一月散讫还省海道府分派定春夏二运粮数差官赴省开拨船支四分脚价次年正月间夏运开洋了毕运省据天历二年海运正粮三百万石脚价不等咨请提调官亲话海道府装发粮斛给散贴支脚价直至五六月间散过中统钞六十四万九千七百二十八定二十八两五钱并增运附余香白糯正粮三十四百七石三斗六升九合钞七百三十八定三十四两七钱四分三厘通计支散脚价钞六十五万五百一十二定一十三两二钱四分三厘

漕运水程

至元十九年创开海运每岁粮船于平江路刘家港等处聚䑸经由扬州路通州海门县黄速沙头万里长滩开洋沿山视岙使于淮安路盐城县历西海州海宁府东海县密州胶州界放灵山洋投东北取成山路多有浅沙行月余才抵成山罗壁朱清张瑄讲究水程自上海等处开洋至扬州马头下卸处经过地名山州经直多少迂回计一万三千三百五十里

至元二十九年朱清等建言此路险恶踏开生路自刘家港开洋遇东南风疾一日可至撑脚沙彼有浅沙日行夜治守伺西南便风转过沙嘴一口到于三沙洋子江再遇西南风色一日至匾担沙大洪抛泊来朝探洪行驾一日可过万里长滩透沙才方开放大洋先得西南顺风一昼夜约行一千余里到青水洋得值东南风三昼夜过黑水洋望见沿津岛大山再得东南风一日夜可至成山一日夜至刘岛又一日夜至芝罘岛再一日夜至沙门岛守得东南

方便风可放莱州洋三日三夜方到界河口前后俱系便风经直水程约半月可达如风水不便迂回盘摺或至一月四十日之上方能到彼倘值非常风阻难度程限明年又以粮船自刘家港开洋过黄连沙转西行使至胶西投东北取成山亦为不便继委千户殷明略踏开生路自刘家港开洋至崇明州三沙放洋望东行使入黑水大洋取成山转西至刘家港聚䑸取薪水毕到登州沙门岛于莱州大洋入界河至今为便皆用北道风水险恶至至元十九年为始年例粮船聚于刘家港入海由黄大郎嘴白茆撑脚唐浦等处一带率皆沙浅其洪道门却无千丈长之湖两向供有白水潮退皆露沙地候得西南风顺过匾担沙东南大洪过万里长滩透深开放大洋至青水洋内经陆家等沙下接长山路并西南盐城一带赵铁沙嘴及半洋沙向沙匾担等沙浅及至苏州洋又有三沽洋山下八山补陀山到于黑水大洋过成山北面一带并芝罘岛登州一路木极岛等处近沙门岛山或铁山嘴开放莱州大洋又有三山矛头嘴大姑河小姑河两头河等滩及北有曹婆沙梁河沙南有刘姑蒲滩至界河海口复有滩沙浅洪沙硬潮汛长落不常但遇东南风本处船聚稠密则有妨碍之虞上项所由各各险恶去处设遇风涛不甚猛恶可以预为转调躲闪或收入山岛藏避守伺风平浪沙然后行使若值不测骤风急雨巨飓涌浪危险之时或白昼迷雾夤夜昏黑皆赖圣朝洪福天地神明护佑非大力所及延祐三年正月海道都府据庆元绍兴所申绍兴路三江陡门至下盖山一带沙浅一百余里名铁板沙潮汛猛恶温台船只尖底食水深浚船户梢水不识三江水脉避怕险恶直至四月中旬尚于烈港等处停泊不敢前来差人搜究断罪催赶顾觅剥船缘剥船般剥数少卒急不能寻顾尚于海岸屯贮委实靠損船户不便据绍兴六路下年海运粮斛如蒙照依皇庆二年例就用本路船料装发若有不敷于庆元路标拨小料海运装贴其温台福建船只起发刘家港交割依旧于平江路仓装粮官民两便又准本府副万户抄儿赤目击艰难必须改拟若台州有装官粮先尽本路船只不敷于温州船内贴拨绍兴路粮亦用本路船只装发不敷用庆元路小料海船贴装其庆元府港深阔临近路仓脚夫径直担米上船就将船的并温台所用不尽船料支装倘有剩下船料及庆元路船只差官押发刘家港交割装粮两便已经准拟标拨外据福建舶船依已行于庆元路支装

记标指浅

至大四年十二月海道府据常熟州船户苏显陈言立标指浅事再行会集老旧运粮千户殷忠显黄忠翊等讲究得每岁粮船到于刘家港聚齐起发甘草等沙浅水暗素于粮船为害不知水脉之人多于此土挨阁排年损坏船粮淹死人命为数不少今苏显备己船二只抛泊西暗沙嘴二处坚立旗缨指领粮船出浅诚为可采今画到图本备榜太仓周泾桥路漕宫前聚船处所晓谕运粮船户起发粮船务要于暗沙东苏显鱼船偏南正西行使于所立号船西边经过往北转东落水行使正黄连沙嘴抛泊候风开洋如是潮退号上桅上不立旗缨粮船止许抛住不许行使若有不依指约因而凑浅损失官粮之人船主判院痛行断罪所陷官粮临事斟酌著落陪还以苏显言所于官有益于民有便例应升擢申奉省府出给劄付令苏显只受充指浅提领依上施行

延祐元年七月据常熟江阴千户所申为江阴州界杨子江内巫子门等处沙浅损坏粮船唤到本处住坐船户袁源汤玙讲究得江阴州管下夏港至君山直开沙浅至马驮沙南一带至彭公山石牌山浮山巫子门镇山石头港雷沟陈讲九处纳有一百余里俱有沙浅暗焦江潮冲流险恶潮长则一概俱没潮落微露沙脊递年支装王江宁国等处粮船为不知各处浅沙暗焦中间多有损坏宜从官司差拨附近小料船只设立诸知水势之人于每岁装粮之际驾船于沙浅处立标常州在彼指引粮船过浅不致疏虞为是江东各路船户顾文宽林德明等粮船俱放巫子门等处著落浅淹没其余不及枚数据袁源等所言实为官民便益申奉省府给降劄付令袁源等充指浅提领照依议到事理预备船只旗缨依上指浅施行

延祐四年十二月海道府承奉江浙行省劄付准中书省咨送户部呈奉省判御史台备监察御史呈每年春夏二次海运粮储万里海程渺无边际皆以成山为标准俱各定北行使得至成山转放沙门岛莱州等洋约量可到直沽海口为无车望不能入河多有沙涌淤泥去处损坏船只合准所言设立标望于龙山庙前高筑土堆四傍石砌以布为幡竿年四月十五日为始有司差失添力竖起日间于上悬挂布幡夜则悬点火灯庶几运粮海船得以瞻望部议合准监察御史所言令江浙行省计料成造幡竿绳索布幡灯笼蜡烛趁迭来春运粮时月发付海道万户府顺带至直沽交付有司收管于海门龙山庙前竖立昼则悬幡夜则挂灯伺候春夏二运粮船齐足方许倒卸责付看庙僧人如法收掌次年趁时复立依上悬灯如有损坏短少预为申索相应都省准拟咨请依上施行

测候潮汛应验海道都漕运万户府前照磨徐泰亨曾经下海押粮赴北交卸本官纪录切见万里海洋渺无际涯阴晴风雨出于不测惟凭针路定向行船仰观天象以卜明晦故船至主高价召募惯熟梢工使司其事凡在船官粮人命皆所系焉少有差失为害甚大泰亨因而询访得潮汛风信观象略节次第虽是俗说屡验皆应不避讥哂缀成口诀以期使记诵尔

潮汛前月起水二十五二十八日大汛至次月初五是下岸潮汛不曾差今古次月初十循环尔十三大汛必然理二十还逢下岸潮只隔七日循环尔

风信春后雪花落不止四个月日有风水二月十八潘婆飓三月十八一般起四月十八打麻风六月十九彭祖忌秋前十日风水生秋后十日亦须至八月十八潮诞生次日须宜预防避白露前后风水生白露后头亦未已霜降时候须作信此是阴阳一定理九月二十七无风十月初五决有矣每月初三飓若无初四行船难指拟如过庚日不变更来到壬癸也须避

观象日落生耳于南北必起风雨莫疑惑落日犹如糖饼红无雨必须忌风伯日没观色如胭脂三日之中风作厄若还接日有乌云隔日必然风雨逼乌云接日却露白晴明天象便分得对日有垢雨可期不到已申要盈尺雨余晚垢横在空来日晴明须可克北辰之下闪电光三日之间事难测大雨若无风水生阴阳可以为定则东南海门闪电光五日之内云泼黑纵然无雨不为奇必作风水大便息东北海门闪电光三日须防云如织否则风水必为忧屡尝试验无差忒

行船迟了一潮搭一汛挫了一线隔一日山一滩头坐一日过九滩

艘数装泊艘数泊所

年例以船料多少数目湾泊何处自何处开洋合用船只依验岁运粮数湾泊去处随户所居家步缘户计消长迁移不常粮额增减无定况船有损旧必须修拆或以小船三百五只拆卸并造改作一二只或因大料一船不堪却将三二小船抵运因此艘数泊所俱无定籍今已至顺元年为率用船总计一千八百只昆山州太仓刘家港一带六百一十三只崇明州东西三沙一百八十六只海盐澉浦一十二只杭州江岸一带五十一只嘉定州沙头浦官桥等处一百七十三只上海浦等处一十九只常熟白羊港一带一百七十三只江阴通州蔡港等处七只平阳瑞安州飞云渡等港七十四只永嘉县外沙港一十四只乐清白溪沙玙等处二百二十二只黄岩州石塘等一十一只烈港一带三十四只绍兴三江陡门三十九只慈溪定海象山鄞县桃花等处大高山堰头慈岙等处一百四只临海宁海严岙铁场等港二十三只春化揭崂昌国秀山等屿一带二十三只

皇庆元年五月海道都府承奉江浙行省劄付为庆绍千户所官集众讲究得庆元地居东南既于本处装讫粮米再入刘家港取齐多有沙险去处若就定海港口放洋经赴直沽交卸实为便益省府照得海运粮储最为重事浙东庆元绍兴路粮斛既已讲究定就于定海开洋本府正官理合亲临督并起发仰即便摘委廉干府官一员速诣彼中点视完备趁时迭风迅开洋毋致失误具差定官职名起程日期飞申

延祐元年六月庆元绍兴千户范承直呈温台庆绍两浙粮数前来刘家港交割装粮今岁二月使至汇上港口多为春运重载相妨踏逐得常熟州白茆港水深内外堪可湾泊都府行据常熟江阴所申移准千户忽扶失奉议将带指浅提领苏显相视得白茆港合依年例令松江粮船自本港口上墩南至包桥一带抛泊却令温台庆绍两所粮船于包桥上塘一带著泊开洋时分光令本处沿江船只领艅出港照依指浅船只开洋顺便

浙西平江路刘家港开洋一千六百五十三只浙东庆元路烈港开洋一百四十七只支装粮船浅海皆知险恶其于装粮江河多有艰危去处亦不为易今挨开到上江里河支装粮斛远近里路安危地向如后

上海装粮海船自平江路嘉定州刘家港开船经由杨子江逆行使经由各处沙浅常损粮船平江路常熟州地面甘草等沙水浅委苏显指引江阴州地面浅沙暗焦九处约一百余里夏港至君山直开马驮沙面一带至彭公山石碑山浮山巫子门铁积沙镇山石头港雷沟陈沟委袁源汤玙指引真州泊水湾交装江西湖广粮自刘家港至彼约六百六十五里江东各路自真州以上江西狭窄水势紧急及芜湖采石一带山矶峡险每船一只小者亦用三五十人登山入水攀椽石木打号儖力一声方牵一步延祐二年为始申覆省府并提调官札付各路如遇江狭矶浅湍急去处差倩人夫添力牵运船只集庆路仓自刘家港至彼约九百四十里至太平路一百八十里共一十一百二十

里至宁国路水阳仓三百六十里共一千四百八十里以上三路每岁海船可以抵岸支装延祐六年四月二十日据昆山崇明所千户郭奉议申船户驾使海船至黄池芜湖港口为是各船料大溪河浅涩不敢抵仓约离三五十里移准宁国路提调官总管宋中大夫等牒差官前去本路河岸及溧水州建平县地面将应有船只作急前来短搬外合支水脚钱钞令船户就便支给本府移牒宁国路添力剥载池州路仓一百八十里共一千六百六十里在前年分本处短剥官粮至太平芜湖江口交割水程三百五十里延祐四年奉省劄海船径抵仓门

满浦装粮海船自揭州崇明州二沙黄连沙投西过地名料甬等处一带沙浅连属千里潮长则海水弥漫浅深莫测潮落则仅存一沟寸步万险若船料稍大必致靠损难计里路

浙西装粮路分皆是船户顾觅河船短剥粮斛般上海船今以昆山州太仓聚船去处至九路仓分平江路一百八里无锡州一百九十八里常州路二百八十八里内三仓系在城置立河道浅狭用小料河船遂旋般至城外装入剥船海盐州三百四十里湖州路三百一十八里松江府三百六十里海船至花俚塘湾泊离仓约一十二里小船剥般乌泥泾四百八十六里海海船于黄浦口湾泊离仓约七里用小船般剥江阴州西百五十里海船于黄田港湾泊离仓约三里用小船般剥镇江路六百八十里糙米仓在香糯仓之北用小车搬运约二三里至鳝鱼港坝头用小船剥上海船香糯仓之南用小车运至河船约三二里到鳝鱼港坝头用小船剥上海船转搭生受

浙东装粮路分绍兴路三江陡门至下盖山一带河浅一百余里名为铁板沙必用本路谙知地势海船并庆元路小料船只装运本路官仓至海船湾泊处三江陡门有小河水程一百八十里顾觅河船短剥台州路长田港沙浅用本路海船支装官仓至南门外泊船处约离三里脚夫挑担上船庆元路府港深阔临近路约一里脚夫挑担上船

漕运通志[①]

卷之一·漕渠表

粤自大禹所列九州之贡,虽未及漕,而后世漕运之法实昉于此。迨僖公十三年,秦输粟于晋,自雍及绛。哀公九年,吴成邗沟,通江、淮,而舟运渐著。秦欲攻匈奴,使琅邪负海之郡转输河北,而海运复肇。汉兴,都关中,初漕巴蜀及山东而已。孝武元光中,大司农郑当时发卒,引渭穿渠,起长安傍南山下,至河三百余里,而漕运大利。至元封元年,遂漕益岁六百万石。明帝永平十三年,遣王景发卒修汴渠,堤自荥阳东至千乘海口千有余里,十里立一水门,更相洄注,而费亦以百亿计。

晋太始十年,凿陕南山,决河东注于洛。永嘉元年,修千金堨千许,是虽疏通漕利,然犹未及江淮也。

迨隋开皇四年,诏宇文恺发卒开广通渠,引渭水自兴城东至潼关三百余里。大业元年,又发河南诸郡开通济渠,自西苑引谷、洛水达于河,导于淮海。四年,又发河北诸郡开永济渠,引沁水南达于河,北通涿郡。自是天下通利,南北转输。

唐兴,亦都关中。贞观初,水陆岁漕东南之粟甚约。迨开元二十一年,裴耀卿请罢陆运,而置仓河口,自江淮漕者,皆输河阴。自河阴西至太原仓,谓之北运。自太原仓浮渭以实京师,凡三岁,漕七百万石。是时,民足国侈,不计道理之输送所出,水陆之直,增以"函脚营窖"之名,故民有"用斗钱运斗米"之言。及耀卿置相,北运颇艰,三十五年,遂罢。后诏韦坚治汉、隋运渠,起关门抵长安,通山东租税,乃绝灞、浐并渭,东至永丰仓,与渭合。又于长乐坡濒苑墙凿广运潭,以聚漕舟。是岁,漕山东粟四百万石,天子大悦。肃宗末年,史朝义兵分出宋州,淮运于是阻绝。代宗广德二年,刘晏领漕事,即盐顾佣,分吏督之,随江、汴、河、渭所宜,江船不入汴,汴船不入河,河船不入渭,而转运入太仓。故岁漕一十万石,无升斗溺者。后数年,田悦等拒命,南北漕引皆绝,京师大恐。至贞元初,韩滉运至,天子举酒相庆,而漕之法微矣。

迨宋定都于汴,漕运之法分为四路:江南、淮南、浙东西、荆湖南北六路之粟,自淮入汴至京师;陕西之粟,自三门白波转黄河入汴至京师;陈蔡之粟,自惠民河至京师;京东之粟,历曹及郓入广济河至京师。至蔡京立直达法,而漕法遂坏。

迨元都燕京,而漕惟恃海运,江南之程分为春、夏二运,岁至京师者,多至三百万石。其初,粮道则自浙绝江入淮,由黄河溯中滦,旱站陆运至淇门一百八十余里,入御河达于京。后又自任城分汶水西北流,至须城之安民山入清济故渎,通江淮漕,经东阿至利津入海,达直沽。后海口沙壅,又循东陌转二百里抵临清,下漳、御至京。至元二十六年,以寿张尹韩仲晖言,自安民山开河北至临清,凡二百五十里,引汶绝济,直属漳、御,建闸三十有二,赐名曰"会通"。然初浚不可重负,岁运不过数十万石而已。

迨我朝太祖建都金陵,四方运舟率由大江至。洪武三十年,惟海运辽东以供军饷。太宗肇北京,江南漕船一由江入海,出直沽,溯白河,至通州;一由江入淮入黄河,至阳武,陆运至卫辉,由卫河至通州。国初,会通河故道犹在。洪武二十四年,河决原武,漫过安山湖,而河乃淤。永乐九年,以济宁州同知潘叔正言,命工部尚书宋礼浚复故道,又命刑部侍郎金纯自汴城北金龙口开黄河故道,分流下达鱼台县塌场口以益漕河。十年,尚书宋礼请从会通河通运。十三年,始罢海运。是年,平江伯陈瑄又开清江浦五十里,即宋乔维岳所开沙河,自楚州至淮阴凡六十里。导湖水以达清口。自是东南之舟浮于邗沟,济于淮,溯于河、于汴、于沁、于泗、于沂、于汶,沿于会通,入于卫,溯于白,达于大通,至都城六十里。其间灌有诸塘,汇有诸湖,委有诸泉、诸沟、诸河,蓄泄有闸,防有坝、有堤,洪有援,浅有备,漕法大成,国用充足,而军民忘劳,于兹百有四十余年矣。

---

① 〔明〕谢纯撰。据嘉靖七年杨宏刻本,参校方志出版社 2006 年《淮安文献丛刻》本。

宋人论汴水，谓大禹疏凿，隋炀开删，终为宋人用之，以为上天之意。于乎！夏至隋，隋至宋，经朝代非一，而谓天意，则未之信。若元之为会通河成，而不尽以通漕，盖天假元人之力，以为我朝之用，其意亦彰彰然明矣哉！于是作《漕渠表》第一。

卷之一・漕渠表・江淮济黄河诸河诸泉

江	黄河	诸河	诸泉
【《禹贡》曰：扬州沿于江海。岷山道江东别于沱，又东至于澧，过九江至于东陵，东迤北会于汇，东为中江，入于海。】 淮 【《禹贡》曰：徐州淮沂其乂，浮于淮泗。扬州达于淮泗，导淮自桐柏东入于海。】 济 【一名大清河。《禹贡》曰：兖州浮于济漯，浮于汶，达于济，导沇水东流为济，入于河，溢为荥，东出于陶丘，北又北至于河，又东北汇于汶，又东北入于海。】	【源自星宿海，至昆仑积石，荒远未暇考。积石而下，其流有常。《禹贡》曰：导河积石至于龙门，南至于华阴，东至于底柱，又东至于孟津，东过洛汭至于大伾，北过洚水至于大陆，又北播为九河，同为逆河入于海。旧迹如此，自时厥后，迁变不一。】 周定王五年 【徙砱砾。】 汉文帝十二年 【决酸枣，东溃金堤，兴卒塞之。】 汉武帝元光三年 【徙顿丘东南流，又决濮阳瓠子，注钜野通于淮泗。顿丘即澶渊，今大名府。】 元封中 【分为屯氏河。】 元帝永光五年 【决清河灌鸣犊口。鸣犊，河名，今恩县地。】 成帝建始四年 【决于馆陶东南流，东郡金堤皆被害。即今东昌府。】 明帝时 【东北由澶、濮、平原以入于海。至永平中王景修汴渠成，河、汴分流，复其旧迹。】 隋炀帝大业元年 【合汴、沁入泗达于海。】 周世宗显德四年 【导自汴口达于淮。】 唐玄宗天宝十年 【决博州。】 后唐同光二年 【决曹濮将军娄继英督兵塞之寻即坏】 宋太祖建隆元年 【导自汴梁南历陈颍寿入于淮今黄河自汴西南历陈颍至寿州正阳镇入淮即宋闵河故道闵河宋名	诸水附： 白洋河 【在宿迁县东南四十里，西南一百二十里通虹县汴河，今涸。】 小河 【自宿州符离桥来，东北流三百里，经睢宁至宿迁东南十里入漕。】 皂河 【无源，沭河水发则决沭口，由刘马庄趋马公港九十里南走皂河，至宿迁西北五十里入漕。】 直河 【与沂河一源，自邳州受贤镇南与沂河分流，一百二十里至邳州，东南六十里入漕。】 武河 【自山东兖州府峄县马盰山许家泉流一百八十五里与邳州蛤湖合流，至邳州西五里至干沟口入漕。】 运铁河 【自徐州马跑等泉西流一十余里至夹沟入漕。】 泡河 【自单县来，东流一百二十里至泗亭驿入漕。】 鸡鸣台东河 【自滕县三里桥泉并七里港泉西南流百余里，至此入漕。】 留城小河 【自滕县黄沟泉及微山、三家湾等湖西流八十里，至留城入漕。】 阳城湖小河 【自鱼台县寨、兖二山东南流七十里至沙河入漕。】 沙河 【自鱼台县口南局汪家口来，东南绕胡陵城经鸡鸣台东入漕。以上俱济宁南。】 浮河	黄良泉 【在鱼台县北五十里黄山下，自石窦中出，西南流六里至砚瓦沟入漕。】 白马泉 【在邹县东北二十五里，西南流九十里入泗河故道，至港里桥下入漕。】 三角湾泉 【在邹县西南六十五里，西南流十里，至港里南石桥下入漕。】 托基泉 【在济宁州南六十里，西南流三里至鲁桥闸站马桥下入漕。】 芦沟泉 【在州南七十里，西流六里至枣林闸下入漕。】 马陵泉 【在州东南五十余里，西南至鲁桥闸北入漕。】 黄良泉 【在鱼台县北五十里黄山下自石窦中出西南流六里至砚瓦沟入漕】 白马泉 【在邹县东北二十五里西南流九十里入泗河故道至港里桥下入漕】 三角湾泉 【在邹县西南六十五里西南流十里至港里南石桥下入漕】 托基泉 【在济宁州南六十里西南流三里至鲁桥闸站马桥下入漕】 芦沟泉 【在州南七十里西流六里至枣林闸下入漕】 马陵泉 【在州东南五十余里西南至鲁

续表

江	黄河	诸河	诸泉
	惠民河】	【在东光县南自卫河分出东北流	桥闸北入漕以上俱竟入漕河】
	开宝二年	今新河经沧州又东北入海】	独山泉
	【决澶州东汇于郓濮】	滹沱河	铁沟犕泉
	太宗太平兴国元年	【出大铁山自代郡卤城县东流经	吴家泉
	【决滑州之韩村泛澶濮曹济诸州	献县城南十二里单家桥至青县	张胡郎泉
	诏发丁夫塞之】	南岔河口入卫河以上俱直沽南】	安圈泉
	淳化四年	桑干河	芭头山泉
	【决澶州】	【源出山西大同府桑干山经太行	席桥泉
	贞宗天僖三年	山入宛平县界出芦沟桥下东南	王老沟泉
	【决滑州】	至看舟口分其一南经固安县杨	坎河泉
	至和二年	先务猫儿湾霸州苑家口等处又	右东平州俱入于汶
	【决大名之馆陶】	经信安磨沙港东港三角淀至丁	龙斗泉
	嘉佑五年	字沽入白河】	朴当山泉
	【浚二股渠分流入千金赤河】	三里河	【右在汶上县入于汶】
	熙宁元年	【在都城南三里又东至烟墩港会	阙党泉
	【决恩冀瀛州】	浑河】	负瑕泉
	熙宁六年	浑河	蒋翊泉
	【开直河使大河还二股故道】	【乃芦沟河支流经南海子至张家	城西新泉
	熙宁十年	湾下马头会三里河入白河以上	城东新泉
	【决泮州之曹村又汇于梁山张泽	俱大通南】	【右在睢阳县俱入于汶】
	泺南北分流一合清河入于淮一	浑河	渊源泉
	合北清河入于海】	【乃芦沟河支流经南海子至张家	柳青泉
	元丰四年	湾下马头会三里河入白河以上	白庄泉
	【决澶州之小吴归至千宁军入于	俱大通南】	陈家泉
	海】	大通河	鳝眼泉
	元符二年	【出顺天府昌平县白浮村神山泉	孟母泉
	【决内黄口□今内黄县】	西南会一畆马眼二泉绕出瓮山	岗山泉
	元正元二十三年	后汇为七里泺东入都城西水门	【右在邹县入于泗】
	【决河南□哭郡县下五处后塞	贯积水潭又东至月桥入内府南	达泉
	之】	出东水门过大通桥五十余里至	双泉
	二十五年	通州入白河弘治时参将梁玺尝	柳青泉
	【决汴梁】	疏之以通运船】	新泉
	大德元年	白河	曲水咏归泉
	【决杞县之蒲口】	【出顺天府密云县雾灵山南流至	温泉
	至大二年	通州引朝榆二河会大通河经漷	清泥泉
	【决归德卦丘】	县等二县至天津会卫河同入于	车辋泉
	泰定元年	海】	茶泉
	【决大清河口淤水从三义口东南	卫河	两观下泉
	流小清河口入于淮】	【汉名屯氏河隋通为永济渠亦曰	濯缨泉
	二年	御西出河南辉县□门土石门□	潺声泉
	【决阳武】	东北至新乡县中今卓水参□公	连珠泉
	至元二年	泉焦泉峪河坚池水苍峪河折胫	埠下泉
	【决封丘】	河山河淇水汤水安阳河漳河含	蜈蚣泉
	至正四年	流过临漳县分为二一北流至武	新安泉
	【决曹州又决汴梁】	邑县界入滹沱河一东流至本县	横沟泉
	五年	界入卫河东北至临清州与会通	南新泉
	【决济阴】		【右在曲阜县入于沂泗】

续表

江	黄河	诸河	诸泉
	十一年 【塞比河疏南河汇于淮又东入于海】 二十六年 【决小流口达于清河又北徙自东明曹濮下及齐宁】 本朝洪武元年 【自旧曹州双河口至鱼台县塌场口入于泗征虏大将军徐达征梁晋供需由此河淤壅复由师庄等闸北达燕冀又开济宁州西耐牢坡堤以通梁晋之漕后于坡口北一里建闸启闭】 二十四年 【决原武县之黑阳山东南至寿州入于淮】 永乐九年 【浚故道引水自开封入鱼台塌场口命侍郎金纯发河南运丁夫开浚复其粮差一年时月支米五斗钞三锭今在谷亭北十里】 正统十三年 【决开封之西南东流至于涡河又东北入于淮又决荥阳经曹濮至阳谷入漕河溃沙湾东堤以达于海遣工部尚书石璞侍郎王永和都御史王文等继治之弗续景泰四年都御史徐有贞治之决口乃塞决开封西南东南由涡河入于淮徐有贞既塞决口复于开封筒瓦厢开渠二十里引河水入漕河又分流自红荆口北入于卫自陈留东南入于淮自兰阳东至徐入于漕河】 弘治二年 【决金龙口东北至张秋入漕河先是河沁二水相合下流分为三如前所云至是河决遣侍郎白昂治之遂塞金龙口于荥泽县杨桥开渠导自中牟尉氏旧河由寿达淮又与郎中娄性开浚宿小河口导水自归德州小坝地方经睢宁至宿迁入漕河】 五年 【决金龙口东北入漕河寻决张秋镇东堤东入于海】 七年	河至直沽又会白河入于海】 会通河 【无源元至元中以寿张尹韩仲晖言自安民山开通河北至临清引汶绝济属于卫赐名会通洪武复淤永乐中遣尚书宋礼浚复故道】 汶水 【源一出山东莱芜县原山之阴一出本县寨子村一出太行之阳仙台岭三水俱名汶至静封镇合流经泰安州宁阳县分为二一自东平州戴村坝西南流至汶上县会百马河鹅河几八十里南北流号为分龙口一自宁阳县堽城坝西南流合泗沂二水凡一百余里至济宁州南天津阁东合分水南流之汶】 泗水 【出山东泗水县陪尾山其源有四一出山西麓石窦名趵突泉一出山东麓石窦名淘米泉一出山东五步一出山东南四十步二泉无名与淘米泉合流南遶山西一里合趵突泉西流一百七十余里会于沂十及】 沂水 【出山东曲阜县尼山西流三十五里至阳县会于泗】 汴水 【出河南荥阳县大周山合京索须郑四水东南至中牟县北入于河先是荥阳县东经开封府城内又东合蔡河名通济渠东注泗州入淮因河决湮没无迹故由今道云】 沁水 【出山西沁源县绵山经太行山东南流至河南武陟县合丹河东至归德合柳河至永城县合白河又东主徐州杨家溜合东新河又东三本州城东北合汶泗沂为漕河】	单家泉 大泉 小水泉 龙王台泉 灵台泉 上泉 铜井泉 芙蓉泉 灰泉 盆泉 【右在沂水俱入于汶】 泉林泉 卞庄泉 吴家泉 鲍村泉 蒋泉 龟阴泉 东岩石缝泉 响水泉 潘波泉 黄阴泉 杜家泉 双眼泉 赵家泉 曹家泉 岳陵泉 黄沟泉 石河泉 柘沟泉 卢城泉 小玉泉 雍珠泉 淘米泉 碧沟泉 珍珠泉 白露泉 石巘石缝泉 大玉泉 三角湾泉 黑虎泉 虹口泉 【□在泗水县俱入于泗】 荆沟泉 赵沟泉 豹突泉 绞沟泉 新庄桥泉

续表

江	黄河	诸河	诸泉
	【东流经归德徐州入漕河东南达于海先是遣工部左侍郎陈政往治右副都御史刘大夏代之六年夏复东决张秋是年春水涸尽入决口北河淤浅漕船不通复遣太监李兴平江伯陈锐同治发丁夫数万塞之至年终决口塞又于河上流黄陵冈筑堤以断其流河乃东注】		【右俱汇于昭阳湖】 玉花泉 北□沟泉 犬乌泉 南石桥泉 二山泉 北石桥泉 三里桥泉 【右俱入黄河出金沟口闸】 黄沟泉 三家沟泉 龙湾泉 魏庄泉 黄家泉 温水泉 三界泉 【右合流至徐州入留城小河以上俱任滕县】 许池泉 温水泉 许有泉 【右在峄县合流至徐州入留城小河】 蛇眼泉 古泉 三里沟泉 井泉 古城泉 张家泉 柳泉 龙港湾泉 龙鱼泉 鲁姑泉 坡当山泉 【右在宁阳县入于汶】 柳沟泉 【右在平阴县入于汶以上泉一百二十三俱兖州之境】 狗跑泉 报恩泉 陷湾泉 胡家泉 马黄沟泉 清泉 周家泉 鲤鱼沟泉 张家泉

续表

江	黄河	诸河	诸泉
			水磨泉
			铁佛寺泉
			顺河泉
			羊含泉
			龙王泉
			科沟泉
			东西二柳泉
			北滚泉
			上泉
			马蹄沟泉
			水波泉
			浊河泉
			木头沟泉
			朔港沟泉
			臭泉
			龙堂泉
			龙湾泉
			力沟泉
			花家沟泉
			梁家泉
			颜谢泉
			马儿沟泉
			皂儿泉
			【右在泰安州俱入于汶】
			南师家泉
			北鲍泉
			西都泉
			刘社泉
			和庄泉
			孙村泉
			张家泉
			五峰泉
			南陈泉
			古河泉
			零查泉
			公家庄泉
			崖头泉
			西周泉
			【方在新泰县俱入于汶】
			盐河泉
			減家泉
			黄家泉
			叶家泉
			胡家泉
			清泉
			【右在肥城县俱入于汶】
			郭娘泉

续表

江	黄河	诸河	诸泉
			湖眼泉 朋山泉 乌江泉 镇里泉 牛王泉 莲花池泉 小龙湾泉 半壁店泉 王家沟泉 【右在莱芜县俱入于汶以上泉六十三俱济南之境】 伏牛峪泉 顺德泉 泉河泉 官桥泉 【右在蒙阴县俱入于汶以上泉青州之境】

卷之一·漕渠表·湖塘沟

湖	塘
邵伯湖 【在江都县东北西十五里潆回百余里北接漕渠东为堤长二十余里旧用土筑成化间巡河御史杨守随始用砖后都御史陈濂复更以石长一百余丈】 武安湖 【在高邮州西南三里通露筋漕渠】 珠湖 【在州西七十里】 五湖 【在州西六十里】 姜里湖 【在州西五十里】 石臼湖 【在州西五十里】 塘下湖 【在州西四十里】 甓社湖 【在州西三十里东接新开湖】 新开湖 【在州城西北杭家嘴漕渠北接七里湖】 七里湖 【在州北十七里南接新开湖北接张良湖】 张良湖 【在州北二十里北接漕渠】	陈公塘 【在仪直县东北二十里汉建安中广陵太守陈登所修以资灌溉萦回九十余里其地西北倚山潦水自山入塘有三十六？东南一面为堤以障长八百九十余丈置斗门石竤各一过则泄之由太子港入漕】 上下雷塘 【在江都县北十五里平冈上唐贞观间扬州大都府长史李袭称尝引水溉田其地西南北埈卬独东一面卑下作堤以蓄潦水旱则引之为利不赀上塘东西阔七百三十五丈南北长九百二十丈下塘东西阔五百八十丈南北长七百五十丈】 小新塘 【东北与上雷塘相接东西阔一百丈南北长一百七十丈水注上塘转注下塘由怀子河至湾头入漕】 句城塘 【在江都县西三十五里东西阔三百四十丈南北长一千一百六十丈亦李袭称所筑北水南流至仪真东四十里乌塔沟入漕】 沟 乌嘴沟 【自徐州城北屯东令泉来西流三五里至秦梁洪入漕】 境山沟 【自徐州东北运铁河分来西南流三十余里入漕】 响水沟 【自徐州双井西流十余里至龙塘入漕】 秦沟 【自丰县东流□百余里至茶城入漕】

续表

湖	塘
津湖	
【在宝应县南四十里接范光湖南接漕渠东临湖堤】	
洒火湖	
【在县西南四十里东北接范光湖】	
范光湖	
【任县西南十五里东北接洒大湖南接津湖】	
清水湖	
【在县南半里西接范光湖北接漕渠东临湖堤】	
管家湖	
【在淮安府城西门外萦回八十里余宋嘉定间郡守应纯之开凿以为丹师练习之所湖北岸开河筑堤今漕是也以上俱淮南】	
大庄湖	
【在桃源县东南十五里水涨则从新挑沟合仓基湖入漕】	
社郇湖	
【在县东南三十里水涨则由清河县桥沟入漕】	
土丘湖	
【在宿迁县东十三里西南流二十里由新沟入漕】	
上泊水湖	
【在县南二十里西流由武家沟入漕】	
白鹿湖	
【在县西南五十里东北流由小河口入漕】	
落马湖	
【在县西北二十里东南流由沟口入漕】	
峰山湖	
【与陶合湖相连在睢宁县西北四十里由蜂山口入漕】	
蛤湖	
【在邳州西北二十五里上接武河东南至干沟口入漕】	
小湖	
【在徐州东南四十里西流由麻沟入漕】	
临干湖	
【在州东南三十五里与小湖接境西流由贺才沟入漕】	
秦家湖	
【在州东南四十里东流由秦家沟入漕】	
义塘湖	
【在州东南二十里由蒋家沟入漕】	
班家湖	
【在州东南五十里】	
昭阳湖	
【在沛县东北八里东西二小湖相连】	
阳城湖	
【在鱼台县沙河驿北十五里上接寨充二山水入漕】	
孟阳泊湖	
【在县东二十余里孟阳闸西萦回十余里至泥河口入漕以上俱济宁南】	
安山湖	
【在东平州西南十五里北临漕】	
南旺湖	
【在嘉祥县西南四十五里萦回一百五十里通长沟】	

卷之二·漕渠表·洪坝

洪

【洪坝其水曰洪，众流聚也。或曰石阻河流曰洪，盖河、泗诸水疾下而南为石所束，崩腾叫号，势如奔马，舟从上下，稍触两涯石齿辄摧覆，不可复救。故国朝置关督夫卒之知险要者，防运艘及往来之商舶，乃命工部三岁一代，分官莅之。】

徐州洪

【在州城东南越河数武之地，旧名百步洪，自汉唐来，运粮皆避之。国朝平江伯陈瑄始疏涤以通漕运。成化时水忽四泻无所止，工部侍郎杜谦受命浚河作堤障，乘水涸凡其石之所谓大花小花鸭子棺材者，凿去之。主事郭升又凿其所谓翻舟等石，补裹洪坝工数湾，东西洪岸并牵路各用石甃砌，扣以铁锭，灌以石灰，堤成插柳，以便夏月行者，制度为之一新。正德间主事吴楷复甃石为堤，广其旧制，作厅事起排额而规度益宏。】

吕梁上洪

【在徐州洪南六十里，地以山名，故曰吕梁，河流于济会于徐以达于淮。其地狞石崩利，水为所束，故激而为飞流。成化庚子，主事费瑄叠石为堤，迫水使归于洪。又于堤西筑坝二十余丈以遏水势，而堤得以不啮。吕梁之险历千万年而十去五六，瑄之功也。】

吕梁下洪

【去上洪十里许，亦徐州地。成化己丑，主事王偲协议平江伯陈锐指示群工，凡石如交牙者断之，如牛领者截之，如龟背者夷之，两涯砌石为堤，周道坦然，其为民害者浅矣。】

大洪

【在兖州沙湾之东盖河自雍而豫出险隘之夷旷其势既肆复由而之兖土益疏水益肆沙湾之东适当其冲是为大洪口旧尝决焉夺汶济入海之路即所谓张秋口也都御史徐有贞修复之】

坝

【江与淮不通越，扬州高邮仅四百里许，吴夫差与晋会潢池，凿沟以运辎重。隋人广之，筑堤壅水，于两头自江拽船而上，复拽船而下于淮，于是江淮舟楫始达，此坝所由起也。今天下之坝不一，皆本于此。而节水之多，为功之大，亦莫有愈于此也。】

仪真县五坝

【一坝在县城南二里。二坝与一坝相连。三坝在县城东南二里半。四坝在县东三里。五坝与四坝相连，俱洪武十六年兵部尚书单安仁建。按，《郡志》仪真五坝取给于东关闸，河水盈时，由闸以泄水，涸则闭闸以蓄之。盖有五坝不能无东关也。闸在城东门外。】

瓜洲十坝

【一坝在漕府西南半里过船。二坝与一坝相连。三坝在漕府西南一里过船。四坝在漕府西二里过船。五坝与四坝相连。六坝即盐坝，在漕府西半里，惟过木不过船。七坝连六坝。八坝连九坝。九坝即新坝，在漕府西半里过船。十坝在漕府北半里许，不过船。按瓜洲旧坝一十五座，东港八座，西港七座，永乐五年置楠木场于东港，八坝遂废。正统二年复八坝、九坝，正统十四年复十坝，与第九坝相连，成化六年时主事吴瑛移第十坝靠东一里许。今官民舟所由者，曰一、曰二、曰三、曰四、曰五，而六而七，问其西港，惟过木而不通舟，曰八、曰九亦通舟，十则死坝也。】

淮安五坝

【仁字坝在新城东门外。义字坝与仁字坝相连。礼字坝在新城西北，距仁字坝五里。智字坝在通济桥北，距新城五里。信字坝与智字坝相连。俱永乐十三年建。】

清江坝

【在清江闸北数武，成化七年，时淮河自新庄至清江二十里淤浅不能通舟，遂筑坝以蓄水。】

安平镇减水坝

【在张秋旧决之处。弘治十年，时都御续表二史刘大夏及总兵官陈锐筑。盖其时黄河夺汶泗入海之路，而漕河中竭，二臣乃于上流疏月河三里，塞决口九十余丈，而漕始复通。又于黄陵岗筑两长堤，蹙水南下，恐河堤失守，复至张秋为漕河筑□堤□，用近世减[水]之法作浅坝，于是使水溢则稍杀其势，故水涸则漕河不竭。】

金口堰

【在兖城东五里许，障沂泗二水入金口闸，西南达济宁会通河。成化七年时，主事张盛筑，盖永乐时已有之，缘筑以土，每秋夏之交波涛汹涌，坍圮无余，至是始易以石。】

堽城堰

【在兖城北，障汶水南，由洸河至济宁合泗水以济漕河，建筑同前。】

戴村堰

【在兖城东北，以障汶水下流，俾西南流汇为南旺湖，分济漕渠，一注临清，一注济宁，公私漕贩往来无阻者，二堰之功也。以石易土，时同前。】

棠邑坝

在临清堂邑县东，盖会通河之入海也，衡、漳贯之，溯漳而西涉兖州之野过坝，为会通河。建筑于元，而今仅存。

卷之二·漕渠表·闸浅

闸

【地势东南下，盖自兖而江南，其高下相去若干仞，进漕舟如凌霄然，苟无闸以节之，则水疾泻而舟莫前矣。故必甃石为闸，涸则少节以版，溢则启板通舟，犹梯级以升之。且置官司，飞挽启闭之节，而禁其陵暴，虽抑举异势，而人忘其劳。元人作之，国朝平江伯因广其制，而舟无留行焉。其它枝水之闸不尽记。特举其漕舟之所由入者书之云。】

拦潮闸

【在仪真城南门外，临扬子江。弘治十三年漕运总兵官郭鋐建。什物：闸板八、车耳木八、绊竿二、拖桩一、板绳十六、钩绳二、鼓一、梆子一、铁铃一、枪五、棍五、铁钩五、灯笼一、苘麻二千斤、树一百七十五株。以上什物苘麻桩树等项，各闸虽有增损，大概与拦潮闸同。后不录。】

临江闸

【一名罗泗桥闸，南距拦潮闸一里。工部主事夏英建。】

中通济闸

【一名中闸，西南距临江闸一里。】

响水闸

【南距通济闸一里。】

里河口闸

【一名河口闸，南距响水闸一里。以上皆仪真闸首拦潮而尾河口相距五里许，可容二千艘。潮至启拦潮闸，船随潮进，鳞次而待潮，既平即下拦潮闸板，启河口闸，拽船而上，扬旗伐鼓，运数十艘于饮食谈笑间，可谓欲天能为人能矣。宋元以来未有及之者。】

瓜口闸

【在江都县瓜洲镇西南隅，地名西江嘴。嘉靖六年时都御史高友玑、总兵官杨宏、参将张奎同建。是闸也，南临大江内通诸坝，仅三里许，沙壅易塞，艰于临坝，漕卒病焉。奎谋之众，即其地以置闸，内可容若干艘，潮平下闸，则水平而坝卑，不惟临坝无劳，而过坝亦易为力焉。人皆便之。按，瓜尝有闸曰"通江"，通舟入淮汴，始宋徽宗时，寻复作堰，今闸虽存不复开，但运河水溢则由此而泄于江耳。盖瓜多市舶居货佣力之徒，利于坝，故闸开则费鉅泄水之谤作焉。若仪真响水诸闸率多因革者，类如此。今瓜口闸之建，外引江流而内河无泄，虽欲为谤而谤安兴哉？虽然真、瓜之相去无几也，地势之高下略同，宜亦有中闸通舟如仪真之利济，后必有作之者。】

康济河南口闸

【在高邮州北三里，南距瓜洲一百六十里，西南距仪真一百九十五里。】

康济河北闸

【南距南口闸四十里，俱弘治三年建。考之高邮运道九十里，北五十里入新开湖，湖东岸有堤。国初以来，障以桩木，固以砖石，屡决而复修，舟行其下，每西风作，波涛汹涌，舟遇桩石辄坏。成化八年，时总理河道侍郎王恕奏建复河以避风涛，时艰未果。弘治三年，时督河都御史白昂同总兵官郭鋐仍奏凿之，起杭家嘴至张家沟，两岸皆拥土为堤，首尾为闸以与河通，河之东岸又为闸四、为涵洞一，每湖水盛发则从而杀之。自是舟经高邮者无复前日之患，故名康济云。】

板闸

浅

【河沙凝散不一，中多涨滩，舟一胶则其害甚广，故平江伯建议凡漕路浅处立有铺，中置浅夫，候船至则预指示之，且障水防风火供运官之起坐，而便于提督，于是舟经滩浅无复留碍，平江之功也。】

仪真县麻绵港等浅凡三

【每浅正房三间、火房二间、牌楼一座、井亭一座、旗鼓等项什物共二十六件，老人一名、夫二十名，岁办桩木二百根、草一万束，树多寡不一。】

江都县花家园等浅凡一十三

【每浅正房三间、火房二间、牌楼一座、井亭一座、什物三十六件，老人一名、塘长一名、夫四十名，岁办桩木四百根、草四万束，树多寡不一。】

高邮州王琴等浅凡一十二

【每浅正房三间、火房三间、牌楼一座、井亭一座、什物二十一件，老人一名、夫四十名，岁办桩木四百根、草四万束，树多寡不一。】

宝应县子婴沟等浅凡九

【每浅正房三间、火房三间、井亭一座、牌楼一座、件物二十一件，老人一名、夫共四百三十名，岁办桩木共四千三百根、草共四十三万束，树多寡不一。】

山阳县黄家等浅凡一十五

【每浅老人一名、夫一十名，什物二十二件，岁办草一千束，内新路五浅无草，树多寡不一。】

清河县季家桥等浅凡五

【每浅老人一名、夫一十二名，什物二十五件，岁办桩木共四百根、草共四万束，树多寡不一。】

桃源县汉河南等浅凡十二

【每浅老人一名、夫一百名，什物二十八件，岁办桩木五百根、草十万束，树多寡不一。】

宿迁县武家沟等浅凡二十一

【每浅老人一名、夫一百名，什物二十八件，岁办桩木一千根、草十万束，树多寡不一。】

睢宁县龙岗等浅凡一十一

【每浅老人一名，共夫一百五十名，什物二十八件，岁办桩木一千五百根、草一十五万束，树木多寡不一。】

邳州蔡家庄等浅凡一十一

【每浅老人一名，共夫一千五百名，什物二十八件，岁办桩木共一万五千根、草一百五十万束，树多寡不一。】

徐州双沟等浅凡四十三

【每浅老人一名、夫十名，什物二十五件，岁办桩木每名四根、草一千束，树多寡不一。】

沛县阎村等浅凡一十九

【每浅老人一名、夫十名，什物一副，岁办桩木共一千八百根、草七十二万束，树多寡不一。】

鱼台县张家林等浅凡十二

【每浅老人一名、夫十名，什物一十八件，岁办桩木八十根、草每名二十束，树多寡不一。】

邹县港里等浅凡一十二

续表

闸	浅
【在淮安淮阴驿西北十里，距康济北河闸一百七十里。】 移风闸 【在淮安新城西，东距板闸二里。】 清江浦闸 【在淮安新城西北，东南距移风闸一十七里。】 福兴闸 【在淮安新城西，东距清江浦一十五里。 清河口闸 【在河口巡检司北，南距福兴闸二十五里。 以上闸座俱淮安，永乐十四年时同建。又有新庄闸、新城上闸，在新城北，新城下闸在新城内，砖闸在新城南门外，皆非漕舟所历，故不列。 考之淮安旧从仁字坝车船入淮，抵清口凡六十里，波涛汹涌不常覆舟。宋乔惟岳及乎蒋之奇，尝自城西如开渠至洪泽入淮以避其险，故平江伯陈瑄因其旧址疏之，更名清江浦，引水由管家湖入鸭陈口达淮，就湖筑堤五十里以便引舟，横渡清口不一里，得无倾覆患。】 黄家闸 【在徐州夹沟驿南，距清河口闸五百八十九里，永乐间建。】 皮沟闸 【即新兴闸，在徐州州夹沟驿下，南距黄家闸一十八里。宣德八年建，以节皮沟之浅。】 谢沟闸 【距皮沟一十八里，建造同前。】 下沽头闸 【在徐州卫军屯北二里，南距谢沟一十二里。】 中沽头闸 【南距下沽头九里，二闸俱成化二十年工部郎中顾余庆建。】 上沽头闸 【一名隘船闸，南距中沽头九里，大元延佑二年建。按，中沽头闸昔未有也，盖金沟自东北来，夹两闸间，流沙屡积，舟不能行。成化间平江伯陈锐奏请设中闸以节水之上流，朝命工部主事一员董之。】 胡陵城闸 【在沛县庙道口北二十五里，南距上沽头凡七十一里。】 飞云桥闸 鸡鸣台闸 【二小闸俱胡陵城带管。】 孟阳泊闸 【在鱼台县沙河驿北二里，南距胡陵城闸十里，元大德八年建。自谢沟闸至是浅深不一，每积涂泥截河。元大德间都省司王潜于两端立堰积水，旁置闸以通舟。国朝平江伯因之，广其制为诸闸。】 八里湾闸 【南距孟阳泊二十五里，宣德八年建。】 谷亭闸 【在鱼台县谷亭镇之侧，南距八里湾八里。元至顺二年建，永乐间平江伯修复之。】 南阳闸 【在鱼台县新河渡北三里，南距谷亭二十里。】	【每浅老人一名、夫十名，什物二十五件，岁办桩木五十根、草三千束、树五百八株。】 济宁州砚瓦等浅凡一十二 【每浅老人一名、夫十名，什物二十四件，岁桩木五十根、草二千束，树多寡不一。】 钜野县大头湾等浅凡五 【每浅老人一名、夫十名，什物二十五件，岁办桩草折石每名四千斤，树多寡不一。】 嘉祥县大长沟等浅凡四 【每浅老人一名、夫十名，什物二十件，岁办桩草折石每名四千斤，树多寡不一。】 汶上县界首等浅凡一十四 【每浅老人一名、夫十名，什物二十五件，岁办桩五十根、草三千束，树多寡不一。】 东平州靳家等浅凡一十二 【每浅老人一名、夫十名，什物二十五件，岁办桩五十根、草三千束，树多寡不一。】 寿张县大家庙等浅凡五 【每浅老人一名、夫十名，什物二十四件，岁办桩五十根、草三千束，树多寡不一。】 东阿县沙湾等浅凡八 【每浅老人一名、夫十名，什物二十四件，岁办桩五十根、草三千束、麻五十斤，树多寡不一。】 阳谷县管驿湾等浅凡一十 【每浅老人一名、夫十名，什物二十四件，岁办桩五十根、草三千束，树多寡不一。】 聊城县官窑口等浅凡二十三 【每浅老人一名、夫十名，什物二十五件，岁办桩五十根、草二千束、麻五十斤，树多寡不一。】 平山卫第五等浅凡五 【每浅军余五名，什物二十五件，岁办桩二十五根、草五百束、麻二十五斤，树多寡不一。】 博平县梭堤等浅凡六 【每浅老人一名、夫十名，什物二十五件，岁办桩五十根、草二千束、麻五十斤，树多寡不一。】 堂邑县南梁家乡等浅凡七 【每浅老人一名、夫十名，什物二十二件，岁办桩五十根、草二千束、麻五十斤，树多寡不一。】 清平县魏家湾等浅凡九 【每浅老人一名、夫十名，什物二十五件，岁办桩五十根、草二千束、麻五十斤，树多寡不一。】 临清州潘家桥等浅凡一十一 【每浅老人一名、夫十名，什物一副，岁办桩五十根、草二千束、麻五十斤，树多寡不一。】 清河县二哥营等浅凡八 【每浅老人一名、夫十名，什物十件，岁办桩五十根、草二千束、麻五十斤，树多寡不一。】

续表

闸

枣林闸

【济宁州,南距南阳闸十二里。按,元人开会通河自安民山引汶、泗、洸等水属之御河,前后建石闸三十余座以利蓄泄,由孟阳泊至枣林七十里,湍激迅悍,沙土流氵陁,启钥开闸,方一放舟,势不得不然也。】

鲁桥闸

【济宁州,在鲁桥递运所之侧,南距枣林凡八里,永乐十二年建。】

师家庄闸

【南距鲁桥凡五里,元大德二年建。】

仲家浅闸

【南距师家庄五里,宣德五年建。】

新闸

【南距仲家浅凡八里,元大德元年建。】

新店闸

【南距新闸凡七里,建与前同。】

石佛闸

【在济宁州石佛寺西南隅,南距新店凡一十八里,元延佑六年建。】

赵村闸

【在济宁赵村,南距石佛闸凡七里,元大定四年建。】

天井闸

【即济宁南闸,在济宁州南城驿之浒,距赵村六里,元至元二十一年建。】

济宁北闸

【一名在城闸,一名会源闸,距天井闸凡二里,建与前同。按:济宁、天井二闸,原有月河,距州治南三里许,北对会通河,二水纵横,南注由闸河而西上者,艰于逆挽,启闸而下,且二闸密迩,每多冲激。先是冬官主事陈律等议,以在城闸移入百余尺,改天井闸迤西七百余武,不与通济河对,候水盈缩而闭纵之,始免于患。】

草桥闸

【在济宁城西门外,跨木通行,不常设板。】

耐牢坡闸

【一名永通闸,在济宁州西二十里,东南距北闸二十八里。国朝洪武初用兵梁晋,由以输军饷,因建闸以泄水,正统三年革,成化时复之。】

寺前铺闸

【一名柳林闸,在汶上县,南距耐牢坡闸四十九里,正德元年建。】

南旺南闸

【即柳林闸,在分水龙王庙,南距寺前铺闸五里。】

南旺北闸

【南距南闸凡五里,成化七年工部郎中杨恭建。】

开河闸

【在驿下,南距南旺闸十二里,元至正七年建,永乐三年重修。按:南旺古无闸也,元人自济宁逾安山至临清闸开渠数百里,引水入卫河,又即兖东堰金口障泗水,西南由济河至济宁南下,复即兖北堰堽城,障汶水南由洸河至济宁合泗水,以济漕渠,一注临清,一注济宁,名分水龙王庙。终元之世,藉以通漕贩,柳林、开河二闸,所以节两头之水也,然其相去太远,启闭难期,故平江伯陈锐奏请复设南旺上下

浅

夏津县赵贷郎口等浅凡八

【每浅老人一名、夫十名,什物一副,岁办桩五十根、草五千束,树多寡不一。】

武城县桑园口等浅凡二十六

【每浅老人一名、夫十名,什物二十五件,岁办桩五十根、草二千束、麻五十斤,树多寡不一。】

恩县白马庙等浅凡五

【每浅老人一名、夫十名,什物二十五件,岁办桩五十根、草二千束、麻五十斤,树多寡不一。】

故城县郑家口等浅凡三

【每浅老人一名、夫十名,什物二十三件,岁办桩五十根、草五千束,树多寡不一。】

德州上八里等浅凡六

【每浅老人一名、夫十一名,什物二十三件,岁办桩五十五根、草二千二百束,树多寡不一。】

德州卫张家湾等浅凡八

【每浅小甲一名、军夫九名,什物一十二件,岁办桩一百根、草一千束,树多寡不一。】

德州左卫郑家口等浅凡七

【每浅小甲一名、军夫九名,什物二十一件,岁办桩百根、草一千束,树多寡不一。】

景州罗家口等浅凡四

【每浅老人一名、夫十名,什物二十二件,岁办桩八百八十五根、草六千二百八十束,树多寡不一。】

吴桥县白草窑口等浅凡十

【每浅老人一名、夫十名,件物二十二件,岁办桩一百根、草一千束,树多寡不一。】

东光县狼十一口等浅凡七

【每浅老人一名、夫十名,什物二十二件,岁办办一百根、草五千束,树多寡不一。】

南皮县齐家堰等浅凡五

【每浅老人一名、夫十名,什物二十二件,岁办桩五十根、草五千束,树多寡不一。】

交河县李道湾等浅凡五

【每浅老人一名、夫十名,什物一十七件,岁办桩八十根、草八千束,树多寡不一。】

沧州砖河南口等浅凡七

【每浅老人一名、夫十名,什物一十六件,岁办桩一百一十根、草五千束,树多寡不一。】

兴济县安都寨口等浅凡七

【每浅老人一名、夫共五十名,什物一十六件,岁办桩一百根、草三千束,树多寡不一。】

青县砖河口等浅凡六

【每浅老人一名、夫十名,什物一十七件,岁办桩五十根、草五千束、麻五十斤,树多寡不一。】

坝州苏家一等浅凡一

【每浅老人一名、夫十名,什物一十五件,岁办桩五十根、草一万束,

续表

闸	浅
二闸，相去不五里，以时启闭，置工部官一员董之。】 袁老口闸 【南距开河十二里，正德元年建。】 靳家口闸 【在东平州北，南距袁老口十七里，嘉靖二年建。】 安山闸 【在阳谷县安山驿之左，距靳家口三十里，正统二年建。】 荆门上闸 【在阳谷县南，距安山闸九十七里，元大德六年建，永乐九年修。】 荆门下闸 【距上闸三里，建与前同。】 阿城上闸 【南距荆门闸一十里，元大德三年建。】 阿城下闸 【距上闸三里，建与前同。】 七级上闸 【在聊城县界，南距阿城十里，宣德四年建。】 戴家湾闸 【在清阳驿北二十里，距土桥四十里，成化元年建。】 新开上闸 【在临清州西，南距戴家湾闸十里。】 南板闸 【在州西南，东岸距新开上闸二里。】 会通闸 【在临清州会通河南口，距戴家湾十里，元大德二年建，永乐十三年重修。】 临清闸 【在州清源驿之浒，南距会通闸二十里。先是临清、会通二闸直接戴家湾闸，水势汹悍，径冲卫河西岸，不时覆舟。成化间主事郭升议于州西南回曲之地开挑新河，建此二闸，以节水势，害遂息。】 通流上闸 【旧名通州上闸，在通州西门外一里，元至元二十九年建。】 通流下闸 【距上闸一里，建立同前。】 朝宗上闸 【在通州城南门外万亿库南百步，建立同前。】 朝宗下闸 【距上闸百步，建同前。】 溥济闸 【旧名杨尹闸，在都城东南三十里，建同前。】 平津闸 【旧名郊亭闸，在都城东南二十五里，建同前。】 庆丰闸 【旧名籍东闸，在都城东南十五里，地名王家庄。】 惠和闸 【旧名魏村闸，在都城东南二里。】 文明上闸	树三百五十株。】 静海县钓台等浅凡九 【每浅老人一名、夫十名，什物一十五件，岁办桩五十根、草五千束，树多寡不一。】 天津卫蔡家口等浅凡一十二 【每浅小甲一名、军夫九名，什物二十二件，岁办桩四百九十根、草三万三千束，树多寡不一。】 天津左卫留佛住口等浅凡二十四 【每浅小甲一名、军夫九名，什物二十二件，岁办桩九百九十根、草九万九千束，树多寡不一。】 天津右卫北杨家口等浅凡十 【每浅小甲一名、军夫九名，什物二十二件，岁办桩一十八根、草一万二千束，树多寡不一。】 武清县涅沟儿等浅凡十一 【每浅小甲一名、夫十名，什物二十二件，岁办桩一十八根、草一千八百束，树多寡不一。】 武清卫三里屯等浅凡四 【每浅小甲一名、夫十名，什物二十二件，岁办桩一十八根、草一千八百束，树多寡不一。】 香河县蒋家湾等浅凡六 【每浅老人一名、夫十名，什物二十二件，岁办桩一十八根、草一千八百束，树多寡不一。】 通州右卫李二寺等浅凡四 【每浅小甲一名、夫十名，什物一十九件，岁办桩木一十八根、草一千八百束，树多寡不一。】 通州左卫张家湾上马头等浅凡二 【每浅小甲一名、夫十名，什物一十九件，岁办桩一十八根、草一千八百束，树多寡不一。】 通州高家湾等浅凡十 【每浅小甲一名、夫十名，什物一十八件，岁办桩木一十八根、草一千八百束，树多寡不一。】

续表

闸	浅
【在正阳门东南一里许。】	
文明下闸	
【在崇文门西南一里。】	
会川闸	
【在阜城门外一里许。以上诸闸起都城而抵通州。元世祖时,都水监郭守敬上言,导平昌县白浮村神山泉西折南向,过双塔榆河至都城南引一亩上泉至西门入都城汇积水潭,复东折而南入三里河,经十里河至烟墩港入浑河东下,每十里置一闸,以时启闭,漕舟自通州直抵都城,民无陆挽之劳,国有储积至富。首事于至元二十九年春,成于三十年秋,公私便之。世祖自上都还过积水潭,见舳舻蔽水而悦,赐名"通惠"。国朝永乐间,亦以通漕,今遂废。盖运船一只载米三百石,自通州上车费脚价三十七两有奇,船直抵京,直车家顿失此利,不免流言惑众,任耳者信之。又多势要者涉利生怨,相与排艰阻难,传闻宫闱,浪惊龙御之心,用遂奸欺之志,其端有自来者。然闸自通抵京仅五十里许,而高低实逾五十尺,其源微浅而其去直,遂使数闸以节之行。遇天时久旱,则舟涩难行,莫若因故闸之遗址,而更为五坝,每坝贸剥船百只,米置布袋中,转剥而前,可省脚价十分之九,仍听车户易车造船,在河生理则官不劳而事可集,利不专而谤谤息矣。】	

卷之二·漕渠表·岸程驿递

岸程	驿递
仪真县	仪真驿递运所
【内有仪真卫,北至扬州府六十里。】	【在仪真县城外,至广陵驿四十五里。】
扬州府	广陵驿
【内有扬州卫,北至高邮州七十里。】	【在扬州府江都县城外,至邵伯驿六十里。】
高邮州	邵伯驿递运所
【内有高邮卫,北至宝应县九十里。】	【在江都县,至盂城驿六十里。】
宝应县	盂城驿
【北至淮安府九十里。】	【在高邮州,至界首驿六十里。】
淮安府	界首驿递运所
【内有淮安卫、大河卫,北至清河县六十里。】	【在高邮州,至安平驿六十里。】
清河县	安平驿
【北至桃源县六十里。】	【在宝应县城外,至淮阴驿八十里。】
桃源县	淮阴驿递运所
【北至宿迁县一百二十里。】	【在淮安府山阳县城外,至清口驿六十里。】
宿迁县	清口驿
【北至邳州一百二十里。】	【在清河县,至桃园驿六十里。】
邳州	桃园驿递运所
【内有邳州卫,北至徐州一百八十里。】	【在桃源县,至古城驿六十里。】
徐州	古城驿
【内有徐州卫、徐州左卫,北至沛县一百二十里。】	【在桃源县,至宿迁县钟吾驿六十里。】
沛县	钟吾驿递运所
【北至鱼台县一百四十里。】	【在宿迁县,至直河驿六十里。】
鱼台县	直河驿

续表

岸程	驿递
【北至邹县五十里。】	【在邳州城外,至新安驿六十里。】
邹县	新安驿
【北至济宁八十里。】	【在邳州,至房村驿六十里。】
济宁州	房村驿
【内有济宁卫,北至鉅野县九十里。】	【在邳州,至彭城驿九十里。】
鉅野县	彭城驿又黄河东岸驿
【北至嘉祥县二十五里。】	【俱在徐州城外,至夹沟驿九十里。】
嘉祥县	夹沟驿
【北至汶上县十八里。】	【在徐州,至泗亭驿七十五里。】
汶上县	泗亭驿递运所
【北至东平州七十里。】	【在沛县,至沙河驿六十里。】
东平州	沙河驿
【内有东平所,北至寿张县七十里。】	【在邹县,至鲁桥驿六十里。】
寿张县	鲁桥驿递运所
【北至东阿县二十里。】	【在邹县,至南城驿五十五里。】
东阿县	南城驿
【北至阳谷县二十里。】	【在济宁州城外,至开河驿一百一十里。】
阳谷县	开河驿
【北至东昌府四十里。】	【在汶上县,至安山驿七十里。】
东昌府	安山驿递运所
【内有东昌卫、平山卫,北至聊城县九十三里。】	【在东平州,至荆门驿八十五里。】
聊城县	荆门驿
【东至博平县三十里。】	【在阳谷县,至崇武驿八十五里。】
博平县	崇武驿
【东至棠邑县。】	【在聊城县,至金线递运所三十五里。】
棠邑县	金线递运所
【北至清平县三十九里。】	【在堂邑县,至清阳驿四十里。】
清平县	清阳驿
【北至临清州四十里。】	【在清平县,至清源驿六十里。】
临清州	清源驿递运所
【内有临清卫,东至夏津县三十里。】	【在临清州城外,至渡口驿七十里。】
夏津县	渡口驿
【东至武城县四十里。】	【在临清州,至甲马营驿七十里。】
武城县	甲马营驿递运所
【东至恩县一百四十里。】	【在夏津县,至梁家庄驿一百一十五里。】
恩县	梁家庄驿
【东至故城县二十七里。】	【在故城县,至安德驿七十里。】
故城县	安德驿递运所
【东至德州三十五里。】	【在德州城外,至良店驿七十里。】
德州	良店驿
【内有德州卫、德州左卫,东至景州一百里。】	【在景州,至连窝驿七十里。】
景州	连窝驿递运所
【东至吴桥县六十里。】	【在吴桥县,至新桥驿七十里。】
吴桥县	新桥驿
【东至东光县六十里。】	【在交河县,至砖河驿七十里。】
东光县	砖河驿
【东至南皮县九十里。】	【在交河县,至沧州递运所七十里。】

续表

岸程	驿递
南皮县 【东至交河县五十八里。】	沧州递运所 【在沧州城外,至干宁驿二十里。】
交河县 【北至沧州五十五里。】	干宁驿 【在兴济县,至流河驿七十里。】
沧州 【北至兴济县五十里。】	流河驿 【在青县,至奉新驿七十里。】
兴济县 【东至青县二十五里。】	奉新驿 【在静海县,至杨青驿一百里。】
青县 【北至霸州一百三十五里。】	杨青驿递运所 【在静海县,至杨村驿八里。】
霸州 【东至静海县九里。】	杨村驿 【在武清县,至河西驿九十里。】
静海县 【东至天津卫三十里。】	河西驿递运所 【在武清县,至合和[驿]九十里。】
天津右卫 【东至天津左卫三十五里。】	合和驿 【在漷县,至潞河一百里。】
天津左卫 【东至天津卫三十里。】	潞河驿递运所 【在通州。】
天津卫 【东至武清县二十五里。】	
武清县 【东至营州前屯卫八十里。】	
营州前屯卫 【东至香河县十二里。】	
香河县 【东至漷县二十里。】	
漷县 【北至神武中卫二十里。】	
神武中卫 【北至定边卫五里。】	
定边卫 【北至通州右卫五里。】	
通州右卫 【北至通州左卫二十三里。】	
通州左卫 【北至通州二十三里。】	
通州 【北至京师六十里。】	

卷之二·漕渠表·大江迤南·闸坝

闸	坝
京口闸 【在镇江府城西北,洪武初年建,正德元年都御史洪钟修。】 孟渎河闸 【在常州府城北九十里,距京口闸九十里,洪武二年建。】 魏村闸 【在常州府城北六十里建。】 望亭闸 【在无锡望亭市右。景泰二年建。】 龙山闸 【在杭州府城南,宋高宗时建。以上诸闸自江而南,所以节水之北注也。】	新港坝 【在镇江城西北一里许,漕船出江由此拽之。】 甘露坝 【在新港坝东半里许,江船入漕由此拽之。】 丹徒坝 【在丹徒镇南十八里,距甘露坝七十八里。】 新港坝 【在丹阳县西三十五里,距丹徒一十三里。】 吕城坝 【在县南三十里,距新港坝四十三里。】 奔牛坝 【在常州府武进县治西三十里。】 长安坝 【在杭州府城东北九十里,距德胜坝一十里,建于宋。】 德胜坝 【在府城外,湖州市北。】 猪圈坝 【在府城武林门外。】 新河坝 【在府北关外三里下塘路。】 会安坝 【在府城艮山门外。】 永昌坝 【在府城永昌门外。】 跨浦坝 【南距龙山坝一里半。以上诸坝俱洪武初建。】

卷之二·漕渠表·茱萸湾迤东·河道闸

河道	闸
运盐官河 【在扬州府江都县,隋仁寿四年开,以通漕运,其侧有茱萸村,故名为茱萸湾。自湾头起东至泰州界斗门铺七十里,有支河曰"白塔",正统十年曾以御史吴鎰言,挑开白塔河注扬州以便浙江等运船。】 济川河 【在泰州城南,东至如皋县界一百三十里,西至江都县斗门三十里,中有支流十一。】 立发河 【在如皋县运盐官河东,南至通州界白铺镇七十里,西北至泰州界海安镇四十里,中有支流七。】 新河 【在通州城西,旧河淤涨不一,永乐三年,本州判官许性乃开新河接运,正统年间户部主事邬来学置立水洞,遇旱则引潮水入于运河,中有支流三。】	朝宗上闸 【在茱萸湾,宣德七年建。】 朝宗下闸 【在上闸东,建同前。】 新闸 【去城东北六十里白塔河之口,宣德七年建,西距新闸一十里。】 潘家庄闸 【建置同前。西距新闸一十里。】 大桥闸 【建置同前。距潘家庄驿二十里。】 江口闸 【建置同前。至扬子江五里。】 白浦石闸 【去州治西北六十里,在如皋白浦石闸之南一里,今废。】

续表

河道	闸
运盐河 【在海门县北三里,中由支流四。】	济川坝 【在泰州城南门外,即金口岸河坝。】 北运河坝 【在州城北门外偏东百步。】 海安坝 【在海安镇河口,成化八年筑。】 立发坝 【在立发河口,成化八年筑。】 丁堰坝 【在丁堰河口,盖古堰也。】 韩家港洞灰堆港洞 潘灶港洞水塔口洞 烂泥口洞

卷之二·漕渠表·徐州迤西·河道浅

河道	浅
汴河 【在徐州城东北,即今沁水也,又谓之小黄河。西至萧县界杨家溜,长三十里,中有支流五。】 沁河 【即汴河,在萧县界,中有支流一,自是历砀山、永城、夏邑、虞城、归德、宁陵、考城、睢州、仪封、杞县、兰阳、陈留、祥符、封丘、阳武十五州县,皆其所经也。】 黄河故道 【在原武县治西北二十里,即沁河也。至开封府达陈、颍二州界,正统十三年决于荥泽县夹堤村等处,分为六道,五道在县南,一道在县北,俱东流祥符、中牟二县界,东南流以达于淮。至卫辉、新乡、获嘉历怀庆府武陟县,其水自河内县来入境,至小原村分为二,一经卫辉入卫,一经汴梁北东流至徐入泗,黄河自本县东宝家湾东南流至荥泽,又东南过汴梁以达于淮。天顺七年,发万夫开通宝家湾,引黄河一支入泗,东至徐州接济一洪之不足。】	徐州汊河等浅凡五 【铺厅三间、门楼一座,什物、草、树后皆同。】 萧县烂石等浅凡十有五 砀山龙坝等浅凡五 永城县朱家等浅凡四 夏邑县胡父桥等浅凡十六 虞城县洪陵湾等浅凡十二 归德州丁家道口等浅凡十三 宁陵县桃园等浅凡四 考城县板臀口等浅凡九 睢州寺堽等浅凡十 仪封县贾家林等浅凡十 杞县东小阁等浅凡四 兰阳县狮子堌等浅凡八 陈留县宜王庙等浅凡十六 祥符县王家埠口等浅凡一十四 封丘县蒜刘寨等浅凡八 阳武县中岳等浅凡八 原武县第五等浅凡五、永兴等浅凡四 河南北岸等浅凡十八 【以上一十九浅,什物、树、草与徐州汊河等浅相同。】

卷之二·漕渠表·济宁迤东·河道坝闸

河道	坝	闸
汶河 【在兖州府滋阳县东,自堽城闸南流入洸,至济宁州城分流南达于淮,北入于卫,即今之漕河也。新旧泉凡二,在县东北五里,西南流入济。】 沂河 【在曲阜县南五里,其源出自尼山,西流三十五里与泗合。旧泉十六、新二,自逵泉名已见泉类,惟株沟泉入泗,余皆入沂。】 泗水 【在泗水县东,即漕河也。旧泉一十八、新八。】 薛河 【在藤县界,旧泉一十四。】 洸河 【在宁阳县,昔汶不通洸,元初毕辅国始于堽城之左作斗门,遏汶入洸,以益泗漕。详见元改作东大闸记。旧泉八、新泉四。】 承冶河 【在峄县西,自许池泉发源,东南流一百七十里至邳州,由干沟口入漕。】 滦河 【源出泰山白龙池,经泰安州西一里南流入泮河,合小汶河,在州南四十里龙池下入大汶河。泉二十有二。】 小汶河 【在新泰县,泉几十。】 小汶河 【在莱芜县,抵肥城县。】	金口坝 【在金口闸之南,绝泗、沂二水而入金口闸以达于济,元改作滚水石坝,后废。本朝作土坝,成化八年工部主事张盛复元制。】 堽城坝 【在闸之西,元至元时建,成化八年主事时宜兴、张盛修,学士万安有记。】	杏林闸 【在滋阳县城西二十里。】 土娄闸 【在兖州城西十五里。】 金口闸 【在兖州流阳县城东五里。】 堽城二闸 【在济阳县北三十里。】

卷之二·漕渠表·沙湾西南·河道浅

河道	浅
新挑河 【在兖州阳谷县,永乐九年自金龙口开挑至塌场口,复自曹州疏浚至沙湾儿,皆通舟楫。正统间河决荥阳,而金龙口遂淤。景泰四年都御史除有贞自曹家溜以上开沟二十里接金龙口,引水接济张秋漕河,名曰新挑河。历东平、寿张、郓城、曹州、钜野、定陶、曹县、仪封凡八州县。】	阳谷县虎丘坡等浅凡二。 东平县鱼护口浅凡一。 寿张县范城等浅凡二。 郓城县五岔口等浅凡七。 曹州新集等浅凡十一。 钜野县安兴墓等浅凡二。 定陶县团潭等浅凡三。 曹县夏侯等浅凡四。

卷之二·漕渠表·卫河迤北·河道闸浅

河道【闸附】	浅
卫河 【凡东昌府馆陶县中有支流四,一名洹水,自洹水县来,至安阳县屡伏屡见,东经永和入卫;一名汤水,出汤阴县西亥泉,东流入于卫;一名折胫河,出淇县泉儿头,至西阎村入卫;一名山河,出太行山至薛村入卫。所历凡十一县,曰元城、大名、魏县、内黄、滑县、汤阴、浚县、淇县、汲县、新乡县、辉县,皆漕运所历也。】	馆陶县尖冢儿等浅凡十二。 元城县草庙等浅凡六。 大名县砖桥等浅凡三。 魏县阎家等浅凡六。 内黄县泊口等浅凡十。 滑县草坡浅一。 安阳县北新庄等浅凡五。 汤阴县五陵等浅凡六。
闸	浚县老观嘴等浅凡十。
北关闸 【在本府北门外,今废。】	淇县薛村口等浅凡三。 汲县谢家等浅凡一十二。 辉县等浅凡二。

卷之三·漕职表

漕之利于国家,其来尚矣。故代必重厥事,职必简厥人。自大禹以司空平水土,冀《周官》所载,漕虽未闻,而开渠、筑堰、导河、益溉,职亦各有繇隶。

秦氏以降,汉官则有水衡都尉及都水丞,属其职皆领池苑。迨元光三年河决顿丘,天子乃使汲黯、郑当时往治,时当时为大司农,尝奏言漕渠。地节,郭昌则以光禄大夫使行河北。河平元年,河堤使王延世则以劳赐爵关内侯。

晋、隋之间,漕法或领于尚书,或领于仓部侍郎,虽官无定衔,皆简自廷臣,其责任亦重且大矣。

唐百官工部尚书以下,则有水部郎中、员外郎各一人,掌津泽渠梁运漕碾硙之事,外则又有河堤谒者六人、诸津令各一人。迨开元初,李杰为水陆运使,而"使"之名始建。十一年,裴耀卿以黄门侍郎同中书门下平章事充江淮都转运使,而以崔希逸、萧炅为副使,而"副"之名亦始此。天宝,则以韦坚充勾当转运使,第五琦充诸色转运使,刘晏则以户部侍郎充诸道转运使。厥后韩滉、杜悰、崔昭纬,皆以宰相充,而诸道巡院皆统焉。自裴耀卿言漕事,进用者常兼转运之职,惟韦坚为最。若刘晏则以转运为己任,尝与元载书曰:"见一水不通,思荷锸而先往;见一粒不运,思负米而先趣。"故时最著名。

迨宋乾德以后,始置诸道转运使,其"使"之名,但曰勾当某路水陆计度转运事,官高者则曰某路计度转运使。雍熙四年,并水、陆路发运为一司,以右神武将军王继升掌之。太平兴国初,皆曰"使",两省以上则为都转运使。又置副使与诸路判官,又置同勾当转运事,俄罢诸路副使。真宗每用兵,或令都部署兼转运使,王师征讨,则有随军转运使,事毕即停。熙宁初,诏河东、河北、陕西三路漕臣,许乘传赴阙,留无浃日。又诏三路漕臣,令自辟属各二人,以京朝官曾历知县者为之。宣和初,又诏陕西以都漕两员治于长安,而漕臣三员分领六路,时知名者若鲁宗道,若蒋之奇,若张纶,若许元芳、张方平。时方平尝画漕运十四策,宰相富弼读其奏上前,上太息称善。崇宁初,蔡京为相,始求羡财以供侈费,充使者遂有进献而职隳矣。

元世祖中统二年,始立军储所,寻改漕运所。至元改漕运司,又改都漕运司。十九年改京畿都漕运使,二十四年,内、外分立两运司。其员则有运使,有同知,有副使,有判官,而押官隶焉。其初,漕法犹有可观,历岁既久,弊日以滋,疲三省之民力,以充岁运之恒数,而押运监临之官,与夫出纳之吏,恣为贪黩。至元之后,有不可胜言者矣。

迨我太祖奄有天下,贡赋之外,海运以营辽东。五年,尝命靖海侯吴祯率舟师往运。【时敕辽东都督仇成曰:兵戍辽阳已有年矣,虽曰农战交修,其海船之运犹连年未已。近者靖海侯吴祯率舟重载东往,所运甚大。昨晚忽闻纳哈欲整兵来哨,为指挥叶旺中途阻归。因此而料彼,前数年,凡时值暑天,胡人必不策马

南向,今将盛暑,彼有此举,情状见矣。粮运既至,宜严为备,庶可无虞。】

后又遣都督朱寿、张赫领之。二十年冬十月戊申朔,享太庙,封寿为舳舻侯、赫为航海侯。【其诰文略曰:咨尔寿,从朕开国多勋劳,今年已高,屡涉风涛之险,服勤漕运,以给辽海之军,既懋厥功,必加崇劝。今特封尔寿为开国辅运推诚宣力武臣、柱国、舳舻侯,食禄一千石,延于子孙,世袭封爵,用报尔功,尔其敬哉!赫诰文亦同。】

又尝建漕运使,寻罢。【其御制诰曰:漕运之设,启国名家之良法也。何以知其然?民有已供入府库者,官欲他给而移之,则漕运者行焉。若江海者,必帆巨舟,假天风,可刻期而抵所在。若道由河、淮,则操轻舟,用便楫,假天风,加人力,亦刻期而可至。其所于斯之设,岂不便于国事而兴起焉?若居是职,身律法张,于上无瞒,于下无虐,身立而名家出矣,朕所谓良法也。谓用力少而致功多,故如是而言,何也?假以陆路转运,较之于舟楫之举,则百夫可代陆路十千之人艰辛,其所扰者少而所安者众,生民得遂其生,岂不良法也?凡任此者,非忠君爱民之士不可使之行令,朕将欲用人,则而求之惟尔,某佥曰,可。今特受某官,尔往勿怠,以致来闻,则功录焉。】

太宗缵承大业,建立漕运而革使职,乃命武职重臣总理。景泰间,更命都御使同莅其事。其职有统领者,有分理者,有兼掌者,有专任者,有暂委者。下至一闸一坝,各有官守,若枝之附根,若纲之挈目,上下供职咸有法,黜陟惟允。其都御史则兼巡抚。【领敕一道:皇帝敕谕都察院右都御史某,今特命尔总督漕运,与总兵官某、参将某同理其事,务在用心规画,禁革奸弊。运粮官军有犯,自指挥以下轻则量情惩治,重则拿送巡按、巡河御史及原差问刑官处问理,照例发落。都指挥有犯,具奏拿问。若刁泼军旗乘机诬告,对证涉虚者,治以重罚。自通州至扬州一带水利有当蓄泄者,严督该官司并巡河御史、管河管洪郎中等官,设法用工筑塞疏浚,以便粮运。仍兼巡抚凤阳、淮安、扬州、庐州四府,徐、滁、和三州地方,抚安军民,禁防盗贼,清理盐课,赈济饥荒,城垣坍塌,随时修理,守城官军以时操练,或有盗贼生发,盐徒强横,即便相械设法抚捕。卫所府州县官员有廉能公正者,量加奖劝;贪酷不才者,从公黜罚。凡事有利于军民者,悉听尔便宜处置。尔为朝廷宪臣,受兹简任,须殚心竭意,输忠效劳,凡百举措务合时宜,俾粮运无误,军民安妥,盗贼屏息,地方宁靖,斯称委任。如或误事,责有所归。尔其钦承朕命,毋忽,故谕。

领关防一颗,其文曰:"总督漕运关防"。】

总兵则兼镇守。【领制一道:皇帝制谕署都督佥事某,今命尔挂漕运之印,充总兵官,与同都指挥某率领舟师攒运粮储,赴京仓交纳,所统运粮官军悉听节制。仍镇守淮安,抚辑军民,修治城池,遇有盗贼生发,随即将兵剿捕,如制奉行。领敕一道:皇帝敕谕,今特命尔充总兵官,攒运粮储,循守旧规,提督湖广等都司及直隶卫所官军,各照岁定兑支粮数,依期运至京仓交纳。仍镇守淮安,抚安军民,修理城池,禁防盗贼。凡事须与总督漕运都御史计议停当而行,务在用心规画,禁革奸弊。运粮官军有犯,自指挥以下轻则听尔量情惩治,重则尔就拿送问刑衙门,或巡按、巡河御史问理,照例发落。都指挥有犯,具奏拿问。若刁泼军旗乘机诬告,对证涉虚者,治以重罪。自通州至扬州一带水利,有当蓄泄者,严督该管官司并管河管洪郎中等官,设法用工筑塞疏浚,倘有怠职误事者,一体参奏。凡有便于漕运有利于军民者,悉听尔便宜处置。且漕运旧规皆系先年奏请创立,行之岁久,不无废弛。尔今受兹重任,尤须尽心修举,凡百举措务合时宜,俾粮运无误,军民安妥,斯称委任。如或乖方误事,责有所归。尔其钦承朕命,毋忽,故谕。领符验二道、皇帝圣旨、公差人员,经过驿分持此符验,方许应付马疋。如无此符,擅便给驿,各驿官吏不行执法,循情应付者,俱各治以重罪。宜令准此。

印文一颗,其文曰:"漕运之印。"】

参将则协同总兵官。【领敕一道:皇帝敕谕都指挥使某,今命尔充参将,协同总兵官攒运粮储,循守旧规,提督湖广等都司及直隶卫所官军,各照岁定兑支粮数,作期运至京仓交纳。须关防禁约,不许奸欺作弊,怠惰稽迟。遇有河道淤阻,随即督同委官设法疏理。仍兼守淮安,抚恤军民,城池坍塌,趁时修治,贼寇主发,先机捕灭。尔为朝廷武臣,受滋重寄,凡事须与总兵官及总督漕运都御史同心协力,处置停当而行。尤须持廉奉公,正己率下,务使河道疏通,粮储不误,军民安妥,地方无虞,官军得所,庶不负委任之意。毋

或偏私执拗,乖方误事,克害下人,致生嗟怨,如违罪有所归。尔其敬之慎之。故谕。】

而治必于淮者,盖淮,左江、右河,东控海道,北接兖、豫,西接两都而诸陵咸在。况淮古称难治,故曰淮夷。国初,驸马都尉黄宝尝镇守于斯,【其制曰:奉天承运,皇帝圣旨:教驸马都尉黄宝兼淮安卫指挥使,守御淮安府城地,宜令准此。】至今不改辙焉。故京操十二荣即荣伍,军有十二万,漕有十二总,军亦有十二万。中外相援,兵食相资,祖宗之微意,岂无所谓哉?于乎!内而两畿,外而五省,竭天下之半而属之漕,今日当是职者,利用大作,无为职之羞可也。凡职各以次列,而抚镇以下,制使创始及有成绩者,表而出之,职必有所居,然后可以听治。于是作《漕职表》,而以《公署》附焉。

卷之三・漕职表・尚书都御史主事

尚书	都御史	主事
【尚书都御史主事郎中附尚书,非漕府之职也,特以河渠阻塞之故命下董役,以求厥成,迹不可以无记也,故以官阶列于都宪之上。】 宋礼 【工部尚书。永乐十二年疏会通河成,遂罢海运从河运,礼有心机,长于智料,故是役也,众咸惟之,卒成其绩。】 刘观 【刑部尚书。永乐十五年提督漕河。】 金纯 【刑部尚书。永乐九年开浚黄河,赠山阳伯。】 黄福 【工部尚书兼詹事。宣德四年整理河道。】 石璞 【刑部尚书。景泰二年治沙湾决河。】 王永和 【工部尚书。景泰四年治沙湾决河。】 杜谦 【工部尚书。成化二十年治徐州南漕河。】 乔毅 【工部尚书。成化六年治漕河。】 王恕 【刑部侍郎。成化七年总理河道。】 李颙 【工部尚书。成化十六年修武清决河。】 薛远 【户部尚书。成化十七年治漕河。】 白昂 【刑部侍郎。弘治三年治金龙口决河,开康济河。】 陈政 【工部侍郎。弘治五年治张秋决河。】 刘大夏 【湖广华容人,弘治六年以右副都御史治张秋决河。】	【都宪,漕运初设未有也,自景泰二年立之,盖天下重务非台官不足以一人心,辖天下,百司听命而无违忤也】 王竑 【陕西河州卫人,景泰二年以左佥都御史总督漕运。天顺八年复莅政,时徐州大饥,竑乃开仓赈济,有汲黯之风。】 王文 【景泰二年以刑部尚书兼都御史总督漕运。】 徐有贞 【苏州人,景泰五年以右都御史总理漕运。贞有才干,尝治张秋决河,作沙湾一路河防,民赖全活者众。】 陈泰 【福建光泽县人,景泰六年以右佥都御史总督漕运。】 滕昭 【河南汝州人,成化二年总督漕运。】 张鹏 【顺天府涞水县人,成化八年以右佥都御史总督漕运。】 李裕 【江西丰城县人,成化十年以右副都御史总督漕运。】 李纲 【山东长清人,成化十四年以佥都御史总督漕运。】 张瓒 【湖广孝感人,成化十六年以副都御史总督漕运。】 徐英 【四川人,成化十年以右副都御史总督漕运。】 刘璋 【福建延平人,成化二十年以右副都御史总督漕运。】	【主事,部差也,分遣就职所,以专其事,犹元之水监。然自永乐三年来,郎中、主事杂差,令著为例,非主事不差也,故以主事例衔,以郎中附之。】 杨琏 【工部,永乐十九年分理徐州洪。】 王溥 【刑部,永乐十九年分理吕梁洪。】 王俊 【工部,正统间提督通州至天津河道。】 陆镛 【工部,成化六年专管通州至天津河道,继以临济迤北悉隶之,七年,分治至德州止。】 郭升 【工部,成化七年分治沛县至仪真瓜洲漕河,尝去险石甃堤岸。】 杨恭 【工部成化十三年分理通州至济宁河道,自恭以后凡若干人。先是山东张秋河道有佥事一员管理,既而都御史李裕请管河道郎中等官悉改宪职,工部议以南北直隶乃畿内近地,不应置按察官,请割济宁为界,令郎中二员分治,各赐玺书,假以事权,而佥事遂革。】 李煌 【工部,住扎安平镇,分理济宁以北河道。】 丘茂中 【工部,住扎高邮州,分理济宁以南河道。】 王豫 【直隶武进人,豫之上有姓姜者一人,失其名,乃初授命者。】 尹珎 【直隶大河卫人,建夫厂有修理功。】 饶泗 【江西进贤人,作石坝。以上皆治徐州洪,

续表

尚书	都御史	主事
赵璜 【江西安福人,正德十一年以工部侍郎总理河道。】 龚弘 【直隶嘉定人,正德十三年以工部侍郎总理河道。】 李瓒 【山东濮州人,正德十六年以工部侍郎总理河道。】 章极 【浙江兰溪人,嘉靖六年以工部侍郎总理河道。】 盛应期 【直隶吴县人,嘉靖六年以右都御史总理河道。】 潘希曾 【浙江金华人,嘉靖七年以工部侍郎总理河道。】 李绯 【河南固始人,嘉靖十年以右副都御史总理河道。】 戴时宗 【福建晋江人,嘉靖十一年以右佥都御史总理河道。】 朱裳 【直隶沙河人,嘉靖十二年以右副都御史总理河道。】 刘天和 【湖广麻城人,嘉靖十四年以工部侍郎总理河道。】 李如圭 【湖广澧州人,嘉靖十五年以右副都御史总理河道。】 于湛 【直隶金坛人,嘉靖十六年以右副都御史总理河道。】	马文升 【河南钧州人,成化二十一年以右都御史总督,漕运,门无私谒,时漕卒之逋亡者皆归焉。】 李敏 【河南襄城县人,成化二十二年以副都御史总督漕运。】 丘鼐 【江西贵溪县人,成化二十三年以右副都御史总督漕运。】 秦鋐 【山东单县人,弘治元年以左副都御史总督漕运。】 李昂 【浙江仁和县人,弘治二年以右副都御史总督漕运。】 张伟 【直隶景州人,弘治三年以右副都御史总督漕运。】 李蕙 【直隶当涂县人,弘治七年以右都御史总督漕运,漕政称平。】 徐镛 【湖广兴国州人,弘治十二年以右副都御史总督漕运。】 张敷华 【江西安福人,弘治十三年以右都御史总督漕运。】 张缙 【山西阳曲县人,弘治十六年以右都御史两莅漕政。】 洪钟 【浙江钱塘县人,正德元年以右都御史总督漕运。】 王琼 【大明人,正德三年以右副都御史总督漕运。】 李瀚 【山西沁水县人,正德四年以左副都御史总督漕运。】 邵宝 【直隶无锡县人,正德六年以右都御史总督漕运。】 陶琰 【山西绛州人,刚人多大略,正德九年以都御史总督漕运,十一年归,十三年复起,以户部尚书兼左都御史复总漕运事。】	至今凡若干人矣。】 徐仪 【江西南城人,始受命治吕梁洪。】 王俨 【湖广华容人,有凿险功。】 费瑄 【江西铅山人,作东西二堤及坝道。】 郭持平 【以上皆治吕梁洪,至今凡若干人矣。】 来天球 【浙江萧山人,新作分司,修建功甚多。】 陈宣 【浙江平阳人,成化二十年添设管闸,住扎沛县沽头闸,弘治元年革,七年复,正德二年复革。自宣以下凡若干人矣。】 辛寿 【河南人,住扎济宁,永乐十九年兼管河道,正德三年革宁阳管泉主事,以诸湖近闸,令兖州管河通判兼管,而本官提督之,至今凡若干人矣。以上皆管闸。】 乔缙 【南阳人,正德二年管泉。按永乐初尝差主事顾大奇等疏导诸泉,后以右通政王孜、郎中史鉴等继之。正统六年革,以参将汤节言复置,正德二年革。以上皆管泉。】 马祥 【户部主事,专理河源,初河南布政司增置参议一员,专提督防导河、沁二水之源,成化二十年添设主事一员,在河南阳武县住扎,修治水道,下达徐州。又令提督徐州洪,主事以河沁水利深浅尺寸,每月一报于朝,弘治初革。】 谢彦诚 【始受命督造运船。】 席书 【四川遂宁人,尝编《漕船志》。】 丁瓒 张絅 【以上皆清江厂,至今凡若干人,皆工部。】 张勉 【监督淮安仓,永乐中以郎中叶宜任,自勉以下多主事,至今凡若干人。】 李贡 【直隶芜湖人,修仓垣固而不费。】 熊壮 【监督徐州仓,至今凡若干人矣。】

续表

尚书	都御史	主事
	丛兰 【山东文登人,正德十年以右都御史总督漕运兼巡抚,寻专巡抚。】	徐严 【监督临清仓,至今凡若干人矣。】
	臧凤 【山东曲阜人,正德十四年以右副都御史专总督漕运,寻兼巡抚。】	张浚 【监督德州仓,始建分司。】
	俞谏 【浙江桐庐人,嘉靖元年以右都御史总督漕运。】	张伦 【直隶大名人,移建分司于城,至今凡若干人。以上皆户部主事或员外郎。】
	胡锭 【直隶长垣县人,嘉靖二年以右副都御史总督漕运。】	何汉宗 【漕运理刑,景泰初年任。】
	李钺 【河南祥符县人,嘉靖三年以右都御史总督漕运。】	周镐
	高友玑 【浙江乐清县人,嘉靖四年以右都御史总督漕运。】	张璇 【浙江余姚县人。】
	唐龙 【浙江兰溪县人,嘉靖七年以左佥都御史总督漕运。】	毛绍元 【浙江余姚县人。】
	毛思义 【山东阳信县人,嘉靖八年以右副都御史总督漕运。】	冷向春 【四川内江县人。】
	刘节 【江西大庾县人,嘉靖九年以右副都御史总督漕运。】	邵惠容 【浙江余姚县人。】
	马卿 【河南林县人,嘉靖十一年以右副部御史总督漕运。】	畅华 【陕西陇西县人。】
		李日章 【直隶华亭县人。】
		徐官 【浙江萧山县人。】
		龙钦 【湖广茶陵州人。】

卷之三·漕职表·总兵副参把总

总兵	副参	把总
【总兵副参把总国初漕政未立,自太宗皇帝都燕台,始急于漕政,乃命平江伯陈瑄综理,大功成,设漕运府于淮安,立总兵官兼镇守以莅之,继平江之职也。所辖十二总,凡卫一百四十三,官军员名一十二万七千八百,岁运米四百万石。清江厂造船官军复一万有奇。】	【漕运原有总兵、副总兵、参将三员,副总兵今革不设。】	【把总官多都指挥或都司,或以都指挥体统行事者,夫以百四十卫之官军而分隶于十有十二人,计所辖则万夫也,非贤而能者孰与此哉!故自设官以来,世远人亡,莫悉究其名氏,姑著其衔以俟名世者。】
陈瑄 【合肥人,永乐二年以平江伯充副总兵,管海运,永乐四年充总兵,始建议设仪真、瓜洲二坝,造浅艖达淮,凿吕梁、徐州二洪石以平水势,筑沛县、济宁等处长堤,开泰州白塔河通	宣信 【宣城人,永乐六年以都督佥事充副总兵,同平江伯理海运。】	湖广总一 【把总官一员,所辖卫所一十三,指挥一十一员,千、百户八十七员,旗军一万七百四名,运船一千一十二只,造于武昌,造实运粮三十二万八千六百三十四石二斗八合。】
	吴亮 【滁州人,宣德二年由参将升副总兵。】	江西总一
	武兴 【宿州人,宣德八年以都督佥事充副总兵。】	
	马翔 【大名人,正统元年由参将升副总兵。】	
	吴亮	

续表

总兵	副参	把总
大江，自淮至临清，相水势高下建闸四十有七，自淮抵通州河滨置铺舍五百六十八所，舍置夫卒俾导舟，可行处沿河堤凿井树木，以便夏月行者，虑事之周而行之果，国用以足。殁，世追封平江侯，谥恭襄。】 王瑜 【海州人，宣德八年以都督充左副总兵挂印，直而不讦，廉而不残，政继陈瑄，能安且靖，如曹参。】 武兴 【宿州人，本姓伍氏，赐姓武，正统三年由漕运副总兵充总兵官。】 徐恭 【和州人，正统十四年以都督同知充总兵，性尚质素，推贤让能，隐然有方面之重。】 牛循 【滁州人，天顺五年以都督佥事充总兵官。】 杨茂 【天顺八年由参将充总兵官，攻诗善书，有古郭汾阳之风节。】 陈泾 【泰州人，以太宁侯守备南京，成化七年充总兵官。】 陈锐 【平江伯瑄之曾孙，居家孝友，绰有祖风，成化八年由两广镇守充总兵官，漕运以治，张秋功成，兼太子太傅。】 王信 【凤阳人，廉恭有成，成化二十一年以都督同知充总兵官。】 都胜 【山东武定州人，成化十四年由参将充总兵官，以清谨闻，人不敢干以私。】 郭鋐 【合肥人，弘治二年由参将充总兵官，久任成功，多所建白，漕人至今戴之。】 毛锐 【甘州人，正德三年以太子太傅、伏羌伯充总兵官。】 陈熊 【平江伯陈锐子，正德三年充总兵官，侃直有风概。】 顾仕隆 【扬州人，正德六年以镇远侯充总兵官，谦约节俭，苞苴不行，处多事之世，而不及于祸。】 杨宏 【海州人，正德十六年以都督佥事充总兵官，	【永乐十三年以都指挥佥事充参将。】 马翔 【宣德七年以都指挥同知充参将。】 汤节 【高邮人，正统四年以江西都指挥充参将，莅事勤敏，博学能文。】 黄鉴 【仪真人，天顺元年由都督佥事充参将。】 杨茂 【沅湘人，天顺五年都督同知充参将。】 袁佑 【凤阳人，成化六年以都指挥同知诠注锦衣卫，充总督参将。】 都胜 【成化十四年以署都指挥同知诠注锦衣卫，充参将，性恭谨，有孝义名。】 郭鋐 【成化二十二年以署都指挥同知充参将，弘治年题注锦衣卫带俸。】 耿麟 【江夏人，弘治五年以锦衣卫都指挥佥事充参将。】 周瓒 【江都人，弘治八年以都指挥佥事充参将，九年题注锦衣卫带俸，有慈孝名。】 张洪 【杭州人，礼贤下(文)[士]有儒将风，弘治十四年以都指挥佥事充参将锦衣卫带俸。】 温和 【河间人，弘治十七年以署都指挥充参将锦衣卫带俸。】 梁玺 【大名人，正德元年以都指挥使充参将，转中都留守，复充参将，列衔锦衣卫。天性友爱，有干济才。】 庄椿 【寿州人，正德八年以都指挥佥事充参将，题注锦衣卫带俸。】 王玉 【正德十四年以都指挥充参将，题注锦衣卫带俸。】 王佐 【由武举以锦衣卫都指挥使充参将。】 张奎 【洪子，嘉靖二年以都指挥佥事充参将，题注锦衣卫带俸。以久任荐升都指挥同知。嘉靖十年升中军都督府署都督佥事，充总兵	【把总官一员，所辖卫一十一，指挥四员，千、百户五十八员，旗军九千七百九十四名，运船八百六十六只，造于九江府，实运粮三十万六百九十五石三斗八升八合。】 浙江总一 【把总官一员，所辖卫所一十三，指挥八员，千户四十一员，百户七十九员，所镇抚四员，旗军二万一千六百七十名，运船二千三十九只，造于苏州，实运粮六十六万五千三百一十二石三斗四升。】 南京总二 【把总官二员，所辖卫三十四，指挥二十五员，千、百户一百四十一员，旗军一万八千零八名，运船一千七百五十九只，俱清江厂造，实运粮五十五万一千八百八十一石六斗一升六合。】 江南上江总一 【把总官一员，所辖卫所一十一，指挥九员，千、百户九十九员，旗军一万五千三百八十九名，运船一千四百二十三只，造于安庆等厂，实运粮四十七万二千四百七十三石七升八合。】 江南下江总一 【把总官一员，所辖卫九，指挥二员，千、百户一十九员，旗军一千七百六十四名，运船一百七十七只，造于苏州府，其南京卫分造于清江厂，实运粮五万四千二百二十九石六斗六合。】 中都留守司 【把总官一员，所辖卫一十二，指挥九员，卫镇抚二员，千、百户八十三员，旗军八千七百一十六名，运船八百八十七只，俱清江厂造，实运粮二十六万七千五百九十八石六斗三升二合。】 江北直隶总二 【把总官二员，所辖卫一十八，指挥一十五员，千、百户一百七十六员，旗军二万六千七百零一名，运船二千六百八十七只，俱清江厂造，实运粮八十八万九千七百七十四石一斗零二合。】 山东总一 【把总官一员，所辖卫所七，指挥七员，千、百户四十七员，旗军二千七百六十五名，运船七百七十三只，造于清江厂，实运粮二十三万八千四百一石三升。】 遮洋总一 【把总官一员，所辖卫一十六，指挥一十二

续表

总兵	副参	把总
以久任荐升都督同知。】 杨锐 【南京人,嘉靖九年以都督佥事充总兵管。】 刘玺 【南京人,嘉靖十三年由参将以都督佥事充总兵官。】	官。】 刘玺 【嘉靖十年以署都指挥佥事充参将,题注锦衣卫带俸。】 万表 【浙江人,嘉靖十三年以都指挥佥事充参将。】 王元伯 【徐州人,嘉靖十五年以署都指挥佥事充参将。】	员,千、百户四十五员,旗军六千二百名,运船五百二十五只,造于清江厂,实运粮二十四万石。】

卷之三・漕职表・府州县闸坝

府	州	县	闸	坝
扬州府 淮安府 兖州府 东昌府 河间府 【俱添设管河通判各一人。】	邳州 徐州 济宁州 东平州 临清州 【俱添设管河通判官各一人。】 高邮州 德州 沧州 霸州 通州 【俱委一人,有非判官者,随宜用之。】 清江提举一人 典吏一人 卫河提举一人 典吏一人	宝应县 宿迁县 鱼台县 钜野县 嘉祥县 汶上县 东阿县 阳谷县 聊城县 博平县 清平县 【俱添设管河主簿各一人。】 仪真县 江都县 山阳县 清河县 桃源县 沛县 寿张县 恩县 故城县 吴桥县 东光县 南皮县 交河县 兴济县 青县 静海县 清河县 夏津县	板闸 移风闸 清江闸 福兴闸 新庄闸 黄家闸 新兴闸 谢沟闸 沽头上闸 沽头中闸 沽头下闸 金沟口闸 湖陵城闸 孟阳泊闸 八里湾闸 南阳闸 枣林闸 鲁桥闸 师家庄闸 仲家浅闸 新闸 新店闸 石佛闸 赵村闸 在城闸 天井闸 棠林闸 南旺上闸 南旺下闸 开河闸 袁老口闸	仪真五坝 【清江闸官领之。】 瓜洲十坝 【坝官二人领之。】 淮安新城北五坝 【无官】 清江浦二坝 【无官】

续表

府	州	县	闸	坝
		武城县 武清县 香河县 漷县 【俱委管河各一人，间非主簿者，亦随宜用之。】	靳家口闸 荆门上闸 荆门下闸 阿城上闸 阿城下闸 七级上闸 七级下闸 周家店闸 李海务闸 通济桥闸 梁家乡闸 戴家湾闸 土桥闸 【每闸官一人。】 新开上南板闸 临清会通闸	

卷之三·漕职表·公署附·都察院户部分司刑部分司工部分司

都察院	户部分司	刑部分司	工部分司
【都察院户部分司刑部分司工部分司院治在郡城迎远门内，永乐间，陈恭襄总督漕运，开府淮阴。宣德、正统间，专以帅正督运。至景泰初，始命都御史总督其事兼巡抚。时都御史王竑莅任，知府程宗即恭襄旧居建立之。】	【清江浦厂在淮安旧城西。徐州洪厂在徐州东岸。临清厂在州治之右。德州厂在州治之右。】	【漕运理刑司在淮安府治西南隅。】	【清江修船厂在淮安城西北。徐州洪厂在洪岸之左。吕梁洪厂在洪岸之左。沛县管闸厂在县治南。济宁管闸厂在县治之左。平安镇管河厂在本镇。高邮管河厂在州治之左。山东管泉厂在宁阳县城内。】

卷之三·漕职表·总兵府

总兵府	
【总兵府提举司在淮安府城中都察院之东。永乐间总兵官平江伯因三皇庙废基创置。】 清江漕运行府 【西去淮郡四十里，在清江浦之上，前平江伯陈公瑄所建，公虽开府于府城，设厅事托此往来，恒居之。盖恐料量之不平、出纳之不经、制作之无度、财用之侵费也。成化间，其曾孙锐重修。】 徐州漕运行府 【旧在百步洪右中洲之上，宣德间建。弘治间迁于洪北运河之东岸。】 济宁漕运行府 【在城东门外洸河南岸，永乐间建。】 临清漕运行府	清江提举司 【在山阳县西北五十里清江浦，正统二年间设，专一修造南京并中都、江北直隶卫所浅船。先是永乐三年建厂于此，俱龙江提举司行事，至主事胡臻始请改设。】 卫河提举司 【在临清州南三里卫河东岸，永乐八年开设，属河南布政司，后改隶山东，专一修造山东、北直隶遮洋卫所浅船。】

续表

总兵府	
【在州治西卫河东岸,景泰三年总兵官徐恭建。】 通州漕运行府 【在州旧城南门外西街,成化间平江伯陈锐建。】 瓜洲漕运行府 【在瓜洲镇,嘉靖三年都御史高友玑、总兵官杨宏、参将张奎即旧仓基。按瓜虽草镇,东南粮运由以达淮者,多于真州,向无城郭衙宇之制,每三堂临之待舟,居以听政而已。参将张公乃始为之经制,廉耗饬奸,斯有其所,于以正官守肃,上下崇本而立政也。】	

卷之四·漕卒表

漕之法,水运则有江河风涛之险,陆运则有飞挽负驮之劳。其动众,不盈万不足以致利。国家历代役民,求其不病民者寡。若汉因秦敖仓之旧,岁漕关中粟以给京师,自是而后,渐致其弊。淮南地远,或数千里,遥属于汉,而吏卒遥役往长安道中,衣装悉自备。至武帝时,今年发卒数万治河,明年发卒数万穿渠,又欲通褒斜道以省漕卒,而漕竟不利。后河平元年,治河卒非受平直贾者为著繇六月,然其惠亦十之一也。故终汉世,欲利民而民病滋甚。

及晋咸和六年,以漕运不继,发王公以下千余人,各运米六斛。穆帝时,又制王公以下十三户共借一人,以助支运。是则一时之权宜也。

隋开皇初,诏于蒲陕等水次十三州置募米运丁。又诏蒲陕以东募人能运洛阳米四十石达常平者,免其支运。后大业间穿三渠,天下弊矣。

唐初,江淮漕租至东都,水行来远,多风波覆溺之患,其失常什七八,而陆运至陕才三百里,率两斛计庸钱千,民送租者,皆有水陆之直。而河有三门底柱之险。显庆间,议发卒凿之便漕而功不成。其后,将作大匠杨务廉又凿为栈以挽漕舟,挽夫系二瓠于胸,而绳多绝,挽夫辄坠死,则以逃亡报,因系其父母妻子,人以为苦。及裴耀卿建议,欲罢陆运,未果。景云中,陆运又分八递,顾民牛车以载。厥后刘晏为使,即盐雇佣,上下颇称利。自两税行而罢水陆使,江淮之漕至渭桥者益少,而米亡耗于道路颇多。刑部侍郎王播议,漕至渭桥,五百亡五十者死,以次递减,而覆船败挽,至者不得十之四五,部吏、舟人相挟为奸,榜笞号苦之声闻于道路,而卒荼毒亦极矣。

宋建隆元年,漕运故河渠,岁调丁夫开浚,粮糗皆民自备。丁未诏:悉从官给,遂著为式。厥后役卒也,转运使以本路纲输嘉、楚、泗州转般仓,载盐以归,舟还其郡,卒还其家。而汴舟诣转般仓,漕米输京师。冬河涸,舟卒亦还营,至春复聚,名曰"放冻"。卒得番休,逃亡者少,而汴船不涉江路,无风波沉溺之患。又许纲运载商货不征。其后,发运使独任,文移日繁,吏得以舞智,操舟者赇诸吏,辄得诸富郡,市利趣京师。自是江汴之舟无办,而挽舟卒有老死道路者,籍多空名,漕事大坏,甚至导洛司废而税务剥削。故苏轼奏言纲运之害,其略有五,切中时弊也。辞具《议略》。

迨元八九十年,国课惟专海漕之利,凡运粮有脚价钞。至元二十一年,给中统钞八两五钱,其后递减,至于六两五钱。至大三年,以福建浙东道远费广,通增为至元钞一两六钱。四年,又增十之四。延佑元年,斟酌远近复增,几有五倍以给船户。船户亦犹今之漕卒也。然海飓不时,漂溺者众。至元间,始责偿于运官,人船俱溺者乃免。自汉唐以来,漕卒之得失,大略如此。

元法视宋号为简略。宋初漕卒颇利,较诸汉唐固为优恤,既久,法令不一,卒亦不堪。迨我朝,太宗留神漕运,稽古准今,漕有定卒,居有常糗,运有行粮,米有定数,数有加耗,领有长,长有总,载许私以济其费,道设医以察其病,无外征,无他役,其优恤之典,可谓至矣尽矣。无事则操舟而运饷,有事则可列伍而水战,寄危于安,藏兵于食,是则又祖宗法外之微意也。若夫经历坝、闸、浅、洪,则又有徒役,时备以济其不虞。

卒凡十有二万，而徒役亦岁有四万七千余人，暂发者不与。其统领者，则曰老人，曰总小甲。于是作《漕卒表》，而《徒役》附焉。

卷之四・漕卒表・南京二总

其一

锦衣卫

【百户三员，旗军三百四十一名，浅船二十四只，每年该造二只四分，运粮一万四百六十九石三斗八升二合。】

府军卫

【指挥一员，百户一员，旗军一百三十名，浅船一十三只，每年该造一只三分，运粮四千九百九十一石二斗六升。】

金吾后卫

【指挥一员，百户一员，旗军一百六十四名，浅船一十五只，每年该造一只五分，运粮五千三十五石一斗二升八合。】

豹韬左卫

【指挥二员，百户一十二员，旗军二千三十二名，浅船一百九十二只，每年该造一十九只二分，运粮六万二千三百八十六石四斗六升四合。】

骁骑右卫

【指挥一员，千户二员，旗军三百五十九名，浅船三十五只，每年该造三只五分，运粮一万一千二十二石一升八合。】

府军右卫

【千户一员，百户一员，旗军一百二十名，浅船一十二只，每年该造一只二分，运粮三千一百三十二石六斗四合。】

神策卫

【千户一员，百户一员，旗军一百三十五名，浅船一十四只，每年浅造一只四分，运粮四千一百四十四石一斗七升。】

虎贲左卫

【指挥一员，千户一员，百户一员，旗军二百三十四名，浅船二十六只，每年该造二只六分，运粮七千一百八十四石二斗六升八合。】

留守左卫

【指挥一员，千户一员，旗军一百九十二名，浅船二十二只，每年该造二只二分，运粮五千八百九十四石七斗八升四合。】

鹰扬卫

【指挥一员，千户一员，百户二员，旗军三百七十四名，浅船二十四只，每年该造二只四分，运粮一万一千四百八十一石五斗四升八合。】

镇南卫

【指挥一员，千户一员，百户二员，旗军四百七十名，浅船四十九只，每年该造四只九分，运粮一万四千四百二十九石九斗四升。】

留守中卫

【指挥一员，百户一员，旗军一百六十名，浅船一十八只，每年该造一只八分，运粮四千九百一十二石三斗二升。】

龙江右卫

【指挥一员，卫镇抚一员，千户一员，百户六员，旗军一千四百八十七名，浅船一百三十六只，每年该造一十三只六分，运粮四万五千六百五十三石八斗七升四合。】

其一

旗手卫

【指挥一员，千户一员，百户一员，旗军二百二十二名，浅船二十四只，每年该造二只四分，运粮六千八百一十五石八斗四升四合。】

横海卫

【指挥一员，千户四员，百户二员，旗军七百九十二名，浅船七十九只，每年该造七只九分，运粮一万四千三百一十五石九斗八升四合。】

武德卫

【指挥一员，千户一员，百户二员，旗军二百五十九名，浅船三十五只，每年该造三只五分，运粮一万一千二十二石一升八合。】

留守右卫

【指挥一员，千户一员，百户二员，旗军四百三十名，浅船四十三只，每年该造四只三分，运粮一万三千二百一石八斗六升。】

金吾前卫

【指挥一员，百户一员，旗军一百四十九名，浅船一十五只，每年该造一只五分，运粮四千五百七十四石五斗九升八合。】

沈阳右卫

【千户一员，百户一员，旗军七十九名，浅船八只，每年该造八分，运粮二千四百二十五石四斗五升八合。】

府军后卫

【千户一员，百户一员，旗军一百四十八名，浅船一十六只，每年该造一只六分，运粮四千五百四十三石八斗九升六合。】

豹韬卫

【指挥一员，千户二员，百户一员，旗军三百八十七名，浅船三十九只，每年该造三只九分，运粮一万一千八百八十一石六斗七升四合。】

虎贲右卫

【指挥一员，千户一员，百户三员，旗军五百九十名，浅船五十六只，每年该造五只六分，运粮一万八千一百一十四石一斗八升。】

水军右卫

【指挥一员，千户五员，所镇抚一员，旗军七百七十一名，浅船七十六只，每年该造七只六分，运粮二万三千六百七十一石二斗四升二合。】

应天卫

【指挥一员，百户二员，旗军二百二十八名，浅船二十三只，每年该造二只三分，运粮七千石五升六合。】

水军左卫

【指挥一员，千户九员，百户二员，旗军一千六百九十二名，浅船一百五十六只，每年该造一十五只六分，运粮五万一千九百四十七石七斗八升四合。】

龙虎左卫

【指挥一员，千户六员，百户四员，旗军一千四百三十九名，浅船一

续表

其一	其一
广洋卫 【指挥一员，千户六员，百户六员，旗军一千一百七十九名，浅船一百一十四只，每年该造一十只四分，运粮三万六千一百九十七石六斗五升八合。】 江阴卫 【指挥使一员，千户五员，百户三员，旗军七百九十五名，浅船八十一只，每年该造八只一分，运粮二万四千四百八石九升。】 羽林右卫 【指挥一员，千户一员，百户二员，旗军三百五十八名，浅船三十六只，每年该造三只六分，运粮一万九百九十一石三斗一升六合。】 龙虎卫 【指挥一员，千户二员，百户二员，旗军五百名，浅船五十二只，每年该造五只二分，运粮一万五千三百五十一石。】	百四十二只，每年该造一十四只二分，运粮四万四千一百八十石一斗七升八合。】 兴武卫 【指挥一员，千户二员，百户二员，旗军三百八十七名，浅船四十只，每年该造四只，运粮一万一千八百八十一石六斗七升四合。】 羽林左卫 【千户一员，百户一员，旗军八十八名，浅船九只，每年该造九分，运粮二千七百一石七斗七升六合。】 龙江左卫 【指挥一员，千户六员，百户二员，旗军一千四十名，浅船九十一只，每年该造九只一分，运粮三万一千九百三十石八升。】 府军左卫 【指挥一员，千户一员，旗军一百九十五名，浅船一十九只，每年该造一只九分，运粮五千九百八十六石八斗九升。】

卷之四・漕卒表・湖广总

湖广总
武昌卫【指挥一员，千户六员，百户四员，旗军一千一百八十八名，浅船一百一十六只，运粮三万六千四百七十三石九斗七升六合。】
武昌左【卫指挥一员，千户七员，百户三员，旗军一千一百一十八名，浅船一百八只，运粮三万四千三百二十四石八斗三升六合。】
蕲州卫【指挥一员，卫镇抚一员，千户三员，所镇抚一员，百户四员，旗军四千四百五名，浅船一百二十七只，运粮四万三千一百二十六石二斗一升。】
黄州卫【指挥一员，千户五员，所镇抚一员，百户二员，旗军八百七十二名，浅船八十五只，运粮二万六千七百七十二石一斗四升四合。】
沔阳卫【指挥一员，千户五员，百户三员，旗军一千五十六名，浅船九十七只，运粮三万二千四百二十一石三斗一升二合。】
岳州卫【指挥一员，千户三员，百户二员，旗军六百二十六名，浅船六十二只，运粮一万九千二百八十九石四斗九升二合。】
荆州卫【指挥一员，千户四员，百户一员，旗军七百七十八名，浅船七十五只，运粮三万三千八百八十六石一斗五升。】
荆州左卫【指挥一员，千户三员，百户二员，旗军七百二十九名，浅船六十六只，运粮二万二千三百八十一石七斗五升八合。】
荆州右卫【指挥一员，千户五员，旗军七百七十四名，浅船七十四只，运粮二万三千七百六十三石三斗四升八合。】
襄阳卫【指挥一员，千户三员，百户三员，旗军七百二十六名，浅船六十七只，运粮二万二千五百九十六石六斗七升二合。】
安陆卫【改。】
显陵卫【德安所千户一员，百户三员，旗军四百二名，浅船三十八只，运粮二万二千三百四十二石二斗四合。】

卷之四・漕卒表・江西总

江西总
南昌前卫【指挥一员，千户四员，百户八员，旗军一千二百三十六名，浅船一百一十二只，运粮三万七千九百四十七石六斗七升二合。】
袁州卫【指挥一员，千户五员，百户十员，旗军二千三百八名，浅船二百四只，运粮七万八百六十石二斗一升六合。】
赣州卫【指挥一员，百户五员，旗军六百七十四名，浅船六十只，运粮二万六百九十三石一斗四升八合。】
吉安所【千户一员，百户四员，旗军一千一百一十七名，浅船九十五只，运粮三万四千一百九十四石一斗三升四合。】
安福所【千户一员，百户二员，旗军六百一十一名，浅船五十八只，运粮一万八千七百五十八石九斗二升二合。】
永新所【千户一员，百户三员，旗军五百五十三名，浅船五十只，运粮一万六千二百七十八石一斗六合。】
建昌所【千户一员，百户三员，旗军五百六十三名，浅船五十只，运粮一万七千二百八十五石二斗二升六合。】
抚州所【千户一员，百户三员，旗军七百五十九名，浅船六十四只，运粮二万三千三百二石八斗一升八合。】
广信所【千户一员，百户三员，旗军五百五十二名，浅船五十只，运粮一万六千九百四十七石五斗四合。】
沿山所【千户一员，百户三员，旗军六百三十六名，浅船五十八只，运粮一万九千五百二十六石四斗七升。】
饶州所【千户一员，百户三员，旗军七百八十五名，浅船六十五只，运粮一万四千一百一石七升。】

卷之四·漕卒表·浙江总

浙江总

杭州前卫【指挥一员,千户五员,百户十员,旗军二千二百□□□名,浅船二百五只,运粮六万八千四百六十五石四斗六升。】

杭州右卫【指挥一员,卫镇抚一员,千户四员,百户十员,旗军二千四百三十名,浅船二百二十四只,运粮七万四千六百五石八斗六升。】

绍兴卫【指挥一员,千户五员,百户十员,旗军二千七百七十名,浅船二百七十只,运粮八万五千四十四石五斗四升。】

宁波卫【指挥一员,千户五员,百户十员,旗军三千二百五名,浅船二百八十七只,运粮九万五千三百二十九石七斗一升。】

台州卫【指挥一员,千户六员,所镇抚一员,百户九员,旗军二千八百九十一名,浅船二百八十只,运粮八万八千七百五十九石四斗八升二合。】

温州卫【指挥一员,千户四员,百户十一员,旗军二千八百九十一名,浅船二百八十七只,运粮八万九千九百五十六石八斗六升。】

处州卫【指挥一员,千户五员,百户十员,旗军二千五十名,浅船一百九十只,运粮六万一千九百三十九石一斗。】

海宁卫【指挥一员,百户四员,旗军五百四名,浅船四十七只,运粮一万五千四百七十三石八斗八合。】

金华所【千户一员,百户一员,旗军二百五十五名,浅船二十只,运粮七千八百一十九石一升。】

衢州所【千户一员,百户三员,旗军五百二十名,浅船四十九只,运粮一万五千九百六十五石四升。】

严州所【千户一员,百户四员,旗军一千五名,浅船九十一只,运粮三万八百五十五石五斗一升。】

湖州所【千户一员,百户二员,旗军六百四十名,浅船五十七只,运粮一万九千六百四十九石二斗八升。】

海宁所【千户一员,百户二员,旗军三百四十名,浅船三十二只,运粮一万四百二十八石六斗八升。】

卷之四·漕卒表·中都总

中都总

凤阳卫【卫镇抚一员,千户四员,所镇抚三员,百户三员,旗军九百六十六名,浅船一百一只,每年该造一十只一分,运粮二万九千六百五十八石一斗二升二合。】

凤阳中卫【指挥一员,千户六员,百户四员,旗军九百八十名,浅船一百七只,每年该造一十只七分,运粮三万八十七石九斗六升。】

凤阳右卫【指挥一员,卫镇抚一员,千户四员,百户五员,旗军二千二十名,浅船一百三只,每年该造一十只三分,运粮三万一千三百一十六石四升。】

留守左卫【指挥一员,千户二员,百户八员,旗军二千一百一十九名,浅船一百一十二只,每年该造一十一只二分,运粮三万四千三百五十五石五斗三升八合。】

留守中卫【指挥一员,千户四员,所镇抚一员,百户四员,旗军九百三名,浅船九十一只,每年该造九只一分,运粮一万七千七百二十三石九斗六合。】

怀远卫【指挥一员,千户五员,百户五员,旗军九百二十七名,浅船九十二只,每年该造九只二分,运粮二万八千四百六十石七斗五升四合。】

长淮卫【指挥一员,正千户三员,百户十员,旗军一千五百四十名,浅船一百五十四只,每年该造一十五只四分,运粮一万七千二百八十二石八升。】

宿州卫【指挥一员,百户三员,旗军三百五十名,浅船三十五只,每年该造三只五分,运粮一万七百四十五石七斗。】

武平卫【指挥一员,千户三员,旗军四百六十四名,浅船四十七只,每年该造四只七分,运粮一万四千二百四十五石七斗二升八合。】

颍川卫【指挥一员,千户一员,旗军二百名,浅船二十只,每年该造二只,运粮六千一百四十石四斗。】

洪塘所【千户一员,百户一员,旗军一百九十七名,浅船二十只,每年该造二只,运粮六千四十八石二斗九升四合。】

颍上所【百户一员,旗军五十名,浅船五只,每年该造五分,运粮一千五百三十五石一斗。】

卷之四·漕卒表·江北二总

江北二总

其一

今拨徐州左卫船四十二只,官军四百二十一员名,泗州卫船八十只,官军八百四十员名入遮洋。

淮安卫【指挥一员,千户四员,百户一十三员,旗军二千二百二十五名,浅船二百二十三只,每年该造二十二只三分,运粮六万八千三百一十石九斗五升。】

大河卫【指挥一员,千户八员,百户一十七员,旗军三千三百四十八名,浅船三百三十六只,每年该造三十三只六分,运粮一十万二千七百九十石二斗九升六合。】

邳州卫【指挥一员,千户三员,百户七员,旗军一千三百三十一名,浅船一百三十三只,每年该造一十三只三分,运粮四万八百六十四石三斗六升二合。】

徐州卫【指挥一员,千户七员,所镇抚一员,百户一十三员,旗军二千五百一十六名,浅船二百五十一只,每年该造二十五只一分,运粮七万七千二百四十六石二斗三升二合。】

徐州左卫【指挥一员,千户三员,百户二员,旗军一千三百五十六名,浅船一百三十六只,每年该造一十三只六分,运粮四万一千六百三十一石九斗一升二合。】

寿州卫【指挥一员,千户四员,百户一十一员,旗军一千四百九十一名,浅船一百五十只,每年该造一十五只,运粮四万五千九百六十石八斗九升四合。】

泗州卫【指挥一百,千户七员,卫镇抚二员,百户一十七员,旗军三千四十一名,浅船三百四只,每年该造三十只四分,运粮九万三千三百六十四石七斗八升二合。】

归德卫【指挥一员,千户五员,旗军七百六十八名,浅船七十七只,每军该造七只七分,运粮二万三千五百七十九石一斗三升六合。】

其一

扬州卫【指挥一员,千户五员,百户九员,旗军一千五百四十四名,浅船一百五十四只,每年该造一十五只四分,运粮四万七千四百三石八斗八升八合。】

通州所【千户一员,百户二员,旗军五百六十六名,浅船五十六只,每年该造五只六分,运粮一万七千三百七十七石三斗三升二合。】

泰州所【千户一员,百户二员,旗军四百八十五名,浅船四十八只,每年该造四只八分,运粮一万四千八百九十石四斗七升。】

盐城所【千户一员,百户二员,旗军四百六十五名,浅船四十六只,每年该造四只六分,运粮一万四千二百七十六石四斗三升。】

高邮卫【指挥一员,千户四员,所镇抚二员,百户八员,旗军一千四百六十一名,浅船一百四十七只,每年该造一十四只七分,运粮四万四千八百五十五石六斗二升二合。】

兴化所【千户一员,百户二员,旗军四百七名,浅船四十二只,每年该造四只二分,运粮一万二千四百九十五石七斗一升四合。】

仪真卫【指挥一员,千户四员,百户五员,旗军一千一百名,浅船一百一十只,每年该造一十一只,运粮三万三千七百七十二石二斗。】

滁州卫【指挥一员,千户三员,百户四员,旗军七百四十一名,浅船四十九只,每年该造七只九分,运粮二万二千七百五十石一斗八升二合。】

庐州卫【指挥一员,千户五员,百户十员,旗军一千六百七十六名,浅船一百七十三只,每年该造一十七只三分,运粮五万一千四百五十六石五斗五升二合。】

六安卫【指挥一员,千户五员,百户五员,旗军九百五十名,浅船一百只,每年该造一十只,运粮二万九千一百六十六石九斗。】

卷之四·漕卒表·江南二总

江南二总

下江

旧名江南总,隶建阳、宣州、新安、安庆、九江,今拨为上江,而添入水军右、应天、横海三卫。

镇江卫【指挥一员,千户六员,所镇抚一员,百户五员,旗军二千三百九十八名,浅船二百一十九只,运粮七万三千六百二十三石三斗九升六合】

苏州卫【指挥一员,千户四员,百户七员,旗军一千九百二十四名,浅船一百七十五只,运粮五万九千七十石六斗四升八合。】

太仓卫【指挥一员,千户二员,百户六员,旗军一千五百三十名,浅船一百三十五只,运粮四万六千九百七十四石六升。】

镇海卫【指挥一员,千户五员,百户十员,旗军一千八百四十六名,浅船一百五十六只,运粮五万六千六百七十五石八斗九升二合。】

松江所【千户一员,百户三员,旗军五百名,浅船五十只,运粮一万五千三百五十一石。】

续表

江南二总

嘉兴所【千户一员，百户二员，旗军四百名，浅船四十只，运粮一万二千二百八十石八斗。】

水军右卫【指挥一员，百户三员，旗军三百六十名，浅船二十只，运粮一万七千一百四十二石四斗八升。】

应天卫【千户一员，百户二员，旗军二百一十八名，浅船一十八只，运粮一万二百八十五石四斗八升八合。】

横海卫指挥一员，百户二员，旗军三百六名，浅船二十六只，运粮一万四千五百七十七石六斗八合。

上江

建阳卫【指挥一员，卫镇抚一员，千户三员，所镇抚一员，百户五员，旗军一千三百五十名，浅船一百二十八只，运粮四万一千四百四十七石七斗。】

宣州卫【指挥一员，千户一员，百户三员，旗军五百一十四名，浅船五十只，运粮一万五千七百八十石八斗二升八合。】

新安卫【指挥一员，镇抚一员，千户二员，百户七员，旗军一千一百五十名，浅船一百一十五只，运粮三万五千三百七石三斗。】

安庆卫【指挥一员，千户四员，所镇抚一员，百户五员，旗军一千八百一十一名，浅军一百六十五只，运粮五万五千六百一石三斗二升一合。】

九江卫【指挥一员，千户八员，所镇抚一员，百户四员，旗军一千九百六十六名，浅船一百九十只，运粮六万三百六十石一斗三升二合。】

水军左卫【指挥一员，千户二员，旗军四百三十二名，浅船三十六只，运粮二万五百七十石九斗七升六合。】

龙江左卫【指挥一员，百户三员，旗军三百七十八名，浅船三十一只，运粮一万七千九百九十九石六斗四合。】

龙江右卫【指挥一员，千户二员，百户一员，旗军四百八十六名，浅船四十只，运粮二万三千一百四十二石三斗四升八合。】

广洋卫【指挥一员，千户一员，所镇抚一员，百户一员，旗军四百三十一名，浅船三十六只，运粮二万五百七十石九斗七升六合。】

江阴卫【指挥一员，千户二员，百户一员，旗军三百七十八名，浅船三十一只，运粮一万七千九百九十九石六斗四合。

此总旧无，因北直隶总革，故分江南总为二，其建阳、宣州、新安、安庆、九江五卫旧隶江南总，其水军左、龙江左、龙江右、广洋、江阴五卫，则自遮洋总拨来。】

卷之四·漕卒表·山东总

山东总

临清卫【指挥二员，千户七员，百户六员，旗军二千五百九十二名，浅船二百五十八只，每年该造二十五只八分，运粮七万九千五百七十九石五斗八升四合。】

平山卫【指挥一员，千户三员，百户七员，旗军一千三十六名，浅船一百四只，每年该造一十只四分，运粮三万一千八百七石二斗七升二合。】

东昌卫【指挥一员，千户三员，百户二员，旗军七百五十八名，浅船七十五只，每年该造七只五分，运粮二万三千二百七十二石一斗一升六合。】

济宁卫【指挥二员，千户五员，百户五员，旗军二千二百四十六名，浅船二百二十四只，每年该造二十二只四分，运粮六万八千九百五十六石六斗九升二合。】

兖州护卫【指挥一员，千户一员，百户四员，旗军六百名，浅船六十只，每年该造六只，运粮一万八千四百二十一石二斗。】

东平所【百户二员，旗军二百七十八名，浅船二十七只，每年该造二只七分，运粮八千五百三十五石一斗五升二合。】

濮州所【千户一员，百户一员，旗军二百五十五名，浅船二十五只，每年该造二只五分，运粮七千八百二十九石一升。

卷之四·漕卒表·遮洋总

遮洋总

通州左卫【百户一员，旗军一百三十三名，浅船一十三只，每年该造一只三分，运粮四千八十九石。】

通州右卫【千户一员，旗军九十九名，浅船一十只，每年该造一只，运粮三千四十三石。】

神武中卫【百户一员，旗军八十名，浅船八只，每年该造八分，运粮二千四百五十九石。】

定边卫【千户一员，旗军八十五名，浅船九只，每年该造九分，运粮二千六百一十三石六斗六合。】

天津卫【千户一员，旗军一百四十五名，浅船一十五只，每年该造一只五分，运粮四千四百五十八石。】

续表

遮洋总
天津左卫【千户一员,旗军一百二十一名,浅船一十二只,每年该造一只二分,运粮三千七百二十石。】
天津右卫【千户一员,旗军九十八名,浅船一十只,每年该造一只,运粮三千一十三石。】
德州卫【指挥一员,千户六员,旗军五百二名,浅船五十只,每年该造五只,运粮一万五千四百三十二石。】
德州左卫【指挥一员,千户四员,百户二员,旗军五百一名,浅船五十只,每年该造五只,运粮一万五千四百二石。】
徐州左卫【指挥一员,旗军四百二十名,浅船四十二只,每年该造四只二分,运粮一万二千八百九十四石八斗四升。】
泗州卫【指挥一员,旗军八百四名,浅船八十只,每年该造八只,运粮三万四千六百八十四石四斗八合。】
淮安卫【指挥一员,百户四员,旗军五百七十六名,浅船四十八只,每年该造四只八分,运粮二万七千四百二十七石九斗六升八合。】
大河卫【指挥一员,百户五员,旗军九百九十名,浅船八十三只,每年该造八只三分,运粮四万七千一百四十一石八斗二升。】
高邮卫【指挥一员,百户四员,旗军四百五名,浅船三十八只,每年该造三只八分,运粮二万一千四百一十八石一斗。】
扬州卫【指挥一员,百户四员,旗军六百四十八名,浅船五十四只,每年该造五只四分,运粮三万八百五十六石四斗六升四合。】
长淮卫【指挥一员,千户二员,百户二员,旗军六百四十八名,浅船五十四只,每年该造五只四分,运粮三万八百五十六石四斗六升四合。】
旧隶十三卫,今拨水军左、龙江左、龙江右、广洋、江阴五卫为上江,水军右、应天、横海三卫为下江,所存惟淮安、大河、高邮、扬州、长淮五卫,并入旧北直隶德州以上九卫,及分徐州左、泗州官军船只,共隶十六卫。

卷之五・漕船表

三代以下,国用之资莫大于漕运,漕运之器莫大于舟楫。汉之漕舟未有详考,然永光间河决民溺,诏谒者发河南以东漕船五百艘以赈之。厥后五凤中,耿寿昌议:欲近籴关内之粟,筑仓理船,费直百万万余。则其数之多固可类推矣。

迨夫后魏,议者算汾、华等郡车绢帛,易造漕船,凡一船余绢疋七十有八、布七百八十,岁省甚广,诏从之,而未能尽行也。

唐刘晏领漕事,乃造歇艎支江船二千艘,每船受千斛,十船为一纲,每网三百人,篙工五十,江、汴异运,岁漕甚利。初,晏于杨子置十场造船,每艘给钱千缗,或言所用实不及半,虚费太多。晏曰:不然,论大计者不惜小费,凡事必为永久之虑,今始制船场,执事者众,当先使之私用无穷,则官物坚完矣。若与之屑屑较计锱铢,安能久行乎?异日必有患,吾多而减之者半,犹可也,过此则不能运。厥后五十年,卒如其言。

宋初,诏当水运者,官为具舟,不得调发居民,以妨农作。于是诸州岁造运舟至三千三百余艘,分纲而运,江、汴各有攸属,久之寖弊。发运使许元奏言,近年诸路因循,粮纲法坏,遂令汴纲至冬出江,为它路转漕兵不得息。宜敕诸路增船载米,输转搬仓充,岁如故事。既而诸路纲亦不集,数降诏切责。又诏江淮两浙转运司,以期年功各造船补足,至期船犹不足,汴纲既不得至江,江船亦不至京师,失商贩之利,而汴纲工卒讫冬坐食苦不足,皆盗船财易钱以自给,船愈坏而漕愈不及。

元开广新河以运,然新河候潮以入,船多损坏,又分新河军士水手及船于扬平滦,命三省造船二千艘于济宁河。及以朱清之议,乃造平底河船六十艘,运粮四万余,从海道至京师。久之,遂罢河船而专海运矣。

迨我朝洪武、永乐年间,海船、河船大小无定,数亦不一。其修造,如今所谓清江、卫河二提举司,皆当时成议,以为便宜可久者。累朝损益,至正统间,江南江北始限造船一万一千七百有奇,清江十九、卫河十一。后清江该造之数复析浙江、南直隶等卫,俾归自造,隶清江者,惟南京、镇江、江北直隶诸卫所而已。每船料取诸江西、湖广、四川、福建、直隶徽州诸郡县,民苦解纳,公私俱困,军士亦往往有支料不敷、展转陪补之患。有司以闻,朝廷采群议,湖广荆州、浙江杭州、直隶太平府,委部官抽分,以充清江、卫河造船之用,淮安抽分,则本司自领之。每岁例得银二万六百七十两。苏、扬、淮三府人匠银三千三十两,岁额造船五百二十三艘,江南诸省府不在例数内。既而漕臣复建议增入官银二千三百七十两,统计官给银二万六千七十余两,并各军士旧自办银二万三千七百余两,合而岁用银五万两有余,而军士云:苏矣。是故制有厂地,料有岁办,艘有定数,造有定期、有匠、有式、有等、有号,有草场以资其用,有抽分以益其费,舟楫既利,南北会通,自刳木以来,莫过今日,猗欤盛哉!作《漕船表》第五。

卷之五·漕船表·船数合用限式等号

船数	合用	限式	等号
【船数一万二千二百三十四。】 南京卫分 【一千七百六十。】 江北直隶各卫所 【二千六百九十四。】 中都留守司 【八百八十八。以上俱造于清江。】 山东都司 【七百七十三,原造于卫河,今改于清江。】 浙江都司 【二千四十六,造于苏州设厂。】 江西都司 【八百九十九,造于九江设厂。】 湖广都司 【七百五十九,造于武昌等府。】 江南上江 【八百五十九,造于安庆等府,其南京卫分者,造于清江厂。】 江南下江 【八百六十三,造于苏州等府,其南京卫分者,造于清江厂。】 遮洋 【五百二十五,原造于卫河,今改于清江。原系大船如前数,后改中样浅船如今数。】	一千料海船一只。 【杉松榆栗橹还杂等木,丁线杂作桐油石灰艌麻共四万九千七百一十五根枝个条斤两钱。】 什物 【络麻黄藤棕毛共四千四百八十斤两。】 四百料钻风海船一只。 【杉松桅心铁力橹坯杂等木,丁线杂作桐鱼油石灰艌麻共二万三千六百三十二根枝个条斤两钱。】 什物 【络麻黄藤棕毛白麻共一千六百七十二斤两钱。】 近定造四百料浅船一只,料不等 【大约同前。除什物外,只用银一百八两六钱。】	十年一造者为里河浅船,为遮洋海船。 【里河船在仪真、瓜洲湾泊,顾江船于水次兑运与遮洋船,以其俱不过坝,故十年一造。先是景泰以后用松者五年、杉者十年、株楠杂木者七年一造,大抵杉六、松三、杂一,故自成化十六年始定俱用楠木。】 五年一造者为江南船 【是为外江船,因其往回经坝一次故也。】 凡船: 【底长五丈二尺,头长九尺五寸,稍长九尺五寸,底阔九尺五寸,船底头阔六尺,稍底阔五尺,头伏狮八尺,稍伏狮阔七尺,梁头一十四座,底板厚二寸,栈板厚一寸七分,钉一尺三钉,龙口梁阔一丈、深四尺,使风梁阔一丈四尺、深三尺八寸,后断水梁阔九尺、深四尺五寸,两共阔七尺六寸。】	等之分有二 【天顺间始,盖先年军旗不分贫富,一概给料成造,后因逼累,始分“极贫”、“颇过”二等,遇改造之年,审定颇过,首给料自行厂造,料有不敷,运官稍为措置,余俱本军自补,名为“旗造”。极贫者送本卫委官给提举司官银,并军士原解银造完,给军领驾,名为“厂造”。】 号之分有五 【永乐、宣德间,造于湖广者为“湖字”,江西者为“江字”,浙江者为“浙字”,徽州等府者为“徽字”等号。至天顺间,照各总类编,系民造者为“民号”,军造者为“军号”。又有造于提举司,为“运号”,遮洋过海船为“遮号”,今用之。】

卷之五·漕船表·厂地草场军余人匠

厂地	草场	军余【用工办料】	人匠
淮安工部监督居其中 【其属三总厂,各卫有官军居宿房舍,门有牌号。】 南京在厂东 【其属三十四,委官十二员。】 中都在厂西 【其属十一,委官十二员。】 南直隶厂在厂西 【其属十五,委官十五员。右三总各推千、百户一员,领该卫文移,又委指挥二员总之,其地在清江浦□□淮、河、泗之所会,盖南方之要津,故临闸为厂,凡东北二十里俱厂地也。】	京卫一处 【在宝应县瓦店铺,东至大官庄,西至清溪沟洋塘,南至三汊河石家荡,北至潘家基。】 中都一处 【在清河县淮河东岸,七里沟起,洪泽大闸口止,长六十里,阔十八步。】 直隶一处 【在清河县淮河东岸,东至淮河,西至赵信等民地,南至蒋家沟,北至双沟,长十里,阔一十八丈。初,清江属厂房铺墙垣,俱给官料苫盖,平江伯陈锐踏出荒闲草	南京卫分 【七百七十二,用工八百一十五,办料六百五十七,每名办银四两,共银两二千六百二十八。】 中都卫分 【六百五十一,用工一百一十七,办料五百三十四,各办不等,共银两一千九百六十八。】 直隶卫分 【一千六百七十三,用工一百八十五,办料一千四百八十八,各办不等,共银四千六百五十九。右清江军余共三千九十六名。】 山东卫分	苏州府 【二千一百六十。】 淮安府 【五百六。】 扬州府 【一百四十八。右清江厂一千八百四十四名,每二年一班三个月,每年一千四百二十名,每季三百五十五名半,原设俱上工,后准有力每班纳银一两八钱,无钱则上工。】 河南布政司 【二百八十四。】 山东布政司

续表

厂地	草场	军余【用工办料】	人匠
临清 工部监督居其中 【其属三总厂,各卫有官军居宿房舍,门有牌号。】 北直隶凡九,在厂东 【委官四员。】 山东凡七,在厂南 【委官四员。】 遮洋凡十三,在厂北南 【每年本总输官一员督军,有守干。右三总委指挥一员总之,其地在卫河东岸,卫、汶、漳、济之所会,盖北方之要津,故临闸为厂,西北凡五里俱厂地也。】	场三处,每厂分派一处,逐年拨军依时斫草用之。】	【一百九十四,用工五十九,办料一百三十五,每名办银三两,共银两四百五。】 北直隶卫分 【二百五十二,用工七十八,办料七十四,每名办银三两,共银两二百二十二。】 遮洋卫分看厂十三 【余无。右卫河军余共三百五十九名。】	【九百。】 凤阳府 【二百二十四。】 扬州府 【四百一十六。】 庐州府 【一百八十。】 徐州 【一百四十。】 滁州 【二十。右卫河厂共二千三百一十八名,轮班二千二百二十八,住坐九十,每季五百六十名,纳银同清江。】

卷之六·漕仓表

漕之法莫善于转搬,莫不善于直达。稽之于古,汉漕关东、山东之粟,悉从渭而上。故河东有粮仓泾仓,荥阳有敖仓。河南以东置漕舟五百艘,则知东方诸郡,其粟自远而致者,皆至三河交卸,给节而入都矣。迨后魏邸阁之法立,历代相因。

在唐则于水次有集津仓,有洛口仓,有含嘉仓,有河阴仓。水通则随近转运,否则暂寓以待,以及江南之运积扬州,汴河之运积河阴,河船之运积河口,操舟便宜,无有倾覆。唐之运于斯为盛。

在宋东京之制,受四方之运者谓之船仓,曰永丰,曰通济,曰富国等,凡十仓,则受江淮所运,谓之里河;曰永济,曰永富者,受怀、孟等州所运,谓之西河;曰广济第一者,受颍、寿等州所运,谓之南河;曰广积,曰广储者,则受曹、濮所运,谓之北河。又置转搬仓于真、楚、泗三州,而江南之船至三仓而止,汴船转输京师。故大中祥符间,岁漕至七百万石,可谓极矣。一变直达,久涉岁月,奸费互作而委积发运,名浮于实,遂启胡人之乱。

元都幽燕,变为海运,而白河一道接运备至,在河西务则有仓十四,通州则有仓十三,河仓则十有七,是皆重于转搬也。

我国家监于前代,其漕运之敖仓也,在京、通者,则有总督、太监、户部尚书或侍郎,巡仓则有御史,拨粮则有员外郎,监收则有主事,以至仓使、攒典,各有人焉。所以统储天下之粟,以资国用也。在淮、徐、临、德者,监收则亦有太监,有主事,以至仓使、攒典,亦各有人焉。所以分贮天下之粟,以待转运也。及后转运变为兑运,又变为长运至今,其间因时便宜,为军民计者,固周且密,然竟疑于直达也。议者谓转运则民有往复出纳之扰,长运则军有守浅阻冻之困,利害盖相当焉。于是作《漕仓表》,以俟观者损益云。

卷之六·漕仓表·京仓通州仓

京仓	通州仓
旧太仓 【在东城坊,总督拨粮二厅及银库在焉。】 南新仓 【在旧太仓前,西仓连络。】 海运仓	大运西仓 【永乐间设,在新城,敖三百三十座,计一千六百五十间,南、北、西三门,每门军官一人,办事官一人,军十人。】 大运中仓 【在旧城,敖一百三十座,计六百九十七间,南、北、东三门,同前。】

续表

京仓	通州仓
【在旧太仓北门相对。】 新太仓 【在海运仓西。】 百万仓 【在东城坊。】 北新仓 【在百万仓后。】 禄米仓 【在东城坊。】 广备库仓 【在西城坊。】	大运南仓 【永乐间设,在新城,敖一百三十座,计五百一十间,北、东二门,同前。】 大运东仓 【在旧城,敖四十一座,计二百五间,东、西、南三门,同前。】

卷之六·漕仓表·淮安仓徐州仓临清仓德州仓

淮安仓	徐州仓	临清仓	德州仓
常盈仓 【永乐十三年建,在清江浦河南岸,敖八十座,共八百间。】	广运仓 【宣德五年增,在城南一里,建置上同,敖一百座,共一千间,今存五十一座,共五百一十间。】	广积仓 【在今城内,建置上同,敖七十二座,共七百二十间。先是永乐四年于广积分敖十座,共一百间,设仓曰"临清",今复修。】	德州仓 【在旧州城北门外,建置上同,正统移置城内,东、西分为二,东仓敖二十九座,共二百六十三间;西仓敖一十二座,一百一十七间。】

卷之七·漕数表

中古制,国用悉赋畿内,无有输于千里之外者。秦废封建而漕运聿兴,其数亦视国之侈节以为盈缩焉。汉初,岁不过数十万石。元封元年,山东漕益,岁六百万石。昭帝元凤二年,诏减漕三万石。明年,又诏勿漕。唐初,亦不过三十万石。睿宗,河南陕运一百八十万石。天宝岁,水陆二百五十万石。代宗时,刘晏岁百一十万石,刘晏后寖减。至李巽,复如之。宋太平兴国,始制汴河,岁运江淮秔米三百万石。大中祥符初,至七百万石。此最登之数也。景德三年,以李溥之请,定制为六百万石。天圣间,则又以吴耀卿言,减五十万石。元漕三百万余石。至我国朝,岁运定例四百万余石,较之历代实为中制。然其为支、为兑、为改兑、为本色、为折色,或遇事变为减留、为借拨、为蠲免,虽无定则,而数则常盈焉。于是作《漕数表》第七。

卷之七·漕数表·岁数派数运数

岁数	派数	运数
洪武三十年 【海运粮七十万石于辽东。】 永乐六年 【海运粮六十五万一千二百二十石于北京。】 十二年 【接运海运四十一万四千八百一十石于通州,卫河攒运粮四十五万二千七百七十六石	浙江布政司 【兑运六十万石,每正粮一石加耗六斗六升,改兑三万,正粮每石加耗四斗二升。】 湖广布政司 【兑运二十五万石,每一石加耗六斗六升。】 江西布政司 兑运四十万石,加耗同前。改兑一十七万	浙江都司把总 【六十六万五千三百一十二石三斗四升。】 湖广都司把总 【三十二万八千六百三十四石二斗八合。】 江西都司把总 【三十万六百九十五石一斗八升八合。】 山东都司把总

续表

岁数	派数	运数
于北京。卫辉府仓一十六万五千六百二十一石。德州等仓二十四万八千四百二石。临清仓三万八千七百五十三石。】 宣德八年 【攒运粮五百余万石,通仓收二分,京仓收一分。】 十六年 【会通河攒运淮安等处常盈等仓粮四百六十四万六千五百三十石五斗于北京等处。】 正统二年 【攒运粮四百五十万石支一百六十九万八千二百六十五石。淮五十万二百六十五。徐二十四万八千。临三十万。德五十万。兑二百八十万一千七百三十五石。通收六分。京收四分。林南东店仓收二十万。】 景泰二年 【攒运粮四百二十三万五千石。】 七年 【攒运粮二百九十三万九千五百石,支一十一万六千二十石三斗,兑二百八十二万三千四百八十石,内遮洋三十万石,蓟州仓收二十四万石,京通二仓收六万石。】 天顺四年 【攒运粮四百三十五万石,支七十一万一千八百石,兑三百六十三万八千二百石。内遮洋三十万石,蓟州仓收二十四万石,京、通二仓收六万石。】 成化八年 【攒运粮四百万石,兑运扬州等府有灾无免米一十五万二千石,并准徐二仓支运米二十万八千二百九石五斗,实运支、兑共三百五十四万九千九百九十石五斗,内随路寄收一百九万五千七百七十石。天津仓四十八万七千石。德州仓十九万一千一百余石。临清仓二十四万一千八百石。东昌府仓一十一万三千七十余石。济宁仓六万六千八百余石。京通仓收二百五十四万二十石五斗。】 弘治二年 【攒运粮四百万石,兑运粮三百三十万石,支运仓粮七十万石。】 正德六年 【攒运粮四百万石,兑运粮三百三十万石,改兑粮六十三万三千石,支运仓粮六万七千石。】 嘉靖元年 【攒运粮四百万石,兑运粮三百三十万石,改兑粮六十二万九千四百石,支运仓粮七万六百石。】	石,加耗同前。】 山东布政司 【兑运二十八万石,每一石加耗三斗一升,改兑九万五千六百石,每一石加耗一斗七升,遮洋官军兑者一斗五升。】 河南布政司 【兑运二十七万石,每一石加耗三斗一升。改兑一十一万石,加耗同前。遮洋加耗亦同前。】 应天府 【兑运十万石,改兑二万八千石。】 苏州府 【兑运六十五万五千石,每一石加耗五斗六升。改兑四万二千石,每石加耗三斗二升。后七府耗同。】 松江府 【兑运二十万三千石,改兑二万九千九百五十石。】 常州府 【兑运一十七万五千石。】 镇江府 【兑运八万石,改兑二万二千石。】 安庆府 【兑运六万石。】 宁国府 【兑运三万石。】 池州府 【兑运二万五千石。】 太平府 【兑运一万七千石。】 广德州 【改兑八千石,加耗三斗二升。】 扬州府 【兑运六万石,每一石加耗四斗六升,改兑三万七千石,每一石加耗二斗七升。后二府耗同。】 淮安府 【改运二万五千石,加耗同前。】 凤阳府 【兑运三万石,加耗同前。改兑三万三百石。】 庐州府 【兑运一万石,每石加耗五斗六升。】 徐州 【兑运三万石,每一石加耗四斗一升。改兑一万八石,每一石加耗二斗二升。】	【二十三万八千四百七十二石三斗八合。】 遮洋把总 【三十万石。】 南京二总 其一把总 【二十七万六千一百九十五石一斗九升二合。】 其二把总 【二十七万六千六百八十六石四斗二升四合。】 江南二总 上江把总 【二十七万三千一百五十五石六斗九升四合。】 下江把总 【二十九万一千五百四石九斗六升。】 江北二总 其一把总 【二十八万八千四百四十五石二斗九升。】 其二把总 【四十九万三千七百四十九石五斗六升四合。】 中都留守司把总 【二十六万七千五百九十八石六斗三升二合。】

卷之八·漕例略

凡制,国必有成法,法久必坏,坏必更始然后例生焉。例也者,所以辅法而植事者也。故观法可以知其常,观例可以知其变。《易》曰:先庚三日,后庚三日。重变也。辑《漕例略》。

永乐元年令于淮安用船可载三百石以上者,运粮入淮河、沙河,至陈州颍岐口跌坡下,用浅船可载二百石以上者,运至跌坡上,别以大船载入黄河,至八柳村等处,令河南车夫运赴卫河,转输北京。

二年命总兵官一员、副总兵官一员,统领官员海运。又以海运粮到直沽,用三板划船装运至通州等处交卸。水路阁浅,迟误海船回还,令于小直沽起盖芦囤二百八座,约收粮一十万四千石,河西务起盖仓囤一百六十间,约收粮一十四万五千石,转运北京。

三年令总督粮储官于天津卫城北造露囤一千四百所。

五年令山东布政司量起夫车,将济南府并济宁州仓粮运送德州仓,候卫河船接运。

六年令海运船运粮八十万石于京师,其会通河、卫河,以浅河船相兼转运。

八年令湖广、江西、浙江三处仓粮,除本处支用,其余粮本部差官督各该司府起运。

十二年令湖广造浅船二千只,岁于淮安仓支粮,运赴北京。其太仓旧纳粮,悉改纳淮安仓收贮。

又令北京、山东、山西、河南、中都、直隶徐州等卫,俱选官军运粮,各都指挥一员统领。

十三年罢海运粮,令浙江嘉、湖、杭与直隶苏、松、常、镇等府,秋粮除存留,并起运南京,及供给内府等项之数。其余并坐太仓海运之数,尽改拨运赴淮安仓。扬州、凤阳、淮安三府秋粮内,每岁定拨六十万石,徐州并山东兖州府秋粮内,每岁定拨三十万石,俱运赴济宁仓。令浅河船于会通河,以三千只支淮安粮,运至济宁,以二千只支济宁粮,运赴通州仓。每岁通运四次。其天津并通州等卫,各拨官军,于通州接运至北京。

又令浙江都司并直隶卫分官军于淮安,运粮至徐州置仓收囤。京卫官军于徐州运至德州置仓收囤。山东、河南都司官军于德州运粮至通州交收。淮安常盈仓、徐州仓本部各委主事一员监督收放。共攒运粮每石俱两平斛斗收放。官军攒运止一尖一平,定为例。

又令各卫所运粮官军行粮,每员名不分远近,俱支三石。

先,洪武二十六年以前,海运官军自三月十五日起至九月十五日止,每员名日支口粮米二升。二十七年以后月支四斗。永乐十六年,礼部尚书吕震等议浙江、江西、湖广等卫官军仍留运粮不敷人数,于浙江等布政司并直隶应天、和州等处丁多民户内起取驾运,照例支与行粮。

十六年令浙江、湖广、江西布政司并直隶苏、松、常、镇等府所属税粮,除存留及起运两京外,余粮坐拨二百五十万石,令粮里人户自备船只运赴北京、通州、河西务等处上仓。

又令沿河闸坝,每三处差御史一员攒运。

十七年令侍郎、副都御史并武职大臣各一员催督浙江等布政司、直隶苏松等府起运粮储,仍令各部差郎中、员外郎等官分投整理。

二十一年秦准每岁漕运以两运赴京仓,一运赴通州仓交收。

洪熙元年令官军运粮船内许附载物货,资给盘剥折耗之费。

先,洪武中,令许运粮船附已物自给,官司毋得阻挡。成化二十二年,都御史马文升申明之。天顺八年,令运军一名免除丁一名帮贴,不许别差,如本户无闲丁,于屯种摘拨余丁运粮者,亦于本店内摘除屯操一丁。参将杨茂议也。

宣德二年令运粮军船工部及诸卫门不许拨载他物,致误攒运。

又令浙江、江西、湖广并直隶苏、松等府起运淮安、徐州仓粮,拨民自运赴通州仓。其运粮军士于淮安、南京仓支运。本年,差侍郎五员、都御史一员催督浙江等布政司、直隶苏、松等府民运粮,及淮安等仓官军支运粮。

三年奏准各都司卫所不差原委官及军缺不补者,正官并首领官俱罚俸半年。

又令各都司卫所选委指挥等官，专一提督运粮，不许别项差操，军士缺即为拨补。

四年仍令江西、湖广、浙江民运粮一百五十万石贮淮安仓，苏、松、宁国、池、庐州、安庆、广德民运粮二百七十四万石贮徐州仓，应天、镇江、常州、太平、淮安、扬州、凤阳及滁、和二州民运粮二百二十万贮临清仓，令官军支运山东、河南、北直隶府州县粮径赴北京。其攒运军船量地远近与粮多寡，如淮安上粮，民船十抽其一，徐州十三抽一，临清十五抽一，给与官军，兼旧船运载。本年，差侍郎、都御史、少卿、郎中、员外郎等官，催督各司府攒运粮储。

五年奏准运粮官军船南京、中都留守及直隶卫所于淮安修理，山东等都司于临清修理，湖广、江西、浙江都司皆回原卫修理，有司给与材料。

又令河南南阳、怀庆、汝宁三府粮运于临清仓，开封、彰德、卫辉三府粮运于德州仓交收。

又令巡按、御史，布、按二司及原漕运都指挥，选举管运官员军多卫分指挥二员，少者一员。

又令江南民粮兑拨附近卫所官军运载至京，量其远近给与路费耗米。

六年奏准浙江、江西、湖广、苏松常镇太平等府，佥拨民丁及军多卫所添拨军士，与运军士通二十四万，分两班轮流转运。

本年，令□督□漕□都御史于南京各卫会同该府堂上官在外会同各都司按察司堂上官及中都留守司直隶卫所点选运粮官军，其管运官员不能抚恤，以致逃故者，从总兵官处治，所亏粮仍令补还。

七年令官军运粮各于附近府州县水次交兑。江南府州县民运粮于瓜洲、淮安二处交兑。河南府州县民粮运至大名府小滩，兑与遮洋船官军领运。

【先时，苏、松等府岁运粮俱送淮安等仓交收，官军各驾空船赴仓支领，民有往复之劳，军无脚耗之利。诸仓既收，支放经费无益。是年，议处诣府州县各于附近水次盖设仓廒，浙江、苏松等卫船各回本司府地方领兑，南京并江北船仍于瓜、淮交兑。其北边一带，如河南彰德等府，俱于小滩领兑，山东济南州县各于德州领兑，东平等州县于安山领兑，沂州等州县于济宁领兑，其余水次类多仿此。民粮送纳淮、徐、临、德诸仓者，仍支运十分之四。】

开扬州白塔河。

【置新闸、潘家庄、大桥、江口四闸，江南粮船由常州府西北孟渎河过江，由是河至湾头入漕河，以省瓜洲盘坝之费。正统四年，河淤浅，粮船不行，反泄漕水，河口遂闭。十年，因御史吴镒言，于大桥闸筑坝车船，后亦废。成化十年，会议挑浚河口淤泥，拆去旧闸，改造通江、留潮、新开三闸。又筑软坝三座，随水涨落，以时启闭。后因水涸仍闭。】

又令增拨南京豹韬左等卫所、各都司直隶卫所军余，并见运官军共一十六万，攒运粮储。

八年令兑运民粮加耗，湖广每一石八斗，江西、浙江七斗，南直隶六斗，江北扬州、淮安、凤阳五斗，徐州四斗，山东、河南三斗，若民自运至淮安、瓜洲等处兑军者四斗。

九年令漕运官军有犯，罚运淮安、徐州仓粮赴京赎罪，流罪五十石，徒罪五等，自四十至十五石，杖罪每一十五石，笞罪每一十五斗。

又，令官军运粮五百万石，以三分为率，通州仓收二分，京仓收一分，各该兑粮处布政司委堂上官二员、按察司一员总理。

十年令各处运粮官军但有软弱事故者，于见操屯田官军内兑补，其提督、运粮都指挥等官，许乘粮船一只，量带官粮。

又，令湖广、江西、浙江耗米俱六斗，南直隶五斗，江北直隶四斗，徐州三斗五升，山东、河南二斗五升。

又，令各卫官军行粮止支二石。

又，令漕运总兵官每年八月赴京议事。

又，令各处起运京仓大小米麦，先封干圆洁净样米送部，转发各仓收，候运粮到日，比对相同，方许收纳。

正统元年奏准兑运粮务二月以里兑完，其加耗江北淮安、凤阳四斗五升，浙江、苏松等府民自运至瓜洲兑运者三斗七升、淮安者三斗,余如旧。

又,令民运粮至瓜、淮,就令扬州府卫委官并该官攒见数交兑。

又,令浙江、湖广、江西、山东、河南、中都留守司并南直隶卫所官军行粮,比于本处官仓支给,如仓无见在,于存留粮内平斛兑支,南京各卫于应天府原定各卫秋粮内兑支。旧支二石五斗,今增为二石七斗,山东、河南北、直隶路近者不增。

令造船旗军不与操守之事。

【总兵官都督武与等题,岁运粮船损坏,产有物料者于本处,无产者,分拨各提举司修造,各拨官军前来,用工贴办,新完旧坏,连年不已,运粮者得以依时休息。今巡按御史将造船官军尽行点选,守戍操练,遗下船料无人管理,以致缺船误运。户部查得,前项官军即系漕运之数,难比杂役,欲照旧存留。奉圣旨:是,钦此。】

二年令瓜、淮二兑就近出给通关。

【会议民载米至瓜、淮兑运,就仰扬州、淮安府卫委官见数交兑,出通关,付粮里纳户收照。】

三年令各卫所运粮官有比试违限者,俱住俸,于淮安仓支该运粮米数赴京完纳复职。

又,令犯罪罚运者,仍运该运之数,无力者发极边卫分。

四年选改各衙门额外官,河南按察司副使荣华仍留催攒粮储。

【户部题,奉敕谕:各衙门文武官员,自今悉照洪武年间诸司职掌官额,选其廉能者存留,其余悉送吏部改除。钦此。查得奏差河南副使荣华,前去总兵官王瑜处催攒粮储,系本部带俸官,欲行吏部定夺。奉圣旨:荣华还著催攒粮储不动。】

五年赏运粮官军钞:指挥八锭,千户、卫镇抚六锭,百户、所镇抚五锭,旗军四锭。如本处无钞,许赍本部勘合,徐州迤南卫分于淮安所属州县关支,徐州迤北卫分于卫辉府官库关支。

令江南原坐淮、徐仓粮原兑者听。

【户部题,如耗照本处余数运至瓜、淮交兑,若民不愿者,仍本仓上纳。

总兵官武兴定九江等府水次。

奏略曰:九江等府兑粮水次在湖口县,边临大江,风浪险恶,运船难泊,合移于鄱阳湖东岸罗家渡,以便军民。】

令复河南、山东委官提督河道泉源。

【总兵官武兴奏,略曰:河南金龙口黄河并泰黄、凤池等口,水势接济张秋、徐州运河,原有工部主事辛泰提督,山东徂徕等处泉源,接济济宁运河,原有郎中史鉴提督,近俱裁革。缘前系紧要去处,合令河南布、按二司各委堂上官一员,山东令管河参政孙子良、副使袁文华管理。】

运卫辉府仓粮于通州。

【巡抚河南侍郎于谦题,卫辉□仓收各年税粮,见存一十八万余石,年久损坏,见存二万石备用,其余每石加耗二斗五升,令官军运赴通州仓收。从之。】

六年令各卫兑军粮,兑完就出通关,若路途穹远,卫所于本都司出给通关,填给勘合。

令瓜洲置仓,暂收江南兑军粮。

【总兵官武兴奏,略曰:江南苏、松、常等府民运兑军粮米,俱在瓜洲沿江湾泊,江潮风飓,曾有淹没漂流,累及无辜者,合令兑粮州县设法于瓜洲高阜地方起盖仓房,暂收候兑。户部议宜从。侍郎周忱斟酌民力整理。】

七年令漕运官军若一卫有数船遭风漂流者,委官覆实,全卫改拨于通州及天津仓上纳。

减浙江沿海卫所运粮旗军四千名备倭,议拨补之。

【工部侍郎周忱题,浙江沿海金乡等卫所官军专为备倭而设。宣德七年以来,摘拨九千四百二十五名里河运粮,缘卫所经隔路远,致将备倭之务废弛。正统四年,奏拨杭州等卫所军替回松门等卫所军三千三百六名,尚有金乡等八卫、瑞安等六所旗军六千一百一十九名依旧运粮,乞要开豁。户部会查得,正统六年分攒运粮四百五十万石,在京官军人等支过粮四百六十七万三千八百名,运少支多,难准减退。合将浙江沿海卫分旗军减退四千名守城备倭,于直隶九江等卫所调拨二千名抵补减数外,少二千名,少运粮七万石,就令苏、松等府民运赴通仓交纳。奉圣旨:是,钦此。】

八年令运粮船损坏,拨附近地方产有物料,于清江、卫河提举司修造,每处工部差官一员监收督造,各所仍差拨官军盖立厂房,相兼匠作用工及贴办物料。

九年令各处民粮每岁该起运京师之数,先尽本都司卫所兑运。其有不尽者,布政司坐拨各府县轮流运送于淮安、徐州、临清、德州等仓交收。

巡按御史陈鉴奏也。

十年令许把总官乘坐粮船。

【总兵官武兴奏,提督运粮都指挥李琮等,自永乐间合令官船一只乘坐催攒,近御史吴镒奏革,给与站船廪给。缘驿船有限,占住不便,令于该管卫分摘船一只,量带官粮乘坐。户部议准所言,不给廪给。明年,山东把总都指挥狄瓛奏,仍要廪给脚力。本部会议合照旧例,兑粮之时,总兵官各都司填给符验,应付站船廪给,兑完住给,各乘坐船赴京交粮。】

令京库折钞银布米并南京仓粮改拨兑军。

【户部侍郎刘奏:今年南直隶并浙江、江西、湖广俱有灾伤,无征数多,不匀攒运,合将原坐南京各卫仓粮内拨四十万石,并京库折钞银布米内改拨补凑,务全攒运。从之。】

十一年差户部主事一员于各处提督军民兑粮。

十二年令遮洋船顺带绵布花绒至林南泉店支给军士。

【阔白棉布一十万匹、绵花绒五万斤,蓟州官库收贮,听候给用,至今行之。】

令南京水军左并淮安等卫所军运粮于近京仓收。

【户部题南京水军左并直隶淮安等卫所该运粮□十万石,将一十二万六千石□□□□□□□□□万二千石一半粮□□□

□□□□□□

□□□常盈仓收,遮洋原兑黑豆仍□□□□□□□□。】

十三年令各处兑运民粮每二石□□□□□□□淮安等处仓支运者,每二石领垫仓基席□领至京、通二仓,每百领除损坏,止纳七十领。

令兑运粮料于东安等门并五府六部都察院□□门及京仓收六分,通州仓收四分,□□□□□淮安、徐州、临清、德州等仓关支,于□□□□□□□□□东店仓收十万石,□□仓□□□□□□□□□□□奏准各处原坐兑运京粮□□□□

□□□□□□徐州、淮安、南京等卫□□□□□□□□□□□

□□□□□□□□□□□□□□□□□□□俱一尖一平斛收,两平斛放支,民粮送纳临清、淮安仓者,每石俱一尖一平斛收,两平斛放支。官军攒运俱一尖一平斛支,赴京、通二仓交收。

令湖广、江西、浙江加耗俱六斗五升,南直隶五斗五升,江北扬州、淮安、凤阳四斗五升,河南民粮于萧县水次兑者四斗,民自运至瓜、淮等处兑军运者三斗。其运料豆加耗亦准此例。

令明年该运粮以三分为率,支运一分。

【户部奏,淮、徐、临、德四仓,见贮粮三百二十二万石,系正统八年以来所收,诚恐陈腐,合令官军将正统十四年该运粮,以三分为率,兑运民粮三分,于各仓支运一分,高邮以南都司卫所并泗、寿、凤等卫分淮安常盈仓,德州以北卫分德州仓支。】

河决汴梁,东北趋漕河,决沙湾东堤。命工部尚书石璞、侍郎王永和、都御史王文继塞之。

十四年命邹干、汤节送粮船回。

【户部题,将运粮军存留在京操备旗军内,选软弱之数驾船回还,奉圣旨:是。著邹干、汤节去整理,送交与徐恭毕,邹干、汤节著回京来。】

暂令苏州府属县里出一夫运粮,替运军操守。

【因苏州卫奏也。】

运粮旗军留京操练,明年,粮改委有司官督粮里人等运纳。

【户部拟奏也。浙江郎中卢钦、江西郎中陈翌提督运纳山东、河南、湖广并江南江北苏、松、淮、扬等府州。从尚书周忱酌派。】

景泰三年始命都御史王竑总督漕运。

【与总兵官、参将统领其事,自通州至扬州水利有当蓄泄者,督所司行之。】

命总督漕运都御史王竑兼管巡抚监督常盈仓粮储。

【户部题,该吏科给事中李瓒题,淮、扬、庐三府,徐、滁、和三州,就令漕运都御史王竑兼管巡抚,监督常盈仓粮储,将员外郎冯諲取回,郎中虞钦所理系京储,仍令督运。】

四年命左佥都御史徐有贞治沙湾决河,五年塞成。敕总兵官徐恭、都御史王竑、徐有贞整理粮船。

【户科给事中卢祥题,要将浙江等处该征民粮尽数起运,量拨淮、徐、济宁等仓收。奉圣旨:是。便写敕与徐恭、王竑、徐有贞,上紧去整理前项粮船,今年务要过尽。时有贞以治河在张秋,故有是命。】

令苏、松、常、镇等府民粮自运至瓜洲兑军者,加耗四斗五升,淮安兑军者四斗。

五年令河南、山东布、按二司管粮官催督兑运军粮,青州、济南二府运送德州仓,兖州、东昌二府及河南布政司所属运送临清仓,每石加耗四斗。

令山东、河南布、按二司各委官一员,督征兑运粮一员,公同户部主事收受。

【巡抚山东、刑部尚书薛希琏等题,恐插和糠秕也。】

令每卫指挥一员,分番修船运粮。

【总兵官徐恭奏,江南船只经涉江湖,车坝损坏,原拟各卫掌印官措料协同整理,近年多不遵守,往往稽迟起运。先年各卫原有指挥二员,运粮后暂停止,今合照旧每年一员管运,一员整理船只,听候下年轮运守御。千户所亦同。】

七年令扬州迤南卫所运粮官军每员名支行粮三石,淮安迤北卫所每员名二石。

差侍郎同郎中、员外郎催攒。

【户部题:该本部侍郎孟题,先带郎中董昱,差遣不敷,令本部员外郎夏时先差,沿途直抵湖广,整理粮草未到,将本官存留在彼,同董昱分投催攒粮草。】

天顺元年命总兵官徐恭兼理河道。

【先是总兵官徐恭题,换制敕,奉圣旨:河道既有部里委官及御史管理,只著徐恭专管漕运,换敕与他。钦此。既而恭力陈欲遵平江伯故事,兼理河道。事下工部议,漕运与河道事实相宜,须令恭兼理河道,有与本部委官相干之事,令所在官司抄案转行。从之。】

二年开蓟州河十里,例三年一浚。

【大河卫百户闵恭言,命都督宗胜、御史李敏、主事李尚发军夫万余,开河自新开沽至蓟州四十里中十里。先是河两头皆通,惟此不通,蓟州粮由直沽海口涉历海洋,船多覆没,至是由此以达,船粮无虞,公私便之。】

刑部复差官理漕运刑名。

【总兵官徐恭题,漕运衙门词讼繁多,先年奏差行在刑部郎中刘礼让,提督兑粮管河兼理刑名,后差官接管。近都御史王竑奏减取回,就委有司官问理内有干都备挥等官,不便,合令该部选精骁刑名郎中或主事一员,照旧管理。】

复令清江、卫河二提举司匠役,二年一班。

【先年,原拨苏、淮二府各色共四千名,二年一班,二千名在厂上工造船。近因新编勘合该四年一班,班稀匠少,造船不起,总兵官徐恭奏照正统间例,二年一班。户部会议依拟。】

复差御史、按察司官整理河道。

【总兵官徐恭题也。户部议,济宁迤南差御史一员整理,济宁迤北添除山东按察司副使一员专管,北直隶河道,就令长芦巡盐御史兼管。】

四年令运粮官军杂犯死罪者,比流罪、加纳米三十石,共八十石,于淮安、徐州仓支运。

六年差侍郎杨鼎催攒粮船,量宜收贮。

【太监牛玉传奉圣旨:如今天气寒冷,河道将冻,粮船未到的,著侍郎杨鼎上紧催攒,不要冻阻了回船,便写敕与他,户部知道,钦此。其敕书略云:如令河道将冻,粮船未到通州者尚多,今特命尔前去看视催攒,可到天津者,就于天津收贮,可到德州者,就于德州收贮,量留耗米,以待下年带运。】

令德州、天津、河西务各收来迟粮。

【户部题,粮船来迟,恐致冻阻故也。将南昌左等三卫德州收,荆州左等六卫所天津收,宁波等一十二卫所河西务收。】

七年令运粮官军犯罪者照例纳米收赎,罢淮、徐支运粮例。

八年令官军运粮或遇风水不测损坏船粮,若在百里内者,务要府州县正官,在百里外者,许所在有印信官司勘实,结申总兵等官处。如有诈妄,罪坐原勘官粮米,仍依原定分数交纳。

成化元年以荆襄等五卫官军兑粮运荆襄备用,暂令各卫支运补之。

【先是襄王奏,封内房县贼众猖獗,有旨将荆襄、安陆五卫运粮官军存留本处操守杀贼。户部议奏支兑粮数分派见运官军酌量运赴通仓,上纳足数。继该襄王奏,奉旨就将五卫兑粮委官部运荆襄备用。至是兵科都给事中袁恺奏,该支运少之数,在淮安常盈仓支补,运军不敷,拨空闲余丁代运一遭。】

令各处运粮旗军附带土产物货,河西务、张家湾处免其税课。

二年定浚仪、瓜二港之例。

【先是仪真坝下黄泥滩、直河口二港,瓜洲坝下东、西二港,江潮往来,涌沙填淤,潮不登坝,船不得过。是年始定例,每三年冬月江涸之时,发军民人夫挑浚一次。】

令浙江、江西、湖广、南直隶卫所并南京各卫,俱于本处支行粮三石,江北凤阳等八卫所并直隶庐州、安庆、六安、滁州、泗州、寿州、仪真、扬州八卫,俱于淮安仓支米麦二石八斗,高邮、淮安、大河、邳州、徐州、徐州左六卫,俱于徐州仓支米麦二石六斗,遮洋船并南京水军左等八卫,于南京各卫仓,大河等五卫于淮安常盈仓、山东于临清仓,俱支米二石四斗,德州、天津等九卫,于德州仓支米二石。

六年浚烟墩桥河至三里河,作平水坝,置船盘剥。

【总兵官杨茂奏,略曰:通州张家湾河道上接浑、白等河,每年山水泛涨,损坏粮船数多,况堤岸坍塌,逼近民屋,无处下橛系船,上用绳缆互相连系,一遇风浪,俱被冲流。今年水涨,将徐、邳、淮、泗等卫运船冲坏,漂流粮米,淹死人命,甚为不便。看得京城南原有三里河直通张家湾烟墩桥,自桥往西疏浚深阔二十余里,却将烟墩木桥改作吊桥,粮船到彼湾泊,可免漂流之患。若将此河浚深直至三里河,作平水坝三四截,于内置匾浅剥船,令运船由此盘坝以达京师,岁可省车脚数百万。乞命工部踏勘明白,将在京操备旗军暂借,分工毕事,诚为经久之利。】

七年始令瓜、淮水次兑运官军下年俱过江,就各水次兑运。

【总督苏松粮储都御史滕昭奏,该应天、苏松等府粮长徐汉等各告,近年民运过江瓜洲、淮安二处水次兑军并淮安府常盈仓上纳粮米,俱照该部原定正耗则例起运,又加盘用船车等米。每年于十二月以里运赴前项水次,但军船先后不齐,民人守候月日难论,未免将粮入仓,或被人盗取。其该纳常盈仓之数,又被官攒刁蹬,筛晒亏折,要将成化七年分民运瓜、淮二处兑军并常盈仓上纳粮米,俱令官军过江,就与各该水次仓,分听其交兑,每石照依江南官军兑粮则例,增与加耗,又再加船脚盘用等米,及将该运常盈仓粮,亦照各年加耗,就彼支与官军领运。户部议得,常盈仓粮已议就彼支与官军领兑,瓜、淮二处兑军粮米,准令官军过江,就各水次仓交兑,每石除加耗外,再添脚价米六升。】

议修芦沟桥河决堤。

【工部题,据本部主事沈熊呈,奉本部札付顺领土作头并督顺天府委官人等,亲诣芦沟桥冲决堤岸处所踏勘,得冲开两岸决口五处共六百七十丈五尺,淹没官民田地不计其数。其西一处冲开南北通行大路,水流成渠,往来病涉,东南一处冲成河道,水流涌急,直入南海子,弘仁桥等处尤为紧要,其余三处俱冲低洼,俱合修补筑塞。缘所用工料浩大,审据里老人等供称,前项堤岸专以防御西北后山一带水患,正统年间,被水冲决之时,钦差内外大臣起拨军民夫役二万余名修筑,方得完成。今又冲决,若不趁时修筑闭塞,夏秋水涨,为患愈甚。将丈量过冲决缺口画图贴说,计算合用工料开呈到部,查得先该都知监左监丞蒋宗等题,本年二月初九日以来,河水增溢,将夹当河口桩木冲开三空。臣等看得海子内沙河,旧春水泛涨,盖因成化六年被水冲开芦沟桥南东堤,渐成河道,未曾闭塞,恐山水泛涨,冲毁桥梁,要行修筑,已经踏勘。今看得冲开岸口,系南北总路,有碍经行。况连接南海子弘仁桥等处,尤为紧要,不早修治,贻患非小。欲将合用桩木,行令芦沟桥抽分局,抽有松木并长柴板片尽数存留备用,荆囤、荆笆、石块,拨人于附近山场采打编织,拨运白麻,于丁字库关支,苘麻于本部收有数内支用,材木于芦沟桥分局选用。该用人夫一万名,后军都督府于属卫起军余一千名,兵部行五军三千,神机等营次拨官军内拨八千员名,于顺天府起民夫一千名,各委官管领。限本年三月十五日兴工修筑,户部照耍儿渡口事例,于附近仓分每月支口粮四斗,仍敕文、武大臣各一员提督,工完奏缴。】

始筑淮安清江坝。

【是年秋,淮河泛涨,灌入新庄闸口,至清江浦二十余里淤浅不通,遂筑坝于清江浦北以蓄水,令粮船俱由淮安东北仁字、义字二坝车过,又于浦东、西置二坝以助不及。】

八年请治扬州至淮安湖塘。

【总理河道侍郎王恕题,略曰:看得扬州一带河道南临大江,北抵长淮,别无泉源,止藉高邮、邵伯等湖所积雨水接济。湖身虽与河面相等,而河身比之湖面颇高,每遇干旱,湖水消耗,则河水辄为之浅涩,不能行舟。若将河身比湖面浚深三尺,则虽干旱亦不阻船。前项河道自南至北四百五十余里,中间除深阔不用挑浚外,其浅窄可挑浚去处尚有二百余里,约用九万余工,每人日给口粮二升,该用粮米一十万八千余石。卷埽打坝共享桩木一万六千余根,草二十余万束,及看得高邮湖自杭家嘴至张家沟南北三十余里,俱系砖砌堤岸,每遇西风大作,波涛汹涌,损坏船只,失落钱粮人命不可胜纪。况前项堤岸之外,地势颇低,再浚三尺,阔一十二丈,起土以为外堤,就将内堤原有减水闸三座改作通水桥洞,接引湖水于内行舟,仍于外堤造浅水闸三座,以节水利,虽遇风涛亦无前患。若兴此役,约用一万三千余工可完,每人日给口粮二升,该用粮米一万五千六百余石,合用筑堤桩木五万四千余根,草二十三万余束,造减水闸并改造通水桥洞,约用砖石桩木等料并工价银二百余两。又看得扬州湾头镇迤东河道,内通通、泰等四州县、二千户所、富安等二十四盐场,其间有鱼盐柴草之利,在前河道疏通之时,二千户所运粮船只俱在本所修舱,客商引盐装至仪真,每引船钱不过用银四五分,扬州柴草每束只卖铜钱二三文。近年以来,河道淤浅,不曾挑捞,加以天寒雨少,河水干断,舟楫不通,鱼盐柴米等项俱用旱车装载,二所运粮船只不得回还,本所牛车脚价迥贵,柴米价高,以致客商失陷本钱,军民难以遣日。前项河道自湾头起至通州白浦止,三百四十余里,俱用挑阔八丈、深三尺,约用八万五千六百余工可完,每人日给口粮二升,该用粮米十万二千七百九十余石。再看得雷公上下塘、勾城塘、陈公塘,俱系汉唐以来古迹,各有放水减水闸座,年久坍塌,遗址见存。近年以来,止是打造土坝拦水,随修随塌,不能蓄积水利。若每塘修造板闸一座、减水闸二座,潦则减水不致冲决塘岸,旱则放水,得以接济运河。以上四塘,共造放水板闸四座、减水闸八座,除旧有砖石外,约用砖石桩木料价值并匠作工价银二千余两,杂工止用各塘见在人夫,不必劳民动众。臣虽尝询之于众,咸以谓若将此三件河道依前整理,庶几舟楫疏通,水无浅阻风涛之患,而为往来军民无穷之便。但缘前项工程浩大,合用人力钱粮数多,况扬州府地方连年灾伤,人民困穷,仓库空虚,兼且迩来玄象示警,黠虏犯边,人心惊疑,如斯之役未易轻举,须候时和岁丰,人力宽纾,方可为之。为修理陈公等塘闸座一事,既不可起倩人夫,止用前项工价,为之颇易,合无于本府收贮解京船料铜钱内,委官支给,收买物料,修造闸座,亦可以蓄积水利,接济运河。

…………

命永平、涿州等卫官军关支天津仓寄囤粮。

【户部题,成化八年,官军攒运本色粮尚有一百一十余万石,于天津等五处仓寄收,加脚价耗米,候明年带运。缘粮多露囤,恐春气上蒸,秋水泛涨,或风吹雨湿,损坏亏折。查得永、涿等卫官军粮米,俱蓟州、通州仓关支。合将各卫该在通州关支之数,照先事例,就于天津露囤关支,准其明年正月五月该关通州粮数,仍加与原收脚钱,自行雇脚。其德州等处寄收粮米,行移漕运总督等官,斟酌分派各都司卫所带运,免其京仓六分不给原收脚价,俱支与原收芦席耗米,以便交纳。原寄卫所多增石数,每石与原收耗米六升,临清、东昌七升,济宁八升,每石一尖一平放出,仍一尖一平通州仓纳。】

运粮军缺,许于城操杂差内选补。

【总督都御史张鹏题,南京南直隶、浙江等都司运军,每船止十名,内精壮者畏惧艰辛,中途逃回,投托卫所官吏,改差新江口等处操备并当匠备倭等项,却将软弱幼小贫难余丁临期拨补,及到中途,又复在逃,以致缺人驾船,负累包运。合行南京各卫所并各巡抚直隶去年行巡按,公同把总都指挥等官,清查选补,如是缺军,就于见在城操并杂差精壮军余内照名选补。原系投托者,查取上运,若卫所仍将运军余丁更换别差者,听总督漕运等官先提首领官问罪,军职参提。】

荆襄该运粮犹令各卫包纳。

【户部题,平江伯陈锐题,成化六年,户部奏准湖广荆州等卫存留操守该运粮分派各卫代运,陪补无辜,乞仍照旧攒运。本部议得,官军照旧存留,该运粮仍派见在官军包纳。】

十年令官军攒运上年寄收粮米,准作支运之数。

【户部奏,先因成化年间官军攒运来迟,准将粮米寄于临、德等处,陆续放支外,尚有余米,著令官军带运通州仓上纳。为因水浅不曾带运,合行总督运粮等官查照,如果淮、徐常盈等仓粮放尽绝,各处兑运并支兑数内有灾除兑别项仓粮补凑,就将别项寄收粮米分派各都司卫所照数带运,准作支运之数,通州仓上纳。】

命总兵官平江伯陈锐、都御史李裕催攒运船,巡河等官纵容不理,听指实参奏。

【敕略曰:该户部奏,今年河道有水,粮船到者甚少,显是各该都司卫所把总官员纵容,官军在途买卖私货,故意迁延,候至天寒,觊以往来寄收对放。尔等务要用心往来戒约,及差人分投昼夜催攒,计其程途远近,定与到京期限,仍行巡河御史、管河郎中、副使等官,一同用心逐节催行,不许无故在彼湾泊。运粮指挥以下官员有违纪者,许巡河、管河等官量加惩治。巡河等官纵容不理,亦听尔等指实参奏。】

令军卫有司管河官不许别项差委。

【总兵官陈锐奏,沿河一带有司俱有添设管河官员,军卫亦有委官管理,无非欲其职有所专,功有责成。近被该管上司往往差遣理办他务,稍有迟违,辄便加咎,以此管河官员畏俱刑宪,奔走奉承,却将本等河道置之度外。查得漕运官军有犯,俱送总督、总兵官处径自问理,及官军有故,亦不许该管卫所擅自差遣。今管河官与管运官事体相同,合行各地方巡抚、巡按并司府等官,今后有司原设管河官员,止令管河道,一应事务不许擅自差委,有妨职业。若与闸坝官有犯,行移总理河道转发巡河御史、管河副使等官问理,亦不许怀挟私愤,径自提问。其军卫管河官,俱以漕运衙门选委常川管理,倘有事故,该卫所呈报漕运衙门选补,不许别项上司并卫所擅自更替。从之。】

十一年令下年支运粮七十万石减半折银解纳。

【户部奏,京、通二仓粮米旧例四六分收,成化十年,为因通州缺廒,议改京仓收七分,通仓收三分。今该本部员外顾孙义等呈,查得成化十二年,该运粮米以四六分收,则通州缺廒三十余座,三七分收则京仓缺廒三十余座。欲令军士打卷露囤,未免劳费。会官议得,二仓见俱缺廒,合将支运粮米七十万石,于水次仓支三十五万石,通州仓上纳,其余三十五万担,将原坐淮安等仓粮每正耗一石折银五钱八厘,与官军带送太仓交收。其兑运粮照旧四六,分拨京、通二仓上纳。】

加添军代民运耗米。

【总兵官陈锐奏,照得漕运官军,永乐年间俱于淮安常盈、徐州、临清等仓支粮转运。至宣德六年,该臣曾祖平江伯陈瑄奏漕运事,内一件为见民运仓粮俱是雇觅船只,经涉大江,掣过西坝盘滩剥浅,费用数多,每粮一石,彼处征收二三石方可够纳。每年自十月起至次年八九月间方得到家,有误耕种生理。官军却又赴仓支出转运,彼此稽迟不便,欲将浙江等布政司并直隶府州县该纳前项常盈等仓粮米,令民运赴过江水次,以近就近兑与官军攒运等因。节该钦奉宣宗章皇帝圣旨:都准他说。钦此。除钦遵外,其湖广布政司每正粮一石,外加脚钱耗米八斗,江西、浙江二布政司七斗,南直隶六斗,江北直隶五斗,徐州四斗,山东、河南三斗,是以民免远运上仓之苦,军得加耗盘剥之助,两为便益。一向兑运,近年以来兑运民粮加耗比前日渐减少,且如远者,每石原额八斗,今止得六斗五升,近者六斗,今只得四斗五升,至于三斗者。查得景泰年间,为因存留军士在京操备,暂令浙江等布政司并直隶苏松等府民运赴京、通二仓粮米,每正粮一石,外加耗米一石三斗五升,每民夫一人,止运正粮十石,每名又官给盘缠银一两、食米三石,不及二三年间尚称路远疲民。续该巡抚苏松都御史邹来学奏准,仍令军士代运。臣等查得,运粮军余每名运正粮二十七石八斗零,仓支四石六斗有零,及遇火烧漂流并买补不及船只,其粮又要洒派代运,以一名运粮三十四五石者有之,比与民运实多三倍,而耗米盘剥银且又减少,比民多运三倍之数。今经五六十年,往来江湖,昼夜攒运不息,略无虚日,兼以盘剥车脚之费,虽有耗米,不偿所费,只得揭借银两买米完纳,遂使典当产业,鬻卖男女,倍还债主,尚不足其原债,是以疲困至极。若不从宜拯恤,委的情实不堪。乞敕户部,合无将该兑各处民粮耗米,照依先年事例加添,惟复量增一斗,以苏军士积年之苦。】

请议疏浚通州至京大通河道。

【总兵官陈锐、右副都御史李裕奏,钦奉敕:近该尔等奏称,通州至京原有运河一道,闸座见存,但年久沙淤,闸座板石多有损坏。今特命尔等会同户部左侍郎翁世资、工部左侍郎王诏从长计议,设法整理,提督漕运军夫自下流为始,逐一挑浚,修补闸座,置立闸板,成造船只,合用口粮并物料匠作等件,于各该衙门支给取用。尔等须同心协力,务求成功,不许虚应故事。钦此。臣等钦遵,已于本年八月初十日兴工,提督官军挑浚,至九月十七日工完。具题外臣等会议得,前项河道今虽浚通,舟楫经行,终恐岁久沙淤,滩浅不等,及各闸底石被水冲突,多有损坏,与原砌规矩高低不平,若是水大时月,船只可以通行,春间秋末水耗之时,恐致阻碍剥运。及查得原该户、工二部奏议,窄处挑宽五丈,宽处仍旧。臣等督率官军,俱已浚开六丈,尚且河身窄狭,碍船往来,必须再加挑浚深阔,改修闸底,方可行船无阻。为此,今将合行事宜开坐谨题,请旨。计开:

一大通桥至通州东水关止,共三十六里五十八步,必须再将积年浮沙泥土尽行挑去浚深,其两边俱要挑至旧岸,以十丈为止。其闸底高低去处相度改砌,庶得经久,行船便利。

一看得通州北门外旧有停船湖泊一处,已被沙淤,合宜挑浚深阔停船,却将北门土坝添置石闸一座,如遇水大时月,船只俱住北门北闸,进至湖内湾泊,却将通州新城开置北门一座,便于搬运通州仓粮米。其该纳粮,听从大小船只载运由闸河上京。

一通州东水关至张家湾新开河口止,计一十二里二百二十六步,合照尚书杨鼎等所奏,两岸挑开十丈,河底浚深一丈,如此两岸俱可湾船,庶便往来船只于中行使。

一修砌闸座马头,涉路起盖闸厅等项,合用匠作木料、砖瓦、钉板、石灰、糯米、油麻等物,乞敕该部预为措置齐足,委官管领,运赴沿河去处收贮,候来年二月中旬兴工应用,庶不临期有误。

一令疏通河道各闸,俱置有板索等项,无人看守,及行船时月俱要用人依时启闭,最为要紧,乞敕该部通行查照,如缺闸官闸吏,就便选除拨补,及每闸照旧添设人夫一百五十名应役。缘前项官吏人夫数多,近该钦奉敕谕,著令运粮都指挥一员管理,但今粮完,各领运船回还原卫修舱船只,听候下年攒运,合无照依南边运河管洪管闸事例,添设工部官一员,职专常川,管束河道闸座官吏人夫。仍将青龙桥、高梁桥、广原等闸,与西山流济前河一带泉源,俱令本官往来提调整理,如此事有责任,河道、闸座不致废弛。

一前项该挑河道工程浩大,必须多用人力方可成功。况运粮官军一时不能齐到用工,臣等查得直沽迤东新开海运河道,先年奏准开挑,此后三年一次,起夫一万余名疏捞,永为定例。今该成化十一年正月内疏挑,所司不曾起夫整理。其挑河人夫例该通州、天津、蓟州等处起倩,但蓟州等处相去新开河二百五十余里,到京止该一百六十里,通州去二百余里,到挑河处三五里,及天津卫到京不过两日之程,甚为近便。合无将蓟州、天津、通州等处今年该起人夫,除边军仍留在彼听候挑浚海运河道,其余卫府州县军民人夫,乞敕工部差官二三员,今冬分投前去,会同彼处巡按、御史督同卫府州县官吏,点选精壮,除火头、杂使在外,务足一万名,合用锹、锄、框、担等项,就令官为措办齐备。俱委佐贰的当官一员管领,限明年二月初旬到京,听臣等派工挑浚,完日疏放。其来年运粮官军,候交粮毕日,照依原拟每卫所仍借用工十日,若有余处置,务必成功,却将海运新开河淤沙,著落遮洋把总指挥陈鉴督令所部运粮官军七千员名,兼同存留边军,并工挑浚,遮洋官军一体验日关给口粮食用便益。成化十一年九月二十二日具题,当日奉圣旨:是,该部知道,钦此。】

十二年令遮洋船于下年加运粮七万石于蓟州仓收。

【户部奏,该提督粮草通政司参议李某题称,蓟州仓粮数少,不敷供给等因。本部议得,遮洋船该运天津等仓六万石照旧上纳外,其蓟州仓比上年合再加运米七万石,共前二十四万石,照依支兑分数运去上纳,以便支用。】

申明运船遭风漂流粮米之例。

【户部奏,漕运船只偶然遭风漂流者固有,其乘机作弊虚捏者亦多,仍敕总兵官平江伯陈锐遇有遭风等项,所在官司验实,随即具奏。今后漂流粮米,补除脚价,俱要当年完足,延待下年者,管运官通行住俸,粮完关支。如各军奏告不实,将把总管运等官通提问罪。】

十五年复取荆襄四卫官军攒运粮储。

【总官兵陈锐奏,据湖广都司把总都指挥呈,该安陆、沔阳等卫运粮旗军李贵等告称:荆州并左右与襄阳四卫原运旗军三千八百五十六名,成化六年,地方有事,存留操守。该运粮米派令各卫所旗军一千九百二十八名遗下粮米共六万余石,仍各代运,递年负累。要乞行令荆襄四卫,将存留一半原运旗军照旧攒运,该用浅船行湖广布政司打造驾运。从之。】

议请运船遭风漂流粮米者免送问。

【总督漕运都御史李纲题:据南京骁骑右等卫运粮指挥田玺等呈,合无将遭风失火官军船粮,仍照旧何于所在官司投告,验实具奏免问。粮米照旧分豁补纳。本部查得,先该给事中张海等题准,漕运漂流粮米虽经勘实,亦将原运官军送问。今又奏前因,合暂照旧例,令于所在官司查勘是实,官旗免其送问。奉圣旨:是,钦此。】

差工部主事管理山东泉源。

【总兵官陈锐奏,济宁等一带河道,全藉山东徂徕山等处泉源接济。先年工部差官一员在彼专管,续因减革不用其泉源,止委布政司分守官带领,巡历不周,又有分巡事务,未免顾此失彼。是以泉脉不通,阻滞粮运。要行工部照旧差主事一员专理其事。从之。】

十六年苏、松、常、镇四府该瓜、淮兑运粮,仍令民运赴水次交兑。

【瓜洲水次南京户部差官一员督兑,淮安水次本部常盈仓收粮官督兑。从总兵官陈锐议也。】

十七年差侍郎潘荣催攒。

十八年请令二提举司人匠征银解纳。

【总兵官陈锐奏,清江提举司每年造船人匠二千名,卫河提举司二千一百八十四名,共四千一百八十四名,止有一百七十九名见到兴工。虽有纳银者,不过六百二十名,未到三千三百八十五名。要行各该司府,今后不必解送人匠,令其照名出办银两,每年印封解送两提举司,如数给军雇人造船,庶得船只有完,军士不累。从之。】

十九年请复漕运理刑官。

【刑部题,该漕运都御史徐英题,漕运事重,官军玩法者多,及该管府州俱系直隶衙门,不相统摄,比之外省都、部、按三司去处不同。况有直隶泗州等一十六卫、中都留守司凤阳等九卫所、两淮运司安富等三十盐场,又有南京屯种、英武等卫所,俱在地方衙门相参,军民杂处,人多奸诈,易于犯法。凡军民词讼有干各属官吏,悉付该管官司问断。其漕运官旗并府卫运司官员有犯,或应奏请,或就行提,未免仍付各该衙门勘问,非惟事体有碍,抑且情罪难明。及南京卫分屯军暴横,违法害民,被告事发,所在官司会官提人,经年提调,民被久禁,事难归结。虽有巡按、巡河、巡盐御史,各有所理政务,该问刑名不能兼理。查得在先总督漕运都御史俱有刑部主事一员问刑,三年一替,后因任满,一向停差。乞敕该部照依先年漕运都御史旧规,差委刑部主事一员,跟臣理刑,三年一替,庶得法易通行,狱无淹滞等因。奏奉圣旨:该部知道,钦此。查得先年漕运衙门本部差主事一员前去理刑,虽有旧规,一向停止,及照得本部浙江等十三司主事额设,已有定员,别无多余,况狱讼浩繁,见在各官分理不暇,难以摘差。合无行移吏部,于相应官员内铨注本部主事一员,给批前去本官处,专一问刑,三年一替,庶于事体便利。具题奉圣旨:是,钦此。】

二十年请添工部主事一员管理徐州迤北上下闸座。

【总兵官陈锐奏:据直隶等处把总都指挥官缨等呈称,徐州沽头上下二闸,并金沟浅一带河道,每年粮船到彼,为因水浅,闭闸积水,或三四日、五六日开放一次,被官豪势要擅自启放,耽迟粮运。要照济宁、临清二处事例,添委工部主事一员管理,及于仪真县添设管河主事一员专理闸坝。从之。】

命户部郎中同总兵等官严督催攒。

【七月二十七日敕总兵官:今年五月间,虽天时亢旱,河道水浅,自七月以来,天雨接连,河道有水,船只无阻,京、通二仓各处攒运粮斛到者,比之上年数少,诚恐运粮官军乘机在途托故迁延,向后粮船齐到,晾收不及,逼冬河冻,不得回卫,有误来岁攒运。今命户部郎中陈清星驰前去,会同尔锐与副都御史徐英、参将署都指挥佥事都胜,照未到漕运卫所官员严督催攒,作急依限前来完纳,方许尔等赴京议事。】

二十一年德府请业南旺湖,以碍运道,不许。

【户部题:先该德府奏讨济宁州南旺湖,山东省臣勘奏,令本府自备船只采取菱藕鱼虾之数。看得近湖千万家皆赖此养赡,若许王府采取,则军民不得入矣。且碍运河。奉圣旨:既碍运河,罢。】

复议漕运粮漂流之例。

【户部奏:漕运粮遭风漂流者,勘实具奏。将兑运京仓减除通州仓上纳,如漂流十石,减除一百石,每石省脚价米一斗。正粮照例加耗,所省米两平收受,以补漂流之数。】

弘治二年户部侍郎白昂开复湖于高邮堤东,名康济河。

【先是高邮之甓社湖风涛倏作,多覆舟,或舟触岸辄坏。至是,侍郎白昂以治河余功,议开复湖于东岸,以避其患,亘四十余里。】

四年申运粮军逃及改差之例。

【户部题:议得运军多在屯营潜躲,或中途弃撇船粮逃回,买嘱卫所改拨轻便杂差,却将老幼军余顶补。合令今后逃军随即挨拿,并改差者逐一查出,依律问拟,仍发运粮卫所官吏提问,干碍指挥等官照例参究。奉圣旨:准,拟行。钦此。】

复浚扬州杨子桥湾头河道。

【从总兵官都胜言也。凡发丁夫万余。渠中掘得都巡检、寿亭侯、都统制、观察使印四颗。】

五年查追私债虚约支太仓银借给贫军。

【户部题:南京豹韬左卫管运指挥蒋鉴奏,本卫前官借银应用,有在京势豪家放债,故将不成色银五七两、货物二三两,凑作十两,令官旗同领立作不行利银二十两文约,跟随到卫追取。一时不敷,递将文约换四十两,限下年到京交还。至期先将轻赍粮价挪还原借本银二十两,余银仍作四十两,立新约。如期不敷,却将四十两约又改作八十两,积三四年间,如至本利一百四五十两,年年交还不得了绝。续蒙准借太仓库官银应急,又被债主凶徒擅捉官军,私家锁打,百般侵害,及到兑粮处所,威逼将粮粜卖准还。今有虚债一万余两,经手官员俱已革退,乞敕给榜禁约。户部看得,非特一卫为然,各该卫所俱被此害。盖递年转换文约不曾拘收涂抹之,故本部行漕运都御史著落把总官,督令官旗供报,其官旗某年月日借某处某人本银若干,某年还过若干,转换虚利文约几次,明白造册,呈报漕运衙门指实开坐具奏。但系弘治二年十二月以前借者,已经年远,计其得利不止数倍,即便革罢。仍行债主原籍官司,拘收原约缴报,涂抹附卷。若有倚势不缴,仍执逼取,许官旗拿送把总官,转呈都御史发问刑衙门问罪,照例发落,追出虚约,涂抹欠债一例不偿。官军愿借者照律,年月虽远,不过一本一利,敢有恃势将不成色银两货物勒逼放债,及擅拿官军绑缚拷打,强将官粮粜卖准折者,许于漕运都御史、总兵官处陈告拿问,军发边卫充军,民发口外为民。应参奏者参奏拿问,果有穷困卫所缺少脚价,甚不得已者,漕运衙门勘实具奏,照例于太仓银库内量支银两,散与雇脚完纳,候下年照数送还,免其利息。都察院出榜通行京、通二仓并沿河一带,及浙江等司府兑粮去处,张挂禁约,仍行各巡按御史并按察司照便施行。奉圣旨:是,钦此。】

六年请修黄陵冈古堤及作张秋镇石坝。

【总理河道都御史刘大夏题,略曰:会同河南、山东巡抚、都御史徐恪、熊翀,巡按、御史余升、陈振,都、布、按三司左右布政使孙仁、吴珉等,及巡河御史曾昂、管河郎中陈绮议得,河南、山东、两直隶地方,西南高阜,东北低下,黄河大势日渐东注,究其下流俱妨运道,虽该上源分杀,终是势力浩大,较之漕运数十余倍,纵有堤防,岂能容受?若不早图,恐难善后。其河南所决孙家口、杨家口等处,势若建瓴,皆无筑塞之理,欲于下流修治,缘水势已逼,尤难为力。惟看得山东、河南与直隶大名府交界地方黄陵冈南北古堤,十存八九,贾鲁旧河尚可泄水,必修整前项堤防,筑塞东注河口,尽将河流疏导南去,使下徐、沛由淮入海,水经州县御患堤防,俱仍于张秋镇南北各造滚水石坝一条,俱长三四十丈,中砌石堤一条,拟长十四五里,虽有小费,可图经久。若黄陵冈等处地方委任得人,可以长远。仍照旧疏导汶水接济运河,万一河再东决,坝可以泄河流之涨,堤可以御河流之冲。倘或夏秋水涨之时,南边石坝逼近上流河口,船只不便往来,则于贾鲁河或双河口径达张秋北下,且免济宁一带闸河险阻,尤为便利。臣等仰知皇上洞见黄河迁徙之害,深为国计生民之忧,凡智力所及不敢不尽,但欲兴举此等工役,未免劳民伤财。今山东等处荒歉之余,公私匮乏,人夫尚可起倩,财用无从取办。况好逸恶劳者怨谤易兴,听声蹑影者议论难据。如蒙乞敕户、工二部会同在廷群臣从长计议,斟酌前项工程于理应否兴止,倘以臣言可采,则其事宜速举。其买办木石等项银两,应与何处取用,应付匠作等项口粮,该于何处支给,或此外别有治河长策可以不费财力,逐一分处明白定夺,令臣等遵守施行。】

七年请减安庆卫军船六十只,令九江、新安二卫拨军补之。

【巡抚江南都御史彭奏开:安庆卫五所见在旗军实有一千六百九十八名,内南京操备三百八十五名,运粮并杂差止有一千三百九名。今派船二百只,该军二千三百二十七名,实是军少差多。及查九江卫六所见在旗军三千名,又无南京操备,只派船一百五十五只,新安卫见在旗军二千三百余名,内南京操备止三百名,尚有二千名,止派船一百五只,实是军多差少。欲将安庆卫原领船二百只减去五十只,著令九江卫再领三十五只,共凑一百九十只,新安卫再领十五只,共凑一百二十只,行各知府会各卫掌印管运指挥拣选般实军余攒运。从之。】

命太监李兴、平江伯陈锐同都御史刘大夏治张秋决河,以通运道。

【先是命都御史刘大夏往治未成,至是又有兹命。敕略曰:尔等至彼,会同刘大夏相与讲究,次第施行,仍会各该巡抚、巡按并管河官,自河南上流及山东直隶河患所经去处,逐一躬亲踏勘,从长计议,何处应疏导以杀其势,何处应修备以防其决,何处应筑塞以制其横溃,何处应浚以收其泛滥,或多为之,委使水力分散,以泻其势,或疏塞并举,使挽河入淮,以复其故道。虽然事有缓急,而施行之际,必以当急为先。今河既中决,运渠干浅,京储不继,事莫急焉。尔等必须多方设法,使粮运通行不致过期,以亏岁额。斯尔之能或敕内该载不尽事理,此时频河军民方困饥疫,不幸值此大役,甚不聊生,万一有不成,物为徒费,或生他变,悔之何及!其见用官属非不胜任者,不必改委。所委文武职官敢有误事作弊者,轻则听尔量情责罚,重则文职五品以下拿送问刑衙门问理,四品以上并方面军职参奏究治。必思广询博访,事不必专于一己,深谋远虑,计必出于万全,不然则劳民于无用之地,弃民财于不测之渊,咎将谁归?】

八年请定江南造船料价期限之例。

【都御史李蕙、总兵官郭鋐奏开:湖广、江西、浙江、南直隶四总运船,俱军三民七出料打造,各司府卫所不依时给领料银,有守至三四月之久,官旗只得加利借银将船造完,负累益甚。要立领料期限,行令造船卫所差官赍文,限十月以里到各该衙门支领,如遇期不到,漕运衙门查提领料人员究问;出料官司限十一月以里支给，十二月回厂造船，正月船完。如料银征解不敷，司府量查在官银两照数借支，仍立文案，待后补还。若过十一月终不给料价，就将经该误事官员住俸，年终不给，听漕运衙门参行各该巡抚、巡按官提问，庶造船及时，粮运无阻。从之。】

运粮逃军问发沿边守墩瞭哨。

【都御史李蕙、总兵官郭鋐奏：查得江南、江北直隶并南京共六总运粮旗军，递年营求该管军政官改拨闲便差使不下五六千名，逃亡事故不止一万四五千名，管运官旗只得雇觅游食光棍凑数，致坏清规。要行南京兵部转行存恤新军，给事中、御史、主事等官外卫行巡按御史会同三司掌印巡抚等官，将运粮旗军改拨逃故等项，照旧拨补上运，正军不敷，务将余丁拨补。自后运军敢有脱逃者，管运官呈把总官转呈漕运衙门拿问，解发沿边墩台瞭哨，不许仍前包雇无赖之人顶名上运，庶军有实数，粮无外虞。从之。】

令江西、湖广僻远山县兑运粮米折银给军以为轻赍之用。

【都御史李蕙、总兵官郭鋐奏：查得江西、湖广二布政司，有该兑县分僻居山谷，不通舟楫，人阨负载，官军守候日久，累苦不能。要将前项县分该兑粮米免其兑支本色，每正粮一石连耗折银一两，扣算给军，准作概卫转易轻赍车脚之费。其近便水次耗米不许变易，留抵正粮加四装运，庶官民两便。户部会议：准拟每石折银一两一钱。】

请定运粮职勤惰之例。

【都御史李蕙、总兵官郭鋐奏开：要将漕运十二总卫所管运等官，自弘治九年为始，听臣等严加考察。若兑运在先，过淮及期，私债不借，完粮又早者，考为上等，三年如前勤慎，奏请量给彩币奖劝；若起运在先，过淮又早，完粮不后，借债不多者，为中等，量行责罚；若起运稽缓，末尾过淮，累债数多，九月终不能完粮者，考为下等，重加惩治，如三年之内仍前怠慢，罢软无为，照例拿问，发回原卫常川带俸差操，不许管军管事。从之。】

九年令外江漂流粮船有司勘实，免送问。连年者虽有勘实文凭，仍旧送问。从都御史李蕙、总兵官郭鋐议也。

十年令卫所掌印官监同运粮委官征收减存运军该办料银，从都御史李蕙、总兵官郭鋐议也。

令定卫所不补运军分数参问住俸。

【总兵官郭鋐、都御史李蕙奏：据江南、江北直隶把总指挥彭缙等呈，闻运粮旗军逃故数多，卫所官员不行挨补，致误漕运等因。臣等欲行南京并各都司直隶卫所，今后运军逃回，官旗不行拿解清补上运者，听运官具呈漕运衙门查勘，一卫至一百名、一所至二十名者，将掌印军政等官住俸拿解，候事完申报方许关支；年终不完者，照例参究；如有受财纵放，营求改差，从重发落。从之。】

十一年以久雨免违限运官参问。

【户部题：该都御史李蕙等题，各卫所运到粮米俱在限前到京，只因天雨守候日久，有违钦限，乞免参问。粮米不拘常例，晒晾收受。本部议得：晒米日期已有定例外，查得前项粮米到仓日期虽在限内，缘无纳完通关，亦系过违钦限。但天雨阻间，耽误日久，诚为可悯，合免参问。奉圣旨：是，这违限官员都免参问。钦此。】

改京仓粮十一万八千余石于通仓收。

【户部题：都御史李蕙咨，京仓久欠廒座，将湖广武昌等九卫并南京龙虎左卫京仓粮米共一十一万八千七百五十石零，改通仓空廒收。其米每石省下脚价米一斗，另廒收贮。奉圣旨：是，钦此。】

诏免明年兑运粮十分之二。

【时以灾异，从户部尚书周经请也。先是免粮，俱以拖欠之数利于奸猾，而小民不受其惠，故准汉诏行之。】

十二年差侍郎李孟阳催攒。

【户部议：今年漕运粮储七月将尽，尚有未过淮者，诚恐阻冻。本部堂上官请点差一员前去，会同漕运总兵等官催攒。奉圣旨：是，著李孟阳去，写敕与他。】

借太仓银应脚价用。

【户部题：该都御史徐镛等题，本部议得：今年水路自天津至通州，河水浅涩，盘剥频数，陆路自通州至京仓道途泥泞，装载艰难。加以江南米价太贱，所卖银两数少，比之往年脚价诚有不敷。今准所奏，不为常例，仍行都御史徐镛会同总兵等官，先将不敷脚价船只逐一查审，所奏各总船只某船用银若干，某船不用，每船止以十五两为则，造册送部，仍令各该把总官赍册前去太仓照数借领，候本部差郎中及都察院行通州巡仓御史会同，照数唱名给散各船，雇脚应用。势豪债主不许指以旧债为由，逼取官银，事发，把总官问拟监守自盗。立功满日，革去见任，带俸差操。债主以盗官物论罪，势豪官员奏请发落，家人伴当发广西烟瘴卫分充军，遇赦俱不原宥。以后再有豪势之家仍蹈前非，放债违禁取利，坑陷贫军者，一体治罪。银两候弘治十三年兑运加耗粮米，著令官军自行变卖银两，交与各总解部，转发太仓还官。奉圣旨：是，钦此。】

守冻粮船月给米有差。

【侍郎李孟阳题：见在守冻军船行本部委官督同地方各该州县委官查审数目，每军月给米三斗，德州迤南者给与一个月，天津迤北者一个月，造册行移漕运衙门，候明年上运，将口粮扣除还官。题奉圣旨：准议。】

十三年考察漕运把总官。

【户部题：户科都给事中卢宁等题议，行漕运衙门，除南京署都指挥刘点、汪富、彭瑨，已该都御史张敷华参提查究，及山东署都指挥王琦，该兵部别项委任，并湖广署都指挥荀恺，先系惨刻迟误，行查未报，又该兵部另行差委外，其徐恭等七员，臣等会同兵部尚书马文升等考察，得南京、江西等处署都指挥王宪等四员勤慎有为，纪钊系新任，俱存留照旧管事；徐恭负债数多，亦合革罢，但莅事颇勤，亦姑存留；若吴邈者，贪惰不谨，合当提问，照例降黜。其别委并黜退员缺，另行漕运衙门，或于见在运粮，或于各该地方卫所，另行精选更替管事。奉圣旨：是，钦此。】

立样米之限。

【户部议得：各该府县分解样米，虽系会议题准事例，原未立定限期，仍行浙江等布政司并南直隶府州兑运。衙门今后务要原兑米样眼同官军底面计同，照粮各开州县比照运军程限，先期一日。山东并直隶限三月以里，江北直隶凤阳等处五月以里，南京并江南等处六月以里，浙江、湖广、江西七月以里到部，如仍迟违，先将差来人送问承役，并管粮官吏行巡按御史拿问。奉圣旨：是，钦此。】

令江南该兑粮折银二十五万石，每石六钱。

【户部题：总兵官郭鋐、都御史张敷华题照先年事例，江南直隶、浙江、江西、湖广，弘治十三年分该兑粮米内，再将二十五万石，每石连耗并席折银六钱，派拨各该有司交兑。各卫所随运太仓交收，明年照旧兑收本色。】

十四年改京仓粮五十万石于通仓收，以久雨故也。

【户部题：都御史张敷华咨，所运粮米到京，阴雨连绵，守候日久，不得收受。又值亲王之国脚价涌贵，要将该京仓五十万石，每石量加脚价五分或六分，就于通仓上纳，免其晒扬。每石除止耗外，另加四升作正支销，每石扣除脚价银五分。行令通仓坐粮委官查明送太仓银库交收。通州廒座不敷，将该纳芦席板木打作露囤收受，不拘挨陈支放。奉圣旨：是。】

十五年令军民运船与王府官校船漕河两岸分行。

【先是户部题准都御史张敷华咨，要将回空粮船与王府马快等船两岸分行，不致阻冻。如遇王船，即当回避，其余船两岸行，至临清听其东西分行而去。题准外，今议得：各卫所官军攒运京储并民运船只，如遇王船经过，即当回避一时，具令官吏军校人等船只两岸分行，不许混争阻塞，致误粮运。奉圣旨：是。王府官校人等船只与粮船两岸分行，不许混争挪塞，致误粮运。】

凡闸惟进贡鲜品船只，到即开放，其余船只务要等待积水而行。若积水未满，或积水虽满，上面船未过闸，或下闸未闭，并不得擅开。若豪强之人逼胁擅开，走泄水利，及闸已开不依帮次，争先斗殴者，听所在闸官将应问之人拿送管闸并巡河官处究问。因而阁坏船只，损失进贡官物，及漂流系官粮米，若伤人者，各依律例从重问治。干碍豪势官员，参奏以闻。运粮旗军有犯非人命重情，待候完粮回日提问。其闸内船已过，下闸已闭，积水已满，而闸官夫牌故意不开，勒取客船钱物者，亦治以罪。

凡漕运军人许带土产换易柴盐，每船不得过十石。若多载货物沿途贸易稽留者，听巡河御史、郎中及洪闸主事盘检入官，并治其罪。

凡船非载进贡御用之物，擅用响器者，其器没官。

凡河南省内有犯故决河防及盗决，因而淹田庐，计所漂失物价，律该徒流者，为首之人并发充军；军人犯者徙于边卫。

凡闸溜夫受雇一人，冒充二人之役者，编充为军；冒一人者，枷项徇众一月毕，罪遣之。

凡漕河所征桩草并折色银钱以备河道支用，毋得以别事擅支及无故停免。

凡故决山东南旺湖、沛县昭阳湖堤岸，及阻绝山东泰山等处泉源者，为首之人并遣从军；军人犯者徙于边卫。

凡南京差人奏事，水驿乘船私载货物者，听巡河御史、郎中及洪闸主事盘问治罪。

凡南京马快船只到京，顺差回还，兵部给印信揭帖备开船数，及小甲姓名，付与执照，预行整理河道。郎中等官督令沿途官司查帖验放，若无官帖而擅投豪势之人乘坐回还及私回者，悉究治之。

凡运粮马快、商贾等船，经由津渡，巡检司照验文引。若豪势之人不服盘诘，听所司执送巡河御史、郎中处罪之。

十八年五月十八日，诏明年漕运米折银十分之二。

以十分为率，内二分照例折银，以苏民困苦，后不为例。

正德元年漫砌京、通二仓晒场。

【总兵官郭鋐、都御史张伟奏：该户部会议题准工部查，行内外官员会同工部堂上官一员，将各仓晒场计量丈尺，用砖漫砌，以为永久之图。】

挑浚漳河小滩水次，移下临清交兑。

【总兵官郭鋐、都御史张伟奏：据山东都司把总运粮指挥同知李正呈，切照本总平山等七卫所，每岁该兑河南布政司府州县粮米，水次坐落大名府元城县，地名小滩镇，官军依期驾船往彼交兑。看得去年以来，漳河河上北岸自广平县南岸、大名府魏县至地名重村，被沙淤断约有五十余里，粮船重载难行，军士今岁日夜涉水疏挑抗拽，不能前进，只得盘剥，所费比昔加倍。且小滩至临清三百余里，昼夜兼行，尚用一月之程。及思河南兑军粮米，惟彰德、卫辉二府虽收本色，临期亦有不敷，其余府分俱收轻赍银两，尽被小滩镇积年歇家光棍贪图营利，前去邀接兜揽，专往临清、东昌等处籴买粗秕不堪粮米，展转迁延，致使军民递年争讼不已。今思临清见有北直隶山东造船官厂地基广阔，俱各空闲，堪立粮厂。况本处又系出米辐辏之所，使于大户自行籴买，乞将小滩水次移来临清，立厂交兑等因。会议乞敕该部，合无行令二部，著落管河郎中商良辅，亲历漳河淤塞去处，督同各该司府州县官各照地方，起倩人夫，趁令各闲时月疏浚深阔，务引漳水复归故道，以济漕运。及将小滩兑军水次奉时移下临清以上地方，与军交兑。如此则军民两便，而粮得早完。】

申明官军犯罪粮完提问。

【总兵官郭鋐、都御史张伟奏：据湖广都司把总运粮署都指挥佥事吴溥呈，据武昌等卫运粮指挥等官高经等呈，切照漕运衙门所辖一十二总一百四十余卫所，先年事无大小，俱在漕运衙门参提，待候过淮问理，所以粮无稽迟。近年以来，各处衙门不分事犯轻重，一概提解，奈何正在交兑紧要时月，卫所提拿纷纷，以致缺人领兑，误事匪轻。见止查得，即该钦奉武宗皇帝圣旨：如今里河有水，正紧关要运粮，这斯却躲来告状，那派下的粮不知著谁运，便将这状子送平江伯处整理，不问告得虚实，宜待运粮毕日，整理停当，还具奏来定夺。今后运粮官军有来告状的，都照这例行。钦此。又查得见行条例内一件，运粮官员旗军人等犯该人命强盗等项罪重者，官拘系奏提旗军人等就便提问外，其余一切小事，候交兑毕日官参奏与旗军人等各提问。今据前因，臣等议得，近年以来，漕运官军词讼被害委如各官所呈，乞敕该部计议，合无再须申明

通行各处。今后各衙门务要遵例施行。】

查处临、德二仓不必支运。

【总兵官郭鋐、都御史张伟奏:据把总运粮都指挥佥事崔谦呈,照得漕运 每年共运粮四百万石,临、德等仓支运七十万石。后因路远及上仓费用多端,民称不便,及支运官军又无耗米,不免累军,揭债贴补。后于成化年间议行,官军不必支运,就于各处与民交兑。由是民免上仓费用,军得耗米完官,两皆便益。近于弘治年间,因山东灾伤,复将改兑粮米九万二千石,仍令官军赴临、德二仓支运,照旧分派各总,不免累军等因。议照前项支运,于军委有不便,改兑于民亦皆有益。如蒙乞敕该部计议,合无将临、德二仓粮米今后不必支运,就令官军于各该有司水次与民交兑。其耗米仍照改兑则例加与,不许升合过多。如此则民免上仓而费用自省,军得加耗而债负可除,诚一举而两得矣。】

庐、扬二府粮米互相交兑。

【都御史张伟奏:庐州府该起运凤阳仓粮,先后征收本色,必须陆路搬载,后虽改征折色,又要变易银两,展转不便。众谓比之就于本处水次兑军者俱难,民皆情愿与军交兑。其扬州府兑军原多,外有凤阳仓粮,却是一水之路,众谓比之兑运者较易,民皆情愿上纳凤阳仓粮。今查得扬州府起运兑军六万石,委的数多,办纳不前。庐州府起运凤阳仓粮二万五千石,民亦称征收不便。如蒙乞敕该部计议,合无暂将扬州府兑军粮米内扣出二万五千石,改拨与庐州府起运,州县行兑军之数行令与军交兑,庐州府起运凤阳仓粮二万三千石,却改拨与扬州府,令其照例于凤阳仓上纳,彼此互换,庶几各得其便。以后永为定例。】

交兑军储江西、湖广水次。

【南京户部主事汪鋐奏:户部会议题准,该地方兑粮水次,荆州三卫并岳州卫在城陵矶交兑,武昌、武昌左、沔阳、襄阳、安陆、德安六卫所在汉口交兑,蕲、黄二卫在蕲州河下交兑。除钦遵外,臣切照武昌府所属州县粮米俱派武昌二卫兑运。其该兑水次该在汉口,缘兴国州及武昌县俱在汉口之下,兴国州去汉口五百余里,武昌县去汉口三百余里,民船逆水而上,诚为不便。至于黄州府所属州县粮米俱在蕲、黄二卫兑运,其交兑水次该在蕲州,缘黄梅、广济二县俱在蕲州之下,亦不免有逆水而上之病。臣切惟漕运国之大计,军与民俱不宜偏损,合无酌地里之上下,计江流之顺逆。凡民粮顺水而下就军交兑者,俱照原定水次,不得变更;而其逆水而上如兴国等州县,则许令于沿江仓分交兑,俾军顺水就民。如此则军民两便,事体相宜,而漕务永济矣。】

二年开报兑粮限期事例。

【总兵官郭鋐、都御史张敷华奏:查得节该奏准事例,有司兑军粮米,当年十二月终不完者,府州县管粮官截日住俸;次年正月终不完者,革去冠带,住俸催征;延至三四月不完者,经该官吏管粮官员参提问罪。若初违一年二年附过还职,三年者就以罢软,起送吏部定夺。其该司分巡汾守管粮官员,以十分为率,五分不完者亦照此例施行。浙江布政司湖州一府,湖广、江西二布政司所属各府与应天、安庆、池州等府,递年将该兑粮米延至三四月甚至五月方将粮米兑军,且多是临期旋征旋买粗湿不堪粮米搪抵。缘此两下不免争竞,互执情词,申扰不便。如蒙乞敕该部,合无行令递年不依期限兑粮等司府,仍将征完兑完日期并二司管粮巡守及府州县掌印管粮官员职名,一面备申各该巡抚径自具奏,一面行漕运衙门稽考。其违限者照例查究,若在限内兑完而官军中途迁延违限者,漕运衙门照例只将官军究治。如此则责有所归,免致争论,而运粮不致于迟误矣。】

征收造船价银。明《漕船志》作"料银"

【总兵官郭鋐、都御史张敷华奏:议得料银齐足则造船早完,粮无迟误,否则军必倍加利息赊料,又非良材,一经江险多致漂没,及照民七料银,非独湖广一省耽误,军三料银,亦非袁州一卫拖欠,而他卫他省亦莫不然。如蒙乞敕该部,合无通行湖广、江西等布政司并江南直隶苏松等府,造船七分料银,俱照浙江布政司一体务遵前例,预征完足。该布政司者,解赴布政司,该直隶府分者,解赴各府收贮。若一时征解不及,照例查将见收别项官银挪借支给,明立文案,待后征补。其军办三分料银,亦照原拟预征在官属都司者,解赴都司,属直隶南京卫分者,解赴各卫收贮,各听造船卫所支领。若延至正二月料银不完,以致无船装粮,有司军卫听漕运衙门参行各该巡抚衙门，照依迟粮事例住俸，革去冠带催给。若延至三四月不完者，亦照中途寄囤事例查究。其南京卫分迟误者亦听漕运衙门参行南京兵部，俱照前例施行。仍将湖广江陵县、江西袁州卫拖欠料银者，本部行移巡按御史，各将经该官员查提问罪完解。如此庶宿弊可革，而船料易完矣。】

三年复北直隶各卫照旧运粮。

【总兵官郭鋐、都御史王琼奏：伏惟我圣朝自永乐年间开设里河漕运以来，定拨湖广、江西、浙江、南京、江南、江北并中都留守司卫所官军一十二万七千八百余员名，分为十二总，岁运粮储四百万石，于京、通、天津、蓟州等仓交纳。其江西、湖广、浙江、南直隶都司卫所官军运粮由扬子大江至江北里河，由仪真、扬州、淮安、邳徐、济宁、东昌、临清、德州、天津，直抵通州等九卫，皆隶漕运所辖者，不过欲其程途接续制统联络便攒运也。其直隶德州、天津、通州等九卫，又其临近京师，天下根本，万一天时亢旱，边务缓急不同，稍有不继，必须用此直隶官军转搬至京，得以一呼而集，是北直隶通州等九卫之官军，尤重于迤南漕运卫所官军矣。缘北直隶一总所辖德州二卫、天津三卫、通州四卫共九卫官军一千七百六十四员名，该运粮米五万四千一百三十四石有零，系是旧制，到今攒运百十余年。近于弘治十三年，为因声息紧急，团营缺人，暂掣正军千名补操，却连原运余丁七百名一概退掣闲旷。其北直隶一总漕运原运粮米五万四千余石，摘令江南北直隶遮洋把总内折银米粮减存办料官军轮流代运，赴京交纳。盖一时权宜之法，非为经久之计。合无将掣去北直隶一总通州等九卫运粮军余一千七百余名俱还原运，照旧领运粮米五万四千一百二十四石，京营操军另于空闲卫所拨补，或将通州等九卫见操正军一千名不动，各从本卫选补余丁一千名，同原运掣回在卫余丁七百名照旧漕运。其遮洋船该运蓟州折银粮一十四万石，照旧交兑本色，运赴通仓交纳。却将湖广、江西、浙江等处卫分内缺军疲弊者，折运一十四万石，每石连加耗并两尖，共折银七钱，解蓟州交纳。若遮洋船内有运船少者，于各卫折银减下船内凑补代运。如此漕运旧规不致破坏，近者运本色，远者运折色，又得《禹贡》纳总纳秸之义，最为利便。蓟州原兑粟米每石折银六钱，今改南方糙米每石折银七钱，照依时价折色，月粮又有积余，以足军食。兴利除弊，莫大于此。】

准南京各卫照江北加过江脚米六升。

【总兵官郭鋐、都御史王琼奏：查得南京两总所管旗手等卫，虽衙门设在江南，其运粮船只却在仪真坝上湾泊。官军前去浙江、江西、南直隶水次交兑，雇船装运前来仪真坝上船，比与江北三总官军江南兑粮事体一同，其耗米每石只依原定则例，并无加与过江脚米，以此南京各卫运粮官军年年借债，转相负累，日见逃亡。论运军疲弊之极者，必以南京各卫为言，众所共知，屡经议奏，曲折之情未能便达。且如今年江北三总官军船在江北不过坝，前去南直隶苏州府兑粮装运，每石止得耗米五斗六升，两处运军同在一处，兑粮船只不过坝，与雇船装运皆同，而所得耗米不同，其为不均较然明白。盖南京各卫运粮耗米议定在前，江北三总加添过江脚米议定在后，方议加添江北脚米之时，偶未及于南京各卫，非故有轻重于其间也。且据事论理，两处耗米不宜有异，合自正德三年为始，将南京两总所管卫分酌量加添，庶使事体均平，运军苏息。】

准易实征以便转输。

【总兵官郭鋐、都御史王琼奏：照得广运仓系水次四仓之一，所贮粮米例该漕运官军转输赴通州仓交纳。所以先年有例，将夏税小麦抵斗纳米，以便久贮。又将原在淮安仓关支行粮，凤阳等二十八卫所改来广运仓关支，其淮安仓米麦亦又无支。议得若欲为便益经久之法，必须将递年原坐广运仓征实夏税小麦，改坐徐州永福仓，实征秋粮粟米，改坐广运仓交纳。永福仓官军俸粮常缺，不致陈腐，广运仓粟米自可久贮以备转输，彼此各便。况查二仓实征夏税秋粮，存留数目相当，彼此易换坐派，易于反掌，经久便利。】

运军行粮水次支领。

【总兵官郭鋐、都御史王琼奏：会议得，人情一日不再食则饥，运军终岁勤苦，全赖月粮行粮养赡。今建阳卫月粮三年之间止关六七个月，安庆、九江二卫过期不支，镇江卫行粮违例支麦，又与一半处州卫行粮，占留官旗守支半年不到，经该官吏若非坐视不为处置，必是阘茸不行催征。据陆潮等所呈如此，其余卫所似此违欠难保必无。合无行移南京直隶总理粮储都御史并江西、浙江二布政司，查勘前项欠粮卫所在有司，原会计坐派税粮是何州县拖欠未纳，将府州县掌印管粮官参提问罪，作急征完补支。若原会派数少别无拖欠，或因灾伤停免，亦要从长区处，以足军饷。将查究并区处过缘由回报户部，并漕运衙门稽考。内各处州县行粮若已关支，被委去官军迟延不到，亦提问罪。仍通行各处有运粮卫所去处司府州县，及各把总运粮官，今后每年官军攒运粮储，起程月粮行粮拖欠米支，把总官备开各府州拖欠数目，开呈漕运衙门，议事到京具奏提问，永为定例。】

…………

遮洋运军比例加耗。

【总兵官陈熊、都御史邵宝奏：议得兑粮加耗有等，盖为道途远近，所费不同，是以多宽均足其用。今遮洋官军先因仓临水次，故比里河少耗米一升，交纳多用一升，最为允当。其后改仓入城，陆路车脚，所费过于京仓，又加包陪带运布花脚价，并买补折纳之数，委的亏纳。合无将遮洋官军领兑山东、河南二省粮米，照依里河官军一例加耗三斗一升，到仓交纳亦照京、通二仓明加七升。】

清解逃军以足驾运。

【总兵官陈熊、都御史邵宝奏：近年各该有司清军官员，奉兵部发册清勾，视为常事，任凭书手人等欺隐破调，捏报搪塞。合无行令缺军卫所将各年逃故运军，自祖贯址、充发来历查对明白，造册赍送兵部，转送都察院，发清军御史督同布、按二司府州县清军官员照名挨拿起解。如正身不获，先将的亲壮丁连妻解赴漕运衙门审发，驾船攒运，务足原额。仍定议有司清军官清解分数，以为殿最，从吏部施行。若卫所并领运官将解到新军逼害逃窜，以致仍前缺伍，照役占军人事例降级，京军俱发边方，遇革不宥。】

各卫殷实运军不许掣改别差。

【总兵官顾仕隆奏：查得近年南京卫所掌印军政官员，轻视京储，擅将殷实运军掣改快船等差，以致粮运乏人。如蒙乞敕该部会议，合无行移南京兵部转行运粮卫分，著落经该掌印官员公同把总运粮等宫，将见运旗军余丁逐一查点，如有事故，俱十一月以里补完，各具数径送该部查照，仍呈漕运衙门稽考，以后各总卫所敢有擅将殷实运军纵放，及掣改快船军吏等项杂差，官听把总官举呈漕运衙门具奏，转行法司提问，坐赃问罪，革去管军管事，带俸差操。

各卫所运粮并造船官不许掣差。

总兵官顾仕隆奏：查得近年以来，各该卫所遇有军政京操等项缺官，不独将运粮指挥、千百户更改替补，而管厂千百户亦被掣改京操，遂致事体纷更，人难遵守。如蒙乞敕兵部会议，合无通行南京兵部并浙江等六都司、江南、江北及直隶卫所，今后运粮并造船厂官遇有事故更换者，把总官推访堪代官员，开呈漕运衙门覆实取补。其各该卫所军政京操等官差用，并不许将运粮管厂官员朦胧取补。如或故违，听把总官举呈，参究改正。】

七年遮洋兑军比照里河则例加添耗米。

【总兵官顾仕隆奏：查议得遮洋兑运加耗三斗一升，委系正德四年会议奏准事例，已经通行，钦遵兑运外，今把总周正见得正德五年会议单，止间照旧加耗三斗为无续加一升，所司不肯加兑，致累官军，以此为言，无非申明前例，以足其用。如蒙乞敕户部会议，合无行山东、河南二布政司遮洋官军，兑运粮米每石加耗三斗之外，照前再加一升，到仓交纳，仍照京仓事例，明加七升，庶几例有常久之规，军免包陪之累。】

镇江、庐州二卫比照南京各卫加耗。

【总兵官顾仕隆奏：议得镇江、庐州二卫与南京卫分，运船俱十年一次改造，同在江北瓜洲、仪真坝上湾泊，过江兑粮，雇船搬运，事体相同，应合申明前例。如蒙乞敕户部会议，合无行令浙江等布政司并直隶苏、松、庐州等府州县，各将兑改粮米，该兑与镇、庐二卫官军领兑者，比照南京各总卫分每石除例该加耗外，照例加与过江脚米六升，附载议单，以备雇船盘坝之费。】

复设主事专理南旺一带闸河，催放粮船。

八年查处料银，补造火烧船只。

【总兵官顾仕隆奏：查得正德六年南京、浙江、湖广、江西、山东、江南、江北直隶、中都留守司十总，被贼烧毁运船共计一千五百五十二只。该臣会同总督漕运右都御史张议,将正德七年兑改粮米每石量加钱三分,以为造船之费,具题续准工部咨。该本部议得,正德五年收积轻赍银五万二百两,杭、芜二厂拖欠正德二年料银一万三十余两,变卖烧毁席板银二百八十七两,酌量船少卫所先行给造,其余不足之数,查系年限已满,属直隶卫所者,清江、卫河二提举司支领该年料银打造,属各都司,照依旧例军三民七打造。中间若有年限未满,听各官从长计议区处等因。题奉钦依,备咨前来,俱经通行钦遵外,今照前因,臣等议得,山东、中都、江北等总烧毁船只,俱例该卫河、清江提举司补造,给军领驾,船数不多,措办颇易。其南京、浙江、湖广、江西等总,共烧毁船计一千四百三十三只,已及年份者少,未及年分者多。前项该补打造船只,完给者十无一二。如今年该补完造船只,所得工料止有收积轻赍银五万二百两,各总支用讫尚欠十万余两。其杭、芜二厂料价拖欠如故。再查年限已满,属直隶者,清江提举司领料,缘前料又系常年军士借价造完,该令补还之数,尚且挨候五年之上,方领得出。纵使旧欠完解,亦与火烧船只无干,席板变卖,累催未完,就使完解数亦不多。再照火烧船只,工部原不曾计料加添,又不知将何银两支领打造。尝闻谋大事者不计小利,乃今粮船遭此变故,急在目前,岂可以寻常计之?若照军三民七事例追征造船,明年必然有误漕运。且军三银两,乃是各卫空闲余丁出办,如南京豹韬左卫该船二百只,常例止有办料军余一十三名,其余卫所亦有三二十名者,有四五十名者,递年拖欠不完,此军三之例如此。岂知自来造船,多是运军于该造年分预先一年休息办料代役,空闲军余出办,以凑军三之数,累苦迄今,无计可除。若论民七出办,各处皆系科派里甲,经年不完,及至收完,又被收头揽户侵欺,病民误事,又不可言。此民七之例如此。而欲救急济用,诚难矣。如蒙乞敕该部从长会议,合无将山东、南京、江北等总仍照咨文内事理,移咨工部,必须计添烧毁船数料价,行杭、芜二厂,于常例打造船价之外,另给火烧船八十四只料价,各领打造,方得明白。其江西、湖广、浙江等布政司及直隶等府,合行各该总理粮储都御史,查照抚属军卫有司烧毁船只,或将两浙两淮运司盐价,及各钞关银两,或各布政司府自有收贮见在官银,不为常例,准令借与原拟不够支用银八万余两。务加严谨,期在明年正月以里措办完备,查给各该运粮把总等官,督同造船委官,严限打造,给军领驾。待候各该司府卫所将军三民七出办料价征完,抵补前项所借银两,照数解送各该衙门交收,取具库收备照。事完之日,各总理都御史将借给过官银,打造过船只数目,具奏,及送户、工二部与漕运衙门查考。】

令运粮官员复听漕运衙门推用。

【从都御史张缙、总兵官顾仕隆奏也。】

兑军余耗折银,许明载议单。

【从都御史张缙、总兵官顾仕隆奏也。】

拖欠官军月粮府州,行监兑官督征。

【从都御史张缙奏也。】

守冻船只官军口粮。

【总兵官顾仕隆奏:切照正德七年该运粮储,除已过淮催攒赴京上纳外,尚有江西一总粮船,先因有司征兑稽迟,后因江上流贼阻滞,臣等不次差人催攒,又拨官军协同拽送,务期到京交纳。但今九月中旬,而粮船方才过尽,恐于北河或有冻阻,亦当赶至临清、德州,不必寄囤,就令官军尽数在船守候,明春河开之日攒运赴京上纳。其空回船只,若令回还本处领兑,未免缓不及事。臣等通融处置,合将近处总下船只次第攒向南去领兑,遗下近处与临、德二仓支运,扣计合用船数,却令今次守冻官军领兑交纳,庶使人免往复,事克有济。其守冻官军口粮,合将来年应得行粮内,先于附近水次仓每名支给一石五斗食用,及修船工料帮贴银两与船只湾泊事宜,臣等与之整理。若有赶至天津者,则去京不远,不若雇车将粮装运上京,虽称大有所费,而亦大有所补。况天津去京系是通车平坦大路,比之它运边粮,山路崎岖,易难不啻什百,熟思审处,似亦可行。合用脚车之费,自张家湾到京路程,该六十里,著令各军自备,其外多余路程,并通州原计无车脚之费者,先于太仓库借用,然后查究误事有司粮里,责其照数抵补还官。再照有司兑粮违限,不分司府官员,在五六月不完者,照依钦奉敕旨提问罢黜。军卫运船到迟,不分把总卫所官员,在六月不到水次者,亦合比照见行寄囤事例,提问降级调卫,或照新例一体罢黜。中间如系新造船只,军三民七工料不完者,另行查究。前件米一石准作明年口粮军卫有司交兑迟误,照例行;因造船迟误者,另行查究。天津起车太仓,准借银,虽空回船只,通融处置。守冻官军口粮,于本船该上仓耗米内支。】

存留寄囤粮米,省下余耗修船等用。

【都御史张缙、总兵官顾仕隆奏:查得递年额运天津仓改兑粮六万石,即今天津地方冻阻寄囤粮二十万石有余,合无比照上年事例,于便存留一十二万石于该仓上纳,准作正德八年、九年额运之数。却将正德八年、九年该运天津粮石,改于通州仓补纳,省下寄囤脚价余耗,给与宁波等卫完粮并修船等用。其宁波等卫借过脚价,待以后年分陆续偿还,存作债本收用,庶几脚价有补,额运不失矣。】

冻阻粮米俱改通仓上纳,驾回空船修舱。

【都御史张缙、总兵官顾仕隆奏:查得漕运船只先被流贼烧毁一千五百五十二只,补造止完三分之一,今年又因流贼扰攘,被阻重船二千一百八十五只,回空船一千三百一十五只。其攒运正德八年粮储,例该正月初旬船到水次,若待守至冰消,驾回领兑,未免稽迟,又行误事。且使有司得以借口称说军船未到,不肯依限完粮。合无行令湖广、江浙、南直隶把总官员,将前冻阻船只,守候河开,空船先回,重船完粮之日,即便作急驾回,俱至仪真、瓜洲坝上摘拨官军,设法备料修舱坚完住泊。若数内有及年分打造并不堪修舱者另行,其余一只不许放回。一面先行督率官旗人等前去水次,将粮米领兑完足,自雇大样江船装赴瓜、仪坝下,复载攒运交纳。前件冻阻粮斛,仍令本卫所船装运,内该京仓交纳者,俱改通仓上纳,与该通仓上纳者,俱免晒以便船只早回。京仓改通仓,照便每石加收脚价米一斗,免晒每石加收三升。其脚价并免晒米每石俱准折银五钱,太仓银库交纳。愿纳本色者听。前项米石俱不挨陈,先行放支。】

九年遭风船粮所在官司勘实奏豁。

【户部奏:查得前项运官漂流粮米减存通仓上纳,或免晒收受。缘此等官军既不严谨,以致损失官粮,免其陪纳,又得将见粮改远就近,免晒省费,无以示戒。今后通查一年漂流损失之数,行通州仓坐粮委官将最后运到卫所该京仓上纳粮米,改拨通州仓,及将该通州仓上纳粮米,免晒上纳,以补漂流损失之数,不许似前就将漂流卫所粮米零碎改拨。仍照旧例,漂流万石以上,都御史、总兵官具奏定夺;千石以上,把总官提问;千石以下,止提问本管官旗。】

带纳席板折色分数。

【户部奏:旧例免运民粮,每二石与新芦席一领;其支运仓粮,每二石领旧芦席一领;到仓交纳,每一百领内除三十领准作破碎者支附。余粮米原无收到芦席者不领,其兑粮之时,以三分为率,二分纳本色,务要支领本处长大堪中芦席前来交纳;一分折纳价银,每席一领,折银一分。又每米二千石纳楞木一根,俱本色;松板九片,亦以三分为率,二分纳本色,一分折纳价银。每板一片,折银三钱五分;木板本色,俱令运军就于本地收买,到京送纳,务要登样。席板折银俱随粮收受,一处出给通关,以便查考。其银两,太仓银库另项收贮,以备修仓等项支用。】

支运仓粮七十万石,听漕运衙门拨船改兑。

十年轻赍银两务随正粮征兑。

【都御史丛兰、总兵官顾仕隆奏:据南京把总运粮署都指挥佥事余果呈备,金吾前等卫运粮指挥等官江岳等呈,切照各卫所官军领运各司府粮,其折耗二六不等,轻赍银两例该随本色粮兑,以备中途盘剥上仓车脚之费。奈何近来各该管粮官员,止知交兑本色,其轻赍往往置之度外,官军领兑本色粮米,畏惧迟误,只行攒运先行前进,摘留官旗在彼守候轻赍,或两三个月或四五个月,方才得完。而船至前途搬盘、上仓急缺使用,只得加利借贷,凋敝亦由于此,呈乞转达议处等因。臣等议得,轻赍银两原系随粮交兑之数,今本色粮米兑完,却就出与通关去讫,有司亦得通关到手即便以为了事,再不顾念军士轻赍的系到京。完粮紧急脚费之用,近则两三个月完者有之,远则来年尚且拖欠不足,雇车剥船雇脚于仓中使用等项,只得加倍借钱以了官事。似此故违新例,合当申明禁治。如蒙乞敕该部会议,合无行令浙江等司府,今后轻赍务随本色一并征收,交兑完足方许出与通关。而有司必以得通关之日,为始完粮期限。敢有止将正粮完足,勒逼官军出给通关者,听漕运衙门并监兑官指实参奏,照例施行。】

有司管粮或佐贰官征兑,不许转委属官。

从都御史丛兰、总兵官顾仕隆奏也。

禁运粮官不许索取有司财物。

【从都御史丛兰、总兵官顾仕隆奏也。】

查议各闸积水及改建滚水坝。

【从都御史丛兰、总兵官顾仕隆奏:查得淮安清河口,直抵扬州瓜、仪两坝,运河延长四百余里,全赖高邮、宝应二湖蓄积无源之水,而淮安瓜、仪设有闸坝,扬州一带设有涵洞,以时蓄泄,防御浅涩冲决之患。每年春初水涸,正宜固蓄以通舟楫,不意往来马快船只到来,不肯由坝车放,辄便用强开闸放出放入,自由自在,莫敢谁何。及遇天时亢旱,漕河水落,鲜船、粮船起剥尚不能行,而高邮、宝应一带临河豪民乃敢蛊惑人众,赴官告要放水救田。岂知宝应湖延长只有十七八里,高邮湖不过三十里,湖底虽深,湖面得济漕河者止有一尺之余,湖东高邮、宝应、兴化、盐城并各卫所屯种低田环绕二三千里,以二三十里湖面尺余之积,而欲济此数千百里无涯之田,能救不能救,此不待言而后知也。又岂知此湖一放,其涸可立而待,将来千斯舟而万斯航,不分鲜品、粮运、仕宦、商贾、四夷与诸色供应人等,皆坐困矣。于时不免下浚河渠,以掣取湖底深处之水,淮、扬二府高邮等五卫,兴化等四所,通、泰等州、江都、山阳等十有余县灾盗余存呻吟之民,起倩挑捞,盖亦不胜其困苦矣。臣等思惟后艰,恐贻朝廷之忧,夙夜不遑处也。近据高邮州申称下河奸民因见天旱,田禾枯死,聚积五百余人,各执锹、锄、短棍,齐声呐喊,将塘岸它开五丈七尺,泄水救田等因,到臣除行管河郎中及该府州掌印管河官用工筑塞,将得水之家并盗决之人提拿追问外,切缘此河专为进贡鲜品及漕运而设,如何可与江南湖塘积蓄水利特为灌溉民田者之比。臣等往往督令管河官员用心巡视防守,奈何无知奸豪全不畏法,而且兴言怨谤。再照涵洞闸座初意专为水大泄水而建,乃今临湖小民通同管塘夫老,凡遇水大时月封闭坚厚,使水无处所泄,水小时月却将涵洞偷开,闸座从底窍放,或如今日聚众强决,使水无所积蓄,是皆不利于漕河。先年管河官员有见于此,曾取前项涵洞改建滚水坝数座,水大从上漫流,上仍加板三层,以备干旱公私之用,水小勺水无泄。一蓄一泄不独于官河有便,而于民亦有大便。众皆称便,但不利于临湖田。多富豪排沮而途止之,今皆废弛。再照管河郎中及管闸管泉主事,事为河道而设,分理其事,而近年南旺并各闸浅涩少水,妨误粮运为甚,俱各相应议处。如蒙敕该部会议,合无行令总理河道都御史,除临清、仪真两处主事管运砖料,代管彼处闸座照旧外,其宁阳管泉主事,旧例每年春夏常在南旺驻扎,捞浅放船。近年以来,因循不来。其济宁、嘉祥、钜野、鱼台四处一带河道闸座,旧皆济宁管闸主事兼管;徐州、沛县二处河道闸座,旧皆沽头等闸主事兼管。今后必须严督各官,务要仰照朝廷设官之心,不惮勤劳,往来巡视,储蓄水利,禁约势要人员,不许私擅开闸。又,旧日徐州管河郎中常在高邮、扬州两处驻扎,近来只在徐州驻扎,虽或间常往来巡视河道,亦不过旬日耳。况徐、沛管闸管洪既设有主事管理,而郎中应照旧在于扬州、高邮两处有事地方驻扎,与安平等处管河郎中,各于分管河道往来巡视。其管徐州郎中,仍将仪真并扬州一带涵洞,查照先年改造滚水坝事体,将一带闸洞俱各改建滚水坝,务使河水与坝面相平,而下深及河底高下量留四尺有余,必须以河道浅处为准,庶便船行永无所阻,且可以消奸豪觖望之心。臣等又伏睹《大明会典》内:宣德四年,令凡运粮及解送官物并官员、军民、商贾等船到闸,务积水至六七板方许开。若公差内外官员人等乘坐马快船或站船,如是急务,就与所在驿分给与马驴过去,并不许违例开闸。进贡紧要者,不在此例。成化间,令凡闸惟进鲜船只随到随开,其余务待积水。若豪强逼勒擅开,走泄水利,及闸开不依帮次争开者,听闸官将应问之人拿送管闸并巡河官处究问。因而各坏船只损失进贡官物及漂流系官粮米并伤人者,各依律从重问罪。干碍豪势官员,参奏究治。其闸内船已过,下闸已开,积水已满,而闸官夫牌故意不开,勒要客船钱物者,亦治罪。钦此。钦遵外,为缘日久之心废弛,合当申明前例,刊给红牌,于各闸坝禁约往来船只。敢有故违强开闸座,及指称势豪名头,夹带民船过闸者,听所在官司指实参奏,与豪民盗决堤岸者,俱照例究问。】

十一年官军关支月粮仓分。

【都御史丛兰、总兵官顾仕隆奏:据江北、江南等总把总运粮署都指挥等官张辅等所呈,窃为民出赋以养军,军舍生以卫民。今漕运军士长江大湖而冒风波之险,暑雨祁寒而甘冻馁之苦,出百死而得生,则所望者惟止月粮。奈何经年累岁不得关给,又乃逼借私债以偿官费,将欲不逃其可得乎?如蒙乞敕户部会议,合无转行各该巡按衙门,查照正德八年事例,行令各卫所,将运军欠缺月粮的数造册,发送该支官司,务要刻期照名给领。若见在仓粮不够支放,亦要设法区处,依数补关,完日具本造册奏缴。】

湖广运船通改楠木打造,催解料价。

【都御史丛兰、总兵官顾仕隆奏:据湖广把总运粮指挥佥事周正呈,窃惟漕司急务重在运船,而成造运船必籍料价。先因司府卫所料价稽迟,节次题奉钦依,责限催督。奈何各该官司不遵法例,仍前迟误,且如湖广产木地方比与江南积木所在不同,而原定料价因而高下难拘一例。若不各立严法征解,则料银愈迟,船只愈误,漕运益见废弛矣。如蒙乞敕工部计议,合无备行湖广都、布二司,查照该总额造运船若干,通改楠木料价,七年一造,每年该造若干,合用军民料银若干,军料行武昌等卫所比依襄阳卫佥补军余,民料行各府县,俱限本年十月以里征完起解本布政司,各贮库听候给军买料打造。若有临时征办不前,俱令布政司将官库见银借给应用,候征收前价照数补还。如有违慢,比照稽迟粮运事例,十二月终不完者,各该掌印官住俸,次年正月终不完者,革去冠带,仍将首领官吏提解漕运衙门问罪发落,若延至四月终不完者,掌印官一体参奏问罪,起送吏部降级。其江南直隶卫所浅船,难拘湖广定例,合令照旧成造。其征解军民料价期限,悉照前例施行。】

令挑浚常州一带小河,修理损坏闸座。

【都御史丛兰、总兵官顾仕隆奏:据浙江把总郭琮呈称,镇江、常州河道浅涸,运船俱由夏港孟渎河出江,逆上瓜洲,风涛险恶,人船不利等因。乞敕南直隶巡抚都御史严督管河郎中等官设法挑浚,仍照瓜洲河道事体,三年两次举行。】

令寄归在运物故遗骸,官给银三两、军二两,仍存恤二年。

【从都御史丛兰、总兵官顾仕隆奏也。】

十二年甄别运官贤否升降黜陟事例。

【都御史丛兰、总兵官顾仕隆奏:议得自正德十一为始,凡运粮把总官员攒运勤慎,通不借债三年者升俸一级;五年者升署一级。如该总一岁借债至五千两者,罚俸半年;积至万两以上者,降俸一级,仍留再用,以后二年通不借债,军士称便,许复原俸;三年皆满万者,降官一级,就行黜退。仍查任内钱粮并所借债银,若有侵欺情弊,从重问拟。其卫总指挥并守御千户所所总千户,不借债负并借债积千两以上,及卫所分千百户借债积至五百两以上,或有侵欺者,亦照此例升降俸级问罪,俱止终本身,子孙照依原职袭替例,该罚俸降俸者,漕运衙门径行;例该升官降官者,移文该部施行。若该部于把总官内推选并卫总内推选别用,亦照在外文职官员事例。查系漕运衙门曾经旌奖者,再行访察相应,然后举行。其把总官有缺,就于卫总内亦曾旌奖熟知运事者推补。卫总官有缺,听漕运衙门先尽升俸升级至于卫官相等者取用。如所官累升至卫官者,卫总无缺,仍管所总运事,若各该官员任内借有债负,目下弥缝侥幸迁转离运,日后败露,事迹显著,有入己者,一体从重问结;无入己者,仍照前例降罚。】

十四年议借盐银偿还粮运宿债。

【都御史丛兰、总兵官顾仕隆奏准户部咨,节该江西都司把总运粮署都指挥使王佐奏,前事内一件积债之害。切照缺军盗粮之害,多因积债所致,积债数多,则旗军月粮行粮不够分偿债主,经手官旗畏惧债主逼讨,胆小时则不敢赴京交粮,而抛弃船粮逃回;胆大者盗卖正粮偿还债主。又且乘机作弊,所以致害至此。然积债之由,其目有五:或因漂流磕沉船粮不得勘报开豁,借债买粮陪补,一也;或因原兑粮米湿润,经过三伏腐烂亏折,借债买粮陪补,二也;或因使用不足,收受斛面太重,以致挂欠筹斛,借债买粮陪补,三也;或因天雨泥泞,车驴脚贵,轻赍不足,借债陪补,四也;或因不才运官管干己事,假以雇脚买粮为由,诓借债负,遗赖卫所偿还,五也。五害不除,未免借债,积债数多,则官军逃亡,盗卖粮米,乃理势之必然者。矧今积债已甚,所以官军逃亡盗卖粮米,其弊在此,遗累见在运官,或自缢身死,如袁州卫百户王宗是也;或削发脱身,如东昌卫指挥王镛是也。人情至此,诚可流涕。若不权宜区处,设法改救,将来运政,臣不敢言。查得弘治年间，该漕运衙门会奏，亦因运军疲惫，每粮一石，外加耗米五升，运军少苏。即今疲惫已甚，有非加米所能救者也。臣尝读《大学衍义补》，观古之善漕运者，唐称刘晏，宋称李沆。刘晏之法以盐雇佣，李沆运船令载盐回，所以称善也。今日漕政，积债遗害至此，再无别项银两接济。合无乞敕廷臣从长计议，行移漕运衙门，查照在册该还债负，并欠债官旗船数，造册具奏。户部准令欠债船只照依官价上纳长芦运司盐引各一百引，于回空之时顺带取便，变卖偿债。其上纳盐本，责令各债主自出，上纳暂借一行，以了积债。如此则军民无陪债加赋之苦，债主免坑陷资本之怨。其运军行粮月粮各得以养家口，而运政自然清楚矣等因。查得成化二十一年间，该巡按、监察御史谢文等题奏准通行钦遵外，迄今年久因循废弛。矧今漕运狼狈，军士困苦，又非先年之可比者。臣请以其故为我陛下条陈之，且在运所偿之物，军士在家有月粮也，一家老稚藉此为生。近因各处灾免数多，及有司官员缓于催征，恒有八九月或二三十个月，甚至五六十个月不得关支者。军士经年在外，无由生理，遗下父母妻子啼饥号寒，中间冻饿而死者，不知几何。间得一月二月，在在逼取还债，人情何堪！此无从议处者，一也。军士在外有行粮也，自水次以至京师，计其往回，近者五六个月，远者八九个月，所支米麦，多则三石，少则二石，食用已不得够，况每军十人领船一只，暑雨昼夜，无人更代，内有负累逃亡者，仍又赖此雇人牵挽，中间忍饥输力者，不知几何，若此物夺取还债，人情何堪！此无从议处者，二也。军士交兑有轻赍也，户部议单正米之外尚有本色、折色、加耗，本色所以备上仓，明加耗米及盘剥抛撒等项之数，折色所以备雇车及进仓使用并买席板等项之数。近来车脚大贵，使用颇增，万口一词，悉称不敷。正德十年，户科、户部有见于兹，各有建白，添差本部郎中并漕司把总官各一员，领敕处分以平之。车户脚价愈增，而其事遂寝也。迄今识者追思，徒兴慨叹。自兹以后，谁能抑之？漕卒之累，尚可忍言，今若又将此物夺而还债，人情何堪！此无从义处也，三也。交兑之际有补润也，各省军民交兑，或因天时阴雨日久，或因水乡地方窄狭，无从晒扬，恐误限期，议加数升，以补亏折之数，或因而在船蒸伤太甚，或因而到仓晒扬太重，或以易换太高，绳缆之需，得少费多，以致往往挂筹。今若不将此物取而还债，人情何堪！此无从议处者，四也。官军北行有钞贯也，指挥八锭，千户、卫镇抚各六锭，百户、所镇抚各五锭，旗军各四锭，比先年间钞贯值钱尽够买办柴薪蔬盐之用，即今一岁所得不够一饱之需，纵若夺而还债，能偿几何？此无从议处也，五也。五者之外，再无分毫所据，加木一节，先年屡尝行之，虽宿债之多，不足以尽偿，一时之急，可以少济，揆之事体，似亦相应。如蒙乞敕户部计议，合无申明御史谢文等奏行事例，行移本部监督委官公同巡仓御史，督同各该把总官员，候今岁各卫所完粮之日，就将欠债旗军一一审查，根究所借因何，使用果系粮米亏折，轻赍短少，迹已明著，事非由私，势不容已，决然该借者，准其在运偿还，不分债务远近，止许加利三分，若有已还原本并三分之利，改约再增者，即便停止，原券对众烧毁。敢有隐匿不行，尽数报官。私下议还，仍蹈故辄者，许运军赴法司或漕运衙门陈告，将经该官旗问罪革退，原债令其自还。若系总督、提督等官指以京中人事，分派科敛，或因把总、卫总等官营干私事，假公侵渔，以致累债，就便指实参奏，以从重谴。以后每年运粮毕日，并听各官照前清查，著为定例，永为遵守。及将正德十三年江西布政司该征本总粮米三十万六百九十五石三斗八升，每石量加耗米五升，照数折银带征，行令把总官督同卫总官，候次年交兑，另项收贮。运粮到京，听户部委官并巡仓御史跟同查验，照依原清的数偿还债负，若有余剩，行令封收本总存为修舱船只。谓官军积债，多因脚价不敷负累，正德十三年以前所欠，照依御史谢文等奏准事例清查议处，户部暂于淮、浙二运司盐价银两支一十万两，解送太仓，另项收贮。以后脚价缺少，查算补给，以绝借债之弊。

奸顽运官盗银，弃撇船粮，逃回照例参究。

【都御史臧凤、总兵官顾仕隆奏：查得宣德年间，南京水军右卫指挥同知陆瓛，因为奸懒畏惧运粮，奏奉钦依，降做副千户，仍发运粮。及查见行事例，漕运有监守盗粮四十石、银二十两以上，问发边卫，永远充军。如蒙乞敕该部计议，合无今后运粮官有在中途或到京、通等仓拐带官银，盗卖粮米，弃船逃回，事发，拿获到官，除银二十两、粮四十石以上者，照例问发外，其不及前数，照常事例发落。如有交粮挂筹，畏避考较，私自逃回，或假疾托故，迁延私家，不行赴运者，仍照陆瓛事例降级。】

运官有缺，听把总举呈漕运衙门取用。

【都御史臧凤、总兵官顾仕隆奏：申明弘治五年漕运衙门会议，贤能以图治效之例。

运军顺带土货，不许官司扰害。

都御史臧凤、总兵官顾仕隆奏：查得洪熙元年，节该钦奉敕谕：官军运粮远道勤劳，寒暑暴露，昼夜不息，既有盘浅之费，粮米耗折，所司又责其陪补，朕甚悯之。今后除运正粮外，附载自己什物，官司毋得阻挡。钦此。正统三年，户部复议，运粮官军合遵敕谕，顺带土货以为盘费，不许沿河巡司官兵人等生事阻挡。成化二十一年，都御史马文升复奏申明。正德八年，又该户部钦奉圣旨：说与户部，近年以来，漕运军士为因流贼生发，阻截运道，烧劫船只，好生困苦。先年有奏准事例，许令运带土宜货物，以备修船剥浅等项支费，你部要还行与漕运衙门知道。钦此，钦遵。仰伸朝廷优恤运军之典至谆至切，为臣下者正宜遵守奉行。奈何近年所司罔肯体恤，运船但带柴菜竹木等物经过瓜、仪抵京，大小官司俱要拦阻，搜盘求索虐害，虽流涕哀乞，终不悯恻。至于空船回还，又假以盘盐为由，每处拘留三五日或十数日，勒取执结，不容放行，虽咸菜鱼鲤之物，亦皆搜去，甚至有将官军行李、衣鞋，公然挟制盗取，不敢言端。如斯之害已非一日，切以言之，得利惟在瓜、仪。如淮、扬官司盘禁，理固相应，今德州、临清、东昌、济宁处处搜盘。况彼处地道早寒，闸座又多，年年回船冻阻，独滞于斯。如蒙乞该部再将前例申明，重复行移沿河各该衙门，今后运船所带土货等物，令其随便发卖，以助贫军剥浅守冻盘费之资，不许违例阻挡扰害。若官军乘机不将运船装粮，满载客货，妨误粮运者，事发仍照例追究，纳钞抽分。其回空船只果有夹带私盐，听淮、扬官司依法搜盘，禁治施行。】

严督补足运军。

【都御史臧凤奏：窃惟漕运先年立法，每年定用十人，盖以省约甚矣。奈何近年运军或因积负逼迫，或因粮赏无得，或因运官需索，或因投当别差，以致每船数足者少，数欠者多。兼以舟大载重，驾御实难，粮运之迟亦由于此。查得先年总督官员节会奏准，行令南京兵部并各处守巡兵备拨补，迄今并无一处补完，亦无一字开报。所以然者，盖因隔别司府官员漫不经心故也。合无乞敕该部，再行南京兵部并各处抚、按，查照原行严督守巡兵备，悉照旧拟事例，著实补足，造册缴报，若再迟误，臣等参究提问。庶几驾御有人，粮运不误。】

查催军三民七料银给造运船。

【都御史臧凤奏：查得在运造船料价、每船十分为率，军办三分，民办七分，使司其事者，催征早完则成造及时，而粮运可达矣。夫何各布政司原辨船料征给迟后，甚者著令官军远赴所属支领，而卫所出办者，亦各视常怠玩，派征失时。果以交兑之后，见造船者等候船完，无船者就赁民舟，甚者亦配别船带运，所在耽搁粮运，迟晚亦由于斯。合无乞敕该部行令各布政司，将有司出办造船料价俱在头年十月以里征完，十二月内给领。其各卫该办料价亦令掌印官员依上派征，务在年前给领，庶几成造不误，漕船足用矣。】

十五年查催厂料人匠银两造船。

【都御史臧凤、总兵官顾仕隆奏准，协同漕运参将都指挥佥事陈璠手本，照得浙江一总所属杭州前等一十三卫所，每年该造浅船四百余只，先年因无厂地，各卫管运官关领浙江布政司料银，俱于苏州府地方倩匠四散打造，因把总卫总官不得亲诣查验，多被无藉官旗通同匠作侵欺料价，或临期逃躲。其料价，有司又不依限给发，延至五六月间方得下水，板薄钉稀，不经久驾。因系隔省，人民不服拘究。正德元年，本职管总呈蒙漕运衙门动支料银，买到杭州府仁和县谢村民人卜聿夫等空地八十余亩，盖造厂房，拘督官旗在内成造，数年之间颇得便益。其后因无专官统理，以致因循姑息，依旧各处打造，前业遂废。要行议行工部抽分厂带管，仍于官厂打造，以便催督等因。又据浙江把总都指挥韩平呈称，本总卫所浅船五年一造，每只除旧船外，该民出银七十两。后因楠木价高，议自民料银上加派三两，共七十三两，赴浙江布政司支料银三十两，惟独宁海一卫，概卫拨军承办，其余卫所料银并随船什物，俱是本船运军自行出备。及查江北各总军料，俱是卫所另佥军余出办，何独浙江一总宁累运军？苦不胜言。且各卫所除正军之外，余丁尚多空闲，比之江北人少差繁，大有不同。呈乞定夺缘由，看得所呈俱为拯救漕运困惫之法，相应议处。如蒙乞敕工部计议，合无行令本部管理浙江抽分厂主事，不妨原务，会同都司掌印并运粮把总官，推举省下卫所能干指挥一员承总,千百户二员分理,预于二三月将各卫所该造船只字号开报都司,类册转行布政司,务在七月以里关出料银,并各官于杭州前等十二卫所空闲军余内,选其殷实者,亦照运军事例,每名辨银二两四钱,扣计卫所。五年一次,该造船只多寡,合用银数,明白委官收受。与前布政司料银通解抽分主事处查验给发,买料雇匠俱于原设杭州官厂内如法打造,务要坚完,什物齐备,领驾装运。若有侵克料价,造不如式,违期耽误等项情弊,备细参呈漕运衙门处治施行。】

十六年造剥船置布袋般运京粮。

【都御史臧凤、总兵官顾仕隆奏:切照每年各卫运粮多至六七月内到京,彼农务正忙,大雨不时,车辆数少,泥淖难行,须用厚价雇车方肯装载,往往脚价使用不敷,揭债上纳,展转迟误。职等思得京城大通桥至张家湾一带河道,乃元时转运通渠。国朝永乐间设立漕运,循其故道,船得抵京交纳。自后张家湾水旱车船人户,与夫包揽光棍之徒,要行窥取漕利,巧生奸计,妄言摇动,遂将此河废置不行。正德元年,有定议者,复举兴修。题奉钦依,工部差官,会同漕运参将梁玺,用银二万余两,雇倩夫匠重加挑浚,粮运又曾抵京上纳。未几,又被等项积年奸徒设计阻滞,仍前不行。近年,营造大木悉由此河拽运到京。即此度之,粮船虽曰难行,剥船必有可行之理。或者以为地峻水急,不能由闸而上。臣等愚见,若得将此河原设五闸少加修理,每闸下板六七块,水大听其漫流,水小任其积聚。每闸审度河道阔窄,各造大小剥船五十只,用军四名,共一千名,候北直隶总下官军运粮到湾之时,借用驾使,恐不能齐,一听参将王佐委官雇人撑驾。本总把总并该运官交粮完日,就彼管令仍置口袋一万条,各卫轮番领装粮米盘上剥船,运军协力挽拽。参将王佐总为提调,催督逐闸盘运,虽遇阴晴泥泞,亦可达京。大意相同,浙江各坝盘船之法,若或天晴道干,亦听分雇车脚,水陆并进,庶获济益。职等每思漕运日用,使用日繁,若专守旧法,恐难拯救。此河一行,亦可少杀车脚之费矣。如蒙敕该部从长计议,行臣等与淮扬地方动支漕运官银,雇募夫匠打造剥船,置办口袋,完日送参将王佐处听其委拨官军管领。船行之日,省出脚银以备下年添造剥船。并各闸及近城地方盖造厂房,堆放粮米,以防阴雨眷卸剥船,毋使停滞。若有假托势要名色,包揽口袋,及车户光棍人等敢为倡率,妄言沮坏,或别生奸弊,盗决河防,听科道官举劾,并行参将王佐督同通州分守等官访拿问拟,重罚枷号,仍发边卫充军。庶奸徒知警,浮议自息,而漕运可行矣。

令各卫所拨补军以足驾运。

【都御史臧凤、总兵官顾仕隆奏:照得近年以来,各卫运军或遭兵火,或为灾伤,月粮不得救口。又加私债追逼,率多逃亡,每船见军不上五七名,少者止三二名,甚至全船皆无。而满船钱粮须要雇人拽运,拦头扶舵者一人,用银三四两,常行用银一二两,大约每船用银一二十两,俱累见在官军。将行月粮或借债或盗支官粮挪移轻赍,打发年年亏粮累债,多因于此。往年臣等奏该户部会官议拟,请敕南京兵部各该巡抚、浙江巡按拨补回奏,至今各总卫所运官开报数目,仍是虚捏诡名,全无著实人丁到运,较比往年且益增多。推原其故,亦因卫所营伍空虚,差繁人少,徒费虚文,终无实效,运道之累何以兴复?臣等又查得漕运船只,比先年间,浙江、湖广、南直隶军卫有司料价不缺,南京、江北、山东提举司银两不少,在运又有余银贴助,挨年打造,领驾依时,纵有风火损坏,随就给料造完。自遭流贼烧劫之后,各总运船悉皆凋敝。又值连年南北河道大小弥漫,沉没漂淌,虽经照例行文造补,但军民料价年年不得依时关领,而提举司应领各抽分木价,又改别项支销,以致拖欠数多,在运亦无余银帮助。至于江南军卫料银,系扣运军月粮凑补,今则月粮又无,是以卫卫缺船,装运负累。官军或借债暂买旧船,或加派别船带运,载重难行,常遭损坏。臣等上年节会奏准,军卫有司住俸催征,累经行文,竟如故纸,全不遵依。比之往年,料银益多拖欠,运船愈加数少。如蒙乞敕户部从长计议,如运军逃故甚多,粮运难行卫所,丁尽差繁,无军可补,作何通融佥点,才得充足?务使船船有军,驾运不误,且免雇人累债之苦。仍将遭风失火、彼虏沉没损坏等项船只,通查见数,不拘常例,大处工料,期在一载之间,并为造完,给发领驾。大抵漕运惟在军足船足,有司粮米早征,官军月粮不欠,勿劳行催,自然攒运如期,交纳不误,亦无运粮累债之苦。而漕运废政亦可复也。】

区处各军未支月粮。

【都御史臧凤、总兵官顾仕隆奏:照得近年以来,有司仓库处处空虚,节据各该卫所申报,或运粮官军告呈,该支月粮有一二年或十数个月至少三五个月不曾关给,家口嗷嗷,张颐待哺。又加运道债负,百端凌逼,苦不得已,遂多逃亡。臣等上年节曾奏行各抚按官查给,至今未得实惠。如蒙乞敕该部从长计处,今日运军月粮久欠数多,有司仓廪空虚,作何设法通融区处?不拘银米均为补给,拯济困苦,急救倒悬,勿徒虚文,务臻实惠。庶军有月粮,人心攸系,而攒运效劳,乐于趋事矣。】

分豁运粮违限官员。

【都御史臧凤、总兵官顾仕隆奏:查得先年定立过淮完粮期限,山东北直隶正月以里完报,五月初一日完;江北官军十二月以里过淮,限七月初一日完;南京江南正月以里过淮,八月初一日完;湖广、浙江、江西三月以里过淮,九月初一日完,皆依地理远近,大率过淮之后在途延住,有违原限,问以罪名,情法皆当。近年有司怠政玩法,其兑运粮米视为故常,有三四月间方才征者,有八九月不曾完者,屡经参奏,已将有司提问罪名,每年仍将须运官员不分完兑迟早,照依原限问罪。检会律内,凡因事致罪必坐所由。今所在有司已坐征粮违限之罪,而运粮官员又坐纳粮违限之罪,所以人情不堪,罔肯上运。如蒙乞敕该部会议,今后运粮官员违限者,查照过淮并兑完到船月日计算水程,准与分豁,庶几情罪相当,人心自服,而职官亦勉于从事矣。】

禁约通仓官攒歇家,阻害运军。

【都御史臧凤、总兵官顾仕隆奏:近年,通仓前后歇家谋同把门官攒人等,不容车驴进仓,逼令堆放各仓门前,用钱打点方许进仓。偶值暴雨淋湿亏折,且又乘机盗取。乞敕户部出榜禁约,仍听巡仓御史拿问施行,前件依拟。】

各处灾伤设法补足,运纳不必临仓支运。

【刑科给事中田赋奏:查得先年旧例,江南苏松常镇四府粮米,俱民自运赴瓜、淮水次,听江北、南京各总官军领兑。成化年间,始罢瓜、淮之兑,官军雇船过江就各州县水次领兑,于是始有过江脚耗之加。该纳粮米务要照依原样干圆洁净,糠粃粗碎者俱要晒扬,不知后因何例免其晒扬,于是又有补湿补润之耗由领兑之说,盖欲军得脚价之费,民免转运之劳,是交便也。今则年久事定,人玩弊多,不复如昔,何者?府县征收之期多不如限,每每延至四五月间,官军加耗之讲,又复多求,往往致争,殴讼人命。民料其运迫,必插和然后肯加。军挟其米低,必加多然后肯兑,愆期误运,损民害军,其流之弊已至于此。将使监兑亲临以禁之欤,水次不下五六处所,就使一到即完,亦必穷年始遍,月日不足也。将欲委官以平之欤,可任委用者少。况军民无统,不遵戒饬,若曰申明禁约,则亦徒文具耳,势自不能也。至于湿润之说,尤为百弊之源,何者?耗以湿润为名,则未决已不堪矣。就使尽数,必然亏折。况各该运官不虞后患,止利目前,一得湿润之粮,遂为附于己物,易卖银两,上下交侵,把总则每船提取,卫总则每事铢科。及至上纳不足,未免借债挂筹,年累一年,弊日益弊。今岁,若浙江把总都指挥韩平之克取,处州卫指挥弓涌、宁波卫千户冯钦等之赃犯,皆是物也。查得户部议单内开,有兑运粮米,江南直隶五斗六升,若民自运至瓜洲兑军者四斗一升,运至淮安兑军者三斗六升,是亦未尝不许民之自运也。奈今议者以为若复水次,当创仓廒,与其烦扰,曷若从旧,是殊不然。凡事穷必变,变而后通,今兹之患,是在不从旧耳。瓜、淮一定,则军船必限十二月取齐民粮,必限正二月运赴,船必先至,粮至辄兑,皆取必于船,固无待于仓廒,而又临之以监兑,督之以漕司,有司有警惕预征之心,运官无需索勒增之弊,职愚以为莫大之便。又见得湖广今年兑军,俱系晒扬好米,并无湿润之耗,军民各无争怨,情法亦为大公。以是推之,则直隶、浙江未必不可行也。此二者,非新创之纷更,乃复旧之良法,而绝漕运之大弊者。乞敕户部再加议处,或尽革过江之耗米,以复瓜、淮,或尽革湿润之补增,如法晒扬,预行各该衙门,俾知从新遵奉依法交兑,违者照例参治。

□□□河以通粮运。

都御史陶琰、总兵官杨宏题奏:请□□□□□□并军卫有司管河官照例赴□□□□□□□,著为定例,永远遵守,工部复提奉□□□

□□□□□□□□□□□□□□□□□□□□□务见成功。如或怠玩偏执,罪有所归。】

怜恤运军阻冻之弊。

【总兵官杨宏奏:案照先为乞恩怜恤运军年年冻阻困苦事。据江西都司铅山等卫所运粮旗军陈真捌名告称,先于正德六年兑粮在船,行至枣林闸,被贼烧毁船粮,杀死运军。正德七年,有司运粮行至中途冻阻,粮米寄囤临清等处,欠年分派见船带运。正德八年,军船方得回所。及船完赴兑,又遇有司无粮,守候三四个月不得交兑。因此,连年守冻挂筹,累债卖产,三五年不得回家,多致死于道途。正德十四年五月,船到水次修完开兑,间又值宁藩作乱,取船搭桥,大船经过折毁上装,累军借银重复修整。又蒙抚、按衙门行文将粮停止,不得交兑起运。正德十五年,兑粮在船,行至沛县庙道口,冻阻三个月余。次年四月船方抵湾改拨通仓纳完。七月方才回到仪真坝下。余把总差官截留听兑,又拿家属雇船领兑。即今各军船粮已到淮安,又被清河迤北一带河道水势涨发,溜旋汹涌,河岸水高数尺,道路淹没,通无牵路,难以挽拽。淮安到京,以程计算,二千五百余里,未知何日得到,中途又遭冻阻,军贫衣食不充,逃窜难保,乞怜分处等因。到臣已经会同总督漕运都御史陶琰议拟,要将铅山等卫所正粮一十五万四千三百三石六合连耗运至常盈仓收。候下年查有被灾州县接受轻赍,存下军船改拨运纳缘由,具本会题外,续该户部郎中李献可将前项粮船催攒行至临清一带,见今冻阻不能完纳。本年十二月十九日,据原差查催粮船,淮安卫千户张鋐查得,各总自北河起至临清,共冻阻粮船二千三十七只,把总署都指挥苏润、李辅、周汉、戚景通并各卫官俱各到京,把总鄷良、余大纶尚未到京等因。据此会同总督漕运兼巡抚凤阳等处地方户部尚书兼都察院左副都御史陶琰议得,前项船只虽系离京不远,必待春暖河开,正二月间方得前进,又恐河道浅涸,起剥运赴该仓完纳已至五六月才得回卫。其江西、湖广程途窎远,经涉江湖,及到水次,不无又似上年迟误。官军通无休息之期,粮运终有迟延之患。况今江北等总把总指挥鄷良等六总缺少浅船一千一百四十只,凤阳、浙江等六总缺船未报,大概亦缺数多。除行委官将清江厂收贮杭州、芜湖二抽分厂料银收买木料,趁时打造,急难完备。其漕运四百万石粮储必欲依限完纳,以复旧规,诚不易举。臣等职司漕务,夙夜忧皇,寝食靡宁,计无所出,故行各把总如江西运军勾摄户丁先雇民船,所费银两于随粮轻赍内支用。况前银系沿途盘坝浅起剥及到京、通水脚车脚等项应用尚且不足,纵使有船,无人撑驾,亦难运动。若如各总拳宜分派带运,装载太重,多遭沉覆之患。抑且人力寡少,牵挽不行,若待粮完船回,及打造完日驾去装运,则缓不及事,均为迟误。纵有添差部属,严立法例,恐于运政无补,误事之罪万死莫逃。臣等伏睹正德十六年四月二十二日,节该钦奉诏书内一款:嘉靖元年,漕运粮斛四百万石照旧征兑起运,其余夏秋税粮马草,不分存留、起运,以十分为率,俱免五分,以苏民困,则天下有租税之民,已沾实惠矣。又一款:漕运官军借欠债负利为生利,为害百端,自正德十五年以前借者,不拘多寡,俱不许还,以苏漕运官军困苦。以后再借再放者,听漕运都御史、巡按、巡仓御史查例参奏重治,则漕运官军困苦已苏矣。惟军船缺少,司漕运者失于题奏,明诏未蒙该载,所以运军沉痼之疾尚未痊复也。若非拳宜处置,恐二三年之间挂欠之累,负债之举,势有所不免,而见在疲敝官军愈加逃亡,则漕运之事日入于废坏,则可忧之甚者也。臣等查得节该漕运建议事例开载,成化二十三年、弘治元年、二年、四年各年兑改折银六十万石。八年,苏、松等府折银八十万石,江西、湖广僻远,不通舟楫州县派该兑改粮米,每石连耗例准折银一两二钱。九年、十六年,各折银粮一百五万八千石。十七年、十八年节奉诏免明年兑运粮十分之二。正德四年折银粮一百万四千四百石,十四年折银粮一百四十二万石。彼时军船不缺,拳宜行之,所以公私既为两便,军民溥占实惠。如蒙伏望皇上轸念漕运军国大计所系,船只缺少,运军冻阻,官军十分苦累,乞敕户部计议,合无将各省并直隶府州县曾经兵火及地方灾伤悬远去处,各该起运漕运京储,查照节年宽征本色折粮事例,量征折色一百万石,以省运船不足之数。行令各该有司征收银两解部支销,将冻阻船只军士暂存办料,补造缺少船只,如此则民受一分之惠,军免十分之苦。冻阻之船不为误运,缺少之船可渐修补,漕政庶可修举。】

造补焚溺运船。

【总兵官杨宏奏:看得所议运船被盗焚毁,遭风沉失,或被旗军盗卖,军民料价连年拖欠,愈累愈疲。通查漕运见在不堪装运浅船的有若干,将没官银两量数拨发工部,专差属官二员,领敕于产木地方买料完造,给军领驾,并催军卫有司各年拖欠料价,以备添补一节,系是修复漕政经理国储至计,相应依拟举行。及照前船该提举司造者,本部见有主事在厂专管;该原卫所造者,地方自有司府管官可委。本部若再差官,不无繁扰。合无命下之日,本部移咨漕运都御史、总兵官,严督各该运粮把总官员,通查各总缺欠未补损坏不堪浅船各若干只,直隶、南京、中都、江北、山东、遮洋、北直隶等总浅船,备行清江、卫河二提举司本部委官主事,责限依式补造。如工料不敷,查照旧例,如该军办,径呈漕运衙门,如该官给,径呈本部各另催办,足数应用。隶江南、江西、浙江、湖广等总浅船,备行各巡抚、都御史督同守巡知府等官,责限各该军卫有司,查照旧例,军办若干,官给若干,出办补造。如是工料不敷,径呈巡抚巡按衙门,设法拨补,足数应用。通限一年之内补造完足,备细造册奏缴。仍各责成把总官员严切管束,各该卫所官旗务将船只爱惜,不许作践盗卖。以后但有损坏缺少,以致雇买民船凑运,罪坐把总官员。如是损坏数多,参究罢黜。正德十六年十一月初三日,本部左侍郎赵璜等具题,本月初五日奉圣旨:是,钦此。备行到臣,除钦遵外,会同总督漕运、户部尚书兼左副都御史陶琰查得,节据江北直隶把总运粮指挥酆良呈开,本总共缺船四百五十九只,江南直隶把总运粮指挥戚景通呈开,本总共缺船三百七十一只,遮洋把总运粮指挥王赞先呈开,本总共缺船一百二十四只,续呈报缺船七十六只,共二百只,江北直隶把总运粮署都指挥杨仁呈开,本总共缺船二十九只,山东把总运粮署都指挥马缙呈开,本总共缺一百五十五只,北直隶把总运粮署指挥使孙机呈开,本总共缺船八十一只,湖广把总运粮署都指挥佥事苏润呈开,本总共缺船七十四只,中都留守司把总运粮署都指挥李辅呈开,本总共缺船一百七十一只,江西把总运粮指挥畲大纶呈开,本总共缺船五十一只,浙江把总运粮署都指挥万表呈开,本总共缺船一百九十一只,南京把总运粮指挥梁端呈开,本总共缺船九十二只,把总运粮指挥周汉呈开,本总共缺船一百六十六只,通计各总共缺船二千四十四只。查得前项船只除浙江、湖广、江西、江南四总各都司卫所自造外,南京、江北凤阳等五总运船俱于清江提举司每年成造五百二十三只八分,遮洋、山东、北直隶三总运船俱于卫河提举司每岁成造一百四十七只五分,料价俱于杭州、芜湖并清江提举司三处抽分,相兼各卫所军办料银,两平收买板木油麻钉灰等料。该卫委官支领打造,以备各总领运,已是定规。近年以来,各处银两拖欠数多,该厂缺料造船,卫河提举司弊坏,已该给事中田赋具奏处置更改。近据管理清江提举司工部委官主事丁瓒呈开,杭州抽分厂节年拖欠银一万一千八百八十三两四钱五分三厘六毫,芜湖抽分厂节年拖欠银三万七千八百七十八两五钱七分四厘,苏州、扬州、淮安三府节年拖欠人匠银三万一千三十三两八钱,通共拖欠银八万七百五十两八钱二分六厘六毫。本厂缺料造船,赊欠客商料物银四万二千余两。行据杭州城南税课司抽分厂主事范璁续催起解银一万三千二百四十两,芜湖抽分厂主事张佩起解银一万五千六百九十两九钱四分,扬州府征解人匠银九十三两,通共解到银二万九千二十三两九钱四分。到厂要将解到前项银两给还客商赊欠料价等因。查得杭、湖二处抽分年例止该银二万七千七百八十两,若将前项解到银两给还商欠,则见年船只依旧无银买料,不免又赊料物打造,下年征到银两仍还客欠,年复一年,利归木客,患贻运军。且以见在价银两平收买,其奉在官,庶得物价相应,木料齐足,便于打造。若如所拟将见银给还木客,客常有余,官常不足,其权在商,任其增价,一船之木止值时价银四十五两,务革席书《漕船志》作"勒"足六十五两方肯赊借。物料既迟,造船亦迟,何以济事?切照抽分厂专为漕船而设,所抽之银积年拖欠,致有赊债之累,则抽分之利似为木客而设,此岂创立抽分及船厂之意哉?查得运船一只该运正耗米四百五十石,今各总缺船二千四十四只,该运米九十一万九千八百石,非雇觅民船入运,则洒派军船加带,船厂几无及时可补之船,则船厂委官亦为虚设。即今漕运狼狈已极,最要者莫先于船只,除将节次取到芜湖、杭州二抽分厂拖欠木价,并扬州府人匠共银二万九千二十三两九钱四分,给还上年赊借木客银一万三千四百八十三两,余银一万五千五百四十两,择委管厂把总指挥王端会同守备仪真等处署都指挥蔡霖、扬州府同知常会于仪真地方两平收买楠木二千一十四根,约够造船三百三十三只,每只给见银四十五两,共享价银一万四千九百八十五两,外船一百九十九只八分,扣该用楠木一千二百根,共该价银八千九百九十一两,今止有余银五百五十五两,外少银八千四百三十六两。又差指挥等官陈章等前去芜湖抽分厂支取,就于湖广地方收买未到,即今江北把总杨仁总下高邮、扬州等卫粮船已于十二月二十五等日陆续过淮,其余梁端等总下卫所船粮,臣等差官分投催攒。其酆良等十二总缺船二千四十四只,该运正耗本色粮米实是缺船装运,未免仍前雇觅民船装运。其所雇船价必于粮耗轻赍银内取用,倘有不敷,借债累军,诚为漕运大害。况各官军该得俸月等粮连年未支,十分疲敝。加之船只缺少,负累逃亡数多，管运官员束手无策，漕规废坏，至此已极。臣等伏睹正德十六年四月二十二日诏书内开：荆州、杭州、芜湖三处抽分厂，专为打造粮船明《漕船志》在“粮船”下有“成造”二字。供应器皿而设，以省科派小民之计。近来两京各监局相沿具奏，差人赴芜湖厂支取杉楠等木数多，又有内官监差官中半抽分，二年有余，致将造船银料不敷支给，累及运军出利揭债，缺船运粮，耽误国计。今后南京各监局合用竹木，听于本处龙江瓦屑神木厂并真定芦沟桥等抽分厂支取。其内官监原差抽分太监李文等，诏书到日，即便回京。以后不许援例奏差。钦此。钦遵。臣等有以见皇上洞察运船缺少之害，明诏复其旧例，清江、卫河二提举司造船料银不患拖欠之弊，漕运之幸，朝廷之幸也。为照该部所议，如或工料不敷，查照旧例，如该军办，径呈漕运衙门；如该官给，径呈本部，各另催派，足数应用。隶江南、江西、浙江、湖广等总浅船，备行各处巡抚、都御史督同守巡知府等官，责限各该军卫有司，查照旧例，军办若干，官给若干，出办补造。如是工料不敷，径呈巡抚、巡按衙门设法拨补，足数应用。通限一年之内补造完足，备细造册奏缴，固为明白。臣等查得卫河提举司造船料价递年不缺。其清江提举司额该浅船五千三百二十八只，十年一次打造，每年该造浅船五百三十二只八分。每船一只，该大料银五十九两八钱，小料银五两二钱，共银六十五两，通该共银三万四千六百三十二两。年例取芜湖抽分厂银一万四千五百四十两，杭州抽分厂银一万三千二百四十两，共该银二万七千七百八十两，全数解到，止够造船四百六十四只五分，大料尚欠船六十八只三分，不敷料价银四千八十余两，原无坐派。及查各卫军办料银，每船该银三十五两，以船五百三十二只八分算，该银一万八千六百四十八两，年例止派银九千五百八十两五钱，不敷银九千六十七两五钱，俱因不够一分打造之数，连年赊借木料，亦由于此。其节年事故船二千四十四只，系无底船下落，每年额造以外之数，亦无料价，纵行各巡抚等官，不过催完年例军三民七料银，止够打造见年一分之数，前项船只终无银两，难以成造完足。臣等猥以凡庸，受兹重托，急欲完补运船以复漕运，但今缺船数多，料价动以万计，委的无从擘划，夙夜忧皇，偶有管见，不容缄嘿。如蒙伏望圣恩轸念漕运兵食军国大计，运船不足，粮运攸系，乞敕户、工二部会议，转行巡按南直隶并浙江监察御史，会同各该监兑主事，将杭、芜二抽分厂并苏、扬、淮三府各年拖欠银两，逐一清查。将已收在官者并见年征完银两，尽数解淮，转发清江提举司两平买木，督匠打造。其拖欠无征银两，遇蒙恩宥宽免，似难再征。所司无从完报，合无将两淮运司见收没官引盐内，准给三十万引招商纳银，每引一道，赴两淮运司收银伍钱，共凑一十五万两，分发各提举司及江西、湖广等都司买料，上紧打造，庶得补足节年漂流烧毁损失盗卖缺少之数。船无缺欠，不误领运，而京储重务免致延迟，漕司旧规亦有修举之望矣。】

停免支运仓粮。

【尚书陶琰、总兵官杨宏奏：照得正德十六年漕运兑运粮三百三十万石，该兑粮六十二万九千四百石，支运临清仓粮七万六百石，凑足岁额四百万石。卷查正德十年，该户部会议，将山东、河南二布政司该运临清仓粮七万六百石，免民上纳，亦派改兑，通前共改兑粮七十万石，官军驾船就各州县水次一同交兑起运，民省转运上仓之费，军免运粮在仓支领陪补，经行数年，军民两便。后被该仓官吏各级人等，要得出纳图利，朦胧具奏，将已改兑粮七万六百石，仍旧民运临清仓上纳。又令官军赴仓支运，军船到于河下支领，斛面往往不足，一石止得九斗有余。运至通仓，不够交纳，又要买米凑补，方得完足，所用车脚等项，又要于兑运轻赍耗银内空贴。今虽裒多益寡，牵补上纳，未免不足，通致负累。且兑运虽有脚价，耗米仅够完纳本粮之用。况江南、江北粮运，近年苦为私债压累，军困未苏，若复因彼累此，徼蒙恩诏蠲免债负，罢敝如昔，漕运难以复旧。如蒙乞敕户部从长计议，合无仍照先年会议事例，将临清仓粮俱坐改兑，就令军船于各州县水次与正兑粮米一同交领，不必支运，累军补陪。惟复将河南、山东迤北该上临清仓粮，令各州县部运民户，径自运赴通州仓交纳。奉圣旨：准免支运。】

区处改兑耗粮。

【尚书陶琰、总兵官杨宏奏：据江北把总运粮指挥酆良呈，照得本总递年额运正粮五十三万一千三百二十八石，兑运者分为京仓七分，通仓三分，改兑者分为京仓四分，通仓六分，各照数分拨外，本总该运江南兑运粮斛，每石例加随正耗米四斗，变易米三斗九升，以为沿途盘剥雇船车脚等用；改兑粮米，淮安府粮每石例加随正耗米二斗五升，变易米二升；徐州粮每石例加随正耗米二斗，变易米二升；山东布政司粮例加耗米一斗七升,俱随正粮上纳,所得耗少,车脚使用不敷。却于江南兑运粮内,每改兑粮一石,它贴银一钱五厘,外有支运临清、德州仓粮,亦要贴脚价银一钱五厘。其山东兑运每石例加随正耗米二斗五升,变易米一斗六升,值银八分,因不够应用,每石亦于南粮内贴银三分。先年,车脚颇贱,有司粮早,不遭冻阻,仅够完纳。近年以来,先因扣减江南耗米,流贼骚扰河道烧毁船粮,车脚高贵,使用浩繁,迭遭水患,年年冻阻,军贫粮费挂欠,带运者多,积累债银巨万,军穷船坏,日渐凋零,深为贻累不便。卑职查得改兑粮米,名虽四六分纳,亦与兑运所用银两相同。纵有它贴之名,亦是损此益彼之弊,止可一时奉宜,终非经久之计。各卫南粮连年被它数多,亦有不足完纳借累债负,岂可贴助前项粮运?如蒙乞将改兑江南粮米加耗,行令各该有司照依兑运耗米则例,量为增添,相同领兑。惟复将改兑粮米准令全上通仓,省它脚价以帮完粮车脚等项不足之用,俱照兑运粮斛,于南粮内量处贴助。于内虽亏,所损不多。其额派支运仓粮,照旧于南粮每石它贴银一钱五分,相帮上纳。如此庶北粮易纳,南粮不亏,运限不慢,军困少苏,便益等因到臣。看得所呈改兑淮安、徐州并山东耗米数少,不敷使用,要照江南兑运则例,量增耗米,或准将前项粮米俱于通州仓上纳,省它脚价以帮完粮车脚等项不足之用。其支运仓粮,照旧于兑运脚价内,每石它贴银一钱五分,相帮上纳一节,无非挪借有余,牵补不足之意。耗米不敷者,不独淮安、徐州、山东司府州县,其凤阳州并河南司府州县亦各相同。查得兑运改兑,名虽不同,而费用则一。京仓、通仓上纳虽同,而脚价稍别。况支运既无耗米,尤难到仓,若非量为处置,非为改兑有累,支运难完,而兑运轻赍不足以供二项之用,均于负累愈难擘划矣。如蒙乞敕户部计议,除支运粮米仍于兑运脚价内它贴上纳外,合无将改兑粮内每石量增耗米三升,大约须银一分之上以为车脚等项之用。惟复不加耗米,俱准令通州仓上纳,在民所增不多,在军实有所济。况粮本出于民之正赋,官军不过代彼转运,今使之挪移江南轻赍它贴,又举借债负使用,官尚昧之,民岂能知?若但以为害小而置之不理,则军逃事废,漕运重因。京仓不充,国计不足,恐先年直达之累复及于民,每石所费不止于三升而已。】

添给铁斛以便交兑。

【尚书陶琰、总兵官杨宏奏:据江北直隶把总运粮署都指挥佥事杨仁所呈,看得原降铁斛数少,交兑较勘不便,及为有司延调,要乞但系有粮州县并把总有此,而各总恐亦坐此延滞,委的斛少,交兑不便。如蒙乞敕户部计议,合无将江南司府州县并管运官俱准添给铁斛一张,随便交兑,庶免耽延日月,迟误粮运。惟复比照近年京、通二仓制造木斛,较勘停当,用铁包裹,火印记号,凡遇交兑,军民相较无差,即可应用,似亦省便。奉圣旨:准进斛。】

嘉靖元年应议事件先奏,候到京之日面会。

【户部议拟题准,自本年为始,行移漕运等衙门,七月以里各将应议事件具奏本部,八月以里会议通行征派,不必拘定漕运都御史、总兵官催攒到京,然后会议。看得漕运事宜,在彼中难以遥度,必须都御史、总兵官亲来会议,庶得曲尽。今后各官合无仍照旧例,每年八月以里,务要依期亲身赴京,将应议事件具奏,会官议处,永为定例,不许擅改。若有地方重大事情擅难摘离,临时具奏定夺。】

填给水程稽查违限。

【户部题:每年派粮之际,漕运衙门将水程日数列为图格,给与各帮官员收掌,令其自到水次投文,开仓较斛验米晒扬交兑。兑完起程过淮到京,起粮及中途守风等项行止,地方日填一格,同原帮帖赴部查考,事完赍回漕运衙门查究销缴。无故违误,运官照例住俸问罪。若有司交兑迟延,将运官分豁,罪归有司。此系都御史邵题准事例。今后合无仍行淮、徐等五仓收粮部官,不妨原委,各印刊花票贴,候粮船到彼即便各照地方。如淮安至徐州算,该水程若干日,即为严限填定,每一运官给付一张,令其星夜前进,赍至徐州收粮部官处,照限查考。违者痛加究治,不许轻纵误事,亦不许因而拘留听点及致迟误。其徐州催至临清、临清催至德州、催至天津、天津催至通州,俱照此例。每年九月终,仍将各催过运船互相交付只数,并违限迟误官员,备细开具揭帖,呈报本部,以凭查对参究。】

额兑粮米每年造册缴户部等衙门查考。

【户部题:正德十五年四月题准,每岁春初水次兑粮之时,就令军卫有司在彼会同造册五本,内开:某年月日某府州县兑与某卫所兑运或改兑正粮若干,随船耗米若干,折价轻赍若干,水湿加增米若干。一留有司备照,一送漕运衙门,一送户部,二送京通巡仓御史。如某卫所纳粮先完,就于造取通关之时,备细开具沿途及到仓花销使用揭帖,并一应文卷,经赴巡仓衙门磨算,照刷前项原兑数目,有无余剩多寡,兼以迟早完欠,分别贤否等第,照依钦定事例,量为黜陟举劾,算有羡余银米,责令尽数交收太仓银库,作正支销,仍取仓库实收缴报。此系御史杨百之建言,本部依拟题准事件。今后会造文册,合无仍添造三本,一送京通总督,一送攒运郎中,一送监兑官处,各收掌查考。】

差官通州查理船粮脚价。

【户部题:正德十二年三月内,该给事中张天性题,本部议准,监兑官到于水次兑粮完日,将粮数脚价备行攒运官照数查催,另选公勤运官一员,殷实运军二名,协心看守粮米并脚价银两,公同随带前去,沿路随宜支用,附寄明白。其本部攒运郎中,遇有水次兑过粮米脚价运船过江,严限攒运,不许迟误。到湾之后,听新添参将查算,中间若有短少亏欠之数,就于经手官军下照数追究补陪。情犯重者,指实参奏送问。参将近革,今到湾查算一节,合行议处。】

运官犯赃查例问拟。

【户部议拟题准,运粮把总指挥千百户等官,索要运军常例银两,及科索军士财 物至十两以上者问罪,各降一级;二十两以上者降二级;三十两以上者降三级;至四十两以上者,仍降三级,发回本卫带俸差操,再不使用。其跟官书算人等,指称使用等项,科索军士银物,侵欺入己至十两以上者,拿问边卫充军。各总运回过淮,务要将往回用过财物造册一本,呈送漕运衙门稽考。今查前例,不拘科敛多寡,悉问立功瞭哨后例,却分等第轻重其罪,与前不同。今照正德五年例行。】

有司正耗粮米不许折纳轻赍。

【户部题:弘治十三年奏准,官军漕运将正耗粮米照数交兑,不许折收轻赍,及中途粜卖,违者军余欠十石,小旗五十石,总旗欠一百石以上者,俱问发边卫瞭哨;百户欠三百石、千户欠五百石、指挥欠一千石、把总都指挥等官欠三千石以上者,俱问发原卫带俸差操。若总欠数多,总督漕运、总兵等官另行奏请定夺。原赍官粮责代领运交纳,所得价银入官。今查罚例,以为太轻,故人易犯,合照律例问断。】

运军许带土宜,附搭客货参问。

【户部题:查得旧例,每粮船一只,许带土宜二十石。又见行事例内一条,漕运船只除运军自带土宜货物外,若附搭客商势要人等、酒、面、糯米、花草、竹木、板片、器皿等货物者,将本船运军并附带人员参问发落,货物入官。其把总等官有犯,降一级回卫,带俸差操。合行漕运衙门并攒运郎中及巡河御史管仓管洪管闸郎中主事,每季终将修理过河道工程,采办过桩草钱粮,催攒过轻重粮船数目,与夫水程深浅缘由,造册奏缴,仍报户、工二部并漕运衙门查考,以为各官任内政绩。若有仍图安逸废政者,听科道官察访举劾。】

查议理刑衙门回报公文。

【兵官顾仕隆奏:查得比先年间,漕运衙门原有刑部奏差郎中或员外主事一员问理刑名,遇有官军犯罪,从总兵官受词札发理刑。天顺间,始添总督漕运都御史,则总兵官会同都御史札发问理,各呈详发落。此祖宗旧制,万年可行。且臣钦奉敕内明开:运粮官军有犯,拿送理刑衙门或巡按、巡河御史问理,照例发落。近年以来,问刑主事有失遵守。如蒙乞敕该部详议,合无今后词讼问结,呈报都御史处详允。至日备招呈总兵官知会。】

给发没官银两造船,清解事故运军。

【兵官顾仕隆奏:查得漕运自正德六年遭流贼焚劫之后,加以水患频仍,车脚高贵,而仓家收受刻剥,使用大繁,官军大困,积债数多,逃亡无算,愈敕愈敝,竟难兴复。缘漕运重务全在足军、足船,臣尝查点得每船运军十名,多者不止五七名,少者止一二名,甚至全无一军在船者。累行督补,每据各卫所回称,军士出自有司,有司不解军卫,丁尽人绝委无可补。至于漕船即被盗贼焚毁及遭风水次沉没漂流,或被旗军盗卖者甚多,累曾具奏补造。奈何军民料价连年拖欠,更兼运军穷苦,追无底船,只得将料添派各管河等官一

体查访,禁约施行。】

势豪放债查新例行。

【部题:查得见行事例内一条,凡势豪举放私债,交通运粮官,挟势擅拿官军绑行凌辱,强将官粮准还私债者问罪;属军卫者发边卫充军;属有司者发口外为民;运粮官参究治罪。正德十六年四月二十二日,又该钦奉诏书内一款:漕运官军借欠债负,利上加利,为害百端,自正德十五年以前借者,不拘多少,俱不许还,以苏漕运官军困苦。以后再借再放者,听漕运都御史巡按巡仓御史查例参究重治。】

禁约拦阻运船措勒车脚

【部题:江西、湖广、浙江三省兑运粮米,每正粮一石外加耗米六斗六升,又加两尖米一斗,共计米七斗六升,内除四斗随船作耗,余米三斗六升折银一钱八分,谓之"三六轻赍";江南直隶并江北庐州等府,每正粮一石外加耗米五斗六升,又加两尖米一斗,共计米六斗六升,内除四斗随船作耗,余米二斗六升折银一钱三分,谓之"二六轻赍";江北直隶府州,每正粮一石外加耗米四斗六升,又加两尖米一斗,共计五斗六升,内除四斗随船作耗,余米一斗六升,折银八分,谓之"一六轻赍";山东、河南两省府州县每正粮一石,外加耗米三斗一升,又加两尖米一斗,共计米四斗一升,内除二斗五升随船作耗,余米一斗六升,折银八分,亦谓之"一六轻赍"。今通州参将奉例裁革,合行议处仍设参将管理。】

蓟州交粮耗米则例。

【部题:遮洋官军兑运山东、河南二布政司本色粮米,每石两尖加耗三斗,蓟州交纳加八升。正德四年会议题准,兑运加耗三斗一升,正德五年会议单内止开照旧加耗三斗。正德六年漕运衙门查例具奏议户部会议题准,兑运加耗照旧三斗,蓟州收麦加耗减二斗,每石六斗。正德十年议单内,仍照旧开焉,因循至今。合行改正兑运每石照旧加耗三斗,蓟州止收耗米六升,不用一尖一平。】

清理河道不许民船越帮。

【部题:查得近年以来,南北民载船只,往往假冒摧耍,盖造鼓亭,张行旗号,摆列刑具,系挂牌面,虚张威势,欺凌运船,争抢闸座,甚至所司管河等官与之通同打放,郎中、主事又不禁约,河道被害,粮运耽迟,莫此为甚。如蒙乞敕该部计议,合无转行管河管洪管库管泉郎中主事,严并所司,各将该管河道躬亲巡历,遇有缺口,上紧筑塞,泉源淤浅,设法挑浚,闸座补置,铺舍修盖,涵洞疏通,树株栽补,凡河道事体一遵旧规。其民载船只,北行者,听吕梁管洪主事,南行者,临清管闸主事,按月各置簿籍,遇到写记乡贯姓名,编成次序,彼此传递。除运纳供应军需钱粮,验有官给明文外,其余但系官货船装,每只于桅上大书号数字样,仍用油涂,以备雨湿察损混淆之弊。并给与呈帖一张收执,跟随运船,分岸鱼贯而行。如九月以前每打粮船十只,兼打民船一只,至十月初一日,民船听于徐州湾泊,不许入闸打放。北来民船十月初一日以后,亦不许进闸,直待运船过尽方许放行。敢有仍前仗势悬挂牌面,张打旗号,摆列刑具,擅动锣鼓,不听约束,帖号强抢闸座,挤塞河道,防挨粮运者,听巡河御史、管河郎中以下内容与上述"清理河道不许民船越帮"内容不相衔接,"听巡河御史、管河郎中"下疑有漏简。而"或买补或雇觅民船带运……补足运军造册奏缴复命"一段内容,主题为将籍没钱宁家财用于补造漕船,"或买补"之前亦疑有脱简。或买补或雇觅民船带运,年年如此,愈累愈疲,臣闻得籍没犯人钱宁等家财不下数百万两,皆聚敛天下民财,当为天下之用。况今水旱相仍,军民困苦,将来船料似难征办。如蒙乞敕该部计议,合无通查漕运实少,并见在不堪装粮浅船的有若干,将前没官银两量数拨发,前来工部专差属官二员,请敕提调,于产木地方买料,一并营造完足,给军领驾。并催征军卫有司各年拖欠料价,以备添补。其事故运车,兵部专差属官二员,请敕分投前去南京并各都司卫所,逐一按籍补选齐足,发船驾运。其间委果丁尽人绝,照例造册,差官径抵原籍官司,清够解补,事完之日,各官将造过船只用过银两催完料价,补足运军造册奏缴复命。】

补给运军月粮不许运官侵克。

【御史丛兰、总兵官顾仕隆奏:照得漕运军士频年劳役,寒暑暴露,天下至困,莫过于斯,所望者独行月粮拯救而已。近年以来,节据各总卫所领运官呈称,有三五个月,或七八个月,甚至一二年间全不支给,至于各军行粮,亦有连年拖欠者,家口缺食,军装无办,妻子号寒,命多不保。将欲使之出死力挽重舟以溯千里长河，亦难矣哉！臣累曾具奏，行各抚按官区处补放，至今无关者数多。况近年以来，各处地方灾伤，起运钱粮往往催征不足，尽将存留粮米辏补，是以仓廪空虚，月粮无所仰给。如蒙乞敕户部早为从长计议，将何钱粮补放拯救，仍禁约卫所运官，敢有再将军士行月粮银假以还债修船，或雇人力，或买器物为由，饬词具呈漕运衙门，希图准行，乘机侵克挪移浪费者，听漕运衙门就便拿问，从重治罪。】

查催各有司拖欠原借水次支运仓粮。

【兵官雇仕隆奏：照得淮、徐、临、德四仓粮米，原系民运该仓，军船转支运纳，并各所官军行粮之用。近年以来，节因地方灾伤，改兑粮米征办不及，该漕运衙门具奏，行令官军暂于四仓内支纳，候丰收之年，听各有司照数征补还仓。讵料各该官吏一自改拨之后，即如蠲免，置之度外，全不经心。且如去年以及今夏，各处地方亦颇丰熟，所司未见征收，或有已征在官者而捏作未征，通同欺隐，挪移出纳，以补别项支销，致使各仓粮多拖欠。已往者奉敕蠲免，将来者尤所当查。如蒙乞敕该部转行各该抚按官，今后但遇灾伤，于水次四仓借粮支运，若次年丰熟，即便照数征完，运赴该仓上纳补完，以充前借之数。仍听户部管仓主事著实查催，毋令因循拖欠。若有侵欺挪移等项情弊，亦听各官参拿追究。】

申明盘诘之例。

【御史俞谏、总兵官杨宏奏：查得洪熙元年钦奉敕谕：官军运粮远道勤劳，寒暑暴露，昼夜不息，既有盘浅之费，粮米耗折，所司又责陪补，朕甚悯之。洪武中有令，许其于运粮官军船内附载私己物件，以自资给。今后仍听官军于运正粮之外，附载自己对象，官司毋得阻当，钦此。正统三年，户部复议，运粮官军合遵敕谕，顺带土货以为盘费，不许沿河巡司官兵人等生事阻当。成化二十一年，漕运都御史马文升复又申明，以为定例。正德八年，钦奉武宗皇帝圣旨：说与户部，近年以来，漕运军士为因流贼生发，阻截运道，烧劫船只，好生困苦。先年有奏准事例，许令量带土宜货物，以备修船剥浅等项支费，你部里还行与漕运衙门，钦此。续该漕运衙门议奏，该户部依拟，若装载客货，照便究治。经通行遵依外，近年以来，江南江北运船俱经瓜、仪二处搬挑过坝，打发洪闸，盘剥滩浅，直抵京、通，资费多端，劳苦万状。军船往回，多被所在军卫有司巡捕、管河巡司等官司不知前项节奉钦依事例，不分土宜货物，一概拦阻搜盘，拘留索害，甚将各军行李衣装攘抢一空，以致粮运展转迟滞，深为未便。如蒙乞敕该部，再行申明前例遵行。】

预设江船以济攒运。

【御史俞谏、总兵官杨宏奏：据长淮卫运粮指挥使孙兴呈，照得江南兑运粮米旧例，俱各民运至瓜、淮与各卫军船交兑。自成化八年更改水次，漕运浅船俱不下坝，江北卫分派兑江南府县水次粮米者，每船摘拨旗军一半守船，一半到于各水次听兑，有司另出过江脚米，就彼雇船装载，行之年久，已是定规。先年，有司征粮及时，交兑亦早，船无冒难，人皆乐从。近年，有司征粮过期，官军留船守候日久，以致船户畏难趋避，旗军恐误兑装，只得于枝河小港寻觅雇倩。又被地方居民或豪强大户赶打占留，殴伤致讼。官军欲雇无船，坐待迟滞，甚至有司管粮部运等官，自知粮数未完，故将剥船赶散，延捱追征，稽留月日。又有等奸滑官军，会集捉船，乘机吓诈，奸弊多端，致起争讼。如蒙乞敕户部转行各处，合无自嘉靖二年为始，将应天、庐州、苏、松、常、镇等府民粮，该兑南京、江南、江北卫所官军者，听各把总官预行各该府州县管粮巡捕等官，约量本州县该兑粮数，用船多寡，各于本管地方河道照数拘留船户，候官旗到彼，军卫有司公同议价，将过江脚米两平雇觅转运，不许亏损脚价，致令怨嗟。余剩脚米仍作过坝挑盘之费，若卫所官军仍前强捉吓诈，地方势豪仍前赶打占留，应拿问者拿送所在官司问罪，应参奏者转呈漕运衙门施行。】

二年不许变卖、拆毁坏船。

【部题：成化九年工部题准，总督、总兵等官转行各处卫所，将运粮官私料造船只，每只出印信文凭一纸，开写原编字号、料力，打造缘由，付与驾船旗军收执运粮。如遇粮完，某船损坏，不堪驾使，明白告知亲管官，赍执前项文凭并不扶结状，赴大同关提举司，告委拨官匠相看是实，就将文凭收销附卷，官船著令拆卸带回该卫或清江提举司交收。自造船只，听处发卖，仍送通州抽分竹木局，照例拆卸抽分，并行张家湾巡检司常川巡视。但有擅自拆卖官私船只，捉获到官，转送法司问罪，追船并板片入官。正德十五年，又该御史杨百之题户部议准，漕运衙门如遇运船回空之时，务照前查理验实放行，及行通州分守等官，前去张家湾一带密切访巡,但有官军通同无籍光棍盗卖军船,或势豪之人强夺拆卸等项,就便擒拿到官,查照盗卖钱粮事例,各从重追问明白,监陪原船完日,问罪发落。其间果系损坏船只应该变卖者,许赴所在官司告验,出给印信执照,方许变卖。所卖价银送赴本管官员验封,转送修船处所,以备造船公用。正德十六年议准,照后例行,仍行通州巡仓御史、管仓员外一体访察,照例施行。】

处恤运军行粮之困。

【部题:该提督漕运总兵官杨宏题本部议拟,运军行粮除浙江、江西、湖广、遮洋四总照旧本处并本卫仓分关支外,其余卫分似难拘定旧例。合无通行各该巡抚、都御史,转行所属司府州县,自嘉靖二年为始,坐派秋粮之时,将江南、江北、中都、山东、北直隶六总卫所运军行粮,比照九江卫事例,管粮官员每年预先会计扣算明白,即以应运某府某州某卫某所仓分米麦照数征完,就令民户运赴水次,听监兑委官查算官军实数,照数兑与该卫所官军,作为行粮多余之粮,仍令民户运赴该仓上纳,一总出给通关缴照。如有缺少,就将库藏官银每石五钱折算,俱不许拖欠迟延。漕运衙门将各该卫所官军合用行粮数目查算明白,预行该府州县坐派支给,各该官军亦不许仍于原定仓分重支冒领,违者俱听巡按、监兑等官及漕运衙门参究惩治。】

禁革借债运军。

【御史俞谏、总兵官杨宏奏:据江北直隶把总运粮署都指挥杨仁呈,切见本总卫所运军每年粮完回卫,便该休息,以待新粮领兑。近年以来,各该掌印指挥等官不遵前例,任意借倩,或拽送黄马快船,或差拨私家听使,或上铺守门应用,有力者出银买闲,无力者轮流差拨,生理既妨,俯仰无赖,以致负累逃亡等因。据此照得各卫运军经年在外,冲冒风雨,辛苦万状,幸得完粮暂回,正宜存恤休养,以候下年领兑。今卫所官员不行体恤,任意差占,应合禁治。且不独江北一总为然,其各总卫所亦有此弊。如蒙乞敕议处,合无通行各该抚按官员严加禁约。】

申明法例不许拘理该运官军。

【御史俞谏、总兵官杨宏奏:查得漕运二百四十卫所领运官员,先年俱经漕运衙门选委,近来例该户、兵二部会同漕司将把总指挥等官逐一考察,贤能者存留在运,误事者退回别差。又经通行遵依去后,今查江浙直隶卫所运粮指挥等官徐銮等三十一员,俱各不到。臣等审据本帮官旗,或称各官因事本管上司拘理者,或称避难在家潜住者,或营求别差弃撇粮运者。臣等虽经行文催取,奈何该管上司不查前例,一概拘留或径自委官更换,甚有中途提回抛弃粮运无官管理者,以致积年奸顽旗军盗卖官粮,任意费临仓挂欠,实由于此。如蒙乞敕该部议处,合无行移各该抚、巡等官,今后运粮官军有犯,除强盗人命照例拘问,其余小事俱候完粮回日归结,不许一概俱拿妨误。其前项避难托故官员,听臣等转行各该按察司分巡管官提解问拟。仍自嘉靖三年为始,以后运粮指挥千百户等官,但有仍前托故在家,或营求别委及船粮到京,不候完粮弃撇先回者,听把总官举呈漕运衙门提问,应得罪名,参调别卫差操,另选勤慎官员管理。】

补造攒运船只之阙。

【御史俞谏、总兵官杨宏奏:切照漕运粮储四百万石,原额船一万二千一百四只,每只该运正粮三百三十石,耗米一百三十二石,名为四百料浅船,以便里河驾运。此皆先朝大臣经画良法,行之岁久,运无废事。自正德六年以来,运船有被流贼烧毁者,有被河水暴涨漂流者,有在江湖沉溺者,又有经过洪闸破损折卸无存者,加之官军亏损正粮,因而盗卖,以致运粮缺少共二千一百九只。其该运粮卫所,该兑运粮米各有分派数目,缺船颇少者,分派概卫军船带运,以致载重,经涉长江大河,一漕国涛,易为沉溺,及入里河,水脉涸涩,亦易浅阁。漂失粮米,不能完纳,是以有挂筹之累。或缺船太多,带运不尽,雇兑民船,动支轻赍银两以充脚价。攒运到京,原来轻赍已费三分之一,京、通二仓雇车等项应用不足,是以有借债之累。臣已将缺船缘由会本具题该工部议行,臣等严督各该运粮把总官通查,各总缺欠未万,损坏不堪浅船各若干只,直隶南京、中都、江北直隶、山东、遮洋、北直隶等总浅船,备行清江、卫河二提举司本部委官主事,责限依期补造。如或工料不敷,查照旧例,如该军办,径呈漕运衙门;如该官给,径呈本部,各另催办,足数应用。隶江南、江西、浙江、湖广等总浅船,备行各该巡抚、都御史督同守巡、知府等官,责限各该军卫有司查照旧例,军办若干,官给若干,出办补造。如是工料不敷,径呈巡抚、巡按衙门设法拨补,足数应用,通限一年之内补造完足,造册奏缴等因,备行到臣。查得清江、卫河二提举司年例银两,共军三民七料银,纵使尽数征完,止够打造年例一分之数,其缺少船二千一百九只,每只该用料价一百两计算,该银二十一万九百两,民办七分,该银一十四万七千六百三十两;军办三分,该银六万三千二百七十两。各该地方灾伤军士在营月粮多有拖欠,巡抚等官岂能措办?前项议处,未免又为虚文。即今运政废坏,急先之务在于船只,除嘉靖元年秋粮蒙准折银一百四十八万石,见在船只扣够运军前项粮米,目前得以少纾缺船之累。其嘉靖二年该起运本色秋粮四百万石,止有见在船九千九百九十五只,该运粮三百二十余万石,实少船二千一百九只,该运粮七十余万石,将何装运?且粮出于民,船造于官,卫所官军责在出力挽运而已。今船缺数多,贻累雇船,预费轻赍,不能完粮,挂筹累债,苦不胜言,逃窜死亡,莫知其数,是皆缺船之所致也。若非预处补造,给军领运,年复一年,漕船愈缺,漕运愈累,不惟挂筹举放之弊难免,将来万一致误大计,所系诚非细故。如蒙伏望圣旨轸念漕运军国重务,兵食攸系,乞敕户、工二部从长议处,前项缺少船只,该用料价,合无将南北二京并江西抄没犯人田产变卖银两,舍缓就急,照数给发清江、卫河二提举司,并浙江、湖广、江西三省及南直隶各府,趁此无事之时,分头打造,期在来年秋冬时月完 备,给与各卫官军领驾。以抄没之私财,充漕运之公用,实为相应。或银数不敷,惟复于太仓银库将折粮银先借一十万两,给发各布政司并清江等提举司买料打造。仍行杭、芜二抽分厂,于船料银两照数扣还,庶使漕运船只不失原额,疲敝官军不致负累,而免于稽迟违限之弊矣。】

存留轻赍以备运军赢缩支用。

【部题:该总兵官杨宏奏,照得漕运粮储,除本色正耗完粮之数外,余耗浙江、江西、湖广三六,江南、江北二六,山东、河南二斗一六耗米,照例折征轻赍银两。先年俱系各运官军收掌,裒多益寡,随便它贴支销,但欲正粮完足不计耗米羡余。弘治以来,用非其人,渐有挪移提取之弊,挂筹累债之名。至正德年间,势要恃强凌逼,公然夺去,莫敢谁何。已该漕运衙门计议,用鞘装盛,以革前弊,银虽颇存而粮多浸盗,京储挂欠,官军愈困。遇蒙正德十六年四月二十二日大赦,漕运官军借欠债负不拘多寡,俱不许还,漕运官军幸得苏息。前项轻赍仍旧盛鞘印封,至通州参将处查算雇脚支用,计算羡余,扣收在官。其各卫粮船经过瓜、仪二坝,及沿途遇浅起剥,并置办随船什物,无钱支使,往往动用耗米,官军乘机,遂将正粮侵费。及到京仓交纳,挂筹复如往年,法立于彼而弊生于此,欠粮却于概总扣算余剩粮米以补其数,余下轻赍银两,以为羡余,作正支销。臣按《唐史》,裴耀卿为发运使,凡三岁,运米七百万斛,省僦车钱三十万缗,或说耀卿献之。耀卿曰:此公家赢缩之利耳,奈何以市宠乎?悉奏以为市籴钱。宋崇宁初,蔡京为相,始求羡财以供侈用。用所亲胡师文为发运使,以籴本数百万缗充贡,入为户部侍郎。自是来者效尤,时有进献,而转搬无用矣。二人得失悉载史册。仰惟国家混一六合,富有万方,军民之财,皆朝廷之财,岂赖此完粮余银以为裕国之计?伏自太宗皇帝建都幽燕,屯宿重兵数十余万,岁用钱粮数百万石,迄今百年中间,岂无冗兵剩员可以沙汰?然而不能去者,由所系重也。至于漕运粮储,岁额四百万石,出于田里之民,收于粮里之手,运于各卫之兵,公私耗用,岂止千万石?然而不能裁损者,顾所得多也。矧轻赍原系耗米,以备沿途僦雇水陆车脚之用,折收银两以轻运船,实非正纳之数。今欲算计秋毫,俾无遗余,舍耀卿之至计,用蔡京之敝政,诚所谓竭泽而渔,焚林而畋,恐所得不足以富国,将来人情不堪,军逃运废,京储正粮将有缺军挽运之害,所系诚非细故。此则可忧之甚者也。如蒙乞敕户部,合无通行各总卫所管运官员,沿途遇浅不许动米,准于轻赍银内撙节支用,不许虚销浪费。完粮之后若有羡余,查照成化、弘治间旧规,就令该总收候运回修舱船只,置办什物之用,备造文册送户部并漕运衙门收照查考。把总及管运官以所存多寡为殿,最大率三年,粮无挂欠,银有积余,量为旗擢,庶免侵用正粮,临仓挂筹累债,逼迫逃窜,而亦不亦漕运立法之意也。奉圣旨:是,今后轻赍银两,著通仓坐粮员外会同巡仓御史依拟验给,有余剩仍还给与各该卫所修造船只,不许侵欺克减浪费,果有三年粮无挂欠,银有积余,照例旗擢。孙孟芳提了问。】

三年申复旧规以清漕运。

【兵官杨宏奏:会同都御史胡锭议,照卫河提举司造船木料,先年俱于仪真地方收买,回厂打造,后因不便,奏准官军领价,自行前来仪真等处打造,相距卫河路远,往往无官管束。潜踪投贱,苟且成就,既被官军侵克料价,又为匠作包揽,板薄钉稀,不堪驾运。今给事中田赋所奏,正切其弊。若将年例该造船只,改令清江提举司管厂主事监造,查考事体相应。其卫河提举司系额设,衙门不必迁动人匠,每名查照淮、扬等府办料则例出办工价,并造北卫所军三料银,仍令原管闸主事征完印封,并将及年船只旗甲每年春正月秋九月二次,顺差官军领解清江厂买料雇匠。其杭、芜抽分银两,不必取至临清,往复徒劳,就行清江厂主事委官带领别项支销。其船打造完日,驾赴原管闸主事处并卫河提举司验销,仍照漕运衙门旧规另造。卫河船号、格眼册,遇造完日销注,如此则船易监督,军无逃运,而钱粮有稽,庶为允当。其浙江、江西、湖广各卫所船只,原系民造军领驾运,后改军三民七办料,官军领驾,自行打造,行之年久,法弛弊生。由是浙江把总陈璠有设厂团造之议,给事中田赋又比例推广,欲将江南、江西、湖广三总各卫军船设厂团造,虽皆因时救弊之利,不为无益,然立法革弊,容有未尽。是以巡按御史欧珠复有此奏。臣等考求始末,参酌事宜,该有所见。查得湖广船只木板及料价银两多寡不同,有用杉楠木者,十年一次改造,连底船该价银一百三两;有用株杂木者,七年一次改造,连底船该价银九十两五钱;有用松木者,五年一次改造,连底船该价银七十三两九钱。江西用木二等:株杂木者,七年一次改造,连底船该价银九十三两;用松木者,五年一次改造,连底船该价银八十三两。浙江俱要松木一等,五年一次改造,连底船该价银九十七两。此外尚有运军自行贴助之数。且料价既有差等,则船只自有年分。况距产木地方有远近,则至买木价有低昂。以此成造,法久弊生,有领楠木之价而造株杂木船者,有领株杂木之价而造松木船者,则价必侵欺于官旗。船只式样,底板厚二寸,栈板厚二寸七分,有底板止够一寸五六分者,栈板一寸三四分者。铁钉每尺实该四钉,有止有二三钉者。石灰油麻俱不及原估之数,则料必克减于匠作。况一省各卫运官中间,有得人无几,不职恒多。由是或船脆薄不坚而辙坏,或驾运未及年分而遂失,临兑缺误,难保不无散造之弊,至于如此。而势不容不变,故始有团造之议。盖团造诚为事体归一,可革前弊,但江西、湖广两省阔远,卫所星散,必须将年例该造船只旗军通聚于省城。雇觅匠作少,则工匠高贵而不能并举,官军众则寄旅之费不胜陪贴,此团造不便一也。其民七料银俱该布政司派取各府州县,里甲官吏勤事征解者固有,因循怠事者不无,况经革上下,动淹数月,比至解司,官旗候领,中间岂无吏胥之勒索,彼此之留难,皆足以靡误装运,此团造不便二也。其军三料银,各处事体不一,若系军办,多候月粮折纳,未免领销类解。况月粮未必得支,缓急官银无措,若系运军自办,则自有米食木料,俱可应用,钱布、时银皆可折使。但欲类解前银,往往人情不愿,此团造不便三也。今据呈称,江西省下该造船一百只,因匠料俱迟,至起运领兑之时,止造完船二十二只,固其创始之难。及访樟树镇并饶州河下之攒造,虽后得有船打发上运,但今年折色数多,船仅够用,若至来年全运本色,年例该造船多,一时不得严督,岂能并完?又未免壅滞漕挽。而任法久计,不可不为深长虑也。团造之难亦又如此,故复有散造之议。然二者利病相半,难可偏废,惟在斟酌人情,审度地方,于分造之中而寓团造之法,于用人之中而存革弊之意,斯可善后而久行矣。合无通行各省并南直隶巡抚衙门,严督各该布政司及各府州县,将年例民七料银预为坐派,定立限期,俱在每年七月内征处完足,封解该司。如州县一时征解未完,本司务要另项挪借处给,待解到补数。如离司窎远,路途不便,亦就责成本府州库收支,俱不许延调征解,留难支给,有误打造,妨废工力。仍严督都司将各卫所军三料银,务照江北卫所另拨军余办纳完足,听解所在有司寄候。其各卫所专委管印官,不妨卫事,预将及年应造底船,每年十二月查取到卫,约会所在府州掌印官估勘明白,将领军民料银督并官军随便买木雇匠,就于各该府州空闲地方,刻期如法造完。掌印官不时查考比较,务照原降式样丈尺板厚钉密,妆修完固,仍会有司掌印官。惟浙江钱塘迤南并杭州海宁船只,多在苏州打造,亦就委该府掌印官各验实呈报彼处巡抚衙门。查照本卫呈报漕运衙门,待候过淮验印,如有不堪,查追价银以备改造,掌印官旗一并提问。若有侵欺,从重问拟。仍预造本色年例字号旗甲格眼文册七本,缴报工部并漕运衙门把总官及彼处巡抚衙门各一本、内存一本,卫所备照,其余候各及年船完,造册分缴注销。不许奸贪官旗将领出银两任意侵分,收买杂木,听信奸匠包造,克减分数,苟图完事,造不坚固,以致驾不及年,仍听各巡抚查究,从重问治,及原监验府州官员举正。如此则造有定所,事有定规,价免侵克,军得少便,而亦免于作舍道旁之议矣。及查漕运岁额粮斛四百万,兑运三百三十万石,支运七十万石。

成化八年，该漕运都御史滕奏准，将支运粮米就各水次领兑，名为改兑。漕司一向循守旧规，均搭分派船只领兑运纳，除外河遮洋总下旗军六千三百名运粮三十万石，内正兑二十四万石，改兑六万石。里河南京等十一总旗军一十二万五百一名，每军一名额运止兑粮二十五石三斗九升二合，改兑粮五石三斗一升，共粮三十石七斗二合。惟北直隶总下每军多运三升八合，以益畸零之数。每浅船一只，旗军十名，共运正粮三百七石二斗，耗在外，前项官军共分派正兑粮三百六万石，改兑粮六十四万石，运赴京、通二仓正兑者三七，改兑者四六上纳，通前不失四百万石之数。正耗米之外，照依有司地里远近，又出轻赍以备水陆脚价。浙江、江西、湖广最远，每石二斗六升，折银一钱五厘，山东、河南二省最近，每石止出一斗六升，折银八分。其改兑粮米，原系有司自运淮、徐、临、德四仓上纳。官军支运之数，其正耗米，浙江、江西二省每石四斗二升，江南各府三斗二升，江北各府三斗七升，山东、河南二省一斗七升，俱是本色，原无折色轻赍。京、通二仓水陆脚价，递年俱于正兑轻赍内它贴完纳。损正兑之有余，以补改兑之不足，多寡适均，不分南北，通融领兑。前项漕规，俱经先朝文武大臣议处停当，行之岁久，则例已定。今称要将浙江正改兑粮共六十三万石，俱派本都司卫所官军领兑，虽称民粮与军船顺便，或因本辖易制，但浙江一总旗军二万一千六百七十名，照依则例，通融均派，止该正兑粮五十五万二百四十四石六斗四升，兼纳改兑粮一十一万五千六十七石七斗，共兑改粮六十六万五千三百十二石三斗四升。若将本总卫所专兑本省之粮，则正兑六十万石而加多，改兑三万石而加少，且余下军船一百七十只，该领兑粮三万五千三百一十二石三斗四升，必须于直隶府州县改兑粮内拨足，以完六十六万五千二百一十二石三斗四升，方够额数。况南京官军既不可领兑浙省之粮，则浙江总官军又岂可领兑直隶州县之粮？此未敢轻议者一也。其浙江总正兑粮数通该搭派改兑粮一十一万五千三百一十二石四斗四升，共止改兑粮六万五千三百一十二石三斗四升，以足实有运军之数，尚余欠改兑粮四万九千七百五十五石三斗六升，必须添拨南京、江南等总改兑米石，以就浙江正兑有余，而补船数之不足，方得完纳。况使浙江一总三六轻赍有余，而使江南、南京等总二六轻赍不足，似非善处之道。所以旧规裒多益寡，牵长补短，实亦通融之法，此未改轻议者二也。其言要将直隶卫所止兑直隶之粮，固是一说，但如江西布政司改兑粮五十七万石，江西都司一十一卫所止有旗军九千七百九十四名，浅船八百六十六只，该运兑改正粮三十万六百九十五石三斗九升，其余正粮二十六万九千三百四石六斗一升，该用船八百余只，用军八千余名，为因江西无军可拨，递年添拨南京、湖广、江南直隶四总军船领兑，若依所拟，则四总俱应住拨，不知遗下江西粮米应否彼处再添军船自运？再如遮洋一总，俱是河南、山东二省民粮，亦派南京八卫、江北五卫外省官军领兑，若以南京官军，山东、河南岂复有军可领，一概住拨？若此定为通规，不知天、蓟各仓更有何船运纳？若以外省军船不便管束，交兑自有监兑官员，法典具存，恐只可以因事而处事，不可以因噎而废食也。及照漕运均派，始因更改淮、德、临、徐四仓支运以为改兑，且遂失转般之意，而贻直达之苦。计今五十余年，议者尚欲复之，今又更调军船，则均派之规又自是而变之。但漕规屡变而卒无定守，时议纷出而要在善后，缘前项二事，事体重大，非臣等才识陋劣，区区管见所能悉也。如蒙乞敕户、工二部会同在廷大臣再加计处，合无定拟画一之规，上请圣裁，备行臣等遵奉施行。奉圣旨：是，各总浅船都依拟团造，务要如式早完，不许延捱日月，侵欺料价。】

裁处冗费以节国用。

【兵官杨宏奏：同都御史胡锭议得，漕运岁额正粮四百万石，该船一万二千余只，驾运旗军一十二万六千八百余名。该自永乐年间额数已定。南京二总，把总田茂分管锦衣等卫，旗军余丁共九千一十二名，把总王端分管旗守等卫，旗军余丁共八千九百九十九六名，每名均派改正粮三十石七斗二合，通计二总定运五十五万二千八百八十一石六斗一升六合。前项运军，先年原系正伍食粮旗军应役。成化年间，正军改差逃故，不足拨补余丁。成化十一年，该漕运总兵官平江伯陈锐题，该户部议，各该运粮卫所今后不许将运粮旗军捏故掣回改差，果有逃故等项，先尽操备守城及原系运粮正军投托跟官，充当局匠等项内选补。若正军如果数少，方许将殷实余丁点efficiency。其月粮行粮并赏赐，在京在外俱照本卫所运粮正军事例关支，若有逃故，正军复役，即今上运替回余丁改差，月粮住支。其各该卫所仍将悬补运粮余丁，俱照南京户部所拨造册转送查考。敢有不先尽正军及将运粮正军捏故掣回改差，妄将余丁点辏，虚废钱粮者，听从南京户部及巡抚巡按等官访查得实,参奏提问等因。题奉宪宗皇帝圣旨:是,钦此。除钦遵外,后因历岁既久,逃故数多,各该卫所掌印官员不以漕运为重,故违前项事例,将空闲及别差旗军不行拨补,往往擅将余丁顶替,中间将军掣回,避重投轻,及将余丁纳贿图粮,难保必无。因循岁久,正军渐少,余丁渐多,耗费京粮,诚如该部所议,相应查处。但恐中间亦有无军可补,佥拨余丁辏数,比之滥收冗粮,情亦有间。及查嘉靖二年灾伤折银,南京两总实派本色粮四十万五千余石,俱于当年十二月内会派各卫定拨军船,于嘉靖三年正月内前去各司府水次听候领兑去讫。其间虽有余丁已经上运,钱粮经手难以退回,其折兑减存在卫军余三千七百二十名,俱令办纳船料,不分正余,每名出银二两四钱,以备打造事故船只。内余丁与清江厂年例办料军余六百五十七名,亦与军一体,食粮相应一并查革。但前项船料,天顺八年以前,俱是四川等处派纳杉柏松楠钉铁等料给军全造,军士所陪补者不过修船什物家活而已。自成化元年以后,各处灾伤坐派数多,比之天顺年间,每只止给大小料银六十五两外,少价五十五两,自是军士始有陪补之患,此减存军办料银之始也。其年例该造一分船只,军士累逼不能完造,又将旗军得过者,分为"旗造",贫难者分为"厂造"二等。厂造者,清江提举司止给大小料民七银六十五两,在卫军办料银三十五两,谓之军三,如有未完,亦借减存在运旗军,仍自贴助银五两。旗造者,提举司亦止给大小料银六十五两,在运旗军自办料银三十五两外,亦贴银五两。多用减存,一向通行出办,成造至今。若依查革前项军办料银,则事故年例船只不无缺少军三完造。及查各军月粮,先年南京仓廪充实,按月支给本色,时值价银不过四五钱,每月军办银二钱,准费四十余,米六斗,仅够家口食用。惟遇今岁荒歉,支与折色,虽给一两,除办料外,所余买米不及六七斗,亦止仅够糊口而已。况系经费固宜慎出,但江南米贵,折支恒少,米贱折支恒多,为今之计,合无备行南京兵部,将平江伯陈锐奏行前例再行申明。查照彼中审差事例,委有才力部属会同科道官吊查近年由票,并食粮文册,拘集各该卫所掌印等官,将在运旗军并在厂在卫用工办料军余,逐一照额查审。除正军年力精壮者存留,老弱不堪者退换,逃故者照名拨补。如无空闲壮军,就将一应杂差不拘操守造作办纳,及役占看守等项相应动拨者,俱改拨上运。中间果有原系躲运捏故掣回,投轻避重,及无故捏补余丁,或有额外影射者,干厂职官径自参行。若概所果无堪补正军,听将阖卫各所旗军通融拨补,务足原数。若委无别项差占正军,方许将余丁抵补,务足原额之数。且或军少卫分,营伍久空,清册分明,听将船只改拨军多卫分驾运,每船一只,拨军十名。其有一卫原额畸零,不够一船,就趁此行以少就多,改并别有零军卫分凑船驾运,以省带运之难。其出办料银,合无查照臣等题准事例,于各卫所空闲余丁内佥拨出办,免其杂差,不许食粮将运军帮丁。查照见行事例,每军准免一丁,一并查拨停当,各将的名正身年貌填注,印信由票给付本军户头收执,事完造册,通缴南京户、兵二部,及咨送漕运衙门各一体存照。以后年分,查照南京审量事例,一体清审托补。仍禁各该卫所掌印等官及领运官,不许私擅更易,如不及审完,一时缺军,止许正伍旗军拨补。如果无军,务要申达,该部查明,方许余丁收粮上运。若不由卫拨,而运官擅收余丁食粮者,罪坐运官或本运行取旗军;而卫官占匿不补者,罪坐卫所官员。外有别项买闲影射情弊,俱听各官查访参究施行。臣等管见如此,如蒙乞敕户部再行会议,上请定夺,早赐施行,则粮无冗食,运不乏人,办料不误,造船得完,庶为长便。】

始改上下江二总。

【兵官杨宏会同都御史俞谏奏:该户部郎中赵载题,议得漕运粮船先年海运至京,俱经文武大臣建议开浚会通河,分立十二总,遂罢海运。其岁运粮四百万石,内蓟州边储,独遮洋一总尚留南京水军左等八卫,江北淮、扬等五卫军船,俱于小滩镇等水次,兑运山东、河南粮米三十万石,仍由海道以抵蓟州、天津二仓上纳。成化年间又因海道不便,始自小直沽开通新河一道,当将遮洋海船每二只该旗军三十六名,改造五百二十五只,旗军六十三百名。比时船只、运道虽改,卫所官军俱乃旧役。虽或爱礼存羊,而其地里之远近,往来之耽搁,军船之狼狈,粮运之稽迟,诚有如郎中赵载之所言者。况该南京给事中彭汝寔复建此议。至若江南一总上下两江,催攒甚远,不无顾此失彼。而赵载又复言及,皆系漕运要务,拟合通并议处。查得南京、淮、扬等一十三卫官军,昔年止因习知海道存于遮洋,今日既由新河攒运,却乃空身自南趋北,不惟途路艰辛,人情事体甚是不便。抑且江北船多摘发江南就兑,加费过江一三脚米,而南京行粮亦又重费,年复一年,允当爱惜。况遮洋近年议准折色数多,军得减存,但办料数少,食粮则多,亦应区处。及查北直隶总下德州、天津二仓，不惟道途甚近，抑且原运正耗相若，人情允便，相应改拨，合无将遮洋、江北、淮大、高扬、长淮五卫旗军三千三百一十二名，照旧不动，外将北直隶总下德州、天津等九卫旗军一千七百六十四名，并入本总。其不足之数，再于附近徐州左、泗州二卫添拨旗军一千二百二十四名，通抵南京远运，共辏足六千三百名原数，以备岁运三十万石旧额，仍为遮洋总，就令孙机管理。遇有减存，临时酌派，以苏军困。仍将孙机原额退与南京领驾。其退下南京水军左等八卫官军，添入江南，分为上、下江二总，就以程鹏二人分管旗军。仍每船十名，船不过坝，亦各存与过江米六升，却将原该一三裁去七升。各总以截上江者，兑安庆、池、太、广德等府州粮米，多余军船领兑江西不尽之粮；下江者，兑苏、松、常、镇四府粮米，多余军船领兑浙江不尽之粮。通前仍为十二总，其南京二总每年却分江、浙二处，尽总拨兑，余船方拨江南。至若浙江等总军船虽有多寡，亦每就近算派，事不大害，俱宜照旧，不必概为更张。其改拨遮洋行粮，查照议单，北直隶者，仍旧二石，徐州左、泗州二卫俱照淮大二石八斗。如此庶水军等八卫得以就近领兑江南之粮，免驾空船北行，江南一总得以分投催攒，亦免往来督兑之难，则远近适均，水程顺便，而粮运不致耽误，且行粮脚米亦因得以少省矣。】

急补浅船攒运。

【御史李钺、总兵官杨宏奏：照得十二总共二千一百九只，俱系节年火烧漂流事故之数，一向造船缺料未曾补造。已将缺船缘由会本具题，续该户部郎中赵载亦奏前因，俱该工部覆题，嘉靖二年四月内，钦奉敕谕：著落各该巡抚官将前项缺少事故船只，俱限二年内造完，陆续给军装运。除钦遵外，近又据江西等总刘玺等呈报，通前共缺船二千二百六十六只。查得浙江、江西、湖广、江南四总，该于各省司府卫所打造；山东、北直隶、遮洋三总船只，该卫河提举司打造；中都、南京、江北五总船只，该清江提举司打造；俱原议漕运积余官银百两造船一只。该前任都御史俞谏，将淮安府寄库各年积余并完粮官银一万四百余两，行委千户酆良在于仪真买料见造未完，都御史俞谏取回京。近该都御史胡锭将淮安府收寄各项余银一万六千余两，会委指挥许文、扬州府通判章九思等前往芜湖等处买木打造，间都御史胡锭又转任南京。前项缺船将近二年之限，完造不及六十余只，如泗州卫原额船三百八十四只，实缺船一百七十六只，其余大河、徐州左等卫，亦各缺少数多，连年灾伤，幸蒙将粮折征银两，用船减少，故得苟且完事。即今会派粮运在迩，若全运本色，见在船只只够装运粮三百二十余万石，外有粮八十余万石缺船装运，稽迟领兑，有违钦限。臣等误事之罪固难辞责，而京储空虚实为可虑。如蒙乞敕户、工二部从长议处，转行各巡抚官员，先将太仓节次发去银两，督并各都司卫所原委官员，务在年终造完，先给十分罢敝缺船卫所旗军领驾。其余不敷料银，候今年完粮余银解回，辏补成造，以备攒运。此外，缺少不足船只，听各把总官开报，各巡抚官上紧措置，务要船两足，免致误事。惟复先尽见在船只领兑，其无船领兑余剩粮米，暂令民船自运，候年岁丰熟，补足千只以上，不必民运，听臣等通融派拨。仍待通造完备之日，将用过银两造过船只，各另造册奏缴，庶粮运有船，交兑船误，诚为便益。奉圣旨：是，酆良等并清江船厂领过造船银两，有无侵克情弊，著备查下落，务要明白。各总未完船只，还行各该巡抚官严督造完，给军领驾，不许延迟。钦此此条无法辨认处，均据明《漕船志》补，并纠其误。】

十五年议处黄河大计。

【理河道、都察院右副都御史李如圭题：切惟天下之事利与害而已矣。去其害则利可兴也。臣钦奉敕谕：今特命尔前去总理河道，其黄河北岸长堤并各该堤岸应修筑者，亦要著实用工修筑高厚，以为先事预防之计。如各该地方遇有水患，即便相度访究，水源可以开通分杀，并可筑塞堤防处所。仍严督各该官员斟酌事势缓急，定限工程久近，分投用工，作急修理。凡修河事宜，敕内该载未尽者，俱听尔便宜处置。事体重大者，奏请定夺。钦此。钦遵。臣查得黄河发源具载史传，今不敢烦渎，姑自宁夏为始言之：自宁夏流至延绥、山西两界之间，两岸皆高山石麓，黄河流于其中，并无冲决之患。及过潼关，一入河南之境，两岸无山，地势平衍，土少沙多，无所拘制，而水纵其性，兼之各处小水皆趋于河，而河道渐广矣。方其在于洛阳、河内之境，必东之势未尝拂逆，且地无高下之分，水无倾泻之势，河道虽大，冲决罕闻。及至入开封地界，而必东之势少折向南，其性已拂逆之矣。况又接南北直隶、山东地方，地势既有高下之殊，而小水之入于河者愈多,淤塞冲决之患,自此始矣。此黄河之大概也。今之论黄河者,惟言其弥漫之势,又以其迁徙不常,而谓之“神水”,遂以为不可治。此盖以河视河,而未尝以理视河也。夫以河视河,则河大而难治,以理视河,则河易而可为。弥漫之势,盖因夏秋雨多,而各处之水皆归于河,水多河小不能容纳,遂至弥漫。然亦不过旬日,至于春冬则鲜矣。是则弥漫者不得已也。水之变也,岂其常性哉!至于所谓“神水”者,尤为无据,其故何耶?盖以黄河之水泥沙相伴,流之急则泥沙并行,流之缓则泥沙停积,而停积则淤之渐矣。今日淤之,明日淤之,今岁淤之,明岁淤之,淤之既久,则河高而不能行。然水性就下,必于其地势之下者而趋焉。趋之既久,则岸面虽若坚固,水行地下,岸之根基已浸灌疏散而不可支矣。及遇大雨时至,连旬不晴,河水泛涨,弥漫浩荡,以不可支之岸基,而遇此莫能御之水势,顷刻奔溃,一泻千里,遂成河道。近日,兰阳县父老谓:黄河未徙之先数年,城中井水已是黄水,足为证验。故人徒见其一时之迁徙,而不见其累岁之浸灌,乃以为神,无足怪也。为照河南、山东及南北直隶临河州县,所管地方多不过百里,少则四五十里,若使各该州县各造船只,各置铁扒并尖铁锄,每遇淤浅,即用人夫在船扒浚。若是土硬,则用尖锄,使泥沙与水并行,既无淤塞之患,自少冲决之虞。用力甚少成功甚多,且黄河水既湍急,而泥沙则又易起,更有船只,则人夫不惟免涉水之苦,而风雨可蔽,宿食有所,是修河之智而寓爱民之仁。推而言之,其利甚博。若夫弥漫之势殆不能免,所可自尽者,则在筑堤防患,不与水争地耳。或护城池,或护耕种,使得遂其安养。伏望皇上轸念地方水患,将臣所奏特敕该部再行查议,听臣督同河南、山东并南北直隶管河按察司副使张纶等,备查所管黄河州县河道地里远近,动支河道银两,酌量数目,打造上中下三等船只,置造大小铁扒、铁锄,分发各该管河官收领。遇有时常小淤,或先年旧淤,或因弥漫势后河道新淤,即便督率人夫,撑驾船只,量水之深浅,用船之大小,量船之大小,载人之多寡,用心扒浚,坚硬去处则用铁锄,俾泥沙随水而去,河道为之通流。风雨蔽于斯,宿食在于斯。至于卷埽去处,即系水流倾泻之地,倾于此者必淤于彼,一体扒浚,使水归于中流,则倾泻之患将渐弭矣。再照黄河先年由河南兰阳县赵皮寨地方流经考城、东明、长垣、曹、萧等县,流入徐州。近年自赵皮寨南徙,由兰阳、仪封、归德、宁陵、睢州、夏邑、永城等州县,流经凤阳地方入淮。其归德、兰阳等州县,即今水患颇大,亦听臣督行管河道,责令各该军卫有司掌印管河官员调用人夫,或将河道银两雇募,各修筑高厚坚固堤岸,并扒浚河道,务使淤塞开除,自无冲决之患。防护完固,可免淹没之虞。其旧黄河即今尚有微水流至徐州、吕梁二洪,亦合时加扒浚,使不致断流,接济运河,且分杀黄河水势。如此则河患可息,而运道亦有益矣。】

议处漕河急务。

【理河道、都察院右副都御史李如圭题:切惟军国之储必资于转运,河渠之设贵在于疏通,故用人图治,则选举之法在所当重。而因时制宜则更张之道不容少缓。欲钱粮之无弊,则当慎出纳而严稽考之条,图工程之永固,安可忽经营而效苟且之计?是皆漕务之所当急而先者也。臣钦奉敕谕:近年沛县迤北漕河,屡被黄河冲决,已经差官整理,但恐河势变迭无常,漕河不时淤塞,有妨粮运。今特命尔前去总理河道,督率管河管洪管泉管闸郎中主事,及各该三司军卫有司掌印管河兵备等官,时常往来亲历,多方经画,遇有淤塞去处,务要挑浚深广。凡修河事宜,敕内该载未尽者,俱听尔便宜处置。事体重大者,奏请定夺。钦此。钦遵。已将运河一带淤塞去处,督率各官调用人夫挑浚,河道俱已开通。地方虽自二月以来少雨,臣乃疏浚泉源,导引诸水,接济运河。即今粮船盛行无阻,陆续前进,除应该处置事宜,各另施行外,臣督理之余,复有见闻,谨用条陈五事,上尘睿览。伏望皇上俯念漕河重寄,将臣所奏特敕该部再行查议,上请定夺,早赐施行。其于漕务不无小补,臣不胜恳切祈望之至,谨题请旨。计开:

一任才能以举泉政。查得山东地方一带闸座漕河全赖泉水,今查泉源通共一百七十六处,散在泰安等州、汶上等县。先年兖州府专设管泉同知一员管理,所以分理主事之任也。近年以来,因各处山水泛涨,大风扬沙及黄河冲决各泥沙,将泉源并泉河多被淤塞,以致泉流微细。又有因水涨冲决河防,致水散溢不归运河,置之无用。每年虽有浚泉之名,全无实效,要之官不得人耳。查得该府管泉同知,见今员缺,行委该府首领官带管,合无推选廉能素著官员前来管理,庶官得其人,而疏浚修治之功可以责成,泉政其庶乎举而运河有济矣。

一处闸座以均水利。查得山东地方一带漕河俱设闸座。盖因地势高超,水流陡迅,先年相地设闸以济之耳。百余年来,地势水势不无小有变迁,递年管理官员,又因稍有不便,未免随时增改,然增改之间,又为旧闸所拘,乃致宜于此者不宜于彼。臣今姑举一二处言之:如天井闸至在城闸止一里三分,在城闸至赵村闸则捌里,是以一里三分之水,而欲济夫捌里之闸也。枣林闸至南阳闸止一十二里,而南阳闸至谷亭闸二十里,是以一十二里之水而欲济夫二十里之闸也。其它闸座间亦类此。虽是相地设置,而太过、不及不应如是之甚。是以闸河之水此盈彼涸,往往称浅,多缘于此。合无听臣督同各该官员逐一相度,询访中间应照旧者照旧,应改设者先为土坝,以验其宜否,如果相应,则兴工修闸。原闸官吏人夫即移此处,旧闸且不必废,但不启闭,俟其年久行之顺利另议,则水道均平而船只无阻误矣。

一砌闸坝以垂永久。查得运河一带有应设减水滚水障水闸坝及牵路桥梁,而未曾设者,有虽已设止是土坝未曾石砌,每遇水涨冲去,频年劳民修筑者,有已砌石年久未修崩缺者,及沿河堤岸有紧关应用石砌去处而未曾砌者,揆厥所由,盖因采石之难耳。合无听臣行移附近州县,佥取石匠,议定工价,于河道银内支给,令其赴就近山场采取大小石块应用,使各处闸坝桥梁及沿河紧要堤岸俱用石砌,不惟工程永固,运河得济,而人夫亦免烦扰之苦矣。

一治湖坡以裨运道。查得山东一带运河,固资泉水通流,而各处昭阳、南望、蜀山、马场、伍丈、安山等湖坡,俱系受水去处,可为运河之济。但年久不治,委之无用,甚至淹没地土,反为民害。又或被人侵占,收利肥己,无补漕河。合无听臣委官查勘前项湖坡被人侵占者,责令退出还官,督率额设人夫,周围修治堤岸,使水无散漫;挑浚淤浅,开设闸座,运河有水则停蓄待用,运河少水,则放水入河。其地势高者,则驾水车运济,以为定规。如此则泉源有助,而运河其大济矣。

一严稽考以革奸弊。查得河道一应银两,先年散贮各衙门,多借那借侵欺,无从查考,间有事发者,又监追不完。近该臣议处,通行山东、河南都、布、按三司,并南北直隶各府,及临河各州总贮,以便稽考。为照前项银两,若积贮年久数多,稽考未至,未免仍为各衙门那借侵欺,不得实用。余查已有二十余万两尚未查明,况前项银两俱系百姓膏脂,乃不得充公家之用,而为奸贪之所侵盗,积弊已久,法度安在?合无听臣通查前项银两见在的数明白,各司府州收贮,听候河道支用,不许各衙门指以别项各色挪借,以致浪费,因而侵盗。如此则侵渔之弊革,而钱粮亦得以实用矣。】

乞留积水湖柜疏。

【理河道都御史王廷题:据山东布、按二司分守东兖道右参政王应钟、曹濮兵备兼管河副使谢彬、分巡东兖道佥事姜廷颐会呈,为传奉圣谕事,据兖州府申准本府知府莫如善、管河同知王恒、通判郑尽忠、东昌府管河通判王问会关行,据东平州申准,本州知州熊淪关称,会同本州清军同知李钥、管河判官贯沛、邹县知县何继曾、单县知县陈嘉谟、寿张县知县宋时俊、管河主簿史节、阳谷县管河主簿杨尧哲等,拘集地户南海等并带领老人陈世隆等亲诣安山湖,分投丈量,得本湖周围共七十三里零一百二十二步五寸,沿堤损坏大小缺口五十五处,共长三百九十四丈,湖内高阜地三百八十五顷一十二亩,稍高地二百八十五顷四十八亩,低洼地二百一十五顷一十五亩,湖中各水深五尺、四尺,湖边各水深三尺、二尺不等。各据实查明外,为照前项湖地稍高与低洼者,无甚分别,实于漕河缓急有备,其高阜地三百八十五顷一十二亩,似可听民佃种,但湖之建设本以接济漕河,初未必有旷土,而积淤之渐,遂成高阜之势。由今日观之,固足以召佃游民以收子粒之利,然湖之通塞,民之情伪,在他日又贵有先事之防也。缘事体重大,卑职未敢擅便,合关本州转申定夺缘由到职,关行到府。准此,又准本府管泉同知黎天启、管粮治农通判王嘉会关行,据汶上县申准,本县署印,本府检校李三锡关称,会同委官济宁州判官左禄、李金、鉅野县知县俞一中、鱼台县知县魏朝相、城武县知县林嘉谟、济宁卫经历陈钥等遵依,各带丈绳算手人等,将南旺东西湖,查照原立四至界限,丈量得周围一百五十里,算共七十四万三千零四十亩,损坏缺口二十处,共长七十五丈八尺,高阜地五十八顷二十一亩九分一厘四毫,水退才露水长易淹地三十八顷七十六亩,水面七千三百三十三顷四十二亩八厘六毫,踏勘明白,合关本县申乞详议,转报缘由到职。据此,职等会同覆查相同外,合关本府,转达缘由到府,该本府知府莫如善会同本府管河同知王恒、通判郑尽忠、东昌府通判王问,及本府管泉同知黎天启、治农通判王嘉,督同各官亲诣安山、南旺二湖,覆行踏勘相同明白外,会看得安山、南旺湖地,国初运河之旁原有积水之湖,谓之“水柜”,盖河水干涸则放水入河,河水泛溢则泄水入湖。后来湖堤渐废,湖地渐高,临居百姓遂从而占种之。父子相传为业,民固不知其为官也。有司摊派税粮,虽官亦将以民地视之。至嘉靖二十年,钦差督治漕河兼都察院左佥都御史兵部王侍郎,按考图志,清查疆界,题奉钦依,追复旧制,不许军民复种。今奉明文,该户部等衙门会议,题奉钦依,将山东安山、南旺一带水柜余田,给人佃种,办纳子粒。职等公同查得前项湖地皆积水处所,不但低洼者,虽稍高者亦岂敢轻议?惟是各湖旁边原有高阜去处,水所不到者,今查有前项数目,合无暂令居民承佃,办纳子粒,及查前地肥饶,又无别差,比民地不同,相应每二百四十步为一亩,每亩纳银一钱,以后每年每亩纳子粒银五分解部,仍将旧堤缺口逐一补筑完备。新佃地土之外,或再筑一小堤,或深挑一大壕,以为界限,旧堤照旧存留,旧堤之内为召佃之地,新立堤壕之内照旧为水柜,栽以柳树,立以石界,四面沿堤,每三里设铺一座,每铺编夫一名,仍设巡湖老人一名,令其督率各夫尽夜看守,但有盗决堤防走泄水利者,照例问遣。万一河患莫测,照旧查复原制,不许占为世业,久假不归,如此,庶几河得湖以济运,民得湖以养生,似为两便。再照各湖中有苇草鱼虾菱芡等项自然之利,一向听民采取,今若量征课税,或亦可以抵召佃地土之利,似亦可行等因。申呈到道案照,先准布政司咨照,嘉靖三十七年六月初一日抄,蒙总理河道都察院王都御史案验准户部咨,前事仰司即行掌印官会同守巡兵备等道,选委风力府官二员,带同公正老人书算手人等,分投前去南旺、安山等湖逐一丈量,置簿登记,某湖该地若干顷亩,先行册报。仍查照原行定议,应否变卖召佃,呈报等因。案行到司,定委兖州府通判王嘉咨照各道,备行该府,行王通判前去南旺、安山等湖,督同各该州县掌印等官踏勘间,本年九月二十四日又抄,蒙本院案验前事,仰各道官吏即便会同汪郎中、陈主事,督率兖州府 知府莫如善、同知黎天启、通判王嘉、郑尽忠、东平州知州熊渝、判官贯沛、寿张县知县宋时俊、济宁州判官左禄、李金、钜野县知县俞一中、济宁卫经历陈钥 ,及各管河主簿等官,作速将南旺、安山二湖逐一丈量周围堤界若干里步,有无损坏,湖内水面平阔浅深若干丈尺,高地若干顷亩,俱据实开报,取各不扶结状,具由造册并画图贴说,候本院亲覆踏勘施行等因。蒙此各道依,蒙会同汪郎中、陈主事,督率各该委官及添委兖州府管河同知王恒、东昌府管河通判王问、东平州同知李钥、邹县知县何继曾、单县知县陈嘉谟、鱼台县知县魏朝相、城武县知县林嘉谟、寿张县典史谢廷金、阳谷县典史李伸、张秋镇巡检张献策,分投踏勘丈量,具结造册,画图贴说,仍行莫知府会同各官议拟停当,具由呈报去后,续据各官呈,将踏勘过安山、南旺二湖各周围堤界里步,并高阜地亩,湖内水面平阔浅深,各数目造册画图,具结呈报。各道会同工部管河汪郎中,管闸陈主事、王主事,看得安山、南旺二湖原系济运水柜,历年淤淀,湖边渐成高阜之地。正德年间,屡为邻湖居民盗种,嘉靖二十年,因河道浅涩,钦差兵部侍郎王以旗督治漕河,清查水柜,居民盗种之地悉夺还官,周围筑堤以严湖禁,迄今遵守。今据各官丈勘,二湖除洼下见成水柜者,安山湖二百一十余顷,南旺湖七千三百三十余顷。其高阜之地,水所不到处所,堪以承佃者,二项共四百三十余顷,俱系水柜之地,似难轻议。但近奉勘合议,令召佃,亦今日济边重务,况地本膏腴,弃之不无可惜,而水柜无妨,利运济边,并行不悖,情似可通。所据各官会议,暂令邻湖居民佃种,照亩纳银,似亦可从。其颓缺湖堤,责令管河官照旧修筑,佃地之内,悉系水柜,或植树株,或立石界,明立湖防,不必再筑小堤,以生劳费。此后敢有侵占盗决,有妨水柜者,俱照先年禁例问遣。将来万一河患不测,照旧查复还官,不得指为世业。其湖中苇草鱼虾菱芡之类,一向听民采取,利益甚多,未曾征税。今议立法量征课税,以解户部,亦足少补边饷之用。缘事体重大,各官未敢擅专,开详到臣。据此,案照先为前事准户部咨,“准户部咨”以下至“钦此”似与主题关联不紧,疑为错简。该吏部尚书吴鹏条陈,该户部等衙门会议题覆,奉圣旨:这会议无甚为国忠实,各驿成造铺陈费多,徒资侵克,各省解送两京历日以充私馈,都著停革,户部备行各该巡按御史,将二项岁派银两查明数目,限三个月以里尽行解用,裁省座船马匹,禁革冒滥关文,兵部详议来说。按察司知印军官立功,并军民人等充军,纳银赎罪不准,其余依拟行。各项银两著各该抚按官查取征解,不许延误,钦此。咨臣将山东南旺、安山一带水柜退出余田查勘应起科者,照亩起科,应变卖者,估价变卖,子粒价银作速解部,接济边饷等因。准此,就经案行山东布政司,会同守巡兵备各道委官,将前项湖地高阜去处逐一丈踏,及行管北河郎中汪泓、管南旺泉闸主事陈南金,各召人承买佃种去后，随据郎中汪泓、主事陈南金册揭开报，召过山东兖州府，东平、汶上等州县，止有承佃人户蒋恩、孙自成等一千一十一名，共认过地一百二十四顷七十二亩七分，各数目缘由前来案候，布政司委官丈踏缘由未报。又该臣催行守巡东兖道右参政王应钟、佥事姜廷颐并曹濮兵备兼管河副使谢彬，督率兖州府知府、同知、通判等官莫如善、黎天启、郑尽忠等，各亲诣前项湖地丈踏明白，据各会呈前因。除臣将盗种盗决为首人犯南海拿问，及行郎中汪泓查究，并将湖堤补筑外，该臣议得经国之大计莫重于漕运，而理漕之要务莫重于河渠。今南旺、安山二湖议欲变卖召佃，臣已钦遵施行，似亦可以无言矣。然以愚臣过虑，此事若行，未见其利。谚谓：耕当问奴，织当问婢。以彼所职守算计亲切，不误耕与织也。今臣所职者，河漕之事也。河漕所以久行而无废者，水柜之力也。臣是以昼度夜思，诚有隐忧，过计而不能已于言也。今据各官所议，欲要将低洼贮水、高阜召佃一节，不过以边饷缺乏，已经会议，为此两全之说耳。以臣愚计，似亦非便。臣请究始终得失之故言之：凡筹国家之事者，当论其大，不当论其细。而变已成之业者，当先其害，然后计其利。臣惟国家建都幽燕，抚镇方夏，而百司庶府供亿之繁，六军万姓仰给之众，非资藉东南不可也。胜国时漕运所从之道，一由江入淮，溯河至封丘县，陆运一百八十里入卫河，以达于京，为力甚艰而输挽不多。一由海运抵直沽，转漕而北。然考《元史》：岁有漂流，而溺损漕卒，不啻数万，终以海运未便，而会通河之议起矣。会通河者，今济宁漕河是也。元虽创开，未究其用，此殆天所以资我国家亿万年无穷之利者也。臣考国初亦藉海运，岁入不过七十万石。永乐十三年，尚书宋礼、平江伯陈瑄经营会通河成，而海运始罢。漕河至今为利，每年四百万石之外，远迩方物，商民货赇，千艘万舸，连樯接柁，昼夜牵挽，以实京师。我圣天子端拱于天下之上，国家奠安于亿万年之久，不大有赖于漕河通利之力哉！盖陆运难辛而不可以多致，海运倾险而不可以必获。惟兹漕河之通，则用力省而取利博。而当时经营之臣为谋远而立法备，贵在后人能世守之耳。宋礼、陈瑄经营漕河既已成绩，乃建议请设水柜以济漕渠，在汶上曰南旺湖，在东平曰安山湖，在济宁曰马场湖，在沛县曰昭阳湖，名为四水柜。水柜即湖也，非湖之内别有水柜也。漕河水涨则减水入湖，水涸则放水入河，各建闸坝以时启闭。故问刑条例一款，凡故决盗决山东南旺湖、沛县昭阳湖、蜀山湖、安山积水湖各堤岸，为首之人发附近卫所，系军调发边卫各充军，此见在《条例》可考。仰测累朝严禁之意，岂不知各湖可蠲以与民，以取征赋之入哉。盖以利有大于此，虑有远于此者，不可以小害大、以近妨远也。昔人云：事有烦而不可省费而不得已者，正今日湖地之谓耳。臣近巡历泰安、宁阳等处，切见漕河所资，止泰山诸泉。自新泰、莱芜等县经流汶上，故曰汶河。虽以河名，而实诸泉之委汇也。然诸泉之水浚则流，不浚则伏，雨则盛，不雨则微。故汶河至南旺分流南北，则水势益少，非有闸座以时蓄泄，则其涸可立而待也。每年春夏之交，天旱水涸，而阿城、七级之间，如置水堂坳之上，舟胶而不可行，非借安山等湖之水以济牵挽，即进鲜船只亦不能依限入京矣。故宋礼诸臣议设水柜者，诚有见于此耳。计今一百六十七年，为国家久长之利，岂其微哉？今四湖具在，而昭阳湖因先年黄河水淤，平漫如掌，已议召佃，而安山、南旺、马场等湖，夏秋水发则水俱弥满，足以济运。惟先年安山、南旺二湖不知始自何时，被人掘堤盗种，认纳子粒，以致湖干水少。民又于安山湖内复置小水柜以免淹没，遂致运道枯涩，漕挽不通。嘉靖十二三等年，加以黄河南徙，两洪益涩。其时在朝诸臣讲海运则迷失其故道，修胶莱河又徒费而不成。上廑皇上宵旰之忧，敕遣兵部侍郎王以旂往视漕河，并为经理，以旂至此访究弊源，建议修复官湖，筑堤岸，建水门闸座，以图永久。素尝盗种决堤之民尽行问遣驱逐，不许佃种以启弊端。题奉钦依施行，迄今漕河无阻。然侍郎王以旂请复官湖之意，岂有仇于民而不知认纳子粒之为利哉？以国家漕河之便，有大于子粒之利，百姓固可恤，而漕河失利尤可虑也。然自官湖议复后，而东平、汶上之民垂涎湖地，何尝一日忘情耶？今据各官开报之数，湖中水落露出高阜地土止四百四十三顷，非不可以召人佃种，但成事不可破，巨防不可开，且小民奸顽日甚，惟欲利己，罔知国法。顷者议复官湖已尝，惩怆恬不知畏，若再奉例召令种办子粒，则将一家开报，数名占种，不计顷亩，遇水发入湖恐伤禾稼，必尽决堤防以满其望。是所名水柜者，将来为一望禾黍之场耳。而河漕何所赖哉！今山东地方邹、滕、沂、费、泰安等州县，即东平、汝上之间抛荒地土，不知几千百万顷，即安山湖外荒地亦不知几千百顷，而东平、汶上之民必欲舍彼而取此者，以民田纳粮养马当差，宁抛弃而不顾。湖地止认纳子粒，更无别差，期必种而后已。况未必皆贫困之民也。昔东平州民益以安山湖地投献德府，隐占地亩,莫能谁何。后被查出,方归于湖。且安山湖旧称延袤百里,今止量七十三里,以此推之,宁望其办纳子粒保全湖堤耶?今据郎中汪泓、主事陈南金召佃过人数计算,每亩照今例五分,止得银六百两有奇。若尽湖中高阜地,止得二千二百两有奇。亦非有大利也。今每年河漕转输四百万石之外,输将于京师者,又不知几千百万焉,则其利孰多孰寡,而京储与边饷孰重孰轻,此不待较而知也。况既以有损于漕河而取之差民,宁又复以计微利而仍与之耶?万一湖水告竭,漕河失利,臣恐所得不偿所失,而其为费又不知其几。往年山东议开胶州河,布政司即议费银六十万两,又未必其能成也。今之欲种湖地者,乃倡为水入而不能出之说。臣近亲历各湖,湖高于河殆六七尺,春夏水涸,每借各湖之水以济河漕。况各湖原备水车各三百五十辆,若遇盛旱亦令车水以济,奚谓入而不出乎?臣又览观地势,询访民谣,湖柜之设不但漕河有利,而于庶民亦有赖焉。盖泰山迤西地渐洼下,每夏秋水发俱奔注此中。宋末,嘉祥、鉅野、曹、濮、寿张之间遂成巨浸,是以有梁山水泊之乱。今东平去梁山不远,而水既入湖,湖外皆纳粮民田也。若堤防湖废,则水将漫衍淹没,而嘉祥、鉅野、曹、濮、寿张之间又成巨浸矣。是所利者止数百家,而所害者将几千百万家及数州县也。事有召衅,法有启奸,不尤可虑乎?此就其害于下者言之耳。若湖废河干,漕运不通,其所关系尤重且大,又不可不深虑也。盖今之漕河,譬则人之咽喉也,咽喉少塞则百体受病,倘漕河少阻,运饷不继,则京师六军万姓百司庶府何所仰给?至此时而欲再夺民已种之田,追咎臣不言之罪,亦何及哉?况今修复朝殿,大木运行,所需水利,虽涓滴亦令入河,宁止数湖而已?是以臣昼度夜思,自顾职守而不能已于言也。但查议复官湖之后,盗种之民已逐而复入,盗决之堤虽筑而未竟,方欲渐次修补以为善后之图,所宜汲汲从事者,而又何以召佃为哉!伏望皇上轸念漕河重事,留神省察,乞敕工部再加详议,如谓召佃可行,乞另行山东抚按衙门会同巡河御史再加计议,务使处置得宜,不为他日漕河之害,方可施行。如谓既已议复,难再召佃以误国计,仍行臣严行管河郎中、主事及该府州县管河等官,查照先年侍郎王以旗建议事理,逐一举行,应补堤岸逐一补筑,务令坚固,堪以积水。盗种顽民尽行逐出,仍照各官所议设立铺夫老人看守,或有应动钱粮,另行题请,庶几一劳永逸,可垂永久,漕河有惠矣。及照各湖渔苇之利,自设湖以来,一向任民采取,习为故常。今各官议欲征税,似亦可助国课,但湖地既禁而不与,而又议分其利,小民顽犹恐有不堪。然采取任民,官不为制,则强弱相争,或生弊端,亦未稳当,应否征收,通乞详议,以便施行。缘系乞留积水湖柜以济漕河事理,未敢擅便。为此,谨题请旨。】

卷之九·漕议略

渠有变迁,法有得失,世有因革,然后臆见出而议生焉。议成而君行之谓之命,否则空言也。是故议之通塞存乎上,政之利害系焉。诗曰:“询于刍荛。”孔子曰:“多闻而识之,知之次也。”乃辑《漕议略》。

《禹贡》冀州:夹右碣石入于河。兖州:浮于济、漯,达于河。青州:浮于汶,达于济。徐州:浮于淮、泗,达于河。扬州:沿于江、海,达于淮、泗。荆州:浮于江、沱、潜、汉,逾于洛,至于南河。豫州:浮于洛,达于河。梁州:浮于潜,逾于沔,入于渭,乱于河。雍州:浮于积石,至于龙门西河,会于渭汭。

【朱子曰:冀州三面距河,其建都实取转漕之利、朝会之便。故九州之径,皆言达河,以纪其入帝都之道。

丘氏曰:《禹贡》于各州之下,列“贡赋”之后而叙其各州之水达河之路,达于河,即达京师也。然当时贡赋皆驾舟筏浮水路以达于河,盖亦后世漕运之法也,但未明言其为漕耳。然叙水路于“贡赋”之后,每州皆同,意自可见也。】

汉兴,高祖时漕运山东。

【张良曰:关中阻三面而固守,独以一面东制诸侯。诸侯安定,河、渭漕挽天下,西给京师。诸侯有变,顺流而下,足以委输。

按:此秦犹为行师,至良所论,乃给国都也。】

孝文时,贾谊上疏。

【其略曰:天子都长安,而以淮南东道为奉地。镪道数千,不轻致输,乃或越诸侯,而遂调均发征,至无状也。古者天子地方千里,中之而为都,输将繇使远者不在五百里而至;公侯地百里,中之而为都,输将繇使远者不在五十里而至;输者不苦其繇,繇者不伤其费,故远方人安。及秦,不能分人寸地,欲自有之。输将起海上而来,一钱之赋,数十钱之费,不轻而至也。上之所得甚少,人之所苦甚多也。

按:此汉都关中,固已资淮南以为奉地,不特唐、宋以来然也。】

元光中,大司农郑当时议开漕渠。

【吕祖谦曰:汉初高后文景时,中都所用者省,岁计不过数十万石而足。是时,漕运之法亦未讲也。到得武帝,官多徒役众,在关中之粟四百万犹不足以给之,所以郑当时议开漕渠,引渭入河,盖缘是时用粟之多,漕法不得不讲。

官多而不切于用者,可以减其冗员;徒役众而无益于事者,可以省其冗卒。如是则食粟者少,食粟者少则可以省岁漕之数。漕数日省,则国用日舒,民力日宽矣。丰国裕民之策莫先于此。】

绥和二年,诏求能浚川疏河者。据《汉书·沟洫志》校。

贾让奏言,其略曰:治河有上、中、下策。古者立国居民,疆里土地必导川泽之分,度水势所不及,大川无防,小水得入陂障,卑下以为污泽,使秋水多得其所休息,左右游波宽缓而不迫。夫土之有川,犹人之有口也。治土而防其川,犹止儿啼而塞其口,岂不遽止?然其死可立而待也。故曰:善为川者决之使行,善为民者宣之使言。盖堤防之作,近起战国,壅防百川,各以自利。齐与赵魏以河为境,赵魏濒山,齐地卑下,作堤,去河二十五里,河水东抵齐堤,则西泛赵魏。赵魏亦为堤,去河二十五里,虽非其正,水尚有所游荡,时至而去,则填于肥美,民耕田之,或久无害。稍筑宫宅,遂成聚落。大水时至漂没,则更起堤防以自救。稍去其城,排水泽而居之,湛溺自其宜也。今堤防狭者去水数百步,远者数里,于故大堤之内复有数重民居其间,此皆前世所排也。河从河内黎阳至魏郡昭阳,东西亘有石堤,激水使环,百余里间,河再西而东,迫阨如此,不得安息。余行上策,徙冀州之民当水冲者,决黎阳遮害亭,放河使北入海,河西薄太山,东薄金提,势不能远,泛滥期月自定。难者将曰:"若如此,败坏城郭、田庐、冢墓以万数,百姓怨恨。"昔大禹治水,山林当路者毁之,故凿龙门,辟伊阙,折砥柱,破碣石,堕断天地之性,此乃人功所造,何足言也?今濒河十郡,治堤岁费且万万,及河决,所残无数。如出数年治河之费,以业所徙之民,尊古圣之法,定山川之位,使神人各处其所而不相干。且以大汉方制万里,岂其与水争咫尺之地哉?此功一立,河定民安,千载无患,故谓之上策。若乃多穿漕渠于冀州地,使民得以溉田,分杀水怒,虽非圣人之法,然亦救败术也。可从其口以东为石堤,多张水门,其水门但用土木。今作石堤,势必完安。冀州渠首尽当仰此水门,旱则闭东方下水门溉冀州,水则开西方高水门分河流。通渠则填淤,加肥禾麦,更为杭稻,转漕船便,此三利也。民田适治,河堤亦成,此诚富国安民,兴利除害,支数百岁,故谓之中策。若乃缮完故堤,增裨浅薄,劳费无已,数逢其害,此最下策也。】

永初七年,安帝调滨水县谷输敖仓。虞诩为武都太守,先是运道艰险,舟车不通,驴车具载,僦五致一。诩乃自将吏士卒行川谷数十里,中皆烧石剪水,开漕搬道,以人僦直,雇借佣者,于是水运通利,岁省四十余万。

魏齐王正始四年,司马宣王使邓艾行陈颍以东至寿春。艾以为田渠水少,不足以尽地利,益开河渠及通漕河之道,可以大积军粮。宣王从之,乃开广漕渠。东南有事,兴众泛舟而下,达于江淮,资食有储而无水害,艾所建也。

晋谢玄为前锋都督,既平兖州,玄患水道险涩,粮运艰难,用都护闻人奭谋,堰吕梁水,树栅立七埭为派,拥二岸之流,以利运漕,自此公私利便。

石季龙谋伐昌黎,遣渡辽,曹伏将青州之众,渡海戍蹋顿城,无水而还,因戍于海岛。运谷三百万斛以给之,又以船三百艘运谷三十万斛诣高丽。季龙将讨慕容皝,具船万艘,自河入海,运谷豆千百万斛于安乐城,以备征军之调。

隋文帝开皇三年,以京师仓廪尚虚,议水旱之备,诏于蒲、陕、豸虎、熊、伊、洛、郑、怀、邵、卫、外、许、汝等水次十三州,置募运米丁。又于卫州置黎阳仓,陕州置常平仓,华州置广通仓,转相灌注,漕关东及汾晋之粟,以给京师。又遣仓部侍郎郭韦瓒于蒲、陕以东募人,能于洛阳运四十石经砥柱之险达于常平者,免其征伐。其后以渭水多沙,流有浅深,漕者苦之。四年,诏宇文恺率水工凿渠,引渭水自大兴城东至潼关三百余里,名曰“广通渠”,转运通利,关内赖之。七年四月,于扬州开山阳渎,以通漕运。

唐玄宗开元十八年,朝集使、宣州刺史裴耀卿上便宜裴耀卿“漕议”,据《旧唐书·食货志》校。曰:“江南户口稍广,仓库所资,唯出于租,更无征防。缘水陆遥远,转运艰辛,工力虽劳,仓储不益。窃见每州所送租及庸调等,本州正月、二月上道,至扬州入斗门,即逢水浅,已有阻碍,须停当一月以上。三月、四月以后,始渡河入汴。河干浅,又停留至六、七月,始至河口,即逢黄河水涨,不得入河。又停一两月,待河水小,始得上河入洛。停滞日多,得行日少,粮食既皆不足,欠折因此而生。又江南百姓不习河水,皆转雇河师水手,更为损费。伏见国家旧法,往代成规,择制便宜,以垂长久。河口元置武牢仓,江南船不入黄河,即于仓内停贮。县置洛口仓,从黄河不入漕洛,即于仓内安置。爰及河阳等仓,节级取便,例皆如此。水通则随近运转,不通即且纳在仓。不滞远船,不忧欠耗,比于旷年长运,利便十倍。今若且置武牢、船口等仓,江南船至河口,即还本州,更得其船充运。并取所减脚钱,更运江淮及造义仓,每年剩得一二百万石,即数年之外,仓原转加。其江淮义仓,多为下湿,不堪久贮,若无船运,三两年色变,即给贷费散,公私无益。”耀卿为京兆尹,京师雨水,谷价踊贵,奏曰:“宜省庶司扈从,令诸州及三辅先有所贮,且随见在发重臣分道赈给,计可支一、二年。徙东都,广漕运,以实关辅。待稍充实,车驾西还,即事无不济。人以国家帝业,本在京师,万国朝宗,百代不易之所。但为秦中地狭,收粟不多,倘遇水旱,便即匮乏。往者贞观、永徽之际,禄廪数少,每年转运不过一二十万石,所用便足,以此车驾少得安居。今宁平日久,国用渐广,每年陕、洛漕运数倍于前。少有饥乏,降诏哀矜,躬亲支计,救其危急且犹不及。陛下幸东都,以就储积,为国大计,不惮劬劳,皆为下人而行,岂是故欲来往?若能更广陕运,支入京仓,廪常有三二年,即无忧水旱。今日天下输丁若有四百万人,每丁出钱百文充陕洛,五十文充营窖等用,贮纳司农及河南府、陕州以充其费,租米则各随远近,任自出脚送纳。若能开充漕计,变陆为水,则所支有余,动盈万计。且江南租船所在,候水始敢发进,吴人不便河漕,由是所在停当。日月既淹,遂生隐盗。臣请于河口置一仓,纳江东租米,便于船回。从河口即分入河、洛,官自雇船,在运者至三门之东置一仓。既属水险,则于河岸傍山车回运十数里,至三门之西,又置一仓。每运至仓,即船下贮纳。水通既运,水细便止。渐至太原仓,溯河入渭,更无停留,可省巨万。巨常任济、宣、冀等二州刺史,询访故事,隋亦在京师沿河皆有旧仓,所以国用常赡。若以此行,用利便实深。”帝入统,寻以耀卿为黄门侍郎、同中书门下平章事。敕郑州刺史及河南少尹萧照,自江淮至京以来险古仓节级贮纳,仍以耀卿为转运使。始置河阴县、河清县,置柏岸仓,三门北山十八里陆行,以避湍险。自江淮西北溯鸿沟,悉纳河阴仓,自河阴候水调浮漕送含喜仓,又取晓习河水者递送纳于太原仓,所谓北运也。自太原仓浮渭,以实关中。凡三年运七□百万石,省脚三十万贯。耀卿罢相后,缘北运险涩,颇有欺隐,议者又言其不便,停费。

代宗广德二载,刘晏领漕事。

【丘氏曰:自古称善理财者,首刘晏。然晏岁运之数止百一十万石尔。然当时运夫皆是官雇,而所用佣钱皆以盐利,非若今役食粮之军,多加兑以为费也。今米石加兑五六,是民之纳租名一石者出石五六斗,田之起科名三升者加一升半。且军在卫所,既支月粮,及上运人有行粮之给,而一夫岁运不过三十石,通其所加免及所支给者而计之,则多于所运之数矣。盖费一石有余而得一石也,而舟船之费不与焉。又,晏所造歇艎支江船二千艘,每船受千斛,十船为一纲,每纲三百人,篙工五十人,则是三百五十人,驾十船运米一万石。较之今日十人驾一船,一船载米三百石,通三十船运米九千石,其人少五十,其米少一千,而不甚相远也。惟所谓囊米之说,今日尚有未行。纲米所以耗损,运卒所以困毙者,坐此故也。史谓晏转运粟百一十万,无斗升溺,然当时未闻有加兑也。其所费乃大江大河,而又随处转运,非但若今长运于窄浅之漕渠者,何以能无溺哉?况今加兑浮于所运之半,而岁岁有所损溺,官军陪偿,举债鬻产,无有已时,所以然者,正坐剥浅之费广,挨次之日多,不幸而沈溺,颗粒无余也。为今之计,宜如刘晏之法,所运之米,皆以囊盛,遇河浅涩,暂舁岸上,过浅而复舁归舟。或分载小舟以过浅,亦有包封不致散失。不幸而沈溺,捞而出之,不致全失，纵有浥烂，亦可他用也。说者若谓囊米恐舟浅不能受，夫既实满，艎中宜加之艎板，之上护以竹簟、苇席，以蔽雨水。其后船毁再造，量加大之可也。然则米皆用囊，如费将益多何？夫囊以布为之，可用数年，有山处可用竹篾，近江处可用蒲苇，其所费所失亦为省矣。】

德宗贞元四年，李泌奏言。

【其略曰：江淮漕运，自淮入汴，以甬桥为咽喉，地属徐州，邻于李纳。若纳一旦复有异图，窃据徐州，则失江淮矣。请徙张建封镇徐州，割濠、泗以隶之，则淄、青惕息，而运路常通，江淮安矣。上从之。

今徐州设兵备亦类此。】

八年，中书侍郎陆贽奏请减京水运储蓄军粮事宜状。

【其略曰：盖寡闻见而不达时宜者，则曰"国之大事不计费损，故承前有'用一斗钱运一斗米'之言，虽知劳烦，不可废也"。习近利而不防远患者，则曰"每至秋成之时，但令畿内和籴，既易集事，又足劝农，何必转输，徒耗财赋"。臣以两家之论，互有短长，各申偏执之怀，俱昧变通之术，其于事理可得粗言。夫聚人以财，而人命在食，封制国用，须权重轻，食不足而财有余，则弛于积财而务宝仓廪；食有余而财不足，则缓于积食而啬于货泉。若国家治安，钱谷俱富，烝黎蓄息，力役靡施，然后恒操羡财，益广漕运，虽有厚费，适资贫人，三者不失其时之所宜，则轻重中权而国用有利矣。开元、天宝之际，承平日久，财力阜殷，禄食所颁，给用亦广，所以不计靡耗，励赡军储，至使流俗过言有'用一斗钱运一斗米'之说。然且散有余而备所乏，虽费何害焉？斯所谓操羡余以广漕运者也。贞元之始，巨盗初平，太仓无兼月之储，关辅遇连年之旱，而有司奏停水运，务省脚钱，至使郊畿之间烟火殆绝，都市之内馁殍相望，斯所谓睹近利而不防远患者也。近岁关辅之地年谷屡登，数减百姓税钱，许其折纳粟米。公储委积足给数年，田农之家犹困谷贱。今夏江淮水潦，漂损田苗，凡与常时米贵加倍，甿庶匮乏，流庸颇多。关辅以谷贱伤农，宜加价籴谷以劝稼，谷贵民困，宜减价粜米以救灾。今宜籴之处则无钱，宜粜之处则无米，而又运彼所乏，益此所余，斯所谓习见闻而不达时宜者也。今淮南诸州，米每斗当钱一百五十文，从淮南转运至东渭桥，每斗船脚又约用钱二百文，计运米一斗，总当钱三百五十文。其米既糙且陈，尤为京邑所贱。今据有司月估，每斗只粜得钱三十七文而已，耗其九而存其一，馁彼人而伤此农，制事若斯，可谓深失矣。顷者，每年从江南、湖南、浙东、浙西、淮南等道都运米一百一十万石，送至河阴，其中减四十万石留贮河阴仓，七十万石送至陕州，又减三十万石留贮太原仓，唯余四十万石送赴渭桥输纳。臣详闻河阴、太原等仓留贮之意，盖因往来虫、旱，关辅荐饥，当崔造作相之初，征元琇罢运之失，遂请每年转运米一百万石以赡京师。北至中途，力殚岁尽，所以节级停减，分贮诸仓。每至春水初通，江淮所搬未到，便取此米入运，免令停滞舟船。江淮新米至仓，遂复留纳填数。轮换贮运，颇亦协宜，不必每岁加搬，以增不及之费。所司但遵旧例，曾不详究源山。运米七年，积数滋广。臣近勘河阴、太原等仓，见米犹有三百二十余万石，河阴一县所贮尤多，仓廪充盈，随便露积，旧者未尽，新者转加，岁月浙深，耗损增甚。纵绝江淮输转，且运此米入关，七八年间计犹未尽。况江淮转输，搬次不停，但恐过多，不虑有阙。今岁关中之地，百谷丰成，京尹及诸县令频以此事为言，忧在京米粟太贱，请广和籴，以救农人。臣今计料所籴多少，皆云可至百余万。又，定量定所籴估价，通计之诸县贵贱，并雇船车至太仓，谷价约四十有余，米价约七十以下，此则一年和籴之数，足当转运二年。一斗转运之资，足以和籴五斗，比较即时利害，运务且合悉停。臣窃虑运务若停，则舟船无用。舟船无用，则坏烂莫修。倘遇凶灾，复须转漕，临时鸠集，理必淹迟。夫立法裁规，久必生弊，经略之念，始虑贵周，不以积习害机宜，不以近利隳永制，不费功于当代，不流患于他时，虑远防微，是其均济。臣今所献，庶近于斯。减所运之数以实边储，存转运之务以备时要，其于详审，必免贻忧。旧例从江淮诸道运米一百一十万石至河阴，来年请停八十万石，运三十万石。旧例从河阴运米七十万至太原仓，来年请停五十万石，运二十万石。旧例从太原仓运米四十万石至东渭桥，来年请停二十万石，运二十万石。其江淮所停运米八十万石，请委转运使于漕水州县，每斗八十价出粜，计以糙米与细米分数相接之外，每斗犹减时价五十文以救贫乏，计钱六十四万贯。如节级所减运脚，计得六十九万贯，都合得钱一百三十三万贯。数内请支二十万贯付京兆府，令于京城内及东渭桥开场，和籴米二十万石，每斗与钱一百文，计加时估价三十以上用利农人。其米便于东渭桥及太原仓收贮，充填每年转漕四十万石之数并足,余尚有钱一百一十三万贯文以供边镇和籴。臣已令度支巡院勘问诸军州米粟时价,兼与当管长吏商量。今计见垦之田,约定所籴之数,得凤翔、泾陇、邠宁、庆鄜、坊丹、延夏、绥银、灵盐、振武等道,良原、长武、平凉等城报,除度支旋籴供军之外,别拟储备者,计可籴得粟一百三十五万石。其临边州县各于当处时价之外更加十倍,其次每十分加七分,又其次每十分加五分,通计一百三十五万石,当钱一百二万六千贯文,犹合剩钱十万四千贯,留充来年和籴。所于江淮籴米及减运米脚钱,诸并委转运使便折市绫绢絁绵四色,即作搬送赴上都。边地早寒,敛藏向毕,若待此钱送到,即恐收籴过时。请且贷户部别库物充用,本色续到,便令折填其所贷户部别库物,亦取绫绢絁绵四时,并依平估价,务利农人。仍取度支官蓄及车均融搬送,请各委当道节度及当城兵马使与监军中使并度支和籴巡院官,同受领使计会和籴,各量人户垦田多少,先什价值立限纳粟,不愿粜者亦勿强征。其有纳米者,每斗六升折粟一斗,应所籴得米粟,亦委此三官同检核,分于当管城堡之内,拣择高燥牢固仓窖等收纳封闭。仍以贮备军粮为名,非缘城守绝粮及承别敕处分,并不得辄有支用。待收籴毕,具所籴数并收贮处所闻奏,并报中书门下。总计贮备粟一百三十五万石,是十一万二千五百人一年之用。来秋若遇顺成,又可更致百余万石。边蓄既富,边备自修,以讨则有赍,以守则可久,以加兵则不忧所至乏食,以敛籴则不为贪将所邀。饫疆保境者,得以遂其谋,憝国跳军者,无所辞其罪,是乃立武之根柢,安边之本源,守土庇人莫急于此。倾公藏而发私倩,犹当悉力以务之。况今不扰一人,无废百事,但于常用之内收其枉费之资,百万赢粮,坐食边鄙,又有劝农赈乏之利存乎其间,此盖天锡陛下攘戎狄而安国家之时,不可失也。

按:此因岁丰俭权其轻重,亦或可行之。】

论汴水疏凿之由。

【张洎曰:禹导河自积石至于龙门,南至华阴,东至砥柱,又东至于孟津,东过洛汭,至于大伾,即今成皋山是也,或云黎阳山也。禹以大河流泛中国,为害最甚,乃于具丘疏二渠,以分水势:一渠自舞阳县东,引入漯水,其东北流至千乘县入海,即今黄河是也;一渠傍西山,以东水势不便流溢,夹右碣石入于渤海。《书》所谓"北过泽水,至于大陆",泽水即浊漳,大陆则邢州钜鹿荥泽。"播为九河,同为逆河入于海"。河自魏郡贵乡县界分为九道,下至沧州合为一河。言逆河者,谓与河水往复相承受也。齐桓公塞以广田居,唯一河存焉,今其东界至苍梧河是也。禹及于荥泽下分大河为阴沟,引注东南,以通淮、泗。至大梁浚仪县西北复分为二渠:一渠元经阳武县中牟台下为官渡水;一渠始皇疏凿以灌魏郡,谓之鸿沟。莨菪渠自荥阳五出池口来注之,其鸿沟即出河之沟,亦曰莨菪渠。汉明帝时,乐浪人王景、谒者王吴始作浚仪渠,盖循河沟故渎也。渠成,流注浚仪,故以浚仪县为名。灵帝建宁四年,于敖城西叠石为门,以遏渠口,故世谓之石门。渠东合济水,济与河、渠浑涛东注,至敖山北,渠水至此又兼邲水,即《春秋》晋、楚战于邲。邲又音"汳",即"汴"字,古人避"反"字,改从"汴"字。渠水又东经荥阳北,旃然水自县东流入汴水。郑州荥阳县西二十里三皇山上,有二广武城,二城相去百余步,汴水自两城间小涧中东流而出,济源自兹乃绝。唯汴渠首受旃然水,谓之鸿渠。东晋太和中,桓温北伐前燕,将通之,不果。义熙十三年,刘裕西征姚秦,复浚此渠,始有湍流奔注,而岸善溃塞,裕更疏凿而漕运焉。隋炀帝大业三年,诏尚书左丞相皇甫谊发河南男子百万开汴水,起荥泽入淮千余里,乃为通济渠。又发淮南兵夫十余万开邗沟,自山阳至于扬子江三百余里,水面阔四十步,而后行幸焉。自后天下利于转输。昔孝文时,贾谊言:汉以江淮为奉地,谓鱼、盐、谷、帛,多出东南。至五凤中,耿寿昌奏:故事,岁增关东谷四百万斛以给京师,亦多自此渠漕运。唐初,改通济渠。开元中,黄门侍郎、平章事裴耀卿言:江淮租船自长淮西北溯鸿沟,转相输纳于河阴、含嘉、太原等仓。凡三年,运米七百万石,实利涉于此。开元末,河南采访使、汴州刺史齐澣,以江淮漕运经淮水,波涛有沉损,遂浚广济渠下流,自泗州虹县至楚州淮阴县北十八里合于淮,逾时毕功。既而水流迅急,行旅艰险,寻乃停废,却由旧河。德宗朝,岁漕运江、淮米四十万石,以益关中。时叛将李正己、田悦皆分军守徐州,临涡口,梁崇义阻兵襄、邓,南北漕引皆绝。于是水陆运使杜佑请改漕路,自浚仪西十里,疏其南涯,引流入琵琶沟,经蔡河至陈州合颍水,是秦、汉故道,以官漕久不由此,故填淤不通,若献流培岸,则功用甚寡;又庐、寿之间有水道,而平冈亘其中,曰"鸡鸣山"。佑请疏其两端,皆可通舟。其间登陆四十里而已,则江、湖、黔、岭、蜀、汉之粟，可方舟而至。由是白沙趋东关，经庐、寿，浮颍涉蔡，历琵琶沟入汴河，不复经溯淮之险，径于旧路二千里，功寡利博。朝议将行，而徐州顺命，淮路乃通。至国家膺图受命，以大梁四方所氵奏，天下之枢，可以临制四海，故十京邑而定都。汉高帝云："吾以羽檄召天下兵未至。"孝文又云："吾初即位，不欲出虎符召郡国兵。"即知兵甲在外也。唯有南北军、期门郎、羽林孤儿，以备天子扈从藩卫之用。唐承隋制，置十二卫府兵，皆农夫也。及罢府兵，始置神武、神策为禁军，不过三数万人，亦以备扈从藩卫而已。故禄山犯关，驱市人而战；德宗蒙尘，扈驾四百余骑，兵甲在郡国。额军存而可举者，除河朔三镇外，太原、青社各十万人，邠宁、宣武各六万人，潞、徐、荆、扬各五万人，襄、宣、寿、镇海各二万人。自余观察、团练据要害之地者，不下万人。今天下甲卒数十万众，战马数十万匹，并萃京师，悉集七亡国之士民于辇下，比汉、唐京邑，民数十倍。甸服时有水旱，不至艰歉者，有惠民、金水、五丈、汴水等四渠，派引脉分，咸会天邑，舳舻相接，赡给公私，所以无匮乏。唯汴水横亘中国，西承大河，漕张江湖，利尽南海，半天下之财赋，并山泽之百货，悉由此路而进。然则禹力疏凿以分水势，炀帝开甽以奉巡游，虽数湮废，而通流不绝于百代之下，终为国家之用者，其上天之意乎！】

真宗景德三年，建议自京东分广济河达淮，以吕梁之险罢之。

【丘氏曰：按汴水入河之故迹，自汉明帝时王景修汴渠，而河与汴分流。至晋安时，刘裕伐秦，彭城内史刘遵将水军出石门，自汴入河。隋炀帝自板渚引河历荥泽入汴，又自大梁之东引汴水入泗达于淮。盖汴河旧自荥阳县东，经开封府城内，又东合蔡水，东注泗州入于淮。今蔡河湮没，不知所在，而河则自中牟县入于黄河。今归德、宿州、虹县、泗州一带汴河故堤尚有存者，而河流久绝。所谓入泗达淮者，今无复有矣。是则汉以来漕路，所谓汴船入河者，率由蔡河经泗州入于淮，而吕梁之险，未有以之为运道者。惟晋谢玄淝水之役，堰吕梁水以利运漕，盖潴水以渐用耳，非通运也。宋真宗时赵守伦建此议，又以历吕梁险而竟罢。由是观之，吕梁之险用之以为漕路，始自我朝，引沁水以入于泗，经二洪下会沂河，至清口以汇于淮，合于河。沁水者，源出山西泌州之绵山，旧自武陟县入于河，随河达海。自河南徙之后，沁水乃别自武陟县界东流，经原武、祥符、归德等处至徐州城东北与泗水合，以为今运道云。】

论回河。

【苏辙曰：臣为户部右曹，兼领金、仓二部，任居天下财赋之掌，适当中外匮竭不继之时，日夜忧惶，常虑败事。窃见左藏见缗一月出纳之数，大抵皆五十余万，略无赢余。其它金帛诸物，虽小有美数，亦不足赖。臣之愚怯，常恐天灾流行，水旱作沴；西羌旅距，边鄙绎骚；河议失当，赋役横起。三者有一，人计不支。虽使桑羊、刘晏复生，计无从出矣，而况于臣之驽下乎？今者幸赖二圣慈生恭俭，天地垂贶，诸道秋稼稍复成熟。虽京西、陕西灾旱相接，而一方之患，未为深忧。羌人困穷，旋闻款塞。唯有黄河西议复故道，争之经岁，役兵二万人，蓄聚梢桩等物三千余万。方河朔灾伤困敝之余，而兴必不可成之功，吏民窃叹，劳苦已甚，而莫大之役尚在来岁。天启圣意，灼知民心，特召河北转运司官吏访以得失。近闻回河大议已寝不行，臣平日过忧顿然释去。然尚闻议者出执开河分水之策。观权罢大役，而丘工小役竟未肯休。如此，则河北来年之忧，亦与今年何异？今日小吴决口，入地已深，而孙村所开，丈尺有限，不独不能回河，亦必不能分水。况黄河之性，急则通流，缓则淤淀，既无东西皆急之势，安有两河并行之理哉！纵使两河并行，不免各立堤防，其为费耗，又倍今日矣。臣闻自古圣人不能无过，过而能改，善莫大焉。故君子之过，如日月之食。更也，人皆仰之。朝廷举动，义当如此。今议河失当，知其害人，中道而复，本何所愧？虽使天下知之，亦足以明二圣忧民之深，为之改过不吝。今乃顾惜前议，未肯旷然更张，果于遂非，难于迁善，臣实为朝廷惜之。然臣闻议者初建开河分水之策，其说有三：其一曰，御河湮灭，失馈运之利；其二曰，恩、冀以北，涨水为害，公私损耗；其三曰，河徙无常，万一自处界入海，边防失备。凡其所以荧惑圣聪，沮难公议，皆以三说借口。夫河决西流，势如建瓴；引之复东，势如登屋。虽使三说可信，亦莫如之何矣。况此三说，皆未必然。臣请得具言之。昔大河在东，御河自环、卫经北京，渐历边郡，馈运既便，商贾通行。今河既西流，御河堙灭，失此大利，谁则不知，天实使然，人力何及。若议者能复澶渊故道，则御河有可复之理。今河自小吴北行，占压御河故地。虽使如议者之议，自北京以南折而东行，则御河堙灭已一二百里，亦无由复见矣。此御河之说不足听,一也。河之所行,利害相半,夏潦涨溢,浸败秋田,滨河数十里为之破税,此其害也。涨水既去,淤原累尺,粟米之利,比之他田其收十倍。寄居丘冢,以避淫潦,民习其事,不甚告劳,此其利也。今河水在西,势亦如此,远为堤防,不与之争,正得汉贾逊治河之意。比之故道,岁省民夫甚广。而故道已退之地,桑麻千里,赋役全复,为利不赀。安用逆天地之性,移西流之忧,为东流之患哉?此恩、冀以北涨水为害之说不足听,二也。河昔在东,自河以西郡县,与虏接境,无山河之限,边臣建为塘水,以捍胡马之冲。今河既西行,则西山一带,胡马可行之地无几矣。其为边防之利,不言可知。然议者尚恐河复北徙,则海口出虏界中,造舟为梁,便于南牧。臣闻虏中道河,自北南注,以入于海。盖地形北高,河无北徙之道,而海口深浚,势无徙移。臣虽非目见,而习北方之事者为臣言之,略如此,可以遣使按视圆昼而知,北河入虏界,边防失备之说不足听,三也。臣愿以此三说质之议者,则开河分水之说,诚不足复为矣。又,臣访闻今岁四五月间,河上役兵劳苦无告,尝有数百人持版筑器械,访求都水使者,意极不善,赖防逻之卒拥拒而散。盛夏苦役,病死相继,使者恐朝廷知之,皆于垂死放归本郡,毙于道路者不知其数。若今冬寒冻,来岁春暖,就使兴役,则意外之患复当如前,臣不知朝廷何苦而不罢此役哉?今建议之臣耻于不効,而坚持之于上,左右之臣不顾可否随而和之于下,上下胶固,以罔朝廷。其间正言不避权要者,一人耳。然事非本职,亦不敢尽言。臣以户部休戚计在此河,若复缄,然谁敢言者!惟断自圣心,尽罢其议,则天下不胜幸甚。】

宋神宗熙宁六年,知应天府张方平奏言。

【其略曰:臣窃惟今之京师,古所谓陈留,四冲八达之地,非如函秦天府百二之固。洛宅九州之中,表里山河,形胜足恃。自唐末朱温受封于梁,因而建都。至于石晋,割幽、蓟之地以入契丹,遂与强虏共平原之利。故五代争夺,戎狄乱华,其患由乎畿甸无藩篱之限,本根无所庇也。祖宗受命,规摹毕讲,不远周汉之旧,而梁氏是因岂乐是而处之,势有所不获已者。大体利漕运而赡师旅,依重师而为国家,则是今日之势。国依兵而立,兵以食为命,食以漕运为本,漕运以河渠为上。国初浚河渠三道,通京城漕运,自后定立上供年额,汴河运六百万石,广济河六十二万石,惠民河六十万石。广济河所运,多是杂色粟豆,但充口食马料。惠民河所运,止给太康、咸平、尉氏等县军粮而已。惟汴河所运,一色粳米,相兼小麦,此乃太仓蓄积也。今食于官廪者,不惟三军,至于京师士庶以亿万计,大半待饱于军稍之余。故国家于漕事,至急至重。京大也,师众也,大众所聚,故谓之京师。有食则京师可立。汴河废,则大众不可聚。汴河之于京城,乃是建国之本,非可与区区沟洫之利同言也。近岁已罢广济河,而惠民河斛斗不入太仓。大众之命,惟汴河是赖。近岁陈说利害,以汴河为议者多矣,臣恐议者不已,屡作改更,必致汴河日失其旧。国家大计,殊非小事,惟陛下特回圣鉴,深赐省察,留神远虑,以固基本。

按:此则今日漕河之于京城亦是建都之本。】

元佑间,龙图学士知扬州苏轼奏状。

【其略曰:窃谓欠折之本出于纲稍,贫困之由起于违法收税,若痛行此一事,则期年之间,公私所害去七八,此利害之根源,而其它皆枝叶小节也。若朝廷每闻一事辄立一法,法出奸生,有损无益,则仓部前日所立斗子仓法及其余条约是矣。臣愚欲乞尽赐寝罢,只乞明诏发运使责以亏赢而为之赏罚,假以事权而助其耳目,则馈运大计可得而办也。何谓责以亏赢而为之赏罚?盖发运使岁课当以到京之数为额,不当以起发之数为额也。今者折欠尽以折会价填,而发运使不复包认其数。但得起发数足,则在路虽有万数疏虞,发运使不任其责矣。今诸路转运司岁运斛斗皆以到发运司实数为数,而发运司独以到京及府界实数为额,此何义也?臣欲乞立法,今后运司岁运额斛,计到京欠折分厘以定殿罚,则发运使自然竭力点检矣。凡纲运弊害,其略有五:一曰发运司人吏作弊,取受交怨不公;二曰诸仓专斗作弊,出入斗器;三曰诸场务排岸司作弊,点检附搭住滞;四曰诸押纲使臣人员作弊,减克在夫钱米;五曰在京及府界诸仓作弊,多量剩取,非理曝扬。如此之类皆可得而去也。纵未尽去,亦贤于立空法而人不行者远矣。何谓假以事权而助其耳目?盖运路千余里,而发运使二人止在真、泗二州,其间诸色人作弊,侵扰纲稍于千里之外,则此等必不能去离纲运而远赴诉也,况千里乎?臣欲乞朝廷选差,或令发运使举京朝官两员为勾当,纲运自真州至京,往来点检,逐州住不得过五日,至京及本司住不得过十日,以船为廨宇,常在道路,专切点检。诸色人作弊,杖以下罪,许决徒以上罪,送所属施行。使纲稍使臣人员等常有所赴诉,而诸色人常有所畏忌,不敢公然作弊。以岁运到京数足及欠折分毫为赏罚。行此二者,则所谓人存政举,必有大益。

按:苏轼所陈纲运五弊,切中今日,当职者宜思之。诗曰:"殷鉴不远,在夏后之世。"

宋朝岁漕置仓于真、楚、泗三州,转运至京,而三仓常有数年之储。

臣按:昔人谓宋人以东南六路粟载于真、泗、楚转搬之仓,江船之入,至此而止,无留滞也。汴船之出,至此而发,无复溺也。江船不入汴,汴船不入江,岂非良法欤!臣窃以谓宋人都汴,漕运比汉唐为便易。前代所运之夫,皆是民丁,惟今朝则以兵运。前代所运之粟,皆是转递,惟今朝则是远运。唐宋之船,江不入汴,汴不入河,河不入渭。今日江湖之船,各远自岭北、湖南,直达于京师。唐宋之漕卒,犹有番休,今则岁岁不易矣。夫宋人漕法,其便易也如此,而其回船也,又有载盐之利。今之漕卒,比之宋人,其劳百倍。一岁之间,大半在途,无室家之乐,有风波之险。洪闸之停留,舳舻之冲激,阴雨则虑浥漏,浅涩则费推移,沿途为将领之科率,上仓为官攒之阻滞。及其回家之日,席未及暖,而文移又催以兑粮矣。运粮士卒,其艰苦万状有如此者。食此粮者,可不知其所自哉!臣于盐法条下,既已历陈宋人转搬载盐之法于前,伏乞九重注意,推行其法于今日,少宽士卒之一分。宽一分则受一分赐矣,况其所赐,非止一分哉!】

元以江南运不便,乃通海道,春夏分二运。

【丘氏曰:按海运之制,自秦已有之,而唐人亦转东吴粳稻以给幽燕,然以给边方之用而已。用之以足国,则始于元焉。初,伯颜平宋,命张瑄等以宋图籍自崇明由海道入京师,至至元十九年,始建海运之策。命罗壁等造平底海船运粮,从海道抵直沽。是时,犹有中滦之运,不专于海道也。二十八年,立都漕运万户府,以督岁运至大中,以江淮江浙财赋每岁所办粮充运。自此以至末年,专仰海运矣。海运之道,其初也,自平江刘家港入海,至海门县界,开洋月余始抵成山。计其水程,自上海至杨村码头,比一万三千三百五十里。最后千户殷明略者,又开新道,从刘家港、崇明州三沙放洋,向东行入黑水大洋,巡成山之西至刘家岛,又至登州沙门岛,于莱州大洋入界河。当舟行风信有时,自浙西至京师不过旬日而已。说者谓其虽有风涛漂溺之虞,然视河漕之费,所得盖多。故终元之世,海运不废。我朝洪武三十年,海运粮七十万石至北京。至十二年,会通运七十万石至北京。至十三年,通会河通利,始罢海运。臣考《元史·食货志》论海运有云:民无挽输之劳,国有储蓄之富,以为一代良法。又云:海运视河漕之数,所得盖多。作《元史》者,皆国初史臣,其人皆生长胜国时,习见海运之利,所言非无征者。臣窃以谓自古漕运所从之道有三:曰陆、曰河、曰海。陆运以车,水运以舟,而皆资乎人力。所运有多寡,所费有繁省,河漕视陆运之费省什三四,海运视陆运之费省什七八,盖河漕虽免陆行而人挽,海运虽有漂溺之患而省牵率之劳,较其利害,盖亦相当。今漕河通利,岁运充积,固无资于海运也。然善谋国者,恒于未事之先,而为意外之虑,宁过虑而无不临事之悔。今国家都燕,盖极北之地。而财赋之入,皆自东南而来。会通一河,譬则人身之咽喉也。一日食不下咽,立有死亡之祸。况自古皆是转搬,而以盐为佣值,今则专役军夫长运,而加以兑支之耗。岁岁当运,储积之粮虽多,而征戍之卒日少。食固足矣,如兵之不足何?迂儒过为远虑,请于无事之秋,寻元人海运之故道,别通海运一路,与河漕并行。江西、湖广、江东之粟照旧河运,而以浙西、东湖海一带由海通运,使人习知海道。一旦漕渠少有滞塞,此不来而彼来,是亦思患预防之先计也。舟行海洋,不畏深而畏浅,不畏风而虑礁。故制海舟者,必为尖底,首尾必俱置舵。卒遇暴风,转帆为难,亟以尾为首,纵其所如。若夫占视风候之说,见于沈氏《笔谈》:每日五鼓初起,视星月明洁,四际至地,皆无云气,便可行舟。至于巳时即止,则不与暴风遇矣。中道忽见云起,即便易舵回舟,仍泊旧处,如此可保万全,永无沈溺之患。考宋《朱子文集》,其奏札言:东海路至浙东为近,宜于福建、广东沿海去处招邀米客。《元史》载:顺帝末年,山东、河南之路不通,国用不继。至正十九年,议遣户部尚书贡师泰往福建,以闽盐易粮给京师,得数十万石,京师赖焉。其后陈友定亦自闽中海运,进奉不绝。然则此道若通,闽广之纲运亦可以来,不但两浙也。】

至元二十八年,都水监郭守敬言疏凿通州河。

【丘氏曰:通州陆车元至都城仅五十里耳,而元人所开之河总长一百六十四里,其间置闸坝凡二十处,所费盖亦不赀。况今废坠已久,庆丰以东诸闸虽存,然河流干浅,通运颇难。且今积水潭即今海子在都城中。禁城之内，漕舟既集，无停泊之所，而又分流入大内，然后南出，其启闭蓄泄非外人所得专者。言者往往建请欲复元人旧规，似亦便利。然以臣愚见，陆挽与河运利害略亦相当。必欲复旧，须于城东凿为大潭积水，以为停泊之处。引水自城西入濠，由北转东，潴于此潭。又于分水入城处筑闸，以司启闭。仍于御河南出城壕之道建为巨闸，蓄禁中水，非满溢不启。自庆丰闸以东，每闸一旁皆为月河，以容候闸之舟。如此庶几良便。若恐劳民动众，又不若依旧陆挽之为便。但道路之间，每遇霖雨泥淖，车轿陷没，牛骡踣毙，脚价踊贵。漕卒舟行数月，始得抵陆，而久留多费，艰苦不胜。此建议者悯之，所以咸欲获疏河道。然自永乐乙未开运以来，经今六十余年，率由此路。况其脚费支兑之初，已有加耗。晴干之时，所费良亦不多。为今之计，请于都城之东，官路之旁，择便利处再辟新路一道，或二道，每道约广十丈以上。其旧道专以为官民往来之路，止行小车。其新开者一道，专以通行辇运大车。下而往者从左道，上而来者从右道，不许互行。其道旁，民居不许夹道相向。有欲居者皆许于道旁百步之外，面东西以居。近道卖酒食者，惟许作浮铺。如此，则民居既远，轨辙散行，水易涸，而况易干，运道自然不致深陷。又于中道设一提举司，视卫河例置官一二员，每年委工部官一员提调。将庆丰等闸原设闸夫编为甲乙，专一修理。道途大车入门免其纳钞，就俾于提举司出修路钱若干，收贮在官，以为买砖石佣工作之费。又仰有司拘集车户及牙行人等，从公量定脚价，分为三等，晴干每石若干，阴雨泥泞若干，必使两不相亏，具数奏闻定例。如此则输挽通利，所用不过民出数十顷，可将官地偿之，或给以价，或为之开豁粮租，其视开河之费减数十倍。况河道狭而运舟多，一遇水少，伺候启闭，动经旬日，有妨嗣岁之计。且又每闸设官聚夫，官俸民粮，日有所费。岁岁遣官吏起民夫开挑上源，疏涤壅塞，修筑坍塌，禁民引水灌田，妨民及时耕获，文移工作岁无宁月。愚言万一有可采者，乞下有司计议，止于国计，未必无补。】

元世祖至元二十九年，郭守敬上言水利十有一事。

【其一，欲导昌平县白浮村神山泉过双塔、榆河，引一亩、玉泉诸水入城，汇于积水潭，复东折而南入旧河，每十里置一闸，以时蓄泄。帝称善，复置都水监，命守敬领之，丞相以下皆亲操畚锸为之倡。河自白浮村至通州高丽庄，长一百六十四里，塞泄水缺口十二处，为闸二十有四。置闸之处，往往于地中得旧时砖木，人服其识。逾年毕工，自是免都民陆挽之劳，公私便之。帝自上都还，过积水潭，见舳舻蔽水，大悦，赐名曰“通惠”。】

至元三十年九月，漕司言通州运粮河全仰白、榆、浑三河之水合流，名曰“潞河”，舟楫之行有年矣。今岁新开闸河，引浑、榆二河上源之水，故自李二寺至通州三十余里，河道浅涩。今春夏天旱，有止深二尺处，粮船不通，改用小料船搬载，淹延岁月，故亏粮数。

浚通惠河。

【通惠河，其源出于白浮、瓮山诸泉水也。世祖至元二十八年，都水监郭守敬奉诏兴举水利，因建言疏凿通州至都河，改引浑水溉田，于旧闸河踪迹导清水，上自昌平县白浮村引神山泉西折，南转过双塔、榆河、一亩、玉泉诸水，至西门入都城，南汇为积水潭，东南出文明门，东至通州高丽庄入白河，总长一百六十四里一百四步。塞清水口一十二处，共长三百一十步。坝闸一十处，共二十座，节水以通漕运，诚为便益。从之。首事于至元二十九年之春，吉成于三十年之秋，赐名“通惠”。凡役军一万九千一百二十九，工匠五百四十二，水手三百一十九，没官囚隶百七十二，计二百八十五万工。用楮币百五十二万锭，粮三万八千七百石，木石等物称是。役兴之日，命丞相以下皆亲操畚锸为之倡。置闸之处，往往于地中得旧时砖木，时人为之感服。船既通行，公私两便。先时，通州至大都五十里，陆挽官粮，岁若干万，民不胜其悴，至是皆罢之。其坝闸之名曰“广源闸”。西城闸二，上闸在和义门外西北一里，下闸在和义水门西三步。海子闸在都城内。文明闸二，上闸在丽正门外、水门东南，下闸在文明门西南一里。魏村闸二，上闸在文明门东南一里，下闸西至上开一里。籍东闸二，在都城东南王家庄。郊亭闸二，在都城东南二十五里银王庄。通州闸二，上闸在通州西门外，下闸在通州南门外。杨尹闸二，在都城东南三十里。朝宗闸二，上闸在万亿库南百步，下闸去上闸百步。成宗元贞元年四月，中书省臣言：“新开运河闸宜用军一千五百，以守护兼巡防往来船内奸宄之人。”从之。七月，工部言：“通惠河创这闸坝所费不赀，虽已成功，全籍主守之人上下照略修治。

今拟设提领三员，管领人夫，专一巡护，降印给俸。其西城闸改名会川，海子闸改名澄清，文明闸仍用旧名，魏村闸改名惠和，籍东闸改名庆丰，郊亭闸改名平津，通州闸改名通流，河门闸改名广利，杨尹闸改名溥济。”武宗至大四年六月，省臣言：“通州至大都运粮河闸始务速成，故皆用木，岁久木朽，一旦俱败，然后致力将见，不胜其劳。今为永固计，宜用砖石以次修治。”从之。后至泰定四年始修完焉。文宗天历三年三月，中书省臣言：“世祖时开挑通惠河，安置闸座，全籍上源白浮、一亩等泉之水，以通漕运。今各枝及诸寺观权势私决堤、堰，浇灌稻田，水碾园圃，致河浅，妨漕事，乞禁之。”奉旨：“白浮、瓮山直抵大都运粮河堤堰、泉水，诸人毋挟势偷决，大司农司都水监可严禁之。”】

卷之十·漕文略

制物以利用，用有大小，有始终，有兴革，非文无以载也。漕亘南北数千里，裁成之功非一，于是碑记乃作。夫考文可以知世，德政之所由见也。辑《漕文略》。

…………敕建永通桥碑，李忠文时勉撰，其略曰：

【通州在京城之东，潞河之上。凡四方万里贡赋由水道以达京师者，必萃于此，实国家之要冲也。由州城西行八里许有河，盖京都诸水之会流而下者。河虽不广，而水潦沮洳，每夏秋之交，雨水泛溢，尝架木为桥，或比舟为梁，以通道往来，数易而速坏，舆马多致覆溺，而运输者尤为艰阻，劳费烦扰，不胜其患。内官监太监臣李德等以其事闻上，欲于其地建石桥，乃命司礼监太监臣王振往经度之，《文集》下有“振还奏云：‘此陆运……然欲坚久而不坏，在委任得人。上闻，即’”。命总督漕运都督臣武兴发漕卒，都指挥佥事臣陈信领之，工部尚书臣王卺等会计经费，侍郎臣王永和提督之，又命内官监太监臣阮安总理之。安谓众曰：朝廷迁都北京，建万世不拔之丕基，其要在于漕运实军国所资。而此桥乃陆道之通衢，非细故也，宜各尽乃心，以成盛美。众咸曰：然。于是庀群材，辑众工，诹吉兴役，万夫齐奋，并手偕作，未及三月，而功已就绪。桥东西五十尺，为水道三圈，与平底石皆交互通贯，锢以铁，分水石护铁柱，当其冲。桥南北二百尺，旁皆以石为栏杆。作一牌楼，题曰“永通桥”，盖上所赐名也。又立庙祀河神，而以玄帝镇之。坚壮完固，宏伟盛丽。经始于正统十一年八月二十七日，告成于十一月十有九日。昔文王作台于苑囿，固无预于民事，而民欢乐之，谓其台曰“灵台”。诗人又被之歌咏，传诵无穷。今皇上命建此桥，实所以惠利于人，而人心踊跃欢欣以趋其事者，诚无异乎文王之时，亦何其盛哉！】

直沽接运官德政碑记，贡师道撰，其略曰：

【世祖皇帝定都于燕，使由江河转运，以馈饷，顾岂不可，然而圣朝包六合为一，建丕基于无穷。以中吴水所聚也，稻米出焉。故郎中吴太平禹卿以建漕府，漕府官贵重，当岁春夏运，复于江浙行省奏选宰臣董饷吴下，阖东南郡国粮给京师者，万艘如云，毕集海濒之刘家港。于是省臣漕臣悉斋戒蠲洁，以卜吉于天妃灵慈宫。卜既协吉，乃命漕臣持章秘符，俾率其属纵金鼓以统民，建纛置牙，无敢后先，舟师梢工露趾文身，恋布帕首。共散布于各艘者，每舟不下数十百人，蛮语夷歌，犷心牧牛面，调驯慑伏，本之以恩，齐之以法，龙骧万斛，崔巍如山，才远海壖，仅比一叶，崩腾大浪，天回地桲，鳌吐鲸吸，出没变怪，谓天下之至险，顾不信哉？国家以其事重且难，故于每岁春夏运粮。舟将抵直沽口，即分都漕运官出接运，中书省复遣才干重臣从至海坝，一一交卸，石以万计，其多至数百万。故接运官稍立崖异，辄足为害，矧或从名以较实，骛外以微誉，民将若之何？盖雇募之令出无涯而诛求之责方未已。于是漕民有或剥舟匍匐而归者，有或借贷狼狈而归者。数年之间，漕运倾疲，而国家之粮饷非可暂息。至正六年夏，接运官、奉政大夫、中书、户部员外郎吴太平禹卿皆以宽简布政，于是漕民相与论列其所以敷惠于漕民者，勒金石。】

直沽接运王公董古鲁公去思碑，柳贯撰，其略曰：

【后至元庚辰冬，海运之民倪实等介其府令史王元珪以书来，言曰：世祖皇帝既混一区夏，爰始取道辽海，运米南土，给饷京师。内置漕运使司暨万户府于京畿，外立都漕运万户府于吴会，募民籍名数具舟航以任其事。凡运米以石计，岁三百五十万有奇。每春若夏再运，万户分命僚属，吴会太仓帆恃风径绝洋海运，北抵直沽。漕运万户之在内者亦部置其官，数往翼舟航交受所运，达之京仓。当其归纳授受之际，或失其当,分拿轇轕,狼狈折阅,则海运之民倾资破产以补不足,其患有不能胜者。故朝廷必选官直沽,按临监护,名曰“接运”,监其隐微,辨其枉直,权其授受,砥其平以去其弊。后至元再元之六年,万户何里中宪职春运抵直沽,时兵部郎中济宁王公维干君锡、礼部员外郎董古鲁公元善,又奉命朝省主接运事。米凡至者百七十万石,有司举元所进样以比类,其色泽有不同者,弗受,告于公,二公曰:“郡所进米为样袋二三合耳。使者昼夜驰驿数千里抵京师,风日振薄,无所壅蔽,故能致明洁。若是分运之法,六千石载一舟,气含溟波,蒸盦历暑,色又何能相同?凡以样进者,惧其杂灰糠耳。兹既无是也,色虽不同,苟能饭焉,以充吾饥,受之庸何伤?”或又有以米样蒸热,弗受。公愀然曰:“噫,檐储峙者尚尔,况万斛之舟之所积乎?且民捐躯涉万里不测之渊,出入蛟蜗爪牙间,幸至此,汝弗受,将安往归之?邪徒久逗漫淫,蚕食侵牟,民益困。”有司乃不敢有所言。先是接运官廨毁于延燎,有司僦民居之宏敞者以馆于公,公度其费无从出,乃辞焉。即临清万户府听事以居,殊湫隘。二公曰:“是虽隘,然庶无僦屋费以厉民。”或霖潦骄阳,则手编苇自蔽,处之泰然,无一毫勉强意。直沽素无嘉酝,海舟有货东阳之名酒者,有司给传食市以进,公弗受。曰:“若虽酬其直,宁能无所嫌也?”官属吏民小过者必谆切教戒而宽容之,虽蒲鞭未始示辱于人,而人亦服其威信,罔敢怠逸。下车以五月三日,甫再越月集事,七月四日归报于朝。我民思之,去之愈远且久而不能忘,愿有以识之。贯辞不获命,谨述其辞,以识如右。】

通济河碑[记],杨文贞士奇撰,其略曰:

【南去通州二百里,杨村驿之北,河屡决。河仰受北河、汤河、潞河诸水,下合直沽南来之水入海。凡齐、鲁、汴、蜀、湘、汉、江、广、闽、浙之赋运及海内、海外朝观贡献之上于北京者,皆道此以达,所系之重也。其水之失性也,自洪武之季至今,四五十年之间,屡决屡筑,筑已复决,智殚力疲,公私患之。皇上嗣大统之明年秋,有司以决闻,请如故事,可之。三年春复决。上以命太监阮安,安受命行,还奏,水当顺其势道之,今逆之使□屈,势不得达,故决。宜取径道改凿,使其顺下。臣视河西务径行二十里许,可凿引,用万五千人,一月庶几可以免决,遂以图进。上遂以命武进伯朱冕发卒,少保、工部尚书吴中发民,如所计之数,诹日兴役,以安董之,如期峻事,遂因其故道河下趣焉。安行夹河筑防,既崇且厚,伐木以捍之,植树以固之,革险为夷。事闻,赐名“通济河”。少保吴公属记是役之成。古者治水,自京师始先所重也。斯河之重,固以京师然。昔者作之难而今之易,何也?非奉命之臣其用心之诚与公者有异乎斯役也,实本于皇上之善用人,知之明,任之专,此功之所由成也。自古英君明主所以克兴事功,未有不由斯道。谨因纪是,复遂惟本,作诗以颂圣天子仁明之功。】

…………

兖州金口堰记,刘文和珝撰,其略曰:

【堰距兖城东五里许,以其障沂、泗。二水入金口闸,西达济宁会通河,因号今名。考之后魏及隋元以来皆尝修筑,以通粮运。都之建不一,堰之兴废亦不一。我太宗文皇帝驻跸北京,复通漕运。前此堰筑以土,每夏秋之交,波涛汹涌,即圮无余。自永乐迄于成化,虽数命官修固,卒能底定。岁庚寅,都水主事宜兴张盛克谦祗承是任,毅然期必于成。适冬官亚卿乔公志弘催督漕运,克谦举以白之,志弘遂疏以闻上,下公卿议可。而秋官亚卿王公宗贯继至,复注意提督奖劝。又得山东少参尹公朴之、佥宪王公廷言相与维持其事。克谦结草庐堰侧,晨夕坐卧其中,凡百区画有方。兴于成化七年九月,讫于次年六月。计堰东西长五十丈,阔三丈六尺,上阔二丈八尺,湫口三尺,视水之消长时其启闭。横巨石为桥,以便往来。堰北复作分水二,雁翅以杀水势。堰南北跌水石,直五尺,横四十丈。】

建都水分监记:

【会通河成之四年,始建都水分监于东阿之景德镇,掌充河渠坝闸之政令以通朝贡,漕天下实京师。地高平则水疾泄,故为堨以蓄之,水积则立机引绳以挽其舟之下上,谓之坝。地下迤则水疾涸,故防以节之,水溢则縋起悬版,以通其舟之往来,谓之闸。皆置官,以司其飞挽启闭之节,而听其狱讼焉。雨潦将降,则命积土壤,具畚锸以备奔轶冲射。水将涸则发徒以导淤塞崩溃。时而巡行周视,以察其用命不用命而赏罚之,故监之责重以烦。延佑六年秋九月,河南张侯仲仁以历佐詹事、翰林、太医三院皆能其官且周知河渠事，选任都水丞。冬十有一月，分司东阿。诏：凡河渠之政，毋袭故狃私，毋怛势怛威，惟宜适从。敢有挠法乱政，虽天子使五品以上以名闻其下，随以轻重论刑，毋有所贷。侯北自永济渠，南至河东，拯汶水之源，滞疏决防，凡千九百余所，咸底于理。退即所署，治文书，库穴险陋，吏侧立无所，爰告于众曰：余承命来此，惟恪恭是图，顾以亟丈之室，制千里之政。役徒百工何所受职？下官群吏何所听令？乡遂之老、州邑之长何所禀政？荆、扬、益、兖、豫数千里供遣之吏何所视禁？山戎岛夷遐徼绝域朝贡之使何所为礼？朝廷重使何所止舍？乃会财于库，协谋于吏，攻石伐材，为堂于故署之西偏。隅隩廓深，周阿崇穹，藻绘之丽文不胜质，几席之美物不逾轨，左庖右库，整密峻完，前列吏舍于两厢，次树洺魏曹濮三役之肆于重门之内。后置使客之馆，皆环拱内向，有翼有严。外临方池，长堤隐虹。又折而西达于大逵，高柳布阴，周垣缭城，遐迩纵观，仰愕俯叹，其言曰：惟侯明慎周敏，惟公罔私，故役大而民弗知，功成而监益尊，监益尊而政益行，斯河渠之利，永世攸赖。爰稽在昔，自丞相忠武王建议于江表初平之日，少监马之贞奏功于海内一家之时，自时厥后分治于兹者，鲜不著勤焯劳，载于简书，而公署之役乃以待侯。侯非乐侈其居，荣其名以夸其民，所以正官守，肃上下，崇本而立政也，诚宜为而不敢后。惟国家一日不可去河渠之利，河渠之政一日不可授非其人，若侯者其人矣。是役也，首事于侯至之明年某月日，卒事于至治元年某月日。合内外之屋余八十楹。是岁九月朔，揭傒斯记。

按：此记曲尽今日建闸、设官、治河之法，见《续文韦正宗》内，但《通志》、《图志》俱未收，故载之，以见元人开设之本意乃如此云。】

堽城坝记，万学士安撰。

【元至元末，以江南贡赋未达于都，始从郭都水议，自济宁逾安山至临清开渠数百里，引水入御河，直抵通州。时既即兖东堰金口，障泗水西南由济河至济宁，以济漕渠；复即兖北堰堽城，障汶水俾南由洸河至济宁，合泗水以济漕渠。又于汶下流堰戴村，障水俾西南流汇为南旺湖，分济漕渠：一注临清，一注济宁。终元之世，公私漕贩往来南北无阻者，障二水济之故也。国朝建都金陵，漕运事寝，所谓堰筑崩坏，淤塞殆尽。永乐初徙都于燕，贡赋悉由海运，粮艘往往沦没风涛，特命平江伯恭襄陈公按视旧规修浚之，漕运复通。第诸堰以土为之，岁每随筑随坏，公私困弊。迄今七十余年，未有能图经久者。成化庚寅，今山东布政司参议宜兴张公盛以都水主事，来莅厥事，下车即遍访故老，历泉源堰坝，悉得旧迹，叹曰："疏浚事不可缓，至如修筑何可苟也？"遂首复金口，方谋以石易土，为经久计。而众辄纷纷沮挠，甚至构祸于公，公力持为之。数月工就，众论顿息，且服公有定见。继欲复堽城，冬官已檄公旋矣，识者太息。壬辰，山东大饥，都宪右渝牟公俸受命镇抚兹土，睹公成绩，叹赏不已，且廉公为人，力荐于朝，俾仍莅厥事。明年公至，首视堽城，众口沮挠之尤甚于金口之复。公闻曰："兹事奈何有不可为？第往往为之者无术或胶陈迹故耳。"于是度旧堰西南八里许，见其两岸屹立，根连坚石，横亘河中，比旧址隘三之一。公奇之曰："此实天造地设以贻今日者，宜改置于此。"遂卜日，旋告贮财计工，以明年春兴作。至期淘沙凿石抵平，自下而上甃石凡七级，级每缩八寸，高九尺，下广二丈五尺，上缩一寻，面用板石甃二层，中置细石，煮秫米和灰固之。袤百有二十丈。开秋口七，各广丈许，用板启闭以候水，水涨启以听从故道流，退则闭以障之南济漕渠。两端顺逆各雁翅一。中分水五，各广二丈三尺，袤十有三丈。两石际联以铁锭石，上下贯以铁栓。横巨石于河口上，各长丈许，两首与面甃石接为舆梁，人无病涉。堰之南新开河十余里，随地形深广之，引水东入洸河，其河口逼崖自颠至麓皆坚石，凿之，凡两越月始通。旧闸水流多沙，沙入洸，汶不能入。公于堰东南仍置闸，为二洞，各广九尺，高丈余，中分水一，傍雁翅二，亦用板启闭，水涨则闭以障其潦，退则启以注清流。洞上覆以石，两旁甃石，高丈余，中实以土，与地平衍，遏水不得南侵，洸河免致沙淤矣。是役也，自始事至讫工，凡期岁又三越月，其完固比金口加数倍焉。远近官民来观者莫不争羡曰：前此未有能为永久计若是者，非惟省兖齐每岁劳费，实能开国家漕运无穷利益。然非牟公笃于任人，张公长于经画，曷克臻此？兖州守蓟丘钱君源乃状始末，来征予记。予以牟公明于知人可书，张公建此伟绩可书，而钱君不没人善可书，遂次第书为《堽城堰记》。若夫工匠、役丁、粮饷、木石、铁灰、秫米，凡应于需费，具悉碑阴，兹不复赘云。成化十三年秋七月吉日，兖州府宁阳县知县沐阳王瑀立石。】

会通河黄栋林新闸记,楚惟善撰,其略曰:

【会通河导汶、泗,北绝济合漳,南复泗水故道入于河。自漳抵河,不千里分流,地峻散涣,不能负舟,前后置闸若沙河若谷亭者十三。新店至师氏庄尤浅涩,每漕船至此,上下毕力,终日叫号,进寸退尺,必资车于陆运始达。议立闸,久不决。都水监丞也先不华分治东平之明年,躬相地宜,黄栋林适居二闸间,遂即其地建之。经始至正改元春二月己丑,讫工于夏五月辛酉。又于东岸创河神祠,西岸创公署。署南为台,榜曰“遐观”。其上构亭,以东与邹峄山对,扁曰“瞻峄”。先是民役于河,凡大兴作,率有既廪为常制。是役将兴,时适荐饥。公因预期遣壕二官李献赴都禀命,冀得请俾贫窭者得甯其身,藉以有养。及久来获命,不忍坐视斯民饥且殍,遂出公帑,人贷钱二千缗,约来春入役还官。无何粮亦至,民争趋。令其轸民瘼如此。】

都水监厅事记,宋本撰,其略曰:

【都水监丞张君子元致其长飒八耳君之言曰:吾职右为泽衡,元制秩三品,所以列朝著者有典掌,有属,有事功,而废置有沿革。然设官四十一年,常莅是者无虑百余人。曹署老吏日以亡,簿书岁□掌故日以蠹烂,有所征考,则茫然昧所向,敢撮其事于牍。监始以至元二十八年,丞相完泽奏置于京师,监少、监丞各二员,岁以官一、令史二、奏差二。壕寨官二,分监于汴,理决河。又分监寿张,领会通河官属如汴。监皆岁满吏易。泰定二年改汴监为行监,设官于内监等。天历二年罢,以事归有司。岸河郡邑守令结御知河防事,而寿张监至今不废。此其沿革。大都河道提举司官三,幕官一。通惠河闸官二十又八,会通河闸官三十又三。此其属。通惠、金水、卢沟、白沟、御沟、会通之诸河,李海、周店、七级、阿城之诸闸以及都城外内百五十六桥、皇城西之稽水潭咸隶焉。凡河若坝填淤涨测以平而浚之,闸桥之木朽甓裂则加理,水至则启闭以治其涸溢,潭之水共向食。金水入大内,敢有浴者、浣衣者、弃土石瓴甋其中、驱马牛往饮者,皆执而笞之。或集水垫民田庐,则受命往视而决其议,御其患。大率南至河,东至淮,西洎北尽,燕晋、朔漠,水之政皆归之。此其典掌。至元二十九年,凿通会河,县京师东北昌平之白浮村,导神山泉以西转而南会一亩、马眼二泉,绕出瓮山后汇为七里泺,东入西水门,贯积水潭,又东至月桥,环大内之左与金水合,南出东水门,又东至潞阳南,会沽水入海,几二百里。盖京师桥闸旧皆木,宰相谓不可以久常,奏命监渐易以石。今闸之石者以九,桥之石者六十又九,余将次第及之。泰定元年七月,积水潭之南岸以石,袤千二百五十尺,缫以亦阑。风雨湍浪,不崩不滹,以利往来。至治元年七月,大霖雨,卢口决,金口势倾。王城补筑堤百七十步,崇四十尺,水以不及天邑。此其事功。呜呼!明典掌建事功,在位者事也。若曹署之废置,僚属之众寡,则亦当究知。继官是监者能惓惓于此,则无负数君子意矣。】

重修会源闸记,揭傒斯撰,其略曰:

【皇帝元年夏六月,都水丞张侯改作济州会源闸成。明年春,具功状遣其属至京师,请文勒石。惟我元受命定鼎幽蓟,穿河渠以定漕度,乃改任城县为济州,以临齐、鲁之交,据燕、吴之冲。导泗、汶以会其源,置闸以分其流。西北至安民山入于新河,埭于临清,地降九十尺,为闸十六,以达于漳。南至沽头,地降百十有六尺,为闸十,又南入于河。北至奉符,为闸一,以节汶水。东至北兖州,为闸一,以节泗水。而会源之闸制于其中。岁久政弛,漕度用费。时延佑六年冬,诏以侯分治东阿,始修复旧政。明年冬,行视济闸,峻怒狠悍,岁数坏舟楫,土崩石泐,岌不可恃。乃伐石转木,大改作焉。明年,皇帝建元至治三月甲戌朔,侯朝至于河上,率徒相宜导水东行,堨其上下而竭其中,以储众材。撤故闸,徙其南二十尺,降七尺以为基,其下植巨栗如列星,贯以长松,实以白石。概觑其地,无有所罅漏。衡五十尺,纵百六十尺。八分其纵,四为门。纵孙其南之三、北之一,以敌水之奔突震荡。五分其衡,二为门容,折其三以为两墉。四分其容,去其一以为门崇,廉其中而翼其外,以附于防。三分门,纵门于北之二以为门,中夹树石凿以纳悬板。五分门崇,去其一以为凿,崇翼之外更为石防,以御水之洄洑,衡薄纵,皆二百三十尺,爰琢爰甃,犬牙相入,苴以白麻,固以石胶,磨砻铲磢,关以劲铁,崖削砥平,混如天成,冠以飞梁,偃如卧虹。下有一段用工、用物记载,原编者删节。越六月十有三日乙卯讫功。初,侯至之明年,凡河之隘者辟之,壅者涤之,决者塞之,拔其藻荇,使舟无所碍禁,其刍牧使防有所固,隆其防而广其址,修其石之岩阤穿漏者,筑其壤之疏恶者,延袤赢七百里。

防之外增为长堤，以阏暴涨，而河以安流。潜为石窦以纳积潦，而濒河三郡之民田皆得耕种。又募民采马兰之实，种之新河两涯，以锢其渍沙。北自临清，南至彭城，东至于倍尾，绝者通之，郁者澌之。为杠九十有八，为梁五十有八，而挽舟之道无不夷矣。乃建分司及会源、石佛、师庄三闸之署，以严官守。树河伯龙君祠八，故都水少监马之贞、兵部尚书李粤鲁赤、中书断事官忙速儿□祠三，以迎休报劳。凡河之所经，命藏水以待渴者，种树以待休者，遇流殍则男女异瘗之，饿者为粥以食之，死而藏、饥而活者，岁数千人。是以上知其忠，下信其令，用克果于兹役。方世祖皇帝时，群贤满朝，少监马公之徒得以陈力载劳，垂功无穷。惟兹闸地最要，役最大，马氏之后，侯之功为最显。侯名仲人，河南人。以下有大段文字，为编者所删。】

重修济州任城东闸题名记，俞时中撰，其略曰：

【至元二十年，朝廷以淮海水运不通，乃命前兵部尚书李粤鲁赤等调丁夫，给庸粮，自济州任城委曲开穿河渠，导洸、汶、泗水由安民山至东阿三百余里，以通转漕。然地势有高下，水流有缓急，故不能无阻艰之患。二十一年，有司创为石闸者八，各置守卒，春秋观水之涨落，以时启闭，虽岁或亢阳，而利足以济舟楫。惟是任城闸东距师家庄袤六十里，土壤疏恶，霖潦灌注，承乏岁月，至是始坏。时都水少监分都水监事石抹奉议闻之中书省，易而新之，不数月厥功告成。仍于其地之西偏修饰厅事，以为使者往来休憩之所。公退，因录其同事者职役姓氏，俾刻诸石，以告后之来者。】

改作东大闸记

【泗别于滋阳，通之汶，支于奉符之堽城。洸会于任城，会通河受之。昔汶不通洸。国初岁丁巳，严东平，始于汶水之阴、堽城之左作一斗门，堨汶水入洸至任城，益泗漕以饷宿蕲戍边之众，且以溉济、兖间田。汶由是有南入泗、淮之派。至元二十年，朝议以转漕弗便，乃自任城开河，分汶水西北流，至须城之安民山以入清济故渎，通江淮漕至东阿，由东阿陆转，仅二百里抵临清，下漳、御，输京师。二十六年，又自安民山穿渠，且至临清，引汶绝济，直属漳、御。由是江、淮之漕浮汶、泗径达临清，而商旅懋迁、浮宦往来暨闽粤交广邛僰川蜀航海诸番，凡贡篚之入，莫不由是而达，因赐河名曰“会通”。于是汶之利被南北矣！始，辅国直堽城西北隅，作石斗门一。后都水少监马之贞又于其东作双虹悬门，闸、虹相连属，分受汶水。既又以虹石水易圮，乃改其西虹为今闸制，通谓之东闸，谓辅国所作斗门为西闸。后改作，址高水不能入，独东闸受水。汶水盈缩不常，岁常以秋分役丁夫采薪积沙，于二闸左绝汶作堰，约汶水三之二入洸，至春全堨余波以入。霖潦时至，虑其冲突，则坚闭二闸，不听其入。水至径坏堰，而西循故道入海，故汶之堰岁修。延佑五年，改作石堰，五月堰成，六月为水所坏。水退，乱石龃龉壅沙，河底增高，自是水岁溢为害。至元四年秋七月，大水溃东闸，突入洸河，两河罢其害，而洸亦为沙所塞，非复旧河矣。初，之贞为沙堰也，有言作石堰可岁省劳民。之贞曰：“汉曹参作兴原山河石朋，常为涨水所坏，时复修之。汶，鲁之大川，底沙深阔，若修石堰，须高水平五尺，方可行水，少涨于平，与无堰同，河底填高，必益为害，竭力作成，涨踌悬注，倾败可待。晋杜预作沙堰于宛阳，堨白水溉田，阙则补之，虽屡劳民，终无水害，固知川之不可塞也。”且曰“后人勿听，浮议妄兴，石堰重困民，壅塞涨水，大为民害”。重修堽城闸，因自作记勒石，至是果如其言。是年九月，都水监马元公来治会通河，行视至堽城，曰：“洸、汶之交，会通之喉襟，闸坏沙塞，上源要害，复有先于此者乎?”于是用前监丞沈温公辟为一大闸之议，以状上中书，即从其请。明年二月，乃亲为经营揆度，画图指示，命守公令役于众，以旧址弊于屡作，改卜地于其东，掘地友泉，降汶河底四尺，顺水性也。袤其南北为尺百，广其东西为尺八十，下于平地为尺二十有二，土木之工又入其下八尺，上为石基以承闸。闸之崇于地平，自基以上缩握地之深一尺。两壁直南北为身，皆长五十尺。其南张两翼为历翅，皆长四十五尺。其北渠折以东、西各附于其旁，亦长四十五尺，不为两翼敛其前，隘涨水也。前尽基肩岸受水欲其前也，后逊基八之一，叠石为岸承之，出基之南五尺，长为尺二十有五。五分基之广，辟其中之一为明，入明三分深之一为金口，广尺深咫。板十有三，方盈金口之广，长亘明入金口两端，各尽其深，上下以启闭者十二，其一不动，阈其大石，为两泉夹制其前郄。新、旧石长短厚薄各用有宜，无尺才枉。缔构之工，扣砌之密，众谓会通诸闸所未齐。始，又议浚洸河，自堽城闸南下一十八里有奇，塞尤甚，浚皆深五尺，阔十尺，其深又倍之。既得请，以非时，须后先闸役焉，从宜也。夫若撤坏堰之石，以下汶河涨沙，疏附洸诸濼以济汶水不及。浚洸至任城,皆涤源急务,尽议已竟而未他遑者。闸既成,众请识其事于石,属笔于予,予复之曰:"汶,古名川,昔毕公、马公用之则为转漕之益,为溉灌之利,后人用之则有横溃之忧,有垫溺之患。本性非异今昔,盖用之善不善也。马公既善用之,又碑其言以示来者,其虑后也深矣。不用兹役,曷彰马公之言乎?"既不获辞,遂为叙导汶始末、会通源委,以见堽城闸水利喉襟,且表出马公之言以为鉴。公字仲彬,唐古氏。】

【创建鱼台孟阳泊石闸记,赵文昌撰,其略曰:

元定天下,遐迩率职,江淮漕运、商旅、仕宦往来,非舟楫无以济,此会通河之所以作也。比岁河功告成,于今岁二十年。岁月滋久,霖潦浸淫,岸移谷迁,不无堙塞。都水监上下巡视,求其利病。以沛县之金沟沽头、鱼台之孟阳泊,沙深水浅,地形峻急,皆不能舟,舟中之人翱翔乎河上。积涂泥截河如堰埭之状既成,而为水荡去,官物往来必驱率频河之民推之挽之者,不下千余,妨农动众,民恒苦之。遂上其事,都省右司都事王潜临视于其所讫,合议立堰以积水,立闸以通舟。堰横长一十二丈,中为闸门,外石内甓,高一丈四尺,基纵广八丈,闸下广五丈,杀之如坛级以及于上。起于大德八年正月,讫于五月。】

都水监创建谷亭石闸记,周汝霖撰,其略曰:

【至顺二年季夏,会通河谷亭石闸成。汝霖为之词曰:元定鼎幽蓟,航海泛江,浮淮入河,职贡粮运,供给京师。自东阿抵临清二百余里,舍舟载,从陆车挽以进御河。每值夏秋霖雨泥淖,马瘏车偾,公私病之。至元二十六年,朝廷用令史边君、同知马公言开会通漕河,自安民山引汶、泗、洸等水属之御河,度其地势穹下,前后建石闸三十余座,以制蓄泄。四十年于兹,惟枣林至孟阳泊七十余里,湍激迅澓,沙土遗氵陁,闸再启钥,舟方一游。嘉议大夫、都水卢公因壕寨杨温等议,宜于谷亭北、邮传西创建石闸,汇黄良、艾河等泉,以厚水势,上之省堂,允其议。始岁二月,讫功六月。】

沛县新设飞云闸记,张晔撰,其略曰:

【漕运之法,古未有也。《禹贡》所载"入于渭","乱于河"之类,而三代之输不过九州之方物。《管子》所言,"粟行五百"之类,而春秋之漕不过一时之挽。卒自秦罢侯,置守,使天下飞刍挽粟于琅琊负海之郡,以贮北河之仓,率三十钟而致一石,漕法始讲。汉漕皆仰于山东而江淮未通。唐漕皆仰于江淮而诸道不给。宋漕由江而淮,由淮而汴,人颇便之。厥后江船不入汴,汴船不出江,而风涛之飘荡,道里之逗留,主持之术兴,直达之法制,又不能无弊焉。我太祖定鼎南京,四方贡赋各均所输,其漕法固无容议。太宗迁都北京,镇天下之重,四夷毕献。于是疏清源、浚济汴、凿淮阴以达于江。汴之长河实漕运之要,而渭河众派悉纳之。景泰乙亥仲春,徐之判官潘东于县治东南泗亭前渭河之口相度地宜为闸,白其事于漕运都台王公、陈公,悉如所请。经始于三月,落成于四月。闸高一丈一尺,宽一丈五尺。东南去泗亭驿三十步,北至水母神庙二十步。东抵长河,西接飞云桥之流,故采其名名之。】

中书右丞相领治都水监政绩碑,欧阳文公玄撰,其略曰:

【中书右丞相定住公自居平章首席,既而升左相,又升右相,被命领都水监事。至正癸巳之正月迄今数年之中,浚治旧规,抑塞新弊,水政大修。宾佐一日具其实迹,请于翰林欧阳玄文其事于石,以贻永久。曰:国家之置都水也,始于世祖皇帝至元二十八年,丞相完泽实偈其端。当时,君相虑周制密,导昌平白浮之水西流,循西山之楚,合马眼等诸泉,潴为七里泺,东流入自城西水门,汇积水潭,又东并宫墙环大内之左合金水河南流,东出自城东水门,又潞河之南会白河,又南会直沽入海,凡二百里,是为通惠河。置闸二十有四,跨诸闸之上,通京师内外,经行之道置桥百五十有六,乃接运粮提举司车户千四百五十有奇,隶监专治其事。闸与桥初置以木,仁宗皇帝延佑中,易木以石,次第而械之。命闸户学为石工,以至改木、锻铁、炼垔皆习其技,岁械一闸,工与费若干,有司会其几而籍之,岁以为常,约岁若干。诸闸皆石,一切工役取具,闸石不扰而集。近年有司擅以闸户抑配各驿以给驿置。至元、延佑以来,良法美意日就蠹坏,今右丞相以闻,有旨复还者若干户,余州县之侵轶者悉禁绝之,故得水利不隳,漕法不滞。且通惠河之将入海也,衡漳贯之,溯漳西南,涉瀛博之野,南至于临清堂邑之坝,过坝而南为会通河,盖豫、兖、青、徐四州境上之水,入河绝淮至大江而止,二河相通,其岔水□□矣,有若京城西之金口,下视都邑水势□□□□蚁穴之漏,则横溃莫制,守堤吏与闸户昼夜分番巡视,不赡则借兵士于枢密,所系尤重。故水政之修,闸户之复,丞相有功于斯甚大,可无纪述乎? 玄□具言,乃□古而征。今水在唐虞为泽虞,在成周为川□,初西汉太常、大司农、少府、内史、王爵、都尉皆置都水长丞,武帝置水衡都尉,成帝置左右都水使者,东汉改置河堤谒者,晋改都水台,又置前后左右中五水衡,以五使者领之,刘宋置水衡令,萧梁改为大舟卿,宇文周置都水中大夫,隋置都水台使者,寻复置少监,沿革不一,或称都水局,或称司津监,或称水衡监。或置使者,或置都尉。赵宋为都水监,置判监、同判及丞、主簿等员,大抵掌川、泽、津、梁、渠、堰、陂、池之政,兼总舟航桴符之算,就司其征以充用。故汉太常诸卿各有水衡,盖征其入给俸禄,所称"水衡钱"是也。圣代捐厚费以利天下,而秋毫不征其资,视都水有不可同年而语者。且历代建都,秦、汉、唐都雍州,阻关陕之险,漕运极艰,用水极少。其后有都洛阳、大梁,亦不过浚洛入汴、淪汝蔡入淮而已。我元东至于海,西暨于河,南尽于江,北至大漠,水涓滴以上皆为国用,水政之重可不以重臣领之乎? 昔者舜举禹治水土,益治川泽。重臣之典水政,唐虞以来之遗意也。玄职在太史,纪载为宜。右丞相康里氏,定住其名,乃祖、乃父,三世宿卫,建事列圣,笃于忠贞,数从王师,多积功伐,有阴德余庆施于后人。丞相扬历台阁三十余年,清慎如一,熟知国家典章。及居台揆,□量镇浮,坐决大政,不征辞色,百度自贞,有古大□□□□。】

河防记,欧阳文公玄撰,其略曰:

【至正四年夏五月,大雨二十余日,黄河暴溢,水平地深二尺许,北决白茅堤,六月又北决金堤,并河郡邑济宁、单州、虞城、砀山、金乡、鱼台、丰、沛、定陶、楚丘、武城以至曹州、东门、鉅野、郓城、嘉祥、汶上、任城等处皆罹水患。水势北侵安山,沿入会通运河,延袤济南、河间,将坏两漕司盐场,妨国计甚重。朝廷患之,遣使体量,仍督大臣访求治河方略。九年冬,脱脱既复为丞相,请躬任其事,帝嘉纳之。乃命集群臣议廷中,而言人人殊,唯都漕运使贾鲁言必当治。先是,鲁尝为山东道奉使宣抚首领官,循行被水郡邑,具得修捍成策。后又为都水使者,奉旨诣河上相视,验状为图,以二策进献:一议修筑北堤以制横溃,其用功省;一议疏、塞并举,挽河使东行,以复故道,其功费甚大。至是复以二策对,脱脱韪其后策。议定,乃荐鲁于帝,大称旨。十一年四月初四日,下诏中外,命鲁以工部尚书,为总治河堤使,进秩二品,授以银印,发大梁、大名十有三路民十五万人、庐州等戍十有八翼军二万人供役,一切从事、大小军民咸禀节度,便宜兴缮。是月二十二日鸠工,七月疏凿成,八月决水故河,九月舟楫通行,十一月水土工毕,诸埽诸堤成,河乃复故道,东汇于淮,又东入于海。帝遣贵臣报祭河伯,召鲁还京师,论功超拜荣禄大夫、集贤大学士。其宣力诸臣,迁赏有差,赐丞相脱脱世袭"答剌罕"之号,特命翰林学士承旨欧阳玄制《河平碑文》以旌劳绩。玄既为河平之碑,又自以为司马迁记河渠、沟洫,仅载治水之道,不言其方,使后世任斯事者无所考,乃从鲁访问方略及询过客,质吏牍,作《至正河防记》,欲使来世罹河患者按而治之。其言曰:治河一也,有疏,有浚,有塞,三者异焉。酾河之流因而导之谓之疏,去河之淤因而深之为之浚,抑河之暴因而扼之谓之塞。疏浚之别有四:曰生地,曰故道,曰河身,曰减水河。生地有直有纡,因直而凿之,可就故道。故道有高有卑,高者平之以趋卑,高卑相就则高不壅卑不潴,虑夫壅生溃潴生堙也。河身者,水虽通行,身有广狭。狭难受水,水溢悍,故狭者以计辟之。广难为岸,岸善崩,故广者以计御之。减水河者,水放旷则以制其狂,水隳突则以杀其怒。治堤一也,有创筑、修筑、补筑之名,有刺水堤,有截河堤,有护岸堤,有缕水堤,有石船堤。治埽一也,有岸埽、水埽,有龙尾、栏头、马头等埽,其为埽台及推卷牵制。薶挂之法,有用土、用石、用铁、用草、用木、用絏、用絙之方。塞河一也,有缺口,有豁口,有龙口。缺口者,已成川。豁口者,旧常为水所豁,水退则口下于堤,水涨则溢出于口。龙口者,水之所会自新河入故道之漈也。…………修黄陵南岸,长九里百六十步。内创岸土堤,东北起新补白茅故堤,西南至旧河口,高广不等,长八里二百五十步。乃入水作石船大堤,起秋八月二十九日乙巳,道故河流。先所修北岸西中刺水及截河三堤犹短,约水尚少,力未足恃。决河势大,南北广四百余步,中流深三丈余,盖以秋涨,水多故河十之八,两河争流。近故河口水刷岸北行,洄漩湍激,难以下埽,且埽行或迟,恐水尽涌入决河,因淤故河,前功遂隳。鲁乃精思障水入故河之方,以九月七日癸丑,逆流排大船二十七艘,前后连以大桅或长桩,用大麻索竹絙绞缚缀为方舟,又用大麻索、竹絙将船身缴绕上下,令牢不可破,乃以铁猫于上流硾之水中,又以竹絙长七八百尺者系两岸大橛上,每絙或硾二舟或三舟,使不得下,船腹略铺散草,满贮小石,以合子板钉合之。复以埽密布合于板上,或二重或三重,以大麻索缚之。复缚横木三道于头桅,皆以索维之,用竹编笆,夹以草石,立之桅前,约长丈余,名曰“水帘桅”。复以木楮柱,使帘不偃仆。然后选水工便捷者,每船各二名,执斧凿立船首尾,岸上槌鼓为号,鼓鸣,一时齐凿,须臾舟穴水入,舟沉遏决。河水怒益,故河水暴增,即重树水帘,令后复布小埽土牛、白阑长稍,杂以草土等物,随宜填垛以继之。石船下诣实地,基趾渐高,复卷大埽以厌之。前船势定,寻用前法沉余船,以竟后功。昏晓百刻,役夫分番其劳,无少间断。船堤之后,草埽三道并举,中置竹络、盛石、并埽、置桩、系缆、四埽及络,一如修北截水堤之法。第以中流水深数丈,用物之多,施功之大,数倍他堤。船堤距此岸才四五十步,势迫东河,流峻若自天降,深浅叵测。于是上大埽约高二丈者或四或五,始出水面。修至河口一二十步,用功尤艰,簿龙口喧豗猛疾,势撼埽基,陷裂欹倾,俄远故所,观者股栗,众议腾沸,以为难合。然势不容已,鲁神色不动,机解捷出,进官吏工徒十余万人,日加奖谕,辞止恳至,众皆感激赴工。…………

汳水新渠记,陈师道撰,其略曰:

【汳自于萧,其阙如玦。《水经》谓:河至荥阳,莨荡渠出焉,渠至阳武,其下为沙,蔡水是也。其出为阴沟,至浚仪,其下为涡,别为汳,汳至蒙,别为获,余波迤于睢阳,东历彭城入于泗,注鸿沟官渡,菑、获、丹、浚,与渠一也。禹塞荥泽而通渠于甫田,其后河绝,旃然入焉,即索水也。《汉书？地理志》:荥阳既有汴水,又有莨荡,而受泲,蒙有获水,首受菑,获至彭城入泗。以余考之,《河渠书》云:自禹之后,荥阳引河为鸿沟,以通宋、郑、陈、蔡、曹、卫,与济、汝、淮、泗会于楚。而《竹书纪年》惠成王入河于甫田,又引而东,明非禹之旧也。《书》曰:济入于河,东出于陶丘北者,入而复出也。溢为荥者,济之别也,荥波既潴,障而东之也。《周官》又谓豫之川荥、洛,幽、兖之川河、泲,则河南无济矣。其为莨荡受济、禹塞荥泽而用河者,皆失之《汉志》。莨荡无出,菑、获无始,盖略之也。余谓与《经》合,而荥水诸书皆不载,又疑渠、汴为二,而荥有一焉。杜佑以《经》作于顺帝之后,诡诞无据,叙渠源或河或泲,或河、泲合,其说不一。次其所引《经》纷错悖戾,而《志》亦阔略不具辩始末,盖皆不可考也。自汉末河入于汴,灌注兖、豫,永平中,导汴自荥阳别而东北,至千乘入于海,而河复。淤是故渎在新渠之南。《经》所谓绝河而受索,自此始。隋开皇中,因汉之旧,导河入汴。大业初,合河、索为通济渠,别而东南入于淮。而故道竭。今始东都受退水为臭河,于畿为白沟,于宋为长沙,于单为石梁,于徐为汴,而单、济之间千里,四来而故道浅狭,春夏不胜舟,秋水大至,亦不能受也。萧,故附庸之国,城小不足居民,又别肆于河外,每水至,南里之民皆徙避之,庐舍没焉。率数岁一逢,民以为病。绍兴三年,县令朝奉郎张惇始自河西因故作新支为大渠,合于东河,以导滞而拔溺,既月而成。邑人欲纪于石,以属余。渠之兴作有迹,其效在今,此邑人之欲书也。】

徐州洪兴造记,彭文宪时撰,其略曰:

【徐州,古彭城,其地冈岭四合,隐然如大环,而汴、泗注其中,自城东北隅合流,越东南乱石间以去。方言石阻河流为“洪”,故旧名其处曰“百步洪”,洪石巉岩峭厉,星列棋布。当水势之所冲激,其声崩腾喧豗,雷霆轰而虎兕阚,舟人至此,莫不心骇目眩,相与祷神戒力,而后敢过,倘一失平,则舟触隐石,应声破损。其险且不测如此。自国家肇建北京以来,东南漕运利害所关尤大,乃命工部三岁一分官莅焉。成化三年丁亥,工部主事郭腾霄知岁补陡岸,劳费无益,欲加改作,为经久计,遂以请于上,报可,因揭疏告劝,见中外文武官及四方商旅往来者,咸乐出钱以助。经始于成化四年正月,讫明年冬十月功成。惟是洪之险闻天下久矣,类以天造地设,非人力所能改。虽受职专理者,亦复听其自然,不以介意。腾霄独能锐然兴事,以十数月之勤劳,卒夷积年不测之险,为万世无穷之利。使凡居官任职者事事咸若此,天下岂有遗利哉!腾霄名升,其先本苏州昆山人。】

重修徐州洪记,饶主事泗撰,其略曰:

【徐州洪,旧名“百步”,最为险要。成化癸卯、甲辰,自春夏而秋,亢阳少雨,洪流不绝者一脉,或稍涨乱石中,四泄而下,舟楫上下惟艰。是年秋,募工伐石于山,八月戊寅辇石作堤。工未竟,工部左侍郎桂公益之檄浚茶城河,将大众相河身之生地,因其直而凿之,俾就故道。至乙巳三月毕工,再两越月石堤始成,长通八千丈,阔计三丈许。自是减洪夫岁办草束三分之一。下洪障水旧用草坝,上覆以土,更砌以石,延袤一百余丈,广一百一十五天。隐中流水洞出露,若大花、小花、鸭子、棺材诸石,凡伤舟者,渐次凿去,计三十

余处。】

重修徐州洪题名记，薛尚书【远】撰，其略曰：

【徐州之东，乱石巉岩而阨乎河流，有起而高耸者，有伏而森列者，是为徐州洪，旧名“百步”。奔流迅急，震荡汹涌。舟之下者，一或触之则舟覆没，而人不免于漂溺。沂流而上，挽舟之人非有强力及熟知水道者主持，亦几不免。然洪有里外之别，里洪旧渠两畔堤石崎岖，负缆之人恒难于行。前此主洪者每积草覆土平之，水涨冲激，随复补葺，工料费以钜万，民始病焉。成化三年，工部主事颍川郭君升提督是洪，慨然有平治之志，遂达于总督诸公及询诸识者，佥以为可。乃成化四年正月始募工凿治，俗所谓翻舟等石悉去无遗。渠两旁之堤咸叠以石，西堤延袤凡为丈三百杀其一焉，崇几一丈，广五倍之。堤傍各树以柳棵，盛夏人有所依。五年冬毕功。君及期当代，徐人以外洪未修，恳词留之。六年春，复劝募召匠修治。秀王之国悯其劳费，赐白金助之。七年六月告成，堤长凡为丈一百三十，崇、广如里洪焉。水道阔凡十丈，深半之。其所经费比里洪减十之四。君念两洪之成，工费实资官民商贾之助，因袭石题名，请予记。】

吕梁洪修造记，李东阳撰，其略曰：

【徐州有二洪，一以州名，一以山名，曰“吕梁”。吕梁之为洪有二，上下相距可十里，盖河之下流于济水，会于徐以达于淮。国家定都北方，东南漕运岁百万余艘，使船来往无虚日，民船贾舶多不可籍数，率此焉道此其喉襟最要地也。洪石狞恶廉利，虎距剑惧，阳搤阴龃，中仅可下上，水势为所束不得肆，则急为飞流，怒为奔湍，哮吼喧哄。巨缆弦引，进不得尺寸。乘流而放，瞥惊瞬送，迅不复措手，其艰如此。铅山费君仲玉以工部主事督水利于徐，循行洪北，见其支流水所泄处旧阏以束藁，水至则荡为浮梗以去，会州县所具藁，岁至二十五万，以钱辅者加十有三，乃白诸部长及总漕都御史张公瓒、平江伯陈公锐，聚徒给廪，辇块石，填坏土，叠为长堤百六十又五丈，而崇不过五尺。水小则迫之归洪，河用不涸，大则纵之，使浸流其上。又于堤西筑坝三十余丈，以杀湍悍，而堤得以不啮。又观于堤丛石间，民困牵挽，足下能移步，乃畚瓦砾，实其洼隙，外以石甃之，为丈四百二十有奇。又东则甃为长衢，而行者亦因以为利。吕梁之险历数千万年，而十去五六，君于是有奇绩焉。初，君自成化庚子，越三年而成西堤，任满当代，民交章借君，又二年而东堤成。】

吕梁神庙记，赵孟俯撰，其略曰：

【徐州之水，合于吕梁洪而入于淮，近世乃兼受河之下流。徐州之山，自西南来，乱流而东，复起为冈峦，累累然相系不绝。水中横石数百步，其纵十倍，其上下如纵，得十之二三，高出于水上者，齾齾然象人齿牙。水势少杀则埽急尤甚，舟行至此，百篙支拄，负缆之夫流汗至地，进以尺寸许其难也，乃几登天。舟中之人常号呼假助于神明。有元混一天下，凡东南贡赋之输，皆引道至此，故舟至益多，日百千万艘。有庙在洪之西堧，所祀二神，一为汉寿亭侯关公，公事汉昭烈，昭烈尝为徐州牧。一为唐鄂国公蔚迟公，相传公治水吕梁。徐州盖有二公之遗迹。先王礼能御大灾，捍大患，则祀之如二公者，盖庶几其人。始作庙者董恩，恩，下邳人，尝为驿官，每被召，数往来洪上。恩砻石，征予文。皇庆二年十月十七日。】

孚应通利王碑记，都士周撰，其略曰：

【御河者，古永济渠也。按史，隋炀帝大业四年春正月，发河北诸军百余万穿永济渠，引沁水南进，于河北通涿郡。七年春二月，帝御龙舟渡河入永济渠，夏四月至临朔宫。今名御河，盖更之也。国朝以燕为大都，自江南平定，又开会通河至临清北横截而去于此。后南方诸国贡赋殊无壅滞，数道钱粮悉达于京师。濒河上下津渡处多有孚应通利王之祠，土人祭之甚严。馆陶县西约二里许故堤上旧庙，其所从来远矣，故行军千户、濮州太守讳暹，于庚子年间为馆陶令，即于故址创，起至元己巳，焕然一新。】

敕赐灵慈宫碑，杨文贞士奇撰，其略曰：

【永乐初，平江伯陈公瑄奉命率舟师道海运北京，然道险，所致无几，乃浚济宁、临清之河水达北京，以便饷运。岁发数千艘，每春冰解则首尾相御而进，河狭且浅，一雨辄溢，雨止复竭，加以洪闸之艰且险，舟稍不戒，非覆则胶。时平江公仍奉命督饷运，慨然念曰：凡大山长川皆有主宰之神，能事神则受福。往年吾董海运，凡海道神祠，吾过之必惴惴持敬，如神之临乎前。间遇风涛及鱼龙百怪有作，辄扣神佑，靡不响应。

今兹神祠未建,非关典兴。遂作祠于淮之清江浦,以祀天妃之神,盖公素所持敬者。凡淮人及四方公私之人有祈于祠下,亦皆响应。守臣以闻,赐祠额曰“灵慈宫”,命有司岁有春秋祭祀。于是董漕运参将都指挥佥事汤公节请书廑之石。盖世俗所传神肇迹事远不可质,惟神者天之所命,固以利物为心也。神斯无不在,诚斯无不格,诚神孚而福泽降,自然之理,遂为书作宫所。自维某年月日,皇帝遣漕运总兵官致祭于天妃之神曰:惟神著灵斯土,惠庇生民,爰命有司祗修常祭,其御灾捍患,拯援艰危,遵致丰穰,益弘私济。尚飨。】

清江厂题名记,席主事书撰,其略曰:

【历代有都水使、都水台、都水监,虽品秩异等,沿革不一,大概不出曰河渠、舟楫二者,二者相倚,皆经济邦家者不能缺。我太宗缵承皇宗,定鼎北平,初从海运。自后清汶既疏,始更浅舟,由里以达京师。南于淮安清江、北于临清卫河,该二提举司以职专理据席书《漕船志》校。,是即先代舟楫之署,尚念经理非人,则利济之功缺,复于都水部各出郎官一员,监领厂事。在永乐、宣德间,或遣郎官,自景泰后,例遣主事,额以三年一代。弘治戊午,书来监莅,询访前后案腐牍尘,姓名无纪,暇寻典究,仅得大概。苟不为纪述,越后数年,益泯而无稽矣,因序次而刻著于石。】

重修清江浦漕运厅事记,金知府诜书。

【漕运厅事,西去淮郡四十里而近,在清江浦之上,前镇守淮安漕运总兵官、赠平江侯、谥恭襄陈公瑄之所作者也。永乐中,公奉敕总督漕运,供饷京师,欲贮江南百万之赋于淮,以便转漕。乃卜淮阴之地,惟清江浦宜为仓百区。制可其奏,命中贵二人以主之,地官主事一人以参之。自山阳低清口,淮水逆流六十里,风涛汹涌,不时覆舟。舟人候风,或浃辰不能渡。公自郡西凿地引水过于仓下,西出淮水,曾不终食,径入清口。于仓之北沿河之滨,立南京及中都、江北各卫船厂。又奏立清江提举司,收受各郡所输船料,岁造转漕舳舻,设提举一人以司之,冬官主事一人以监之。仓之西北建灵慈宫,为祝禧之所。宫之旁稍西为此厅事,便于总制也。宣德改元,敕公镇守淮安总漕如故。公虽开府郡城,往来恒居厅事,盖恐料量之不平,出纳之不经,制作之无度,财用之侵费,百尔工役旷日废事,无以称塞德意也。公薨四十载于兹矣,厅事日以倾蠹,几废,莫有为兴之者。成化甲午,总漕位虚,今圣天子选于众,得公曾孙平江伯锐,字志坚,自两广元戎移镇淮海,充漕运总兵官,凡百政令,缵祖成规,官庶悦服,京饷充盈。丙申之岁重修厅事,戊戌春落成。公属诜记之。夫事之兴废,在乎其人,其人存则其事举,其人亡则其事息。一兴一废,固有其时存乎其人,然欲使之长存乎两间者,必有所寄焉。若召公之甘棠,消歇久矣,所赖不废者,《召南》之诗耳。滕王之阁倾毁亦远矣,所赖不废者,三王之文耳。今此厅事几废而再兴,使无所恃赖,安知今日之兴不亦有如前日之废乎?此总戎公所以拳拳于立言也。噫!甘棠之诗存召公之德,愈久而愈显,三王之制在滕王之阁,屡废而屡兴。惟此厅事,恭襄公之甘棠也,使当代之三王记诸百世之下,思其泽而颂其德者,奚有穷乎?总戎公乃以属铣者,以铣淮人,尝登龙门而挹道德之光,且知厅事之废兴也。虽然,恭襄公一代之勋,其功烈德善载诸国史刻之庙碑详矣,此特纪厅事废兴之岁月云尔。】

常盈仓周垣记,胡瓘撰,其略曰:

【清口,天下要冲,我祖宗设备甚悉,而仓储为首。曩岁闻李户部惟正督储于兹,而废且举,其葺垒仓之周垣为最著。越数年,予亦官户部。弘治己未,复承委清口,始得视焉。仓俯临大淮,厫凡八十有一,联基广凡二百七十八步有奇,袤凡四百九十八步有奇,周凡一千五百五十四步有奇。厫,自永乐壬辰陈恭襄创建,迄今毁去几三之二。周垣则屹如城墉,色且积铁然,盖水次诸仓所未有者。监临金、李二中贵先达,廉宪翰卿辈咸曰:“往年仓垣类筑土,或范填泥为块垒之,然淮地下湿,久雨即糜解,随垒随圮,无有宁岁。李户部察仓之毁,厫多旧甓,搜诸蒿菜而葺垒之。灰瓦工匠佣直乃仓岁存积,服役则其固有卒徒,略无扰于郡县。而成是垣十余年来,人吏晏然,无复化虞,安其利者,固当知所自。”他日又与席工部文同过之,顾谓予曰:“不无可纪。”予因思天下为吏治者有二病:好事者易于营建以争能事名,怠事者便安逸以习固陋,每以行无所事自诿。土木之兴,劳民伤财固不可,若事皆不问岁月侵寻,坐致成功颓毁,亦不可,识治体者当有以审于斯矣。】

重修常盈仓记，王庶子臣撰，其略曰：

【淮之清江浦有常盈仓，肇于恭襄陈侯，盖仿唐刘晏置仓江淮之遗意也。先是江南诸郡之赋悉储于此，用供京需，所入无虑百万，后递减之，仅储三之一。故仓廒多虚，日就倾圮，每漕舟辐辏而至，卒有不得输者，人甚病之。弘治改元，金陵吴君彦华以民曹主事来理饷事，乃谋于监兑、少监王、洪二公，葺而新之，甫数月而落成。为廒座者六十，为门者三，而为厢又十有二。民不知劳，财不为费。属吏方虑无计之者，会予南还，道出清口，相率属记。夫天下贡赋之入，自昔仰给于东南，而东南之赋，惟江南诸郡为最。储蓄转输之法，固因乎时，而规画罢行之要，则未始不存乎人。吴君以甲科之豪，行杰而修，才敏而精，而又得二少监公之贤，略无龃龉于其间，故其事之易集也若是。】

平江侯恭襄陈公神道碑铭，杨少师士奇撰：

【恭襄，合肥人，字彦纯。自少颖敏不凡，好善恶恶，内笃孝行。洪武中，待父官成都，习兵略，精骑射，以武臣子选侍大将。尝从出畋，遥望孤雁杂鹅群，命众从者射，不中。最后命公发，一矢毙之。有鹅翔于上，命公射，应弦而坠。自是屡试皆奇中，众大服，而公不自为能。既代父为成都右卫指挥，从大将征南番岩州中亭及转镇南，咸建劳绩。抚边夷兼理茶马之政，边人悦戴。灌口都江堰坏，民苦水患，遂修其堤防，躬督工作，为坚久计。矜恤无告，出资置义田三百亩于成都，积所入租，凡贫不能衣食、不能婚嫁及死不能敛葬者，皆给之。会云南兵征百夷，以功升四川都司都指挥同知，遂进右军都督府都督佥事。太宗皇帝知公才可任，时北京军储不充，命公岁董运百万石，海给之，公措置井井，创建百万仓于直沽尹儿湾城，天津卫籍兵万人戍守。公善任，使均劳逸，秋毫无取于下。凡漕途奸弊，扫涤一清。漕舟所经海岛，夷人畏惮官军，悉闭匿。公下令俾出为牢，而遣官监临，平其直，军无敢哗，人两便之。舟还，值倭寇劫沙门岛，公率众追至朝鲜境上，焚寇舟殆尽，寇以杀溺死者甚众。奉命率舟师于闽海备倭寇者三。海溢，土册没堤岸，起扬之海门，历通、泰，北至盐城，凡八百里，奉命以四十万卒修之。航海至日，茫洋莫知所停泊，往往胶浅。公于太仓想可泊处，以二十万卒筑高丘二十丈，亘十里，为表识，众便之，称"宝山"。事闻，上亲制文树碑焉。既建北京，罢海漕，浚济宁临清河，通南北往来，仍属公董饷运。公建议造浅船二千艘，初岁运二百万石，为之有方，后增至五百万石，国用以足。若疏清浦，引水由管家湖入鸭陈口达淮，以免淮河风涛之患。就管家湖筑堤五十里，以便引舟。浚仪真、瓜洲二坝湖港之湮。凿吕梁、徐州二洪石以平□水□势□。筑沛县刁阳湖即昭阳湖。同治《徐州府志·山川考》沛县山川："昭阳湖在县东。《旧志》：在县东北八里。《齐乘》谓之山阳湖，俗名刁阳湖"。济宁南望湖堤。开泰州白塔河，通大江。筑高邮湖堤，堤内凿渠，亘四十里，以通舟，南北造梁，以便陆行。自淮至临清，相水势高下建闸四十有七，以时启闭，皆舟楫通行永远之利。于淮滨作常盈仓五十区，以贮江南输税。于徐州、临清、通州皆建仓，以便转输。虑漕舟昧河深浅，自□淮□底通州，滨河置舍五百六十八所，舍置卒，俾导舟可行处。缘河堤凿井、树木，以便夏月行者。凡于事卢之周而为之果。仁宗皇帝初临御，下诏求言，公首七事，大概谓：南京国之根本，宜为久远巩固之计。选将益兵以严守备，长民长兵皆宜择贤能。然政举而下不失所，贤能在推举，推举在核实，乞选朝臣之公正者分巡天下，考察百司政事得失，进廉能，黜贪鄙，则官得人而治可兴。今府州县学教官多不得人，乞令风宪考察，罢黜别选。今中外军伍多缺，盖由所管头目私役扰害不胜，致其逃逸。乞敕都府、兵部、都司严切禁约，就行清理。老疾者，令户丁代；逃逸者，责限追捕；户绝者，验实除豁伍籍。又边防之要，在兵食足。近岁如开平等处城不足兵，兵不足食，所守何由完固？乞选武臣之有方略者，授以精兵，足其衣食，给之坚利器械，俾日教习。如有沃壤，令兼务耕守。今漕运江西、湖广、浙江及苏、松诸郡，去北京甚远，漕河又有洪闸浅冻之阻，往复逾年，杂费数倍正粮，军民并困，其各处官军每岁漕运毕，财力殚乏，到家又修理坏船，运来岁粮，劳勤尤为可悯，所管头目又加别役以重困之。乞下令今后漕运军士不得再有别役。马船、快船惟二三百料者可行于漕河，所载不过五六十石。每船已有额设水夫，今又于缘河拘集军民，听候其至接递，听候日久，衣食艰难，有至行丐者，乞自今罢之。…………

恭襄祠碑记，杨知府【昶】撰，其略曰：

【赠平江侯、谥恭襄陈公者,少以荫补官。永乐甲申,文皇帝肃清内维,公以翊戴功封平江伯。及平,天下大定,公总百万之兵、漕百万之粟不告劳,而京师边鄙岁皆仰足,功亦大矣。昶尝求公之为人,盖好善而多略,知人而善用者也。开府之日,凡吴、楚、江、浙、荆、舒、淮、扬自万户以至齐民,凡有才足以干事,智足以烛微,言足以说理,学足以博物者,无不以礼罗而置之幕下。每一政一事必谋于众,忘己从人,择其善者而行之。自昔漕河由山阳艮隅入淮,六十余里始入清口,其流直且骏,甕然风涛,人舟覆溺。自徐入汴,溯黄河转于清源,既险且远,百倍于淮。公博询于人,山阳城下则凿地通河,过淮阴故城横渡清口,不一里而得安流。自徐而郓,得前代漕运故道。自郓至清源,又凿地为河,顺流而北至于卫水,人免黄河之险。又经海道于辽东,不绝粮饷,其功有足称者。及薨于位,宣庙为之辍朝谕祭,赐葬牛首山。正统间,海水滚泥沙汇清口,而东为洲十余里,运河淤塞,舟楫不通。有司闻于上,征数郡人民昼夜疏凿,民劳而功无成。祷于公,一夕,人有见公乘白马拥从数十人行水上,明日视之,洲为水冲去,其灵爽虽殁,而犹不忘护国庇民也如此。有司上其事,命立祠清江浦,春秋祀少牢。公讳瑄,字彦纯,庐之合肥人。祭文曰:惟神河岳间气,文武全才,一代名臣,三朝元老,总司漕运,粮饷充盈,保障江淮,军民按土屠。生既勤劳乎王事,殁宜庙食于无穷。惟厥成规,百世允赖,兹当起完运,谨以牲醴,式陈明荐,用报于神,神其来格,尚飨。】

南旺庙祀记

【尚书宋公礼同都督周长等发山东丁夫一十五万,登、莱二府愿趋事赴工之人一万五千,疏凿会通河。先是洪武二十四年,河决原武县黑阳山,由旧曹州两河口漫过安山湖,而会通河遂淤,自济宁至临清三百八十五里,舟楫不通。乃于济宁迤北置城村等递运所,凡军需钱粮之输北者,悉陆运至德州,凡七百里始入卫河。至是疏凿之。又塞旧曹州、郓城两处河口,浚沙湾至旧曹州一带河道。又同刑部左侍郎金纯等督河南运水夫开黄河故道,自开封城北起,下达郓城,至鱼台县塌场口入于漕河。又疏山东七十二泉汇于分水。故永乐九年,太宗降纶音一章,曰:"工部锦衣卫使差四个官铺马里去,都齐到那黄河新开口子处,讨两只船,从那里看将下来,到旧曹州两河口分开,一路往会通河那一带去,一路往谷亭这一带来,看那两条河的水势行得如何,还看那黄河水比先是哪一处漫过安山湖那一带,去淤塞了河道,若是那原漫过水处堤岸低薄时,就著再整治得高厚著,若不低薄时,罢,将文书去与宋尚书每知道,钦此!"则其委任之重亦可见矣。先是朝廷闻河道不过欲通天下贡赋,未专于漕运也。十年,宋公始议会通河攒运北京,其奏状曰:"永乐十年某月某日,工部尚书宋礼奏:海运粮储,每年五月太仓开洋,直沽下卸,待秋回京,船只中多被损坏,亦有漂失不见下落者,俱用修理补造。分派江西、湖广、浙江等布政司并直隶、徽州等府军卫有司相兼修造,俱限欠年三月终完备,驾赴太仓应用。因限逼迫,措料不及,不免科敛钞物买办,其间作弊受害者不可胜言。造船者惟顾眼前之急,不虑速成不坚之患。计其所费物料、人工又难细举,且如造千料海船一只,须用百人驾使,止运得米一千石。若将用过人工物料估计价钞,可创二百料河船二十只,每只用军三十名,运粮四千石。以此较之,从便则可。如将镇江、凤阳、淮安、扬州四府岁征粮米定拨七十万石赴徐州,并兖州府粮米三十万石赴济宁州交纳,差拨近河徐州等卫旗军一万名,各委指挥千百户管领。工部拨与二百料浅船五百只,一如卫河事例。将前项仓粮从会通河攒运,供给北京。每三年海运二次,使造船者无逼迫之患,驾船者获坚久之利。以两河并海运计之,三年可得八百余万,十年之间,国有足食之备,民无繁扰之忧。"至十二年,遂罢海运。而平江伯亦疏凿淮扬一带,南北遂会通矣,至今为国大利,而宋公之功当为第一,都督周公、侍郎金公亦不可不谓之贤劳。厥后传谓宋公有微过,朝廷督责之,革其冠带,止服儒巾治事,其权中微而平江之功愈彰。故今人惟颂平江,而不及宋公。故丘文庄公尝过会通河,有感赋诗曰:

清江浦上临清闸,萧鼓丛祠饮馂余。

几度会通河上过,更无人语宋尚书。

后李文正公各有诗,其意在言表矣。后主事王□始请于朝,建祠祀于分水龙王庙之偏,因并录之,以示来者,知宋公之功不可没也。

加封平江侯谥恭襄陈公祠堂记,吴祭酒节撰,其略曰:

太宗文皇帝乘舆巡北京,命公岁通漕百万石。由淮、徐穿卫入潞河以运,公遂建议于通州、天津、德州、临清及淮、徐诸处皆置廒仓以贮南粟，造浅船八千余艘，导山东沂、泗、汶、洸诸水以灌济宁二闸，遂循济北度安山、南望、孙村湖、梁山、耐牢坡，取道筑长堤百余里，以捍漫流。又从沛邑引昭阳湖凤池口水暨黄河支流以灌徐、吕二洪，递接迤南诸舟。遇冬水涸，则督工开凿中流巨石以杀湍势。又开泰州白塔河四十余里以通江□，大筑高邮、宝应、范光、白马诸湖长堤，构梁以度牵道。自潞抵淮计程二千六百里有奇，设浅铺七百余所，置守卒导引。沿岸置柳浚井，以便夏日行者。又疏瓜洲、仪真二坝于塞，以接海潮，沿途楗石畚，上为楔闸，水以时闭纵。其闸以座计者凡五十有奇，所输官粟视河漕一百万石后加至五百万石。初，淮波险恶，难于溯流。计工开清江浦五十余里，自管家湖鸭陈口通淮，湖筑堤，置移风、清江四闸以达于河，而淮道通矣。淮人念甘棠之爱，愈久愈至，既请命于朝，以定春秋二祀。】

高邮州新开湖修筑记，刘少师【健】撰，其略曰：

【高邮州之西南湖曰新开与甓社湖，通由天长以东诸水尽汇于此。其南北运道，自杭家嘴至张家沟凡三十余里，飓风或起，则巨浪掀天，舟行遇之，多致覆溺。弘治初，户部左侍郎白公昂奉敕整理河道，乃于湖东开夹河一道，曰“康济河”，以通行舟，往来便焉。然湖之老岸岁久激于西北风浪，日就颓坏，而康济之河难保无虞。九年，都宪李公蕙适总督漕运，尝委扬州府通判施君渊董工修筑。未几，迁官去，乃以通判韩君琚代之。工未竟，而李公亦物故。都宪张公敷华、张公缙相继其任，工部郎中谢公缉、张公玮、刘公浩相继管理。凡工力措置，悉委扬州府知府王君坦、许君节、王君恩，而督励益至，老岸之下，颓桩废石，积久未除，岸之不坚，职此之故，命夫匠入水悉出之，然后钉桩下石，以次修筑。迄十六年八月工始告成。其长仍旧，而崇原坚完过之。始康济河之开也，湖东夹河之间民田千余顷，困于积水，乃于河底作涵洞三，以泄之。岁久而堙塞，河之新岸又日渐冲决，田没于水而税如故，凡业田之民流亡殆尽，诸公患之。仍委韩君等督工修理，仅三阅月而完。田既可，又民之流忘者复业。又自淮安至仪真一带河岸低者增之，缺者补之，视旧有加，故近年以来，虽大水与所患，而舟楫经行者咸目为坦途焉。】

闸对记，黄参议【瓒】撰

【予奉命督运艘于仪真，与郑水部克明、杨水部汝珪议启闸省坝费，有事闸司者，皆安常袭故，以为不可。时克明已去，予与杨水部持议益坚，乃集仪真卫指挥金镗刘□、知仪真县事李文瀚、仪真县学教谕卢□、训导吴正、毕逢泰于舟，举一木谕之曰：“以此椽平水，尽所过舟，较泄水几何？”众皆曰：“诺。”既而视之减，初则二分许。予曰：“水拔自近尔也，再移时自远而渠，当不减毫发。”明亘视之，果然，众议遂沮。客有过予问所以，予答而旨之以质杨水部，将以定浮议而开永利也。水部览而领之曰：“此殆都宪黄公记修闸之意也。”时桐城侯□君履谦亦在坐，曰“尝见邃庵先生亦言之。”于是遍览诸闸，二公之外，复得先少宰钱公、大宰王公之文于败垣荒壤中，喜而相谓曰：“闸之兴废，公论其定于是矣。然不利于鄙人，弗寿诸梓，必相继埋没前人惠利之功，虽复于今日，安知将来又不惑乱于浮议乎？”水部曰：“然，请命之名，曰《举坠录》。”水部曰：“称情哉！”既而取前稿于水部，将裂之。水部曰：“谓何口，凡吾所臆见者四碑尽之矣，安用此赘词哉？”水部曰：“诸老之文，学士大夫所能解，若夫亲履而尝试之，是非利害如示诸掌。可以考实踪，可以谕众人，则子之言夫请续碑记之后。”因并刻之。椒山人丁致祥识。

正德戊寅夏五月十日，予在仪真，既启闸通运艘，客有过予问之曰：“往者闸司惧泄水，禁弗启，子今启之，水弗泄，而舟获济，何所见而然耶？”曰：“见夫理而已。”客曰：“理安在？”曰：“夫闸首里河口，中通济罗泗，尾拦潮。拦潮距里河口五里许，可容二千艘，顷入通济才十一，鳞次以待闸下，而启上水，既平不费牵挽，起未初，终申而毕，其所泄者，长不过一里，广不过十寻，深不过三尺，以此之泄，计淮南江北之潴，如其长者几四百，如其广者何止二万倍？以二因四，为数八百万，则每一启闸，八百万分才去其一耳，何泄之足虑？”客曰：“尝见夫闸司迫于不得已而一启也，既牵于闸之两翼，复绠引于西堤之绞关，终日不尽二十船，何也？”曰：“下不闭而上河启，人力不足以胜水势也。”予故曰：“闸政之废，绞关为之也。”客曰：“绞关所以裨闸政，而谓其废焉，何也？”曰：“北河之闸，地势犹梯级，闸于下而受水于其上。舟非亟挽，恐上竭而不能入，入而不能□，乃倚力于绞也。今通济闭而里河启，水平舟运，帆举篙刺之力耳，焉用彼为哉？惟无以遏奔放之势，而强以人力，水易浅而舟难进，此浮议乘而沮之也。”客曰：“天下之至平莫如水，今江淮间无高山平陆之限,彼盈此亦盈,彼缩此亦缩也,何清江之闸长启而不闭,堤塘备涝之斗门又从而减泄,此则惟恐渗漏禁弗启,岂水之性失其平?消长盈缩不相通,泄于彼者则无与于此泄乎?此者犹贻患于彼耶?"曰:"人心之偏于水乎?何尤谓彼之泄无与于此之盈缩?譬之盎则酰酝漏于左而曰无与其右,孩提有识,不如是之愚也。宁减有余于无用之地,而不于此利舟楫,譬之厨有余饭,顾乞儿之哀求弗与,举而覆诸污渠中,有人心者,似不如是之忍也。"客曰:"彼不有大禁,胡执泥至此?"曰:"无也,居货庸力之徒利于坝,故闸一开,纳赂泄水之谤起,而任耳者多不察此,自好者宁废公道而弗任怨谤,奔走下吏醺其醲而舐其膏,一唱百和,惟坝焉是附,于是闸政日废,前贤建置之盛举,朝廷济利之大惠,遂为虚文焉。"客曰:"北闸之水源不息,放之则缩,闭之则聚,其常也。若此盘盂之积,值经月不雨,闭而不泄,技穷矣则将何以益之乎?"曰:"有海潮,大小有定候,俟其至而启闸,俾内灌既平,闸而留之,使乘潮之舟不沮浅,而里河之纳且不退,如是再三,可以变浅涸而为盈溢,顾谓泄水而不启,何其谬哉?"客仰而笑曰:"往者大水,里艰运而外艰入,工部郎中吴君谕执役者以借潮,众窃笑之,君今稍削坝,已而潮至,艰于外者乘势而涌入,内之不能运之,浮而前,两涯之间运船商舶皆德君之惠,鼓掌踊跃,以君为神明,如子之论,君殆有见于闸而目之于坝焉耳!岂真神明也哉?"曰:"然!"客起而叹曰:"为政在人,圣人之至论。"客乃揖谢而退。】

仪真县重建新闸记,王文肃【倎】撰,其略曰:

【国家自迁都北平,岁漕江南粟数百万斛以供亿京师,由仪真入运河者十七八。然其地滨江,江船入河仰举升势。宋嘉定间,尝即州城南建清江闸,久而壅阏。国朝洪武辛亥,筑上为坝。成化甲午,巡河郎中郭君升复建议置闸,首东关,次响水,次中闸,以达于罗四桥港,凡为闸四,以通舟楫,一时称为便利。既而达官要人,旁午杂沓,启闭无节,河流遂耗,而闸复陆。弘治初元,今南京守备司礼监太监蒋公琮舟经其地,目击利弊,疏请复闸制。事下冬官议,久未决。岁期,公复以程序进,始奉宸断,命南京守备太监陈公祖生、郑公强暨南京工部尚书刘公瑄、侍郎黄公孔昭斟酌而行。于是分遣内官监右少监党君恕、御马监右监丞李君、屯田司郎中施君恕往度形势,延问耆老,参酌群言,归于定论。其论有建闸非私智,因车坝之疲民者;有废闸非偏见,虑漕渠之泄水者。废置两端,各有所见。惟在夏秋江涨则启闸以纳潮,冬春潦尽则闭闸以潴水,并存互用,庶无遗利。论既定,始集财鸠工。因旧中闸充拓之为新闸,方冬潮涸,俾与河水相平。先是,响水闸去首闸才百步,水势冲激,舟行多败,今撤去之。而东关、罗四二闸则仍其旧。始事于辛亥十月六日,讫工于十二月十八日。明年壬子,江南夏涝,淮扬之间湖水泛溢,而闸遂成,不惟遂疏通之利,而且免冲决之患。说者谓事之兴废有数,非偶然也。】

瓜洲镇新建漕运行府记,赵副使【鹤】撰,其略曰:

【唐虞赋纳粟米,与沿浮江淮之制,虽非漕运,而后世江淮之为漕法漕途者,实昉乎此。盖其时江淮未通□去冀都甚远,然为绥要诸国输将繇使所以自供,周不出其近境,而分土正贡,则必经沿江、海、淮、泗以入于河,然后能至。自吴开邗沟,用谋伐齐,江淮始接舟楫。及唐宋之盛,以都雍、汴,漕议益详,而江淮发运副使官署始置不废。且是时瓜洲河埭未即疏利,故裴耀卿议自润州陆运,入扬州斗门颇艰。吕城公亦谓京口济江淮之粟为最重。国朝永乐以来,定跸幽燕上游之所,而工部尚书宋公礼及恭襄陈公瑄相继经治通州南下至仪真瓜洲运河。正统间,江南巡抚文襄周公忱求古水次灌输转搬余法,增筑瓜洲新坝,立仓于侧,用受江南民粟,以便充运浙苏等卫,长运亦经新坝以达,而瓜洲遂为江淮漕纲要地。嘉靖四年,漕运都府南屏高公友城、总府客堂杨公宏、参府东明张公奎合议,仿前巡院建漕运行府于瓜洲旧仓废址,以备巡督。而东明参府往来多居之,严盘挽廉耗蠹,饬官束众,厘宿患而竞新功。顾其不自有兹行府始,而□为有兹行府重哉。虽然成公亦谓养兵与漕运相关,又尝蔡相妄改转搬而为直达,以裁冗兵冗食,可省远漕劳费,而转搬节级漕力犹为彼善之谋故也。漕府群公行将列诸便宜,会议户部,圣天子方稽古新治,大司徒凤山秦公复疚心国计,必为探择本末而次第请行之,岂惟一时漕纲之利?虽复唐虞之政可也。是役东明参府实规督之,故工费视他役为省便云。】

瓜洲镇漕运行府来旬堂记,赵副使【鹤】撰,其略曰:

【予读"江汉"之诗一章,见济师之适焉,奉辞之肃焉,军容之整焉,敌忾之锐焉。二章见作气之踊焉,经略之远焉,柔抚之速焉,安主之勤焉。三章见复境之盛焉,甸田之谨焉,慰民之爱焉,表国之尊焉。至四章始括之曰"来旬"焉。夫穆公承一征伐之命,恭职勤物,无或怠而弗治之处,则因隅知室,由迹考心,其余国体之安危,君德之成败,民情之欣戚,克任诸躬,诚有若□于市与纳于沟之为志者矣。周公谓康公与己为笃棐,时二人诗人,亦美宣王之臣能明国,若否补王阙失如穆公者,其亦不愧其祖,不负其君者哉!漕参东明张公建行府于瓜洲,既自书"公平正大"四字,揭诸前厅,复以名后堂问予,予为议数名,东明乃取"来旬",亦自书以揭焉,则向慕俱为可知已。柳是诗自始章以至卒章,又见穆公绳祖之光焉,格君之敬焉。若东明祖曰"菊坡"公者,有诗名,以战功蹶而复起至都指挥。父南山公与东明俱少治举子业,有声科场,亦相继为漕运参将。而东明先为浙总时,尝饬兵瓜洲江浒,遏流寇,使不得上。及今来治行府,漕政之外,如祷雨济旱,夜出拯火与造闸以复水利,皆其余泽波及瓜民,瓜民感焉。况资敏气锐,都、总二府倚以咨谋,岁赞漕画,撙惜储力,扬议明廷,以纾经用,以劝俭德,则东明于缵家佐国之志,业已若水之就矩,刃之发硎,日向于用而无不利矣。他日位益进,务益勤,持之以慎,积之以诚,则是诗始终之懿,匪徒慕之,亦允法之也。】

济宁治水行台记,李都御史【如圭】撰,其略曰:

天下之事皆有要焉,得其要可从而理也。不得其要,则虽弊精神,迟岁月,亦将无补矣。况于治水尤事之大者也,乌可不于其要是求哉?我太宗文皇帝建都幽燕,资东南财赋以实京师,则漕运者治世之要务也。永乐初,由海而运,每岁不免漂溺,继乃修复元时会通河运,斯计之得者也。然会通河实赖山东诸泉源焉,泉源散在各州县。旧制,每泉各置夫老以供疏浚之役,州县委官领之,兖州府既设管泉同知矣,而复设工部主事一员,专管督理,盖欲其泉之常达而为漕舟之利也。百余年来遵行罔失,粮运大通。回视海运安危得失,何啻天渊矣。谓非得漕运之要可乎?奈何历岁既久,立法本意多未讲求,故挑浅之功则密,而浚泉之力则疏,以致有山东泉微之说。近岁黄河决飞云桥,决谷亭镇,冲溢运道,反谓藉之以行舟,其误甚矣!迩者黄河南徙济宁而下,一带闸河泥沙淤淀,舟不能行。嘉靖乙未夏,始用人力挑通,然泉源既云微,而河水则又徙,河道虽复,水安赖焉?时余致政家居,仰荷圣恩,起于山林之中,授以河道之责,以丙申仲春至济莅事。时河水浅涸,舟甚艰行,众为余危之。余曰:"不然,山东闸河因泉源而开,欲河有水,当于泉源求之。"乃申饬府州县官员,务以浚泉源导泉流为事,定限完报。余乃驾舟阅视济宁湖水,见其波光浩荡,即谕众曰:"此水亦可以济矣!"众曰:"河高湖卑,水将安出?"余乃令管河官将湖水开渠引至河边,置造桔槔之具,挈水入河。已而南旺、安山等湖俱施以此法,随又将各处淤塞沟渠皆为疏导,诸停蓄之水咸得以入于河。甫及两月,各处泉源浚矣,泉流导矣,水且至矣,漕舟之行略无阻滞,而亦无事于挑捞之功,桔槔之力矣。仍命管河官将各湖堤修筑,蓄泄以备旱潦。因虑山东一带闸河常赖修治,而修治之道,器具为先。济宁旧无厂舍,往岁遇有修治工完,器具即于所在贮之,漫无稽考,且多损失。况临河亦无馆署,粮船过济殊乏督理之地,均为缺典。余乃谋于管河郎中杨君旦、管闸员外郎邵君元吉、管泉主事顾君翀,于城西临河易地贸材,命匠督役。中为门堂,以便临视督理,堂之左右为厂房,以贮器具。围之以垣墙,华之以绘画,固之以键钥,守之以夫老。经始于夏五月,落成于秋八月。扁名之曰"治水行台",伟然为漕河壮观。杨君辈谓余宜有言以记之,且于以治水为任,固不可以不文辞。盖尝思我国家漕河形胜,诚天造地设而有所待者。夫自通州以至仪真,凡三千里,而南旺分水适当其中,南由闸抵徐州则会黄河,至淮安入海,而扬州湖水接之以达于江。北由闸抵临清则会卫河,至天津入海,而通州白河接之以达于京。南北地里之远近既侔,而水道之接济亦类。虽图画亦不能尽其妙,成天下河道第一形胜…………

总理河道题名记,于都御史【湛】撰,其略曰:

【王者宅中图治,必挽天下财赋,以给经费。我朝始由海运,继由陆运,凡二变,乃改今河运。然地势中高,南北迤逦就下,乏水以济。济水伏流齐鲁,随地溢出为泉。泉在东郡凡二百八十有奇,各以近入汶、泗、洸、沂诸水,东流赴海。文皇帝命工部尚书宋公礼修复会通河,伐石起堰,东遏诸水,西注漕渠,南北分流。北流者会漳会卫,上接白河。南流者会河会淮,下接宝应、高邮诸湖,漕渠遂亘南北。浚泉以广其源,建闸以节其流，筑堤以防其溃决，列铺舍以通其淤浅，辟湖潴水以时其蓄泄，引水灌洪以平其险阻，备夫以供其役，铨官以司其事。董之以主事八，各有专职，临之以郎中三，各有分地，监司守令亦与有责焉。又以地广事剧，役众费繁，宗统不可以无人，乃敕差大臣一人总理于上，爰集众思以举群策。岁挽东南四百万石，万艘鳞次而进。时当盛夏，维扬迤北，乘风扬帆，南旺迤北，顺流放舟，既脱海运之险，亦无陆挽之劳。四方万国，五材百货，罔不毕集，民命获全，国计斯裕。文皇帝开济之功同于天地，诸臣弼成之迹要亦不可泯也。《禹贡》一书，记神禹治水之迹与典、谟、训、诰并列为经，昭示罔极。我朝前此效劳诸臣，水部分司各有题石，而总理大臣漫无所考，岂非缺典耶？嘉靖丁酉，予承乏是任，深用慨惜，乃构亭公宇之东偏。爰披往籍，录宋礼以下若干人，立石题名，而各疏履历。其下仍虚左方以俟递书，庶后来者有考焉。或曰："漕河之尽制以帝都之在燕也，前代都平阳，都关中，都洛阳，都大梁，并以黄河为运道，宁有此劳费哉？"曰："是不然，夫东南以海为险，西北以山为险。溯海肆逆为难，而乘高犯顺为易。故西北世有夷狄之患。自辽左至甘凉六镇皆守山，外去中原千有余里，惟幽蓟一镇独守山内。中原内地与虏仅隔一山，而山复中缺，为虏所窥。安史之盗唐，契丹之盗晋，金元之盗宋，率由此首难。自昔有天下，而以此地属人，未有能久宁者。窃谓扼强虏而障中原，据上游而制六合，孔子复生，必从文皇帝之见矣。"曰："都燕之利则既闻命矣，海运由浙西不旬日可达都下，较之河运费省而功倍，丘文庄《衍义补言》之详矣。近年言者亦多厌河运之劳，而欲举文庄之策，子顾极言河运之利，而欲侈诸臣之功示诸久远，何也？"曰："海运之法，作俑于秦，效尤于元，祖宗已弃之策，三代以前未闻也。文庄计漂溺之米，而不计漂溺之人，故以海运为便，不知米漂而载米之舟、驾舟之卒、管卒之官，能独免乎？考之《元史》，至元二十八年海运漂米二十四万五千六百有奇，至大二年漂米二十万九千六百有奇。即如文庄言，每舟载米千石，用卒二十人，则岁溺而死者殆五六千人。此残虏之所忍于华人也，奈何华人亦忍于华人哉？河运之费，费于人，所谓人亡人得者，损上益下者。王者以天下为家，又奚恤哉？"曰："海运诚不可复矣。今之河运，筑堤建闸，并以人胜，时不常泰，人不皆良，能保无意外之变乎？"曰："变，不可保也，海，胡可蹈哉？今之黄河经行河南之祥符者，去卫河仅七十里，凿而通之，万夫一月之力也。议者徒以冲决为难。窃以为黄河之难，不难于海也。二道并设，而各从其便，常可也，变亦可也。是则可为也。"曰："此尤不可之大者，先朝河决张秋，运道梗塞，凿数省之力，捐不赀之费，再历寒暑，乃克底宁。众方幸其南，子欲引之北，吾不知其何说也。如子之言，且将为运道忧矣。"曰："今之黄河固古之运道也，昔固北行，而今始南迁也。民间舟楫往来如织，未尝一日废也。在古则宜，在今则否，在南则利，在北则否，在民则可，在公则否，在海则易，在河则难，吾亦不知其何说也。"此不谷之见也，谨并志之。】

钦定户部漕运全书[1]

卷一·漕粮额征·兑运额数

各省漕粮运京仓者为正兑运通仓者为改兑额征数目遇有升坍随时增减今按道光九年额征之数开载

卷一·漕粮额征·兑运额数·山东省【济南泰安武定兖州曹州东昌六府征收粟米麦豆内兖州府无改兑】

额征正兑正米八万三千二百九十四石九斗六升七合一勺【外有截存蓟粮米二万八千五百石】 耗米【每正米一石加耗米二斗五升】二万八百二十四石八斗二升九合八勺正兑正麦九千九百一十五石七斗六升 耗麦二千四百七十八石九斗四升 正兑正豆八万二千一百一十三石五斗三升六合七勺【山东河南二省额征黑豆俱系粟米改征视京仓粟米黑豆何项不敷或应多征黑豆或仍征粟米户部随时酌量情形奏明办理】 耗豆二万五百二十八石三斗八升三合七勺

额征改兑正米四万二千九百一十四石一斗五升八勺 耗米【每正米一石加耗米一斗七升】七千二百九十五石四斗六升一合五勺 改兑正麦九千三百九十一石七斗九合八勺 耗麦一千五百九十六石五斗九升二勺 改兑正豆三万一千八十二石一斗一合八勺 耗豆五千二百八十三石九斗五升九合

卷一·漕粮额征·兑运额数·河南省【开封归德彰德卫辉怀庆河南陈州许州陕州汝州十府州征收粟米麦豆】

额征正兑正米二万四千六百八十七石三斗一升五合六勺【外有截存蓟粮米二万八千五百石】 耗米六千六百一十八石五斗八升一勺 正兑正麦二万四千六百五十二石七斗八升七合六勺 耗麦六千五百八十八石七斗一升一合七勺 正兑正豆六万六千三百五十八石六斗一升三合二勺 耗豆一万七千八百三石二斗五升八合五勺

额征改兑正米一万五千九百五十二石九斗九升三合五勺 耗米二千七百一十二石九合五勺 改兑正麦一万二千七百六十六石九斗六升二合二勺 耗麦二千一百七十石三斗八升三合二勺 改兑正豆二万七千五百二石五斗五升六合七勺 耗豆四千六百七十五石四斗三升四合五勺

卷一·漕粮额征·兑运额数·江南省江安粮道所属【江宁安庆宁国池州太平庐州凤阳淮安扬州徐州颍州六安广德泗州海州通州十六府州征收粳稜粟米内广德州无正兑安庆宁国池州太平六安五府州无改兑沭阳一县籼粟并收】

额征正兑正米二十八万八千七十六石四斗二升三合 耗米一十万三千三百五石八斗五升八合三勺

额征改兑正米一十万一千六十四石七升六合五勺 耗米二万五千八百二十五石九斗八升一合一勺

卷一·漕粮额征·兑运额数·江南省苏松粮道所属【苏州松江常州镇江太仓五府州征收粳米糯米内常州府无改兑】

额征正兑正米一百四万一百三十三石七斗二升四勺 耗米四十一万六千五十三石四斗八升九合一勺

额征改兑正米九万四千八百三十二石四斗六升八合八勺 耗米二万八千四百四十九石七斗四升一合二勺

---

① 〔清〕福趾等撰，载龄等修。据清光绪二年刻本。

卷一·漕粮额征·兑运额数·浙江省【杭州嘉兴湖州三府征收粳米籼米】

额征正兑正米五十八万五千三百八十五石八斗九升八合五勺　耗米二十三万四千一百五十四石三斗五升九合四勺

额征改兑正米二万九千三百六十五石五斗　耗米一万一千七百四十六石二斗

卷一·漕粮额征·兑运额数·江西省【南昌瑞州临江吉安抚州建昌广信饶州南康赣州宁都十一府州征收稜米】

额征正兑正米三十五万一千二百三十七石九斗八升六合一勺　副米一十八万六千一百五十六石一斗三升二合六勺

额征改兑正米一十五万一千三百七十九石六斗一升四合一勺　副米八万二百三十一石一斗九升五合四勺

卷一·漕粮额征·兑运额数·湖北省【武昌汉阳黄州安陆德安荆州六府征收稜米】

额征正兑正米九万四千二百四十一石八斗九升八合五勺　耗米三万七千六百九十六石七斗五升九合四勺

卷一·漕粮额征·兑运额数·湖南省【长沙衡州岳州澧州四府州征收稜米】

额征正兑正米九万五千五百一十一石二斗六升四合六勺　耗米三万八千二百四石五斗五合七勺【湖北湖南二省无改兑米】

卷一·漕粮额征·兑运额数·奉天省

每年额征黑豆三万八千七百四十八石四斗五升九合七勺【道光六年奏准自七年为始改征粟米十分之四因奈阳牛庄盖州熊岳四处应运粟米二千五百十九石九斗五升二合四勺豆四千六百八十石四升七合六勺锦州府所属应运粟米一万三千二百四十三石九斗五升四合九勺一抄豆一万八千三百四石五斗四合七勺九抄】

以上正兑正米二百五十七万八千三百三十三石三斗八升一合一勺一抄　耗米一百四万三千十四石五斗一升四合四勺

改兑正米四十三万五千五百八石八斗三合七勺　耗米十五万六千二百六十石五斗八升八合七勺

正兑正麦三万四千五百六十八石五斗四升七合六勺　耗麦九千六十七石六斗五升一合七勺

改兑正麦二万二千一百五十八石六斗七升二合　耗麦三千七百六十六石九斗七升三合四勺

正兑正豆十七万一千四百五十六石七斗二合二勺九抄耗豆三万八千三百三十一石六斗四升二合二勺

改兑正豆五万八千五百八十四石六斗五升八合五勺　耗豆九千九百五十九石三斗九升三合五勺

统共正改兑正耗米麦豆四百五十六万一千一十一石五斗三升一勺

一江苏省同治四年奏准减定漕额实应征正兑正米七十三万六千七百三十余石耗米二十九万四千六百九十二石改兑正米六万八千六百六十余石耗米二万五百九十八石此外南粮漕赠行月等米豆一体照减【苏松太三属三分减一常镇二属十分减一其漕赠行月南恤局粮等款向系一串征收今仍一体核减计苏州府属额征米豆八十七万七千五百六十四石零派减三十二万六千六百三十二石零除减应征米豆五十五万九百三十二石零松江府属额征米四十二万七千四百六十一石零派减十一万六千五百四十四石零除减应征米三十一万九百十七石零太仓州属额征米豆十五万三千四百三十二石零派减四万二千八百七十七石零除减应征米豆十一万五百五十五石零常州府属额征米三十五万五千九百八十石零派减三万五千五百九十八石零除减应征米三十二万三百八十二石零镇江府属额征米豆二十一万四千七百三十五石零派减二万一千四百七十

三石零除减应征米豆十九万三千二百六十二石零】又白粮改漕项下原额八万一千四百十三石零减征米一万九千六百五十二石零又沿海瘠区优减米一万五千二百余石【另详蠲缓升除目内】原征白粮并不议减仍应征白粮正米六万九千二十五石耗米二万七百七石五斗【白粮遇有荒缺于本州县现征南米内通融动支起运】

一浙江省同治四年奏准减定漕额实应征正兑正米四十一万二千七百五十七石五斗二升四合一勺耗米一十六万五千一百三石九合七勺【有闰之年工部改折灰石项下计少征正米二百四十七石四斗耗米九十八石九斗六升】此外南粮行月粮等米一体照减【杭嘉湖三府属漕粮统按三十分中减去八分其行月粮并经费银米一体照减计杭州府属额征米十七万八千一百八十九石零派减米二万五千七百三十五石零除减应征米十五万二千四百五十四石零】【嘉兴府属额征米五十八万七千四百七十五石零派减米十四万五千四百十六石零除减应征米四十四万二千五十九石零湖州府属额征米三十八万十四石零派减米九万五千六百十三石零除减应征米二十八万四千四百一石零】又白粮改漕项下原额五万八百七石零减征米一万六千六百七石零改兑漕粮与原征白粮均不议减仍应征白粮正米二万九千九百七十五石耗米一万三千四百八十八石七斗五升【白粮遇有荒缺于本州县现征南米内通融办足起运】改兑正米二万九千三百六十五石五斗耗米一万一千七百四十六石二斗

卷二·漕粮额征·改征折色

一各省永折漕粮价银山东省永折米七万石【不征耗米】内二万石【济南府一万二千石兖州府三千石东昌府五千石】每石折征银六钱又米五万石【济南府三万石兖州府五千石东昌府一万五千石】每石折征银八钱　河南省永折米七万石【不征耗米】内二万石【开封府二千八百一十三石归德府四百二十九石彰德府四千八百二十一石八斗卫辉府二千九百七十八石一斗怀庆府四千二百三十二石一斗河南府四千四百七十四石二斗汝州二百五十一石八斗】每石折征银六钱又米五万石【开封府六千九百三十石归德府九百七十一石彰德府一万二千一百七十八石二斗卫辉府七千六百三十四石九斗怀庆府一万五百六十七石九斗河南府一万一千一百六十九石八斗汝州五百四十八石二斗】每石折征银八钱　江南省江安粮道所属永折米七万五千九百六十一石三斗一升内【江宁府】米七千二百二十石每石折征银六钱又米二万五千四百七十一石每石折征银七钱又【凤阳等府属】米四万三千二百七十石三斗一升【凤阳府八千五百七十石三斗一升淮安府一万四千七百石扬州府二万石】每石【连耗】折征银五钱江苏省【太仓】永折米一十万六千四百九十二石六斗九升八合每石【连耗】折征银七钱　湖北省永折米三万二千五百二十石六斗有奇【内武昌府二千六百二十三石七斗七升汉阳府一千二百二十三石四斗四升四合七勺黄州府一万五千八百四十八石三斗八升安陆府三千四百九十五石五升荆州府八千三百三十石】每石【连耗米四斗】折征银七钱　湖南省永折米五千二百一十二石五升五合二勺有奇【内衡州府一千八百一十九石九斗五合二勺有奇岳州府一千八百八十四石五斗五升永州府一千五百七石六斗】每石【连耗米四斗】折征银七钱以上永折价银统归入地银奏销案内一体报销

一漕粮折征之年该督抚按照各省定价临时题明办理【山东河南二省粟米每石折征银八钱江南浙江二省粳米每石折征银一两粟米每石折征银七钱五分】随漕应征轻赍席木赠截等款银两俱照数征解地方官将应征改折米数价值款项刊示晓谕照数征收如粮户有先期完纳本色者准抵下年漕米仍于下年应征本色内照数扣征折色

一改折灰石米石江苏省正兑正米一万九千七百三十石三斗加四耗米七千八百九十二石一斗二升改兑正米一千三百八十六石加三耗米四百一十五石八斗　浙江省正改兑米一万三千三百二十三石七斗加四耗米五千三百二十九石四斗八升俱每石折银一两二钱遇闰加征

一河南省每漕米一石折征银八钱以六钱五分办本色起运一钱五分作为节省解交粮道离水次最远之南阳汝宁二府属县并河南府属之嵩县永宁二县及光汝二州并属县又陕州属之灵宝阌乡卢氏三县额征漕米每县酌减二千石每石照原编折征银八钱之数解司其米数分拨于内黄浚滑仪封考城等五厅县协办仍以八钱之

例分别办理于五厅县地丁银内按数扣除又永城鹿邑虞城夏邑柘城宜阳新安渑池淮宁西华商水项城沈丘临颍襄城郾城陕州灵宝阌乡等一十九州县粟米改征黑豆每石官收折色银八钱令安阳汤阴临漳林县武安涉县内黄汲县新乡辉县获嘉洪县延津滑县浚县河内济源修武武陟孟县温县原武阳武封丘等二十四州县在于所属照数兑征黑豆起运按照每石八钱之价于地丁解司银内减除将永城等一十九州县折征银两抵补

一江苏省清河桃源宿迁阜宁海州赣榆沭阳嘉定宝山等九州县并安徽省宁国旌德太平等三县民折官办漕粮兵米每年十月内按产地时价详定漕粮照上米行粮月粮并宁旌太平三县兵米均照中米借领司道库贮银两分别购买起运其买米价银及例销牙用运脚合计每石需银若干由各该抚出示交县遍谕民户于十一月内照数摊征次年二月以前分解还款如有浮开脚价并地方官扶同捏饰等弊分别究参

一安徽英山县并江西泸溪县漕粮亦准民折官办每年于开征时司道确访时价先动公项银两给发购买兑运将用过银两按米核明出示遍谕里民照价输纳归款

一浙江省于潜昌化富阳新城四县零星小户漕粮该县每年按照十月时价详明于易知单内分晰开列征收折色官为办运

一湖北省通山当阳二县民折官办漕粮在于江夏嘉鱼汉阳黄陂孝感云梦应城七县余剩漕耗米内拨运【此项米石原系易谷附贮常平之款】其通山当阳二县应征漕粮每石折交银一两四钱五分永为定额解存司库酌量时价买补归款

一江苏清河阜宁桃源宿迁海州沭阳赣榆等七州县民折官办漕粮改征折色每石合银二两四钱作为定价此项银两原系漕米折征照征收漕粮冬兑冬开之例办理嗣据江苏巡抚咨称限期甚紧恐花户输将不及请照征收漕价期限于每年十一月内开征至次年二月底全完解司经户部议准令该抚严饬各州县实力催征年清年款不得因限期展缓反致惰误亦不得列入地丁奏销一并开报倘各该州县限满不能全完即行专折严参并令将此项银两统限于每年二月底奏报起程解部【咸丰三年】

一江苏省太仓州属嘉定宝山二县应完漕粮历系民折官办同治五年都察院代奏职员廖寿丰等呈请将嘉定县折价之漕米条银勒石等因经部议准嗣后该县征收漕粮定于十月开仓年内扫数完竣每石折价按四千五百文征收如有疲玩之户年外完纳准其按每石五千文折收其条银无分年内年外每两折价二千文不准丝毫浮溢所有该县相沿成例每年十月中地方官会同绅耆公议之处自本年为始即行停止仍将减定折价勒石永远遵循傥该地方官有于此次奏定折价之外私自加增即行据实严参嗣于同治六年据两江总督曾国藩等片奏嘉定宝山二县上届冬漕业照每石折价四千五百文之数征收本年市价较短各属征漕业已照章议减该二县办漕情形虽与他属不同究亦未便悬殊请减去钱五百文以四千文征收傥年内完不足数迟至年外者一律加价三百文【嗣后该二县折收数目同治七年经该督等奏明每石减去钱五百文以四千文征收同治八年以四千四百文征收同治九十两年以四千二百文征收同治十一年以四千一百文征收同治十二年以四千三百文征收同治十三年以四千文征收均按照米价低昂随时酌定其年内完不足数迟至年外者一律加价钱三百文】

卷二·白粮额数·江南省

原额白粮正米一十五万一千二百八石五斗八升二合耗米七万二千二百二十七石四斗八升六合四勺舂办米三万六千三百二十石一斗六升八勺除荒缺及乾隆二年钦奉上谕减征题准征解白粳米六万五千六百五十一石白糯米三千七百九十六石改征漕米八万九百九十一石四斗六升零又乾隆四十一年咨准征解白糯米三千七百九十六石内改征漕米四百二十二石外至道光九年实征正米六万九千二十五石随运耗米二万七百七石五斗内交仓耗米二千九百八十一石七斗三升给军耗米一万七千七百二十五石七斗七升舂办米一万七千九百四十六石五斗每正耗一石加舂办米二斗为舂盘折耗内交

内仓上白熟粳正米二千六百八十四石随运耗米八百五石二斗内交仓耗米一百三十四石二斗【按正米交仓每石加耗米五升】给军耗米六百七十一石舂办米六百九十七石八斗四升

内仓白粳正米三千五百七十五石随运耗米一千七十二石五斗内交仓耗米一百七十八石七斗五升【按正米交仓每石加耗米五升】给军耗米八百九十三石七斗五升舂办米九百二十九石五斗内仓白熟细粳正米

八百八十四石随运耗米二百六十五石二斗内交仓耗米四十四石二斗【按正米交仓每石加耗米五升】给军耗米二百二十一石春办米二百二十九石八斗四升

供用库白熟粳正米七千一百五十七石随运耗米二千一百四十七石一斗内交仓耗米三百五十七石八斗五升【按正米交仓每石加耗米五升】给军耗米一千七百八十九石二斗五升春办米一千八百六十石八斗二升

供用库白粳正米二万三千九百八十二石随运耗米七千一百九十四石六斗内交仓耗米一千一百九十九石一斗【按正米交仓每石加耗米五升】给军耗米五千九百九十五石五斗春办米六千二百三十五石三斗二升酒醋面局上白熟糯正米一千六百二石随运耗米四百八十石六斗内交仓耗米八十石一斗【按正米交仓每石加耗米五升】给军耗米四百石五斗春办米四百一十六石五斗二升

光禄寺白粳正米一万二千二百三十五石随运耗米三千六百七十石五斗内交仓耗米三百六十七石五升【按正米交仓每石加耗米三升】给军耗米三千三百三石四斗五升春办米三千一百八十一石一斗

光禄寺白熟粳正米九千四百六十九石随运耗米二千八百四十石七斗内交仓耗米二百八十四石七升【按正米交仓每石加耗米三升】给军耗米二千五百五十六石六斗三升春办米二千四百六十一石九斗四升

光禄寺白糯正米一千七百七十二石随运耗米五百三十一石六斗内交仓耗米五十三石一斗六升【按正米交仓每石加耗米三升】给军耗米四百七十八石四斗四升春办米四百六十石七斗二升王禄白粳正米五千六百六十五石随运耗米一千六百九十九石五斗内交仓耗米二百八十三石二斗五升【按正米交仓每石加耗米五升】给军耗米一千四百一十六石二斗五升春办米一千四百七十二石九斗

卷二·白粮额数·江南省·苏州府

原额白粮正米六万五百五十二石九斗三升六合耗米二万八千七百四十四石四斗九升四合四勺春办米一万三千五百六十九石九斗六升除荒缺及分隶太仓州并乾隆二年四十一年改漕外至道光九年实征正米二万二百五十三石随运耗米六千七十五石九斗内交仓耗米八百五十九石五斗五升给军耗米五千二百一十六石三斗五升春办米五千二百六十五石七斗八升内交

内仓白熟粳正米一千九百一十四石随运耗米五百七十四石二斗内交仓耗米九十五石七斗给军耗米四百七十八石五斗春办米四百九十七石六斗四升

供用库白熟粳正米七千一百五十七石随运耗米二千一百四十七石一斗内交仓耗米三百五十七石八斗五升给军耗米一千七百八十九石二斗五升春办米一千八百六十石八斗二升

酒醋面局白熟糯正米一千六百二石随运耗米四百八十石六斗内交仓耗米八十石一斗给军耗米四百石五斗春办米四百一十六石五斗二升

光禄寺白熟粳正米六千七百五十一石随运耗米二千二十五石三斗内交仓耗米二百二石五斗三升给军耗米一千八百二十二石七斗七升春办米一千七百五十五石二斗六升光禄寺白糯正米九百四石随运耗米二百七十一石二斗内交仓耗米二十七石一斗二升给军耗米二百四十四石八升春办米二百三十五石四升

王禄白粳正米一千九百二十五石随运耗米五百七十七石五斗内交仓耗米九十六石二斗五升给军耗米四百八十一石二斗五升春办米五百石五斗

卷二·白粮额数·江南省·松江府

原额白粮正米五万三百七十九石八斗三升七合耗米二万三千八百七十七石一斗三升九合五勺零春办米一万一千一百七十五石六斗一升四合一勺除荒缺及乾隆二年改漕外至道光九年实征正米二万三千八十七石随运耗米六千九百二十六石一斗内交仓耗米九百六十三石七斗七升给军耗米五千九百六十二石三斗三升春办米六千二石六斗二升内交

供用库白粳正米一万二千一百五十七石随运耗米三千六百四十七石一斗内交仓耗米六百七石八斗五

升给军耗米三千三十九石二斗五升舂办米三千一百六十石八斗二升光禄寺白粳正米九千五百二十九石随运耗米二千八百五十八石七斗内交仓耗米二百八十五石八斗七升给军耗米二千五百七十二石八斗三升舂办米二千四百七十七石五斗四升

王禄白粳正米一千四百一石随运耗米四百二十石三斗内交仓耗米七十石五升给军耗米三百五十石二斗五升舂办米三百六十四石二斗六升

卷二·白粮额数·江南省·常州府

原额白粮正米四万二百七十五石八斗九合耗米一万九千六百五石八斗五升二合五勺舂办米一万一千五百七十四石五斗八升六合七勺零除荒缺及乾隆二年四十一年改漕外至道光九年实征正米一万八千五百四十石随运耗米五千五百六十二石内交仓耗米八百五十五石五斗二升给军耗米四千七百六石四斗八升舂办米四千八百二十石四斗内交

内仓白熟细粳正米八百八十四石随运耗米二百六十五石二斗内交仓耗米四十四石二斗给军耗米二百二十一石舂办米二百二十九石八斗四升

内仓白粳正米三千五百七十五石随运耗米一千七十二石五斗内交仓耗米一百七十八石七斗五升给军耗米八百九十三石七斗五升舂办米九百二十九石五斗

供用库白粳正米八千九百四十四石随运耗米二千六百八十三石二斗内交仓耗米四百四十七石二斗给军耗米二千二百三十六石舂办米二千三百二十五石四斗四升光禄寺白粳正米二千七百六石随运耗米八百一十一石八斗内交仓耗米八十一石一斗八升给军耗米七百三十石六斗二升舂办米七百三石五斗六升

光禄寺白糯正米八百六十八石随运耗米二百六十石四斗内交仓耗米二十六石四升给军耗米二百三十四石三斗六升舂办米二百二十五石六斗八升

王禄白粳正米一千五百六十三石随运耗米四百六十八石九斗内交仓耗米七十八石一斗五升给军耗米三百九十石七斗五升舂办米四百六石三斗八升

卷二·白粮额数·江南省·太仓直隶州【向隶苏州府雍正二年改直隶州】

原额白粮米数载苏州府项下除荒缺及乾隆二年改漕外至道光九年实征正米七千一百四十五石随运耗米二千一百四十三石五斗内交仓耗米三百二石八斗九升给军耗米一千八百四十石六斗一升舂办米一千八百五十七石七斗内交

内仓白熟粳正米七百七十石随运耗米二百三十一石内交仓耗米三十八石五斗给军耗米一百九十二石五斗舂办米二百石二斗

供用库白粳正米二千八百八十一石随运耗米八百六十四石三斗内交仓耗米一百四十四石五升给军耗米七百二十石二斗五升舂办米七百四十九石六升

光禄寺白熟粳正米二千七百一十八石随运耗米八百一十五石四斗内交仓耗米八十一石五斗四升给军耗米七百三十三石八斗六升舂办米七百六石六斗八升

王禄白粳正米七百七十六石随运耗米二百三十二石八斗内交仓耗米三十八石八斗给军耗米一百九十四石舂办米二百一石七斗六升

卷二·白粮额数·浙江省

原额白粮正米六万六千一百九十九石九斗九升八合耗米二万九千七百八十九石九斗九升九合一勺舂办米二万八千七百九十六石九斗九升九合一勺零内除乾隆二年钦奉上谕减征题准征解白粮米二万五千三百四十九石白糯米五千二百四石改征漕米三万五千六百四十六石九斗九升八合又乾隆四十一年咨准征解白糯米五千二百四石内改征漕米五百七十八石外至道光九年实征正米二万九千九百七十五石随正耗米一

万三千四百八十八石七斗五升内交仓耗米一千二百六十三石一斗六升八合六勺零给军耗米一万二千二百二十五石五斗八升八勺零舂办米一万三千三十九石一斗二升五合零每正耗米一石加舂办米三斗为舂盘折耗内交

供用库白粳正米一万五千九百二石八升一合六勺零随正耗米七千一百五十五石九斗三升六合六勺零内交仓耗米七百九十五石一斗四合零【按正米交仓每石加耗米五升】给军耗米六千三百六十石八斗三升二合六勺零舂办米六千九百一十七石四斗五合四勺零

酒醋面局白糯正米二千二百九十三石八斗六升八合六勺零随正耗米一千三十二石二斗四升八勺零内交仓耗米一百一十四石六斗九升三合四勺零【按正米交仓每石加耗米五升】给军耗米九百一十七石五斗四升七合四勺零舂办米九百九十七石八斗三升二合七勺零

光禄寺白粳正米九千四百四十六石九斗一升八合二勺零随正耗米四千二百五十一石一斗一升三合一勺零内交仓耗米二百八十三石四斗七合四勺零【按正米交仓每石加耗米三升】给军耗米三千九百六十七石七斗五合七勺零舂办米四千一百九石四斗九合三勺零

光禄寺白糯正米二千三百三十二石一斗三升一合一勺零随正耗米一千四十九石四斗五升八合九勺零内交仓耗米六十九石九斗六升三合八勺零【按正米交仓每石加耗米三升】给军耗米九百七十九石四斗九升五合一勺零舂办米一千一十四石四斗七升六合九勺零

卷二・白粮额数・浙江省・嘉兴府

原额白粮正米四万一千三十四石六斗九升一合八勺零耗米一万八千四百六十五石六斗一升一合三勺零舂办米一万七千七百五十石九斗九勺三抄除乾隆二年及四十一年改漕外至道光九年实征正米一万八千五百八十七石四斗二升八合二勺零随正耗米八千三百六十四石三斗四升二合五勺零内交仓耗米七百九十石二斗七升七合四勺零给军耗米七千五百七十四石六升五合一勺零舂办米八千八十五石五斗三升九勺零内交供用库白粳正米一万一百八十一石五斗七升八合一勺零随正耗米四千五百八十一石七斗一升一勺零内交仓耗米五百九石七升八合九勺零给军耗米四千七十二石六斗三升一合二勺零舂办米四千四百二十八石九斗八升六合四勺零

酒醋面局白糯正米一千四百五十一石一斗五升八合一勺零随正耗米六百五十三石二石四斗六升三合二勺零舂办米六百三十一石二斗五升三合七勺零

光禄寺白粳正米五千五百九十五石五斗四升三合随正耗米二千五百一十七石九斗九升四合三勺零内交仓耗米一百六十七石八斗六升六合二勺零给军耗米二千三百五十石一斗二升八合一勺零舂办米二千四百三十四石六升一合一勺零

光禄寺白糯正米一十三百五十九石一斗四升八合九勺随正耗米六百一十一石六斗一升七合零内交仓耗米四十石七斗七升四合四勺零给军耗米五百七十石八斗四升二合六勺零舂办米五百九十一石二斗二升九合七勺零

卷二・白粮额数・浙江省・湖州府

原额白粮正米二万五千一百六十五石三斗六合一勺零耗米一万一千三百二十四石三斗八升七合七勺零舂办米一万九百六合一勺零耗米一万一千三百二十四石三斗八升七合七勺零舂办米一万九百四十八石九斗八合一勺四抄零除乾隆二年及四十一年改漕外至道光九年实征正米一万一千三百八十七石五斗七升一合六勺随正耗米五千一百二十四石四斗七合二勺零内交仓耗米四百七十二石八斗九升一合二勺零给军耗米四千六百五十一石五斗一升五合七勺零舂办米四千九百五十三石五斗九升三合六勺零内交

供用库白粳正米五千七百二十石五斗三合五勺零随正耗米二千五百七十四石二斗二升六合五勺零内交仓耗米二百八十六石二升五合一勺零给军耗米二千二百八十八石二斗一合四勺零舂办米二千四百八十

八石四斗一升九合零

酒醋面局白糯正米八百四十二石七斗一升六勺随正耗米三百七十九石二斗一升九合七勺零内交仓耗米四十二石一斗三升五合五勺零给军耗米三百三十七石八升四合二勺零舂办米三百六十六石五斗七升九合零

光禄寺白粳正米三千八百五十一石三斗七升五合三勺零随正耗米一千七百三十三石一斗一升八合八勺零内交仓耗米一百一十五石五斗四升一合二勺零给军耗米一千六百一十七石五斗七升七合六勺零舂办米一千六百七十五石三斗四升八合二勺零

光禄寺白糯正米九百七十二石九斗八升二合二勺零随正耗米四百三十七石八斗四升一合九勺零内交仓耗米二十九石一斗八升九合四勺零给军耗米四百八石六斗五升二合五勺零舂办米四百二十三石二斗四升七合二勺零

一江南昆山新阳二县荒瘠田荡应行减征白粮六百二十一石零因白粮不便缺额乾隆五年题准在于各该县南米内通融办理

卷三·漕粮额征·蠲缓升除

一漕粮原有定额凡荒地无征者该督抚勘实具题准予蠲豁仍责令各州县招垦毋致久荒【议单旧本】

一凡田地沿江沿海坍没水中无从征漕者照例保题豁免【议单旧本】

一漕粮例不蠲缓其有灾伤过重地方全予豁除或按数蠲免者均系钦奉特旨遵行【议单旧本】

一凡漕粮已经带征遇带征之年复又被灾其上年带征之粮准其分年压征带补【康熙七年】

一漕项银两原无带征之例有被灾过重该督抚题请宽缓者亦准分年带征【康熙九年】

一荒缺田地题豁漕粮随漕银米一律蠲免【康熙十年】

一筑堤占用民田应征米石准其豁除【康熙二十一年】

一漕粮遇蠲其赠贴行月米石照数征米运通【康熙二十四年】

一康熙三十年奉谕旨河南一省连岁秋成未丰稔非沛特恩蠲免恐至生计艰难康熙三十一年钱粮著通行蠲免并漕粮亦著停征钦此

一康熙三十年奉上谕朕抚御区宇三十年以来夙夜图维惟以爱育苍生俾咸臻安阜为念比岁各省额征钱粮业已次第蠲豁其岁运漕米向来未经议免朕时切轸怀所有京通各仓米谷撙节支给数载于兹今观近年储积之粟恰足供用应将起运漕粮逐省蠲免以纾民力除河南省明岁漕粮已颁谕免征外湖广江西浙江江苏安徽山东应输漕米自康熙三十一年为始以次各蠲一年至江宁京口杭州荆州大兵驻防地方亦应预行积贮著将康熙三十一年起运三十年漕米各截留十万石存贮仓厫以备需用钦此

一漕粮遇蠲随漕等项银两例应照额征解康熙三十九年江南淮扬府属叠被水患该督抚题请并蠲钦奉恩旨准豁一凡水淹田亩例于每年冬底确勘一次涸则起征淹则停免雍正十年题准淹田漕米先于粮册删除照压征之例俟冬勘后涸则次年带征淹则题请蠲免

一漕欠例不豁免雍正十三年钦奉恩旨著将雍正十二年以前民欠未完漕项银两全行豁免嗣后遇有恩诏俱入于豁免内永著为令钦此

一豫省祥符等四十二州县有盐碱飞砂河坍水占等地地无可耕粮仍赔纳乾隆元年钦奉上谕将额赋永远豁除乾隆二年题准豁免漕米三百七石一斗六升零

一漕粮漕项例不蠲缓乾隆二年题准倘有被灾地方令有漕督抚确勘实在情形或应分年带征或按分数蠲缓临时具题请旨遵行

一江苏武进丹徒江宁三县乾隆三年题报升科田地内应升增银一百三十四两一钱八分八厘零米一百一十三石九升七合六勺零遇闰加增银一两三钱六分四厘零米三升三合二勺零

一征漕田地如有占挖荒废无征者例准豁除粮额惟各省有将此等应蠲漕粮汇入地丁项下请豁以致漕项案内无从查核乾隆五年议令嗣后凡有奉蠲漕粮之案抄录全案送部

一江苏省乾隆十一年地丁钱粮奉旨蠲免并奏准未完旧欠漕项同旧欠地丁统俟开征之年一并输纳

一江南省上下两江乾隆三年被灾各属未完旧欠漕项银米业经题豁惟下江江常等府属先有通融完解漕项银米原系熟田项下所完地丁之数非灾户于缓征漕项内已完之款既奉免征未便复事追呼乾隆十一年题准准其于地丁项下扣除

一浙江杭州等六卫所有附近山溪滨临江海以及水冲沙压屯田虚赔粮赋乾隆十一年题准豁除银一百九两五钱四厘零

一江苏山阳县常盈仓挖废公占地五顷五十亩每年岁额租银一百一十八两七钱七分三厘自乾隆十一年为始照数豁除

一湖北省石首县乾隆十五年咨报升科漕粮正米六斗一升五合八勺耗米二斗四升六合三勺

一江苏宝山县有低瘠田荡乾隆十九年题准豁免漕白正耗等米十七石八斗九升八合九勺零

一江西浮梁县乾隆二十年咨报有丈出庙基未报升科余地应升漕粮正副米一升九合六勺随漕银三厘一毫零

一江苏苏松常镇太五府州属原报坍荒田地无闰之年应蠲米一万二千三百五十三石七斗七升三合一勺零有闰之年应蠲米一万二千三百五十六石六斗八升三合五勺零【乾隆二十一年】

一江安怀远县乾隆二十二年分升科漕粮正兑正米六斗一合一勺加三耗米一斗八升二勺改兑正米四斗二升七合九勺加三耗米一斗六合九勺

一江安潜山县乾隆二十三年升科漕粮正兑正米一石七斗八升二合八勺耗米七斗一升三合一勺

一江安灵璧县乾隆二十四年升科漕粮正兑稜米二升六合三勺耗米七合九勺改兑稜米二斗九合五勺耗米七合三勺正兑粟米六升八合五勺耗米二升五勺改兑粟米七升五合六勺耗米一升八合九勺

一江苏常熟丹徒二县续报坍荒田地项下有闰之年应蠲漕项银二百五十七两四钱五分三厘闰月银三两六钱二分九厘应蠲漕粮漕项米一千四百六十五石八斗三升七合八勺闰月米二升三合六勺无闰之年应蠲漕项银二百五十七两三钱九分应蠲漕粮漕项米一千四百六十五石八斗四升五合一勺自乾隆二十五年为始照数豁除内丹徒县应蠲漕粮正耗米一千二百二十一石一斗一升六合六勺向系截充京口兵粮之用今既蠲免应在于丹阳金坛二县漕米内各半截拨归补

一江苏阜宁县原报坍没荒废虚粮义冢等田地二百九十一顷四亩零内有涨复应升田地八十五顷八十四亩零应征银二百九十九两零米一百三十四石零麦一十四石零遇闰加征银七钱零实应请豁田地二百五顷一十九亩零并续报坍没虚粮义塚田地五顷七十九亩零应蠲银九百一十二两零米三百七十六石零麦五十石零闰月银二两零又河滩租项下原续报坍没荒废地三百八十七顷七十二亩零内有复熟应升地三百一十六顷三十四亩零内除先于通丈射阳湖滩地案内附升地一十三顷二十亩尚应升滩地三百三顷一十四亩零应征银一百一十九两零实请豁地七十一顷三十八亩零应蠲银一百三两零其升蠲各数均以乾隆二十六年为始照数升除

一江苏长洲嘉定宝山三县续报义冢坍没荒占及塘外低瘠等项田荡项下应蠲漕项银二十三两六钱五分零米二十一石六斗四升七合有闰之年再蠲闰月银二钱三分二厘闰月米一斗七升二勺自乾隆二十七年为始照数豁除一江苏丹徒丹阳二县续报坍没田地项下应蠲漕项银五十八两五钱八分八厘二毫漕粮米一百九十七石六斗八升五合九勺耗米七十九石七升四合三勺漕赠米一十三石八斗三升八合扬仓米三十一石二斗四升五勺有闰之年再蠲闰月银八钱八分二厘七毫自乾隆二十九年为始照数豁除

一乾隆三十一年钦奉上谕湖广江西浙江江苏安徽河南山东应输漕米著照康熙年间之例于乾隆三十一年为始按年分省通行蠲免一次其江宁京口杭州荆州等处驻防地方该省漕米既蠲所有估需兵食如何预为筹办并各省蠲免次第应行酌办事宜著该部速行定议具奏钦此户部覆奏乾隆三十一年为始免山东河南二省三十二年免江苏省三十三年免江西省三十四年免浙江省三十五年免安徽省三十六年免湖南省三十七年免湖北省随漕等项银米仍照康熙三十年例照额征收所有轮免之省停运丁船例给减半本折月粮即于漕项款内动支余存银米报部酌拨其有漕地方兵米除杭州荆州河南山东等处例于地丁征收兵粮款内动支江宁兵米例于

漕项米内支给均毋庸筹办外惟京口岁需兵米每年于起运漕粮内截拨米三万七千一百余石今漕粮已蠲即照江宁之例在于漕项米内照数拨给至江苏浙江白粮山东河南黑豆麦石查各念宝贮白粮二十八万余石黑豆四十三万余石不敷支放其麦石从前豫省停运之年系按照时价在京采买备用今恭遇恩免漕粮其白粮黑豆麦石应一体通行蠲免

一苏州松江等府属乾隆十一年起至二十八年止实在因灾民欠未完漕项银三万九千八十四两零乾隆三十一年具题豁免

一蠲漕案内河南省永城等州县应征豆石奏定在安阳等县地丁银内每石八钱改征豆石起运将永城等州县所征漕米按八钱之数折价解司抵补今奉蠲漕应照改定之安阳等县本色豆石按数蠲免其永城等州县应征折价银两仍照额解司造报【乾隆三十一年】

一蠲漕案内河南省乾隆三十一年正漕奉蠲其随漕米石仍按户完纳至豫省帮船系直隶山东江南三省协运此次停运丁船应支减半月粮令各丁在本省就近支领所有前项征完随漕米石照时值变价同征完随漕银两一并报拨【乾隆三十一年】

一河南省正漕奉蠲应征随漕米石之耗米仍行征收变价请拨十分之二为纸张饭食之用余存银两报部酌拨【乾隆三十一年】

一山东省蠲免漕粮应征运军行粮常德二仓兵粮及孤贫等米六万余石核之民间完纳细数每户仅止升合勺撮按数催征未免零星请将随漕米石一并缓俟明岁随正漕带收再随漕米石虽有六万余石核计明岁需用只四万余石查东省上年截留蓟粮二万八千五百石可以拨用其余不敷米石于常平仓内动支统俟明岁征还至润耗米石已照例每石八钱折征此系随地丁统征分解毋庸请缓【乾隆三十一年】

一江苏省上元江宁二县截拨省仓兵米二万三千石内除拨用减存行月米二千七百九十六石实蠲缺省仓漕粮正耗米二万二百四石应于漕项米内拨补请将上元江宁句容江浦六合并高邮泰州江都甘泉仪征宝应兴化等州县赠米七千三百八十九石八斗七升五合一勺拨补再将上元江宁句容江浦六合五县南米七千四百四十四石七斗九升三勺凑抵蠲缺兵粮外仍不敷米五千三百六十九石三斗三升四合四勺在于就近之丹徒丹阳金坛三县南米内尽数拨解再有不敷于溧阳县南米内拨足【乾隆三十一年】

一江苏省丹徒县续报坍江田地应蠲苏松粮道衙门漕项银八十六两九分九厘漕粮漕项米四百九十九石一斗八升一合一勺至有闰之年再行蠲免闰月银一两二钱四分五厘九毫自乾隆三十年为始照数豁除【乾隆三十一年】

一乾隆三十一年钦奉上谕蠲免漕粮款内尚有例征折色及民户输银官为办漕者虽征收银米不同其为按田起漕之例则一著再申谕办漕各省州县内有征收折色者一体概予蠲免钦此

一蠲漕案内上元江宁二县截拨兵米之漕粮高淳溧水安东三县之永折漕粮以及兵米南凤等米归还起运之漕粮并每石随正征收之漕费二钱六分水脚钱四文离仓较远州县每十里加征水脚钱二文概行一体蠲免其随漕行月漕赠五米并漕粮改抵兵米一律征收为停运丁船月粮之用随漕行月米石之漕费均照旧征收【乾隆三十一年】

一江苏省吴县昭文青浦三县公占续报坍荒案内有闰之年应蠲苏松粮道衙门漕项银二百二十五两四钱一分六厘五毫闰月银一钱二分五厘七毫漕粮等米八百二十六石五斗二升九合二勺闰月米二升六合一勺无闰之年应蠲漕项银二百二十四两五钱三分五厘五毫漕粮等米八百二十七石九斗七升四合七勺自乾隆二十九年为始照数豁除【乾隆三十一年】

一豫省彰德府临漳县于乾隆元年特颁谕旨照例按亩征米其余改征折色今钦奉恩旨概予蠲免除润耗米折银一百三十五两零系随漕支军之项不在应蠲之例所有正米一千一百八十五石零折银三千四十八两零应一体蠲免惟查此时钱粮将次全完若令扣数给领花户零星未免乡城往返请留抵乾隆三十二年折征之项【乾隆三十一年】

一乾隆三十二年钦奉上谕前经降旨各直省应征漕米普蠲一年本年轮免江苏省著将该省漕粮通盘筹画间府分免统计本年应免若干府次年应免若干府使界限犁然该督等迅速悉心定议一面奏闻钦此嗣经奏准将

松江太仓常州扬州徐州海州六府州属漕白粮九十六万余石乾隆三十二年蠲免其江宁苏州镇江淮安通州五府州属漕白粮一百万八千余石俟三十三年再行蠲免

一乾隆三十二年钦奉上谕江西省南昌等县本年秋田偶被偏灾业经降旨令其分别蠲缓更念此数县连年被水民力拮据所有明岁轮免漕粮著加恩预行蠲免至本年应完漕粮仍缓至己丑年开征分作三年带完钦此

一漕粮分府间免浙江省奏准杭州湖州二府属额征漕白粮四十七万九千八百六十石零.请于三十四年蠲免嘉兴一府额征漕白粮四十七万六千三百四十八石零于三十五年蠲免【乾隆三十二年】

一江安粮道项下乾隆十一年起至二十八年止实在灾田民欠未完银六万九千九百七十七两八钱三分三厘总漕会题豁免【乾隆三十二年】

一江苏省漕粮奉蠲随漕米麦豆石系例给帮丁口粮及八旗驻防兵绿营兵口粮等项之用与东省情形不同应照旧征收惟各属因灾停缓漕粮新漕既蠲军船停运照旧征收恐有陈变亏折请缓至三十三年带征搭运并将经征各官扣免报参【乾隆三十二年】

一苏松常镇太五府州属额征漕粮正耗一百六十一万三千六百二十六石二斗五合三勺又白粮正耗并春耗共征糙米一十一万九千一百八十七石八斗六升钦遵恩旨全数蠲免其随漕五米并行月及白粮项下盘耗运饭等米一十八万一千六百三十六石应同地丁项下兵粮局恤等米一体征收惟丹徒丹阳金坛三县漕粮内有截拨京口兵米四万一千五百八十五石三斗三升六合九勺今漕粮既蠲将常镇苏松等属所征五米盘耗运饭等米就近递拨接济统于奏销案内造报【乾隆三十二年】

一蠲漕案内苏松等属坐拨兵粮及改拨局粮各案有以南米局米改漕有以漕粮改南米局米等项均与原编粮额不符请照现征起运之款蠲免其抵兑之局粮南米照数征输【乾隆三十二年】

一蠲漕案内苏松各属所征漕项各款米石除协拨京口兵粮外其余为各帮减半月粮以资苦盖【乾隆三十二年】

一蠲漕案内苏松各属应征漕项米石除支给停运丁船减半月粮之外余剩米石报部酌拨其下年应用行月米石应于三十三年漕项米内支给毋庸于本年余存米内留拨【乾隆三十二年】

一蠲漕案内嘉定宝山二县有永折粮十万六千四百九十二石零苏松常太四府州属有灰石改折粮二万三千七百二十六石六斗一体蠲免【乾隆三十二年】

一蠲漕案内苏松等属带征各年缓漕米石请缓至下年一并催征搭运其各官缓漕年限一并扣免查参【乾隆三十二年】

一乾隆三十二年钦奉上谕上年春初降旨将各省起运漕粮分年蠲免在有田业户于轮蠲漕米之年已得倍裕盖藏而佃户等尚未得一体仰邀旷典著各督抚届轮蠲年分通行晓示劝谕各业户等照每亩应蠲漕米数内亦令佃户免交一半钦此

一江苏省昆山新阳娄县青浦四县并镇海卫开河挖废田荡有闰之年应蠲苏松粮道衙门漕项银十二两八钱二分一厘闰月银三分七厘漕粮漕项米四十六石四斗七升九勺闰月米四升一合一勺无闰之年应蠲漕项银十二两七钱四分一厘漕粮漕项米四十六石五斗六升一合二勺自乾隆三十年为始照数豁除【乾隆三十二年】

一江苏省丹徒县乾隆三十年续报坍荒田地案内应蠲苏松粮道衙门漕项银三十二两三分四厘漕粮漕项米一百八十三石二斗六升二合至有闰之年再行蠲免闰月银四钱六分七厘自乾隆三十一年为始照数全豁该县蠲漕未及五百石毋庸裁船【乾隆三十二年】

一江苏省漕粮业经分府间免其改折灰石等项自应一体分府轮蠲以归画一其永折改折项下随正耗羡仍照旧征收【乾隆三十二年】

一江苏漕粮分年蠲免本年仍有一半漕粮起运所有各属因灾停缓漕粮自应照旧征收搭运经征各官照例造报考成【乾隆三十二年】

一蠲漕案内徐州府属州县有赠五并月粮米石每县二三百石至八九百石不等为数无几请暂行停征如需本色给丁者借动常平仓粮给放若应折解之项则于道库动款借垫明冬起征补还【乾隆三十二年】

一蠲漕案内溧水高淳等县于顺治十六年间因江宁省卫月粮不敷题定于折漕州县正米一石一例加征银二钱五分一厘名为加漕征解江安粮道交纳溯查此项加漕究系漕粮之拆价加增与原编行月不同原折漕粮一并蠲免【乾隆三十二年】

一江南省宿迁县补征乾隆八年挖废升增漕粮正耗米九十五石九斗三升六合六勺赠米四石七斗九升六合八勺乾隆十三年升增漕粮正耗米一百三十五石一斗八升二合九勺赠米六石七斗五升九合二勺除应升赠米随漕给丁外应升漕粮正耗现于乾隆三十一年漕粮内入额补征起运自乾隆二十六年起至三十年止每年补征漕粮按年补征搭运【乾隆三十二年】

一江西省奏准额征漕粮分府间免南昌饶州南康三府已奉恩旨预行蠲免其乾隆三十二年漕粮缓至三十四年带征请将南昌饶州南康三府并广信府共漕粮三十八万八千一百八十九石零内除预免外余俱于乾隆三十三年蠲免其瑞州临江吉安抚州建昌赣州六府共漕粮三十八万二千一百三十七石零改至三十四年蠲免

一湖南湖北二省现在办理军需有资接济请将原议三十六年蠲免之湖南省改为三十三年轮免三十七年蠲免之湖北省改为三十四年轮免

一江苏省先行蠲免松常太扬徐海六府州属漕粮其江宁府属三十二年漕粮在征收之数所有原拨省仓上元江宁二县蠲缺兵粮仍于江宁府乾隆三十二年漕粮截解省仓支放其先议拨江镇二府所属南赠等米俟三十三年蠲免江宁府漕粮再行改拨省仓兵粮之用再扬州府漕粮系本年蠲免漕赠等米仍应征解省仓

一江苏省松太常扬徐海六府州属乾隆三十二年漕粮奉蠲并江宁等五府州属乾隆三十三年漕粮奉蠲其因灾缓征旧欠漕米及漕赠五米一体缓至次年随正征收查明完欠另行补报考成

一乾隆三十三年钦奉上谕进剿缅匪京兵经过各省业于上年将湖南湖北贵州三省军行所过地方钱粮全行缓征并今岁加赏直隶河南等五省藩库地粮银各十万两俾小民均沾实惠昨已有旨将云南一省本年地丁钱粮分别蠲免著再加恩将直隶河南湖北湖南贵州五省军行经过各处本年地丁钱粮概予缓征等因钦此嗣经湖广河南等省奏准地丁钱粮内有漕项银两随同地丁征收分款报解今地丁钦奉恩旨缓征其漕项银两一体缓征再湖南漕项银两原为办漕之用向例如有不敷在南粮项下借给此项银两缓征应亦于南粮银内借发俟完解归款造报

一江南省无为州乾隆三十二年分挖废田地应蠲月粮赠贴闰月并南米共二十一石八斗四升二合三勺漕粮正兑米二十四石五斗四升九合四耗米九石八斗一升九合六勺改兑正米十石四升九合五勺三耗米三石一升四合九勺

一蠲漕案内湖南省正四耗漕米十五万二千八百八十九石七斗三勺各州县每石收里纳耗米六升共米九千一百七十三石三斗八升二合为运漕至岳盘滩拨浅船户饭食等项之用今正漕全行蠲免里纳耗米应一并免征【乾隆三十三年】

一蠲漕案内湖南各州县额征随漕等银三万五千八百二十两四分八厘除军行经过之武陵等七州县银六百七两五钱应遵旨缓俟下年征收其余银两照数征收为停运丁船减半折色月粮之用余银造报酌拨【乾隆三十三年】

一蠲漕案内湖南各州县按正四二耗漕米每石照漕费市平九五色银四分四厘起至一钱一分二厘不等共收银一万四千八十九两九钱为州县修仓铺垫水陆之费押运厅弁盘费及旗丁京脚外余者作为京淮公费按正四二耗米数每石一分共银一千五百二十八两八钱九分七厘以为北南巡漕御史养廉暨总督修理座船书吏饭食及岳次赏给运弁旗舵猪酒等项之用今正漕虽蠲而养廉饭食等项仍须支用应请全数征解照例支用余剩银两造报充公【乾隆三十三年】

一蠲漕案内奏准湖南随漕项下有给军二耗米一万九千一百十一石二斗七升零例应征收为停运丁船减半月粮及舵水饭食等项之用今正漕既蠲此项随漕二耗米石援照山东省一例缓征【乾隆三十三年】

一蠲漕案内湖南省额船一百七十八只照例每船给减半月粮二十四石每船防护舵水四名每名每日给米一升又头二三帮停运千总三员在于水次看守船只每员给一半养廉米九十五石以上共需米七千七十七石四斗八升照山东之例于常平仓内借支至该省帮船俱挽泊岳州府巴陵水次即令该县按一米二谷给发所动仓谷

明岁带征米石运交该县收贮俟青黄不接之时减价粜卖秋后买补还仓用过脚价统于粜价内照数动支如有盈余归入常平盈余项下造报【乾隆三十三年】

一江苏省元和吴县昆山新阳金山五县续报坍没公占义冢田地有闰之年应蠲苏松粮道衙门漕项银六两四分七厘闰月银一分七厘漕粮漕项米十九石三斗六升九勺闰月米一升三合无闰之年应蠲漕项银六两一分四厘漕粮漕项米十九石三斗九升七合九勺自乾隆三十二年为始照数豁除【乾隆三十三年】

一江苏省丹徒县乾隆三十一年续报坍江田地应蠲苏松粮道衙门漕项银五十三两八钱二分七厘漕粮漕项米三百十石五斗一升八勺至有闰之年再行蠲免闰月银七钱八分一厘自乾隆三十二年为始照数豁除【乾隆三十三年】

一湖南醴陵县乾隆三十一年升科漕粮正米三石五斗二升一合一勺四耗米一石四斗八合四勺给军二耗米七斗四合二勺浏阳县乾隆三十一年升科漕粮正米九斗九升二合三勺四耗米三斗九升六合九勺给军二耗米二斗六升九合九勺【乾隆三十三年】

卷四·漕粮额征·蠲缓升除

一湖北省石首县乾隆三十二年升科漕粮正米七升八合二勺四耗米三升一合三勺赠贴二耗米一升五合六勺随漕银一钱一分一厘本折芦席楞木松板折银系尾零细数遵例删减【乾隆三十三年】

一江西新建进贤新昌吉水鄱阳等县乾隆二十八年劝垦田地塘照例水田六年升科于三十四年覆勘南昌等县实垦田地塘十一顷二十五亩四分六厘照例入额升征随漕正脚银二两八钱五分一厘漕粮等米六石四斗八合八勺零其地处滨江不能升科田亩应请删除

一安徽霍丘县乾隆二十三年民人报垦旱田遵例十年升科于乾隆三十三年入额升征漕粮正兑正米一斗三升七合七勺三耗米四升一合三勺改兑正米六升五合二勺二五耗米一升六合三勺

一湖北湖南二省军行经过各州县地丁钱粮奉蠲十分之三所有粮道衙门乾隆三十四年随漕驴脚浅船安家军三闲丁等项钱粮循照乾隆十年奉蠲十三年地丁之例照旧征收

一浙江省蠲免漕粮款内改折灰石一项援照江苏省之例一体蠲免其灰截【每运粮一石给丁漕截银三钱四分七厘改折灰石即为灰截统归漕项项下造报】路费等银系随征之项仍行征解【乾隆三十四年】

一湖北省奏准乾隆三十四年分正耗漕粮全数蠲免所有应征给军二耗米一万八千九百十三石八斗六升一合一勺循照山东之例缓俟下年随正带征其应给停运丁船月粮等项借动江夏汉阳二县常平仓谷办理

一蠲漕案内湖北按正四耗米每石随征耗米一斗共征耗米一万四千九百五十四石八斗三升七合内除支给截贴并江夏汉阳二县斗级工食外尚余耗米八千七百八十三石七斗五升八合附入常平仓储今正漕已蠲所有加一耗米一体蠲免【乾隆三十四年】

一蠲漕案内湖北额征随漕浅船共银四万三千四百六两二钱二厘内除解通州轻赍等项银比照东豫二省之例毋庸解通其随漕浅船银两除支给停运丁船减半折色月粮及各属重丁银两外余银造入季册报部酌拨【乾隆三十四年】

一蠲漕案内湖北按正四耗米每石征水脚银一钱五分共征水脚银二万二千四百三十二两二钱五分九厘又通山当阳二县应解总漕养廉等银二十二两五钱六厘照旧全数征收为漕院巡漕养廉塘丁工食等项之用余剩银两造报充公【乾隆三十四年】

一蠲漕案内通山当阳二县正四二耗米石例系折征今正四耗漕米奉蠲毋庸采办所有该二县折征二耗米二百二十石三斗九合应缓俟下年带征仍将带征二耗米石价银动支本年漕项即给原动仓谷之江夏汉阳二县买谷还仓其动支二耗米石价银饬令通当二县照价带征还项【乾隆三十四年】

一蠲漕案内大冶县漕粮项下每年解道移司充公节省银一百四十九两一钱五分七厘全数征解【乾隆三十四年】

一浙江省蠲免漕粮项下每石随收漕费钱二十文为办漕纸张饭食之需又肩脚拨运等钱各属水次违近收取多寡不同为进仓肩拨之用今粮既蠲免毋需支用请照江南之例一并免收其行月饭食等款照额征收所需费

脚钱文仍按米收取【乾隆三十四年】

一浙江省乾隆三十四年轮蠲杭湖二府漕白二粮所有南粮等米并随漕行月食米等项一体照额征收以给停船苫盖及兵粮之用

一乾隆三十四年钦奉上谕南昌等七县数年节次被有偏灾著将被灾处所带征三十二年未完漕粮及三十四年应征之粮统缓至明年秋收后分作三年带征完纳钦此

一江苏省丹徒县乾隆三十二年续报坍江田地应蠲苏松粮道衙门漕项银五十七两七钱二分一厘漕粮漕项米三百三十二石八斗五升八合二勺至有闰之年再行蠲免闰月银八钱三分八厘自乾隆三十三年为始照数豁除【乾隆三十五年】

一安徽省乾隆三十五年轮免漕粮请将节年灾缓漕粮及灾缓漕项米石照江苏之例一体缓至下年随正催征起限【乾隆三十五年】

一蠲漕案内安宁池庐凤颍广六等府州属随正征收水脚应同正一体免征其赠五行月米麦仍照例征收行月为停运丁船苫盖之用赠米按时变解道库报拨再该省无论正漕赠米及行月米麦每石随征耗米一斗漕粮正赠耗米以五升给丁为沿途折耗五升存县为修仓铺垫之用行月加一耗米以五升存县五升照时价易银分解司道充公今正漕既蠲所有随漕征收之加一耗米一体免征其行月米麦随征加一耗米循照江苏赠贴费钱之例画一征收除一半存县支销外其余不给丁之一半耗米易银解司充公【乾隆三十五年】

一蠲漕案内宁国旌德太平英山四县民折官办漕粮并泗州之永折漕粮每石五钱汇入丁地征解司库以及顺治十六年按该县漕粮每石加征银二钱五分一厘共征银七百六十四两一钱批解道库名为加漕银两应照溧水等县之例一体蠲免【乾隆三十五年】

一蠲漕案内无为州代兑凤阳临淮二县正改兑正耗漕米五千六百十六石三斗四升七抄零查照江宁等属以兵粮南凤等米改漕起运之例一体蠲免其凤临二县原编漕粮折征抵解无为州应完凤仓银两仍照旧征输其余有漕各州县及无漕之歙县休宁婺源祁门黟县绩溪石埭凤阳滁州全椒来安和州含山等州县并无起运漕粮续后永折折色仅有漕项凤月南抚等项本折银米系征解道库给丁之项均请照旧征收【乾隆三十五年】

一蠲漕案内安宁池太庐六等府州属行月米石应同赠贴兵孤等米一并征收惟宁国旌德太平英山等县漕粮赠月米石系民折官办今正漕既蠲行月等米为数无多未便又令采办本色将此四县行月赠米缓俟下年采办新粮即按时价征收折色解道报拨所有宣州庐州等卫帮丁应支月粮在于宁庐六三属内通融拨给其余宿州怀远定远灵璧虹县亳州霍丘六安霍山盱眙天长五河广德建平寿州凤台等州县赠贴行月兵孤等项米麦应同阜颍泰蒙等县赠米一并照旧征收分别解给【乾隆三十五年】

一乾隆三十五年钦奉上谕豫省地丁钱粮本年届轮免之期业经全行蠲免著再加恩将该省本年额征漕项银一十万八千余两又归德府属之商丘宁陵永城鹿邑虞城夏邑等六县本年地丁项不改解山东船料银一千六百八十七两漕项缓至次年征收所有应行需用给解之项即令该抚酌量借项动拨仍俟来年补征后归还钦此

一江西宁州等三十六州县乾隆二十九年劝垦并认垦官山田地洲塘照例六年升科于三十五年复勘实垦田地一千七十顷七亩六分照数入额升增漕粮正耗等米一百四十石七斗三升一合随漕等银二十七两六钱七分三厘其余官山田地洲塘沙石间杂不能升科应准删除

一蠲漕案内宁旌太英四县除应蠲民折官办漕粮正耗及应缓随漕项下赠贴行月米石之外尚有额征省仓南粮兵孤等米应照旧征收但宁国太平英山三县兵米向同采买漕粮汇办今为岁无几该三县兵米暂时捐廉买给下年采买漕粮时一并定价折征归款又阜阳颍上蒙城三县除蠲漕粮之外尚有应征赠贴米石为数无几该三县情愿捐廉完解下年毋庸带征至各属应征行月米石为停运丁船苫盖月粮之用征完赠贴米石变解报拨应征行月耗米同赠贴耗米饬令均以五升存县五升照时变价分别批解司道充公【乾隆三十六年】

一江苏省太仓镇洋二州县乾隆六年并十二二十一二十四二十六二十七二十八三十二等年公占义冢田地有闰之年应蠲苏松粮道衙门漕项银二两四钱二分五厘闰月银一分六厘漕粮漕项等米七石九斗一升七勺无闰之年应蠲漕项银二两四钱一分四厘漕粮漕项等米七石九斗一升四合九勺自乾隆三十三年为始照数豁除【乾隆三十六年】

一江苏省吴江县续报坍没义冢田地有闰之年应蠲苏松粮道衙门漕项银三十四两五钱三分闰月银二钱五分三厘漕粮漕项米一百十七石九斗五升二合九勺闰月米六升七合一勺无闰之年应蠲漕项银三十四两三钱八分漕粮漕项米一百十七石九斗六升七勺自乾隆三十四年为始照数豁除【乾隆三十六年】

一乾隆三十六年钦奉上谕临清州及陵县沙压盐碱地一千余顷屡年试种无成著加恩将钱粮漕米概予豁免钦此所有陵县应豁漕粮正改兑正耗米一千五十六石九斗四合七勺漕项银一百四十五两九钱四分五厘漕项米一百九石二斗九升六合七勺临清州米石不敷应豁之数请于该州黑豆内豁除正改兑正耗豆七百九十九石八斗二升五合四勺漕项银一百二十三两八钱一分七厘漕项米四十四石三斗一升六合一勺自乾隆三十六年为始照数豁除

一乾隆三十七年钦奉上谕江南积欠钱粮自十一年至二十三年并三十二三四年灾缓带征银两统计五十四万四千七百余两截至三十六年底已完银四十九万一千五百一十余两惟尾欠漕项银五万三千一百九十余两江苏系轮蠲正赋之年又值丰稔小民俱各乘特输纳尾欠不及十分之一情甚可嘉所有尾欠漕项银两均著加恩宽免钦此嗣经查明乾隆三十七年正二两月续完银两外实未完地漕银四万九千七百三十九两零请照实欠之数豁除其三月初一日以后续完银一千九百五十四两流抵三十七年新赋

一江苏省震泽县坍江公占田荡有闰之年应蠲苏松粮道衙门漕项银九两七钱四分五厘闰月银七分一厘米三十四石四斗一升五合七勺闰月米二斗一合三勺无闰之年应蠲漕项银九两七钱二厘米三十四石四斗一升五合七勺【乾隆三十七年】

一湖北省江陵县挖压田粮豁除漕粮正米一石二斗八升四合六勺四耗米五斗一升三合八勺二耗米二斗五升六合九勺随漕银二钱七分二厘准自乾隆三十六年为始豁除即应于该年奏销内登除缘该县是年漕粮俱已征完与南粮抵兑起运随漕银两亦即征解粮道造报酌拨请于乾隆三十七年分奏销册内登除造报

一乾隆三十八年钦奉上谕进剿金川官兵经过各州县地方应征钱粮业经降旨缓征尚有漕项银款例不并缓著加恩将湖北竹山等二十二州县湖南长沙等二十六州县本年随漕等银准其同地丁一并缓征钦此

一乾隆三十八年钦奉上谕小金川全境荡平宜广沛恩施所有官兵经过之贵州毕节威宁等十七州县湖广之竹山竹溪等五十七州县厅云南之恩安大关同知等八州县厅应征乾隆三十八年分钱粮俱著照该督抚所奏分别缓征钦此所有湖南长沙等二十六州县地丁内有随漕银八千八百九十八两五钱一厘请同地丁一例缓俟次年随地丁欲收分解其应支发办漕银两在于乾隆三十三年征存漕费银内借支垫发俟征解时归款其有漕之长沙善化益阳衡阳清泉常宁澧州等州县应征松板芦席银两在所必需若另行欲收为数甚少饬属捐廉垫办下年征收还款

一江苏上海太苍二州县续报坍没折实田荡有闰之年上海县应蠲苏松粮道衙门漕项银五两七钱一分二厘闰月银三分三厘漕粮漕项米二十石三斗八升四勺金松闰月米三升二合二勺太仓州漕项银二钱一分三厘闰月银一厘漕粮漕项米七斗一合四勺无闰之年上海县应蠲漕项银五两六钱八分八厘漕粮漕项米二十石四斗三升八勺太仓州漕项银二钱一分二厘漕粮漕项米七斗一合八勺上海县自乾隆三十六年为始太仓州自乾隆三十七年为始照数豁除【乾隆三十八年】

一湖北省监利县挖压田地应免随漕银三两三钱三分五厘漕粮正米二十六石六斗八升四勺耗米十石六斗七升二合二勺赠贴米五石三斗三升六合一勺应于乾隆三十七年奏销额内开除今该年漕粮俱已征完造报请俟三十八年奏销内登除

一湖北省乾隆三十九年钱粮蒙恩分别缓征所有长阳长乐兴山三县应征漕项浅船银两应一并缓征之项为数无几令各该县先行垫出照额批解次年征收归还【乾隆三十九年】

一湖北汉阳县坍塌田地乾隆三十八年为始免随漕银三分五厘漕粮正米七升一合三勺耗米二升八合五勺赠贴米一升四合三勺今该年漕粮漕项业已征收造报应于三十九年奏销案内登除

一山东临清州余孽扫除良民亟筹抚恤请将本年应征漕米及民借仓谷麦本等项缓至明秋启征分作两年输纳并逼近临清之夏津武城馆陶清平聊城恩县德州等七州县应征本年漕粮及民借仓谷麦本等项缓至明秋分作两年征收【乾隆三十九年】

一江苏震泽太仓二州县乾隆三十六年坍没田荡有闰之年应蠲苏松粮道衙门漕项银三十一两五钱六分二厘闰月银二钱三分漕粮漕项米一百一十石七斗九合四勺闰月米六升八合一勺无闰之年应蠲漕项银三十一两四钱二分四厘漕粮漕项米一百一十石七斗一升自乾隆三十八年为始照数豁除【乾隆四十年】

一江苏上海县坍占田地有闰之年应蠲苏松粮道衙门漕项银十二两六钱三厘闰月银七分二厘漕粮漕项米四十五石三升三合六勺闰月米七升一合二勺无闰之年应蠲漕项银十二两五钱五分漕粮漕项米四十五石七升四合自乾隆三十八年为始照数豁除【乾隆四十年】

一江苏吴江太仓二州县坍荒田荡有闰之年应蠲苏松粮道衙门漕项银二十五两三钱二分一厘闰月银一钱九分三厘漕粮漕项米七十六石四斗四升八勺闰月米二升一合八勺无闰之年应蠲漕项银二十五两二钱七厘漕粮漕项等米七十六石四斗六升四合三勺自乾隆三十八年为始照数豁除【乾隆四十年】

一江苏常熟县续报坍荒田荡有闰之年应蠲苏松粮道衙门漕项银五十八两七钱四分九厘闰月银四钱九分九厘漕粮漕项米一百七十四石四斗二勺闰月米一斗一升四合五勺无闰之年应蠲漕项银五十八两四钱九分漕粮漕项米一百七十四石四斗二升四合三勺自乾隆三十九年为始照数豁除【乾隆四十年】

一江苏吴县昭文荆溪宝山四县坍荒占废义冢田荡有闰之年应蠲苏松粮道衙门漕项银五十九两五钱闰月银四钱五分二厘漕粮漕项米一百六十五石五斗九升二合八勺闰月米一斗四升一合三勺无闰之年应蠲漕项银五十九两二钱六分七厘漕粮漕项米一百六十五石六斗一升三勺自乾隆三十九年为始照数豁除【乾隆四十年】

一江西新建吉水泰和永新新城鄱阳建昌七县乾隆三十四年劝垦田地照例水田六年升科于乾隆四十年复勘新建等县实垦田地十五顷零照数入额升征随漕正脚等银二两六钱八分七厘漕粮等米十石四升九合一勺其地处低洼逼近河江不能升科者应请删除

一乾隆四十一年钦奉上谕江苏省上年被灾之地今岁即遇丰收元气尚未能骤复著将山阳等四县四十年灾缓漕粮统俟三十九年分蠲剩漕粮征完后再行接续带征并将句容等十八州县三十九年缓漕于四十一年带征四十年缓漕于四十二年带征钦此

一乾隆四十一年钦奉上谕漕粮漕项向不在蠲免之例兹因平定两金川诣阙里告功著将德州等州县缓征三十九年未完漕米四万七千五百三十一石零豆二万二千八百四十一石零并临清州缓征漕项银一千六百十三两零一并普行蠲免钦此

一江南阜阳县乾隆三十一年报垦地亩四十一年入额升科漕粮正兑正米五斗八升一合四勺三耗米一斗七升四合四勺改兑正米一石一斗六升七合七勺二五耗米二斗九升一合九勺【乾隆四十一年】

一江南镇洋县坍没田地有闰之年应蠲苏松粮道衙门漕项银二两三厘闰月银一分三厘漕粮等米六石五斗七合七勺无闰之年应蠲漕项银一两九钱九分三厘漕粮等米六石五斗一升一合二勺苏州卫坍没屯田应蠲漕项银九两九分七厘漕项米二十四石四斗二升九合六勺正闰相同于三十九四十两年为始照数豁除【乾隆四十二年】

一江南霍丘县乾隆三十六年报垦地亩四十二年入额升科漕粮正兑正米二斗八升五合二勺三耗米八升五合五勺改兑正米一斗三升五合一勺二五耗米三升三合八勺又颍上县四十一年报垦当年入额升科漕粮正兑正米七升二合一勺三耗米二升一合六勺改兑正米二升三合四勺二五耗米五合九勺【乾隆四十二年】

一乾隆四十三年钦奉上谕各省漕粮于乾隆三十一年普免一次兹蒙昊苍眷佑累洽重熙朕敬体天心爱养亿兆用是再沛恩施著于庚子年为始复行普免天下漕粮一次其应如何分年轮免之处著交户部详悉妥议具奏钦此户部议奏请照三十一年之例于四十五年免河南省并免江苏之江宁苏州扬州徐州淮安五府属四十六年免山东省并免江苏之松江常州镇江太仓海州通州六府州属四十七年免浙江之杭州湖州二府属四十八年免浙江之嘉兴府属四十九年免安徽省五十年免湖南省并免江西之南昌饶州南康广信四府属五十一年免湖北省并免江西之瑞州临江吉安抚州建昌赣州六府属分作七年递行蠲免一周再查漕粮款内有例征折色及民户输银官为办漕之项遵照上次钦奉特恩一体概予蠲免至各省随漕银米征收动支数目多寡不一情形不同亦应循照上次章程办理至豫东二省应拨直隶保定雄县驻防兵米议令在于该二省附近水次存贮蓟粮米内遇蠲免

该二省之年即用漕艘如数运供以裕兵储

一豫省仪封考城一带黄水漫溢被灾较重之祥符等八州县缓征麦豆在于不被水之州县应征粟米内照数改征以符解额【乾隆四十三年】

一江南霍丘县乾隆三十七年报垦地亩四十三年入额升科漕粮正兑正米一斗三升四合四勺三秭米四升三勺改兑正米六升三合七勺二五秏米一升五合九勺

一江南常熟娄县嘉定三县坍没田地应蠲苏松粮道衙门漕项银一两三钱三厘漕粮等米一石三斗七升二合三勺有闰之年再蠲闰月银一分四厘米一升一勺自四十二年为始照数豁除【乾隆四十四年】

一乾隆四十四年钦奉上谕豫省漫工久稽堵合濒水田禾不能耕获情形未免拮据兹届新漕开兑之期著将该省四十五年应行轮免漕粮即就今岁概赐蠲免其仪封等州县四十三年缓征漕粮著展至四十五六两年分年带征钦此一江南丹徒县坍没田地应蠲苏松粮道衙门漕项银四两八钱二分三厘漕粮漕项等米二十五石七斗七升九合四勺有闰之年再蠲闰月银七分三厘自四十三年为始照数豁除【乾隆四十四年】

一江南长洲县坍荒田地有闰之年应蠲苏松粮道衙门漕项银一百一十七两六钱六分九厘闰月银七钱七分一厘漕粮漕项等米三百一十石一斗九升九合八勺闰月米二斗二升五勺无闰之年应蠲银一百一十七两一钱三分九厘米三百一十石四斗二升六勺自四十三年为始照数豁除【乾隆四十四年】

一江安粮道所属乾隆十一年起至四十三年止未完并四十四年分下江被灾各属灾缓未完实在民欠漕项银五万二千七百三十六两四钱五分二厘缓漕正耗并漕项米一十八万二千九百三十石九斗二升四合四勺漕项麦五千六百五石四斗一升一勺又苏松粮道所属乾隆三十九年起至四十三年止因灾未完漕项银九千四百三十二两九钱二分五厘漕项米一万四千九百六十三石九斗六升六合七勺漕粮米五万五千二百三十七石八斗一升五合三勺又丹徒县四十二年续报坍江注缓四十二三两年漕项银一百三十三两三钱五分米二百三十九石四斗二升二合七勺钦遵恩旨造册题蠲【乾隆四十五年】

一江南丹徒县坍江田地应蠲苏松粮道衙门漕项银一十九两九钱四分漕粮漕项等米一百一十四石二斗七升九合五勺有闰之年再蠲闰月银二钱九分自四十四年为始照数豁除【乾隆四十五年】

一江南上元江宁二县截拨省仓兵米二万三千一百五十一石六斗九合五勺今该二县漕粮蠲免除减存行月等米二千八百一石二斗一升九合五勺照旧征解外实蠲缺省仓漕粮正耗米二万三百四十八石三斗九升请将江淮扬徐四属上元等州县额征正米九千二百五十一石一斗四升一合九勺并江宁府属南米及扬通二属支剩行月米七千二百一石四升五合五勺凑抵蠲缺兵粮外仍不敷米三千八百九十六石二斗二合六勺在于丹徒等三县南米内拨补【乾隆四十六年】

一江南青浦县坍没田荡有闰之年应蠲苏松粮道衙门漕项银一百五十八两三钱九分七厘漕粮等米五百八十九石六斗八升三合九勺无闰之年应蠲漕项银一百五十七两七钱八分四厘漕粮等米五百九十石七斗六升九勺自四十四年为始照数豁除【乾隆四十六年】

一江南上海县坍没田地有闰之年应蠲苏松粮道衙门漕项银九十八两五钱五分五厘闰月银五钱三厘漕粮漕项等米二百九十七石六升一合四勺无闰之年应蠲漕项银九十八两一钱四分三厘漕粮漕项等米二百九十八石二升八合二勺自乾隆四十五年为始照数豁除【乾隆四十六年】

一江南赣榆县乾隆四十六年分漕粮钦奉恩旨轮蠲其漕赠五米二百八石零为数无多咨准于下年同新漕一并征办【乾隆四十七年】

一江西丰城等十县乾隆四十一年报垦田地山塘乾隆四十七年入额升科漕粮米一十一石二斗六升九合六勺随漕正脚银四钱七分四厘零

一乾隆四十七年钦奉上谕今年回空粮船迟于往年明春重运北上应量为变通著将江广二省漕粮应于五十五十一年轮免者改于四十八九两年停运其浙江之嘉兴府及安徽省漕粮明年仍按次开帮改于五十年五十一年轮免所有酌议轮免之处著该部详悉妥议具奏钦此户部议奏湖南省漕船较湖北路程更远请将湖南省并江西之南昌等府属于四十八年先行停运湖北省并江西之瑞州等府属于四十九年停运至浙江之嘉兴府属漕粮改于五十年蠲免安徽全省漕粮改于五十一年蠲免

卷五·漕粮额征·蠲缓升除

一江南上海太仓镇洋三州县坍没占废义塚田地有闰之年应蠲苏松粮道衙门漕项银一十五两五钱五分三厘闰月银一钱七分八厘漕粮漕项等米五十五石七斗七升一合一勺无闰之年应蠲漕项银一十五两五钱五分三厘漕粮漕项等米五十五石八斗五合五勺自四十七年为始照数豁除

一湖南长衡岳澧四府州属轮免四十七年应征漕粮因未奉文以前各属已征有六七千石及数百数十石不等所有应征给军二耗米一万九千一百一十一石三斗四合三勺咨准缓俟明年带征应给停运丁舵食米在于各属征存漕米内拨给仍令将带征二耗米石除归还动拨漕米外余剩米石搭运赴通交纳【乾隆四十八年】

一蠲漕案内湖南省乾隆四十三年奏准将岳洋二府州漕粮并湘阴县拨出漕米二万八千石有零与湖北广济等州县解荆南米互相抵兑今漕粮蠲免无米拨抵咨准仍令北省广济等州县照旧解交荆仓供支兵糈又各州县卫额征随漕等项银三万五千八百二十两四分八厘照旧征解除照例支解通库轻赍等银及停运丁船减半折色月粮银两外余银造报酌拨【乾隆四十八年】

一蠲漕案内湖南省额船一百七十八只除应给减半折色月粮银两于随漕银内支给外至应给减半本色月粮米四千二百七十二石及每只防船舵水四名每名日给米一升共应给米二千五百二十石四斗八升均于各属征存米内拨给又头二三帮每帮停运千总三员水次看守漕船每员酌给养廉米九十五石共米二百八十五石统俟本年漕船回空查明实在归次船数照例核给造报【乾隆四十八年】其余蠲漕事宜悉照上届蠲漕成例办理

一蠲漕案内湖北省例按正四二耗漕米每石随征耗米一斗共应征耗米一万四千九百五十石一斗二升八合七勺除支给截贴并江夏汉阳斗级工食并代兑通山当阳二县米石外尚余耗米七千十八石六斗三升一合七勺零今正漕既蠲应征耗米一体免征【乾隆四十八年】

一蠲漕案内湖北省按正四二耗米每石征水脚银一钱五分共征水脚银二万二千四百二十五两二钱一厘照旧征解道库以济公务分别支用余银解司造报充公至通山当阳二县免征水脚应解漕廉纸笔饭食等银在于各属征解水脚银内通融动支该二县下年带征二耗漕折银两全数解司存备买谷之用【乾隆四十八年】

一蠲漕案内大冶县漕粮项下每年解道移司节省水脚银一百四十九两一钱五分七厘今漕已蠲免无从节省批解统于征解水脚案内分晰造报【乾隆四十八年】其余蠲漕事宜悉照上届蠲漕成例办理

一江西新建奉新分宜庐陵永丰泰和永宁金溪铅山雩都等十县乾隆四十二年报垦田地山一十七顷十八亩四分八厘题准自四十八年为始入额升科漕粮米一十五石五升四合三勺随漕正脚银二两四钱三分九厘

一江南苏州等五府州属乾隆四十四年起至四十七年止未完漕项银九千九十三两七分二厘漕项米八千二百三石七斗二升一合六勺漕粮米八千四百四十二石七斗一升八合钦遵恩旨造册题豁【乾隆四十九年】

一江南金山县坍没田地有闰之年应蠲苏松粮道衙门漕项银八两二钱四分五厘闰月银五分九厘漕粮漕项等米二十六石五升七合七勺无闰之年应蠲漕项银八两二钱四分五厘漕粮漕项等米二十六石一斗二合五勺自四十八年为始照数豁除【乾隆四十九年】

一乾隆四十九年豫省卫辉等处被旱成灾归德等属漫口被淹钦奉上谕将汲县等州县本年应征米豆麦缓至五十五十一两年分年带征又睢州等州县缓征麦豆在于不被灾州县应征粟米内改征获嘉等县缓征蓟粮内有搭运天津北仓及密云兵米在于不被灾州县截存蓟米内派拨钦此

一江南华亭武进阳湖三县坍没田地有闰之年应蠲苏松粮道衙门漕项银三十两二钱七分漕粮漕项等米一百四石五升四合九勺无闰之年应蠲漕项银三十两七分漕粮漕项等米一百四石二斗三升二合二勺于四十八年为始照数豁除【乾隆四十九年】

一乾隆五十年钦奉上谕汲县等五县并附近灾区之延津等九县带征缓征民欠及受灾较重之祥符等六县历年带征缓征民欠各项全行蠲免钦此嗣据该抚查明浚县等十一县四十九年分漕项银两业已完解题准将汲县等九县未完四十九年分漕项银两并汲县等七县缓征四十九年分漕粮汲县等六县缓征四十九年分截存蓟米全行豁免一乾隆五十年钦奉上谕本年安河各属被旱较广著将乾隆五十一年应行轮免漕粮改于本年蠲免钦此

一江南丹徒县坍没田地应蠲苏松粮道衙门漕项银六十九两三钱五厘漕粮漕项等米三百九十五石八升

九合四勺有闰之年再蠲闰月银一两一分五厘自四十八年为始照数豁除【乾隆五十年】

一江西南昌上高分宜永丰龙泉乐安铅山等七县乾隆四十四年报垦田地山四顷五十二亩二分题准自五十年为始入额升科漕粮米一十四石八斗三升九合二勺随漕正脚银一两六钱三分八厘【乾隆五十年】

一乾隆五十年湖北江夏等州县夏秋被旱成灾钦奉上谕将本年应完漕粮正耗米石并折随银款等项分别成灾较重州县缓作三年带征成灾较轻并稍轻及成灾之州县缓作两年带征其屯田分坐灾地应征等项亦缓至下年一年带征钦此

一安徽省五十一年轮免漕粮因五十年秋田被旱成灾奏准改于本年蠲免其应照旧征收之南粮屯粮行月赠贴本色米麦一十三万有奇除成熟州县仍行征解外被灾各属缓至来岁随同新漕带征所需额解省仓南屯米石并减歇丁船苫盖月粮及兵丁孤贫等项不敷米石一例在于截卸江西漕米内动拨节年因灾递缓漕米并准一体缓征【乾隆五十年】

一乾隆五十一年圣驾南巡钦奉上谕将江宁苏州安徽各藩司所属积欠地丁漕仓并民借籽种口粮等款未完银两及漕粮漕项等款未完米麦豆全行蠲免钦此

一江南吴县坍没田地有闰之年应蠲漕项银九十两八钱九分五厘闰月银一两二钱二厘漕粮漕项等米三百六石六斗一升五合二勺月米一斗七升九合无闰之年应蠲银九十两八钱九分五厘米三百七石八斗八升九合九勺自乾隆四十九年为始照数豁除【乾隆五十一年】

一江南元和太仓震泽等州县占废田地有闰之年应蠲漕项银二两二钱四分五厘闰月银二分九厘漕粮漕项等米八石三斗一升六勺闰月米五合四勺无闰之年应蠲银二两二钱四分五厘米八石三斗二升三合自乾隆五十年为始照数豁除【乾隆五十二年】

一河南兰阳等六厅州县堤压河占挑废堆土地亩应豁减银一万一千九百二十九两五钱三分零自乾隆四十八年为始照数豁除其余升科地亩应征粮银一万一千八百七十六两一钱一分七厘自乾隆五十二年为始按年征收

一河南商丘等三州县被灾缓征麦豆奏准于不被灾州县应征粟米内改征起运以纾民力【乾隆五十二年】

一江南南汇县坍没田地有闰之年应蠲漕项银五十二两三钱八分五厘闰月银四钱八分五厘漕粮漕项等米一百四十八石七斗七升一合三勺无闰之年应蠲漕项银五十二两三钱八分五厘漕粮漕项等米一百四十八石八斗六升七合三勺自乾隆五十二年为始照数豁除

一河南商丘宁陵睢州三州县堤压河占地亩应豁乾隆五十二年漕米二百九十五石三斗四合一勺已于该年缓征米内豁减自乾隆五十三年为始照数豁除

一江南上海县筑塘占废田地有闰之年应蠲漕项银一十两七钱一分闰月银一钱二分二厘漕粮漕项等米三十八石六斗一合九勺无闰之年应蠲银一十两七钱一分一厘米三十八石六斗二升五合八勺自乾隆五十二年为始照数豁除【乾隆五十三年】

一江南霍丘县入额升科正改兑正耗漕米一斗一升六合九勺派长淮宿州二帮船内搭解运通【乾隆五十四年】

一江南太仓镇洋二州县捐置义冢公占田地有闰之年应蠲漕项银七钱七分二厘闰月银一分漕项米二石五斗三升五合四勺无闰之年应蠲银七钱七分二厘米二石五斗三升六合七勺自乾隆五十三年为始照数豁除【乾隆五十四年】

一河南安阳临漳二县被淹村庄缓征麦豆准于未被水各户应征粟米内改征【乾隆五十四年】

一江西南昌新建萍乡永新玉山等五县劝垦老荒及额外新升田地山塘九顷三十五亩一分二厘应征地丁等银一十七两四钱四分一厘随漕正脚银三两一钱四分八厘米九石七斗一升三合三勺自五十五年为始入额征解一河南兰阳县柳占沙压地亩应豁漕粮米九十二石八斗七升八合九勺漕项银九十五两一钱八分一厘其五厘席片银一分七厘及八厘席片银二分八厘漕米节省耗羡银一两六钱七分二厘自乾隆五十六年为始照数豁除

一湖北荆门州勘出余田九十亩于乾隆五十六年分升科应征漕粮正米二斗二升七合七勺加四耗米九升一合一勺其随漕应解轻赍正银芦席折银令该州按数征解

一河南河北三府属漕粮因灾缓征河以南州县应征麦二万三千七百余石照常征运其余米豆五万八千八百余石奏准一并停运留豫应用其河北州县应征运供内务府白麦五千四百一十七石零已奉缓征不敷额运之数即在河以南州县应征改麦内均匀改征起运以足额数【乾隆五十七年】

一山东德州等州县乾隆五十七年被灾各属应征新旧钱粮钦奉恩旨缓征所有应征漕项银两暂缓摘征其不敷漕项银两准于五十六年漕项银内先行借动俟五十八年带征还款

一江南宝山县坍没占废田地应征本色米一十三石七斗三升一合九勺豆五升五合十勺折色银七十二两八钱四分七厘遇闰应增米一斗二升六合二勺银二钱四分自乾隆五十七年为始照数豁除

一乾隆五十六年钦奉上谕江宁淮安扬州徐州海州等五府州属自四十八年起至五十四年止因灾积欠银米麦豆均照所欠多寡分作四年带征并将此项带征银米麦豆每年宽免一半其当年成熟次年因灾拖欠银米麦豆于本年秋后开征时亦著宽免一半等因钦此嗣于五十八年据该督抚题报凤阳仓项下宽免一半银一万二千九百七两九钱六分淮安仓项下宽免一半银一万三千二百七十二两七钱五分九厘徐州仓项下宽免一半银一万八千二百三两五钱八分四厘其余留征一半银两各遵奏明年限按数催征

一乾隆五十九年因钦天监推算六十年元旦日食上元月食钦奉上谕应天以实不以文与其托诸空言宁若见诸行事之实修德莫大于爱民若覃敷恩泽加惠闾阎俾海宇子民共臻乐利则所谓修德孰大于是所有六十年各省应征漕粮著再加恩普免一次其应如何分年轮免之处仍著该部核议具奏等因钦此户部议奏将上两次所分七年之限量为变通以粮数较少省分归并一年其粮数较多省分自为一年统计五年之内普免一周自六十年为始第一年免山东安徽二省第二年免河南湖南湖北三省第三年免江苏省第四年免浙江省第五年免江西省定为五年分年各省以次轮蠲至漕粮款内有例征折色及民户输银官为办漕之项遵照上届钦奉恩旨一体概予蠲免所有随漕等项银米向遇蠲漕之年照额征收以为停运丁船支给月粮之用如有余剩报部酌拨此次亦应循照办理至豫东二省应拨直隶保定雄县密云驻防兵米令该二省遇蠲漕之年在于积存蓟米内用漕船如数运供以裕兵储【乾隆五十九年】

一乾隆五十九年钦奉上谕前因六十年乙卯元旦日食上元月食已降旨普免天下应征漕粮俾海宇子民共臻乐利今思各省尚有节年民欠及因灾带缓未完银谷俱应按限征输者小民究因官欠未清未得遂其含哺之乐著各督抚详晰查明按照该省所属之某州某县实欠在民银谷若干速行开单具奏到日降旨豁免等因钦此嗣各督抚陆续查明除山东湖广江西等省历年并无民欠未完外江苏省节年民欠及因灾缓带地丁漕项等银一百二十二万五千一百九十九两零米麦豆四十五万九千二百七十五石零安徽省节年民欠因灾带缓未完地丁漕项正耗并借款等银一百三十五万五千四百七十六两零漕南正耗等米麦十二万六千二十石零未完灾缓归补常平米三千四十二石零未完出借社仓谷米秫豆二万三千八百六十三石零河南省节年因灾带缓民欠正耗及籽种口粮牛具等项银一百七十二万二千一百一两零米麦豆五万七千七百一十八石零谷五十二万二千一百四十三石零五十九年因灾缓征银六十九万五千四百四十八两零米麦豆八万八千七百七十四石零各属分年带征河工物料帮价银五十九万二千三十八两零浙江省节年民欠因灾缓带并蠲免补征耗羡及应征还道库动垫漕截未完银五十五万九千一百九十五两零南粮并漕粮正耗米六千三百四十一石零据该督抚查明具奏钦奉恩旨全行豁免续据安徽巡抚题报自奉旨豁免之日至接奉部咨日止其间续征之项不少严密抽查只实欠在民银一百四万五千八百九十两四分七厘零米麦谷秫豆六万五千四百一十石七斗六升四合二勺又漕仓正耗银一十万七千八百七十四两七钱八分四厘米麦六万六千一百五十六石一斗五升三勺钦遵恩旨豁免【乾隆六十等年】

一安徽省漕粮轮应蠲免所有随漕赠月兵孤南屯本色正耗米麦并向无正漕各府州县额编漕项本折银米照旧征收惟宁国旌德太平英山四县民折官办之行月赠米奏奉恩旨准其缓俟下年再行征办【乾隆六十年】

一蠲漕案内湖南省漕粮轮应嘉庆元年蠲免其应征给军二耗米一万九千一百一十石四斗九升二勺于次年开征时一并带征至应给停运丁舵食米令照折色行月粮之例每石折银七钱支给前项二耗米石将来带征时

如无动用搭解运通【乾隆六十年】

一蠲漕案内湖南省应征漕项耗羡银两请同随漕正银一并照额征收解道仍将移解藩库及支存数目造报【乾隆六十年】

一蠲漕案内湖南省停运额船一百七十八只除应给减半折色月粮银二千九百九十两四钱于随漕银内动支外至应给减半本色月粮米四千二百七十二石及每只防船舵水四名每名日给米一升共米二千五百六十三石二斗二共米六千八百三十五石二斗先于巴陵县仓谷内碾米动支俟带征二耗米易谷还仓【乾隆六十年】其余蠲漕事宜悉照上届蠲漕成例办理

一江南镇洋宝山吴江吴县等县筑塘挖废及捐置义冢等项田地有闰之年应蠲漕项银二两四钱五分九厘闰月银二分七厘漕粮漕项米三石五斗五升二合一勺闰月米一升五合八勺无闰之年应蠲漕项银二两四钱五分九厘漕粮漕项米三石五斗五升五合一勺自乾隆五十八年为始照数豁除【乾隆六十年】

一仓场具奏前奉恩旨将各省六十年漕粮自乾隆六十年为始通行普免一周内湖南湖北二省轮应第二年蠲免查湖南地方现在剿办苗匪所有湖南及毗连之湖北六十年应征漕米二十万余石转瞬秋成即行开征与其俟明岁始行轮及不若本年即予蠲除等因奉旨准行复经奏准湖北湖南河南三省原系第二年轮免前因湖南湖北二省剿办苗匪奏准改为第一年蠲免则第二年只有河南一省漕粮二十一万八千余石较与第三年轮免之江苏省漕粮一百九十二万九百余石数目较少且江苏各属所产多系粳米而京通各仓支放八旗俸甲米石亦惟粳米为最请将江苏省漕粮照乾隆四十三年之例先将松江常州镇江太仓海州通州等六府州属漕粮九十三万五千二百余石改为第二年与河南省同时蠲免其江宁苏州徐州扬州淮安等五府属漕粮九十八万五千七百余石仍照原议于第三年轮免【乾隆六十年】

一湖北省漕粮改于六十年轮免应征二耗米石令于次年开征时一并带征应给停运丁船减半月粮舵水等项米石令其按照折色行月粮之例每石以七钱折给前项二耗米石将来带征时如无动用即令搭解运通【乾隆六十年】

一蠲漕案内湖北省停运丁船应支减半本折月粮银米每石概以七钱折给毋庸另借仓谷仍查明失风买补雇募各船扣除造报【乾隆六十年】

一蠲漕案内湖北省大冶县抵兑漕粮项下应微解道移司节省水脚银两今漕已蠲免并无节省水脚无从征解所有闲运千总养廉银两于五十九年水脚银内动支荆门州南粮项下节省运脚银两仍令解司造报【乾隆六十年】其余蠲漕事宜悉照上届蠲漕成例办理

一江南宝山县坍没田涂应蠲漕项银四十四两三钱八分一厘漕粮漕项米四十四石六升一合五勺有闰之年再蠲闰月银四钱八分三厘米三斗五升三合七勺自乾隆五十八年为始照数豁除【乾隆六十年】

一江南丹徒县坍没田地项下有闰之年应蠲苏松粮道衙门漕项银六两七钱一分二厘漕粮漕项米三十七石五斗七升三合九勺无闰之年应蠲漕项银六两六钱一分五厘漕粮漕项米三十七石五斗七升三合九勺自乾隆五十八年为始照数豁除【嘉庆元年】

一嘉庆元年钦奉上谕各省六十年应征漕粮上年已降旨加恩普行豁免湖广省上年漕粮已于本年轮免民力已为宽裕第念楚省被贼蹂躏各州县应征地丁钱粮虽已降旨通行蠲免而漕粮亦可无事输将但来岁新漕例应冬兑冬开秋间即须开征此时贼匪虽已即日荡平百姓等一时尚恐未能复业著加恩将湖北湖南本年应征漕粮概予缓征统俟大功告竣缓至明岁再行开征钦此

一蠲漕案内河南省安阳等二十四县添办永城等十九州县应征漕豆奏定在于安阳等县地丁银内按每石八钱划除将永城等州县征收漕粮折价解司抵补今嘉庆元年漕粮蠲免应即就安阳等县蠲免本色其永城等州县漕粮折价仍照旧征解

一蠲漕案内河南省嘉庆元年正漕奉蠲其随漕支军润耗行粮德州仓等米仍按各州县原额多寡核计按亩摊征本色变价报拨

一河南省各州县征收漕粮向有随正征收耗米今正漕奉蠲应将随正耗米一并免收其随漕米石仍随正收耗但随漕米石系变价起解杂费较省请照乾隆四十四年蠲免之例仍行征收变价酌拨十分之二为各州县杂费

之用其余变解道库报明充公【嘉庆元年】

一河南省应征漕项银两系属折色钱粮不在蠲免之例各州县向例汇入地丁钱粮统征分解仍令照旧征收【嘉庆元年】

一河南省漕粮向系直隶江南山东三省帮船协运今正漕轮免所有各帮应支减半月粮俱令各本省就近支领【嘉庆元年】

一嘉庆二年钦奉上谕前因楚省军务倥偬贼匪滋扰所有上年应征漕粮业经降旨加恩缓至本年开征第念本年现有应征额漕若将此项缓漕一并完纳民力恐未免拮据所有湖北各州县应征上年漕粮著再加恩照向年缓漕成例分年带征其随漕一切应征银米亦著查照向例一体带征洒运钦此

一湖南省嘉庆二年应带征嘉庆元年缓征漕粮并乾隆六十年蠲漕案内递缓二耗米石以一年而征两年有余之米恐民力未免拮据所有嘉庆元年缓征之米自嘉庆二年为始分作三年带征配运

一江南丹徒县坍没坍荒田地项下应蠲苏松粮道衙门漕项银二十四两五钱五分五厘漕粮漕赠等米一百三十九石四斗六升五合九勺有闰之年再蠲闰月银三钱六分自乾隆六十年为始照数豁除【嘉庆二年】

一嘉庆二年钦奉谕旨湖北省本年应征漕米南米并带征上年漕米及本年随漕水脚等项银粮一并缓俟大功告成再行酌量分年带征以纾民力该省所需兵米即于湖南省本年兑运漕粮内截留米二十万石以裕兵糈钦此

一嘉庆二年钦奉上谕城武一县切近灾区邹滕峄三县及济宁卫均系上年甫经被灾地方民力不无拮据本年应征漕米及带征钱漕并毗连灾地熟田一律缓至来年秋后开征以纾民力钦此

一嘉庆三年湖北省连被水旱贼扰之后民力拮据钦奉谕旨将各属应征嘉庆元年二年及荆门州本年额征漕粮南米及随漕水脚耗羡浅船等项并武昌等六卫所京山等三州县应征各年军三安家闲丁帮津等款正耗银两缓至来岁酌量分年带征其本年北省应行起运漕粮截留六万石以备军储钦此

一嘉庆三年豫省睢州五堡堤工猝被漫溢所有被水村庄应输漕粮等项钦奉谕旨将睢州等六州县本年漕粮漕项缓至来年秋后启征所有祥符等县现征漕粮除应解内务府仓場备用麦石照例起运外其余米豆一十二万七千九十六石零概行停运留于豫省塔放赈济之用钦此

卷六·漕粮额征·蠲缓升除

一豫省睢州等五州县嘉庆三年被灾缓征将祥符等四十八州县米豆截留赈济其随正征收润耗行月等米除支给运麦船只润耗等米并减军月粮米石外下剩米石仍循旧例照时变价报拨

一安徽无为州开河挖废田地应豁漕粮正耗米一百八石五斗二升二合二勺又应豁赠润月粮等米五十石三升七合八勺自嘉庆三年为始照数豁除

一豫省辉县等四县沁河漫溢沙压地亩应豁漕米三百五十一石二斗七升五合二勺每石例价银八钱该银二百八十一两二分一厘自【嘉庆四年】为始照数豁除

一江苏太仓宝山二州县捐置义冢并筑塘占废田地太仓州义冢田地嘉庆三年为始照数豁除宝山县筑塘占废田地嘉庆二年为始照数豁除应蠲苏松粮道衙门漕项银三两二钱三分四厘漕粮漕项等米共三石八斗七升六合九勺如遇有闰之年再蠲闰月银三分六厘【嘉庆四年】

一安徽阜阳县民人报垦荒旱地三顷六十亩四分一厘零应于嘉庆三年升科计应升漕粮正兑正米二斗二升六合五勺加三耗米六升七合九勺改兑正米四斗五升四合八勺加二五耗米一斗一升三合七勺于长淮卫宿州二帮起运船内搭运【嘉庆四年】

一嘉庆四年钦奉上谕湖北系教匪起事之地往来滋扰为时较久居民耕作失时今甫经安辑不惟新旧并征民力有所不及即本年春季钱粮输将亦恐拮据著加恩将孝感等八州县缓征南漕正耗米十万六千三百六十一石零及孝感等十五州县武昌等五卫所之随漕水脚等款银七万九千七百两零一体豁免其一隅被贼及近贼地方并被水缓征各州县缓征节年南漕米石及随漕水脚等款俱著加恩自嘉庆五年起分作两年带征以纾民力等因钦此

一嘉庆四年淮徐海所属州县被水成灾钦奉上谕将应征新旧钱粮均与缓征按照灾分轻重分别蠲缓勘不成灾之处亦照例缓征其徐州所属萧砀等七县频年被灾并将各州县本年熟田应征漕粮截留本邑赈济至淮安大河徐州三卫屯田各随坐落州县办理钦此

一嘉庆四年钦奉上谕现届长至圜丘大祀高宗纯皇帝升配礼成后自应仰推皇考恩慈用敷惠泽因思乾隆六十年以前各省积欠缓征地漕并积欠缓征民借等项现在应征者尚复不少著通行各省将以上各款自乾隆六十年以前普行豁免钦此嗣据山东巡抚题报济宁卫未完乾隆六十年民欠漕项里料正银五百六十一两一钱二分三厘耗银七十八两五钱五分七厘小料正银七百七十八两五钱七分耗银一百九两又据河南巡抚题报安阳等八县未完乾隆五十九年六十年民借蓟谷一万二千七百七十四石二斗七升二合四勺又据湖北巡抚奏报江夏等三十一州县卫民欠乾隆四十年起至六十年底漕粮水脚加津资役等项共银一万四千三百一十六两九钱三分一厘又大冶等九州县民欠乾隆六十年漕粮二耗米三千四百一十五石七斗四升一合九勺又荆州等五卫所自乾隆五十年起至六十年止各丁未完借欠漕费等银二万九千四十六两四钱四分一厘又据漕运总督题报上下两江各州县乾隆五十八年起至六十年止共民欠未完漕项正银五千九百二十二两五钱五厘耗羡银五百五十四两四钱七厘漕粮正耗并漕项赠月共米三千一百一十一石三斗七升四合九勺月粮麦一千四百九十四石一斗一升五合四勺月粮豆二百五十一石七斗四升六合二勺俱遵恩旨豁免

一江苏宝山县坍没田荡涂项下应蠲苏松粮道衙门漕项银一十二两八钱八分九厘漕粮漕项米一十二石八升八合九勺有闰之年再蠲闰月银一钱三分三厘自嘉庆三年为始照数豁除【嘉庆四年】

一江苏丹徒县坍没田地项下应蠲苏松粮道衙门漕项银一十八两九钱四分六厘漕粮漕赠等米一百六石八升二合四勺有闰之年再蠲闰月银二钱八分自嘉庆三年为始照数豁除【嘉庆四年】

一嘉庆五年山东济宁等州县卫历年旧欠钱粮漕米等项陈陈积压钦奉上谕将济宁州邹县本年被水旱经消涸现在秋成各村庄除应征钱粮一律征收外其历年旧欠钱粮漕米缓至来岁秋成后带征一年其余递年挨次带征一年其济宁州邹县成熟村庄及带征二年以上至四五年之金乡等三十一州县卫除本年钱粮漕米全数征收并带征一年外其余缓带钱漕亦著递年挨次每年带征一年钦此

一江苏常熟县坍没田地项下有闰之年应蠲苏松粮道衙门漕项银二十七两九分七厘又闰月银二钱五分五厘应蠲漕粮漕赠等米七十四石四斗一升四合无闰之年应蠲漕项银二十六两九钱七分七厘应蠲漕粮漕赠等米七十四石三斗七升六合五勺自嘉庆四年为始照数豁除【嘉庆六年】

一浙江金华等十七县嘉庆五年水冲成溪不能垦复田地荡项下应全豁漕项月折等银七百二十二两八钱八分七厘又钱塘县被水冲没不能垦复田地应豁无征漕粮行月等米三十三石八斗三升六合四勺随漕应豁漕截等银九两四分二厘又诸暨等县卫水冲成灾尚可垦复并按成灾分数共计应蠲银四千二百八十六两八钱六分五厘应缓征银二万二百三两一分三厘米一千九百九十九石三斗三升三合八勺【嘉庆六年】

一山东临清等州县嘉庆六年田禾被水淹浸钦奉谕旨将被水较重临清等四州县并坐落各卫地应征本年钱粮漕米全行蠲免夏津等三县并坐落各卫地低洼处所本年应征钱粮漕米亦著全行蠲免其被水较轻之清平等九州县并坐落各卫地应征本年钱粮漕米著加恩蠲免半年其余半年缓至次年秋后开征东阿等六州县并坐落各卫地本年应征钱粮漕米缓至次年秋后开征再临清等二十二州县卫尚有带征各年旧欠钱粮并著加恩缓至次年秋后开征以纾民力钦此

一浙江仁和县捐置义冢田地应豁漕粮正耗灰石行月粮等米五斗六升八合五勺漕截等银一钱五分一厘自嘉庆六年为始照数豁除一山东临清等九州县嘉庆六年应征抵额耗豆七千四百余石钦奉谕旨随同正项一例分别缓征以纾民力钦此

一山东临清等处嘉庆七年应征新粮钦奉谕旨该省上年被水成灾是年应征钱漕业经加恩蠲缓若将本年新粮照例开征民力不无拮据所有临清等三十五州县被水成灾及勘不成灾地亩应征嘉庆七年新粮俱著加恩缓至本年秋后启征钦此

一江苏娄县坍没田地有闰之年应蠲苏松粮道衙门漕项银五十七两五钱七分三厘又闰月银四钱三分三厘应蠲漕粮漕赠等米一百八十五石八斗九升四勺无闰之年应蠲漕项银五十七两五钱七分三厘应蠲漕粮漕

赠等米一百八十六石二斗七升八合一勺自嘉庆六年为始照数豁除【嘉庆七年】

一钦奉上谕嘉庆二年曹工漫溢曹单二县沙压熟地积深四五尺难望开垦著加恩将曹单二县沙压地八百三顷四分零每年该粮银一千九百五十一两九钱零漕米一百四十五石二斗零自嘉庆七年为始概行豁免钦此

一江苏常熟县福山港东沿海滩地三十顷九十三亩六分一厘七毫又原版荒田七亩六分实系坍没无存应蠲折色银六十两四钱四分二厘本色米豆七十九石七斗九升二合四勺遇闰增银六钱一分五厘米五升八合五勺自嘉庆四年为始照数豁除至二年以前钱粮均经全完其三年分钱粮查系实欠在民具题豁免【嘉庆七年】

一江苏丹徒县坍没田地项下应蠲苏松粮道衙门漕项银五两九钱二分三厘漕粮漕项米三十一石四斗九升九合一勺有闰之年再蠲闰月银九分自嘉庆五年为始照数豁除【嘉庆七年】

一山东省嘉庆六年被灾各属应征钱粮漕粮并抵额耗豆业经奏奉谕旨缓征至高唐州续勘被灾村庄摊征耗豆六百二十四石七斗八升四合一勺查照临时勘明具题之例题请一体续缓【嘉庆七年】

一嘉庆八年钦奉上谕湖北潜江等州县上年偶遇水旱偏灾节经降旨分别蠲缓煮赈但念今春青黄不接之时仍应量为抚恤著加恩将被灾五分例应蠲免一分之潜江等十九州县民屯正耗钱粮蠲免二分其勘不成灾例无蠲免之京山等十九州县民屯正耗钱粮蠲免一分并各卫所应征漕运各项钱粮亦一体按照屯坐州县地方加恩分别蠲免二分一分又湖南粮道所辖荆州荆左荆右沔阳四卫屯坐荆门等七州县未完缓带嘉庆元二三年运义军安帮津闲丁等款共银四万三千二百四十七两零亦著加恩照湖北省各卫之例一律豁免钦此

一浙江仁和县捐置义冢田地应豁漕粮正耗灰石月粮等米五斗八升六勺漕截改折灰石等银一钱五分四厘自嘉庆八年为始照数豁除

一嘉庆八年河南省被蝗受旱钦奉上谕将成灾之祥符等三十七州县及秋收稍歉之河内等七县应征漕粮漕项并旧欠银谷等项均缓至九年秋后开征再白麦一项除于收成丰稔州县应征各项麦石尽数抵改白麦起运外如不敷原额俟来岁补足搭解钦此

一嘉庆八年钦奉上谕安徽省宿州地方连年迭被淹浸去冬又经匪徒滋扰该州并长宿二卫自嘉庆元年至七年未完地丁屯折漕项麦折正耗及漕粮正赠米麦并津贴口粮等项共银七万九千一百四十九两零米麦九千二百二十七石四斗零均系递年灾缓实欠在民之项著加恩全行蠲免钦此

一江西省嘉庆七年分额征漕粮因旱歉收全数缓征该抚奏明带征完纳之后漕船不能同时并运该省常平仓谷多有缺额请赏留一半以省采买价银解京收买旗丁余米钦奉谕旨近年间有因地方灾祲及军需紧要曾经降旨截漕非可引为常例岂有因常平缺额辄将太仓之粟任意截留弥补之理若有漕各省相率效尤成何事体至旗丁兑剩余米向准在通粜卖原所以恤丁惠民若收买归仓于京师市价民食岂不更有妨碍所奏实属非是传旨严行申饬所有缓漕米石著军机大臣会同户部议奏钦此嗣经议准自八年起分作四年带征配运除先尽额设漕船酌量均匀派搭外其余剩米石查照向来旗丁雇船足运之例办理

一湖北监利县递年挽修月堤挖压田地应豁漕南正耗并赠贴等米共一百五十七石七斗二升四合七勺自嘉庆七年为始照数豁除【嘉庆八年】

一嘉庆八年衡工漫溢冲注东省钦奉上谕将被灾较重之濮州菏泽东昌卫三州县卫本年应征钱漕各款全行蠲免次重之范县等十一州县及续被水灾较重之齐东沾化两县东平所俱按成灾分数照例分别蠲缓漕项随征银米一体蠲缓其带征历年各款递缓一年其余被水较轻勘不成灾各州县村庄本年应征钱漕各年带征款项俱缓至来岁秋后启征又濮州等十二州县卫毗连灾地未被水各村庄本年应征钱漕缓至九年秋后启征钦此

一江苏丹徒县坐落金山沿河田地二十四顷五十八亩九分江潮山水淹浸禾麦无收应行改芦减则外自嘉庆八年为始应减漕粮漕赠等项米一百七十一石八斗九合六勺随漕轻赍银三十两二钱四分九厘闰月银四钱四分四厘凤阳仓麦折银六两七钱一分六毫

一江苏江安等府州属嘉庆九年夏秋被灾照例蠲缓漕项漕粮银米其苏松等属起运白粮例不扣蠲于熟田漕粮内拨办足额来岁征还本款即作漕粮起运又漕项银内白粮经费并免按户匀征统归缓征年限内催征完报

一江苏宝山县坍没公占挖废义冢田亩应豁江安粮道漕项银十九两二钱九分四厘苏松粮道漕项银十四两二钱四分二厘行月米十四石一斗九升八合六勺有闰之年再豁苏松粮道闰月银一钱五分六厘从嘉庆九年

为始照数豁除

一嘉庆十年钦奉上谕浙江杭嘉湖三府属上年被水歉收应征漕米缓俟次年秋后征收惟念该省军船现有额外加装应运平粜川米若再搭运前项缓征漕粮受载过重转运稍艰且浙西究当上年歉收之后元气未复著再加恩将上年缓征漕米展至来年秋获征收带运钦此

一山东省嘉庆十年被旱州县收成歉薄民力拮据地丁钱粮缓至十一年征收漕项银两为办漕经费应即摘征但按户催征仍不免催呼之扰题明暂缓摘征所需随漕银两令各州县于春征已完银内尽扣外不敷漕项银两于司库地丁银内通融借拨分别解支俟十一年各州县带征漕项银两批解归款

一江南省江宁县民人胡德政等捐施义冢省卫屯地应豁漕项银一钱五分二厘米七升八合津贴银六分四厘从嘉庆十年为始照数豁除

一江南省丹徒县坍没沙潮田地应蠲苏松粮道衙门漕项银一十三两六钱七分四厘漕粮漕项米七十七石七斗二升八合四勺有闰之年再蠲闰月银二钱一厘从嘉庆十年为始照数豁除

一江苏阜宁等八州县应征民折官办漕粮向遇灾缓之年只将折价缓征其正供漕米仍行垫价买运嘉庆十一年阜宁等州县因漫水未消灾熟米麦奏准缓至十二年买运又十二年额征米麦亦经奏准扣除灾田停办其熟田新旧米麦如有坐落新灾之内者仍行扣缓十三年各属又被水灾泰兴县通境成熟海州宿迁赣榆三州县被灾尚轻题明除灾缓旧欠外其本年熟田新漕米麦仍照例采买兑运其阜宁清河桃源沭阳四县灾分较重无论新旧熟缓同宿迁海州二州县旧欠米麦一并缓至来年秋成后再办以裕民食一湖南平江等县嘉庆十二年缓征漕粮急公花户输纳之米饬令好为收贮抵作来岁应征之项

一山东省恩县四女寺等八庄并德州卫卜官屯嘉庆十二年被水缓征钱漕应于十三年带征至十三年雨水较多豆谷间有损伤复经奏奉上谕将上年缓征钱漕再均缓至十四年秋后开征等因钦此

一江南省丹徒县沙潮淹浸减则田地应蠲苏松粮道衙门漕项银二两八钱八分八厘漕粮漕项米一十六石四斗一升五合六勺有闰之年再蠲闰月银四分三厘从嘉庆十二年为始按数扣蠲

一江南省丹徒县坍没沙潮田地应蠲苏松粮道衙门漕项银九两七钱四分五厘漕粮漕项米五十五石三斗九升八勺有闰之年再蠲闰月银一钱四分三厘从嘉庆十二年为始照数豁除

一江南省丹徒县压废田地项下应蠲苏松粮道衙门漕项银一钱八分四厘漕粮漕项米六斗七升二合三勺有闰之年再蠲闰月银三厘从嘉庆十三年为始分别扣蠲

一嘉庆十四年江苏省被水各属除照例蠲缓地漕等项外至淮徐等属阜宁等八州县民折官办漕粮应遵奏定章程全数采办将灾区价脚分限征输其阜宁清河等县历年旧欠漕粮十四年居限应征三万九千余石除赣榆县带征初限米二十余石已据领办外其余各州县若新旧并买未免拮据奏准将阜宁清河桃源宿迁海州沭阳六州县旧漕米麦一概缓至十五年秋成后再行分限带征

一江苏镇洋县职员汪学金等捐置义冢田地有闰之年应蠲苏松粮道衙门漕项银五钱二分九厘闰月银七厘漕粮漕项米一石七斗七升八合八勺无闰之年应蠲漕项银五钱三分九厘漕粮漕项米一石七斗七升九合九勺从嘉庆十四年为始分别扣蠲

一江南省太仓州捐置义冢田地有闰之年应蠲苏松粮道衙门漕项银二钱七分闰月银三厘漕粮漕项米八斗九升四合八勺无闰之年应蠲漕项银二钱七分漕粮漕项米八斗九升五合三勺从嘉庆十四年为始照数豁除

一江南省上海县坍没田荡有闰之年应蠲苏松粮道衙门漕项银一百六十六两八钱七分九厘闰月银一两八钱六分漕粮漕项米五百八十七石四斗五升九合三勺无闰之年应蠲漕项银一百六十六两八钱七分九厘漕粮漕项米五百八十七石八斗二升四合四勺从嘉庆十四年为始分别扣蠲

一嘉庆十五年江苏省被灾各属除照例蠲缓地漕等项外其阜宁等州县民折官办漕粮题准将灾田米麦缓俟成熟之年再行采办应缓应征漕价统于奏销案内登报

一嘉庆十六年奉上谕御史杨怿曾奏请严申停征蠲免事宜一折向来各省偶遇水旱偏灾由该督抚报明分数降旨分别蠲缓其各省蠲免以奉旨之日为始奉旨之后部文未到以前已输在官者准作次年正赋惟奉旨日期以及蠲免分数村野小民无由周知而不肖官吏藉以因缘为奸或于部文未到之前催比更急私图肥已且有奸猾

书吏复藉名垫纳加倍索偿等情及各督抚颁示恩旨通谕各州县尚有隐匿不急为悬挂者嗣后著各督抚严查饬令各州县遇恩旨颁到之日即将奉旨日期遍行晓谕并刊刷实征额册串票等注载明晰俾小民得知蠲免分数官吏无从欺隐务期实惠及民以副朕爱育黎元之至意将此通谕知之钦此

一嘉庆十六年山东省各属被水虫伤钦奉上谕将章丘等八州县所被水涸复收成歉薄各村荘本年漕米缓至来年秋后启征又全境均被虫灾之堂邑等七州县及历城等十八州县卫间被虫灾各村庄本年新粮漕米缓征十分之五俟来年秋后启征其所完一半漕粮先尽豆石缓征应征豆石之州县并准以小米黑豆通融完纳钦此

又临邑等十州县嘉庆十六年应征抵额耗豆续奉上谕随同正漕一例分别缓征及征米通融办理等因钦此所有各该州县卫本年应征漕项并历年未完漕项银两及临清德州等仓正耗银两暨上年缓征漕米一体奏明递缓征收以纾民力

一嘉庆十六年奉上谕被灾最重之江苏砀山县著加恩将应征地丁钱粮豁免三年其被灾较轻之萧县应征地丁钱粮豁免一年钦此嗣据江督咨准砀萧二县通境应征漕粮漕项各款查照被灾蠲免款目分别三年一年全行豁免已征十六年之钱粮准其留抵次年正赋

一江苏镇洋县绅士张懋勋等捐建庙基田地有闰之年应蠲漕项银一钱八分四厘漕粮漕项米六斗二合六勺无闰之年应蠲漕项银一钱八分一厘漕粮漕项米六斗三合嘉庆十五年为始照数豁除【嘉庆十七年】

一江苏武进县监生汤同仁等捐设义冢田地有闰之年应蠲漕项银三钱七分四厘漕粮漕项米一石一升二合七勺无闰之年应蠲漕项银三钱七分二厘漕粮漕项米一石一升四合八勺嘉庆十五年为始照数豁除【嘉庆十七年】

一江苏丹徒县沙潮减则田地应蠲漕项银一十两八钱六分漕粮漕项米六十一石六斗一升六合五勺遇闰增蠲银一钱六分嘉庆十四年为始照额减征【嘉庆十七年】

一江苏宝山县筑塘压占挖废田地应蠲折色银一百四十三两一钱七分四厘本色米二十七石三斗四升二合六勺豆一斗一升六勺遇闰增蠲银四钱八分米二斗五升一合三勺嘉庆十一年为始照数豁除【嘉庆十七年】

一嘉庆十七年奉上谕东省平阴等县卫所毗连灾地各村庄亦因雨泽未匀晚禾等项收成歉薄著加恩将应征新旧钱漕等项一并缓至来年秋后启征以纾民力其成熟村庄仍著照常征输至原报被旱之历城等五十州县及续报平阴等六处成熟村庄应征漕粮漕项有派征黑豆一项著准以小米黑豆通融完纳以便输将其未经被旱州县派征黑豆仍照旧征运又东省额征蓟米一项本年被旱各属缓征较多若将蓟粮一律分别征缓恐致兵糈短缺著先尽蓟粮征运其应缓之米统于漕米内核缓以敷应运兵米之数等因钦此

一江苏丹徒县减则沙潮田地应蠲漕项银四十五两七钱九分六厘漕粮漕项米二百六十石三斗一升九合七勺遇闰增蠲银六钱七分三厘嘉庆十七年为始照数豁除【嘉庆十八年】

一江苏宝山县筑塘压占挖废田地应蠲漕项银一十六两四钱七分三厘漕项米一十六石四斗六升二合一勺遇闰增蠲银一钱八分嘉庆十一年为始照数豁除【嘉庆十八年】

一江苏昭文县监生徐熊捐置义冢田地应蠲漕项银四钱三分八厘漕粮漕项米一石六斗六合七勺遇闰增蠲银六厘嘉庆十八年为始照数豁除【嘉庆十九年】

一江苏丹徒县坍没田地应蠲漕项银六两二钱二分漕粮漕项米二十九石八斗一升三合九勺遇闰增蠲银九分九厘嘉庆十八年为始照数豁除【嘉庆十九年】

一江苏丹徒县减则田地应蠲漕项银一十六两九钱三分三厘漕粮漕项米九十六石七升一合八勺遇闰增蠲银二钱四分九厘嘉庆十八年为始分别扣蠲【嘉庆十九年】

一江苏丹徒县坍没沙潮田亩应蠲漕项银一两二钱六分三厘漕粮漕项米七石一斗七升八合七勺遇闰增蠲银一分九厘嘉庆十八年为始照数豁除【嘉庆十九年】

一江苏丹徒县淹没沙潮田地应蠲漕项银一十二两九钱一分漕粮漕项米七十三石二斗四升五合二勺遇闰增蠲银一钱九分嘉庆十八年为始分别扣蠲【嘉庆十九年】

一江苏上海县移建营房公占田地有闰之年应蠲漕项银八分闰月银一厘漕粮漕项米二斗八升七合九勺

无闰之年应蠲漕项银八分漕粮漕项米二斗八升八合一勺嘉庆十七年起分别扣蠲【嘉庆十九年】

一江苏镇洋县绅士钱永熙等捐置义冢田地有闰之年应蠲漕项银九钱五分七厘闰月银一分三厘漕粮漕项米三石六升二合六勺无闰之年应蠲漕项银九钱五分七厘漕粮漕项米三石六升四合三勺嘉庆十七年为始照数豁除【嘉庆十九年】

一嘉庆十九年奉上谕本年东省雨水稍多晚谷豆禾间被虫蚀收成稍歉加恩著将间被虫伤济南等府属章丘等二十六州县带征十七年缓征钱漕及递缓历年旧欠并借领籽种仓谷等项概缓至二十年秋后按先后年分每年依次带征一年本年钱漕照常完纳此内章丘等十县成熟村庄及本年未经被虫而上年被旱缓征东昌等府属聊城等十八州县或收成稍歉或民气甫纾新旧并征民力未免拮据并著加恩于本年应征钱漕外再带征最远年分旧欠钱漕一年如最远年分并无旧欠漕米即于次远年分内带征旧漕一年所有十八年原缓钱漕及递缓各年旧欠银米并借领籽种仓谷均缓至三十年秋后递年依次带征一年又荷泽等四县上年被贼较甚难民复业未久所有本年应征漕粮及历年旧欠钱漕等项均缓至二十年秋后递年依次带征一年其濮州等八州县上年亦附近贼氛除本年漕粮仍照常征收外其历年旧欠钱漕及借领籽种仓谷等项一并照坐落州县一律办理至本年征收漕粮州县内漕项银两有随地方缓带者自难零星摘征应将该年随漕银两先于司库借领解支俟该年地丁启征归入正项解司报部等因钦此

一江苏丹徒县压废田地应蠲漕项银三两五钱九分漕粮漕项米一十三石一斗三升九合遇闰增蠲银六分三厘嘉庆十八年为始照数豁除【嘉庆十九年】

一嘉庆十九年奉上谕孙世昌奏清厘缓征一折朕轸念民依偶遇地方水旱成灾无不立沛恩施分别蠲缓其缓征一节原为小民生计艰难未能按期输纳是以量予展缓俾民力得以稍纾乃督抚藩司不能仰体朕意任听地方官辗转延压催征挪用迨届应征之期又复多方掩饰捏作民欠是官侵吏蚀恣饱欲壑使朝廷泽不下逮职此之由嗣后各省遇有被灾缓征处所该督抚一经接奉恩旨即饬知藩司勒限行知该州县誊黄晓示俾小民及早周知调藩司仍密行访查勿任不肖官吏得间舞弊倘有任意延搁私自催征者即严参究办至漕米令民赴仓完纳钱粮令民自封投柜本系定例务各实力奉行将里书粮班蠹吏等严行禁革以除积弊将此通谕知之钦此

一江宁等府州属嘉庆十九年秋被水旱成灾苏常二属起运白粮题准于熟田漕粮内拨办足额来岁征还

一河南省杞县睢州虞城孟县四州县积水沙压堤占柳占田地应蠲本色漕米二百六十四石三斗三升四合九勺漕项银一百一十四两三钱九分九厘嘉庆十七年为始照数豁除【嘉庆二十年】

一江苏太仓州绅士张步衡等捐置义冢田地有闰之年应蠲漕项银五钱三分闰月银七厘漕粮漕项米一石七斗五升二合八勺无闰之年应蠲漕项银五钱三分漕粮漕项米一石七斗五升三合八勺嘉庆二十年为始分别扣蠲【嘉庆二十一年】

一江苏宝山县筑塘挖废田地应蠲漕项银四两三钱九分五厘漕项米四石三斗九升二合一勺遇闰增蠲银四分八厘于嘉庆十九年奏销册内照数豁除【嘉庆二十一年】

一江苏丹徒县沙潮布芦田地应蠲漕项银一十六两六钱三分六厘漕粮漕项米九十四石三斗八升六合九勺遇闰增蠲银二钱四分四厘嘉庆十六年为始照数豁除【嘉庆二十一年】

一江苏吴江县职员徐达源等捐置义冢田地应蠲漕项银四钱六分五厘漕粮漕项米一石六斗二合一勺遇闰增蠲银六厘米五勺嘉庆二十年为始照数豁除【嘉庆二十二年】

一江苏丹徒县沙潮减则田地应蠲漕项银一十一两八厘漕粮漕项米六十二石四斗五升三合七勺遇闰增蠲银一钱六分二厘嘉庆二十三年为始分别扣蠲【嘉庆二十三年】

一江苏宝山县筑塘占废田亩应蠲漕项银三两七钱三厘漕粮漕项米三石七斗五勺遇闰增蠲银四分一厘嘉庆十九年为始照数豁除【嘉庆二十三年】

一嘉庆二十三年据安抚疏称前于十四年钦奉恩诏条款内开直省有坍没田地其虚粮仍相沿追纳者该地方官查明奏请豁免等因钦此所有安徽贵池县坍没田二十顷九十三亩八分二厘六毫应豁起存折色地漕等银二百六十六两七钱四分七厘本色米一百五十五石一斗二升九合三勺豆一十九石一斗一升二合一勺题准自嘉庆二十一年为始照额豁除

一嘉庆二十三年奉上谕嘉庆二十四年为朕六旬正寿宜先蠲除积逋俾小民户免追呼共享含哺之乐所有各省节年正耗民欠及因灾缓征带征银数著各督抚详晰查明按照该省所属之某州某县实欠在民银谷若干速行开单具奏以次降旨豁免并著先将此旨誊黄宣示城乡村镇咸使闻知俾官吏胥役无从影射侵欺以期膏泽下沛用副朕惠鲜怀保仁寿斯民至意该部即遵谕行钦此嗣据各省陆续奏到山东省民欠银三百五十六万六千八百六十二两零粮一十万六百一十三石九斗零河南省民欠银二百一十二万五千四百五十九两粮一十四万七百一十六石零江苏省民欠银四百六十九万二千九百六十八两零粮一百六万六千五百四十五石零安徽省民欠银四百五十五万五百四十两零粮四十五万八千九百七十九石零江西省民欠银十二万八千二十七两零浙江省民欠银七十万一千二百二两零粮一千八百七十八石湖北省民欠银一百六十七万九千一百三十八两零粮六万五千六百七十二石零湖南省民欠银七万六千七百九十三两零粮一十三万九千三百八十八石零一体钦遵豁免

一嘉庆二十四年奉上谕程国仁奏海丰县被潮地亩恳请展缓钱粮一折山东省海丰县境上年被海潮未成鹾废地亩本年复受海潮补种晚禾亦属失时若再催输粮赋民力恐有未逮著加恩将海丰县原缓二十三年旧欠钱粮展至二十五年秋后启征二十四年新粮及漕项临德等仓民佃正耗等项银两递缓至二十六年秋后启征钦此

一江苏宝山县筑塘占废田亩应蠲漕项银三两三钱三分三厘漕粮漕项米三石三斗二升七合六勺遇闰增蠲银三分七厘嘉庆二十二年为始照数豁除【嘉庆二十四年】

一嘉庆二十四年河南巡抚题准祥符荥泽安阳临漳封丘武陟原武阳武等八县沙压坍没地亩应蠲本色漕粮一千三百四十四石三斗四升七合一勺漕项银六百五十九两七钱二厘祥符荥泽等二县应蠲漕米节省耗羡银六两零一江苏元和县同仁堂捐置义冢田地有闰之年应蠲漕项银四钱五分九厘闰月银六厘漕粮漕项米一石六斗二合四勺无闰之年应蠲漕项银四钱五分九厘漕粮漕项米一石六斗三合九勺嘉庆二十三年为始照数豁除【嘉庆二十四年】

一嘉庆二十五年十月奉上谕山东省邹平等州县卫秋禾被水被雹应征新旧钱漕等项分别蠲缓至被水较轻应征新漕州县应行带征旧漕所需漕项银两如不及随漕带征先于司库借领以纾民力钦此

一山东省黄水淹及之齐东海丰章丘邹平郓城博兴在平博平等县并因汶河漫水淹之东平聊城等州县应征新旧钱粮分别缓征其例不缺额之蓟粮先尽征收统于大漕内核缓惠民馆陶思县临清夏津武城等州县抵额耗豆随同正漕并缓菏泽肥城聊城郓城等县钱漕有于停征之前完纳者照例抵作次年正赋【嘉庆二十五年】

一江苏元和县同仁堂两次捐置义冢田地自嘉庆二十三年为始豁除有闰之年漕项银六钱九分七厘漕粮漕项米二石四斗四合八勺无闰之年漕项银六钱八分八厘漕粮漕项米二石四斗七合二勺又自嘉庆二十四年为始豁除有闰之年漕项银六钱三分四厘漕粮漕项米二石一斗八升四勺无闰之年漕项银六钱二分五厘漕粮漕项米二石一斗八升二合五勺【嘉庆二十五年】

一江苏长洲县同仁堂捐置义冢田荡有闰之年应蠲漕项银一两九钱六分闰月银二分七厘漕粮漕项米七石三斗二升四合五勺无闰之年应蠲漕项银一两九钱六分漕粮漕项米七石三斗三升三合三勺嘉庆二十三年为始照数豁除【嘉庆二十五年】

一江苏宝山县筑塘估废并坍荒田地应蠲漕项银二两六钱五分漕粮漕项米二石六斗四升八合一勺遇闰增蠲银二分九厘嘉庆二十三年为始照数豁除【嘉庆二十五年】

一江苏镇洋县生监蒋洪等捐置义冢田地有闰之年应蠲漕项银五钱一厘闰月银六厘漕粮漕项米一石六斗五升三合九勺无闰之年应蠲漕项银五钱一厘漕粮漕项米一石六斗五升四合八勺嘉庆二十三年为始照数豁除【嘉庆二十五年】

一江苏川沙厅绅士沈宗勋等捐置义冢田地有闰之年应蠲漕项银八钱七分二厘闰月银九厘漕粮漕项米一石七斗四升六合九勺无闰之年应蠲漕项银八钱七分二厘漕粮漕项米一石七斗四升九合一勺嘉庆二十四年为始照数豁除【嘉庆二十五年】

一河南省宁陵睢州二州县嘉庆十八年睢汛漫口水冲沙压地亩宁陵县沙地额征漕米价银五十一两五钱

三分零睢州沙地额征漕米价银一百二十四两一钱零自嘉庆十八年为始照数豁除又宁陵睢州二州县豁免额征本色漕粮米豆二百一十九石五斗五升一合六勺漕项银一百二十六两九分五厘席片银九分五厘漕米节省耗羡银四两七钱六厘于嘉庆二十三年开除【嘉庆二十五年】

一江宁县监生程汉等捐置义冢屯田四十六亩一分六厘应豁折色起存等银六钱三分三厘米二石六斗九升二合随征加一津贴银三钱三分二厘嘉庆二十四年为始照数豁除【道光元年】

一江苏积功堂义冢田地长洲县有闰之年应蠲漕项银九钱三分九厘闰月银一分四厘漕粮漕项米三石一斗五升九合八勺无闰之年应蠲漕项银九钱三分九厘漕粮漕项米三石一斗六升三合六勺元和县有闰之年应蠲漕项银四钱八分二厘闰月银六厘漕粮漕项米一石六斗八升六合四勺无闰之年应蠲漕项银四钱八分二厘漕粮漕项米一石六斗八升八合吴县有闰之年应蠲漕项银八钱二分闰月银一分一厘漕粮漕项米二石七斗五升六合七勺无闰之年应蠲漕项银八钱二分漕粮漕项米二石七斗六升八合七勺嘉庆二十三年为始照数豁除【道光元年】

一江苏泰兴县沿江一带坍没民田四十九顷九十九亩五分二厘二毫应蠲正漕等银四百二十八两八钱二分一厘闰月银二两八钱四分九厘本色米一百二石八斗八升八合一勺月粮麦一十七石四斗九升七合合七勺嘉庆二十三年为始照数豁免【道光二年】

一江苏南汇县举人唐棣等捐置义冢田地有闰之年应蠲漕项银二两六分九厘闰月银二分漕粮漕项米五石九斗三升三勺无闰之年应蠲漕项银二两六分九厘漕粮漕项米五石九斗三升三合八勺嘉庆二十五年为始照数豁除【道光二年】

一江苏青浦县同仁堂捐置义冢田地应蠲漕项银五钱五分五厘漕粮漕项米二石一斗六升三合遇闰增蠲银四厘米三合嘉庆二十五年为始照数豁除【道光二年】

一江苏吴县监生罗源吉等捐置义冢田地有闰之年应蠲漕项银一两九钱六分二厘闰月银二分六厘漕粮漕项米六石八斗三升一合一勺无闰之年应蠲漕项银一两九钱六分二厘漕粮漕项米六石八斗六升七勺道光二年为始照数豁除【道光二年】

一道光三年奉上谕上年山东省恩县等州县被水被雹被虫业经分别蠲缓赈恤小民自已糊口有资惟念今春青黄不接之时民力仍不免拮据著加恩将恩县等州县本年上忙钱粮漕项临德等仓概行缓至秋后启征其被水勘不成灾之恩县等州县同先经秋雹复又被水之郯城等县并被水被虫之利津蒲台二县本年上忙钱粮漕项临德等仓概行缓至秋后启征德州等卫所及场灶各屯庄随同坐落州县一律办理内有因灾递缓嘉庆二十三四五等年及道光元年钱漕著再行展缓一年钦此

一江苏吴县境辖西华香山等处沿湖坍没田地有闰之年应蠲漕项银七十八两一钱五分九厘闰月银一两二分三厘漕粮漕项米二百七十二石一斗六升七合三勺无闰之年应蠲漕项银七十八两一钱五分九厘漕粮漕项米二百七十三石三斗四升七合六勺嘉庆二十四年为始照数豁除【道光三年】

一江苏华亭县坍没田地有闰之年应蠲漕项银二十七两八钱一分闰月银一钱八分六厘漕粮漕项米一百石一斗八合无闰之年应蠲漕项银二十七两八钱一分漕粮漕项米一百石二斗七升八合道光二年为始照数豁除【道光三年】

一道光三年奉旨户部奏查明山东省历年停缓钱漕等项数目请旨一折山东省频年灾歉民力拮据前据琦善奏请酌量调剂自系实在情形著加恩将该省嘉庆二十三年至道光二年未完缓征民欠钱漕等项均停缓二年以示朕格外施仁至意钦此

一江苏金山县坍没田地有闰之年应蠲漕项银二十五两五钱五分四厘闰月银二钱四分五厘漕粮漕项米八十石八斗六合一勺无闰之年应蠲漕项银二十五两五钱五分四厘漕粮漕项米八十石九斗四升五合一勺道光三年为始照数豁除【道光三年】

一江苏金山县坍没田地有闰之年应蠲漕项银二十二两二分九厘闰月银一钱五分八厘漕粮漕项米六十九石五斗七升五合七勺无闰之年应蠲漕项银二十二两二分九厘漕粮漕项米六十九石六斗九升五合三勺道光三年为始照数豁除【道光四年】

一江苏六合县坍没卫田应蠲屯漕银三两二钱五分三厘屯抚米十八石九斗二升八合九勺银米加一津贴银二两二钱一分八厘嘉庆十三年为始照额豁除【道光五年】

一江苏六合县坍没卫田应蠲屯漕钱二十一两四钱四分二厘屯抚米一百三十石八斗九升六合八勺银米加一津贴银十五两二钱三分四厘嘉庆十二年为始照数豁除【道光五年】

一江苏宝山县筑塘占废田亩应蠲漕项银二两七钱八分三厘漕粮漕项米二石七斗八升一合三勺有闰之年再蠲闰月银三分道光二年为始照数豁除【道光五年】

一江苏宝山县筑塘占废田亩应蠲漕项银一两三分二厘漕粮漕项米一石三升一合八勺有闰之年再蠲闰月银一分一厘道光二年为始照数豁除【道光五年】

一江苏宝山县筑塘占废坍荒田亩应蠲漕项银二两六钱漕粮漕项米二石五斗九升八勺有闰之年再蠲闰月银二分九厘道光二年为始照数豁除【道光五年】

一道光五年奉上谕山东省各属因夏秋后雨泽愆期及间被虫伤之区收成究属歉薄加恩将濮州等州县应征抵额耗豆缓征仍将摊缓耗豆脚价银两扣存司库俟带征之年再行支给又应征蓟粮一项照例于征漕州县内派拨留贮俟来年启征分别归还其征漕州县内豆石较多因被旱虫伤未能颗粒圆绽准其不拘米豆通融完纳等因钦此

一江苏六合县业户沈榛等坍没民赋田九十四亩六分四厘应蠲地漕银十一两八钱五分八厘遇闰增蠲银八钱三分一厘本色米二石一斗二升三合一勺遇闰增蠲米一升一合七勺并卫田三顷二十四亩五分七厘应蠲屯漕银三两二钱五分三厘屯抚米一十八石九斗二升八合九勺银米加一津贴银二两二钱一分八厘嘉庆十三年为始照额豁除【道光五年】

一江苏丹徒县开挖运河倾堆积土压废田地应蠲漕项银三十两三分七厘漕粮漕项米一百九石九斗三升六合五勺有闰之年再蠲闰月银五钱二分五厘道光六年为始照数豁除【道光六年】

一江苏宝山县日月成岁各图筑塘占废并塘外坍荒田亩应蠲折色银一百二十一两七钱二分九厘米二十三石二斗三升一合八勺豆九升四合遇闰增蠲银四钱八厘米二斗一升三合五勺道光五年为始照数豁除【道光六年】

一江苏清河县原报低洼田地六百九十七顷九亩零经江苏巡抚题准照新升水地科则起征计应留征银八百五十二两零实在减征银一千九百六十三两零闰月银六两零本色米麦七百二十六石零又续报低洼田三百九十九顷四十五亩零照新升水地科则起征计应留征银四百八十八两零实在减征银一千一百一十两零闰月银三两零本色米麦四百一十三石零均请自道光六年为始减则造报【道光六年】

一江苏阜宁县黄河南岸仁字九十两图原额钱粮地五十九顷六十八亩六分三厘因迤东地势淤高积潦之水由该处灌注历年收成歉薄江苏巡抚题请照山阳县划分牧马草厂科则共减征银二百八十五两八钱六分三厘闰月银九钱一分四厘米麦一百三十九石九斗九升六合八勺嘉庆二十一年为始分别减征【道光六年】

一江苏宝山县筑塘占废坍荒田地应蠲漕项银一十四两六厘漕粮漕项米一十三石九斗八升七合一勺有闰之年再蠲闰月银一钱五分三厘道光五年为始照数豁除【道光六年】

一道光七年奉上谕康绍镛奏醴陵等州县缓征漕项银米请分年带征一折湖南醴陵攸县茶陵三州县上年被水缓征钱漕应于本年秋后开征兹据该抚查明自前次被灾后一切修房治田需费甚多盖藏未能充裕本年秋收虽稔若将带征漕米同时全行并征为数较多著照所请除带征钱粮仍照案催征外所有该三州县带征上年被灾及歉收田亩南漕银米佳其分作道光七八两年秋后征收其醴陵县未经被水田亩应征银米仍令照数补征完纳钦此

一道光七年奉上谕嵩孚奏监利县挖压田亩应征漕米请暂缓派兑等语湖北监利县潘家等垸前因挽筑月堤挖压田地二百四十二顷四十六亩经该督饬属勘明实系节年坍压未能修复其各处升科田地节被水淹致未勘竣所有道光六年应征米二百九十五石二斗五升零并随征脚耗银米著仍准其照案暂缓派兑该部知道钦此

一江苏长洲吴县二县创建辅仁局捐置义冢田地长洲县有闰之年应蠲漕项银一钱八分三厘闰月银二厘漕粮漕项米六斗九升一合一勺无闰之年应蠲漕项银一钱八分三厘漕粮漕项米六斗九升二合吴县有闰之年

应蠲漕项银九钱一分九厘闰月银一分二厘漕粮漕项米三石一斗二升八合一勺无闰之年应蠲漕项银九钱一分九厘漕粮漕项米三石一斗四升一合九勺道光六年为始照数豁除【道光八年】

一江苏丹徒县坍荒沙芦田地应蠲漕项银四两六钱一分七厘漕粮漕项米二十六石六斗二升七合八勺有闰之年再蠲闰月银六分七厘道光六年为始照数豁除【道光八年】

一安徽无为州嘉庆二十二年添建月堤挖废民赋田一十二顷一十七亩零应豁地丁漕项等银四十七两五钱五分五厘耗银四两七钱五分五厘漕项赠贴等米一十二石四斗八升九勺道光五年为始照数豁除【道光八年】

一漕粮为天庾正供关系兵糈民食非灾伤过重不准率请蠲缓嗣后如有因灾过重奏请蠲缓漕粮者该督抚查照旧例确核情形于地丁折外另行具折不得与地丁笼统奏报并将州县区图村庄名目分晰开单候旨遵办如缺额较多仍令该督抚设法补足起运【道光二十六年】

一咸丰六年钦奉上谕御史钱以同奏请严禁官吏卖荒一折国家爱养黎元凡值水旱偏灾无不立沛恩施蠲缓钱漕地方官吏应如何秉公筹办以期实惠及民若如该御史所奏江苏省苏松等属州县每遇蠲缓之年书吏辄向业户索取钱文始为填注荒歉名为卖荒出钱者虽丰收亦得缓征不出钱者虽荒歉亦不获查办甚至不肖州县通同分肥以致开征时有抗欠闹漕等事玩法殃民实堪痛恨本年江苏被灾被伤地方除业经降旨分别蠲缓外其余各属尚在查勘著怡良赵德辙严禁前项情弊如有书差人等仍敢卖荒舞弊该州县不加查禁任令向应蠲应缓之户需索注荒使费者除将书差从重治罪外并将该州县严行参处其业户句通书吏以熟作荒朦混射利者一并严惩以清漕弊而纾民困钦此

一同治二年钦奉上谕节据曾国藩李鸿章等奏报克复松江府暨太仓州地方陈及该处百姓被贼残虐为数百年来所未有各厅州县田亩抛荒著名市镇悉成焦土虽穷乡僻壤亦复人烟寥落连阡累陌一片荆榛居民间有子遗颠连穷困之状有不能殚述者览奏情形曷胜悯恻因思苏松太三属地方为东南财赋之区繁庶甲于天下而赋额亦为天下最重比诸他省有多至一二十倍者良因沿袭前代官田租额且自宋明两代籍没诸田皆据租籍收粮所致嘉靖中又令各州县尽括境内官田民田分摊定额苏松等属田赋至比官田通额亦皆大有增加我朝顺治年间即经明奉圣谕以故明仇怨地方加粮甚重我朝何可踵行饬由地方详察具奏嗣于雍正乾隆年间叠奉恩旨以苏松浮粮施恩议减将苏州府额征银蠲免银三十万两松江府十五万两又江省粮额浮多之处加恩免征银二十万两仰见我祖宗轸念民艰至深且厚国家承平百余年来海内殷富江苏自乾隆年间办理全漕者数十年固由民力之充亦属民心之厚暨道光年间两次大水以后各州县每岁荒歉加恩蠲减遂成年例嗣是每年征收之数内除官田民力率得正额七八成或四五六成不等民力殆已难堪及至粤逆窜？该省焚烧杀掠民尽倒悬幸自上年官军克复松江本年克复太仓现方饬令统兵大臣等进取苏州救吾民于水火而各地方经贼荼毒雕瘵至极若不将各该府州属数百年浮粮积弊仰体列圣深仁厚泽大为核减无论民力断有不堪即使勉强减成输纳何以慰如伤之隐而施浩荡之仁且令官绅胥吏徒营中饱尤为弊之甚者亟宜因此时会痛加扫除所有苏州松江太仓三府州属粮额著两江总督曾国藩江苏巡抚李鸿章督饬司道设局分别查明各州县情形折衷议减总期与旧额本轻毋庸议减之常州镇江二府通融核计著为定额先自松太创行即以此后开征之年为始永远遵行不准再有官垫民欠名目苏州所属俟肃清后一体办理嗣后非大水旱成灾实在荒歉者并不准捏灾请缓请蠲至苏松漕弊尤莫如大小户等名目绅户把持州县浮收种种弊窦皆出其中著即永远禁革所有一切办理章程及应行裁革之浮收陋规包户等积弊均著该督抚悉心妥筹详细具奏务期上纾国用下恤民生变通尽利经久可行用副朝廷痌瘝在抱嘉惠斯民至意钦此

一同治四年钦奉上谕户部奏遵议江苏减免漕粮章程数目一折江苏苏松常镇太五属编征米二百二万余石原系汇同漕赠行月南恤局粮等款一串征收自应如李鸿章等所奏无分起运留支一体并减至以科则之重轻地土之饶瘠为减成之多寡办理亦尚妥协加恩著照所请苏州府属额编米豆八十七万七千五百六十四石零著减三十二万六千六百三十二石零松江府属额编米四十二万七千四百六十一石零著减十一万六千五百四十四石零太仓州属额编米豆十五万三千四百三十二石零著减四万二千八百七十七石零常州府属额编米三十五万五千九百八十石零著减三万五千五百九十八石零镇江府属额编米二十一万四千七百三十五石零著减

二万一千四百七十三石零统计原额编征米豆二百二万九千一百七十四石零共减米豆五十四万三千一百二十六石零仍应征米豆一百四十八万六千四十八石零著自本年为始照减定数目征收其各属派减米豆数内尚有留为沿海瘠区加减之数并著照章分别核派应减科则另行造报经此次派减后该督抚等务当督饬所属认真征解不准再有官垫民欠名目非实在旱潦为灾不准请蠲请缓如有捏报灾歉朦混呈报者即著严参惩办其把持浮收等弊并著永远革除以裕民生而重赋课该督即刊刻誊黄徧行晓谕务使实惠均沾毋任吏胥舞弊以副朝廷破格施恩至意钦此嗣于同治十二年署两江总督张树声奏请减丹徒县沙潮田地六万五千五百三十三亩零昔腴今瘠一律照该属芦岸地科则征收核计实减米四千四百六十余石等因经户部议覆奏准仍令该省查照向来漕南奏销各归各案办理现虽一体并减仍应划清款目务使漕南分算仍与三分减一十分减一之数各相符令【屯粮核减详屯田津租目内】

一同治四年钦奉上谕前因浙江迭遭兵燹小民流离失所谕令左宗棠将杭嘉湖三属应征漕粮税则查明各按重轻分成奏请减免嗣据奏请将杭嘉湖三属漕粮酌量核减经户部议覆统按原额于三十分中减去八分业经降旨允准兹据左宗棠马新贻奏称查明杭嘉湖三属漕粮除南粮并白粮春耗两款毋庸议减外杭州府九州县额征米十七万八千一百八十九石零拟减米二万五千七百三十五石零嘉兴府属七县额征米五十八万七千四百七十五石零拟减米十四万五千四百十六石零湖州府属除孝丰一县向不科米应免核减外其余六县额征米三十八万十四石零拟减米九万五千六百十三石零统计杭嘉湖三属共减米二十六万六千七百六十五石零等语加恩著照所请各按科则重轻分别上中下三则一律永远减免以纾民力自此次减免之后该督抚务当督饬各该州县按照奏定新章核实征收断不准有浮收抑勒等弊至大户包揽及一切陋规概行禁革以除积弊该督抚即刊刻誊黄徧行晓谕务使实惠及民用副朝廷轸念民艰至意余著照所议办理该部知道单并发钦此

一江苏沿海各属留派优减米一万五千二百余石据该督抚奏称常熟昭文嘉定奉贤金山上海南汇川沙太仓镇洋等十州厅县查明境内实在瘠薄声请派减既已按县核明分别重轻验派其优减米数通饬遵照自同治五年新漕为始核减征收【同治五年】

一嘉善县原丈缺田地二百三十九顷额征米四千六百一十三石八斗七升减漕案内减去米一千三百六十二石三斗尚应征米三千二百五十二石四斗四升八合八勺本议摊赔经浙江巡抚奏准因民力拮据一并永远豁除【同治八年】

卷七·漕粮额征·改折抵兑

一起运漕粮例不改折间有被灾地方准其暂时折解【议单旧本】

一灾伤地方应征漕粮及改折漕价当年不能完纳者酌量被灾轻重或全行缓征或缓一半或分作两年三年带征【议单旧本】

一凡漕粮遇灾其应征米石如本地米有不足准其籼米代抵或以粟米暂行改兑【议单旧本】

一漕粮改折之年百姓有先期完纳本色者准抵下年漕米仍于下年应征本色内照数扣征折色【顺治八年】

一漕折银两即应起解如该地方官有意延缓者应按分数查参【顺治八年】

一顺治八年题准河南省额解漕粮三十一万石除荒地免征外只实征米十万五千三百二十六石零俱系征纳本色其折银买兑原系民间权宜之计应照旧起解本色

一凡题准改折将各该府州县应行改折米设及酌定价值刊示晓谕使民得沾实惠不遵者指参【顺治九年】

一旧例灾伤改折地方于附近州县凑补原额起运顺治十年题定本地被灾改折粮额不必复于邻邑拨补

一江西省赣宁兵米三万五千六十四石原于赣宁【今改宁都直隶州】二县并南瑞临吉四府南米支给顺治十三年议请将赣宁两县运北漕米留给虔兵而以奉新靖安上高新昌峡江新喻等县解虔南米留省以抵赣宁二县漕粮其余不敷兵米将庐陵等县原派赣米改解折色每石折银一两零五分如米价太贱则听解本色米价太贵或增价或给米听抚镇会议至正米外赣县轻赍席木过江过湖淮安二升折银各款除荒地应蠲外实征银四百

五十三两零宁都县轻赍席木过江过湖淮安二升折银各款除荒地应蠲外实征银一千三百五十九两九钱一分零原系随漕批解粮道之银应照旧起解粮道以作各县抵漕之款至宁都耗米七百六十五石零赣县耗米二百五十四石零系自赣解省脚耗原非兑军之米今虽改兑免解省之遥仍有解赣水脚之用应仍作解费再查赣县每正副米一石又加耗费米一斗二升三合零耗费银九分八厘零宁都县每正副米一石又加耗费米三升三合零耗费银五分此远运艰难耗外之耗不在粮差额编之内应请蠲除再赣宁二县荒芜田土招徕开垦逐年升科之米均应改抵户部覆准宁都县漕米不解本省仍应解虔但路近于省其脚耗应留四分作为该县解费其六分作正支销赣县脚耗米石全数作正支销至耗外耗费银米查系全书附载仍应照数征解余均如议

一漕粮岁额四百万石顺治六年题定除旧例永折外不准改折惟高淳溧水二县淹没田亩粮多虚额于顺治十五年题准永折以苏民困他处不得援以为例

一漕粮内向有给军办运灰石米石后以停办灰石米仍运通顺治十七年题准永折银两征解户部听工部按年支取备办灰石应用

一漕粮遇有改折其随漕轻赍席木赠截等项银两例应照数征解【顺治十八年】

一起运漕粮正米一石例有耗米并给军行月赠耗等米如遇改折一例按照时价折征【顺治十八年】

一漕粮改折只许照价征收如仍借兑漕为名滥行科索者即行参处【顺治十八年】

一漕白各有定额或遇地土不宜亦准通融改征江南无为等州县向征红米于康熙十二年题请永征白米康熙十八年宿迁等县稻田冲决题准改征粟米起运

一豫省漕粮非江浙等省可比豫省不通舟楫远赴直隶大名府采买交兑给军耗费数倍正项康熙三十二年题请照旧永折奉旨河南漕粮停止民间采买者折征银两该抚身往直隶大名府所属地方照额购买亲验起运如有迟误将该抚从重治罪钦此

一凡漕粮遇灾旧例各按被灾分数轻则每石征本色六斗折色四斗重则每石征本色五斗折色五斗雍正年间江浙各府属被灾漕粮或全数折征或折征一半俱奉恩旨改折一漕粮折色例应按照时价征收顺治年间江南浙江江西山东等省每石征银一两四五钱及一两二钱不等康熙九年至雍正元年以后江浙各府属折漕价值每石征银一两二钱及一两不等惟山东额征粟米于雍正年间改折均照豫省例每石均以八钱折解

一各省漕粮例征本色惟豫省各府州县其间多以水次窎远运兑维艰额漕或折或征随时办理不一顺治年间照赋役全书每石编征银八钱官为买米起运康熙十六年因粟米价贱题准每石于八钱内节省银一钱五分解部余银六钱五分办运康熙五十八年议准河北附近水次之彰卫怀三府及开封府属之阳武封丘原武等三县令民间每石上纳节省银一钱五分其余六钱五分即征本色起运共米九万九千二百八十八石零其不近水次之归德河南等府并汝州及开封府属之祥符等各州县额征正耗漕仓等米共一十五万二百一十二石零折征银两交粮道采买起运雍正六年奏准豫省归德等府漕粮每于河北三府州县分买部价不敷渐至病民累官请复旧例各征各漕将去水次稍远之开封府属祥符等县及归德河南所属州县并陈州【时未改府犹隶开封府属】许陕【今改为直隶州】禹郑【今隶开封】五州属县各照旧制征收本色内黄浚滑三县昔在直隶省虽未办漕均系临近运河已准部议应征本色其开封府属之仪封县【今改厅】归德府属之考城县虽于运河稍远然系临水次今不近水次之州县既一体办漕则仪封考城两县应与内黄浚滑三县概行增办本色至离水次最远之灵宝阌乡二县额征漕米过多难以办运每县酌减米二千石再南阳汝宁二府属并河南府所属之嵩县卢氏【此邑今改隶陕州】永宁三县及光汝二州并属县皆路远难运额征漕米行粮连灵阌二县酌减米石共一万五千六十二石五斗零俱应免其办解请分拨内黄等五县协办浚县五千石滑县五千石内黄县三千五百石仪封县九百石考城县六百六十二石五斗零庶几改远就近轻而易举并于该五县地丁银内扣除完纳漕米照部价每石八钱以六钱五分办运节省一钱五分照例征解粮道补项此节省耗羡亦即随解粮道以为给发各属运米脚费其南阳汝宁二府属并河南府属卢氏等三县光汝二州并所属以及灵阌二县所有每石折征之六钱五分俱令解司以抵浚滑等五县所除地丁之数即自雍正六年为始

一江苏之通州漕粮就近支给狼山镇兵米将附近水次州县南米改抵通州漕粮起运【雍正七年】

一漕粮向不征豆雍正十年题准将东豫二省额征粟米内改征黑豆各五万石运通雍正十一年又将东省按

年改运二万石其一应起卸俱照漕例办理

一江苏山阳宝应高邮甘泉江都盐城阜宁等七州县漕粮例征本色乾隆二年因淮扬一带冬季挑河筑坝舟楫难通民间输漕须用陆运未免竭蹷钦奉上谕改征折色每石折银一两以纾民力钦此

一乾隆二年题准豫省额运粟米内再改征黑豆二万石东省粟米内再改征黑豆四万石

一豫省临漳县向例每亩派征米豆一升四合零较他邑独多乾隆元年题准照依附近水次之汤阴县每亩征米豆八合九勺零减征米豆折银解部嗣因黑豆为八旗喂马所需不便缺少乾隆二年题准将黑豆统作米数折征解部应需黑豆仍于应征本色漕米内改征运通

一江苏扬通苏常镇太等六府州属额征麦石向系分款另征给丁行月二粮遇有余剩每石定价五钱易银解部因各属产麦稀少买交不便乾隆二年题准改征米一石随漕交纳给丁余剩每石易银九钱造报

一州县漕粮原额田地向有荒缺凡遇报垦升科米石于漕粮正耗米内加入升科兑运如无荒缺漕粮足额遇有升科米石俱解司充饷倘有惧将足漕州县升科应行解司米石造入漕项奏销者题准改征【乾隆二年】

一江苏嘉定宝山二县额征漕米例系永折乾隆二年因白粮裁减改征漕米四千九百二十六石题准照数起运

一江苏通州额漕雍正七年题准兑给狼山营兵米并无起运漕粮乾隆二年昭文县薛家沙地划归通州管辖应征漕米三百八石零因交旗丁兑运未便题准留充兵饷其应运漕米在于昭文县漕米内改抵征运

一江苏海州赣榆二州县漕粮向征本色兑运乾隆二年题准海州正兑米每石折银九钱五分一厘三毫零改兑米每石折银八钱五分一厘三毫零赣榆县正改兑米每石一例折银七钱令民折价交官买兑

一江浙二省向征白粮二十二万石乾隆二年钦奉上谕白粮改征漕米十二万石仍征白粮十万石钦此

一江西宁都县【今改直隶州】距省稍远兑运维艰原额漕粮于顺治三年题定留抵兵米将奉新等县兵米解省抵作漕粮乾隆三年题定续升漕粮均于赣县兵米内一例兑抵宁都漕米解抵赣县兵粮其耗米令宁邑照例扣征移解赣县为兑漕之费其余运费令赣县照派定漕粮款则征收

一湖南平江县漕粮向征本色兑运乾隆三年以该邑相隔水次遥远官民供办艰难题准折征每石价银七钱七分三厘零分发衡湘二县各半买运嗣因衡湘二属米价昂贵代买官多赔累乾隆四年题准仍照旧例运交本色

一江苏淮扬徐州等属漕粮例征本色兑运海赣二州县漕粮折征购运乾隆四年因被水歉收钦奉上谕各属被水勘不成灾之处本年应纳漕粮并上年缓征之漕粮俱准折色每石折银一两起解免其购运赣邑未被水之熟田应征漕粮一并改征折色钦此

一江苏海州频年遭水乾隆五年又间有虫灾钦奉上谕应征粟米一种照部定价值准交折色钦此

一江西省泸溪县漕粮向征本色兑运因该县山路崎岖挽运维艰乾隆二年题准折征价银令该县赴省买兑原定折价每石六钱加以征收脚耗银米计共七钱二分六厘乾隆五年因不敷采买题准每石折银八钱嗣据该抚以泸邑米价每石八钱尚属不敷乾隆七年复经题准于每年八月借动司库存公银两给发该县及时采买按照买价征银还项一江苏海赣二州县漕粮折征价值以时价贵贱不同采买恐致掣肘乾隆七年题准照依江西泸邑之例办理

一江苏嘉定宝山二县应输漕白米石向系折征官为采办因每年十月定价派征至十二月采买时价长落不一难免盈缩参差乾隆八年题准照依江西泸邑之例办理

一山东附近青州州县粟米征运青州支放兵粮其改征黑豆州县仍征粟米兑运将扣存兵米价银采买黑豆运通所需运青不敷脚价以及随漕帮贴等费统于米折银内动给【乾隆八年】

一湖北安陆府属荆门沔阳天门潜江四州县漕粮向例运省水次交兑计程六七百里挽运维艰盘拨多费其黄州府属之黄冈等六州县每年有解交荆仓兵粮米石计程千数百里挽运尤难乾隆十年题准彼此抵兑以省上下运拨繁费约抵兑米二万一千一百余石共节省水脚银一千七百余两解司充公至给丁截贴解荆耗米修仓等费仍令各该州县于应征水脚银内自行给发

一额漕向不征麦乾隆十一年遵旨题准将豫省祥符等四十州县额征粟米内改征小麦一万石随漕运通仓场转运内务府应用至运赴水次脚价仍照漕例于节省银内动给一安徽省宁国旌德太平英山四县漕粮乾隆十

四年奏准照海赣二州县之例办理每年开征时确访时价先动司库匣费银两及时购买兑运按照买价征银还项

一豫省永城等十九州县有额征粟米二万九千余石每石八钱折征采买兑运嗣因购买维艰乾隆五年题准将永城等州县采办米石于祥符等州县征解以祥符等州县应征之豆令永城等州县采买乾隆九年因改征黑豆加增题准将永城等州县购办之豆不必于祥符等州县改征粟米即令照数征豆起运嗣因豆价昂贵艰于采买乾隆十六年奏准永城等州县应买之豆改派安阳等二十四县征运于地丁银内减除即将永城等州县折征银两抵补

一湖北通山当阳二县漕粮向因僻处山陬不通舟楫每正米一石折征银一两加耗米一斗折征银一钱水脚银一钱五分官为采买起运嗣因米价昂贵不敷采办乾隆十六年题准照江西泸邑之例每年开征时确访时价先动道库随漕银两及时采买兑运按照买价征银还项嗣因米价愈昂里民完纳维艰乾隆十七年题准将该二县额漕分洒各帮带运免征耗米水脚以纾民力

一额漕向不征豆雍正十年十一年并乾隆二年九年先后题准于东省额征粟米内共改征黑豆十一万石豫省额征粟米内共改征黑豆九万九千三百五十六石六斗零运供应用一应起卸俱照漕例遵行乾隆十六年题准于东省粟米内再改征黑豆三万石豫省粟米内再改征黑豆二万石嗣因东豫二省运通粟米不敷支放兵饷京仓黑豆充盈乾隆十八年奏准豫省改征豆内仍改征粟米五万九千六百九十八石零东省改征豆内仍改征粟米七万石

一山东利津县额征漕粮润耗米石向系改拨运青以作满营兵粮其应运米石于平原县改征黑豆内仍征粟米运通其平原县不敷运通豆石在临邑等县漕耗豆内拨抵仍将平原县所领漕耗豆价银两抵还临邑等县以为办漕等项之费乾隆十八等年利津县潮淹沙压地亩豁免漕粮润耗等米四十五石二斗九升九合一勺在于附近青州之章丘县润耗米内照数运青该县应需润耗米石在于德州漕耗米内就近拨抵交军其平原县应领漕项豆价银两以及利津县应扣运脚津贴等项银两即令德州具领以作办漕之费

一豫省商丘永城夏邑等三县有堤压河占等地粮无所出乾隆十九年题准豁免本色漕米价银八钱九分二厘改折漕米价银八两七钱五分九厘零

一江苏所属州县漕粮例征本色乾隆二十年因雨水过多田禾被淹秋后又有虫灾钦奉上谕将灾地应征漕粮改征折色以纾民力钦此

一江苏京口驻防兵粮例系截留镇属漕粮全年支给本色乾隆二十二年奏准减支四个月改拨江宁驻防兵粮之用其京口所减漕米仍行起运江宁所需米石即就近在上元江宁二县起运漕粮内照数改支

一湖南衡阳县原征漕粮正耗等项米二万一千六百九十三石九斗八升闲丁银一十两二钱乾隆二十二年拨归清泉县漕粮正耗等项米一万一百七十二石五斗六升闲丁银五两五钱六分

一浙江孝丰县额征月粮内于顺治十二年改征本色米一千七百五十八石八斗九升零后仍请改折详定每石折银一两二钱而奏销册内仍以本色造报乾隆二十五年奏准更正又富阳新城二县俱系地居偏僻零星小户输纳本色均有未便奏请同于潜昌化二县之小户一体民折官办又临安于潜昌化三县每年额征漕粮每石折银五钱该县办买交兑自康熙年间因折价不敷已令粮户自行买米输纳惟于潜昌化二县零星小户仍于每年十月定价详征官为办兑奏销册内仍开收　银买米字样

一江苏清河桃源沭阳宿迁四县地不产米漕粮买运维艰于乾隆二十六年题准官为采办民纳折价于秋成时确访产地实价详明核定赴司领银采买定限十月内买足十一月内兑运取具该四县并产米州县印结该管道府州核实加结详报应完银数出示征收于次年二月全完解司不许浮冒价平之年据实开报稍贵之岁所需价脚总不得过二两之数如有浮开多征情弊即将该县并产米出结之州县及朦胧加结之上司等分别查参办理

一乾隆二十六年豫省未被灾州县额征黑豆改征粟米以资粜借又钦奉谕旨豫省本年应解内务府麦一万石暂停运解所有内务府明年应需麦石暂令自行采买应用钦此一江苏山阳县额运漕粮于乾隆二十七年划归清河县本色漕米七百七石一斗六升九合七勺

一乾隆二十四年户部奏准豫东二省应征粟米一十二万余石改征黑豆于庚辰年运通交纳又乾隆二十九年核计仓存黑豆过多将该二省运通黑豆仍征粟米于乾隆三十年为始运通交纳

卷八·漕粮额征·改折抵兑

一江南驻防官员俸米例系分编长洲等州县乾隆二十九年奏准在驻防同城之上元江宁二县起运漕五米内改拨支放其长洲等州县原编俸米改征漕五归并起运

一山东河南二省运通粟米内每年拨出米五万七千石改运蓟州备用乾隆三十年奏准停其运蓟改征折色是年钦奉上谕此项米石毋庸改折仍照数收兑本色存贮水次地方作为该省常平之用钦此

一苏州织造衙门局匠口粮米石例系在吴江等州县编征乾隆三十年奏准在于长元吴三县额征漕五米内均匀改编解交支放其吴江等州县原编局米尽数归漕分别起运一山东省改折蓟粮一半米二万八千五百石钦奉上谕仍征本色留贮备用自应于历城等六十四州县漕粮内按石均摊其停运蓟粮应裁船只按各该帮应兑州县粮数照例裁汰【乾隆三十一年】

一东省蓟粮改折裁汰丁船润耗本色别无动用请一体留贮备用其随正征收一五漕耗除遵截留例按每石动给州县修仓铺垫纸笔饭食等米三升五合外下剩每石一斗一升五合亦请一并留贮备用【乾隆三十一年】

一山东省蓟粮改折裁船行月米石照仓项之例按数附搭运通【乾隆三十一年】

一东省改折蓟粮仍征本色留贮备用米石未用轻赍本折席片脚价盘费并裁船岁修行月折色津租以及应裁蓟弁俸工养廉等项银两催解道库委官汇解直隶藩库添补蓟粮改支折色之用【乾隆三十一年】

一山东改折蓟粮案内闰月本折并非年年征解之项请照旧遇闰之年照数征收办理【乾隆三十一年】

一河南省改派一半蓟粮二万八千五百石再加润耗行月共米三万二百六十一石六斗八升零俱已征完不及改办折色请照数存贮变价乾隆三十年奉上谕存贮水次地方仓内作为常平协济邻省之用毋庸变价嗣后仍征本色钦此随奏准分派汲县新乡浚县汤阴内黄安阳临漳淇县滑县辉县获嘉修武武陟等县收贮惟林县武安涉县河内济源孟县温县等邑离水次二三百里不等应分拨汤阴汲县新乡浚县等处通融收贮粜借易谷所有应解蓟粮折价照每石原价连节省银八钱之数在于解部漕项银内动拨同裁减各费解交直隶藩库支放其原价八钱连裁减各项钱粮仅只一两二钱有零不敷折给请于裁减蓟州转运脚价耗费银内通盘筹补以足原奏一两八钱之数

一苏州织造衙门局匠口粮一万七百九十一石一斗三升二合遇闰加增米八百九十八石八斗三升五合自乾隆三十年为始于长洲元和吴县漕五米内改编支给其吴江震泽常熟昭文昆山新阳华亭奉贤娄县金山上海南汇青浦太仓镇海原编局米改为漕粮正耗五米起运

一乾隆三十四年仓场具奏乾隆十八年户部议覆仓场侍郎鹤年等以京仓黑豆充盈将豫东二省应运黑豆内酌半改征粟米十二万余石嗣于乾隆二十四年户部议以八旗增拴马匹需豆较多仍将豫东二省改征之粟米照旧征收黑豆迨至乾隆二十九年京仓黑豆存贮至六十四万余石恐致陈积又经户部奏准将豫东二省应征豆内复征粟米十二万九千余石各在案是历来随时酌量粟米黑豆之多寡改征办理今京仓存贮黑豆只存八万余石现存粟米及明岁运通粟米共计一百余万石将豫东二省改征粟米十二万余石照例仍征黑豆又于乾隆三十七年户部奏准将豫东二省三十五年续改豆十二万余石自三十八年为始仍征粟米起运

一江苏阜宁县产米甚少额征漕南等米麦九千五百五十石零请照清河等县之例一体民折官办采买脚价等项悉照成例办理【乾隆三十六年】

一山东省清平县原改豆二千五百四十五石仍行征豆续改豆三千石仍令征米其缺额豆石于济阳县应征粟米内照数改豆以归豆额【乾隆三十七年】

一江苏海州赣榆清河桃源宿迁沭阳阜宁七州县民折官办漕粮无论时价低昂概照二两定价于十月开征次年二月扫数全完如买价较所征之数核有盈余留为歉岁调剂拨补【乾隆三十七年】

一湖北通山当阳二县应采买漕粮一千七百六十二石零改以江夏嘉鱼等七县每年余剩漕耗米一千七百八十九石零作抵其通当二县应征折价酌定每石征银一两四钱五分永为定额共计每年改征银二千五百五十五两零按限征解粮储道库内有岁解漕廉各项银一百十六两零即于征解银内由道支给尚实存银二千四百三十八两零移司另款存贮查明派拨漕耗七县粮价平减分发买谷附入常平仓额盈余存贮司库【乾隆四十一年】

一湖北通城县溪河百有余里额征漕粮正耗等米三千六百四十二石远雇小船运送工费人劳奏准将附近水次之武昌等州县余剩漕耗米石拨出兑运又该县南粮项下无闰之年归漕米八百四十余石有闰之年归漕米三百九十余石在于汉阳等县余剩南耗米内按数抵兑运通其通城县漕粮照通山等县之例每石一两四钱五分折征报解至该县应运漕粮原征水脚项下应给养廉等项杂费照旧支销余剩水脚并漕粮正耗折征银两移解藩库报部【乾隆四十六年】

一湖北武昌县额征南米六千八百十四石零旧解荆州供支满营兵粮嗣因运道较远奏准将路近荆州之沔阳州漕粮四千二百石并湖南巴陵等县漕米二千六百十四石零划交荆仓武昌县南米即令顺交南北各漕船就便抵兑今武昌县秋禾被灾例蠲一分南米仅数百石尚有应征六千余石请以二千六百十四石零先交湖南漕船其湖南巴陵等县漕米亦令照额解荆毋庸另议至沔阳州应解荆州之抵南漕米四千二百石奏准照武昌县灾免之数扣留先给北省漕船兑运武昌县蠲免之米另以折色补给荆州满营兵食又武昌县耗米内应代通城县抵交湖南漕船米二百七十二石不敷拨抵应请将黄冈县拨剩南粮耗米十四石零代通城县先交湖南漕船不敷之数仍于武昌县找兑【乾隆四十六年】

一户部具奏乾隆四十四四十六等年轮免豫东二省并奉天省米豆之年存仓豆石不敷支放请将豫东二省三十七年续改十二万余石之粟米自四十六年为始仍改征黑豆运京嗣因仓存豆石充裕恐致霉变议将续改豆十二万石奏准自五十年为始仍征粟米起运【乾隆四十五四十九等年】

一江苏省清河阜宁桃源宿迁海州沭阳赣榆七州县民折官办漕粮因近年米价增昂每石原定价银二两不敷采买奏准照嘉定宝山二县之例按产米时价于十月内先于司库领银采办兑运漕米照上米兵米行月照中米购办连例销牙用运脚一并于十一月内按户摊征限次年二月以前征完解司归款【乾隆五十一年】

一山东淄川新城二县漕米派拨青州驻防兵粮其不敷米于章丘齐东济阳等县蓟米内拨补至淄新二县漕米原额以平原陵县漕豆改抵平陵二县豆额以高唐堂邑临清耗豆及平原耗米改豆抵补【乾隆五十一年】

一豫省乾隆五十二年分额征正耗粟米十二万五百九十二石一斗五升零奏准按十分之三改征麦三万六千一百七十八石八斗四升零

一东省额征粟米奉文按十分之一改征麦二万余石因各属麦收有限奏明毋庸改征【乾隆五十三年】

一河南考城县归并睢州地亩因新滩减则实余熟地一十三顷三十六亩零应办漕米仍令照数征收在于地丁银内扣出办运每石征银八钱官为采办【乾隆五十四年】

一湖北省崇阳通城二县应征漕米民间收获在六七月间即责令上紧征输势难于水盛之前赶运到省请仿照从前抵兑之案将二县漕粮五千九百八十四石零拨作荆州南米以下游之蕲州等州县解荆南米就近兑交旗船划抵崇阳通城二县应运漕额可免挽运之劳而丁船受兑开行亦不致稽迟守候【乾隆五十四年】

一豫东二省黑豆改征粟米十二万石自乾隆五十五年为始仍征黑豆起运计豫省应征豆五万九千六百九十八石三斗七升二合九勺内洧川等县原征粟米因改征麦石致有不敷于新乡等县粟米内改征【乾隆五十四等年】

一江南淮安头二两帮应纳屯粮例系各丁应支月粮内扣抵今该卫坐落安东县冲汕坑缺屯田自嘉庆元年为始减去银一千一十二两一钱七厘米麦豆四百六十石八斗六合八勺实编征抵兑米麦豆五百六十石二斗九升八合五勺按船均派每船应完屯粮五石五斗四升七合四勺在于岁支月粮内扣抵不征不给如遇蠲缓之年在于划抵米内补给济运又该两帮例与泗州前后两帮轮兑苏常淮三属漕粮至轮免常淮二属漕粮之年向有单外余船并无应支行月粮石可抵轮减旗丁应抵屯粮在于单派丁内摊派抵兑单外减丁自行算还其尾零粮石由该卫捐银批解【嘉庆五年】

一嘉庆八年钦奉上谕山东东阿等十三州县本年豆禾布种较迟所有额征带征豆共二万三千一百六十五石零著加恩准其改征粟米又泰安等十六县带征七年豆共二万九千四百九十五石零亦著加恩准其一体改米抵征俟下年仍照旧额征豆再本年应买一半之截漕米石应买豆一万七千余石并著先以粟米买补来岁再多买豆石以符原额等因钦此

一江苏泰兴县漕征等米奏准改为民折官办饬令地方官于秋成后确访产米最多之州县领价采买用过价

值按数征收原兑该县漕粮之扬州二帮移泊甘泉县邵伯镇地方受兑【嘉庆九年】

一湖北通山当阳二县漕粮向系征收折色解道移司买谷其应运通本色米石历系派拨江夏嘉鱼汉阳黄陂孝感云梦应城等七县余漕耗米代兑嘉庆十年通山县带征元二七等年漕米因孝感等县元二七等年漕粮耗米已全豁半豁不敷代兑即于下游各属黄冈武昌蕲水蕲州大冶广济兴国黄梅等州县带征余剩漕耗项下分别酌拨以足代兑通山县之数交帮洒带例不支给截贴银米所需代兑挑脚等项饬令先行垫给俟通山县完解带征漕米折银动支给还至动拨前项米石于带征漕粮脚耗册内报销毋庸另筹还款

一嘉庆十一年河南巡抚咨该省白麦一项遇有灾缓在于不被灾之处应征粟米内改征起运其缓征白麦俟起征之时征收粟米补额嘉庆四年睢州缓征白麦均各照此办理今嘉庆十年缓征白麦自应仿照成案在于粟米内照数改征其缓征白麦亦照成案俟起征之日征收粟米等因经户部覆准行令造入漕项奏销案内题报查核

一湖北崇阳通城二县漕米前因溪河浅滩挽运维艰不能赶赴冬兑冬开之限于乾隆五十四年奏准改解荆仓以供兵食将下游之兴国等州县应解京仓南米抵兑北漕嘉庆十二年被旱歉收漕粮分年带征曾经咨部毋庸抵兑俟届限征收崇通二县自行兑交旗船带运嗣又奏准该二县地处山僻溪河一线深冬水涸挽运维艰将带征漕米援照正漕抵兑成案仍于下游兴国州应解南粮互相抵兑以免迟误

一湖北通山当阳二县漕粮向系征收折色解道移司买谷另派江夏嘉鱼汉阳黄陂孝感云梦应城等七县余漕耗米代兑运通嘉庆十二年江夏等七县漕粮耗米已随正漕缓征无米代兑俟带征耗米随同正漕分年代兑至通当二县所征漕折银两仍令先行解道移司买谷以裕仓储

一湖北随漕钱粮奉文缓征不敷支用由该抚奏明动项济运俟带征银粮归补借项如有急公先完银两即行提还借款及报部拨用【嘉庆十二年】

一江南寿春镇标中左右暨亳州等四营驻札凤颍等属地方应需本色兵米向于无为等属应解余米内拨解因水陆程途均多遥远每有稽迟诒误及州县赔累运脚于嘉庆十二年奏准将鳳颍等属漕米就近留作兵粮无为等州县兵米还作漕米所有寿亳等营应需本色米五千九百五十九石八斗内除原支寿州等州县米麦五百五十二石六斗三升仍就近坐支毋庸改漕外尚应支米五千四百七石一斗七升拨留寿州等州县漕米皆令坐支各该属本泛兵粮将无为和州等州县原编兵米五千四百七石一斗七升还作漕米搭运通仓以符漕额

一江南徐州镇中营城守二营并萧营岁需夏秋二季本色兵米连闰牵算每歲共约估米二千九百五十七石零向例前赴淮安等处支领由黄河冒险运回往返需时于嘉庆十一年奏准改拨铜山萧县二县粟米正赠并拨各归就近支给所拨粟米以江宁府属编解行月抚米一千二百二十石零改作漕粮起运尚不敷米一千七百三十六石零于句容等县南抚凤等米内动拨共符应还正赠之款又各该营续添兵丁应需米四百六十五石于嘉庆十三年题明一并动拨铜萧二县粟米在于长洲县南米内改编归漕起运

一江南大河卫应纳屯粮例系在于本卫月粮内抵兑嘉庆十二十三两年秋禾被灾减运丁船并无月粮可抵应派蠲缓粮米咨准于卫仓找征项下扣除蠲缓其现运免雇等船应蠲缓粮米在于江安粮道划抵米内照数派支

一江南铜萧二县漕粮改抵兵粮以上元等县南凤等米改漕起运因江兴等帮均在淮南程途较远若照徐属之例升兑升交不敷赔累准其照各本县加耗米数即于改漕米内划出正兑加四改兑加三耗米以符旧制【嘉庆十五年】

一嘉庆十六年山东巡抚同兴奏山东漕粮内有应行改征麦石十分之一向有定款本年自春至夏雨泽愆期麦收歉薄若仍照常年派征民间现存之麦俱属颗粒细小不堪交兑势须另买完纳于民情实有未便请照乾隆五十九年之案准将本年应征麦石暂行征收粟米以免卖米易麦之艰俟来岁麦收丰稔仍照旧征麦运兑以符定额等因奉朱批照所请行户部知道钦此

一湖北省崇阳通城荆门沔阳江陵公安石首潜江天门江陵监利等州县漕米均应解赴汉次漕船交兑该州县地处上游距兑漕水次较远先经小河复历大江挽运不易恐误兑期经湖北巡抚咨准与下游武昌兴国蕲水蕲州广济罗田等州县解京南米互相抵兑各就附近水次解交余剩南粮仍令径解京仓节省水脚银两报解充公其给旗截贴银米及南粮鼠耗狼撤修仓铺垫驼脚背夫并挑运脚价分别造报核销【嘉庆十八年奏准】

一嘉庆十八年奏准山东省历城等二十五州县麦收歉薄应征麦石暂行改征粟米

一安徽宁国旌德太平英山四县漕粮每年于开征时司道确访时价先动公项银两给发购买嘉庆十八年户部行令将该四县民折官办漕价查照桃源等州县采买漕价按年造册报销

一江南省海州扬州二营添兵五百名该支本色米九百石于海州江都甘泉等州县漕粮正耗赠米内就近支放以丹阳山阳江宁怀宁桐城潜山等县南米及和州屯米内改漕起运以符漕粮内正耗赠米之数解剩席赠等银解道报部【嘉庆十九年】

一嘉庆十九年奏准豫省黑豆收获短少所有额征黑豆一十五万五千九百五十石零暂行改征粟米一半其余一半照常征收

一江南省徐州镇标营新添兵丁岁支兵粮于铜山萧县二县起运粟米内增编支给从嘉庆二十四年为始在于娄县南米内按数划出归入该县漕粮分别起运席赠银米由苏道按粮支给给丁晒扬耗米照例折价收买至铜萧二县原编席赠等银裁存报拨负重一款毋庸支给又漕费钱文易银报拨其娄县原编南米项下随收漕费钱文饬令解道充公【嘉庆二十五年】

一海扬二营添兵案内海州江都甘泉三属起运漕粮内划出米九百石就近支放兵粮以丹阳山阳江宁和州怀宁桐城潜山七州县南屯米石照数改漕起运仍照海州及江甘二县漕米原征正兑加三改兑加二五令江兴等帮搭运支给负重晒扬银米并于道库按正改兑正米每石给席片银八毫五丝又正改兑正耗除去收买晒扬耗米按兑运正耗每石给赠银五分其江宁等县每石兑费钱四十八文和州等州县正赠每石耗米一斗及耗米项下每石给耗五升均向不入册报销不准支给【道光元年等年】

一安徽省宁国旌德太平三县民折官办漕粮于道光四年为始每年就附近产米地方按照时价于司库正项内请领银两漕米照上米行月照中米购办兑运其运脚确计道里支给将米价及耗费运脚等项一并按米计算核明每石应输若干先行给银采买以十一月为限出示晓谕按数起征傥有浮收立即参办次年二月征完还款如逾限未解即将经征接征各职名分数随同丁地钱粮奏销时另册开参按照未完分数议处

一道光六年山东省历城等二十七州县麦收歉薄不堪兑运奏准暂行改征粟米嗣后照旧征麦兑运

一道光六年豫省惟南汝光等属麦收丰稔其余有漕之五十三州县因夏间被旱二麦颗粒未能饱绽民间存贮无多经豫抚奏准除应征白麦照旧征收外所有本年应征并带征各年漕麦暂行改征粟米嗣后照常征收麦石不得援此为例

一每岁运通粟米不敷支放而豆石积有盈余道光六年河南巡抚奏准将本年豫漕项下应征正改兑正耗豆一十一万二千二百九十余石内改征粟米十分之二道光七年据该抚奏准仍照上年改征粟米十分之二运通交兑

一道光七年山东巡抚奏准各属额征黑豆一十三万九千余石酌以二成改征粟米道光八年复经该抚奏准仍照上年按二成改征粟米起运

一咸丰七年十月十一日钦奉上谕英桂奏漕粮应征粟米请酌量改征小麦一折河南漕粮应征粟米本年间有被旱受伤之处若令照常征收未能一律圆净准其酌量改征小麦数成仍照定额兑运以昭核实该部知道钦此

一安徽新设龙山营马步守兵八百名应支兵米一千四百四十石两江总督等奏请在附近之涡阳县漕粮内拨给即以阜宁沭阳宿迁等县永折漕粮项下节省月粮如数解还经户部议准令江安粮道将划拨节省月粮按年及早解皖年清年款随时报部【同治十年】

卷八·漕粮额征·变通折征

自咸丰初年运道梗阻军务繁兴东南各省不能起运本色始议改征折色即以折征银两接济外省兵饷并分解部库支放俸甲折银谨案折色征收系一时权宜之计而事逾廿年办经数省相沿日久案牍滋多今添立变通折征目凡江广等省折征各案编纂成帙以备参稽其民完折色官为办运者仍纂入征收漕粮目内筹国储者尚以起运本色为根本至计焉

一江广等省应征咸丰三年漕粮因河道梗阻经户部议令折价解京抵放嗣据江西湖南湖北安徽各巡抚奏请遵照部议折解办理但计正耗米一石四斗不计贴运由官折解其价以例载京仓折给之数为准稄米一石折银

一两三钱粳米一石折银一两四钱以贴运耗米及州县津贴运丁帮费办解自属有盈无绌所有民间完纳一切悉仍其旧经征官员不许以折银之议向民间更改旧章浮收勒折如有惊扰百姓致滋事端将州县参究该管上司扶情掩饰即按例治罪

一俸甲等米如不敷支放临时奏请按成折给以南漕折解之款支放无须另筹

一漕粮折银解部所需解费即在贴运帮费之漕项内核实支给照地丁例作正开销仍应撙节动用所余银两随时报部另案核办

一应解漕折银数及委员起程日期先行报部查核其折解银两分作两起头起限于来年正月二起限于三月全数解部倘不能依限解部即行据实参办【以上咸丰三年嗣后各该省截至【同治十三年】止均援照折征成案办理】

一江淮等属应征咸丰三年漕粮据两江总督奏称请照江广折解之议办理经户部奏准与安徽省一律易米解银由官粜变秈米每石折银一两三钱粳米每石一两四钱粟米每石一两二钱所需解费即以赠米漕费贴补不准另请开销其折解银两按照奏定章程分作两起头起限于来年正月二起限于三月全数解部傥不能依限解部即行据实参办应征漕项等款银米除贴并办解外其余节省汇数解京其向系解道转给者除有船在次准支减半月粮外其余一并解部不得照旧存道库至海州赣榆沭阳桃源清河阜宁宿迁等七州县漕粮仍令该督等查照旧定每石二两四钱之例一并征收报解【咸丰四年】

一咸丰四年钦奉上谕怡良等奏请将新漕折价完数过绌之知县分别革职摘顶一折江苏署江阴县知县翟鑅观署金坛县知县郭春龄署华亭县知县姚曾翼代理武进县知县吴谦吉各经征咸丰三年分漕粮折价银两竟不及四分五分似此疲玩惰误必当从严惩办以重课赋翟鑅观郭春龄著先行革职留任并摘去顶戴姚曾翼吴谦吉著摘去顶戴均勒限一个月一律征解全完傥限满完不足数或查有亏那情弊即著从严参办该部知道钦此

一湖北巡抚以该省有漕州县额征漕南米数向来漕南合征分解本折兼收今征收本色积弊甚深与其令州县照旧征收再行变价于民无益不若一律改收折色稽查较易并查明各州县历居浮收实数分别核减明定折价每石自四千文起至六千五百文止其水脚耗米一并在内奏经军机大臣会同户部议准严饬各属遵照改定钱数征收不准于此外多收分文以示限制所有由单串票样米差费等类概行革除

一湖北州县征收漕粮向系兑交帮丁运京近年漕粮折价解交粮道库报拨查州县兑交漕粮各帮丁向有津贴名为兑费现值暂停河运此款若概行删除将来复行兑运帮丁无此津贴不敷转运应饬各属随同正耗等款批解道库共计提银六万八千余两暂准提充军饷之用

一湖北旗绿各营兵米系由各州县供支本折兼解现在漕粮改定折价该二营亦应尽支折色所有各州县应解旗绿各营米折银两请改解道库由粮道具报巡抚委员咨解荆州将军衙门支放绿营即由各营赴道具领至旗营兵米例定二百六十日支本色一百日支折色现因旗营积欠未清生计艰窘于二百六十日原支本色今改折色者准于例价七钱外每石酌加银二钱按九钱核给其向支折色及绿营兵米折银均仍照例定七钱之数折支

一旗绿各营兵米因灾缓缺额不敷向由藩库筹拨各州县应征南粮折价每石以一两五钱批解共应解南粮正耗银二十万六千五百余两每年约支满绿各营兵米银十一二万余两除支发外尚余银八九万两准其留为藩库拨补不敷兵食之用

一漕南二米改征折色除支销漕书饭食外概从节省所有漕南节省银四万余两解归道库报拨又道库额征随漕浅船军三安家帮津等款因漕船停运毋庸尽数支销计可节存银十二万两均准其暂济粮台兵饷之用

一州县征收漕南冗费甚多自粮道以至丞倅等官俱有规费州县浮收大半于此借口赔累今严禁浮收所有向来粮道及各道府丞倅尹尉司道府上下衙门一切陋规杂费概行裁革计合荆仓绿营各浮费共删除银约二十余万两自酌定章程后如有不遵新章仍前浮勒者该抚随时严参

一各州县征收漕南米石遵照新章一律完解以充军饷如有蒂欠即行严参【以上咸丰八年】

一山东闸内五帮漕粮变价查照咸丰三四两年成案无分粟米麦豆每石折银一两四钱应将前项折银并同节省漕项银米等款全数解部至轻赍银两向系随漕征收解交通济库办运现在漕粮既经分别办理轻赍一项应令按照起运粮数解通【咸丰十一年】

一河南巡抚奏请将河南省应征漕粮折解一折同治元年钦奉上谕郑元善奏有漕州县多被匪扰户鲜盖藏请将应征漕粮援案折解等语自系实在情形所有该省本年应运漕粮准其折银完解嗣后不得援以为例其水程盘拨等项银两并著一体报解不得短少仍勒限于四月内全数解交部库以便就近采买毋稍延误钦此

一河南省漕粮前于咸丰四年该抚奏称逆匪窜逸河间一带切近运河将应运三年漕粮无分粟米麦豆按每石一两二钱五分折银报解听候采买所有例定每石节省银一钱五分并轻赍等款仍循例报解嗣于同治元年署河南巡抚张之万奏河南州县征漕均非本色大抵折收其价约每石折制钱六千有零以现时银价计之将及四两而折漕例价本轻历年办理直为官吏利薮请照湖北办理之意变通今年仍行折漕令各州县均以三两三钱解交司库以二两一石折为天庾正供批解部库以一两作为该省兵饷所余三钱留为通省办公之用经户部议准于同治元年十一月十一日具奏奉上谕前据张之万奏请变通河南折漕以裕仓储当经交户部速议具奏兹据该部奏称张之万所陈折漕银数与河南历年办理成案加增一倍有余于仓储军务及本省办公经费均有裨益应照所请办理惟本年漕折据称可解部银三十五六万两现在库款支绌异常立等开放请饬督率所属赶紧征解务于年内扫数解部等语张之万著即照户部所议督率各属赶紧征解务于年内扫数解清毋任各州县藉词延宕钦此

一江西省征收丁漕据江西护抚孙长绂奏称一律减定折收制钱由官易银解兑每地丁一两连加一耗羡折收足钱二千四百文每漕米一石【计正改兑正米及加四副米两项内除贴补各州县一三副米外一律折收易银解部】折收足钱三千文万安乐平二县每石加钱二百文经户部奏准照办

一江西省减定丁漕折收制钱除地丁每两完解正耗银一两一钱漕米【无论正米副米】每石完解部价银一两三钱外其本省有实在需用之捐款公费每地丁一两另提银一钱六分每漕米一石另提银二钱在于减定丁漕收数内供支经户部奏准在于解部款外余剩丁漕数内供支自此次厘定章程后该抚务当督饬所属将一应陋规恶习严予革除按则征收报解如有疲玩征收短绌甚至私自浮收及藉逾限加价添立名目者即行严参【以上同治四年】

一江西省前经奏定丁漕减价据江西巡抚刘坤一奏称近年银价渐长州县以钱易银解支不敷请以向收制钱三千文者改收银一两九钱向收制钱三千二百文者改收银二两二分以一两三钱解部以二钱七分提充本省捐款公费余为各州县办公之用经户部议覆准其改征现银其解支各数均查照奏定章程每征米一石另提银二钱七分在于解部款外余剩丁漕数内供支

一江西征收丁漕逾限加价据江西巡抚奏称江西完粮各户率多疲玩非逾限加价催科实无把握请将加价数目改为二三两限每限各加银三钱加价银两全给州县办公经户部议令将各属开征日期及每居一限已收未收漕粮总数专案报部即准其照章加给其按限加价银两酌提八成归公二成给予州县

一江西巡抚奏称随漕征收各款漕项钱粮与脚耗银两俱系循例另征惟脚耗米石系与正漕统征自改折以来除脚耗内坐支银米仍归州县支用外其余漕项脚耗等银俱系节省报解充饷又给丁赠扣米石自同治五年以后凡系节省一律报解充饷脚米每石折解银一两等语经户部议令仍旧办理惟漕项脚耗银米及屯田余租银两均系办运要需应令饬属认真征收按年报销现时既可接济饷需来年即可为起运之费【以上同治七年】

一江苏镇江府属丹阳金坛溧阳三县因被兵灾较重民困未苏且征册无存丈量未竣同治七年分应征钱粮漕米未能按则启征经该督等奏请将原熟田亩不分钱米按亩折收钱文除酌提各该县办公经费外其余全数易银解司以一半采买米石随同正漕起运赴津交纳运费等项悉于此内开销以一半收入地丁分别正耗拨饷支用同治八年该督奏称丹阳金坛溧阳三县应征漕粮抵征钱文因须多筹起运请以八成买米二成充饷同治九年该督奏称丹阳金坛二县应征漕粮抵征钱文仍请以八成买米二成充饷同治十年该督又以丹阳金坛二县因清粮未竣征册未齐所有应征漕粮仍请八成买米二成充饷嗣后同治十一年十二年十三年历经该督奏请援照办理均奉旨允准【同治八九十十一十二十三等年】

同治十二年钦奉上谕前因左都御史胡家玉奏江西省钱粮违例加征请饬裁革并不得私立捐款公费名目等语当谕令刘坤一严饬所属州县恪遵定例不准丝毫浮收如查有私立捐款公费名目额外加增即著严行参办嗣据刘坤一奏据实直陈丁漕改章实在情形请仍照新章办理当经允准仍谕令随时认真稽查倘有丝毫浮收即行从严参办兹复据胡家玉奏沥陈江西省违例加征各弊请仍饬部核议等语著户部按照该左都御史所陈各节

及江西省现在情形应如何办理始终妥善之处悉心酌核妥议具奏至所称严饬各州县不得将上司之供应道府之漕规节寿诸陋规巧立办公名目取之于民等语著该抚仍遵前旨严饬所属认真革除以维政体而恤民生钦此查江西省漕折一项据左都御史胡家玉奏称漕粮每石折收银一两九钱较之一两三钱之部章多收六钱请部核覆等语经户部议以漕折一项与地丁不同地丁正耗银两例有明文漕折本应征运本色其改折银两系按各省情形从权酌办现时折漕省分河南省每石解部银二两征之于民以三两为率安徽省每石解部银一两三钱征之于民以二两二钱为率均系留其有余供本省支用即为将来办运地步江西省每石解部银一两三钱征之于民以一两九钱为率核与河南安徽等省折漕解支章程尚属一律惟虑及征银不便于民自系确有所见现在地丁银两既因银价增昂议令就原定每两征钱二千四百文之外酌加钱数所有该省漕折亦令该抚查照同治四年原定数目于每石收钱三千文及三千二百文之外酌量加收钱文毋庸征收实银其所加钱文即视地丁每两加钱二百文之数核计不准再有浮溢俟银价平减即照原定钱数折征至逾限加价一节既据胡家玉奏称漕价按限加增穷民受累且分作三限居限查报繁琐难行自应变通办理查照江苏折漕案内逾限加价章程年内毋庸加收年外加收钱五百文仍不得稍有浮多并令该抚仿照江苏办法将已征未征各数于年底截清奏报以凭查核奏准行知照办

卷九·征收事例·征收漕粮

一各省漕粮向系军民交兑军强民弱每多勒索顺治九年以后定为官收官兑酌定赠贴银米随漕征收官为支给民间交完粮米即截给印串归农军民两不相见一切浮费概行革除

一漕粮开征之时如有州县蠹役包揽代完及飞派等弊该督抚即行指参【顺治十三年】

一州县拖欠钱粮该管监兑粮道等官严檄行催不得差役致滋勒索违者该督抚指参【顺治十五年】

一征收粮米责成印官稽查不许颗粒囤贮私家如有绅衿大户仍囤私家不行交仓者管粮官详报总漕题参【康熙元年】

一各州县征收漕米如有淋尖踢斛划削斛底改换斛面及另取样米并斛面余米以及贵折贱买等弊总漕各督抚确查题参【康熙四年】

一漕粮耗米例应征收本色给军如有私自改征折色者各该督抚题参照私自改折漕粮例议处【康熙三十三年】

一有漕省分如有米色不齐令于漕粮未运之先预行题明【康熙三十九年】

一各省征收漕米例应遵照部颁铁斛公平收兑康熙四十四年复奉谕旨铸造铁斛铁升底面一律平准颁发各省一体遵行

一征收漕粮定例无论官儒民户一体督催及时入廒雍正二年钦奉谕旨除去儒户宦户名目如有生监包揽拖欠即行重处倘印官瞻顾不力革此弊者查参治罪钦此

一苏松州县所点收书如金派匪人以致侵蚀漕粮者收书照监守自盗律治罪金派州县照溺职例议处雍正四年】

一苏松二府所收漕粮丁兑之外果有盈余该州县报明存贮公所以为修理仓廒及赈济之用倘有借盈余名色加收斛面贻累小民及该道扶同徇隐查出从重治罪【雍正四年】

一征收漕米照征收钱粮例于花户名下注明绅衿某人于奏销时查明抗欠按律治罪【雍正六年】

一雍正六年钦奉谕旨江浙征收漕米但择干圆洁净不必较论米色准令红白兼收籼粳并纳永著为例钦此

一州县征收粮米预将各里各甲花户额数的名填定连三版串一给纳户执照一发经承销册一存州县查对按户征收对册完纳即行截给版串归农其未经截给者印官查摘追比若遇有粮无票有票无粮即系胥吏侵蚀监禁严追有漕各省画一遵行【雍正八年】

一州县收漕官蠹书留难刁蹬副书讲盘说合及踢斛淋尖等弊乾隆元年题准漕米到仓州县验明米色随到随收诸弊慨行严革倘有阳奉阴违令该管道府稽查察访如有徇隐该督抚将道府等一并参处

一豫省漕粮向止合邑总额并无每亩派征定数乾隆三年题准将祥符等州县各照现额漕米数目除原不派漕之更名等地外无论熟田新升一例均派核明某则地每亩征米若干征银若干遇闰加征银米若干载在赋役全

书遇有升除按则增减其改征黑豆各数赋役全书内统以米数开造不必另立

一湖北省南北二项漕粮合收分解永远遵行如有分项征收零星多取者该督抚即行查参倘别省收漕地方有分收者该督抚酌量查禁【乾隆四年】

一江南海州漕米民折官办为数无多令该州购买白色干洁好米交兑不准红白兼收【乾隆五年】

一各省收漕厫口题定江南下江一省按照区图派厫收纳浙江江西湖南河南四省不分区图随厫收纳湖北山东二省及江宁粮多之处按照区图收纳粮少之处不分区图收纳毋致粮户拥挤守候【乾隆五年】

一乾隆六年江南秋雨连绵米色稍减钦奉上谕从前原有红白兼收之例该地方官酌量可收即日收兑抵通之后或虑不能久贮即发为俸饷之用钦此嗣浙江省亦循例奏明红白兼收籼粳并纳

一粮重仓多之区州县不能兼顾例点老成殷实书吏收粮并令内署亲戚家人等分派坐仓看收乾隆八年题准严饬州县于开仓时亲身至仓查察如遇因公他出暂委佐贰官轮流监收其州县在仓看收人等以及书役如有包揽浮收交通舞弊即行揭报严参究处如监收佐贰官扶同隐匿该督抚一并究参

一各省收兑漕粮斛式向系底面一律平准因口大边阔易滋浮溢乾隆八年题准改用小口另铸小口铁斛颁发有漕各省并仓场一律遵用其从前原颁大口藏斛缴销

一各省收漕紧兑之时印官不能处处亲验以致胥役等多方刁难民间私议折纳等弊钦奉上谕令有漕地方大小官员严行厘剔钦此【乾隆十年】

一江南沭阳县漕粮向在东省采买粟米兑运嗣因陆运维艰改在附近之山盐高宝等处采买籼米兑运【乾隆十三年】

一乾隆二十年钦奉谕旨漕粮征收米色颗粒务须一律干圆洁净若非实在水旱歉收之年该督抚不得以米色不齐滥行陈请钦此

一乾隆二十三年浙江杭州湖州二府属夏秋雨水稍多间有成灾钦奉谕旨著该抚分晰确查将所有应行起运漕粮不论红白籼粳准其一体收兑钦此又奉旨该抚当按实在成灾者分别办理通省不得援以为例钦此

一乾隆二十三年江苏田禾因被风潮所纳漕米颗粒带有青白以之煮食原与好米相同但久贮在仓则不免折耗奏准于抵通之时先行支放可无亏损

一苏松各州县俱铸给铁斛一张作为样斛与木斛较量画一兑收如有参差敲动形迹并木板未干等弊即行据实查参【乾隆二十三年】

一乾隆二十四年浙江漕粮米色虽属干洁其中间有青腰白脐难以久贮奏明先行支放甲米钦奉谕旨此次运到浙漕准其另仓收贮先行支放嗣后漕粮米色颗粒务须一律干圆洁净不得滥行陈请援例收兑钦此

一各省收漕州县如有置斛不用虽数十石百石概用斗量不用平木板挡多用尖斗更有暗开斛角密寬斛面浮收清弊总漕各督抚等加意严查实心厘剔察出将该州县等立即指名参奏并将未经查出之该管道府等一并参处如不行参奏别经发觉将该上司严加议处【乾隆二十五年】

一江苏浙江等省如有绅宦富户将潮润之米公然令家人子弟持帖完漕州县官验明确实将米封贮通行详揭督抚即行题参仍一面饬令易换好米交仓【乾隆二十九年】

一河南仪封县北岸地亩拨归考城办运漕米南岸仍应仪封办运因米数仅三十九石零一并拨归考城征办【乾隆五十二年】

一嘉庆二十一年奉上谕给事中张源长奏漕务切弊一折漕粮岁输天庾为国家惟正之供例系征收本色有漕州县勒收折色向干严禁现值年丰谷贱若令小民以贱价粜谷交纳折色是闾阎终岁勤劬所得升斗大半粜以输官以有限之盖藏供无穷之朘削其为病民实相倍蓰著通谕有漕省分各督抚转饬所属征收粮米概以本色交纳毋许勒折滋弊如有专利虐民者即据实严参勿稍徇纵钦此

一道光二年奉上谕御史程矞采奏请禁收漕州县自行买补兑粮一折各省征收漕粮禁止折色功令綦严若州县官勒折买补米色必多搀杂如该御史所奏地方官甫经开征即虚报满廒封仓勒折小民守候稽迟只得折色改兑仓廒并无实贮仍须买补兑交州县冀圆买贱胥役复肆侵欺米色岂能干洁加以旗丁折兑不肯收好米买抵兼之多索帮费滥行兑运收仓以致抵通时霉变难资久贮自系实在情形著通谕有漕省分各督抚严饬该州县于

收漕时亲自验明米色随时兑收傥查有开征数日即行封仓勒折自用贱价买补及旗丁折兑滥收情弊即据实严参惩办毋稍瞻徇至各省设立粮道督办收兑是其专责若令兼署他缺转致本任抛荒嗣后即责成该管粮道等专司稽察该督毋得另行委署别缺致有旷误以专责守而重仓储钦此

一江苏各属应征道光三年漕粮因水旱不时未能一律纯洁奏请饬令各属察看米色如果干洁即行量为斛收交兑奉朱批去岁夏秋之际水旱不时自是实在情形嗣后断不许动辄借口仍应督饬各属务期一律纯洁慎之钦此【道光四年】

一江苏句容县地处山陬种籼者多道光三年雨水过多圩田被淹买秧补种节令已迟其成熟山田惟产籼稻未能一律全收粳米咨请无论正赠籼粳兼收部议漕粮米色未能一律开征时自当随时报部不得于漕船开行后始行咨报致难交换姑念上年雨水过多尚属实情暂准粳籼并纳嗣后不得援以为例【道光四年】

一道光四年奉上谕御史陈肇奏请饬禁征收钱漕积弊一折各省漕务积弊相沿土豪蠹役垄断把持遂有以完作欠之弊又收漕时委员以查漕为名实为调剂候补人员起见不过勒索陋规均不可不严行饬禁著各省督抚严饬所属州县每季征收完解时将实欠花户姓名送该管道府用印仍发回本地张贴如有已完作欠者许该花户指控究办其各省查漕委员概行停止毋许仍沿积习等因钦此

一道光五年奉上谕前据英和奏通筹漕河全局请暂雇海船以分滞运酌折额漕以资治河当交有漕省分各督抚等悉心议奏嗣据各督抚等详悉筹议安徽江西湖广离海较远浙江乍浦宁波海口或不能停泊或盘剥费巨惟江苏上海商船据琦善等奏可以暂行海运已有旨交议筹办矣其折色一节据程含章奏窒碍难行请仍收本色琦善李鸿宾陶澍杨懋恬嵩孚等均以为弊窦丛生请收本色由州县变价归公惟成格张师诚因全收折色不便于民请以本折各半征收朕以漕粮为天庾正供征收本色由来已久改收折色易滋弊端所有江苏安徽浙江湖广折色一节已降旨无庸议并将该督抚等变价归公及本折兼收之议概予驳斥仍令江西省再行妥议尚未奏到现当秋获登场各省将次征收漕米吃紧之时若耽延时日不早定议恐不肖官吏藉端影射舞弊病民所关甚巨著通行晓谕有漕省分各督抚所有应征漕粮仍照向例征收本色毋得借口折漕致滋扰累并著琦善严烺体察情形明年各省军船行抵江境应如何渡黄运通自应早为计及通盘筹画据实具奏并咨会各该省督抚妥为办理俾不至临时周章总期无误开兑日期又能全数抵通方为妥善将此通谕知之钦此

一道光五年浙省禾苗因风受伤米粒未能饱绽内多青腰白脐所有向征粳米之海宁等州县奏准红白兼收籼粳并纳仍饬各州县加意拣选不得藉词滥收

一道光二十六年钦奉上谕柏葰等奏请将江苏省完漕大户小户等名目概行禁绝等语据称查明江苏向来完漕绅富谓之大户庶民谓之小户以大户之短交取偿于小户因而刁劣绅衿挟制官吏索取白规大户包揽小户小户附托大户又有包户之名以致畸轻畸重众怨沸腾纷纷滋事又旗丁津贴原有定额近来总以米色为词多方挑斥逐渐加增是帮船多取一分于官州县即多取一分于民种种弊端关系非轻若不及早整顿贻患何所底止著两江总督江苏巡抚认真查察所有前项大户小户包户各名目概行禁绝一律均收尤不准旗丁额外多索帮费倘敢抗违不遵或州县中竟有浮收入已情事即行据实严参从重治罪毋稍瞻徇以肃漕务而清弊源钦此

一道光二十六年钦奉上谕京仓收储岁漕谷石自有一定额数以收抵放原属有赢无绌本日户部奏比较岁漕数目开单呈览朕详加披阅近年漕粮运京多有短少本年尤甚较之全漕短至一百万石苏松江安两粮道起运尤属不敷现届开征兑漕之时著通谕有漕省分各督抚自今年为始漕粮一经征齐即将该省额征若干本年起运若干缓缺若干逐一比较上三届数目据实奏明迅即造具清册报部俾得预先核计不得沿向来旧习于开兑以后始行咨报倘比较有减无增即由该省设法立将短数补足起运方不致有误支放并著漕运总督一体遵照悉心筹画实力稽查总期湔除积习按额收仓庶漕政可肃而积储常充矣余依议钦此

一道光二十九年钦奉上谕前据李星沅陆建瀛先后具奏南漕改折流弊易滋诸多窒碍各等语当交原议王大臣等会部议奏兹据悉心核议具奏应如该督抚所请毋庸议折本日适据耆英奏到南漕暂缓改折一折朕详加披阅折漕之议原因外省州县折色过重徒充私橐转绌正供因力求变通令各就往年征粮实数酌减征收期于兴利除弊既据该督等以种种格碍难行分晰陈奏惟恐不肖州县借折色之名抑勒倍取是便民之举转致病民亦不可不防其渐所有各省漕粮著准其仍照旧章办理毋庸分成议折但变通既恐滋弊守旧宜复成规漕粮为天庾正

供不容颗粒短绌封疆大吏尤当激发天良随时整顿嗣后务须实力征收全漕兑运倘各属有捏灾注荒及官吏私征中饱州县浮收勒折等弊必应严加厘剔其不肖州县肆无忌惮如敢浮收勒折病民肥已一经查出即著指名严参治罪毋稍姑容该管上司倘有意存徇庇者著一并从严参办经此次申谕之后如该督抚等仍漫不经心诿之于弊难周察相率因循或不竭力思办全漕任听属员捏报灾歉朕惟有执法从事恐该督抚等不能当此重咎也懔之慎之将此通谕知之折并发该部知道钦此

一道光三十年钦奉上谕陆建瀛奏覆南漕改折会议需时请仍照旧章办理一折又另片奏改折窒碍情形请免再议等语前因傅绳勋陈请苏松太仓三属改折漕粮给事中曹楙坚极言其难行经部议指出各情节谕令陆建瀛会同傅绳勋妥议兹据该督奏称办漕现已届期仓猝既虞贻误复以折漕必致缺米更张更属非宜在傅绳勋因收漕棘手欲为变通自系为裕国均赋起见而陆建瀛从本计深筹虑多窒碍亦系实在情形著如所请江苏新漕仍照旧章办理无庸会议仍饬严禁大户小户名目并不准帮丁于奏定帮费外稍有勒索总之南漕为天庾正供果能变通尽利亦应随时制宜该督抚惟当熟筹利弊国计民生期于两有裨益方为不负委任勉之余著照所拟办理该部知道钦此

一江苏省苏松常太四属漕粮经署两江总督李鸿章于裁除浮收案内奏明本色收漕每石余耗以三斗为率折色收漕每石折价年内以四千五百文为率年外以五千文为率征收地漕各款条银每两折价以二千文为率经户部奏明折征数目既奉特旨允准令遵照定例于十月开仓年内扫数完竣每石折价统按四千五百文之数征收如实有疲玩之户年外完纳不能不加价示罚者即准其按每石五千文折收该督抚务须于每年十二月底将各属年内征收本色若干折色若干缓至年外征收者若干截清数目专案奏报倘该督抚等并未奏报有案即悉令按每石四千五百文完纳不准加收分文其收本色者每石加耗米三斗收条银者每两折价钱二千文亦令各属永远遵守不准丝毫浮溢至或交本色或交折色仍听民便毋许任意勒折及故意挑剔挨延傥查有前项情弊即由该督抚从严参办嗣据该督奏准同治五年分冬漕酌议折价案内声明银米翔贵之年固当因时变通米价稍平之年自宜一体核减本年苏松各属米价较上年稍为平减今届冬漕应完折色每石折收制钱三千二百文加公费钱一千文其完本色者裁去余耗米三斗亦改交公费钱一千文如迟至年外仍无分本折加收钱五百文同治六年复据两江总督曾国藩等奏准米价平减酌量核减征漕折价完折色者每石折收制钱二千四百文所有公费系抵办漕一切要需各粮户完粮无分本折按照定章将公费钱文随正交清傥有交米而不交公费者将该粮户比照抗粮之例从严惩办【嗣后公费及年外加价均援案办理其折色征收钱文互有增减由该督抚等随时酌量米价核定年终奏明报部以备查核历据该督抚等奏明同治七年折收制钱二千四百文同治八年折收制钱二千九百文同治九十两年折收制钱二千七百文同治十一年折收制钱二千六百文同治十二年折收制钱二千八百文同治十三年折收制钱二千四百文此外同治四年减赋案内经户部议准南恤局粮筹补济支以各属随漕征收之费脚钱文通融拨补同治六年由江督等奏明不论本折每石随收费脚钱五十二文不在此款之内】

一浙江省嘉湖二府应征白粮被兵之后新垦田地土性坚瘠米质柔嫩舂白难于合式经浙抚奏准按照成熟分数征运以纾民力【同治五年】

一同治六年钦奉上谕御史崔穆之奏请严禁各省州县浮收漕粮一折漕粮为国家正供各省州县自应按例征收若如该御史所奏山东省有漕州县按章征收者绝少往往于官斗之外倍蓰加收并立样盘名目纵容蠹役格外剥削民间视以为苦只得折价完纳其浮收之数与完米增至数倍者无异即或经该管上司查明减成完价出示申禁该州县并不张贴浮收如故东省如此他省亦在所不免是浮收之弊例禁虽严而不肖州县仍敢视若具文诛求无厌以有限之脂膏充难盈之溪壑积习相沿殊堪痛恨即著各直省督抚严饬所属各州县湔除积弊各按漕粮定额一律征收不准于正额之外任意加增妄取傥敢故违即著各该督抚等查明严参惩办将此通谕知之钦此

卷九·征收事例·随漕杂款

一漕粮赠贴各省名目不同江南谓之漕赠浙江谓之漕截山东河南谓之润耗江西湖广谓之贴运康熙九年题准漕粮赠耗银米一并刊刻易知由单发给纳户随漕征给军丁催征各官不得私派挪移违者纠参

一各省漕粮赠贴多寡不同江安山东河南每米百石征银五两米五石苏松常镇四府每米百石征银十两米

五石浙江每石征漕截银三钱四分七厘江西每石征赠银三分赠米三升又征给副耗米一斗三升湖广无加赠银米康熙十年题准于四耗之外加耗二斗随粮征给

一东省州县向因额编脚价不敷并帮贴弁丁运费及管粮官役浮费私征加二耗米雍正七年奏明裁减每石准收加一五耗米分贴赡运倘有多收及借端派费严参治罪

一江苏溧阳县漕粮派兑江淮卫三六两帮每石民贴过湖米三升以为漕船赴次拨浅修船之费【乾隆元年】

一凡杂项银两令民自封投柜毋许经承执戥秤收届期一体监拆倘有勒索偷取等弊指名题参【乾隆二年】

一乾隆三年钦奉谕旨耗羡虽减而不肖有司巧为营私将戥头暗中加重著各省督抚转饬布政使遵照征收钱粮之天平法马制定画一之戥饬令各州县确实遵行钦此

一各省征收正项钱粮每百两例扣减半余平银一两二钱五分向系按年解部乾隆三年钦奉谕旨从乾隆三年为始一概停其解部存贮本省司库遇有地方荒歉及裨益民生之要务确查应行赈恤办理者即将此项奏明动用报部查核钦此

一江南上下两江额征正项漕粮漕项外有漕费银米一项系里民愿输分给州县帮丁以为修仓及挑拨等项之用乾隆四年题准上江漕米每石收耗米一斗以五升给丁以五升留给州县下江漕米每石收银六分折钱五十二文以二十七文给丁二十五文留给州县外收水脚钱五文水次离仓远者每十里加钱二文其余陋规尽行草除责令监兑各官严察如旗丁额外需索即照枉法赃律治罪州县额外多收照因公科敛律治罪嗣因钱价增长复经题明将下江漕费钱文减去六文每漕米一石只收钱四十六文以二十四文给丁二十二文留给州县其所收钱文无论留给州县存给帮丁概令州县随时出易毋得堆积至兑漕时将银给丁以三分为率有余不足统于留给州县钱内通融酌补钱价消长无常督抚随时损益办理一各省漕耗等项久经酌定成规而不肖有司竟有立名勒索苦累民间者督抚力为厘剔道府密行访察揭参治罪倘有徇隐督抚觉察将道府一并题参究治【乾隆五年】

一江南上江潜山等二十州县于酌定漕费米石之外征收水脚银钱每米一石或银二三分至五六分或钱十余文至四十余文不等定远县收钱一百文乾隆六年题准禁革七年因各该州县离次窎远挽运维艰需费浩繁复准照旧征收

一江南省漕粮项下给丁沿途一五一三折耗米石例不支给漕耗银米因该省节年悮行给发乾隆七年部议停止钦奉上谕著照旧支领永免停止他省不得援以为例钦此

一浙江漕粮改兑米石应支漕截银两例应按照抵坝起交一七米数给发因该省悮照正兑之例按照二五之数支给乾隆七年题准改正照一七之数支给

一漕截银两每两只应征火耗二分白粮项下每完糙米一斗应征耗米三升向系摊算应征数内征收嗣因各项银米归于地丁统征分解有将耗银耗米照依地丁一例征耗者乾隆七年题准令有漕各属于隔岁年底刊刻易知由单地丁加耗若干白粮加耗若干漕截加耗若干如何均摊匀扣于单内逐一注明该户照单完纳如有多派私折等弊立即严参从重治罪

一漕项银两与地丁统征分解例系一并刊刻易知单内征收遇有地丁蠲豁漕项例不并免拨出另征易滋影射乾隆十年奏准令州县遇有蠲免地丁之年将蠲免地丁钱粮之内应征漕项每亩若干逐细核明另款开入易知单内照数征收

一各省漕耗银米如遇截留之年随正征收分别支解如遇折征之年该督抚因时调剂征收以资办公【乾隆十年】

一浙江杭嘉湖三府属征收漕粮每石向收漕费钱八文至二十一文不等嗣因办公不敷题准杭州湖州二府属仁和钱塘海宁富阳余杭安吉归安乌程长兴德清武康等十一州县每石加收钱二十文嘉兴府属嘉兴秀水嘉善海盐平湖石门桐乡七县每石加收钱三十文俱于原定漕费钱文之外分别加添以为修仓铺垫之用如有藉名浮收者查明立即参处【乾隆十六年】

一嘉庆四年钦奉上谕钱粮一项例应民间自封投柜久经严禁私设官店以杜浮收其乡民内向有折交钱文

者若竟行禁止恐小民不谙银色反受胥吏愚弄各督抚务于开征之先按照时价核定换银上库之数每两征收大钱若干文出示晓谕听民自便毋许丝毫浮收钦此

一各省解京饷银应扣减半平余即在各属额征耗羡银内划出解部并非别有征收之款自乾隆三年钦奉谕旨停解存贮本省司库遇有地方荒歉及裨益民生之要务确应赈恤办理者即将此项奏明动用钦此嘉庆五年户部奏准嗣后各直省凡协济外省及本省一切支销银两应扣余平仍照旧例另为扣存藩库备用仍将每年动支银两及应扣各数年终造册送部查核户部于次年底汇折具奏

一江安粮道漕耗项下每年额编两江总督衙门火药银一百二十三两六钱二分七厘岁修执事银一百二十两尽数删除又每年定编两江总督衙门吏役工食纸张银一千五百六十两酌减十分之一银一百五十六两仍留支银一千四百四两从嘉庆六年起画一删减造报

一江西各帮每船新增半耗米七石五斗原为筹添运费奏准令各该州县永照一两九钱折给倘遇风水赔累等事通融筹办以收实效【嘉庆六年】

一江安粮道每年借动余平银两俟平余充裕之日归还如或不敷另详筹补查有嘉庆四五两年漕耗变价银内动银七千两调剂项下提存备公银内动银六千两共银一万三千两发典生息【按月一分】拨还历年借动银两俟清还垫款即将本息循环生利以备平余不敷之年添补供解如遇漕务另有需用所存本银一万三千两拨还道库归款【嘉庆七年】

一江安粮道库每年应扣余平银两不敷支解公费自嘉庆七年为始将应解漕运总督衙门公费酌减一成银三百二十两两江总督衙门公费酌减一成银四百两

一浙江省漕项银内奉拨京饷向于耗羡银内每千两扣存银二十五两其邻省协饷并道库支销并无另扣平余名目免其扣解【嘉庆七年】

一苏松粮道所属帮丁每正粮一石征漕费银六分折收钱四十六文乾隆四年奏明此项钱文价值消长无常价贵减收价贱又须筹画应酌量权衡务使军民相安乾隆八年漕运总督自行酌定总以六分为主按八折征收钱四十八文虽钱价稍有增减照此办理不得年年纷更嘉庆十一年经户部咨取军民相安印结送部备案

一安徽宿宣等州县原编南屯协拨兵米改为漕米所有随征耗米请照例给丁以资办运部议此项米石系加装搭运非正运可比且业经给与负重席赠银米运务已属有资此项随征耗米行令该督即将十二年起至本年止速饬解道报部查核【嘉庆十七年】

一湖北荆州荆左荆右沔阳及湖南岳州等五卫军船载运湖南漕粮所需运义造费银二万六千六十九两八钱零因各该卫屯田被灾缓征经湖南巡抚奏请援案筹借司库留备项下移解粮道济用仍饬照案将缓征银两如数征完归还本款【道光二十五年】

卷十·兑运事例·运漕脚价

一雍正六年奏准河南各府州县漕米运至卫辉水次程途有三百里至六七百里不等但三百里以内者既有例征漕粮耗羡以资脚价而路至三百里以外粮至一千石以上者条奏每百里每石给脚价三分似可敷用但恐寒冬雨雪道路泥泞水次候兑不免需时请将米至一千石以上离水次尚在三百里以内之祥符陈留杞县通许太康尉氏洧川鄢陵中牟兰阳睢州郑州荥阳荥泽汤阴汜水十六州县及离水次在三百里之外而征米不及一千石之宁陵柘城新安商水项城沈丘新郑并改征之仪封考城等九县所征漕米耗羡准作脚价外又不计日程再每石给脚价银五分其三百里以外一千石以上之各州县所征耗羡给作脚价并每百里每石给脚价银三分外又不计日程再每石总给脚价银五分则脚价尽可敷用除浚滑内黄三县逼近水次耗羡尽堪运兑毋庸再给脚价外其扶沟商丘虞城巩县孟津许州长葛密县等八州县除三百里外不及一百里每石应给脚价银二分再每石不计日程统加银五分夏邑登封西华临颍襄城禹州等六州县除三百里外不及二百里每石应给脚价银五分再每石统加银五分永城鹿邑洛阳偃师陈州【今改陈州府】郾城等六州县除三百里外不及三百里每石应给脚价银八分再每石统加银五分渑池县除三百里外不及四百里每石应给脚价银一钱一分再每石统加银五分陕州除三百里外不及五百里每石应给脚价银一钱四分再每石统加银五分灵阌二县除三百里外不及六百里每石应给脚价

银一钱七分再每石统加银五分通共应给脚价银一万八百五十两九钱九分于道库归公盐规并节省项下耗羡银内动支给发

一雍正七年奏准河南省办运脚价仅可敷用不能裕如按原定每钱酌增三分查原题之祥符陈留杞县通许太康尉氏洧川鄢陵中牟兰阳睢州郑州荥泽荥阳汤阴汜水宁陵柘城新安商水项城沈丘新郑仪封考城二十五州县每石应给脚价银五分今每石酌增银一分五厘扶沟商丘虞城巩县孟津许州长葛密县等八州县每石原给脚价银七分今每石酌增银二分一厘夏邑登封宜阳西华临颍襄城禹州等七州县每石原给脚价银一钱今每石酌增银三分永城鹿邑洛阳偃师陈州郾城等六州县每石原给脚价银一钱三分今每石酌增银三分九厘渑池县每石原给脚价银一钱六分今每石酌增银四分八厘陕州每石原给脚价银一钱九分今每石酌增银五分七厘灵阌二县每石原给脚价银二钱二分今每石酌增银六分六厘使州县雇觅车辆更属裕如不致借口拮据日久生弊

一豫省漕粮米豆向因各府州县以水次窎远运兑维艰酌给脚价令各州县运至水次交兑乾隆二年以祥符等三十一州县原给脚价多寡参差不敷所用题准每石每里给银八毫一丝六忽零于随漕耗米及原定脚价银内动支外仍若不敷于节省银内添补余剩节省银两再行报部其永城等十九州县离水次更远题准将额征米豆折征银两令州县选役赴水次采买兑运

卷十·兑运事例·水次派运

凡各省漕粮派兑水次国初循照明季旧制有派定不更者有六年一轮转者事多分歧且以本省本府之漕船不兑本省本府之漕粮而远调他省往往赴次迁延呼应不灵顺治十二年总漕蔡士英题定各省漕粮先就本地卫所就近派兑如船不足方派隔属卫所拨兑有司既便于督催官丁亦易于钤束奉行以来漕政肃清今将各省卫所漕船派定兑运各府州县漕粮水次逐省分载于后其中有续经酌定更调者即于各该省款内开载以备查考

山东省济南兖州东昌武定曹州泰安六府水次

临清卫山东前帮

兑运夏津武城馆陶临清利津蒲台六州县水次

临清卫山东后帮

兑运章丘青城新城平原齐东临清六州县水次

东昌卫

兑运长清济阳利津聊城堂邑博平茌平七县水次

济宁卫前帮

兑运冠县历城肥城金乡鱼台单县嘉祥巨野城武平阴阳谷东阿滕县峄县莘县高唐十六州县水次

济宁卫左帮

兑运历城章丘邹平齐河商河恩县德平临邑惠民九县水次

济宁卫右帮

兑运长清丘县平原商河蒲台历城陵县乐陵八县水次济宁卫后帮

兑运丘县冠县长清莱芜济宁菏泽曹县定陶滋阳曲阜宁阳邹县泗水高唐清平十五州县水次

东平所

兑运陵县阳信长山泰安莱芜汶上东平冠县八州县水次

濮州所

兑运青城滨州淄川郓城寿张濮州范县观城朝城九州县水次

德州卫

兑运德州禹城阳信齐东邹平长山六州县水次

河南省开封河南卫辉彰德归德怀庆陈州七府汝州许州陕州三州水次

临清卫河南前帮

兑运济源河内孟县温县修武等五县漕粮

临清卫河南后帮

兑运通许祥符封丘陈留原武汲县新乡获嘉淇县许州武安涉县浚县滑县扶沟杞县洧川鄢陵中牟济源武陟长葛等二十二州县漕粮

平山卫前帮

兑运阳武太康中牟杞县洧川兰阳临漳原武济源长葛禹州密县新郑郑州荥阳荥泽泛水等十七州县漕粮

平山卫后帮

兑运汤阴临漳睢州杞县尉氏许州孟县等七州县漕粮任城帮

兑运内黄汤阴洛阳巩县偃师孟津修武商丘辉县滑县淇县延津陈留郑州荥阳荥泽济源武陟等一十八州县漕粮

德州左卫

兑运修武武陟林县内黄滑县等五县漕粮

天津所

兑运安阳涉县孟县商丘宁陵浚县等六县漕粮

通州所

兑运安阳武安林县涉县陈留通许杞县祥符温县巩县睢州河内浚县考城等一十四州县漕粮

徐州卫河南前帮

兑运辉县太康汤阴河内商丘浚县杞县阳武尉氏通许祥符考城禹州等十三州县漕粮

徐州卫河南后帮

兑运河内登封武陟睢州新乡安阳临漳汲县巩县孟津滑县汜水获嘉阳武等十四州县漕粮　查河南省漕粮旧在卫辉道口浚县各水次受兑嗣改于直隶大名府小滩镇兑运康熙三十五年复归卫辉水次三十七年复归小滩镇雍正二年仍于卫辉五陵受兑乾隆五十三年改定彰德府属内黄县之楚旺水次受兑

江南省江安粮道所属江宁安庆宁国池州太平庐州凤阳淮安扬州徐州颍州十一府广德六安亳州海州泗州通州六州水次

建阳卫宁太帮

兑运当涂芜湖繁昌广德宣城南陵贵池东流等八州县水次

安庆卫前帮

兑运潜山怀宁桐城三县水次

安庆卫后帮

兑运太湖望江宿松三县水次

宣州卫

兑运泾县宣城宁国旌德太平南陵建平七县水次

新安卫池州帮

兑运青阳铜陵贵池建德四县水次

江淮卫九帮

兑运上元句容江宁三县水次

兴武卫二帮

兑运句容六合二县水次

兴武卫九帮

兑运上元江浦江宁三县水次

庐州卫头帮

兑运无为合肥舒城巢县庐江五州县水次

长淮卫原宿州头帮

兑运宿州灵璧虹县五河盱眙五州县水次

原宿州卫二帮

兑运亳州蒙城怀远太和阜阳寿州定远颍上霍丘凤台六安英山霍山十三州县水次

淮安卫三帮

兑运清河宿迁睢宁桃源邳州赣榆六州县水次

大河卫前帮

兑运山阳盐城阜宁沭阳泰州五州县水次

扬州卫二帮

兑运高邮宝应江都甘泉仪征泰兴兴化天长八州县水次

扬州卫三帮

兑运泰州兴化江都甘泉如皋五州县水次

徐州卫江北帮

兑运铜山沛县萧县丰县砀山五县水次

长淮卫三帮四帮递年轮兑江南江北漕粮其轮兑江北之年向于徐州府受兑由黄河入运河乾隆二十五年船只改泊皂河米用小船装载过堤装入军船又徐州卫江北帮亦同案改泊皂河

轮兑江北之年兑运萧县丰县砀山铜山四县水次

泗州卫前帮后帮淮安卫头帮二帮每年派江南水次三帮江北水次一帮递年轮派

轮兑江北之年兑运山阳盐城阜宁海州沭阳泰州高邮七州县水次

江南省苏松粮道所属苏州松江常州镇江四府太仓一州水次

长淮卫三帮四帮

轮兑江南之年兑运无锡金匮宜兴三县水次

泗州卫前帮后帮淮安卫头帮二帮

轮兑江南之年兑运常熟昭文元和吴县太仓新阳昆山武进宜兴江阴荆溪阳湖无锡十三州县水次

江淮卫三帮六帮【系江安帮船协运苏松漕粮】

兑运溧阳县水次

江淮卫头帮二帮四帮五帮七帮八帮兴武卫头帮三帮四帮五帮六帮七帮八帮庐州卫二帮三帮凤阳卫常州帮凤中卫常州帮二帮淮安卫四帮扬州卫头帮仪征帮滁州卫苏州帮大河卫二帮三帮长淮卫头帮【俱系江安帮船协运苏松漕粮】并苏松粮道所属之苏州卫前帮后帮太仓卫前帮后帮镇海卫前帮后帮金山帮镇江卫前帮后帮苏州府白粮帮松江府白粮帮常州府白粮帮等帮船只原于顺治十二年派定水次雍正五年总漕张大有以苏松帮丁与本地收书多亲故联手坐佥长运年久弊生题准各帮船只无论土著协运皆就向年原兑府属只调本府各邑水次远不过百里近则三四十里定以三年一调杜其久练情熟盗卖钻营之弊至太仓所属只镇洋县漕船无从更调别次并入苏州府各县内彼此更调

浙江省杭州嘉兴湖州三府水次

杭严卫头帮

兑运仁和钱塘二县水次

杭严卫二帮

兑运钱塘仁和海宁余杭新城昌化于潜临安八州县水次

杭严卫三帮

兑运秀水嘉善二县水次

杭严卫四帮

兑运富阳石门海宁三州县水次

宁波卫前帮

兑运嘉兴县水次
宁波卫后帮
兑运秀水嘉兴二县水次
绍兴卫前帮
兑运嘉善县水次
绍兴卫后帮
兑运平湖嘉善二县水次
台州卫前帮
兑运长兴乌程德清三县水次
台州卫后帮
兑运乌程归安二县水次
温州卫前帮
兑运长兴乌程二县水次
温州卫后帮
兑运德清乌程二县水次
处州卫前帮
兑运桐乡石门二县水次
处州卫后帮
兑运安吉武康德清三县水次
海宁所
兑运海宁州水次
嘉兴卫帮
兑运嘉兴秀水平湖海盐四县水次
湖州所
兑运归安县水次
金衢所
兑运长兴归安二县水次
严州所
兑运海盐平湖石门三县水次
嘉兴府白粮帮
兑运嘉兴秀水嘉善海盐平湖石门桐乡七县水次
湖州府白粮帮
兑运归安乌程长兴德清武康五县水次
江西省南昌瑞州临江吉安抚州建昌广信饶州南康赣州十府水次
南昌卫前帮
兑运南昌上高上饶弋阳新喻五县水次
南昌卫后帮
兑运新建武宁高安南昌四县水次
袁州所
兑运丰城宁州【今改义宁州】靖安新淦南丰兴安乐平高安安福安义新昌玉山广丰十三州县水次
赣州卫
兑运玉山永丰临川金溪崇仁赣县六县水次

吉安所

兑运高安永新吉水南城东乡新昌乐平临川莲花厅八县一厅水次

安福所

兑运庐陵建昌新建泸溪奉新新喻新淦七县水次

永建帮

兑运峡江永新清江广丰永丰万年铅山庐陵上饶余干上高等十一县水次

抚州所

兑运高安建昌崇仁庐陵吉水安仁六县水次

广信所

兑运浮梁新喻新城奉新进贤泰和龙泉七县水次

铅山所

兑运都昌安义建昌新城安福万安泸溪莲花厅等七县一厅水次

饶州所

兑运清江铅山弋阳贵溪上高奉新靖安丰城进贤新喻新淦峡江庐陵南丰一十四县水次

九江卫前帮

兑运泰和万安鄱阳高安靖安新建清江七县水次

九江卫后帮

兑运鄱阳德兴新淦永丰乐平浮梁安仁万年永新莲花厅等九县一厅水次

湖北省武昌汉阳黄州安陆德安荆州六府水次

湖北头帮

兑运江夏咸宁嘉鱼蒲圻崇阳通城通山汉阳黄陂孝感当阳安陆云梦荆门应城随州应山黄冈十八州县水次湖北二帮

兑运江夏汉阳当阳荆门武昌通山沔阳蕲水天门江陵罗田潜江大冶十三州县水次湖北三帮

兑运江夏通山大冶汉阳蕲州沔阳当阳荆门江陵监利松滋兴国公安广济石首黄梅十六州县水次

湖南省长沙衡州岳州三府澧州一州水次

湖南头帮

兑运湘阴醴陵宁乡茶陵湘乡常宁华容澧州安福长沙十州县水次

湖南二帮

兑运善化攸县浏阳益阳临湘巴陵衡山七县水次

湖南三帮

兑运湘潭衡阳青泉耒阳安仁平江六县水次查湖广省漕粮旧系留充兵饷其船协运江西康熙九年全漕复行起运原船仍归楚省出运

一淮安卫头二两帮原系江南水次顺治十二年改派江北水次泗州卫前后两帮皆派江南水次康熙元年题定将淮安头二两帮泗州前后两帮轮流更兑长淮三四两帮递年轮兑

一雍正十二年因通州漕米改抵兵粮议准将高宝二邑漕粮总派扬州二帮兑运甘泉江都二邑漕粮尽派原扬州四帮今改并扬州三帮兑运

一乾隆元年题准将江淮卫六帮兑运江宁粮船十一只归并江淮九帮其江淮六帮少管船只在江淮三帮船内拨补一大河前帮水次在清江浦所兑赣榆县漕粮须由夏镇等处运回清江浦交兑殊多周折而淮安三帮水次在皂河道路较近乾隆十年奏准将大河前帮应兑赣榆县漕粮酌改淮安三帮受兑其淮安三帮应兑沭阳县漕粮调派大河前帮受兑

一江淮九兴武二两帮水次有在江宁上元二县者有在句容六合二县者句六二县例在龙潭受兑春初水势消落必得大汛江潮方可出口每不能跟随兑运江宁上元二县漕粮一同行走乾隆十年题准将二帮漕船递年轮

兑江淮九帮轮兑句六二县之年该帮不足之船于兴武二帮船内拨足即属江淮九帮运随管押兴武二帮轮兑句六二县之年不足之船于江淮九帮船内拨足即属兴武二帮运随管押一同行走以免间隔二十八年以龙潭运河已经筑坝蓄水开坝之时随潮齐出并无浅阻若仍旧互拨分管实属纷扰咨准将该二帮拨兑句容六合二县漕船各归各帮运弁经管收兑领运跟随受兑江宁上元之船一同行走

一湖北各帮兑粮水次乾隆十五年题准挨顺上江下江水次派兑除江夏汉阳二县漕米仍旧均派湖北头二三帮内洒带装运其余各州县漕粮分作三帮每帮用船六十只兑运湖北头帮兑运咸宁嘉鱼蒲圻崇阳通城通山黄陂孝感当阳安陆云梦应城随州应山黄冈等十五州县漕粮湖北二帮兑运黄冈荆门武昌沔阳蕲水天门江陵罗田潜江大冶等十州县漕粮湖北三帮兑运大冶蕲州沔阳荆门江陵监利兴国松滋公安广济石首黄梅等十二州县漕粮

一乾隆十六年镇江驻防兵米改支本色截留镇江府属漕粮六万六千四百二石于苏松通省各帮内均匀派裁漕船一百一十六只将原兑镇江府属所余漕船拨兑常州府属常州府属余船拨兑苏太二属苏太二属余船拨兑松江府属递相拨兑又乾隆二十九年镇江汉军官兵出旗为民及改补绿营兵粮减存原截镇江府属漕粮复行起运米三万七千一百三十一石零题准于常镇二属各帮内加装起运一江苏等属各标营兵米将山阜等州县漕粮改抵即以苏扬等属南风米石抵还起运调拨淮安大河泗州三卫丁船领兑乾隆二十二年题定泗州前后两帮轮兑淮粮之年拨运扬粮船六只自扬至淮归扬州帮弁带押到淮后仍归本帮管押自淮至北责成本帮卫弁办理轮兑淮属之淮安头帮抽运苏粮船五只即归本卫二帮兑运苏次之弁代押又淮安头帮拨运扬粮船六只并大河前帮拨运扬粮船三只自次至淮责令扬属帮弁代押到淮后再归本帮管押北上淮安三帮拨运扬粮船四只扬州帮弁代押到淮仍归本帮北上其该帮拨兑苏粮船二只及大河前拨兑苏粮船三只均归大河三帮代管

一浙江省漕白帮船照派定水次坐兑向无更调惟是频年屡奉截留减船不一而足仁和等县漕船迭经派减殊恐积困未苏在于杭嘉湖三府属漕船内均匀派减漕督一面咨部一面照办倘减歇帮船并非节次截留连年灾缓之帮仍照定例办理【乾隆二十三年】

一江南兴武九帮船七只二帮船十五只同兑上元江宁二县漕粮扬州卫三帮船八只二帮船五只同兑通州所属漕粮各该帮船数既属无几应归并管押将兴武九帮船七只附归兴武二帮管押扬州卫二帮船五只附归扬州卫三帮管押【乾隆二十三年】

一浙江漕船向系派定水次并无更调乾隆二十四年杭属仁和等县被灾原应坐帮派减因该属连年灾减帮丁疲困于通省帮船内均匀派减

一山东省峄县漕粮向拨济宁卫前帮船二只在台庄水次兑运乾隆二十六年酌定在该县之韩庄地方兑运

一江苏山阳阜宁等州县漕粮改抵兵粮以苏属南粮抵还起运将淮属轮兑帮船五只拨兑昆山淮安三帮船二只大河前帮船三只拨兑新阳其轮兑帮船五只令跟轮兑苏粮之帮弁带管淮安三大河前船五只议归受兑苏粮之大河三帮运弁管押但新邑米色较之他邑为次若令拨运新邑之船坐兑不无偏枯应归入大河三帮一体调兑【乾隆二十九年】

一裁汰兑运松属水次之扬州二帮船二十三只每年额运米石应洒于江兴帮内加装起运乾隆三十一年咨准华亭县粮米派江淮七帮船二十四只兴武三帮船二十五只按船加装余剩米石拨江淮七帮船一只兑运娄县粮米派兴武七帮船二十七只按船加装余剩米石拨兴武七帮船二只江淮五帮船三只兴武六帮船三只兑运上海县粮米派兴武三帮船三十一只兴武八帮船二十六只按船加装余剩米石拨兴武八帮船一只兑运南汇县粮米派江淮八帮船三十一只兴武八帮船三十九只按船加装奉贤县粮米派江淮七帮船三十二只江淮五帮船十一只兴武七帮船五只按船加装金山县粮米派江淮五帮船五十一只按船加装青浦县粮米派兴武四帮船五十九只兴武六帮船九只按船加装

一原裁扬州二帮船只应运松属米石乾隆三十四年因值三年调次之期咨准南汇县粮米派兴武四帮船三十二只兴武七帮船三十四只按船加装余剩米石于兴武四帮内拨船六只兑运上海县粮米派江淮五帮船四十七只兴武四帮船二十一只并派跨兑娄县水次之江淮五帮船二只兑运华亭县粮米派兴武八帮船三十八只江淮五帮船十三只加装兑运奉贤县粮米派兴武三帮船二十一只兴武八帮船二十八只加装兑运青浦县粮米派

江淮八帮船八只兴武三帮船三十六只按船加装余剩米石拨跨兑金山县水次之江淮八帮船四只兑运金山县粮米派江淮七帮船十四只江淮八帮船十九只兴武六帮船十二只按船加装余剩米石拨跨兑邻近水次之江淮七帮船二只兑运娄县粮米即于本次江淮七帮船内加装兑运仍于全单内粘签统于下届调次案内查照各县道里远近归正调兑

卷十一·兑运事例·水次派运

一乾隆三十二年总漕以该年江苏漕粮蠲免无船起运请将扬州二帮兑运安徽省天长县漕粮船四只归入宿州头帮带押抵通部议以该省漕粮奉旨间府分免所有扬州帮船如派于本年蠲免即归并带押如派于下年蠲免仍照例归扬州二帮押运

一扬州二帮额船五十四只内兑运通州属泰兴县漕粮船五只扬州三帮额船九十六只内兑运通州属如皋县漕粮船八只其余船只皆系额兑扬州府属粮米乾隆三十二年该府漕粮蠲免船入减存惟通州属漕粮照旧征运该二帮内起运五船八船均不成帮无庸专员押运就近分附大河前泗州后两帮运弁代押抵通其未起运以前一切佥丁修造并验兑粮米各事宜仍责各本帮千总就近办理

一江西省便兑节省米石例应次年搭运乾隆三十二年节省米石因次年漕粮蠲免准其于三十四年分起运帮船内附搭运通

一怀宁等县乾隆三十一年缓征漕米统于三十三年一并征完例应搭运赴通因安庆前后二帮额兑米数较多又无顺便帮船加装搭运应将征存三十一年米石本年先行搭运一半其余一半缓至今冬再行搭运【乾隆三十四年】

一泰州添设东台县分治应分归东台县征收漕米一万六百七十四石七斗七升七合三勺又分归征收以凤【凤米系地丁项下兵孤等米】还漕【每年】以山阳县漕米拨抵各营兵米以江宁扬州二府属南凤米石归漕起运谓之以凤还漕】米一千四百三石七斗七升四勺派扬州原四兴化所通州所帮船内兑运其还漕米石派大河前帮兑运泰州仍征正米三万一千二百八十一石七斗二升一勺又仍征以凤还漕米三千三百三十八石六斗四合九勺派扬州三帮盐城泰州二所并兴化所帮船兑运还漕米石派轮兑淮粮之淮安头并大河前帮兑运【乾隆三十四年】

一乾隆三十四年京口随旗左右两营官兵奏准裁汰应拨兵粮并苏城煮赈共需米三万九千八百石八斗之外计原截数内实有余剩丹徒丹阳金坛三县漕五米三千八百六十三石七斗九升五合六勺应行复运请于丹徒丹阳金坛等次帮船内均匀验派搭运仍于调兑水次案内造报【乾隆三十五年】

一乾隆三十七年安徽省怀宁等州县所征节年缓漕本应安庆等帮搭运因各该帮额运较多即有额运较轻之帮而所征缓漕甚多均不便尽数派搭除酌量派搭外余剩米石准其下年再行搭运

一江南之泰州东台二州县起运漕粮例系扬州三帮五十一船原四帮二十二船大河泗州二卫拨运八船专兑乾隆三十七年该州县被有偏灾船经停减只有应征熟田漕米起运船二十三只所征节年缓漕米石无船搭运咨准仍在扬州三帮派减船内拨船十二只原四帮派减船内拨船七只派装起运其应支行月等项均照现运支销

一乾隆三十八年下江之沭阳县所征节年缓漕米石除尽于下江帮船内派足兑运外尚余米七千二百余石若再派下江帮船搭运负重难行在于上江安庆新安二卫起运船内顺便加装其扬州府属泰州东台二州县征完缓漕除尽本次起运船内搭运外余剩米石该州县越在里河别帮不能顺便加装又无减船可拨准其存贮俟下年派搭

一泰州乾隆三十七年缓漕米二万八千九百五十余石于本次邻次起运七十船内加装一万余石其余一万八千余石派大河前淮安二停减漕船十四只装运米一万余石计仍存八千余石雇船拨出六闸交与邻次扬州二三江淮九等帮船内搭运北上所需雇拨出闸运费于存县漕费内通融给发其派拨减船十四只行月粮米仍照本帮之例核给【乾隆三十九年】

一原凤中三洪塘所船只例系领兑天长县漕米归扬州二帮运官管押乾隆三十九年扬州二帮额兑扬通二属漕米全数截留无船起运将原凤中三洪塘所起运船只派令兴武九帮运官代押仍令扬州二帮运官督丁兑运

俟兴武九帮船抵高邮移交代押以专责成

一乾隆四十年江宁府属漕粮因灾停缓其熟田应征漕米复由江宁等县缓缺抚米奏明拨补支放除拨抚米仍余起运正耗米石应派兴武二帮起运船十只领运缘船数甚少未便专员管押请于庐州头帮顺便粮船到省交与帮弁归并代押以节縻费【乾隆四十一年】

一临清后帮每船摊搭米石因载重迟滞请于外河前进济宁前后两帮漕船分漉带搭仍余米石均令临后帮船搭运【乾隆四十一年】

一杭嘉湖三府属粮船向系阄定帮次之先后出运今杭嘉湖三府属兑漕水次与江南接界最近莫如嘉属计程三十余里其次湖属计程一百五十余里最远杭属计程二百余里从前分府轮流前后阻压漕务请仿照江省镇江常州等府由近至远跟艄行走成例一律办理最近嘉属帮船即得遄行渐远湖杭二属船只亦得挨次跟艄抵通【乾隆四十二年】

一海州沭阳二州县征存节年缓漕米石除本次及邻次起运船只尽派加搭外尚余存米七千九百九十余石又扬州府属泰州征存节年缓漕米石除本次起运船只尽兑搭运外尚余剩米七千三百余石照例酌派淮安头帮减船二只装运海州缓漕淮安三帮减船七只大河前帮减船一只装运沭阳县缓漕又派淮安头帮减船五只大河前帮减船五只装运泰州缓漕其应支行月等项银米仍照各本帮现运之例一体支给【乾隆四十二年】

一淮海二府属山阳阜宁沭阳等县及扬州府东台县征存缓漕本次起运帮船不敷装搭而东台一县越在里河别帮不能顺便加装将淮安二帮减船四只大河前帮减船二只拨赴东台县装运缓漕随同各本帮管押北上其大河前帮仍拨减船一只装运沭阳县本次缓漕至山阳阜宁二县仓次均在淮安乃各本帮经由之地派令上江宁太帮船到淮顺便加装缓漕其动拨减船应支行月钱粮均照现运支给【乾隆四十三年】

一凤阳泗州等府州属缓征漕粮较多各帮额船不敷搭运又无附近帮船可以顺搭将宿州等州县节年缓漕先行搭运其余各州县缓漕饬令贮仓下年再行搭运【乾隆四十三年】

一扬州府属泰州征存缓漕除本次起运船内尽数搭运仍存米石计需船十六只即以本次派减船内拨出装运所拨灾减船只应支行月负重等项钱粮循例悉照本帮现运丁船一体支给【乾隆四十四年】

一长淮宿州头帮船二十只又带管凤中三帮船六只领兑宿灵等州县漕粮因各州县田亩俱被灾伤奉文蠲缓核派灾减船二十只起运宿灵二州县漕粮军船六只为数过少未便专员管押以宿州头帮起运六船归并宿州二帮运官代押所有宿州头帮佥丁修造并兑验粮米各事宜仍令本帮千总办理【乾隆四十四年】

一安徽省各该州县缓漕米石较多各帮新漕因灾蠲缓起运船只过少又无附近帮船顺抵加装将宿州等州县缓漕先行搭运其余缓漕米石饬令贮仓下年再行搭解【乾隆四十四年】

一海州县沭阳余征存四十二三两年缓漕于本次起运船只尽数搭运尚有存剩米石本年附近帮船俱有应搭本次缓漕不能加派循例以减歇船只所拨出泗州后帮本次减船六只运交清楚仍归本帮运弁管押北上所拨减船应支行月负重等项钱粮悉照本帮现运丁船一体支给【乾隆四十五年】

一太平庐州等府州属缓征漕粮较多各帮额船不敷搭运又无附近帮船顺抵加装将当涂芜湖等州县节年缓漕先行搭运其余各县缓漕米石饬令贮仓下年再行搭运【乾隆四十五年】

一凤阳颍州泗州三府属并六安霍山二州县应征漕米内除派截留外其派剩六安州米并不在截留英山县漕米以及六安霍山二州县带征四十三年分缓漕共计米二千八百十四石一斗三升七合派庐州四帮船四只领兑该船原系宿州二帮运官带押今宿州二帮漕船已经全减只庐州四帮船四只起运未便专员管押即交安庆前帮管押抵通交纳【乾隆四十五年】

一淮扬等府州属漕粮轮蠲除应减船只外尚有应兑海通二属漕粮淮安头帮只有起运船十只大河前帮只有起运船十只淮安三帮只有起运船八只又扬州二帮只有起运船五只并该帮带押凤中三洪塘所起运船四只扬州三帮原四帮只有起运船八只为数甚少不便每帮专委一员管押查淮安头三大河前三帮起运漕船并为一帮扬州二并扬州三原四两帮起运漕船并为一帮各专委一员管押将大河前帮起运船十只淮安三帮起运船八只归于淮安头帮运弁代押抵通扬州三四帮起运船八只归于扬州二帮运弁代押【乾隆四十六年】

一兴武六帮除兑运苏属船只轮减外只有兑运松属漕粮船十二只庐州二帮兑运太仓州属漕粮船九只滁

苏帮本年亦只兑运松属船十三只均属零星不成帮次应将庐州二帮船九只滁苏帮船十三只归于兴武六帮运官带运抵通【乾隆四十六年】

一淮安二帮漕船除派减外仍起运船五只大河前帮漕船除派减外计该起运船三只该两帮起运船只为数甚少不便每帮专委一员管押俱归扬州二帮运弁代押可节省运随俸廪养廉【乾隆四十七年】

一豫省漕粮向系直隶江南山东三省德州等十帮船只协运乾隆四十六年起运密云兵米令临清前等七帮雇船二十只运送以后每年应运密云兵米只令德州等七帮雇募未免偏枯应以德州等十帮均派雇募

一泗州前帮除减船外计该起运船三只大河前帮除减船外计该起运船二只该两帮起运船只为数甚少不便每帮专委一员管押查泗州前帮大河前帮起运船只系兑扬属漕粮均归扬州二帮运弁代押运弁俸廉可以节省【乾隆四十八年】

一湖北广济等十二州县应解荆州南米派给湖南帮船兑交起运其附近荆州之巴陵等州县漕米运交荆仓划作南米以舒挽运近因湖南漕船截留湖北本地所产土物不得装载丁力疲乏奏将广济等州县应解荆州兵粮仍照旧规自行解荆巴陵等州县漕米仍在本省水次兑运【乾隆四十九年】

一江西省漕船六百三十八只每船计装正耗米一千二百余石较江浙等省漕船装米本多船身吃水已重今计搭运米十八万余石每船须添装米二百八十余石仪征以上运河之内势必行走稍迟应将应运米十八万余石分作二年本年兑交各帮米九万石赴通交纳其余一半下年带交【乾隆五十年】

一扬州头帮旗丁王西堂漕船八运朽腐不堪加修兼受兑期迫应运米石分洒通帮带运交纳【乾隆四十年】

一乾隆五十年常镇二属应征漕粮分别蠲缓凤中常州帮起运船九只镇江前帮起运船五只兴武头帮起运船四只淮安头帮起运船五只大河二帮起运船七只长淮四帮起运船五只船均无多不成帮次应归并凤中常州连官代押毋庸专员管押

一乾隆五十一年河南省带运缓征漕米十万余石为数过多咨准于各帮额运船加装之外添雇船只装运

一庐州头帮本年起运船八只若专员管押未免糜费应归并兴武九帮带押其在次佥丁兑粮各事宜责成本帮千总查辨仍令兑竣押送江口草鞋夹地方交兴武九帮运官接押以专责成【乾隆五十二年】

一山东省每年出运船六百余只每船计装五百余石乾隆五十二年应运上年截留粜借并缓漕等米十四万五千余石为数较多实难派搭咨明雇船运通交纳以免负重

一浙江冻阻回空船九帮不能归次应运新漕钦奉谕旨拨运闽省平粜漕粮各帮毋庸起运惟有湖州白粮帮应运白粮一项未便一并拨交闽省仍应运京交仓即交在次新造之湖白帮船并杭州头二海宁所等帮新造之船共十七只代为装运仍令湖白帮千总督押以专责成【乾隆五十三年】

一江西回空粮船在闸河冻阻交兑新漕不便迟悮令在次新造赔造之船先行受兑一面雇募民船伺候俟新造等船赶到随兑随开未到即用民船装运迎遇回空之船交给过载督饬长行俾得依限过淮【乾隆五十三年】

一宿州头帮本年起运船八只查有邻近宿州二帮向同该帮在盱眙水次雇船拨运过湖今起运八船应归并宿州二帮带押其水次佥丁修造验兑各事宜仍责成本帮千总查办【乾隆五十三年】

一和州并无额设帮船乾隆五十三年灾缓南屯并熟田抚米应归还原拨上元县缓漕米石即令运至上元贮仓派帮搭运其灾蠲屯米于动拨宿松县米内扣存以抵原拨宝应县缓漕米石亦由宿邑随漕派帮搭运

一豫省安阳临漳二县漕粮缓征将临清后等帮额运军船酌减五只即作为各该帮装运密云兵米之船毋庸另雇仍照兵米船只之例支给银米【乾隆五十五年】

一宿州二帮加装六安州属改漕米石因该帮并无额运该州属船粮恐各该船不能俱赴受兑应酌派二船装运其原兑六安州属漕粮之庐州四帮六船加装改漕米石照旧派兑均归庐州管粮通判监兑【乾隆五十六年】

一山东临清等帮军船向系协运河南漕粮乾隆五十九年豫省麦豆缓征各帮船停泊卫河无庸挽运而山东新漕有须赴天津雇用官拨装运者奏明将此项减运豫粮军船就近受雇算运其往来直省费用及应发苫盖银两均可节省天津拆造官拨船又可及早兴工预备东省新运起拨

一山东协运豫粮帮船内有例应各丁自雇北河拨船赴河南装运者东省新漕蠲免即有军船闲泊水次与其

远赴天津雇拨莫若就近雇用闲空军船足数装载军船既受雇值即可照例不给苫盖钱粮以归撙节【乾隆六十年】

一抽选运白船只原应三年一调苏松常三府白粮帮船于嘉庆元年抽调之后俱各轮减一次只历两运船身一律坚固堪以补足三运准其俟足运后再行抽调【嘉庆四年】

一山东省嘉庆八年漕粮蠲缓截留济宁后濮州二帮各祇出运船十二只若令各成一帮诸多未便而重空千总按应运粮数支取见石养廉亦不敷用将济宁后帮船只归并济宁前帮千总兼押濮州帮船只归并东平帮千总兼押又闸内应运保雄等处兵米船二十八只派拨东昌帮闸内减船专装又东平帮应兑冠县豆船一只因闸内船粮停减随同本帮外河船只抵通

一嘉庆八年给事中萧芝奏请于南方产米之乡官为采买由海道北运钦奉上谕著该督抚体察情形据实具奏不必豫存成见等因钦此九年正月浙江巡抚阮元奏称海运自元代至元二十年以后运过四十七年逐渐造船设官皆由江南之太仓上海出口运至天津其中如数运到毫无漈失两年中途漈失每石摊缺一斗至三斗者两年余数十年则每石摊缺数合至九升不等元明间人又有开胶莱新河之举谓由山东胶州开河北达直沽可避登莱外洋之险然此地臣任山东学政时屡经过往周览山高石多并无来源大水堪资蓄泄故从前节次筹办劳费无成终不改登莱外洋之故道则是海运一事原非必不可行但非久习其途不能见效今不由海运已数百年现无北运章程堪以循照若猝然动支国帑采购多粮轻试于素不相习之风涛以冀幸无误事似非慎重之道万全之策即或万不得已而行之亦可量分额漕改为海运即以丁运之费作为海运之费未便于额漕之外另筹采买致多糜费等因奉上谕上年豫省衡家楼漫溢之后黄水下游由出东张秋穿运经行于运道不无妨碍自应就现在应行事宜亟为筹画经朕特派那彦宝前赴豫省会同嵇承志等上紧堵筑并派费淳前往山东会同铁保设法办理运道挑挖淤浅疏导泉源并于各决口溜急之处详细筹备现在豫省堵筑工程已得十之七八余亦均办有端绪诚以重运北来至关紧要是以前此不惮烦劳妥为经理而外间议论纷然即有以山东运道难通宜改为海运者给事中萧芝竟以此入奏朕原知其窒碍难行若不交议则无识之徒或疑朕不能虚衷采纳是以将原折发交江浙各督抚妥议奏闻并谕令勿存成见前据陈大文汪志伊奏事属掣肘不能办理而本日阮元折内亦称海道险远不敢轻试且现无旧办章程堪以循照等语该督抚等久任封圻谙习政务前后所奏不谋而同是其事之必不可行皎然共见并非朕自矜独断也所有萧芝原奏著无庸议钦此

一湖南巴陵等县嘉庆十二年漕粮缓征漕船酌减荆右卫疲船较多岳州卫疲船较少通融在于岳州卫应减船内派出二只兑运荆右卫漕粮

一江南苏州松江常州三府白粮例由漕粮帮内按船抽选三年一次更调兑运多有一帮数船散兑数县者嘉庆十二年议令如一县不足派兑一帮或一帮不足一县即于邻近县帮内酌拨兑运毋致零星散漫以昭慎重

一东省买补截漕等项向系沿河州县雇觅民船装运嘉庆十三年应运买补截漕并兵粮米石需雇船只因民船多系装载粮食贩运未便截留封雇致扰商民奏明选拨东省额设官拨船只派赴各水次受兑开行

一庐州卫头帮兑运无为合肥舒城庐江巢县五州县漕粮向系通帮二十五船周历五州县分洒装运本年巢县被旱起运米数无多经安徽巡抚咨准酌派一船专兑【嘉庆十七年】

一湖北额设漕船一百八十只向分头二三帮每帮配船六十只内三帮系襄阳卫船二十四只德安所船二十六只又于头帮之武昌卫额设漕船内每年轮拨船十只并入三帮以符每帮六十只之数经漕督咨准武昌卫轮派十船拨入三帮行走不便仍归头帮管押其应给廉食米石按照头帮七十船三帮五十船核算支给【嘉庆二十二年】

一江南东台县额征漕米一万五千三百九十五石零内扬州三之原四兴通两所船二十二只兑米一万二千四十一石零船米相等照旧派拨外惟盐城泰州两所向派船二十二只兑运米三千三百五十三石零米少船多又泰州年额漕米二万九千五百六十三石零泰州所额设三十四船内二十九船兑该州米一万七千六百九十四石零又兑东台县漕米船五只找兑该州米九百五十五石零盐城所额设一十七船兑该县米八千五十八石零兴化所漕船一只找兑该州米四十石零又轮兑之淮安泗州等帮漕船五只兑米二千八百一十五石零经漕督咨准盐城泰州两所二十二船兑运东台县漕米三千三百五十三石零派盐城所六船领兑其原兑泰州所五船即专兑泰

州漕粮又以凤还漕米一千七百余石即在兑运东台县漕粮之兴化所十一船通州所十一船盐城所六船共二十八船内匀装搭运【嘉庆二十三年】

一浙江省道光三年灾缓漕白粮及蠲缓南粮截留漕米派减船只因处后杭头两帮减船过多每帮仅出运船七只势难起运咨准将处后帮漕粮派处前帮代装起运杭头帮漕粮派杭四帮代装起运

一苏松常镇太五府州属漕粮各帮船只每届三年调次经江督等奏准苏松常镇太五府州共船四十三帮内除白粮三帮江淮三六两帮镇江前后两帮共七帮毋须更改外其余三十六帮内应兑苏太两府州属二十一帮松江府属八帮常州府属七帮秉公籤掣将苏太两府州掣定十六整帮其余五帮分拨苏太各属找补松江府掣定七整帮其余一帮分拨松属找补常州府属掣定七整帮将镇江前后多余船只分拨找补自道光三年掣定水次后每届三年毋庸再掣即将上次各帮挨次轮流受兑指明何年何帮应兑何县漕粮递转一周造册咨部存案一面通饬县帮遵照所有上届找补各县之散帮下届即作为正帮尽先受兑上届在后之整帮下届即作为散帮分帮找补【道光三年】

一江西帮船水次向系三年一调经漕督等奏准除饶州抚州两帮便兑饶州府等属漕粮并都昌县米石每年轮派截留沧州之尾帮受兑应循旧章外其余十一帮援照苏松各帮新例按江西帮名次序分作十一籤传齐帮弁旗丁眼同掣定县仓自道光三年冬运起按三年一届不必再掣由后推前挨次轮转如船多米少则以后仓米数拨补米多船少则以后帮船数找兑各州县间有灾缓应减船只分别疲船减歇带征缓漕年分准附本仓正额于通帮一律加装【道光三年】

一苏松等属漕粮船只调次清册向系三年一送现既掣定水次若不按照三年一届将轮兑散整并减歇出运各帮细数造册造部恐年远更难查核议令自道光三年苏太等府州第一届起将各帮调兑船数内何州县兑运若干加一裁船若干轮减免雇若干逐一声注造册咨部以便与章程原册比较核对并令嗣后按届详晰声叙其轮减免雇船只系按年由帮查报均令按定章程照例妥办【道光四年】

一山东省应运密云等处兵米共船三十二只向系雇用民船装运如遇灾减年分即用减船抵装又东省带运粮石应于起运漕船内分洒加装搭运道光六年临东后等帮灾减船二十六只除抵装密云等处兵米并带征漕粮共船二十三只尚减船三只并未一体抵装拨运兵米因灾缓减船定案时已在别帮兵米雇船装运之后以致未能全用减船抵装议令嗣后如遇灾缓务将应减船只若干于各帮未雇兵米船只之前先期核定分别抵装毋任延误致滋縻费【道光七年】

一江南省天长县漕粮从前系凤中三帮洪塘所船四只领兑每年归并扬州三帮千总带押北上嗣洪塘所船停造天长县漕粮俱系扬州二帮起运船内分洒带运本年扬州二帮全船减歇天长县额漕除缓征外实起运米一千五百余石于扬州二帮减船内拨出船三只专兑责成兑运江宁府属漕粮之兴武二帮由扬州高宝一带经过归并代押令照洪所额支行月给领造入奏销报部查核【道光七年】

一道光七年漕运总督咨苏松常三府共二十八厅州县每县额兑白粮船自一只至七八只不等其应选白者共三十二帮每帮额选船自二三只及四五六只不等是以县帮船数各有多寡参差而上届兑运州县水次今届必须照例更调别县本年调次案内除仪征等二十六帮白粮船均系整帮整县调兑其余江淮二等六帮额运白粮船多寡不同一帮不能适合一县之数即不能不按各县额运船数匀拨凑补足额经部议准

一兑运白粮船只例系三年一调苏松常三府白粮帮船自道光四年抽调之后除道光四年兑运一次又兑运六年分一次其五年分白粮系由海运各丁船实祗兑运白粮二次道光七年漕运总督饬取该船坚固印结咨准补运七年分白粮一次以符定例

一江西省漕粮前于道光三年掣定县帮三年轮兑一次其都昌县米石每年轮派截留沧州之尾帮受兑即以尾帮原拈别县之米抵换道光五年都昌县米石轮派尾帮受兑是年尾帮轮值九后据漕督咨请将都昌并该帮原掣县分尽数拨兑外米石尚有不敷将广信帮原拈高安县暨九前帮原拈上饶县有余米石找足其南前吉安二帮原拈各县米石均系船多米少是以将饶州帮原拈万安县余剩米石拨补南前将安福九前赣州原拈吉水等县有余米石凑补吉安与道光三年原掣县仓稍有参差嗣经部议都昌县漕粮轮派尾帮受兑是年尾帮轮值九后应将该帮原拈之县米石照都昌县米数拨调原拈都昌县之帮受兑何至各帮仍复调拨不一议令查照掣定县帮派兑

毋得任意调拨【道光八年】

卷十二·兑运事例·交兑军粮

一官丁兑米入船即将所载米数悬于舱口听粮道不时查验以杜盗卖【顺治七年】

一军船到兑粮水次严克限期不许久恋随到随兑随兑随开不必守候全帮藉端迟延【顺治九年】

一征收漕米定限十月开仓十二月兑完知州县卫所等官船到无米有米无船过十二月者罚俸半年过正月者罚俸一年过二月者降二级留任【顺治十二年】

一旗丁兑粮交兑明白出有完粮通关过淮亏少责在旗丁不得仍扳粮户违者严究治罪【顺治十二年】

一江西漕米向点经催为粮官解米运省候兑旗军顺治十六年禁革如有不遵该抚指名参处

一各州县漕粮总督颁发全单粮道颁发号单开明船米数目刊定赠耗若干分发各州县每兑完一单令卫官填注收数一船兑足即出给水程单勒令开帮【顺治十七年】

一旗丁应兑粮米不许洒派各船果有事故应洒兑者责令运官总领分散带运【顺治十七年】

一兑漕首重米色其有仓蠹作奸搀和滋弊责成监兑官核验究处如米色果系干洁弁丁故意勒索即行题参重处【顺治十七年】

一收兑漕粮粮道先将各卫丁船派定前后临兑之时州县悬牌挨次轮兑不得凌越【顺治十八年】

一各省漕粮总漕置立全单每帮分给一纸运官有司各照款项依式填注如违误不填及填注不实者在南听总漕在北听仓场察核参处【康熙二年】

一湖广省停运多年缺船缺丁康熙七年始行起运除折色并荒米湖北实征正耗米一十二万七千九十八石湖南实征正耗米十万三千九百石零查正四耗米及里民盘脚米石向俱八正数内支作兵糈今既起运则正耗米石应照全书正兑正米若干耗米若干分别兑运其盘脚米石原系里民额外装运到次盘脚耗米不在正四耗内自应退出不便混入

一监兑漕粮未经兑完捏报兑完或漕船未经开行捏报开行者降二级调用督抚不行题参察出将督抚粮道监兑文武各官一并从重议处【康熙五十年】

一监兑官务令坐守水次将米逐船兑足同粮道亲身督押到淮盘验如有短少审明参处仍留旗丁兄弟子侄一人交与监兑官购补足数雇船赶帮取具押运等官甘结呈报总漕查核【康熙五十一年】

一各州县交兑漕米旧例取米四升装成二袋用印封固解送仓场验收康熙五十四年题准水次兑粮每船装米一石粮道亲验钤印加封到淮之日总漕拆封对验加封抵通仓场带领坐粮厅验明起卸其样米仍作正收受【康熙五十四年】

一江西有漕州县惟南昌新建附省余皆僻处山陬向例民贴脚耗于官雇船运至省仓交兑康熙二十九年部议以各省并无支给脚耗之例驳令查追三十三年奉旨听民贴运免其追赔三十八年以后部议脚耗与扒夫等项分晰未清复令扣追雍正元年奉旨脚耗乃贴运之总名扒夫等项乃支给之细数其实一事非两项也自康熙三十八年至今应追银米尽免追赔向后准其支给钦此

一漕粮开兑开帮之日总漕务将各粮道所属船粮数目运丁细数文册豫行送部远者查参【雍正元年】

一漕粮交兑之时监兑官验明实米足额眼同州县官交兑军船如有专觅巧手做斛飞筥走挡等弊即行严拿治罪如旗丁不肯受兑额外勒掯亦将旗丁严拿治罪监兑领运等官不行约束总漕题参交部议处【雍正二年】

一漕粮过淮总漕按数查验如正数有亏借水手所买包米及借别船米石凑抵补数者总漕即验明印记作为正米运通不得复归水手别船仍将领押运官题参旗丁治罪【雍正二年】

一各省漕赠行月本色米麦及副耗等米照数装载入船开行之日粮道查验出结报部至粮艘到淮总漕细加盘验核其经行之远近缺少之多寡如有缺额分别参究【雍正五年】

一交兑漕米例应干圆洁净如有搀杂潮湿其在未受兑以前责在州县既受兑以后责在弁丁不得诿卸以专责成【雍正十年】

一交兑漕粮责令监兑官秉公查验米色如并无潮湿搀和兑完即照例出具通关米结不得勒掯推诿其有县

卫以米色争持者将现兑米样眼同封固驰送总漕巡抚察验并申送委查道员亲往验看果系潮湿搀杂督令赔换筛扬仍将所兑米样封送总漕俟过淮时盘察比对分别究参雍正十年】

一各帮缓交余米出运之船自应照数交纳如遇有派减各船缓俟下运再行带交【乾隆二十八年】

一漕粮到淮米色原兑平常将征兑州县无论已未出过通关米结严参议处著赔补运并照例将该管道府及监兑押领各员弁一并参处再照数共赔一分入官充公至于原兑米色本好中途舞弊搀和不能勤加风晾与过淮后仍有霉暗米色交仓均照定例办理【乾隆四十一年】

一各省漕粮州县官于收米时务将洁净之米入仓随时晒晾遇雨水失调之年竭力风筛晒晾干洁至兑运上船以后涉历长途司漕各官责丁随时风晾以免潮湿【乾隆五十二年】

一各省带征粮石向俱列入全单粘签注明以便抵通交兑因豫省带征粮石较多雇船装运未便一体列入全单致滋牵混自乾隆五十三年为始将豫省搭运米石由粮道给发执照赴坝交纳以示区别【乾隆五十四年】

一河南省乾隆五十九年漕项奏销案内支剩行粮润耗等米凑运天津等处兵米之用在于下年截存蓟粮米内拨还清款搭运赴通交纳【嘉庆三年】

一山东省额征行粮米石除支用外如有余剩即令各属于本年冬运漕船内就近搭运赴通交纳毋得转解道仓再行派搭致糜运脚折耗【嘉庆四年】

一豫省额征白麦一万石尽归一帮装运在于平山前后临清河南前后徐州前后等六帮军船内选择干练弁丁坚固船只挨次递年轮流装运如派某帮装运白麦该帮余船俱派装运米豆不令再装改麦以杜混淆【嘉庆四年】

一各省帮船全单向由总漕衙门将起运船粮数目核明填注发交粮道从运弁起至监兑等员逐一钤盖印信帮船过淮签盘时核验复发帮收执到通由运弁呈报坐粮厅仓场户部户科查验均不免守候需时嘉庆五年漕运总督铁保奏准嗣后全单饬发粮道后即由道递行押运领运厅弁等盖印仍归粮道缴还总漕备文径文坐粮厅俟帮船抵通交粮后即呈送仓场侍郎由仓场侍郎咨送户科户部照例核验转咨总漕衙门备案

一各省收兑漕粮经征监兑各官务使米色一律纯洁不得稍有搀杂各帮受兑以后不时开舱风晾毋致霉变亏短倘有前项情事分别参办取具经征监兑各官印结应将米麦豆数分晰载明随同开帮册送部并取具弁丁随时风晾结领一并送部查核【嘉庆六七等年】

一良乡等处驻防官员应需俸米七百余石于嘉庆八年议令在于东豫二省蓟粮米内各半分运因豫省八年蓟粮被灾缓征令山东省代为起运于下届代运还款八九两年准其暂行添雇船一只专装米五百八十石派令额船较少之帮装运下剩米一百五十余石在于拨运良乡等处兵米船只分洒带运至嘉庆十年该二省各应分运一半俸米三百六十六石若仍添雇船一只专装运送未免糜费令原派雇良乡等处兵米船十二只按应交处所均匀摊装照例支给润耗津贴等项银米

一江西省各帮搭运米石先尽漕船搭派余剩之米旗丁自雇小船装运并未开销公项应听自行办理【嘉庆十年】

一湖北兑漕水次不一经湖北巡抚奏准省城水次应兑米石各帮兑齐开行至湖北江西交界之田家镇地方另委大员按船盘验如果米色纯洁即令遴委之大员会同粮道出具印结呈赍备案傥过淮时总漕查出霉变情弊即将该委员一并奏参分赔【嘉庆十七年】

一安徽省英山县漕粮向在六安州单家埠地方采买兑运嘉庆二十年六安被灾无米可买咨准在于沿江出米地方买交安庆帮船受兑其应给旗丁赠五银米及加一耗米等项概照英山县向给宿州二帮之数兑给所有一切通关文结及样米布袋即用安庆府通判衔名印信以专责成

一收兑漕米总以通关米结为重向例未兑以前责在州县既兑以后责在弁丁嘉庆二十四年奏准江苏安徽浙江三省距淮较近帮船皆系跟接兑开行走嗣后过淮盘验如通帮米色俱好止有一二船不能纯净即责令旗丁将食米易换仍治弁丁以应得之罪与原兑州县无涉如查验各船之米均多灰暗潮湿若非旗丁途次搀和必系原征之米本系不纯弁丁扶同滥兑应将州县弁丁分别参办著赔惟过淮盘验在后通关米结在先应仍责成弁丁认真受兑不得恃有州县分赔滥行出结如有需索贴费含混出结及疏于晒晾等事即将监兑领运出结各官弁严行

参办

一各省漕粮原应征收本色不准改折山东省闸内州县冬兑冬开或粮多收未足数或车少赶运不及咨准在于各水次就近买米垫兑仍饬赶紧征完不得延至交代时将漕尾作抵尤不得藉垫兑为名概行折征如查有勒令全折之弊即由该抚奏参惩办【道光七年】

一江苏省各帮起运漕粮向系通帮分洒均装道光八年咨准自本年为始所有各县额兑之粮即归各次额运之船装运严禁帮弁混行洒派并将均装洒派名目永远革除遇有推造免雇船只除本次额船装运外所余米石于同帮邻近水次腾出数船带装不得隔次派兑及通帮零星洒带派拨兑竣仍于开帮册内一并登造

卷十二·兑运事例·兑开限期

一漕粮兑运事竣定例将兑完过淮日期并船粮细数奏报巡抚不得过二月总漕不得过三月河道不得过四月康熙二十八年题准各省漕船开行之后该抚即行题报如迟二三月始行具题者查参议处

一湖南州县漕粮运赴岳州水次向未立有限期雍正二年题定于十一月内运贮岳仓如迟至十二月中旬到者照过十二月兑开例议处过十二月者照过二月兑开例议处如州县粮米依期到次军卫船只已备监兑领运厅弁交兑稽迟致过十二月者亦照过二月兑开例议处俟依限过淮题明准其开复

一漕船定例冬兑冬开山东省临清闸内船只雍正十二年题准于次年二月兑开仍依定限抵通

一军船受兑已报开行立即督令前进如有报早开迟逗遛水次者一经查出将运丁捆打粮道押运等官分别议处【乾隆二十三年】

一山东省临清闸外船只向例冬兑冬开乾隆三十年奏准改为春兑春开仍依定限抵通

一江西军船一十三帮共六百三十八只每年虽系岁内兑开而鄱湖间阻不能迅即过湖钦奉谕旨许令正月内扫帮前进嗣后饬令于向来限单内详细填注以备稽核傥并无风阻而托故逗留者即将玩丁惩究领押厅员一并查参并经过沿河各州县移明各督抚一体遵办嗣后递年照此赶办务于岁内兑竣正月内扫帮前进【乾隆四十一年】

一乾隆四十一年钦奉谕旨各省漕粮冬兑冬开自属正办迨后开兑迟延实系历年因循所致虽催攒尚无贻误究不若照例于冬月开帮之为暇豫目下正届收兑漕粮之期若能于今岁冬间办定章程嗣后即无难递年遵办著传谕有漕之督抚实力妥办其江苏安徽浙江各省粮船务令岁内全数开行江西湖广各帮亦须将回空之船迎催归次必于正月内扫帮前进毋致迟逾钦此

一乾隆四十七年以后南粮首进帮船每迟至六七月间抵通其在后帮次或在杨村等处起拨或在北仓起卸其故由于州县兑米延缓押领员弁勒索等弊俱所不免而开帮日期仅由县府司道具报巡抚汇题并不随时具奏殊非慎重之道嗣后应将各帮何日开行及扫帮前进之处查明专折具奏如有迟延捏报立即指参【乾隆五十一年】

一湖北省起运漕船因各州县运米稽迟继以李天培洒带桅木迟至次年四月内始得开行将咸宁县知县张廷春等照任意耽延例降一级调用【乾隆五十四年】

一豫省各州县漕粮向于九月内齐集卫辉水次今改兑楚旺水次程途较近开兑日期应另行酌定通州等十帮粮船限九月二十日以前齐集水次各州县漕粮限九月二十五日以前运齐以符冬兑冬开旧制按期抵通【乾隆五十四年】

一嘉庆五年钦奉上谕山东粮船向系冬开上年经陈大文奏改春兑原为免帮船守冻起见但本年冰泮之后甫行受兑以致开帮迟滞转将豫省船只通融先行本年幸系闰月得以无误明年又系全漕年分若照此办理势必有逾到通定限殊非妥协所有山东省粮船嗣后著改为冬兑春开钦此

一江苏省嘉庆六七两年分起运漕白船粮开帮迟延应将领运船只开兑过十二月之千总罚俸六个月过正月开兑之千总罚俸一年过二月开兑之千总降二级留任【嘉庆九年】

一浙省漕粮例系冬兑冬开嘉庆九年及十一十二等年因沿途阻滞归次较迟奏明展限春开

一安徽池州宁太安庆等帮在次开行迟延部议将千总押运等官降级革职戴罪督押抵通完粮后题准开复

【嘉庆十二年】

一嘉庆十五年奉上谕给事中吴邦庆奏请复东省漕船春兑春开旧制一折东省距通较近向来漕船春兑春开抵坝并不迟误自改为冬兑冬开之后每年仍须在闸河守冻而米豆存舱日久转不无霉变之虞又运河挑工因军船在彼停泊不能攒办多致迟误此外弊端尚多自应仍复旧制著照该给事中所请自本年为始将东省闸河内外帮船照春兑春开之例办理但该管官务当督饬旗丁等兑竣早开沿途迅速攒行无误抵通定限又据奏山东有漕州县其闸河以外系于九月开征闸河以内系于八月开征正在秋稼登场闾阎交纳不无拮据等语现在帮船改为春兑春开则州县征收时日亦可从容著自今年为始仍照旧例统于十月初旬开征以纾民力钦此

一嘉庆十六年山东巡抚同兴奏东省漕船共十五帮闸外十帮无闸阻隔亦无挑工交春冰泮重运即可开行其闸内五帮因闸河每冬必须挑浚有碍停泊乾隆五十四年经前抚臣长麟奏定于各州县征收漕粮时随征随兑随令开行出闸以便闸河筑坝兴挑而帮船出闸守冻一俟春融即可跟接闸外各帮连樯而上历年遵照嗣于嘉庆四年抚臣陈大文奏改春兑春开行之一年旋经抚臣惠龄奏改冬兑冬开仍复旧制上年巡漕给事中臣吴邦庆复又奏改春兑春开即经饬属遵照办理惟闸内帮船既改春兑必俟挑工完竣汶河起坝铺水后方能运米交兑陆续开行正值南漕次第人闸一经拥挤便多阻碍查东省秋成较早霜降后秋稼全登凡闸河以内州县若定于九月开征闸河以外定于十月开征则花户从容完纳各帮受兑后挽运出闸分排停泊再于舱内厚铺席片多备气筒自无潮湿之虑且闸内帮船受兑后依期出闸不致占碍河道即于闸河挑浚事宜亦多便利应请仍照历年旧制闸外十帮冬兑春开闸内五帮冬兑冬开等因奉朱批自应照旧章为是依议钦此

一嘉庆十八年山东省间有被旱处所征收漕粮未能依限兑运奏准谕旨暂改春兑春开统限于二月内一律兑竣开行

一嘉庆二十年曹州府属居民被疫收割较晚难期依限收兑经山东巡抚奏准暂改春兑春开

一苏松等属嘉庆二十五年以前历年兑开迟延之武职各官除运弁八十九员事在恩诏以前准其宽免其千总胡泉等均于恩诏以前另案革职虽经捐复原官应以引见奉旨之日为始核计系在恩诏以后仍应于补官日罚俸降级留任【道光二年】

一道光四年漕督奏江淮七帮距前帮开行之期迟至半月过淮后始赶跟前帮未便以渡黄如限竟置不议请将该帮千总暂行摘去顶带如果沿途行走跟接抵通交卸全完再行奏请给还

一道光五年仪征苏前两帮千总兑开迟延参奏革职旋因该二帮自开行至渡黄俱系该弁等一手催攒跟接渡黄北上并无脱前压后情事其水次兑开稍迟数日系因风雨耽延尚无别故奏准开复留于漕标酌补

一道光二十四年钦奉上谕惠吉奏筹办新漕事宜请饬赶紧兑开等语漕船各帮兑开迟早乃运行第一关键其沿途经过各河闸自当预为挑浚深通俾免浅滞至江南苏松二属素因米多开行较缓每致他省帮船被其阻压所请无论何帮兑竣即先开行自系为速漕起见现居新漕征兑之期著江浙各巡抚一体通饬各县帮赶紧兑开务遵渡黄定限倘其中稍有不齐即令兑竣之帮漫越开行毋庸停待如江广各帮先至江口亦准提令插档过淮先行灌渡至各帮渡黄后是否仍须照依次序行走之处并著该漕督随时体察情形督饬妥办毋任稍有阻滞以利漕行而重储备钦此

一道光二十五年钦奉上谕璧昌等奏松江府属漕船开行迟缓请将知县帮弁分别摘去顶带议处勒催一折本年松江府属奉贤南汇两县之兴武六帮延不攒行华亭娄县二县派兑之兴武三江淮七两帮亦复相率延宕该县帮等实属开行迟缓江苏署奉贤县知县周沐润南汇县知县萧翀兴武六帮千总于炳南均著摘去顶戴仍交部议处华亭县知县常恩娄县知县程恩溥兴武三帮千总郑丰江淮七帮千总冯卫极著一并摘去顶带仍勒限将各帮船飞挽渡江倘再停留即著从重参办余著照所议办理钦此

一咸丰元年钦奉上谕陆建瀛杨文定奏请将玩误漕船兑开之员弁分别革职留任并摘去顶带等语本年江苏松江府属漕船兴武等帮延至四月上旬尚未兑开离次总由该府县及总办帮弁等不能认真筹办以致稽延实属玩误署华亭县知县帅宗奉贤县知县王嘉谷署娄县知县李辉德金山县知县薛焕署川沙同知窦塾兴武四帮千总郭生芹兴武三帮千总金殿荣兴武七帮千总许登科著一并革职留任松江府知府顾兰征署管粮通判朱钧著摘去顶带勒限即日兑竣离次昼夜攒行星速飞挽跟接前进如再稽迟著即从严参办该部知道钦此

一河南省起运漕粮因被兵被灾完报稽迟难照冬兑冬开旧制据河南巡抚于咸丰三年奏请改为春兑春开嗣于咸丰四年六年改为冬兑春开复于同治元年奏请以河北三府漕粮改为春兑春开经部覆准并奉特旨允准

卷十二・兑运事例・搭运收买

一苏松粮道所属嘉庆元年二年蠲免漕粮其仍征随漕赠五等米除截拨京口兵粮并各帮减船月粮外青浦县余剩米四千一百一十一石六斗六升六勺无需动用于起运帮船内分装带运赴通交纳【嘉庆三年】

一铜山睢宁二县嘉庆元年征存熟田漕粮前因丰汛漫口挽运需费奏明缓俟嘉庆二年冬搭运嗣东省曹汛漫口尚未合龙黄河断流水陆二途均难起运咨准再缓至下年搭运【嘉庆三年】

一浙江温州后帮旗丁陈士明等十名船只遇风沉溺米石除余米抵补外尚应买补搭解米石奏准自明冬为始分作四年按数搭解【嘉庆五年】

一浙江省嘉庆二年归安等县歉收项下应征漕粮正耗米一万七千四百三十三石一斗四合五勺前经钦奉恩旨分作三年带征所有嘉庆三年应征初限米石因该省漕粮轮应蠲免帮船全数停减无从带运咨准同二限应征米石一并加装带运赴通交纳【嘉庆五年】

一苏州白粮帮潮湿米一千三百九十二石四斗一升先经奏准令该丁等变价回南买补足数下年搭运嗣该帮交剩余米七十二石准其抵补下剩应搭米石责令照数搭运赴通交纳【嘉庆六年】

一安庆等府属还漕行月米石各属俱有额运漕粮可以随次派搭惟和州向无漕粮亦无帮次搭运准其派令上江经过帮船顺道加装带运【嘉庆七年】

一江苏镇洋县搭运民欠米四千余石先经奏明汇入下届起运船内搭运嗣因就该县及太仓州水次帮船均匀派搭咨准分作二年运通并援照乾隆四十九年苏省搭运支剩行月等米酌给赠银赠米及席片负重银两【嘉庆七年】

一江西永建帮旗丁辟徐朋等一十九船受兑进贤县漕粮在淮霉变亏折米一千五百九十八石四斗四升八合三勺分作三年搭解除初二两限米石均已照例买米搭解运通交纳其

嘉庆七年应赔三限米石因各属漕粮缓征粮艘船停减在次无船出运准其俟嘉庆八年出运漕船搭解运通还款【嘉庆八年】

嘉庆八年户部核定上下两江收买米石运通章程七款

一上下两江各帮船每只行月内拨出米三十石以一两九钱核给其免雇之船一体收买同筛扬耗米均摊带运到坝照平斛交纳

一筛扬耗米折价银两原系格外津贴之项如月报粮价浮于一两九钱者即应酌中以一两九钱折给如粮价减于一两九钱者仍照市价折给其搭运缓漕项下筛扬耗米一体折价收回运通仍令造册报部核销

一苏松各属支剩行月等米五万三千余石江安所属支剩米七千余石户部议令照数搭运据称前项米内业经拨支嘉庆六年分各帮行月之用苏属实存米二万五千一百余石现将旧存米八千六百余石尽数搭运仍不敷米一万九千余石即于现完米内照数拨足江安所属实存米麦三千三百余石现将各年征存米麦内派拨并于嘉庆六年存剩米内照数拨足共计米麦六万余石于起运各帮船内派搭仍将派拨年款米数及各帮搭运米数造册送部查核

一搭运行月等项米石照依搭运减存行月米石之例验分五米给丁其余作为平米派搭运通苏属给与十银江属给与五银同负重席片银两按米支给

一向来支给行月负重等银俱照例扣收平余此次收回行月等项米石折价银两应令一律扣收平余以符旧例

一江安粮道所属各帮行月全无本色及不足三十石之帮即于赠五米内划扣如赠米不敷即于交仓余耗米内拨足三十石之数其刻交米麦豆之帮一律以米交纳例支粟米之帮即以粟米搭运

一应给折价银两查明各属并无存留漕项准其由道核放以免歧异仍将放给银两统于漕项奏销案内报部查核

一山东省嘉庆八年应买截漕米豆六万九千三百余石向在沿河二百里以内州县采买惟该州县有应买动缺谷石又买截漕米石为数过多恐于民食有碍奏准酌买一半其余一半缓至来年采买嗣因黄水漫溢各州县或被水成灾或挑护堤工均应裕筹民食所有嘉庆八年应行买补之截漕米三万四千六百余石亦准其缓至来年秋收后再行买补搭运

一嘉庆五年漕项奏销案内各属征存米麦部议搭解运通嗣因宣城贵池二县应存米内有给丁赠米未经给丁按数搭完所有搭缺赠米于该二县带征行月米内拨出抵给【嘉庆九年】

一江苏省铜山县漕仓向在徐州府城每年征收后由黄河拨至宿迁皂河地方交兑军船嘉庆十八年豫省睢工漫口黄河断流难以拨送奏准缓俟下年搭运又萧县丰县沛县是年办理防堵事宜征收漕粮不能兼顾奏准将本年熟田缓俟下年启征交帮分装搭运

一嘉庆二十年江苏徐州府属之铜山县积年缓漕粟米一万六千一百石应派坐兑之江北长淮两帮分装计每船加装几及一倍势难加运奏准酌分一半米石先令该两帮按数搭解其余八千余石俟下届扫数运通以免负重

一安徽省潜山太湖等州县额征嘉庆十九年分南屯米石是年秋禾被灾奏明俟二十年秋后启征派拨各帮搭运每石给丁负重银五分赠银五分席银八毫五丝赠米折银九分五厘统于漕项奏销案内汇册报销【嘉庆二十一年】

一湖北汉阳等六州县嘉庆二十二年应搭运带征节年缓征米石因该州县夏秋被水冬麦未能普种所有带征漕米奏准停征暂缓搭运【嘉庆二十三年】

一铜山萧县砀山等三县嘉庆二十四年征存漕粮因豫省漫口黄河断流若改由陆运程途窎远奏准缓至二十五年冬交帮搭运【嘉庆二十五年】

一道光四年奏准湖南省动支常平仓谷碾米二十万石由漕船分作五年带运初限米四万石当年碾运赴通二限米四万石道光五年因盘坝繁费奏准缓至次年搭运道光六年又因醴陵等州县被灾抚恤口粮等项动碾过多且有粮船在江遭风漂失漕米五千六百余石同时买补恐妨民食奏准先行搭运二万石余俱分年递缓搭运道光七年又因倒塘灌放渡黄期迫湖南粮船吃水本深未便装载过重奏准将二限未运米二万石并应补解漂失漕米均缓俟下年再行碾运道光八年又因该省有带征米石装运较多艰于驾驶复经奏准缓俟下年再行碾运其余分限通米十二万石亦俱按年递缓

一道光七年仁和等县带征二限并续征初限南粮还漕正耗米六千八百五石零咨准饬令宁前等帮本年起运船内加装搭运

卷十三・兑运事例・淮通例限

一领运官兑粮开行及期过淮违限十日者总漕捆打二十违限一月者捆打四十革职戴罪督押俟抵通完粮开复其违限一月以上亦照违限一月例议处【顺治十一年】

一漕粮抵通定限山东河南限三月初一日到通江北限四月初一日到通江南限五月初一日到通浙江江西湖广限六月初一日到通各省粮船到通俱限三个月内完粮逾期以到通违限论【议单旧本】

一总漕总管各省漕粮专司催攒过淮以后总河星速攒运如过淮及期而到通迟悮者河漕二督及沿河镇道将领州县等官各照督抚迟悮过淮例议处【顺治十二年一】

一押运厅官过淮抵通违限者照粮道例处分【载在会典】

一领运漕粮到通违限向例不论月日多寡各罚俸半年康熙十一年题定押运等官违限不及一月者罚俸三个月一月以上者罚俸六个月二月以上者罚俸一年三月以上者降一级留任

一白粮过淮抵通违限督运各官俱照漕粮违限例议处【康熙十一年】

一漕白二粮过淮定例总漕将船粮数目陆续具题每年过淮漕粮总数缮造黄册另疏题报【康熙三十四年】

一漕粮过淮定限江北各州县限十二月内过淮江南江宁苏松等府限正月内过淮浙江江西湖广限二月内

过淮山东河南限正月尽数开行康熙四十一年题准江北江南浙江江西湖广等省各展淮限一月五十一年江南漕船题复原限过淮五十七年江北江西浙江湖广题定悉依原限过淮

一漕船过淮违误定例违限一月以上者督抚应罚俸三个月粮道监兑官罚俸六个月违限二月以上者督抚罚俸六个月粮道监兑官罚俸一年迟至三月以上者督抚住俸戴罪督催抵通完粮开复粮道监兑等官各降一级调用康熙四十一年题准各展限一月照旧例加倍处分五十一年题准违限二月以上或七十日者督抚降一级戴罪督催粮完开复粮道监兑等官各降二级调用违限八九十日者督抚降一级留任粮道监兑等官各降三级调用五十七年各省漕船题复原限过淮仍照旧例议处停其加倍处分

一运官过淮违限例应革职戴罪督押者停其升转俟该运弁领运漕粮全完题请开复后准其推升【康熙四十三年】

一部发效力武举委用交粮事竣坐粮厅勒限一月到淮考核如有重运过淮违限革职捆打之案总漕照例发落题请开复并无别项事故仍咨回仓场照例咨送兵部准其推用【雍正元年】

一过淮抵通向例各按定限扣算题参雍正六年题定江南浙江江西湖广粮船过淮违限已经议处者于抵通完粮之日将原参过淮违限日期准其扣除免议道远省分以九月初十日为限逾此限不完粮者官弁从重治罪

一庐州卫头帮向隶江北原限十二月内过淮雍正十一年题准照江宁等帮例于正月以内过淮

一运官过淮违限部议革职之案未经开复不准议叙加衔【雍正十三年】

一定例重运漕船过淮领运千总违限十日监兑押运等官及督催粮道违限一月均有议处不及十日一月者免议因乾隆二年冬季淮扬挑浚运河添建闸坝议将回空赶早一月欲使重运先期过淮将乾隆二年重运过淮领运千总违限三日监押督催等官违限十日一概题参果能空重赶紧依限过淮抵通加等议叙武职抵通加衔一次者准加衔二次文职抵通全完加一级者准加二级回空向无议叙者武职准加衔一次文职准加一级旗丁依限抵通全完准作五运前后接算满二十运者给以九品顶带河工完竣悉照旧例遵行又丹阳运河浅涩题准将苏浙漕艘照从前原限过淮不照新例议叙议处其丹阳以北先期过淮者仍准加等议叙

一仓场奏报大帮抵通日期舛错部议罚俸一年【乾隆二年】

一江南等省重运漕船分别远近例限正二两月以内过淮乾隆三年因淮扬一带挑浚运河题准将漕船过淮限期以是年正月二十四日淮河开坝之日起限江北江南帮船限一月内过淮浙江江西湖广帮船再限一个月内过淮

一乾隆四年因江南大挑河道丹阳仪征二处筑坝粮船阻滞奏准将苏松常镇太五府州属各帮展限一月江广各帮展限半个月过淮

一粮船过淮限期向按各省程途酌定未分各府远近及道路难易因江南下江之松江府与浙江道路相等湖南涉历洞庭江西必由鄱阳不能遄行前进各帮到淮均在浙江湖北等省之后题准将松江湖南江西帮船于过淮原限外宽限十日【乾隆九年】

一各省过淮违限之员例应捆打因部覆之后运弁在北交粮守掣完呈不能即时发落未足儆其怠玩题准除违限不足十日者仍照例免其议处外其违限十日应捆打二十者亦仍照例准其完粮后扣除免议如违限一月及一月以上者于过淮时该督查明违限日期即行照例捆打发落于题参案内声明【乾隆十年】

一恭遇圣驾南巡之年二进三进船只应于金湾六闸及高桥望亭等处回避不能依限过淮者于过淮册内声明报部免其查议【乾隆十六年】

一漕船到通违限不及一月者将押运官罚俸三个月领运官罚俸六个月一月以上者押运官罚俸六个月领运官罚俸一年二月以上者押运官罚俸一年领运官降一级留任三月以上者押运官降一级留任领运官降一级调用于抵通完粮之日将过淮违限日期扣算如过淮违限十日已经处分者将抵通完粮违限十日扣出免其处分如抵通完粮违限十日以内即查明过淮有无违限如过淮违限十日已免其处分应一体扣免凡日期多寡照此扣除押运白粮各官亦照此例议处

一乾隆十八年浙省回空漕船因淮徐发水高宝一带水溜难行抵次较迟不能岁内兑开难副二月过淮之限题准展限一月过淮

一各省运弁过淮违限一月以上部议革职后即以掣获全单缴验为凭查明违限议革之员汇案具题开复【乾隆二十八年】

一乾隆四十四年钦奉谕旨据鄂宝奏江西在后各帮八月二十日外始能抵通若不预为筹画临时不无周章请饬交仓场侍郎循照上年之例备集拨船于杨村赶紧起卸抵通交收以速回空等语已谕令雅德等循照上年之例妥协办理矣上年因高家马头等处水浅沙淤江广尾帮渡黄迟滞而运河水势亦小又须沿途起拨是以不能依限抵通即以杨村拨兑转运本年粮艘渡河并无阻滞而江南山东一带运河水势均极深通且据鄂宝等奏称古浅处所今俱遄行无阻等语是江广重运应比上年迅速因何复迟至八月二十日外始得抵通况各省漕船例应依限抵通迅速回空方无悮冬兑冬开之期乃上年水浅既不能遄行今年水大又复迟缓是水大水小皆当迟滞将如之何而后可自系鄂宝办理不善所致著传谕鄂宝即将江西尾帮因何迟滞缘由详细查明据实迅速覆奏钦此嗣据鄂宝以押运南粮不能迅速抵通请交部严加议处奉旨据鄂宝奏江西尾帮粮船抵通迟滞虽因湖南船只在前顶阻究系办理不善所致自请交部严加议处等语鄂宝著交部议处其押运之文武各官并著鄂宝查明参奏交部议处钦此

一乾隆五十五年钦奉谕旨昨因江广粮船脱帮迟延已降旨将漕运总督等及粮道交部严加议处矣至本年山东河南江南浙江船只行走迅速较之上年抵通日期俱早至数十日不等固由运河水势充裕而沿途挽运亦属奋勉上年豫东船只迟悮曾将该管官员等交部议处则此次抵坝较早之省分亦不可不加之奖励所有山东河南江南浙江粮道及督运押运各员弁著该督抚查明咨部议叙其丁舵人等并著酌量加赏以示朕劝惩并用悉归公当之至意钦此又奉旨本年东豫漕粮于三月初十日业经全数起竣依限回空比上年较早月余而南粮各帮亦已衔尾北上即可陆续抵通甚为妥速上年漕运迟悮曾将办理漕务各官分别议处此次该总漕等认真催攒全漕均可迅速回空自宜加以奖励所有漕运总督巡漕御史及有漕省分各督抚粮道俱著交部议叙其押运催漕出力文武各员弁等著该督抚详悉查明一并咨部议叙钦此

一乾隆五十九年江南凤中二帮漕船迟延查明由淮安帮在前积压以致不能漫越前进钦奉谕旨将首先迟悮之淮安帮弁丁分别记过责惩凤中二帮及其余各帮概行宽免一乾隆六十年钦奉谕旨向来各省重运漕船如渡江过淮过黄以及过济宁临清及抵通日期俱令户部仓场各该督抚将行走迟早之处与上年比较核算具奏本年据户部仓场江南江西等省各抚奏到漕船渡江渡黄日期连闰计算俱比上年较迟二十余日及十余日不等即如本日玉德奏南粮首帮上年系正月二十四日入境二月二十三日出境本年系二月十八日入境闰二月十四日出境计算该帮在该省本境行走虽比上年较早三日若以入境日期计算则已比上年较迟二十余日漕船行走沿途自应加紧催攒俾各依限抵通不致迟悮本年因系闰二月节气较迟所有漕船渡江渡黄以及抵通日期准其展限半月计算比较外如遇无闰年分仍照旧与无闰之年比较不得再以有闰之年牵混计算以致影射迟延也钦此

一嘉庆二十五年镇江总运同知常州总运通判均未亲押帮船到淮盘验经漕督查明到淮迟延系因守领公款奏请免议奉旨不准行仍交部议处

一道光四年江淮七帮千总水次兑开迟延湖南头二三帮千总过淮盘验脱空先经奏请摘去顶带旋因各该弁一路攒行跟接到通交纳全完回空南下比上年赶早奏准开复顶带

一道光二十六年钦奉上谕德诚等奏请将到通迟延之总运交部议处一折镇江总运通判董作楫于所押帮船卸竣回空后迟延四十余日始行抵通实属玩视运务著交部议处钦此

一道光二十八年钦奉上谕讷尔经额奏筹议南粮赴坝情形一折现在海运兑米未能计日完竣河运南粮首帮已抵津关以后各帮陆续挽入直境均已将次到津若令等待海运尾拨方准过关恐后进帮船挨次顶阻且本年首帮入直之期比上年已迟六日再有耽延致误归次限期更于全漕大局有碍所有现抵津关各帮著该督按照旧章随到随放所有海运拨船插当行走两无滞碍即令稍滋弊混尚可将海运米石暂卸北仓先令漕船北上无误回空方臻妥协岂有将重运军船暂免催提之理著仓场侍郎于海运河运兼管并收不得顾此失彼傥军船因阻止行走以致回空未能依限归次有误大局惟该侍郎是问凛之钦此

一道光二十八年钦奉上谕杨殿邦奏漕船脱空请将押运千总暂行革职一折安庆前帮千总盛禄后帮千总郭维桢著一并暂行革职勒令将该帮船飞挽速抵通州傥仍不知愧奋有误交卸即著从严参办以儆玩悮而速漕

行该部知道钦此

一道光二十八年钦奉上谕漕粮为天庾正供节经降旨令有漕各省督抚严饬所属早兑早开克期渡黄毋稍延误乃近年重运漕船不能如期抵坝以致到通归次兑受新漕节节耽延总缘各该督抚不肯破除情面实力催攒所致况本年邳宿一带水涨溜激十字河喷沙淤垫江广各帮即在安陵拨运抵通更形迟滞现已节逾霜降水势日消若不赶紧催攒及早归次倘误新漕受兑关系匪轻著漕运总督及沿途各督抚分饬严催务使连樯南下衔尾遄行不准片刻停留庶几以速补迟如期归次来年新漕尤当赶紧办理按期兑开统限于四月初十日以前全数攒至清江克期抵坝以便渡黄北上无许稍有延误傥豫存遇闰之年时日较宽一味怠玩视为具文仍致临时周章有逾例限定将该漕督及各该督抚严行惩处决不宽贷将此通谕知之钦此

卷十三·兑运事例·回空例限

一雇募民船兑运抵通起粮腾空令押空官管押南旋仓场填给回空照票经过关津验票放行【顺治四年】

一沿河督抚镇道等官遇回空粮船入境立刻驱行将入境出境日期报部查核【顺治十一年】

一回空粮船如后船已过而前船未到者押空官照例参处【议单旧本】

一山东自备船只例免回空其正副各丁仓场给与空身限单勒令回次各丁抵次将限单呈送各卫所查验如有违限分别责惩仍将限单填明到次日期汇交粮道查考倘有违悮不到另详签补仍将该丁严究如敢沿途生事发觉该衙门详报究治留通旗丁事竣回次如有违悮一体究治【议单旧本】

一漕船回空到淮总漕将各船照重运过淮例令押空官先期投验限单查明各帮应过淮船只如有缺少按律治罪其山东河南二省不过淮者专责粮道稽核【顺治十六年】

一漕船到通限十日内回空仓场定立限单责成押帮官依限到淮沿河各官立催过汛如汛地官不行立催指名题参【康熙四年】

一河漕总督专管运漕如回空船只不行力催以致迟悮又不题参地方官者降二级留任【议单旧本】

一回空漕船仓场给发限单将经过州县界址照原定限日刊入单内令沿河州县注明出境入境时日至淮申缴总漕察验另给抵次限单亦令沿河州县注明入境出境时日各船抵次之限不得出十一月终将限单甲缴巡抚查察【康熙五十一年】

一回空迟延之船不能依限到次者应运新粮总漕查明将该省减存船只兑运如无减存船只于本省漕船搭运或本省船只不能搭运即行捐输雇船依限兑运开行其阻滞之船于来年开冻时沿河文武官员飞催迎淮受兑北上如有不设法雇船依限兑开将在南之粮道监兑州县等官题参议处如系迟滞船只不能迎淮受兑有悮北上即将在北沿河催攒回空文武各官题参按违限时日分别议处【康熙五十一年】

一各省回空船只到次旧例具折奏明康熙五十八年奉旨回空船只于限内到不必具奏限内不到著声明题参钦此一押运同知通判所押尾帮船粮起卸完日坐粮厅即将批回印发呈送户部查验令其押空南下如该丞倅随帮官及副丁托故不亲管押回空以致水手生事者照规避例议处如坐粮厅勒掯不发批回者亦照勒掯迟延例议处【康熙六十一年】

一运弁交粮完日坐粮厅立给完呈限单勒限一月到淮投验如有逾限照规避例议处【康熙六十一年】

一回空漕船定例各船抵次之限不得出十一月终乾隆二年因淮扬挑浚运河题准将回空粮船赶早一月

一各省回空帮船过淮抵次日期向俱粮道造册详请咨部有由巡抚咨报者有由总督咨报者更有巡抚已经咨报总漕复又咨送者似属繁冗乾隆二十年题准过淮日期册由总漕咨部抵次日期册令粮道造报巡抚咨达

一丁船回空不跟帮前进脱空者运弁罚俸半年【乾隆二十二年】

一领运千总交粮后领到完呈私自回家并不起帮协同督丁南下又扣留回空身工饭米并任匪拖偷窃食米盗卖什物照溺职例革职【乾隆二十四年】

一回空粮船偶遇浅阻随帮并不设法推活以致到次迟悮者革职【乾隆二十四年】

一二进漕船在后之松江白粮等七帮与三进在前业经攒入北河之宁波前等三帮全行拨船迎卸以速回空缘距通水路十八里之江家厂地方有浅湾一道近因水势渐落祇容回空军船一舟南下若令拨船同时北上两相

停避必致辗转稽迟该处陆路距通不过数里易于照料即转运入仓亦与坝上露囤之米无异即将在前之兴武三江淮八两帮拨船暂在江家厂水次起卸露囤既便速于轮拨而军船得以昼夜衔尾南下此后各帮拨船仍令以次上坝一转移间较为近速【乾隆五十年】

一道光四年奉上谕孙玉庭等奏回空漕船全数渡黄一折本年回空军船停待日久节经降旨严催兹据该督等将束清御黄两坝大加插展清水畅顺于本月初四日军船全数渡黄办理尚属妥协览奏欣慰现在节逾冬至漕船归次已不为早该督务须节节催攒俾衔尾前进趁此天气融和并未冰冻昼夜兼行以速补迟及早归次无误冬兑冬开日期至来年新运北来尤为紧要河口一带如有淤浅处所必须及早筹疏著孙玉庭张文浩督率河员赶紧妥办务令一律通畅勿致临时再有阻滞致干重咎又另片奏桃源县知县周焘署河标中军副将事河右营游击惠普恩署游击保常太弹压稽查昼夜巡防尚属出力俱著交部议叙巡检丁桂千总李万青把总武勇太外委黄定邦由该督等存记拔补外丁桂李万青俱著遇缺尽先补用以示鼓励钦此

一浙江绍兴前帮千总先因管押帮船未能按限归次受兑奏参革职嗣经漕督委令照料拨运事务昼夜赶办出力浙抚奏准开复原官【道光五年】

一道光二十七年钦奉上谕程矞采奏参玩误公事之卫弁等语江苏镇江卫守备严鼎上年委催回空漕船节次办理不善致各帮进插迟延且据该署抚查明该弁系帮丁出身与各船舞弊营私声名狼藉严鼎著即行革职以示惩儆该部知道钦此

一道光三十年钦奉上谕上年南河吴城七堡启闭不能如法以致河湖受淤军船回空迟滞当将河督杨以增等一并交部严加议处经该部分别议以降调革职仍令福济等将是否不误归次情形详查覆奏兹据奏称回空军船现均陆续归次受兑比较嘉庆十四五年新漕尚可赶办并将各河挑挖深通俾清水易于攻刷杨以增著加恩改为降四级留任陆建瀛著加恩改为降二级留任均不准其抵销准扬道查文经著即照部议革职并照该侍郎等所议工费分别开销罚赔另片奏参各员等语所有玩视塘河要工又复迟误之署外南营丰北守备张上著即革职枷示河干以昭儆戒督催不力之参将吕邦治游击安振业均著交部议处署外南同知海阜同知娄晋于灌塘事宜尚能慎重无误其前参暂行革职之案著加恩开复余著照所拟办理该部知道钦此

卷十三·兑运事例·沿途备借

一嘉庆十一年浙江巡抚清安泰奏浙江帮船每年例给行月漕截负重等银四十余万两本年应扣旧欠并上年恩借各款共计银十一万五千余两一年得项扣去四分之一因此用度不继沿途揭借私债迭受重累本年应扣各款若再奏请缓扣辗转拖延终非长计惟有准复向年恩借之例酌于道库拨银八万两交该道携带沿途察看情形量为信给于下年运费内扣还年借年还照旧一分输息按出息六个月计算俟收足息银八万两即将原本归还报拨仍以息银作本源源出借各款欠项一律扣足之后即行停止其从前奏定分扣银两仍依限缴还不许拖欠并严行饬禁毋得再借私债违者治罪等因经户部议奏覆准

一浙江省嘉庆十五年奏准预借津租令粮道每年酌拨银一万五千两携带赴北随时查看情形如有必须借垫之帮专案报部量为接济俟年终核明借过银数照数扣还傥有悬久不清著落经放道员赔补

一浙江各帮粮船前因积欠数多停止恩借银两嘉庆二十年查明该丁等旧欠业已扣清经浙抚奏准仍照旧例在道库报拨项下提银十万两分别借给于下年运费内扣还按出借六个月计算一分输息年借年还俟收足息银十万两即将原本归还仍以息银作本出借以资调剂

一浙江省借给各帮备带银两原应于津贴项下扣还其无津租之帮应于出运钱粮内扣还嗣缘津租银两征解不齐历年所借银两统于各帮出运钱粮内扣还道光三年借支各帮备带银两除出运之帮于应领钱粮内扣收归款外其余各船均派减歇并无出运钱粮各帮之中准将减歇各帮借支备带银两统于道光四年出运钱粮内照数扣收

一浙省帮船道光七年因水浅盘拨又值倒塘灌放用度较多丁力掣肘咨准在于备带银内借给各帮银一万五千两俟年终在各该帮应领津租并新运钱粮内照数扣收归款一道光三十年钦奉上谕福济陆建瀛奏遵旨会同漕臣酌议筹办新漕章程一折另片奏督催回空并河工大挑情形等语均著照所拟办理所有江浙帮每船借银

十五两江广帮每船借银十两即于淮关咨报并提淮安府库共银二万五千六百余两按帮分给统由各粮道筹解还款仍自今冬起在于旗丁应领项下分作两年扣还该部知道钦此

卷十三・兑运事例・沿途冻阻

一浙江处前等九帮在北河冻阻奏准将嘉兴府属漕粮改于四十九年免征并令已经归次之嘉属六帮于今冬代兑冻阻之湖属六帮漕粮于明春起运至守冻帮船舵水工食每船悬借银五十两就近于山东粮道库动给仍饬浙江粮道动项解东归款即于各丁应领钱粮内分作两限扣还再杭四杭头两帮起米之拨船在杨村一带冻阻该两帮起拨正改兑耗并搭运米五万九千余石照北仓暂贮漕粮拨交直省买补仓粮之例就便兑交地方官收领【乾隆四十九年】

一道光三年浙江回空船只因镇江口门淤浅未能进口之杭属四帮守候较累漕运总督奏准每船借给银二十两共银三千五百四十两在南河道库照数动借按船给发先在浙江粮道库贮闲款内解还仍自道光四年冬起于该帮新运钱粮内分两年扣还归款

一道光五年江西湖南回空各帮因十一月初旬长河结冻奏准就地住守自天津关迤南起至景州安陵汛止共守冻军船二百三十一只分泊九段饬派营汛弁兵在于河岸搭盖窝铺备齐军械常川驻守各州县分拨干役协同巡查专派游击都司守备等总巡弹压又有已经出境行过山东德州复入直隶故城县河道之回空船八十四只分为三段守冻每段派千把外委一员带兵十名驻守巡防专派郑家口游击弹压所雇短纤悉令给资遣散仍严饬各帮弁妥为管束如有滋事立即拿究惩办

卷十四・兑运事例・沿途攒运

一淮北沿河镇道将领等官均有攒重催空之责漕船入境各按汛地立刻驱行毋使停滞如催攒不严以致粮船停泊及纵丁登岸生事者听所在督抚题参【议单旧本】

一粮艘自淮抵通镇道等官已各分地催攒惟京口一带乃江浙漕船咽喉多有拥挤康熙元年题定照淮北之例严檄沿河镇道遇粮船入境出境各分汛地催攒倘催攒不严以致任意停泊即将催攒各官并领运官丁指名参处

一漕船自淮安起至天津止计程二千三百五十余里沿途州县专汛各官于卫所重运北上催令出境如原限半日而违限一时原限一日而违限两时原限一日半而违限三时原限两日而违限半日原限四日以上而违限一日原限六日以上而违限一日半原限十二日而违限两日者专催官罚俸一年督催上司罚俸半年如原限半日而违限三时原限一日以上而违限半日原限两日以上而违限一日原限四日以上而违限两日原限六日以上而违限三日原限十二日而违限四日者专催官降一级调用督催上司罚俸一年如违限之期与原限之期相等专催官降二级调用督催上司降一级调用如违限之期逾于原限之期专催官革职督催上司降二级调用其回空漕船如遇逆流其间设有闸坝蓄水之处俱照重运定期无闸坝之处原限十二日改限九日原限四日改限三日原限三日改限二日原限一日半改限一日又顺流有闸坝之处亦照重运定例无闸坝之处原限半日改为三时一日改为半日四日改为两日五日改为两日半如有不行力催以致违限沿途文武官弁并随帮官俱照催攒重运例议处至天津以北至通州系逆流重运粮船每二十里限一日其回空船只系顺流每五十里限一日山阳以南至浙江其重运粮船如顺流每四十里限一日逆流每二十里限一日回空船只如顺流每五十里限一日逆流每三十里限一日如有违限催攒领运官员按违限日期俱照前例议处湖广江西并江浙等处行长江以至仪征皆有大江因风挽运难以逐程立限该督抚饬该地方文武各官凡重运回空俱作速严催出境其自仪征至天津如有违限俱照前例议处设有非常风阻冰冻浅滞之事难以副限俱令报明免议

一各省漕粮过淮及回空船只康熙二十二年钦奉谕旨令总漕亲身往来催攒不得贻误钦此

一瓜洲旧设望楼置立旗杆为渡江之标准康熙二十六年因年久坍废题准于高阜处仍立旗杆择善测风信者专司其事

一京口渡江民间向有捐造救生船只康熙二十六年题准仿其成式动项官造护生船十只每岁共给岁修银九十三两三钱七分其船分泊两岸漕船遇风南北两口船只并出救护每船募设善水头舵十名每名月给工食银一两祇给冬春三个月漕船过完听其渡载商民自行觅食或过往客商偶遭风患一体协救毋许居奇坐视藉端勒措违者地方官拿究所需工食修葺各项银两准于六升米折项下支销一京口瓜洲相对渡江之处康熙二十六年题准责令镇江道董率地方文武各官遇有重运亟催过渡并令京口总兵官巡视河干一体催护过江如遇大风督令标兵操舟预备遇有江心船只不能近岸收口者设法挽救三十六年裁京口总兵其催护漕船改隶副将管理

一漕船受兑开帮巡抚给以限单填明开行日期饬令沿河州县挨注入境出境时日抵淮盘验将限单呈缴总漕察验过淮之后总漕亦给以限单将经过州县原定限日刊入单内饬令沿河州县注明出境入境日期俟粮船抵通将限单申缴仓场察验【康熙五十一年】

一各省空重漕船有在淮扬以至苏松南河迟延者江南巡抚查取催攒不力并押运领运官弁职名题参其在淮安以至天津北河迟延者总漕仓场行文该省巡抚查取专催督催不力各官弁并押运官弁职名题参【康熙五十一年】

一各省漕船进瓜洲仪征河口至三岔河时凡有一帮到齐即催攒先行过淮如有前帮船只不全总漕委员督令后帮全到之船越过先行其有停阻河道争相漫越者严行约束粮道严催尾押过淮如有不依限兑运催攒过淮以致迟悮将粮道监兑押运催攒各官查明题参照例处分【康熙五十一年】

一漕船至临清德州等处河水浅阻山东巡抚拣派贤能官员自济宁随押督催遇浅刨挖催出山东地界将屡次出界日期奏报如催攒不力照例题参【康熙五十四年】

一空重漕船一入境汛文武印河各官率领兵役亲往催攒出境毋许停留生事倘有丁舵水手生事为匪专管各官并不亲往河干弹压协拿照溺职例处分兼辖道府厅员副参游守等官照失察例议处【康熙六十一年】

一山东寿张营守备移驻张秋镇自张秋至七级闸责令催攒其魏家湾戴家庙仍责该管把总专催【雍正二年】

一山东河南粮船过天津日期照南漕三日一报【雍正三年】

一漕船遇风水平顺地方官遵照原限催攒出境不得迟悮若遇风色不顺并水势漫大与押运官弁公同计议暂停守候于入境出境册内注明如捏称风色未便停泊逗遛者总漕该督抚查参地方官及押运官弁均照捏报兑开例降二级调用【雍正五年】

一催漕船只按汛成造每只给银三十七两六钱三分三厘于税课银内动支又另于茶果银内每岁支给小修银二两十年期满照例另造【雍正五年】

一北河寿张东昌等处向无专舵大员巡查不密雍正七年奏准遴委专员驻札各按河汛往来催攒其临清砖板二闸即令临清副将催攒巡查如不实心催攒以致空重漕船停泊耽延者即行指参

一漕船过淮之后经过皂河济宁临清三处例系总河题报雍正七年山东河南添设总河所有重运粮船过济过临听河东总河题报其过皂河日期仍令江南总河题报

一官员催攒漕船自进三岔河分帮过淮之后无故容后帮之船前行前帮之船后行者罚俸一年漕船入境日期该管官不查明转报者罚俸六个月【议单旧本】

一重运漕船经过地方倘遇天旱水浅不能遄行总漕总河一面奏明一面饬地方官预备民船拨运将拨过帮丁姓名船米货物数目并给过船价呈报督抚漕河诸臣及巡漕御史备案其雇价官为酌定给发如有克扣多索即行究治【乾隆四年】

一向例粮船抵汛投递花名文册不惟无益且多冗费乾隆四年题准裁减令运官预将出运船数呈明总漕转发经过各汛如有风火事故令头船知会汛兵该汛兵弁候船入汛随即查点放行倘有勒索迟延等弊即将弁兵一并查明究参

一黄河水势奔腾风涛不测设立救生船二只每只给造价银一百八十两令六省出运丁船按数验派捐给每船舵水十名每名月给工食银一两每年于正二三三个月保护漕船济运护漕之后听其自行渡载觅食不给工食其船三年一次岁修所需每年舵水工食及岁修银两令江安苏松二粮道于六升米折项下各半支给十年拆造每

船给工料银一百两仍在六省出运军船行赠银两内派给【乾隆五年】

一漕船渡黄须用小船保护此项船只原系民船漕船经过遇有意外事故雇其装载米货往往乘机远扬运丁不能追寻乾隆五年题准令州县查明船户姓名取具地邻甘结给以腰牌填明水手年貌住址船身两傍编列号数设遇风起亦许协救俟交还粮货该丁船量予雇价倘有乘机捞抢远遁之事查拿究治

一山东粮船原不过淮开帮日期祗报总漕至总河及巡漕御史委员查催种种支延无从稽考乾隆七年题定受兑之后该运官即行呈报总河及巡漕御史查考催行

一运官脱帮迟悮定例降二级戴罪督运向无完粮开复之条但其情罪较之过淮违限尤轻乾隆八年题准脱帮迟悮降级督运之员如题参未经部议以前有完粮报部者准其扣除免议已经题结者照过淮违限例总漕于完粮后题请开复

一通州河郝家铺以南温家庄以北计河程二十里从前未经议及文职管汛催攒乾隆九年咨准交与通州州同管理一切空重漕船责令会同武弁协力催攒

一扬州三岔河系漕船总汇例派标员分帮弹压帮到投文分派因投文恐致需索乾隆十年酌定每年办理新漕饬粮道转饬押运丞倅将帮船数目开具清折就近径移三岔河分帮之员船抵河口运弁递送花名清单注明前跟后接及进口日期将投文裁减

一各汛催漕千总有喜作威福勒令多加短纤及纤夫居奇暗串汛兵抬价分肥之弊乾隆十年题准漕船应添纤夫著运弁旗丁自募不得概令多添如短纤人夫勒索运丁各汛千总查拿巡漕衙门惩治汛弁查拿不力及故行捆打旗丁勒加纤夫及纤夫暗串兵役明比分肥者照纵役例议处其漕船入汛运丁不遵催攒无故停留该汛会同运弁责处

一各省武职各官二年半例应举劾一次总漕衙门举劾标员之外又有各省催漕武职二年举劾之例嗣因文职荐举吏部久经停止武职亦应画一办理乾隆十一年奏准各省催漕之员应归本省举劾总漕衙门永行停止

一直隶河西杨村二驿河窄水逆遇有铜船木筏听与漕船并进不得拦阻勒让其二驿以南一带运河仍照例让行毋得藉端争阻【乾隆十三年】

一杨柳青一驿与杨村接界河窄流逆遇有铜船木筏到境照河西杨村二驿一体办理【乾隆十五年】

一各省随帮如有赴京会试并回籍治丧俱于运前呈明或于运竣请假如中途实系患病前后帮弁同地方官验明出结方准给假支过廪工按口追缴如有托故假捏等弊即行题参【乾隆十五年】

一各营汛催漕弁兵如遇漕船入境不顾风信险急因索诈未遂涸行催攒以致折损者立即参究【乾隆十六年】

一各省重运漕船每遇水浅沿途起拨所雇拨船串合偷漏皆缘向未定有处分以致弁兵漫不经心乾隆十七年奏准嗣后令拨船跟随大帮不得自行驾运该弁丁及沿途文武官弁严行稽查倘有偷漏照军船一体处分

一旧例各省出运粮船数目造送殊不画一乾隆二十年题准俱照浙江之例令各粮道于帮船起运时造册呈送总漕总漕于题报开帮日期案内揭送部科仓场查核粮船到通投验全单自可按册稽查毋庸重咨部科其向有粮道自行造送并押运员弁到通所造各册概行删除

一旧例各省起运漕白帮船数目四次题报过淮业已造册送部及仓场查核乾隆二十年题准令各粮道于起运时造报巡抚揭送部科仓场是仓场衙门已有两次册籍可查其向来复令各粮道造册详咨似属重复应行免造

一重运帮船自淮抵通总漕每帮给限单一张赴通呈缴至回空时仓场亦每帮给限单一张到淮缴验总漕又每帮给限单一张归次查验其自次至淮江西湖南湖北帮船亦每帮给限单一张惟江安江苏浙江三处巡抚逐船给限单一张到淮呈验实属繁冗乾隆二十年题准江安江苏浙江亦照江广之例每帮给限单一张以归简易

一各省重运帮船经由营汛向令运官将船数开明揭送总漕转发各汛俟帮船经过查点放行但每年各省出运粮船约有一百三十余帮经过沿途营汛一百数十处以每帮抄发一百数十折合而计之累万盈千徒滋烦扰乾隆二十年题准免其开送

一北河催漕快船向系六十只每岁每船给小修银二两嗣因修造银两不敷请裁减船二十八只存留船三十二只将裁船节省银两以为加添各船岁修之用【乾隆二十二年】

一粮船被窃旗丁报明运弁移知该地方官缉贼追赃被窃之船即随帮行不必守候至强劫重案必须候验印官具报会勘毕州县立给印票催攒前行【乾隆二十三年】

一江西各船抵仪征各闸水身甚浅令南昌各帮悉由瓜洲入口如遇江浙漕船让帮挨进毋许抢先滋事【乾隆二十四年】

一乾隆二十四年钦奉谕旨各省粮艘北上如遇过闸过坝及急溜浅阻雇募纤夫听运弁自行酌办如有兵丁藉端抑勒以老弱充数而横索雇值者即时查拿究治并将失察之该管将弁题参议处钦此

一直隶安陵汛起至天津关止计程五百七十八里重运北上每日限行五十八里如遇守风浅阻随时报明倘无故违误即行参处【乾隆二十五年】

一拨运蓟易等处漕船仓场侍郎直隶总督即就近委员稽查营汛沿途催攒如遇阻滞实缘人力难施据实查报倘有浮捏情弊立即指名题参【乾隆二十五年】

一南省漕船俱于清河渡黄由杨庄口门入运该地方向有捕鱼小船应令清河县知县开具姓名造册编号责令管河县丞河标把总经管约束遇有粮船失风即令各驾小船先行救米次行救货旗丁出给饭钱如有乘机抢掠之事将该县丞把总查参照约束不严例降一级调用其抢货各犯照白昼抢夺例问拟【乾隆二十五年】

一板闸临清天津三关向给漕船限单乾隆二十六年奏准各关惟司征税并无催漕之责应将三关限单永行裁革

一漕船自清江浦至韩庄闸等处雇觅短纤如有棍徒勒价聚众攒殴等事即令押运员弁严拿交地方官审实将为首之犯及下手伤人之犯俱问边卫充军余俱问拟满徒加枷号两个月于河干示众其地方文武官自行查拿免议如不能稽查弹压经该督抚查参均照约束不严例降一级调用至丁舵人等雇觅短纤不照定价给发以致滋事押运员弁不能查出应照失于查察例罚俸一年【乾隆二十九年】

一粮船雇用短纤自惠济闸至台庄计程三百八十余里每夫每里给制钱一文半共给钱五百八十文自台庄至韩庄计程八十里每夫每里给制钱三文共给钱二百四十文【乾隆三十年】

一北河杨村至通州粮船雇用短纤每夫每里给钱二文令通州香河武清天津等县于粮艘一过津关即行出示晓谕并差干役昼夜巡查以杜勒索等弊如遇天雨路泞纤夫短少之时仍听弁丁等自行酌量加增每里以四文为断倘地方官漫不经心以致纤夫强索勒掯即查取职名送部查议如丁民相安而抵坝迟延藉称纤夫短少即将该帮运弁照例参处【乾隆三十年】

一镇江京口地方向例每年督臣提臣各委标下候补守备一员驻镇催漕往往自作威福任意催行多有未便乾隆三十一年奏准嗣后督提二臣不必派委候补守备即于镇江文武各官内拣派一员令其就近催攒

一官员催攒漕船无故容后帮之船前行前帮之船后行者其沿河地方系有佐杂等官专管将专管佐杂等官及专汛官罚俸九个月兼管之州县官罚俸六个月如该地方并无佐杂专管系州县自行催攒即将州县官罚俸九个月其漕船入境日期该管官不行查明转报者罚俸六个月至前途州县不行力催有碍后船者后次州县及后汛之员申报仓场查明催攒不力之员题参议处如不亲身赴河催攒并坐视前船阻抵不行申报者亦照催攒不力之例议处

一江西湖广二省帮船到瓜洲仪征河口至三岔河时务照定例如有前帮船只不全即令后帮全到之船越过先行毋令其停篙守候致违淮限【乾隆三十八年】

一运官领运漕船脱帮一二日者虽因风阻修船但不严督运丁跟帮前进亦属不合应照例降二级戴罪督运如有沿途脱帮三日以外迨后又不赶帮前进以致抵坝脱空五日之久即将该运弁照溺职例革职押运通判照不行稽查致悮漕务例降一级留任【乾隆三十八年】

一漕船过境沿河各州县粘贴印花如有先期查照上站出境时日核计本境限期预行填给以致日时不符者照违令公罪例罚俸九个月又沿河州县于本境两头出入之所选派亲信家人一名书役二名给与印花每帮头船入境尾帮出境即在印花内确填时日该州县率同汛员稽查催攒将填过印花按次折报该管各衙门查考其从前运弁持单赴署粘印并预填时日之处永行禁止仍严禁书役人等不得藉端滋扰如有需索抑勒等弊该督抚等立即查拿从重治罪该管官一并严参究处【乾隆三十八年】

一漕船如有前帮实系失风沉溺抢救需时者即令后帮漫越先行其本帮仍饬上紧戽救插帮攒行毋许托故逗遛致逾例限该运弁仍一面将越帮插帮各缘由报该管衙门查核其余并无事故或偶遇阻风浅搁之船仍照例挨次遄行如有藉词抢越情事即将该员弁据实查参【乾隆三十九年】

一江广上江重运船只如遇仪河水小即报明总漕改由瓜洲进口一面咨明户部至回空船只如遇仪河水小亦即改由瓜洲出口一例咨明【乾隆四十年】

一湖北粮船至瓜仪内河因浙帮粮船尚未跟艄或因风阻楚船先行驾越过淮在於清江闸上千根旗杆及双荆闸等处河身宽阔地方停让俟浙帮进完后即依次尾随北上【乾隆四十年】

一粮船不准越次先行系指过淮以后而言至过江以后过淮以前并无不准越次先行之例嗣后湖北漕船已入仪征河口抵三岔河时如浙江帮船尚未全到即令湖北帮船越次先行其它省帮船有由仪征至三岔河者照此一例办理【乾隆四十年】

一漕船经过临清州境内河道原限三日成例缘本年奉办临砖三十万块分作二年搭解若照原定三日之例不免迟延日时咨请展限一日粮船到境装砖不致逾限【乾隆四十二年】

一临清州办造上年驳补及续办砖共十万九百八十七块由粮船装运赴通循照前例展限一日庶粮船装砖不致逾限【乾隆四十四年】

一浙江漕船开兑已迟仍令催攒过淮抵通如再迟缓即行参究嗣后漕船重运回空著令沿河督抚及河道漕运总督专派道府大员或丞倅将备等官亲驻河干实力催攒仍照定限回次受兑应领银两置备各项于抵次之先预为筹备其有漕各省均照此一律办理【乾隆四十六年】

一豫省仪工漫口下注东境以致济宁迤南之南阳夏镇一带纤道淹没河湖相连非西北顺风不能行走韩庄八闸虽间有纤道而金门溜急粮船倒放须由月河行走台庄以南至邳州一带亦无纤路恐各帮过济阻滞应派员弁分段查催设立引纤小船插立标记一得西北顺风自可迅速攒行渡黄抵次【乾隆四十六年】

一东省赵村南阳一带行抵夏镇计程一百九十余里内鲇鱼浅至夏镇三十里尚有堤岸余皆坡水河湖汇成一片极目汪洋并无纤道回空船只时近严寒恐致冻阻设法催攒即风色微有不顺亦令抛锚交关摇橹撑驾跟接前进【乾隆四十六年】

一湖南回空漕船派委通判驰赴江南一带迎催迅速抵次受兑新漕设出江稽迟致逾冬兑之期与湖北省妥商筹办不致悮运【乾隆四十七年】

一东省纤道工程现在分头赶办其湖河相连之处缘两岸堤顶水深三四五尺不等粮船经临恐遇顶风难以依傍奏明湖河两岸分路插标酌量行走仍听其察视风色择便前进派委道府副参大员分段小心护送总河会同总漕亲身照料【乾隆四十七年】

一江都甘泉二县运河水势较浅急需挑浚现在煞坝兴工漕船停泊俟启坝开行系属因公应于催攒限内扣除【乾隆四十七年】

一乾隆四十八年奉上谕毓奇奏通漕回空尾帮已于八月二十八日尽数【四十九年】

卷十五·兑运事例·沿途攒运

一江安苏松二粮道例应递年轮委一员督押二进帮船催过临清乾隆五十二年轮应江安粮道押运因河清等三闸一带水浅奏明饬令该道董世明先赴山东江南交界处所会同淮徐运河二道上下筹催俟二进帮船全入闸河仍即尾催前进【乾隆五十三年】

一漕船行走帮次向以山东德正帮为首河南之通州天津二帮次之继以山东之济左济右九帮再继以河南之德左临前临后等八帮衔尾北上方继以南粮首进乾隆五十三年临清闸外卫河水浅德正一帮兑足开行而通天二帮仍在元城馆陶一带起拨若必令该二帮跟接德正行走未免耽延奏明即令在后之济左等帮挨次前进不必拘泥成例日后通天等帮抵临令其插帮前进不致拥挤【乾隆五十三年】

一山东河南二省距通州程途较近各令该粮道管押抵通江南省向系江安苏松二粮道内轮派一员押抵临清今应直押抵通浙江省虽程途稍远该粮道押运抵通后速即回任办理新运不致贻悮惟江西湖南湖北三省程

途较远若一律直押抵通回任未免较迟应令该三省粮道押抵临清后即行回任自临清以北即交本帮丞倅押运抵通并令山东粮道就近上下催攒总漕为之督押【乾隆五十三年】

一豫省拨运直隶保定雄县二处兵米赴天津北仓交卸向系责成山东粮道眼同北仓委员交兑今河南粮道既经押运抵通其运津米石即令自行督交【乾隆五十四年】

一浙省漕船原按嘉兴湖州杭州三府程途远近挨次行走因乾隆五十二年守冻之杭头等九帮抵次较早兑米在先其余各帮抵次较迟兑开需时将已兑之帮暂列首进一年以资调剂【乾隆五十四年】

一直省起运漕粮该粮道遵新例督押抵通始行回任应照旧例出具船米无亏切实印结送部以昭慎重【乾隆五十四年】

一乾隆五十五年恭遇圣驾东巡回銮自济宁登舟时当三四月间正漕船衔尾北来之际若因回避停泊未免守候稽迟钦奉谕旨令各帮漕船于御舟经过时暂在岸旁排列所有商民船只著即照漕船之例准于两岸暂泊俟御船一过即可遄行等因钦此

一南粮前二进各帮船挽入东境遇有浅涩将暂留北河之山东拨船三百只调回备拨按次挽出东境【乾隆五十五年】

一安徽省繁昌县所辖江西系重运回空漕船经由要地嗣后空重漕船过境该县知县为督催荻港司巡检为专催遇阻风迟悞等事为其专责免致诿卸【乾隆五十七年】

一乾隆五十七年江西九江帮船在黄河遇风漂没米石淹毙人口钦奉谕旨此项船只或由沿途派出员弁惟知催攒前进不顾风色以致猝遭暴风救护不及亦未可定各省帮船固不许无故逗遛倘遇风色不便亦不可昌昧开行致有疏虞著传谕管干贞暨沿途督抚及巡漕御史等通饬派出各员弁于催攒漕船时宜留心察看设见风色不利不妨暂令停泊以昭慎重若运丁舵工人等因有此旨辄思无故逗遛又当实力严催不得任令迟延也又闻漕船改小者多而载米反过重亦不可不留心将此各谕令知之钦此

一山东临清一带雨水短少卫漳汶各水日消江广十帮经过古浅非起拨不能前进但民船较少现有回空之大河前等帮船即日抵临暂令添拨江西米石挽出柘园即橄驶回入闸南下无悞【乾隆五十七年】

一头二进回空船遇卫河水长篙纤难施令各帮用小船在河中下锚齐集纤夫挽令顺水而行并多雇小船在两岸河滩处所指引护送【乾隆五十九年】

一乾隆五十九年钦奉谕旨本年漕船因春夏之交卫河水浅行走不能迅速节经据奏派员分段挖浅设法攒运以利遄行原拟于全漕抵通时将总漕及催押委派各员交部议叙但现在漕船抵通比交上年迟至一月有余皆由该漕督等不能沿途催攒行走耽延所致本应予以议处姑念此次全漕抵通尚在白露以前比从前迟到在白露以后者为期较早著从宽免其议处如明年漕运再有迟延必治以应得之罪不能再邀宽贷也钦此

一山东韩庄闸至济宁之石佛闸一带湖河相连纤道断续各帮挽运维艰过关脱空坝上停斛待运经仓场侍郎奏明敕下山东抚臣派委能事大员前往纤道断续各处所一面竖标一面赶修并多备纤船护漕引路务期粮船妥速前进如期抵通以供坝上起卸【嘉庆三年】

一江淮七帮渡江脱误领运千总照溺职例革职仍令戴罪押运抵通交卸漕运总督梁肯堂及粮道总运通判分别降调内有革职留任之案无级可降者应行革职奉旨梁肯堂从宽免其革职【嘉庆四年】

一常白帮并未跟接渡江押运通判及领运千总分别议处至沿途催漕各员仍令查取职名送部议处【嘉庆四年】

一宁太等帮漕船脱空三十二日仓场参奏奉旨将押运官弁交部严议续据漕运总督查明脱空三十二日系九帮笼统合计日期多寡不同并非一帮脱空三十二日各船到坝完粮亦未违限奉旨押运官员照例免其议处【嘉庆四年】

一催漕委员除沿途与卫备相近处所概令就近催攒外其余必须需人地方派千总十五员并令该备等公同保举稍蹈陋习连保官一体查参【嘉庆五年】

一浙江绍兴前帮在苏常一带脱空迨至江口先过船八只余船经巡漕亲督严催始行续渡又安庆前后两帮开帮既迟船行又缓将玩误帮船之绍兴卫守备及安庆前后两帮千总均革职【嘉庆七年】

一湖南三帮委押空运千总任听各船沿途耽延咨部斥革【嘉庆八年】

一每年江西漕船探知湖广帮船有过九江之信方始开行嘉庆八年钦奉谕旨催令迅速开行毋庸守候湖广帮船过关始行跟帮前进又江浙两省帮船何处先兑即令先开江浙江广各帮不论何处先到即先渡江过淮以免守候

一嘉庆八年钦奉上谕铁保奏回空粮船全过张秋查明出力人员保奏一折本年黄水漫溢灌入运河漕船回空在张秋迤北未渡各帮经总兵博奇带同将弁及漕务各员设法催挽现已全数渡入正河一无损失连帮南下不误开兑之期所办甚好总兵博奇著加恩赏戴花翎仍交部议叙参将八十卫守备漆光炜卫千总孙绳祖朱廷兰李含馨路逢尧冒险催攒守备周官堵筑漫水并催提船只均著加恩赏给升衔顶带外委何普首先探路著即以河营把总升用其随同押催之游击李仲炳等八员交该督抚分别记功所有现在加恩各员务宜倍加奋勉俟来丁重运北上时该员等果能催挽妥速俾全漕早达天庾届时再降恩旨钦此

一嘉庆八年回空漕船攒渡无误奏准将漕标出力及河工地方出力文武各员弁交部议叙兵部吏部会议列为一等各员给与纪录二次列为二等各员给与纪录一次

一嘉庆九年钦奉上谕费淳铁保奏南粮首进帮船全过张秋遵旨查明出力人员恳请加恩一折此次粮船挽运经费淳铁保博奇等豫筹设法催攒俾粮艘得以妥速前行现在首进二十四帮全数渡过漫水并无疏失二进帮船亦即跟接前进实为出力可嘉费淳铁保博奇均著交部议叙铁保系该省巡抚兼管一切灾赈事宜实力爱民均臻妥协并著加赏太子少保衔以示优奖至在事出力之主事衔署运河道王念孙济东道秦震钧济南府知府张鹏升筹办运道督理灾务不辞劳瘁王念孙著给予四品顶戴实授运河道秦震钧张鹏升均著交部议叙其单内开列之河标游击常清元漕标游击李仲炳均著以应升之缺升用河营千总窦吉祥抚标千总宋恺著各按河营地方以应升之缺遇缺先用济宁州知州金湘青州府同知安兴阿原任泇河同知王毂署捕河通判下河通判沈惇彝著各照本职给与升衔顶戴都司衔河营守备孙吉仁著加赏游击升衔潍县知县邵葆醇郯城县知县周履端滕县县丞金茂条寿东汛主簿罗洋埰庄司巡检祁镐著各于本任内加一级候补知县谭文谟河东候补县丞孙大苏冒冠德留东候补主簿稽会嘉著以应升之缺先行补用至原在胶州知州张怀清原任濮州知州李恩书著以原衔先行借补县缺候补县丞陈应樊遇有县丞缺出即行补用书吏黄友琴赏给从九品职衔又据另片奏江苏举人陈鸿绪帮同缮办一切章奏尚为得力著加恩以七品小京官补用钦此

一嘉庆九年二进粮船因东省闸河内外水势浅弱草寺蒋家圈至四女寺一带淤浅特甚因无拨船该丁等自行刮挖并用小划船轮转起拨以致延滞钦奉上谕查明草寺等处地方系何员督办交部严加议处钦此

一嘉庆九年钦奉上谕颜检奏报三进帮船全数挽过故城县境并将在事出力人员查明具奏该员弁等于办理挑浚事宜尚能认真妥速俾全漕挽运过境不致稽迟所有天津道胡钰河间协副将祥启故城县知县翟尊云河间府同知李奉瑞河营守备谢成故城县县丞孙崴褒蓟州州判周景俱著加恩交部分别议叙又据另片奏因公降调之原任故城汛把总杜永清于挖浅事宜极为谙练此次帮同办理挑浚认真出力恳请开复原官等语杜永清著加恩准其开复仍以把总留于该处补用钦此

一安徽省池州宁太安庆前后四帮漕船节次催提池州一帮跟接浙江尾船挽进瓜口已属过迟其余三帮尚称受兑采买米石尤属玩误将押运同知千总交部分别议处仍令戴罪督押抵通【嘉庆十年】

一嘉庆十年钦奉上谕本年全漕渡黄比较上年迟至五十余日铁保现在清江防汛徐端系专管河务乃未克先事预筹俾河口通畅克期前进均难辞咎铁保徐端俱著交部议处漕运总督吉纶职司漕务咎亦难辞本年重运迟逾实由河道难行所致其自请严议之处亦著改为交部议处钦此一江西永建帮千总周升并不督率丁舵赶挽一任行走散漫以致阻压后帮将脱空之丁舵按名枷责千总周升参奏革职仍令戴罪督押抵通如沿途再有脱空及交仓亏短加倍治罪【嘉庆十一年】

一嘉庆十一年奉上谕铁保等奏催攒重运回空之员外郎江兰副将郑敏等本年跋涉河干不辞劳瘁现在空运渡竣遵旨奏请加恩并据江兰呈请情愿在京职上效力等语江兰在南河效力尚为奋勉著准其回京加恩以郎中升补副将郑敏汪德候补道裘世璘署知州李敷文守备刘俊等于奉派催运办公亦属出力俱著照所请加恩一并交部议叙钦此

一嘉庆十二年奉上谕铁保奏宝应一带有积凌十余里粮船不能前进甘泉县荷花塘地方亦因上游浮冰下拥以致凝积该厅县不先乘冰薄之时随冻随敲致碍粮运实属玩误不可不惩处示儆著照所请将署扬粮通判单禄冒宝应县知县唐先甲署甘泉县知县潘镕均先行摘去顶戴暂留各本任赶办回空该汛千总卓林把总张邦盛著摘去项戴并捆责三十棍如果该员弁等能将冰凌敲打攒办无误全漕过竣再行开复如有玩愒并当另行参办现在已届冬腊所有已入江境陆续渡黄各船该督等惟当上紧攒催遇有流澌拥积之处迅为设法疏通俾得及早归次无误冬兑冬开定限并著该督于粮艘全数渡黄时即行奏闻钦此

一嘉庆十三年奉上谕本年重运八十余帮于五月十五日全数渡黄完竣比较近年俱早至一两月皆由河流通畅得以顺利遄行而该督等相机预筹催攒亦属出力自宜量予恩施铁保徐端萨彬图及巡视南漕给事中安柱均著加恩交部议叙其分派沿途催攒文武各员弁并著该督查明咨部议叙钦此

一嘉庆十三年奉上谕据巡漕给事中韩克均奏请定豫东漕船行走次序一折所奏尚是豫省漕船向例皆冬兑冬开而东省则须俟今春始能兑竣开运乃应来办理拘泥豫漕于行抵德州后必须守候东省之德州正帮开行始将豫省之通天二帮跟接前进该二省随后各帮又须彼此参错行走动辄停留以致旗丁等多所赔累自应变通办理嗣后著漕臣等转饬各员弁所有豫东两省帮船不必拘定德正通天四字名色排列先后行走惟当随时察看无论何省何帮挽运在先均著随到随行挨次前进毋许稍有停滞以利漕运钦此

一嘉庆十三年户科给事中严烺条奏漕务事宜一折奉上谕给事中严烺条奏漕运事宜一折朕阅所奏各款内如淮安盘验宜加迅速一款向来南漕御史俱在瓜仪一带督催漕船此外遇徒阳挑挖运河间须过江查勘并无须该御史往苏州一带迎提漕船之例近年来该御史等往往以迎提漕船为名越境远行实多骚扰嗣后著照定例毋许远涉所有江苏及浙江各帮责成江苏巡抚就近严催其南漕御史应于帮船到淮之时会同漕运总督迅速盘验以免渡黄稽缓又粮船吃水宜按照定例一款粮船吃水例不得过四尺近缘旗丁等于例外多带土宜以致吃水过多行走纡缓甚至停泊售卖到处稽迟著照该给事中所请交漕运总督及沿途催攒各员申明定例毋得多带货物任意停留又漕标委员不宜太多以防滋扰一款所论甚是漕船出境入境除巡漕御史之外又有沿途地方文武节节提催已为周密该漕督即因帮船过闸之时间须委员照应亦属无几乃据该给事中所奏近因漕标效力人多营求差使遂致纷纷派委本年多至八十余员殊滋流弊此辈营求前往不过图得馈遗索借资斧又因派委分驻各闸即经手雇觅夫役尤得乘便浮冒甚为旗丁之累不可不大加删减如本年漕运节节阻滞此八十余员亦不过袖手旁观何益之有嗣后该漕督不得任意滥委间有不得不酌派数员前往照料之处亦只许令其协同催挽毋得经手雇觅夫役以杜弊窦又直隶郑家口地方宜派专阃大员驻札专催一款故城县郑家口地属直隶是以临清德州两处武员或在郑家口以上或在故城县以下分投催攒独于该处粮船停泊俱不过问不无迁延情事亦著照该给事中所奏交直隶总督每岁派委参游人员专驻骇处催攒又所奏临清卫守备向来驻札济宁于每岁新漕北上之时饬令移驻催攒一款亦属可行至所称东境闸河期限太宽宜量为严紧一款所奏非是粮船入闸出闸定限四十二日其间上水下水迟速难齐风色尤无一定若如该给事中所请自台庄至分水口定限二十日下至临清定限十二日在下水风顺之时原可迅速无误期限适遇上水顶风牵挽费力又岂能一律如限迩年各处催攒情形不遗余力所有粮船入闸出闸只须于统限无逾已为妥速若再事严紧恐窒碍难行仍属有名无实也钦此

一嘉庆十四年奉上谕吴璥等奏雪后严寒回空阻冻现在竭力敲冰设法筹催在后各帮情形一折漕船回空必当及时归次受兑方无误来年重运该河督等自应不分畛域随时筹备催攒岂得互相推诿本年邳宿运河既因东境水小别无来源吴璥等即当于回空各帮未入江境之前预为筹办于各浅处筑坝擎蓄以利攒行而东省闸河蓄水微弱维时马慧裕职任东河其应如何疏浚筹蓄亦即当为未雨绸缪之计非陈凤翔甫经到任者可比乃吴璥等总存一分疆画界之见殊为非是现在已入江境帮船在邳宿一带境内者尚有三十八帮竟至节节冻阻皆由该河督等互相推诿未能及早筹办所致吴璥徐端马慧裕均著传旨申饬仍交部议处漕运为天庾正供设有误来年重运所关匪细所有现在冻阻各帮吴璥等即当设法筹催迅速归次受兑无得再有阻误其需用打凌船只器具以及兵夫饭银添雇纤夫挽运等费均著吴璥徐端马慧裕及该承办道将等按数分赔不准开销钦此

一嘉庆十五年奉上谕陈凤翔吉纶奏将催漕出力人员开单进呈恳请加恩一折本年南粮帮船始入东境因汶泗水弱未能济运行走稽迟经陈凤翔吉纶督率文武各员或经理起拨或挑疏淤浅俾在后各帮衔尾遄行已于

本月十四日全数出境虽较上年稍迟十余日而计东省入境日期尚属有速无迟该员等认真催攒不辞劳瘁自应量加奖励道员保麟徐国楠副将常清元额尔毕济呼候补知府唐邦彦知州爱星阿均著交部议叙试用同知王康乂州同周尔圭府经历李俊文均著尽先补用州判龚庆祥千总叶云龙刘大用均著尽先升用守备张绍甲著赏给都司职衔其另片奏掣回通判冯召棠昼夜攒运颇知奋勉冯召棠著加恩赏还顶戴仍留东河俟有通判缺出另行补用钦此

一嘉庆十五年奉上谕龄椿奏迎提南粮头进帮船并查勘沿河水势情形一折据称前赴天津迎提南粮头进帮船即于沿河亲身测量水势其深处自三尺至五尺不等古浅处所尚有水二尺五寸以上足资浮送等语近来畿辅雨泽稀少通州一带水势未免日见消落但不日南粮衔尾而来帮船人数较多即爨汲所需消耗亦复不少恐河身愈形浅涸粮艘致有延搁著该巡漕会同仓场侍郎督饬沿河地方员弁将通州以下淤浅之处迅集人夫逐加刮挖务令一律深通舟行顺利并多备拨船以资拨运仍遵前旨将头进帮船严行催攒务于二十内外赶抵通坝毋致迟逾为要将此传谕龄椿并谕令玉宁戴均元知之钦此

一嘉庆十五年奉上谕巡视东漕御史吴邦庆等奏湖南三帮尾船于八月十四日全出东境一折本年漕船在东境行走共计一百二十五日较上年在东行走日期虽少二十二日而比较上年七月二十六日全出东境之期则又迟十八日若在直隶境内再有耽延而到通后起卸不速恐回空迟滞沿途必致有冻阻等情将来一切费手著传谕仓场侍郎于帮船抵坝以后务即督同坐粮厅随到随验赶紧起卸不可稍有迟缓其未经抵坝各船并著传谕福克精阿薛大烈上紧攒行勿使在途迟滞如有古浅之处应行捞挖拨运者均著随宜妥为办理不可贻误将此传谕玉宁戴均元并谕福克精阿薛大烈知之钦此

一嘉庆十五年奉上谕本年粮艘过津直隶寿办拨船沿途催攒各员尚俱出力前降谕旨令温承惠查明保奏今据该督将实在出力人员开单请旨所有候补知府彭应杰河间府同知宋继光候补同知李逢瑞杨村通判刘四顺候补通判徐登銮故城县调任长垣县知县翟萼云通州石坝州判郑以简试用县丞宋道熼张循梅代理沧州州判从九品李景弼试用从九品沈文毅通州协副将德俚布河间协副将张国楹候补副将多隆武务关营参将庆昌砖河游击刘志仁天津镇中营游击李昆静海营都司博明景州营守备疆阿太四党营守备李士刚故城汛把总杜永清俱著交部议叙又另片奏东路同知陈世相缘事降调此次催查拨船颇为迅速恳请就近在直捐复陈世相著加恩准其捐复留直差委吏部知道折单并发钦此

一嘉庆十七年湖南二帮起运船只两旁跨木未曾卸凈经漕督饬令砍卸跟帮攒行该帮押空千总藐玩不遵咨明兵部汇题斥革

一嘉庆十七年淮安头大河前两帮因洪泽湖积水较弱御黄束清两坝堵闭重船未能冬底渡黄漕督奏准将已兑粮船移赴就近水深处停泊俟束清坝开放即将米石盘验北上

一嘉庆十八年因江广尾后各帮船身较重行抵杨村已在八月下旬水势不敷行走仓场侍郎奏明自安福帮以后俱令在杨村起拨军船就近回空

一嘉庆二十年漕督奏准各省漕船带装货物若因勾水稍有参差即将货物掀卸转恐耽延时日应按照加装米数吃水止增四五寸者准其加纤行走毋许脱空即使卫河来水长落不一亦毋庸于台庄等处相距四五百里之遥豫行勾水掀卸

一嘉庆二十年奉上谕润祥奏通盘筹酌三进未到各帮奏闻办理一折前因御史赛英额奏三进尾帮至八月十三日尚有十五帮未过津关恐转运不及有误回空是以降旨谕令该仓场侍郎通盘筹议必须截卸则在北仓囤贮原系必不得已之举本日天津镇总兵祥启奏报三进尾帮湖南三帮已于八月十三日挽入直隶安陵汛境比较上年入境日期计早三十八日等语现在漕船尾帮业已攒入直境既较上年早至月余为期并不迫促自应全数运通方为正办何得以前旨有截卸北仓之说有意迁就不行赶办润祥刻下已前赴天津著即督饬地方文武及漕务员弁等上紧严催该侍郎等仍遵照前议章程轮转迎拨俾全漕悉达天庾不得迟回观望一经截卸更多增繁费也将此谕令知之钦此一嘉庆二十年湖北头帮各船携带木植吃水过重行走迟延将押运千总奏参革职

一嘉庆二十五年南粮重运北来行走遄速甫届七月中旬即已全数回空且本年各帮米色俱皆干圆洁净仓场侍郎等克期验收毫无留滞奉旨传谕有漕省分各督抚及漕运总督一切交兑催攒事宜均照此次办理督运各

员前经施恩外那彦成莫晋及坐粮厅司员玉英沈兰生俱著加恩交部议叙那彦成从前曾戴双眼花翎著加恩赏戴单眼花翎以示奖励钦此

一道光五年南粮帮船到津迟滞节节脱空据该仓场侍郎等查明系由直隶之故城山东之恩县等处河道水势微弱必须拨运该州县豫备拨船无多以致各帮船守候日久奉旨著直隶总督山东巡抚迅即严饬故城恩县添雇拨船接运如再有迟误致令各帮船停泊守候即行严参惩办并各饬所属实力催攒务合迅速抵通毋稍迟逾等因钦此

一漕务委员向来多派候补备弁道光七年奏准各帮实缺千总二员每年轮一人领运即有一人闲运嗣后各闸坝照料委员就近派委实缺千总实缺不敷再派候补备弁如果当差勤慎即于次年空缺重运内酌委调剂所有应派段落分别重运回空酌量裁并开单奏明存案仍俟每年派委后将衔名人数造册送部备查

一道光八年五月南粮自大河前首帮抵通后在后泗州等帮均未能跟接前进据仓场侍郎等查明因山东临清闸内外恩县德州及直隶故城南皮景州等处水势微弱拨船不敷轮转以致行走迟滞奉旨著屠之申琦善各严饬所属州县即将浅涩处所设法捞浚深通添备拨船以资起运并严饬沿河文武员弁一体赶紧催攒勿任一帮脱空如有迟误即行参处等因钦此

一道光二十五年钦奉上谕程矞采奏运河浅阻请多雇拨船并认真捞挖等语山东临清一带及直隶故城郑家口等处为粮艘经由要道倘有阻滞于漕运大有关系著直隶山东各督抚严饬所属多雇民船轮流拨运并多集人夫认真捞挖以利漕行并著河东河道总督亟筹接济俾重运回空均无迟误是为至要钦此

一道光二十五年钦奉上谕前因中河桃源汛漫口所有在后各帮船亟须设法挽进中河当经潘锡恩奏明赶挑越河勒限二十日全完计此时定已工竣将漕船送过越河惟念本年军船过渡业已耽延必应加紧攒行以速补迟著两江总督河道总督漕运总督山东巡抚直隶总督将在后各帮船节节严催不准一帮脱空其河身淤浅处所认真挑捞并先期多雇民船预备轮流拨运毋许片刻停留俟抵通后著仓场侍郎多拨人夫速行起卸俾不至守候稽延该督等务当相度机宜通盘筹画傥办理不善至回空军船守冻不能如期归次惟该督等是问恐不能当此重咎也懔之钦此

一咸丰二年钦奉上谕杨殿邦奏江广各帮陆续兑开请饬各关查验放行不准羁留等语向来江广帮船经过九江芜湖龙江等关查验纳税关书人等往往藉端刁难致稽时日该漕督所奏自系实在情形著九江芜湖龙江各关监督一俟江广帮船到关立即查验放行不准羁留如各帮船于例带土宜外尚有应缴税银即酌留伍丁令其照数完纳俾帮船迅速前行毋致贻误至各帮丁舵人等沿途售货任意逗遛该漕督亦应严饬各粮道督率运弁随时实力稽查催攒遄行毋任藉词延宕并著沿途各督抚派员一律严催以速漕运钦此

一浙江省帮船入东过迟如遇河道淤浅调拨杨村官拨一千五百只赴临清闸拨运以期轻便傥因冰凝难走准照道光五年守冻章程【详沿途冻阻条内】变通办理【咸丰二年】

一咸丰二年钦奉上谕漕粮为天庾正供近来重运漕船不能如期抵坝以致回空归次兑收新漕节节耽延本年帮船北上开行已迟沿途又不实力催攒直至运河渐已冻合尚未全数抵通现将在后之江安重运拨船截卸天津北仓浙省杭严三等七帮由山东打冰拨运并有嘉白等帮尚未报入东境似此任意延玩实从来所未有刻下节近大雪水势日消若不赶紧攒令归次来年新漕受兑必致贻误关系匪轻除浙江各帮该抚请改海运江苏各帮明年仍分别海运外其余各省帮船著漕运总督严饬起卸各帮即日连樯南下衔尾遄行不准片刻停留并著东河南河总督及有漕各督抚分饬各地方严切催提及早归次来年新漕尤当迅速办理按期兑开统于四月初十日以前催抵清江克期渡黄毋得因本年回空较晚又复借口耽延傥将节次谕旨视为具文仍致临时周章有逾例限定将该漕督及有漕各省督抚严行惩处决不宽贷懔之慎之将此通谕知之钦此

卷十六·白粮事例·白粮经费·江南省

原额经费银二十三万五千八百五十八两三钱六分三厘三毫零内募船水脚银一十二万一千一十八两六分九厘七毫零　添篙提溜银三万二百五十四两五钱一分七厘四毫零　车脚由闸银四万五千三百八十一两七钱七分五厘一毫零　总部官公费银三千两　总部人役工食银一千八百两　协部官公费银一万九千二百

两　协部人役工食银三千七百九十九两二钱　看船粮夫工食银七千一百二十八两　量斛束包挑运人夫工食银四千二百七十六两八钱嗣因白粮改选漕船装运将前列各款银两照旧征收其支给项下全行裁革又除荒缺及乾隆二年改归漕粮项下支给并免征外至道光九年实征白粮项下解支银六万九百五十三两二钱八分内给军经费漕截负重解支等款银五万二千六百八十九两六钱八分三厘　千总俸工银五百八十七两四钱三分七厘　随帮廪工银一百六十二两　解通由闸银五千五百五十五两七钱六分束包人夫工食银一千九百五十八两四钱白粮项下原额盘用耗米二万八千五百一石一斗六升七合零内除坍荒及乾隆二年四十一年改归漕粮项下支给免征外至道光九年实征米一万三千八百五石内各属应支一半米六千九百二石五斗白粮帮应支一半米六千九百二石五斗查各属应支一半米石前于嘉庆五年经前任漕运总督铁保奏准全给白粮帮丁

运船水手饭米原额一万八百五十七石七升七合零内除荒缺及乾隆二年四十一年改漕免征外至道光九年实征米四千九百六十九石八斗【按起运正米每石给军饭米七升二合】

卷十六·白粮事例·白粮经费·江南省·苏州府

原额经费银九万六千七十九两四钱一分六厘八毫内募船水脚银四万八千四百四十二两三钱四分八厘八毫　添篙提溜银一万二千一百一十一两五钱八分七厘二毫车脚由闸银一万八千一百六十五两八钱八分八毫　总部官公费银一千两　总部人役工食银六百两　协部官公费银九千三百两　协部人役工食银一千八百五十一两六钱　看船粮夫工食银二千八百八十两　量斛束包挑运人夫工食银一千七百二十八两内除白粮改选漕船装运停支款项及荒缺分隶太仓州并乾隆二年改归漕粮项下支给暨免征外至道光九年实征白粮支给经费银一万七千九百二十五两五钱六分八厘内给军经费漕截负重解支等款银一万五千五百四两四钱三分七厘　千总俸工银一百四十五两三钱六分四厘　随帮廪工银四十两八分七厘　解通由闸银一千六百四十五两二钱八分束包人夫工食银五百九十两四钱

盘用耗米原额七千七百五十二石五升三合零内除荒缺及乾隆二年四十一年改归漕粮项下支给暨免征外至道光九年实征白粮项下盘用耗米四千五十石六斗内各县应支一半米二千二十五石三斗白粮帮应支一半米二千二十五石三斗查各县应支一半米石前于嘉庆五年经前任漕运总督铁保奏准全给白粮帮丁

运船水手饭米原额四千三百五十九石八斗一升一合零内除荒缺及分隶太仓州并乾隆二年四十一年改漕减免外至道光九年实征米一千四百八十石二斗一升六合

卷十六·白粮事例·白粮经费·江南省·松江府

原额经费银七万六千二百一十二两一钱九分四厘八毫零内募船水脚银四万三百八十三两八钱七分三厘七毫零　添篙提溜银一万九十五两九钱六分八厘四毫零　车脚由闸银一万五千一百四十三两九钱五分一厘六毫零　总部官公费银一千两　总部人役工食银六百两　协部官公费银四千三百两　协部人役工食银八百四十八两四钱看船粮夫工食银二千四百两　量斛束包挑运人夫工食银一千四百四十两内除白粮改选漕船装运停支款项及荒缺减免并乾隆二年改归漕粮项下支给暨免征外至道光九年实征白粮支给经费银二万三百八十六两一钱八分二厘内给军经费漕截负重解支等款银一万七千六百四十一两四钱一分　千总俸工银一百九十五两八钱一分二厘　随帮廪工银五十四两　解通由闸银一千八百四十六两九钱六分　束包人夫工食银六百四十八两

盘用耗米原额九千九百八十八石四斗六升二合零内除乾隆二年改归漕粮项下支给并免征外至道光九年实征米四千六百一十七石四斗内各县应支一半米二千三百八石七斗白粮帮应支一半米二千三百八石七斗查各县应支一半米石前于嘉庆五年经前任漕运总督铁保奏准全给白粮帮丁

运船水手饭米原额三千六百石内除荒缺及乾隆二年改漕免征外至道光九年实征米一千六百六十二石二斗六升四合

卷十六·白粮事例·白粮经费·江南省·常州府

原额经费银六万三千五百六十七两七钱五分一厘七毫内募船水脚银三万二千一百九十一两八钱四分七厘二毫　添篙提溜银八千四十七两九钱六分一厘八毫　车脚由闸银一万二千七十一两九钱四分二厘七毫　总部官公费银一千两　总部人役工食银六百两　协部官公费银五千六百两　协部人役工食银一千九十九两二钱　看船粮夫工食银一千八百四十八两　量斛束包挑运人夫工食银一千一百八两八钱内除白粮改选漕船装运停支款项及荒缺减免并乾隆二年改归漕粮项下支给暨减征外至道光九年实征白粮经费支给银一万六千四百二十两四钱三分一厘内给军漕截负重解支等款银一万四千一百六十两二钱九分九厘　千总俸工银一百九十五两八钱一分二厘　随帮廪工银五十四两　解通由闸银一千四百九十一两九钱二分　束包人夫工食银五百一十八两四钱

原额盘用耗米八千七十石五升五合二勺零内除乾隆二年及四十一年改归漕粮项下支给并免征外至道光九年实征米三千七百八石内各县应支一半米一千八百五十四石白粮帮应支一半米一千八百五十四石查各县应支一半米石前于嘉庆五年经前任漕督铁保奏准全给白粮帮丁

原额运船水手饭米原额二千八百九十七石二斗六升六合零内除荒缺升增及乾隆二年四十一年改漕免征外至道光九年实征米一千三百三十四石八斗八升

卷十六·白粮事例·白粮经费·江南省·太仓州并属【向隶苏州府雍正二年】改直隶州】

原额经费载在苏州府项下除白粮改选漕船装运停支款项及荒缺并乾隆二年改归漕粮项下支给暨免征外至道光九年实征白粮经费支给银六千二百二十一两九分九厘内给军漕截负重解支等款银五千三百八十三两五钱三分七厘　千总俸工银五十两四钱四分九厘　随帮廪工银一十三两九钱一分三厘　解通由闸银五百七十一两六钱　束包人夫工食银二百一两六钱

原额盘用耗米二千六百九十石五斗九升五合零除荒缺及乾隆二年改归漕粮项下支给并免征外至道光九年实征米一千四百二十九石内各县应支一半米七百一十四石五斗白粮帮应支一半米七百一十四石五斗查各县应支一半米石前于嘉庆五年经前任漕督铁保奏准全给白粮帮丁

原额运船水手饭米载在苏州府项下除荒缺及乾隆二年改漕免征外至道光九年实征米五百一十四石四斗四升

卷十六·白粮事例·白粮经费·浙江省

原额经费车夫丁字沽雇拨等银七万六千六百九十一两四钱五分四厘内由闸银五千四十两　买办垫库等料银五千四十两　芦席银三百七十八两　石坝银三百六十两三钱六分　买办包索搬运过船遇浅起拨遇溜添篙共银一万五千七百五十两　驾军工食银一万五千一百二十两　运丁行粮银二千四百九十四两八钱　运丁月粮银四千六百五十六两九钱六分　经费银一万五千九百六两三钱六分六厘　存银一万一千九百四十四两九钱六分七厘九毫嗣因白粮改选漕船装运将前列各款银两照数征收其夫给项下全行裁革又除归安县编审减免及乾隆二年四十一年改归漕粮项下支给并免征外至道光九年实征白粮项下应给经费银二万一千四百一两九钱五分七厘零内给军漕截银一万三千一两六钱五分六厘负重银二百九十八两七钱五分　折色月粮银二千一十六两　折色行粮银一千八十两　经费食米折银二千五百九十三两八分　由闸车夫银二千四百七两四钱一分六厘　由闸路费银五两五分五厘零

原额行月经费食米一万二千二百五十九石八斗内除折征并归安县编审减免及乾隆二年四十一年改归漕粮项下支给外至道光九年实征米三千七百八十石内本色月粮米二千八百八十石本色行粮米九百石

卷十六·白粮事例·白粮经费·浙江省·嘉兴府

原额经费车夫丁字沽雇拨等银四万六千四百五十七两六钱四分三毫内由闸银三千四十两　买办垫库

等料银三千四十两　芦席银二百二十八两　石坝银二百一十七两三钱六分　买办包索等项银九千五百两　驾军工食银九千一百二十两　运丁行粮银一千五百四两八钱运丁月粮银二千八百八两九钱六分　经费银九千五百九十四两三钱一分六厘　存银七千四百四两二钱四厘三毫内除白粮改选漕船装运停支款项及乾隆二年四十一年改归漕粮项下支给并免征外至道光九年实征白粮应给经费银一万三千一百五十七两七钱一分五厘零内给军漕截银八千六十二两二钱九分七厘零　负重银二百二十九两三钱七分一厘　折色月粮银一千一百七十六两　折色行粮银六百三十两　经费食米折银一千五百六十四两八分　由闸车夫银一千四百九十二两八钱三分三厘零　由闸路费银三两一钱三分四厘零

原额经费食米七千三百九十四石八斗内除折征并乾隆二年四十一年改归漕粮项下支给外至道光九年实征米二千二百五石内本色月粮米一千六百八十石本色行粮米五百二十五石

卷十六・白粮事例・白粮经费・浙江省・湖州府

原额经费车夫丁字沽雇拨等银三万二百三十三两八钱一分三厘六毫内由闸银二千两　买办垫库等料银二千两　芦席银一百五十两　石坝银一百四十三两　买办包索等银六千二百五十两　驾军工食银六千两　运丁行粮银九百九十两　运丁月粮银一千八百四十八两　经费银六千三百一十二两五分　存银四千五百四十两七钱六分三厘六毫除白粮改选漕船装运停支款项并归安县编审减免及乾隆二年四十一年改归漕粮项下支给暨免征外至道光九年实征白粮应给经费银八千二百四十四两二钱四分零内给军漕截银四千九百三十九两三钱五分九厘零　负重银六十九两三钱七分九厘　折色月粮银八百四十两　折色行粮银四百五十两　经费食米折银一千二十九两　由闸车夫银九百一十四两五钱八分二厘零　由闸路费银一两九钱二分零

原额经费食米四千八百六十五石内除折征并归安县编审减免及乾隆二年改归漕粮项下支给外至道光九年实征米一千五百七十五石零内本色月粮米一千二百石本色行粮米三百七十五石

一起解轻赍席木银两即于该年存库银内动支路费毋得将别年银两牵连支给起解由闸银两于白粮项下支给路费毋得于漕项银内动支【康熙五十七年】

一运通白粮亏折正项即将旗丁耗米抵补足数【雍正十二年】

一江南苏松常太四府属原额经费银两乾隆二年因白粮减额改征漕粮题定现运白粮项下征收支解经费银三万八千三百八十九两零改征漕粮项下征收随漕支解银二万三千八百八两零实应减征银二万七百七十七两零照数免征【乾隆二年】

一江南省白粮项下额征给军经费银八万七千五百一两零从前运白丁船原系照额支领康熙五十六年部议照浙江例支给漕截银两余存解部今白粮改漕所有前项原编经费银两除应给等款及实减漕截银两外尚余银二万九百五两零题请免征部议以白粮改漕一切杂费银米已于前款议令蠲免所有前项减存银两原系裁减给军之项非浮加征收可比且节年解部充饷已久未便请蠲

一浙省嘉湖二府额征白粮原编每正米一石加耗米四斗五升又每正耗白米一石外加舂耗米三斗乾隆二年因白粮减改漕粮每正米一石只加耗米四斗题准将加三舂耗按数减免给丁耗米减去五升共免舂耗米一万五千五百六石零五升耗米一千七百八十二石零【乾隆二年】

一浙省漕粮正米并二五耗每石给漕截银三钱四分七厘在编征漕截款内支给本折行月银米悉于编征本款项下支给白粮正米并二五耗亦照漕例每石给经费银三钱四分七厘在于原编车夫银内动支今改征粳米应给本折行月等项原与漕例相符应照旧例各就原编本款征收支给外所有每岁增给食米折银五千一百八十六两一钱六分除实起运白粮船六十三只共应给银二千五百九十三两八分外应请减征并蠲免银二千五百九十三两八分再漕船遇闰之年每船加给本色月粮米四石折色月粮银二两八钱白粮帮船向不加闰今改运白粳之船应照漕例给与闰月银米以昭画一【乾隆二年】

一白粮改征正米三万五千六百四十六石九斗九升八合照漕规应解通济库轻赍楞木松板芦席等银六千六百四十六两三钱八分零今将白粮项下解通由闸银两内扣抵不敷银两在于车夫款项支剩银内照数动支拨

解【乾隆二年】

一苏松常太四府州属白粮有加三加二耗米之分其加三耗米之白粮照浙江省例以到坝二斗五升并支漕截至松常二府白粮有原编糙粳向系加二耗米已于乾隆二年改漕起运嗣后永无再支所有从前原支加二耗米内之漕截免其追缴

一苏常二府属额运白糯米三千七百九十六石乾隆四十一年奉文改征漕米四百二十二石各按县额验算白一十余石至三十余石不等查白粮项下耗赠经费银米较多于漕乾隆二年减白改漕案内为数颇多将原编银米抵补随漕耗赠各款之外余奉蠲免今每县所改无多所余耗费银米难以按田蠲免将所减白糯正耗运饭盘用舂办等项统入漕粮起运随漕应支赠银各就本款余银支放毋庸再于给军经费款内改编其原编白糯所余银两统入余存经费款下报拨【乾隆四十一年】

一浙省白糯改漕仅祗五百七十八石嘉湖二帮匀改不过二百余石额运漕白二船毋庸改易其经费食米折银亦系照额支给至解通由闸经赍席木稍有改易但统系车夫项下道库支解亦无在县改易应照江省之式一体办理惟白糯项下每正米一石原征兑军五升耗米及县舂办耗米四斗三升五合亦请一并改征漕粮起运以臻一律【乾隆四十一年】

一苏松等属起运白粮项下应给束包人夫岁给工食银一千九百五十八两四钱又镇海卫金山帮月粮银二百八十两赡运银七百五十一两六钱九分五厘向系各县卫存留径给乾隆五十四年议令按款起解道库应支银两赴道支给【乾隆五十四年】

一汪浙白粮运贮通仓毋庸贴交经纪耗米外其改运海运北新二仓米石于到坝时令经纪车户代为交仓每石旗丁贴交经纪车户米三升六合作为颠抗折耗之用【嘉庆元年】

卷十六·白粮事例·白粮解运

一江南省白粮向佥粮长解运顺治二年题定官收官解浙江省白粮向系民间舂白完纳官为解运雍正六年题定照江南之例随漕统征官为舂办

一白粮向系官解每年预雇民船佥委府佐贰官一员为总部州县佐贰官一员为协部领运抵通顺治十年题准攒厂造船起运顺治十一年题准于漕船内分带顺治十二年以漕船不便分带题明仍行官运顺治十八年题请将减存漕船解运嗣后仍雇民船起运康熙三年浙江白粮题准于漕帮抽选并添造船只装运康熙十四年江南省白粮亦经题准抽选漕船装运五年一次更换改设千总领运随帮押空江南省添设领运千总八员随帮官四员浙江省添设领运千总四员随帮官二员康熙四十二年苏松常三府白粮题准于江淮兴武等十一帮无欠丁船内抽选五年一次轮运康熙五十六年题准停止轮运雍正四年以白粮运费多于漕粮题定仍照旧例于通省漕船内抽选坚固船只历年无欠殷丁公同挚运五年一次更替如有挂欠即捆打革运追赔照监守自盗律治罪

一白粮米石与由闸银两总属正项其完欠分数应以银米总计合算如有未完照例议处【顺治十二年】

一州县各官交兑白粮照漕粮一体冬兑冬开不许迟悮该督抚于开帮之日注明交兑月日列疏题报如有迟误按例议处【顺治十二年】

一江南省白粮向例令所佥丞簿经收随时舂办捆包及随粮经费一并如期征足起运康熙十四年改设千总领运责令各州县舂办完备交与弁丁收受装运照漕规出具通关实收报明总漕康熙十五年题准白粮抵通照依浙江例将全单送部查验完粮挚回不必照旧起批

一白粮米色责令粮道监兑等官公同亲验如有米色不纯等弊指参治罪各该州县交兑时即将白粮样米封贮运通以凭查验【议单旧本】

一白粮起运总漕总河仓场并沿河督抚严檄文武各官拨兵防护立行押送出境如有奸丁逗留盗卖从重治罪【议单旧本】

一白粮交兑起运过淮抵通限期以及一切议叙议处条例俱照漕粮一体遵行【康熙六年】

一白粮经征督催各官完欠考成照漕粮考成例议处【康熙六年】

一白粮改折经费银两原系白粮项下应征之款与白粮一例考成【康熙十七年】

一白粮项下减存经费银两系解部之项如不预行详请擅自动用将擅动之官题参银两著令赔完【康熙三十三年】

一白粮船只遇闰之年不给闰月银米【康熙四十五年】

一江南省运白粮船向例按米支给经费银两康熙十四年题请裁减康熙四十二年请每船给饭米三十六石每石折银一两五钱康熙四十三年题准全行裁革照漕例支给行月赠贴银米康熙五十四年奏销案内准给饭米每石七升二合康熙五十六年题定每石于原给赠银一钱四分五厘之外补给银二钱二厘共给银三钱四分七厘照浙江省漕截之例在道库减存银内支给

一浙江省运白粮船所给经费银米向按实运船数派给康熙十四年题请裁减康熙二十六年复请照旧加给康熙四十三年题准全行裁革照漕例支给行月银米并每石给漕截银三钱四分七厘康熙四十九年题准加给每船饭米三十四石三斗每石折银一两二钱于道库减存银内支给

一白粮向系尾漕而进每年于丁字沽起拨每石征给银一钱二分嗣因漕船运白责令领运各官俱以漕船抵通毋许丁字沽起卸所有应征丁字沽银两于康熙二年题明裁减解部江南省白粮到通红拨银两【旧例直隶香河等处有官地七千余顷佃人不收租息自备红船拨运漕粮后改征租给丁自雇谓之红拨银两】康熙五十六年题准照浙江省例一体扣解

一江南省白粮项下额编量斛束包挑选夫役工食银两盘运耗米向例按数支销雍正三四等年奏销案内驳追雍正八年钦奉特旨照数支给

一江南运白船只例于通漕船内抽选五年更替因五年之内旗丁消长无常致有丁力渐疲船身朽坏之弊乾隆元年题准于每年未兑之先责令该道赴次查验如运丁力疲船不坚固者另选殷丁补运

一浙江省白粮帮船康熙四十三年题定五年抽调嗣于乾隆七年题准白粮帮丁均令长运永免抽调

一江南省应征糯米系苏松常太四府州征解乾隆二年钦奉上谕减征白粮题准松太二府州糯米免征该省应解白糯米在于苏常二府验派兑运

一浙江省嘉湖二府应征白糯米石浙省素不产糯乾隆七年题准随漕统征粳米官为易糯舂办兑运

一江南运白船只例于通省漕船内抽选掣运五年一次更替乾隆十六年奏准五年调换为期太久酌定运白三次之后即行另选调运

一户部奏准江浙二省额运白糯米九千石递年积存愈多或致红朽请将江苏省乾隆四十一年起运四十年分应解三千七百九十六石内祗须解运二千二百石浙江省应解五千二百余石祗须解运二千八百石其余暂行改征粳米自四十二年征运四十一年分起该二省于额运九千石内以八千石起运其余一千石俱令改征漕粮所有运到白糯以七千六百五十石派贮中西二仓以三百五十石派贮内仓足敷岁需【乾隆四十年】

一乾隆四十一年起运四十年分嘉兴府原额白糯三千一百六十一石零仍运糯米一千七百一石零改运白粳一千四百六十石零湖州府原额白糯二千四十二石零仍运白糯一千九十八石零改运白粳九百四十三石零【乾隆四十年】

一苏松常太乾隆四十年分夏秋被灾应征白粮于熟田漕粮内通融办运来年征收仍作漕粮起运【乾隆四十年】

一江南苏州府白粮帮于过淮时每船带搭江淮三帮潮湿米五石易换日食好米赴通交纳因该帮起运白粮在水次即将行五等米舂白上船以资日食原杜糙白抛撒之弊并无另有漕米即将交竣白粮所余白粳白糯米抵交江淮三帮潮湿米石尚有余剩白粮照例领价【嘉庆十四年】

一豫省应运白麦先经仓场奏明照江浙二省起运白粮之例尽数派归一帮装运于平山前后临清前后徐州前后等六帮挨次轮装嘉庆十八年分白麦轮派临清前帮装运十九年分白麦轮派临清后帮装运因嘉庆十八年分白麦停运该抚将十九年额征带征白麦分派临前临后二帮装运与尽归一帮装运奏案不符咨令将二十年额征带征白麦尽数派归临后一帮装运以符奏案

一嘉庆二十五年苏州后帮拨运白粮旗丁吴柏病故所遗船只应在选余船内遴选顶运遗船归漕佥选接顶因正届攒兑开行之际漕白各船均已受兑未便更张贻误咨准令伊堂侄吴桢祥暂行接管兑运

一道光三年苏省被灾应征白粮米石次年带征搭运因米数较多船有定额势难一运并装奏准将缓征白粮正耗米共四万六千二百五十四石匀分两年搭运各就各属水次按船洒带分装此内有分三限催征者其末限应征之米先于征收初二限缓漕款内拨解足额届期征还即作为缓漕起运仍将应运应征米数分别造报应给各款银米即照加装米石按数核给

一易州白粮例于江浙二省五府白粮内按年挨次轮派道光六年应轮派苏州白粮帮因该帮已归海运咨准改派浙省湖白帮内截拨责丁运至白沟河仓兑收并免另筹脚费道光七年咨准补派苏白帮以昭平允

一江苏省白粮丁船如有事故例应归漕佥选于本帮选余船内拣选顶补道光六年常州白粮帮与长淮头帮军船俱系停泊河北同一接运外省漕粮并无漕白之分所有常白帮田瀛病故遗船咨准令伊子田富春暂管接运俟冬问驾归漕帮兑运另于本帮选余丁船内拣选顶运白粮

一苏州白粮帮丁常椿病故应于各帮漕船内拣选殷实之丁接运惟该所年第合例船内均难派八白粮新丁常浩在帮营运殷实咨准接运免其另选饬取丁殷船固运白无误认保各结送部【道光六年】

一道光六年浙省各帮起运各年余米晒扬以及失风米石均经奏准缓交其白帮应带交上年失风米石系奏后续令带交惟各帮米石均已缓带若该帮仍令购运未免向隅经漕督咨准缓俟下运带交以纾丁力

一道光六年浙江湖州白粮帮拨船在清河县地方失风沉湿白粳白糯米石经漕督奏明黄河以北非产白粮之所无处买赔准其于是冬起运时照数买补搭解

卷十七·通漕运艘·帮船额数

各省漕船自雍正四年清查定额七千一百二十只加以镇江添造船四十八只共计船七千一百六十八只内除坍荒兵粮减则裁汰归并等案裁船七百六十二只又嘉庆七年奏准浙江停造船十八只十七年奏准江安停造船四只至道光九年核明除江安浙江轮减船五十八只外实在起运漕白船六千三百二十六只所有各省卫所帮船细数备开于后

卷十七·通漕运艘·帮船额数·江安粮道所属

江淮卫江淮头帮除抽运白粮五船外实运漕船六十五只江淮二帮除抽运白粮五船外实运漕船六十六只

江淮三帮实运漕船四十七只

江淮四帮除抽运白粮六船外实运漕船七十四只

江淮五帮除抽运白粮五船外实运漕船六十三只

江淮六帮实运漕船二十九只

江淮七帮除抽运白粮四船外实运漕船五十七只

江淮八帮除抽运白粮三船外实运漕船三十一只

江淮九帮实运漕船四十五只

兴武卫兴武头帮除抽运白粮二船外实运漕船二十三只兴武二帮实运漕船三十八只

兴武三帮除抽运白粮五船外实运漕船五十六只

兴武四帮除抽运白粮五船外实运漕船五十九只

兴武五帮除抽运白粮四船外实运漕船五十五只

兴武六帮除抽运白粮五船外实运漕船七十一只

兴武七帮除抽运白粮四船外实运漕船三十四只

兴武八帮除抽运白粮五船外实运漕船六十六只

兴武九帮实运漕船二十四只

以上江兴二卫十八帮雍正四年清查原运船一千一百八十四只内除加一坍荒等案共裁船二百二十三只又抽运白粮船五十八只实运漕粮船九百三只

安庆卫前帮除轮减船五只外实运船五十六只

安庆卫后帮除轮减船六只外实运船五十五只

新安卫池州帮实运船四十六只

宣州卫宣州帮实运船四十五只

建阳卫宁太帮实运船九十只

以上安新宣建四卫五帮雍正四年清查除轮减船十一只外原运船三百二只内除宁太帮裁船十只实运船二百九十二只

淮安卫淮安头帮实运漕船五十只

淮安二帮实运漕船五十一只

淮安三帮实运漕船三十六只

淮安四帮除抽运白粮二船外实运漕船二十六只

大河卫大河前帮实运漕船三十四只

大河二帮除抽运白粮四船外实运漕船四十八只

大河三帮除抽运白粮四船外实运漕船六十三只

扬州卫扬州头帮除抽运白粮六船外实运漕船七十四只扬州二帮实运漕船五十四只

扬州三帮实运漕船九十六只

仪征帮除抽运白粮五船外实运漕船七十四只

以上淮大扬三卫共十一帮雍正四年清查原运船六百九十二只加以凤中三帮归入扬州二帮船四只共船六百九十六只内除坍荒等项裁船六十一只又大河前帮乾隆五十一年裁船三只嘉庆四年裁船一只又凤阳卫洪塘所归入扬州二帮嘉庆十七年停造船四只又抽运白粮船二十一只实运漕粮船六百六只

凤阳卫常州帮除抽运白粮六船外实运漕船七十七只

凤中常帮除抽运白粮四船外实运漕船五十四只

凤中二帮除抽运白粮五船外实运漕船六十八只

长淮卫长淮头帮除抽运白粮三船外实运漕船四十六只长淮三帮实运漕船三十二只

长淮四帮实运漕船三十七只

宿州头帮实运漕船二十六只

宿州二帮实运漕船四十二只

庐州卫庐州头帮实运漕船二十八只

庐州二帮除抽运白粮五船外实运漕船七十二只

庐州三帮除抽运白粮五船外实运漕船七十五只

滁州卫苏州帮除抽运白粮三船外实运漕船四十八只

泗州卫泗州前帮实运漕船五十二只

泗州后帮实运漕船五十六只

徐州卫江北帮实运漕船五十四只

以上凤长庐滁泗徐等卫十五帮共抽运白粮船三十一只实运漕船七百六十七只加以协运河南漕粮之徐州河南前帮船四十八只后帮船四十七只历案裁并船一百三十九只即符雍正四年清查原运船一千三十二只之数内除加一坍荒等案裁船八十一只又凤中三帮归并扬州二帮船四只又乾隆十七年长淮二帮裁船二只乾隆二十八年徐州卫河南后帮裁船一只乾隆三十年停运蓟粮案内徐州卫河南前帮裁船四只后帮裁船四只长淮二帮全行裁汰船十八只乾隆六十年凤中二帮裁船一只嘉庆十三年宿州二帮裁船十只嘉庆十四年长淮三帮裁船一只长淮四帮裁船二只徐州江北帮裁船五只嘉庆十五年庐州二帮裁船一只嘉庆十九年庐州二帮裁船一只二十年庐州三帮裁船二只二十一年徐州河南前帮裁船一只后帮裁船一只除抽运白粮船三十一只外连协运河南船只在内共计实运漕船八百六十二只

以上江安粮道所属雍正四年清查共原运船三千二百一十只内除各案裁并停造船四百三十七只又抽白船一百一十只实现运漕船二千六百六十三只【内本省出运船二千五百六十八只协运河南船九十五只】

卷十七·通漕运艘·帮船额数·苏松粮道所属

苏州卫苏州前帮除抽运白粮五船外实运漕船七十五只苏州后帮除抽运白粮六船外实运漕船七十四只

太仓卫太仓前帮除抽运白粮三船外实运漕船四十六只太仓后帮除抽运白粮四船外实运漕船四十七只

镇海卫镇海前帮除抽运白粮三船外实运漕船三十六只镇海后帮除抽运白粮三船外实运漕船三十六只

金山帮除抽运白粮二船外实运漕船三十三只

镇江卫镇江前帮实运漕船八十八只

镇江后帮实运漕船八十七只

以上苏太镇金镇等各帮雍正四年清查原运船五百四十四只加以镇江京口兵粮复行成造船四十八只共计运船五百九十二只内除坍荒减则各案裁船四十四只又抽运白粮船二十六只实运漕粮船五百二十二只

苏州府白粮帮实运船五十五只

松江府白粮帮实运船四十五只

常州府白粮帮实运船三十六只

以上苏松常三府白粮帮船系于苏太海三卫各帮内抽派船二十六只江安粮道属协运苏松漕粮各帮内抽派船一百一十只共计实运白粮船一百三十六只

卷十七·通漕运艘·帮船额数·浙江省

宁波卫宁波前帮实运船五十八只

宁波后帮实运船五十四只

台州卫台州前帮除轮减船六只外实运船五十只

台州后帮除轮减船七只外实运船五十四只

温州卫温州前帮实运船五十二只

温州后帮实运船四十六只

处州卫处州前帮除轮减船五只外实运船四十五只

处州后帮除轮减船五只外实运船四十八只

金衢所帮除轮减船五只外实运船四十六只

杭州卫杭州头帮除轮减船五只外实运船五十只

杭州二帮除轮减船五只外实运船四十九只

杭州三帮实运船五十四只

杭州四帮实运船六十只

绍兴卫绍兴前帮实运船六十四只

绍兴后帮实运船六十三只

严州所帮实运船四十八只

湖州所帮实运船三十九只

海宁所帮除轮减船四只外实运船四十二只

嘉兴卫帮除轮减船五只外实运船四十四只

嘉兴白粮帮实运船七十六只

湖州白粮帮实运船四十五只

以上浙江省漕白粮二十一帮乾隆七年题定共船一千二百一十四只内乾隆二十一等年先后裁只

杭州二帮除轮减船五只外实运船四十九只

杭州三帮实运船五十四只

杭州四帮实运船六十只

绍兴卫绍兴前帮实运船六十四只

绍兴后帮实运船六十三只

严州所帮实运船四十八只

湖州所帮实运船三十九只

海宁所帮除轮减船四只外实运船四十二只

嘉兴卫帮除轮减船五只外实运船四十四只

嘉兴白粮帮实运船七十六只

湖州白粮帮实运船四十五只

以上浙江省漕白粮二十一帮乾隆七年题定共船一千二百一十四只内乾隆二十一等年先后裁船六十二只又乾隆二十一等年及三十五等年先后咨准各帮加一轮减在次船四十七只又嘉庆七年奏准停造船十八只实运漕白船一千八十七只

卷十七·通漕运艘·帮船额数·江西省

南昌卫南昌前帮实运船五十六只

南昌后帮实船五十四只

袁州卫袁州帮实运船四十三只

九江前帮实运船四十五只

九江后帮实运船五十六只吉安所帮实运船五十七只

永建帮实运船五十二只【该帮原分永新建昌两帮【乾隆三十年】奏准归并】

安福所帮实运船三十九只

赣州卫赣州帮实运船六十只

抚州所帮实运船三十三只

广信所帮实运船四十六只

铅山所帮实运船五十只

饶州所帮实运船四十七只

以上江西省十四帮今改为十三帮雍正四年清查原运　七百零八只内除乾隆二十四年裁减船七十只实运船　六百三十八只

卷十七·通漕运艘·帮船额数·湖北省

湖北头帮实运船六十只

湖北二帮实运船六十只

湖北三帮实运船六十只

卷十七·通漕运艘·帮船额数·湖南省

湖南头帮实运船六十七只

湖南二帮实运船六十三只

湖南三帮实运船四十八只

以上湖广省漕粮六帮共船四百一十只内湖北省帮船　乾隆十三年裁船四十八只拨入湖南三帮船四只

实运　船一百八十只湖南省乾隆二十九年裁去湖北拨入三　帮船四只实运船一百七十八只共运船三百五十八只

卷十七·通漕运艘·帮船额数·山东省

德州卫德州正帮实运浅船三十只自备船二十二只

济宁卫济宁前帮实运浅船八十六只

济宁后帮实运浅船八十只

济宁左帮实运自备船八十四只

济宁右帮实运自备船六十只

东平所帮实运浅船二十八只自备船二十六只

东昌卫东昌帮实运浅船三十九只自备船二十七只

濮州所帮实运浅船三十四只自备船一十九只

临清卫山东前帮实运浅船六十四只

山东后帮实运自备船四十七只

以上山东省兑运本省十帮原运浅船三百九十六只自备船三百一十二只共船七百零八只内除济宁后帮裁减浅船一只临清山东后帮裁减自备船一只乾隆三十年蓟粮改折案内裁汰浅船三十三只自备船二十四只又乾隆三十七年沙压地亩案内裁汰济宁右帮自备船一只东平所自备船一只临清卫山东前帮浅船一只实运浅船三百六十一只自备船二百八十五只共船六百四十六只

卷十七·通漕运艘·帮船额数·河南省

【山东】德州左帮实运自备船二十四只

任城帮实运自备船四十三只

平山前帮实运船四十三只

平山后帮实运船四十三只

临清卫河南前帮实运船二十九只

临清卫河南后帮实运船五十七只

【江南】徐州卫河南前帮实运船四十八只

徐州卫河南后帮实运船四十七只

【直隶】天津所帮实运自备船十七只

通州所帮实运自备船二十只

以上山东江南直隶三省协运十帮共船四百五十一只内山东省六帮原运船二百八十八只内除平山前帮裁船三只临清河南后帮裁船十七只实运船二百六十八只江南省三帮原运船一百二十六只内除长淮二帮裁船二只徐州河南后帮裁船一只实运船一百二十三只直隶省二帮实运船三十七只三省共浅船三百七十三只自备船五十五只通共船四百二十八只内乾隆三十年蓟粮改折案内裁汰江南之长淮二帮船十八只徐州河南前后两帮浅船八只山东之任城临清河南后两帮浅船二十七只嘉庆二十一年裁汰临清河南后帮船二只徐州河南前后两帮船二只共现运船三百七十一只内除徐州卫河南前后两帮船九十五只已于江安河开载外实运浅船一百七十二只自备船一百四只通共船二百七十六只

卷十七·通漕运艘·追罚定例

一漕船未满十年无故朽坏不堪修舱及失风漂没火毁者旧例只照造船料价银数分别年分追赔康熙四年以后有遵部议赔造者有咨准无力赔造而买补装运者又有因兑期紧迫暂雇民船抵运者雍正七年题准买补济

运雍正十三年题定将各项朽坏漕船分别年分定为赔造买补雇募之例画一遵行所有赔罚旧例及现行事例备载于后

一凡漕船年限不足而致朽坏者【照赔罚旧例开载】每船料价银二百八十三两二钱七分三厘零其追赔之银亦照料价定额如船只经运一年者该追赔银二百五十四两九钱四分五厘零经运二年者该追赔银二百二十六两六钱六分一厘零经运三年者该追赔银一百九十八两二钱九分一厘经运四年者该追赔银一百六十九两九钱六分三厘零经运五年者该追赔银三十四两七钱五分一厘不足年第什物银八两三钱二分七厘五毫旧什物银三两四钱经运六年者该追罚银三十四两七钱五分一厘不足年第什物银六两六钱六分二厘经运七年者该追罚银二十三两一钱六分七厘不足年第什物银四两七钱九分六厘五毫经运八年者该追罚银二十三两一钱六分七厘不足年第什物银三两三钱三分一厘经运九年十年俱免加罚其湖广省每船料价银二百五十两清江厂每船料价银一百二十四两三钱七分三厘八毫零俱照料价银数扣算追赔

一凡漕船年限不足而致朽坏者【照雍正十三年】题定之例开载如出厂新船至五六年及未至五六年而有风火等事之失应责令赔造如至七八年而有事故者应责令买补如至九年而有风火事故及朽坏不堪者应责令雇募至成造之年有期迫成造不及者亦准雇募一次其山东自备船只仍照旧雇募济运

一帮船并无失风事故私行买补雇募者将扶同欺朦之守备及领运千总俱革职不行详报之千总罚俸一年【议单旧本】

一新船不能出运雇募民船以致亏折米石者旗丁杖徒运官罚俸一年【康熙六年】

一各省漕船篷桅矮小不堪者监造各官题参议处仍将不堪之篷桅勒令照式赔换【雍正二年】

一配造漕船仍用旧料及灰舱未密间用杂木者守备监造等官题参议处所侵料价追出另造【雍正三年】

一各省赔造船只一律停给三修银两如有已经领过者即令追还报部【乾隆六年】

一漕船裁汰每只例缴底板银五十一两如果无力完缴该粮道出具印结总漕保题准其豁免【乾隆十年】

一定例各省漕船五六运及未至五六运而有风火事故者责令赔造七八运而有事故责令买补九运而有事故责令雇募如历运七八年无故朽腐者责令赔造历运九年朽腐者准其雇募倘有无故朽腐之艘并不照例赔造出运擅准减存复将减歇之年接算九运详请雇募者将违例之道卫等官查参原船仍令赔造【乾隆十一年】

一例应赔造之船并不照例办理亦不咨部竟自给料配造者将擅准成造职名查参给过料价著追还项【乾隆十一年】

一向例各省漕船五六运及未至五六运遇有风火事故者责令赔造惟湖广程途独远如重运已经过淮失事回次业届受兑新漕赔造不及将该船暂减一年从容修造应装米石分洒通帮带运其未经过淮失事者仍勒令本年赔造兑运乾隆十一年题准除湖广较远于他省如有事故漕船仍遵原议办理外其江南浙江江西三省事故船只如果开兑期迫不及赔造将粮米洒带通帮交纳一面责丁赔造接济下运至东豫二省粮艘不比江广宽大势难洒带另雇民船装运一次

一向例赔造足运船只如系坚固再运二次满号漕船实系坚固再运一次如有买补民船足运后请加修出运者将违例之道卫等官查参【乾隆十二年】

一向例漕船七八运而有事故者责令买补如有例应买补之船并不照例办理派入减存将卫备罚俸九个月【乾隆十二年】

一湖广省八运漕船无故朽腐不堪加修明系造不坚固将监造卫备降级调用原船责令该丁照例赔造【乾隆十二年】

一湖南头帮漕船甫经九运该弁并不详查遽准拆变将该千总比照应买补而擅行雇募罚俸九个月例罚俸九个月【乾隆二十五年】

一乾隆二十二年江宁兵粮截拨上元江宁二县漕米裁汰船三十只未缴底板银七百七十五两裁丁悉皆贫窘保题蠲免【乾隆三十一年】

一扬州卫二帮裁汰拨运江兴帮船二十三只应缴底板银两缘屯田被旱缓俟下年秋熟后追缴【乾隆三十四年】

一乾隆三十六年咨准湖北赔造船已满十载因减歇一年尚少一运但船身不堪加修准其在通变卖回南仍雇募一次足运

一淮安卫旗丁史立礼雇募船只不能寛大合式以致装运额米不敷复行分派带运议令将雇募不合式职名查开报部并令嗣后如有雇募务须寛大合式之艘加修出运【乾隆四十六年】

一江淮卫四帮旗丁吴廷祥失风拆板例应赔造船只上年因赔造不及暂准雇募一次并不赶紧成造下年又请派减并给四分之一苫盖月粮部议该丁并无船只在次不准支给苫盖银米应令追缴归款令将粮道滥给及卫守备不行督造职名送议【乾隆五十一年】

一大河二帮旗丁宋柱国等例应赔造船只擅请雇募将该卫备弁分别议处【乾隆五十三等年】

一宣州卫旗丁耿沛恩等船赔造不及例应雇募起运详请洒带将该卫守备议处【乾隆五十四年】

一扬州卫三帮旗丁秦朝升八运漕船无故擅请买补将该帮千总议处【乾隆五十五年】

一扬州卫仪征帮旗丁高天培等雇募船只详报迟延将该帮千总照不预先详明例议处【乾隆五十五年】

一东昌卫平山后帮旗丁房有道八运漕船因回空受伤难修详请买补将从前成造不坚又开送职名迟延之该卫守备及督催不力之粮道分别议处【乾隆五十五年】

一庐州卫二帮旗丁唐源太等九运漕船因无船可雇咨准洒带并不接算运数责丁成造复请雇募将该卫备弁一并议处【乾隆五十六年】

一凤阳卫常州帮旗丁陈之章买补船只留通拆变不行呈报将该帮千总议处【乾隆五十六年】

一南昌卫后帮旗丁罗丑九运漕船例应回次候兑因船身朽腐不堪再运率请留通拆变将该帮千总议处【乾隆五十七年】

一凤阳卫常州帮旗丁刘学孔买补船只并无失风事故遽称朽腐难修详请雇募将从前买补时查验不实及此次率请雇募之该卫守备并督催不力之粮道分别议处【乾隆五十九年】

一安庆后帮旗丁汤隆泰八运漕船回空失风拆板因丁力疲乏不能备价买补咨准雇募一次不算运数仍于下年买补足运【乾隆六十年】

一庐州卫二帮旗丁张李彬失风拆板例应赔造船只迟至受兑时始以丁力维艰详请雇募将该卫守备议处【乾隆六十年】

一江淮卫二帮旗丁蒋大盛买补船只该年并无失风事故不准留通拆变【乾隆六十年】

一庐州卫头帮旗丁张邹儒满号应造船只遽请减歇缓造将该卫守备议处【乾隆六十年】

一荆右卫旗丁丁伦漕船七运回空受伤过重不堪加修例应买补接运延至各帮兑竣开行始以备船不及为词率请派减漕米洒带殊属不合所有支过行月等项钱粮行令照数追缴并将应议职名送部核议【嘉庆十七年】

一江淮四帮旗丁颜镔纯空船失风已历三运因拆板扎筏回次时已十月兑开紧迫赔造不及暂行雇募俟运回赔造【嘉庆二十一年】

一庐州三帮旗丁刘士仲漕船嘉庆十九年重运失风未经赔造经部行查赔造迟延始据声明本年派入灾减缓俟二十年赔造令将违例派减之道卫职名送部核议并将所支苫盖月粮追缴报部

卷十八·通漕运艘·额船裁改

一河南山东二省减存船四十四只又江南省扬州卫减存船三十四只雍正九年题准停造每船追底板银五十一两一山东省原额起运本省漕粮自备船三百一十二只因章丘县缺额漕米豁免乾隆二年题准永减临清卫山东后帮自备船一只实自备船三百一十一只

一各省帮船多寡参差原不画一乾隆五年题准将山东协运河南之平山卫江南之苏州太仓镇江三卫前帮拨派均匀兑运并将南昌卫后帮拨入饶州卫船一十四只续又奏准平山前帮拨入后帮船八只苏州前帮拨入后帮船十八只太仓前帮拨入后帮船二十只镇江后帮拨入前帮中帮船各六只嗣于乾隆十五年裁帮案内题准镇江中帮原系前后两帮余船抽并所设应将该帮全船裁并仍归还前后两帮管辖【计归并前帮船三十一只后帮

船三十只】

一浙江省原额实运船一千二百一十五只因台前等三帮减船年久无存所伍雕残无丁可佥温州前帮杭州前卫后帮每船装米九百余石船身负重乾隆七年题准将台前等三帮永减船八只漕米洒派通帮装运温州前帮增船四只杭州前卫后帮增船三只粮米均匀装运实运漕白船一千二百一十四只

一山东各帮于额运漕船之外向设量存船三十只留备漕粮新升及不时拨补之用乾隆八年题准裁汰倘有新升漕粮照自备船只运粮之例雇船运送

一江南扬州二帮量存船二十四只无需备用洵应裁汰乾隆十年题准将江淮八帮兴武三七两帮贫疲丁船裁汰二十四只即将扬州二帮应裁之船抵补其在次受兑沿途催攒统归江兴管辖佥丁修造仍归扬卫办理行月钱粮仍照本帮应给数目支给裁船底板银两照例变缴

一江南江兴二卫一十八帮额运漕船一千一百八十四只并无赡运屯田又无什军帮贴素称贫疲乾隆十二年题准每十船裁减一船将应兑之粮分洒九船加装应给之银米加给九船支领以恤贫帮而苏丁困所裁船只底料银两照例每只五十一两照例变缴【计裁江淮卫头帮八只　二帮九只　三帮五只　四帮九只　五帮八只　六帮三只　七帮七只　八帮五只　九帮六只　兴武头帮三只　二帮五只　三帮八只　四帮七只　五帮七只　六帮九只七帮六只　八帮九只　九帮四只】共裁船一百一十八只一江南庐州卫三帮额船九十八只内除现运船八十六只尚有轮减船一十二只洵属虚縻旷设乾隆十二年题准裁汰底板银两照例变缴

一湖南实征漕粮九万五千五百余石实运漕船一百八十二只湖北实征漕粮九万四千六百余石实运漕船二百二十八只较之湖南米少船多帮丁偏枯渐致疲乏乾隆十三年题准湖北漕船照湖南之例装运米石计裁船四十八只实运船一百八十只将裁丁应出之帮费及增运漕米应给之银米加添存运各船至裁船底料照例变缴【计裁武昌卫十一只　武左卫十一只　黄州帮六只　蕲州帮七只　襄阳帮六只　德安所七只】

一湖北各卫所漕船向因多寡不等均匀品搭派作三帮每年令各丁掣定帮次领运殊多未便乾隆十四年题准将武昌卫三十五船蕲州卫二十五船定为头帮武左卫四十船黄州卫二十船定为二帮襄阳卫二十四船德安所二十六船武昌卫十船定为三帮照数出运毋庸签掣领运千总以本卫之弁押本卫之帮约束更便

一江南安庆卫前后两帮额船一百五十五只内除现运船一百一十一只尚有轮减船四十四只乾隆十五年咨准裁汰二十二只以免虚縻旷设存留二十二只以备轮造佥选裁船底料分别年分据实变价

、一江南凤阳卫原凤中三帮额船一十一只兑运盱天二县漕粮嗣因粮额荒缺减征实运船一十只轮减船一只乾隆十六年咨准将轮减一船裁汰底板银两照例变缴

一江南淮安卫四帮额船四十五只之外尚有一船存留备用实属虚设乾隆十七年咨准裁汰原支料价照数著追

一江南淮安卫三帮原额漕船五十七只内永减船七只实运船四十五只其轮减五船系在单派之外乾隆十七年咨准裁汰底板银两照例变缴

一江南凤阳卫常州帮并凤中常凤中二及长淮卫头二等五帮行月米石俱系折给且并无屯田以致运计日绌乾隆十七年题准将该五帮现运船三百一十六只照江兴二卫之例加一裁汰三十一只以一船粮米分装九船一船钱粮增给九丁裁船底板银两照例变缴【计裁凤阳卫常州帮九只　凤阳中卫常州帮七只　凤中二帮八只　长淮头帮五只　二帮二只】

一江南镇江府属漕粮留充京口驻防兵米每岁应减漕船一百一十六只乾隆十九年题准将协运之江兴等三十一帮并苏太等九帮内实在贫疲丁船照应减之数裁汰底板银两照例变缴惟镇江帮丁船殷固议留拨抵各帮裁汰之数【计裁江淮头帮四只　二帮四只　四帮四只　五帮四只　七帮三只　八帮二只　兴武头帮一只　三帮四只四帮三只　五帮三只　六帮四只　七帮二只　八帮四只　扬州头帮四只　仪征帮四只　淮安头帮二只　二帮二只　四帮一只　大河二帮三只　三帮三只　泗州前帮二只　后帮二只　滁苏帮二只　庐州二帮四只　三帮四只　凤阳卫常州帮四只　凤阳中卫常州帮三只凤阳中卫二帮四只　长淮头帮二只　三帮一只　四帮一只　苏州前帮四只　后帮四只　太仓前帮二只　后帮二只　镇海前帮二只　后帮二只　金山帮二只　镇江前帮四只　后帮四只】

一江南凤阳卫原凤中二帮额船八十六只除单派之外有轮减船五只系多余之艘乾隆十九年咨准裁汰底板银两照例变缴

一浙江绍兴卫前后并宁波卫前帮所伍雕零丁多贫疲乾隆十九年题准照江南江兴凤长等帮之例加一裁汰其裁船应运米石原领钱粮照数分洒现运各船以培漕运以恤帮丁裁船底料照例变缴【计裁绍兴卫前帮七只　后帮七只　宁波卫前帮六只】共裁船二十只

一江南苏松常镇太五府州属田地坍荒粮额蠲除乾隆十九年题准将兑运各帮贫疲丁船裁汰底料照例变缴【计裁扬州卫头帮五只　滁州卫苏州帮一只　大河卫二帮二只　泗州卫前帮四只　鳳阳卫常州帮一只　凤阳中卫常州帮一只　淮安卫四帮一只】共裁船一十五只

一江南苏州府属之昆山新阳二县有滨湖低瘠田荡浮粮减征乾隆二十年咨准将轮兑之泗州前后两帮轮减余船裁汰底料照例变缴【计裁泗州卫前帮五只后帮四只】共裁船九只

一浙江温州前帮杭州二帮湖州白粮帮船多粮少所领钱粮入不敷州帮丁日渐贫疲乾隆二十年题准照宁绍等帮之例温州前帮裁船三只杭州二帮裁船二只湖州白粮帮裁船五只粮洒通帮带运分给钱粮以资运费裁船底料照例变缴

一建阳卫宁太帮屯田荒瘠军丁办运竭蹶照江兴各帮之例加一裁减该卫帮船与别卫一式成造现装米六百余石加之裁船米六十余石每船通计装米七百余石并无负重之虑应将该帮额船一百只内择其疲朽者加一裁减十只应运粮米洒派九十船内装运裁存钱粮并屯田分给现运丁船济运底板银两照例变缴【乾隆二十一年】

一苏松等属乾隆二十二年分坍荒案内扬州卫报裁船一只

一乾隆二十二年因江宁满兵改给本色截留漕米三万三百四石应裁江兴二卫船只【计裁江淮九帮九只　兴武三帮九只　兴武九帮十二只】共裁船三十只

一乾隆二十二年题准长洲元和青浦阳湖宜兴荆溪太仓镇洋宝山镇海等州县卫低瘠减则及太仓镇洋宝山三县卫筑塘占废田地项下蠲豁漕粮应裁船只【计裁太仓前帮一只　镇海后帮一只　金山帮一只　扬州头帮一只　庐州二帮一只　泗州前帮二只　后帮二只　长淮头帮一只】共裁船十只

一乾隆二十三年上元等州县坍荒公占田地蠲免漕粮案内应裁船八只内除淮安头帮派裁船一只因轮兑苏常二属之年仍应起运系属暂减毋庸议裁外【计裁淮安三帮一只　大河前帮一只　扬州二帮五只】共裁船七只

一乾隆二十三年奏准将凤中三帮裁汰其原兑天长县漕粮船四只归并扬州二帮原兑盱眙县漕粮船六只归并宿州头帮原兑六安等州县漕粮船六只归并宿州二帮

一江西省粮船分十四帮各船虽有额定屯田但查该省各帮极疲之船统计六十余只办理实多拮据惟有加一裁减实为公私两便江西粮船较浙江等省原属寛长所有加装米石揆之船身亦无负重之虞等因乾隆二十四年奉旨户部议覆江西裁减漕船一案昨询问杨锡绂有关江西帮船情形原与浙江不同可以通融裁减且承办公有益著即照所请行钦此

一浙江巡抚庄有恭奏请裁汰台州等帮漕船一折乾隆二十四年奉旨户部议驳莊有恭奏浙省漕船丁力贫疲请减船洒运一折朕以该抚所奏似因江西准减漕船援例具请而浙省情形未必与江西相同是以传谕杨锡绂令其详悉议奏今据奏称浙省漕务疲丁积弊能实力剔除行之数年尚可转疲为殷若裁减船只虽亦调剂之法而非其切要等语总之经理漕政惟在地方大吏留心整顿除积弊而苏丁困不徒以议裁额船为洒贴贫丁计也所有该抚请裁漕船一事著照部议不必行钦此

一乾隆二十五年题准元和吴县昭文金山上海丹徒丹阳金坛太仓镇洋宝山等十一州县并苏州卫续报坍荒又常熟昭文并苏州卫筑塘占废各项田地蠲豁漕米应裁船只底板银两照例变缴【计裁兴武三帮二只　八帮四只　江淮八帮二只　太仓前帮二只　后帮二只　镇海前帮一只　后帮二只】共裁船十五只

一长淮卫二帮兑运河南之粮水次系在临清每当大造不无拨抵之繁且该帮并无押空随弁船只归次无官管理奏准照直隶山东兑运豫粮之例将长淮二帮船一十八只改为自备船只变价银两即为自备船只之用免其

追缴应变船只任听丁便留通拆变【乾隆二十七八等年】

一乾隆二十七年咨准将淮安卫之附载帮船一十四只并入淮安卫头帮七只二帮七只

一常熟丹徒二县续报坍荒田地应蠲银米将兴武三帮船一只镇海前帮船一只实在至贫极疲不堪驾运准其裁汰【乾隆二十八年】

一长淮等帮轮减船二十六只安庆卫前后两帮轮减船二十二只浙江宁波等帮轮减船四十六只内长淮等帮轮减船只全行永减安庆卫轮减船只请裁船十一只仍存船十一只以备佥造浙江宁波等帮轮减船只内永减船三十二只并将裁船漕月一切银米统归现运其嘉海杭头海所等三帮丁力尚可支持满号船只仍行轮减至江淮兴武泗州淮安新安宣州建阳等卫无轮减之艘再凤阳卫凤中三帮原庐州四帮轮减船二只详改宿州二帮管押设有事故应需轮替将轮减二船准其留存以裨运务【计裁长淮卫三帮轮减船一只　四帮轮减船一只　原宿州头帮轮减船四只　原宿州二帮轮减船一只　庐州卫二帮轮减船九只滁州卫苏州帮轮减船五只　大河卫前帮轮减船一只　徐州卫河南后帮轮减船一只　扬州头帮轮减船二只　三帮轮减船一只　安庆卫前后两帮轮减船十一只　宁波卫前帮轮减船七只　后帮轮减船六只　绍兴卫前帮轮减船八只　后帮轮减船八只　金华所轮减船三只】共裁船六十九只【乾隆二十八年】

一乾隆二十八年咨准济宁州积水难涸地亩豁免漕粮裁汰济宁卫后帮船一只

一湖南只有岳州一卫丁船不足兑运康熙七年于湖北武昌左卫拨船四只协运湖南漕粮定议之初原系暂拨俟湖南补足丁船仍归还湖北乃拨运以后湖南之船始终未补湖北四船之丁遂成长运由武赴岳道里遥远而以四船拨入全帮丁孤情睽一切运务日益拮据细加酌筹湖南船只宽长与江西等而每船装米七百余石较之江西几少三分之一将此拨入四船即行裁汰以四船之米分洒湖南三帮四十八只之内未为负重其运费等银即分派加装之船于帮丁不无少补【乾隆二十九年】

一淮安三大河前二帮拨兑苏属船五只扬属船四只俱行裁汰应装米数即令兑苏扬同次之船加装则穷丁免远拨之苦而加装之船可多得银米以资运费【乾隆二十九年】

一乾隆三十年奏准江西永新建昌二帮船数既少丁费较多将永新建昌二帮共船五十二只归并一帮改名永建帮一蓟粮改解折色应裁德州帮浅船二只自备船二只济宁前帮浅船八只后帮浅船七只左帮自备船七只右帮自备船五只临清卫山东前帮浅船六只山东后帮自备船四只东昌帮浅船四只自备船二只濮州帮浅船三只自备船二只东平所浅船三只自备船二只共裁船五十七只河南省应裁任城帮浅船四只临清河南后帮浅船二十三只徐州卫河南前后两帮各裁浅船四只长淮卫二帮自备船十八只共裁船五十三只其所裁浅船每船追底板银五十一两自备船只免其追缴【乾隆三十一年】

一扬州二帮拨抵兴武三七江淮八等帮漕船一十三只远兑松属漕粮行月银米毫无增益将此项拨运漕船全行裁汰应运米石于兑运松属之江兴二卫三百七十九船内洒派裁船行月银米即加给运松各船之内【乾隆三十一年】

一临清陵县二州县盐碱沙压地亩豁免漕粮应裁济宁右帮自备船一只东平所自备船一只临清前帮浅船一只所裁浅船底板银两照例变缴【乾隆三十七年】

一山东德州卫左帮军船二十四只济宁卫任城帮军船四十三只协运豫省漕粮本无军田津贴运造艰苦且水次在河南造船在山东长途费用浩繁帮情日渐贫疲奏准自乾隆四十二年为始改为自备军船变价银两即为备船底料免其追缴

一元和县坍没田地蠲免漕粮案内议裁镇海卫后帮金山帮贫疲船各一只裁船底料银两照例变缴【乾隆四十二年】

一青浦县坍荒田地蠲免漕粮案内议裁江淮卫五帮贫疲船一只裁船底料银两照例变缴【乾隆四十七年】

一江南省大河卫前帮额运船三十八只内有拨兑扬州府属泰州东台二州县漕粮船三只因自淮赴次程途较远受兑后赶跟大帮殊多偏累题准裁汰原装粮米分洒扬州三帮九十六船内带运裁船行月银米分给洒带各丁济运应缴底板银两照例变缴【乾隆五十一年】

一江南丹徒县坍没田地蠲免漕粮案内裁汰凤中二帮贫疲船一只该船系兑江阴县漕粮据请裁汰应即以丹徒水次之镇江前帮余船一只拨抵免运于调兑水次案内归正裁船应缴底板银两照例变缴【乾隆六十年】

一海州沭阳二州县低洼减则田地案内减豁漕米派减漕船三只内除淮安卫头帮二帮泗州卫前帮后帮等四帮系递年轮兑苏州常州淮安三府漕粮其轮兑淮粮一帮应暂减船二只毋庸议裁仍留兑运苏常二府漕粮外至大河前帮派减一船系属永减应循例裁汰裁船底料银两照例变缴【嘉庆四年】

一泗州前帮后帮建阳卫宁太帮扬州卫仪征帮长淮卫头帮凤阳卫凤中常州帮扬州卫二帮江淮卫三帮六帮七帮八帮兴武卫头帮三帮六帮八帮太仓卫前帮后帮金山帮等十八帮九运船只免其雇募每船装载米石通盘核算各船赠五行月等米全行变价计少装八九十石免雇洒带之米不过五六十石即加之新增土宜二十四石亦与原载数日相等船身不致负重奏请试看十年后如果丁力已纾不致拮据仍照旧例办理以昭慎重至此次调剂系指极疲之帮而言其余各帮九运船只不得援以为例【嘉庆五年】

一浙江温后等五帮丁情疲乏其每船装米八百余石至九百余石比宁绍等帮现在装至一千石内外者本少酌量于每帮停造船三四只各按本帮洒带计每船不过多装米六七十石尚比宁绍等船较轻一切应领钱粮即照洒带米数分给各丁每船可得运费银三四十两不特造丁藉此歇息即现丁亦可添补运费奏准自嘉庆七年冬起将温后处后台后三帮各停造船四只金衢严所二帮各停造船三只仍俟十年后再看情形如果丁力渐殷仍照旧例造运以符原额至应得洒带各项钱粮同淮放银两一并解淮支放以为长途挽运之资

一建阳卫宁太帮及江淮兴武二卫洒减丁船先将九运船只免其雇募留次成造反将业经十运满号并运满后加修一二次船只留于下年照九运之例一体停减殊未平允嗣后各卫帮洒减船只务须挨顺年分按照加一之数责令留次成造不得迟至加修一二次之后再请停减【嘉庆九年】

一江南省寿州等州县漕粮奏明改拨兵米议裁宿州二帮船十只自嘉庆十二年为始即行裁汰应缴底料银两照例变缴

一江南省娄县低洼减则田亩应蠲漕粮正耗米石在五百石以上裁汰太仓前帮船一只应缴底料银两照例变缴【嘉庆十三年】

一江南省铜山萧县二县粟米奏明改拨兵米议裁江北帮船四只长淮帮船三只又续添兵丁应增兵米一并动拨该二县粟米议裁江北帮船一只裁船底料银两照例变缴【嘉庆十一十三等年】

一江南省九运免雇各帮内凡遇遭风事故船只例应补足运数嘉庆十三年奏奉上谕照浙省之例江省九运免雇各帮内如有失风事故船只准于第十运之年一律归入轮减将粮米分洒通帮带运俾本丁得资行月添补造费仍按加

一轮减配搭出运成造以示体恤等因钦此

一江南省上海县坍没田荡奉豁漕粮应裁船只裁汰庐州二帮贫疲船一只应缴底料银两照例变缴【嘉庆十五年】

一凤阳卫洪塘所四船系兑天长县漕粮例归扬州二帮管押北上每年停泊高邮州水次缘高邮水次距原籍太远佥丁修造措费赶船诸形竭蹶兼之扬州二系首进在前之帮应于年内盘验过淮往往因洪塘所四船兑运耽延转致守候嘉庆十七年奏准将洪塘所四船暂停运造额兑漕粮分洒扬州二帮带运该四船应领各项钱粮分给洒带各丁仍俟十年后察看情形奏明酌办嗣于道光二年经漕督奏准该帮四船永停造运

一江南丹徒县历年坍江减则田地蠲豁漕粮案内裁汰庐州卫二帮船一只三帮船二只应缴底料银两照例变缴【嘉庆十九二十等年】

一河南温县等州县河坍沙重地亩豁免漕粮案内题准裁船四只于临清卫河南后帮裁船二只徐州卫河南前后两帮各裁船一只应缴底料银两照例变缴【嘉庆二十二年】

一江南长淮三帮额运漕船三十三只长淮四帮额运漕船三十六只递年轮兑常州徐州二府属漕粮漕督奏称长淮三帮旗丁黄天锡胡如阜张孙明三船长淮四帮旗丁张恒皋杨光全郝希得三船皆系极疲之丁请援照江兴凤阳各帮成案恳请裁汰经户部议准援案裁减所有应运米石分洒通帮带运其裁存一切银米分给带运各船支领以示体恤【道光二十六年】

一池州帮额运漕船四十六只内除加一洒带船五只实运船四十一只经漕督奏称该帮旗丁许贵玉等三船系通漕极疲之艘产尽丁稀屯租叠被灾歉别无殷丁可佥援照江淮各帮成案恳请裁汰其应运米石分洒通帮带运不致负重一切应领钱粮兑费津贴随船田亩即分给带运之帮支领【道光二十九年】

一江苏大河前帮额船三十四只近因工料昂贵修费较重每届新漕佥选维艰实有积累难苏之势请援照江兴等帮成案裁汰经漕督请将大河前帮顾同庆禹懋儒严寿山史松如等漕船四只一并裁汰其应运粮米分洒带运一切钱粮暨随船屯田分给带运之帮支领其该四船应缴底料银两按照出厂年分照例追缴候拨【道光三十年咸丰二年】

卷十八·通漕运艘·买雇民船

一各省缺额船只雇募装运顺治四年题准运毕之日不必催令回南听其自便顺治十年题准各省冻阻缺船设法雇募待冰泮赶催接运雍正元年题定各省回空船只若有冻阻者雇募民船兑运抵通不必迎船接换

一雇船水脚顺治九年题准江南苏松安庐并江西浙江等处每石自三钱至三钱五分扬州府每石给二钱五分均于月粮耗米并轻赍银内动支顺治十一年题准雇船水脚全动轻赍倘有不敷于减存行月内动给顺治十二年题准雇募水脚令漕督于轻赍银内支发不许抵算到通起欠康熙二十年题准浙江雇船至淮每石给脚价银一钱康熙四十四年题准江西雇船到淮每石给脚价银一钱二分米四升一雇募民船如有滥行强拿苦累百姓者即行题参【康熙二十年】

一雇募民船起运康熙二十九年题准将节省行月并润耗银米扣除解部康熙四十六年题定仍将润耗银五分米五升照数给丁

一漕船并不照额数出运各丁伙雇大船装运其粮道押运领运等官不行详明少船情由混报开帮者照徇庇例议处【雍正二年】

一东省自备船只系旗丁自行雇募例不支给三修料价仅给重运之价乾隆元年题准令旗丁于八月内雇募免其回空嗣于乾隆四年题准九月内雇募候兑责令粮道查验倘有延挨即行揭参乾隆七年题准每年雇募前期于各丁应领折色行月粮内每船先发银八两以资定船修舱之费如遇减粮停运之年即于应领四分之一苫盖银内扣抵还项一运蓟船只冻阻直隶宁河县之新河内不能南下恐致迟悮请将起运新粮雇募大船北上运蓟空船迅速攒行敲冰南下听其归次修舱【乾隆二十六年】

一淮安二帮失职漕船上年蠲漕亭减应于三十四年买补足运今该年轮兑淮粮该船复又派减缓俟辛卯年买补候兑【乾隆三十五年】

一处州后帮漕船浅搁拆板赔造之后节次派减本年漕粮奉蠲该船停减在次尚应补运一次始足十运但原船年深朽烂难以加修请雇募足运【乾隆三十五年】

一湖南二帮例应买补足运之船详请雇募将擅请雇募之守备降一级调用【乾隆三十九年】

一淮安卫头帮例应买补雇募赔造等船因蠲漕减歇咨准缓至起运之年分别办理接兑新漕现在并无船只在次不准支给苫盖银米【乾隆四十六年】

一江淮兴武二卫买补民船加工修舱仅可一运请援江广买补军船之例俟交粮后就近留通变卖价银责成运弁带回呈道验给买补本丁交粮之后照雇募之例由坐粮厅给发回身限单回省呈卫缴道验销【乾隆四十八年】

一兴武卫八帮旗丁李铠买补船只失风计已九运例应雇募因雇船体质不坚用价买补足运意在重公与违例贻误者有间咨准免议【乾隆五十一年】

一安庆卫后帮旗丁马刘裕等满号漕船咨准加修出运后验明船身腐朽难修复请雇募将前次验看不实之该卫守备议处【乾隆五十二年】

一庐州等卫帮旗丁唐源太等九运漕船例应雇募因寛大船只较少一时无船可雇准将粮米分洒带运【乾隆五十三年】

一兴武八帮旗丁彭庚等失风修固船只俱已八运因连年失风受伤过重实难加修咨准买补足运【乾隆五

十四年】

一苏州卫前帮旗丁李启文漕船已经满号咨请加修未经请造迨回空失风拆板应运新粮咨准雇募兑运【乾隆五十四年】

一永建帮旗丁毛朵生九运回空失风雇备小船不敷装运洒带通帮除应支席赠银米外其余行月等银均令扣追归款造报入拨嗣后九运事故船只务雇宽大民船接运以昭慎重【嘉庆十七年】

一处州后帮旗丁丁溁漕船七运减歇并未遭遇事故腐朽难修擅行买补将领运千总照违令律罚俸九个月【嘉庆十八年】

一庐州五帮旗丁臧宝福轮造漕船因屯田租籽无收造费无措缓俟下年成造漕粮雇募民船装运【嘉庆二十年】

一凤阳卫凤中常州帮旗丁李纯仁灾减八运漕船并无失风事故例应加修出运遽请买补与例不符责丁原船出运查取应议职名送部核议【嘉庆二十一年】

一常州帮旗丁时裕安掣运白粮失风二运漕船例应赔造延至开兑后始称丁力拮据咨请雇募查取率请雇募职名送部核议仍令该丁迅速赔造所遗白粮船只应在选余丁内拣选顶补专案报部【嘉庆二十二年】

一江淮四帮旗丁张庆林卢五汉九运漕船并无事故实缘腐朽难以加修咨准雇募足运【嘉庆二十三年】

一泗州前后两帮嘉庆五年奏准九运漕船免其雇募留存配造将应运粮米分洒通帮带运应领行月米石留给九运之丁添办造务每年以五只为度其不足五只之年即尽数存次免雇如逾于五只之外亦止存次五只嘉庆二十三年泗州后帮旗丁刘五仁等免雇漕船除将米石分洒带运外其应支行月银米咨准免追一泗阳卫旗丁蒋法元船轮应大造因屯淹丁逃造勷各费无出咨准暂缓一年成造将应运粮米暂行雇募民船装运一次又湖南二帮旗丁刘连选船五运遭风例应赔造因屯被灾淹丁力拮据照赔造不及之例咨准暂行雇募一年不算运数仍饬取刘连选失风案内押随失防各职名送部【道光五年】

一道光二十四年内阁奉上谕崇恩奏请循案添雇民拨船只一折山东临清州境卫河水势微弱下游又多淤浅现在南粮重运头进首帮即日抵境船只恐有不敷著照所请准其循照道光十三年以后成案添雇民拨三百只责成该州一手雇觅分别拨发存留俾资轮转仍由司委员前往监收随时察看如水势增长即行酌量减雇放还以节糜费余依议该部知道钦此

一河南徐河平山临河等前后六帮军船被毁装运漕粮系雇募民船转运经过临清关准其免纳船料其携带货物仍按则征税【咸丰五年】

卷十九·通漕运艘·佥造漕船

一安庆新安宣州建阳金山镇江苏太镇海等卫并江西省各卫所船只定例给各丁料价在本地方设厂成造【议单旧本】

一湖广省各卫所船只定例粮道将料价分发武昌汉阳二粮厅在于武汉二厂均分成造【议单旧本】

一漕船造完将委官匠作姓名及打造年月刻凿船尾该漕运衙门验烙倘先期损坏者追治监造员役【议单旧本】

一官员奉委修造船只或谎报朽烂或修造未竣报称已完或将朽烂船只册报掩饰者俱降二级调用承造船只推诿不行监造或不能依限完竣者各降一级调用该管官督催不力者罚俸一年如朽烂船只不估价申报者亦罚俸一年【议单旧本】

一船只不足不早为佥丁补造又不设法雇募者降一级调用经管佥造漕船不力玩愒者罚俸一年卫所官员解送漕拨船只迟悮朽烂者罚俸一年【载中枢政考】

一佥丁造船查照成例不许串为一名朋造隐匿作弊如卫所官弁不行严查监造即行题参照违令例严加议处【康熙二年】

一漕船佥造之年如有卫所官员带领军粮军户勒索帮贴等弊该督抚严查禁止加有违犯者指名题参【康熙四年】

一造船屯丁康熙四年定例不佥不解责在府厅卫所解丁不造责在粮道该督抚指名题参

一江西漕船有长江鄱湖之险非巨舰不能利涉康熙三年漕运总督林起龙题请照旧佥造康熙四年河道总督卢崇奏请改小康熙六年两江总督郎廷佐以各船皆系巨舰概行改小势所不能奏请加载之数减去三百余石由闸河而行可无胶浅之患

一漕船十年限满康熙四年定例嗣后必须严查确实应打造者打造应修舱者修舱仍将每年修造船只若干造册题报又嗣后务须总漕亲身查验委实不堪者方许改造倘有可用旧船不行验明驾运该督抚查明题参其有过号旗船自行造买赴厂领银者概行禁止又康熙七年题准漕船改造司造之官亲身查验如有仍可加修再运者即于岁征造船料价内量给加修银两仍令出运照年扣算

一佥造漕船顺治十三年定例除额给料价外将各卫所舍余闲丁按年编审出纳银两为帮贴之费康熙十九年题定造船料价既有额支银两其清出丁银概饬解部

一停运漕船虽系限满未经运粮仍令加修出运【康熙十九年】

一江西漕船每只准带装载一百石之小船一只其过百石者不准随带【康熙三十四年】

一各省新升漕粮船只不敷旧例动轻赍银两雇募装运顺治十五年题准令各省预为题请补造顺治十八年题准各省升粮酌令每船洒带外其余拨减船代运康熙三十四年题定各省升粮过多停其洒带总漕将升科米数预先题明拨船载运

一各省造船料价旧隶船政同知管理除动支额编军三民七银两外倘有不敷或动关税或动减存并支剩行月银两或动轻赍及芦课银两均系该漕臣临时题请拨补雍正二年题定船政同知已经裁革统归粮道管理所有不敷料价即于道库减存银两内动支其芜湖淮安杭州等关额供造船银两饬令解部

一江淮兴武并庐州凤阳滁州徐州淮安大河扬州仪征等卫船只旧例赴清江江宁等厂成造令船政同知管理康熙二十八年题准将清江江宁二厂裁去给发各丁料价自行成造三十三年题准复设清江江宁二厂雍正二年奉旨将二厂船政同知一并裁去统归粮道管理

一浙省各卫所船只例于仁和钱塘二厂成造康熙三十四年题准添设船政同知专理岁造雍正二年奉旨裁去统归粮道管理给各丁银两自行成造

一山东省各卫所船只定例赴淮安山东厂照式成造雍正二年奉旨裁去淮厂归粮道管理给各丁银两自行成造

一造船料价令粮道亲身如数给发如有侵扣等弊总漕将粮道等官题参议处侵扣银两严追入官【雍正三年】

一东省不产桱木每年应造船只先期造册报部一面给价令委员并老成旗丁预往南省购办各卫备亲督监造如有浮冒克扣等弊将该粮道并承买官丁题参造竣呈报出厂登水之日候总漕亲加查验倘不合式及木料不坚实者著粮道赔造济运并将该卫所等官查参交部议处【雍正四年】

一漕船十年满号康熙二十六年定例按各卫所现运船只每年加一成造雍正四年题定湖南湖北现运漕船俟运满十年一律请造其余各省仍每年照十分之一咨部请造

一排造漕船给过料价取具各弁丁并无需索克减印甘各结送部查核仍俟前项粮船过淮时令总漕亲身查验【雍正八年】

一山东省及江南之庐凤等卫成造漕船定例将旧船解厂充作底料如并无底料解厂者应交银五十一两【雍正八年】

一江南山东二省岁造漕船每年造册送工部考核如有任意迟缓总漕即行查参【雍正十年】

一各省满号漕船令粮道先期请造预备物料原船到次即刻兴工倘隐匿不造及请造迟延将卫备参革如将旧船粘补掩饰及造不如式将监造官卫备旗丁究拟赔造其粮道不亲身查验及徇隐不揭者一并参处【雍正十一年】

一湖北漕船将届岁造之期该抚预将解部漕项银两留贮道库按限查盘仍先期备料以资成造【雍正十二年】

一各省应造船只各该粮道将接顶丁名并船只数目确查明自咨部如朦混造册迟悮重运者将粮道题参总漕不行详查一并议处【雍正十二年】

一湖广粮艘向例通帮限满一齐修造运料鸠工不无草率易致朽腐乾隆六年题准严饬卫备旗丁务遵定例按式成造并饬粮道亲身查验总漕于过淮时复加详查如有造不坚固出运七八年朽腐者据实题参乾隆八年湖北适遇截漕减歇题准将减存船九十余只于乾隆九年配造自此按限配造

一定例漕船造不如式监造官弁以及粮道均有处分惟赔造船只不合式样未经酌定参处恐草率塞责乾隆八年议令赔造之船务照军船式样成造倘有短窄及板木不坚厚者照例将监造官弁及粮道一并题参究拟

一漕船当满号之年不照例请造混请朋并减存以致缺少者将督造不力及擅减各职名查参议处【乾隆八年】

一浙省绍兴前后两帮漕船向系加一成造缘奉十年满号一律报造之文不能符合加一之数乾隆十年咨准每帮每年留歇船八只将米分洒各船加载递年轮运轮歇以符岁造加一之数其轮歇船只即以满号留存配造不准支给三修

一浙省绍兴前后宁波前后等四帮漕船向系加一轮减将米分洒各船加载以符岁造加一之数惟宁波后帮每年满号船只盈绌不一未符加一轮歇之数乾隆十一年咨准嗣后遇满号过多之年应加一轮减在次配造遇满号不足加一将未经满号修费浩繁之艘暂减一年下年仍行起运年满报造

一湖广省漕船例用樟桱等木如十年满号之船混用柏木成造者将所造之柏木船只本年暂令出运责令下年赔造将违例之卫备降二级调用【乾隆十二年】

一各省漕粮遇有截留灾缓暂减漕船应将减存船数另册造报如有漏造者将该道职名查参【乾隆十四年】

一徐州卫河南前后两帮额船一百六只协运豫省漕粮向在淮安清江厂成造造竣拉回卫辉水次受兑嗣因清江至卫辉程途窎远恐悮兑限乾隆十四十六两年题准照东省就近打造之例河南后帮满号漕舶在临清坞所成造河南前帮满号漕船在戚城地方成造每丁于岁前自备银两委员协同该丁先行购料其料价银两仍于江安粮道库内给发并饬卫弁监工督造再委卫备督催工竣详报河南粮道验看印烙

一漕船满号例应成造乾隆十七年浙省满号船四十只因该年粮遇截留船应减存咨准将满号船内二十一只派入减存缓俟下年报造应出运船一十九只本年仍行成造

一各省漕船佥造迟延至开兑之时尚无丁无船者经佥之员降一级调用同知罚俸一年【乾隆十七年】

一各省漕艘未经足运遽行详请成造者粮道罚俸六个月【乾隆十七年】

一各省减歇漕船不及时详请佥造致逾限年久者粮道罚俸九个月【乾隆十七年】

一满号漕船例应装运交粮回次后兴工成造如有以恐悮造船之期遽行雇募者将卫千总参处【乾隆十八年】

一浙江嘉兴卫所帮额船四十九只杭州卫头帮额船五十五只以船多粮少帮丁贫疲乾隆二十年咨准照宁绍等帮之例将满号船只加一轮减留次成造粮洒通帮装运漕截钱粮按粮分给各丁

一向例各省岁造漕船用过工料银两俱入漕项奏销册内送部科查核惟江安浙江山东三省造报仓漕奏销之外又有考核事一案造册具题未免重复乾隆二十年题准嗣后将考核案内册籍汇同奏销各册一并分送部科核销考核一疏毋庸重复具题

一湖北岁造漕船向系题请成造造竣咨报核销湖南则系咨请成造工竣具本题销两省既不画一乾隆二十年题准俱照江浙等省咨请成造归入奏销案内核销

一乾隆二十一年咨准各省满号船只减存之曰即令概行拆卸听候配造以免风涛漂失之患

一运丁串名朋造该管同知千总俱罚俸九个月【乾隆二十三年】

一山东省成造漕船除有事故买雇等船扣除减歇年分外其无事故者仍照旧例十年满号查明不堪修运咨部请造嗣后各省成造漕船其已满出厂年分因减歇未足十运而木植朽烂必须成造一并声明报部酌议各该粮道毋得滥行详请【乾隆二十三年】

一湖南省漕船十年大造及事故赔造俱系卫备之责但各省守备多近居水实得以亲行监督湖南则只岳州一卫驻札水次而荆州等卫守备俱相隔窎远每年造船旗丁赴卫领银归次成造在卫备有征收屯饷钱粮之责多不亲身赴次而又不许详委监造之员于是不肖旗丁得以自由钱粮不归实用船身不固查漕船系千总出运坚与不坚乃其利害切身之事嗣后湖南各卫成造漕船俱令各该帮千总监督或不能坚固如式将千总卫备一并参处【乾隆二十四年】

一各省满号漕船不堪修运之艘即行报造如果验明尚堪加修即取具修固各结送部毋得滥行详请致干参处【乾隆二十四年】

一徐州卫江北帮岁造漕船向在江宁府设厂成造因回次较远羁迟受兑乾隆三十一年为始改于夏镇地方成造应办木料先期运厂济造【乾隆三十一年】

一安庆卫前后两帮轮减岁造船十一只递年按照出厂年第挨次轮减成造【乾隆三十三年】

一庐州二帮漕船漂没成造不及应行雇募该年漕粮轮蠲该船派减无需雇募汇入下年成造【乾隆三十四年】

一临清河南前后帮满号岁造船二只为数无几毋庸往南购料在沿河慎选采买又德州帮上届应造加修二运船八只今复请加修二运恐历年太久船身不能坚固令汇入本年岁造案内打造出厂【乾隆三十四年】

一安庆卫前后两帮应行岁造漕船该年额漕蠲免缓俟下年补造【乾隆三十五年】

一大河前帮赔造漕船节奉派减已满十年咨请成造部议十年准造之船专指无事故之船而言该船系有事故赔造之艘仍令加修足运再行请造【乾隆三十五年】

一官员委造漕船迟悮冬兑冬开革职【乾隆三十五年】

一浙江省处州前后金衢所台州前后杭严二等帮漕船乾隆三十五等年咨准照安庆卫之例加一轮减应运米石分派加装漕截银两分给现运行月三修等项银米全行节省嗣于乾隆五十七年咨准照宁波等帮一例复给行月以资调剂

一淮安头帮满号八船本年应行成造因抵坝浅搁回空较迟赶造不及应运漕粮暂行雇募兑运俟下年再行成造【乾隆三十六年】

一淮安头二大河前二等帮满号应造船二十九只该年淮水漫溢运田淹没丁情未免拮据即派入截漕案内减存在次下年再行成造【乾隆三十九年】

一长淮卫宿州头二两帮每年岁造漕船于七八月间汇同庐凤等卫造册请造该二帮造船水次在五河县等处由江宁采办木植江湖窎远冬月始能到次为期迫促请于三四月间领银办料俟回空归坞即行赶造每年先行专案详咨毋庸汇案办理【乾隆四十年】

一泗州后帮旗丁黄同林等满号十船业经详咨准造该帮本年轮兑淮粮计轮减船十只各丁因被灾之后力难办运即将应造十船派入轮减缓至下年成造【乾隆四十年】

一温州后帮额船五十只湖州所帮额船三十九只以船多粮少所领钱粮不敷办运咨准将满号船只留存在次下年配造其轮减船只应兑之粮匀洒通帮带运【乾隆四十二年】

一嘉兴白粮帮额运白粮船三十八只改漕船三十八只历运已久并不更换咨准将年满之船留次配造仍令运白各船洒带白粮运漕各船洒带改漕【乾隆四十三年】

一安庆前后两帮每年额运船一百一十一只加一轮减船十一只乾隆四十四年起运漕粮船已足额并无应减满号漕船咨准将四十三年轮造船只停至四十四年冬成造以纾丁力

一泗州卫前帮淮安卫头帮二帮三帮扬州卫头帮二帮三帮大河卫前帮凤阳卫凤中二帮江淮卫二帮兴武卫五帮满号应造漕船该帮等坐兑各属漕粮或奉文蠲免或因灾减歇无粮可装或船身坚固尚堪加修出运咨准缓俟下年成造【乾隆四十五等年】

一徐州卫河南前后两帮并江北帮满号应造漕船因徐属被灾力难办造咨准缓至下年成造以纾丁力今冬应运新漕将朽腐各船咨请雇募其余船只加修兑运【乾隆四十七等年】

一淮安卫三帮上年满号因灾缓造船只本年复因灾减仍请缓至下年成造【乾隆四十八年】

一淮安头帮旗丁沈履丰漂没准造漕船因该丁土住田产被淹力难办造咨准照赔造不及之例暂行雇募一年不算运数俟下年成造以纾丁力【乾隆四十八年】

一安庆后帮旗丁张淋漕船被木筏撞沉拆板先经总漕议令木商赔银给丁配造嗣因该船已历七运咨准买补议令将来运满成造之年不得复请动用官项【乾隆四十八年】

一协运豫省之徐州河南前帮岁造新船原在淮安清江地方设厂成造嗣因离次寫远改于夏镇今夏镇地方每遇湖河泛涨办造维艰题准在于临清胡家湾地方作为前帮造厂如官地不敷用及民地每亩议给赁银四钱并照山东之例于头年造册详咨之后发给料价银两预为购办【乾隆四十八年】

一湖南荆州荆左荆右沔阳岳州五卫满号漕船三十二只咨奉部覆准其成造每船除例给料价并旧船抵新银两外又由卫征给正造费银荆州荆右二卫每船各四百八十两荆左卫每船六百两沔阳卫每船四百两岳州卫每船三百九十二两零给丁成造不敷之数向系同伍什军公帮再有不敷造丁自行办理乾隆五十年该卫等屯田被灾歉收帮银军户殊形竭蹷奏准荆左卫三船各借给银二百两其余四卫二十九船各借给银三百两共银九千三百两在于征存漕费充公银内借发各丁领造分作三年在于各造丁同伍什军内催缴归款【乾隆五十年】

一江南等省建阳卫宁太帮旗丁李开启等满号应造船只坐兑各属漕粮奉文蠲缓船多减歇或因屯田失收丁力拮据咨准派减缓俟下年成造已买物料加谨封贮未用料银提解道库归款【乾隆五十一等年】

一大河等卫帮旗丁王恺年等满号准造船只因屯田失收丁力拮据咨准缓俟下年成造其应运粮米洒带运通耗赠钱粮分给各丁济运【乾隆五十一等年】

一庐州等卫帮旗丁常崇厚等满号准造漕船因漕粮蠲免屯田失收咨准缓俟下年成造除派减外其余粮米仍令雇募兑运【乾隆五十一等年】

一凤阳等卫各帮满号准造船只所领料银业已采买木植因木料阻滞兴工无期该帮额兑漕粮船只多有因灾减歇咨准派减缓造【乾隆五十一年】

一江淮卫八帮旗丁陆仁回空失风拆板例应赔造船只上年因赔造不及咨准暂行雇募次年复因秋禾被灾丁力拮据实难赔造再请雇募一年缓俟下年赔造【乾隆五十一年】

一淮安卫二帮旗丁何大典六运漕船失风拆板例应赔造因该帮应兑漕粮灾减无船起运咨准缓俟下年赔造【乾隆五十一年】

一淮安卫头帮旗丁刘尚宾等满号准造及失风拆板例应赔造船三只因屯田失收丁力拮据该年轮兑常属漕粮本有余船三只例不出运亦不支苫盖等项钱粮咨准派入余存减歇俟下年分别成造赔造【乾隆五十一年】

一大河前帮旗丁苏郭王减船失风拆板例应赔造因该年屯田失收丁情困苦咨准缓俟下年赔造粮米雇募兑运【乾隆五十二年】

一扬州卫二帮旗丁陆庆云等上年满号缓造船只因连年被灾丁情困苦各该帮额兑漕船因灾减歇咨准派入减存再缓一年成造【乾隆五十二年】

一泗州前帮旗丁孙同扬等漂没船只例应赔造买雇钦奉恩旨免其赔补官给料价成造嗣因丁力竭蹷该帮本有轮减灾减船只咨准派减缓俟下年成造官给料价追缴道库归款【乾隆五十二年】

一庐州头帮旗丁常崇厚等上年满号缓造及本年满号应造船三十只因屯田连年被灾咨准缓俟下年成造内除派减船四只雇募起运船十五只外其余十一船因无船可雇准将粮米洒带运通【乾隆五十二年】

一淮安二帮旗丁朱四义减船调拨代运江西袁州帮旗丁彭丁李漕粮失风沉溺经总漕议令彭丁李赔银八百两在于江西道库备存帮丁风火事故银内动给朱四义领回配造因该年轮兑漕粮本有应减船只淮属又无大料可购一时赔造不及咨准派减缓造【乾隆五十二年】

一大河二帮旗丁熊太占满号应造船只因运田失收咨请缓造粮米洒带运通户部以该帮额漕较多恐致负重不准洒带仍令雇募民船兑运【乾隆五十二年】

一安庆卫后帮旗丁张淋漕船于乾隆四十七年被木筏撞沉拆板经总漕议令木商赔银六百两给领配造嗣因该船已历七运咨请贾补其时帮船已经开兑准其买补足运仍令将来运满成造之年不得再请动用官项续因

张淋业已病故木商赔给银两买雇民船用尽咨请官给料价部议准其暂动官项给新丁殷四公领回购料赶造仍于张淋家属名下严追归款并将从前办理错悮及此次率准动用官项之道卫查参【乾隆五十三年】

一黄州卫旗丁苏六仆满号应造船只因田禾失收丁力拮据咨准暂行雇募一次俟下年成造又周天生等船俱系赔造之艘例应扣除雇募及停运二次仅历九运尚未满号仍令雇募足运于下年成造【乾隆五十四年】

一湖北三帮旗丁阮继先等浅搁拆板例应赔造船只因减歇在次咨准俟减歇之年秋冬赔造接运【乾隆五十四年】

一宿州头帮旗丁沈希尧漕船失风甫历一运例应赔造因丁力本属贫疲又兼连年被灾实难一运两造该帮现有灾减船只咨准派减缓俟下年成造【乾隆五十四年】

一浙江湖州白粮帮额船四十五只粮少船多乾隆五十四年咨准照嘉兴等帮之例将每年满号船只递年加一轮减存次配造以免雇募赔累所有轮减白粮派令运白各船洒带改漕米石派令运漕各船带运白粮经费米折钱粮照额给发行月钱粮全行节省嗣于乾隆五十六年咨准复给行月添补成造

一浙江宁波卫前帮后帮绍兴卫前帮后帮杭严卫三帮四帮严州所帮温州卫前帮节遭水浅冻阻实属疲困准将各该帮漕船于十运满号之年存次配造粮米分洒通帮带运免其雇募俾现运之丁多得漕截负重以济运务满号之丁可省行月钱粮以资造费【乾隆五十五年】

一江南庐州卫头帮二帮三帮五帮六帮扬州卫头帮淮安卫头帮二帮四帮苏州卫前帮后帮镇海卫前帮后帮镇江卫前帮后帮滁州卫苏州帮大河卫二帮三帮近年屯田失收各丁造运赔累准照浙江宁波等帮之例将各该帮已历九运漕船于十运满号之年存次配造免其雇募粮米分洒通帮带运应支漕赠负重及行月钱粮照额给发现运并满号各丁以济造运嗣后如有九运船只责成各该卫照旧雇募足运不得以丁情疲困遽请洒带【乾隆五十六等年】

一宣州卫旗丁寿华章等船因赔造不及无船可雇暂行洒带一次不准接算运数至例准买补一二年后即可成造之船洒带亦准算运【乾隆五十七年】

一淮安四帮旗丁蓝绍周漕船失事赔造后扣除减歇一次仅止九运派入轮减存次配造粮米洒带运通奉檄不准派留若令加修已属不及咨准于下年修固补运将不行详查遽行减歇之该帮千总议处【乾隆五十八年】

一浙江嘉海卫帮额船十七只每年轮减船二只奉部复给行月嗣后轮减满号应造者准给行月如非年满应造及逾于加一之船均不得支给银米毋庸轮减以归画一【乾隆五十八年】

一浙江省岁造漕船因非产木之乡每只额领料价不敷成造通帮众丁议贴公借银三百六十两先于春夏之交由道库垫借前赴外江购料运回兴工仍于各丁冬运行月银内扣还归款不得于县库漕截项下吊补至漕截银两务于当年十月内全数征解道库给丁济运如有迟悮照例参处【乾隆五十九年】

一徐州卫江北帮旗丁王培祥漕船于乾隆五十四年失风赔造之后已经补足运数应入五十九年分岁造因该船尚属坚固缓至六十年成造嗣因该船板缝尚坚堪以加修再出一运复缓至来年成造【嘉庆元年】

一山东省德州等帮向无漕船该丁自赴直隶雇船装运豫省漕粮轮免船二百七十一只减歇东省水次除豫省应运密云保雄兵米船三十二只外其余船只奏准尽数拨给东省兑运漕粮并密云良乡等处兵米之用如再不敷仍令自行雇用【嘉庆元年】

一各省漕粮已奉蠲缓无需粮船出运旗丁等满号应造船只准其俟下年再行给料成造其九运雇募等船亦准俟下年照例雇船接运【嘉庆元年等年】

一各卫应造漕船因造丁房地被淹或屯坐地方迭被灾伤或被贼滋扰丁情竭蹶造勷各费催征无出准其缓俟下年成造其应运新粮暂行雇募民船装运【嘉庆二年】等年】

一东省济宁前后两帮停减船只奏明拨给例应雇船之济宁左右两帮凑装不惟可省减船苫盖钱粮且头舵人等亦可藉资工食免致旷闲【嘉庆三年】

一浙江漕白各帮岁造新船向有通帮每船公借银三百六十两每年于春夏之交道库先行垫放于冬间应领新运钱粮内扣还归款嘉庆三年各帮蠲漕停减并无应领新运钱粮下年又有成造新船未便一运而扣两年公借援照奏准分限之案自嘉庆四年冬运为始分限六年按限扣缴至公借银两永存项下不敷支放准于道库现存恩

借息银款内存留银四万两以备支放【嘉庆三年】

一湖北武昌卫嘉庆三年满号六船选佥旗丁王六十等因从前贼匪滋扰抛产失业实难议帮造费准其派入减歇缓俟嘉庆四年秋赶造受兑【嘉庆四年】

一江西信丰所原编余租银两除屯粮正耗及祀漕香火等银并定例造运两费及遇赔造雇募拆修及议拨饶州所济运等银外在于积存银内每造一船加给银三百两每运一船加给银六十两每大修一船加给银五十两又该所军船遇有风火事故例应赔造者加给银三百两买补者加给银一百六十两雇募者加给银一百二十两【嘉庆四年】

一浙江温后等五帮成造漕船奏明自嘉庆七年冬运起量为停造船一十八只其应运米石照数按帮带运至各船应支行月等项银米按款摊给各丁以纾丁力其停造拆卸船只准其每船照例变价银五十一两呈缴道库【嘉庆八年】

一江西建昌所各丁因额给造费不敷请每造

一船加给银五十两核与信丰所增给之案事同一例奏准在于余租积存银内支给【嘉庆十年】

一湖南荆左卫旗丁宋黑浩等船系嘉庆五六两年满号应造迭因屯坐被灾连年请缓饬令设法赶办迟至嘉庆十年漕粮业已开兑始以实在不能成造复请雇募将办理错悮卫备职名咨送兵部议处

一江南淮安三帮旗丁王孙景嘉庆十三年满号漕船因黄水漫溢田禾被淹咨准缓入十四年成造至十四年该丁田庐复被灾浸力难办造准将该船派入灾减递缓一年成造以纾丁力

一庐州卫原五帮旗丁秦全福等轮造三船因屯田被灾屯户无力帮贴咨准雇募民船出运缓俟下年成造【嘉庆十七年】

一江淮头二四五九兴武二四五七九凤常凤中二等十二帮九运船只例应雇募出运迨运回之日又届大造一年之内雇造并举丁力实属拮据奏准免其雇募按照加一留次配造应运漕粮通帮洒带本船行月银米添补造费漕赠负重等项钱粮分给洒带之丁赡运其各帮失风事故船只亦免补足十运按照加一轮减以纾丁力【嘉庆十七年】

一浙省失风事故船只如遇灾减概不算运嘉庆十年奏准嗣后失风事故船只一体免其补足十运嘉庆十七年咨准台后等帮旗丁毛锦荣等失风漕船第九年列入灾减第十年轮减成造

一建阳卫宁太帮旗丁夏正英等四船已历十运因同时请造即逾加一之数咨准缓俟下年成造【嘉庆十七年】

一各省旗丁成造漕船每只例给料价银二百八两零原藉屯田帮补运造浙省屯田每船只有一顷零并无别项帮贴且非产木之区旗丁赔累过重漕督奏准每船除原给银二百八两零外添给银五百九十余两以嘉庆十六年新造为始于裁船减存行月银内拨给【嘉庆十七年】

一湖北德安所旗丁郑俊等轮造三船因州县被旱造费无出漕粮缓征无须出运咨准缓俟下年给料成造【嘉庆十九年】

一山东濮州帮刘大喜等满号七船因屯田被灾过重丁力难支咨准缓至下年成造【嘉庆十九年】

一宿州头帮洪塘所旗丁赵怡荣轮造漕船因盱眙县漕粮被灾全船减歇派入灾减咨准缓俟下年成造【嘉庆二十年】

一宣州卫帮旗丁汤三贵等满号四船轮应嘉庆十九年成造该卫屯田被灾甚重该帮额兑漕粮因灾蠲缓减船较多咨准该四船缓至二十年成造【嘉庆二十年】

一庐州卫原二三六等帮旗丁张吕顺等轮造漕船十五只名丁屯田坐落六安等州县俱被旱灾其兑粮之长洲等县亦被灾缓征咨准缓造派减如需起运循例雇募兑运【嘉庆二十年】

一淮安等帮旗丁施永康等轮造五船应给料价未据请领准其派入灾减缓俟下年成造旗丁姚作栋等二船料价业经给领自应成造出运率行派入减歇违例职名行令送部核议并令嗣后各卫帮轮减船只务须挨顺年分按数成造不得藉灾停减缓造【嘉庆二十年】

一泗州后帮旗丁戴雨齐等四船嘉庆十八年总漕派入洒带免雇咨部因该丁船均系嘉庆八年分出厂并无

失风事故已历十运行令照例办理嘉庆二十年总漕复请派入减歇缓俟下年成造部议因灾缓造船只并无递缓之例仍饬遵例成造

一浙江台州卫前帮等帮运丁刘腾蛟等嘉庆二十年满号十三船宁波后等帮运丁徐江等嘉庆二十一年满号十二船均逾于加一缓俟各下年成造【嘉庆二十二十一等年】

一淮安卫三帮旗丁姚作栋等五船例应嘉庆十八年成造因灾缓造令归十九年岁造总漕查该丁船实系于二十年成造完竣咨请仍归入二十年岁造案内办理嗣后不得援以为例违例职名仍查取送部核议【嘉庆二十二年】

一镇江前后两帮额运船一百七十五只嘉庆二十年只请造船五只尚有过号满号船三十只加修出运部议核与加一成造定例不符驳令嗣后请造船只务遵定例按数成造以昭核实【嘉庆二十二年】

一浙江省满号漕船加一轮减存造如逾于加一专案咨部缓俟下运成造嘉庆二十一年岁造杭严头等帮轮减请造船只较每年多轮减船一只据查十年周转并无逾额多造令嗣后通饬各帮如遇轮减船只数多之年务须追溯十年轮减之数核明有无逾额分晰报部核办【嘉庆二十二年】

一江兴二卫十八帮额船九百六十一只运丁快丁各半分佥快丁船四百八十一只运丁船四百八十只嘉庆二十三年因陆续佥换快丁尚有十五船未换计运丁自运船四百九十五只快丁自运并捐贴运丁代办共船四百六十六只凡遇十年满号每船给料价银二百八两七钱七分四厘钻夫银五十两又清屯加津实给银一百七十四两底料给银十二两七钱五分其快丁捐贴运丁代办者逢造之年贴造费银三百两以助工料共可领银七百余两足敷办造惟运丁自运之船遇造领价银四百余两较之代办快丁漕船每只计少贴费银三百两近年物料增昂实滋赔累奏准每造一船酌加造费银三百两每年需银一万四千八百五十两此后更佥快丁之船随时扣除至此项加增造费筹拨闲款银十四万两交商发典按月一分起息计每年生息银一万六千八百两除支银一万四千八百五十两贴给运丁外余银一千九百五十两遇闰加息银一千四百两均按年存贮以备公用所需银款苏藩库有两淮应解盐规运费银四万两就近发淮商生息江粮道库提银五万两苏粮道库于积存耗羡项下提银四万两扣存二二平余项下提银一万两发交有漕各府州交典生息自发本之日为始扣满一年解交苏粮道按船支给以资造费

一江兴二卫酌加造费动拨司道库银十四万两生息岁余银一千九百五十两遇闰加息银一千四百两按年存备公用嘉庆二十三年查有长淮头帮额运漕白船四十九只加一成造每年应造船四只九分每船额领料价银二百八两七钱七分三厘又清屯案内议将寿州加津银内拨给每船应摊银九十八两八钱零计每造船一只应支共银三百七两六钱一分四厘近年物料增昂实属不敷该帮丁疲力乏与江淮兴武等帮无异奏准每船酌给造费银一百五十两计每年需银七百三十五两即于江兴等帮每年余存息银内动给于体恤之中仍示区别各帮不得援以为例【嘉庆二十三年】

一庐州三帮旗丁金凤武失风漕船因屯田被旱咨准派减缓俟下年赔造并令嗣后例应赔造船只不得再行请缓【嘉庆二十三年】

一扬州三帮旗丁尤怀燕漕船满号后历十余年始请修造因该卫弁未将应行减歇丁名及年第船身报道无从稽核咨准将卫帮违例隐匿不报职名送部核议粮通职名免送【嘉庆二十五年】

一道光二年湖南二帮旗丁张文川陶功桐黎钱宗三船屯田被淹奏准暂停造运以纾丁力粮米分洒南省二帮各船带运应支京脚行月等银即令分给洒带各船俾资贴补

一凤阳卫军丁内有兑运天长县洪塘所四船前因佥丁承造竭蹶奏将原船暂停造运十年俟该卫丁渐有起色再行酌办道光二年据奏察看该丁应造船只虽经减歇十载惟连年田庐被灾丁力较前尤为拮据其应兑天长县漕粮分洒扬州二帮带运每船加装米石无多众丁相安已久奏准永停造运所有应兑粮米仍著分洒扬州二帮带运以纾丁力

一山东省造船向系南省购买木植给予减半月粮道光二年该省请造漕船四十五只六船在本省采买三十九船赴南京购办所有就近购料之六船支过减半月粮饬令按船追缴【道光三年】

一道光三年湖北二帮旗丁王三等回空三船失风沉溺起运粮米均已交纳全完所有沉溺船只准其官给料

价饬令成造嗣据该漕督以丁力拮据不能即时领价集费造办咨准将该三船归入被水州县缓漕应减船只项下俟来年给料成造

一淮安卫头二两帮屯坐滨河历遭水患轮逢大造尤形艰窘又天长县江淮卫快丁既无加津帮贴又少有力之户按产集费历年应缴贴费倍形拮据道光三年奏准淮安头二两帮每船酌给津造银一百五十两天长县快丁贫困尤甚每船酌给津造银二百四十两止须征造费银六十两并查明筹备江兴二卫造费除应发原续两案造费每岁存余息银一千二百十五两遇闰加银一千四百两以五年再闰分摊匀算每年共应解银一千七百七十五两分贮江苏两粮道库自嘉庆二十三年至道光元年积存银七千余两内提出银七千两作本发典一分生息每年可得银八百四十两遇闰加息银七十两五年再闰分摊匀算核计每年应得息银八百六十八两统计原款余存及续发生息共可得银二千六百四十三两淮安头二两帮每年轮造船十只应需银一千五百两天长县快丁每年应造三只九分应需银九百三十六两共需银二千四百三十六两每年仍余银二百七两仍按年存贮备用即以提息作本发交江宁淮安扬州三府郡城典商承领统归江安粮道衙门征息随同料价一并核给并由苏松粮道将岁存余息拨解江安粮道凑放济造以示体恤

一滁苏帮丁周有智等九运十船应轮洒带存造惟该帮船只三十八只势难全行洒带十船之粮且与加一成造之例不合据查十船内有刘应源祁得周乐汝长三船尚属坚固堪以加修出运王龙三张万春二船丁力殷实饬令雇募出运部覆准照办理【道光五年】

一建阳卫宁太帮旗丁马正阶等岁造漕船料价银两业经放给因屯田被淹无力添办该帮应兑漕粮因灾蠲缓咨准该九船派入灾减展至来岁成造并将各该丁购买木植堆贮处所取结报部其苫盖月粮一律给发【道光五年】

一道光六年湖南军船积淹未涸屯田请按股合船分别停缓出运漕督奏准将蒋法元船屯坐朱家垸被淹七股与李家顺船屯坐杨庄垸被淹三股合为一船暂停造运应运粮米分洒二帮各船带交应得京脚行月生息等项银米分给洒带各船俾资贴补其蒋法元船坐落老成垸屯田三股与李家顺船坐落郑家垸屯田七股均属高阜有收之处即合为一船佥丁造运以纾丁力俟将来各垸积水稍涸屯产布

种有收仍分两船筹办起运

一扬州卫仪征帮旗丁何有昆等漕船均系道光五年轮造之艘因粮归海运咨准缓至六年成造嗣后应造之船毋得率行请缓【道光六年】

一苏州太仓镇海三卫前后六帮漕船十年大造每船实需银一千六七百两除例给料价外尚需赔贴银一千三百两造丁独力难支全赖通帮协济道光五年冬应造漕船三十四只缘苏省新漕议由海运缓至六年成造而各该帮六年冬又有满号船三十三只亦应于六年冬成造若一并造办丁力难支咨准将道光五年分缓造船只先于六年冬成造其六年分应造船只递缓至七年冬成造嗣后丁力充裕仍当一律攒造以复旧规【道光六年】

一大河二三两帮向因额漕较多恐致负重不准洒带道光七年漕督咨请将该帮六年应造船只缓至下年再造部议驳令照例雇募兑运不许洒带惟应造船只业经赶造不及饬令统限下年并造齐全不准再有逾缓

一扬州三帮泰州所旗丁任锡朋等轮造漕船因雨水过多屯田失收兑运漕粮因灾停缓咨准派人灾减缓俟下年成造【道光七年】

一江淮五七八兴武三四五六七八淮安头二四扬州卫仪征等帮据漕督咨道光五年应造漕船因粮归海运缓至六年成造其六年分轮造船只请缓至七年成造并请嗣后应造船只按年递缓部议各帮轮造漕船应遵定例办理若皆援案请缓出运船少洒带粮多势必有误漕行驳令六七两年应造之船统于七年冬并造以后按年成造不准推缓【道光七年】

一湖南荆左荆右沔阳等卫旗丁王正威等道光六年轮应大造四船该丁等屯坐被灾造费无出咨准归入减歇缓俟下届成造

一镇江前后两帮并金山帮道光五年应造漕船因苏省漕粮议由海运缓至六年成造其六年应造船只递缓至七年成造嗣据漕督请将金山帮七年冬应造之船仍缓至八年成造部议驳令按限购料并造不准递年推缓【道光七年】

一庐州等卫帮旗丁祁得周等道光五年分应造四船因逾于加一声明缓造嗣复因逾额咨请递缓部议该四船业经缓造一次何得复缓若将上年应造之船一缓再缓则该船竟可永远免造何以济运饬令照例办理【道光七年】

一安庆后帮旗丁余兆熊马锦春等上年船留河北腐朽无用请买江广陈李昌等二船回次据漕督咨称马锦春赶紧加修候兑新漕其余兆熊一船应入六年新造因本年出运已足船额是以停缓部议马锦春船业据咨称朽腐无用何以任令加修候兑新漕余兆熊一船如因本年出运已足船额粮少船多即应按粮派减亦不应任其停缓不造令将该二船归入岁造案内成造报部并查应议职名送部核议【道光七年】

一长淮卫旗丁王道显接顶王黄郎漕船连年减歇经漕督咨称因起运船少灾减船多且有全帮减歇之年派减职名请免查议部议派减船只自应择其出厂年久之船轮流减歇令将各年起运灾减船数及全帮减歇年分报部查核【道光七年】

一江淮头帮原头所额船三十一只因十年之内应有一年派洒四船咨准援案办理并令嗣后免雇船只总不得逾于加一之额其造送免雇册内按帮声明免雇各数毋致朦混【道光七年】

一江淮五七八兴武三四五六七八等帮每年共应造漕船四十三只若以道光五六两年缓造船只统于七年并造丁力难支议将六年分推入七年应造之船饬令于七年冬一律成造其七年冬应造之船自道光八年冬起如每帮额造船五只以上酌分三限带造在五只以内分两限带造以纾丁力所有八年分及以后应造之船仍按年照例分别派洒成造不准延缓【道光八年】

一江苏省苏太海三卫各前后帮本年应造漕船三十三只因七年分新漕海运咨请推入下年成造部议苏松漕粮业经钦奉谕旨仍由河运本年应造船只仍令照旧办理不得按年递推致误漕运【道光八年】

卷二十·通漕运艘·浅船额式

一各省漕船向例大小不同康熙六年题准浙江江西湖广等省悉照淮式一律成造康熙十七年题准漕船载米不得过四百石入水不得过六捺空船以四捺为度康熙十九年特遣部员酌定新式康熙二十一年题准各省遵照新式长七丈一尺一律成造康熙二十六年题准以新式船小载重量加宽大雍正二年题准江西湖广漕船以十丈为率短不得过九丈其宽深丈尺酌量合式其余各省仍照式成造所有原定旧式并续定新式详载于后

一原定船式【照旧例开载】每船底长五丈二尺中阔九尺五寸厚二寸　头长九尺五寸阔六尺二寸厚二寸系搪浪　艄长九尺五寸阔五尺二寸厚一寸二分系封艄　两康各长七丈一尺阔八寸中厚五寸头艄各厚三寸　拖泥各长五丈三尺五寸阔六寸厚一寸七分　脚栈各长五丈五尺阔六寸五分厚一寸七分　两栈各长七丈一尺深三尺六寸厚一寸七分　头伏狮长八尺阔一尺厚三寸五分　艄伏狮长七尺阔八寸厚二寸五分　拿狮各长二丈二尺大头阔五寸小头阔二寸厚二寸　挽脚梁长九尺阔一尺二寸厚二寸　象鼻靠爪长四尺五寸厚三寸　草鞋底一副各长一丈四尺阔九寸上头厚八分下头厚一寸　其造船钉铁麻油每船攀头船铁叶大小三十二条扒锔十二个共重十二斤　线钉长四寸扒头钉长五寸　底栈每一尺用四钉共享新钉銋六百二十斤　黄麻一百四十斤　桐油三十斤　油灰五百五十斤内该桐油一百二十斤　石灰五石　皮条四根　其造船什物每船大桅一根圆三尺二三寸长六丈止　头桅一根圆二尺长四丈止　桅夹一副面梁一块　舵杆一根　舵板一扇　橹二张用木一根圆一尺七八寸长二丈止　大篷一扇　头篷一扇　苘麻本身缆一根　苘麻带头缆二条　黄麻大桅走绳三挂　黄麻都管绳一条　黄麻头桅走三绳二挂　黄麻迎篰绳一条　大溜篾篰一条　二溜篾篰一条　篾拔皮二条　篾小篰三挂　其造船里料每船梁头一十五座　龙口梁阔一丈零四寸深四尺　使风梁阔一丈四尺深四尺四寸圆口　后断水梁阔九尺深五尺　神堂梁深五尺一寸圆口两㡉共阔七尺六寸　立跨板厚五分前后引条高三尺　旧边新楞格两边共八扇　官仓门四扇前后拖门旧板全

以上梁头里料有底船者估足数准算如无底船者照数扣追买新料成造旗丁自备

一改造船式【照【康熙十九年定例开载】每船底长五丈二尺中阔一丈四尺四寸厚二寸　头长九尺五寸阔一丈一尺厚二寸系搪浪　艄长九尺五寸阔一丈八尺厚一寸七分系封艄　两康各长七丈一尺阔八寸共深四尺四寸　两栈各长七丈一尺阔三尺六寸厚一寸七分　头伏狮长一丈一尺阔一尺厚三寸五分　艄伏狮长

一丈八寸阔八寸厚二寸五分　拿狮各长二丈二尺大头阔五寸小头阔二寸厚二寸　挽脚梁一块长九尺阔一尺二寸厚二寸　燕窝护腮　草鞋底　其大小物料每船大料四十七根　榆槐等木八根备桅夹舵板并各梁头艄伏狮燕窝护腮云头板之用每根长二丈二尺根径六寸　钉鋜线钉长四寸扒头钉长五寸　底栈每一尺用四钉共九百斤　攀头铁叶八十八块　小钉二百二十六个共铁三十二斤　桐油一百五十斤　石灰一百斤　白麻六十斤　黄麻三百斤缆绳取用在内　煤炭一千七百七十六斤　颜料画头艄用其什物每船大桅一根长五丈四尺径一尺一寸　头桅一根长四丈一尺径七寸　橹木一根长三丈径六寸　桅夹桅下差面梁　使风梁　扇梁　舵板　风篷　麻缆　麻绳　篾篙舵杆大小共七根　其里料与旧式同

一九验之法一曰验木二曰验板三曰验底四曰验梁五曰验栈六曰验钉七曰验缝八曰验舱法九曰验头艄验木者木取良材毋杂恶质毋间旧料长短有规大小有准验板者板有厚薄分寸原有漕规定制如康板厚五寸搪浪底板厚二寸拖泥脚栈栈板厚一寸七分而奸匠包造挪薄大料以充里料每每分寸差池今后下墨之时即当查验锯路解板下锯即当比较分寸如不合式立刻严究另换验底者船之大小始基于底如浅船底长不过五丈二尺中间阔不过九尺五寸匠受旗贿改长增阔不依漕规今欲造办合式当于铺垫底板验量尺寸少差即勒改造底完安梁梁阔则船腹宽梁高则船腹深容受多而利装私载故旗匠通同每每溢额浅船龙口梁阔不过九尺高不过一丈四寸使风梁阔不过一丈四尺断水梁阔不过九尺高不过五尺细细量验一不合式即勒令减削梁完上栈浅船栈长七丈一寸深三尺六寸其顺身既长非短小之料可用栈板之力把持通船须择长材以图坚久潦草安置零碎斗凑则把持无力不久绽裂矣用钉之法一尺四钉未上两栈钉眼在外上栈之后钉眼在内有等恣意侵渔而匿钉不用虚派钉眼而眼内无钉务宜逐眼稽查内外审眂缝口何以用验盖挪减大料每每迁就板边板邉不净是以缝口不合虽极力窒舱隙终不满漏终不止全在合板之时早为查验舱法何以用验盖舱之法以斧入凿以凿入麻缝满然后固以油灰今奸匠侵渔麻少缝阔不能受灰甚至油少灰生旋上旋落只可谓之涂抹了事安得云艌逐节严查麻少灰生立行究处头艄何以用验盖封头封艄船工将完人心草率每见厂造旧船船身无恙而头艄先脱职此之故铁叶扒锔所以攀护此头艄者不许折干短少铺头铺艄里料所以骨干此头艄者不许滥恶充数用钉必处处周到窒舱必处处完全头艄坚实船自经久【议单旧本】

一乾隆五十年钦奉上谕各省漕船一遇暴风往往有沉溺伤损之事究因船身高大沉重所致著毓奇会同有漕省分各督抚酌定船式尺寸妥议具奏钦此又奉上谕雍正初年部议成造漕船原有定式如有私放宽大者将粮道题参治罪漕船过淮之时漕臣盘查不许多带土宜等语迄今六十余年恐奉行不力日渐废弛并著萨载会同毓奇将近来漕船过淮如何盘验据实具奏钦此嗣据该督等覆奏议请嗣后江浙漕船定制船身长八丈宽一丈五尺底长五丈九尺两康两栈共深六尺较现船收浅一尺五寸木板艄楼收低一尺大桅头桅俱为收低天篷酌高二尺八寸较现船收低七寸江广漕船定制船身长九丈五尺宽一丈六尺五寸底长七丈二尺两康两栈共深六尺九寸较现船收浅一尺六寸天篷高二尺八寸大桅头桅亦俱收低艄楼酌高四尺四寸较现船收低二尺天篷之上安设牌楼样槁栏杆等项概行除去毋许再行安设例给料价照旧给发随带土宜并江广二省例带木植拨船俱令照旧办理并请责成该管粮道亲加查验倘有偷减工料或私放宽大者过淮查出即将该管粮道并成造备弁据实严参

一江西湖广军船船身笨重吃水较深嘉庆十五年经江西巡抚先福奏请将江西漕船量为改小原长九丈五尺改为九丈两康两栈原深六尺九寸改为六尺六寸上装牌楼柱收低三寸船底原长七丈二尺改为七丈并恐土宜运具等项军船难以携载将每船原带一百石小拨船改为三百石拨船一只以资分装如遇浅涩即令此项拨船三五帮分拨一帮由户部奏交两江总督松筠漕运总督许兆椿详查覆奏准自嘉庆十六年起将新造军船查照现定丈尺办理倘新造军拨船只私放宽大希图多带货物将承造之卫备领运之千总参办失察之粮道一并议处其湖北湖南漕船并经署湖广总督同兴护湖南巡抚朱绍曾奏准仿照江西新定丈尺一律改小并照江西省每漕船一只准带三百石拨船一只

卷二十·通漕运艘·工料则例

一漕船料价向例各省多寡不一除通津各卫系旗丁自备外其江南山东浙江江西等卫所每船原给料价银二百八十三两二钱七分零顺治十七年题准山东各卫并江南江兴庐凤淮扬徐滁各卫减银四十八两五钱康熙

十一年题准又减银一十两四钱康熙十七年题准又减银一十五两六钱康熙十九年题准又减银三十一两六钱一分其安新宣建苏太镇金各卫康熙十七年减银七十四两五钱零康熙十九年减银三十一两六钱一分零浙江各卫所康熙十七年减银二十二两二钱四分零十九年减银三十九两五钱四分零江西各卫康熙十九年减银四十二两九钱零湖广各卫原给料价银二百五十两康熙十九年减银七十二两八钱四分零康熙二十二年定例将各省船只统给料价银一百七十七两一钱五分零康熙二十六年题定通漕一例每船料价银二百八两七钱七分三厘其江淮兴武二卫因料价不敷顺治十二年题准给以钻夫银五十两底料银五十一两钻夫银两并无增减其底料一项系以十分计算每分银五两一钱若无底料者全给银五十一两或有底料不足则照不足分数补给康熙二十二年部议将钻夫银两停其支给康熙二十六年题准复给康熙四十二年题明驳追雍正九年钦奉上谕复给其银两在于征收余丁协济银内动支粮道当堂唱名给发取结送部所有裁减并增定各料价数目开载于后

一漕船裁减料价数目【照旧例开载】每只原定大小料什物人工银二百三十四两七钱七分三厘八毫一丝六忽每船减大料银九两小料头大桅橹木银一两四钱实共大小物料人工银二百四十四两三钱七分三厘八毫一丝六忽内每船大料银一百八两今减银九两实该银九十九两　每船桐油一百五十斤价银十五两黄麻三百斤价银七两八钱共该银二十二两八钱　每船头大桅橹木桅夹面梁舵杆草鞋底篾簹白麻风篷干灰铁叶什物等件共银三十六两六钱一分八厘八毫一丝六忽今头大桅橹木减银一两四钱实该银三十五两二钱一分八厘八毫一丝六忽　每船用人匠工食该银二十九两四钱二分五厘　每船钉鋜九百斤该银三十二两四钱　每船煊钉煤工银五两五钱三分

以士系清江厂造船料价定数各省虽有额例多寡不同　而每船大小料价人工银两悉照此则例以为裒益

一改定漕船料价数目【照康熙二十六年题准之例开载】每船大料木植银九十四两九钱一分　每船小料钉鋜九百斤银五十一两五分　每船煊钉鋜铁叶小钉煊打铁叶煤炭工食银五两三钱　每船黄麻银五两七钱六分　每船桐油一百五十斤银一十两五分　每船石灰白麻大桅头桅橹木桅夹面梁桅杆草鞋底大小篾簹头篷大篷共银三十三两四钱六分三厘　每船各用人匠工食银二十八两二钱四分　江淮兴武二卫成造漕船给钻夫银五十两底料银五十一两

卷二十・通漕运艘・三修则例

一各省修舱漕船向例悉照出厂年分递增银数支给其江南省每船每年给六款工费共银五钱四分俱照现运船只支领又每船岁给篾簹共银一两一钱五分又每船三年一次【即出水之第四年第七年第十年也】给黄麻共银一两三钱二分又每船至第四年七年【即出水之第五年第八年也】各一次给白麻共银七钱又每船至第五年【即出水之第六年也】给换大篷头篷共银五两又每船已满十年如果尚坚始准照九年例不支黄麻再支修舱银三两余年一概不准支领又每船运过一年【即出水之第二年也】给修舱银六钱后照年第递加又每船运至七八九年【即出水之第八年第九年第十年也】外加大修银三两又初年新造出水船物坚全不给修?什物只给工费银五钱四分又第一年【即出水之第二年也】给修舱篾簹工费共银二两二钱九分第二年【即出水之第三年也】给修舱篾簹工费共银二两八钱九分第三年【即出水之第四年也】给修舱篾簹黄麻修篷工费共银五两五钱二分第四年【即出水之第五年也】给修舱篾簹白麻工费共银四两七钱九分第五年【即出水之第六年也】给修舱篾簹换篷工费共银九两六钱九分第六年【即出水之第七年也】给修舱篾簹黄麻工费共银六两五钱二分第七年【即出水之第八年也】给修舱加大修篾簹白麻工费共银九两五钱九分第八年【即出水之第九年也】给修舱加大修篾簹修篷工费共银一十两二钱九分第九年【即出水之第十年也】给修舱加大修篾簹黄麻工费共银一十一两三钱二分其过号船只如尚坚固照九年例再支三年余年一概不准支领【即出水之第十一年第十二年】第十三年也】不支黄麻只给修舱加大修篾簹工费共银一十两九分浙江省漕船第一年不给修舱银两第二年每船给修舱银三两一钱五分第三年每船给修舱银五两三钱五分第四年每船给修舱银八两三钱第五年每船给修舱银九两三钱八分第六年每船给修舱银一十三两五钱五分第七年每船给修舱银一十三两八钱第八年每船给修舱银一十四两一钱五分第九年每船给修舱银一十四两八钱三分第十年每船给修舱银一十五两一钱五分十一等年过号漕船每船给修舱银两俱照第十年分给发以上银两每年照例支

领江西省漕船第一年不给修舱银两第三年每船给小修银三两第三年每船给中修银五两第四年每船给中修银五两第五年每船给大修银七两第七年每船给大修银七两第九年每船给大修银七两第十年每船给大修银七两其过号等船如尚坚固仍可加修再运一二年者量加修舱银两仍令载运照年扣算以上银两每年照例支领湖广省漕船第一年不给三修只给工费五钱四分第二年每船给工费银五钱四分三修银八钱什物银一两一钱五分第三年每船给工费银五钱四分三修银一两六钱什物银一两一钱五分第四年每船给工费银五钱四分三修银二两四钱什物银一两一钱五分第五年每船给工费银五钱四分三修银三两二钱什物银一两一钱五分第六年每船给工费银五钱四分三修银四两什物银一两一钱五分第七年每船给工费银五钱四分三修银四两八钱什物银一两一钱五分换篷银三两四钱黄麻银一两二钱三分第八年每船给工费银五钱四分三修银五两六钱大修银三两什物银一两一钱五分苎麻银七钱第九年每船给工费银五钱四分三修银六两四钱大修银三两什物银一两一钱五分第十年每船给工费银五钱四分三修银九两二钱大修银三两什物银一两一钱五分黄麻银一两一钱三分修篷银四钱五分十一等年过号漕船每只给工费银五钱四分三修银七两二钱大修银三两什物银一两一钱五分以上银两每年照例支领山东省漕船第一年每船给三修银六钱第二年每船给三修银一两二钱什物银一两一钱五分第三年每船给三修银一两八钱什物银二两八钱三分第四年每船给三修银二两四钱什物银一两八钱五分第五年每船给三修银三两什物银二两三钱八分第六年每船给三修银三两六钱什物银四两五钱五分第七年每船给三修银四两二钱什物银三两八钱第八年每船给三修银四两八钱什物银一两一钱五分第九年每船给三修银五两四钱什物银三两八钱三分第十年每船给三修银六两什物银一两一钱五分其过号等船如尚坚固尚可加修再运一二年者量加修舱银两仍令载运照年扣算以上银两每年照例支领河南省漕船系拨直隶之天津通州并江南山东二省船只协运其江南山东二省修舱银两俱于各卫所船只内注明其天津通州每船每年给修舱银二十七两九钱七分俱于出运三年后起支

一康熙二十六年题定每年出运一船给发修费银七两五钱各省画一遵行

一各省修舱银两定例在于各该粮道库内支给报销其江安苏松等处修舱银两向系各卫官丁于过淮时造报总漕批给康熙二十七年题定停其解淮统归各该粮道给发其天津通州二处三修银两在于通济库内支领

一漕船截留支过三修银两已供修船之用者免追【康熙三十二年】

一山东省济宁等卫所自备船应行修舱并无料价闰月钱粮又无赡地什军帮贴康熙三十七年咨准照通津二所出运各丁自备船只在通济库内支给修舱闰月银米之例支给银米一回空船只如遇煞坝挑河未经进口给银修舱俟开坝飞挽受兑【康熙五十二年】

一粮船到次粮道即行给发三修银两立刻修舱如该丁有事故者即著该船舵工修舱倘有迟悮以及虚领钱粮不行修舱者总漕即将粮道监兑押运卫备等官题参议处修舱银两仍著落旗丁赔补【雍正三年】

一修舱漕船雍正四年题准初出厂之年概不支给修舱银两惟江南省历年独支雍正十三年题定自雍正十二年为始停其支给画一遵行

一湖南地处最远回空最迟乾隆二十四年奏准将各丁应得运费责令粮道每年于十月内每船先动银五十两委员迎至湖北之田家镇等候空船一到即给各丁先行买补篷缆等物一至汉口鸠工沿途修舱乾隆三十年奏明预发银两未归实用仍循旧例于抵次之日给发令各管守备千总亲身督押赶紧修理

一宁波后帮旗丁马曜如等满号船只加修缓造后验明船身受伤现在腰直艄拖难以加修咨准雇募兑运【乾隆五十四年】

一山东省被灾减歇船只修舱在先奉减在后支过三修银两准其免追【嘉庆三年】

一通州帮嘉庆十八年停运无须修舱所领修舱银两在管卫千总名下勒限完缴如有延宕著落该管上司分赔【嘉庆十九年】

一道光三年临清山东前河南前后平山前后等五帮出运浅船修舱在先奉减在后支过修舱银两免追【道光四年】

一各属漕粮及各帮军船俱系粮道专司如各属被灾应缓漕粮州县必先申报粮道粮道不难一面详报缓征一面饬查应缓粮数饬帮派减船数请领修舱之时自应核实办理以节縻费道光五年山东省各属被旱被虫奏准

缓征漕粮系在该省军船未经归次之前所有济前等帮支过修艌银两饬令如数严追归款【道光七年】

卷二十·通漕运艘·留通变卖

一江西满号船只不堪加修者准其在北拆卖改造拨船将料价银两解交粮道验给济造【雍正八年】

一回空漕船无需双桅旧例令旗丁量卖桅木一根雍正三年奏准禁止雍正九年题定仍准旗丁卖桅木一根以资路费

一江右漕船十年满号例准留通变卖乾隆七年因安福所帮满号船只截留临清不能赴通咨准在临清变卖

一湖广漕船乾隆八年题准于满号之年重运回空时总漕亲加验看择其坚固者加修出运一次准其留通变卖五六年事故赔造船只于足运后细加查验如实系坚固令其再运二次咨部请造所有旧船准其留通变卖倘赔造之船已经足运朽腐该丁希图二运之后可以变卖捏报坚固该管官不行详查擅准出运该总漕即行严参究处

一向例湖广满号漕船择其坚固者加修出运一次准其留通变卖五六年事故赔造船只于足运后如系坚固再运二次准其留通变卖而买补民船原未议及乾隆十一年题准湖广省买补足运之船准其留通变卖所卖价银坐粮厅封交随帮携带回次交粮道验给各丁以备新造之需其丁舵人等坐粮厅给与限单附搭本省各帮军船回次责令押空厅弁一体约束

一湖广省满号漕船照江西之例遇十年满号交粮后准其留通变卖所卖银两照例每只存留银六十两令仓场封交随帮解交粮道验给以资新造之用将前漕臣顾琮酌议该省满号漕船加修一二运再行留通变卖之处均请停止【乾隆二十三年】

一各省漕船定例七八运而有事故者责令买补九运而有事故者准其雇募雇募船只抵通交粮之后听其自便例不跟帮回次买补一项湖南湖北二省无论满号与否准其留通变卖惟江苏浙江豫东等省买补船只未经满号者不许在北拆变轮当满号成造之年均于交粮后准其在通变卖毋庸放空南下再买补之船或未经满号中途遇有事故者向来江苏等省亦系拆板带回嗣后亦就地拆变以纾丁力【乾隆二十九年】

一江西省十年满号漕船例准留通变卖每船缴抵新银六十两呈坐粮厅验明发给运弁领赍缴验嗣因帮丁混借花销自乾隆三十一年为始除失风买补实难措办之事酌量办理随时详报如无事故饬令照数呈送押运厅赍淮呈验到次送道验给免送坐粮厅查验【乾隆三十一年】

一江西省九运漕船来年蠲漕停运照无事故军船减歇足运之例预行留通变卖【乾隆三十三年】

一兴武七帮买补船只并未扣除减歇年分详请留通拆变应将并不详查混报十运之该帮千总罚俸一年【乾隆三十六年】

一江西九江后等六帮停运船只内有历运九进并无事故之船准其本年在北变卖有失风事故者饬令撑驾回南足运其起运九进失风之艘仍令照旧雇募足运【乾隆四十八年】

一湖南头帮旗丁潘四狗等八运船只并非买补之艘又无失风事故本不当拆变经仓场验明该船受伤过重万难再修暂准留通变卖嗣后八运船只仍令归次兑运【乾隆五十四年】

一江淮兴武二卫买补船只虽系新船究非军船可比装运赴通交卸回空接兑下运恐致疏虞准照楚省买补民船之例一律留通变卖仍令将所变银两封交运弁带回责丁按照年第另买新船足运【乾隆五十四年】

一江兴各帮买补船只原系旗丁捐办仅可一运若再挽回则难经重载所有江淮六帮买补船只查照乾隆五十五年买补民船于交粮后在通拆变之案准其在通变卖【嘉庆三年】

一江西各帮到通船只次年应运粮米钦奉恩旨蠲缓该丁等九运船只查照上次之例准其留通拆变其九运停减帮船并于起运漕粮时雇募足运【嘉庆四年】

一湖南三帮旗丁黎华湖北三帮旗丁章启华九运二船朽腐难修准其留通变卖【嘉庆八年】

一庐州卫三帮旗丁臧葆福买补船只历经九运咨请留通拆变查该船既非满号又无事故饬令照例回空接兑新运【嘉庆十八年】

一江淮三六两帮旗丁叶李振等满号船只板多朽坏选买江广满号船只板料驾送本次配造其不堪配造底料本船准其留通变卖【道光六年】一安庆前后两帮旗丁马春台倪裕兴马逢春等漕船已足十运板片无可取

材准其留通变卖【道光七年】

卷二十一·督运职掌·监临官制

一漕运总督一员驻札淮安凡佥选运弁修造漕船派发全单兑运开帮过淮盘掣催攒重运查验回空核勘漂没督追漕欠并随漕轻赍行月等项钱粮皆其专责直隶山东河南江南江西浙江湖广等省文武官员经理漕务者咸属管辖如有州县印粮官吏漕运官吏折干盗卖及各衙门胥役需索官丁并漕蠹仓棍把持兑运事务与沿河文武官员催攒不力违悞漕务者悉听拿问参究【议单旧本】

一各省总河严督沿河文武各官催重攒空勿使停滞专责河官预期挑浚淤浅修筑堤岸以保运道凡关河道事务皆其专责一应河官咸归管辖如有扣克夫柳工价侵昌修筑钱粮与沿河文武官员催攒不力者悉听参究【议单旧本】

一各省巡抚督催所属漕项钱粮交兑开帮船粮开行即行题报严查水次折干盗卖并禁弁丁勒索棍蠹把持官役需索等弊其随漕轻赍行月等项钱粮先期督催征解以济漕运一切漕粮漕项完欠俱立有考成以定功罪如有道府各官不系专司漕务衙门借验粮名色苛索者指名题参【议单旧本】

一巡漕御史顺治初年旧有巡视南漕一员驻札镇江料理漕务督催大帮抵通交卸其新差御史督押回南顺治十四年裁去雍正七年复设巡漕御史二员不拘满汉于二月初派往淮安雍正十一年改于年前十二月间派往稽察官吏人等向旗丁额外需索并旗丁夹带私盐及违禁等物严查淮安与白洋河东八闸等处地方光棍勾通催漕并丁勒添纤夫加价分肥苦累旗丁等弊俟漕船过淮出临之后随漕直抵天津沿路查看如遇运河水道石块木桩该管官查看起除不净以致抵触漕船及官并需索稽留俱令查参

一顺治初年旧有巡视北漕御史一员兼理一切仓粮事务康熙七年裁去雍正七年复设巡漕御史二员不拘满汉于三四月内派往通州粮船抵通稽查该管衙门官吏及经纪车户人等向旗丁额外需索陋规

一旧制设总督一员兼管直隶山东河南江南等处河道雍正七年分山东河南河道总督一员江南河道总督一员雍正八年又增设直隶河道总督一员乾隆三年裁去归并直隶总督管理

一向设巡视南漕御史二员派往淮安巡视北漕御史二员派往通州乾隆二年题准将巡漕御史四员以一员驻札淮安巡察江南江口起至山东交境止一员驻札通州巡察至天津止一员驻札济宁巡察山东台庄起至北直交境止一员驻札天津巡察至山东交境止各按所巡地方巡游访察剔除诸弊如有不法官丁即行题参

一漕船到淮籖算乾隆四年题准令漕臣将漕蠹访拿漕运总督亲率善算之人赴船细核一切无事人等毋得多留在舱如有勾通滋弊者立即严拿究处乾隆七年题准重运过淮之时责令淮安府粮捕通判协同漕标营将秉公签验傥签验不实有弁丁营役舞弊营私该督即行题参究治乾隆九年题准签盘营卫互用于签盘之日拈阄分派著为定例总漕及巡漕御史照此稽察如有改易成规即行参究

一张湾漕运通判属坐粮厅管辖乾隆五年咨准三年考察仓场会同直督归入大计案内办理

一通州巡漕御史向例祇派一员乾隆十七年钦奉谕旨以通仓积弊甚多钦点四员前往巡视一应收兑新漕支放米石俱著就近稽察在京各仓亦著一体留心查察钦此乾隆二十三年奏准通州米石交卸业有仓场及坐粮厅总其职任所有通州巡漕御史四员以一员轮驻杨村来往稽查是年又奏准通州巡漕四员内分派满汉各一员专驻杨村料理拨船稽查挑浚以专责成其天津巡漕御史一员裁汰乾隆二十四年钦奉谕旨将杨村驻札巡漕御史之处停止乾隆二十六年奏准通州巡漕御史二员酌派于天津复设一员通州巡漕只须一员

一淮安巡漕御史一员乾隆二十三年奏准淮安签盘粮数督催船行已有总漕专司其事所有驻札淮安巡漕御史移驻瓜洲仪征之间弹压催攒

一天津巡漕御史一员所管系自东省之柘园至天津关止乾隆二十三年奏准杨村设有专驻巡漕御史二员即可兼行巡视杨村以南柘园一带漕务其天津巡漕毋庸差派乾隆二十四年撤去杨村巡漕复经奏定天津以南归并济宁巡漕御史办理天津以北统归通州巡漕御史办理乾隆二十六年奏准临清以北天津以南计程一千余里山东巡漕御史驻札济宁未免鞭长莫及所有通州巡漕御史二员只须一员其天津以南至柘园地方仍照旧例酌派一员复设天津驻札往来稽察

一各省巡漕御史不仅责其专司催攒凡属漕规运务均当一体稽查乾隆三十八年奏准船粮在途一交夏令该御史于催漕之便留心验阅各船囤贮漕米是否多用气筒开仓风晾如有不遵即将弁丁劾究设或有在东直二省偷盗好米之事尤当实力访查尽法参处

一乾隆五十一年湖广省派委成造拨船办理妥速之汉阳府知府德泰钦奉上谕俟该员押船送至直省北河就近来京交该部带领引见该督抚并著交部议叙派出在工出力人员亦著查明咨部分别照例议叙钦此

一嘉庆五年奉上谕铁保奏漕船经过地方向有无赖棍徒勾串水手勒加身工银两甚至打船滋事请严饬地方官查办等语著沿途文武地方官于漕船经过时即多派兵役认真查拿务令棍徒知所畏惧预为敛迹傥此后仍行疏纵致棍徒水手再有勾串滋事之处著漕运总督即将该处文武地方官严参治罪等因钦此

一水手滋事之案历年总在江南境内者多因山东直隶二省均有专派总兵大员驻札河干弹压查催惟江南镇驻札太远势不能照依山东直隶一律催漕自台庄以下至苏州直接浙江一带并无专员统率督办易致疏虞嘉庆五年奏准将重运粮船过境时浙江分作一段江南分作三段于沿河营泛例催之外每段添派副参大员一员就近酌带兵役亲驻沿河专司防护查催往来弹压一俟重运过竣立即撤回

一嘉庆十二年湖北起运新漕一切事宜俱系调署粮道事安襄郧荆道王正常经手办理业经督押开帮前进新任粮道张凯元于二月初八日抵省若令前赴水次接运转多一番交代且恐骤易生手挽运未能妥速粮道衙门时有屯军与民人交涉词讼并催办各属南粮亦关紧要新任粮道张凯元责令专办本衙门事件毋庸督运

一江西旗丁在省应领运费银数较多虽由粮道亲自给发恐稽察偶疏或致滋弊藩司近在同城饬令粮道于给发运费时会同藩司当堂验放以昭慎重【嘉庆十五年】

卷二十一・督运职掌・监兑粮官

旧例监兑漕粮专责推官凡米色之美恶兑运之迟速及旗丁横肆苛求衙役需索仓棍包揽搀和等弊俱责令监兑官严行禁戢事竣具结投报督抚查核康熙六年各省推官尽裁题改于各省同知通判内委用一切事宜悉照推官监兑例举行康熙五十一年题准监兑官务令坐守水次将正耗行月搭运等米逐船兑足亲督到淮听总漕盘验雍正元年题定漕粮开仓收兑之时派定监兑厅员不得以别项公事差委令其亲身赴次专理漕务如有粮数不足米色不纯总漕盘验察出即将监兑官题参照溺职例议处

一山东省监兑官

济南府通判

武定府同知

兖州府通判

东昌府通判

泰安府通判

曹州府通判

以上六府同知通判各监兑本府漕粮

一河南省监兑官

归德府通判【监兑开封归德二府漕粮】

卫辉府通判【监兑彰德卫辉二府漕粮】

怀庆府通判【监兑河南怀庆二府漕粮】

河南漕粮于康熙二十二年改折停运监兑厅员尽行停止二十九年仍征本色因民间远赴直省采员盘拨费重三十二年题准永折官为办买起运通判照旧管粮

一江南省监兑官

江宁府管粮同知

苏州府督粮同知

苏州府管粮通判

松江府董漕同知

松江府粮捕通判

常州府管粮通判

镇江府粮捕通判

太仓州管押丞倅

安庆府管粮通判

宁国府管粮通判

池州府管粮通判

太平府管粮通判

庐州府管粮通判

凤阳府同知

淮安府军捕通判

扬州府管粮通判

徐州府粮捕通判

以上同知通判各监兑官府漕粮惟苏松二府漕白繁多额设管粮官答二员每年监兑押运轮流递管其太仓州并所属漕粮向系苏粮通判兼兑并无专设之员嗣于乾隆四十五年江苏巡抚咨明即令添委押运之员监兑以专责成应领行月等项即令监兑厅员办理

一浙江省监兑官

杭州府局粮通判【监兑该府属盐嘉兴府属石门县漕粮】

嘉兴府通判【监兑该府属漕白二粮】

湖州府同知【监兑该府属六县漕白二粮并安吉县漕粮】

一江西省监兑官

南昌府通判

吉安府通判

以上二府通判分理监兑南昌瑞州临江吉安广信建昌抚州南康等八府漕粮

临江府通判【监兑饶属漕粮】

一湖广省监兑官

武昌府通判

汉阳府通判

黄州府通判

安陆府通判

德安府通判

荆州府通判

长沙府通判

□州府通判

湖州府通判

以上九府通判各监兑本府漕粮

一各州县一元漕米兑于丁船每府例委同知或通判一员监兑监毕开行即令监兑之员尾押过淮然后回任乾隆二十三年因江西湖广押淮之员远涉江湖毫无所事曾经奏请停止惟安徽押淮之员仍循旧例未经画一请照江西湖广之例一概停止【乾隆三十二年】

一苏松常镇太五府州属起运米石向系苏松常镇四粮厅监兑押运又因船多员少不敷照料临时添委丞倅一员一同押运赴通乾隆四十五年江苏巡抚咨准四粮厅内除松常鉴三倅系各就所属本郡船粮监兑押运每府

数袛二三十万石足以照料其苏粮通判一员监兑苏州府属米七十三万余石又兼监兑太仓州及属米十万五千余石以一人而兼两郡之粮谨恐顾此失彼不若将太仓州一属之粮即令添委之员专司监兑不但苏粮通判免致鞭长莫及且以五郡之米分令五员监兑押运各有责成其应领行月等项责令监兑厅员办理

一各省监兑各官印结应随同开帮册籍一并送部迟延议处【嘉庆十二年】

卷二十二・督运职掌・分省漕司

一山东粮道一员【兼管德州仓粮务】

一河南粮道一员【兼管临德二仓粮务】康熙二十二年河南全省漕粮改折粮道裁缺二十九年复设以开归盐驿道兼理

一江安粮道一员【兼管江宁淮安徐州凤阳四仓粮务】

一苏松粮道一员

一浙江粮道一员

一江西粮道一员【兼南抚建巡道事】

一湖北粮道一员

一湖南粮道一员

一各省粮道总理通省粮储统辖有司军卫遴委领运随帮各官责令各府清军官会同运弁佥选殷实旗丁成造新船修葺旧艘预给工料严督丁匠及时修造完工备运督催州县开征漕白二粮并随漕轻赍席木行月廪工耗赠经费等项钱粮按期征收解给革除火耗毋许额外私如察验米色严禁仓棍把持蠹役包揽搀和糠秕等弊并钤束官丁在次不得折干及需索私贴苛勒耗赠兑竣之日依限开行并督追漕欠诸务俱其专责一切漕运钱粮尽归粮道专管各司道府不得分管混淆粮道专司漕务该督抚不得别行委用致误职守【议单旧本】

旧制通漕设漕储道一员总辖各省漕务设粮道一员分理各省漕务顺治十年裁去漕储道江南江北浙江江西每处添设粮道一员顺治十五年将新添粮道四员裁去复设漕储道康熙四年又将漕储道裁撤各省漕务专责粮道管理

卷二十二・督运职掌・十三运总

旧制通漕设把总十三员统摄军卫攒护漕船督押回空名为运总明季皆属世职顺治三年各卫改设守备千百总把总职衔尚小不便约束提调改运总为都司佥书嗣于顺治十二年裁汰谨将原派十三总所辖卫所帮次及节年更定卫帮详细开载于后以备查考

一山东总

临清卫山东前帮【雍正四年】分为山东前帮后帮】

东昌卫【今仍旧】

济宁卫前帮

济宁卫后帮

以上济宁前后二帮雍正四年分为前后左右四帮

东平所

濮州所

德州卫

以上一卫二所仍旧运山东粮

临清卫河南前帮

临清卫河南后帮

平山卫前帮【康熙二十五年改并东昌卫管辖】

平山卫后帮【康熙二十五年改并东昌卫管辖】
任城卫【康熙二十五年改并济宁卫管辖】
德州左卫【康熙二十五年裁并德州卫管辖】
天津等三帮【康熙二十五改天津所】
通州左等四帮【康熙二十五年改通州所】
以上八卫所运河南粮
一遮洋总
扬州卫遮洋帮
高邮卫遮洋前后二帮
淮安卫遮洋帮【系附载帮【乾隆二十七年】归并头二两帮】
大河卫遮洋帮
通州所遮洋帮
盐城所遮洋帮
以上各遮洋帮原运山东粮于康熙十八年撤回本省归入各本帮款下
长淮卫遮洋帮【康熙二十五年】改长淮卫二帮运河南粮【乾隆三十年】裁汰】
一上元总
上元中卫江宁帮【原改江淮卫九帮续改江淮卫六帮】
上元前卫大帮【原改江淮卫十帮续改并江淮卫七帮】
上元后卫大帮原改江淮卫十二帮续改并江淮卫八帮】
上元后卫二帮【原改兴武卫十帮续改并兴武卫七帮】
上元后卫三帮【原改江淮卫十三帮续改并汀淮卫五帮】
江宁前卫后帮【原改兴武卫十五帮续改并兴武卫七帮】
江宁后卫上元帮【原改兴武卫十六帮续改并兴武卫九帮】
镇南卫上元帮【原改江淮卫十四帮续改并江淮卫九帮】
镇南卫句容帮【原改江淮卫十五帮续改并江淮卫九帮】
江阴卫大帮【原改江淮卫七帮续改并江淮卫五帮】
江阴后小帮【原改江淮卫八帮续改并江淮卫三帮】
广洋卫前帮【改兴武卫三帮】
广洋卫后帮【原改兴武卫四帮续改并兴武卫三帮】
江宁右卫大帮【原改兴武卫十二帮续改并兴武卫八帮】
江宁右卫后帮【原改兴武卫十三帮续改并兴武卫八帮】
鹰扬卫前帮【原改兴武卫五帮续改并兴武卫四帮】
一石城总
上元中卫上元帮【原改兴武卫九帮续改并兴武卫二帮】
石城卫大帮【原改江淮卫五帮续改并江淮卫四帮】
石城卫后帮【原改江淮卫六帮续改并江淮卫四帮】
江宁后卫后帮【原改兴武卫十七帮续改并兴武卫九帮】
江宁左卫前帮【原改江淮卫十六帮续改并江淮卫头帮】
江宁左卫后帮【原改兴武卫十一帮续改并兴武卫五帮】
兴武卫句容帮【改并兴武卫二帮】
江淮左卫大帮【改并江淮卫头帮】
江淮左卫二帮【改并江淮卫二帮】

江淮右卫大帮【原改江淮卫三帮续改并江淮卫二帮】
江淮右卫小帮【原改江淮卫四帮续改并江淮卫三帮】
江宁前卫大帮【原改兴武卫十四帮续改并兴武卫六帮】
兴武卫镇江帮【改并兴武卫头帮】
横海卫前帮【原改兴武卫七帮续改并兴武卫五帮】
横海卫后帮【原改兴武卫八帮续改并兴武卫六帮】
以上上元石城二总各帮于康熙十八年改并续于二十五年改并
一上江总
建阳卫太平帮
建阳卫宁国帮
以上太平宁国二帮乾隆十五年并为宁太帮
安庆卫【雍正四年】分为前帮后帮【乾隆十五年】并为一帮二十三年】复分前后两帮】
宣州卫【今仍旧】
九江卫江西前帮【运江西粮旧隶上元总现隶江西为九江卫前帮】
九江卫江西后帮【运江西粮旧隶上元总现隶江西为九江卫后帮】
新安卫江西帮【运江西粮康熙十四年裁撤】
新安卫池州帮【今仍旧】
一下江总
镇江卫前帮
镇江卫后帮
以上前后两帮雍正四年分为前帮中帮后帮乾隆十五年中帮裁汰复归并前帮后帮
苏州卫前帮
苏州卫后帮
太仓卫前帮
太仓卫后帮
镇海卫前帮
镇海卫后帮
以上六帮今仍旧
镇海卫三帮【康熙二十五年裁并镇海卫前后两帮】
松江所【康熙十八年归并金山卫】
金山卫【乾隆十五年裁并镇海卫名为镇海卫金山帮】
鹰扬卫后帮【原改兴武卫六帮康熙十八年改并兴武卫四帮】
上元前卫后帮【原改江淮卫十一帮康熙十八年改并江淮卫七帮】
一凤阳总
凤阳中卫前帮【原改凤阳卫头帮嗣改凤阳中卫常州帮后中卫裁并凤阳卫续改凤阳卫凤中常州帮】
凤阳卫【原改凤阳卫头帮续改凤阳卫常州帮】
凤阳后卫前帮【原改凤阳中卫三帮嗣改凤阳中卫常州帮后中卫裁并凤阳卫续改凤阳卫凤中常州帮】
怀远等卫【原改凤阳卫二帮续改并凤阳卫常州帮】
以上四帮先于康熙二十五年改并其凤阳中卫归并凤阳卫系乾隆十五年裁并
长淮卫【原分长淮卫前后两帮续改并长淮卫头帮】
宿州卫【乾隆十五年裁并长淮卫续名为长淮卫宿州头帮】
武平卫【嗣改宿州卫二帮续改长淮卫宿州二帮】

寿州卫江南帮【续改长淮卫四帮】

以上四帮先于康熙十八年改并嗣于乾隆十五年将宿　州头二帮改并长淮卫管辖

凤阳中卫后帮【运山东粮康熙十八年裁撤】

凤阳后卫后帮【运山东粮康熙十八年裁撤】

凤阳右卫【原改并凤阳中卫二帮后中卫裁并凤阳卫今名凤阳卫凤中二帮】

凤阳前卫【原分凤阳前卫前后两帮嗣改并凤阳中卫二帮后中卫裁并凤阳今名凤阳卫凤中二帮】

洪塘所【原改凤阳右卫二帮嗣改并凤阳中卫三帮乾隆二十四年归并宿州头扬州二两帮】

以上凤阳前右卫先于雍正四年改并中卫二帮嗣乾隆十五年改为凤阳卫凤中二帮洪塘所先改并凤阳中卫三帮乾隆二十四年改并扬州宿州两帮

一淮大总

淮安卫前帮【改淮安卫头帮】

淮安卫后帮【改淮安卫二帮】

邳州卫前帮【原改淮安四帮续改淮安三帮】

邳州卫后帮【原改淮安五帮续改淮安四帮】

以上四帮先于康熙十八年改并其淮安四五改为三四系乾隆十二年复改

泗州卫前帮

大河卫前帮

大河卫二帮

大河卫三帮

徐州卫江北帮

泗州卫后帮

以上六帮今仍旧

徐州卫河南帮【运河南粮雍正四年分为河南前帮河南后帮】

扬州总扬州卫江南帮【改并扬州卫头帮】

高邮卫【改并扬州卫二帮】

六安卫苏州帮【原改庐州卫五帮续改庐州卫三帮】

六安卫镇江帮【原改庐州卫六帮续改庐州卫三帮】

庐州卫前帮【改庐州卫二帮】

庐州卫后帮【改庐州卫三帮】

庐州卫本府帮【改并庐州卫头帮】

通州所【原改扬州卫七帮八帮续改并扬州卫四帮今归扬州卫三帮】

泰州所【原改扬州卫十帮续改并扬州卫三帮】

兴化所【原改扬州卫七帮八帮续改并扬州卫四帮今归扬州卫三帮】

盐城所【原改扬州卫五帮续改并扬州卫三帮】

以上十一帮先于康熙十八年改并其扬州四帮复并三帮系乾隆十五年裁并

六安卫本州帮【原改庐州卫四帮续改并宿州卫二帮】

滁州卫前帮【改并滁州卫苏州帮】

滁州卫后帮【改并除州卫苏州帮】

以上三帮于康熙二十五年改并续于乾隆十五年改并仪征卫【乾隆十五年改并扬州卫三十年】改名扬州卫仪征帮】

一浙江总

宁波卫前帮

宁波卫后帮
台州卫前帮
台州卫后帮
温州卫前帮
温州卫后帮
处州卫前帮
处州卫后帮
以上八帮今仍旧
金华所【今改并金衢所】
衢州所【今改并金衢所】
以上二帮于康熙二十五年改并
一浙西总
杭州前卫前帮
杭州前卫后帮
杭州右卫前帮
杭州右卫后帮
以上四帮乾隆十六年改为杭州卫头二三四帮乾隆二十五年复改为杭严卫头二三四帮
绍兴卫前帮
绍兴卫后帮
湖州所
海宁所
严州所【乾隆二十五年改并杭严卫管辖】
以上五帮今仍旧
海宁所
嘉兴所
以上二帮于康熙二十五年改并为嘉海卫所帮乾隆十五年裁汰嘉兴所改嘉兴卫帮
一江西总
南昌卫前帮
南昌卫后帮
袁州卫
赣州卫
吉安所
安福所
永新所【乾隆三十年并为永建帮】
抚州所
建昌所【乾隆三十年并为永建帮】
广信所
铅山所
饶州所
以上江西各帮今仍旧惟永新建昌两帮乾隆三十年改并永建帮
一湖广总
武昌卫

黄州卫
襄阳卫
岳州卫
荆州左卫
蕲州卫
沔阳卫
武昌左卫
荆州右卫
荆州卫
德安所

以上武昌武昌左黄州襄阳蕲州德安六卫所康熙十年分隶湖北分为头帮二帮三帮其荆州荆州左荆州右岳州沔阳五卫并武昌左卫内拨船四只分隶湖南作为头二两帮雍正四年又分为头帮二帮三帮乾隆二十九年将武左卫拨运湖南三帮四船裁汰

卷二十三·督运职掌·押运各官

旧制各省船粮俱系粮道押运抵通顺治十六年以粮道在南董理运务不能分身抵通除山东河南路近照旧遵行其江浙各省粮道止令督押到淮盘验后即回本省总漕各该抚于管粮通判中每省遴委一员专司督押约束官丁严加防范以杜沿途侵盗搀和等弊康熙三十四年以通判官微职小不能弹压复令各省粮道轮流押运康熙三十五年停止粮道押运仍归通判押运回空船亦令管押如从陆路回南照差遣官员枉道例处分押空过淮迟误照重运过淮违限例议处雍正四年题准苏松江安二粮道每年派委一员轮流亲押过山东八闸俟江南粮船尽数过临回任雍正六年题准各省监兑官俱令兼司押运雍正七年题定浙江监兑通判令其押运外他省仍因旧制

一山东押运通判一员

一河南押运通判一员

一河南山东轮押蓟粮通判一员【雍正二年添设乾隆三十年停运蓟粮其通判毋庸派委】

一江安押运通判二员

一苏松押运通判五员

一浙江押运通判三员

一江西押运通判二员

一湖北押运通判一员

一湖南押运通判一员

一河南省旧例系粮道押运康熙三十四年题改彰德卫辉怀庆三府通判轮流押运乾隆十七八等年奏准仍令粮道督押抵通乾隆二十九年奏改令粮道于同知通判内选派一员随赴水次公同监兑明白该道督押帮船出境之后即回任办事令厅员守冻俟冰泮开行管押抵通

一江安浙江二省向例每省只派通判一员押运康熙五十一年题准江安派委二员浙江派委三员押运

一江苏省向例只派通判一员押运康熙五十一年题准派委五员雍正四年题请酌减二员乾隆元年因该省船多员少先后开行莫能兼顾题准添委押运官二员令其分帮管押于通省同知通判内遴选酌派一应抵通回空均令沿途稽查议叙议处悉照定例

一雍正五年钦奉谕旨嗣后凡押运押解官员俱著该督抚出具考语送部钦此又于雍正七年户部咨行各省凡押解等官遵奉谕旨俱出考语咨明户部如有应行引见人员吏部带领引见又乾隆三年奏准总押丞倅引见后部内给与限单赶归大帮督押到淮总漕查核如有违误逾限即行参处

一山东省旧例系粮道押运雍正八年题准东省闸外漕船选委通判一员押运其闸内船只仍令粮道督押乾隆二年题准东省泰安武定曹州三府同知通判遴委管押闸外先进粮船并闸内抵通回空船只以及轮押蓟粮并

监兑等事与济南兖州东昌三府管粮通判一例办理

一江苏省苏松等五府州属帮船乾隆元年咨准令押运五员先于水次派押抵江于渡江后挨顺连络帮次改派押运北上嗣因每年更换改派丞倅不知所押何帮漫无稽察弁丁素不谋面难悉利弊乾隆十年咨准将松常二府船粮即令各府监兑官押运抵通苏太二府州船粮内长元吴江震五县船只亦令监兑之管粮通判管押北上其常昭昆新太镇嘉宝等八州县及镇江府属船粮将应派添设押运二员先期派委一员预赴常昭等处水次一员预赴镇属各县水次查点船粮催督开行攒押抵通其米色行月上船等件仍责监兑经理兑齐开行之时将各运管押帮船数目造册送部

一江西省向例只派通判一员押运乾隆元年因该省船多员少先后开行莫能兼顾题准添委押运官一员令其分帮管押于通省同知通判内遴选酌派一应抵通回空均令沿途稽察议叙处分悉照定例

一押运丞倅领运千总于抵通卸米之后往往假公留滞乾隆三年奏准粮船起米之后领运千总督同正丁料理回空身工饭米开船有不齐备者随帮回明仓场查究坐粮厅监督衙门应给粮席完呈俱限十日内给发限单星飞赶帮南下总押丞倅引见后部内亦与限单赶归大帮督同前进到淮漕运总督查核如有违误逾限即行参处

一山东省东昌府上河通判向系管理运河河道工程兼管聊城等十四州县粮务因该员事务纷繁难以兼顾乾隆六年题准将聊城等十四州县粮务改归东昌府清军理事同知管理上河通判专管河工事务

一湖北省起运漕粮向系武昌汉阳黄州安陆德安荆州六府通判监兑押运到淮于六员之中派委一员长运抵通嗣因粮数无多各府通判均有捕盗之责乾隆十二年奏准令粮道于通省同知通判内详委三员监兑分押抵淮即于三员中派一员管押抵通

一各省粮道例应督押重运船粮到淮如遇升任调补不能督押者令同知代为督押【乾隆十二年】

一总押同知通判管押空船回南于到淮日呈缴仓场限单销差以后各帮遇有事故总押丞倅免其议处【乾隆十二年】

一湖南省押运通判一员每年派委长衡岳三府通判各一员齐赴岳州水次监兑各府属运到漕粮兑竣同押三帮船只赴淮亦于三员中派委一员管押抵通乾隆二十三年停止押淮通判即从本省委定一员押运抵通

一湖广江西二省向系监兑米石之同知通判令押到淮然后回省乾隆二十三年奏准每年押淮厅员不过循例一行并无可办之事所有监兑之同知通判停其委押到淮设过淮时验有米色不纯查系何员监兑即将该员题参议处责令赔补

一各省押运厅员各计所押帮数于适中之帮坐押催攒不时前后往来稽查约束仍令总漕不时察看情形董率稽查如有违误照例查参【乾隆二十五年】

一江浙二省预备各丁起拨银两交押运厅员携带由南赴北制造鸟枪十二杆编列字号给发押运厅员随身防护不得任旗丁等擅行施放如有无故施放致生事端将该押运厅员严加议处该旗丁等从重治罪【乾隆二十五年】

一乾隆二十九年总漕奏准押运通判王国祚委押漕粮已经六次该员办事勤敏不辞劳瘁出具考语奏明咨部带领引见嗣于乾隆三十五年又据总漕奏明押运同知通判等官押运三次以上并无事故奏明出具考语咨送户部带领引见乾隆三十七年钦奉谕旨应行引见之员于抵通后即行送部以免守候钦此

一安徽省监兑之员押运过淮乾隆三十二年奏准照江西湖广之例一体停止

一南漕二进帮船旧例于江安苏松二粮道内递年轮委一员押至临清然后回任乾隆三十二年因留粮道在省办事委押运通判代押抵临并奏准如运河水足船艘可以浮送之年不但道员毋庸专委即代押之员亦可不委如果遇运河水小浅阻处多需大员前往筹水接济并办理拨船诸事漕臣临期酌量情形于江安苏松二粮道内奏明派委一员前往办理

一总运丞倅系总押漕务之员例应随时稽查空运千总在帮协同办事亦应互相稽察如本帮重运千总有亏挪官项之事漫无觉察除照例议处外仍将亏缺银两著落分赔【乾隆三十六年】

一粮船兑齐开行各该粮道务须照例亲身督押到淮不得以办理地方差务转委丞倅如值督攒之期果有经办要件实难分身督押者必须先行具详督抚漕臣核实方许委员代押【乾隆三十七年】

一各省粮道例只押运到淮其江安苏松二道轮押二进帮船亦只押至临清乾隆三十九年因水势较小派委粮道分起管押直抵通州奏奉谕旨凡遇水小之年即援此为例钦此

一押运厅员有督押弁丁催攒重运回空之责该督抚不得又委别项差务【乾隆三十九年】

一各省同知通判督运漕米沿途有催攒稽查之责向俱带印起程署事之员由藩司领木戳以代印信乾隆四十四年江西巡抚奏准丞倅虽系闲曹而盐捕水利各有专司其分防地方之缺更有应管民事并遇有委审委勘及循例出结事件若非钤用部颁印信不足以昭信守应专颁督运官印信封贮藩库临时领用有漕省分画一办理

一各省重运漕船向系本省粮道押抵临清江西省新任粮道尚未到任护粮道事南昌府知府黄良栋督押帮船抵淮正值新任粮道舒希忠由淮赴任即令新任粮道攒押各帮抵临该护道仍回本任即在淮交印任事【乾隆四十八年】

一各省粮船重运北上向派押运丞倅乾隆四十八年奏准令本省粮道督押本省帮船送至临清除江南省仍照例于江安苏松二粮道内每年轮派一员督押抵临外其浙江湖广江西等省每年令各粮道一体督押过淮直抵临清始行回任并出具船米无亏切结送部其自临清抵通州概令山东粮道往来稽查催攒俟漕督总押尾帮抵临清后再行回任续据江西巡抚郝硕以江西省相距临清路途较远该省粮道总理漕务纷繁若令每年督押直抵临清于九月间始能回任一切新漕事务难以兼顾准其照旧令粮道督押抵淮盘验后即回任办理事务至有漕较远之湖南湖北二省一体遵照办理

一苏松押运员酌派定委员接署之后应将关防移交署事之员一面赴司请领督运关防凡有监兑任内一切应办事件及全单等项概用督运关防【乾隆五十年】

一各省重运粮船例应粮道押抵临清嗣因江广二省粮道押送抵临后再行回任势难兼顾新漕准其另委同知一员代押抵临今查江广帮船抵淮后有总漕亲押抵通照察易周奏准将代粮道押运之同知停其派委【乾隆五十二年】

一乾隆五十三年因江西押运同知卫谋通判周载兰于漕船回空后始行送部引见该员等不及押送回空奉上谕嗣后凡有押运官员应送部引见者仓扬侍郎等务于该员兑运事竣即行给咨送部引见毋得延缓钦此

一江西抚奏准新任粮道郑交泰于漕船开行后到江已令赶赴前途督催即在途中接印任事今该道续奉上谕调补浙江粮道未便另派他员前往接署仍令该道督押江西漕船抵临跟帮北上后再赴浙江粮道新任【乾隆五十四年】

一各省起运船粮钦奉谕旨令各该省粮道管押抵通所有河南省船粮题准照山东之例再添总运厅官一员使沿途查察重运回空以重漕务【乾隆五十四年】

一浙江粮道鹿荃升任两淮盐运使所遗押运事宜照例派委严州府知府景禄赶帮接押其粮道印务另委杭州府知府明保暂署以便鹿荃交代速赴新任【乾隆五十四年】

一江苏省苏州太仓二属总运分县押帮本有旧制因查对县帮远近再加酌量分派奏准苏州太仓总运厅员二员一管长洲元和吴县常熟昭文吴江震泽等七县粮船一管太仓镇洋嘉定宝山昆山新阳等六州县粮船其水次至通坝一切兑运各事宜责令一手经理如有米色不纯及沿途盗卖搀和等弊惟该押运之员是问【乾隆五十八年】

一押运厅弁于本帮船粮兑开后务须亲身在帮督押毋得擅自离帮藉称办公致于参处【乾隆五十九年】

一山东省起运船粮全漕年分例应粮道亲身押运抵通乾隆六十年因该省漕粮恭奉恩旨轮免只有起运带征买补漕粮并密云兵米共船一百九十四只除外河出运船一百三十六只已委总运厅员押运外仅止闸内出运船五十八只为数较少咨准令总运厅员一并兼押抵通交卸

一东豫二省漕粮钦奉恩旨轮免或截留赈济祇有起运麦石并密云等处兵米不及全漕十分之二不须粮道亲身管押准令专委丞倅一员代押抵通以资弹压【嘉庆元年及三年】

一苏属昆山新阳二县本系划归太仓厅员监兑押运因太属并无起运之船将该二县船粮另委常州府督粮通判监兑押运至全单印信盖用在先免其更换【嘉庆二年】

一湖北省起运嘉庆三年分漕粮例应本管粮道押运因该道在郧西一带防堵贼匪未便遽易生手派委代办

粮道武昌府知府代为押运【嘉庆四年】

一临清河南前帮嘉庆四年到通麦石该帮厅弁沿途并不小心防范督令旗丁不时勤加掀晾以致间有潮润所有押运厅弁均照例议处至豫省起运粮内有白麦一项尤关紧要嗣后无论粮数多寡均责令该粮道押运以昭慎重

一常白帮漕船并不及早渡江又未跟接行走实属有违例限所有押运通判照例降一级调用销去加级抵销免其降调【嘉庆四年】

一江安粮道魏成宪丁忧所有督押回空二进帮船事务亦关紧要委苏州府押运通判代办【嘉庆五年】

一护江西粮道椿龄系送部引见之员于督押帮船挽出临清闸河时例应先行赴京因本年临清以北运河开口船行艰难必得大员督催方免迟误奏准即令该护道尾押帮船抵津后再行赴部【嘉庆六年】

一江西饶州府同知达本押运抵通完竣簋升直隶顺德府知府据该员呈明交粮完竣并经仓场咨报所押船粮业经卸竣无亏准其就近引见【嘉庆七年】

一东豫二省到通漕米麦豆总运通判并未将总批赴部呈验续据咨送到部由部查验封交总漕备案并令嗣后押运厅员于交粮完竣之日照例投验总批并领回空总单如总运丞倅遇有事故未及将总批送验者亦令咨送户部补验封交总漕备案【嘉庆七八等年】

一嘉庆十年奉上谕吏部奏浙江粮道穆克登布押运抵通可否准其引见一折向来各省丞倅等官如押运漕粮铜斤等项抵通有送部引见之例至道员职分较大如果督催攒运经理妥协岂有转不令其引见之理但官员引见总须该省督抚出具考语咨部办理今浙江粮道穆克登布未经该抚出具考语著毋庸带领引见嗣后各省押运道员均著该督抚照丞倅押运粮船咨部引见之例出具考语给咨送部如果沿途催攒认真并无过失到通交粮完竣后准其由仓场侍郎查明送部引见等因钦此

一湖南永州府通判梁锟押运嘉庆十年分漕粮至次年新漕兑竣出境尚未到岳其在何处逗留并无禀报押运关防亦未呈缴以致新运厅员办理文案册结无凭印用经湖南巡抚以玩误漕务参奏革职旋准吏部咨该通判因差到京患病准其告病尚非无故逗留奏准免其革职但该员于抵通交纳漕粮阅数月之久未经禀报该抚殊属玩忽仍交部议处

一湖南省委员专运之采买米船分为三起除头起二起俱有失风等事外其三起米船系长沙府同知李采督同协运之益阳县县丞李世经黄溪司巡检张岳等各员押运抵通验明米色一律干洁照数交卸全完毫无短少给予议叙【嘉庆十一年】

一嘉庆十一年奉上谕各省押运道员前经降旨令该督抚出具考语给咨送部俟抵通交粮完竣即由仓场侍郎查明移咨吏部带领引见兹据瑚图礼奏湖北省道员押运向祗攒抵临清闸口即移交东省接催前进例不抵通可否请将该省道员俟押运三次后准其出考给咨送部引见等语湖北等省距通州较远即令中途交替其所历程站比之豫东江浙等省劳逸维均自应一体示以奖励嗣后湖北省及湖南江西两省粮道押运已届三次如果催攒认真并无过失即著该督抚出具考语给咨由仓场侍郎查明送部引见此外豫东江浙等省粮道直押抵通者亦著俟押运三次后送部引见以归画一该部知道钦此旋据漕运总督咨湖南粮道押运已届四次是否将前押次数接算吏部议以未经奉旨以前押过次数概不准接算

一江安苏松二粮道共管六十一帮每年仅委粮道一员轮押抵通于体制未协嘉庆十四年奏准每年首进帮船过淮即委江安粮道专押抵通二进帮船过淮即委苏松粮道专押抵通又江安粮道所属之安庆等六帮由大江行走宿州等二帮由洪泽湖行走江湖风信靡常不能如期出境往往插入二进及三进浙江帮船内北上应严催赶紧兑开能列入首进或二进帮内行走仍归江安苏松二道督押抵通倘因江湖风信靡常不能赶入二进仍插入三进帮内责成浙江粮道就近督察如有脱空阻滞及舞弊情事准其一体催办查参

一长淮三帮轮兑徐属漕粮被灾蠲缓起运船数无多未便专委帮弁咨准归并徐州江北帮代押【嘉庆十七年】

一庐州府属同知薛玉堂押运漕粮米批未据报验辄行回任照例罚俸一年【嘉庆十八年】

一浙江粮道慕鳌丁忧经漕督奏委绍兴府同知赵式训押运赴通【嘉庆十八年】

一长淮卫宿州头帮并带管凤中三帮洪塘所额船应兑漕粮被灾蠲缓起运船数无几未便专委帮弁咨准归并宿州二帮代押【嘉庆十六年】

一山东省东昌濮州二帮应兑漕粮缓征截留余剩无多咨准归　闸内东平帮减船装运外河东昌濮州二帮余剩粮石因外河东平帮并无减船仍令各本帮丁船兑运拨归东平帮千总兼押【嘉庆十九年】

一新安卫池州帮兑运各属漕粮因灾缓征实运船数无几咨准归并建阳卫宁太帮代押【嘉庆二十年】

一湖北武昌卫每年轮派十船拨入三帮行走遇有提溜打闸以及风火等事隔伍军丁不能协力相助题准将武昌卫船只统归头帮管押以便约束照料【嘉庆二十一年】

一山东省各帮如遇灾缓减歇其历年船少归并代押装运之案有因减歇剩船数只归并者有剩船十余只归并者向无限制道光七年漕督咨准嗣后灾缓各帮闸内外河出运船数如在十五只以上即令本帮丁船运官出运不准归并如不及十五船之数仍令各本帮丁船兑运归并别帮运弁兼押傥遇各帮出运船只不敷装运准其用别帮减船抵装其或缓剩漕粮仅止数百石即令别帮加装带运毋庸专船装运以节糜费

一道光八年江西抚州帮重运千总杨谓柱于帮船渡淮及上闸渡黄之时并未在帮押运空运千总刘荣昌亦未随帮照料经漕督奏参奉旨杨谓柱著革职刘荣昌著交部议处等因钦此

一咸丰二年钦奉上谕黄宗汉奏参贻误漕运之前任粮道一折前任浙江粮道胡元博于回空粮船迎提已迟迨新漕监兑之后并不迅速催攒复屡次回省节节耽延以致在后各帮至霜降后尚未具报开行并访闻未开各帮尚有银米短绌情事实属玩误胡元博著即革职由漕运总督委员押令回浙将未报开行之在后四帮银米勒限清厘傥查有别项情弊著即严参余著照所拟办理该部知道钦此

卷二十四·选补官丁·卫帮额员

山东省旧设七卫一所内守备七员千总一员管理屯务康熙三十七年裁守备三员并为四卫一所领运本省及协运豫省帮船共十三帮原设领运千总二十六员又外设德州左右二所管屯不领运千总二员雍正四年分为十六帮增设领运千总六员六年又增设蓟粮千总二员共计屯运千总三十六员乾隆二十六年裁德州左右所管屯千总二员乾隆三十一年蓟粮停运裁蓟粮千总二员现设领运千总三十二员至随帮之员除济宁左右临清山东后等三帮未设随帮德州左帮任城帮随帮裁撤外其余每帮各设随帮一员

德州卫守备一员

正帮千总二员

左帮千总二员

济宁卫守备一员

前帮千总二员

后帮千总二员

左帮千总二员

右帮千总二员

任城帮千总二员

东昌卫守备一员

东昌帮千总二员

濮州所帮千总二员

平山前帮千总二员

平山后帮千总二员

临清卫守备一员

山东前帮千总二员

山东后帮千总二员

河南前帮千总二员

河南后帮千总二员

东平所守御领运千总一员

领运千总一员

河南省无额设领运卫帮在江南直隶山东三省派船协运内江南徐州前后两帮山东临清前后德州左平山前后任城六帮直隶通州所天津所二帮共十帮原设千总二十员雍正四年分江南徐州卫河南帮为前后帮增设千总二员乾隆三十一年裁长淮二帮领运蓟粮千总二员现设协运千总二十员其随帮除通州天津二帮未设外余每帮各一员

直隶省额设二帮协运河南省漕粮

通州所帮千总二员

天津所帮千总二员

江南省江宁府旧设十六卫内守备十六员千总三十二员管理屯务康熙十一年屯粮归并州县裁管屯守御所千总三十二员守备十二员留守备四员改为四卫分辖运丁其各卫运船凡三十三帮原设领运千总六十六员康熙十八年并为江淮兴武二卫二十五年定为十八帮设千总三十六员随帮每帮各一员

江淮卫守备一员

头帮千总二员

二帮千总二员

三帮千总二员

四帮千总二员

五帮千总二员

六帮千总二员

七帮千总二员

八帮千总二员

九帮千总二员

兴武卫守备一员

头帮千总二员

二帮千总二员

三帮千总二员

四帮千总二员

五帮千总二员

六帮千总二员

七帮千总二员

八帮千总二员

九帮千总二员

江南庐凤滁等属旧设十九卫一所内守备十九员千总一员管理屯务各卫运船凡三十一帮原设领运千总六十二员康熙十八年裁七卫一所二十五年并为二十帮雍正三年又裁并一卫四年匀作二十二帮设千总四十四员乾隆十五年裁凤阳中卫归并凤阳卫裁宿州卫归并长淮卫宁国太平二帮并为一帮二十四年裁凤中三帮归并扬州二帮宿州头二等帮乾隆三十一年裁长淮二帮共裁三帮千总六员实现在十九帮千总三十八员随帮每帮各一员

安庆卫守备一员

前帮千总二员

后帮千总二员

建阳卫守备一员

宁太帮千总二员
宣州卫守备一员
宣州卫千总二员
新安卫守备一员
池州帮千总二员
庐州卫守备一员
头帮千总二员
二帮千总二员
三帮千总二员
凤阳卫守备一员
凤常帮千总二员
凤中常帮千总二员
凤中二帮千总二员
长淮卫守备一员
头帮千总二员
三帮千总二员
四帮千总二员
宿州头帮千总二员
宿州二帮千总二员
泗州卫守备一员
前帮千总二员
后帮千总二员
滁州卫守备一员
滁苏帮千总二员

江南苏松镇扬淮徐等属旧设十二卫五所内守备十二员守御所千总五员管理屯务各卫所运船凡三十三帮原设领运千总六十六员康熙十八年裁二卫五所【乾隆十五年裁仪征卫归并扬州卫裁金山卫归并镇海卫】二十五年并为二十三帮雍正四年匀作漕白二十九帮内协运河南两帮千总四员共设千总五十八员乾隆二年苏州府白粮前后帮并为一帮十五年扬州四帮归并扬州三帮镇江中帮裁并镇江前后帮共裁三帮千总六员现系二十六帮设千总五十二员随帮每帮各一员

苏州卫守备一员
前帮千总二员
后帮千总二员
镇海卫守备一员
前帮千总二员
后帮千总二员
金山帮千总二员
镇江卫守备一员
前帮千总二员
后帮千总二员
太仓卫守备一员
前帮千总二员
后帮千总二员

扬州卫守备一员

头帮千总二员

二帮千总二员

三帮千总二员

仪征帮千总二员

淮安卫守备一员

头帮千总二员

二帮千总二员

三帮千总二员

四帮千总二员

徐州卫守备一员

江北帮千总二员

河南前帮千总二员

河南后帮千总二员

大河卫守备一员

头帮千总二员

二帮千总二员

三帮千总二员

白粮帮

苏州白粮帮千总二员

松江白粮帮千总二员

常州白粮帮千总二员

浙江省旧设卫守备五员守御所千总十三员管理屯务雍正三年裁管屯千总九员仍留四员管辖屯漕各卫漕白运船共二十三帮原设领运守千四十六员内守备三员千总四十三员康熙二十五年改为二十一帮设守千四十二员随帮每帮各一员乾隆二十六年将严州所归并杭州卫湖州所归并嘉兴卫现设各卫所领运千总三十九员领运守备三员不出运守备四员不出运守御所千总一员随帮二十一员

杭严卫守备一员

头帮千总二员

二帮千总二员

三帮千总二员

四帮千总二员

严州所千总二员

温州卫守备一员

前帮千总二员

后帮千总二员

台州卫守备一员

前帮千总二员

后帮千总二员

宁波卫守备一员

前帮千总一员

后帮千总二员

绍兴卫守备一员

前帮千总一员
后帮千总二员
处州卫守备一员
前帮千总一员
后帮千总二员
嘉湖卫守备一员
嘉兴帮千总二员
嘉兴白粮帮千总二员
湖州白粮帮千总二员
湖州所帮千总二员
衢州所守御千总一员
金衢守御所千总一员
金衢所领运千总一员
海宁所守御领运千总一员
领运千总一员

江西省旧设卫守备五员守御所千总八员卫千总二十四员分管屯运康熙八年屯粮归并州县征解裁守备二员千总七员各卫所运船凡十四帮设领运守备三员千总二十五员乾隆三十年永新建昌并为一帮裁千总二员现设千总二十三员随帮每帮各一员

南昌卫守备一员
前帮千总一员
后帮千总二员
袁州卫守备一员
袁州帮千总一员
赣州卫守备一员
赣州帮千总一员
九江前帮千总二员
九江后帮千总二员
吉安所守御千总一员
领运千总一员
永建所守御千总一员
领运千总一员
安福所守御千总一员
领运千总一员
抚州所守御千总一员
领运千总一员
广信所守御千总一员
领运千总一员
铅山所守御千总一员
领运千总一员
饶州所守御千总一员
领运千总一员

湖广省湖北旧设九卫一所湖南旧设一卫内守备十员千总一员管理屯务其各卫运船凡五帮原设领运千

总十员康熙十年分五卫一所隶湖北管辖派为头帮二帮三帮五卫隶湖南管辖派为头帮二帮雍正四年湖北湖南俱派为三帮增设千总二员共设千总十二员随帮每帮额设一员乾隆二十四年题定荆州荆左千总二员为湖南头帮荆右岳州千总二员为湖南二帮岳州卫千总二员为湖南三帮按年轮流出运不必通融派委【乾隆三十一年咨准岳州卫千总三员减去一员拨与沔阳卫其沔阳卫千总一员拨与德安所现在襄阳卫千总一员德安所千总一员为湖北三帮荆右卫千总一员沔阳卫千总一员为湖南二帮】

湖北粮道所属

武昌卫守备一员

武昌左卫守备一员

蕲州卫守备一员

黄州卫守备一员

襄阳卫守备一员

德安所守御千总一员【例不领运】

又领运千总一员

领运头帮千总二员【内武昌卫员蕲州卫一员】

二帮千总二员【内武左卫一员黄州卫一员】

三帮千总二员【内襄阳卫一员德安所一员】

湖南粮道所属

荆州卫守备一员

荆左卫守备一员

荆右卫守备一员

沔阳卫守备一员

岳州卫守备一员

领运头帮千总二员【内荆州卫一员荆左卫一员】

二帮千总二员【内荆右卫一员沔阳卫一员】

三帮千总二员【俱岳州卫】

一江安粮道所属十五卫五十一帮每卫额设守备一员每帮额设千总二员千总专司领运停运以后一无所事应请裁汰所有江安粮道所属十五卫守备员缺应准照旧留设其卫千总一百二缺应请暂行全数裁汰统俟规复河运时再筹改设至所裁千总应领俸工养廉等项应即一并裁去由江安粮道将此项裁缺银两核明数目按年报部候拨【同治六年】

一浙江省额设领运千总三十八员随帮千总二十一员自改海运以来该弁等系属冗闲漕督奏请裁汰经户部议准杭严嘉湖台州温州四卫衢州一所照旧留设至领运随帮千总五十九员及宁波绍兴处州三卫海宁一所均全行裁汰所裁守备千总等员俸工养廉等项应即一律停给由浙江粮道将此项裁缺银两核明数目按年报部候拨【同治七年】

卷二十四·选补官丁·遴委运弁

一每年佥选职名粮道于七月内呈报倘迟至八月不报者罚俸三个月九月不报者罚俸六个月十月不报者降俸一级俟运官完粮方准开复【议单旧本】

一领运漕粮佥委土弁及运官挂欠漕粮脱逃者俱将出结委用官员罚俸一年【康熙元年】

一运官佥选运粮抗违规避惧漕者革职【康熙二十一年】

一本卫领运乏员务于别卫拣选不得滥委守备代运【康熙二十四年】

一各省运弁如系革职未开复之员毋得佥派领运【康熙四十九年】

一拣选候选卫所千总发往漕标效力如有缺出听总漕委署押运其抵通全完者遇有缺出即行补授【康熙

五十一年】

一江南等省随帮人员旧例押运三次给以千总箚付并将随运年分造册报部雍正二年题准拣选武举候推守御所千总人员有情愿顶补随帮者赴部领给执照发往总漕佥补三运无悮以卫千总推用

一运弁挂欠钱粮雍正三年题准咨部解任发南追比其员缺即以完粮武举推补仍将欠粮运弁俟限内全完题请开复又题准嗣后武举完粮无事故者咨部遇有挂欠缺出先尽补用

一江南等省江淮等卫俱系繁缺总漕拣选才能并无事故之卫弁题请调换所遗员缺请发蓝翎侍卫补授【雍正四年】

一运官不及早委定迫近兑开限期者粮道照漕船日久不完例议处【雍正五年】

一丁众大卫应补守千务选才守兼长之员调补其才干平常者移调丁船减少之帮倘徇情滥委照徇情例议处其有调补不得其人以致沿途生事并抵通挂欠者将该督照滥委匪人例议处【雍正九年】

一发往漕标效力人员定限五运给咨赴部倘三四运以下该员有情愿赴部者亦准咨部候推【雍正十二年】

一漕标武职遇有亲丧于闻讣之日给假回籍葬亲报部查核近者不得过六个月远者不得过十个月【雍正十二年】

一漕项款目繁多新运弁丁骤难通晓南北二漕各照现行事宜详明开载纂成一卷颁发刊行【雍正十三年】

一各省卫所守千升迁缺出兵部向祇行文各该省督抚办理并不知会总漕乾隆元年咨准嗣后一体移咨总漕

一初任运弁如有不谙漕务未能领运者酌量扣除一次另选熟谙之闲运千总或例应委用南漕之武举出运仍将初任之弁调淮差委学习至第二运仍不谙练据实题参其委运之员有借此钻营夺运并遴委之该管各官徇私偏袒等弊该督即行指名题参【乾隆九年】

一各帮千总遇出运之年该管上司严加甄别如有衰老庸懦不堪供职之员即行查参倘该管上司因循姑容即将该上司一并参处【乾隆十七年】

一卫所守千开复人员漕督给咨赴部另补毋得题请留南补用【乾隆十八年】

一繁卫守千员缺乾隆十八年题准漕督于通漕事简人员内定限三个月拣选调补倘有迟延照题补文员违限例议处

一在部候选卫所千总发往漕标效力人员自乾隆二十三年奏准停止拣发其或一员遇有事故于闲运千总内酌委一随帮三运报满除平常供职之弁照例咨部推用外如有实心办事熟悉漕务者出具切实考语送部引见候旨饬发漕标效力令其自备资斧委署差遣三年之后遇有调补所遗之缺择其人地相宜者题请补用【乾隆二十三年】

一各帮领运千总运满时令总漕秉公考核如人才出众踊跃急公出具考语送部引见准入即升班内先用其循分供职运满无悮者照旧带领引见入于议叙班内升用三等之员运满报部照例加级纪录不准归议叙班内升用四等之员咨部革退【乾隆二十四年】

一各省随帮效力武举一切告假如三年之内销假者仍准其原帮委补如销假在三年之外均不准其补用照规避例斥革【乾隆二十七年】

一各省卫所守千运满分别等第及五年军政有由粮道考核者有由司道会同考核者亦有专由藩司考核者辦理不一乾隆二十八年奏准卫所守千俱令藩司会同粮道考核并各出具考语同注军政册内详送漕抚二臣查核具题

一各卫备弁俸满引见由漕臣出具考语给咨赴部其军政之年各粮道详核申送漕臣甄别会同督抚具题【乾隆三十一年】

一直隶通州天津左右两所千总向由通永天津二道申送督院考验乾隆三十二年咨准该二所千总每岁年底甄别应一例悉由漕院考验甄别以归画一

一各省卫所守备千总遇有患病解任亲老终养等事统归漕臣办理【乾隆三十二年】

一卫所守千季报册籍应注明出身履历每年按春秋二季造册送部【乾隆三十四年】

一卫千总一项自分营卫后照营千总俸满后三年甄别之例一体甄别【乾隆三十七年】

一各省运弁漕粮通完议叙自乾隆三十七年为始将运弁通完议叙总不得过次年三月以内如届粮道出详之期不行呈请即行扣除

一各省随帮武举虽非实缺人员但伊等随帮任事凡有事故加级纪录应令选补得官时带于新任自应按春秋二季造具出身履历清册送部备查【乾隆三十七年】

一山东省德左任城两帮军船改为自备该二帮随帮员缺裁汰撤回漕标遇有缺出照例委补【乾隆四十二年】

一江南扬州三帮浙江杭严头帮杭严二帮改为繁缺遇有缺出照例于通漕事简卫千总内拣选调补江安长淮宿州头帮苏松镇海前帮浙江台州后帮改为简缺遇有缺出归部铨选【乾隆四十三年】

一山东省济宁前后等五帮闸外水次受兑船十余只仍令照旧各帮运弁料理并令专责总押丞倅实力督催毋庸另派随帮照料管押至拨运密云兵米东豫二省每省需船二十只以额运漕船十帮大帮派船二三只小帮派船一二只通帮雇船运送责令各帮谙练副丁随同大帮一同小心照料抵通仍令运弁正丁照旧交卸【乾隆四十八年】

一运弁职司漕务非若营员之专事弓马者可比倘其中实有精力壮健谙练漕运之员若限于定制六十以上概予勒休未免难资熟手嗣后卫千总年居六十者如果精力强健堪以委用查验明确声明年岁带领引见恭候钦定其年力就衰不堪驱策者即行勒休【乾隆五十一年】

一卫守备并无题缺其卫所千总拔置题补名目应改为拔置先用遇有应用缺出由部按名补用毋庸行文题补其未经拔补以前遇有本班应行升选时仍照旧一体选用【乾隆五十四年】

一卫所千总向例年至六十精力壮健者出具考语送部引见乾隆六十年钦奉谕旨营千总展至六十三岁再行甄别送部查营卫事同一例应遵照画一辨理

一江西赣州袁州吉安永建四帮丁情散漫疲累素著应将该四帮改为繁缺在外拣调惟赣州袁州二帮系守备与千总分年轮运吉安永建二帮守御所与千总分年轮运通漕并无守御所繁缺卫守备亦无可以改简应仍其旧惟将赣州袁州吉安永建四帮千总各一缺改繁在外拣调将江南之凤中常帮浙江之杭严二帮千总改简由部铨选四缺相抵又湖南湖北两省丁力甚为拮据将湖南头帮湖北头帮改为繁缺将江南之徐州江北帮大河二帮改为简缺【嘉庆六年】

一兴武三江淮七温后处后严州所五帮素称疲乏缘一帮两弁递年轮运该弁祗顾目前视下运如膜外以致益累益重嘉庆六年奏准拣选能事千总各一员专令连辨三运不准一年一换彼此推诿傥三年之后帮有起色即将该弁量加鼓励如仍前不能整顿立时责革以为有心贻误者戒钦奉上谕为筹剂疲帮起见则可若殷实之帮亦援照此例三运连辨易启恋缺之弊仍应按例轮运以昭平允钦此

一各省运弁领运漕粮如有中途截留及失风挂欠等事即将本运次数扣除其远省三运近省六运必俱抵通全完由漕运总督分别等第造册咨部照例议叙其保列一等二等应行升用者题准后给咨送部引见分别营卫升用如有已因车政卓异俸满等项业经引见分别营卫升用者毋庸再行送部其列为一等者照例先行升用注册列为二等者入于议叙班内照例升用注册【嘉庆十一年】

一催漕出力各员内有候补守御所千总准其借补遇有卫千总应轮在外补用之缺不入班次即行题补【嘉庆十六年】

卷二十五·选补官丁·领随职掌

一领运各弁领到全单督丁修船公同验米交兑如有纵丁生事勒索折干偷盗以及停泊耽延致悮抵通定限者即行参处【议单旧本】

一运弁领运全单不填注支领粮银月日照疏忽例议处【康熙八年】

一新运行月钱粮已经给发运弁不将全单送盖印信该卫备又不催提各罚俸三个月【康熙二十六年】

一运弁抵通无欠给发完呈限单限一月到淮其逾限不到者照规避例咨革如果系因公逗遛移咨总漕以凭稽查【雍正元年】

一运弁随帮领运回空务亲身管押其有擅自离帮者从重治罪【雍正二年】

一雍正二年兵部议准守御所千总一项既奉裁减则缺存无几候推守御之武举不无壅滞查定例粮船回空每帮设有随帮一名押空无悮拣选以卫千总推用但此随帮悉明季世职子孙今既非世职便系闲散之人嗣后将此等人员停其顶补应将拣选之武举候推守御所千总人员内有情愿顶补者令总漕报明兵部给劄准其顶补三运无悮照例以卫千总推用一部发武举抵坝全完者坐粮厅照给限单勒令一月到淮投验如有过淮违限革职捆打之案将该弁照例发落具题开复并无别项事故照例咨送兵部准其推用【雍正四年】

一定例随帮武举遇有事故降一级应以营千总调用者即行降调令其赴部发与该弁原籍附近省分与该省应行考拔之营千总一体考验拔补【雍正四年】

一运弁不遵定例轮运希图搀夺紊越漕规照溺职例革职【雍正七年】

一各省运粮千总停运之年令操演弓马以修武备该粮道会同布政使于春秋二季调考送督臣考核雍正九年奏准江南等省卫所守千该督抚各就近考验分别优劣

一领运委运守千武举等官遇有火毁逗遛脱帮等事例应处分者若果因公出境于奉取职名之时声明邀免若已议处之后隔数月或隔一二载始以因公出境题请开复者概不准行将捏词希冀开复之员严参惩治【乾隆元年】

一随帮武举遇有事故后经开复补运者统计未开复以前次数一并报满其无级可降发标效力者只派别项差使不令押空【乾隆元年】

一各省卫所守千向属都司管辖嗣因都司奉裁并无专辖之员乾隆三年题定各卫所一切军政等事统归知府管辖核转

一弁员运粮全完议叙各省往往迟至三四五运及十余年之久始行题请乾隆三年咨行嗣后领运员弁到通完粮即挨年咨部按运议叙不得迟延

一各省卫所守千有征收屯粮专司领运者统归知府管辖一切查审事件军政考核经手钱粮新旧交代等事均由知府转报一切督催督缉稽察官方催征等项悉照知府与州县之例议叙议处其天津左右二所归天津府管辖通州左右二所仍归通永道管辖【乾隆四年】

一卫所千总升用卫守备无论有无纪录俱给以原衔管事不准加衔其有纪录者准其带于新任遇有事故抵销【乾隆五年】

一随帮千总管押回空并无私盐事故例得纪录一次至一员兼押两帮者祗论本帮其兼押之帮不准议叙【乾隆十一年】

一随帮如有中途患病照重运千总例令其详报所在地方官会同前后随帮验实出结详请委员兼押仍将查验委押缘由报部查核【乾隆十二年】

一拣发赴标候补候选卫守备人员先行差委俟有调繁遗缺将拣发人员挨次题补一人在部人员推补一人每遇调繁所遗简缺内外相间补用【乾隆十三年】

一裁汰卫所一应事件俱分隶地方官办理即存留卫所俱令专司屯军粮运等事其命盗户婚田土案件俱应归并就近州县办理其实在离州县窎远势难兼理者令该督抚查明奏请照旧管理【乾隆十五年】

一随帮中途患病告假调理病愈之日仍以原帮补用不得改委别帮【乾隆十六年】

一随帮赴京会试应于出运之前呈明另委不准中途告假违者照违令律罚俸一年【乾隆十七年】

一漕船回空重运千总务协同随帮管押南下并令沿途地方官挨帮稽查倘有借故挨延及私自回籍者押空千总据实申报该管上司严揭参处如押空千总徇隐不报地方官稽查不周者察出一并参处【乾隆十七年】

一随帮违例请假又复私自逃往者照规避例革职【乾隆十七年】

一扬州卫二帮拨抵江兴三七八帮兑运松属漕船回空归坞在邮加修之后令扬州二帮候运千总督押渡江随帮至京口接押赴次凡未经渡江之前遇有事故责在扬州二帮候运千总若已经渡江交代之后责在该帮随帮【乾隆十七年】

一随帮各弁有代重运人员管押粮船者于报满之时将代押缘由叙入咨内报部查核【乾隆十八年】

一随帮三运已满令其自赍该管上司咨结投部归班推用【乾隆十八年】

一繁缺卫守千员缺定限三个月漕督于通漕事简人员内拣选才具优长并无事故者调补违限照例议处【乾隆十八年】

一守千亲老改补近省查明员缺繁简如系繁缺总漕于现任繁缺内对调如系简缺即将该员咨送兵部遇有近省选缺不入班次即归于月分铨补如有藉称亲老希图改补情弊总漕查参照例议处【乾隆二十三年】

一运弁推升檄赴新任委随帮接办重运者出具抵通不致起欠戳结存案【乾隆二十四年】

一卫所守千年老有病告休勒休者向例各省巡抚主稿乾隆二十六年奏准归总漕主稿咨会巡抚仍分别题咨辨理以专责成

一卫千总呈请终养各省咨报兵部附入汇题本督抚毋庸具题【乾隆二十六年】

一各省繁缺卫千总缺出例应以简缺卫千总拣选调补其守御所千总毋庸调补繁卫千总缺【乾隆二十六年】

一江西久经停止之世职不许混戴顶帽其旧存供状执照及领过随帮牌票概行追缴各省一体禁止【乾隆二十八年】

一拣发营卫官员令该督抚委署试看如果才具平庸不能辨事并无劣迹者该督抚出具切实考语送部引见将可否仍以原官归班选用抑或降等补用之处恭候钦定【乾隆二十八年】

一各省领运守千遇过淮违限一月以上者例议革职戴罪督押抵通完粮之后题请开复向由各粮道查详题请开复乾隆二十八年咨准即以掣获全单缴验为凭汇案具题开复以归简易

一各省领运千总准其自用钤记毋庸造具帮名清册咨部铸给印信其从前卫守备用印陋规仍令漕督饬令各省粮道严行禁止查出即将该员弁揭参【乾隆二十九年】

一卫千总调补繁简等缺例系对品调补并非升迁事例如任内值有亲丧均无碍于引见应令漕运总督仍给咨该弁依限赴部【乾隆二十九年】

一降调开复人员例应赴部另补或有降调后查出加级抵销者此等人员与开复者有间应准其仍回原任如原缺已经另补有人准其留标另补【乾隆三十一年】

一运弁现在领运新漕所有考核甄别应俟下届轮运之年再行考核报部【乾隆三十一年】

一分发卫千总卫守备到标后告假回籍无庸定以限期由原籍督抚给咨赴淮仍将回标日期报部查核【乾隆三十二年】

一粮船盗案押运官罚俸九个月窃案押运官罚俸两个月【乾隆三十五年】

一江西九江前帮押空千总张耀武管押帮船本年回空即届三运缘该帮粮米派截安河赈贷运至安庆水次交卸并未协运管押到通未便准作一运以冀铨选应仍补足运数再行报满【乾隆五十年】

一营卫各员造册关系钱粮册结迟延违限不及一月者罚俸六个月一月以上罚俸一年三月以上降一级留任六月以上降二级留任一年以上降二级调用如造送非关钱粮册结迟延违限不及一月罚俸三个月一月以上罚俸六个月三月以上罚俸一年六月以上降一级留任一年以上降二级留任【乾隆五十七年】

一长淮宿州二帮随帮萧懿请假回籍逾限三年在籍并未呈明展假究属疏玩不准再行补运应行咨革【嘉庆四年】

一江淮九帮千总曹泰代押重运粮船系将截剩漕粮交该弁代押并未给有委牌且在天津以北分拨应仍照例归入帮选班先用【嘉庆七年】

一长淮四帮千总张国威江北帮千总刘化邦湖南头帮千总马守训开兑耽延均著革职运丁不听运弁约束中途潜逃查拿惩办【嘉庆十年】

一池州帮千总张邦儒等因挽运迟逾比照沿途脱帮迟误降二级戴罪督运例降二级戴罪督运其宁太等帮千总杨芝生等采买米石尤属玩误比照过淮违限一月以上革职戴罪督押例俱革职戴罪督押完粮后再行开复【嘉庆十年】

一袁州帮旗丁钟谭六擅自离帮虽公事尚无贻误应将该管千总孙荣寿罚俸一年销去纪录二次抵免罚俸【嘉庆十年】

一卫守备印信模糊巡抚题请颁换者应俟奉旨后另行咨会礼部办理【嘉庆十一年】

一失察回空漕船夹带私盐重运千总均照例降三级调用无级可降应行革职【嘉庆十一年】

一旗员卫千总之子咨明部旗请留任所应照例准其留任附入年底汇题【嘉庆十二年】

一卫千总巡船沉溺如将原领札付并加捐卫守备部照打捞无获报县勘实准其补给札付【嘉庆十二年】

一领运千总应追公馆铺垫银两实无资财无力完缴出具甘结咨部照例汇题豁免【嘉庆十二年】

一失察粮船水手打死人命之领运千总照例降一级留任如有随带加级准其抵免降级【嘉庆十三年】

一漕船失火领运千总照例降二级调用如任内原有加一级现有捐纳加一级核其上库日期在该督抚未经具奏以前者应准其抵销【嘉庆十三年】

一运弁缘事革职奏准捐复奉旨四年无过准其实授如有限内缴项未清离任留淮续经全完并无事故者应准其实授【嘉庆十三年】

一守备缘事革职奏准捐复奉旨六年无过准其实授【嘉庆十三年】

一采买米石于未经兑完之先捏报受兑开行领运千总均照例降二级调用系属私罪虽有加级俱不准抵销【嘉庆十三年】

一革职领运千总奏准捐复后八年无过准其实授【嘉庆十四年】

一卫守备经手钱粮交代册内粘贴处所未经盖印应将漏用印信之署卫守备于补官日罚俸一年【嘉庆十四年】

一随帮武举呈报米数舛错照例于补官日罚俸一年【嘉庆十四年】

一卫所员弁押运漕粮如有风火事故由该督将失事船只并失防职名分咨户兵二部仍令年终汇总造册咨部核对倘不随时详报致逾定限核计迟延月日分别议处【嘉庆十四年】

一运弁缘事革职奏准捐复留署之员从前历俸俱不准接算除奉旨补用之员俸满毋庸再行分别营卫其余历俸五年照例分别保送留任给咨送部引见【嘉庆十五年】

一领运千总挂欠米石分年抵补全完原议处分照例准其开复【嘉庆十五年】

一失察漕船被窃领运千总罚俸三个月【嘉庆十五年】

一嘉庆十五年奉旨玉宁等奏东豫帮船装运北仓米石到通验收完竣请将专司经理各员遵旨奖励一折此次东豫二省军船装运北仓米石到通各该员等在仓住宿看守又于沿途管押稽查尚属出力著加恩将直隶试用同知西林通判顾如寿知州李秀文从九品杨泰阶宋鼎芳等五员准其本班先用通判江德沛著交部议叙所有该二省各帮总运通判领运千总亦著咨部议叙钦此

一嘉庆十六年奉上谕玉宁戴均元另片保奏东豫二省管运出力各员请分别奖励之处俱著照上年之例交部议叙钦此应将总运通判领运千总等照例各准其纪录二次

一留标候补千总緑事革职捐复原官仍归留标千总项内如有应题之缺照例题补现任卫千总革职捐复原官应俟调繁所出简缺俟催漕出力奉旨尽先补用及挨次补用人员题补完竣按照轮缺班次用至四缺后即将捐复卫千总题补【嘉庆十六年】

卷二十五・选补官丁・查佥运丁

民之隶卫籍者曰军丁又曰运丁专为转运漕粮而设自春秋时秦晋有泛舟之役而转运以始秦以匈奴运粮使天下飞刍挽粟转输北河汉都关中兴漕转山东粟以给中都官【漕水转谷也一云车运曰转水运曰漕中都都内天子之仓府也】建武中兴十余万人筑卫朔方转漕建初三年凡转运所经拜谒者监领其事东汉末破黄巾因

为屯田积谷许都晋杜预为度支尚书奏开都运隋文帝又通转运利尽淮海百姓赖之开皇三年以京师仓廪尚虚议为水旱之备诏于蒲陕等十三州沿河水次置募运米丁【水次及运丁之名皆始此】又于卫洛等州各置仓厫漕关东汾晋之粟以给京师蒲陕以东募人能于洛阳运米四十石经砥柱以达常平者免其征戍唐都长安岁转东南之粟水陆漕运民送租者皆有水陆之值高宗显庆元年漕舟挽夫栈运坠死则以逃亡报因系其父母妻子责以赔偿开元中罢陕陆运置仓河口江南漕舟至河口者输粟于仓而去县官雇舟分入河洛置仓三门东西漕舟输东仓陆运输西仓江淮漕者输河阴仓自河阴至太原仓谓之北运又天下输丁约四百万使丁出百钱为陕洛运费又益半为营窖用分纳司农又李林甫遣使捕治舟夫漕史所在狱皆满自凿天宝河岁省运夫五十万肃宗末年刘晏为户部侍郎领度支转运租庸观察使晏为歇艎支江船二千艘每船受米千斛十船为纲每纲三百人篙工五十自扬州遣将部送至河阴上三门号上门填阙船江南之运积扬州汴河之运积河阴河船之运积渭口渭船之运入太仓德宗建中初运舟入三门雇平陆人为门匠执标指麾一舟百日乃能上长兴四年三使司奏洛河水运自洛口至京往来牵船下卸皆是水运牙官每人管定四十石转运艰难致多逃走宋都大梁置发运使调数州之民分调菽粟舟船泝流入汴以达京师神宗熙宁四年诏六宅使督戍兵万八千人自霸州界引滹沱水灌稻为屯田用实军廪且为备御焉置河北沿边屯田判官又漕运自荆湖南北米至真扬交卸舟人皆市私盐以归每得厚利故舟人以船为家一有损漏旋即修补久而不坏运道亦通真宗天禧中发运使贾宗言诸路岁漕自真扬州入淮汴粮载烦于拨卸民力罢于牵挽官私船舰由此速坏哲宗时苏轼徙扬州旧发运使主东南漕法听操舟者私载货物征商不得留难故操舟者辄富厚以官舟为家补其敝漏且周船夫之乏所载率多速达无虞近岁一切禁而不许故舟敝人困多盗侵所载以济饥寒公私皆病请复旧制徽宗朝蔡京用事破东南转般漕运法为直达纲应募者率游手无赖盗用干没漫不可核人莫敢言南渡后纲运皆科役百姓盖宋置转般仓由汴诣仓运输京师折运者四汴与淮近较汉唐为易也金都于燕凡挽漕脚直诸民户射赁官船漕运者脚直以十分为率递年克除嗣因漕户雇直太高裁减三分之一真佑三年除借民船运漕例设漕运使提举官募船户而籍之故有纲之名户部勾当官往来巡督元初分新河军士水手于扬州平滦二处运粮命三省造船二千艘于济州河挽运后伯颜献海运之策督以张瑄朱清其属有千户百户等官分为各翼以督岁运船坏而弃其米者责偿于运官人船俱溺者乃免历岁既久弊日以生疲三省之民力以充岁运之恒数而押运监临之官与夫司出纳之吏恣为贪黩脚价不以时给收支不得其平船户贫乏耗损益甚兼以海波不测盗贼出没剽劫覆亡之患不可胜言由是岁运米数渐不如旧明初都金陵则漕于江饷辽卒犹漕于海永乐初海陆兼运末年仍元都用平江伯陈瑄策别令官军接运由会通河以达京师其民运袛至淮安徐州临清德州水次四仓交收漕运官军分派转运于通州天津二仓一岁四运军民各半谓之支运又从侍郎周忱议令民运于淮安瓜洲补给脚价兑与运军卫所出给通关付缴谓之兑运成化七年都御史滕昭议罢淮安瓜洲兑运里河官军雇江船于各水次领兑民加过江之费谓之改兑以至今日永行改兑长运自昔转运之法俱寝不行【今漕粮之交京仓者谓之正兑其交通仓者谓之改兑】又明制于各卫选都指挥一员统领官军运粮又令南京二总各卫官军俱于军政佥书更番轮运后改令把总领运共有漕运十三把总其运丁即于各屯伍中拣择不许卖富差贫官军凡一十六万余员名挽运漕粮南自瓜洲仪征二江口入运河出河口由黄河入会通河出临清北接卫河至直沽溯潞河达于京通仓明臣丘浚有云前代所运之夫皆是民丁惟今则以军运前代所运之粟皆是转递惟今则是长运唐宋之船江不入汴汴不入河河不入渭今日江湖之船各远自岭北湖南直达燕京唐宋之漕卒犹有番休今则岁岁不易矣盖自三代以来纳秸纳穗迄于汉晋唐宋转漕输粟虽有运米丁挽漕夫漕吏门匠牙官纲户漕户漕卒民户诸名或应募或受直考之皆民也至明乃有军丁之目于屯伍中抽选别为一途不劳民运我朝因之惟革卫指挥千百户等职改设卫守备千总随帮等官专司屯务之事丁则名仍其旧前明之初招集民人充实行伍以为征战之兵指挥领之得地即令坐镇厥后镇守日久官丁皆与本地子民婚配安居食业又因本地别设营伍足资捍御原派镇守之兵虚设无用裁其粮饷但年久难驱回籍给荒田责令开垦以资生计故凡属卫军皆有屯田是以谓之屯军又谓之军丁【屯田原为养军之产顺治十二年漕督蔡士英题准归船赡运】军代民劳著令挽漕即今之旗丁也【挽运之初有防运短运等名目继而坐佥长运统名之曰旗丁又曰运丁皆管理船只挽运】裁饷开屯之始有仍令操演者防守汛地者谓之操军【本朝裁其粮饷名仍相沿】屯丁年久将屯田售与民人子孙赤贫无屯谓之赤丁【湖南湖北皆有】之先是领兵之指挥并千百户等官子孙承袭管理屯饷至坐佥长运以后以世辖军丁运粮

国初用为押空随帮雍正年间停止不用嗣后行令各省追夺委牌执照所遗世职子孙谓之舍丁派令各省督抚等衙门轮班役使之丁谓之班军【湖广省并长淮之宿州帮有之】派令把守城门【今卫所皆有】谓之门军帮贴运丁每船十二丁谓之驾军继又裁门驾二军统日什军各卫皆有而长淮卫则名纲军又有无屯无运者谓之闲丁派令驾驶黄船快船者即今之黄快丁也以上各丁名目虽殊其为运丁则一每逢佥运之年一体勾佥康熙二十五年每船概定十丁雍正四年酌改江南安庆前后两帮每船十七丁江淮兴武十入帮每船十二丁其余各省帮船每船仍系十丁

一卫所等官差役佥丁致令差役扰害地方又或以征收钱粮为名借端科派者该上司题参照例议处【议单旧本】

一运丁黄快勿许牵混其有影射避运窜入黄快丁者该管官严查清勾【顺治八年】

一佥选运丁责成卫备每十船中择有身家者立为什长自领兑以至沿途抵坝皆令监管十船无欠者粮道奖赏如有不肖旗丁许令出首免罪通同作弊查出一体严行究处【顺治十一年】

一军丁勿许窜入民籍责令该管道员分别造册五年一编审倘有朦混不清及受贿扰民者指名题参【顺治十二年】

一一丁领运一船不得诡名佥报责令粮道查有此等情弊即揭报查参【顺治十二年】

一佥派屯丁按籍分班供役不许贿脱躲闪致滋偏累令督抚转檄清军同知并县官从公确查分别等则次第领运如有徇私故庇者即严行参处至编审原以清隐役五年一编不得听其逃窜若军丁之籍既已编定再有驾词指民为军扳告牵累该印官即将该卫所官弁军丁照例呈详督抚分别参处【顺治十六年】

卷二十六·选补官丁·查佥运丁

一定例佥派运丁闲丁舍余同佥领运至护卫之军丁既系卫所内额军如果殷实即当佥报倘备弁徇庇不佥该督抚即指名题参【康熙二年】

一湖广省各军丁不论城屯与班营等军凡有殷实一并佥运【康熙三年】

一江西省卫所屯丁有充浔镇塘丁原系借差避重尽行撤回一例佥运如有奉行不力即指名参处【康熙四年】

一卫所中倘有不法棍徒混以民间富户与远年绝军同姓者强扯帮贴总漕督抚严查参究【康熙四年】

一究革屯丁钻营复运在帮把持伙告伙证种种不法该管各官不行严禁者指名题参从重议处【康熙五年】

一湖北现运旗丁外尚剩旗丁七百余名康熙九年部议应即以湖北之丁移运湖南之米

一佥报运丁有卫弁巧借备运名色访本卫殷实余丁百计需索者令各粮道严查果有缺额饬将殷实之丁坐名佥报既佥之后不得妄报新丁亦不得受贿更换如有此弊该督抚严查题参【康熙九年】

一运丁赤贫无赖积年欠粮者总漕查明革退另佥殷实之人顶运【康熙十九年】

一旗丁不许投窜别差倘有躲运投旗隐漏不报者总漕即行题参【康熙二十二年】

一各省卫所运丁旧例每船自十名至十一二名不等康熙二十五年题定每船额设十名各省一例佥派江兴二卫因无屯田额设十二名

一旗丁不正身押运以子弟代运者定例将旗丁及代运之人俱发边卫永远充军康熙二十六年题准将承派之卫守备罚俸一年押运丞倅罚俸六个月领运弁员徇私不行察出者降一级调用

一漕船出运原系佥丁一名雇募水手九名今以数军朋管一船易致推诿应仍照旧例每船佥选正身殷丁一名其余名数总以身有家属撑驾谙练之人充当如该管官纵容以无赖之人滥充者查出即照例参处【康熙三十五年】

一各省佥丁亲佥责在粮道举报责在卫备用舍责在运弁保结责在通帮众丁一丁无保不准著运一丁有欠众丁赔还康熙四十四年奏准嗣后责成各卫领运官自行遴选如有挂欠并佥丁之官一同治罪

一各省佥丁领运旧例责成各卫运官自行遴选康熙五十一年题准佥选运丁必须千总保结呈报卫备府厅

等官验看加具印结如有挂欠将各官一并参处康熙二十五年题准江西省屯田悉归州县管理其佥选运丁即责令州县保结康熙五十三年题准湖广省佥丁责成卫备其厅府道各官照旧验看加结雍正八年题准各省卫所于粮船未经抵次之先务选殷实旗丁秉公结报验看注册俟粮船回空查明领运之丁有犯事故者即将注册丁名佥补倘佥选不实或卖富差贫者仍将经佥验看各官照例查参

一粮船回空雇募头舵水手如中途遇有事故更换押运官弁移行该地方官选择土著良民充补仍照例取具册结加具印结申报不得沿途混行招募【康熙六十一年】

一佥选旗丁将花名分晰新旧声明何官佥委造册送部【雍正元年】

一漕船出运旧例佥丁一名其余水手九名雇觅有身家并谙练撑驾之人充当康熙五十一年题准每年于本丁兄弟子侄内再派一丁随运如抵通挂欠留一丁追比一丁驾空回南如重运到淮短少令一丁驾运北上留一丁买米赶帮康熙六十一年题准粮船回空额设副丁务须亲身押回其雇募头舵水手取具互保各结报明该管官存查雍正三年题准各省帮船雇募水手头舵责成卫所及押运员弁令前后十船互相稽查并取正丁甘结十船连环保结一船生事将本船旗丁照例治罪十船连坐其粮道及押运等官沿途稽察并许地方官会同查讯倘有隐匿不报者总漕察出一并题参若总漕不行题参别经发觉者将总漕一并交部严加议处

一官舍余丁定例凡有身家殷实堪以充旗者竟行勾佥以十名为率舍二军八著为定额其各衙门书吏官承及生员余丁悉行佥选雍正六年奏准除文学生员专攻举业者准其优免外其捐纳之俊秀贡监及武生均一体佥运如武生遇岁试之年呈明学臣运回补考

一沿途短纤听旗丁临时酌量雇募沿河地方镇备等官加谨巡查匪类并将短纤夫役俟粮船过完驱散回籍【雍正八年】

一正副旗丁赴次交兑如有革丁窜身入帮不论生监即行拿交地方官究治运弁疏纵一并参处【雍正九年】

一有顶戴之丁干犯漕规照运丁例一体治罪【乾隆五年】

一定例运丁不正身驾运者将佥丁之卫备罚俸一年运官不行查出降一级留任随帮知而不举照应申上而不申上律议处【乾隆七年】

一江淮兴武二卫运丁每有窜入黄快船内躲避佥运之弊乾隆三年奏请立法稽查以备勾佥嗣经题定快丁一项仍归民赋项下办理将现运及备佥余丁逐一查明每户下注明子孙弟侄若干及居住州县都图乡镇五年一次造册送部查考如有隐匿察出将该丁按律惩究卫弁照例参处【乾隆八年】

一各卫帮更换新丁如在回空抵次未经开兑以前该卫统于开兑时将额运船只丁名注明原甲更佥之丁于该丁名下摘叙更佥事由声明出厂年第汇册送部备查倘册报之后再有更佥即随时专案报部【乾隆十四年】

一苏州松江常州三府白粮运丁向例在通省船内抽选佥运五年限满更替乾隆十六年题准定以三年抽调一次

一湖南操军乾隆二十一年经总漕瑚宝题请勾佥部议操军自有漕以来未经出运一旦清查勾佥不无繁扰未便准行

一江西省南昌等卫所军丁老户及新生军丁户口彻底清查酌定四年编审一次毋许脱漏隐匿【乾隆二十三年】

一新佥旗丁只令认蓬桅杠索价值至旧丁所欠茶果个儿钱等官项应于旧丁名下著追一年不完即令原领运千总赔还如系私债悉听旧丁自行清理不许勒令新丁接受如有违犯一经查出将抑勒之备弁即行参革【乾隆二十三年】

一旗丁潜逃该运弁即报卫移县该县卫俱以文到日起限选差兵役限百日内拿获如逾期不获将专管之卫备罚俸一年协缉之州县罚俸六个月其有佥丁即系州县将专管之州县罚俸一年【乾隆二十三年】

一江兴二卫运丁贫病逃窜入快难以溯本穷源查运快系前明所设操兵原无分别乾隆二十三年奏准黄快之丁俱令各州县造册呈送粮道衙门存案如系帮船缺丁一运一快挨次轮佥倘有报佥不均及卖富佥贫等弊照例议处

一湖北未归运之班操等军乾隆二十四年经巡抚庄有恭奏请一例勾佥部议应照湖南之例一体停其勾佥

一苏州太仓镇海镇江四卫应令该管卫备将军户根底逐一确查如有现今呈控是民非军之案即会同州县逐细查明详报以清根底其各卫军户无论运屯均以老军册内为张本分晰两项造具管收除在四柱清册一本丁户实在姓名清册一本通报备案一面出示晓谕凡有成丁人口从前隐匿未报入册者自首免其治罪并取该户族长无匿甘结存案如有隐漏本人族长一体按律究处其滋生新丁年至十六岁者报明入册该卫于岁底造报粮道知府以凭查佥辨运如有闲丁病故即随时报卫注册五年一次编审倘该卫造册清查之时有奸丁狡赖脱籍者照例治罪县卫均以失察查参【乾隆二十四年】

一江安所属江兴二卫军丁定有五年一次编查之例其余各卫丁可随时清理毋庸重复繁扰【乾隆二十四年】

一东省运丁仍照旧例每年令闲运千总清查五年一次编审以免脱漏【乾隆二十四年】

一湖北武昌等六卫所同军名下户丁并已归运之班操城舍等军乾隆二十四年奏准责令武黄襄德四府同知将老户及新生军丁户口并各丁户下屯田若干坐落丘段彻底清查造册分送户部总漕备查并令嗣后四年编查一次

一协运豫省漕粮通州天津各帮丁乾隆二十四年奏准四年一次编查造册定于十月内详送咨部

一逃丁并不在佥丁官地方居住必须关查协缉者即以佥丁之厅州县为专管该逃丁本籍之厅州县为协缉分别议处【乾隆二十四年】

一湖南所辖荆州荆左荆右沔阳岳州五卫并无城舍等军名目其岳州一卫军丁运操一例勾佥所有各老户军名向系按船派定乾隆二十六年题准将老户名下新生丁口及各屯业坐落丘段执业数目责令荆安岳三府同知四年一次编查造报

一军丁值当佥选之年无论大小卫门书役官承俱一体勾佥如已身在公不能出运令子弟承顶概不得藉词抗避该管官亦不得曲为庇护其承充书役令该州县查明是军是民出结详报以凭佥选如有卫籍冒称民籍者将朦混出结州县照例议处【乾隆二十六年】

一湖广向例丁由卫佥而湖南徐岳州一卫其余系湖北之丁运湖南之粮各卫备祗管佥丁并不出运视佥丁一事为无关紧要任听书吏作奸舞弊或无赖之徒钻充或已革之丁更名复入或包给舵工或中途潜逃乾隆二十七年奏准湖南各卫如佥定之丁中途脱逃将承佥之守备降二级调用虽有加级不准抵销

一旗丁不论重运回空如有中途潜逃者除再犯三犯仍照律分拟充军绞罪外其初次潜逃之丁拿获杖一百枷号一个月满日重责四十板仍于面上刺字交与各本卫管束【乾隆二十七年】

一旗丁捐纳县丞以下等官俱系在籍候选人员仍佥出运不准更替【乾隆二十八年】

一各省需丁俱于回空后更换预选闲丁注册之处概行停止遇有临期佥换各丁仍严饬各卫所慎选殷实旗丁秉公查验结报毋许吏胥抑勒滋扰如有查验不实即行照例参处【乾隆二十八年】

一凡隶军籍富户绅宦之家如本户有人可以驾运暂缓佥选倘丁力已疲实须另佥即径行佥报如捏控狡辩一经审虚富户按律治罪绅宦题参治罪【乾隆二十九年】

一各省每年出运船只照例佥定殷丁即于开帮册内将现在正副丁名于该船名下兮晰注明毋得朦混造报致滋弊端【乾隆三十年】

一各卫将佥定正副丁名务须早为造报分晰注明更佥旗丁一俟详送开帮文册题报后即行赶造咨部【乾隆三十一年】

一苏松粮道衙门造送苏太等卫出运正副丁名等款准其停止加结其弁丁经造认保各结仍行取送【乾隆三十三年】

一大河卫三帮拨运常州府江阴县白粮旗丁张以屏病故援例将原丁之弟张以翰接顶兑运白粮俟足运后再行抽调【乾隆三十四年】

一旗丁须佥家道殷实之人令千总保结呈报府厅验看加结如有挂欠将保佥官降一级调用一帮挂欠府厅等官罚俸一年粮道罚俸半年几帮挂欠照此递加如将丁册无名之人混行佥补将佥补之州县官罚俸九个月

【乾隆三十五年】

一运丁正身不押运雇觅匪徒及舵役代运者押运官罚俸六个月如运官以私事不亲身押运起卸已完始行赶到者押运官不行查报照失于查察例罚俸一年巡漕御史照不行详查例罚俸六个月【乾隆三十五年】

一旗丁须佥家道殷实之人著落千总承佥呈报卫守备等官提验如有挂欠将混行出结之千总守备降一级调用【乾隆三十六年】

一卫所佥丁于乾隆二十七年奏准只令千总结报卫备知府验看加结详道定佥乾隆三十六年总漕咨明各省每佥一丁向例兼送同知通判验看胥役既多需索运丁不无守候今已有知府验看加结嗣后同知通判点验佥丁之例永行停止

一乾隆三十七年钦奉谕旨民丁五年编审之例永行停止所有军丁一项与民户本不相同且丁户之数较民户不及百分之一办理不致甚繁应于三十八年为始概按四年一次清查至江南所属江淮兴武二卫之黄快丁湖广所属岳州荆州荆左沔阳四卫之操军系续经奏明归运一体并佥自应与军丁一律编查以凭稽核

一荆州荆右二卫军丁原有城守班操运赤零军等项名色前明众军各当其差我朝定鼎以来裁汰运赤二军其余统名操军分船派运惟班军尚未革除尚有相沿充役及出费雇替乾隆三十九年奏准班军向来原系与操军一例给屯而操军久经佥运是此项班军亦应一体轮佥

一有漕各省卫所军丁屯住各州县入籍文武官员绅士各军户应于编审案内分晰呈明某卫所军籍字样庶版籍无紊【乾隆三十九年】

一选报快丁严禁卖富佥贫嗣后令快丁自行呈明今贫昔富昔贫今富并令伍长公保该州县复核即于册内删增毋许滋扰【乾隆四十二年】

一支领办运银米刊刻清单收执以杜侵扣快丁新佥到帮应支钱粮总归经支旗丁支领恐各丁遭其扣克不敷办公嗣后责成粮道将旗丁应支银米按款刊于清单令新丁收执自无扣克之弊【乾隆四十二年】

一江淮兴武等帮运丁与快丁各半分船分掣嗣后将运丁之船以运户更佥快丁之船以快籍佥补现在快丁未经佥足仍照向例轮佥一俟佥足即通详立案如有应行大造之船两只即分掣一运一快如系一只则先运后快其余非轮大造无论年分近远运快各半均分【乾隆四十二年】

一不谙运务之快丁准其贴费运丁代办新佥快丁不善驾运愿捐贴费银一百三十两给疲丁代运逢造之年再贴造费银三百两以助工料快丁之名仍列军册如不愿终贴听其领船自运至代运之丁既经受贴设遇风火事故即责成照例赔补与快丁无涉【乾隆四十二年】

一力薄快丁照什军之制助其领运江淮兴武二卫各帮并无赡运屯田亦无什军帮贴新佥快丁如富户听其自为承运毋庸帮贴其力簿快丁不能独运照什军之例办理但九丁之中亦有贫富不齐必责令伍长公同酌议倘伍长查办不实查出从重究治并力能帮贴规避不肯实力出费之快丁倍加贴费以济贫丁【乾隆四十二年】

一卫籍报捐贡监职衔一切文结概令土著州县查办详送移卫毋庸该卫验照取结以免滋扰如卫丁混填民籍报捐该州县不详查军册更正冒昧出结即将该州县照例议处并治本丁脱漏之罪【乾隆四十二年】

一江西省佥选运丁令各州县会同卫弁秉公选解厅府道查验倘有迟逾脱逃等事一体严加议处【乾隆四十八年】

一江南海州武生张万禄自首系属海所军裔首告孔永和等隐军冒民奏明查出海州二所军裔共一千四百五十六户应归卫备佥选各户不谙运务准其公凑津贴银二万两交官生息置产贴补淮安卫头二两帮运造之费免其驾运仍于编审军丁案内一律编查造报【乾隆五十二年】

一大江南北军户住址不能画一有江南军户居住江北亦有江北军户住居江南同卫同帮之丁一遇佥派在江北之丁归督抚查佥江南之丁又归总漕会办转觉责成未专应将江南之江苏安徽浙江等省专交总漕江西湖北湖南等省各交该督抚董率佥派以专责成至山东直隶系江北省分仍交该督抚管理毋庸更张至各省佥丁或由州县或由卫备自因情形不同相安已久应仍其旧惟所佥之丁总由该管知府粮道验看取结嗣后如有州县卫备以疲报殷佥贫卖富及道府徇隐故纵情弊责成专管之总漕督抚严查重办外其专归总漕管理之省分准各督抚查参交督抚管理之省分准总漕查参互相纠察【乾隆五十三年】

一湖南省运漕五卫除岳州卫屯坐本省岳州府境易于查察外其荆州荆左右沔阳等四卫屯坐湖北之荆州等府属境内军丁散处应统归湖北查佥仍将该四卫佥定新丁移咨湖南查照【乾隆五十三年】

一各省轮应四年编审之时将各丁田地房山一并清查于各丁户口下造册通赍存案如四年之内家道稍有消乏即可随时另佥接运以免贻悮倘承佥各官清查不实降二级调用予以实降不准抵销该管上司分别议处【乾隆五十四年】

一承佥各官除清查军民产业未实降级调用外倘有编造遗漏故纵殷富军丁窜入民籍并将田产代为隐匿脱漏者原查州县卫所官弁发新疆效力赎罪永不叙用失察之粮道知府一并革职不准捐复其营谋脱漏之本丁发黑龙江给与兵丁为奴该丁兄弟子孙仍编入军籍佥运【乾隆五十四年】

一湖南荆沔等四卫军丁系全卫屯坐湖北若归南省会佥恐卫备旗丁舞弊朦佥有误漕运若归北省会佥又因各丁系承办南省之运似属两歧嗣后将佥办四卫之丁责成该卫备佥定取造年貌家产册结由该管知府验看加结送湖南粮道点验发帮一面将佥定新丁册结送湖北湖南巡抚会同总督总漕查佥互相稽察其北省散处之丁不过数县向由北省佥办无误仍照旧办理【乾隆二十四年】

一嘉庆四年钦奉上谕嗣后有漕省分各督抚当严饬粮道及州县卫所各员于佥丁出运一节务将殷实军丁佥派充当或一丁力薄即酌令数家帮贴定为正副军丁不许无赖贫丁充数等因钦此

一湖北当阳县已归船之运班等军王从安等四丁从贼为逆所遗田产留为随船办运著令现运旗丁承顶当差如运满另佥即交接运之丁承管其例不缘坐之族丁不得承顶造入编审册内备查【嘉庆五年】

一凤中二帮起运漕粮因亏短米石起卸耽延头船代办各丁潜匿不出将该丁分别惩治并饬各粮道严饬各丁务须亲身运交毋许托人代办【嘉庆七年】

一江西省佥选运丁向例由州县佥报卫弁并不经管乾隆四十八年经江西布政使冯应榴条奏令州县会同卫弁佥报傥有脱逃等事将州县与卫弁一体严加议处嘉庆十年江西粮道张彤奏准仍复旧例专归州县佥报

一有漕省分各督抚于佥丁出运务将殷实军丁佥派充当或一丁力薄酌令数家帮贴定为正副不许无赖贫丁冒混充数并著总漕巡漕御史实力稽查无许沿途盗卖【嘉庆十年】

一民人误入军丁经漕运总督咨报是民非军取具伍丁里邻甘结加具府道各结送部准其于编审册内开除其造册舛错应议各职名咨部查议【嘉庆十四年】

一江西省应造编审丁册于定例一年半限期之外准其再展两个月仍饬按限查造具题报部【嘉庆十五年】

一东省各帮例系选派老练办事一人名曰头船由道饬令各帮弁询访丁情公同结保老成殷实明白谙练旗丁三人带赴粮道衙门当堂阄掣头船一人领办公事以杜钻营及勾串科累之弊【嘉庆十五年】

一全椒卫编审快丁向听各户自行开报以致日久弊生嗣后编审军丁必须将各丁都图住址祖父子孙叔侄兄弟实在年岁姓名及房产田地验确开造俾可凭册选充轮流替运以杜弊脱【嘉庆十九年】

一苏州太仓镇江镇江四卫佥丁案内户部议准嗣后造送编册毋论军丁曾否及岁均行入册造报如有更佥亦即声明因何更佥缘由并注明原甲系属何丁随时专案报部以便稽核【道光三年】

一湖北出运之武昌等六卫所内惟蕲州一卫之归船班舍等军一律勾佥其余五卫班舍等军向系津贴历未出运道光四年钦奉谕旨仍照旧章永远遵行

卷二十七·官丁廪粮·俸廉例款

一各省运军明季以十三把总统属军卫趱运漕粮我朝改军卫指挥千百户为守备千百总顺治五年以把总职衔不便相临领运守备改为都司佥书仍食把总俸九年题定照品支食俸薪

一各省领运千总俸薪银两旧例不论出运停运各照额编支领康熙十七年题准出运之年照例支给不遇出运之年不准关支二十一年题准候运千总俸工仍照旧例支给

一各省领运官弁及随帮官先后议给养廉银两江西浙江江南河南等省在藩库存公耗羡银内动支湖南湖北山东等省在有漕州县派征公费银米内支给【雍正七年】

一各省押运丞倅养廉银两江西每员给银二百两江南河南每员给银二百五十两浙江每员给银四百两均于各本省存公耗羡银内动支湖南押运通判每漕米一石征给公费银三厘湖北押运通判于有漕各属所征水脚内支给银七百两【雍正九年】

一领运千总俸薪浙江江西系按职衔支给山东河南湖广各照额编经制支领江南省各卫帮每员额给廪工银九十两有在道库支领者有在各府州县卫所支领者雍正十年酌定新安宣建庐凤淮扬等卫运随俸廉银两统归道库支给

一各省卫所每帮额设随帮一员向于各卫所世职内佥选每员额给廪工银五十四两雍正三年停用世职将拣选武举候推千总人员顶补额编廪工题明仍照旧例支给十三年宿州卫二帮随帮不敷廪工银两题准在凤仓减存银内一例增给

一各省领运及随帮官弁经先后议给养廉惟上下两江随帮千总向未议给乾隆三年钦奉上谕自乾隆三年为始每员岁给银二十四两其所需银两续经咨准在各省耗羡银内动支

一委运千总牢役工食银两向系扣存解部缘委官虽有代运之分而牢役随帮供役无异未便令其枵腹乾隆三年题准无论本官代运牢役工食一体支给

一湖南省随帮千总照江南之例每员岁给义廉银二十四两于司库存公银内动支【乾隆四年】

一各省运弁俸工从前各该省或在道库支领或在屯折项下按季给发领运未得及时支领乾隆四年题定江安各帮运弁俸工均在道库放给出运之时全数支给候运各弁按季核给江苏白粮千总六员镇江卫分设中帮千总二员俸工并镇江前后两帮随帮廪工俱在道库支领其苏太等卫十八员向于屯折项下支给者改归道库减存银内支给其屯折项下原编银两减存解司浙省出运之年于道库减存银内给发闲运之年将该卫所起解屯折先尽存留按季解司以便支给河南省临清前后平山前后德州任城天津等七帮现运之员豫省支给俸工于开帮之前全数给发徐州前后长淮三帮新运时赴江安粮道全支通州运弁俸工赴坐粮厅按春秋二季支领现运军牢豫省兑漕时支给湖南省岳州添设千总二员在于道库存剩随漕银内支给其荆州荆左荆右三卫千总三员岳州卫千总向在屯折项下支给者出运之年改于道库三分公项内全支俟征解本款归补不出运之年照旧支给江西湖北二省运弁俸工于出运之时即行全支山东或在道库或在卫所按季支给从无迟延仍照旧支给

一江南省押运同知通判每员给养廉银二百五十两浙江省押运同知通判每员给养廉银四百两山东省押运同知通判每员给养廉银二百五十两河南省押运同知通判每员给养廉银二百五十两江西省押运同知通判每员给养廉银二百两乾隆四年奏准江西省委员酌增银一百两各给银三百两湖北省押运通判向给养廉银七百两湖南省押运通判向给养廉银二百八十四两四钱乾隆五年奏准将湖北押运通判养廉银七百两内拨给湖南押运二百七两八钱每省押运通判各得银四百九十二两二钱其帮协银两即令湖南通判押船过湖北时赴粮道库支领仍归各省报销嘉庆六年议准各省押运官员不得在邻省借支养廉如滥行借给除于该员名下追缴银两外仍查取应议职名送部核议

一江西省南昌等各卫所千总每年应支俸工银两因本年未及开征即需给发无银动支乾隆五年咨准于上年漕项屯粮银内先行通融支给俟各属征解归款

一各官养廉银两例应各按在任月日截给扣支因各省领运员弁养廉按年给发遇有升迁事故前官支去后官无著殊未允协乾隆五年咨行各省照例按月扣给如有空旷追出贮库

一各省卫所千总乾隆六年咨准出运养廉内按照闲运应得之数划出作为一股以次年正月初一日起计至年底三百六十日各按前任署任新任各员任任月日扣算截支其余加给出运银两划作一股以办漕之日起按前任接任各员办漕月日扣算截支

一运随员弁支给廪工例有定额不得增减江省淮大二卫领运千总向例于随帮支给廪工之外复于淮关四税项下支给银二十四两殊不画一乾隆八年咨准将淮关银两停其支给以昭画一

一总漕以及南漕御史养廉银两向系各道解送苏松江安浙江三道岁解总漕养廉银各六百六十两南漕御史养廉银各八十二两五钱俱任平余备公银内动支山东粮道岁解总漕养廉银六百六十两内六百两动藩库耗羡其余六十两并南漕御史养廉银八十二两五钱系粮道捐解河南粮道岁解总漕养廉银六百两南漕御史养廉

银八十二两五钱俱在粮道养廉公费余剩项下动支湖南粮道岁解总漕养廉银六百六十两南漕御史养廉银八十二两五钱系漕费充公银内动解湖北粮道岁解总漕养廉银六百六十两南漕御史养廉银八十二两五钱于漕项报部充公款内支解江西粮道岁解总漕养廉银六百六十两在公用耗羡银内动解南漕御史养廉银八十二两五钱系粮道捐解又两淮运使岁解养廉银三千两长芦运使岁解养廉银一千两至北漕御史向无议解养廉银两乾隆八年奏准总漕养廉银两饬令各道每年照数解送其原解南漕御史养廉共银六百六十两分给淮安御史银二百四十两济宁御史银二百两天津御史银一百二十两通州御史银一百两嘉庆七年议准巡漕御史额支养廉银两按照视事月日核计支给所有截旷银两解部交纳

一运随员弁领过出运俸廪养廉银两乾隆八年咨准如在次截留船粮按数追缴如船粮已经开行截留者按在次办漕日起至回次日止扣追

一湖南省领运千总例系按本帮正米每石给银五厘以为盘费之用每帮约得银一百六七十两不等乾隆九年因该省米石截留正米减少盘费银两不敷题准于漕费银内酌为添足

一各省领运千总养廉银两向系各按在任月日截给扣支如有空旷余剩按数追缴至随帮遇有升迁事故饬委别员兼押乾隆十四年议以领过养廉各按办运月日分支如有空旷余剩照数追缴至廪工银米既于本任内应得复于兼押任内分支是一年而食两任之俸与例未符不准分支

一向例江安河押运厅员每员给养廉银二百五十两领运千总每员给养廉银二百两押空武举每员给养廉银二十四两于头年冬初在司库耗羡款内预放嗣因议令直省各官养廉或按月支给或按季支给不得预支借支惟领押员弁押运漕粮抵通长途盘费既不便按月支给亦未便全年支给乾隆十四年咨准领押员弁先放一半随帮先给银十四两余俟运回抵次之日按数找给

一总漕每年养廉银九千五百二十两在各省粮道并淮安山东运司于存公平余等项银内解送为办漕并押运赴京盘费向系押漕抵淮之日即将一岁银两统为解送致有亏缺乾隆十五年奏准嗣后令各粮道并各运司将应解银两统于一岁解交淮安府知府封贮府库按季解交总漕衙门查收如有预支借支并侵挪亏缺等弊即将该府题参

一各省出运千总额给养廉向作三百六十日计算如遇中途事故改委别员各按办漕日期扣算截给乾隆十七年咨准如遇有闰之年作三百九十日计算分支以昭画一

一江南江兴等卫繁缺守备每员岁支养廉银五百两凤阳长淮二卫守备向系简缺每员四百两嗣因凤中卫归并鳳阳卫宿州卫归并长淮卫改为繁缺乾隆十七年奏准每卫每年增给养廉银一百两以资办公增给银两在原裁凤中宿州二卫归公养廉银内动给

一江南省各卫帮额设千总二员系递年轮运停运之年额给养廉银六十两出运之年额给二百两向例均于头年办漕之日照数全支乾隆十八年咨准出运千总额支养廉银两于头年办漕日起至次年回空以后扣足一年再给闲运养廉庶递年核算月日不致参差

一浙江省出运千总如在途推升新任顶缺之官又经到任前官原未卸事出运俸工并不截扣接任千总以到任日期起在于司库核给俸工乾隆十九年咨准江南省出运千总如有在途推升俸工银两照浙省之例准其支食新补之员按到任日起在屯折项下支给

一押运千总在途病故全支俸工银两免其追缴【乾隆二十二年】

一山东省德州卫千总俸工银两向于豫省随漕支给因豫省漕粮停运俸工无著循例在东省藩库内支给【乾隆二十三年】

一江西湖北湖南向俱有押运抵淮通判湖南湖北每员给盘费银一百两江西每员给银八十两乾隆二十三年奏准押淮之员概行停止

一安庆卫帮添设千总二员以鳳中三帮裁缺千总俸工抵给添设随帮一员俸工同千总行粮本折银米在于漕项减存银内动支其凤中三帮裁缺千总原领淮仓折色行粮银两归入减存解部【乾隆二十四年】

一山东省闸内押运通判照押运蓟粮之例酌给盘费银四十两在于道库见石银内动给【乾隆二十七年】

一总漕向支二品俸银一百五十五两今兼尚书衔应支一品俸银一百八十两在于山阳县编征并地丁征存

项下批解【乾隆二十七年】

一湖南岳州卫千总三员裁减一员拨归沔阳其沔阳卫千总添设德安所拨归沔阳之千总应食俸工即将该卫存留项下额编俸工照数支给出运之年应得通关银一百六十六两八钱零于湖南省有漕州县按米征给其德安所添设之千总俸工银九十两在湖北司库屯饷银内动支出运之年给米一百九十石于有漕州县截贴米内支给停运之年给养廉银四十两于道库抵兑节省水脚银内动支归湖北粮道衙门查办至岳州卫裁去千总原支俸工银两扣除充饷【乾隆三十二年】

一各卫备弁遇有俸满卓异升迁等事赴部引见如系交卸本任事务另委别员接署者照依道府以下之例住支养廉其随漕领运因便给咨赴部引见以及奉委在北办差之员与径行交卸本任引见者不同仍照旧例全支养廉以资办公【乾隆三十九年】

一乾隆四十九年东省漕粮奉旨截留运赴豫省以资赈需粮道办理拨船事宜檄委通判宋圣图督押于库贮见石银内动给银四十两以资往返盘费【乾隆五十年】

一安徽省重运随帮千总委令出运之年重运额给养廉银二百两随帮额给养廉银二十四两如重运千总中途遇有事故离帮委本帮随帮千总代押抵通其应支银两照文职官员署任兼本任者全支本任养廉半支署任之例嗣后随帮千总代押重运应给养廉统令全支随帮半支重运【乾隆五十一年】

一江南省现任千总每员额支俸工银九十两养廉银二百两今宣州帮徐州卫江北帮扬州卫二帮千总各委运江西永建等帮船粮江西省成例向不支给委弁现运俸廉只有分给办漕盘费并工食银两不足以资薪水所有委弁俸廉应于江南本任支食将江西省给过办漕盘费并工食银两扣除外余仍按数找支【乾隆五十三年】

一江安粮道所属千总俸工无论出运候运均于道库漕仓正银内支给苏松粮道所属苏州等卫帮千总俸工应请一律于道库漕项正银内动支候运之员按季支给现运之员于运前先给半年俸薪全年役食运回找给其镇江前后随帮廪工亦照苏太等卫之例一体支给如有例应拨给俸工并中途事故等项应须扣缴俸工银两随时查明核给【乾隆五十四年】

一山东省运随帮弁向无额设养廉只按起运粮石之多寡每石核给运弁银五厘随帮银一厘在随正征收一五漕耗内分别核支名为见石盘费今临清前帮向系兑运夏津等州县漕粮因灾派减全不出运运随员弁养廉无从支取题明照五十三年停运之例按该帮应运夏津等州县蠲缓数目核算支领见石盘费十分之五运弁应支每石二厘五毫银随帮应支每石五毫银在粮道库存蓟粮漕耗银内动给【乾隆六十年】

一临清等帮蠲漕减歇见石银两照普免漕粮支给一半盘费之例按蠲免正米麦豆找支十分之五在蓟粮漕耗余剩银内动支【嘉庆元年】

一江南省千总委运山东漕粮照山东之例分股核算给与见石五厘养廉银两在于江南省漕项下给发造报其山东省扣存银两归入漕项奏销案内报部【嘉庆三年】

一山东粮道及协运豫省运弁俸工养廉等项银两于道库存贮漕仓耗羡银内坐扣按日支食其专运东省十帮运弁俸廉银两除现运之年仍旧于州县征收漕耗银内按每石给盘费银五厘外闲运之年亦于道库耗羡银内支发【嘉庆五年】

一协运豫省之徐州卫河南前后两帮运弁应支养廉银两改归江安粮道衙门支给以归画一【嘉庆五年】

一江西省停运守备千总应支俸工等银向在藩库支领部议改归道库支放又应给运随养廉办漕公费并总运丞倅盘费等银均由粮道造入漕项奏销册内核计考成【嘉庆六年】

一江安苏松所属领运千总等应支养廉银两仍照旧定章程办理毋庸改归粮道衙门【嘉庆六年】

一通州帮左右两所千总每年应得养廉系在直隶布政司衙门支领俸薪银两系在坐粮厅衙门支领天津帮左右两所千总应支出运闲运养廉俱在本省藩库支领【嘉庆六年】

一湖北省领运闲运千总等应支养廉银两照新例改归粮道在于漕项耗羡银内动支其运弁额支俸薪廪工役食遇有空缺降革等事仍照旧例按日扣解充饷【嘉庆七年】

一湖南省领运各弁应领俸工廪廉等银照新例在于粮道征收漕项耗羡银内动支遇有应扣缺罚银两查照旧例按日扣存解司【嘉庆七年】

一捐复在淮候补千总委运漕粮准给一半养廉银以资办公【嘉庆九年】

一湖北省每年解支总漕养廉工食及书吏饭食等项银两历在各属征解水脚项下动用嘉庆十二年各州县应征水脚随漕分年缓带所有应解总漕养廉等银饬令各属先行垫解供支俟初限带征水脚开销造报

一运弁运后被参所有支过俸薪行粮银两免其追缴【嘉庆十二年】

一浙江省押空千总代押重运向不支领养廉役工银两不准咨请补给【嘉庆十三年】

一宿州头帮千总委运湖北二帮船粮应支俸工养廉银两除湖北省支过银两外其应找支银两照例按数补给【嘉庆十五年】

一江南领运兴武七帮拣选守备马振邦委署千总任内并未支给俸工行粮等银长途资斧无出咨准支食半廉银两以资办公【嘉庆十七年】

一山东临清前等帮委标员王启麟等领运准照署事运弁之例支给牢役工食其半廉银两不准支给【嘉庆十七年】

一江南试用千总于龙升委押扬州头帮运务支过一半养廉银两与例不符行令按数追缴归款【嘉庆十八年】

一浙江江南各帮试用千总委押重运所有一半养廉银两应照江广东豫等省并不支食之例一律停给以归划一【嘉庆二十四年】

一总漕养廉向无前后任并支之例所有动支司库截旷养廉银两行令如数解还报拨【道光六年】

一各省运粮千总中途遇有事故遴委别省千总接运者照领漕省分应支俸廉数目各按接运卸事日期分别支给

一山东省各帮出运千总遇有事故委别省千总署理者如委实缺人员署有员之缺不食俸祇准支食役工并一半养廉署无员之缺支食俸工并一半养廉银两【以上道光三十年】

卷二十八·官丁廪粮·卫帮额支·直隶省

通永道属通州所帮拨运豫粮轮运千总二员运船二十只屯丁二百名每官丁行粮二石四斗每丁月粮九石六斗俱本折各半折色每石折银八钱官丁共应支行粮四百八十二石四斗屯丁共应支月粮一千九百二十石行粮本折在河南粮道库支给月粮本色在中仓支给折色在坐粮厅支给

天津道属天津所帮拨运豫粮轮运千总二员运船一十七只屯丁一百七十名官丁共应支行粮四百一十石四斗屯丁共应支月粮一千六百三十二石本折各半统在河南粮道库支给官丁行月粮数目及折价俱与通州所同

卷二十八·官丁廪粮·卫帮额支·山东省

山东粮道属四卫一所共一十六帮每官丁行粮二石四斗屯丁月粮九石六斗均系本折各半折色每石折银八钱凡遇船只增减按照现运船数支给

卷二十八·官丁廪粮·卫帮额支·山东省·德州卫

正帮轮运千总二员随帮一员运船五十二只屯丁五百二十名官丁共应支行粮一千二百五十二石八斗屯丁共应支月粮四千九百九十二石行粮本折在德州支给月粮本折在德州仓支给

左帮协运豫粮轮运千总二员随帮一员运船二十四只屯丁二百四十名官丁共应支行粮五百八十石八斗屯丁共应支月粮二千三百四石行月二粮本折俱在河南粮道库支给【乾隆四十二年】军船改为自备将随帮员缺裁汰】

卷二十八·官丁廪粮·卫帮额支·山东省·济宁卫

前帮轮运千总二员随帮一员运船八十六只屯丁八百六十名官丁共应支行粮二千六十八石八斗屯丁共

应支月粮八千二百五十六石行月二粮本色在兑漕各州县支给折色在山东粮道库支给

后帮轮运千总二员随帮一员运船八十只屯丁八百名官丁共应支行粮一千九百二十四石八斗屯丁共应支月粮七千六百八十石行月二粮本色在兑漕各州县支给折色在山东粮道库支给

左帮轮运千总二员不设随帮运船八十四只屯丁八百四十名官丁共应支行粮二千一十八石四斗屯丁共应支月粮八千六十四石行粮本色在兑漕各州县支给折色在山东粮道库支给月粮本折在德州仓支给

右帮轮运千总二员不设随帮运船六十一只屯丁六百一十名官丁共应支行粮一千四百六十六石四斗屯丁共应支月粮五千八百五十六石行月二粮本色在兑漕各州县支给折色在山东粮道库支给

任城帮协运豫粮轮运千总二员随帮一员运船四十三只运丁四百三十名官丁应支行粮一千三十六石八斗运丁应支月粮四千一百二十八石行月二粮本折俱在河南粮道库支给该帮无赡运屯田行月之外每船另给赡运银十两【乾隆四十二年军船改为自备将随帮员缺裁汰】

卷二十八・官丁廪粮・卫帮额支・山东省・东昌卫

东昌帮轮运千总二员随帮一员运船六十六只屯丁六百六十名官丁共应支行粮一千五百八十八石八斗屯丁共应支月粮六千三百三十六石行月二粮本色在兑漕各州县支给折色在山东粮道库支给

濮州所帮轮运千总二员随帮一员运船五十三只屯丁五百三十名官丁共应支行粮一千二百七十六石八斗屯丁共应支月粮五千八十八石行月支给例与东昌帮同

平山前帮协运豫粮轮运千总二员随帮一员运船四十三只屯丁四百三十名官丁共应支行粮一千三十六石八斗屯丁共应支月粮四千一百二十八石

平山后帮协运豫粮轮运千总二员随帮一员运船四十三只屯丁四百三十名官丁共应支行粮一千三十六石八斗屯丁共应支月粮四千一百二十八石前后两帮行月二粮本折俱在河南粮道库支给

卷二十八・官丁廪粮・卫帮额支・山东省・临清卫

山东前帮轮运千总二员随帮一员运船六十五只屯丁六百五十名官丁共应支行粮一千五百六十四石八斗屯丁共应支月粮六千二百四十石行粮本色在兑漕各州县支给折色在山东粮道库支给月粮本折俱在临清仓支给

山东后帮轮运千总二员不设随帮运船四十七只屯丁四百七十名官丁共应支行粮一千一百三十石四斗屯丁共应支月粮四千五百一十二石行月二粮本色在兑漕各州县支给折色在山东粮道库支给

河南前帮协运豫粮轮运千总二员随帮一员运船二十九只屯丁二百九十名官丁共应支行粮七百石八斗屯丁共应支月粮二千七百八十四石

河南后帮协运豫粮轮运千总二员随帮一员运船五十九只屯丁五百九十名官丁共应支行粮一千四百二十石八斗屯丁共应支月粮五千六百六十四石前后两帮行月二粮本折一半在河南粮道库支给一半在临清仓支给

东平所帮轮运千总二员随帮一员运船五十五只屯丁五百五十名官丁共应支行粮一千三百二十四石八斗屯丁共应支月粮五千二百八十石行粮本色在兑漕各州县支给折色在山东粮道库支给月粮本折俱在临清仓支给其自备船行月二粮本色在兑漕各州县支给折色在山东粮道库支给

卷二十八・官丁廪粮・卫帮额支・河南省

河南粮道属原无额设卫所俱系派拨直隶山东江南卫所官丁船只协运其在河南支领行月二粮者每官丁行粮二石四斗每丁月粮九石六斗照例本折各半折色每石折银八钱凡有增减船只照例扣给

卷二十八・官丁廪粮・卫帮额支・江安河

江安粮道属十四卫五十帮领运员弁兼支行粮运丁支领行月二粮均系本折兼支折色支给例各不同另于

各卫帮下开载内江兴二卫因无赡运屯田每船派丁十二名官丁行粮三石屯丁月粮十二石照例本折各半行粮每石折银一两二钱月粮每石折银七钱其协运松江漕粮各帮折色月粮乾隆二十四年题准复给一两兑运苏州常州镇江太仓江宁等属漕粮各帮折色月粮乾隆三十一年题准复给一两凡有增减船只按现运船数照例加减又江淮八兴武三七等三帮内有扬州二帮拨入船二十四只每船派丁十名每名支行粮二石八斗内一半本色行粮麦每石折银五钱一半折色行粮麦每石折银四钱月粮每名十二石照例本折各半一半折色每石折银三钱行月本折在江安粮道库漕项及淮仓项下派支乾隆三十一年奏准将扬州二帮拨入二十四船裁去

卷二十八・官丁廪粮・卫帮额支・江安河・江淮卫

头帮轮运千总二员随帮一员运船六十五只运丁七百八十名官丁共应支行粮二千三百四十六石运丁共应支月粮九千三百六十石

二帮轮运千总二员随帮一员运船六十六只运丁七百九十二名官丁共应支行粮二千三百八十二石运丁共应支月粮九千五百四石

三帮轮运千总二员随帮一员运船四十七只运丁五百六十四名官丁共应支行粮一千六百九十八石运丁共应支月粮六千七百六十八石

四帮轮运千总二员随帮一员运船七十四只运丁八百八十八名官丁共应支行粮二千六百七十石运丁共应支月粮一万六百五十六石

五帮轮运千总二员随帮一员运船六十四只运丁七百六十八名官丁共应支行粮二千三百一十石运丁共应支月粮九千二百一十六石

六帮轮运千总二员随帮一员运船二十九只运丁三百四十八名官丁共应支行粮一千五十石运丁共应支月粮四千一百七十六石

七帮轮运千总二员随帮一员运船五十七只运丁六百八十四名官丁共应支行粮二千五十八石运丁共应支月粮八千二百八石

八帮轮运千总二员随帮一员运船三十一只运丁三百七十二名官丁共应支行粮一千一百二十二石运丁共应支月粮四千四百六十四石

九帮轮运千总二员随帮一员运船四十五只运丁五百四十名官丁共应支行粮一千六百二十六石运丁共应支月粮六千四百八十石

卷二十八・官丁廪粮・卫帮额支・江安河・兴武卫

头帮轮运千总二员随帮一员运船二十三只运丁二百七十六名官丁共应支行粮八百三十四石运丁共应支月粮三千三百一十二石

二帮轮运千总二员随帮一员运船三十八只运丁四百五十六名官丁共应支行粮一千三百七十四石运丁共应支月粮五千四百七十二石

三帮轮运千总二员随帮一员运船五十六只运丁六百七十二名官丁共应支行粮二千二十二石运丁共应支月粮八千六十四石

四帮轮运千总二员随帮一员运船五十九只运丁七百零八名官丁共应支行粮二千一百三十石运丁共应支月粮八千四百九十六石

五帮轮运千总二员随帮一员运船五十五只运丁六百六十名官丁共应支行粮一千九百八十六石运丁共应支月粮七千九百二十石

六帮轮运千总二员随帮一员运船七十一只运丁八百五十二名官丁共应支行粮二千五百六十二石运丁共应支月粮一万二百二十四石

七帮轮运千总二员随帮一员运船三十四只运丁四百零八名官丁共应支行粮一千二百三十石运丁共应

支月粮四千八百九十六石

八帮轮运千总二员随帮一员运船六十六只运丁七百九十二名官丁共应支行粮二千三百八十二石运丁共应支月粮九千五百零四石

九帮轮运千总二员随帮一员运船二十四只运丁二百八十八名官丁共应支行粮八百七十石运丁共应支月粮三千四百五十六石

查江兴两卫共一十八帮内兑运江宁府属漕粮之兴武二九江淮九等三帮兑运镇江府属溧阳县漕粮之江淮三六等两帮本色行月二粮在江宁南屯米内支给折色行月银两在江宁等府卫编解江安粮道漕项银内支给其协运苏常镇太四府州属漕粮之江淮头江淮二江淮四兴武头兴武五兴武六等帮本色行粮俱在兑漕各州县额编江安粮道省仓南米项下支给又兑运松江府属漕粮之江淮五七八兴武三四七八等帮并兴武六帮找兑松粮漕白丁船每船应支行粮于乾隆二十八年题准将苏松粮道所属松江扬仓项下编征米七千八百余石与江道苏太省仓之米按数拨换就近支给各帮行粮每年每船约派支米十九石零其不敷米石仍于江常镇等属额编省仓项下顺道拨足再有不敷仍于靖江句容二县找足至各帮折色行粮俱在苏松常镇等府解交江安粮道漕项银内支给安家月粮坐派南屯二粮内兑漕各州县就近支给折色月粮银两在江宁等府属编解江安粮道库内漕项项下支给再两卫各帮俱有加一裁减之船其行月银米照数分给现运各船

安徽宁太庐凤淮扬徐滁等府州各卫帮除安庆一卫照粮计丁外其余各帮每船派丁十名每官丁行粮有二石四斗二石六斗二石八斗三石者每丁月粮有八石九石九石六斗十二石者行粮折色每石有四钱八钱一两一两二钱者月粮折色每石有三钱四钱五钱八钱一两者有照均平则例半本半折者有月粮全给折色银两者例各不同俱于各卫帮下开载

卷二十八·官丁廪粮·卫帮额支·江安河·安庆卫

前帮轮运千总二员随帮一员现运船五十六只运丁照粮科算以载粮三十石派给一丁行月现应九百三十九名二分官丁行粮每名二石八斗应支二千六百三十五石三斗六升屯丁月粮每丁九石六斗应支九千一十六石三斗二升本折各半行粮折色每石折银一两二钱月粮折色每石折银一两行月二粮本色在安庆府支给折色在江安粮道库支给

后帮轮运千总二员随帮一员现运船五十五只运丁照粮科算现应九百四十名八分官丁应支行粮二千六百三十九石八斗四升屯丁应支月粮九千三十一石六斗八升支给例俱同前帮

卷二十八·官丁廪粮·卫帮额支·江安河·新安卫

池州帮轮运千总二员随帮一员现运船四十六只屯丁每船十名共四百六十名每官丁行粮三石共应支一千三百八十六石屯丁月粮每丁九石六斗共应支四千四百一十六石本折各半折色行粮每石折银一两二钱折色月粮每石折银一两行月本色米石在池州府属支给折色银两在江安粮道库支给

卷二十八·官丁廪粮·卫帮额支·江安河·宣州卫

宣州帮轮运千总二员随帮一员现运船四十五只屯丁四百五十名每官丁行粮三石共应支一千三百五十六石屯丁月粮每丁九石六斗共应支四千三百二十石本折各半折色行粮每石折银一两二钱折色月粮每石折银一两行月本色米石在宁国府属支给折色在江安粮道库支给

卷二十八·官丁廪粮·卫帮额支·江安河·建阳卫

宁太帮轮运千总二员随帮一员现运船九十只屯丁九百名每官丁行粮三石共应支二千七百六石屯丁月粮每丁九石六斗共应支八千六百四十石本折各半折色行粮每石折银一两二钱折色月粮每石折银一两行月本色米石在太平府属支给折色银两在江安粮道库支给

卷二十九·官丁廪粮·卫帮额支·江安粮道属庐州卫

头帮轮运千总二员随帮一员现运船二十八只屯丁二百八十名每官丁行粮二石八斗共应支七百八十九石六斗屯丁月粮每丁一十二石共应支三千三百六十石

二帮轮运千总二员随帮一员现运船七十四只屯丁七百四十名每官丁行粮三石共应支二千二百二十六石屯丁月粮每丁一十二石共应支八千八百八十石

三帮轮运千总二员随帮一员现运船七十七只屯丁七百七十名每官丁行粮三石共应支二千三百一十六石屯丁月粮每丁一十二石共应支九千二百四十石

查庐州头二三帮行粮一半本色麦石乃名本实折每石折银五钱一半折色每石折银四钱月粮米石本折各半一半折色每石折银三钱行粮本折均在淮安仓项下支给月粮本色在庐州府属支给折色在江安粮道库支给

卷二十九·官丁廪粮·卫帮额支·凤阳卫

凤阳常州帮轮运千总二员随帮一员现运船七十七只屯丁七百七十名每官丁行粮三石共应支二千三百一十六石屯丁月粮每丁九石六斗共应支七千三百九十二石

凤中常州帮轮运千总二员随帮一员现运船五十四只屯丁五百四十名每官丁行粮三石共应支一千六百二十六石屯丁月粮每丁九石六斗共应支五千一百八十四石

凤中二帮轮运千总二员随帮一员现运船六十九只屯丁六百九十名每官丁行粮三石共应支二千七十六石屯丁月粮每丁九石六斗共应支六千六百二十四石

查凤阳卫三帮行月二粮照例本折各半折色行粮每石折银四钱折色月粮内前五个月每石折银五钱后七个月每石折银三钱本色行月在江安粮道漕项苏松粮道淮扬寿镇等仓支给折色行月在江安粮道凤淮等仓项下支给三帮内俱有加一裁减之船行月银米照数分给现运各船再查原凤中三帮十六船内归并宿州头帮之船六只扬州二帮之船四只计支给行月屯丁九十九名外派缺丁一名不支行月原庐州四帮前归凤中三帮今并宿州二帮之船六只每船十丁照支行月共计实支行月屯丁一百五十九名每名行粮二石八斗共应支四百四十五石二斗内一半本色行粮麦乃名本实折每石折银五钱一半折色行粮麦每石折银四钱至月粮项下归并宿州头帮扬州二帮之十船运丁九十九名每名应支月粮九石六斗共九百五十石四斗内一半本色麦二百七十七石二斗每石五钱折给米一百九十八石每石九钱折给一半折色月粮内前五个月每石折银五钱后七个月每石折银三钱本折均于江道凤仓项丁支给归并宿州二帮之六船屯丁六十名每名应支月粮十二石本折各半折色每石折银三钱本折俱于江安粮道漕项支给

卷二十九·官丁廪粮·卫帮额支·淮安卫

淮安头帮轮运千总二员随帮一员现运船五十只屯丁五百名兑运苏粮之年每官丁行粮三石共应支一千五百六石屯丁月粮每名十二石共应支六千石本折各半行粮折色每石四钱月粮折色每石三钱本折俱在苏道项下支给兑运淮粮之年每官丁行粮二石八斗共应支一千四百五石六斗每名应支一半本色麦一石四斗内实支麦九斗七八升零余系每石五钱折给每名应支一半折色麦一石四斗每石四钱折给月粮每名十二石共应支六千石内前六个月每名六石内应支一半本色粮三石每石折银八钱应支一半折色粮三石每石折银三钱后六个月每名六石内应支一半本色米麦豆实支二石二斗零余系每石折银八钱应支一半折色米麦豆三石每石折银三钱其行月本折俱在江安粮道漕项及淮仓支给

淮安二帮轮运千总二员随帮一员现运船五十一只屯丁五百一十名兑运苏粮之年每官丁行粮三石共应支一千五百三十石屯丁月粮每名十二石共应支六千一百二十石兑运淮粮之年每官丁行粮二石八斗共应支一千四百三十三石六斗月粮每名十二石共应支六千一百二十石行月支给例与头帮同

淮安三帮轮运千总二员随帮一员现运船三十六只屯丁三百六十名每官丁行粮二石八斗共应支一千一十三石六斗内应支一半本色行粮米乃名本实折每石折银九钱一半折色行粮米每石折银四钱月粮每丁八石

共应支二千八百八十石本折各半内支给一半本色米麦豆一千四百四十石一半折色米麦豆每石折银三钱本折行月在江安粮道库漕项及徐仓归并淮仓项下支给

淮安四帮轮运千总二员随帮一员现运船二十六只屯丁二百六十名每官丁行粮三石共应支七百八十六石内应支一半本色行粮麦乃名本实折每石折银五钱一半折色行粮麦每石折银四钱月粮每丁九石共应支二千三百四十石本折各半内一半本色月粮米麦豆一千一百七十石于江安苏松二道漕项等款支给一半折色月粮米麦豆每石折银三钱于江安粮道库漕项并淮仓项下支给

查淮安头二两帮递年轮流派兑江南江北水次故支给行月有江南江北多寡之分如派运苏常二府之年则又减除灰石行月照例扣解再查淮安头帮每船每年在卫有应完屯粮七石一斗一升零二帮每船每年在卫有应完屯粮一十三石三斗八升零原附载帮归入头二帮一十四船每船每年在卫有应完屯粮一石一斗零乾隆三十一年题准于该二帮应领月粮内按数划抵以免领纳之烦

卷二十九·官丁廪粮·卫帮额支·扬州卫

扬州头帮轮运千总二员随帮一员现运船七十四只屯丁七百四十名每官丁行粮三石共应支二千二百二十六石屯丁月粮每丁一十二石共应支八千八百八十石照例半本半折行粮折色每石折银四钱月粮折色每石折银三钱行月本折俱在苏松粮道扬镇等仓并军储项下派支

扬州二帮轮运千总一员随帮一员现运船五十四只又凤中三帮归并船四只共船五十八只原运屯丁五百四十名又增凤中三帮屯丁四十名内派缺丁四分不支行月实支行月丁三十九名六分共屯丁五百七十九名六分每官丁行粮二石八斗共应支行粮一千六百二十八石四斗八升内一半本色麦乃名本实折每石折银五钱一半折色麦每石折银四钱在江安粮道仓项下支给屯丁月粮内扬州二帮每名一十二石实应支月粮米六千四百八十石例系本折各半折色一半每石三钱本折俱在江安粮道漕项银米内支给凤中三帮每名应支月粮九石六斗共应支月粮三百八十石一斗六升其应支本折例见凤阳卫帮后

扬州三帮轮运千总二员随帮一员现运船九十六只屯丁九百六十名每官丁行粮二石八斗共应支二千六百九十三石六斗内一半本色麦乃名本实折每石折银五钱一半折色麦每石折银四钱在江安粮道淮仓项下支给屯丁月粮每名一十二石其应支一万一千五百二十石本折各半在江安粮道库漕项银米内支给

仪征帮轮运千总二员随帮一员现运船七十四只屯丁七百四十名每官丁行粮三石共应支二千二百二十六石屯丁月粮每丁一十二石共应支八千八百八十石本折各半行粮折色每石四钱月粮折色每石三钱行月本折俱在苏松粮道扬镇等仓并军储项下派支

卷二十九·官丁廪粮·卫帮额支·徐州卫

江北帮轮运千总二员随帮一员现运船五十九只屯丁五百九十名每官丁行粮二石六斗共应支行粮一千五百三十九石二斗内应支一半本色麦乃名本实折每石折银五钱一半折色每石折银八钱屯丁月粮每名九石六斗共应支五千六百六十四石本折各半一半折色每石折银八钱行月本折俱在江安粮道徐仓项下派支

河南前帮协运豫粮轮运千总二员随帮一员现运船四十九只屯丁四百九十名每官丁行粮二石四斗共应支一千一百八十石八斗屯丁月粮每丁九石六斗共应支四千七百四石半本半折行月折色俱每石八钱行粮本折在河南粮道库支给月粮本折俱在江安粮道徐仓项下支给

河南后帮协运豫粮轮运千总二员随帮一员现运船四十八只屯丁四百八十名每官丁行粮二石四斗共应支一千一百五十六石八斗屯丁月粮每丁九石六斗共应支四千六百八石支给例与前帮同

查徐州河南前后及江北等三帮每船应支月粮内一半本色四十八石旧例抵兑各船应纳屯粮不支不纳

卷二十九·官丁廪粮·卫帮额支·滁州卫

滁苏帮轮运千总二员随帮一员现运船四十八只屯丁四百八十名每官丁行粮三石共应支一千四百四十

六石屯丁月粮每丁九石六斗共应支四千六百八石本折各半折色行粮每石四钱折色月粮内前九个半月每石折银五钱后两个半月每石折银三钱行月本色在和州含山县支给折色在江安粮道库支给

卷二十九·官丁廪粮·卫帮额支·泗州卫

泗州前帮轮运千总二员随帮一员现运船五十二只屯丁五百二十名兑运苏粮之年每官丁行粮三石共应支一千五百六十六石屯丁月粮每名十二石共应支六千二百四十石本折各半行粮折色每石四钱月粮折色每石三钱本折俱在苏松粮道项下支给兑运淮粮之年每官丁行粮二石八斗共一千四百六十一石六斗内每名应支一半本色麦一石四斗内实支麦一石六七升零余系每石折银五钱每名应支一半折色麦一石四斗每石折银四钱月粮每名十二石共六千二百四十石内前六个月应支一半折色粮三石每石折银八钱应支一半本色麦三石每石折银三钱后六个月应支一半本色米麦豆实支二石二斗零余系每石折银八钱应支一半折色米麦豆三石亦系折银三钱其行月本折俱在江安粮道漕项及淮仓项下支给

泗州后帮轮运千总二员随帮一员现运船五十六只屯丁五百六十名兑运苏粮之年每官丁行粮三石共应支一千六百八十六石屯丁月粮每名十二石共应支六千七百二十石轮兑淮粮之年每官丁行粮二石八斗共应支一千五百七十三石六斗屯丁月粮每名十二石共应支六千七百二十石支给例与前帮同

卷二十九·官丁廪粮·卫帮额支·大河卫

大河前帮轮运千总二员随帮一员现运船三十八只屯丁三百八十名每官丁行粮二石八斗共应支一千六十九石六斗内每名应支一半本色麦一石四斗内实支麦九斗四五升零余系每石折银五钱每名应支一半折色麦一石四斗每石折银四钱月粮每名十二石共应支四千五百六十石前六个月应支一半本色每石折银八钱应支一半折色每石折银三钱后六个月应支一半本色实支麦二石二斗零余系每石折银八钱应支一半折色每石折银三钱行月本折俱在江安粮道漕项及淮仓项下支给

大河二帮轮运千总二员随帮一员现运船四十八只屯丁四百八十名每官丁行粮三石共应支一千四百四十六石屯丁月粮每丁一十二石共应支五千七百六十石照例半本半折行粮折色每石四钱月粮折色每石三钱均在苏松粮道扬镇等仓项下支给

大河三帮轮运千总二员随帮一员现运船六十三只屯丁六百三十名每官丁行粮三石共应支一千八百九十六石屯丁月粮每丁一十二石共应支七千五百六十石支放行月例与二帮同

查大河卫三帮每船每年在卫有应完屯粮四石七升六合八勺乾隆三十三十一等年准令各该帮于应领月粮内照数扣抵以免领纳之烦

卷二十九·官丁廪粮·卫帮额支·长淮卫

长淮头帮轮运千总二员随帮一员现运船四十六只屯丁四百六十名每官丁行粮三石共应支一千三百八十六石屯丁月粮每丁九石六斗共应支四千四百十六石照例半本半折折色行粮每石四钱折色月粮前五个月米每石折银五钱后七个月麦每石折银三钱行月本折在江安粮道漕项及淮凤等仓并改派苏松粮道扬镇等仓项下支给该帮加一裁船五只行月分给现运各丁

长淮三帮轮运千总二员随帮一员现运船三十三只屯丁三百三十名例与本卫四帮递年轮兑徐州常州二府漕粮轮兑常粮之年每官丁行粮三石照例本折各半折色行粮每石折银四钱屯丁月粮每名九石六斗本折□□□斗折色月粮每石系照兑运徐粮之年折色银数支给每船共给银十七两八钱俱在苏松粮道扬镇等仓项下派支兑运徐粮之年每官丁行粮二石八斗内一半本色麦乃名本实折每石折银五钱一半折色粮每石折银四钱月粮每名九石六斗内一半本色每船派支怀远县米一十二石照例本折兼支一半折色每石五钱定远县麦十二石照例本折兼支一半折色麦每石四钱又寿州麦四十石不分本折每石折银三钱又每船派支徐仓麦三十二石内一半本色麦每石折银五钱一半折色麦每石折银四钱行月本折在江安粮道漕项及徐仓项下支给

长淮四帮轮运千总二员随帮一员现运船三十九只屯丁三百九十名轮兑徐常二属漕粮行月支给事例与三帮同宿州头帮轮运千总二员随帮一员现运船二十只又凤中三帮归并船六只共船二十六只原派屯丁二百名又凤中三帮归并屯丁六十名内派缺丁六分不支行月实派支行月丁五十九名四分共屯丁二百五十九名四分每官丁行粮二石八斗共应支行粮七百三十一石九斗二升内宿州头帮应支一半本色行粮乃名本实折每石折银九钱一半折色行粮每石折银四钱屯丁月粮每名九石六斗共应支二千四百九十石二斗四升内宿州头帮派支一半本色月粮只支漕项米麦每船三十二石二斗零余系折银九钱一半折色月粮每石折银三钱行月本折在江安粮道漕项及凤淮二仓项下支给凤中三帮应支行月例见凤阳卫帮宿州二帮轮运千总二员随帮一员原运船四十六只又庐州四帮前并凤中三帮今并宿州二帮船六只共船五十二只原运屯丁四百六十名又增原庐州四帮屯丁六十名共屯丁五百二十名运随每员行粮二石八斗宿州二帮每丁行粮三石庐州四帮每丁行粮二石八斗共应支行粮一千五百五十三石六斗内宿州二帮行粮本折各半折色每石折银四钱本折均在山东德州支给屯丁月粮宿州二帮庐州四帮均系每名一十二石共应支六千二百四十石内宿州二帮月粮应支一半本色每船只支漕项米一十二石五斗零其余应支鳳仓本色麦二十八石二斗零每石折银五钱应支鳳仓本色米一十九石二斗零每石折银九钱一半折色月粮内每船应支折色米一十二石五斗八升零每石折银五钱应支折色麦四十七石四斗一升零每石折银三钱本折月粮在江安粮道漕项及凤仓项下支给至原庐州四帮行月本折各数已见凤阳卫帮再宿州二帮行粮原系二石八斗月粮原系九石六斗雍正十三年每船加添行粮二石月粮二十四石数目较昔加增

卷二十九・官丁廪粮・卫帮额支・江苏省

苏松粮道属四卫九帮又白粮三帮运随帮弁例不支给行粮内苏太镇三卫每丁行粮三石月粮九石六斗本折各半折色行粮每石一两二钱折色月粮每石一两凡有增减船只按照现运船数支给其白粮三帮内苏州五十五只松江四十五只常州三十六只均系通漕船内抽选兑运应给行月均照漕船之例经费银两见白粮事例本条

卷二十九・官丁廪粮・卫帮额支・江苏省・苏州卫

前帮轮运千总二员随帮一员现运船七十五只屯丁七百五十名共应支行粮二千二百五十石月粮七千二百石半本半折俱于苏州府属州县卫军储屯粮银米内支给

后帮轮运千总二员随帮一员现运船七十四只屯丁七百四十名共应支行粮二千二百二十石月粮七千一百四石支给例同前帮

卷二十九・官丁廪粮・卫帮额支・江苏省・太仓卫

前帮轮运千总二员随帮一员现运船四十七只屯丁四百七十名共应支行粮一千四百一十石月粮四千五百一十二石半本半折俱于苏州府属州县卫军储屯粮银米内支给

后帮轮运千总二员随帮一员现运船四十七只屯丁四百七十名共应支行粮一千四百一十石月粮四千五百一十二石支给例同前帮

卷二十九・官丁廪粮・卫帮额支・江苏省・镇海卫

前帮轮运千总二员随帮一员现运船三十六只屯丁三百六十名共应支行粮一千零八十石月粮三千四百五十六石照例半本半折俱于苏州府属州县卫军储屯粮银米内支给

后帮轮运千总二员随帮一员现运船三十七只屯丁三百七十名共应支行粮一千一百一十石月粮三千五百五十二石支给例同前帮金山帮轮运千总二员随帮一员现运船三十四只屯丁三百四十名共应支行粮一千二十石月粮三千二百六十四石半本半折俱于松江府属县卫编征行月项下支给

查苏太镇三卫行月之外每船给贴运银二十两二钱零在粮道库内支给金山帮亦有每船赡运银二十一两

四钱零在粮道库支给

卷二十九·官丁廪粮·卫帮额支·江苏省·镇江卫

镇江前帮轮运千总二员随帮一员现运船八十八只屯丁八百八十名每丁行粮二石九斗七升五合共应支二千六百一十八石每丁月粮九石六斗四合共应支八千三百六十三石五斗二升半本半折行粮每石折银一两二钱月粮每石折银一两行月本折在苏松粮道镇仓项下支给

镇江后帮轮运千总二员随帮一员现运船八十七只屯丁八百七十名共应支行粮二千五百八十八石二斗五升月粮八千二百六十八石四斗八升支给例同前帮

卷三十·官丁廪粮·卫帮额支·浙江省

浙江粮道属七卫一所二十一帮领运员弁兼支行粮每官丁行粮三石月粮九石六斗本折各半折色行粮每石折银一两二钱每船月粮九十六石例应本折各半因宁波前后绍兴前后台州前后温州前后处州前后金衢所严州所等十二帮例在浙东八府支给应支一半本色月粮除支杭嘉湖三府属每年派剩之米每船约十石八九石不等外余准照灰石之例改折每石折银一两二钱其一半折色月粮每石折银七钱至杭严卫头二三四帮嘉卫嘉白湖所湖白海所等九帮例在杭州嘉兴湖州三府属支给应给一半本色月粮照支米石一半折色月粮每石七钱支给凡遇增减船只按照现运船数加减再浙省各帮月粮折色银原编每石一两因顺治十八年兵饷不敷扣减三钱实给七钱乾隆三十年题准将浙東宁波前后等十二帮月粮折色照旧每石增复三钱仍给一两五十年题准浙西杭严头等九帮亦照旧增给三钱以符一两原额

卷三十·官丁廪粮·卫帮额支·浙江省·宁波卫

宁波前帮轮运千总二员随帮一员现运船五十八只屯丁五百八十名每官丁行粮三石共应支一千七百四十六石本折各半一半折色每石一两二钱屯丁月粮每名九石六斗共应支五千五百六十八石内派支一半本色每年每船只搭放杭属粮十石或八九石不等余系每石一两二钱折给一半折色每石折银一两行粮本色在嘉兴府属支给其行月折银俱在浙江粮道库支给

宁波后帮轮运千总二员随帮一员现运船五十四只屯丁五百四十名每官丁行粮三石共应支一千六百二十六石照例本折各半一半折色每石一两二钱月粮每名九石六斗共应支五千一百八十四石支给例同前帮

卷三十·官丁廪粮·卫帮额支·浙江省·台州卫

台州前帮轮运千总二员随帮一员现运船五十六只屯丁五百六十名每官丁行粮三石共应支一千六百八十六石本折各半一半折色每石一两二钱月粮每名九石六斗共应支五千三百七十六石内一半本色每年每船只搭放杭属米十石或八九石不等余系每石折银一两二钱一半折色每石折银一两行粮本色在湖州府属支给行月折银俱在浙江粮道库支给

台州后帮轮运千总二员随帮一员现运船六十五只屯丁六百五十名每官丁行粮三石共应支一千九百五十六石照例本折各半一半折色每石一两二钱月粮每名九石六斗共应支六千二百四十石支给例同前帮

卷三十·官丁廪粮·卫帮额支·浙江省·温州卫

温州前帮轮运千总二员随帮一员现运船五十二只屯丁五百二十名每官丁行粮三石共应支一千五百六十六石本折各半一半折色每石一两二钱月粮每名九石六斗共应支四千九百九十二石内一半本色每年每船只搭放杭属米十石或八九石不等余系每石折银一两二钱一半折色每石一两行粮本色在湖州府属支给行月折银俱在浙江粮道库支给温州后帮轮运千总二员随帮一员现运船五十只屯丁五百名每官丁行粮三石共应支一千五百六石照例本折各半一半折色每石折银一两二钱月粮每名九石六斗共应支四千八百石支给例同

前帮

卷三十・官丁廪粮・卫帮额支・浙江省・处州卫

处州前帮轮运千总二员随帮一员现运船五十只屯丁五百名每官丁行粮三石共应支一千五百六石本折各半一半折色每石折银一两二钱月粮每名九石六斗共应支四千八百石内一半本色每年每船只搭放杭属米十石或八九石不等余系每石折银一两二钱一半折色每石一两行粮本色在嘉兴府属支给行月折银俱在浙江粮道库支给处州后帮轮运千总二员随帮一员现运船五十七只屯丁五百七十名每官丁行粮三石共应支一千七百一十六石照例本折各半一半折色每石折银一两二钱月粮每名九石六斗共应支五千四百七十二石本色行粮在湖州府属支领其行月折银俱在浙江粮道库支给

卷三十・官丁廪粮・卫帮额支・浙江省・绍兴卫

绍兴前帮轮运千总二员随帮一员现运船六十四只屯丁六百四十名每官丁行粮三石共应支一千九百二十六石本折各半一半折色每石折银一两二钱月粮每名九石六斗共应支六千一百四十四石内一半本色每年每船只搭放杭属米十石或八九石不等余系每石折银一两二钱一半折色每石一两行粮本色在嘉兴府属支给行月折银俱在浙江粮道库支给

绍兴后帮轮运千总二员随帮一员现运船六十三只屯丁六百三十名每官丁行粮三石共应支一千八百九十六石照例本折各半一半折色每石折银一两二钱月粮每名九石六斗共应支六千四十八石支给例同前帮

金衢所帮轮运千总二员随帮一员现运船五十四只屯丁五百四十名每官丁行粮三石共应支一千六百二十六石本折各半一半折色每石一两二钱月粮每名九石六斗共应支五千一百八十四石行粮本色在湖州府属支给行月折银俱在浙江粮道库支给

卷三十・官丁廪粮・卫帮额支・浙江省・杭严卫

严州所帮轮运千总二员随帮一员现运船五十一只屯丁五百一十名每官丁行粮三石共应支一千五百三十六石本折各半一半折色每石折银一两二钱月粮每名九石六斗共应支四千八百九十六石内一半本色每年每船只搭放杭属米十石或八九石不等余系每石折银一两二钱一半折色每石一两行粮本色在嘉兴府属支给行月折银俱在浙江粮道库支给

杭严头帮轮运千总二员随帮一员现运船五十只屯丁五百名每官丁行粮三石共应支一千五百六石本折各半一半折色每石一两二钱月粮每名九石六斗共应支四千八百石亦系本折兼支一半折色每石七钱行月本色在杭州府属支给折色在浙江粮道库支给二帮四帮同

杭严二帮轮运千总二员随帮一员现运船五十四只屯丁五百四十名每官丁行粮三石共应支一千六百二十六石本折各半一半折色每石折银一两二钱月粮每名九石六斗共应支五千一百八十四石亦系本折兼支一半折色每石七钱支给例同前帮

杭严三帮轮运千总二员随帮一员现运船五十四只屯丁五百四十名每官丁行粮三石共应支一千六百二十六石本折各半一半折色每石一两二钱月粮每名九石六斗共应支五千一百八十四石亦系本折兼支一半折色每石七钱行月本色在嘉兴府属支给折色在浙江粮道库支给

杭严四帮轮运千总二员随帮一员现运船六十只屯丁六百名每官丁行粮三石共应支一千八百六石本折各半一半折色每石一两二钱月粮每名九石六斗共应支五千七百六十石亦系本折兼支一半折色每石七钱支给例同头帮

卷三十・官丁廪粮・卫帮额支・浙江省・嘉湖卫

嘉兴帮轮运千总二员随帮一员现运船四十四只屯丁四百四十名每官丁行粮三石共应支一千三百二十

六石本折各半一半折色每石一两二钱月粮每名九石六斗共应支四千二百二十四石亦系本折兼支一半折色每石七钱行月本色在嘉兴府属支给折色在浙江粮道库支给

湖州所帮轮运千总二员随帮一员现运船三十九只屯丁三百九十名每官丁行粮三石共应支一千一百七十六石本折各半一半折色每石一两二钱月粮每名九石六斗共应支三千七百四十四石亦系本折兼支一半折色每石七钱行月本色在湖州府属支给折色在浙江宁道库支给

海宁所帮轮运千总二员随帮一员现运船四十二只屯丁四百二十名每官丁行粮三石共应支一千二百六十六石本折各半一半折色每石折银一两二钱月粮每名九石六斗共应支四千三十二石亦系本折兼支一半折色每石七钱行月本色在杭州府属支给折色在浙江粮道库支给

查浙江永运白粮船二帮内嘉兴白粮帮船七十六只湖州白粮船四十五只官丁廪粮向在经费银内支给康熙四十三年裁减经费银米行月二粮照依漕船之例即按照原选漕船原佥屯丁归于各该卫帮支领其一应经费银两解运兑收各事宜均于白粮事例内开载又乾隆二十二十八等年宁波前帮裁船十三只后帮裁船六只温州前帮裁船三只杭州二帮裁船二只绍兴前帮裁船十五只金衢所帮裁裁船只湖州白粮帮裁船五只裁船行月钱粮俱加给各本帮现运之丁

卷三十·官丁廪粮·卫帮额支·江西省

江西粮道属三卫八所原共十四帮今并为十三帮领随员弁兼支行粮每官丁行粮三石俱系折色每石折银六钱在于过湖银内动支每丁月粮九石六斗俱系折色每石折银五钱内六分于仓米银内动支四分于屯粮银内动支又江西省米多船少俱系倍载其行月总以正米四百石为一浅按米支给于各帮下注明凡有增减船只按照现行则例增减乾隆二十四年该省加一裁船七十只行月加给现运乾隆三十六年题准折色行月二粮每石概以七钱折给

卷三十·官丁廪粮·卫帮额支·江西省·南昌卫

前帮轮运守备千总各一员随帮一员现运船五十六只屯丁五百六十名应支行月二粮例按装运粮数派支每正米一石给行粮米七升五合月粮米二斗四升官丁共应支行粮米三千一百九石二斗九合三勺每石七钱折银二千一百七十六两四钱四分零屯丁共应支月粮九千九百四十九石四斗六升零每石七钱折银六千九百六十四两六钱二分零

后帮轮运千总二员随帮一员现运船五十四只屯丁五百四十名应支行月二粮例按装运粮数派支每正米一石给行粮米七升五合月粮米二斗四升官丁共应支行粮米二千九百九十八石一斗六升零每石七钱折银二千九十八两八钱七分零屯丁共应支月粮米九千五百九十四石一斗三升零每石七钱折银六千七百一十五两八钱九分零袁州卫帮轮运守备千总各一员随帮一员现运船四十三只屯丁四百三十名应支行月二粮例按装运粮数派支每正米一石给行粮米七升五合月粮米二斗四升官丁共应支行粮米二千三百八十七石四斗二升零每石七钱折银一千六百七十一两一钱九分零屯丁共应支月粮米七千六百三十九石七斗七升零每石七钱折银五千三百四十七两八钱三分零

赣州卫帮轮运守备千总各一员随帮一员现运船六十只屯丁六百名应支行月二粮例按装运粮数派支每正米一石给行粮米七升五合月粮米二斗四升官丁共应支行粮米三千三百二十九石六斗七合零每石七钱折银二千三百三十两七钱二分零屯丁共应支月粮米一万六百五十四石七斗四升零每石七钱折银七千四百五十八两三钱一分零

九江前帮轮运千总二员随帮一员现运船四十五只屯丁四百五十名应支行月二粮例按装运粮数派支每正米一石给行粮米七升五合月粮米二斗四升官丁共应支行粮米二千四百九十八石四斗七升零每石七钱折银一千七百四十八两九钱二分零屯丁共应支月粮米七千七百九十五石一斗九合零每石七钱折银五千四百五十一两五钱七分零

后帮轮运千总二员随帮一员现运船五十六只屯丁五百六十名应支行月二粮例按装运粮数派支每正米一石给行粮米七升五合月粮米二斗四升官丁共应支行粮三千一百九石二斗九合零每石七钱折银二千一百七十六两四钱四分零屯丁共应支月粮米九千九百四十九石四斗六升零每石七钱折银六千九百六十四两六钱二分零

卷三十·官丁廪粮·卫帮额支·江西省·吉安守御所

吉安帮轮运千总二员随帮一员现运船五十七只屯丁五百七十名应支行月二粮例按装运粮数派支每正米一石给行粮米七升五合月粮米二斗四升官丁共应支行粮米三千一百六十四石七斗三升零每石七钱折银二千二百一十五两三钱一分零屯丁共应支月粮米一万一百二十七石一斗三升零每石七钱折银七千八十八两九钱九分零

卷三十·官丁廪粮·卫帮额支·江西省·安福守御所

安福帮轮运千总二员随帮一员现运船三十九只屯丁三百九十名应支行月二粮例按装运粮数派支每正米一石给行粮米七升五合月粮米二斗四升官丁共应支行粮米二千一百六十四石二斗四升零每石七钱折银一千五百一十四两九钱六分零屯丁共应支月粮米六千九百二十五石五斗八升零每石七钱折银四千八百四十七两九钱零

卷三十·官丁廪粮·卫帮额支·江西省·永新建昌守御所【原系永新建昌两帮乾隆三十年并为一帮】

永建帮轮运千总二员随帮一员现运船五十二只屯丁五百二十名应支行月二粮例按装运粮数派支每正米一石给行粮米七升五合月粮米二斗四升官丁共应支行粮米二千八百八十六石三斗三升零每石七钱折银二千二十两四钱三分屯丁应支月粮米九千二百三十六石二斗七升每石七钱折银六千四百六十五两三钱八分

卷三十·官丁廪粮·卫帮额支·江西省·抚州守御所

抚州帮轮运千总二员随帮一员现运船三十三只屯丁三百三十名应支行月二粮例按装运粮数派支每正米一石给行粮米七升五合月粮米二斗四升官丁共应支行粮米一千八百三十二石二斗一升零每石七钱折银一千三百八十二两五钱四分零屯丁应支月粮米五千八百六十三石八升每石七钱折银四千一百四两一钱五分零

卷三十·官丁廪粮·卫帮额支·江西省·广信守御所

广信帮轮运千总二员随帮一员现运船四十六只屯丁四百六十名应支行月二粮例按装运粮数派支每正米一石给行粮米七升五合月粮米二斗四升官丁共应支行粮米二千五百五十三石九斗九升零每石七钱折银一千七百八十七两七钱九分零屯丁共应支月粮米八千一百七十二石七斗七升零每石七钱折银五千七百二十两九钱三分零

卷三十·官丁廪粮·卫帮额支·江西省·铅山守御所

铅山帮轮运千总二员随帮一员现运船五十只屯丁五百名应支行月二粮例按装运粮数派支每正米一石给行粮米七升五合月粮米二斗四升官丁共应支行粮米二千七百七十六石七升零每石七钱折银一千九百四十三两二钱四分零屯丁共应支月粮米八千八百八十三石四斗五升零每石七钱折银六千二百一十八两四钱一分零

卷三十·官丁廪粮·卫帮额支·江西省·饶州守御所

饶州帮轮运千总二员随帮一员现运船四十七只屯丁四百七十名应支行月二粮例按装运粮数派支每正米一石给行粮米七升五合月粮米二斗四升官丁共应支行粮米二千六百九石七斗三升零每石七钱折银一千八百二十六两八钱一分零屯丁共应支月粮米八千三百五十一石一斗六升零每石七钱折银五千八百四十五两八钱一分零

卷三十·官丁廪粮·卫帮额支·湖北省

湖北粮道属五卫一所运船一百八十只分为三帮轮运千总六员随帮三员运随支领行粮不支月粮每官丁行粮三石每丁月粮九石六斗行月二粮俱系折色仍分为本折各半本色米石折银七钱折色米石原折银四钱乾隆三十一年题准每石概折银七钱在粮道库支给湖北头帮轮运千总二员随帮一员现运船六十只屯丁六百名官丁共应支行粮一千八百零六石折银一千二百六十四两二钱屯丁共应支月粮五千七百六十石折银四千零三十二两

湖北二帮轮运千总二员随帮一员现运船六十只屯丁六百名官丁共应支行粮一千八百零六石折银一千二百六十四两二钱屯丁兵应支月粮五千七百六十石折银四千零三十二两

湖北三帮轮运千总二员随帮一员现运船六十只屯丁六百名官丁共应支行粮一千八百零六石折银一千二百六十四两二钱屯丁共应支月粮五千七百六十石折银四千零三十二两

卷三十·官丁廪粮·卫帮额支·湖南省

湖南粮道属五卫现运船一百七十八只分为头二三帮轮运千总六员随帮三员每官丁行粮三石每丁月粮九石六斗行月二粮俱系折色仍分为本折各半本色米石原系每石折银六钱乾隆三十年题准照依湖北之例每石加银一钱现系每石折银七钱折色一半每石原折银四钱乾隆三十一年题准每石概折银七钱领运随帮给行粮不支月粮各帮行月二粮在粮道库支给

湖南头帮轮运千总二员随帮一员现运船六十七只屯丁六百七十名官丁共应支行粮二千一十六石折银一千四百一十一两二钱屯丁共应支月粮六千四百三十二石折银四千五百二两四钱

湖南二帮轮运千总二员随帮一员现运船六十三只屯丁六百三十名官丁共应支行粮一千八百九十六石折银一千三百二十七两二钱屯丁共应支月粮六千四十八石折银四千二百三十三两六钱

湖南三帮轮运千总二员随帮一员现运船四十八只屯丁四百八十名官丁共应支行粮一千四百四十六石折银一千一十二两二钱屯丁共应支月粮四千六百八石折银三千二百二十五两六钱该帮有湖北武左卫拨入四船乾隆二十九年裁汰粮米分洒四十八船之内加装減存行月折色共银二百五十二两充饷其每年湖北武左卫摊助运费等银五百七十二两五钱乾隆三十一年咨准该帮与武左卫各半分支

以上各卫所帮船乾隆三十七五十一六十等年及嘉庆四七十三十四十五十九二十二十一等年裁汰停造各案共计划除五十四只现在支领行月本折等粮均系按照每年起运船数核给

一湖北武昌左卫应征军帮银三千三百两内因屯坐地方迭遭兵燹各军丁间有逃亡故绝计无著银五百三十九两八钱二分三厘准自咸丰八年为始暂缓催征仍严饬该卫设法招徕随时编查按丁起派以符原额【同治元年】

卷三十一·官丁廪粮·行月例款

一直隶通津二卫今改通津二所协运豫省漕粮通州所月粮向系部拨本色今半本在于中仓支给半折每石折价八钱赴坐粮厅支领天津所月粮向在天津仓全支本色今改在河南粮道本折均平支给【议单旧本】

一行月二粮载入全单务同漕粮并兑如正粮已完而行月不给者官以悮漕参处吏以侵扣究罪【顺治三年】

一江南省额征南屯二米原编给运丁安家月粮顺治二年因兵马云集南米改充兵饷月粮缺额九年题明漕项归漕先尽南米支给运军余剩米石留充该省兵米

一官丁行粮务派现兑水次兑交如果不足方派贴邻州县运船一到如数给发如有违悮过期及远派隔府隔县以及包揽折干者总漕题参重处【顺治十年】

一各省运军行月除湖广江西行月全支折色外其浙江江南山东河南等省行月二粮概以半征本色半征折色均平支给【顺治十一年】

一运军行月向例扣除三个月折银解京以防挂欠名为防欠顺治十三年题定尽数给丁毋得扣留短发致累官丁

一苏州太仓镇海三卫旧例行粮全支本色月粮全支折色每石原折五钱顺治十三年题定行月二粮改为本折各半其折色行粮每石一两二钱折色月粮每石一两于军储兵局二粮内凑支

一金松二卫所旧例行粮全支本色月粮全支折色顺治十三年题定行月二粮改为本折各半半折行粮每石一两二钱减米征银半折月粮照依原折每石一两编征支给

一镇江卫旧例行粮全支本色月粮全支麦折每石原折银三钱五分顺治十三年题定行月二粮改征本折各半半折行粮每石八钱减米征银半折月粮因原定麦折过少酌改五钱编征支给

一安庆徽州宁国太平四府所属安新宣建四卫旧例行月本折不等顺治十三年题定本折均平行粮每石折银一两二钱月粮每石折银一两安庆卫行月本色除将万亿安粮二项尽数支给不敷米石于怀桐等县南粮米内找支行月折色除拨给屯粮操饷新垦等银尚不敷银两于皖属县卫成熟田地编征新安宣州建阳三卫一半本折在原派徽宁太三府属南米内支给不敷折色亦于民屯田亩内加编

一淮大邳泗等卫旧例行粮坐派淮仓月粮在于济漕四税及屯粮内支给俱系全支折色顺治十三年题定行粮于解仓折色内分出半本月粮原在屯粮支给者照例改为半本半折其在四税项下应支半本每石给银八钱于各卫所减存银两项下通融支给半折仍照旧额支领

一江西省行月向例全支折色行粮每石折银五钱月粮每石折银四钱顺治十三年题定无分本折每石增银一钱行粮改给六钱月粮改给五钱于过湖屯粮仓米等项银内裒增嗣因加增不敷行月无款可动顺治十五年题准每船原设一旗九散十散十一散者概作一旗九散即以扣除旗散行月抵补加增尚不敷加增银两于屯粮籽粒内每石加增银一钱以敷支给

一江北扬州府属各卫帮行粮坐派淮仓向系全支折色每石折银四钱月粮系在扬属并苏松常镇协济米折银内动支每石征银六钱三钱给运丁三钱给操丁顺治十五年题定行粮于淮仓项下改征半本月粮于原给运丁三钱之内分出半本半折本色月粮额派苏松镇三属并扬通二属支领折色月粮额派苏松者听苏松粮道派给其派扬通镇三属者解江安粮道支给

一江宁各卫行粮旧例全支本色月粮本折各半折色每石五钱顺治十三年题定本折均平除一半本色照支其一半折色行粮每石折银一两二钱月粮每石折银一两十八年因兵饷不敷题准各卫月粮每石扣银三钱给银七钱其加增折色银两于嘉定等县漕折加征并草场苜蓿裁省工食等银内支给

一徐州卫河南帮分为徐州卫河南前后两帮协运豫省漕粮行月二粮向在徐仓支给行粮折色每石四钱月粮折色每石三钱康熙七年行月折色每石改给银八钱

一河南省领运官丁例系直隶山东江北帮船协运月粮向于各本处地方支领行粮于临德诸仓支领惟临清后平山前后三帮行粮在河南全支本色顺治十三年题定改给半折每石定价八钱不敷银两于清理人丁银内抵补康熙九年豫省应解临德二仓运军行月改解粮道衙门随粮支放所有德左任城平山天津等帮本折行月二粮临清卫本折行粮并折色月粮以及通州帮本折行粮俱改赴河南粮道支给其临清卫一半折色月粮仍在临清仓支给江北各帮行月二粮仍在淮徐凤三仓支给

一浙江省旧例行粮全支本色派于杭嘉湖三属月粮本折不等派于通省十一府顺治十二年题定本折均平除半本照支外折色行粮每石定价一两二钱折色月粮每石定价七钱十三年题准宁绍等府所派本色月粮照依时价征银赴省买米给军康熙十年题准宁绍等八府一半月粮本色照灰石折漕定价每石一两二钱征给运丁杭

嘉湖三府属州县仍征本色支给

一湖广省行月二粮向来定有半本半折之例该省每年十军原支行粮三十石月粮六十八石每石折银四钱此外尚有安家粮银多寡不

一康熙十年议定安家赡田概不支给每名行粮三石月粮九石六斗仍以每石四钱折给于粮道随漕项下支给

一江宁省卫无赡运屯田康熙十一年咨准遇有减存同出运之船一体支给安家月粮

一行月钱粮务须当堂按名支领若不照数给发粮道等官指名题参【康熙二十一年】

一山东省德州济宁等卫所自备船只装运漕粮应领行月等项钱粮俱照军船例支给【康熙二十六年】

一江南省行月减存等项钱粮旧例解贮淮库康熙二十七年题定照湖广江西浙江山东之例径解苏松江安粮道支用余者解部

一行月等项钱粮设立易知小单列名应给各数每丁各给一张如有官役克扣需索许本丁于单内开明情由过淮时呈控审实题参治罪【康熙二十八年】

一江宁各卫帮分运江宁及苏松等属漕米行月钱粮向系江安苏松两道互相派给康熙十年议定兑运江属漕粮行月安家加给折色等项应听江安粮道派给兑运苏松常镇漕粮每只安家月粮四十八石预支月粮银三十六两原在上江州县屯卫屯粮及租银裁扣内动支亦应责江安粮道派给其行粮并水手米共四十二石加给行月折色银共三十六两既在苏松常镇四府南粮及嘉定等县加漕内动支应责苏松粮道派给总以兑漕州县水次就近派支不敷方于邻邑协拨十五年题定各卫本折钱粮统归江安粮道管理二十八年题准各卫应支一半本色月粮内有徽宁池滁广和等府州属不通水道每石折征银八钱解交道库支给一江北庐凤淮扬徐滁等府州所属各卫所旧例行月二粮全支折色月粮每石折银三钱行粮每石折银三四钱不等惟凤阳各帮月粮向在凤阳仓支领每石改给五钱顺治十年题准前五个月安家月粮每石给银五钱其后七个月仍给三钱他卫俱仍其旧十三年题定本折均平将原支折色改征一半本色其一半折色原系三四五钱者仍照旧支领康熙三十年淮徐凤三仓米麦豆石题准照漕折定例折征米每石折银九钱麦每石折银五钱各卫帮有于三仓应支本色米麦者俱照折征定价于江安粮道库支给

一运军月粮顺治十五年题定有闰之年按月本折均平支给康熙十六年各省一例停止十八年浙江江宁凤阳等卫并豫东二省各卫所题明照旧复给二十五年三十一年苏松及江兴二卫并准支销惟湖广江西二省系按船按米支给行月遇闰例不加增

一行月二粮均系冬兑时支领各丁料理运务势难分身一帮行月就近归于一处支给【康熙三十三年】

一各省运丁名数旧有奇零康熙二十五年画一裁扣每船概以十丁配运按丁支给行月江淮兴武二卫因无赡运屯田原减驾军二名于四十一年题明照旧添设

一各省军船到次本色行月定限三日内照额给发折色银两解道验明一半给丁开船一半封固粮道随带到淮总漕眼同给丁收领如本色给发愆期折色解送迟延照悞漕例题参议处【雍正元年】

一各省头舵水手人等原系旗丁自行雇募身工银两向未定有成例雍正元年题明定价永远勒石遵行如有仍前设立加添名色聚众打抢扰害官丁严拿治罪沿河文武官弁不行查拿照失察例题参

一行月随漕银两该卫守备出具印领交与本卫千总加具戳记赴道投递照额给发仍取该卫并无预借印结申送总漕查核【雍正二年】

一运军闰月钱粮山东浙江及苏松所属苏太等卫各有额编遇闰加增给发江安所属江兴等卫无编征闰月遇闰之年于道库减存银内拨补河南省亦无额编闰月历年俱照山东等省一例支给在于漕项等款银米内动支康熙五十四年以后部议驳减雍正五年题定仍照旧例支销

一各省漕船停运旧例月粮全给运丁雍正二年题准减半给发六年题准军船减歇给予一半月粮民船减歇减半之中再行减半支给

一山东省卫所行月旧例原系全支本色顺治十三年题定本折均平济兖二属仍于旧征州县本折均派各半东昌三卫原编本色仍归漕用折色银两每石定价八钱顺治十五年题准本折行月酌量地方远近派征所有原编

本色麦米之历城等二十五处并原编折色麦米之济阳等二十六处均系临河州县一例派征本色给丁其原编折色之邹平等十一处及原无额编漕项之新泰等十三处俱离水窎远照例派征折色每石折价八钱康熙二十四年题准临清仓额征米麦除将临清济宁二处仍征本色其余米麦折征解仓运军月粮将麦折银两支给二十六年题准济兖二属额解德常二仓本色米石就近兑支各营兵米卫所行月在额解德仓麦内动支雍正七年东省历城等二十九州县额征本色夏麦题准改征米石随漕征收分款支解

一上下两江每年应征行月定限十月内完解十分之六解不足数州县官罚俸六个月勒限三个月催完如仍征解不全再行咨参罚俸一年【雍正十年】

一寿州卫改并长淮卫武平卫改并宿州卫行粮坐派徐仓德仓支领月粮坐派凤属及常淮二府河南省属支领旧例全系折色顺治十三年题定改征一半本色其一半折色原系三四五钱者仍照旧支领康熙十五年将原派河南省属者改归凤阳仓支领雍正十二年宿州二帮每船加添本折行粮二石月粮二十四石行粮在德州请支月粮在江安道库凤仓项下支给

一徐州帮协运豫省粮船一百六只雍正四年分为前后两帮派定前帮在江南支领行粮船二十只在豫省支领行粮船三十三只后帮在江南支领行粮船二十一只在豫省支领行粮船三十二只因该帮旗丁有正卫并卫之别每年两帮找算分给难免牵混十三年咨准将徐前帮船内派在江安支领行粮船四十一只其余前帮十二船并后帮船五十三只俱在豫省支领行粮

一淮扬海邳各府州属应征月粮例于次年征解各帮月粮例应本年支领向在道库减存银内通融放给雍正十三年太平庐州等府州属预征行月钱粮题准照依淮属次年开征先于道库减存银内动给按年征解还项

一各省停运漕船各丁应给减半月粮或支本色或支折色向无一定乾隆元年题准湖南湖北二省本折各半兼支折色米石照该省定价每石折银四钱于漕项内支给本色米石于减存贴赠二耗米内动支倘无本色米石可支即照该省定价每石四钱折给

一湖南湖北二省本折月粮向例均系每石折银四钱嗣因该省米价比前昂贵乾隆四年奏准一半折色照旧折给其一半本色湖北每石折银七钱湖南每石折银七钱加增银两于道库随漕银内支给

一江南各卫帮行月钱粮从前系在江安苏松二道互支不无往返稽迟乾隆五年题准扬州卫头帮仪征卫帮大河卫二帮三帮淮安卫头帮二帮泗州卫前帮后帮长淮卫四帮除轮兑淮粮一帮外其余各帮应支行月统归苏松粮道支领银米苏松粮道额征不足在于白粮减存经费银米内凑给大河卫前帮及轮兑淮粮之一帮并扬州卫二三四帮统归江安粮道给发淮属山盐阜三县并无额征本色行粮在于实征月粮余剩米内给发扬州卫三四帮不敷行粮米石船经淮安于淮属余存米内拨给本折价值均照定例遵行一各卫钱粮有在巡抚衙门支给者有在粮道衙门支给者两不关会易滋牵混乾隆五年题准如有一帮钱粮两处支领即彼此关会以杜冒混

一各卫帮应支本折月粮各有定额因各省有将截留停运船只应支一半月粮内一半本色动项折给将征收本色易银解道办理未协乾隆六年题定凤阳等卫月粮系在徐凤淮三仓支给折色外其江淮兴武安庆新安宣州建阳等卫帮庐州卫头二三帮长淮卫三四两帮宿州卫头帮扬州卫头二三四帮仪征卫帮滁州卫苏州帮凡遇截留停运船只应支减半月粮照例本折均平分别支给如有将应给本色折给银两应征本色征收折色即行照例查参如因灾缓停运所需本色米石其时未及征给将上年余剩米石通融拨补俟下年征收还项江苏省各卫帮截留停运船只应给减半月粮本折均支浙江省停运漕船应支减半月粮宁绍等八府帮船并无本色照旧支给折色杭嘉湖三府本折各半给发江西省并无本色遇有截留停运漕船按装载一浅计算于月粮内减半给银二十四两山东省遇有停运减歇之年浅船给减半月粮自备丁船给四分之一月粮本折均平核给灾减船只照江安一体办理

一江安江北各帮粮船原不过淮扣留回空银两乾隆六年咨准于各丁支领钱粮之时酌留三分之一办理

一江安苏松粮道每年支放帮丁行月等银向用市平兑给每百两余平银二两零奏明充公乾隆六年因浙省革除余平银两经部行查据总漕以江省公项无款拨抵奏准照旧支解

一浙省粮道每年于州县额解漕项银内每两收余平银五厘又给丁行月等银内每两收余平银五分作为该道养廉乾隆六年奏准该道养廉银两令于司库备公项下支给其放给旗丁钱粮每两五分余平于乾隆七年为始永行革除如有仍复私收督抚立即严参治罪其兑收漕项每两五厘平余每年约银二千三百余两仍令随征交纳

一半留作该道备公之用一半留备添补挂兑此项如未经添用仍存贮道库充公

一各省停运漕船应给减半月粮向系总漕查明应给钱粮具题户部核明覆准之后给发以杜牵混嗣因各省有请先给后题者乾隆七年题准仍照定例办理

一江南徐州卫河南前后两帮协运豫省漕船一百六只向例月粮一项在江安粮道支领其行粮一项在江豫三省分支恐致牵混乾隆八年题准月粮仍在江安粮道支领行粮统归豫省给发

一各省漕船每届回空资斧缺乏不能及时抵次有悞新漕乾隆五年题准江浙江广等省于解淮验放一半行月钱粮内多者扣留三分之一少者扣银八两令各粮道另封于过淮时送总漕验放运随二弁收受俟抵通交粮后给发各丁以资回空山东省每船扣银三十两封交运官沿途遇有支用之处禀明支用河南省每船扣银十两以作回空之资嗣因运随微员多于过淮领银之日先行给丁花销以致回空艰难又于九年奏准将扣留回空银两交督运之同知通判等官收带至通散给旋因总押丞倅管押帮船五六百只相隔数百里前后不齐散给回空银两事属难行复经奏准仍交运随二弁收带至通报明坐粮厅于验米时按船散给仍将给过银两报部查核倘有先给私挪等弊仓场查明题参一豫东二省截留拨运江南省备赈船粮各丁领运行月等项准照运通之例全支【乾隆八年】

一江安额征行月米石每石均有余剩减存向系州县交与行铺易银起解乾隆九年奏准凡有减存米石粮道将州县存贮细数造册移明藩司俟青黄不接之时汇同仓粮平粜仍照部价解道造报候拨

一江南浙江江西湖广等省漕白各帮一半在淮开放行月钱粮向系粮道随带到淮总漕眼同给丁嗣因粮道有督押之责若先期到淮则后帮难以兼顾如俟各帮开竣赴淮则首先之帮又多守候是以给押运官弁带淮验给又因江苏浙江等省帮船既多水次遥远押运丞倅每因顾此失彼不能带淮乾隆十一年题准湖南湖北二省各只三帮同在一处水次开行相距非遥在淮开放银两仍令粮道带淮支给江西省交与短押到淮丞倅带淮支给江苏浙江等省令粮道兑给领运千总解淮呈验散给

一浙省绍兴前后并严州所帮一半本色月粮向例折银同行月二粮一半折色在浙省粮道库支给与别卫帮月粮半本半折之例未符于乾隆二十年咨准将杭嘉湖等府属余存本色米石支给严绍等帮一半月粮以昭画一

一安庆帮减船月粮均照现运漕船之例按粮科算减半支给【乾隆二十二年】

一凤阳长淮等卫各帮行月粮石均照通漕之例本折兼支在苏松粮道余剩减存本折项下拨给其原支仓项折色银两归入减存解部【乾隆二十二年】

一淮安三大河前二帮拨兑苏扬丁船原编耗赠银米均自乾隆二十一年为始照苏松一例增给在于苏松粮道减存银两并昆新等县扬仓米内划抵候派再淮安三帮例支月粮八十石亦自乾隆二十一年为始将拨兑苏扬丁船照兑运苏扬之淮大二卫丁船每只本折月粮均以一百二十石在江安苏松二道减存银米内拨给以昭画一并泗州前后淮安头二等帮递年轮兑苏常淮三属漕粮其轮兑淮粮帮船内拨运苏属丁船归轮兑苏属之帮弁带管北上淮安三大河前拨兑苏粮船只归坐兑苏粮之大河三帮运弁带押北上归次其淮安泗州大河轮兑扬粮船只就近令扬属帮弁代押到淮仍归各原帮管押前进回次佥丁岁造等事亦归各原帮办理【乾隆二十三年】

一江淮兴武二卫兑运松江府属漕粮帮船原领折色月粮银两循照新宣等卫帮复给之例每石均以一两折给又淮安四帮协运苏粮丁船应支月粮统于乾隆二十四年为始准其本折兼支在于江安苏松二道减存银米内支给原编江安粮道折色银两归入减存解部

一淮安三帮额支半本月粮四十石内只给实在本色九石零余悉折给不敷办运循照淮安四帮之例改支本色在于淮大等帮裁船减存本色行月米石内支用原编漕仓折价银两归入减存解部【乾隆二十八年】

一江淮兴武二卫兑运松江府属漕粮各船应支行粮米石在于苏松粮道所属之省仓扬仓米内抵换支给其不敷之米仍照向例于江常镇等属额编省仓米内拨足即归江安粮道派给奏销至协运苏粮之扬仪淮大等帮应支行粮在江安粮道项下太仓溧阳额编省仓南米内划拨归苏松粮道派拨奏销【乾隆二十八年】

一凤阳长淮等帮额支本色米石不敷支派援照江兴等帮闰月月粮支派暂行折给之例每石均以一两在于道库减存银内折给下年仓储存积仍派支本色以免歧悞【乾隆三十年】

一大河前帮各丁应纳屯粮以各船应领月粮照数抵兑如遇减存即以苫盖月粮内划抵奏销【乾隆三十

年】

一建阳卫宁太帮加一裁船行月银两照江兴凤常等帮之例停运船只准其一体支给减半裁增银两以资苫盖【乾隆三十年】

卷三十二·官丁廪粮·行月例款

一山东省蠲漕之年自备雇募各船支给四分之一月粮即在各属所征银米内动给其润耗米石每石折银八钱征存解部【乾隆三十一年】

一大河二三两帮额完屯粮以该二帮每年原支苏松粮道项下月粮米内划出抵兑均听江安粮道于实征及奏销各册内造报倘屯田被灾奉文按分蠲免将除蠲应完之数抵兑其余应行找给月粮即于划抵米内照数动支又淮安头二两帮及分归船只额完屯粮应一例抵兑该二帮均系四年之中轮兑淮海等属漕粮一次应在江安粮道衙门抵兑报销轮兑苏常等属漕粮三次系在苏松粮道衙门支领月粮应挖抵江安粮道造报以上淮大各帮每年抵兑米数于从前拨出抵换松江府属各帮行月之溧阳县月粮米内划完听江安粮道拨派别帮支领易出淮大二卫编款抵兑应支月粮其淮安头二两帮倘有减存应支苫盖月粮以及设遇屯田被灾蠲缺悉照大河二三两帮事宜一例办理【乾隆三十一年】

一乾隆三十二年轮届江苏省应免苏太镇等卫之年漕船概行停运旗丁等闰月银米例应扣除钦奉恩旨苏太镇等卫帮船旗丁闰月钱粮照月粮例减半给予以示体恤钦此一湖南省借给凑支出运帮船行月粮价银两原应另行筹补归款嗣值该省漕粮轮免无需给发行月即于随漕银两归补造报拨用【乾隆三十三年】

一湖南省轮值蠲免减歇买补雇募等船若仍令买雇在次停泊徒费苫盖钱粮缓俟下年买雇足运其应支四分之一月粮米石停其支给【乾隆三十三年】

一湖南省蠲漕之年成造赔造船只应支减半月粮等项银米按照登水之日起分晰核明照数支给【乾隆三十四年】

一江西省行月二粮俱系折色每石概准以七钱折价于每年存剩漕屯及南粮米折银内动支【乾隆三十六年】

一淮安头二等帮应支月粮抵兑应纳屯粮如遇灾缓之年月粮于当年支给屯粮下年带征候拨【乾隆三十九年】

一山东省额征行粮奉文缓征出运官丁不敷支给在德州等州县存贮蓟米内借动支领仍俟下二年征归还项【乾隆四十年】

一湖北武昌等六卫所应还借款抵新等银各船所领新漕运费除还借项不敷长途之用在襄阳卫所征掣留归并征费银两按一百八十船每船派给银三十三两以济本年长运免其归还嗣后所征掣留等费添积成数仍留为襄阳卫给丁帮造之用【乾隆四十年】

一江安各卫帮丁应支行月粮米系于上下江各州县额征南抚二项米内支给苏松各帮应支行月粮米系于苏松等五府州属额征漕项军储及各仓行月米内支给乾隆四十年江安苏松各属行月米石因灾缓征无款可拨在于各属熟田漕粮内拨抵支给俟来岁起征归还漕粮起运

一凤阳长淮等卫各帮应支四十一年本色月粮因系遇闰年分江兴帮船分给闰月米实无存剩可拨以每石一两折给俟下年米有余存仍派支本色【乾隆四十一年】

一淮安头二附载等帮旗丁以应支月粮抵兑在卫应纳屯粮每船抵兑数目多寡不同应将抵兑屯粮均匀摊派每名概请抵兑九石一升二合九勺零其余找征屯粮按户输纳【乾隆四十一年】

一山东省各帮出运官丁应支行月并减军月粮米石前因德州等州县应征行粮奉文缓征不敷支给借动存贮蓟粮米石支放分作二年带征归款乾隆四十年一半带征行粮米石业已拨还四十一年应带征一半米石钦奉恩旨蠲免原借蓟米无项归还将拨支出运减军月粮动用开销【乾隆四十一年】

一乾隆四十三年通州天津二所帮船因截留停运应支减半月粮银两于通济库奏销册内造报四十三年轮免停运亦同此例

一河南前后两帮派减丁船装载截留漕米运赴河南交卸该帮船系修舱在先奉减在后三修银两补行支给【乾隆四十四年】

一泗州前后两帮本色行月二粮名本实折米石题明改支本色原编漕仓折价银两归入减存造报酌拨【乾隆四十四年】

一江苏省乾隆四十五年轮免漕粮内应免徐州一府漕粮其应征赠月米麦验派通邑田亩每亩仅只合勺为数零星暂行停缓如需给丁本色米石借动常平仓粮支放若应折解道库则于道库动款先行垫给俟明冬起征补还归款

一山东河南二省蓟粮拨运直隶密云县兵米每船支给行月折色银两并本色米石东省在于积存漕耗并蓟粮项下动支豫省一半本色米石每石八钱折给同一半折色银两于临仓项下动支来年征存蓟米如有余剩即于此内支给一半本色【乾隆四十六年】

一豫省动拨蓟粮运密云县兵米所需船只于东省停运船内拨出二十只领运润耗一项照东省之例于行月外支给润耗以资济运【乾隆四十六年】

一徐州卫河南前后两帮成造漕船俱在临清地方设厂修造所需船料必须往南购办与东省成造漕船事同一律每届十年排造于额给料价外每船支给减半月粮银三十四两八钱在道库徐仓减存银内支给【乾隆四十八年】

一庐州三帮漕船兑运苏属漕粮旗丁应支月粮复往上江合肥英山二县零星兑支道路遥远应在苏属征存余剩米内支给月粮米石【乾隆四十九年】

一荆州卫屯坐监利县挖压废田四顷三十二亩零应豁除运费银十一两一钱零按该卫三十三船均匀摊减嗣后每船岁给运费银一百五十九两六钱零十年大造照旧派征造费银四百八十两自四十八年为始按数免征扣发【乾隆四十九年】

一丹徒县乾隆四十八年分漕粮被灾缓征并加截京口闰月兵米减歇镇江后帮船五只支给减半月粮并加赏二分月粮银米【乾隆四十九年】

一浙西杭严头等九帮额给半折月粮银两每石扣减三钱实给银七钱扣减之银每年解部从前丁力尚可支持是以未经请给近年遇浅守冻帮丁疲困题请照旧每石一两复给以济运务【乾隆五十年】

一江苏所属地方被旱歉收额征漕南兵米分别蠲缓各卫帮应支行月粮米及各营兵糈江安粮道衙门下江各卫不敷行月米二万六千五百余石苏松粮道衙门不敷行月等米四千一百余石京口蒙古旗营不敷兵饷米二万五千一百五十六石零均于就近各县应征熟田漕米内拨抵俟下年征完缓带之米归漕搭运【乾隆五十一年】

一山东省外河九帮内德州正济宁左两帮月粮向在德州仓支领其余七帮月粮向在各州县编征月粮内支领恐德州正济宁左帮丁日久弊生预为指售以致临时办公掣肘应将该二帮所支德仓月粮六千五百二十八石按九帮均匀派支德州正济宁前后临东后东昌濮州东平等七帮共船一百八十六只每船派支米二十石济宁左右二帮共船一百四十四只每船派支米十九石五斗其各州县编征行月米内令德州正等七帮每船找支米二十八石济宁左右两帮每船找支米二十人石五斗以足应支月粮之数【乾隆五十一年】

一江西每年应给各帮丁造船料价及行月等项银两因各州县催征未能于岁内扫数完解难资济运奏明于江西道库解贮余存银百拨银八万两永存道库以备支放船料行月等项之用仍俟漕屯余租等项征解至日归款【乾隆五十一年】

一安徽省庐州等卫帮额支行月粮一万一千四百七十五石零例系庐州太平六安等府州支领乾隆五十一年因各州县被灾漕赠米石蠲缓除熟田应征米五千二百四十七石零及合肥庐江二县节年存剩月粮一千五百九十六石零派抵外尚不敷米四千六百三十一石零无款凑拨咨明在于庐太二府属常平仓征存上年缓带赠贴米内拨给俟下年庐属起征灾缓月粮归还常平备贮【乾隆五十二年】

一各省运丁例支月粮米石江西湖广两省向系全支折色江苏等省各帮均系半本半折惟江南之江淮兴武二卫十八帮及浙江之浙东宁波等卫十二帮原支一半名本实折月粮因近年米贵不敷买食奏明改给本色于该

省地丁南米等项余剩款内仍按本色支给即将各帮应支折色原价解交藩库归款【乾隆五十二年】

一长淮三四两帮名本实折行月粮米改支本色二千石将合肥县余剩月粮米一千一十六石五斗尽数拨给再将怀远定远二县余剩月粮米麦内拨给九百八十三石五斗自乾隆五十二年新漕为始改支报销以资运务

一山东省补运截留粜借等米十九万余石所需运通行月银米因随漕本款不敷支用在德仓并蓟粮项下动给【乾隆五十三年】

一河南临清前等帮起运船只加装搭运带征米麦豆石应需给丁润耗行月本色米八千九百五十八石五斗零除将带征润耗行月及德州仓共米七千五百二十四石五斗零全数支给外尚不敷米一千四百三十三石九斗零在汤阴等县截存蓟粮米内照数动支【乾隆五十三年】

一浙江省五十二年冻阻各帮应运本年新漕拨留闽省平粜其停运减存行月米一万二千余石内以四千石给拮据特甚之杭严头二四海宁所等四帮支领其余米八千余石分派本年出运之宁波等五帮均匀拨给其应扣米价统于新运钱粮内扣还【乾隆五十三年】

一江淮兴武二卫各帮名本实折月粮改支本色米二万九千六百七十五石内京口旗营裁兵项下拨给米二万八千六百四十石尚不敷米一千三十五石八斗零除将武职名粮改给养廉案内余剩米四百六十四石四斗全数拨给外再于镇江高资二营裁兵变价米内照数找给【乾隆五十三年】

一安庆新安建阳庐州凤阳滁州等卫帮应支行月等米例在安庆池州等府属额征米内支给因乾隆五十三年上江安庆等府属被水蠲缓奏明于江宁扬州二府属州县征存节年缓漕米内照数借拨【乾隆五十四年】

一安庆等卫帮因乾隆五十三年安庆各属被灾除缓缺行月米一万四千三百八十三石五斗零于江宁扬州二府属借拨外尚有蠲缺行月米五千一百二十石八斗零在宿松望江等五县带征原缓行赠米谷内拨补【乾隆五十四年】

一河南临前等十帮军船乾隆五十三年加装搭运并雇船装运节年带征漕粮应支润耗并行月等米除德州仓支给外不敷米八十二石九斗零在内黄县存仓蓟米内动支【乾隆五十四年】

一宁波等卫十二帮名本实折月粮改支本色米二万六千八百余石遇闰再加米二千七百余石查明省仓积存耗米七万一千余石及常年岁余南米六千三百余石堪以拨抵自五十四年为始按年支给其帮丁应支一两二钱一石之折色价银解司归款

一江西省行月二粮全支折色每石只折银七钱旗丁不敷买食将各州县运漕至省支给船户水脚银内酌减一半银一万二千五十二两零将各州县征解漕粮动给县仓扒夫耗米内酌减米九千六百九石八斗零再将各州县运漕至省盘拨准销米二千七百二石八斗零全行裁减共米一万二千三百十二石零以此三项银米分给十三帮漕船每船可得银十八两零米十九石二斗零其余行月折价照旧支领【乾隆五十四年】

一凤阳各帮向系兑运苏州常州二府漕粮其应支月粮米石每岁远赴上江支领往返千余里零星窎远不能及时济运应将安庆等府州属额征行月米除坐派本次帮船外其余顺道州县存剩米四千一百余石仍坐派凤阳各帮支领所有窎远不便之行月米二千六百余石自乾隆五十五年为始归入漕粮项下加装搭运给与负重银两另于扬州府属沿河顺道州县内照数易出漕赠米石派给凤阳各帮核计兑运安庆等府州属之帮每船加装米不过数斗数石至十余石为数不至过多而兑运扬州府属之帮每船不过减装米十余石亦与起运正漕数目无亏至凤阳各帮除顺道支领本色月粮外尚不敷米八百余石如遇各帮船只减歇自有减存米石可以通融派给倘无减存米石之年或遇行月因灾缓征即按每石一两折给

一安徽省邳州宿迁二属乾隆五十五年应征凤阳各帮月粮因灾停缓派缺米二千五十六石零并应支道仓不敷缺额米一千四百五十八石零在太湖合肥二县存仓溢额米内拨用【乾隆五十六年】

一东省动拨蓟粮运密云县兵米所需运费不敷办运每石开支润耗银五分米五升在德仓项下开销【乾隆五十六年】

一山东省起运乾隆五十六年分带征买补漕粮各帮添雇船应需行月银五千一百八十四两在漕项银内动支行月米六千四百八十石除动支漕项米外尚不敷米四千二百四十九石九斗零在滋阳等县蓟粮米内动给【乾隆五十七年】

一浙江省处州前等十一帮轮造漕船本非产木之乡除例价外并无别项添补赔累莫甚咨明照宁波及嘉湖白粮等帮一例复给行月银米资贴造费【乾隆五十七年】

一湖州所帮应支本色月粮在处前等帮轮减行月并南粮耗米内凑给今处前等帮既经复给本色行月所有该帮米石在南粮正耗米内支领一千六百石并原支耗米三百石尽归该帮年支本色月粮之款【乾隆五十八年】

一河南省起运乾隆五十八年分漕粮并带运节年缓征漕米麦豆各帮润耗及本色行月等米除全支外尚不敷米一千五百七十三石零在附近水次之汤阴等县存仓蓟米内动给【乾隆五十九年】

一江苏省各卫帮应支行月粮米因苏松太三府州属随漕停缓除减船节省外计不敷米六千七百余石循例在熟田漕粮内拨抵支放俟明春按限征还搭运【乾隆五十九年】

一宁波等帮改本月粮所拨省仓积存耗米支竣只有常年岁余米六千三百石内除拨湖州所米一千六百石外仅存四千七百石连旧有例搭月粮每船只本色米十五石零计不敷米三十余石今将五十三年省仓支剩米并五十八年水师裁兵粮及省仓积存耗米共五千七百三十四石零以之派给每船可添拨米七八石但此项存米因各属未完南米甚多尚须留为省仓支放兵糈之用议于嘉兴等县五十八年征解南米内支给各帮米五千七百三十四石【乾隆五十九年】

一山东省起运乾隆五十八年分漕粮并带征买补米石各帮添雇船应需一半行月银六千五百七十六两除动支征存行月折色等项银两外尚不敷银二百二十余两于耗羡银内凑给【乾隆六十年】

一山东省本年起运各帮应支行月等项不敷银三千六百余两在德州仓项下动给【乾隆六十年】

一长淮凤阳等卫各帮应支行月并江兴二卫各帮应支闰月等米共八千五十三石零因灾停缓不敷支给在淮安扬州二府及镇江府属征存缓漕米及派存行月米内照数借拨凑给【乾隆六十年】

一湖州所应支本色月粮例应添拨南粮耗米三百石在各属应解省仓充公耗米内请给因兑漕之时南耗尚未征足于石门县应解省仓南粮正米内先行放给俟奏销时分别正耗造报【乾隆六十年】

一浙江轮减船只复给行月原为贴补造船之用其负重银两系属现运之丁常年支领以为沿途运费准其照旧补给俾运造两无缺悮【嘉庆元年】

一湖北轮减船只应给一半本色等项米石于常平仓谷按照一米二谷给发其各属带征二耗米石照时变价解司照谷价分别买补还仓【嘉庆元年】

一临清河南后帮军船内派运保雄兵米船只并无起运正粮应支行月银米仅有例支润耗银米并负重银两办运甚为掣肘准照装运密云兵米之例除将负重银两扣除不给照旧支给润耗银米加给本折行月银米所需本色米石因支剩行粮业已照时变价每石以一两九钱九分之数按石折给【嘉庆二年】

一苏松等属编征行月各帮应支米石需用较多若减年不即酌留则全漕起运年分必须筹补请将蠲剩随漕米石照上江蠲漕无船起运赠米无须给丁尽数留存拨抵给丁行月之案办理【嘉庆二年】

一东豫二省嘉庆二年起运元年分漕粮蠲缓所有减歇浅船奏明拨给自备各丁兑运闰月银米仍循旧例给与自备各丁领用【嘉庆三年】

一浙江宁波等十二帮月粮改支本色米石实数仅只十分之三将杭州等府属县零户折价米石除去原支银一两二钱多余银四钱添给帮丁按船均派其常年尚有不敷并闰月加增米石俟遇有余米再行议给【嘉庆五年】

一浙江省嘉庆三年蠲漕项下额征行月米石除停运各帮额支苫盖月粮并轮减停雇等米外余剩行月米石均匀拨给漕白各帮支领在于起运钱粮内照例扣报【嘉庆五年】

一江浙各帮本色行月等米前经奏明每石以一两九钱折给令旗丁另买次米食用得沾余润兹查米价须银二两四五钱所折价银不敷买籴仍照定例兑领本色【嘉庆六年】

一江兴等帮六年分行月米石不敷支放于上元江宁等县征存积年缓漕赠五米内拨抵【嘉庆六年】

一江西省各州县随漕征存支给运米船户水脚银二万四千一百四两零又征给县仓挑扒等项人夫饭米一万九千二百一十九石七斗零内除乾隆五十四年奏准划出一半银米给丁济运外州县尚有一半征存支用嘉庆

六年奏准于现存州县银米内划出一半分给帮丁贴补运费州县仍留一半银米在仓支给

一宁波等帮不敷本色月粮米石于截存米内一体拨给米价银两照数扣缴司库【嘉庆七年】

一通津等帮应支本色行月米石不敷支放照德州仓粮之案将睢州带征行粮米石通融支给【嘉庆七年】

一江兴等帮七年分行月米石不敷支放于江宁扬州二府属常平仓谷碾米尚不敷米于征存缓漕赠五米内通融拨给【嘉庆七年】

一湖州所应支本色月粮米石例于应支南耗米内凑拨嘉庆七年冬应支南耗米石在于六年未解月耗米内支给仍于省仓耗米内作明收放【嘉庆八年】

一浙江宁波前等十二帮应支本色月粮原定每石一两二钱不敷买食乾隆五十二年改支省仓积存南耗等米支竣之后复议常年截存岁余米石尚有不敷本色于嘉庆四年题明加给南粮零户折价之每石余银四钱添给帮丁以资买食此项银两如无灾减船只之年按船摊派嘉庆九年除灾减船只外摊给现运停雇轮减洒减等船支领

一江苏各州县被灾蠲缓派减船内轮减免雇船只照例准其全支行月【嘉庆十一年】

一江南各属间被偏灾各帮行月米石暂缓收买如遇年岁丰稔粮价平减仍照部议酌量收买洒带运通以裕仓储【嘉庆十二年】

一湖北省缓征漕粮减歇漕船例给苫盖月粮本色米石及头舵水手日食米石向系借动江夏汉阳二县常平仓谷按一米二谷给发仍将带征缓漕余耗变价买谷还仓嘉庆十二年各属缓漕减歇漕船应支帮丁头舵水手月粮日食米石仍照历届成例借动江夏汉阳二县常平仓谷支给惟各属带征缓漕余剩耗米应拨充兵食无米归还而仓谷原备地方不时之需在于司库动项买补以实仓储

一江南各帮轮造免雇船只准照浙江免雇之例一律支给行月银米以资接济【嘉庆十四年】

一浙江严州所帮每船额给月本款内有未经改本米三十余石在于南粮存耗内改米支给每运划给严州所帮米一千六百石该帮应领月本每石银一两二钱由道扣解司库造报入拨【嘉庆十五年】

一江南徐州镇标各营改支铜萧二县粟米江兴各帮加装江宁等县南抚凤米还漕案内长淮三四两帮应支本色行月二粮六十二石照扬州二帮加装淮安三帮裁船米石之例将应支本色行月以银一两抵米一石【嘉庆十五年】

一湖南各帮未经回次空船应支行月二耗银米据湖南巡抚奏请全行给领暂缓坐扣所雇民船应需口粮并无耗米可支照收买筛扬米价之数每石以一两七钱折给所需水脚按各船应得行月银数按程核给于司库借拨分作二年扣还【嘉庆十五年】

一江南淮安头帮嘉庆十三年分应轮洒带减歇船只苫盖钱粮既经照数支给不准补支行月银米【嘉庆十六年】

一山东省成造漕船向系甲年购料乙年成造应支一年造船月粮如遇闰月在购料成造一年限内者方准支闰月月粮在一年限外不准支领【嘉庆十七年】

一湖南各帮减歇船只应支减半月粮内一半本色米石及丁舵水手食米因缓征二耗米石不敷咨准仿照出运丁船行月二粮折给之例每石概以七钱折给【嘉庆十七年】

一江西九江后帮旗丁黄福张王朋回空遭风拆板应行买补船只派入灾减与例不符行令将四分之一月粮停给【嘉庆二十年】

一浙江宁绍台温处各前后并金衢等十一帮每船额给月粮本色米四十八石除于南米余剩等款内支给本色米十六石零外其余每石折给价银一两五钱零近年市价较昂不敷买食浙抚等奏准每石添给银一两二钱零共折给银二两八钱在裁减丁船节省款内动支自嘉庆二十二年冬运为始照数添给【嘉庆二十二年】

一浙江白粮等帮应支本色行月米石因灾蠲缓不敷拨给经浙抚等奏准每石折给银二两八钱在粮道库白粮车夫经费及本色行粮银款项下动支又嘉湖二白帮改漕丁船遇闰月粮每石概以二两八钱折给【道光四年】

一山东省济宁前等帮嘉庆十九年装运直省兵米在于临清截留起卸应追未行程途行月润耗等项米石因

丁力难支准其援照乾隆二十八四十四十九等年成案每石折银八钱完缴免其按照时价【道光四年】

一江淮兴武滁苏仪征扬州淮安庐州泗州大河凤常凤中长淮镇江苏州太仓镇海金山苏州松江常州白粮等帮因苏松常镇太漕粮改由海运该军船截留北河接运别省漕粮仅得水脚银两未免苦累漕督咨准将月粮一款全数支给以资津贴其节省行赠银两造报入拨节省米石派帮拨运赴通交纳【道光六年】

一江西省漕粮盘拨运通所有未经渡黄各帮旗丁额给行月银两经江西巡抚奏准照旧全给【道光六年】

一浙江宁波前后绍兴后三帮永洒洒减等船应运粮米向系出运船只分洒加装其行月等款银米统归现运支给因该三帮军船截留河北接运所得运脚食米无几丁情艰窘咨准洒船行月银米照旧给领【道光六年】

一湖南湖北各帮漕船盘拨运通坐守日久丁力拮据所领行月银米经该抚奏准照额全支免其计程划扣【道光六年】

一兴武二扬州二三长淮三徐州卫江北等帮九运减存各船加修派拨接运仅得水脚银两未免苦累援照苏省海运各帮接运别省漕粮之案咨准全支月粮【道光六年】

一浙江宁前等三帮道光五年截留河北船只仿照江省成案全支月粮其每船应支折色月粮银四十八两咨准在于减存折色本款内按数动给【道光七年】

一湖南醴陵等州县漕粮被灾缓征守减各船应支减半月粮内一半本色米石及舵水食米援照嘉庆十二等年成案每石以七钱折给内有轮应大造船四只系无船在次守减援照嘉庆元二等年成案给与四分之一全折月粮每石概以七钱折给在南粮驴脚银内动支【道光七年】

一江苏省道光二十三年苏松等属漕粮歉收缓征计缓缺不敷行月米三万一千四百十七石零两江总督等奏准在于熟田漕粮米内照数拨补俟各属届限征完统归缓漕搭运还款【道光二十四年】

一浙江省杭嘉湖三府属征收漕粮项下内有应征月粮米石河运之时系为预给各帮津贴养赡之用各州县征收甲年漕米即并征乙年月粮以济支放经浙抚咨准现当兵燹之后试办新漕本届征运漕米即并征太届月粮以后按年并征毋庸照从前递年预征月粮办理【同治四年】

卷三十三·贴费杂款·负重贴费

一江南省苏松常三府白粮向系雇募民船受兑康熙十四年题定抽选漕船运白各船应载粮米分洒余船带运每加装正米一石给负重银五分

一安庆卫照漕用丁按丁派给行月旧例每船装正米三百三十五石有奇正兑之外加添带运其行月二粮俱按所载漕粮销算康熙二十五年各省画一减丁每船均以十丁支给行可三十四年题定仍照例按粮支给

一浙江省洒减船只应载粮米分洒各帮带运旧例每洒减一船给与负重银四十八两康熙二十五年题定照江南省例每加装正米一石给负重银五分

一江西省漕船缺额原拨江广帮船协运康熙五年题定军船于原派一浅之外加载米石按浅支给行月每石给银一钱五分五厘三十三年停止协运原派米石令本省军船加添载运其加装漕米行月仍照旧例按石支给

一山东河南湖广三省原系按米派船向无加装米石支给负重之例康熙二十九年湖北带征漕米拨用减存船只余米分洒各帮带运其拨用减船行月席木等银题明准其照例支给至加载米石所有行月贴运银米概不准支雍正四年山东省缓征漕米各丁雇船装运题准照依南漕搭运之例每石给负重银五分

一各省带运缓漕负重银两例与行月等项一体支给惟山东省历来先题后给例不画一乾隆七年题准嗣后与行月一时支给造入奏销具题

一江兴二卫贫疲丁船加一裁汰裁船米石分装九船裁船银米增给九丁至扬州二帮拨抵江兴二十四船既系一例分装行月钱粮一体加增【乾隆十三年】

一裁船应运米石系永定加装非如缓漕暂时搭运者比各该船原支本折行月一体按粮派给以资运费【乾隆二十年】

一京口汉军官兵出旗为民江宁一半蒙古官兵移驻镇江应需兵粮较少于原截漕米内复起运米二万四千三百余石洒带常镇二属现运四百九十七船之内加装出运应支行月银米照各本帮额数核派在苏松粮道裁存

项下动支【乾隆二十九年】

一裁汰拨兑苏扬二属之淮安三大河前帮船七只应运米石即于兑运苏属帮船带运裁船行月银米按带运米数派给各船【乾隆三十年】

一裁汰扬州二帮拨抵江淮八兴武三七等帮船二十三只应运粮米分洒江兴二卫兑运松粮船内加装裁船行月银米分给加装各船资运【乾隆三十一年】

一江兴二卫分支扬州二帮裁船行月银两在江安粮道库贮原额银内照数给发其江兴各帮兑运松属丁船应支赠负席片等银在苏道库内给领报销【乾隆三十一年】

一山东德州帮裁船节省行月米石若分洒带运计算每船仅多装米十余石毋庸雇船装运按数分洒各帮每石支给负重银五分润耗银五分米五升以济带运之费【乾隆三十二年】

一湖南省轮蠲漕粮减歇各船屯田帮费银两照数全给【乾隆三十三年】

一湖北省轮蠲漕粮减歇各船屯田帮费银两照数全给【乾隆三十四年】

一江淮等卫官为征给屯田津贴银两该省轮值蠲免全数给领【乾隆三十四年】

一湖北武昌卫新升帮费银七钱三分三厘按年征解道库给丁济运【乾隆三十五年】

一宿州二帮应支亳州津贴银两系归州征收虽与各帮津贴不同而赡运则一蠲免之年所领津银全数支给【乾隆三十六年】

一湖南荆左卫签运并无运操赤名色义帮银两即在本卫旗丁名下按粮每船派帮银一百两荆州岳州二卫系在运操各军名下按照粮饷每船派帮银一百二十两荆右沔阳二卫原在运操赤三项军丁名下按照粮饷人丁每船派帮银一百二十两此项银两命名义帮系同帮乐输之项给牌听丁自行收取毋庸官为征给牌后将各粮户应帮银数查明开单粘尾以杜多索粮户抗违不给即令禀官追给至各卫军屯除岳州卫外其余四卫军屯坐落星散旗丁不能分身亲收给牌本船运丁兄弟子侄协同屯头户首先为代收各卫如有屯坐星散者一体办理【乾隆三十六年】

一浙江杭嘉湖三府属各州县例征漕费钱文嘉庆五年奏准一体给丁

一浙江省白粮每正耗米一石有舂耗米三斗为数较多嘉庆五年奏准即于州县舂耗米内酌拨六升本色给丁

一豫省征收漕粮每石随征耗米一斗一二升至一斗四五升不等节次议给旗丁耗米八升尚余五六七升不等向系留为各州县铺垫仓廒等费之用嘉庆十五年因抚恤穷丁奏明将余剩耗米再拨给旗丁一半约每船又可得津贴银二十余两连前共得银七八十两计其沿途支用尚有盈余此外不准再有需索

一湖南各帮运道绵长费用繁多经湖南巡抚奏准在司库备贮项下赏借银五万两发给汉镇岸商承领按月一分行息每年息银六千两以二千五百两解司还款其余三千五百两均匀散给各可俟二十年后本款全数归还外所有岸商承领银五万两永存作本长年生息每年息银六千两尽数分给各帮【嘉庆二十一年】

一江宁江浦等县快丁应征贴费因丁力疲乏追缴维艰据江督等奏准江宁岁需运造两费经该县绅士捐银七千二百九十两请借库银二万两江浦岁需运造两费经各快丁捐银二万三千两请借库银二万两一并发商按月一分生息分给各快丁为额征岁贴之费所借库银分作十年提本归还原款即将余息并同捐款永远作本存典生息【道光三年】

一江南全椒县额佥快船四十三只每年需运造各费银六千一百三十两近因丁情疲困积欠日多据漕督奏准该县民快人等共捐本银五万一千一百两零援照江宁等县成案发交典商按月一分生息抵交运造两费【道光五年】

一嘉庆六年修理北仓案内动拨天津道库银二万两以一万一千八百两发交长芦商人生息原议所得息银俟归还修仓垫款并将原本提还后余息仍循环营运嗣因商力疲乏据漕督奏准本银分年缴还利银随本递减统计收过生息银二万一千十九两零除归还北仓修费并动拨各款外尚存道库银四千八百十九两零仍照案发交芦商按月一分生息每年解交天津道库以备漕务不时之需【道光六年】

一江南上元县额佥快船三十三只除已捐产贴运各船外尚有自运十三船向无赡运之资据江督奏准该县

绅士丁民等公捐银一万二千六百两发典生息又该县快丁杨明章等七船前捐本银一万一千二百两按年一分生息今请改为按月计闰一分行息每年可增息银二百四十七两三钱又道光三年调剂江邑快丁案内余剩息银酌提一半银一百三十一两五钱协济上元以上每年共可得息银一千九百四十一两二钱足敷运造两费之用所捐本银分交上江二县各典收领自道光七年为始按季缴息济运【道光六年】

卷三十三·贴费杂款·给丁筛扬

一湖北省漕船据该抚奏请每船津贴米二十四石均照行月以七钱折算湖南省漕船据该抚奏请每船南秋米折银内酌给银二十两经部议驳令照浙江之例将原备筛扬米内划出二升七合六抄拨给旗丁以资津贴【嘉庆四年】

一江西省漕船六百三十八只据该抚奏请裁减船四十只部议装米过重诸费周章未便更改惟旗丁疲乏自应酌予调剂议将原备筛扬米内亦照浙江之例划出二升七合六抄给丁办运【嘉庆五年】

一江苏浙江江西湖广山东河南等省正兑项下原备筛扬米石内既经分别划付旗丁所馁二升三升之数不得全作折耗计算应由仓场于漕米进仓抽验时将各仓折耗确数切实查报其中实有折耗过多不敷作正之处仓场亲查确实取具监督等印结报部题销改兑项下并未划给旗丁仍照旧例办理【嘉庆五年】

一河南省改兑项下应交筛扬米石到坝时仓场悞行划付旗丁奏请于应得养廉内按例价扣缴归款【嘉庆五年】

一江苏省改兑项下筛扬耗米据江苏巡抚奏请自嘉庆六年为始照正兑之例一体划给所有五年改兑项下给丁筛扬米石仍著落该抚等分赔带运项下耗米亦令一律交纳【嘉庆五年】

一拨运蓟易米石向系核计平米派截王兑项下原备筛扬既经奏明扣给旗丁其拨运项下另用正项米石照数抵补【嘉庆五年】

一豫省额征正耗白麦一万石内正兑正麦五千八十六石四斗每石应划给旗丁筛扬麦一升七合六抄于该帮所装耗米内划给以抵正兑白麦应给筛扬之数【嘉庆五年】

一豫省额征白麦内应给旗丁筛扬麦石在于耗米内划给不敷米石在于耗豆内抵给【嘉庆六年】

一山东省应给旗丁筛扬耗米照江西之例通省帮船将正兑项下应划付旗丁一升七合六抄耗米均匀分给【嘉庆六年】

一湖北省带征正兑项下应给筛扬米石奏准照江苏之例一体支给以昭体恤【嘉庆七年】

一浙江各帮搭运嘉庆九年分缓漕米石俱系正兑粮米所有带运缓征漕粮项下筛扬米价咨准照嘉庆六年为始一律支给成案并江西省咨准灾缓漕粮随正征收赠扣筛扬等米折银给丁之案一例照数折给

一豫省带运漕粮项下向不划给筛扬耗米嘉庆十年带征八年漕粮率行划给筛扬米麦豆折银两将滥放之粮道蒋继勋照例降一级调用其各帮委系粮道饬催遵照具领并非自行滥支运弁职名免其开送

一浙江漕白帮船嘉庆十五年在途节节浅阻守候日久丁情竭蹷奏准将每石应交筛扬米二升七合六抄比照缓交余米之例缓至下年带交

一大河前帮因东省闸河阻浅行走稽延乂奉起截易粮雇拨交卸需用较繁经仓场侍郎奏准将应交筛扬耗米缓俟下运搭解以纾丁力其余各帮不得援以为例【嘉庆十九年】一安徽池州帮漕粮被雨米质受伤起卸进仓时内有不堪交纳米四百余石照数易换赔补所有应交筛扬耗米因帮丁疲乏无力完交据仓场侍郎奏准缓俟下年带交【道光三年】

一浙江杭严等十六帮因在杨村起拨米石被雨受伤责令尽数易换赔补所有应交筛扬耗米一万二千余石经仓场侍郎奏准缓俟下年带交其杭三绍前两帮除耗米抵补外尚有不堪交纳正米二千六百余石一并准其带回缓俟下运同应交耗米照数完纳【道光三年】

一浙江台前等十二帮因上冬起运漕粮不能一律饱绽米石折耗较多无力赔补经漕督奏准各帮应交筛扬耗米暂缓交仓自道光七年冬运起匀分三限搭解还款【道光七年】

卷三十三·贴费杂款·扣追欠款

各省截留漕船介于起运停运之间其扣给各项钱粮向永定有成例雍正十三年乾隆元四等年酌定

一江南省截留船只应支三修月粮钱粮准其照数全支行粮盘耗赠银负重等项银米与程途远近俱作十分计算走一分给一分如走一两站未及一分者即按站扣算支给赠米一项如载留米到州县半月收清者按程给追如半月以外每石给米一升满一月者给米二升满两月者给米四升满三月者全给其州县或藉米色不纯措延过期者许运弁通详督抚委员验看果有霉变责令弁丁赔补如州县捏词措延据实参奏若帮船截留本次或旋兑旋卸或数月后收清赠米亦按月计算如藉端迟延希图混冒察出参追

一浙江省截留漕船应支月粮三修钱粮准其全支行粮盘耗负重漕截等项与自水次抵通程途俱作十分计算走一分给一分不及一分者按站支给

一江西省船只船身较大装米数多兼之水次开行逐节浅阻拨浅长江守风过淮修舱一切费用较浙江不同遇有截留将原领折耗行月赠银赠米斛面米石均免扣追其一三副米四耗米石如在淮安以南截留者将四耗米石令其随正交纳一三副米免追如过淮截留者将四耗米内正米随交二斗五升改米随交一斗七升并每石另交一升赠米外其余米石与自淮到通程途各作十分计算走一分给一分一山东省截留漕船应支三修月粮及任城帮赡运银两准其照旧支给其本折行粮及润耗银两与水次抵通程途俱作十分计算走一分准销一分不及一分者按程支给润耗米石截留州县半月内收清按程给追如过半月给米一升满一月者给米二升满两月者给米四升满三月者全给其截留在本次者亦按月支给

一河南省截留漕船月粮一项全数支给如船虽抵次尚未装载者豫省毋庸议给其润耗银两行粮银米与程途远近俱作十分计算走一分给一分未及一分者即按站支给官役俸工照额支给如船开行走十数程奉文截留仍回原次者亦按重运程途计算按程计追润耗米石截留州县半月交清按程给追如过半月给米一升满一月者给米二升满两月者给米四升满三月者全给其截留在次船未开行而粮已装载在船润耗米石亦按月支给截留船粮已抵临清者盘拨银两全数支给未抵临清者将自卫辉水次至临清作十分程途计算核给

一湖南湖北二省各丁所领钱粮与别省较少乾隆四年题准如遇截留各丁所领三修行月二耗并州县津贴京脚银米均免扣追其一五耗米按程按分追给

一各省截留船只有到次尚未受兑及已兑未开行者作何支给钱粮原议未经议及乾隆五年题准未兑之船照停运例给与减半月粮已兑未开之船加给三修银两嗣因漕船额设钱粮原为修舱船只置备损具雇募水手身工饭食并一路添纤盘拨等项之用原议截留船只行月等项银米按程扣追难免苦累乾隆七年奏准酌核各省帮船在次费用情形量加增给除截留蓟州易州照抵通例各项准其全给其余已兑开行之船豫东二省每船给银五十两江南浙江二省每船给银六十两湖广省每船给银七十两江西省每船给银九十两以资帮丁在次修舱船只置备什物及雇募头舵水手安家养赡之用应给银两即于行月折色银内扣给所有存剩行月等项银米江浙豫东等省仍照旧按程追给江西湖广二省路途遥远兼涉江湖在未过江以前截留者除在次酌给银两外其余剩银米一体按程追给过江尚未渡黄者给与四分之三渡黄已至临德等处者各项银米准其全给

一湖广省截留漕粮用湖北二三两帮漕船运赴淮安交卸内买雇等船不给三修外其余军船按原领三修银两核给四分之三下剩银两按船追缴报拨【乾隆二十一年】

一江淮兴武等帮应追乾隆十一十二等年分按程银两乾隆二十年新运钱粮内只扣起运之年一分限银其余递年查扣并乾隆十四五六各年分应追银两自乾隆二十一年为始分作两年匀扣乾隆十七年分应追银两分作三年匀扣【乾隆二十二年】

一山东省截留各丁扣存行月米石循照漕例易银解部【乾隆二十二年】

一湖南头二三帮乾隆二十一年分截留漕粮运赴江南徐凤二府备用应追未行程途米石于本年新运米内扣起分作三年扣抵还项【乾隆二十六年】

一江淮卫五八帮兴武卫三七帮应追截留天津北仓未行程途行月等项钱粮乾隆三十四年题准自该年为始分作二年完缴

一太仓卫后帮应追未行程途行月等项银两乾隆三十五年题准照江淮等帮之例自三十四年为始分作二

年还项一兴武九帮应追未行程途行月等项银两乾隆三十五年题准循例自三十四年为始分作二年完缴

一湖南各帮因所领新运钱粮内应还借给库项银两资用缺乏在于征存漕费项下暂行赏借银五千八百七十四两以资挽运所借银两于每年应得钱粮内扣存一分作为十年归还清款【乾隆四十年】

一山东德州等帮乾隆四十年起运漕粮截留天津北仓应追按程银两已经费用无存若于新运钱粮内全行扣还恐北上办公必多掣肘准其分作三年扣还【乾隆四十一年】

一河南仪封考城漫口钦奉谕旨截留漕粮十万石通州天津二所帮船派减停运已领过修舱银两并本色月粮米石照乾隆五年停运案内匀扣之例于四十四年为始分作二年匀扣还款【乾隆四十三年】

一豫省轮免漕粮通州天津二所停运漕船已领过修舱银两并本色月粮米石于四十六年为始分作二年匀扣【乾隆四十五年】

一宣州帮旗丁李炽南无故拆板一船无需回空应将回空银两追缴并议于行粮米内分别重空酌量解缴【乾隆四十七年】

一浙江省处前等帮在北冻阻并减存船只俱已停运应扣欠项银两缓俟下运扣归还款【乾隆五十年】

一湖北出运漕船因拨运水浅费无所出丁情拮据筹议各帮船每只借给银五十两以资接济所借之银于道库积存资役款内动支委员解交总漕散给济运其银酌限五年在各丁应得钱粮内分扣还款【乾隆五十年】

一浙江台前等九帮冻阻北河船身受伤归次后必须大加修整本年应领钱粮除扣缴各项积欠外所领银数较少丁力竭蹶奏明分别极疲次疲借给银八十两至一百五十两不等共需银五万两于道库留协项下动给概限三年扣还【乾隆五十年】

一浙江台前等九帮因在北河冻阻奏准酌借道库银五万两分别借给限三年扣还乾隆五十一年起运五十年分漕粮遇歉缓征无须全船起运所有前次遭冻船四百八只今次起运仅二百六十八只每船自八十两至一百五十两不等共借银三万二千五百五十两余剩银一万七千四百五十两俟各该帮受冻丁船下年起运之时一体借给均按原限扣缴【乾隆五十一年】

一湖南头二帮出运各船因运河水势微弱木植尽卸江口售卖无主前途提溜打闸以及雇夫加纤各项无措每船酌借银三十两共银三千九百两在于旱卫津贴银内动支以资接济自五十二年为始分作三年扣还归款【乾隆五十一年】

一河南省拨运良乡等处兵米添雇船十三只遵照部咨应减船一只因帮船已经兑竣开行势难分洒带运只可照旧装载俟奏销时照依十二只造报支过行月银米追还归款【嘉庆三年】

一浙江漕白帮船乾隆二十五四十二等年公借银两因上年轮免漕粮未经坐扣本息统于嘉庆五年为始分作十年扣还免其缴息嘉庆三年分公借银两仍按原限六年办理毋庸再予展限又借拨行月米价应令全数扣还应给旗丁折色行月二粮照原定折给不得照金华台州折征兵米价值议增又每石于原征漕费钱文之外亦不准其酌加准其在于原备筛扬米内照江苏之例每石划给旗丁筛扬米二升七合六抄以裕丁力【嘉庆四年】

一浙江帮丁借拨行月余米应缴价银三万九千四百余两一时措办旗丁实有不能奏分六年归款【嘉庆五年】

一浙江失风漕船抢捞干湿米石分洒通帮带运所领行月钱粮免其追缴【嘉庆十一年】

一嘉庆十二年詹运总督萨彬图奏江浙疲帮节次受阻身工饭食缺乏兼之沿途打冰需费准将江安粮道解到快丁贴费银两暂散给安庆后等十帮每帮借给银二百两即在各丁下运应领银内照数扣解还原款

一江西吉安帮船应兑粮米洒派通帮带通交纳除例支席赠银米外其领过新运钱粮准其于下年新运钱粮内扣还归款【嘉庆十五年】

一嘉庆十六年漕运总督许兆椿咨准湖北头二三帮因河道滞涩例带木植俱未载入内河提溜挽闸用费浩繁中途窘乏准其于解还通济库垫用拨价银内动银三千两给发济用令粮道将借动银两于新运钱粮内照数扣解还款

一湖南头二三帮漕粮嘉庆十五年截卸北仓应解还通济库垫发拨价饭食等银一万六千八百余两因尚有应还上年借欠银两势难同时并扣据湖南巡抚奏准在于司库钱价项下先行垫解俟上年借欠司库垫银并迎兑

案内水脚等银扣完之日再将此次垫借银两分作三年接扣归款【嘉庆十六年】

一浙江杭严头等四帮漕船在静海县遭风伤重修费较多丁力拮据经浙江巡抚奏准在粮道库饷存项下酌借银两杭严头杭严二海宁所三帮每帮借银六千两杭严四帮借银一千两俾资修整自本年冬运为始分作十限扣还又杭严头二两帮应扣通济库垫用拨价等款银一万两零并准分为五限扣还【嘉庆十七年】

一湖南各帮借欠十七年天津道库拨价等银一万四百余两据湖南巡抚奏准援照十四五两年成案在于司库钱价项下先行垫解分作三年接扣归款【嘉庆十八年】

一浙江省回空帮船因徒阳运河水浅在江口停泊两月未能归次经漕督奏准每船酌借银二十两共银一万八千四百四十两先在河库道库内就近按船给领再于浙江粮道库贮闲款内解还归款所有各帮分借银两自嘉庆二十年冬运起在于原借各丁应领新运钱粮内分作二限照数扣还【嘉庆二十年】

一浙江各帮应扣十九年回空借给二限银两及应扣灾缓行月米价并不按限扣收于帮船领银兑开后始行咨请缓扣令将应扣银两按数追缴并查取擅行展缓职名送部核议【嘉庆二十二年】

一浙江宁前等九帮积欠借支各属县库银两未能措还经浙江巡抚等奏准援照成案仍以给丁应领余米留南变抵自嘉庆二十四年冬运为始分限七年接扣【嘉庆二十四年】

一浙江台前金衢杭二杭四嘉所温前湖白处前严所杭头等十帮积年借支各属县库银两因无力措还据漕运总督等奏准仍于各帮丁应得余米变价留抵所有台前等九帮自嘉庆二十五年冬运为始杭头一帮以来年冬运为始分限十年接扣【嘉庆二十五年】

一浙省各帮军船回空因徒阳运河阻浅未能全行归次丁力拮据据浙江巡抚等奏准循照成案恩借本银八万两在浙江藩库拨剩银内暂提借给各丁按出运六个月计算一分输息年借年还俟收足息银八万两归还藩库原款仍以息银作本出借【嘉庆二十五年】

一浙省台后温后处后等三帮积欠县库银两据漕运总督等奏准援照成案仍留余米变价接扣自道光二年冬运为始分限十二年扣还【道光三年】

一浙江温前金衢温后台后湖白台前处后杭二等帮漕船行抵宿迁等处遭风损伤经浙江巡抚奏准在道库扣存恩息项下借给该八帮共银一万七百两自道光三年冬运为始分作八限扣还又温后帮应赔沉湿米二千零五十六石并准自道光二年冬运起分作三年带还【道光三年】

一江浙回空帮船前因在黄河以北守候日久奏明每船借银十五两复因在后十八帮停候徒阳运河启坝归次更迟借项不敷接济经漕运总督奏准再借银十五两每船先后共借银三十两自明年冬起分两次扣还归款【道光四年】

一道光五年漕督等奏准浙省军船丁力疲累本运余米留南变价除每船提银十八两俟回空给丁济用外其余银两贴补各帮运费所有应还县库欠款再展一年按限扣还此内极疲各帮并准循照成案暂于运库提银七万两分别借给分限五年扣还免其输息

一道光六年浙省漕粮办理盘运虽军船祗抵清江而河北接运经费并无减少浙抚奏准将该省上年今年两运行月等款全数支给免其计程划扣其截留河北之宁前等三帮行月等款准给洒装米石之丁俾资贴补至该丁等额支月粮本色及米价二款著照江南成案给领又上年绍前等八帮东省垫给拨船津贴食米约银三千四十二两零杭头等三帮仓场衙门垫放拨价等银一万四千八百九十两零天津道借给银一千三百二十两共银一万九千余两均著缓俟下年酌分年限扣还归款又上年各帮缓交分限晒扬耗米及杭三绍后两帮霉变分限米石并各帮积欠米石等款准照湖南成案缓俟下运依限搭解再金衢杭头等帮扣款较多所领银两不敷办运准在道库丁借息银项下酌量动支调剂

一江西各帮上年截卸北仓并在杨村起拨借支通库及天津道库银两因盘坝拨运需费较多经江西巡抚奏准所有各帮借支通库及天津道库共银六万四千余两于司库地丁项下动垫分作五年扣还其广信等十帮另借天津道库银九千八十两并准在司库地丁项下垫解自本年冬运为始分两年扣还归款【道光六年】

一蓟粮项下东豫二省拨运良乡兵米向系运赴通州兑收嗣因奏准改于天津交卸程途较近除应支月粮准其照旧支食外其支过行粮润耗等项银米按程核追归款又装运霸州东安兵米亦于天津截卸应支行粮等项嗣

后一体按程追缴【道光七年】

一浙省帮船素称疲累近年运道阻滞益形支绌经浙江巡抚奏准在运库京协余平项下提银三万两分别借给以资办运自八年冬运为始分限四年扣还并将各帮本运应扣造船公借银四万余两自本运起分作三限扣缴其余米变价项下应还县库欠款照旧递缓一年【道光七年】

一江苏各帮积欠天津道库拨价银两据两江总督等奏准先在道库漕项正款银内垫解清款仍自道光六年冬季为始于各帮丁应领新运钱粮内分限四年由道扣还报拨【道光七年】

一安庆后帮截留临清米石应追未行程途行粮银米因丁力苦累援照处前等帮成案一律免缴【道光八年】

一大河二帮丁船道光六年接运安庆后等帮漕粮因粮米截留临清该帮应支自临清至通州水脚口粮银两援照处前苏后两帮成案准免追缴【道光八年】

一江西省铅山等八帮截卸北仓漕粮应需拨价等银由长芦运库垫发共银三万三千二百九十七两零行令在各丁新运钱粮内坐扣解还嗣据该抚以各该帮所领钱粮不敷坐扣奏请在司库征存税契杂税项下先行融动解部归款经户部议准并令在各丁应领钱粮内分作五年扣解还款【咸丰元年】

卷三十四·贴费杂款·蠲缓欠款

一乾隆八年截留运闽之绍兴后帮九年截留临清之台前海宁所帮十年截留本省之杭前后杭右后帮皆有按限扣追之项十三年奉上谕著将绍后帮应完一限银两海宁所帮应完两限银两俱分作三年扣还台前帮应完两限银两分作四年扣还杭前后右后二帮应完一限银两分作二年扣还以纾丁力钦此

一向例各省粮船如遇中途截留者所领行月等项钱粮按已未行程途追给豫省平山等四帮徐州长淮等三帮通州天津等两帮截留东省船粮因已抵德州复运至韩庄等处交卸所运程途与抵通无异乾隆十五十六十九等三年咨准照乾隆八年截留江省之例一体免追一江淮四七等帮乾隆二十三年分每船截留天津漕米四百石其余漕米仍系原船运通交纳所有各船未行程途银米免其追缴以恤丁艰【乾隆二十七年】

一长淮卫宿州二帮经过洪泽湖漂没漕船二十五只成造维艰奏奉恩旨于道库内赏借银一万两给丁赶造所借银两分作八年扣还归款嗣于四十三年应扣二限银两因亳州田亩被淹丁力拮据奏准展限一年缓俟四十四年冬底扣还又缘凤阳颍州二府属漕粮截留该丁应支苫盖银两不敷应缴之数奏准将宿州二帮应扣二限银两再缓一年以纾丁力【乾隆四十五年】

一江淮头帮旗丁田宏儒等二船失风案内原领行月银米及在淮开放银两俱已散给舵水身工粮米酒带本丁仍应跟帮赴通其盘拨过载给费较多所有领过钱粮准其开销【乾隆四十六年】

一河南后帮停减旗丁周裔忠等十二名船只共领过三修银九十两领银修舱在先奉文停减在后免其追缴【乾隆五十年】

一浙江省漕白粮船二十一帮积欠银两经浙江巡抚奏明分限扣还节年办运维艰并遇减歇无项可扣积至一十六万八百余两本年应扣还八万二千两零再加以新船义会银两并恩借银二项又应扣银四万四千五百余两丁力难支办运掣肘请自五十一年为始极疲扣款较多之台前台后温前温后处前处后金衢所杭头杭二严所嘉白湖白十二帮分作八年次疲扣款较少之宁前宁后杭三杭四湖所海所嘉海绍前绍后九帮分作六年扣缴其各帮应行搭解之米二万二千九百余石本年先解一半余俟下运全数解交以示体恤【乾隆五十一年】

一长淮卫宿州二帮经过洪泽湖漂没船只钦奉恩旨赏借道库银两除已扣外尚有未完六限奏准缓扣银一千二百余两因该帮额兑漕米奉文蠲免丁船减歇所领苫盖钱粮不敷扣抵兼之上年田亩被灾丁力拮据奏准再缓一年自五十一年冬为始仍分三年扣还以纾丁力【乾隆五十一年】

一乾隆五十二年浙江台州前等九帮回空船在山东阳谷东阿等处冻阻不能归次明岁应运新漕钦奉谕旨拨运闽省平粜守冻各帮每船准借给银二十两以示体恤钦此

一江西各帮积年借欠通济长芦及粮道各库共银十四万八千两零于各丁应领行月耗赠余租等款内坐扣实属不敷且恐办运无资若概予缓扣库项难以久悬除五十一年拨费原经奏动漕屯一款外其余银两奏准于江

西藩库闲款内动借银十万两先还通济长芦及粮道等库借垫各款统计前后借动银十四万八千七百余两并为一款分作十年按船扣还先尽归清藩库借款后再行归还粮道借垫漕屯之款【乾隆五十四年】

一江安粮道所属四十九帮内凤中头凤中二徐州江北宿州头庐州二大河二三淮安头二等九帮积欠银两经奏明将行月运费扣抵并有杨村新旧拨价及积年粮道筹借接济各款约共六万一千余两今冬应领新运钱粮实只四万七千有零若按数扣缴则各丁实无办运之资请将应扣各款均缓至下年扣起徐州江北宿州头庐州二淮安二大河三等五帮分作八年凤中头凤中二大河二淮安头等四帮扣款较多分作十年于每年应得漕赠行月负重等银内坐扣还款此内有应交仓场及长芦运库等款银一万余两饬令江安苏松两道于漕余项内先行拨解仍一体按限分扣【乾隆五十五年】

一凤中二帮旗丁王三畏等应追未行程途行月银米因原装米石洒带各丁日经全完所支银米亦经分给各丁援照免追例案免其追缴【嘉庆二年】

一浙江各帮造船公借银两从前因蠲漕停运节经奏准缓俟下年递扣并将未扣银两先后分年扣交又该省恩借本银十万两自乾隆四十二年起至六十年止共扣存息银十万七百余两部议将本银催提归款并息银内扣出银十万两存库备借余息报拨等因嗣于嘉庆三年因永存项下不敷据浙江巡抚玉德咨请于现存息银内存留四万两动放公借之用仍俟输足十万两后再行归还原款【嘉庆三年】

一嘉庆五年江西各帮积欠银两因追缴无著经江西巡抚张诚基奏请豁免钦奉恩旨所有各帮船积欠银两著加恩豁免此后或有应需酌借之处将因何借给如何扣缴奏明请旨不得因此次邀恩援以为例钦此

一浙江各帮乾隆年间恩借本息应扣二限并应扣二限行月米价以及应扣三限造船公借银两嘉庆六年浙江巡抚阮元奏准暂予缓扣一年

一浙江回空帮船因浅阻守候耗费嘉庆九年据浙江巡抚阮元奏准将应扣乾隆年间恩借本息并行月米价及造船公借银两照嘉庆六年奏准递缓一年之例仍递缓一年又借领修造军船银两除嘉白帮毋庸议缓外其余二十帮亦照嘉庆三年分限缓扣之例分作四年扣还

一嘉庆十一年奉上谕吉纶奏旗丁所领造船津贴银两恳恩免追一折湖北襄阳卫旗丁贺廷爵回空军船于乾隆五十六年因民船失火延烧官给料价并照例在于积存款内津贴银一千两支给成造经该部以并非大造之期不应支给津贴节次查追固属按例办理但念该军船前次延烧已属意外被累现经查明该旗丁实系赤贫事经十余年无力措完著加恩将前项津贴银一千两免其追缴该部知道钦此

一嘉庆十二年乌程归安德清三县漕粮缓征派减各丁应扣恩借银两浙江巡抚咨准统于起运之年在各丁漕截银内扣还归款

一嘉庆十三年奉上谕清安泰奏恳暂缓漕帮扣项一折据称浙省帮船因上年挽运北上沿途节次浅阻直至秋尽冬初始放空南下闸河复遇冰凌历计往还耗费为数不少现在新漕兑开紧迫该旗丁有应行扣还恩借本息行月米价并嘉庆九年十二年两次造船公借银两可否请暂为展缓分扣俾丁力稍得宽裕实于新漕有益等语上年该省粮艘因运闸各河节节淤阻回空已迟并有截拨截卸者该抚所称丁力疲乏自属实在情形著照所请加恩将该旗丁等恩借本息行月米价并九年造船银二万六千九百四十六两零暂行缓扣一年其上年春间各帮借领造船银三万九千二百四十两亦著照上次奏准分限完缴之例准其分作四限扣还以纾丁力该部知道折并发钦此

一嘉庆十四年奉上谕阮元奏请暂缓漕帮扣项一折上年浙省帮船因河道阻滞守候需时回空恐致河冻加添纤挽直至腊底始全行归次旗丁等不无多费现届新漕开兑若将扣项同时缴还自不免于拮据所有恩借本息六限银一万五百六十余两行月米价六限银六千五百七十余两嘉庆九年造船公借三限银九千八百十两十二年造船公借银九千八百十两共银三万六千七百五十余两均著加恩缓扣一年其本年春间借领造船银四万二千一百二十两并准分作四年于下运为始按年扣还以纾丁力钦此

一嘉庆十四年奉上谕金光悌奏漕船借用仓场库项筹款垫解一折上年江西漕船因北河水阻在于北仓截卸所需拨运各费曾经借用仓场库项八万一千两零此时自应如数扣还惟念该省旗丁疲乏日久且现在出运新漕又有买补搭解余米等项较之常年所需更多若于各帮应得钱粮内坐扣则余剩无几未免倍形拮据著加恩准

于司库地丁内每船酌借银一百七十余两共八万一千两零解还仓场垫款仍在各船各下分作五年扣还司库以示体恤钦此

一嘉庆十五年奉上谕景安奏湖南头二三帮应解拨价等银于该省藩库内筹垫分年扣还归款一折湖南帮船丁力素疲上年重运浅阻耽延回空冻阻未免耗费虽经节次加恩调剂但此项拨价等银为数较多一时扣解不无拮据自系实在情形所有嘉庆十四年通济库垫发拨价油艌饭米等银一万九千七百二十一两一钱零又借欠天津道库拨价油艌等银八百一十五两八钱零著加恩准其在于藩库内筹款垫解仍自十五年新运为始分作三年扣还归款以纾丁力该部知道折并发钦此

一浙江省驳回米石经漕运总督许兆椿等奏奉谕旨准照江省折价归还之例每石折银一两四钱分作五年完缴嗣经浙江巡抚以现运各款钱粮业经按款全数给发济运无从折扣咨准将各帮应还初限银两于冬运各丁应领行月钱粮项下坐扣清款报部充饷【嘉庆十五年】

一嘉庆十六年奉上谕先福奏筹款垫解漕船借项一折上年江西铅山等帮出运尾后在于北仓截卸所需转运拨价经许兆椿奏明借给通济库银三万六十七两零于各丁应领新运钱粮内照扣解还兹据该抚查明各军丁应扣旧欠尚多所领新运钱粮为数较少力难一时全扣自系实在情形著加恩准照所请将铅山广信吉安饶州袁州等五帮本年应领济运钱粮坐扣三分之一计银一万六十七两零其余于司库现存之永建等帮扣还前垫项内借转银二万两委解通济库先行还款仍分作二年将各丁应领钱粮按数扣还司库俾丁力益臻宽裕该部知道钦此

一浙江帮船借支道县二库银十七万七千五百余两前经奏明于各帮应得余米变价银内分限三年抵补嗣因不敷扣抵经漕督奏准台后温后处后三帮原限外加展四年杭头帮原限外加展三年严所处前温前湖白四帮原限外加展二年金衢杭二台前杭四嘉所五帮原限外加展一年【嘉庆二十二年】

一浙江宁前等帮积欠节年借支银米前经奏明分别展缓因河道浅阻守候赔累兼有遭风事故扣项较多办运支绌经漕督等奏准积欠晒扬漂失等米五万五千余石积欠银七千六百两自嘉庆二十四年冬运为始分限十年带交【嘉庆二十四年】

一安徽省宁国旌德太平三县民折官办漕粮历任各员垫欠银两据安徽巡抚奏请豁免经部议覆钦奉谕旨著照所议将该抚单开苏景眉等十员任内应赔银五万六千七百三十六两俱免其著追其已故结报家产净尽之张秉机等四员应赔银一万三千三百八十八两零米三百三十石零著照例准其豁免未经结报各员著再行查明报部核结所有现任候补告病降革遣戍各员垫完之款著该抚督同藩司迅速分咨各旗任所戌所严行催追务令如限清完毋得再有悬宕至该抚此次开列各员应赔各数并未将从前垫用何款确切指明著该抚详查将报部之款先行归清造册送部其未报之款即行设法归清不得以无款可归为词另请筹补嗣后各直省征收钱粮著各督抚严饬各藩司将垫完民欠名目永远革除以杜流弊钦此【道光三年】

一道光三年奉上谕和桂等奏军白粮经纪应扣交积欠银两请量予展限一折此项应扣缴从前经纪长支银两该军白两项经纪等其分赔银四万七千四百三十四两零分作十年坐扣归款按年已扣过八限尚有末二限未扣银两经和桂等查明本年豫东漕粮截留赈米到通米数较少该经纪等少领脚价若再加以扣缴前项办公未免拮据俱系代赔之项与本身应赔者有间自当量予展缓所有末二限扣缴银九千四百八十六两零著准其再展六年连正限二年共作八年扣完以纾役力该部知道钦此

一浙江各帮造船公借银两例应年借年还因上年重运沿途阻滞复值因灾蠲缓减歇丁情苦累据浙抚援案奏准无论减歇出运各船概自道光四年冬运为始分限六年扣缴【道光四年】

一浙江各帮应还州县库第一限欠款银两因漕粮蠲缓出运船只无多余米变价不敷抵补据漕督等奏准展缓一年【道光四年】

一浙江杭头帮应还五限并温前等七帮应还初限恩借银两因漕粮蠲缓帮船减歇并无额领钱粮可扣咨准援案递缓一年扣还归款【道光四年】

一浙省军船自嘉庆十六年起至道光五年止通帮积欠司道各库共银三十九万余两借欠愈积愈多丁困愈累愈重经浙抚奏准分别停息展扣查明嘉庆年间在藩司粮道二库共提银十八万两借给各丁于下年运费内扣

还按出借六个月一分输息每年应扣银一万八百两共收过息银七万四千七百余两援照乾隆年间借银十万停息还本成案免其输息予限十二年在应领款内扣还至已收过息银存贮道库遇办运拮据之年酌量调剂又道光四年借给造船未还五限银三万五千七百两道光五年动借运库未还五限银七万两俱酌展八年扣还又道光四年宁前等帮守阻接济未还二限银九千九百九十两及本年江苏垫发浙省滞漕盘坝各费应于各丁船名下扣还银三万二千九百余两俱分作四年扣还自本年新漕为始按限分扣还款其截留河北宁前宁后绍后三帮并无应领出运钱粮所有应还各款自下运为始照限分扣【道光五年】

一湖北各帮因运河浅阻守候日久费用浩繁所有原限四年应扣还备带接济并盘坝津贴等银又原限两年应扣还回空借给银两据湖北巡抚奏准均递缓一年扣缴【道光六年】

一庐州头二三帮应缴五限借赎屯田银两因丁情竭蹷经漕督奏准分作两年完缴其六限银两并递展一年【道光六年】

一浙省军船上年在淮起拨本年复南北接运丁力竭蹷经浙江巡抚奏准将应扣银米分别展缓所有各帮借欠本省司道各库本运应扣还银共四万二千五百余两暨留南变价余米二万四千九百余石除照案提银给丁济用外余银五万二千余两概行分给各帮其应扣县库欠款均展缓一年扣还至历年积欠米六万九千余石自本年为始准分六限借欠天津道库通库共银二万一千五百余两自本年为始准分四限解交归款【道光七年】

一苏省回空军船每船借给银三十两前经奏明分两次扣还因道光五年起运粮米全由海运各帮船住泊河北接运别省漕粮并无应支漕赠等款可扣咨准暂行展缓自道光六年冬运为始查扣归款【道光七年】

一湖北各帮应扣借款银两为数过多丁力拮据据湖北巡抚奏准分别缓扣所有原限四年扣还每船分借备带接济银五十八两零又盘坝接运每船应扣津贴银二十一两零均递缓一年自道光七年冬起分作四年扣还其原限两年扣还回空阻守河北每船借银十两亦缓至道光七年冬起分作两年扣还又道光五年盘坝报销案内江南总局垫发过闸用费修舱二项每船应扣银十三两零亦展缓一年即于来年冬运全数扣解【道光七年】

一道光七年奉上谕韩文绮奏运丁借款恳请分别起限扣还一折江西各帮漕船道光五年在通库天津道库借欠银两奏准于司库地丁项下借垫分作五年二年扣解归款本年应扣初限银一万七千三百余两又在江南总局借领银两分作六年扣清本年应扣二限银三千七百五十二两零上年又借天津道库厂费银四万二百九十一两零通库酌借银四千两应于新运钱粮内坐扣本年共应扣银六万五千四百一十两零兹据该抚奏江西漕船疲乏若尽数照扣未免办运无资加恩著照所请上年借领天津道库银两准其分作三年扣清每年扣银一万三千四百三十两零同上年在通库借领银四千两江南总局应扣二限银三千七百五十二两零即于本年新运钱粮内分别照数照限扣解其司库垫款准其暂缓一年俟下年起扣以纾丁力钦此

一湖南荆州等卫屯田被水歉收钱粮蠲缓军船应扣款项若同时并扣丁力竭蹷经湖南巡抚奏准荆州荆左荆右沔阳四卫本年应扣还藩库借造拨船银三千四百余两并借垫天津拨价北仓拨价二限及补扣初限共银三千九百余两又应扣河库道盘坝二限银八百余两均缓至道光八年扣解其三限等银以次分别展扣归还【道光七年】

一江西各帮道光七年借欠天津道库拨价饭米折价并欠交通库失风米价等银因扣款较多办运竭蹷经江西巡抚奏准展至道光八年冬分作两年扣还【道光八年】

一道光九年奉上谕刘彬士奏帮丁应行扣缴银米请分别展缓一折浙江省各帮旗丁素称疲乏现在应领新运钱粮除去积欠银米各款办运实有不敷据该抚查明恳请调剂著加恩准其将各帮借欠本省司道各库本运应扣银六万三千五百九十余两暨余米变价项下应扣还县库各款银两及历年借欠本运应带交第三限米一万一千五百四十七石零均展缓一年以纾丁力钦此

一山东省向来因灾缓征漕粮俟钱粮全清后再行带征据东抚奏明漕粮一项兵糈攸关倘最先年分之钱粮递年积欠则同案停缓之漕米永无启征之日嗣后将钱漕两项分为两案同时并征不必俟钱粮全清后再行议带漕粮经户部议准自道光二十八年为始永远查照办理【道光二十八年】

一道光三十年钦奉上谕庆祺朱嶟奏大通桥车户役力拮据请量加调剂一折另片奏口袋不敷轮转请将远仓应运米石暂圃太平仓等语大通桥车户承买豆石本为津贴车价之需近年豆价平贱除应缴例价外盈余已属

无多办公更形竭蹶著准将本年应扣豆价银一万四千五百两应扣二十八年逾额掣欠银三千两暂行缓扣自咸丰元年起分作八年统于该车户应领脚价银内匀扣还款以纾役力余著照所拟办理该部知道钦此

卷三十四·贴费杂款·奖赏丁舵

一湖南湖北二省截留漕船因湾泊岳次濵临洞庭风波不测与各省不同乾隆元年题准于支给一半月粮之外酌留头舵二名水手二名每名日给米一升其余水手资助回籍每名每站给盘费银三分米一升照时价折给

一山东河南江南浙江船只行走迅速较上年抵通日期早至数十日不等乾隆五十四年钦奉上谕将该四省粮道及督运押运各员弁查明咨部议叙其舵丁人等并著酌量加赏等因钦此总漕奏除议叙各官职名汇咨吏兵二部外将山东河南江南浙江四省抵通较早之帮每正丁一名给银一两舵工一名给银五钱其失风拆板粮米洒带之丁舵概行扣除又例不回空之雇募买补及留通变卖各船扣除舵工只赏正丁以归核实

一豫东二省漕船舵水人等于例给身工外重运每船每名加给大钱六百文回空每船每名加给大钱三百文惟该二省漕船有浅船自备之分浅船系旗丁自行雇募常年在船管驾重空到次自应如数加给自备船系旗丁与船户立契后船户再行雇募舵水撑驾工价俱已倍于往昔较浅船舵水与旗丁共沾苦乐者不同饬令各帮弁遵照毋庸加给钱文【嘉庆六年】

一旧例旗丁驾运二十年并无挂欠事故给与九品顶戴兵部酌照旗丁领运六年多交米石给与顶戴之例加倍定以十二年为率给与顶戴【嘉庆十年】

一漕船被火延烧毙命之副丁应得恤赏银两查照原题照数给发【嘉庆十二年】

卷三十五·计屯起运·屯田坐落

直隶省屯田共二百七十八顷六十四亩零

通州所屯田一百九十四顷二十三亩零坐落顺天府属之通州三河武清香河平谷天津府属之沧州青县等州县境内

天津所屯田八十四顷四十亩零坐落天津府属之静海青县南皮沧州等州县境内

山东省屯田共六千八十六顷九十一亩零

德州卫正左两帮并任城帮管辖一百八屯计田二千八百八十四顷二十二亩零【内德州卫二千四百二十九顷零任城帮四百五十五顷二十二亩】坐落济南府属之德州德平陵县平原禹城武定府属之乐陵东昌府属之恩县清平堂邑高唐临清州并州属之武城夏津及直隶河间府属之吴桥故城景州广平府属之清河等州县境内济宁卫管辖八十三屯计田七百五十五顷七十九亩又额外屯田八百十四顷八十亩零坐落兖州府属之滋阳宁阳邹县汶上曲阜寿张曹州府属之巨野郓城济宁州并州属之嘉祥等州县境内

东昌卫及平山卫濮州所管辖八十六屯共田六百四十八顷四十五亩【内东昌卫二百十二顷九十九亩零平山卫二百八十四顷二十六亩零濮州所二百四十六顷十九亩零】坐落东昌府属之聊城堂邑博平曹州府属之濮州范县境内

临清卫及东平所管辖八十三屯计田九百八十三顷六十五亩零【内东平所一百五十五顷临清卫八百二十八顷六十五亩零】坐落曹州府属之巨野郓城兖州府属之滋阳邹县东昌府属之清平济宁州并州属之嘉祥鱼台临清州等州县境内

江南省江安粮道所属屯田共三万九千七百三十二顷三十八亩零

江淮兴武二卫无屯田

安庆卫屯田九百四十九顷七十六亩零坐落安庆府属之怀宁桐城望江池州府属之贵池东流各县境内

宣州卫屯田七百一十一顷四十六亩零坐落宁国府属之宣城宁国各县境内

新安卫屯田九百一十七顷四亩零坐落徽州府属之婺源祁门黟县宁国府属之泾县太平旌德池州府属之青阳石埭各县境内

建阳卫屯田一千二百一十一顷七十七亩零坐落太平府属之当涂芜湖繁昌池州府属之铜陵各县境内

六安卫屯田一百八十七顷三十八亩八分四毫零坐落六安州属境内【该卫裁汰丁船归并庐州卫】

洪塘所粮田八十四顷八十六亩九厘九毫坐落五河鳳阳临淮三县境内【该所裁汰归并凤阳卫嗣分并宿州头扬州二等帮】

庐州卫屯田二千八十七顷七十一亩零坐落庐州府属之合肥巢县境内

凤阳卫归并州县粮田三千四百七十八顷五十五亩零又怀远卫军田十五顷坐落鳳阳府属之凤阳怀远定远虹县灵璧凤台泗州及泗州属之盱眙五河颍州府属之蒙城各州县境内又赡运屯田八百七十顷五十二亩零坐落凤阳府属之凤阳虹县灵璧怀远定远寿州凤台宿州泗州属之五河盱眙庐州府属之合肥颍州府属之霍丘六安州各州县境内

寿州卫屯田三千四百六十七顷三十六亩坐落寿州凤台霍丘三州县境内【该卫裁并长淮卫今为三四帮】

长淮卫头帮粮田二百八十四顷二十七亩零坐落寿州凤阳怀远三州县境内

宿州卫宿州头帮赡运田二千九十八顷八十八亩四分三厘又屯粮田七百五十九顷八十三亩一分八厘零俱坐落宿州境内

武平卫粮田五千二百九十一顷五十七亩零坐落宿州境内【该卫裁并长淮卫今为宿州二帮】

徐州卫屯田三千七百八顷四十一亩零坐落徐州府属之铜山萧县丰县砀山及河南省归德府属之商丘夏邑永城各县境内

邳州卫屯田九百三十七顷七十四亩三分零坐落邳州境内【该卫裁并淮安卫今为三四帮】

淮安卫屯田七百一顷七十一亩一分零坐落淮安府属之山阳安东阜宁各县境内又官田三十顷三十亩零坐落山阳县境内【系乾隆五十一年承买程国表入官之田】大河卫屯田一千六百三十一顷九十五亩零坐落淮安府属之清河安东阜宁桃源各县境内

扬州卫屯田头二三帮共二千九百二十六顷三十六亩零坐落扬州府属之江都甘泉仪征高邮宝应泰州兴化通州淮安府属之盐城泗州属之天长各州县境内【高邮卫泰州盐城兴化各所俱归并扬州卫】

仪征卫屯田一千七百一十五顷七十七亩零坐落扬州府属之甘泉仪征江宁府属之六合各县境内【该卫归并扬州今为仪征帮】

泗州卫屯田三千六百七顷七十亩零坐落泗州并州属之天长盱眙扬州府属之高邮宝应滁州属之来安各州县境内

滁州卫屯田一百九十六顷九十六亩零坐落滁州并州属之全椒来安各州县境内

江南省苏松粮道所属屯田共二千八百三十九顷七十三亩零

苏州卫屯田三百三十三顷二十五亩零坐落苏州府属之长洲元和吴县震泽常熟昭文新阳常州府属之金匮各县境内

太仓卫屯田二百四十三顷二亩零坐落苏州府属之昆山新阳常熟昭文太仓州属之镇洋嘉定宝山各州县境内

镇海卫屯田一百八十六顷一十亩零坐落苏州府属之昆山新阳太仓州并州属之镇洋嘉定宝山各州县境内金山卫屯田三百五十九顷四十四亩零坐落松江府属之上海南汇奉贤各县境内【该卫归并镇海卫今为金山帮】

镇江卫屯田一千七百一十五顷四十七亩零坐落镇江府属之丹阳扬州府属之泰州江都甘泉通州属之泰兴各州县境内

浙江省屯田共一千六百三十顷四十九亩零

杭州卫屯田四百七十顷五十亩零内派给杭州卫帮三百六十八顷八十六亩零派给宁波卫帮五十顷八十三亩零派给绍兴卫帮五十顷八十一亩零

严州卫屯田一百五十一顷四十八亩内派给严州所帮八十八顷二十五亩零派给宁波卫帮三十一顷六十

一亩派给绍兴卫帮三十一顷六十二亩零均坐落杭州府属之仁和钱塘富阳余杭临安于潜新城严州府属之桐庐各县境内

嘉湖卫屯田三百三十九顷六亩零内派给嘉兴卫帮丁田七十一顷二十八亩零湖州所帮丁田五十六顷五十七亩零绍兴卫帮丁田四十顷三十七亩零处州卫帮丁田八十三顷七十一亩零海宁所帮丁田六十二顷二十三亩零宁波卫帮丁田二十四顷八十八亩零坐落嘉兴府属之嘉兴秀水嘉善海盐平湖湖州府属之乌程归安长兴安吉等县境内

台州卫屯田二百十三顷七亩零内派给台州卫帮丁田一百八十三顷三十亩零绍兴卫帮丁田十四顷八十八亩零处州卫帮丁田十四顷八十八亩零坐落台州府属之临海黄岩天台太平各县境内

温州卫屯田三百十二顷三十四亩零内派给温州卫帮丁田一百六十二顷九十三亩零宁波卫帮丁田四十九顷八十亩零处州卫帮丁田四十九顷八十亩零绍兴卫帮丁田四十九顷八十亩坐落温州府属永嘉县境内

宁波卫屯田十二顷二亩零坐落宁波府属奉化县境内衢州所屯田一百三十一顷九十七亩零内派给衢州所帮丁田四十顷七十三亩零金华所帮丁田三十八顷四十七亩零绍兴卫帮丁田二十六顷三十五亩零处州卫帮丁田六顷六十一亩零宁波卫帮丁田十九顷八十一亩零坐落衢州府属西安县境内

江西省屯田地基塘山堰共六千四十三顷五十三亩零

南昌卫屯田地基塘山堰一千三百五十六顷七十三亩零坐落九江府属之德化彭泽德安瑞昌南康府属之星子及江南省池州府属之东流建德各县境内

袁州卫屯田地塘二百四顷四十六亩零坐落袁州府属之宜春万载分宜萍乡各县境内

赣州卫屯田一千四顷七十亩零坐落赣州府属之赣县雩都兴国宁都州属之瑞金南安府属之崇义各县境内又信丰所并入屯田二百十七顷四十亩零坐落赣州府属之信丰及福建省之汀州府属各县境内又会昌所并入屯田二百三十五顷九十九亩零坐落赣州府属之会昌及福建省汀州府属之武平等县寄庄内南安所【丁不出运征租拨给抚州所济运】屯田七十二顷三十七亩零坐落南安府属之大庾县境内

九江卫屯田地一千五百六顷四十三亩零坐落九江府属之瑞昌德化德安湖口彭泽南康府属之星子各县境内

吉安所屯田一百一十八顷六十六亩零坐落吉安府属之庐陵龙泉各县境内

安福所屯田一百三顷一十一亩零坐落吉安府属之莲花厅安福县各境内

抚州所屯田地基塘山四百一十五顷一十二亩零坐落饶州府属之余千安仁及江南省池州府属之建德各县境内

永新所屯田一百二十顷一十七亩零坐落吉安府属之莲花厅永新县各境内

建昌所屯田地八十四顷七十一亩零坐落建昌府属之广昌县境内【乾隆三十年永新建昌并为一帮】

广信所屯田地一百五顷零坐落广信府属之上饶玉山广丰兴安各县境内

铅山所屯田一百九十二顷九十八亩零坐落广信府属之铅山弋阳贵溪兴安各县境内

饶州所屯田地三百五顷七十亩零坐落饶州府属之鄱阳及江南省池州府属之建德各县境内

湖北省屯田共五千五百四十六顷五十八亩零粮共三万五千六百九十三石零

武昌卫粮一万四千五百五十二石零坐落武昌府属之江夏武昌咸宁嘉鱼蒲圻崇阳兴国大冶通山汉阳府属之汉阳汉川黄陂沔阳安陆府属之钟祥京山德安府属之安陆云梦应山应城随州襄阳府属之襄阳宜城枣阳各州县境内

武昌左卫屯粮一万二千七百一十六石零坐落武昌府属之江夏咸宁嘉鱼蒲圻崇阳通城通山大冶兴国汉阳府属之汉阳汉山黄陂孝感沔阳安陆府属之京山天门德安府属之安陆随州应山应城及湖南省岳州府属之巴陵临湘各州县境内

蕲州卫屯田九百三顷六十六亩零坐落武昌府属之武昌大冶兴国黄州府属之蕲州蕲水罗田黄梅广济及江南省安庆府属之宿松江西省九江府属之德化瑞昌各州县境内

黄州卫屯粮八千四百二十五石零坐落黄州府属之蕲州蕲水黄冈麻城黄安武昌府属之江夏武昌咸宁嘉

鱼蒲圻通城兴国大冶汉阳府属之汉阳黄陂孝感及湖南省岳州府属之临湘江南省六安州并州属之霍山河南省光州属之光山固始商城各州县境内

襄阳卫屯田二千一百六十六顷七十六亩坐落襄阳府属之襄阳枣阳宜城谷城南漳均州郧阳府属之郧县房县郧西竹山荆州府属之江陵枝江荆门州属之当阳各州县境内

德安所屯田二千四百七十六顷一十六亩零坐落德安府属之随州安陆云梦应城应山汉阳府属之孝感各州县境内

湖南省屯田共八千六十五顷四十二亩零

荆州卫屯田一千九百三十三顷五十六亩零坐落荆州府属之江陵公安石首监利松滋枝江宜都安陆府属之钟祥潜江荆门州并州属之当阳远安宜昌府属之东湖归州巴东各州县境内

荆左卫屯田二千二百五十四顷二十一亩坐落荆州府属之江陵松滋枝江宜都安陆府属之潜江荆门州并州属之当阳各州县境内

荆右卫屯田二千二百三十四顷坐落荆州府属之江陵公安松滋枝江安陆府属之钟祥京山潜江荆门州并州属之当阳各州县境内

沔阳卫屯田一千一百七十九顷九十四亩坐落安陆府属之潜江天门汉阳府属之沔阳文泉州境内

岳州卫屯田四百六十三顷七十一亩坐落岳州府属之巴陵平江临湘湘阴华容各县境内

计以上八省共屯田六万八千三百六十一顷七十五亩零屯粮三万五千六百九十三石零

一各省屯田津租有归卫所征收者有归州县征收者现在江浙卫官既已议裁此项屯租应统改归屯坐之各州县管理仍照征收正项钱粮之例年清年款题报核销其各卫旗丁亦即改隶州县仍存屯籍之名以便他日河运责其供役至此项屯租银两向系给丁济运目下河运暂停应令各该粮道另款存储报拨【同治二年】

卷三十六·计屯起运·屯田津租

各省卫所屯田顺治十二年题定令军丁开垦屯粮照亩编派其有错壤民田者或军民私相授受或豪强占为已业按照旧额顷亩清册查勘丈归卫所通计漕船若干照亩编派至康熙雍正乾隆年间代有清查所有各省起运屯田数目征收津租今备开于后

卷三十六·计屯起运·屯田津租·直隶省

一通州天津二所屯地顺治十三年题定每丁拨给五十亩其通州所原存地亩未足者将天津闲地拨补【凡军丁每船十二名天津所运船十七只共屯丁二百零四名每丁拨田五十亩共地一百二顷通州所运船二十只屯丁二百四十名每丁拨田五十亩共地一百二十顷又办料船十二只屯丁一百四十四名该地七十二顷共一百九十二顷清查卫地祗存退出夹空香火地四十一顷七十二亩零不足之数原请以附近保安宣府地士拨补因屡经拨补别项不便再动将坐落天津等处空闲地拨补赡运】

一沧州代征通州天津缺额屯地四十五顷八十四亩零今清查丈出通州屯地二十四亩零每亩照原征租银共九钱零又丈出天津屯地三顷三亩零每亩照原征租银共十五两并前共征租地四十九顷一十一亩零于乾隆十七年征租入奏其青县代征通帮缺额屯地俟查出另咨【乾隆十七年】

一南皮县代征天津帮原额赡运屯地三顷七十二亩零内现在征租地二顷二十五亩零缺额地一顷四十六亩零今查出地六十一亩零照原征科则每亩征租银五分共银三两五分造入乾隆十九年奏册报部尚有缺额地八十五亩零俟查出另咨【乾隆二十年】

一通州天津二所赡运屯田租银于乾隆九年间议照直属代征拨补地亩之例交与地方官清丈足额按年征收关解现在地亩均属足额并无私行典卖拖欠未清情弊除通州静海南皮三州县屯地簿减低洼仍照旧额征收其三河武清香河平谷青县沧州等州县按地肥瘠议加租银丁佃两无偏累通州左右两所原额并续垦屯地一百九十四顷二十三亩三分五厘每亩原征租银自一分至一钱不等共租银七百五十八两二钱八分六厘今加增银

每亩自三五六厘至三分五厘不等共增银一百四十一两一钱二厘天津左右两所原额屯地八十四顷四十亩八分二厘每亩原征租银自三分七厘至五六分不等共租银四百二十三两二钱一分一厘今加增银每亩自五厘至一分不等共增银六十四两三钱零令各州县照例征解给丁济运【乾隆二十四年】

一通州天津二帮共赡运屯地二百七十八顷六十四亩零每亩津银三四分至一钱不等通州三河武清香河平谷青县静海沧州南皮等九州县共代征租银一千三百八十六两零照数征解散给【乾隆三十年】

卷三十六·计屯起运·屯田津租·山东省

一德州正卫屯地顺治十三年题定每丁匀种四顷七亩零轮流出运其不出运者每岁输正赋外每亩公出银二分一毫津贴运丁民种军田者亦如之【德州正卫原额三等屯地除拨给被圈土民外民种军种地共一千八百五十九顷五十四亩零北运船三十四只南运船四只每船额军十二名共四百五十六名每军种地四顷七亩零轮流当差现轮者赴运候轮者每亩公出银二分一毫贴运其民种军地亦照此数】

一德州卫拨给德州左卫屯地五百七十一顷三十二亩零给丁贴运其地仍令德州卫承种每亩输赋外津贴左卫运丁银二分七厘【德州左卫原编屯地拨补被圈土民本卫运军无地顺治五年】将德州卫成熟地五百七十一顷三十二亩零拨给左卫二十四船勷运分上中下三等上地八顷九十三亩零中地一百七十六顷七十七亩零下地三百八十五顷六十二亩零其地仍孙德州卫承种每亩纳赋外贴银二分七厘给左卫运军济运嗣于清查屯地案内原额勷运屯地除豁除外实剩勷运屯地五百六十九顷四十七亩零】

一德州正左二卫屯田坐落直隶山东二省原系军民承种贴租各丁自收勷运雍正元年停止勷运左卫屯田或取租无几或停止不勷遵例贴租者十无二三乾隆十年奏准将正左二卫屯地共二千四百二十九顷零按亩以一分起租岁征银二千四百二十九两零每年出运船五十六只运军五十六名每名津银十两什军五百四名每名给津银三两七钱零隶本卫者田卫征租隶直省者咨行直隶总督于乾隆十三年为始转饬州县代征关解给丁支领嗣于乾隆二十二年因该二卫屯地征条充饷征屯勷运一地两征民力偏枯将租银概免征收于额征屯粮银三千五百七十三两之内每船给银十两其余什军自谋生计毋庸议给

一济宁卫屯田顺治十三年题定每船派给赡运田五顷四十亩零【济宁卫原额屯田内成熟地六百二十一顷九十四亩零又京边军地内成熟地一百三十三顷八十四亩零共七百五十五顷七十九亩零分上中下三等每等地二百五十一顷九十三亩零搭配均匀浅船一百六十四只拨船五十只运军一千九百四十名每名该起科熟地三十八亩零额外赡运地八百十四顷八十亩向不起科搭配均匀每军该地四十二亩轮流充当济运】

一东平所赡运额地二百七十七顷零额运三十一船每船应给地五顷该地一百五十五顷外起科地一百二十二顷零因丁逃抛荒起科之地只存一百一十七顷零不便作赡运田地仍应起科征粮再该所荒地每船给军五顷自行开垦以作赡运屯田免其起科【康熙十一年】

一濮州所因濮郓等州县加增漕米添船七只并无随船赡运屯田以三十船中军地每船拨出七十亩给与增添七船之丁每船三顷共二十一顷【康熙三十年】

一任城帮船四十七只并无额运产业仍照向例每船每年给赡运银十两于地丁银内动给造入漕项奏销【乾隆十年】一东昌卫平山前后两帮永减并闲运军地内有粮地十八顷六十五亩零于津贴银八分内以二分完粮六分津运又民人费有工本开垦成熟地九十亩零照本帮有粮熟地完粮二分外每亩出津银四分照例将地亩四至津租数目及佃户运军姓名造册报部【乾隆十年】

一什军承种赡田之临清卫山东前河南前两帮每亩津银三分旗丁什军彼此相安其永减船只军丁亦照本帮什军一体津贴济运【乾隆十年】

一山东省各卫所清出屯田除东昌濮州东平三卫所均系现丁执业并无什军分种济宁平山临清三卫什军一体领曰一军驾运九军帮贴照旧济运其有典卖与人者即令逐渐赎回轮运之丁田令同赎租亦同收嗣后再有典卖与受并罪追田入官若典卖地亩内葬有坟墓者酌计亩数免赎仍津贴什军济运其什军及减歇闲运之丁从前典卖之地如力不能一时赎回者责令渐次赎回未赎以前令典卖执业各户按亩出银津运其抛荒之地军民自费工本开垦者给照为业免赎归船照例津银贴运以上各项津银运丁自行收取其减丁闲丁原派地亩既经免其

撤出即照什军一体帮贴此内有粮地亩每亩以二分完粮六分津运所津银两令各卫汇齐按照原歇原减帮次匀给现运丁船因灾轮减之船不给再军民自费工本开垦之地每年除完粮二分照本帮有粮地亩之例此外每亩酌津银四分【乾隆十年】

一济宁卫前后两帮什军承种赡田每亩津银三分【乾隆十二年】

一东平所屯田原派给每船五顷均系现丁执业其未经清查之前典出地一十四顷四十九亩零已经全数赎回管业【乾隆十二年】

一东昌卫每船派给赡运地五顷【东昌卫原额运军五百二十八名每名赡地五十亩共原额地二百六十四顷内成熟上地十二顷中地七十顷清出荒芜下地一百八十二顷运粮各军现有地亩勷运】

一平山卫每船派给赡运地二顷四十五亩不等【平山卫原额运军一千四十八名每名赡地五十亩其地五百二十四顷今屯田尽数清出只有三百七十六顷四十亩零内熟地二百五十二顷七十九亩零荒地一百二十三顷六十一亩零数目不敷仍给荒地无益于运部议令该督抚会【同总漕设法开垦屯运两便】

一东昌卫平山前后两帮裁减军地四十顷二十八亩零现丁离地窎远仍归减丁佃种照依运军津贴之例有粮军地每亩津银四分无粮军地每亩津银六分官为征收均给现运之丁【乾隆十二年】

一济宁卫前后两帮裁船八只内裁在城无地船三只乡屯有地船五只查该卫在城无地船原有十一只除裁三只外尚有八只应将裁汰乡屯有地船五只之赡田二顷八十五亩零均匀给与在城现运无地船八只之旗丁管业仍照旧承种按例每亩征津银三分帮运帮造【乾隆十三年】

一临清卫山东前帮河南前后两帮节年永减浅船四十一只减丁三百七十三名原派无粮运地一百七十七顷三十九亩零中多坟墓庐舍应仍归闲运各丁管种与各帮什军一例津贴官为征收匀给济运【乾隆十三年】

一济宁卫前后两帮增多屯地派给前帮现运有地船八十八只地三百六十四顷六十五亩零每亩征津银三分共银一千九十三两零每船派给十二两四钱零后帮现运有地船八十六只地三百七十三顷八十八亩零每亩征津银三分共津银一千一百二十一两零每船派给十三两零【乾隆十六年】

一任城卫每丁额派起科地七十六亩零轮流承种济运【任城卫原额屯日内成熟地四百五十五顷二十二亩零起科征银解布政司粮【道给造漕船并该卫支给官丁廪粮修艌各项用讫并无赡运屯地今将屯粮内熟地分别上中下三等每等地一百五十一顷七十四亩零搭配均匀现用浅船四十只拨船三十二只运丁五百九十二名每名该给起科熟地七十六亩零轮流充当济运】

一濮州所浅船三十七只内有田船三十只每船派给屯地五顷无田船七只各丁因地处四散难以耕种公议三十船每船岁贴租银二两二钱共银六十六两分贴七船每船得租银九两三钱零【乾隆十七年】

一蓟粮停运东昌濮州东平裁汰船只地亩仍令各丁管种东昌濮州二帮每亩征津银六分东平帮每亩征津银三分由卫征收匀给现运其裁汰德州任城二帮各丁赡运银两并济宁前后等帮津租移解直隶藩库报部【乾隆三十二年】

一屯田加津案内濮州所帮额运船三十只实在屯地一百三十六顷四十五亩零本丁自种例不征津如佃户承种者每亩征津银五分【乾隆三十九年】

一临清卫帮丁每名原赡地五十亩或二三十亩不等俱分派济运【临清卫原额运军二千三百名加添运军二十六名屯田赡地每名五十亩或二三十亩不等共原额地八百二十八顷六十五亩今现在运军一千三十六名随军地六百三十一顷内荒地一百五十七顷八十二亩成熟地四百七十三顷十八亩逃亡故绝军一千二石六十四名加增缺军二十六名逃亡故绝地一百九十七顷六十五亩今清出在军名下耕种地五十九顷五十八亩在民户内垦种地十四顷七亩荒地一百二十四顷荒多熟少清出以备派运】

一济宁等卫原征津银三分之无粮地亩每亩加津银二分共津银五分以四分五厘给本帮赡运以五厘匀给向未设立军田之帮查济宁之左右二帮临清之山东后帮向无赡运津银军情较苦将济宁卫前后两帮临清卫河南前后两帮山东前等五帮所加二分津银共征租银五分内划出五厘解交粮道酌拨无田之济宁卫左右两帮临清卫山东后帮【乾隆三十九年】

一济宁等卫帮赡运屯田每亩原津三分者加津二分内以一分五厘添给本帮办运其余五厘给与无田无津

之济宁左右等帮济运所加津银仍听各帮丁自行收取【乾隆四十一年】

一清查案内东昌卫赡运屯田六百四十六顷六十九亩零又续经查出民垦荒地一顷七十六亩九分零【嘉庆十年】

户部漕运全书》卷三十六·计屯起运·屯田津租·江南省【江安粮道所属各卫】

一江淮兴武二卫原编屯丁运户两项其屯丁照亩纳粮额供兵饷运丁给以行月钱粮屯田免给

一宣州卫每船一只派给田十四顷二十二亩有奇岁贴津银一百四十两零【宣州卫屯田只有一百二十顷其余五百九十一顷四十六亩零皆因军调田荒前明成化间改屯为科听从军民传执在卫输粮至顺治六年】议照额田编为五十里运船五十只每里分五甲以田之多者分为甲首轮流贴运顺治九年】题准凡种宣州卫之田者不论军民概定每亩赡运银三分津贴七分共银一钱顺治十三年】题定仍照原编每船一只派田十因顷二十二亩每田一亩岁输津贴银一钱合银一百四十两零共银七千两以资丁运】

一宣州卫军地七百十一顷四十六亩零向有屯科之分重则屯田一百二十顷每亩征银六分轻则科田池塘五百九十一顷四十六亩零每亩征银四分顺治十二年将该卫屯田每亩加津银一钱后因宣州田多船少只议每亩征银三分雍正八年再加三分折实库平纹银二分六厘此外不许丝毫加耗官为催收给运报销

一新安卫原编屯田九百一十七顷四亩三分三厘零内分轻重垦样四则军丁执业田二百四十三顷八十六亩九分零民人执业田六百七十三顷一十七亩三分零每亩津贴银一钱改折纹银八分共征津银七千三百三十六两三钱四分七厘零内随正征给银五千三十两二钱四分四厘零本丁自收银二千三百六两一钱二厘零【乾隆十九年】

一建阳卫每丁坐额田四十亩嗣以实在田数分别等差均匀尽派无分屯丁运户按船授田轮流领运【建阳卫实在屯田一千顷三十一亩有奇每年】出运漕船一百二十八只运丁一千二百八十名共该坐额田五百十二顷例系津运不纳籽粒此外尚有佃种屯丁一千二百二士一名共佃余田四百八十八顷三十一亩每年】仅纳籽粒折色银一千六百三十五两一分以为出运官丁俸廪及充饷之用今将实在田数分别上中下三等搭均尽派每年】出运一百二十八船军丁领田帮运按船授田令有田者轮流领运无田者不许妄报其屯丁所佃余田应征籽粒折色银两及加征丁银三百四十一两零共银一千九百七十六两零给官弁字识俸廪及贴造漕船之需每年】佥运丁领运即以屯丁籽粒归之如佥屯丁领运即以运丁籽粒归之】

一建阳卫屯田总计二千五百六十四户零内执田而不出运者每户贴工银四两出运之丁自行收取应完道库额编屯折垦荒并摊征丁银等项共一千九百七十六两六钱七分零顺治十二年以旋征旋给殊多周折题定以道库应给行月折色银两按数划抵不征不给名曰抵兑

一建阳卫原编实在屯田一千二百一十一顷七十七亩四厘零现运每船原派屯田百千余亩不等系本丁自执招佃耕种又分派减船屯田一顷一十二亩每亩津贴五分自行收取赡运【乾隆十九年】

一乾隆二十八年查明建阳卫原编屯田十万三十一亩零每年出运漕船一百二十八只顺治十年报升田二十五顷二十八亩零又丈出田一十七亩零嗣裁船二十八只所裁军户派垦荒田除每年轮减十只外分给现运九十名无分运丁屯户照依旧额二千五百余户轮流领运

一安庆卫每丁派给田五顷二十余亩分为上下两运【安庆卫原额屯田九万四千九十余亩向编屯丁五百名每名领田一顷八十余亩分为五甲每甲领运五年】一轮今将清出屯田分上中下三等阄派均匀选定五甲中殷实诚练者一百八十名每名授田五顷二十余亩为业分为上下两运各给合【同印照】

一安庆卫现运丁船一百二十二甲分领原额屯田九百四十九顷七十六亩六分零除荒缺无著屯田一百一十一顷七十一亩二分零实在成熟田八百三十八顷五亩三分零内各丁执业田三百六十八顷九十六亩四分零又各甲运丁执业田一百七顷七十四亩六分零每亩征津银七分共银七百五十四两二钱二分零附甲闲丁执业田一百七十七顷二亩八分零每亩征银九分共银一千五百九十三两二钱五分零附甲民人执业田一百八十四顷三十一亩四分零每亩征津银一钱一分共银二千二十七两四钱五分零通共应征屯田四百六十九顷八亩九分零应征津贴银四千三百七十四两九钱四分零【乾隆三十年】

一六安卫原额屯田一百八十七顷三十八亩八分四毫零内运丁自种田一百七十二顷七十八亩九分四厘九毫民人执业田一十四顷五十九亩八分五厘五毫每亩征津银三分共银五百六十二两一钱六分四厘零旗丁自行收取济运【该卫裁改庐州四帮今复并宿州二帮】

一洪塘所并无屯田只有归并粮田内坐落五河县田二十七顷一十九亩九分三厘每亩征银八分三厘共银二百二十八两八钱一分四厘零凤阳县田一顷六十一亩九分九厘零每亩征银一分共银一两六钱一分九厘九毫零临淮县归并凤阳县田三顷五十七亩四分七厘每亩征津银一分共银三两五钱七分四厘零原永减船六只屯田五十二顷四十六亩七分共征津银九十两八钱七分五厘八毫由卫征解给丁济运【该所船嗣并凤中三帮乾隆二十三年复并宿州头帮六只扬州二帮四只】

一庐州卫屯田【漕运则例内载】三千九百四十七顷二十二亩零乾隆二十九年题准每亩征津银六分共征津银二千三百七十二两三钱三分二厘由卫征收解道给丁济运【嗣因纂办漕运全书核算征津银数不符行据漕运总督于嘉庆二十二年正月内查覆额设屯田二千八十七顷七十一亩零内除本丁自执办运免征津贴田一千一百六十八顷四十九亩零外出当田九百一十九顷二十一亩零每亩征津银六分九二折算该征库平纹银五千七十四两五分七厘乾隆五十三年借项赎回田四百三十六顷五十二亩零遵例免征津贴计挖除银二千四百九两六钱五厘四毫现在实出当田四百八十二顷六十九亩零按亩征收该征津贴银二千六百六十四两四钱五分一厘六毫】

一怀远卫军田十三顷每亩征银八分八厘零又田二顷每亩征银六分三厘零较之民田未免较重乾隆三年钦奉谕旨照蒙城县民田之例每亩征银二分一厘共免银九十八两八钱七分【该卫康熙十八年裁作凤阳卫】

一凤阳卫现在屯田分为粮运二田粮田三千四百七十八顷五十五亩零不分军民佃种乾隆三十年题准每亩征津银一分共征津银三千四百七十八两五钱五分零运田八百七十顷五十二亩零每亩照旧征纲军银二分三厘不等由卫征收解道给丁济运

一寿州卫减船之丁比照安庆卫分为上下两运择殷实之丁每二名领船一只给屯一分更番轮运将屯田分上中下三则均匀给领赴运者赴运耕屯者耕屯【该卫归并长淮卫】

一长淮卫头帮原额粮田二百八十四顷二十七亩零乾隆三十年题准每亩征收津银一分共银二百八十四两二钱七分零由卫征收解道给丁济运又房产基地每年征收租银六百余两因长淮二帮永运豫粮乾隆二十一年咨准即贴备二帮办运【乾隆三十一年蓟粮改折案内将二帮丁船裁汰房产基地租银仍归头帮运丁济运】

一长淮卫三帮原额赡运田九百四十顷九十亩续清出田三百四十七顷一十五亩又清出田一十二顷七十二亩共田一千三百顷七十七亩乾隆三十年题准每亩津贴一分一厘二毫零共征津贴银一千四百六十四两八钱五分三厘由本卫征收解道给丁济运【系寿州卫改并】

一长淮卫四帮原额赡运田一千二十六顷五十八亩续清出田五十二顷五亩又清出田一千八十七顷九十六亩共田二千一百六十六顷五十九亩乾隆三十年题准每亩津贴银八厘七毫三丝四忽零共征津贴银一千八百九十二两三钱三厘由卫征收解道给丁济运【系寿州卫改并】

一宿州卫原额赡运并升增田二千九十八顷八十八亩四分三厘内除挖废并故绝荒田一百二十三顷五十四亩二分实熟田一千九百七十五顷三十四亩二分三厘每亩征津银九厘六毫六丝零共征津银一千九百一十两七分六厘零由长淮卫征收解道给宿州头帮运丁济运又屯粮田七百五十九顷八十三亩一分八厘零内除挖废田六十亩八分六厘实熟田七百五十九顷二十二亩三分二厘乾隆三十年题准每亩征津银一分共征津银七百五十九两二钱二分三厘零由本卫征收解道给丁济运【该卫嗣并长淮卫为宿州头帮】

一武平卫船只减存无多旗丁半出于班军领运俱住河南怀庆等府州县相离窎远运屯仍照旧例

一武平卫屯田五千二百九十一顷五十七亩零系军民自置开垦起科与粮饷田无异康熙十七年裁汰武平卫归并宿州卫归亳州管理现在每亩征银一厘七毫零共银九百四十两分给宿州二帮现运旗丁赡运【嗣宿州卫又归并长淮卫为宿州二帮】

一徐州卫原额屯田三千七百八顷四十一亩四分一厘零内徐州前帮屯田一千三百六十三顷一十亩七分七厘零内除本丁及军丁管种田一千一百一十三顷九十八亩九分零其民人执业田二百四十九顷一十一亩八

分零每亩津银五分共津银一千二百四十五两五钱九分零河南后帮屯田一千一十五顷二亩二分七厘零内本丁及军丁管种田九百二十八顷四十五亩五分零民人执业田八十六顷五十六亩七分零每亩征银五分共津银四百三十二两八钱三分零江北帮屯田一千三百三十顷二十八亩三分六厘零内本丁及军丁管种田一千一百二十一顷六十二亩九分零民人执业田二百八顷六十五亩四分每亩津银五分共津银一千四十三两二钱七分

一邳州卫原额屯田一千一百五顷五十亩九分零内除玥荒柳占冲缺等项田一百六十七顷七十六亩六分零实在屯田九百三十七顷七十四亩三分零【该卫改并淮安卫今为淮安三帮四帮】

一淮安卫屯田有上下二等本卫南北三帮丁船一百四十六只屯丁一千六百四十八名均派领种至东海一所原无屯田西海一所虽有屯田五十八顷九十余亩皆属卤瘠前明给本所城操军丁耕种抵作口粮以供戍守【该卫南帮后改为头二两帮北帮原运山东粮嗣撤回本省名附载帮今并入头二两帮】

卷三十七·计屯起运·屯田津租

一淮安卫头帮成熟屯田三百八顷三十六亩八分零每船派田四顷三十八亩零及七顷七十九亩零不等俱系现丁执业淮安卫二帮成熟屯田二百九十四顷四十五亩三分零每船派田二顷八十五亩八分至七顷四十六亩五分不等俱系现丁执业又附载帮成熟屯田九十八顷八十九亩二厘零每船派田五顷七十二亩七分零至七顷四十六亩五分零不等俱系现丁执业【乾隆三十年】

一淮安卫三帮每船原派屯田一十四顷五十三亩五分二厘七毫乾隆二十九年将该帮减丁名下屯田一百八十七顷七十八亩一分二厘零分派现运旗丁有派三顷七十四亩一分至七顷八十五亩八分零不等俱归现丁执业淮安卫四帮屯田三百九十七顷一十五亩二分每船派屯田一十四顷一十八亩四分俱系现丁执业【以上三四两帮俱系邳州卫改并】

一大河卫屯田一千六百三十一顷九十五亩零并无上等只有中下二等本卫南北四帮旗船二百五十一只共计屯丁三千零一十二名均给领种

一宣州卫原额屯科田池塘共七百一十一顷四十六亩三分零现运旗丁自置屯田五十六亩八分自置科田四百二亩七分零民人执业屯田一百十九顷四十三亩二分科田五百八十七顷四十三亩五分零【乾隆三十一年】

一新安卫屯丁额征银五千一百一十六两零匀派给丁凡帮贴散户不论军民管田每年每亩津银一钱【新安卫轻重垦样四则屯田四千五百七号其田九百十六顷四十六亩零照上下两帮领运丁船一百二十一名只搭运每船一只派屯三十六号五厘六毫计田七顷三十三亩零分轻样垦为一则重则为一则约计每船岁于屯田内征银一百四十两给丁津贴仍将屯之在军者编为领运现丁接运甲首以屯之零星属民者编为帮贴散户不论在军在民概以一例津贴运丁为主二十亩三分零为一号】

一大河卫前二三帮原额屯田一千七百一十七顷七十七亩三厘八毫除坍荒田八十五顷八十一亩九分九厘实成熟田地一千六百三十一顷九十五亩三厘内本丁自行执业田一千一百三十五顷二十七亩七分六厘减丁执业田四百九十六顷六十七亩二分七厘每顷津贴银五钱八分一厘共银二百八十八两六钱分派现丁收领济运【乾隆三十一年】

一扬州卫头帮每船额派屯田五顷一十亩二分六厘有南帮北帮之分北帮八十六船久经裁减现在执业者俱系减丁南帮九十二船现在出运漕白船八十只【查南北两帮减田虽系减丁执业但多有典当与人者乾隆三十一年题准将南帮典出屯田分为上中下三则上田每亩征津银一钱二分中田每亩征津银八分下田每亩征津银四分又南帮典出屯田内有柴田银租田豆租田三项名目系按收租完粮之数征津如收租完粮一钱者则征津银一钱六分完粮二钱者则征津银三钱二分所征津银按照该船出典田数多寡派给各归各船其并无出典屯田之船毋庸派给至北帮减田无论减丁自执典出亦分上中下三则照南帮一例征津均给南帮现运之丁济运由卫征收解道给领】

一扬州卫二帮每船额派屯田十二顷零历年裁汰船一百八只现运帮船五十四只并拨抵兴化所船八只其减船屯田仍系减丁执业每年各出津贴银十五两乾隆三十年题准由高邮宝应甘泉天长四州县征收解道分给

现丁济运【该帮原系高动卫江北帮于康熙初年裁改】

一扬州卫三帮有泰州盐城兴化通州四所泰州所每船额派屯田有三顷九十余亩至四顷八十余亩者盐城所每船有派屯田四顷八十余亩至十一顷八十余亩者兴化所每船额派屯田六顷六十亩通州所每船额派并归并屯田三顷九十八亩九分零俱系现丁执业

一仪征帮屯田一千七百一十五顷七十七亩零分为上中下三则上则每分征津银一两中则每分征津银八钱下则每分征津银六钱【该帮原系仪征卫乾隆十五年裁并扬州卫】

一泗州卫屯田三千五百九十八顷八十一亩零分为屯运两项运田一千四百一十三顷九亩零内民人佃种田五百五顷二十四亩零军丁执业田九百七顷八十五亩零俱系军丁自行收租赡运屯田二千一百八十五顷七十一亩零内民人佃种田九百一十二顷八十一亩零军丁执业田一千二百七十二顷八十九亩零坐落泗州之田每亩征津银一分坐落盱眙天长来安高邮宝应之田每亩征津银一分一厘六毫俱由卫征收解道给领

一滁州卫原额屯田二百顷五十二亩六分内原垦荒田三顷五十六亩二分零各户执业完赋实在随船屯田一百九十六顷九十六亩三分零每船原派屯田二顷八十五亩四分零又分派减船四十八亩三分零俱系本丁自行执业

一扬州卫头帮屯田分别上中下三等每亩上田征津银一钱二分中田征津银八分下田征津银四分其柴租豆租银租不计亩数豆每石定价一两柴每束三厘银豆柴三项每租银一两征津银一钱六分设有水旱照正赋递蠲【乾隆三十一年】

一扬州二帮裁汰拨运江淮兴武丁船二十三只裁船屯田仍著减丁执业每名照例纳津银十五两由卫征收解道济运【乾隆三十二年】

一建阳卫执业各户岁获租籽每户贴给各丁银四两旗丁自行取讨以勷运务历年以来未能全数清给而旗丁应领之行月仍照旧代抵编赋实未平允乾隆三十二年题准该卫屯饷改为随田征纳

一凤阳卫凤中常州帮凤中二帮纲军帮贴银两向系官为征收乾隆三十二年咨准纲军散处十数州县赴卫完纳跋涉艰苦请循旧例听丁自行收取办运

一山阳等州县低洼田地减豁漕粮案内扬州二帮裁船九只该帮屯田坐落高宝等州县丘段零星窎远难以摊归现运仍令减丁执业每船岁输津银十五两由卫征解道库贴给现丁赡运【乾隆三十六年】

一安庆扬州二卫额设屯田屯丁私相典出以致各丁办运拮据请于道库漕仓银两借动取赎归运仍于田租内分作六年还款【乾隆三十七年】

一武平卫裁并屯田归入亳州编征粮饷者军丁佥差出运仍征津贴银两其归入河南睢州鹿邑柘城太康四州县者久已编征地丁粮饷并无屯丁名目乾隆三十七年奏准亳州军户故绝贫疲请将睢州鹿邑柘城太康四州县现在查出屯垦地七千二百二十三顷零每亩加征银一厘七毫零共征银一千二百八十三两零核入正赋征解粮道转发宿州二帮给丁赡运

一仪征帮出典运田三百二十九顷九十三亩借动道库淮仓项下并漕项银五万六千二百两赎回运田分给现丁执业将每年所收租籽尽数尽还借项统以六年为率【乾隆三十八年】

一宣州卫屯田向系每亩征津银五分六厘济运惟是远年既有典卖情事丁力不无拮据乾隆三十九年奏准坐落宣城宁国二县屯田粮赋较轻每亩加津银二分四厘以资济运

一建阳卫出典屯田向系民户贴丁完赋余银各丁收用每亩收市平色银自八九分至一钱六分不等谓之干租惟是民户散处各方旗丁往来收取既多未便于济运并无实际乾隆三十九年奏准除去干租名目每亩酌中概津纹银一钱二分共银二千四十八两二钱二分二厘内除完纳屯粮银七百三两二钱二分三厘又每年提出造船饭银四百两余银九百四十两零以七分归无田之船以三分归田少之船田多者毋庸议给

一长淮卫屯田有粮运之分粮田除完正赋每亩仍征津银一分运田不完正赋每亩征津银一分零及八厘零不等为征过少乾隆三十九年奏准该卫三帮运田原伐洋银一分一厘二毫者每亩加津银六厘八毫共增银八百八十四两五分零四帮运田原征津银八厘七毫者每亩加津银七厘三毫共增银一千五百八十一两六钱零给丁济运

一泗州卫运田应征津银向系各丁自行收取每钱粮一分收津银三四分不等造船之年加倍取讨缘系私相授受以致争多较少乾隆三十九年奏准按钱粮一分概征津银二分五厘共银九千三百五两零官为征给以二分为济运之需五厘为造船之费

一江淮兴武二卫向无赡运屯田又无什军帮贴况该二卫帮船远兑苏松等属漕粮办理竭蹷乾隆三十九年奏准江省并卫屯田从前原属快丁之产现在大半民人执业但究与民产有间请照屯田粮赋核计每银一两米一石各征津贴银一钱共银一万八千六百三十余两遇成造之年每船贴造费银一百九十余两官为征解分给

一扬州卫二帮屯田有各丁自行执业者亦有召佃承种者佃户代完钱粮外每岁共输租一万四千七百三十二两二钱二分七厘现减各丁自行收取该处将田出租俗例向有压租银两是以议租较轻不敷办运乾隆三十九年奏准每租银一两加银二钱共银二千九百四十八两零分派各船以资济运其压租银两永行禁止

一徐州卫屯田有正卫并卫之别其出典民户暨并卫闲丁领种各田每亩旧有津银五分仍应完纳钱粮其正卫闲丁执种之田祗纳屯粮并无津贴闲丁办运拮据乾隆三十九年奏准该卫出典屯田无论民户管业及并卫闲丁承种每亩概加津银二分其正卫闲丁名下向无津贴之田亦令每亩津银二分官为征解济运一屯田津贴银两查明各丁自执之田多寡有无通盘核计酌给以每船原额田数为准执田多者津银应少执田少者津银应多如一亩无执者方准全支倘遇事故更佥将所执之田一体征津其新丁应纳津银扣除至宣州凤阳长淮泗州等卫系无论军民执业一概津贴现运按船分派建阳一卫议将津银分给无田及田少之船均毋庸另为分别【乾隆三十九年】

一大河卫额船一百五十七只承运常淮海三府州属漕粮虽有屯田一千六百余顷坐落淮扬低洼瘠薄之处收成无几丁力疲困查苇荡营北泛勘丈新剔草地八百三十一顷七十七亩四分零该丁等情愿垦种报官立界令其开垦成熟之后仍照民人承种之例转则升科归入民田项下造报不得竟为军产照屯输纳【乾隆三十九年】

一凤阳正卫头帮前卫二帮后卫三帮屯田每亩原征津银二分至三分七厘不等轻重不同今每亩一律加津银一分五厘以五厘银三百三十两零贴补造船之费余银一千三百二十一两零给常州头帮前卫二帮各十两后卫三帮各二十两又怀远二帮运田每亩旧有津银五分二厘零今增银一分五厘共增银三百余两中卫头帮粮运田地每亩完粮津贴旧共银九分七厘零今增银一分共增银三百三十余两均补造船不足之费

一镇江卫屯田散处丹阳甘泉泰州泰兴等州县向例无论荒熟按亩交租六斗每船额租四五六百石不等丁力充裕泰州甘泉泰兴等处佃户有因田土瘠薄折价拖欠今勘明土稍薄者每亩减租一斗更薄者每亩减租二斗【乾隆三十九年】

一扬州卫仪征帮出典运田借款取赎归运案内清出实在典当运田山种三千八百三石九斗四合圩种二十六顷三十九亩二分五厘实需赎价银四万八千九百五十六两三分五厘领帑取赎分作六年清款今又清出山种田五十九石八斗七升圩种田二十四亩应需赎价银四百三十四两五钱二分九厘该卫自行支领俸廉取赎其垫给银两俟完清帑项之后在于余存银内动拨给还【乾隆四十年】

一凤阳卫怀远二帮应支纲军津贴银一千一百八两三钱四分于乾隆二十四年由官征解验给各丁赴省支领因往返守候转致不能及时济运乾隆四十二年咨准听丁自行取讨以便丁情至续增津银仍令官为征解给丁济运一长淮卫三四两帮纲军津贴银两于乾隆三十九年由官征解验给各丁多有未便乾隆四十三年咨准仍听各丁自行收取

一亳州征给长淮卫宿州二帮津贴银九百四十两因该州被水成灾漕项银两与地丁一例蠲缓除未被灾田地应征银两先行支给其因灾蠲缓银两在于江安道库漕项银内先行垫给济运俟起限带征时解道还款蠲缺银两由司拨补归款【乾隆四十四五六等年】

一凤阳卫内之原后卫三帮旧有运田纲军帮贴银二百五十六两零分派该帮二十四船较之正卫头帮前卫二帮多寡不均是以于该二帮新加津银内通融酌拨以盈补绌乾隆四十六年查明后卫三帮纲津尚有未报银四百五十余两各丁自行收取所得津银与头二两帮数目不甚参差毋庸通融酌拨其后卫未报津银向系各丁自行收取亦毋庸改为官征

一江淮兴武二卫出运漕船向无赡运屯田又无津贴银两乾隆四十八年总漕奏准将徐述夔入官田地案内

坐落泰州田八百八亩住场基地一百五十二亩东台县秧草荒洋等田一百三十顷九十二亩零共变价值折实库平纹银三万三千二百七十五两零程树榴入官田地案内坐落天长盱眙二县民卫田计种八百四十四石五斗同园湖地亩共原买契价银一万四千三百余两除民人叶彩佩等领买田计价银二千一两五钱划出外实存田地照原契价折实库平纹银一万一千三百二十两四钱零二共银四万四千五百九十五两四钱零派给江淮原头原二及江淮七兴武三等极疲之帮承买永为赡运公产以纾丁力价银分限四年完缴应完正赋按原科则征纳

一凤左三帮一十五船惟赖粮田津贴给丁济运查寿凤等州县归并粮田每亩征津银一分共征津贴银九百八十五两五钱九分四厘乾隆四十九年咨准如遇灾缓准其在于道库漕仓拨款项下垫放俟起征催解归款

一乾隆四十八年钦奉上谕户部议覆萨载毓奇等奏江淮兴武二卫丁力日疲领买入官地亩永为随船恒产以资赡运一折已依议行矣向来有漕省分各该州县因无办运专责一遇佥丁征津等事视同膜外任听吏胥从中高下其手卖富差贫迟延拖欠种种滋弊竟成积习牢不可破昨据毓奇奏请严定处分以专责成业经行在该部议覆准行著再传谕有漕省分各督抚实力查察倘各州县有仍前怠玩误漕情弊郎应据实严参如各督抚稍存瞻徇仍任该州县卖富差贫即著毓奇查明参奏惟该督抚是问至江淮兴武二卫既经领买入官地亩以资赡运此后仍著该督抚董饬地方随时查察无许旗丁等私行典卖如有此项情弊除将该旗丁照例治罪外仍将该州县严行参处将此各传谕知之钦此

一淮安卫头帮丁情疲乏将山阳县入官田三十顷三十亩零令各丁承买随船赡运应缴田价库纹银一万四千四百两动借漕项银两垫解仍于各丁额支行月等银分作八年扣完【乾隆五十一年】

一庐州卫头二三帮共典出田一千五百一十一顷零计租稻一十六万四千七百余石计典价银三十九万九千六百余两典价既多势难全赎酌量现在无租之船及屯租较少者抽赎上则田四百四顷零计租四万四千九百九十一石零需价六万七百三十八两零于漕仓减存项下动借即于次年起将所收田租分作六年完缴归款【乾隆五十二年】

一扬州卫头帮典出屯田二百九十八顷四十四亩四分四厘又出典银钱租田计租银三千一百六十七两七钱九分四厘麦豆租四千二百一十七石二斗六升三合柴田三十亩秫租四十石五升共需赎价银七万一千五百四十四两六分二厘于江安道库漕仓余存银内动给取赎将所收租籽变价归款【乾隆五十八年】

一扬州卫头帮赎回屯田田尽归船租皆赡运如有典当情事与受均甘治罪并将善后事宜造册咨部部议仍令随时查察毋致再有典卖【嘉庆十年】

一安徽省应征屯田津贴银两遇有灾缓应随同地漕等款一律分限带征【嘉庆十二年】

一江南庐州卫四五六等三帮屯田坐落六安州境额征津贴银两被灾缓征贫丁办运无资准于道库漕仓减存银内给领办运俟带征解还归款【嘉庆十三年】

一江南苇荡右营草地乾隆三十九年奏准拨给大河卫旗丁垦种内有向不产柴地五百余顷由漕臣派委庙湾营游击经管岁收租钱一千二百串近因滩地产柴渐旺该卫丁禀请收回自办经江督奏明仍归河营管理每年加给租钱八百串共租钱二千串由河库发给以资调剂【嘉庆十七年】一江南庐州卫头二三等帮屯田灾缓津贴银二千四百四十四两四钱因系办运要需准在道库漕仓减存银内垫放仍将借垫银两于各丁新运钱粮内照数扣缴归款【嘉庆十八年】

一江南苇荡右营草地前因产柴较旺奏准归河营采刈交工岁给大河旗丁租钱二千串近因丁力疲乏据江督奏准增给租钱五百串共二千五百串自嘉庆二十年为始由河库给领以资调剂【嘉庆二十年】

一泗州卫前后两帮屯田灾缓未领节年津租银二万五千余两准照庐凤等卫缓征成案先在道库漕仓减存银内垫发仍将动垫银两在于缓征津银内照数扣缴归款【嘉庆二十一年】

一新安卫屯田乾隆三十八年清屯案内并未议加津银据江督奏准轻田每亩加津银九分垦田每亩加津银八分自嘉庆二十三年为始按亩征收济运造入津贴奏销案内报部查核【嘉庆二十三年】

一和州含山二州县省卫屯田据江督奏请加征津贴以济快丁运造两费之用缘该州县屯田本属快丁领垦后经陆续典卖丁情疲困乾隆三十八年清屯案内并未一律查办加征津银自应分别加津济运计和州原额屯田三千六百六十四顷六十七亩三厘每亩征银二分二厘共征津贴银八千三百三十两含山县额设屯田八百三十

顷六亩一分九厘四毫每亩征银一分四厘零共征津贴银一千二百两自嘉庆二十三年为始照数征收仍照贴费之例由道核计完久造报考成至该州县屯田设遇灾歉津银缓缺并准于道库减存银内垫给按限带征还款【嘉庆二十五年】

一庐州卫头二三帮额设屯田二千八十七顷零该丁等私典田一千五百十一顷零内除各丁自行赎回并乾隆五十二年奏明借项抽赎外仍有未赎田一千十顷零嘉庆二十四年经漕督援案奏准借项抽赎田四百余顷应需银六万七百三十八两在江安粮道库内漕仓减存项下动给自嘉庆二十五年起分限六年完缴初限银两限内缴讫其应缴二限银两因该卫屯田被旱不敷银六千七十三两零又经奏准缓至道光二年完解并准其按年递展至道光六年全数缴完至此项抽赎屯田内除无津屯田无庸计外其赎回征津屯田一百十四顷九十七亩零田已归船无庸征收津贴按则科算应免征银六百三十四两六钱七分二厘准于津贴奏销额内照数挖除【道光元年】

一江淮兴武二卫漕船向无赡运屯田前于嘉庆五年奏准凡有归官沙洲田产归卫承领济运道光二年漕督咨江都县境内有江心突涨之开沙洲改名裕兴洲丈明上泥滩二千二百亩每亩估价银八钱出水次泥滩一千四百九十一亩一分六厘九毫每亩估价银四钱一分五厘隐水下泥滩一千六百九亩六分四毫每亩估价银二钱共估价银二千七百两七钱五分五厘九毫三丝五忽据兴武四帮旗丁吴又千等捐资缴价承买自应划给执业以资济运至升科银两上次泥滩每亩一分一厘起科下泥滩每亩五厘起科共应升科银四十八两六钱五分八毫零即自道光元年压征嘉庆二十五年分芦课奏销案内入额升科造报【道光二年】

一江南苇荡右管草地向系拨给大河卫旗丁垦种名为卫滩内由各丁自种膏腴地二百七十八顷九十三亩零其余五百余顷由庙湾营游击经管岁收租钱一千二百串嘉庆十七年因滩地所产芦苗较旺奏请将产柴之五百余顷改归河工采刈应用其卫丁应得租钱一千二百串由河库在柴价项下照给并加给钱八百串嘉庆十八年复加给钱五百串共给租钱二千五百串道光三年经两江总督查明柴质茸细不适工用奏准自是年为始将卫滩地亩仍归大河卫旗丁领垦其地租即令卫丁完纳至黄河南岸接筑长堤护堤地十五顷零现已归官核计租价银四两零并准豁免【道光三年】

一江北帮旗丁邓鸣佩等裁船屯田因该卫并不匀给通帮节次议驳嗣据咨报系按该帮极疲之丁酌量派拨众丁各出具甘结送部准其照办以济运务【道光四年】

一庐州三帮旗丁钟国宁裁船屯田三十二顷六十亩零分给现运三十七船因顷亩零星田有肥瘠必须裒多益寡方能配搭均匀是以分派各船田数不一咨准按田科算以免偏枯【道光八年】

卷三十七·计屯起运·屯田津租·江南省【苏松粮道所属各卫】

一苏松等卫所运丁屯田尽清归卫分上中下三等一船给田十分各照领运船只分别给丁办运【苏州卫有免粮之荒屯太仓卫有摊赔之荒屯其领运之丁苏太镇刘河卫所有给五分七分者金松卫所每船一只只给一百五十亩多寡不均镇江卫每船给至十九分二十分苏太镇刘河镇江运丁亦一例完粮金松卫所运丁则免纳籽粒又属互异至苏属各卫又有备运舍余杂差闲丁领种之田尽数均给领运之丁亦照例收其籽粒以供杂用与镇江卫一例傥佥运变更必田随船转其肥瘠不等除免粮纳粮各田并金松卫所均系滨海一例起科原无高下外苏太镇江上中下三等各照领运船只分别给丁办运】

一苏州卫屯田三百三十三顷二十五亩零各丁自行管业收租办赋

一太仓卫原额屯田地二百五十一顷五十四亩零内除历年坍塌占废豁除田地八顷五十一亩零外实该田地二百四十三顷二亩零间有典卖于乾隆三十六年借项赎回分拨现运各丁执业并无津银之款

一镇海卫屯田一百八十六顷一十亩零内缺额田七十三亩零运丁照旧完粮运丁自行管种田九十顷二十九亩零民人执业田九十五顷六亩零内水屯按户津贴米五斗共津贴米一百四十四石九斗二升系随月粮屯米给丁赡运又该卫屯田内有挂户运田二百八十四户半每户征津贴银二两应征银五百六十九两又摊归屯田五顷七十五亩五分零每亩津银一钱应征银五十七两五钱五分零共应征津银六百二十六两五钱五分零给丁济运

一镇江卫原额屯田一千七百一十五顷四十七亩零乾隆二十年查明该卫减船屯田坐落甘泉泰州二处者田薄不议津外其在丹阳者每亩津银六分在江都者每亩四分在泰兴者每亩二分现丁收取赡运又该卫屯田有丹阳县民胡孝三占去重报民田二百七十三亩久编民额完粮令每亩津贴银一钱五分济运

一镇属漕米截充京口兵粮各卫裁船俱归现运之丁惟镇江卫各减丁每船原出有垦价二三百两请仍归减丁执业乾隆二十四年议定垦价令现运之丁均匀派还其田悉归现运日后傥有增运丁船屯田即于现运各丁名下均扣归出所出垦价仍令新丁按数清还

一金出卫屯田三百五十九顷四十四亩零内军丁自行管种田一百二十一顷六十一亩零屯丁民人执业田二百三十七顷八十三亩零每亩津贴市平市色银四钱运丁自行收办【该卫归并镇海卫为金山帮】

一金山卫帮坐落上海县屯田十八顷七十五亩零其租银系市平九七八银色每银一两折实库平纹银九钱三分合算每亩应征库平纹银五钱五分八厘每年八九月催征全完十月初旬解道给丁济运【乾隆二十年】

一江安各卫屯田曾经于雍正十三年暨乾隆七年两次清查造册详咨毋庸委员清查至苏松各卫屯田自乾隆七年清查之后已经每船均派并无缺额在苏州镇江二卫田随船转又归并镇海卫之金山帮按田轮运现在并无典卖惟太仓镇海二卫前后各帮有典卖各田仍在现运丁船名下挂户完纳其执业之丁非系运军即属屯丁应饬两卫守备各照现运船数每丁给与亲填单一纸令将该船自行执业田若干亩挂户田若干亩分晰开注其挂户项下将现业何人何年月日何人出卖契价若干逐一注明呈缴卫备造册同原发亲填单一并送道察核酌定年限分年回赎以期归运傥有奸丁捏混察出照例治罪卫备照承查不力例参处至赡运田租佃欠不清该卫一面报明司道一面移县勒追其津贴银两令各卫查明造册如钱粮在卫征收者津银即由卫随正征收如裁卫屯田钱粮在州县征收者津银即由州县随正征收均批解道库按帮给发如催征官拖欠津贴误运分别参处【乾隆二十四年】

一镇海卫现运船八十只每只计应得水屯田一顷六十六亩零旱屯田六十六亩零从前各丁私相典卖以图免运于是田不归运而丁力益疲乾隆三十二年奏准该卫典出屯田吊契查明价值官为取赎按各丁应得田亩之数给与管业所收田租以一半办运一半还公

一镇海卫前后两帮典卖屯田借项回赎查明实在屯田一百八十四顷八十四亩零按田按租均派现运各船收租赡运永禁私典其借动道库银两于各丁所收租息内分作六年归款【乾隆三十四年】

一太仓卫现运船一百一只每船原额水旱田二顷四十亩零缘各丁私相典卖田不归运以致丁力日疲请借动道库银两官为取赎按各丁应得田数给与管业所借银两于每年租银内分作六年归款【乾隆三十六年】

一镇海卫金山帮屯田坐落南汇等县境内军民典卖并屯丁原垦田亩本属膏腴现在未能归丁执业请每亩津银二钱共银五千二百余两由各该县征解济运【乾隆三十九年】一江苏各属应征新旧津贴银两统归藩司查取完欠造报奏销如有未完照杂项钱粮例议处【乾隆四十一年】

一金山帮旗丁龚麦九裁船屯田除民屯执业田亩由县征津外其现存自业田二顷二十亩有零系原丁原垦与借项回赎之产不同议准照本帮津贴之例均派现运各船按亩收津以济漕务【乾隆四十六年】

一江南金山帮实在屯田三万三千八百九十六亩零乾隆三十八年清查散典田二万六千九十七亩零每亩征津银二钱又运丁自业免津田七千七百九十八亩零如遇更佥新丁名下田亩扣免津贴以旧丁田亩抵数征津乾隆四十二等年运丁更佥旧丁名下所执田亩及续又典出者为数较多接运之丁所执田少不敷扣抵循照乾隆三十八年之例自向旧丁催取每亩津银二钱嘉庆十二年清查续典民屯执业田三千一百二十五亩零实运丁自业田四千六百七十二亩零奏明无论出典自业每亩加津银四分又乾隆二十四年定案运丁十年轮造每亩贴造银三钱造丁自向催取嘉庆十二年奏明随同津贴每亩按年带征三分计每亩共征银二钱七分按年征解造册题报

一苏州卫屯田乾隆三十四年奏销原额三百三十六顷五十一亩九分零又乾隆三十九并四十年入额升科田地一顷六十三亩六分六厘共该田地三百三十八顷一十五亩六分二厘一毫内除乾隆四十年奉豁坍没田二顷一十亩五厘实在现存田地三百三十六顷五亩五分七厘一毫【嘉庆二十四年】

一金山卫屯田乾隆三年原编续编共田地三百八十五顷二亩五分六厘一毫七丝除清出房基武场等地二

十六顷一十三亩二分八毫实田三百五十八顷八十九亩三分五厘三毫七丝内除乾隆三年及嘉庆十年奉豁坍没田一顷三十一亩五分七厘二毫实该田三百五十七顷五十七亩七分八厘一毫七丝所有津贴银两除坐落上海县征租屯田不征津贴外内乾隆三十九年奏准典散民人屯丁执业田二百六十一顷六十七亩七分九厘五毫又乾隆四十六年裁丁名下执业兑津屯田二顷二十一亩七分四厘二毫又嘉庆十三年原存运丁免征津贴屯田续典散民人屯丁执业田二十九顷三亩六分九厘四毫又是年奏准运丁执业免征津贴屯田四十六顷七十二亩八分四厘六毫内除上海县坍没田七十亩六厘实在共应征津贴田三百三十八顷九十六亩一厘七毫每亩征津银二钱共应征银六千七百七十九两二钱四厘又每亩带征贴造银三分共应征银一千一十六两八钱八分一厘按年由县征解道库给丁济运至坐落上海县征租屯田十八顷六十一亩七分六厘四毫每亩征租银六钱系市平九七色查照地漕大饷每银一两折实库平纹银九钱三分计算每亩应征库平纹银五钱五分八厘共银一千三十八两八钱六分四厘每年亦由县于八九月间催征全完解道给丁济运【嘉庆二十五年】

一镇江卫屯田原额一千七百一十五顷四十七亩九分九毫八丝内于乾隆二十九等年两次奉文豁免挖废田一顷八十亩九分五厘三毫实在田地一千七百一十三顷六十六亩九分五厘六毫八丝又该卫坐落丹阳县境被县民胡孝三占去重报民田二百七十三亩每亩抵征津银一分五厘共银四两九分五厘【道光元年】

卷三十八・计屯起运・屯田津租・浙江省

一浙江省各卫所屯田顺治十三年题定每船派给田一顷五十五亩零计屯起运凡有屯领运卫所即以原额之田津派本卫所应运之船其派剩屯田分别等次津贴有运无屯卫所按船派给至沿海无屯无运卫所田亩情愿出运者照例派给田亩不愿者征租折银解交道库照例贴派无屯卫所之丁【浙省原额屯田二千一百八十七顷八十二亩零内有省城屯田二十七顷六十四亩零久为居民建造房屋免其派纳外将清出温湖二卫所民佃屯田十四顷二亩零抵补原额只缺额田十三顷六十二亩零以一千四百四十一船均派每船给田一顷五十亩零至省城屯地照亩轮派籽粒起科每岁仁钱二县征收解布政使汇解充饷乾隆十六年将节次裁减船二百二十七只屯田悉归现运一千二百一十四船之丁又二十八年裁汰宁波前帮轮减船七只宁波后帮轮减船八只绍兴前帮轮减船八只绍兴后帮轮减船八只金华所帮轮减船三只其裁船三十四只其裁船屯田亦洒归现运以勷运务】

一温州卫原额屯田三百一十二顷三十四亩内拨给本卫两帮田一百六十二顷九十三亩零其余田一百四十九顷四十亩零找给宁绍处三卫之丁从前因相隔窎远未经执业未几又值抛荒屯民垦熟为业以致军民争讼今按照上田收谷三石中田二石下田一石六斗各半平分之数输津给丁不得照从前议上田输津三钱中田二钱下田一钱过轻之则令该卫征比催收该管道府查催分别解饷给军如卫备征解不前照例查参佃户不能完纳另招良佃耕种倘有私自典卖者照私典官田律治罪【乾隆五年】

一浙江省清屯查明各卫所屯田分派数目开后

一杭州卫屯田四百七十顷五十亩零内派给杭州卫帮屯田三百六十八顷八十六亩零派给宁波卫帮屯田五十顷八十三亩零派给绍兴卫帮屯田五十顷八十一亩零俱系运丁自行执业

一衢州所屯田地土硗薄每亩津银五分海宁卫派给宁波卫田每亩津银一钱二分【乾隆十二年】

一温宁绍处四卫赡运津银按照频年平价计算佃户盈余过多增加上田津银五钱中田三钱五分下田二钱五分征解赡运【乾隆十八年】

一严州所屯田一百五十一顷四十八亩零内上则田每亩征津银四分中则地每亩征津银一分五厘内派给严州所帮田八十八顷二十五亩零征津银二百八十六两七钱零派给宁波卫帮田三十一顷六十一亩征津银一百二两六钱零派给绍兴卫帮田三十一顷六十二亩零征津银一百二两七钱零【乾隆二十五年】

一嘉湖卫屯田三百三十九顷六亩零内派给嘉兴卫帮田七十一顷二十八亩零派给湖州所帮田五十六顷五十七亩零派给绍兴卫帮田四十顷三十七亩零派给处州卫帮田八十三顷七十一亩零派给海宁所帮田六十二顷二十三亩零派给宁波卫帮田二十四顷八十八亩零俱系运丁自行执业

一台州卫屯田二百十三顷七亩零内上则田九十五顷六十二亩零每亩原征银六分加征银四分计征津银

一钱中则田五十八顷六十一亩零每亩原征银五分加征银三分五厘计征津银八分五厘下则田五十八顷八十二亩零每亩原征银四分加征银三分计征津银七分内派给台州卫帮田一百八十三顷三十亩零征津银一千五百九十八两八钱零派给绍兴卫帮田一十四顷八十八亩零征津银一百二十六两四钱零派给处州卫帮田一十四顷八十八亩零征津银一百四十两九钱零【乾隆二十五年】

一温州卫屯田三百一十二顷三十四亩零内上则田每亩原征银五钱加征银二钱计征津银七钱中则田每亩原征银三钱五分加征银一钱五分计征津银五钱下则田每亩原征银二钱五分加征银一钱五分计征津银四钱内派给温州卫帮田一百六十二顷九十三亩零征津银七千九百八十两七钱零派给宁波卫帮田四十九顷八十亩零征津银二千八百六两二钱零派给处州卫帮田四十九顷八十亩零征津银二千九百四十五两七钱零派给绍兴卫帮田四十九顷八十亩零征津银三千五十四两四钱零【乾隆二十五年】

一宁波卫屯田一十二顷二亩零运丁自行收租

一衢州所屯田一百三十一顷九十七亩零不分三则以一顷六分零为一单每单原征银五两四钱二分六厘今加增银二两五钱七分四厘计征津银八两内派给衢州所帮田四十顷七十三亩零征津银二百八十八两派给金华所帮田三十八顷四十七亩零征津银二百七十二两派给绍兴卫帮田二十六顷三十五亩零征津银一百八十六两四钱零派给处州卫帮田六顷六十一亩零征津银四十六两四钱派给宁波卫帮田一十九顷八十一亩零征津银一百四十两【乾隆二十五年】

一台州卫原额屯田按照三则议输津银济运嗣据该卫详报尚有额外续升田十顷六十八亩零可征津银四十七两三钱三分四厘议请一并给丁济运又于乾隆二十五年加津案内议征津银三十四两三钱五分六厘一并解给济运乾隆二十九年复续垦田一顷一十亩零新津银七两七钱八分九厘零咨部定案一体造入报销册内【乾隆三十一年】

一浙江省有屯卫所如杭嘉湖各帮屯田俱系旗丁自行执业惟台州前后两帮屯田散处四县离次窎远旗丁势难按户对佃分租乾隆三十七年奏准上田每亩交租谷八斗折征银四钱八分中田每亩交租谷七斗二升折征银四钱三分二厘下田每亩交租谷六斗四升折征银三钱八分四厘给丁济运倘有惰征拖欠即行参究

一浙省额设杭州嘉兴宁波绍兴台州温州处州七卫湖州严州衢州海宁四所额编屯田一千六百三十顷四十九亩零其运丁自行执业之田既无典卖情弊应听其管业赡运毋庸置议惟衢州所屯田每亩仅征津银八分严州所屯田每亩征津银四分屯地每亩征津银一分五厘均属太少据该卫勘覆衢所屯田以一顷零六分为一单内本所应改则田十七顷余亩加租谷四百石折银二百六十两再通计本所及派给宁波绍兴处州三帮屯田按亩一单普加租谷三石共加谷三百四十九石八斗折银二百二十七两零又严州屯田亦据该县卫勘覆每田一亩加津银一钱一分九厘八毫每地一亩加津银五分四厘八毫通共加银一千五百一十二两零【乾隆三十九年】

一台州卫坐落临海县江下沙汇头地方被水冲沙压难垦屯田八十九亩七分六厘题豁屯饷银一十五两五钱六分二厘余租银九钱九分四厘尚有津租银三十两六钱四厘无从征解准其一体扣除减免【乾隆四十九年】

一浙江余杭县白社等村七庄屯田四千余亩因佃户防护塘堤不能一律分谷按照等则酌定折租钱文官为征解【乾隆五十八年】

一杭严卫坐落余杭县屯田四千余亩征收租银定以蚕毕后赶征三分秋收后再征五分其余二分次年三月征解全完散给如有未完照地丁例核计分数开参【嘉庆三年】

一清查屯田案内浙江巡抚奏浙江省屯田在杭嘉湖宁等府者八百六顷五十四亩零内余杭县田四十顷零改定对佃分租及官为征租余俱随船分管收租济运并无典卖情弊在衢严温台等府田七百八十一顷九十四亩零向系佃民耕种征租解道并非各丁自管无从典卖【嘉庆八年】

一浙江省屯田漕运例载一十六万三千四十九亩零内于康熙二年等年应除坍荒并严温二卫所不征津田加入康熙三十一年升科田亩即符现奉清查执业屯田十五万八千八百四十八亩零之数【嘉庆九年】

一浙江温后等五帮奏准停造船只项下津租银两摊给如本帮众丁其应派屯田亦画一摊派【嘉庆十二年】

卷三十八·计屯起运·屯田津租·江西省

一江西省各卫所屯田顺治十四年题准照各卫原额船只屯丁数目均匀派给如船未足额即照装载多寡将派定空田分给佥补足额仍照数追还

一江西省各卫所军田典卖在民者令各丁备价取赎其民垦成熟辗转售卖者除完正课外照民田则例按亩折征解道津贴本卫所运军其减存船只自雍正十三年起将该船应得屯田地租除完粮外所余籽粒折价归正雍正十一年】

一江西省各卫所漕船每只派给屯田六顷二十九亩零向系佃户完纳正赋外旗丁收取余租赡运因屯田散处各州县旗丁收取不便佃户屡欠不还令各州县查照上中下科则完纳正赋外征收余租解道济运【乾隆二年】

一清出原额新增屯田除豁免坍塌外现在成熟田地五千三百三十七顷七十八亩零题定内袁州卫田塘五百七十六顷七十亩不征余租南昌前左帮抚州铅山饶州等卫所随田基塘山堰并江南建德县补军屯田铅山所旗丁隐垦入官屯田二千三百三十三顷四十二亩每亩余租不等由县征收解道给军赣州九江广信铅山等卫所成熟屯田二千四百二十七顷七十五亩零应征余租运丁自收赡运又吉安所坐落龙泉县丈出余屯改升民田六十一亩零岁征折租银四十两零均由各县征收解道给丁济运【乾隆九年】

一信丰所自闽汀拨归屯田五十五顷二十一亩零除完正粮外每亩津贴银三分共银一百六十五两六钱零征解道库均给十五船赡运【乾隆十三年】

一江西省吉安建昌二所垦熟屯田向系佃种折租交纳每石折银二钱四分及二钱六分不等完赋外该丁每亩只得租银一钱二三分嗣后吉安所每石折银四钱八分建昌所每石折银四钱地方官取具丁佃遵结送案毋许浮加平色【乾隆二十三年】

一建德县原有抚州所屯田银两东流县原有南昌卫屯田银两向系解江安道库该帮重运过江宁时就便给领嗣后俱解江西省道库分给济运【乾隆二十五年】

一江西省屯田清屯案内各卫帮成熟屯田六千七十四顷三十七亩六分原有余租银一万二千八百八十七两四钱零今议加余租银一十一万七千七百三十两八钱零通共征余租银一十三万六百一十八两三钱零按各帮情形分给造运【乾隆二十五年】

一江西省清查屯田令经征州县将境内屯田另造清册以地从丁于某丁名下注明某项田地若干应征余租若干其坐落丘段开明四至造入交代并分送该管上司衙门备查各州县按屯田民田分立界石以垂永远军民不得互相侵越【乾隆二十六年】

一江西省赎田原议按年分远近照原价减十分之三四五及减十分之二不等若原典卖之丁无力即归现运之丁回赎若又无力即令同族公赎又无力则令同船公赎赎价既轻众擎易举是以各于限内备价当官取赎嗣后除代赎公赎者应即令出价之人承管至于原典卖之人所赎者不过出从前得价之半即可自执原田已属得自分外应令有屯田各州县随时稽查如有仍前花消糜费者即起入官另募殷实良丁承管此番均予免罪得价原属从宽办理若再有私行典卖者即照例将田与价一并入官仍各按律治罪【乾隆二十六年】

一江西省各卫所军屯每出运一船给运费银自一百两至三百五十两不等每造船一只除例应官给料价二百八两零外其各丁自相津贴计给造费银三四五百两至一千余两不等均系按照各卫所田亩船只多寡及诸帮有无贴费分别酌定此项银两从前未定章程各丁未免先期支借临时更费周章嗣后该省屯田余租经征各州县尽数解道按照修造之时照数给发不得先行徇情支借其造船自发银之日起定限勒令完竣查验坚固以杜虚冒挪延之弊【乾隆二十六年】

一江西省征屯余租除给漕船运费外余银存贮道库以备帮船事故之用恐各丁视为应得之项希望开销自应示以节制嗣后除空重遇有风水赔垫等事粮道查验确实酌量给发外其余概不得混行呈请至各帮造船运粮之费固因田亩船只多寡不等而其实皆以敷用为率虽有差等各得均平自不得再行加增致滋糜费再查前项余租既酌定章程应将征解开销各数分别造册送部以凭查核【乾隆二十六年】

一江西省裁船屯田业于清查案内议加租折解道按船议给造运所有裁船屯田毋庸另议派拨

一江西省上届清查案内原报军丁二十七万五千九百六十三丁此次编查开除故丁二万四百七十一丁今滋生新丁二万六千七百八丁共实在丁二十八万二千二百丁各帮额设屯田原报改征租折共银一十三万六百一十八两三钱零内除乾隆二十八年报坍田地减除租银六十八两二钱零又上届清出新垦田地升征租银九百七十三两四钱零并入此次查出首垦应升及盈出租银共二百二十六两一钱零内除水冲等田减去租银三百九十七两一钱零通共现在屯田余租银一十三万一千三百五十二两五钱零分别各帮归总会计【乾隆三十年】

一江西省吉安饶州等卫所以及南昌等卫之坐落建德宜春等县屯田并无浮缺余租亦无过重毋庸置议其南昌九江二卫屯田并无缺少惟租则不免过重袁州赣州铅山三卫所余租过重并有水冲沙压田地以及建昌饶州二所丈缺田地七十一顷七十亩四分七厘应除余租银一千四百九十二两二钱二分一厘余租过重应减银一万九千四百四两六钱四分五厘共应征余租银一十一万四百六十五两二钱二分零【乾隆三十五年】

一袁州等卫所丈缺并水冲沙压屯田应除正折加增余徭新增米折银五百九十两四钱七分二厘准于乾隆三十五年为始照数豁除以苏丁佃积累【乾隆三十六年】

一南昌卫屯田一千三百五十六顷七十三亩零共征余租银二万四千一百四十四两零每造船一只给银六百五十两每船每运给银五十五两

一九江卫屯田一千五百六顷四十三亩零共征余租银二万七千七百九十两零每造船一只给银九百两每船每运给银八十七两

一赣州卫屯田一千四顷七十亩零共征余租银一万三千二百二十七两零每造船一只给银一千两每船每运给银二百八十两

一信丰所屯田二百一十七顷四十亩零共征余租银八千九百七十四两零每造船一只给银一千两每船每运给银三百五十两

一会昌所屯田二百三十五顷九十九亩零共征余租银六千二百八十六两零每造船一只给银八百两每船每运给银三百一十两

一袁州卫屯田二百四顷四十六亩零共征余租银二千七百九十一两零每造船一只给银四百两每船每运给银七十两

一吉安所屯田一百一十八顷六十六亩零共征余租银四千四十七两零每造船一只给银三百两每船每运给银五十两

一永新所屯田一百二十顷一十七亩零共征余租银四千六十五两零每造船一只给银四百两每船每运给银一百两

一安福所屯田一百三顷一十一亩零共征余租银二千六百六两零每造船一只给银四百二十两每船每运给银一百两

一抚州所屯田四百一十五顷一十二亩零共征余租银三千七百五十九两每造船一只给银四百两每船每运给银八十两零

一建昌所屯田八十四顷七十一亩零共征余租银三千二百九十两零每造船一只给银三百两每船每运给银一百两

一广信所屯田一百五顷零共征余租银二千三百七十九两零每造船一只给银六百五十两每船每运给银一百一十九两

一铅山所屯田一百九十二顷九十八亩零共征余租银三千七百九十九两零每造船一只给银八百两每船每运给银二百六十两

一饶州所屯田三百五顷七十亩零共征余租银一千八百九十一两零每造船一只给银四百两每船每运给银六十两

一南安所屯田七十二顷三十七亩零共征余租银一千四百四十七两零全数拨给抚州所军丁济运

一九江卫坐落德化县开垦屯地四十八亩零于乾隆四十二年入额征余租银一两四钱零现在田地并无升除租则亦无过重征收余租解给济运

一通省各属共成熟屯田地六千六十一顷八十四亩零共征余租银一十一万五百三两零分别各帮给支细数按年造册具题【乾隆四十五年】

一江西省余租银两改归藩司衙门督催照正项钱粮例一体题销【乾隆四十八年】

一赣州卫帮近因河道浅阻节逢起拨额领余租不敷办运于乾隆五十等年酌借银一万六千一百余两均系分年匀扣但逐年一扣一借辗转积累加以应扣借欠拨价等项共银一万九千三百余两若每年带扣办运丁力拮据请以现在积存备公银八千八十八两二钱八分一厘以之抵还历年借款尚不敷银一万一千二百六十余两再于南昌九江二卫从前原借该帮分年扣还银两于六年内计共扣银一万二千二百六十余两即可陆续全数归还借款其借项扣还后应扣备公银两同南九二卫六年后扣还银两仍照旧积存以资办公【乾隆五十四年】

一江西省屯田有故活之分故军之田军民皆可管业活军之田例禁典卖除袁州吉安永建安福抚州广信饶州铅山等卫所屯田一律征租济运无分故活其余南昌前后九江前后及赣州等五卫屯田均分故活亦俱征租济运惟屯坐地方不一间有错入江南之建德县等处者自乾隆二十四五等年清查赎回屯田六千余顷迄今二十余年应将屯田有无典当民户之处量宽限期如屯坐本管地方者限一年分隶别府州县者限二年责成该管知府督同州县卫逐细清厘仍归编审案内查核其私典之田设法议赎【乾隆五十四年】

一江西省蠲免漕粮应征余租银两照从前免漕之年减三征七办理【嘉庆四年】

一信丰所旗丁周张钟失风亏折米石买补还公等费银两准其于余租银内核销【嘉庆四年】

一江西省南昌卫屯田坐落江南东流县境二十四顷三十三亩六分零因灾蠲缓缓征银两秋后启征批解应免银两于该卫各船应领余租项下按船分扣【嘉庆八年】

一江西省南昌等卫所典出屯田一十七顷三十五亩零内有力赎回田七顷二十八亩零分别给价赎回济运无力赎回田一十顷七亩零仍令照旧办章程妥速议赎归船毋庸复议加津其赣州等所屯田如有查出典卖一并归案照旧办理【嘉庆十年】

一江西省建昌所旗丁饶盛章等因造费不敷查照信丰所增给之案每船加给造费银五十两于备公银内支给【嘉庆十年】

一江西德化赣县兴国广昌四县坍塌屯田地共一十六顷二十四亩零不能垦复无可征输减则应征屯粮正耗银九十七两零余租银二百二十四两零自嘉庆九年为始照数豁除

一江西省嘉庆九年编查屯田铅山县升科原荒屯田二十七亩一分零升征余租银六两五钱零

一江西省回赎屯田乾隆二十六年奏准赎田原议系按年分远近照原价减十分之三四五及减十分之二不等嘉庆十二年查办未赎屯田仍令查照旧章备价回赎按契典年分扣减定以一年限期全数归运

一嘉庆十二年江西铅山所旗丁钟近五开垦老荒屯田六亩八分科籽粒米一石三斗零屯粮银六钱零余租银一两六钱零委员勘明取具印甘各结题明照例六年起科

卷三十九·计屯起运·屯田津租·湖广省

一湖广屯田题定分卫分船将各卫屯田并附近之荆州等四卫丁船及武左卫找补之四丁船听湖南粮道催运督征湖北武昌等六卫丁船屯田听湖北粮道催运督征【康熙十年】

一各省屯田定例不许私自典与军民嗣因奸丁有巧立加租之弊乾隆五年奏准屯田租与民人耕种该旗丁只许得当年租银如加别年租银立券私交照私典军田例与受均行治罪其田追给新丁租价六官

一湖北武昌等卫所有屯清屯无屯清费查武昌武左黄州蕲州四卫屯田各清出原额屯粮实征正饷除纳钱粮外按粮多寡分别议定帮费官征派给各船济运其故绝逃亡之户民人顶种者现在纳粮贴运与额屯无异其顶种之家或田有出售仍令额军买回【乾隆八年】

一乾隆八年奏准湖北德安所屯田二千四百七十六顷一十六亩零共征银五千三百四十六两零分给额船三十三只每船岁得帮费银一百六十二两乾隆十三年裁船七只帮费加增现运每船岁得帮费银二百五两零襄阳卫屯田二千一百六十六顷七十六亩零共征银五千一百五十二两零分给额船三十只每船岁得帮费银一百七十两乾隆十三年裁船六只帮费加增现运每船岁得帮费银二百一十二两零武昌卫屯粮一万四千五百五十

二石共征银八千二百五十一两零分给额船五十六只每船岁得帮费银一百四十七两零乾隆十三年裁船十一只帮费加增现运每船岁得帮费银一百八十三两零武左卫屯粮一万二千七百一十六石零共征银七千八百六十九两零分给额船五十一只每船岁得帮费银一百四十三两零乾隆十三年裁船十一只帮费加增现运每船岁得帮费银一百八十二两零黄州卫屯粮八千四百二十五石零共征银三千二百七十一两零分给额船二十六只每船岁得帮费银一百二十五两零乾隆十三年裁船六只帮费加增现运每船岁得帮费银一百六十三两零蕲州卫屯田九百三顷六十六亩零共征银四千三百二十八两零分给额船三十二只每船岁得帮费银一百三十五两零乾隆十三年裁船七只帮费加增现运每船岁得帮费银一百七十五两零

一清出湖南荆州等卫屯田荆州卫归并左右中前后五所屯田六百一十四顷四十八亩零操田一千三百一十九顷八亩零荆左卫成熟田并新增升科屯田地二千二百五十四顷二十一亩零荆右卫成熟运操屯田二千二百三十四顷零沔阳卫运操屯田一千一百七十九顷九十四亩零岳州卫屯田四百六十三顷七十一亩零军旗民佃照粮一体帮费凡军田典卖在民及顶绝垦荒年久造有房屋坟墓愿当军差者不准回赎即将本人编入军户当差不愿当差者听本军及同伍之军回赎其军置军产田去差存者准赎田差俱去者不准回赎军买绝军屯产现当军差者亦不准其回赎如民买军田不愿当差及军买军产田去差存而原户贫乏不能回赎者分别津贴派给运军赡运【乾隆八年】

一各省卫所屯田如有民人霸占措不许赎州县官不为审断者将该州县照承查迟延例照违限月日分别议处如旗丁不行备价混控退田卫所官一时草率不行详查者照丈量地亩不明白详报州县官罚俸一年例将卫所官罚俸一年若实系民田捏报军田希图混冒者照荒熟田亩不分晰明白混报州县官降一级调用例将卫所官降一级调用旗丁责革另佥傥各卫衙门书识人等隐占屯田该管官弁照失察衙役犯赃例议处该役照侵盗官粮例治罪再各省屯田自定议清厘以后仍有措赎混控并影射侵占等弊州县卫所等官不即审明以致经年不结者将粮道一并题参【乾隆十二年】

一荆州卫管辖枝彝长远四所军丁成熟田地二千二顷共征饷银二千一百七十四两三钱六分零乾隆十三年题准该四所军屯系改照民粮起科每饷银一两酌帮运费银三钱三厘五毫零共征银六百六十两此外承造承运一切与四所无涉

一湖南各卫什军帮费荆州卫额船三十三只每船岁派银一百六十两荆左卫额船三十四只每船岁派银一百八十两零荆右卫额船四十只每船岁派银一百五十九两零沔阳卫额船二十三只每船岁派银一百二十两岳州卫额船四十八只每船岁派银一百五十两武左卫拨入船四只每船岁派银八十两

一湖北武昌卫屯产水冲地十一顷八十七亩零豁免屯饷丁银二十一两五钱零派征帮费银十四两五钱零一体豁免【乾隆十五年】

一定例屯田不得私相典卖如有典卖令照原价取赎嗣后取赎屯田如原价在百两以上者令其分作三年交价价足田即归船以资赡运并将各省屯田已赎若干未赎若干造册送部查核【乾隆二十三年】

一湖北省各卫所未赎屯田作为十分分别有无契据议价定限五年赎清归屯如本军无力许同伍有力之军赎回给与本军耕种收租济运如一年限满赎不及十分之二者该管官分别议处二分以上免议三分以上议叙傥有捏报回赎卫弁未能查出降一级调用该府同知有清军之责各卫所每年赎不及十分之二者照开垦不及二分例罚俸二年其民顶军田有匿不首报查出照隐匿田地例一亩至五亩笞四十每五亩加一等罪止杖一百其民间典卖从未入运之班操等军田亩向祗派征帮费与民之顶种绝屯者无异仍照例帮贴济运或有转售之时即令该卫所查明给与现运军丁备价交易不特不许售于民户亦不许售于未入运之班操等军如有私相典卖照例治罪并饬清军同知将现在民顶绝屯例免回赎并民买班操等军向未归运之田确查丘段秉公占价造册备案俟有转售本卫军丁即可按册交价管业统于年底汇册送部查核【乾隆二十四年】

一未赎屯田价在百两以上者酌定三年交价每交价一分即收租一分交价二分即收租二分三年交足即将原田归船济运【乾隆二十四年】

一武昌左卫拨入湖南三帮四船乾隆三十一年奏准裁汰除湖南省应行支给银米分洒通帮外其在湖北之四船屯费军帮乐从等项银五百七十二两五钱与湖南各半分支裁船屯田仍归本帮济运

一湖北武昌武左黄州蕲州襄阳德安各卫所未赎屯田听军丁量力收赎毋庸再定年限仍令该管之守备同知实力稽查不得因未定限期任军民私相授受至湖南省未赎屯田于清查案内照湖北之例定限回赎并照此画一办理【乾隆三十二年】

一湖北各卫所未赎屯粮共九千八百一十四石零需赎价银七十二万五千余两即或动项筹赎而出此巨万之金恐难克期归楚必致借项虚悬请照从前成议运田不许再售于民有转售者只许军丁承买冀归原业如此办理则运费有资而立法亦属经久【乾隆三十八年】

一黄州卫军丁报垦屯田地亩应于乾隆三十六年起科应征帮费银两照例入额征解道库给丁济运【乾隆三十八年】

一湖北襄阳卫有掣留资役屯田二百九十四顷零掣留屯丁向在郧阳巡抚衙门充役巡抚缺裁又散归道府厅卫衙门充役又有归并竹山尹单郧均等卫所屯田八百六十顷零屯丁于顺治年间归并襄阳卫以来亦系拨归各衙门充役其田祇完正赋并不帮贴运费乾隆三十八年奏准掣留二项屯丁悉在额外当差实系因循陋习自应将屯丁充役之处概行裁汰仍按屯田科则征收津费共应征银二千九百七十七两零于该卫漕船轮届大造每船贴银一千两以资济运

一湖北襄阳卫掣留资役及并归尹单郧均等卫所共应征帮费银三千一百五十七两零自乾隆三十八年为始由卫征解道库以济各丁造船之费【乾隆三十九年】

一各帮津贴银两向无因灾蠲免之例但偶遇歉岁缓征不免匮乏之虞请于每年津贴银内酌扣十分之一存贮道库以备歉收之年给丁勷运俟积数充余仍添补本帮造船之费以裕丁力统于八月前由官全数征解给丁如有延欠照杂项钱粮例议处【乾隆三十九年】

一军田差重费繁殷丁大率乐置民产奏准嗣后除本军名下尚有出典未赎之田如系有力应令随时回赎屯产概不许另置民田如本军名下无应赎屯产有置买民田者亦听其便【乾隆四十年】

一湖北武昌等六卫所自乾隆二十五年清屯后复有典卖屯粮一千三百九十余石与受不下六千余户若断田归公追价入官未免各户失业滋累乾隆四十年奏准各卫所例后典卖田地除额饷帮银照旧完纳外武昌武左蕲州三卫德安一所每粮一石加津银一两三钱黄州卫每石加津银一两二钱襄阳卫屯田每亩上则加津银七分中则四分下则三分征解道库给丁济运

一湖南各卫屯田系按坐落地段顺块编船什军轮驾同船者即为同伍各船者即为别伍彼船之军承买此船之田即当此船之差仍与同伍无异乾隆四十年奏准饬令各卫将别伍顶买之田编入原船按粮承差取结送部定案如原系活契验明注册仍听本军照契回赎其余绝契顶买之田概免回赎

一湖南省屯田典卖在民向俱输纳屯饷帮贴运费与各省军丁不能回赎议征津费相同□隆四十年奏准嗣后民人顶买之田除历年久远造有房屋坟墓难以迁徙及军逃地荒民人自行出资开垦培成沃壤者免其回赎照旧贴费当差其余典卖田亩如本丁情愿回赎概令照契赎出归运其未经赎出以前俱令按粮贴费以济运务

一武昌卫军丁报垦屯地应于乾隆三十八年起科应征帮费银两照例人额征解道库给丁济运【乾隆四十年】

一湖南岳州一卫田仅四百六十余顷运船四十八只船多田少丁力不支该抚请将荆州荆左荆右三卫运操屯田加征津银拨补岳卫户部议以荆卫与岳卫田隔两省各按科则征租承运已久断不能强为增减所奏毋庸议【乾隆四十年】

一荆州卫坐落监利县车湾地方屯田于乾隆三十六年题豁挖废屯田一顷七十一亩六分二厘计粮七石六斗九升八合八勺屯饷银三两三分三厘零派征丁银八厘又运费银四两三钱三分八厘零亦一体豁除按船摊减所有运操田粮彻底清编【乾隆四十二年】

一蕲州卫报垦中则屯田四十七亩一分五厘零每亩科粮一斗八合该科粮五石九升二合三勺于乾隆四十三年起科每粮一石征帮费银六钱应征银三两五分五厘三毫八丝照例入额征解【乾隆四十四年】

一武昌征运军价买民人于例前价顶归运班军屯粮并不同船系属违例将此项照清屯后复有典卖屯粮例从重加津给丁济运【乾隆四十六年】

一岳州卫赔造船只因该卫疲苦屯丁拮据于旱卫加征津贴项下支剩银内每船酌借银五百两俟秋收照数追缴归款【乾隆四十七年】

一武昌卫旗丁周一山之祖周玉斌抛荒田地经嘉益庵之祖费本垦种办运纳粮已历多年乃周一山因嘉姓例帮数少心存觊觎仍以嘉益庵占田招帮卫书作弊等词妄行叩阍依例发近边充军所垦屯田议归嘉姓执业完粮屯饷帮费如遇运造风火事故按粮石征银五钱凑办漕务其军帮乐从本系丁费仍著周一山户下完纳【乾隆四十九年】

一湖南省乾隆四十七年蠲免漕粮岳州卫减歇船只除应领减半折色月粮银外原指津银接济所有旱卫屯田加津银五千七百六十两原经奏准照漕项之例虽遇蠲缓不准并停应准其照出运之年一体支给【乾隆四十九年】

一湖南省征收旱卫津贴银两改照江苏省办定成案造册题销以归画一如各州县有违限不解即照正项钱粮分数揭参督催职名仍援照江苏省公费地亩钱粮奏销例免其开列【乾隆五十年】

一湖南省乾隆四十七年蠲免漕粮有船守减各丁运费银两照例全给无船守减各丁因近年领运漕粮河道浅阻耽延需费且均系上届失风之丁赔累在所不免所有运费银两援照湖北全给之例准其通融支给以济运务【乾隆五十年】

一江南徐州卫坐落楚省军丁届编审之期令楚省州县按照上届底册挨查造报毋庸江省委员会查以免扰累【乾隆五十二年】

一湖南沔阳卫二十三船每船运费银仅一百二十两实不敷用照案于道库积存津贴银内每船借给银二十四两以资办运【乾隆五十三年】

一黄州卫民人谌万儒例前价买故绝军丁朱阿长屯粮六石伊孙谌恒定于乾隆三十二年将祖遗分受屯粮二石售于民人王维周王正道系属违例所买屯田照例每年加津贴银二两四钱征解给丁办运【乾隆五十三年】

一荆州荆左荆右沔阳四卫缓征运费及义帮银两于南粮项下借给秋后征解还款【乾隆五十四年】

一湖南岳州卫因运费倍多丁情疲乏将旱卫津贴每年积存道库充公银一千七百五十一两零自乾隆五十三年为始每船酌给银三十两以济运务【乾隆五十四年】

一湖北武左卫军丁耿上达等原报新淤屯田四顷二十四亩一分四厘该粮三十八石一斗七升三合一勺每粮一石加增帮费银五钱自乾隆五十五年为始照例入额征解济运【乾隆五十七年】

一湖南枝彝长远四所军丁不谙运务照旱卫之例就田再加四倍津贴共征银三千三百两每船岁给运费六十两轮届大造每船给银三百两即由四所屯坐州县就近征收径解粮道给丁济运【乾隆五十九年】

一湖北公安县民张步青之祖张正科价买军户冯振英屯地一亩三分六厘查系操军上则田亩应征运费银三分五厘义帮银二分六厘造鞔银二钱七分八厘由卫征给【嘉庆三年】

一湖北各卫乾隆五十四年清查案内查出前已加津复又典卖屯粮八石三斗七升三合令同船共伍之丁备价取赎其续报赎回前已加津运绝屯粮八十石二斗一升七合八勺八抄零内武昌卫多报粮四升武左卫多报粮三斗四升一合共多报粮三斗八升一合零应以续报之数为是又续报违例典卖向未加津运绝屯粮二百三十石二斗九升四合一勺九抄零加津银二百九十五两七钱八分七厘系武昌卫原报运屯未赎项下多报屯粮一升八合三勺三抄绝屯项下少报屯粮二斗五合五勺除多添少实典卖屯粮二百三十石二斗九升四合一勺九抄九撮又各卫加津运绝屯粮一千四百六十三石三升九合四勺六抄加津银一千八百九十一两一钱七分四厘与原报运绝屯粮计少一十七石二斗一升七合三勺六抄因武昌武左黄州等卫续报加津屯粮一十七石三斗八升增入并除多报粮一斗六升二合六勺二抄五撮即符续报额数【嘉庆三年】

一武昌卫乾隆三十八年清屯于四十年造报违例典卖屯粮加津银一百八十一两五钱三分一厘黄州卫加津银一百三十五两一钱七分六厘又武昌卫乾隆四十等年清屯违例典卖屯粮共加津银五两六钱九分四厘黄州卫五十二年查出违例典卖屯粮加津银二两四钱又武左蕲州二卫各年加津银数俱与报销册内相符应自乾隆五十九年为始令各卫完解报部应豁津银请自本年为始免其起征嗣后再有典卖情弊照从重加津之例办理

【嘉庆四年】

一湖南省乾隆六十年并嘉庆元年军帮津贴银两照历届渟减年分一体全给【嘉庆四年】

一湖南省岳州卫乾隆六十年并嘉庆元年减歇漕船应支运津银两照依出运之年一体全给【嘉庆四年】

一荆州荆左荆右沔阳四卫屯坐地方屡被歉灾运费义帮等银催征无出在于道库秋拨存留漕务公用项下借给俟正饷开征时还款【嘉庆四年】

一旗丁应领津贴银钱严饬各粮道将应放之款系银足兑实封钤贴印花系钱足数捆扎亲身放给弁丁眼同支领不得假手家人书役傥有需索克扣情事许赴督抚漕督各衙门首告参办【嘉庆五年】

一湖北武左卫军丁刘彩璧等赎回温胜保屯粮六石虽系本卫运军究非同船之军加津银两仍照旧完纳【嘉庆十年】

一湖北武左卫未完乾隆六十年以前加津银两题准豁免襄阳卫未完资役银两亦令取结题报核办并令嗣后将资役银两随同津贴题销【嘉庆十年】

一江西兴国营都司员缺将湖广襄阳卫守备丁国泰推升任内有经征军屯帮费津银未完戴罪征收之案应将所掣都司员缺扣除令其离任协同新任俟征收完日开复赴部另补所遗各缺照例办理【嘉庆十年】

一湖北武左卫屯坐京山县应征民户违例典卖屯粮加津银五百四两零从前造报奏销如有未完统归该卫原额帮费一并开报卫备经征分数职名以致京山县藉考成在卫并不上紧征解嘉庆十三年咨准照蕲州卫屯坐江西德化瑞昌二县屯田租稞银两责令该二县征解遇有拖欠由湖北司道详参之案将京山县代征武左卫加津银两定限十一月内全完解道给丁济运如不实力征解即将该县未完分数开参

一湖南历届清屯只议回赎从未加征津银除岳州一卫并无私行典卖外其荆州荆左荆右三卫未赎田地二百七十三顷六十余亩系远年典卖各户完粮贴运军民相安即照乾隆三十二年奏免勒赎之案听军丁量力收赎毋庸定以年限如民人出售总令与军交易不许更售于民俟存留调剂项下积有银款或该帮有可措之公项酌量筹拨陆续清赎又沔阳卫别伍军丁顶管绝屯俱随船济运军顶军产免其回赎责成各该卫实力稽查傥有私相授受照盗卖官田例治罪若该管备弁失察徇隐亦分别参究【嘉庆十三年】

一湖广荆沔岳五卫屯坐各县被旱成灾应征运义等银奉文缓征系属急需办运之项势难缺误准于司库留备项下借动解交粮道放给仍俟各卫带征解还司库归款【嘉庆十三年】

一湖南荆州卫余剩加津银两该卫屯坐各邑水旱频仍丁力拮据又兼沿途浅阻用费浩繁办运维艰准于道库积存加津银内酌动银一千两以资办公免其还款遇有必需动用务须先行报部毋得任意支销【嘉庆十四年】

一湖北省嘉庆十一年清查屯田案内各卫所查出违例典卖向未加津运绝屯粮一百二十七石五斗一升五合零遵照节次清查违例典卖屯粮武昌武左蕲州三卫并德安一所每粮一石加津银一两三钱黄州卫每石加津银一两二钱襄阳卫每亩上则加津银七分中则四分下则三分之例自嘉庆十四年为始加津济运又武昌蕲州二卫查出复行违例典卖向已加津运绝屯粮一石七斗八升五合该屯前已加津今又复行典卖若从重加津恐累重难征应照旧纳津又赎回向已加津运绝屯粮二百四十石一斗八升六合零屯已归运军丁执业自嘉庆十四年为始豁除津银又赎回向未加津运绝屯粮七百三十二石九斗九升五合零令各军丁照旧管业责令各卫所实力稽查毋许再行私相授受又武昌卫未赎运军加津屯粮一石四斗未经赎回遽行豁津应照数追赔仍于本届清屯为始照旧征津给丁济运违例典卖及复行典卖失察各职名同遽豁津银历任各员及失察各上司职名俱查取送部核议

一湖广武昌沔阳等卫从逆军民遗存屯田房屋如已归船之运班等军田产著令现运此船之丁承顶如未归船之班操等军田产著令本卫现在领运各丁查照原估价值承买价银解道充公【嘉庆十四年】

一湖广黄州卫未归船之运军屯粮六石系民人顶种乾隆五十四年拨出三石转顶与民人已经照例加津其余三石于乾隆六十年又违例顶与民人照例按每粮一石加津银一两二钱自乾隆六十年为始照数征收失察职名送部查议【嘉庆十四年】

一湖北襄阳卫旗丁田显举火毁已历九运之船业经雇募补足十运应支凑造资役银两准其照数支给其璩

武汉等火毁船八只均未满料所有请造资役银两不准支给【嘉庆十七年】

一湖北武左卫军丁樊绍玉等赎回运绝屯粮六石一斗七升五合一勺豁除津银八两二分八厘尚实存加津屯粮九百三十四石二斗六升五合三勺应征津银一千二百一十四两五钱四分五厘所豁银两自覆准之日免其征解【嘉庆十七年】

一湖南荆州卫坐落监利县屯田因建闸修堤挖压田一顷一十八亩一厘四毫随征运费银三两一钱九分三厘二毫准其照数豁除自后每年支给运费银两即按该卫漕船三十三只均匀摊减每船给银一百三十九两四钱一分一厘以符额征之数【嘉庆二十一年】

一湖南岳州旱卫屯田歳征津贴银两除每年津给军丁及拨给造费外余银积存道库以充公用道光七年因该卫漕船中途盘坝折耗丁力苦累经漕督援案咨准在积存道库银内动银三千三百六十两分给各船以资济运

一江苏苏州太仓镇海三卫及金山帮应征屯田月粮米一万四百一石零又丹徒县应征屯米一百七十四石零因系屯田项下编征不在民赋额田之内是以上年苏省永减漕额案内未经议及今据署两江总督李鸿章奏称此项屯田错杂民田之内征米科则均在五升以上甚至二三斗以上重则十居其九此时苏省民田漕额早经核减定案而各卫屯田皆与民田相运若令仍完重则彼此相形未臻平允且裁汰卫帮案内将屯粮改归坐落州县经征将来与民赋无异请仿照常镇二属漕粮普减十分之一征科经户部议准自本年冬漕为始照减定数目征收并应由该署督等严饬所属按年征收完款如有蒂欠即照短征正项钱粮之例分别开参所征银两除奏明提充海运经费及例拨京口兵米外下余之数造报候拨【同治五年】

一浙江省衢严温台四卫所屯田津租银两据浙江巡抚奏称各卫所地瘠佃疲从前温卫系八八折递减为七折征解台卫系七折征解衢严二所系八八折征解兵燹之后招徕未复益难照额完征请就实征以符造报经户部议覆奏准衢严二所屯田津租按例额银数以八八折核减温台二卫以七折核减自同治五年冬漕为始以减剩之数著为定额永远革除折减名目按现定之数逐年征收定款所征银两除每年奏明提充海运外下余之数照册候拨复经浙抚奏准查明台州卫因灾坍缺银九百八两零应永远豁免嗣据该省造送同治十年分津租奏销册报衢州所减剩实征银一千二百四十九两七钱五分严州所减剩实征银一千七百两七钱九分四厘温州卫减剩实征银一万一千七百四十六两四钱四分五厘台州卫减剩实征银三千八百五两四钱五分五厘【同治五年十年】

一户部刑部会奏湖南岳州卫已革千总毛世庆于应征运费银两未奉粮道批准辄私改章程每两折收制钱八百文复以帮费为名每两另收制钱四百文实属显违定例嗣后卫所经征运费银两均应按照定额征收不得任意增减如有私自折征或私立名目即行从严参办加等治罪【同治七年】

一浙江宁波绍兴处州海宁各卫所奏准裁汰所有宁波卫每年额解粮道衙门余租银十二两八钱三分三厘责令屯田坐落之鄞县经征完解如有清屯劝垦各事宜亦令该县就近兼办其绍兴处州海宁二卫所每年额征饷租并屯丁银两及清屯劝垦各事宜即责成嘉湖卫办理【同治八年】

一浙江省台州卫额征津租六千三百四十五两三钱三分七厘据浙江巡抚查明道光三十年及咸丰三年二次因灾摊豁银九百八两九钱七分三厘前项被灾屯田淤积年久力难垦复应准永远豁除

一台州卫额征余租正银二百三十五两二钱五分六厘耗银十六两四钱六分八厘据浙江巡抚查明道光三十年及咸丰三年二次水灾坍缺无征计正银三十三两一钱二分耗银二两三钱一分八厘前项被灾屯田淤久难复应准照数永豁【同治十年】

卷四十·漕运河道·运河总考

自元代定鼎燕都资粟东南故北之通会河南之会通河其创制多自元始然其时海河并运水陆兼行河道初开岸狭水浅不能负重每岁仅运数十万石漕河之例未备也明自永乐九年后因元人旧制益为疏浚浮江涉淮溯河逾济北达漳卫我朝监元明而增善其制岁运京通仓者数百万漕河洵国计民生所重系焉约而论之山东河南淮北之粟既各由近道以达于京其由江入淮诸省漕艘皆以扬州为咽喉浙西之粟由瓜洲以达扬湖广江西及上江之粟由仪征以达扬自扬州经高邮宝应以达淮安计三百余里淮安城西即明平江伯陈瑄所浚之清江浦也由清江入淮稍折而北乃为清口正淮黄会合之地由清口渡黄历清河宿迁而达邳州之伽口计二百余里则国朝康

熙时所开之中河皂河也自伽口过黄林荘经山东台庄八闸过微山湖而抵江南沛县之夏镇则明河臣李化龙所开之泇河也自夏镇经独山昭阳诸湖而抵山东鱼台县之南阳镇计一百一十二里则明河臣朱衡所开之新河也自南阳镇入济宁州经南旺湖分水过东昌而抵临清州计五百余里则元代所开之会通河也由临清历武城夏津德州入直隶之景州吴桥东光宁津而抵天津计一千余里皆卫河也天津而北经直沽河西务而至通州之张家湾计二百八十里则白河也由张家湾入大通河历普济平津庆丰诸闸则至大通桥而迩京仓矣夫漕河历代皆由人力开引故沿途多借资他泽自瓜仪至淮安则南资高宝诸湖之水西资清口所入之淮水自清口至济宁则资沂泗诸水自济宁至临清则资汶河及兖沂诸泉水水盛则防其冲决水浅则防其滞躍爰开引河以畅其流筑堤坝以备冲泄设闸板以谨收放我朝列圣宵旰筹画精详司事之臣惟有实心保固因时制宜庶运道永有安澜之庥而粮艘悉获驶行之利哉

卷四十·漕运河道·运河续考

运河之防黄遏也向在江北清河县河口灌塘济运之法立宜可恃以通漕矣咸丰元年黄河决丰北三年再决河运艰而海运兴时黄河犹南趋也五年六月河决河南之铜瓦厢遂由张秋穿运入大清河以趋海其时中原军务未平全赖海运东南之粟上达天庾同治四年廷议海河并运而黄河北行张秋八里庙安山一带堤工废弛十有余年河流浩无津涯为患更甚于清口盖自清口成平陆而河患剧于山东自是筹修运道注意于黄河穿运之区惟河流穿运屡无定所同治七年河决赵王河之红川口大溜渐至安山沈家口一带犹在分水口之北十年八月又决郓城之侯家林漫水下注为患于分水口以南十二年又决东明石庄户漫溢入东省自济宁至宿迁运河南北长堤冲刷殆尽皆随决随堵逼水北趋而张秋上下数百里济宁临清之间或涨或淤倏经廿载最有妨于漕行焉河流自西而东漕舟南来当伏涨盛时径由安山戴庙姜庄渡黄而北历十八九缺口急溜奔涛之险始至八里庙待拦黄坝启以达张秋安山戴庙时患沙淤漕行或绕盐河至八里庙入运以达张秋口门或绕坡河至八里庙计程或百余里或数十里随时变更以利运总以八里庙为入运咽喉此铜瓦厢既决之后张秋以南之大概也山东运河以汶水为上源汶水南旺正当水脊即分水口南旺以北水恒不足黄水又挟北流之汶水以东去张秋以北之运河仅恃黄河旁溢之水为来源东阿阳谷聊城堂邑博平清平六县内之河道沙淤河高岁加挑浚犹必待黄水盛时方资浮送此张秋以北借黄济运之大概也济宁以南自台庄八闸至韩庄两岸河堤犹存而韩庄迤上有时宜绕微山昭阳南旺三湖者须候风以北行此又漕舟入东境运河之大概也江北运河亦称南河咸丰六年有小六堡之溃同治五年有清水潭之溃河略淤浅尚不至于胶舟高邮宝应一带西堤残缺湖河间有相连之处清口自黄河北徙顺清河已与中河口通船行无阻约而言之二千余里之运河变迁于三十年中者如是而河流改道挟汶东趋又为变迁之大者夫东境之河患不治则运道不能畅行虽近年河运漕粟不多而沿途之闸坝藉以修筑懋迁之货物藉以流通亦因时制宜计也然则河运顾可废乎哉

卷四十·漕运河道·大通河考

大通河旧名通会河又曰里漕河乃元至正二十九年春都水监郭守敬所开也源出昌平州白浮村神山泉西南会一亩马眼诸泉又经玉泉山东绕瓮山【今名万寿山】汇为七里泺东入都城又汇为积水潭南出玉河桥水门合南北城河经大通桥而东至通州高丽庄与白河会凡一百六十里一百四步每十里设一闸以免漕运陆挽之劳时漕舟可以直达城内之积水潭明永乐间诸闸犹存不以济运且以积水潭在禁城内漕舟既集不便停泊又分流入大内然后南出启闭蓄泄尤多未便故通会河渐淤嘉靖六年始浚大通桥起至通州城北之石坝凡四十里因地势高下修庆丰上下二闸平津上中下三闸又东为普济闸以蓄水国朝乾隆年间扩万寿山之西湖为昆明湖分水东注而大通河之上流益畅焉

卷四十·漕运河道·白河考

白河即北运河古沽水也亦日潞河源出宣化府赤城县之汤泉流经塞外入密云县之石塘岭过县西入通州

界其支流亦从石塘岭过怀柔县西顺义县东入通州东境合焉东南经漷县武清而入直沽凡三百六十里合卫河入海按直沽入海之地白河自北来卫河自南来丁字沽子牙河诸水自西来众川奔会白河又会潮榆桑干通会之水源高势峻有若建瓴每夏秋暴涨最易冲决明季从水部议挑通州至天津白河深四尺五寸所挑河土即筑堤两岸国朝康熙三十九年圣祖仁皇帝亲临阅视于武清县筐儿港建减水石坝开引河夹以长堤而注之塌河淀由贾家沽以入海杨村上下百余里河平堤固有御制碑文志其事康熙五十年以河西务工程紧要复开务城东至三里屯河长四百余丈雍正四年从怡贤亲王议拓筐儿港旧坝阔六十丈展引河改筑长堤七年疏浚贾家沽道坝门以下河水安流而河西务一带距坝稍远山水暴至又复漫溢世宗宪皇帝指授方略于河西务上流之青龙湾建坝四十丈开引河而注之七里海仍展开宁车沽河导七里海水而泄之北塘口上下分泄运道民生均获安谧云

卷四十·漕运河道·卫河考

卫河即南运河也源出河南卫辉府辉县之苏门山百门泉【泉在辉县城西北七里】经新乡县北过卫辉府东北入浚县及直隶大名境谓之白沟河【此南白沟河也与北白沟河异】淇水入焉本西汉时大河所经后汉建安时亦尝由此运漕隋大业中役丁夫百万引白沟为永济渠亦曰御河由南达北几二千里宋皇佑初河合永济渠仍为大河所经南渡后大河南徙而卫河如故金元以来皆漕运所经也今卫河由浚县经大名府东北流与屯氏河相接历山东东昌府馆陶县漳河合焉又东北流至临清州西与元人所开会通河合始为运道由临清州板闸至德州柘园计长三百五十里由柘园入直隶界经吴桥东光交河南皮沧州青县静海至天津又六百余里元初漕舟由黄河至封丘陆运百八十里由淇门入御河以达京师盖用卫河之全也今自临清始入卫河盖用卫河之半云前明于卫河开减水河二一在沧州南十五里一在故兴济县南以备卫河泛溢久而湮塞国朝雍正三年怡贤亲王奉命开减水河二河各建滚水石坝挑浚旧河分道入海卫河北至天津始无中路泛溢之虞矣

卷四十·漕运河道·会通河考

运河自济宁州之南阳镇北至临清州之板闸凡五百余里皆会通河也以其沿途置闸故又名曰闸河以其兼资汶泗洸沂诸泉水故又名曰泉河元初转漕之路自浙西入江淮由黄河至中湾登陆以至淇门复由卫河登舟以达燕京至元二十年以江淮水运不通命兵部尚书李粤鲁赤等自济宁州开河达于东平州之安民山凡一百五十余里北至奉符为一闸曰堽城以导汶水入洸东北自兖州为二闸曰金口曰黑风口以遏泗沂二水会洸合而出于济宁之会源闸【按会源闸即今之天井闸】分流南北南自任城至沽头【按任城即今济宁州沽头在沛县】其西北流者至安民山入清济故渎【按清济即今之大清河】经东阿至利津入海其后海口沙淤又从东阿舍舟陆运经二百里抵临清以下御河至元二十六年从寿张县尹韩仲晖太医院令边源之请复自安民山西南开河由寿张西北经东昌以至临清凡二百五十里引汶绝济直归漳卫名会通河明洪武初河决原武黑羊山漫过安山湖而会通河渐淤永乐九年因济宁州同知潘叔正言遣尚书宋礼疏浚会通河故道礼以会通之源必资汶水乃从汶上老人白英计于宁阳之北筑堽城坝以遏其入洸之流于坎河之西筑戴村坝以阻其入海之路使全汶西南流由黑马沟至汶上之南旺口分而为二北流抵临津者十之六南流达济宁者十之四【按今分口流北者十之三流南者十之七因地势北高南下故变焉】又浚沙河以益汶开汶上袁家口新河左徙二十里至寿张之沙湾以接旧河而会通河以复焉然河源之最微者莫如会通全资南旺蜀山安山马踏诸湖以为之储蓄诸湖水大则运河易冲决故坝以障其入诸湖水小则运河愈微故坝以障其出流驶而不积则涸故秋后则闭闸以待其盈春后则开之以济运闸之减水者谓之陡亹闸之蓄水者谓之涵洞沙淤之处则令近河各州县按里设夫以时其挑浚此治会通河之大略也

卷四十·漕运河道·新河考

新河者明河臣朱衡所开以避黄利运者也元时粮艘过淮由黄河行七百里至永乐九年会通河成其运道从黄河之榜栳湾经吕梁百步二洪出邳州城东北大浮桥历小浮桥至茶城乃为北接闸河之口又六十余里至沛县

之沽头闸又六十余里入鱼台县界嘉靖七年河决曹单入沛县之昭阳湖沙泥集壅运道大阻廷臣胡世凝等言宜于昭阳湖东岸滕沛鱼台邹县地方名独山新安社诸处别开一河南接留城【按留城在沽头闸南二十里】北接沙河口二处旧河所谓不与水争地也旋为异议所阻至嘉靖四十五年河决运阻工部尚书朱衡谓黄水难消惟此地形高土坚且河路径捷挽输更便乃加力开浚创利建珠梅夏镇柳庄四闸并砌马家桥石堤开东邵王家等河以泄沙薛两河之水其昭阳湖之积水复丈挑回回墓河以泻之由此运道由新河其河起南阳至夏镇一百十二里又接夏镇之留城三十余里然夏镇以南地逼于黄不胜黄水之灌于是李化龙等复议开泇河以避之故至今用为运道者惟自南阳迄夏镇焉

卷四十・漕运河道・泇河考

泇河者明河臣李化龙所开以避黄利运者也以东西两泇水得名东泇发源费县箕山经沂州卞庄而南西泇出峄县抱犊山东南流至三合村与东泇合又南合武河至邳州入泗谓之泇口明初运道经徐州吕梁二洪悬流水险隆庆初都御史翁大立屡请开泇自马家桥至邳州以避二洪之险因经费难筹而止万历二十一年汶泗泛滥堤溃运阻挑韩庄中心沟通彭河水道以入黄而泇口始辟其后二十五年河决黄移二洪告涸乃令河臣刘东星寻韩庄故道凿良城候迁闸及挑万庄由黄泥湾至宿迁董家口而泇脉始通至三十年河决沛县由昭阳湖穿夏镇横冲运道总河李化龙乃复请开泇行运自夏镇迄于董口绵亘二百六十里以避黄河三百六十里之险改李家港以避河淤开王市田家口以远湖险中凿郗山以展河渠建韩庄候迁顿庄丁庙万年德胜张庄等八闸以节宣水利漕臣杨一鹏复行修改避湾取直粮艘遄行尤为便捷河臣曹时聘大加展拓建坝遏沙修堤度纤而泇为坦途矣国朝乾隆二十三年于湖口闸迤北建滚水石坝水大则漫坝宣泄水小则收蓄济运漕运民田均资利赖

卷四十・漕运河道・中河皂河考

明代泇河既开自夏镇达于直河口不由徐以二洪避黄河之险者三百里后直河口塞改行董口国朝康熙六年董口复淤遂取道于骆马湖渡黄二百里复由汪洋湖面行四十里始得沟又二十里始至泇口第骆马湖本洼田也因明季黄水漫溢停积而成湖又易淤塞十八年前总河靳辅请于宿迁邑西北四十里皂河集因旧河形而通之南起皂河口北至温家沟筑堤四千八百丈又自温沟历窑湾计四十里建减水大坝三座以泄山泉暴涨其猫儿窝至唐宋山则堤之更于皂河以东挑支河一道历龙冈企路口以至张家庄出口是为张庄运口盖自皂河成而泇河之尾闾复通焉自清口以达张庄运口河道尚长二百里每遇风涛动多淹滞康熙二十六年复奉命于黄河北岸遥缕二堤之内加挑中河一道上接张庄运口下历桃清山安之地以达于海而于清口对岸清河县西仲家庄建大石闸一座粮艘一出清口即截流径渡由仲家庄直入中河北上至康熙二十七年而运道之历黄河者仅七里矣又开盐河一道自清河县起至安东潮河入海用泄异涨三十八年总河于成龙复于中河南岸挑新中河一道旋合两新河为一康熙四十二年圣驾巡视南河以仲庄闸口与清口相值仲庄水势冲激逼溜难行清口不得畅出谕总河张鹏翮改建运口于杨家庄起黄河岸至中河盐坝挑引河一道更筑南北堤岸建御示闸及花家盐坝自是清水畅流蓄泄有赖矣康熙六十一年又于中河北近泇河之地徐家口迤上改挑越河一道接彭家口行运雍正二年于徐家口胜羊山大王庙三处建立河清河定河成石坝三座五年建骆马湖侧之王家沟五孔石闸十年修骆马湖竹络坝水利今竹络坝堵闭黄河水无涓滴入运河者

卷四十一・漕运河道・淮安运河考

黄河发源昆仑历龙门孟津过淮安而入海淮河发源桐柏历颍州泗州亦过淮安而入海清口者淮黄交汇之区也洪泽湖者淮水潴汇之大泽也淮水通江为运道自春秋吴城邗沟始淮安西南隅筑高家堰自汉陈登始开沙河以避淮险自宋漕臣刘蟠始明永乐十四年陈瑄因沙河之旧凿清江浦引运艘由江入淮设河口闸新庄闸【即天妃闸】以时启闭自新庄而东因其高卑递为福兴清江移风等闸由府南淮阴驿而合于黄河又虑黄河涨溢南侵漕河于是堤黄河南岸四十里以防之又虑淮河涨溢北侵漕河于是加筑高家堰长二十六里以防之又于城东

北置仁义二坝以便运船入淮于城西北置礼智信三坝以便官民商船入淮所谓淮安五坝也其后景泰宏治隆庆年间屡淤屡修嘉靖年间废新庄闸改置通济闸于三里沟万历年间开草湾河以缓清口之冲并立板闸后潘季驯筑高家堰起新庄至越城长一万八百七十余丈堰成淮水复由清口会黄入海复奏迁通济闸于甘罗城南又改福兴闸于寿州厂适中之处移筑仁义二坝于天妃闸内开新河于府南窑湾至武家湾曰永济河置三闸以备清江浦之险黄河不复冲决运道安流至明末而闸坝之禁弛矣我朝修复旧规康熙年间就原基建福兴新庄板闸等闸又于清口筑坝以御洪流重运过完则闭霜降水落则开又虑官民船只难以守候乃修七里墩闸使洪泽湖水由此进口由新河文华寺入运口坝虽筑舟行如故嗣因河溃闸淤酌改运口于烂泥浅之上自新庄闸西南挑河一道至太平坝又从文华寺永济河头起挑引河一道南经七里闸复转而西南接太平坝俱达烂泥浅两渠并行以舒急溜而烂泥浅一河分其十之二以转运仍挟其十之八以射黄使运水出清口甚便而黄河不能内灌康熙二十二年以天妃闸水势湍急改为草坝另设七里太平二闸三十八年将清口之西坝台添挑水坝比东坝台加长包裹清口在内于洪泽湖水深之处开成直河使洪湖畅流于黄河湾曲直挑引河使各险所不得受冲并修筑归仁堤以防溃决四十年挑张福口引河导清水入运于张福裴家场之间开引河一道会诸引河水并力敌黄四十五年于高堰三坝之下各挑河筑堤束水入高邮诸湖又于文华寺建减水闸开浚引河分运河涨水由杨家庙等处入白马湖四十六年于蒋家坝开河建闸引水由人字河等处下江由下河等处入海五十七年于清口旧西坝接筑草坝一座以束清水雍正元年于清口东坝接筑大坝一座西坝加筑长二十四丈雍正四年加高高家堰土堤七年大修高家堰石堤移建天妃闸于二草坝下北岸堤内挑引河一道十年修筑龙王庙闸利济漕运乾隆二十七年圣驾南巡阅视清口命河臣以五坝长水尺寸定东西二坝之拆筑将洪泽湖水预行腾空俾伏秋汛涨有所容纳徐由张福口天然河张家庄裴家场天赐河烂泥浅三岔河七处引河合流下注三分入运七分敌黄河流安澜而下河州县岁庆有秋焉嘉庆八年酌增南河堵坝料价道光四年冬高家堰决口五年以修砌高堰甫成清水未畅借黄济运河道艰涩乃以盘坝接运蒇其事六年遵谕旨以苏松常镇太四府一州粮由海运各省之粮仍由河运七年遵旨全漕仍由河运以黄水未能低平御黄坝旋启复闭乃用倒塘济运于坝外筑塘引水灌满先开坝放船数百只入塘仍行堵坝俟船出塘后复开坝轮放运船数千只亦得次第渡黄俟将来沙退黄平清水畅出粮舟仍可驶行矣

卷四十一・漕运河道・高宝运河考

自清口引淮为清江浦至乌沙河汇管家白马二湖及宝应县槐角楼南诸河相接西抵泗州盱眙县界皆运道所经明洪武九年用老人柏丛桂策就湖外穿渠筑长堤南北四十里引水于内以便舟楫宣德七年平江伯陈瑄复筑诸湖长堤堤下皆置涵洞互相灌注成化间造高家潭等处石堤二十余里其南高邮邵伯等湖皆有石堤运船触堤往往撞坏宏治间户部侍郎白昂奏开复河以避其险曰康济河南北置闸以时启闭两岸甃以石嘉靖五年于泛光湖东傍堤开新河三十里遂弃康济河又宝应县至界首凡有沟河通注于海者造平水闸十座十年又于宝应湖东筑越堤长二十一里万历五年淮水由黄浦口决入石堤多坏七年修筑改建减水闸四座加高石闸九座宝应诸河堤岸相接十二年于石坝东傍堤开新河三十余里以避槐角楼一带之险曰洪济河国朝康熙十六年堵塞高邮州之清水潭更于湖中绕回开河一道改筑东西堤名曰永安河十九年再置滚水坝于高邮城南八里二十年增置高邮南北滚水坝前后凡八座创建宝应子婴沟高邮永平港南关八里铺柏家墩江都鳅鱼口减水坝共六座三十七年江都漫决运道阻滞三十九年从西岸绕挑越河一道下埽堵筑拦河两坝漕艘安行又大修运河堤岸筑永安界首及秤钩湾等处石工改五减水坝为四滚水坝挑人字河凤凰桥等处以泄高邵涨水由金湾入芒稻河注江挑虾须二沟以泄山宝诸水由泾涧二河入射阳湖归海四十一年建七里闸陆漫闸四十四年于高邮滚坝下各挑河筑堤由串场河归海四十八年修复黄浦双闸开放宣泄水入蚬由盐城马家荡入虾须沟五十八年修筑南关五里车逻三大坝雍正九年移建竹络坝于旧坝北首并挑引河入青荡湖由汜光湖入高邮湖

卷四十一・漕运河道・瓜仪运河考

春秋传吴城邗沟通江淮杜注谓自邗江【在今扬州】穿沟通射阳湖【在今淮安】为入淮运道此瓜仪运河

所由昉也宋时尝建三闸于仪征明洪武中即其地筑为坝永乐间海运既罢专行河运浙西之粟一百六十余万石由瓜洲坝以达于扬州上江及江西湖广之粟八十八万余石由仪征坝以达于扬州瓜仪洵运道之襟喉矣宏治元年始建东关罗泗二闸十二年复于滨江建拦潮闸潮长开闸放船潮退盘坝隆庆六年自时家洲以达花园港开渠六里有奇建瓜洲通江闸二座以免船只盘拨之苦万历五年于瓜洲开港坞以泊运船国朝康熙二十八年于仪征闸外江口北新洲挑旧河身直通四闸一切粮艘俱从沙漫洲转入新河口五十四年因江溜北徙将头闸堵闭挑绕城越河一道改为运口五十五年加筑瓜洲花园港越堤修砌绕城河岸石工以御大江冲刷五十七年又建花园港重堤于正人洲挑引河二道以煞江溜六十一年建筑花园港西丘家港挑土水坝二座雍正六年以瓜洲新改运口逼近城垣水势汹涌旧运口地势高敞河形亦宽复将所改之运口堵闭挑深旧有运河令粮艘仍由故道而行于闸外建筑夹坝二道榴河柴坝一道雍正八年以闸河水无关蓄淮流直注势若建瓴于瓜洲顶闸之上青运庵起至尤家碾止开挑越河一道建蓄水草坝于河上以利漕运

卷四十一·漕运河道·丹阳运河考

自六朝都建康凡三吴船避京江之险乃于丹阳凿运渎隋唐宋元诸朝屡加修治然自常州至丹阳河道淤浅岁费工力明正统初巡抚周忱经理运道于武进奔牛吕城设为闸坝俾漕艘由京口出江最称便利迨景泰间闸坝渐颓水道淤浅有议从蔡泾孟渎出江者因泊海洋舟多覆溺仍从周忱故道增置五闸国朝康熙四十七年在丹阳练湖造湖闸四座又修造丹徒京口老人二闸蓄水以济漕运

卷四十一·漕运河道·苏州运河考

自隋大业中将东巡会稽开余杭河至京口八百余里后代因之为转输之道此苏州运河所以通于浙也浙运由嘉兴府历王家泾北行至吴江县境之平望镇者曰南塘河由湖州府南浔镇东行经莺脰湖至平望镇而与南塘合者曰西塘河二河既合曰官塘河西北行四十里至吴江县城东又引而西北曰北塘河又二十里曰夹浦自吴江县三里桥至此水浅不及丈然南有震泽湖水势澎湃故夹浦桥屡建屡圮又北经苏州城西鲇鱼口太湖分流由蠡塘入之北至枫桥水不及丈又北则过常州府而至丹阳

卷四十一·漕运河道·浙江运河考

浙江运河之水发源于天目山【两峰顶各一池相对如目故名】而宣歙以东富阳以北支分干流众川为纬运河为经自宋淳熙时都临安【即杭州府】浚北郭务至镇江漕渠凡六百四十里今自北郭务至谢村为十二里洋为唐栖河水深阔德清之水入之又过北陆桥入石门过松老抵高新桥海宁支河通之绕石门城南转东北至小阳桥水浅时资挑浚东北石门桥北至皂林驿水深者及丈过永新入秀水界自赵桥镇至陆门镇河俱阔又北由嘉兴府城西转而北出杉青闸至王江泾镇阔六七丈不等深者至二丈许又北为平望镇湖州运艘由莺脰湖西出会之已入江南境矣

卷四十一·漕运河道·上江运道考

安庆府大江自小孤山汇彭泽浔阳而来经宿松望江下至府城东北流九十里经桐城县之枞阳口又四十里经池州府之青溪又四十里至梅根港江岸颇狭又东北二十里为大通驿又三十里经铜陵县城北又六十里为荻港驿其北岸为泥汊河又八十里为三山夹洲又三十里经鲁港至芜湖县又北二十里为东梁山其北岸为西梁山临江对峙所谓天门博望之险也又北四十里经采石矶亦名牛渚又北二十里经太平府城西又东北五十里经烈山入江宁府界又五十里至龙江关【在江宁府仪凤门外】又五十里至龙潭驿又东北五十里则抵仪征坝矣

卷四十一·漕运河道·江西运道考

江西之川莫大于赣水彭蠡湖浔阳江而漕运皆必经焉赣水合章贡而得名章水出湖广郴州自宜章县入江

西贡水出福建汀洲至赣州城北而与章水合渐流至南昌府运道由南昌府入赣江行一百二十里至昌邑又一百里入罂子口盖彭蠡湖周围四百五十里浸南昌饶州南康九江四郡之境其西北狭处在南昌南康二郡之界者谓之罂子口由罂口历左蠡至南康府六十里又六十里至大孤塘又五十里至九江之湖口县乃会于九江九江即浔阳江也又东北六十里经彭泽县自彭泽而东北凡百二十里至望江县之雷港口入江南界又东北二十里为东流县又东北九十里江之北岸即安庆府城以下运道与安庆府同

卷四十一·漕运河道·湖北运道考

汉水出于陕西之嶓冢东南流千余里江水出于四川之岷山东流二千余里会于夏口【即汉口】夏口之两岸即湖北武昌汉阳二府城也粮艘由武汉入江东折出汉口三十里曰青山矶又三十里为黄冈县之阳逻镇又八十里为团风镇又五十里经黄州城西对岸则武昌西山也又四十里经蕲水县之巴河又三十里为兰溪又四十里曰黄石港又三十里曰道士洑又五十里至蕲州城南又东南五十里至兴国州之富池驿其南岸即江西瑞昌县境由富池东南行六十里经广济县之龙平镇又东南十里经黄梅县之新开口镇又东南五十里即江西九江府城也自龙平至九江江边有路曰官牌夹若大水时由夹中行自龙平至九江不及五十里自九江城东行六十里至湖口县城北以下运道与江西至安庆道同

卷四十一·漕运河道·湖南运道考

湖南运道由湘水过洞庭湖由洞庭湖入江湘水出广西之海阳山至永州府始会潇水谓之潇湘过衡山北流至长沙府运船由长沙府城外入湘北行百二十里至湘阴县境又六十里至黄陵山过青草湖青草湖与洞庭相连洞庭即禹贡所谓九江也汉许慎谓合沅渐潕辰溆酉澧資湘九水东入于江故谓之九江洞庭湖围三百六十里南有青草湖围二百六十五里西有赤沙湖围百七十里当夏秋水泛则与洞庭为一故洞庭湖横七八百里由青草过洞庭一百六十里至岳阳府之荆江口始入于江又东七十余里至临湘县境又东百十里至嘉鱼县之石头驿【即赤壁山】又东北七十里至嘉鱼县城又东北九十里至簰头镇又九十里至金口驿又六十里经汉阳府城东北之大别山东折而北会于汉水即汉口也其东岸即武昌府焉以下运道与湖北同【以上新增修改共十八条】

卷四十一·漕运河道·汶河考

汶河水有数源一出新泰县宫山之下曰小汶河一出泰安州仙台岭一出莱芜县原山一出莱芜县寨子村俱至静封镇合流曰大汶河绕出徂莱山之阳而小汶来会至宁阳西北分而为二其一为元朝所改由堽城南流别为洸水其一由堽城西流会坎河诸泉入大清河由东阿而北至利津入海此故道也明永乐中开会通河乃于宁阳之北筑堽城坝阻汶入洸于东平州坎河之西筑戴村坝阻汶会济使其全流尽入汶上城北二十五里受泺澢诸泉谓之鲁沟又西南流会草桥河白马河鹅湖黑马沟至南旺入于漕以济运道

卷四十一·漕运河道·洸河考

洸河本汶河南出之支流出宁阳县堽城坝自坝下西南会诸泉水经滋阳入济宁州至洸河口会泗水绕州之城北经夏家桥分为二支北支入马场湖南支由会通桥入运河

卷四十一·漕运河道·泗河考

泗河源出泗水县东陪尾山四泉并发故名泗水循西流过卞庄城始合为一又西流至兖州府城东转南流经横河与沂水合元导之以济运乃于兖州府东门外作金口闸遏令东入府城又转南流为洸河以入济宁天津闸前明增修闸口夏秋水潦开闸泄水南流会沂水由港里河入师家庄闸河冬春水微闭闸遏水从府城出济宁入漕

卷四十一·漕运河道·沂河考

沂河源有二其一出曲阜县尼山西南流与泗水合分为二股一西流金口闸入天井一南流会泗水下师家庄闸河其一出沂水县会蒙阴沂水诸泉合流至邳州入淮当泇河未开之先邳州运道惟沂水是赖自泇河开而邳州之沂水遂导由骆马湖出董陈二沟以入于黄焉

卷四十一·漕运河道·徐吕二洪

徐州有二洪一以州名一以山名明初运行徐州大浮桥经徐吕二洪悬水三十仞历黄河险溜五百余里迨泇河开各省粮船俱不过洪惟徐寿二卫由之按徐州洪乃汴水泗水交会之处水中乱石巉岩与惊湍相激水性最急自开泇河运漕大浮桥淤垫夏镇迤南煞坝使泗水尽由泇河下注济运而昭阳微山诸湖之水由张孤山荆山口等处入彭家河归磘湾口运河济运而徐州洪水性遂平吕梁洪原系清水河自汴梁至徐州聚会泗水由吕洪而东下唐宋以前多有怪石船只经此最险及黄河南迁怪石虽沙淤无形而水性犹多急湍明成化间主事费瑄迭石为堤归水于洪吕梁之险十去五六国朝南岸有汰黄堤并小店工程北岸有群山围绕使水性顺而河流深徐寿二帮粮船由此南下历邳睢至宿迁入竹络坝骆马湖口北上而无患矣【按寿州卫后归并长淮卫为长淮三长淮四二帮轮兑徐粮自竹络坝堵后徐州江北帮及长淮轮兑之帮俱由(阳)[杨]庄口门入运运道险远迂回乾隆二十五年总漕杨锡绂奏准该二帮船只即以皂河为水次其应兑徐州米石用小船拨至皂河盘入军船永无险远之患以上旧纂五条录存备查】

卷四十一·漕运河道·河闸禁令

一凡内外显要官员多置船只纵容家人于漕运河道往来贸易奸棍假借名色恃强闯闸及钦差赴任官员额外私带货物者河道等官指名呈报河漕总督参处倘有徇情不报一并题参如已经呈报而总河总漕徇情不举事发一并治罪【载在会典】

一运官停泊漕船不听督催凌辱闸官责打闸夫及代去闸板泄水悮漕者革职究议【载在会典】

一凡运粮解送官物并官员商贾军民船只行到闸河旧例积水至六七板方许开闸放行即因公差遣亦不许违例开闸进解紧要者不在禁例顺治十三年题准自临清砖闸南至扬州瓜仪各闸查照旧例勒石禁约如有凌驾争挤擅开闸板走泄水利致漕船浅搁迟滞者总漕总河指实题参康熙三十五年钦奉谕旨遣官封闸必俟水满开闸著漕船行走虽奉差紧要事务如水不满亦不许开闸果有紧急由陆路行走内廷需用之物停其解送钦此

一台庄以北临清以南惟恃诸泉之水会流南旺济运而满汉官差船只每到闸口喝令起板积水既泄粮船不免浅搁应照例刊刻红牌竖立各闸除急差与紧急兵船暂让行走外其余船只一体遵守如有不遵河道总督据实题参【康熙二年】

一天妃闸自六月下旬至九月筑坝闭闸其余月分俱去坝用闸康熙七年经御史徐樾疏请仍照旧例工部议覆天妃闸若闭则里河干涸运船阻滞若仍复挑需用钱粮甚多空费民力以后不必闭闸

一漕船定有程限各处兵船行至闸河务随漕启闭行泊如有钮锁掀板任意争斗者该督指参该管官严加议处【康熙二十一年】

一通州至大通桥河道康熙三十五年奉旨准令民船贸易行走若遇粮船紧急之时贸易小船暂行禁止钦此

一自临清至天妃闸相距七八百里旧例每遇水浅一时尽封康熙四十五年钦奉谕旨从上流封闸蓄水俟水满后再开一闸放粮船过其它船只不许混放钦此

一康熙五十三年题准漕船守闸等候齐帮及山水涨发闸溜难行并撞沉抢修事出意外均耽时日即于单内注明免其查参

一南旺临清大挑及各处河官挑浚本境淤浅筑坝未开之前一切船只不许先期逼勒开坝贻悮工程康熙五十四年钦奉谕旨大挑动工之日一应往来船只概行禁止满洲兵船回空船只有恃强开坝者拿解究处钦此

一闸座启闭蓄例先放粮艘次及官商民船康熙五十四年钦奉谕旨河路民船往来辐辏粮船旗丁往往辽远

拦阻殊非便民之意以后遇漕运行时民船亦听其随空行走钦此一山东运河全赖众泉流蓄微山诸湖以济漕运康熙六十年钦奉谕旨不许民间偷截水泉其分水龙王庙闸座关系紧要宜斟酌启闭泄于南则闭北闸泄于北则闭南闸使湖泉并注南北合流钦此

一山东运河全赖诸湖蓄水以资灌注嗣因淤积附近居民或占成田地以致水小不能济运雍正元年奉旨严禁嗣后如有侵占查出将沿河该管地方各官指名题参如该上司徇庇隐匿将该管上司并督抚一并严加议处钦此

一卫河之水漕运攸关而沿河民田又藉灌溉偶遇夏秋水涸不无盗流之弊雍正二年命户部侍郎赵殿最等会看奏准在于馆陶临清二处各立一水则每岁豫省派委贤能之员会同山东管河道于漕船将抵临清之候将运河水势或系畅流平流涩流之处验看确实将百泉等处渠闸随时启闭该管河道加紧查察倘有私自启板及挖泄等弊即行详报督抚严拿究治官吏失察贿纵该督抚访实照例参革究治嗣因各泉水势强弱难必乾隆三年奏准不必立定水则总令河东二省河道上河卫河通判不时查勘水势情形相机启闭务使漕运民田两无所害

一卫河之水既济北漕运道兼溉辉县安阳河内三县民田旧例如雨水沾足之年于三月初用竹络装石横塞入河渠使水归小丹河入卫留涓涓之水溉地倘亢旱之年三月初一日起至五月十五日止三日放水济运一日塞口灌田其辉县之搠刀泉安阳县之万金渠亦一并相时塞闸通渠雍正二年题准小丹河辛勾口至清化镇并搠刀泉五闸及万金渠洹河二闸照官三民一之例于粮船攒行之期委官亲至水口秉公启闭雍正三年以卫河百泉洹河丹河之水三日济运一日灌田有名无实题定将百泉之水分作三渠中为官渠东西各开一渠为民渠万金渠口东南许民自筑石坝开一小渠一分灌田三分济运小丹河上下开寛秦董二渠口门分水灌溉堵塞河内分灌民田之十六口门俾小丹河之水尽入卫河济运庶运道民田两有裨益

一空重粮船务令衔尾停泊不许横截河心违者究治该管官稍有疏纵题参议处【雍正六年】

一漕船北上之先总河总漕按闸委员专司启闭兼稽查短纤人夫秉公约束如有仍前闹闸者该闸官呈报究治【雍正十年】

一山东闸河定例粮船盛行之时官商民船俱令随漕过闸如各闸闸官有越漕启板泄水悮漕者将该闸官咨部斥革外其该管厅员不行稽查以致悮漕者降一级留任如曲为回护徇隐不报者降三级调用仍照旧例将重运粮船盛行之时官民等船俱随漕打放不许逼勒开闸缘由颁发告示刊刻木板竖立各闸永远遵行【乾隆二年】

卷四十二·漕运河道·河闸禁令

一漕船纤夫中途患病沿河闸官及管河主簿巡检验看明白拨夫送至普济堂如隔普济堂寫远者暂送附近庵观官给口粮调养病痊令回本籍或病重难救先问姓名死后殓埋义塚【乾隆二年】

一东省运河各闸沿河镇道文武员弁催儹漕船如遇春夏水微之时务遵漕规启闭如上下会牌已到而闸官尚未启板一面暂令开闸放船详报总河总漕查参如会牌未到不得逼勒启板其会牌亦不得稽迟如河水充足相机启闭以速漕运总不得两闸齐开过泄水势【乾隆二年】

一里河五闸向于漕务竣后开闸放水挖修堤岸乾隆二年奏准于每年霜降后启板放水各闸板留四五块俾小民得拉拽冰床便于行旅一五闸运河乾隆四年奏准于春初令庆丰等闸闸官于沿河一带堤旁率令闸夫栽种柳树以固堤根

一江都三汊河为瓜仪二河口门而瓜洲地势卑下淮水分入瓜河之数常多分入仪河之数常少以致仪河水缓沙停不能刷深乾隆六年奏准将三汊河入瓜洲旧口门闸坝堵闭于洋子桥营房迤下另挑越河以减淮水直入瓜河分数俾仪河得以制深济运又将瓜洲广惠闸上之旧越河堵闭另于闸下开挑越河以俾水势均平

一大通等闸每逢秋令水旺之际俱各严闭蓄水以济漕运【乾隆十四年】

一东省运河修垫纤路整理闸座加修民埝挑浚淤浅乾隆二十二年经总漕杨锡绂奏准一豫东二省黄河滩地民间租种恐水漫被淹增筑私埝河身渐逼一遇汛水涨发易于冲溃地方官严行查禁不许再行培筑以碍河防【乾隆二十三年】

一乾隆二十三年总督尹继善奏请重运过后将骆马湖尾闾早行开放使湖面腾空以待汛水奉旨准行并令

勒石湖滨永远遵守

一内河拨运仓粮之际向例不准商船行运乾隆二十五年奏准如有米粮杂货装载进城者仍听其用小船拨运分岸行走其有搀越漕运大船阻碍纤道者听沿途催漕官兵管束

一高邮州等处减水闸坝概行堵塞恐妨运河仍照旧于四六两月随时启闭【乾隆二十八年】

一骆马湖之王家沟柳园头两闸向例必俟江广船到始行开放乾隆三十年奏准嗣后水小之年江浙船至则开柳园头闸江广船至则开王家沟闸以济运行如江浙船至河水足用即柳园头闸亦可毋庸开放倘运河水小即王家沟闸亦可并开毋庸过于拘泥二闸未经设有闸官嗣后应将闸务即令宿迁县县丞经管每年重运经临常川住闸看守仍令该管厅营随时酌量需水尺寸以定启板多少绳索器具交该县丞收管以专责成

一高平闸关全河水势若不定以启闭之期恐重运遄行卫河需水有费周章乾隆三十九年奏准于每年四月初五日起五月十五日止将高平闸下板堵闭俾洹河全流归卫济运过此悉听民便于漕运民田均有裨益

一山东泇河厅所管河道与江境接壤为入东门户境内有微山一湖宣节机宜最为紧要嘉庆十四年专管同知李大业于所管微山湖存水七尺二寸计可放之水仅存二寸有余该厅未经预为筹及先行移知该县备办拨船毫无设施以致每一帮入境行走两三月之久由河东河道总督参奏奉旨将玩视漕运之泇河同知李大业革职仍留于该省帮办湖工及应用拨船等事宜如漕船无悮再由该督奏明准其开复钦此

一宿迁县境内之骆马湖上承东省蒙沂各山泉之水每年秋冬潴蓄次年由沿湖之王柳二闸及驻车头竹篓坝口门启放入运仅能宣济宿迁以下运河其邳泛上游即不能得其利定制存水至一丈九尺以外即将该湖之尾闾五坝启放由六塘河归海以泄盛涨乾隆五十年大学士公阿桂等奏准湖内滩地恐愚民开垦有盗决堤堰之事严行禁止耕种不准藉名升科侵占嘉庆十五年漕运总督许兆椿奏明骆马湖济运引渠日渐淤高钦奉上谕著该河督会同该督抚派委明干大员妥为清理其垦种已久无碍河渠者可仍循其旧如有私垦湖滩致妨水道者严行禁止等因钦此

一嘉庆二十二年经御史卢浙奏准江南山东运河一带闸坝重叠漕船经行提溜打闸必须添雇人夫责成闸官专司其事所有漕委员弁一概不许干预如闸官有浮设官缆多索夫价者查出严参

卷四十二·漕运河道·修建闸坝

一八闸之内得胜闸至张庄闸系十二里直河水难停蓄易致浅阻雍正二年议准于六里石地方草坝处所建石闸一座比闸顶矮六尺水小则收蓄大则听其漫顶顺流

一雍正二年于邳州黄林庄以至三汊河建立河清河定河成三闸蓄水济运

一汶上县新河头系马踏湖入河济运之处雍正三年题准将土坝改建石闸启闭

一河南漕粮自卫辉北行经汲浚内黄汤阴等处溜沙石冈不能建闸蓄水向遇重运入境或派人夫纤挽或用小船拨载雍正二年题准令地方官相度地宜水势于浅涩处所每年建筑草坝束水浮舟其余淤浅胶泥并设浅夫临期刨挖及时疏浚

一宿迁之竹络坝外临黄河内临运河系康熙二十八年挑浚中河告成之后河臣王新命请建竹络坝一道以备黄湖涨溢清水弱则引黄以济不足黄水盛则分黄以泄有余康熙三十五年黄水盛涨将坝冲卸题请堵筑未竣康熙三十九年河臣张鹏翩复请堵筑以御黄流因旋闭旋冲亦未竣事嗣于雍正初年黄河大溜北徙刷走外滩直逼竹络坝口门河臣齐苏勒于竹络坝外建筑箝口汰黄等坝挑溜南趋从倒勾河引黄入竹络坝下达运河徐州两帮空重漕船虽均由此经行然汛流急湍盛涨则啮缺堤岸流缓则淤淀河身乾隆六年倒勾河身渐淤外滩日塌河臣高斌在于竹络坝支河临黄入运之处建筑临黄临运二坝相时启闭徐属漕船不复从此经行乾隆十四年督臣黄廷桂以竹络坝甚近黄河高于运河五尺有余大汛陡涨奔腾而入转有冲击运河之患请将竹络坝外所挑支河坚固堵塞徐属两帮漕船由杨家庄转口入运此坝若常时启放则大汛之时黄水奔腾而入甚有妨于运道未便常时开放设遇骆马湖盛涨水面高于黄河应暂时启放以资分泄或遇运河水势过小黄河又非盛涨之时应暂行开坝设法引黄济运

一淮扬运河自清口至瓜洲计程三百余里关系漕运民田最为紧要只缘日久沙淤河底高浅乾隆元年奏准

大加挑浚定以水深一丈五尺为准又因洪湖水高运河水下恐致异涨难御议于运口之天妃正越两闸之下各建草坝三座草坝之下再建正石闸二座越河石闸二座于所建二闸尾各建草坝三座关锁水势以御洪湖之异涨以减运河之水势所建闸坝以时启闭以济漕运其山阳盱眙尾闾之天然南北二坝非异涨不许轻开

一清口内向只有天妃正越二闸乾隆六年总河高斌奏准于天妃正越两闸之下各建草坝三座草坝之下再建正石闸二座越河石闸二座于所建二闸尾各建草坝三座

一安定门外东角楼回龙闸钦奉谕旨拆去其堤岸危险处所须签八桩苇加高培厚以保无虞改筑事宜仍归坐粮厅管理【乾隆十七年】

一沂河之水正流直达骆马湖旁流由芦口坝迤下分注沙家徐塘二口入运从前口门宽至一百余丈邳境民田多被淹浸乾隆二十年将石坝裹头接长留口门三十丈坝底填以碎石于是沂水多半归湖济运者少乾隆三十年奏准嗣后运河水小之年应将坝底碎石刨开五丈并于坝南河中修做草坝拦截沂河之水悉由沙家徐塘二口济运并将此坝责成运河厅营修守地方官一同照料

一里河减水等闸如有损坏汕刷俱动茶果银两修理

一乾隆二十二年钦奉谕旨以运河连年漫溢钦派大员会同河臣督理挑浚经总河张师载等会奏山东八闸庙添建滚水坝并将徒骇河头之龙湾马颊河头之魏湾老黄河头之四女寺各滚坝落低七尺以导其北注开伊家河以畅其南流俾运河水势寸长寸消自无异涨之虞

一乾隆二十三年总河张师载奏准山东运河湖口闸迤北添建滚水石坝一座水大则漫坝宣泄水小则收蓄济运

一微山湖湖口闸迤北乾隆二十三年奏准添建滚水坝口门宽三十丈其坝脊照湖口闸金门水深一丈二尺五寸为度水大则漫坝宣泄水小则收蓄济运二十三年又奏明将坝脊落低二尺五寸以湖口闸水深一丈为度

一山东彭口之下蒋家集地方乾隆二十三年奏准添建石闸一座其该管闸官即以夏镇闸官改为腾沛闸闸官将彭口新闸归并管理

一山东八里庙地方乾隆二十三年奏准添建滚水石坝以泄汶河异涨

一山东彭口地方乾隆二十三年奏准建闸一座归夏镇闸官兼管闸夫二十名于六里石越河拨用

一乾隆二十四年奏准于张秋镇以南之八里庙建滚水石坝以泄汶河异涨

一乾隆二十五年总河张师载奏准将蜀山湖金线闸移上十余里建在柳林闸之北

一万年闸闸底过高金门不正水势险峻船只纤挽动多损坏乾隆二十八年奏准拆修将闸底落低金门取正比旧加宽

一韩荘湖口闸以北乾隆二十九年奏准添建石坝一座名曰湖口双闸以畅泄微山湖水

一微山湖蓄水一丈则五六月间八闸底水只存二尺六七寸重运帮船难以遄行乾隆三十年奏准将湖口闸以北之滚坝内矶心每孔安砌石槽设立板片如水小之年加板拦束多收一尺设遇阴雨连绵水势日增即将板片起除俾得及时畅泄至八闸凡有新经淤垫沙泥尽力估挑务至旧时河底而止至于各处支河出水之口小梁山内华山蔺家山伊家河等处俱低于滚坝所有各处水日应悉堵塞一俟应行宣泄之时立行启闭其添设滚坝石槽闸板及疏浚八闸所需银两即在运河节省项下通融办理毋庸另议支给

一豫省由家楼漫水由昭阳南阳等湖之西南注以致湖中清水涌高济宁以南一带临湖堤堰多被淹没乾隆四十七年正月河东总河韩鑅查奏堤工纤路久被浸泡兼之风浪鼓荡恐难一律完整而重运入境为时不远自应预为筹办查东岸向不行纤应俟水势稍涸再行修理其西岸纤道除已露出可以通纤者量为垫平其虽已显露出水仅数寸及尺许并窄狭不便行走者亦应量加镶垫以资纤挽至尚未显露段落择其水浅之处酌用草土垫筑高出水面二三尺旁用扫由挡护其水深断缺之处测量宽窄浅深或签桩架木搭桥或用船只摆纤务令粮船通行无稍迟悮

一乾隆四十九年钦奉上谕山东运河官民堤埝土石各工一律兴修共享银五十三万九千四百余两今因例价不敷加用津贴银五十三万余两据该抚明兴奏请分年捐廉归款无庸按例摊征等语黄运两河间遇紧要工程采办物料雇募人夫官发例价本属优厚即或因物料昂贵限期稍紧一时难以取给于例价之外复有津贴不过加

至十分之二三至多亦不过十分之五尽足敷用况运河堤岸工程尤非若豫省之堵筑坝工可比加价银两何以较正价增至一倍恐其中不无藉端分润之弊但朕轸念群黎如河南江南等省一切河务关系民生者不惜数千百万帑金兴工修筑以期永资捍卫又何靳此数十万津贴银两致官民竭蹶耶所有此次东省运河津贴银五十三万余两加恩准其一体作正开销以示朕惠爱黎元有加无已之至意钦此

一乾隆五十年钦奉上谕今年漕船迟逾因萨载李奉翰于挑浚运中河时不早建闸座以致水无拦蓄宣泄过多乃伊等覆奏折内尚称漕船渡黄较上年迟早相仿并称八闸不能逐日启放重运不能迅速遄行似欲诿过于上游而于不预建闸座之处并无一语引咎传旨严行申饬至漕运为天庾正供所关匪细况京师众人所用南货俱附粮艘装载带京总以催令抵通多到一帮于国计民生均得其益萨载李奉翰当上紧捞挖催攒毓奇目击情形徒急无益惟当会同悉心筹画上紧催攒并著兰第锡明兴一体督饬沿河员弁迅速攒行即使全漕不能尽数抵通亦必须催令一半到通起卸或得十分之三四况山东安徽淮北各省截留漕粮已有数十万石漕船较少河道不致拥挤该督等务须遵照所降谕旨妥速办理钦此旋据两江总督萨载等覆奏漕船渡黄以后邳宿运河水浅行走维艰其致浅之由因添建闸座未能及早完工藉资束水之故所用添建两闸连开挑月河原估工料银两于萨载李奉翰名下各赔银二万两其余一万七百二十两零著落督办闸工之淮徐道刘锡嘏分赔

一乾隆五十年奉上谕萨载李奉翰于清口东西坝不能及早收束以致运道浅阻已降旨将萨载李奉翰交部严加议处第部议不过革任现在任使乏人亦不即予罢斥仍可从宽留任伊等益无顾忌不知儆戒萨载李奉翰竟毋庸交部议处著照从前内外大臣降职之例俱降为三品顶带以示惩儆而观后效闵鹗元于无锡一带干涸已久并未专折具奏直至事难掩饰始于陈奏事件折内带叙数语且所称农民昕夕车戽以致浅阻亦属非是该处农田被旱戽水灌溉原所不禁但灌田固所以为民济运亦关系紧要地方官不可不为之酌立限制该抚身任封圻竟视同膜外亦属咎无可诿闵鹗元著交部议处钦此

一嘉庆二年通会河水势骤长平下闸汕刷漫口钦奉上谕准其动项兴修事竣后照例分别应赔应销至冲刷漫口因雨后水涨尚非启板不时所致所有该道等处分著加恩宽免钦此

一江南境内运河自黄林庄交界至杨庄运口计程四百余里内宿迁县境之皂河以下堤岸本高虽漫水下注而分泄之路较多漕船易于纤挽惟自邳州境至猫儿窝以上向无纤堤每逢伏秋水涨船只经行河泓莫辨应创筑纤堤收束水势以为久远之计其水口宽深之处拨船济渡以通纤挽并于邵家水口至何家口一带河流散漫之处筑做草坝约拦水势逼刷河泓重运北上时即可藉通纤挽【嘉庆二年】

一扬州仪征县境内通济罗泗二闸年久塌损照旧估修至兴修时盐漕船只暂由瓜洲行走不致阻碍停滞【嘉庆四年】

一通惠河为运漕入京要道所有减水闸一座及滚水坝一座并平下闸普济闸如有坍塌残坏准其动支通济库杂税银两修理【嘉庆二年五年六年】

一嘉庆六年通惠河水势骤长平上平下普济等闸暨王相公荘堤岸漫口冲坏重船所有漂没亏折米石仓场奏明责令该船经纪赔补损坏船只责令赔修漫溢堤岸汕刷数处动项抢修河工疏防各员交部分别察议等因奉旨此项沈失米石系因连日骤雨河水陡长船身冲撞闸座猝不及防尚非疏玩所致所有未经抢获米二百一十八石著加恩免其赔补余依议钦此

一江境邳宿运河上承东省八闸地势建瓴河流易于泄泻乾隆五十年于河清河定河成三闸之外添建利运亨济二闸复于乾隆五十二年添建汇泽潆流二闸节节擎束利运亨济两闸系另挑新河建闸即以旧河为越河汇泽潆流两闸先挑越河行船就正河建闸亨济一闸地势平衍未能得力不久旋即废弃嗣因丰工曹工节次漫水下注各闸闸门淤垫嘉庆八年先将汇泽闸挑通嘉庆十年复将潆流闸修复加高嘉庆十五年奏明将利运闸挑复闸塘河身大加挑展宽深并筑坝堵截越河

一江南邳宿运河路长闸少不能蓄水每年粮艘经过节节阻浅动须起拨嘉庆十八年特降谕旨交两江总督等察看情形或添建二闸或添建四闸俾资擎蓄嗣据漕督奏准于汇泽闸上下猫儿窝窑湾一带地方择其扼要处所添建二闸以利漕运

一嘉庆二十年奉上谕给事中卓秉恬陈奏河湖事宜一折其所称拦河大坝宜早堵筑启放湖水宜加撙节并

禁启通漕添补闸板各条内有李鸿宾已经试办于前者著河督将所奏各条详悉酌核如果于湖河漕运实有裨益会同漕运总督妥协办理该给事中原折著钞寄阅看将此谕令知之钦此嗣据河东河道总督将陈奏事宜逐条酌核开列于后一拦河大坝宜岁加修筑查微山等湖水少之年自须于夏秋山水涨发时收水入湖方能畅足应于重运甫竣即赶筑拦河大坝豫筹潴蓄若重运全竣后湖水渐符定志或所短有限计各单闸水口所进之水可期收足似宜斟酌变通从缓堵办

一湖水毋得任意启放向例启放湖口坝畅放三昼夜铺灌邳宿长沙之后俟帮船到境再量启湖口闸水板接济头进放水二尺四寸二进放水三尺二寸三进放水不得过四尺本属多寡适中宜节兼顾方能递年无亏自应酌定宣放湖水尺寸章程永行遵办

一禁启通漕以节湖水查各处闸座专藉收水入湖即因山水涨发水势猛骤恐致闸板鼓裂只须酌启水面上板数层以资分泄仍留下半板块不使全往南注方为妥善自应永禁通漕以裕潴蓄

一严密闸板以便节宣查闸座板块拦蓄水势应专责运河道于每年冬春二季重运未入境前空运出境后督令厅员一律添补齐全毋致短缺

以上四条详悉酌核等因奉朱批依议速行钦此

卷四十三·漕运河道·卫河挑浚

【按卫河一切闸堰蓄泄济运灌田以及束坝疏浚原委情形因时调剂俱有酌定章程谨将历年奏议各条挨顺年月录叙全载以备稽考】

一卫河之水来自丹河洹河及搠刀泉等处建闸开渠筑堰居民藉以溉田漕船赖以济运顺治五年河臣杨方兴题定每年二三月间听民用水四月以后即将闸板尽启封贮渠口堵塞俟运务完日听民自便康熙二十三年河臣靳辅以天久亢旱居民私泄灌田下注甚少请令该管官速启闸板尽堵渠口不致旁泄以济漕运奉旨漕运民田均关紧要何以使卫水可济漕运兼不悞民田灌溉著督抚会同确议具奏钦此嗣据覆奏河内辉安三县农务在三四月粮船抵临约在五月请每年自五月初一日起将闸板封贮尽启渠口毋致旁泄俟漕船过竣再行分泄以资民田康熙二十九年河臣王新命亲往查勘至河内县细阅丹河发源太行山至丹河口分渠九道大丹一河直归怀沁河其余六渠民间引水种竹溉地约计一千四百余顷只小丹河上秦河二渠灌溉所余之水通卫谕令所在士民于每岁三月初用竹络装石横塞入河渠使水归小丹河入卫济漕留涓涓之水溉地至五月尽重运过完则开入河渠用竹络装石塞小丹河口以防山水漫溢士民咸为称便其小丹河若有浅阻责令印河官量为疏浚至辉县搠刀泉在县西北五里苏门山下约二十余亩泉珠上涌难以数计民间设立五闸蓄水灌田约三百顷往例于五月初一日封板放水济运惟是五月正农人需水之时闭板始可通渠灌田启板则各渠立涸应亦用竹络量渠口之高下堵塞使渠水常盈而余流济运其万金渠出自彰德府安阳县西南六十里善村山下约二十余里至高平村昔人建闸开渠引水溉田地百顷仍由彰德府东北五里许入安阳河其闸门高不过三尺宽不过一丈一启板渠即断流亦应照五闸之法用竹络装石堵塞再令重运俱由中河北上较昔甚早五月封板之议应行停止部议行令会同河南巡抚作速详确定议具题嗣经河南巡抚兼河道总督王新命题准丹河之源发自晋省高平界穿太行直入沁河合流而入黄河此河源与漕运无涉亦无大小丹河之名后因河之东西两岸百姓见此洪流可以引灌田地乃开渠引水灌田浇竹除灌田小渠之外又开大渠一道由河内武陟修武获嘉等县直达卫河归于临清运河济漕始有大丹河小丹河之名也前议每岁三月初用竹络装石横塞入河渠使水归小丹河入卫以济漕留涓涓之水以溉地此议诚为可行但雨泽沾足河流充溢漕运民田均不恃此水如遇天道亢旱漕运民田皆需此水似此涓涓细流渠深田高焉能灌溉查现今重运不由黄河俱由中河北上较昔甚早如雨水匀足之时照河臣所议用竹络装石塞口之法济运灌田倘遇亢旱之时请于每年三月初一日起至五月十五日止令其三日放水济漕一日下板塞口灌田周而复始至五月十五日以后听民便用其武陟修武获嘉各县境内小丹河经由之处百姓田地俱望引水灌溉亦应用竹络装石塞口之法如遇亢旱并照三日济运一日灌田之例而行若中有浅阻之处责令印河各官量为挑浚再查卫辉府属辉县搠刀泉亦应照河臣所议用竹络装石量渠口高下堵塞使泉水直流不竭以济漕运所余之水得以灌溉民田至彰德府安阳县万金渠乃系引洹河之水而灌民田者该县西南东三面地亩资其灌溉故名其渠曰万金此

渠水自新曲沟旧曲沟旧北渠旧南渠永河集渠等处用水各村庄灌田之后仍由县东北五里许归入安阳洹河畅流入卫以济漕运亦应照河臣所议用竹络装石塞闸通渠以便民漕雍正二年副总河嵇曾筠奏小丹河上自辛勾口至河内县清化镇二十里内有水口二十余处向系竹络装石阻截灌园留涓涓之水以济运辉县搠刀泉亦设有仁义礼智信五副经前河臣王新命题明三日放水济漕一日塞日灌田其安阳县之万金渠及洹河昔人建闸开渠引水灌地亦照官三民一之法通漕便民向有成例但日久弊生每有守口之夫伙同堰长奸民违禁卖水以致运河浅涩应请于回空赴兑漕运攒行之期严饬各该管县丞主簿亲至水口秉公启闭将水势情形五日一报仍严责管河同知通判往来督理稽查如有淤塞会同印官不时疏浚如有通同卖水阻运情弊严加治罪部议覆准雍正三年内阁学士何国宗奏豫省卫河自百泉而下历仁义礼智信五闸遇水旁注愚民不无截流盗水之弊请于泉池南口建石堰一道开三口门分为三渠以下五闸尽行拆去取挖河之土建筑小堤使无旁泄东西各开一渠内照旧各建五闸分灌民田小丹河口东一里开一水塘建石闸三座分为三渠就小丹河身为渠东西各开一渠为民渠需民田七十九亩二分向民价买挑挖洹河旧有石坝两头皆已湮废民间自筑土坝遏水灌田请将旧石闸拆去十五丈留五丈为挑水坝以上三河每河各设闸夫八名责成管河道同知通判县丞主簿等官不时稽查如有盗塞官渠壅水自利者以偷盗仓库钱粮例治罪河官通同作弊者以监守自盗例治罪印官以失察例治罪至于诸河泉各开深广使其入卫通流再小丹河自清化镇以上除旧河身量开宽二尺挑深三尺清化镇以下浅隘之处连旧河身面开宽三丈五尺底开宽一丈深一丈取挑河之土建筑小堤使无旁泄一律深通豫省漕粮冬兑冬开正值水涸之际不免浅阻应仍照旧例沿途建立草坝蓄水济运遇有流沙停淤照常挑挖深通奉旨何国宗奏运河情形甚为明晰但督理工程委之地方官恐其因循迟悞若特差官员前往又恐呼应不灵且不得其人反滋烦扰朕意欲将沿河有应修工程之州县俱著拣选贤能之员补用果能实心任事朕自加恩议叙如此于地方工程均有裨益著九卿速议具奏钦此九卿遵旨议覆令总河副总河河南巡抚转饬谙练河务之员逐一查明妥议务于河道民生两有裨益并将应建应筑草坝工料银两据实确估造册具题到日再议至奏折内称盗塞官渠壅水自利者以偷盗仓库钱粮例治罪河官通同作弊者以监守自盗例治罪印官以失察例治罪但偷盗仓库钱粮及监守自盗系按钱粮多寡计赃论罪今水之多寡难以核定不便照偷盗仓库钱粮及监守自盗例治罪查律内故决盗决山东江南等处漕河为首之人发附近卫所充军其闸官人等盗泄水利串同取财犯该徒罪以上照前问遣嗣后倘有盗水官渠壅水自利及河官通同作弊者俱照此例治罪印官照失察例议处雍正三年部议覆准河南漕粮自卫辉北行经汲浚内黄汤阴等处溜沙石冈不能建闸蓄水向遇重运入境或派人夫纤挽或拘小船拨运嗣后应令地方官相度地宜水势于浅涩处所每年建筑草坝蓄水浮舟其余淤浅胶泥并设浅夫临期刨挖及时疏浚雍正四年内阁学士何国宗等备陈豫省河道奉旨著九卿会议具奏河图并发其河南小丹河一件何国宗等与田文镜嵇曾筠两议具奏何国宗等乃一已之见田文镜嵇曾筠身在地方所见自然明确著照田文镜嵇曾筠所议行钦此九卿议覆内阁学士何国宗等奏称河南百泉洹河丹河之水小民之资其利者已非一日每三日济运一日灌田之旧制实系有名无实查百泉之水原议分作三渠中为官渠东西各开一渠为民渠东口门宽四尺四寸西口门宽三尺六寸今议将东民渠口门加宽一尺一寸西民渠口门加宽九寸则小民灌溉有资而亦无损于漕运再查洹河万金渠口外有石坝一道上年水势泛溢只露坝顶二十丈故臣等议将石坝拆去十五丈留五丈迎水入渠今水消落坝南一带淤成沙滩滩之东南有石桥一座请将东头第一洞处许民自架石子坝北接沙滩沙滩之东南开小渠一道引水入渠其西三十三洞尽行疏浚则石坝毋庸再拆而洹河之水自可一分灌田三分济运应如所议行令副总河嵇曾筠河抚田文镜作速兴修又阁学何国宗等奏称查小丹河之水直注大丹河入沁斗门在山麓之旁地方高阜每年作坝方能引水入闸且斗门高一丈二尺现在水深一尺七寸有过水一道皆用石垒砌名为斗门实同涵洞又设重板添设闸夫以司启闭今细心筹画原议斗门加宽一丈六尺下分三渠之处尚属利漕便民相应仍照原议又据副总河嵇曾筠奏称小丹河面宽三丈七尺其石斗门宽一丈零四寸诚恐山水暴涨进水过多今若再拆造加宽不免水势过大一当大雨骤降之时山水建瓴直下一时泄泻不及非惟清化镇一带尽为巨浸而河内修武以下均不免水患今查小丹河之水有秦渠一道小丹河之下有董下渠一道议将秦渠口门量为开宽使小丹河内东渠七水口之田俱由秦渠分水灌溉其董下渠口门亦量为开宽再于迤南开挖新渠二百零七丈以接前渠使小丹河内西渠九水口之田俱由董下渠分水灌溉两渠各建分水渠口一个其东西两渠仍照钦差会议各开一渠计长二十二里各宽六尺需民田七十八亩

三分向民价买挑挖至小丹河闸口仍照旧不动而小丹河内东西分灌民田之十六口门并皆堵塞俾小丹河之水尽入卫河济运于漕船更有裨益经部议覆将小丹河闸口照旧不动惟开宽秦董二渠口门堵塞小丹河内分灌民田之十六口门应令该抚并副总河作速估计开挖乾隆二年工部侍郎赵殿最等勘视请于馆陶立一水则以验彰卫之浅深临清立一水则验汶卫之浅深每岁豫省遣员勘实如果东省运河畅流之年应酌议通融便民再如临清以北重运已过不必拘定五六七月即宜将官用余润波及群生请于百泉官渠口门内再制一层闸板将官闸上板小丹河原有石闸亦将官闸上板使水分济东西民渠洹河东石洞之外再酌予数洞以济灌溉如东省运河平流之年及临清以北重运未过之日则将百泉小丹河官闸悉行撤开济运洹河石洞之外不许再增如东省运河涩流之年除百泉官闸去板外再于东西民闸酌议轮流启板济运洹河东石洞之内再酌量封禁小丹河东西民渠亦应堵塞其口但藉此汲飲未便封闭其上有竹络坝一处亦应免其封闭至漕船回空即或遇有浅阻饬令山东管河道测量水则飞檄豫省酌议启板至东省畅流平流涩流之年俱视水则记号为准其期则俟漕船将抵临清之候为率部议应如所奏在于馆陶临清二处各立一水则每岁豫省派委贤能之员会同山东管河道于漕船将抵临清之际将运河水势或系畅流平流涩流之处验看确实以便将百泉等处渠闸随时启闭庶蓄泄得宜于漕运民田均有裨益至漕运需水之时该管河道尤当加谨查察倘有私自启板及挑挖等弊即行详报该督抚严拿治罪官吏失察贿纵该督抚访查确实亦即照例参革究治乾隆三年河道总督白钟山疏称侍郎赵殿最等原奏馆陶临清立一水则以为平准惟查水则之浅深可定泉源之强弱难必卫河水势情形大约漕船将抵临清之候正在三四五月其时天晴日燥源微流弱涩流居多平流殊少畅流则数年不能一遇以臣愚见水则竟可不立如雨水调匀之年运河水势尚可足用即将百泉等处渠闸照旧官民分用如遇雨泽愆期河水浅涩则将民渠民闸酌量暂闭以济漕运若遇重运经临之时河水充畅或漕船早过临清民田尚需灌溉则官渠官闸亦即酌量下板紧闭以灌民田总令东省管河道及上河通判豫省河北道及卫河通判不时查看水势彼此关照相机启闭务使漕运民田两利无害工部覆准遵行乾隆二十四年总漕杨锡绂因重运已出临清卫河水涩行走维艰奏请令河南抚臣疏浚泉源酌闭民渠全启官闸以利运行经河抚胡宝瑔奏请将民间渠闸全行堵闭奉上谕据胡宝瑔奏将卫河民间渠闸洞口全行堵闭俾河流归注下流以济漕运俟正流充足再行照例分启等语现在漕艘已过济宁正资卫水浮送蓄水济运固属因时酌办之法但豫省河南各属得雨已经充足其河北一带虽节次得雨数寸民间尚不无需水灌田之处若将渠闸洞口全行堵闭恐农民不能接济亦关紧要著传谕张师载杨锡绂胡宝瑔等公同酌量但使漕艘自临清以北足以资送天津不致浅阻则民间渠洞亦须酌为开放俾畅正流以济运而旁分余水以润田总在该督抚等彼此咨会审度水势情形妥协调剂一面办理一面奏闻务使漕运民田均有裨益钦此嗣经会奏将封闭之民渠民闸三日之内闭两日以济运开一日以灌田俟尾帮全过德州即飞咨豫省全启如先得大雨卫河增长亦即咨会全启乾隆二十四年总河张师载河抚胡宝瑔奏臣等前赴新乡辉县等县查勘卫河情形查得山东诸水漕农交赖者有三一曰小丹河乃卫河迤西之支流一曰百泉乃卫河发源之正派一曰洹河乃卫河迤北之分支三路分泄均入卫河其流似众然在春水未长则涓涓泉流易致微弱倘雨泽少稀则泉流更细而南漕北行正值需水灌输之时是以今春之筹画接济时患水少者此其明验也臣等伏思卫河之水全赖泉源泉流之衰旺不常惟在人功调剂以收利益则水源虽有多寡之不同而接济必期旱涝之有备臣等徧历各泉正值秋霖霶沛山水灌发之时随细询土著乡民核其分支合流之处逐一志记今查得清化镇之九道堰上承上清下清等渠之水归入小丹河引丹归卫以济漕运但丹河尾閰与沁河毗连水势就下一至盛旺悉归沁河自应撙节来源以裕水道臣等于丹沁毗接之处相度形势如建滚水石坝不特工费浩繁且恐丹河不能容纳则弥漫四出必至浸及民田如任听泄入沁河则源少流弱难资灌输臣等公同筹画于竹络坝下附近沁河之处酌建土坝一道如遇顺轨之水则汇注丹河不使旁泄倘值盛涨即任其漫坝归沁无虞外溢俟水退之后每年令地方官督率民夫将该坝岁加修筑工竣之后呈报勘验则丹河之来源自裕矣至于百泉则在辉县之西旧设仁义礼智信五闸嗣后年久仁义两闸已废经侍郎臣何国宗改建斗门三座亦照迤下三闸中为官渠两旁为民渠向例于重运抵临之时封闭民间渠闸使官渠之水畅泄入卫俟五月以后民间插秧需水仍二日济运一日灌田互相启闭六七月间听民自便但运道民田均关紧要如果泉源疏浚水势充盈原不必拘守成规概行封闭统俟来春重运经行察看卫河水势如封闭民间渠闸卫水日增仍可循官二民一之定期应于其时饬令河北道督率地方官弁审度形势酌筹启闭毋许民间私为启泄则百泉之挹注亦充矣洹河发源于青龙河其

流亦归卫河向有南中北三万金渠今俱干涸惟洹河清流经年不绝若山水暴涨该河每易沙淤不能畅流入卫应饬地方官循照旧例随时疏浚则洹河亦资挹注矣总之卫河之水全赖泉流如汤河淇河苍河新惠永通伏道等河均可汇流入卫但山水性猛动挟泥沙水旺之时一望汗漫迨至稍退即行淤垫臣等已面饬河北道于春季水生之时带同厅汛各员逐一查勘凡有泉眼壅塞河身淤垫及丰草盘结有碍泉源之处逐一志记地名即饬地方官督率民夫上紧挑挖芟夷并将疏浚各泉造具清册呈送臣等衙门查核如厅泛各官查勘率混及地方官督夫不力视为具文即令该道据实揭报以凭参究则泉务既定章程司守均知警惕自可收济运利民之实益矣奉朱批甚好知道了钦此乾隆二十五年河抚胡宝瑔以卫河自汲县以至大名县计四百余里河身多系流沙而浚县之三官庙老鹳嘴又多沙礓石块河底高低不平必须浅处疏之使深石处束之使缓奏请动项兴挑奉上谕胡宝瑔奏卫河建坝挑沙以利漕运所需银两照例于盐规银内动支一折卫河系漕运所经即有淤浅处所自当照例疏筑以裨实用况胡宝瑔办理地方水利自必实心经理不肯为属员怂恿浮冒但向来有司陋习率以多办岁修工程有事为乐折内所称嗣后每年照此办理之处则不可不及今酌定章程示之限制盖前此数十年来未经挑浚漕运亦无甚阻碍其非必须每年兴工已可概见今或以相来年久悉心相度修治旧日淤垫一清向后或三年一小修或五年一大修至及期鸠工专派道府大员核实督修责令立限保固如有侵蚀按例著赔庶属员不致滋弊而运道得以深通著传谕胡宝瑔令其逐一确查妥议具奏钦此经河抚奏准钦遵谕旨定以三年一小修五年一大修如当大修小修之年适遇运河水大无庸挑修仍行停止留俟下年相机办理其所修银两逐加核实报销此后既按定年限修治自不致大有淤垫需费无多其有应减办者仍临时核算以节糜费凡工竣之后即令照例具结保固如未至年限即有淤阻者责令承办之员赔修以专责成至于鸠工稽查最为紧要查运道系粮道专管应请凡遇小修大修之年均令粮道督修并该管各府分行督率沿河各县会同河员办理务令核实报销倘各县承办不实及有侵蚀等弊该道府即行揭报题参如各上司失于查察一并议处乾隆三十年河抚阿思哈奏准豫省卫河系漕粮运道自水次至出境计程四百余里流沙壅积在在浅阻最盛者则浚县之三官庙老鹳嘴等处名十八里溜为善化山山根石柱砂礓挺踞河心水底重船经过尤易疏虞从前河抚诸臣勘题于卫河上下建筑草坝二十六座以束水势行之日久因循未修迨乾隆二十五年前抚臣胡宝瑔议请照东省运河挑浅之法每年逐一疏挖仍于浅水处所建筑草坝并钦遵谕旨定为三年一小修五年一大修在案臣到任以来据沿河州县以疏筑未见成效漕运仍属艰阻纷纷禀陈查运河发源于辉县之百泉南注三十里至新乡县之岔河尖与丹水合流又一百五十里绕卫辉城北为兑漕水次又东北至浚县会淇水而达汤阴内黄界受汤河洹河二水迤逦至直隶大名县张儿庄出境下入临清河原议于水下游浅处建筑草坝以期束水济运但夏秋水涨之际河势汪洋无需草坝一交冬令来源既涩支派甚微而粮船于十月内正届兑开之时水落沙停逐节浅阻虽有草坝亦属无益今计疏通之道不若于上游来源之处先期蓄水不令散流临时开放较为得宜但考之旧定章程以各河之水兼济民田是以有官渠民渠之别水既分注蓄泄无时似未酌其缓急夫民田需水多在春夏之间漕船起运则在冬初之月为时本自不同当漕船开行农工已竣民田不需灌溉正可协济重运以收挹彼注兹之效臣现饬该府县督令管河各官于九月望后起至漕船出境止将卫河以上一切民渠支港堵闭使水尽归官渠一面将官渠下尾之闸下板潴水候粮艘开行之日启板放水俾众流汇合水到船行则涓滴皆归有用重运自可疏通嗣后每年官为经管所有原奏建筑草坝之处糜费无当应请停止至浚县十八里溜之三官庙老鹳嘴等处石柱砂礓最为妨碍经臣谕令该县知县吴振堿设法开凿适该邑盐商以其阻碍盐船情愿捐资办理该令实力督率将十八里溜中顽石山根雇夫用力尽行凿去现已溜势直下河流宽阔所费有限积患顿除无不咸称利便将来粮船经过可以顺流直下可免疏虞其余逐段浮沙旋挑旋积应仍照旧章程于八九月间饬印泛等官集夫刨挖再用混江龙刮板器具随船疏浚使沙随水荡以利遄行

一道光二十六年钦奉上谕杨殿邦奏卫河水浅请饬令挑捞等语卫河向易浅阻据称现在存水过浅即漕船全数起拨尚难浮送东境各湖存水均属无多难资接济亟应赶紧挑浚以利漕行著河东河道总督山东巡抚迅饬该管道厅州县务将河道浅涩之处捞挖深通一面疏浚泉源收蓄湖水毋稍迟误免致临时阻滞重干咎戾钦此

卷四十四·漕运河道·挑浚事例

一河漕总督专管运粮督率各官挑浅疏通粮艘如不预行挑浅疏通以致迟悮者交部议处【议单旧本】

一漕白粮船抵津督率沿河文武官弁往来催攒并查验北河浅阻令坐粮厅督夫挑挖深通毋致粮艘阻滞【议单旧本】

一苏州阊门渡僧桥枫桥一带河流浅滞常州府属地方河水浅涸江阴宜兴二邑运道浅阻京口迤南更为浅涸上江宣城兑运溪河断流竟成陆地帮船起拨阻压难行康熙六年部议令河道总督并该抚严饬经管河道等官竭力疏通毋悮漕运仍将不先挑浚各官职名查参

一江西省自省起至渚溪止河水浅涸康熙六年部议令河道总督并该督抚严饬沿河经管水利等官竭力设法挑浚违者查参

一江南巡漕御史遇挑浚河道之年协同总河一体查勘督办

一漕运河道该管官员不行挑浚或称非系本汛推卸者降一级调用不行专催上司罚俸一年【康熙十六年】

一南运河向有额设堰坝浅夫等项钱粮以备雇夫挑浚之用康熙十六年题准沿河按里设兵看守各给汛船令其往来上下溯流刷沙即以原设浅夫等银裁充兵饷不敷者于河库钱粮内通融拨给

一山东临清武城等处河道浅阻总河责令该管官挑浚如违悮漕船该督指名题参【康熙二十二年】

一镇江府及扬州府仪征运河口一带地方水浅系民夫挑浚之所应知府等官经理如违悮漕船该督指名题参【康熙二十二年】

一康熙二十八年苏常镇运河浅阻河道总督以敕书内未开有常镇等河字样部议漕运议单内开河道总督凡关河道事务皆其专责一应河官咸归管辖沿河文武各官催攒不力悉听参究应仍令总漕查明题参

一苏常镇等府运河乃江浙粮船必由之地地方官不预行挑浚疏通以致误漕者将河漕总督一并议处【康熙二十八年】

一康熙二十八年入秋雨少河身浅涸自镇江至无锡三百余里题请筑坝兴挑自十月二十五日起工江浙回空零星船只令暂泊京口仍勒限十一月终完工开坝催赶回次受兑

一漕运河道偶有浅阻例应设法疏通康熙二十九年奉旨漕运关系重大河水浅阻处所地方各官随时挑浚下埽束水以济漕运钦此

一运河决口不即堵塞以致羁阻漕船者在工各官俱题参严加议处【康熙二十九年】

一南旺临清河道旧例每年一小挑间年一大挑于十二月筑坝正月动工二月十五日开坝放水行舟康熙二十九年题准挑河煞坝之期以十一月十五日为率开坝之期以正月二十六日为率

一康熙五十七年总河赵世显等遵旨将沛县地方积水设法疏消勘明沛县地处低洼山东金乡鱼台之水由沛县昭阳湖入微山湖从荆山口出猫儿窝入运应将茶城一字河一带沙淤之处酌浚疏通仍于十字河之上建筑草坝一座运河水小则堵坝俾水归微山湖出湖口闸济运

一山东河道浅阻旧例泒拨民夫挑浚济运雍正元年钦奉谕旨东省连年歉收百姓困苦动支正项钱粮雇募民夫给以工食令其挑浚运河钦此

一济宁一带河道全藉泉湖汶泗诸水雍正元年以泉源淤塞汶泗二河仅存一线细流而八闸以至大王庙等处运河底水原微又无上源诸水会归粮艘挽运维艰必浚泉汇湖导引入河方克济运题明饬令各泉源所属州县挑浚疏通务使畅流入运【雍正元年】

一雍正元年重运漕船至六月尚有二千七百余只未经题报过淮经户部奏请派部院堂官一员驰驿前往会同该督抚封闸蓄水率领沿河镇道各官竭力挑浚速行催攒

一津北至通一带河路向系坐粮厅管理修浚每多淤浅阻滞之患雍正二年特命户部侍郎赵殿最等会看料理奏准添设通判一员驻札张湾专司疏浚并设把总二员外委四员听通判调遣遇有浅阻报明通判在坐粮厅衙门领取钱粮督率挑挖仍协同沿河兵弁催攒空重漕船如通判有防范疏忽并克扣失察等弊即行参革治罪把总外委怠惰偷安报部斥革

一通州至天津沿河州县各分汛地每年额解挑浅银两向系通惠河分司经收专司挑挖康熙三十九年题准将通惠河分司裁革各州县所解挑浅一项节省解部将通永道税务归并坐粮厅征收所得盈余以充挑河挖浅及

修筑堤岸之用雍正三年以坐粮厅满汉二员经管粮务不能亲历河干督率挖浅题准将各汛之浅令各汛官弁督率人役开挖其造辨器具委用人役开销钱粮仍令坐粮厅经管以专责成一北河流沙通塞无定雍正元年题准多差人役昼夜巡查雇募附近长夫逐日探量水势多插柳标随时刨挖雍正三年题准漕船运近北河之时坐粮厅预为转行各汛官弁先期疏浚若漕船接续而来即于前船既过后船方来立加疏导如坐粮厅所用人役不听各汛应用立即申报仓场究处倘各汛官弁伙同人役虚冒钱粮及督率不力致稽漕运者仓场题参

一雍正四年奉旨山东疏浚泉源一件何国宗等议设管泉通判一员甚是著照准行钦此

一京口一带运河为南北要津向系丹徒丹阳两邑民夫挑浚淤浅雍正二年钦奉谕旨以江浙二省共济之漕河偏累两邑民力难支特命河漕督抚诸臣会勘题定每岁捞浅所需费银归杭嘉湖苏松常镇太八府州属按照漕额均匀派解于秋深之日委员捞浚浙江省应解协济银两雍正六年题准动支藩库征收钱粮余耗银两每年协济银二千一百八十两其每年需用若干并盈余若干令江南总督移知浙省扣存减解

一南北运河总河严饬镇道等官以时疏浚每年于水落之时沿途查看遇有石块木桩阻碍河中者即行起除以清河道如查看不实起除不净以致抵触漕船总漕并巡漕御史将该管河道等官题参交部议处【雍正十年】

一山东运河向例于每年十月十五日筑坝挑浚次年二月初一日开坝济运乾隆二年奏准于每年十一月初一日煞坝其开坝日期以南漕船只顶台庄为准如有逾期不筑及粮船未至台庄先行开坝该督抚将该管各官查参议处

一向例漕船载米不得过四百石入水不得过六捺原未定有一定水则尺寸相沿办理遂以三尺五寸为度嗣因江广粮船题定装米一千石船身负重入水非四尺难以济运乾隆二年经总漕奏请将闸河水势定以四尺为准续因闸河水无来源天时晴雨不常难拘一定尺寸奏准分别雨水多寡因时变通如雨水调匀山泉旺发之年河员经理不善致有走泄水势顶阻粮艘者将经管各员查参如遇雨少水小之年人力难施该旗丁即将所带货物起拨如押运官弁一任旗丁不行起货藉称水势不足挟制停泊亦即查参

一巡查山东漕运御史钦点之后即行起程到济宁与总河勘视大小挑工程如有监挑厅汛各员不上紧督率兵夫实力挑挖或濒河州县克短工价即曾同河抚诸臣指名题参【乾隆二年】

一里河堤岸河道向系坐粮厅经管修浚乾隆二年奏准添设主簿一员吏目一员专司修挖嗣因主簿吏目微员恐致疏虞悮漕奏明奉旨裁汰仍责坐粮厅经管

一通州至杨村沙嘴尖突之处朱家河底礓石龙王庙河底瓦砾乾隆二年奏准于霜降水涸之时责令坐粮厅确估挑浚乾隆三年仓场因挑砌处所随挑随淤于工无益奏准停止

一中河运道水无来源惟赖诸湖之水灌入以济漕运缘历久从未挑浚河身既高河流微弱乾隆七年遵旨奏准逐段测量兴挑一律深通不致阻滞漕船

一北河河道彻底全沙沙随水走水逐沙行旧设划船改为刮板额设浅夫四百八十名不敷应用如遇疏浚紧急临时雇夫协济【乾隆十五年】

一乾隆二十三年钦奉谕旨骆马湖之水由六塘河下泄而东流入海若使湖面早为腾空则汛水之来有所容纳盈科后进而六塘两岸断不致溃决四出其濒湖一带运道民生亦咸奏安澜之庆此后每岁大汛之前应行开放时著该总河该督先期奏闻以免因循观望并勒石湖滨俾后之司河务者永远遵守钦此

一山东省运河原系引诸泉之水以济漕运凡有泉眼可开者令管泉各官随时相度形势督夫开挖至每岁二三月间春夏生水之时有地方佐杂各员令其专司泉务凡疏浚泉源栽培荫泉树木俱责成该员等实力办理地方公务免其差遣疏浚事竣仍令分司委办如有因循怠惰泉务废弛即行参劾议处【乾隆二十四年】

一乾隆二十四年钦奉上谕据佟琳张师载奏微山湖口闸前因漕臣杨锡绂札称江南运河水势充足东省宜预为撙节遂将湖口闸先下底板四块并将张河等处减水单闸照旧堵闭今于二月间复接杨锡绂札称运河水势尚须接济仍将湖口闸并减水各单闸仍前开放畅流等语所办甚协事理此由杨锡绂留心预为调济随时咨商东省河臣相机启闭使漕运流通转输若地方大吏遇事皆能如此不分畛域于公务何患不济著将此旨并佟琳等奏折传谕杨锡绂存记入于交代即定为章程碑永远遵守钦此

一乾隆二十四年总漕杨锡绂奏准分委河员将山东旧有诸泉逐一查勘去其壅蔽导之流行旧有而今竭者

除之旧无而今有者增之每年于二三月间令管泉之员实力疏浚出而济运

一运河决口久不堵塞以致粮艘经过漂没多船者总漕不行题报照回空船只不行力催又不题参地方例降二级留任

一卫庄之湖口闸乾隆十七年议定闸口之水以深一丈为度一丈以内开坝挑河一丈以外民田有碍毋庸堵闭仍听泄放将应挑淤浅改为捞浚乾隆二十五年河东总河复酌议嗣后微山湖口滚坝应恪遵从前奏明落低尺寸以湖水一丈为定即欲多蓄济运或以一丈一尺为度如遇挑河之年查明湖水在一丈一尺以内者照例煞坝收蓄湖水倘有一丈一尺以外之水毋庸煞坝亦毋庸堵闭或江南春月仍有浅涩仍将湖堤引渠开放使湖水三路入运以资接济

一桃源县小关以上至陆家墩及彭河口至徐家庄一带运河向有间段砂礓并逼近闸湖各口每年汛水涨发冲出浮沙多有停积乾隆二十五年奏准总河预饬淮徐道勘估俟空船过竣之后派员兴工勒限挑浚

一运河粮艘如并未遇风因河底石块旧桩及柳根等项触漏令该管地方州县防汛武弁会同探验确实以触漏具报免其失防处分将专管河务之文武各员查参照沿河堤岸预先不行修筑以致运时漕船阻滞例降一级调用并将查报不实之员一并参处【乾隆二十五年】

一闸座之越河水大之年粮艘即可由越河行走若有浅淤狭隘及柳石桩橛碍阻不敢径行仍不免上闸之难乾隆二十五年奏准将越河之未尽深通者一律疏浚以利漕运

一南北运河水小之年每遇浅处必须急加挑捞然挑捞均需器具若临期置备缓不及事乾隆二十五年奏准除东省原有器具毋庸置备外其江南直隶南北运河令各该督等查明淤滞处所饬令管河各该厅汛酌量置备挑捞器具入于交代流传以备不时应用仍将器具数目造册报部查核一运蓟船只到天津即由宁河县之新河口入海河由海河转入宝坻县之小河然后由白龙港刘家庄等处达蓟州之五里桥交卸一路浅涩地方官虽例应挑浚而责成不专以致交粮迟悞乾隆二十六年奏请行令直督将宁河县之新河口每年于开冻之后即责令该县预为挑浚一律深通毋致临时贻悞至刘家庄五里桥流沙易淤难以预期挑挖令直督责成蓟州知州专管将浅阻处所竭力疏浚并令会同仓场侍郎一体查察倘有水而船不前进以及有浅而疏浚不力者即将领运员弁并经挑各官分别参处等因奉上谕直隶总督事务繁多所有蓟运河挑浅工程著就近令仓场侍郎专管每岁督率通永道随时相度实力疏浚以利漕运余依议钦此

一山东台庄八闸自乾隆十七年定议湖口之水以一丈为度一丈以内煞坝兴挑一丈以外毋庸煞坝将挑浚改为捞浚致泥沙年年淤积乾隆二十七年总漕杨锡绂奏请煞坝兴挑奉上谕著交张师载阿尔泰即行详细查明如有必须疏浚段落该处现有应动岁修银可即酌量动支办理一面具折奏闻钦此

一乾隆二十八年山东巡抚崔应阶奏准令江南督抚转饬印河各官将自于家口至茶城及小梁山内化山三处支河一律勘估挑浚使之直达荆山桥其荆山桥上下河道及出口八运之处凡问段淤浅河身普加挑浚使湖水得以畅流一杨村以上至通州河流湾曲最易淤阻坐粮厅向设刮板四十副重运到时设有浅阻立用刮板开通每副需夫二十五名俱系临时雇募乾隆二年奏准裁去十副议设刮板三十副每副设夫头一名令其随时雇夫挑挖淤浅按时定价给发夫头每名日给工食银八分乾隆二十三年以北运河六汛每汛向设刮板五副额有浅夫八十名只敷刮板三副之用其余二副竟同虚设奏准将杨村一汛近海通潮淤浅无多减去刮板二副酌留三副其余五汛各设五副每副用浅夫二十名除将杨村所余浅夫二十名拨入五汛再添八十名每名每月给工食银一两二钱在于红拨项下支给交通永道率同漕运通判管辖遇有淤浅过多木汛不敷应用即将上下汛通融调拨如有冒名缺额临时雇募等弊将该管各官查参嗣因浅夫多于粮船阻碍之时始用力刮挖往往前船经过后船复停乾隆三十年奏准嗣后令通永道不时赴工亲行逐名查点督率厅汛员弁严督浅夫探量水势遇有淤浅立即上紧刮挖深通以免舟行阻滞

一京口设立风旗向隶水师营副将委员管理毋庸另委卫备帮弁兼管以专责成【乾隆三十一年】

一滨江护崖乱石凡有坍入江中有碍漕运者令江南河道总督每年于冬月水涸之时饬委该管河员督令河兵预将坍入江内之石块搬移清理以利运行倘该管河员并不实心经理以致粮艘损坏即将管河各员照例严参议处【乾隆三十一年】

一微山湖下游虽有荆山桥伊家河八闸正河三路分泄究总归于江南运河下注不惟上游之水消减甚迟而江南一线运河亦难容纳漫淹纤路船粮行走亦与山东同一艰难势须旁筹分泄不使水势全行入运两省纤道方有裨益查江南铜山县境内黄河北岸之潘家屯向挑引河藉黄入湖济运现在外滩新淤碍难施工若于此处挑挖开放导清入黄俾湖水旁泄则多一分入黄自少一分入运纤道庶可无虞等因乾隆四十七年经河东河道总督奏奉朱批所办是钦此

一乾隆四十七年钦奉上谕前据萨载奏开放顾家庄引渠分泄运中河水畅达入黄情形一折朕以该处引渠分泄上游漫口之水既能得力即使掣动全河由此归入旧黄河直注入海似亦无不可因降旨询问该处情形是否可以如此办理此朕廑念河防设为或然之想今据萨载覆奏顾家庄所开引河分泄运中河之水入黄实为得力若一经掣动全河则顾家庄至杨家庄口门此七十里运道即不能通行舟楫必须经由黄河七十里始行入运等语此等情节朕实未知萨载熟悉彼处情形据实入告所办甚是自应照所议行钦此

一东省八闸河道与邳宿河道均系砂礓历年增长而各山泉发水喷砂每年亦有停积且八闸地势较江境原属高仰应与江境运中河一律挑平方不致有彼高此下之虞至大泛口等处山水屡发停淤更厚重运经过时竭力设法攒行并上紧捞挖至重船全过后为时已迟秋水归槽仍形浅阻乾隆四十九年总漕毓奇等道旨勘估将淤浅段落逐段开明再行加捞于德胜庄二湾干沟三处赶筑束水草坝以资擎束并于中泓及东西两边沿河探量统计韩庄上下及八闸水势自二尺五六寸至六七八尺不等所有东省河道估挑深处必须与江省一体以水深七尺为度至八闸既已挑深韩庄至彭口一带亦有难以关拦之势现在该处水势稍深应以水深六尺为度估挑以期一律平顺实估挑河长一万八千四百七十五丈内韩庄以下八闸工长一万一千四百八十五丈挑口宽六丈底宽四丈深一尺至四五尺不等韩庄以上至彭口闸下工长六千九百九十丈挑口宽五六丈底宽三四丈深二三四尺不等又八闸大泛口挑口宽七丈底宽五丈深八尺又大泛口内山河长一百丈挑口宽十丈底宽六丈深五尺至各工内水面湾曲处所及各闸上下均有旱滩应照现在估挑尺寸一律估挑至东省闸河之水尚须宣济下游俟回空尾帮全出江境杨家庄渡黄后即将湖口闸坝及各处拦水坝次第趱筑

一东省八闸及韩家庄上下工程原估挑工长一万八千四百余丈计分十六段乾隆四十九年总漕毓奇覆加查勘上下形势尚有须顺势增挑一二十丈者亦有尚可减去丈尺毋庸挑砌者通盘核计增减土方银数较原估亦属相符按工计日尚可赶赴期限不悞南粮帮船入东之期倘有迟悞偷减草率诸弊将承办之员查明严参外并将总办分催之员一并参处

一乾隆四十六七年间豫省曲家楼黄水下注由东省曹单一带直至南阳湖西岸是时诸湖并涨一经清水顶阻势即散漫停淤所有旧时之支干各河半多淤垫乾隆四十九年总漕毓奇等查勘东省诸河除菏泽濮州定陶等处俱属通顺其在曹县单县内者现有新冲河身与旧河间段通连即可由此达彼作为干河至赵王河头北流入运一股并无停蓄之区其中段在郓城分支之处久已淤垫且地势甚高遇水大之年与民出无碍毋庸估办其由武城至巨野之万福河金乡之柳林河新挑河鱼台之新开河旧运河河身尽淤而济宁嘉祥地方漫水倒漾赵王河之尾段与牛头淡台等河亦多淤垫全估计挑挖口宽三四五丈底宽二三四丈深三四尺不等其旧运河马公桥一带为诸河合流汇入南阳湖之处估挑口宽二十丈马公桥以下即昭阳湖西岸旧有马连河引旧运河迤南之水归湖其路稍纡今于马公桥下添斜挑新河一道长六百丈口底三十丈至十二丈不等使河水径捷入湖仍酌疏马连旧河以备多路分消又南阳湖以北旧有横坝一道加筑高宽拦蓄湖水使之尽达下游不致倒漾淹及民田至曹县之顺城河武城之冉家河单县之涞河嘉河巨野之蔡河金乡之金山河济宁之顾儿河均属支流其中稍有积淤应与各处之岔河小沟及上游新冲河身内间有未平之处俱令该管州县劝用民力自行疏导

卷四十五·漕运河道·挑浚事例

一东省各湖蓄水最关紧要乾隆五十年总漕毓奇等查奏微山湖面宽阔湖心尚深且与南阳昭阳西湖均在运河西岸从前黄水下注已经澄清并未受淤其上游坡地进水之路已于水利河渠案内估办至独山湖坐落运河东岸犹未受淤而蜀山马踏马场南旺等湖更在济宁以北并非黄水经由之地但各处湖身高洼不一伏秋水发汶泗各河不无挟带泥沙而坡地雨水下注亦有淤积是以每年汛期过后即将各湖之进水出水引渠确估挑浚兹复

加察勘马场湖地势本洼所收泗水由安居十里等处斗门宣放济运并不缺乏南旺湖在运河西岸迤东正对分水口遇汶水盛涨时南北宣泄不及即启各斗门掣水入湖现在湖身甚宽尽资容纳至蜀山湖在汶河之东南定志收水一丈一尺汶水长发先由临汶之永定永安永泰三闸收入外滩俟澄清后再启临湖之斗门放清入湖由临运之金线利运二闸宣济运行又马踏湖在汶河之西北定志收水六尺余寸由临汶之徐建李家二口收蓄出新河头宏仁桥二闸济运现在该二湖普面皆水甚为充裕即秋冬水涸各湖亦必有底水存贮湖中从未做过捞挑之工而湖身宽广均有百余里及数十里不等其挑出之土不能远送徒费钱粮查湖边以及各引渠两旁间断露有旱滩之处俟伏秋过后随时查勘实力疏浚济宁以北各湖四面皆有堤堰其各处圈埝饬交地方官劝用民力培修高厚庶于收蓄湖水更为有益

一江南邳州宿迁桃源一带运中河年久淤浅乾隆五十年经江南河道总督李奉翰两江总督萨载遵旨查勘运中河自黄林庄山东交界起下至杨家庄运口止间段应挑工长三万八千九百五十余丈原估口宽八丈底宽六丈挑深二尺四五寸至三四五尺不等委员分段承挑一律完竣将上下拦水草土坝工即行启除使原估毋庸挑挖俟韩庄上下及八闸浅工验收完竣即行开坝放水俾上下运河铺平水面以便重运漕船渡黄北上

一乾隆五十三年漕运总督毓奇奏准全漕过津起拨统计旗丁应出拨价钱数甚多而应得红拨一项不过二千余两不抵十分之一查杨村至通州北河一带停沙横浅之处甚多重运漕船于起六存四之外又须多拨方克挽行旗丁未免滋累请于北河原设六汛之外添设二汛加募浅夫二百名添备刮板十副即以此项红拨银两添备北河刮浅之用嗣又据仓场奏明通州上下二汛中间一带河面宽阔每遇春夏水弱及秋间水落后淤浅散漫空重粮船每于此处阻滞今于该二汛交界处所安设一汛作为通州中汛添设汛弁一员刮板五副浅夫一百名又南北蔡村等处河道一段每遇水落多露横沙今于蔡村地方安设一汛添设汛弁一员刮板五副浅夫一百名于附近河标内调拨把总一员外委一员分派各管各汛以专责成汛弁俸薪养廉钱粮以及置造刮板等项照六汛之例一例支给新添浅夫例得工食按日核给

一山东运河定例一年小挑一年大挑小挑准销银二千八百余两大挑准销银一万七千二百余两乾隆五十三年经巡漕御史和琳奏请于原定银内酌减银四千余两钦奉谕旨嗣后东省运河不必复拘大小挑之例责成河东总河山东巡抚巡漕御史于每年回空将次过竣时确加履勘据实奏闻认真办理或督抚意存瞻徇任令从中浮估偷减或因循玩愒于应挑之工不即奏明挑浚巡漕御史知而不举随同隐饰致悞漕运或任冒销一经查出一并从严议处钦此一直隶运河淤浅甚多乾隆五十三年经巡漕御史和琳奏请勘办钦奉谕旨即于漕船回空后一律挑挖深通若地方官漫不经心草率从事明岁重运经由直境再有耽延则惟刘峨是问钦此

一乾隆五十三年漕运总督毓奇奏准豫东两省漕船吃水本轻今因卫河浅阻起空过浅颇费周章若南粮吃水较重挽入卫河更必胶滞难行请飞饬沿河地方官赶紧多备拨船并令运河厅密筑草坝挨牌拦蓄一面畅放汶水挹注分投并力筹办至卫河来源之百门泉九道堰并丹洹各河甫交四月民田插秧尚早应照旧例将旁渠支流暂开数日俾各水全力下注以济重运

一河南前后等帮乾隆五十三年起运五十二年分漕粮因卫河浅阻行走迟滞乾隆五十四年钦奉谕旨毕沅交部议处刘峨交部察议押运迟悞暨不实力催攒之地方官分别参处等因钦此

一乾隆五十四年因江西帮船行走迟延经仓场侍郎苏凌阿等奏准江西赣水十八滩之下游直接鄱阳湖巨津来源本旺即遇天旱水小而河身中溜亦属深通无虞浅阻惟是漕船行走错误或有浅搁嗣后该省粮船开行时该抚臣及粮道应委妥员带领兵役于河溜两旁分投插柳标记深浅船只经由倘有走出标外以致浅搁者立时究处

一平山前帮旗丁宁学朱漕船被河底断桅撞漏沉溺具报复因文员请改写旧桩字样该弁随即改写并不随时更报以致先后不符实属疏忽将千总齐廷翼照不应轻笞四十律公罪罚俸六个月例罚俸六个月【乾隆五十五年】

一乾隆五十五年仓场侍郎苏凌阿会同工部尚书金简等奏准通惠河挑浚完竣起出淤土运远堆积有堤之处即以挖河之土培拥堤工后身东便门等处拦蓄各土坝次第开放水势充足从前多加之板全行撤去以复旧制至朝阳门外护城河应挑七百余丈该处添砌石泊岸马头又温榆河分为三段挑浚石坝楼前起至工部税局止系

各省每年拨船起卸之所最为紧要今刨挖淤滩九十五丈外用杉木排桩防风板添做泊岸河面开宽七丈至十五丈落深八九尺不等军船直可抵坝于起运漕粮更为便捷

一乾隆五十六年工部题准通惠温榆二河挑挖淤河并修理闸坝泊岸用过工料银两与例相符应准开销至挑挖朝阳门大通桥护城河系借动官项办理应于各车户脚价内分八年扣还归款

一乾隆五十九年东省闸内五帮漕船据河南巡抚毕沅奏明挽出临清闸口停泊其运河挑浅工程现同李奉翰罗煐阅看妥办钦奉恩旨李奉翰罗煐均著交部议叙钦此

一乾隆六十年钦奉谕旨镇江为重漕门户江浙漕船皆由此出口著奇丰额督饬常镇道查淳设法挑浚迅速妥办俾南来重运遄行无滞随到随渡依限北上管干贞系该省总漕漕船是其专责亦著前往督同一体办理钦此

一通州温榆河为石坝楼前起卸粮石空重鳞集之所每岁于粮竣后九十月间漕运通判亲赴河干按次查勘淤塞处所即行估报于年前兴工挑挖完竣以备次年新漕到通运行无阻如不照例及早查办临工规避将该通判参奏【嘉庆四年】

一温榆河挑挖淤塞每年原定银二千两嘉庆四年钦奉谕旨现在温榆河岁修不敷著交胡季堂筹商添用以资疏浚钦此嗣据直隶总督奏明如遇淤积无多之年动用银数百两或千余两已敷挑挖倘淤塞过甚挑办维艰应于原定二千两之外酌增银两总以积淤之厚薄定修费之多寡每岁九十月间责成通永道率同漕运通判逐段勘估由仓场侍郎就近覆勘动工所需银两即在通永道库木税及丁字沽税银内动拨【嘉庆五年】

一漕船抵通由潮白河驶入温榆河直抵石坝楼前起卸计河长一千余丈南藉潮白河之水倒漾北藉卧虎桥之水南流两水顶阻积淤最易每年挑挖例准动用木税项下银二千余两至三千一百两不等钱粮少而河道长仅能自石坝楼起至温榆河中间之工部税局止其自工部税局迤南尚有五百四十余丈不能挑挖日渐淤浅嘉庆八年奏准动支木税项下银两一律挑浚九年仍复淤浅系承办之员赔修十年漕竣之后又有淤垫复由仓场侍郎勘估奏明挑挖

一直隶故城县古浅处所经该处文武员弁挑挖通畅办理妥速俾全漕挽运过境钦奉上谕将在事出力人员交部分别议叙因公降调把总准其开复留于该处补用【嘉庆九年】

一通州温榆河自工部税局至流水沟一带旧挑淤处嘉庆十一年又复淤浅统计打坝戽水等工约估银二千五百六十四两零其自流水沟以下新淤约有二百余丈工段绵长钱粮浩大暂且毋庸议挑奏准就近在流水沟席厂东岸滩嘴上斜挑引河一道计长五十丈引入潮白河水灌注通流自能将拨运粮艘浮送抵坝而帮船并可直到河口起拨尤便地近工省约估银五百九两零共银三千七十四两零于通永道木税项下支给报销

一温榆河故道由果渠村东绕富河村又折而西湾环达石坝前南注与潮白河合流归入北运河乾隆三十八年潮白河西徙直占温榆河身富河村之南二水合而为一遂不经由石坝嘉庆十一年挑挖新河秋后又露淤塞十二年直隶总督仓场侍郎等会议若在潮白温榆合流之下游挑挖不过引灌倒漾之水势缓力弱惟有开温榆河上游可以复抵坝旧规随逐段查勘自西浮桥至马家庄地方尚有温榆河旧形再为溯寻上游至果渠村地方水势甚旺请由果渠村开河一道将东趋富河村建筑草坝并加土戗俾温榆河水自单行下注而达石坝统计开新挖旧约计工价银五万六千余两于部库内请拨如此则清水仍行故道上游水势劲利淤沙无自停留石坝前亦无从淤塞军拨船只俱可复抵坝旧规

一张家湾为漕运首要之工正河淤垫经直隶总督奏准挑复并将康家沟河口建筑拦水草坝加添裹戗接筑土埝堵截沙河之流共估银一万九千八百七十余两在于部库银内拨给【嘉庆十二年】

一温榆河测量地势高下情形并估挑石坝以下工程直隶总督奏准自石坝流水沟一带频年淤塞量加挑展俾资畅注估需土方工料银一万二千余两于部库内如数拨给【嘉庆十二年】

一嘉庆十三年六月大雨连绵通惠河北岸王相公庄老冰窖二处岸口漫溢汕刷奏准赶紧堵合修筑并添排桩板所需银两在于通济库税课项下报销

一王相公庄新工岸口并土坝卸米马头庆丰闸滚水坝雁翅处所漫刷冲坍通惠河两岸排桩板工扑闪奏明动用通济库税课银两昼夜修筑俟工竣核明应赔应销奏咨办理嗣据奏明王相公庄前次漫工并复行修理约在三千两内外例应销六赔四又土坝卸米马头修理坚实并将河内淤滩挑挖约在千两以内于税课项下动支又庆

丰闸滚水坝雁翅处所及两岸扑闪等处系岁修应赔补之工不准开销【嘉庆十三年】

一张家湾正河浅阻康家沟水势通畅直隶总督奏准空重帮船由康家沟行走仓场侍郎等奏准康家沟上游流水沟一带如遇浅阻随时多集人夫迅速挑挖筹款支给【嘉庆十三年】

一嘉庆十三年仓场侍郎预筹疏浚外河挑淤各工共享银三千一百八十五两零在于通永道库内动支其石坝迤南每岁挑淤约费银三千两内外本年因下游疏浚得力河流通畅所有向例岁修之费全行节省

一嘉庆十四年奉上谕前因萨彬图参奏道员张鼎于邳宿运河淤浅处所不行估挑又于运河通判王贻象禀请坝二需银三千七百余两该道只发银二千两以致临时赶办帮船节节守候拨船复不广为筹备当将道员张鼎交部议处并降旨询问吴璥令其迅即回奏嗣吏部奏将该道议以降三级调用经朕交军机大臣存记俟吴璥等奏到之日再行核办兹据吴璥等查明具奏正月内道员张鼎覆勘㳈口一带浮沙停积应酌做束水坝七处估请先发银三千两办理其时吴璥甫经到任严核经费先批发银二千两在吴璥实为慎重钱粮起见并非该道有意短发迨二月内东省铺水下注后该厅王贻象禀称沙浅处尚需添筑小坝请酌发银两吴璥复给银二千两以资办公之用是所发银数两次计共四千两张鼎并无短发误公情事萨彬图所参未免冒昧所有张鼎降级之处著毋庸议现在河口已共渡过重船一千二百九十只较上年此时计多过船三百七十只其邳宿运河浅趯处所早经筑坝刷涤稍深又多集拨船以资运送著责成漕督萨彬图督饬催攒毋任逗留并于沿途留心查察勿任旗丁等搀和舞弊致米色不纯霉变干咎钦此

一果渠村新建坝工间有平蛰如遇伏秋大汛温榆河水势盛涨难以抵御嘉庆十四年奏准乘春融之际将坝堰加倍修筑于伏秋大汛前完竣其驻工汛弁兵夫建盖汛房以资栖止共估工料银三千六百九十两零于通永道木税项下动支

一嘉庆十四年六月通会河水势骤长至一丈有余王相公庄及普济等闸汕刷数处重运难以挽运奏奉上谕著温承惠遴派明干大员限七八日内上紧堵合俾粮石得以源源转运不可稍涉迟缓钦此

一嘉庆十四年奉上谕据温承惠奏康家沟溜势奔腾漕船逆流而上大费牵挽是康家沟必须堵筑正河必须修复此事关系漕务甚重著派戴均元查勘详细斟酌妥议具奏钦此嗣据仓场侍郎戴均元查奏张家湾为潮白河下游湾环曲折迤东温家庄地方本有旱河沟一道名康家沟自嘉庆六年大水冲刷深宽通舟正河仍并行无阻迨至分流日久正河淤塞十二年奏请挑复于十三年始能堵合旋因涨水陡发将康家沟新筑坝工全行坍陷走失无存另由康家沟迤东平地冲出河身一道夺溜而行即现运空重来往之路自上年漫水淘刷之后康家沟河势已成而张家湾旧道淤塞梗断臣测量张家湾连年淤积必大加挑挖俾得深通兹牵估挑工银十五万六千六百两康家沟坝基约工料银八万九千两惟防守非易终恐虚掷至众论多以挑复为便者盖以张家湾三十里停泫蓄水康家沟仅六里形势直泻查此数里之内现有湾环四处仍属曲折并非竟系直河本年漕船仍在康家沟行走再为察看一年请旨定夺钦奉上谕允准

一大通桥至通州石坝土坝一带河道来源系由昆明湖分流东注从护城河灌入通会河以济行运为粮石铜铅转运要路从前原系十年兴挑一次自乾隆五十四年挑浚之后至嘉庆十四年已越二十年河底日高堤岸愈形卑薄奏明挑土修补闸座估需工料银三万一千九百余两在于通济库支用又此项挑工必须堵截来源方可兴工照上届于西直门角楼等处筑坝六道按例估计银一千一百余两在于圆明园银库平余项下动支又岸堤卑薄处所加高培厚除应行赔修外按例估需银五千五百余两归通永道同岁修各工一手经理俟春融勒限三月间蒇事此外尚有朝阳门至大通桥一带护城河现亦淤浅应需挑费银一千九百余两照例在于桥坝办公项下动支又挑河出土标记地面总在二百丈以外运远脚价按例需银一万五千四百余两又戽水人夫绳席水斗等项需银六千四百余两一并归入挑河案内工竣造报核销

一温榆河上游果渠村一带堤坝各工于漕运最关紧要该处地当山水之冲工程新建必须随时相机修治以期永资捍御嘉庆十五年奏准购备防险料物估需银三千一百九十两零在于通永道库丁字沽税银项下动支

一庆丰闸地居上游因启板太多浅阻漕运奏准将闸官刘德城革职枷示河干通流闸闸官吴增因上游启板亦跟接全行开放撤水阻浅缘该员甫经到任奏明摘去顶带仍留该闸以观后效【嘉庆十五年】

一通会河北岸王相公庄草坝前边埽一段因大雨盛涨平蛰入水甚为险要奏准加镶估需工料银五百三十

二两零工竣造报核销【嘉庆十五年】

一东省运河并无来源全赖运道迤东各泉源汇归汶泗诸水入河济运嘉庆十五年济宁巡漕给事中吴邦庆奏明檄饬各有泉州县督令管泉夫役认真疏浚再亲往各处查验各州县之泉有多至七八十处者有仅只二三处者其一县之泉各以旺弱分上中下名目并于邹滕两县各查得新泉一处清流挹注散溢四旁皆可抵该县之中泉即饬该县拨派泉夫疏浚并造入泉册以备每年查勘各管泉州县佐贰等官于该境内亲身寻看如有未行疏浚之新泉立即禀报以便挑挖渠池汇归济运再诸泉自上游等处皆交汇成渠如沙河汇河薛河会河大小汶河纵横贯注如数州县境内地处通衢者例应于秋冬之际以木植搭建浮桥既便行旅亦不阻碍各泉入河之路如有乱石堵截树枝草节支撑为行人践踏下不通流者立即拆通俾水流畅达下注责成山东巡抚每年届八九月间饬知各州县于大小汶河及支流之经过界内者豫行搭盖浮桥不许筑坝以通人行致使水势阻蹇并派就近道府详查一次如有违玩立即揭参

一嘉庆十八年五月奉上谕仓场侍郎荣麟等奏北运河水浅情形一折据称南粮首帮行抵杨村因河水消落起米七成方能前进该侍郎等随驰赴河西务张家湾一带上下游察看恐节节浅阻请将大船米石全行起拨即由杨村回空等语向来军船即遇水浅之年亦不过起六存四今南粮首帮起七存三计大船存米无几而河西务及张家湾一带水势尚虑浅阻不得不尽数起拨除已饬令由杨村起拨回空外所有北运河之浅趷各处著温承惠即速饬令天津通永二道率领委员多募人夫随处刮挖责成该二道设法经理务期水势停蓄不再消耗俾帮船不致积压停阻等因钦此一嘉庆十九年五月初一日仓场奏南粮抵关过迟北运河多有淤塞请赶紧疏浚奉上谕荣麟等奏北运河等处淤浅情形一折其横浅至数十段之多重运漕船四月二十一日已挽入直境抵坝限期甚迫著那彦成迅速饬知通永道克期疏浚务令一律通畅以利漕行毋得稍有延误钦此嗣因康家沟以下未能克期挑浚复经仓场将玩误漕运之通永道奏请交部议处六月二十三日奉上谕北运河淤浅处所前经该侍郎等奏明饬交该道疏浚乃并未测量挑挖以致重运粮船节节浅阻实属玩误现在漕艘衔尾而来势难刻缓著派内阁学士穆彰阿光禄寺少卿吴邦庆前往督率张五纬将北运河所有横浅处所逐一挑挖务于半月内一律深通俾粮船遄行无阻所有挑挖夫工之费俱责令该道赔出不准开销如办理妥速从宽免其议处傥有延误必当从重治罪穆彰阿等奉旨即日前往不必来园请训钦此

一嘉庆十九年仓场奏通州东南门外护城河道为转运西中二仓白粮要路查勘该处河底淤垫东西长二百三十三丈宽三丈四尺即宜挑挖一律深通五月初一日奉上谕通州护城河间有淤塞著荣麟等即多集人夫赶紧挑挖所需土方工价由通济库照例给发等因钦此

一嘉庆二十四年四月仓场奏准通州护城河道自东门榆树湾起至新城南门马头止淤垫较多请动项兴挑计挑土三千七百七十八方需例价银六百八十两四分所需土方工价在于通济库税课项下照例给发

一道光三年仓场具奏通会河应行挑修各工邦子井及各马头等处淤浅十一段计长七百丈又减水闸等处堤工十一段残缺卑矮计长五百丈又平下闸万年枋业已朽必须更换又葫芦头滚水坝东西及普济闸上新滚水坝东西又平上闸滚水坝西排桩五处计长五十九丈均经确估请项另案办理十二月二十日奉旨博启图等奏通会河应行挑挖等语通会河系漕粮铜铅经由要路该侍郎等查明受淤过甚堤桩卑坏应须挑挖赔修请于常例岁修之外另案办理共估需工料土方例价银三千八百七十六两零著照所请即责成通永道督率漕运通判认真妥办该侍郎等仍亲往严查务须工归实用以利运行所需银两准其于坐粮厅通济库支销该部知道钦此

一道光四年仓场奏通会河为运漕要路每届十年奏挑一次闸坝各工遇有损坏在保固限外亦随时奏办自嘉庆十四年挑修已历十数年之久河身淤积日高堤岸益形卑矮周历勘估共计二十五段挑淤工长一千五百二十丈所有南北两岸堤工应行培筑者共计十六段工长八百五十五丈又北门外减水闸一座冲刷损坏又葫芦头滚水坝一座平下闸滚水坝一座金墙闪裂又普济闸分水雁翅一段墙石坍卸均应修复完整分别估计请项挑修十一月初八日奉旨通会河为漕运要道自嘉庆十四年挑修以来历十数年之久河身淤高堤岸卑薄涨发即恐冲漫水弱复虞浅滞其两岸闸坝年久损坏残缺者亦多均应择要兴工俾资宣泄经博启图等逐一履勘将亟须挑修各工分别确估通计挑淤筑堤修理闸坝共需工料银二万四千三百八十五两零著准于通济库动支饬令购齐物料先将石工地基豫为妥办一俟春融冰泮即赶紧兴筑并将淤浅工段一律挑挖深通责令通永河道督率承办之

员妥速认真办理务于重运抵通以前普律完竣等因钦此

一道光二十六年钦奉上谕杨殿邦奏运河淤浅请饬及时挑挖等语所见甚是山东闸河漕运攸关必须一律深通方可无误漕行兹据该署漕督奏称十字河一带北自西湾南抵彭口节节露浅并有泥沙丈余正当河心又自张河闸至朱姬庄东岸土堤所冲沙土停积运河左右军船不得径行等语各处泥沙停积如果认真挑挖何至有滞船行总缘督办承办之人积习难返不以公事为重著再申谕东河总督饬该管道厅趁此冬令水涸之时迅将各处积沙挑挖净尽所挖之沙毋许就近抛弃庶年来大雨后不至复归原处有碍舟行工竣后著该河督亲往查验总期一律通畅毋许草率倘来年重运经临再有停滞难行藉词水涨沙淤定将该河督等从重惩处不贷钦此

一咸丰元年钦奉上谕杨文定奏运河两岸塌卸致碍漕行请将玩误之府县分别摘去顶带革职留任一折江苏镇江府属徒阳运河为江浙粮船经由要道该府县既经领款承挑未能先事防护相机办理以致屡次塌卸致碍漕行咎无可辞镇江府知府豫立著摘去顶带丹徒县知县张元揆著革职留任勒令加紧挑捞无误漕行倘再玩忽即著严参余著照所拟办理该部知道钦此

一仓场挑挖温榆河工程动用银四千一百余两户部奏令由该侍郎将承办挑河道厅各员职名查明送部傥河道复淤转运濡滞即由户部照案将承办各员严参罚赔以后仓场因公动用各款除年例支放外其余无论何项均须先期奏报方准照办事竣仮遵例造册报销【同治五年】

一通州葫芦头滚水坝西门外滚水坝暨普济闸滚水坝各一座又葫芦头减水闸一座倾圮损坏仓场侍郎奏明择要兴修招商核实估计共需工料实银二万九千四百六十三两零其淤垫最深处所仍以向领岁修银两认真挑挖至温榆河自浮桥至小河口一带由通永道坐粮厅等捐廉筹办经户部议准所需经费由部库漕项款内筹给俟工竣后即行开明承办各员衔名出具保固年限切结送部存案嗣据仓场侍郎等奏修筑里河闸坝及捐挑温榆河工程一律告竣钦奉上谕英元乔松年奏修筑闸坝各工完竣请旨验收一折通州修筑里河闸坝暨挑浚温榆河各工经英元等督饬该道厅等办理完竣即著该侍郎等详细验收所有此项工程动用银两免其造册报销钦此户部查该道厅等领款修理闸坝因而捐修河工与无故捐修者不同傥兴修未久仍复淤垫即将承办各员据实参办并令一律出具保固甘结送部存查【同治九年】

卷四十六·漕运河道·险隘处所

一各省河道经行漕船如遇险隘地方失风者非人力所能防范失防职名准其免议所有各省河道险隘名目备载于后

卷四十六·漕运河道·险隘处所·湖南省

巴陵县

浏公矶　沙嘴头　白水桥　七里山　磨盘洲　莲花塘　以上湖南帮船经过大江险隘处所

临湘县

擂鼓台　新开矶　象骨港　道人矶　白螺矶　沙窝　杨林矶

以上湖南帮船经过大江险隘处所

卷四十六·漕运河道·险隘处所·湖北省

嘉鱼县

清江口塘至土矶头【内有十二里险隘处所】　石头口塘至陆矶口【内有十里险隘处所　江安塘至石矶头【内有十里险隘处所】　石矶头至江口【内有八里险隘处所】　江口塘至新淤洲【内有十里险隘处所】　新淤洲至冬干套【内有八里险隘处所】　冬干套至夏田寺【内有十里险隘处所】　东岭至下簰洲【内有十二里险隘处所】　下簰洲至牛角尖【内有十里险隘处所】　黑坡塘至谷花洲【内有十里险隘处所】　蔑洲至乌沙洲【内有十二里险隘处所】　汪家洲至田家口【内有八里险隘处所】　小林夹【内有五里险隘处所】

以上湖南帮船经过大江处所

江夏县

陶家马头　乌沙湖　关门洲　鲤鱼漻池矶　狮子脑　和尚矶　保化台　金矶　龙藏矶　扬泗矶　黄老石　蒋家矶　东王矶

以上湖南帮船经过大江险隘处所

白沙洲　洪庙矶　观音矶　铁板洲　青山港【即小青山矶大青山矶】　白浒山边

以上湖南湖北帮船经过大江险隘处所

武昌县

西港　白浒镇塘　赵家矶塘　叶家洲【黄冈县属】　杨林塘　碛矶港塘　碛矶港塘至三江口塘【此二处系上半险隘下半平顺】　马砾塘　樊口塘　五丈港塘【此三处系上半平顺下半险隘】　燕矶塘【此处系上半险隘下半平顺】

观音港塘【此处系上半平顺下半险隘】

以上湖南湖北帮船经过大江处所

大冶县

狮子矶　柏家林　灰窑堡　拦江矶　张家港　西塞矶　以上湖南湖北帮船经过大江险隘处所

兴国州

大石矶　大山矶　侯家矶　上山矶　下山矶　郝矶　牛拦矶【即牛关矶】　磨盘矶　半边山矶【即吊桶山】　回龙矶　鲤鱼山矶

以上湖南湖北帮船经过大江险隘处所

汉阳县

胡家湾新沟水洪口　侥子湖　通津　大军山　张王矶关门洲　龙王庙　柳家巷　四官殿　米厂　马王庙　张美之巷　扬泗庙　麻阳口　汉关　黄花洲

以上湖南湖北帮船经过大江险隘处所

黄冈县

李林洲碛矶

湖南湖北帮船经过大江险隘处所

蕲水县

罗家垱　乌春铺　乌江庙　伍洲套口　杨林港　令公矶　马料湾　万家山　郁家水口　红石矶　自回风矶塘起下至蕲州唐家营塘止

以上湖南湖北帮船经过大江险隘处所

蕲州

散花洲　鹅公脑　龙湾　参舆矶　越石矶　小滥泥滩叶家享堂　拦头矶　田家湾　南门　凤山门自袁家湖塘起至道士洑营塘十里【大冶县所辖】　茅山塘　自道士洑营塘起至风波港塘十五里大冶县所属　罗家埠塘　以上湖南湖北帮船经过大江险隘处所

广济县

石牌矶　石壁矶　牛关矶　磨盘矶　大矶头　小矶头鲁肃港

以上湖南湖北帮船经过大江险隘处所

黄梅县

自大湾塘起至红花洲止五里　新洲嘴【即陆家嘴】

以上湖南湖北帮船经过大江险隘处所

卷四十六·漕运河道·险隘处所·江西省

新建县

新洲嘴　沙井　文孝庙　洋子洲　隆兴观　大巷口　周公亭　塔下　太子庙　石头口　汉头河　凤凰滩　鹅颈滩　双港　洒网洲　鸡笼山　观音垱　宁和潭　瓦窑　桃花埠　杨家河　汝南湖　芦洲　樵舍　横江万坊　鲤鱼洲　萧家庄　横上　二湾　三湾　象湖　散子潭　老鸦洲　穆家洲　昌邑　龙王庙边潭　大乌池　新增圩　王家塘　西官圩　横埒港　南洲　三洲头　汉口　独树塘　摆排湾　长湖池打缆洲　况家嘴　樊家垄　令公庙　赵公巷　鹿颈　前河口　后河口　焦面嘴　焦尾洲　火烧洲【系新建星子二县交界处所洲头东岸新邑所辖自西而下星邑地方】

以上江西帮船经过长江大河鄱湖险隘处所

星子县

渚溪　洋澜　谢师【即谢师塘】　长岭　青山　蓼花池　左蠡将军庙　南关外　火熖山　青溪料沙湾　德安河口　灌子口　鳜鱼溜口　两河口　焦夹　焦板夹　莺子河口　鼓子坂　大洲脑　东洲　中洲　福星洲　萝卜洲　龙王庙　神灵湖　塔下　蔡溪河　麻头　鹞奚石　虾蟆石　大姑塘

以上江西帮船经过鄱湖险隘处所

都昌县

土目耀子石　弄口洲　马鞍洲　樟树湾　佗鹤洲　转角洲　大石潭　左蠡【又名东洲又名焦滩嘴】　敌塘口　小石嘴　鼓子湾　田得坂　两河口【又名婴子河口】　桃花调　头埒洲　石灰埒　小矶山矶池口　旁皮埒　大矶山　壁石山　县河口　界石　大埒池　老洲　黄金嘴　花山【又名标石】　猪婆山　饶河口　石头埒　旁角洲　柴棚

以上江西帮船经过鄱湖大江险隘处所

德化县

南岸城子镇　郭家湾【内有小巷口菖沟洲荞麦池】　徐家湾江心有團洲】　官湖港　梅家洲【江心有白沙洲使人洲】浴港　官牌夹　琵琶亭　九江关　锁江楼【内有砍头矶庾楼矶史家矶望江矶化石矶】白水港【内有汤家矶灌子矶石碣矶】　拦江矶【内有龙头石边鱼矶】　白石矶【内有乌石矶及新洲】　回风矶【内有鳏鱼矶江心有杨家洲】　南湖嘴　北岸界牌石　套口　北关　小池口【下有夹洲】　二郎庙【江心有新洲即官洲】　杨家洲【内有桑百洲及扫洲尾水涸有夹洲】　八里江　桂家林【水涸有夹洲】　鲁坝沟【内有罗家渡青鱼港横坝头水涸有夹洲】　金家坝

以上湖南湖北帮船经过大江险隘处所

虾蟆石港　沙滩湾　大姑塘　天后宫　彭家嘴　青山嘴　株桥湖　方兰湖　没汉湖　滥泥湾　白石嘴　女儿港　鞋山白沙嘴　牛头山

以上江西帮船经由鄱湖南岸出大江险隘处所

湖口县

老鸦矶　长石岭　马家湾　上钟矶　虹桥港

以上江西帮船经过险隘处所

黄茅潭　下石嘴

以上江西湖广帮船经过险隘处所

彭泽县

峰山矶【芦课册名元字号】　时家渡汛下谢家洲　茌子矶仁矶石　尖山塅汛下护国洲　虾蟆矶　芙蓉墩【又名昌胜洲】　黄土港口　铁庐山汛【原名升官口汛又名钟子矶】张家港　p赦港　永茂洲　小孤洑汛　澎浪矶　小孤矶【又名小孤山】　柏山洲　舵牙山　龟山　烽火矶汛

红山下周家湖　梅家港　马当镇汛　马当矶　筲子石仰天池　新峰洲头　搁排洲【又名接源洲】盈宁洲　续生粮洲　余家洲【即大湾汛】　再生洲　沙湾　金刚料汛【又名中石嘴】　夜字号【又名永定

洲】 奈字号【又名继定洲】地字号【又名傍江洲】 沙包头汛汛扎系江南宿松县洲地王家厂外六股洲【又名中生洲】 陈中套口【又名陈君套汛】柳林洲【为小孤矶又名小孤山宿松县属】 泥头嘴汛 锅精潭【又名折船厂】 茅湖洲汛 王家湾 黄鳝沟 西河口魏家湫汛【又名喻家湫】沙湾汛 炭洲 八网套 雁来洲【芦课册名调字号】 华阳镇口

以上江广帮船经过大江险隘处所

鄱阳县

鄱湖东汉祝矶泠 蔗湾潭 灯窝 马沿 青鱼嘴 龟山 周溪【都邑所辖】

以上江西饶州抚州帮船经过鄱湖险隘处所

运河闸座河道险隘名目

卷四十六·漕运河道·险隘处所·江南省

宿迁县

皂河大王庙 探处 支河口【以上三处险隘】 利运闸座闸上越河头【此处险隘】 闸下越河尾 丁家庄 庙湾头亨济闸座 闸下越河尾此【处险隘】 陆家墩

邳州

河清闸座【落地名梁王城】 越河头尾 河定闸座】落地名大王庙此处险隘】 越河头尾 沙家口徐塘口 河成闸座【落地名新河头此处险隘】 越河头尾 潘家河口 彭家河口 三岔河 竹篓坝

沛县

王家口 王家水口涵洞 邢家堂水口百子堂 珠梅闸【俗称宋家闸】 闸上越河头 闸下闸窝 闸下越河尾 新庄 苏家水口 白家水口 砂礓口 鲇鱼涎水口 常家口 陶阳寺 裴家口 大王庙 三河口 旧月口高土地庙 杨庄闸 闸上越河头 闸下闸窝 闸下越河尾 菜市口 炭市口 整堤桥 鬼王庙 南门马头卧佛寺 三官阁 夏镇上城河桥 夏镇闸 闸上越河头 闸下闸窝 闸下越河尾 夏镇城下城河桥 华祖阁 泰山庙【俗称铁旗杆】 吕坝【俗称南坝】 民便废闸 柳园

头 寨子上涵洞 寨子村 寨子下涵洞 双碑 刘昌庄

以上三州县河道除注明险隘外其余各处水势俱属平 缓如遇水涨溜急亦属险隘

卷四十六·漕运河道·险隘处所·山东省

鱼台县

东岸傅家水口 徐家南水口 徐家北水口 满家南水口 满家中水口 满家北水口 王家水口 张家水口凤凰嘴 马家水口 孟家水口 庙王庙 尤家水口 石家水口 丘家水口 邢庄闸 邢庄水口姚家水口利建水口 利建闸上越河头 闸下闸窝 闸下越河尾赵家庄 赵家水口 五圣堂 马家水口南阳镇 南阳闸上越河头 闸下闸窝 闸下越河尾 西岸皮家坝辛庄桥滚水坝【又名十空桥】 徐家下单闸 徐家营房

徐家上单闸 满家单闸 土地庙 满家三空桥 王家单闸 邵家单闸 石家单闸 丘家大坝 丘家单闸 观音堂 桥头店单闸【又名丘家闸】 田家单闸 马家三空桥 利建单闸 利建营房 赵家单闸【又名七里单闸】五里单闸 文公祠 正觉寺

济宁州

东岸新挑河 磨镰沟【又名小镰沟】 枣林闸上越河头 闸下闸窝 闸下越河尾 吴家沟 高堤头 鲁桥庄 泗河口 沙洲寺 鲁桥涵洞 师庄闸上赿河头 闸下闸窝 闸下越河尾 黄家场 仲浅闸上越河头 闸下闸窝 闸下越河尾 火神庙 新闸上越河头 闸下闸窝 闸下越河尾 新店涵洞 下四里湾 新店闸上越河头 闸下闸窝 闸下越河尾 上四里湾 花家浅 长湾 杜家湾 韩家湾 贾家湾

石佛闸上越河头　闸下闸窝　闸下越河尾　大龙湾　小龙湾　双窑头　大王庙　越村闸上越河头　闸下闸窝　闸下越河尾　府君庙　新挑口　太平街口　通心桥　在城闸【又名小闸】　二铺头　天井闸【又名大闸】　南门桥　南桥　会通桥　西岸白土湾　小新庄　拨夫口　金家火巷　仁和巷　王棚湾　济安桥

济宁卫

东岸五里营　二里半　十里斗门【又名十里闸】　安居斗门　安居庄　永通闸【又名耐牢坡闸】　汪家路口　曹井桥

巨野县

通济闸【又名裴所头湾】　东岸牛所铺　民便闸　白嘴湾翟家路口　利水闸　朱家河滩　石羊铺　伊家路口　小长沟　西岸通济闸止涉山　小桥口　大坝　杨家河滩　宗家坑

嘉祥县

东岸李家楼　吴家坑　旧金线闸　娘娘庙　寺前闸　利运闸　铁心坝　观音嘴　西岸大长沟　大王庙　赵家场十河　涵洞　单闸　关帝庙　太平庄　小元帝庙大元帝庙　丁家湾

汶上县

东岸南旺下闸【又名柳林闸】　金线闸　沙山分冰口　沙山　南旺上闸【又名十里闸】　五里铺　新河头　东西湾开河闸　洪仁闸　刘老口　石头口　西岸焦弯斗门　盛进斗门　张金斗门　刘贤斗门　孙强斗门　彭石斗门　邢通斗门　常鸣斗门　关家闸　五里闸　甘公碑　老鹤巷　南大寺　板市　间河闸　北大寺　朱家湾　豆腐营　茶棚　粪厂　袁口闸上越河头　闸下闸窝　闸下越河尾　防河口　侯家口　王老口　窦家口　张老口　马老人湾

滕县

修永闸【俗称松洛闸内系泉河有灰沟桥】　干沟　双减闸西湾村　彭口十字河　营房　公馆　种家渡口　断堤口　旧十字河【俗称三空桥】　彭口大王庙　渐家口　彭口大闸【俗称新闸】　老鹤巷　南大寺　板市　开河闸　北大寺　朱家湾

闸上越河头　闸下闸窝　闸下趆河尾　王家水口　蒋家集　三娘娘庙【即黄埠壮】　潘家渡口【即官堤头】　三里沟　郗山村　三里减闸　张阿渡口　张阿上涵洞　张阿下涵洞　黄家汪　马令工减闸　朱姬庄减闸　朱姬庄　华家渡　吴家桥

以上鱼台济宁巨野嘉祥汶上滕县等州县卫河道俱系水势平缓每逢伏秋汛涨坡水汇归穿运宣泄如开放越河分泄水势则越河头掣溜吸舟越河尾出水横截兼之闸门溜势湍急漕船经行每虞走溜最为险隘

峄县

葛墟店　官路口　刘家口　韩庄闸　闸上越河头　闸下闸窝　闸下越河尾　滚水坝　望湖亭　观音堂　干沟口　八里沟　九里沟　十里沟【即庞家渡】　十一里沟鸡心洲桥　头调湾　鸡心沟　二调湾　鸡爪沟　三调湾　叠路口　德胜桥　牛山泉　德胜闸【又名新闸】　闸上越河头　闸下闸窝　闸下越河尾　三里沟　大塌发崖　小塌发崖　赵家沟　六里石闸　闸上越河头　闸下闸窝　闸下趆河尾　四里沟　埝工头　一里沟　巨梁桥　张庄闸【又名巨梁桥】　闸下闸窝　闸下越河尾

王家沟　张家林【又名三里庄】　小三湾　旧牛山泉　磨盘嘴　万年闸　闸上越河头　闸下闸窝　闸下越河尾对沟　万年仓　刘家沟　龙王泉　稽家沟　花石厂　贾家沟　蒋家沟　丁庙闸　闸上趆河头　闸下闸窝　闸下越河尾　冯家庄　孙家庄　彭家庄　榆树沟　黄家河　金沟　针沟　顿庄闸　闸上趆河头　闸下闸窝闸下越河尾　孟家沟　张家沟　李家沟　龙家沟　大泛口　塌发崖　朱家桥　侯迁闸　闸上越河头　闸下闸窝　闸下越河尾　石灰窑　高庙　马家沟　闫家浅杨家桥　长湾头　马家湾　屠家庄　龙王庙　西可风桥　东可风桥　当与后　台庄闸上越河头　闸下闸窝闸下越河尾　青龙桥　干石桥　高堤头　王家庄　黄林庄堡楼

以上峄汛各闸内地势建瓴河水湍急处处危险

聊城县

周家店闸上越河头　闸下闸窝　闸下越河尾　李海务闸上越河头　闸下闸窝　闸下越河尾　南龙湾东岸滚水坝　二空桥　通济桥闸上越河头　闸下闸窝　闸下越河尾　永通闸上越河头　闸下闸窝　闸下越河尾

【堂邑博平】二县各管一岸

梁家乡闸上越河头　闸下闸窝　闸下越河尾　土桥闸上越河头　闸下闸窝　闸下越河尾　魏家湾滚水坝

清平县

戴家湾闸上越河头　闸下闸窝　闸下越河尾

以上聊城堂邑博平清平等县各处每逢伏秋汛涨开放 越河分泄水势则越河头掣溜吸舟越河尾出水横截兼之闸门溜势湍急漕船经行最为险隘

临清州

板闸外钳口坝一座系汶卫交汇之区卫水涨发倒灌最为险隘

卷四十七・漕运河道・险隘处所・江南省

怀宁县

宝定洲　杨家拐　外新滩　上新河　高家嘴　张家港大新硚　小新硚　沙抟嘴【即今沙帽洲】　光洲汛　楠木庙　盐店巷　横坝头　鲍家巷　忠臣庙牌楼　桐安桥小巷口　四眼井　沙井头　操江厂【即宣化厅】　柴家巷育婴堂　潘家矶　新马头　白水庙　徐家矶　大南门社公庙　韩公祠　小南门　相公庙　龙王庙　吊桥　元坛庙　金定桥　东岳庙　朱家坡　永济桥　四宜亭大士阁　迎江寺　镇皖楼　戴入楼　八蜡庙　刘将军庙　地藏庵　磨旗礅　新河口　花园汛　王宣夹口汛五里庙　桑园汛【即黄盆夹口】　断碑　谢家岩　回龙庵杨家哨　祝家嘴　前江沟　大池沟　对江怀新洲　鸭儿沟　大王庙【即炎凉嘴】柘间湾　下新河

以上江西湖广帮船经过大江险隘处所

桐城县

蔡家窑汛　下埠头汛　六百丈汛　老洲头汛　大套口汉路口　蟹子沟　丘家埠汛　殷家沟汛　吴家厂　石嘴头汛　新开沟汛　鲁家站　龙窝　七家矶　三江口汛　高殿矶　铁板洲汛　包江嘴　柘家湾汛　还鸟洲　佘水洲

以上俱系极险滩

灰河　五里桥　白沙洲　杨家沟　王家坟　竹丝窑　姚家港　乞沟　蒿子勒　麦蒙　莲花圩　黄村圩　江家园　扫箒沟　新河口　将军庙　罗塘洲　鸟落洲　刘家店　夹江

以上俱系次险滩江南省之安庆卫帮船并江西湖广帮船如遇顺风向由南岸贵池县经过设遇风暴不及回舵　打入桐城境内俱由大江极次险隘地方经行

望江县

土嘴莲花洲　路灌沟　刘李江　司家阁　雷港　华阳镇　卞家套　黄家墩

以上江西湖广帮船经过大江险隘处所

贵池县

黄溢汛　拦江矶　下伍保　宝赛汛　宝赛矶　路龙矶李阳汛　太子矶　乌龟矶　江家矶　黄公矶　凉伞矶鲇鱼矶　狮子矶　婆婆矶　忽生矶　马踏矶　黄狗矶乌沙夹汛　对江中夹口汛　冰冻湾汛　池口汛　东一保　流婆矶汛　仙姑庙汛　受一保　郭港汛　武梁洲汛　赤山矶　梅梗汛　五埠汛　南岸汛

以上江南省之安庆卫帮船并江西湖广帮船经过沿江险隘处所

铜陵县

大通镇　龙王矶　王家冲口　邓家沟　洋山矶　牛头嘴　横港【即横江】　双港河　芭芒嘴　铜陵

洲头　赤山矶　马石矶【即扫把沟】　县河口　猫山口　夹河口　信付洲尾【即长山矶】　油榨港　七窑口　丁家洲　老观嘴落蓬湾　紫沙洲　钱家湾　盐船沟　清水沟　张沟潭红杨树　胭脂夹　荻港

以上江南省之新安卫帮安庆卫前帮并江西湖广帮船　经过沿江险隘处所

东流县

新涨沙洲【名传薪洲】　紫荆洲　响水矶　钱家湾　牛矶张公矶　土矶　白石矶　新生洲　磨盘洲　抱儿石　沙子硬　东皇洲　乌石矶　稠林矶　虾蟆矶　鲟鱼嘴港口　潘家矶　鳖石矶　新河口　莲花洲　王家矶　三矶　二矶　祝家矶　上夹口　下夹口　搁牌洲　密水洲　吉阳洲　马家矶　罗家洲　姚家洲　黄石矶　袁家洲　车水沟　小團洲　白沙洲　高家嘴　雁汉洲诸民厂　渡船口　官场汛　叶家洲

以上江西湖广帮船经过大江险隘处所

无为州

石灰河　得胜洲　响水湾　青鱼嘴　鸡心洲　成得洲头　土桥营汛　土桥河　柳林　吊锅湾　白神庙　宗三庙　成得洲尾　胡家沟营汛　胡家沟　李家坟头　古家碾　鲍家桥　夏家脑　重兴洲　施家墩　杨林洲抚宁洲　文兴洲　胥家坝　鲊鱼口营汛　鲊鱼口　王家渡　徐家龙窝　蔡家瀡潭　何家脑　沙嘴　乌风洞连安洲　下抚宁洲　万兴洲　太阳洲　雪花洲　大兴洲　还北洲　紫沙洲尾营汛　上雁墩洲　何家龙潭　界沟埂　程家沟　它龙洞　小湖沟　周家沟【即周士沟】霸王城　常河陇　程家口【即程河口】　尖刀嘴　洪家滩　又一号　普课洲　官洲　大官洲　玉带洲　永隆洲　鲤鱼套营汛　鲤鱼套　石版洲　白鱼池营汛　白鱼池渡路口　叶家厂　泥汉营汛　泥汉口　龙池套　旧坝头　薛家湾营汛　袁家厂　钱家龙窝　兴龙庵　夹江厂　福宁洲　新沙包　竹丝墩　泐港营汛　泐港口　沙泥洲　余家坝　长坝　三官殿　烟墩　老梗头　下雁墩洲　门坎洲　五洲　外八洲　汪家坝　郑家坝　吴三桥　板桥营汛　板桥　夏家洲　夏家龙窝　三江口　七洲　六洲　二坝　三府厂　老洲头　新挖搂　石板洲　新洲夹营汛　大府厂　四合汛　成福厂　牛门沟汛　牛门河　王厂　金厂　團洲　江东厂　郭厂奥龙洲　新洲沙滩【即新涨沙滩】　麦地　小新沟　新沟口　过江埠　韩厂　码矶　沙凹　上青沙坊　码矶营汛　渡口　青沙坊　套口　中路　营汛　武家坟头夏家沟　蚊子港　田家沟营汛　田家沟　虾蟆矶　江家溜　复宁洲头尾　白马洲　七洲新涨沙滩　黄丝滩鄂江嘴

以上江南省之安庆新安建阳等卫帮船并江西湖广帮船经过大江险隘处所

当涂县

四合山　东梁山　大信镇　闻甘沙　青草沟　老埂头　采石矶　采石上口　芝麻河　花蓝套　采石下口　思贤港　和尚港　慈母矶　下烈山　普育洲　官锦洲南生洲　鲫鱼洲　慈母洲　神龙洲　长新洲　吴厂洲马厂洲　金厂洲　接生洲　连生洲　曹府洲　尚宝洲徐厂　普济洲　敲嘴洲　天界河　鸡鸣洲　團子洲

以上江南省之庐州宣州安庆新安建阳等卫帮船并江西湖广帮船经过大江险隘处所

芜湖县

澛港镇　大王庙　海子港　大双港　罗鼓墩　小双港三官殿　火帝庙　关帝庙　大关口　五显殿　水府殿礮台　关门洲　陶家沟　弋矶　乌沙港　广福矶【即寡妇矶】　曹村港　朱家港　希泥港　合山码矶

以上江南省之安庆新安宣州建阳等卫帮船并江西湖广帮船经过大江险隘处所

繁昌县

南岸江面板子矶　永丰洲　旧县汛　回龙矶　高安桥汛　三山矶　教化渡　官渡　澛港汛　北岸江面隆兴洲　高家矶　黑砂洲汛　三洲汉汛　龙王矶　粪箕套赵家埠　洋夹沙汛　三江口　杨家套　螃蟹矶

以上江南省之安庆新安等卫帮船并江西湖广帮船经过江面险隘处所

和州

裕溪汛　姜家窑　陡口河　张家沟【内即黄山寺】　张家湾　陈桥洲【上至洲头下至窑沟】　西梁山　司后场　王场　牛屯河口　董场　夹江【外系董场化龙洲】　姥下河口　聚龙洲　太阳河口　外草洲　汪草洲　大中洲　牛路　卓面洲　祁通洲【原口洲外河包套久经倒入江心】分水洲【原日洲外王良嘴久经倒入江心】　针鱼嘴　方洲碎户洲【官塘样在内】　郭家陡门　江家滩洲　曹府洲

石破河　小曹府洲　至马河　白沙洲【系江宁县属】　洲嘴汛口【在至马河口内地系江浦县属】　夹口【靠白沙洲五里属州境其下十五里系江浦县属】　扁埂【系江浦县属】

以上江南省之庐州新安宣州安庆等卫帮船并江西湖广帮船经过大江险隘处所

上元县

七里洲　孟家洲　草鞋夹　桃园　新洲尾　白沙滩　二府洲　石头门　十三潭　跳板洲　菱角洲　中路洲月牙洲　大滩头　仁济洲　小八卦　大八卦　泥滩洲工洲　上口　中口　下口　傅家沟　阴阳卫　破风冈李家冈　乌龙庙　周家山　草堂寺　九里埂　西庄　东庄　黄天荡　朱家嘴　太平洲　四百亩　薛家圩　带子洲　文字号　包家圩　瓦庙　九分塘　草洲圩　余家洲　陆家洲　断腰　八卦圩　北江边　汲水夹　大三港　小三港　三江口　东港　柏家闸　杨家沟　螺蛳沟　刘家山　双沟河口　石桥　宣家闸

以上大江险隘处所

浮桥　花园　大北漾　小北漾　渡口　复成桥　一层桥　临山桥　團洲　梭洲　张摆渡　小滩圩　路子石千河　永济寺　燕子矶　上公尾　下公尾　巴斗山　下口　瓦渣滩

以上夹江险隘处所系江南省之江淮卫六九两帮兴武　卫二九两帮庐州卫头帮安庆新安宣州建阳等卫帮船　并江西湖广帮船经由之所

江宁县

烈山　白庙　仙人矶　江宁镇河口　犊儿矶　三山矶大胜关　双闸　灯盏沟　上新河　菩提阁　老鸦夹　新江口　高埂头　排湾　直江口　草鞋夹　大寿带洲小寿带洲　裙边洲　果盒洲　连珠洲　五段洲　三山洲　永兴洲　白庙　白沙洲

以上江南省之建阳新安宣州庐州安庆等卫帮船并江西湖广帮船经过大江险隘处所

江浦县

扁埂头　响水套汛　黄瓜陇汛　公子洲汛　西江汛　新江口汛　杨四庙汛　八字沟　浦子口汛　平山　宝塔湾　靠南江心内新涨沙洲

以上江南省之安庆卫帮船并江西湖广帮船经过江面险隘处所

六合县

窑湾保　狗头矶　梅官营保　石陡门　马家陡门　蒋山圩　急水沟　小草洲　三排洲　白沙洲　琵琶洲　扁担洲　皇厂洲　丽子号洲　猪头脑洲　骆家破圩洲王家沟　草洲保　寺监洲　拦江洲　柳洲保　通江集保　四滩洲　二套口　永兴圩　玉带洲　外沙洲　里沙洲　大洲　龙袍洲　福龙洲　段腰口　帆山保　赵沟　东沟保　黄天荡　清福洲

以上安徽江西湖广等省帮船经过大江险隘处所

仪征县

东沟　吴家洲　凉山嘴　龙山湾　石子沟头　龙山湾石子沟尾　青山营　丁家滩　青山口　兴隆庵　和尚洲　小沟口　吴家洲滩　王家沟　萧家沟　花芦港　丁盘港洲滩　独树港洲　史家桥口滩　宋家洲滩　艄子街滩　新河口滩　大王庙滩　甘露庵滩　摆河口滩红草滩　沙漫洲　龙王庙　三广滩　回龙洲　鲫鱼套洲　鸡心洲滩　草庵　地藏庵　摆江口　接引庵　三颗柳　新圩埂　江滩一块铁鹞子　罗家洲滩　拖板桥滩　仙奶奶庙滩　文公祠　信顺厂滩　田家桥滩　水月庵滩　淌水沟滩　江口　操江口　新圩埂　广济庵北新洲尾滩　破花园　独树　破圩　福德洲滩　哑叭洲　鲍庄　老虎颈　补沙洲　慈迎庵　铁定港　喇嗜口　西马桥　福德洲尾滩　黄连港　三条港　侯庄墩鱼家嘴　征人洲　土桥　乌鱼洲

本卷系交通部交通应用基础研究项目成果

中国航海史基础文献汇编

(第三卷·杂史卷)

(5)

中国航海史基础文献汇编编辑委员会 编
大连海事大学中国航海史基础文献研究项目组

主编 孙光圻 副主编 刘义杰

海洋出版社

2012年·北京

图书在版编目(CIP)数据

中国航海史基础文献汇编.第3卷,杂史卷/孙光圻主编.—北京:海洋出版社,2011.9.

ISBN 987-7-5027-8054-8

Ⅰ.①中… Ⅱ.①孙… Ⅲ.①航海—交通运输史—文献—汇编—中国 Ⅳ.①F552.9

中国版本图书馆CIP数据核字(2011)第128845号

责任编辑:刘义杰

责任印制:赵麟书

海洋出版社 出版发行

http://www.oceanpress.com.cn

(北京市海淀区大慧寺路8号 邮编:100081)

中煤涿州制图印刷厂北京分厂印刷 新华书店发行所经销

2012年4月第1版 2012年4月北京第1次印刷

开本:880mm×1230mm 1/16 印张:372

字数:10620千字 印数:1～1000册

定价:980.00元

发行部:62147016 邮购部:68038093 总编室:62114335

红茅滩　鳖觳洲　何家港　卫庄　樊家嘴　卞家窝　顾家新滩　沙港　何家港墩　军桥界牌滩　义庄滩

以上江南省之兴武二九两帮江淮九帮庐州头帮建阳新安宣州安庆等卫帮船并江西湖广帮船经过大江险隘处所

江都县

花园港　陶家庄　殷家庄　江安坝　回澜坝【前经倒卸乱石堆护改名铁牛湾】　查子港　新港汛　大观楼　佛感洲　大炮台汛　新港口

以上大江险隘地方系江南省之扬州头帮镇江前帮后帮泗州前帮后帮长淮三帮凤中常州帮凤中二帮凤阳常州帮江淮头二三四五六七八等帮兴武头三四五六七八等帮常州白粮帮苏州白粮帮松江白粮帮苏州前帮后帮镇海前帮后帮滁苏帮仪征帮大河二帮三帮太仓前帮后帮庐州头帮二帮三帮淮安二帮四帮金山帮并浙江省帮船经由之所至江南之江淮九帮兴武二帮九帮宣州安庆建阳新安等卫帮并江西湖广帮船俱由仪邑大江界内入瓜口北上并不由江都县境铁牛湾等处行走

丹徒县

京口江面蒜山石脚系险隘地方江南省之镇江前帮后帮泗州前帮后帮长淮头帮三帮凤中常州帮凤中二帮凤阳常州帮江淮头二三四五六七八等帮兴武头三四五六七八等帮常州白粮帮苏州白粮帮松江白粮帮苏州前帮后帮镇海前帮后帮滁苏帮大河二帮三帮太仓前帮后帮仪征帮庐州二帮三帮淮安二帮四帮扬州头帮金山帮并浙江帮船经由之所

天宁洲　边新洲　天补洲　征人洲　还青洲　连青洲青沙洲　世业洲　高资港　炭渚港　永固洲　永固边补业洲　钓鱼台

以上险隘地方均在丹徒县南岸江面江广重空粮船均不由该县南岸行走倘遇风发下流即经各该险隘处所

上海县【查漕船有由华亭南汇二县经由险隘处所开造在内】

马头渡　董家渡　致思庵　老白渡　大东门马头　杨家渡　永济渡　泉漳会馆　陆家渡　小东门马头　海关前　天后宫　虹口渡　烂泥渡　玲珑坝　教场湾　洋泾滨　陆家嘴　吴淞江口　老闸　新闸　迎禧庵　小沙渡　曹家渡　张家行渡　东湾　大坝墓　野鸡墩三林塘【即陈家行】　周浦塘【即黄浦大江】若南行则历华泾港　车沟　俞塘港　太平港　吴冲泾　塘子泾　姚家港　蒋家港　六道滨　新庙港　朱家滨　长滨　舟四港　姚港　婴窦河　淡水河　徐筒港　庙泾　横泾　母子泾　六曲河　夹沟　闵行　邹家寺　竹冈　新河沙冈　巨曹港　薛家滨　彭家港　河泾　顾王滨　斜泾　语儿泾　小闸港　长桥　张家塘　姚泾港　汤家滨　龙华嘴　百步桥　邹家嘴　石灰港　薛家滨　王家渡　夏家嘴　？笠渡　高昌渡　范家滨　沈庄塘

王家滨　盐铁塘　闸港口　金汇塘　王交滨　白庙港紫冈【即南横泾】　南夹沟　南竹冈　南沙冈　巨曹泾　千步泾

以上险隘地方经由帮船例系在于松江府兑运各帮三年一调并无一定

山阳县

戴家湾　泾河闸　杨家庙　北角楼　湖嘴　板闸

以上江南省之大河前帮二帮三帮淮安头帮二帮四帮泗州前帮后帮扬州头帮二帮三帮仪征帮镇江前帮后帮凤中常州帮凤中二帮凤阳常州帮滁苏帮苏州前帮后帮镇海前帮后帮金山帮太仓前帮后帮庐州头帮二帮三帮长淮头帮三帮四帮江淮头二三四五六七八九等帮兴武头二三四五六七八九等帮常州白粮帮苏州白粮帮松江白粮帮新安宣州安庆建阳等卫并浙江江西湖广帮船经过险隘处所

清河县

里河清江正越闸二座　坝子口　西滩海神庙　凤阳厂　二井汛　直隶厂　老二闸　茶庵　新庄镇　高坂头【即福兴闸下】　新河尾草坝　福兴正越闸二座　通济正越闸二座【俗名二闸】　张大王庙坝　天

妃闸【即惠济正越二闸】 北裹头 马头镇头二三草坝 新二坝 钳口草坝龙亭 张家庄 卞家汪 风神庙 惠济祠【即娘娘庙】关帝庙 庞家湾 御黄东西坝 老堤头 彭家马头 王家庄 周家庄 孙家马头 小钱庄 蒋家场 李家庄 新工张家庄 杨家庄头二三草坝 盐河闸钳口坝中河徐家渡【即许家渡】 中河王家庄 双金闸 豆瓣集吴城汛 二堡 五坝桃园山岔 老子山 洪泽滩 高家嘴 帅家庄 新御坝

以上江南浙江江西湖广帮船经过险隘处所

卷四十八·随漕解款·轻赍额征·山东省

原额轻赍银一万六千二百七十八两零除坍荒豁免连升增至道光九年实征轻赍银一万五千七百余两零

济南府

原额轻赍银四千八十九两零除因荒豁免实征轻赍银四千五十两零

泰安府【向隶济南府雍正十三年改设】

原额轻赍银一千二百九十九两零除沙压豁免连升增实征轻赍银一千三百八两零

武定府【向隶济南府雍正十三年改设】

原额轻赍银八百六十四两除水冲沙压豁免实征轻赍银七百七十一两零

兖州府

原额轻赍银二千四百五十六两除水冲沙压豁免连升增实征轻赍银一千四百八十二两零

曹州府【向隶兖州府雍正十三年改设】

原额轻赍银二千二百八两除因荒豁免实征轻赍银二千一百四十两零

东昌府

原额轻赍银五千三百六十二两零除沙压豁免实征轻赍银三千六百九两零

济宁州

实征轻赍银六百五十九两零

临清州

实征轻赍银一千六百八十四两零

卷四十八·随漕解款·轻赍额征·河南省

原额轻赍银一万五千八百三十五两零除因荒豁免连升增至道光九年实征轻赍银九千三百一十余两零

开封府

原额轻赍银三千四百一十七两零除因荒豁免实征轻赍银二千三十两零

归德府

原额轻赍银八百四十八两除因荒豁免实征轻赍银七百八十两零

彰德府

原额轻赍银一千八百两除因荒豁免实征轻赍银一千五百两零

卫辉府

原额轻赍银一千四百七十两零除因荒豁免连升增实征轻赍银七百七十四两零

怀庆府

原额轻赍银二千一百七十六两除因荒豁免连升增实征轻赍银一千六百六十三两零

河南府

原额轻赍银一千九百三十二两零除因荒豁免实征轻赍银五百八十三两零

陈州府【向开封府雍正十二年改设】

原额轻赍银一千二百一十六两除因荒豁免实征轻赍银六百三十五两零

许州【向隶开封府雍正十二年改直隶州】

原额轻赍银一千四百五十六两除因荒豁免实征轻赍银六百六十二两零

陕州【向隶河南府雍正二年改直隶州】

原额轻赍银八百九十六两除因荒豁免实征轻赍银五百二十三两零

汝州

原额轻赍银六百二十四两除因荒豁免实征轻赍银一百六十五两零

卷四十八·随漕解款·轻赍额征·江南省

原额轻赍银一十八万一百三十四两零除荒缺豁免连升增至道光九年实征轻赍银一十七万一百四十六两零实征易米银九百八十三两零

苏州府

原额轻赍银七万二千一百四十两零除坍荒并分隶太仓州连升增实征轻赍银六万七千八百九十两零实征易米银三百一十一两零

松江府

原额轻赍银二万四千三百四十七两零除坍豁连升增实征轻赍银三万一千一百七十二两零实征易米银三百两零

常州府

原额轻赍银二万二千七百五十两零除坍荒连升增实征轻赍银二万六千六百四十六两零

镇江府

原额轻赍银九千六百六十五两除坍荒连升增实征轻赍银一万一千四十八两零实征易米银二百二十两零

太仓州【向隶苏州府雍正三年改直隶州】

实征轻赍银一万三百三十两零与原额同实征易米银四十四两零

江宁府

原额轻赍等银二千四百九十九两零除坍荒豁免实征轻赍银一千九百一十五两零

安庆府

原额轻赍等银七千八百两除荒缺连升增实征轻赍银七千九百五十八两零

宁国府

原额轻赍等银三千九百两除坍荒连升增实征轻赍银四千五两零

池州府

原额轻赍等银三千二百五十两零除坍荒连升增实征轻赍银三千三百四十六两零

太平府

原额轻赍等银二千二百一十两零除坍荒连升增实征轻赍银二千二百六十九两零

庐州府

原额轻赍等银一千三百两除扣解河工并分隶六安州实征轻赍银二百六十两零

凤阳府

原额轻赍等银三千九百两零除荒蠲及扣解河工并分隶颍州府泗州实征轻赍银四百四十五两零

淮安府

原额轻赍等银三千二百五十两零除荒缺连升增及扣解河工并分隶海州实征轻赍银二百八十八两零

扬州府

原额轻赍等银七千八百两零除荒缺及扣解河工并分隶通州实征轻赍银一千一百六十一两零

徐州府

原额轻赍等银四千三百五十五两零除荒豁及扣解河工实征轻赍银八百三十两零

颍州府【向隶凤阳府雍正十三年改设】

实征轻赍银连升增实征银一百六十一两零与原额同

广德州

实征易米银一百八两零

六安州【向隶庐州府雍正二年改设】

原额轻赍等银九十八两除荒蠲实征银四十九两

泗州【向隶凤阳府雍正二年改设】

实征轻赍银连升增实征银八十三两零与原额同

海州【向隶淮安府雍正二年改设】

实征轻赍银除荒缺实征银九十一两零与原额同

通州【向隶扬州府雍正二年】或设】

实征轻赍银除荒缺实征银一百九十九两零与原额同

卷四十八·随漕解款·轻赍额征·浙江省

实征轻赍银十万八千两零实征易米银三百两至道光九年分并无升除与原额同

杭州府

实征原额轻赍银一万八千两实征易米银五十两

嘉兴府

实征原额轻赍银五万二千二百两实征易米银一百五十两

湖州府

实征原额轻赍银三万七千八百两实征易米银一百两

卷四十八·随漕解款·轻赍额征·江西省

原额轻赍银七万四千三十六两零除因荒蠲免连升增至道光九年实征轻赍银六万三千二百十余两零实征易米银一千五百十余两零

南昌府

原额轻赍银一万五千一十六两除因荒蠲免连升增实征轻赍银一万四千三百六十六两零实征易米银五百四十九两零

瑞州府

原额轻赍银九千九百三十六两除因荒蠲免实征轻赍银五千三百四十一两零实征易米银九十五两零

临江府

原额轻赍银七千四百九十四两零除因荒蠲免实征轻赍银六千五十两零实征易米银一百四十六两零

吉安府

原额轻赍银一万二千五百八十六两零除因荒蠲免连升增实征轻赍银一万九百六十六两零实征易米银二百四十四两零

抚州府

原额轻赍银六千一百三十三两零除因荒蠲免连升增实征轻赍银六千一百二十六两零实征易米银一百九两零

建昌府

原额轻赍银二千八百八十一两零除因荒蠲免连升增实征轻赍银二千八百八十二两零实征易米银五十一两零

广信府

原额轻赍银四千一百六十一两零除因荒蠲免连升增实征轻赍银三千八百三十九两零实征易米银六十七两零

饶州府

原额轻赍银九千六十三两零除因荒蠲免实征轻赍银八千九百二十八两零实征易米银一百六十八两零

南康府

原额轻赍银二千九百一十四两零除荒蠲连升增实征轻赍银二千九百二十四两零实征易米银五十五两零

赣州府

原额轻赍银二千八百一十一两零除因荒蠲免实征轻赍银七百六十二两零实征易米银一十三两零

宁都州

原额轻赍银一千四十一两零除荒蠲连升增实征轻赍银一千三十三两零实征易米银一十八两零

卷四十八·随漕解款·轻赍额征·湖北省

原额轻赍银一万八千七十五两零除因荒蠲免连升增至道光九年实征银一万六千九百二十余两零

武昌府

原额轻赍银五千一百四十九两零除荒蠲连升增实征银五千一百五十三两零

汉阳府

原额轻赍银一千五百二两零除因荒蠲免连升增实征轻赍银二千二百四十八两零

黄州府

原额轻赍银五千五百二十一两零除因荒蠲免连升增实征轻赍银五千五百一十二两零

安陆府

原额轻赍银二千七百一十八两零除因荒蠲免应征银一千七百二十五两零嗣因改设荆门州该府实征银六百七十一两零

荆门州【向隶安陆府乾隆五十六年改直隶州】

应征轻赍银一千三百六十八两零除因荒蠲免实征银一千六十一两零

荆州府

原额轻赍银二千四百六十四两零除因荒蠲免实征银一千五百五十八两零

德安府

原额轻赍银七百一十八两零除因荒蠲免连升增实征轻赍银七百一十八两零

卷四十八·随漕解款·轻赍额征·湖南省

原额轻赍银二万三百七两零除因荒蠲免连升增至道光九年实征轻赍银一万七千五百十九两零

长沙府

原额轻赍银一万一千七百五十一两零除因荒蠲免连升增实征轻赍银一万一百一十一两零

衡州府

原额轻赍银四千六百一十五两零除因荒蠲免连升增实征轻赍银四千四百八十二两零

岳州府

原额轻赍银三千七百四十一两零除因荒蠲免连升增实征轻赍银二千七百三十二两零

澧州【向隶岳州府雍正七年改直隶州】

原额轻赍银一百九十九两零除因荒蠲免实征轻赍银一百九十四两零

一浙江巡抚咨浙省减漕轻赍银两请扣存道库全漕之年运费不敷一体凑提济用户部查该省海运经费共计银四十九万七千余两即使减存正耗米七十余万石全数起运不敷运费甚微且漕项款内未经议提者尚复不少勿庸预扣此项轻赍致启那移之渐所有减漕轻赍银三万二千四百余两行令另列专款征解部库交纳至随漕轻赍席木等银仍令严饬司道按年迅速征齐径解仓场交收以济先漕要需【同治四年】

一浙省减漕项下轻赍席木等银本未随漕议减除荒芜免征并蠲免外应将实征银数另列专款委员解部交纳至江苏减漕案内应征减漕项下轻赍银两照浙省一律办理【同治五年】

一仓场侍郎奏准江西两湖应解轻赍银两务须年清年款批解通库恪遵定例越漕先解总以通坝开运之先解到傥借口动用或迟延拖欠即由仓场照例参办【同治十二年】

卷四十八·随漕解款·正兑轻赍

一山东省济南武定东昌泰安兖州曹川德州临清州济宁州九府州属每正兑正米一石加耗米四斗一升内除二斗五升随船作耗余米一斗六升每斗折银五分共折银八分谓之一六轻赍【议单旧本】

一河南省开封府属祥符陈留通许荥泽洧川兰阳杞县密县等州县每正兑正米一石加耗米四斗四升内除二斗八升随船作耗余米一斗六升每斗折银五分共折银八分又中牟鄢陵汜水荥阳新郑禹州郑州等州县每正兑正米一石加耗米四斗一升又荥泽一县亦有加耗米四斗一升内除二斗五升随船作耗余米一斗六升每斗折银五分共折银八分彰德府属汤阴临漳林县安阳武安涉县内黄等县每正兑正米一石加耗米四斗一升内除二斗五升随船作耗余米一斗六升每斗折银五分共折银八分各县又有加耗米四斗四升者内除二斗八升随船作耗余米一斗六升每斗折银五分共折银八分卫辉府属延津新乡辉县汲县封印获嘉许州等州县每正兑正米一石加耗米四斗四升内除二斗八升随船作耗余米一斗六升每斗折银五分共折银八分滑县浚县考城等县每正兑正米一石加耗米四斗一升又延津新乡二县亦有加耗米四斗一升内除二斗五升随船作耗余米一斗六升每斗折银五分共折银八分怀庆府属济源武陟修武孟县原武等县每正兑正米一石加耗米四斗四升内除二斗八升随船作耗余米一斗六升每斗折银五分共折银八分河内温县阳武等县每正兑正米一石加耗米四斗一升又武陟修武孟县原武等县亦有加耗米四斗一升者内除二斗五升随船作耗余米一斗六升每斗折银五分共折银八分河南府属洛阳巩县孟津偃师登封等县每正兑正米一石加耗米四斗四升内除二斗八升随船作耗余米一斗六升每斗折银五分共折银八分又洛阳登封二县亦有加耗米四斗一升者内除二斗五升随船作耗余米一斗六升每斗折银五分共折银八分陈州府属长葛扶沟二县每正兑正米一石加耗米四斗四升内除二斗八升随船作耗余米一斗六升每斗折银五分共折银八分太康一县每正兑正米一石加耗米四斗一升内除二斗五升随船作耗余米一斗六升每斗折银五分共折银八分归德府属睢州每正兑正米一石加耗米四斗四升内除二斗八升随船作耗余米一斗六升每斗折银五分共折银八分商丘宁陵二县 每正兑正米一石加耗米四斗一升内除二斗五升随船作耗余米一斗六升每斗折银五分共折银八分谓之一六轻赍【议单旧本】

一江南省苏州松江常州镇江江宁安庆宁国池州太平太仓十府州属并江北之庐州六安二府州属每正兑正米一石外加耗米六斗六升内除四斗随船作耗余米二斗六升每斗折银五分共折银一钱三分又凤阳淮安扬州泗州颍州亳州各府州属并徐州府属之邳宿睢三州县每正兑正米一石外加耗米五斗六升内除三斗随船作耗余米二斗六升每斗折银五分共折银一钱三分又徐州府属之丰沛萧砀铜五县每正兑正米一石外加耗米五斗一升内除二斗五升随船作耗余米二斗六升每斗折银五分共折银一钱三分谓之二六轻赍【单旧本】

一浙江江西湖广三省每正兑正米一石外加耗米七斗六升内除四斗随船作耗余米三斗六升每斗折银五分共折银一钱八分谓之三六轻赍【议单旧本】

卷四十八·随漕解款·改兑易银

一山东河南二省每改兑正米一石外加耗米一斗七升并江南省徐州府属之丰沛萧砀铜五县每改兑正米

一石外加耗米二斗二升俱系本色随粮交纳并无易米折银湖广省并无改兑米石不征易米折银【议单旧本】

一江南省江宁苏州松江镇江广德太仓六府州属每改兑正米一石外加耗米三斗二升内除三斗随船作耗余米二升折银一分凤阳淮安扬州泗州颍州亳州海州通州八府州属并徐州府属之邳宿睢三州县每改兑正米一石外加耗米二斗七升内除二斗五升随船作耗余米二升折银一分俱谓之二升易米折银【议单旧本】

一浙江江西二省每改兑正米二石外加耗米四斗二升内除四斗随船作耗余米二升折银一分亦谓之二升易米折银【议单旧本】

卷四十九·随漕解款·席木额征·山东省

原额芦席银二千九百三两除因荒蠲免连升增至道光九年实征芦席银二千五百六十七两零内办解本色席银二百三十九两零应解本色席二万三千九百三十四领零应解折色银二千三百二十八两零

济南府

实征芦席银八百九十四两零内办解本色席银八十二两零应解本色席八千二百七领零应解折色银八百一十二两零

泰安府

实征芦席银一百七十六两零内办解本色席银十六两零应解本色席一千六百九十六领零应解折色银一百五十九两零

武定府

实征芦席银二百三十九两零内办解本色席银二十二两零应解本色席二千二百八领零应解折色银二百一十七两零

兖州府

实征芦席银一百六十四两零内办解本色席银一十五两零应解本色席一千五百七十五领零应解折色银一百四十八两零

曹州府

实征芦席银二百六十一两零内办解本色席银二十四两零应解本色席二千四百五十九领零应解折色银二百三十七两零

东昌府

实征芦席银五百二十七两零内办解本色席银四十八两零应解本色席四千八百八十六领零应解折色银四百七十八两零

济宁州

实征芦席银七十五两零内办解本色席银七两零应解本色席七百一领应解折色银六十八两零

临清州

实征芦席银二百二十八两零内办解本色席银二十二两零应解本色席二千二百领零应解折色银二百六两零

卷四十九·随漕解款·席木额征·河南省

原额芦席银一千七十一两零除荒蠲连升增至道光九年实征芦席银六百二十八两零裁减五厘席片银四十四两零酌减八厘席片银七十一两零全征折色其应给丁办买本色席片银两在于耗羡银内支给

开封府

实征芦席银一百五十三两零裁减五厘席片银一十两零酌减八厘席片银一十七两零全征折色

归德府

实征芦席银四十五两零裁减五厘席片银三两零酌减八厘席片银五两零全征折色

彰德府

实征芦席银九十三两零裁减五厘席片银六两零酌减八厘席片银十一两零全征折色

卫辉府

实征芦席银五十三两零裁减五厘席片银三两零酌减八厘席片银八两零全征折色

怀庆府

实征芦席银一百一十三两零裁减五厘席片银八两零酌减八厘席片银十三两零全征折色

河南府

实征芦席银四十九两零裁减五厘席片银三两零酌减八厘席片银四两零全征折色

陈州府

实征芦席银三十三两零裁减五厘席片银二两零酌减八厘席片银三两零全征折色

许州

实征芦席银三十五两零裁减五厘席片银二两零酌减八厘席片银四两零全征折色

陕州

实征芦席银三十六两零裁减五厘席片银二两零酌减八厘席片银二两零全征折色

汝州

实征芦席银一十三两零裁减五厘席片银九钱零全征折色

卷四十九·随漕解款·席木额征·江南省

原额芦席银八千三百八十两零除荒豳连升增至道光九年实征芦席银八千四百二十四两零内办解本色席银一千四百五十二两零应解本色席一十二万八千三百八领零应解折色银六千九百七十二两零实征板木银二千七百六十二两零全解折色

苏州府

实征芦席银三千一百八十二两零内办解本色席银五百四十一两零应解本色席四万五千八十六领零应解折色银二千六百四十一两零实征全解折色板木银一千一百二十二两零

松江府

实征芦席银一千四百三十三两零内办解本色府银二百四十三两零应解本色席二万三百一十四领零应解折色银一千一百九十两零实征全解折色板木银四百七十七两零

常州府

实征芦席银一千一百六十一两零内办解本色席银一百九十八两零应办本色席一万六千四百四十九领零应解折色银九百六十三两零实征全解折色板木银四百四十两零

镇江府

实征芦席银三百七十九两零内办解本色席银六十四两零应解本色席六千四百五十六领零应解折色银三百一十五两零实征全解折色板木银一百三十两零

太仓州

实征芦席银四百五十三两零内办解本色席银七十七两零应解本色席六千四百二十六领零应解折色银三百七十六两零实征全解折色板木银一百六十二两零

江宁府

实征芦席银一百七十四两零内办解本色席银三十九两零应解本色席三千九百六十领零应解折色银一百三十五两零实征全解折色板木银一百一十一两零

安庆府

实征芦席银二百九十七两零内办解本色席银五十两零应解本色席五千六十七领零应解折色银二百四十七两零实征全解折色板木银一百三十七两零

宁国府

实征芦席银一百四十九两零内办解本色席银二十五两零应解本色席二千五百五十领零应解折色银一百二十四两零实征全解折色板木银六十九两零

池州府

实征芦席银一百三十七两零内办解本色席银二十三两零应解本色席二千一百二十五领零应解折色银一百十四两零实征全解折色板木银五十七两零

太平府

实征芦席银八十四两内办解本色席银十四两零应解本色席一千四百四十五领零应解折色银七十两零实征全解折色板木银三十九两零

庐州府

实征芦席银五十六两零内办解本色席银九两零应解本色席九百六十九领零应解折色银四十七两零

凤阳府

实征芦席银一百六十两零内办解本色席银十五两零应解本色席一千五百八十领零应解折色银一百四十五两零

淮安府

实征芦席银五十九两零内办解本色席银二十五两零应解本色席二千五百二十领零应解折色银三十四两零

扬州府

实征芦席银一百六十四两零内办解本色席银五十四两零应解本色席五千四百九十三领零应解折色银一百十两零

徐州府

实征芦席银三百二十七两零内办解本色席银四十两零应解本色席四千五十领零应解折色银二百八十七两零

颍州府

实征芦席银八十四两零内办解本色席银七两零应解本色席七百八十六领零应解折色银七十七两零

广德州

实征芦席银三十九两零内办解本色席银六两零应解本色席六百八十领零应解折色银三十三两零实征全解折色板木银十八两零

六安州

实征芦席银九两零内办解本色席银二两零应解本色席二百二十领零应解折色银七两零

泗州

实征芦席银二十四两零内办解本色席银四两零应解本色席四百十二领零应解折色银二十两零

海州

实征芦席银二十五两零内办解本色席银十二两零应解本色席一千二百三十六领零应解折色银十三两零

通州

实征芦席银二十八两零内办解本色席银四两零应解本色席四百八十四领零应解折色银二十四两零

卷四十九·随漕解款·席木额征·浙江省

原额芦席银三千一百五十两除改折至道光九年实征芦席银三千一百三十三两零内办解本色席银五百二十三两零应解本色席五万二千三百九十五领零应解折色银二千六百八两零实征板木银一千三百六十九两零系全解折色

杭州府

实征芦席银五百二十二两零内办解本色席银八十七两零应解本色席八千七百二十二领零应解折色银四百三十四两零实征全解折色板木银二百二十八两零

嘉兴府

实征芦席银一千五百一十六两零内办解本色席银二百五十三两零应解本色席二万五千三百六十六领零应解折色银一千二百六十三两零实征全解折色板木银六百六十二两零

湖州府

实征芦席银一千九十四两零内办解本色席银一百八十二两零应解本色席一万八千二百九十六领零应解折色银九百一十一两零实征全解折色板木银四百七十九两零

卷四十九·随漕解款·席木额征·江西省

原额芦席板木银三千八百六十一两零因荒豁免至道光九年实征芦席板木银三千三百九十二两零内办解本色席银四百二十三两零应解本色席四万二千七百八十六领零应解折色银二千八十四两零实征板木银八百八十五两零办买本色

南昌府

实征芦席银六百八十五两零内办解本色席银一百一十六两零应解本色席一万一千六百六十六领零应解折色银五百六十九两零实征板木银二百六两零办买本色

瑞州府

实征芦席银一百九十五两零内办解本色席银三十三两零应解本色席三千三百二十九领零应解折色银一百六十二两零实征板木银七十二两零办买本色

临江府

实征芦席银二百七十两零内办解本色席银四十六两零应解本色席四千六百二领零应解折色银二百二十四两零实征板木银六十两零办买本色

吉安府

实征芦席银四百四十九两零内办解本色席银七十六两零应解本色席七千六百五十一领零应解折色银三百七十三两零实征板本银一百二十八两零办买本色

抚州府

实征芦席银二百二十四两零内办解本色席银三十八两零应解本色席三千八百一十九领零应解折色银一百八十六两零实征板木银八十三两零办买本色

建昌府

实征芦席银一百四两零内办解本色席银十七两零应解本色席一千七百九十七领零应解折色银八十七两零实征板木银三十九两零办买本色

广信府

实征芦席银一百三十九两零内办解本色席银二十三两零应解本色席二千三百八十一领零应解折色银一百一十六两零实征板木银四十九两零办买本色

饶州府

实征芦席银三百三十一两零内办解本色席银五十六两零应解本色席五千六百四十四领零应解折色银二百七十五两零实征板木银一百二十二两零办买本色

南康府

实征芦席银一百九两零内办解本色席银一十八两零应解本色席一千八百七十领零应解折色银九十一两零实征板木银三十八两零办买本色

赣州府

实征芦席银一两二钱零内办解本色席银二钱零应解本色席二十七领零应解折色银一两零实征板木银三十六两零办买本色

宁都州

实征芦席板木银五十二两零

卷四十九·随漕解款·席木额征·湖北省

原额芦席银五百二两零除荒蠲连升增至道光九年实征芦席银四百六十八两零内办解本色席银七十九两零应解本色席七千九百六十四领零应解折色银三百九十二两零实征板木银三百六十九两零内办买本色银一百二十三两零存剩解部银二百四十六两零

武昌府

实征芦席银一百四十三两零内办解本色席银二十四两零应解本色席二千四百三十三领零应解折色银一百十九两零实征板木银一百十三两零内办买本色银三十七两零存剩解部银七十六两零

汉阳府

实征芦席银五十九两零内办解本色席银十两零应解本色席一千四十领零应解折色银五十一两零实征板木银四十八两零内办买本色银十一两零存剩解部银三十七两零

黄州府

实征芦席银一百五十三两零内办解本色席银二十六两零应解本色席二千六百三领零应解折色银一百二十七两零实征板木银一百二十二两零内办买本色银四十两零存剩解部银八十二两零

安陆府

实征芦席银四十九两零内办解本色席银八两零应解本色席八百三十六领零应解折色银四十一两零实征板木银三十八两零内办买本色银一十八两零存剩解部银二十两零

荆州府

实征芦席银四十三两零内办解本色席银七两零应解本色席七百八十四领零应解折色银三十六两零实征板木银三十三两零内办买本色银一十二两零存剩解部银二十一两零

德安府

实征芦席银一十九两零内办解本色席银三两零应解本色席三百三十九领零应解折色银一十六两零实征板木银一十五两零内办买本色银五两零存剩解部银十两零

卷四十九·随漕解款·席木额征·湖南省

原额芦席银五百六十三两零除荒蠲连升增至道光九年实征芦席银四百八十三两零内办解本色席银八十二两零应解本色席八千一百二十领零应解折色银三百九十八两零实征板木银三百八十八两零内办买本色银一百二十七两零存剩解部银二百六十一两零

长沙府

实征芦席银二百八十两零内办解本色席银四十七两零应解本色席四千七百一十一领零应解折色银二百三十两零实征板木银二百二十三两零内办买本色银七十五两零存剩解部银一百五十两零

衡州府

实征芦席银一百二十三两零内办解本色席银二十两零应解本色席二千九十领零应解折色银一百三两零实征板木银九十九两零内办买本色银三十二两零存剩解部银六十六两零

岳州府

实征芦席银七十五两零内办解本色席银一十五两零应解本色席一千二百二十四领零应解折色银五十九两零实征板木银六十一两零内办买本色银十九两零存剩解部银四十二两零

澧州

实征芦席银五两零内办解本色席银九钱零应解本色席九十四领零应解折色银四两零实征板木银四两零内办买本色银一两零存剩解部银三两零

右所列楞木松板一项除山东河南二省不征外苏松浙江等处不产木植系全征折色安徽江西湖广等省系产木之地应征本色如通仓暂不需用准其改征折色俟需用时仍征本色

卷五十·随漕解款·随漕席片

一山东河南二省正改二兑漕粮每米二石派征斜席一领长六尺四寸阔三尺六寸每领征银一分【议单旧本】

一山东河南江南浙江江西湖广各省应征折色席片银两俱照粮征解【议单旧本】

一江南浙江江西湖广四省正改二兑漕粮每正米二石派征方席一领长四尺八寸阔四尺八寸其改折省分每领征银一分或一分零【议单旧本】

一各省应征随漕席片旧例俱系三分本色七分折色康熙二十五年题准将三分本色内改折五厘雍正十二年题定于改折五厘之外复改折八厘计征一分七厘本色八分三厘折色

一各省应解本色席片山东河南二省及江南省之江安宁池太广庐凤淮扬徐六安泗颍亳海通各府州属照征本色席片给丁解交苏松常镇太仓四府一州并浙江江西湖广各府州属俱征银给丁办买本色席片赴仓交纳又苏松常镇太五府州应解二分五厘【后改一分七厘】本色芦席向例征银给丁自办者均征银解道给【发雍正二年】

一奉天采买米石准照漕粮折征席片之例于通济库内动用轻赍银两办买铺垫仍将用过银两造入奏销册内具题查核【雍正二年】

一江苏昭文县之薛家湾改归通州管辖其应征漕米题准于昭文南米内改抵至随漕应给旗丁带解芦席一十八领零折价银二钱二分零乾隆四年咨准在于裁存经费款内动支

一江南江安各属随漕席片例系州县备办本色交丁因各州县从前私自折交以致旗丁藉端勒掯乾隆五年奏准办交本色毋许折银运丁毋得勒索倘有前弊严行参究

一江西湖南截卸淮扬等处各帮应交席片汇同毛竹松板一并缓俟下年搭运【嘉庆十三年】

一江浙各帮搭解缓交余米项下毋庸交纳席片有旗丁自行办交者准于各该帮下年额漕项下应交席片内照数划抵【嘉庆十四年】

一截拨蓟州两年兵本因本年支放之外尚须囤贮一年所有运丁应交席片随粮兑交该处备用【嘉庆十四年】

一湖南省搭运米石准照湖北搭运之例一体免交席片以照画一【嘉庆二十三年】

一道光三年五月仓场奏准粮船到坝该旗丁应交方席嗣后责成坐粮厅每米一万石交席八百五十领如系茶席即应加倍逐一验明令旗丁交与经纪等代为雇车运至大通桥廒内堆贮责令该桥监督点验清楚出给该经纪印票实收再令大通桥车户就其运米车内每米千石分带席片八十五领同漕米一并运仓交该仓监督点明收受一体出给该车户印票实收所有两处印票实收每日汇缴坐粮厅按十日一次由厅汇送仓场衙门查验如到桥席片短少即责令旗丁与经纪赔补如到仓短少即责令车户赔补傥该役有折收情弊查出严参究办其运米车户搭运席片应量加体恤每方席一领酌给脚费银一厘即于坐粮厅库存各役运脚项下作正支销

一道光六年七月仓场咨任城徐河前后等帮截拨大通桥黑豆应交斜席每领折银一分交纳通库经部饬令如数办交斜席以符定例将折价银两如数给还查各帮弁丁交粮完竣均已南下无从著追应饬令于办理新漕时将上年各该帮未交斜席按数购买齐全搭解来通交纳至已交折席银两应俟交席完竣再行给发领回咨部转饬遵行

一河南山东等省道光四五六等年截拨大通桥蓟州遵化州等处米豆随粮解交席片俱折银交纳经部查席片为京通各仓铺垫苫盖之用例应随粮交纳本色移咨仓场总漕嗣后饬令办交本色席片不得仍以折色交纳以

符定例【道光六年七年】

一山东济宁前等帮截拨蓟州等处米石应交席片向由州县随漕派征折银交帮搭解道光七年经部题令嗣后办交本色以符定例等因旋据咨覆道光五六两年席片业经随粮折银交纳所有本色席片委系赶办不及应俟下运遵照部定章程预备本色席片照数解交经部核覆准行【道光七年】

卷五十·随漕解款·随漕竹木

一江南浙江江西湖广四省正兑米俱有楞木松板改兑米并无楞木松板山东河南二省江北庐凤淮扬徐各府六安泗颍亳海通各州属正改兑米俱例不派征楞木松板【议单旧本】

一各省随漕板木每正米二千石派征楞木一根松板九片楞木每根长一丈四尺九寸围二尺五分松板每片长六尺五寸阔一尺三寸五分厚五寸五分其改征折色省分每楞木一根征银五钱或五钱五分不等每松板一片征银四钱或四钱五分不等【议单旧本】

一大通桥收贮楞木松板倘存剩过多恐致朽坏或将旧存者照时变价或将新运板木照江南省折色定例改折一二年再收本色【议单旧本】

一应征楞木照江南折色定例每根折银五钱松板每片折银四钱五分【康熙八年】

一存剩年久松板每片变银四钱二分楞木每根变银五钱三分【康熙九年】

一天津囤米将席片交地方官随粮运通其楞木松板仍照旧交大通桥交收【雍正元年】

一旧例铺厫每厫需松板五十块楞木五根雍正三年改为满铺应用松板一百一十块楞木九十根将松板以一锯四以代楞木每板一块可抵楞木根半有余雍正四年为始将十分松板金征本色十分楞木核算价值俱征松板

一雍正三年奏准各仓需用气筒毛竹数目令每船带大毛竹二根长二丈中径五寸中毛竹十根长一丈二尺中径二寸除山东河南二省外其余有漕各省随粮运交

一各省应征楞木松板旧例俱系三分本色七分折色江安宁池太各府州属将应征本色照征给丁苏松常镇四府太仓一州浙江江西湖广各府州属将应征本色征银给丁办交雍正四年题准将松板全解本色楞木改征松板亦全解本色六年钦奉上谕向因铺垫仓厫需用松板令各省粮船随带到通交纳续经该部定议产木之省如江西湖广及江安粮道所属地方则全征十分本色其不产木之苏松浙江等属则解三分本色七分折色此便民利用之意也今朕闻得该地方所交三分本色亦于抵通之时始行采买以致通州木商与胥役勾通包揽每板一片用银至二两余或一两七八钱不等较折色之数多至四五倍运丁不免苦累查京通各仓一年支放俸米甲米空出厫座应铺垫一百五十座其湖广江西安徽三处所解松板已足备用即有应需采办者谅亦无多所有不产木之浙江苏松等属应解三分本色松板二千五百四十片俱著改征折色令各该粮道汇解通济库以备采办之用其湖广江西安徽等处全解十分本色者著仓场侍郎严行稽查不许收板官吏勒索使费俟各仓厫铺垫完日将应征本色若干之处具奏请旨钦此

一雍正六年部议铺仓松板向例江安系征本色给丁解运其苏松浙江江西湖广俱系按地亩征银折给领运官丁采办嗣后浙江苏松仍照旧例俱征折色惟江西湖广二省及江安所属仍全征本色

一苏松等属应解三分本色松板改征折色所有原编三分楞木改征松板自应一律折征汇解部覆应同轻赍银两一并解部【雍正八年】

一雍正十二年奏准产竹省分每船例带毛竹大者二根中者十根自乙卯年为始量为酌减只交大竹二根中竹六根一京通各仓编造气筒毛竹向例江浙等省产竹地方每漕船各带八枝旗丁自行买运交仓不给价银乾隆二年奏准减带二枝每船各带六枝给以价值于道库减存银内给发六年复奏再减二枝每船各带四枝

一各省买办毛竹价银例系于道库减存银内动支江西省因无道库减存银两乾隆三年咨明在于道库裁兵米折项下动支湖北省乾隆六年咨明在于南粮抵兑节省水脚银内动支

一江西省毛竹乾隆三年咨准大竹中径五寸长二丈每根价银六分中竹中径二寸长一丈二尺每根价银五分

一浙江省乾隆三年咨准大毛竹长二丈二尺径四寸杭州府属之新城县径系三寸五分湖州府属径系四寸七分中竹杭嘉二府属长二丈二尺中径三寸四分新城县径系三寸湖州府属长二丈径四寸小竹长一丈八寸径三寸新城县径系二寸五分每枝价银新城县大竹七分中竹六分小竹五分安吉县武康县大竹九分中竹七分小竹五分嘉兴秀水嘉善海盐平湖石门桐乡归安乌程长兴德清等县大竹九分六厘中竹七分五厘小竹五分三厘富阳县大竹一钱五厘中竹七分小竹四分三厘七毫五丝仁和钱塘海宁昌化等县大竹一钱三分中竹八分小竹五分临安县大竹一钱三分中竹九分小竹五分五厘于潜县大竹一钱三分中竹一钱小竹八分余杭县大竹一钱三分五厘中竹八分九厘小竹五分六厘

一江南镇江等属毛竹乾隆四年题定镇江府丹徒县毛竹长二丈三四尺围圆一尺一二寸每根价银一钱文庆府怀宁桐城等县毛竹长二丈围圆一尺二三寸每根价银三分五厘至五分不等宁国府属南宁县毛竹长一丈二尺至二丈围圆一尺至一尺八寸每根价银三分三厘至一钱六分不等池州府属贵池铜陵石埭建德东流五县毛竹长一丈至二丈围圆八寸至一尺五寸每根价银四分至一钱五分不等青阳县毛竹长一丈六尺围圆一尺每根重三十三斤五两每百斤价银一钱六分太平府属当涂芜湖繁昌三县毛竹长一丈三尺至一丈五尺围圆一尺每根价银六分至一钱不等广德州毛竹长一丈七尺至一丈九尺围圆七寸至一尺每根价银二分至三分不等淮安府属各县毛竹长一丈六尺围圆一尺每根价银一钱五分泗州盱眙天长五河等县毛竹长一丈二尺至三丈五尺围圆四寸至一尺二寸每根价银八分至一钱六分不等江宁府及海州通州等处向无定价悉照时价造报

一胡南湖北二省毛竹乾隆四年题准湖南省大竹每根价银九分中竹每根价银六分湖北省大竹每根价银一钱中竹每根价银八分

一湖南湖北二省毛竹乾隆六年咨准大竹长二丈中径五寸中竹长一丈二尺中径二寸

一京通各仓铺厫板片例系湖广江西安徽等处全解十分本色乾隆六年因各仓厫板酌议抽换每年需板无多奏准将湖南湖北江西三省改征一半折色仍征五分本色松板一千三百四十片其安徽省板片全改征折色汇解道库

一各仓厫座气楼恐不足以资通泄中间郁热应于放米之时置造气筒每厫五六个使湿热之气可以发舒除山东河南二省外其余有漕省分按船带运毛竹旧例每船带运大毛竹二根长二丈中径五寸中毛竹十根长一丈二尺中径二寸随粮运交乾隆六年议减毛竹每船带运大毛竹一根中毛竹三根

一江南苏松常镇太五府州属毛竹乾隆八年咨准大竹长二丈一二尺围圆一尺一二寸每根价银二钱四分中竹长一丈一二尺围圆六七寸每根价银一钱二分

一湖广江西二省应解一半本色松板乾隆十四年奏准暂行停征即令全交折色解通交纳

一京通各仓厫板渐次缺少除产木无多之安徽省照旧全征折色其湖广江西两省额征松板仍俱照数全征本色以供铺垫【乾隆三十六年】

一江西袁州等帮截留山东漕粮各船应交毛竹系旧冬备办恐日久虫生不能久贮将应交毛竹带回明年另办新竹赴通交纳【乾隆四十七年】

一京通各仓铺厫松板若积存充裕即行停征本色径解折色至十余年后抽换渐多复征本色松板运通例系奏明办理自乾隆三十七年至五十五年因存贮新板充裕奏请五十六年为始解交折色又自乾隆五十六年至嘉庆五年历经十载各仓存贮松板无多于来岁照数全征本色以供铺垫俟板木充裕再行停征

一湖北本色松板因停征年久商贾难于消售以致贩卖无多若令即时采办漕粮兑开在即势有不及咨准将正运松板办解本色其带征漕粮应需松板缓俟下年采买分给帮船随米解交嗣以正运应交松板商贾贩运稀少带解杂木交纳查与定例不符即饬原船带四易换松板于下运搭解以符定例【嘉庆六年】

一湖南省漕粮内截拨陕西兵粮米八万石陕省并无兑收本色芦席饬令湖南粮道将截漕项下芦席搭运赴通交纳【嘉庆七年】

一通州左营千总马豹押运拨船至康家沟地方水浅将附载松板抛入河内淌失无踪将该弁责革该管副将不行查出总兵失于觉察交部分别议处所失板片著落该总兵副将都司及马豹与未经交代明晰之江西运员直隶地方官均摊赔补仍将江西运员一并交部查议应赔价银照江西采买本色例价每块正价银一两二钱水脚银

五钱并令江西仍买本色松板运通交纳【嘉庆十四十五等年】

一江西赣州帮丁郭同兴欠交嘉庆十四年分大中毛竹八根因兑新漕紧急未及搭运除将应交毛竹饬令补交外将领运候补守备李逢春照造报遗漏非关钱粮罚俸三个月例于补官日罚俸三个月【嘉庆二十一年】

一湖南头二三帮嘉庆二十三年运通粮米据总漕奏明截卸北仓应交席片松板毛竹仿照嘉庆十八年截卸临清之案席片随粮交收以供铺垫之用松板毛竹恐致枯焦黪朽饬令带回下年运交部覆准行

一湖广江西等省每年随漕办解十分本色松板带运到通派贮京通各仓以为铺垫廒座之用定为十六年抽换一次自嘉庆六年办解以来历年遵办嗣据仓场奏称除各仓铺垫外核计现存松板数已逾万撙节抽换可敷十年铺用请将湖广江西等省应征本色松板于嘉庆二十五年为始暂行停征全交折色解通俟将来板片不敷应用再行照旧办运【嘉庆二十四年】

一湖南头二三帮嘉庆二十五年办解松板如数卸交临清州收储毛竹一项系中空质薄之物不免冻裂枯焦各丁情愿带回来年另换鲜竹带运赴通交纳其松板经地方官点验存在大王庙封锁拨役看守俟各帮重运行抵临清带运赴通经部覆准遵行一江西湖广等省办解十分本色松板为铺垫仓厫之用嘉庆二十四年经仓场查明现存松板充裕奏准暂行停征本色俱令全交折色解通嗣因修整各仓廒座需铺板片甚多所存之数恐不敷用复经奏准饬令江广二省于道光三年为始仍按年全征本色于次年随船交纳

一江广漕船重运例准跨带竹木不征税银经户工等部奏明例带免税竹木天篷上准高二尺不计宽长以天篷为度两旁跨木各准宽二尺不计深长以船身为度令各该督抚及漕运总督责成各该粮道督饬帮弁于漕船未经开行之前按照额定尺寸数目实力查验如有违例多装勒令起卸入官仍出具查验无浮甘结呈报总漕如查验不实经各关监督查出多带除按则科算外仍揭报总漕将丁商从重治罪员弁严加参处至押运员弁坐船如违例私带货物应由该管督抚指名严参惩办【道光二十七年】

卷五十·随漕解款·征解通例

一轻赍易米席木本折银两各州县照额征收各省粮道将完欠支解各数汇报总漕于次年三月内汇齐奏销【议单旧本】

一楞木松板向系解交京粮厅收纳顺治十五年京粮厅议裁改归大通桥收纳【议单旧本】

一各省随漕带运本色席片板木仓场查明随粮完欠造册按年奏销【顺治十三年】

一席片板木各有长短宽狭尺寸官丁随粮解交务照定式不许短小充数亦不得滥放折罚致滋弊窦【顺治十三年】

一正兑米例进京仓应解楞木松板顺治十五年题准改拨通仓即照改通米数扣留板木以供铺垫或有河兑【如遇北河浅阻即兑于沿途州县起拨转运到京】其板木仍于大通桥交纳

一席片板木例供仓廒铺垫顺治十七年题准如运弁挂欠不完总督仓场严限追补虽漕粮全完不准议叙

一江安等府州每年起解轻赍又搭解轻赍银两应照苏松等府州每两支给三分水脚造入奏销册内核销【康熙十三年】

一湖北轻赍芦席项下原编有杠费银两于康熙二十四年为始支给报销

一旗丁解交随粮板木例由大通桥收受转运至京各仓该桥额设板木书办一名板木车户十三名把持包揽每板一片勒索银七八钱一两不等积弊相沿牢不可破嗣后板木到桥令旗丁现雇车辆运送各仓所费甚少原不必用额设车户至板木长短宽窄向有部定尺寸该监督只须照式查验登记收受其大通桥板木书办车户一并裁革毋庸复设【雍正六年】

一雍正九年湖北帮船漕粮截留东省应交席片木竹难以运通议令带回水次俟新运搭解

一雍正十年临清德州二处建造仓厫截留漕米二十万石议准将随漕席片在东交纳以资铺垫至落崖抗夫雇价等项令旗丁自备津贴茶果等银免其交纳

一各省运丁所解席片定例将狭小茶席投交者一概驳换雍正十二年凑准以茶席二领作原派方席斜席一领查明收纳不得留难勒掯

一粮船随带席板毛竹向例于抵通交米后旗丁自行雇车运仓经由大通桥查验因各丁届费艰难奏准令各帮于起米之后将板片席竹在东岳庙堆？坐粮厅督令经纪雇车改从陆路由石道至朝阳门一手运送不由大通桥经过令监督于朝阳门随到随验进仓中途遗失短少责令经纪赔补仍严禁经纪不得藉端勒索其应投桥仓文册各弁丁俟经纪知照起车之日前赴各处自行投递掣获仓收并完呈照例投验【乾隆三年】

一湖南省起解轻赍银两需用盘费等项向于该省公捐备用银内给发嗣因停止公捐咨准将起解轻赍银两需用盘费等项于地丁额编解费银内动给【乾隆五年】

一各省帮船带交毛竹令该粮道验明是否合式造册咨送令坐粮厅转饬各帮将现坐某仓船若干只应交大小毛竹若干长径丈尺若干先期移仓查收如有与册开不符者即令更换其有册开原属与例不符者亦准收用不必驳回统俟粮竣汇册咨送查核【乾隆十二年】

一豫省随漕席片并无征款其应解七分并续减之一分三厘折色归于地粮项下征收扣解至一分七厘本色席片向系由有漕州县按粮捐备雍正十三年议令旗丁于津贴银米内办买交仓乾隆十二年题准动支节省耗羡银两随漕给军自行办交

一各省嗣后凡有报解银两物料文批责令该解员赴科交投查验【乾隆二十一年】

一委员赍解漕项银两赴通不行投验批回者照例罚俸一年【乾隆二十五年】

一轻赍易米席木折色银两旧例各省粮道统行解交通济库收贮坐粮厅将收支出入数目造报总督仓场查核于年底奏销如有余剩银两解部康熙四十七年题准将各省额解轻赍银两山东河南湖广江西浙江江安等处俱解贮通济库应用苏松粮道所属额解轻赍银两解交户部倘不敷用仓场于户部咨取六十年题定复将苏松粮道所属额解部库之轻赍银一十三万两内分拨五万两径解通济库备用其余仍行解部乾隆二十六年奏准通济库所收轻赍银两不敷支放将苏松每年解部轻赍银内拨银四万两以备支用仍令仓场侍郎嗣后奏销实存银两务须遵照定例于每年岁底核明实用数目报销如有余剩按款解部以清年款

一轻赍等银例应先漕解通以济运务康熙五年奏准令各省巡抚就近督催粮道依期完解如有未完迟悮听仓场将巡抚粮道一并题参乾隆二十九年题定浙省轻赍银两统限岁内全完于次年起解轻赍时悉行委员解送如有未完即行分别参处

一席竹交仓例应载入全单坐粮厅必俟仓收到日粘签一并呈送每致稽迟乾隆三十一年奏准嗣后席竹运交各仓后该仓定于五日内查收即将实收移会坐粮厅以便按期送验倘有勒索迟延等弊该仓场查明究参

一乾隆三十一年豫省漕粮钦奉恩旨蠲免所有额征轻赍席折席片等项银两毋庸解通造入季册报部酌拨

一各省解交各项物料折色等银均令一例倾成小锭交库如有以元宝解部者皆不准收【乾隆三十六年】

一桃源县奏销册造轻赍等银二百四十五两四分七厘赋役全书开载实现征银一百五十三两七分六厘较比计不敷银九十一两九钱七分一厘实系逾额无征之数准于乾隆三十七年为始奏销册内该县应征银数照全书规征银两更正造报

一蓟粮裁减之后并无席折银两收贮即每年蓟粮粟米所收席折不过一两有零其奉天黑豆各仓应用席片铺垫每年所领席折银二十余两不敷支放统归轻赍项下开除嗣后所收蓟粮席折亦入轻赍项下造报【乾隆四十二年】

一江北帮并临清河南后帮乾隆五十二年船粮到通欠交席片私行南下徐州卫守备李从典临清卫守备王德和均照督催不力例罚俸一年其另案斥革之临清河南后帮千总徐世坦照不实力奉行例降一级调用注册【乾隆五十五年】

一江北帮河南后帮所欠席片补交迟延将已革江安粮道董世明照督催不力罚俸六个月例罚俸六个月注册【乾隆五十六年】

一台州等帮嘉庆七年未验全单因弁丁等所交席竹板木不行掣取仓收以致全单不能呈验酌定各帮漕粮全单内应交席竹令坐粮厅遵照定例于交粮后督令经纪立即转运到仓并令各仓监督照例于五日内务即收受明白出具仓收径行移会坐粮厅查核以便移送部科查验毋得迟延【嘉庆九年】

一湖南省应征漕项银两因灾缓征应解轻赍等银照额动支批解【嘉庆十三年】

一湖南省办解本色芦席松板等项向系在于漕项银内动支巴陵等县应征漕项因灾缓征应办本色芦席松板等项无从扣价采办准其分年带征办运【嘉庆十三年】

一湖北省只征漕米缓征随漕各属应买本色芦席松板价银为数无几饬令各属先行通融垫办交给弁丁随粮解通俟各本州县带征初限随漕银两扣还归款【嘉庆十三年】

一湖北通山当阳二县漕粮向系征收折色另派江夏等县余漕耗米代兑江夏等县漕粮耗米随正缓征俟带征时分年代兑所有通当二县随漕钱粮内征存应办席板价银亦俟代兑时分年办交随粮带解【嘉庆十三年】

一苏松江安粮道每年解通轻赍由闸银两坐粮厅兑收历有兑亏向系造入平余项下开销嘉庆十六年部议驳饬嗣后倘有兑亏即著该道等自行添补

一各省起解通饷银两由道遵用部颁砝码眼同解员每百两为一封逐平兑凖粘贴印花装鞘即将原砝封固粘贴印花交委员带赴坐粮厅该厅即以部颁百两砝码眼同解员逐封验明交兑俾解收画一不致参差【嘉庆十六年】

一嘉庆二十一年河南委员梁衍绪解到轻赍银两兑收通库该员丁忧回豫所有批回未据请领赴部科投验嗣经部科辗转移查将批回验明转行河南巡抚查收饬发备案并通饬各解员嗣后解交部库等项银两缴银后如有事故即应掣领批回销差毋得任意回省致繁案牍

卷五十一·京通粮储·仓场职掌

一总督仓场户部满汉侍郎各一员国初附部理事顺治十五年崇文门外建设仓场衙门出巡通州驻札公署坐落新城南门内一切漕仓事务专责料理其漕运总督各该督抚沿河文武衙门凡有关系漕运应报文册俱照报部式样分报仓场应举劾者照例举劾各项应行事宜仓场衙门径行造册报部查核【议单旧本】

一各省粮道并沿河地方文武官员凡有漕运之责者皆属管辖【议单旧本】

一每年春间出巡查看五闸河道点验石土两坝经纪车户拨船督令坐粮厅催置布袋以备新粮到坝起运【议单旧本】

一漕白粮船抵通日期及到通起过粮数督卸回空船只数目并石坝外河水势深浅五日一次具折奏闻【雍正三年】

一重运粮船到通督令坐粮厅起卸过坝趱空漕船颁给限单催令回空【议单旧本】

一各仓收受完竣分晰各帮完欠数目造册具题送部查核【议单旧本】

一轻赍由闸等银仓场督催各省粮道按年越漕先解岁底将收放各项银两数目造册具题奏销各省未经解屹者即将该省巡抚粮道一并题参其未完银两仍催补解【议单旧本】

一席片松板原供铺厫打囤之用其席片例交各仓监督按进仓米数核收其松板例交大通桥监督按正兑米数核收统俟粮运告竣分晰完欠各数造册具题送部查核【议单旧本】

一大通桥护城暨通州石土两坝里河各闸河道闸座等项凡有应修应建之处仓场咨报户工二部会同踏勘具题应用工料银两工部料估确数移咨仓场户部照数给发【议单旧本】

一京通各仓大通桥石土两坝等处如有地棍奸蠹并包揽漕米进仓听仓场严查参办【议单旧本】

一漕船抵通回空与开帮过淮本同一律各省漕船开帮过淮均系各督抚自行题报漕船抵通回空与上年比较迟早系仓场职掌嗣后专交仓场侍郎照向例按五日一次具奏毋庸由部重复缮单仍令咨部查核【嘉庆七年】

一仓场衙门例应五日一次具奏粮船到通及回空日期嘉庆十二年八月二十九日报期缮折交笔帖式武凌阿捧送内阁封发迟误吏部议将该笔帖式罚俸三个月仓场侍郎罚俸一个月

一各仓监督由仓场侍郎认真考核遇有阘茸之员随时甄别其花户名数按照例额招募不准空缺每遇五年报满更替年分照监督交代之例将该花户经手收放粮数查明具结报部

一各仓收放米石日期该监督等将仓内外闲杂人等概行禁止不准进仓如有搅乱仓务及身后把持之人由该监督查拿惩办【以上同治七年】

卷五十一·京通粮储·京通各差

一坐粮厅驻札衙门在于通州新城内向系户部汉司官一员康熙二年题明添设满司官一员二十六年题定将各部院衙门官员均行保举差遣

一坐粮厅向系一年差满更替康熙三十三年改三年一差三十八年照各部院司官论俸升转不定年限雍正元年题定二年一差永为定例

一坐粮厅管理北河催攒空重漕船督令经纪车户转运粮米交仓并管通济库一座收支轻赍由闸等项银两兼抽通州税课挑挖北河淤浅修筑堤岸闸座【议单旧本】

一坐粮厅差满仓场督臣将其任内经管收放各项钱粮数目造册具题送部查核【议单旧本】

一坐粮厅所辖石坝州判一员土坝州同一员通济库大使一员通流闸闸官一员庆丰闸闸官一员【议单旧本】

一坐粮厅大通桥京通各仓监督差满俱由仓场具题考核回本任办事【议单旧本】

一石坝军粮经纪一百名白粮经纪二十五名土坝车户向系五十名于康熙二十五年裁革二十五名只存二十五名雍正十二年又裁去五名实在著役二十名五闸军粮水脚向系一百四名内石坝里河二十六名于雍正五年裁革归并军粮经纪实在普济闸二十六名平下闸二十六名平上闸一十三名庆豊闸一十三名四闸共军粮水脚七十八名又四闸白粮水脚每闸二名共八名石土两坝外河向有白粮船户共三十五名于康熙三十九年裁革归并白粮经纪土坝车户以上各役限十年一次更换令通州知州签派殷实良民顶充不许旗人充当并不许父子兄弟朋友盘踞

一通惠河原设分司征收木税专管修理五闸并潞河等处挑浅之事康熙三十九年题定归并坐粮厅管理照潘桃口之例作为小差

一大通桥监督衙门坐落东便门外向系汉监督一员康熙二年题添满监督一员康熙四十一年题准将大通桥监督裁汰四十七年题准复设一年差满更替

一拣派大通桥监督除外升人员仍停其升转外其在京升转人员应照满洲出差官员例准其照常升转仍令一年差满更换乾隆元年奏准大通桥监督差满由仓场衙门在于各仓现任监督内拣选带领引见定以一年更换

一大通桥监督经管石坝运到漕白粮米抽验斛面督催车户分运各仓兼收随粮本色松板【议单旧本】

一大通桥监督差满仓场督臣将其任内经管事由造册具题送部考核【议单旧本】

一大通桥原设军粮车户二十八名水脚一十三名于雍正十年题添车户四名现共车户三十二名原设白粮车户一十三名水脚二名雍正十年裁革其应运白粮归并军粮车户水脚抗运

一京通各仓每仓派满汉监督各一员旧例系户部官员笔帖式更替康熙二十六年题准将各部院衙门官员笔帖式均行保举差遣五十六年停差各仓笔帖式雍正元年题准将候补候选之郎中员外主事等官一并拣选补用四年钦奉谕旨汉监督将候补候选之道府同知知州等官满监督将各部院笔帖式一体差遣乾隆元年议定各仓监督任满于各衙门现任员外主事等官拣选补放【内阁侍读典籍中书光禄寺署正署丞典簿宗人府副理事官太仆寺主簿太常寺寺丞读祝官博士典簿赞礼郎大理寺寺丞评事鸿胪寺主簿鸣赞国子监监正博士典簿典籍助教中书科中书各部院司务等官并准保送仓差】

一各仓监督旧例一年差满更换雍正元年题准监督内有操守清廉粮储无亏者听仓场题留复三年任七年题准监督任满令仓场出具考语引见其好者留任俟三年期满议叙其平常者仍照例更替乾隆元年以各仓监督更换之期向例一年二年至三年不等题准均以二年为满满汉监督一年一员更替如二年内有俸满应升者照常升转仍俟差满更换十七年以监督二年更换未免太促俱改为三年更替

一京通各仓监督任满总督仓场将其任内收放过粮米数目造册送部具题考核【议单旧本】

一在京各仓每仓或都统或副都统各派一员御史各派一员专任稽查之责雍正十二年钦奉谕旨定为三年一次更换乾隆十七年议准京通各仓每仓各派御史一员专任稽查每届年终都察院开列满汉科道职名带领引见更替

一禄米仓经制书办二名攒典二名在坐粮厅给领饭食银两皂隶五名花户二十九名小甲二名共三十六名

每名每月在户部支领月粮米折银三钱九分看仓正蓝旗章京四员披甲七十名

一南新仓经制书办二名攒典二名在坐粮厅给领饭食银两皂隶四名花户二十九名小甲二名共三十五名每名每月在户部支领月粮米折银三钱九分看仓镶白旗章京四员披甲四十名

一旧太仓经制书办二名攒典二名在坐粮厅给领饭食银两皂隶六名花户二十四名铺军二名小甲二名共三十四名每名每月在户部支领月粮米折银三钱九分看仓正白旗章京六员披甲四十名

一海运仓经制书办二名攒典二名在坐粮厅给领饭食银两皂隶六名花户二十四名铺军二名小甲二名共三十四名每名每月在户部支领月粮米折银三钱九分看仓镶黄旗章京二员披甲四十名

一北新仓经制书办二名攒典二名在坐粮厅给领饭食银两皂隶六名花户二十六名铺军二名共三十四名每名每月在户部支领月粮米折银三钱九分看仓正黄旗章京二员披甲四十名

一富新仓经制书办二名攒典二名在坐粮厅给领饭食银两皂隶七名花户二十名小甲二名共二十九名每名每月在户部支领月粮米折银三钱九分看仓镶红旗章京四员披甲四十名

一兴平仓经制书办二名攒典二名在坐粮厅给领饭食银两皂隶六名花户二十六名小甲二名铺军二名共三十六名每名每月在户部支领月粮米折银三钱九分看仓正红旗章京四员披甲四十名

一太平仓经制书办二名攒典二名在坐粮厅给领饭食银两皂隶四名花户二十八名小甲二名共三十四名每名每月在户部支领月粮米折银三钱九分原设看仓镶蓝旗章京六员披甲八十二名又城上披甲十名雍正六年裁去章京二员披甲二十三名并城上披甲十名今只章京四员披甲四十九名乾隆二年因添设水门二座奏准添设章京二员看守

一万安仓经制书办二名攒典二名在坐粮厅给领饭食银两皂隶六名花户二十四名小甲二名铺军二名共三十四名每名每月在户部支领月粮银三钱九分向设正红旗章京四员披甲三十九名乾隆四年因将储济仓 厫座拨归管理奏准将储济仓旧有章京官兵内拨归章京二员兵二十名花户六名又添设章京二员兵二十名共章京八员兵七十九名花户三十名

一本裕仓经制书办二名攒典二名在坐粮厅给领饭食银两嗣因收放事务较各仓减少乾隆十七年议裁书攒各一名现在书攒二名在坐粮厅给领饭食银两其皂隶花户小甲铺兵共三十四名于在京禄米南新旧太海运北新富新兴平太平八仓各役内轮流派往当差所需口粮银七十四两八钱八分即由八仓拨发看仓八旗章京四员披甲六十名内镶黄正黄正白正红四旗每旗八名镶白镶红正蓝镶蓝四旗每旗七名

一裕丰仓经制书办二名攒典二名在坐粮厅给领饭食银两皂隶六名花户二十四名小甲二名铺兵二名每名每月在户部支领月粮米折银三钱九分看仓镶红旗章京二员披甲四十名

一储济仓经制书办二名攒典二名在坐粮厅给领饭食银两皂隶六名小甲二名铺军二名花户三十名每名每月在户部支年月粮米折银三钱九分看仓镶白旗章京四员披甲八十名乾隆四年因将厫座分拨万安仓管理奏准将花户拨归万安仓六名只花户二十四名

一丰益仓额设书攒二名皂隶花户小甲铺兵共三十四名所需口粮银七十四两八钱八分于在京禄米等十一仓并西中二仓各役口粮银内均匀派拨【监督向系内务府派员管理旧设书攒四名贴写二名皂隶四名花户十六名小甲二名看白二名铺兵二名俱于内务府闲散人役挑补当差每名每月于脚价银内散给银二两【乾隆三十七年】奏明改归仓场管理一切事宜悉照本裕仓之例办理】

一通州西仓经制书办三名攒典三名在坐粮厅给领饭食银两雇长六名花户十八名甲斗二十四名看仓章京二员披甲一百名内镶黄镶蓝二旗每旗各二十名镶白正红二旗每旗各三十名

一中仓经制书办二名攒典四名在坐粮厅给领饭食银两雇长三名花户九名甲斗十二名看仓章京二员披甲七十名内正黄正白二旗每旗各三十名镶黄镶蓝二旗每旗各五名

一京通各仓满汉监督向系任满之时由户部行知各衙门保送引见补授未免有需时日恐致贻误仓务乾隆元年题准预行各衙门吏礼兵工四部大理寺派满汉官各一员户刑二部派满官各二员汉官各三员宗人府国子监太常寺太仆寺鸿胪寺派满官各一员户部带领引见恭候钦点户部注册遇有缺出传集各员签掣补授

一各仓监督差满向例按米石盈余多寡议叙乾隆元年题准将盈余议叙之例停止如监督任内出入公平粮

储无亏仓厫不致渗漏米色不致霉变任满时仓场保题议叙加级如只循分供职仓场题明毋庸议叙仍回原衙门办事如有亏空随时题参议处

一补放各仓及大通桥监督例应户部颁给札付到任以杜假冒因有并不赴部领札径行抵任之员乾隆元年咨行仓场嗣后监督到任验明札付令其任事

一京通各仓额设满汉监督各一员每逢收于之时不能兼事稽查乾隆元年奏准于收放之时仓场移咨户部于记名仓差人员内拨赴仓场分派各仓监看并不时檄令收放事竣仍回各衙门办事

一通州城外自石土两坝至郝家浦沿河一带于四月南粮抵通之后每有无藉之徒及不法丁舵人等偷盗斗殴诱赌宿娼等事乾隆元年奏准责令州同州判于每年三月内移驻河干分界稽查巡拿细事就近发落有关系者解州审理漕务告竣回署如有疏防故纵以及扰累等弊该州查实揭报营弁各按所管地方带兵游巡如有懈弛即行参究

一向例各仓监督三年差满题请钦点部院大臣会同仓场逐厫查验嗣因监督差满定以二年错综更替陆续奏请查验未免纷繁乾隆元年奏准四年查验一次三年奏准斛量盘查必须经年之久徒多折耗按会典积方之法五年丈量一次三十三年奏准嗣后各仓存贮米石一年所收之数尽数放完仓场将原贮放过并盈余各数核实具题则此一年放数之多寡即以证彼一年收数之盈亏递年轮转一岁一清毋庸五年一次盘查

一粮船凡遇浅淤处所非拨不行是以拨价银米数目久经议定章程恐日久违例虽设有通判巡检等官经理其事不足以资弹压乾隆二十三年奏准专令杨村之巡漕御史稽查以通判等勷其事

一京通各仓每年收放漕粮另派大臣随时稽查将各仓收放盈余各数逐年奏闻由户部开列各部院满汉大臣名单奏请钦派二三员稽查如有出差等事只有查仓大臣二员户部即行奏请添派【乾隆二十六年】

一京仓向有都统一员御史一员专司稽察都统或因旗务不能亲身赴仓派旗员代理御史或间日一至不能时常赴仓稽察未能周密乾隆十七年奏准嗣后除八旗该班及五城理讼日期外轮流到仓倘都统有内廷侍直则御史亦应独任如有疏略亦即查参

一通州原设西中南三仓每年收贮漕白粮米空厫尚多徒致倾圮乾隆十八年奏准将南仓裁汰漕白粮米归并西中二仓收贮该仓监督咨部另补书办攒典无论京通各仓缺出即令掣补花户甲斗人等分拨西中二仓遇缺即补看仓章京及披甲人等咨回各旗

一通州西中南三仓原派八旗兵丁看守嗣因南仓议裁其看仓兵丁原设镶红正蓝二旗各三十名镶黄镶蓝二旗各五名若按旗撤回未免不均乾隆二十年议准于八旗内均匀裁撤一向例派出旗下大臣御史官员稽查仓务旗下大臣于各旗派出旗员每日在仓门稽查车辆米数转为呈报嗣因旗下大臣有出差升转另派大臣有需时日乾隆二十年奏准嗣后查仓大臣如有出差升转原派官员仍留仓门令其稽查俟另派大臣到任后将所查事务再行交代

一漕粮到通转运所需口袋船只车辆等项令巡漕科道会同仓场先漕逐项查验【议单旧本】

一大通桥管理一应支销官银人役因系公银公用多有浮费奏交大通桥监督自行经理【乾隆二十五年】

一闸河转运漕粮设立公局在内外河料理运务一应银钱俱给头役经管数年以来公局浮费益多嗣后交坝官经管出纳再每年巡漕御史二员需用食物俱系经纪供应而承办头役任意开销酌议于扣剩脚价内提出银六百两每月各五十两由坐粮厅按月分送又仓场并坐粮厅衙门书役人等有军白粮经纪帮贴饭食等项乾隆二十六年核明酌留帮贴细款奏准遵行

一各仓满汉监督同时任满一时俱易生手恐未谙收放于各仓监督内将历任一年以上者拣选一员调补【乾隆二十七年】

卷五十二·京通粮储·京通各差

一西中二仓监督职任较繁乾隆三十二年奏准嗣后该二仓满汉监督缺出俱于京仓现任监督内历任一年以上者拣选调补递前后亦算三年报满乾隆五十四年西中二仓监督统京仓监督到任不足一年于例不符其令例员内将及二年暨二年以上者居多嗣后调补谴照大通桥之例于调补后另扣二年报满嘉庆五年奏通州中西

二仓监督乾隆六十年题准改为简缺照例于记名人员内补用海运北新二仓定为繁缺在各仓监督内拣选调补照中西二仓旧例令仓场侍郎将京通各仓历任一年以上之监督咨部调补另扣二年报满其未届一年以上者不准咨调又乾隆二十七年奏准各仓监督同时任满准仓场在各仓监督内将历任一年以上者拣选调补应请嗣后拣调之仓如满汉监督内有一员到任未过半年者亦不得将该仓一年以上之员拣调

一浙江江西二省旧例每年于漕白粮艘开行之后将有漕府州县并办漕之同知通判卫所守备千总等官开具履历填注考语造送仓场备查此项文册无关考核嗣后概行停止以归简易【乾隆三十二年】

一仓场侍郎请颁敕谕照各省督抚提镇等官一体由部移咨内阁请领【乾隆三十五年】

一各部司员出派坐粮厅仓差者除京察仍由仓场衙门分别出考外其有于出差任内值郎中俸满之期者吏部不必截取俟该员差满回任后该堂官分别繁简及是否堪胜外任之处咨送吏部引见【乾隆三十七年】

一看仓披甲遇有逃走懒惰等项事故系由该仓章京报明仓场衙门移咨兵部转行该旗另派乾隆四十一年本裕仓看仓披甲拜哈私赴其父都伊纳泰宁镇总兵任所章京阿尔泰具报迟延交部议处仓场侍郎未能先事查出亦一并交部查议【乾隆四十一年】

一富新仓监督七十五将仓廒钥匙遗失又有麦石内搀杂米粒之事将该监督撤回罚俸一年【乾隆四十三年】

一庆丰闸所属平上闸第九块闸板醎裂该闸官曹瑗并不留心查看交部议处坐粮厅仓场侍郎等均交部察议【乾隆四十四年】

一每月部定仓口后即行知都察院衙门签派满汉科道各一人将该仓贮米廒座查验标封至放米之日责成该科道率同该监督等眼同领米旗员揭去气头移贮空闲廒内再将应放之米一律放给仍令该仓监督将各旗所领米样封送户部其各该旗于领米完竣之日亦将米样送部以凭核对倘有两不相符之处户部据实查参其所贮气头廒座仍令该科道即时标封俟出粜廒底时再令该科道查验开封以防偷换

一每季开放俸米亦先行知都察院衙门另派满汉科道各二人轮赴各仓率同该监督等照支放甲米之例一体稽查办理【查监放签派科道二员之例于嘉庆四年奏明停止】

一各旗都统副都统既在仓口监放甲米而各仓又有派出科道专责稽查所有向来另请派都统副都统查仓之例应行停止【以上三款均乾隆五十九年其余各款及原案详载支放粮米门】

一通州巡漕御史有稽察坐粮厅之责向例坐粮厅不准御史保送嘉庆三年坐粮厅章守勋系记名御史援照前任坐粮厅杜兆基奏留之案奏明御史缺出暂停带领嘉庆七年坐粮厅薛淇系记名御史仓场侍郎奏照前任坐粮厅杜兆基等奏留之案遇有御史缺出暂停带领

一汉官升转只论本任之俸并不接算底俸再革职降调人员前俸例不接算如革职留任者扣除革职留任日期又外官与京官较俸外俸三年抵作京官二年嘉庆三年汉仓差记名各员按照底俸深浅排列次序其降调捐复以及外官升补京员扣算食俸之处按例扣算

一京通十五仓收放米石每仓向有科道一员分仓往查一年期满更换乾隆五十九年改令都察院自行签掣科道按月一仓一员监放嘉庆四年仓场侍郎奏请仍照旧例令都察院将科道带领引见简派十五员分仓稽查按年更换所有每季关领俸米甲米及发交五城粜卖土米均令随时稽放至每年由通运京新粮一并令查核入仓【嘉庆四年】

一各仓监督向例与稽查御史同旗同省者一体回避嘉庆四年经仓场奏请照各部院堂司官员回避之例办理不必拘泥同旗同省吏部议覆准行

一坐粮厅衙门每年应置运米口袋例于漕船未到之先置造完竣呈报户部派委司官四员赴通查验嘉庆五年经仓场侍郎奏置办运袋既有满汉坐粮厅专司其事复有仓场侍郎暨巡漕御史眼同查验过数并重迭戳印记号所有户部派员验袋之例停止

一嘉庆五年奉上谕运河内织造办物并铜铅船只以及木排等项接遇粮船往往恣意拦阻嗣后责成巡漕御史转饬沿途文武员弁将重运漕船催趱先行其余船排令其尾随在后傥该船排等不遵弹压即将押解委员严行参办以示惩儆等因钦此

一通州天津济宁淮安四处巡漕御史向俱系钦差官员关防嘉庆六年据巡漕御史五德奏请按照巡视漕务地方分别铸给经礼部议准

一外城太平仓随仓之五堆至六堆相隔一百七十四丈七堆至八堆相隔一百十四丈有余步军统领议奏于折中添设堆拨二座照各堆拨丁名数拨用防守再内城七仓向无专派大臣稽查嗣后照城外各仓钦派王大臣夜间稽查以资防范【嘉庆七年】

一嘉庆九年钦奉谕旨嗣后著该监督等每阅数日在附近之官房轮班住宿一次仍常川周密巡查认真防范以昭慎重而绝弊端钦此

一嘉庆十一年中仓满监督额霖布系礼部员外郎到仓任事本属奋勉惟体气素弱精神耗衰恐照料难周奏明撤回原衙门行走

一嘉庆十一年坐粮厅汉员郑文明于十一月二十九日差满奉旨将礼部员外郎谢振定补放满员台福于十二月十八日亦系差满该二员任满之期相距仅十余日坐粮厅为北漕总汇之区在在均需熟手办理方能妥协奏准将台福再留一年俾资经理

一安河桥丰益仓从前系内务府官兵看守嗣经户部奏改八旗官兵防守嘉庆十三年以该仓离城较远非禄米等仓八旗看守之人有专派大臣稽查可比奏准撤回八旗官兵照朝阳门外太平等五仓之例就近改归中营每班派营官四员精壮汛兵一百名在该仓门及原设堆拨五处十日一换即责成该管之副将等官昼夜稽查如有代替或该班不到一经查出即行严办

一看守各仓库该班章京兵丁最为紧要有不派官员旗分兵丁与别旗官员不能识认难以督查因此致有冒名顶替进班之弊嘉庆十四年八旗都统副都统奏准嗣后何旗值班即由何旗尽数派委官兵其不派官员只单派一二名兵者径行裁汰倘该班官兵届时患病或有事故即时报旗更换再内仓著落正白旗看守原定有兵无官难以管束奏准照各部院看库之例添官一员带兵看守

一嘉庆十四年大通桥满监督宗室福森住五月二十一日二年期满汉监督何兰馥六月二十九日二年期满一时皆应更换正当转运漕粮吃紧之际恐所换不得其人于起卸回空均有妨碍奏准将二员留至全漕转运完竣后再行拣员带领引见

一嘉庆十四年奉上谕嗣后各衙门保送仓监督务须择京察一二等之员年力富强才具干练者保送若仍以年逾六十才具平庸者滥行充数于引见时经朕看出必将原保官严加惩处不贷西仓监督图敏布年力虽属尚壮才具不堪胜任著撤回原衙门当差等因钦此

一嘉庆十四年奉上谕亲王郡王贝勒贝子应领俸米其在通在京卖米卖票者分别降俸代为卖米之护卫等交部严加议处嗣后王贝勒贝子公等俸米届期赴通关领之时著先期具报都察院奏派满汉御史在朝阳门外按数碓查每月具奏一次均著令运米入城毋得在城外售卖如违必当永革俸米等因钦此

一文职三品武职二品以上官员俸米奏准同王公等俸米交都察院奏派满汉御史在朝阳门外一体确查【嘉庆十四年】

一嘉庆十四年奉上谕现在仓储正当积弊之后立法宜周所有城外各仓支领俸米之文职四品武职三品以下各官并兵丁月米均皆自本年八月为始届期奏派御史二员再由步军统领衙门派司官二员于朝阳门外专事登记每十日具奏一次如有出城售卖等弊立予严惩并著于两月内全行领完如逾限不领即行参办仍责成仓场及该管各衙门一体严查勿懈钦此

一各仓监督如遇紧要办公之时一人患病毋令私相兼摄致有废弛应令申报仓场侍郎派员署理照例一员在官厅检查米档一员在廒口监察其有同座官厅但委胥役在廒口收放者查仓御史纠参【嘉庆十四年】

一通漕御史有稽查坐粮厅之责不得仍用坐粮厅书役应由通永道衙门酌派书役以资办公【嘉庆十四年】

一通州中西二仓从前原系定为繁缺嗣因俸冰改归京仓开放中西二仓改为简缺将海运北新二仓改为繁缺嘉庆十五年奏明中西二仓仓案破后一切事宜皆须干员整理仍照旧例中西二仓改为繁缺于各仓监督内历任一年以上者拣选调补仍将海运北新二仓改为简缺

一坐粮厅经管通济库钱粮出入大通桥监督办理运务经手脚价署内俱设有库座收贮帑银新旧更替向不办理交代嘉庆十五年奏准嗣后新旧更替时照例委员公同查验依限出结造册咨部

一各省漕船行至北运河一带系务关营通州协催趱仓场不相统辖呼应不灵嘉庆十五年奏准归仓场衙门兼辖以重漕运

一嘉庆十五年粮船过津关较迟寄拨米四十余万石天津道沈长春办理寄拨事宜奋勉出力又候补知府彭应杰河间府同知宋继光沿河催趱重空军船并在杨村查催拨船亦无贻误及南北催趱漕船出力文武各员奏准交部议叙一嘉庆十六年稽查甲米御史良辅等奏准以朝阳门外路西官房五间为驻班之所领米各车每日限巳刻陆续赶到如迟至未刻者查取领放迟延职名议处查米吏役定为五名五城司坊各派一人按月轮换需用公费照稽查俸米之例于茶果项下动支

一嘉庆十六年稽查朝阳门外太平等仓王大臣等奏嗣后毋庸钦派王大臣夜出查仓等因奉旨绵课等奏会议查仓章程一折朝阳门外太平等五仓于嘉庆五年改定旧例由步军统领衙门派拨北左二营弁兵看守仍照向例分派王大臣每月夜间轮流出城稽查数次原以防范该弁兵等偷安误班情弊但稽查之日预先知照该衙门委弁前往札门则看仓官兵自必早得查仓之信不难预作准备追查毕后仍可抽减人数懈怠旷班于防范之道殊属有名无实且城门黉夜启闭该王大臣随从多人看门官兵势不敢逐名盘诘恐奸宄得以夹混出入非所以昭慎重著照所请嗣后毋庸钦派王大臣夜出查仓即照依丰益仓之例由步军统领衙门添派北左二营将官在该仓廒等处上夜认真稽查如查有旷误即禀报禄康等严参究办倘徇隐不报当并治以重罪其城内七仓查仓大臣著派绵课哈迪尔奕绍明亮瑚图礼恭阿拉巴特玛扎郎阿等八人轮班昼夜不时稽查如看守之旗员旗兵等稍有偷安情事亦即严办示惩毋稍疏懈钦此

一大通桥监督较掣抛撒米粒向来不准扫收入斛傥粮不足数经纪赔补嘉庆十六年经御史宗室绪庄奏请随时扫归斛内在经纪可免意外短欠而米粒亦不致遗弃经户部议令仓场侍郎严饬监督务令该役等认真加意抽掣如有抛撒斛外情弊立即严行责惩

一嘉庆十六年御史刘彬士奏慎重仓廒请严定章程一折奉上谕各仓额设巡逻弁兵为数不少如果实力巡查何至屡有偷窃之案嗣后责令管旗大臣派拨弁兵按照定数饬令亲身到仓每日派员点查如有人数不足以及雇人代替一经查出从严惩办不贷钦此一吏部等议准御史常安奏京通各仓仓书仍遵雍正四年奏明之案于直隶总督所属各州县择有身家善于书算之民人具结保送仓场挨次充补开明年貌籍贯住址三代咨行吏部取具地方官印甘各结著役五年役满回籍候选【嘉庆二十年】

一陕西道御史松长奏各仓花户应由大宛二县招募殷实良民结送仓场充补经仓场议覆仍循旧例饬令各仓监督招募土著良民取具邻里甘结并连名互结俟充补时京仓行查大宛二县通仓行查通州查明取具切结到日著役起算历役五年即令报满以防盘踞把持之弊仍将报满日期咨部查核【嘉庆二十年】

一大通桥满监督富斌于本年二月初六日差满汉监督张秉桓系于上年十二月十一日甫经到任更换仅及月余本年新漕转瞬抵通筹备一切事宜必须熟手经理奏准满监督富斌留至漕竣后再行更换【嘉庆二十五年】

一道光二年八月奉上谕定例各衙门书役人等于役满后不准复充原以杜积蠹把持之弊无如奉行不力近来各处吏役往往于役满后改名复充甚至暗中盘踞任意舞弊即如兴平仓已满花户刘瑞因希图指借公事开销官钱辄进仓帮同身后办事又随将官钱侵蚀多文情节实为可恶嗣后著仓场侍郎将所管各仓花户胥役督同各监督等随时认真稽查役满著即照例饬令退役毋许逗留滋扰傥仍视为具文任令蠹役日久把持别经发觉或被人控告定将该侍郎等一并惩处不贷钦此

一道光二年仓场奏甄别桥仓各监督一折奉上谕大通桥监督鸿胪寺鸣赞常福工部主事尚政麟办事迟钝旧太仓监督工部员外郎伊积芬海运仓监督吏部主事徐谦北新仓监督钦天监中官正陈恕才具平庸俱著撤回原衙门当差钦此

一道光四年正月上谕近来各仓监督俱不能实力整顿仓务甚或通同舞弊致花户等骫法营私益无忌惮屡次惩办尚不悛改嗣后各衙门保送监督应如何定立章程方可得人著军机大臣大学士会同户部堂官悉心妥议

具奏钦此旋经会议覆奏并声请向例京察只准保举四员今拟酌添一员共计五员一次保满员三员汉员二员一次保满员二员汉员三员递相轮保等因奉上谕本日据军机大臣大学士会同户部议奏保送仓监督激劝章程一折所奏甚是各仓花户骩法总由监督约束不严自应慎加遴选明示劝惩不可虚应故事务从其实以收得人之效嗣后各衙门保送监督钦天监太常寺鸿胪寺銮仪卫各衙门司员俱著毋庸保送其余各衙门仍照向例令各该堂官择其明白体面兼有才具者秉公保送其结实可靠之员准其奏留再任三年倘始终奋勉随时奏请即予升途至京察之年并著添保一员满汉相间轮保务择才守俱优者列为一等不得先尽坐粮厅大通桥监督以昭公允各仓监督除舞弊得赃随时严办将原保堂官交部议处外其不实心任事者著该侍郎随时参处庸懦无能者咨回原衙门行走并著停升三年虽俸满亦不准保送外任至花户舞弊系监督自行查出者即专治花户以应得之罪监督失察处分概予宽免向例仓监督给予养廉只领半俸嗣后并赏给全俸用资办公即自本年春季为始其万安海运二仓事务本繁著该侍郎于各监督内拣员调补自此次立定章程之后务各秉公选择实心整顿以祛积弊而慎仓储钦此

一据仓场奏请撤回之大通桥监督嵩惠托恩多前因督催不力固属咎无可辞第查该监督等平日办事勤慎奉公向无贻误现在漕务正值吃紧之秋稽察催提在在需人差委嵩惠托恩多年力正强仰恳圣恩将二员暂留仓场衙门以供差遣钦奉上谕博启图等奏撤回之监督请暂留差遣等语大通桥监督嵩惠托恩多前因车辆短缺督催不力降旨撤回兹据该侍郎等奏称该二员于仓场事宜尚为熟悉现在漕粮陆续抵坝稽查催提需人差委嵩惠托恩多著暂留仓场衙门以供差遣俟本年漕粮运竣再令回原衙门行走钦此【道光四年】

一道光五年正月奉旨博启图等奏请将并未在仓住宿之监督等分别交议等语禄米仓满监督克什布轮值班期既不在仓住宿又不自带钥匙实属怠玩克什布著撤退交部严加议处汉监督台精阿本非班期惟将钥匙交付家人亦有不合台精阿著撤回原衙门行走并交部议处以为玩视仓储者戒钦此

一仓场咨万安仓监督江伸由裕丰仓调补应否前后接算三年任满查万安海运二仓改为繁缺并无另扣年限之例应遵定例前后接算三年【道光五年】

一道光五年奉旨本年漕务盘坝拨运抵通迟滞现在已交冬令米石未过津关者尚多应须熟谙之员分投筹办据博启图等将即届差满之坐粮厅安志援案恳请暂行留任著照所请暂留该厅员安志一手经理俟本年漕务全行完竣收贮京仓后即令交卸仍回原衙门供职钦此

一道光五年五月仓场奏查出富新仓廒后堆积米土审明按例惩办花户毛兆麟于呈验发块米土之后复经打扫见有白色米粒并不回明监督辄自行并入土内实属胆大妄为毛兆麟应照违制律杖一百再加枷号两个月枷号仓门示众满日折责发落仍行革役书吏薛春涛于花户就近将米土堆积廒后仍照铺垫车道低洼处所办稿呈报殊属不合应照不应重律杖八十该仓监督漫无觉察一并参奏等因奉旨博启图等奏审拟富新仓花户等将报验应垫车道米土搀杂米粒堆积厫后之花户毛兆麟书吏薛春涛俱著照拟发落富新仓监督希产调任万安仓监督春明于该花户书吏米士与米粒搀杂堆积漫无觉察著撤回原衙门交部分别议处又据另片奏太平仓监督李德明遇事颟顸难期整顿著即撤回原衙门行走该部知道钦此

一道光六年仓场侍郎赴津办理海运事宜随带书吏丁沅始终奋勉办事认真奏准俟该吏役满考职后以应选之缺咨部尽先选用

一道光七年十一月钦奉上谕御史周炳绪奏中仓书吏攒典甲皂兵役额数与例不符著户部会同仓场侍郎分别详查具奏等因钦此行据仓场查覆中仓兵七十名分为二班每班三十五名该御史赴仓之日因有巡更兵三名事故兵二名未到是以册报三十名该仓额兵并无短少有册可稽至仓皂攒典加增亦因花户缺额过多不得不额外雇募但例未开载究属不符自应酌减以符定制

一道光三十年钦奉上谕给事中黄兆麟奏稽查仓内情形请饬查办一折据称本月二十五日万安仓仓门无故敞开监督并不在仓任容夫役多人拥入经该给事中查问则以挑晾为词其中显有情弊著仓场侍郎即查明是日入仓之夫役人等按名解送刑部严行审讯其旷误之值宿监督交部严加议处不该班之监督交部议处仍著听候传问查办钦此

一六部实缺并候补及学习期满奏留之满汉郎中员外郎主事等官经户部奏明均准保送仓差至各仓监督

初次任满如果仓务整饬颗粒无亏三年中无一参案者无论实缺候补准其酌保升衔顶带留任三年始终如一者准其酌保升阶班次其养廉银两由仓场侍郎筹给十成实银钦奉谕旨允准【同治七年】

一同治七年钦奉上谕抽查漕粮御史恩崇等奏请将运务迟延之监督分别议处一折漕粮为仓储要需自应随到随运乃大通桥满监督恩奎于本年运仓之米未能先事预筹一切委之署汉监督文英及帮办监督王廷椿以致呼应不灵转运迟滞实属玩误恩奎著交部严加议处文英王廷椿办理未能迅速亦有应得之咎著交部分别议处余依议钦此

卷五十二·京通粮储·官役公费

一漕船抵通交仓茶果银每米一厫计六七十两或五六十两不等雍正四年奏准每厫以六十两为定额七分交官作放米修厫等项之用三分给书攒头役以备造册刷卷等费仍令坐粮厅计厫征收交仓其不足一厫者按米递减并封贮通济库俟验明各仓放米数目开报仓场照数批给永为定例

一仓场满汉侍郎旧例每年养廉银各一千四百两雍正六年奉旨每年各加给银一千两均于茶果银内动支又旧袋变价每年各分给银自三百两至六百两不等

一坐粮厅满汉二员旧例每年养廉银各一千二百两雍正六年奉旨每年各加给银一千两均于茶果银内动支又通济库平余各分给银一千两旧袋变价各分给银三百两至六百两不等大通桥满汉监督每年各给养廉银五百两仓场衙门笔帖式四员养廉银共一千八百两【旧袋变价并平余银两二项已归入公项每年】茶果案内报销其养廉银两仍照此数支给】

一白粮进仓向系每船一只各项需费银三十五六两雍正七年奏准将各船旧规银两十分内酌减六分仍存四分以为雇募仓役等项之用其漕船抵通每起米一石旗丁津贴经纪车户个儿钱二十二文每大米一石经纪津贴大通桥各役大制钱一文小米二石亦津贴大制钱一文至漕粮运进京仓大通桥车户照例每大米一石津贴大制钱一文小米二石亦津贴大制钱一文其仓场并坐粮厅衙门各书役旧有饭银酌量存留其余陋规悉行裁革

一白粮运进内仓旧系旗丁自行雇募运送雍正八年奏准每船津贴大通桥车户等银七钱水脚银六钱书吏银一两令车户代为转运

一通济库大使一员每年酌给养廉银二百两库吏一名给工食银一百二十两库役四名共给工食银六十两均于茶果银内动支【雍正十三年】

一各仓监督向未议给养廉惟通仓监督有白粮饭银变卖麻袋二项每员每年约得银一二百两乾隆三年奏准京通十五仓满汉监督三十员每员岁给养廉银三百两于坐粮厅茶果项下动支给发其通仓监督每年既有养廉银三百两所有应得变价麻袋白粮饭银不准仍令收受

一闸夫工食每年例给银十二两因通流闸闸夫十九名内香河县应解一名工食额编只银五两每年短银七两乾隆四年奏准于坐粮厅茶果项下照数补给

一运易州粮船经由之苑家口永济桥看桥人役二名乾隆四年题准每名每年给工食银六两在于坐粮厅茶果项下动给

一各仓脚价每领银一百两向给仓场书办饭食银八两雍正十三年奏明裁革另于茶果银内按各仓应领脚价数目酌量拨给五成之厫每厫给银五两四成之厫每厫给银四两以次递减乾隆十三年酌定茶果章程案内每收米一厫给仓场衙门书吏饭银五两各仓书攒饭银十八两未满厫座按米计算每米一石给仓场书吏银五毫书攒银一厘八毫

仓场及坐粮厅衙门书役人等得受各项陋规乾隆十三年查明分别应留应革细数奏准勒石永远遵守如有另立名色婪索者许受害人等首告照例治罪今将各款开载于后一经纪脚价饭银二百一十两内减去银一十两

一白粮经纪脚价饭银二百六两四钱内减去银二十两

一四闸水脚抗价饭银二百六十两内减去银四十两

一土坝车户脚价饭银三十六两四钱内减去银六两四钱一布袋每万条饭银五十两内减去银一十两

一经纪载钱饭银三百两内减去银二十两

一经纪头役给饭银四十两

一各仓脚价饭银每仓四两

一车户脚价每仓饭银四两

一各仓书攒每年给装钉循环簿银每仓二两四钱

一各仓书攒给磨对奏缴饭银每仓六两四钱

一各仓给钉奏缴黄册银三两二钱

一各仓给年规饭银每仓六两四钱

一坐粮厅节规每年给银八两

一出巡回巡给银八两

一大通桥每年给银八两

一新放监督到任后给银一百六十两内减去银三十两

一各仓进米报单每仓给银二两四钱

一经纪每年给掣欠饭银六十两【以上十九款均乾隆十三年】

一内仓向收白粮茶果银一千六百余两以为官吏饭食等项之用乾隆三年因白粮议减改进漕粮所收茶果银两不敷支用定以每年拨给运米口袋一万条听该仓变价应用十三年奏准口袋停其拨给于茶果项下照残袋变价银八百两之数给发该仓以资公用

一茶果银两每年收支数目向例坐粮厅于年底缮折奏明乾隆十四年将每年支用各数列款题明并嗣后令该厅详报仓场核明具奏

一由闸项下闸夫工食银两议令充抵河兵月饷其尚不敷银两即以茶果项下闸夫工食银两补给其闸夫应领工食银两改归各州县所解银两项下支给【乾隆二十六年】

一恩丰仓监督养廉照丰益仓之例岁支银三百五十两【乾隆二十八年】

一乾隆三十一年仓场侍郎温福前往乌噜木齐换班养廉全行支食署仓场侍郎实麟副都御史员缺并无署任人员其本任养廉照例支给另行议给署任仓场侍郎一半养廉银两于茶果项下动支

一乾隆三十三年署仓场侍郎实麟其本任副都御史奉旨著傅显署理所有副都御史养廉银两照例给与现署之员支食其署仓场侍郎养廉银两奏明全行支食

一乾隆三十四年漕运总督傅显军营出差所有漕运总督养廉银两酌给一半仓场侍郎黄登贤现署漕运总督不能兼顾本任应支一半署任养廉一半本任养廉

一乾隆三十四年兵部侍郎宋邦绥署理仓场侍郎在于茶果项下支给一半养廉银两

一茶果银两系按船征收每大米船一只征银八两小米船一只征银四两六钱全漕之年计收银四万七千余两以为司漕各官养廉清漪园水手并闸夫工食河兵月饷暨拨运蓟米脚价公费等项历年动支三万余两其余银尽数收买各帮余米乾隆三十四年因江苏湖广等省轮免漕粮只收银二万八千余两应放各项银两不敷支给于轻赍银内暂行垫放俟明岁漕船抵通将新收茶果银两归还【乾隆三十四年】

一各仓满监督如遇穿孝百日并不扣除任事日期其署事监督将来得补监督实缺不准接算署事日期仍令扣足三年报满其养廉银两署事之员与本任监督各半支食【乾隆四十三年】

一各仓修理官厅官房等项应在仓茶果银内动支如茶果不敷即行奏明在轻赍项下支给入于奏销案内报部查核【乾隆四十七年】

一河汛兵内添设管押船只额外外委十二员差委巡缉奏准照依漕运八汛外委之例每名每日给催漕饭食银一钱水手银一钱于茶果项下动支以资当差【嘉庆十三年】

一嘉庆十四年经仓场侍郎等奏准催漕外委十二员系由河兵拔补仅能坐船并无马匹于往来催攒颇不得力请将此项外委裁汰在于舍人内择其年久勤慎者六名酌给虚顶以资催漕所有节省公费银两分给各仓作为添补拘抿拔草之用

一嘉庆十四年钦派满汉御史在朝阳门外稽察俸甲米石进城所拨书吏捕役应需公费照抽查漕粮之例移

咨仓场等衙门准其报销

一湖州所等六帮寄拨苦累所有该丁应给经纪个儿钱文准在通济库轻赍项下垫发咨南按数扣还次年委解轻赍全数附解归款【嘉庆十九年】

一道光五年十月奉旨博启图等片奏浙江等帮例给经纪等个儿钱文因该省粮道督押尾帮未能即时给发该经纪等先行垫办力有不继援案请借项垫发著照所请准其由通济库轻赍项下垫借银五千两给发该经纪等俾资办公仍饬催该省粮道赶紧解交归款并严饬该经纪等毋许向该帮船例外刁难需索有犯必从重惩办不贷钦此

卷五十三·京通粮储·置办运袋

一石坝需用口袋旧例于粮船未到之先照依时价预发银两令军粮经纪自置袋一十五万条白粮经纪自置袋一万条其支过袋价仍于各役本年脚价银两照数扣除还库雍正二年奏准每岁动支茶果银两添置官袋四万条四年奏定前项口袋四万条俟漕竣后将残袋变价归项后因变价银两不敷原发数目虚糜公项乾隆十三年奏准停其添置或有不敷亦令经纪自行置备又于二十五年奏准石坝经纪每年置备口袋于漕务告竣之后将用乏口袋全行变价所卖银两添置次年新袋其土坝经纪置备口袋亦照此办理

一土坝车户旧例每年共置布袋四万条雍正四年因改兑稄米全进京仓车户脚价无多在于石坝官置袋内通融借给一二万条运竣仍还石坝应用

一内仓改进漕粮应需运米口袋在于通漕借用【乾隆三年】

一运送内务府麦石麻布口袋等项每石五分照例于轻赍银内给发【乾隆十三年】

一车户经纪每年置口袋十九万六千条备用所需袋价于各役脚价银内扣还归款二十七年因到通漕粮较少不须全用是以按年有存留未用之袋于次年凑足应用系坐粮厅专管嗣后应饬令该厅将存厂未用口袋数目造册移送巡漕御史稽核办理【乾隆三十六年】

一通州运京米石由通会河用船拨载经历五闸则用脚夫盘运闸间两岸散米如雪细加体察总由米袋破损之故通州额设米袋十八万条每岁换造支领钱粮时恐书吏暗中克扣经纪等任意侵渔将旧抵新该管官不加核实均未可知嗣后于每岁换造时坐粮厅报明户部选派满汉司官四员前往将新制之袋逐一点验出具甘结倘额数不敷搀杂旧袋即呈明将经管官吏分别参处所派司员或扶同徇隐别经觉察一并从重议处仍于袋内印用某年制造字样戳记以杜弊混至五闸脚夫就近归于通流庆丰两闸官管束令该闸官上下往来督率稽查毋使仍前抛散以昭慎重【乾隆五十一年】

一嘉庆四年减漕年分又遇停缓到坝粮数较少该经纪等共节省口袋一万六千条计值银三千四百九十余两留为下年应用

一石坝运米口袋十八万条嘉庆十三年缘连经雨水淋湿半多破烂未运之米尚多奏明拣买通州商民旧袋给石土两坝分用仍用戳记以防弊混于轻赍银内动支粮竣照残袋之例变价归款

一嘉庆十四年奉上谕糟米挽运维艰颗粒皆当珍惜岂容任意狼籍现在口袋稀薄难使皆由达庆蒋予蒲经理不善所致著新任仓场侍郎查明参奏至目前需用紧急并著即速修补以资实用至来年置办之时拣买厚密布匹缝连结实该侍郎等认真查验勿任胥吏稍有偷减情弊等因钦此嗣据仓场侍郎覆奏经吏部议将前任仓场侍郎罚俸一年坐粮厅降一级留任事关仓储毋庸查级议抵

一通坝经纪口袋例价不敷嘉庆十四年给事中史佑奏请将残袋变价银两贴补制办经户部会同仓场侍郎议将残袋变价银九千余两一半缴存通库一半津贴经纪以资办公仍俟该经纪积欠扣清即行停止给发照旧办理

一通坝北仓两处分投攒办所需口袋不敷轮转奏准添买商袋一万条以资接济每条给价银一钱二分八厘【嘉庆十五年】

一嘉庆十八年九月仓场侍郎查出通州石坝经纪隐匿新袋六千二百条奏将石坝州判参革经纪交刑部审拟

卷五十三·京通粮储·置办官车

一大通桥应置官车二百辆牲口八百匹每辆连骡马器具需银一百四十两先于通库借支置买即于车户脚价内分年匀扣归款仍令承办官役拣选坚壮车马应用于车辕之上烙印大通桥官车字样并编列号次牲口亦用火烙印记以备稽查并令仓场会同巡漕御史随时查验以昭慎重

一官车牲口以及车夫人等人数众多于该桥附近地方置买空旷民地令该监督分设棚厂四处每厂盖马棚四十间房屋三十间并买马槽等项共需银五千六百两亦于通库借支统于脚价内分年匀扣归款

一大通桥系京仓运米总汇所有新设车辆分棚喂养散给脚价各事宜应令该监督专司其事仓场会同巡漕御史每月查验如有短少损坏或牲口疲羸以及到桥之米积压在号等弊即将该监督严参车户从重治罪另签妥役更替

一大通桥额设车户三十二名除将疲乏者饬行大宛两县另选殷实良民报充外其余仍令应役即将此项官车交与管理并择勤慎车户八名充当头役分厂经理至运粮脚价照例分别各仓道路远近按米给发令其自行喂养牲口雇觅车户毋庸另给马干工食如有盗卖骡马及顶换等弊即将该头役等从重治罪仍令按数赔补倘遇车户疲乏亦即另选殷实之人充当以免贻误

一漕粮未到之先例发大通桥先漕预备银三千二百两以为安车之用于脚价内扣还今车辆既官为置办毋庸预备安车即将此项银内酌发二千两按车匀给以为添买牲口修理车辆之用仍于脚价内扣还归款如有牲口倒毙车辆损坏以致临时误运即将该车户责革另选车户充当

一车户等承领官车必使日用有资方能爱惜官物 每年漕船间有脱帮及阴雨连绵之日官车俱属空间应于脚价内扣存银六千两交该监督于空闲月日每日按车给银一两津贴车户至完粮后听其自行揽载应令编列号次将车夫姓名报明监督存案备查毋许各州县擅行封雇每年新漕到关以前务将官车先期调齐入厂倘临期不至以致车数不足即在该管车户名下赔补并将车户从重处治

一车户等节年奏明长支银两现有一万六千五百余两又本年漕粮到桥迟滞守候需时车脚昂贵实属不敷计长支银七千九百五十余两现在借支置车立厂银三万三千六百两均须脚价内归款应于五十二年为始无论全漕减漕年分分作十年匀扣归款【以上七条均乾隆五十一年】

一大通桥官车二百辆牲口八百头车户所得脚价不敷喂养应照八旗官马买豆之例按牲口一头买豆一石每年自三月起至十一月作为九个月支领共需豆七千二百石每石以一两一钱承买应交豆价于脚价内扣清解部所需豆石先于各仓领买二年自五十四年起分交豫东二省每年各采买豆三千六百石派搭运通以备应用至一切脚价等项银两按照历年采买之例核销【乾隆五十三年】

一大通桥车户承买豆石扣存价银因轻赍银两不敷动支于乾隆五十四五六等年俱经坐粮厅支放造入通济库奏销案内报部核销

一豫东二省应征豆石分年轮免到通黑豆仅敷供支八旗等处官兵喂马之用将大通桥车户应买豆石暂行停止【乾隆五十九年】

一大通桥车户喂养牲口豆石不敷每月即以粟米抵给按照例价在该车户应得脚价内扣留归款俟豫东豆石全数征收运通照旧令其承买【乾隆六十年查此项官车于嘉庆五年刑部审拟挪用局钱案内奏明车辆牲口俱已陆续损坏倒毙其承买豆石经户部行令停止】

一大通桥运米官车于嘉庆六七年间亏短无存改雇长车一百辆不敷办运嘉庆十四年议准嗣后雇备长车一百二十辆仍俟运务紧急察看情形饬令车户随时添雇或三四十辆或五六十辆所雇车辆由巡漕御史随时赴桥查验倘有短少即行参奏该车户每年于卯豆之外承买官豆一万石变价存公除交例价之外盈余银两按卯给发以资津贴一土坝车户向系五十名康熙二十五年裁革二十五名雍正十二年又裁去五名实在著役二十名嗣因俸米改归京仓支领通仓放米不多嘉庆十五年奏明全行裁汰嗣后遇有转运通仓事务统归石坝经纪一手经理

一道光四年六月奉上谕御史萨斌等奏大通桥车辆短少以致积压漕粮一折大通桥额设车户每岁预雇长车归监督点验足额陆续赶运漕粮入仓如运务紧急随时添雇不容短缺误公兹据该御史等奏称南粮将次告竣

车运转觉迟滞皆由长车不敷载运以致号房堆满闸船停泊该车户等承买豆石赢余银两私自分肥不惟不添雇车辆且于正额短缺甚多该监督嵩惠托恩多并不认真点验督催不胜繁缺监督之任著仓场侍郎即将嵩惠托恩多撤回另派廉能之员接办车户头役高永珍等著从重责处赶紧添雇车辆该侍郎等仍不时稽查督催俾漕粮不致积压以利转运钦此

卷五十三·京通粮储·仓廒号房

一禄米仓坐落朝阳门内向同太平仓共建一处禄米仓原建廒二十三座康熙四十二年添厫五座共二十八座太平仓原建厫一十五座康熙四十二年添厫六座共廒二十一座嗣于四十四年将太平仓另建朝阳门外所有太平仓廒归并禄米仓五十八年添廒四座雍正元年添廒四座共厫五十七座

一南新仓坐落朝阳门内原建厫四十六座康熙三十三年添厫五座四十二年添廒十座五十五年添厫五座雍正元年添廒九座乾隆元年题准添建一座共厫七十六座

一旧太仓坐落朝阳门内原建厫六十八座康熙五十五年监督宁古礼捐添一座五十六年添建八座雍正元年添建三座乾隆元年添建九座共厫八十九座五十年被焚六座现共八十三座

一海运仓坐落东直门内原建廒四十座康熙二十二年添廒十四座三十二年添廒六座五十五年添廒十五座雍正元年添廒五座乾隆元年题准添建二十座共廒一百座

一北新仓坐落东直门内原建廒六十座康熙三十二年添廒二座五十六年添廒十二座雍正元年添廒六座乾隆元年题准添建五座共廒八十五座

一富新仓坐落朝阳门内北首原建廒二十一座康熙四十四年添廒十三座四十六年添廒十三座四十七年添廒五座五十六年添廒八座六十一年添廒四座共廒六十四座一兴平仓坐落朝阳门内北首原建廒五十九座康熙五十六年添廒九座雍正元年添廒十二座乾隆元年题准添建一座共廒八十一座

一太平仓坐落朝阳门外原建廒三十座康熙四十九年归并大通桥号房改为仓厫十座五十六年添建十五座六十一年添廒二十五座乾隆元年题准添建六座共廒八十六座

一万安仓坐落朝阳门外原建廒四十二座乾隆元年题准添建三座共廒四十五座四年奏准将储济仓新建仓廒四十八座归并管理名曰万安东仓其旧廒名曰西仓共廒九十三座

一裕丰仓坐落东便门外河北雍正六年所建共廒六十三座

一储济仓坐落裕丰仓北首原建廒一百八座乾隆元年题准添建四十八座因该仓廒座过多四年奏准将添建新厫四十八座拨归万安仓管理现在仓廒一百八座

一本裕仓坐落德胜门外清河地方康熙四十六年所建共廒三十座

一丰益仓坐落德胜门外安河桥地方雍正七年所建共廒三十座

一西仓坐落通州新城内原建廒一百九座康熙三十二年添建五座四十二年添廒十二座五十二年添廒五十座五十六年添廒十二座雍正元年添廒十二座共廒二百座乾隆二十九年以该仓空廒过多查验地势低洼瓦片破损者裁去四十九座共廒一百五十一座三十六年裁去九座实现在廒一百四十二座

一中仓坐落通州旧城南门内原建廒六十四座康熙三十二年添廒三座四十一年添廒四座五十三年添廒三十座五十六年添廒十二座雍正元年添廒六座共廒一百一十九座乾隆三十六年裁去十一座实现在廒一百八座

一石坝号房原建六十八间内有外河北首号房一十二间被火烧毁仅存五十六间雍正二年奏明将运役未领历年二成烂米价银内动支修理粘补五年动支通济库银两添造号房五十间共一百六间

一土坝并新旧两城南门旧有号房坍塌无存雍正二年将运役未领历年二成烂米价银动支在土坝盖造号房二十五间旧城南门盖造号房十间新城南门外盖造号房二十五间共号房六十间

一大通桥号房原建六十四间朝阳门号房原建二十八间雍正五年朝阳门添建十四间又将大通桥河东号房十六间移建朝阳门今大通桥号房只四十八间朝阳门号房共五十八间

一万安仓向设水东门二座因该仓铺垫石道不由水运原建东门竟致虚设乾隆二年奏准设置太平仓

一通仓向用席片铺垫例无板木京仓以板木铺垫十年一换雍正三年奏准将京仓板木展限六年定为十六年一换仍将京仓所余板木铺垫通仓

一建造京仓看守章京兵丁等堆房共四十一处定限三年保固并令仓场随时验明修补【雍正十年】

一仓中竹席板木向系堆贮各仓空廒乾隆十年因积贮充实并无空廒收贮奏准于仓廒逐连间断之处即依两边廒墙下用柱脚上加檩椽瓦片前檐砌墙后檐用闸板每仓修盖三五处以资收贮

一各仓监收监放学习监督向未设有瓦房官厅乃系搭篷栖止乾隆六年奏准各仓建盖瓦房一闲以便居处七年以学习监督收放米石暂时居处无庸建盖瓦房奏准停建仍照旧搭盖席篷

一各仓廒座之上俱有气楼窗槅每致鸟雀出入其中伤耗米石乾隆七年奏准俱用竹篾编成细罩钉于窗槅之上

一京城内外各仓有安设博缝者亦有未经安设者兴平旧太南新三仓俱各安有博缝富新仓因向未安设于乾隆七年奏准照式加添博缝

一各仓整廒向系仓场封识放过残廒监督自行封闭或廒口大开一任摊散或仅上廒板并无锁钥乾隆十七年奏准嗣后残廒俱由都统御史封识放米时验封启钥

一各仓钥匙向例监督收存遇有及时查看之处呈请给发封条迅速办理嗣欲防闲议令仓场收执至点廒放米时始行发仓后恐大雨时行不能及时查看乾隆十八年奏准嗣后新漕进仓每年四五六七八月间将各廒钥匙暂给监督收执一遇大雨通仓呈请仓场御史京仓呈请都统御史即行开封查验修补仍行封固以谨防范余月仍交仓场收存如监督不即查看致有渗漏浥烂惟该监督是问

一各仓新收漕米不无潮润向例入廒之后廒门敞亮至深秋上板封固嗣欲杜弊议令收完一廒即行封固恐后郁气熏蒸不得宣畅必致红朽乾隆十八年奏准新贮之廒门上檐空出数尺宣通蒸气以下所上廒板即行加封至深秋全行上板封闭

一裕丰仓修建官房请移至仓门外官地建设【乾隆二十三年】

一紫禁城外而空闲围房一百余间建立仓廒将太监所领米数照丰益仓之例运拨该仓支领奉旨仓名著用恩丰钦此【乾隆二十八年】

一嘉庆十四年奉旨御史斌松奏请将仓厫一体封固一折自应慎密周防今据该御史奏各仓除支放米石廒座现俱满封闸板外其余间有未能一体满封者难免滋偷盗之弊著仓场侍郎转饬各仓监督随时封固妥为照料勿任疏漏钦此

一石坝号房被通会河水发冲塌二十九间拆盖工料银三千八百八十余两此项冲塌房间虽在保固限内若系无故坍塌自应著落承办之人赔修但突被大水冲塌人力难施较之自行坍塌者有间其估计工料银两免其著赔但桥坝办公项下并无余存银两无从动支奏准借动轻赍先行垫办俟桥坝办公银两积有成数再行归款其余闪裂渗漏之九十五间粘补工料银一千四百三十余两虽经漫水浸泡所致究与被水冲塌者不同仍著落承办之人赔修惟原办经纪业经身故家属漂流无从著追只有散役九人当时帮同办工虽未曾经手钱粮伊等究系在事之人所有粘补工料银两即著落该役等摊赔而散役贫民一时无力设措只可借动轻赍先行垫办勒限三年令其完缴归款【嘉庆十五年】

一裕丰仓被火将仓场侍郎查仓御史及监督一并交部议处该花户等交刑部讯明并无亏短延烧情弊依仓库内失火律杖八十徒二年盘出好米另廒存贮先行搭放其揭除熏灼不堪食用米石除变抵外照买余抵补之例赔补同修理被焚廒座银两均按四六分赔满汉仓场侍郎于所得养廉内坐扣三成该仓满汉监督于所得养廉内坐扣三成该仓书攒花户人等于所得茶果脚价内坐扣四成清缴归款一裕丰仓嘉庆五年被焚之吕字往字冬字等三廒经工部勘估工料银七千七百六十一两一钱八分九厘应以四六分赔仓场侍郎暨监督于养廉内各扣三成书攒花户于茶果脚价内共扣四成嗣因廒座空间奏明缓修其应赔银两扣解部库十七年因廒座不敷派贮经仓场咨部建造将扣存原估工料银两由户部照数给发【嘉庆十七年】

一旧太仓被焚廒座行字廒盘出熏灼不堪支放米六百三十石报字廒盘出熏灼不堪支放豆二百七十石循照买余抵补之例按四六分赔仓场侍郎及仓监督于养廉内各扣三成书攒花户于茶果脚价内共扣四成归款其

盘出好米好豆先行搭放熏灼米豆估变抵补至赔修廒座银两照例四六分赔坐扣解部【嘉庆二十四年】

一道光元年通州石坝及里外河各号房拆盖四十八间揭瓦五十一间拘抿四十四间需银七千三百九十八两五钱三分六厘桥坝办公银两现无余存仓场奏准在通济库米折项下动用开销

一道光四年六月奉上谕御史陶廷杰奏各仓廒板气筒久成虚设请旨严饬修理一折所奏甚是各仓铺垫板木编造气筒每岁由粮船解交备用在仓各员果能遵守成法认真经理何至收贮米石转有潮湿陈朽之虞如该御史所奏近来各仓气筒廒板均属有名无实花户经纪于各帮船带交竹木往往折价肥已并每年各仓？草拘抿工程复不认真修葺一遇大雨即多渗漏殊非慎重仓储之道著仓场侍郎严饬各仓监督查验放空之廒有板木朽坏者即行抽换务使一律坚固整齐各廒气筒编造足数照例安置俾令廒底深通至秋季拘抿必须工归实用毋任稍有虚报该监督等倘奉行不力致有前项弊端著即据实严参惩办并著查仓御史严密稽察毋得视为具文钦此

一道光五年仓场奏太平仓雨字空廒并实贮稜米之钧字恩字二廒同时被火所有恩字钧字二廒共存米二万二千六百七十五石九斗零除盘出好米作正支放外其起出熏灼不堪支放稜米五百五十六石零照收买余米之例按成分赔仓场侍郎分赔三成监督分赔三成花户系专管仓粮之人应分赔三成书攒止管文册与花户不同应分赔一成此项米价限一年内各在应领养廉及脚价银内坐扣归款至赔修廒座银两据工部勘估需银六千七百四十五两四厘照赔米成数按成分赔分作五年摊扣陆续解部清款

一道光五年通州土坝贮米号房十六间官厅三间群房七间均已倒坏樽节估修除旧料变抵外实需银二千八百八十七两八钱二分仓场奏准在通济库积存桥坝办公银内动支

一道光七年十一月奉上谕御史周炳绪奏中仓书吏攒典甲役额数与例不符坍塌闲廒应否估变充公及各仓廒上气楼应添置竹罩著户部工部会同仓场侍郎分别详查具奏办理钦此旋经会同议覆空廒应否估变及气楼应添竹罩之处工部查乾隆三十六年奏准择其尚可粘修者兴工坍塌过甚之廒拆卸木植砖瓦作为修仓抵用若交地方官变价获价无几是以历来均作修仓之用仓场查气楼竹罩若骤请增设各仓势必一律办理徒滋糜费应请毋庸增设奏准遵行

一道光八年十二月奉上谕御史何辉绶奏仓外号房存有积草致烟火将柱木燃焦一折仓廒为积贮重地理宜严密巡查仓外号房所有积草不难立时饬役扫除该监督所司何事现在本裕仓已有燃焦柱木情形别仓亦难保无积草之弊著仓场侍郎通饬各该仓监督等小心防守随时稽查以昭慎重钦此

卷五十四·京通粮储·修建仓廒

一凡修建仓廒照一应修建例三年以内如有坍塌渗漏木料损坏著落原监督之官赔修【康熙五十四年】

一各仓廒座定例派出都统及御史等查看修理雍正十二年奏准凡一应工程完竣备造清册送工部查核题销并照依送部黄册抄录一本钤用本旗印信交仓监督存贮备查一各仓廒座于雍正三年奏准铺垫木板定为十六年一换工价银十二两九钱三分七厘乾隆六年因有满限之仓例当铺垫之期逐细查勘俱属坚固整齐奏准毋庸拘定十六年之限统俟每季放空之后查看朽者将每年所收板木报明动用随时修理每廒抽换数片至数十片不等其工价照满铺之例计算核给于轻赍银内给发

一京仓廒座旧例每廒用松板五十块楞木五根给锯板工价银八两四钱雍正四年题准满铺廒座每廒用松板一百一十块楞木九十余根楞木价值高于松板木身曲直不齐铺垫不能平正将松板以一锯四以代楞木每板一块可抵楞木根半有余价值既轻且适于用计每廒代楞木松板应用五十二块共享松板一百六十二块锯板工价每廒准给银一十四两七钱六分六年每廒节省银一两八钱二分三厘实给银一十二两九钱三分七厘

一各仓铺廒板片例系到通粮船运交应用乾隆二年因储济等仓添建仓廒需用较多节年存贮板片不敷应用奏准动支通济库银两照定价采买资用

一富新仓乾隆六年失火烧毁仓廒题准动项建盖用过银两著该仓官吏四六分赔

一各仓廒座抽换板片例应工部委员查验核销每因新粮到通需廒贮米不及候验乾隆八年奏准嗣后抽换廒板如在新粮未到之先及粮务完竣之后者仍咨工部委员查验如遇粮务盛行需廒盛贮仓场委员就近查验咨部核销

一向例修理京仓由查仓都统开送厫座工部委员查估造册咨送都统奏明委员兴修工竣造报工部复委员查验题销至修理通仓例由仓场造册具题工部题覆兴修仓场支领钱粮自行委员兴修工竣造册具题工部委员查验核销嗣因修理通仓由通永道报部交地方官承修料估驳查稽迟时日乾隆十八年奏准令查仓御史会同仓场具题工部核覆兴修

一乾隆十八年奉旨嗣后各仓遇有应修工程著工部仓场该旗各派司官一员会同料估修理钦此

一旗员承修仓工多有未谙嗣后各仓修理厫座旗员停其承修其工料银在四百两以上工部会同内务府承修在四百两以内者工部派员专修【乾隆三十年】

一乾隆三十三年北新仓现贮米石之珠字一廒席箔脱落瓦片损坏间有渗漏该监督未经入于应修之内应令该监督自备工料迅速修理

一西中二仓应修厫座通永道协勘估悬搁经年将迟延职名交部议处嗣后报修仓廒于二十日内造送估册以便题请修理如估册逾限一并查明分别参处【乾隆三十五年】

一通仓一切工程向系通永道协承修该道协等未能熟谙工程请照修理京仓之例工部拣派谙练司员办理【乾隆三十六年】

一京通各仓每年秋令各仓厫座拔除茅草由工部派员带领工匠前往妥协修理无庸交各该仓自雇匠役至太平万安二仓地形稍窄遇有应修工程其拆下渣土工竣后照各工之例随工出运仍将用过银两造册送工部核销【乾隆四十年】

一京通十五仓廒座拔草拘抿按例核算共需工料银三千二百八十余两仓茶果一项系按米征收以为支给各仓放米制银气筒工价并修理官房及书攒饭食之用乾隆四十一年只存银一百四十余两实属不敷请于厅茶果银内动用嗣后仓茶果遇有不敷均照此办理【乾隆四十一年】

一京通十五仓拔草拘抿令仓场于每年七月月初十日以前造册送部即行派员办理务于七月内办完俾工程得以坚固而仓储亦有裨益【乾隆四十一年】

一通州石坝向设堆米号房一百间俱近河岸盖造以便起卸米石乾隆四十五年六七月大雨连绵河水涌发上淋下浸不特墙垣坍塌抑且屋宇间有倾圮若非急行修理来年新漕恐难堆贮请于经纪等应得脚价内预借银一万六千两以为办公之用仍毋庸另请开销分作十年扣还【乾隆四十五年】

一各仓拔草拘抿工料银两奏明在于厅茶果项下动用乾隆四十五年因厅茶果不敷奏明在于轻赍项下发给乾隆四十六年工部估需工料银五千八百余两厅茶果亦属不敷查系蠲免漕粮年分征收茶果银两较少请将每年拔草拘抿银两在于轻赍项下支给统俟漕粮全数抵通再于茶果项下动用【乾隆四十六年】

一乾隆五十年正月旧太仓失火信字地字正字空厫三座满字顺字密字满厫三座被毁该仓尚有空厫五十三座即大运全到之年亦有空间无庸补修除花户等交刑部严讯定拟仓场侍郎及该监督交部议处外其烧毁米豆著落赔补密字厫原贮粳米一万一千三百八十九石九斗三升内除递减米二百五十二石七斗一升盘出好米一万五百二十五石厫底米五十石应赔烧毁并受伤米三百八十二石二斗气头米一百八十石顺字满字二厫原贮豆一万九千八百二十九石一斗一升盘出好豆七千八百石应赔受伤烟串并烧毁共豆一万二千二十九石一斗一升照乾隆六年富新仓失火延烧米石赔补之例准其于本年漕粮到通余米豆内买余赔补应赔银两照乾隆三十六年刑部衙署被焚赔修之例令仓场赔四分监督赔六分作二年交纳以清款项倘该监督限内不能全数完缴照乾隆六年之例一并著落仓场按数赔补其炙焦木植砖瓦据实估变充公【乾隆五十年】

一京通各仓历年拔草拘抿添补瓦片动用轻赍银两至少之年需用三千余两至多之年用过八千余两嗣后应予以限制不得过三千五百两又各仓岁修京仓由户部拨给银两交仓场衙门存贮动用通仓则于通库轻赍项下领银兴修每年通共不得过一千两【乾隆五十年】

一通州中仓厫基低洼受水因院内渣土积高所致若将积土起去露出台基不致受水嗣后修理京通各仓拆下渣土均令随工出运【乾隆五十三年】

一土坝空号房六间因民房失火延烧除借项赔建所借银两在车户应领脚价内限八年扣缴并将看房及巡役人等枷责外其土坝州同于失火之夜并未在署照仓库失火杖徒律杖八十徒二年至配折责坐粮厅不能先事

预防罚俸一年仓场侍郎罚俸六个月【乾隆五十七年】

一太平小万安储济裕丰四仓并万安西仓堆房俱经损坏汲桶不全于嘉庆四年五月并五年四月由提督衙门开单移咨仓场查明损坏房间数目并汲桶等项咨行承修衙门办理

一嘉庆五年钦奉谕旨向来京通各仓每年秋间有拔草抅抿工程工部所派司员因系岁修往往偷减草率毫无实际嗣后此项工程即著分交各仓监督自行办理仍照定例每年不得过三千五百两之数并责成仓场侍郎切实查验毋任稍有偷减草率钦此

一太平仓并无原设官房查照各仓之例在于朝阳门外南河沿河阳汛守备后身空地添盖官房十间估计工料银九百十七两九钱九分一厘除通济库向存旧太仓火毁木植变价银五百七十九两八钱四分全行支给外不敷银三百三十八两一钱五分一厘于收存米折银内找给【嘉庆五年】一太平储济裕丰东西万安等五仓汲桶五架修理完竣由工部行文仓场派员赴工部领取【嘉庆五年】

一太平等五仓应修堆拨汲桶咨部修办其每架请添随用救火器具各一分查乾隆六年添设各仓汲桶案内并无随用救火器具仍照上届成例办理【嘉庆五年】

一仓场侍郎达庆等奏准赔修裕丰仓空廒三座计十五间估需工料银七千七百六十一两零请于户部库内先行动支在于仓场侍郎及该仓监督养廉内各坐扣三成该仓书攒仓役人等所得茶果脚价内坐扣四成分年送部归款续经工部查奏近经稽查兴平仓御史周厚辕条奏停止修理各仓空间厫座裕丰仓吕字等三廒从前本属空廒未经贮米应暂行停缓所赔工料银两仍照原奏在仓场侍郎等应得养廉等银内按年坐扣俟积贮需用该仓再行咨部兴修【嘉庆六年】

一嘉庆六年漕运总督铁保条奏修理北仓事宜钦奉谕旨北仓廒座原为南粮截卸之用近因失于修理墙垣倒坏廒座塌陷自应及早修整该仓旧存廒四十八座既经铁保细加核算约计估修银八千二百两即交陈大文派委天津府杨志信督同该县认真修葺所有动支银两先在天津道库拨价款下垫用俟铁保将南漕存公之项酌量提出再行归款钦此

一修理北仓银两先在天津道库拨价项下垫用嗣经奏准将天津道库余剩拨价拨出银二万两以八千二百两为北仓修费以一万一千八百两发典按月一分起息每年可得银一千四百两零六年即可归清修仓垫款仍俟将原本提还后其余息银循环营运按年造报总漕衙门查核以备将来南北不时津贴之需【嘉庆六年】

一太平仓土围墙自头道门迤南至四道门止共坍塌围墙二十九丈四尺均应补砌共估修工料银六百九十九两八钱三分四厘在于户部库贮银内动支俟工竣核实题销【嘉庆六年】

一太平仓添设官房十间并围墙工程共享过工料银九百一十七两九钱九分一厘工部核算准销仍于通济库奏销册内分晰造报【嘉庆七年】

一石土两坝修理号房向系经纪车户借支脚价修理分年扣还嘉庆五年户部议奏调剂经纪车户案内因该役积年拖欠嗣后不准借支脚价将禄米等仓放米制银并大通桥车户津贴钱文停其给发留作修理号房等项办公之用嘉庆六年大雨连绵坍塌石土两坝号房官厅工料银两因扣存办公之款不敷动用奏准在于通济库轻赍项下动支仍令俟桥坝办公项下积有成数归还轻赍原款【嘉庆七年】

一太平仓添设堆拨二座俱已修建完竣饬交左营将官添拨官兵看守并将派出各仓官兵花名清册咨送值年旗转行各该旗查仓大臣以备稽查所添堆拨二座如有损坏仍听仓场归入各仓堆拨一体办理【嘉庆七年】

一修理西中二仓看仓章京兵丁等住房等工用过工料银一万六千七百二十二两一钱七分一厘在于通济库米折银并户部库贮银内动支题准开销【嘉庆八年】

一修理禄米等七仓堆拨房间用过工料银九百八十四两一钱四分三厘在于户部库贮银内动支题准开销【嘉庆九年】

一嘉庆十二年五月中仓西仓报修廒座仓门堆拨房官厅估需工料银两由户部给发工竣造册题销

一嘉庆十三年十月京通禄米等十五仓应修廒座官厅官房堆拨房堆板房及仓门等工估需工料银两由广储司拨给工竣造册题销

一嘉庆十四年三月丰益仓应修堆拨房官厅估需物料银两匠夫工价钱文在于工部节慎库动支工竣造册

题销

一嘉庆十四年五月太平仓应修门楼堆拨房估需工料银两在于广储司给发工竣造册题销

一嘉庆十四年八月西仓应修仓门堆拨房仓神庙嘉庆十五年续塌泊岸堆拨房估需工料银两在于广储司给领工竣造册题销

一嘉庆十四年十一月西中二仓应修厫座以及中仓堆拨大墙泊岸等工估需工料银十二万一百二十五两三钱七分八厘内除破坏厫二十八座拆下旧料抵用银一万六千五百三两四钱九分七厘又奉旨盛京运交木植即著修理通州西中两仓厫座抵用钦此照例值银八千六百六两七钱八分四厘内除运脚银二千五百十两二钱八分净计银六千九十六两五钱四厘抵入仓工应用核计实需工料银九万七千五百二十五两三钱七分七厘在于广储司给发兴修嗣据承修大臣奏明内有三廒情形可缓改为缓修又八廒因积贮米石一时不能腾空改为插补拘抿净计大修廒一百二座插补拘抿廒八座并中仓堆拨大墙泊岸西仓续报总沟仓墙泊岸以及起刨积土等工一律完竣实准销银八万九千八百五十五两七钱一分七厘应缴回原估银七千六百六十九两六钱六分缴回内务府归款

一嘉庆十四年西中二仓廒座渗漏较甚奏明在于通济库轻赍项下先行发给该二仓银各一千两交该监督等设法插补嗣又奏明西仓揭宼九廒插补三十九廒中仓揭宼八廒插补四十二廒应添瓦片即于废廒内拣选抵用不敷银两仍在轻赍项下动给兴修工竣造册题销并令该监督等取结保固三年以专责成

一仓厫门外原有官房为监督住宿及收贮案件而设如有坍塌倒坏报明工部勘估兴修其未修整以前就近赁住庙宇民房以慎稽查【嘉庆十四年】

一禄米等十三仓共应修廒二百五十四座酌分三年修理嘉庆十五年应修廒一百十五座估需工料银两在于广储司给发十六年分应修廒七十四座估需工料银两均在户部给发十七年分应修廒六十五座估需工料银两按七成银两三成钱文亦均在户部库贮内给发工竣造册题销

一北仓共廒四十八座每座十五间统计七百二十间抱厦四十八间气楼四十座自雍正二年建造后向由地方官经理迨至嘉庆十二年始据芦商呈请捐修只系揭宼头停挑换木植补砌墙垣粘补渗漏并未大修嘉庆十五年钦奉上谕著嵩年亲往查勘修补完整即派嵩年为监督妥协经理等因钦此该盐政嵩年查明覆奏酌量情形分为三年次第兴修先修十八座计二百七十间于十六年春融冰泮将廒内米石由仓场侍郎饬属赶运腾廒修整缓修三十座计四百五十间于十七十八两年分修所需工料银两仍由商捐一切工料责令商人经手自办该商人资本营运在外一时不能凑集于运库征存盐斤加价项下动垫分限捐交归款商捐商办工程毋庸造报工部

一嘉庆十六年万安仓应修官厅科房所需颜料在于户部取用实需工料银两工价钱文在于工部节慎库内动用工竣造册题销

一嘉庆十六年本裕仓应修营房堆拨房估需工料银两在户部库贮银内给发工竣造册题销

一嘉庆十七年御史塔勒炳阿奏酌添堆拨派兵巡守仓墙以昭严密一折奉上谕据稽察丰益仓御史塔勒炳阿奏该仓围墙以外四隅东西南三面均有堆拨衙署足资查察惟北面一带空阔请添设堆拨派兵看守巡察等语所奏是丰益仓北面一带空旷自应酌加防范以重仓储著照该御史所奏于围墙北面适中处所添建堆拨房二闲即于原设额兵四十八名内拨出兵十二名以六名在新设堆拨处看守以六名随同该营员更替巡察以昭严密工部步军统领衙门即遵照办理钦此

一嘉庆十八年二月奉上谕昨降旨交步军统领衙门将各仓廒地面添设堆拨妥议巡察章程因思各仓廒周围墙垣之上均增棘刺更足以资防范著交工部会同仓场衙门将各仓廒外墙逐细勘丈应增棘刺若干尺寸并限年修补之处详议具奏钦此旋据工部查明禄米等仓围墙尺丈并需用棘刺斤数酌分缓急奏准分作初次二次苫盖

一御史奏请各仓拘抿工程间岁修理工部覆准嗣后各仓拔草拘抿令其保固一年次年不准报修至第三年方准再行拘抿【嘉庆十九年】

一道光元年仓场侍郎奏朝阳门外贮米号房五十八间历年久远必须拆卸大修实在估需工料银九百五十三两零在于桥坝办公项下动支

一道光二年六月奉上谕和桂等奏仓厫被雨冲坍浸湿米石请饬监督分赔赔修一折北新仓厫座被雨冲淋坍卸致将米石浸湿一千余石之多该监督等未能先事预防实难辞咎所有浸湿米石著该仓场侍郎等于风晾干燥后确切查明尚堪食用者共计若干石分别搭放甲米其实在不堪煮食者即著落现在该仓监督等各半分赔其厫座坍折处所亦著责令该监督等赶紧赔修完固以示惩儆钦此

一道光二年十二月二十七日夜崇文门外花儿市地方铺户被火延烧驻京仓场衙门经仓场侍郎奏明钦派大臣查勘应行补盖修理所需工料颜料等项援照兵部户部衙署被火修用钱粮在于堂司各官饭银养廉内分年扣归之案先由部库支领兴修在仓场坐粮厅大通桥京通十五仓监督养廉内自道光四年春季起分作三年摊扣归款解部交纳

一道光五年三月奉旨博启图等奏万安西仓各厫周围积土壅高厫底低洼每遇雨水灌入墙壁潮湿所贮米豆易致霉变请饬工部估挑等语著工部即派员详勘确估具奏钦此

一禄米等十三仓大修各厫拆卸渣土堆积厫旁应由承修工程处通饬各仓匠役人等运出仓外并咨步军统领衙门转饬各地面指明低洼处所铺垫以便拉运【道光五年】

一嘉庆二十四年仓场侍郎奏大通桥掣斛厅一座历年久远亟应拆修自建造以来并无修过成案迄今年久大木朽墙垣闪裂地脚泊岸亦俱沉陷共计需工料银五百二十三两三钱四分二厘除旧料变抵银二十七两八钱五分六厘外实请销银四百九十五两四钱八分六厘所有估需银两在桥坝办公项下动支【附】

一道光四年九月仓场奏修理运粮石路一折奉旨博启图等奏城内运粮各处石路年久损缺急需修理等语著交工部勘估具奏钦此兹据工部查勘城内运粮石路均逾数十年未修现在尤关紧要之旧太南新兴平海运等四仓石道五段共凑长三百六十二丈五尺外牙石二路涵洞二座俱破碎残缺坑坎不平共需工料银七千五十五两四钱五分六厘由户部给发承修大臣支领于今冬备料来春兴工于新漕抵通以前修竣照例报销【附】

一道光二十四年钦奉上谕此次海运仓失火焚烧厫座花户于仲魁著交刑部严讯致火根由按律办理德春杨殿邦及该仓值宿监督塔芳阿一并交部分别议处被焚厫座即著照例赔修钦此

一太平储济二仓久未储米厫座坍塌经户部议令仓场仿照咸丰十年钦差大臣拆厫修厫成案确切察勘分别情形拆重修轻用剩砖瓦木料尽数变价抵充工程经费并令查估大臣核实办理不得任听匠役将情形较轻之厫座列入应拆厫内致滋弊混

一万安裕丰两仓坍塌过多势难修造经户部奏明即行裁撤所有该二仓现存板片改造拨船用剩材料尽数变价解库【以上同治四年】

一丰益仓厫座向放圆明园等处右翼兵丁暨健锐营战船舵工水手米石咸丰十年因土匪滋扰米石无存经仓场奏明交营汛看守该仓监督暂裁各旗营应领米石改归本裕等仓支领嗣据御史联斌奏请规复丰益仓旧制当交仓场详细查勘旋准仓场先后查覆该仓厫座必须修整方能储米因需费较巨暂缓兴办同治十二年复经仓场奏称营汛看守不力残厫木植间有遗失并以外营米石改由本裕仓开放进米较多每遇阴雨泥淖难行致稽运务请将丰益仓厫座择要修补南向三厫拆盖西向三厫揭瓮官厅龙门修盖整齐仍照旧章派进新粮由户部札放钦奉谕旨允准【同治十二年】

一通州中西二仓厫座因年久失修经钦派查估大臣会同仓场侍郎查勘应亟修者中仓二十八厫西仓二十九厫共计应修厫五十七座所需木植砖块选用本座旧料不敷之件即于缓修各厫内拆卸应用其瓦片灰斤杂料租赁架木匠夫工价等项由工部按例核算钱粮除换下本厫朽旧料变价银六千五百九十四两零抵充钱粮并取用户部颜料划抵不计外共需银五万四百二十九两零遵照定章发给四成实银二万一百七十一两零经户部核准并令将应修本厫旧料逐细挑拣备用其不敷之件再于缓修各厫内查看情形较重者酌量拆卸添补不得听凭商人拆卸多厫仍将拆卸缓修仓厫几座选用木料砖瓦各若干详细开单报部查核【同治十二年】

卷五十四·京通粮储·号房潮湿

一嘉庆十四年仓场侍郎等奏称查通会河涨水陡发致将王相公庄等处漫口掣溜通州城外傍岸号房因河水骤长漫溢堤顶致将坐底米袋被淹潮湿更甚沿闸所载之米亦被潮湿除干洁之米堪以久贮者仍归原派仓厫

其不能耐久米石循照成案先行开放及分成搭放所有发块米石应饬令经纪照数赔补搁损船只严饬经纪赶紧赔修至撞沉船只并漂失米石可否免其赔补赔修等因奉旨此项漂失米石著加恩免其赔补其撞溺船只亦著归入本年冬间排造免其赔修余俱照所请行钦此

卷五十五·京通粮储·建造斛只

一康熙四十三年户部题准铸造铁斛颁发仓场总漕及有漕各省部存祖斛一张祖斗一个祖升一个嗣于雍正八年经总漕题请每省粮道添铸铁斛一张又于乾隆七年题明以旧铸铁斛口大边阔收兑之时易于滋弊改铸小口铁斛与祖斛较準颁发仓场总漕及有漕各粮道各一张一律遵用

一收受漕米例用斗斛若令各仓自行修整不行查验恐不肖官役大小其制多入少出其弊滋多应交仓场侍郎将各仓斗斛与部颁斗斛一一较准于口面处所包钉铁叶烙盖火印查有参差者立即销毁并饬各仓嗣后修造斗斛俱令呈报仓场侍郎验准烙印倘不行呈验擅自私用者或经仓场查出或别经发觉将监督题参议处仓役严拿究治【乾隆三年】

一各仓向用木斛并未制有铁斛因木斛年久潮润不准乾隆三年奏准每仓造具铁斛一张作为样斛各旗派往放米之员以木斛较对样斛平挡兑收严禁簸箕歪量之弊

一各仓收放粮石应用木斛升斗照部颁格式成造所需木料向系随漕板木内动用每斛一张工匠铁叶共计价银七钱三年更换一次京通十五仓内惟通州二仓及本裕一仓所需工价于轻赍银内支用造入通济库奏缴册内报销其京城禄米等十一仓前项工价系监督等自行捐垫例不画一应照例将十一仓成造木斛需用工价银两一体归于通济库内支销【乾隆五年】

一内务府官三仓及恩丰仓向来仅用木斛嘉庆四年奏准工部各颁给鐵斛一张所有木斛令其自行制造较准应用一嘉庆十二年抽查漕粮所用斛只年久木质不坚奏交工部照例制造较准应用旧斛咨送工部销毁

一户部铁斛斗升于乾隆五十二年曾遭回禄五十三年经工部另铸嘉庆十二年平粜案内咨取仓场康熙年间所铸铁斛斗升比较除铁斛相符外铁斗较少一合零铁升较少一勺零奏明将从前制造较对各司员交部议处历任堂司各官交部察议仍移咨工部查照仓场所存铁斗铁升另行铸造

卷五十五·京通粮储·收买米石

一嘉庆七年户部以仓储积贮攸关宽为筹备奏准将江南等省漕仓节年支剩米麦并于漕项用剩存拨银内拨给价银收买行月赠耗等米搭运赴通其旗丁随船余米令仓场侍郎于漕船抵通后核明成数照市价于通济库轻赍余剩银内买回交仓所有筹办米款数目开列于后

一江南苏松粮道所属支剩行月等米五万三千余石实存在仓

一江南江安粮道所属支剩行月等米麦七千二百余石实存在仓

一山东省德常二仓历城等处支剩兵粮米一万余石实存在仓

一各省津贴旗丁划给筛扬耗米约七万二千余石此项米石系津贴旗丁之项复经奏准由州县照市价折给旗丁

一江南省旗丁应领行月等米约二十三万五千余石此项米石系旗丁应领本色之项嗣经奏准由州县每石以一两九钱代为售变折给旗丁

一江西省旗丁应领赠军扣半耗米十分之七约一万八千余石此项米石系旗丁应领本色之项嗣经奏准仿照江南等省之例由州县每石以一两九钱折给旗丁

以上共米三十九万五千余石

一收买旗丁余米按照洪斛给发脚抗价银其个儿钱文不准支给至各省带运平米经纪转运到桥例无掣欠此项收买余米原按平米收受未便准其掣欠致亏仓储所有收买米价粟米通州原有月报按照二月分报部粮价收买其粳稜二项通州向无月报查照五城现在报部粮价核办如嗣后市价平减另行按照平减之价核给并于收

买完竣之日即行造册报部查核仍将收买米石及发给米价银两转饬造入到通销算并通济库各奏销册内题报核销【嘉庆八年】一收买旗丁余米应需价值议定查照通州月报及五城报部粮价分别核给嘉庆八年收买济左等帮粟米五千一百五十四石大河前帮稜米三十七石五斗镇江后帮稉米一百二十五石仓场核定价值造册送部存查仍将三色米石及发给米价银两列入到通销算并通济库各奏销册内造报核销至镇江后帮以后均无呈报余米仓场取具各该帮印甘各结存案仍令总漕严密确查各该帮有无交剩余米之处取结报部

一湖南省各帮收回筛扬米石先于南粮驴脚银内统按一两九钱折价共给丁银四千九百一十二两七钱三分三厘嗣因按照粮价较昂之处每石以一两九钱折给其贱于一两九钱之处照各州县月报粮价折给共该银四千八百四十六两七钱四分三厘所有透支银两照数追缴报部查核【嘉庆八年】

一嘉庆九年九月户部奏调剂旗丁案内筛扬耗米于嘉庆七年筹办米款奏明按照市价官为给银收回照旧运通嗣后请永远以折色给丁按照该丁等应得米数核计价值于道库存剩漕项银内通融动支惟各省粮价贵贱不一且有稉稜粟及麦豆之分酌定嗣后稉米每石一两九钱稜米每石一两七钱粟米麦豆每石一两四钱分别折给将米石收回运通如粮价贱于所定之数仍按兑漕月分时价核支以归节省所有给过米价银两于兑漕完竣后造报核销再筹办米款案内部议给价收买运通之江南省旗丁应领行月赠米及江西省旗丁应领赠军耗米嗣后若照旧收买搭运赴通于积贮更有裨益请敕交漕督酌量收买以裕仓储等因奉旨依议钦此嗣据漕督议奏本年江苏被灾粮价昂贵未便再将行月折价收买查前议各省旗丁筛扬耗米并江西省旗丁赠军等米十万余石永远收买运通较之收回行月已可足敷抵拨等因经户部议奏准行

一山东省采买米石用回空军船再行装运一次奏准照正漕之例每船行粮二十四石月粮九十六石半本半折折色每石折银八钱每米一石给丁润耗银五分米五升津贴米三升五合食米二升席片银三分运随各官养廉银六厘在于支剩行粮并漕仓等项银米内分别支给其采买米价运脚等项请于奏拨扣留地丁杂款银内动支户部议覆准行【嘉庆十年】

一江苏萧县原粜嘉庆元二三年赠五米一千七百余石饬令按照原粜每石一两二钱领银采办嗣因连年灾歉详明缓买至嘉庆十七年复据江苏巡抚咨称该县又因砀山李家楼堤工坐蛰被水成灾复请缓买经部驳令转饬该县购备好米搭运赴通交纳

一道光六七年仓场咨安庆后帮搭解道光五年缓交初限三升八合余米截留临清交卸大名府赈恤声明漕帮截留有额截存贮下年放给者有暂截即时拨用者如额截存贮之款必须贴给州县每石耗米二升又给帮丁每石饭米一升每船银一两均在三升八合之内开销是以截留之帮例无三升八合价银可领其篙夫羡余不给茶果免交今截卸临清赈恤系随截随用无须存贮并不贴给州县每石二升耗米又未给发帮丁每石一升饭米每船银一两是年三升八合均未动用折价银两请照数给丁又九江卫前帮嘉庆二十四年分截贮北仓正改兑漕粮项下有三升八合余米业经照数交纳应领余米价银据该帮呈称未蒙给发请照数补给以资接济回空等因均经咨部覆准

卷五十五·京通粮储·收受粮米

一正兑米一石原带耗米二斗五升石土两坝斛粮起卸过坝运进京仓内除给运役五闸颠抗折耗米二升实进仓正耗米一石二斗三升仓中收受入廒除正米一石外收耗米七升尖米四升二合又耗上加收尖米二合九勺四抄盘折作正新耗米三升共收正耗平斛米一石一斗四升四合九勺四抄如改进通仓除耗尖米同京仓外多收盘折耗米二升京仓谓之三升盘折作正新耗米通仓谓之五升拨兑新耗米共收正耗平斛米一石一斗六升四合九勺四抄其余八升五合六抄旧例以三升八合为旗丁余米四升七合六抄作仓中筛扬折耗雍正四年题准停止筛扬将原备折耗米四升七合六折令各仓监督于漕米进仓之时抽掣一二袋验看如有潮湿计其折耗将未验明之米照此计算下剩之米尽数收仓归入正项支销雍正四年题定失风挂欠筛扬耗米免其赔补其非失风挂欠者照数追补搭运【议单旧本】

一改兑米一石原带耗米一斗七升土坝斛量起卸过坝运进通仓除收正米一石外加耗米四升尖米四升二合又耗上加收尖米一合六勺八抄共收一石零八升三合六勺八抄入廒如改进京仓将正米一石内照例挖出二

升以作五闸颠抗折耗实收正米九斗八升耗米四升尖米四升二合又耗上加收尖米一合六勺八抄共收一石零六升三合六勺八抄入廒其余米八升六合三勺二抄照依前款正兑之例遵行【议单旧本】

一起卸漕粮遵照定例平斛下挡禁止淋尖踢斛除个儿钱二十二文之外不许需索分文各衙门官役饭银照奏明定数收受倘有额外多收情弊仓场访实依律治罪仍刊置一单颁发各帮运官如漕粮进仓不挨次序故为搀前挪后勒掯索诈许据实填报从重惩处如运官捏填容隐事发一并题参【议单旧本】

一凡搭运无耗平米到坝起交石土两坝概以加二五洪斛折算给发脚价仓中仍照平斛收受入廒【议单旧本】

一起运德州仓粮改兑平粟米到通如坐京仓石坝照例以加二五洪斛折算正米起运进仓给发脚价如坐通仓土坝照例以加一七洪斛折算正米起运进仓给发脚价仓中收受仍按平斛米数入廒【议单旧本】

一收受白粮责令地方官将征兑样米封贮运通仓场照样比对查收【议单旧本】

一收粮斛面旧例将供用库存洪斛与通州铁斛较制酌量减改作为定式顺治十二年题准制造铁斛颁发仓场永远遵行康熙四十三年题准坐粮厅衙门受兑进京仓米向用加二五洪斛受兑进通仓米向用加一七洪斛仍令照旧使用

一京通各仓收受漕米顺治十三年题准以坐派红单到日为始定限十日收完印给仓收移送坐粮厅转发运弁写验完呈续将通仓改限七日收完如过期不完不出印结仓收仓场侍郎查明题参

一内官监应进白粮康熙十年裁革改为内仓将白粮细粳熟正耗米石运赴内仓收贮

一岁底将各仓放过粮斛造册具题送部考核【康熙二十一年】

一白粮自本地包裹抵通过坝恐开包量斛米石抛撒须用秤称康熙二十三年题定正耗米共一百六十斤为一石米色不净以一百七十斤为一石俱系旗丁亲押赴仓如有短少旗丁赔补有余发还旗丁雍正四年题定白粮过坝坐粮厅每十包秤验一包以一百六十斤为一石若有斤两不足钤印包上报明仓场移知仓监督至该仓收受之时仓场亲诣仓内验明过斛如有短少责令该丁补足

一白粮进仓向例照依全单开载各按米数款项交耗每白熟正米一石交耗米五升以至三升不等每白糙正米一石交耗米一斗康熙四十三年以白粮经费裁减题照漕粮之例交收康熙四十四年题定白粮交仓耗米仍照全单所载收受

一各仓有亏折余米者照议定老米七钱稜米六钱粟米五钱例交与该旗该地方官勒限一年将满汉监督等严追如限内不完即行题参从重治罪著落家产赔补【雍正二年】

一石土两坝堆贮粮袋责令经纪车户铺垫席箔以防霉烂倘奉行不力致有霉烂者查出将口袋粮米勒令赔补并将该役即行责革如仓场及御史不行查出一并交部议处【雍正四年】

一漕粮卸载狼撒米粒责令坐粮厅及大通桥监督设法扫收存贮俟漕运完竣之日通计扫收数目仓场据实奏闻由太平仓验收与该仓成色米一律待枭【雍正四年】

一收兑漕粮旧例每船各兑一石封贮钤印到淮时总漕查验加封抵通后仓场率坐粮厅照样验封起卸倘有搀和等弊将弁丁一并参处【雍正六年】

一收受漕粮定例由仓场分派各仓雍正六年题准将粳稜粟米配搭均匀令各仓轮流籤掣派拨

一各仓收受漕粮旧例收清之后开具揭帖呈送仓场查核雍正六年奏准添设连三编号印单于收米十日内一送仓场一移坐粮厅一留该仓存案其各仓所送揭帖挨次编号填注经承名姓勿许洗补仓场即按照号数粘连钤印以备稽查

一内仓需用白米次米定例令帮船弁丁运追雍正六年题准各帮掣签轮流运送

一漕粮抵坝令坐粮厅验明米色方许经纪车户运送各仓收受【雍正七年】

一各仓收贮漕粮定例每廒以一万一千六百石为额雍正六年归并加添雍正七年奏定仍照原额收受乾隆三年奏准每廒以洪斛一万石为额乾隆十四年奏准每廒派米一万一千石

一白粮交仓余米照漕例颗粒不许出仓先尽挂欠之员买抵如无欠白官丁照粳米价值给发【雍正七年】

一内仓收受白粮于弁丁投文之后照十日定期收受给发完呈详报仓场查核【雍正七年】

一收完粮米旧例限五日内给发完呈雍正八年题定统限十五日给发倘有借端勒措者即行参处

一气头廒底雍正十二年查明京仓收贮至七八年米石及通仓收贮白米至五年贮仓年分未深每廒气头多者一二百石廒底三五十石通仓收贮至十年以外者多用露囤收入廒底又未铺板每廒气头多者六七百石廒底多者二千二三百石收贮至七八年者每廒气头多者五百余石廒底多者二百余石

一雍正十二年奏准每开放一廒米石通完之后令监督查明气头廒底米数若干估定成色并将该廒收贮年分逐一声明仍委员查验确实如果所报成色属实并与各仓应有气头廒底之数相符即行咨部发粜气头多者不得过二百石廒底多者不得过五十石其有年分未久气头廒底为数过多与现在各仓实属不符立即指参

一通仓每年例进粳米十五万石乾隆二年因河南开浚运河欲使回空赶早起米以期紧速奏准将漕米多坐通仓五万石后不为例

一改兑稄米二十三万石从前原贮通仓雍正四年因通仓稄米数多廒座不敷奏准尽进京仓乾隆三年因通仓旧存稄米支存无几不敷支放奏准嗣后将改兑稄米每年派贮通仓十三万石其余仍进京仓

一内仓每岁向进白粮二万余石以为放给太监等项之用乾隆三年因禁城兵丁及太监等项白米改给粳米改进漕粮一万五千石只进白粮七千石其一应收受递减筛扬折耗旗丁余米并收米之运单仓收完呈以及脚价茶果等项统照京通各仓之例办理毛竹毋庸拨给

一各仓收贮黑豆向照米石之例递减乾隆三年以黑豆质本坚硬多系随收随放并无消耗奏准递减之数不准开销一各仓存贮米石向例以算法二五核算每多错悮乾隆三年奏准照依会典积方之法酌定二年以内每见方一尺照三斗一升六合之法三年以外者每见方一尺照三斗四升之法其二年以外三年以内者每见方一尺照三斗二升八合之法丈算铸造铁尺分交户部仓场及各属嗣后俱照此尺丈量折算如违参究【乾隆三十三年兵部尚书托庸条奏停止查仓部议准行此条旧例附存备查】

一丰益仓向例每岁进米十五万石乾隆四年因该仓剩积过多奏准减半拨运每年减收脚价茶果银三百五十余两于坐粮厅衙门取用

一通仓每年坐派稄米十三万石乾隆四年因稻米不敷议将稄米抵稻米支放奏准增拨二万石

一通仓原拨粳米十五万石乾隆四年因各仓存积过多奏准将粳米暂停坐拨通仓改运进京俟陈米放完再行酌拨一乾隆七年奏准将裕丰储济二仓并储济分出之万安东仓新放米石照京通各仓之例气头多者一二百石廒底多者三五十石之数于开放时估定成色报明贮廒年分仓场照例委员查验咨报发粜其储济仓内乾隆二年添建新廒四十八座收受米石甫经六年气头廒底仍照雍正十二年所定之数开报俟乾隆十二年再照各仓一例办理

一豫省漕粮豆石向来均以二五收受外有每石三升边耗米豆并不起卸在各丁进仓三升八合余米豆内照数扣抵其原运三升边耗皆归旗丁乾隆十二年议令嗣后该省随正边耗米豆照数起卸三升八合余米照例给与价值

一豫省漕粮改征麦石乾隆十三年题准总以干圆洁净为準如黄自大小准其一律兼收倘有搀和等弊即行指参至进仓时照收受漕米之例抽掣验看计算折耗将原备筛扬麦石抵补如有余剩一律作正开销

一东豫二省每年运京黑豆俱随到随放廒座最易腾空非米石久贮者比向于南新旧太海运富新兴平北新等六仓递年轮派至储济万安等仓廒座最多俱系贮米不在派豆之内故廒少而贮豆者米色过新廒多而贮米者渐次陈积乾隆十六年奏准嗣后豆石于廒座最多之储济万安旧太海运等四仓派贮则积贮既均而米石年分自可约略相等一各省起运漕粮总漕派发全单开明船米数目抵通交卸完日领运千总赍赴部科查验以稽完欠向未立有限期其间守候需时乾隆十七年奏准嗣后完粮之后于三日内将全单呈明仓场仓场于三日内移送户科查验户科于五日内移送户部户部于五日内验明钤印令该弁赴部当堂给发至造写大小完呈并架册概行停上

一乾隆二十二年北仓兑收米石前经仓场奏明旗丁每米一石加耗二升以为经纪转运折耗之需今此项米石业已转运内仍有递减气头廒底米石查京仓收贮米石原系按月递减销算其气头廒底米石发城粜卖今北仓兑收米石已有加耗二升不便照京仓递减开销自应责令经纪照掣欠逾额例于该役脚价银两内扣补

一乾隆二十二年北仓兑收转运米石所有旗丁应交耗米抗价银两若责令一时交出丁力不无拮据经仓场

奏明囤贮天津之帮船每百石应扣耗米二石准于来岁新漕内搭运完补其抗价银两于轻赍银内先行垫发亦于新漕内扣还归款

卷五十六·京通粮储·收受粮米

一苏松等属屡遭风潮所收之米不能纯洁奏准抵通后先行拨用【乾隆二十三年】

一乾隆二十四年钦奉谕旨各省漕艘陆续抵津现在北河水势微弱将先到漕粮照上年之例即于天津截留四十万石钦此嗣据仓场奏苏松上年因被风潮米色欠纯不宜久贮在仓经苏抚奏明先行搭放惟查此项风潮米石帮船多在南粮头二进之中若概令提运赴通现在水势微弱先到漕粮截留过少恐于后进帮船有碍酌拟一体截拨截拨之余即行赴通将米石另派厫座照原奏先行支放

一通仓从前每岁派进漕米四十八九万石而两季所放俸米只需三十五六万石积至乾隆二十五年存米过多经仓场奏明嗣后每岁只派进通仓二十万石俟陈积疏通再行照旧办理至乾隆三十六年陈米业已疏通向后每年派进通仓漕米三十余万石以敷支放

一漕粮抵坝日起米数本以三万石为率其或阴雨难以起运不足三万之数事亦有之总于天晴路干之时上紧赶运每日起运之数宁多无少务于八月内竣事倘大雨时行于通仓多进二三十万石俾粮艘及早回空【乾隆三十年】

一每年新漕到通仓场将各色米石均匀派贮以便支放【乾隆三十三年】

一兴平仓新收米色平常俟白露后先行开放【乾隆三十四年】

一乾隆三十六年通惠河修筑漫口雨水之后车辆难行所有应进本裕丰益二仓米石经仓场奏明暂贮太平仓俟道路稍干令大通桥再行转运

一乾隆三十八年仓场奏通仓历年积贮共米一百五十余万石三十五六年直隶散赈动用现在仓贮无多请于例进三十余万石之外多贮十数万石以裕仓储

一过关船只日间上紧催趱不得脱帮如遇月明风静旗丁自愿遄行听其自便设遇夜黑有风之时不准纤挽前进每日例应起米三万石饬令坐粮厅每日自寅至戌赶紧兑收至昏暮不及起完者即行封舱以待次日接办【乾隆三十八年】

一淮安头二两帮兑运江苏之昆山新阳二县稉米到通多有灰暗不能一律纯洁经仓场奏明另厫存贮先行支放嗣后续到米石如有似此者随时酌量办理嗣查续进各帮内有兴武八等帮十二船米色灰暗难以久贮奏明于次年春季起陆续搭放以昭慎重【乾隆四十一年】

一兴平仓坐派庐州头帮稉米九千一百余石据大通桥运到内有一车验系稜米二十石此项稜米原系派运旧太仓查系车户号头错发并无别故车户丁信等枷号一个月该桥监督交部察议其进兴平仓稜米二十石既已入仓未便复行领出即入官充公其应运旧太仓所少之稜米二十石著落监督买补交仓【乾隆四十二年】

一苏州等属征收漕粮因雨泽愆期未能一律干圆并有青腰白脐经江苏巡抚奏准照乾隆六年并十八等年漕粮米色欠纯准其抵通另仓收贮先行搭放【乾隆四十三年】

一湖南有漕州县因夏秋缺雨所收米色不能纯净颗粒尚属干洁无碍支放俟该省船粮抵通之日验明即行收受但米内既有青腰白脐究难久贮应另廒收贮先行搭放倘有潮湿点变以及藉端搀和等弊即据实参奏著落赔补【乾隆四十三年】

一本裕丰益二仓坐派漕粮嗣后头进漕粮于四五月闲果能依期到通所有派运远仓米石仍遵旧例办理倘漕船抵通较迟或坐派远仓后适遇阴雨难以运送即将米石改贮近仓俟三进南粮再行派拨远仓不必拘定头进帮船内轮派【乾隆四十五年】

一松江太仓二府州属所收漕粮间有青腰白脐未能一律纯洁循照乾隆六年并十八等年奏明原案于抵通时另仓收贮先行搭放【乾隆四十八年】

一苏州府属到通漕粮内惟常熟昭文昆山新阳吴江震泽六县米色亦有青腰白脐因上年收漕时阴雨连绵是以收兑漕米未能一律纯洁恐难久贮应另厫存贮先行搭放【乾隆四十八年】

一本裕丰益二仓距大通桥三十余里每年应贮米二十余万石本年因漕船赶紧回空所有到桥米石就近先尽京仓运进以便迅速起卸将该二仓之米照乾隆三十六四十六等年暂贮太平仓之例酌存数万石于运务更可迅速【乾隆四十八年】

一禄米等十三仓现存稉稄米石查系实数并无亏短惟太平南新二仓福字仁字二廒间有气头过重之处缘运仓时沿途适遇暴雨湿气所蒸探至六七寸以下俱系好米但既经受湿自应先行开放以防折耗【乾隆五十一年】

一江浙两省漕粮因上年秋成之际霜信早寒米质未能一律纯净间有青腰白脐干嫩不同浙江省各属内除仁和等八县之米虽有青腰白脐尚系坚实完整应分仓收贮外其海宁等十四州县米石较嫩不便久贮应先行支放江苏省所属内除长洲等二十二县米质饱绽足供储积外其无锡等九州县米石青嫩未能坚实应同浙省较嫩之米一律另廒存贮先行支放【乾隆五十二年】

一乾隆五十二年七月奉上谕据德成奏京通各仓收兑新漕之际易滋弊端派员前往分查有新旧相搀及虫蛀之米将米样包封进呈又据苏凌阿等奏本年南粮各帮米色原有参差不等现在验系米粒坚实者随即起卸运进京仓令帮船及早回空乃侍郎德成派委工部光禄寺司官笔帖式等三十余员进仓监收混分等第有误兑收时日各等语前因闵鹗元琅玕具奏江浙两省上年秋成之际霜信较早米质间有青腰白脐未能一律纯净因谕令毓奇验明通融收运于抵通后并令仓场侍郎等分别收贮酌量支放原因江浙两省上年被霜较早米质未能纯净是以准该抚等所请俾小民易于输将且因今岁系全漕抵运之年特令仓场侍郎等不必过事苛求随到随收以便及早回空无悞冬兑乃德成于上年即误听人言奏请各帮漕船所载之米多不足额于抵通后采买陈米交仓以致京城米价昂贵当经亲派大臣会同德成在通州至德州安陵一带查验并无情弊即德成亦不能指出实在情弊今又欲实其前言分派司员前往通仓监收米色不过稍为区别此项南粮漕米如果有弊窦自当由本省地方交兑时暗中舞弊但闵鹗元琅玕身任封疆且有漕运总督仓场侍郎等盘验兑收伊等俱身为大臣岂肯任其朦混自担干系之理乃德成一时误听必欲实其前言虽亦为公事起见但有意吹求强为分别必致抵通漕米兑收迟滞有悞回空况胡季堂金简与德成俱系查仓大臣若通仓收米果有弊窦胡季堂金简岂有不联衔具奏之理自系伊等见此事无弊不肯会衔具奏且朕之信德成亦在胡季堂金简之次而乃欲实前言固执纷挠贻悞公事实属非是德成著交部严加议处其派出司员等监收查验究系该堂官指使尚无不合著德成即行撤回仍著该仓场侍郎等将抵通漕米秉公迅速收兑俾得及早回空以副朕恤丁利运之意仓场侍郎等及德成折并发钦此

一乾隆五十四年十二月奉上谕南漕为天庾正供米粒自应圆绽纯洁方准验收今既据该抚等声明江浙二省本年因雨水稍迟又值闰月霜信较早天气骤寒二禾结实未能圆绽米色间有红斑白脐著传谕管干贞于该二省漕船过淮时如验明颗粒坚实并非搀杂细碎米色间有不能一律圆绽纯洁之处不必过于驳饬及早盘验攒行并著该仓场等于江浙漕粮抵通交仓后另廒收贮支放兵米时即先尽开放不致在仓久贮致有霉变钦此

一每年新漕进仓时应令仓场侍郎务须酌量旧存各色米石多寡均匀派贮并将某仓存贮某年分各色米石若干详造清册先期咨部存案以便分别新陈札放【乾隆五十九年】

一本年夏间雨水骤急转运到桥米石间有潮润共计三万三千二百余石虽经晒晾干洁终恐不宜久贮应请先行开放【乾隆五十九年】

一白麦一项向派禄米等十仓收贮嗣于乾隆五十九年奏明于每年新漕到通时径行运送恩丰仓存贮备用查麦质本嫩恩丰仓地面狭隘难以掀晾应仍照旧例分贮禄米等十仓收贮听内务府陆续取用【乾隆六十年】

一江浙白粮改进京仓四万余石奏准照漕粮运京之例令白粮旗丁每石贴交经纪等三升六合责令经纪等转运交仓如有亏短即责令经纪车户如数赔补不得稍有挂欠若经纪等另有勒索刁难等弊严查重惩亦不得任旗丁等于水次受兑时额外议增旋因贴费虽出自余米并非另有增添但究未免多一番周折奏准江浙白粮嗣后仍旧运贮通仓其旗丁津贴经纪车户之米即行停止【嘉庆元年】

一浙江省沿海之海宁等州县及毗连被水之长兴等县晚稻含苞吐穗之时同被暴风骤雨漕米闲有青腰白脐奏准照乾隆五十四年霜信较早之例准其红白兼收籼稉并纳仍令该抚转饬各属务择米质坚实完整者装运不得搀杂细碎之米充数并将各州县帮次米数分晰报部仍咨总漕于过淮籤盘时将实在不堪久贮之米知照仓

场另廒收贮先行搭放【嘉庆三年】

一嘉庆五年江苏华亭奉贤娄县金山上海南汇青浦昆山新阳等县漕粮因地近海滨并受风潮多有青腰白脐米质俱属干洁奏准一体照收

一京通各仓收受漕粮向系抽验一二袋如有潮湿计其折耗若干将未验之米一律照算于原备筛扬耗米四升七合六抄内抵补余剩耗米作正交仓嘉庆五年各省津贴旗丁案内江苏等省奏准划给旗丁正兑筛扬米二升七合六抄山东河南二省划给旗丁一升七合六抄除山东河南之粟米黑豆折耗较少尚有余剩外其山东河南二省麦石并江南省粟米及江苏浙江湖南湖北江西等省粳稜米石仓中不敷折耗之数奏准于三升八合余米内划出八合通融抵补不得再逾此数如或无须拨抵仍将备抵之米归入原款报销【嘉庆五年】

一嗣后遇有向系平米复经分晰改兑名目者仍照平米之例正耗全数进仓不准开销折耗亦无给丁余米【嘉庆五年】一嘉庆五年六七两月雨水较多道路泥泞车辆难行大通桥分进各仓漕粮查照向例奏准于太平仓暂贮米十万余石俟运务告竣再令大通桥监督按照应进仓口转运交卸应用抗价廒费即于车户应领脚价银内通融办理无庸另议开销

一湖南茶陵州本年起运漕粮二千二百五十余石前经奏明米质太嫩俟该帮船到通再加查验应否另贮先行搭放倘经霉变即著弁丁与该州分别赔补嗣因米色尚属坚实另囤堆贮先行搭放【嘉庆六年】

一苏州白粮帮潮湿米一千三百余石先经奏准令该丁等变价回南买补足数下年搭运交纳嗣经咨准将该帮交剩余米七十二袋抵补下年应搭米数下剩应搭米石责令搭运赴通交纳【嘉庆六年】

一浙省尾后八帮余米奏明全行缓交分年带交还仓所有各仓现经收受浙省八帮米石不敷折耗之米请即以正额平米项下拨出八合暂为抵补俟下运搭解仍归正款【嘉庆七年】

一昆山镇洋二县地方潮湿向来米色稍嫩嘉庆七年又值收成时风雨不齐未免受损以致米色黑暗奏准俟抵坝另贮一廒先行搭放倘过淮之后因米质稍嫩交仓有折耗米石照嘉庆五年青浦县之案帮县四六分赔以昭惩戒【嘉庆七年】

一嘉庆七年转运暂贮北仓米石有拨船户盗卖米一百四十五石四斗在于买米铺户居民著追归仓其余经纪尚短米二千七十五石零内除沉湿米石先行就近变价扣存通库抵项外不敷银两照掣欠逾额例令经纪按数补交

一嘉庆七年苏州白粮帮潮湿米一千三百九十二石四斗一升奏准令该丁等变价回南买补足数下年搭运交纳嗣将该帮交剩余米七十二石抵补下年应搭米数下剩米石责丁购买好米均派各船搭运【嘉庆七年】

一盘验漕粮如各州县米色不纯经地方督抚奏明有案者照青浦县县丁分赔之案办理如督抚未经奏明者仍照定例著落弁丁赔补

一嘉庆八年奏准给丁筛扬耗米给价收回其余米项下拨出八合抵耗之米毋庸拨抵如折耗多至二升以外准其于收回筛扬米内划出八合抵补仍不得再逾此数

一湖北省带征乾隆六十年漕粮二耗米石并嘉庆七年各属带征二年南米系归完原截湖南漕粮于本省帮船搭运抵通咨准作为平米交收【嘉庆八年】

一嘉庆十年六月连次大雨起运到桥漕粮内有被雨沾湿米石奏明将晒干之米均派各仓另廒收贮先行搭放其霉变发块及霉变稍次而米较碎杂不堪支放者扣出不准入廒暂行封贮大通桥号房俟漕粮完竣发给经纪具领以免搀混入仓之弊所有短少米石移咨顺天府查明时价著落坐粮厅及经纪等四六分赔以示惩儆

一吴江震泽娄县南汇奉贤太仓镇洋等州县米色参差其采买一项更未能一律纯洁行令总漕严饬该帮厅弁督丁勤加风晾毋致霉变致干查议仍知照仓场俟该帮船抵通之日验明是否不便久贮实应先行搭放之处报部查核【嘉庆十年】

一浙江省帮船搭运采买米一十二万五千石内有采买楚米三万石未能一律饱绽咨请首先搭放户部移咨仓场俟抵通之日查看米色如果必须先行开放即行奏明办理【嘉庆十年】

一浙江省嘉善海盐平湖乌程归安等五县应征嘉庆八年漕粮因该年雨水过多补种苗秧不齐且地近海滨米色未能一律饱绽咨请先行搭放经户部移咨总漕于该省前项米石到淮时曾否查看米色细嫩分别存记奏明

有案之处查明报部并咨仓场查明米色如果实系细嫩不堪久贮即奏明先行开放【嘉庆十年】

一仓场侍郎赓音等奏酌筹通仓积陈受潮粳米及早放竣一折奉旨此项存贮通州中西两仓受潮米五万二千余石陈积日久必致腐坏自应及早搭放完竣著照所请将此项存米拨出四万四千石运送京城十一仓分贮尽先搭放仍将现到稜米派拨四万四千石分贮通州中西两仓以抵原数与旧存陈米均匀搭配支放其陈米由通仓运至石坝水次即照所请每石支给脚价银三分四厘于桥坝办公项下扣支至派拨新米四万四千石由土坝运至中西两仓所需脚价运费如何筹计之处仍著仓场侍郎酌核具奏等因钦此嗣据仓场侍郎核奏陈积米石由石坝运京所用脚价即以新漕所省脚价扣抵其新米帮船已全抵石坝所需脚价即照石坝运进西中二仓之例每石给脚抗价银三分四厘亦于桥坝办公项下支给奉旨知道了旋据该侍郎以此项陈米本多虫蛀破碎若由通陆运石坝复由五闸船运至大通桥再装车分进各仓必致搬抗折耗较多该仓花甲人等情愿一手由通仓陆运京仓奏准将脚抗车价等银全数拨给以为陆运之费【嘉庆十年】

一石坝露囤米石仍应装运原派仓口收贮所有人工绳席等项费用该经纪等自行备用毋庸另议开销【嘉庆十一年】

一代役短少米石核记每百石短米五斗以上照盗卖漕粮例治罪枷号一个月杖八十折责发落米石著落经纪赔补【嘉庆十二年】

一西中二仓存贮白米粟米系例应留贮通仓支放王公大臣俸米其多贮粳稜二色共米四十六万余石除酌留数万石以资看仓官兵等项之用其余米石概令赶紧分运在京十一仓均匀派贮【嘉庆十二年】

一嘉庆十二年帮船行走阻滞较历年迟至月余钦奉上谕各帮船能攒抵通州不误回空归次者即令赶紧抵通其程期过迫者即于北仓截卸总之多抵通一帮多一帮之益少截卸一帮少一帮之累等因钦此据仓场侍郎奏明截卸北仓四十万石再于城外之太平万安裕丰储济四仓每仓多贮数万石卸运较易将每月应放甲米多为轮放一周不致壅积

一嘉庆十四年奉上谕御史史佑奏北仓贮米易滋弊窦请先期赶办以利漕运一折据称桥坝转运不能迅速则在后帮船积压一经截卸北仓其米兑给船户包交各弊丛生请于漕米运仓时先运远仓后运近仓俾桥坝疏通起卸回空均免迟延等语所奏甚是著交新任仓场侍郎福庆许兆椿即照该御史所奏饬知大通桥监督本年漕粮抵通分运各仓责令先尽远仓运送将近仓空廒封闭俟远仓运足再运近仓其经纪车户从前虚报短交长支预领各款并著该侍郎等核实详查奏明妥办务令转运迅速免致再于北仓截卸以杜弊端钦此

一旧例粮船到通由仓场衙门分拨各仓收受当堂轮派籖掣惟俟帮船抵通后始行坐派则运丁吏役等易于交手滋弊嘉庆十四年奏准俟总漕咨送过淮粮船数目清册到日于各帮未过津关以前即先籖掣仓口檄行各该粮道及总运等遵照俾各丁预知派定仓厫无所用其趋避

一内仓通仓于白粮转运抵仓随到随收勒限十日将应给回照给发该丁收领傥一经逾限巡漕御史仓场衙门立即参办【嘉庆十四年】

一帮船抵通仓场侍郎督率坐粮厅亲身查验秉公办理其经纪只令起卸米石不得干预查验米色之事如旗丁与经纪串通舞弊或以丑米夹混或短收斛面希图弥缝亏缺宜严密防闲傥经查出一并送部治罪【嘉庆十四年】

一嘉庆十七年镇海前帮到通漕米一万三千余石米色灰暗难以久贮仓场援案奏准分进各仓另廒存贮先行搭放一嘉庆十七年仓场奏准浙江台州等帮不堪久贮七成米八万八千七百余石另廒收贮先行搭放不敷成色分别赔补下次带运驳回不堪收受米一万六千六百余石勒限一年赔交应议职名咨取送部又江淮头江淮四两帮驳回买赔米石除江淮头收买别帮余剩食米委系干洁饬令起运进仓其江淮四帮买赔米石仍系搀杂即行驳回饬令下年赔补搭解

一嘉庆十七年御史陆泌奏漕粮抵通屡有霉变奏请详定章程经大学士等会议嗣后验出霉变米石分别米数多寡以定处分轻重数在一万石以上粮道降一级调用三万石以上降二级调用五万石以上降三级调用十万石以上革职其同知通判并经征各州县及领运千总数在三千石以上降一级调用五千石以上降二级调用一万石以上降三级调用三万石以上革职其领运千总革职后并枷示河涯每船旗丁霉变米五百石以上枷号示众漕

竣重责递回监追过淮盘验米石霉变由总漕驳回将巡抚及督征经征并监兑各员一并奏明议处其驳回之米巡抚分赔一成粮道分赔一成监兑及领运各官分赔二成州县分赔三成旗丁分赔三成到通盘验米石霉变由仓场驳回将总漕及押运领运各员奏明议处其驳回之米总漕分赔一成粮道分赔二成押运同知通判领运千总分赔三成旗丁著赔四成勒限一年赔交本色补运限内赔完给予开复限内不完题参究治如官丁等身亡产绝无可著追于同案各员名下摊交其地方官与领运弁丁总以过淮盘验为界未过淮以前州县与运弁一同参处过淮盘验后专责运员与州县无涉统责成漕运总督于过淮时按船亲履盘查不得委员验报如验有霉变米石即照例揭参驳回赔补其江西湖广距淮较远过淮盘验之时已开行数月如有霉变难再责州县分赔应由本省巡抚查验照例分别受兑以前受兑以后至米质潮润不堪久贮尚可食用者由仓场查验实在七成以上准其奏明收兑另廒存贮先行搭放仍将粮道等查参并将米石不敷成色令粮道等分别赔补于下次带运其有滨海州县或因潮卤间有青腰白脐米色不纯者由巡抚先期奏明先行开放不得于事后藉词推卸其霉变不堪食用驳回之米应由仓场转饬分洒通帮或别帮每船止准一二百石俟过德州后方准粜变著落沿途地方官严密稽查傥有在天津通州一带售卖者查出照私卖漕粮例究办

一嘉庆十七年奉旨荣麟等奏查验兴武六等帮米色灰暗分别办理一折江苏娄县等处兑运漕粮米色灰暗除不堪收受之米易换食米交卸外其搀杂黑丁筛扬不净者兴武六帮共米二千四百零八石江淮五帮共米二千零九十二石若概行驳回为数较多入仓又难久贮姑照所请另廒存贮先行搭放俾漕船迅速回空漕粮为天庾正供该省兑收时即应慎选米色一律干洁迨过淮时由总漕盘验遇有米色不纯者立即饬驳该处距兑漕各省道里较近驳换亦尚易办若不认真查验远涉数千里转运抵通坐粮厅及各仓监督自顾考成孰敢迁就报收一经驳回损耗必多即权宜搭放以不堪久贮之米陈陈相因仓储之受弊滋甚此次苏松两属漕粮灰暗者多至数千石章煦办理不善许兆椿签盘草率俱著交部察议本年江省兑运新漕著交百龄朱理严饬所属妥协经理帮船过淮时并著许兆椿认真盘验毋得仍前疏懈千咎钦此

一嘉庆二十年刑部议准大通桥监督于运进内仓米石存贮号房致有霉变内仓监督于运仓米石验收迟延均属怠玩大通桥及内仓监督俱交部议处其霉变米石责令车户赔补

一道光元年石坝里河运京漕粮遇雨霉变发块稄米六百五十石责令经纪赔补惟南粮军船早已回空无余可买仓场奏准每石以一两四钱折银交纳通济库

一道光二年御史条奏京仓存贮米石以放代盘部议将本年新粮暂贮于未经放米之兴平禄米太平南新万安等五仓黑豆仍照四仓分放仓场奏准粟米麦豆与粳稄体质迥殊不碍盘查所有派贮东豫粟米麦豆照旧分贮

一道光二年仓场奏六月间运到大通桥之浙省粳米盘坝过闸间有被雨沾湿者责令风晾干燥收受入仓内有剔出雨湿发块不堪收受之洪斛粳米六十三石责令经纪赔补按照例价每石以一两四钱折银交纳通济库

一道光二年仓场奏准江浙两省漕粮最多大半系属粳糯白粮较稄粟尤为珍贵本年运通之米间有青腰白脐贮仓一二年或尚无碍若积压过久难免霉变通饬有漕省分嗣后于各州县收漕时亲自验明好米傥有刁劣绅士勒交丑米立即拿究并饬该管粮道兑漕时严禁旗丁不得勒索帮贴兑运丑米如抵通时验出不堪收贮者即驳回赔换于下年搭运交纳

一道光三年四月内奉旨每年各省漕粮抵通交卸分运进仓有坝桥仓三处逐加盘验立法本属严密无如因循从事均未能实力稽查以致米石多有霉变兹据和桂等申明验收章程分别定以责成著照所请嗣后漕粮抵通即饬令坐粮厅与经纪等认真细验如有搀杂潮湿之米押令帮丁等洒扬晒晾一律干洁方准起卸至到桥后该桥监督验有潮湿之米即著落该厅督率经纪洒扬晒晾再行转运所需经费即罚令该坐粮厅赔交三成经纪赔交七成其由桥运仓责在该桥监督运米车户已运进仓责在该监督花户傥有搀潮之米分别令其洒扬晒晾将经费著落该管官役等按三成七成分赔以示惩警该仓场侍郎等仍当随时严查毋任各仓员稍存将就务期米色纯净以资积贮不可日久仍蹈故辙徒致有名无实也钦此

步军统领奏准筹画催攒新粮入仓章程四款

一城内城外分段催攒自大通桥起运经过地方城外责成营弁城外责成地面官沿途催攒逐段押送不许逗留以免拥挤

一米车出入各仓本有两路仍令车户人等将重车须俟空车行走接踵进仓不得空重堵塞

一城外关米车辆若值城内进运新粮之时两项空重同走一门恐有拥挤应请嗣后朝阳门外四仓支放米石时适遇新粮抵京在护城河西之仓领米车辆改进东直门在护城河东之仓改走东便门进崇文门

一米车经过地方必须道路平坦方能行走查东便门外石桥石路崇文门护城河桥石路东便门内小石桥均已塌陷应请敕下工部迅速修补务于来年二月工竣无误转运以上四款【道光三年】

一道光三年八月奉旨据和桂等奏被雨漕米筛晾干洁请分别先行搭放及著落赔补以重仓储本年进仓米石被雨淋湿经该仓场侍郎等饬令随时筛扬所有扬出好米二万一千二百七石零著俟该仓新漕运完之日即先行搭放兵饷其雨湿较重米三万三千五百二十石即著落经纪车户等赔补按照例价一两四钱折交惟六月时筛扬湿米已有应赔折耗一千五百九十余石亦需折银交纳若令同时完交该经纪车户等不免拮据著经纪承领七成车户承领三成令其赴仓领出变价按十日一次交通济库收存俟缴完后核计短银若干奏明办理所收米价即交坐粮厅作为下届例价七钱一石收买各省帮船余米以充仓储至该经纪车户赴仓领米并著稽查兴平禄米储济三仓御史督同开放限十日内全竣不准近仓堆贮以杜弊混此项米石既经著落该经纪车户等变价赔补该侍郎等另片奏请抵给官员秋俸之处著不必行钦此嗣据仓场会同查仓御史奏准兴平禄米储济等三仓另廒存贮应行变价之米全数领竣此项米石系属洪斛今交经纪等领粜应按平斛计算共该领米四万三百八石二斗四升二合七勺所有变价银两按十日一次交通济库兑收即按平斛以一两四钱一石计算折银赔缴并声明大通桥尚有未经运仓以前被雨淋湿霉块米一千五百九十六石不堪食用饬令经纪等一并领出按数折价赔补又经户部议准查粳稜例价每石一两四钱系指官兵事故回交米折银而言若著落经纪等赔补向系核算平米按照时价折银交纳久经纂入漕运全书遵行在案嘉庆十四年仓场始有照一两四钱例价办理之案其时米数无多已滋弊混今两湿漕粮至四万余石之多名为赔补折缴实则减价变卖该侍郎等因经纪车户办公拮据暂为通融办理恐此端一开自后奸胥猾吏转得以误公为牟利地步设又听其短缴银两以致帑项久悬尤不足以示惩儆所有应缴米折价银即于放竣之日起勒限两月内全数完缴报部查核并请嗣后如有经纪等著赔之项务令遵照漕运全书所载以平斛按照时价折银交纳以符定制

一道光三年九月奉旨御史赵柄奏参兴平仓误扣米石以致未能如限放竣等语著户部会同仓场侍郎将此项米石该监督是否应扣之处据实查明具奏钦此旋经户部会同仓场查明覆奏据该仓监督供称向例进仓每石原备筛扬耗米四升七合六抄除抽验计耗外其余作正支放本年进仓湿米仓中筛扬多日是以拟照向例每石暂扣二升等语查验扣存之米俱系潮湿霉变并无另有搀杂好米等弊查例载耗米四升七合六抄准监督抽验除耗者系指漕米进仓而言此项霉变米石应由经纪等承领赔补既经奏准开放不准颗粒存仓且进仓未久并无折耗该监督误引成例扣存所有扣存经纪承领米一百二十五石四斗二升六合车户承领米五十三石七斗五升四合应仍令该仓照数全放著落经纪车户领出变价并将该监督交部议处经吏部议将兴平仓满汉监督均照不应轻公罪例罚俸六个月

一道光四年正月奉旨户部奏称向来豆石抵通只于旧太海运万安储济四仓存贮每月札放豆石亦于该四仓并札该花户等每以旧豆未完新豆已收致滋勒索搀和压陈放新等弊自应将新豆另行派仓存贮俾免新旧牵混现在南新北新二仓空廒足敷收贮嗣后著于南新旧太海运北新万安储济六仓内何仓先行放竣即于何仓收贮新豆其札放豆石按定仓口次序以两仓并札俟一仓放竣再按次接放一仓并令该监督等出具并无颗粒陈豆印结报部查核由仓场侍郎派委安员查验属实再贮新豆以清积弊至各仓满汉监督著遵例一员亲坐廒口监察一员在官厅检查米档如有同坐官厅但委胥役在廒口收放者责令该查仓御史指名参奏傥该监督等有患病等事毋得私相兼摄即申报仓场派员署理仍轮班值宿以昭慎重余依议钦此

一道光四年正月浙抚奏杭嘉湖三府属有漕州县被水成灾米色不能纯洁声请红白兼收籼粳并纳并咨准抵通后另廒收贮以便先行搭放

一道光四年四月奉旨据博启图等奏本年豫省徐河前后两帮粮船所运黑豆内有一万七千余石多系潮润经该仓场侍郎等饬令弁丁赶紧晒晾延至半月尚未挑晾干洁任意怠玩著将徐河前帮千总刘权本后帮千总徐登荣一并革职其两帮运丁均著查明责革枷号河干示众该总运同知刘谷万漫不经心毫无整饬著交部严加议

处此项豆石难以久贮著另廒收存先行开放以免搀混钦此

一道光四年六月内奉旨上年仓场侍郎奏准查验漕米责成桥坝仓三处逐加盘验如有搀杂潮湿之米层层著落晒晾分赔兹据博启图等查明桥仓各监督因验收慎重车船转运不能迅速以致米石积压甚多易受潮湿自系实在情形嗣后仍著照旧例验收之责专归坐粮厅务令查验干洁再行起卸该侍郎等随时赴坝抽查以防搀混转运之责专归大通桥分别天气阴晴道路远近以核其运数之多寡毋任车户稍有积压兑收之责专归仓监督遵照该侍郎等坐派廒座随到随收毋得借故留难任意高下庶责有攸归不致互相搀越而转运亦不致迟滞也钦此

一道光五年仓场奏奉天采买及河南动碾仓谷米石与正漕同时抵通请于正漕日运二万数千石外仍带运奉豫二省米三四千石以符每日转运三万石之数统按前后到通次序验明干洁迅速起卸

一道光五年十一月仓场奏石坝里河拨船转运进京米石猝被雨淋剔出发块洪斛米一百二十五石责令经纪折价赔缴遵照道光三年户部议奏章程以平斛计算按照时价折银交纳等因奏明咨部经部查明十一月分粮价咨行仓场照数著追解交

户部议覆仓场奏覆御史黄德濂条奏漕粮由通到桥由桥入仓奏准七款开列于后

一验收漕粮遇有潮湿夹杂米石验收之前专责旗丁运员验收之后专责经纪以昭平允

一漕粮由通运京例准折耗二升该经纪等竟将此米卖与旗丁势必掣欠折耗更多责令坐粮厅抽查御史及大通桥监督认真稽查如有私卖耗米及折耗掣欠逾额过多即照盗卖漕粮例治罪如有徇隐即行奏参

一运米迅速原在车辆齐全口袋足数令坐粮厅大通桥监督认真点验务令车辆口袋一律齐备仍由抽查御史督同监督核计每日进米多寡呈报仓场分别劝惩

一到桥之米偶有潮湿号头代经纪挑晒该役等利得挑晒工价不分米之干洁全行倾泻数千百石共作一堆顷刻之间即收入袋是潮湿并未晒干而干洁者转多狼藉议请专归经纪挑时晒至干透方准入袋并令大通桥监督查验至号头将好米指为潮湿勒令经纪 出钱挑晾等弊由该侍郎出示严行禁止准令经纪控告并将该监督议处

一拨船转运给与大小席片苇把原足敷苫盖垫衬之用如果船户并无偷减米石何至沾湿令坐粮厅认真点验并严饬闸官汛弁实力稽查如敢仍前偷减即将船户重惩

一各仓收受漕粮例限红单到后十日完竣惟内仓收受漕白米石于红单到后复催该帮投递文册交纳席片米样该监督验看后始能收米以致迟延请嗣后由仓场饬令坐粮厅于发给红单时即催帮丁将文册席片米样一并交纳照例十日内验收倘有需索迟延即由部将该役等严惩监督参处

一由桥入仓监督不认真掣量车户漫不经心口袋破裂米多狼藉易致偷漏应令各仓监督认真制量如有潮湿短欠即著车户赔补至口袋破裂饬令随时收拾如有车户偷漏花户含混收受等弊即行照例严惩如该监督怠玩即查明严参【以上七款道光七年】

一道光七年湖南二帮旗丁姚珊瑀洪漕船失风漂失碾办通米七十六石八斗八升业据该丁在于当年食米内如数垫交所有八年复行由南搭解赔补之米仓场咨部覆准即行收受入于下届应运米石数内扣抵【道光八年】

一道光八年六月奉上谕御史阿成等奏内仓收米逾限请饬遵照新定条款办理一折内仓收贮漕粮限红单到后十日完竣兹据该御史奏称本年头进南粮收仓已逾正限五日难保二进南粮及白粮不再逾限嗣后内仓收米著户部务照议定章程不准稍逾限制倘再有不遵者该部堂官查明如系该仓监督迟延即行参处如系该仓书吏花户勒措延缓即照例严惩如旗丁交纳迟误即将该押运官参处毋稍徇纵钦此

抽查御史奏参内仓收米逾限经户部查明系因帮船文册席片米样交纳未齐奏准章程五款开列于后

一红单文册到仓有米石尚未抵通未免参差嗣后总于米石到后再发红单给发红单时即严饬帮丁将文册席片米样一并交纳令该仓于十日内验收毋得迟延

一二进漕粮红单文册若随头进先后到仓大通桥向不能两进并运自应于头进运竣后再行起限其三进漕粮白粮亦一律办理

一运米之多寡视车辆之有无查向来车户运米可以一日运至四五千石自后运米应以三千石为率不得稍

减傥车辆短少无故稽延即将该车户严惩大通桥有督催之责若不严催任其迟缓一并分别查办

一遇阴雨之时应饬令车户添雇车辆以便运送其或大雨时行暂行阻止者亦事所间有嗣后如遇大雨阻止之日以及内仓有急须开放之米并甲日不开仓由大通桥内仓彼此移会暂缓一二日毋庸计限其因雨停运者仍俟天晴路干赶紧补运以符定数

一内仓原设有查仓御史其收放米石向有书吏逐日禀报嗣后于每进漕白粮石收竣后即由内仓将红单文册于何日到仓该仓于何日进米某日收米若干何日完竣详细揭报如有前项展缓一二日者亦俱随时报明以备稽核如此明定章程则责有攸归再有迟延亦无所借口矣【以上五款道光八年】

一道光八年八月奉上谕松廷等奏大通桥监督办运迟延请先行摘去顶戴一折前因在后帮船漕粮应即早起卸回空经该侍郎等奏准分别寄拨暂囤以期迅速大通桥运数自可加增乃该桥监督未能督饬车户赶办每日仍不过三万石内外实属办理迟延大通桥监督保淳宋传曾俱著摘去顶戴责令赶紧攒办傥仍前延玩即行据实严参仓场侍郎松廷朱桂桢督催不力均著交部察议钦此

一道光八年奉上谕松廷等奏山东省应征豆石稍欠圆湛据咨核办一折仓场衙门收受漕粮例须干圆洁净不容稍有参差兹据奏山东省外河州县应征豆石因本年秋雨过多豆秆抽未满足以致颗粒不能如往年一律圆湛查系实在情形经琦善咨明该侍郎等查照办理此次姑允所请俟明岁该省豆石抵通时著该侍郎等亲往查验通融核办惟须示以限制毋许稍有含混仍著山东河南巡抚严饬慎选征收其未经被水地方不得援以为例该部知道钦此

一道光二十四年钦奉上谕御史乌凌呵奏请严定起运章程一折本年江浙两省漕粮前经各该督抚奏请红白兼收籼粳并纳现当抵通交兑之时诚恐各帮丁舵并经纪人等恃有奏案易滋朦混著仓场侍郎严饬所属认真查验如果米色低潮即令帮丁挑晾干洁再行起运其尚堪收兑者务令随验随起不容片刻耽延傥查有丁舵经纪人等句串舞弊立即严究并将该管官从重参处如通坝司漕各官及专司验收起运之员办理迅速始终奋勉著俟全漕告蒇择其尤为出力者奏请鼓励钦此

一通州中西二仓开报成色米石应按照各仓开报章程将存储年分分晰声明不及贰年者概不准揭除气头廒底如年限已届由仓场委勘确实估计不得以少报多以高作低其应放廒座不得压陈出新傥违例浮开任意揭除即将该仓监督严参惩办【道光二十九年】

一内仓收受白粮经户部奏准俟运米到仓该仓监督等酌派笔帖式等二员会同仓场委员于开仓进米时在仓门首亲身查验不假胥役之手傥有偷漏狼洒等弊即行从严惩办如米色与坐粮厅先期封送之样不符即令该监督随时禀报户部核办【咸丰八年】

卷五十七·京通粮储·余米篕羡

一各帮官丁在仓交剩三升八合余米旧例本帮有欠除扣抵本帮挂欠外下剩余米查明本帮上运旧欠丁名如有相同其名下旧欠数多而余米数少者将该丁名下余米全数扣留抵补余米多而旧欠少者扣完即止谓之对丁扣留除对丁之外尚有本帮不对丁名之旧欠将无欠旗丁余米每十名扣留三名抵补扣完即止谓之三七扣留至余米抵欠之外仍有余剩听旗丁卖与本仓别帮抵补挂欠雍正元年奏准抵欠卖抵之外再有余剩官为收买粳米每石作价七钱稜米每石六钱粟米每石五钱动用茶果银两给与该丁倘茶果银两不敷即将通济库银给发所有余米通行留仓作正支放仓场仍将扣留抵补旧欠余米汇咨总漕销案以免重追搭运雍正四年题准旗丁应得余米或本帮有欠抵补本帮或别帮有欠卖补别帮卖抵之外仍有余米准令经纪车户买抵掣欠至尾帮余米并无别帮买抵者仍行照例给价

一篕夫银两除山东河南二省路近不给外其江南江西浙江湖广四省漕粮按实起过坝正米核算每石给篕夫银一分顺治十七年题准应给篕夫银两务令运官亲到唱名给发如有买照代领情弊即行查参

一羡余银两按到通船只给发山东河南二省每只给银一两江南省每只给银二两浙江江西湖广三省每只给银四两内江西九江前后两帮粮船先因协运江南省漕粮附在江南上江总下每只例给羡余银二两凡有挂欠按挂欠米数均派扣除其中途失风漂没损坏不到通者按船扣除顺治十七年题准应给羡余银两务令运官亲到

唱名给发如有买照代领情弊即行查参

一江西省粮船每船例给羡余银四两惟九江前后两帮从前运送京口船粮并不到通向照江南省之例每船只给羡余银二两嗣因运通交卸乾隆二年奏准照依该省定例每船给银四两

一纸札银系按帮给发每船概给运官纸札银二两【议单旧本】

一篷羡等银本帮如有挂欠照定例粳米每石一两四钱粟米每石一两二钱作价扣留折抵挂欠并查明本帮上运旧欠丁名如有相同将该丁应给银两一并扣抵顺治十五年题准扣除之外再有余银坐粮厅出结给发

一每年到通船六千余只所收茶果银两每大米船十两小米船七两动支数目以及买过余米应令坐粮厅俟粮务竣曰按所到船只逐一分晰造册具题倘此外另有需索之处仓场侍郎巡仓御史访拿题参治罪【雍正二年】

一山东自备船只应领羡余等银乾隆二年题明留头船旗丁一二人在通支领乾隆三年咨准将此项银两于伊等具领之日坐粮厅设一印票填明银数封固回卫将银票一并呈送各卫所验明按名匀给仍取具领状同原发印票一并申缴送部查核如有侵漏隐蚀详革究追

一江浙二省白粮改征漕粮米石每年到通之时一切红拨篷羡脚抗等项悉照漕例办理【乾隆三年】

一失风事故买补雇募船只乾隆三年咨令停支篷羡红拨银两其山东省漕船系旗丁自备雇募与各省风火失事买补雇募者不同仍应准照旧例给与羡余等项银两

一漕船抵通起卸完日查明饭食缺乏之帮将副丁应得三升八合余米银两存三给七以济回空之用【乾隆七年】

一各省船粮到通应交茶果银两向系帮丁自行交纳往往交不足数乾隆九年奏准山东河南二省船粮原不过淮每船额交银七两仍照旧交纳其各省令各粮道于各丁应领耗赠项内每船扣茶果银十两封交押运厅员到通核算批解坐粮厅衙门交纳如遇中途截留仍行散给帮丁以为起运回空之费

一欠米丁船例将副丁回空食米起作正项回空未免拮据乾隆九年奏准将正丁应得红拨篷羡银两全给副丁以资回空之费如正丁不能交纳茶果银两行南比追次年附解交通

一篷羡红拨余米等银例系按照到通米数核给其截留船只概不准支乾隆十年处州卫前帮派拨密云县米石系抵坝之后派拨转运各船应交茶果银两俱经照数交纳通库其篷羡红拨余米等银咨准照到通之例办理

一各省帮船应领三升八合余米价值并篷夫羡余银两例系交粮后坐粮厅唱名给发如有买照代领情弊即行参究惟山东省自备船只应领羡余等银向系坐粮厅设一印票填明银数连银封发运弁带回按名匀给嗣因完粮后旗丁急需回空未能久候势必另行借贷重利剥削兼有弁丁代领扣克等弊乾隆十七年奏准除山东省自备船只仍照旧例外其余各省帮船应领余米等银俟各丁完粮后限五日内该厅即唱名给发令巡漕御史不时稽查如有扣克违限情弊立即查参

一截留船只向例免交茶果个儿等项银钱亦不给与红拨篷羡银两乾隆二十二年因台州前及江广等省各帮守水迟滞准在天津交兑较之自通回空俱有节省其应交之茶果银两个儿钱文仍令照数交纳其篷羡银两未便照抵通之例全给按数赏给一半

一乾隆二十四年钦奉谕旨先到漕粮于天津截留四十万石粮数虽有截存船仍到坝其羡余银两照例全给至篷夫银两照乾隆二十二年例按数赏给一半钦此

一江西湖广等省漕船应缴茶果银两以应领篷羡红拨银两扣抵如扣不足数即于余米价内找抵足数【乾隆二十四年】

一失风买补雇募船只例无篷羡可领其应交茶果银两将应领余米价银抵扣【乾隆二十五年】

一乾隆二十七年浙江松江等帮余米缓交所有篷夫银两原系按米支给今米既未进仓应停其支给至羡余银两例系按船支给该船既已抵通仍应照旧给领再各帮缓交余米内已起卸进仓者照例给发余米价银外缓交者俟下年搭解全完再行补给价值

一漕船到通应交厅茶果银两系按船核计仓茶果银两系按米核计羡余等银例按到通军船给发乾隆二十八年仓场咨截留豫东二省粟米十五万石拨给沿河被水州县除将先进军船所装麦豆到通起卸完竣所存粟米

仍令原船带回按照派拨截留冰次交收羡余一项军船俱已到通自应照数给发余米既经交纳其价值亦应如数核给一乾隆三十一年奏准通州等处额征红拨银两除给浅标各夫工食等项外余剩银两向例核明到通船数留于次年均匀派给然事隔一年始行支放恐启克扣情弊应照余米篷羡之例本年由坐粮厅核明即交领运千总散给各丁并交巡漕御史严切稽查

一帮船失风应赔米石例准买余抵补总漕咨明户部户部知照仓场将买余银两照例扣抵余剩银两即行散给帮丁俾得迅速回空以济运务【乾隆三十一年】

一各丁完粮后每石例交坐粮厅仓茶果银五厘一毫七丝二忽五微以为各仓收放米石之需除失风事故等船免交外其余实到通船只应交仓茶果银两于应给余米价银内照数扣抵【乾隆三十一年】

一红拨银两向例每百两扣出银一两以为仓场书吏饭食之用乾隆三十六年奏准嗣后扣给饭食应除去浅标各夫工食以及标竿等项支用之外实在余剩给丁银内每百两照例扣给

一旗丁回空银两系于过淮时将应给行月钱粮按船数多寡扣留运弁于抵通时报明坐粮厅按船验放乾隆三十六年奏准回空银两令各该粮道于封兑时粘贴印花交给运弁抵通后坐粮厅查验印花抽兑散给

一密云县新设驻防应需米石原议于豫东二省蓟粮内运供乾隆四十五年搭运不及暂于济宁左帮漕粮内截拨米二万三千石系正耗米全行核算平米拨给明年仍于蓟粮内照数运还即帮丁应得三升八合余米亦系核算在内并无另有留仓耗米所有帮丁应领余米价值及红拨羡余等项照数给发

一江广等省正兑项下划给旗丁筛扬耗米并不过坝所有篷夫银两扣存不给江苏改兑项下给过筛扬本非旗丁应得之项因经管各员悮行划给奏明著落赔补该旗丁等已免追缴其篷夫银两一体扣除不给其余各省改兑项下筛扬米石全行起卸过坝其篷夫银两照例给发【嘉庆五年】

一山东省自备船只各丁交粮回家住居星散距卫窎远咨准将应领羡余银两自辛酉年为始于应交茶果银内扣抵其不敷茶果银两令旗丁再行找缴仍于每年茶果折报及轻赍奏销册内分晰收放造报核销【嘉庆五年】

一江浙各帮余米无论运京截拨每正米一石均准其交纳一升九合存船一升九合入于到通销算案内分晰造报查核【嘉庆五年】

一东省应领羡余银一两既准在应交茶果银七两内扣抵所有河南省自备船只应领羡余银一两照山东省之例准在应交茶果银内扣抵【嘉庆七年】

一豫东二省帮船应领红拨银每船不过五六钱为数零星奏准在于应交茶果银内扣抵以归简易【嘉庆八年】

一嘉庆十四年东豫二省漕粮截拨东陵兵米照运通正漕之例征收仓茶果银两支给篷羡余米红拨等项银两自十五年以后改拨东豫二省蓟粮由各该省另案报销

一浙江省各帮丁未完节年积欠银二十四万余两虽俱分限扣还而为数较重递年扣缴则领数日少办运益艰奏准将每年交仓余米二万四千余石划出给丁自嘉庆十四年起量予六年在于水次令各州县照时变价解交粮道衙门按帮扣还积欠仍令按年报部查核此次调剂之后该省各帮不得滥行借给倘再悬欠不清即在放给各员及核转之上司名下分赔所有此次暂请划出余米给丁之案后不得援以为例其余有漕各省亦不得援照渎请以重库项而慎仓储

一江南淮安二等帮不堪入仓米石项下应交厅仓茶果银两令承变米石之道员一并照数交纳其席竹等项仍令照数交仓所有篷夫羡余银两不准支给【嘉庆十四年】

一浙江帮丁外借道县各库银两缘自乾隆五十二年以后河道多阻用度浩繁历任粮道详明总漕巡抚批准借给即于下运应领钱粮内扣还设上年所借之银至次年漕运情形艰阻尤甚即不能全数坐扣致有悬欠银一十七万余两奏准俟扣完报部借款后再将余米留南变价接扣三年以清积欠仍将从前并不随时奏咨立案之历任各官职名送部核议【嘉庆十五年】

一山东济前济后东平等三帮应运密云东陵等处兵米前因灾缓于德正等帮原运正漕内派拨嗣据该三帮将前项兵米搭运到通归还正漕派运进仓行咨仓场将应交茶果及支给羡余余米红拨等项银两均照正漕之例

办理【嘉庆十九年】

一江浙篷夫银两并江浙豫东羡余纸札余米价银向于轻赍茶果等银内扣解咸丰五年仓场奏准按八折放给酌扣二成银两归公咸丰十年因仓场筹办先漕经费经户部议准篷羡等银按七成折放扣减三成留存通库备办先漕盈余银两解部统令列入通库奏销案内核实报销【咸丰十年】一江北河运漕粮截留天津放赈除轻赍等银照常批解外其厅仓茶果个儿钱等项银两未据解到江安粮道请由应领篷羡等银内抵扣经户部议令查照乾隆二十二二十四等年天津截卸成案篷羡银两赏给一半其应抵应扣等银即照一半之数核算下余应解银两即行全数解通【同治十一年】

卷五十七·京通粮储·买余抵补

一乾隆六年富新仓失火烧毁成色米石题准著落满汉监督赔六分书攒赔二分花户赔二分于次年粮船抵通收买各帮余米赔补又乾隆十七年旧太仓冒领米石著落该仓赔补仓场咨准收买各帮余米赔补

一漕粮抵通有潮湿米石责令旗丁自行筛扬其筛扬折耗米石准令按数买别帮食米赔补如补不足数即照起欠例将弁丁参处米石下年搭运完交【乾隆十八年】

一定例各省漕粮每正米一石外有原带耗米四升七合六抄以备抵坝筛扬折耗如抵坝筛扬有剩准给旗丁雍正四年奏明停止筛扬将米悉归正项于进仓时抽验一二袋如有潮湿计其折耗将未经验看之米照此计算将原备筛扬米石抵补下剩之米归入正项乾隆十七年奏准凡到通米石除搀和霉变者参处治罪外如干洁毋庸筛扬者照例起卸将原备筛扬之米作正交纳如米色潮湿过甚仓场会同巡漕诸臣验看筛扬计其折耗若干将原备米石补足免其额外交纳仍有不敷责丁买补买不足数照起欠之例弁丁参处米石于次年带运如抵补有剩仍归正项交仓至进仓抽验之例乾隆二十年奏准仍照旧遵行

一旗丁交代米石如有亏缺买米交仓不准余米抵交乾隆二十一年浙省运通漕粮因上年秋雨过多米色未能纯洁折耗加多经漕运总督奏准以旗丁应得之饭米抵补折耗之粮毋庸另行买米交仓并声明此次通融抵算后不为例一乾隆二十二年太平仓方字厫厫墙坍倒损伤米石饬令该监督援照乾隆十七年旧太仓分赔米石之例买余赔补一乾隆二十三年北仓起运米石旗丁等于每米百石加出耗米二石并气头厫底未经估定成色之米辄自筛扬令该管之仓场及坐粮厅照数赔出净米归仓咨请援照乾隆十七年旧太仓分赔米石之例于各帮交剩十成余米照数买赔还仓

一各省正兑漕粮项下原备筛扬耗米四升七合六抄于酌议津贴旗丁案内江苏等省划给旗丁二升七合六抄山东河南二省划给旗丁一升七合六抄除粟米黑豆二项折耗较少尚有余剩惟粳稜米及麦石二项向来折耗较多每石计有三升二三合除去给丁之外不敷折耗奏准在三升八合余米内拨出八合量为抵补不得再逾此数如或无须拨抵仍将备抵之米归入原款报销【嘉庆五年】

一江淮七帮旗丁李万林等拨船淋湿米因值阴雨不能晒晾又遇大雨连朝各船湿米复遭淋浸以致霉变准其买余抵补【嘉庆六年】

一杭严卫头帮二帮四帮处州后帮台州前帮后帮等帮旗丁尤思孝等军拨各船失风湿米并亏折米石实在无余易换买赔本帮余米又因余米缓交无余可抵准其在于下运余米内抵补完公【嘉庆六年】

一嘉庆六年严州所旗丁林景山等在天津一带守水耽延两月挂欠米石钦奉上谕准其以余米暂抵著令下年全数补运本色钦此

一嘉庆六年金山宁波前后绍兴前四帮挂欠漕粮仓场奏请著追钦奉恩旨准其以本帮余米暂抵欠项著令下年全数搭运再有不敷即买本色交纳钦此

一浙江处州后严州所湖州所等三帮旗丁丁禄保等船失风沉湿米石因该帮应行搭解缓交余米奏分八限完款前项失风米石不敷抵交部覆准买别帮余米抵补【嘉庆二十年】

一江西南昌后帮旗丁张黄朋遵领清河县船户李凤岐拨船起米一百六十余石渡黄漂没部议准买本帮余米抵补【嘉庆二十年】

一湖南头帮二帮旗丁杨茂等漕船失风捞获湿米霉变不堪煮食咨准令买本帮余米抵补【嘉庆二十一年】

一浙江杭严头帮旗丁江文煦漕船失风沉湿米石咨请在于下年带交余米内抵补嗣因该帮应行搭运缓交余米奏分入限搭解前项失风米石余将本年搭解缓交初限余米抵补外不敷米石准令买余抵补【嘉庆二十一年】

一淮安头帮旗丁王秉黄等挂欠失风米石买余抵补应交米价银两在于原欠之丁应领新运钱粮内按数扣追随同轻赍搭解通库清款【道光元年】

一浙江金衢温后台后等帮失风沉湿米石咨准买余抵补应交余米价银请俟下运带缴经部驳令在于各帮应领钱粮内扣解通库归款【道光二年】

卷五十七·京通粮储·余米粜变

一内仓历年积存盈余老白米石交五城变价所得价银交工部以为添设修理内仓木料之用【乾隆二十二年】

一内仓盈余米石发交五城变价修仓随传唤五城指挥估验老米每石酌估库平银一两二分白米酌估银一两六钱三分复传唤招买人袁德增估老米每石市平银一两一钱八分白米市平银一两七钱三分统计所增较五城原估酌增银一千三百余两将此项米石停交五城变价即令招买人领买其价交工部应用【乾隆二十三年】

一运河水势未充转漕较为费力二三进帮船余米准其随便售卖若令帮丁在途售卖余米恐将正米一并朦混多卖仍照往例于抵通后再行售卖以防弊混【乾隆三十六年】

一嘉庆元年三月奉上谕向来南粮余米俱准在通变卖以资食用今南粮现已抵通旗丁于交足正供之外所有多余米石著加恩准其就近于通州粜卖在旗丁既所乐从于郊畿市价民食亦有裨益钦此

卷五十八·京通粮储·缓交余米

一乾隆三十六年后进帮船沿途节次稽阻抵坝较迟钦奉谕旨将应交三升八合余米暂免交仓俟下运照数搭解钦此

一乾隆四十年因东省微湖水浅浙江各帮间有起拨丁力拮据钦奉谕旨浙江各帮应交余米准其先交一半其余著加恩缓至次年一并带交以示体恤嗣后不得援以为例钦此

一乾隆四十三年闰六月奉上谕湖南江西各帮因清黄交汇处间有浅淤守候日久迄今始得渡黄北上且起拨需费丁力未免拮据前已降旨令鄂宝查明酌赏至各漕船向有余米例随正米交仓折价收买今年江广各帮旗丁挽运为日较多其余米须留充食用所有应交余米著加恩暂缓交仓俟下运照数搭解以示体恤帮丁至意该部即遵谕行钦此续据仓场咨渡黄迟滞系自湖南二帮起其湖南头帮先已渡黄不在缓交余米之内应自湖南二帮起缓至下年搭解

一泗州卫前帮乾隆四十三年兑运淮粮应补交上年原运苏属漕粮三升八合余粳米准地土产稜米稜不抵粳无从购买咨明缓俟下届兑运常粮之年搭运

一乾隆四十五年二进南粮仪征等帮因黄河浅阻拨运及入北河适值水溜冲急起拨雇纤所费较多又各帮抵坝较往年俱迟至月余始能回空奏准将三升八合余米于次年带交至三进各帮在途行走日久丁力拮据亦照二进帮船之例办理

一乾隆四十五年三进帮船自浙江杭严三至江西南昌前等帮米石运至石坝大通桥两处露囤所有备买打卷遮盖席片铺囤苇把扎囤绳索暨巡查人役饭食等项银两毋庸另行开销于经纪车户脚价内照乾隆三十六年暂贮太平仓之例分作八年扣还再南粮因在途行走日久丁力拮据蒙恩将余米缓至次年带交自仪征帮为始其安庆后帮有运交易州米石派拨在未奉恩旨以前但该帮在仪征帮之后余米应一体缓交

一乾隆四十七年三进帮船温州后处州后湖州所杭严四杭严头杭严二湖州白粮等七帮因苏常淮河一带

煞坝挑挖耽延时日又至东省在杨庄闸直抵八闸一路水势涌急加倍添雇纤夫及引纤小船夫价食米过多运费浩繁现在回空食米殆画将余米准其缓至来年一并搭解清款

一乾隆四十九年江南浙江两省起运军船共八十二帮因邳州运河浅阻守候将及一月拨费浩繁将应交三升八合余米暂缓交仓自下年为始分作二年搭解完纳

一乾隆五十年起运各帮内有例交余米及带交上年一半余米因邳州一带节节起拨运河添筑草坝东水口门水势溜急添雇人夫每船多费银五六十两不等江南浙江各帮应交上年一半余米仍令抵通交纳外其本年应交三升八合余米暂缓交仓均令存船以为回空食用之需所有湖广江西各帮自下年起分作两年搭运其江浙各帮仍俟将未完上年缓交一半余米于明岁交纳全完后自五十二三两年再将今岁缓交之米搭运

一乾隆五十年长淮四帮各丁应行搭解上年一半缓交余米系属梗米本年轮兑徐州府属漕粮例系粟米难以抵梗咨明于下年轮兑常州府属南粮照数购买梗米搭解

一乾隆五十一年六月奉上谕据毓奇等奏江浙两省帮船上运余米请暂缓带交一折前因邳宿运河浅阻起拨耽延将乾隆四十九五十两年江浙两省帮船应交余米准其递年分限带交今该督等以两省上年旱歉之后米价昂贵采买维艰且本年沿途河道仍多浅阻帮船起拨丁力未免拮据奏请递缓带解自系实在情形著照该督等所请浙省本年应带交四十九年未完一半余米缓至五十二年其五十年缓交余米递缓至五十三四两年搭运交仓完纳至江南漕船所有带交四十九年未完一半余米著照浙省之例一并递缓以纾丁力该部即遵谕行钦此

一乾隆五十一年九月奉上谕毓奇等奏江西帮船今岁回空较迟存船食米无多请将各该丁等应交三升八合余米本年先行交纳一半其余一半俟下年买米搭运再行交纳等语江西漕船较别省帮船程途稍远今岁因江境漫口阻滞抵直较迟各该丁等将来回空日食无余丁力不无拮据所有各该丁等应交三升八合余米著加恩今年免其交纳竟于五十二三两年内每年分交一半以示体恤该部即遵谕速行钦此

一乾隆五十二年八月奉上谕据毓奇奏江苏省领兑华亭娄县奉贤等三县浙江省领兑海宁临安新城于潜昌化嘉兴海盐嘉善平湖秀水石门桐乡归安乌程等十四州县漕米各帮米色霉变不堪交纳将行月耗米抵补再加交仓赠耗行粮外不能复有余米请将此次应交三升八合余米俟下运分作两年买补带交等语各帮领运漕米例有余米以资该丁等回空饭食之需此次抵交外若再令买补余米分年带交恐近年丁力疲乏转行支绌所有江苏省华亭等三县浙江海宁等十四州县各帮应交三升八合余米竟著加恩寛免以示朕体恤丁力至意钦此

一乾隆五十三年六月奉上谕据毓奇奏豫省起运漕船因卫河水浅起拨稽滞所有行月粮石交补正供外不能再有余米交仓请将豫省十帮到通应交三升八合余米缓至下运分作两年带交并东省漕船稽迟亦久请饬交仓场侍郎查明如有疲累之帮将应交余米一体缓纳以纾丁力等语各省漕船到通后例有余米交仓近来屡经该督奏请缓征因其为恤丁起见是以准行但此等旗丁既属疲乏即使准其将余米分年带运而年复一年更形拮据岂能按限交纳除前次缓交余米仍令按年带交外至此次河南漕船行走迟滞皆因河水浅阻守候耽延而该管各官于佥丁时既未能慎加遴选及开兑后又不能督饬催攒以致稽迟时日丁力疲乏不能交纳所有本年兑运豫省米石各帮船应交余米竟免其交纳著落总漕巡抚粮道及府州县卫等赔交其东省各帮有无似此疲丁不能交纳余米应行寛免著赔之处并著仓场侍郎就近查明照此办理据实具奏钦此续据仓场等查明应赔余米七千石计价银九千八百两按十分摊赔总漕摊半分德州等五卫共赔半分河南巡抚赔半分山东河南粮道共赔两分半豫省有漕之开封等七府共赔半分各按所属漕数计算下剩五分半再按豫省该年征运漕粮之祥符等五十二州县额征粮石多寡均匀分摊解还归款

一嘉庆五年调剂疲帮折内奏准江浙二省应交余米先交一半其余一半缓至次年搭运交纳其先经到坝之凤中二等帮起卸均系在部文未到以前其余米照常起卸外至六月初六日接准部咨以后续到各帮即以江淮九帮起余米先交一半其余一半缓至次年搭运交纳仍令仓场将各帮缓交米数造册报部查核

一嘉庆六年筹画杨村截拨事宜案内浙江尾后八帮应交米石情愿自用拨船并另雇民拨俾大船及早回空其应交余米并个儿钱文奏准从今冬起量分二年带交

一嘉庆六年台州前等八帮在杨村截拨运通应交余米及个儿钱文奏准从今冬起分作二年带交其各帮失风船只亏湿米石前已咨明买余抵补现经余米缓交无可买补咨准俟下年买余抵补并个儿钱文即于通济库内

垫给按限扣解还款

一嘉庆六年浙江各丁在北守水耽延回空赶攒一切经费较之常年不下两倍今冬除例应交仓余米外又有挂欠失风及初二两限余米再加应扣拨价并个儿钱文等项丁力益致疲乏奏准将本运交仓余米二万四千六百余石内今冬先交米八千余石其余一万六千余石分作二限均匀搭运例给旗丁余米价银亦按限扣折

一嘉庆十年因湖南三帮程途最远进江口后运河水大闸坝溜急处处加纤赶挽兼值清口淤浅较久一路人工饭食倍于别帮且搭运采买米石并无加耗又比他省帮船较苦所有应交三升八合余米奏准缓至明后两年分作二次搭解补交

一嘉庆十二年江南长淮四帮回空军船每船借领截漕米二十石应于冬运带交因常属被灾全帮减歇次年冬轮兑徐粮粟不抵粳咨准缓俟下年出运常粮带运

一江南淮安二帮嘉庆十五年应交余米因丁船轮兑淮粮素不产粳咨准缓俟下年搭解

一江西各帮应交嘉庆十二十三两年余米先经奏准缓至嘉庆十五年冬为始分作两年搭运惟十二十三两年余米数目多寡不一各丁又有长运轮运之不同在长运之船自借自还无所区别而轮运之丁未免有赵甲钱乙之分若两年数目通算搭解一半恐有争竞且通仓亦难销算咨准于十五年冬将十二年之米照数带交其十三年缓交余米于十六年冬带交

一嘉庆十七年正月奉上谕许兆椿等奏浙省帮丁应行带交余米恳恩递缓一折据称浙省帮丁上运嘉属船粮因卫河水浅用费较多又湖杭二属歉收粮价昂贵本年宁后等帮应带交嘉庆十三年并加装九年余米一万一千三十余石又本年回空各帮借支宿州头二两帮截贮米六千七百八十余石若令一并买米带交不但丁力难支并恐有妨民食所奏自系实在情形著照该漕督等所请除该帮丁借支宿州头二两帮截贮米六千七百八十余石令其如数购买带交其有歉减轮造之船俟下次出运再行带交外所有应交嘉庆十三年并加装九年分初限余米一万一千三十余石著加恩再递缓一年以纾丁力该部知道折并发钦此

一江西各帮应交嘉庆十二十三两年余米前据江西巡抚奏准自十五年冬为始分作两年买备搭运嗣将十二年分余米于起运十五年漕粮军船内照数带交其十三年分应交余米因十六年被旱缓征减歇各船丁力未逮经漕运总督江西巡抚先后奏准缓至嘉庆十七年冬出运时购齐搭解【嘉庆十七年】

一湖南各帮因居三进最后沿途寄拨需费较多所有本年应交三升八合余米奏准缓至下运带交全完以纾丁力【嘉庆十七年】

一嘉庆十八年三月浙抚奏奉上谕高杞等奏请将帮丁应带余米递缓一年一折据称该省各帮丁有十三四两年欠交通仓余米四万四千余石前经奏定分限带交并经节次奏准展限本年应解初限余米一万一千三十余石现因各船加装米数较多并有带交上年驳换米一万六千余石若将余米责令同时买带丁力难支恳请递缓等语著照所请加恩将该省应交嘉庆十三年并加装九年分初限余米一万一千三十余石准其暂行递缓一年俟下年照数带交以纾丁力钦此

一嘉庆十九年二月奉上谕阮元李奕畴奏运丁应交米款无力搭运恳恩展缓一折浙江帮船上年因邳宿水浅守候起拨回空时又值临清扪口高宝异涨费用繁多现届新运丁力不免竭蹷加恩著照所请所有浙江漕白二十一帮应还缓交十三年初限余米一万一千余石再行递缓一年其上运晒扬米七千余石自冬运起分作四限完交以纾丁力钦此

一嘉庆二十年三月奉上谕李奕畴等奏帮丁应交积年缓带米款恳恩分限带交一折上年浙江省杭嘉湖三府因旱歉收米价昂贵各帮丁应交积年缓带米五万七千余石内本运应买一万八千余石宁后等帮尚有应交十九年失风沈湿米二千三百余石为数较多若令同时并买丁力未免拮据著加恩将浙省各帮应交积年缓带余米及筛扬米五万七千余石分限八年自二十年冬运起每运带交七千余石以纾丁力其宁后等帮应交十九年失风沉湿米二千三百余石仍令照数购买于本运搭解毋任稽延钦此

一嘉庆二十年九月奉旨润祥等奏请将江西吉安帮带运上年三升八合余米缓至来年带交一折本年南粮尾后各帮因浅阻起拨耽延时日食米较多内江西吉安帮尤称疲乏现在回空南下沿途口食均须接济除该帮本年应交余米照数交纳外所有带运上届余米一千四百石零加恩著照所请准其缓至来年带交以纾丁力该部知

道钦此

一嘉庆二十二年正月奉上谕李奕畴等奏帮船外借银数余米不敷抵补恳恩分别宽限一折浙江帮船借支道县二库银十七万七千五百九十余两前经奏明于各帮应得余米变价银内分限三年抵补兹据李奕畴等查明各帮欠数多寡不齐借欠多者余米不敷抵补即须在于额领钱粮内找扣办运不敷自系实在情形加恩著照所请除宁前等八帮三年限内足敷扣抵外所有台后温后处后三帮准予原限外加展四年杭头帮准予原限外加展三年严所处前温前湖白四帮准予原限外加展二年金衢杭二台前杭四嘉所五帮准予原限外加展一年以纾丁力该部知道钦此

一道光五年五月奉上谕颜检奏江浙各帮应交本年余米及晒扬米石请缓俟下运搭解一折本年江淮等帮因水势微弱磨浅攒渡米石不无伤耗剥价亦多增添其浙省帮船守待日久前后帮次丁力均不免疲累自系实在情形著照所请所有江南江淮头等三十八帮应交每石三升八合余米共四万五千七百八十六石零浙江宁波前等二十一帮应交每石四升七合六抄筛扬耗米共三万三千五百六十八石零准其留船缓交自本年冬运起匀分三限搭解还款以资接济而纾丁力钦此

一江西湖广帮船因运道淤阻守候日久盘坝接运诸多折耗所有应交余米奏准缓交自本年冬运起分作三限搭解还款【道光五年】

一江西湖南各帮上年阻守淮扬本年盘运纡折丁力拮据所有应交余米及晒扬耗米奏准自道光七年冬运起匀分三年搭解【道光六年】

一江浙各帮应交余米及晒扬米石道光五年奏准缓俟下运搭解嗣因淮安二帮本年轮兑淮粮均系稜米上年欠交余米系属粳米以稜不及粳援案咨准缓俟下年轮兑苏常粮内带通交纳【道光六年】

卷五十八·京通粮储·掣欠事例

一经纪运米到桥车户运米进仓按旧例每米五袋抽掣一袋一袋短少若干余袋照数均赔粳稜米每石折银一两四钱粟米每石折银一两二钱于各役脚价内扣抵雍正二年题准掣欠酌定数目经纪系船运每十万石定掣欠二百石车户系陆运每十万石定掣欠二百五十石通仓系水陆并进每十万石亦定掣欠二百五十石此外再有多欠除将该役脚价不准扣抵外仍照盗卖漕粮例治罪并交与地方官著落家产变赔

一经纪车户掣欠数多除将代役严行责比外仍勒令经纪车户俟交完掣欠之后再行转运【雍正六年】

一通州土坝车户掣欠定例每运米十万石掣欠二百石粳米每石七钱稜米每石六钱于脚价内扣抵再有多欠每粳稜米一石扣银一两四钱著落家产追赔因每年掣欠数多扣追难偿乾隆三年题准每石准其掣欠八合照七钱六钱之例买余米抵补此外若再多欠仍照一两四钱之例于脚价内扣抵

一通仓抽验掣欠米石如有书攒人等勾通经纪将掣欠之数以多报少折价侵肥之弊仓场即行查参【乾隆三年】

一掣欠漕粮每百石石坝经纪准掣欠米二斗大通桥车户准掣欠米二斗五升乾隆二十五年户部侍郎吉庆等议奏额内掣欠者照收买余米例折银交库于现年著追不得俟次年扣缴其逾额在三斗以内著落经纪于当年买米交仓不准仍前折银如逾额在三斗以外者照数追米交仓数多至五斗者除追缴米石外仍照盗卖漕粮例治罪续据仓场奏准逾额在三斗以内暂准加倍折银交库嗣于乾隆三十九年酌定逾额掣欠米石仅照余米加倍折交一两四钱之数不足示儆应照时价每石酌增交纳

一土坝车户掣欠逾额稜米八百余石缘车户均各赤贫且通州非产米之区市集无十成净米难以交纳按照五城所报粮价酌加每石以一两六钱五分著追完款嗣后转运仓粮务须严饬该车户等慎重办公毋得因掣欠之米可以折交遂致有逾定额致干查办【乾隆五十八年】

一嘉庆十三年大通桥并土坝车户等转运漕粮额内掣欠稜米因各帮余米缓交不敷买补咨准照乾隆五十三年河南各帮余麦奉文宽免经纪车户掣欠麦石无余可买照例价折银交纳之例办理

一大通桥车户嘉庆十四年逾额掣欠米价银一万七千余两该车户等均系贫役又无家产折变赔缴奏准自嘉庆十六年起分作八年匀交清款以纾役力

一丰益仓嘉庆十四十五两年盈余米八千余石嘉庆十六年奏明准抵大通桥车户嘉庆十四十五两年应赔逾额掣欠其余不足之数仍照原奏分年扣缴其粳米质色甚好堪以作正支放其稜米稍觉参差作为搭放

一截卸北仓米石起运到坝余剩洪斛耗米准其抵交该经纪逾额掣欠如有余剩即照平斛粳米七钱稜米六钱之例给价收买归仓【嘉庆十六年】

一大通桥车户应交嘉庆十四十六等年未完逾额掣欠米价银两力难同时并扣经仓场奏准将十四年未完逾额掣欠银四千四百二十余两自本年二卯起至十九年末卯止全行扣完后再将十六年逾额掣欠银一万六千六百七十余两照十四年成案自二十年起分作八年匀扣归款【嘉庆十八年】

一大通桥车户应交嘉庆二十年分掣欠余额米价银两因尚有应扣十六年掣欠米价若同时并扣办运未免拮据经仓场奏准将该车户等应交二十年掣欠逾额米价银四千二百三十五两零俟至二十七年将十六年掣欠米价银两全数扣完后再行分作两年接扣归款【嘉庆二十一年】

一嘉庆二十五年仓场奏准大通桥车户所领脚价扣项颇繁办运拮据将应赔十六年逾额掣欠银二千八十四两展限缓扣一年

一大通桥车户应赔嘉庆二十年逾额掣欠银两前经奏定道光四五两年扣缴又道光二年分逾额掣欠银两应于本年赔交因本年到桥漕粮较少所领脚价不及全漕之半且有应扣收买余米短交残袋等项银两同时扣缴力有不支经仓场奏准将本年应扣两款内先扣一款其应扣道光二年分逾额掣欠银一千四百七十三两零俟四五两年扣完积欠后再于六年坐扣清款【道光四年】

一道光五年奉上谕给事中万方雍奏大通桥监督验收漕粮请令抽查御史督同监督掣量以昭核实一折向例抽查御史掣量米石遇有例外短欠并不责令经纪赔补殊非核实防范之道嗣后著抽查之满汉御史率同该监督将抽存米石秉公掣量遇有短欠各立号簿据实登记事竣分造清册移会户部及仓场衙门照例责令经纪等赔补以杜弊端钦此

一大通桥车户应赔道光四年分逾额掣欠银两本年脚价内已有应扣道光二年分逾额掣欠等银经仓场奏准前项道光四年应赔逾额掣欠米价银九千五两零自本年起分作四年匀扣除将本年应扣银二千二百五十两扣存外其余脚价银两仍行给发以资办运【道光六年】

一道光八年钦奉上谕松廷等议奏经纪掣欠逾额章程一折据奏掣欠逾额之米均经户部咨准令该经纪等折交银两著照所议将掣欠在额内者仍照收买余米例其掣欠逾额者比照市价议增五成令其折价交银每年全漕完竣后由大通桥监督核明额内额外数目报部自漕粮进仓完竣之日起至次年二三月止统限六个月将应交银两一律完结并令坐粮厅监督按限督催如逾限不完即将所欠之经纪指明交刑部治罪其家产查抄备抵所有督催不力之坐粮厅满汉监督一并查明交部议处钦此

一收买白粮商米派运通仓所有额内掣欠应令经纪赔补惟赔补白粮掣欠并无专条查经纪承运漕粮掣欠米数在额内者照收受余米例价折银完交今掣欠白米系官为发帑收买自当照收买原价二两九钱之数核算共计额内制欠米二十五石六斗八升七合五勺应折交银七十四两四钱九分三厘七毫五丝由仓场勒限照数完缴【道光二十七年】

一白粮经纪李士圻等掣欠白粮经部议准照额外掣欠赔缴应于每石二两九钱外再加五成银一两四钱五分计掣欠白粮七百三十九石一斗四升六合五勺应交银三千二百十五两二钱八分七厘零由仓场严饬催追照数折银交库【道光二十九年】

一经纪赔补道光二十六七两年商米项下掣欠米石经户部咨覆仓场按照该年直隶收买商米价值酌中核定道光二十六年掣欠粳稜米价每石按一两八钱五分折交【系按原买二两及一两七钱一两八钱一两九钱四项价值合计通分二十七年掣欠粳籼米价每石按二两四钱三分三厘零折交系按原买二两七钱二两四钱二两二钱三项价值合计通分】令仓场严饬经纪赶紧交纳报部查核【道光三十年】

一抽掣漕粮前由仓场奏准按五十袋抽掣一袋一袋全足余袋免追一袋不足余袋全追嗣因仓场及桥仓各监督等造报掣欠数目均按收过总数核算并不按袋实计经户部奏令务须按袋实计不准将全足之粮袋一并计算亦不准将经纪车户掣欠各数牵混抵补历年掣欠银两由仓场迅速照例追赔不容拖欠并将应交若干未交若

干先行专案报部以凭查核【咸丰二年】

一经纪车户应赔掣欠米石道光十八年起至咸丰三年止除将应领脚抗价银各款分限扣抵外经纪尚有未完银二十二万八千九十三两零车户尚有未完银三千三百十三两零又于咸丰四五六等年各仓共收漕白米四百万石内经纪共掣欠米四万四十七石零车户共掣欠米三万四千四百石零经仓场移咨户部核定价值将应赔银数督饬坐粮厅按款抵扣分限严追并将督催不力呈报迟延之历任大通桥坐粮厅各监督及石坝州判土坝州同等交吏部查取职名分别议处【咸丰七年】

户部议覆仓场衙门勒限追赔抵扣掣欠银两章程

一该役等应赔银两为数较多准将掣欠数目分作十成饬令先交四成以六个月为限每限追交经纪银一万两车户银四千两届期将该役等交地方官会同坐粮厅大通桥监督传案勒追限满交不足数者革役将家产变赔仍送交刑部监追照例治罪下余六成准令按年分款坐扣

一经纪应领脚抗价银每两扣出六分平余及扣减二成银两奏明按年尽数扣缴溢额个儿银俟扣清后即接续抵扣掣欠银两

一经纪在津承领米折津贴银两咸丰五年经仓场奏明南省按现年起运米数解通嗣后仍行原解原放今抵补掣欠准其提出二成按年坐扣

一车户应赔掣欠银两分限先交四成下余六成准在脚价内扣减二成及六分平余内分年抵扣

一置袋布价残袋变价脚抗价银海运经费以及车户脚价均系经纪车户按年应领之项经户部议定除前项银两弥补历年掣欠责成仓场按年抵扣如数追交并将抵扣数目分在报部查核

一咸丰七年掣欠银两仓场请俟漕粮进仓完竣查明漕白掣欠若干咨部定价折银分限抵扣经部议以积年掣欠分限抵扣系一时权宜办理不得援以为例嗣后掣欠应令仓场侍郎督饬厅桥监督遵照掣欠定例限六个月核实追交如再积成巨款希冀分限完交按款扣抵即将该监督等从严参办【以上咸丰七年】

一咸丰八年钦奉上谕文彩奏运通亏短米石请仍令经纪赔交五成一折通州拨船亏短米石前经验米大臣会同仓场侍郎奏定责令拨船经纪各赔五成原以重仓储而防弊窦本年海运未到以前该侍郎等即请将经纪应赔之项减去三成实与奏定章程不符所有本年运通亏短米豆著仍照上届除拨船亏赔一半照数追缴外其余一半仍著经纪赔缴以专责成钦此

一同治三年钦奉上谕仓场侍郎钟岱宋晋奏漕粮掣欠过多自请分别议处察议等语据称向来掣欠一项每居一年漕粮收竣后查明确数于经纪车户应领脚价内扣出赔补乃近来久未查办流弊滋多遂至掣欠之数年甚一年现据查出自咸丰七年至同治元年已不下三十余万其同治元二两年掣欠米粟豆麦等项约计已在十万之外亏短尤多似此任意欠缺毫无顾忌若不严行查办势将伊于胡底著仓场侍郎逐一详细查明掣欠确数严定章程分别赔补该经纪车户如有偷漏舞弊等情并著严行惩办毋稍轻纵宋晋在任已将两年于仓储积弊未能整顿著先行交部议处钟岱到任未久著交部察议钦此

一桥仓掣欠同治七年户部奏准如在额内拨船驾掌及各项代役免其责惩每米百石逾额至五斗立将拨船驾掌及各项代役重责交地方官严訊每米百石逾额一石立将拨船驾掌及各项代役送部治罪至该管官处分每百石逾额至一石以上查系桥欠将坐粮厅监督奏请议处仓欠将大通桥监督奏请议处如掣欠及一成者是桥欠逾额至五十倍仓欠逾额至四十倍该桥仓各监督及经纪车户驾掌代役等断非寻常处分罪名所足示儆应由刑部吏部从严分别定议等因旋准刑部奏定转运漕粮经纪车户拨船驾掌及各项代役每米百石逾额不及五斗照例免其责惩如逾额至五斗者杖一百枷号一个月一石至二石杖六十徒一年三石至四石杖七十徒一年半五石至六石杖八十徒二年七石至八石杖九十徒二年半九石至十石以上者杖一百徒三年如该经纪等承运粮米千石内逾额至十石以上者亦杖一百徒三年三十石以上者杖一百流二千里五十石以上者杖一百流二千五百里七十石以上者杖一百流三千里九十石至一百石以上者发附近充军一万石内逾额至百石以上者亦发附近充军三百石以上者发近边五百石以上者发边远七百石以上者发极边足四千里九百石以上者发往云贵两广烟瘴地方各充军一千石以上者发往新疆酌拨种地当差仍著落先行照数追赔全完免罪不完杖枷人犯即照原拟发落徒罪以上者照那移库银之例分别办理倘訊明有偷窃盗卖情事仍照例从其重者论又准吏部奏定桥仓各

欠每米百石有逾额至一石以上者将该监督照在京衙门失察书役犯赃如系舞文弄法例分别议处如掣欠及一成者将该监督照在京衙门失察书役犯赃如系舞文弄法例加等议处犯该杖徒者降一级留任犯该军流者降一级调用犯该斩绞者降二级调用俱公罪自行访拿究办者免议知情故纵者革职私罪嗣据仓场侍郎以该役等一经办罪赔款无著请将章程变通办理经户部议令将各役等应得罪名核定咨行户刑二部存案仍将各役暂缓送部一面将应赔米价勒限著追俟赔款交清或交有成数由仓场侍郎奏请分别减免其限期远近成数多寡由仓场自行随时核定至坐粮厅大通桥各监督亦准其暂缓开参如各役赔款逾限不交即将各该役照章治罪该管官照章开参旋据仓场咨称自同治九年为始所有同治六年以前欠款作为陈欠以是年该役等领款内所扣银数带赔二成陈欠其余八成银两均抵补同治七年以后掣欠银两如有不敷再行按限著追所有经纪车户应赔同治七年掣欠银两予限八年赔补经部奏准遵行【同治十年】

一掣欠数目以大通桥为汇总核算处所经户部奏准责成大通桥监督每年漕竣后将桥仓掣欠各若干额内额外各若干开具清单二分一分详报仓场衙门一分详报户部【同治九年】

一米车到仓由仓场派委妥员会同该仓监督秉公抽掣并将大通桥监督印单交站仓车户眼同花户挂欠呈明监掣之员即日回缴各仓监督将欠数按五日汇报一次以凭核算并令仓场将某仓派委某员于每年漕粮抵坝时先行开单咨部存案如车户花户有串通捏报情事一经发觉即将该仓监督及监掣委员一并严参惩处

一米车到仓门以外准车户豫先呈明监掣之御史监督委员等内有小袋若干提出另计其余听凭抽掣至抽掣以后无论欠数过斗与否一袋管五十袋照例罚赔统俟抽掣完毕查明小袋共欠若干令车户于清号之日照数赔补如延不补交即将车户送部监追俟小袋欠米如数补足再行咨部开释

一米石到桥向来每单填写一百五十八九袋不等按五十袋抽掣一袋仅抽掣三袋搭运之米或七袋或八袋因数未逾十则不抽掣经户部奏令嗣后到桥到仓无论车运船运总以前后统算每五十袋抽掣一袋此外零袋在十袋以内者归前五十袋核算十袋以外者另掣一袋不准有不掣之袋其核计欠数均照新章办理

一大通桥东向设掣斛厅一处距桥较远稽查难周经仓场侍郎英元奏请将掣斛厅移在大通桥左侧令抽查漕粮御史于米石到桥时认真抽掣以期米无积压钦奉谕旨允准【以上同治十年】

卷五十八·京通粮储·粮色参奏

一奉天运通豆石一抵海口即令天津道县多雇船只速行起拨并多派员弁护送赴通其豆石应听仓场验明责成奉天委员自行交纳如有潮湿霉变等弊仍令该员在通分别晒晾赔补倘起拨船少运河稽迟即将天津道县严行参处所有前项黑豆一万七千余石虽系天津道县查收接运但海运抵津正届冬令何致豆有潮湿自属奉天原运之时不能一律干洁所致若专令天津道县赔补未免偏枯此次斛收豆石如有霉变短少之处著落奉天原运委员同天津接收道县各半分赔以昭平允至此内有曾经受潮风晾后验明可以应用者亦恐难以久贮查明确数分别贮仓先行支放【乾隆四十一年】

一通州帮协运河南黑豆多有霉变讯明此豆于河南兑收时原系大小不匀其霉变豆粒实因途次杨村起拨遇雨三日收藏不慎所致复加查验共拣出豆三千三百八十余石晒晾干净均属可用分仓存贮同初次所收通州帮豆石一并先行搭放其霉变豆一千二百余石勒限买补兑收将领运押运官弁分别议处向来各省漕运遇歉收年分米色间有青腰白脐均系声明具奏今豫省豆粒大小不匀并未先行奏明应将河南巡无及粮道交部分别议处至仓场侍郎验明豆粒霉变自未便准其收兑交仓但何以不向委员究问明白率行具奏现据该侍郎等自行陈奏实属办理疏忽亦应交部察议【乾隆五十年】

一嘉庆四年豫省运通白麦间有潮湿经仓场奏准将各船旗丁舵工分别责处示惩押运通判彭京煜领运千总齐千城交部分别议处嗣后白麦尽数派归一帮选干练千总领运抵通交卸并无论粮数多寡均责令粮道押运以昭慎重一江西永建帮旗丁薛徐朋等十九船到淮签验出气头舱底霉变米八千六百一十石三斗九升饬令暂贮山阳县仓咨会江西巡抚委员来淮变价按例分赔下年照数搭解所有粮道押运通判照例分别议处千总刘大观先行革职戴罪督押船粮抵通交纳完竣后即带押运丁回江听候审讯【嘉庆四年】

一嘉庆五年四月江西巡抚张诚基奏审明旗丁控告霉米等款钦奉上谕霉变米石自应照例赔补第念江西

丁力素疲永建一帮尤称贫乏所有应赔米一千五百九十余石著加恩准其分作三年搭解以示体恤钦此

一兴武五六两帮之青浦吴江等县漕粮有灰暗黑腐搀杂之米八百余石均难收受饬丁照例变价收买别帮食米充赔如不足数即令该丁等于下年买补搭运嗣以青浦县之米原系奏明米色较嫩除责令旗丁变价买抵外其不敷之米令青浦县分赔十分之六帮丁分赔十分之四至吴江县米色本无不纯何以到通霉变自系弁丁等收藏不慎所致议准专责旗丁赔补以杜沿途盗卖等弊其蒸变色红之米质尚坚实及尚有质嫩色暗难以久贮之米均另廒存贮先行搭放所有滥收之青浦县知县兴武五六两帮领运千总押运通判该管粮道交部照例分别议处【嘉庆五年】

一兴武三江淮五两帮亏短米石经仓场侍郎奏明将亏欠各丁拿交刑部彻底根究其运弁革职一并交部至押运同知粮道等官照例议处【嘉庆五年】

一兴武三帮黑腐米五百四十余石旗丁售卖仅将价银一百五十五两八钱四分买正米五十三石仍有未完正米四百八十七石照奏明兴武五帮丁县四六分赔之例办理仍将收兑不慎之娄县知县及领运千总押运同知粮道交部照例分别议处至该帮亏折米一千三百九石零系属颗粒全无非若黑腐米石仅系米色不纯者可比自与原兑州县无涉该督请照四六分赔之处与原奏不符且易启旗丁沿途盗卖等弊未便准行又兴武七帮失风不敷米石该帮运弁并不照例留丁勒限完交私自带同旗丁南下实属藐玩除咨行总漕转饬照数买补务于今冬起运船内附搭来通交纳外将领运千总交部议处【嘉庆五年】

一里河查出经纪张裕周等起运漕粮内有潮湿发块米石著落该役赔补外其余风晾折耗并潮湿较重不准进仓之米奏准照江苏省米色不纯县帮四六分赔之例著落坐粮厅及石坝经纪等如数赔补仍按照顺天府议定洪斛时价折银解交户部清款【嘉庆八年】

一嘉庆九年淮安头帮兑运震泽县漕粮内有米色灰黑并多搀杂尚未起卸约计共有一千余石经军机大臣以昆山县漕粮米色灰暗先经总漕奏明咨照在案今震泽县漕粮搀杂尤甚并未接准咨照可见受兑时断无此等不堪米石奏请将弁丁等一并交刑部详审

一各仓经年收贮之米与新漕米色迥不相同无难立辨该运丁设法盗买私将新旧之米搀和上兑责成仓场侍郎巡漕御史督同坐粮厅大通桥监督节次挨查并令查仓御史各仓监督于斛收时详辨新旧米色如有搀杂情弊即行参奏【嘉庆十四年】

一嘉庆十四年江南淮安二等五帮粳米霉变夹杂江苏粮道劳树棠水次未经认真验收迨千总孔继舜等将米色不纯之处禀明又未驳回更换好米径行运通经仓场参奏将劳树棠革职其不堪入仓米五万六千余石留于通坝令该粮道自行变价归公不敷例价著落该道赔补

一嘉庆十四年奉上谕萨彬图等奏江淮三六两帮兑运溧阳县米石内中发变气头色黯者居多缘米质本属潮嫩又值阴雨稍有湿润未及风晾以致色有不纯等语江苏省溧阳县兑运之米旗丁既知米质潮嫩即不应兑收今甫经开行到淮盘验之时即托称阴雨连绵致有湿润明系地方官于收米之时或因索受粮户钱文听其将丑米交纳或勒掯粮户多收折色买不堪之米交与旗丁而旗丁又得受地方官帮贴钱文不论米色高低概行收兑其弊不在粮户而在州县旗丁至于盘验过淮时该漕督并不驳斥辄准放行于夹片内曲为声叙以为曾经奏明即可自居无过岂非预为站脚地步总漕萨彬图巡抚汪日章著传旨严行申饬此项米石著全行驳回交该漕督妥为筹办酌换好米此外如有似此米色均应随时驳换将粮道及州县卫弁等严参具奏等因钦此

一嘉庆十四年江南常州帮白粮查出搀杂灰土经仓场侍郎等将该帮领运守备钱连元奏明拧去顶带责令督同运丁再加筛扬旋据禀报筛扬完竣查验米色较前纯洁中仓如数斛收并无短少奏奉谕旨钱连元著给还守备顶带即饬令押送回空钦此

一嘉庆十五年江南金山江淮五两帮兑运青浦娄县漕粮间有黑丁米八千五百余石又兴武四帮兑运松江华亭县漕粮经潮风晾之米一万二千四百余石虽系干燥而搀杂黑丁体质受伤入仓难以久贮均经仓场奏请照例先行开放其兴武七帮兑运青浦县米内有四千八百余石业经霉坏难以入仓驳回照数赔换好米搭解归款

一嘉庆十七年江南太仓前等帮兑运震泽吴江两县漕粮形色霉黯经仓场奏准除难以久贮者另廒存贮先行搭放外其霉变尤重不堪收贮之米驳回赔换下年搭解归款经征督理各员照例参处

一嘉庆十七年奉旨荣麟等奏查验兴武六等帮米色灰暗分别办理一折江苏娄县等处兑运漕粮米色灰暗除不堪收受之米易换食米交卸外其搀杂黑丁筛扬不净者兴武六帮共米二千肆百捌石江淮五帮共米贰千玖拾贰石若概行驳回为数较多入仓又难久贮姑照所请另廒存贮先行搭放俾漕船迅速回空漕粮为天庾正供该省兑收时即应慎选米色一律干洁迨过淮时由总漕盘验遇有米色不纯者立即饬驳该处距兑漕各省道里较近驳换亦尚易办若不认真查验远涉数千里转运抵通坐粮厅及各仓监督自顾考成孰敢迁就报收一经驳回损耗必多即权宜搭放以不堪久贮之米陈陈相因仓储之受弊滋甚此次苏松两属漕粮灰暗者多至数千石章煦办理不善许兆椿签盘草率俱著交部察议本年江省兑运新漕著交百龄朱理严饬所属妥协经理帮船过淮时并著许兆椿认真盘验毋得仍前疏懈干咎钦此

一嘉庆十七年浙江台前等帮漕粮查有米质灰嫩及霉黯太甚之米仓场奏请灰嫩米石估计七成另廒收贮霉变米石即行驳回勒限一年赔交并查取职名交部议处

一嘉庆十七年浙江湖白帮运到乌程归安两县白粮抽验过秤斤两不足抽袋掮扬乌程县白米一石仅剩九成归安县白米一石仅剩八成半仓场奏准照掮短之数按石折算米石掮折米石下年赔交搭运

一各省漕粮遇有潮湿霉变将经征州县监兑各官均照溺职例革职粮道不先行查揭照徇庇例降三级调用运弁混行收兑革职留任勒限赔补完日开复限内不完革任追赔漕运总督照不应重公罪降二级留任例议处统以过淮盘验为界未过淮以前查有霉变州县与运员一同参处过淮盘验以后遇有霉变即将运员照例议处【嘉庆十八年】

一嘉庆二十二年仓场查验凤阳常州帮受兑宜兴荆溪二县漕粮夹杂潮湿难以久贮奏请本年八九两月甲米内先行开放剔出细碎低米二千余石令粮道监兑厅各分赔一成经征病故知县分赔三成在该家属名下追缴知府赔缴五成续经两江总督审明具奏将各员弁交部议处

一嘉庆二十三年仓场奏兴武头帮米色搀杂霉变奉旨将帮丁交部研审据刑部讯明系起拨时遇雨受潮以致辗转翻腾米石搀杂奏将运丁等分别杖笞领运总运交部察议一道光二年江南庐州等四帮兑运昆山等县漕粮到淮验出潮热米石经漕督驳换具奏奉上谕此次江苏各帮漕粮到淮经该漕督验出昆山新阳二县米石潮热已饬令该二县收回另购好米赔换无误船行所有该二县及帮弁等俱著加恩免其议处钦此

一道光二年凤中常帮受兑金匮县漕粮过淮盘验米色低潮照例按成赔换交各原船受兑请将草率受兑之监兑通判领运千总奏请革职仍令戴罪督押北上俟抵通交卸无误再行具奏经征知县交部议处粮道交部察议霉黯米石饬令山阳县变价归公嗣因抵通交卸无亏经漕运总督两江总督将原参监兑通判领运千总及经征知县奏准开复所有验出灰暗米石经山阳县变价易银解交江宁藩库报拨

一道光四年豫省运通白粮经仓场查验不能一律洁净奏明责令弁丁实力挑扬再行起卸折耗麦石照数赔补下年带交其总运同知押运千总部议均照例革职留任勒限赔补完日开复

一道光四年豫省徐河前后两帮黑豆内有一万七千余石搀杂潮润饬令弁丁赶紧晒晾迟至半月尚未挑晾干洁仓场奏参两帮千总一并革职两帮运丁交粮道责革枷号总运同知交部严加议处并请另廒收贮此项豆石先行开放一道光七年奉旨前据百春等奏浙江漕粮抵坝查验前二帮即有不堪收受之米当经降旨著该侍郎等责成粮道尹世衡督率筛扬傥仍前玩误即著据实严参兹据琦善等奏该粮道所属总运等官认真筛扬易换好米随时查验并无饱稻发粒搀杂在内以后各帮亦俱一律干洁堪以收受现在三进南粮均已完竣该粮道等尚知愧奋所有浙江粮道尹世衡总运通判德兴运弁孙文注等俱著加恩免其参处钦此

一道光七年奉旨前据百春等奏凤阳常帮被雨淋湿正干米二百四十四石庐州三帮欠交尾零正米二百二十五石降旨将该二帮运弁石元龙蔡濂才革去顶带勒限交纳兹据奏称该弁等应补交米石均在限内如数全完尚知愧勉石元龙蔡濂才俱著开复顶带该部知道钦此

一道光八年总漕奏盘验浙江各帮米色未能纯洁责成弁丁按船筛掮共筛出粞碎饱稻一万六千一百四十四石零著令县帮划半分赔于冬运时照数买备好米随船运交不准延展筛出粞碎饱稻等项即令粮道领回变价分给各帮抵补筛掮人夫工食费用粮道办理未善交部议以降一级调用经征领运各员弁钦奉谕旨俱著查取职名分别议处一道光八年奉上谕吏部具题浙江粮道尹世衡办漕未善比例议以降一级调用准其抵销一本已依

议行矣浙江省征收漕粮连年以来俱未能一律纯净上年该省粮艘抵通经仓场侍郎等查出搀杂灰暗情形责令该粮道认真督率弁丁筛扬本年该帮船过淮盘验又经讷尔经额查验米色不纯饬令筛出粞碎饱稻灰土一万六千余石之多该道府州县征收兑运所司何事该抚率据所属禀报收成米质不能一律饱绽辄于收漕时先行奏明并咨会仓场以为将来卸责之计殊属非是经此次饬谕之后刘彬士当预行严饬该府州县于收漕时务期米质纯洁不准稍有夹杂该粮道兑运漕粮是其专责如查验各州县所兑之米有粞碎灰湿等弊即应据实揭报将经征督征之府州县严行参办傥扶同迁就别经查出定将该粮道从重惩处不能复邀宽贷该抚总宜认真督率稽察不得轻听所属借口于天时不齐率行奏咨预为地步亦不得任令该州县帮丁因此复有苦累刁难致滋流弊钦此

卷五十九·京通粮储·脚价则例

一石土两坝起运京通各仓漕米内除大风漂流米石扣除不给脚价外所有实起过坝进仓粮米俱系按石算给脚价于轻赍银内动支【议单旧本】

一漕粮抵石坝向系石坝外河船户抗米落崖堆贮号房每石原给抗价银三厘康熙三十九年将外河船户裁革归并经纪抗米落崖节省抗价银二厘只给经纪抗价银一厘

一石坝经纪自石坝由里河五闸拨运至大通桥旧例每米一石给脚价银一分九厘顺治十年题准加给六厘每石给脚价银二分五厘嗣又减去一厘每石实给脚价银二分四厘

一石坝里河向系水脚由号房抗米上船每石原给抗价银三厘雍正五年将石坝里河水脚裁革归并经纪抗米上船节省抗价银二厘实给经纪抗价银一厘

一普济平上平下庆丰等四闸水脚抗米过闸每闸每石给抗价银三厘大通桥水脚抗米落崖堆贮号房每石亦给抗价银三厘【议单旧本】

一大通桥车户运米进禄米南新旧大海运北新富新兴平等七仓旧例每石给脚价银四分四厘六毫康熙四十一年节省银三厘七毫只给银四分九毫雍正十二年节省银六厘九毫实给银三分四厘运进太平仓每石给脚价银一分五厘九毫运进万安仓每石给脚价银二分五厘九毫运进裕丰仓每石原给脚价银二分五厘九毫雍正十二年节省银三厘九毫实给银二分二厘运进储济仓每石原给脚价银三分九毫雍正十二年节省银四厘九毫实给银二分六厘运进丰益仓每石原给脚价银一钱五分二厘六毫雍正十二年节省银二分八厘六毫实给银一钱二分四厘

一进本裕仓米石向系土坝车户起运自石坝外河起拨运至沙子营每石给脚价银八分五厘沙子营抗运落崖每石给抗价银一厘由沙子营上会清河拨船连至上清河每石给脚价银二分四厘会清河搬抗过翔帆天兴云津顺城四闸每石每闸给抗价银三厘四闸共一分二厘上清河抗米落崖堆贮号房每石给抗价银三厘自号房装车陆运进本裕仓每石给车价银二分九厘以上自石坝外河起运至本裕仓每石共给车户脚价银一钱五分四厘雍正三年因会清河淤浅改由土坝起车陆运至本裕仓仍照水运之例给发雍正十一年题归石坝经纪起卸由石坝里河五闸拨运到桥转交大通桥车户起车陆运进本裕仓每石给经纪石坝外河抗米落崖脚价银一厘里河抗米上船脚价银一厘五闸拨运至大通桥脚价银二分四厘普济平上平下庆丰四闸水脚搬抗漕米过闸上船每闸抗价银三厘四闸共一分二厘大通桥水脚抗米落崖堆贮号房每石给抗价银三厘大通桥车户起车陆运进本裕仓原给脚价银一钱一分三厘雍正十二年节省银一分九厘实给银九分四厘以上每石共给脚抗价银一钱三分五厘

一漕粮抵土坝向系土坝外河船户抗米落崖堆贮号房每石原给抗价银三厘康熙三十九年将外河船户裁革归并车户抗米落崖节省抗价银二厘只给银一厘由土坝里河抗米上船拨运至新旧两城南门落崖堆贮号房装车陆运进西中二仓每石共给车户脚价银二分九厘

一京通各仓收受漕粮旧例雇夫抗米入廒包囤名曰雇长每米一石给脚价银八厘抗粮到囤名曰小甲每米一石给脚价银四厘铺廒打卷抱筹抬斛京仓名曰花户通仓名曰甲斗每米一石给脚价银七毫以上三项每石共给银一分二厘七毫雍正十二年题定减去五成实给五成银六厘三毫五丝惟本裕一仓每年进米无多照旧仍给十成

一白粮抵石坝向有外河白粮船户抗运落崖每石原给抗价银二厘五毫康熙三十九年将外河白粮船户裁革归并白粮经纪抗运每石节省抗价银一厘五毫实给抗价银一厘

一白粮经纪由石坝里河抗运白粮上船每石给抗价银三厘五毫【议单旧本】

一白粮经纪由石坝里河五闸拨运白粮至大通桥每石给脚价银一分八厘【议单旧本】

一普济平上平下庆丰四闸白粮水脚搬抗白粮过闸上船每石每闸给抗价银二厘一毫八丝四忽四微四闸共银八厘七毫三丝七忽六微【议单旧本】

一大通桥水脚抗运白粮落崖堆贮号房每石给抗价银二厘一毫八丝四忽四微【议单旧本】

一白粮抵土坝向有外河白粮船户抗运落崖每石原给抗价银二厘五毫康熙三十九年将外河白粮船户裁革归并白粮经纪抗运每石节省抗价银一厘五毫实给白粮经纪抗价银一厘

一白粮经纪由土坝里河抗运白粮上船每石给抗价银三厘五毫【议单旧本】

一西中二仓运送白米并紫老米至内务府内仓每石给车价银六分【议单旧本】

一白粮经纪由土坝里河拨运白粮至新旧两城南门落崖上车陆运进西中二仓每石共给脚价银一分【康熙四十四年】

一领运粜卖米石雍正九年奏准京城各局厂领运京仓米每石给脚价大制钱三十五文通州二厂领运通仓米每石给大制钱二十文雍正十二年奏准五城领运通仓米石每石给脚价银七分其米钱解运部库及一应席片纸张等费每卖米一万石准扣销银三十两

一大通桥车户运送白粮进内仓交收每石原给车价银四分雍正十二年节省银一分二厘实给银二分八厘

一在京各仓运送广惠局米石每石给车价银三分五厘【雍正十三年】

一内仓每年改进漕米乾隆三年奏准仓内脚价给与五成每石给银六厘三毫五丝石坝运至大通桥每石给脚抗银四分一厘大通桥转送内仓每石给银三分四厘

一京通各仓进廒米石仓役脚价及支放米石仓役个儿钱文向系监督给发往往给不足数以致仓役挟制舞弊乾隆三年奏准照数给发如有克扣仓场查参别经发觉将仓场一并议处

一乾隆三年豫东二省买运豆石自通运京入廒每石给抗价银一分七厘车运银五分八厘仓役脚价银六厘三毫零每豆二石给席价银一厘七毫俱于通济库轻赍项下给发其颠抗折耗据实报销

一乾隆三年买运豫东二省豆石因到坝冻阻以及冻阻在张家湾等处奏准将张家湾等处豆石雇车由陆路运坝每石每里给脚价银一厘三毫二丝五忽其抵坝豆石交与经纪车户由陆运仓不增脚抗等费其余冻阻黑豆留俟次年抵通起卸所有运豆船只每船于起行之日赏给饭米银二两

一大通桥车户脚价向例每运米一万石扣存银一千六百二十五两以作买余抵补掣欠如有余剩并为节省归公乾隆四年题准将车户扣存银两除买补掣欠之外余剩给还免其归公

一乾隆八年直隶古北口外采买粟米运通所需仓役入厫脚价并席片银两咨准照依漕例按进仓米数在于通济库轻赍银内核给

一内务府每年咨取紫黄老米七十石或一百石不等各仓运送向不开销脚价未免赔累乾隆七年咨准每石准给脚价银三分五厘于茶果项下动支

一漕粮抵通运进京仓于普济平上平下庆丰等四闸及大通桥五处各设水脚头役专司搬抗过闸上船向例每米一石给抗价银三厘乾隆八年经仓场访明每石实只需银二厘七毫奏准酌减三毫于乾隆九年为始每石以二厘七毫核给

一各仓运送内务府麦石乾隆十三年题准照运送米石之例每石给车脚银三分五厘口袋银五分在于轻赍项下动给

一五城领卖通仓米石向例每石脚价银七分内自仓用小车推出装载大车脚价银一分二厘米石到厂抗夫银一厘赁用口袋银四厘均系按石给发其大车价银五分领米人役饭食银三厘系按自通至京程途四十里计程核给乾隆二十年四乡入厂运送米石脚价咨准照例核给

一北仓转运粮石例有先期预备布袋斛只等项俱系该役等支领脚价预行办理俟粮船抵通于所领脚价内

按卯匀扣乾隆二十一年仓场奏准上年江浙二省被灾除截留蠲免外统计抵通漕粮只有一百三十余万石其先漕预备布袋等项业已支办在前本年应领脚价不敷坐扣请以现在支领卯银暂行缓扣予限四年匀扣归款并请于已置布袋内酌留二万条以为来岁之用

一乾隆二十二年仓场奏乾隆十九年经纪车户运役预支脚价银两排造拨船所领脚价银两九年分扣归款所有本年应扣排造船价银两缘各省到通漕粮除截蠲外到通无几应领脚价置袋舱船等项不敷办理援例停扣一年展至第十年应领脚价内补扣

一五城领米车脚每石原给大制钱三十五文乾隆二十三年工部侍郎钱维城条奏合五城御史公同酌议增减东城每石减为三十二文南城每石减为三十三文中城每石减为三十四文北城每石增为三十七文西城每石增为三十九文如赴本裕丰益二仓支领米石车价仍照旧例每石给大制钱七十文通州支领通仓米石车脚每石给大制钱二十文

一乾隆二十三年仓场奏本年应领脚价费用既多又扣还旧欠银两实属拮据请将经纪车户运役本年及次年应扣排造船价并匀扣口袋布价银两统于二十四年各役应领脚价内分扣归款

一经纪车户节年借动未清船价并转运囤贮掣欠各项银两分作十年于各役应领脚价银内扣还其未完历年口袋布价银两酌议嗣后每年漕务告竣之后将用乏口袋每条变价银五分即以此项归补旧欠尚不敷银两仍于脚价内每年扣还亦作为十年完结【乾隆二十五年】

一石坝经纪未完乾隆十三年借项土坝车户未完十七年买余抵欠米价四闸水脚自十五年起透领抗价银两三项共银一万一千余两又议令六个月全完之二十四年掣欠米价节次追缴外尚欠银一万四千余两实难猝完于前项十年匀扣案内一并接扣作十二年扣完又土坝车户本年透支脚价银两再加二十四年掣欠银两分作三年扣还又大通桥车户上年借领车价于来年每卯扣银四百两分作八卯一年扣完【乾隆二十五年】

一乾隆二十七年到通漕粮所运米石应领脚价银两较之上年少三分之一而一切置办口袋等项不能少减其每年应扣节年未清各项银两展限一年俟各项银两扣完之日再行接扣还项

一新建恩丰仓运米车脚每石照禄米等仓一体以三分四厘核给【乾隆二十八年】

一京仓运送上驷院各圈粟米向系仓役自行运送实属赔累照西中二仓运送内务府白米之例每石给银六分【乾隆三十年】

一派进本裕丰益二仓漕米缘雨水泥泞就近暂贮太平仓俟运务告竣道路稍干再行转运其抗价厫费即于车户脚价内酌量借给毋庸开销已于轻赍银内借给银二千八百两于车户脚价内匀作八年扣还【乾隆三十六年】

一两坝经纪从前积欠银十八万八千六百余两奏准以残袋十八万条变价匀扣自二十六年起至三十五年业已照数扣完又未完掣欠米价银一万九千余两分作二年接扣亦经通完其残袋变价银两应添入次年采买新袋之用【乾隆三十八年】

一乾隆三十九年奉天余豆运仓里河业已冰冻照乾隆三年豫东二省采买黑豆船只冻阻令经纪陆运之例每石脚价银三分九厘五毫由大通桥车户运仓其闸河运脚于大通桥车户脚价内每石拨出四厘津贴陆运

一奉天运到牛庄洪斛黑豆五千七百六十石因里河冰冻饬令经纪陆运至朝阳门交大通桥车户接运进仓仍照水运脚抗价值给发经纪每石应领价银二分四厘里外河抗价银二厘四闸并大通桥水脚抗价银一分三厘五毫大通桥车户运仓脚价每石拨出津贴银四厘又白粮经纪运京白粮亦因里河冰冻陆运过白粮正米一千四十二石零除应领水运脚价并里外河抗价照例给发所有四闸并大通桥水脚抗价每石一分九毫二丝二忽共应领银十一两三钱八分一厘事同一律应一并核给【乾隆五十年】

一通坝军粮经纪车户每年起运漕粮置备口袋均须照额预备倘非全漕之年应得脚价短少每致长支扣项积累日多应将口袋一项提出即于军粮经纪每石脚抗价银二分六厘内减去银六厘白粮经纪每石脚抗价银二分四厘内减去银四厘土坝车户每石脚抗价银三分内减去银八厘按全漕而计共可节省银一万八千六百四十余两又残袋每条作五分变价岁可得银九千八百余两即为官置口袋之用此外不敷银一万四千余两准于通济库轻赍银内支销自乾隆五十一年分照此新定章程核办俟各项清完之日即行奏明照旧办理

一白粮改运海运北新二仓照办运漕粮之例每石给脚价银三分四厘【嘉庆元年】

一仓场侍郎奏军白粮经纪一切经费向俱出于脚价嘉庆三年减漕年分脚价仅敷转输之用于完粮后共长支银七千七百余两奏请自辛酉全漕到通年分每年扣银一千两分作八年扣完经户部议准分作四年完缴

一嘉庆三年户部议覆仓场侍郎宜兴奏运役旧欠银两仍令按数扣缴一折奉上谕运役乾隆五十五年以前积欠前经加恩自丙辰年起至戊午年年暂缓扣缴今计己未庚申两年仍系减漕年分著再加恩一并缓至辛酉年接扣完缴以示格外体恤嗣后全漕到通年分不得援以为例等因钦此一大通桥车户脚价定例每石扣存银四厘作为办公之费嗣因各项支用繁多奏准量加裁减每年足敷支用若全漕之年约可节省银四千余两归入运脚正项添给车户并令该监督按卯稽查毋任再多浮费【嘉庆四年】

一石坝经纪接运漕粮从外河雇备吊载船只起运到坝抗至里河转盘五闸运赴大通桥交卸向例旗丁交米一石给个儿钱二十二文经纪得以藉资贴补嘉庆五年清漕将陋规尽行革除该经纪等办公拮据奏准令旗丁于调剂项下每石加给个儿钱五文共大钱二十七文以资办公【嘉庆五年】

一嘉庆九年仓场侍郎达庆等奏酌筹通坝露囤并大通桥陆运通仓米石支给脚价一折钦奉上谕此次露囤米石所用银两著准于扣存桥坝办公银内动支其陆运通仓米石准照禄米等七仓脚价每石银三分四厘之例支给钦此

一嘉庆六年江南徐属漕粮截减湖南漕粮拨解陕省军营又值直省被灾截留漕米以备赈济到通漕粮减少所有本年军白粮经纪土坝车户及四闸水脚等应扣积欠银两奏准再行停缓一年以纾役力【嘉庆六年】

一奉天省存仓粟米起运到通并无个儿钱交又无颠抗折耗所有应给经纪脚价银两循照该省黑豆之例每石按二分六厘支给【嘉庆八年】

一运役应扣积欠银两因山东安徽江浙湖北等省漕粮均有因灾停缓又江西通省漕粮被灾缓征未能抵通所得脚价减少又因温榆河水浅搭桥绕道搬运费用较多力难完交奏准扣交三成俟全漕到通仍行照数全扣【嘉庆八年】

一湖北省武昌等四府属向来漕粮抵兑节省水脚银两解司充公荆州府属节省银两留为道库支用嘉庆七年荆州府属漕粮豁缓解道漕粮抵兑节省银两为数无多不敷支用咨准将武昌等属完解节省银两留存道库支用俟报销时如有余银仍解司充公【嘉庆八年】

一湖北省程途较湖南稍近其搭运二耗及缓南米石照湖南搭运二耗每石二钱六分之例酌减银一分五厘每石以二钱四分五厘支给报销【嘉庆九年】

一江西采买米石系军拨各船酌量分装与雇募长运赴通者有间所有水脚银两查照定例酌中核给七成除水次至瓜洲已经酌发领用外尚应找发银两派定段落分起给丁领用免致支绌【嘉庆十年】

一湖南委员运通采买米十五万石挽抵扬州一带运费不敷援照铜铅船只盘费不敷就所在地方借项之例在于两淮运库先行借给仍令湖南解还归款【嘉庆十年】

一江苏巡抚等奏江南接运川米三十万石应照湖南雇送章程查明沿途程站按例定银数分别核给至向来军船到坝起米应给个儿钱文此项川省采运民船仅得例给水脚并无格外津贴请免其交纳尚有湖南采买雇船运通米十五万石亦请画一办理以昭体恤其江南浙江湖南军船洒带米石仍应照例交纳户部议以江浙等省洒搭军船米石未据奏请免交个儿钱文其湖南采买之二十万石业经奏准均免交纳应查照先行奏准之案办理所有四川采买米石钦奉恩旨留于扬州浙江平粜俟秋成另买新米各交本省粮船搭运【嘉庆十年】

一嘉庆十年奉上谕前因湖南省押运采买米船委员等于江南山东直隶沿途请借银两特降旨交阿林保查明有无浮费滥用等弊据实具奏兹据阿林保先将该省筹给经费数目及各委员沿途禀请借支接济情形具折覆奏湖南省采买米二十万石除粮船搭运五万石外共批运米十五万石该抚已核计水脚筹拨银十万六千余两发交各委员分领应用乃沿途又借支银十万二千两较之原发经费增至一倍自系该委员等经理不善所致本年产米各省分办运采买米石者亦不止湖南一省何以他省米船皆无沿途借支银两之事而湖南委员独屡次以河道浅滞经费不敷频请加给运脚阿林保现已行文江南山东直隶各督抚及漕运总督详查该省米船沿途挽运情形俟咨覆到日如实系该委员等浮支滥用即据实参奏分别著赔以示惩儆等因钦此

一土坝车户应扣积欠银两因数年来通仓从未坐米毫无应领脚价与经纪有项可扣者不同嘉庆十一年奏准暂停扣缴俟通仓派拨漕粮之年即行按数扣清归款

一大通桥车户办理运务钱价昂贵领银换钱未免亏折兼因雨水过多雇价加倍办公支绌嘉庆十一年奏准借支银二千五百两分作三年扣还其每年应扣之项即在应领银款内早为拨出事竣归款不得仍前垫发擅行支给

一石坝军白粮经纪土坝车户应扣节年积欠各项银九万七千余两因水浅起拨赔垫甚多奏准自嘉庆十二年起分作十五年扣还归款续经查明十二十三两年并未实扣除将坐粮厅职名照例议处仍查照原奏扣数自嘉庆十四年起按年坐扣不得再有展缓致滋延宕又查出军白粮经纪土坝车户长支短交银两除残袋价银呈交外余银三万三千余两俟前项匀扣银两扣清后分作四年半接续坐扣又坐粮厅详军粮经纪过坝露囤米本系二十二万余石仓场侍郎奏报露囤米十八万石有零所有实用银一千六百两未便列入长支坐扣苦累运役著落具奏遗漏声叙之仓场侍郎及未详明更正之坐粮厅等名下照数分赔其续行查出短交未报各款历任仓场侍郎及坐粮厅未能按年追缴一并查取职名送部议处嗣后应扣银两如再有逾限不完责令仓场侍郎及坐粮厅照数赔补并不得复有预支短交等弊以归核实

一土坝车户积欠银两节年奏销册造已经扣缴续又查出短交户部议令历任坐粮厅按数照例赔补仍将职名照例议处【嘉庆十四年】

一派贮通仓漕粮因土坝车户运送不能迅速另派军粮经纪由石坝陆运中仓每石支脚价银三分四厘土坝车户运送西仓脚价每石照例支给银二分二厘【嘉庆十四年】

一通济库历年经纪车户等脚费预支短交银两坐粮厅未能按期追缴将历任坐粮厅均照例罚俸一年【嘉庆十四年】

一存贮通仓漕米运贮京仓每米一万石花户人等向有应支脚价银六十三两五银书役饭食银一十八两例无重支嘉庆十五年仓场侍郎等奏准京仓通仓各给一半以昭平允

一大通桥车户每年承买官豆按卯计算在仓领给每卯扣存脚价银七百二十五两买官豆一千石嘉庆十一年因钱价昂贵车价增长奏准每卯加买官豆一千石价银亦按卯于脚价内照例扣交仍俟钱价平减每银一两可易制钱一千文时再将加买官豆毋庸支给计该车户每卯应承买豆二千石每年十卯共领豆二万石嘉庆十二年奏准在于奉省运通豆内截留一万石在官可省入仓运脚之费该役等亦省赴仓支领运脚之费公私两有裨益又嘉庆十六年复因分进各仓粮数较多而粮价又值昂贵该车户喂养牲口未免苦累奏准于常年认买官豆二万石之外在于万安储济两仓就近再承买黑豆五千石以资津贴豆价即于应领脚价内照数扣存通济库此为粮价一时昂贵调剂车户起见嗣后不得援以为例

一坐粮厅军白粮经纪因办公竭蹷请照大通桥车户之例承买奉豆二万石经部奏明暂准承买二万石应交例价即于应领脚价内按数扣解嗣后不得援以为例【嘉庆十八年】

一坐粮厅经纪积年长支短交银两嘉庆十四年奏明分年扣缴并令酌定匀扣之后不得再有长支短交等弊嘉庆十九年经户部查明十四年以后又有长借脚价等项银两且长借一项并未奏明有案议令仓场自行奏明办理续据仓场奏准将未经扣交之脚价布价及旧欠银两著落历任坐粮厅分赔四成于后任坐粮厅养廉内按年减半坐扣三成其余新旧欠三成银在该经纪等名下分作十年扣追归款嗣后如有动借银两俱著奏明办理以重帑项【嘉庆十九年】

一嘉庆二十年奉上谕润祥等奏调剂运役恳请承买豆石一折坐粮厅经纪等承领脚价除应扣款项外办运不无拮据加恩著照所请准其照大通桥车户之例承买黑豆二万石先由仓派领一万石俟秋间奉天黑豆运通再给领一万石所卖价银存贮通济库将例价按款扣缴余项酌发该经纪俾资津贴嗣后不得援以为例钦此

一嘉庆二十二年奉上谕润祥等奏大通桥车户承买豆石可否于现到之牛庄黑豆内先行截拨等语本年军船回空迅速明岁漕运抵通较早该车户等转运事宜亦应早为筹备加恩著照所请该车户等承买豆石准其将现到之牛庄黑豆五千四百石先为拨给俟奉省续运豆石到日再拨给一万四千六百石以符原额所有应交价银循例坐扣归款该部知道钦此嗣于嘉庆二十三年奏拨奉天黑豆一万四千六百石以符二万石之数承买豆价循例

按卯坐扣归款一山东河南二省应运直省赈剩米石经纪运费并无应得个儿钱文咨准照奉豆之案给脚价二分四厘抗价银二厘【嘉庆二十三年】

一大通桥车户承买豆石户部奏请停止循照安车旧例酌给先漕预备银三千二百两于该车户等应缴雨湿漕粮折价银内划除抵给仍于应领脚价银内扣还归款【道光三年】

一道光四年奉旨前经户部奏请将大通桥车户承买豆石永远停止兹据博启图等奏称车户每岁于新漕未到之先预雇长车小车共二百八十辆向准承买豆石除交例价外余银雇给车价及临时添车加价之需近因各项价值倍增办运已形竭蹷若再停止运务不无阻滞自系实在情形著照所请准该车户等照例承买官豆二万石于奉省运通豆内照数截拨应交例价银两即按卯坐扣通济库归款其石土两坝军白粮经纪因脚价不敷歷经奏办承买奉豆二万石有案现在办运拮据亦著照车户等一律准其承买二万石俾资津贴此系朕加恩调剂该侍郎等务当认真经理杜绝弊端不得再有所借口也钦此嗣经户部奏准奉天豆石业已筹备搭放其车户经纪承买豆四万石由本年豫东二省黑豆内照数截拨前请酌给安车银两应即停止其应交价值并盈余银两即饬坐粮厅全数查收解部仍请嗣后不得援以为例

一军白粮经纪承办转运漕粮历有长支脚价之案皆由脚价与公费不分一切各项支用俱出脚价之内在全漕年分扣出各项支用每米一石核得脚价银一分五厘一毫如漕粮减少而一切公费仍照前数淨剩银两每米一石祇合得银九厘一毫经仓场奏准自今年为始无论抵通粮数多寡每米一石比照全漕年分扣剩脚价一分五厘一毫之数实支实放永为定例以减漕与带交抵算统计全漕三百二十九万五千石每石减去脚价五厘一毫共节省银一万六千八百余两足敷各项开销所有油舱席片船头工食仍在轻赍节省脚价项下支给至题定书役等饭食及各项公费应照数在茶果项下开销逐一划开可杜长支之渐【道光四年】

一五闸水脚抗价乾隆八年奏准于每石三厘内酌减三毫遵行已久本年御史萨斌等奏请仍复旧制经户部议驳续据仓场以近年漕粮减少脚价不敷办公奏准暂复每石三厘旧制俟一二年役力稍舒即行裁减【道光四年】

一五闸水脚抗价道光四五两年奏明暂照三厘旧额支领本年已届限满应行裁减三毫因海运盘坝漕粮并铜铅奉豆一时云集兼有转运北仓滞漕又催令军船回空加价添夫赶办经仓场奏准展缓二年照三厘旧额支领俾纾役力至道光八年仍应裁减办理【道光六年】

一豫省截卸北仓粟米五万石所有由北仓至通坝未行程途应交还脚价银一千一百余两经仓场奏准开春后东豫军船路过北仓酌令洒带运通即以河南委员应交脚价作为贴并东豫军船洒带之费至由仓运船抗脚之费计需银六百两俱由河南筹解其未解到之先先由通济库垫发俟解到时一并归款【道光六年】

一道光七年奉旨百春等奏查明经纪承办漕粮脚价内支销公用请仍循旧制办理军白粮经纪承运漕粮向例按米数给发脚价所有油舱席片船头工食及题定书役饭食等银即在脚价内支放自道光四年奏准将脚价每石划出银五厘一毫支销各项公用以致粮少之年尚不敷支放该经纪等不得不溢支银两且累年牵算易滋弊混自应仍照旧章办理著准其将油舱席片船头工食题定书役饭食等银仍于经纪脚价内发给至经纪多支银七千七百六十七两零若一时遽令缴还办运未免拮据著自本年起分作六年摊扣全完归款该部知道钦此

一玉田县应需米石来通兑收请领运米脚价准照蓟遵豊三州县之例按程核计每石给银一钱九分六厘造入茶果报销案内报部查核【道光八年】

一江西抚州等帮漕粮因外河全行冻结不能前进经户部奏准暂卸通仓寄囤一俟冰融赶紧运京其运赴通仓脚费如于例价之外实有不敷咨部拨款先为垫发仍由漕督河督在于办运迟滞各员名下分成赔补解部归款并令仓场核计米数将应用银两先行报部查核【道光三十年】

一大通桥例设官车运粮嘉庆年间因官车无存改雇长车每年准车户承买官豆贰万石每石应缴例价银柒钱二分五厘在于应领脚价银内扣还所余作为雇车津贴之用咸丰三年后因仓存豆石不敷停止承买嗣据仓场侍郎奏请酌复旧例经户部奏定准其承买黑豆肆千石俟奉天例运豆石抵通时照数拨给其每石应缴例价于脚价内扣清归款赢余银两存公作为雇车津贴之用【同治四年】

卷六十·京通粮储·俸甲米豆

一各仓放米之时不许在仓买卖倘有串通仓役作奸者拿送刑部从重治罪又放米时挨次支领如有车辆拥挤点火吃烟偷盗等弊亦送部治罪【顺治十六年】

一每次放米户部差每翼章京一员并旗下章京一员到仓与监督一同监放若有通同搀和糠土湿烂米石情弊仓场题参将户部章京一并议处其监督出放米石不行严查下役如有搀和糠土湿烂米石并少量索钱等弊将经管官交吏部从重议处作弊下役交与刑部从重治罪至领运米石佐领领催并家仆若将好米搀和糠土偷盗者亦送刑部重治其罪【康熙元年】

一康熙五十六年议准定例官兵俸饷米石既已造入档内行仓者虽有升转不准添补其病老告休物故者亦不令裁扣如获罪革退者仍令该旗移咨宗人府吏部兵部户部裁扣至世袭官员病故未袭职以前有妻子者准食半俸银米已袭职未及年岁者准食半俸银米已及年岁上朝者准食全俸银米又承袭官员病故应有袭职若无应袭之人而有妻者仍准终身食半俸银米如无妻者停其支给承袭已完原立官得功之人有妻者照例终身食半俸银米外其承袭已完之人有妻子者只准其食半俸银米一年如无妻子者停其支给再原系兵丁升官者仍照旧例食钱粮至得俸裁去钱粮兵丁如有病老告退物故者原应裁革钱粮嗣后已入钱粮档内送部者停其裁革仍给原人顶补之人将下月钱粮支给如获罪革退者令该旗仍行兵部户部裁扣

一八旗俸饷并包衣管领米档每季俱限上月初十日以前咨送户部转咨仓场照例两月内支放全完如每季上月初十日以内米档不行送部该旗即将造册迟延之官题参交部议处雍正元年钦奉谕旨将八旗米档送部各日期记明奏闻其舛错驳回者从另送册之日扣算钦此

一八旗支领俸甲米档及一应零档于各佐领总数之下核算甲米分注粳稜粟三样米数各若干俸米分注白粳稜粟米各若干送部转行各仓按色给发【雍正元年】

一支放官兵俸饷米石旧例春季自二月起秋季自八月起限三个月放完康熙四十三年题准八旗兵米秋季改为十月放起同春季俱限两个月放完如限内不完仓场将监督题参交部查议其派出放米旗员不行严催领米之人赴仓支领延挨时日者亦照监督例查参议处四十四年题准将每岁应放兵米匀作三分自春季二月起至秋季十月共八个月米石俱于二月分支领自秋季十月起至次年春季二月共四个月米石俱于十月分支领雍正元年奏准官员两季俸米于二八月初一日放起兵丁三季甲米于三月七月十一月初一日放起均限两个月放完三年钦奉谕旨遇支放甲米之时雨水稍多即宽限一月永为定例钦此

一八旗官员支领俸米每一佐领给票一张仓场验票给发【雍正七年】

一八旗甲米旧例分京内八仓支领雍正三年奏准添设万安一仓将骁骑校护军校应领米石另分一处同八旗甲米分作九处支给雍正八年奏定新设裕丰储济二仓将骁骑校护军校米石仍随八旗支领其镶黄正黄正白三旗包衣管领等项米石另为三分同八旗甲米分十一仓阄放仍将所放米数限各仓开列厫名年分五日一报

一包衣佐领及八旗兵丁应领米石各仓监督酌量天时长短一日之内可放若干预行晓示仍于本日尽数放完【雍正十二年】

一八旗兵丁钱粮俱系按月关支兵丁米石俱系预领一季嗣后如有老病辞粮以及病故兵丁仍照旧例免追外其革退逃走兵丁所领一月钱粮即以革退逃走之日按日追缴其领过米石则按月追缴如兵丁一月内革退逃走者追缴后三个月米石两个月以内者追缴后两个月米石三个月以内者追缴后一个月米石三个月以外者免其著追并将追出钱粮暨米折价银即行咨部交纳毋庸造入下月钱粮档内坐扣致滋朦混【雍正十二年】

一京通各仓看仓兵丁米石各旗均系随同甲米支领本裕仓看仓兵丁八旗系随官俸于二八月关支殊不画一乾隆元年咨行嗣后随同甲米造档送部行仓支领

一各旗官兵俸甲米石例应造具印档关支惟本裕仓看仓官兵应支米石各旗向无印档乾隆元年咨行各旗嗣后照例另造印档送部札仓支领

一八旗兵米向系二季关支雍正元年奏准分作三季因为期尚远兵丁余米不能保其不卖乾隆二年奏准分为四季于二五八十一等月放给或遇岁闰或值米价昂贵后季米石不能接济前季或南粮抵通需厫盛贮随时奏准酌定先期开放

一八旗甲米每季三色按十成计算粳米五成稜米三成五分粟米一成五分【乾隆二年】

一定例兵丁遇闰不给米石乾隆二年因近京歉收米价昂贵钦奉谕旨借给一月米石定于戊午己未两年秋冬二季各兵应支米内均匀扣还

一乾隆三年米价昂贵奏准将兵米内借拨代粟稜米十八万石交五城十厂平粜将兵丁应支粟米酌量于丰收之年秋冬二季每石给银八钱陆续分年扣贮归还

一八旗兵丁四季支领米石每季均有抄勺零尾佐领总领分给每多折耗乾隆三年题准将每年头二三三季三色米石总数以斗为止散数以升为止其抄勺零数并入第四季支领

一禁城兵丁及太监应支白粮改给粳米因有折耗碾碓之费乾隆三年奏准按原给白米一石改给粳米一石二斗五升

一每季支领米石旗员查验米质如果不堪食用即于仓中封固一面回明仓场一而报明都统奏闻但以米质之好否与成色之高下为凭不得以米色二字妄启争端【乾隆三年】

一每年春秋二季支放俸米各员多有在通售卖而米局商铺贿托仓役致有撞斛多量之弊乾隆三年奏准令仓场于放米之时严行访察如有前弊拿送刑部治罪倘仓场查拿不力别经发觉交部严加议处

一各仓开放甲米票多人杂监督耳目难周恐有假冒之弊乾隆四年奏准于开仓时每旗派出押旗参领于放米前一日将应领各佐领管领下米数及领米人数开单交与监督按数一样起票三张于领米前一日一张交满监督一张交汉监督一张交监放监督稽查米石出仓其领米兵丁花名各旗开单钤用佐领图记带赴仓内递与押旗参领查点进仓仍令押旗参领及监督各将所属人等严行稽查并互相稽察如仓属人等作弊押旗参领查出呈明该管大臣参奏究处旗属人等作弊监督查出呈明仓场参奏究处至车辆出仓除参领与监督等一同查对红档外其闲散官员骁骑校等仍在仓门巡查令车辆挨次排行严禁争挤

一通仓支放官俸六色米内粟米一项于雍正六年钦奉恩旨发帑采买直隶营田稻米抵粟支放乾隆四年因直属歉收停止采买不敷支放奏准以稜抵稻支给如直属稻米丰收采买运通仍以稻米抵给

一各衙门笔帖式岁支俸米向例在于通仓支领嗣因笔帖式所领米数无多赴通支领不无往还车脚之费乾隆四年奏准在于京仓领给

一八旗关支甲米册档定例于每季上月初十日以前咨送户部转咨仓场定限开放如初十日以内米档不行送部将造册迟延之官题参其关支豆石册档向未酌定限期各旗造送迟早不一兵丁不得及时支领乾隆十年奏准将八旗马豆册档于每月上月之月底送部札仓于每月初十日以内放给如各旗豆档不于限内送部照造册迟延之例题参议处

一定例官员俸档春季于十二月十五日以前秋季于六月十五日以前送部兵丁钱粮册档于上月十五日以前甲米册档每季于上月初十日以前送部新放人员凡有原俸原饷可支者停其赶领如无原俸原饷可支者春季在正月三十日以前秋季在七月三十日以前俱准造册补领再大档过部以后告休身故者不令裁扣后因各旗造册迟早不一同日补放告休身故者有支领不支领之分至兵丁米档已经过部钱粮册档尚未过部其间兵丁升转及告休身故者有应得不应得之异乾隆十二年奏准嗣后官员俸银俸米总以十二月十五日六月十五日兵丁钱粮米石总以上月十五日作为过档定限分别关支裁扣如官兵升转在定限以前准其支领新任俸饷在定限以后不准支领告休身故在定限以后准其支领银米在定限以前不准支领又定例各仓支放俸甲米石定于每季首月初一日开放起如官兵降革在开放以后米石免追嗣因各仓开放日期迟早不同降革官兵遇此仓已经开放即行免追遇彼仓尚未开放仍行追缴办理殊未画一奏准嗣后总以每季首月初一日作为开仓定限降革在每季初一日开放以前概行追缴如在初一日以后即行免追再各旗逃走兵丁领过甲米如系一月内逃走者追缴后两个月米石两月内逃走者追缴后一个月米石两个月以外逃走者免其著追应交米石定例预行报部将米折银两暂存旗库统于次年三月内汇总交部但有竟不报部陆续交纳者其中有无遗漏难于稽查嗣后务遵定例办理如不遵照以及送档开仓任意逾违者将经管人员照例参处【查事故官兵应追米折价银江米每石一两八钱白米一两六钱次白米一两五钱粳稜米一两四钱粟米一两二钱】

一向例八旗兵丁支领米石将应领米数造册咨部户部转交各仓监督该旗领米参领章京查对原册将各佐

领应领米数及领米领催之名开写并押旗佐领戳记交监督对明进仓后因日久监督等并不详查佐领戳记致有冒领等弊乾隆十三年奏准嗣后将各佐领应领米数并赴仓领催之名开列清册该参佐领用关防图记交放米监督监收仍令派出放米参领等会同监督将领米领催本佐领人等车夫约算足用放入领米若关防档内无名领催不得擅入

一乾隆十六年京师米价昂贵兼遇闰月兵丁艰于糊口钦奉恩旨赏给一季三个月甲米

一乾隆十六年恩赏闰月甲米奏明分别应给不应给款项今开载于后

骁骑校　护军校

前锋校　前锋蓝翎头目

裁汰副护军校　裁汰副骁骑校

兵丁考取教习　护军

前锋　领催

披甲　弓匠穆昆大

弓匠　门甲

听事人　步甲领催

步甲　铁匠

永食钱粮寡妇　鳏寡孤独

未食完四季米石之周年寡妇

寡妇幼丁【系子幼尚未食饷及饷银未浮于寡妇钱粮者】

健锐营护军校前锋

圆明园护军校护军　各部院鞭子手传事人

守清河仓通仓领催披甲

食二两钱粮打牲各项拜唐阿

食一两钱粮各匠人

守库亭渡吏

原品休致食整钱粮半饷护军校骁骑校

兵丁补放印房笔帖式

兵丁补放贴写笔帖式

护军校骁骑校委署步军校

以上均系应给之项

闲散宗室　闲散觉罗

各部院笔帖式　库使

闲散考取贴写笔帖式

革职官考取教习　外郎

咸安宫学生　食完四季米石之周年寡妇看守公主　格格门上坟茔披甲

闲散公侯伯子男内大臣散秩大臣文职大臣亲随佐领副尉步军校等随甲

下五旗王公等包衣佐领下人等

以上均系不应给之项

一向来八旗甲米俱按四季支放米石既多奸商乘机囤积放完之后抬价居奇乾隆十七年奏准将甲米按月轮放源源接续粮价自无时长时落之虞而囤积之弊不禁自除将镶黄正黄二旗定于正四七十四个月支放正白正红镶白三旗于二五八十一四个月支放镶红正蓝镶蓝三旗于三六九十二四个月支放

一八旗官兵马驼应需料豆向系给银采买后因近京地方产豆无几每多缺乏雍正十一等年奏准于豫东二省粟米内改征黑豆拨运京仓每年自九月回厂起每马一匹驼一只每月各支豆一石以资喂养至次年四月出厂

后停止乾隆八年恭逢圣驾谒陵十年临幸多伦诺尔马驼留京四月以后仍支给本色豆十一年遇闰三月马驼尚未出厂若照例停给本色豆兵丁购买恐致价昂于闰三月十六日立夏马驼未经出厂以前支给半月本色十二年恭逢圣驾前往出哨留京马八千六百余匹自四月起仍支本色豆十九年驾诣盛京留京马于四月仍支本色豆

一各仓存贮黑豆甚多兼有每年额运之数乾隆十七十八两年奏准在京王公满汉文武大臣官员各按品级酌定数目令其承买如不愿买者听其自便价值照时价量为酌减应交银两在俸禄养廉公费并随甲钱粮内扣缴部库各官得有豆石足资喂养马匹而市价亦得平减今将酌买豆数开载于后

亲王每位每月豆三十石

郡王每位每月豆二十石

贝勒贝子每位每月豆十五石

宗室公每位每月豆十石

一二品职任官每员每月豆十石

一二品闲散官每员每月豆五石

三品官每员每月豆四石

四品官每员每月豆三石

五六品每员每月豆二石

七品以下等官每员每月豆一石

一八旗兵丁支领米石需用钱文前经提督衙门议定应用车价钱文外仓役每石给钱四十文以作零星使费恐日久怠忽违禁多索嗣后遇放米之时如有包揽从中侵用钱文即行查拿治罪兵丁每米一石有无多用多索之处具结移送提督衙门设有违禁多索或用多报少即行参处【乾隆二十七年】

一嗣后各旗领米车价交顺天府五城官员等于领米之时每日派贤能官一二员赴仓会同押旗参领等按时价一日一次议定官价张示晓谕车户不得多索兵丁不得少给违者拿获治罪【乾隆二十七年】

一乾隆二十七年奉旨将在京三品以下满汉文武各官准其在于京仓预支半年俸米部议预支俸米内除粳稜粟按色给发其江白次白米石即以粳米抵给并将笔帖式骁骑校等准其一体预支半年俸米仍按季分扣

一各官预支半年俸米于明后年四季应领俸米内分扣酌议无论升降均按原借之数分季扣还其有事故无项可扣之员照例免其追缴【乾隆二十七年】

一乾隆三十年奏准将直省喂养官马内撤回二千匹给与三营前锋护军章京并八旗满洲蒙古官员等每员各拴一匹当差骑用其马豆照喂养官马之例每匹每月领豆一石二斗由户部扣价今将官马数目开载于后

八旗满洲官拴马七百二十匹

兵拴马五百四十三匹

八旗蒙古官拴马三百六十匹

兵拴马一百七十一匹

八旗汉军官拴马一百二十匹

兵拴马九十六匹

护军营官拴马六百四十八匹

兵拴马八百匹

圆明园兵拴马一千匹

镶黄正黄正白三旗包衣护军营兵拴马四百七十五匹

包衣前锋营兵拴马一百二十匹

包衣传事马三十三匹

外火器营兵拴马一千五百匹

内火器营官拴马七十二匹

兵拴马四百匹

侍卫处镶黄正黄正白三旗亲军营兵拴马三百匹

左翼前锋营官拴马四十匹

兵拴马一百匹

右翼前锋营官拴马四十匹

兵拴马一百匹

健锐营兵拴马一千六百匹

又八旗圈马四千八百匹【查此项圈马于乾隆六十年奏准改给官兵拴养八旗满洲各四百匹蒙古各一百二十匹护军营各六十匹左右两翼前锋营各八十匹】

以上八旗各营等处拴养额设马一万四千三十八匹

一汉官俸米宜按季支领不得任意迟延乾隆十八年奏准嗣后春季者不得过秋季补领秋季者不得过来年春季补领三十三年给事中范宜宾条奏在京文武汉官关支俸米通限四十日内赴仓支领如逾限不领令该监督呈报注销一乾隆三十五年钦奉谕旨今岁适届夏闰秋成节候稍远而距官员等领俸之期亦迟一月市肆米粮未免不敷接济所有王公大臣官员秋冬二季俸米著于七月十五日开仓支放钦此

一乾隆三十八年奏准外火器营官兵米石由海运北新二仓轮流札放每年应领米石按四季放二五八十一等月径由该营造具总散米册咨送户部

卷六十一・京通粮储・俸甲米豆

一乾隆四十年钦奉谕旨八旗兵丁著加恩赏给闰月甲米嗣后凡遇闰月照此一体赏给甲米俾各永沾实惠著为令钦此

一八旗汉军食三两钱粮炮手每季支米六石六斗计一年所得之米比较马甲米石已多毋庸支给闰月米石【乾隆四十年】

一八旗养育兵每年每名岁支一色稜米一石六斗系将裁汰鸟枪护军并移驻热河马甲存剩米石特恩赏给之项遇闰毋庸支给米石【乾隆四十年】

【乾隆二十九年值年处奏八旗裁汰鸟枪披甲应裁米石除支新添官员应支俸米外尚余米一万六千一百八石零分赏与无米养育兵丁查八旗满蒙养育兵内惟食养育兵钱粮无依之孤寡二千三百余名其余俱兼有父兄之钱粮米石此项米石若均为分给未免偏枯酌议现裁米一万六千一百八石零以二石四斗为一分计算六千七百十二分为有米养育兵之缺每旗八百三十九缺满洲作为八分蒙古作为二分将此项米石先给无米养育兵人等外其余再酌量父兄所得米石多寡支给又于四年经值年处奏八旗移驻热河披甲并裁汰鸟枪披甲合计共米三万八千三百余石此二项米石均匀赏给八旗养育兵查八旗满洲蒙古养育兵二万三百十五名计算每名一年应得米一石八斗八升零请于春秋二季支放嗣于三十二年经御史平治条奏养育兵应支米石每年二月作为一季支领三十六年军机大臣议奏八旗养育兵米石案内八旗满洲蒙古养育兵米石从八旗满洲蒙古附改鸟枪应军并移骆热河马甲案柔兵存米三万八千三百八石八斗蒙恩分给无米养育兵先经议准前项米石系八旗满洲蒙古所裁之米仍分给八旗满洲蒙古其八旗汉军既未分给应请照旧例毋庸给与查八旗满洲蒙古并火器营共养育兵一万八千四百四十三名八旗满洲蒙古鳏寡孤独五千一百十二名共一万三千五百五十五名每名每岁各给米一石六斗】

一本裕仓开放甲米花户李祥等在海淀地方向陈文连碓房取钱被提督衙门拿获该监督等漫无觉察交部议处仓场侍郎一并交部查议【乾隆四十二年】

一内火器营八旗兵丁添给操演马二百匹备差马二百匹共四百匹赏与拴养于兵丁操演技艺甚属有益其马匹由直隶收回马内分给拴养每匹每月领豆一石由户部扣价【乾隆四十三年】

闰月甲米系钦奉特恩赏给并非常例一切支领过档开放事宜临时酌办向未定有章程乾隆四十三年因闰月甲米永为定例除将应给条款照旧办理外所有各旗米档过部限期并开放事宜酌定章程共五款永远遵行今开载于后一从前闰月米石系以奉旨之日为定限造册送部本年闰六月米石应令八旗另行造册于前六月十五

日过部作为定限即于闰六月初一日札仓一切支领裁除均以过档之日为准分别办理

一定例八旗每月新挑兵丁及食周年半饷之孀妇人等如在米档过部定限以前者例准赶领本季之米本年闰六月米石既定另册关支以前六月十五日过部作为定限前项人等如在过档定限以前者准其支领如在过档定限以后者概不准其支给

一内务府包衣三旗四季领米册档例由各该旗核转从前闰月米石系钦奉特恩赏给造送册档为时紧迫是以径行咨部今闰月米石既永为定例其领米册档应仍由各该旗核转送部查办以昭详慎

一八旗四季甲米例由仓场将应放各仓实存米数挨陈核派以及何仓不敷应轮何仓接放之处分晰报部至闰月甲米从前因开仓甚迫径由部核派今既永为定例应仍令仓场照四季甲米之例预期查明应放仓口报部办理

一八旗闰月甲米应照四季甲米之例预期查明应放仓口报部亦以轮放稉米之三仓为则镶黄正黄及两旗包衣并合一仓开放正白并包衣镶白正红并合一仓开放镶红正蓝镶蓝并合一仓开放三仓分掣行旗支领所有圆明园等处左右两翼官兵及健锐营战船舵工水手及八旗火器营通州看仓披甲应照四季之例在于派定仓口支给

一富新仓开放甲米花户李老等向领米人等索取钱文被提督衙门拿获审系李老等于开放甲米之时诡称放给好米名色向关米领催各诈得京钱一百余千李老陈大均照蠹役吓诈例拟军杨老等乘官仓发米向旗人放赈渔利以九百作为一千朝借暮还重利盘剥均给依民人向八旗放长短钱扣取钱粮照诈欺准窃盗论律杖一百流三千里从重改发乌噜木齐给种地兵丁为奴该仓监督等均照约束不严降一级调用参领佐领于所带关米领催各私给花户钱文未能查出均降一级调用仓场侍郎及查仓都统御史均罚俸一年【乾隆四十四年】

一八旗甲米向系稉稜粟三色支放现在仓存粟米无多各仓现贮稜米除年例支放外尚属充裕自四十五年正月起至四月止八旗甲米内应支粟米循照旧例以稜米抵给俟五月山东安徽二省粟米收仓仍按本色支给【乾隆四十四年】

一乾隆四十七年因西中二仓白米存积过多稜粟二色不敷支放经仓场奏明自本年秋季为始将王公满汉官员俸米内稜粟二色米石照乾隆七年二十八年之例概以白米按石抵给将陈积白米开放两三季后再照原定章程各以本色支放续据仓场咨通仓应放看仓甲米及一切零档粟米或照京仓以稜米抵给抑或以白米抵给并仍以本色支给户部咨覆仓场原奏只声明俸米内之粟米以白米抵给其看仓兵丁甲米及一切零档并未议及自应照例仍以本色支给【乾隆四十七年】

一乾隆四十八年春季汉官俸米派西仓开放定限四十日之内赴仓支领如期满逾限不准支领即行注销有山西道御史丁云锦俸米十九石已经支领出仓承办书吏未将已领米票查出销号误为期满逾限禀请注销监督一时未经逐票详细查对遽行呈请注销将该监督书德曹廷奎交部议处其承办书吏李筠訊系舛错遗漏尚无别情将该吏责革枷示【乾隆四十八年】

一御船处水手催总俱赏给八品兼食俸米水手小头目四名每名每月食钱粮三两又水手九十三名每名每月食钱粮自三两二两至一两五钱不等未免稍有不符照网户之例每年每名给米二十四斛所食钱粮均改为一两五钱其水手小头目四名一体各给米石外每名每月给钱粮二两应领米石仍就近于通仓支给【乾隆四十九年】

一乾隆五十年领侍卫内大臣奏准将直省喂养官马内撤回一千九百十六匹给与三旗侍卫满洲预备仪仗章京茶膳房侍卫向导处章京善扑处翼长每员拴马二匹粘杆拜唐阿养鹰养狗备弓备箭掌扇等处茶膳房向导处上驷院善扑处拣选当差勤勉之拜唐阿等每人各拴马一匹应得马干草料照八旗所拴官马之例由户部支领今将各处官马数目开载于后

侍卫处镶黄旗官拴马三百九十四匹

正黄旗官拴马三百八十六匹

正白旗官拴马三百九十匹

銮仪卫官拴马一百三十四匹

养狗处官拴马八匹

兵拴马四十匹

养鹰处官拴马十匹

兵拴马四十匹

向导处官拴马四匹

兵拴马三十八匹

善扑处官拴马十匹

兵拴马三十匹

武备院官拴马二十七匹

兵拴马九十三匹

上虞备用处官拴马六十八匹

兵拴马六十匹

上驷院官拴马六十四匹

兵拴马三十匹

茶膳房官拴马五十匹

兵拴马四十匹

一乾隆五十一年二月钦奉谕旨向来在京文武官员有罚俸处分者只罚俸银其俸米改准支领而降革留任人员因处分较重是以咋缴留任者照所降之级支领俸米革职留任者停其支领第念在京官员多仰藉禄糈以资办公若将军米一并停减当差未免拮据著令自今以后凡在京文武官员有降级革职留任者衹将俸银分别停减其应得俸米俱准其照原品支领以示朕体恤臣工禄以养廉之意且京师多米流通亦一善事也钦此

一御乌枪处蓝翎侍卫二员每员添给马二匹拜唐阿内拣选差使奋勉者十六名每名各给马一匹其马匹由随往五台人等骑回应交直省官马内如数分拴所用马干即照侍卫处之例办理【乾隆五十一年】

一乾隆五十一年六月钦奉谕旨据吴省钦奏京城粮价渐增而米豆二价尤为翊贵请将京员秋俸先支领十分之六以冀民食流通等语所见甚是京员秋俸向例以中秋前后起支今年遇闰又迟一月米石不能及早流通价值未免日渐昂贵自应设法调剂但如该府尹所请先支十分之六则京员须作两次支领多费脚价非所以示体恤所有八旗及在京文武各员俸米著移前于闰七月初一日起一体关支至所称黑豆一项每石例价八钱请于市价现昂时将此项官豆酌量增作一两四钱之处著交户部将现在存仓豆石通盘筹划足敷官用之外所余豆石即照该府尹所定价值尽数照例官买一面奏闻一面办理仍令盛京买补运送还仓并著步军统领衙门会同顺天府严加访察如有奸商买嘱微员贱价籴买米豆囤积居奇仍复抬价粜卖者即与莠民无异当查拿为首之人从重处治惩一儆百务使米石流通粮价平减而市侩无所施其伎俩官民两有裨益方为妥善吴省钦折并发钦此续经户部奏准令八旗王公满汉文武各员按品承买两个月豆石每石价银一两四钱所有现在官员承买豆石行令盛京将军等即按五万石之数买补还仓【乾隆五十一年】

一乾隆五十一年十一月钦奉谕旨本年夏间因京城米价稍昂又遇闰月特降旨将京员应领秋季俸米已移前一月于闰七月关支因念各官员关领俸米既早若明年春季俸米照例于二月支放又须至三月内始行放竣恐接济不及所有乾隆五十二年京员春季俸米著再移前于正月开印之次日即行开放务于二月二十日以前全行完竣以示体恤钦此

一乾隆五十二年五月钦奉谕旨御史诺穆福奏京仓开放八旗兵米上年奏准于每月初一日掣定旗分后五日内即传知各旗赴仓支领今据各仓呈报仍各迟至二十日前后请交部查明各仓开放日期按其多寡分别予以处分等语兵丁关支月饷本有定期上年甫经降旨通饬限五日内即行开放何以该监督复敢任意迟延著留京王大臣传集各该监督严切查讯因何开放迟误缘由即行据实参奏交部议处钦此经留京王大臣奏准每月部档到仓缮写册票磨对数目均须详细查核若照诺穆福原奏五日之限为期既迫办理草率亦非慎重仓储之道嗣后各仓开放兵米以部档到仓之日起务于十日内开仓陆续关支其有同时开放别项米石为数较多准其呈明户部暨

仓场查核仍遵定例月底放竣倘有迟延即行严参【乾隆五十二年】

一乾隆五十三年七月钦奉上谕向来六部尚书侍郎每年俱给予双俸双米而大学士之兼管部务者则照尚书例俸米俱属双支其不兼部之大学士每年系双俸单米大学士领袖班联职分较大所得俸米比尚书转少殊未允协嗣后大学士之不兼部务者亦著加恩给予双俸双米以符体制钦此

一八旗官员支领俸米向例各旗都统各具总领一张交与押旗参领章京赴仓换票各该仓将都统总领各按佐领换给米票一张交本佐领承办领催同各员赴仓验票给发乾隆五十七年酌定嗣后各员应领俸米各该旗仍照向例出具总领交押旗参领等先行赴仓换票各该仓于总领到时即按各员数目每员换给米票一张仍交该参领等领回发交各该佐领散给应领俸米之员令其自行赴仓关支

一八旗兵丁饷米旧例系按禄米南新旧太海运北新富新兴平太平万安裕丰储济十一仓开放每月轮放三旗一旗开放一仓挨陈支放因三旗甲米每有并时出城关领粳米又赴城内之仓关领稄粟倘有不敷再放城外之仓找领辗转稽迟以致车夫抬价居奇难免拥挤偷挖之弊乾隆五十四年酌定每月三旗甲米城内禄米等七仓并附近关厢之太平仓分派二旗城外万安等三仓分派一旗如城内一仓不敷即令在附近之仓支放不得以城外远仓找领五十七年又以各仓米数统计粳稄粟三色俱系城外先完致内外迟速互异俟各仓五十四五等年之米统行放竣仍照五十四年以前旧例按禄米等十一仓挨年挨仓支放

京通各仓开放俸甲米石米多人众最易滋弊乾隆五十九年酌定章程共四款开载于后

一领米兵丁应给花户人等个票钱文官为垫发旋经奏明改发局钱放米之仓每月支领个票钱于未放之先各准其支给一半其余一半俟放米完竣核明实数再行找领统令各仓监督径行呈报户部札局垫发领钱之日监督出具印领赴局关支领钱到仓满汉监督公同查明当堂给发俟放米完竣找领后由仓场饬仓造册报部即将花户人等具领粘详以凭稽核所有领过钱文移付俸饷处按每制钱一千文核银一两在各旗领米兵丁钱粮内坐扣归款

一看守通仓首领章京等系在通州驻防昼夜巡查未便远离其应领俸米于乾隆六十年春季起仍在通仓就近关支一各仓每月放剩零廒标封存贮恐不肖花户人等乘间揭换封条不可不防其弊嗣后监放科道于标封廒座时钤用本科本道印信认明字号亲身验贴报明都察院令下次接收监放之员于启封时按照原封廒座字号细加查验倘有移换等弊立即严查究办每月放米全完该监督将零廒空廒字号申报算明零廒内应存米若千空廒内贮入气头若干现存廒底若干造册报部仍将零廒内所存米样另封送部与下次接放时所送米样核对是否相符分别办理至廒座次序令该监督于上月二十五日以前造册送部以便札仓后行知都察院暨领米旗分仍令将放过米数以及并无花户人等偷换搀和情弊具结送部备查

一八旗圈马分给官兵拴养均有承买黑豆现值豫东二省应征之豆分年轮免恐不敷用除分给兵拴马匹每月仍照定例承买黑豆一石其分给官拴马匹自乾隆六十年正月起改照圈马之例每马每月承买黑豆八斗粟米四斗俟全漕抵通再行全支黑豆

一御船处八品催总张焕等四人俱住通州将所食米石自本年秋季起仍札通仓支领【乾隆六十年】

一各仓廒存贮之米间有参差每月开放时应先将廒座字号逐廒书写一签封固临期该旗都统与监放科道眼同阄定几廒再行开放其阄定某廒及米样令该旗该仓报部查验【乾隆六十年】

一各仓开放甲米先尽最陈一年之米阄放如有不敷再将次年之米添入阄掣【乾隆六十年】

一武备院所辖毡匠米石以沙河距清河就近照圆明园等处之例改札本裕仓开放【乾隆六十年】

一白粮俸米改进京仓旗丁备带余米每石津贴经纪车户米三升六合嘉庆元年奏准江浙白粮仍旧运贮通仓其旗丁津贴经纪车户之项即行停止至漕粮俸米仍旧运京所有文武官员应领俸米内三色白粮概行划归在通领米之王公大员支领其在京领米文武官员应领白粮全以粳米抵放仍将应领粟米一并划归王公大臣将王公大臣应领粳米照数抵给文武各员永远遵行【嘉庆元年】

一嘉庆六年六月钦奉上谕本日朕自圆明园进宫见兵丁等房屋墙垣多有坍塌生计维艰复赏给一月米粮仪亲王等仰体朕宵旰焦劳恫瘝在抱之意自请捐俸备赈情切急公殊堪嘉奖惟念诸王禄入本有定额且恪遵功令并无交结馈遗之事其家计不能充裕朕所深知若将三年俸银俸米各进一半恐不无拮据所有仪亲王成亲王

庆郡王定亲王俸银仍著全行支领惟将本年秋季应领俸米内扣留一半以备赏需其余俸米照例关放又同日据贝勒德麟奏请将应得三年俸银俸米交部备赈一节亦著照仪亲王等之例将本年秋季俸米扣交一半以示体恤钦此

一嘉庆六年六月钦奉上谕昨因仪亲王永璇等奏请应支三年俸银俸米扣缴一半以备赈恤当经降旨准将本年秋季俸米扣留一半兹永恩等复联名奏请将今秋应支俸米恭进一半亦属急公内除绵课绵亿俱有罚俸处分若再将俸米扣缴当差未免拮据著不必扣缴外其余亲王郡王等本年秋季俸米著照所请扣留一半以资赏需至贝勒以下俸米较少著不必扣留用示体恤伊等亦不必再行渎请钦此

一嘉庆六年十月钦奉上谕前经仓场侍郎奏请将今年冬闲支放甲米及明春官员俸米俱搭放黑豆一折已依议行但近阅顺天府所报粮价黑豆价值较之各项米价贱至五钱及二三钱不等因思八旗兵丁全赖甲米以资口食其需用黑豆之处甚少若将豆石搭放兵丁等以之转售得价较贱于兵丁甚属无益所有本年冬月以后甲米仍照旧支给不必搭放黑豆至官员等俱有马匹喂养需用黑豆明春俸米著照原议搭放钦此

一嘉庆十七年御史乌尔衮保奏请严除仓弊奉上谕甲米为兵丁食用所需每月支放原不许铺户人等包揽关领例禁綦严至车辆装载亦不能概禁人夫入仓著仓场侍郎等留心稽察如有米铺车户等勾通舞弊者随时查拿以杜弊端钦此

一嘉庆十七年奉上谕御史赛尚阿奏各仓存贮黑豆户部每年春季奏请令官员等承买近来竟有延至秋冬始赴仓关领者恐官役人等有串通耽延俟新豆入仓搀杂支放等弊请照各旗营拴养马匹支领豆石之例于开仓日起限两月内一律放竣等语所奏甚是每年户部奏请将各仓黑豆令官员等减价承买原为出陈易新调剂仓贮起见自应明定限制杜绝弊端若各官员关领迟延仓役人等俟新豆入仓得以搀和滋弊仍于仓贮无益著照该御史所请嗣后各官员承买仓豆户部于奏准后行文各衙门限十五日内造册咨送到部该部即札仓开放各仓于五日内呈报开仓一面将开仓日期知照承领各员自开仓之日为始限两月内一律放竣如逾限不完任令仓役等从中舞弊搀放新豆查出将该监督照例参处倘查出承买官员等有意迟逾将应领豆石停其支给仍于俸廉等项内坐扣豆价以严例限钦此

一御史宗室博通额奏请将圆明园并健锐等营官兵拴养马匹应领豆石移贮丰益仓就近关支部议各该处官兵关领豆石例有官给车价相安已久仍照旧例办理【嘉庆二十二年】

一零档补领俸甲米石向无派定仓口及传放限期经户部奏准嗣后零档补领俸甲米石该旗册造何人补领何季之米径札该季原札之仓开放其存仓俸米不止一季者径札该首季所存之仓按应领之米照数开放各仓自接奉部文之日起限五日传旗关领三十日放完仍将传旗放完各日期报部查核逾限不完将该监督议处如系领米官兵无故违限米石停支【嘉庆二十五年】

一仓场参奏海运仓于俸米票内混用受潮戳记又有积存未领各项马豆及压搁印文二件将监督解任并仓书花户等交部审讯刑部察明定拟监督雅隆阿照嘱托公事已行杖一百曹松龄听从延搁御史文移照不应重律杖八十经承花户分别革役枷号杖徒三旗侍卫应领马豆系因两次盘查豆色搀杂所致尚非无故违限由仓场另奏办理【道光三年】

一外火器营炮甲八百八十名以六分五百二十八名在城内管守炮位其四分三百五十二名分发域外作为鸟枪马甲鸟枪马甲钱粮孙入城外档内关支而应领米石仍在城内因隔城路远准将鸟枪马甲三百五十三名并有米养育兵五十七名一并入于外营钱粮档内由本裕丰益二仓按季支领【道光三年】

一各仓豆石充余经部奏明在于八旗王公大员文武官员春季俸米内抵放其王公大员应领江次粟三色俸米均以黑豆抵给白米全支本色文武官员应领稜米全以黑豆抵放粳米抵放二成黑豆仍给八成本色【道光四年】

一王公蓝白布甲民公侯伯坐甲所有道光四年正二三等月起至五年四五六等月止未领稜粟米石奏准均按例价折给仍照每月领米之期陆续札库传旗关领【道光四年】

一道光四年奉上谕据户部奏请先期支放闰月甲米以裕兵食而平市价向例有闰之年均有恩赏八旗甲米计十六万三千余石本年闰七月恩赏该兵丁等米石著加恩于本年三月预领即由户部定限札仓开放俾资接济

若闰月全行坐扣该兵丁等糊口维艰本年闰月甲米仍准届期支领其预领闰月米石自本年七月起分作四季扣还现在豆麦均属昂贵除黑豆业于春俸分别抵放外其漕麦一项俟三月抵通后即照例于粟米内尽数抵放务令杂粮一律流通市价不致腾贵再八旗蓝白布甲之米前经户部奏请半放折色著仍照旧章全行放米毋庸折色搭放钦此

一兴平仓开放八旗官员俸米限满未领御史宝瑛奏请查办旋据仓场将该仓书吏花户等奏请交部审讯经刑部訊明各员俸票多有向米铺换食细米或卖与米铺花户头役多索各铺户钱文以致逾限未领将花户头役魏振远拟发近边充军仓书陈抡元花户董大成均拟杖徒铺户张德恒等并车夫王六等分别枷杖未领米石照无故违限之例全数存仓其存票卖票换票之二千二百余员查取职名送吏兵二部照例议处失察之兴平仓监督交部议处率准展限之户部司员交部察议【道光五年】

一道光二十五年京仓稄米充赢经户部奏准将二十六年春季俸米王公以下三品以上大员应领通仓俸米内每石搭放稄米二成即于白米项下照数抵扣文职四品以下武职三品以下官员应领京仓粳米内每石搭放稄米一成甲米自正月起每石五斗粳米内亦搭放一斗稄米均于粳米项下抵扣其内务府三旗包衣家口米石向系一色粳米亦应照甲米章程每石搭放二成稄米俟来年新漕各色米石全数进仓仍复旧制

一京仓存储暨东豫奉天等省来年运通黑豆共四十余万石恐致陈积霉变奏令王公满汉大臣官员等各按品级认买四季每石照市价酌定七钱银数于应领俸廉随甲钱粮内指项扣缴如无俸廉各项抵交者准以公费坐扣文武四品以下不愿认买者听应扣豆价于领豆之次月扣起其指俸认买者于下季俸内全数扣清【道光二十五年】

一镶黄旗应领本色粳米经户部札北新等仓开放嗣据该旗以北新仓所存系属籼米奏请饬部查明以便支领等因户部查近年浙江海运漕粮均系稉籼并纳一律开放此次镶黄旗兵丁应领十月季甲米每石内二斗粳米请仍由北新仓以籼米抵给奏奉谕旨允准【同治元年】

一仓存粟米无多大甲粟米难以依限札仓暂行停放经户部奏请饬催应运米石克期抵通由仓场侍郎督饬坐粮厅迅拨进仓一俟运到即行补札开放以重兵糈【同治二三四等年】

一外火器营健锐营官兵关领俸甲米石向在本裕丰益二仓支领嗣丰益仓奏撤统归本裕仓支领经仓场奏准复设丰益仓据各该营咨称本营距本裕仓较远夏秋多雨脚价倍增请将外火器营健锐营官俸无分两翼春季在本裕仓支领秋季在丰益仓支领其兵米夏秋两季在丰益仓支领春冬两季在本裕仓支领遇闰随季关支经户部据咨核准【同治十二年】

卷六十二·京通粮储·支放粮米

一京通各仓所收漕米不及一月者不准递减一月之外每石每月于尖米内递减折耗米一合一勺六抄以三十六个月为止此外不准递减至内仓白粳糯米每石每月准递减二合七勺七抄七撮七圭西中二仓白粳糯米每石每月准递减八勺三抄三撮三圭糙粳米每石每月准递减二合七勺七抄七撮余俱作正支放【议单旧本】

一乡会场米石内仓支应老米并满汉廪粮兵丁行粮礼部支用太监米石光禄寺鹅米象房喂象米石以及散给囚粮辛者库口粮俱支给老米其五城赈济粥米兵部箭匠工部作官织染局匠役等项概行支放稄米【雍正元年】

一海子瓮山京圈各王府马圈鹿圈骡圈等处米石旧例各仓监督分运雍正二年奏定户部查明应给米石札知各仓外另给印票付领米人员持票赴仓支领各仓监督查对米数相符即雇车辆照数放给不必著令头役押送如有需索加米勒掯等情许该监督揭报题参

一各仓设立循环二簿旧例将粮米收放数目尽行开入雍正六年奏准将一切支放粜卖米石按照部咨及各该城司并通州知州各印册逐一磨对勿许舛错

一漕米贮仓定例俱按年挨陈支放所有收受零数新米各贮一处不许入在旧米之内将放过米数并经手监督攒典姓名于某年月日收贮之处开写明白贴在廒门仍于循环簿内注明报部雍正七年奏准挨陈应放之廒掣签开放倘有不行掣签以致家人卖廒者事发照州县失察家人犯赃例参处

一各仓铺设供给不得丝毫派索仓役违者查参计赃科罪其监看放米章京盘缠日用概令自备倘与仓役勾通需索领米之人希图肥已者查出计赃参处监督不行禁止拿首任从需索者一并查参照州县失察衙役犯赃例议进【雍正七年】

一太常寺光禄寺各宾馆需用白粮二千余石王公官员俸白米十五六万石内务府禁城兵丁及太监食用等项需白粮一万石乾隆二年因白粮减征奏准将王公官员白粮酌减一半以粳米抵给禁城兵丁及太监白粮全以粳米改给其礼部支领各国贡使等项及光禄寺太常寺支领祭祀等项白粮内务府元宵江米理藩院所领札萨克王公贝勒贝子台吉各来使公主格格额驸等项白粮统照旧支给钦天监月粮太医院月粮宗人府读书宗室八旗读书觉罗左右两翼教习等项白粮盛京黑龙江宁古塔索伦八旗额勒特等各处送物来京人员钦安殿道士太监各处喇嘛以及匠役口粮白粮米石全行改给粳米至蓟易二州每年截留白粮亦以减半粳米抵给

一支放米石例系挨陈开放新粮不得搀人旧米廒内各仓有将新米私拨陈廒以致牵混乾隆三年奏准嗣后令仓场于进米之时派定廒名将陈廒封固进米完日仓场赴仓将新米丈算核足更换封条如进米之际适逢放米之期该监督将挨陈应放之廒开报仓场委员拆封监放倘有不遵挨陈放给者将监督题参仓役究治

一通仓节年存积白米数多恐日久减色乾隆七年奏准将王公官员俸米内应放稜米一项全以白米抵给俟陈米将完之日奏明停止抵给

一八旗甲米定例粳稜粟三色搭放乾隆九年因各仓现存米内粳米数多稜粟数少不敷支给奏准于乾隆九年十一月开放头季甲米起至十年七月开放四季甲米全支一色粳米一年后仍照旧以三色搭放

一内仓收贮米石原为供应内务府光禄寺太常寺并各坛庙祭祀理藩院蒙古宾客各国进贡使臣及喇嘛八旗读书教习口粮等项之需逐岁余存米石恐日久年深或致红朽乾隆十一年奏准将在京满汉文武官员俸米改赴内仓关支放完之日再行停止

一储济仓廒座最多所贮之米较别仓年分独深每年各项零档米石向来札放甚少若不设法疏通陈积之虞所关匪细乾隆十四年咨准将每年应札零档米石储济仓照各仓之例一体通融分札

一储济仓历年收贮粳米最多较各仓年分独深陈积堪虞乾隆十五年奏准本仓应放稜粟二米全以粳米抵给并将领米最少之包衣三旗停其于储济仓阄掣以资疏通

一各仓设有官厅一座距廒甚远放米之时监督俱在官厅从不亲至廒口仓役人等易于滋弊乾隆十七年奏准嗣后监督二员内拨一员在廒口亲监支放倘仍前偷安立即指参

一向例每季甲米在京各仓俱挨陈支放新漕运京各仓俱分派兑收新旧牵混收放错杂盘廒势既难行丈量又不确查乾隆十七年奏准将八旗兵丁官俸止开一仓俟一仓放完再放一仓以次关支不过三年可以全完则仓贮盈绌均得实在俟全完后仍按收漕先后挨陈支放

一京仓收贮黑豆甚多乾隆二十年奏准将旗俸汉俸内粟米一项将豆抵给以免陈积兼平市价

一京仓存贮黑豆充裕将本年秋季应放官员俸米内所支粟米一项以豆抵给【乾隆二十三年】

一松江旗丁徐廷藩所交搀杂白米于明春支放官员俸米时先行开放【乾隆二十四年】

一本年秋季俸米内应支粟米以黑豆抵给其扣存粟米以备五城粜卖【乾隆二十四年】

一通仓数年以来所贮米石已八九倍于所放之数嗣后所进米石毋得过多袛以二十万石内外为率其余尽数俱进京仓又王公名下之蓝白布甲以及下五旗包衣又民公侯伯及各大臣等名下坐甲米石移于通仓支领数年间通仓陈积渐疏再行照旧办理【乾隆二十五年】

一各仓整廒责令都统御史等查验贴封其残廒亦俱由都统御史等查验封识其开报成色米石于接准部文之日即行传城支领并令都察院转饬各指挥作速领粜如有迟延照例查参【乾隆二十五年】

一各仓开放米豆无论该年所收米豆已未放完即将本年现放过若干按廒核明盈亏数目详细开报查仓大臣稽核于年终汇奏【乾隆二十六年】

一通仓现存白米过多将王公官员应领粟米于本年春季起按石照数以白米支给俟白米疏通之日再行酌筹办理【乾隆二十八年】

一乾隆二十八年仓场以现今稽查旧太仓都统议将仓贮米石浮面中闲廒底搀和停匀支放或将气头廒底

一概俱行搀入抑或将各仓之气头先行搬置空廒再将浮面中间之米搀和停匀经部咨覆各仓气头廒底自应照旧发粜将气头先行揭去于支放时将浮面中间之米搀和均匀

一乾隆二十八年二月起至五月止奏明八旗甲米内应支粟米仍照旧例以稜米抵给

一西中二仓白米存积过多前将官员俸米内抵粟稜米改将白米支给又从前俸米内以粳抵白之米仍以本色支给今西仓白米现存十二万余石中仓白米现存二十四万余石自明年春季为始除札中仓应放旗分外其札西仓旗分俟粳稜糯米放竣后将应领白米册档移交中仓开放以疏陈积再中仓白米存积既多应于到通白粮照所进漕粮配算收贮使二仓漕白二色不致多寡相殊【乾隆二十九年】

一官员应得糯米一项前因江浙二省白粳糯米酌半改征漕粮故减半以粳抵给今西中二仓糯米存积已久应将从前抵给之糯米全行支给本色俟陈米疏通仍以粳米抵给【乾隆三十一年】

一各仓开放米石俱按粳稜粟三色支给如米数参差不能匀配搭放或以粳稜粟互相抵给乾隆三十三年咨明各色米石均按本色挨陈文放务将所开廒座逐廒见底如有不能放竣之处归入下月支放仍按月分晰各数咨报户部

一京通各仓开放俸甲米石向系按色匀配支放惟是各色米石多寡不齐年分亦先后不等议将京仓存贮乾隆三十一年粳米自三十四年正月起八旗应放甲米先尽一色粳米开放如有余剩归入下年亦先尽粳米开放俟三十一二等年存积粳米疏通再将该年支剩稜米同粳米二色匀配支放通州西仓存贮粳米过多议将轮派西仓旗分亦先尽一色粳米支放轮派中仓旗分即将粳稜江米三色匀配支给【乾隆三十三年】

一京通各仓一年所收米石全数放竣仓场会同查仓都统御史将原贮收放盈余各数逐廒详查确数造册具题户部核对题覆【乾隆三十三年】

一各仓监督遇有升迁事故及任满交代时未放完之米将原贮各年米石放过若干尚存若干照例呈报仓场委员查验仍按照整廒验封零廒抽盘之例报部【乾隆三十三年】

一奉天运通黑豆抵坝时已值河水冻结难以转运就近运贮通仓以免委员守候将通仓现贮黑豆于次年春季俸米内抵粟减半支给【乾隆三十四年】

一各仓放米务遵旧定章程平斛支放不得以盈余米数无关考成不加慎重并不得借口盈余有意克减如花户人等稍有情弊立即送部治罪【乾隆三十五年】

一沿闸拨船转运进仓遇雨潮润米石于本年冬季甲米先行开放【乾隆三十六年】

一丰益仓每年额派粳米五万余石于头进帮船内派拨因来岁系有闰之年恐新粮一时不能接续有误支放于二进帮船内续派米一万余石俟现在转运粳米运完之日接续运仓收贮【乾隆四十二年】

一富新仓所发西城副厂麦石内有米粒因此廒曾经贮米收麦时未经扫除洁净所致但历来于漕粮未到之先行令各仓将廒座预行打扫洁净以备收贮米麦该监督等先时并不遵照实心办理以致开放麦内有米搀杂将该监督等交部议处仓场侍郎一并交部察议【乾隆四十三年】

一各仓开放土米时务令各城司坊官亲身赴仓关领并令查仓都统御史前往监看如领出之米与所估成色间有不符许该司坊官即时禀明查究仍将所领米样照例封送巡城御史暨监粜部员稽查办理【乾隆四十四年】

一江南之苏州松江常州镇江太仓等五府州属并湖南之长沙等府州属运到粳稜米石因雨泽愆期米色久纯均有青腰白脐实难久贮若以新旧按成搭放必须迟至二三年后始能放完恐贮久熏蒸仍难免霉变折耗于官兵食用无益经仓场侍郎奏明于本年十月起各按粳稜本色应放成数先行尽数支放俟将此米放完再将旧存米石挨次关支【乾隆四十四年】

一奉天锦县宁远州海城复州运到溢额粟米四万一千余石经仓场奏准验明米色灰暗颗粒参差委系积贮陈米若再存贮以俟平粜恐日久更多霉变亏折应先行搭放以归实用【乾隆四十四年】

一乾隆四十四年十一月钦奉谕旨京城广宁门外普济堂冬间贫民较多所有经费米石恐不敷用著加恩将京仓气头廒底内较好之小米发给三百石以资接济钦此嗣后每年均经奉旨赏给小米三百石

一密云县新设驻防官兵副都统一员照热河之例全支本色其余协领以下官兵人等悉照半本半折之例办

给该处官兵现在陆续到密将所需米石迅即赴通请领以便支放【乾隆四十五年】

一北新仓开放甲米抽量短少经监放副都统具奏审明分别办理监督等讯不知情但漫无觉察交部严加议处仓场侍郎并查仓之副都统御史交吏兵二部分别议处嗣后凡遇开仓之日所有押旗都统及查仓都统御史务须亲身到仓严行稽查并令仓场侍郎八旗都统转饬各仓监督及派出旗员实力奉行责令该监督等一人在厅随同查仓都统御史点数一人在廒眼同领米章京监放【乾隆四十八年】

一禄米等十一仓粟米不敷应照例以稄米抵给但各仓稄米存贮无多稉米甚属充裕奏明自四十八年十二月起至次年七月止每月应放稄米以稉米暂行抵给本年新收江苏稉米间有青腰白脐难以久贮八旗应支稉稄米石即以此项稉米尽数先行支放俟放竣后仍照例以旧存稉米抵给统俟四十九年新漕抵通后仍按本色关支【乾隆四十八年】

一通州西中二仓漕粮递年存积过多将下五旗王公名下包衣蓝白布甲每年轮派一旗民公侯伯各大臣名下坐甲及八旗佐领名下坐甲每年轮派二旗在通仓支领米石周而复始数年之闲通仓陈积既疏京仓存贮即可日增充裕【乾隆四十九年】

一西中二仓所贮白米日多奏明将王公官员应领粟米自本年春季为始按石照数以白米抵给俟白米疏通仍放本色【乾隆五十二年】

一豫东二省改征运京漕麦原为预备平粜之用倘次年无须出粜即于俸甲米内或抵作稄米或抵作粟米均匀搭放如麦贱于米之年抵放俸米麦贵于米之年抵放甲米【乾隆五十二年】

【查仓存麦石自乾隆五十三年至六十年均系搭放甲米五十三四五六等四年系三四五三个月搭放五十七年系闰四月搭放五十八年系四月搭放五十九年系四五两个月搭放六十年系三月搭放】

一各仓扫积米石从前有按年具报者亦有一二年内不报者所报年分参差不齐因之米数多寡迥异虽扫积之米其数原无一定而稽核之法自当按年核实办理嗣后务于每年岁底将一年内扫积米数据实具报以便比较考核【乾隆五十二年】

一豫省黑豆因到通较迟致在船过夏俱多潮湿若再收贮过夏恐喂养牲畜非宜应于本年开放各项豆石时酌以五成配搭支放【乾隆五十三年】

一内仓逐年余存白米稉米糯米陈积已多霉变堪虞请旨改放八旗三品以下世袭官员俸米除白米足敷支放外稉米糯米计有不敷即在本年额贮内凑足支放【乾隆五十三年】

一内仓逐年积存白米糯米已多请旨将八旗公侯伯子男并世职三品以下及四五六品文武官明年春季俸内白米糯米二色在该仓积存米内开放【乾隆五十八年】

一西中二仓开放本年秋季俸米因钦奉谕旨于通仓拨给直属赈济米石咨明展限八日嗣后若无别项紧急支放不得藉词展限【乾隆五十九年】

一正红旗满洲永宁安佐领下领催阿勒京阿之妻郑氏一产三男现俱存活应赏稉米五石移付内仓布十匹札行缎匹库给发【乾隆六十年】

一万安裕丰储济三仓现贮五十六年稉米二十万余石恐陈米久贮仓廒霉变堪虞所有本年闰二月八旗兵丁例有恩赏甲米即在该三仓开放以疏陈积【乾隆六十年】

一各仓开放大档三色米阄掣时先尽最先贮米之廒核计米数令四固山阄掣满洲所余之廒即令包衣接顶蒙古汉军递次接支其于剩零廒下届轮放时另书一签令该旗都统副都统眼同科道先行阄制后再将应放最陈一年之整廒阄掣关支【嘉庆元年】

一五营兵丁饷米内中营米石札丰益仓就近支领其四营兵米按文册到部月分于本月轮放甲米三仓内核计米数多寡以领米各二千余石合计约五千余石之左右二营并札米数最多之一仓南营领米四千余石札米数次多之一仓北营领米二千余石札米数较少之一仓【嘉庆二年】

一内务府三旗官兵人等支领米石向派番役头目带领番役赴仓察访之例永远停止【嘉庆三年】

一各旗支领俸米令各旗各仓一体封送米样以凭查核其领竣日期一并报部【嘉庆三年】

一各仓开放豆石向系随时传放未定限期嗣后照支放俸米之例自呈报开斛之日为始定限六十日完竣逾

限不完该监督照俸米例核议如领豆官兵违限不领将应领豆石停给其豆价于马干银内坐扣不准领回【嘉庆三年】

一京仓领米之文武官员应领白粮粟米于嘉庆元年奏准全行划归通仓领米之王公大员支领其京仓领米官员应领白粮粟米概以粳米抵给其王公大员原领粳米十石内给白米八石江米二石原领稜米应将划归之粟米抵给向来各旗造送各员名下原分江白次粳稜粟六色米石今既分别抵给开载米色应删繁就简嗣后造送通仓俸米大档除江白次粟四色米石照旧办理其向领粳米十石改为白米八石江米二石不及十石者按数递减核算尾零以升为断分别归入江白二色项下造报向领稜米一项全改粟米归入粟米项下造报祇须开注江白次粟四色米数京仓领米官员俸米大档内除粳稜二色照旧办理其向领江白次粟四色全行改为粳米一色归入粳米项下造报此项册内只须开注粳稜二色米数均毋庸分晰六色以昭核实汉员俸米册档照此画一办理【嘉庆三年】

一官员春秋二季应领六色俸米向系通仓关领乾隆五十九年奏准文职四品以下武职三品以下世职子男以下改京仓支放嘉庆元年将在通领米之王公大员俸米改为江白次粟四色在京领米之官员俸米改为粳稜二色嘉庆四年仓场奏准仍复旧制嗣因官员在通领米道路稍远领米者大半卖在通州京中米少价昂仍照乾隆五十九年章程办理【嘉庆四年】

一上年豫东二省漕白麦石除内务府等处应用外现存麦五万七千余石不耐久贮奏准于八旗甲米内应领粟米项下分作三个月搭放【嘉庆四年】

一江南奉贤华亭娄县青浦及毗连之金山等县偶被水旱偏灾米质未能一律光洁一路在舱熏蒸进仓后恐难久贮奏请照例另厫收贮先行开放【嘉庆四年】

一内仓实贮黑豆不敷支放于在京之旧太海运万安储济等仓札给【嘉庆四年】

一京通各仓收贮漕粮支放俸甲米石向有查仓都统副都统并查仓御史公同稽察乾隆五十九年奏明停派嘉庆四年兵科给事中甘立猷奏请仍复查仓旧规并议裁甲米额外加增个票制钱户部议京仓放米既有本旗都统监放毋庸另派都统副都统稽查其查仓御史现据仓场侍郎奏准分派科道十五员按年更换内仓亦应照旧例钦派稽查其八旗兵丁赴仓领米应照旧例每石给与花户个票钱二十文其加给钱文应即停止

一中仓监督禀请开放俸米每石短发三升运交内务府白粮每石加给三升讯无情弊监督景太交部严加议处监督许祖悦随同附和交部议处【嘉庆四年】

一仓场侍郎奏准各仓扫收零星米石请饬令仓役随时筛扬洁净俱归入盈余项下作正关支【嘉庆四年】

卷六十三·京通粮储·支放粮米

一沙河八品催总善丰委署催总永福拜唐阿领催八儿常川在沙河居住监造活计每季所食米石俱在京仓支领往返窎远咨准照圆明园等处官员就近领米之例移拨在丰益本裕二仓支领【嘉庆五年】

一仓场侍郎达庆奏满汉官员俸米添贮城内七仓设遇阴雨连绵车辆口袋均有壅滞停压之虞请将俸米专贮城外太平等四仓关支军机大臣议驳仍照乾隆五十九年奏定章程匀贮城内城外十一仓轮流支放【嘉庆五年】

一嘉庆五年各仓存贮黑豆充积较多户部奏准每石照市价酌减银三钱令王公大臣官员等各按品级承买于俸廉等项银内依限照数扣价归款

一嘉庆六年钦奉恩旨赏给八旗兵丁一月甲米镶黄正黄二旗并包衣甲米在万安仓开放正白旗并包衣正红镶白等旗甲米在储济仓开放镶红正蓝镶蓝等旗甲米在兴平仓开放圆明园等处左翼兵丁米石坐派本裕仓右翼兵丁暨健锐营战船舵工水手米石坐派丰益仓通州看守通仓披甲镶黄正白镶白正蓝东四旗米石派中仓正黄正红镶红镶蓝西四旗米石派西仓八旗养奇兵米派兴平仓其支放各事宜均照每月甲米之例办理

一修筑通会河漫口工程未竣运京米石较少经仓场侍郎奏准本年秋季官员应领俸米暂移通仓开放其应放米色仍按文职四品以下武职三品以下世职子男以下均以粳稜二色支给至明岁春季俸米现有亲王郡王捐存米内白粮较多将明春京仓应放官员俸米暂照旧定章程以六色支给仍在通仓关领一次【嘉庆六年】

一嘉庆六年九月御史达灵阿奏筹备仓储请将八旗兵丁及各项坐甲应领之米留二三成存仓按时价发给折色奉上谕传旨申饬并将原折掷还钦此

一嘉庆六年十月奉上谕前经仓场侍郎奏将今冬甲米及明春官员俸米俱搭放黑豆已依议行但近阅顺天府所报粮价黑豆价值较之各项米价贱至五钱及二三钱不等因思八旗兵丁全赖甲米以资口食若将豆石搭放于兵丁甚属无益所有本年冬月以后甲米仍照旧支给不必搭放黑豆至官员等著照原议搭放钦此

一官拴马匹于场马回京后分给官兵拴养嘉庆六年酌定各旗营每年以兵部传知领马之日定限十五日内造册送部户部札仓开放限各仓于五日内呈报开斛务于两月限内一律完竣违限者参处

一户部议河南道监察御史赫霖泰奏请照乾隆五十四年章程每月三旗甲米分别城内城外挨仓轮放应如所奏办理惟附近关厢之太平仓究系坐落城外应与城外之仓轮算嗣后每月三旗甲米在于城内七仓分派二旗城外四仓分派一旗一切事宜仍照现行章程办理并令仓场每年约计每仓应放米数于漕粮到通时分别均匀派贮【嘉庆六年】

一朝阳门外开仓放米该监督将米车挨次逐辆放出仓外不准齐放自仓门至朝阳门交该营弁兵逐段稽查不许争先抢越其朝阳门至城内大街责令左翼翼尉该城门官及步营官员管束如遇三仓一齐放米之日多派官兵按段稽查开通道路不得拥挤寻常车辆各分上下车辙逐段随行车户人等不遵约束立即枷号示众至通州二八月开放俸米令该营自朝阳门外东岳庙之东管辖进城设遇城外五仓有开仓之日买卖轻车俱令由东直门行走以免拥挤【嘉庆六年】

一八旗甲米向例分季关支系三个月支领一次镶黄正黄二旗并包衣定于正四七十等月支放正白正红镶白三旗于二五八十一等月支放镶红正蓝镶蓝三旗于三六九十二等月支放按照旗分次序挨仓轮放嘉庆六年奏改每月三旗甲米城内二仓城外一仓惟城内城外路分远近各旗赴仓领米自应轮流前往以昭平允酌定嘉庆七年正月为始正二三等月应先轮居末之镶黄正黄二旗包衣暨镶白镶蓝二旗在城外之仓开放其四五六等月应次轮居首之镶黄正白镶红三旗在城外之仓开放七八九等月应再轮居中之正黄正红正蓝三旗在城外之仓开放至十月以后即照轮定次序周而复始

一山东道监察御史舒升阿奏外火器营官兵岁支米石请仍归海运北新二仓支领一折户部议以此项米石从前改于本裕丰益二仓支领原因该二仓距火器营驻札地方路途较近所有海运北新二仓坐落城内该兵丁等进城关米实属窎远车价昂贵是以改为就近支领以示体恤迄今行之已久并无不便毋庸复议更张【嘉庆七年】

一查仓御吏于仓中开放俸米毕向例惟据监督详报放竣别无册档可查酌定嗣后仓监督先将应领各员具册送查仓御史并将所收领票于三五日内照册注销核对清楚仍将领票呈送仓场以备查核【嘉庆七年】

一赶领俸米向未定有限期嗣后以仓场侍郎札仓之日起定限三十日传知各旗赶领不得逾限如有过限扣留存仓仍将春季赶领之米归春季俸米之仓核放秋季赶领之米归秋季俸米之仓核放毋得另札别仓统俟领竣将有无逾限之处报部查核【嘉庆七年】

一万安仓开放米石无论东西二仓按例先尽年分最陈之米阄放如此仓陈米足敷开放自不许再开彼仓致滋弊窦如一仓陈米不敷必须在彼仓找放仍照挨陈之例办理不得越次关支【嘉庆七年】

一官兵应领俸甲米石除自食之外如有多余原不禁其售卖但当米价腾贵之时或铺户希图渔利而花户藉以多索使费以致市价增昂仓场侍郎会同各查仓御史严切晓谕除该役等应得个票钱文毋许稍有多索仍明察暗访傥有不肖花户勾串铺户营私渔利即行严拿究治【嘉庆七年】

一闰月甲米向系查明年分最陈之米核札三仓近年仓贮之米年分相等并无陈米可札议将下月轮放甲米三仓作为闰月开放以后每月旗分仓口挨次递推如遇闰月年分适有陈米仍可按例办理【嘉庆八年】

一查仓御史舒升阿奏本年春季俸米内搭放黑豆户部札仓之时并未照各仓存贮新陈多寡均匀搭派恐书役有勾通朦混情弊请交户部会同仓场侍郎明定章程一折奉旨著交户部堂官明白回奏等因钦此经户部查明覆奏查上年王公大臣俸豆系札旧太海运二仓文武官员俸豆系札万安储济二仓此次仍系如此办理所以札旧太等四仓者缘京仓内只有该四仓贮豆其次序系旧太在前海运次之万安储济又次之是以照例挨次核札此次

札放豆石原系抵米之项文武官员应抵米数较多是以万安储济二仓所放之数亦多王公大员应抵米数较少是以旧太海运二仓所放之数亦少札仓既有定序所放之豆亦应随米数为多寡不能颗粒适均况抵放俸豆系一时偶为调剂之举亦未便因豆数稍有多寡辄将历年定例更改【嘉庆八年】

一向例王公名下五旗包衣蓝白布甲民公侯伯各大臣名下坐甲及八旗佐领名下坐甲米石俱系在于京仓支领嘉庆七年因通仓派贮米石较多奏明改于通仓支领嗣以各甲在通守候盘费缺乏或因脚价倍多多有在通贱售而回京转以贵价籴买且通州为漕粮交卸之区恐奸丁易于置买致滋回漕之弊奏准仍在京仓支领【嘉庆八年】

一番役既有缉捕之责凡仓米出京及囤积回漕等弊例当查拿若其子弟在仓充役自必表里为奸嗣后禁止番役亲属充当花户仓场侍郎仍不时稽查如有前项情弊即行严办又各仓关米时如有串通花户挑挖好米加增斛口应责成各仓监督及查仓御史严行查禁倘有此弊一经查出除将花户从重治罪外仍将该监督及该御史照例分别议处【嘉庆八年】

嘉庆九年户部会同八旗都统仓场侍郎奏乾隆五十九年酌议各旗每月领米章程十五条立法已觉周详内有嘉庆元年以后奉旨及奏改各条即于各本条分晰注明开后

一每月三旗轮放甲米无庸仓场坐派仓口径由户部按照在京禄米等仓次序于每月初一日挨定三仓令该三旗分往关支俾一旗之甲米统在一仓承领或三色米内间有一色不敷即可按成抵给总不得赴别仓找补一俟章程定后请自本年八月初一日为始照此办理【查此款内所称挨定三仓之处如应放之三仓统在城外未免米车进城拥挤于嘉庆六年御史赫霖泰奏准每月城内二仓城外一仓开放在案】

一每年新漕进仓时应令仓场酌量旧存各色米石多寡均匀派贮并将某仓存贮某年分各色米石若干详造清册先期咨部存案以便分别新陈札放

一每月部定仓口后即行知都察院衙门籤派满汉科道各一人将该仓贮米厫座查验标封至放米之日责成该科道率同该监督等眼同领米旗员揭去气头移贮空闲厫内再将应放之米一律放给仍令各该仓监督将各旗所领米样封送户部其各该旗于领米完竣之日亦将米样送部以凭核对倘有两不相符之处户部据实查参其所贮气头厫底仍令该科道即时标封俟出粜厫底时再令该科道查验开封以防偷换其旧设查仓御史向系一年一换于仓务并无裨益嗣后应行停止毋庸奏派所派监放甲米之科道其本衙门别项差使均令扣除用专责成【查此款内每月放米都察院籤派满汉科道各一员之处于嘉庆四年仓场侍郎传森奏准照旧每仓钦派科道一员一年更换在案】

一八旗领出米石各责成其本旗都统或副都统会同查仓御史届期赴仓公同验明米色米数即将领出之米籤掣佐领次序当即分给各兵丁押同原车分送交卸仍先期传知各该佐管领下食米之兵丁等于领米之日齐集仓门等候俟米一出仓即刻验放以免拥挤停滞之虞并于一旗全行放竣之日各将日期报部查核

一各旗应领甲米令各该旗都统先期核明所属各佐管领下应领米数若干人数若干造具清册咨送户部转行仓场俟开仓之日即令该三旗都统于定限一月之内各将其本旗应预米石无论满洲蒙古汉军包衣共分作十五起每起约领十余个佐领管领之米陆续前往关支以免拥挤又于每起内更番调派贤能章京一员领催四名并于应食米之兵丁内挑派三四名令其赴仓厫内眼同领米以防搀杂克扣之弊至一旗甲米向定限一月放竣如限内不完请将监放之都统副都统及该科道并该仓监督均照支放官员俸米迟延之例罚俸一年庶各该员知所儆惕不致有任意耽延之虞

一各该旗赴仓领米倘该监督与花户人等以低潮之米任意搀和或短少米数以及勒索钱文等弊许兵丁等自行首告其领米旗员等亦即禀明各该都统将监放之该科道及该仓监督一并严参花户等从重究治如领米旗员领催及食米兵丁在仓生事有意搜求扰累该仓监督亦即呈明该科道将该都统及领米官员一并严参领催及兵丁等亦从重究治

一各旗都统副都统既在仓口监放甲米而各仓又有派出科道专责稽查所有向来另请派都统副都统查仓之例应请停止

一支领甲米向系各该旗雇车载送因车价低昂原无定数以致承办领米之人向兵丁名下任意浮开价值藉

端分肥应令官为酌足价值东四旗距仓较近每米一石酌给制钱六十文西四旗距仓较远每米一石酌给制钱七十文倘有迟误惟承办之员是问其车价钱文由该旗派员赴部具领户部札库暂为垫发仍于一月运竣之后令该旗算明总散数目若干造册送部即于应领米石之兵丁钱粮册档内声明坐扣户部存库归款如有浮冒克扣等弊该旗都统并查旗御史随时查参从重严办【查此款车价于嘉庆四年给事中庆岱奏称官定车价遇雨水时断不敷用且恐领催私自挪用临时仍须兵丁增添钱文请遵旧例各旗自行雇用毋庸官为垫发奏准在案】

一各仓支放甲米每石兵丁向给个票制钱二十文为花户人等饭食之用今酌于例给钱文之外每石连票钱再加给制钱八文俾花户人等无从借口以免额外需索此项钱文应令仓场于通济库内先为垫发核明报部咨旗亦照车脚之例统于领米之兵丁钱粮册档内声明坐扣户部存库归款【查此款个票钱文于乾隆五十九年户部奏明改为局钱垫发其钱数于嘉庆五年仓场侍郎达庆等奏准每领米一石给个票钱二十四文在案】

一圆明园暨健锐营官兵关领俸甲米石向在本裕丰益二仓原为就近便于支领应照旧坐放外至外火器营官兵坐落蓝靛厂其米石向在海运北新二仓支领殊属窎远请亦改归本裕丰益二仓酌量道路远近支领查圆明园领米车价每石向给制钱五十文至七十文不等健锐营道路较远其车脚每石需用制钱一百至一百五十文不等个儿钱及票钱均系给与制钱二十一文核其数目尚无浮多应照旧办理今外火器营米石既改归本裕丰益二仓支领其车脚钱文应照圆明园官兵领米之例一例妥办酌量道路远近总不得过七十文之数其个儿钱及票钱仍照旧给与制钱二十一文所有领米雇车各事宜均责成该管官照八旗甲米章程妥协办理至此项改放米石令仓场于新漕内酌量改拨

一通仓存贮米石除宗室王公等及公候伯世职俸米并文职三品以上武职二品以上官员俸米照旧赴通支领外所有文职自四品以下武职自三品以下世职自子男以下春秋二季应领俸米请即于禄米等十一仓分季轮流就近关支届期亦先行知都察院衙门另派满汉科道各二人轮赴各仓率同该监督等照支放甲米之例一体稽查办理查德各仓内均有空闲廒座此项俸米改归京仓支领春秋二季约计米二十余万石尽足存贮不致有米多廒少之虞至俸米内有糯米白米二项约四万余石并应令仓场侍郎按照数目同稉稄粟米一并由通州运至大通桥转运京仓酌于较大仓口改贮不必各仓零星分贮以便支放【查此款内白粮嘉庆元年钦奉谕旨仍旧改贮通仓】

一满汉各员应领俸米应照旧定章程分给各员米票自行赴仓支领其每石例给个儿钱及票钱共制钱二十文令各该员封交领米家人于赴仓时面交该监督取具收票毋得假花户人等之手致滋需索所领米石亦同甲米之例揭去气头移贮空廒将纯洁之米一律发给毋得有勒掯搀杂之弊查现在新漕业经陆续抵通此项俸米应俟明年春季为始即在京仓支放并知照仓场于本年漕粮进仓将应运京仓米石预先均匀派贮以便关支其运京米石脚费照例入于通济库奏销报部查核

一内务府每年约需白麦四千七百余石请令仓场于每年新麦到通时即将此项麦石照数径行运送内务府交恩丰仓存贮备用毋庸陆续向各仓支领以归简易倘有不敷另行咨明找领【查此款白麦于乾隆六十年仓场侍郎僧保住以恩豊仓地面狄隘难以掀晾请照旧匀贮禄米等十仓奏准在案】

一八旗官马并各项官兵拴养马匹及五营差马等项每年共应领豆十六万余石请并照支放甲米之例令承领豆石之人眼同该监督一律匀放倘有任意搀杂等弊准领豆拴马之人回明该管衙门查参究办再查支领马豆系各官兵等指饷承买例无个儿钱文其车脚价值统照八旗承领甲米之例分别东西等旗道路远近每石定给六十文七十文之数至圆明园暨火器营领豆脚价酌给制钱一百文健锐营距仓较远每石酌给制钱一百五十文统由该旗营及各衙门派员赴部具领于每月运竣后令各该旗营及各衙门算明总散数目造册送剖即于领豆之兵丁马干册档内声明坐扣户部存库归款【查此款领豆车价于嘉庆四年奏停垫发领米车价之后亦一律停止】

一米商铺户囤积居奇遇有兵丁等需用银钱之处向其借贷辄将未领米石先期贱价押卖谓之短米及届各仓放米之期该铺户等串通领催仓役及仓书斗级包揽冒领或参佐领等素与往来曲为徇隐殊干严禁请饬交步军统领衙门顺天府及五城徧行出示如铺户人等现有将兵丁米石违禁预买者除将应领之米饬令该兵丁自行赴仓关支外将兵丁责处其用过铺户银钱不准偿还如奸商等仍敢索讨或参佐管领为之调停了事许兵丁等自行出首将索债人从重治罪该参佐管领严行参处以清弊端

以上十五款各仓各旗实力奉行该管上司密为稽查倘承办官员漫不经心或故蹈前辙即责成监放之都统御史及仓场侍郎指名参奏如有因循失察别经发觉除将本人从重治罪外经管各上司一并交部议处再领米雇车价值天时晴雨不定道路远近不等应令各旗都统副都统遇领米月分务择贤能章京妥为经理仍查每石实用车价若干出示晓谕兵丁庶不致有暗中浮开勒索情弊

一西中二仓应放粟米自嘉庆三年以后俱以稉稜抵给嘉庆十年山东河南二省采买粟米三十万石奏准将王公大员俸米内应支粟米一项全以本色开放并于应放白粮内再以粟米抵放一二成庶不致久贮折耗嗣因稉米受潮仍以稉抵粟俟旧存稉米放竣再按本色支放

一京仓余存黑豆在于王公大臣文武官员俸米内稜粟项下抵放历系分别品级大小按仓口次序核札嘉庆十年因次序在先之旧太仓豆石较多在后之万安仓豆石较少奏准酌为变通以海运万安二仓豆石抵放王公大臣俸米旧太储济二仓抵放文员官员俸米嗣后如各仓豆石多寡不甚悬殊仍照历年旧案办理

一内仓历年积存盈余白米一万石老米九千石江米二千七百石奏准将八旗六品以下文武职任官员并恩骑尉世职官员应领嘉庆十二年春季俸米内以江米一成三分白米五成稉稜三成七分按成搭放以疏陈积【嘉庆十一年】

一嘉庆十二年奉上谕德文李钧简奏调剂仓储一折此项稉稜米四十余万石本应运送京仓上年赓音李钧简率准分贮通仓本属非是迨赓音李钧简具奏将京官俸米改归通仓支放经军机大臣议驳嗣伊等复行渎请朕又特降谕旨不准所行该侍郎等于上年接奉此旨自应即将此项米石迅速转运京仓以凭支放乃迟之又久直至本年漕运报竣始饬经纪人等转运京仓以致冰冻既坚不能舟运而陆运又多折耗该役力难赔垫不得不设法调剂皆由赓音李钧简办理不善所致赓音李钧简均著交部议处等因钦此嗣据吏部议以降一级留任

卷六十四·京通粮储·支放粮米

一嘉庆十三年奉上谕本年南粮除正运全漕外尚有搭运及北仓囤贮之米为数较多若进仓濡缓恐致回空迟误著照达庆等所请将此次文职五品以下武职四品以下各官俸米二十余万石改为城外四仓支放以速转运嗣后若全漕抵通而又有似此带运等项米石为数过多不能迅速起运著奏明照此办理其余年分照旧存贮支放至城外多卸米石恐有偷漏回漕情事著步军统领衙门加意查察毋任滋弊钦此嗣因连日大雨转运维艰奏准通州中西二仓多进米三十万石令文职四品武职三品俸米暂改通仓关支一石坝号房堆贮及沿闸拨船米石因大雨连绵搬抗不及约共浸湿米四万余行责令经纪等晒扬干洁运桥入仓奏准先行开放【嘉庆十三年】

一嘉庆十三年御史商载奏请将各仓每月轮放甲米册档于上月二十六七日即行知该仓该仓于初三日以前阄廒开放经户部议以札仓之迟速总以仓场造册为准向例开放五日以前仓场始行送册到部为期稍促易致迟延嗣后仓场将下月应放之仓口廒名米数清册务于上月二十日以前送部核札户部即于二十七八等日发档到仓该仓于初三日以前阄廒开放仍以定限一月完竣倘有迟延照例参处庶兵丁等得以按期支领而各该仓开放甲米为日较早办理亦不形竭蹶

一嘉庆十四年奉上谕御史庆明奏称本年六月分正蓝镶蓝镶红三旗俸饷米石户部已轮派北新富新储济三仓开放请将七月以后各旗俸饷一并仍尽北新等仓支放俟该三仓放尽后再放别仓如有亏短即可随时查办目下南粮抵通先尽支放净尽之仓贮米其现在放米之仓且毋庸派贮新粮以免新旧牵混等语各仓诸弊丛生今就放米之便以代盘查法归简易事属可行至请尽支放尽净之仓派坐米石于转运事宜甚有窒碍应仍照旧例另廒存贮毋令花户等挪新掩旧致滋弊端钦此

一嘉庆十四年奉上谕户部议请就放米之便以代盘查一折已依议行矣天庾正供理应出陈贮新不容任意支放向来王公大臣官员等于领米时往往挑索好米甚至有情托支领之事实属可鄙其八旗兵丁等有能给与花户钱文者尚得关支好米否则即以潮湿米石充数致令兵丁等不堪粒食禀请都统参奏而仓场等则又以仓中应放此米为词纷纷争论殊属不成事体因思各仓贮米原不能尽属鲜新王公大臣等所得米石较多若概放新米则陈米不能支放日久不免红朽而兵丁等所支全属丑米亦非甘苦与共之道嗣后王公大臣及官员兵丁应领米石著仓场侍郎按照米数多寡将陈米新米均匀搭放庶王公大臣等无从过事挑索而兵丁食米不致偏枯行之日久

仓贮米石出陈贮新自无腐变之虞傥或王公大臣及兵丁等因不能全得好米在仓嚷闹即将挑剔之米概行扣除不准支领以息争竞设该仓米石均属朽变强令支领准领米之人首告该查仓御史及该旗都统等奏参办理将此通谕王公大臣及官员兵丁等知之钦此

一嘉庆十四年城内各仓查出潮湿米石内堪以搭放米十万八千八百余石奏准在于王公大臣春季俸米内搭放二成八旗兵丁三四五等月甲米内搭放成半又筛扬可以搭放米九万余石奏准旧太仓在于六月甲米内搭放成半如有余剩同禄米等六仓在于王公大臣秋季俸米内搭放二成并在七八两月甲米内搭放成半均于六月内先行关领既免在仓日久蒸变且各仓丑米尽净花户人等无从影射滋弊

一嘉庆十四年通州中西二仓盘出白米四万九千余石黄色米二万四千余石搀杂米五万六千八百余石经户部议奏本年秋季王公大臣应领俸米除京仓霉变稜米搭放二成外其余八成于盘出之白米放给四成黄色搀杂二项米石各抵给二成下余米石恐久贮在仓霉变过甚仿照乾隆十八年王公大臣预领春秋二季俸米成案将明年春秋两季王公大臣俸米准其预行支领其应领江白次三色先尽白米放给五成再以黄色米石抵给二成搀杂米抵放三成粟米一项全以搀杂米石抵放如有不敷在于放剩之黄色米内找足约计通仓盘过各色米石即可全数放竣如前项米内或再有霉变发块之处仓场赶紧出仓变价其不敷支放米石即以仓贮稉米通融抵放限一月内领竣至俸档过部即自奏准之日截算此后如有升迁不准找领即遇有事故亦免其追缴再前项米石较常年支领既多限期较速恐车户人等藉此勒索居奇及沿途偷漏等弊交顺天府尹步军统领仓场侍郎饬令地方文武员弁妥为照料傥有前项情弊立即查拿究办此项领出之米都察院奏派满汉御史在朝阳门外概行按数确查如不进城或在城外售卖者即令指名参奏至该二仓盘出土米一万六千余石即令占计成色饬行通州知州上紧领运粜卖并令核明例准开销气头廒底数目报部其余价值归入亏折项下一并按数著赔仍将现存土米及霉变发块米石均令仓场侍郎会同查仓御史督令监督迅即押运全数出仓并将运竣日期报部查核奉旨本年秋季及预领明年春秋两季米石统限一月内领竣一节秋季八月领米正系朕驻跸热河京师车辆较少若限一月领竣为期太迫著以奉旨之日为始予限两个月放完余依议钦此嗣据奏准将王公大臣俸米于十五十六两年各给一半所有预领两季俸米分作两年四季扣清

一各仓每月甲米及每季俸米放竣后由仓场侍郎将气头廒底米石于十日内勘估报部即于部文覆准之日转饬各仓监督于五日内开放并将放竣日期及并无存仓土米具结报部如有逾限查取经放领粜各员职名送部议处【嘉庆十四年】

一各仓于开放俸甲米石时放出一票即责令该监督呈送查仓御史当堂截去左角涂销一票仍于放竣之日汇送仓场衙门存案【嘉庆十四年】

一各仓放米每届夏秋之际偶值雨水较大月分难以领运准令该监督报明查仓御史转报户部察看情形酌量展限仍立定限期不得过十日以上若只寻常雨泽不致有碍领运仍遵照定例于月内放竣亦不得藉词请展其余各月均仍按照例限报完不容稍有迟逾【嘉庆十四年】

一嘉庆十五年户部酌议通州中西二仓盘贮嘉庆十三年以前稜米二十一万余石缘系从前渗漏廒内积贮不能十分干洁恐难经久议将王公蓝白布甲民公侯伯坐甲应领稜粟二色米石即以前项稜米抵放六季再于王公大臣明年春秋二季俸米内次白粟米项下尽数抵给以免日久霉坏前项甲米限两个月领竣仍于各季甲米档内稜粟项下除本季应领外其余五季米石分作十季扣完至应领稉米仍在京仓按季支领其余存嘉庆十四年新收稜米一十六万石系暂贮之米仍赶紧分运京仓等因奉旨户部议覆仓场侍郎玉宁等奏在通仓支放蓝白布甲及坐甲等米石一折国家立法皆有一定章程若辄议变通必滋流弊京通各仓存贮米石何项应贮何仓及支放时何项米石应赴何仓关领原有旧例通州中西二仓向祇贮江白次粟四色以为王公大臣俸糈之用其余稉稜米石除留该处看仓官兵等项日用外概不多贮近年来或因秋雨过多或因南漕抵通较晚赶运不及经仓场侍郎等奏请暂贮通仓致有亏缺霉变等弊本年春间该侍郎等奏将京员俸米一体赴通关支又将秋季俸米预行给领兹复请将蓝白布甲等米在通仓预放试思仓储米石原应陈陈相因以备三年九年之蓄岂有因恐积贮难久预行支放以为疏通之理况验收米石本系仓场之责如果米色低潮不能经久即不应斛收至通仓存贮稉稜米石原为南漕赶紧回空暂行寄贮与截留北仓事同一律起卸后应于当年赶运京仓以符定额若谓转运不及则南漕数千里按

年挽运前来岂自通至京仅四十里转多阻滞耶况河道新修更何所借口总之今时意存因循苟安之见者多实堪切齿朕并非纷更成法不过率由旧章诸臣因何如此怠玩且赴通领米车脚食用较多在微员兵丁等亦多苦累兼恐花户漕丁等串通购买回漕尤不可不防其渐此次姑照部议将王公蓝白布甲民公侯伯坐甲应领梭粟二色米石于盘贮稜米内抵放六季外其余盘贮稜米再于王公大臣明年春秋二季次白粟米项下尽数抵给其十四年新收稜米著仍运京仓收贮嗣后该仓场侍郎等总须循照旧章所有应贮京仓米石必当如数运京如再有违例多贮通仓致积压后又议变通纷更旧制必将该侍郎等严行惩处余著照部议行钦此

一嘉庆十五年查仓御史奏请各仓开放甲米限期明定章程户部酌议各仓每月初三日定廒开放起扣满三十日报竣其各旗领米限期按照米数多寡正白旗米数较多其包衣米石仿照镶黄正黄二旗包衣之例另札一仓仍随正白旗领米月分挨次轮转定期领放一并开列清单恭呈御览嗣后每月领米之满洲蒙古汉军包衣均按核定日期依次关领如有逾限指名查参至夏秋之际偶值雨水较多月分照例报部酌量展限

正四七十月镶黄正黄二旗并两包衣领米限期

饷黄旗满洲每季应领甲米三万三千余石【限十五日领完】 蒙古每季应领甲米一万余石【限七日领完】

汉军每季应领甲米一万五千余石【限八日领完】

正黄旗满洲每季应领甲米三万五千余石【限十七日领完】 蒙古每季应领甲米九千余石【限五日领完】

汉军每季应领甲米一万四千余石【限八日领完】

两包衣镶黄旗包衣每季应领甲米三万六千余石【限十五日领完】

正黄旗包衣每季应领甲米三万五千余石【限十五日领完】

二五八十一月正白镶白正红三旗领米限期

正白旗满洲每季应领甲米三万四千余石【限十六日领完】 蒙古每季应领甲米一万余石【限六日领完】

汉军每季应领甲米一万四千余石【限八日领完】

包衣每季应领甲米三万九千余石【另仓札放限十六日领完】

镶白旗满洲每季应领甲米三万余石【限十四日领完】

蒙古每季应领甲米八千余石【限四日领完】

汉军每季应领甲米一万余石【限六日领完】

包衣每季应领甲米一万余石【限六日领完】

正红旗满洲每季应领甲米二万七千余石【限十四日领完】 蒙古每季应领甲米八千余石【限五日领完】

汉军每季应领甲米一万余石【限六日领完】

包衣每季应领甲米九千余石【限五日领完】

三六九十二月镶红正蓝镶蓝三旗领米限期

镶红旗满洲每季应领甲米三万二十余石【限十五日领完】 蒙古每季应领甲米八千余石【限四日领完】

汉军每季应领甲米一万余石【限五日领完】

包衣每季应领甲米一万二千余石【限六日领完】

正蓝旗满洲每季应领甲米三万二千余石【限十三日领完】 蒙古每季应领甲米一万余石【限五日领完】

汉军每季应领甲米一万余石【限五日领完】

包衣每季应领甲米一万八千余石【限十四日领完】

镶蓝旗满洲每季应领甲米三万二千余石【限十四日领完】 蒙古每季应领甲米九千余石【限四日领

完】

汉军每季应领甲米一万余石【限五日领完】

包衣每季应领甲米一万六千余石【限七日领完】

一多罗贝勒永琫派出守护西陵每季应领俸米造册咨准移于任所支领【嘉庆十五年】

一护国公永玉守护西陵所有公俸并蓝甲校六名蓝甲六十一副咨准移于易州仓支领【嘉庆十五年】

一嘉庆十六年浙江省杭严等三帮军船遭风伤重兑收米内潮润米石筛扬尚堪食用但米质究已受伤恐入廒难以久贮奏准先行搭放至沈湿米石照例买余抵补

一浙江台前等帮验有灰嫩估计七成米石仓场奏请另廒存贮以一石作七成支放户部议覆进仓漕粮闲有不堪久贮之米从无折成开放之例驳令照例按数作正搭放【嘉庆十七年】

一浙江湖白帮搧扬折实九成及八成半米石仓场奏请另廒存贮于秋俸应领白米项下搭放二成尽数出仓其不敷成色以本仓次白米如数找足嗣据给事中刘奕煜奏称浙省七成漕粮既于甲米内按数搭放并不找足成色请将八成半及九成白粮一律办理户部覆准漕白二粮闲有米色参差向系奏明搭放并无折成开放之例应如所奏毋庸找补成色以归画一【嘉庆十七年】

一仓场奏万安仓支领俸档放至成字廒粳米浮面稍有沾润搀杂因廒座头停瓦片参差以致雨水渗漏浮面起出米二千五百石加意筛扬尚堪食用搭放甲米为数不及一成仓场奏准该仓下届轮放甲米时尽数均匀搭放【嘉庆十七年】

一嘉庆十七年奉上谕荣麟等奏申明放米旧例以杜弊端一折国家每岁转输南粮数百万石分贮仓廒除俸糈外支放甲米以资八旗养赡恩意至渥定例于放米时将气头廒底除去各旗人得以支领好米以给饔飧自应安静关支若米色黄白参差不齐安能任听挑拣致滋争执嗣后各仓支放甲米时如本系好米实无搀和霉变情弊旗人故行挑斥米色者著该监督报明仓场侍郎据实参奏傥或仓米果系低潮该旗人毋庸在仓争论即将米样包呈该旗都统副都统据实参奏朕派员赴仓查勘如米石实不堪食用定将仓监督惩治若米石并无不好旗人妄行呈渎者亦必加以惩处所有荣麟等请申明旧例于放米时将气头揭除其浮面中闲之米拌匀支放及挨次挨廒不得两廒并开以杜拣廒滋弊之处均著照所请行将此通谕八旗并谕仓场衙门知之钦此

一开放俸甲米石仓场奏称七成以上好米拌匀开放部议七成以上作正关支六成以下发城粜卖系专指扫收土米而言额贮正供迥非土米可比未便援照自应遵照放米成规除去气头廒底将十成纯洁好米一律发给不得搀和成色米石致滋弊混【嘉庆十七年】

一开放俸米自嘉庆七年给事中福泰奏准按城内一仓城外一仓轮札查城内七仓城外四仓多寡分配不均应请十七年秋俸仍照嘉庆七年以前章程由京城内外十一仓每季札放二仓自禄米仓起轮流开放周而复始以后各仓进米均匀坐派不得以贮米较多越次奏请开放【嘉庆十七年】

一嘉庆十七年新收稉米不能一律坚实御史吴椿奏请新陈各半支放户部仓场会议新收稉米共计一百五十余万石内惟三十八万余石米质较嫩核计不耐久贮之米不过十分之二自应于轮放甲米时尽先开放俟放竣后仍照旧先陈后新以符定制再禄米等十一仓所贮米石多寡悬殊应将十八年春季旗俸除放旧太仓外先于裕丰仓开放一次秋季旗俸除放海运仓外先于储济仓开放一次其十八年秋季轮放之北新富新二仓移于十九年春季开放

一嘉庆十八年仓场参奏万安仓开放甲米内有稉稜搀杂米色参差该仓汉监督并未到仓满监督亦未认真查验均属疏玩交部分别议处并将该花户枷杖革役

一嘉庆十九年奉上谕荣麟等奏议覆御史夏国培条奏支放甲米章程一折本裕仓放出米石分途载运岂添派御史一员所能稽察周到夏国培所奏原属难行至该侍郎等议请严禁领米兵丁不得在米铺囤积及借空房堆聚一节亦多窒碍该兵丁等领米之后不能独雇车辆即行运归势不得不于附近米铺暂行寄贮或就肆中舂碓皆情事所必然若多为厉禁徒滋苦累其回漕之弊全在步军统领等衙门严密巡查遇有违禁私囤及包揽拉运者将奸商拿获重惩自可剔除积弊若更制而于事无益不如其已也钦此

一嘉庆十九年豫省并无到通白麦所有内务府及光禄寺应用白麦仓存不敷在于东省新运漕麦内派运供

支

一内仓每年额贮漕粮粳米三万三千余石今仓场坐派江南仪征帮粳米一万石灰暗潮湿不耐久贮应于本年赶紧先行开放其续派漕米尚有二万三千余石务择干洁好米派拨勿致搀和以备支放【嘉庆二十年】

一通仓积存白米二十四万余石经部奏准将京仓领俸满汉四五品文职三四品武职及四品以上世职本年秋俸暂移通仓概以白米抵给约九万余石再王公满汉大员本年秋季明年春秋二季应放本色白米并江米粟米均以白米抵给可放十四万余石统计一岁即可扫数出仓再白米一项每年余存二万七千余石并无支项嗣后王公大员每年应领粟米三万二千余石即以支剩之白米尽数抵给其不敷粟米仍以本色找足至每年通仓向贮粟米除留备找放外其余粟米概运京仓以备支放甲米圈粟之用【嘉庆二十一年】

一嘉庆二十二年浙江嘉兴等府属漕粮闲有青腰白脐浙抚奏请先行搭放奉上谕漕粮为天庾正供米色总宜圆洁即或限于天时未能一律饱绽亦当加意筛剔若因米色不纯难以久贮辄请将新粮先行搭放必致旧存粮石陈陈积压殊非慎重仓储之道除此次姑准交纳外嗣后该抚务宜督饬所属拣选好米期于一律圆洁如再有将丑米率行兑收者该抚察看情形轻则申饬令其更换重则加以参处毋稍姑息将此谕令知之钦此经仓场奏准各仓旧存十九二十两年米石禄米南新海运北新兴平等五仓已经放竣旧太富新太平万安裕丰储济等六仓尚存旧贮粳米二十一万余石本年十一仓均有新收不堪久贮之米如旧米现已放竣之仓即将此项新米全数尽先开放至旧米未竣之仓请将此项新米与旧米各半均匀开放再湖州府属粳米三万余石体质更嫩轮放之时尽先开放毋庸入筒阄掣

一嘉庆二十二年奉上谕给事中贾声槐奏请整饬仓务一折官员兵丁私卖米票交铺户代领及已满花户把持仓务均干例禁至各仓成色土米日久未领亦恐于放米时易滋搀杂之弊著交仓场侍郎严加查察如有前项情弊随时厘剔以重仓储钦此

一通州西中二仓嘉庆二十一年分存剩粳米九千余石稄米约三万三千一百余石若运京仓多糜脚价二十二年经户部奏准于明年王公大员春秋二季应领白米项下抵放三成并令将下存粳稄米石按年扫数放竣再派新粮每年新陈接算不得逾一万石之数

一嘉庆二十三年奉上谕润祥等议驳御史文溥条奏八旗官员俸米请照大档甲米之例支领一折所驳甚是御史有言事之责如事关利弊有裨政治者原准其据实条奏八旗官员支领俸米向系分给米票自行赴仓关支自乾隆年间奏定章程历今二十余年相安已久该御史忽欲更改旧章请将各旗员俸米由该旗添派参领等全数领出再行分给是明为参领等开包揽克扣之门该御史必系受人怂恿故为此奏难逃朕之鉴察也钦此

一嘉庆二十四年御史余本敦奏参裕丰仓监督开仓后辄自回家封条交与花户封贴吏部议降四级调用奉旨名仓监督不兼本衙门差使原令其专心在彼稽查时加防范犹恐花户等乘闲舞弊若启闭时俱不亲身到仓辄将封条交花户等自行封贴实属旷职善麟鲁成名部议以降四级调用尚不足以示惩俱著即行革职钦此

一道光二年御史常赓奏请京仓米石以放代盘户部议准即于三月分轮放之旧太裕丰海运三仓按月接放至七月底放竣本年三月至七月运到之新粮暂于未经放米之兴平禄米太平南新万安等五仓另廒存贮七月以后续到之粮即在放空之旧太裕丰海运三仓全数起运再北新储济富新三仓今岁新粮毋庸收贮以便腾空廒座至俸米一项即于下次接放甲米之仓先行匀放嗣据仓场奏称窒碍难行并称现在漕务方殷请自七月内盘起又经户部议覆钦奉上谕前据仓场侍郎奏户部议覆御史常赓请肃仓储折内有窒碍难行之处请仍照嘉庆十四年成案办理当交户部核议兹据奏称现届新粮进仓准其暂缓盘查惟应妥立章程使新旧不得淆混等语仓储为天庾重地以放代盘法归简易若新陈牵混仍恐易滋弊端著仓场侍郎将京城十一仓全局通盘筹画妥定章程自本年七月为始务使轮应开放之仓陈米颗粒不存随时报部验明后再行收进新粮俾在仓人役不得挪新掩旧并严禁奸胥蠹吏饰词阻挠以昭核实而清积弊钦此户部议核仓场京仓以放代盘妥定章程八款

一原奏拟请钦派三仓一款查以放代盘系十一仓通行盘放之事非抽查可比应令七月内即于轮应开放之三仓盘

起以归简易

一原奏先放陈米再放新米一款查新陈接放先后偏枯应令将盘放之仓无论陈新一体均匀搭放

一原奏稜米不敷以陈粳代放一款查稜米不敷以粳抵放难以先后一律均匀应令于开放之时一体按成搭放以免偏枯

一原奏本年盘放三仓明年漕竣再派三仓盘放一款查次第接放出陈入新两无妨碍应令于七月起盘放三仓完竣后挨次三仓接放以符原议

一原奏俸米于下次轮应盘放之三仓先行匀放一款查前次议覆折内俸米应于下次轮放三仓匀放系便于转运起见兹据议覆应毋庸议

一原奏监督分派帮同办理花户人等自行酌量添雇一款系因本仓监督照料难周花户不敷使用起见应如所奏通融办理

一原奏领米逾限将该监督及领米官员交部议处未领之米存仓一款查三旗并放三仓即连月放米并未多增旗分何致有误期限该侍郎等不得意存偏袒致滋事端

一原奏包衣米石另札一仓开放一款查三仓盘放原为并放易于盘尽若包衣另札一仓是四仓盘放转稽时日应按包衣领米月分即在盘放之仓支领以符旧制【以上八款道光二年】

一大学士军机大臣会同九卿核议具奏仓场盘查利弊一折钦奉上谕仓储为天庾重地欲杜亏挪立法必臻妥善大学士等议请随时派员抽查不为无见朕思剔奸厘弊立法总须按照仓廒实贮清册逐盘查验见底俾新陈不能牵混难于掩饰自不如以放代盘事归简易著仍照户部原议自本年七月为始务使盘放之三仓陈米颗粒不存验明再进新粮以后挨次盘放进至三年即可全竣果能实力奉行不特目前挪移可杜即后进新粮册档可稽众目共覩如有亏缺责有攸归如此立定章程于仓储实有裨益至所议闸坝桥仓转运不继恐有阻滞届时著派英和前往弹压勿令壅积钦此【道光二年】

一昆山县米四万六千九百余石米色灰黯难以久贮现在各仓以放代盘奏准运至六月分轮放之北新富新裕丰三仓存贮以便先行搭放【道光二年】

一内仓积存正项盈余漕白米七万五千余石改放八旗满蒙汉六品以下文武职任官员并四品以下世职官员本年秋季俸米三万余石又历年盈余气头廒底米四千余石发交五城领粜正项盈余黑豆六千余石除自本年六月起至明年六月止留支各项马豆外尽数搭放健锐内外火器等营马豆其余漕白米石放至道光三年六七月间余存之数约可无多彼时新粮已进支放各项亦可无虞支绌【道光二年】

一户部奏准前因京仓廒座不敷收贮分运通州中西二仓米内除直隶拨用六万石外尚存粳米十九万六千余石稜米二万三千余石请照嘉庆十五年疏通陈积之案将王公蓝白布甲民公侯伯坐甲于通仓米内预领抵放查该布甲坐甲等八旗合计每季应领粳米二万六千余石稜粟二色米二万六千余石共米五万二千余石今通仓存贮粳米十九万六千余石稜米二万三千余石以应放一季稜粟计算尚不敷三千余石即以粳米通融抵给又应领粳米二万六千余石共五万二千余石放给该布甲坐甲等本年十十一十二等月米石外其余存粳米十六万七千余石足敷六季粳米之数即于本年十月为始限三个月全数领竣所有预领六季粳米请自道光四年正二三等月起至五年四五六等月止分作六季扣还其六季内应领稜粟米石仍由京仓放给其余剩米一万余石仍贮通仓以为看仓官兵甲米之需此次蓝白布甲等预领米石系因通仓不耐久贮暂为设法调剂此后不得援以为例【道光三年】

一道光三年六月内奉旨向来各仓放米章程该监督将各旗所领米样送部各旗于领米完竣亦呈送米样核对办理本属周详惟日久懈生仍致有名无实自应稍为变通以归核实著照户部所议嗣后各仓收米时令监督将各廒贮米按廒包取米样钤印送部将来各旗赴仓领米如果米色平常即报明查仓御史并将米样专案送部该部提取原送米样核较如有不符即行照例参办总须实力奉行不可日久仍复视为具文致滋弊混钦此

一道光五年开放八旗春俸旧太仓现存稜米十五万余石粳米仅一万余石海运仓又经盘竣其北新富新二仓均未贮米议准将八旗官员俸米内应领稜米札行旧太仓应领粳米札行兴平仓开放其八旗册档应先札旧太仓按照稜米数目办票后务于二月初五日前移交兴平仓办票如此一转移闲一季俸米仍系两仓八旗官员亦领本色至存贮北仓台米尚存米九万九千余石应令迅速拨运以五万石存贮禄米仓以四万九千余石匀贮南新旧太兴平太平储济五仓务于二月内全数入仓在于甲米应放稜米内尽先开放并将米样送部查验

一道光五年八月仓场奏本年南粮抵通迟滞三进江广帮船未到稜米不敷支放等语钦奉上谕著户部将各仓应放稜米现应如何筹酌办理及本年秋季旗俸札放万安仓稜米并九月分札放北新仓甲米一并另行核议饬仓遵办钦此经部议覆查本年江广稜米系江南首进帮船折回装运是以抵通稍迟迥非短绌可比现今应放九月分甲米尚未届期如届期未到自应查照成案稜米不敷以稉抵给至万安仓现存稜米除放甲米外开放秋俸约短五千余石计开放限满已在十月下旬彼时稜米谅已抵通倘进仓稍迟亦应于十月初闲再行报部核办此时未便先事轻议更张

一各仓开放满汉俸米呈报开斛日期经部奏准于开斛五日之先报部以便行文八旗及领俸各衙门换票支领并令按五日一次报部此五日内有无领米由部稽查核办以杜米局并票花户勒索之弊【道光五年】

一道光五年部议开放俸甲各米由部按季札放所有札仓事宜开列清单预行咨明仓场分别米数均匀派贮各仓现在收贮之米即当预计明年札放之数俾稉稜粟三色米石按旗开放有盈无绌不得米色参差并令仓场于进米之先所有气筒席片松板楞木严饬照数交仓各仓监督认真铺垫如花户人等有偷卖等弊立即严惩究办查仓御史一体稽察

一道光六年奉上谕百春等奏本年海运漕粮及上年北仓滞漕运通米石难以久贮均应先行开放著照所请海运两进漕粮已运过通坝洪斛米九十六万三千六百八十余石准其将六月以后抵通之米赶放完竣即接放头进海运米石至上年截卸滞漕久储北仓米色闲有微减亦著同海运两进稉米先行搭放该部知道钦此

一议覆仓场存仓白麦搭放大档甲米案内系属麦贵于米之年新收漕麦与旧存麦石准其一并搭放甲米有闰之年于闰月内八旗一律全札无闰之年按照八旗轮定次序接依上次旗分札放【道光二十四年】

一满汉王公大员应领白米官员应领稉米前经奏明抵放一二成稜米因仓存豆石现有赢余稜米不敷开放奏准将王公大员应抵二成稜米官员应抵一成稜米改以黑豆放给即将节省稜米留为甲米抵粟之需【道光二十七年】

一道光二十七年钦奉上谕花沙纳等奏收买续到商米情形一折京仓支放甲米并无糙白糙籼名目兹据该侍郎等查验浙江所办籼米一项虽与稉米色质稍有不同而现在所收转比稉米较胜且谷之早熟者为籼迟熟者为稉并无区别此次江苏所办之米亦有与浙江糙籼形色相等者是籼稉不甚悬殊自应一律斛收抵稉搭放所有现收浙江省之糙白糙籼著即一并归入稉米项下支放俾兵丁遵照领米得以均沾实惠等因钦此经户部覆奏将此项籼米令仓场侍郎收入稉米项下另廒存储自五月分起抵作稉米于月放甲米内全行支放各旗领米将米样送部查对倘与该大臣等送部米样不符即将该监督奏参

一内仓额进米豆遇有赢余另行搭放嗣因历年积存过多除留备本届札放外尚余稉米三万二千余石黑豆五千余石未便久储经户部奏准将向食本裕丰益二仓之圆明园健锐火器等营兵丁甲米内每石四斗稉米即在内仓积存余米内照数开放统放三个月足敷支用俟三个月后仍复旧章办理至积存黑豆应于各旗营马豆项下核实放给以免折耗【咸丰三年】

一上驷院及庆丰司所属各圈喂养马骡牛羊驼只等畜应领圈豆向系年清年款嗣因各仓存储黑豆不敷支放节据上驷院咨请以粟米抵放经户部议准除将各仓存储豆石尽数开放外所欠黑豆以粟米抵给暂行开放其节次欠领黑豆俟奉豆进仓随时补放

一北新仓存储雨淋黑豆五千余石因各仓欠放圈豆不敷开放仓场衙门酌拟搭放一成经户部据咨覆准【咸丰五年同治三年十年】

一浙江等省采买捐输漕米二千四石零粟米一万一百十七石零因里河冻阻仓场侍郎奏请将此项漕米就近运进通仓留备开放通仓甲米其粟米一项经户部议令该监督等酌留一千八百石为明年开放看仓兵丁应领粟米及抵放稜米之用其余八千三百十七石零由该仓监督加谨收储俟明春冰泮全数运进京仓如有霉变亏短即将该监督等从严参办著赔【咸丰八年】

一咸丰九年钦奉上谕成琦等奏商运米石验收完竣一折江苏省商运漕米八万九千六百九十四石零除应晒晾之三百石由该仓场侍郎另行办理外余已验收完竣惟据奏称米质柔嫩不堪久存著户部于开放俸米甲米时先行搭放至此后江苏省起运米石著该督抚等饬所属州县拣选干洁好米备运并不得籼稉并收以重仓储该

部知道钦此一咸丰十一年钦奉上谕绵勋奏营员舞弊请旨查办一折圆明园翼长春泰正黄旗营总春桂于八旗兵丁月领米石勾通广茂粮店商人及车户花户人等按照市中贱米价值回堂垫放嗣后将好米领出多卖钱文上下分肥事关劣员营私舞弊亟应严行讯办春泰春桂均著暂行解任交刑部审讯车户池姓曹大曹二商人鲁姓侯姓等并著步军统领衙门严拿务获一并归案究办钦此

一内仓应放白米向系支放外藩蒙古王公口粮科尔沁土默特月粮朝鲜使臣口粮同治二年因仓存白米无多未便以籼米抵放奏准将内仓年内应放白米暂改通州中西二仓开放至内仓现收籼米米色细碎难免日久蒸变应将各庙喇嘛现领一半本色口粮以该仓所收籼米抵放【同治二年】

一内务府需用白麦因豫省停运拟照该省粜变例价每石一两二钱五分折银采买嗣据内务府以麦价昂贵每石例价一两二钱五分不敷采办请照豫省折漕新章每石以二两折给经户部议准并声明嗣后豫省漕粮粜变价值如有增减亦一律照办同治六年复据内务府以麦价不敷请于折银二两之外酌核办理奏经户部议驳河南折漕新章解部之银每石不过二两库款有常未便出浮于入所请应毋庸议【同治二年六年】

一向例内务府每年需用白麦四千七百余石傥有不敷另行咨明找领至同治二年以前每年支领六千石三年以后递有加增复经户部奏定以同治二年以前每年支领六千石为例领之数由内务府按年行文支领如于六千石之外再有不敷仍须找领由内务府大臣酌定数目奏明办理【同治六年】

一城内七仓存麦共一万九千余石放项甚少据查仓御史移请搭放俸米经户部奏准在于官员现领五成折色俸米内以漕麦抵放一成嗣因麦石不敷搭放一成之数复经奏准将官员应领一成漕麦分作十成以九成支给漕麦其余一成以粟米抵放【同治五六等年】

一各仓开放八旗兵丁甲米各旗都统副都统亲身率属赴仓领米于领米之日眼同御史监督阄定廒座登时开放应领米石统由都统副都统全数领出督率参佐领等将米押赴本旗衙门按各佐领下人数散给取具参佐领并无私折私卖甘结存案

一八旗支领甲米如米数较多一廒不敷应俟放竣一廒再行另阄不得两廒并开致滋弊混至领米车辆应由该旗先期雇定放米甲斗应由该仓先期传集临时傥有参差不齐即由该都统御史分别参办其三旗包衣甲米应由内务府大臣督率参领等办理健锐等三营甲米即由该管大臣等查照奏案一律办理

一仓存各色米麦豆石统令查清管收除在数目及存储廒座开具清单二分以一分呈报户部一分呈报仓场均限每月二十日报到其开除数目须将某时奉札开放某项逐细声明另由仓场衙门凭各仓报单再行开具总单咨部查核限每月二十五日送到如有迟逾统由户部奏参将监督照溺职例议处

一各旗支领甲米应札仓口由户部堂官亲身派札无庸由该司按次拟派惟健锐等三营坐派本裕仓看守通仓兵丁甲米坐派通仓照旧办理【以上同治六年】

一各仓开放甲米以部文到仓为始该仓无论有无未放款项均令即时开放各清各款不得藉词积压储米廒座务令公同阄掣不得指廒关领其各仓各旗放领米石统令依限报竣傥敢稽延即由户部将该仓监督从重奏参花户送部治罪旗员由本管都统查明参办【同治七年】

一东陵各项官员应支江白粳三色米石及隆福寺喇嘛应领粳米向由户部按照送到册档咨行驻通验米大臣在于江浙漕白粮内拨给并咨直隶总督转饬遵化蓟州丰润玉田等州县赴通领兑运至蓟仓按春秋二季赴仓凭票支米嗣东陵守护大臣以各州县兑收迟滞奏请仿照领运兵米成案由该大臣委员赴通领兑运存永济仓按季支放经户部核准其运脚津贴银两仍由坐粮厅茶果项下支发【同治八年】

一闰月兵丁甲米系一月统放八旗数目奇零赴仓拉运转多糜费户部奏准将闰月米石归并季米月分开放即于闰之次月起按三个月挨次递札【同治九年】

一仓存粟米不敷开放小甲米石援照同治二三四等年缓放大甲成案暂缓札仓各旗已送米档暂行存部俟山东新漕进仓即照前存户部米档数目补札开放【同治十一年】

一南省起运白粮存储通仓专放王公大员俸糈向系全放本色自改本折兼支放款较少难免陈积酥碎据仓场侍郎奏请将应放满汉四五品文职三四品武职四品以上世职俸米暂移通仓以白粳米抵给先尽最陈年分廒座开放经部议覆暂放两季俟两季后仍归京仓支领至向不在京仓支领之三营官员俸米仍由本裕丰益二仓开

放【同治十二年】

卷六十四·京通粮储·仓粮拨赈

一乾隆四十五年十一月钦奉谕旨本年直隶夏秋雨水稍多武清房山等四十一州县田禾被淹业经降旨截漕三十万石以备赈济之用但念其中有被灾情形较重者明春尚应加恩展赈恐该省现贮银两不敷动拨著再加恩赏拨通仓米三十万石部库银三十万两以资应用该部即遵谕行钦此

一通仓拨赈米三十万石须分派被灾各属赴通领运但奉天运通溢额粟米现有二万四千余石冻阻姜家厂等处与通州武清等州县灾区较近应即于现拨米三十万石内查明扣抵以省自通挽运之繁【乾隆四十五年】

一嘉庆五年奉上谕本年闰四月节气较迟现在近畿一带尚未得有透雨恐附近贫民糊口维艰著五城顺天府再行煮赈一月以副朕恤贫敷泽至意钦此

一嘉庆六年奉上谕现在中顶庙内存留难民千余名为数较多著先于该处设厂煮粥令都察院派出满汉御史各一人常川在彼住宿监放其余被水处所著汪承霈等查明具奏一律办理并令汪承霈等每日轮流前往各厂查察等因钦此

一嘉庆六年奉上谕汪承霈奏永定门右安门外各村庄灾民共有二万二千余人每口日给米三合三勺小口减半每日约需米八十余石著加恩赏发京仓稄米二千四百石以资赈济等因嗣经查明每日需米八十七八石原领米二千四百石不敷一月之用复奉上谕再拨给稄米二百四十石以资接济俟一月期满时应否展赈之处著汪承霈等察看情形据实具奏钦此旋据顺天府会同副都御史奏灾民赴工挑河毋庸展赈奉上谕其中妇女幼孩及老病残废不能佣工者著于增寿寺地方照五城之例设立饭厂煮赈一月每日给米三石等因钦此

一嘉庆六年奉上谕现闻各厂贫民就食者比往年人数较多著加恩添赏米三百五十石于京仓内支领分给十厂散放等因钦此

一嘉庆十一年钦奉上谕近日京城米价较昂昨虽得有透雨而青黄不接之时市值尚未能骤减贫民口食维艰著于五城适中处所设厂发给米麦各四万石平价粜卖以便民食其拨用何项米麦及派员经管之处速行妥议具奏钦此经户部议准于粳米内拨米四万石现在粮价每粳米一石市价制钱一千八百五十文酌减制钱二百五十文以一千六百文出粜至麦石一项前因麦性难以久贮奏准将仓存麦六万石搭放甲米今仍全数拨出与米石一同减价平粜现在每麦一石市价制钱二千八百文酌减制钱三百文以二千五百文出粜其出粜之米每人每日准其籴买自一二升起至一斗止出粜之麦每人每日准其籴买自一二升起至二斗止均不得逾数多买如市价递平官价亦奏明量为酌减其余均照从前章程办理

一嘉庆十五年仓场侍郎以旧存麦石不耐久贮奏交户部核办经户部议将旧存漕白麦七万四千余石发城出粜以裕民食漕麦市价每石制钱二千八百五十文酌减制钱六百文以二千二百五十文出粜白麦市价每石制钱二千九百五十文酌减制钱七百文以二千二百五十文出粜余照从前章程办理嗣据巡城御史海洪阿等以贫民家无磨具等因将前项出粜麦石奏交铺户领卖旋经左都御史王集等奏明麦质多不坚实请将漕白麦二项每石酌定制钱一千六百文交铺户领卖交价其各铺户自行粜卖麦每石制钱一千七百五十文较户部原定价值拟减制钱五百文如铺户磨面零卖每斤酌定制钱二十文五城出示晓谕居民令其照价承买庶于民食有益而铺户亦得稍沾余润其支领运脚等费即在其内毋庸另作开销领粜麦价勒限两个月陆续汇交司坊官具批赴部呈交

一嘉庆十六年奉上谕京师雨泽稀少二麦歉收市集米价不无昂贵贫民口食维艰朕心廑念著于五城适中处所分设厂座发给仓贮米麦平价粜卖以便民食派润祥诚安帅承瀛曹师曾康纶钧马履泰卢荫溥莫瞻菉彭希濂费锡章等十员会同各该城御史分头经理其应如何设厂定期并拨用何项米麦应需若干及如何减价之处著该部即查照向例速行妥议具奏钦此经户部奏查京仓旧存粳米一百五十余万石稄米三十万余石现在新粮陆续进仓维新到麦仅六万余石除年例应用外存贮无多请即于仓存粳米内拨出四万石稄米内拨出四万石分给五城设立十厂减价粜卖以便民食现报粮价每粳米一石市价制钱二千二百文酌减制钱四百文以一千八百文出粜稄米每石制钱一千七百文酌减制钱四百文以一千三百文出粜其余均照从前章程办理

一嘉庆二十二年奉上谕章煦等奏请赏拨通仓稄米并西山一带量给本色米石一折大兴宛平两县赈米不

敷著加恩再赏给通仓稄米八千石仓场衙门即行拨给俾资赈济其应拨天津北仓存贮稄米一万石准先就近于通仓支领即以应领之米归款宛平县属西山一带酌放本色三四成之处并著照所请行钦此

一嘉庆二十四年奉上谕刘镮之奏查明大宛两县被水较重村庄请先发帑米办理急赈一折著户部即拨银三千两仓场侍郎即拨粟米三百石交顺天府迅速派员承领分设粥厂以济民食钦此又奉上谕刘镮之奏筹办京县灾区急赈事宜一折永定河漫水下注大兴宛平二县所属村庄被灾较重急应设厂煮赈以济民食现据勘明大兴县所属被灾较重共一百九十村庄应设厂四座宛平县所属被灾较重共五十四村庄应设厂二座已另降谕旨简派卿员十二人分赴六厂督办刘镮之即饬该县等迅速搭盖厂座领运米石即照所请自八月十六日开厂至十月初一日止所需粟米一千五百石除前经拨给三百石外著仓场侍郎再于京仓拨给粟米一千二百石交该府尹迅速派员分领至所奏赈务经费银两例由藩库拨解此次京县办理急赈若俟直隶解运徒延时日著刘镮之核计如前次拨发银三千两尚不敷用应续请若干即自行奏明由户部就近动拨事竣核实报销其另折奏固安县被灾村荘应行赈恤之处本日据方受畴奏请已降旨一体设厂煮赈著即会同方受畴妥办经理用副朕加惠灾黎至意钦此

一顺天府尹奏准大兴县四厂因岳家务等处阻水村庄粥米兼放添派粟米二百石以资赈济【嘉庆二十四年】

一嘉庆二十四年奉上谕刘镮之等奏请领大赈银米并酌留煮赈厂座一折著照所请大赈稄米三千六百石煮赈粟米八百石俱于京仓拨给大赈银一万二千两煮赈经费银一千两俱由广储司拨给该府尹等即派员承领认真妥办务令实惠及民勿致稍有侵冒其黄村所留煮赈厂座本系大兴县地方应归该府尹办理方受畴前奏固安附近黄村地方留厂之处应移应撤著交该督自行酌办钦此

一道光二年奉上谕颜检奏被灾州县需用赈米请拨通仓米石以资赈济一折直隶省被水之区据颜检查明应赈者四十余州县共需大赈米三十五万石除由天津县北仓及各州县常平仓内动拨外尚有不敷米十万石等语著照所请准其于通仓内照数拨给以资赈济如有余米留为来年加赈及借粜等项之需该督即分饬办灾州县赴通领回核实散放认真经理务期实惠及民俾灾黎不致失所如该州县有办理不善及克扣浮冒情弊该督立即严参惩办毋得稍事姑容该部知道钦此

一仓场奏准查散赈向用稄米通仓稉稄二项每年收贮六千余石为看仓弁兵之用本年六月因雨水过大兼之京仓廒座不敷奏明截拨平斛稉米二十二万二千余石稄米六万七百余石分贮通仓作为文武官员明年春秋俸米之用今直隶省请拨通仓米石即将分贮之稄米内拨给六万石再拨给稉米四万石交直督支领仍存稉米十八万余石稄米七百余石计明年文职四品以下武职三品以下世职子男以下应领春俸稉米足敷支放其不敷关支之稄米即照例以稉米抵给【道光二年】

一顺天府奏准设厂煮赈在芦沟桥等四处拣择宽大庙宇搭盖棚座置备器具柴薪妥为办理请拨京仓粟米四千石并经费银二千两即于八月初一日开厂米石经费傥有不敷届期再行酌办经户部议准查各仓存贮粟米除已将北新仓粟米先行拨给二千石外其余粟米请于海运仓存贮稄米内拨给二千石通融抵放【道光三年】

一道光三年奉旨卢荫溥等奏酌改添设饭厂应折给米粮散放章程著照所议采育村庞各庄各添设饭厂一座其煮赈之例本系每日大口准报销米三合小口减半惟念贫民逐日赴厂领饭跋涉维艰著准其折给米粮以五日之米并一日给发每月于逢一逢六日散放每次大口给米一升五合小口给米七合五勺均于九月初一日开厂折米散放著户部即拨给稄米二千石经费银一千两该府尹等严饬大兴宛平二县赶紧预备妥为经理事竣核实报销至芦沟桥一厂改设大井村并黄村东坝清河共四厂亦著于九月初一日起改折米粮散放俾得普沾实惠钦此

一道光四年奉上谕据陈若霖等奏大兴宛平两县饭厂存米无多请再赏米石分拨四厂接济煮赈等语现距麦秋尚远饥民待哺甚殷所有芦沟桥等四处饭厂著加恩再赏米四千石以资接济该府尹等务督饬所属认真妥为经理以副朕轸念穷黎有加无已至意钦此

一道光四年奉上谕御史程矞采奏五城停止饭厂请将赏拨余米分给栖流所以养老弱流民一折本年京城内外赴厂就食流民甚众现在顺天府五城饭厂已届停止除年力强壮力能佣趁耕作者不准留滞京城外其实系

老弱流民势难各回乡里若任其在京觅食糊口无资情形殊为可悯据该御史奏称各城俱于栖流所筹画经费暂为收养并添觅空房使之居住请将五城十厂前经赏拨未领余米一千五百石分给五城栖流所每城可领米三百石照放赈之例大口五合小口减半逐日分别散给著即交各巡城科道等饬属领米散放并将该流民等藉贯姓名询明注册给予戳记籤牌随时稽查妥为经理务期实惠及民毋许假手书役吏胥致有侵渔克扣之弊并著都察院堂官不时前往查察如有弊端立即严参惩办无稍徇隐钦此一普济堂功德林二处粥厂收养贫民每年于十月十五日开堂起至次年清明节散堂止赏给京仓小米三百石如就食贫民过多由顺天府奏请展限并请加赏米石【咸丰三年四年各加赏小米二百石同治五年二月加赏小米二百石同治八九十等年各加赏小米五百石十一年三月加赏小米二百石八月又加赏小米五百石十二年加赏小米五百石】

一咸丰七年七月钦奉上谕惠亲王等奏遵议散放八旗赈米一折著照所请八旗满洲蒙古汉军暨内务府三旗每日每旗各领米六石由户部筹拨各该旗都统酌量户口多寡分成散放并著查旗御史会同各该旗都统副都统轮往监视以昭核实现在米价昂贵八旗生计维艰若俟至九月始行散放恐不足以资接济著各该旗于酌定章程后自本月起即行散放以示朕恩膏速沛至意至八旗官绅中有愿捐资助赈者即照所议令赴捐铜局及火器营上兑另款收存以备采买米石之用余依议钦此经户部查照原奏八旗每日各领粟米六石内务府三旗每日共领粟米六石统计每日共需米五十四石分成散放行令仓场先期派定仓口知照各该旗按月支领所有车脚运费应由八旗都统暨内务府于每月领米时先期垫发按道路远近核实报销赴部领取归款仍将放领完竣日期报部查核【查此项放赈米石自咸丰七年六月放起至八年二月展限三个月】又咸丰八年六月钦奉上谕前因米价昂贵八旗生计维艰业经降旨展限三个月散放赈米以示体恤现在米价仍未平减若将赈米放至五月停止恐不足以资接济著加恩再行展限三个月仍由户部拨给米石著各该旗酌量户口多寡分别散放并著查旗御史会同各该旗都统副都统轮往监视核实办理用示朕恩膏叠沛至意钦此

一同治六年钦奉上谕户部奏遵议外城粥厂酌给粟米一折所有东城之卧佛寺南城之打磨厂西城之长椿寺法源寺北城之圆通观梁家园各厂每月共需粟米二百七十石著照部议于八月初一日起由各城按月咨户部札仓照数给发该御史等务当督率绅士妥为施放毋任侵渔用副轸念穷黎至意余著照所议办理钦此【计东城卧佛寺南城打磨厂每月各领粟米六十石西城长椿寺每月领粟米三十石法源寺每月领粟米六十石北城圆通观梁家园两厂每月各领粟米三十石】

一同治六年钦奉上谕仓场顺天府奏粥厂劝办不敷援案恳恩加赏米石一折通州王恕园粥厂向由该处绅民捐资办理近年贫民就食较多今春于每年赏给粟米三百石外复加赏粟米二百石兹据该仓场侍郎等奏称本年夏间亢旱秋间河水漫溢被淹村庄较多饥民就食尤众现在节届冬令著再加恩赏给粟米一千石即由通仓支给分拨王恕园等处散放以惠穷黎该部知道钦此嗣于同治十年十二年十三年均由仓场侍郎等援案奏恳恩加粟米一千石由通仓支给分拨王恕园等处粥厂散放均奉谕旨允准

一同治七年钦奉上谕崇厚奏请拨北仓余米抚恤难民等语直隶沧州等处地方既被兵灾又遭水患闾阎疾苦甚为可悯崇厚拟将天津北仓余存备赈粳米拨放沧州南皮盐山庆云吴桥东光宁津各处难民系为抚恤流亡起见自应照所请办理其河间天津以西直隶各府属虽经被扰尚未被水地方应否概行抚恤之处著官文查明筹办北仓所存余米于沧州等处散放外能否匀拨他处抑须另筹款项均著官文崇厚妥商办理山东被灾被扰地方亦应分别轻重酌量抚恤著丁宝桢妥速筹办以安穷黎钦此

卷六十五·京通粮储·发粜仓粮

一各仓久贮米石遇有附近地方米价腾贵挨陈发往平粜仍照所粜价值依限交部【康熙四十二年】

一各厂发粜成色米石雍正九年题准老米每石作价一两稜米每石八钱粟米每石六钱其盘量亏折每石准销耗米一升雍正十一年奏准各仓变色米石按成估报酌减粜卖雍正十二年奏准每放完一厫米石令该监督查明气头厫底米数估定成色并将该厫收贮年分逐一声明仍委员查验确实与应有气头厫底之数相符即行咨部发粜

一雍正十一年经仓场奏明将存仓稜米发粜一百万石节年粜卖十万余石尚存未粜米八十余万石均系雍

正三年以前陈积其间多有气头厫底亟需售粜乾隆二年奏准钦点大臣会同仓场验估成色发粜

一乾隆二年京城雨泽愆期米价稍长钦奉上谕拨米五城各厂平粜嗣又奏准于近京东南西北四乡添设八厂拨米平粜以济民食四乡八厂监粜官各部院拣选司官八员内务府拣选司官八员干清门侍卫八员每厂计官三员每日二员在厂监粜一员轮流察访如有囤积等弊即行拿究每厂书吏二名斗级八名夫役四名令地方官拨给供役每官一员跟役三名共给银五钱夫役每名日给银六分书吏每名日给银八分以为日用之需各仓运米到厂令仓场拨车并顺天府雇车运送拨粜米石每石准折耗二升粜价银钱兼收十日一次解部

一五城十厂平粜原系城外四厂城内六厂乾隆三年因发粜米石加多乡民入城不无守候奏准将城内原设六厂移于城外关厢设立每城派御史一员监粜

一五城十厂并通州粜卖各仓气头厫底米石钱文定例逢一逢六五日一次投批逢五逢十查收无论多寡尽数交纳因各厂俱不遵照办理恐有卖多报少挪新掩旧之弊乾隆六年奏准每厂颁发循环簿二本令其逐日登填粜卖米石钱文并实存米石各数按月送部换给仍以一六投批五十交钱无论多寡尽数交纳仓场将各仓米石于部檄发粜文到之日就各仓近便地方按分均派令各厂领粜如一仓之米过多即分两厂过少则一厂并领二仓本裕丰益二仓米石酌派北城领粜通仓米石尽通厂支领之外匀给东南两城

一各仓发粜气头厫底米石向系各仓监督直檄五城领粜并不移会御史乾隆六年奏准令各仓监督将米数移会五城御史酌派领粜

一乾隆九年京师粮价增长奏准四乡设厂平粜照乾隆二年之例遣侍卫等官前往查办

一京通各仓每季支放俸甲米石均有气头厫底向例随报随发各城按成减价发粜乾隆九年奏准每年分作两次其京仓夏秋两季并通仓春季留于十月以后发粜京仓冬春二季通仓秋季留在三四月间发粜

一乾隆十三年京师米价渐昂且逢闰月奉特旨照乾隆八年之例将京仓米石给发各旗并五城米局减价出粜以平市价

一乾隆十三年通州米价亦未平减奏准照京城减价平粜粜价照部定数目易银解部

一豫省漕粮每年改征小麦一万石运仓除内务府应用外尚有余剩不便久贮乾隆十三年奏准将余剩麦数报部令五城照市价粜卖所粜银两解部查收

一每年冬月京师五城设厂煮赈贫民所用之米间有成色米石乾隆十五年奏准俱以十成稄米给发至挽运漕粮时狼撒扫收之米发各城粜卖

一通仓放剩气头厫底米石向例春季在本年十月以后发粜秋季在次年三四月间发粜乾隆十六年因米价稍昂奏准将春季俸米放剩气头厫底米石移前数月于四月内即行粜卖以济贫民

一五城通州监粜各官于六部司员内拣派吏部派定中城户部派定南城礼部派定通州兵部派定北城刑部派定东城工部派定西城由户部将卖米原案抄录札付各员令其任事一年一次更换仍俟将届期满一月以前将札付呈明更替乾隆二十三年奏准各城粜卖土米报销文册责令该城御史核明加结分送户部都察院查核如遇领米开粜日期监粜各员协同该城御史赴厂稽查

一五城粜卖成色米石乾隆二十三年奏准如遇领米开粜日期责令监粜部员协同该城御史亲赴该厂逐一稽查其五城领米之时令司坊官亲身赴领如遇公务分身不遑仍慎派妥干书役持领赴仓拉运并呈报巡查御史查明应领数目按色验放并将米样封交该城御史暨监粜官于开粜时比对

一乾隆二十四年三月京师米价稍昂京仓内拨米五万石在五城适中地方设厂平粜是年五城呈报市价老米每石大制钱一千五百五十文稄米每石大制钱一千三百四十文粟米每石大制钱一千一百七十文奏明三色米石照市价各酌减大钱一百文先行试粜市价稍平官价亦量为递减嗣于四月内钦奉恩旨将河南山东二省运京麦石分发五城米厂平粜除杂粮行户不准领买令五城面铺赴厂领票买麦磨面卖给民食以五石为率五城呈报麦价每石市价大钱二千一百二十五文每石酌减三百二十五文以一千八百文粜卖是年三月二十六日平粜起至闰六月十五日停止

一乾隆二十四年议准平粜钱文支给挑挖河道工程处八万四千余串其余粜卖钱文发给铺户领买每制钱八百八十文易库平纹银一两解交部库

一乾隆二十七年平粜五城呈报市价老米每石大钱一千六百九十文稜米每石大钱一千四百二十六文粟米每石大钱一千三百七十三文奏明拨三色米五万石照市价每石酌减大钱一百文嗣于五月内奏明老米每石照原议又减大钱一百五十文以一千四百四十文粜卖稜米每石减大钱一百二十六文以一千二百文粜卖粟米每石减大钱一百七十三文以一千一百文粜卖老米一项三次又酌减大钱一百文以一千三百四十文粜卖六月内钦奉谕旨将豫东二省运京麦石交五城粜卖照市价一千九百文每石酌减大钱二百文以一千七百文粜卖所有平粜米石自二十七年三月初十日平粜起麦石自八月初十日平粜起均至二十八年六月十八日停止

一乾隆二十七年平粜钱文一面招商易换一面于土道工程处照例交步军统领衙门每该工给制钱一千文易银一两二钱仍照南市钱平解交部库

一通仓成色米石向例通州州城设厂粜卖乾隆二十七年将通仓成色米石在于州城及适中之漷县城内分厂粜卖一乾隆三十八年豫东二省采买运京平粜麦石业已停止所有粜剩麦石照运送内务府余剩麦石之例准其檄仓发城按照时价变价

一乾隆三十年京仓未领成色米石奉旨工程处曾经领用官米此项成色米石不必交五城粜卖著交与工程处领用钦此

一乾隆三十五年平粜麦石五城呈报市价每麦一石大制钱二千七十四文照市价酌减二百七十四文以一千八百文出粜并磨面粜卖白面每斤大制钱十六文次白面大制钱十五文黑面大制钱十二文麸子大制钱七文所需磨面人夫工食骡头草料等项于平粜钱文内动支嗣又奏准每麦一石照原议酌减大制钱一百文以一千七百文出粜又因麦质稍次照官价减钱二百文粜卖又于三十六年四月钦奉谕旨于京仓量拨米石给五城平粜奏明拨老米三万石稜米二万石老米每石照市价酌减大制钱一百四十一文以一千六百五十文出粜稜米每石照市价酌减大制钱一百三十九文以一千二百文出粜又拨粟米五万石照市价每石减去大制钱二百六十七文以一千文出粜至所卖麦石因市价平减又酌减二百文以一千五百文粜卖自三十五年六月二十六日起至三十七年五月初四日停止

一乾隆三十五年户部奏各处工程俱届报竣无庸给发工价请将平粜钱文令五城十厂十日一次解交银库搭放兵饷每饷银一两给制钱一千文酌扣脚价五文以九百九十五文给发奉旨此项钱文著交圆明园工程处动用钦此

一平粜钱文渐积渐多钱文壅滞市价势必渐昂嗣后各厂所卖钱文交步军统领衙门按市价陆续兑易其车脚费用按例开除所易银两照南市钱平交库流通市价【乾隆三十五年】

一五城粜卖钱文积至一千串工程等处现在既不支领各厂又不便存积过多莫若招商出售令步军统领衙门及顺天府速即招商径赴各厂就近领买分售仍将所易银两照原平解交部库【乾隆三十五年】

一乾隆四十年平粜拨老米一万石稜米二万石粟米五万石老米每石照市价酌减大制钱一百六十八文以一千四百五十文出粜稜米每石照市价酌减大制钱一百二文以一千一百文出粜粟米每石照市价酌减大制钱一百二文以八百五十文出粜自五月十六日平粜起至七月二十日停止

一乾隆四十年平粜钱文一半解交步军统领衙门一半解交工程处应用

一乾隆四十三年平粜先拨老米五千石稜米一万石粟米二万石减价出粜并照向例每人每日籴买不得过二斗之数又拨麦二千四百余石令五城磨面小铺零星承买以二石为率磨面粜卖接济民食如民间家有磨具情愿领买者亦听其便

一乾隆四十三年内廷各处需用麦石奉旨将御膳房等处额用麦面裁减一半发交五城平粜钦此

一各仓于车道等处扫收米豆并不在岁报盈余土米之内其七成以上者筛扬洁净实数归仓照盈余事例作正关支六成以下者发城照土米之例领卖【乾隆四十四年】

一陕西采买运京麦五万石留贮通仓照四十三年发给在京铺户领买之例令五城司坊官查明殷实铺户报明户部认买先交麦价由户部发给执照听其自赴通仓支领来京发卖照现在市价每石一两八钱之数减去一钱以一两七钱发粜【乾隆四十五年】

一各城分领禄米等仓旧存余剩麦二百九十五石零经五城御史以现查市卖麦价每石一两九钱四分今各

厂领出各仓旧存麦石每石仅值银一两六钱七分此项麦石贮仓日久虫蛀霉变体质低微咨明免其增估价值

【乾隆四十八年】

一乾隆四十九年平粜麦石市价每石核大制钱二千三百六十一文酌议每石减钱九十文以二千二百七十一文照四十三年平粜之例令五城磨面粜卖接济民食

一乾隆四十九年奉天采买麦石运京钦奉恩旨交五城设厂平粜并将京仓旧存豫麦九千余石于奉麦未到之前先行出粜续经奉省将麦石运到饬厂领粜旧太北新海运三仓中有搀杂豫省旧麦询知各仓旧廒均有存贮豫麦此次奉天新麦入仓时未将廒底分别扫除洁净以致旧麦多有搀混虽豫省麦石亦系例应出粜尚无别项抵换情弊但该监督办理不善除将此项麦石仍交五城照常出粜外所有旧太海运北新各仓监督交部议处并将未行查出之仓场侍郎一并交部察议

一乾隆五十年奉省二次采买麦三万石运到京师粜卖以平市价仿照王公官员承买黑豆之例准令官员承买定为武职一二品间散及三品以下等官文职七品以下等官承买每石比时价减银二钱五分五厘以二两三钱卖给令各衙门出具印领赴仓承买所卖价银在于各该员俸廉等项银内依限照数坐扣完项

一乾隆五十二年六月奉上谕米粮价值民食攸关现在市价稍昂自应平粜以资调剂所请拨米三万石为数尚少竟著于京仓内拨米五万石每城交与一万石若仍照旧例每城设立官厂既不免经费之繁而经管之大臣官员耳目难周势不能不委之司坊官家人吏胥等承办难保无暗中串通滋弊情事仍属有名无实朕意不若于五城各派大臣一员在城内城外公同拣择殷实大铺户各一处将官米交给该铺户自行粜卖仍官为酌定价值令其稍沾余润俾资赡给所有卖出价值即随时缴纳著派尚书胡季堂侍郎惠龄汪承霈海宁德成各分管一城率同该城御史专办其事并会同步军统领顺天府严密查察如该铺户不遵官定价值仍私行抬高牟利者一经查出不但将官米撤回另选殷实大铺承粜并将其铺内自买米石一并入官为平粜之用仍将该商治罪其有不愿领米者即将把持禁令奸商治罪如前另选一人充之如此惩一儆百则粜卖官米之商人知所畏惧自不敢复蹈故辙而各城既有官米铺户平价出售小民自必皆赴该铺籴买其余民间米铺若抬价居奇亦无人向彼籴买则该商等自不能不仿照官定价值出售米价不期贱而自贱所谓无官局之名而得便民之实似为妥善至仓内官米若概行发给恐该铺无地容贮著酌定数目陆续发交该铺户收领零星粜卖并著留京王大臣总司其事现定于六月二十日即行开粜其应如何酌定章程办理之处即行详悉妥议迅速奏闻以便届期举行钦此经留京王大臣等奏向来五城平粜皆于内外城适中之地设厂使小民便于籴食今虽改交商办仍于适中地方每城选择殷实铺户二家令其将领出粗米尽行舂细按八折交出细米所余碎米糠秕尽可抵给舂碾工费查粮价粗稄米一石制钱一千五百四十文今酌议每石以一千四百四十文粜卖其粜出细米即照此以八折核算应粜米五万石陆续发交每日定以五百石为率令五日一领每次领米二千五百石所用升斗照依户部官斗较准烙印领用其赴仓领米车价即于出粜米价内按部定车脚随时给发不得另行开销所有出粜之钱照例令司坊官陆续解户部搭放兵饷工程等项之用九月奉上谕前因京城米粮市价昂贵特经降旨于京仓内拨米五万石分给五城地方发交殷实铺商减价平粜并派监粜大臣率同五城御史专办其事并令会同步军统领顺天府各衙门严密查察以平市价自平粜以来虽觉粮价渐减但恐粜竣之后又复渐次加长非朕轸念民依随时调剂之意著再拨发京仓米五万石交与五城地方减价平粜俱著照前次章程妥协经理俾军民均沾实惠以副朕加惠无已至意钦此十一月因米价业经平减秋成又值丰收奏明将官厂暂行停止

乾隆五十三年三月将上年未卖稄米三万四千石并各仓现贮麦石除备用外尚余四万四千石遵旨一并平粜麦石一项交五城拣选殷实面铺磨面粜卖每人不得过十斤之数市价麦每石制钱二千一百七十文酌议减钱一百七十文以二千文出粜计麦每石例得磨成面麸一百三十五斤内应出头白面五十五斤次白面四十斤黑面十斤麸子三十斤酌定价值上白面每斤二十二文次白面每斤二十一文黑面每斤十四文麸子每斤十一文以上面麸共计卖得制钱二千五百二十文内除磨面工价钱四百文交官钱二千文下余钱一百二十文给予铺户是年平粜米自三月二十六日起至六月初四日停止平粜麦自四月初八日起至七月二十九日停止

一平粜麦四万四千石磨面发粜小民易于买食若每城只设一二铺恐小民居址较远籴买未便今酌议将仓存麦石五城正副指挥赴仓支领即责成各该员于所属地方内查明远近各适中之地有磨殷实铺户十家按铺散

给承领仍令该指挥等造具各该铺户花名清册及坐落地方呈送各衙门以凭稽查

一平粜麦石定日开粜起令五城正副指挥预期赴仓支领按每员应领麦四千四百石限五日赴仓支领一次每次各领麦二百石其应需脚价照依五城赴仓支领平粜米石之例准其于面价钱文内照数扣除

一正副指挥两处每次各领麦二百石即分交各该管铺户每日磨麦四十石总计可得面麸五千四百斤内上白面二千二百斤次白面一千六百斤黑面四百斤麸子一千二百斤零星售卖以便小民籴食

一粜卖麦面钱文饬令各该铺户按日交各该指挥处收贮俟积有成数陆续具批赴部交纳一平粜麦面原为利于小民食用若不于承买之人定以限制诚恐启奸商囤积之弊酌定每人承买自半斤至十斤为止不得过十斤以外令各该指挥各就所属铺户严密稽查倘有多买及私行囤收情弊即行查拿究治

一承买麦石各铺户官定价值之内既已俾沾余润该铺户等自应遵照官价出售毋得多收钱文短少斤两以及将次白顶替头白黑面搀杂白面等弊一经查出即于该铺门首枷号示众

一平粜面麸必须斤两平准应令五城铺户各制十六两秤一杆注明姓名交该指挥持赴户部较准烙印发给应用如有仍用铺中私秤售卖者查出治罪

一各该铺户既承买官麦磨成面麸出粜不得藉称官面粜完将私有面麸售卖高抬价值一经查出定行从重治罪

一平粜面麸原使小民均沾实惠而吏胥人等易滋弊端除监粜大臣严密稽查外仍责成各该指挥等不时访查如有书役家人等勒索滋事该员等失于觉查别经发觉将该指挥等一并严参究治【以上九条均乾隆五十三年】

一乾隆五十五年平粜拨出稄米三万石令五城设厂即将粗米粜卖每人每日准买三五升至八九升总不得过一斗之数听其自向碾房对换五城呈报粮价每粗稄米一石制钱一千四百文酌减每石以一千三百文粜卖自八月初一日起每日粜米一百石至九月初一日粜竣

一乾隆五十七年平粜拨出京仓气头廒底粳稄粟米二千七百余石谢君美米局入官各色米一千二百余石又仓存稄米四万六千余石共米五万石又拨出仓存漕麦四万石分给五城十厂减价平粜市卖粮价每稄米一石制钱一千三百五十文酌减制钱一百五十文以一千二百文出粜市卖麦价每石制钱二千一百二十文酌减制钱一百二十文以二千文出粜至京仓气头廒底及谢君美米局入官各色米三千九百余石经监粜大臣饬令顺天府经纪确估八成粳米七十一石九斗每石按市价酌减制钱一百五十文以一千二百五十文出粜九成江米九十六石四斗每石按市价酌减制钱四百文以二千文出粜四成白粳米三十一石每石按市价酌减制钱一百文以九百文出粜又不计成白粳米十石每石按市价酌减制钱一百文以四百文出粜六成稄米四十石每石按市价酌减制钱一百五十文以七百五十文出粜不计成粟米九百七十五石四斗每石按市价酌减制钱五十文以二百文出粜又气头廒底南新仓四成稄米一千一百三十石禄米仓四成粳米九百七十三石每石均按例价酌减制钱四十二文以三百文出粜五城稄米三百六十石每石按例价酌减制钱三十七文五毫以三百文出粜五成粟米二百四十四石每石按例价酌减制钱四十七文五毫以二百文出粜均匀分派十厂具领赴厂粜卖其麦石一项因开粜后承买之人较籴米者稀少又议酌减制钱五百文以一千五百文出粜自闰四月初十日起每厂日卖米麦九十石十厂每日共卖米麦九百石至七月二十日尽数粜竣

一嘉庆七年奉上谕现值青黄不接之时京城米价不无昂贵闾阎口食维艰自宜量为调剂著加恩减价平粜其应如何分厂并拨用何项米石及派员经理之处著该部妥议具奏等因钦此户部查各仓溢额稄粟二项约计二万六千余石尚可减价平粜现在月报粮价每稄米一石市价制钱二千九百文酌减制钱四百文以二千五百文出粜每粟米一石市价制钱二千六百文酌减制钱四百文以二千二百文出粜又十成土米一项应一并拨出发粜照乾隆五十七年平粜之例由监粜大臣估计减粜其每人每日籴买米数俱请照从前成案自一二升至二斗止不得逾数多买如市价递平官价亦奏明量为酌减并照向例奏派监粜大臣十员各司一厂以专责成并会同五城御史在厂严察妥办仍令步军统领衙门选派弁兵密为访查如有奸商影射偷籴及胥役藉端需索等弊查出即行从重究治至粜卖钱文照例陆续解部以备搭放兵饷工程之用其应给车脚等项均照从前章程办理嗣据监粜大臣量验试煮盈余稄米按市价每石实只值钱二千文粟米每石实只值钱一千八百文查照原奏每石酌减四百文盈余

稜米每石粜价一千六百文盈余粟米每石粜价一千四百文至筛扬土粳米较市集粳米相去甚远每石粜钱六百文土稜米每石粜钱一千文土粟米每石粜钱六百文

一嘉庆十七年奉旨据稽查京仓御史等奏上年冬季各仓领运土米稽查完竣一折五城领运各仓土米责成查仓及巡城御史稽查每季汇奏一次总以并无好米搀杂等词联衔具奏其实各仓积弊往往于领运时土盖腐朽土米暗将好米影射在内运出售卖该御史亦并未逐细查验不过奉行故事一奏塞责殊非核实之道嗣后各仓出放土米时著该查仓御史亲往眼同验放实力稽查如有搀和掩覆等弊立即据实参办毋得视为具文钦此

一嘉庆十八年上谕京畿自入春以后雨泽稀少麦收无望现在市集粮价增昂贫民口食维艰朕心深为廑念著于五城分设厂座平粜麦石以济民食派玛尼巴达拉书敏阿隆阿佛住宝伦曹师曾嵩福赓泰英绶常英罗卜藏多尔济穆彰阿永芹书兴景兴永祚伊勒通阿费锡章庆惠彭希濂二十员分赴十厂会同该城御史妥为经理此系加惠穷黎之事如有奸胥市侩冒领囤积立即严拿惩办其设厂地面并麦石数目及如何减价之处著各该衙门查照旧章迅速具奏钦此经户部奏准于本年新收仓麦内拨出四万石分给五城十厂每麦一石减价六百文以二千一百文出粜每人每日准籴一二升至二斗止其粜卖钱文解部搭放兵饷工程之用应给车脚役食照例支销

一嘉庆二十三年奉上谕王鼎等奏大宛二县村庄应请平粜一折京师入春以来总未得有透雨大兴宛平二县所属村庄粮价加增民食未免拮据著加恩即于京仓拨给麦一万石交顺天府领运于城外四乡按村庄远近分设厂座减价平粜以资接济如敷用则已若有不敷再行奏请续拨钦此

一嘉庆二十三年奉上谕本年各直省奏报二麦分数自八九分至六七分不等合计均属有收惟顺天府属及甘肃省春间雨泽稀少兹据长龄奏甘省四月内霡雨并沾二麦长发民情极为宁谧其顺天府属自四月下旬以来虽已陆续得雨究未十分深透朕已优加恩恤蠲缓兼施并给发米麦交顺天府设厂平粜因思近畿各州县穷黎居住稍远者恐觅食较难著加恩再赏给粟米六千石交顺天府以三千石令通永道叶绍本督属在于燕郊夏店三河一带地方分厂减价平粜以三千石令坝昌道龄住督属在于南石槽怀柔一带地方分厂减价平粜仍由顺天府派委妥员分赴各该处认真稽核务期实惠及民以副朕惠爱黎元有加无已至意钦此

一嘉庆二十三年五月顺天府奏钦奉上谕著再拨麦五千石粟米五千石交顺天府领运接续平粜统俟甘霖大沛之日停止等因钦此嗣于六月初三日京城内外普被甘霖惟民间现粮尚少犹资籴食户部奏准前项米麦减半各给二千五百石平粜其余毋庸具领

一各仓气头廒底米石奏定例限于五日内派员勘估该委员于五日内占定成色结报仓场仍于十日内咨部于部文覆准之日起限仓场于十日内知照都察院札知五城司坊于一月内领竣倪司坊官迟延由查仓御史参奏如仓监督勒措不行开放由巡城御史参奏再各城领粜成色米豆变价银钱随时解部不得迟逾至平粜米麦钱文一项出粜完竣限两个月照数解完并将报销清册送部核题查有逾限即行参办【道光元年】

一道光三年奉上谕京畿自入夏以来雨水过多现在市集粮价增昂贫民口食维艰朕心深为廑念著于五城分设厂座发给贮米五万石平价粜卖以济民食此系加惠穷黎之事该城御史务妥为经理并著都察院堂官随时前往各厂严密稽查如有奸胥市侩冒领囤积居奇立即严拿惩办其设厂定期并拨用何项米石及如何减价之处该部查照向例迅速妥议具奏钦此经户部奏准于海运仓酌拨粳米三万石稜米二万石分给五城粳米每石减制钱五百文以一千八百文出粜稜米每石减制钱六百文以一千二百文出粜每人每日籴买米石仍不得逾数多买粜卖钱文陆续解部车脚等项均照旧章办理

一御史杨九畹奏请各仓土米随时筛扬作正搭放经部议覆各仓米石分别存贮年分揭除气头廒底仍照旧章发坊粜卖除不及二年者不准揭除外其贮廒二年以外者揭除气头毋过一百石廒底毋过二十石贮廒三年以外者揭除气头毋过一百五十石廒底毋过三十石至四年以外虽历年多者仍不得过定例二百五十石之数责成查仓御史于阄廒开放时据实查验率同该监督眼同领米旗员照例揭除气头移贮空廒每俟放竣一廒将廒底一并另廒移贮即时标封俟出粜时查验开封以防偷换【道光三年】

一道光四年奉上谕朕闻京畿近来市集粮价腾贵贫民口食维艰亟应量为接济著于五城分设厂座发给仓贮米五万石平价粜卖俾穷黎均沾实惠该城御史务妥为经理并著都察院堂官随时前往各厂严密稽查如有奸胥市侩冒领囤积居奇立即严拿惩办其设厂定期并拨用何项米石及如何减价之处该部查照向例迅速妥议具

奏钦此经户部奏准于北新仓拨给粳米三万石稜米二万石分给五城粳米每石减制钱八百文以一千九百文出粜稜米每石减制钱一千文以一千五百文出粜仍照上年奏定章程办理一道光四年奉上谕御史王世绂奏请酌拨平粜米石接济饭厂一折前因京畿市集粮价增昂降旨令五城设厂平粜经户部议定平粜官价较之市价减之大半如该御史所奏次贫者自可糊口有资而极贫之户及流离觅食之人无钱籴买仍复待哺自系实在情形著加恩于平粜十厂内每厂拨米一千石发交五城御史及顺天府尹于京城内外饭厂酌量加米展期散放顺天四路饭厂每厂拨米一千五百石其余米石分拨五城饭厂至平粜十厂每厂仍粜米四千石共粜米四万石其粜卖之数向来每人准买二斗易启奸商雇买之弊此次平粜著照该御史所请每人以一斗为限仍著都察院堂官及该城御史遵照前旨随时严查务须认真妥为经理俾穷黎均沾实惠钦此

一道光七年仓场参奏裕丰仓盈余麦石成色石数不符奉旨此案裕丰仓盈余麦石未能筛扬净尽又将上年搭放镶白旗沿途狼洒之麦扫并空殼麦皮之内以致麦石成数不符失察之监督达斌李钟潢著交部议处花户崔俊张志照例责革再加枷号一个月以昭警戒所有五成半麦三百零四石一成半麦二百六十八石著发交五城照例粜卖空殼麦皮并交五城拉运出仓毋许花户人等经手著仓场侍郎严行督饬稽查不可再滋弊端该部知道钦此

卷六十六·京通粮储·钱粮事例

一豫省嘉庆元年应征漕粮钦奉恩旨轮免所有通州所帮船应扣一半乾隆六十年未奉文停运之先领过月粮米石因该帮现年并无应领本色米石题准于嘉庆二年承领本色月粮米内扣还清款

一仓场侍郎奏调剂大通桥及石土坝经纪车户案内议准将禄米南新旧太海运北新富新兴平太平万安裕丰储济等十一仓应领茶果项下放米制银每石二厘停其支给又大通桥车户津贴各仓收米个儿钱文亦停其给发即于大通桥应领银内按数扣出每年共可得银六千余两一并留贮通库作为排造拨船修理号房挑挖护城河之款嗣后毋庸车户经纪等借款坐扣以免拖累仍令遇有修理号房挑挖护城河应需工料银两切实估计报部核给至各仓花户人等少得制银个儿钱文不无拮据查各仓放米例有应得领米人个票钱文乾隆五十九年议定每石制钱二十八文嘉庆四年奏减八文嗣于嘉庆五年奏明定为二十四文在领米之人所费无几而各仓多此数文以之分抵放米制银及津贴个儿钱文亦属有盈无绌其本裕丰益恩丰中仓西仓等仓仍照旧办理至大通桥排造拨船向来每只祗给料价银一百三十两实不敷用议准加增银七十两又土坝车户等应扣借支各款银一万七千余两内除修理号房排造拨船未扣银四千八百余两应仍照例匀扣外其办理陆运露囤及透支赔修各案未完银一万二千二百余两查非例应坐扣之款责令历任仓场侍郎坐粮厅各员按其在任月日认赔归款【嘉庆五年】

一大通桥车户挪用应剩局钱除车户变产银钱核抵外尙应分赔制钱四万八千一百三十二串六百一十三文又大通桥借支置设宫车牲口及车户长支未完等项应分赔银一万四千一十二两四钱四分七厘又另案土坝车户借支陆运露囤赔修透支未完各款应分赔银一万二千二百四十五两二钱三分按照历任借给之仓场侍郎坐粮厅大通桥监督等员在任年月日期分别承办该管按七成三成逐款认赔造册咨送户部照例著追【嘉庆五年】

一嘉庆五年户部核议仓场侍郎议覆额勒布条奏南北丁役情形一折奉旨军粮经纪名下因露囤借支未完银一万四千七百余两系因从前粮船到迟沿途截卸办理露囤所致长支尙属有因著加恩全行豁免至该经纪等透支脚价长支口袋等项银十二万一千余两与办理露囤之案不同自未便一体豁免但当调剂漕务之时若仍令照原限坐扣恐丁力实有不逮所有军粮经纪应扣未完银一十万一千四百余两著加恩于原限外展限三年白粮经纪应扣未完银一万五千四百余两土坝车户应扣未完银四千八百余两均著加恩于原限外展限五年匀扣俾该役等得项较多得以从容办公等因钦此

一仓场侍郎达庆等奏准大通桥车户照例价于应领脚价内每卯扣存银七百二十五两抵给官豆一千石按卯核计札仓支领【嘉庆七年】

一收买各帮交剩余米价银咨准照经放办买物件之例每库平一两扣平银三分六厘作市平支放在于通库内照数兑给【嘉庆八年】

一大通桥车户承办官豆价银原系奏明查照乾隆五十五年之案解部交纳嘉庆八年因通济库收放银两实不敷用咨准免其解部嗣后轻赍足敷应用之年豆价仍行解部

一通州所协运豫省船只如遇停运之年领过修舱月粮银米除将停运应支减半月粮扣抵外准分作二年扣还【嘉庆十一年】

一各省解通轻赍银两系支放运役脚价及一切经费之用用过银两年终报部核销如有盈余仍令解部傥不敷用准其于部库支领俟来岁轻赍到通除一年支销外尽数解部归款【乾隆五十四五十五六十等年嘉庆八九十十一等年节因轻赍银两不敷奏准由部库发结】

一浙江省嘉庆十二年截拨各帮应给经纪人等个儿钱文仓场照例动垫缘各丁应扣款项甚多经漕运总督奏准分作两年解还以纾丁力

一嘉庆十三年奉上谕据达庆等奏大通桥车户扣款银两恳恩递缓一年一折该桥车户等办理粮运其所领脚价银两因扣项稍多一时无力清款自系实在情形除囤费一项未便停缓仍令追缴外其逾额掣欠一项著加恩即照所请准其将十二年分应扣银一千六百两递缓一年于应得脚价内按卯扣交清款以纾役力等因钦此

一漕船抵坝稽迟必须囤运兼施石坝露囤米石运进京仓所有备办席片苇把绳索及起囤人工夫价经仓场奏明每石给银四分太平仓暂贮米石出入各费比石坝较省奏明减半酌给均于桥坝办公项下动用【嘉庆十三年】

一嘉庆十四年石坝及大通桥沿闸被雨浸湿不堪食用米八百余石又扬州头帮灰暗米六百余石责令旗丁易换食米交纳该经纪仍将原米起卸此二项米石责令经纪换米赔补因该年各帮委无余剩好米无可买补奏明按照例价每石粳米以一两四钱折银交纳

一湖南头二三等帮漕粮寄囤准扬按加二五洪斛交卸并将该丁等未行程途银米作为搭运津贴之费应交楞木席竹系该丁等上年携带完纳所有二五洪斛内三升八合余米价银尚未具领嗣因茶果等项钱粮无力完缴于嘉庆十四年咨准给领

嘉庆十五年山东巡抚吉纶议准给事中史佑条奏二款列后

一山东省漕粮抵通交卸各丁应领余米价银向由通济库给发恐书役等勒索滋弊准于本省州县应解轻赍银内扣留给发旋据仓场奏准仍由通济库支领以归画一

一山东省各帮运丁交纳本仓茶果银两不免加增平饭若随同轻赍并解水脚等项未便开销耗羡议准道库封存径由道押运抵通时带交

一仓场详查历年未清库款案内经纪车户等预支短交银两奏准分年匀扣其续追逾额掣欠银两再行并追未免无以办公复经奏准于前案银两扣完后再行分年接续扣缴以纾役力【嘉庆十五年】

一修理石土两坝号房仓场侍郎奏明动支轻赍银两经户部以轻赍银两系专备转运漕粮之用不应稍有动缺嘉庆五年奏准扣存桥坝办公银两专为修理号房等项而设旋因露囤米石先后在于办公项下支销是以修理号房无项支用议令嗣后桥坝办公扣存银两遇有修理号房排造拨船挑挖护城河三项准其动用设有露囤仓场侍郎自行筹款奏明办理不得动用桥坝办公银两庶以后桥坝办公项下数年积有盈余前动轻赍可照数扣还原款以归核实【嘉庆十五年】

一囤费银两若因粮船沿途行走迟滞至于露囤者应责令督运粮道等官赔缴若到坝以后转运不及至于露囤者责令运役扣还乾隆五十三年因东省漕船迟到三个月以致江浙军船阻压至于露囤经前任仓场侍郎奏准将囤费银两责令东豫二省粮道及有漕州县押运各员扣还归款嘉庆十五年石坝太平仓囤贮米石因上年山东运河水浅南粮军船回空冻阻本年北上之时又因东河无水浅阻因而江浙两省帮船到通过迟不得不多囤米石并非通坝运役人等转运不及所致经仓场侍郎奏奉谕旨本年江浙两省帮船到通过迟不得不多囤米石皆由上年东河水浅归次已迟本年又因六月以前东河缺水浅阻多日所致著户部查明该省河员等在任月日将此次囤费银一万二千三百四十九两二钱八分著落分赔归款钦此

一北仓截贮米石转运到通所需拨价等项银两向由通济库垫发在于截留各帮运丁应领新运钱粮内扣解归款嘉庆十六年因湖广江西两省上年截贮米石津贴拨价等项银两尚未解到北仓起运米石刻不容缓通济库

正值办理新漕无款可垫奏准先于天津运库暂借拨银五万两以资起运俟江广津贴拨价解到即行还款

一嘉庆十六年通济库轻赍银两因桥坝办公等项垫款过多致不敷用奏明于由闸项下垫放银四万两俟轻赍余存即行收回归款嗣后应动桥坝办公之款不准再借轻赍致滋牵混至通坝露囤通仓暂贮等事除南粮到通较迟起卸不及恐误回空准其动用轻赍奏明酌办外如果漕船依期早到又无脱帮等项事故桥坝转运本属从容或因坐粮厅及大通桥监督等兑收起运稽延致有露囤暂贮等事所有请添脚费不准开销庶轻赍一项不至滥行支垫足供转运之需无烦借动别款

一东省济宁后帮运通漕粮内找拨经纪车户承办黑豆仓场咨准照蓟粮之例所有旗丁应交茶果银两一律交收另款存贮造入通济库奏销报部备用【嘉庆十八年】

一仓场奏准轻赍未发项下有应解部库各款银五万六千七百余两若按数解还则年内支放先漕一切事宜均形支绌请将应解银两存留通库毋庸另借部款俟支用后核实报销【嘉庆十八年】

一浙江湖州等六帮由杨村寄发抵通应给个儿钱文经仓场奏准于通库轻赍项下垫发今冬扣解还款【嘉庆十九年】

一北仓截贮米石转运时约须拨价等银明春起运通库无款可垫经仓场奏准援照成案于长芦运库借支银六万五千两临期拨赴北仓应用俟湖北江西二省拨价解到时归还原款【嘉庆十九年】

一西中二仓拨给直属兵糈五万石前经仓场奏明照各旗支领俸米之例给与个儿钱由通济库垫发嗣据直督咨准在于军需经费项下拨还归款【嘉庆十九年】

一嘉庆二十年临清扪口军船阻滞攒办回空时起卸漕粮暂囤石坝计囤米五万石需银二千两仓场奏准先于通济库垫发查照成案著落经管河员分赔归款又里河沿闸遇雨米石挑出发块粳米七百五十三石责令经纪赔补本年各帮无余可买请照嘉庆十四年之例每石以一两四钱折银交纳

一浙江各帮搭运湖南江西二省截留淮扬一带米石未交茶果银两据漕督咨称该帮搭运此项米石并未支领余米篙夫等银其茶果银两亦请免交户部查茶果银两原为各仓放米之需例应交纳不得以余米篙夫等银未领遽请免交应咨漕督转饬各帮按数交纳【嘉庆二十一年】

一嘉庆二十三年山东省应运直隶赈米三万石改运通仓应交仓茶果银两仍令按数交纳一帮船寄拨抵坝遇有借垫之款应照旧章详报总漕核办不得就近详报仓场致滋朦混【嘉庆二十三年】

一嘉庆二十四年奉上谕那彦成等奏役力疲乏恳恩调剂一折大通桥车户承运漕粮所领脚价向应扣出津贴各仓个儿钱以为桥坝公用本年连次大雨道途泥泞该车户等添备车辆修垫道路所领运脚不敷办公系属实在情形加恩著照所请准其将本年应扣津贴各仓个儿钱计银二千六百两暂免坐扣以纾役力钦此

一仓场奏准仓茶果一项近年所收多不如额所有桥坝办公银两遇有短缺即借轻赍垫发轻赍不敷势难再垫惟米折银两自嘉庆八年采买余米动用后现存五万余两可以酌提请将桥坝办公银四千八百余两暂以米折动拨一俟茶果积有余存仍归原款支放【道光元年】

一通济库收贮先漕预备银两不敷支用仓场奏准将该库浮存坐扣裕丰仓火毁廒座赔交银一万五二五百四十余两划抵支用外仍请拨部库银四万两照例拨给【道光二年】

一白粮饭银麻袋变价每年约收银一千二百余两为西中二仓放米制银暨各项因公之用拘据仓廒亦于此项支取收少放多不敷支用经仓场奏准在米折项下提银五千两支放并请嗣后遇有不敷即在米折项下拨用【道光四年】

一道光五年仓场奏奉上谕浙江等帮例给经纪等个儿钱文因该省粮道督押尾帮未能随时给发该经纪等先行垫办力有不继援案请借项垫发著照所请准其由通济库轻赍项下垫借银五千两给发该经纪等俾资办公仍饬催该省粮道赶紧解交归款并严饬该经纪等毋许向该帮船分外刁难需索有犯必从重惩办不贷钦此

一道光五年奉旨博启图等奏帮丁茶果银两恳请缓交本年江广等帮盘坝接运沿途起拨拉浅需用过繁丁力未免拮据所有江西之广信抚州永建吉安安福九江后袁州饶州九江前等九帮及湖南头二三帮应交茶果银两除在通济库应领之篙夫羡余等银扣抵外尚不敷找交厅仓茶果银四千五百七十八两零著准其暂行缓交俾旗丁等及早回南接办新运仍著该侍郎咨行漕运总督并饬江西湖南各粮道即于今冬新运钱粮内照数扣齐委

员迅速解赴通州以清款项至各帮粮米既经截卸北仓其带交席竹松板著即照例暂存天津俟下年随漕交纳钦此

一道光五年奉上谕百春等奏囤费银两请循例著落赔缴一折本年节逾霜降尚有滞漕一百三十余万石未能抵通循例暂囤所有太平仓囤费银两该侍郎等请援照成案著落原办不善之张文浩赔缴此次军漕迟滞固由上年高堰冲塌张文浩办理不善所致而本年孙玉庭魏元煜颜检严烺种种办理错谬咎无可辞现在张文浩业经遣戍魏元煜亦已身故此项囤费二千四百九十余两即著责令孙玉庭颜检严烺三人赔缴追解通库归款毋许延宕钦此

一道光六年奉旨百春等奏浙江各帮应交个儿钱请由通济库动垫并酌借江西各帮银两等语浙江嘉兴等八帮本年应缴个儿钱共银八千七十三两零因盘坝苦累无力措办当由经纪等借垫兹经纪等应完款项甚多势难支持著准其援照成案先由通济库垫发其江西各帮漕粮交竣丁情拮据不能完公著准其照案减半酌借银四千两以纾丁力所有垫借银两著浙江江西各巡抚漕运总督于来年新运钱粮内赶紧扣解归款该部知道钦此

一湖南各帮搭运碾动仓谷四万石截卸北仓用东豫军船转运所有扣存油舱拨价银两抵作应给经纪个儿钱文如尚不敷再在通济库补足给发【道光六年】

一玉田县供应孝穆皇后陵寝新设官员俸米既系赴通领取所有帮丁应领应交款项及应交该县席片仓场咨准均照蓟遵丰之例办理【道光七年】

卷六十六·京通粮储·偷盗仓粮

一每岁漕船抵通民间贩卖杂粮船只皆不得拥挤停泊土石两坝其东关店房不准卖买粳粟二米以防盗卖之弊【顺治六年】

一运河两岸庄头人等凡漕船过处不许近船交通拨运人役倘有盗卖盗买事发该管官一并惩治【顺治八年】

一凡漕粮进仓纠伙拦路戳袋挖仓越墙偷米者旧例数满三百两拟绞监候秋后处决其不至死罪者若系另户人发黑龙江宁古塔等处披甲当差若系奴仆及民人发黑龙江宁古塔等处与新披甲之人为奴至裤袄细袋装米偷盗小贼拿获即于仓门首枷号四十日系旗人鞭一百系民人责四十板康熙四十四年题准拦路截袋挖仓越墙进仓偷米等盗拿获至数满三百两者将为首之人即行处斩为从者拟斩监候秋后处决不及三百两者将为首之人拟斩监候秋后处决为从者在仓门口枷号三个月另户之人鞭一百发黑龙江宁古塔等处当差奴仆鞭一百民责四十板刺字发黑龙江宁古塔等处与新披甲之人为奴其裤袄细袋装米偷盗抢夺袋内溜出之米各等小贼拿获审问是真俱在仓门首枷号三个月旗人鞭一百民人责四十板被获盗犯若系食钱粮之人将本都统副都统各罚俸三个月参领罚俸六个月佐领骁骑校各罚俸一年领催鞭一百若闲散人将伊父兄系官罚俸一年系平人鞭一百若系家下人奴仆伊主系官罚俸一年系平人鞭一百若系民人将伊父兄责四十板

一漕粮抵通车夫运米进仓旧例掣少二升不令赔补雍正三年题定令仓场严饬该管各官及沿途兵役不时查缉如有用竹管插入口袋盗米者立即拿送刑部从重治罪短少米石照数勒追

一各仓人役取具连环保结每人给以腰牌一应出入责令监督逐名查验倘有不实力奉行以致偷带粮米者事发将该监督一并参处其墙上偷盗之弊责令看仓章京督率坐堆兵丁不时巡逻如有疏虞即将该章京交部议处【雍正二年】

一仓场皂役军牢内选老成能事者二十名任充番役倘有盗卖盗买等事许该役先行报明以凭查拿【雍正二年】

一头役作弊许书攒禀明监督监督作弊许书攒立行禀阻如不听从许赴仓场衙门首告【雍正五年】

一各仓米石少进多出以致亏空者将书攒头役照侵盗钱粮例比监督减一等治罪仍将所亏米石著落监督赔六分书攒赔二分头役花户赔二分勒限一年全完倘限内不完令地方官估变家产赔补【雍正五年】

一五闸船头偷挖米石乾隆七年奏准计所偷米数以监守自盗论如为数无多罪止杖惩者枷责完结其犯徒罪以上者计赃照例治罪

一通州西仓被贼偷窃米一百七十余石经仓场侍郎自行奏明加倍赔补还仓仍将该仓监督看仓章京一并请旨交部严加议处又刑部领回被窃白粳米一石四斗粳米二石七斗稜米四斗为数无几未便久贮咨明先行开放【乾隆四十八年】

一大通桥发运本裕仓官米被拉米民人王二等盗拐十六石全数起获经军机大臣审明将王二刘八冯二李二均发黑龙江给索伦达呼尔兵丁为奴面刺偷粮字样仍先于大通桥枷号两个月示众满日发配到配后杖一百折责发落马六杖一百流二千里亦先于大通桥枷号一个月刺字发配折责安置王二刘八冯二之父王见方刘永年冯五不能禁约子弟为匪均笞四十车头赵昆经理不善车户马成林系查道之人并未立时查拿杖八十站道人李五王二并不在道稽查致拉米之车岔道行走杖一百大通桥监督明保李之楷发运米石漫无章程任听车头办理殊属非是照盗拐米十六石之数著落满汉监督按照市价十倍缴价充公仓场侍郎不能先事觉察交部察议现获米石领运归仓所失口袋著落车头赵昆赔补【乾隆五十八年】

一监督明保李之楷应赔王二等盗拐洪斛稜米十六石每石作平斛米一石二斗五升按十倍计算照市价共赔银二百五十两于该监督应领秋季养廉银内照数扣存坐粮厅归入茶果新收项下报销【乾隆五十八年】

一番役既有缉捕之责凡仓米出京及囤积回漕等弊例当查拿若其子弟在仓充役自必表裹为奸嗣后禁止番役亲属充当花户仓场侍郎仍不时稽查如有前项情弊即行严办又各仓关米时如有串通花户挑挖好米加增斛口应责成各仓监督及查仓御史严行查禁倘有此弊一经查出除将花户从重治罪外仍将该监督及该御史照例分别议处【嘉庆八年】

一各仓米石被窃该监督失察处分例内并未分别次数概拟以罚俸六个月未免无所区别经吏部奏准嗣后仓米被窃之案该监督不行查察应按其被窃次数分别处分如一次者罚俸六个月二次者罚俸九个月三次者罚俸一年四五次者降一级留任六次以上者降一级调用【嘉庆十七年】

一刑部奏偷窃南新仓米石贼犯李二等交部审办等因查李二许五纠伙叠窃仓粮数在一百石以下发极边烟瘴充军加枷号两个月为从之恒儿等二十犯准徒三年加枷号两月蒋大等代为销售各杖一百徒五年以上各犯俱销除旗档照例刺字常文鉴与贼犯进仓捕鸽杖八十系旗人鞭责发落起获封贮米石钱文分别入官除失察步甲徐三为窃之该管官经步军统领衙门自请议处外至失察兵丁行窃各该旗都统及参佐领等应议职名交兵部分别议处该管监督虽失察于前现据饬役将首伙各犯随同缉获应否免议奏咨吏部照例办理【嘉庆十八年】

一兴平仓已革花户李遇春控告花户祁烈等私改官斛经仓场奏交刑部审办嗣据訊明祁烈与民人董昆相商令小甲徐成唤木匠徐八将官斛改小用放甲米共克减米一百五十石李遇春知情贪利应允嗣因索钱争控等情将祁烈充军董昆杖徒徐八杖八十枷号一月李遇春杖八十该仓监督交部议处【道光六年】

一郑亲王等奏拿获行窃漕粮殴伤兵丁贼犯计偷窃漕粮十六石有余并据抽查漕粮御史博桂等奏称前后查验米石均有短少请将偷窃贼犯严加惩治咸丰九年钦奉上谕步军统领衙门奏拿获行窃漕粮殴伤兵丁之贼犯并御史博桂等奏驾掌起意偷窃殴伤兵丁各一折王秃子杜大苏六张四李二锁高老孙秃子曾四并贺九马四曹三杨大均著交刑部严行审訊在逃之贺五等仍著步军统领衙门严拿务获归案审办钦此

一咸丰十年钦奉上谕前据刑部奏船户经纪人等偷窃米石分别从严拟罪当令载垣彭蕴章复核具奏兹据载垣等详查例案从复位拟漕粮为天庾正供颗粒皆宜珍惜该经纪船户人等辄敢于起拨转运沿途任意偷窃甚至用药使水搀和舞弊一经查拿复敢纠众拒捕实属目无法纪著照所拟嗣后凡经纪船户偷盗漕粮经兵役往拿辄敢拒捕者即照前定贺九一案首犯于审明后即行处斩为从各犯发新疆给官兵为奴遇赦不赦此外偷盗漕粮入已数在六十石以上者首犯斩监候秋审入于情实为从各犯发云贵两广极边烟瘴充军数在六十石以下二十石以上者首犯绞监候秋审入于情实为从各犯发边远充军数在二十石以下者首犯发新疆给官兵为奴遇赦不赦为从各犯发近边充军其用药使水灌米之案首犯发新疆给官兵为奴遇赦不赦为从各犯发极边烟瘴充军以上各项人犯所有家产俱抄没入官至因漕米犯案匪徒仍照刑部原议罪应枷杖者发云贵两广极边烟瘴充军徒罪以上发新疆酌拨种地当差该部即纂入则例永远遵行至所亏米石应如何分别赔补之处著该部查例具奏钦此

一同治二年钦奉上谕仓场侍郎奏仓廒失去米石请将监督议处并据查仓给事中奏请将监督等察议各等语本月十八日夜间本裕仓西南墙隅有数人越出查验失去籼米数石至二十日始据该泛兵役盘获籼米二石有余贼犯尚在逃未获仓储重地胆敢越墙偷窃米石实属肆行无忌该仓监督等既未能防范于前兵丁盘获米石又未将人犯并获均属疏失裕善司智及该仓营弁等均著交部分别议处仍著步军统领衙门严缉赃贼务获严办不准一名漏网钦此

卷六十七·京通粮储·霉变仓粮

一嘉庆十四年北新禄米南新海运兴平富新等六仓存贮米石受潮霉变经吏部照例议处一折奉上谕南粮运送赴通路途遥远转运维艰每年修治河道动辄数百万金全为漕米而设其需费实属浩繁必须慎重收贮方可豫备支放坐粮厅草率验收仓官等又不加意护借以致霉变朽坏不堪食用是将小民正供所入弃如土苴其暴殄实为可恨此次镶白旗支放甲米先据该旗都统等奏称北新仓米色霉烂难于全数支领当经降旨派令大学士禄康费淳二人前往北新仓查验续又另派尚书德瑛等六员同赴北新仓并禄米南新海运富新兴平等各仓遍行查验据伊等先后奏称米色实系不纯霉变者多将各仓米样包封呈览朕于奏上后又复特派军机大臣庆桂董诰戴衢亨三人再行亲赴该仓复加抽验本日据庆桂等奏米色有甫经发变尚分颗粒者亦有霉变太甚现已结块者所有各仓米色均与德瑛等所进米样相符岂有三次查验朕尚不信必曲法市惠保全此等无能之官吏乎是此项北仓运京之米坐粮厅既率行验收而归仓上廒之时监督又不赶紧筹办设法补救以致本带潮湿之米交春蒸变日甚耗弃过多该仓场侍郎所督办者何事而该侍郎等尚称该监督等收米上仓及坐粮厅验收均无不合且请此项变色米石必须照例按旗支放于仓贮无亏并恐镶白旗一处不领别旗效尤请旨饬令承领是不但毫无引咎之意且竟欲以此霉烂之物充放兵糈不顾八旗生计强词夺理是何言耶同日据吏部奏上遵旨议处各员之折除北新仓监督灵椿和泰二员先已革职外所有米石霉变较多之禄米仓监督观保住赵玉南新仓监督祥庆廷璧海运仓监督扎勒杭阿张倧龄兴平仓监督珠隆阿郑裕国均著革职离任至部议该员等照例限一年赔完即准复还原职之处不足示惩将来赔完后亦不准竟复原职俱著降一级调用如赔补不完照例不准补用其霉变较少之富新仓监督麟祥范正容亦均著照议降三级离任限一年赔完赔完后准复原职如逾限不完即实降三级调用其各该仓所贮之米除原报可以支放者照德瑛等所议分成搭放外其原报堪可搭放之米德瑛等原议尚须筛扬者据庆桂等奏各仓廒座甚多著赶紧分廒晒晾加以筛扬可冀挑出堪用之米著交新任仓场侍郎等责成离任各监督仍均在本仓帮同新任监督督率花户人等即速妥为设法办理此项应赔米价为数不赀如果伊等认真挑晾加意筛扬则不但米石不致耗弃过多而分赔之数亦可减省且看伊等作何补救俟筛扬全竣赔项有著再行核办至坐粮厅验收米石是其专责今米石到仓之时即有潮润岂能辞咎礼部员外郎谢振定亦著照议降一级调用其在北仓收米转运之坐粮厅玉辂该员既在北仓办理截卸及转运事宜上仓之米现多潮湿岂能邀请免议并著一体交部议处其大通桥监督福森住何兰馥著照例降一级留任至达庆三任仓场侍郎上年由新疆办事特行简用来京原因其熟习仓场事宜加以委任乃不知实心经理致多贻误其咎较重部议祗降二级调用尚觉过轻著降三级调用蒋予蒲初任仓场侍郎即于所管仓储漫不经心著照部议降二级调用均不准其抵销钦此旋据吏部奏准将满坐粮厅玉辂即照议处汉坐粮厅谢振定降一级调用之例降一级调用

一嘉庆十四年各仓霉变米石奏准著仓场分赔二成坐粮厅分赔一成各仓监督分赔三成花户分赔三成经纪分赔一成定限一年完交旧太仓米石霉变一体分成著赔奉旨旧太仓米石霉变满监督僧格业经参奏革职汉监督刘澐虽调任海运仓此项米石贮仓亦曾经手应一并革职俟此项米石放竣土米价银缴完再由仓场侍郎奏请开复钦此一嘉庆十四年钦派大臣查验禄米等六仓朽腐土米一千五百余石令仓场侍郎等按成赔缴其北新仓续经查出土米一万一千余石并复行查验禄米南新海运富新与平等五仓驳增土米五千九百余石共一万七千余石发交五城平粜所有变价不敷银两著落经手花户名下限三个月追交如逾限不完即行解交刑部监追治罪

一嘉庆十四年太平仓收贮北仓转运稄米霉变分别堪用著赔奉旨太平仓收贮稄米前经戴均元等勒令该监督及花户等依限筛扬完竣兹据查明分别先行支放及分廒另贮米石均照议行其不堪搭放之米并筛出朽腐

土米著照前议按成著赔定限一年如数完交将土米扫数出仓以杜牵混钦此

一嘉庆十五年万安仓开放甲米该监督呈请展限经仓场查出该仓霉坏米石奏准除堪以食用者分成搭放外其霉坏米石责令该监督花户等照例价分赔勒限一年完交仍将业经休致之监督等革去顶带花户枷号两个月照例责惩

一白粮盘竣交新任监督收领后适遇大雨廒座渗漏续经霉变之米其沾坏在先监督出具管收在后仍在旧任监督等名下追赔【嘉庆十六年】

一嘉庆十六年仓场查出万安仓黑朽豆石奏请交部审办奉旨此案查出万安仓藏压黑豆至八千余石之多该监督等毫无见闻实属溺职齐斌常泰均著革职交刑部审讯其舞弊渔利之花户头役刘元泰先行另案充徒著刑部提回归案审讯在逃之花户张贵恒杨庭栋苏亮三犯著交步军统领勒限五日拿获送部至万安仓霉坏豆石甚多方世德本系该仓花户头役前经犯罪发遣著一并行提审讯定拟具奏所有刘元泰张贵恒杨庭栋苏亮方世德五犯家产著交步军统领等即行查抄此项霉坏米石应如何著落追赔之处著交仓场衙门查明议奏钦此又据查出该仓东西两仓黑豆霉变实贮廒座多未铺垫板片并奏准本年裕丰仓应放春季俸米改由万安仓开放一次其霉变豆石俟定案后分别追赔嗣据刑部审明覆奏方世德刘元泰索得使费京钱二千余吊拟绞监候杨庭栋苏亮张贵恒均杖一百流三千里已革监督常泰在监病故齐斌业已革职訊无染指应毋庸议小甲郭兴业杖八十枷号一个月方世德等所得钱文照追入官逸犯王喜获日另结其各廒霉变米豆应听仓场奏明办理至署任监督海章阿移咨吏部照例议处奉旨齐斌身任仓监督于花户勒索得赃毫无查察以致留陈出新霉变米豆愈积愈多非寻常疏纵可比仅予革职不足蔽辜著发往乌噜木齐效力余依议钦此

一户部议准万安仓成字廒收贮嘉庆十五年分米石因头停渗漏沾润搀杂应令仓场将前项粳米二千五百石估计成色发城粜变按现在粳米市价将粜变不敷银两著落仓场侍郎分赔二成监督分赔四成花户分赔四成该仓原收接管各监督交部议处【嘉庆十七年】

一仓场侍郎奏准万安仓巨字政字二廒藏压黑朽稜米并各廒霉变黑豆以及霉坏不堪豆土经刑部讯明系花户方世德等留陈出新掉换舞弊所有该仓霉变黑豆估计八成者四万二千六百余石四成者二万三千二百石不堪计成者一万九千八百石按照市价每石大钱一千五十文核算除粜变外不敷豆价银四万四千三百余两又黑朽稜米估计七成者二千八百二十三石零四成者五千八百七十二石零按照市价每石一两四钱核计除粜卖外不敷稜米银六千一百余两照嘉庆十五年成案令失察满汉监督分赔六成花户分赔四成【嘉庆十七年】

一道光二年仓场奏仓廒被雨冲坍浸湿米石奉上谕北新仓廒座被雨冲淋坍卸致将米石浸湿一千余石之多该监督等未能先事豫防实难辞咎所有浸湿米石著该仓場侍郎等于风晾干燥后确切查明尚堪食用者共计若干石分别搭放甲米其实在不堪煮食者即著落现任该仓监督等各半分赔其廒座坍折处所亦责令该监督等赶紧赔修完固以示惩儆钦此经户部议奏奉旨嗣后京通各仓遇雨水过大之年如有廒座渗漏著该仓监督豫行报验赶紧苫盖其情形稍重者即著查照成案报部移贮空廒以昭慎重傥廒座被雨塌卸该监督等不先时报明致将米石浥烂除著落该监督等分赔米石并将廒座赔修外仍著交部严加议处钦此

一道光三年海运仓豆石霉变经户部参奏奉旨户部奏请饬查海运仓霉变豆石并将该仓署任监督据实奏参所奏甚是本年九月侍卫处应领马豆经户部札行海运仓开放该仓历年土豆甫于八月间报部发粜出仓其存贮豆石系本年三月入仓自系一律完好何以侍卫处呈出豆样霉变不堪且经户部将豆样移送该仓查验该花户于前项土豆内有无偷换搀和情弊屡经户部行催未据查明咨覆著仓場侍郎明白回奏海运仓满汉署任监督俱著先行解任及该仓花户等一并交刑部严审定拟具奏该仓存贮各豆著仓场侍郎会同查仓御史逐廒清厘咨部其侍卫处应领马豆即于该仓各廒好豆内照数给发若再隐饰回护是自取咎戾矣至另片奏称仓场衙门接奉户部行查事件未据申覆者几至二十件之多著仓場侍郎严饬承办各员于十日例限内逐案声覆以凭核办并查明承办迟延各职名咨部照例议处嗣后若再如此疲玩必将该侍郎重处不贷钦此旋据仓场具奏奉旨和桂等遵旨将海运仓霉变豆石情形明白回奏各仓收贮米麦豆石均应一律干洁海运仓本年新收之豆既有潮湿该侍郎等于查验时即当奏明驳回不应收贮乃不据实具奏率将潮豆贮仓并自捐银二百两作为挑晾之费向来无此办法可见该仓监督花户等偷换搀和通同舞弊在所不免该侍郎等或明知弊混故为弥缝实属办理不善和桂张映汉

俱著先行交部议处俟定案时吏部再行具奏该侍郎等覆验各廒完竣即将好豆令侍卫处照数关支至该仓花户盘验豆石并现当轮放甲米之时准其酌留数名在仓仍将应讯人证解交刑部审办钦此嗣经刑部将审讯大概情形先行具奏奉旨前任坐粮厅升任副都统百春现任坐粮厅赵植庭俱著解任交托津英和会同刑部归案审讯并著派委妥员将已革监督雅隆阿曹松龄及已革花户李锐康阜押交署仓场侍郎博启图颜检督同该仓新任监督带赴各廒照李锐供出各情节详细查验有无搀杂及压陈出新情弊据实具奏钦此又据仓场将会同盘量確数据实具奏奉旨博启图等奏盘查海运仓豆石数目该仓义字等十五廒豆四万一千一十八石七斗共盘出堪以支放豆一万六千七百五十一石不堪支放霉变豆二万五千八十三石核与原贮数目尚有盈余其应粜未放生字廒土豆六千九百五十石仅盘出豆四千四百一十九石计少土豆二千五百三十一石又盘出曰字廒不敷一成土豆五千一百石现据另廒分贮所有堪放豆石作何支放著交户部核办至该仓土豆因何短少并霉变豆石因何至有二万余石之多著交托津英和会同刑部堂官严讯确情据实具奏钦此续经刑部会同审明奏请将李锐杨复兴发往伊犁充当苦差仍监禁追赃入官完赃后刺字发配不准减等仓书周颐杖一百流二千五百里花户康阜王顺和彭成瑞杖一百流二千里交顺天府监追限内能否完赃分别办理解任监督吉升阿革职与已革监督雅隆阿一并发往伊犁效力赎罪解任监督何元瀛革职发往军台效力赎罪已革监督曹松龄总徒四年所得之赃照追入官完赃后曹松龄照例免罪雅隆阿吉升阿何元瀛即行起解不准免罪赶车陈三等均杖八十折责发落解任仓场侍郎和桂张映汉应请革职坐粮厅百春赵植庭应请交部议处奉旨此案已革海运仓监督雅隆阿及解任监督吉升阿于花户等放豆舞弊先向挑斥逮得钱后即任听开放致该花户等肆行无忌情节较重若仅照例问拟准徒尚觉轻纵吉升阿著即革职与雅隆阿均发往伊犁效力赎罪解任监督何元瀛讯不知私放豆石情事惟不能认真查察又得受花户钱文何元瀛著即革职发往军台效力赎罪雅隆阿等俱系完赃后即行起解不准免罪已革监督曹松龄讯无通同舞弊情事其受赃较少著照例拟徒完赃后准其免罪解任仓场侍郎和桂张映汉于该监督禀有受潮豆石辄令坐粮厅帮给该仓银二百两以为挑晾之费已属乖谬又于该仓花户私放新豆至一万五千余石之多毫无闻见逮侍卫处不肯承领豆石经查仓给事中查出又不速奏究办实属昏愦本应照部议革职姑念尚无通同隐饰情弊和桂张映汉著加恩以六部主事用前任坐粮厅百春及现任坐粮厅赵植庭讯明收交海运仓豆石实系干洁所给该仓银两亦系仓场侍郎主见惟听从出银究有不合百春赵植庭俱著交部议处各回任听候部议该仓霉变豆石并著落该侍郎及该监督花户等按成分赔余依议钦此

一海运仓霉变豆二万五千余石经户部奏准估计成色发城粜变按照现在市价将粜变不敷银两著落仓场分赔二成监督分赔四成花户分赔四成按该员等在任月日及该花户等经手各日期勒限一年全数完交【道光四年】

一道光四年仓场参奏万安仓豆石霉变奉旨前任万安仓监督现选山西蒲州府同知花尚阿著解任同该仓经手花户一并交刑部严讯钦此又据奏明该仓未经放完豆石搀杂难以开放应咨户部另行札仓奉旨前经博启图等奏万安仓存贮豆石各旗因豆色参差观望不领曾经降旨将该仓监督花尚阿解任同经手花户交刑部审讯兹据博启图等查明该仓霉变豆石不堪支领者竟有一万三千余石之多自系花户挪新掩旧所致实属目无法纪著刑部严行究办至不堪支领豆石交户部定价发粜其不敷银两责令经手监督花户按成分赔所有木经领完豆石著户部另行札仓支放钦此经刑部审明奏准花户马义秦忠压陈放新得钱使用准徒五年白玉璋孙瑞总徒四年均交顺天府追赃入官完赃后刺字发配不准减免满监督花尚阿得赃纵容发往军台效力赎罪家人张二准徒五年所得钱文均追入官完赃后即行起解汉监督玉彬毫无觉察应行革职其应赔霉变成色银两勒限追赔限内能否赔交照例分别办理一道光四年南新仓拿获贼犯吴大等并有旧太仓商借豆石情事查仓御史张铭奏交刑部审办据刑部讯明吴大纠允邓四等至南新仓实系商同伙窃并究出旧太仓花户甘津向南新仓花户私挪豆石各情弊先后奏准将旧太仓前任监督英斌现任监督吉升保革职审讯旋据审明英斌吉升保任听甘津将仓豆新陈搀和挪放以致积压霉变均各得受钱文英斌于调任南新仓后甘津向该仓借豆复与仓书私商实属纵容贪鄙将英斌吉升保发往军台效力枷号一月满日起解甘津刺字充军俱追赃入官仓书王均交顺天府监追限内能否完赃分别办理贼犯吴大杖一百邓四加徒一年均刺字枷号四十日英斌家人罗喜杖八十失察之仓场侍郎议处至各旗未领马豆另行补放该仓霉变豆石分别摊赔均由户部办理经户部议覆旧太仓霉变豆七千八百余石据

仓场委验约计一成各处尚应领豆七千九百余石于南新北新二仓如数给发其霉变豆石照本年海运万安两仓赔补成案以平斛按照市价折算发粜不敷银两著落仓场分赔二成监督分赔四成花户分赔四成由仓場查明在任月日及花户等收放各曰期咨追勒限一年全数完缴

一道光五年仓场奏万安西仓霜字廒黑豆浸湿八石余按市价计算折银著落在仓值宿之监督及值廒花户均赔奉旨据博启图等奏万安仓猝逢骤雨豆石浸湿未能先事豫防所有值宿之监督讷苏铿额著照例分赔仍交部议处其不值宿之署监督玉启交著加恩免议余依议钦此

一道光五年户部奏北仓有贮收买台湾商米据坐粮厅会同天津县查验各廒气头结成发块自四五寸至二三尺余不等发块之下米皆潮湿至廒底曾否潮湿结块现在不能查看查此项台米入仓时本系干洁仓场侍郎既未查验明确遽请迟运监司收贮之员又不随时盘晾致令蒸变应俟盘查确数后照例查议按数分赔奉旨著交仓场侍郎直隶总督查验具奏余依议钦此旋据直督会同仓场具奏亲往北仓盘量止有气头并无廒底实缘台米一岁三熟受气本不坚足以十万五千余石潮嫩之米收贮半年仅有气头九百余石并非仓场侍郎起运不速亦非天津县收贮不谨请免察核赔偿奉旨本曰据蒋攸铦会同仓場侍郎博启图等议奏查验台米分别起运完竣内称连日盘量止有气头霉变不可食之米九百九十二石零并无廒底同干洁米石核与原收漕斛数目相符亦非廒座渗漏及偷换搀和之弊所奏均悉霉变之米虽有九百余石尚不甚多惟因台米气质不坚海运炎蒸所以易于霉变何以止有气头反无廒底仍著蒋攸铦等确查明白覆奏其恳免仓场侍郎及天津县知县察议赔偿之处俟奏到时再降谕旨钦此复据直督会同仓场奏称台米本多潮嫩复经盛暑炎蒸卸米入仓之时先起舱面渐至船底是廒底米石系由舱面起卸廒面米石转属舱底受潮之米故无廒底而有气头请将规贮气头霉变米石按照成色核实估变等因奉上谕蒋攸铦等覆奏台米霉变情形一折据称商船将甫经成熟之米赶紧装载航船而来本有潮润又经湿热郁蒸船底之米易于霉变现查明收贮台米实止霉变九百余石统计原收十万五千余石不及十分之一著照所请将此项米石按照成色由坐粮厅核实估变其霉变缘由既非仓场侍郎起运不速亦非天津县收贮不谨所致俱著加恩免其赔偿该部知道钦此嗣据坐粮厅请将前项气头霉变米石按照三成估变经部行令照京仓成色稄米之例每石每成以制钱七十五文出粜

一道光六年奉上谕穆彰阿奏查明北仓存贮粟米变色数目及讯出收米时潮湿情形一折北仓存贮河南碾运粟米五万石前据申启贤奏多有变色当交穆彰阿确实查讯兹据查明黄色米二万七千五百石内有二千石米质尚好余者色味已变受伤尚不甚重其红色黑色者一律霉变计共坏米二万二千五百石并究出该经纪等上年预留四廒收贮此米彼时米已潮湿并不干洁以致霉变览奏实堪痛恨此项粟米由豫省碾运北仓上年收兑时有潮湿情形何以坐粮厅及该经纪等竟肯验收彼时正值卸贮滞漕廒座不敷加用露囤何以豫留四廒以为收贮此米地步显有通同隐混情弊著仓场侍郎将上年验收此米之坐粮厅监督查明参奏并将经纪人等按名查拿解交刑部严审究办无少寛纵钦此经刑部审明经纪于丰等收卸米石得受船户赃钱以致粟米贮仓霉变将该经纪等分别问拟奏明奉旨此案霉变米石除各经纪耗米业经户部议抵外余著户部查明数目照例分别议赔等因钦此嗣经户部奏前项应赔米四万八千石变价银钱几及二万二千两扣存天津道库足以买抵粟米一万石又北仓经纪应得耗米七千石又海运经纪应得耗米一万六千余石内有应扣掣欠米石核明后以三分之一抵补约计米四千余石除前项抵补外祇须筹备买米二万六千石核明米数分别严追仍令寛限一年买补还仓无著者即于有著名下分摊归补不准颗粹短少如有不完奏交刑部监追奉旨户部奏北仓霉变米石除将经纪应得各项耗米业经赔补外请将海运入仓经纪应得耗米应行给价三分之二一并核明全数抵补由应赔米之经纪等自行给价归还俱著照所议办理其余应赔米一万六七千余石著仓场侍郎查明米数按人分赔勒限一年照数全行买补还仓由仓场侍郎咨报户部户部复核确实具奏如逾限不完送交刑部监追治罪钦此

一大通桥霉变米石责令经纪按照时价赔补旋据郑亲王等查明现在时价减于例价【粳米例价每石折银一两四钱五城呈报老米时价每石一千四百文现在每银一两约换制钱二千五百文是每石例价应合制钱三千五百文上下每石时价祇合制钱二千四百文时价与例价比较少至制钱一千余文】若照时价折银赔缴太觉轻减奏经户部议令凡仓场衙门赔补米石之案应查明每石时价若干如时价轻于例价则按例价核算如例价轻于时价则按时价核算总须按照价重之数责令赔交庶不致避重就轻而经纪等亦可知所警惕至稄粟麦豆均照此

一律办理奉朱批依议行嗣后并著为例钦此旋据该经纪等将应赔霉变米石银两全数缴齐经郑亲王等奏请宽免治罪钦奉上谕端华等奏官役赔项缴齐恳恩宽免治罪一折大通桥经纪等应缴赔补霉变米石银两现经全数缴齐其应得罪名自应按律问拟惟据端华等奏称该役等此次承办海运起兑事宜查无弊窦尚知愧奋所有该经纪等应得徒罪著准予宽免嗣后不得援以为例该部知道钦此【咸丰四年】

一经纪应赔在桥霉变平斛豆一万八千八百二十八石零按例价每石七钱二分五厘共应缴库银一万三千六百五十一两零除将该经纪本年未领工食等项银共八千二百三十二两零全行扣抵外尚应交银五千四百十九两零又应赔奉省潮湿粟米二千四百四石零按现行市价一两二钱四分共应折银二千九百八十二两零连前豆价共银八千四百余两仓场奏该经纪等一时完缴维艰请将未完银两予限三年自咸丰六年起在于该役应领脚价内按年坐扣实银二千八百两零经户部议准【咸丰五年】

一旧太仓花户等应赔霉变不堪食用米四千五百七十六石一斗一升经户部查例价轻于时价【粳米例价一两四钱五城月报米价二两五钱】应按照时价核算计赔银一万一千四百四十两二钱七分零除按估计成数每石粜变价银四钱九分共粜变银二千二百四十二两二钱九分零其不敷银九千一百九十七两九钱八分零饬令花户照数赔补又该仓查出尚堪食用次米六千三百二十九石估计仅敷八成责令赔补二成计应赔米一千二百六十五石八斗又应赔亏短米二十六石四斗三升三合九勺均按照时价核算计应赔二成米价银三千一百六十四两五钱亏短米价银六十六两八分四厘零应由仓场速饬花户赔缴随同粜变米价银两一并具批赴部交纳【咸丰十年】

卷六十七·京通粮储·亏缺仓粮

一嘉庆十四年五月奉上谕据福庆许兆椿密奏通州中西二仓所贮白米多有亏短并查明积蠹高添凤私用花押白票装米出仓兼令伊弟高二挂名大班番子以为护符种种弊混当经特派侍郎托津福庆前往会同新任仓场侍郎玉宁戴均元详细查勘兹据托津等具奏查得西仓地字廒短少白米七百余石中仓法字廒短少白米四百余石此外廒座尚多即分起抽丈与原贮数目多有不符约计一廒或短百余石数百石千余石不等米色亦有不纯其中间有霉变现将高添凤及伊弟高二伊子高廷柱等查拿到案讯明高添凤确系积年在西仓经手事件之人奏明同其余应讯甲斗花户一并交刑部审办其未查各廒请另行简派大臣通行盘查等语天庾正供岂容稍有亏短乃竟有积蠹把持奸胥舞弊实出情理之外现在西仓存贮白米五十二廒祗抽查十二廒已短米八千五百余石中仓存贮白米二十六廒祗抽查五廒已短米一千一百余石则其余未经查丈各廒尚不知短少若干其高添凤所供各廒牵算可以足数之言殊难凭信必须彻底清厘核实办理刻下正属南粮抵通之时该仓场侍郎二人有查验斛收等事恐难兼顾著派侍郎托津同刘镮之桂芳副都御史秦瀛四人为头班侍郎福庆同左都御史周兴岱侍郎潘世恩副都御史润祥四人为二班自二十四日为始五日一班前往通州递相更换将所查情形五日具奏一次玉宁戴均元二人于验收新漕之暇亦随时前往会查至此项短少米石是否当日起卸时即未上仓抑系进仓以后另行偷盗出仓积蠹高添凤兄弟父子如何在仓盘踞以及其余甲斗赵长安张连芳花甲陈四等如何通同舞弊缘由著派军机大臣会同刑部严审定拟具奏其监督四人内朱调梅武忠安二人在任已久著解任听候传讯其甫经到任未接交代之监督图敏布董兴元二人著暂留该仓办事达庆蒋子蒲前于北仓霉变米石未能先事妥筹业已分别降调今西仓中仓存贮白米亏缺短少积蠹把持伊二人毫无觉察咎更难辞均属溺职而达庆曾经三任仓场侍郎其咎尤重不能姑容伊昨经赏给三等侍卫派往叶尔羌帮办事务即著撤回革职发往热河效力赎罪蒋子蒲著革职福庆许兆椿到任未久能将此等积弊访查奏闻得以根究查办尚为留心伊二人前因旧太仓米色霉变未经查明率请支放交部议处有降二级留任处分著加恩查销钦此

一中西二仓白米亏短军机大臣会同刑部审明已满仓书高添凤甲斗张连芳在西中二仓盘踞多年肆行舞弊竟至亏短白米十余万石其多出斛面私出黑档计赃均在三万两以上除该二犯家产抄没外高添凤令高凤鸣高廷柱等出名应官该犯承办仓事即与主守无异与张连芳均照漕运粮米监守盗入已亦鉴石斩监候例拟斩监候请旨即行正法监督德楞额玉通均听信家人沈明张兴等怂恿德楞额三次得受京钱一千七百串玉通二次得受京钱一千一百串任听该犯等在仓作弊于法实有所枉均应依枉法赃有禄人八十两绞律拟绞监候系官员犯

赃应请旨即子缳首攒典宋均听从高添凤私出黑档分用京钱二千四百五十串应照监守盗一千两以上斩监候例不准完赃减等拟斩监候该犯听从舞弊赃数较多应请旨即行正法仓书潘章需索旗丁使费少收斛面计赃京钱一千余串又得受高添凤京钱四十四串听其私出黑档应依枉法赃无禄人一百二十两绞律拟绞监候已满花户鲁五揽运白米因知高添凤作弊挟制索加升斗并任意多装计二千余石应照盗窃粮运一百石以上绞监候律拟绞监候高凤鸣高廷柱先后出名应官父子兄弟伙同舞弊仅于高添凤斩罪上减一等拟流尙属轻纵均应发黑龙江给披甲兵丁为奴赵长安听从高添凤使令出名充当甲斗于高添凤在仓作弊知情分用京钱二百串除照监守盗计赃轻罪不议外应于高添凤斩罪上减一等拟杖一百流三千里董和尙代高添凤家支应讹索人等曹文炯代高添凤经管堆房收发米石并入本合开米铺伙同济恶均非良善之徒未便因其尙无赃私确据稍事轻纵曹文炯系生员褫革衣顶同董和尙于高凤鸣等遣罪上减一等杖一百徒三年攒典赵鹤龄于宋均伙同高添凤私出黑档三次分用京钱七百串应照监守盗三百三十两杖流例不准完赃减等拟杖一百流二千五百里西仓攒典康连茹陈瑞亭得受潘章分给高添凤私出黑档钱一百三十串中仓攒典叶长春李国光得受张连芳私出黑档钱各一百五十串甲斗酆三因见张连芳需索钱文多出斛面向其索分钱二百串该五犯均计赃在四十两以上应依监守盗在四十两照本律问拟准徒例不准完赃减等各准徒五年沈明于宋均送给伊主德楞额钱文从中侵用钱九百五十串张兴于宋均等送给伊主玉通钱文从中侵用钱三百串应比依匪徒盗仓库钱粮为从一百两以上满流例加等发黑龙江给披甲兵丁为奴满监督咸忠家人段四向张连芳三次索要京钱一百串汉监督宋调梅家人赵玉向潘章等索要京钱二十串均应依长随求索比照蠹役诈赃例段四计赃在十两以上应拟发近边充军赵玉计赃在十两应拟杖一百徒三年中仓书吏张继华于旗丁托其代雇人天多索钱文訊无听从私出黑档等弊于法尙无所枉计赃京钱五百余串应依不枉法赃无禄人一百二十两以上罪止杖流例拟杖一百流三千里系蠹役得赃应加等发黑龙江给披甲兵丁为奴在仓工作之李七起意纠伙越墙进仓钓扇偷窃米石计赃在一百两以内应照匪徒盗仓库钱粮一百两以下不分赃数多寡为首例发云贵两广极边烟瘴充军周七白宝儿宋二赵九赵七王二苏秃子七犯均听从李七钓扇偷窃应以为从八十两以下例各准徒五年以上各犯均照例分别刺字在仓抬斛挖稍之宛二霍二崔大唐大宛四孙老王二孔四陈老王大十犯均因得受高添凤张连芳资助钱文听其指使应与高添凤抄没时代为照应家口喝斥围看人等之庄通均照不应重律杖八十加枷号两个月满曰折责发落高添凤抄没时其铺伙刘大未将铺欠钱文呈出赶车人焦四秃子未将车辆呈出应各照隐匿入官财物例拟杖一百折责发落番役马凯馈送高添凤如意业已奉旨降为七品顶带不准食俸并卖给高添凤俸票之富德安等均经奉旨交部严加议处均毋庸再议又给与潘章等钱之旗丁人数众多且系被其需索应免提质该二仓嘉庆十年以后历任满汉监督除病故外所有讯明并未得赃之恒廉灵椿明知该仓土米不敷运京并不即时禀报辄著落高添凤张连芳设法补运显系有意弥缝宋调梅董兴元于高添凤私出黑档毫无觉察均属溺职应一并革职其已革中仓满监督武忠安讯无得受赃私任内亦无私出黑档应准开复仍与失察亏短米石之历任满汉监督一并交部严加议处并与任内私出黑档各员分别摊赔查仓御史有稽查监放之责于该犯等多出斛面私出黑档等弊未能觉察应按在任年月及任内有无黑档分别议处仍照例分赔查仓大臣向系仓场册报该大臣核对数目虽无收放之责亦属失于查察应交部察议该二仓该班兵丁于越墙偷米未经查拿应交该管营汛自行查明责革其该管各员弁一并查取职名照例察议【嘉庆十四年】

一嘉庆十四年盘查西中二仓粳稄等米亦有亏短霉变搀杂奏准将搀杂米石另贮搭放其发块米石系收贮不谨除核明例准揭除气头廒底外其余无从估计成色不堪粜卖同亏短米石一律分赔

一西中二仓亏缺白米十三万余石私出黑档米九千余石户部奏准该二仓自嘉庆三年奸蠹充役起至十四年破案之日止按各该员在任久暂分别银数多寡令历任仓场侍郎分赔三成查仓御史分赔一成监督分赔六成并续经查出亏短漕粮及霉变等米九万余石仓场侍郎奏准自十一年米石进仓之日起查照白粮一体按成分赔【嘉庆十四年】

一舍皁看守仓门责司稽察西中二仓舍皁王大等于高添凤等肆窃米石毫无知觉复分用仓书需索帮船使费仓书得受帮船钱文少收斛面系属枉法该犯等从中分用亦应照枉法赃定拟王大等计赃各在五两以上均应照枉法赃五两以上杖八十律杖八十无禄人减一等杖七十再加枷号两个月满日折责发落【嘉庆十五年】

一道光四年奉旨博启图等奏续查出海运仓黍字地字二廒粳米亏缺二千八百余石之多从前该监督等如何接收交代其中显有情弊著刑部即监提已革监督雅隆阿曹松龄并革退花户纪永祥李锐等严切根究按律惩办该仓各廒存米尚多必须逐一盘验并著户部将米数较多之旗分札行该仓按月接放甲米俾得迅速放结有无亏短随时咨明刑部归案办理至新任监督系限两月具结接受交代此时正在查办米石自应澈底清厘以后无从弊混著准其暂缓结报以昭核实钦此

一仓存米石花户有搀和情事一经查出即将花户咨送刑部治罪饬令分别赔补并将该监督从严参处【道光二十年】

一仓场侍郎及监督等应赔仓亏米石查明实系无力措缴准其以亲友现任职官应领俸米缴票存仓备抵并准其白米八石以粳米十石增收作抵【同治二年】

一中西旧太禄米北新富新兴平等仓亏短粮石麦豆经户部先后奏明著落历任仓场侍郎统赔二成历任监督及历年花甲等各分赔四成勒限一年按照市价折银赔补应赔各员除以本身应领本折俸米及指借现任职官应领俸票存仓抵交清款并于限内交清之员毋庸议处外其完不足数及颗粒未交各员初次展限暂免议处再予限一年责令完交至递次展限赔缴五成以上各员免其议处未及一成之员先行交部议处颗粒未交各员交部严加议处仍递展期限一年勒令扫数赔缴至罢职身故人员实系赤贫无力赔缴者令各该旗籍取具图片印结呈报户部汇题豁免其花户甲斗应交四成赔款由仓场侍郎一并按限著追【同治二三六七九十一十二等年】

一富新仓亏短米石案内查出土粳米三千九百六十九石土籼米一千九百十七石除仓场咨报估计粜变一成土粳米三百九十六石九斗外其余无成可估之土粳米三千五百七十二石一斗土籼米一千九百十七石归入该仓亏欠项下一并著落赔补【同治七年】

一各仓存储粮石遇有亏短情形先由仓场勒限赔补暂缓查参仍一面咨明户部于勒赔限满时照该仓应存粮数尽款札放放完无欠免予参办倘放不足数或勒限太远均由户部分别奏参将监督严行惩处花户查抄备抵送部治罪【同治七年】

一禄米北新富新兴平等仓亏短米石经户部奏明著落历任仓场侍郎分赔二成按照粮价折银赔缴前任仓场侍郎宋晋除以俸米捐项抵缴银一万一千三百六十九两零计未完银一万一千三百五十三两零前任仓场侍郎钟岱除以俸米抵缴合银一百五十两零计未完银二万二百二十八两零均令依限措交嗣据内务府奏欠交税课各员认交修理瀛台三海等处工程银两奉旨照交一免三章程办理所有前任仓场侍郎宋晋等各认交银一千两均应免欠项银四千两其未完银两仍令依限措交完款以清亏项【同治十年】

卷六十七·京通粮储·稽查偷漏

一石坝至大通桥闸河一带原设闸官二员汛弁二员专司防河放闸等事向无巡查偷窃之责嘉庆十二年奏明各船运米时责成闸官汛弁四人分段严密稽查如有偷米匪徒立即缉拿送官治罪

一石坝里河运船驾掌向由地方官取保选募殷实良民充当如有驾掌偷米之案除将本人追米治罪外查取地方官签派不慎职名咨送吏部照依犯事次数量予处分【嘉庆十二年】

一经纪专管外河起米到坝裹河转运之事向由经纪雇募押米夫役一名转雇缝袋夫役二名随同驾掌递运到桥该经纪等慎选亲信妥实之人照料倘代役有通同作弊偷米情事除将偷米之人追米治罪外所偷之米不能追出即在于经纪名下分赔【嘉庆十二年】

一裏河运米除代役外责成经纪公保护送人夫二十四名取具甘结由石坝州判衙门验明存案给予执照准其查拿偷米匪徒送官治罪【嘉庆十二年】

一道光二十七年钦奉上谕德诚等奏查出拨船夹带搀米之物请饬严禁一折海船商米用拨船运通经该侍郎等饬令坐粮厅细心查验起出稻殼锯末水藻等物訊系有小船售卖此物专为搀和米粮之用现值粮运盛行此等棍徒贩卖搀和之物大为米粮之害弊端百出尚不止此亟宜严行查禁以清其源著直隶总督严饬天津地方文武各官密访严拿随时惩办至粮船入直隶境后及拨船协运各水手人数众多诡计杂出凡有弊关漕米者均著该督饬委员弁随时厘剔并责成专管拨船之丞倅认真查察从严惩办以肃漕政而杜奸谋钦此

一道光二十九年钦奉上谕抽查漕粮御史奏参稽察不力之州判一折据称漕米由外河运至里河均归石坝过载如果该州判认真稽察何至过坝有湿米八百余石之多难保无句通贿纵等弊以后南粮接续抵坝转运责有攸司若不严加惩创流弊何所底止石坝州判任元著交卓秉恬陆应谷严行审訊务得实情从重惩办庶期惩一儆百以清积弊而肃漕政钦此嗣据抽查漕粮御史等奏严行审訊之员日久未能定谳等因奉上谕抽查漕粮御史联福涂文钧参奏奉旨严訊之员日久未能定谳一折著改派文庆祁寯藻广林查讯明确定拟具奏卓秉恬陆应谷及仓场侍郎于特旨交办之案办理预不以公事为重均著交部议处折并发钦此旋据文庆等讯明具奏州判任元于经纪孔广义等湿米朦混过坝至八百余石之多漫无觉察虽讯无贿纵情弊实非寻常失察可比请将该州判即行革职以示惩儆经纪孔广义吴文玉姚涌川业经刑部訊明追赔拟徒应解回仓场衙门查照原拟办理顺天府尹暨仓场侍郎均交部照例议处等因奉旨依议钦此

一各仓开放米石多有搀杂偷漏情形经户部会同仓场奏准令管理仓务各衙门大小文武员弁恪遵定例实力巡逻傥有旷误该管上司立即从严参办若一味瞻徇别经发觉即将该管各官分别从严议处【道光三十年】

一户部奏准海运米石拨船抵通时由仓场侍郎严饬坐粮厅认真查验过有潮湿米石仓场侍郎刻即亲赴拨船验有使水情弊讯明经纪拿获者酌量情形轻重分别奏咨将船户送交刑部照例加等治罪如经纪通同舞弊将经纪一并送交刑部并令大通桥抽查漕粮御史如有潮湿米石即行驳回仍将经纪送部照例加等治罪【咸丰四年】

一同治三年奉上谕御史富稼奏运河一带两岸住户多于院落间掘地窖藏窃铜米比户皆然聚众抢粮之案正犯闻拿远避完案复归怙恶不悛仍为沿河之害其惯窃铜米贼匪虽经拿获毛景等多名而窃藏之铜并未搜获今南漕尚未抵京请预除积匪以清河运等语著钟岱宋晋遴派员役实力搜查将窖藏一律平毁并饬各该管营汛及沿河委员节节梭巡傥有棍徒伙窃及搀杂浸灌等弊即行严拿从重惩办厅桥各役如有与贼通气者亦即严究革惩以清积蠹而重运务钦此

一同治十年钦奉上谕英元奏请饬营汛巡缉偷米匪徒一折大通桥设有上下号房二处积存已收未运之米上年八月间竟有匪徒拥入上号抢掠经巡缉兵役齐往抵御该处营汛置若罔闻实属不成事体著步军统领衙门饬令朝阳河阳二汛于上下号存米时实力巡查遇有匪徒抢盗米石一体严拿惩办并将著名盗米之犯随时访缉务获毋任混迹等因钦此

卷六十七·京通粮储·扫积抵欠

一嘉庆十五年车户转运漕粮沿途扫收狼撒米石筛净稉米九百八石稄米二千三百七十石由仓场奏准筛净稉米抵交逾额掣欠筛净稄米除抵交逾额掣欠外尚有余米归入买余抵补额内掣欠项下坐派太平仓收贮作正支销

一嘉庆十六年据仓场奏本年车户转运漕粮为数较多口袋未免烂道路不无狼撤请将号房及沿途抛撒扫收筛净盈余米石抵交车户掣欠部议奏准车户额内掣欠稄米三千七百余石准其将扫收稄米抵补其抵剩稄米一千余石应请归公至扫收稉米一千二百余石亦准其抵补稉米额内掣欠其余抵补不敷掣欠稉米分别照例赔补仍请饬令仓场侍郎督饬监督等将口袋随时修整俾免米粒沿途抛弃傥有扫收米石无论多寡均照例作为土米发城粜卖不得再请抵补掣欠以杜流弊

卷六十八·截拨事例·截留拨运

一拨运蓟粮旧例用红拨船自新河口装载运至蓟州五里桥每米一石给水脚银七分七厘八毫康熙三十六年题定令东豫二省原船运送节省脚价仍派东豫二省分年轮运其支放出仓每石准销补斛递减等米三升九合雍正二年题准令坐粮厅协同通永道验明米色即令地方官收受八年添截白稉次白江米三色其支放出仓每石准销折耗递减等米一升九合九年江米停征将白稉米代运收放其浙江等省米船截拨蓟粮原船即于天津腾空令副丁管押回南正丁另雇拨船转运每丁给雇拨船价银八两动支坐粮厅茶果银两给发至截留抵蓟之日照通

仓之例限七日内兑收完粮【案查乾隆三十年奏明豫东二省运蓟粟米改支折色每石折银一两四钱于藩库地粮银内动给该二省应征米折银雨径行解贮直隶藩库此条旧例附存备查】

一沧州兵米旧例每年截拨漕粮七千石雍正二年奏准沧州每岁兵粮分雨季支领春季在本处支给粟米其秋季米石俟江西粮船到沧照数截拨六年题定每岁仍截留江西漕米七千石

一天津水师营兵米雍正七年定例每岁截拨漕粮一万五千石八年奏准母石每月准销递减米二合计一年共减米三百六十石俱于正项内开除

一蓟州沧州天津水师营截留漕米每正兑正米一石外加耗米七升尖米四升二合又耗上加尖米二合九勺四抄截留新耗米六升九合共收正耗平米一石一斗八升三合九勺四抄改兑正米一石外收耗米四升尖米四升二合又耗上加尖米一合六勺八抄截留新耗米四升四合共收正耗平米一石一斗二升七合六勺八抄【议单旧本】

一漕米截留应收耗米旧例每石正兑以加二五改兑以加一七交收康熙三十三年截留武清永平等处每石收耗米一斗八升二合九勺四抄五十八年截留江西湖广漕粮将加四耗米尽数交收雍正三年题准截留漕粮仍照旧例正兑以加二五改兑以加一七耗米作正交收

一截留平粜所卖钱文系漕项钱粮或易银交部或搭放兵饷将原给款项扣解以抵留漕价值【康熙三十九年】

一天津囤米责令旗丁每袋照例给付抗价并令每米一石交大制钱二十二文存贮道库以备次年抵通经纪起卸之费【雍正元年】

一天津囤米每百石令旗丁交水脚银四两五钱饭米一石给付地方官以为次年拨运之用【雍正元年】

一天津囤米每百石令旗丁给地方官耗米二石以备转运折耗【雍正元年】

一天津收囤漕粮每正兑米一石加耗米二斗五升内除一斗四升四合九勺四抄作正入厫外下剩米一斗五合六抄为筛扬等费每改兑米一石加耗米一斗七升内除八升三合六勺八抄作正入厫外下剩米八升六合三勺二抄为筛扬等费若筛扬有剩照例准作余米【雍正元年】

一三河县驻防兵米岁需二千五百余石令地方官捐纳脚价按季赴通领运原估米价扣存司库【雍正六年】

一截留漕米落崖进仓等费概令旗丁自备【雍正九年】

一截留天津北仓漕米无庸雇拨转运每百石准给地方官耗米一石其应交席片即交截留处所应用倘有不敷再令地方官买补【雍正九年】

一雍正九年议准河南赈济州县其本地漕谷未必适如所赈之数应令不赈之州县酌量拨运抵补赈谷州县雇车运送脚价在于盐规归公银两给发

一雍正十二年议准山东截留存贮漕米旧例除旗丁原扣耗米一升外每年准再除一升未免赔累应将东省新旧截存仓漕米照直省之例每石每月递减二合递减一年再有亏折即于各收受地方官名下追赔

一雍正十三年湖南漕米运供黔省军糈水脚银两议准先尽漕项动用如不足再动司库地丁银两另于漕截案内造册报销至应给水脚等项数目悉照现存运米之例遵行再湖南正耗米石已遵截运黔所有二耗米向例给丁为沿途食用今漕粮停运未便将此项米石给与军丁除给丁一半月粮并防护漕船之头舵水手各口粮外余存米石应令各州县加谨收贮倘黔省再需米石即以此米拨运如至明春不需动用即照解部南秋米石定价每石折银七钱解道详报充饷又原定正四二耗漕米一石外连原耗里纳共收加一耗米一斗以为运米船户食米及临兑筛扬等项之需今既停北运亦应免征但各属遵例于七月初一日开仓奉文之时征收已久未便中止应同所存二耗米石收贮备用如不需动支一并每石折银七钱解道详报充饷

一截拨易州陵糈米石乾隆元年题准每年预期定数截拨坐粮厅酌量截留米石需用船只动用茶果银两饬令该帮领运千总在于天津雇船水运至白沟河兑漕水次兑收三年奏准粮船运至雄县亚谷桥停泊该县选募坚固民船拨至白沟河交卸定限七日收兑

一交兑泰陵截漕米石乾隆元年题准各船封贮样米呈送陵部验明由坐粮厅及该管道委员监收如有潮湿

糠土筛扬干洁照仓场颁发斛只兑收

一截运易州陵糈自天津西沽拨载经由大成等处直抵白沟计程三百二十里间有淤浅处所乾隆元年题准于每年起运之时由该管道遴委干练管河同知一员前往确加探量遇有淤浅处所督同该地方官确估挑浚所需人夫工价动支存公银两

一截运易州陵糈自津至白沟河镇沿途催攒乾隆元年题准除向来设有营汛之韩家树等营照例催攒外其霸州苑家口任丘县药王行官东西雄县王家房及雄县至白沟河处所酌量安设汛防每汛设兵五名令其催攒巡查所需汛兵于附近各营抽拨

一截运易粮雇拨银两乾隆元年咨准每船给银四两嗣因粮船运至雄县亚谷桥起拨路途较近四年题准将雇拨银两酌减每船给银一两

一截留天津水师兵粮米石向不交纳席木板片乾隆元年因该处兵米加增添建仓厫题准将随漕席木板片随粮交纳

一乾隆二年截留湖北省拨赈漕米应需拨运水脚银两咨准在于余剩漕费银内动支给发一直隶截漕三十万石存贮天津北仓备赈拨用查北仓截留漕米并未筛扬应循照京通各仓之例将预备筛扬米石一体交仓其抽验筛扬人仓拣选道府干员赴仓监收将原备筛扬四升七合米内计算实在折耗若干并余剩作正若干出具印结报部并按照存贮年月递减之例再有亏缺将各官参追治罪【乾隆三年】

一乾隆三年议覆侍郎陈世倌条奏截留北仓漕米前于雍正九年直督刘于义奏准令旗丁每百石加耗米一石为地方官折耗之用及今照例交收但从前北仓例无递减耗米雍正十二年定议照通仓例每石尖米四升二合准作仓中三年递减折耗乾隆三年直督李卫题请准销原备筛扬折耗四升七合之米部议将实在折耗米数令该县出结销算在案则北仓开除折耗与京通各仓一例自不应再收折耗嗣后截留北仓之漕米每百石免交耗米一石以恤军丁至所截北仓米石业经直督令仓场委员照例抽验筛扬入仓所有截留天津水师营并易州米石应令直督照截留北仓之例遵行如有勒索等弊即行题参究处

一截拨天津水师营并易州米石乾隆三年奏准停止筛扬照依北仓之例抽掣办理如有勒索等弊即行题参

一乾隆四年泰宁镇添设千总一员把总一员步兵一百名应需本色米石汇入陵糈案内截漕支放

一截拨蓟粮州县收受有筛扬撞斛狼撒及令旗丁津贴车脚等项之弊乾隆四年奏准禁止如蹈前辙即行指参运丁亦毋许搀和糠粃违者一并参处

一蓟粮到次例限七日交收清楚因每年船粮到蓟时值夏末秋初雨水不时不能依限办理乾隆四年议准如遇大雨连绵不能装运许州县按日计算接扣七日若无雨水照例交兑不得故意措留

一截拨易州陵糈旗丁原带席木按米交仓【乾隆四年】

一蓟粮米石例系豫东二省递年轮运乾隆四年轮应豫省拨解因豫省是年被水漕粮蠲缓无可拨运咨准于东省拨运俟庚申年豫省接运一年以补停运之数

一漕粮截留沧州天津及蓟易等处较之抵通费用减省乾隆五年题准将原备三升八合饭米内运易船粮每石给丁饭米一升运蓟船粮每石给丁饭米一升九合照抵通例给与价值以济回空其余剩米石仍令旗丁交仓作正收受至截拨天津沧州等处原备三升八合饭米责令一并交仓作正开销

一篷羡银两例按过坝正米到通船只分别核给其截留船粮原无支给之条因截留蓟州沧州天津等处船粮历来均照抵通之例一体给与原属因循办理并非核定章程乾隆五年奏准一概停止

一截留沧州米石乾隆六年咨准令承收之员同旗员验看如系如米即行收受毋许迟滞措勒倘有搀和糠土者承收官及旗员具文详报委员验实估计成色照例报参并将搀和米色眼同运官装袋印封随文呈验其折耗之米著落旗丁回空食米内赔补或不足数另于后帮截补所欠米石咨回南省著追次年搭运赴通如并无搀和详报不实之员以有意勒措参处

一乾隆八年通仓拨运天津米石雇募民船拨价咨准照直隶各属领米之例陆路每石每百里给银一钱水路每石每百里给银一分五厘

一直隶古北口外垦种日广产米日多乾隆八年奏准于丰收之年广为采买以四万七千余石运赴蓟遵等仓

以供陵糈余俱运通其豫东二省应运蓟粮仍运通仓备用如价贵停买将陵糈米石仍令豫东二省运送

一江西省乾隆八年截留本省漕粮题准每石加耗米三升在于赠军斛面等米支给

一拨运易粮漕船自津至雄县亚谷桥每遇水小阻滞乾隆八年奏准于每年粮船将到之前预行探明淤浅处所及时挑浚如水小船重酌量起拨每船酌给拨价银一两

一乾隆八年湖南省截拨广东漕米题准每石折耗四合

一乾隆八年湖南省截拨广西漕米每石加耗米三合于截漕减存里纳二耗米内兑给

一乾隆九年直属被灾需赈钦奉上谕于通仓内拨发米三十万石令各州县自雇船只赴通请领嗣因州县船只不充奏准将豫东二省回空漕船装运沿河交卸按道里远近照依定价给发帮丁

一乾隆九年江西截拨湖南漕粮题准每石准折耗米四合一乾隆九年江浙二省截拨闽省漕粮奏准每石加耗米五合

一定例截留漕粮芦席一项随粮交卸本色乾隆十年海宁台州等帮截留临清席片擅收折色照数著追

一丹徒丹阳金坛三邑漕粮乾隆十五年题准留充镇江驻防兵米丹徒附郭每年截留漕粮三万三千二百余石丹阳次近每年截留二万三千二百石金坛稍远每年截留一万石照起运漕粮例于岁内通完如有迟悮照漕粮例参处该上司徇扶同徇隐一并严参至次年春夏二季放给兵粮先尽丹徒米石该府亲临监放其丹阳金坛二县米石提解府仓散给所需运米脚价于漕费内动支每届开放之期旗员率同领催赍档具领按名散票照票关支如有卖档等弊兵民治罪其失察之旗员并地方官一并参处

一各帮运交圆明园沙子营新城蓟易等处米石较京通各仓稍远守候需时每致钻营规避乾隆十六年奏准嗣后轮帮挨派劳逸适均

一乾隆十八年奉上谕凡截留省分俱著该督抚专派大员稽察不得委之州县佐贰以致滋弊钦此

一蓟遵丰三州县岁需粟米五万余石易州岁需粟米五千余石定例于豫东二省帮船内派拨以充陵寝官兵俸饷霸州丰润等处向有稻米例交通仓代粟支放徒费周折乾隆十九年奏准霸州稻米径解易州丰润稻米径解本处照通仓代粟之例支给俸饷即于应拨米内扣除以省往返以纾丁力

一乾隆二十二年三进帮船因守水濡滞恐悮回空奉旨在津暂行兑收囤贮陆续运通所有旗丁应交耗米于来岁新漕内搭运完补其抗价银两于轻赍银内垫发亦于新漕内扣还

一乾隆二十二年漕米截留北仓及天津露囤奏准将收贮北仓之米俟明春冰泮时再行运通露囤各米现在轮流拨运赏借旗丁拨价一半俾得迅速回空运通脚价令旗丁自出一半赏借一半应交茶果个儿银钱及席片毛竹均照例交纳至在津粮船自岸起米至北仓约近里许一出一入颠抗狼撒折耗必多且仍需抵坝起卸亦不无折耗每抗米一石议给制钱六文每船约需抗价四五千文不等应于在津囤贮米石之帮丁出给每百石照例加耗二石准于来岁新漕内搭运补交再经纪各役代丁运送抵坝既有每百石加耗二石之数再有短少即照掣欠例责令经纪等赔补于旗丁无涉其抗米脚价于通济库轻赍银内暂行垫发亦在各丁新漕内扣还并移咨总漕照例催追办理

一易州泰陵员役应需米石例应截拨南漕查天津北仓尚贮拨剩漕米可以就近改拨供支以有本年应截南漕悉运通仓收贮【干逢二十二年】

一仓茶果一项乃系搂米交纳银两以为各仓收放米石之需乾隆二十四年仓场咨准现截北仓米石暂缓交纳俟抵通后再行核计米数移咨总漕饬令补解

一天津截漕四十万石先到漕船计五六百船之米可足四十万石之数但前帮截留后帮继进若运水未长后到帮船仍不免于起拨应于先到各帮漕船内视其每船应拨若干石即可轻便抵坝按照应拨之数起卸截留其未拨之米仍令挽驾抵通交兑以拨为截而每船所截无多临时起兑甚易一截之后即令开行继进之船河水渐长自可浮送至旗丁例出拨费令运官扣存按照每船起米数目汇交坐粮厅收贮如所截之米别无赈粜需用之处应俟全漕回空后将所存拨费坐粮厅会同地方官雇船将北仓米石仍运通仓兑收如所截之米或有转移拨运之处将所存拨费留充各该帮下年拨船之需【乾隆二十四年】

一漕粮截留北仓仍须运通者除旗丁所出抗价六文照例散给上仓人夫外其所出船价银六两交地方官会

同坐粮厅雇募拨船应令该经纪等亲身押运其沿河地方文武官弁俱有稽查催押之责应令督率兵役挨递管押不得复行需索饭食如违照例参处至定例每米百石旗丁出耗米一石五斗虽系备补沿途折耗但由仓入船不过盘粮一次折耗不须如此之多嗣后每米百石应令旗丁再出米五斗足成二石内以一石备补沿途折耗以五斗给经纪等作为饭食以五斗帮贴经纪一切转运夫役杂费之用不准丝毫借动官银至漕船抵通例有篷羡银两今羡余一项已于二十四年北仓截留案内奏明全行给与所有篷夫银每石一分亦应一律支给【乾隆二十五年】

一嗣后截留沧州船只一俟漕米起完即令随帮管押回空先行赴次抵通船只仍令运弁照料前进俟交粮事竣即管押丁船南下【乾隆二十六年】

一乾隆二十六年仓场将已经抵坝之广信等五帮令转回天津北仓交兑议准各帮抵通有应交厅茶果银两系按船计算仓茶果银两系按米计算今该五帮既已抵通且有已起米石自应按船按米交收至篷羡银两例于到通给发今该五帮未起米石复由通带回北仓应照数给与至余米一项既经交纳入仓其银两亦照数给发应交席竹亦照例交纳再北仓抗价每石制钱六文即令旗丁于应出个儿钱内扣交地方官雇夫应用【乾隆二十六年】

一乾隆四十三年六月钦奉谕旨豫省昨岁收成歉薄今年夏麦亦复缺收闾阎未免拮据业经迭降恩旨加意抚恤蠲缓俾令得所幸各属于六月中普得透雨大田俱已赶种可望秋成第今距秋收之期尚早现在粮食恐未必即能充裕著将江西省尾后数帮之米截留十万石于临清水次令郑大进委员接运回豫以资储备接济该总漕即速酌定帮数船只饬知押运各委员妥协办理该抚亦即派委干员照料妥办该部即遵谕行钦此

一乾隆四十三年七月钦奉谕旨前因豫省今年麦收歉薄降旨将江西尾后数帮之米截留十万石于临清水次令豫省接运以裕民食因念山东济南东昌各属及直隶大名广平顺德等各府均有缺雨之处二麦大半歉收市粮未能充裕虽不至如豫省之甚民食究不免拮据著再将江西尾后数帮之米于山东直隶各截留五万石以资接济其应截何帮船只著鄂宝酌量分拨檄知押运各员迅速妥办至两省应于何处水次截留运贮之处著周元理国泰酌量妥协筹办仍即一面办理一面具折覆奏该部即遵谕行钦此

一江西漕粮截留赴豫经山东巡抚国泰奏不支行粮续经漕运总督鄂宝奏准以漕运定例江西路途遥远涉历江湖非他省可比其已历长江尚未渡黄截留者行目银米给与四分之三如至临清等处截留者各项虽米准其全给本年截漕非只河南一省至隶山东亦有截留米石并未咨追行粮独河泊一省截留向旗丁扣追与例不符应仍查照定例办理【乾隆四十三年】

一乾隆四十三年钦奉谕旨前因预省去岁秋收歉薄本年夏麦又复缺收闾阎未免拮据业将江西省后帮之米截留十万石于临清水次令郑大进委员接运回豫以资储备今据姚立德等奏称仪封考城汛内河堤漫口其被水灾民现需抚恤应用米粮必多著再将江西尾帮漕米截留十万石与豫省备用著鄂宝即速查酌应截何帮之米飞檄押运各员遵照妥办并著郑大进即行酌量于就近灾所之运河水次派委妥员接运一面飞咨鄂宝查照一面具奏该部即遵谕行钦此

一乾隆四十三年漕运总督鄂宝奏江西尾帮船只拽至柳园头大营房一带衔尾待渡不意初三日高家马头水势渐减初四日消耗尤甚浅阻未渡黄船五十四只计米五万一千八百余石请存贮淮扬各属或于明年新漕搭运或留为该省偏灾处所赈粜之需实于漕运民食两有裨益奉旨自应如此办理淮扬各属今夏亦有被旱偏灾之处自不免需米接济此项粮米即留为该处赈粜之用无庸附明岁新漕搭运者将应留船只粮数行知该地方官照料并饬该督抚檄饬所属妥为经理勿稍稽缓钦此

卷六十九·截拨事例·截留拨运

一山东省截漕五万石河南省截漕二十万石奏明将广信永建抚州九江后饶州安福吉安等帮内截拨又直隶截漕五万石于吉安帮截剩船五十四只内截拨该帮现载米五万八百九十九石七斗零除截拨外所剩无多一并截留直隶俾各船一同回空丁情称便【乾隆四十三年】

一乾隆四十五年因漕运较往年迟至两月查照往年露囤之例于石坝并大通桥等处暂囤米十余万石俾拨船口袋足敷周转其暂行露囤一切费用即于车户经纪脚价内酌量借给毋庸另行开销核定银数照例按年扣还【乾隆四十五年】

一密云驻防官兵所需米石先经奏明照马兰镇之例改用折色每石折银一两四钱续奉谕旨因官兵购买维艰仍给一半本色在豫东二省每年征存蓟粮项下拨运令该县于三四月间赴通州承办领运收仓毋庸会同驻防人员赴通领米仍令该督酌看情形如遇河水干浅及水大之时由陆路运至该县照例报销运脚若雨水调匀之年河水平顺仍山水路运送以省糜费应需脚价等项准于地粮银内给发至本年豫东二省漕船已经开行所有乾隆四十五年夏秋冬并四十六年春季应需一半本色米二万三千石应于山东省现运四十五年漕粮正供项下截拨令漕运总督山东河南巡抚俟次年兑运新漕即于该二省存贮蓟粮米内拨米二万三千石搭运来通以还仓储【乾隆四十五年】

一由京移驻密云官兵一切事宜俱仿热河驻防之例办理热河驻防兵遇闰之年向不支给闰月米石今密云驻防兵事同一例毋庸添拨闰月米石【乾隆四十五年】

一密云驻防兵米在于豫东二省存贮蓟粮项下拨运米二万三千石自通州运至密云水陆挽运一切盘量折耗气头厫底在所必需若不代为筹划必致兵食有亏奏明照易州陵糈米石之例每石拨给耗米一升九合自四十七年为始令豫东二省各添拨米一百石以备支销折耗之用各处驻防兵米不得援以为例【乾隆四十六年】

一乾隆四十七年九月钦奉谕旨据鄂宝毓奇奏催攒漕船出山东境一折内称于九月初七日将江西尾帮攒过临清十二日全数过德州北上等语今岁河湖水大漕船行走迟延前经降旨将江西帮漕米截留山东三十万石交与明兴存备该处散赈之用何以鄂宝等折内复有全数帮船过德州之语殊不可解著鄂宝等即行据实覆奏又鄂宝另折所称江西帮船于杨村起拨等语今思杨村河西务一带距京较近与其在此处起拨不若竟截留天津存贮北仓更可省行途往返著传谕郑大进不必前来接驾于接旨处即可速赴天津照料截留漕米之事将来或留为直省之用或运赴通仓亦为便易并著鄂宝毓奇一体遵照妥办至毓奇自任巡漕以来催办漕船一切经理均属得宜目下应办之事正多明岁巡漕御史需人更换与其另易生手不若仍旧毓奇在彼较为熟习著传谕毓奇亦不必至行在复命于何处接奉此旨即由该处速回照料回空并明岁重运北上之事又鄂宝覆奏粮船遭风漂没奏报迟延一折该帮守备系于八月十四日具报该漕督接信后自应一面奏闻一面妥办乃直至八月二十九日始行具奏其拘迂迟缓亦不足详悉批谕所奏请议处折已批交部议仍著传旨申饬并由五百里各传谕知之钦此

一乾隆四十七年十一月钦奉谕旨据英廉奏直省各仓因赈恤之后贮谷未能足数请将天津北仓截存漕米九万二百三十二石零赏拨直省以备缺额等语著照所请北仓截存之漕米全数拨给直省缺额州县各仓存贮该部知道钦此

一乾隆四十九年正月钦奉谕旨朕巡幸江浙上年业经降旨照从前之例于江浙两省冬兑漕粮内各截留十万石预备临时平粜之用所有此次减歇漕船向例只给一半月粮于该丁等生计未免拮据著加恩于应给月粮外再赏给十分之二以示体恤该部即遵谕行钦此

一本年漕运迟滞应截拨兼办以速回空现查至八月初五日止未到者 尚有二进十三帮之进三十四帮共计装正余米一百八十余万石三进头船尚未入直若仍令原船运通必致回空迟悮除将三进稍后之浙江等十帮全数在杨村起拨外其最后之江西湖广等九帮暂行截留天津北仓俟一有拨船回空即将截存米石陆续转运赴通【乾隆四十九年】

一北仓转运米石旗丁于正米每百石应出加耗米二石乾隆二十五年经部议以一石为出入沿途颠抗加耗以五斗给经纪作为饭米以五斗作杂费之用第查加耗米石例系责令旗丁于次年搭运赴通交纳现在经纪人等饭食车脚等费在所必需莫若将旗丁下年搭运耗米二石以一石令其搭运本色到通归耗以一石照依现在时价折银赴通交纳所有经纪应用之费即于通济库轻赍项下垫发将下年解通银两归款至旗丁应交地方官雇备自津至通拨船每米百石价银六两饭米一石四斗自应照例办理再各帮应交茶果银两席竹松板仍令弁丁赴通交仓籣羡银两照依二十二年截贮北仓军船不抵坝之例赏给一半以资各丁回空之用【乾隆四十九年】

一本年湖南江西九帮共船九百四十四只共米四十万七千石俱行截留天津北仓足敷起卸该九帮弁丁应出拨价及应扣耗米帮贴经纪转运赴通之费照例给与至浙江在后之十帮业已全出临清其江广帮船既已截留北仓则杨村拨船自敷在前帮船之用且浙省船身轻便即令原船抵坝亦不致回空迟悮【乾隆四十九年】

一截留米石自北仓拨运抵通每百石旗丁应交地方官拨价银六两惟查江西六帮殷疲不一内有实不能全行交价者著将通济库银每船各借银三十两行令该省粮道于来岁扣办归款【乾隆四十九年】

一乾隆四十九年十月钦奉谕旨据保泰等奏本年到通漕粮二百四十三万石又北仓截留三十二万余石较之上年多收二十二万石等语前因漕艘抵通稍迟将江广重船于北仓截留俾得迅速回空今据查明本年漕粮较上年尚多二十余万石所有前项截留米石现于北仓存贮即将多出之二十二万石存于北仓作为直省买补仓粮之用毋庸运通钦此

一北仓现贮漕米内赏留二十二万石为直省买补仓粮之用查有东阻之杭严头四两帮漕米约七万余石奏请于北运河一带附近州县内查其应买仓粮就近拨交领运明岁于北仓漕米内照数扣抵所需席片抗夫等项查照办过成案办理【乾隆四十九年】

一乾隆五十年五月钦奉谕旨明兴奏曹州东昌济宁临清各府州属雨泽稀少麦收歉薄现在未得透雨地方未经播种者尚有三十州县将来恐有应需接济之处东省仓储历年蠲免出借尚未买补还仓积贮无多请截留南粮二十万石存贮备用等语东省曹州东昌等处雨泽愆期曾经借给口粮籽种并加恩将应征带征钱粮仓谷缓征以纾民力各该处未得透雨明兴早当奏请截留漕米宽裕贮备俾资接济著于南粮头进在后各帮内截留二十万石存贮济宁聊城水次以备应用该部即遵谕行钦此

乾隆五十年直隶总督刘峨奏准截留漕粮各事宜今将所议条规开载于后

一截留漕米如三进尾后数帮入直稍迟钦遵谕旨在于沿河水次核计程途分别截卸移咨总漕仓场转饬将截留米色拜旗丁运官姓名开单咨送转发俟漕粮收清以便饬令各州县将收过帮船米数造送

一北仓截收漕粮向委天津道盐运司二员就近在津往来总理并会同坐粮厅秉公监收其应石坐粮厅到津监兑之处并请移咨仓场酌办

一水次安陵一带应需斛斗口袋并经纪斗级等项已项目另请咨饬遵外所有北仓应截漕粮应需斛斗口袋应请查照四十七年截漕之例令天津县自行备办并将旧存木斛与部颁收漕铁斛逐一较准以便兑收加有破损立即补修添置较準烙印应用免致参差迟悮

一北仓截收漕粮仓内铺垫席片麻绳例向旗丁取用至气筒等项照例垫办事竣将垫制气筒银两造册请销在司库存公银内拨给还项

一安陵泊头连镇并沧州等处沿河水次截卸漕粮仍照向例先尽寺庙房屋次赁民间屋宇暂行收贮统俟明岁春融雇觅小船拨运赴通一起卸漕粮应需抗脚工价向令旗丁自行给发此次仍令循照旧例办理以昭画一

一北仓截留漕粮收米色稽查斛斗及在船盘量在仓收米管赈等项均须委员办理向请移咨盐院在于分司运判以及候补场员内酌派四员随同盐运使天津道监兑照料如有不敷仍令天津道在于就近佐杂内拣选委调稽查俾免贻误

一沿河水次截漕尤非北仓可比粮艘鳞集请照会天津镇派拨干练兵弁加意巡逻仍令将备大员不时稽察以防不虞

一船厂处所令州县捕官会同汛弁无分昼夜稽查匪类预防火烛约束兵役不许偷安生事【以上九条均乾隆五十年】

一本年各进漕船较往年迟至两月抵通之米克期兑收自八月初旬起每日照例起卸三万石并酌定过天津关日期统令八月二十五日以前全过津关所有三进之浙江十帮应交米四十万余石令坐粮厅在北仓上紧兑收至在后之湖广六帮应交米二十三万余石并现入东境跟接北上之江西赣州等帮应交米十万石即于直隶泊头等处兑交地方官收贮明春雇船转运抵通如指卸北仓者可抵通州指卸泊头者可抵北仓仍上紧催攒飞挽前进倘杨村拨船不敷周转于截留北仓之外即于天津起卸露囤交地方官陆续转运以便漕艘迅速回空【乾隆五十年】

一乾隆五十年七月钦奉谕旨据萨载李奉翰奏江西漕船十三帮正在衔尾渡黄因六月二十八九等日黄水陡落各船行至河口一带间被淤涩除于此浅滞船内截留漕米十万石为安河赈粜之用其余各帮自应仍行北上现在设法筹办等语江西漕船十余帮于七月中旬尚浅滞清口未能全数渡黄月内必不能全行攒入东境即使沿

途催攒衔尾遄行亦须至九月底十月初方可抵通则起卸回空断不能于今冬赶至水次受兑自应遵照前旨于沿途截留起卸但与其催令渡黄多行途路仍须截留莫若即于浅滞处所酌量就近交卸交地方官妥协存贮俾漕船即行回空既可免长途纤挽之劳又得及早回至水次受兑实属两便著旧论萨载李奉翰毓奇酌量情形悉心熟筹一面办理一面奏闻钦此嗣据萨载等奏本年漕船除头二两进及三进内之浙江潮广各帮均已先后催攒出境其未渡黄者二百九十二只共装米二十八万余石现在酌派经由之清河山阳宝应高邮甘泉江都丹徒仪征上元江宁等州县收贮即令各帮船于回棹之便顺路交卸责成该管道府监收督令各地方官妥协存贮一俟今冬江安苏松等属新漕开兑即均匀搭运解通不必仍令江西帮船搭运

一乾隆五十年八月钦奉谕旨据毓奇奏接准部咨留京办事王大臣会同户部仓场侍郎议覆接卸漕粮事宜内以通仓两坝每日起米三万石扣算自八月初间起扣至九月十五日止可收米一百三十万石今头二进帮船共装米一百六十万七千余石自当遵照原议全行赶赴通坝尽数交卸等语本年漕船行走迟滞其能赶赴通霸头二进各帮米石自应迅速尽数兑收方不致贻误回空今头二进帮船共装米一百六十万七千余石而仓场侍郎核计只可收米一百三十万石是尚有三十余万石不能克期兑收朕极力催办到通之米若迁延时日各帮必至冻阻北河不能及早归次兑运新漕关系匪浅且三进各帮之浙江等帮或因时日较早亦能赶紧上坝并应作速起卸该处多收一帮之米即可省来岁转运之繁于事方为有济但起卸粮石例应兑验不妨量为通融抽兑数斛即可迅速蒇事岂有帮船既已抵坝而该处转不能全行起卸之理看来保泰蒋赐棨竟无通变之才并恐各帮运丁抵通后急于兑收胥役等即从中勒措需索该侍郎或不免回护徇庇均未可定著派曹文埴伊龄阿即行赴通会同该侍郎不必拘例速行通权督办曹文埴以户部尚书兼管顺天府事务较繁且通州系其所辖呼应更灵可以往来查办不致顾此失彼伊龄阿竟须常川在通督率经理不必拘泥定议总期多收一帮早兑一日于回空起卸均有裨益以副朕慎重漕储委任之至意毓奇折并发钦此嗣据曹文埴等奏通坝自囤运兼行起卸无虞迟滞现在二进在途之十五帮自扬州头至兴武七等八帮仍照例存六拨四督令衔尾抵坝克日兑收其自松江白粮至安庆后等七帮及三进在前之已攒过北仓之宁波前后湖州白粮等三帮计十帮如亦存六拨四令军船赴通则抵坝迟缓恐悮回空令全行于河西务起拨即以拨过抵坝各帮之拨船轮转迎卸则拨船轻小便于前进即河水稍落亦无浅阻之虞且军船免其抵坝又得赶早回空至三进续抵各帮即令于北仓截卸四十万石限日赶紧收兑其不及赶卸北仓者应听漕臣随时酌量指卸

一乾隆五十年八月钦奉谕旨据毓奇奏酌定帮船米数分派截留起卸一折自应如此办理至所称直隶截留米石系派拨于大名府各属收贮备用现今尾后之抚州吉安南昌后等帮船挽至临清住泊一面知照直隶派员就近迎帮兑收等语著传谕刘峩迅派妥员前赴临清水次就近迎帮上紧兑收俾漕船迅速回空而收贮米石即可备冬春赈借之用方为一举两得至二进及三进在前之浙江帮船即可八月底攒过津关其三进在后之湖广六帮及江西渡黄在前入东各船亦可于八月底赶入直境著传谕毓奇督率各帮尽力日夜催攒行走赶紧抵通其尾后各帮有实在迟滞恐悮回空者并著毓奇遵照节次所降谕旨酌量情形于直隶泊头安陵等处截留起卸该督等熟筹妥酌一面办理奏闻总期无悮回空受兑新漕方为妥善钦此嗣据毓奇奏本年重运迟滞所有头二进帮船共装米一百六十万七千余石自当全行赶赴通坝尽数交卸其浙江十帮共装米四十万一千余石若概令上坝起卸各帮一时拥集两坝候至九月十五日后尚不能全数交卸转致有悮回空请将江浙九帮漕粮全数截卸北仓次后跟之湖广六帮及江西赣州各帮除例应截留沧州驻防兵米外共米三十五万九千余石应听督臣刘峨预为指定处所分投上紧截卸存贮并预先多备房屋派委妥员在彼料理

一北仓厫座共敷贮洪斛米四十万石计浙江湖广江西各帮船应交洪斛米五十一万二千余石尽北仓收贮之外尚余米十一万二千余石北仓围墙内空院地既高燥且甚宽广尽可起卸露囤俟明春起运时即先尽露囤之米拨运赴通所有应需拨价饭米仍照例令旗丁缴出以备经纪等拨运之用【乾隆五十年】

一乾隆五十年八月钦奉谕旨据阿那布奏三进漕船于八月十五日全行催过济宁不过二十五日前后即可全数出临清口其二进尾帮已于初九日出临清等语是东省运河漕船行走尚为迅速各帮既出临清口北河水势充足更不难浮送遄行昨据保泰等奏头进南粮全数起卸完竣所有二进各帮自必陆续抵通即三进帮船既于月内全数出临清口抵通自速必须随到随收无悮回空著传谕曹文埴伊龄阿会同刘峩务须不拘成例速行兑收俾

得及早回空或有实在不能兑收囤贮者再照前奏于泊头及北仓一带截留收贮总之多收早回不使稍有濡滞方为妥善阿那布折著抄寄阅看将此传谕知之钦此

一江西省未渡黄各帮截卸淮扬等属漕米十八万余石江宁藩司借拨七万石以济兵糈余米十一万余石一并留交江南备粜之用酌定所值价银全数解交江西省于今冬照数采买贮仓俟新漕开兑一同交该省各帮搭运【乾隆五十年】

一乾隆五十四年七月钦奉谕旨向来北仓截留漕船米石所有转运通仓水脚银两俱系坐粮厅垫发仍于该旗丁名下扣缴归款但思此项脚费如系帮船行走迟延不能依限赴通交兑在北仓暂行留贮者自应旗丁出资运送若漕船本可如期抵通因奉特旨截留北仓以备拨用者原与旗丁无涉即当官为转运从前概令旗丁缴费运通办理未为允协嗣后各省漕艘有攒行未能迅速抵通迟悞恐致沿途阻冻不能及早回空在北仓截卸者其运通脚费自当照例扣缴如系似此特旨截留者即著动支官项办理以示朕体恤旗丁至意钦此

一乾隆五十五年三月钦奉谕旨向来直隶地方遇有应需赈济等事节经将南粮截留北仓预备拨用本年漕粮全数来通为期较早天庾充裕应于南粮内截留三十万石存贮北仓以备接济之用更属有备无患著传谕苏凌阿刘秉恬酌留一人在通兑收漕粮一人赴北仓专办截留之事并令冯光熊随同办理所有截留南漕或于现过津关南漕各帮内酌留截卸仍催令在后帮船越次前进迅速抵通若漕艘衔尾前来在前帮次难以截留或将江广尾帮漕粮截存北仓否则照从前以截为拨之例按照每帮应拨米数分船匀卸北仓截足三十万石之数既省杨村起拨耽延而船身轻便抵通更可迅速著苏凌阿等体察情形酌量办理总期备贮充盈行走不致迟滞方为妥善除就近传知冯光熊外将此谕令知之钦此嗣据仓场奏江西自抚州帮起至广信帮止共有稜米三十一万余石除截贮三十万石外尚多米一万余石若仍令运通交卸未免多费周折应一并截贮北仓以归简易

一东省济南武定曹州东昌临清所属平原等二十七州县本年被水灾区照例按月给赈约需一半本色米二十余万石除拨用蓟粮溢谷八万余石外尚不敷米十余万石各属仓粮虽足敷用但明春青黄不接之时被灾地方必需借粜兼行以济民食未便全数碾动所有本年应运漕米十二万一千九百五十余石应截拨被灾地方搭放仍将截存米石于五十六七两年秋成后照数买补搭运【乾隆五十五年】

一豫东二省拨运保雄兵米向赴北仓交卸惟是米石一经倾卸难免折耗抗夫口袋费无所出奏明改于西沽就船受兑嗣后领米州县先期备船停泊西沽候兑如粮船已到无船交兑就近移明天津道挽赴北仓父卸其抗夫口袋之费即令雇船迟悞之州县认赔【乾隆五十七年】

一乾隆五十七年四月钦奉谕旨直隶顺德广平大名三府自三月以来并未得有雨泽而豫省河北彰德卫辉怀庆三府属虽间得微雨亦不成分寸朕心深为廑念昨已有旨驰询豫省矣现已将届立夏即甘膏立霈麦收亦不无歉薄自应早为设法接济俾小民不致失所若俟地方官具报到日再降谕旨恐闾阎口食未免拮据现已面谕梁肯堂令其驰赴天津办理截漕事务并著仓场侍郎刘秉恬会同妥为经理于续到津关南粮漕船内截留漕米六十万石以三十万石留于直隶地方以备顺德广平大名三府接济之需以三十万石运送豫省以备河北三府接济之需虽每府以十万为率其间视灾之轻重户之多寡令该督抚酌剂拨用向来山东粮米有系河南漕船运载赴通者此时该省漕粮虽已起卸回空想船只未必即过天津即可将截留接济豫省漕米三十万石顺便载回该省交穆和蔺酌量存贮河北备用其直隶截留漕米三十万石应运贮何地就近备用之处著梁肯堂自行酌办至漕米既在天津地方截留所有旗丁等食米更有多余即准其就近粜卖该处粮石既得藉以流通于民食更有裨益刘秉恬接奉此旨即行带员前赴天津其时梁肯堂亦可到彼会同商酌妥协办理于南粮帮船内酌量何帮截留为便即将该帮米石截留该督等务须筹酌尽善毋许地方胥吏从中滋弊以期小民得受实惠副朕廑念民依先期筹划至意计截留拨运不无需时日并著梁肯堂穆和蔺先将此旨于缺雨地方遍贴誊黄使百姓先知口食有资而市侩亦不敢垄断居奇方为两有裨益该部知道钦此

一截留南漕六十万石以为直豫二省接济之需先将庐州头等帮漕米十二万余石截贮北仓以备酌用尚应拨给直隶十七万余石河南三十万石均在临清截留以便就近转输【乾隆五十七年】

一河南接济之米约需二十万石以内已足敷用若将南漕三十万石全行兑运似觉过多应将多余漕米十万石截留临清俟秋间体察情形再行筹运查截贮北仓之漕米十二万石原为直隶广平大名顺德接济之需仍须大

名道雇船派员远赴北仓领运不若将豫省多余米十万石即就近在临清领回较为便捷【乾隆五十七年】

一乾隆五十七年五月钦奉谕旨前因直隶顺德广平大名三府属入春雨泽短缺麦收歉薄曾降旨截漕三十万石以备应用其应征新旧钱粮一并缓征并令该督酌筹借粜俾资接济本日据梁肯堂奏现报被旱州县俟勘明如果成灾即需赈项通盘核计尚须预为筹备请将恩赏豫省漕米三十万石内多余之米十万石给赏备用等语看来直省本年缺雨地方较广河间景州一带至今未获甘霖即顺德广平大名雨水亦未能沾足现在时逾小暑大田恐不及赶种必须宽为筹备以裕民食著加恩于该督所请十万石之外再增赏十万石即著刘秉恬与梁肯堂相商就近酌拨应用该督务宜体察情形实心经理俾小民均沾实惠以副朕轸念灾黎有加无已至意钦此

一良乡等八处驻防兵米岁需一万一千三百石近年户口殷繁粮价较增领价采买未免竭蹷自丙辰年为始于蓟粮内动拨一万一千三百石随同正供运赴天津通州水次收兑令良乡昌平顺义大兴迁安玉田六处在通州请领霸州东安二处在天津请领所需运脚即在津贴米价项下动支程途较远之处每石亦不得过二钱五分之数【乾隆六十年】

卷七十·截拨事例·截留拨运

一直隶良乡等处岁需兵米一万一千三百石奏明在豫东二省截存蓟粮内拨给本年因东省轮免漕粮先令豫省代运除拨运天津等处兵米外不敷米石准动支节年仓存蓟米并动碾蓟谷凑运【嘉庆元年】

一直隶良乡等八处驻防岁需兵米奏准于嘉庆三年春季起令豫东二省各半分运山东省嘉庆二年冬间应需兑运兵米先尽新征蓟米照数拨运如有不敷即在存贮蓟米内找拨【嘉庆二年】

一湖南省漕粮奏明截留湖北二十万石嗣因湖北岁需兵耗等米一十三万四千七百余石全数运北现存南省米六万五千二百余石及截存带征正耗米二万二千余石除支给各漕船月粮外余存一并拨入苗疆兵粮项下动用【嘉庆三年】

一山东省嘉庆三年曹汛漫口曹单等十州县被淹成灾奏准截留漕粮在于江西最后之安福等九帮漕船内截拨米四十万石兑交各船支剩余米就近变粜【嘉庆三年】

一直隶固安宝坻二县驻防兵丁每岁需用米各一千一百五十石向例领价采买嘉庆三年奏准嗣后照良乡等处驻防兵米在于余剩蓟粮项下照数拨给固安距天津较近赴天津兑运宝坻应领米石俟漕船行抵北运河附近该县水次兑领

一江西省漕粮截留山东各船有运交通毛竹一项责令带回另办好竹明岁带运赴通交纳又漕粮截留余米作正交仓本年有赣州帮旗丁俞张蔡失风亏折米石于下运搭解运通交卸【嘉庆三年】

一山东省曹单等处被灾奏准截留本省漕粮米豆二十七万七千余石户部议漕豆十三万石此次接赈如无须添用即同额征麦石一并搭解运通以备玄启【嘉庆三年】

一豫东二省拨运良乡等处驻防兵米各添雇船十三只户部按米核算减雇一只所有给过行月银米追还原款其豫省领雇船只派令额船较少之通天二帮承运之处行令查照密云兵米之例分派各帮带运以归画一【嘉庆三年】

一楚北有防堵兵勇川陕兵食亦须接济均当宽为筹备若四路采买办运转致多糜脚费且恐市价增昂有妨民食奏准截留湖北省漕粮六万石以备军糈【嘉庆三年】

一豫省睢州等九厅州县应行抚恤赈济口粮据该抚奏明截留米豆一十二万七千九十六石零【嘉庆三年】

一嘉庆五年湖广总督倭什布等奏湖北郧宜两处防边兵勇应支食米必须宽为筹备请于本年起运漕粮内截留六万石奉上谕漕粮乃国家正供若外省动议截留倘京城缺少米石关系甚重况外省尚可于邻境采买京师则更无采买之处第念防边兵勇尚有应支食米著加恩准其截留二万石以备接济若别省并无防边要务似此渎请断不准行等因钦此

一徐州府属之萧砀等县卫被灾拨给银两散赈嗣因邵家坝兴工夫役云集粮价增昂灾黎买食维艰奏请将铜山等州县漕米约共四万余石截留搭放本色即于前拨赈银内扣存报拨【嘉庆五年】

一每年派拨蓟易等处米石系按平米分派截拨今正兑项下原备筛扬耗米奏明扣给旗丁一升七合六抄及二升七合六抄其拨运蓟易等处项下给丁筛扬耗米准另用正项米抵补【嘉庆五年】

一直隶省嘉庆六年被水较广截留漕米六十万石分贮郑家口泊头天津北仓三处所有天津截留之米旧例截四存六所存米石尚须抵坝交卸有需时日此次尽在后之江广船只整帮截卸俾空船及早南下【嘉庆六年】

一漕运总督奏江广七帮在杨村截拨照例令旗丁贴给经纪运送囤贮其浙江尾后八帮请照江广之例一体截卸以期迅速奉上谕铁保奏杨村截卸事宜一折其露囤一节殊非善策莫若仍将米石拨运到坝方属正办著悉心筹划妥协经理等因钦此嗣据该督先后覆奏江广七帮米石在天津北仓截卸交经纪接运浙江尾后八帮旗丁情愿自用拨船或另雇民船拨运俾大船及早回空不必另行露囤【嘉庆六年】

一嘉庆六年七月漕运总督铁保奏准湖北江西在后七帮在杨村全行起拨将米运坝照依向例由旗丁将饭米拨价全给经纪每百石加帮贴银二两米二石外再加帮贴银五钱

一江西铅山等四帮在北仓截拨一切拨价饭米全数贴给经纪照例先在通济库项下拨给共银二万一千九百余两应于该四帮船扣解议将每船新漕调剂半耗并向领脚耗斛面等三项米石以一两九钱折变共得银八千一百余两又江西本年截留郑家口泊头两处帮船奏加米石令州县一体扣存折变解道以抵库款可得银六千余两计两项共得银一万四千一百余两不敷银七千八百余两在铅山等四帮冬运钱粮内扣银三千两其余银两令江西于道库闲款内暂行凑还仍于该四帮来年米折项下全数归款【嘉庆六年】

一湖北省军粮紧要奏准将嘉庆六年带征漕米四万七千八百余石截留以充军实

一嘉庆八年冬间恭逢奉安孝淑皇后梓宫暨妃园寝添设官役应需本年冬季并嘉庆九年春夏二季俸饷米一万一千二百二十石若照向例截拨漕粮均于次年五六月间始能运到未免缓不济急奏准于通仓米内动拨如有盈余于下年截拨数目抵扣其应需运脚银两赴司具领事竣报销一豫省每年必须拨运保雄密云良乡固宝等处米二万七千七百四十二石七斗七升二合四勺嘉庆八年祥符等州县额征蓟粮全数缓征仅止洧川一县征收蓟粮正耗润耗等米七百九十四石五斗三升除将该县征收蓟粮全数拨运外尚不敷米二万六千九百四十八石二斗四升二合四勺查照乾隆五十七九两年之例在于洧川等县蓟仓现存米内及蓟仓现存谷内碾动其碾运谷石照豫省仓谷之例每谷一石碾正米五斗三升事竣造入漕蓟各奏销案内报部核销

一直隶良乡等处驻防官员每年应需俸米七百三十二石向系每石一两折给嘉庆八年议准自嘉庆九年起在豫东二省蓟粮项下照数动拨供支

一嘉庆十年湖南三帮因渡黄较迟议于帮船行抵杨村用拨船径运赴通军船即在杨村回空

一船粮拥集天气渐寒必须加倍起卸军船回空始能迅速嘉庆十年奏请照向来办过成案在石坝楼旁砖厂囤贮先令军船回空仍即照数装运派仓收贮所有人工绳席等费系经纪等自行备办毋庸另议开销

一固安宝坻二处兵米船二只向系按年挨帮轮运嘉庆十一年轮应通州天津二帮装运因通州天津二帮船只全行减歇咨准仍派上年轮运之徐前后二帮装运俟该二帮正运之年少装一运

一漕河等标各营应需本色兵粮因淮扬等属秋禾灾歉南米不敷支放奏准动拨苏省带征缓漕解济以资兵食俟各县届限征还【嘉庆十一年】

一山东德州驻防满营兵饷每年所领折色银两不敷买食嘉庆十一年奏准将德常二仓支剩运通米石拨放本色仍有不敷再将积存蓟粮酌拨如遇灾缓不敷照青州满营兵饷碾动常平仓谷一律办理至免支折色银两每年按数解部以清款项

一湖南省嘉庆六年帮船行抵汉镇奉文截留陕西原船回次二耗米石照程途扣算核给又每船防护舵水四名每名日给米一升又每帮看减千总一员年给养廉米九十五石以三百六十日核派自归次之日起至年底止按日核给又守减船减半月粮内一半本色米石均准在于二耗米内扣给其一半折色月粮银两在于追还行月京脚银内动给又每出运船内挖出找截陕省米一百五十余石支过京脚银两照乾隆二十三年江兴等卫截留天津余剩米石仍系运通应追银两免其扣追之例办理又截留船只准算一运又军帮运义津贴等项银两照乾隆六十年蠲漕减歇全给之例一体支给【嘉庆十一年】

一嘉庆十二年河口浅阻以七月二十日为限在后未渡黄之江西湖南并宿州二共十三帮船六百六十八只

计米七十二万余石一律于淮扬截卸奏明分拨江苏二十万石安徽十万石委道府督饬起卸平粜其平粜价值解司报拨仍令江西湖南湖北各抚动用司库银两按照市价采买足数交帮搭运其回空各帮因重运节节起拨诸形竭蹶以归次之远近定给借米之多寡江浙每船借给二十石江广每船借给三十石通共约借给米十万石零以作回空口食之需仍于新运责成原借之丁购买运通至截留米内除平粜及借给各帮米石不必贴出耗米仍扣留以备下年搭运之费外所有截贮米石令旗丁每百石贴出米二石来年搭运时准其开销如再有亏折令该管备弁总运等分别赔出倘有偷窃等事致有短少惟防范之地方文武是问

一嘉庆十二年密云县亏短驻防兵米经直隶总督参奏革职交部审办请将嘉庆十三年应支兵米预先领运自八月起以七成本色三成折色配搭兼放其折色银两照例每石一两加运脚四钱令失察亏短兵米之各上司照数赔出搭放统俟所亏米数应折银两放竣仍旧全支本色其折色银两先行筹款动支勒令应赔各员定限于来年清款经户部议准自本年八月起至明年正月止以银米三七兼放所需本色米石在于通州中西二仓存贮稜米内抵给至明岁二月以后应需兵米仍照向例支给本色将分赔银两于本年秋后按一两四钱一石采买以供明岁兵糈其应领十三年兵米内即将前项借缺米石照数截留归款嗣据直隶总督奏请将十三年兵米仍照前奏以七成本色三成折色搭放钦奉上谕密云县兵米系半本半折搭配兼放今因例价采买不敷若复将该兵丁应得一半本色再行折给三成兵丁生计愈形支绌该督所奏未为妥协所有本年八月至明年正月所需本色米七千余石前经奏明在于通仓筹米给领此项米石著加恩毋庸买还按一两四钱一石例价令失察各员赔出其明年二月以后应放兵米仍照旧例支领以裕兵食钦此

一嘉庆十二年截卸北仓米石钦奉谕旨于本年河冻以前及明年开冰以后新漕未到之先将截卸之米陆续运送径交京仓庶多运一帮即多得一帮之益等因钦此

一嘉庆十二年江南省截留江西湖南及宿州等十三帮共米七十二万余石计实贮淮扬一带及借给各帮共米四十二万余石留于江南平粜三十万石议令江西湖广照数采买内江西于本年冬采买米十万石湖南于明后两年采买米十万石湖北因歉收难买于截留江南平粜米内划存十万石以抵湖北不能采买之数统于帮船起运时搭运赴通交纳所有应搭米石内采买各省一切费用俱照旧章办理借给各帮米十万石毋庸再给运费其余米四十万余石查照截留漕粮定例扣出银米其米照例以一两九钱折价牵算共扣银八万余两每运米一石给运费银二钱嗣经漕运总督按照出运船只应搭米数酌定三款开后

一原议江浙各帮常年出运船四千只每船搭运米八十石共米三十二万石今约出运船三千余只自当均匀加派以期全数运通计江南共截贮米四十二万石每船拟搭运米一百石共三十万石尚余米十二万余石摊令江西湖广各半分装至借给回空各丁米十万石除本年冬起运各丁照数买补运通外其减歇同十运洒带之丁均系无船出运俟出运之年买补还款仍造具借给帮次丁名米数咨部查核一截留各帮应追银款于旗丁新运钱粮内分别查扣其应追四分之一米二万九千四百余石已卸米一万四千余石此内除去每百石贴出二石计开销米六千四百余石又贴耗米二千石实卸存米六千三百余石又未交米一万四千六百余石照例以一两九钱折价核追计其已交本色同应交银款均匀科算作为搭运经费计搭运米四十二万余石银米牵算每运米一石领银一钱八分零与前议经费银二钱计少银一分零再浙江各帮于来春正二月间次第北上其应得米款自可随正兑收其应得银款在于江南司道库内不拘何款先行动垫解交淮安府库由漕运总督于盘粮时亲身放给仍严催江西湖南粮道速即照数解还

一气头等米约三万余石易换行月好米在原截各帮自然无可诿卸其浙江湖北等帮代为搭运又复易换好米难免借口折耗酌于江南浙江湖北三省每船易换米五石并未经截留之江西四帮每船换米十石江西湖南及宿州原截之十三帮每船换米二十石于易换之中量分多寡以昭平允

一嘉庆十二年江西湖南及宿州等十三帮截留淮扬一带漕米应追未行程途银并米折银两江西省先扣三分之一湖南及宿州各帮先扣一半其余三分之二并一半银两于道库闲款内暂为垫办仍于次年冬运钱粮内江西分两年扣还湖南及宿州扫数扣还

一嘉庆十三年奉上谕昨因北河水势旺盛粮船挽运稍艰恐致回空稽缓特降旨将在后船粮酌量裁留存贮北仓本日据萨彬图面奏向来存贮北仓之米并无专司看管之人以致附近宵小任意偷窃从无过而问者请派人

稽查又北仓自上年修理之后仍多渗漏恐存贮之米雨湿霉烂等语著责成天津镇总兵本智酌拨官兵分派防守昼夜巡逻并于仓廒四角俱添盖兵房俾资栖止如有偷窃情事即严拿惩办该总兵亦当不时亲往查察毋蹈疏纵之咎至该处仓廒上年系天津商人承办今不久旋即渗漏仍责令承办之人赶紧修葺所有应盖兵房亦即交令妥办至北仓地方存贮米石亦不过一时权宜不应过久著达庆等将抵通各船起卸完毕之后即将存贮北仓之米赶紧运通务于新漕未到之先一律抵坝归仓为要钦此

一嘉庆十三年奉上谕北仓截卸米石屡饬该侍郎等迅速运通归仓昨据奏称现已上紧筹拨九月底可以全数抵通今据茅豫奏称杨村一带拨船甚多更可赶紧办理著该侍郎等速将此项拨船全行押赴北仓分装拨运务须源源起卸勿梢逗留总限于九月二十日以前一律抵坝愈速愈妙并即全行赶运京仓不可稍有玩延等因钦此

一北仓暂贮米石向有旗丁津贴经纪每石一升耗米以备转运折耗嘉庆十三年转运余剩米石奏准抵交自坝至桥逾额掣欠并拨船户霉变短欠尚有余米照粳米七钱稜米六钱之例收买归仓作正支放

一江南庐州三等帮搭运江西湖南截漕等项米石俱系平斛稜米并无交仓耗米长途折耗到坝亏缺无从购买稜米赔补咨准以粳稜并交【嘉庆十三年】

一湖北省嘉庆十三年截卸北仓漕粮应搭解经纪本色饭米减歇船只咨准俟下年出运搭交

一嘉庆十三年江西十三帮稜米六十七万余石截留北仓四十八廒贮米四十万石仓内隙地囤贮米二十余万石其余仍用拨船陆续运坝奏奉上谕隙地囤贮之米著于全漕过竣后先行赶运以免潮湿其余四十万石务于年内归仓若有迟滞定行议处不赦钦此旋据长芦盐政伊昌阿奏北仓廒座间有渗漏坍塌商人刻即修葺坚固至廒前滨临运河必须加筑堤堰一道以防漫水亦由各商捐办至围墙外四角原设兵房四间西面即系仓大使公署并有武弁官房三间今于南面添盖一间东北两面各添盖二间足资添拨兵丁栖止奉上谕著本智于标下拣派千总一员把总一员外委一员带兵三十名前往驻守昼夜巡逻该总兵仍不时亲往稽察如有偷窃米石情事严审奏办将驻守弁兵查明惩处其专管之北仓大使如有疏纵一并参处所派弁兵俟囤贮漕米全数运通后即行撤回将来如值截卸年分即照此次出派弁兵人数办理其廒座兵房令商人时加修葺免致截卸漕粮临期迁延时日钦此

一嘉庆十三年直隶总督温承惠奏被水州县应需赈济恳请拨银五十万两备用一折钦奉上谕天津北仓米六十余万石昨据蒋予蒲等奏本月初旬甫起米十八万五千余石自尚有四十余万石在彼存贮向来赈济例系银米兼放著于此项漕米内截拨该省二十万石交温承惠派员前往天津领运届期散放按例价抵作银二十四万两其余不敷银二十六万两著户部迅速拨往备用该督务须督饬所属认真经理以期实惠及民毋使胥吏从中侵蚀冒滥至北仓漕米现又截拨直隶是未运通者祇剩二十余万石为数既属无多当赶紧拨运抵通再运京仓收贮毋稍延缓钦此

一东陵兵役并马兰镇兵丁应支粟米向系截留豫东漕米运贮蓟仓交遵化等州县按季运供乾隆三十年议改折色以后粮价历年有增无减折色不敷籴食嘉庆十二年奏准自十三年夏季起于山东省到通粟米内按年拨给一半本色米二万七千余石令遵蓟丰三州县陆运供支所需运费八千余两核计漕粮改征折色定例每石合银一两酌给一半本色米石按一两四钱折色核算每石节省银四钱计节省银一万一千一百余两所需运费银八千余两即在此内抵支旋据承办事务贝子直隶总督等奏例销运脚不敷应请加给经户部议准每石再加银一钱统交地方官作为津贴之用事竣据实报销并将空出侍卫房二十七间改建仓房由该督捐办将来保固限外所有岁修工料准于永济库项下动支十三年九月直隶总督奏奉上谕温承惠奏东陵兵役本年秋冬两季米石请仍支折色并以将来每年夏秋雨水不定恐挽运稽滞请援照易州兵米之例一律由豫东漕船截拨较为便捷等语该兵役本年秋冬两季米石前经温承惠奏准改支一半本色粟米赴通关运今因六七两月雨水稍多道路泥泞赶运不及自系实在情形所有该兵役秋冬米石著仍支折色以资买食嗣后并著照易州兵米之例由豫东漕船截拨即令各该兵役自行转运毋庸由通仓给领俾免守候支放以示体恤该部知道钦此嗣又据该处查明嘉庆十四年连新添差役一年应食减半粟米共二万八千二百八十余石再加例准每石应领耗米五升五合共耗米一千五百五十余石正耗一年通共应领粟米二万九千八百三十余石如遇闰之年均需加月支领咨准照豫估官员俸米之例于明春漕船抵通派员前往兑运将十五年应领米石一并截拨

一东陵兵米奏改一半本色粟米每年二万九千八百三十余石在于豫东二省到通漕船内截拨嗣经户部以

豫东二省额征蓟粮每年尚有余剩奏准于庚午年起按年交帮搭运赴通以补截拨漕粮数目河南省分运米石雇备民船装运一切应支润耗行月银米照密云兵米之例办理其折色银两在漕项内动支本色米石在仓存蓟粮内支领山东省分运米石照嘉庆十年起运采买蓟米每船五百石添雇船只装运随同正漕赴通交纳照例支给行月润耗本折及津贴等项银米【嘉庆十四年】

一嘉庆十四年奉上谕截留北仓之米曾经饬令派委官员弁兵等在仓外稽查而仓内是否干洁有无他弊并无专员经管因思直隶省试用丞倅佐贰甚不乏人著温承惠遴选明白勤干者数员派赴北仓专司经理即与各仓监督无异来年运通时并著该员亲身管押沿途稽查偷漏搀水等弊如果始终出力著仓场侍郎奏明量子鼓励傥不实心任事即参奏惩处钦此嗣据直隶总督于试用人员内选同知一员知州一员通判二员酌带佐杂二员前赴北仓听仓场侍郎派委办理

一截留淮扬米石实在出力之员奏准奖励将总办截漕事宜之江安粮道蔡齐明纪录二次经管囤贮收兑之江西等省押运山阳等州县江南江西湖南等省领运各官弁均纪录一次【嘉庆十四年】

一嘉庆十四年江西湖南二省漕粮奏明截留北仓及寄拨到坝赶符回空例限该二省有年满例应在通拆变船八十八只此项军船不须回空无虞冻阻改令原船到坝可省拨米七万余石仍令原派之总运重运文武员弁押送到坝以专责成其寄拨米石照例令本旗丁押送赴通交兑奉旨漕船冬兑冬开归次例有定限本年回空首帮于八月十七日渡黄而在后军船恐有脱帮不能接续南下此北仓截卸及杨村寄拨等事九月初十内外可以一律全完惟沿途催攒紧要著直隶山东江苏各督抚派员一体严催务令跟艄行走迅速攒程归次勿令逗留脱空稍有贻误等因钦此

一北仓截卸米石向由拨船转运到通沿途无人经管以致诸弊丛生嘉庆十四年奏准东豫二省漕船每年二月抵通三月全行回空距受兑新漕之期尚早责令东豫二省军船起卸正漕完竣即赴北仓将截留之米再装运一次该船既有官丁经管仍责令总运之员一体督押稽查可免拨船偷窃诸弊查北仓转运每百石向由截留运丁给拨船雇价饭米折色银七两九分零又应给经纪名下每百石津贴银二两五钱一并划归东豫船丁作为运费此项先于通济库垫发仍在截留各帮丁新运钱粮内扣解归款并责令截留运丁每石分给食米一升东豫之船不致苦累如东豫军船不敷装载应将余剩之米责令运丁添用拨船均匀分带跟随帮船行走所有拨价等项即由该运丁酌量发给并责成天津道将应用拨船届期豫备调赴北仓按帮散给装运赴通则不致有偷漏之弊

卷七十一·截拨事例·截留拨运

一北仓截贮米石廒板上铺用芦席向系天津县预备双层铺垫四壁亦用双层钉严墙外堆拨责成天津镇总兵派委弁兵昼夜防守该镇仍不时亲身往来照料杨村寄拨事宜向祗通判一员经理未能裕如嘉庆十四十五等年由仓场侍郎奏委天津道暂驻杨村督率办理

嘉庆十五年咨准湖南省嘉庆六年帮船行抵汉镇漕粮奉文截留陕西原船回次查覆六款列后

一漕粮截拨陕省转运米石援照乾隆十六十八年碾运浙江米石之例每石给经费米五合一每船支给安家米二十石原为出运丁船安家之用免其追缴

一余剩二耗米石派帮搭运又应追程途行月京脚银两准其分作三年在于各丁新运钱粮内照数追缴

一找截陕省米石项丁四耗米内一五给丁米石在于交仓耗米内扣给

一截漕起运船只领运千总准于漕费银内按正米每石支给银五厘以为盘费之用又随帮千总给廪工银五十四两养廉银二十四两

一守减每船回籍水手六名每名每站给银三分米一升每石折银八钱

一豫东帮船装运北仓米石到通比往年专交拨船装运米色俱属干洁专司经理各员在仓住宿看守又于沿途管押稽查均属始终出力奏准将直隶试用同知西林等五员准其本班先用业经补缺之通判江德沛给予议叙东豫二省各帮总运通判及领运千总正漕之外又运北仓米石一次比较往年勤劳倍著准其议叙至剔出气头廒底米石未及一年与例未符著落经纪等照额内掣欠价银交纳勒限二年完交【嘉庆十五年】

嘉庆十五年南粮到通过迟仓场侍郎奏办起卸事宜共三款列后

一截卸北仓米四十万石仓场侍郎等酌分一人前往督办俟次年冰泮仍令豫东二省军船装运

一石坝暂囤米三十万石杨村寄拨米三十万石俟军船扫数回空后自九月霜降日起至十月二十五日小雪以前全数起运进京

一通仓廒座本多约可贮米五六十万石酌拟贮米四十万石以期迅速回空

一嘉庆十五年直隶省被水成灾各州县仓贮无多不敷动拨奏准动拨奉天小米二十万石以为赈济及次年春间粜借之用

一江西帮船截卸北仓拨给直隶放赈米石奏准照转运抵通米石之例旗丁每百石给经纪饭米折色银二两津贴银二两五钱以恤役力【嘉庆十六年】

一嘉庆十六年帮船行抵静海县地方陡遇暴风骤雨内杭严头二海宁所等三帮受伤过重奏准将该三帮米石截留北仓俾得就近卸竣回空潮湿漂淌米石购备足数交仓俟全漕完竣即用拨船运通赶进京仓运丁应出拨价饭米折色津贴等费及每石分给食米一升均照向例办理仍一面派委文武员弁看守仓廒及起运时沿途管押以杜搀水偷漏之弊

一嘉庆十六年截卸北仓米八万七千二百三十六石零即用拨船起运到坝除津贴耗米八百七十二石零实运到米八万六千三百六十四石零尚余剩耗米七百九十石均属干洁并无偷窃搀水等弊照嘉庆十三年办过成案抵交该经纪逾额掣欠如有余剩照平斛粳米七钱稄米六钱之例给价收买归仓

一江南宿州两帮漕船因洪湖水弱出口较迟奏准在清河县境内截贮令该帮丁每百石照例贴出备耗米二石俟回空帮船南下将前项截贮米石按船借给以为饭米于丁船归次后另购好米搭运赴通交纳内每船所借粟米二石八斗令江浙各帮各随地土所宜改购粳稄米二石搭运同交其麦石仍令本帮收领下运搭解未行程途银米分作两年扣还【嘉庆十六年】

一转运北仓米石向用杨村官拨装载每多偷漏搀水之弊嘉庆十四年奏准改用东豫二省回空军船再行装运一次嘉庆十六年北仓各廒亟应腾出兴修不能等待东豫漕艘先用拨船装载每米百石向给雇价饭米折色银七两九分有零究属不敷难免偷窃等弊奏准将应给经纪名下每百石津贴银二两五钱及责令截留运丁每石分给食米一升给与东豫帮丁二项一并划出转给拨船船户俾资运费仍饬直隶委员并天津镇及天津河道务关营参将通州协副将添派文武员弁多带兵役沿途管押倘有偷漏等弊即行严拿惩办

一嘉庆十六年奏上谕玉宁戴均元奏存贮通仓及截留北仓米石全数运京完竣一折嘉庆十四十五两年暂贮通仓未经运竣之米计二十五万九千余石又上年截留北仓米四十万四千余石经该侍郎等派坐粮厅李銮宣在彼督办现已次第转运完竣据该侍郎等查验米色均属干洁并无亏短霉变及偷窃搀水等弊李銮宣一手经理妥协无误著加恩交部议叙其另片保奏直隶省并东豫二省管运出力各员请分别奖励之处直隶委员等在北仓一带往来照料始终不懈著加恩各照所请直隶候补同知汪彦国通判陆震知县闫树从九品朱珖准其尽先补用通判加捐知州裴辅廷准其尽先选用千总王秉忠仓大使陈枚交直隶总督量加升用其东豫二省总运通判领运千总亦俱著照上年之例交部议叙所有余剩耗米一千三百十八石零准其照十三年成案抵交经纪逾额掣欠如有余剩仍照例给价收买归仓其经纪等应赔上年拨船沈湿米六百余石并加恩准其豁免该部知道钦此

一东陵兵米遇闰月之年米数较多临时声请由正漕截拨又该处受拨闸内米石委员及一切人役在通守候不无糜费咨准嗣后山东省拨运米石派拨闸外船只俾得迅速收兑【嘉庆十六年】

一浙江杭严海宁等帮截留北仓米石前议东豫丁船代运每石贴给食米一升嗣改拨船转运即将前项食米贴给拨户所有该帮欠交经纪一升耗米无可划抵仍令按数交纳完款【嘉庆十七年】

一江南铜山萧县嘉庆十六年冬应运米二万三千余石因该处漫口河身淤垫未能由水运抵次奏准缓至十七年冬交帮搭运

一嘉庆十八年江南铜山等县本年应行起运并应征熟田漕兵米石或因睢工漫口舟楫不通或因办理防堵事宜致稽催纳奏准铜山县已征漕粮缓至明冬交帮搭运丰沛萧三县未征漕兵米石缓至明年起征交首进帮船搭运其萧县例拨萧营兵粮五百五十余石于铜山征存米内支给来年征还归款

一河南省蓟粮项下截至嘉庆十七年冬运实剩谷一万七千八百余石米二百余石应留备灾缓之年凑运保

雄等处兵米所有东陵一半本色兵米二万九千八百三十余石咨准遵照奏案在于到通漕粮内截拨【嘉庆十八年】

一嘉庆十八年仓场奏钦奉上谕温承惠奏筹办兵糈一折现在剿办捕拿滋事匪徒兵糈紧要著先拨京通仓小米五万石由水路运赴大名一带供用俟奉米到日照数拨还其沿途运送事宜著章煦即派员前来妥为经理钦此查京仓粟米所存无几难以再拨应以通仓稜粟二色尽数拨给不敷米石以粳米凑足兑给照各旗领俸之例给与个儿钱文先于通济库垫发仍由直隶解还归款

一嘉庆十八年奉上谕朱锡爵奏请于漕粮内拨运不敷兵米并截留附近被灾州县漕粮备赈一折东省每年额运兵米于新征蓟米内起运不敷及遇有灾缓例于大漕内拨补本年额运及津贴兵米并不敷行月米共四万七千二百八十余石除实征米一万七千一百八十余石外计不敷米三万余石据称因菏泽等二十四州县漕粮全缓并应行采买之濮州等州县连年歉收粮价昂贵现请缓买其原报买存之二千一百五十余石亦因办理兵差或正在防堵难于起运著照所请即于漕粮内拨运动支至曹州济宁所属各州县或受旱成灾或被贼滋扰现届境内肃清灾民渐复亟应查办抚恤据称该处频岁歉收又被贼扰害闾阎资蓄荡然此次抚恤应本折搭放亦属实在情形著照所请将附近灾区之历城齐河长清济阳聊城高唐汶上东安济宁等九州县本年漕粮内截留粟米六万石以备赈抚之用该部知道折并发钦此

一遵化易州等处应需截拨粟米八千七百余石上驷院等处约需粟米一万二千余石本年东豫二省或分别缓征或奏留备赈运通粟米无多咨准于北仓应还通仓五万石米内除拨给保定等处兵米外其余仓存粟米核计已足敷用所有遵化易州等处粟米即饬就近拨给【嘉庆十九年】

一嘉庆十九年仓场奏请北仓截卸湖北江西等帮米四十四万九千九百余石来年运通令豫东二省军船于正漕完竣后各添拨船将前项截卸米石再运一次所需船价饭米折色津贴等项银两于通济库垫发在截留帮丁新运钱粮内归款其杨村寄拨之浙江江西等帮各船一经腾空即行催赶南下奉旨此项北仓截贮米石现已收贮完竣著责令直隶委员驻彼专司经理毋任有霉折偷漏等弊其来年由豫东军船添带拨船装运交该帮丁管押赴通以及照例支给船价饭米津贴运费并将应用银两垫发归扣之处均照所奏办理再据巡视通漕给事中清安奏应在杨村寄拨之九江后等三帮因空重军船拥挤尚在北仓以南停泊已将拨船全数发足饬催起运等语现在节候已迟著该侍郎等即严饬该官弁赶紧拨运抵坝起卸以速回空毋得再有迟缓钦此

一嘉庆十九年奉上谕李奕畴奏来年搭运临德二仓米石请令囤贮各帮量贴经费并筹济回空食米一折据称本年江西湖南四帮半漕粮在临清德州两仓囤贮来年由南粮各帮分搭运通所有代运丁船未免赔累又现在米石由船上岸及来年由岸上船均需脚费请援照嘉庆十二年成案分别筹款给发分年扣归等语此项截卸搭运米石向无经费自应预为调剂所有来年各省代搭运通丁船著准其照嘉庆十二年成案查照米数里数分别发给共银一万四千一百五十七两一钱八厘即在天津道库存贮拨价项内垫支俟帮船路过杨村照数给领所垫银两在该四帮半应领钱粮内自今冬起分两年扣还其上岸上船两次脚费约需制钱六千二百余千著照所请先由山东粮道库内垫发一半银三千两发交该二处看米备弁作为上仓囤贮之费来年搭运上船再行垫给一半事竣核明饬拨此项垫款亦在该四帮半应领今冬新运钱粮内起分两年全数扣还毋任延宕又据奏此次囤贮米石每正米一百石该旗丁需额外贴出耗米二石并留人照料费用较繁丁力拮据不能兼顾回空等语自系实在情形著加恩将该四帮半应交每石三升八合余米共五千三百六十九石零在于囤贮米石内划出给丁俾资回空食用俟该帮等归次后今冬照数购备来年搭运赴通交纳以示体恤该部知道折并发钦此

一嘉庆十九年奉上谕吴 璥等奏预筹转运三进漕粮俾得迅速回空酌议各款内前二款请以杨村拨船运送抵通及在北仓囤贮再为运通皆系积年办理有案事属可行其第三款请将山东河南等处军船在临清代为拨运照料抵通此在江广重船自可无误归次而豫东等处军船往返耽延恐转致冻阻北河似有窒碍著交仓场侍郎会同漕运总督妥议具奏钦此又奉谕旨前据吴璥等奏筹运三进漕粮俾迅速回空各款有旨交仓场侍郎会同漕运总督妥议兹阮元因限期紧迫据咨先行筹议由驿具奏著将原折发交仓场侍郎一并迅速议奏饬遵办理毋稍迟延钦此嗣据仓场覆奏并请展限等因奉上谕前据吴璥等奏预筹转运三进漕粮一折当交仓场侍郎等会议续据阮元因限期紧迫先行筹议由驿具奏亦即发交仓场侍郎一并迅速议奏兹据荣麟等奏称核计拨船全数除留运

铜铅外尽数赶赴杨村一带俟三进各帮入关即一面在北仓起卸一面赶紧寄拨并将满号船只亦令载米抵通其借用豫东军船运通一条亦称三进三十六帮一过津关无论江广豫东军船或在北仓截卸或令拨船寄拨总使就近回空不得稍有濡滞并恐赶办期迫请将回空例限展宽十日等语该侍郎等所议总在计算无误回空惟借船拨运一事皆因攒运不及不得已为此下策此时山东直隶运河水势旺盛足资浮送著阮元督饬三进帮船昼夜攒行勿令片刻停留俟到津时察看必须赶紧回空尽数起卸北仓并用拨船轮复转运能使南北均无迟误不致露囤伤米方为妥善其首进尾帮及二进帮船抵通后并著荣麟等速筹运仓庶早接办运毋致积压钦此

一应截二十年夏秋冬及二十一年春季分东陵兵役等应支一半本色米二万九千八百余石并补截十九年闰二月米一千五百石原系在于豫东二省漕粮内截拨本年东省应运兵米业经奏准于漕粮内拨运而豫省应运米石因漕粮蠲缓截留并无起运咨准即由东省正漕内全数指拨其豫省应运密云兵米一万一千六百石亦准于东省到通漕粮内拨给【嘉庆十九年】

一直督奏保定等十二府州县驻防官兵应需嘉庆十九年俸饷米二万七千三百九十九石零向于东豫二省蓟粮项下拨运因豫省十八年蓟粮缓征并截留备赈东省亦不敷拨运请在于应还通仓奉米五万石内照数拨供所剩奉米解还通仓经户部查明豫省应运兵米一万三千五百九十一石零原经豫抚奏准在于通仓拨给应准其照数动拨至东省应运米一万三千八百八石已据奏明在于漕粮内拨运自应遵照办理毋庸在奉米内拨给其余剩奉米即饬解通归款【嘉庆十九年】

一山东省应运保定等十二府州县驻防嘉庆十九年兵米一万三千八百八石零查直隶顺广大三府属被灾所需展赈及赏借口粮米石现有天津囤贮奉米运交今东省应运保定等处兵米由东省运至天津而奉米又应由天津运至省南辗转拨运多费运脚咨准将东省应行运津兵米即在临清水次就近起卸令大名道监兑收贮分拨省南各州县以备赈借其保定等处应需兵米即在奉恩赏拨奉米内饬令供支至东省应运保雄等处兵米向有闸内外河之分闸内三帮在临清迤南赴临顺便至外河四帮除临清一帮系在次兑运外其济左济右濮州三帮兑粮水次皆在德州距临较远应将闸内各帮应运漕米拨出运临其济左等三帮应运兵米仍归漕粮运通【嘉庆十九年】

一嘉庆十九年奉上谕据李奕畴奏请将三进在后帮船漕米二十万石毋庸借用豫东军船转运援照成案暂贮山东临清德州等仓来年搭运以速回空一折三进漕粮除在杨村起拨及北仓截卸之外其余米二十万三百余石若借用豫东军船转运赴通修舱需时往返耽延必至豫东漕船冻阻北河先误受兑李奕畴奏请循照旧案在临清德州等处仓厫暂行分贮俟来年重运船只分装搭运较之阮元前议自属妥协著即照所奏办理所有临清德州两处仓厫著章煦即日派员赶紧粘修妥为预备如该二处仓厫敷用先尽该二处囤贮倘有不敷再于东昌济宁二处酌量分贮李奕畴即将该四帮千总饬留东省会同各本处卫守备妥协经理并著章煦饬交地方文武员弁各派兵役常川稽查看管如有霉变偷窃短缺等弊严加处分以专责成将此由四百里谕令知之钦此

一嘉庆十九年东抚奏此次截留漕粮应贮临德二仓现已修补完整足敷分贮等因奉上谕章煦奏山东截卸漕粮临清德州两处仓厫足敷分贮一折临清德州二处仓厫既经该署抚饬属赶紧粘修可期无误所有截卸漕粮二十万石足敷分贮著章煦即将起卸盘运各事宜先期妥为筹备务期收贮合宜并派员严密看管如有受潮霉变及偷窃损失等弊将该管官严参惩处钦此

一苏省积年缓漕内铜山县粟米一万六千余石应派坐兑之江北长淮两帮分装因该两帮有原装米石加装一倍难于驾运漕督奏准酌分一半令该两帮按船搭解其余米石下年运通【嘉庆二十年】

一山东蓟粮并蓟谷碾米仅剩米七千八百八十余石不敷应运东陵兵米之数应全数留备灾缓之年凑搭保雄等处兵米所有东陵兵米遵照原奏任于抵通漕粮内截拨【嘉庆二十一年】

一安徽无为等州县因灾缓缺江省兵米一万六百一十石三斗六升六合一勺将望江等五州县漕南屯米一万五百一十三石九升八合四勺照数拨抵仍不敷米九十七石二斗六升七合七勺于无为等州县本年秋成征完灾缓米内征解以济兵食所借漕南屯米俟无为等州县启征二十年本款屯米之日分别还漕搭运【嘉庆二十一年】

一西陵应需粟米向系在于河南山东帮船内截拨今河南帮船据称每船仅装米六十余石为数零星难以派

拨所有西陵每年应需粟米七八千石咨准在于江南帮船粟米内照数截拨【嘉庆二十二年】

一江西吉安抚州二帮嘉庆十八年截留豫东二省漕米系在渡黄以北余剩耗米准免追缴该帮截留米数造册迟延职名并免其查议【嘉庆二十四年】

一道光二年奉上谕孙玉庭等奏筹备灾缺兵糈酌分上下两江截漕米数一折前据孙玉庭等请于苏常成熟州县内截米六万石以供江宁兵匠恤孤等米之用业经降旨准行兹据该督等请截拨附近江宁所属粮石以符六万石之数著照所请苏松粮道在于常镇两属酌量匀截米四万石江安粮道在于江宁所属江浦六合及安徽附近州县内截留米二万石以备支放俟本年秋成后于应解带征灾缓兵米内陆续拨还搭解通仓该部知道钦此

一浙江省杭州满绿二营应用俸饷因仁和等州县被灾蠲缺南粮不敷支放经浙抚奏请截留漕米四万二千石按数拨抵嗣因各州县蠲缺南粮无从征补请照成案于截漕米内照数作正开销其缓征南粮分年带征搭解运通归还漕款【道光四年】

一易州供应陵糈米石本年在于池州等帮截拨运送嗣因江淮等帮磨浅攒渡米石不无折伤计短交稜米一千余石经仓场奏准照京仓籼稄并放之例将三进在前之处州后帮籼米找拨运送【道光五年】

一道光五年仓场奏奉上谕蒋攸铦奏察看催攒滞漕情形请酌定限期分别趱运截卸一折本年接运滞漕截至本月十二日止未入直隶境者尚有十六帮之多现在节逾小雪天气日寒若北风骤起连樯冻阻进退无策不免临时周章自应酌定限期分别截卸北运河船过津关寄拨到坝至速亦须旬余著以本月十五日为断已到津关者仍催令寄拨前进即令原船回空其十六日后始抵津关者即令其在北仓卸贮除北仓空廒四十余座尽数存贮米四十余万石外所有仓廒院内地尚干燥亦可囤贮一二十万石如再不敷即援照成案于天津地方行店庙宇暂行囤贮其南运河河水日耗古浅之处极多向于大雪前后河水凝结现距大雪仅有半月若帮船未能衔尾而来即不能全数抵津著以十月二十五日为断已到直隶景州安陵汛境者仍押催北上赶至津关卸贮其将到安陵而尚在山东境者即查照向来成案就近截卸山东德州囤贮其直隶故城县运河又在德州以南著以十月二十日为断如尚未挽到故城者即将帮船截留山东临清囤贮以便军船卸载回空著博启图申启贤武隆阿各援照成案分别妥速筹办毋得互相推诿以致冻阻中途蒋攸铦仍严饬该镇道等将在后帮船迎提分段节催速益加速总期多一帮寄拨赴通即少一帮截卸北仓多一帮趱入直境即少一帮卸贮山东不得因定有限期稍为懈忽现在风高物燥火烛堪虞所有回空守冻即著派分数处停泊并遴委文武大员亲驻河干稽查弹压毋令滋生事端至各帮丁力疲乏本年在淮河起拨挖浅及盘坝拨运一切窆笆抗袋之费系旗丁自行措办现又接运北土实因盘坝过迟并非该帮丁办理不善所致若仅例给水脚口粮别无津贴将来守冻又须数月之久口食无资著该署漕督穆彰阿随时察看情形酌量调剂总期帮丁不致十分苦累水手等沿途俱各安静此为至要将此谕知博启图等并谕蒋攸铦知之钦此

一道光五年奉上谕蒋攸铦奏湖南尾帮已于十月十七日催入安陵汛境现已开仓数日闻每日起米无多若骤起北风斗级人等斛量必不灵便益致迟缓卸载之船既不能退出回空在后帮船亦不能移前起卸船多拥挤一处等语现在即节交大雪粮船全数抵津暂行囤贮俟开春拨运著申启贤多派经纪斗级人等勒限赶紧起卸须较北坝卸米每日三万石之数分收加倍务于未冻以前全数完竣其杨村寄拨军船现已陆续回空挽过津关北仓截卸帮船亦饬令卸完一帮即押开一帮速益求速总之卸米之数愈多愈妙押开之帮愈早愈好并责成天津镇总兵克什德添派卸署河间协副将袁寘往来南运河一带督同沿河印委文武节节迎提催攒务期全数赶出直境倘河冰将结仍遵前旨将未出境帮船分派数段于宽阔地方停泊遴委将备等亲驻河干支搭账房备齐枪械巡查弹压以壮声威而期静谧将此谕知申启贤并传谕克什德知之钦此又奉上谕申启贤奏北仓起卸情形一折各仓运米入廒抗价向由旗丁自给北仓距河干稍远现在赶办起卸势须多集人夫加添斛只帮船排列愈远抗价愈增旗丁不免苦累自应量加调剂该漕督远在江南筹办不及著申启贤督同天津道郑祖琛就近筹款分别核实给发将来仍由漕督照数拨还归款刻下重船无虞冻阻其空船守冻及安囤收米各事宜俱著赶紧妥为办理该部知道钦此

一道光五年仓场奏北仓截卸江广及浙江各省重运旗丁等盘坝截卸一切苦累遵奉谕旨筹款动拨以资接济查北仓截卸杭严头等十八帮计旗丁七百九十八名每名借给银二十两共需银一万五千九百六十两请在天津道库海税项下暂行动拨给发咨照漕督在于各省新漕项下分作两年扣还并饬各粮道先行筹项解交天津道

库归款

一杭严二帮起运粳籼米石内有应交粳米二千二百余石因在河口盘坝连夜受载误将粳米一千七百余石倒入仙米舱内请即以仙米抵交经仓场奏准该帮丁等盘拨苦累无资更换即以籼米多收之数抵粳米少收之数【道光五年】

一河南省碾运仓谷第四批粟米五万石至津节逾大雪难以北上经仓场奏准截卸北仓并将各船户短运到通水脚银两按数扣缴以备来春东豫帮船洒带运通之需【道光五年】

一户部议覆直督奏良乡驻防兵米因通州陆运经由石道折耗过多请由天津水运至琉璃河再由陆运至县运脚较省且免折耗奏准自丙戌年为始将豫东二省停运蓟粮项下向来运赴通州兑收之良乡兵米一千二百三十余石照霸州东安之例改于天津水次令该县领运【道光五年】

一道光五年九月二十一日奉旨本年南粮盘坝稽迟现在尚有一百三十余万石未经到通天气日寒恐致冻阻贻误节经降旨饬催兹据博启图等筹酌起卸攒运各章程分晰具奏著照所请除书役经纪人等责成该侍郎严查刁勒需索之弊勿致稍稽运务外所有头进军船接运江广各帮著仿照向年由杨村寄拨之例全数寄拨北上仍令原运旗丁押运赴通交卸其应给拨船脚价饭米等项均令原运旗丁照向例办理军船即令就近回空俾免阻滞至转运米石由大通桥全运城内各仓恐致赶办不及现在城外太平裕丰万安储济四仓尚有空廒数十座著由大通桥于分运各仓米石内准以一半于该四仓暂行寄囤俟漕务完竣再行陆续运进各仓至在后江广各帮挽过津关时著酌量天气寒暖其已到杨村起拨可以来通者于通仓暂贮未到杨村起拨者于北仓暂贮统俟来春冰泮查照旧章转运京仓其一切脚费俱著查照旧案办理至小雪前后河冰初结仍可打冰前进不容任其逗留如帮船挽过津关行至杨村寄拨即打冰催攒拨船运坝起卸饬令原船回空倘帮船挽过津关去北仓较近即打冰赶赴北仓截卸惟需用人夫众多著蒋攸铦派委地方官沿途拨派人夫以备随时打冰之用如将来有截卸北仓之米著申启贤届时前往查验督办无使书役人等乘机舞弊方为妥协钦此

一易州应截白粮米石轮应苏帮该帮已归海运嘉白帮又轮派蓟粮咨准在于湖白帮内截拨俟该帮抵津责丁运至白沟河仓兑收【道光六年】

一道光七年九月孝穆皇后梓官奉安陵寝应添员役约计一年所需正耗粟米二千七百五十余石又应并拨一年共应拨粟米五千五百余石咨准在于豫东二省道光七年运通米内照数派拨【道光六年】

一道光六年仓场奏准河南粟米五万石上年截卸北仓计至通坝未行程途应交还脚价银一千一百余两所有前项截卸米石俟开春东豫军船路过北仓令其洒带运通即以河南应还脚价银两作为贴并洒带之费现未解到又由仓运船抗脚需银六百两因无闲款可筹均请先于通济库垫发俟解到一并归款

一易州每年应需粟米因南粮盘坝接运较迟恐江南粟米赶办不及由仓场改派济左帮截拨米六千余石据漕督咨称东省既经截拨东陵并密云等处兵米现在江南帮船来直较早请循旧在于江南帮内截拨经部查明东省帮船较江南帮船来直尤早所有西陵应截粟米即在于山东帮船内按数派拨【道光七年】

一易州应需供应陵糈粟米前因东省帮船分装米麦豆三项若俟船到北河始行饬知凑拨米数势必将各船粟米归并过载不无耽延抛撒东抚咨准仿照拨运密云等处兵米成案派定外河先进之德正济左济右临前临后五帮又东昌濮州东平作为一帮共成六帮照依酌定帮次周而复始轮流派运以免临时周章如遇灾缓年分应派之帮粟米不敷随时改派下年补运又派拨易州粟米向有由仓场酌派山东河南江南等省之案令东省既请以六帮派运应俟轮派两周之后再行改拨江南河南届期咨商核定【道光八年】

一道光二十五年钦奉上谕程矞采奏卫河水势渐落请多备拨船接运等语著讷尔经额即饬天津道封雇宽大民船迎至天津以南安陵以北一带水次拨运抵通俾江广在后漕船及时南下免误回空毋稍迟忽钦此

一道光二十七年钦奉上谕杨殿邦奏请饬豫筹备拨章程等语向来粮船挽入直隶境内间用例设拨船接拨本年水涸异常拨船不敷若在安陵一带觅雇民船又属不易现在权宜之计饬令山东各拨船接拨前进以期无误倘嗣后沿河州县恃有此举于备拨挖浅一切要务视为缓图殊非慎重办公之道著讷尔经额先事筹划妥立章程严饬沿河各州县谕以转瞬新漕届临务须实力备办毋得援此次山东接拨之案任意推诿以速漕运而杜流弊钦此

一道光二十七年钦奉上谕李星沅奏购米运豫济赈请饬豫省委员迎护等语此次江苏购买米石运豫接济甚关紧要著鄂顺安先期遴委妥员前往交界地方迎候未入豫境责成江苏委员已入豫境惟豫省委员是问责有攸归各宜加意防护无得疏虞干咎钦此

一咸丰二年钦奉上谕讷尔经额奏筹办迎拨南漕并动用解归原借海税银款发给放空口粮一折本年南漕入东过迟前经降旨饬拨杨村船只迅往拨运兹据奏称遵调杨村官拨一千只赴临清州供拨另调官拨一百只赴安陵一带迎拨所需放空口粮著准其在海税解部项下动拨银八千二百五十两以济要需事竣照例扣还归款至所称拨船在途守冻议给口粮临时体察一节仍著该督严饬领拨各员星速迎拨即使河水稍冻亦须设法打冰拨运总期多到一船即多收一船之米傥因节候过迟竟不能全数抵通天津北仓尚可截卸断不可以守冻为名迟延观望徒致虚糜拨费仍无益于仓储也钦此

卷七十一·截拨事例·截拨赈粜

一乾隆四十四年十月钦奉谕旨朕明春巡幸江浙所有供宿顿次皆出自帑项丝毫不以累民第扈从官兵以及外省接驾人等辐辏云集经过地方米粮价值恐一时或致腾踊著照从前之例于江浙二省冬兑漕粮内各截留十万石在水陆驻跸地方分厂平粜即令漕运总督及各该督抚妥协办理该部即遵谕行钦此

一乾隆四十四年十一月钦奉谕旨安徽省所属之亳州蒙城暨下游凤阳泗州各处低洼地亩本年秋间被水前经谕令该抚等按照灾分轻重分别给赈各处贫民自可口食有资但念本年被水处所即系上年被灾之地昨岁曾拨运川米十万石分给平粜是以米价不致过昂令该处仍复被水恐明岁青黄不接之时灾地穷黎究不无拮据该省颍州凤阳泗州三属及六安霍山二州县今岁俱多丰熟与各灾地相距最近著该抚即于各处应征漕米内加恩截留三万五千石预备明岁减价平粜以济民食该部即遵谕行钦此

一乾隆四十五年八月钦奉谕旨本年直隶雨水颇多各州县间有淹浸之处现虽渐次涸出而被水地亩收成不无歉薄朕心深为轸念著加恩于天津水次截留漕船十万石存贮北仓以备直属分运赈恤之用俾贫民口食不致拮据以副朕轸恤穷檐至意该部即遵谕行钦此

一乾隆四十五年八月钦奉谕旨前因直隶雨水过多被淹地亩不无歉薄曾降谕旨截留漕粮十万石以备赈恤之用今据鄂宝等奏漕运迟到著再截留二十万石存贮北仓既可令其早为受运即以备接济直隶各属赈恤或补州县仓储亦属两便该部即遵谕行钦此

一乾隆四十六年七月钦奉谕旨本年六月江苏崇明县猝遇风潮被灾较重贫民口食未免拮据著加恩于苏属本年应行起运漕粮内截留十万石以备赈济平粜副朕赈恤灾黎之至意该部即遵谕行钦此又奉旨据袁守侗奏天津静海二县洼下地亩勘明一隅偏灾所需赈米请将奉天海运溢额余米赏拨等语著照所请即将本年奉天海运溢额余米二万二千余石赏拨天津静海二县以为赈恤之用该部即遵谕行钦此

一乾隆四十六年十一月钦奉谕旨本年江苏徐州府属沛县睢宁丰县铜山邳州宿迁等州县被灾较重已屡经降旨准拨藩库粮道库银五十五万两现又据萨载奏准其于两淮盐课应解部银内再行动拨银五十万两以资赈恤第念该处米谷恐尚不敷赈粜著再加恩于淮徐各属本年应行起运漕粮内截留五万石以备赈济平粜之用该督等务须督饬所属查明灾地情形分别赈粜实力妥办俾小民口食有资毋使一夫失所副朕轸念灾黎至意该部遵谕速行钦此

一乾隆四十七年八月钦奉谕旨据明兴奏兖州等府州属被水地亩现在筹办赈济请将江西重运帮船截留米二十万石以备赈需等语今岁江西漕运抵津较迟东省既需截留自应如该抚所请办理至该省现办赈济如需用米石较多不妨多为筹备即于江西帮船内截留米三十万石更可以资接济著明兴酌量办理钦此

一乾隆四十七年十月钦奉谕旨据萨载等奏徐州海州淮安所属本年被灾较重请于江属成熟州县截留漕粮八万石等语江省所属因下游漫水连被灾浸迭经降旨加恩赈恤需用米石较多著照该督等所请于江属成熟州县内就近截留漕粮八万石以资接济钦此

一乾隆五十年三月钦奉谕旨毕沅奏豫省河北一带各属仓储因连年积欠蠲免散给存贮无多请于豫省应行起运米豆内截留十一万余石并于山东起运漕粮内就近截留八万余石方足二十万石之数以备接济等语河

南卫辉一带近岁被有旱灾迭经降旨蠲免展赈俾穷民得资糊口现在尚未得有雨泽朕轸念灾黎无时稍释自应宽为储备仓粮以供赈借之需竟著于豫东二省内截留漕粮三十万石若东省漕粮不敷即于南省就近各帮漕粮内拨给俾资接济该部即遵谕行钦此又奉旨毕沅奏卫辉一带被有旱灾请截留漕米二十万石以资赈贷计截豫省临前平前平后三帮米豆五万余石临后徐前徐后三帮米豆六万余石并请在山东起运漕粮内截留粟米八万石以足二十万石之数等语卫辉一带被旱已久穷黎口食维艰虽屡次加恩展赈即此时或得雨后尚须酌借籽种口粮不可不急为筹划朕正虑及此而前次何裕城竟未见及毕沅所奏甚是已明降谕旨著于豫东两省漕粮内竟给三十万石若东省漕粮业经起运不敷添拨即于附近南粮拨足三十万石之数前于豫省河工紧要卫辉旱灾急宜筹办是以将毕沅调任该省巡抚今该抚因河北各属仓储连年积歉蠲缓散给存贮无多而别府州属又多不通水路挽运维艰即请截留漕粮并恐军船迟滞即著雇民间小船往返递运其所截山东漕粮亦一体雇觅民船拨运该抚甫经莅任所思即能如此周到实为尽心民瘼自可感格天和以期速沛膏泽朕深为慰幸毕沅可嘉现在畿辅一带连日得雨云气广阔豫东二省或亦当普被甘霖但上年以来山东曹州各属雨泽稀少□不为丰足今截留山东之米以济河南恐山东之民不无向隅之叹如近日得有透雨麦苗可以补种齐全无需接济则可若仍未得雨山东亦有应行接济之处亦未可知著传谕毓奇明兴会同商酌密行筹办或酌留南省附近漕粮十万石以备需用其应拨豫省粮石或军船现已北上即以首运南粮内照数截留拨给豫省备用毓奇明兴务须详细筹酌妥协办理仍将酌办情形迅速覆奏钦此嗣经毓奇等奏东省应运通仓漕粮米豆共三十余万石尚未开行今抚臣毕沅奏豫省被旱请截留仓粮蒙恩著于豫东二省漕粮内拨给三十万石除豫省已截留本省米豆十二万石外应在东省漕粮内截留十八万石查东省闸内闸外起运漕米约共十七万余石尽数截留如有不敷请照河南所奏米豆并截以符三十万石之数并令多觅小船分作两起递运其拨运水脚饭米即责令该弁丁照杨村起拨之例一体自行给发一乾隆五十年五月钦奉谕旨江苏淮徐海三属本年雨泽愆期二麦收成歉薄现距秋成尚远农民未免拮据所有被旱最重之铜山丰县沛县萧县砀山邳州睢宁宿迁安东阜宁桃源十一州县实在贫民著借给三月口粮被旱次重之清河盐城海州沭阳赣榆五州县贫民著借给两月口粮以资接济再该处州县仓储频年赈贷所存粮石无多其淮安一属著该督抚就近酌拨调剂所有徐海二属临近豫东二省地方粮价不无昂贵著于邳宿一带水次截留漕米十万石以八万石分拨徐州各属二万石分拨海州各属以备赈贷之用该督抚其实力奉行以副朕轸念灾黎无使一隅失所之至意该部即遵谕速行钦此又奉旨据毓奇奏东省截留漕粮二十万石应于各帮中择其疲乏者酌派截卸庶赈贷民食之中并寓调剂疲丁之至意又据阿那布奏卫河水小多有浅阻拨船行走不能顺利且穷民盼赈孔殷可否即在南粮首进前数帮内先行按数截留应用各等语毓奇所奏本为调剂疲丁起见但伊身在淮安未知卫河水弱漕船行走濡滞情形今既据阿那布奏称河水浅阻拨船艰难自系该处目击实情即应在首进前数帮内先行按数截留应用则漕船既可不致守候待拨而应赈各属群黎嗷嗷待哺俾得早沾一日之惠早得一日之益较为妥便著传谕明兴阿那布郎将现在东省首进数帮酌量沿河就近水次截留备用迅速办理使灾氓早沾渥泽副朕勤恤民隐至意若不敷截拨之数再于毓奇所奏首进后帮凑拨足数现又有旨于江南截留漕粮十万石以备赈需即可在于毓奇所奏将大河等疲乏各帮照数酌派截卸以纾丁力倘此数帮已行过江省亦不必转回截卸即于续进帮船内酌量妥办截留以省牵挽之劳总之以便民便军为要将此由六百里各谕令知之钦此又奉旨据书麟奏安河被旱地方较广旬日内即得透雨虽仍可有收而凤颍泗三属乃积歉之区必须预筹接济请于三进帮船内截留漕米五万石以备赈粜之用等语安河亳州凤阳等各属上年被水歉收本年又复两泽愆期业经加恩分别借给籽种口粮谕令该抚实力妥办速筹接济以纾民力今各该处 尚未得有透雨农民望泽孔殷未免情形拮据自应宽为储备俾资赈恤著照所请于三进帮船内截留漕粮五万石存贮备用该部遵谕速行钦此

一江省徐海二属应截留漕粮在宿迁交界候拨帮船内择其贫乏之帮截卸以备赈贷酌将江淮二庐州二太仓后等三帮装运米十一万六千三百石零截留徐州水次八万石海州水次二万石其太仓后帮尚有截剩米一万六千三百石零尽数起卸分贮徐海二属计各多米八千余石该帮军船得以及早回空【乾隆五十年】

一东省截留漕粮二十万石以资赈贷核计扬州二至长淮三等七帮共装正耗米十七万三千余石尚不敷米二万六千余石应于后跟之大河二帮共装米二万八千余石除凑足二十万石之外计截卸剩米一千五百余石照乾隆四十七年东省截留之案一并卸交济宁水次俾通帮空船早行归次更可裕赈贷而纾丁力【乾隆五十年】

一乾隆五十年六月钦奉谕旨前因安河亳州等属雨泽愆期农民不能赶种大田情形拮据屡经降旨加恩抚恤并令截留漕米五万石以备赈粜之用本日据萨载奏当涂巢县灵璧亳州蒙城盱眙五河滁州来安和州等州县均于六月初一初四等日得雨五分至一二寸不等其余宁国旌德庐江霍邱太和天长广德等州县均报俱未得雨等语看来安河亳州蒙城等处业已被旱成灾将来尚需赈恤口粮以资接济又据管干贞奏江西十三帮漕船现俱抵清河县境衔尾待渡约计六月底七月初可以全数渡黄等语江西各帮船身较重现在甫经渡黄恐不能抵通著于尾后各帮内再截留漕米十万石交与该督抚以备安河赈恤之用该部即遵谕行钦此

一安河截留漕粮以资赈贷即于三进最后守候渡黄之江西帮船内迅速截卸十万石将饶州永建二帮共计装米九万六千六百七十石零全行派截尚不敷米三千三百二十九石零于后接之袁州帮船内找足以符十万石之数再饶州永建两帮除截留之外尚有失风亏折米石咨明临仓买余抵补今该帮既已截留所有三升八合余米已作正派截交仓无余可买缓俟下年抵通再行买余完纳【乾隆五十年】

一乾隆五十年七月钦奉谕旨据刘峨奏本年直隶大名等十州县雨泽愆期冬春赈借需用较多请截拨漕米十万石以资赈借等语著照所请即截留漕米十万石交与该督分拨大名各州县以备赈借之用该部即遵谕行钦此

一乾隆五十一年正月钦奉谕旨上年山东兖曹济宁等府州属雨泽愆期被旱成灾业经降旨赈恤缓征俾穷黎口食有资不致失所第念今春正赈已毕青黄不接之时仍恐民食不免拮据著再加恩将峄县定陶濮州范县观城朝城菏泽聊城莘县九州县并坐落卫地被灾七八分之极贫次贫于例赈外再展赈一月以济民食其六分灾之贫民及勘不成灾之德州长清新泰莱芜东阿东平平阴泗水滕县阳谷寿张巨野郓城兰山郯城费县蒙阴沂水堂邑茌平恩县益都昌乐寿光昌邑潍县金乡鱼台嘉祥等二十九州县并坐落卫地著该抚查明实在无力农民酌借一月口粮以资接济至该省散赈需用米石甚多即勘不成灾各州县亦需借粜兼行所有截留南漕二十万一千余石尚恐不敷给发又豆石一项亦为民间口食所必需著再加恩将东省本年应行运通米豆尽数截留该抚务饬所属实力妥办以副朕轸念穷黎恩加无已之至意该部即遵谕行钦此嗣据山东巡抚咨济宁等州县有带征四十九年漕米七千二百七十二石七升九合七勺随征支军润耗米二百九十石九斗五升八合九勺又五十年随征润耗米九千二百七石三斗七升六合二勺因正漕全数截留并无出运之船请一体截留俟下届分别运通支军【乾隆五十一年】

一湖北省嘉庆五年额征正耗漕米一十五万一千二百二十六石有奇又带征元二两年正耗米一十二万七千七百九十余石共米二十七万九千余石以本省额设粮船起运每船计须装米一千五百五十余石碍难受载奏准于带征米内截留米六万石宽为贮备嗣因该省被贼扰害民力拮据奏请将其余带征米六万七千七百余石一并截留以备赈恤

一山东省嘉庆八年菏泽等州县卫俱被黄水淹浸奏准将闸内漕粮米麦豆除蠲缓外实应运十三万余石酌留本省以备赈济之用扣存润耗米石俟买补起运年分支军济运一两江总督铁保等奏川省买运京仓米三十万石前令川省原船运通今查川省船只从未经历闸坝诸多不便刻下扬州淮安一带米价渐昂请截留米一十五万石在扬州一带平粜所卖价值秋收后另买新米其余十五万石交扬州等府于各县仓小心存贮统交明年粮船搭运抵通钦奉上谕淮扬一带粮价较昂正需办理平粜将此项米石暂留十五万在扬粜卖实属一举两得著照所请办理所有奏请存仓米十五万石此时亦不必存仓著知会阮元委员运往浙省地方一律平粜粜出价值均著俟秋后另买新米各交明年本省粮船搭运抵通等因钦此【嘉庆十年】

一嘉庆十八年奉上谕本年直隶省南各府州豫省河北三府及开封府所属各州县雨泽稀少麦收歉薄粮价增昂山东省虽现已得有澍雨其从前被旱之区闾阎元气亦未能骤复著加恩于南漕江西尾帮内截留稜米十万石拨给直隶河南各四万石山东二万石交温承惠长龄同兴各派妥员于水次近便处所兑收分运该督抚各酌量地方情形调剂散放俾穷民糊口有资免致失所用副朕惠爱黎元有加无已至意该部即遵谕行钦此又奉上谕本年直隶顺德广平大名三府暨定州等属雨泽愆期节经降旨借给口粮并缓征钱谷等项前月复截留漕米四万石交温承惠核实散放俾小民均资接济惟现在节过小暑该处未据续报得有透雨秋禾播种已迟朕心深为廑念著再加恩令和宁于奉天省官仓内拨粟米二十万石照例由天津宁河二县雇备海船前往领载并于湖广漕粮内再

截留稜米五万石运至直隶南三府附近水次温承惠饬属兑收分运以备赈恤灾黎之用该督即认真经理务令实惠及民以副朕怀保惠鲜有加无已至意钦此

一嘉庆十八年河南省截漕四万石已拨被灾各州县备赈米二万六千石其余米一万四千石改拨军需以济兵食应需赈粮照例另筹折给

一嘉庆十八年山东省截漕二万石据该抚奏称该省自经澍雨可卜秋成贫民已给口粮现在无虞乏食请将截漕米石分贮济宁一万二千石东昌八千石责成该府州择定仓廒加谨收贮以备来年平粜之用

一嘉庆十九年奉上谕那彦成奏恳将天津北仓卸贮奉米拨给二万二千余石留直平粜等语直隶省现在米价增昂各州县应需平粜之处甚多著加恩将上年卸贮天津北仓奉米应还通仓米石内除尚未运到并抵拨各处支用外余存米二万二千余石均留于该省作为各处减价平粜之用该部知道钦此

一嘉庆二十二年奉上谕本年直隶保定一带地方雨泽希少恐秋成未能一律丰稔来春青黄不接之时乏食贫民有需接济之处著李奕畴于湖南最后尾帮内酌留稜米十万石截卸天津北仓备用并著嵩年将旧有廒座先行查勘有须粘补者即派员速为修整俾免渗漏贮仓后照例派人严密看管傥此后雨泽应时秋禾有收明春无须接济将此项米石于明岁豫东帮船到津时交令搭运赴通等因钦此又奉上谕李奕畴奏截卸粮米恳将尾零米石全数卸贮一折湖南粮艘系最后尾帮本年应交仓米共十一万七千九百余石今于天津北仓截卸十万石若将余零米一万七千九百余石复令运通交纳未免归次先后参差著照所请准其一并卸贮北仓该部知道钦此

一嘉庆二十三年奉上谕方受畴奏豫东未经运到协拨米石直省无需动用可否径运通仓一折上年直隶地方被旱经朕特沛恩施赏拨湖南稜米十一万七千九百余石复令豫东二省各协墢粟米八万石均运赴天津北仓预备赈需现除各属大赈煮赈动用外尚剩稜米一万四千九百八十一石零豫省已运到粟米五万四千五百石东省已运到粟米五万石统计米十一万余石据该督核明足敷令春借粜接济之用所有河南未经运到米二万五千五百石山东未经运到米三万石毋庸再运北仓著即径运通仓交卸以资储备又另片奏大兴宛平两县支领通仓稜米一万石应由北仓拨还现在北仓稜米祇有一万四千余石所有应拨稜米一万石可否仍留直隶等语此项应拨还通仓稜米一万石准其留于直隶备用毋庸运还通仓该部知道钦此

一嘉庆二十四年奉上谕现在永定河漫水下注下游各州县被淹办理赈恤需用米石不少著那彦成等查明江广尾帮各军船已过杨村者概令寄拨运通其尚在杨村以南各帮船著与方受畴会商约计应需赈米若干即将该军船所载米石截卸北仓交延丰帮同料理派员看守其军船即由彼回空方受畴核计何州县需米若千饬令径由北仓分晰领运等因钦此嗣据仓场奏请将江广最后之九江前等五帮洪斛米十八万余石照数截卸北仓奉上谕那彦成等奏料理截卸北仓米石以备赈恤一折江广在后各帮船现在均已行抵天津那彦成等会商将最后九江前铅山湖南头二三等五帮共洪斛米十八万石除拨给沧州驻防兵平斛米一万余石外其余十七万余石截卸北仓已足敷用著即照所请如数截卸妥为存贮一面知会方受畴查明某州县应需正米若千派员分领运往可也钦此

一嘉庆二十四年直督奏本年永定河漫口被淹各州县应需赈济等因奉上谕方受畴奏约计应放大赈银米数目一折大兴等州县被水地方除已设厂煮赈外降旨令方受畴将应放大赈事宜确实核计约需银米若干先行具奏兹据该督查明被灾较重应行赈济者大兴等十余州县约需赈银二十万两该省藩库足敷动支所需米石大宛二县就近由通仓动拨其余固安等州县应需米石该省尚有旧存赈余米八万一千一百余石仍需米十万石著即于本年截卸北仓米石如数拨给该督派员分投领运其大宛二县赈务著刘镮之等督率经理固安等州县赈务著方受畴督率经理各按应赈户口核实散放务令实惠及民用副朕轸恤灾黎至意钦此

一嘉庆二十四年长芦盐政奏准截卸江西九江等五帮洪斛米十七万余石分贮北仓内十万石分派被水州县领运备赈仍存米七万余石暂贮北仓以备被水州县加赈平粜一嘉庆二十四年奉上谕程国仁奏东省办理赈务恳请酌留漕粮一折本年山东省各属被淹前经降旨分别赈恤所余粮石自应豫为筹备兹据该抚奏请循照嘉庆八年成案酌留粮石以备明春加赈之用著照所请准其将泰安等三十八州县闸内应兑运米麦豆十万三十六百六十七石零留于本省以济赈需该部知道钦此

一道光三年奉上谕蒋攸铦奏恳恩拨留南漕一折所奏甚是直隶省频年灾赈现值雨水过多田禾未免受伤

恐致粮价日昂购买不易农民口食维难自当豫为筹备著照该督所请准其截留江广帮漕米四十万石即饬令该帮弁于粮艘过津时如数截贮北仓随时奏明拨用以济民食该部知道钦此又奉上谕蒋攸铦奏请再截留江西漕粮一折本年直隶各属被水之处较多业经降旨截留漕米四十万石并拨运奉天粟米以资赈济兹据蒋攸铦奏称灾区日增恐米石不敷支放再请筹拨著漕运总督迅将九江后帮在前军船及吉安抚州二帮船粮米饬令全行截卸天津北仓豫备拨用毋稍延误钦此

一道光三年户部议拨通仓米石赈济经直督奏奉上谕颜检奏本年应行展赈州县半在省南距通仓遥远请截拨豫东二省运通粟米以资展赈等语著照所请准其在于豫东二省粟米内拨米十八万石截卸天津北仓该督即分饬各州县就近运回散放所有原拨通仓米石即行停止拨运该部知道钦此

一道光三年奉上谕前据颜检奏灾民待哺情形经朕降旨准其将豫东二省现运麦五万五千余石照数截留北仓抵米散放此项麦石内有豫省额运白麦一万石系每年贮仓备内务府光禄寺二处取用今该督全行截留将来内务府等处取用无可支放现在此项白麦自系甫经截留尚未散放该督接奉此旨著将现经截留豫省所运白麦一万石仍行装运赴通交收即于通州拨米一万石以备展赈之用可也将此谕令知之钦此嗣又奉上谕颜检奏豫省白麦并未截留请赏拨南漕抵直米石以资各属平粜一折直隶省本年展赈案内前经降旨将截留豫省白麦仍行装运赴通交收即于通州拨米一万石以备展赈之用兹据该督查明白麦并未截留其展赈州县本折搭配加以上年原拨之米足敷散放所有抵拨通仓米一万石著免其领运惟文安等六州县平粜米石现在截留豫东二省米麦仅止十二万一千二百余石无可分拨该督奏请于南粮头进帮船内赏拨米六万石以一万石分拨文安等州县平粜下余五万石留为直属平粜等项之需著照所请准其自大河前帮起挨次截卸北仓俟截足六万石之数余均令其赴通交纳该督务饬属妥为经理以期实惠及民至另片奏称上年存剩通仓未运米尚有四万石请统行改归现奏截留南漕米内就近拨运较为妥速等语亦著照该督所请办理其原拨未领存剩通米四万石即行停止钦此

一道光三年奉上谕本年直隶应行展赈州县前降旨令该督于豫东二省运通粟米内拨米十八万石截卸天津北仓就近运回散放兹据颜检奏称豫东二省起运米麦核计仅堪截留十三万余石尚短米四万余千石现在赈期已迫灾民待哺嗷嗷若再俟查明确数始行奏拨转致迟误不敷米石如仍前赴通领放挽运需时亦恐缓不济急著准其将豫东二省运到粟米除兵米等项扣留三分之一作抵外其余不拘帮次全数截卸并将现运麦五万五千五百余石一并照数截留北仓抵米散放所剩米豆仍饬运通交卸等因钦此

一道光六年奉上谕那彦成奏筹办大名府属被旱州县抚恤事宜一折直隶大名府属之开州等州县上年秋禾被旱歉收今春雨泽愆期二麦失收无地贫民谋生乏术著加恩将开州元城大名南乐清丰广平等六州县无地乏食贫民赏给一月口粮应用米石各属仓粮既不敷用著照所请将盘坝南粮无论何帮挽运北来即于临清地方就近截留粳稜米五万石赶运大名以应急需至该督前经奏拨之北仓剩米著即停止毋庸再行拨运等因钦此

一道光六年奉上谕本日据那彦成奏大名府属被旱筹办抚恤事宜请将盘坝南粮就近于临清截留粳稜米五万石以应急需等语著陈中孚即饬运员将已入东境粮艘上紧挽运无论何帮行抵临清即将粳稜米截留五万石以便直隶委员到彼领运可也将截留漕米备赈本日又据杜受田怡良奏请派大员督办赈务等语所有山东赈务著派藩司刘源灏江南赈务著派藩司祁宿藻率属查勘专司督办即著于江广各帮漕粮内截留米六十万石分拨山东三十万石江南三十万石以备赈济其应如何拨运存储散放之处即由各该藩司酌定章程妥为经理仍随时报明钦差大臣杜受田等核实查办该督抚即刊刻誊黄徧行晓谕务使僻壤穷民均沾实惠毋任官吏丁胥营私渔利倘有隐漏侵吞情弊即著严参惩办以示朕轸念灾区之至意钦此

一咸丰二年钦奉上谕陆建瀛奏请截留江广尾帮漕米备赈并催攒帮船北上等语本年湖南省起运漕米十二万六千四百余石尚未行抵江宁著即照数截留作为江南赈需其不敷之数著于江西尾帮内截留山东赈米著于江西最后各帮内照数截留应在何处交卸著该督抚转饬各该藩司酌定交该粮道等遵办现在江西省帮船已经渡黄者六百九十九只其在前各帮此谕知陈中孚并谕武隆阿知之钦此嗣因首进在前数帮已出临清闸外赶办不及漕督奏准将苏州后大河二两帮接运稜米四万六千八百余石全数截留其不敷米三千一百余石即将处州前帮接运粳米内找拨补足以资抚恤委押运粮道前往督办其截卸地方预备铺垫及应用口袋车脚等事查照

向来截留章程办理席片随粮交卸毛竹交本帮赴通各船搭运交纳至浙省处州前帮截卸米石所有三升八合余米原系奏准留南变价免其查追安庆后帮搭运缓交余米并本年正漕内余米均截留临清交纳无亏照扬州江西等帮截留之案将三升八合余米价银照数一体给领

一咸丰二年钦奉上谕上年丰北决口山东江南各州县被灾较广迭经降旨动拨银款酌筹捐项赈抚兼施俾灾黎无虞失所现在大工缓堵时日方长赈款所余诚恐不敷支发小民待哺嗷嗷朕心时深轸念昨已令户部筹议并著严催跟接首进之江安湖北各帮连樯北上毋得借口截留米石及运道艰滞任意耽延致干重咎等因钦此

一直督奏请截拨豫东漕粮十万石以为赈恤之用户部查豫省新漕春兑春开东省漕粮未报启征若俟该二省新漕拨给诚恐缓不济急奏准于直省完善州县常平社义各仓内迅速凑拨米十万石运赴被灾处所分别给赈其请拨豫东新漕十万石仍令各该省照常运通以备支放【咸丰三年】

一咸丰五年钦奉上谕英桂奏截留漕粮请折色放赈一折前因豫省被水灾黎亟宜抚恤谕令英桂将应征未完漕米五万余石截留该省于应行给赈地方认真散放兹据奏称体察民情咸愿散给赈银自应全放折色以顺舆情著照所请所有河南省截留荥阳十二州县未完四年漕粮五万三百余石除济源县已解本色四千六百余石留备展赈外余著按照每石一两二钱五分折银报解该抚即饬属核实散给兰仪等六县被水灾民先于前发帑银内动给俾穷黎早沾实惠仍著该抚饬令各该州县赶紧征收以备赈需无任迟延余著照所议办理钦此

一江浙二省海运漕粮拨赈米十万石暂卸北仓由北仓转发办赈各州县自天津东门外上园地方至北仓水程四十二里所需拨价席片夫役饭食等项银米经户部援照海运成案统计每米百石给银二两六钱六分七厘九丝五忽其守护兵丁监兑委员口分薪水每米百石给银三钱三分有零合之拨价席片夫役饭食等项每米百石共给银三两统由南省原备拨价银内开销至拨船食米每石计一升一合五勺较之嘉庆十六年截卸北仓案内开除津贴耗米之数有增无绌各处领米散赈傥有颗粒短少即令天津道照数赔补【同治六年】

一山东省同治六年沿河一带被灾同治七年济南滨州等处被扰被灾经该抚丁宝桢前后奏准将东省应征六年分漕粮截留十万石七年分漕粮截留八万石责成藩司分别灾区核实散放以资赈恤

一同治十年钦奉上谕给事中夏献馨奏敬陈办赈事宜一折本年直隶天津等处被水业经降旨准将浙江等省米石截留赈济该给事中所拟清查户口防察奸宄多分赈厂选择绅耆剔除弊端筹给医药各条不为无见著李鸿章按照所陈各节饬令办赈各州县体察情形实心经理务期实惠均沾不得有名无实钦此

一同治十年钦奉上谕李鸿章奏天津等处被水地方筹款抚恤并请援案截留漕米接济一折本年五六月间天津雨水过多致城东海河及南北运河冲溢数口滨海地面田庐禾稼多被淹没小民荡析离居殊堪悯恻虽经该督等督同官绅等筹捐并拨银款量为抚恤惟天津河间顺天保定各属地势低洼滨河地方被灾较广亟应筹款接济加恩著照所请截留江浙筹备余米八万石并奉天解通粟米二万石以备各属赈济之用该督务当督饬司道遴委妥员会同各该州县查明被灾分数核实散放仍随时体察情形妥为抚恤总期实惠均沾毋令一夫失所用付轸念灾区至意该部知道钦此嗣据直隶总督片奏此项截留江浙漕米八万石请饬仓场侍郎列入江浙存仓筹备项下分别核收作放下届仍准照旧抵正所有原备拨船食米一并随正兑交经户部咨令直隶总督归入放赈案内一并核实报销

一同治十一年八月钦奉上谕李鸿章奏畿境各属被水地方请截留漕米接济等语本年夏秋之交顺天等处雨水暴发致上游各河漫溢出口附近永定滹沱两河地面田庐禾稼多被淹没小民荡析离居殊堪悯恻亟应妥筹接济加恩著照所请截留江北运米十万五千八百余石以备各属赈济之用该督务当督饬司道遴委妥员会同各该州县查明被灾较重核实散放仍随时体察情形妥为抚恤总期实惠均沾毋令一夫失所用副轸念灾区至意该部知道钦此

卷七十一·截拨事例·截拨充饷

一丁忧在籍侍郎曾国藩奏湖北兵勇乏食请酌提湖南傍水州县漕米二三万石赶紧交兑水次粮台咸丰三年十二月钦奉朱批户部知道用之于军需固不为浪费尤须迅速咨部勿稍含混钦此

一山东省起运咸丰三年漕粮因逆匪窜扰临清河运梗阻经户部议令按照豫省折漕无分粟米麦豆每石均

折银一两二钱五分加节省银一钱五分共计每石合银一两四钱全数变价同漕项银米等款拨充军需倘因米价出入折耗即将征存米豆拨给大营官兵口粮并令严饬粮台各员撙节动用用有赢余银则解部米则起运至轻赍银两仍照例批解通库【咸丰四年】

一咸丰五年钦奉上谕怡良吉尔杭阿奏请截漕充饷一折著照所请所有苏松等属征收新漕准其在起运交仓项下截留米二十万石以济军需钦此

一苏省旱蝗成灾米缺价昂饷需无出经两江总督奏请在本省新漕三十六万余石内截留漕米二十五万石抵充军饷奉旨允准嗣经户部奏明此项米石系应交京仓正额应令该督等迅速设法筹补旋奉特旨俟该省军务稍定民力渐纾再行如数筹补【咸丰七年】

一山东省截留漕粮米麦五万石解交胜保军营接济军食旋据山东巡抚以漕粮转运需时变价批解为期过促奏准在于东省征存下忙地丁款内动用银五万两抵米五万石委员解交胜保军营就近购米以资接济其新漕米石仍可如数兑运交仓俾免缺额待补【咸丰九年】

一浙江省兵燹之后商贾不通米价增昂援浙之军火粮饷取资于江苏两江总督何桂清等奏请将江苏应运咸丰九年分未批漕粮二十万四千余石拨济浙江兵糈以平市价经户部议准并令两江总督等将截留米石于明年补足运津【咸丰十年】

一浙江省咸丰十年起运九年分漕白粮米七十三万九千五百余石除各属陆续运沪漕米四十一万一千七百余石白米三万五千二百余石先后放洋外尚未运米二十九万二千五百余石内有续运到沪米三万七千九百余石又续运到省米二万三千石经将军瑞昌等将运到米石变价解省凑拨兵饷及接济兵食之用又临安长兴德清武康安吉五县未运米四万二千七百余石均被焚劫其余各属未运米十八万八千八百余石据浙抚王有龄奏请截留接济兵食经户部议准并令该抚将此次截留米十八万八千八百余石同前次拨用米六万九百余石及被贼焚劫米四万二千七百余石严饬各属豫为筹备务于下次起运漕米时一律带运赴津不准颗粒短少奏奉朱批尔部所议自系因该抚已请截留本届恐难补运著照所议准其截留于明年应运十年分正漕之外一律带运赴津不准奏请分年带运钦此【咸丰十年】

一河南省截留咸丰九年分漕粮五万石变价易银解赴胜保军营接济军食经户部议令筹补搭运嗣该抚因经费支绌请缓筹补复经部议覆令于下届新漕开兑之先早为筹备足数随同新漕一并运通交纳【同治元年】

一江北各属被灾仅征漕粮一万四千余石南汛等米歉收江宁各标兵米无款放给两江总督奏将前项漕米请免起运留拨各标兵米奉旨允准经户部行令该督转饬将征收解支数目各归各款造册报部核销【同治五年】

一天津截卸北仓备赈粳米十万石除拨赈外余剩米石经湖广总督李鸿章奏请先行借拨军粮二三万石委员由水道分运河间保定大名等处储存以济军食仍令江苏巡抚照数筹补钦奉谕旨著于天津仓内借拨粳米三万石等因钦此经户部行令将所需运脚筹款核实支销仍咨江苏巡抚照数筹补搭同本年漕粮一并运津归款【同治七年】

卷七十二·拨船事例·外河拨船

一粮船至天津额设红拨船六百只轮运至通旧例每船给地十顷免其征科康熙三十九年题准将红拨船只地亩按亩征粮即照所征银数均匀酌派于各省道库银内拨给运丁自雇拨浅四十六年题定将红拨银两照实在抵通船数就近于通济库银内支给仍令仓场将给过银两数目造册奏销

一北河起拨米石向系旗丁自雇民船每多高价旗丁苦累民船到通亦不免税乾隆二年奏准按照米数计程远近定价多寡官为立契船户不许额外勒索旗丁不得横夺装载民船运粮到通免其征税如漕粮之外携带别货者仍按货抽收

一乾隆二十二年粮船在津全数起拨应需脚价运弁无从措办于司库公项银内暂行借拨除常例起之数令旗丁现出一半其余一半脚价地方官代为给用过银数于来年新漕解直归款

一起拨漕粮小船于粮艘抵境届期再行封禁不得于粮船未到之先豫将商贩拨船封住

一漕船过津例需起拨拨船积弊船少则高抬价值船多则于中途延挨观望令通永道天津运使轮替督率稽查

一天津迤北额设催漕快船三十二只例限十年排造一次今查尚堪驾驶可以缓修者计船四只其余二十八只不堪撑驾在于税课银内动支给发成造【乾隆三十二年】

一重运漕船行抵北河地方该管地方官办理拨船装载一百石以外者量为封雇以备旗丁雇拨轮流转运其装载不及百石之船毋庸官为封雇听商民自便【乾隆四十一年】

一杨村拨船向备二千只乾隆四十八年议将一百石以上至四百石以下民船大小均匀配搭每年定为一千五百只以资轮拨漕粮豫东二省漕艘向有自雇民船三百余只到通起卸后即留备南粮起拨之用今该二省漕米截留此项船只不能前来济拨杨村之船仅七百余只上年暂贮北仓之米现当转运到桥拨船不敷周转将天津以南船只责成天津道专办派员封雇押赴杨村其杨村以北一带临河州县应备船只责成通永道查催并令在杨村驻守经理【乾隆五十年】

一本年漕粮起卸完竣所有拨船自应令其先运北仓露囤漕米惟是秋关盐运紧急云贵铜铅等船抵津候拨者又有三百余万斤并有奉省运京黑豆三万余石皆须待拨应将北运河现有拨船以一半押赴北仓为拨运露囤漕米之用下剩一半分交长芦盐政并天津县查收应用【乾隆五十年】

一乾隆五十年九月奉上谕据征瑞奏向来南粮入北河后俱系官雇民船拨运未免守候需时并致商盐艰于挽运兹据长芦商人呈请捐银三十万两备造拨船一千余只并请赏借库项各商按引均摊分限十年归款如蒙俞允即由运库内动拨解交刘峨派员赶紧成造等语官雇民船拨运漕米最易滋弊今另造官船随时应用民船既可免官封商盐亦足敷挽运且旗丁等向用拨船虽系官为雇办究不免小有津贴今既有官船该丁等亦可节省浮费而该船户于空闲时仍可揽载营生公私均有裨益已明降谕旨准行矣至征瑞所奏请交刘峩派员成造一节此项拨船计一千余只所需板片木料较多直省恐不能应手即营造工匠亦不如江广等省之谙习所有应造船只即著征瑞开明丈尺数目知照特成额吴垣舒常令该督抚等于湖广江西二省遴委妥员各赶造五百余只以供拨运惟明岁新漕头二进前抵北河即需拨船备用约计彼时湖广江西承造之船恐未必即能运到并著特成额等将此项船只赶紧成造先得一半或三分之一于明年二三月前即派员送到直省应用免致临时又需雇用民船其余一半仍饬迅速赶办于该二省漕艘开行时随帮前抵北河庶不致迟悮至成造此船每船一只计用银三百两上下工价已属宽裕特成额应严饬承办各员务将所用工料切实造办期于坚固经久不致易于损坏至应用帑项若由长芦解往徒滋縻费即著特成额等各于该省耗羡闲款等项各动支十五万两县理工竣据实核销其长芦商人应归之款仍著征瑞按限催征所有成造船只送到直省后并著刘峨交沿河州县官小心经管毋致贻悞此后不得再行封雇民船致滋扰累倘有藉端扰民者著该盐政随时查察严行参奏至该船户除空闲时揽载得有余资足敷养赡应用外其拨运漕粮铜铅等项时如何酌给船户水手工食及逐年修船之处著刘峩会同征瑞一并另行妥议具奏将此由五百里传谕特成额等并谕毓奇知之钦此续据江西巡抚奏明江西应造拨船五百余只今于司库现存社仓息谷变价充公款内提出银十五万两另行存贮派员分办限于岁内或明正务得一半派员先行解往于开河之前运抵台庄其余一半严饬上紧赶造专委妥员迅速解送北河以供拨运又据湖广总督奏明湖广素称产木之区汉阳武昌长沙常德等处物料充裕工匠骈集今湖北承办拨船责成汉阳武昌协同办理湖南承办拨船令长沙常德岳州等府属分领承办如湖南先有造得船只即令陆续运赴湖北停泊均于船旁刊刻某处承造字样凑足一半于明年二三月前派员送到天津一带应用其余一半克期赶办于南北二省漕船开行时随帮前抵北河以供拨运【乾隆五十年】

一北河安设官造拨船酌给船户水手工食及修舱各事宜经直隶总督刘峩奏准今将各条开载于后

一拨船一千二百只俱系官为备造应交附近沿河之天津静海青县沧州南皮交河东光吴桥通州武清香河文安大城任邱雄县新安霸州安州等十八州县分别派定以专责成每船各召募诚实船户一名每名给与腰牌一面填注姓名年貌住址并船只号数造具花名清册所有舵工水手人等应听船户自行雇觅每船以四五名为率除拨运漕米铅铜麦豆外其各船空闲时均准其揽载营生四月以后即不准揽载远行

一拨船于拨运闲空时准其揽载营生原为津贴船户起见自不得出境远行有悞调集将船头船尾略加彩画

按子丑寅卯十二地支编列字号自一号起至百号止于船后钉一横板大书某字第几号及船户姓名某州县分管再用火烙印直隶官拨船字样庶地方官亦可随时稽察

一拨船原为济运而铜铅等物亦系官项未便迟悮所有铜铅及奉天麦豆倘与南漕同时需拨即将拨船拨给一百号发交天津县听其分别拨运其余一千一百号专拨漕粮不得任意调取

一拨船业经官为备造足敷应用所有各处民船自应听其揽载商货倘有胥役藉端需索应听商人船户赴沿河州县或道府盐政衙门据实喊禀

一向来拨运漕粮等项俱系民船官为雇觅是以所发脚价较优今既动公项备造船只应请嗣后除拨运铜铅麦豆等项仍令该运员等照旧给发外其拨运漕粮自杨村至通州既给该船户饭米一石二斗所有例给制钱六千文应减半发给船户三千文以为水手人等工食并添补蓬篙绳索之用其余三千文扣钱一千文存为岁修油舱之用二千文给还旗丁则船户生计既属有资而丁力亦形寛裕如遇水势充裕军船可至杨村迤北之蔡村河西务一带起拨则应给饭米及水脚银两按照水程以次递减

一拨船一千二百只除新造之年毋庸油舱外此后每岁每船酌给油舱银五两每届三年酌给小修银二十两即在天津道扣存拨价内动用由各州县转发各船户自行修舱至扣存银两除油舱小修外如有余存仍贮天津道库以备添补拆造排修之用

一拨船原为济运自应先期调集庶免临时周章所有帮船头进抵济入直日期及二进三进是否接踵北上自应令该总漕将帮数船数相离远近预行咨报直省并径行天津道预调拨船备用如后进帮船相距尚远头进漕粮约有拨船六七百只即敷轮拨则下剩拨船自可酌量缓调以免守候一拨船既经编定字号自应挨次调集于届应拨运之期令该督饬委杨村通判务关同知亲诣河千点验造册仍照所编字号挨次轮拨如头进漕船起拨则先调至六百号为止俟二进漕粮将到再行增调若有一船过迟不到即著落地方官查拿其拨载之米概用平斛兑收不得擅用笆斗至旗丁应给拨价钱米每百石发给船户钱三千文扣修舱钱一千文其余二千文给还旗丁应令该督转饬该同知通判验明给发毋许短少仍将所拨米数及扣存钱数按十日一次造册通报总督衙门并通永天津二道查核事竣将所扣修费钱文解交天津道库易银存贮

一拨船自杨村等处拨载漕米赴通较之漕船行走迅速自应随到随卸责令副丁亲身押运一俟到坝后无论军船曾否抵通限三日内先将拨船兑收至迟不得过五日即令回空其起米之迟速责成通永道报明该督及仓场一体查办一官造拨船原系召募船户撑驾恐该船户视非己物难免任意磕碰之虞责令承管拨船之各该州县严饬各船户小心照管以期经久除每年修舱外如有渗漏即令该船户自行粘补倘遇风火事故地方官查明如系人力难施方著免其赔补不得听船户任意捏报致滋弊混

一拨船虽系江广二省分造至应行大拆排造自应仍在直省办理以归简易请将所备拨船分作三年即以本船旧料在直省拆卸修造其应添木料板片即预行知会总漕将满料军船抵通交卸后应行拆变者即照估给价买留直省为改造拨船之用至此项拨船应行小修之年如次年已届拆造则本年祇准油舱其小修银两应停其给发【以上十一条均乾隆五十年】

一北河官造拨船旗丁无现钱给发或仅给一半或只发三四成以致抵通索找恐启船户偷盗漕米之弊除食米仍由旗丁自给外其拨价钱文应于驿站留二小建项下动拨银十万两交天津运司将商人卖盐之钱易换运交杨村办漕之同知通判按船散给事竣咨会总漕在应给旗丁项内照数扣还归款所有应存大修小修钱文即由运司就近移交天津道经理至每年漕竣其间封河三月先期守候一月此四月内以每船三人核计每人每日酌给饭银五分每船需银十八两现有芦商弥补参商无著帑项奏明按引随课交银二钱分五年归款现在逐年遵办请即于此项银内每年拨出银二万一千六百两自今年为始分作两次给发按引随课加银二钱分五年归款完竣之后可以永远遵行至十年排造即以商交二钱银两作为商捐毋庸另筹经费【乾隆五十一年】

一拨船一千二百只尚不敷用请再捐造船三百只以足一千五百只之数应于商交二钱银内拨银九万两作为添造拨船之用无须商人另行捐出仍交湖广江西赶造备用【乾隆五十一年】

一江广二省添造拨船三百只原因直隶原备拨船不敷而设今东省每年应需拨船既难预定而直省拨运漕粮则不妨多多益善自不若仍归直隶与原设拨船一体在于杨村轮流备拨一切章程均照原议办理【乾隆五十

二年】

一乾隆五十三年四月奉上谕据刘峨奏德州境内程家庄等处间段古浅均须起拨现分设五站轮番起拨至南粮出闸后装载尤重必须多备拨船始可源源接攒请将仓场所拨官船四百五十只全行押赴德州即照东省现办章程按站分拨安设足敷倒换等语亦祗可如所奏办理此事上年经刘秉恬奏请将江广拨船三百只于东省安设备用当经降旨询问长麟嗣据该抚覆奏东省河道浅阻临时可以雇船零星起拨若将官造拨船留于东省未免虚糜经费应请停止今豫东二省漕船皆因水浅阻滞雇觅拨船耽延时日若彼时官造拨船留于该省岂不可以克期齐集何待纷纷调拨临时周章此事皆系长麟不能通盘筹划以致贻悮今看此情形东省拨船竟不可少著传谕何裕城浦霖等于江西湖南即先动项各造拨船一百只务于冬底春初派员送到东省以期应用所有此项拨船工料价值及运送之费俱罚令长麟按数赔缴其拨船解到后应如何分交沿河州县收管暨酌给经费之处并著长麟按照直省原定章程妥议具奏钦此

一乾隆五十三年五月奉上谕前因东省拨船竟不可少已谕令湖南江西两省造拨船二百只送至东省安设应用本日据巡漕御史和琳奏卫河古浅之处较多且自临清以至德州水程四百余里拨船二百只不敷应用从前造送直隶拨船每只装米三百石吃水三尺余寸仍不能遄行此次新造拨船请较定制节减宽长以二百只工料匀造三百只每船可装二百石以外纤挽既觉轻便工价有减无增等语所奏甚好拨船为遇浅起拨而设期于迅速遄行原以轻便为贵且据和琳奏节减宽长以二百只之费改造三百只工价仍属相仿是费不增而应用宽裕自应如所奏办理著传谕何裕城浦霖即照从前所造拨船丈尺酌量收小匀造一面估计具奏一面即动项办理每省各造一百五十只于冬底春初送至东省安设其工料一切仍照前旨著落长麟赔缴将此由四百里传谕何裕城浦霖并谕和琳知之钦此

一东省安设官造拨船酌给船户水手工食及岁修经费各事宜经山东巡抚长麟奏准今将咨条开载于后

一新造拨船三百只分为五站每站安设船六十只分交附近之德州恩县武城夏津临清等五州县分管备用至稽查弹压各事宜粮道驻札德州耳目易周自应专其责成所有船户等应领工食亦即令粮道按月支放如遇四五月间粮道押运北上即交德州经管倘有克扣等弊该管上司据实参办

一直省拨船每船额设水手五名长年雇觅今山东拨船节减宽长船身收小纤挽较易每遇起拨之时添雇水手自应每船减去二名至空闲时仍设船户一名经管至水手每二船只给一名足资看守即船户遇有事故尚有水手可以责成令将额雇船户水手给与腰牌填注姓名籍贯取具邻族甘结造册送部并责令地方州县领运千总各将添雇水手及拨运帮船米数分详藩司粮道以凭稽核倘有捏报浮销立即转详参处

一东省拨船照依直省章程亦将船头船尾彩画编列字号注明山东官拨船字样按各该营分添派武职随时稽查弹压倘有船户人等不法滋事即将该管文武各官一并查参一东省拨船遇浅则拨过浅仍即归船每拨米一笆斗仅得制钱一文空闲之日又无别项可以揽载计其所得之价不敷养赡自应酌给工食以资用度今每名每日给银八分按拨运及空间月日核计每年应需工食银二万五百二十两又大修小修应需银一千八百两即以山东长芦二处商人愿捐闽省军需备用未经起解银二十五万两发解东商酌以一分起息内将十九万两所得息银作为船户水手工食大修小修之用年终核实报销其余银六万两应得息银为嗣后一切经费之用

一东省拨船既得船身收减一切费用自可节省未便照直省章程每船给银二十两应每船酌减银五两以十五两为额令粮道专司承办如有余剩核实造报至大修拆造年分于应修之前一年先由粮道确估料价详委妥员前赴料贱处所如数采买运回配造并令粮道督率办理仍将用过工料价值事竣据实报销至小修之年如次年已届拆造应令查照直省章程将小修银两一体停其支给

一东省船户水手既经定有工食则油舱绳索等项即可以所得拨费自行充办应仍循旧例每拨米一笆斗给钱一文即以所得钱文令该船户等自行收领以为油舱绳索之用令分管州县于粮船未到之先督率船户详加修舱再令粮道逐船查验取具无悮印结送部查核

一官造拨船原当慎重保护以期久远应用应照直省章程令承管拨船之州县严饬各船户小心照管倘有渗漏责令该船户随时粘补如有拐逃情事令出结之地邻等缴赔船价官为打造如地邻人等实在力不能完即将地邻治罪船价著落该管州县代赔仍行议处倘遇风水冲击实在人力难施令船户报明地方官详加看验取结报部

详明在于修费项下酌量动支修补仍项目报部备查如有捏报浮销等弊即将出结之州县及该管之粮道分别严参【以上七条均乾隆五十三年】

一直隶运漕拨船一千五百只系长芦商人于乾隆五十年五十一年两次捐造初次捐银二十八万二百余两二次在商捐项下拨银九万两共捐银三十七万余两又船户守冻守拨各给与津贴银十八两每年商人另捐津贴银二万七千两嘉庆元年届满十年排造之期照上次军机大臣原议在直隶分年排造每只实需银二百五十两较上届由江广成造每只工料银二百三十余两运费银四十余两统计尚有节省计共需银三十七万五千两除天津道库存贮油舱银七万一千余两尚需银三十万四千两照上次借领藩库银两造船例案暂留芦东现交城工帑利应拨解直隶山东藩库银二十六万两作为商人领借之款与道库积存银七万一千余两按年发交地方官打造新船具不敷银四万四千两即令商人等添捐足银自嘉庆二年起限照上次之例分作十年每年捐银三万四百余两下次十年造船之期即将此项辘轳周转令商人等常川捐输归款亦毋庸另筹垫款其朽旧船仍归商人具领至津贴饭银木为守冻而设今漕运较早尽可揽载营生原定银十□两酌减银六两祇给冬月守冻银十二两【嘉庆元年】

一直隶酌给拨价油舱银两于乾隆五十一年奏请动拨藩库银十万两移交运司即将商人卖盐钱文随时易换运交杨村办漕同知通判散给事竣咨会总漕在应给旗丁项下扣还解直归款嗣据该督以此项银两已于乾隆五十七年据商人王得宜等以各地卖盐钱文距今甚远难以预运且船户众多非商人所能经营改归地方官承办所有各省解还拨价银两□解道库毋庸再解运库等因户部以前项应放应解拨价油舱银两系奏准饬交商人换钱散给仍令照旧办理并令原议办漕之杨村同知通判实心经理【嘉庆元年】

一山东省安设拨船三百只乾隆五十三年由江广二省成造运东自五十四年起扣至嘉庆三年新漕完竣十年限满每船给银二百两作为定额责成德州等五州县成造仍由粮道督率稽查所需工料银两在于商捐拨船经费节省项下动支俟事竣核实报销【嘉庆三年】

一湖广道御史朱绂奏请裁汰官拨仍照旧例听丁自雇民船一折钦奉朱批仓场侍郎议奏钦此嗣经仓场以南粮重运因北运河浅阻必须起拨分载方能抵通向来原准旗丁自雇民船分载即现在亦未尝禁其自雇实缘需船多而应雇者少旗丁无处雇觅遂致官为封雇嗣因封雇民船又多扰累故设立官拨自设立官拨一千五百只即停止封雇而民船得以听便迄今客货商盐均资利益应请仍用官拨以为有备无患如果旗丁等间有自雇民船无需官拨者亦听其自便仍严饬该丁等随到随拨不许稍有延缓【嘉庆四年】

一淮关捐造拨船三百只酌给经费案内借拨司库银五万两交两淮商人营运以一分起息每年得利息银六千两除支放拨船油舱岁修等项四千五百两外余剩银一千五百两每年起解河库以备风船补造之用再借银四万两一并交商营运每年所得息银四千八百两以十年计算得息银四万八千两将原本归还即将息银作本以济拨船经费自乾隆五十四年正月起至嘉庆三年十二月止十年限满将原领本银九万两缴还司库其现贮息银四万八千两遵照原行发交该商营运仍将每年所缴利银移交河库查收备用至从前四次遇閏加增利银三千六百两仍令随同原本移交江宁藩库查收嗣后逢闰之年即照此案办理【嘉庆四年】

一户部右侍郎额勒布条奏南北丁役情形一折奉旨著交直隶总督等分别妥议具奏等因钦此嗣据漕运总督直隶总督先后奏到奉旨户部议奏钦此经户部以漕督铁保议将前项官拨船只全行裁撤与侍郎额勒布原奏相符自系为恤丁起见但直隶总督颜检奏称每年南漕拥集之际拨船不敷轮转尚须添雇民船今若将拨船裁汰恐民船一时难得如许之多又恐胥役等藉端滋扰贻累商旅是因恤丁而或致累民诚不可不为虑及且恐雇觅不敷有误漕运仍不免于累丁应请将官拨船只仍旧设立毋庸议裁至该护督请将大城霸州等七州县原管拨船改归通州等十一州县就近分管务选有身家之人出结承充仍令船户十人连名互保造册存案其承办船只及每年油舱等事一并著落经管州县实心经理旗丁等向来所给船户食米应照时价折给钱文不许颗粒上岸以杜影射偷米并令各帮旗丁自派副丁在船看管米石不得仅使船户押载所有押空千总于本帮起拨后押令本帮拨船尾随前进以上各款均如所奏办理【嘉庆五年】

一黄河口至台庄一带由漕督奏明令旗丁自备拨船三百只于民船旗丁两有裨益【嘉庆六年】

一嘉庆六年漕运总督铁保奏修理杨村官拨事宜钦奉谕旨杨村官拨船多有破烂应即大加修补从前承修

各员并不认真修舱以致损坏亟应及时著落修补但此事若专交杨村通判一人承管该署通判刘宝第或知以公事为重将来升调后设经手之员又复因循废弛于公事仍属无益著陈大文会同铁保妥为商酌或派天津道府各员经管一面督同该通判将应大修小修等项船只一律认真修舱务期工坚料实不得仍前草率等因钦此

一直隶总督陈大文等查明直隶官拨船一千五百只内除天津县拨运铜铅船一百只外杨村拨运漕船一千四百只内从前有冰凌碴散不堪应用船四十九只六年遇水冲淌船九十一只其余船只亦多磕踫击损已饬天津道府督同杨村通判天津县分别修理所需工料动用六年修舱银两无须另动正项倘有不敷即著落从前修舱不坚之州县赔补其碴散冲失各船将所领修舱工料银两雇觅民船补码俟嘉庆十年排造新船再行停止并令天津道当堂散给船户工食银两又另议章程六款一并开后

一直隶拨船一千五百只从前原议分派通州等十八州县经管嘉庆五年奏请就近改归南北运河通州等十一州县分管今查南运河各州县仍有距杨村稍远者请将此项船只除天津县原留铜铅船一百只其余拨船一千四百只分归滨临北运河天津县六百只武清通州各四百只就近经管起拨时责令杨村通判弹压其中原有不堪应用船只责令从前经管州县雇募坚固民船分送备用如有推诿即将该州县严行参处

一拨船船户向来并无统率难保无盗米弃船逃逸情事今请每十只设立小船头一名稽查每百只设立大船头一名总管均选择诚实妥人充当嗣后遇有船户偷米发觉即著落该管州县照数赔补并将船头船户分别治罪

一现在官拨各船户领驾有年其中虽多无赖穷民亦有诚实可信之人应饬令通州等三州县于查收船只时将船户细加察看该船户果系土著船只完固即取连名互结仍令领驾其非土著同帮船户不肯保结船身又复破烂及不愿充当者均出现管州县另募妥人取结充当

一拨船各户无事时向揽载营生以资口食但包载远出或卸载迟延不能依限赴杨应于拨船空闲时衹许在北运河一带揽载客货不得越过津关亦不许在外久延并责令天津盐政严饬稽查毋使南下傥船户不小心撑驾以致破损将船户船头一并斥革即著落选择船户不慎之州县修理完固

一官拨船只责成杨村通判经管但每年修舱船只至一千四百只之多若委交杨村通判一人经管工匠既难毕集稽察亦恐难周应将修舱银两由天津道府督同分管之天津等三州县当堂给发责成该州县实心经理并令天津道府东路同知就近督办杨村通判往来稽查如有偷减克扣等弊即行分别参办

一拨船年满上年系天津一县承办但船数既多不无草率嗣后排造之期各归分管三州县成造以专责成傥有破损即令承办之员照数赔造以示惩儆

以上各款于嘉庆六年奉旨议准

一黄河口至台荘一带旗丁自备拨船三百只应需造费银两浙江各帮在于恩借初二两限银内暂行借给仍于各帮调剂漕费钱内按数易扣还款至江安苏松湖南湖北在于存公津贴等项银内动给并于各丁名下分作三年归款江西省于各丁应领新增一半脚耗银内尽数扣还至应需岁修银一千二百两就江南通省摊派每年每船该银三钱七分零各于存公四两款内动支解淮应用毋庸逐年摊派以昭简便【嘉庆七年】

一直隶官拨船户每百石例得饭米一石二斗业据直督奏准照市价折给钱文雇募民拨事同一律其食米一并折给钱文又山东协运豫粮拨船旗丁应给船户食米亦并折给钱文【嘉庆七年】

一直隶拨船修舱迟误经仓场侍郎达庆等据实参奏钦奉谕旨武清县知县朱杰东路同知莫景瑞均著革职通州知州潘仁天津道蔡齐明一并交部严加议处莫景瑞朱杰俱已革职若听其回籍转得置身事外所有此项拨船仍令帮同修理其修理之费不准开销即著蔡齐明莫景瑞潘仁朱杰四人分别赔出统俟办峻后再行奏闻钦此嗣因武清县朱杰办赈得宜东路同知莫景瑞到任不及一月复奉恩旨俱改为革职留任天津道蔡齐明通州知州潘仁亦照部议降级留任该员等当将拨船俱一律修舱完竣又奉谕旨此项拨船该州县等未能及时修理本应著令如数分赔姑念上年漕务尚无贻误现据委员覆验船俱坚固所有修理拨船工料著加恩准其于旗丁扣缴油舱项下支销六成其余四成即著落朱杰潘仁莫景瑞蔡齐明照数分赔钦此【嘉庆八年】

一黄河口至台庄一带旗丁自备拨船三百只按江浙江广各帮船只计算每只应扣造费银八两四钱奏明在于各帮调剂项下分作三年归还所有浙江省应扣初限银两系于各丁漕费钱内易银归款但钱价长落不齐苏松等属系于各丁新运钱粮内查扣所有浙江省应扣二限银两亦于新运钱粮内按数查扣【嘉庆八年】

一黄河口至台庄一带安设官拨船三百只分交山阳清河二县收管章程开后

一山阳清河二县各经管拨船一百五十只查照直省之例每船额设船户一名令该地方官遴选有身家之人出结承充给与腰牌填注姓名年貌籍贯住址及船只号数以杜顶冒并令该船户十人连名互结造册存案于开印前齐集水次以免迟误俟拨漕完竣即将起止月日造册送部至漕竣后各该拨船揽载客货并令查照直省章程酌定界限立法稽查

一总漕议覆拨船添雇水手案内粮船行抵黄河无须起拨之时拨船户自给水手饭食钱四十文与旗丁无涉如须起拨旗丁每石给钱八文其饭米随时按名给米一升户部咨覆准行

一拨船齐集水次由总漕亲率员弁逐加查验点收并令于漕竣后交山阳清河二县经管此外不准另拨差遣以免损失又前项拨船起拨时猝遇风浪致有沉溺著落该帮赔修至船户人等若视为官拨并不小心驶驭以致沉溺损坏应归地方官著落船户赔修究治设有捏报失风及盗卖情事即提船户追赔究处其一切器具锚缆责令船户随时粘补不得另请开销

以上各款于嘉庆九年咨部酌定

一山东额设官拨船三百只不敷应用奏请添雇民拨三百只钦奉谕旨该省应备拨船向祇官拨三百号嗣后四五两月水小之时令沿河名州县预雇民拨三百号照给官拨工食银数所费不过四千余两即著铁保与藩司筹款动拨准其作正开销至北卫河古浅处所应饬令粮道于春初冰泮粮船未到之先亲往查勘于各浅处所本有浅夫之外多集民夫认真捞瀹其应用夫价数百两亦著准其照例开销钦此【嘉庆九年】

一嘉庆十年江西巡抚秦承恩奏江西起运带征并采买米石额运漕船不敷洒带请借项成造拨船起运一折钦奉谕旨该省本年有带征及采买米石除洒带外余米仍多若全雇民船不特糜费亦恐于商民未便著准其造办拨船带运米石所费银两并准其每船酌借银一百两分作八年坐扣还款以示体恤钦此

卷七十三·拨船事例·外河拨船

一嘉庆十一年奉上谕铁保奏查明河口拨船残废据实参奏一折江南河口拨船上年吴璥奏请添造船只装济漕运朕即以拨船费帑修造将来散交各处无人经管必至易于朽今据铁保查明淮关捐办拨船三百号内除风损尚未补造船六十一只外其应存船二百三十九只现在归坞拨船五十六只船身渗漏不堪拨米各工运料船一百零三只其余七十八只全行损坏不堪应用等语此项船只曾经两次大修又每年领银岁修如果核实办理何至损坏如此之多总由原修及接任各员草率废弛所致自应著落赔修以示惩儆所有淮关捐办拨船三百只除报明风损有案各船准其照例修补外其余船只即交里河同知缪隽外河同知张文浩勒限两月修补齐全另委妥员如数验收并著铁保妥立章程将修造各船或分地面或分船数派员经管以专责成至此次修造应用银两一概不准开销著落两次原修及接任各厅员按在任年月久暂分别赔缴其已故之员无可著追即于现任及有官可补各员名下如数摊赔仍查取历任废弛厅员经管委员及未经查出禀办各道职名交部分别议处以为废弃官物不实心经理者戒钦此

一江西分造北运河拨船七百五十只分作四限承造运送每船舵工一名水手四名每十船排为一帮于舵工内选择老成晓事者一人点为帮头责成稽查其舵水工食空船北上以六十里为一站自江西至天津计程三千八百三十二里计算应行六十四日每日舵工每名给银一钱水手每名给银五分各给米八令三勺照市卖下米价值折银交各委员按五日一次给发至舵水交卸回籍以每日行一百里计算无论舵水每名每日给银六分以资口食每运拨船二百只选委丞倅一员为总运再委佐杂四员每员分押船五十只每船十只令承造官选拨妥役一名押送傥有舵水滋事逃逸总运官即提押差并究所有解员无论总运押运每员各带跟役四名员役薪水饭食官则每日支银一钱役则每名每日给银六分押差每名每日亦给银六分往返一例核给押运官役往回乘坐船只撙节雇用所需银两均在地丁银内动用事竣据实造册报销又阻风守闸等事预给总运备带银两以便临时给放有余不足回江报销核给舵水身工在程限之内毋庸再给银米傥至六十四日程限之外每名每日给盐菜银二分米八合三勺照原定价值折给至拨船运送解直俟查收之日直隶总督报部查核其各商捐存银两就近解部交纳【嘉庆十一年】

一湖北省代造直隶官拨船四百只分为四限成造并为二起委员押送其初二两限造运各费系于武昌金沙洲等处江工筹备银两内借垫至三四两限工料运费在于地丁银内动给【嘉庆十一年】

一淮关监督李如枚新捐河口拨船一百五十只奏交山阳清河二县收管其召募船户支给饭食岁修成造各费悉照旗丁前捐拨船三百只章程办理嘉庆十一年经漕运总督吉纶奏准在于江南旗丁备公银内提银三万两发交淮商一分生息每年得息银三千六百两以二千一百两积存司库作为十年造费以六百两按年解交淮安府库作为每岁修费其盈余息银俟积有成数即以息作本循环营运以便将原本提还道库仍按年造具动解支存银数清册咨部稽考以归核实所有浙江江西湖广等省应扣新捐拨船修造银两毋须再扣免致支绌

一直隶省额设官拨船只向系分派沿河十八州县经管嘉庆五年奏准分派通州等十一州县承管嘉庆六年改由天津武清通州三州县承管嘉庆十二年直隶总督温承惠以船数过多该二州县照料难周遂致损失滋弊奏准仍分派沿河十八州县经管以图经久户部会同吏部议定此项船只由江广等省排造按限解送天津所有直隶承管之各州县于解到时验明坚固结实方始接收该督取具经管各州县保固十年印结并该管道员加具切结送部备案并令各州县造入交代册内报部查核除拨漕之时遇有风火事故仍照向例分别办理外至拨船空闲及揽载时在水次无故损失及不小心防范以致风火事故者按各该州县所管之船分作十成计算经管年分即自新船解到接收之日起至十年保固限满之日止其限内损失只一二成者责令赔补免其议处其拨运已八九年者船用既久遇有损失免其议处仍令经管之员买补足数如拨运在六七年之内损失至三四成者经管之州县罚俸一年该管道员罚俸六个月五成以上者经管之州县降一级留任该管道员罚俸一年倘拨运未满五年损失至三四成者经管之州县降一级留任该管道员罚俸一年五成以上者经管之州县降一级调用该管道员降一级留任其损失船只俱责令该管州县照数赔补以示惩儆至从前裁减工食银九千两商人照数捐出所有酌添工食并雇募民船装运铜铅及额船不敷添雇协济拨船等款应准其于前项银内核实造册报销

一嘉庆十二年奉上谕湖北解直拨船不过于底板镶用杂木二块并非不堪驾驶若责令湖北委员前往抽换不但耽延时日且恐一经抽换船身转不坚固而拨船不敷又须添雇应用徒滋烦扰所有此项拨船著毋庸抽换底板即将原船使用俟保固十年限内有损坏之处再令湖北经手成造之员及直省经管州县按照四六分赔至天津道沈长春于验收拨船时并未将船底镶用杂木之处详细验 出实属疎忽著交部议处等因钦此

一嘉庆十四年奉上谕征瑞奏称自天津通州回京沿途多有酙旧拨船弃置河干等语此项拨船从前兴造之初即系征瑞在长芦盐政任内办理曾经降旨交该地方官经管且每年例有岁修何得听其朽竟至沿途弃置此时若不及早修理明岁重运北来遇有拨浅等事一时应用不敷势必多雇民船徒滋扰累糜费著温承惠即饬令该管地方官赶紧收集以备应用嗣后每年应用后即责成该地方官加意苫盖如再有弃置损坏之处即将该管等官参奏罚令赔造以示惩儆仍令仓场侍郎不时查验钦此

一嘉庆十五年仓场侍郎奏杨村一带除官拨一千五百只外其民拨仅有一百余只早晚军船蜂拥而来不敷轮转奏请及早雇备钦奉上谕此系天津道应办之事温承惠接奉此旨应饬令该道等妥为雇备期于宽裕足用勿推诿延误钦此嗣据直隶总督覆奏本境船只无多山东境内又需拨孔殷来船更少惟内黄一带为商船聚集之所一面札商河南巡抚代为垫价委员雇觅一面飞饬大名府亲赴大名内黄运界之龙王庙等处不惜重价广为雇备现在有陆续雇得船二百余只会同仓场侍郎查照向例一军二拨行抵通州姜家场流水沟等处距坝不远即以子归母不令拨船守候俾漕粮毋致延误

一嘉庆十五年奉上谕江广帮所带五百石之大拨船本干例禁姑念该丁等业已造办力既不能另备又急切难以售变此次著准其携带用示体恤嗣后不得援以为例钦此

一南粮入直过迟杨村寄拨米三十万石以每拨船二三百石而计需装船一千数百只现在拨船虽多但军船拥挤通坝起卸不能过速恐在前之拨船尚未转回而在后之军船已须寄拨又有掣肘之虞经直隶总督奏准将山东官拨三百只于该省漕船过竣暂为借用所需工价饭食东省向有例给俟到杨村后即由直隶从优给发以期回空迅速【嘉庆十五年】

一嘉庆十五年漕运总督许兆椿奏江南各帮嘉庆五年经前漕臣铁保具奏在于应得调剂项下每船扣银四两暂备长途缓急即留为陆续赎屯之用自嘉庆五年起至十五年止共扣过银十二万三百余两内除奏明并咨部

动解两淮运司等衙门生息及拨给拨船岁修等项共银七万七千三百余两外实存道库银四万二千九百余两至江省屯田仅有宣州卫一帮出典之田酌议抽赎其余各帮尚无应赎之产以江南六十一帮所扣之款专为一帮赎屯之用不足以昭平允且该帮回赎是否合例应俟筹议至日办理嗣后每船应扣四两一款自嘉庆十五年起免其再扣再查此款内奏明每年拨给黄河口拨船岁修银一千二百两及十年成造约需银二万六千两明年即届成造除于扣存道库银四万二千九百余两内拨给银二万六千两外其余银一万六千九百余两自应查照原奏每年由粮道携带赴北如有必须接济之帮量为借给仍于各丁新运钱粮内扣还所有拨船岁修一款自应各省均摊解给江南浙江江西湖广各帮每船扣银二钱二分汇解淮安其拨船十年成造一款原议浙江江广各帮每年每船扣银八钱江南各帮在所扣四两内提给今既已免扣所有江南各帮画一扣银八钱为十年造拨之费再查动解生息本银共六万四千两原议俟盈余息银积有成数将原本提还应俟将来本银提还作何拨用随时具奏等因户部议覆道库余存银一万六千九百余两应照发商生息成案交商营运以一分起息每年可得息银二千余两以之发给河口拨船岁修银两尚属有余所请各省每船扣银二钱二分应毋庸摊扣其前项生息银两并令按年咨部核销余均如所奏办理

一江广各帮船身笨重吃水最深设遇河口淤浅便难挽运嘉庆十五年两江总督松筠等奏请制造六七百石拨船一千五百只停泊御黄坝外彭家马头守候俟江广重运到浦设遇水浅运船挽至清江运河内之高板头即盘至拨船接运其原运帮船即自清江径行回空所带土宜俱一体过坝装载所带竹木亦盘坝扎排随艄牵挽江广重运抵淮定以五月为限如五月中旬尚未渡黄即令尽数盘坝拨运倘五月内能于挽渡仍令原船迅攒抵通所有此项拨船即留于清江河口等处专为起拨各省漕粮之用至打造拨船工费每船约需银八百两动拨两淮两浙长芦盐斤加价及淮商报効银两共银一百二十万两由江广产木之区办理等因钦奉上谕准行旋据湖广总督汪志伊湖南巡抚景安奏明湖北湖南二省各造办拨船五百只以部颁营造尺为准船身长七丈八尺内虚头长一丈一尺虚艄长九尺底长五丈八尺板厚二寸中宽一丈四尺头宽一丈三尺四寸艄宽一丈三尺八寸康栈共深五尺二寸厚五寸天篷高二尺八寸艄楼高四尺八寸拖泥脚栈板厚一寸七分二桅二篷木工油舱钉铁做法悉照则例成式打造锚缆篷索一应杂项器具均照军船制备木料必须樟柽株槐于滨近水次所属设厂造竣于船尾镌刻成造官衔并匠役姓名倘船身不能坚固责令赔补物料工价并一切杂项湖北省每只估需库平纹银七百五十四两零湖南省每只估需库平纹银七百四十八两零俱照例每百两扣存平余银二两报拨又江西巡抚先福奏明江西省分造拨船五百只以漕尺为准船身长七丈中宽一丈二尺头艄一丈一尺康栈共深五尺五寸天篷高二尺七寸宽七尺长四尺一寸子母笋板缝攒差艄楼高四尺二寸宽一丈一尺长一丈七尺一寸底厚二寸两康厚五寸栈板厚一寸七分纯用樟柽株木双道篷桅每只实需工料银七百六十五两零至各省拨船运送河口交收各分四起每起派丞倅一员督运佐杂二员分押第四起船数较多添派佐杂一员应需盘费饭食身工仿照成案参酌办理所需运费银两于造船工料之外将余剩银两动支发给不得过奏准每船八百两之数嗣又据松筠等奏准江广漕船行走情形即遇河口浅滞只系最后各帮难以挽渡向无全帮停阻之事其在后各帮应需过坝盘拨米石计须添造一千只即敷拨运减造拨船五百只节省银四十万两分拨江广三省发商生息以为随时修舱之费迨嘉庆十六年该三省将拨船造就批解经两江总督勒保等查验拨船不能合用并以江广漕船若概在清江过载则该丁等于拨船运米北上既须另雇一分人夫原船空回又须一分人夫所添之费不少运丁力有不能又拨船归州县验收后即须雇人看守日给饭钱州县力不能捐殊多窒碍江广重运总以原船抵通为正办祇将所造拨船酌留十分之二三成已敷应用其余变通筹办钦奉上谕除挑留二三成加添油舱器具备用外其余拨船既办不如式即应不准开销著拨回该三省变价归款等因钦此嗣据两江总督百龄等奏明选得江西拨船九十一只湖北拨船二十九只湖南拨船三十只共一百五十只堪以留作河工各厅拉河运料之用

一湖北湖南二省轮造漕船遵照江西奏案一律改小【详见浅船额式门】每正船一只准造有房舱板艕可装米三百石拨船一只每只需工料银【湖北三百六十两湖南三百二十五两九钱一分】在于司库地丁银内动支移交粮道发给成造仍于该丁等应领新运钱粮内分作十年摊扣归款【嘉庆十六年】

一嘉庆十六年直隶总督长芦盐政具奏南粮到直稽迟通坝转卸不及添雇民船诸多窒碍奏准添造拨船一千只每只约需工料银二百五十两共需银二十五万两每年每只拨船工食十五两共需银一万五千两十年计需

银十五万两每年油舱银每只五两三年小修每只连当年油舱银在内发银二十两计油舱小修一千只共银一万两十年计银十万两核计连造船工料十年共需银五十万两于嘉庆十五十六两年山东征收盐斤加价项下拨银四十万两就近即交山东商人具领每月一分生息按年可得息银四万八千两十年可得息银四十八万两其间遇闰应增息银一万六千两尚不敷银四千两在于天津道库积存油舱项下拨补以足五十万两之数十年之后再为察看漕运迟早情形酌核办理至排造拨船仍交湖南湖北江西三省先行动用正款银二十五万两于嘉庆十六十七两年赶紧排造分年委员解直仍分派沿河十八州县经管以专责成其江广动款作正开销自十七年起每年将所收商息银四万八千两内以二万五千两按年造入季册报部听拨十年共银二十五万两归还江广造船垫款又以息银二万三千两遇闰则系二万七千两每年解交天津道库以为新添拨船饭食油舱之用添造官拨运商捐官拨共二千五百只毋须再雇民船实于漕务商民永资利赖十年满料后由经管州县每只交变价银三十两共银三万两完交道库汇齐移交运库搭解内务府充公再嘉庆十二年奏准添雇协济民拨船只每年于商捐参课项下拨银二千八百两今请添造拨船一千只前项协济民拨船银即可毋庸支给

一河口拨船三百只自嘉庆六年成造后至嘉庆十六年已歷十载除河工漕帮赔造未经满号船二十只余船二百八十只察验船身破损查照上届长寛丈尺式样每船给银一百四十两仍交江西派员成造先于该省动垫一面行令江安苏松浙江湖南湖北各粮道将积年扣存旗丁之项速即解还旋因木料等项昂贵不敷购办奏准照淮关捐设河口拨船每船一百八十余两之数每船酌加银四十两共加银一万一千二百两仍于江西垫拨按江浙湖广等省该年出运船四千余只每船在调剂项下扣银一两二钱五分可得银五千余两此内如有因灾减歇船只即于下运补扣还款江西旗丁所贴调剂银六千余两分三年归还嗣后此项拨船每届十年成造即照此章程津贴办理

一嘉庆十七年湖南湖北两省轮造漕船若将拨船工料同时措备丁力未免拮据该抚奏准应需拨船工料银两在司库地丁银内动支随同正船料价给丁赶紧成造仍在该丁等应领新运钱粮内自今冬为始分作十年摊扣归款以纾丁力

一嘉庆十八年奉上谕据温承惠奏运河淤浅处所现已派委道员督率夫役挑挖其军船起拨米石向来拨运南粮起六存四官拨船外添雇民船一千余只尚不敷用今全数起拨此时首帮甫抵杨村所备拨船尽敷拨用若后帮船只连樯而至即恐拨船不敷俟水势充裕军船可以行驶抵坝请照旧仍令军船存留四成到坝起卸等语现在运河一带节节淤浅军船即起七存三仍虞阻滞自不能不多筹拨船全数拨运其后帮船只既据该督奏称北运河浅阻之处业已遴委道员等相机刮挖并筑坝蓄水以资浮送此后粮艘衔尾而来该督惟当尽力筹备拨船期于轮转不致匮乏一俟水势增长河路通畅粮艘自仍遵照旧例抵坝起卸拨船即行递减可也将此谕令知之钦此

一杨村额设拨船不敷应用经直督奏请添造一千只由江西湖北湖南三省排造于嘉庆十七十八两年先后解直奏请钦派大臣验收计编列十七年申字号一百六十七只十八年酉字号八百三十三只天津等十七州县分领承管 每年油舱一次三年小修一次十年满料之后每只交变价银三十两共银三万两解交内务府充公但现在拨船至十年满料之后未必全行朽于将届十年之时仍由直督奏请钦派大臣查验除实系朽船只照依原奏变价外其尚堪拨运者查明酌留加以修舱俟实在不堪应用再行变价不必拘定十年尽行变价【嘉庆十九年】

直督奏请经理杨村新旧拨船并酌定添雇民船限制吏户工三部及仓场侍郎会议奏准十一款

一新旧拨船照旧分派沿河州县召募船户小心经管查旧拨船一千五百只例派沿河天津等十八州县分管每船召募船户一名此次新添拨船一千只除霸州所管河路无多免其分管外应派天津静海清县沧州南皮交河东光吴桥通州武清香河文安大城任邱雄县新安安州等十七州县各具印领召募船户取结造册由天津道给与腰牌给船领驾即以领船之日起十年保固之限嗣后每年三月内修舱齐全提集杨村春夏二季不准揽载商货漕竣后准其揽载营生南不得过临清关西不得过武强小范限以卸载地界毋任远行致误漕运

一新旧拨船编列字号以便稽查旧拨船一千五百只原例于船后另加横板书写字号并用火烙印直隶官船字样惟横板火烙均难经久此次新添船一千只编列号次即于各船头上用粉地书写字号每年油饰一次以清眉目

一新旧拨船设立船头经管器具查旧拨船一千五百只每十只设立船头一名并立总船头一名除总船头召

募殷户承充外其小船头于十号中举充一人此次新拨船一千只亦令每船十只选举头船一名由杨村通判加结送天津道存案傥锚缆篷桅及一切器具典卖不全船头即行禀追每届一年由杨村通判查验器具仅止绳缆篙桩短少者著落船头船户赔缴至铁锚桅木风篷价值不一如有盗典盗卖估赃以监守自盗论船头书役通同舞弊者同罪仍著落经管州县赔缴器具不全至十只以上者经管官降二级留任天津道暨杨村通判随时查出免议傥失于觉察通判降一级留任天津道罚俸一年

一新旧拨船船户水手人等宜立科条以严约束查拨船船户拨运漕粮即与漕船水手无异如有不法等事即照漕船水手生事并盗窃漕粮各律例分别办理责成地方官严行查察以免滋事

一新旧拨船挨次调集轮转专委杨村通判经理毋庸添委务关同知以专责成每年提集杨村将新旧拨船按四六成分拨如应拨米一万石旧船领拨六千石新船四千石并按原定字号周而复始各分先后不得分歧以昭平允

一新旧拨船受拨抵通腾空责成通永道催令五日内回空不得听船户停泊并由通永道会营严饬文武员弁按所管河道分段严催毋许沿途逗留以期转运无滞

一新旧拨船共二千五百只即遇转运棘手之年按米按船计算辘轳拨运尽敷轮转无庸添雇民船致滋糜费

一新旧拨船十年排造查旧拨船一千五百只始于乾隆五十一年系江广三省代造定例十年保固嘉庆元年直隶造船一千五百只木植不坚未及十年即有损失十年仍交江广代造现在所存旧船挑出朽过甚者各按解到年分以次递造其船身坚固尚堪拨运从缓改造不必拘定十年之限将来遇有排造之年如在二百只以下即在直就近办理至应用木料务须遴委妥员眼同承办之员加意拣选工完另派委员据实查验毋得稍有偷减及搀用杂项木植违者将承办之员查参并著落赔修如委员查验不实查出一并严参

一旧拨船定例十年保固限满之日核计限内仅止损失一二成者责令赔补免其议处拨运已届八九年者遇有损失仍责令赔补亦准免议六七年之内损失三四成者经管州县罚俸一年道员罚俸六个月五成以上者经管州县降一级留任道员罚俸一年其未满五年损失至三四成者经管州县降一级留任道员罚俸一年五成以上者经管官降一级调用道员降一级留任损失船只俱责令经管州县照数赔补至十六年添造船一千只经督臣温承惠奏准部覆照看守战船例损坏三只者承管官降二级留任三四只者降二级调用五六只者降四级调用七只以上者革职均勒令赔补完固并责令天津道随时稽查如有损坏一二只者该管道员罚俸一年三四只者降一级留任五六级者降二级留任七只以上者降三级留任旧拨船一千五百只仍照原例议处

一新旧拨船经管州县并经管收放之北运河杨村通判统归天津道稽察嗣后管船州县及杨村通判遇有查办船务事件统归天津道调度稽核违者详参并令杨村通判一体督率各州县遇有损坏船只将经管收放之北运河杨村通判照天津道之例加一等议处天津道应罚俸一年者该通判降一级留任天津道应降一级留任者该通判降二级留任天津道应降二级留任者该通判降三级留任天津道降三级留任者该通判革职留任损坏船只将驾驶不慎之船户照损坏仓库财物律治罪以示惩儆

一新旧拨船十年保固限满量加奖励州县分管拨船十年限满全无损坏者统计十年内除前五年拨运未久分应看守将该管官酌量记名毋庸咨部议叙后五年内全无损坏者经管官 歷任在三年以上者准其加一级歷任一年以上至二三年者纪录二次若十年外船只尚能经久多用二三年至四五年者统于奏请排造新船时查明经管各官衔名项目分别从优议叙该管道员及杨村通判亦照经管官例除前五年毋庸议叙外其后五年内歷任在三年以上者一体加级歷任一年以上至二年者分别给予纪录若十年以外至四五年者一体查明从优议叙以示奖励【以上十一款嘉庆十九年】

一直隶总督奏请钦派大臣查验届期拨船奉旨直隶官拨船只现届应行查验之期据方受畴奏已将拨船修舱完整齐集杨村著派常起韩鼎晋前往查验据实具奏钦此【嘉庆二十三年】

一嘉庆二十三年奉上谕巡视天津漕务御史和精额奏南运河筹备拨船请明定章程一折运河水势天津迤北浅阻处多两次官造拨船本为北运河利运而设如遇南运河水浅之年亦准临时酌调原系因时制宜若如该御史所奏将北运河官拨船分给南运河四百只每年定期运往停泊备用设遇是年水势畅达岂非徒劳徒返殊与运务无益著仍照旧章办理不必轻议更张和精额所奏毋庸议钦此

一江西省淮关捐造拨船一百四十一只自嘉庆十年成造后至二十年已歷十年例应拆造每只工料银一百八十三两四钱八分共需银二万五千八百七十两六钱八分在于江安苏松两道积存九年运费并存贮天津道库修理北仓余息各银内动支不敷银两先于藩库垫发由浙江江广等四省帮丁钱粮内分二年摊扣解还【嘉庆二十三年】

一嘉庆二十五年漕督奏黄河口额设官拨船四百五十只每船户按日给发饭食钱文向在南省各帮内每船扣银三钱四钱不等解交淮安府库动用嘉庆十一年积存府库银五千余两足敷十余年支用暂行免扣后因此项银两动用无存仍在每年起运帮内每船扣银二钱已敷给发仍解淮安府核明动用余剩银两留备次年给发

一道光元年奉上谕李鸿宾奏请修造黄河口官拨船只并酌量匀派造费一折淮安黄河口官拨船只现届十年满运应行修造据李鸿宾验明船身破朽实应新造者一百九十只著照所请仍照旧案交江西各帮承造惟此项拨船系备六省南粮公用上届成造不敷银两专在江西帮丁调剂银内拨出未免偏枯此次除扣存正价外尚不敷增费银四千五百八十两零著在江苏安徽浙江江西湖南湖北等六省出运各帮内每船扣银一两其各帮减歇船只下运补扣傥银数尚不敷用仍归承造之江西各帮补足该漕督即饬知各该粮道将先经扣存正价及现扣增费迅速移解江西同江西道库新旧扣款一并给发领办并准其先于江西司道库内垫款兴工以免迟误嗣后令江安等六省粮道于每年运船扣银八钱外加扣二钱存留各道库以备将来成造拨船正价加价之费又据另片奏称此项拨船并淮关捐设及由河工调用各船只向来遇有风水损坏旗丁赔米之外又令赔船不胜苦累请量予调剂著悉照所议分别摊赔修补捐造汇造并责成地方官慎选船户著落分赔以专责成钦此

一道光四年奉上谕御史郎葆辰奏漕拨船户灌水偷米之弊往往米石潮湿惟以船身破损渗漏为辞迨到通驳斥势必令复加挑晾以致运丁受累嗣后著该管地方官每遇修造拨船之年务须木料坚厚油舱完固该船户自无由借口渗漏并著严禁灌水偷米诸弊如一经访查得实立即重加惩办以祛积弊而重仓储钦此

一道光六年奉上谕陈中孚奏应造河口官拨动需银两一折前因河口旧设拨船不敷应用经淮关监督捐造官拨一百五十只筹款发商生息作为造费漕拨船三百只由万粮六省旗丁捐造河口应用兹据该漕督查明关捐官拨船身破坏应成造船一百四十只需银二万五千六百八十七两零丁捐官拨久逾年限应成造九十七船需银一万七千四百六十两著照所请关捐拨船准其动拨积存生息造费并各年节省岁修及旧拨变价银两成造其丁捐拨船即在旗丁扣存造费本款内动拨查照成案交江西省委员照依历届长宽丈尺式样成造并于司道库内先将造价动垫行令各粮道及淮安府将应拨银两照数解赴江西归款造竣委员押送到淮交该漕督亲验若有草率偷减及器具不全之船驳令另造补交旧存底料核实估变凑充下届造费该部知道钦此

一兴武六帮旗丁拨船失风在于本帮摊捐赔造因丁力疲乏适遇湖南省轮造杨村拨船之年所赔拨船一并汇造解直应缴价银在本帮应领钱粮内扣解湖南粮道查收所有一切造费运费贴费查明确数均饬该帮丁照数缴还【道光八年】

一直隶故城县所管河道界在山东武城恩县之间经直督东抚会议将故城县经管河道拨船事宜改隶山东武城恩县分段经管【果子口起至白马庙止归武城县经管白马庙起至孟家湾止归恩县经管】至修防堤岸捞浅催船及漕船遇风失水并疏防地方各事宜仍归故城县照旧管辖开报直督核办其应用拨船照东省闸外五州县之例由临清州雇觅分拨备用勿庸令故城县预备东省应添官拨船只临清州照例另造嗣经东无咨准添造拨船六十只每只工料银二百两在于解存拨船生息银内动支给发【道光二十七年】

一杨村原额拨船一千五百只每只造费银二百三十四两三钱零运费银四十两共需银四十一万一千五百余两旧例由长芦盐商捐交并以天津道库积存油舱凑用令江广等省代造解直应用前因商捐造费停止道库油舱无存而船已满料经直督奏请由部筹款成造部议应于盐漕两项设法筹款嗣因长芦盐商节年商捐拨船造费银十七万二千五百余两历任运司动垫无存拟将现商每年应交归补库垫银六万两尽数先补造费三年即可归完不敷银二十三万余两按八省额定船数照拨船满料期限分作十五年责成各粮道在于旗丁应领钱粮内扣解行令江广等省赶紧排造分作四限解送天津并令承造之员出具保固十五年印结直省承管州县取具保结该管道员加具切结送部备查所需运造各费银两准其作正开销长芦应归银十七万二千五百余两分作三年每年应归补银六万两就近径行解部有漕各省应归银二十三万余两分作十五年提扣统由漕督汇齐按年解部交纳

【道光三十年】

一续增拨船一千只湖北省应分造三百三十三只湖南省应分造三百三十三只江西省应分造三百三十四只因木缺价昂运道阻滞酌提各该省漕折银两委员解直由直隶购料排造经部议准令直隶总督三口通商大臣筹议采买木料按式成造每船约需造费若干访查市价酌中详议章程奏交户部核定嗣经户部核准直隶招商代造拨船每只工价库平银三百九十六两五钱九分九厘五毫加一半盘费银二十两共银四百一十六两五钱九分九厘五毫此项拨船于同治五六七等年直隶分三次成造九百只又于九年排造原额拨船案内补造一百只应领价值先发八成余俟验明工坚料实烙印找发并取具商人年限印结送部所有代造拨船经费提借江广等省漕折银两仍于东纲积欠生息银内归还【同治五六七九等年】

一满料原额拨舟八百只江西应造四百只湖南湖北应造四百只嗣因拨船不敷周转经直督先后奏准两次由直代造湖南湖北拨船一百只江西拨船四百只每只照案给工价库平银三百九十六两五钱九分九厘五毫加一半盘费银二十两共银四百一十六两五钱九分九厘五毫又由湖南湖北本省自行排造船三百只每只给例价银二百三十四两零运费银四十两所需造费提解江广等省漕项漕折银两仍照道光三十年成案在于盐漕项下筹款归还【同治九年十年】

一定例北运河原额拨船一千五百只续增拨船一千只均十五年满料由江西湖南湖北三省按限分别排造每只工料连运费银二百七十四两零所有造费先于江广等省司道各库内动支在于长芦山东盐务及有漕各省分别提扣归款同治六年间因江广等省军需孔亟不遑兼顾奏请由直代造工料价值遂有加增现在军务久靖经户部奏准规复旧制所有从权办理之案嗣后不准援以为例【同治十年】

卷七十三·拨船事例·里河拨船

一石坝里河经纪运米拨船一百只内分拨石坝拨船二十四只普济闸拨船二十只平下闸拨船十五只平上闸拨船二十二只庆丰闸拨船十九只又白粮经纪运米拨船二十五只分拨五闸每闸五只其土坝里河车户运米拨船额系二十五只后经裁去五只只存二十只以上拨船定例十年排造一次每只向系给银七十八两一钱二分顺治十三年题定每只给价银二百九十八两三钱九分六厘在通济库银内给发康熙六年题准于各役脚价银内限六年匀扣还库每年各役预请支给脚价自行修舱不动正项钱粮又土坝里河白粮经纪自备拨船五只例不请支排造银两

一石土两坝外河向设有军白粮船户三十五名共拨船七十只内石坝四十只土坝三十只每只给船价银一百四十两于康熙三十九年裁革其抗运粮米落崖事务归并军白粮经纪土坝车户经管经纪车户外河各有吊载拨船一只或买或租系自行备用例不请支钱粮

一大通桥至朝阳门护城河拨船二十八只朝阳门至东直门护城河拨船十四只康熙三十七年题准设立定限十年一造每船给排造价银一百八十六两六钱六分于船户脚价银内六年匀扣还库四十七年将朝阳门至东直门护城河拨船十四只拨给会清河拨运本裕仓漕米雍正三年改为陆运船只裁革四年题准万安仓建设东门挖浚护城河复给拨船八只料价改造十四只行运于各役脚价内八年扣完还项八年题定万安仓运道铺垫石路仍改车运将前项船只移于朝阳门桥内济运

一漕粮到通由五闸转运进京例系经纪排造拨船往还拨运各有代役一名名曰船头向系经纪自行雇募聚散自由不听约束乾隆五年奏准责令通州及大兴县各按所属地方召募殷实良民充当五闸共船头一百二十五名每名每年于经纪脚价银内扣给工食银三十五两

一大通桥车户拨运漕粮于朝阳门外护城河内设立拨船二十八只定限十年排造一次每只定价银一百八十六两六钱六分乾隆七年排造之时因该桥监督扣费侵用审明内有盈余每船实只给银一百三十两八年题准嗣后凡遇排造之年俱照此数给发

一大通桥排造拨船银两例系通济库先行动项支发在于各车户每年应领脚价银内分作六年匀扣还项乾隆七八两年应扣银两因各年船粮减少车户应领脚价不敷一切支领奏准扣留一半未扣银两于第七年脚价内补扣

一闸河拨船定例动支通济库银两十年排造一次在于各役脚价内分作六年扣还嗣因拨船安放闸河与漕船涉江渡黄有间乾隆十九年题准定于十五年排造一次傥造不如式以致限内损坏者责令本役赔补如有贻误按律治罪至脚价银两亦展作九年匀扣还项

一里河五闸设立拨船先系十五年排造一次每只排造借官银二百九十余两分限九年于脚价银内扣还嗣因闸河蓄聚之水性本滞浊与外河清水不同船底易于霉朽定为十年排造一次其船价银两亦分作十年匀扣大通桥拨船照此一律办理【乾隆二十五年】

一朝阳门外额设拨船二十八只虽经十年船身尚属坚固可供行运准其展限一年俟粮竣时再行查验照例题请排造【乾隆三十四年】

一朝阳门外护城河拨船二十八只遵例十年排造每船领价银一百三十两共应领银三千六百四十两于该役等应领脚价内匀作十年分扣归款【乾隆三十七年】

一里河拨船二十只十年排造一次每只例给银二百九十八两三钱九分六厘【嘉庆三年】

一军粮经纪里河五闸运粮拨船一百只十年排造一次嘉庆三年奏明每只于例价之外增借银一百六十两于该役等应领脚价内按十年匀扣还款

一大通桥土坝各车户排造拨船借支库项于车户脚费内扣还仓场奏请此项费用系正运条款似应作正开销恳将应扣未完欠项免其坐扣嗣后遇有应用即于通济库轻赍项下动支准其报销经户部议以车户排造船只向系通济库借给造船价银于各役应领脚价内扣还遵循已久并无作正开销之例未便骤议更张所请免扣车户旧欠并应用银两作正开销之处应毋庸议【嘉庆四年】

一里河排造拨船向系十年一次应需料价银两先于通济库内动支在经纪应领脚价内分作十年匀扣归款嗣于调剂经纪车户案内将禄米等十一仓放米制银及大通桥车户津贴各仓收米钱文每年共银六千余两均停其支给为桥坝排造拨船修理号房及挑挖护城河等项办公之用嘉庆五年排造拨船五十只奏请仍在轻赍项下垫放于扣存办公银内归款【嘉庆五年】

一大通桥排造拨船向来每只祇给料价银一百三十两近年物料昂贵实不敷用奏准酌增银七十两在于桥坝办公项下支销【嘉庆五年】

一仓场奏准大通桥车户朝阳门外拨船二十八只每只应领排造例价银二百两因料价昂贵援照石坝经纪排造五闸拨船成案每只酌借银一百二十两于应领运米脚价内分作十年匀扣【道光元年】

一大通桥拨船二十八只十运期满例应排造据仓场查明俱系坚固堪以供运咨准展限一年再行查办【道光元年】

一仓场咨准大通桥道光元年排造拨船案内旧船底料霉朽无存免其估变嗣后应照山东等省排造之案旧船底料仍归估变以昭画一【道光四年】

一城河朽坏拨船六只经仓场奏准每船一只向系给发例价银二百两加价银一百二十两现因工料昂贵每只除例价加价外加增银九十两暂准全行借给仍由车户应领脚价内分十年扣还【同治四年】

一同治五年钦奉上谕仓场侍郎钟岱宋晋奏排造船只请格外加增价银一折著照所请所有该仓场现在排造船四十只每只于例价加价外准其增领银三百二十一两五钱即著户部于该仓场年前借拨银十万两内先行拨给银五万两为排船并先漕各事之需此项银两向由该经纪等分作十年摊扣归款既据该侍郎等声称经纪所得江浙津贴无多实形竭蹶著准其分作十五年均摊以纾役力其排造城河船只价值著仍照上年成案办理不准加增借支银两仍由车户分作十年与前款接并摊扣该侍郎等即督饬坐粮厅等妥为办理务使工坚料实不得稍有虚糜俟验米大臣到通时再行查验等因钦此

一排造闸河拨船十六只照上届成案每只准销例价银二百九十八两三钱九分六厘其加价银一百六十两加增银三百二十一两五钱在于通库轻赍项下先行发给仍分十五年由经纪脚价内扣还归款所造船只按照例限保固十年【同治七年】

一同治七年钦奉上谕衍秀毕道远奏请派员承修拨船由部筹款一折闸河城河应添排改排运粮拨船既据衍秀等奏称通库无款可筹又不便分两次排造请仍归户部筹款拨发并派大臣承修著照所请著魁龄潘祖荫会

同衔秀毕道远核实估修奏明办理等因钦此

一排造里河拨船经费工价银两向由通济库给发加价由经纪车户应领办公款内分扣同治八年排造拨船四十五只因经纪车户办公竭蹶万难扣抵经承估承修大臣奏请另拨库款二万两交商承领并由南省筹款归补经户部议准此项船费于江广三省随漕轻赍江浙二省减漕轻赍项下按年批解部库另款存储作为造船经费俟南省漕粮规复本色后仍由通济库筹款办理以符旧制至闸河拨船三十五只每只例价银二百九十八两三钱九分六厘加价银一百六十两加增银三百二十一两五钱城河拨船十只每只例价银二百两加价银一百二十两加增银九十两有料船只无庸再加分毫无料船只酌加四成工价闸河每只加银三百十一两九钱五分八厘四毫城河每只加银一百六十四两所有此次排造船只应令照章保固十年如限内损坏责成原修商人赔修六成管船员役赔修四成限满无损即由仓场奏明查验挑留承运【同治八年】

一定例大通河五闸额设拨船一百二十五只每只排造价银二百九十八两二钱九分六厘加价银一百六十两大通桥城河额设拨船二十八只每只排造价银二百两加价银一百二十两十年满料排造银两先于通库动支由经纪车户脚价内分作十年归还同治四年以后因通库存款支绌叠次奏请动款兴修工料价值均有增加现在通库入款渐增即应规复旧制经户部奏准嗣后排造拨船确遵定例排造所有从权办理之案不准援以为例【同治十年】

一城闸拨船朽坏应行修理及改排船只不得轻改旧章另派别项员役经理致有商人错杂其内转令总辖之员几成承修之员而例应经管之经纪车户竟欲藉为口实袖手旁观徒涉纷更于事无益【同治十年】

一各闸拨船情形最重不堪加修应行排造船九只城河拨船不堪加修应行排造船一只据仓场奏请酌加四成价银排造经户部议令查照同治四五等年成案每闸河船一只发给例价银二百九十八两三钱九分六厘加价银二百六十两加增银三百二十一两五钱共银七百七十九两八钱九分六厘城河船一只发给例价银二百两加价银一百二十两加增银九十两共银四百十两均令工坚册实保固十运限内损坏照例惩办所有此项拨船除例价作正开销外其加价及加增银两仍由经纪车户名下分期扣还以后排造船只不得以此为例此次排造价银因通库无款可筹由户部暂行借拨银七千四百两以资接济一俟轻赍充裕即行照数解还【同治十一年】

一通州拨船限内朽坏一律修整亏短银两拟令分别摊赔查闸河朽坏船四十只除赔修补运三十一只未动官款毋庸议赔其排造船九只原支作正开销之例价银二千六百八十五两五钱六分四厘应抛除六运银一千六百十一两三钱三分八厘四毫外应摊赔例价银一千七十四两二钱二分五厘六毫又原支加价加增两款银四千三百三十三两五钱除经纪已扣银一千七百三十两四钱外应摊赔加价加增银二千六百两一钱共应赔银三千六百七十四两三钱二分五厘六毫城河朽坏船十二只除赔修补运十一只未经动款毋庸议赔其排造船一只原支作正开销之例价银二百两应抛除六运银一百二十两应摊赔例价银八十两又原支加价加增两款银二百十两除车户已扣银一百二十六两外应摊赔加价加增银八十四两共摊赔银一百六十四两此项摊赔银两仿照仓亏成案办理令原派商造船之仓场侍郎摊赔二成其闸河八成令石坝州判暨商人及经纪三股匀摊城河八成令大通桥监督暨商人及车户三股匀摊以上摊赔银两均限一年赴部交清逾限不交官则参处役则治罪又赔修闸河拨船三十一只补运一次内又有朽坏难修船八只照案排造一切工料价值分赔数目及原支作正开销等款均查照成案分别办理【同治十一年十二年】

卷七十四·采买搭运·采运米石

一奉天仓贮溢额粟米分年运通系奉天委员海运至天津由天津道饬县拨船载运仍令奉天委员押运赴通兑交乾隆四十五年因奉天头运船二十六只在姜家厂冻阻又二运粟米一万九千余石在杨村一带冻阻经仓场侍郎以此两运粟米到津该道县给船装载办理已迟若令在船存贮既恐船户人等偷窃搀和沙土更恐贮船日久潮湿堪虞奏明即行陆运坐派通仓所需车价及租赁口袋等项之费照乾隆三十九年运送奉天黑豆冻阻陆运之案责令天津道县自行赔办至斛收陆运米石倘有亏折应照运送黑豆短少之例令天津道县及奉天委员各半分赔

一嘉庆九年户部奏准采买搭运事属权宜可暂而不可久照市价发给则费帑不赀若概给例价则商民均累

查各省每年额运到通计米三百七十余万石除支放俸甲等米外尚盈余米六十万余石嗣后偶遇偏灾蠲缓若在六十万石以内则抵通之米仍可足敷支放毋庸筹办采买

一淮商捐谷十万石解山东协济照二谷一米运米五万石原解米四万八千七百九石零除霉变米八十石外照东省部颁斛收米四万八千四百八十石尚不敷米一千二百九十石零折交库平元银二千七百五十八两零东省衡工合龙正展各赈业已完竣无须再予借动奏准将嘉庆三年截留漕粮内本年应买三限米豆六万九千余石即以准商运到大米四万八千四百八十石全行抵拨其余仍买黑豆二万八百余石以作本年应买之数再俟下年分别米豆照额买运其霉变米石应行变价同折存银两作为采买豆价项下开销【嘉庆九年】

一嘉庆九年十一月奉上谕明岁新漕因灾蠲缓共有一百余万石其实在抵通者计算只敷放至十一年三月之用亟应早为筹备酌量采买解通以资搭放现在各省正当收兑新漕再加此项采买恐有谷贵伤民之弊各省均有常平仓贮或先于此内碾动成数如其解京该省再陆续分限补额务各筹划尽善迅速办理等因钦此嘉庆十年各省办运京仓米共一百二十万五千石分别搭解运通【四川省采买米三十万石雇船六百余只自成绵至汉口脚价由川省报销汉口换船运费由楚省支销川省委员于换船后径行运送江南瓜洲就近各于水次各州县仓廒暂为兑收存贮于次年漕船洒带运通　山东省筹办米二十万石用本省回空漕船装运赴通交纳　河南省酌动常平仓谷二十万石碾米十万石委员雇船分起运通　浙江省采购运通米一十二万五千石在于停运军船内挑出船九十只编入本年出运帮船之中均匀装载其停运军船装运正漕给与行月漕截银米其搭运之米照加装之例祇给漕截负重余米并耗米俱照时价折给毋庸再给行月　安徽省采买米十万石内先买米七万石酌交军船均匀洒带运通交纳军丁盘费照搭运行月米之例核给其余三万石俟麦熟后酌量情形另行雇船委员运通　江西省采买米十万石令旗丁减带土宜均匀洒带即以应给路费抵作土宜出息尚有余剩米石令旗丁自雇民船跟随粮艘北上　江苏省采买米十二万石均匀酌派搭帮带运　湖北省采买米六万石令军船带运加给旗丁行月负重银两　湖南省采买米二十万石于帮船内拨运米五万石其余十五万石雇用民船分为三批酌派妥员分批督运】

一嘉庆十年正月奉上谕各省采办米石如系雇用民船装运赴通者于经由各关有应纳船料地方著加恩免其完纳等因钦此

一湖北省搭运采买米六万石又湖南省采买米二十万石内粮船带运米五万石州县长运米十五万石每石应贴给经纪个儿钱二十七文俱免其交纳动支通济库轻赍银两官为给发【嘉庆十年】

一山东省采买米石各州县运赴德州候帮船回空由德州装粮运赴京仓交卸应支润耗行月食米席片运随各官养廉等项照例开销惟三修一项毋庸照正漕支给【嘉庆十年】

一山东省采买米石并两淮协济大米奏明用回空军船再行装运一次每船装米五百石需船四百三十四只在于外河德正济宁前后临清山东前临清河南前后平山前后闸内济宁前后东昌濮州等帮挑选坚固之艘按帮船行走次第挨顺归并作为五帮派运随到随装派委千总五员管押抵通交纳至各帮随帮原为押空而设照旧各押本帮空船南下毋庸归并兼押惟濮州帮起运军船二只为数有限该帮随帮毋庸随运并归东昌帮随帮管押回次至两淮协济大米俱系作正起运而行月润耗等项又系以粟米支给此外并无护漕大米如有盘拨颠抗折耗即以粟米抵补【嘉庆十年】

一安徽省搭运采买米石每石给负重银五分赠银五分席片银八毫五丝赠米五升赠米每石折给银一两九钱【嘉庆十年】

一川督奏准四川省碾运通仓米三十万石委员分作十运以州县一员为正运佐杂二员为协运前五运委候补道员黎学锦带同知州英贵弹压后五运委川东道严士鋐督同通判常连妥为照料楚省亦派道府大员分段料理至宜昌府属青滩一处为目下最险之滩楚省另派知府一员驻彼筹备拨船席片添雇头舵滩师以资起拨开放所需拨费楚省垫应川省解交归款照例报销至行抵汉口即会同楚员妥为办理换船过载该运员等仍一手接运赶赴瓜洲听候指定何处水次州县兑收存贮俟交清之日再行回省销差【嘉庆十年】

一四川湖南采买运通米石委员管押其过淮渡黄出入江南山东直隶各境俱照漕粮重运例随时具奏倘有不遵约束及脱空散漫之运员船户暨催护不力之漕务备弁地方文武各官一体查参【嘉庆十年】

一川省采买米石自瓜洲至通设有遭风亏湿除照依军船例案随时咨明户部仓场外俟全行抵通后汇核总数移咨川省妥议补交于下年由湖广军船搭运倘系船户水手人等中途偷卖等弊则由押运之员防范不严所致即责令该运员赔补【嘉庆十年】

一川楚采买米石民船抵通交卸后俟重运军船全出临清后即令相机南下【嘉庆十年】

一川楚采买船只行抵杨村除领用官民拨船应给拨价及饭米折价照依军船一体给发外其应给官拨油舱钱文已有扣存军船油舱钱文足敷办理免其交存天津道库以资体恤【嘉庆十年】

一各省采买米船到通全完并无挂欠等事仓场将押运协运总催督催各员按照运道远近分别奏请议叙如有应行参处各员亦据实开参【嘉庆十年】

一东省采买运通米内有济宁州收贮淮商协济大米四万八千四百八十石预行运贮德州水次俟粮船回空交帮运通委员盘量霉折米三千八百八十一石该州现无大米可买准将小米买抵同原盘大米一并运赴德州水次交帮兑运再回空军船复运米石应给经纪个儿钱文查照湖北采买米石之例在于通济库轻赍项下动支官为给发以纾丁力【嘉庆十年】

一湖南省采买米石粮船带运米五万石并无外加耗余米石过淮抵通照平米籤盘交收【嘉庆十年】

一山东省采买米石并无编征席片银两抵通起卸本色席片一项免其交仓【嘉庆十年】

一山东省采买米石到通除席片一项本无编征银两无庸交仓外其余均照带运漕粮之例每正米一石交仓茶果银五厘一毫零不给羡余红拨等银【嘉庆十年】

一山东省采买米石原系平米本未奏明给余加耗仍按平米收受【嘉庆十年】

一嘉庆十年两江总督铁保奏准将川省运京米三十万石以十五万石留于扬州平粜所有江省截留川米一十五万石按照部颁铁斛兑收米一十四万三千四百二十九石零计短缺米六千五百七十石零因沿途沉失折耗督运道员回川捐廉赔缴实收川米分派各属平粜煮赈于秋稼登场之后酌照上年采买章程分别派买并征还粜剩米石就近搭运至宁属所粜之米不能再买必须改派苏属代买原粜价银多寡参差且难赍钱文致糜脚费议照粜米之六月分钱价易银核计宁属原粜银数折中摊派分给代买以昭平允苏属亦一律易银采买统照十月分粮价核销如有盈余批解报拨再宁属给赈需钱其粜存钱文即抵折赈之用于苏藩库应拨灾属赈银内划抵放给以免彼此解运之烦

一嘉庆十年奉上谕前因湖南省押运采买米船委员等于江南山东直隶沿途请借银两特降旨交阿林保查明有无浮费滥用等弊据实具奏兹据阿林保先将该省筹给经费数目及各委员沿途禀请借支接济情形具折覆奏湖南省采买米二十万石除粮船搭运五万石外共批运米十五万石该抚已核计水脚筹拨银十万六千余两发交各委员分领应用乃沿途又借支银十万二千两较之原发经费增至一倍自系该委员等经理不善所致本年产米各省分办运采买米石者亦不止湖南一省何以他省米船皆无沿途借支银两之事而湖南委员独屡次以河道浅滞经费不敷频请加给运脚阿林保现已行文江南山东直隶各督抚及漕运总督详查各省米船沿途挽运情形俟咨覆到日如实系该委员等浮支滥用即据实参奏分别著赔以示惩儆其所请暂留该省捐监银七万余两存贮司库与续收捐银先行照数分解各省归款著照所请准其扣存拨解俟著赔之项勒限追完即以归还捐监原款奏明报解该部知道钦此嗣于嘉庆十一年四月据湖南巡抚奏准委员等因所雇民船不皆惯走长江节节换船船户抬价居奇及上闸过坝守候多日并运河水小淤浅起拨水大逆流挽运多艰行至天津适值冻阻以致费用倍增尚非办理不善浮费滥用免其置议惟例外多用不下十余万两虽查非无故糜费而报销例有定价未便额外请销于通省摊捐归款以重帑项

一湖南委员督运采买米内沿途起拨折耗及露囤气头囤底霉变米石议令押运之员照数赔补【嘉庆十一年】

一江苏省筹办采买运通米石运费银两照搭运支剩行月旧例办理宁属每运米一石给赠银五分负重银五分席片银八毫五丝赠米五升每石折银一两九钱所给银两在于江安道库漕项银内动支苏属每运米一石给赠银一钱负重银五分赠米五升每石折银一两九钱苏松常太四府州属每运米一石给席片银一厘二丝镇江府属每运米一石给席片银八毫五丝所给银两在于苏松道库漕项银内按帮给领【嘉庆十一年】

一江苏截留运京川米平粜另买新米交帮搭运其武进阳湖金坛三县粜剩米石在仓时久色泽不一若交帮领兑长途霉变堪虞将未粜川米概易干洁糙粳贮仓听候搭运丹徒县粜剩川米经霉过夏不堪久贮咨准搭放京口兵粮将原征截漕新米搭运交通【嘉庆十一年】

一江西江苏二省搭运采买并河南省碾动仓谷雇船运通米石应交茶果席片等项并应领簹夫银两经户部酌定照湖北搭运采买之例簹夫银两毋庸支给茶果席片等银毋庸交纳并令有漕各省搭运采买米石画一办理以免参差【嘉庆十一年】

一浙江省搭运采买米石照正漕之例每石交纳个儿钱二十七文【嘉庆十一年】

一浙江省漕白各帮搭运买还川米照搭运采买之例交纳个儿钱文以归画一【嘉庆十一年】

一浙江省采买米石因有奏明加买耗米仓场侍郎按漕粮之例请给簹夫征收仓茶果席片经户部核与湖北等省章程不符饬驳旋据仓场侍郎咨准将已领银两按船追交已交之银照数给还【嘉庆十二年】

一江西吉安南前等帮在北仓王家庄失火被焚船十三只米一万三千余石奏奉上谕加恩免赔即著本省照数筹买搭运其被毁船只并著动项补造至新漕在迩应如何搭解之处分别妥办钦此嗣据江西巡抚查奏烧毁帮船内一只系属满料责令旗丁承造其余十二只官为办理因时届兑漕请于明岁补造其买补漕粮按每船二十石有零分洒通帮带运并将停造各丁应得行月银米分给带运各帮以裕丁力所有应买米石筹款发给有漕价平州县采买齐全随同正漕运省投兑所需米价运脚统俟事竣取造实用册结咨部核销【嘉庆十三年】

一嘉庆十三年山东省买补八年分截留漕粮每米麦一石各给银一两二钱每豆一石给银八钱事竣核实造报如有不敷再行找领所需价银在于征存地丁银内动支

一江西湖南宿州等帮漕米在于淮扬等处卸贮平粜湖南应分买米十万石因收成歉薄分作两年每年买米五万石嘉庆十三年应买初限米石于长沙等六府州属附近水次州县酌量地方情形按数匀买每石先发银一两三钱统俟办竣后查明于何月收买即照是月粮价核算少则补给多则追还如米石不敷采买即以一米二谷核计收买官为碾运毋许减价克扣致滋赔累并勒限九月内买齐十月内全数运抵岳州水次拨给粮船带运赴通其搭运事宜及一切需用均照成例办理

一湖北省搭运采买米石系奏准给以行月负重两项银两嘉庆十四年复请加给水脚盘费经部议驳

一江西采买运通米十万石照依乾隆五十五十一两年采买搭运米石给军运脚之例每石给银八分八毫四丝六忽二微七纤六沙其帮丁溢领核减运费银两饬令扣缴归款【嘉庆十五年】

一兴武五太仓前庐州三等帮军船嘉庆十七年在惠济闸及白田铺地方遭风漂淌漕米一千九百六十四石零钦奉恩旨免令该丁等赔交该督抚等查照向例另行筹补带运等因钦此嗣据该督等援照成案令各该本次就近采买随正漕搭运赴通至米价及买运脚费等银在于藩库地丁内动支事竣报销其应交随粮席片仍令原丁自行备带照数交仓【嘉庆十八年】

一道光四年奉上谕前据御史畲文铨奏闽省台湾米多价贱请官为采购北运现在该抚孙尔准于四五月间巡台即著察看该处地方如果米多价贱应如何招商给照或糖船装载或另船贩运务期糖税仍无偷漏米运并无留难并核计该处时价及运津水脚每石应得价银若干分晰议定章程该抚一面据实奏明一面即督饬迅速购运并知照直隶总督饬天津海口一体遵照以平市价而裕民食钦此嗣据该抚在台招募商民运米十四万石用糖商各船七十四只陆续开放其鹿耳门鹿子港两处米价每石二两六七八钱不等淡水一处米价每石二两四五钱不等脚价每石俱六七钱不等按船给予免税印照听各自投行经户部奏准本年直隶秋收一律丰稔粮价已平该商等自备资本远涉重洋若仍令其自行投行按照市价粜卖必致赔累自应酌量变通官为收买所有应给价值即照该抚所报米价运费每石以库平纹银三两六钱为率除该商等零星销售米石不计外著发价先行收买米十万石计价银三十六万两于部库拨银二十万两通济库拨银三万两长芦运库天津道库并天津关税各项下通同拨用银十三万两所动部库银两即在福建积存俸饷建旷工程平余等款银内凑足二十万两解部归款并令直督拣派明干大员前往天津督办其所拨银两交该员一手给发令该商等当堂领收仍先行出示晓谕如有克扣平色添加斗斛及吏胥留难勒措情弊许该商指明控告该督即行严办运米原船带回货物官给印照所过关津一律免税至各该商急公应募运米至十四万石之多令该抚查明择其率运办运资本最多尤为出力者分别生监民人给予顶

带职衔及酌量奖赏以示鼓励前项米石暂贮北仓行令仓场于本年九月内拨运旧太仓收贮嗣因拨船难以骤集经仓场奏准统俟春融拨运

一道光六年东抚奏准山东省应行买补嘉庆二十四年截留漕粮除初二两限业经买补搭运其米麦豆三万三千四百二十七石零上年因秋禾歉收经武隆阿奏准缓买本年届应买补之期查各属未能一律丰收且已分别派买仓谷若再将此项同时买运恐致市价增昂所有应买三限截漕缓至来年秋稔再行派买搭运

一嘉庆二十四年黄水穿运东省濮范等州县被水成灾截留漕粮赈恤奏分三限于附近水次距运河二百里以内州县均匀采买搭运所需价银于地丁项下先按米麦每石给银一两二钱豆每石给银八钱支领买运如有不敷事竣再行找发归款其由陆路运赴水次脚价每石每里给银一厘于耗羡银内动支【道光七年】

一道光二十六年钦奉上谕讷尔经额奏江省商米运津筹议收买一折江省招商买米由海道运至天津售卖现据该督查明米船抵津已有数只白米销售甚形踊跃粳米一项议定官为收买现已筹款办理所有此项米石即著仓场侍郎派委坐粮厅监督一员带同经纪斛只速赴天津按船验明米色再由天津道按照市价公平收买委员分运解通以重储备等因钦此

一道光二十六年户部奏筹款收买商米指拨直隶各省关银两径解天津道库封储以备核给米价旋据直隶总督查报江省商贩到津米船八只计米一万一千四百石议定官为收买因河道冻阻未能运通拟令先行按照市价发给计高白米每石价银二两九钱次白米每石二两八钱糙米每石二两六钱所需米价即在前直督琦善赔款银内动给并请派大臣驰赴天津督同地方官照数收买俾免商船守候奉旨天津现到海船商米著派柏葰陈孚恩前往该处督同地方官刻即照数收买俾免守候并著加谨收储一俟春融即行妥为运通钦此

一筹备京仓招商承办米石运津付价据苏省商人沈杏堂顾坤等认买粳米十万石每石连耗沙船水脚等项共合银二两二钱应需米价于运津兑卸后由津照数发给内顾堃认买米五万石因资本不敷请在本省每石先借运本银一两所借银两在于海关洋税项下借拨动用米石运津按数核扣仍饬各商连环互保如有不测即由各商认赔并照案请钦派大臣前赴天津督同地方官办理【道光二十六年】

一道光二十七年钦奉上谕璧昌等奏招商运米赴津续又买定十万余石请钦派大臣收买一折著派花沙纳陈孚恩前往该处督同地方官于米船到津之时刻即照数收买俾免守候并著加谨封贮妥为运通钦此

一江苏巡抚奏准筹裕京仓由苏省招商采办粳米十万石每石按二两四钱价值由该商垫办采买运津后再行给价内商人郁森盛等认办米八万石照案在津领价其顾堃等认办米二万石据称无须在北置货所有价银四万八千两准于到津兑卸后给发收照回南呈缴在于南省关库洋税项下按数发给作正开销【道光二十七年】

一安徽省筹裕京仓米石因粮价昂贵不便采买于历年节省项下筹拨米价银十五万两以为京仓采买之需议令迅解部库另款存储留为凑买米石或搭放米折银两之用随时察看情形奏明办理

一江西省采买米一万三千石盐义仓谷碾米八千石常平仓谷碾米五万石捐输米五万一千九百余石共米十二万二千九百余石分给十三帮军船均匀搭运捐输米石脚耗由各捐员自行捐给所有盐义仓谷碾米及采买米每石给运脚银三钱五分耗米二斗折银二钱动碾常平仓谷除令州县量给耗米外每石给运脚银三钱五分一厘均由司库动放按船散给造册请销【以上道光三十年】

一安徽省奏开米捐济赈共捐米六万八百五十余石除放给工赈外余米一万七千三百五十六石当即粜济民食嗣因粮价平减将所粜银两采买米二万六百二十石由各帮军船洒带运通交纳【咸丰元年】

一江苏省征收漕粮减少据两江总督怡良等奏采买补运将应征地丁分限勒令各属按数征解司库委员采买米五万石并同金山等县漕米由海运津【咸丰四年】

一奉天省米价平减户部奏请动拨山海关税银四万两以备采买之用复据盛京将军庆祺等奏在于锦州一带就近采买粟米四万余石嗣经山海关监督先后解到银四万两陆续共买粟米四万二千四百石按照市价每石八钱四分及九钱八分不等核计淨需米价银三万七千五百六十二两其余银两除开销陆运车脚铺舱席片押船官兵饭食等项应用外余剩照例呈交其由海运津由津运通一切费用由直隶总督饬令天津道照奉天年例运通米豆之案【查奉省年例起运米石由海运津水脚每百石销银十四两由津运通拨价每百石销银八两一钱】核实开销经户部议准【咸丰七年】

一福建省采购米一万石捐输米一万石另备耗米二千石雇募海船装运并派员驻津兑收其采购米价在于征存茶税项下动支【咸丰十一年】

一咸丰十一年户部奏筹备京仓议由江苏省采买米石按照市价核实酌定所需米价在于江海关洋药税并淮商贩运盐课项下提用旋据江苏巡抚薛焕奏合商陆续认买米十一万三千石粳籼并办计粳米每石库平银三两三钱五分籼米每石库平银二两九钱五分其沙船经拨食耗等米照海运漕粮办理核入米价内由该商自行备带给发经户部议令将所报米价以二两平银核给先由本省每石发价银一两其余应找米价验收后由天津道照数发给所有应找米价即于部库所存漕折项下并直隶藩运两库筹款垫发其不敷米价照实运米数饬令商船回沪划领嗣于同治二年江苏巡抚李鸿章奏实运通米九万四千六百九十石其短运米石并未领价请免补运经户部议覆照准

一江苏省采买粳籼米石运津先据直隶总督包封米样送部查有黑色细碎米石行令驳回毋庸兑收将在南原给价银于现收应找米价内扣抵嗣据该绅董等禀请将退回籼米换米补运经直隶总督咨部核准原领米价银两暂免核扣由天津道按船给予咨文饬令回南照数易换干洁好米运津交兑【同治元年】

一天津采买米石户部奏准动用漕折项下银十万两于长芦运库应解京饷银内划拨由三口通商大臣督饬天津道设局按照时价委员采买计实运通粳米三万石每石库平银三两一钱七分至三两三钱九分不等共支米价库平银九万七千六百五十四两二钱七分五厘其由津运通水脚经费照案每百石准销银八两一钱共支库平银二千四百三十两尚不敷银八十四两二钱七分五厘由天津道库征存海税项下动支【同治二年】

一福建省采购米二万石内金合滕一船分装正米八百石耗米七十二石在洋遭风漂没经福建巡抚奏在于预筹折耗项下筹拨银两解交天津就地买米八百石补运交仓【同治三年】

一浙江省动拨厘金项下银两采买米三万石由海运津应需水脚仿照起运正漕之例办理米石运津后责成天津道兑收毋庸坐粮厅携带经纪前往其由津运通拨价等项查照道光二十七等年历居采买成案每米百石准销银八两一钱此项银两仍由该抚筹解赍赴天津交天津道收用【同治六年】

一总理各国事务衙门知照采买洋米一万三千七百五十四石计每石价银二两二钱七分所有抵津米石兑交三口大臣查收用过洋银请在轮船变价项内开销【同治七年】

一同治九年钦奉上谕文煜等奏筹办运济京仓米石请援照成案办理一折本年闽省筹款购米运赴京仓据文煜等奏称一面派员仍赴上海台湾等处一面招商采购共办粳米籼米十万石运津交收请在闽海关四成洋税项下拨银采办并请援案免厘及派员赴津会收等语所办均与成案相符此次该省赴上海采办之米石即著丁日昌转饬苏松太道遵照同治七年成案给照免征厘税查验放行其采办银两著准于闽海关四成洋税项下动拨银十五万两以供采办至运通拨价等项即由文煜等筹交道员吴大廷转解该省米船不日即可抵津著曾国藩英元毕道远崇厚札饬天津道先期预备一俟船只进口即会同闽省委员随验随运不准稍涉延误钦此续据福州将军文煜等奏闽省采办京米十万石全数运津交收按时价据实报销计台湾采办籼米六万石连耗每石一两九钱六分上海采办粳米四万石连耗每石二两零七分雇用火轮夹板船装运赴津由台湾雇用火轮船每石给水脚银八钱七分夹板船每石给水脚银八钱二分由上海雇用火轮船每石给水脚银八钱夹板船每石给水脚银七钱五分由津运通拨价经费照案每百石给银八两一钱所有需用米价船费及运米杂支各款银两由闽海关四成洋税及福建税厘项下拨用作正开销一江苏省秋收减歉不敷冬漕米石筹款采买足数随同正漕由海运津所需米价运脚在于正杂等款银内提用【同治九年】

一同治十一年钦奉上谕文煜王凯泰奏采购米石运京济赈一折直隶春赈需用米石文煜等现已派员分赴台湾上海买足米四万石于今春开河时用官置轮船分批运津并拟添雇商船配运以资周转此项米石克日抵津著李鸿章将收米事宜早为预备遴派干员经理饬令随到随收不得勒索稽延致滋流弊其米船经过各省并著曾国藩文煜何璟杨昌浚丁宝桢王凯泰海绪分饬各该地方官于此项米船过境概免厘税查验放行文煜等此次购米动用款项著准其查照上届成案办理钦此续据福州将军文煜等奏闽省奉旨购米四万石运津济赈援照时价采购计台湾采办籼米一万石连耗每石一两九钱六分上海采办粳米三万石连耗每石二两一钱雇用轮船分批运津所需米价船费及运米杂支等款统共享银一十一万八千五百一两内拨闽海关四成洋税银五万两不敷之

银在税厘项下支用作正开销

卷七十四·采买搭运·仓粮运通

一嘉庆九年筹备京仓米石豫省安阳等县碾动常平漕蓟等仓谷二十万石二谷一米共碾米十万石委员雇船运通其碾谷间有盈余米石为起拨盘运上仓折耗之用毋庸另行开支耗米俟年丰价平动项买谷还仓至碾运米石自各县城运至卫辉等处水路每石每里给运脚银一毫陆路每石每里给运脚银一厘四毫经由山东每石每里给水脚银二毫经由直隶每石每里给水脚银一毫五丝又盘费银两总运官一员系知府大员例不支给外其领运官六员每员日给盘费银一钱总运官随带跟役四名领运官每员随带跟役二名每名日给饭食银六分又行抵杨村河水较浅借用官船起拨照例起四留六起拨米石每百石例给水手工食钱三千文合银开支又每百石例给拨船饭米一石二斗照时价折给又米石抵通经纪转运交卸照依通仓洪斛核算每石给经纪个儿钱二十七文合银开支以上各款银两每百两扣市平银二两实用银两俱于耗羡银内动支

一嘉庆十九年筹济缺额漕粮湖南湖北江西各省酌碾常平仓谷二十万石湖南巡抚奏准湖南省漕船一百七十八只计可带装五万石现有应搭运米一万五千余石止可洒带米三万六千石仓谷二十万石计碾米十万石除洒带外余米六万四千石如同时起运须雇民船核计漕船洒带每石止给二耗折价及负重京脚共银三钱三分九厘如雇民船每石需银一两九钱有零耗费实多所有存米六万四千石俟下届洒带运通湖北巡抚奏准酌派仓谷十万石碾米五万石借拨荆州兵米二万石交漕船搭运一体给与行月负重水脚银两每石给耗米三升除借拨南米二万石各州县本有鼠耗三升照数给予其碾办仓谷米石应给丁三升耗米在外筹捐米石到通请以平斛兑收旗丁例带拨船之外再加带拨船一只分洒带运添船津贴酌量捐给其借拨荆州南米二万石照时价采买供支还款江西巡抚奏准酌派仓谷二十万石碾米十万石出运各船均匀洒带每石给水脚银三钱五分七厘沿途起拨折耗仍饬承办州县量为津贴碾动谷石俟来岁秋成察看情形照依时价买补

一嘉庆二十年奉上谕翁元圻奏本年湖南省应行洒带运通米六万四千石该军船 尙有装运额粮若洒带过多丁力未免拮据著照所请准其分限于二十二十一两年均匀搭运该部知道钦此

一山东巡抚奏准东省协拨直省备赈米八万石除上年碾动仓谷先运米五万石外其后运米三万石径运通仓其雇纤起拨等费酌量增给【嘉庆二十三年】

一仓场奏准豫东二省续运协拨直省备用粟米五万五千五百石查系碾动各属仓谷新陈不一未便挨陈开放请于现在应放甲米仓口另廒存贮先行开放【嘉庆二十三年】

一湖南岳州等卫漕船失风沉失米石经该抚奏明在于附近水次州县常平仓内动支谷石碾米洒带通仓交纳所需运脚及买谷还仓脚价银两事竣分别报销此项补运米石非正漕可比所有给丁二耗鼠耗等米并赴通运费毋庸议给【嘉庆二十四年】

一湖南省动支仓谷四十万石碾米二十万石分作五年搭运每石给旗丁耗米折价京脚负重等银三钱三分九厘共需银六万七千八百两于地丁项下分年开支其运至岳州水次所需水脚役食等项每石自九分五六厘至一钱七八厘不等按程途远近市价低昂造销至搭运米一石津贴旗丁银三钱共需银六万两由碾米州县垫给系抚藩道府分捐五年还款【道光四年】

一豫省动拨常平仓谷四十万石碾米二十万石运通豫抚奏准各项运脚河北三府属照嘉庆九年成案河以南之有漕州县照依程站开销其距水次较远州县陆运祇准以四百里为率请销如有不敷由通省捐贴所碾之米分为二次运送【道光五年】

一豫抚奏准豫省余剩蓟粮项下自十八年停运后实存米一万七千二百余石谷五万七千余石于道光七八两年冬运每次动拨一万石搭运赴通仍令先尽各帮漕船内均匀洒带如有余剩雇船装运俟二年后积有赢余届期查明奏办其润耗行月等项均照洒带雇募各成案办理【道光七年】

一江西省动碾盐义仓谷米三万三千石改由粮船洒带运通每石酌给耗米折银二钱水脚银三钱五分动用库项给发事竣核实报销【道光二十七年】

一道光二十二年筹备京仓米石豫省安阳等县动用常平仓谷三万石按一米二谷碾米一万五千石另备减

船二十三只装运赴通交纳前项碾运米石自各县城运自卫辉楚旺等处水陆运脚照嘉庆九年道光五年成案核给【水路每石每里给银一毫陆路每石每里给银一厘四毫】并照新章每百两扣减平银六两实用银数照例支销仿照碾运蓟米之案每石给润耗银四分三毫零米四升三勺零行粮银一分六厘六毫零米二升八勺六抄九撮零月粮银六分六厘七毫零米八升三合四勺七抄零计碾米一万五千石除雇船并洒带支给润耗行月等米外实运通米一万三千一百三十七石三斗五升七合三勺以上支给水陆脚价润耗行月等银俱在于耗羡银内动支扣收减平银两饬令造入拨册报部酌拨【咸丰元年题准】

卷七十五·采买搭运·采运麦豆

一乾隆三年因东省黑豆缓征运通豆石不敷支放奉旨令东豫二省动项采买运通支放

一乾隆四十三年四月钦奉谕旨昨因京畿一带麦苗望泽粮价稍昂降旨于五城设厂酌拨米麦平粜并传谕弘晌等于盛京各属采买麦石二三十万由海道运至天津再行接运至京以供平粜之用但思奉天地方虽素系市粮充裕而现在新粮尚未登场若一时采买过多恐该处粮价渐次加增于闾阎口食不无妨碍著再传谕弘晌等只须采买十万石如该处市麦无多著采买五万石如该处情形实有难办即不足五万石亦可务期迅速由海道运至天津交周元理接运至京以供平粜弘晌等即行督率妥办仍将如何筹办缘由先行迅速覆奏并一面知会周元理预备接运钦此嗣据直隶总督周元理咨明奉天此次麦石运至天津委员接运事宜应照历年运通黑豆之例委天津道总理并令该道委员眼同天津县及奉天委员交兑明白由天津县另雇拨船装运至通其由通运京事宜应照乾隆二十四三十五等年直隶委员接收转运东麦之案委通永天津二道总理并委通州理事通判通州知州在石坝接收转运至大通桥交卸其自大通桥运至京城粜厂应委东路同知等会同办理至斛只应用奉省委员带来原斛与每年运通黑豆部颁之斛较准兑收将麦石到京应交各仓数目听候部派札知总理之通永天津二道转饬委员遵照运送其麦石由大通桥转运京仓盘兑交厂亦应照二十四三十五等年成例委理事同知知州知县等四员前赴通州听候通永天津二道指示办理其照料稽查应需佐杂亦应令通永道在所属佐杂内就近酌派八员差遣帮办又麦石起坝后由闸河运至大通桥用经纪拨船所需口袋脚价人夫饭食绳席并一切杂费银两在于司库节年归公平余银内动拨【乾隆四十三年】

一直隶总督将接运奉天运京麦石自津至通各事宜酌议规条应开载于后

一奉麦运抵海口由大沽海河运至天津龙王庙水次计程一百八十里俱系上水应饬天津县沿河多备纤夫饬委葛沽巡检外委前往海口驻候一俟海船进口即督率纤夫每船加添二十名赶紧拉运于三四日内运至龙王庙水次以便兑拨

一海船至龙王庙即公同验明麦色较准斛口分配拨船即令就船兑拨令海船户具一总结开明装麦若干分给某船各若干再令拨船户递具装麦实数甘结以便查对至麦石船只毋论大小总以吃水二尺为度不宜过重

一兑交所需斛只饬令津军子牙二厅率同天津县眼同奉省委员将带来斛只公同较準印烙十只每斛一张日兑五百石十只日计共兑麦五千石先到奉麦一万九千石约计四日全数兑完其续到之麦亦照此办理

一拨船装完之后即编列号数注明船户姓名装麦石数造具总册分起押运派佐杂四员分船管押带同天津县书办一名每船派干役一名挨顺号次押令开行攒运并委津军同知子牙河通判轮流督运

一麦色验明即行开兑先将麦样包封呈送仓场衙门查验交兑时倘有潮湿短少等事眼同奉天委员比对明白立即通详著落赔补至内河运通倘有稽查不严偷漏情弊著落直省各委员分别赔补

一麦船抵坝仍照原斛原兑交仓场衙门兑收兑竣后令各委员星即驰回以便续运

一奉麦运通既经仓场奏明交仓场衙门兑收转运应请照运豆之例邀同奉省委员赴通公同交兑倘有验查等事免致彼此推诿

一拨麦船只由津抵通径由北运计程三百二十里今岁久旱水势微弱淤浅较多必须昼夜攒行方可迅速定例每百石只报销水脚银四两八钱若令船户自行多雇纤夫挽运水脚自必不敷查北运河沿河州县俱设有水驿向有额设驿夫令驿夫头领驿夫在于交界处等候俟麦船到境大船加添驿夫四名小船加添驿夫三各帮同加紧挽拽逐程交替

一拨船运通沿途俱有关税口岸倘未能辨识自必层层盘诘且恐别项民船夹杂影射每运给护照一张开列船只人名数目并置旗子灯笼俾口岸易于认放委员便于稽查所需置费以及爉烛令天津县于办公银内动用备办

一麦船运通沿途如遇漕艘并行恐不许漫帮前进咨明仓场并通州巡漕御史转饬押运各员不得拦阻

一麦船运通沿途如遇风雨暂行停泊务须齐集收帮不许零星散住令委员官役并沿途营汛在于停泊处所一体巡逻防护以免偷盗情弊

一海船水脚既经盛京将军奏明直省给发饬令天津县俟麦船到津即照运豆之例照数给发其内河拨船由津运通所需水脚亦照运豆之例支给在于通库借项垫发事竣造册报销赴司请领归款

一交兑押运胥役斗级人等所需盘费饭食在于天津道按名捐给以杜弊端【以上十三款均乾隆四十三年】

一乾隆四十三年四月钦奉谕旨前因京畿一带麦苗待泽粮价稍昂降旨令五城设厂平粜并传谕弘晌等于各属酌量采买麦石由海道运至天津接运到京以供平粜之用兹据弘晌等奏盛京本城只可采买七千余石其余各属俟查覆到日再酌定采买数目具奏等语盛京地方市粮虽素称饶足而种麦者较少于各种粮米恐一时采买过多麦价或渐至腾贵且今年秋间尚须巡幸该处其间阎口食不可不令较为充裕至京城平粜之用昨已谕令毕沅于常平余麦内酌拨五万石由河南水路转运到京是各仓备粜麦石可无需盛京多拨著传谕弘晌等如采买不甚费力价值不致骤昂即购办一二万石运京若办理稍觉竭蹶只将现行采买之七千余石即派员由海船运送一面知会周元理委员接运送京钦此续据弘晌等覆奏采买麦石实无竭蹶价值亦不致骤昂酌量情形仍采买五万石或借运津豆石船只或雇觅商船陆续赶运以资平粜之用六月奉旨据周元理奏奉天运麦海船陆续进口者已有二十只约计共装麦二万余石现已开兑过载星飞挽运抵通其委员珠凌阿等自愿照运豆之例前赴通州眼同交兑等语此项麦石从海运进口甚属迅速所有奉天押运委员俟差竣时该部带领引见钦此

一乾隆四十三年六月钦奉谕旨郑大进奏陕西办运麦石于五月十八日核计已运到五万石此后踵至者当复不少现在酌议分拨应行协济之各州县并将运到之麦先拨三万石解京派员分作首次两运押抵通州其后二万石作为第三运押送等语所办甚好此项先运之麦三万石自应即行解京以供平粜之用著传谕周元理即速派员于交界处经理照料同豫省委员迅速押送通州运京业据仓场侍郎奏请照向例由通惠河转运著该侍郎等于麦石运抵通州时即行运解京仓以期妥速至前谕陕西办麦五万石盛京办麦五万石运京供粜通计共有麦十万石以之分拨京城各厂尚可无需如许之多因思畿辅各属今年麦收大率歉薄而顺德广平大名三府尤甚亦应拨运麦石以资接济著传谕周元理悉心筹划于此十万麦石内酌拨二三万石协济各属于贫民口食更为有益其顺德等府与豫省接壤者即可截留后运麦石分拨尤为近便其余各属有应协济者即可将盛京运到天津麦石核计水次远近酌拨周元理于酌定后一面具奏一面飞咨郑大进照办此旨著发往令该督等上紧筹办并谕令仓场侍郎知之钦此续据直隶总督周元理覆奏陕西省运京麦石俟首次二运三万石一入直境即行飞速攒运前抵通州转运进京外其后运麦二万石拟于大名府属并清河故城各水次酌留以济大名广平顺德正定等府属供粜余俟奉天麦石运抵天津除转运赴通外亦拟俟后运在于天津县之北仓酌留一万石以供保定天津河间等府平粜之用【乾隆四十三年】

一乾隆四十四年正月钦奉谕旨据毕沅奏筹办运京麦石酌拟在附近水次之蓝田泾阳等各地方拨常平仓储并收捐监生麦五万石均匀搭载由渭入河分起押送衔尾前进仍在前次交收之峡州会兴头地方令豫省委员接收转运赴京等语所办甚好著传谕郑大进即派委妥员雇办车辆船只预备接收迅速转运送京并将应办事宜于陈辉祖到任时详悉告知令其妥协办理此旨著由五百里发往至直隶接收转运诸事并著周元理循照向例速筹妥办运至通州交仓场侍郎送京以裕民食除就近传知仓场侍郎舒常等并谕周元理及毕沅知之钦此续据周元理咨明陕麦运京由陕到豫由豫省委员雇觅船只水运至通应照二十七年并上年运京麦石成例听豫省办理查豫省麦船入直至通沿河经过之大名元城山东省之东昌曹州广平府属之清河县由清河至故城吴桥德州景州以抵通州虽有沿河之经过州县文武员弁护送但道路遥远若非专差无以资督护而昭慎重照例应委同知通判各一员其拨船雇价听豫省押运官员公平给发抵通以后应听仓场衙门接收办理

一奉天运通黑豆由海入河转运到通向例海运责之奉天委员河运则归之天津道县如有潮湿短少分别参赔乾隆四十七年奉天头二两运黑豆潮湿亏短六百八十余石经仓场侍郎查明系河运疏忽奏将潮湿亏短之豆著落天津道县照数赔补其余豆石间有潮润恐难久贮请先行搭放天津道县照不实力奉行例各降二级调用天津委员冯维焕并不随船照管迨拨船抵坝后始由陆路往投文册怠玩悞公照溺职例革职又锦县宁远二州县运通溢额粟米二万二千余石行至鄚县冻阻亦由天津道县装载迟延所致责令该道县赔办车辆运交通仓如有斛收短少亦即著落该道县如数赔补

一乾隆四十七年十一月钦奉谕旨李世杰奏到九月分粮价单内其黑豆一项市价自五钱起至八九钱不等价值尚属平减目下京师黑豆价值颇昂较之豫省计增至一倍有余现在积存京仓豆石发给官员等以平市价因思豫省黑豆从前有采买运京者著传谕该抚查照向例购买二三万石由水路运送至京其作何筹办之处仍著李世杰先行覆奏钦此嗣据河南巡抚奏明采买三万石分为两运赶紧赴通所需买豆价值于地丁银内动支其由城镇市集买豆之处运抵水次及由水次运赴通州所需脚费照豫省章程每石每里水路给船价银一毫陆路给军价银一厘四毫在司库节年耗羡及耗羡平余银内支给运员照例给盘费银一钱督运之员跟役四名分押之员跟役三名亦于耗羡项下酌拨

一乾隆五十一年奉旨令奉天采买黑豆五万石运通经盛京将军奏明各属九月分豆价每石自七钱六分至九钱五分不等即饬承德辽阳海城三州县采买二万八千石锦县广宁义州三州县采买二万二千石照历年运通黑豆成例办理所需豆价以及车价席片官役盘费等银在地丁各项下拨用

一奉天采买二运豆二万八千石内除海船遭风沉没二千二百五十石外其余二万五千七百五十石装运拨船一百三十五只在吕家湾东岳庙河干冻阻若令在船守冻难免潮湿搀和偷窃等弊仓场侍郎奏明照三十九等年东省黑豆粟米陆运到桥之例办理至陆运车价等项暂于通济库轻赍项下垫放著落天津道县赔交还款【乾隆五十二年】

一奉省黑豆三万一千八百八十石零由海运通行至武清县属之木厂村冻阻若责令陆运到桥道路遥远且需车二三千辆轮转运完已届冰泮不若就近赁房囤贮俟来春拨运抵通倘有潮湿短少等弊责令天津道县照数分赔【乾隆五十二年】

一豫东二省应征粟米改征黑豆十二万石于五十六年起运到通此后额豆充裕则前请采买之豆七千二百石自当停止其大通桥官车所需之豆即于现在改征之十二万石豆内承买所有豆价按照八旗五营官兵之例每石以七钱二分五厘交价【乾隆五十五年】

卷七十五·采买搭运·奉豆奉米

一奉天省并牛庄每年额征黑豆共四万余石分作三次装赴运通贮仓备用

一奉天锦宁广义四州县额运黑豆一万七千余石其中干燥者固有而潮湿者亦多船身窄小狭薄若令久贮在船转恐滋弊乾隆四十一年令其暂行堆贮号房加意风晾俟明岁冰泮后再行查验斛收转运如有霉变短少著落天津道县赔补并行文直隶总督明岁接运奉豆务须雇觅装二三百石之大船迅速转运押运委员小心管押勿致稍有潮湿以及耽延时日致船户有守候之累【乾隆四十一年】

一嘉庆六年奉天省二运黑豆运抵天津水次因杨村官民拨船转运漕米铜铅等项一时雇募维艰且时已届小雪恐中途冻阻奏明暂贮天津于次年春融运通

一嘉庆七年盛京将军奏奉天旗民各仓拨米运通至嘉庆八年该省解通粟米二十万石所需船只等项照运通黑豆之例于地丁银内动用报部核销又前项米石到通后每船簸扬一袋约计共有糠土一万三千余石奏明在于每月甲米内搭放其转运进仓脚价抗价银两仍准照例支给嗣经查明委因节年久贮不免间有糠土系属实在情形奏奉谕旨免其赔补仍将经管仓厫办理不善各职名交部议处钦此

一奉天省采买运京粮石自近海各州县运至海船所有水陆运船等费由盛京户部动支海运船只由直隶拣雇商船押赴奉省海口装载运脚由直隶报销嘉庆十一年采买红粮黑豆奏准均照旧章办理红粮【俗名高粮】性热不耐久贮奏准改买粟米运京

一奉天锦县运通豆石向于每年春间由城仓运至海口就近之马蚁屯栈房囤贮候船装运嘉庆十三年河水涨发将栈房囤贮豆石淹浸此项豆石例应于七八月间津船到□装运至通所有被水浸湿霉变豆石一时骤难买补奏准令该县秋后赔补俟下年搭运【嘉庆十三年】

一直隶天津雇船装运奉天黑豆初运船只定限五月内到□二运船只定限七月内到□地方官于船只到□之日会同运员限一个月装运出□嘉庆十四年初运船只于九月二十二日到齐十月初三日出口二运船只于十月初二日到齐十月十二日出□核计运至天津已届冰冻之时奏奉上谕温承惠著传旨申饬并著查取办船迟误之职名咨部议处以示惩儆等因钦此

一嘉庆十五年盛京将军富俊等奏请定奉省运通粮石分别责成一折奉上谕奉天运通粮石乾隆年间经仓场侍郎申保奏明海运则责之奉天委员河运则责之天津道县嗣经直隶总督周元理奏改无庸天津道县盘验只催令原运之员押运交通原未免意存诿卸嗣后奉天运通米石著责成奉天委员于领运时先行出具并无潮湿短缺甘结方准起运抵津时饬令该管道县按船盘验出结如有潮湿短缺即著落奉天官员分别著赔若该管道县验收出结以后其由津至通则责成直隶委员小心转运仍令奉天委员一同照料交仓如再有前项情弊即著落奉天委员及直隶道县委员一体分赔以昭核实钦此

一嘉庆十八年奉省锦县宁远广宁四州县初二两运豆石应直省拨运兵糈船只不敷雇载暂在北仓卸贮酌拨兵役防守俟来春转运通仓奉省委员饬令回任俟春融时由奉酌派委官一二员来津协运

一道光五年户部奏准筹备京仓粟米由奉省采买据盛京将军奏准采买奉天粟米二十万石在沿海一带及附近海口地方分投采买每石价银不得过二两统计买米二十万石约共需价银四十万两即以盛京户部库项内支领仍按照沈阳市平发给所有应扣库平升平袋计平余盈余等银逐款扣出作为运费如有不敷即在参余项下找领毋庸再动正款采买挽运完竣将用过银两照例题销嗣据直督奏准自海运津自大沽海□至龙王庙水次及内河拨船水脚运费露囤等项银两在于司库地粮并海税盈余项下拨给旋据仓场奏准照嘉庆十五年成案责成直隶及奉天委员小心转运毋庸派坐粮厅前赴天津监兑仍俟拨运到通责令照例查验兑收

一仓场奏准查验奉省采买粟米内有潮湿米九千二百二十三石风晾干洁另廒收存先行搭放【道光五年】

一各仓粟米短绌黑豆充盈查照改征成案由各该省酌量通融奏明办理旋据盛京户部委员经征运通黑豆七千二百石内除庄头交纳豆石碍难改征将辽阳牛庄盖州熊岳四处旗地黑豆二千五百十九石九斗五升二合四勺改征粟米又查锦州府属经征黑豆原议一半征豆一半征银其征豆者系以应征粟米一石折交黑豆二石共征黑豆三万一千五百四十八石四斗五升九合七勺较原定征米数目加倍亦难改征其征银者早经改征黑豆拨给庄头喂养马匹共黑豆一万三千二百四十三石九斗五升零今请将此项全数改征粟米于运通正豆内照数拨给庄头喂养马匹统计改征运通粟米一万五千七百六十三石九斗七合三勺一抄运通黑豆二万二千九百八十四石五斗五升二合三勺九抄自道光七年秋后启征为始【道光六年】

一奉天运豆船只无论头运二运统限四月以内到奉天海口如有迟延即由奉天咨明直督将怠玩船户究办承办各员照例查参【道光六年】

一奉天运通黑豆二万一千一百九十三石零拨船在土门楼甘水坝冻阻仓场以米豆日久在船恐滋弊窦奏准照案陆运其车价经费饬通永道先行筹垫事竣仍令天津道县赔补缴还【咸丰三年】

一奉天镶白旗界未完牛仓地米一百五十一石零系领催德升辄将米卖钱侵使严追抗违不交送部间拟将侵使运通地米之已革领催德升照监守盗仓库钱粮律拟杖一百流二千里该犯解送奉天府府尹定地充配其所侵仓粮经盛京户部饬令严追嗣因该犯家属实系赤贫如洗无项追赔户部拟令比照州县亏缺银米分成赔补例责令该管各官照数分赔搭运赴通交纳【咸丰九年】

一奉省锦州府属各厅州县仓存粟米赢余经部奏请酌提二十万石运京接济所需船只由奉雇备运费等项令该将军府尹等酌定报部作正开销其由津运通事宜责成天津道妥为经理嗣据该将军奏称奉省船只未能远涉大洋请照旧章由直雇备等因节经部议雇备船只海津运费由直筹办陆路车脚铺舱席秸等项由奉核支奏准在案旋据直督将前项所需水脚等项查照成案在于盐关道库税课项下动拨并以米二十万石计之共需水脚等

项银四万六千七百余两除由道库及通商大臣长芦运司筹拨外其不敷银两在于起征海税银内凑拨应用复经册开由海运津水脚每百石销银十四两由津运通拨价每百石销银八两一钱又奉直两省往返委员每员每日盘费银一钱饭食银一钱车脚银一两跟役每名每日盘费银五分饭食银五分统计支销银四万六千三百九十两一钱户部核与该督前奏尚节省银三百余两应准开销至奉省用过陆运车脚运费等项共支销银三万四千九百五十二两八钱七分二厘在于咸丰十一年同治元年地丁余地租项下动支【同治元年】

一奉天锦县义州同治九年运通米豆因装兑稍迟在粮栈寄囤骤遇大雨河水陡发致被淹没计锦县囤栈冲失霉烂粟米一千三百八十四石零黑豆二千一百七十六石零义州囤栈冲失霉烂粟米五百三石零黑豆三千十八石零奏经部议将该州县交部议处所有冲淹霉变粟豆照嘉庆十三年成案责令该州县如数赔补搭运续据盛京将军奏查明实系事出仓猝救护不遑恳将该州县宽免议处被冲米豆责成如数赔补同治十二年奉朱批著照所请该部知道钦此户部议令由该将军府尹严饬该州县将应赔冲失米豆赶紧赔补足数随同正运米石运津倘迟延不运或运不足数仍将该州县等奏参议处【同治十一年】

一奉天省运通米豆船只向由直隶天津宁河二县雇备例限四月内齐抵奉天口岸奉省装兑于六七月间运通交纳嗣因奉省应运锦宁广义四州县额征米豆及奉提未运旗仓粟米共七万余石所需船只迟至十月间始行抵口该船户等禀请驶岛守冻俟来春冰泮装运户部议令由直隶总督查明是否津宁二县雇办迟延或押运委员沿途逗遛查究确实开具职名送部照误漕例严加议处并将督催不力之天津道交部议处其奉省兑运事宜因船只到迟漫不加察率听船户守冻由盛京将军奉天府尹将承办各州县及押运委员查取职名送部照例议处嗣后直省雇船务遵例限抵口如逾限在一月以外将直隶承办各员照例议处逾限在三月以外即予严议倘船只无误而奉省米豆未能赶紧装兑依限运通即将奉省承办各员从严参办【同治五年】

一奉天省运通牛庄等处额征米豆直省应雇船只于八月下旬始行抵口核与例限已逾数月天津宁河二县办理稽延照案由直隶总督查取职名送部议处至船只抵口适当八月奉省承运米豆委员辄以船户花名清册未到为词以致兑米稽迟船只守冻由盛京户部奉天府尹查取各职名送部议处一俟春融冰泮立即装兑倘船户到口延误即惟各该员等是问【同治十二年】

卷七十五・采买搭运・碾动蓟谷

一豫省应运保雄兵米嘉庆十年因蓟粮缓征不敷将支剩行粮等米同蓟仓现存米石全数凑运外尚有不敷在于安阳等县存贮蓟仓谷内按每谷一石碾运正米五斗三升以足额运分别造入漕蓟各奏销案内报部核销

卷七十五・采买搭运・捐输米石

户部议准两江总督璧昌等奏推广捐输米石章程呈交运收各事宜

一核定米石价脚米以上等糙稉一律干洁为準作价二两每石水脚银四钱耗米八升折银一钱六分由津运通拨船脚价食米折价每石银一钱二分六厘四毫又预筹弥补折耗八升计银一钱六分沙船犒赏席片等费每石银五分三厘六毫捐生买米运赴上海远近牵算每石脚银一钱通共每米一石准作库平纹银三两

一捐米运京应于上海局内拣派妥员赴津会同地方官运抵通州交仓场验收由仓场严饬坐粮厅实力稽查捐输米石随到随收如经纪人等有勒掯诸弊即由仓场严参究办至该委员如需雇用民船应听其便仍由直隶总督严饬地方官毋许应雇船只居奇抬价

一收呈核数收米雇船应由苏州藩司派员收呈呈内将捐米若干石水脚等银若干两并年貌三代出身履历逐一开明查照部议章程核明所捐数目与所请官阶衔级相符即日送司复核发给照票令赴上海局兑交银米上海专设一局遴委大员会同苏松太道将正耗米石水脚银两随到随收米用漕斛银用库平

一藩司衙门收呈上海道衙门收米责成该司道等督同委员随到随办不准稍有积压亦不准书役经手恣意需索违者书役重惩家丁人等扶同舞弊一并究办官亦从严参办一官民捐输米石必进仓方邀议叙若捐生所托非人难保不以低潮之米从中渔利应谕米商行栈等务以干洁顶高售卖票上盖用行商戳记呈交上海局备查并

代雇船运赴上海免致中途偷漏搀和等弊其上海沙船则由局取具船行及船户互保甘结仍照商人包运包交之成规饬取承认交仓保结存查

一近年洋面间有抢劫之案应责成苏松狼山两镇严饬外海水师各营先事防范并咨直隶山东檄沿海各营派拨勤干员弁在于管辖洋面一体巡防

一漕船如有在洋遭风勘明实有伤人斫桅松舱形迹从宽免赔其折耗之米即在捐输每石豫备折耗米八升款内弥补其沙船到津米有短缺霉变者应以所余耗米补足如尚不敷责令承揽之人并互保各船户照数赔补

一招商运米准以二成带货惟上海带赴天津货物无多似可变通带米亦以二成为率除将捐输米验收外其带运之米由官收买如有官民随任游幕在津准将此项米石呈买交仓请奖

一江苏沙船赴奉天牛庄等处贩运豆石全借南风之力故自正月至八月赴北洋之船最多自九月至十二月赴北洋之船较少再六七月天气暑热米色恐有霉变应谕各省官民及时捐输若在春季夏初及秋季者皆可随时装运若在六七月间必须八月运津九月以后必须次年正月始可开行官民未必尽悉洋面情形自应明白晓谕俾情殷报効者得以及时输纳

一捐输米石经过关津请令各关监督验明照票一体免税一聚米之区多在苏州浒墅关外该处土性宜谷河道又与江北湖广皆通米路甚宽上海绅商贩运米石多赴该处采买现办捐米应晓谕各省官民于省局具呈后就近赴关外办米自应听从其便

一运米约计过万石船须十只由省局委员核明捐呈内汇计有一万石由藩司饬令捐户定限十五日全运上海一面移知上海局照数雇船以免守候至上海局验收米银核对司照并无短少即由局给予执照不准迟延并由局填给米数照票带赴天津呈验一面将捐户姓名出口日期开明清册四本于米船放洋之前星驰详报以凭验收

一海运章程领运漕粮较多者给予职衔并由外赏给匾额此次承运捐米必须拣择板厚桅坚之船以昭慎重其船只较小专运米石数次交仓无误者应查出运次数酌予奖叙两局委员如果办理妥善应俟著有成效酌核请奖以昭激劝

一坐粮厅验收江苏省捐米船户夤夜使水经仓场查明特参押运委员并勒限风晾分别赔补并将拨船户责成天津道严訊等因道光二十七年七月十一日奉上谕德诚等奏查出捐米使水请将押运委员摘去顶带并议处一折此项捐米到坝既据坐粮厅逐船查验米色均属干洁乃该船户人等胆敢夤夜使水搀和肆行朦混不法已极若不严行惩办何以重积储而示将来天津委员试用主簿唐成棣著先行摘去顶带交部议处仍饬令督押该船户逐船认真筛扬风晾傥不能一律干洁除堪以收用外其所短米数著仓场侍郎查照旧案著落赔补所有拨船船户著讷尔经额责成天津道严訊作弊情形务须水落石出按律惩办断不准稍有含混钦此嗣据仓场侍郎德诚等奏前项捐米晒干并赔补足数请开复委员处分等因道光二十七年七月二十三日奉上谕德诚等奏捐米晒干补足请开复委员处分一折前因捐米查有使水搀和情弊当经降旨将天津委员试用主簿唐成棣摘去顶带交部议处兹据该侍郎等奏称该员于被参后赶紧风晾干洁并于限内买补足数尚知愧奋唐成棣前交部议处及摘去顶带之处著准其开复余著照所拟办理该部知道钦此

一给事中吕贤基奏请江南捐输米石改拨河南接济灾民经户部议令商贩运售捐输米石除将载在江苏清册填入上海执照奏准收买之溢米验系干洁仍遵奏案照前收买运通外其各船交清正米之外所有不载清册不入执照自行备带之余米即由直隶总督出示晓谕准由运河插档行走运赴河南售卖至豫省收买各事宜应由河南巡抚自行酌办【以上道光二十七年】

一道光三十年钦奉上谕陆建瀛傅绳勋奏捐输米石请查照原议仍由海运津一折此次江苏省捐输米石业经由海船运赴天津著山东巡抚及沿海提镇派委员弁妥为护送俟到津后著直隶总督饬天津道核实验收余著照所拟办理该部知道钦此

两江总督怡良等奏筹议捐输米石章程

一捐米收呈委苏州府在省设局凡捐生到局呈捐由局查明所捐数目与所请官阶衔级等项相符即日呈司复核批准由各捐生先将每石应缴水脚经费等项纹银一两三钱内扣除捐生自行运米支销水脚银一钱外实应缴银一两二钱随呈缴局解司由局发给印照令其自行买米运赴刘河由娄局查照米数验明兑交沙船于照内注

明某年月日收兑清楚加用印记将原照交捐生赍赴省局呈请先给实收听候换照一面由娄局委员将收过银米各数开报省局查对捐生到局呈交银米银用库平米用漕斛凡捐交正米遇有升斗畸零概令补交一石

一正米一石作银二两六钱三分七厘耗米一斗作银二钱六分三厘又预筹折耗八升作银二钱一分一厘沙船水脚等项作银七钱三分一厘四毫由津运通拨价银一钱二分六厘四毫捐生上兑盘运挑拨夫船员役薪粮等项作银二钱三分一厘二毫核计每捐米一石共作银四两二钱其应给沙船水脚神福等项应查照苏省历办成案给银四钱五分三厘六毫捐生运米赴娄仍照案开销银一钱

一捐米议叙分别减成申算原减二成者准其再减一成每捐米一石合银四两二钱七折申算作银六两请奖原减四成者再减一成每石五折申算作银八两四钱请奖查照常例及筹饷事例分别核明请奖别项捐输不准援以为例

一此次捐米呈请虚衔封典翎枝以及请加升衔现有空白部照可以随时填给其捐请实用人员请查照筹饷成案先行给与官阶司印实收仍咨部颁照发苏饬令倒换所有奉颁空照如不敷用随时请咨颁发以备应用

一米之先熟者为籼后熟者为粳请循案籼粳并捐并遵部议籼米价值每石酌加二成以一石二斗抵作粳米一石务令一律干圆坚洁不准低潮搀和一经沙船兑装即由该船户出具承认交仓保结声明实系干洁好米并米数足额字样分别咨送备查傥有藉词米色故意留难者由局查明惩办

一捐输米石雇船运津道光二十七九两年成案系由上海雇募沙船兑装起运现在自应随同苏省漕粮即在刘河口雇船装载由海运津其验收派兑一切事宜责成娄局委员妥为经理米到天津由直隶总督就近派委天津道督同委员验收所有捐生交存由津运通拨价按数汇解天津交收由天津道雇备民船转运赴通

一沙船装运捐输米石与正供无异应由娄局照案取具税行船户互保切结并银米领状存查仍令各按领运米数填给执照并每船各封样米三分加贴印花令该船户带赴天津呈验一面照案开造清册转咨直省验收

一苏省需饷浩繁前经通饬各属劝捐协济刻下各属捐项尚未截数今既办捐米仍须与捐银并行不悖庶军饷仓储两无窒碍自应将前次捐银之案先行截清数目并将所捐银两催缴解司一面晓谕各属绅民今虽米捐并举而银捐仍不停止如前次捐银之户尚未请奖现复愿捐米石准将银米两项归并请奖如有已捐未缴或缴未足数者亦准其改缴米石银米数目应分晰造册报部毋得稍有牵混

一苏省米捐甫经举办应宽以限期俾各捐生得以陆续输将源源运解如报捐在海运未竣以前自可随缴随运即随同正漕赴津报捐在海运已竣之后即由娄局委员一手经理随时雇船装兑仍俟收有万石或数千石再行察看风汛放洋如至八月以后尚未运竣即将捐交米石暂囤娄局统俟来岁新漕一体搭运

一商贩聚米之区多在苏州关外现办捐米自应晓谕各捐生于省局具呈缴银后即赴关外办米由局另给护照注明该捐生采买正耗米若干石所给护照限半月内缴销凡经过关津准将照票呈验免税放行仍不准逾数多装逾限漏税如愿在就近采买者亦听其便

一捐正米一石连银款并计共四两二钱内提解部银六分三厘查照大捐饭银归公之案将此项解部饭银径行提解部库以为京仓折放专款又每填部照一张提解照费银二钱其余外省书吏饭食纸张以及局员薪水一切公费每捐米一石提给银一钱所余银两归入预筹折耗项下备海船遭风损失弥补之用如此次捐输米石全案平稳应将此项银两一并提解部库归入折放项下应用

一随收耗米一斗以八升作为海船运津并督运员弁沿途食米之需其余二升饬令随正交仓

一海运漕粮并历届捐米案内准以八成运米二成带货并准将运米较多之商及办理妥善各员酌予奖叙此次均应循案办理【以上咸丰五年】

一户部奏准筹备京仓米石议令广东省采买洋米数十万石运京接济旋据两广总督奏以办运维艰请筹备米价银四十万两运京采买经户部奏令续筹米价银四十万两分批运京计先后共合银八十万两嗣据该督奏两次筹捐京仓米价已捐洋银七十五万四千余两核计捐至九成以上除已报解银六十九万两其余已捐未缴之款仍应设法催收尽数批解此后欠捐之数势难再加催督经户部议准将筹捐京仓米价截数停止【咸丰十年同治元年】

一同治元年户部奏筹款由江苏省购买商米运京据江苏巡抚将筹备情形奏明钦奉上谕李鸿章奏筹备京

米情形一折前因户部奏请筹款由江苏省购运商米以实仓储当经谕令李鸿章赶紧购买陆续运津兹据该抚奏称现拟责成商人分赴湖广等处采办并设局劝办各等语江苏省各府县产米不敷民食向赖湖广等省商贾贩运近来米商断绝采购维艰自系实情即著照该抚所议责成商人分赴湖广江北一带采办由该商承运赴津交兑著官文等查照遇有采办京米商船过境其关税厘捐概予宽免验明有无应完他税分别放行毋许留难以示体恤前谕李鸿章将革守俞斌罚款银二十万两为购买京米之用如有不敷于江海关洋税项下凑拨现在该革员罚款既难如数著追而江海关洋税一项又属入不敷出京仓关系紧要自应设法接济著照李鸿章所请迅即劝谕商绅各富户无论梗籼洋米或自行捐运或凑缴银钱交商购运尽捐尽解藉济要需并著妥议章程设局劝办不得令经手各员从中舞弊该商绅等捐有巨款准其随时奏奖其凑捐各散户并准其汇案分别咨部核办等因钦此旋据江苏巡抚李鸿章议定筹办米捐章程及分别请奖各条查照海运成案办理据该商董等收买梗籼洋米三万石运津兑收复据续行劝捐米六万石共计捐输米九万石分作三批雇装沙卫船只陆续放洋北上

卷七十六·奏销考成·催征考成

一现年额征漕项钱粮或一官经管或数官经管总作十分计算不必各作十分接征接催之官俱照经征督催例议处【康熙二年】

一各省粮道不必分别正官署官功罪一体办理【康熙二年】

一徐淮临德凤阳江宁等仓粮银经征督催官员与随漕项下钱粮各作十分考成【康熙二年】

一催征钱粮未完各官部议降级革职有于未经离任之前将所欠分数全完者准其开复【康熙二年】

一巡抚等官催征钱粮参后年限已满该抚将自欠原参分数暨粮道等官分数不行查参察出照原参分数加等治罪【康熙二年】

一漕项仓项钱粮康熙二年题定参后各立年限州县各官限一年粮道知府限一年半巡抚限二年催征全完如仍有不完不复作分数俱照原参分数处分康熙三十四年题定凡有分数钱粮俱将接征接催之官已完分数扣除照现在未完分数议处

一江南浙江江西漕粮随漕数多催征州县等官本任年内全完者纪录一次山东河南湖广催征漕粮随漕等项州县等官二年全完者纪录一次【康熙四年】

一催征漕项官员到任未及两月并二官经征全完者不准议叙【康熙四年】

一山东粮道专管漕粮自开兑开帮以及抵通交仓皆躬亲尾押至临德二仓改折银两免其考成【康熙四年】

一直隶州知州经征本州钱粮参后未完照州县官一年限例议处督催各县钱粮参后未完照道府年半限例议处【康熙六年】

一催征钱粮大小各官或因事故离任按其所欠分数应虚降虚革者俱照离任官例罚俸一年至革职者仍行革职【康熙十年】

一漕项仓项年限钱粮接征接催官员旧例以到任日为始限半年催完康熙十四年题定接征州县等官亦限一年接催道府直隶州知州限一年半接催巡抚限二年如有未完照初参例议处载在会典

一漕粮改折银两与随漕项下钱粮各作分数题参【康熙十四年】

一各官应征钱粮民欠未清该督抚题请革职留任者勒限一年催完准其开复不完革任按其未完分数照收粮违限律拟罪督催各官照例议处本员留于该处与新任接征之员再限一年催完如有不完即将该员照所拟治罪接征官照例议处【雍正五年】

一本年奏销钱粮参后咨报全完部议未经题覆即于奏销案内扣除免议其已经题覆尚未行文者该部据咨改缮题本开复若部议已经覆准行文原参议处各官俱令该管督抚具题开复【雍正十二年】

一浙省额征漕项银内月粮廪工等银向系预年十月开征以资给丁之用因每年十月民间有应完仓粮额赋等项又加预征银两不无拮据乾隆二年题准于次年二月开征其岁内应给丁银两于道库减存银内酌留支给以资挽运次年征还归款

一浙省杭嘉湖三府漕粮乃系军代民运故有贴赠一项每石征九八色银三钱四分七厘每两加耗二分名曰漕截旧例于每年十月开征勒限两月全完为期甚迫且银系九八色州县有私照地丁收耗并收足纹者与其分征未善不如统征便民乾隆三年题定照漕项轻赍等项之例并入地丁统征分解总以所征正耗一两内将九钱八分给军以二分解司为运弁养廉之用每年于二月征收秋成后先尽漕截九八折净之数以纹银给发军丁傥有额外加耗及缺误扣克情弊即行揭参

一浙江省杭嘉湖三府属漕粮项下漕截之外尚有灰石一项及白粮项下有食米折银一项向系随同漕截于十月征收解道因漕截正耗并入地丁于二月开征统征分解乾隆三年题准同漕截一体派征将灰石及食米折银征收足纹解部其灰石米折耗羡银两并入地漕项下解司以充各官养廉之用

一浙省本色行粮照出运船数每船给食米一十五石外其余支剩米石每石折银一两二钱解部向系随漕十月开征乾隆四年题准将应支本色行粮照常年出运船数随漕开征其余支剩折色银两并入地漕二月统征设遇出运增船一只于折色银内支银一十八两买米给军减船一只于本色米内支米一十五石易银汇解

一各省漕粮未完例系巡抚咨参漕项钱粮例由总漕奏销惟浙省漕粮未完间有巡抚总漕两处咨参恐致歧误乾隆五年咨行嗣后漕粮未完统归巡抚办理漕项钱粮仍听总漕奏销考成

一浙省漕项奏销向将本折月粮廪工永减浅贡及本色行粮漕截等款列为一册奏报漕粮改折灰石等款单列一册奏报轻赍行折等款列为一册奏报嗣因月廪浅贡永减漕截灰石及漕粮项下本色月粮支剩本折银两同灰石等款统改每年二月开征乾隆五年咨准本折月粮廪工永减浅贡等款列为一册漕截灰石等款列为一册轻赍行折等款列为一册其向附月廪等款册内之本色行粮一款改入轻赍行折册内统算考成

一浙省温州卫赡运屯田派给宁绍处温四卫各丁兑粮系在嘉湖水次离屯窎远不能亲赴执业令该卫征收津银分别解给其有无完欠并督催道府各职名均照漕项钱粮之例一体考成【乾隆十三年】

一本年奏销钱粮参后续完例应具题开复嗣后续报全完如一案内有现任及大员必须具题者将去任并佐杂等官照例附题若虽系大员已另案革职或仅止佐杂微员该督抚将已完钱粮咨报户部查核转咨吏部办理毋庸一概具题【乾隆十三年】

一各省漕项钱粮俱系来年奏销乾隆二十六年江西省应征加增余租分给帮船造运银两报册请照漕项钱粮来年奏销之例造册送部核销

一浙省白粮项下各款钱粮照上下两江征解之例于十月内完解六分如征解不足六分之数罚俸六个月再限三个月如仍不足六分罚俸一年【乾隆二十九年】

一浙江省漕项钱粮系地漕统征同时分解令各州县将征有地漕若干于起解藩司粮道文内一并报明银数司道衙门均得互相查考【乾隆三十二年】

一凤阳府属之虹县裁归泗州管理所有该县额征漕粮正兑正米二百五十四石三斗三升一合六勺三耗米七十六石二斗九升九合五勺改兑正米三百四十一石六斗七升二合九勺二五耗米八十五石四斗一升八合二勺自乾隆四十二年为始归并泗州经征造报

一江南省江淮兴武二卫旗丁有运丁快丁之别运丁管驾漕船快丁缴贴运费给运丁代办运务缘快丁分隶州县管辖非卫备所能催征各州县又以无关考成亦不认真催解乾隆五十二年奏准照江西湖广余租津贴之例责成该管州县实力催征由粮道解至淮安当堂散给如有未完将经征州县按照未完分数开参其未完银两不得垫解滋弊

一各省耗羡银两与正项钱粮同时造报并于耗羡册内载具正项银数如有未完声明是否随正未完及正项钱粮内有不征耗羡者亦于正项钱粮册内逐款登明以便互相考核【乾隆五十三年】

一向来正耗奏销系分案具题或先或后稽核稍疏即难保无歧异乾隆五十三年奏准各省耗羡已未完解数目随同正项钱粮统计分数一疏具题以定考成如正耗全完方准议叙正耗欠数相符合计分数议处其参后仍未完解者归于正项年限案内报参倘有正耗完欠报解不符严参查办各省一体遵照办理

一江南省上元等州县应征快丁节年旧欠江兴二卫贴费银两各属未完银数在一千五百两以上者分限二年五百两至一千两以上者分限一年半五百两以下者分限一年完缴如首限期满未经完足即照首限银数以十

分计算报参所欠首限银两加入二限银内一并催追倘二限期满再有未完即将二限应征同首限未完银两共作十分计考其只分一年带征者限满无完亦照十分计考完不足数即按未完分数计参如有参后续完详请开复均以分限银数核计不分年款【乾隆五十四年】

一江苏省嘉定宝山二县民折官办漕白等米借动道库银两定限次年二月以前分解还款如逾限不解将经征接征各官核明己未完分数由道造具考成清册随同漕项奏销送部【乾隆五十六年】

一乾隆六十年奉上谕各省未完民欠银粮业已格外加恩全数豁免则地方官经征不力之处分不妨可宽所有此次豁免积欠以前各省地方官应得前项豁免钱粮处分均著加恩交部查明概予宽免钦此

一经征督催漕项银两未完各官例应罚俸降职事在嘉庆元年正月初一日钦奉恩诏以前俱准其宽免如限满不完仍照例查参【嘉庆元年】

一嘉庆五年钦奉上谕户部奏各省积欠自嘉庆三四年以来不下二千余万此项银两岂尽实欠在民外省地方官于应征钱粮往往挪新掩旧以征作欠似此年复一年伊于何底著通谕各督抚将各省积欠认真查办分别在官在民核实清厘妥为经理务使年清年款不得仍前悬宕钦此

一江西省加增余租分给帮船造运银两之经征未完各官向照催追杂项钱粮定例议处乾隆四十八年奏准照正项钱粮分数例议处嘉庆五年奏准责令巡道督催如有未完开列该管巡道职名议处

一嘉庆五年奉旨地丁钱粮乃国家正供原应年清年款岂容任意拖欠乃近年以来经征各员概事因循积欠至数千万之多此岂尽实欠在民总缘州县官以完作欠挪新掩旧恃有完过六分以上之例批解过半即可列入带征藉免离任而督抚等遇有经征不及五分之属员又复辗转调署为之规避处分以致不肖官吏无所忌惮实为恶习嗣后各督抚务须严饬地方官尽收尽解如有钱粮处分将届离任辄以调署者一经查出定将该督抚严议示儆钦此

一乾隆六十年以前未完钱粮钦奉恩旨概予豁免各该员并无催征之责各省已经题准豁免者将经征督催各员处分即行概予开复毋庸逐案具题其未经题豁之各省亦令确查未完银数并经征督催各员处分一并题报【嘉庆六年】

一嘉庆八年奏准本年新征数目于十二月内先行奏明并于嘉庆九年五月内将征完旧欠及当年新粮征足若干专折具奏至前项民欠及本年新赋总责成现在实缺署事人员实力督催各督抚不得回护属员处分任意更调

一德化县代征蕲州卫未完租课银两未将职名开送令将该县职名补参送部核议【嘉庆八年】

一嘉庆十七年户部覆准浙省温台衢严四卫所征解津租银两经征之员未完四分以上罚俸六个月参后续报全完其原参职名业经罚俸议结者只将议罚俸银完缴销案毋庸具题开复

一湖北省嘉庆十三年漕项随奏案内未完各年带征银两将经征督催各官核明分数题参嗣经查明二参限内钦奉恩旨缓征及分年带征应将原参处分照案犯被邻境拿获之例减等议结仍令将应完罚俸银两造入降罚册内报部查核【嘉庆十八年】

一嘉庆二十一年户部参奏江苏上忙钱粮征解延玩奉上谕著百龄胡克家督率两藩司将各州县解不足额银两立即催提完解如有以完作欠情弊指名参办其已征未解之睢宁阜宁萧县砀山沭阳扬州六县卫各员先行革去顶带勒限两个月如数解司钦此

一嘉庆二十一年奉上谕户部奏请严催江安二省积欠一折江苏省江宁苏州所属并安徽省各属嘉庆元年至十四年未完积欠地漕银两前于十七年间降旨分限四年完纳此内宿州等州县分限六年完纳其定限四年者扣至本年八月俱经届满兹据户部查明江宁苏州两藩司所属尚未完初限银五万六千五百五十七两零二三四限并缓征银七十七万七千八百三十七两零均未据题报安徽省除宿州灵璧泗州五河四州县限期未满外其余各属应征积欠银两亦未据题报实属延玩著该督抚实力严催将各属前项积欠地漕银两上紧完交造册报部毋再迟延其经征督征不力各员先行查取职名交部议处钦此

一湖南省二耗米折银款同治五年经户部奏明与正耗银两一律计考嗣因该省奏销案内漏未查造行令将历年未完二耗一款列入带征续完款内分别计考旋据该抚咨称官非一任事非一年经征接征完欠不同碍难分

晰核计请从宽免议即自同治十一年奏销为始将二耗一款归并正耗银两开列分数计考一疏揭参经部核准【同治十三年】

卷七十六·奏销考成·仓粮参限

一徐淮临德凤阳江宁各仓监督一年差满回部考核现年钱粮未完不及一分者免议未完一分者罚俸三个月未完二分者罚俸六个月未完三分者罚俸一年未完四分者降一级调用未完五分者降二级调用未完六分者降三级调用未完七分以上者革职【各仓监督康熙十年以后陆续裁归粮道管理州县经征此条旧例附存】

一州县各官初参各仓粮银欠不及一分者停其升转欠一分者罚俸六个月欠二分者罚俸一年欠三分者降俸一级欠四分者降俸二级欠五分者降职一级欠六分者降职二级欠七分者降职三级欠八分者降职四级以上俱戴罪征收停其升转完日开复欠九分十分者革职【议单旧本】

一布政司粮道知府直隶州知州初参各仓粮银欠不及一分者停其升转欠一分者罚俸三个月欠二分者罚俸六个月欠三分者罚俸一年欠四分者降俸一级欠五分者降俸二级欠六分者降职一级欠七分者降职二级欠八分者降职三级欠九分者降职四级以上俱戴罪督催停其升转完日开复欠十分者革职【议单旧本】

一巡抚初参各仓粮银欠不及一分者停其升转欠一分二分者罚俸三个月欠三分者罚俸六个月欠四分者罚俸一年欠五分者降俸一级欠六分者降俸二级欠七分者降职一级欠八分以上者降职二级俱戴罪督催停其升转完日开复【议单旧本】

一署印官初参各仓粮银欠不及一分者停其升转欠一分二分者罚俸三个月欠三分四分者罚俸六个月欠五分六分者罚俸九个月欠七分八分者罚俸一年欠九分十分者降一级调用不及一月者免议【议单旧本】

一康熙十四年题定署印官初参各仓粮银在任不久其欠不及一分者毋庸停升

一州县各官参后各仓粮银限一年内全完如限内不能全完原欠不及一分者罚俸一年欠一分二分者降三级调用欠三分四分者降四级调用欠五分六分者降五级调用欠七分八分者革职【议单旧本】

一布政司粮道知府直隶州知州参后各仓粮银限年半全完如限内不能全完俱照州县官例处分【议单旧本】

一巡抚参后各仓粮银限二年内全完如限内不能全完原欠不及一分者罚俸一年欠一分二分者降二级调用欠三分四分者降三级调用欠五分六分者降四级调用欠七分八分者降五级调用欠九分十分者革职【议单旧本】

一休致佐领七十一应领俸米因米票遗失照违限不领之例停其支给至仓监督并该旗派出放米人员非逾限不完及并不查催者可比所有职名毋庸议【嘉庆元年】

一海运仓应放俸米已逾定限捏报完竣失察之仓扬侍郎降二级调用准其抵销查仓御史不行参奏降二级调用不准抵销该仓监督捏报全完复失察花户人等需索使费照溺职例革职该旗弹压领米之参领交部察议花户人等需索使费计赃论罪【嘉庆六年】

一嘉庆六年海运仓放米迟延并捏报完竣复失察花户人等需索使费之监督德永杨毓楣照溺职例革职西四旗领米之参领交部察议仓书花户指称限外赴领之米例应存仓需索使费钱文计赃在十两以上发近边充军知情分赃于军罪上减一等杖一百徒三年刑部奏奉谕旨依议其逾限未领俸米各员钦奉上谕奕绪系二品职分较大应不准其补支其余各员著加恩准其各按品级支领一半嗣后如再逾限不独将应领米石照例扣留并当治以迟延之罪钦此一中仓开放满俸米十月二十五日限满因车辆短少领运不及核计逾限二日奉旨加恩免议【嘉庆六年】

一同治元年钦奉上谕德全宋晋奏遵查各仓散给米票含混稽迟一折据称旧太仓俸米票内因展改满限注写不及改用印截并漏写开斛日期富新仓书吏患病改易生手散票稽延查明两仓花户均无勒掯情弊请先将催办不力之监督先行撤任议处等语各仓收放米石系该监督专责乃不能详慎办理以致写印含混实难胜任旧太仓监督克实纳福征著先行撤任交部议处仍责令随同署任监督监放米石如有亏短即行严参富新仓监督裕善果汉源催办不力亦难辞咎著一并交部议处嗣后各仓散给米票务须遵照旧章认真办理傥该监督等仍前玩泄

于收放一切不能严绝弊混即著仓场侍郎从严参办余依议钦此

一南新海运北新富新兴平等仓开放官员俸米已经满限未据各该仓呈报放竣应将迟延之监督交部议处逾限未领俸米一律注销存仓傥该监督于限满后私放颗粒严参治罪

一北新仓开报四柱单内实存粟米项下未将开除款目注明以致续札甲米不敷开放除由部改札别仓开放外仍将朦混呈报之监督奏请交部议处【以上同治六年】

一南新仓应放俸米各旗官员逾限未领米二万二千二百余石户部奏明照例注销存仓近有镶黄正白正蓝镶白四旗领俸逾限各员处分经仓场奏称旗员艰窘俸既注销又复被议未免可悯请免置议经户部奏准并声明嗣后领俸如再无故逾限除俸米注销外仍照例交部议处不得奏请援案宽免其催放不力已经撤任之监督裕英廖正亨交部议处花户人等仍由仓场侍郎严饬新任监督详查傥有别情送部治罪【同治十年】

卷七十七·奏销考成·漕粮参限

一各省漕粮经征州县卫所各官初参未完不及一分者免议一分以上者罚俸六个月二分以上者住俸三分以上者降二级四分以上者降三级五分六分以上者革职俱戴罪催征完日开复【顺治十三年】

一州县卫所各官参后漕粮违限不完者加倍议处应罚俸者住俸应住俸者降二级应降二级者降四级应降三级者革职戴罪督催完日开复应革职戴罪者实降二级调用【顺治十三年】

一督催粮道知府等官初参未完不及一分者免议一分以上者罚俸三个月二分以上者罚俸六个月三分以上者住俸四分以上者降二级五分以上者降三级六分以上者革职俱戴罪督催完日开复【康熙十年】

一粮道知府等官参后漕粮违限不完者加倍议处应罚俸三个月者罚俸六个月应罚俸六个月者住俸应住俸者降二级应降二级者降四级应降三级者革职戴罪督催完日开复应革职戴罪者实降二级调用【康熙十年】

一署印各官未完漕粮照杂项钱粮署印官未完例议处欠一分二分者罚俸三个月欠三分四分者罚俸六个月欠五分六分者罚俸九个月欠七分八分者罚俸一年欠九分十分者降一级调用不及一月者免议【议单旧本】

一道光二十七年钦奉上谕杨殿邦等奏请将不遵文檄玩视漕粮之知县革职一折江苏宝山县知县刘果于该县额征漕粮并不遵例采办辄称该县并无漕仓实属强辩饰非刘果著即革职以示惩儆该部知道钦此

卷七十七·奏销考成·随漕参限

一各省随漕轻赍等项钱粮经征州县卫所各官初参欠不及一分者停其升转罚俸一年欠一分者降职一级欠二分者降职二级欠三分者降职三级欠四分者降职四级俱戴罪征收欠五分以上者革职【康熙二年】

一督催粮道知府各官初参随漕轻赍等项钱粮欠不及一分者停其升转罚俸六个月欠一分者罚俸一年欠二分者降职一级欠三分者降职二级欠四分者降职三级欠五分者降职四级俱戴罪督催欠六分以上者革职【康熙二年】

一巡抚初参随漕轻赍等项钱粮欠一分二分者罚俸三个月欠三分者罚俸六个月欠四分者罚俸一年欠五分者降俸一级欠六分者降俸二级欠七分者降职一级欠八分者降职二级俱戴罪督催完日开复【康熙二年】

一州县卫所各官参后随漕轻赍等项钱粮年限内不能全完原欠不及一分者降一级调用原欠一分者降三级调用原欠二分者降四级调用原欠三分者降五级调用原欠四分以上者革职【康熙二年】

一巡抚粮道知府等官参后随漕轻赍等项钱粮年限内不能全完原欠不及一分者降一级仍戴罪督催再限内不完降二级仍戴罪督催三限内仍不全完者降三级调用原欠一分至四分以上限内不完者俱照州县官例处分【康熙二年】

一署任各官欠不及一分者罚俸三个月欠一分者罚俸六个月欠二分者罚俸九个月欠三分者罚俸一年欠四分五分者降一级调用欠六分七分者降二级调用欠八分以上者革职不及一月者免议【康熙二年】

一康熙十四年题定州县卫所各官原欠不及一分年限内不完者降一级留任再限一年催完如有不完照所降一级调用【载在会典】

一康熙四十一年题定署印官经征钱粮如有欠至三分以上者即降一级调用

一苏松常镇四府属赋税繁重州县官经征现年漕项钱粮于奏销时完至九分以上者其接征未完旧欠钱粮于年限案内复参降级调用之例改为降级留任再限一年催征如仍不完照依所降之级调用督催各官亦照此例议处【康熙四十四年】

一经催经征官原欠不及一分限内不完者降一级留任再限一年催征如又不能完降一级调用原欠一分者限内不完降三级调用如年限内能催完至八九厘者降三级留任再限一年催征如仍不全完降三级调用原欠二分年限内不全完者降四级调用原欠三分年限内不全完者降五级调用原欠四分以上年限内不全完者革职

一州县应解应给银米或任意迟延或移催卫帮不即支领即于各本案内将县卫迟延职名确查附参如道库存贮银两解给迟延亦一体办理【乾隆五年】

一江南省造送春秋拨册并解部银两款册向系笼统开造乾隆五年咨行嗣后开列总数之下务将逐款细数分注明白

一定例部行事件各省督抚于文到日起限如专行一府州者限四个月通行各府州者限六个月有不需地方官查办在省司道可以核覆者限两个月咨报完结惟行查总漕事件不能按限完结往往托故迟延乾隆五年咨行嗣后照例按限查报如有违逾即行查参

一拨解漕项钱粮例系粮道具批委员解部湖广省每年移解藩司汇同地丁并解以致两歧乾隆五年咨行通饬各粮道一体遵照具批解部

一部议题覆后行文各省督抚等衙门事件向未定有稽查回文之法各省往往迟延乾隆十年酌定设簿稽查扣限查参并行督抚等嗣后题核疏内务将此案于何年月日接准部文起于何年月日限满曾否逾限及系何员迟延之处分晰声叙如有不能依限完结者照例请展若不预请展限经部行催二次仍不题覆即行参奏将督抚等交部议处

一州县年限考成漕运总督按限咨参务于各员名下将初参二参之处分晰注明以凭核议【乾隆十八年】

一江苏省漕项钱粮向系正银解道耗羡起解藩库正耗分解恐有挪移牵混奏准嗣后漕项耗羡随同正银并解粮道衙门查收则应解正银若干即可核见应征耗银若干完欠了然不难随时稽核按季汇解藩库凑拨通省养廉及一切工程采买各项公费之用粮道于每年奏销时将经征及解司各数并起解司库月日造册报部其经征督征完欠职名悉归粮道考核有漕各省一体遵照办理【乾隆五十一年】

一江西漕项耗羡银两向系年清年款并不来年奏销今改归总漕题销自应详报总漕核题并于奏销时将应征正银若干随正征收耗银若干细数造册附送备查【乾隆五十三年】

一江西省随漕屯粮并正副米石例系来年三月奏销所有耗羡册籍于奏销时随同正项造册详报总漕核题【乾隆五十四年】

一河南省漕项耗羡银两系给发各帮席片之用向随地丁统征于开征后先尽漕项正耗完解道库将耗羡银两并入盐规银内造册咨销并非分解司库亦无丝毫拖欠即或每年有未完之项俱系地丁钱粮经征考核历归地丁奏销案内办理嗣因盐规全漕二项报销年分不同咨准将节年核存漕米节省耗羡银两照数划出先行造报俟奏销时遵照原奏册式登明加耗分数随同正项一并造册详题【乾隆五十四年】

一浙江省应征漕截银两例于当年十月内全数征解道库给丁济运嗣因各州县应征漕截不能依限报解以致漕白各帮节年借垫各款共有未完银一十六万余两经该督抚奏奉恩旨准分八限六限扣缴以示体恤今已全数扣清不应再有借垫未完之项议令嗣后应征漕截银两严饬各该州县遵照定例于十月内全数征完解道给丁济运不得恃有前奉恩旨准其分限扣缴之案再行借垫致成积欠如有迟延即行查参【乾隆五十九年】

一漕项奏销初参案件向系具题复参之案亦应具题以昭慎重通饬有漕各省一体办理【嘉庆二年】

一浙江津租报销向于来年三月内具题至年限复参应于限满之时造具册揭请参查台州卫有嘉庆十五年津租报销暨十二十三等年未完津租二三参各案该卫俱于十七年三月内造具册揭详报向无迟误惟漕督迟至

八月内始行具题据称亲督粮船赴北系属公出准其照例扣展免议【嘉庆二十年】

一道光二十八年奉旨这所欠解漕项钱粮之江苏署吴江县知县朱子庚震泽县知县沈则可署阳湖县知县施燕辰著一并先行摘去顶带勒限两个月赶紧完解傥逾限不完即著从严参办该部知道钦此

卷七十七·奏销考成·运粮完欠

一运官到通粮米全完缘事罣悞非系贪赃失守有干大计及隐匿逃人重罪该部酌量分别以示鼓励应开复者题请开复应升擢者咨请升擢应降罚律究者立即降罚律究户部移咨吏兵二部查办【顺治十四年】

一总漕以通漕论粮道以本省论凡欠一分者罚俸一年再运又欠一分者降一级调用欠二分者降二级调用欠三分者革职【顺治十七年】

一运官领运漕粮交纳销算如有买补以及随帮代运全完者不准议叙【顺治十七年】

一总漕巡抚粮道如通漕及本省卫所漕粮尽行开兑开帮北上运务一官经手者前官虽有事故离任功罪应归前官后官免议其总漕有一二省巡抚粮道有一二卫所未经兑完开帮前官事故后官接管功罪应归后官前官免议【康熙二年】

一坐粮厅经管各省漕粮旧例除带运粮石不算外其扣收旧欠余米算入正运数内总作十分完至九分八厘者照常考核完至九分九厘以上者优升十分之内欠六厘以上不及一分者罚俸六个月欠一分以上不及二分者罚俸一年康熙五年停其考核优升如有未完仍照前例议处

一总漕督运各省漕粮以通漕计算十分全完者旧例加升二级康熙八年停其升叙康熙四十九年题准仍照往例加升二级

一各省巡抚经管漕粮完欠俱照粮道例议叙议处康熙八年停止议叙如有未完仍照粮道例处分【议单旧本】

一仓场督收各省漕粮旧例除带运米石不算外其扣收旧欠余米算入正运数内总作十分完至九分八厘者照常考核完至九分九厘以上者纪录一次比及三年全完至九分八九厘并十分全完者加一级十分之内欠五厘以上至一分者罚俸一年三年一连欠五厘以上至一分者降一级督催康熙八年停止议叙如有未完仍照前例处分

一粮船冻阻天津漕粮收受进仓非本年内全完至来年始行运竣者粮道押运等官不准议叙【康熙八年】

一漕粮开兑过淮违限者其到通粮米虽已全完粮道等官不准议叙【康熙十年】

一各省运粮旗丁限内过淮抵通米石照数全完者总漕赏给花红如额粮之外三运陆续多交米至一百石者仓场咨部注册六运多交米至二百石者给以九品顶带其出运二十年虽无多交米石并无挂欠及过犯事故者亦给九品顶带以示优恤【康熙四十六年】

一江南浙江江西漕粮数多经管粮道十分全完者旧例加升一级康熙四十九年题准改为加二级

一山东河南湖广漕粮数少经管粮道十分全完者旧例纪录一次康熙四十九年题准改为加一级

一押运通判管押漕粮全完旧例纪录一次康熙五十一年题定押运同知通判一次无欠者加一级二次无欠者加二级三次无欠者不论俸满即升

一领运千总旧例江南浙江江西湖广粮多路远一运二运三运全完每运加衔一级山东河南粮少路近一运全完纪录一次二运全完纪录二次三运全完加衔一级康熙五十一年题准江浙积欠之帮二运全完其次挂欠之帮三运全完别帮五运全完俱准其即升雍正元年题定领运千总一运全完加衔一次二运全完加衔二次三运全完毫无事故者从优议叙即升其江浙积欠之帮仍照旧例二运全完准其即升【查从前帮船积欠甚多是以二运全完即与优叙迨后通漕俱系抵通全完从无挂欠议叙之例照中枢政考办理此例不行已久存之备查】

一河南山东二省押运同知通判定例初次抵通无欠准其纪录二次二次无欠准其纪录三次三次无欠准其加一级四次无欠准其即升江广等省仍照旧例办理

一各省领运守千本色全完向无论远近一例议叙至第三运全完议叙即升复又另请加衔乾隆二年奏准江浙等远省一二运仍准按运加衔三运全完即升不得复请加衔至三运后仍准按运加衔豫东二省一三五运全完

俱纪录二次二四运全完俱加衔一次至六运全完议叙即升亦不得重请加衔至六运后仍照前相间纪录加衔

一部发重运武举向与领运千总一体议叙并无攸分亦无远近之别乾隆二年奏准重运效力武举领运江浙远省每运全完准于补官日纪录二次领运豫东近省每运全完准于补官日纪录一次三运运满咨部注册推用

一豫东二省递年轮运蓟粮督运通判一员领运千总二员输流领运未经定有议叙之例乾隆四年题准通判一员押运全完照例议叙乾隆五年题准千总二员准照东豫近省运通全完之例议叙【蓟粮于乾隆三十年停运此条仍存备查】

一押运武弁并无将完粮议叙抵销过淮违限处分之例惟文职丞倅将过淮违限以交米全完议抵查销轻重失伦乾隆四年咨准嗣后分别咨部查议不必因其过淮违限将完粮议叙查销

一定例准其完粮议叙抵销因公罣悮降级等案原指该弁本运降级事故即以本运应得议叙抵销其一切罚俸案件不准将完粮议叙抵销乃该弁等竟有以应加之衔故意迟延预防将来罣悮降抵之计于例未符乾隆八年题准嗣后漕运各员因公罣悮应降调者如本运议叙准其抵销其前运应加之衔概不准抵

一卫所守千领运全完有将数年议叙并为一案咨部者殊为未协嗣后运粮各官应得议叙务须按年咨部查议【乾隆十七年】

一卫所守千领运全完将应得议叙朦混重复呈请者照不应轻私罪律罚俸九个月【乾隆十七年】

一旗丁运粮凡二十年并无挂欠事故者例给顶带荣身但有由粮道详咨者亦有由坐粮厅转报仓场咨查漕督始行达部者例不画一事亦繁琐嗣后俱令呈明粮道查明确实转详总漕咨部办理【乾隆二十年】

一卫所千总运满时令漕臣酌量人材分别出具考语送部【乾隆三十三年】

一运弁全粮通完准予议叙由各运弁呈报粮道各粮道就近饬催造册呈报总漕咨部办理总不得过次年三月以内如运弁届期不行呈请即行扣除【乾隆三十七年】

一中枢政考内开江南浙江等远省运弁一运全完加一级二运全完加二级三运全完议叙即升山东河南近省运弁一运全完纪录二次二运全完加一级三运全完纪录二次四运全完加一级五运全完纪录二次六运全完议叙即升其抵通完粮日期逾限及有事故者俱照例分别议处

一漕船在内河失风猝不及防押运官协同庠救修船赔粮并无亏折止应免其失防处分毋庸照全完例给与议叙

一嘉庆六年钦奉上谕达庆等奏金山等四帮各丁有挂欠漕粮请分别杖责著追运弁议处本属照例办理但念本年天津一带水势过大丁船守水日久未免多费食米其挂欠尚属有因著加恩将该丁等挂欠米二千三百六十一石准其以本年应交三升八合余米暂抵欠项下年全数搭运此外再有不敷即买补本色交纳其旗丁杖责运弁议处并著加恩宽免钦此

一江南镇洋县冬兑漕粮短交过正月之后始行买补赶运兑足所有民欠米石饬令催追全完汇入下届起运项下一并交帮搭运充公交兑迟延之经征官及并不豫为禀明之押运同知并冒昧详报之领运千总均照例议处【嘉庆六年】

一旗丁吴西周欠米一百石之外照例罪祗杖徒胆敢飘然远扬置公事于不问贻累众丁公同设措代完核其情罪与监守盗无异应即照监守盗六十石入已者发边远充军例发边远充军又旗丁周通领运三船欠米至一百余石之多若按米数照不及一分完结将来各丁视代运为无关轻重任意短欠应于吴西周军罪上减一等杖一百徒三年【嘉庆七年】

一官丁历运二十年请给议叙其历运漕粮年分数目及有无失风挂欠等项事故坐粮厅按照历年完粮案册自行核明造册详咨毋庸饬帮弁造送致滋延宕【嘉庆九年】

一各省旗丁完粮议叙查照定例与向办押运领运等官弁议叙之案统由户部核明知照兵部一律办理【嘉庆十五年】一豫省白麦在坝挑扬折耗计短交洪斛白麦九百八十石先经仓场奏明责令总运同知及弁丁等分别赔补下运带交嗣经河南巡抚咨报酌议照挂欠分赔之例作十分分别等差饬令总运同知认赔一分半参弁认赔二分旗丁认赔六分半以足十分其应需船只责令原运旗丁自行雇募民船两只抵出军船两只装载随同本年白麦帮船带运赴通交纳所雇船只不准支销钱粮沿途照料及到坝交卸事宜责令已革总运及弁丁等管押经理

经部覆准【道光五年】

一道光七年奉上谕据百春等奏凤阳常帮有被雨淋湿正干米二百四十四石零庐州三帮有欠交尾零正米二百二十五石该两帮运弁石元龙蔡濂才俱著革去顶带勒限半个月交纳如限内全完再行奏请开复倪逾限不完著严参惩办钦此

卷七十八·奏销考成·仓漕奏销

一漕粮征兑总漕派发全单取造军卫有司额漕数目报部如有未完即行指参【议单旧本】

一轻赍由闸席片板竹行月等项一应随漕钱粮经管各官逐款备造管收除在清册在粮道者总漕按年奏销在坐粮厅大通桥者总督仓场按年奏缴【顺治十二年】

一轻赍席片松板楞木本折钱粮出运减存行月银粮漕赠银米过湖浅船仓米副米并修造漕船浅贡【军船以四百石为一浅浅贡即为造船之用惟浙江有此名目】军三民七料价【系按额征收以为造船之用民赋项下征收七分军屯项下征收三分】运官廪工及苏松常镇四府协济寿淮扬镇等仓米麦并给丁六升米折银两此等漕项钱粮俱取在地亩银米内支用备办旧例各作分数考成康熙二年题定各省漕项总作十分总漕每年造册奏销

一徐淮临德凤阳江宁等仓向系部差监督兼管一年任满径行报部考核康熙十年以后陆续归并粮道管理其仓项钱粮奏销及各州县完欠考成统令各该管督抚题报

一江南省卫江淮兴武等帮水手银两向系布政使造报行月本折钱粮向系粮道造报康熙七年题准归并布政使造报康熙十五年题定江宁省卫钱粮总归江安粮道催征给发造册呈送江宁巡抚奏销

一奏销册籍将支用款项总散数目分晰开造如有款项不符混行造册题报该管督抚照朦混例议处【康熙二十三年】

一存留项下钱粮在本省支用并支剩各数随起运漕粮数内造册奏销【康熙二十六年】

一江南省减存行月廪工备料小修等项银两旧例各州县皆解贮淮库总漕年终造册奏销康熙二十七年题照湖广江西等省之例停其解淮径解江安苏松粮道归入漕项奏销案内造册呈送总漕奏销

一河南额解临德二仓钱粮康熙二十九年题归驿盐道兼理其奏销考成该抚俱于年终具题

一德州仓奏销考成旧例次年四月具题康熙三十一年题定于次年五月内依限奏报

一苏松所属州县额征加漕裁扣六升米折等银原系供支苏松漕粮运军行月之需旧例解交江安粮道给发报销康熙三十二年题准解交苏松粮道总作完欠总漕造册奏销一各省漕项钱粮向系总漕来年奏销康熙三十三年题照地丁钱粮之例于次年五月奏销康熙三十五年题定仍照旧例来年三月奏销

一徐淮临德凤阳江宁等仓编征行月银米麦石原系供支运军廪粮之需江宁德州二仓统入漕项奏销其临清仓月粮准徐凤三仓行月钱粮总漕照例于来年三月另案题销【康熙三十五年】

一临清仓归并临清关差康熙五十三年停差监督交与山东巡抚专管其仓项钱粮照监督例扣算一年任满奏销至各官完欠考成该抚仍于年终题报

一奏销本年钱粮将上年存剩钱粮作为旧管本年已完钱粮作为新收仍将管收除在另造简明清册送部【康熙六十年】

一仓场漕白二粮奏缴及通济库钱粮奏销向未定有限期雍正七年题定于次年五月内造册具题

一漕项奏销部覆驳查款项向例扣限四个月按款咨覆未完钱粮扣满年限咨参雍正十年部议未完银两续完数目应于年终汇册题销指驳各款定限次年十月具题雍正十二年奏明停止仍照往例办理其历年未完钱粮续报全完及支存各数该省分别造册另缮题本随本年奏销一并题报

一徐州淮安凤阳江宁四仓钱粮奏销考成旧例该管督抚于次年五月内具题雍正十一年安徽巡抚所属钱粮奏销题准展限一月江宁淮安凤阳三仓俱于次年六月内题报徐州一仓江督仍照原限奏销

一钱粮未完续完银米支解数目例应造入随本节年奏销案内查核惟漕项续完支解数目或于道府年限案内造报或于州县年限案内造报错综散乱茫无头绪乾隆六年咨令嗣后本年奏销行查各款仍于本年奏销案内

声叙归结其历年未完项下续完支解数目照例造入随本节年奏销案内具题毋庸造入年限案内报部

一苏松省漕项奏销该督抚只将起运数目题报未将额征漕粮造入嗣后应照江广之例另造一册汇入漕项奏销具题查核【乾隆十五年】

一地丁漕项原属两事嗣后各省遇有地丁展限其漕项自应册报候拨倘因地丁展限漕项清册有碍难造报之处应于展限咨文内声叙缘由注明漕项一体展限字样预期报部以便于拨册声叙若咨部展限文内并不声叙及清册逾限不到者户部照例题参议处【乾隆十六年】

一搭运缓漕给丁漕赠银米务于随奏案内按年造报毋得于奏销案内混行开除致滋重复支销之弊【乾隆十九年】

一漕项钱粮款项最繁向来造报奏销系按照原额将节年升增并州县完欠以及裁减官丁应扣行月俸廪各数逐款胪列甚属繁冗嗣后奏销案内以上年实征之确数即为下年之定额再将本年升增各数随款登明至各项款目只开列奏销册首银米各汇结总数统收统除应扣存行月俸廪等项归入实存项下不必每款分别即州县实征册内凡银米完欠亦只各列一条府总道总一例如是又随奏年限案内州县完欠亦仿照办理以归简易【乾隆二十年】

一奏销案内动用钱粮有应俟别案题销之日报部查核者倘别案或因他故驳查每致奏销案内屡次登覆嗣后应归别案完结之项若动款数目既已相符此案即准销结毋庸登覆以清尘案【乾隆二十年】

一漕项随奏年限各册将上届册报某州县卫某某等款共银若干汇结一总内已完若干未完若干并列一系米麦豆石亦各结一总登报完欠【乾隆二十年】

一地丁钱粮缓征漕项一体邀缓若届奏销之期所有漕项未完银两于奏销册内声叙另归年限扣算补报考成【乾隆二十二年】

一粮道带印公出不能依限奏销例得展限仍将不能依限奏销缘由附疏声明【乾隆二十二年】

一乾隆二十四年吏部咨行嗣后达部各项册籍均以长一尺为凖每页二十四行每行二十二格尽留抬头三格起行十九字次行低一字照例呈送至各项进呈黄册均长一尺寛六寸缮写进呈照式一例办理

一东省各帮行月半折银两俱由粮道支发独山东前帮等四帮派令临清仓给领每年由临清仓抄送底册粮道汇核造报殊多牵制请将该仓每年支给山东前帮等帮行月银两归并粮道于通省帮船画一支放仍将收支银两数目同临清州造报收支米石数目缮造黄册山东巡抚汇核奏销【乾隆二十四年】

一山东粮道库大使兼德仓事务向令经管漕项及德常二仓银两嗣将临仓钱粮归并粮道经管亦应库大使支放责任已重所有德仓米石事务该大使难以兼顾查常丰仓大使既管该仓本色米石请将德仓本色米石一并归与常丰仓大使经管应令该道将德常二仓收放一切事宜悉循旧例各归各款办理分晰该二仓名目造报奏销毋致牵混【乾隆二十四年】

一东省东昌府属之聊城堂邑等十八州县漕粮项下额征盐钞银一千四百三十七两一钱一分零内堂邑博平莘县冠县馆陶高唐丘县恩县等八县系征解粮道给军由粮道报销其聊城茌平清平临清夏津武城濮州范县观城朝城等十州县向解东昌府支给军丁嗣奉部议将聊城等十属额征盐钞裁充兵饷俱由府转详解部银数无多专委人员甚费周折所有聊城等州县解部盐钞一项应照堂邑等属解交粮道凑支军丁各项钱粮之用汇入漕粮项下一并造册报销【乾隆二十八年】

一各州县卫应征钱粮银数尾零以厘为断米麦奇零数目以勺为断五毫以上者准为一厘不及五毫悉行减除米麦豆石尾零五抄以上者准为一勺不及五抄者概行删除其州县由单前列细款仍存其旧以符赋役全书鱼鳞册籍之款如有不肖官吏借归并之名致启浮收之弊者一经查出即行从重参处【乾隆三十一年】

一豫东二省留贮蓟粮动拨米谷及出借征还各数每年年底清查造具管收除在清册送部查核统归粮道一处实力稽查造册该抚核实奏销仍将存仓米谷数目移送藩司以备急需动拨藩司衙门无庸重复奏销免致两歧【乾隆三十五年】

一凡钱粮案件奏销交盘等项关系綦重者照例取具并无侵冒亏缺印加各结以昭慎重【乾隆三十五年】

一河南省应解临清德州二仓银米遇有未完查照徐淮等仓之例另作分数题参毋庸汇入漕项数内并计考

成【嘉庆三年】

一处分则例应以正项钱粮按照分数考核奏销者照奏销钱粮册结迟延违限一月者罚俸三个月违限一月以上者罚俸六个月违限两月以上者罚俸九个月违限三月以上者罚俸一年违限四五月以上者降一级留任违限六月以上者降二级调用违限一年以上者革职其杂项钱粮不作分数考核咨部核销之案均应照造报各项钱粮交册迟延违限不及一月及一月以上者俱罚俸三个月违限两月以上者罚俸六个月违限三月以上者罚俸九个月违限四五月以上者罚俸一年违限半年以上者降一级留任违限一年以上者降二级留任违限二年以上者降三级调用嗣后咨部议处文内将是否核计分数奏销抑系不作分数考核之处随案声明以便核办【嘉庆七年】

一各省题销案件于缮本具题之日另具揭帖随本移送其揭帖后尾即将所送册结等项数目逐一注明册尾务须填写年分月日总封外皮务须实盖印信毋得浮贴印花以昭慎重而杜弊端【嘉庆九年十年】

一山东临清关仓项下支给临清东平二卫所本折月粮银米向系专案造册题销又造入漕项奏销册内系属重复嘉庆十一年咨准嗣后仍照向例专案题报漕项册内毋庸造入

一外省报部文册凡有添补涂改处所例应处处钤用印信如有遗漏饬令另造盖印清册送部【嘉庆十一年】

一各省钱粮奏销业经题覆之后续报全完例准题请开复及咨请扣除免议各案所有续完银两应声明造入何季拨册方准题咨【嘉庆十二年】

一奏销属册例应随本送部漕项奏销各属应造清册如届当奏期有造册迟延者即随案题参【嘉庆十四年】

一各直省钱粮州县已征未解即照未完分数揭参如该督抚藩司开作已完者照通同徇隐例惩处至每年春秋报拨如必须展限奏明请展逾限不到照例查参仍严催迅速造报其拨册到部后即将所报实存银数奏归本届留协留备等款内以备拨用【嘉庆十九年】

一安徽省天长县应解扬州二帮津银系津贴本帮各丁支领济运历年奏销案内未将各丁支领银两造报无凭查核咨令该抚转饬该卫逐一查明造册送部其前取历任遗漏各职名仍令查取核议【嘉庆二十一年】

一江兴二卫快丁捐贴运费银两造报完欠册内嗣后应将快丁及代办丁名一并登注仍令支给各丁具结送部以便稽核【嘉庆二十四年】

卷七十八·奏销考成·仓库盘查

一漕项钱粮乃挽运急需司府州县等官如将征完银两挪动给发别项支用者粮道详报总漕题参【康熙六年】

一各省粮道存库钱粮于年终及离任之日责成藩司亲身盘查出结如有亏空立即揭报该抚题参【康熙二十八年】

一各省道库向例惟浙江粮道押运过淮时暂行布政司理问看管他省俱无专员管理雍正四年题准江安苏松江西湖南湖北山东等省粮道衙门各添设库大使一员凡仓库收放钱粮责成稽查其浙江道库即令布政司理问兼管

一道库实存钱粮自雍正五年为始照司库例每年春秋二季造册报部听候拨解京饷【雍正四年】

一江宁布政司衙门征收上下两江应解南屯米麦豆石旧有仓廒俱系吏役经收支放雍正六年题准添设仓大使一员稽查管理以专责成

一德州原设常丰德州二仓临清州原设临清广积常盈三仓年久坍废雍正十年截留南漕题准临清德州各添设新廒六座责成粮道督率临德二州加谨盖藏年底盘验出具实贮印结送部并令常丰临清二仓大使巡查看守乾隆二十四年题准将临清仓大使裁汰仓务交与临清州兼管给丁本色米石仍照旧赴仓支给其折色银两各州县征解粮道库支放

一各省道库一应收支钱粮随时知会藩司备案奏销时将支销存剩各数造册移司盘查出结送部【雍正十

一年】

一各省粮道新旧交代任内收支钱粮向系咨部查议雍正十一年题定照布政使交盘例该管督抚造册具题

一州县钱粮仓谷如有亏空该管道府州如平时盘查不实直至离任身故始行揭报者将该管道府州以失察附参虽无徇隐情弊仍照失察州县侵挪亏空例议处分别著赔【乾隆十二年】

一州县亏空道府不行查揭者乾隆十二年原议照失察例均降四级调用但道员有盘查知府直隶州之责失察亏空原有降四级调用处分若失察州县又与知府一例降调殊无区别嗣后州县空道员不预行参揭者降一级留任【乾隆十四年】

一漕项实存银两春秋二季拨册江安苏松湖北山东河南五省俱系详送各该抚咨部拨惟湖南浙江江西三省各抚与漕督并行咨部事属重复嗣后该三省应照江苏等省之例造报各该抚咨部仍造送总督衙门备查以归画一【乾隆二十年】

一各省粮驿道库遇有新旧交代照年终奏销之例令各督抚亲往盘查所有收支数目仍责令藩司于未经盘查之先出具保结详送督抚倘结报之后仍有查山侵挪亏空等弊督抚题参照例分赔议处【乾隆二十七年】

一湖北湖南道库漕项钱粮奏销总漕远在淮安巡抚会同总督盘查咨会总漕具题【乾隆二十七年】

一凡督抚接任应行盘查藩库之时将驻札同城之粮驿二道库一体亲往盘查有无挪移亏缺附折具奏【乾隆二十八年】

一山东省临仓钱粮统解粮道衙门其随正耗羡银两内除扣支一厘脚费外一并解道每年由道将余剩耗银汇行解司充公此外漕项及德仓等项正银系解粮道耗银解司乾隆五十二年新例漕项耗羡全行解道德仓等项耗银亦遵例解道所需解费脚费即照临仓之例于所征耗银内照数扣除分别解支

一有漕各省春秋拨册收造银两逐一登造将年分县分详细声明以凭稽核【乾隆五十八年】

一嘉庆六年奉上谕各省州县设立常平仓谷原备本处水旱偏灾平粜赈济之需各州县平日不能实心经理或竟任意侵挪亏缺以致积贮空虚猝遇偏灾茫无所措而该督抚等为目前补救之策大率奏请截漕殊不思京通各仓所贮漕米以之颁给廪禄兵粮无论岁收丰歉俱应按数支放即太仓之粟陈陈相因亦属升平盛事焉有天庾正供徒资外省截留之理嗣后各督抚等总当于各州县仓库根本要务悉心讲求实力整顿务归实贮方为有备无患勿徒以截漕为事将此通谕知之钦此

一各直省藩库滥行借放由于支放钱粮有扣成之弊利其多扣遂将不应借之款不应借之员概行借放嘉庆二十年经御史胡承珙奏准严行禁革以杜冒滥

一嘉庆二十一年奉旨各省督抚参劾亏缺州县如系现任人员自应奏明革审至已革人员续经查有亏缺即可先行拿问审讯俟定拟具奏时于折内声明若俟奏明奉旨始行审办岂不徒延时日任令弥缝嗣后各省已革人员续经查有亏缺者均即照此办理毋庸先行请旨等因钦此

一通济库道光二十一年起至咸丰三年止不敷办运长支动缺银十七万三千五百三十七两零历任仓场侍郎未能督饬催完奏请交部议处历任坐粮厅未能按期追缴先行罚俸一年其长支动缺银两令历任坐粮厅监督经纪书吏商人分赔交纳

一历任坐粮厅应赔四成残袋变价长支脚价船头工食及独赔无著项下银两除现任坐粮厅责令于本年内全数交清傥有迟逾即行参办其余十一员分作三限每四个月为一限初限限满交清者免其处分仅交五成者降一级留任不及五成者降二级留任分文不交者革职留任二限限满交清者开复处分仅交五成者降二级留任不及五成者革职留任分文不交者革职严追三限限满仍未交清者一律革职监追交清后开复原官其现已无官之员三限限满仍未交清者一律监追交清即行释放仍于补官日罚俸一年一经纪应赔六成长支脚价残袋变价及独赔石坝掣欠银两分作十成计算拟令先交四成银两分作三限匀交以半年为一限每限限满交不及数者革役交地方官押追统限限满仍未交清者送交刑部监追交清即行释放仍准著役下余六成银两准令匀作六年坐扣

一仓场衙门书吏著追饭食银两分作十成计算先交三成银两分作三限匀交以半年为一限每限限满交不及数者革役交地方官押追统限限满仍未交清者送交刑部监追交清即行释放仍准著役下余七成银两准令分作六年坐扣

一坐粮厅衙门书吏著追饭食银两分别十成计算先交四成银两分别三限匀交每限限满交不及数者革役交地方官押追统限限满仍未交清者送交刑部监追交清即行释放仍准著役下余六成银两准令匀作六年坐扣

一商人欠交残袋变价著追银两分作六限匀交以半年为一限每限限满交不及数者交地方官押追统限限满仍未交清者送交刑部监追交清即行释放

一历任坐粮厅监督旗籍任所应令各督抚都统遵照初二三限章程分别办理每四个月为一限统限一年追清毋得宽纵完缴银两按限解部交纳不准截留军饷【以上咸丰三年】

一通济库咸丰三年起至七年止办运不敷长支动缺银二十二万六千六十六两零八年动缺银三万七十一两零将历任仓场侍郎各坐粮厅监督一并交部议处

一历任坐粮厅监督应赔银两分作三限匀交五千两以下者以四个月为一限限一年交清五千两以上一万两以下者以八个月为一限限二年交清一万两以上及一万五千两以下者以一年为一限限三年交清初限交清者应毋庸议仅交五成者降一级留任不及五成者降二级留任分文不交者革职留任二限交清者开复处分仅交五成者降二级留任不及五成者革职留任分文不交者革职三限限满仍未交清者一律革职监追交清后开复原官其现在无官之员三限限满未交清者一律监追交清即行释放

一经纪车户书吏应追银两令坐粮厅按限追交如限满不完或交不足数即行分别革役监追

一书吏长支饭银将坐粮厅等严参并责令分赔一半其余一半银两将书吏送部监追如交不足数仍令该厅全数赔补

一预借长支令仓场奏明办理每年借支不得过一万两如借支逾数或坐粮厅擅自发给由仓场据实严参仍令该厅照数赔补如仓场徇隐不发由部分别查参

一通济库奏销册内实存项下如有长支预借务令分晰注明何项借支若干实存若干所借银两次年扣还即列入次年奏销收款造报倘仍有实存之数不符者将坐粮厅监督交部严议并将仓场侍郎分别议处

一通济库印钥改由仓场侍郎佩带所有开放银两由坐粮厅呈请该侍郎酌定放款亲临监放倘该厅擅自开放致有折扣朦混等弊责令照数赔补仍照滥放库款例从严参处如该侍郎失于觉察由户部奏参并设立循环簿二本钤盖印信按月填写管收除在数目换送仓场衙门查核【以上咸丰八年】

一通济库米折银两向系解交部库如轻赍茶果项下不敷开放准其借动支销

一抽查漕粮御史二员每月酌给公费二十两按月给发吏役饭食铺垫租房等项每年发给实银四百两

一土坝书吏每年酌给银八十两

一捞割杂草夫役每年酌给银三十两

【以上三款银两于厅茶果项下作正开销不得克扣脚价】

一置造枷号价银准其另行筹款每年核给银五十两【以上咸丰九年】

一同治元年钦奉上谕京师为辇毂重地城仓各库向设值班官兵并特派有稽查管理之王大臣原以专责成而昭严密乃近闻城仓各库值班官兵废法营私顶替包揽无所不至并有各该处聚赌酗酒窃藏贼赃等弊即如上年冬间拿获抢劫案犯竟有在城上俵分赃物之事废弛怠忽至于此极尚复成何事体著派出查城查仓各大臣以及管理各库王大臣实力整顿稽查并严定章程如有前项情弊或旷班不到或受钱代替并在各该处有无前项不法各情一经该王大臣查出立即从严加等治罪其是日一同值班之官员兵丁等如不先行举发亦一并严惩不准稍涉宽纵倘该管王大臣仍前玩忽别有风闻亦不难另派大臣前往密查一并从严惩处决不宽贷钦此

卷七十九·挽运失防·风火事故

一船粮在洋江黄河漂流为大患地方官查明给有印照总漕各该督抚核勘明确据实具题准予豁免如无题报即于本丁名下追赔若本丁无力补完将本帮余米篕羡扣抵务足原数【议单旧本】

一文武官员凡遇漕船沉溺不将情由申报者降一级调用【载在会典】

一漕粮改解兵米大江漂流准照漂没粮数开销【顺治十五年】

一大江黄河漂沉抢救者将所抢米石洒带各船运送其漂没米石准予豁免若坐视不救该督题参从重治罪

【康熙二十一年】

一漂流船粮令沿途催攒各官及汛地文武官员亲临确查各出保结取具运官结状该督抚具题豁免如运粮官丁未经漂没船粮谎报漂没并故将船放失及虽系漂没损失不多乘机侵盗至六百石者照例拟斩不及六百石者照律发边卫永远充军米石照数赔补其沿途催攒各官及汛地文武各官不亲临确勘遽出保结者俱行革职该督抚不严查确实遽行题豁后诈冒事露将具题督抚降二级调用【康熙二十一年】

一押运官弁巡查不谨以致失火烧毁漕船者降一级调用地方官不行协救延烧别船者罚俸一年【康熙二十一年】

一漕船失风沉溺船未抵通而粮已搭运到通全完者坐粮厅呈报户部旗丁领过行月钱粮免其追缴【康熙三十六年】一洪泽湖失风漂没船粮于康熙四十二年奉旨亦照大江黄河漂没之例议奏钦此

一火毁船只押运等官均有议处惟失风船只只赔米石是以不肖弁丁假捏失风以致挂欠嗣后漕船在内河失风押领等官照失于防范例罚俸一年仍取具押运官弁并地方文武官弁并无假捏印结送部倘有假捏情弊即将弁丁严加治罪出结官弁从重议处【雍正三年】

一粮船在内河漂流不准豁免旧例将该帮进仓米石免其筛扬以所剩筛扬折耗余米抵补漂流之数抵补不敷将该帮羡余银两扣除该帮不足将总运同知通判所押各帮内扣除务足原额雍正四年题准失风米石除将本帮余米抵补外下剩米石限次年搭运抵通正兑改兑均照平米收受仍免其筛扬折耗之米以示轸恤

一漕船入境地方官不顾风色水势催攒前进在内河致有疏虞将该管地方官与押运官弁均照失于防范例议处【雍正五年】

一领运弁丁凡遇海洋大江黄河危险地方遭风漂没幸获生全者照军功保守在事有功之例官准加一级旗丁照军功头等伤例赏给其漂没身故者官不论衔级大小照军功阵亡例俱以现在职任分别准荫加赠给与祭葬银两旗丁亦照军功阵亡例给与祭葬银两其无妻子亲属者照例给银该督抚提镇委官致祭至船内头舵水手被淹身故者照军功二等伤例赏给【雍正六年】

一粮船在大江等处漂没旗丁淹毙赏恤银两无亲属可领者令地方官寻觅尸骨料理埋葬无从觅获者即于淹毙处所量予祭奠【雍正十年】

一海洋大江黄河洞庭洪泽等湖弁丁被淹身故照军功例赏恤赠荫其在内洋内河及停泊海口岛屿等处修造船只虽与効力疆场者有间但此等幸生之弁丁究系奉公差委应照军功例减等官给与纪录二次旗丁人等照二等伤例减半赏给其漂没身故者官照阵亡例各减一等分别荫赠减半给与祭葬银两旗丁亦照阵亡例减半给与祭葬银两无妻子亲属收受者仍照例给奠银二两遣官致祭再内洋等处遭风沉故之千总量减一等荫子弟一人以把总补用【雍正十二年】

一各省漕船历运未满十年遇有失风失火事故向未著有成例雍正十三年题定漕船历运五六年及未至五六年而有风火等事之失责令赔造历运七八年而有事故责令买补历运九年而有事故责令雇募均至十年限满准其给价配造其在大江大湖黄河失风漂没粮船仍令总漕各督抚勘实具题准予豁免

一漕船凡遇风火事故押运官弁例应即速报明沿河各官协同救护嗣因帮弁失事并不知会地方官弁以致藉端卸责乾隆二年咨行嗣后漕船如遇事故务令据实报明

一粮船内河失风漂流向例责令买补米石赔造新船仍交茶果银两个儿钱文【每运通米一石旗丁交个儿钱二十二文以为给役转运之用】因粮船遇有事故旗丁赔累艰难乾隆三年题准免交茶果银两至个儿钱文若失风米石临仓买补无藉转运者免交其船无破损米无亏折到通转运进仓者个儿钱文照旧交纳

一粮船内河失风领运押运各员以及地方员弁均有议处乾隆三年题准如假捏失风希图挂欠者仍照例议处若汛水涨发猝不及防失风之船能厍救修舱抵通粮米无亏或买补全完者领运守千丞倅均免议处仍照例议叙倘船非满号【出运十次为满号】不能厍救米有挂欠虽买补全完亦仍照例议处至地方文武员弁协同厍救船粮均无亏者免其议处如不能协同厍救以致漂没者仍照例处分【查此案所载仍照例议叙句乾隆三十五年吏部所纂则例内已经删除】

一押运丞倅遇有帮船失风事故向例与领运守千一例议处因丞倅统辖十余帮较之守千专管一帮者有间

乾隆三年题准量为减轻原议罚俸三个月者改为一个月原议罚俸六个月者改为三个月原议罚俸一年者改为六个月原议降一级留任者改为罚俸一年原议降一级调用者改为降一级留任原议降二级调用者改为降一级调用原议革职者改为降三级调用

一粮船停泊处所他船失火该丁在船不即设法开放地方官不行星飞往救以致延烧者将火毁船只责令官丁名下分赔造运【乾隆四年】

一粮船遇有事故失防职名例应开送以凭查议往往各省有只报失事缘由而不开失防职名者乾隆五年咨行通饬凡有失防职名照例开送如有应行免议之处于咨内声明听候吏兵二部查议

一漕船风火事故自应总漕报部办理乃各省遇有事故或有总漕咨报或督抚咨报且有督抚总漕兼报殊不画一乾隆五年咨行嗣后各省船粮遇有风火事故概听总漕查报一漂没船粮旗丁兄弟亲属随带人等例不赏恤至副丁额设已久管押空重责成亦重副舵系在帮夫役与水手无异原例未经议及遇有事故不得仰邀恤典乾隆五年题准比照头舵水手照军功二等伤例赏给银二十五两

一赔造新船原可足运恐不肖旗丁将赔造之船至一二运接算原船出厂年分捏报腐朽或称事故混请雇募希图省费乾隆五年咨令嗣后漕船有应雇募买补者于咨内声明一各省漕船遇有事故例应赔造者回次之时即行遵例赔造倘有藉词减歇迟至次年兴造者将督催卫员照例题参【乾隆五年】

一各省出运船粮凡有失风米石照例报部分别易换扣抵倘有隐徇捏报等弊照例题参【乾隆六年】

一粮船失风火燎其船不致被沉者无论已未过淮即令修固原船复载抵通如已被沉难庠者准雇民船载运跟帮过淮盘验抵通倘过淮时未经雇募将米已洒通帮带运者不许中途再雇民船装运以杜盗卖搀和之端若过淮后失事或在黄河中流及该地方无民船雇募者仍令先洒通帮带运开行一面前途雇觅民船装运通帮众丁及领运千总出具互保各结抵通交纳稍有亏缺责令赔补【乾隆七年】

一漕船失风亏折米石有将本帮余米抵补者例应报部察核而总漕每有知会仓场而不报部者乾隆九年咨行嗣后照例报部

一例准留通变卖船只沿途遇有失风事故旋已修舱坚固将米洒带通帮运通其船即在途次变卖者将千总查参罚俸九个月【乾隆九年】

一漕船减歇在坞【即水次】被行船撞损该管千总隐匿不报者照失风漂没不行申报例降一级调用【乾隆十二年】

一漕船在大江黄河等处遭风漂没如有捞救干湿米石者其亏折之粮例不准豁免若亏折过多数在八九百石以上一时买补丁力艰难总漕据实具奏准其将买补银两解通于下年本仓余米内买补报部其漂没船只仍照例办理【乾隆十二年】

一回空漕船随帮虽已管押到次若新运千总尚未赴帮遇有风火等事仍将随弁职名开报倘新运千总已经到帮出有接受文结后遇有事故虽未受兑开行即以新运千总职名报参或减存在次运随二弁均难兼顾遇有事故即将收管之地方官职名开参至押运同知等官帮船抵次后一运之事已毕与随帮专为空船而设者不同倘在次遇有风火等事免其参处【乾隆十四年】

一江广二省系产木之乡成造漕船禁用旧料满号船只题准留通变卖至沿途失风拆板之艘无论已未满号俱令就地变价嗣恐不肖旗丁将空重漕船假捏失风拆板变卖价归己橐乾隆十四年奏准失风漕船如果不堪庠修准其拆板变价将变价银两令该地方官验明封固交该帮弁携带回次呈明粮道验发

一空重漕船如遇雷火击沉原非人力所能救护该管各上司查明属实准其取具切实印结咨部将失防各官免其查议【乾隆十六年】

一大江黄河等处风涛莫测帮船经行沉失者例免查议嗣于乾隆十七年通行各省将帮船经行之大江黄河一切新旧大小名目详查造册送部遇有事故俱以册造名目为凭倘有假捏名目或藉称前册遗漏或托词新长洲渚混行推卸者即照规避处分例查参

一大江黄河等处漂没漕船新船不及成造丁运漕粮例应洒带运通若粮米过多未免负重难行该督抚将不便洒带情形据实声明准其雇募装运【乾隆十九年】

一漕船如果在于大江黄河漂没例应题豁者该督抚一面具题请豁一面责丁成造毋任迟延致悮下运【乾隆二十一年】

一拨船运米遭风无力完补于各帮余米内买抵通完【乾隆二十二年】

一各帮船只遭风沉失应行赔造之船本年新漕暂准雇募一次俟次年赔造【乾隆二十四年】

一漕船如遇民船失火延烧丁民各半分赔【乾隆二十七年】一失风船只如系自备民船原装米石颗粒无亏失防职名免其开报【乾隆二十七年】

一各丁买补船只遇有事故虽历九运仍买补足运【乾隆二十九年】

一受兑漕船如被木簰蹠坏其沉溺米石木商照数赔补损坏船只修舱齐全【乾隆三十年】

一乾隆三十一年钦奉上谕漕船遭风失火延及邻艘究系防范不慎应令其照数买补分两年完仓至因别舟火起仓猝延烧并非疎于防护所致著免其赔补钦此

一乾隆三十二年钦奉上谕漕船偶值冰凌迅下船身嵯破人力难施非该丁等防护不慎所致所有沉失米石著免其赔补钦此一九运漕船回空于黄河漂没业经派减一载者准其给料成造【乾隆三十四年】

一乾隆三十五年钦奉上谕漕船焚失粮石自应按数著赔若船粮猝遇雷火焚毁非人力所能预防所有应赔粮石漕船俱加恩宽免其总押领运员弁亦非救护不力一并免其查议钦此

一漕船遭风漂没因新漕已届赔造不及漕米准其暂行洒带通帮漂没船只令回次时赔造

一漂没船粮沿途地方文武营汛各官确勘出结详报督抚确查题豁如运粮官丁谎报漂没及乘机侵盗照律治罪米石赔补沿途催攒及地方文武营汛各官不确勘的实遽出保结者革职如不将情由申报降一级调用督抚不严查确实遽行题豁诈昌事露将题豁督抚降二级调用【乾隆三十五年】

一漕船入境如遇浅搁事故押运领运并地方官不即查明申报均罚俸六个月【乾隆三十五年】

一漕船内河失风押运官罚俸六个月能戽救船只修舱抵通粮无亏折并买补全完均免议处船非十运不能戽救米有挂欠虽买补全完仍照例议处【乾隆三十五年】

一漕船内河失风捏报大江黄河领运地方各官各降一级调用若遭风水不顺地方官与押领员弁公同申报守候曰时倘不顾风色水势催攒前进致有踈虞地方官罚俸一年押运官罚俸六个月如有捏称风水不顺逗留脱帮总漕并督抚查参将不实力催攒之地方官降二级调用押运官降一级调用若汛水涨发失风漕船地方官能协同戽救修舱抵通粮无亏折免其议处不能协同戽救以致漂没仍照例议处如雇募民船遇有风火事故听其换船装运米无亏折失防领运地方各官免其议处【乾隆三十五年】

一乾隆三十八年奉上谕据嘉谟奏浙江处州卫前帮旗丁张政元漕船在海河口遭风沉溺船板米粒无存查系内河失风例应照数赔补著加恩准其先行买交米三百石其余二百五十六石五斗缓俟下年搭运全完其失防之押运员弁及地方文武各官著该总漕查明交部察议钦此

一六七运漕船回空于洪泽湖漂没者虽经派减一次系属七八运仍令买补足运【乾隆三十九年】

一漕船上年闸河漂没下年一半应行搭运米石准其买余抵补免其搭运【乾隆三十九年】

一乾隆四十一年钦奉恩旨宿州二帮漕船行至清河县极险湖心陡遇暴风船经漂没淹毙多人自属人力难施沉溺米石加恩豁免钦此

一漕船在次失风该管卫守备不行详报照承办错悮例降一级留任【乾隆四十一年】

一白粮帮拨载米石被空船蹠翻押运官失于防范仍照例议处领运千总照防范不严例降一级留任其行船蹠住船之领押职名查参送部【乾隆四十一年】

一漕船住泊失火被焚并延烧尾接之船其应赔船只准其暂行雇募一次至应雇船只与赔造新船责令弁丁各半分赔其银两令卫守备催追勒限赔造【乾隆四十二年】

一乾隆四十二年钦奉恩旨湖北三帮漕船在内河失事例固应赔但念帮船猝遇暴风漂溺人力难施情尚可原加恩令其各买本帮余米三百石其余米石同随粮席竹缓俟下年搭运全完钦此

一回空漕船遭风覆溺押领员弁不行呈报降一级调用【乾隆四十二年】

一漕船除在大江黄河洪泽等处与门河内失风查无情弊者仍照向例办理外其在内河失风或只一二只及

船米无亏者均照例议处若至三只以上者运弁降一级调用押运厅罚俸一年至五只以上者运弁革职押运厅降一级留任旗丁杖一百枷号一个月如有控报失风从重议处至盛夏之时倘在内河遇雨水骤发冲坏数只者由该督及巡漕御史查明实在情形奏明分别办理【乾隆四十二年】

一乾隆四十二年钦奉恩旨宿州二帮漕船在洪泽湖漂没赏借银两原定分作五年归款丁力未免拮据著再于原定五年之限加展三年以示体恤钦此

一乾隆四十三年钦奉恩旨安庆等帮漕船陡遇暴风致遭沉溺淹毙人口照例抚恤沉溺米石查明确数据实具奏豁免钦此

一漕船冰凌击沉湖心例应买补因值兑期紧迫将应运米石洒装受兑仍一面责丁买补民船迎帮受载【乾隆四十三年】

一拨船遭风沉溺厅弁不行详报降一级留任【乾隆四十四年】

一漕船被火烧毁被烧米石于各丁余米内分作两年抵补【乾隆四十五年】

一乾隆四十七年钦奉恩旨赣州等卫帮漕船停泊黑夜猝遇暴风以致漂没片板粒米全无淹毙人口照例赏恤漂失米石照数豁免钦此

一漂没漕船详请题豁因未接奉部覆未便排造将新运粮米暂洒通帮【乾隆四十七年】

一白粮帮船遭风沉溺亏折白粮米石因例无余米抵补奏明责令旗丁在南购买匀限三年运通交纳亏折漕粮买余抵补【乾隆四十七年】

一漕船失风米石除本帮应交余米准其买补外其余不敷米石饬令于下年起运船内买米搭运【乾隆四十七年】

一乾隆四十八年钦奉恩旨淮安头帮漕船猝遇暴风以致沉溺漂失米石全行豁免淹毙人口照例恤赏钦此

一漂没船粮业经豁免其随船席竹一体准其豁免捞获湿米以食米易换如有不敷准其临仓买余抵补【乾隆四十八年】

一满号雇募船只及起拨民船在内河失风沉溺如所载粮米有亏即应计只扣算若船米无亏及回空船只本无粮米无弊可作者均毋庸计算只数至闸河失风果在险要处所免其计算【乾隆四十八年】

一乾隆四十九年钦奉恩旨镇江后帮漕船猝遇暴风登时沉溺漂失米石加恩寬免淹毙人口照例赏恤又钦奉恩旨安福等帮漕船夜值雷雨风火迸烈烧毁船米等项概免赔补烧毙人口照例赏恤督运员弁尚非有心贻悮免其议处钦此

一重运漕船在黄河中心漂没办理迟延违限一年以上之地方官降一级留任【乾隆四十九年】

一漕船陡遇暴风雷火并击烧毁米石准其于下年买米搭运【乾隆四十九年】

一漕船渡黄起拨劳费甚多乾隆五十年钦奉恩旨将渡黄费用较多者赏银三两渡黄以至宿迁等处节节起拨劳费较重者赏银六两其截留北仓各帮船应交个儿钱文并拨价饭米等项均系自行缴出每船亦赏给银三两钦此

一盛京运通黑豆在洋遭风漂没无存取具各结题请豁免先发过一半水脚银两系事前支给之项照数追出归款【乾隆五十年】

一乾隆五十年钦奉恩旨大河等卫帮漕船在内河遭风沉溺漂失米石例应赔补但念猝遇暴风人力难施尚非该丁等疏失所致亏折米石全行寬免淹毙人口照例赏恤钦此一乾隆五十一年江西重运漕船遭风浅搁霉变米石全数买补力有难支据漕运总督毓奇奏准将原被搁损丁船五十四只每船各赏银八两以示优恤并将江西十三帮一体量加借给银二十两所借银两于新运钱粮内分作二年扣缴归款

一乾隆五十一年浙江金衢所帮旗丁胡公安湖南头帮旗丁熊之都二船因迎溜上闸登时倾覆钦奉恩旨将应赔船只准其给料成造冲淌米石免其赔补其淹毙人口于例赏外加一倍赏恤钦此

一白粮帮起运白粮遭风沉溺捞获亏折米石无余米易换赔补准其于下年起运白粮内照数搭解【乾隆五十一年】

一减歇船只于上年沉溺之后不即及时赔造藉称江水渐涨势难拆板遽请雇募将办理错悮职名送部议处

【乾隆五十二年】

一失风船只例应买补足运维时办理转运军粮无船觅买将该船应运粮米分洒通帮带运俟下年再行买补【乾隆五十三年】

一失风船只例应雇募因值时倾覆钦奉恩旨将应赔船只准其给料成造冲淌米石免其赔补其淹毙人口于例赏外加一倍赏恤钦此

一白粮帮起运白粮遭风沉溺捞获亏折米石无余米易换赔补准其于下年起运白粮内照数搭解【乾隆五十一年】

一减歇船只于上年沉溺之后不即及时赔造藉称江水渐涨势难拆板遽请雇募将办理错悮职名送部议处【乾隆五十二年】

一失风船只例应买补足运维时办理转运军粮无船觅买将该船应运粮米分洒通帮带运俟下年再行买补【乾隆五十三年】

一失风船只例应雇募因值别枷号示众【乾隆五十四年】

一乾隆五十四年江西袁州帮旗丁李周等船行至黄河大溜遭风散裂钦奉恩旨将漂淌粮米席竹概行豁免淹毙副丁等照例分别赏恤漂散船只给料成造钦此

一漂没漕船赔造不及暂准雇募民船兑运【乾隆五十四年】

一帮船被民船失火延烧经仓场议令丁民各半分赔嗣据总漕按照原船出厂年分咨请买补其时帮船已经起运部议覆准仍令下年赔造起运【乾隆五十四年】

一失风沉失亏折米石于通帮余米内全行扣抵外不敷米石准其于下年应交余米内买抵完公【乾隆五十五年】

一回空失风船只文内不将险要处所声明其随帮武举照遗漏声叙例罚俸六个月【乾隆五十五年】

一失风漕船该帮千总匿不具报迨船已派减看减千总始行详卫率请改造应将该帮千总照隐匿不报例降二级留任系私罪毋庸查级议抵卫备罚俸一年地方守备照漕船失风例罚俸一年【乾隆五十五年】

一帮船因雇募窄小将带运麦豆另雇拨船装运以致遭风沉溺卫备照失于查察例罚俸一年【乾隆五十五年】

一漕船已历七八运该道卫既已验明腰直艄拖并不随时详报加修率将应运漕粮于各船洒带之外仍令原船减载跟帮以致被冰撞沉粮道卫备照失于查察例罚俸一年【乾隆五十六年】

一乾隆五十七年兴武九帮旗丁杨九章等出运船粮渡江遭风漂没米石钦奉恩旨俱著免其赔补其应修船只并著官为造办淹毙人口照例赏恤钦此

一乾隆五十七年兵部条奏漕船在闸河内河失风及冰凌擦损沉溺领运之弁每只罚俸一年至一运内失防漕船先后接算在三只以上者运弁降一级调用五只以上者革职既经并案议处所有一运内逐案罚俸之案应予查销

一乾隆五十七年江西九江前帮旗丁徐子信等出运漕船渡黄遭风漂淌其漂没米石席竹钦奉恩旨全行豁免船只给料成造淹毙人口照例优恤得生者著加赏赉钦此

一八运漕船无故腐朽擅将应运米石违例洒带通帮又将腐朽空船仍令跟帮行走以致遭风沉溺将千总照违令律治罪罚俸九个月优罚俸九个月【乾隆五十七年】

一乾隆五十八年江西九后等帮船六只湖南帮船二只遭风漂没钦奉恩旨将漂没米石席竹等项全行豁免船只给料成造淹毙水手人等照例优恤捞获湿米将食米易换分洒通帮交纳钦此

一乾隆五十八年湖南江西回空军船遭风漂没钦奉恩旨将淹毙头舵水手照例赏恤其淹毙一家六口者加倍赏恤漂没沉溺各船概免赔补官为置造并通谕各省催漕文武各员总当察看风色水势情形量为催攒其回空船只运弁军丁未免意存怠玩致有失风之事著通谕各省督抚嗣后漕船过境务须饬令酌量催攒不可过于急迫致令涉险失事亦不得因有此旨任其逗留其押送回空如有前项情弊即应严行参办钦此

卷八十·挽运失防·风火事故

一嘉庆四年湖北德安所减歇漕船因盐船失火延烧钦奉恩旨动用官项补造免其分赔钦此

一浙江温州后帮漕船陡遇龙风沉溺亏折米石因抵通之时并无食米可换将该帮余米照数抵补其余欠交米石咨明下年搭解嗣因该丁遭患之后又逢漕粮全减该丁等坐食经年苦累难支奏请酌分四限买余抵交嘉庆四年奉旨向来漕船买余抵补沉失米石并无分限之例此项应行买补搭解之米著仍照向例于次年采买搭解赴通交纳钦此复经漕运总督蒋兆奎查明该帮丁力难支援照乾隆四十七年嘉白等帮沉湿米石奏准分运带交之案分为四限搭解奉旨著照所请自明冬为始分作四限买补搭运以纾丁因而示体恤钦此

一天津县雇募船户承运奉省黑豆行至海洋遇风将船打漏漂失豆石议令船户赔补缘该船户赤贫如洗力难完缴援照乾隆四十七年装运宁远州豆石漂没准豁之案咨明奉省题请豁免所有失去豆石所需海程水脚银两彼时并未给发毋庸追还【嘉庆五年】

一松江白粮帮船行至天津县海口地方遇风沉溺漂淌及烂米石查照乾隆四十七年白粮失风之例准令该丁等回次采买来年搭运押运员弁防范不及请交部照例办理嘉庆五年奉上谕此项帮船在天津海口陡遇暴风人力难施以致船身沉溺所有押运员弁著加恩免其交部议处其漂淌烂不能交纳之米亦著加恩免赔一半其余一半照例令该旗丁回次采买俟来年搭运到通完缴钦此

一嘉庆六年六月通州河水盛涨北运河一带军白空重各船猝遇涨溜冲逼人力难施据仓场侍郎奏请将漂失米石买余抵补浸湿米石令旗丁一体变卖携价回南买补搭运奉旨此次漂失米石系因雨水涨发人力难施尚非疎玩所致所有应赔漂失米一千六百七十四石七斗著加恩宽免八百石其余八百七十四石七斗著该丁买余抵补至淹毙男妇十八名口并著加恩照例赏恤余依议钦此

一漕船因风火燃领运千总照例降一级调用销去任内寻常加一级抵免降调【嘉庆六年】

一嘉庆六年暂贮北仓米石分为十起转输在船受潮沉湿米石就近粜变所变价银存贮通库俟北仓米石全数运竣之后如无亏短给经纪承领倘津贴米石不敷赔补即于此项价银内照掣欠逾额例加价补交

一拨船失风系在内河并非大江大河照例将失风三只以上之领运千总降一级调用地方失防把总照例每只罚俸一年【嘉庆七年】

一漕船失风因甫经一运赔米赔船丁力难支准其暂行雇募一次【嘉庆七年】

一一运漕船回空失风因赔造不及又无合式船只雇募该丁应兑之米准其将因灾派减帮船赴次受兑仍归该帮行走其船仍令赔造派入减存下年接运【嘉庆七年】

一失风拆板漕船已历五运例应赔造因丁力艰难准其派入轮减俟下年赔造接运【嘉庆八年】

一回空漕船因风失火押运通判降一级留任地方文职照例罚俸一年【嘉庆八年】

一江西袁州等帮重运粮船渡鄱阳湖因北风陡起抢收不及漂没船八只沉溺船五只淹毙旗丁头舵水手男妇及押催卫役舱匠等三十二名口嘉庆九年钦奉恩旨沉失米石全数豁免漂没船只官为修造淹毙人口量加赏恤著该部照例咨行该抚妥为经理秦承恩身任封疆于漕船失风等事迟至一月之久始行具奏殊属玩延著交部议处钦此

一各省漕船凡遇失风事故于咨报户部时即一面分咨兵部将失风地方月日船只数目及运弁职名详晰叙明以便核办【嘉庆九年】

一台州前帮回空船只在洪湖中心大风雨雪将船身击撞漂散嘉庆九年钦奉恩旨准予官为修理漂失货物衣服酌赏银两以示体恤钦此

一湖南三帮旗丁蒋沐漕船在清江闸随溜冲消登时沉溺嘉庆十年钦奉恩旨将亏折米石分作三年买余交纳拆板船只给予银两官为成造钦此

一漕船被豆船撞沉亏折米石责令豆船船户照数赔补【嘉庆十年】

一台州前帮旗丁刘汉英等三船回空渡黄陡遭大风打入洪湖中心击撞漂散钦奉谕旨将该三船准予官为修理该旗丁等若有漂失货物衣服等事亦应酌赏银两以示体恤至应运新粮或令减歇军船代运或令本帮均匀装载毋庸另行雇募等因钦此嗣据总漕取结题咨该三船遭风漂淌片板无存准其给与料价成造并因准给料价

赔累尚复不少将刘腾蛟刘凤蛟二船先行成造其刘汉英一船粮洒通帮缓俟下运给价排造至该三船漂失货物每船赏恤银四十两以示体恤【嘉庆十一年】

一旗丁失风船只赔造不及例准雇募民船一次如失风之时距新漕起运之期尚远仍令赶紧赔造以符定例【嘉庆十一年】

一浙江军艘每届十运时准将原船按照加一数目留次配造粮米洒带通帮所有本船应领行月粮米作为添补造船工费其失风事故船只每届十运仍令补足运数不准将粮米洒带嘉庆十一年奏准失风事故船只一体免其补足十运即九运军船在途遇有事故亦免其雇募足运

一嘉庆十一年奉上谕吉綸奏惠济闸水势过激江西吉安帮旗丁涂陈朱粮船打放过闸将米石全行漂没并淹毙男妇七名口殊深悯恻除淹毙人口分别赏恤外所有漂没米石免其赔补仍于明年照数采办搭运该船本年已届十运满号著准其给价成造该部知道钦此嗣据江西巡抚先福奏准吉安帮旗丁涂陈朱漂失漕米照数采买其米价并运米脚费在于地丁银内动支取造册结另请报销

一嘉庆十二年奉上谕据温承惠等奏天津地方西北风大作猛烈异常拨船多有磕碰损伤淹毙船户水手三百余名其不堪收拾拨船及漂淌无存者共计一百四十八只此次暴风本属狂猛官民船只猝不及防以致沉溺淹毙多命深堪悯恻除地方官捐资棺殓抚恤外无论大小每名再加赏银三两以示轸恤损坏拨船免其赔补添雇民船核明实数妥为雇备等因钦此

一嘉庆十二年奉上谕吉纶奏池州帮旗丁汪宁泰等四船因民船失火辗转延烧俱成灰烬副丁汪文等俱经烧毙情殊可悯均著加恩给予赏恤烧毁船只即著官为成造同被焚米石俱毋庸著赔以示体恤至本年该省漕粮缺少四船此时已补运无及著于明年设法筹备足数搭运抵通等因钦此嗣据总漕咨报采买被焚米石按帮分搭除被焚四船毋庸议给运费外其余船只按石给负重银五分赠银五分赠米五升每升折银一分九厘由道库给领报销

一嘉庆十二年奉上谕吉纶奏湖州白粮船一只行至黄河惠济祠遇风沉溺船米漂淌淹毙副丁陈国标一名小女一口查无捏饰著加恩将应赔漕白二粮分作三年赔补搭解以示体恤其淹毙副丁一名小女一口俱著加恩酌给赏恤该部知道钦此

一嘉庆十二年奉上谕萨彬图及贾允升等奏北仓迤南王家庄军船停泊处所有吉安帮旗丁康胡梁重船失火延挠本帮船九只南昌前帮船三只尚有未起米三十余石亦经烧毁又烧毁湖北三帮空船十二只共空重军船二十五只烧毁米一万三千余石烧毙丁舵水手男妇大小二十六名口据称有民间买卖小船乘夜暗贴吉安帮军船艄后不知因何失火以致辗转延烧等语军船失火被焚值风势过大烧断篙缆顺水下流以致辗转延烧惨毙多命深为可悯该总漕请将烧毁米石责令旗丁赔补之处竟著加恩宽免即交各本省照数筹买于明年搭运赴通其被毁船只并著官为动项造补至新漕伊迩如何酌量派运搭解之处著各该省分别妥办至此次起火原系买卖小船在军船艄后系泊所致小船于失火之后旋即无踪殊为可恨著查明该船如亦经烧毁则已如该船户已驾船逃逸必须拿获研究并应向旗丁康胡梁详细质问倘与该旗丁素有嫌隙竟系有心纵放则罪恶甚重必当严办示惩不可任其漏网其萨彬图自请交部议处之处著从宽改为察议贾允升本智李如枚联衔折内竟未自请处分殊属非是李如枚本系盐政粮船非其所辖尚可宽免至贾允升身任巡漕本智系天津镇总兵所有入境军船均所管辖乃不能随时防护尚复卸过不言伊二人著交部议处其江西押运同知何启秀暨吉安帮领运千总张星垣等疎于防范致酿延烧重案著交部严加议处南昌前帮代运傅辉湖北押运通判联保押运千总熊兆祥等一时猝不及防咎止失察著交部议处钦此嗣于嘉庆十三年据漕运总督将此案烧毁席竹松板补行造册咨部请豁经部覆准惟前奏内漏未叙入查取遗漏职名送部核议

一嘉庆十三年浙江湖州白粮帮旗丁陈谦军船失风原装米八百四十一石零内有应给旗丁耗米二百二十四石零向不随正交仓经户部奏准将该船漂失米内应给旗丁耗米免其交仓仍按实应交纳数目分年搭解

一江南凤常帮旗丁余之铎漕船被石触漏将失防专管河务之把总照例降一级调用销去加一级抵免降调【嘉庆十三年】

一直隶总督咨宁波后帮旗丁王永田领雇官拨船只被安庆帮船碰沉议令该丁赔交银三十两【嘉庆十三

年】

一嘉庆十四年奉上谕先福奏江西南后帮船行至鄱阳湖遇风漂溺淹毙人口著照例恤赏漂失米石照例豁免其船只作何修造及押运文武员弁该部查照向例办理等因钦此

一江南江淮四帮旗丁马生直漕船失风据漕运总督将新安司巡检职名开报并称于失事之先因公出汛请邀免议经户部以该督欲为失防之印官开脱处分故以巡检微员搪塞复以因公出汛为巡检曲意弥缝殊属不合驳令查取应议之该州印官失防职名送部核议【嘉庆十四年】

一江西南昌前帮旗丁江兴七运漕船回空被西河船碰沉按原办价值除历运七次并拆卖板片银两外断令西河船户赔银六百两饬丁具领照例买补接运【嘉庆十四年】

一嘉庆十四年奉上谕先福奏江西漕船遇风漂溺三只查明办理一折江西帮船陡遇暴风致有漂溺除九后永建两帮沉失米石均经捞获及该丁认赔外其铅山帮淹毙人口著照例恤赏漂失米石准其豁免船只著查照向例办理等因钦此

一嘉庆十五年奉旨玉宁等奏拨船沉失米石请免经纪赔补等语本年漕船北上因将在后各帮米石截卸寄拨北仓等处方得回空无悞并非经纪等赶办所致且拨船偶值风雨非军船猝遇暴风人力难施可比所有玉宁等请将沉溺米石免令经纪赔补之处不准行俟将来截留北仓寄拨杨村及暂贮通仓应行运京米石该经纪如果依限悉数赶运无悞该仓场再行奏明请旨倘有逾限不但著落该经纪等赔补米石并当加以惩处钦此

一嘉庆十五年湖广总督汪志伊等奏湖北襄阳卫旗丁段恩邹学道二船被火延烧并烧毙人口已兑米石烧毁无存等因奉上谕此项漕船因民船失火延烧尚非失于防范该管官应得处分著加恩宽免被焚已兑米石及松板等件免其赔补仍照例于下年搭运被焚漕船应著官为补造钦此查被焚船只已发给价银官为补造被焚米石并席竹松板于藩库地丁银内动银买补送部核销等因奉朱批依议办理钦此

一湖北头帮旗丁刘受一因风失火漕船未及一运应行赔造据总漕咨请暂行雇募兑运等因部议该丁漕船系上年五月失风距受兑新漕为期尚远并非赔造不及延至开兑之时率请雇募本属不合姑念船只业已起运在途准其雇募兑运其押领地方失防职名即行查开送部核议【嘉庆十六年】

一嘉庆十六年奉上谕巡漕御史色成额奏杭严头等五帮军船行至静海一带遇风踫损惟海宁一帮稍有漂失其余均无亏短等语漕运总督许兆椿现已入直境著将各帮遭风情形查明办理如帮丁有须抚恤之处该督即迅速奏闻候朕施恩等因钦此

一嘉庆十六年奉上谕江西九江前帮行抵沛县地方遭风漂沉船只一事据许兆椿奏称漂沉船只并有亏米湿米请分年买余抵补等语自系实在情形著照所请将亏湿米石分五年买余抵补漂淌米石分三年买余抵补以纾丁力等因钦此

一嘉庆十六年奉上谕许兆椿奏浙帮军船行至静海县地方遭风内惟杭严头杭严二海宁所三帮受伤甚重该漕督请将三帮米石截留北仓俾得就近回空著照所请将应交仓平米查照北仓历届截留章程办理潮湿漂淌米石责令旗丁分别易换食米购备交仓压毙及压伤人口均著量加赏恤等因钦此

一江西赣州帮旗丁温沈斯刘启文五六运漕船失风例应赔造永建帮旗丁毛朵生九运漕船失风例应雇募该丁等将粮米洒派通帮带运除应支席赠银米外其新运钱粮扣追归款【嘉庆十六年】

一江西饶州帮旗丁李荣宗七运漕船失风例应买补该丁自备家费汇造与例不符仍令作为买补船只补足前船运数以符定例【嘉庆十六年】

一江南泗州前帮旗丁颜七林五运漕船失风例应赔造因丁力困苦兼遇屯田被灾该帮轮兑淮粮有轮减船八只将该船派入轮减下年从容赔造以纾丁力【嘉庆十六年】

一嘉庆十六年仓场侍郎荣麟等奏里河拨运牛庄黑豆一起行抵普济闸下遭风沉溺捞获湿豆不堪晒晾入仓同漂没豆石一并责令经纪赔补请照大通桥车户扣交奉豆例价照数追缴还款等因奉旨知道了钦此

一浙江温后帮回空冰伤船只并未沉溺业已原船归次与沉溺拆板者有间押运失防各官准其免议【嘉庆十七年】

一嘉庆十七年兴武太仓庐州等帮在惠济闸白田铺等处遭风三船漂失米石钦奉谕旨加恩免令该旗丁赔

交所有此项米石交该督抚等查照向例另行筹补带运交通等因钦此嗣据江省奏报在于各该本次兑粮之县照数就近采买随同正漕搭运需用米价并买运脚费在于地丁银内动给另请报销随粮席片仍令丁船自行备带照数交仓【嘉庆十八年】

一江西永建帮漕船行至无为州江面适木筏同时遭风淌下致被撞破淹毙幼女经刑部奏准将撑筏水手依过失杀人律收赎沉失米石经户部奏准将正耗漕米照上米贵价赔银随船食米照中米时价赔银损坏船只赔银一千两俱令该本商照数呈缴【嘉庆十八年】

一淮安头帮自雇民拨二只行至北仓高家庄地方遇风撞溺又扬州二帮自雇民船二只在桃花寺及黄庄地方遇风蹦碎所有沉溺米石奏准买余抵补查历年自雇民船遇有失风事故向不知照地方各官恐借起拨之名暗滋亏短嗣后无论官民拨船遇有失风事故一体知会境内地方官出具印结方准买余抵补如无地方官文结即照挂欠例办理【嘉庆十八年】

一嘉庆十九年江西南后帮回空军船行至鄱湖左蠡地方遭风沉没淹毙男妇十一口板片漂淌无存新漕已届兑开该船赶造不及应运米石照例洒带赴通淹毙人口奏准照例赏恤

一安庆后帮回空军船遇风刮断大桅打碎艄楼煤灶猛火落在席片风狂火烈人难救护押空千总焚毙眷属三口情堪悯恻失防职名兵部咨准免议【嘉庆十九年】

一同案失风船只失防职名不得前后分案开送以杜规避【嘉庆二十年】

一里外河拨船因黄河阵水打散板片例应补造经户部核准在于两准生息银内动支造入经费报销册内报部【嘉庆二十一年】

一漕船在内河失风该汛武弁例有防护之责不得以在岸催攒势难防护藉词邀免应照例议处【嘉庆二十一年】

一扬州头帮漕船遭风沉溺在先遗火焚烧在后船只甫历二运照例赔造押运领运失防各职名咨令送部核议【嘉庆二十二年】

一江淮九兴武二大河二等三帮行抵杨村起拨陡遭暴风沉溺拨船二只损坏桅木六十余条仓场奏准俟该帮回次后购备易换压毙水手一名照例赏恤银十二两五钱【嘉庆二十二年】

一安福帮漕船失火捏报失风前任通州知州彭希曾并未查明率行转详吏部题准照例罚俸六个月【嘉庆二十二年】一仪征帮漕船遭风折桅致被灶火焚燎捞起湿米易换通完领运失防职名兵部题准仍照失风例罚俸一年【嘉庆二十二年】

一湖南二帮五运失风漕船例应赔造请借道库津贴银款勒限解还经部议驳并令嗣后赔造船只不得率行动借银两【嘉庆二十二年】

一江淮四帮漕船回空遇风沉溺当即戽起修舱跟帮归次因受伤过重难以加修出运买补民船接兑其出运失防并修舱不实职名仍令送部核议【嘉庆二十二年】

一江西袁州帮漕船在鄱湖左蠡地方失风沉溺抢捞米石洒带交纳耗米同行月银两全数贴给带运之丁免其追缴该船虽系甫经成造实因风浪异常登时沉溺一时工匠物料无从募购赶帮不及回次修舱所有成造不力职名并免开送【嘉庆二十三年】

一江淮四帮失风漕船委运千总郭常清开报本身应议失防职名迟延一年以上兵部奏准照例降二级调用【嘉庆二十三年】

一嘉庆二十三年台州前后两帮渡黄遇风鼓散三船沉湿米石责令照数买赔丁力未逮漕督奏准自今冬为始分限三年买补搭解交仓

一江淮五帮减船失风该帮千总在省办理佥选事宜并未在帮亦无另派看押之员失防职名咨准免议【嘉庆二十四年】

一嘉庆二十四年太仓前帮漕船挽上惠济闸遭风损坏漂失米石经漕督奏准自本年冬季为始分限两年买余抵补一道光元年浙江金衢杭严等帮漕船渡黄陡遇暴风汛水计有四船沉湿米石该丁未能一时买补经漕督奏准自今冬起分限三年买补交仓

一道光二年江西铅山永建两帮渡黄遇风漂没三船漕督奏准淹毙人口妥为抚恤沉失米石等项并交仓席竹全行豁免所有已满十运二船及仅历八运一船一体官给料价成造

一湖北二帮漕船行抵武清县属地方遇风同时沉溺三只粮米均已起拨交纳全完所有沉溺船只漕督援案奏准官给料价成造【道光二年】

一浙江温州后帮军拨船只在通州地方猝遇风雨沉湿米石经仓场奏准自下运为始分作二限将本色米石按数带运不得以买余抵补折价交纳【道光二年】

一道光三年浙江宁波后帮漕船挽泊北运河因雨夜骤涨漂没拨船十六只沉失米四千余石若令一时赔缴丁力未免拮据仓场奏准分作六限带交以纾丁力

一仓场奏准兴武七帮重运军船行至通州郝家铺地方陡遇旋风刮断大桅倒至后艄以致烟筒火起该船原装米除起拨外尚存米二十七石零漂毁无存该丁如数赔足沉失例带金砖二块下运补解烧毙佣妇一口由地方官咨行原籍办理【道光三年】

一湖北二帮漕船行抵山东峄县猝遭雷火将漕粮什物全行烧毁事出意外与失于防范者不同应赔米石漕督奏准自本年冬运为始分作三限购买交仓【道光四年】

一北仓拨船遇风亏折米石仓场奏准著落经纪折银交库部议嗣后失风拨船经纪并无应得余米不得援照旗丁之例应饬买米赔补以实仓储【道光六年】

一德州正帮军船接运绍前帮米石遭风沉溺当将戽起船只修固湿米另换食米拨载原船到通交卸全完无欠沿途支销水脚等项咨准免缴失防职名并免开送【道光七年】

一各省帮船在大江大湖黄河遭风漂没如系应行豁免者该督照案随时先行奏明一面确勘会题请豁【道光八年】

一浙江金衢所帮拨船在孔官屯等处遭风沉失米石经仓场奏准将运弁革职沉湿米石赶紧赔交如有不敷下次搭运带交不准买余抵补仍饬坐粮厅严查如另有侵盗捏报等弊严参惩办【道光八年】

一道光八年奉上谕松廷等奏天津关以北粮艘遇有遭风失事请严定章程载入例册遵行等语著户部核议具奏钦此嗣经户部议覆除天津关以南仍由漕运总督照例核办外嗣后天津关以北无论军拨船只如有失风事故概令报明地方官查实结报一面将湿米带坝呈验方准买余抵补如旗丁捏报或地方官扶同徇隐一并查参若仅据营汛运弁呈报并无正印官加结亦未呈验湿米者仍照挂欠之例办理并勒限购米运交倘有不完照例治罪

一江安江苏浙江江西湖北湖南等省漕船停泊在各州县地方境内严饬各该州县协同该帮官弁认真稽查毋许该丁揽载渔利私行盗卖捏报风火损坏希图改造等事遇有满号及风火事故由地方官及该帮看减千总会勘明确出具切结移送该管守备加结详由粮道核明转详报部

一各省漕船停泊在各州县地方官境内如有官丁私行拆变捏报损坏希图改造地方官不亲诣勘验的实扶同朦混遽为加结呈报者革职如无朦混不即会勘经该管上司查参或别经发觉船数在一只以上降一级调用五只以上降二级调用十只以上降三级调用若勘验明确仅止失于查察罚俸一年如正犯丁役潜逃限百日拿获逾限降一级留任再限一年缉获准其开复限满无获照所降之级调用

一各省漕船停泊如有旗丁私行拆变捏报损坏希图改造该帮看减千总并不申报勘验扶同朦混均革职其并非扶同朦混而因循怠玩不即申报勘验数在一只以上降一级调用五只以上降二级调用十只以上降三级调用若勘验明确仅止失于查察每只罚俸一年船只照失火烧毁例著落弁丁赔补【以上咸丰七年】

卷八十·挽运失防·挂欠处分

一弁丁挂欠米石承追督催等官俱照经征督催徐淮等仓粮银例处分【议单旧本】

一挂欠弁丁发南追比承追各官严查本弁本丁产业估计变价尽数完粮不得听其株连扳害【顺治九年】

一官欠追官丁欠追丁每年发淮追比之时分别欠数研审明确官丁一体严追变产充赔如奸丁侵粮脱逃报明户部行文总漕衙门提究追拟【顺治十二年】

一搭解旧欠米石复有挂欠仓场开列分数题参照例处分挂欠米石仍行照追【康熙元年】

一搭运旧欠米石与原欠米色不符者粮道知府罚俸一年领运千总革职【康熙二十五年】

一运弁挂欠漕米以通帮粮米计算如挂欠不及一分者责二十革职追比追完还职免罪不完杖一百革职欠一分者责三十革职追比追完免罪不完杖一百徒一年欠二分者责四十革职追比追完免罪不完杖一百徒三年欠三分者责六十革职追比追完免罪不完发附近卫所充军欠四分者责八十革职追比追完杖一百不完发边远卫所充军欠五分者责一百革职追比追完徒一年不完者绞欠六分以上者斩仍照例籍其家产妻子抵偿【康熙四十三年】

一旗丁挂欠漕米以一船粮米计算如挂欠不及一分者责二十革运追比追完免罪不完杖一百欠一分者责三十革运追比追完免罪不完杖一百徒一年欠二分者责四十革运追比追完免罪不完杖一百徒三年欠三分者责六十革运追比追完免罪不完发附近卫所充军欠四分者责八十革运追比追完仍杖一百不完发边远卫所充军欠五分者责一百革运追比追完仍徒一年不完者绞欠六分以上者斩仍照例籍其家产妻子抵偿【康熙四十三年】

一挂欠漕粮向例严追官丁变产赔补不足令原佥选各官代赔康熙四十九年题定嗣后挂欠按所欠漕米计算分数作为十分分赔总漕半分粮道一分监兑官半分总押官半分运官一分半佥丁卫所官半分旗丁五分半均照例于限内赔完不完总漕粮道各官交部议处运官旗丁照例治罪仍将弁丁不能赔完米石著落总漕粮道等官赔偿

一同帮运丁连名互结如将赤贫之丁溷行出结佥运以致挂欠不能赔补将本丁应赔五分半之内令互结各丁摊赔一分【康熙五十一年】

一漕粮挂欠道府等官向例各按分数议处康熙五十一年题定嗣后一帮挂欠府厅等官罚俸一年粮道罚俸半年几帮挂欠照此递加罚俸

一漕粮挂欠押运官员向例俱照分数议处康熙五十一年题定押运同知通判一次挂欠者降一级留任二次挂欠者降二级留任三次挂欠者降三级调用

一挂欠漕粮旧例先在坐粮厅追比数月仓场销算后题参千石以上者送法司追比千石以下者发漕司追比顺治五年题准漕欠无论多寡俱发各粮道严追顺治十二年题准挂欠弁丁先在通州追比勒限一年不完仓场题明发南追比再限一年追完康熙五十四年题定弁丁挂欠嗣后免其留通追比令仓场将欠粮旗丁拿交运官即行发南追赔挂欠米石限次年搭运赴通交纳如次年不行搭运总漕照例题参

一欠粮运官有于仓场未题之先已升任他职者革职发追俟完粮开复之日照例补用【康熙六十年】

一搭运旧欠米石必以本色交兑搭解过淮之时总漕盘验足数方许开行北上如有麦豆杂粮等项抵充漕欠或过淮之后用小船赶送者总漕查明题参

一欠粮运官仓场即咨兵部开缺俟限内全完题请开复另行补用【雍正三年】

一官丁无故挂欠漕粮向照失风挂欠之例只收平米免其筛扬折耗雍正五年题定非风火等事挂欠者除三升八合余米原系应给旗丁之项自应准其抵销其原备正兑之四升七合六抄改兑之四升八合三勺二抄抽验折耗有剩业经部议作正米其五闸颠抗折耗二升若改进通仓亦应入廒嗣后未失风而挂欠正兑一石作欠平米一石二斗一升二合改兑一石作欠平米一石一斗三升二合核算抵扣

一各省粮船抵通起卸米石如有不足向例准买别帮余米抵补因查各省收兑如果足数抵通何致不敷乾隆三年奏准嗣后如有不足即行参处著赔不准买补别帮余米如各船旗丁日用余米坐粮厅给与验票准其售卖外其余各色漕米粟米一概不许买卖交与通永道通州知州实力稽查如有不遵即行拿究倘该道州稽查不力被仓场及御史访闻将该道州题参察议

一漕粮无故潮湿霉变致有亏折者将运官革职限一年赔补完日送部引见请旨开复不完究追其居官好者该督抚保题留任亦限一年赔补完日题请开复不完革任追究【乾隆十三年】

一帮船兑米如有挂欠之丁坐粮厅勒限追完仍行捆打运弁及押运丞倅督运粮道所管各帮船内如有一丁挂欠即限内全完亦不准议叙仓场将各省到通漕粮挂欠丁名帮分于年底汇行造册送部查考【乾隆二十三年】

一旗丁欠交失风米麦豆石不即责丁交纳迟至帮船南下始请下年采买搭运领运千总咨部斥革委署千总照采买迟延例罚俸一年【乾隆五十五年】

一失风挂欠米石并不完交官弁旗丁径自离通潜回除欠交米石咨南买补好米附搭运通外将押运同知领运千总交部分别议处【嘉庆五年】

一押运官三次运通全完无欠例得送部引见如查有买补米石未经通完即将所得议叙注销并将详请给咨之坐粮厅给咨送部之仓场侍郎交部分别议处【道光二年】

一河南总运同知所运白麦查有折耗将该员革职留任责令赔补嗣因该员依限全完奏准开复【道光五年】

卷八十一·通漕禁令·侵盗折干

一运丁行粮应给本色有违例折干者县官与运弁俱严提究拟【顺治九年】

一领运弁丁中途侵盗漕粮按例治罪不准援赦所欠米石照数追赔【顺治十年】

一旗丁挂欠漕粮坐粮厅必究其根由如系本地折干并追折干之人监兑官一同治罪如系途次盗卖并追水手及盗卖之人该地方官一同治罪【顺治十二年】

一重运盗卖漕粮拿获日卖主买主照偷盗漕粮例从重处治【顺治十二年】

一粮船到通短少如查系水次折干有实据者州县经征印官重处仍勒令分赔搭解监兑推官如私受运船重贿复索州县陋规以致折干者照粮道考成例一体参罚如查系中途盗卖有实据者即将经过地方官参处赔补至沿河各官有拿获盗卖者粮运完日题请纪录【顺治十三年】

一运官领运额船中途洒带归并冒支行月水脚钱粮按照缺船数目严追从重究处【顺治十五年】

一押运官串通旗丁盗卖漕粮令总漕提究追赔旗丁一体追究买主从重惩处【顺治十六年】

一运弁侵蚀各丁月粮银米俟抵通交盘之日仓场严审究拟【康熙五年】

一弁丁领运漕粮交纳短少买补全完查明或系水次折干或系中途盗卖仓场题参议处【康熙六年】

一兑载漕粮如有水次折干并过淮不行查出及沿途盗卖将该管各官俱照失察例议处【康熙六年】

一弁丁中途侵盗漕粮水次折干银两并侵蚀席木等项均按律遣戍【康熙七年】

一运丁盗卖漕粮者发边卫充军以子弟代运者遣戍欠米著追【康熙七年】

一州县官侵隐漕项银两捏称民欠冒请蠲除者题参治罪其失察之该管上司交部议处【康熙三十年】

一州县经承盗卖漕粮依律治罪失察之本管官照例议处【康熙三十年】

一押运官沿途耗费漕粮妄称同押官折干者勒追全完仍照诬告律治罪不亲行运之旗丁代运之舵役俱照例拟军【康熙三十年】

一旗丁沿途盗卖漕粮者照例发边卫永远充军押运各官不行查出降一级调用嗣后漕粮过淮盘验后查明在何处盗卖并将该地方文武各官照押运官例降一级调用【康熙四十一年】

一漕船重运入境责令沿河该管道府州县往来巡查严缉如有盗卖失察一起者州县官罚俸六个月道府罚俸三个月二起者州县官罚俸一年道府罚俸六个月三起者州县官降一级留任道府罚俸一年四五起以上者州县官降一级调用道府降一级留任卖粮买粮之人均各枷号一个月示众满日责三十板粮米追交本船米价入官充饷运弁俟回南令总漕捆打四十【康熙四十三年】

一漕粮在水次受兑上船之时粮道监兑官务必眼同照数兑足上船抵淮时总漕亲身严行盘查过淮后沿河文武各官严催出境如不严行速催致弁丁有任意盗卖等弊将该地方各官交部严加议处【康熙四十九年】

一每帮十船令各丁连环保结互相稽查如有折干盗卖等弊事发之日本丁照例治罪其余九丁一体责惩挂欠米石责令买补运通【康熙五十一年】

一漕粮水次交兑旧例兑完之日经征监兑各官出具并无折干印结投粮道送部存案如到通短少审系水次折干者道厅州县等官一体重究康熙五十一年题定州县兑粮责令监兑官坐守粮道亲历水次稽查倘有折干情弊发觉将该管州县及领运官俱照私自改折漕粮例革职监兑官降二级调用粮道降二级留任所折米石照数追

赔

一失风船只到坝旧例验其米色不堪起卸者准其卖易买补雍正元年题定如有不肖奸丁乘机夹带好米私行盗卖者令仓场坐粮厅不时巡查究治若在南串通州县仓役将米石折算银两或将原米盗卖掩饰过淮故买烂米充数者令总漕密加察访将弁丁胥役从重究处该管官题参

一粮米不许颗粒上岸如遇过浅添夫只许照常给钱不得任意索米违者照盗卖盗买例从重治罪地方官照失察盗卖例题参【雍正元年】

一漕船抵通完粮回日所余行月等米旧例听其沿途买卖雍正四年题定全粮过坝之帮遇有存剩米石必赴坐粮厅批照然后准卖若未经给照擅行私卖者照例究处

一小船受雇装载盗卖漕粮拿获之日照卖粮买粮枷责例减二等发落【乾隆三年】

一旗丁盗卖漕粮头舵不举首者照不应重律杖八十折责三十板受财者计赃从重论【乾隆三年】

一定例重运入境道府州县往来巡察如失察盗卖者道府州县等官分别议处其武职催攒向未定有失察处分乾隆三年奏准营员失察盗卖漕粮专汛千把总照州县例失察一起罚俸六个月二起罚俸一年三起降一级留任四五起降一级调用兼辖游都守照道府例一起罚俸三个月二起罚俸六个月三起罚俸一年四五起降一级留任如专汛千把总及文职州县一年内能拿获盗卖二次者纪录一次兼辖游都守及文职道府一年内于所管内拿获至四次者纪录一次再有多获照此递加至汛兵疎纵失察照不应重律杖八十若知情贿纵者计赃以枉法从重论俱革役若能查拿报官审实除米仍归本船外其应追入官之米价追赏兵丁嗣于乾隆四年奏准失察盗卖米石核算米数不及五十石者仍照失察起数处分其失察一二起合算米数至五十石以上者将该地方官降一级留任道府等官罚俸一年失察一起至三起合算米数至一百石以上者地方官降一级调用道府等官降一级留任

一盗卖漕粮定例卖买之人枷号一个月责三十板粮交本船价追入官至旗丁食米向无禁卖之文有将漕粮舂熟假借藏奸者乾隆三四等年奏准旗丁多余食米于抵通交米之后方准变卖如重运漕船沿途货卖米石不论糙熟俱照漕例治罪如有重运盗卖米石回空之船代为承认者该管官严加查察察出将买卖丁民一并照例治罪

一旗丁沿途盗卖米石若系正项漕粮照监守本条从重治罪如将行月粮米零星盗卖盗买者仍照旧例各枷号一月其有一人盗买及一帮盗卖数至百石以上者盗买及盗卖为首之人各枷号两月折责四十板米交本船价追入官失察之运弁不及五十石者即令仓场捆打四十其五十石以上者降一级调用一百石以上者降二级调用二百石以上者革职【乾隆十七年】

一旗丁短少漕粮米石沿途私行买补拿获后将所买米石变价同铺户卖价一并解部短少米石咨南勒追搭运【乾隆十八年】

一旗丁盗卖余米虽各出己资自买自卖非正耗粮米该运弁仍照失于查察例罚俸一年【乾隆二十三年】

一各省漕粮起运在途令沿途地方文武官弁及巡漕御史实力查催抵通之后令仓场侍郎及坐粮厅严加查验不得使旗丁将交剩余米卖与挂欠之丁以漕抵漕及书役人等有包买搀杂代旗丁补欠之弊提督衙门仍密差人役前往访查一经查出将该官弁及该管上司一并严参治罪【乾隆二十三年】

一旗丁盗卖行月米石拿获将米石仍归本船价银追出入官该丁盗卖及盗买者各枷号一个月折责四十板盗卖为从者枷号二十五日折责三十五板虽遇热审不准减等受雇搬运者枷号十五日折责二十五板领运千总革职押运官降一级留任【乾隆二十四年】

一旗丁盗卖漕粮押运同知于盗卖之时不能即时查出照例降一级留任【乾隆二十四年】

一拨船船户水手肆行强窃米石将船丢弃者该地方官严缉到案按律从重治罪【乾隆二十五年】

一运丁有故托米石沉重将米搬移小船混入商船盗卖而漕船所载私货照旧随行者应查照定例责成巡漕地方各官严行查察一经查出即照旗丁盗卖漕粮定例分别治罪【乾隆三十一年】

一起拨漕粮船户中途盗卖与人捏称船米漂失者拿交刑部从重治罪领运员弁照失察盗卖漕粮五十石以上例降一级调用失察之地方营弁送部议处【乾隆四十二年】

一拨船船户起意盗卖拨运漕粮依盗仓库钱粮数至百两以上者照偷窃鞘饷例拟绞听从盗卖均合依为从例拟流从重改发伊犁给额鲁特为奴知情买米之人分别拟以发遣杖徒【乾隆四十二年】

一漕粮水次交兑不足领运千总捏报兑足开行希图折干分肥其不行揭报之州县与听许折收无异应与领弁一体科罪管粮通判照溺职例革职粮道照徇庇例降三级调用系私罪不准抵销【乾隆四十四年】

一旗丁沿途盗卖漕粮正米及盗卖余米俱从重改发黑龙江给披甲人为奴知情不举之领运千总发边远充军失察盗卖之运弁革职粮道总运等官交部议处【乾隆四十五年】

一起拨漕粮船户载米潜逃所失米石虽经该旗丁自行赔补逃犯亦经拿获但领运千总不能防范于前应照失于觉察例降一级调用又禀报稽迟应再照呈报迟延例罚俸一年【乾隆四十七年】

一拨船船户起意盗卖拨运漕粮依盗仓库钱粮数至百两以上者照偷窃鞘饷例拟绞听从盗卖分受赃钱应依为从例拟流从重改发伊犁给额鲁特为奴知情盗卖并说合之人照窃盗窝主不造意为从例拟流均从重改发伊犁给额鲁特并乌噜木齐兵丁为奴辗转接买之人照窃盗窝主律杖流失察之保正等均照不应重律杖责发落所卖钱文照追入官【乾隆四十七年】

一县官于开仓之后粮户输纳渐多并不亲身临仓以致书役斗级等任意抛撒扫集余米不复给还粮户将该县革职拿问查出之粮道知府交部议叙【乾隆五十七年】

一拨船船户盗卖漕粮过一百石以上者绞监候为从及知情盗卖者于绞罪上减一等各杖一百流三千里其盗卖在一百石以下者发极边四千里充当苦差面刺盗卖官粮并烟瘴改发字样虽亲老丁单不准留养以上军流各犯均先于犯事地方枷号一个月满日发配卖米赃银及买米转售所得余利一并照追入官米石查追归仓押运及沿途失察文武各官照例议处拨船户身故该家属并不将官拨船交官私自雇人驾驶致酿盗卖之案应照不应重律杖八十【嘉庆六年】

一嘉庆七年钦奉上谕州县官征收漕粮概以本色兑收毋得私行折色倘有前弊即照枉法治罪再征收本色时实系干圆洁净不得过于苛求违者严参治罪督抚不实力访查或有意瞻徇一并惩治钦此

一嘉庆七年钦奉上谕州县征收漕赋原应遵照定例令粮户封银投柜间有零星小户听从交钱者亦以便民若额定粮银概行改折钱文则州县以钱无定额任意加增朘削小民伊于何底著通谕各直省督抚严行禁革钦此

一江西吉安帮旗丁郭凤源因欠曹远常缆价银两盗漕米十石作抵郭凤源应依盗漕运粮米一百石以下例发极边烟瘴充军业已身故应毋庸议何定国等明知盗卖漕粮并不举首应于常人盗仓库钱粮计赃杖七十徒一年半罪上减二等杖一百折责发落曹远常收受漕米抵欠与盗买无异应照例枷号一个月旗丁黎方邹说事过钱应杖七十系监生照例收赎千总永寿并不据实详办即行革职毋庸交部议处【嘉庆十一年】

一船户代役偷窃漕粮改发极边足四千里充当苦差扫聚米石乘空携回照例枷责【嘉庆十二年】

一拨运漕米将口袋破处漏撒船板之米偷出卖钱使用照进仓漕米拦路戳袋偷米不至死罪充军例量减一等杖一百徒三年照例于臂上刺盗官粮三字仍于犯事地方枷号两个月满日定地充徒【嘉庆十二年】

一嘉庆十二年奉上谕萨彬图奏请申严例禁以肃漕政而重粮储一折著谕各督抚严饬兑漕各州县认真妥办至收漕记书带同封固米样到淮伺候盘验一节各省旧例是否如此办理著该督抚详查妥议具奏钦此经户部行文有漕各督抚遵照办理去后据陕西道御史汪彦博奏称开仓时民米到仓虽洁净干圆记书总嫌米丑每使守候旬日仍复退还及再换米刁难如故退换数次或愿六扣七扣而淋尖撒地踢斛抄盘一石之米又去其半折挫百方必期勒令折价计市价好米每石二千之时折价则四五千文不等临兑时记书贱买丑米以搀于所改之内而盈余之项多属分肥或有举贡生监之类则于六扣七扣之中许其米色稍低以为调停之说请勅下各督抚严饬所属勿得仍前加扣勒折而其要尤在大吏之勿取漕规则州县有所畏惮奉行自不敢不力经户部以该御史所奏系为剔除积弊起见应令有漕各督抚严行查禁如有加扣勒折等弊即据实参奏又据奏称丑米入仓则属州县之愆在船则系弁丁之罪收兑时果有丑米该弁丁即据实禀明严参州县登舟之后仍有丑米应严处弁丁记书等候盘验似属繁文恐反为添设陋规之端等语查漕粮未兑以前责在州县既兑以后责在弁丁交兑时监兑官秉公查验兑竣运弁即将通关文结出给该州县转送该管衙门查核今该御史所奏收兑以后如有丑米严处弁丁应如所奏办理至记书到淮等候盘验向无例案若派令带投米样验对转致纷更诚如该御史所奏恐启添设陋规之端自应防其流弊议令有漕督抚详查各省情形据实核办

一运粮旗丁因正项亏短买米回漕照漕运粮米监守自盗律数至六十石者发边远充军数满六百石者拟斩

监候不及六十石者量减满徒卖米之人发极边烟瘴充军旗丁所买回漕米石及卖米之人所得米价照追入官【嘉庆十三年】

一船户将领运漕粮偷食偷卖搀和沙土在一百石以下依窃盗漕粮本例问拟发极边烟瘴充军听从主使偷食偷卖应减一等杖一百徒三年知情盗买杖一百徒三年饭食钱文照追入官【嘉庆十四年】

一偷窃漕米六次在一百石以下发极边烟瘴充军为从杖一百徒五年【嘉庆十五年】

卷八十二·通漕禁令·搀和霉变

一漕米过淮盘验并无搀杂旗丁沿途私行搀和者令仓场将原米变价充赔短少米石照数严追运弁题参重处【议单旧本】

一运弁领运漕粮有搀杂黑腐米石者令仓场变价充赔其挂欠者照数严行追比仍将运弁题参重处【顺治十五年】

一官员收兑漕粮多搀糠秕沙土者该管官革职监兑官降一级调用其抵通交兑漕粮米多糠秕及有沙土者押运官革职粮道降一级调用【康熙二十一年】

一红拨船只拨运米石如有用石灰泡水及药水灌涨粮米者领运弁丁呈报仓场查究将运船人夫发宁古塔等处与披甲人为奴短少米石勒限著落正身船户赔完如拨运米好弁丁勒措不收亦交与刑部从重治罪【康熙二十五年】

一江浙米石州县官员草率收纳总漕巡抚并该管各官只图限内完结不行严查以致米石搀和霉烂部议交与各仓监督筛扬收受其亏缺米石行令总漕查明著落分赔于新运各帮船内搭运抵通仍将苏松江安浙江各粮道江宁安徽浙江各巡抚并经征州县印官监兑押运官职名查明题参总漕一并交部严加议处【康熙五十年】

一领运弁丁不谙漕务封闭舱门以致漕米霉变弁丁按律究拟亏折米石勒限著落旗丁赔补不完从重治罪【雍正四年】

一漕粮搀水佥丁之千总验看加结之守备俱降一级调用【雍正五年】

一粮船过淮盘验后到通如有搀杂应令仓场将押运同知通判等职名题参照溺职例处分【雍正五年】

一漕米到淮盘验潮湿霉变将经征州县监兑各官均照溺职例革职粮道不先行查揭照徇庇例降三级调用运弁混行收兑照例革职留任俟船粮抵通仓场照数查收如有亏折勒限赔补限内不完题参革任追赔【雍正五年】

一旗丁使水搀和漕粮运弁徇隐不报者革职枷示河涯俟漕竣日释放旗丁用大枷枷号示众漕竣日佥妻发黑龙江给披甲人为奴押运官漫无觉察照例革职【雍正六年】

一运弁水次受兑漕粮措称米色粞碎私封样米呈报总漕欲令县书过淮以遂其勒措推诿之计串通奸丁藉词捏混希图过淮卸责地步显有暗行搀和情弊将运弁革职审讯【雍正十年】

一粮道抑勒丁船受兑丑米将不验米色之粮道照例降一级调用监兑押运各州县官均照例议处【雍正十一年】

一帮船过淮验有气头色变米石千总革职留任米石易换食米补足到通再有霉变责令弁丁补足从重治罪押运通判及粮道一并题参分赔【雍正十二年】

一旗丁故将舱门闭紧令漕米蒸热霉变捏称州县米潮运弁扶同捏饰将运弁革职拟徒旗丁分别首从拟徒流杖责【雍正十二年】

一蓟运回空船只每有夹带白土卖举沿河镇店转卖粮船搀入米内乾隆七年奏准粮船抵蓟卸粮之后即令回空不许在该地方刨取白土上船示谕沿河各市镇铺户不许将白土卖与粮船如经关口汛地查出蓟运回空带有白土并兵役人等遇有粮船偷买拿获审实将运弁与押空千总俱照旗丁搀和水米运官不行查察例革职该船丁舵照旗丁使水搀和发遣例减一等杖一百徒三年偷买白土之丁舵同罪如将白土搀入漕粮至一百石以上者即照搀和水米例发遣黑龙江与披甲人为奴知情收买收卖之户照违制律杖一百仍枷号一个月不行查禁之蓟州文武员弁俱照出洋商船私带军器地方官不行禁止例罚俸一年

一帮船粮米如有失风事故以致米色霉点不纯验明米色稍减尚属坚实可以久贮者派仓收受其所减成色米石责丁赔补于次年搭运抵通交纳【乾隆八年】

一米性交夏无不发热应令运弁不时风晾加意照料毋致侵受潮湿其设立水舱夹席铺灰均照旧办理【乾隆十七年】

一漕粮潮湿霉变致行亏折者押领官弁照例革职限一年赔补完日送部引见请旨开复不完革任追赔漕运总督失于查察照不应重公罪降三级留任例议处【乾隆十七年】

一漕粮虽非霉变而质嫩色暗不能一律纯洁致难久贮者押运员弁照例革职该管粮道不能预先查出照预先不行查出例降一级调用【乾隆十九年】

一驾运白粮旗丁搀杂糙白米色不纯运丁照例治罪其搀杂糙米交总漕在各丁名下照数追赔入于新漕搭运交仓该帮领运千总及押运厅员均照例革职该管粮道职名送部查议【乾隆二十四年】

一漕粮米色如有灰暗潮湿过淮盘验时总漕辄行转运并不奏闻抵通交仓后被巡仓大臣查出将总漕照徇隐不报例降三级调用仓场侍郎既经验明米色微润不即参奏照不据实回奏例降一级调用【乾隆三十四年】

一江西各州县起运漕米时务将逐次解省日期随时申报粮道该道按其程限预行查核如有逾期未到者即行严催抵次倘米色稍有不纯速饬买补供兑毋得临届开帮始行查办诿为购办不及致有存留带运之事如该粮道办理不善仍致迟悞即将该粮道一并查参【乾隆三十五年】

一运通米石如押运等官沿途漫不经心失于风晾受热色变将押运同知照不实力稽查例降三级调用领运千总照米色霉变例革职【乾隆三十八年】

一各帮交仓水石如有米质灰暗难以久贮查系沿途失于风晾所致将领运千总照溺职例革职押运同知照不随时稽查例降二级调用【乾隆三十九年】

一米色不纯难以久贮仓场验收时奏明另廒存贮先行开放至米色不纯虽因该县地土本洼秋收遇雨但运弁不能督率帮丁勤加风晾致多灰暗究难辞咎应交部议处【乾隆四十一年】

一乾隆四十一年经巡漕御史条奏申明旧例米色一律纯洁方准过淮如有搀杂责令收漕监兑各官赔补过淮后责令总押厅弁勤加风晾等因部议将安徽江西湖广等省监兑官例在水次验兑并不押帮赴淮开行只有粮道督押及押领厅弁等官照料倘系原兑本属好米中途不能勤加风晾甚至舞弊搀和皆非监兑官员所能查察祇应将在帮各员参处追赔其江苏浙江二省即以监兑之员押运抵通仍应与督押领运等官一体查办倘查系原兑米色本属平常即将该管道府及监兑押领各员一体严参议处仍分别立限追赔过淮以后应专责押领员弁照料如有以灰暗之米交仓则系弁丁等不能勤加风晾所致即将该帮员弁参处外将不堪米石著落追赔再民间完纳本属好米吏胥故意多方勒揹并照例查究治罪【乾隆四十一年】

一运通黑豆起拨时不小心管理致遇雨霉变拣出霉变豆石著落领运千总照数赔补仍将押运同知领运千总交部分别议处其豆粒大小不匀并不先行奏明之该督抚及粮道一并交部分别议处乾隆五十年钦奉恩旨此项豆石受兑时颗粒原系大小不一至途次起拨遇雨潮湿尚非有心贻误且霉变豆石业经著赔所有领运千总交部议处之处加恩寛免钦此

一浙江嘉兴杭严二帮运通漕粮米色平常将押运领运员弁及粮道交部议处乾隆五十八年奉上谕总漕有签盘之责何以未经验出亦著交部察议钦此

一兴武五帮原兑青浦县漕粮先经该抚奏明米色较嫩其到通霉变之米除旗丁将黑腐等米变价买抵外不敷米石责令该县赔十分之六帮丁赔十分之四统于下年搭运交纳兴武六帮原兑吴江县漕粮该县原兑时本无不纯其到通霉变米石责令旗丁赔补【嘉庆五年】

一兴武三帮黑腐米石照原议旗丁变价买抵仍有未完著落县帮四六分赔至亏折伤耗米石与原兑州县无涉饬令帮丁赔补【嘉庆五年】

一永建帮应赔霉变米石嘉庆五年钦奉恩旨分作三年搭解以示体恤钦此

一黑腐米石系帮丁惰于风晾以致蒸变与收漕之员无涉免其议处押运同知道员例应革职降级限一年赔补完日开复【嘉庆六年】

如昔年浙江湖广二省粮船因私忿小怨遂致操刄持戈杀伤多命又从前偶值回空守冻遂致纵容水手公然抢夺扰害居民此皆众所共知者是以数年以来内外臣工条奏旗丁不法者不下数百纸前又有人奏称贩卖私盐之弊在粮船为尤甚有一种积枭巨棍名为风客惯与粮船串通搭有货物运至淮扬托与本地奸徒令其卖货买盐预囤水次待至回空之时一路装载其所售之价则风客与水手丁舵三七朋分粮船贪风客之余利风客恃粮船为护符于是累万盈千直达江广私贩曰多而官引曰滞等语观此则旗丁之作奸犯科仍难以悉数也朕年来屡饬该管官严行禁约又复念其劳苦迭沛恩膏近见伊等之恶习刁风亦渐悛改是以特颁谕旨严禁过淮抵通苛索之陋规复令增添携带土宜俾得多沾余润以赡家口伊等益当感戴朕恩遵守法度以为良民以免罪愆著总督仓场侍郎漕运总督将朕此旨通行刊布每船各给一张使运丁人等触目警心以副朕体恤训诲之至意特谕钦此

一各省粮船旧例每船许带土宜六十石如六十石之外多有加带将货物入官仍行治罪雍正七年钦奉谕旨于旧例六十石之外加装四十石八年续经题定各船头舵二人每人准带土宜三石水手无论人数每船准带土宜二十石合算每船准带土宜一百二十六石

一粮船偷买硝磺多系沿河镇集奸徒预为收囤暗运入船应于粮船将过山东时该督抚预于晋省私磺入境之处令地方官弁分路巡查本省熠硝亦实力稽查毋许囤户偷贩河干暗送入船并令搜查私盐之文武官带查熠硝如查出私货硝磺亦照私盐例究明查参押运官弁失察照粮船夹带私盐例议处【雍正十年】

一各省漕船不许装运无引私茶如违禁携带于过关时查出即照私盐例治罪【雍正十一年】

一粮船夹带私盐多由土豪预行窝囤河千勾通售卖乾隆元年奏准天津地方令巡漕御史暨运使实力查缉其沿河地方令各督抚提镇严饬沿河文武官弁凡粮船经过时差兵役竭力稽查如有水手人等私行货卖以及土豪地棍预行窝囤情弊一面严拿按律究治一面催船前进毋得留难误漕倘有失察徇縱一经发觉将督运押运官弁以及前途失察之地方官弁并失察豪棍之地方州县一并照例参处其盐觔除留食盐外余俱入官

一粮船回空令沿河督抚总漕仓场转饬天津河道押运员弁严查除日用盘费钱文准其携带外如有将制钱装载数十串捏称押船希图贩卖者即行拿究倘胥役人等借端需索亦即究治【乾隆三年】

一回空军船应带食米烧煤向无定数乾隆三年题准江西省每船准留食米四十五石烧煤四十石湖南省每船准留食米三十六石烧煤三十二石湖北省每船准留食米三十三石七斗五升烧煤三十石浙江省每船准留食米三十石烧煤二十五石自通至宿迁淮扬等处逐关查验扣除免税放行毋许逾额多带巡役人等亦不得勒索留难

一各省重运粮船例带土宜一百二十六石向因各项货物粗细不同按石计算并无一定乾隆四年题准分别货物粗细酌量捆束大小定数作石于过淮处所立榜晓谕如有违例装载以及书役人等勒揹需索严加议处

一押空随帮一年之内并无私盐事故者准其于补官日纪录一次【乾隆六年】

一江广等帮漕船装带所产竹木沿途货卖其竹木于天篷上装带毋得高过二尺如有违例多装令押运厅弁勒令起卸严加责惩竹木入官如厅弁通同徇隐照例参处乾隆七年奏明水大之年准其带至台庄以南一带卸卖不得带过台庄水小之年令其在淮扬一带卸卖不得带过黄河

一回空粮船舵水人等零星捎带梨枣六十石免其输税嗣因首进帮船每年五六月间回空时尚无梨枣可带以致不能均沾利益乾隆十年奏准嗣后回空船只行至山东如无梨枣可带准其将核桃瓜子柿饼等物携带六十石以抵梨枣之数如逾六十石者按例征收税银

一各船准带食盐于查盐地方摆列船头听候查验经巡役零星撮取积少成多每船极多亦不过二三斤者实非伙同兴贩免其查究押运官弁免其议处【乾隆十一年】

一粮船经过地方令沿途营汛员弁严行稽查毋许肩挑背负之老幼男妇充塞河干混卖盐觔及黑夜傍船私相包送若不实力稽查以致暗行夹带逾于定例四十觔之外者事发照不行详查例议处【乾隆十四年】

一徐州江北帮轮兑徐粮之长淮三四两帮凤中三帮宿州头二两帮回空船只例不过淮扬搜盐地方其有无夹带私盐漕督饬委大河卫守备驻札黄河北岸杨家庄搜查又在夏镇受兑之淮安三帮委济宁卫守备俟回空过济就近搜查俱汇册咨部存查【乾隆十六年】

一同知通判管押回空帮船果系亲身在帮协同营员搜查并无夹带私盐准其照例议叙若未经在帮协查者

不得滥行请叙并令两江总督造送搜盐文册务将总押厅员姓名及曾否亲身在帮之处据实登注以凭考核【乾隆二十年】

一回空粮船过天津关每年檄委盐法人员会同王庆坨都司去津城五十里静海县属之于家堡地方并委长芦批验所大使在沧州属之砖河地方同津镇派委之外委盘查验放除每船准带食盐四十觔外如有多余起获存贮充公俟粮船过竣后各委员将查过盐觔数目造册呈送各上司咨部如无夹带私盐即于册内声明【乾隆二十年】

一运弁抵通全完无欠并押空抵次并无夹带私盐向系总漕陆续咨部议叙有迟至三四年始行咨部者不免延搁应令直督江督俟各帮回次后查明有无夹带私盐造册分送户部总漕总漕将应叙之员汇册咨报户部查对各督咨报原册相符即汇送兵部查办其运弁全完议叙仓场题报销算定例于次年六月具题令总漕于次年八月内将上年抵通全完应叙各弁汇册造报户部查对销算册籍实系通完亦即汇咨兵部办理【乾隆二十一年】

一粮船随带货物定例不得过一百二十六石向来每多逾额致令船重难行及至起拨旗丁利于起米而不欲起货嗣后交地方官于粮船过天津关抵北运时查明所带货物其在杨村河西务等处起卸之货听其自用脚船随行随卸如须载往通州卸售一入北运先尽货物起拨不得稍有留藏如货已全起而遇浅犹属难行再用拨船起米【乾隆二十三年】

一江省造送搜查盐觔册内如有夹带私盐之船即将某帮某号某丁船内查出盐觔确数一面交与分司秤收明白饬商变价一面将私贩之犯移交地方官收审其并无夹带之船亦即于册内登明并无夹带私盐字样应抄录册式移咨直督转饬各委员嗣后务照江省造送之册一例开明毋得仍前约畧估计笼统造报以致往返驳查【乾隆二十三年】

一地方官承审私盐案件如任听多开人犯而脱罪名将承审官照徇庇例降三级调用【乾隆二十三年】

一拿获贩私人犯按其盐斤多寡如在三百斤以上者为数既多必系买自窝囤之家如不据实供出混称买自不知姓名之人即将该犯于应得本罪上加一等定拟若数在三百觔以下其中或系买自孤独老幼之人如不能将卖盐人姓名供出即将该犯仍以本罪科断【乾隆二十八年】

一拿获私盐人犯承审官不能审出诬扳情节照不能审出盗贼诬扳良民例分别议处如听其不指供买自何地一任狡饰含混完结按盐犯罪名之轻重照不取紧要口供例分别议处【乾隆二十八年】

一该管上司于属员开脱盐犯倘不照例查揭一经督抚盐政查出即将该管上司分别失察徇庇一并题参【乾隆二十九年】

一回空粮船搜查夹带私盐嗣后扬州盐厅查盐专听督盐二臣委员实力办理漕标委员只令弹压官丁不得滋事并催攒船只查盐不必干预至准扬道及江都甘泉二县差巡役搜查一概停止粮船一到承委之员不得托故他往致令守候大帮一日查一帮小帮查二帮查毕即促开行如已行复有拦船搜查者令盐臣严加惩处则盐务无私带之弊粮船亦免于稽迟又定例每船准带食盐四十觔其有舵水人等沿途贱盐处所贪图小利多买数觔摆列船头听官查验准其携带嗣后督盐衙门严饬委员不得将船头摆列之盐混作私盐邀赏庶办理持平而人心贴服又粮船夹带私盐重运千总交粮后除例应引见及请假回籍并别有公事委办不能赴帮者遇有私盐事故准其免参其余托故逗留无论在帮与否遇有私盐之案与随帮一体参处【乾隆二十九年】

一沿途失察私盐原有专司于家堡砖河柘园盘粮厅仪征瓜洲委员留心稽察如在北未经查出而在南之委员查出即将未经查出之员弁兵役分别参处沿河非产盐地方文武员弁免其查参【乾隆三十年】

一回空漕船俱有带回土宜货物如船只无多随时验放倘帮船到关号数繁多挨次核实稽查以重税课亦不得故为留难以致漕船归次迟延仍令将粮船到关过关日期知会各该督抚以备查核【乾隆三十一年】

一粮船经过汛地如有强刦被窃等案地方官照例分别议处【乾隆三十六年】

一领运官员揽带客货私载已货者革职若运丁于应带土宜定额之外私带客货私载已货运官失于详查者降二级调用【乾隆三十六年】

一江广重运漕船交漕运总督于过淮时照例实力查验其山东河南各船交该抚转饬该粮道一体查验以杜帮丁私带之弊仍令直隶总督每年遴派明干同知一员届漕船入北河时前往杨村会同总漕所派守备千总及运

员等官严密稽查一抵杨村如遇浅阻令各帮丁先将货物尽数起卸如尚阻滞酌量起拨粮石毋致有误回空【乾隆三十六年】

一漕船入北运河时遇水浅阻即将所带货物全行起拨不得俟起拨后再令停泊挨查至各船所带货物查明如在一百二十六石之外仍有多余即为私货照例纳税如在一百二十六石以内者仍照例免税【乾隆三十六年】

一漕船例带土宜于河西务查验起拨货物时定以应免一百二十六石数内核计细货粗货各免六十三石其额外多带之货仍令照例输纳【乾隆三十七年】

一河西务税口查验时有逾额多带之货照漏税例加倍征收旗丁治罪运员参处【乾隆三十七年】

一漕船经由处所如未经设有捕盗厅员于临时酌派能事捕盗同知通判一二员协同催攒官亲往河干实力查拿【乾隆三十九年】

一回空粮船在山东夏津县地方被贼众强劫该地方官讳饰捏称先窃后强删减供词将知县把总革职【乾隆四十一年】

一各省回空漕船凡遇满号打造船只必得越帮前进赴厂兴工者责令粮道查明确数先行造册详明总漕并船尾书写打造字样每起不得过五只之数于重运尾帮出口后即令先为越帮进闸如重运连樯行走回空船只即于河面宽处暂行停让【乾隆四十二年】

一随帮千总于帮船在次置买皮槁木枋及磁器等物散给各船装载希图牟利者革职【乾隆四十三年】

一回空漕船于过宿关时一体签查收税照宿关淮收之法即在淮关兼纳宿关税银【乾隆四十三年】

一运弁失察旗丁违例多带木植如查明该弁非自带私货又非受贿徇情即将原参解任之案准其开复【乾隆四十九年】

一江广漕船脱帮始由州县运米稽迟卫守备发费不早粮道王均张官五办理不善捏报颟顸继为按察使李天培洒带木植以致四月内方由汉口开行乾隆五十四年钦奉谕旨将李天培革职拿问王均张官五等交部严加议处其运米拨迟之州县并发费不早之卫守备一并查明议处钦此一乾隆五十九年钦奉谕旨各省帮船定例准其于装载漕米之外各带土宜原以运丁等得有水脚可资贴补而京城货物亦不致居奇且本年一带因天旱水浅漕艘起拨需费若复将土宜概行起卸丁力岂不更至拮据自应准其自行酌带各项商贾货船亦应酌量准其间断随帮放行以通商贩钦此

一各省回空船只准于例带土宜六十石外照重运多带二十四石以资运费【嘉庆五年】

一嘉庆十四年奉上谕向闻粮艘至津多有私买回漕之弊现在高添凤等亏短米石业经破案恐各帮闻知虑及通州一带无米收买有心沿途逗留希冀通挪掩盖甚或捏报风火等事俱未可知著温承惠多派妥干员弁一面帮同催攒一面严密防范毋令别滋弊端倘有前项情节立即严拿究办等因钦此

一山东省粮道及押运厅弁每年押运赴通随从书役名数开单报明总漕巡抚衙门以备稽查【嘉庆十五年】

一江广等帮搜获夹带私盐内湖北帮丁有买盐一千余觔至二千余觔不等均杖一百流二千里其买盐百余觔及数十觔者各杖一百折责发落其江西湖南等帮起出盐觔径咨各本省分别多寡查讯买自何处定拟完案至失察各帮带私员弁查取职名送部核议并将卖给湖北帮私盐之天津常春等店照例查办所有起获盐觔发交两淮运司饬商配引交价充公【嘉庆十七年】

一嘉庆十九年钦奉谕旨御史王嘉栋奏粮船准带土宜本有一定斤重原为恤丁起见其例外多带货物自应严行查禁本年运河蓄水较浅著漕运总督及巡漕御史严行晓谕各运丁不准例外私带客货如有违例携带者即于沿途起卸仍将该运丁照例治罪务俾重运遄行不致稽滞钦此

一嘉庆二十年钦奉上谕御史胡承珙奏请查办粮船水手丁舵人等贩私积弊一折回空漕船向有夹带私盐之弊著漕运总督严饬所属实力查禁并著各该督抚于帮船经过关津处所督饬地方员弁实力稽查如有胥役兵丁得钱包庇查明严惩其天津产盐处所及安徽枞阳大通等镇有积惯匪徒开设盐店窝囤私销者并著该管官严拿究办钦此一产盐之区向有跟帮积匪勾串地棍土枭先期贩运预囤水次候回空过境沿河上载等弊漕督奏准

勅下直隶山东江南督抚盐政严饬查拿以杜收买弊源【道光七年】

一各帮漕船准带土宜历系开单到关呈验放行以杜例外多带之弊江西巡抚吴文镕奏江西粮船共计六百三十六只帮多船众芜湖关南岸为停泊候验码头该关南北两岸河面狭窄不能排列候验请仿照九江关道在田家镇地方迎查湖北漕船成案【原奏田家镇至九江关一百数十里】将江西各帮漕船改于安徽铜陵县所属之大通镇地方暂停候验【原奏大通镇距芜湖关百余里】经部议准俟粮船抵大通镇时该管关道即亲赴该处将各帮船例带土宜石数按照开列舱口清单核实稽查随验随行勿稍稽迟傥查有例外多带揭报总漕将丁商治罪员弁参处【道光二十八年】

卷八十四·通漕禁令·裁革陋规

一籖选衙门及粮道推官州县吏胥需索害漕该管官轻者革职重者查参仍置重典【议单旧本】

一监兑漕粮事竣之日监兑官将有无需索等弊具结投送督抚存验事发以溺职坐罪【顺治十二年】

一兵道知府职不司漕有借验粮名色行其苛索者官即指参胥吏按律究处【顺治十二年】

一通仓收粮各衙门如有需索陋规不行即速兑收仓场一经查出立即题参从重究拟【顺治十三年】

一州县征收漕米浮派杂费及仆役经承如有需索小民使费者严行禁止犯者题参究治【顺治十六年】

一旗丁多收斛面入已并运官知而不举均从重拟罪勒索之米照追入官【康熙五年】

一领运官弁勒索旗丁饭米擅扣行月公费等银及纵容亲丁仆役需索使费者俟抵通交粮完日令仓场严提审追按律究拟【康熙五年】

一沿途催漕将弁纵兵索诈漕船以致运丁畏避船米撞沉者革职严拿究拟【康熙二十六年】

一运弁需索旗丁未遂不顾风色逼船渡江漂没漕船淹毙人口照例治罪追埋葬银给死者之家漂没米石仍著落该弁赔补【康熙二十七年】

一开兑时粮道发给运丁钱粮不许克扣分厘籖丁监兑及沿途催漕各官不得藉端需索雍正二年钦奉谕旨令各督抚不时查察如有前弊立即指参从重治罪钦此

一运弁兑漕勒索各属经承银两者斥革照律杖一百系贪官永不叙用所得赃银追取入官【雍正四年】

一运弁苛敛旗丁银两故纵书役装带木植者革职徒三年系贪官永不叙用【雍正八年】

一帮船到淮给管粮经承津贴饭食大帮六两小帮四两呈缴给发不许私相授受违者提究重处【雍正八年】

一漕船到淮饬行各帮字识缮造米数丁舵姓名等册不许册房揽造科派使费犯者严行究治【雍正八年】

一浙江粮艘由镇江出口方立篷桅委催漕官员就便查看不无需索雍正八年题定俟过淮时总漕亲加点验至各省粮船总汇于扬州之三岔河例委干员分帮弹压如委员及跟随人役需索盘费一体参究

一漕船渡黄汛地员弁不顾风色水势混行催攒藉端需索照失于防范例议处一有疎虞加倍治罪【雍正八年】

一漕船渡黄后提溜打闸向有弁丁串通人夫勒索旗丁倍出工价陋规雍正八年题定于重运北上时宿迁一带责成白洋河游击入闸责成徐州协副将约束禁止倘有纵容徇庇一并会参究处【雍正八年】

一漕船应领修舱银两例应照数给发运丁毋许需索使费陋规至运丁有以朽腐粮艘撞触民船藉端索诈者即将该帮弁丁究处【雍正八年】

一运弁需索旗丁篷税银两又需索各船装带土宜银两及旗丁饭米银两者革职佥妻发边卫充军【雍正八年】

一运弁藉书役饭食额外多索旗丁饭米照因公科敛例革职决杖一百【雍正十年】

一催漕弁兵需索旗丁银钱土物者系兵将该管千总照失察衙役犯赃例议处系员弁将该管上司照不揭报劣员例分别议处需索银钱之弁兵计赃以枉法论土宜礼物照挟势豪强之人接收所部馈送土宜礼物受者笞四十与者减一等律系官罚俸九个月系兵丁笞四十赃物给还如弁丁衙役需索旗丁或旗丁行贿而押运官员不即申报照不即申报例罚俸六个月知情故纵者革职治罪受财者与以财行求之旗丁一体治罪追赃入官如旗丁被

索即时首告免罪追赃给主其赃少首多或挟嫌诬首照诬告例分别治罪如不行首告仍照以财行求律与受同科赃物入官催漕弁兵遇有旗丁行贿据实尽首免其治罪追赃入官旗丁照以财行求例治罪【乾隆四年】

一粮船所过地方如有催漕衙役需索旗丁银钱并收受土宜礼物者将该管官照失察衙役犯赃例议处

一押运官弁以及粮道卫运等衙门书役每有科派陋规帮规之弊乾隆四年奏准革除令总漕于各省受兑开兑之时密加察访并饬该管官不时严查如有阳奉阴违将与受之官丁等照例参究倘该管官徇隐不报一并题参

一满汉仓场侍郎及坐粮厅监督将轻赍茶果等项余平银两不行奏明分别应用者虽审无侵肥情事仍照违制律议处银两著落分赔【乾隆十三年】

一各省帮船自次抵通经过营汛及司漕衙门向有陋规乾隆十七年部议将文武员弁各项陋规悉行裁革其各衙门书役除原有额设纸张饭食银两者毋得再行派累旗丁外其余办漕衙门向无公项可动者酌量繁简存留以资办公应将酌给及裁革各款开列备查

一领运千总雇募字识班役纸张饭食等项豫东二省每船银六分江安等六省每船银八分

一押运丞倅书吏差役纸张饭食等项豫东二省每帮共银八钱江安等六省每帮共银一两

一粮道号房门役每帮各给银三钱

一各关投文及查验土宜豫东二省每关每帮给银三钱江安等六省每关每帮给银五钱

一巡漕衙门投送文册每帮给银三钱

一总漕衙门投文挂号每帮共给银三钱验领全长二单每帮共给银五钱

一沿途营汛如有粘贴印花抄写挂号并投入汛出汛文书每汛兵役每帮共给银二钱

一东昌泊头磚河杨村河西务各汛豫东二省每帮每处给大钱五十文其余浮汛不准给与

一沿途闸座如果水深溜急必须闸夫共为料理每岁每帮给银二钱其余平坦各闸不准给与

以上酌给共九款令漕运总督镌石立碑并刊布各船通行晓谕仍令各省督抚河漕提镇一体通饬遵照

一运弁贽礼江西各帮用银自十三两至三十四两不等应革除

一运弁生日节礼铺设折席等项江安各帮用银自一两六钱至十两六钱不等山东各帮自四两至十七两二钱不等河南各帮十两应革除

一运弁规礼帮贴等项江安各帮自三十二两至八十两不等苏松各帮自三十六两至九十二两不等江西各帮自三十两至一百二十四两不等湖北各帮四十五两应革除

一运弁租赁房屋浙江各帮自十二两至二十五两不等湖南各帮五两山东各帮三两至十五两不等应革除

一运弁水次巡查兑米赴省支领钱粮需用船只轿夫更夫等项浙江各帮用银自十六两至二十八两不等应革除

一运弁率丁支领钱粮雇募标夫等项山东各帮用银自三两至十五两不等应革除

一运弁修理座船置备家伙等项江安各帮用银自八钱至五两三钱不等苏松各帮自七两五钱至十三两二钱不等江西各帮自十二两至十六两不等湖北各帮三两湖南各帮五两山东各帮自四两至六两不等查各帮船装带土宜多寡不一运官乘座自可于带货减少之船递年轮流乘座以均苦乐此项陋规各省俱革除

一运弁赴各衙门改注全单浙江各帮自四两至七两二钱不等应革除

一运弁雇募字识班役纸张饭食等项江安各帮自六两至二十五两九钱不等苏松各帮自十四两四钱至二十六两四钱不等浙江各帮自四十五两至八十三两不等江西各帮自四两八钱至二十七两四钱不等湖北各帮四十八两湖南各帮八两山东各帮自六两至三十六两不等河南各帮二两至十八两不等此条已议酌给江安等省每船八分豫东二省 每船六分在案余俱革除

一运弁书役油烛纸张等项已于前条内议及每船八分酌给此项陋规应革除

一运弁差役催兑催船饭食山东各帮自八钱至九两不等已于前条内议令每船六分酌给此项陋规应革除

一运弁并押空跟役沿途催船填写印花缴限雇船饭食等项山东各帮自八两至十三两六钱五分不等此条即在每船六分之内酌给前项革除

一运弁投文领限走差衙役饭食盘费等项浙江各帮自六两至十四两不等山东各帮自三两至六两不等此

项自应运官捐给未便派累陋规应革除

一运弁刊刻禁约告示等项浙江帮自六七两至十两不等应革除

一运弁赏丁舵花红等项浙江各帮自十两至十六两不等应革除

一运弁沿途打闸守候完呈房租赶帮等费浙江各帮自六两至十六两不等应革除

一空弁生日折席房租等项山东各帮自二两至三两三钱不等应革除

一空弁帮贴规礼等项江安各帮自十二两八钱至二十两八钱不等苏松各帮自十四两四钱至二十八两八钱不等浙江各帮自十两至二十二两不等江西各帮自三两至十八两不等湖北各帮四十五两应革除

一空弁节礼座船等项江安各帮自二三两至四五两不等苏松各帮自五两六钱至二十两八钱不等江西各帮自三两至十七两不等湖南三两二钱山东自一两六钱至三两不等河南四两应革除

一空弁领限缴限等项苏松各帮自六两至十五两不等江西各帮自五六两至十七两不等应革除

一空弁班役工食等项浙江各帮自三两至八两不等查空弁跟役并无差办事件应革除

一停运千总规礼节礼房租等项江安各帮自三四两至七八两不等浙江各帮自十二两至二十两不等江西各帮自一两二钱至十九两不等山东各帮自二两三钱至九两不等应革除

一押运丞倅规礼家人随封河南各帮自九两三钱至二十五两一钱不等应革除

一押运丞倅修理座船湖北各帮三两湖南各帮四两应革除

一押运丞倅书役纸张饭食等项江安各帮自一二两至七两六钱不等苏松各帮自三两六钱至十三两五钱不等浙江各帮自二两四钱至八两六钱不等江西各帮自一两二钱至二两不等湖北各帮四十五两湖南四两山东各帮自二两至三两二钱不等河南一两六钱查押运丞倅书役已酌核江安等六省照例每帮给银一两豫东二省每帮给银八钱余俱革除

一卫备到次公馆盘费修理衙署书役纸张饭食等项江安各帮自六两至二十四两不等浙江各帮自三两至八两不等山东各帮自一两至三两六钱不等河南各帮二两四钱此项自应该备捐给未便派累帮丁陋规应革除

一卫备差役押催签造门役班役印色等项山东各帮自一两至三两二钱不等应革除

一卫备佥丁江南各帮每丁给银二三钱不等应革除

一湖北武昌等卫每船给书识差役银一钱二三分及五六分不等此项自应卫备捐给陋规应革除

一各丁赴道请领钱粮江安各帮每船给纸笔银一二钱不等应革除

一粮道书吏辛工纸张饭食并投文挂号房头二门各役江安各帮自七八两至二十两不等苏松各帮自五两六钱至十三两六钱不等浙江各帮自二两五钱至三两八钱不等江西各帮自四两至二十二两四钱不等湖北各帮自六两四钱至二十二两五钱不等湖南各帮自五钱至八两不等山东各帮自二两三钱至十两二钱不等河南各帮自一两二钱至四两不等查号房门役业经定数每帮各给银三钱余俱革除其江安等六道书吏俱有例给饭食所有陋规亦应照例革除至浙江湖北二道书吏向无饭食应听粮道自行议给未便派累帮丁陋规应革除

一粮道差官催兑催开规礼苏松各白粮帮自四两二钱至五两二钱不等应革除

一粮道委催漕船官役江西各帮自一两二钱至四两七八钱不等应革除

一粮道赴淮跟随书役饭食湖北各帮二十二两五钱湖南四两应革除

一藩司巡道府厅协镇各衙门书差班役栅役等项浙江各帮自四两至九两六钱不等山东自三钱二分至八钱不等应革除

一开帮渡江渡黄祀神演戏等项浙江各帮自十两至十六两不等山东各帮自八两至二十二两不等河南十二两此条听旗丁自行料理未便官为派缴陋规应革除

一各关投文弁役江安各帮过扬淮津三关每处自五六钱至八两不等苏松各帮过浒扬淮津四关每处自四两至九两不等浙江各帮过浒扬淮津四关每处自四钱至三两二钱不等江西各帮过淮扬二关每处自二两至六两不等湖北各帮过淮扬二关每处自一两四五钱至一两七八钱不等湖南各帮过淮关二两四钱山东各帮过临津二关每处三四钱河南各帮过天津关各用银四钱查帮船到关投册查货江安等六省照例每关每帮酌给银五钱豫东二省帮船并无多带土宜查验甚易每关每帮给银三钱余俱革除一巡漕衙门投文跟役江安各帮每处自

四钱至八两不等苏松浙江江西各帮每处自四钱至十四两不等湖北山东河南各帮赴天津巡漕投文自三钱至二两四钱不等湖南赴淮安巡漕投文每帮一两二钱查各帮旗丁投送文册业经定例酌三钱余俱革除

一总漕衙门投文挂号验领全单江安各帮自三钱二分至十两不等苏松各帮自六两四钱至十二两不等浙江各帮自四钱八分至二两二钱不等江西各帮自五两至八两不等湖北各帮十四两此条业经定议投文挂号每帮酌给银三钱验领全长二单每帮共酌给银五钱余具革除

一淮安盘粮厅点卯洒扫兵渡役送飞子禀事吏五班饭食等项江安各帮自一二钱至十三两不等苏松各帮自三两二钱至十三两不等江西各帮自三钱至三两不等湖北各帮四五两不等应革除

一三岔河催漕官分帮游击跟役兵丁江安各帮自一二两至五六两不等湖北各帮三四两不等湖南各帮六两应革除

一仪征齐帮游击跟随兵役湖北各帮三四两不等应革除一吴江协镇扬州江防厅淮粮厅等处投文书役浙江各帮每处自八钱至三两六钱不等应革除

一邳宿厅黄林庄台儿庄济宁德州天津等处领限单书吏各省帮船一切用银陋规俱行革除

一山阳县德州并沿途州县贴印花书吏各省帮船用银陋规俱行革除

一督抚河漕兖州镇各衙门差委催漕官兵江安各帮自一二两至四五两不等浙江各帮自八钱至四五两不等应革除

一柘园催漕游击跟役江安各帮自二三钱至八钱不等湖南各帮四两应革除

一大姑塘投文江西各帮自五钱至八钱不等吴城同知跟役永新帮八钱吴城巡检跟役吉安帮八钱俱革除

一水次兑粮监兑差役湖北各帮一两五钱应革除

一仪口汛弁湖南各帮四两应革除

一江口汛弁湖南各帮各用二钱黄泥滩三钱俱革除

一台儿庄弁兵湖南各帮各十两查台庄乃八闸溜处业经议定照例每帮酌给二钱余俱革除

一张秋捕河厅德州 滘县张湾通判各处豫东各帮投文每处用大钱五十文俱革除

一巡河打吊锣催船饭食湖北帮各用四五两不等应革除一各帮船自次抵通经过沿河营汛弁兵江安各帮自三两至六十六七两不等苏松各帮自三十八两至八十二两不等浙江各帮七十六两江西各帮自二十七两六钱至八十六两不等湖北各帮七十余两湖南六十七两四钱此条业经定议酌核沿途各汛如有贴印抄号报入汛出汛文书每汛每帮酌给二钱其余浮汛并营弁陋规悉行革除

一各帮经过沿河闸座江安各帮自三两至七十五两不等苏松各帮自二十七两至七十两不等浙江各帮七十六两江西各帮自四十二两至九十一两不等湖北各帮用银七十余两湖南一百一两七钱查各闸闸夫业经定议帮船经过各闸如果水深溜急必须共为料理每处每帮酌给二钱其平坦各闸不准给与闸官陋规一概革除

一备带土宜江西各帮自四五十两至六十八两不等湖北各帮三四十两不等查沿途应给各项既经议令分别酌给银两未便再送土宜此项陋规应行革除

以上裁革共五十七款令各省督抚河漕一体通饬严禁一各帮头伍如有将已裁陋规派敛婪收或于定数之外多行勒索者令各帮军丁于经管衙门呈控审实分别首从计赃定拟若犯该徒罪以上俱照指称衙门打点使用名色诓骗财物例不分首从发边卫充军情重者仍枷号两月发遣官弁兵役受贿者该管上司即指名题参革职审拟计赃以枉法论督运经催员弁故纵失察者亦分别查参照例议处若军丁挟嫌捏控照诬告律加等治罪【乾隆十七年】

一押运卫守备扣克帮丁行月等项银两照监守自盗例治罪总运同知指称沿途办公费用科派各帮船银两先侵后吐合依因公科敛以枉法赃论治罪【乾隆四十六年】

一北运河水势充足漕运千备图受起拨规礼钱文不令原载军船抵通除收受土物只坐赃轻罪不议外从重发往伊犁充当苦差【乾隆五十年】

一守备图受旗丁规礼欲令漕船起拨不行查报之该管上司粮道照失于觉察降一级留任【乾隆五十一年】

一粮船北上各衙门书役家丁勒索帮费以及各帮奸丁包揽营私应令仓场总漕各将该衙门查明如有此种情弊即行按律究治如有前项弊端经旗丁首告除从重究办外并将徇隐厅弁失察上司一并分别参处【嘉庆四年】

一州县收漕各该管上司如有收受陋规发觉照枉法赃科罪【嘉庆四年】

一嘉庆四年七月奉上谕宜兴奏革除漕弊一折据称向来民户完粮原不免有升合之浮以备折耗后则日渐加增竟有每石加至七八斗者民户因浮加日甚米色即不肯挑选纯洁又恐官吏挑驳开征之初躲避不纳一俟兑运在迩则蜂拥交仓且有刁生劣监广为包揽官吏因有浮收被其挟制不能不通融收纳迨核计所收之米已敷兑运即以廒满为词藉收折色分肥入己而帮弁旗丁因见米色不纯遂尔藉端需索从前每船一只不过帮贴三十两后则加至一百数十两及二百余两稍不满欲即百计刁难不肯开兑及帮费既足间有丑杂之米亦一概斛收请嗣后尽革有漕州县浮收之积弊裁除漕员弁丁需索之陋规通饬民户一律拣选好米上仓俾包户无从挟制等语此等积弊朕闻之已久实为漕务之害但所指情弊尚有不止于此者如所奏州县收粮一敷兑运即以廒满为词一节有漕州县惟利改收折色藉以分肥往往于开征时先将低潮米石搬贮仓廒名为铺仓以便藉词廒满折收钱文何待收粮敷运后始行折色其粮米之不能一律纯洁亦由于此岂得尽诿乏民户耶又据奏开征之初民户因恐挑驳躲避不纳一节亦非实情民户完粮惟望早为收纳从无躲避不前之事皆由官吏多方勒措有意刁难以致民户守候需时不得不听从出费此与地方词讼赴欣到官不肯速为审理拖延时日以为吏胥说合需索地步者情事相同总由地方官得受漕规以为贿赂权要逢迎上司之用甚至幕友长随藉此肥橐而运弁以挑剔米色为词刁难勒措及催漕运弁沿途俱有需索而抵通后仓场衙门又向弁丁等勒取使费层层剥削锱铢皆取于民最为漕务之害不可不严行查禁著通谕有漕各督抚严饬经征监兑各员务须将以上积弊实力革除妥为经理况此后有何多费如敢仍前浮折得受漕规致正供米色搀杂不纯惟该督抚等是问必当重治其罪其漕运总督及仓场衙门亦须一体严行禁止倘此次通谕之后仍敢复蹈前辙一经发觉朕惟有执法从事决不宽贷钦此

卷八十五·通漕禁令·裁革陋规

嘉庆四年江西巡抚张诚基将该省州县收漕并旗丁在省出运使费开单奏准革除共十五款

州县收漕各项使费

一各州县征漕兑运有运省水脚修仓铺垫及执事书吏差役斗级舵篓人夫饭食等项费用各处米有多寡费无一定查各州县收漕例有额征脚耗米石报部支销近来用项悉属浮多严饬各属嗣后撙节支用毋许仍前糜费

一安丁银即帮费每船需银一百六七十两

一各衙门查漕催漕人役杂费每届自数十两至百余两不等

旗丁每年出运本省各项陋规

一每船十年大造签丁府州县卫各衙门有呈官礼批送过堂等名目及卫弁往回夫马船只杂费多寡不同约银三四十两至五六十两不等

一每船领运卫弁年规银四两

一每船折总运同知通判修船银一两二钱

一每船折粮道衙门书役人等修船银七钱二分

一每船粮道书吏纸笔银二两四钱

一每船卫弁公馆租银一两

旗丁每年出运沿途各项陋规

一三汊河济宁天津通州巡漕衙门每帮杂费银约三十余两至五六十两不等

一扬州并淮关查船有过帮礼例带土物多寡不同数目无从约计

一沿途各衙门催船及签盘弁兵人役使费每帮约共需银二十余两至三十两不等

一通州住船每帮需马头费钱三千文

一通州各衙门书差等一切杂费每帮需银二百余两至三百两不等

一备带本省土宜沿途零送每帮约需银二三百两

一嘉庆四年奉上谕前经降旨清理漕弊据岳起荆道干先后奏到应行革除陋规清单交户部通行有漕省分督抚及总漕巡漕仓场各衙门将一应陋规永远禁革自此次饬谕之后倘有阳奉阴违一经查出必当从重治罪等因钦此

安徽巡抚荆道干奏准革除陋规共四十款

旗丁每运杂用陋规

一每船分送卫官米三石约作银五两零

一每船帮书造册饭银二两

一每船卫书造册纸张饭食银一两二钱

一每船府书纸张饭食银一两二钱

一押帮总运雇巡船一只每船贴费银八钱

一每船押运厅书纸张饭食银六钱

一每船分次府厅卫帮散帮各项银三两

一每船在次各委员催兑催开饭食银六两五钱

一每船防江营催船饭食银五钱

一每船江防厅催船饭食银五钱

一每船监兑厅书差纸张饭食银五钱

一每船道书造册纸张饭食银二两

一每船过道签盘饭食银五钱

一每船进瓜洲口投文饭食银二钱

一每船瓜洲投文纸张饭食银一两五钱

一每船扬关投文纸张饭食银二钱

一每船雇倩走差人夫沿途粘贴印花与门坝营汛饭食银二两五钱

一每船沿途住船营汛照料饭食银三两

以上计银三十余两名曰南账

一每船过淮签盘饭食银八钱

一每船漕书纸张饭食银一两

一每船台庄投文饭食银五钱

一每船济宁投文纸张饭食银一两五钱

一每船临清投文纸张饭食银六钱

一每船桑园投文纸张饭食银三钱

一每船安陵投文纸张饭食银六钱

一每船天津投文纸张饭食银一两五钱

一每船通州投文纸张饭食银一两五钱

一每船到通营汛住船银二两

一每船到通提船住船饭食银三两

一每船到通舍人验米及各衙门杂费约需银八两

一每船仓场院书饭食银二两

一每船坐粮厅书纸张饭食银二两

一每船坐粮厅验费银五两

一每船仓场投验全单银五钱

一每船投批银一两

一每船坐粮厅投验全单银五钱

一每船京仓交纳席竹仓收饭食银二两

一每船重运沿途漕委纸张饭食银四两

一每船赴通交粮另雇笆夫工价饭食约需银六两

一每船到通交粮付经纪过斛银三十两

以上计银七十五两三钱名曰北账

一旗丁每船约得州县陋规银二百余两江苏巡抚岳起奏准革除陋规共五款

旗丁每年出运所得陋规

一每船向州县额外索取银约二百三四十两至七八十两不等

一每船应兑收漕米间有改收折色银两自数十石至百余石不等

旗丁每年出运所费陋规

一自水次催兑催开并沿途催趱委员本帮本卫以及厅道漕院官吏一切杂费约共需银一百两名曰南账

一沿途催趱官兵及三处巡漕衙门杂费约共需银五十两一至通州北坝一切杂费约共需银八十余两名曰北账

一嘉庆四年奉上谕陈大文奏山东省漕船三十九只得过各州县帮贴陋规银五千余两而用项内如坐粮厅验米费银四百两仓场衙门科房漕房等费自八十至二百余两不等又本帮领运千总使费银七百两本卫守备年规银四百十二两生日节规十六两其总漕巡漕及粮道各衙门皆有陋规下至班头军牢轿马费自数两至数十两者不一而足实为漕务蠹弊本应严行治罪姑念人数过多事属已往免其深究自此次清厘之后凡有漕省分督抚及总漕仓场等务当实力稽查督率办理如敢仍蹈前辙准旗丁据实控告必当按律计赃论罪决不宽贷将此通谕知之钦此

一嘉庆五年奉上谕朕闻通州北坝等处奸役盘剥旗丁交米勒索使费现在剔除漕弊转瞬新漕抵通届期朕必特派大臣侍卫等前往稽察并另派人密访倘有前项情弊则惟达庆邹炳泰是问钦此

嘉庆五年湖北巡抚高杞将湖北各帮旗丁所得州县并所出例给及私赠陋规开单奏准革除共十五款

旗丁所得州县陋规

一每船在次受兑各州县帮贴银四五十两不等现已禁革

旗丁所出例给并私赠陋规

一重运书役办漕纸张饭食银四钱例准每船给银八分

一总运雇募书役纸张饭食银一钱以每帮六十船核计共银六两例准每帮给银一两

一过关查验投文银三分以每帮六十船核计共银一两八钱例准每帮给银五钱

一总漕衙门籤盘及投文挂号验领全长二单银二钱以每帮六十船核计共银十二两例准给银五钱

一沿途闸坝营汛粘贴印花银一两二三钱不等以每帮六十船核计共银七十余两例准每帮给银二钱

以上例规之外每帮加添银一百一十两零将例给之项照旧给与加添之项均行革除旗丁所用违例陋规

一空运规礼胥役纸张饭食巡船等项每帮银九十六两零一重运规礼租公所及巡船夫马饭食等项每帮银一百四十四两

一总运规礼租公所及巡船饭食等项每帮银一百四十四两

一各卫所规礼书役纸张饭食夫马等项每帮银一百八十两

一粮道押漕盘费并门包每帮银六百两

一粮道各房书吏纸笔盘费饭食及各夫役饭食每帮银一百二十两

一沿途催趱文武委员及四处巡漕并门丁书差饭食等项每帮银三百七八十两

一通州经纪交卸吊载舍戽夫利市及交仓席竹进仓饭食车脚等项每帮银一千四百三四十两不等

一通州各衙门一切各项杂费每帮银三百三四十两不等以上违例陋规每帮银三千四百四十余两均应革除并知会沿途各衙门一体查禁

嘉庆五年护理湖南巡抚通恩等将湖南各帮运丁需索州县陋规及沿途浮费开单奏准革除共四十七款
一每船分送卫官米五石作银七两零
一每船卫书造册差役饭食米三石作银五两零
一每船总运巡船贴费等项银三两二钱
一每船押运厅书差纸张饭食银一两八钱
一每船重运官贴费银三两二钱
一每船帮书造册纸张差役饭食银一两八钱
一每船府书点验纸张饭食银五钱
一每船送空运米一石给银一两二钱
一每船监兑厅书差纸张饭食银六钱
一每船在次各委员催兑催开饭食银一两二钱
一每船在次卫重空闲运各住房银一两三四钱
一每船在汉住船委员等项银二两
一每船防江营催船饭食银五钱
一每船江防厅催船饭食银五钱
一每船道书各房造册纸张饭食银一两
一每船道差押兑及茶号米一石银一两二三钱
一每船芜湖关费银一两
一每船龙江关费银七钱
一每船进瓜洲口投文饭食银二钱
一每船瓜洲投文纸张饭食银一两
一每船扬关投文纸张并过关饭食银一两五钱至三四两不等每年不同
一每船雇倩夫差人夫沿途粘贴印花与门坝营汛饭食银五两
一每船沿途营汛照料饭食银三两
一每船所带拨船淮扬九江宿迁等关共费银十六七两至二十两不等每年不同
一每船武昌关费银三四两不等
以上计银六十余两名曰南账
一每船过淮籤盘饭食银二两三钱零
一每船漕书纸张饭食银一两二三钱
一每船台庄投文各项饭食银八钱
一每船济宁投文纸张饭食银一两五钱
一每船临清投文纸张饭食银一两
一每船桑园投文纸张饭食银三钱
一每船安陵投文纸张饭食银三钱
一每船天津投文纸张饭食银二两二钱
一每船通州投文纸张饭食银二两五钱
一每船到通营汛住船饭食银一两五六钱不等
一每船到通提船住船饭食银二两零
一每船到通舍人验米及各衙门杂费银十一二两
一每船仓场院书饭食银二两三四钱
一每船坐粮厅书饭食银二两
一每船坐粮厅验米费银七两

一每船仓场投验全单银五钱

一每船投验批银一两

一每船坐粮厅投验全单银五钱

一每船京仓交纳席竹仓收饭食银三两

一每船沿途漕委饭食银十一二两不等

一每船到通交粮付经纪过斛银三十两

一每船赴通交粮另雇笆夫工价银八两

以上计银九十余两名曰北账

一旗丁索增帮费不遂扣留支兑各单诬禀该县欠交米石及漕费钱文合依诬告人徒罪加所诬罪三等杖九十徒二年半代为说合致滋事端之县书照不应重律杖八十失察之领运千总监兑通判并押运在途未即就近提讯之粮道一并交部查议【嘉庆七年】

一吴江县知县办漕不善每次兑漕因丁力拮据量为津贴又给刁生劣监漕规将公项挪移至二万两以上照侵盗钱粮例拟斩监候勒限监追职员生监等在仓吵闹挟诈欺官勒索陋规均按律治罪漕书违例多收斛面又怂恿本官暗给陋规以致亏挪库项应杖一百徒三年得受津贴银两之帮丁等应照不应重律杖八十其曾食漕规之生监等奏请查提责处嘉庆十年钦奉上谕生监皆读书人今以一案而罪犯责处者至三百余名之多阅之殊不惬意但该生监身列胶庠不守卧碑辄敢恃符寻衅挟制官长吵闹漕仓强索规费此直无赖棍徒之所为岂复尚成士类朕闻各省劣衿往往出入公门干预非分以收漕一节持地方官之短长而江苏为尤甚各该州县或平日与之交结遂其取求欲壑既盈即遇不肖官吏实有网利营私等事亦复袒庇不言徒使乡里小民暗遭朘削设稍不遂意则遇事辄生枝节每届开征时挜交丑米藉端滋事动即以浮收漕粮列名上控其实家无担石无非包揽交收视为利薮此等恶习大坏名教今吴江一县分得漕规生监已有三百余人其余郡县可想而知朕培养士子至优且渥原望其束身自爱键户读书并当劝化闾里愚民知所观法方不愧四民之首乃荡检逾闲至于此极尚腼然厕身士林乎所有吴景修等三百十四名朕即概加以扑责亦其自取但欲养其廉耻此次姑免责处予以自新之路嗣后著铁保汪志伊会同莫晋督饬该教官等严切教导随时管束务使该生监等痛涤前非安分守法如遇收漕时该州县果有浮收入已情事自应据实劾参倘生监等不知悛改仍蹈故辙或此外刁劣绅衿有把持漕务讹诈陋规等事砌词控告审属子虚者一经查出即当奏明从严治罪决不宽贷不仅扑作教刑士子自不惜廉耻朕亦不能废法博誉总之士林为风化所关待之优正以责之厚朕嘉惠士子然于此等败类亦断不肯稍事姑容必欲挽回积习而后已该生监等其各凛遵训谕立品怀刑慎毋听之藐藐自蹈罪譽致贻后悔将此通谕知之折并发钦此

一嘉庆十二年奉上谕据多隆武参奏山东寿张营游击周开第收受南粮各帮船馈送米酒等物已明降谕旨将周开第革职交杨志信审拟具奏矣漕粮为天庾正供各帮挽运北上所有沿途经过地方该管营员等自应实力催攒妥为照料俾得迅速遄行不容私通馈遗乃周开第所受酒米等物计伊手折登记已有五十余帮均经致送竟成相沿陋规试思漕船挽运经由处所远近不一沿河员弁随在皆是今周开第一人如此则其它可知是该旗丁等于帮船开运之时即须先将应送米酒等物预为备办无怪受兑则浮收漕粮抵坝则短缺米石且各帮因装载土宜过多行走亦皆濡迟粮船弊窦恐不免由此丛生不可不加意剔厘以肃漕政著漕运总督仓场侍郎及有漕省分各督抚通行饬谕各员弁等务须洁已奉公毋蹈周开第之覆辙倘经此次训谕后仍有私受馈送簠簋不饬情事即著据实严参惩办钦此

一嘉庆十四年奉上谕朕恭阅世宗宪皇帝实录内载雍正二年五月钦奉谕旨朕惟漕运关系甚大经费本无不敷而运丁恣行不法者皆由官弁剥削所致如开兑之时粮道发给钱粮任意克扣而佥丁之都司监兑之通判又多诛求及至启行沿途武弁借催粮为名百计需索又过淮盘查私货徒滋扰累运丁力不能支因而盗卖漕粮偷窃为匪嗣后各督抚不时查察如有仍前需索等弊立即指参从重治罪庶运丁渐有起色保守身家凛遵约束禁官吏之侵削即所以戢旗丁之刁悍等因钦此圣训煌煌寻源探本可见当日漕运之弊与目前情形正同而所以整饬而厘剔之者数十年以后之措施早垂成宪近日有漕省分诸督抚指陈漕弊无非称旗丁等提溜打闸等项费用繁多其所谓设法调剂者无非多给兑费殊不知弊端之大费用之广总由粮道之克扣于先弁员之需索于后至提溜打

闸等项未尝不稍有所费而丁力之不足实在此不在彼也旗丁等花费既多复隐有自肥之计一遇交兑之际藉端讹索毫无忌惮甚且沿途盗卖米石而州县官既为旗丁所苦复藉旗丁为名当征收之时多方浮折其实在受累者惟花户而已是则恤民之道全在恤丁而裁弊之源必须裁费前经屡降谕旨将各衙门需索款项并粮道克扣旧习一切禁革净尽仍交该督抚严查密访若再有隐蹈前辙者务当据实纠参从重治罪使旗丁刁悍之习不戢自除州县苛敛之风不禁自止漕运庶日有起色也凛之将此通谕知之钦此

一嘉庆十四年太常寺少卿马履泰奏吏役需索旗丁使费确数

一巡抚书吏年规每帮二十四两

一藩司书吏年规每帮七十余两

一粮道书吏年规每帮六百余两遇有新事需索不等

一知府书吏年规每帮三十余两

一巡抚委副将等员催船开运兵役需费一二十两不等

一粮道委千总三员催兑催开每员需费一二十两

一总运同知年规每帮一百两

一卫守备年规每帮二百四十两长随三十六两书吏五十两

一重运千总年规每帮六百两贴坐船银五十两书役三十余两

一空运千总每帮一百余两

一头船沿途包给河督漕院巡抚各委员使费每帮五百余两

一淮上总漕 籤盘书吏需费每帮五百两

一漕院委员通同各闸闸夫浮开提溜打闸人数每船较前多费二三十两不等

一仓场衙门书吏坐派厫口每帮一百二十两

一仓场坐粮厅一切差役及旗锣执事人等每帮给银五十余两

一坐粮厅验米费每帮四百八十两交该管书吏送入本年运丁探听得坐粮厅不要此费而书吏照常需索其给与否臣尚未知

一坐粮厅书吏年规每帮二百两又索王恕园寺施舍银二两

一坐粮厅舍人打样米及粮船停泊地面名曰地铺银每帮一百五六十两若旗丁米色不齐又须另行贿嘱否则立即呈出封船锁拿

一经纪起米每船年规制钱三四十千

以上所列各费即就一帮五十号船而论计一年索去银七千四百余两仰请皇上勅下巡抚河漕仓场各大吏认真查察倘有官弁仍前收受陋规立即指名纠参吏役人等尚复照前需索即行革役治罪大吏不实力访查别经参奏告发必予从严议处再不肖奸丁及拨船水手用水用药涨发米石以致遗患仓厫昧良可恶应另立专条尽法惩治以肃漕政等因奉上谕马履泰奏访明吏役需索旗丁使费确数一折并开单呈览所奏甚为详细近年漕务之弊各督抚等皆以旗丁苦累需索州县帮费为词追究其苦累之由则惟称旗丁等于提溜打闸以及沿途拨浅等事路费不敷势难裁减而于此外概未论及今据马履泰所奏则自巡抚藩司粮道总漕仓场各衙门以及沿途文武各员书吏经纪人等内外共十九处每处需索使费或数百两或数十两皆有一定之数不能短少旗丁被逼追呼如同逋欠其苦累之处莫甚于此马履泰所开之单自非臆造今就一帮五十船而论每年即需银七千四百余两之多况船数尚不止于此旗丁力不能支自不得不于兑运之时向州县横索州县计无所出遂不得不于开征之日向百姓浮收弊源不清伊于何底该督抚等不先查办及此殊未得其要领著传谕有漕各督抚暨总漕仓场等自本年为始所有单开各衙门书吏以及委员经纪人等各项陋规俱著一概裁革并责成巡漕御史一体严查密访如官吏等有私自勒索著分别查拿究办并准旗丁指名首告如果此外提溜打闸拨浅等事比从前不无多费再行量加调剂旗丁等浮费既除运费又足此后设仍向州县横索兑费不肯开行著该督抚严拿究办马履泰原折原单著一并发抄俾各督抚总漕按款周知逐一查办倘奉行不力仍任书吏需索如前则是有意纵容故留积弊大负委任如续有参奏或别经发觉朕惟该督抚总漕等是问将此通谕知之钦此

一嘉庆十五年湖广总督汪志伊等奏湖北帮船出运道里自武昌省城水次至通州三十六站计程四千三百二十里嘉庆五年清查漕弊案内除革去陋规之外据旗丁开报沿途应用之费每船约需银八百十余两该丁领项每船总计自三百八十余两至四百二十余两不等虽用费多于领项但彼时曾经奏明此项费用原系各丁自行开报其中是否浮多难以深悉且所报之处亦指漕船历运多次修费较增及遇水大风阻须用多夫挽拽或水浅多雇拨船起米者而言如遇风色顺利河道通畅即可节省并非定需用至八百余两该丁等又蒙恩于原备筛扬米内每石划出二升七合六抄发给津贴复经加带土宜用度宽裕所有沿途应用提溜打闸等费应听各旗丁自便若必明定数目使其得项多于用费则前曾据报每船用至八百余两而取领仅及其半在官项既无可复加又未便饬令州县增给致得借口浮收勒折且再历数年设使旗丁又以什物昂贵为词势必难于为继此时惟有永禁各处需索之陋规严杜发领钱粮之克扣不必另加调剂用费自无不足应请自十五年为始旗丁在粮道衙门领银之时则令出具丁书差役并无扣克甘结各帮开行之时则令厅弁书役出具并无需索陋规等结由道加结申送督抚衙门于开帮时声明具奏至过淮抵通则由总漕巡漕仓场侍郎将丁书经纪人等并无需索陋规取具旗丁甘结陈奏一次倘扶同徇隐即将与者受者同科以应得之罪等因奉朱批裁革陋规最为切要勉力办理钦此一东省抵通较近回空最早向无土宜可带每年出运之先由道行文各运官严革陋规如运官等向州县索取规费并向旗丁索取财物严行究办【嘉庆十五年】

一粮船停泊地面起拨处所舍役打取样米经纪过斛兑收倘有胥役人等并无籍棍徒讹索使费者许该弁兵等指名禀首以凭尽法究治如旗丁等甘心给予因米丑数短贿通经纪等舞弊掩盖一经查出即奏送刑部严审治罪【嘉庆十七年】

一道光元年奉上谕据成龄陈若霖奏会议办理浙江漕务一折浙省漕额较多其征漕之杭嘉湖三府州县与江苏接壤其漕弊大约相似今欲返积重之势先当去其已甚乃可徐议革除如该漕督等所奏帮费未能尽裁沿途陋规未能尽革浮收未能尽去在此时亦只能如此办理均即照所议旗丁帮费准其津贴银三钱四钱不得有逾四钱之数其从前调济钱米兑费加兑峯尖样米各名目俱永远裁革沿途陋规总须照旧有之数实加删减至少亦须裁去十之三四州县收漕每石余米二斗五升无分绅士农民概以八折交收此外不得浮加颗粒此缘积弊已深一时不能骤革不得已且示以限制该漕督等当饬令实力遵行不可阳奉阴违仍期递年量减渐符旧制在州县责成该抚督率粮道知府等认真稽察在途责成该漕督董率粮道运官等严饬遵办如有例外多索之事各据实严参惩办勿稍瞻徇将此谕令知之钦此

一江西巡抚奏准江西帮费陋规两项仿照江苏概令酌减一半其津贴银两每船从无过三百两者如于额外需索加增即将头伍严拿治罪至征收漕粮除南昌府属之武宁奉新两县本有随漕津贴无庸征收余米外其余有漕州县每漕米一石收余米二斗五升概以八折征收此外不许稍加颗粒【道光元年】

一道光二年奉上谕漕船过闸起拨不无需费而尖丁积蠹之勒索兑费克扣散丁因得有所借口该漕督将闸坝著名刁横夫头尽行革逐并酌定关缆人夫需费刊刻木榜通行晓谕俾众共知所办甚好其一切陋规使费虽经严行禁革恐不肖官丁吏役日久玩生该漕督总当身先倡率慎终如始随时认真查办毋得日久视为具文勉副委任至帮丁积蠹既有常德广马回子著名刁横务即访查明确严拿惩办此外如有把持盘剥之尖丁亦即一并拿究以肃漕政钦此一道光八年奉上谕御史奇成额奏漕粮为天庾正供州县办理不善往往为刁生劣监挟制始而包揽掗交继而砌词控告州县因其刁健给予漕规藉以调停消弭该生等视为故常只知取之于官不知官仍取之于民衿监多一人分肥即闾阎多一分苦累苏州太仓松江常州等处积弊尤甚竟有勒索漕规至盈千累百之多并有一人兼索数州县漕规者此而不严行惩办何以苏民困而戢刁风著江苏巡抚并有漕直省各督抚一体查察尽法惩治务期弊绝风清以肃漕政钦此

一道光二十六年钦奉上谕给事中董宗远奏运弁闸官需索帮费请饬严查参办一折向来各省派委总运等官原以督押重运约束旗丁随时稽察催攒期于漕行迅速若如该给事中所奏各省总运官及各帮运弁皆以押运为美差需索旗丁以致旗丁刁难州县任意搭带货物运官等受其馈送即不能不听其迁延又沿途分段稽察之员向来派至数十人之多在上司既藉以调剂若辈遂任意贪婪更有沿途闸官于粮艘过闸时按帮索费俾旗丁日益疲累漕行日难迅速实于运务大有关系著通谕漕运河道各总督及有漕地方各督抚随时密访认真严查如有前

项弊端立即指名参办毋得稍涉瞻徇以利漕行而除积弊钦此

一道光二十八年钦奉上谕前据彭蕴章奏裁减漕船帮费当交户部议奏兹据该部核议具奏漕粮为天庾正供自应裁减浮费杜绝弊端庶使小民乐于输将州县易于交兑源源转输仓储日裕乃近来自州县之征收沿途之转运以及各仓之出纳节节视为利薮致使旗丁需索帮费每岁加增几成积重难返之势因而绅衿之包庇船户之偷窃胥役之侵渔种种弊端相沿日甚若不从严整顿流弊何所终极著有漕省分各督抚暨河道漕运各总督仓场侍郎等悉心体察力清其源源之不清流从何止在督抚等则应先行出示本年征收漕粮只准循照旧章不准丝毫增益兼须剀谕旗丁不得需索州县该州县等禁其取之于民何能为尔辈鱼肉其在漕运河道总督又应严禁委员闸官巡漕等员告以旗丁既无取利该员等如敢诈取分毫准旗丁立即喊诉惩办其有藉端需索暨勒不放闸等弊从严治罪至于仓场侍郎尤应饬令坐粮厅洁已奉公禁止收受漕规并严查经纪人等勒索旗丁财物旗丁不取之于州县何能为经纪等所挟持总之一气相通其利全散之于乌合之众而其害则滴滴归源皆揞克于吾民也该大臣等岂无一二见及此者特日久相沿因循滋甚又不能联为一体互相提撕遂使天庾之供岁形短绌该大臣等若不振刷精神趁此诰诫之时狂澜力挽将来官民交困有误正供其将何术以补救耶悔之晚矣著有漕各督抚即将此次谕旨徧示各州县剀谕各村庄河道漕运各总督暨仓场侍郎亦徧示官吏军民人等一体懔遵勿干功令傥有违者迅即惩办务使层层去朘削之害小民有苏息之时该州县等尚敢借口于兑费之日增而重敛吾民乎另片奏筹办全漕等语漕务浮费太繁州县无所赔偿以致报灾减运希图节省近年招商采买本年又试行海运岂能恃为长策若明岁新漕额数仍复短少何以筹裕仓储上年有漕各督抚暨漕运仓场衙门覆奏减费等事其浮费每岁裁革若干未据切实声明而漕额果否能足尤未议及著即体察中外大局通盘筹划将从前一切浮费如何革除嗣后各省全漕如何起运悉心会议详晰联衔具奏务期令行禁止弊绝风清朕以爱民为心该大臣等以正供为念断未有令不行而弊不绝者懔之懔之余依议钦此

一道光二十八年钦奉上谕前据董瀛山奏请革除漕粮积弊一折当交户部议奏兹据该部逐款酌核请饬从严禁革漕粮为天庾正供然自兑运以迄验收百弊丛生日甚一日若如该侍读学士所奏包漕则有样米扣头等名目又有茶饭串票各花费良懦者额外浮科刁健者包揽短绌加以隐熟报灾往往以彼处之饥馑影射此地之灾荒书役勾通侵吞朦蔽又漕船每帮均有丁头克扣众丁钱粮几及十分之七又分扣各船漕粮变价苦累众丁甚或偷粮自给种种弊端总缘州县浮收勒折匪徒挟制营私甚至勾串冒灾任意侵蚀扣费累丁相沿成习以致节节挟制若不严查惩办流弊伊于胡底著漕运总督及有漕各督抚遴委员弁明查暗访如有前项情弊立即严拿重究并将各该地方官据实查参其总运领运各员弁傥查有收受陋规隐瞒包庇情事著一并严参治罪毋稍瞻徇至漕粮抵通验收经纪需索陋规有各种名目以规费之有无定米质之高下致使搀和发涨不能久储尤堪痛恨并著仓场侍郎严密稽查有犯必惩不准稍涉疏纵以肃漕政而重仓储将此通谕知之钦此

一道光二十九年钦奉上谕前据吴文镕奏酌减漕船帮费并片奏通坝用款减成给发等语当交户部议奏兹据奏称旗丁领运例有行月银米等项以资济运浙江又于例给之外每石给予津贴银两办运自应裕如乃近年浮费比前增至数倍该抚请将嘉兴府属帮费减去三成杭州湖州二府属减去二成若以每石二两核计则所谓减去三成二成者较之江苏松江府最多之四百两仍增数倍徒有裁减之名并无裁减之实江浙事同一例数目如此悬殊该部自不能歧议况帮费名目琐屑不堪岂可任其相沿滋弊著吴文镕将所有名目概行革除断不准概以空言分别减三减二即著照松江府属部议成案每船装米千石帮费至多不准过四百两以昭画一议妥之后据实具奏如帮丁等敢于藉词需索各州县仍藉词浮收即从严参办该抚正当整顿之际一切毫无回护若不趁此时力挽颓风当何待耶至通坝为交粮总汇帮丁运米交仓该处经纪以费之有无高下其手是通坝陋规实为诸弊之归宿此弊不除则州县取之于民帮丁仍索之于州县而刁难挟制经纪实不免鱼肉帮丁积弊相因变本加厉著仓场侍郎悉心查察严饬坐粮厅于帮船抵通逐帮亲验如果米色纯洁迅即督令斛收无恃经纪等为耳目致令任意挑斥受其愚弄而不知傥查有高下之弊立即严办该坐粮厅等每多上考候简之员岂竟坐视因循不思振作甘心为众流之所归乎转瞬新漕抵坝尔仓场侍郎等其加意凛之勉之钦此

一道光二十九年钦奉上谕德诚吴钟骏奏江西帮呈出浮费款目请旨严禁等语各省漕粮拨船临砖向系天津通永二道经管惟江西帮路远时迟每年军船不能到坝拨运浮费较他省为尤甚著讷尔经额严饬该道等认真

查禁永远革除倘有徇隐即行严参毋稍姑容至经纪起卸漕粮除每袋例给个儿钱文外原不准分毫多取今既查有浮费恐不独江西一省为然并著德诚等督同坐粮厅随时查访务期有犯必惩以肃漕政余著照所拟办理钦此

一道光二十九年钦奉上谕户部奏遵议陆费瑔奏裁定漕运浮费等语湖南帮费节次裁存现在并将例外滥索之各项浮费概行裁革是帮丁所取较前有减而该抚所议岁征漕费每石加收银五厘帮丁取之州县者既少何以州县取之于民者转有增添况每年所减共计若干并未据实声明而每石所增确有数目殊失恤民之意著该督抚严禁口袋花红等项名目将实在革除数目查明具奏仍严饬该藩司粮道等悉心厘剔明察暗访如仍蹈故辙即将该州县严参加等惩办等因钦此

一道光二十九年钦奉上谕赵炳言奏湖南漕运浮费口袋等五项共需银二千四百余两著概行革除至每石加银五厘虽共止加银七百六十余两究属例外增添著毋庸议钦此

一同治四年钦奉上谕马新贻奏核减漕南浮收禁革陋规以肃漕政一折浙江正漕前经降旨分别核减并准部议以漕项筹抵运费皆所以轸恤民艰兹据马新贻奏称请将额外浮收痛加裁汰核实酌留耗余办公以苏民困计杭州府属共可减浮收米六万四千六百余石嘉兴府属共可减浮收米二十八万五千三百余石湖州府属共可减浮收米十三万六千八百余石杭嘉湖三府南米共可减浮收折色钱二十四万七千余串从前一切陋规概行裁汰各等话即著照所请将留裁各款目造册存案并著该抚等明白晓示勒石永禁漕粮概完本色其有情愿完折者按照市价收纳悉听民便至杭属之新城于潜昌化等县漕粮向收折色官为办运仍著照旧办理按照市价征收倘有不肖州县仍敢蹈从前勒折浮收陋习即著该督抚严参治罪至所称浙省大户完漕并不加耗甚至把持包揽等弊经此次改定新章之后绅民一律征收不准有大小户名目再分轩轾倘有绅士等恃势把持仍前包揽短交著一并从严参办等因钦此

一同治四年钦奉上谕李鸿章刘郇膏奏查明苏松等属裁除浮收实数并请旨永禁大小户名目等弊一折前因江苏苏松常镇太等府州属额赋太重经该省督抚等奏请裁减按照全额计减去制钱四十万余千当经降旨允行朝廷加恩闾阎实足以苏民困惟江苏积习已久各州县征收漕粮之时如有大户藉词抗欠任意短交致各州县有所借口而裁减之惠徒以供不肖官绅之朘削而无益于民嗣后江苏各州县开征漕折不准复立大小户名目其包漕索规等弊著一并永远禁革如有京外职官举贡生监仍藉大户为名与各州县为难营私抗玩即著该省督抚奏请褫革从严惩办该督抚务当督饬各属秉公征收不准于例定折价之外稍有浮冒抑勒违则从严参办此旨即著李鸿章等勒石遵行并出示晓谕俾绅民咸知感奋一律清完余著照所议办理单并发另片奏前浙江孝丰县知县赵廷彩应完赵贻德等户银米经长洲县再四催追赵廷彩自居大户挺身阻挠请革职押追等语江苏漕务甫立新章该绅胆敢出身抗挠若不从严惩治何以肃漕政而儆刁风赵廷彩著先行革职交李鸿章等提案押追倘仍违玩不遵即著按律惩办毋稍宽纵钦此

一同治五年钦奉上谕前据李鸿章等奏查明苏松等属裁除浮收实数禁止大小户名目当经降旨令该督等勒石遵行兹复据李鸿章等将减定征漕余耗折价各数查明具奏开单呈览计苏州府属一厅九县减定赋额应征米五十五万九百余石共减去浮收米十九万二千八百余石减去浮收钱七十五万三千五百余串松江府属一厅七县减定赋额应征米三十一万九百余石共减去浮收米十万八千八百余石减去浮收钱五十万五千七百余串常州府属八县减定赋额应征米三十二万三百余石共减去浮收米七万三千石零减去浮收钱二十一万五千二百余串太仓州并所属三县减定赋额应征米十一万五百余石太仓镇洋二州县共减去折价浮收钱九万四千串零嘉定宝山二县共减去折价浮收钱十万七千六百余串以上苏松常太四府州属共减去浮收米三十七万四千六百余石减去浮收钱一百六十七万六千二百余串又苏松常镇太四府一州所属各厅县共额征银二百十五万两零折收钱文除镇江府属未定外苏松常太四府州属共减去浮收钱四十万余串该署督等即将减去浮收实数钦遵勒石永远奉行余著照所议办理该部知道单并发钦此

卷八十六·通漕禁令·严禁抗顽

一领运弁丁如有借端扰害过往官商船只及恣横生事者沿河督抚镇道等官照营兵鼓噪例先从重处治一面题参送刑部究处【议单旧本】

一官丁兑漕勒加耗米银两违例横行捆缚粮长凌虐州县者官丁尽法究惩该管粮道从重参处【顺治十二年】

一运丁水手如纠众抗延停斛不兑挟众鼓噪殴伤州县监兑等官并抢劫官银为首为从俱严加究处【顺治十三年】

一领运官丁有夹带私贩货物隐藏犯法人口倚恃势力行凶害人借名阻碍河道抢劫民船者康熙元年钦奉谕旨令督漕并地方各官一有见闻即行参奏务将官丁严提治以重罪若徇情不奏亦即从重处治钦此

一官丁赴兑漕粮争索斛面酒席噪辱粮官者运官以故纵例议处旗丁俟船粮抵通之日严行究治【康熙三年】

一回空粮船乘机擅闯关闸依凡乘船经过关津不服盘验律杖一百为从减一等杖九十【康熙四十九年】

一两省帮船彼此持械争斗致伤多人仓场严拿题参送部从重究拟【康熙五十七年】

一漕船连帮并行每多生事康熙五十七年题定浙江帮船分夹江南帮内湖广帮船分夹江西帮内彼此势孤力薄免致争斗

一粮船头舵水手砍伐官柳拆毁纤桥拔桩掘埽严提治罪估价追赔押运官弁及地方文武各官并行参处【康熙六十一年】

一水手伙众抢夺十人以上执持器械者首犯照强盗律治罪为从者减一等十人以下无器械者照抢夺律治罪出结之旗丁头舵容隐不首照强盗窝主律分别治罪【康熙六十一年】

一押运领运各官弁例应严押漕船毋许丁舵水手登岸生事如有不法匪徒即会同地方催漕各官协拿究治倘平时不行约束临时又复容隐者总漕指名题参照例革职【康熙六十一年】

一粮船水手白日强劫居民放火抢掠者严拿究拟押运等官革职并查取地方文武不行擒拿纵容职名议处【康熙六十一年】

一头舵水手兑漕后有延挨时日包揽货物及回空串通奸棍收带私盐并崇尚邪教聚众行凶者雍正元年钦奉谕旨令地方官不时查拿从重治罪如奉行不力即将该管官弁指名题参钦此

一河流淤浅时旗丁人等任意揽载客货致船重难行及沿途遇浅拿商船起拨借名需索雍正二年钦奉谕旨若再用起拨当各严饬所属官弁约束不得仍蹈前辙钦此

一旗丁运粮进京沿途有因怀挟私忿彼此争斗逞其凶顽肆行无忌又因沿途守冻竟行抢夺扰害居民并强取百姓衣物雍正二年钦奉谕旨有如从前争斗伤人及抢夺扰民之事该督抚即行奏闻请旨于彼地立刻正法钦此

一粮船舵水聚众抢夺盐店盐船为首者立决为从者流旗丁拟杖俱不准援赦随帮革职押运官议处【雍正二年】

一回空粮船夹带私盐不服盘查持械拒捕者分别十人上下及伤人不伤人各按首从依律治罪其虽无私盐但闯闸闯关者亦分别首从治罪若未闯关闸但夹带私盐者照贩私律加一等治罪【雍正二年】

一粮船夹带私盐将贩私地方之专管官降三级调用兼辖官降一级罚俸一年押空之运官照徇庇例议处随帮革运其恃众闯闸闯关及贩私拒捕伤人者押运等官革职随帮照例责革【雍正二年】

一旗丁与水手争斗不经官究治擅自捆缚割耳殴伤者将旗丁并下手之人枷号一个月发烟瘴地方充军【雍正七年】

一粮船水手多无赖之徒嗣后回空到省未经开行之先责成本省巡抚及粮道等官开兑出境之后责成漕运总督及沿途地方文武等官到津以后责成仓场坐粮厅天津总兵通州副将天津通州地方官各按该地方严行稽查一有过犯协同押运官立即擒拿按律惩治倘押运官弁或有徇纵地方文武不行查拿事发之日该督抚即行题参徇纵之押运官弁照例革职仍按犯事地方分别将督粮道坐粮厅及天津通州二府州副将并沿途该管地方文武各官弁降二级调用巡抚仓场漕督天津总兵官各降一级留任如一经事犯即协拿申报者免议若已经申报而巡抚总漕仓场等不行题参将不行题参之督抚镇等降一级调用【雍正七年】

一漕船由江经过芦洲有不法水手纠集多人恃强上岸夺取芦苇者雍正十三年钦奉谕旨责令领运弁丁严

行约束督运押运等官留心查察若任其肆行将大小文武运官分别严加议处钦此

一漕粮到通由通运京由各闸雇夫扛运此项夫役率多游手无赖之徒往往倚众横行乾隆元年奏准令坐粮厅及大通桥监督协同地方官不时稽查并取号头不敢容留匪类甘结存案如有不法等事号头徇隐不报以及纵令远扬者并坐以罪该管各官不行查拿从重议处

一正副旗丁过淮之后私自回家暗令舵工包运抵通又夹带私盐私茶硝磺违禁等物及潜留犯事衿监讼师旗逃挂子白莲教并来历不明之人藏匿帮中勾连生事又拦截河流欺压民船水手肆横逞凶打降盗窃攘夺等弊总漕严饬该管官不时查察如官丁等敢犯此等情弊即行照例题参分别治罪【乾隆七年】

一楚省解京木簰及装运送部什物船只如解官约束不严以致船户水手人役敢与漕船争先夺路斗殴滋事即听所在地方详报该省督抚分别参究【乾隆十八年】

一随帮攒押空船不能弹压舵工水手反统率丁舵水手人等殴打伤人将该随帮咨部斥革【乾隆二十三年】

一丁舵在途殴打进京职官随帮不能约束反行助殴将随帮照例斥革丁舵治罪【乾隆二十三年】

一粮船经过地方除窃案照旧办理如有强劫之案文武员弁俱照城内失事例初参住俸勒限一年缉拿二参降一级调用【乾隆二十三年】

一粮船水手为盗领运员弁除强劫之案仍照例降调外若系行窃之案一经发觉将领押员弁一案罚俸三个月如有数案照案递加【乾隆二十三年】

一各帮有被盗之事领运千总强案每案罚俸一年窃案每案罚俸三个月倘抑勒隐讳从重议处【乾隆二十三年】

一定例各省粮船不许携带火炮鸟枪等项军器粮道卫备运弁严禁密查如有违禁私藏本犯治罪该管官议处乾隆二十三年奏准令空重千总各带鸟枪一杆以备巡守仍编列字号责令空重千总自行收贮如有私行多带仍照旧例议处

一差委运京解官船只至闸河等处不随粮艘行走任意停泊以致水手人等与粮船争殴解员倚势滋事将解员革职责四十板照例折赎水手人等杖一百折责四十板在河干枷号两个月示众【乾隆二十五年】

一漕船水手因小事起衅聚众打降生事不法殴差拒捕将为首之犯拟绞为次情罪较重者发宁古塔乌拉地方当差为奴照民例改发烟瘴少轻地方充军情罪稍轻者发边卫充军虽有老亲不准留养其随从跟往赶殴之犯分别徒杖治罪旗丁杖一百折责四十板革运押空千总杖八十革职押运通判罚俸一年【乾隆二十七年】

一粮船回空夹带私盐管船同知通判等官知情故纵者革职不知情降三级调用

一回空粮船路过山东时豫于各省硝磺入境之处饬令地方官弁分路巡查本省硝磺亦实力稽查毋许囤户偷贩河干暗送入船并令搜查私盐之官带查硝磺如查出私硝私磺地方官照例议处外押运官照粮船夹带私盐例议处

一卫所千总守备该管地方有私铸小钱之人知情故纵参革治罪不知情失于觉察者每起降二级调用于该管地方经纪铺户有贩卖搀和私钱行使不行查拿者该管官每起降二级调用如有从前失于觉察今但能拿获者不论年月远近俱免其处分文官拿获武职无论同城不同城均照本例议处交界处所拿获概不援免运丁有搀和私钱行使领运官员知情任其夹带者革职不知情者降三级调用

一私磺私硝漕船夹带者将押运官降三级调用随帮革运如倚恃粮船任意贩载不服盘查押运官革职随帮责四十板革退

一旗丁不亲身押运将承派军丁之卫守备罚俸一年其领运守备千总徇私不行查出各降一级留任如随帮武举明知不行申报亦照应申不申例罚俸六个月

一运官并未因公羁绊以私事不亲身押运粮船抵通起卸已完始行赶到者革职因公羁绊粮船抵通起卸已完始行赶到者罚俸六个月

一粮船到淮遇有短少该督即审明题参米石留旗丁兄弟子侄一人交与监兑官购买赶帮兑交押运官并领运千总出具甘结呈报如领运千总捏具甘结者降二级调用

一旗丁仅领运一进三进朦混呈请顶带总漕即行斥革领运千总并不据实查明混行请给照溺职例革职【乾隆三十六年】

一漕船雇觅短纤奸匪甚多一经破案审系何帮舵水人等有勾留容隐情事即将该管千总等照失察营兵窝窃窝盗之例专管官降二级调用其船户人等除勾引容留分赃仍照例治罪外如失事时有频呼不应不力行救护者亦应查明分别强窃照窝主不行不分赃律各减

一等治罪至该管千总如有拿获别帮别案寻常贼犯者照武职营员缉获别汛伙盗之例每名纪录一次若果有出色之员能拿获别帮盗首及破案盗窃积案巨窝者总漕于该千总交粮事竣照拿获邻境盗案之例分别办理至粮船入境时除该地方原设有捕盗厅员毋庸添派外如漕船经由处所并未设有捕盗官应令该督抚临时酌派能事捕盗同知通判一二员协同催攒官亲往河干实力查拿如有前项疏防失事即将派委之厅员照盗贼经过不行穷追例降一级留任【乾隆三十八年】

一粮船水手打死人命领运押运官照防范不严例降一级留任

一武职所属营卫人等有犯邪教案件者仍照文职例议处如武弁内有给与此辈执照告示者革职该管上司降一级调用如有愚民创建庙宇不行查禁反给告示者将给与告示之武弁罚俸一年

一花户因该管监督责打皂役求饶不允咆哮公堂照打搅仓场欺凌官攒例拟以附近充军先于仓门首枷号三个月示众皂役行杖徇情照不应重律杖八十同管门仓役一并革役【乾隆五十二年】

一犯窃刺字匪徒因迟给扛头钱文细故于仓储重地混行嚷闹经官役阻止仍复恃强咆哮顶撞官长照凶恶棍徒生事扰害改发极边足四千里充当苦差【乾隆五十七年】

一旗丁船上纤夫伤人身死失察之守御所千总照例降一级留任销去加一级抵免降级【乾隆六十年】

一湖广省地方为小钱聚集之所乾隆六十年钦奉上谕令仓场于各帮到杨村暂泊待拨时顺便抽查漕运总督于簸盘湖广帮船时一体严密查察钦此

一白粮等帮水手加等索要土宜出舱钱文纠众滋事分别首从按律问拟【嘉庆四年】

一水手向旗丁索加身工纠约多人拒捕伤官按律处斩枭示又水手纠众索加身工打损漕船拒伤差役按律处绞其为从各犯分别军徒事犯在清刑恩旨期内情节较重军徒各不准援减【嘉庆五年】

一嘉庆十一年钦奉上谕御史邱勋奏请严禁绅士包漕州县苛敛一折州县征收漕粮均有一定科则如果斗斛公平严禁胥吏从中侵渔需索地方绅士谁能持其短长乃州县官不知洁已爱民以收漕为利薮而刁劣绅士遂尔生心挟制私与官吏分肥包收包纳其苦累者乃系里党穷民此等浇风实不可长亟宜严行整顿著各该督抚先饬禁地方官力除加征苛敛之弊如尚有不肖绅士敢于受贿包漕一经查实如系职官即指名严参若系生监即行褫革究治务期贪墨知儆而不肖劣衿亦无由逞其把持挟制之计于吏治民风庶有裨益钦此

一北运河通判廖雯菁于庐州二帮漕船赴领拨船时任令胥役勒索钱文将该员奏请革职家人书吏计赃在十两以上发近边充军照例刺字千总得受陋规杖六十徒一年【嘉庆十一年】

一役满花户饬令回籍不许容留近仓地方帮办仓务并不许子弟接充以防盘踞【嘉庆十四年】

一控告经纪用水涨米审属虚诬复敢牵捏十余人应照全诬十人以上例发边远充军【嘉庆十六年】

一花户因开放俸米辄敢以新抵陈得钱卖放计赃在三百三十两以上杖一百流二千里改发黑龙江给披甲人为奴照例刺字先于该仓门首枷号两个月满日发遣其事后索分钱文之人杖一百徒三年枷号一个月满日充徒钱文照追入官【嘉庆十六年】

一浙江海宁所旗丁林茂森舵工钱万中等夹带私盐停船消卖经汛弁捕拿又复拒伤弁兵均杖一百流二千里领运千总知情不行究禁迨丁舵拒捕辄敢捏饰应发往乌噜木齐当差其失察之浙江粮道及押运厅员并私盐经过地方文武职名饬查参处【嘉庆二十二年】

一嘉庆二十五年浙江温州后帮水手艾三等索添绞关钱交纠众殴官徐德撩弃帮弁旗伞刑部奏准将聚众首犯艾三发极边烟瘴充军为从之徐德尚未伤官发附近充军均面刺不法水手四字

一道光元年漕督奏兴武淮安滁苏各帮水手勒加工钱滋事奉上谕成龄奏粮船水手滋事查拿审办一折军船水手多系游手无赖之徒往往恃众滋事现在兴武淮安滁苏各帮船水手沿途纠集多人喝令住泊肆行讹索已

有三案必应从严惩办使知儆畏除已获各犯外该漕督即饬所属将逸犯上紧缉拿务获按律办理如运弁军丁等有短发工钱苦累虐使情事亦当究明惩办勿涉偏袒并饬知沿途各州县营汛认真弹压不可稍有疏懈将此谕令知之钦此经苏抚审奏刑部覆准兴武六帮水手赵元德勒加工钱纠众嚷闹掷破灯笼淮安二帮纤夫王志有等讹索旗丁掷毁舱桸均比照棍徒扰害例分别首从问拟军徒滁苏帮水手孔继由索加工钱挨船嚷骂比依违制律杖一百

一道光四年奉上谕魏元煜奏议禁粮船水手滋事章程一折近年漕船水手肆恶逞刁凌虐商民船只必应严定章程随时惩办以期各知敛戢兹据该漕督酌议具奏向例各帮船水手以本军内谙练者充当嗣多雇用本地人夫及外来无籍之徒往往恃众不法著责成头舵分别雇用确知姓名籍贯保结存案毋任滋事潜逃至随帮匪棍勾串水手互相包庇窝盗应饬令运弁将头舵水手年貌籍贯造册呈送每名给发腰牌停泊时按船查验如仍虚应故事即行参办其苏州常州镇江扬州各府城河窄狭每有拦阻商民船只勒索滋闹著各该营员亲驻河干轮流弹压又粮船过境地方交武应带同兵役分查催攒著照例实力巡防毋稍疎懈该漕督仍督率粮道各弁留心整顿严加禁约务俾凶悍有所儆畏以肃漕务而安行旅钦此

一道光五年刑部议覆浙抚奏嘉白杭三两帮斗杀多命一折议定粮船水手除抢夺及纠众凶斗残杀多命之案照械斗例按其致毙彼造人数分别定拟外如有纠众传发溜子欺凌运弁横索旗丁钱文情凶势恶者照恶棍设法诈财例为首拟斩立决帮同吓诈情节凶恶者依为从拟绞监候仅止附和助势者发新疆给官兵为奴若有滋事犯法坑官拒捕聚众至四五十人者即照直省刁民假地方公事强行出头约会抗粮擅自聚众之例分别首从已未殴伤官弁拟以斩枭斩绞其罪应拟斩情重各犯均于审明后恭请王命先行正法以昭炯戒通行各省一体查照办理仍由该抚将各条罪名刊刷告示发给粮船实贴晓谕并示谕经由地方两岸居民如敢互相勾结一体治罪续据吏部兵部会议嗣后遇有水手纠众残杀之案押运领运及地方文武各官如藉词消弭畏葸不拿均照溺职例革职若能拿获究办免其失察处分并将办理妥速之员按其所获名数每名给予纪录一次四名加一级其同案未经获犯之员查明果无讳饰规避情事仍照本例酌减议处再押运武弁每帮数十船向止千总一员不足以资弹压应将押送回空千总一员一并责成押运毋论北上南下均一体约束稽查如领运之弁交粮后例应引见及委办公事不能赶赴水次者专归押空之弁约束所有豫省帮船水手既据豫抚奏称从无争执习教等事其军船章程自无庸另议更张至江浙等省粮船水手责成各粮道饬令头伍人等出结具保并将实在姓名籍贯住址有无亲属详查造册存案其续到之人亦即随时登册以便易于查核

一道光五年御史钱仪吉奏准各省帮船水手有拜师授徒联结伙党情弊当设法查办嗣据漕督奏遵于各帮盘验时详加察访并谕令每年于开行时出具本帮弁丁不敢容留匪徒钤甘各结呈送察核

一太仓后帮水手黄顺林纠同谈有得朱起并张士洪等向千总杨学礼揑索皇赏钱文不允将杨学礼殴伤又宁太帮水手张万林纠同杨立庭等江淮四帮水手陈二楞等听从刘大楞纠合携有刀棍分赴各帮头船向旗丁索钱分用经江督奏办刑部覆准将黄顺林张万林均拟斩立决黄顺林一犯恭请王命先行正法谈有得朱起陈二楞俱绞监候张士洪等均仅止附和发新疆给官兵为奴李贵等短雇帮伙减一等各杖一百徒三年在逃各犯获日另结【道光六年】

漕督奏筹备江浙等帮水手章程八款

一浙省帮船酌添闲运协理查每帮出运向系实缺千总一员管押重运候补千总一员管押回空弹压稽查恐难周密各帮本有实缺千总二人每年轮一人出运其闲运一人派令协同重空千总往回照料专令沿途弹压稽查倘有水手滋事同轮运之千总一律参处至宁前绍前处前各帮系守备与千总分年轮运如值守备闲运之年亦令一体随帮弹压此项添委闲运人员办理数载如果水手安静帮情妥贴仍应撤回以归旧制

一各帮老官师傅应责成粮道督同运弁及地方官根查确实无论曾否滋事按名拿获解交原籍地方官取具乡约地方保结严加管束不准外出仍以水手老官四字刺面按月点验并责成重空运弁随时查访如再有老官师傅名目把持一帮水手入教听从指挥者即行严拿送官其老官师傅以教首本例论其拜师入教者以习教本例论倘帮弁姑容查明严参

一雇用头舵水手责令重空千总及协同经理之闲运备弁督同本船旗丁先尽本地良善水手雇募如雇不足

数其有历年在帮尚称安静之人详慎选择雇用均取具确实年貌籍贯住址按船造册呈送备查并令出具连环保结一船生事十船连坐该帮三弁加具钤结随册呈投倘有随时更换水手一体取具册结备查

一各帮水手滋事伤及人命拿交地方官照例办理其有逞强勒加身工津费不服管束者俱交督押之粮道总运丞倅讯明录供交地方官治罪其有情节可恶面上刺滋事水手四字

一每船水手每指防夜为名藏匿凶器应严饬帮弁于出运前按船搜查净尽仍饬令丁舵时时防范如有藏匿即时禀报究明来历严行惩办若知而不举丁舵一并从重究办帮弁姑容即行严参

一每年各帮船于开行后向有无籍匪徒随帮播弄是非名为放散风每于昏夜勾串各帮水手朋比为奸应责成各船舵水如遇此等匪徒到帮即潜禀本官严拿究办倘故为容隐即系意图勾串滋事本船旗丁即时禀报帮官一并查拿惩治仍严饬地方官随时访获严办

一沿河捕快多有老安潘安等教之人混迹充当暗为粮船水手获符勾串渔利应各饬沿河所属河厅州县认真缉捕从重治罪

一浙帮过淮责成派出营员酌带弁兵数十名一路弹压至柘园交直隶地面由天津镇专委营员带兵接替弹压如值帮船停泊即当前后安设账房住歇务须声势连络严密巡防回空照此办理至抵通停泊待兑各省帮船聚集一方尤应派弁役梭织巡查奉上谕讷尔经额奏筹办江浙等帮水手章程酌议八条内各帮老官师傅查拿解交原籍地方官管束一条雇用头舵水手官为经理一条著该漕督悉心体察饬属详慎妥办固不可使帮船水手仍有习教名目养痈贻患亦不可过事纷更徒滋扰累其余各条均著照所议办理将此谕令知之钦此嗣据奏奉朱批严密妥慎办理【以上八款道光八年】

一刑部奏审明聚众敛钱打搅漕运各犯已革千总杜焜藐法敛钱为害运务按律加等问拟发往新疆充当苦差已革训导王三同不安本分私买漕米加等杖六十徒一年兵目朱荣勒索挂号钱文从重发往新疆种地当差为从白朝玉等或起意邀请或帮同敛钱均杖一百徒三年【道光二十八年】

卷八十七·通漕禁令·违禁杂款

一官员解送旧斛迟延及破损遗失者罚俸六个月【议单旧本】

一运官奉单领运赴次违限者革职戴罪交粮核其完欠奏夺佥运退避者严拿究拟【顺治五年】

一旗丁子弟及积年旧役有谋充有漕各衙门书承者令总漕并各该督抚严察从重治罪如本官不行查察及徇庇容隐一并题参重处【顺治十五年】

一弁丁争告在未经兑粮以先责令粮道严查不许领运如在领运之后候完粮回南日听该衙门审理其有不俟弁丁回南擅准运蠹呈词拘系新运帮官稽误新漕者照误漕例议处运蠹严提究审【康熙五年】

一运弁自误限期捏词卸罪诬告官吏粮里者依律拟杖【康熙六年】

一运弁领运全单不填注支领粮银月日照疎忽例议处【康熙八年】

一运官纵丁捉船剥浅漫无约束题参照溺职例革职【康熙二十八年】

一运官纵令旗丁搭台演戏停泊不行贻悞漕运者照例革职【康熙二十九年】

一运丁不亲身行运者将承派卫备及押运通判等官交部议处【康熙三十年】

一运弁管押重运擅自离帮及正丁在南浼托别丁包运并随帮与副丁不亲身在帮押空以致遗弃军船有误新运者将弁丁从重治罪粮道指名严参【雍正元年】

一漕船篷桅什物严禁通州木厂不许串通盗买盗卖【雍正三年】

一沿河地方倘有贩谷商人与旗丁私相贸易盗卖漕粮或互相争斗者该地方官即行严拿治罪【雍正四年】

一奸徒专放粮船私债旧例许官旗自首照私放官债加等治罪雍正五年题定有违禁取利盘剥旗丁者责令地方文武各官及坐粮厅立即严拿究治如地方官坐粮厅不行查拿及该管运弁纵丁私下借债者一经发觉俱交部严加议处

一旗丁揽载客货船重难行强夺民船拨载粮米者照水手抢夺例治罪其揽货私得税银并商民通同听揽者

俱照违制例治罪【雍正八年】

一正副二丁赴次交兑如有革丁衿监窜身入帮即行拿交地方官究治若运丁不行查拿一并究治【雍正八年】

一修造漕船擅自买补捏报完工及私行雇募民船出运者将该卫帮备弁参革究拟【雍正二年】

一粮船水手遇有事犯如在已经离船以及未经上船之先者不得拖累旗丁如有弃差逃走者令在押运通判处十日一次呈报【乾隆元年】

一漕船回空头舵水手人等如有行凶打架藉端阻挠来往船只捆殴商民等事许沿途厅汛查明情由帮次船号旗丁姓名一面速令遄行一面详报总河咨明总漕究治【乾隆元年】

一旗丁不拘空重如有无故潜逃弃船中途不顾者将该丁照守御官军在逃律治罪外仍于面上刺逃丁二字示儆【乾隆三年】

一粮船沿途提溜赶帮雇用短纤每夫每里给制钱一文打闸每船用夫一名给制钱一文如闸坝水急难过夫役守候临时酌增催漕兵役毋得藉端勒索至各夫雇价给与现钱毋得以货抵给如有兵役夫头派添短纤多索夫价从中取利贻害旗丁者照霸占扛抬分外多取雇值不容本家雇人者枷号两个月杖一百例治罪该管地方员弁自行查出惩究者免其参处如漫无觉察照失查衙役犯赃例议处其扶同徇隐者照纵役犯赃例革职至丁舵人等雇觅短纤不照定价给发以致滋事领运官不行查出照失于觉察例降一级留任若该管官自行查察拿获者均免置议【乾隆五年】

一帮船头船尖丁每有借沿途使费名色科派各帮银两包揽侵蚀等弊如运弁串通头船尖丁苛派各船银两者俱照因公科敛律杖六十赃重者坐赃论若分肥入已者并计赃以枉法论如运弁知情徇庇者照纵容衙役犯赃例革职其失于觉察者照失察衙役犯赃例分别议处【乾隆五年】

一有顶带之丁干犯漕规照运丁之例一体治罪【乾隆五年】

一粮道催米催船督押催攒差役滋扰定例禁革惟豫省提帮出运时先发一牌继差一役赍票前至卫所提催不无假威滋扰乾隆六年奏准严查禁革并饬各省一体遵行如有阳奉阴违指名参处

一监督失察攒典混领米石希图多卖价值者照府州县书役侵欺钱粮不行查出照徇情例降二级调用【乾隆八年】

一淮放银两应俟抵淮后散给回空银两应俟回空后散给如有违例先行借给者该管官照一级调用【乾隆十一年】

一湖南漕船舵工祖孙相传盘踞霸占竟成世业旗丁任其指挥侵蚀钱粮偷盗米石及至抵通交卸不前旗丁揭债完公而奸舵转脱然事外乾隆二十四年奏准嗣后于抵通交粮时有少米五斗以上累及众丁通帮代完者将该船舵工拿究审讯得实即咨部发遣

一运白旗丁回南如无坐粮厅记功印照即系挂欠潜逃不许复运仍将该丁解通追比其丁名照例斥革另签顶补【乾隆二十五年】

一江西军籍有前明世职一项在顺治康熙年间有佥点随帮押运至雍正二年部议停止其顶带世职之名仍旧未除乾隆二十六年奏准不许混带顶帽所有旧存供状执照及曾有领过委运随帮牌票等件概行通查追缴

一旗丁因私情率意告归以致舵水人等生事不法该丁照违制律杖一百折责四十板革退运丁千总擅准旗丁告假回籍不转禀总运该千总照不应重律杖八十总运官照失于查察例罚俸一年【乾隆二十七年】

一粮船头舵水手有身工已足而潜逃者通行各帮及原籍地方官严拿拿获之日解交粮道会同各省臬司审明由总漕衙门咨部发边卫充军【乾隆二十八年】

一帮船行走迟延以致抵坝有惧起卸者怠惧漕务实属不职领运千总照溺职例革职通判照不实力稽查例降一级调用准其抵销【乾隆四十五年】

一乾隆四十九年钦奉谕旨济宁卫旗丁张大礼呈控旗丁于士祥吞帑累丁一案漕运旗丁官给席耗折色等银原为各旗丁杂项费用乃全行扣存并将每丁行月粮违例扣卖重利剥盘又私扣各丁银两馈送运官于漕务大有关系恐此等情弊各省俱所不免除业经降旨查办外仍著漕运总督严饬各省粮道一体实力严行查禁务令诸

弊尽除以肃漕政钦此

一押运通判携带眷口乘坐粮船回籍希图自省水脚仅予革职不足蔽辜应发往乌鲁木齐效力赎罪【乾隆五十一年】

一漕船仅历八运违例率请雇募将率行转请之卫备照不查明转报例降一级留任【乾隆五十三年】

一船只未经赔造复又派减支给苫盖月粮饬令追缴滥给之粮道卫备应照违例支给降一级调用有加级者准抵免其降调【乾隆五十四年】

一买补船只变卖价银并不照例呈道查验率行买补候兑将随帮照违令律公罪罚俸九个月【乾隆五十四年】

一守备押催帮船赴淮与运弁沿途停泊并代带木植不能实力稽查遽行告病者实属有心规避拿交刑部治罪【乾隆五十四年】

一押空千总申缴札付中途遗失将失察之卫备照不实力稽查降一级留任虽有加级毋庸议抵【乾隆五十五年】

一沔阳卫守备胡堂于奏调袁州卫守备并不依限领咨以致员缺久悬显系藉延规避应革职【乾隆五十七年】

一押运通判押运交卸之后捏病逗留并不随帮押运回南从重发往乌鲁木齐效力赎罪【乾隆五十八年】

一湖州所旗丁徐萼辉等帮船被盗该管运弁照不行谨慎看守降二级留任【乾隆五十九年】

一里河驾撑拨船耿四三次偷换官袋依监守自盗仓库钱粮等物一两至二两五钱杖九十代役刘永泰王三一次偷换官袋依监守自盗一两以下杖八十均枷号一个月李四李大均系代役致官袋被窃照不应重律杖八十【乾隆六十年】

一漕书浮收漕粮按律分别徒流杖责治罪该县并不亲身赴仓以致蠹书得以刁难浮收按律定拟杖徒以示惩儆【嘉庆二年】

一嘉庆五年钦奉上谕运河内织造办物船只以及木排等项恃强拦阻粮船责成巡漕御史转饬沿河文武员弁将重运漕船催攒先行其余船排令其尾随在后挨次前进钦此一浙江温台等帮头伍不顾各丁苦累将应领本色行月粮米私行折价凑作公用以致各丁沿途私食正米又浮开各赈并摊派领银领米盘费将头伍发近边充军该头伍所短米石令通帮摊赔搭运各散丁私食正米发南依限勒追于次年搭解还仓逾限不完照例治罪任听头伍折收之千总又将公馆巡船铺垫食用等项俱于各丁折米银内摊派开销将千总发往伊犁乌噜木齐效力当差在通拿获买补米石与千总所用公馆巡船铺垫食用等项银两追出入官失察之押运粮道通判及本省督抚漕运总督藩司本府及听从折收之各州县漕标该管各上司均照例议处【嘉庆九年】

一通州奸商包户地棍匪徒因知各船每年俱在通州借债买米或以贱价收买甲俸等米贵价卖给粮船或重利放债盘剥旗丁除将所得利银照追入官所放各利债无论已未破案一概不准偿还外放债之人杖一百流三千里包揽买米者于军罪上减一等杖一百徒三年违例卖米及知情说合之斗行均杖一百仍在通州坝上枷号一个月【嘉庆九年】

一湖南省岳州卫守备李涟接征运费银两自行垫给作为征完之项并未报明应照违令私罪例罚俸一年接征守备周代瑄并不查明入册造报照结报不实例罚俸一年【嘉庆十年】

一嘉庆十一年刑部具奏讯明拉运米石并存积米石逾额各铺户等因奉旨刑部审讯步军统领衙门拿获拉运米石并存积逾额各铺户一折所办甚是奸商等囤积居奇致妨民食并或起偷运回漕之弊是以加之例禁其本系流通粜卖者无论米石多寡均听其自便定例本为明晰今若不问是否流通一经逾额即以囤积拘拿必致铺户畏累商贩不前于民食商情转有妨碍刑部折内称城内之米勿许出城城外之米勿许出境所办最为得要著步军统领衙门申明定例出示晓谕毋许番役人等妄拿铺户藉端滋扰所有此次审明并非囤积之刘二等三十二名著即概行省释其车大一犯著照例惩治余依议钦此

一嘉庆十二年奉上谕据严烺奏向来旗丁俱有走差之人包揽沿河大小衙门使费现在严密访拿随时惩办等语各省漕船北上沿河大小官员催攒挽运其家丁书役人等向帮船索取使费以致各帮皆有走差之人沿途包

揽科敛分肥大为旗丁之累自当严办示儆著通谕管漕大小各衙门将此等弊窦一体饬禁傥或被人参奏必当严惩办理又折内称东昌卫守备漆光炜乘坐四轿请加裁抑一节武职各员向例只准骑马况当催攒漕粮之时若非策骑往来何能沿途督催上下查察严烺折内称相沿已久非止一人著漕运总督查明如向来俱系如此应即通行饬禁如只漆光炜一人违例坐轿即将该员照例参办示儆钦此嗣据漕运总督萨彬图覆奏卫备乘坐小轿相沿积习已久不止漆光炜一人但究属违例应一体严禁如该员等仍敢故违一经察出立即指名参究以示惩儆等因奉朱批知道了钦此

一济宁卫旗丁王顺诬控头伍侵吞霸运一案王顺应于蓦越赴京告重事不实者发边远充军例上量减一等杖一百徒三年任国翰随同伊子王松台来京控告系属为从应于满徒上减一等杖九十徒二年半押运千总黄超恒照不应轻私罪律罚俸九个月【嘉庆十二年】

一嘉庆十二年安徽巡抚初彭龄奏江西木客黄恒聚等贩卖木植托湖南二帮粮船拴系船尾并不纳税闯越过关先后拿获将木植照时变价又本客胡协盛等漏报匿税尚未闯关照例罚出半价入官黄恒聚等照违制律杖一百变价充公银两不准充赏失察领运各官查取职名送部核议

一德安所千总王墉于批解钱粮已经入库其司照库收并不随时领回殊属违令应照违令私罪罚俸一年律罚俸一年【嘉庆十二年】

一徐河前帮押空千总孟佩禀报该帮并无旗丁上船俱系舵工包揽由巡漕御史奏奉谕旨饬查嗣经漕运总督等查明覆奏各丁在船管驾并无舵工包揽各弊惟抵通交卸后间有因公赶帮势所不免但该帮重运千总胡淳并未将旗丁偶不在船情节随时申报殊属疏忽罚俸一年押空千总孟佩并未详细查禀亦属不合于补官后罚俸一年【嘉庆十三年】

一经纪因旗丁短少米石折受银两在二十五两以上依监守盗仓库钱粮律定地充徒明知不首照窃盗为从律杖责发落所得银两照追入官【嘉庆十三年】

一大通桥监督与各仓监督俱有承办交涉公事交通结聚易致徇隐弊混应行饬禁【嘉庆十四年】

一嘉庆十四年刑部议奏江苏巡抚汪志伊奏松江白粮帮押空千总杨标榜戳死帮役胡年诬称通判陈鼎致毙一折查此案已革千总杨标榜希图卸罪诬指陈鼎戳毙自应照例反坐杨标榜合依诬告人徒罪加三等律于诬指陈鼎以金刃殴人致死满徒罪上加三等杖一百流三千里仍追埋葬银两给尸属收领总运通判陈鼎讯系隔船目击因虑涉干连于移县文内叙作事后查知移报不实应附参听候吏部办理等因奉旨依议钦此

一嘉庆十四年奉上谕据天津巡漕御史吴荣光奏请严禁盗卖漕米一折南粮为天庾正供颗粒皆宜慎重岂容旗丁偷卖致滋亏短除南漕所辖地方米价较贱或旗丁等尚无盗卖情事其山东天津通州粮船经过及停泊地方著各巡漕御史实力稽查毋任运丁致有盗卖米石之事以清积弊毋存畏难之鄙见毋存消弭之恶习各矢天良尽力追究据实具奏又称南粮抵通未经起米之先每帮有验费有窝子钱起米之时除例定个儿钱复有后手钱每帮每次约制钱一百数十千不等皆帮丁凑敛交坐粮厅号房书役及经纪等得受等语粮米抵通交卸该书役经纪等往往向旗丁等索得陋规遂致无弊不作近来查出各仓米石多有霉变及亏短情事总由积弊未清遂至蠹害丛集著仓场于今年新漕抵通时设法严密稽查将从前索收陋规种种各积弊一律剔除庶漕政可就肃清将此通谕知之钦此

一嘉庆十四年奉上谕御史李鸿宾奏胪陈南漕各弊请饬有漕各省督抚实力剔除一折据奏称江西有漕各县仓廒多设省城令积惯包漕之家人携银赴省向米铺贱价购买低潮米石搀水和糠无所不有各帮头伍又从而勾串该家人等通同舞弊虑及众丁不肯受兑遂私议每石贴给旗丁银三五钱不等名曰仓廒使费其实大半为刁丁吞蚀懦丁不过得其一二迨潮米入船日久霉变抵通后虑难交卸复贿商坐粮厅经胥人等折价回漕无弊不作至重空运弁苦累旗丁则有演戏设席敛取分金等事头伍刁丁又复从中冒滥开销藉端索派扣去应领水脚银两或至百余金不等名曰各衙门使费甚至船粮行抵内河提溜打闸刁丁复勾通运弁漕标批单勒取每大闸向不过需钱二三千文今每船用至二十余千之多所奏情形均属切中时弊江西如此恐他省亦复不免著有漕各督抚严饬各粮道认真厘剔务令各州县旗丁征收受兑米石俱一律干圆洁净庶运通交纳不复致有潮烂等事各督抚惟当实力奉行不可视为具文致干重戾将此通谕知之钦此

卷八十八·通漕禁令·违禁杂款

一嘉庆十四年奉上谕给事中赵佩湘奏各省亏空辗转清查多致悬宕并提解节省银两私增漕余名目请严行饬禁一折所奏俱是近年以来各州县交代不清监交各员相为容隐遂做成亏空公然禀明上司设法弥补该管督抚竟奏明立局清查致有二次三次并每隔数年又复奏请一次者其于穷源截流之要仍属空言无补辗转相因伊于何底嗣后各省清查名目务当永远革除如各州县续有亏缺即责令接任及监交之员据实禀揭勒令前任如数交纳倘逾限不交即监追治罪有漕各省务当严饬各州县毋许借漕余为名稍有浮收以清弊源将此通谕知之钦此

一嘉庆十四年巡视淮安漕务御史程国仁奏旗丁积弊虽由来已久而近年各帮兑费竟有增至五六百两七八百两者大约江南之苏松二府浙江之嘉湖等府为甚旗丁借口长途纤挽起拨物力昂贵亦所固然其实沿途糜费各项陋规所费更大若不清其弊源纵令裁减帮费受兑开行而奸丁等通计费用不敷势不能不又生弊端或将行赠月食等米尽数折价或于正耗额米盗卖亏短一有亏短搀沙泼水事所必至迨至籤盘交卸时或经漕督仓场查出照例驳回而追赔搭运难以及期则本年仓储已经贻误实于公事无益现在漕务情形最关紧要谨为我皇上缕陈之

一查向来殷丁每惮出运而无赖之徒转利钻充各县卫承佥时或假手胥吏卖富佥贫往往受兑之先早收兑费措还旧欠势不能不向州县多索应请责成该管粮道定佥正副旗丁除县卫结报外仍取具本帮连名保结不得以疲丁备数亦不许革丁复充

一查众丁出运各帮会集良莠不一兼之与运官家人书役彼此往来酒食征逐费实不资甚至停泊镇市聚赌宿娼皆所不免除巡漕衙门出示饬禁外应令粮道责成该运官严加约束如有不法之徒立予惩治不得隐讳瞻徇致滋疏纵一查巡漕衙门内巡捕家人等严加约束尚易防范惟书吏素与粮头走差等勾通所得每帮陋规三五两不等而粮头藉端浮开派累散丁或至数倍尤宜严加查禁嗣后令各运官于粮船报到时令运弁亲到巡漕处当堂投文随到随收凡粮头走差等不许擅至公所与书吏交接违者究办

一查各省粮船各府有总运官一员各帮有领运千总一员押空千总一员向来各员弁以出运为美差于受兑处所先向旗丁索取盘费备带土宜是米未出次费已销去大半正用必致拮据应令有漕督抚及漕运总督通行饬禁并责成粮道认真稽察犯者指参

一查迎提帮船照料过闸漕运总督必须派委员弁催挽但多一弁即多一弊凡遇拨浅打闸拨船之多寡吃水之浅深均由漕委操纵指挥旗丁安能无费嘉庆十二年钦奉上谕漕督不得多派委员禁止该弁等收受馈宜立法更为周密仍应申明定例以杜扰累一查坐粮厅为漕运总汇各帮抵通验收交卸米色之纯疵斛口之盈绌均由仓书经纪等经手其权最重其费最多应令仓场侍郎饬谕坐粮厅严切稽查不许仓书经纪等额外措勒

一查帮船起拨以及提溜下闸雇觅人夫有时多至数百名闻有无赖棍徒把持包揽名曰跨帮甚至勒添短纤加价分肥又闻夜晚停泊水次必须给与使费方免偷窃名曰包夜此项棍徒均为丁累应令该省督抚饬谕地方官查拿惩办一查各帮办事之人在船头总办者名曰粮头各船协办者名曰伍长又有往来奔走者名曰走差一切向州县索费各衙门打点以及雇夫揽货均经其手此等多系习惯奸丁与运弁书吏等勾通舞弊派敛婪收在州县则受其勒索在散丁则受其科累实为漕蠹应责成运官选派老成殷实丁户方准充当如有前项奸徒立即革退等因奉上谕巡视南漕御史程国仁奏漕务事宜一折旗丁勒索帮费每岁递增几于无所限制而究其需费之故全在各衙门陋规不裁前据马履泰开单胪奏业经通谕饬禁今该御史亦称陋规一项较之长途纤挽起拨为费更大所言是极若不清其弊源即使裁减帮费而旗丁费无所出或又将行赠月食等米尽数折价使用甚至将正米亦复盗卖亏短以致搀和泼涨诸弊丛生又将何所不至著将该御史条奏各款发交有漕督抚漕运总督仓场侍郎分别查照妥议办理不得视为具文致不肖旗丁有所借口钦此

一家丁书役人等最易滋生事端旗丁藉书役以联络运官书役倚运官而需索帮伍甚至酒食征逐聚赌窝娼均所不免当严行查察以节糜费责成粮道督饬运官密为查察如有违犯前项各弊即行提究仍定以限制粮道准带书吏四名差役四名运官减半如有逾数多带即行参处又每帮公举伍长一人料理散丁兑交事宜又雇募走差一人专司探视河路水势前后传递公文不得干预漕务此辈久惯积充难保不从中滋弊责成运官慎选妥实之人

遴充不许与运弁书吏等交接以杜勾通滋弊【嘉庆十五年】

一湖南三帮水手曹有山殴伤水手身死脱逃将失察人命之领运千总徐五庆照例降一级留任销去任内寻常加一级抵免降级【嘉庆十五年】

一嘉庆十五年浙江巡抚奏准处州帮旗丁陈永福等具控伍丁周子钊等吞扣公项银两一案查空运千总王尚德于领到接济银两并不亲自散给辄委伍丁以致发给稽迟重运欧阳管领到修舱银两延不给发并擅离帮次藉病逗留均属玩误不职业经奉旨革职应毋庸议伍丁赵起仁等明知周子钊领银不发转将众丁村斥殊属不合应照不应重例杖八十折责发落斥革另佥陈永福等仍令归帮领运

一嘉庆十五年钦奉上谕阿克当阿奏漕务弊端请旨严禁一折内称军船虚报开行日期迟至多日始行解缆以及私带货物过多尽行装贮舱底船尾复携带木筏以致挽运不前契水太重甚至军船辄加宽长以为私带货物地步此等弊窦实皆到通迟误之源自应概行饬禁著交各该督抚等实力查办折内又称粮船夹带私盐以致病商误课一事关系尤重淮纲滞销多至数十万引昨据奏请将庚午全纲统销商情疲累颇甚本日阅呵克当阿所奏重运北上时于天津公口岸等处定买私盐回空装载销售各帮皆然江广尤甚过扬州时不服查验竟欲拒捕伤差等语看来亦非尽旗丁水手之故押运官弁恐不免包揽纵容其地方文武及总运并沿途催攒各员亦必有得规卖放情事必须加意厘剔向来天津盐政例应扈跸热河因思彼时正值回空滋弊之时嗣后该盐政毋庸前往著责令在天津专心查办此事毋许军船装载私盐并著直隶总督一体查禁其山东江南等处并著该督抚及巡漕等认真稽查如敢仍前夹带私盐将旗丁等照例治罪并将得受陋规之文武员弁一并参处等因钦此

一嘉庆十五年湖广总督汪志伊议奏御史汪彦博程国仁条陈漕务事宜各折湖北旗丁应领运费与江安等省情形不同必须由粮道汇总核给不能改交州县前于给事中史佑议禁漕弊案内议请饬令该管粮道于给发时先将应发应扣应找各项数目明白开单定期晓示届期由道督同卫所各弁当堂唱名兑给业经奏蒙圣鉴在案应请仍照前奏章程办理其重运船只挽进瓜洲口后提溜打闸赶帮过坝需雇短纤等项饬令粮道示谕帮弁旗丁照例按程途里数给价倘有棍徒把持索勒情事许旗丁具禀地方官立拿枷示仍禀明粮道饬拿以免本处书役徇庇拦阻又总漕仓场等奸胥猾吏因不遂所欲故为刁难而地方官外以米色为名中多私欲将粮户完纳好米有意挑斥则旗丁小民仍受其累一款亦情弊所必有总在总漕仓场并各省督抚臣各矢公忠督率所属实力查察如有前项情事立即彻底根究严加惩治又奏佥丁宜核实慎重一款查定例每船应佥正副随三丁其佥选之法由各船户军户首公举赴卫所州县结报佥解粮道查验发帮办运原为杜卖富佥贫之弊但恐日久弊生嗣后仍著本帮千总取具本帮连名保结送道倘卫所以贫为殷许本帮旗丁指禀即将原佥原保之卫所户首分别参处以免混佥又奏运丁浮费一款查旗丁运粮责任綦重应责令粮道责成运官认真稽察约束并禁丁役与旗丁交接以免丁力拮据又领运员弁宜防需索一款查湖北帮船向有馈送粮道盘费门包一千八百两厅弁等需索规礼自二百八十余两至四百三十余两不等嘉庆五年 清查以后粮道将盘费门包裁革厅弁等亦不敢复有需索详加严访尚无阳奉阴违情事惟有严饬粮道不时稽察如有仍蹈前弊立行指参又奏伍长宜选派妥实一款查各帮头伍及协办伍长必须诚实殷丁方足以资领袖嗣后应责成粮道督率运弁务选老成殷丁由各帮散丁公同保举充当取结揭报督抚衙门倘有作奸犯科情事即行指名提究并将走差一项名色禁革至禁止违例多带土宜回空夹带私盐亦应分地实力稽查如回空夹带私盐扬关为必由之路该处设有搜盐厂若果实力搜查并不得规卖放自无从夹带应移咨两江督臣严饬认真查办其出运时土宜例准带一百二十六石新例续增二十四石即责成粮道运弁认真稽查等因奉朱批览奏俱悉实心办理不在空言钦此

一嘉庆十五年山东巡抚吉纶奏东省各衙门关涉漕务领交文书等项原有科房纸笔之费亦不过一处三五两不等其余押运厅人役及坐粮厅执事人夫亦有浮费近来屡次严行查禁逐渐革除现经严谕各帮毋许藉称兑费额外横索倘不肖州县滥行多给借口浮收立行严参并将该帮一体治罪谨就东省应议各条为我皇上陈之

一御史汪彦博奏收漕兑运事宜一款查交兑漕粮例系干圆洁净如有搀杂潮润受兑以前责在州县受兑以后责在弁丁立法本属尽善今东省漕粮近年到通俱系全粮过坝尚无搀和霉变之事应再行申明定例严饬州县运弁慎选好米如有搀杂即将征运不慎之州县参办如已交帮上船查有搀杂即将该弁丁从重究惩又额外浮收责成巡抚粮道实力查察一款查东省于征收漕粮之时预为刊颁告示指出逐条漕弊发交粮道转发有漕各州县

张贴吏役民人众目共睹如有花户人等指控浮收皆立时查办并于开仓后令该管知府就近查察粮道周历稽查然遇启征时刁生劣监或以丑米抵交或包揽代纳亦所不免惟有督同司道大员随时随处实力查访一有见闻或严惩贪墨或重抑刁风以期肃清漕政又外省养廉应禁摊扣一款查各帮运弁现运养廉例于兑漕州县内自行支取闲运养廉于解到漕项耗羡内给领俱系按年照数支发向无摊扣之款又御史程国仁奏佥丁慎重核实一款查康熙四十四年奏准各省佥丁亲佥责在粮道举保责在卫备用舍责在运弁保结责在通帮一丁无保不准著运一丁有欠众丁赔还嗣后责成各卫领运官自行遴选如有挂欠并佥丁之官一同治罪又乾隆二十七年题准佥选新丁只令千总结报该卫备知府验看加结详道定佥其同知通判点验之例停止立法本为尽善应再申明定例益加慎重又禁止旗丁浮费一款查各丁每值赴次领有银米最易花销届时应饬令粮道扎饬运官严加管束并令营汛严密查禁如有帮丁聚赌酗酒等事立予惩治又帮船开行停泊雇夫起载宜禁把持一款查东省帮船沿途并无雇夫起载及提溜打闸之处至杨村起拨亦系循照旧定章程办理并无把持勒索之事再巡漕吴邦庆条奏帮船起拨及重运入境分段驻催各事宜其关涉东省者业经咨会转瞬南漕入境即循照办理奉朱批实心办理务期言行相符裁革陋规严查需索为最要之事勉之钦此

一嘉庆十五年漕运总督许兆椿奏给事中史佑原折内称旗丁运费请由州县就近按船给领一款查江南各帮请领钱粮向由粮道核明应支款目内除杨村应扣拨价油舱等银外其余每船扣存三四五十两不等解淮于盘粮时放给以资沿途提溜打闸之用又每船扣银十余两不等发给运弁解交坐粮厅于完粮后按名放给以资空船回南各项之用余剩银两始行由道放给是旗丁运费本系逐节给发并非全行由道支放若尽改赴州县径支内有应扣应解之款若令州县各自扣解必致数目零星舛错若令全数给丁必致随手花销途中运费缺乏种种格碍难行应仍照定例办理俾免歧悮并令放给钱粮时按封粘贴印花逐一分注封面当堂亲放以杜私拆隐混之弊又沿途催攒文武各员弁请大加裁省漕运总督所带书役酌定额数不得多派并随船所带各弁多至数十人亦应裁减各款查催漕员弁从前原未多委近年来长途节节阻滞不特河口邳宿一带淤浅难行其临清之扪口北河之守水动辄旬月不得不添派文武分投严催方能赶后补前而不肖员弁藉此需索滋累帮丁在所不免除应委地方催攒文武移咨江南督抚河道诸臣酌办外所有催漕之员即责成沿河各本处卫备认真督催其实在闸多水澁处所择其勤慎者数人酌委前往照料此外概从减省如有必须添派员弁赶办之处亦不敢拘泥坐视迟逾至总漕半年在船随行书吏系分办各省漕务等事由总漕给船随行与地方卫帮无涉果可减省自当裁减毋令随行致滋弊端又御史汪彦博原折内称漕米未兑以前责在州县既兑以后责在弁丁应请自本年新漕为始过淮盘验如有丑米无论是否州县所收原米总应严处弁丁一款查在淮在通历来参办米色不纯之案有仍令县帮分赔者推原其故缘州县既图浮收弁丁复贪加贴则米色自不能拣择是以甫运上船即有霉变等事因究弁丁以贪得贴费之咎实属情真罪当若云旗丁使水用药此在通州或者有之若过淮签盘亦照此法办理则米石一经败坏将来如何交仓旗丁于此等利弊知之最深焉肯轻为尝试但弁丁既已出结兑开若竟无以限制未免偏苛州县应请嗣后到淮签盘如验明同兑一州县之船米色俱好惟一二船米色不堪自系开行后未能勤加风晾所致即应专办弁丁倘所兑该州县之船米色均属不堪显系原征之米浮收弁丁贪图加贴扶同兑运不能不将州县弁丁一体参办分赔以昭平允至过淮以后经通坝查验米色霉变难以交仓则惟专管之弁丁是问如此办理庶为核实又提溜打闸禁止多索价值现亦严饬地方官认真晓谕约束有犯必惩并查照山东巡漕臣吴邦庆条奏凡有遇浅起拨处所通行押领厅弁先将土宜货物起拨如仍浅滞再将食米正米以次递起俾昭慎重又旗丁起拨土宜经过闸坝税口官役人等往往刁难不放并地棍把持挟制甚至有搬抢货物者应严檄淮扬道淮安府清河县随时密访拿究并传谕旗丁如有前项情弊许其赴淮喊禀分别查办又总漕衙门恃有盘查之责若操之太切所有奸胥猾吏无以遂其需索或米色稍次并非搀杂者刻意搜求旗丁仍受其害一款查太常寺少卿马履泰原单内亦称总漕签盘书吏需费每帮五百两等因此等奸巧之徒与受甚为诡秘此时即逐一询问断不肯吐露真情惟有加意防闲随时申禁如有见闻立即根究根究得实立即严惩至米色有意驳换一层查帮船到淮例应总漕率同将备亲赴各船逐一测探比验书吏并不随往无从搜求挑剔似可毋庸虑及惟撞骗恐吓之徒随时随处皆有应当切实开导弁丁免致受人愚弄又巡漕程国仁原折内称佥丁应责成粮道定佥正副取具本帮联名保结一款查各省佥丁情形本有不同或由户族公保或由头伍查访或由退丁举保其中逞私图诈贿托营求者均所不免承佥之卫备州县稍有不妥扰累尤多现在檄

行各粮道确按本处情形悉心筹酌必先将佥点使费痛革再将帮中积蠹驱除俾新丁不致视为畏途庶可望殷实谙练之户亲身管运又如领运员弁需索一款查马履泰单开总运同知年规每帮一百两重运千总年规每帮六百两贴坐船银五十两书役银三十余两空运千总每帮一百两等因前项陋规经前漕臣马慧裕饬道刊刻告示遍行晓谕贪婪之风稍知敛迹但闻向来监押丞倅出运员弁需索州县以米色干洁而有贴费为上次米色平平而有贴费为中次米色潮嫩而有贴费为下次仍视运官之强弱以定陋规之多寡其得项有数倍于旗丁者大局总借米色为词在旗丁量加沾润尚借口长途拨运之资至押运员弁当此功令森严之候尚敢腼然索取州县规费自应首先严禁又闻头舵额外装带货物亦有每帮馈送千总银两者现在遂一查明分饬禁止并责成粮道知府严密查察如有以上情弊分别揭参奏办以清蠹源等因奉朱批有治人无治法尽心除弊有犯必惩勉之钦此

一嘉庆十五年巡漕给事中吴邦庆议覆江西道御史汪彦博条陈漕务事宜折内收漕兑运宜专责成一款查重运到淮总漕面同押运逐船盘验如有短少勒令领运官丁当时买补足数严督抵通如果米色潮烂搀杂即起出筛扬将弁丁捆打勒令赔补仍饬粮道将受兑弊混之处查明参究是过淮盘验之时短少霉变惟领运官丁是问与经收州县无干原奏系申明定例自应遵行又该御史条陈各帮应领运费由州县给发一款查帮丁所领运费等项皆系汇解道库若由受兑之州县按数给发势必辗转抵补款项纷纷似应仍在道库支领令该粮道将各帮应领银两当堂按名给发胥役既不经手而克扣之弊自清至所称沿途短纤官为定价一款查粮船雇募短纤向无定价乾隆三十年经漕臣咨准以水势顺逆酌给短纤每夫每里制钱一文半至三文不等又北河自杨村至通州每夫每里给制钱二文如遇大雨路湿纤夫短少之时仍听该帮弁丁等自行酌量加增亦不得过每里四文之数现今帮船抵境各处仍遵照定制刊示晓谕不时差役密访如有土棍勒添钱文立时拿办又该御史条陈总漕仓场所用吏役严禁使费一款查需索使费亦难保其弊端尽绝臣谓粮船到坝仓场侍郎总统其成坐粮厅等专司其事又有巡漕御史不时稽查此等事皆可随时查察如该丁等身受屈抑亦可向各衙门呈控何难惩办至州县收漕如有勒抑情事各该省粮道于收米之时周历稽查亦可委精干丞倅分投向各县仓监收如实系好米该花户即将米样向粮道及监收丞倅等处喊禀据实揭参等因奉朱批览奏俱悉钦此

一嘉庆十六年奉上谕章煦奏包户指称漕记把持浮收逼索多赃请将经征知县解任质审一折此案谢六即谢征蕙于该县闭仓十日之后忽指称漕记把持浮收将该书吏辗转藏匿逼写字据勒索多赃似此恃符滋事之徒不可不严行惩办以儆刁劣至该县收漕之时若果书吏等有浮收情弊亦应一并究办以肃漕务武进县知县周宗泰著解任交该抚提同人证秉公严讯定拟具奏该部知道折并发钦此一江苏巡抚并刑部奏审拟陈三庞六每年借给帮丁银两连利盘放或以帮丁支领月米印照抵押递年盘剥借给帮丁银各至一万余两之多应准窃盗论减一等杖一百流三千里至庄成杜维正等借给钱数无多均杖八十再加枷号旗丁张干仁始以官项拟还私债复以领米印照抵押图缓应杖一百各丁负欠银两免追失察之运弁查取职名送部核议【嘉庆十七年】

一嘉庆十七年钦奉谕旨御史陆泌奏各省帮船湾泊通坝经纪各役俱勒索使费约计每船用银八十两至一百二三十两不等至仓场侍郎下帮验米舍人丁役轿夫等每帮约用制钱二百四十千坐粮厅减半如不满所欲即挑斥色米多量斛面任意抛洒种种积弊相沿等语本年抵通帮船均已兑收完竣回空南下该御史所奏并无指名难以纷纷提究著仓场侍郎等于明年重运抵通时先将该御史所陈各项情弊出示严禁如查有经纪吏役人等私行勒索即严拿惩办傥该侍郎等客隐不举别经发觉定将伊等一并惩处至折内所称漕船起卸时钓载船乘间偷换及巡役匪徒勾通伙窃等弊著该管文武员弁一体严密查拿毋稍疎纵钦此

一嘉庆十八年刑部议覆江西抚奏赣州帮退丁李中琼呈控卫守备李逢春勒索银米多款查原控各款该革备因蔡徐奇新造二船无力活水又无篷缆辄派令叶予达等七船帮给银两及收受奠仪等款李中琼所告尚非无因惟摭拾多款妄控本官应杖一百徒三年李逢春除受收奠礼并失察差役各轻罪不议外其派帮银两虽属因公究系科敛应杖六十徒一年所派银估值库平二百零九两于该革备名下照追还主卫差李发催提丁费索得洋银估值库平纹银一两零杖一百枷号一个月革役所得洋银照追入官

一户部奏准京师米商如不开设铺面粜卖流通或租赁庙宇及旗民空宅堆贮是非居奇待价即系接济回漕提督衙门及五城御史访查属实立即严拿虽米数未过一百六十石之额亦一体送究傥该官弁兵役知情得贿不行查出别经发觉即照故纵例治罪【嘉庆十八年】

一嘉庆十九年奉上谕荣麟于北仓截卸漕未并不遵照奏定章程辄将在前行走各帮率行截卸并将例应到通之满号船只一并截卸迨经降旨饬令照原议办理仍不凛遵朦胧具奏殊属种种乖谬兹复据熙昌等奏讯明仓场衙门书吏徐建超等因湖北头二三帮本不在截卸之例闻荣麟欲改议截卸遂起意向该帮头伍撞骗银两该帮头伍毛胜等贪图截卸省便行贿属实荣麟毫无觉察请旨严议等语荣麟著降补六部笔帖式余著该部核议具奏等因钦此嗣据刑部奏准漕书徐建超吴显基等指官撞骗婪索多赃应先在仓场衙门各枷号两个月满日发往新疆给官兵为奴该帮头伍毛胜等应杖一百徒三年

一嘉庆二十年奉上谕润祥等参奏湖北领运千总焦朝服玩视漕务一折焦朝服领运军船多带木植并不遵例起卸以致行走阻滞又复屡次捏禀实属胆玩焦朝服著即革职以示惩儆钦此

一给事中辛从益奏浙江帮丁疲累酒商孙汝坚等重利放债串通粮道书吏将银扣抵经浙抚查明运丁借欠酒商银共四万八千余两实非重利盘剥串抵公款奏准分限偿还以纾丁力

一湖北德安所书吏徐光海因军丁黄宗洛未经该所佥点出运即向索谢仪米二石折实赃银四两照蠹役索诈贫民例计赃枷杖其失察该管千总照例罚俸【嘉庆二十一年】

一嘉庆二十二年奉上谕御史蒋诗奏请严禁州县征收折色运弁需索兑费一折漕粮为天庾正供原应征收纯洁米石如数兑运若征漕时先收折色兑运不敷辄于水次购米完交或串通弁丁给与兑费于抵通前盗买回漕搀杂输纳日久必致京通仓贮红朽相因不可不严行查禁以杜其源著通谕有漕省分各督抚严饬所属州县于收漕时务令征收干洁好米如数交兑毋许私收折色并严禁弁丁等通同舞弊需索兑费如有前项弊端著该督抚及漕运总督据实严叁重惩以肃漕政而重仓储钦此

一嘉庆二十二年奉上谕孙玉庭奏恤丁除弊一折漕船每岁领运于例给漕赠月粮外复优准加带土宜并于通州变卖余米所以体恤丁力者甚至而江省各帮船仍有勒索州县兑费之事总借口于赔垫积疲不能不资津贴帮船津贴日多则州县浮收日甚伊何底止兹据该督奏请恤丁两条其减省委员禁止馈送全在该督抚漕督实力奉行严加查察勿为空言其酌筹生息增给造运即著该督等详议续奏至所指弁丁等刁难州县有无故停兑开行勒措通关米结两端尤为切中情事总之漕粮未兑以前责在州县既兑以后责在弁丁其受兑之时如有米色潮湿搀和者准其禀报该粮道查验参办若米色纯洁该弁丁等仍敢停兑吵闹及措不出结者立即从严惩办以杜刁制至另片所奏苏松常镇各帮统以米石多寡按水次旧章酌给津贴禁止每船给费均著照所奏办理如此酌中调剂即作为一定限制如帮丁再敢格外需索州县借口浮收俱著严参治罪以肃漕政而塞弊源钦此

一户部咨准丁船于未经交米之先不许沿途私买食米【嘉庆二十二年】

一刑部咨准山东济宁后帮千总陈熏因舵工盗押船具并不移会地方官会同讯追擅自枷号以致带枷病毙业已革职应毋庸议【嘉庆二十四年】

一漕督奏准粮船水手人等责成运弁督同头伍各丁遇有应用水手即令头船出具保结并于花名册内注明如有不法滋事者查明系何人保举即将保人一同坐罪所有防夜器具只准木棍等类其违禁之物一概不准存留如供有异样神像立即从严究办【嘉庆二十五年】

一道光七年奉上谕讷尔经额奏请将办公贻误之运弁革职一折庐州三帮千总蔡濂才前因欠交尾零正米二百二十五石革去顶带勒限补交全完奏请开复复据该漕督奏称该弁领运船六十六只内有旗丁二十五名并不在船且篷桅器具多不齐全回空舵水人等饭米亦未照例预备以致耽延未能开行经该道筹款接济始得随帮南下是该弁于本帮公事始终办理不善实属玩误无能虽将前项米石补交完竣岂可稍事姑容蔡濂才著即革职以为玩视漕务者戒钦此

一刑部咨准庐州三帮领运漕粮到坝有旗丁邵正华等短欠米石虽限内完交究系经理不善均杖八十折责发落廖熙恬身充旗丁并不在船照料至济宁始行赶上杖八十折责革运其私自离船回家措银之各旗丁革运免刺吴敬庵奉差领取应付各船接济银两私借与人亦未回明帮官该丁系职官应革职杖一百流三千里并将私借银两勒限追缴至该帮卫守备于疲帮接济要款差丁不慎咨兵部照例议处【道光八年】

一道光八年奉上谕御史奇成额奏粮船抵通时仓中兵丁书役及仓场总督坐粮厅各衙门在官人役辄向旗丁需索使费兑米时又以给费之多寡为迁船之后先旗丁等所费既巨势不得不勒索州县州县无所取给亦即浮

收升斗以供兑费是州县朘削民膏祗以供运丁之需索运丁之勒措仅以饱仓中蠹役之私囊种种情弊相沿实情事之所必有且近日仓中吏役经纪竟多至数百人朋比为奸坐享厚利若不及早厘剔其流弊伊于胡底著仓场侍郎各衙门严查在官书役等定额足敷办公其余悉皆裁汰毋使冒滥滋弊其粮船抵通收兑时务须严加管束如稍滋事端即行从重惩办以除积蠹庶旗丁州县均无所借口傥仍蹈前辙著有漕省分各督抚随时严参究办钦此

一道光八年坐粮厅轿夫向旗丁索钱争殴经仓场奏交刑部讯明定拟李林等四犯照蠹役诈赃六两以上赃未入手减等杖九十徒二年半于犯事地方枷号两个月照例刺字霍大等八犯从前得受饭钱照不应重例杖八十枷号一个月满日折责充徒至旗丁应领坐粮厅纸札银二两系给与漕书作纸笔之费又粮船行抵通境舍人往杨村一带催趱每帮按站给船价钱五百文俱系相沿陋规应令查明裁革所有轿夫饭钱一并禁止满汉坐粮厅失察经部议各降一级调用准其抵销

一山东省军船出运每岁自八九月间修舱受兑次春开行五月间方能回空事经八九月丁役数十人例支公项每船一只给润耗等米九十石银八十余两费用不敷经东抚奏请将津贴公费一项仍照前议每石原止一二三钱者胥循其旧办理如每石在四钱以上即以四钱为限不得再增丝毫奏经户部议准并令该抚认真经理傥查有帮丁多索州县浮收即行从严参办计赃治罪

一山东省漕粮项下拨运青州满营兵米由青州府兑收支放随漕同征之常德二仓米石由粮道兑收以备德州驻防满营月粮等项之用一切廒座席片霉蒸盘折看守丁役人等工食例款不敷据东抚奏请照现定帮丁公费四钱之数酌减一半每石津贴银二钱经户部议准嗣后务征本色所有从前私交折价之弊严行查禁【以上道光二十九年】

卷八十九·盘坝接运·盘坝接运

高家堰以道光四年冬漫口次年春清水浅弱启放御黄坝借黄济运旋因里河受淤复行堵闭调用河北粮艘官拨添雇民船接运南河滞漕所有道光五六两年办理盘坝事宜纂存备考

卷八十九·盘坝接运·盘运章程

一道光五年奉上谕本年借黄济运启放御黄坝四十余日漕船未经挽渡者尚多河口至里河一带又曰见淤垫转瞬黄水涨发而未渡军船既难改由海运盘坝事宜自不可不豫为筹划所需接运船只已谕知程含章琦善即行封雇解江备用矣惟盘坝接运一切车船需费虽较之海运不至加多究不若军船之省便现距夏至一月有余孙王庭等仍当竭力攒挽无论起拨磨浅如何艰蹘务须鼓励兵夫照常挽渡多过一帮即少一帮接运之周折断不可因有此旨稍为松劲至一切车船水脚等费该督等尤当撙节估计不可任听所属恣意浮冒其豫东两省雇备商船应如何酌给运脚口粮之处该督等会筹妥议等因钦此

一江督奏准江省境内有湖南江西代造直隶官拨船共四百六十七只暂行截留为河口及淮河一带起拨之用设湖南帮船阻黄未渡即将漕粮盘坝拨运赴通令原押官丁管领交卸不敷装载将河口官拨凑用如湖南帮船跟接渡黄仍将前项官拨令该二省原委之员督押前进速赴杨村以便起拨应用【道光五年】

一盘坝接运需用船只较多除将截留江广代造直隶拨船并江省原设官拨尽数选用外其余雇用民船豫省及东省曹单二邑均有西河船尽数封雇委员解江又东省贩运豆麦之船一并饬雇解江备用【道光五年】

一豫东两省军船飞提归次接运南粮按额满载不及三十万石经东抚奏准军船之外添雇民船均在济宁以北排泊俟南河拨船至彼接卸代运抵通其南河拨船俟运足东省接运漕米四十万余石于济宁交卸后仍回运口装载南粮长运抵通【道光五年】

东抚筹议章程经江督漕督河督会议奏准十七款

一济宁一带河道窄小除济宁前后二帮停泊济宁水次其余各帮分派袁洛口安山张秋等处停泊如南粮拨到照本省船只次序由北而南挨帮上载俟军船全行起拨再用民船接起仍饬委员押令原来船只赶回转运

一南省运拨米石不能适符一帮军船之数统按前后帮船牵匀搭配届时令粮道亲赴接运水次调拨办理并

令南省各粮道造具丁名米数清册移送东省粮道以便先期派船候接

一东省军民船只接运南粮原议每船给与照料之旗丁食米一石头舵水手每名日给食米一升由南省弁丁于已得赠耗银米内按未行程途分别匀扣嗣据江督奏准浙江江广各帮停待起拨需费甚多免其查扣赠耗贴给所有津贴食米于续议章程内另筹给发

一接运南粮原议每船雇觅头舵水手八名每名日给口粮银八分按帮酌派旗丁三五名眼同盘量上载沿途帮同照料每石每里给水脚银二毫其铺仓席片即在二毫水脚内节省制办头舵水手驾船归次支给往返口粮统由道库作正开销嗣据江督等奏准此次借用豫东军船既有南省旗丁随船北上东省只须本丁一人在船照料以节糜费

一豫东军船接运南粮每船给三修银七两五钱如无需接运即作本年新运例给之项接运以后与兑运本省正漕无异准作正运一次另归接运案内造报

一军船舵工水手众多分派豫东各帮闲运千总住船催攒弹压照空运之例每石支给养廉银一厘作正开销

一接运水次相离稍远委员分段专催每员日给口粮银一钱跟役减半由粮道自行筹项给发毋庸报销

一原兑米石过淮盘验有无搀杂豫东弁丁未经涉手所有米石卸上军船沿途照料及抵通交代事宜责成南省弁丁一手经理

一米石卸上军船令东豫押空千总会同南省运弁按船申报并令南省运弁督同旗丁开舱风晾毋许东豫丁舵人等入舱以杜沿途偷漏搀和之弊

一军船代运南粮经由运卫二河如有疏虞沈湿米石由南来旗丁打捞赔补损坏军船由豫东军丁赔造

一南河拨船到东押船运弁须随豫东接运军船赴通交兑其原来之船尚须转回装运应由漕运总督专委员弁往回管押

一雇备民拨每船装米三百石以上至六百石者水手舵工以八名为率七八百石者以十二名为率一千石以上者以十五名为率每名日给口粮银八分以封雇之日起至抵通交卸完竣之日为止由粮道给发作正报销

一接运民船如遇临清天津等关免纳船料接运以后每石每里给水脚银二毫头舵水手每名日给食米一升均照军船画一办理

一雇备军民船只专为接运南粮或南河水势增长毋须接运除水脚食米扣除外支过口粮仍准开销

一军民船只口粮等项需用繁多道库所存漕项须留备本省新漕支用请在应行解部之临德二仓项下支放事竣按款造报核销

一接运军船原议尽七月初十日止在济宁一带受载倘过期不至豫东军船未便停待致误本省新漕嗣据江督等奏准起拨开行守风守水断所不免设相距原定限期略迟数日仍交豫东军船接运

一接运南粮限期紧迫若各闸启放迟缓必致贻误由山东河道总督专派厅员亲驻河干随时启放【以上十七款道光五年】

江督酌议章程经户部核覆奏准十款

一江广拨船接运滞漕沿途按名日给口粮毋庸给予运脚此外添雇水手酌给身工器具修舱船只均作正开销至江南豫东三省封雇大小商船三千余只每运米一石给运脚银四钱内豫东二省所雇西河大船体重米多未能直达通仓俟抵津后令旗丁拨运赴通一切交米章程责成旗丁经理可免烦费其余小船载轻均令原船运通商船食米津贴每石运脚之外折银三分仍归帮丁自行津贴先为垫发于应领新运钱粮内扣还归款

一漕米过坝自清江高坂头起卸至黄河水口受载雇用小船小车抗夫等项脚费每石给银二分八厘事竣核实报销一各船经过闸坝提挽费用除各闸本有闸夫提溜外仍看水势情形酌雇人夫官为给价由各该处核实报销

一商民各船经过各关免报船料回空时准照军船之例酌带土宜装米一千石以上者准带土宜八十石九百石者准带土宜七十石以次递减五百石以下者准带士宜三十石报明免税如揽载客货由各该商自行呈明照例征纳

一雇到船只大小不等每装米百石用水手二名四五六百石至千余石者亦止以二十名为率未受装以前每

名日给坐粮银八分由管理船坞委员查量船舱尺寸核定水手名数按日计名给发

一装米麻布口袋苫盖席片扎袋绳索编号竹牌于盘米处所委员点验稽查如有损坏随时添补事竣按照时价报销一里河厅属清江以上之高坂头起拨至外南厅属之黄河水口填筑马头以便车运近水处所铺搭跳板以便米石上船所需工价照河工之例报销各工宽长高深丈尺开单咨部备核

一接运军船俟受装完竣各于船尾号明某帮第几号挨顺齐帮令原押重运弁丁管押北上其回空军船令押空帮弁带副丁管押归次其浙江江西湖南湖北各粮道照常督押重运行抵临清通州后再行折回办理新漕

一接运漕船船多人众应由地方文武各员多带兵役与各该省总运沿途催攒弹压每船应领运脚自百余两至四五百两不等受装后先给一半未发一半银两由江省遴员携带行抵济宁临清等处随时扣足漕平发给如有克扣短发指名参办

一各处解到银两清江设立总局专管收支高坂头一带设立分局易钱备用发给船价置备物料按照漕平分给其平余银二两三钱作正开销【以上十款道光五年】

一江广未渡军船经江督奏准将本年首进军船自淮安头帮至江淮九帮并例不过淮之淮安三江北长淮四等帮共船一千一百八十六只接运江广漕米一百二万九千余石按船匀装径抵通仓所有接运漕粮之帮丁按石照民船给值首进军船即在北岸临黄运河停泊由江省多备民船渡黄运交其江广重运船只令将货物起卸俾得就近盘拨并令豫东接运民船暂行停让佥派妥干员弁严催首进回空帮船飞挽南下以备接运【道光五年】

江督奏明提用江南首进回空粮船接运江广漕粮章程十款

一重运漕船例许装带货物首进军船接运江广各帮漕粮米数较原运增多恐起运不敷饬令尽数装米以期无误

一江南首进回空帮船每帮自十余只至七八十只不等接运江广各帮米石势不能适符一帮军船之数统按首进帮船均匀搭配仍造具丁名米数册档以免牵混

一接运江广漕米每船雇觅头舵水手八名每石每里给水脚银一毫五丝每名日给口粮银八分回空水手名数照重运减半运脚之外每石津贴银三分先由河库垫发再由江广各粮道于该丁应领新运钱粮内扣解还款其铺仓席片即在水脚内节省制办

一首进空船接运漕米仍系军船受载所有关缆人夫应仍由江广旗丁经理将民船拨运过闸关缆人夫价值开单发交旗丁查照俾经过闸坝费用较为节省

一接运空船令江广帮重运千总督押所有沿途照料赴通交卸费用均由江广弁丁自行经理仍酌留原船旗丁照料船只器具每船给与食米一石先按时价动项垫发于江广旗丁已得赠耗内均扣归款

一米石装上军船令原船押空千总会同江广运弁按船申报并令江广运弁督同该管旗丁密加灰印开舱风晾毋许接运丁舵人等人舱以杜偷漏搀和之弊

一首进军船回空每船给修舱银七两五钱先期解赴前途散给修补该帮船既经接运即与兑运本省正漕无异回空以后准作正运一次

一首进回空船入江南境后派大员前往挨查令将所带土宜沿途起卸净尽以便全数受装米石其二次回空之船仍准带土宜八十石免其报税

一空船接运漕粮傥有疎虞查照东省军船接运章程米石由江广旗丁打捞赔补船只由江南军丁赔造

一首进军船舵工水手人数众多所有原船押空千总仍令驻船催攒弹压并备押空归次照例给与空运养廉【以上十款道光五年】

一道光五年奉上谕浙江安徽及江广各帮漕粮前次滞留御黄坝以南者共一百九十余万石经琦善等设法盘运现已全数拨竣长运抵通所办甚好惟天津北河至通州一带节节均有古浅新淤转瞬节交冬令水落归槽恐致浅阻著蒋攸铦即饬所属先期多备拨船排列河干守候遇有浅阻相机起拨俾得迅速抵通等因钦此

一道光五年奉旨本年南漕盘坝稽迟现在尚有一百三十余万石未经到通天气日寒恐致冻阻贻误节经降旨饬催兹据博启图等筹定起卸赶运各章程分晰具奏著照所请除书役经纪人等责成该侍郎严查刁勒需索之弊勿致稽运务外所有头进军船接运江广各帮著仿照向年由杨村寄拨之例全数寄拨北上仍令原运旗丁押运

赴通交卸其应给拨船脚价饭米等项均令原运旗丁照向例办理军船即令就近回空俾免阻滞至转运米石由大通桥全运城内各仓恐致赶办不及现在城外太平裕丰万安储济四仓尚有空廒数十座著由大通桥于分运各帮米石内准其一半于该四仓暂行寄囤俟漕务完竣再行陆续运进各仓至在后江广各帮挽过津关时著酌量天气寒暖其已到杨村起拨可以来通者于通仓暂贮未到杨村起拨者于北仓暂贮俟来春冰泮查照旧章转运京仓其一切脚费俱著照旧办理至小雪前后河冰初结仍可打冰前进不容任其逗留如帮船挽过津关行至杨村寄拨即打冰催攒拨船运坝起卸饬令原船回空傥帮船挽过津关去北仓较近即打冰赶赴北仓截卸需用人夫众多著蒋攸铦派委地方官沿途拨派人夫以备随时打冰之用如将来有截卸北仓之米著申启贤届时前往查验督办无使书役人等乘机舞弊方为妥协钦此

一道光五年奉上谕蒋攸铦奏察看催攒滞漕情形酌定限期分别趱运截卸一折本年接运滞漕截至本月十二日止未入直隶境者尚有十六帮之多现在节逾小雪天气日寒若北风骤起连樯冻阻进退无策不免临时周章自应酌定限期分别截卸北运河船过津关寄拨到坝至速亦须旬余著以本月十五日为断已到津关者仍催令寄拨前进即令原船回空其十六日后始抵津关者即令在北仓卸贮除北仓空廒四十余座尽数存贮米四十余万石外所有仓廒院内地尚干燥亦可囤贮一二十万石如再不敷即援照成案于天津地方行店庙宇暂行囤贮其南运河河水日耗古浅之处极多向于大雪前后河冰凝结现距大雪仅有半月若帮船未能衔尾而来即不能全数抵津著以十月二十五日为断已到直隶景州安陵汛境者仍押催北上赶至津关卸贮其将到安陵而尚在山东境者即查照向来成案就近截卸山东德州囤贮其直隶故城县运河又在德州以南著以十月二十日为断如尚未挽到故城者即将帮船截留山东临清囤贮以便军船卸载回空著博启图申启贤武隆阿各援照成案分别妥速筹办毋得互相推诿以致冻阻中途蒋攸铦仍严饬该镇道等将在后帮船迎提分段接催速益加速总期多一帮寄拨赴通即少一帮截卸北仓多一帮趱入直境即少一帮卸贮山东不得因定有期限稍为懈忽现在风高物燥火烛堪虞所有回空守冻即著派分数处停泊并遴委文武大员亲驻河干稽查弹压毋令滋生事端等因钦此

一道光五年奉上谕武隆阿奏察看接运帮船行走情形如旬日半月内北风不致大作河水无虞消耗约计二十以后可一律趱出东境等语本年接运南粮帮船未入直隶境者尚多现已节逾小雪天气日寒昨据蒋攸铦酌量情形请定限分别趱运截卸当经降旨交该抚等各援照成案分别妥速筹办该抚此时自尚未接奉前旨现既奏称天未大寒水势充足著武隆阿即商同蒋攸铦乘此机会督饬催漕员弁加紧催挽总期趱早一日即少一处卸贮不得因定有限期可以截卸遂至稍为松懈至闸内运河已届冬挑东省军船因接运尚未归次所有闸内各州县本年应兑漕粮著即改为春兑春开俾运河挑工及时赶办以免贻误钦此

一江广代造直隶拨船截留河口起拨漕粮经漕督咨准如起米损坏即交出运各本帮按船摊捐造办补还如起货损坏责令经用之帮丁赔补均俟来年出运带交直省查收傥有缺损署为粘补者即令帮丁补修坚整照河工官拨章程办理【道光五年】

一道光五年奉上谕琦善等奏核议明岁新漕盘坝接运及豫筹微山湖蓄水事宜一折本年盘坝接运业经办有章程江南首二进帮船均未经渡黄归次明年自应坚守御黄坝提用江省各帮回空船只盘坝运通除江宁扬州淮安徐州通州海州等四府二州明岁新漕各归本帮兑收盘运及各帮内有满号九运等船应均扣除外所有首二进并减存在次江北各帮船二千二百三十余只盘运浙江安徽江西湖广等省漕米足敷应用著该督等临时通融办理前降旨令有漕省分各督抚所有明岁应征新漕仍照向例征收本色并令琦善等体查情形咨会各省妥为办理著该督等仍遵前旨即知照各省并严饬各该省押运员弁沿途加紧催攒以期及早抵坝迅速盘运并著以重运到坝之先后随到随盘不拘帮次其接运经费除江宁等府州系本帮受兑毋庸筹款并各州县拨运抵坝水脚等项业经另筹毋庸请帑外其余接运外省漕粮即照本年所定水脚等项银数办理各军船并准照例携带土宜免其纳税俾旗丁稍资接济其各船应给水手往返口粮由各省旗丁于应领钱粮内付给沿途提溜打闸亦由各省旗丁自行开发并将接运帮船每船应给食米一石亦令各省旗丁实给毋庸折价其津贴三分著即裁减余俱著照本年军船接运章程办理其江省盘坝处所高坂头御黄坝顺清河吴城七堡等处分路盘拨者均匀牵算以每石二分八厘核计所需帑银一百万两著届期具奏请旨准其筹款动拨该督等惟当竭力节省总期全漕无误帑项不致浮糜方为不负委任至山东微山湖为南北济运水柜本年自三月启坝空重军船往来络绎虽前据张井等奏运河水势充

足空重船只畅行无阻第本年全漕运出东境尚须消耗明岁重空帮船又须往返数次终年宣泄耗水尤多前有旨令张井等随时收蓄以资利济兹该督等恐明年收蓄不敷济运于道光七年全漕所关甚巨自宜为未两绸缪之计所有本年首进船只于抵通交卸后即在山东临清闸外卫河一带停泊守冻不必年内回江一俟东省漕粮过竣即著煞坝挑河计明年接运新漕六月内自可盘竣赶筑湖口大坝并于朱姬庄筑做拦坝设法收蓄以补消耗其明年各帮回空亦令先于临清闸外暂行渟泊八月后察看湖水已充再行启闸打放南下俾微山湖得资潴蓄而帮船仍不误归次于河漕均有裨益至粮船水手该督等遵照前旨沿途佥派妥干员弁于船行及停泊守冻随时稽查弹压务令沿途安戢勿使滋生事端此为至要将此各谕令知之钦此

一明岁接运各省漕粮盘坝时应行雇募车辆驴驮人夫短拨船只并修备道路马头跳板及各路委员兵役薪水饭食油烛纸张等项奏准令浙江安徽江西湖南湖北等省筹划银款于粮艘未经开行一二月之前派委妥员来江办理江省仍委员帮同照料雇募其应用席片麻袋绳索竹片等项亦由各该省携银前来代为置办【道光五年】

一仓场筹议拨船转运明年河冻初开先尽北仓囤贮滞漕赶紧运通随到随卸计平斛六十余万石二月底可以运完其余存仓未运之十余万石即令东豫卸空之船赶回北仓拨运约用三百余只即可竣事并将粳米及稜米粟米分别先尽转运以免牵混【道光五年】

一筹议明岁接运新漕经江督奏准于外北厅属浦家庄至中河厅属王家庄停淤段内酌估挑捞多作小坝并于双金闸以上赶筑拦河柴土大坝一道中留金门俾资收蓄其邳宿运河大加估挑宽深至南岸盘坝马头高坂头一带距黄河堤岸较远仍就御黄坝顺清河两路分投盘运将顺清河及新挑小河加挑宽深务期重运船只可以直抵坝头所有挑河等费均归河库项内通融筹办其在南各帮抵淮时即将杨家庄口门拆通放空进重赶紧盘坝铺水不致豫耗抵淮之米亦无虞久待至在北接运之船除江淮扬徐通海六府州即用本帮装米水脚节省此外安徽本帮之船均在二进中路船身笨重势难压后提前应尽先到之米装在前之船所短船只将九运各项择选修舱应用如尚不足再将所余之米洒派各船匀装三月盘起五月盘竣粮艘抵通已在头起海运商船抵津盘拨之后北河亦无拥挤之虞【道光五年】

一道光六年奉旨百春等奏筹办速卸漕粮一折本年盘坝南粮各帮并海运漕米共未到坝尚有一百四十余万石自应迅速起卸无误回空期限著准其查照历年寄拨迎拨成案自三进第十帮起俾在后各帮军船即由杨村回空如大通桥转运不及著将城外太平等四仓暂囤米四十万石俟起卸全竣再行转运原派之仓其囤费即照上年收米成案办理至通坝口袋现不敷用将海运口袋由津提回以作通坝起米之用总期及早回空无稍延误钦此

一运弁全粮通完例准议叙本年东省接运浙省漕粮系奏明仍由南省弁丁沿途照料赴通交纳所有东省运弁究与领运本省漕粮不同未便给予议叙惟押运往返不无微劳议令漕督自行查明分别奖励【道光六年】

卷八十九·盘坝接运·经费出纳

一道光五年奉上谕孙玉庭等奏酌议漕粮盘坝接运章程并请拨经费一折著照所请准其将江苏藩库现存银十八万两安徽藩库现存银三十万两两淮运库现存应还江苏安徽三处藩库银二十四万两就近动拨其广东省筹备南河工需银三十万两现已起解在途亦准其就近截留以济要需该部知道钦此

一漕船提溜打闸向系旗丁自行出资由漕督委员经理本年盘坝接运官为给价奏准每米一石过江南运河厅属闸座添备关缆人夫实需制钱二文九毫二丝七忽山东境内闸座亦一律照办均由总局借支八成银两按帮转发运弁带北应用由各粮道自行核实报销【道光五年】

一商船拨运漕粮由江省河口运至济宁以北交东省接运奏准照原议运抵天津按站酌核每石给运脚银二钱四分【道光五年】

一截留江广拨船盘运漕粮该省已有例给行粮按程水脚应归节省惟原船仅有头舵二名奏准每船添雇水手三名统计舵水五名每名日给口粮银八分按米一石加给食米一升沿途提溜打闸官为给价该船在里河短拨漕粮经时已久多有损漏逐船勘估需银四千二百余两发交该省委员修舱事竣分别报销【道光五年】

一盘运浙江等省滞漕一百九十万余石支用经费撙节核减统计实销银七十八万七千四百八十余两其拨

船运米过闸首进军船修舱并折给舵水食米等费共银七万三千七百六十余两令浙江等省粮道扣解归款至例外浮多等项共银十一万七千六百七十余两不准报销分别著赔经江督奏准将应赔银两在孙玉庭名下著赔三成颜检名下著赔二成魏元煜严烺名下合赔三成总局道员同知四员名下合赔二成其豫省封雇民船及东省接运军民船只所用经费各该抚自行核实报销【道光五年】

一各省漕船运通米石除交仓外皆有例给耗米所需盘坝运脚若照交仓米数核销即须将各船耗米运脚尽数剔出各丁未免苦累所有此项耗米盘坝水脚等款奏准悉照过坝米数准销【道光五年】

一北仓转运之费向于各省旗丁应领钱粮内按数扣解惟未经解到之前须筹款垫办经仓场奏准除截卸河南粟米五万石令东豫漕船洒带即将该省余存运费一千余两按石贴给外其余计折洪斛米六十余万石需银九万数千两于各帮本年接运未经抵通之船按程令其归缴脚价共银三万两留存天津道库作为转运之费尚短银六万数千两先于长芦盐政衙门筹款借拨俟解到归款【道光五年】

一首进帮船在山东临清闸外停泊守冻若俟挑河完竣铺水回空再令修船买席时日促迫奏准将修舱银两解往东省由山东粮道督令认真修理加修九运各项船只如可修舱亦令督饬如式修固其铺仓席片毛竹每船给银二十八两统由山东粮道查明船数垫发置备于明岁接运水脚内划除解还【道光五年】

一明岁应运军粮除海运外余均用江淮首二进帮船截留河北接运安徽省惟宿州头二帮船可以归次余船均在河北首二两进之中该省起运漕粮内由宿州两帮军船及减歇轮造船只仅可兑运五万余石余米二十六七万石需船八九百只分雇民船装运所需银十万两经江督奏准于司库地丁银内动拨事竣核实报销【道光五年】

一安徽省军船均停待河北水次漕米另雇民船装运先经奏明动帑办理其收漕时浮费即可节省所有盘拨经费经安徽巡抚奏准于节省浮费银内令各州县按照兑运米数批解先期解往清江备用【道光五年】

一湖南省额征漕粮除食米及搭运初限缓交余米外应起运正耗米十三万三千七百余石明年所需盘坝杂费经湖南巡抚奏准于藩库节年各属捐存公费闲款内动支银八千两委员先期解往备用俟盘坝竣时江省将用过银数再行据实核销【道光五年】

一道光五年奉上谕穆彰阿奏遵旨酌借帮丁银两一折本年江南首进帮船接运滞漕丁力未免疲乏前经降旨著穆彰阿随时察看情形酌量调剂兹据查明各帮丁沿途如纤挽行需费已属不少日内行过天津寄拨截留交粮竣事即须回空南下长河受冻用项较多且距明春接运新漕尚须时日实形竭蹶著照所请准其每船借银四十两计船九百二十二只共需银三万六千八百八十两著直隶总督即饬藩司照数动款派委妥员解至天津交穆彰阿按船亲自放给所借银两照例先由各该粮道筹款解还直隶仍俟该帮等明冬回次在于应得新运钱粮内分两年扣还归款以示体恤该部知道钦此

一道光五年奉上谕陈中孚奏二进回空军船全入江境并照案请借银两一折本年二进各帮军船前于重运渡黄时节节起拨丁力已形疲乏复因停让重拨出闸守待多日沿途阻滞经该漕督饬属赶紧催攒于十一月十五日全数挽入江境催下潆流闸与首进用剩并剔存九运等船俱在河北杨家庄一带住守接运现据查明各船不能归次停候既久用项实繁更形竭蹷著照所请准其循照成案每船借给银四十两所有二进回空各帮暨首进接运用剩并剔存九运等项计船一千八百五十六只共需银七万四千二百四十两即在江南各关筹备盘坝银两内就近于淮关照数动拨交陈中孚核明亲自放给仍饬各该粮道将所借银两在于各丁应得钱粮内分作二年扣还归款以示体恤该部知道钦此

一盘坝南粮米数甚多如转运迟滞于城外各仓查点空厫及号房暂囤所有囤费银两先于通济库支放事竣核实报销【道光六年】

一本年盘运各省漕粮所需一切杂费奏明由浙江安徽江西湖南湖北各省筹划银款嗣经各省解到银十三万三千七百余两计撙节支用银八万二千七十余两节省银五万一千六百余两俱属实用实支第款目琐细而各省筹解此项银两或系官员捐补或系酌提闲款皆非动用正项奏准免其造册报销又江扬等府州属雇备运粮民拨及盘坝各项杂费不在前数之内本系在外筹备尤非动用库贮闲款可比一并免其报销其多余银两存贮河库遇便分别解还【道光六年】

一江西省本年盘运军船水手往返口粮食米沿途提溜打闸经费较之常年直运抵通食用有增无减且多盘拨折耗若仍按未行程途划出额领之项原运帮丁势必沿途缺乏经江西巡抚奏准将额给行月银两照数全给【道光六年】

一道光六年奉上谕康绍镛奏请分限扣解旗丁津贴银两一折湖南省上年漕粮盘坝应给接运军船津贴又每船给食米一石折银三两共银五千四百四十六两零均系江南垫放应按数扣还惟念该帮丁上年船由清江回空原丁仍自河口经理抵通丁力不免疲乏本年盘坝接运各军丁全赖新运钱粮用度若将上届应扣津贴及食米折银全行扣解办理更形竭蹷著加恩将各旗丁钱粮内应扣江南垫发津贴银四十七百五十四两零缓至道光六年冬季起分作四限扣还归款以纾丁力其食米折价银四百九十二两著仍在新运钱粮内先行扣还归款该部知道钦此

一江淮九等帮未经归次军船道光六年起运漕粮州县雇船拨运至浦交坝北各本帮原船装运赴通其帮船自次抵浦应领行粮银米咨准按照未行程途核减【道光八年】

一江南省各帮军船接运浙省盘坝漕粮经漕运总督咨准添雇短纤令接运船丁经理起拨拨价由浙省旗丁自行给发【道光八年】

卷九十·海运事宜

道光四年冬高堰漫口运道浅阻上以借黄济运非策命内外臣工筹议海运经协办大学士户部尚书英和奏请于江苏试行海运由江苏巡抚陶澍两江总督琦善先后议覆奉旨准行于是道光五年苏松粮道属下额漕全由上海沙船运至天津交卸谨将暂行海运事宜备载于后

卷九十·海运事宜·海洋运道

禹贡载扬州贡赋沿海达淮蔡传言冀州北方贡赋自海入河说者以此为海运之始秦汉以来道弗可考迄乎元明始讲海道海船畏浅不畏深畏嶕不畏风明人沿隩求道非嶕即浅自不若元代直放大洋为便考元明入海之道或由刘河转廖角沙或由黄河口至鹰游门今俱湮塞惟吴淞口至十滧一路可行第大洋浩瀚本无畔岸舟人定之以更香验之以水色格之以针盘究难确指其道里数目兹就西岸对出之州县汛地比照核计摘叙大凡略分段落以便检阅海船自上海县黄浦口岸东行五十里出吴淞口入洋绕行宝山县之复宝沙迤至崇明县之新开河计一百一十里又行七十里为内洋十滧地属崇明可泊船为候风放洋之所此甫经出口之第一段也由十滧开行即外洋矣东迤一百八十里至畲山一名蛇山又名南槎山为苏松镇所辖山系荒嶕船不可泊但能寄碇为东出大洋之标準是为第二段自畲山驶至大洋向正北微偏东行至通州吕泗场对出之洋面约二百余里水深十丈可寄碇从此以北入黑水大洋至大洋稍对出之洋面约一百四十里系狼山镇右营所辖又北如皋县对出之洋面起至黄沙洋港对出之洋面约二百六十里又北泰州对出之洋面起至黄家港对出之洋面约二百二十里系狼山镇掘港营所辖又北至斗龙港对出之洋面约二百里又北至射阳湖对出之洋面约一百二十里系盐城营所辖又北至黄河口对出之洋面约一百二十里系庙湾营所辖黄河口稍南有沙埂五条船行遇东风则虑浅搁宜避之又北至安东县灌河口对出之洋面约九十里系佃湖营所辖又北至海州赣榆县鹰游门对出之洋面约一百八十里系东海营所辖计自畲山大洋以北起至鹰游门对出之洋面止约共一千五六百里统归狼山镇汛地是为第三段凡舟行过畲山即四顾汪洋无岛屿可依行船用罗盘格定方向转针向北略东行如东南风则针头偏东一个字如西南风则针用子午查江南畲山与山东铁槎山南北遥对谓之南槎北槎行船应用子午正针因江境云梯关外迤东有大沙一道自西向东接涨甚远暗伏海中恐东风过旺船行落西是以针头必须偏东一个字避过暗沙再换正针此沙径东北积为沙埂舟人呼为沙头山若船行过于偏东一直上北便见高丽诸山故将至六沙外仍须偏西始能对成山一带也以上三段均隶江南至行过鹰游门对出之洋面往北即山东日照县界山东水师南洋汛所辖又北至文登县之铁槎山一名北槎山自畲山至此始见岛屿又北至文登县之马头嘴入东洋汛界经由苏山岛靖海卫及荣成县之石岛养鱼池石岛居民稠密可泊惟岛门东南向春时乘风易入难出计自鹰游门至石岛约六百余里此第

四段也舟行大洋用针盘尤必用水托水托者以铅为坠用绳系之探水取则也每五尺为一托查十滧开船试水自十托至二十托上下行过畲山试水均在三十托上下顺风二日余均系黑水再试至十托上下即知船到六沙洋面行过大沙试水渐深至五十托上下视水绿色则系山东洋面顺风再一日试水二十托上下水仍绿色遥望北槎及石岛一带山头隐隐可见再行半日即至石岛洋面此商船赴北一定针路也其第五段则自石岛至俚岛洋面约一百六十里俚岛至成山洋面约一百四十里俱荣成县地为南北扼要之所可泊水绿色针盘仍用子午略偏东从成山转头改针向西略北入北洋汛界至文登县之刘公岛约一百里又西至威海卫一百余里又西至福山县之之罘岛一百里又北至蓬莱县之庙岛二百里以上自石岛起至庙岛止约共九百余里之罘岛西北一带有暗礁船行偏东以避之又庙岛之东有长山头浅滩宜避试水在十五六托至二十托不等船至庙岛以东南风为六顺计东省洋面共一百零五岛中有二十五岛最为海道要地而庙岛尤大可以停泊第六段自庙岛过掖县小石岛即入直隶天津海口约九百里针对大西偏北沿途试水在十四五托再试水至六托上下水黄色水底软泥即可抛猫候潮进口约计天津海口逆流挽纤一百八十余里即抵天津东关外总计海运水程自吴淞口出十滧东向大洋至畲山北向铁槎山历成山西转之罘岛稍北抵天津凡四千余里我朝自康熙年间开海禁以来商船往还关东天津等处习以为常驾驶之技趋向之方靡不渐推渐准愈久愈精是海运虽属试行海船实所习惯春夏多东南风舟行尤顺利焉

卷九十·海运事宜·上洋受兑

一道光五年两江总督琦善等奏前奉谕旨海运一事著俟藩司贺长龄赴海口查勘情形筹划到日即将一切章程会同妥议具奏等因钦此伏查江省上海船商素称殷实雇用载粮并无苦累惟因与官吏交涉恐有克扣需索情事遂致疑畏不前经臣陶澍于查勘江震水利之便绕至上海传集船商面加晓谕商情颇形踊跃兹据司道等督同府县查明上海地方向有本省大中两号沙船每船装米自数百石至二千石不等又有浙省蜑船及三不像等船与沙船大小相似向亦往来天津熟悉北洋沙线堪以备雇已据陆续具到承揽共有沙船一千余号及三不像等船数十号来年海运一事必可试行所有苏州松江常州镇江太仓等四府一州额征起运道光五年分漕白正耗米共一百五十余万石合计大中两号沙船两次载运米数正与各府州额漕不相上下自应即以苏松等四府一州新漕全归海运尚有带征道光三年二限及历年灾缓米石应饬各州县尽征尽解随同新漕均由海运现饬该管府县于冬季全数归次时再行续雇其浙省蜑船及三不像等船既与沙船大小相等且系平底深仓亦应宽为雇备现已移咨浙抚转饬地方官谕令该船户等于冬季齐赴上海听候选择雇用期于来年春夏两次装运悉数抵津等因奉上谕琦善等奏请将苏松常镇太四府一州应征道光五年分漕粮全由海运据奏现雇有沙船一千余只三不像数十只计春夏两次可以运米一百五十余万石著照所议办理等因钦此

一办理海运均在上海验收兑装州县运米到次委道府丞倅四员会同苏松太道盘验干圆洁净斛收交船每船桶贮样米一斗粘贴印花带津另派道府等员各带佐杂由陆路赍册赴津沙船一到将原封米样禀请验米大臣赴船比验俟漕粮全交拨船回苏销差至沙船米石既交拨船即与沙船无涉直隶多雇拨船在津守候沙船随到随卸所有向例应给银米各款除应解轻赍席木等款仍照例解交外其由津起拨不敷各费另行筹解仓场给发

一苏松常镇太每年起运漕粮例给旗丁耗米共一十八万余石以备折耗食用之需此次雇用沙船运至天津每白粮一石酌给耗米一斗糙米一石酌给耗米八升即于给丁耗米内动放计节省耗米六万余石随正起运

一商船领运妥速核其运米多寡酌加奖叙一万石以下由司道分别赏给扁额自一万石至五万石以上分别给予职衔若已捐至五品无可再加另行酌奖再商船全数运米南北货物未免阻滞每船准其八成载米二成载货由海关查明免税放行但不得过二成之数如货物到津售卖不完或另贩天津货物转至奉天一律免税其自关东运豆回南仍照例输税以重关课

一沙船停泊黄浦江岸候兑派定某处米数悬挂各色旗号排列成行各属运米拨船一到各认旗号就帮斛兑先于对岸之百莲泾派员查验米色给单开斛每日轮派丞倅委员督率各县丁役分投交兑沙船苫盖铺垫所需物料俱由各县自备并饬每县带斛制斛十面用道府印烙到上海时仍由道府各员将领颁铁斛眼同船户较準即令该船户画押再加监兑委员印封为据兑竣一船即将司道会印三联执照截给一张所有船户耆舵姓名以及县分米数详细注明以凭稽核至领给水脚之后即令船户给州县米结一纸委员亦给兑单一纸存照沙船虽验派在先

如临时受兑有船身旧未固者仍准挑换并令随兑随开移至上海县之吴淞口听候在汛员弁挂验放出崇明县十滧地方寄椗守过二月初八风信即放洋长行

一海船装运粮米自上海至黄浦一带分段驻泊将某号船若干只应兑某州县漕粮编写旗帜按次斛兑勿合拥挤白粮一项另用口袋装载以昭慎重

一海运雇船原定八成装米二成搭货免其纳税惟当漕粮起运船多货少如有情愿加装米石者许其白行酌量数目且报加装仍每石给运脚银四钱耗米八升各船于兑竣时发给三联印照粘单加注添装某县米数盖用粮道印信以便抵津之日先凭执照米数兑收一面由上海公所补造加米另册注明船户某人原装某县正耗米石若干加装某县正耗米石若干仍另造简明清册飞咨仓场及天津验米大臣至粮道衙门造办各州县漕白二米起运正耗数目仍照旧分别题咨以备稽核

一海运米船放出吴淞口至十滧地方寄椗候风开行查十滧地方虽隶崇明县境已在内洋之外紧接黑水大洋一过畬山即无岛屿可依必得顺风三四日始抵山东之石岛成山一带中间洋面将近二千里并无抛猫寄碇之处是以行船必须看定风色始能向北驶行非比内河可以克期催攒一苏松等属海运漕白正耗米一百五十一万余石照洪斛折算应解天津拨价等项银一十五万二千余两北仓截卸露囤等项银三万两又仓场需用银七万五千余两共银二十五万七千余两除已由苏筹解过银十二万余两又在于随漕征收水脚项下拨解银三万两外约计尙应筹解银十万余两查有节省漕项银米现存苏松粮道库给丁行赠等银二十余万两堪以动用所有补解各款银两向系旗丁在于得项内自行措交即出于漕项银米之中直省需用还垫各款应即在节省漕项银款内酌量动拨此外尙有随运赴津节省余耗漕白米五万九千余石系奏明拨抵折耗饭米之用除由仓场拨给经纪耗米一万九千余石外尙剩耗米四万余石亦系海运余出之米应即作正交仓

一道光六年奉上谕陶澍奏请饬催沙船以速海运一折据称现计存米尙有三十余万石专待前船回棹方能全行起运海船自南赴北总以四五月夏至前后南风司令最为相宜至六月中旬风暴靡常即难行走且办运员役人夫亦须及早竣事方可裁撤以节经费等语穆彰阿接奉此旨即将现到沙船加紧拨运愈速愈妙并迅速收买余米俾沙船得以早归无误二次接运并著那彦成晋昌常文盛泰等转饬各该地方官催饬沙船迅即装货回南并飞咨沿途海口催令迅速攒行俾得顺趁风汛赶装二运无使迟误将此谕令知之钦此

一苏抚奏初次海运回南商船截至五月二十二日止已有进口船三百二十余只各船商咸称此次装运漕粮所带货物既经免税余米又蒙圣恩加赏价值无不欢忻踊跃争先赶回装载二运惟上海存栈米石间有发热霉变除米质坚老无碍食用仍旧交兑外余俱剔换一律干洁督令道府委员妥协筹办迅速藏事

一道光五年分苏属征存漕赠五米白粮盘耗水手饭米三款共米九万八千七百余石向系例应给丁之项因办海运省出归公经苏抚奏准按照时价以每石二两二钱五分粜银解道报拨其行月一款共米九万三千余石除应给接运军船月粮及满号免雇等船苫盖并济造行月粮米约共需米八万五千余石尙应剩米八千余石并经奏准留为下年办运凑派帮丁之用毋庸粜拨

一海运漕粮计苏松常镇太额征道光五年分起运漕白正耗米一百四十五万一千三十一石零又节省归仓候拨耗米五万九千六百七十五石零又给船耗米十二万余石通计装载正耗各米共一百六十三万三千余石前后用沙船及浙江蜑船三不像船共一千五百六十二只截至六月初五日止全数兑开完竣

一粮米由海运津奏委川沙营参将京口副将押运两运押送官各给盘费银二千两于松太道库属解津贴银内动支计二运粮数仅有三十余万石所有护送交替之掘港营都司即在二运押送官应领款内提银二百两以为往来盘费一苏松常镇太漕粮改由海运所有帮船停留河北接运浙江等省漕粮仅有水脚口粮其行月赠五等项无从支给准将月粮一款全数给发以资津贴其节省行赠银两造报候拨节省米石搭运赴通

一海运经费由外筹款即以向来办漕杂费充用并未动用正项所有常年河运例应给丁漕项银米除迭次拨解天津应用及调剂旗丁案内全支月粮外计节省银十余万两米十余万石赠五等米粜银解道与征存漕项等银一并报拨又有节省耗米五万余石搭运赴津除拨给经纪耗米尙剩米四万余石归仓较常年河运所省甚多约计商船搭载二成客货所免税银一万余两经苏抚奏准在海关额征税银项下划除

一江兴等卫协运各帮每年解部饭银八百两向在帮丁应领钱粮内扣解道光五年分漕粮全由海运并无应

领运费钱粮可扣经苏抚移咨在天津交米道员先行筹垫委员解部兑收事竣回苏另筹归款

一道光六年奉上谕陶澍奏海运默邀神佑请加封号扁额一折所奏甚是本年试行海运该抚陶澍恭诣宝山县海口致祭风神海神并诣上海县黄浦江岸虔祷天后庙沙船正抵黑水大洋迭遇风暴危急时若有神助并未损失一人即有遭风断桅各船米石毫无漂失利漕安澜览奏实深钦感著发去大藏香十炷交陶澍只领遣员诣各处神庙敬谨祀谢天后之神迭彰灵应我朝屡加封号本年海运化险为平显应尤著礼部察例拟加封号候朕酌定以昭灵贶海口风神庙海神庙并发去御书扁额交该抚敬谨悬挂以答神庥钦此嗣据礼部撰拟封号缮单具奏奉朱笔圈出安澜利运钦此

一道光六年奉上谕琦善等奏海运漕粮全数兑开完竣请将出力人员鼓励各一折上年河务阻滞诸臣奏请试行海运事属创始办理维艰仰赖神灵垂佑在事臣工竭诚宣力雇船兑运筹划周详计起运漕白正耗各米一百六十三万三千余石用船一千五百六十二只两次络绎开放稳抵津门诸凡妥顺朕心深为嘉悦自应即沛恩施以昭奖励琦善督饬有方可嘉之至著交部议叙陶澍亲驻督办深协机宜著赏戴花翎藩司贺长龄布置精详臬司庆善细心赞画苏松粮道宋潢始终其事俱著交部议叙调任苏松太道潘恭常驻浦筹办经理得宜著赏加按察使衔所有单开尤为出力之苏州府知府额腾伊松江府知府陈銮俱著赏加道衔川沙厅同知李景峄前任苏州府督粮同知俞德渊俱著赏加知府衔李景峄著遇缺升用俞德渊俟服阕引见后遇缺升用上海县知县许乃大著以同知直隶州尽先升用崇明县知县王青莲署崇明县丞江阴县丞毕以绂俱著以应升之缺尽先升用试用知县陈用珩著不论繁简遇缺即补两淮候补盐大使黄冕著遇缺尽先补用宝山县主簿周恭寿著以县丞尽先升用试用同知吴廷扬试用通判顾文光试用理间陈仁吴景周试用县丞严伟试用府经历陈溶试用从九品魏邦鲁余锡溥刘国正俱著各按本班尽先补用长洲县丞钱兆麟嘉定县丞姚大成吴江县丞萧翻江阴县巡检俞昌会俱著尽先升用武进县丞陆钫松江府经历张庆瑗长洲县主簿刘琅俱著各按本班以应升之缺升用候补未人流虞芝林著俟补缺后以应升之缺升用太湖厅巡检谢元淮青浦县巡检方景雯该员等本有尽先升用之案著不论繁简遇缺即升提标前营游击署上海游击福智提标千总李炳忠俱著以应升之缺升用署提标右营守备候补守备刘均著尽先补用其余应予议叙记功各员及尤为出力之船商绅耆人等并著查明分别办理该部知道钦此嗣据吏部题准琦善加二级贺长龄庆善宋潢各加一级纪录二次

一道光六年奉上谕琦善等奏查明承办海运各员恳恩鼓励一折本年办理海运前经降旨令琦善等将江南办运委员及押运武员各按劳绩分别奏请鼓励兹据查明具奏恳请恩施江南京口恊副将汤攀龙太湖协副将关天培督押海运船只妥协迅速俱著加恩交部从优议叙淮扬道邹锡淳河库道李湘茝等驻津交米布置周详邹锡淳李湘茝俱著交部议叙庆玉昨已简放安徽庐州府知府仍著赏加道衔太仓直隶州知州王有庆著赏加知府衔苏州府管粮通判清平著以同知升用南汇县县丞郑祖经山阳县县丞项炳森均著以应升之缺升用委用县丞温履台试用府经历顾毓奇均著俟补缺后以应升之缺升用试用主簿汪钰试用未入流李长庆均著尽先补用掘港营都司俞大铨拔补千总周世荣候补千总郑大经额外外委赵宝和均著以应升之缺尽先升用该部知道钦此嗣据兵部题准京口协副将汤攀龙太湖协副将关天培督押海运船只妥协迅速照一运全完随带加一级之例加等各给予加二级又据吏部题准将承办海运之淮扬道邹锡淳河库道李湘茝各给予加一级纪录二次并将咨请从优议叙之镇江府理事同知富康等十员各给予加一级纪录二次咨请议叙之震泽县县丞杨春阳等八员各给予加一级奉旨依议钦此

一道光六年奉上谕陶澍奏查明海运案内急公领运倡募招徕船只之商埠人等恳恩鼓励一折本年海运沙船全数到齐前经降旨著该抚就近查明将各商埠人等分别奏请恩施兹据该抚遵查开单具奏各该商等承运官米踊跃急公或首先领雇愿捐脚值或亲身押运经历重洋自春徂秋往返两运均能不避辛劬自应量加奖励江苏崇明县举人施彦士著交吏部以知县籤掣省分归于议叙班补用上海县捐职布政司经历朱增慎捐职都察院经历毛振勋俱准其各就原职捐足不论双单月归部尽先选用浙江慈溪县捐职通判盛炳煜捐职从九品洪炳辉鄞县捐职布政司理问谢占壬俱准其各就原职加足不论双单月照常例加捐分发籤掣省分试用鄞县捐职州同卢新江苏通州捐职布政司理问彭晋嘉定县捐职理问蒯学顺崇明县捐职理问陈延芳山东胶州捐职州同孙荣炅俱赏加五品职衔浙江慈溪县举人大挑教谕阮兆熊著赏给六品顶带慈溪县监生费元墀上海县船商杨国芳宝

山县监生陆昌言俱赏给六品职衔上海县船商王文瑞慈溪县船商盛垣俱赏给七品职衔崇明县监生朱承茂著赏给七品职衔长洲县船商何文上海县船商沈志明浙江镇海县船商华仁安俱赏给八品职衔江苏通州贡生季存霖崔进书监生彭罗清季兆瑨彭昀元和县监生蒋炳崇明县监生陈鹤陈荷陈冠英顾近颜宝山县监生马赓殿刘瑞珍俱赏加八品职衔通州船商郁胜隆慈溪县船商葛维戊胡绍中盛荣俱赏加九品职衔上海县牙埠唐育会李昌泰顾飞熊徐元湬唐森阶吴锡章万宝荣姚震徐土钊俱赏给从九品顶带藩司衙门书吏顾昆扬充当典吏已满三年著免其考验交吏部以从九品注册即行选用该部知道钦此

一浙江省海运漕粮向于上海设局办理因上海地方尚未收复改由太仓州属之刘河口兑运经部议准太仓州至六渡桥一带系拨运必由之路既经勘明淤浅责令太仓州迅速挑挖蒇事所有估需挑工银一万两由浙省措借仍由苏省筹解归款并饬浙省各州县将粮米赶紧运往受兑【咸丰四年】

卷九十一·海运事宜·沿海会哨

一运米商船经由大海应令水师营汛严饬弁兵乘船树帜携带枪礮吹螺传送夜间悬挂桅灯支更瞭望梭织巡查俾资防范所有江省分派沿海护送各员经江督奏准由上海至吴淞口系属内河令守备带领兵船护送由吴淞至十滧系属内洋令参将接送自十滧至畲山以北之外洋令狼右营游击接送自大洋稍至黄家港对出之大洋令游击带同掘港营把总援送自黄家港至射阳湖对出之大洋令盐城营游击接送自射阳湖至黄河口对出之大洋令庙湾营游击接送自黄河口至灌河口对出之大洋令佃湖营都司接送自灌河口至鹰游门对出之大洋令东海营都司接送至山东日照县界交替均酌带兵船逐层防护其畲山迤南如陈钱马迹等山虽系浙江交界实为江省门户又内洋之练祈淘及施翘河六滧十滧等处均关紧要另派苏松中营游击暨都司守备等往来查缉以重巡防

一商船装米出洋各自驶行并无帮次非如粮艘有运弁照料惟泊船寄碇仍须弹压江督奏准初运米船较多先兑各船遴委参将督押赴津装兑完竣另派都司押送石岛交替一商船出吴淞江口越过东省交界之鹰游门直走东大洋即交山东水师所管南汛洋界大洋中千余里并无山岛可泊直至即墨县之崂山文登县之北槎山始见岛屿如无风便暂须收泊则在日照县之夹仓口胶州之古镇口均可寄碇胶州之唐岛即墨县之青岛海阳县之棉花岛乳山口等处皆可停泊再至文登县之马头嘴即入东汛洋界经由文登县之苏山岛靖海卫荣成县之龙口崖养鱼池均可寄碇至荣成县之石岛里岛即可收泊转过成山头向西驶即入北汛洋界经由文登县之刘公岛宁海州之崆峒岛文登县之威海卫宁海州之养马岛福山县之之罘岛八角口黄县之黄河营屺?岛蓬莱县之庙岛掖县之小石岛皆可收泊即达直隶盐山县大沽河出境查东省洋面共一百零五岛漕运经行惟此二十五处岛屿最为海道要地其间居民丛杂宵小易藏较洋面巡防尤属紧要计水师洋面胶州南汛管辖一千六百八十里成山东汛管辖三百九十里登州北汛管辖一千七百七十里内除赴关东洋面三百三十里外实在洋面运道三千五百一十里经东抚奏准责成水师营员督率弁兵于粮船入境之先将岛屿险要处详细搜查迎护粮船入境小心护送如有情误即行参奏东抚奏准巡海章程六款

一东省战船巡哨向系三月出洋九月回哨此次防护漕船所有南北东三汛战船春融后即配兵出巡不必拘定三月九月之限

一东省洋面南自鹰游门入境北至直隶盐山县大沽河出境所有三汛战船应梭织巡查递相护送漕船由吴淞出口绕出大洋避沙虽距鹰游门较远然该处系入东海防要地令南汛战船巡至鹰游门交界洋面以昭周密

一巡哨船只分派备弁等官应立统巡分巡名目并按所管汛地作为专汛兼辖以专责成巡哨弁兵如果始终勤奋分别奖叙傥有停泊怠惰严参究惩

一漕船经行海道可以寄碇收泊之岛恐有宵小杂处妄生觊觎应令登州镇于漕运将到之时择其最要各岛另于陆路各营就近酌拨干把员弁带领兵丁分驻要隘严密稽查如有匪徒立拿惩办仍禁弁兵滋扰良民

一沿海渔船定例于造船时查取保结印烙字号给与执照开明年貌籍贯十船编为一甲出洋时汛口验照挂号放行此次接护漕粮稽查益宜周密所有各岛渔船出入海口严饬沿海州县遵饬渔船一律编号取结给照查验出入如有疏懈徇纵得规情弊查出严参

一沿海州县地方辽阔向来设立礮台墩台相距二三十里至六七十里不等仅拨三五兵丁不足以资接应饬令各该州县于礮台墩台相距较远之处设立卡房一二座酌拨壮役五名营兵三名往来巡哨与礮台墩台汛兵声息相通较为得力并令兖州镇属之武定安东二营酌派官兵于沿海口岸陆路一体稽查防范

一天津海口有硬沙二处一名曹妃淀一名黄坝盖商船乘风驾驶必须认识绕避方免疏虞经江督咨准转咨直督檄饬地方文武汛官查明凡有沙嶕之处多插标竿日则树旗夜则悬灯以凭办认

一天津各关口向有挂验小费商船不无畏累此次装粮沙船经过不许强索分文仍于官给执照内注明一应关津渡日验照放行严禁讹索陋规

一内河外洋各水师营另选弁兵雇船防护为时数月经费不赀江南沿海咨营共计添派弁兵六百名每名日给银四分以百日计每名应支银四两六百名共支银二千四百两在于海运经费内由总局支发按营分派为护送漕粮弁兵饭食之需

一江浙海运洋面宜防所有山东登州府属荣成县之石岛为全洋扼要由登莱青道督率该县文武弹压此外文登县之威海福山县之烟台蓬莱县之庙岛荣成县之俚岛等处亦由东省遴委干练州县佐贰等官分驻巡防并饬沿海州县团练壮勇分扼口岸以杜内匪偷越登州镇亲往督防添雇坚大商船备带军火器械随时督饬将备于交界处所会哨迎护【咸丰三年】

一咸丰六年钦奉上谕崇恩奏海运漕船被劫等语本年海运南米有金天来漕船一只行至山东石岛洋面被匪船劫去银物掳去舵工一名虽漕米并未损失惟该管水师将弁未能先事防范实属疏忽著查明专巡分巡各该将弁严行参办以示惩儆并督饬水师镇将严缉盗匪务获惩办仍令实力巡查防护漕船毋得再有疏懈钦此

一江浙二省粮米海运商船准令各带炮械入口呈缴出口给领江省洋面责成沿海水师镇将统带备弁兵船沿途护送并由商董选备轮船会同巡护其山东直隶等省洋面应由该省各督抚提镇督饬水师各按所辖洋面实力逐段迎护加意防范并开具专任分任各职名送部备查如有偷安疏懈情事即将该员弁严行参办督率不力之镇将一并查参其江北粮米海运沙船准带炮械轮船护送水师巡防亦经两江总督奏请议准照办

卷九十一·海运事宜·淀津督收

一运米沙船进口由大沽水师营参将呈报直督咨明军机处奏请钦派大臣前赴天津验收监兑其沙船将次到津时由东抚直督沿途委员探访飞咨户部以便先期办理俾免商船守候

一漕粮在津斛收派坐粮厅一员选择诚实经纪五六十名豫令多带斛只口袋来津俟沙船到日听候验米大臣验明米色开斛兑收其装载拨船起岸露囤截卸北仓转运通仓责成该经纪一手经理以杜诿卸并免既收复交之繁【嗣因拨船敷用径行转运抵通毋庸露囤截卸兹就原议章程所及并存备查】仓场豫为添置木斛一百只口袋五万条以备天津起米之用

一官拨民船应按装运米数核发拨价并须于驶抵水次时逐船查验编号排帮安顿天津县有应办地方事宜未能久驻河干应照杨村起拨章程在龙王庙设立总局遴委丞倅二员带同佐杂数员由天津县酌派书役专驻局内俟拨船到日验收记档以一百六十只为一帮制备旗帜书明第几帮第几号船户姓名令其挨顺停候一面由天津县请领银两照时价易钱移交局员收贮俟沙船进口交兑时每日由坐粮厅将各船户装运米数开具印单发交局员将雇价并饭米折价银两照单核明给发不许丝毫克扣仍令天津县不时赴局照料其收发各款银两责成天津道专辖事竣造册报销

一天津东关外上园地方河面宽阔沙船靠岸停泊挨次交兑其兑竣空船即令折回另择宽处停泊随漕回帆以后重船挨顺前进以次交兑不得抢先压后其受兑拨船分定帮数在龙王庙至上园一带与沙船对岸排列兑竣一帮即押赴龙王庙以上停候开行空船挨顺前进受兑鱼贯蝉联不使拥挤亦不令间断并按段派拨兵役往来稽查催攒

一进口沙船总令趁潮挽入兑次监立界竿俾沙船尽力提前不致脱帮远住一面排次对单米数奇零另分拨船凑载每日沙船行抵上园水次即令江两委员排具次数清河天津两道配给拨船坐粮厅核准兑单飞速集夫发斛饬员分船验米目击起兑即令沙船水手自行斛挡经纪胥役人等无从弊混惟沙船挂拨高下不同随用席片束

筒衬板靠帮斛注势甚顺溜严督斛手加紧从事每日可起米八九百斛至一千斛以外载米三四百石之沙船半日内即可卸竣装米一千六七百石之沙船两日余亦可起空每日无论抵次沙船多寡分员督饬到即收兑

一沙船起拨时由验米大臣派委所带司员会同直隶江南仓场委员公同查验除干洁之米照例收受及实系霉变之米准以应给耗米抵赔外若海船靠帮挨底或受蒸潮尚不致于霉变难以一概挑换应记明数目分别挑晾加谨收贮由在津验米各员分别干洁潮润数目另行书立册档二分一存验米各员一送坐粮厅并由验米委员给予该船米色数目船户姓名印票到坝时坐粮厅查档对票以凭收受其干洁米石如受潮润及潮润米石如再霉变或另有偷漏搀和等弊以致米色米数不符严究惩治并令经纪船户分别赔补

一向来商船揽载客货偶有遭风松舱等事卸载后验明大桅已斫实系遭风免其赔补傥大桅未斫货物霉变短少即责令赔补此次沙船运漕到津如验有斫桅松舱及伤毙人口情事查照漕船失风之例奏明免赔照例优恤若无故短少霉变即令于备带余米内如数补足再有不敷勒令买补一商船入口经验米大臣查验米样后该经纪等只须带领斛手到船起卸其个儿钱饭米折色及津贴等项均系官为经理傥该经纪等有藉端刁难勒揹需索情事或被喊控或经查出即立时锁拿交地方官严加问拟

一天津口内多系盐碱旷土向来沙船到口均在该处挖泥压钞海运船数众多恐有土棍藉端讹诈由直督饬令天津县出示谕禁凡沙船卸米后任其挖掘压钞如有前项情弊该船户禀知苏省委员知会地方官查拿究办至应用铁锹土筐等物每船酌给制钱一千文令其自为置备由苏筹款发给

一道光六年奉旨海运现已陆续到津沙船余米不下十万余石前经降旨照南粮余米例听天津民人照市价收买兹据英和奏沙船宜令速归赶运二次米石恐该商等希图贱价售买观望不前请由部动用银二十万两官为收买著顺天府即派委妥员赴部领银分起解往天津暂存道库并著穆彰阿等于正米收竣后即传谕江南委员如有船户愿卖余米听该处民人照市价收买傥该处不能销售即动项照市价官为收买其价银由江南委员转发船户毋得假手吏胥致启勒揹短发诸弊俾沙船得以早归毋误二次接运钦此嗣据验米大臣等奏准沙船所得余米除南来食用及留备归次口粮外约可售卖七成天津市价白粮平斛每石制钱三千八九百文至四千有零不等粳米平斛每石制钱二千四五百文至六七百文不等酌中定价白粮每石给市平纹银三两二钱漕米每石给市平纹银二两二钱均以平斛收受即于起卸之时由江南委员按船将收买七成米数单报坐粮厅转饬经纪随同正米一手斛收起运逐日将收买米数移知江南委员按数发价不得假手吏胥其有沙船愿与民人交易者仍听其便至拨船运脚及津通一切经费均照海运章程办理统于事竣后按照收买起运米数分别报销

一海船初运交卸后不令前赴奉天买豆固可即日放空回南但贩豆为关东生计所资亦为船商常年本业且海船利于压重难于驶放空船未便阻其往贩应由奉天府尹饬令地方官晓谕沿海商贾铺户将应发各海口豆石先期运至水次一俟运漕海船到口验明来照立即装兑给予回照克期开行并令山海关监督毋许税书丁役藉端留难经过各省海口飞咨一体催行赶办二次兑运

一沙船卸竣米石尚须前往奉天买豆回南赶接二运该船所带货物恐关口留难耽滞由验米大臣按船分给免税印单饬关查验速放并驻明贩豆后仍行纳税亦不得稍有延搁起空沙船即令退出将货物余米自行售买迅速起程

一道光五年分苏松常镇太漕粮雇用沙船两次由海运至天津陆续进口挽抵水次自三月初七日起截至八月初八日止计共抵水次沙船一千五百五十七只共起过米一百五十万六千七百一十八石六斗零自三月十九日起共收买沙船余米六万五千七石五斗随同正漕一并运通计用价库平纹银十四万三千七百七十三两八钱九分随时给发余剩银两暂存天津道库候部拨用又收买经纪耗米除白粮耗米奏明毋庸收买外起运军粮耗米共一万六千七百一十二石二升有零饬令随船运通俟经纪正项漕米逾额掣欠计有成数由仓场衙门核明抵补计价咨部再行给发此次海运米石始终干洁统计正耗米一百五十万余石并未露囤截卸均系随时拨兑全数运通

一江南奏报案内除拨给沙船耗米不计外起运漕白正米及节省耗米共一百五十一万七百七石有零前后共享沙船一千五百六十二只经验米大臣查明天津到次沙船一千五百五十七只兑收漕白及收买米共一百五十七万一千七百二十六石有零除蒋朱顺等四船斫桅松舱例应豁免米二百三十八石六斗五升外计已收有盈

余此外尚有未经到次船五只据江南山东奏明在洋失风事故赵联盛等四船共米二千八百五十石又据江南委员禀称黄遇泰一船装米九百石在洋遇风微有碰伤米石无损现尚驻岛修舱前项米石均在正额之外仍饬天津道查明黄遇泰船如经进口立即挽抵水次斛兑运通交收

一江南山东奏明在洋失风事故船四只查明赵联盛蒋恒泰徐福泰等三船已将捞起不堪运贮米石估变报拨其无著船一只检查江苏清册系初运之船船户钱元森装载丹徒县漕粮正耗米四百余石至黄遇泰沙船装载漕粮九百石续于八月二十六日到津经天津道查验米色干洁挑选坚固官拨船四只督同坐粮厅派拨经纪兑竣委员押运赴通

一苏省海运漕粮天津通仓两处均有应用经费先由苏省筹解银十二万余两续行酌拨节省漕项银七万两同部拨随漕脚费银三万两一并委员解津嗣据苏藩司咨请复于节省漕项内动拨银五万两解津济用经江督苏抚奏准统俟全漕完竣按照前后解过银数查明在通仓支用者由仓场衙门核销在天津支用者由直隶省核销

一接拨海运漕粮需用经费内有沙船进口纤夫雇价及守候口粮住宿棚厂一款拨船添用盖席一款兑米添用席筒一款据直督查与例价不符奏请确切查核经验米大臣议覆以上三款均系临时筹办原定章程未经议及惟席片为漕务岁需断难例外多销纤夫雇价须按程途里数核给口粮尤应扣减席筒须按接卸船数核计均不得格外多增严饬该道等照例删减按款厘定据实报销

一江省海运漕粮一百五十万七千六百余石由直隶备船自津运通应需拨船水脚饭米经江省先后解到银十二万两其接拨一切经杂各费经江省解到银九万四百二十八两零又因收买沙船余米奏准部库拨银二十万两均存贮天津道库陆续分别支用自二月拨运起至八月中旬止所有支用拨船水脚饭米按照奏定章程实用银十一万七千四百二十二两零江省系动支漕项银两本属报部之款造册咨部核销余银二千五百七十余两听候户部拨用其收买余米拨价系部库之款亦应咨部核销至雇给沙船纤夫苫盖拨船席片过载溜米席筒民船守候口粮押运员弁兵役薪水饭食凡原议章程所未及临时必须应用一切杂费撙节支用共银七万三千三百余两在江省解到另项银九万四百二十八两内动给此项银两系江省另筹协贴并非报部之款应开列细数移咨江省归入沙船水脚等项汇案核办并将余银一万七千一百余两一并移送江省以清款项而免牵混

一道光六年奉上谕穆彰阿等奏海运沙船到齐米石全数起卸并请将在事尤为出力各员分别奖励各一折本年试行海运系协办大学士尚书英和首先陈奏详查定议及沙船受兑开行风帆顺利现已全数抵津迅速竣事英和著加恩赏用紫缰仍著交部议叙以为实心办事者劝尚书署漕运总督穆彰阿前经朕派赴天津会同仓场侍郎商议督办调度得宜穆彰阿著赏加二级百春著赏加一级坐粮厅琦琛汪鉴督催收兑办理妥速俱著交部从优议叙户部候补主事成山吉明胡美彦张寅随同穆彰阿查办一切不辞劳瘁著遇有该部应补主事缺出尽先补用直隶总督那彦成督率藩司屠之申酌议章程豫为经理妥善那彦成屠之申俱著交部议叙清河道陶梁天津道郑祖琛驻津总办措置精详天津镇总兵克什德往来海口催攒稽察俱为出力克什德著赏戴花翎郑祖琛著加按察使衔陶梁著加盐运使衔其直隶知府以下各员及营委将弁著那彦成照册开等第分别奏请奖励江南办运委员邹锡淳等及押运武员著琦善等各按劳绩分别奏请鼓励其首先领雇招徕之商埠人等著陶澍就近查明奏请恩施该部知道钦此

一道光六年钦奉上谕那彦成奏核实保奏海运出力人员一折前因海运全数抵津谕令该督照穆彰阿册开等第分别奏请奖励兹据开单具奏除保定府经历方廷瑚等四员由该督等记名升补外天津府知府周寿龄河间府同知濮城俱著交部议叙务关厅同知周衡著以知府升用先换顶带署天津县知县蒋兆璠署天津府同知涿州知州包棻署邢台县知县沈莲生俱著以同知直隶州升用蒋兆璠并著先换顶带雄县县丞杨夔生天津县县丞张钦祖武清县县丞叶渠静海县独流巡检毕林俱著以河工应升之缺升用候选县丞李宣范河工候补县丞查维垣蒋珊河工候补从九品王步瀛俱著遇缺即补候补县丞张应垣张大治候补从九品吴松姜德昭范兆文俱著交部从优议叙坐补东安县主簿李朋煊著免其坐补本班尽先补用天津镇水师营参将李沁德现因本缺应裁著即撤回江南尽先补用天津镇中军游击赵陇田署天津镇城守营都司左营守备哈振鳌俱著以应升之缺升用署左营守备候补守备之云骑尉姜世堃著尽先补用又另片奏从九品职衔书吏钱成张第元又书吏俞浩俱著以从九品归部尽先选用该部知道钦此

一道光二十八年钦奉上谕李星沅等奏海运有未到船只请先行收买余米交兑等语海运沙船进口八百余只其未到各船当亦接踵而至惟现在南粮将次到津自未便因守候海运尾数致令拨船拥挤所有海运未到米石该督等拟令查明筹买补额交兑著委员等照数办齐颗粒无亏即责成朱凤标德诚如数验收奏报以重仓储而免守候余著照所拟办理钦此

一驻津验米大臣载龄奏准江苏省太仓州漕米二千石内供解米四百八十石间有黑丁经苏局将收买沙船余米照数拨补好米运通此项黑丁米石作为余米运仓归入筹备项下存仓留抵该省缺斛【同治四年】

一驻津验米大臣单懋谦奏准江苏省搭运筹备米七千八十五石零除先行验收抵正运通足额外尚有运过白糯余米二十九石应同续到尾船并在后各船米石统行划归筹备原款存仓【同治五年】

卷九十一·海运事宜·仓场转运

一苏省漕粮分春夏两次运津商船抵次自应迅速起拨赶早回南再行装运向来漕粮抵坝每日起米以三万石为率海运船众米多同时齐集若照旧例起御未免稽迟应令多备拨船增夫添斛酌量加起克期兑收完竣

一沙船到津既经验米大臣在水次验明米色到通即可无庸覆验其江南交米委员一俟天津兑给拨船即已交卸竣事无须再至通仓惟拨船盘量折耗及向给饭米未便短少查有例应给丁耗米十八万余石业经奏请拨给商船十二万余石尚有节省耗米六万余石除此次搭运节省耗米内亦应划给商船耗米外实存米五万九千六百余石随正起运赴津所有天津拨船盘耗饭米等项即于此项节省耗米内酌量拨给

一派往天津经纪人等饭食杂费及盘量身工各款除将旗下到通应领银米等款拨抵外由苏另筹津贴按照起运米数每石给银四分措解银六万余两交仓场衙门分别发给其天津雇拨不敷等项除由直隶奏明动拨尚有例不准销各款再措解银六万余两解交天津道库俾资协贴

一直隶额设官拨船二千五百只除分给故城景州古浅处所二百只留给杨村八百只余船一千五百只豫集天津备用仍照历年拨运奉米等项雇用民船数目分饬沿河州县雇觅堪装漕粮二百五十石民船五百只连官拨船共成二千只分别装运如首次海运抵津已届东豫军船回空之后统归天津备拨海运漕粮

一向来北仓截卸漕粮官拨运通每百石除扣油舱外由运丁给价并饭米折银七两零九分五厘五毫又将经纪每百石应得津贴银二两五钱帮贴官拨一半银一两二钱五分计官拨船每百石得银八两三钱四分五厘五毫如用豫东回空军船代运将应给经纪津贴银二两计豫东军船代运每百石得银九两五钱九分五厘五毫食米一石此次兑拨海运漕粮系在天津东关外上园地方较北仓增水程四十二里其雇价等项自须一体议增计北仓至通州水程二百八十四里现增水程四十二里按十成摊算应酌增一成半核计官拨船每百石应增水脚银一两二钱五分一厘八毫连北仓至通例雇等项共银九两五钱九分七厘三毫所雇民拨即照豫东军船代运价值给发再将所增水程加给一成半银一两四钱三分九厘三毫食米一斗五升连北仓至通例雇等项每百石共银十一两零三分四厘八毫食米一石一斗五升照部价折银一两六钱一分共需雇价并饭米折价银十二两六钱四分四厘八毫此项拨价银两由苏省筹解仓场衙门转发均按所载平斛米数折算洪斛核给其油舱一项除民拨不给外官拨船只仍照北仓转运之例每百石扣缴银一两二钱四分四厘漕竣核明银数在漕赠等项银内提解天津道库归款

一官拨船每年二月开河以后至四月为止例准揽载营生海运漕粮到津迟早难定应令在津守候议给口粮以资接济豫雇民船亦应给与守候之价官拨民船均以到津之日起至受载漕粮之前一日止以每船船户一名舵工水手四名每名日给银五分计算每船日需银二钱五分其二次海运到津不论各船守候与否不准再行支给又海船收入天津海口应雇纤夫拉挽自海口至上园河程一百八十里照日行五十里核计应分四日行走每船纤夫五名每名日给制钱八十文出口系属下水毋庸加纤所有应需各项银两由苏省各州县水脚项下筹拨解直备用事竣核销

一通仓经纪除留坝收漕外分派赴津不过五六十名应添人夫斗斛尽力多起每拨米五十万石分作十起转运拨船一百六十只为一起兑足后即由经纪自拨亲信妥人分起押运开行每起仍派委文职武弁各一员随带兵役督同船头弹压照料一俟运抵通坝听经纪所派之人自行交仓押运各员役即禀知仓场衙门驰回接押尾后各起仍饬沿途文武营汛员弁稽查催攒勿任拨船无故逗留亦不许船户将米石颗粒上岸以杜偷盗搀和滋弊至漕

米落舱起岸折耗在所不免如船户并无弊混经纪人役不得藉词勒措设有偷盗情事立即禀知押运员弁拿交州县究办

一各州县经管拨船岁给油舱银五两三年小修一次例给修费银二十两漕竣后逐一挑验除船身坚固者仍照例分别油舱小修外其有损坏较甚之船核实估计加修所需修费于道库节存油舱项下动拨仍派委妥员逐一确查务期一律坚固如有渗漏之船将承办之员严行参处

一经纪由海船起卸兑拨每拨运一次责令该经纪本身或自雇亲信之人随同押运官沿途照料如有偷漏搀和情事应令经纪船户按数分赔并各治以应得之罪至石坝起卸之后由里河转运大通桥均系经纪料理如有短少潮湿米石惟经纪是问不得牵涉外河拨船以杜诿卸

一海运漕粮大通桥车辆不敷运送应于城外四仓及号房暂囤再行分运各仓匀贮囤费于通济库支发事竣核实报销并令步军统领衙门派委员弁严密稽查毋令车户人役乘机滋弊

一拨船受兑写立承揽甘结开明米数若干将船户脚价饭米折色并津贴等银共计应得若干于受兑后发给七成其余三成包封汇交押运员弁领带俟到坝后查验并无偷漏搀和潮湿等弊再行给发一有前项各弊即将包封三成银两扣抵赔补米石及挑晾之费仍按律惩处再有不敷即责令船顾赔补仍饬押运员弁沿途稽查秉公分别给发扣抵傥毫无觉察或将脚价任意克扣一并参处

一向来北仓截卸漕粮所有抗脚挖筲等项向由帮丁自行办理此次海运漕粮挽进海口或对船起卸或暂行露囤或先贮北仓所有盘兑上岸由岸上船一切抗脚挖筲等费旗丁虽未北来而所给经纪个儿钱饭米折色津贴等银仍系照旧支给并议加给银两耗米原为俾资办公前项各费即在经纪所得项下自行酌给毋庸另议筹款

一海运漕粮由津起卸转运所有拨船脚价饭米等项已议照北仓之例按程增添其经纪应得之项除个儿钱并津贴银毋庸议增外至饭米折色每百石向给银二两二钱五分应照脚价十成摊算酌增一成半核计加给银三钱三分七厘五毫共银二两五钱八分七厘五毫并个儿钱银二两七钱合计每百石共银五两二钱八分七厘五毫又北仓截卸漕粮每米一石旗丁给经纪耗米一升此次海运漕粮每石应酌添耗米五合以洪斛核计于海运所带作正耗米内扣除【此项加给银米因天津截卸较北仓稍远是以议增嗣后北仓截卸仍照旧办理不得援此为例】又茶果银两交厅者系以船数计算每船十两交仓者系以米数计算每石五厘一毫七丝二忽五微海船装运来津石数自可照旧计算而军船未来船数无从计算厅茶果一项应照每年江南军船装运适中之数以洪斛五百石为一船以米一万石作船二十只核算共应交厅仓茶果银二百五十一两七钱二分五厘所有旗丁应领簟羡余米价纸札等银抵拨厅仓茶果及应给经纪个儿钱银饭米折色并分给船户经纪津贴等项不敷银两于天津运道两库垫发由苏解还归款

一白粮米质鲜嫩应仍照向例用麻袋交海船装运到津起卸专用民船装载责令押运官带同白粮经纪并兵役人等照料运通经纪自行运仓交纳到坝改用斛收以期迅速其白粮折耗较重每石准给耗米一升八合

一拨船食米沿途准其炊食如改给折色恐船户得价吝于买食仍在船窃取炊爨所有官拨船户食米每百石给米一石一斗五升原议照价折银奏准改给本色

一拨船装载海运漕粮到坝坐粮厅随到随验迅速起卸进仓并饬押运拨船委员昼夜督催不许片刻停泊抵通收竣仍押空回津以期轮转速运

一通仓收受白粮书役人夫饭食工价向系按船交饭银十八两一钱六分此次粮归海运前项银两并无弁丁带交又白粮各帮向无应领簟羡余米价等银应交茶果银两无项可抵经仓场奏准均照洪斛五百石为一船饭银工价先由通济库垫发与应交茶果银两一并饬令苏省如数解通归款

一五闸水脚抗价自道光四五两年系照三厘旧额支领本年已届限满应行裁减三毫惟因海运及盘坝漕粮并铜铅奉豆等项一时云集兼有转运北仓滞漕豫东粟麦各项又催令军船回空加价添夫赶办若遽行裁减三毫役力未免竭蹷经仓场奏准自本年起再展二年照三厘旧额支给俾纾役力至道光八年仍应裁减办理【道光六年】

一南粮各帮间有稽延以致米多期迫赶运掣肘将各仓及路途较远之本裕丰益二仓未运米石暂行寄囤太平仓三十万石另廒存储探明道路易行即速赶运收仓并将赶运及各仓收受日期项目报部查核【道光二十四

年】

一军白粮经纪减漕年分领项既多扣款照常向来津贴早经停止经纪赔累难堪而历届长支之款分年匀扣业已缴清无欠经仓场侍郎查明通库存储足敷支发奏经部议准令军白粮经纪于通济库借支银四万两即在该经纪脚价内分作八年由坐粮厅坐扣还款嗣后不得率行援案借支【道光二十四年】

一道光二十八年钦奉上谕户部奏请将潮湿米石之舞弊船户各犯严究加等治罪等语米石潮湿用药使水其弊不可胜言以民间终岁勤苦锱铢积累徒供此辈侵渔致使干洁漕粮化为腐朽实堪痛恨前经仓场侍郎查出潮湿米船业将该船户代役等分起咨送刑部著该部即严行审究加等治罪此后如再有潮湿米石之船并著即行送部一律惩办以绝弊端而慎仓储钦此

一咸丰二年钦奉上谕户部奏海运拨船通坝验收迟滞一折定例漕粮抵通坐粮厅验收起卸每日应起米三万石兹据奏称本年海运拨船通坝验收每日仅一万余石或二万余石以致拨船停泊待验积压致二十余里之遥该坐粮厅并未遵照例限如数斛收致令航海沙船不得及早回空办理殊未妥协著交部议处仍著仓场侍郎严饬该厅员等随到随验以速补迟傥仍复迁延或纵容经纪人等故意刁难为需索地步即著据实严参其大通桥各官亦饬一体遵照迅速转运并将因何每日不足三万石之处查明具奏至石坝州判有督催转运之责著顺天府府尹严饬该州判于坐粮厅验收后迅催转运毋任再有稽延钦此

一漕粮向由朝阳门上号装车嗣因城河缺水经仓场侍郎奏到桥漕粮须由大通桥下号装车运送计增陆运四里有余请将车脚银两除四厘办公仍旧扣发外所有运进京仓及本裕仓脚价每石按照三分九分旧例以实银放给暂兑折扣经户部覆准查历届每石车价进本裕仓实给银六分零九毫京仓实给银二分零三毫今按三分九分实银发给计进京仓每石加银九厘有零进本裕仓每石加银二分九厘有零尚未浮于原定之数惟自桥至仓路途较远责成仓场侍郎严饬大通桥监督及巡役兵弁认真巡缉傥有狼洒遗失等弊除将车户严惩罚赔外即将该监督员弁等严行参处一俟城河积水足资浮送即仍用拨船转运其车户应扣银两亦即仍旧折扣并令到桥漕粮先尽京仓派进俟改用拨船后再行派进本裕仓免致多糜运费【同治六年】

一普济等四闸及大通桥水脚抗价向例抗米一石给银三厘嗣经裁减三毫按二厘七毫核给经仓场以役力拮据援照嘉庆道光年间暂复成案先后奏准每石仍照旧例以三厘放给自同治十一年起暂复四年四年之后仍按二厘七毫放给【同治十一年十二年】

卷九十二·海运事宜·筹办海运

一道光二十七年钦奉上谕前据李星沅等奏筹议江苏额漕河海并运当交军机大臣会同该部议奏兹据查议会奏所有二十八年苏州松江太仓二府一州漕白粮米准其改由海运其漕粮米石务令兑交一色干洁粳米不准稍有搀杂白粮一项亦宜普律干洁著该督抚等严饬所属按则征收认真盘验毋得稍滋流弊至海运尤宜实力巡防妥筹保护并著该督抚详考成案参酌时宜务筹妥善其照旧河运等属仍著实力催征以肃漕政等因钦此

一道光二十七年钦奉上谕前据军机大臣会同户部议令将江苏苏松太三属漕粮暂由海运曾经降旨准行旋据杨殿邦奏河海并运事宜请俟本年办理无误明年再行筹议并片陈近日洋面情形当交大学士军机大臣会同户部速议具奏兹据该大学士等详核妥议所有苏州松江太仓三属二十七年应征漕粮著仍于二十八年暂由海运至海洋巡哨宜加周密减船丁舵宜加体恤现据李星沅等条议章程总宜慎益加慎务臻妥善帮丁为漕务官员所辖著责成该漕督严饬所属妥为约束所称沙船到津易滋流弊一节著直隶总督严饬地方该管文武实力防查毋得稍存大意明年河运较少抵通较早该漕督宜于暇豫之时妥筹减费裕漕良策以期全漕足额仍归河运旧章其嗣后如何轮减俟本年办理如果试行无误即著该漕督于海运蒇事后会同两江总督江苏巡抚妥议具奏至绅户大户包揽抗欠胥役地保包庇侵蚀刁衿豪棍把持挟制诸弊著两江总督江苏巡抚悉心厘剔有犯必惩其海运应用款目著户部详慎勾稽毋令稍有浮费以昭核实又据德诚等奏熟筹收受海运漕粮事宜豫行杜绝诸弊章程一折所称拨船宜择坚厚向由直隶州县承办率以损坏船只充数再米中用药使水宜严为防拿又请添设巡员自津至通昼夜巡查均著直隶总督按照所奏各条委员查验严密查拿并派委干练巡员梭织巡察又称米色必须纯洁前经议定海运章程著该督抚严饬丞办各员实力遵办余俱照所拟办理该部知道钦此

一直隶省接拨海运漕白粮米应由天津通永二道督率沿河务关同知杨村通判漕运通判会同委员逐程实力催趱并照会天津通永二镇所拨官兵分驻河干认真巡查如经拨人等查有串通偷漏用药使水等弊该委员弁丁务即不分畛域严密查拿毋仅以按段接催了事

一海运漕白粮米天津斛收即照道光六年海运抵通以洪斛交纳仍折算漕斛报销饬属自备漕斛用上海县库存铁斛较准由监兑委员验明印烙加贴印花带津并将部颁铁斛同天津铁斗仓场木斛呈请验米大臣较验

一白粮与漕粮不同由津拨运赴通须加慎重白粮应查照河运章程全数雇用民拨

一海运各船样米原为收兑时考较之资向备木桶盛储米色受罨转致无从查验应仿照白粮办法以麻袋装储粘贴印花交沙船自行带津由委员呈送验米大臣查对

一丹徒丹阳二县河运项下缓缺交仓米六千九百余石查有苏松太三属白粮项下节省给丁盘秏米二千六百余石尚缺米四千三百余石即在随漕脚价余剩款内购买足数兑装沙船随同苏松太三属粮米由海运送所需水脚悉在节省项下开销【以上道光二十八年】

一江苏省咸丰元年分缓缺漕米三十九万余石二年分缓缺漕米四十万余石由漕白项下应征熟田节省给丁秏米变价并酌提节省给丁津贴凑抵缓缺漕粮均以银款提解司库听候部拨计元年筹银六十六万两二年筹银六十万两除筹补缺额外各抵有赢余其沙船秏米仍由州县措给本色至歉缓漕南米石仍俟按限催征完时搭运四年分因逆氛未靖议令改照浙江章程以河运经费作为海运支销所有应征熟田漕白正秏米就数起运毋庸筹补五年分章程循办至节省给丁余秏等米除支销津通各项秏米及抵补缓缺兵粮外余剩米四万三千余石一并起运六年分章程此项余剩节省给丁秏米除支销外均请饬属粜变作为筹补灾缺南米之用免其随正交仓咸丰七年分起至十年分止同治二年分起至十三年分止历年循办

一江苏省历年办理海运事繁任重设立省局令藩司总理或派委首府总司其事并派委守丞牧令等官查核章程钩稽银米由苏松太道督同守丞等官在上海设立沪局雇觅沙船饬令各委员料理兑米事宜仍由藩司总理查验米色系粮道专责由粮道于各州县开仓时亲履查验一次复于上海装船时会同苏松太道再行盘验均须干圆洁净白粮尤宜慎重不准稍有籼米搀杂潮润等弊天津交米最为吃重派委粮道酌带委员先期赴津交兑会同直隶委员妥办如起运米数无多公事较简毋庸设立省局由委员经理天津交米亦毋庸派委粮道赴津即委同知等官酌带绅董前往经理

一江浙两省应给沙船水脚等项银两务宜严加防范毋任假手书吏少有需索克扣

一天津拨价漕粮用官拨洪斛每石价银九分五厘九毫七丝三忽白粮用民拨洪斛每石价银一钱一分三毫四丝八忽向系按照时价易钱给发第以银易钱出入未免参差应令按米发银先期将拨价银数及饭米并守候口粮张贴告示俾拨船户共见共闻届期发交局员亲给其银数不及一两另行易钱找给毋假吏胥之手如有向船户需索钱文者准其扭禀沿途兵役及通坝胥吏人等有向船户藉端勒措并许喊控如此核实办理拨船得项既优倘再有偷盗搀和等弊除责令赔补外仍照例从严治罪毋稍宽贷

一通坝日起米数开报验米大臣应由驻通仓场侍郎于五日奏报折内声明每日起米均符三万石之数并将米色米数切实声明以免日后牵混并饬驻通坐粮厅将每日起米若干石卸船若干只按日开报验米大臣以便查催而免贻误

一通坝口袋例定岁制十八万条原足敷用而起米迟延借口于口袋不敷轮转推求其弊则有缺额积压两端缺额之弊由于经纪侵蚀偷减积压之弊由于桥仓阻滞故使周转不及挟制分肥自应各 清各弊随时惩办如桥有积压当参桥监督仓有积压当参仓监督桥仓均有积压桥仓并参若均无积压而每日起卸不及三万石之数是口袋缺额可知当参坐粮厅应令仓场转饬坐粮厅务于办理先漕事宜时认真点验不得稍有短少并严饬桥仓各监督迅速转运毋许车户花户人等故意留难如有前项弊端立予究办

一米色务须干洁应由验米大臣会同驻津仓场坐粮厅南北各委员查验明确如本有霉变即令沙船于秏米内赔补如系好米由坐粮厅取具该经纪米色干洁米数无亏切结督令斛收此后均由经纪承运承交与沙船无涉如果米色干洁米数无亏而抵坝之时间有潮湿短少入仓以后与原验米样不符此中情弊在于拨船开行以后可知应令驻津坐粮厅将所取经纪各甘结按日申报验米大臣并令驻通坐粮厅临时切实查究如有偷漏搀和由经

纪拿获则责令拨船独赔治拨船应得之罪若经纪并未查出禀明或通同作弊分肥则责令经拨分赔各治以应得之罪此后由坝运桥由桥运仓如有短少潮湿均惟经纪车户是问不得牵涉外河拨船及原装沙船入仓以后如有灰黯霉变则责令该仓赔补治花户以应得之罪不得牵涉经纪沙拨等船至桥仓各监督均系仓场管辖人员应令迅速妥办毋许胥役人等滋生弊端任意诿卸

一浙省试行海运派雇沙船责成苏省沪局委员傥有米无船即将苏省委员查明参处若有船而无米或有米而无水脚即将浙省办漕各员揭参惩办【以上咸丰二年】

一咸丰二年钦奉上谕黄宗汉奏浙江新漕试行海运请饬江苏委员帮同办理一折来年浙漕海运系属创始豫雇船只最为紧要除由该省自雇北运商船外其不敷船只应由江苏上海添雇著两江总督江苏巡抚派委妥员帮同办理所有江苏浙江海运事宜并著该督等责成按察使倪良耀总司其事以资熟手总期不分畛域妥速筹办毋稍延误钦此

一咸丰二年钦奉上谕黄宗汉奏筹议新漕恳请试行海运一折本年浙江漕船开兑过迟落后各帮迟至九月下旬甫经挽运出境即使截拨回空断难如期归次受兑所有来岁新漕亟应变通办理以免贻误著照所请改由海运以期迅速并将原办河运各费作为海运支销一切章程即由该抚督饬司道核实筹议妥速奏办钦此

一浙江海运船只除宁波之蛋船三不像等船由浙省自行封雇外其山东直隶船只有运货赴江南销售者应由该抚早派妥员赴沪会同苏省委员不分畛域一律封雇以资装运【咸丰三年】

一同治二年钦奉上谕李鸿章奏减成酌征冬漕统共起运漕白正耗等米十二万二百余石随给沙船耗米九千八百三十余石饬令一律收齐仍议由海运津以资便捷等语李鸿章于新复地方即能酌量情形筹划天庾正供具见办事认真深堪嘉尚又片奏松太等属减价折征酌定每石收足制钱六千四百五十文一切公用均在其内由官买米起运等语均著照所请妥速办理钦此

一同治七年钦奉上谕罗惇衍等奏夹板船试运江苏米石验收办理情形一折江苏田捐采买米三万石试用夹板船运津经罗惇衍等前赴紫竹林查阅除将已到米石验收外尚有未到米四千五百三十石罗惇衍钟岱现将正供漕米验完已有旨令其回京所有此项未到米石著俟续运到津后即由崇厚就近验收以归简易至沙船装运正漕早已如数抵津而夹板船所运田捐采买米石转未能一律到齐其中有无掣肘明年能否再行试办抑仍广招沙船装运之处著曾国藩丁日昌体察情形详细妥筹届时奏请办理钦此一江北淮扬通一带出产粳米极少从前河运均系红白兼收粳籼并买现在改由海运仍当照办遴派委员分投采购责令多办粳米认真挑选干洁不准稍有潮杂以重仓储

一江北漕米因沙船短少奏明俟苏属头批回空再行装运惟此项米船到津必须赶卸俾得迅速回南再装方免迟误应由验米大臣于米船随到随验随卸催令迅速回沪

一米船交清应照户部奏定章程责成经纪承管如有偷漏潮湿搀和等弊责令赔补究治不得牵涉原装沙船以免羁候而杜诿卸【以上同治八年】

一江浙二省承运漕粮沙卫等船经两江总督奏请因船商困苦将堪装五百石以上之船所装杂货各项出口厘捐除原捐较轻毋庸议外其原捐较重者酌减二三成至装五百石以下承运之船及闽广船只仍各照常收捐经户部核议奏准【同治九年】

一同治九年钦奉上谕户部奏变通验收海运漕粮及海运仿照河运章程办理各折片南省漕粮由海运津历年以来因津郡无地方大吏驻扎特派大员前往验收兹据该部奏称通商大臣现已裁撤直隶总督常驻津郡请自同治十年为始凡天津验米事宜均由直隶总督就近经理无庸另派大员前往验收至仓场侍郎应否仍照向章一员赴津会同查验并通州收米事宜可否责成留通仓场侍郎一手经理无庸另派大员请饬妥议等语著李鸿章英元乔松年按照该部所奏各节会同妥议具奏其一切章程仍应悉照成案妥办至海运交卸一节该部拟请按照河运章程改由粮道赴通径交系为埽除积弊起见著曾国藩李鸿章英桂张兆栋张之万杨昌浚斟酌情形详细妥商会同核议具奏原折片均著分别钞给阅看钦此

一同治九年钦奉上谕前因户部奏变通验收海运漕粮及海运仿照河运章程办理当经谕令李鸿章等分别会议具奏兹据李鸿章会同仓场侍郎酌议具奏据称直隶总督每年于春融后移扎天津所有天津验米自可遵照

部议就近经理毋庸另请派员验收惟近年海运米石较多总督事务繁重未能专顾一端请仍照向章酌派仓场侍郎一员赴津会同查验其通州收米事宜可由留通仓场侍郎经理毋庸另请派员等语明春江浙海运漕船抵津著户部先期奏派仓场侍郎一员早日赴津会同直隶总督妥筹办理其通州验收转运事宜即由留通仓场侍郎一手经理毋庸另请派员以专责成余著照所议办理钦此

一同治十一年钦奉上谕延煦毕道远奏拨运白粮积欠弊生请事变通一折据称江浙白粮到津向雇坚大殷实民船拨运近来弊窦丛生私立船捐名目公然卖放辄以窄小破船塞责或冒充民船应募驾驶之人又多官拨船户作弊是其惯技本年竟有全船沈失船户潜逃情专莫若由江浙粮道一手经理等语著照所请办理即著张树声恩锡杨昌浚饬知各该粮道来岁海运白粮抵津即自雇民船拨运赴通无庸在津候验津贴拨价等银由各粮道自行支给其封雇时并著李鸿章饬天津道严禁诸色人等从中阻挠有则立予重惩不得稍分畛域抵坝后即由仓场侍郎立时验收毋许经纪人等藉端刁难此外起运押运事宜及应用委员均由各该粮道随宜办理钦此

一同治十二年钦奉上谕给事中陈鸿翊奏海运南粮请饬验收大臣先期赴津守验一折近来江浙海运漕粮到津较前迅速自应及时赶验俾资周转而免积压嗣后验米大臣著于二月下旬前往天津守候验收以重漕务钦此

一同治十二年钦奉上谕李鸿章延煦毕道远奏江浙漕粮海运抵津拟请改令粮道自行运通一折向来江浙漕粮海运到津用官拨船运通交纳乃行之既久滋生弊端本年海运白粮及轮船所载漕粮改由粮道自雇民船运通较用官拨船运送米色尚为干洁李鸿章等请将嗣后南粮变通办理系为剔除弊端起见著照所议所有来岁江浙漕粮即著改由粮道运通交纳毋庸在津验收并著户部两江总督江浙各巡抚一体钦遵办理其应行变通章程著李鸿章延煦毕道远悉心妥议具奏钦此

一直隶沿河各州县官拨船一千八百只一切修舱提调等事向系天津道督率杨村通判管理今南漕起拨虽改归粮道自办而此项拨船非南省所能统年经理令于天津设立官拨总局每届漕前仍由天津道督饬杨村通判分别查估认真修舱注明册档仍按百只为一起排列水次该道查照江浙起运米数就现有船数按成掣定省分由杨村通判移会总局缮册分交江浙局员收用傥各船修舱不坚或船户不遵南省调遣均归直省局员究办到通交米后责成南省押运之员沿途防查毋任船户拆卖器具完漕之日南省将原收船数按册点交直局催归水次

一南粮径运赴通经理拨船稽查地方以及清理河道导引沙船等事直隶仍须派员照料且南省带来委员如果差遣不敷亦须由直省候补人员内拣调责成天津道总司其事凡南省借调委员及直省派出在事各员统归该道遴选详请督臣酌核札派仍先开单咨明吏部事竣由直督核其劳绩分别奏咨给奖毋庸再行会同仓场侍郎办理其通坝应需委员仍归仓场侍郎拣调并责成通永道稽查督催若南省需员在坝差遣亦由通永道拣员移送仍随时报明仓场侍郎咨部存案漕竣之日统由仓场侍郎核其劳绩分别奏保无庸再咨督臣汇案请奖

一办理径运印委各员漕竣时核其劳绩如果查有异常出力人员即仿照咸丰初年成案由直隶总督仓场侍郎分案核实奏请优奖数员以资激劝其余仍照近年章程办理【以上同治十三年】

卷九十三·海运事宜·海运经费

一浙江海运抵津拨运吃紧已到经费不敷入用其余备解银两尚未咨报起程经验米大臣奏准将天津关税项下拨解南河银二万六千两暂行截留应用仍由浙江巡抚于海运经费内扣出银二万六千两就近解往南河交纳还款【咸丰三年】

一江苏省咸丰五年起历年海运章程均以河运经费作为海运开销此项经费在于节省给丁漕赠银内尽数动支如有不敷即在于节省津贴项下凑足嗣经该督抚于同治四年奏定海运漕白粮米每石核计支销库平银七钱沙船水脚神福犒赏等七款每石给银四钱二分八厘一毫在于节省给丁余耗及赠五盘春行月等米价项下抵支并将各卫帮屯折津租拨补其南北局及津拨脚价坐粮厅个儿钱并在津收买余米各项经费每石酌派银二钱七分一厘零均由苏松道库漕项银内动支并在于随漕费钱内易银凑抵缺费经部议准每石不得过七钱之数

一海运漕白粮起卸南省应解通津贴经纪个儿钱银定例每米一石给银二分七厘为运米脚价之用咸丰三年经户部议裁减一半每石改给银一分三厘五毫嗣因办运不敷经仓场奏请比定例裁减七厘较部议加增六厘

五毫酌中定拟每米一石以二分为断永远遵行所溢垫发银一万六千二百六十五两零统在军白粮经纪应领脚价每两扣出六分平余及新章脚抗价扣减二成银内按年尽数扣缴清款【咸丰五年】

一江浙海运漕粮筹备米石系正漕之外另筹之款所有津通拨价未便照正漕支给酌照采买米石成案运拨津贴每百石按八两一钱之数开销以归撙节仍以平斛计算由江浙总局查明应需银两解交天津道库发给其通坝应需个儿钱银亦由江浙总局照海运成案解往【咸丰六年】

一浙江省漕米除减额外共存正耗米七十万三千余石除给商船耗米五万余石外每石以八钱核计约需运费银五十二万两准于额征漕截并减存行月南月各米变价及杭嘉湖等府行月食米折征宁绍等府本折月粮等款银两提用共核银四十九万七千余两如全漕起运之年再有不敷于漕务项下拨补其一切运费应令力求撙节不得以每石八钱即为开销定额如有赢余报部候拨

一浙江杭嘉湖三府漕额已奉核减其应征漕截银两奏准照旧办理毋庸核减计减漕米二十六万六千七百六十五石六斗三升二合内除改漕正耗给丁行月等款耗米五万一千四百六十六石五斗九升四合向不征收漕截外计减正兑正耗共米二十一万五千二百九十九石三升八合按每石三钱四分六丝核计减漕项下应征漕截银七万三千二百十四两五钱九分一厘浙江巡抚咨明专列一款并归海运支销经户部议准令于漕项奏销册内另立款目按年题报【以上同治四年】

一同治五年钦奉上谕马新贻奏海运商船赔累请酌加水脚并请饬产船地方雇船协济一折近年海运漕粮均系借资商船该商等承运官粮往返动逾半年费用加增每多赔累自应优加体恤以广招徕著准照马新贻所请此次海运封雇各商船于例给水脚之外每石酌增银一钱五分以资津贴浙江本届新漕米数较增尤须多备船只俾敷装运著直隶总督山东巡抚即饬产船各地方官尽数挑选坚实东卫等船赶紧驶赴上海协运俾免贻误余著照所议办理该部知道钦此

一江苏省缓缺南粮局恤等米每石折银一两开放以漕费钱文尽数抵支并以本款津贴及节省余耗粜变一律补足由司道派拨经理核实报销嗣于同治五年因运费不敷将漕费钱文抵补运费此项缺额米石即将南恤等米粜变余剩之款抵补嗣后各年均循照办理

一苏省漕粮改由海运雇募沙卫等船装运每装米一石给水脚银四钱自道光二十八年历经照办嗣以商力拮据船身需资修舱经两江总督奏准自同治五年起每装米一石酌增水脚银一钱五分东宁各船一律支给谕令船商承领分派大加修整不准草率装饰所增水脚即在征解道库四分漕项内就款动支如有不敷再于司关各库暂为筹垫俟四分漕项征有成数提还归款【同治五年六年】

一杭嘉湖三属统计月粮本色折征共正耗银二千六百八十六两一钱三分八厘遇闰之年共征银二千九百十二两九钱八分四厘此项银两提归海运经费之用

一浙江省海运商船每石原给银四钱之外加给银一钱五分永远实给以资修舱所加银两在于杭嘉湖三府折色行月粮正耗及车夫丁字沽经费暨卫所解存津租等款项下撙节动支【以上同治六年】

一天津海口时有轮船往来浙省漕船驶进津沽河面狭窄恐有碰撞沉失之虞请于天津大沽口岸添设外局分派员董派拨巡船照料经费较前不敷经户部议准除原给运费八钱及加增水脚一钱五分之外每石再加银五分于给丁津租及行月等款内酌提抵支不准动用别款如所用不及五分即按实用之数开报【同治七年】

一江浙海运漕粮自津运通均责成经纪承起承交由直隶总局派给拨船装载因经纪有承交之责每米百石由南省筹添经纪耗米一石五斗拨船并无承交之责每百石仅给食米一石一斗五升咸丰七年户部奏定章程拨船亏短米石经拨各半分赔经直隶总督奏拨船既有承交赔补之责请于南省漕项内筹添拨船耗米无论正漕筹备每百石照经纪米数酌减即按食米之数给予一石一斗五升随正交仓俟运米完竣设有短欠先照常追比船户如实在无力赔补查明短欠数目即在交仓之耗米划抵嗣经江浙两省各督抚奏准因漕项竭蹷自同治八年为始备办一半无论正漕筹备每百石给予拨船耗米五斗七升五合在于余米内就数提出随正交拨运通【同治七年八年】

一江北各属海运漕粮南北一切用款准将给丁耗米一项留抵运费不准动用司库别项以示限制而节经费

一江北各属漕粮正免加三耗内例有船耗五升改兑加二五耗内例有船耗八升向系给丁之款上届海运初

次创办将此项耗米一并备带起运奏明准其更正留有余米存仓备抵在案今届江北漕粮海运所有节省给丁耗米仿照苏浙两省历届章程归入海运案内抵支运脚等费毋庸起运其江北淮扬通三属同治七年分应征熟田漕粮除拨抵兵粮外实该起运米六万五千六百九十九石五斗一升四合五勺内正免正米三万五千七百四十石四斗六升五合八勺加二五耗米八千九百三十五石一斗一升六合三勺改兑正米一万七千九百六十九石一斗七升三合加一七耗米三千五十四石七斗五升九合四勺又江宁府属向有漕粮之上元江宁句容江浦六合五县于抵征钱文内采买米二万四千石以上共该起运交仓米八万九千六百九十九石五斗一升四合五勺查照向章按漕斛采买交仓亦归漕斛现用部颁小口铁斛制造木斛由粮道较准发交买米各员应用仍令各备样米俟交兑沙船时呈验加贴印花带赴天津以便较兑

一天津拨船食米每漕米一石给米一升一合五勺通仓经纪耗米每石给米一升五合此项经耗系由津运通亦须照给拨食至本届户部议增拨耗经各粮道以经费支绌每百石只能筹给五斗七升五合此外每石备带余米二升随正交仓又沙船耗米每石给米八升此次江北海运及江宁府属采买米石共起运交仓正耗米八万九千六百九十九石零约需经拨食耗及新增拨耗等米二千九百十六石零沙船耗米七千一百七十五石零筹备二升余米一千七百九十三石零照章一律备齐本色解沪兑交随正运津至沙船耗米原备船户饭食及到津或有折耗弥补之用如有盈余由官收买咸丰五年复议于此项耗米内限定拨出三成由津局按照市价收买自应照办该沙船倘敢于装兑后私行粜变或到津颗米无交查出分别严究

一沙卫等船每装米一石给水脚银四钱嗣因商船困苦修舱需资奏准每石加给银一钱五分连神福犒赏等七款每石给银五钱七分八厘一毫江北本届海运应仍照章发给已将应需银数解由沪局俟船只备齐分别转给

一天津官拨每百石给拨价杂费银八两四钱四分七厘三毫民拨每百石给银九两八钱八分四厘八毫个儿钱每百石给银二两本届江北海运自应照章办理此外津通经费除轻赍席木银两由粮道衙门照例批解外其津局用项在津收买沙船余米各款难以豫定拟照成案备带至沙船水脚及一切经费系在漕项本折及采买米价赢余款内动支今届米数较增办理本形短绌加以新增拨船耗米核计不敷甚巨应将节省给丁耗米照苏浙两省海运章程尽数留充运脚及抵支新增拨耗等用其江宁府属采买米石所需运费系在抵征项下拨用一切均照正漕章程支销

一应解随漕银两经仓场奏请筹备抵正米石应解随漕银两照正漕一律批解等因业经江安粮道咨准苏浙粮道核议如存仓筹备余米抵作正漕者其厅仓茶果各款按正漕批解如筹备余米不抵正漕者照章仅解天津拨价及个儿钱两项至厅仓茶果等款仍不批解以示区别江北自应循办【以上同治八年】

一天津官拨船只脚价经直隶总督以拨船苦累奏准自同治十一年为始无论海运正供筹备拨船每装米一百石加给脚价银五两江苏省由漕项解支浙江省在于同治七年续增五分经费项下每石撙节银二分五厘并于扣存给丁津租及行月等款内每石提拨二分五厘共合五分之数抵充新增北船拨价均不动用司库正款仍将动用银数按年于海运经费奏结案内报部并于漕项奏销册内详晰注明一接运白粮民船守候口粮经直隶总督以商民困苦奏请每届另筹银一万二千两经部议准照苏浙两省白粮米数按石匀拨自同治十一年为始江苏省在于漕项内提拨浙江省在行月等款内动支仍逐款开报不在原定八钱数内均不动用司款仍将动用银数于海运经费奏结案内报部并于漕项奏销册内详晰注明【以上同治十年】

一南省批解海运经费每漕米百石支给饭米折色银二两五钱八分七厘五毫一半津贴银一两一钱二分五厘白米则仅有饭米折色一款此项银两原因经纪赴津起米承运至通而设今南省议将经费免解固与立法本意相符惟经纪等领款奏请减成支给以所减之银为该役抵补长支及应赔挚欠杂款等用实领无几专恃海运经费一项津贴接济查海运章程经纪赴津起米运通每漕米一石给与耗米一升五合白米一石给与耗米一升八合本年径运章程议将经纪耗米无论漕白概以一升支给所余五合八合作为南省运通折耗今此项经费银两应均半办理将海运经费之漕白粮饭米折色及漕粮之一半津贴等银按照原数以一半留为南省运通经费一半解北为通坝外起里运之资则南北漕两得其平银与米办法一律而通库扣款不致无著运务亦免贻误【同治十三年】

卷九十四·海运事宜·沙船事故

一沙船装米遭风损坏改派别船揽装并分别加装别船以符起运全数于给发联单内逐一注明分咨办理【道光二十八年】

一江苏谢得春商船行抵山东荣城县外洋遭风触礁除捞获米石变价银两存储候拨外其余沈失及捞获不堪变卖之米准予豁免并由该粮道动支随带经费在津收买余米补足运通交仓

一江苏姜福高商船装运武进县漕米七百余石行抵山东海阳县洋面遭风砍折桅舵将船击碎船内漕米照票俱被漂没所失漕米照案免令船商赔缴其短缺米数应令该省筹办弥补嗣据江苏粮道将失事各船漕米按照粳米例价每石以一两四钱折银解部交纳【以上咸丰三年】

一张广发商船装运江苏金山县截漕正耗米九百九十六石五合三勺驶至山东文登县洋面遭风据报米石尽行沈失并未折桅伤人与海运豁免成案砍桅松舱者有间应令该船户全数认赔每石以银一两六钱赔缴由天津县将缴足银两买米运通交纳【咸丰四年】

一江苏漕船高福利被风搁浅松舱抛弃漕米一百余石查勘松舱属实惟桅舵并未损坏虽因搁浅究属驾驶不慎所失米石船户于抵津后照数赔补【同治四年】

一江苏商船彭长顺在黑水洋遭风船桅船帮均被风浪损坏船将沉溺随将舱内米石抛弃约一百四五十石船户情愿认赔咨由漉局核办【同治四年】

一江苏孙遐福商船承运吴江县漕米一千四百余石行至西沽地方因让避轮船误触旧沉船桅发漏抢起湿米九百余石不堪运仓已经粜变缴价另于筹备余米内补足交仓其漂失米四百余石经江苏巡抚查明奏准该船实系让避触沈并非驾驶不慎现在板片在津拆变用尽无力赔补所有短交米四百余石无关正供奏准免其赔缴【同治五年】

一严年顺商船在山东沾化县洋面遭风该县禀报迟延经山东巡抚奏准交部议处【同治六年】

一同治五年江苏省海运案内沈文茂商船装运吴江县白粮一千二百九十余石驶至山东省荣成县洋面遭风击沉经东抚奏报訊据耆舵水手供出曾在东省海口两次盗卖米六百余石并于出口时先已亏空米二百九十余石议令查取办运职名参办嗣经苏抚将结保牙行朱通裕革除并查取总司兑运事务同知严锡康等四员职名送议声明该员等承办运务尚有微劳本应给奖今于该船盗卖米石失于觉察究属疏忽除扣除奖叙外仍照例议处其船户盗卖并亏短共米八百九十余石仍饬令赶紧买补随同下届搭运交纳

一吏部查办运各员催船草率以致船户舞弊并无作何议处明文自应比例办理请将总司兑运事务之松海防同知严锡康上海县知县王宗濂黄浦江一带巡查弹压之署上海县主簿候补府经历陈元燮吴淞口驻守查验之宝山县主簿王鏊均比照重运入境州县往来巡察失察盗卖一起至三起米数已在一百石以上州县官降一级调用例各议以降一级调用俱系公罪奏明准其抵销【以上同治七年】

一江苏王永发商船在不知地名洋面遭风折桅抛弃漕米八十二石收口停泊报经胶州勘验船桅已折篷索亦有损伤所装之米有抛弃形迹惟原装货物并未抛弃责令该船户将所抛漕米照章如数赔补【同治八年】

卷九十四·海运事宜·沙船禁令

一江浙二省及江北所属海运漕粮沙船准令八成载米二成载货免予纳税至所装二成货物带有洋药照水路每百斤征银三十两于江海关二成货单内逐一注明洋药字样如在洋遭风除砍桅松舱验明粮货俱损仍奏明豁免如货物并未抛弃独弃官粮者虽松舱属实短少米石仍令该船户赔补至应给商耗米每漕米一石给米八升白粮一石给米一斗原系到津赔补气头舱底及霉变米石之用部议饬令备带本色不准折价如有霉变短欠即令如数补足仍有赢余在津自行变卖嗣于咸丰五年部议将该商应得耗米由津局按照市价收买三成不准短缺【咸丰元年同治六年】

一沙卫各船赴津交米后如往天津牛莊奉天山东各口贩运北地货物由津局查明承运米石交清后方准填给全免税银印单持赴各关呈验放行如交米不清之船一概不准给照【同治六年】

一江北海运沙船在洋遭风失事及霉变运到等米均以本届筹备余米并上届存仓米数抵补交足具报全完续到米船由天津道验运交仓另档存记留抵下届正供之用【同治八年】

卷九十四·海运事宜·轮船搭运

一江苏宜兴荆溪丹阳金坛溧阳五县同治六年分田捐提银采买米三万石用夹板船运津照沙船装漕之例每千石随耗八十石备带余米二十石拨船食耗十一石五斗并照海运正漕采买各案每米百石给津通拨价银八两一钱四厘通仓个儿钱折银二两水脚银数照沙卫船之例一律给银五钱五分其起栈一切经费每石给银七分保险每石给银三分统计每石共给银六钱五分如有遭风抛失即令全行赔补以上各项银两惟水脚内续增之一钱五分起栈七分保险三分准于海运经费每石七钱之外照数给发其余一切费用俱包括于每石七钱之内不准丝毫浮溢至装米洋船如有未抵紫竹林即行起栈之米仍令承运号商自行出费将米全数拨至紫竹林听候验米大臣及三口通商大臣会同验收仍责成经纪承起承运所有经纪耗米及厅仓茶果银两三项免其筹解至饭米折色一半津贴两项银两仍令该省如数筹备以便给发【同治七年】

一各属粮米派装轮船应由海运沪局先期酌派县分俟该县粮米运到即填单知照轮船商局酌派执事至龙王庙外局会同详验米色务须一律干洁方准收兑由轮船局押赴浦江东栈斛收傥有潮杂之米即由海运局监兑委员报局押令分别风晾更换以重漕运

一轮船转运米石每月每船可运两次而各属拨船恐难计日而到如拨船到沪轮船未回应将米石先行囤栈以免守候又轮船运米抵津或验米大臣尚未莅临或津拨转运不及一时未能验卸亦应起储津栈以便该轮船迅速回南接运所有沪津局两处应需栈费及上下夫力等项均归轮船商局自认与海运局无涉

一轮船运米抵津虽有栈房可以暂储而两省粮米为数较多势难全行囤储应饬知海运津局各员董早赴天津开局定于二月十五日以前禀请钦宪提前验收以免壅滞

一轮船协运江浙两省粮米自应分别先后挨次装运令轮船商局于各海运沪局派兑粮米时即将某日兑收某项粮米掣给兑米收单其装运之次序即按兑收之先后为凖仍于米袋之上签用某省漕白粮米字样竹牌以便识认而示区别

一海运粮米除白粮一项各属本有麻袋装盛外其漕粮米石兑交沙宁各船向系散装并无麻袋此次轮船装运漕米亦应用麻袋装盛以便抵津易于起卸所需袋价等项均归商局筹备与海运局无涉惟此项麻袋于装米抵津后应仍发交轮船带回以作下次装米之用毋庸连米交仓

一沙宁等船承运漕白粮米每石给水脚曹平银五钱五分内扣公费银一分实给曹平银五钱四分此外苫盖垫舱席竹气筒铁钉折价每石曹平银一分六厘内扣银一厘六毫实给曹平银一分四厘四毫又天津海口雇用纤夫每石钱四文内扣钱四毫实给钱三文六毫回空挖泥压载应用铁锹土筐每船钱一千文神福每船银四两耆舵每船各一名每名各赏犒银一两副舵每船一名给银六钱水手每名给银三钱每装米百石准开水手一名以上各款均系随米支给此次轮船运米自应一律支给惟轮船装载米数多寡不一舵水人等亦与沙宁船不同准令装运米三千石作为一船按数核计分别开支所有轮船水手辛工并油煤等项即在前项各款内给发又轮船停泊码头及到津领港等费并轮船驶进津口或遇搁浅如须起拨等事亦均由商局自行料理与各海运局无涉

一沙宁船承运漕粮每石给耗米八升白粮每石给耗米一斗饬令运津以补正米之不足仍将漕粮商耗核出六成白粮核出三成由津局给价收买随正交运此次轮船装运之米自应一律办理傥正米或有亏短应由轮船商局照数赔补

一沙宁船承运漕粮以八成装米二成带货免予输税如带有洋药及二成之外另带余货仍应照章纳税其二成货物按米石计算以一百二十斤为一石今轮船运米均应援照办理

一各口贸易轮船向有洋行保险之说此次商局置备轮船船身坚固器具精良似可毋须保险其运米在途设有松舱等事悉照沙宁船章程办理毋庸另议更章

一沙宁等船承运粮米向由海运沪局填给三联印单以便抵津凭单交米此次以轮船装运之米事同一律自应援照办理运米三千石作为一船即填给联単一纸以凭到津稽核惟沙宁等船向有领银领米各结此次轮船应

以收到银米回文为凭毋须再行具结以归简便

一派装轮船粮米为数既多寡不同起运亦迟早不一自应于上栈时即由海运沪局派员认真监兑一俟兑竣即由轮船商局掣给收米回文海运沪局即为竣事以后如何装船如何起运应由商局随时酌核办理运局不再与闻以免牵制

一沙宁等船承运无误向于事竣汇案详请奏奖今轮船亦应于运务告竣后由商局核明急公承运各商援案移会海运沪局汇详请奖以昭激劝【以上同治十二年】

卷九十四・海运事宜・赔补米石

一道光二十八年钦奉上谕李嘉端奏拨船亏短米石请旨查办一折海运漕粮现在抵通各起均有欠交米石中途节节弊端难以悬揣著朱凰标德诚于拨船回天津时提传船户确切查核分别赔补足额奏明搭运交纳毋稍短缺余著照所拟办理该部知道钦此

一道光二十八年钦奉上谕前据李嘉端奏拨船亏短米石请旨查办当交朱凤标德诚确切查核兹据该侍郎等奏请分别赔补并另片奏筹防弊端各等语该拨船亏短米石虽訊无经纪串通情事究属承运不慎著即查照成案责令经纪拨船分别赔补其经纪应赔之米即于秏米内扣除再将余米留抵掣欠至拨船应赔之米著责成海运总局清河天津两道即行追缴总于沙船卸米未经竣事以前一律搭运不准稍有迟延短缺所有各船户亏短至六石及六石以上者除按数追赔外仍行枷示河干以示惩儆惟拨船由津运通数日之中辄敢亏短米石多寡不等其积弊已可概见傥不严行防范则干沽必借口于收缩足数不免使水搀和弊端叠为乘除实属可恶嗣后著驻通仓场侍郎于拨船起卸米石如稍有折秏即照前案责令经纪拨船各半分赔若每船短至四石及四石以上并有潮湿搀杂等弊即将短缺潮湿米石最多之船户先行送交刑部严究惩办一面咨行天津迅速赔补余著照所拟办理该部知道钦此

一拨船亏短米石经验米大臣奏准责令船户及承运经纪各半分赔除经纪应赔一半米石在于应得秏米内由坐粮厅按数划抵外其船户应赔一半米石应由天津海运总局追齐查验运通交纳【道光二十八年】

一经纪拨船各半分赔米石经验米大臣奏明军白粮经纪应得秏米抵补欠交漕白粮米抵有赢余尽数留抵掣欠此项应赔米石责成通州坐粮厅按数扣抵仍于全数划清后分晰漕白细数报部查核至拨船应赔欠交米石除就近在通补交外计在津拨船应赔米四千四百三十二石九斗零即札饬清河天津两道赶紧追缴于沙船卸米未竣以前一律搭运【道光二十八年】

一派拨易州白粮拨船漂溺江米一百九十二石二斗九升四勺责令承运经书同船户等各半分赔经仓场查明该船户等照数购备白粳米抵补运通【咸丰四年】

一运通拨船亏短米石经驻通验米大臣仓场侍郎崇纶李菡等奏请定新章如由经纪查出仍令船户独赔如未经查出除责令船户独赔外仍令经纪再赔二成按市价合银呈交傥訊有通同舞弊仍责令经纪船户各半分赔经钦派大臣全庆廉兆纶查明具奏咸丰八年八月初八日奉上谕全庆廉兆纶奏遵查拨船经纪赔缴成数意见不同各一折向来由津承运到通亏短米石于道光二十八年五月间叠奉谕旨拨船起卸米石如稍有折秏即照前案责令经纪拨船各半分赔拨船如有使水亏短等弊系由经纪拿获即著拨船独赔与经纪无涉一船了一船之案其余各船仍照旧章责令经纪船户各半分赔等因钦此圣训煌煌立法极为平允自应永远钦遵仓场侍郎崇纶李菡于本年二月间奏请改定新章殊属非是嗣后著照旧章妥办以归画一而免纷更至现在通州验收米石已有十分之七前二十起应赔银米著仍照新章分别追缴自此次奉旨之日为始即改归旧例核办其现在承运经纪查明尚无通同舞弊情事至船户所供经纪斛手人等有需索钱文等事著将该船户解送刑部如訊有经纪舞弊无论在津在通一并指名咨提严訊惩办钦此

一南皮县船户李万仓重载拨船在东双街地面被桩木碰沉船板分碎仅抢捞湿米二石有奇余俱漂去将船户管押赴通查办所有漂失米石著落承运经纪分赔一半在于该经纪扣存津贴银两买补搭运其余一半由直隶总局迅速筹补于海运竣事以前赶紧搭运沉溺船只并饬该管州县照例赔补【咸丰九年】

一江苏沙船张义利装载太仓州漕米二千石内有黑丁洪斛米四百八十石应作为余米运仓另档存记并责

令粮道即在筹备余米内拣选干洁好米四百八十石划抵运仓【同治四年】

一天津拨船分赔一半欠米四十八石八斗六升准仓场咨据天津道详请在于筹备米内划抵正供全完作为短欠筹备于次年春间补交运通经户部覆准【同治五年】

一江苏平元福商船装运长洲县白粮一千六百五十石行至东沽口因乘风顺流致触他船猫齿发漏粮米沾湿约有九百余石除验明水浸过甚不堪支放之米驳回不收外其未经受潮白米作正兑收受潮变色颗粒尚整者以白抵粳作为漕粮余米兑收运通其漂失伤耗及驳回米石令该粮道筹补足额【同治八年】

一天津拨船应分赔同治七年短欠正供平斛粳米一万六千四百八十八石零亏在拨船原应向各船户著追因各船户无力赔缴经天津道详请由该道筹款垫买惟粳米非燕赵土产无从购觅户部查照追缴仓亏按依时价本折兼收成案准令本折各半搭交其应交本色米石即令迅速买补运通交纳至应赔一半折色米八千二百四十四石零按照当时粮价仓糙粳米每石市平银一两六钱八分合库平银一两六钱一分二厘核计应交库平银一万三千二百八十九两零札令该道迅即如数筹款径解部库交纳【同治八年】

一添给拨船耗米一项系奏明随正交仓之款各船户运米完竣设有短欠仍照定章赔补先在船户名下照常比追如实在无力赔补者由天津道查明短欠数目详明仓场即将交仓之耗米划抵弥补此项拨耗只准年抵年款不准以次年之耗米追抵上年之赔款【同治九年】

一民船沈失白粮二百石经仓场侍郎以船户经纪分赔未为平允奏请由部酌定章程户部查沉溺与偷窃不同民船沉溺与官拨沉溺又不同缘官拨非船户之船竟有任意偷盗经纪漫不经心乘间凿沈者是以经拨分赔至民船系船户私船未有不自爱惜故意凿沈之理嗣后如有民船装运白粮因沉船失米者由仓场侍郎另訊确情随时奏明办理无庸循经拨分赔之例至白粮民船向由天津道招募挑选承运设以后日渐亏欠除米石追赔外仍由仓场将天津道奏参惩处【同治十一年】

卷九十五·规复河运

自咸丰之初运道梗塞停止河运者十数年同治四年江北雇用民船试办河运较之起运全漕不过四十分之一较之近年江浙海运新漕亦不过十分之一虽运米无多而相沿不改者所以存告朔饩羊之意为规复旧制张本惟修废举坠其事主乎因其法同乎创同治五年暨九年至十三年均经循办案牍增繁若散归原书旧目则水道变迁运程不同也军船裁撤运艘不同也卫帮停歇运费不同也因时制宜今昔异势依类编附寻检尤难今将同治年间河运事宜另编成帙以规复河运为之纲添立办运事宜支销经费两目分类纂辑以资考镜

卷九十五·规复河运·办运事宜

一同治三年钦奉上谕吴棠奏东南军务大定拟试办河运等语据称江北各属均以河运为便惟停运有年漕艘久废若设法雇用民船虑难钤束并沿河一路纤堤闸坝浮送能否无虞亦难逆料现拟于清淮军需捐款内动银购米三万石解赴通仓试行河运等情著照吴棠所请即行采买米石雇备民船由河道运送通仓所有转运事宜并江省应行经过河道均著饬令该地方官妥速经理一俟议定章程即行具奏并著郑敦谨将粮艘经过河路之纤堤闸坝有无应行修整挑浚即饬沿途管河官弁一体迅筹备办用利运行如能挽行无滞来岁江北新漕即由吴棠等仿照办理以复河运成规等因钦此

一米色以干洁为重江北一带出产粳米无多色粒未能一律应准红白兼收粳籼并运令该督认真采买不准稍有潮杂

一民船耗米按漕斛每石给民船耗米一升员弁船户食米另行宽为备带其仓耗二升应令照案随正交仓并将以上两款随正报部查核

一河运民船非沙船可比漕运总督所请委员分帮押运掣取上兑回批并添派大员赴通照料均为慎重运务起见应令该督妥为办理仍按船各封样米三分加贴印花带通呈验以凭查核

一米船到后随验随收除实有霉变情事应行风晾剔换外如系干洁之米务须迅速验收倘查有需索留难等

弊即令仓场侍郎从严参办

一米船酌带货物二成免其纳税惟洋药一项仍不准私自携带如查有夹带者应令照章捐厘报税以示限制

一兑交斛收均以漕斛应将淮安府铁斛携带赴通较对

一此次河运虽同创造惟运米无多一切用款均应节省核实开报俟事竣后查该员果有劳绩方准援案鼓励毋得稍有冒滥【以上同治四年】

一运米船只照海运沙船准带回空货物免交北税

一换船接运仍在临清一带接拨以期妥速仿照同治五年成案接运水脚仍归粮道一手经理其接运之船则由东省帮同雇觅并令东抚认真疏浚河道务使一律深通庶南北各船随到随行不致稍有阻滞

一东境运河节节淤浅自八里庙至临清二百余里尤为梗阻由山东巡抚分饬沿河州县先行雇备民船俟南船行抵临清随到随即过载至接运北船总期船户诚实船料坚固凡惯熟运粮之船最易舞弊一概不用如有偷盗搀水情弊严行惩办该州县选雇不慎亦予参处所有东省运河各工由山东巡抚东河总督饬令承办人员实力开浚俟泛发后即责成该管厅县体察情形如水势将落速于八里庙运口筑坝并将临清以上各闸下板严闭俾河水先期蓄存庶可倒塘灌运其南船回空亦先蓄住去水船到放行

一预雇东省拨船由东抚札饬沿河州县察看水势代雇船只最小者每船装米三十石至大者以装米一百石为度总须选择合用俟漕船到境交收应用由粮道酌给水脚装米一石每日给予大钱七文以示体恤【以上同治九年】

一船户食耗等米同治四年试行河运每正米一石合给耗米一升嗣以河运途长时久日食较多兼之盘拨折耗实有不敷于同治五年请酌加一升每石以二升合给复于同治十一年因船户赔累过甚请再酌加二升共给四升以免亏累【同治五年十一年】

一同治五年钦奉上谕李鸿章吴棠奏理漕须先理河请饬择要浚筑一折据称东省河道乃行漕最要关键上届东省所挑洳运两属各工不无多费而米船仍系绕湖而行本届粮艘自应入湖行走所有十字河等处挑工大可酌量停办仅将东省下游及进湖处所量加疏浚并将沈家口张秋镇淤垫段落认真挑浚似挽运不至阻滞其本届米石无多祇可择要挑筑或于南坝头口门迤上酌做钳口草坝数道各等语现在江省已遴员分投购米雇船渐有头绪亟宜将运道豫筹浚筑方免临事周章前据阎敬铭奏漕船入运全无把握张之万奏南坝头等处运河挑挖深浅皆有可虞各等语东省运道久经淤滞疏浚自属费手惟现当办理新漕之际岂可任令河道废弛著张之万阎敬铭丁宝桢按照李鸿章等所拟妥筹办理不得畏难推诿致误漕行李鸿章吴棠亦当随时体察情形与张之万等悉心咨商务臻妥善等因钦此

一漕船过清江后沿途水势深浅不一准其在途酌雇拨船遇浅起拨以利遄行一面分咨各该督抚转饬守河营员地方官弁按站防护儹运抵通

一漕船所带货物应以装米轻重价值科算如装米三百石准带二成土宜六十石其货物价值不过银一百二十两回空之船准带成本银五百两之货均以置货发票为凭由粮道饬委查明按船开单粘发护照经过关卡查明免税验照放行

一江北河运漕船到东业经立秋恐难回空经河督张之万奏准在于临清雇船接运转送通州令南船赶早回空以利漕行【以上同治五年】

一同治八年钦奉上谕前据御史徐景轼奏请饬挑浚运河并筹办河运各情当经降旨交该部议奏户部奏酌议三条请饬核议详加披览如导河南行应如何将兰仪以东故道设法疏浚汶河之分水口移于南旺之北泗水口开于南旺之南筑戴村坝以遏汶水复于临清以南引卫入运是否可行著马新贻张之万苏廷魁李鹤年丁宝桢派员相度会议具奏等因钦此嗣据江督马新贻等奏称查黄河自兰工失事后张秋挏门闸黄水一片汪洋近来大溜南徙直冲安山三里铺减水坑马家单薄一带以西之赵王河及沙河全行干涸本年泛水骤发分流倒漾仍即北趋将沙河引渠冲开一道由道人桥至八里庙平水中闸至盐河入海相度水势运河各工择其要中之要迅速兴修上紧挑挖并于平水南闸筑坝逼溜以济运行

一东河八里庙起由阳谷郓城堂邑博平清平各县境至临清州交界止计程二百十余里河身淤垫责成各该

地方官实力挑挖定于正月中开工限于三月中一律完竣

一山东沈家口以南河身应行挑修工程由运河道查勘择要挑修【以上同治八年】

一黄河北徙挽淮归故以大浚淤黄河为先务漕督张之万奏请辟清口以导其入黄堵三河以杜其旁泄并须修复堰圩石工坚筑里扬运堤统筹并计势难筹此巨款惟有分别缓急次第兴修经户部议准

一漕运总督张之万奏称运河拟筑南堤自安兴墓民堰旧址向东北筑至沈家口迤东高阜止又拟筑北堤自南关曹家堤口迤上之金堤旧址接筑至束首高阜止南北两堤毗连之运河民堰官堤一律补筑与新堤相联两岸新堤酌留运口以为漕船出入门户两岸之外筑做草闸平时堵闭以免黄水倒灌【以上同治九年】

一同治九年钦奉上谕丁宝桢奏漕船阻浅改由陆路设法挽运等语江北漕船行抵八里庙一带节节阻滞现在水势消涸抽沟拨运业已无及丁宝桢拟筹雇民车改由陆路运至临清再行接运自应如此变通办理即著魁玉丁日昌丁宝桢分饬江安粮道王大经运河道王化堂等赶将已到临清之米一万余石立即装载开行其未到漕米务当星速催齐一律转运并筹备船只随到随装不得再有迟延并著李鸿章督饬各该地方官于漕船入直境后务趁河冰未冻催令连樯北上毋稍耽延钦此

一同治九年钦奉上谕前因江北漕船阻滞当经谕令两江总督等确查该粮道及委员等贻误情形据实参奏旋据御史刘瑞祺奏江北漕船沿途售货逗遛各节亦经户部奏明请交该督抚等汇案参办兹据魁玉张之万奏称查明本年江北河运始因出口处天旱河涸装兑较迟至行抵清江挽运尚速惟入山东境内因大泛郗山两口及微山独山等湖节节浅阻而郓城县之江船口堤埝溃决安山张秋一带挽运艰难加以今年黄水消落较早以致守候月余并无卸货逗遛之事该粮道王大经于东境河道情形未能熟悉漕船阻滞事出有因该粮道平日操守廉洁办事认真请与委员等均免查议等语本年江北漕船阻滞愆期既经该署督等查明实系人力难施尚非迁延贻误粮道王大经及各委员等即著免其查议嗣后江北河运事宜该督抚等仍当饬令经手各员迅速办理毋得再有迟误钦此

一漕船未渡黄以前峄县境内之大泛口为山水经由之所一遇暴涨则迅流急湍水退之后则沙淤停积水深不及二尺河底碎石纵横最碍舟行必须由山东认真兴挑挖深四五尺并将近滩石堆划除与河底配平方利行驶自大泛口而北则有滕县境内之郗山口为入湖要道浅而且窄又有微山湖内之王家楼满家口安家口独山湖内之利建闸南阳湖北之新店闸华家浅佛闸南旺闸分水龙王庙以北之刘老口袁口闸处处淤浅或数十丈或百余丈亦须逐段勘明一律挑深方可无阻

一黄水穿运之处渐徙而南自安山至戴家庙三十里自戴家庙至八里庙二十二里运河旧有之堤尽被黄水冲破缺口极多需用划船下碇以立之根然后漕船缴关步步上移十里铺姜家庄道人桥等处又极淤浅须由山东设法一面于淤阻处极力疏浚一面于运堤各缺口排钉木桩贯以巨索俾漕船经过有所依傍牵挽不至为洪流所吸仓卒失事一渡黄以后张秋至临清二百余里河身有高有下其疏导之法须量河身之高下高者开挖宜深下者开挖稍浅庶可高低相等一律深通再于黄流已长未落之时即下闸板蓄水以免消耗或就平水南闸迤东筑一挑水坝引黄入运

一漕船经由东境一千数百里向归峄滕鱼台济宁东平东阿各州县封雇船只以备起拨之用而地方官相距甚远兼顾不遑酌改章程责成东省管河厅员雇备拨船小者装米三十石大者至百石为止一遇漕船浅阻斟酌起拨由粮道按石给发饭钱至闸夫亦改由河员招集一并由粮道给予工食

一东平州运河之西有一盐河倚山为障为东省盐船所经要道漕船若由安山左近绕入盐河至八里庙仍归运道【计程二百余里】较之径渡黄河难易悬殊如漕船行抵安山适遇黄流迅猛只宜变通改道应自安山三里堡入盐河之路预先勘明何处平顺先立标竿为志【以上同治十年】

一同治十年钦奉上谕张兆栋苏廷魁丁宝桢奏遵旨会勘张秋筑堤束水费巨害重现筹保护挑浚一折张秋筑堤束水既经张兆栋等会同查勘情形碍难办理现拟将沮河头车家楼民埝堵塞添筑拦坝圈堤并将郓城属之七里铺民圩堤埝加筑坚厚添镶护埽其八里庙临河民埝及王家垓两处分别添筑内堤大坝所筹尚属周妥丁宝桢苏廷魁已派令赵新王化堂等分赴各该处购料兴工克期办理惟黄流变迁靡常必须就目前水势地形熟筹审办方不至虚糜工费徒托空言张兆栋苏廷魁管理漕河丁宝桢身任地方均属责无旁贷即著饬令派出各员实力

兴办总期于漕船未到之先一律修浚妥协免致临事张皇以重漕务钦此

一漕船经行河道或遇水小载重偶有阻滞必须先期筹备拨运经东抚奏准所有滕县峄县鱼台沛县四处责令滕峄二县会办济宁东平汶上嘉祥四处责令济宁县专办八里庙以下责令东昌府专办由司筹发船价银两先期雇备候漕船到时由该府县带领同行遇浅即拨分定地段峄滕送至济宁济宁送至八里庙其八里庙以下由东昌府送至临清砖板闸为止各专责成

一江督曾国藩等奏准苏松等五府州属冬漕米石从前均由河运赴通自道光初年及咸丰同治等年俱由海运津尚无延误第海运本属权宜之策自应规复旧章现在拟办河运已有江北成法可循所有镇江府属丹阳金坛二县钱漕仍请折收抵征钱文易银解司约可采买米二万石分办河运责成粮道赶赴天津俟海运事竣即至通州交兑河运米石【以上同治十年】

一同治十年钦奉上谕苏凤文奏查勘河道谨拟酌办事宜绘图呈览一折据称现在黄水挟汶东下安山以北毫无来源拟导卫水济运于临清卫河入运及张秋清黄将接之处各建一闸俟漕船将届渡黄蓄高卫水使之南行并拟于张秋淤高之处挑深丈余增培两岸以为运河口门将安山以南运河一律挑浚深通黄水盛涨即由安山入盐河至渔山上驶以达张秋可免绕坡渡黄之险等语漕运关系京仓要需亟宜设法迅办该处系山东地面即著乔松年丁宝桢文彬各派干员前往详细查勘会商苏凤文妥速办理至侯家林决口前据乔松年奏明年冬间始能兴工惟现当水涸之时及早堵筑尚易为力若待至来年则伏秋盛涨后水门更宽需费更巨施工益难并于来年漕运有碍且黄水入湖下游受害之处更多乔松年丁宝桢等仍当赶紧由外设法先行筹款垫办务于年前兴工将该处决口迅速堵塞并将淤垫运道一律疏浚俾来岁江北漕粮过境得以畅行毋得畏难迁延致干重咎钦此

一同治十年钦奉上谕前据乔松年等奏侯家林决口须俟明年冬间始能兴工当交该部议奏嗣因曾国藩苏凤文先后陈奏侯家林决口不堵有碍漕运业经谕令乔松年等赶紧筹办旋据文彬奏已筹拨银三十万两购办料物复谕乔松年委员赴东克日兴工兹据工部户部奏称黄水穿运微特运道堪虞即民田亦深受害请饬该河督等速将侯家林决口堵塞并将上下民堤设法培筑以免疏虞本月又据乔松年奏侯家林工刻下仍难兴堵拟将该工决口两头先行估筑裹头埽段免致伏秋汛内再行塌宽各等语该河督虑及筑塞购料有需时日恐春泛以前不及完工虚耗钱粮故为此权宜办法但民田运道关系匪轻自以及早堵筑为是现在山东业已拨款购料当无缺乏之虞著乔松年仍遵前旨迅速派委妥员赴工克期兴办务于来年春涨以前堵筑完竣若故意迁延以实其赶办不及之言亦难逃朝廷洞鉴该处民堰亦应加高培厚以免旁决之患著丁宝桢文彬督饬地方官劝谕民间一律兴工并由藩库酌拨银两以资津贴其运河应办工程并著乔松年督饬道厅等择要赶办俾新漕到境不致阻滞乔松年所称漕船由安山入盐河至渔山一节须视水势临时酌量未能预定章程等语著苏凤文乔松年丁宝桢文彬届时斟酌情形会同筹办临清张秋建闸事宜即著乔松年饬令运河道赶紧勘估奏明办理钦此一同治十年河运每石酌带余米七升随正交仓以备亏折抵补之用本届米数较多经费难筹仅带余米一千石如有余存仍行交仓亏折不敷即以上届存仓余米作抵以重正供

一漕船开行后沿途接奉部文有应行呈覆者仍由督运道员径行呈覆其所到地方一切情形亦径行备文报明以期迅速【以上同治十一年】

一同治十一年钦奉上谕乔松年奏筹办运泇二厅漫水堤工请饬拨银两一折上年郓城县侯家林决口漫水入运以致运河泇河厅属堤埽等工被冲蛰陷现在侯家林业已堵合亟应将该厅属各工赶紧修筑以利漕运而卫民田著丁宝桢饬令藩司迅即拨银五万两发交运河道核实动用乔松年即督饬该道厅妥速筹办克日完工不得稍涉延误钦此

一同治十二年钦奉上谕李宗羲奏本年江北漕粮仍办河运东境河道阻塞所有漕船经由戴家庙马家口一带及张秋至临清等处淤塞地方又菏泽临濮巢泛各口民堰冲缺处所亟应分别疏浚堵合等语著乔松年丁宝桢文彬督饬所属将漕船经行河道赶紧豫筹修理以利转运毋稍延误钦此

一同治十二年钦奉上谕李宗羲文彬奏暂停堰圩石工筹修惠济正闸请饬湖北等省迅解协饷一折清江以上之运口地方为里河咽喉该处旧设惠济通济福兴三闸而惠济闸首先当冲尤为吃重该正闸久经废闭自应亟筹兴修以免疏失该督等拟暂停堰圩石工将同治十三年原拨湖北湖南江西修理石工银六万两先修惠济正闸

自系移缓就急之计即著李瀚章刘坤一郭柏荫王文韶将同治十三年应解协饷银两如数提前赶解俾得克期兴工郭柏荫并将本年未解银两先行拨解清款如此外尚有不敷即由李宗羲设法筹措该督等务当督饬道厅各员核实妥办不得稍有虚糜钦此

卷九十五·规复河运·支销经费

一江北漕粮每石折收银二两四钱全数解司以一半按部价每石银一两四钱解京其余一半采买粳籼约计米价需银二两有余以解部例价外之节存银一两又益以例支漕项行月赠五给丁等银作为一半河运之费计尚不敷再由外筹补事竣分别报销【同治四年】

一试行河运事属创始买米按照市值开报水脚按照石数给发所有闸坝纤挽席片等项未能预计统俟事竣后汇同米价报部仍令该督力求撙节核实开报

一船户水脚及神福犒赏每石给银六钱为数较多惟系初次试行不得不稍宽雇值暂准以六钱给发以后不得援以为例

一河运民船系径运通州其拨费杂费两款自可毋庸批解惟经纪个儿钱一项前经仓场奏准每石给银二分应令解交仓场衙门汇收核办【以上同治四年】

一雇船装运换船接运神福犒赏等项每装米一石开支银七钱近年银价日见昂贵自应改支钱八百文分别酌给惟北船水脚尚难预定临时斟酌总期于体恤民船之中仍寓节省公帑之意

一解通轻赍席木银两厅仓茶果及个儿钱仍照章批解仓场衙门兑收此外一切陋规杂费概行禁革所有拨价等项亦照案毋庸批解【以上同治九年】

一两江总督马新贻奏江北新漕除节省给丁耗米抵充运费外【计淮扬通三属应征正改兑米七万六百余石除给丁耗米二千九百余石实该米六万七千七百余石】以八成办本色起运【八成米五万四千余石】二成按照例价随漕解部【二成米一万三千七百余石每石折银一两四钱】余银留为贴补运费并筹议江境运河淤浅之处逐段挑浚东省运河堵筑赵王河及沈家口两岸缺口再将张秋迤南八里庙一带淤河及张秋以北运河挑浚经户部议以挑河工用应由东省江省各自筹划其余一切运费责成江省以漕办漕核实支用【同治九年】

一东河总督苏廷魁奏准据泇河同知详称重运经临于曹家水工微山湖蒲科内昭阳湖华家庄迤北止计程八十七瑞安设水站三拨派令弁兵导行每拨大船三只每只水手六名行纤船十八只每只水手四名共九十名每名日给饭食银六分自重运入境前五日起支至尾船挽运各拨之日止共享银一百十七两标杆旗帜等项银一百六十三两九钱一分六厘又据捕河厅通判详称黄水穿运粮船绕坡行走自东平下汛迤北之三里堡起至平水南闸对过入运止安设十拨派令弁兵导行每拨大船一只水手六名行纤船六只每只水手四名共三百名日给饭食银六分自重运入境前五日起支至尾船挽运各拨之日止共享银二百八十八两标杆旗帜等项银一百八十九两九钱四分以上二厅共享银七百五十八两八钱五分六厘请以九年分另案用存银六百十七两五钱二分作抵外尚不敷银一百四十一两三钱三分六厘该厅自行捐办毋庸另行筹款【同治十年】

一东河总督乔松年等奏准东省运河安山三里堡干运河淤河必须挑挖二道拨缺口尤须堵闭漕船绕过戴庙闸至五空桥行走至下十里堡淤河亟应兴挑姜家庄干河于滩必须开通马家陆家单薄缺口亦须堵闭沈家口干运河淤滩均应深挑由积水闸绕入西坡至八里庙入张秋口门拦黄坝淤河至高家林缺口及官堤大小缺口并须挑堵补筑方可束黄入运堵挑各工银二万九千余两筹款拨发严饬挑浚修筑以利漕行【同治十一年】

一山东巡抚丁宝桢奏准东省预筹来年南漕经行河道勘估戴庙闸旧运河及十里堡等处淤垫并堤埝残缺各工程极应挑筑又东阿阳谷聊城堂邑博平清平六县量挑长河工段切实估计应需银四万四千余两筹款发给委员会同地方官切实办理【同治十二年】

卷九十六·灌塘渡运

南北运河遥对而黄流横截其中国家东南岁漕数百万上达天庾必由淮渡黄而北黄高于淮御黄坝既不可

径启藉黄之力而不为黄病爰有灌塘渡运之策谨辑灌运形势工料奏销二帙著于篇

卷九十六・灌塘渡运・灌运形势

灌运之策建自道光七年考清河县河口淮黄交递为漕运要冲因时制宜形势不一嘉庆九年于御黄坝下高家马头西岸河尾斜筑挑坝挑黄北趋兼遏倒漾东岸亦筑坝与西岸相望名新御黄坝十六年于新坝之南添筑二坝二十二年因新坝口门水深八尺收束不易乃就二坝展束启闭以利漕艘道光四年高堰漫口五年春借黄济运未能得力调用军拨等船盘坝接运六年将苏松常镇太各属之粮改由海运江广浙江之粮拨交上年回空停泊中河之船运通幸得无误虑非久计于是创为灌塘渡运之法于新御黄坝外新滩上筑东西纤堤就钳口坝处建草闸一座以为运口闸外浅滩两岸又筑堰戗中建土坝曰拦黄堰又于迤南筑钳口坝曰拦清堰坝闸中间之河曰塘河重运渡黄时黄高于清则堵草闸并闸外土堰挽重运进塘先堵拦清堰即启拦黄堰闸黄水顷刻淌平重船衔尾出闸渡黄如此轮转灌放约八日即竣一塘空重相循虽亦借黄济运而黄水入塘即澄毫无泥沙入湖入运此即水中筑堰取土与门河拘板套塘行舟之意也嗣虑塘内樯帆栉比火烛堪虞于塘内添挑替河一道以备互相灌放且虞清黄相平草闸底淤不能刷跌乃于东岸逼近窑汪处所建涵洞一座为泄水落低之计又虑黄水过高不敢启放乃于草闸东偏建涵洞一座为引黄抬水之计七年春重运灌塘匝月渡竣空运因之八九两年循照经理遄行无误盖河口渡运惟患夏至水涨澄淤冬至大河淌凌常年重运不逾夏至空运不逾冬至黄高于清之时灌塘渡运固补偏救弊之善策也

卷九十六・灌塘渡运・工料奏销

一外北厅属浦家庄地方为漕船挽入杨庄咽喉之地道光七年春挽渡重运军船恐清水下注散漫无力先于东岸筑托清坝一道又防黄水内漾易致停淤复于西岸筑盖黄坝一道并将临黄土拦坝两头镶护钳束清水经河督题估该处工段共长一百三十五丈计需料土夫工银二万八千二百十二两八钱四分二厘工部核准题销

一浦家庄地方道光七年十月间空运经行东西两岸盘筑坝头镶修盖黄托清两坝束刷河泓经河督题估共工长一百三十五丈计需料土夫工银七千零四十两八钱七分五厘工部核准题销

一外南厅属南岸汛御黄坝内外河堰为漕艘出入要津道光七年回空军船由北岸渡黄倒塘灌放自外入内沙随船进易致淤浅设法挑捞增筑柴坝临清堰南北帮镶临清临黄两堰循环启闭经河督题估御黄坝清黄交汇处及塘内挑浅共工长二百六十三丈外口镶筑柴坝一道长五十八丈塘内镶筑对头柴坝四道共长七十五丈临清堰南面帮筑加高工长二百三十五丈临清堰北面镶添护埽长六十丈临清临黄启放堵闭共工长五十六丈计需料土夫工银三万九千七百六十九两零四分四厘工部核准题销

一南岸汛御黄坝草闸迤上旧河淤浅道光七年冬经河督饬令道厅勘估挑挖并于临黄堰西豫挑替河一道以备八年春灌塘渡运之用计挑挖旧河长六百二十八丈新挑替河长三百八十丈共题估土方银三万三千五百八十五两四钱三分八厘工部核准题销

一南岸汛御黄坝道光八年漕船重运经行倒塘灌放黄水时长时落坝堰随时启堵镶加御黄坝护埽筑做临黄堰挑束各坝经河督题估御黄坝镶埽工长一百七丈九尺临黄堰外筑做挑束柴土坝二道共工长一百五丈并启堵临清临黄土堰等工计需料土夫工银三万六千三百七十四两一钱九分工部核准题销

一浦家庄地方道光八年春重运经行东西两岸接筑托清盖黄二坝并镶筑钳口坝以资挑护束刷共工长一百三十二丈计需料土夫工银二万七千一百四十二两八钱一分三厘本年冬空运经行二坝复加镶筑共工长一百二十二丈计需料土夫工银六千七百六十四两八钱零二厘河督先后题估均由工部核准题销

一南岸汛御黄坝道光八年空运经行清黄高下无多仍用灌运之法赶启御黄二坝金门浇筑临清土堰加帮纤路并将草闸及迎水分水雁翅各埽拆镶高整东岸筑做柴坝逼刷河泓临清堰两岸镶做防埽等工以利船行共灌放七塘全数完竣经河督题估临清堰浇筑口门长十五丈两岸镶做防埽长一百二十九丈拆镶草闸及迎水分水雁翅各埽共长三十六丈东岸筑做柴坝六道共长七十丈御黄坝上下东西两岸加帮纤路共长六百十一丈启

闭临黄临清口门共长五十八丈三尺统计估需料土夫工银五万二千七百八十八两六钱六分四厘工部核准题销

一南岸汛御黄堰道光八年十二月下旬因内塘清水高于黄水尺余将临黄堰启除俾清水外出涤刷该坝内外河口淤沙嗣因九年正月下旬中河纤堤未完杨庄头坝未能即启漕船抵坝无多徒耗湖潴旋将拦黄堰堵合追重运军船倒塘灌放启堵临清临黄等堰并将临黄堰内外束挑各坝接长加镶两岸添筑束水钳口坝埽共资刷泓利运经河督题估束挑各坝接长加镶共长三十丈添筑钳口坝连留金门共长五十一丈拦黄堰用料堵闭长四丈五尺并重运启堵等工统需料土夫工银二万八千二百六十五两六钱二分九厘工部核准题销

一南岸汛御黄坝外草闸新河两处塘河道光九年重运倒塘启闭数次间段受淤应行挑挖御黄二坝亦须拆镶加镶经河督题估草闸挑挖河长五百四十八丈新河挑挖河长三百二十丈御黄二坝镶工长四十四丈共需料土夫工银五万一千二百四十二两零三分工部核准题销

一浦家庄地方道光九年春重运经行东西两岸分筑托清盖黄二坝共工长一百十丈计需料土夫工银二万一千七百七十二两四钱五分二厘本年秋空运经行二坝及束水坝复加镶筑共工长一百二十丈计需料土夫工银六千五百两七钱四分五厘河督先后题估均由工部核准题销

一南岸汛御黄坝道光九年倒塘灌放回空军船先于临黄堰内外筑做挑坝盖坝并于临清堰两岸加镶护埽盘做裹头藉以刷泓利漕迨十月望水长风大将草闸暂行堵闭经河督题估临黄堰内筑挑坝一道长三十五丈五尺临黄堰外筑盖坝一道长二十七丈临清堰北面东西两岸加镶护埽长五十四丈东西两岸盘做裹头共长六丈草闸堵闭长六丈并空运启堵临黄临清坝堰等工计需料土夫工银三万四千五百七十五两五钱六分四厘五毫工部核准题销

海运续案[1]

卷一·谕旨 章奏

户部尚书臣孙跪奏为援照成案河海并运以裕库储而资周转仰祈圣鉴事

窃维部库支绌近年滋甚粤西军务尚未告竣南河复值漫口臣等已照该督等所请如数拨给银四百五十万两以济要工此次所拨之款皆明年京支所必需届期筹措无资恐致束手伏念国家量入为出制用旧章原属有盈无绌近年因银价昂贵岁入之数不能如额年年常此减少积少成多遂致一切支放皆形竭蹶当此入项短绌之日又值出项繁多此办理之所以掣肘也为今之计若非有另外加增之项不足以供接济然非有节省之费亦无术可以加增且即以节省为加增必其事曾经办过著有成效者方可仿照而行有益无损

溯查江苏漕运自道光十年以后年年缺额约计短收数目自三四成至四五成不等十余年来以习为故常矣然或偶行海运则全漕俱到无少缺减总缘漕船减歇则漕务帮费全数节省即以所省之费添购米石足额之故实由于此又查道光二十七年遵旨将苏松太二府一州漕白粮米改由海运以各州县津贴旗丁之费作为筹补之资计多得米三十余万石此即以节省为加增而著有成效者也惟是该年海运系为筹补仓储故多得之米全数交仓今则仓储尚非甚缺而部库支绌万状拟请将来岁苏松太三属新漕照案改由海运计多得之米仍可有三十余万石即以此米粜出换银可得银六十余万两又三属帮船既不出运行粮耗米等项皆归节省计通共可得银八九十万两于常年交仓米数仍无减损而多得之银计明岁春间即可听候部拨似于库储不无少补虽此项到京亦仅足两月之用然今兹舍此而不计则来岁并此而亦无且三属漕白既由海运则大工兴办之后亦少此数十帮逆流挽上之重船是又一举而两得者也惟臣之所见究属悬拟一切真正情形仍在苏省当此万分支绌之时内外臣工各宜实心实力共济艰难俾帑项多一分之蓄储则度支多一分之裨益是又归在事人员之经理得宜自收实效也相应请旨敕下该督抚悉心体察速议妥办以裕度支而救时艰臣愚昧之见是否有当伏乞皇上圣鉴谨奏

再查海运成案道光六年经大学士英奏请试办是岁全漕到京并无损失道光二十七年遵旨将苏松太二府一州漕白改由海运尔时言者皆以风涛盗贼藉词阻止仰赖成皇帝宸谟独断遂收全漕俱到之益伏查苏松常镇太五属前三届交仓漕粮道光二十九年九十七万余石三十年三十余万石咸丰元年九十三万余石是五属河运之米尚不及二十七年苏松太三属海运米石之多言者于海运之全漕到京河运之常年短缺皆置而不论惟一议海运则群疑滋起是其言之不足为据已可概见此海运之可行者一也至风波之说臣常访之海上居人佥云海洋风信皆有定期商船往来即以其期为收放故失事者百不遇一况海运在春夏之交维时东南风司令一帆顺驶万里遄征事妥行速此海运之可行者二也又盗贼之说近岁东洋盗踪未靖非无商船被劫之案然皆五月以后之事盖缘洋盗皆闽粤人素畏北洋风寒必俟六七月间方敢北驶今岁山东石岛烟台两案即系七月二十五日之事可为明证溯查前届海运皆于五月内蒇事彼时并无盗贼此海运之可行者三也又况商船被劫皆由水师偷安不出巡洋所致今以天庾正供改行海运由江南以至天津水师提镇以下人人知有责成连艘千百炮械齐备较商船声威之壮奚啻十倍不但无虞盗劫兼可使盗望风而遁此海运之可行者四也

又查漕运全书海运一条内载我朝自康熙年间开海禁以来商船往还关东天津等处习以为常驾驶之技趋向之方靡不渐推渐准愈久愈精是海运虽属试行海船实为习惯春夏多东南风舟行尤为顺利等语此书道光二十四年由臣部纂修恭逢钦定刊颁是海运之可行已登典册更觉信而有征矣谨附片陈明伏乞皇上圣鉴谨奏

咸丰元年九月二十四日

奉上谕户部尚书孙奏河海并运以裕库储一折据称从前海运著有成效请将来岁苏州松江太仓三属新漕照案由海海运计节省之项可补库储又另片奏检查成案历陈海运之可行等语著陆建瀛杨文定按照所奏各情

① 〔清〕户部修。据清钞本。

并体察该省地方现在情形明年漕运是否有宜变通之处务当豫为筹画悉心妥议迅速具奏原折片均抄给阅看将此各谕令知之钦此

江南道监察御史臣张祥晋跪奏为节省浮费以济要需请将本年江苏新漕援照前届海运成案推广常镇各属及浙江一体遵办仰祈圣鉴事

窃惟南漕善策莫如海运道光二十七年苏松太漕在于该属节省漕赠银米添购米三十余万石运交京仓此前届办理之成案也而本年江浙新漕应改海运有较之二十七年为尤甚者丰北漫口大工甫兴距来岁重运之期不远傥届期未能工竣固恐有碍漕行即使依限合龙水归故道而黄水曾经入运秋冬水落难保无淤塞之虞如道光四年高埝缺口运道受淤盘运滞漕费帑至九十余万且恐不能如期抵通有妨京仓支放此不可不先事预防者也

至于南河工用浩繁尤当亟筹经费查江苏前届海运仅办苏松太属节省银数已不下七八十万两之多若将新漕推广常镇各属及浙江杭嘉湖三府一体遵办其节省当在二百万两以上应令毋庸添购米石即将银两拨解河工以济急需是节帮费之虚縻归工需之实用此尤海运之有裨于今日者也

总之新漕改由海运既免运道淤塞之虑又济南河要工之需且计漕粮抵通可较河运有速无迟有赢无绌似一举而数善兼备现值南漕开办之时如臣言可采应请旨敕下江浙两省督抚体察情形稽核成案速议具奏臣愚昧之见是否有当伏乞皇上圣鉴训示谨奏

再前据两江督臣陆建瀛等奏称南河现兴大工钱价骤长每银一两仅易制钱一千五六百文于工需帑项亏折甚巨是设法以平钱价尤属要图向闻浙江漕粮兼收折色而缴钱之地为多州县以钱易银解兑每为市价居奇须制钱二千三四百文方能易银一两近年州县亏空多缘于此如新漕改办海运将节省银两拨济工需饬令搭解钱文运交工次则州县既可免易银之累而河工又可免易钱之亏庶两地钱价俱平而帑项胥归实用矣谨附片具奏

咸丰元年九月二十五日

奉上谕昨据户部尚书孙奏拟行海运以裕库储已降旨交陆建瀛杨文定悉心妥议具奏兹据御史张祥晋奏请将江苏新漕援照从前海运成案推广常镇各属及浙省一体试办等语南漕海运虽有旧案可循是否可以推广并现在地方情形是否可行著陆建瀛杨文定常大淳悉心体察迅速妥议具奏

又另片奏江浙漕粮征钱之地居多若改办海运将节省之钱运交河工并可以平价著一并议奏原折片均抄给阅看将此各谕令知之钦此

两江总督臣陆建瀛江苏巡抚臣杨文定跪奏为苏松常镇太四府一州漕粮遵旨筹议海运先将核实大概情形恭折具奏仰祈圣鉴事

窃臣等准军机大臣字寄本年九月二十四日奉上谕户部尚书孙瑞珍奏河海并运以裕库储一折据称从前海运著有成效请将来岁苏州松江太仓三属新漕照案由海海运计节省之项可补库储又另片奏检查成案历陈海运之可行等语著陆建瀛杨文定按照所奏各情并体察该省地方现在情形明年漕运是否有宜变通之处务当豫为筹画悉心妥议迅速具奏原折片均抄给阅看将此谕令知之钦此又续准军机大臣字寄九月二十五日奉上谕昨据户部尚书孙瑞珍奏拟行海运以裕库储已降旨交陆建瀛杨文定悉心妥议具奏兹据御史张祥晋奏请将江苏新漕援照从前海运成案推广常镇各属及浙省一体试办等语南漕海运虽有旧案可循是否可以推广并现在地方情形是否可行著陆建瀛杨文定常大淳悉心体察迅速妥议具奏又另片奏江浙漕粮征钱之地居多若改办海运将节省之钱运交河工并可以平价著一并议奏原折片均抄给阅看将此各谕令知之钦此

臣等伏查江苏岁额漕粮甲于他省统计苏松常镇太四府一州每年照例交仓漕米一百四十余万石历来州县津贴帮费以苏松太为最重常镇次之近年灾歉频仍民间元气未复以致起运米数岁有缓缺即熟田应征之米亦复催输不易而银价未能平减浮费不克尽裁收兑两难官民交困若欲力筹补救舍海运诚无良策辰下粤西军务未竣南河复值漫口拨饷浩繁正度支孔亟之时欲于裕漕之中筹节省之计亦非海运不可

臣杨殿邦正在函商筹办间适奉谕旨饬议臣等伏查道光二十八年海运成案苏松太三属二十七年额征漕粮除熟田应征米谷外实灾缺米二十七万三千七百余石当时即以节省给丁余耗等米一十六万余石交仓并提节省给丁漕赠等银一十五万余两以之采买米一十一万三千余石凑足漕额又筹补常镇两属灾缺米六千九百七十余石并提随正交仓经纪耗米一万三千三百余石总计二十九万四千余石是筹补实缺等米为数几及三十万石即出于节省给丁银米其节省给丁津贴皆系抵充沙船水脚耗米及天津通坝驳运等费曾经由部议准覆奏有案较之道光六年已属格外节省本年夏秋风雨过多业据各属会同委员纷纷勘报均有歉收缓缺额漕在所不免如果改由海运自应筹足额数即沙船水脚耗米暨南北公费又皆为海运所必需亦不能不藉资于节省津贴臣等督同司道及各府州悉心体察苏松太三属漕粮近年海运成案既收实效自当循办而常镇二属帮费既经道途较远情形本与苏松不同非不可照旧河运惟就该御史推广之议复加筹核觉苏松既归海运即常镇照办亦为顺易且多此两府海运之米又省数万河运之资于度支不无小补应请将苏松常镇太五府州应征熟田漕白二米一律由海运津并将节省例给旗丁余耗等米饬令各州县分别粜变惟刻下江苏米价颇贱每石不过值银一两加之节省漕赠等银约计总可得银六七十万查照上届成案抵作筹补缺额之米立限提解司库尚未核定具详现在赶紧严追应俟各属被歉顷亩科则细册送齐之后方能核见实数且恐各属科则有避就之虞歉分有浮报之处臣等自当不避劳怨认真查办总使比较上届海运交仓之米不致短少所有海运一切办法应与道光六年及二十七年成案互相参酌容俟核定确数并酌拟办理章程另行具奏

其沙船水脚耗米及南北应用经费照旧于节省津贴项下饬提支用再南河工用奉拨苏省银两经臣陆建瀛酌量情形饬属银钱并解尚资接济在州县征漕间有折色亦洋钱居多况海运节省应候部拨该御史所奏节省之钱数交河工之处应毋庸议至于风涛之险盗贼之虞原奏辩论已详即水手之难以安插尤应加意防范臣等惟有督同司道详查成案逐一核议次第详奏设有今昔异宜仍当因时筹酌分别请旨遵行除浙江漕粮能否海运由该抚臣常大淳另行筹议具奏外相应将苏属五府州漕白二粮遵办海运并抵补足数酌拟节省银款大概情形先行合词恭折覆奏伏乞皇上圣鉴训示谨奏

咸丰元年十二月初五日

内阁奉上谕陆建瀛杨文定奏遵旨筹议海运一折前据尚书孙瑞珍奏陈从前海运成效请将新漕援照办理并据御史张祥晋奏请推广成案试办海运叠经降旨谕令陆建瀛等体察情形悉心妥议具奏兹据该督抚筹核大概情形先行覆奏所有来年苏州松江常州镇江太常五府州漕白粮米著准其一律改由海运该督抚即查照成案迅将筹办章程详议奏闻并著严饬各属核实认真办理毋致滋生弊端余著照所议办理该部知道钦此

浙江巡抚臣常大淳跪奏为查明浙省漕粮难以试行海运请仍循照旧章办理恭折覆奏仰祈圣鉴事

窃臣承准军机大臣字寄咸丰元年九月二十五日奉上谕昨据户部尚书孙奏拟行海运以裕库储等因钦此遵旨寄信到臣当即钦遵札饬藩司粮道转行有漕各府悉心妥议据实详办去后兹据藩司椿寿粮道胡元博转据杭嘉湖三府以查明浙省漕粮试行海运诸多窒碍会议详请覆奏前来臣复详加察核伏思漕运河工均为当务之急目下河工漫口运道不无淤阻工费所需孔迫诚能将新漕改行海运节省给帮银米以济工需兼免新漕阻滞之虞何敢不实力实心认真筹办无如悉心体察实有万难改行之势缘浙省情形与苏省不同苏省漕额较重所收本折为给帮津贴均较浙省为多以致海运经费较之河运稍有节省浙省近年河运贴帮银米多者每石四钱有零少者 每石不及三钱今如试行海运即以苏省向办海运经费每石一两有奇之数而计较之河运非特不能节省且不敷为数甚巨此其不能行者一也

又浙江乍浦宁波虽有海口乍浦向有铁板沙涂无船可雇宁波则相距有漕州县窎远又中隔两江三坝不能一帆直达且该海口船亦无多不敷受载如改行海运亦必须从苏省之上海放洋而浙省有漕各属相距上海或三四百里或六七百里盘运甚远费亦不支且上海地辖江苏该地方官有所节制募船尚易浙省非其所辖势必呼应不灵即使仰藉江苏代为雇募而两省同时举办综计额漕不下二百数十万石约需沙船二千余只方可载运其时或雇用不敷或勒索居奇均不可不虑此其不能行者二也

又沙船放洋时在二月中旬起运漕粮及运行经费必须岁底正初先期兑交清楚方可乘时开行浙漕收兑向

迟内如嘉兴秀水嘉善海盐等县漕米岁内完纳寥寥迟至来春方能旺收积习相沿牢不可破至各属给帮各款每至四月开帮尚多挂欠漕毕钱粮延至粮艘北行犹未能完足五分之数百计追呼而漕缺大率雕残非多方那垫不能曲为敷衍兼之浙省向非聚商之所内河船只亦不甚多如以三属各州县漕粮同时运赴上海其间压前等后稽搁亦必难免银米两项迟误堪虞此其不能行者三也

又浙省二十一帮丁情素称疲累如杭嘉二府之杭二杭四海所杭三宁前嘉白等帮从前尚可支持自道光三十年因灾停运之后敝者转疲疲者愈累其湖属八帮困苦尤甚旗丁衣不蔽体食不充腹在船蓬桅杠具率多典质甚至有折卖船板者本年起运多方调剂并将减船月粮全行拨济始能勉行出运今若试行海运再复停歇则在次各船即难保其悉能完备下届仍行河运设有缺误关系非轻且改行海运必须将各船水手逐一资遣而浙省各帮均有水手欠帐多者盈千累万道光三十年办理资遣奏请拨款之外又将减丁苦盖月粮全行贴给方能驱散彼时该水手等因冀下运受雇故尚相安无事今若改行海运恐该水手等虑及从此失业或藉索帮欠逗留生事或流为盗贼扰害闾阎尤不可不防其渐溯查嘉庆十五年暨道光五年浙省遵奉谕旨敕议试行海运酌折额漕均经各前抚臣以窒碍难行具折奏覆在案彼时浙省漕务尚称完善犹且难行今则民困帮疲其受赔情形更非昔比有漕各属内如海宁秀水嘉善海盐归安德青等州县固已疲瘠著名其余各邑亦不可胜言各州县每办一漕无不筋疲力尽咸以漕缺为畏途如果改行海运得能节省当亦无不乐从今通盘筹计较之河运之费非惟不能节省转须加多兼之种种窒碍实有断难改行之势所有浙省漕粮应请仍循旧章由河运行以免贻误并请旨敕下两江督臣暨江南河臣迅饬将运道设法疏浚以利漕行而免阻滞臣谨会同漕运总督臣杨殿邦据实恭折覆奏伏乞皇上圣鉴训示谨奏

咸丰元年十二月十七日

奉朱批知道了既属窒碍著暂停试办钦此

两江总督臣陆建瀛江苏巡抚臣杨文定跪奏为苏松常镇太四府一州应征咸丰元年漕白粮米全由海运酌定办理章程恭折奏祈圣鉴事

窃臣等议请海运奏奉上谕陆建瀛杨文定奏遵旨筹议海运一折前据尚书孙瑞珍奏陈从前海运成效请将新漕援照办理并据御史张祥晋奏请推广成案试办海运迭经降旨谕令陆建瀛等体察情形悉心妥议具奏兹据该督抚筹核大概情形先行覆奏所有来年苏州松江常州镇江太仓五府州漕白粮米石准其一律改由海运该督抚即查照成案迅将筹办章程详议奏闻并著严饬各属核实办理毋致滋生弊端余著照所议办理该部知道钦此当经钦遵转饬遵照办理去后臣等伏查江苏漕务收兑两难积疲已久欲求节费裕漕诚非海运不可本年交秋风雨过多收成复形歉薄经臣等严饬司道实力整顿不准丝毫浮报核计本年熟田应征交仓漕白米一百四万六千二百余石一律由海运津仍照成案于来年二月内全数放洋北上其向年例给旗丁余耗等米饬令各州县一律粜变连节省漕赠等银并拨节省津贴等款共银六十六万两分别立限提解报部拨用一切海运办法本有成案可循第查道光五年及道光二十七三十等年漕粮三次海运或办五属或办三属或专办白粮事势多有不同今届四府一州漕白二粮全归海运正与道光五年情形相仿彼时年谷顺成全漕起运并无灾缓缺额之款除津通应用各欵及应给沙船耗米概支节省银米外所计余米六万数千石随正交仓道光二十七年海运筹补灾缺等米几及三十万石抵足漕额办理已属不易此次银米并计除补足交仓额米外尚有额外余银二十六万余两比较道光五年二十七年又届交仓之数均属有赢无绌其余兑运事宜悉循成法惟今届节省之款以米易银亦复少有异同臣等惟有殚 竭愚忱认真督办现就司道妥议章程覆加详核谨先拟十条为我皇上陈之

一海运事繁任重必期经理得人也查海运漕粮以省城为始事以上海为总汇以天津为归宿道光五年及二十七三十等年三次海运成案均于省城上海天津三处各委司道守丞各大员分任厥事而以县令佐杂襄理奔走今届自应仿照办理饬藩司总理全局并委员署苏州府知府钟殿选署松江府知府何士祁督同候补知县吴煦查议章程勾稽款目仍由藩司会同粮道应征银米确数俾昭核实其雇备沙船为海运首务饬委苏松太道吴健彰督同候补知府洪玉珩松海防同知蓝蔚雯等雇觅沙船并督饬各委员料理沙船兑收放洋各事粮道倪良耀责任粮储应令于各属开仓时亲往查验一次复于上海装船时会同苏松太道再行盘查米色均须一律干圆洁净白粮更

宜慎重均不准稍有搀雜柔嫩不洁等弊并由粮道查明回空军船帮次军丁水手各若干参酌成案分别调剂资遣至天津交米事宜尤属吃重应即饬委该道酌带委员先起由陆路赴津管理交兑并会同直隶委员照案妥为筹办

一交仓漕米必须筹补足额也查道光二十七年苏松太三属漕粮办理海运以节省给丁赠五余耗等米全数交仓并提给丁漕赠等银采买起运补足漕额在案兹查咸丰元年分苏州松江常州镇江太仓等四府一州额征有闰交仓漕白正耗米一百四十四万五千三百九十一石零除本年秋歉缓征漕粮及丹徒县额漕尽拨旗营兵粮并被歉缓缺统共米三十九万九千一百三十五石零实征熟田交仓漕粮九十七万四千二百四十九石零又额征交仓白粮正耗米七万二千六石零共计交仓漕白正耗米一百四万六千二百五十五石零应照奏案一律由海运津至缓缺交仓漕粮米三十九万九千一百三十五石零内除丹徒县起运米石项下例应加截京口节归不敷米四百八十二石零已于兵粮项下另筹买补外实计缺额米三十九万八千六百五十二石零自应照案筹补足额今查漕白项下向应给丁赠五盘用等耗米除被歉缓征及留支春耗等米外共计熟田应征节省给丁耗米二十一万三千九百九十五石零今既专筹银款应即饬令粜变并酌提各属节省给丁津贴等银凑抵缓缺漕粮米三十九万八千六百五十二石零补足交仓全额余归银款并计至沙船耗米每漕粮一石给米八升白粮一石给米一斗共计米八万五千一百四十余石应由各州县捐给本年歉缓漕南米石仍俟来年秋成后查看情形按限征完交帮搭运以符成例

一筹银款以备拨用也今次遵旨筹办海运请以节省旗丁米石分别粜变不足之数再提各属节省给帮津贴以上届筹补京仓米额改为筹补银款惟系以银合米补足漕额仍应专稽银数以清眉目查本年苏松常镇太五属额征漕白项下共计被歉缓征米三十九万九千一百三十五石零查有熟田应征给丁赠五余耗等米二十一万三千九百九十五石零既办海运即应节省现饬各该州县一律粜变每石合银一两共该粜变银二十一万三千九百九十五两零又提各属节省给丁津贴银二十五万八千三百六十四两零并节省给丁漕赠等银一十八万七千六百三十九两零三共银六十六万两分别立限提解司库听候部拨除抵补缓缺交仓额米合银三十九万八千六百五十二两零外计有额外余银二十六万一千三百四十八两零其各属应给沙船水脚神福犒赏暨捐购津通剥船经纪食耗等米由县验运赴沪水脚等款除应给沙船耗米归入米款核计外每石约需银五钱七分五厘按出运米数核计共需银六十万一千五百九十余两及南北应用公费均饬各州县于向年应给旗丁帮费内分别解给抵用

一筹补缓缺南粮毋庸援案截拨也查南粮项下应支兵粮局恤等米每逢灾歉年分均系截拨漕粮道光二十六等年京仓不敷奏明筹款买补并碾常平仓谷给发其道光二十七年漕粮海运成案系已节省随漕脚费买米抵放各在案本年各属歉收计有缓缺兵粮局恤等米二万三千六百七十三石零此系计口授食要需不能短少今漕额既已抵足前项缓缺之米自应一体筹拨照案以节省随漕脚费钱文饬令各州县易银批解分别买米抵放毋须援案截拨即常平仓谷有关民食亦可毋庸办碾

一停运旗丁水手分别调剂资遣也查道光二十七年苏松太三属漕粮海运所有各帮停运军船系委粮道查案筹款分别抚恤资遣今届常镇一并海运回空粮船较上届更多现照案饬令军船各归兑粮水次并札粮道参酌成案将停歇军丁应支月粮苫盖等银筹款速放以恤丁力其水手人等亦由该道督饬各州县于军船到次之日查明水手人数开造姓名籍贯各给资遣银两押令速回本籍如有藉众生事或盘踞不散严拿究办

一沙船领运漕粮悉遵成案也查道光五年漕粮海运沙船运米抵津如无故短少即令赔补倘验有斫桅松舱等情事奏明豁免道光二十七年援案办理惟沙船八成载米二成载货如在洋遭风并未抛弃货物独弃官粮者虽验有松舱属实其短少米石仍勒令赔补今次自应照办现在雇定沙船先行赶紧修舱编列号档停青浦水次听候派兑其未经进口之船现已咨行各海口一体招徕归坞一俟米数兑齐陆续放洋北上仍援照上届成案准其二成载货恩免纳税除运米一万石以下由外给奖其自一万石至五万石以上分别给与职衔若捐至五品无可再加或另行酌奖事竣奏请办理又道光五年成案沙船抵津交兑之后所余耗米曾经奏明官为收买道光二十七年漕粮海运准令商船在津自行变卖余米此次亦应照办

一巡督防护倍宜周密也查道光二十七年漕粮海运奏明仿照闽广商船赴津买易之例准令沙船各带军器俾资防护仍于入口时呈缴出口时给领以备稽考并遴派武职大员亲为护送仍派兵一千名沿海巡防各在案现当整饬洋面之际沿海水师巡防系其专责毋庸派员调兵押送转致稽延即令各该水师镇将统带备弁兵船沿途

护送出境仍咨直隶山东等省照案一律防范接护以昭慎重其沙船携带军器亦照旧章办理

一筹备天津通仓经费照案支用也查道光二十七年漕粮海运除轻赍由闸竹木等项照例批解外其天津官剥民剥雇价通仓经纪夫役饭食等项均由苏筹备解津由江苏交米委员会同直隶委员按照起运米数分别支应此次自应照章办理轻赍由闸竹木等款照例由粮道衙门批解并天津剥船食米通仓经纪耗米另行备带本色外其余应需经费仍由苏省筹措解往由直隶江苏两省委员查照成案逐一酌给丝毫不动帑项

一剥船经纪食耗等米备带本色也查道光二十七年漕粮海运天津剥船食米按照米数给发折色其通仓经纪耗米系江苏委员收买沙船余米随正兑交经钦差收米大臣德诚等于漕粮起卸完竣折内声明奏报在案查上届旧章剥船食米每漕米一石给食米一升一合五勺每石折给银一两四钱其通仓经纪耗米每漕粮一石给耗米一升五合白粮一石给耗米一升八合均以洪斛核计现在详稽成案剥船食米系给船户饭食之用经纪耗米系备赴通折耗之需此二项本系米款与其折银给发或赴津购米徒滋转折此次应即备带本色现饬办漕各州县如数措备计本年海运漕白二粮一百四万六千二百余石共需食耗等米二万七千九百余石随正兑交沙船一律运京按交仓米数分别兑交给发

一天津交米之后循旧责成经纪也查道光五年漕粮海运钦奉上谕海船押运到津经纪人等难免需索刁难著军机大臣届期奏请钦派一二员前往等因道光二十七年成案经部援案奏明由直隶派委天津道驻津总办仓场拣派坐粮厅酌带经纪斛收户部奏请钦派大臣一人仓场侍郎一人赴津查验及道光三十年苏松常太四属海运白粮亦系仿照办理各在案自三次海运以来确有旧章可循已属详慎周密此次仍请照由各衙门届时奏派米到天津验收之后即与沙船无涉以免羁候其由津运通之剥船中途如有侵耗渗湿责成经纪承管庶免搀杂使水等敝以上各条臣等钦遵谕旨详考成案参酌时宜悉心妥议意见相同谨胪列吁请训示遵办其有未尽事宜再行随时陈奏所有臣等会议海运章程缘由谨会同漕运总督臣杨殿邦合词具奏是否有当伏乞皇上圣鉴训示谨奏

咸丰二年正月十三日

奉朱批户部妥速议奏钦此

户部谨奏为遵旨妥速议奏仰祈圣鉴事

咸丰二年正月十三日两江总督陆建瀛江苏巡抚杨文定会同漕运总督杨殿邦奏苏松常镇太四府一州应征咸丰元年漕白粮米全由海运酌定办理章程一折奉朱批户部妥速议奏钦此钦遵于正月十四日抄出到部据原奏内称查江苏漕务收兑两难欲求节费裕漕诚非海运不可臣等严饬司道核计熟田应征交仓漕白米一百四万六千二百余石由海运津仍照成案于二月内全数放洋北上其例给旗丁余耗等米一律粜变连节省漕赠等银并提节省津贴等款共银六十六万两立限提解报部拨用一切海运办法本有成案可循惟今届节省之款以米易银亦复少有异同现就司道妥议章程覆加详核谨先拟十条等因奉旨交臣部妥速议奏臣等按照各条公同详加酌核恭折覆奏谨呈御览

一海运事烦任重必期经理得人一条据称拟令藩司综理全局并委员署苏州府知府钟殿选署松江府知府何士祁督同候补知县吴煦查议章程勾稽款目苏松太道吴健彰督同候补知府洪玉珩松海防同知蓝蔚雯雇觅沙船粮道倪良耀盘查米色并查明军丁水手分别调剂资遣至天津交米尤属吃重即饬委该道酌带委员先期赴津管理交兑并会同直隶委员照案筹办等语臣等查上届漕粮海运该省均于省城上海天津三处各委司道守丞等员分任厥事在案兹据奏称藩司综理全局并委各该署府督同候补知县等勾稽款目苏松太道吴健彰督同候补知府及该同知等雇备沙船粮道倪良耀赴津交兑一切核与案符均应如所奏办理仍饬该藩司会同该粮道详稽应征带征正耗及漕项银米各数先行报部毋稍延误其雇船事宜仍饬该道认真经理应给沙船水脚耗米等项务宜严加防范毋任假手书吏少有需索克扣其查验米色并调剂军丁资遣水手均系粮道专责应即责成该粮道详慎办理漕粮务须干圆洁净一律 粳米白粮尤应慎重均不准有籼米搀杂及柔嫩潮润等弊应如所奏令该粮道于开仓时亲历查验复于上海交兑再加盘查仍查照旧章筒装米样粘贴印花以便到津禀请验米大臣比对至天津交米尤关紧要亦应如所奏令该粮道先期早抵津门管理交兑并会办拨船一切事宜毋稍迟延致滋贻误

一交仓漕米必须筹补足额一条据称咸丰元年苏松常镇太四府一州实征熟田漕粮额征白粮共计正耗米

一百四万六千二百五十五石零一律由海运津至缓缺漕粮米三十九万九千一百三十五石零内除丹徒县加截京口不敷米四百八十二石零另筹买补外实计缺额米三十九万八千六百五十二石零自应筹补足额查漕白项下共计熟田应征节省给丁耗米二十一万三千九百九十五石零今既专筹银款应即饬令粜变并酌提节省给丁津贴等银凑抵缓缺米三十九万八千六百五十二石零补足全额余归银款并计其沙船耗米共计八万五千一百四十余石应由各州县措给歉缓漕南米石仍俟秋后查看情形按限征完交帮搭运以符成例等语臣等查道光二十八年办理海运以节省给丁等米交仓并提给丁等银买米补足漕额在案今据奏称实征熟田漕粮额征白粮共正耗米一百四万六千二百五十五石零一律由海运津缓缺漕粮米三十九万八千六百五十二石零筹补足额查此次海运专为筹补银款该省补足额漕米数仍归银款并计应如所奏办理其沙船耗米八万五千一百四十余石亦应准其由各州县措给务令全交本色以备到津或有折耗赔补之用如查有私折等弊即将州县参处至咸丰元年歉缓漕南米石仍饬俟咸丰二年秋后按限征完交帮搭运毋任所属捏灾递缓其海运漕白二粮应即饬令分别各府县正改兑正耗米各细数详造妥册先期由陆路赍至天津以备验米大臣查核毋稍迟延

一筹银款以备拨用一条据称今次海运请以节省给丁米石分别粜变不足之数再提节省给帮津贴以上届筹补京仓米额改为筹补银款仍应专稽银数以清眉目查有熟田应征给丁赠五余耗等米二十一万三千九百九十五石零一律粜变 每石合银一两共该粜变银二十一万三千九百九十五两零又提各属节省给丁津贴银二十五万八千三百六十四两零并节省给丁漕赠等银一十八万七千六百三十九两零三共银六十六万两分别立限提解司库听候部拨其各属应给沙船水脚神福犒赏及措购津通剥船经纪食耗等米由县剥运赴沪水脚等款除应给沙船耗米归入米款核计外每石约尚需银五钱七分五厘按出运米数核计共需银六十万一千五百九十余两及南北应用公费均饬各州县于向年应给旗丁帮费内分别解给抵用等语臣等查此次海运专筹银款据称查有熟田应征给丁米二十一万三千九百九十五石零一律粜变每石合银一两共该银二十一万三千九百九十五两零又节省给丁津贴银二十五万八千三百六十四两零又节省给丁漕赠等银一十八万七千六百三十九两零三共银六十六万两应令提解司库听候部拨应用其各属应给沙船水脚等款共需银六十万一千五百九十余两及南北应用公费于给丁帮费内解给抵用均应如所奏由外筹给分别办理

一筹补缓缺南粮毋庸援案截拨一条据称本年缓缺兵粮局恤等米二万三千六百七十三石零此系计口授食要需自应一体筹拨照案以节省随漕脚费钱文易银批解买米抵放毋须援案截拨即常平仓谷亦可毋庸动碾等语臣等查兵粮局恤等米如有缓缺上年因筹备京仓臣部奏明嗣后不准截留漕粮旋由该省奏明筹款买补并碾常平仓谷给发并于道光二十八年海运案内声明库款各有支项常平仓亦关缓急碍难再动奏准在于海运节省随漕脚费银两内动支采买放给在案此次循照旧章应如所奏办理仍令核实报销用有盈余报部候拨

一停运旗丁水手分别调剂资遣一条据称道光二十八年漕粮海运停运军船系查案筹款分别抚恤资遣今届常镇一并海运回空粮船更多现饬令军船各归水次并参酌成案将应支月粮苫盖等银筹款速放水手人等亦于到次之日查明人数开造姓名籍贯各给资遣银两押令速回本籍等语臣等查上届海运成案停运旗丁系由粮道将恤丁旧案参酌垫放水手系令各州县开造人数姓名住址清册给银资遣回籍兹据奏称今届停船较多现将月粮苫盖等银筹款速放水手人等各给资遣银两均与案符应准照办仍饬严行查察勿令书役丝毫累及闾阎并不得假手吏胥留难克扣帮船向系漕务官员所辖仍令漕运总督谆饬各卫备弁妥为约束务臻靖谧如有水手藉众盘踞即饬严拿究办毋任稍存大意致滋事端

一沙船领运漕粮悉遵成案一条据称沙船八成载米二成载货如在洋遭风并未抛弃货物独弃官粮者虽验有松舱属实其短少米石仍勒令赔补今次自应照办其二成载货恩免纳税除运米一万石以下由外给奖其自一万石至五万石以上分别给予职衔若捐至五品无可再加或另行酌奖又道光六年沙船抵津交兑之后所余耗米官为收买道光二十八年准令商船在津自行变卖此次亦应照办等语臣等查上届海运成案沙船八成载米二成载货免其纳税如在洋遭风除斫桅松舱验明粮货俱损仍奏明豁免外如货物并未抛弃独弃官粮者虽松舱属实短少米石仍令赔补此次自应照办以昭核实其所称应募各商除一万石以下由外给奖其自一万石以上至五万石以上分别给予职衔若捐至五品无可再加或另酌奖等语核与案符应俟事竣奏请办理至余米一项道光六年系官为收买道光二十八年准令商船自行变卖应俟沙船抵津交兑时由江苏派出驻津粮道察□有无应须赔补

核明米数禀请验米大臣随时酌办

一巡哨防护倍宜周密一条据称漕粮海运准令沙船各带军器于入口时呈缴出口时给领并遴派武职大员亲为护送仍派兵一千名沿海巡防各在案现当憝饬洋面之际沿海水师巡防系其专责毋庸派员调兵押送转致稽延即令各该水师镇将统带备弁兵船沿途护送出境仍咨直隶山东等省照案一律防范接护等语臣等查上届海运准令沙船各带军器并派武职大员护送仍派兵一千名沿海巡防各在案此次应如所奏照章办理惟沙船军器于入口时呈缴出口时给领务宜实力稽查毋令稍滋流弊至所称沿海水师巡防系其专责即责成各该水师镇将沿途护送并直隶山东等省一律防范接护等语臣等查百万正供攸关支放现当憝饬洋面之时尤为紧要应饬该督抚及直隶山东各督抚等务须严饬各该水师镇将统带备弁兵船逐段巡查逐程护送断不可稍事偷安致滋疏懈如有前项弊端即行据实参奏毋任互相诿卸致干重咎

一筹办天津通仓经费照案支用一条据称漕粮海运除轻赍由闸竹木等项照例批解外其天津官剥民剥雇价通仓经纪夫役饭食等项均由苏筹备解津由江苏交米委员会同直隶委员按照起运米数支应丝毫不动帑项等语臣等查上届海运成案除轻赍等项照例批解外其天津拨船之雇价通仓经纪夫役之口食等项均由外筹备不动帑项此次循照旧章应如所奏办理应令该省按照现筹海运米数先将约计需用银两解交天津道库以备应用仍由该省委员先期到津会同核定数目报部查核总之沙船抵津愈早愈妙当河运南粮未到之先早为蒇事所筹经费自可无虞支绌

一剥船经纪食耗等米备带本色一条据称上届旧章剥船食米每漕米一石给食米一升一合五勺每石折给银一两四钱其通仓经纪耗米每漕粮一石给耗米一升五合白粮一石给耗米一升八合均以洪斛合计现在详稽成案剥船食米系给船户饭食之用经纪耗米系備赴通折耗之需此二项本系米款与其折银给发或赴津购米徒滋转折此次应即备带本色计本年海运漕白二粮一百四万六千二百余石共需食耗等米二万七千九百余石随正兑交沙船一律运津按交仓米数分别兑交给发等语臣等查上届海运章程天津剥船食米系按照米数给发折色通仓经纪耗米系收买沙船余米随正兑交在案今据奏称剥船食米系给船户饭食之用经纪耗米系备赴通折耗之需应即备带本色等语查此二项本系米款应准其备带本色以免周折惟剥船经纪如有分赔之案经纪项下例在于耗米内计除其剥船项下作何办理之处应令直隶总督谆嘱详查妥议务使米归有著不准颗粒延欠

一天津交米之后循旧责成经纪一条据称漕粮海运由直隶派委天津道驻津总办仓场拣派坐粮厅酌带经纪斛收户部奏请钦派大臣一人仓场侍郎一人赴津查验米到天津验收之后即与沙船无涉以免羁候其由津运通之剥船中途如有侵耗渗湿责成经纪承管庶免搀杂使水等弊等语臣等查沙船抵津之后由验米大臣会同仓场验明米色交坐粮厅督饬经纪斛收载入拨船由津运通此际稍有诿卸则百弊丛生前功尽弃该督抚等所称责成经纪承管一节最关紧要溯查历届成案叠经奏明米之干洁总以到津时查验为凭公同查验具结起拨后即涉经纪之手如有霉变潮润即惟经纪是问不准以代役充数剥船兑足由经纪自拨亲信妥人分起押运仍派文职武弁各一员随带兵役督同船头弹压照料一俟运抵通坝各员禀知仓场驰回接押尾后各起听经纪所派之人自行交仓等因在案此次漕粮抵津自应仍照旧章由验米大臣会同仓场坐粮厅直隶江苏各委员眼同查验明确如沙船本有霉变即由江苏委员责令该商等于准给耗米内赔补如系好米即由坐粮厅取具该经纪米色干洁米数无亏切结督令斛收由经纪自派亲信妥人押运交仓如拨船在路有偷漏搀和等弊立即禀知押运员弁拿交州县责令拨船赔补治以应得之罪如经纪索费不遂故纵使水偷漏然后禀明泄忿及通同作弊分肥隐匿不禀经押运委员查出或别经发觉应责令经纪拨船分成赔补并各治以应得之罪粮米抵通委员驰回押运后起拨船亦即起卸回空此后由里河转运大通桥均系经纪料理如有短少潮湿经大通桥及应行收米之仓监督查出均惟经纪是问不得牵涉外河拨船更不得牵涉原装沙船入仓以后如有灰黯霉变及那移牵混等弊则责在该仓应令该仓赔补治花户以应得之罪不得牵涉经纪更不得牵涉外河拨船及原装沙船如此划清界限层层防范总期实心实力有弊必除庶几于事有济其直隶派委押运文武员弁僱賛缕压是其专责务令拨船衔尾遄行毋任稍有逗遛并严防经纪人等滋弊毋少疏懈致干参处以上各条臣等谨就原奏参酌成案公同详核恭折覆奏此外应办一切事宜均有成规可仿应令确查旧章一体遵照所有臣等遵旨妥速议奏缘由谨恭折具奏伏乞皇上圣鉴训示谨奏

咸丰二年正月十九日具奏

本日奉旨依议钦此

户部谨奏为查验海运漕粮照案先期奏请钦派事

窃查上届海运苏州松江太仓二府一州漕粮到津交收经臣部援照成案豫行奏请钦派大臣一人会同仓场侍郎一人届期赴津查验于道光二十八年正月二十二日钦奉上谕户部奏查验海运漕粮先期奏请派员等语著派朱凤标德诚届期前往天津认真查验兑收钦此钦遵在案本届咸丰二年起运咸丰元年征收苏州松江常州镇江太仓四府一州漕白粮米较之上届海运二府一州漕白粮米为数尤多应即查照成案奏请钦派大臣一人会同仓场侍郎一人俟天津镇道呈报沙船抵津即行率同随带司员遵奉前往理合恭折具奏并将近年历届验收海运米石户部侍郎仓场侍郎开列名单恭呈御览伏乞皇上训示谨奏请旨

谨将历届验收海运漕粮商米户部侍郎仓场侍郎开列名单恭呈御览

道光二十六年收买江苏商米一万一千四百石奉旨派户部左侍郎臣柏葰仓场侍郎臣陈孚恩

道光二十七年江督奏请派收江浙商米四十一万余石奉旨派户部右侍郎臣花沙纳仓场侍郎臣陈孚恩

道光二十八年验收海运正漕米一百九万六千余石奉旨派户部右侍郎臣朱凤标仓场侍郎臣宗室德诚

咸丰元年验收海运白粮七万二千余石奉旨派仓场侍郎臣朱嶟

咸丰二年正月十五日具奏

奉朱批著派孙庆届期前往验收钦此

陆建瀛片

再本年苏州松江常州镇江太仓等五府州属起运漕白粮米业经臣等奏蒙谕旨全由海运将来天津交兑事宜最为繁重必须谙练漕务廉干有为之员庶克经理前于海运章程内奏委苏松粮道倪良耀赴津总司其事惟筹办拨船稽核米数一切事务较繁上届均随带丞倅各员同往照料有案查有候补知府洪玉珩候补同知王家佩朱钧梁逢辰候补知县吴煦等堪以随同倪良耀赴津俟沙船到时即会同直隶地方官妥为办理庶几各专责成谨合词附片陈明伏乞圣鉴谨奏

咸丰二年二月十二日

奉朱批知道了钦此

直隶总督臣讷尔经额片奏

再查本年江南苏松常镇太五府州属应征咸丰元年漕白粮米全由海运接准部咨行令遵照旧章派委道员赴津会同天津道设局总理并一切如何照章筹办之处迅速奏明报部以凭核办等因查南粮海运会有奏定章程上届即系循照旧章并无应行变通之处本年海运漕粮应照案派委道员前往会办查有清河道谭廷襄堪以派委驻津会同天津道遵照旧章迅速办理除经檄饬遵并咨户部外所有派委道员前往会办海运缘由理合附片具奏伏乞圣鉴谨奏

咸丰二年二月十九日

奉朱批知道了钦此

两江总督臣陆建瀛等片奏

再本年海运米船前经奏明责令各该管水师镇将统带备弁兵船沿途防护现又派拨捕盗勇船护送出洋固昭周密惟沙船耆舵水手人数众多往往于所过口岸停泊稽延必须有人约束催趱兹据上海局委员候补知府洪玉珩禀称查有在籍刑部员外郎王承基分发安徽候补知县沈誉来均系商董熟悉海洋情愿捐资雇募水勇分为头尾两帮督押粮米北上以资约束而联声势请照道光六年海运崇明举人施彦士等押运米船成案具奏前来伏查该董等情殷报效不避风涛之险尚属急公似未便阻其报效之忱除饬遵外谨合词附斤陈明伏乞圣鉴谨奏

咸丰二年二月十九日

奉朱批知道了钦此

两江总督臣陆建瀛江苏巡抚臣杨文定跪奏为恭报海运漕白粮米已装各船开至十滧守风放洋日期循案先行由驿驰奏仰祈圣鉴事

窃照苏松常镇太四府一州属咸丰元年漕白粮米经臣等奏奉谕旨全由海运当饬将漕白米色加意挑选责令苏松粮道倪良耀苏松太道吴健彰复加查验招雇沙船装运在案兹据各属将头批米石陆缗剥运赴沪随到随验督饬兑装截至正月三十日止计共兑漕粮正耗等米三十八万五千五百一十六石零白粮正耗米二万一千四百二十七石零内除应给沙船漕白耗米及津通食耗二米外实共起运交仓漕白粮米三十六万七千三百八十一石零分装沙船三百余只所有应给水脚等项分别给发清楚取具领状互结并委员查明各船随带器械饬令驶出吴淞口至十滧寄碇守过二月初八日风信放洋北上由司道暨上海局员详请具奏前来伏查海运沙船出口先经札委崇明县知县孙丰驰往十滧稽查催趱克期放洋并令水师镇将带兵沿途巡哨防护俟米船放至十滧齐帮统于二月初八日后察看风色顺利联艅开行惟此时海洋虽属平静而漕粮为天庾正供尤当慎益加慎查上海设有勇船捕盗甚为得力兹特派艇船六只开风船二只水勇五百名即令勇头王之敬管带护送米船出洋与沿途水师各营气势联络以壮声威而昭慎重除催令续后米石赶紧源源兑运依限二月内全数开洋不准稍有迟逾一面飞咨本省邻省沿海各镇营督带兵船严密巡护并咨户部查核外合将海运米石已装各船开至十滧守风放洋日期谨照案会同漕臣杨殿邦恭折由驿驰奏伏乞皇上圣鉴谨奏

咸丰二年二月十九日

奉朱批知道了钦此

两江总督臣陆建瀛江苏巡抚臣杨文定跪奏为海运漕白粮米责成沿海各镇营亲督师船妥为防护恭折具奏仰祈圣鉴事

窃臣等遵旨筹议海运一案已胪列章程具奏内巡哨防护一条声明沿海水师巡防是其专责毋庸派员调兵押送转致稽延即令各该管水师镇将统带兵船护送出境仍咨直隶山东等省一体防范接护在案兹准钦差户部尚书孙咨开漕粮为天庾正供该督抚等所称毋庸另行派员调兵即令各该水师护送接护一节自系为专其责成以免诿卸起见惟专任者何人分任者何人如何严饬各该员弁实力奉行不致稍有松懈并于各省交界处所如何严密防范声息相通不致互相推诿之处未据详细声叙相应飞咨即将咨询各款熟筹妥议迅速具奏并由江省飞咨山东巡抚直隶总督一体遵照办理以免疏虞等因查道光六年二十八年两次海运均派委武职大员带兵护送六年系派兵六百名二十八年系派兵一千名原为慎重其事无如各营远近不一未能刻期到齐以致兑米之后守候稽延因而盗贼生心米质被罨种种不便是以咸丰元年海运白粮臣陆建瀛与抚臣傅绳勋定议免派武职大员带兵护送以免停船守候转致迟延之弊是年到津妥速即其明验今届常镇苏松太四府一州漕米白粮径行海运较之专运白粮虽有多寡之殊而办理仍无二致自应查照前案沙船受兑之后即饬令陆续开洋赴津不准逗留崇明亦不准进泊山东各岛如敢故违查有损失责令该船主照数赔偿自行运津交兑其山东直隶两省亦照案咨请巡护以备不虞惟道光二十八年系开明船数米数先行咨照此次既不停泊山东一律驶赴天津收口验兑自无须先咨船米数目以省浮文臣等往返函商意见相同当饬各属遵照办理现准户部尚书臣孙　咨询前来复查苏属本年海运漕白粮米在内洋则责成署福山镇钱朝举会同提石营水师参将准升太湖协刘长清吴淞营参将陈长泰弹压巡防在外洋则责成苏松镇总兵叶长春狼山镇总兵王鹏飞各带本标水师弁兵按段稽查巡护务保无虞其山东直隶洋面仍咨请各督抚臣照饬沿海镇营各按各境严密巡查总期安抵天津勿稍疏失为要所有准咨缘由除咨覆钦差户部尚书孙查照并分别咨行外谨合词恭折具奏伏乞皇上圣鉴训示谨奏

咸丰二年二月十七日

奉朱批户部知道钦此

两江总督臣陆建瀛江苏巡抚臣杨文定跪奏为恭报海运漕粮续装数目跟接前帮放洋日期谨再由驿驰奏仰祈圣鉴事

窃照苏松常镇太五府州属漕白粮米全由海运截至正月三十日止共兑交仓漕白正耗米三十六万七千三百余石业经臣等由驿驰奏在案兹据上海局委员候补知府洪玉珩等详报截至二月二十日止兵续兑漕粮正耗等米三十二万三千六百十五石零白粮正耗等米二万七千五百十一石零内除应给沙船耗米以及津通食耗等米外实该起运交仓漕白正耗米三十一万六千八百二十四石零分装沙船三百余只其应给水脚等项照案发给清楚并饬委员查明各船随带器械一律驶出吴淞跟帮开行连前共船六百余只统计交仓米六十八万四千二百余石接续放洋北上其余米石仍督令赶紧斛兑开行详请具奏前来伏查运米沙船出口现经照案咨会水师镇将带兵沿途巡哨防护俟米船放至十溦齐帮察看风色顺利联艅开行并特派上洋勇船护送出洋臣等仍催令续后米石赶紧源源兑运勒限二月内全数开洋不准稍有迟逾一面飞咨本省邻省沿海各镇营督带兵船严密巡护以昭慎重除将续兑米数咨部查核外合将海运米石续装沙船开行日期谨照案会同漕臣杨殿邦恭折由驿驰奏伏乞皇上圣鉴谨奏

咸丰二年三月初七日

奉朱批知道了钦此

仓场侍郎臣庆臣朱跪奏为委派坐粮厅随同兑收海运漕粮仰祈圣鉴事

窃臣等接准户部咨开本部具奏查验海运漕粮请钦派大臣一折咸丰二年正月十五日奉朱批著派孙庆届期前往验收钦此移咨前来臣等查道光六年二十八年海运成案向派坐粮厅一员带领经纪人等随同查验兑收此次苏州松江常州镇江太仓四府一州漕白粮米均由海运自应查照旧章办理臣等公同商酌拟派坐粮厅刑部郎中毓钟随同认真查验并饬慎选妥实可靠经纪人等前往斛收严禁从中需索等弊总期于漕务仓储均有裨益理合恭折奏闻伏乞皇上圣鉴谨奏

咸丰二年二月十一日奏

本日奉旨知道了钦此

卷二·谕旨　章奏

验米大臣臣孙臣庆跪奏为遵旨前赴天津验收海运南粮先期恭请圣训事

窃本年正月十五日臣部奏请钦派验米大臣一折奉朱批著派孙庆届期前往验收钦此钦遵在案臣等查海运南粮到津向由两江总督直隶总督各派委员驻津设立总局其应办一切事宜理宜先事豫筹督率妥办伏查道光二十八年系于三月初二日请训率同随带司员起程其时上海沙船尚未探有进口消息此次自应照办酌于三月初间起程前往至海洋风信靡常万一风帆顺利能于本月底探有进口信息臣等即行前往不必拘定三月初间日期合并声明除俟将届起程再行恭折具报起程日期外理合先行跪请圣安恭聆训海是否有当伏乞皇上圣鉴谨奏

咸丰二年二月十八日具奏

本日奉旨知道了钦此

山东巡抚臣刘源灏跪奏为备陈筹办本年海防情形仰祈圣鉴事

窃照东省海防自道光三十年间经前抚臣陈奏改水师镇将增设弁兵添造战船系为整顿之计上年新营立定镇将陆续到任战船亦由粤东成造回东各事甫有就绪而新兵未及训练七月间突有粤匪劫占战船之事水师游击副将或已畏罪自尽或已参革治罪镇臣陈世忠守备黄富兴相继追贼南行水师为之一空幸值冬令撤防暂安无事现届春融指日南风司令粤匪布兴有虽经投诚而沿海凶徒恐未必止此一股难保不乘风联艅北驶

本年江省苏松等府州漕粮均由海运洋面防卫事宜更较常年吃重溯查道光六年及二十八年江省海运经过东洋一切稽查防护历有旧章臣现亦照案先期筹备如登州府属荣成县之石岛为全洋扼要拟派委登州府知

府汪承镛督率该县文武往来弹压此外如文登县之威海福山县之烟台蓬莱县之庙岛以及荣成县之俚岛等处亦拟由省遴委干练州县佐贰等官分驻巡防并饬沿海各州县团练壮勇分扼口岸以杜内匪偷越惟海口究察责在文员洋面护送责在水师现在水师一镇三营仅止前营实缺游击罗朝辅一人旧有战船年久失修不堪驾驶二十九年添造之红头快船亦止能内港追袭不能驶出大洋冲锋临敌上年被贼先后劫占之新造广艇开风等船虽经在浙省缴回九只奉旨饬令黄富兴押回而该守备因另有委造盛京战船于未奉饬知以前由浙径行赴粤经前抚臣陈飞檄饬令折回现尚未据禀报回浙且闻在浙省收回各船多有破损是否尚堪修补驾回备用抑竟须拆造之处似难悬拟必须该守备回浙后饬令会同浙省委员勘明情形禀覆到日方能酌办约计开洋以前实已赶办不及是现在情形既无镇将又无师船而百余万天庾正供指日连樯北来设有疏虞所关匪细臣通盘筹计所需战船尚可循照前数年办理成案不惜经费在沿海各口岸募雇商船顶替酌配兵勇巡防

惟水师将领非陆路武员所能庖代查新任水师登州镇臣武迎吉系上年十二月间由江省京口协副将奉旨简放文登协水师副将陈胜元后营水师游击陈廷芳系上年十月闰由部掣补除陈胜元旋经升补江苏福山镇总兵其遗缺尚未经部掣补外其余各员现时均未到任相应请旨饬催新任登州镇臣武迎吉并敕部飞催新任后营水师游击陈廷芳迅速来东任事以专责成其文登协水师副将亦请由部即行掣补俾免旷误

抑臣更有请者查道光六年江省海运北来该省遴派武职大员护送并派兵六百名沿海巡防二十八年亦派武职大员护送加派兵一千名本年海运两江督臣陆建瀛等以沿海巡防各有专责毋庸派员调兵押送应咨直隶山东等省接护等因经户部议准咨会在案臣伏思两江督臣议改章程自系为各专责成以杜诿卸起见惟查道光六年东省洋面甚为平静即二十八年间虽有闽匪阑入洋氛亦未甚炽而上两次海运过东尚资江省兵威以备不虞三十年以后闽粤凶匪谙习东洋形势乘虚规伺如上年之劫占战船扑攻口岸势甚倡獗现值东省水师无将无船即多雇商船酌配兵勇分段巡护亦恐声势单弱不足以资捍卫臣非敢妄冀推诿而以本年情形参较上两届旧章不容不思患豫防倍加慎重可否吁恳天恩俯赐敕谕两江督臣仍循旧章于海运开行时遴委武职大员带兵北来防卫俾东省水师藉资声威以免疏虞之处出自圣裁为此恭折具奏伏乞皇上圣鉴谨奏

咸丰二年二月二十三日

奉上谕刘源灏奏筹办海防情形一折已明降谕旨令武迎吉等迅赴新任矣本年海运山东省水师将弁不敷巡防自系实在情形惟请饬江苏遴派武职大员北来防卫一节业据陆建瀛等奏定章程并分咨直隶山东等省沿途接护又据称饬令江苏在籍员外郎王承基安徽候补知县沈誉来等雇募水勇分为头尾两帮督押粮米起运是江苏已有勇船防护不致漫无约束况米船现经陆续开洋若此时始令派委大员转恐迁延时日缓不济急该署抚仍照现定章程妥为办理毋庸再议更张至登州镇总兵武迎吉计日即可到任该省水师情形应如何整顿之处即著与该镇随时会商筹办实力操防毋得稍存诿卸致有疏虞也将此谕令知之钦此

两江总督臣陆建瀛江苏巡抚臣杨文定跪奏为恭报海运漕粮全数兑竣跟接前帮一律放洋谨再由驿驰奏仰祈圣鉴事

窃照本年苏松常镇太五府州属漕白粮米全由海运截至正月三十日二月二十日止两次兑竣沙船六百余号共装起运交仓漕白正耗米六十八万四千二百余石业经先后奏报在案兹据苏松太道吴健彰等详报三月初三日止将各属应运漕白等米全行兑装完竣合计连前解兑漕粮正耗米一百七万八千六百石零白粮正耗米八万一千三百三十一石零内除沙船耗米八万五千一百四十石零津通食耗二米二万七千九百四十一石零实在交仓漕白正耗米一百四万六千二百五十五石零共装沙船八百余只其应给沙船水脚等项银两均经发给清楚仍饬委员查明各船随带器械赶紧跟帮开行放洋北上详请具奏前来伏查沙船放洋全仗风色现值天气晴和如果南风顺利船行可期稳速所有初次装运沙船现据崇明县禀报放洋二百九十只在后未放各船恐有疏虞臣杨文定即日亲赴上海督催严饬各沙船赶紧跟帮行走毋任稍有稽延并令勇船带领水勇护送出洋自畲山至山东石岛为止一面飞咨本省邻省沿海各镇营督带兵船严密巡护以联声势现在江省洋面安静堪以仰慰宸廑除将船号米数咨部查核外合将海运米石全行兑竣开行日期谨照案会同漕臣杨殿邦恭折由驿驰奏伏乞皇上圣鉴谨奏

咸丰二年三月十五日

奉朱批知道了钦此

仓场侍郎朱跪奏为委派大通桥监督于海运漕粮到通时分班赴坝照料查催以杜弊端而昭迅速仰祈圣鉴事

窃照大通桥满汉监督二员专司转运历年漕粮由通运桥经抽查御史督同该监督等掣量斛面遇有短欠著落各经纪赔补一面督率车户人等将应进各仓粮石分投转运历经遵办在案今年河海并运前经臣等奏派满坐粮厅毓钟随同臣庆赴津验收海运粮石左通惟汉坐粮厅一员若海运与东粮并到照料恐有未周查起运漕粮由里河各闸搬抗过载沿途无不抛洒短欠及乘间偷漏情弊甚至石坝号房积压粮袋各闸积压载船轮转不能迅速必须认真查催不任稍滋流弊方臻周密臣已严饬坐粮厅详细查验务期一律干洁至由坝运桥米石应请派委大通桥满汉监督中留一员在桥抽掣分一员在坝轮流照料并沿闸一带往返稽查如有前项弊端立即禀明惩办如此层层稽查催攒转运既能迅速而闸坝等处亦可清其流弊是否有当伏祈皇上圣鉴再臣庆　现赴天津验收海运粮石未及列衔合并声明谨奏

咸丰二年三月十四日奏

本日奉旨知道了钦此

验米大臣臣孙臣庆跪奏为遵旨赴津验收海运南粮谨将现办情形恭折奏祈圣鉴事

窃臣等于本月初四日由各路起程初十日行抵天津直隶委员清河道谭廷襄亦于是日抵津会同天津道张起鹓天津府钱炘和等办理总局事务臣等督饬随带司员臣部郎中董醇主事振麟王友端成琦坐粮厅毓钟并该镇道等熟商妥办其先期哨探乘潮迎护导引进口挽排水次查验米色监视斛收配给拨船疏通河道收发器械催空出口一切事宜由该镇道等遴委丞倅将弁各司其事次第整齐本年沙船放洋较蚤先于本月初三日接据天津镇道呈报沙船抵津信息现在沙船陆续进口截至本月十六日止业经到津共计沙船一百二只计装漕白粮米十三万三千余石其在后各船闻已源源而来现在江苏委员同知梁逢辰朱钧同带铁斛来津据称苏松粮道倪良耀现已在途不日可到臣等督饬该司员会同坐粮厅暨江苏直隶两省委员三面眼同较明斛只一面催令拨船移近沙船臣等率同司员坐粮厅等亲赴河干查验米色尚属干洁即令赶紧斛收分起拨运此后续到船只亦即逐日逐船认真查验饬令随验随收俾得早为运通以期迅速蒇事所有验收海运南粮现办情形理合恭折具奏伏乞皇上圣鉴谨奏

咸丰二年三月十八日

奉朱批知道了钦此

仓场侍郎臣朱跪奏为海运漕白粮米抵通开斛起卸日期恭折奏闻事窃照本年江苏省苏松常镇太四府一州漕白粮米全行海运装载沙船运抵天津由钦差大臣查验兑装剥船于三月二十二日开行北上四月初一日抵通臣郎择吉于初二日敬谨祭祀河神开斛起卸一面行令坐粮厅随到随验不许片刻停留其誊空剥船仍饬司漕员弁无分昼夜督催迅速回津接运以资轮转俾免贻误臣正在办理间据山东省德州卫首帮于初二日挽抵通坝在后各帮亦已跟接北上臣仍令坐粮厅同海运漕粮一并查验分别起卸并饬大通桥监督赶紧转运进仓毋稍稽迟所有海运漕白粮米及山东省帮船陆续抵通开斛日期理合恭折奏闻伏祈皇上圣鉴再臣庆现赴天津验收海运粮米未经列衔合并声明谨奏

咸丰二年四月初五日奏

本日奉旨知道了钦此

仓场侍郎臣朱嶟跪奏为遵旨查明覆奏仰祈圣鉴事

四月二十九日奉上谕给事中志魁奏兴平仓掣验海运交仓米石每袋均有短少请饬查办一折著仓场侍郎

确切查明据实覆奏钦此钦遵到臣衙门臣查定例经纪运米到大通桥交与车户转运进仓每十万石定掣欠二百石车户每十万石定掣欠二百五十石又道光八年经前任仓场侍郎松廷等奏掣欠逾额章程一折奉上谕松廷等议奏近来经纪掣欠米石过多谕令该仓场侍郎妥议章程具奏兹据奏从前掣欠逾额之米均经户部咨准令该经纪等折交钦两著照所议准将掣欠在额内者仍照收买余米例其掣欠逾额者援照历次成案比照市价议增五成令其折价交银每年全漕完竣后由大通桥监督核明经纪车户额内额外各数目报部应交银两一律完交嗣后著照新定章程办理等因钦此钦遵在案故经纪由石坝运米至大通桥经抽查御史每五十袋抽掣一袋一袋短少五十袋照数罚赔登记欠单将原袋交与车户分运各仓各仓御史监督抽掣如法除经纪短欠外再有短欠著落车户赔补非经大通桥掣斛之后经纪业已赔补清楚再令车户拉运进仓也故必俟漕粮完竣之时通盘覆算分晰经纪掣欠若干车户掣欠若干在额内者照收买余米例赔补在额外者即照市价酌增五咸折银赔补立法綦严所以杜偷漏抛撒之弊历经遵办在案故掣欠向来所有而未有如本年之无袋不短每袋短至六七升之多者此项短欠米石例应经纪车户赔补不为无著然非彻底根究诚如该给事中所奏积至赢千累万于仓储大有关碍

臣尝亲赴石坝屡经查验抽掣斛面多有不足随将经纪斛手人等严行枷责惩办务令添足再行过桥并严讯因何短欠如许之多据各经纪供称实因海运米石类多潮热起载剥船严密封钉及至抵通屡奉钦差大人严催起限紧迫河干不能风晾入袋转运沿闸搬抗节次过风米身收缩车路颠簸复经桥仓等处出袋掣量短欠逾多役等势处无可如何实在赔累不堪等语臣悉心体察各处询访尚属实在情形在下役人等藉端滋弊难保必无而来源未清伊适有所借口相应请旨敕下验米大臣督率司员认真查验遇有潮润发热之米即令全数风景干透再行兑剥运通以昭慎重而杜口实臣仍随时查察并严饬坐粮厅大通桥监督实力防范严禁短量偷漏使水等弊庶于仓储有裨掣欠米石统俟漕粮全数进仓后仍照旧章核明经纪车户额内逾额各若干分晰咨部照例赔补所有查明缘由理合恭折据实覆奏伏祈皇上圣鉴谨奏

咸丰二年五月初六日

内阁奉上谕朱嶟奏覆查兴平仓海运米石短少请饬验米大臣认真查验一折著户部详核速议具奏钦此

户部谨奏为遵旨速议具奏抑祈圣鉴事

咸丰二年五月初六日奉上谕朱嶟奏覆查兴平仓海运米石短少请饬验米大臣认真查验一折著户部详核速议具奏钦此钦遵于初七日抄出到部据原奏内称四月二十九日奉上谕给事中志魁奏兴平仓掣验海运交仓米石每袋均有短少请饬查办一折著仓场侍郎确切查明据实覆奏钦此钦遵到臣衙门臣查定例经纪运米到大通桥交与车户转运进仓每十万石定掣欠二百石车户每十万石定掣欠二百五十石又道光八年经前任仓场侍郎松廷等奏掣欠逾额章程一折奉上谕松廷等议奏近来经纪掣欠米石过多谕令该仓场侍郎妥议章程具奏兹据奏从前掣欠逾额之米均经户部咨准令该经纪等折交银两著照所议准将掣欠在额内者仍照收买余米例其掣欠逾额者援照历次成案比照市价议增五成令其折价交银每年全漕完竣后由大通桥监督核明经纪车户额内额外各数目报部将应交银两一律完交嗣后著照新定章程办理等因钦此钦遵在案故经纪由石坝运米至大通桥经抽查御史每五十袋抽掣一袋一袋短少五十袋照数罚赔登记欠单将原袋交与车户分运各仓各仓御史监督抽掣如法除经纪短欠外再有短欠著落车户赔补非经大通桥掣斛之后经纪业已赔补清楚再令车户拉运进仓也故必俟漕粮完竣之时通盘核算分晰经纪掣欠若干车户掣欠若干在额内者照收买余米例赔补在额外者即照市价酌增五成折银赔补立法綦严所以杜偷漏抛撒之弊历经遵办在案故掣欠向来所有而未有如本年之无袋不短每袋短至六七升之多者此项短欠米石例应经纪车户赔补不为无著然非澈底根究诚如该给事中所奏积至盈千累万于仓储大有关碍臣尝亲赴石坝屡经查验抽掣斛面多有不足随将经纪斛手人等严行枷责惩办饬令添足再行过桥并严讯因何短欠如许之多据各经纪供称实因海运米石类多潮热起载剥船严密封钉及至抵通屡奉钦差严催起限紧迫河干不能风晾入袋转运沿闸搬抗节次过风米身收缩车路颠簸复经桥仓等处出袋掣量短欠愈多役等势处无可如何实在赔累不堪等语臣悉心体察各处询访尚属实在情形在下役人等借端滋弊难保必无而来源未清伊适有所借口相应请旨敕下验米大臣督率司员认真查验遇有潮润发热之米即令全数风晾干透再行兑剥运通以昭慎重而杜口实臣仍随时查察并严饬坐粮厅大通桥监督实力防范严禁

短量偷漏使水等弊庶于仓储有裨掣欠米石统俟漕粮全数进仓后仍照旧章核明经纪车户额内逾额各若干分晰咨部照例赔补等语

臣等查海运成案曾经奏明米质之干洁总以到津时查验为凭是以此次漕粮抵津由验米大臣会同仓场坐粮厅直隶江苏各委员眼同查验明确如沙船米有霉变即由江苏委员责令该商等赔补如系好米即由坐粮厅取具该经纪米色干洁米数无亏切结督令斛收押运赴通抵通后由裹河转运大通桥均系经纪料理如有短少潮湿经大通桥及应行收米之仓监督查出均惟经纪是问不得牵涉外河剥船更不得牵涉原装沙船等因奏奉谕旨准行在案是界限既已划清斯弊窦不容牵混今仓场侍郎因兴平仓海运米石短少遵奉谕旨确查覆奏所称定例经纪由坝运桥车户由桥运仓其掣欠数目统俟漕粮完竣之时通盘核算经纪车户掣欠各若干在额内者照例价赔补在额外者照市价酌增本系申明旧例以为追赔短少地步应毋庸议至所称兴平仓短欠之米据各经纪供称因海运米石类多潮热及至抵通屡奉钦差严催起限紧迫河干不能风晾入袋转运米身收缩短欠愈多请旨饬下验米大臣督率司员认真查验遇有潮润发热之米即令全数风晾再行兑剥等语

臣等查海运章程划清界限原期各清各弊庶免临时牵混今兴平仓米石如果在津起载时即属潮热何以承运之经纪肯出具米色干洁米数无亏切结且漕粮抵通例由坐粮厅一面验收一面饬令经纪入袋转运如果米质潮湿何以该坐粮厅草率验收并不向承运之经纪严行究办追至由坝运桥由桥运仓层折既多更滋弊窦该侍郎既称借端滋弊难保必无自当责成坐粮厅及大通桥各监督逐层分别查办何以于查仓给事中志魁奏参米石短少之后仅问之借端滋弊之人即据其一面之词谓验米之初类多潮热率尔含混具奏且既据该侍郎奏称亲赴石坝抽掣斛面多有不足饬令添足再行过桥等语是该侍郎业已查验得实何以并不将短少斛面之人严参治罪照数追赔转借口于米身收缩曲为开脱以上情节均应令该侍郎据实明白回奏

至所称抵通后钦差严催起限紧迫一节臣等查该侍郎奏报起过粮数自四月初一日起至二十日止每日仅起米一万余石如再按照例限斛收三万石不知又将作何借口该侍郎所奏俱未核实当此整顿仓务之际经纪人等即使严加防范犹恐百弊滋生若再宽为纵容更觉肆无忌惮相应请旨饬下仓场侍郎朱严饬坐粮厅验收米石如查有潮湿亏短诸弊即将作弊之人送部治罪照案追赔至由石坝转运大通桥由大通桥分运各仓务各厘剔弊端实力访察断不可意存回护使经纪车户人等有所推诿如经管各官有意袒护即将承办之员据实参奏如此层层防范庶仓储稍有裨益所有臣等速议缘由是否有当伏乞皇上圣鉴训示谨奏请旨

咸丰二年五月十三日具奏

本日奉上谕前因仓场侍郎覆奏兴平仓海运米石短少各情当交户部详核速议具奏兹据该部奏称查海运成案漕粮抵津由验米大臣会同仓场坐粮厅直隶江苏各委员眼同查验由坐粮厅取具该经纪切结督收运通后由裹河转运大通桥如查有短少潮湿等弊均惟经纪是问现在兴平仓米石如果在津时即有弊混该经纪何肯出具切结追至抵通验收该坐粮厅何以率行转运且既经查仓给事中参奏该侍郎又将斛面短少查验得实何以不将舞弊之人严参治罪照数追赔辄据经纪等一面之词归咎于天津验米大臣著朱嶟据实明白回奏当此整顿仓务之际若不严加惩创更恐肆无忌惮即著该侍郎等严饬坐粮厅验收米石如查有潮湿亏短等弊即将舞弊之人送部治罪照例追赔至由石坝转运大通桥后分运各仓务各厘剔弊端实力访察如经管各官意存回护亦著据实参奏毋稍徇隐余依议钦此

户部谨奏为海运剥船通坝验收迟滞请旨严催以肃漕政仰祈圣鉴事

窃维本年河道阻滞重运维艰幸赖海运漕粮稍资接济在受雇之沙船急公应募航海而来尤当迅速验收俾得及早回空别谋生计而天津验收之迟速总以运通之剥船能否轮转为凭前因东粮同时并到臣等以剥船抵通交卸后仍须折回天津装运与东粮交卸后无须再运者不同当即移咨仓场严饬坐粮厅先尽剥船验卸不准片刻停留并经钦差验米大臣于验收起运情形折内奏奉谕旨准行各在案嗣据验米大臣咨称漕粮抵通坐粮厅每日例应起米三万石现在通坝每日仅起米万余石并有停验日期以致剥船沿河停泊待验积压至二十余里之遥沙船人等守候半月之久尚未挂剥纷纷拦舆呈控环跪哀求在津办理十分掣肘等语

又经臣部移咨仓场将指饬各情形迅即咨报验米大臣查核并咨覆臣部以凭核办等因亦在案兹据仓场咨

鉴事

窃照本年海运苏松常镇太四府一州漕白米一百六万二千一百六十五石零自津运通应需剥船水脚及一切经杂各费由江省解到九四平银一十三万两除剥解坐粮厅通仓协贴等银一万五千三百两实收银一十一万四千七百两存留天津道库备用兹据清河道谭廷襄天津道张起鹓会呈称本年海运需用官民剥船水脚并苫盖剥船席片溜席筒以及民船守候口粮押运员弁兵役薪水饭食迎护导引哨船弁兵口粮一切经杂各费经钦差大臣督饬该道等会同江苏委员撙节动用兹已事竣该道等逐细勾稽核实销算并将收回苫舱席片估计变价就款开除共用九四平银一十一万四千六百九十四两零折实库平银一十万七千八百一十二两零尚余九四平银五两零检查道光六年海运剥价因动支漕项银两系报部之款是以造册报销其一切经杂各费由江省在外筹款奏明毋庸造报二十八年剥价等银江省系在津贴旗丁帮费银内拨解并非解部之款亦经奏明毋庸报部本年江省解到银两系照案在于应给帮费内筹拨应请奏明毋庸报部核销仍分项造具细册详咨江省归入商船水脚等项彙案办理所有用剩银五两零查升任江苏粮道倪良耀前因应解坐粮厅协贴等项银两不敷支解在于天津道库借拨银二千九百八十七两零应将前项余银划抵尚未还借垫九四平拨银二千九百八十二两零请咨江省解交归款等情造册会详请奏前来臣按款复核并检查道光六年海运漕粮需用剥价及一切经杂各费按米摊算每百石需银十一两二十八年海运每百石需银十一两零本年每百石需银十两零比较上二届有减无增所有本年海运动用银两江省系由外筹拨应请循照历届成案免其报部核销仍将细册咨送江省彙入沙船水脚案内办理借垫银两催解归款外为此恭折具奏伏乞皇上圣鉴谨奏

咸丰二年八月十七日

奉朱批户部知道钦此

协办大学士直隶总督臣讷尔经额跪奏为办理海运出力人员遵旨核实保奏恳恩分别奖励仰祈圣鉴事

窃臣接准部咨咸丰二年五月二十三日奉上谕孙瑞珍庆祺奏海运事竣请将出力各员分别奖励一折本年南粮海运前曾派孙瑞珍等前往天津督饬各该员妥为筹办现在全数兑收各该员等著有微劳自应分别加恩其天津府知府以下各员及由通州调往之委员营委将弁并佐杂各员均著咨明该督分别请奖等因钦此并准钦差户部尚书臣孙仓场侍郎臣庆将直隶所派文武员弁并由通带往各员衔名开单咨送到臣仰见圣主激励人材微劳必录之至意惟查单开共计一百五十九员之多自应分别出力之等差核实办理随饬总办局务之清河道谭廷襄天津道张起鹓暨藩司会同查明核议详请奏奖前来伏查本年办理海运臣先期派委营员出洋瞭探迎护天津总局经管文案稽核支销监视兑斛调拨剥船押运米石催重儹空事务较烦而沙船进口之事加以官民剥船二千数百只水手人等一时汇集弹压稽查尤关紧要当经分委员弁各司其事数月以来均能不辞劳瘁奋勉从公迅速蒇事不无著有微劳仰蒙圣恩准令分别请奖谨遵旨择其尤为出力文武二十三员请旨分别鼓励以昭激劝又出力稍次文武共三十二员并请敕下部臣分别从优及量予议叙谨依次开单恭呈御览此外各员弁由外存记容臣随时酌量奖励理合恭折具奏伏乞皇上圣鉴训示谨奏

咸丰二年六月二十八日

奉上谕讷尔经额奏遵保办理海运出力人员一折本年办理海运直隶派委各员弁等或综理文案或斛收监兑或调拨剥船或催儹稽查均属著有微劳自应分别奖励天津府知府钱炘和广平府同知钟瑞天津县知县谢子澄新城县知县郑士蕙宣化府经历宋嵩庆天津镇标葛沽营游击薛成龙大沽协左营都司吴璋均著以应升之缺升用候补知府金铠著遇有本班应补缺出尽先补用天津府海防同知候选知府高应元著以知府归部尽先选用清苑县县丞捐升知县汪鸣和著开缺以知县留于直隶归候补班补用河工候补县丞捐升知县于藩著以知县留于直隶归本班尽先补用仍各照例捐足再行序补建昌县巡检捐升主簿陈克昌著开缺以主簿留于北河补用捐班前先用按察司经历费德声本班尽先补用县丞于恒吉遇缺即补县丞刘杰河工本班尽先补用县丞祥瑞河工分缺间用主簿熊琦均著归候补班先用候补府经历龚焕候补直隶州州判唐树翼北河候补县丞高维翰北河候补从九品孙冬旭试用从九品盛祖培试用府仓大使汪葆光均著尽先补用杨村通判厉维梁山海关通判乌林泰即用知县萨炳阿试用知县吴应台叶增庆州同衔天津县县丞王恒谦任丘县县丞俸满卓异候升程椿武清县河

西务主簿邹在人霸保主簿朱浩良北河遇缺即补从九品许忠阜平县典史汪榕井陉县典史陈廷赓天津县杨青驿驿丞杨承杰天津镇标中军游击吴灿署天津镇标城守营都司题升东明营都司毛文藻大名镇标长垣营都司白含章天津镇标左营守备梁运彰署天津镇标右营守备阜城汛千总哈清魁正定镇标左营守备王恩洪天津镇标大沽协左营把总刘淳海口营把总王宝庆左营把总刘翼云河间协右营商家林汛把总沈凤鸣大沽协左营外委杨殿臣大沽协海口营外委杜来增景州营吴桥汛外委杨瑞城守营外委王恩溶均著交部从优议叙东路同知吴承祖通州知州布彦海河主簿升补故城县县丞郑继勋天津县葛沽巡检楼东淇天津县典史刘玉衡均著交部议叙余著照所拟办理该部知道单并发钦此

为钦奉事咸丰二年九月十九日内阁奉上谕陆建瀛等奏海运安稳护邀神佑请加封号匾额一折上年苏州松江常州镇江太仓四府一州漕白米石俱由海运该抚杨文定于督办之初即叩祷天后风神海神各庙虔求佑助嗣沙船先后放洋妥速抵津米石并无伤损神灵默佑钦感良深著发去大藏香十柱交陆建瀛杨文定祗领遣员分诣各处神庙敬谨祀谢天后屡彰灵应叠加封号此次海运利漕安澜显应尤著著礼部察例拟加封号候朕酌定并发去御书匾额交该督等敬谨悬挂以答神庥其风神海神并著礼部一体拟加封号以昭灵贶钦此钦遵于十七日抄出到部十九日由厅发司前来相应抄录原奏恭录上谕行文两江总督江苏巡抚一体钦遵查照并知照礼部系如何拟加封号务于拟定其奏后知照本部以凭查核暨移会稽查处稽察房户科江南道可也

卷三·本部咨文及接收咨呈

为咨行事查海船自南赴北总以夏令以前为宜所有明年苏松粮道所属漕白粮海运比较道光二十八年米数尤多更宜赶紧筹办相应飞咨两江总督江苏巡抚漕运总督严饬承办海运各员于验收装兑一切事宜务须提前赶办一俟装兑齐全即饬看定风色催令放洋长行连帆北上以期四月以前悉数抵津早达天庾事关重大该督抚等自必迅速办理及早蒇事慎勿稽迟于事前贻误于事后致令京糈重项或有意外之虞可也咸丰元年十二月十二日咨

为咨行事查白粮一项系供内廷及光禄寺等项应用理宜倍加慎重向俱装载麻袋堆架船舱以便透气免致发热霉变道光二十八年办理海运内白粮一项及本年白粮海运均系如此办理所有明年苏松粮道所属白粮海运自宜遵照妥办相应飞咨两江总督江苏巡抚转饬承办各员谆切晓谕各该商船务将白粮全装麻袋堆架船舱毋得散放在舱致令气欝不宣发热变色傥有疏率以致抵津交收掣肘往返驳换惟承办各该员是问事关内廷应用万勿稍存大意可也咸丰元年十二月十二日咨

为咨行事本部于道光二十七年十一月议覆海运折内钦奉上谕所有道光二十八年苏州松江太仓二府一州漕白粮米改由海运其漕粮米石务令完交一色干洁粳米不准稍有搀杂白粮一项亦著普律干洁等因钦此钦遵办理在案查苏松粮道所属漕粮例应兑收干圆洁净一律粳米迥非捐输米石籼粳并纳可比白粮一项尤宜干洁若有色质柔嫩及籼米搀杂临时驳换则往返耽延迁就入仓则不堪储蓄所有明年苏松粮道所属漕白粮米海运务须兑交一色干洁之米不准稍有柔嫩搀杂致令抵津交收掣肘相应飞咨两江总督江苏巡抚漕运总督严饬所属实力奉行傥经征州县及监兑各官稍有疏率不免柔嫩潮润及籼糠搀杂只有奏明驳换立饬补运并将经征及监兑各员严行参处其水脚银两即著落该员等照数赔补断不能将就起卸至江苏应解天津用款并令先期解交天津道库豫备剥价等项之用万勿迟误可也咸丰元年十二月十二日咨

为咨明事咸丰二年二月初一日准总督仓场咨据坐粮厅呈称查道光六年海运案内经户部议准照置袋例添置口袋五万条木斛一百只均于通库轻赍项下给发以备带津露囤起卸应用事竣报部核办在案迨道光二十八年海运蒙前任堂台接准户部咨照道光六年成案仍添置口袋五万条旧存木斛一百只因历年久徐尚堪修整者十五只余俱朽请添造八十五只以备应用亦在案但本年海运四府一州漕白米数较多倘遇蜂拥而来势必

在津露囤尤须多备口袋方免贻误职等再四筹画惟有仍照上两届成案添置口袋五万条以备急需请祈堂台鉴核示遵俾得预为赶办等情前来查上届海运案内循照旧章添置口袋五万条未办露囤均未动用现在通济库经费支绌亦应撙节所有此次海运循例添置口袋一节拟以毋庸备办是否可行相应咨明本部查照等因前来

查上两届海运案内添置口袋五万条以备带津露囤起卸应用均因起卸露囤事涉纷繁未经举行是以口袋均未动用本届办理海运既据仓场咨称现在经费支绌亦应撙节所有循例添置口袋一节拟以毋庸备办等语自系为撙节经费起见应如所咨办理惟露囤既未豫筹剥运尤宜迅速查二十八年正月本部议覆直隶总督筹议海运事宜一折内称剥船抵通交卸按照海运每日起米章程计算每四万石不过一日即可起卸清完通壩诚能一到即验一验即收则剥船得以迅速回空轮转装载自不致有剥运不及之虞等因遵办在案应仍咨仓场谆饬坐粮厅于剥船抵通之时务即赶紧验收俾剥船迅速回空藉资周转不得稍有稽迟积压以致临时周章贻误漕务可也咸丰二年二月初七日咨

江苏巡抚杨文定为详请咨明事据署苏州布政使岳兴阿署苏州按察使吴葆晋苏松督粮道倪良耀苏松太道吴健彰会详称窃照苏省今届咸丰元年漕白粮米议行海运所有赴津交米事宜现奉奏派职粮道前往经理其在津办理一切文移应即以道印带往钤用随带经理之候补知府洪玉珩候补同知王家佩朱钧梁逢辰候补知县吴煦并随带赴津差遣之粮道库大使徐森培金匮县主簿王汝金周庄司巡检何本忠候补道库大使鲁鸿飞苏州府知事孙承履候补布经历高镜涵等循照上届道光二十七年成案饬令各刊正字钤记印用以昭信守相应具文详候咨明仓场各部直隶督院查照等情到本部院据此除分咨外相应咨达为此合咨贵部请烦查照施行须至咨者咸丰二年二月二十一日到

为飞咨事本部查二月二十一日由内阁抄出直隶总督片奏派委道员驻津会办海运缘由一折内称南粮海运曾有奏定章程上届即系循照旧章并无应行变通之处等语查本届海运江苏督抚酌定办理章程折内奏称上届剥船食米系给发折色经纪耗米系收买沙船余米本届海运应请备带本色等语经本部议准并声明剥船经纪如有分赔之案经纪项下例在于耗米内计除其剥船项下作何办理之处应令直隶总督谆嘱详查妥议务使米归有著不准颗粒延欠等因奏准并行知在案现在尚未据该督将剥船项下若有应赔米石如何详查妥议俾归有著之处详细报部相应飞咨直隶总督迅将剥船项下妥议章程报部查核以便移咨钦差验米大臣查照办理毋任疏忽于事前周章于事后并札行天津道可也咸丰二年二月二十六日咨

江苏巡抚杨文定为详请事据署苏州布政使岳兴阿详称窃照苏松常镇太五府州属咸丰二年海运元年分漕白粮米遵旨筹议改由海运业经援案酌提向年给帮津贴作为南北一切经费以备支用并筹议运解章程详蒙派委苏松粮道前往天津督办交米事宜一并具奏在案现准苏松粮道来咨查上届海运旧章除轻赍由闸竹木等项照例由道批解外其余天津官拨民拨雇价及通仓经纪夫役饭食等项均由苏省筹备解交天津道库由江苏交米委员会同直隶委员按照起运米数分别支应此次奏明照案办理惟通仓应给个儿钱一款向由本道衙门在于旗丁领款内扣存交总运厅员带解赴北本与轻赍由闸竹木等款无异应请仍照河运章程由本道自行领解转给外其余拨价等款约需京平银一十三万两咨请分批解储天津道库蚤日起程北上俟到津后会同直隶省委员查照例案支用等因前来查有委赴天津听候差遣人员堪以即饬管解兹本署司拟派金匮县主簿王汝金领解第一批银四万四千两九四折实银四万一千三百六十两计装四十一鞘苏州府知事孙承履领解第二批银四万三千两九四折实银四万四百二十两计装四十鞘候补道库大使鲁鸿飞领解第三批银四万三千两九四折实银四万四百二十两计装四十鞘统共银一十三万两九四折实银一十二万二千二百两前赴天津道衙门交收备用除札饬该员等赴司领银起解外相应由司填具苏字一千四十二三四号司批三张呈送挂号缮具兵牌捎牌札文一并饬发以凭转给赍解并请飞移直隶总督山东抚院饬行沿途营汛州县派拨妥干员弁选拨劲兵加谨护送其应用勘合现移臬司衙门填用合并声明除分别给文委员王汝金等饬令解赴天津道查收外相应咨明为此合咨贵部请烦查照施行须至咨者咸丰二年二月二十七日到

为详请事咸丰二年二月二十七日准江苏巡抚杨文定咨据署苏州布政使岳兴阿详称窃照苏松常镇太五府州属咸丰二年海运元年分漕白粮米遵旨筹议改由海运业经援案酌提向年给帮津贴作为南北一切经费以备支用并筹议运解章程详蒙派委苏松粮道前往天津督办交米事宜一并具奏在案现准苏松粮道来咨查上届海运旧章除轻赍由闸竹木等项照例由道批解外其余天津官剥民剥雇价及通仓经纪夫役饭食等项均由苏省筹备解交天津道库由江苏交米委员会同直隶委员按照起运米数分别支应此次奏明照案办理惟通仓应给个儿钱一款向本道衙门在于旗丁领款内扣存交总运厅员带解赴北本与轻赍由闸竹木等款无异应请仍照河运章程由本道自行领解转给外其余剥价等款约需京平银一十三万两咨请分批解储天津道库早日起程北上俟到津后会同直隶省委员查照例案支用等因前来查有委赴天津听候差遣人员堪以即饬管解兹本署司拟派金匮县主簿王汝金领解第一批银四万四千两九四折实银四万一千三百六十两计装四十一鞘苏州府知事孙承履领解第二批银四万三千两九四折实银四万四百二十两计装四十鞘候补道库大使鲁鸿飞领解第三批银四万三千两九四折实银四万四百二十两计装四十鞘统共银一十三万两九四折实银一十二万二千二百两前赴天津道衙门交收备用除札饬该员等赴司领银起解外相应由司填具苏字一千四十二三四号司批三张呈送挂号缮具兵牌捎牌札文一并饬发以凭转给赍解并请飞移直肄总督山东抚院饬行沿途营汛州县派拨妥干员弁选拨劲兵加谨护送其应用勘合现移臬司衙门填用合并声明除分别给文委员王汝金等饬令解赴天津道查收外相应咨明等因前来相应移行验米大臣直隶总督总督仓埸并札行天津道查照可也咸丰二年三月初三日咨

贵州司为呈请事咸丰二年二月十八日据山海关监督哈当阿呈称本年二月接准江苏巡抚咨据上海海运总局委员详称商船郁森盛等禀称道光六年筹办海运准带二成货物缘直隶天津口向无大贾贸易未能悉数销售须转往奉天牛庄口易货奏明免税迨上届二十八年海运漕粮上海 出口免税悉照六年成案惟抵津卸米即奉押出所有准带二成免税货物仍须转往奉天及船抵牛庄报关查验据胥役声称未奉明文免税仍应完纳现届又奉海运商等值差承运而准带二成免税货物仍转往奉天易货第恐该关胥役藉称未奉明文推诿羁延不堪待候求请核咨示谕等情到局据此理合具文分咨山海关出示晓谕等情到院据此相应知会山海关监督查照核办等因

查道光六年海运系该省奏准免税并给有运米商船护照粘单声明免其二成之税又复奉有部文是以免其纳税复查道光二十八年海运亦系该省奏请因未奉有部覆又运米商船并无确据粘单所有免税二成仍照例征收今该省既未奏准又未奉到部文未敢率行据咨擅准免税且该商承运南粮又不将二成货数呈请给发照单意存取巧藉此影射偷漏如商船应行免税祈即指示如有护照粘单商船免其纳税如无护照粘单仍应一体纳税明文示覆俾得有所遵循至于未奉部文以前各口船只谨拟援照道光二十八年成案先行一体征收俟奉到部示再为遵办伏乞查照示覆等因前来查道光六年海运漕粮前经两江总督奏请每船准其八成载米酌留二成搭载货物并由海关查明免税放行计数请豁税额但不得过二成之数其自关东运豆回南仍照例输税以重关课又于二十八年两江总督李星沅片奏商船二成载货由海关查明免税计数请豁税额声明系装米千石准带货二百石论石而不论价如有二成以外之货在天津销售则在天津纳税在关东销售则在关东纳税历经遵办在案今据山海关监督呈称查道光六年海运系该省奏准免税并给有运米商船护照粘单是以免其纳税今该商承运南粮应否免税呈请部示等因当经付查云南司去后现据云南司覆称此次海运系照道光二十八年海运章程办理二十八年系照道光六年章程办理至商船护照系由苏省自行给发等语查道光六年暨二十八年海运商船八成载米二成载货均准其免税此次办理海运自应仍照旧章办理应飞咨两江总督江苏巡抚出示晓谕即于该商等起运时查照道光六年成案发给护照粘单以凭山海关查验并札行山海关监督遇有该商船到口即验明护照将装载二成货物免税放行如有二成以外之货仍照例纳税并严禁胥役人等不得留难勒索致误再运再查海运案内经过各关免征税课均准其作正开除历经奏准有案此次山海关免过二成货物税数亦应准其作正开除仍令该监督于奏报关满税数折内声明办理并将免过税银数目造具细册专案送部查核并付知云南司可也咸丰二年三月十一日到

为知照事咸丰二年三月十一日准贵州司将山海关呈称江苏运米沙船转住奉天牛庄口易货应否免税呈请部示一案办结付知前来除应行各处由贵州司自行知照外相应抄录原案飞咨验米大臣查照可也咸丰二年三月十三日飞咨

为饬查事前于咸丰二年三月初四日据天津镇道等呈报海运沙船一只于本月初一日驶抵大沽海口拦江沙外即于是日乘潮进口等因当经本部核办在案迄今十有余日未据续报进口船只相应飞札天津镇道即饬查明现在有无续到沙船迅速报部以凭查核嗣后如有沙船抵津随到随报不必拘定五日汇报可也咸丰二年三月十五日咨

直隶总督讷尔经额为会议详覆事据布政使陈启迈清河道谭廷襄天津道张起鹓会呈称蒙太子太保协办大学士兵部尚书直隶总督部堂讷札开咸丰二年二月二十七日准户部咨云南司案呈本部查二月二十一日由内阁抄出直隶总督片奏派委道员驻津会办海运缘由一折内称南粮海运曾有奏定章程上届即系循照旧章并无应行变通之处等语

查本届海运江苏督抚酌定办理章程折内奏称上届剥船食米系发给折色经纪秏米系收买沙船余米本届海运应请备带本色等语经本部议准并声明剥船经纪如有分赔之案经纪项下例在于秏米内计除其剥船项下作何办理之处应令直隶总督谆嘱详查妥议务使米归有著不准颗粒延欠等因奏准并行知在案现尚未据该督将剥船项下若有应赔米石如何详查妥议俾归有著之处详细报部相应飞咨直隶总督迅将剥船项下妥议章程报部查核以便移咨钦差验米大臣查照办理毋任疏忽于事前周章于事后并札行天津道可也等因咨行到职道天津道移会到本司布政司职道清河道蒙此遵查本年户部议覆江省具奏苏松等属漕白粮米全由海运酌定章程原折内载此次漕粮抵津仍照旧章由验米大臣会同仓场坐粮厅直隶江苏各委员眼同查验明确如系好米即由坐粮厅取具该经纪米色干洁米数无亏切结督令斛收由经纪自派亲信妥人押运交仓如剥船在路有偷漏搀和等弊立即禀知押运员弁拿交州县责令剥船赔补治以应得之罪如经纪索费不遂故纵使水偷漏然后禀明泄忿及通同作弊分肥隐匿不禀经押运委员查出或别经发觉应责令经纪剥船分成赔补并各治以应得之罪等语是剥船偷漏搀和经纪查出禀明员弁则罪在剥船如经纪索费不遂故纵使水偷漏然后禀明泄忿及通同作弊分肥隐匿不禀经押运员弁查出或别经发觉则罪在经纪兼在剥船界限清晰遇有分赔之案经纪剥船不容稍有诿卸至于米因盘量折秏经纪剥船均无弊窦应行作何办理之处虽未议及而溯查道光六年户部议覆前督院那筹议剥运事宜内载漕米落舱起岸折秏在所不免剥船户并无弊混该经纪人役不得藉词勒掯

又议覆前仓场总督百议奏起卸章程内载向年北仓截卸漕粮每米一石给秏米一升海运漕粮或对船起卸或过斛搬抗折秏较多准于每石一升之外酌添秏米五合白粮每石准给秏米一升八合各等语盖由津运通较北仓稍远是以增给秏米藉资弥补此次海运江省议奏剥船经纪食秏等米备带本色一条亦称经纪秏米系备赴通折秏之需是折秏有米可补无虞短绌第剥船户人等无弊不作若不明定章程必致借口折秏以掩其偷漏之弊本司道会同悉心核议拟请此次海运漕白粮米由津赴通如实因对船起卸过斛搬抗致有折秏剥船户并无弊混漕白粮米每石所短之米未逾一升五合及一升八合之数即在经纪秏米内扣抵倘漕米每石短米在一升五合以上白粮每石短米在一升八合以上除以应得秏米扣抵之外下短米石应即遵照部议如系剥船偷漏搀和经纪查出禀明押运员弁则责令剥船赔补并治以应得之罪如经纪索费不遂故纵使水偷漏然后禀明泄忿及通同作弊分肥隐匿不禀经押运委员查出或别经发觉则责令经纪剥船各半分赔并各治以应得之罪经纪剥船分赔之米分别著追交仓不许颗粒延欠抑本司道更有请者剥船户类皆无业贫民与其追赔于事后致费周章不若慎重于事前期有把握二十八年海运案内剥船分赔短米将船户递回天津惩处者均照数在于船户名下追缴其发交通州及解送刑部治罪之船户均因无凭追缴由直隶海运总局赔补受累非轻伏查剥船户于应得剥价之外每百石另给本色食米一石一斗五升较有盈余应请将船户所得食米于剥船内另舱存放抵通后正米无亏准其将食米领用如有分赔米石即令该船户以食米补交免致事后追缴为难若以食米补交之外仍有不敷即将剥船户发回天津由职道等照例分别治罪并在于船户名下追缴米石运通交仓务期赔米有著正供无亏所有会议缘由是否允

协拟合详请查核俯赐咨部核覆遵行实为公便等情到本阁督部堂据此相应咨明为此合咨贵部烦请查照核覆施行须至咨者咸丰二年三月十五日到

为详覆事咸丰二年三月十五日准直隶总督讷尔经额咨据布政使陈启迈清河道谭廷襄天津道张起鹓会呈称蒙准部咨直隶总督片奏派委道员驻津会办海运缘由一折内称南粮海运曾有奏定章程上届即系循照旧章并无应行变通之处等语查本届海运江苏督抚酌定办理章程折内奏称上届剥船食米系发给折色经纪秏米系收买沙船余米本届海运应请备带本色等语经本部议准并声明剥船经纪如有分赔之案经纪项下例在于秏米内计除其剥船项下作何办理之处应令直隶总督谆嘱详查妥议务使米归有著不准颗粒延欠等因奏准并行知在案现尚米据该督将剥船项下若有应赔米石如何详查妥议俾归有著之处详细报部相应飞咨直隶总督迅将剥船项下妥议章程报部查核以便移咨钦差验米大臣查照办理等因咨行到职道天津道移会到本司布政司职道清河道蒙此遵查本年户部议覆江省具奏苏松等属漕白粮米全由海运酌定章程原折内载此次漕粮抵津仍照旧章由验米大臣会同仓场坐粮厅直隶江苏各委员眼同查验明确如系好米即由坐粮厅取具该经纪米色干洁米数无亏切结督令斛收由经纪自派亲信妥人押运交仓如剥船在路有偷漏搀和等弊立即禀知押运员弁拿交州县责令剥船赔补治以应得之罪如经纪索费不遂故纵使水偷漏然后禀明泄忿及通同作弊分肥隐匿不禀经押运委员查出或别经发觉应责令经纪剥船分成赔补并各治以应得之罪等语是剥船偷漏搀和经纪查出禀明员弁则罪在剥船如经纪索费不遂故纵使水偷漏然后禀明泄忿及通同作弊分肥隐匿不禀经押运员弁查出或别经发觉则罪在经纪兼在剥船界限清晰遇有分赔之案经纪剥船不容稍有诿卸至于米因盘量折秏经纪剥船均无弊窦应行作何办理之处虽未议及而溯查道光六年户部议覆前督院那筹议剥运事宜内载漕米落舱起岸折秏在所不免剥船户并无弊混该经纪人役不得藉词勒揹

又议覆前仓场总督百议奏起卸章程内载向年北仓截卸漕粮每米一石给秏米一升海运漕粮或对船起卸或过斛搬抗折秏较多准于每石一升之外酌添秏米五合白粮每石准给秏米一升八合各等语盖由津运通较北仓稍远是以增给秏米藉资弥补此次海运江省议奏剥船经纪食秏等米备带本色一条亦称经纪秏米系备赴通折秏之需是折秏有米可补无虞短绌第剥船户人等无弊不作若不明定章程必致借口折秏以掩其偷漏之弊本司道会同悉心核议拟请此次海运漕白粮米由津赴通如实因对船起卸过斛搬抗致有折秏剥船户并无弊混漕白粮米每石所短之米未逾一升五合及一升八合之数即在经纪秏米内扣抵倘漕米每石短米在一升五合以上白粮每石短米在一升八合以上除以应得秏米扣抵之外下短米石应即遵照部议如系剥船偷漏搀和经纪查出禀明押运员弁则责令剥船赔补并治以应得之罪如经纪索费不遂故纵使水偷漏然后禀明泄忿及通同作弊分肥隐匿不禀经押运委员查出或别经发觉则责令经纪剥船各半分赔并各治以应得之罪经纪剥船分赔之米分别著追交仓不许颗粒延欠抑本司道更有请者剥船户类皆无业贫民与其追赔于事后致费周章不若慎重于事前期有把握二十八年海运案内剥船分赔短米将船户递回天津惩处者均照数在于船户名下追缴其发交通州及解送刑部治罪之船户均因无凭追缴由直隶海运总局赔补伏查剥船户于应得剥价之外每百石另给本色食米一石一斗五升较有盈余应请将船户所得食米于剥船内另舱存放抵通后正米无亏准其将食米领用如有分赔米石即令该船户以食米补交免致事后追缴为难若以食米补交之外仍有不敷即将剥船户发回天津由职道等照例分别治罪并在于船户名下追缴米石运通交仓务期赔米有著正供无亏拟合详请查核咨部核覆等情相应咨明等因前来

查江苏咸丰二年海运漕白粮米前据直隶总督附奏派委道员驻津会办折内声称南粮海运曾有奏定章程上届即系循照旧章并无应行变通之处经本部以本届海运江苏督抚酌定办理章程折内奏称上届剥船食米系发给折色经纪秏米系收买沙船余米本届海运应备带本色经本部议准并声明剥船经纪如有分赔之案经纪项下例在秏米内计除其剥船项下作何办理行令直隶总督谆饬详查妥议章程报部核办在案今据直隶总督咨称此次海运漕白粮米由津运通如实因对船起卸过斛搬抗致有折秏剥船户并无弊混漕白粮米每石所短未逾一升五合及一升八合之数即在经纪秏米内扣抵倘漕白粮米所短均逾应得之数除以应得秏米扣抵外下短米石如系剥船偷漏经纪查出禀明押遒员弁责令剥船赔补如经纪索费不遂故纵使水偷漏然后禀明泄忿或通同作

弊分肥隐匿不禀经押运委员查出或别经发觉责令经纪剥船各半分赔并各治以应得之罪分赔之米分别著追交仓并请将剥船每百石应得本色食米一石一斗五升于剥船内另舱存放抵通后正米无亏准其将食米领用如有分赔即令该船户以食米补交如仍有不敷将剥船户发回天津分别治罪著追运通交仓务期赔米有著正供无亏等语查海运漕白粮米由津运通剥船如有应赔之项既据该督妥议章程详细报部应如所咨即饬该道等将剥船食米另舱存放俟抵通时正米无亏方准领用如有应赔米石即将食米补交若再不敷除发回该道照例治罪外仍将所亏米石由该道追缴足数以重仓储惟所称剥船起卸漕白粮米每石未逾一升五合及一升八合之数即在经纪耗米内扣抵之处本部查耗米一项本系经纪领用留抵折耗之需抵有盈余留补掣欠上届业已办理在案至剥船户剥价之外本有食米一项今以剥船所亏短从经纪应得之耗米内扣除若经纪有亏短又将何以抵补所咨殊未允协且查历届海运并无经纪为剥船代扣之案应仍咨该督即饬遵照上届成案认真办理如剥船户并无弊混该经纪人役不得藉词勒措如实有搀和偷漏等弊即遵照上届分赔独赔之案核实追补总期米归有著正供无亏是为至要并飞咨钦差验米大臣查照暨知照总督仓场飞劄清河天津道可也咸丰二年三月十九日咨

江苏巡抚杨文定为详请咨明事据署苏州布政使岳兴阿详称窃照苏省咸丰二年海运元年分漕白粮米案内赴津交兑事宜前蒙奏派苏粮道随带候补知府洪守等前往经理其在津办理一切文移应否即以道印带往钤用抑照历届海运成案仍由司库借给押运关防并随带各员是否循案毋须另刋钤记之处当经本署司会同各司道详请核示分咨奉以倪道赴津即以道印带往钤用随带各员照案各给钤记现经据详分咨等因批饬遵照在案兹奉会劄苏粮道篆务查有署臬司吴葆晋堪以兼署并经苏粮道禀奉院台批司即将库储押运关防一颗速即委员赍送倪道祗领一面叙详请咨等因各到司奉此本署司伏查苏粮道篆务既蒙另委臬司兼署其倪粮道赴津办理文移自应仍用押运关防随带各员毋须另刊钤记除行知各委员遵照并将库储苏州府押运关防一颗于二月十四日委员赍送倪道祗领行用外相应详候咨明吏户部暨钦派验米大臣并仓场部堂直隶督院查照实为公便等情到本部院据此除分咨外相应咨达为此合咨贵部请烦查照施行须至咨者咸丰二年三月二十五日到

为详请咨明事咸丰二年三月二十五日准江苏巡抚杨咨据署苏州布政使岳兴阿详称窃照苏省咸丰二年海运元年分漕白粮米案内赴津交兑事宜前蒙奏派苏粮道随带候补知府洪守等前往经理其在津办理一切文移应否即以道印带往钤用抑照历届海运成案仍由司库借给押运关防并随带各员是否循案毋须另刊钤记之处当经本署司会同各司道详请核示分咨奉以倪道赴津即以道印带往钤用随带各员照案各给钤记现经据详分咨等因批饬遵照在案兹奉会札苏粮道篆务查有署臬司吴葆晋堪以兼署并经苏粮道禀奉院台批司即将库储押运关防一颗速即委员赍送倪道祗领一面叙详请咨等因各到司奉此本署司伏查苏粮道篆务既蒙另委臬司兼署其倪粮道赴津办理文移自应仍用押运关防随带各员毋须另刊钤记除行知各委员遵照并将库储苏州府押运关防一颗于二月十四日委员赍送倪道祗领行用外相应详候咨明吏部暨验米大臣并总督仓场直隶总督查照实为公便等情除分咨外相应咨达等因前来相应移咨吏部验米大臣总督仓场直隶总督并札行清河天津二道查照可也咸丰二年三月二十九日咨

直隶总督讷为详咨事据布政使陈启迈呈称据天津县详称咸丰二年三月初三日蒙坐粮厅毓牌开为饬知事照得海运漕白粮石瞬抵天津兹本部定于三月初二日起程赴津办理海运起兑一切事宜所有前经行饬该县查照办过成案应备用绳缝连席片大小竹筹装样米袋麻绳吊箩溜米席筒以及堆贮官袋斛只房屋钦差仓场暨本部办公馆舍此刻谅必均已备妥合再饬知本部起程日期为此牌仰天津县遵照可也须牌等因到院蒙此遵查前奉行知本年海运江南苏松常镇太四府一州漕白粮米共一百四万六千二百五十五石零核与道光六年并二十八年海运米石相去无多应用一切什物等项悉应照依前次成案次第备办当因席片一项零用较多卑县素非产席之区必须分赴安州宁河武清静海霸州文安大城等州县在于各集镇逐渐采买计本年海运漕白粮共一百零四万六千二百五十余石每官民剥船一只装米二百石计用剥船五千二百只每剥船一只用苫舱席二十领共用席十万四千余领内白粮剥船每只较漕粮多用席十领又每剥船一只用溜米席桶一个每桶需席四领残破随

时添补约用席二万二千余领若遇大雨时行漕白剥船所苫舱席片恐有渗漏仍照案详请加添通共约计需用席十三四万领现已照数购齐陆续运至水次备用又席桶一个需架木二根现已购备架木一万根又置备大竹筹一千根小竹筹五万根又装米样布袋上届先仅酌备四千个迨起剥时屡蒙坐粮厅檄行添置不敷实多此次仿照做备一万二千个又备灯笼五千个号旗五千面沙船兑竣旗一千面挑旗木杆五千二百根又缝绳麻绳拉绳吊箩木斛等项均已查照旧章分别买备置做如有不敷并此外需用者临时添备不致迟误并将堆贮官斛只房屋以及探哨船只验米官棚官船经纪等役棚座船只河沿码头亦俱按项雇备搭盖修筑完固除俟事竣另造清册按款报销外至钦差仓场暨坐粮厅本省总局并南省委员办公处所共计馆舍七处或借用行馆或用参商旧屋或租赁民房卑职均先经督饬工匠各按各所必须栖止办公房间分别添补粘修现已一律修补整齐油饰鲜明至房间以内应用桌椅等项亦均分别置办齐全静候各院按临除按处签派书役小心看守外所有海运事宜均已遵照分别办理缘由拟合具文详请查核转请咨部立案等情到司据此本司覆查无异拟合据情具文详请查核咨部等情到本阁督部堂据此除咨江苏巡抚外相应咨明为此合咨贵部请烦查照施行须至咨者咸丰二年四月初二日到

为详咨事咸丰二年四月初二日准直隶总督讷尔经额咨据布政使陈启迈呈称据天津县详蒙坐粮厅牌开照得海运漕白粮石瞬抵天津兹办理海运起兑一切事宜所有前经行饬该县查照办过成案应备用绳缝连席片大小竹筹装样米袋麻绳吊箩溜米席筒以及堆贮官袋斛只房屋钦差仓场暨本部办公馆舍谅必俱已备妥合再饬知天津县遵照等因遵查前奉行知本年海运江南苏松常镇太四府一州漕白粮米共一百四万六千二百五十五石零核与道光六年并二十八年海运米石相去无多应用一切什物等项悉应照依前次成案次第备办当因席片一项零用较多卑县素非产席之区必须分赴安州宁河武清静海霸州文安大城等州县在于各集镇逐渐采买计本年海运漕白粮共一百零四万六千二百五十余石每官民剥船一只装米二百石计用剥船五千二百只每剥船一只用苫舱席二十领共用席十万四千余领内白粮剥船每只较漕粮多用席十领又每剥船一只用溜米席桶一个每桶需席四领残破随时添补约用席二万二千余领若遇大雨时行漕白剥船所苫舱席片恐有渗漏仍照案详请加添通共约计需用席十三四万领现已照数购齐陆续运至水次备用又席桶一个需架木二根现已购备架木一万根又置备大竹筹一千根小竹筹五万根又装米样布袋上届先仅酌备四千个迨起剥时屡蒙坐粮厅檄行添置不敷实多此次仿照做备一万二千个又备灯笼五千个号旗五千面沙船兑竣旗一千面桃旗木杆五千二百根又缝绳麻绳拉绳吊箩木斛等项均已查照旧章分别买备置做如有不敷并此外需用者临时添备不致迟误

并将堆贮官斛只房屋以及探哨船只验米官棚官船经纪等役棚座船只河沿码头亦俱按项雇备搭盖修筑完固除俟事竣另造清册按款报销外至钦差仓场暨坐粮厅本省总局并南省委员办公处所共计馆舍七处或借用行馆或用参商旧屋或租赁民房卑职均先经督饬工匠各按各所必须栖止办公房间分别添补粘修现已一律修补整齐油饰鲜明至房间以内应用桌椅等项亦均分别置备齐全静候各院按临除按处签派书役小心看守外所有海运事宜均已遵照分别办理 缘由拟合具文详请查核转请咨部立案等情本司核查无异拟合据情具文详请查核咨部等情除咨江苏抚院外相应咨明等因前来

查海运漕白粮石抵津起兑一切事宜前据坐粮厅行饬天津县查照办过成案应备用绳缝连席大小竹筹装样米袋麻绳吊箩溜米席筒以及堆贮官袋斛只房屋办公馆舍谅必备妥合再饬知今据直隶总督咨称该县均已分别办理并据声称本年米石核与道光六年二十八年海运米石相去无多应用一切什物等项悉照依前次成案备办等语本部查道光六年海运漕白米一百六十余万石道光二十八年海运漕白米一百八万三千余石本年海运漕白米一百四万六千余石何以声称与道光六年并二十八年相去无多再二十八年尚有豫备截卸北仓铺仓席片在内现届米数既少亦并未备办截卸何以一切席片等项比二十八年反多自应核实删减报部查核再查上届咨报案内并无席桶架木号旗沙船兑竣挑旗木杆名目今届因何制造应咨直隶总督转饬逐层分晰查明报部以凭核结其二十八年海运备办席片等项据称于事竣核实请销迄今三载有余未据造册请销殊属迟延应咨该督即饬查明二十八年实在用过席片等项价银若干某项银若干务于文到日即将用过席片等项据实造册报销毋得浮冒系动用何项银两照何例开销之处并因何延搁不行报销一并随案声明以凭核办并将道光六年咨请备办席片等项原案抄录送部备查暨知照验米大臣总督仓场可也咸丰二年四月初九日咨

钦差户部正堂孙仓场侍郎宗室庆为咨行事查沙船急公应募航海而来自应遵照历届奏明成案随验随卸以便及早回空现在丰工漫口未能合龙业经节逾芒种而南粮一船尚未渡黄刻下一粒不能抵通幸赖苏松等五府州属漕白粮米海运抵津稍资补救江南原雇沙船之时自必以海运成案每日起米四万石随验随收等章程大张晓示以广招徕兹幸风帆顺利蜂拥抵津若不遵照奏案实践成言俾得交卸公事复安旧业失信于民何以谋国现在由坝回空剥船每日不过百只及数十只不等以致所验之米积有十七八万之多每日纵将由坝回津剥船随到随挂尽数装满亦不能敷每日起米四万石之数沙船耆民人等纷纷拦舆呈控环跪乞命本部堂若任听哀恳漠无所动夫岂人情查官剥船只湖南应造三百五十只未经解到江西应造剥船除解到外尚有未到船三百只之多现据海运总局呈报调津官剥一千七百九十五只雇到民船六百零二只前项船只早经用竣现已札饬再行添雇并经飞咨两江总督山东江西巡抚檄行沿河州县严催湖南江西所造剥船星夜赴津惟此项剥船未据报明行抵何处恐属鞭长莫及即天津雇募只有严饬尽数全雇若合用之船已经雇尽亦难责以必行惟有通坝按照定例起卸米石则前项二千数百只官民剥船自足以资周转查户部则例漕员职掌门内载坐粮厅专管北河催趱空重漕船桃挖淤浅

又漕运全书内载每日例应起米三万石饬令坐粮厅每日自寅至戌赶紧兑收又海运全案内载每日仅起米三万四五千石必致稽迟应以四万石为率本年办理海运该厅自当遵照定例先行挑挖淤浅其起卸米石即不按照海运章程日起四万石岂转不能如常年河运日以洪斛三万石为率现在日晷甚长竟致不遵定例赶紧起卸试问江广船来每至深秋画影苦短又将若何办理相应移咨仓场部堂转饬合亟札饬该厅 箚到即行振刷精神趱前赶办能照海运章程日起四万则每日回津当有二百四五十船即或不能亦必照常年河运定例日起洪斛三万石以平斛计之合米三万七千五百石每日坝上亦当有剥船一百七十八十只回空该厅此次箚到若再不遵定例按数起卸则是有意掣肘海运使此六十六万银两不得再供国用本部堂惟有遵例办理未便任其显违定例毋谓言之不早也切切又本部堂以剥船装载南粮运通交卸即须折回天津轮转剥运与东粮运船卸空归次本年无须再运者不同即经移咨驻通仓埸部堂将剥船赶前验卸俾得星夜回津轮运以资周转并经奏明移咨仓场部堂遵照在案又由部咨行即饬坐粮厅速将海运起剥船只随到随验赶紧起卸不准片刻停留俾得星夜回津以资周转如东豫漕粮同时并到亦必须先尽剥船验卸以免钦差在津有停收待剥之虑倘有贻误即行据实参办等因亦在案现在是否遵照办理希即移咨即饬详报行辕查核毋迟并知照本部查照可也咸丰二年四月二十日到

为再行咨查事咸丰二年四月二十日准钦差大臣咨前经本部咨行海运起剥船只随到随验赶紧起卸不准片刻停留俾得星夜回津以资周转如东豫漕粮同时并到亦必须先尽剥船验卸以免钦差在津有停收待剥之虑倘有贻误即行据实参办等因左案现在是否遵照办理并查照钦差大臣原咨内称每日应遵照海运章程起米四万石不得按照河运定例所起之数办理如不遵办即将经管之员据实严参应咨仓场务于文到日迅即一并分晰查明径行咨报验米大臣查照并知照本部查核可也咸丰二年四月二十三日咨

总督仓场为咨询事照得上年江苏白粮海运经本部以内仓向无办过海运成案本仓场遂将河运之嘉湖二白帮派给内仓嗣据浙江粮道以丁情苦累请咨当经咨准本部覆称嗣后蓟易及派拨内仓白粮无论河运海运仍令循照旧章五府轮派等语查本年自应轮派苏松等府今海运白粮业经抵通应否派给内仓及派给若干石之处相应移咨本部查照望速见覆以便饬遵可也咸丰二年四月十七日到

为咨询事咸丰二年四月十七日准总督仓场咨上年江苏白粮海运经本部以内仓向无办过海运成案本仓场遂将河运之嘉湖二白帮派给内仓嗣据浙江粮道以丁情苦累请咨当经咨准部覆嗣后蓟易及派拨内仓白粮无论河运海运仍令循照旧章五府轮派等语查本年自应轮派苏松等府今海运白粮业经抵通应否派给内仓及派给苦干石之处相应移咨本部查照见覆饬遵等因前来

查拨运蓟易并内仓白粮前据仓场咨报应拨前项米石先经奏定派苏松常嘉湖五府轮流截拨嗣因江苏白粮海运应派内仓以历年皆归河运其海运白粮向无办过仍派河运之嘉湖运交内仓丁情苦累请嗣后无论河运

海运悉循旧章五府轮派经本部查系实在情形准如所请办理咨覆仓场在案今据仓场咨称本年应运内仓白粮轮派苏松等府今海运白粮业已抵通应否派给内仓及若干石之处咨部示覆等语查本年应运内仓白粮既据仓场查明轮派苏松等府自应遵照本部前咨在于抵通海运白粮内派拨内仓至派拨各仓米数向由仓场核定咨报今海运白粮系苏松常三府本年应轮派内仓系某府白粮及派给若干石之处应仍咨仓场即饬分晰查明报部以凭查核可也咸丰二年四月二十六日咨

钦差户部正堂孙仓场侍郎宗室庆为咨行事据清河道谭廷襄天津道张起鹓详称蒙札开查沙船张义和等禀称该商等到次或已旬余或逾半月大半尚未挂剥间有挂剥之船日斛无几环求速饬多发剥船赶紧起卸等情相应将原禀札交直隶总局多发剥船如坝上起卸迟延不敷周转仍宜广为雇募以资应用并札坐粮厅每日无论所挂剥船若干务饬经纪尽数斛收等因蒙此查道光六年海运漕粮一百六十三万三千余石调用官剥船一千五百只雇用民剥船五百只共备船二千只二十八年海运漕粮一百零九万六千余石调用官剥船一千九百只雇用民剥船六百只共备船二千五百只本年海运正耗漕粮一百零六万二千余石调共官剥船一千七百九十五只内除豫东粮船起剥用船一百二十五只实存船一千六百七十只又雇用民船七百三十只共备船二千四百只是米数少于道光六年及二十八年而船数则较二十八年少一百只较道光六年尚多四百只乃轮转发剥截止本月十六日十二运前起止共发过官剥船一千八百六十三只民剥船六百八十五只已挂剥未装足官剥船二百二十七只民剥船八十九只水次存官剥船二百零一只民剥船七只共计官剥船二千二百九十一只民剥船七百八十一只内除原调官剥一千六百七十只原雇民船七百三十只外计通坝仅回空官剥船六百二十一只民剥船五十一只其余或到坝停候验卸或在途行走统计十七起占船实属不少推原其故总因豫东帮船同时抵坝河运海运相间验卸以致剥船不能迅速誊空

昨据第七运前起押运委员沈叙时禀报于本月十二日运抵通州刘各庄以南之闫家场地方与前起剥船衔尾相接计算日期须至二十一日方能轮验即系不克迅速之明证兹奉宪札自应遵照办理惟民剥船雇至七百余只较上两届多一二百余只不等近地实已搜罗殆尽若远方雇募又恐缓不济急且差役四处封船查察难周尤难保无流弊况通坝前积后压不能敷原定十五日回转之限停待愈久占搁愈多而民船视官运为畏途雇募艰难即使竭力筹备所添无几仍复不能应急办理实属掣肘除饬天津县再行设法雇募民剥船只听候剥用并移咨通坝坐粮厅设法筹办外拟合详明宪台移咨仓宪朱檄行通坝坐粮厅督饬经纪设法筹办俾剥船迅速回空轮运后起漕粮免致贻误等因前来查本月初四日本部堂以剥船装载南粮运通交卸即须回津转剥与东粮军船卸空归次本年无须再运者不同咨行转饬将剥船赶前验卸俾得星夜回津以资周转等因奏明移咨在案又于十六日咨覆文内声明剥船积压守候多时必致不敷轮转所装米石久经封钉或将一色好米熏蒸霉变在在堪虞咨令设法赶办又于十七日据沙船人等拦舆呈控即经详叙例案咨令随验随卸并声明由部咨行令将海运剥船随到随验不准片刻停留如东粮同时并到亦须先尽剥船验收以免在津停收待剥之虞等因亦在案今据直隶总局以通坝前积后压占搁愈多详请移咨筹办

查官民剥船共有二千数百只之多如果赶紧验收回空轮运何致不敷周转现在通坝每日仅起米万余石并有停验日期以致剥船沿河停泊待验积压至二十余里之遥无论转运不敷在津办理十分掣肘即此数十万漕白粮米封钉在小舱之中郁积数十日之久际此炎热天时或将一色好米熏蒸霉变意外之虞咎将谁属本部堂思虑及此寝食为之不安通坝承办各员何竟虑不到此且以今年河海两运漕粮三百余万石计之若如所称通坝现在每日仅起米万余石核算必将起至十个月之久加以脱帮及大雨时行日期应行计除则此三百余万石势必年余方可起竣万一幸有全漕四百余万计非年半不能起一年之漕试问该厅有此情理否应再飞咨总督仓场即饬该厅赶前起卸以速补迟东粮在在军船尚可谕令开舱风晾海运剥船封钉坚固无从风晾断难再行积压致有疏虞务令先尽剥船验卸按照常年河运每日以洪斛三万石为率不但剥船藉资周转在津可无停收待剥办即将经管之员据实严参又经本部移咨仓场遵照钦差大臣原咨迅即分晰查明径行咨报核办并咨报本部查核各在案今海运米石如果遵照本部前咨每日起米四万石剥船随到随验如果东豫漕船同时并到先尽剥船验卸断无不敷周转致有停收待剥之虞乃该厅因何不行遵办以致剥船停泊河干诚如钦差大臣所咨际此炎热天时设将好米

蒸变该厅所司何事厥咎奚辞相应移咨仓场札行坐粮厅查照验米大臣及本部行催各原咨迅即赶前起卸以速补迟倘承办各员不即照章办理并胥役人等有意留难再致停收待剥立即分别严参惩处仍将因何每日所起米仅万余石之处详晰查明报部并按照钦差大臣指饬各情形迅即逐一分晰径行咨报验米大臣核办并知照本部查核万勿再延致干查议可也咸丰二年四月二十六日咨

为咨行事咸丰二年四月二十三日准钦差大臣咨海运起剥米石通坝每日仅起米万余石并有停验日期以致剥船前积后压占搁愈多不敷转运在津办理十分掣肘行令坐粮厅赶前起卸以速补迟等因前来查海运剥船前经本部移咨仓场转饬随到随验不准片刻停留以资周转如东豫漕粮同时并到亦必须先尽剥船验卸以免停收待剥傥有贻误即行据实参办在案嗣准钦差大臣咨以通坝验收海运米石应遵照海运章程每日起米四万石不得照河运所起之数办理如不遵之虞且使南粮及早验收在通庶免米质受伤之虑至河道有无淤浅理应先事挑挖口袋十八万条无虑不敷轮转刻下天气晴霁日晷正长均未便任其藉词延搁希即通饬桥仓各员一体遵照迅速转运倘承办各该员不即照章办理或胥役人等有意留难致滋阻滞立即分别参究以速运行而免贻误再通坝起卸海运粮米现派何员会同坐粮厅办理希即移咨行辕查照万勿刻迟除咨行驻通仓场外相应移咨本部查照可也咸丰二年四月二十三日到

直隶总督讷尔经额为咨明饬遵事据清河道谭廷襄天津道张起鹓会呈称咸丰二年三月二十日蒙户部札开为详覆事云南司案呈准直隶总督讷尔经额咨据布政使陈启迈清河道谭廷襄天津道张起鹓会呈称蒙准部咨直隶总督片奏派委道员驻津会办海运缘由一折内称南粮海运曾有奏定章程上届即系循照旧章并无应行变通之处等语查本届海运江苏督抚酌定办理章程折内奏称上届剥船食米系发给折色经纪耗米系收买沙船余米本届海运应请备带本色等语经本部议准并声明剥船经纪如有分赔之案经纪项下例在于耗米内计除其剥船项下作何办理之处应令直隶总督谆嘱详查妥议务使米归有著不准颗粒延欠等因奏准并行知在案现尚未据该督将剥船项下若有应赔米石如何详查妥议俾归有著之处详细报部相应飞咨直隶总督迅将剥船项下妥议章程报部查核以便移咨钦差验米大臣查照办理等因咨行到职道天津道移会到本司布政使职道清河道蒙此遵查本年户部议覆江省具奏苏松等属漕白粮米全由海运酌定章程原折内载此次漕粮抵津仍照旧章由验米大臣会同仓场坐粮厅直隶江苏各委员眼同查验明确如系好米即由坐粮厅取具该经纪米色干洁米数无亏切结督令斛收由经纪自派亲信妥人押运交仓如剥船在路有偷漏搀和等弊立即禀知押运员弁拿交州县责令剥船赔补治以应得之罪如经纪索费不遂故纵使水偷漏然后禀明泄忿及通同作弊分肥隐匿不禀经押运委员查出或别经发觉应责令经纪剥船分成赔补并各治以应得之罪等语是剥船偷漏搀和经纪查出禀明员弁则罪在剥船如经纪索费不遂故纵使水偷漏然后禀明泄忿及通同作弊分肥隐匿不禀经押运员弁查出或别经发觉则罪在经纪兼在剥船界限清晰遇有分赔之案经纪剥船不容稍有诿卸至于米因盘量折耗经纪剥船均无弊窦应行作何办理之处虽未议及而溯查道光六年户部议覆前督院那筹议剥运事宜内载漕米落舱起岸折耗在所不免剥船户并无弊混该经纪人役不得藉词勒措

又议覆前仓场总督百议奏起卸章程内载向年北仓截卸漕粮每米一石给　耗米一升海运漕粮或对船起卸或过斛搬抗折耗较多准于每石一升之外酌添耗米五合白粮每石准给耗米一升八合各等语盖由津运通较北仓稍远是以增给耗米藉资弥补此次海运江省议奏剥船经纪食耗等米备带本色一条亦称经纪耗米系备赴通折耗之需是折耗有米可补无虞短绌第剥船户人等无弊不作若不明定章程必致借口折耗以掩其偷漏之弊本司道会同悉心核议拟请此次海运漕白粮米由津赴通如实因对船起卸过斛搬抗致有折耗剥船户并无弊混漕白粮米每石所短之米未逾一升五合及一升八合之数即在经纪耗米内扣抵倘漕米每石短米在一升五合以上白粮每石短米在一升八合以上除应得耗米扣抵之外下短米石应即遵照部议如系剥船偷漏搀和经纪查出禀明押运员弁则责令剥船赔补并治以应得之罪如经纪索费不遂故纵使水偷漏然后禀明泄忿及通同作弊分肥隐匿不禀经押运委员查出或别经发觉则责令经纪剥船各半分赔并各治以应得之罪经纪剥船分赔之米分别著追交仓不许颗粒延欠抑本司道更有请者剥船户类皆无业贫民与其追赔于事后致费周章不若慎重于事前

期有把握二十八年海运案内剥船分赔短米将船户递回天津惩处者均照数在于船户名下追缴其发交通州及解送刑部治罪之船户均因无凭追缴由直隶海运总局赔补伏查剥船户于应得剥价之外每百石另给本色食米一石一斗五升较有盈余应请将船户所得食米于剥船内另舱存放抵通之后正米无亏准其将食米领用如有分赔米石即令该船户以食米补交免致事后追缴为难若以食米补交之外仍有不敷即将剥船户发回天津由职道等照例分别治罪并在于船户名下追缴米石运通交仓务期赔米有著正供无亏拟合详请查核咨部核覆等情相应咨明等因前来

查江苏咸丰二年海运漕白粮米前据直隶总督附奏派委道员驻津会办折内声称南粮海运曾有奏定章程上届即系循照旧章并无应行变通之处经本部以本届海运江苏督抚酌定办理章程折内奏称上届剥船食米系发给折色经纪耗米系收买沙船余米本届海运应给备带本色经本部议准并声明剥船经纪如有分赔之案经纪项下例在于耗米内计除其剥船项下作何办理行令直隶总督谆饬详查妥议章程报部核办在案今据直隶总督咨称此次海运漕白粮米由津运通如实因对船起卸过斛搬抗致有折耗剥船户并无弊混漕白粮米每石所短来逾一升五合及一升八合之数即在经纪耗米内扣抵倘漕白粮米所短均逾应得之数除以应得耗米扣抵外下短米石如系剥船偷漏经纪查出禀明押运员弁责令剥船赔补如经纪索费不遂故纵使水偷漏然后禀明泄忿或通同作弊分肥隐匿不禀经押运委员查 出或别经发觉责令经纪剥船各半分赔并各治以应得之罪分赔之米分别著追交仓并请将剥船每百石应得本色食米一石一斗五升于剥船内另舱存放抵通后正米无亏准其将食米领用如有分赔即令该船户以食米补交如仍有不敷将剥船户发回天津分别治罪著追运通交仓务期赔米有著正供无亏等语

查海运漕白粮米由津运通剥船如有应赔之项既据该督妥议章程详细报部应如所咨即饬该道等将剥船食米另舱存放俟抵通时正米无亏方准领用如有应赔米石即将食米补交若再不敷除发回该道照例治罪外仍将所亏米石由该道追交足数以重仓储惟所称剥船起卸漕白粮米每石未逾一升五合及一升八合之数即在经纪耗米内扣抵之处本部查耗米一项本系经纪领用留抵折耗之需抵有盈余留补掣欠上届业已办理在案至剥船户剥价之外本有食米一项今以剥船所亏短从经纪应得之耗米内扣除若经纪有亏短又将何以抵补所咨殊未允协且查历届海运并无经纪为剥船代扣之案应仍咨该督即饬遵照上届成案认真办理如剥船户并无弊混该经纪人役不得藉词勒措如实有搀和偷漏等弊即遵照上届分赔独赔之案核实追补总期米归有著正供无亏是为至要并飞札清河道天津道可也等因蒙此遵查海运漕粮每石耗米一升五合白粮每石耗米一升八合本系仿照北仓截卸章程酌议增给以备由津赴通折耗之用似难留补由通运京之掣欠且由津运通由通运京均系该经纪承运承交运京之亏短既以耗米留补运通之亏短转不以耗米扣抵似亦未归画一惟掣欠之米弥补无期现奉户部以耗米系经纪领用抵有盈余留补掣欠所有剥船亏短行令遵照上届分赔独赔之案核实追补自应查核追补章程分晰声明以杜诿卸而资遵守复查由津运通米石亏短原定独赔分赔章程界限本自明晰惟现将剥船食米饬令另舱存放随同正米运通以备扣抵若正米亏短概将食米全行扣抵易滋牵混职道等悉心酌核拟请于剥船抵通后由坐粮厅先尽正米斛收正米无亏即准剥船户将食米领用如有亏短系经纪在途查 出剥船舞弊禀明押运员弁有案者应按照旧章责令剥船独船先尽所短数目以食米扣抵若经纪在途并未查出剥船舞弊禀明押运员弁有案者到坝始经发觉按照旧章责令经纪剥船各半分赔经纪分赔之米在耗米内抵除剥船分赔之米在食米内抵交抵剩之米仍给领用如不敷抵再行发回天津补追如此分别办理庶米归有著正供可期无亏除详明钦宪外拟合具文详请查核俯赐移咨钦宪转饬通坝坐粮厅查照遵办实为公便等情到本阁督部堂据此除分咨外相应咨明为此合咨贵部烦请查照施行须至咨者咸丰二年四月十八日到

为咨明事咸丰二年四月十八日准直隶总督讷咨据清河道谭廷襄天津道张起鹓会呈称蒙部札查江苏咸丰二年海运漕白粮米前据直隶总督附奏派委道员驻津会办折内声称南粮海运曾有奏定章程上届即系循照旧章并无应行变通之处经本部以本届海运江苏督抚酌定办理章程折内奏称上届剥船食米系发给折色经纪耗米系收买沙船余米本届海运应给备带本色经本部议准并声明剥船经纪如有分赔之案经纪项下例在耗米内计除其剥船项下作何办理行令直隶总督谆饬详查妥议章程报部核办在案今据直隶总督咨称此次海运漕

白粮米由津运通如实因对船起卸过斛搬抗致有折耗剥船户并无弊混漕白粮米每石所短未逾一升五合及一升八合之数即在经纪耗米内扣抵倘漕白粮米所短均逾应得之数除以应得耗米扣抵外下短米石如系剥船偷漏经纪查出禀明押运员弁责令剥船赔补如经纪索费不遂故纵使水偷漏然后禀明泄忿或通同作弊分肥隐匿不禀经押运委员查出或别经发觉责令经纪剥船各半分赔并各治以应得之罪分赔之米分别著追交仓并请将剥船每百石应得本色食米一石一斗五升于剥船内另舱存放抵通后正米无亏准其将食米领用如有分赔即令该船户以食米补交如仍有不敷将剥船户发回天津分别治罪著追运通交仓务期赔米有著正供无亏等语

查海运漕白粮米由津运通剥船如有应赔之项既据该督妥议章程详细报部应如所咨即饬该道等将剥船食米另舱存放俟抵通时正米无亏方准领用如有应赔米石即将食米补交若再不敷除发回该道照例治罪外仍将所亏米石由该道追交足数以重仓储惟所称剥船起卸漕白粮米每石未逾一升五合及一升八合之数即在经纪耗米内扣抵之处本部查耗米一项本系经纪领用留抵折耗之需抵有盈余留补掣欠上届业已办理在案至剥船户剥价之外本有食米一项今以剥船所亏短从经纪应得之耗米内扣除若经纪有亏短又将何以抵补所咨殊未允协且查历届海运并无经纪为剥船代扣之案应仍咨该督即饬遵照上届成案认真办理如剥船户并无弊混该经纪人役不得藉词勒揹如实有掺和偷漏等弊即遵照上届分赔独赔之案核实追补总期米归有著正供无亏是为至要并飞创清河道天津道等因遵查海运漕粮每石耗米一升五合白粮每石耗米一升八合本系仿照北仓截卸章程酌议增给以备由津赴通折耗之用似难留补由通运京之掣欠且由津运通由通运京均系该经纪承运承交运京之亏短既以耗米留补运通之亏短转不以耗米扣抵似亦未归画一惟掣欠之米弥补无期现奉户部以耗米系经纪领用抵有盈余留补掣欠所有剥船亏短行令遵照上届分赔独赔之案核实追补自应查覆追补章程分晰声明查由津运通米石亏短原定分赔独赔章程界限本自明晰惟现将剥船食米饬令另舱存放随同正米运通以备扣抵若正米亏短概将食米全行扣抵易滋牵混职道等悉心酌核拟请于剥船抵通后由坐粮厅先尽正米斛收正米无亏即准剥船户将食米领用如有亏短经纪在途查出剥船舞弊禀明押运员弁有案者应按照旧章责令剥船独赔先尽所短数目以食米扣抵若经纪在途并未查 出剥船舞弊禀明押运员弁有案者到坝始经发觉按照旧章责今经纪剥船各半分赔经纪分赔之米在耗米内抵除剥船分赔之米在食米内抵交抵剩之米仍给领用如不敷抵再行发回天津补追如此分别办理庶米归有著正供可期无亏拟合详请查核移咨钦宪转饬通坝坐粮厅查照遵办等情相应咨明等因前来

查江苏咸丰二年海运漕白粮米由津运通前据直隶总督咨报如剥船户并无弊混漕白粮米每石所短未逾一升五合及一升八合之数即在经纪耗米内扣抵傥所短均逾应得之数除以应得耗米扣抵外下短米石如系剥船偷漏经纪查出禀明责令剥船赔补如经纪索费不遂故纵使水偷漏然后禀明泄忿或通同作弊分肥隐匿不禀经押运委员查出或别经发觉责令经纪剥船各半分赔并各治以应得之罪分赔之米分别著追交仓并请将剥船每百石应得本色食米一石一斗五升于剥船内另舱存故抵通后正米无亏准其领用如有分赔即令该船户以食米补交如仍有不敷将剥船户发回分别治罪著追经本部以剥船食米既据该督妥议章程另舱存放俟抵通时正米无亏方准领用如有应赔即将食米补交若再不敷除发回该道照例治罪外仍将所亏米石由该道追交尺数惟所称剥船起卸漕白粮米每石未逾一升五合及一升八合之数即在经纪耗米内扣抵之处查耗米一项本系经纪领用留抵折耗之需抵有盈余留补掣欠上届业经办理有案剥船户本有食米一项如有亏短在于经纪应得之耗米内扣除若经纪亦有亏短又将何以抵补所咨殊未允协且查历届海运并无经纪为剥船代扣之案行令遵照上届分赔独赔之案核实追补在案今据该督咨称前项海运耗米以备由津赴通折耗似难留抵掣欠运京之亏短既以耗米留补运通之亏短转不以耗米扣抵似未画一拟请剥船抵通如有亏短系经纪在途查出剥船舞弊禀明押运员弁有案者应按照旧章责令剥船独赔先尽食米扣抵若经纪在途并未查出剥船舞弊禀明押运员弁有案者到坝始经发觉按照旧章责令经纪剥船各半分赔经纪分赔之米在耗米内抵除剥船分赔之米在食米内抵交如有不敷再行发回天津补追等语

查海运耗米原备运通亏短经纪如有应赔即在耗米内扣抵抵足之外尚有盈余再行留抵掣欠上届即系如此办理原以剥米运通不必一定亏短留经纪之耗米以备赔补所以责成经纪严防船户之偷漏并非将耗米先尽留抵掣欠也若准令船户预先按耗米数目扣除谁肯不扣除者是不待偷漏业已亏短矣该道并不详译部文率以

运通之亏短转不以耗米扣抵似未画一为词殊未喻本部前咨深意至所称剥船运通如有亏短系经纪在途查出剥船舞弊禀明有案者应按照旧章责令剥船独赔先尽所短数目以食米扣抵若经纪在途并未查出剥船舞弊禀明押运员弁有案者到坝始经发觉按照旧章责令经纪剥船各半分赔经纪分赔之米在耗内抵除剥船分赔之米在食米内抵交抵剩之米仍给领用如不敷抵再行发回天津补追之处既据该督分晰声明应如所咨办理傥有前项情事应札行天津清河二道认真核办总于沙船卸米未经竣事以前严饬全行搭运不准颗粒短少是为至要并知照验米大臣总督仓场查照可也咸丰二年四月二十八日咨

户部总督仓场庆为移咨事据坐粮厅呈称窃照本年海运漕白粮石经职厅带同书吏经纪人等赴津兑运除经纪人等有应领款项外所有书吏办理稿案文件一应书手人等饭食纸张需用浩繁职厅详加体察势难令其枵腹从事查道光二十七年职厅衙门东库书吏承办收买商米事务每米一石给该吏饭银一厘八毫以作纸张饭食办公之用归于茶果项下报销今该吏等随同赴津专办海运实无办公之项且办理海运较办理商米事务更繁可否援照前案办理给予饭银一厘八毫之处请祈堂台咨明户部实为公便等情当经本仓场饬查道光二十八年海运该吏等因何并未办理之处仰即详细查明呈覆以凭核办在案今复据该厅呈称职厅遵即详查据该吏禀称窃因道光二十八年蒙前任奎大老爷带赴天津出差办理海运起兑一切事宜吏等竭力办公所有用度浩繁赔累难堪于差务甫经告竣之时奎大老爷业经任满是以未能恳恩俯恤赏给办公之资所有赔累一切实系力不能支至今犹未能归楚窃思本年吏等办理海运所有纸张膏伙房租稿案薪水修金一切用度浩繁实在无力垫办苦累情形久邀洞鉴合无仰恳恩施援照二十七年办理商米之案赏给饭银以资办公谨将二十八年未请俯给办公银两缘由理合禀明职厅详细查核系属实在情形理合据情呈覆鉴核恩准施行等情前来查该厅所详该吏等办公赔累委系实在情形相应据情移咨本部查照办理仍祈见覆以便饬知遵办望速施行咸丰二年六月初二日到

为移咨事咸丰二年六月初二日准总督仓场庆咨据坐粮厅呈称窃照本年海运漕白粮石经职厅带同书吏经纪人等赴津兑运除经纪人等有应领款项外所有书吏办理稿案文件一应书手人等饭食纸张需用浩繁职厅详加体察势难令其枵腹从事查道光二十七年职厅衙门东库书吏承办收买商米事务每米一石给该吏饭银一厘八毫以作纸张饭食办公之用归于茶果项下报销今该吏等随同赴津专办海运实无办公之项且办理海运较办理商米事务更繁可否援照前案办理给予饭银一厘八毫之处请祈咨部等情当经本仓场饬查道光二十八年海运该吏等因何并未办理之处仰即详细查明呈覆以凭核办在案今复据该厅呈称职厅遵即详查据该吏禀称道光二十八年蒙前任奎带赴天津办理海运起兑一切事宜吏等竭力办公所有用度浩繁赔累难堪于差务告竣业经任满是以未能恳恩俯恤赏给办公之资所有赔累一切实系力不能支至今犹未能归楚本年办理海运一切用度浩繁实在无力垫办合无仰恳恩施援照二十七年办理商米之案赏给饭银以资办公理合禀明职厅详细查核系属实在情形理合据情呈覆鉴核恩准施行等情查该厅所详该吏等办公赔累委系实在情形相应据情咨部查照办理仍祈见覆遵办等因前来

查道光二十八年海运案内一切支用银款仿照道光六件成案办理并无坐粮厅随带赴津书吏每石饭食银一厘八毫一项开销本届咸丰二年海运前经奏明按照旧章办理所有支用各款自应查照上两届成案核办今据仓场请照收买商米之案每石给坐粮厅随带书吏饭食银一厘八毫本部查本年海运米石系属苏松等五府州属正漕即在常年河运漕粮数内与收买商米在漕粮之外者情事不同检查上两届成案均未据仓场请过坐粮厅随带书吏饭食银雨所有仓场请照收买商米之案每石给坐粮厅随带赴津书吏饭食银一厘八毫之处本部核与历办海运正漕成案不符碍难核准应咨仓场转饬坐粮厅遵照成案办理不得以海运正漕牵混收运商米之案率请例外开销以重经费而昭核实可也咸丰二年六月二十五日咨

卷四·差次札咨

验米大臣为札行事据清河道谭廷襄天津道张起鹓禀称窃查杨村官剥船每船例应装米三百石向因北运河横浅较多历系减装米石道光二十八年海运漕粮拨运赴通亦系随时察看水势酌量减装每船装米二百二三

十石至二百五六十石不等此次海运自应循照办理惟现在海运沙船蜂拥北来一俟江省委员到津即须兑拨运通而刻下北运河水势浅涩异常窃恐减装之后剥船仍复阻滞难行势必不及赶回轮运若再为减装则占用剥船过多必致不敷拨用雇备为难理合禀请檄行通永道转饬漕运通判确查各汛横浅处所督率浅夫逐段实力捞空务期一律深通照例以水深二尺四寸为度俾资浮送而利拨运等因据此相应札饬通永道督饬漕运通判查照办理毋任稍有延误切切特箚咸丰二年三月十三日行

验米大臣为札行事本部堂查道光六年海运经验米大臣会同仓杨侍郎奏明每日沙船不论何时抵次即令江南委员排具次数清河天津两道配给剥船坐粮厅核准兑单飞速集夫发斛不准稍逾时刻及经纪胥役人等藉端挑剔又户部奏称每日用斛八十只起米仅三万四五千石必致稽迟应添制斛一百只俾敷起卸如有经纪人等稍事刁难从重惩治又道光二十八年户部奏明经纪剥船两项人等均多弊窦现经仓场访闻米本干洁不肯起卸是其勒掯情形已可概见全在管辖经纪剥船各衙门谆谕于前严惩于后庶几各清各弊俾免稍有诿卸至沙船抵津经纪挑剔不难临时奏明从严究办等因奏奉谕旨依议钦此在案现在沙船抵津截至本月十九日止共计进口二百二十八只抵次船九十四只验过船五十八只共已验过漕白粮米七万三千六百余石自应遵照历届奏案随验随起赶紧斛收乃迄今四日之久仅据报称起卸米二千五百余石似此玩延必致转运不及关系全漕大局贻误匪轻相应札行江苏总局沙船一经到次即行排列整齐开具排单封送米样呈请查验如有实在黴变之米即令该船以余米按数抵补并札直隶总局凡有验过沙船即行挂剥以便承运经纪斛量收兑毋任藉端勒掯延搁仍札坐粮厅即将验过之米迅速起卸赶紧斛收如有挑剔刁难及主使挑剔刁难之人即行严密查拿送辕究办毋得稍有疏纵迟延并饬该厅每日起米后即将本日起卸米数开单呈送以凭查核各宜凛遵毋违切切特札咸丰二年三月二十日行

验米大臣为饬遵事照得本部堂沿河验米见有剥船受兑之后虽已封钉舱板而竟有麻袋装载米石安放于舱面之上随即查询据船户声称委系食米查所拟杜弊条款内称此次海运剥船食米系给予本色因剥船户平日俱食杂粮应得剥价足敷食用所给本色食米现已咨部于剥船内另舱存放抵通后正米无亏准其将食米领用如有分赔米石即令该船户以食米补交是此项米石俱应另舱存放随同封钉以备分赔正米之亏且沿河稽查易于牵混更不足以杜弊端合行饬遵为此札仰直隶总局清河天津道饬令各该委员遵照所拟杜弊条款内明白晓谕各船户一体遵办毋得稍有含混并饬沿河押剥巡查各员弁如见剥船上有装袋之米并未加贴封条即系偷窃不可任其以食米藉词致滋流弊毋违特札咸丰二年三月二十二日行

验米大臣为飞札事查东粮军船例定三月初一日到通上届南粮海运及本年海运均经分别奏咨催令提前兑装赶紧开行务于沙船未到之先过关北上在案并由本部飞咨饬令于海运米石未到以前及早抵通卸竣以免河道拥挤亦在案今该省并未遵照办理山东军船迟至三月中旬以后始抵津关较之道光二十八年迟延将及一月殊非核实办公之道现在沙船起卸所有官剥民剥分起运通正当赶办吃紧之际不容片刻停留若必令军船行走在前剥船积压在后则剥船两次装载行走迟滞必有周转不及之虑贻误匪轻本部堂查剥船装载南粮与军船所载东粮同系天庾正供东粮既不能遵照部咨于沙船未到以前早为竣事致令军船剥船同时并进自应听从载轻行速之剥船插帮行走乘便赶前毋得稍有拦阻互相争兢为此飞札山东河南粮道即饬该省总运星速传谕沿途各该帮弁严谕丁舵水手人等并札天津总局转饬押运员并严谕剥船水手人等一体遵照军船正行之际固不得因让剥船稍有停泊若剥船乘空前进该帮船亦不得稍有拦阻如军船遇有守风自行停泊之时尤不得横截中流致碍河道该粮道等务即明白晓谕如有不遵约束刻即严拿究办倘稍疏纵本部堂定行严参毋谓言之不豫也并札坐粮厅火速传谕沿途各帮遵照毋迟切切特札咸丰二年三月二十二日行

验米大臣为饬查事照得前据直隶总局详请由上园一带起至通坝止派委文武员并分段稽查在案现在头运剥船业已开行北上今据各该委员等来辕禀辞各住段落稽查防范等情合亟饬遵为此箚仰直隶总局清河天

津道遵即查明该文武员弁等是否业已前往稽查抑或尚未起程务须严饬该员并等迅速起程前往万勿再有耽延致滋贻误速速特札咸丰二年三月二十三日行

验米大臣为咨劄行事据总理海运局清河道谭廷襄天津道张起鹓禀称窃查海运漕粮由津剥运赴通抵坝交卸后应即折回天津水次接运后起漕米定限十五日往返以敷轮转第一运前起重剥系于本月二十二日开行按程计算至四月初六日方能回津接济初七日兑剥之用惟豫东军船在前八帮已于二十二日头起剥船开行之先过关北上虽剥船身轻载少行走较速恐亦不能漫越前进到坝在后通坝自必先尽军船验收以一日一帮计之该运剥船即须守候八日方能验卸势必贻误轮用复查军船抵坝向在外河停泊候验剥船向系提近坝楼验卸合无仰恳俯念海运需剥紧急檄行通坝坐粮厅将剥船提近坝楼与豫东军船相间验卸以后军剥均照此办理俾免剥船久候得以迅速回津轮运等因前来本部堂查剥船装载沙船起卸海运南粮与军船所运东粮同一天庾正供东粮既未遵照部咨于海运南粮未到之先早为竣事致令同时并进所有剥船军船抵坝起卸自应熟商妥筹查东省粮船抵坝起卸之后本年冬季始行受兑新粮现在并不再行出运与剥船即须由坝折回轮转剥运沙船米石者不同沙船急公应募航海而来自应优加体恤早给剥船轮转剥运俾得迅速起卸无误回空赶载此中缓急后先应即凖情酌理妥洽核办上届海运案内即经驻通仓场部堂奏明剥船运抵通坝行令坐粮厅随到随验严饬经纪等赶紧起卸转运不许片刻停留其腾空拨船仍饬无分昼夜迅速回津接运以资轮转等因此次自应照此办理【相应移咨贵部堂合行饬遵为此劄仰通坝坐粮厅】所有装载海运南粮剥船将次抵通【希饬该坐粮厅】即行提近坝楼迅速赶前查验起卸俾得星夜回津轮转起运毋令剥船稍有守候致误沙船交兑起卸可也切切特劄咸丰二年三月二十四日行

验米大臣为飞札事本部堂查管理北运河水道系属漕运通判专责现在海运剥船东粮军船同时并进尤应刮空深通兹据海运总局天津道清河道禀称据第一运前起委员侯补府经历龚焕禀报该运剥船行至打鱼庄内有姚万升张发民船二只不能前进并闻前途水势仅一尺八九寸横浅尤多而该漕运通判禀称亲勘各泛横浅均足二尺四五寸等语所禀存水尺寸已属不符面询天津道剥船吃水若干据称官剥每船装米二百二十石现饬勾量新旧江广各剥船以水尺度之每船不过吃水一尺八寸至二尺不等以漕尺度之每船不过吃水一尺六寸五分至一尺八寸不等现在姚万升张发二船各止运米二百五十石吃水并不甚深本部堂查北河沿途各泛每泛额设刮板五六副七八副不等浅夫自九十名至一百四十四名不等何以并不勤加刮空致令仅装二百五十石之船不能前进该通判所司何事实属懈玩已极为此劄饬该通判札到火速昼夜刮空倘复仍前玩忽致有迟滞本部堂即行参办毋谓言之不早也并劄通永道转行查催速速特札咸丰二年三月二十八日行

验米大臣为咨劄行事据清河道谭廷襄天津道张起鹓详称查由津运通米石亏短原定独赔分赔章程界限本自明晰惟现将剥船食米饬令另舱存放随同正米运通以备扣抵若正米亏短概将食米全行扣抵易滋牵混职道等悉心酌核拟请于剥船抵通后由坐粮厅先尽正米斛收正米无亏即准剥船户将食米领用如有亏短系经纪在途查出剥船舞弊禀明押运员弁有案者应按照旧章责令剥船独赔先尽所短数目以食米扣抵若经纪在途并未查出剥船舞弊禀明押运员并有案者到坝始经发觉按照旧章责令经纪剥船各半分赔经纪分赔之米在耗米内抵除剥船分赔之米在食米内抵交抵剩之米仍给领用如不敷抵再行发回天津补追如此分别办理庶米归有著正供可期无亏拟合具文详请查核俯赐转饬通坝坐粮厅查照遵办等因前来本部堂查道光二十八年奏定抵通亏短分赔独赔一案界限最为明晰如系经纪拿获则责令剥船独赔若经纪并未查出或未经禀明则责令经纪剥船分赔缘经纪耗米本系仿照北仓截卸章程议增以备由津赴通折耗之用如果经纪剥船均无弊窦委因盘量折耗原不难即以所备耗米抵补但恐剥船恃有耗米可抵任意偷漏必致亏短之数浮于所备耗米之数而承运经纪又复置身事外沿途并不严密稽查甚或串通剥船分肥舞弊是以责令剥船赔补一半其余一半即在经纪耗米内扣抵以均责成而昭平允今据该道等详请照办相应移咨驻通仓场侍郎转饬飞札驻通坐粮厅即饬照案办理剥船抵通先尽正米斛收正米无亏即准剥船户将食米领用如有亏短并未据经纪查出剥船舞弊或未经禀明押

运员弁则责令分赔除经纪耗米抵补一半外其余一半即将剥船食米按数斛收如有盈余仍准剥船户领用若系经纪查出剥船舞弊确据禀明押运员弁有案即将剥船食米计数独赔如有不敷再行发回天津补追并遵照道光二十八年谕旨一船了一船之案不得因承运经纪拿获一二船其余未经禀获之船概令经纪免赔以杜弊中之弊可也切切特札咸丰二年四月初六日行

验米大臣为札行事据王元桢船耆民孙西周沈协盛船耆民沈湘舟禀称窃身王元桢装载昭文县白粮一千四百三十石身沈协盛装载上海县白粮一千六百四十五石早经驶抵津次已奉排号临验米色一律纯洁候今多日并不挂拨起卸窃见前船均已交卸后船亦皆起剥独身等两船竟遭羁累风闻所载白粮截留候拨陵糈不胜汗骇伏查苏省历次海运祇知到津交剥屡蒙各宪晓示奏定章程均系随到随卸不致片刻羁延从未闻有截留之事况身等航海运粮雇值无几历涉惊涛复虞赔补刻幸平安抵次满望照章即日交卸方可转至奉天牛庄等处贸易转瞬须打夏冻若再迟滞不及回南兼且船舱蒸闷万一米色发热设有霉变咎将谁任等语除批示饬遵外合亟札行坐粮厅江苏总局直隶总局迅即会商妥速办理切切并将原呈发交直隶总局查照特札咸丰二年四月初十日行

验米大臣为札行事准署理山东巡抚咨称据荣成县知县石用熙呈称江苏商船顾万隆装载荆溪县漕米五百九十石驶至石岛外洋失风漂没讯取耆舵水手供词知照前来合行抄录原文札饬江苏总局查核办理特札咸丰二年四月十一日行

验米大臣为札行事查沙船耆民孙西周沈湘舟呈词前经札行江苏直隶两总局坐粮厅迅即会商妥速办理兹据直隶总局详称沈协盛船米应由经纪斛收同交仓白米一并运通王元桢船米飞饬易州迅派丁役来津领兑等语除易州应领白粮批令该局飞饬领兑倘再迟延即将该州职名详参外相应札饬津坐粮厅迅饬经纪赶紧斛收同交仓白米一并运通仍将易州应拨江米迅即指派毋再延误并札通坐粮厅飞饬蓟遵丰等三州县赴通领兑倘延不赴领即将该州县等职名详参该津坐粮厅仍将现办情形迅即详覆并札苏直两局妥速办结会详毋迟切切特札咸丰二年四月十四日行

验米大臣为札行事查历办海运成案均经奏明随验随收现在原备拨船早经用竣全赖通坝赶紧起卸俾剥船及早回空以资周转白粮一项起卸之后转运通仓该仓每日应收之米应即随到随收不准片刻停留为此札饬西中仓监督札列即行查明白粮经纪承运白粮列仓该仓每日是否尽数斛收及有无延不收受勒令经纪囤贮侯收之处刻即声覆并饬严禁花户人等挑剔刁难勒索诸弊倘查有前项弊端立即严究重惩毋稍疏纵致干未便切切特札咸丰二年四月十五日行

验米大臣为札行事查历办海运成案均经奏明随验随收现在原备拨船早经用竣全赖通坝赶紧起卸俾拨船及早回空以资周转白粮一项起卸之后转运通仓该仓每日应收之米应即随列随收不得片刻停留除札饬中西二仓监督查明白粮经纪承运白粮到仓该仓每日是否尽数查收有无延不收受勒令经纪囤贮刻即声覆并饬严禁花户人等挑剔刁难勒索诸弊外相应札饬通坐粮厅即将该仓收米情形明查暗访倘查有花户人等挑剔刁难勒索诸弊该仓监督延不究办即由该厅将该仓监督指名详参毋稍瞻徇切切并札津坐粮厅查照特 箚咸丰二年四月十五日行

验米大臣为札行事本部堂查道光六年海运经验米大臣会同仓场侍郎奏明每日沙船不论何时抵次即令江南委员排具次数清河天津两道配给剥船坐粮厅核准兑单飞速集夫发斛不准稍逾时刻及经纪胥役人等藉端挑剔又户部奏称每日用斛八十只起米仅三万四五千石必致稽迟应添制斛一百只俾敷起卸如有经纪人等稍事刁难从重惩治又道光二十八年户部奏明经纪剥船两项人等均多弊窦现经仓场访闻米本干洁不肯起卸

是其勒措情形已可概见全在管辖经纪剥船各衙门谆谕于前严惩于后庶几各清各弊俾免稍有诿卸至沙船抵津经纪挑剔不难临时奏明从严究办等因奏奉谕旨依议钦此在案本部堂奉命来津自当以严禁胥役人等挑剔刁难勒索诸弊为第一要务本年丰北漫口未能合龙河运江安浙江江西湖南湖北漕粮尚不识何时能到本部堂早夜思维刻深焦灼幸赖苏松常镇太五府州属漕粮改由海运现到船数已过十分之九就现到粮数而论较之上三届该五府州属河运米数已属有盈无绌并有节省银六十六万两以供国用设该五府州属本年不办海运不独此六十六万银两花费无存且现已节交芒种而南粮一船尚未渡黄刻下一粒不能抵通运道若何疏通仓储若何预备试问该厅尚有何策今上海沙船急公应募航海而来自应遵照奏案随验随卸以便及早回空海运原非常行之事然万不得已亦有需用沙船之时若任胥役人等挑剔刁难设有缓急保无闻风远避裹足不前今本部堂督同该厅查验得沈长茂陈景福孙福昌等三船白粮仅止微欠宝光体质究属干洁本部堂向领俸米多有不及此者自应赶紧斛收以符奏案为此札仰该厅札到即行率同经纪刻即起卸毋任胥役人等稍有勒索迟延贻误大局且现在已验之米积有十七万余石之多而该厅每日起卸尚不及平斛二万石之数每日所挂剥船均未尽数装满该厅亦应设法赶办毋任泄沓从事切切并札江苏直隶总局倘有胥役人等藉端勒索即行详辕究办特札咸丰二年四月十五日行

验米大臣为迅饬遵办事照得本部堂风闻得沿河一带有小船装载霉烂之米卖给剥船搀和之事并有沿途私自开舱情弊正在查办之际接据候补府金铠禀称前奉饬查假冒经纪舍人在外招摇撞骗等因蒙此遵即密饬该县严行查访在于附近东门北门一带店寓跟踪觅线去后复札知卑府所属各委员令于沿河一带实力巡查有向剥船勒索者即行诘讯严拿不准稍形松懈以期有犯必惩兹接第一段把总龚永清禀称自十二日戌时在大园以下带同外委李光恩并经纪代役李庆元等拿获傍贴剥船卖菜小船一只内载有臭米二口袋又两席篓约计米有四五石之多该委员曾向查讯据称买自沙船等供是否属实均应彻底根究卑府当即饬令将该犯胡文治交县严行讯办其在逃之伙犯范帼春徐发冯宣三等三名由县缉拿归案办理同日又接得第三段委员王恒谦禀称于十二日戌时在三里屯迤南查出第十运之五十七号官剥船有开舱情弊当即会同押运文员许忠武弁曹大醇眼同巡役李仲等查验得该船装米八舱前三舱封皮已破灰印已动讯据该船户李文玉供称四月十二日行至三里屯地方船身走漏赶紧开舱一时糊涂未经禀明船上装载洪斛漕米一百七十六石如有短少小的情甘认罪赔补又据第五十四六八号官剥船户张顺徐金升等保得李文玉船上实系怕有水漏帮同拆看将灰印损坏如有别情惟小的们是问各等供查海运封皮灰印最关紧要今既擅行拆动难保无偷窃情弊但各起衔尾北上不容刻延卑府遵照发下章程一面饬令委员将船户李文玉严行责惩并取确供及各船户保结一面押令驾驶前进等情前来查小船装载臭米四五石贴近剥船据称自沙船买来卖给剥船户其偷盗搀和之弊亦应杜绝并有第十运五十七号船户李文玉行至三里屯将前三舱封皮灰印均已拆动该船既有走漏自应禀明委员会同开舱查验乃该船户胆敢私自开舱竟不禀明办理显有偷盗使水搀和之弊若不从严惩办不足以儆将来合亟饬遵为此札仰清河天津道遵即转饬天津县将拿获之犯胡文治一名严行审讯澈底根究并将在逃之伙犯范帼春徐发冯宣三等三犯饬县赶紧查拿归案一并讯究仍饬沿河一带文武员弁如有小船靠近沙船收买气头霉烂之米转卖与剥船户者立即锁拿究办毋稍宽纵至第十运五十七号船户李文玉既已私自开舱业经委员将其责惩并取确供存案押令前进如有短少情弊应由通州坐粮厅查明惩办该道等仍严饬沿河一带段落文武员弁实力稽查如有小船载米及剥船开舱等事一有访闻立即查拿禀明送究万勿稍事因循致滋松懈并行苏总局倪道遵照嗣后沙船如有气头霉烂之米应如何严密防范免致弊窦之处该道务须妥议详覆以凭核夺毋迟速速并由直隶总局转行分段稽查各委员一体遵照特札咸丰二年四月十六日行

验米大臣为札行事查沙船张义和等二十三名公禀内称该商等到次或已旬余或逾半月大半尚未挂拨间有挂拨之船日斛无几环求速饬多发剥船赶速起卸等情除批示饬遵外相应将原禀札交直隶总局按照所禀事理多发剥船如坝上起卸迟延不敷周转仍宜广为雇募以资应用仍将每日所挂拨船数自逐日开单送辕备查并札坐粮厅每日无论所挂剥船若干务饬经纪尽数斛收当日即将各船装满不得少挂尾零仍将每日所起米数于

当晚开单送辕本部堂即与局报所挂船数较对以杜诿石余斗以短米二三石核计各半分赔仅需米一石余斗以食米扣交尚有盈余何致将食米全数赔交之外尚须另行买补至米石到通因水浅起剥由该剥船按包给价抗卸脚钱亦令赔出未免益形苦累既据沥情具禀自应查明办理除咨会通坝坐粮厅外拟合详请查核俯赐檄行通坝坐粮厅查明该剥船等所短米石是否照章分赔到通水浅剥运里河应否由经纪自备船只并抗卸脚价经纪有无领项应否令剥船赔出申覆饬知下道以便转饬该剥船户遵照等因前来查剥船亏折米石赔补章程业经本部堂于本月初六日按照奏定章程详细行令遵办在案自应照案办理毋得稍有舛错至剥运里河应否由经纪自备船只并抗卸脚价经纪有无领项之处查经纪向有吊载剥船自行备用抗脚等费亦系按照通坝抗价每石二厘给发由江苏所解数内筹给今据清河道等详请札饬申履为此飞札驻通坐粮厅查明剥运里河应否由经纪自备船只其抗卸脚价如令剥船户自发则所议每石二厘抗价自必毋庸给与经纪将来自必不请开销是否如此办理应令一并详细声覆以凭核办特札咸丰二年四月十六日行

验米大臣为咨札行事准驻通仓场部堂咨据坐粮厅汪润呈称遵查海运各起剥船提坝验卸可得迅速无如石坝至河口一带不但水势过微且河面窄小剥船俱于小圣庙住泊现在另雇小剥起运每日加数起卸不过起米万余石此因限于天时非听其任意迟延之故须待水势充盈方于通坝起卸有济等情相应移咨查照前来查坐粮厅专管北河催儹空重漕船挑空漇浅例有明文本届办理海运该厅自应先事豫筹庶免临时竭蹷乃于剥船到次借口水浅并以河面窄小必须雇剥起运为词查石坝河窄并非始自今年现在剥船积压数起守候多时必致不敷轮转兼之所装米石久经封钉或将一色好米薰蒸霉变在在堪虞殊非慎重办公之道相应移咨驻通仓场部堂严饬该厅督率经纪人等设法赶办遵照奏案剥船一经到次刻即验收转运毋误漕行纵不能按照海运章程日起洪斛米四万石亦必按照河运每日起米总以洪斛三万石为率以便剥船誊空回津接运不准稍有迟滞倘再藉词延宕即行据实严参以示惩儆【须至咨者并札直隶总局查照】咸丰二年四月十六日行

验米大臣为札行事据清河道天津道详称查剥船运米如有亏折前经职道等遵照部议申明旧章系经纪查出剥船舞弊禀明有案责令剥船独赔若经纪并未查出舞弊禀明有案到坝始经发觉责令经纪剥船各半分赔经纪分赔之米在秏米内抵除剥船分赔之米在食米内抵交抵剩之米仍给领用如不敷抵发回天津补追详蒙宪台允准行知在案今据该剥船户具禀装载白粮到坝每船短米二石余至三石余不等并未据经纪查出剥船舞弊禀明有案按照定章各半分赔每船装米二百石上下带有食米二卸而速运务切切特札咸丰二年四月十六日行

验米大臣为咨行事现在海运办理完竣经本部堂奏明该府县丞倅等均能明干晓事昼夜辛勤目击各该员出力情形始终罔懈不敢壅于上闻并声明江南委员候补知府洪玉珩等认真办理经理周详劝谕商民耆舵水手胥遵约束其佐杂各员及督押粮米航海委员亦均倍矢勤奋昕夕不暇查照成案各按劳绩分别咨明江省督抚办理等因除将差次原奏抄录咨送及奉到谕旨再行恭录咨送外所有该候补府等在津出力各员应即开单注明劳绩移咨贵督部堂贵抚部院查照办理可也

计开

候补知府洪玉珩　该员派驻沪局督办雇船兑运敷洋各事井井有条诸臻周妥嗣复赴津勷理交米伺值验卸筹画精详最为得力

候补同知王家佩　该员道光二十八年派赴天津勷办海运甚为得力兹复在津综理总局分局一切经费不辞劳怨力求撙节结实可靠

候补同知朱钧　该员前经襄理上海局兑运各事嗣经派津总理分局及沙船一切事宜查船验米分泊盘量验照给单弹压水手遇有沙船控告斗殴钱债事件随时审断耆舵悦服深合机宜实为该总局出色之员

候补同知梁逢辰　该员勷办交米伺值验卸照料起拨委勘遭风船只督押晒晾均能竭尽心力

州衔准补嘉定县知县吴煦　该员前委办理省局文案综核款目嗣经赴津勷理文案勾稽册档始终详慎

粮道库大使陈森培　候补道库大使鲁鸿飞元和县周庄巡检何本忠该三员排船开折监视斛收查验米色

督押风晾收照验单开造册籍催重趱空事极烦琐均能始终勤慎最为出力

金匮县主簿王汝金　该员随伺验卸监督起斛查报米数颇为干练

苏州府知事孙承履　该员驻札海口收缴沙船器械拴号造册倍著辛勤

候补刑部员外郎王承基　请分发安徽试用知县沈誉来　该二员籍隶松江举充沪局董事雇募沙船经理装兑本函踊跃急公嗣复自备资斧押坐海运沙船历涉重洋躬亲护送倍加妥速既省遴委武职押运且与道光六年崇明县举人施彦士押护沙船成案相符洵属劳勩最著抵津后复又收储余米弹压水手毫无滋事尤为始终出力

以上单开共计十二员

咸丰二年五月二十日行

验米大臣为咨行事现在海运办理完竣经本部堂奏明该府县丞倅等均能明干晓事昼夜辛勤目击各该员出力情形始终罔懈不敢壅于上闻并声明天津府知府钱炘和署天津县知县谢子澄各委员等及由通调津委员并营委将弁各按劳绩咨明直隶总督臣分别奏请奖励等因除将差次原奏抄录咨送及奉到谕旨再行恭录咨送外所有该府等在津出力各员应即开单注明劳绩移咨贵阁督部堂查照办理可也

据直隶海运总局单开

天津府知府钱炘和　署天津府同知徐鏞　广平府同知钟瑞　天津县知县谢子澄　以上四员总理局务并会同江南委员查验米色

候补县丞于恒吉　河工试用县丞候选知县于藩　候补县丞耿日棠　武清县河西务主簿邹在人　建昌县巡检候选主簿陈克昌　候补从九孙冬旭　新补阜平县典史汪榕　以上七员管理局务并拨运支销一切事宜

镇标葛沽营游击薛成龙　镇标大沽左营都司吴璋　镇标大沽左营把总刘淳　镇标大沽左营把总王开泰　镇标大沽海口营把总王宝庆　镇标大沽海口营把总陈发　镇标大沽左营外委杨殿臣　镇标大沽左营外委高立　镇标大沽海口营外委杜来增　镇标大沽海口营外委万宝来　镇标大沽左营外委高作霖　镇标大沽左营外委王希堂　镇标大沽海口营外委谢锡恩　以上十三员出洋迎护导引沙船

天津县葛沽巡检楼东淇　河营外委常玉成　以上二员查报沙船进口出口日期

保定府理事同知博多宏武　以上一员稽查在官人役及地方棍徒讹索沙船

杨村通判厉维梁　以上一员总理拨船稽查来往日期编列号次

北运河筐儿巷千总王天文　经制外委郜容　额外外委郜宜　额外外委夏保泰　记名外委金福盛郝文光　以上六员随同杨村厅经管拨船事务

候补知县刘湘　候补知县毛庆麟　河营外委王照　以上三员验收官民拨船

天津府海防同知高应元　以上一员提调沙船拨船疏通河路

河营捷地汛把总黑永贵　河营外委施斌　河营外委郝庆澜　以上三员随同催提沙船疏通河路

河营守备张浡　天津县典史刘玉衡　河营外委穆长清　河营外委王元庆　以上四员随同催提拨船疏通河路

新补新城县知县郑士蕙　候补知县吴应台　候补知县叶增庆　候补知县萨炳阿　天津府经历汪庆恩　满完县丞闵松泰　天津府北仓大使叶养度　河营把总尹光彩　以上八员监视拨船盖用灰印封钉舱口

候补县丞刘杰　以上一员查报起米数目

候补府经历龚焕　候补县丞祥瑞　候补按经历费德声　候补主簿熊琦　候补州判唐汝翼　霸保主簿朱浩良　天津县杨青驿丞杨承杰　候补府仓大使汪葆光　候补从九盛祖培　候补吏目陈兆麟　候补从九沈士樾　候补从九沈叙时　候补未入赵元勋　候补未入胡济宽　静海县主簿顾肇域　候补州判李执中　候补未入陈廷赓　南皮县主簿王谟　河工候补从九许忠　清苑县县丞候选知县汪鸣和　候补直隶州州判汪葆烜　任丘县县丞程椿　宣化府经历宋嵩庆　镇标右营外委王遇亨　镇标城守

营外委李墉　镇标城守营把总刘法祖　镇标左营外委王治华　镇标左营外委王恩波　镇标左营外委沈涛　镇标左营外委乔世达　镇标左营外委杨得　镇标左营外委王通丰　镇标城守营外委高钟洛　镇标左营外委乔世林　镇标左营外委李治安　镇标右营外委章殿甲　镇标右营外委刘焕芝　镇标城守营外委华云彪　镇标左营外委吴承恩　镇标城守营外委李逢瑞　镇标城守营外委耿长泰　镇标城守营外委曹大醇　镇标城守营外委方廷标　镇標城守营外委乔国胜　镇標城守营外委趙国璧　镇标静海营外委杨克明　镇标河间协左营外委高兆麟　以上四十七员轮流押催米船

督标左营游击白含章　镇标中营游击吴灿　正定镇标左营守备王恩洪　以上三员总理海河运河沙船剥船经由停泊处所稽查弹压

镇标左营守备梁运彰　镇标署右营守备哈清魁　镇标左营把总刘翼云　镇标河间协右营商家林把总冼凤鸣　镇标景州营吴桥县外委杨瑞　镇标城守营外委王恩溶　以上六员随同在于海河运河沙船拨船经由停泊处所稽查弹压

镇标署天津城守营都司毛文藻　以上一员上园至蒲口两岸巡查

驻札西沽督查候补知府金铠　驻札杨村督查候补通判龚国瑞　驻札河西务督查候补知县刘必传　驻札小河口督查山海关通判乌林泰　分查第一段河营赵家场把总龚永清　分查第二段清河县县丞陈元禄　分查第三段天津县县丞王恒谦　分查第四段河营唐官屯千总马宝泰　分查第五段候补县丞蒋子修　分查第六段原派候补从九孔宪阶该员丁忧后改派候补从九蒋文涛　分查第七段候补吏目孙金镛　分查第八段候补从九张辅廷　分查第九段布政司理问陈绍廉　分查第十段候补县丞高维翰　以上十五员巡查拨船偷漏舞弊

新升多伦诺尔巡检武清县杨村驿丞冯鼎　河营外委李德润　东路同知吴承祖　通州知州布彦　试用吏目孙慧元　通上汛把总夏春林　以上六员驻坝查催回空拨船

第一站东路营外委王万忠　第二站东路营外委高殿举　第三站务关外委张树勋蔡云锡　第四站杨村外委姚承霈武纯峰　以上六员沿河查催空船

候补通判叶荣春　借补吴桥县丞候补知县杨云鳌　镇属外委许万隆　河营外委郭长清镇属外委李茂林　河营外委郝桂森　河营外委常荣富　河营外委李际芳　河营外委李有庆　河营外委刘玉魁　河营外委时平仪　河营外委郑润　河营外委王炜　河营外委周焕文　河营外委赵庆澜　河营外委李光恩　河营外委陈兆祥　河营外委王恩桐　河营外委杨永升　河营外委吴恩来　以上二十员公所听候差委

海河主簿升补故城县县丞郑继?以上一员营理棚厂并回空沙船挖土压载

以上直隶总局府县以下各委员等及由通调津委员并营委将弁等共计一百五十九员各按差使不辞劳瘁本部堂业经奏明移咨贵阁督部堂分别奏请奖励再此次沙船向风慕义踊跃急公齐至天津与直隶拨船停泊河干者不下数万人该天津府知府钱炘和署天津县知县谢子澄于听断之余挨日周历水次弹压巡查数月以来沙船一无滋事偶与拨船交涉事件均持平审断毫不偏徇舆论翕然地方赖以安谧实属循良勤干应由贵阁督部堂从优奏请奖叙咸丰二年五月二十日行

验米大臣为咨行事本届海运办理完竣经本部堂奏明该府县丞倅等均能明干晓事昼夜辛勤并声明天津各委员等及由通调津委员各按劳绩咨明直隶督臣分别奏请奖励等因除据直隶总局原单移咨外相应再行摘叙劳绩移咨贵阁督部堂查照办理可也

计开

派令封舱记印委员　新城县知县郑士蕙　候补知县叶增庆　候补知县萨炳阿　天津府经历汪庆恩　满完县丞闵松焘　河营把总尹光彩　北仓大使叶养度　试用知县吴应台【由通调津自备资斧】　以上各员自司事以来逐日河干不分昼夜洵属竭诚尽力始终罔懈

派令各船兑票欠单核数过朱委员　候补县丞刘杰【由通调津自备资斧】该员始终其事不辞劳瘁

饬令驻札分段巡查偷漏舞弊之督委各员　候补知府金铠　第一段委员把总龚永清　第二段委员外委

李光恩　第三段委员天津县丞王恒谦　以上各员拿有小船偷卖臭米及船户私开舱封等案巡查不分昼夜司事均属认真

宣化府经历宋嵩庆　该员行辕公所听候差委收发公文委办一切小心谨慎并无贻误行辕事竣复押第二十三运后起拨船

天津府海防同知高应元　该员曾经两届办理海运熟习情形此次海运提调沙船拨船疏通河路办理一切均属安详稳练

咸丰二年五月二十日行

卷五·船册

长洲县

派装漕白粮船二十三只

第一号【元字】赵生泰【三月初三日进天津口】

第二号【太字】金同泰【三月十八日进天津口】

第三号【太字】沈长发【三月初三日进天津口】

第四号【宝字】金恒盛【三月十五日进天津口】

第五号【通字】姚得利【三月十九日进天津口】

第六号【太字】谢源来【三月十六日进天津口】

第七号【吴字】黄长德【三月二十日进天津口】

第八号【元字】周同茂【三月初三日进天津口】

第九号【元字】金保盛【三月初二日进天津口】

第十号【太字】屠长春【三月十五日进天津口】

第十一号【昆字】金永祥【三月十五日进天津口】

第十二号【上字】甘永和【三月十五日进天津口】

第十三号【元字】俞增利【三月十七日进天津口】

第十四号【海门】沙大春【三月十五日进天津口】

第十五号【昭字】陈源顺【三月初三日进天津口】

第十六号【昆字】龚长福【三月十八日进天津口】

第十七号【崇字】宋天盛【三月十七日进天津口】

第十八号【镇字】金乾泰【三月十五日进天津口】

第十九号【海门】樊聚顺【四月初三日进天津口】

第二十号【太字】马涌盛【三月初三日进天津口】

第二十一号【元字】常隆顺【三月十五日进天津口】

第二十二号【昆字】沈协盛【三月二十七日进天津口】

第二十三号【镇字】全宝发【三月初十日进天津口】

元和县

派装漕白粮船十五只

第一号【吴字】金源祥【三月二十日进天津口】

第二号【镇字】金祥泰【三月十五日进天津口】

第三号【元字】沈元康【三月十五日进天津口】

第四号【元字】黄长盛【三月十八日进天津口】

第五号【通字】姚恒茂【三月十五日进天津口】

第六号【太字】金恒泰【三月初五日进天津口】
第七号【崇字】张茂顺【三月十六日进天津口】
第八号【上字】陈和泰【三月十五日进天津口】
第九号【元字】祝春年【三月十五日进天津口】
第十号【太字】孙同泰【三月初一日进天津口】
第十一号【吴字】张福增【三月二十七日进天津口】
第十二号【宝字】黄长兴【三月初七日进天津口】
第十三号【通字】彭恒龄【三月二十二日进天津口】
第十四号【赣字】万胜泰【三月十九日进天津口】
第十五号【太字】戴源新【三月十九日进天津口】

吴县
派装漕白粮船十二只
第一号【元字】方萃升【三月初三日进天津口】
第二号【元字】谢长顺【三月十七日进天津口】
第三号【赣字】余源来【三月初三日进天津口】
第四号【太字】金万发【三月初三日进天津口】
第五号【镇字】管长庆【四月十二日进天津口】
第六号【如字】吴万兴【三月十九日进天津口】
第七号【镇字】彭永发【三月十二日进天津口】
第八号【元字】孙永裕【三月初十日进天津口】
第九号【吴字】徐万春【三月十八日进天津口】
第十号【上字】赵恒顺【三月十二日进天津口】
第十一号【太字】马宝兴【三月十七日进天津口】
第十二号【镇字】林锡隆【三月十九日进天津口】

吴江县
派装漕白粮船十五只
第一号【赣字】沈福源【三月十八日进天津口】
第二号【昆字】张顺发【三月十五日进天津口】
第三号【昆字】张利发【三月初三日进天津口】
第四号【如字】徐长利【三月初三日进天津口】
第五号【昆字】沈凝盛【三月十二日进天津口】
第六号【昆字】沈长盛【三月初十日进天津口】
第七号【太字】张隆顺【三月初三日进天津口】
第八号【崇字】张恒裕【三月十九日进天津口】
第九号【太字】陈得顺【三月二十七日进天津口】
第十号【太字】费大发【三月初三日进天津口】
第十一号【赣字】张福临【三月十五日进天津口】
第十二号【海州】张义昌【三月二十二日进天津口】
第十三号【元字】沈祥发【三月十八日进天津口】
第十四号【通字】顾长泰【三月二十日进天津口】

第十五号【太字】沈履泰【三月十六日进天津口】

震泽县

派装漕白粮船九只

第一号【镇字】屠长盛【三月初二日进天津口】

第二号【镇字】马心盛【三月初九日进天津口】

第三号【元字】孙恒源【三月十二日进天津口】

第四号【元字】孙宝康【三月十五日进天津口】

第五号【赣字】沈洪顺【三月十五日进天津口】

第六号【赣字】郁义泰【三月初一日进天津口】

第七号【吴字】金长泰【三月十五日进天津口】

第八号【太字】奚源利【三月二十七日进天津口】

第九号【元字】张义顺【三月初九日进天津

常熟县

派装漕白粮船十六只

第一号【元字】朱恒全【三月十七日进天津口】

第二号【通字】季元隆【四月初一日进天津口】

第三号【崇字】周乾顺【三月二十七日进天津口】

第四号【崇字】周鼎顺【三月十六日进天津口】

第五号【崇字】沈万泰【三月十八日进天津口】

第六号【通字】江祥丰【三月十七日进天津口】

第七号【通字】江祥瑞【三月十八日进天津口】

第八号【崇字】吕顺泰【四月初三日进天津口】

第九号【崇字】范洪泰【三月三十日进天津口】

第十号【通字】郁隆骏【三月二十七日进天津口】

第十一号【镇字】金同利【三月十五日进天津口】

第十二号【镇字】章天寿【三月十八日进天津口】

第十三号【吴字】李运泰【三月十九日进天津口】

第十四号【吴字】谈福隆【三月三十日进天津口】

第十五号【太字】薛长顺【三月初三日进天津口】

第十六号【太字】薛福顺【三月初三日进天津口】

昭文县

派装漕白粮船十八只

第一号【昆字】陆六顺【三月二十日进天津口】

第二号【镇字】洪骏发【三月二十三日进天津口】

第三号【常字】仲恒顺【三月十七日进天津口】

第四号【镇字】庄福增【三月十七日进天津口】

第五号【通字】江元发【三月十八日进天津口】

第六号【通字】陆全裕【三月初七日进天津口】

第七号【元字】陆永发【三月二十七日进天津口】

第八号【元字】蒋永利【三月初三日进天津口】
第九号【元字】蒋元亨【三月十二日进天津口】
第十號【元字】蔣永吉【三月十二日進天津口】
第十一号【元字】咸元顺【三月十五日进天津口】
第十二号【元字】陈福泰【三月初十日进天津口】
第十三号【元字】方恒大【三月十五日进天津口】
第十四号【吴字】钱大发【三月二十日进天津口】
第十五号【吴字】金茂元【三月十六日进天津口】
第十六号【吴字】费大顺【三月初三日进天津口】
第十七号【海州】张德隆【三月三十二日进天津口】
第十八号【太字】蒋肇生【三月十六日进天津口】

昆山县
派装漕白粮船七只
第一号【通字】郁裕顺【三月十七日进天津口】
第二号【通字】朱合隆【三月二十日进天津口】
第三号【昆字】张永祥【三月初三日进天津口】
第四号【元字】曹天隆【三月初三日进天津口】
第五号【宝字】黄长生【三月二十日进天津口】
第六号【如字】吴永泰【三月二十七日进天津口】
第七号【元字】陆德利【四月初一日进天津口】

新阳县
派装漕白粮船八只
第一号【赣字】郁升泰【三月十二日进天津口】
第二号【崇字】吕新盛【三月十七日进天津口】
第三号【元字】孙永康【三月十五日进天津口】
第四号【元字】沈裕茂【三月初三日进天津口】
第五号【元字】孙永昌【三月初三日进天津口】
第六号【元字】金长茂【三月十五日进天津口】
第七号【镇字】陈德茂【三月二十日进天津口】
第八号【镇字】王永发【三月十五日进天津口】

华亭县
派装漕白粮船九只
第一号【太字】钮德发【三月初三日进天津口】
第二号【通字】彭遐福【三月十八日进天津口】
第三号【赣字】彭豫泰【三月初三日进天津口】
第四号【镇字】张德茂【三月初三日进天津口】
第五号【镇字】余德泰【三月二十二日进天津口】
第六号【镇字】申天寿【三月三十日进天津口】
第七号【镇字】钮聚盛【三月二十日进天津口】

第八号【海州】张金元【三月二十二日进天津口】
第九号【镇字】杨新泰【三月十九日进天津口】

奉贤县
派装漕白粮船七只
第一号【元字】徐德泰【三月初三日进天津口】
第二号【元字】王德盛【三月十七日进天津口】
第三号【吴字】夏长寿【三月十八日进天津口】
第四号【崇字】吕洪泰【三月二十三日进天津口】
第五号【镇字】陈义泰【四月初三日进天津口】
第六号【赣字】余源盛【三月二十七日进天津口】
第七号【崇字】扼合顺【四月十八日进天津口】

娄县
派装漕白粮船六只
第一号【吴字】夏元寿【三月十五日进天津口】
第二号【通字】钱合利【四月初三日进天津口】
第三号【太字】郑顺兴【三月十七日进天津口】
第四号【吴字】金长发【三月十七日进天津口】
第五号【通字】崔源顺【四月初一日进天津口】
第六号【昆字】朱安泰【三月初三日进天津口】

金山县
派装漕白粮船十只
第一号【元字】沈裕凝【三月初十日进天津口】
第二号【元字】沈裕生【三月初三日进天津口】
第三号【吴字】沈利贞【三月十六日进天津口】
第四号【镇字】王寿申【三月十五日进天津口】
第五号【上字】王吉泰【三月十八日进天津口】
第六号【太字】陆长增【三月二十日进天津口】
第七号【通字】姚利益【三月十八日进天津口】
第八号【太字】马发泰【五月初七日进天津口】
第九号【元字】王元寿【三月十六日进天津口】
第十号【丹阳】聂利涉【三月十八日进天津口】

上海县
派装漕白粮船八只
第一号【镇字】孙元元【三月十六月进天津口】
第二号【镇字】沈祥茂【三月十五日进天津口】
第三号【上字】王永吉【三月初十日进天津口】
第四号【上字】王永生【三月二十六日进天津口】
第五号【上字】王永裕【三月十五日进天津口】

第六号【元字】何长增【三月二十二日进天津口】
第七号【镇字】孙裕福【三月二十日进天津口】
第八号【元字】何恒新【三月二十日进天津口】

南汇县
派装漕白粮船六只
第一号【通字】彭隆祥【三月十五日进天津口】
第二号【通字】彭寿福【三月初九日进天津口】
第三号【通字】彭寿禄【三月初九日进天津口】
第四号【镇字】全宝利【三月初三日进天津口】
第五号【镇字】全协泰【三月初十日进天津口】
第六号【通字】彭合顺【三月初十日进天津口】

青浦县
派装漕白粮船二十四只
第一号【元字】钱天成【三月初十日进天津口】
第二号【镇字】金裕增【三月初二日进天津口】
第三号【崇字】吕合泰【三月十五日进天津口】
第四号【宝字】张常盛【三月十七日进天津口】
第五号【上字】陈合隆【三月十七日进天津口】
第六号【昆字】金益利【四月初四日进天津口】
第七号【镇字】曹永春【三月十五日进天津口】
第八号【太字】钱萃恒【三月十五日进天津口】
第九号【崇字】朱福昌【三月十八日进天津口】
第十号【崇字】王源兴【三月十三日进天津口】
第十一号【元字】沈仁盛【三月十五日进天津口】
第十二号【元字】张义兴【三月初一日进天津口】
第十三号【元字】朱元发【三月十八日进天津口】
第十四号【元字】孙长福【三月十六日进天津口】
第十五号【元字】孙恒宝【三月初三日进天津口】
第十六号【吴字】姚顺泰【三月十五日进天津口】
第十七号【崇字】吕永庆【三月十五日进天津口】
第十八号【崇字】陈泰来【三月十六日进天津口】
第十九号【崇字】吕奕盛【三月十七日进天津口】
第二十号【元字】黄源昌【三月十七日进天津口】
第二十一号【吴字】祝万寿【三月十八日进天津口】
第二十二号【崇字】吕茂盛【三月初十日进天津口】
第二十三号【崇字】吕又盛【三月初三日进天津口】
第二十四号【赣字】余立源【三月二十日进天津口】

川沙厅
派装漕白粮船二只

第一号【元字】沈隆发【四月初三日进天津口】
第二号【海州】张德盛【三月二十七日进天津口】

武进县
派装漕粮船十五只
第一号【吴字】徐恒泰【三月初十日进天津口】
第二号【太字】俞仁康【三月初三日进天津口】
第三号【太字】张永隆【三月初十日进天津口】
第四号【昆字】徐元顺【三月初三日进天津口】
第五号【上字】王元泰【三月十五日进天津口】
第六号【崇字】周履顺【三月十六日进天津口】
第七号【太字】陆万泰【三月十五日进天津口】
第八号【太字】朱福康【三月十七日进天津口】
第九号【镇字】陆万年【三月二十日进天津口】
第十号【镇字】周福茂【三月十五日进天津口】
第十一号【太字】张祥茂【三月二十二日进天津口】
第十二号【镇字】全保堃【三月十七日进天津口】
第十三号【江阴】钱福利【四月十七日进天津口】
第十四号【如字】管长源【三月二十九日进天津口】
第十五号【昆字】倪长发【三月十八日进天津口】

阳湖县
派装漕白粮船二十只
第一号【吴字】金再福【三月三十日进天津口】
第二号【昆字】陈合泰【三月二十二日进天津口】
第三号【锁字】杨元吉【三月初十日进天津口】
第四号【太字】孙奕隆【三月二十二日进天津口】
第五号【太字】王义增【三月十八日进天津口】
第六号【元字】金永昌【三月十五日进天津口】
第七号【镇字】马骏元【三月二十二日进天津口】
第八号【如字】唐广德【三月十九日进天津口】
第九号【赣字】蒋源盛【三月十九月进天津口】
第十号【上字】金永元【三月初一日进天津口】
第十一号【上字】金永和【三月初一日进天津口】
第十二号【通字】彭恒茂【三月十九日进天津口】
第十三号【通字】彭恒兴【三月十八日进天津口】
第十四号【无字】俞源利【三月十八日进天津口】
第十五号【镇字】袁永利【三月十九日进天津口】
第十六号【昆字】陆锦吉【四月初一日进天津口】
第十七号【镇字】杨合发【三月十六日进天津口】
第十八号【吴字】白冯源【三月初十日进天津口】
第十九号【无字】丁永利【三月十九日进天津口】

第二十号【宝字】孙德茂【三月初十日进天津口】

无锡县

派装漕白粮船十四只

第一号【元字】孙宝生【三月十六日进天津口】

第二号【镇字】金生泰【三月十七日进天津口】

第三号【通字】彭义顺【三月十九日进天津口】

第四号【昆字】马吉盛【三月初一日进天津口】

第五号【镇字】洪骏福【三月十五日进天津口】

第六号【镇字】彭长庆【三月十三日进天津口】

第七号【元字】孙长庆【三月初一日进天津口】

第八号【元字】孙鸿来【三月初三日进天津口】

第九号【元字】孙长兴【三月十五日进天津口】

第十号【通字】彭洪茂【三月十七日进天津口】

第十一号【赣字】赵隆顺【三月十七日进天津口】

第十二号【太字】马禄顺【三月初七日进天津口】

第十三号【元字】张德润【三月十八日进天津口】

金匮县

派装漕白粮船十一只

第一号【元字】马奕盛【三月初十日进天津口】

第二号【太字】彭彩禄【三月十五日进天津口】

第三号【元字】孙恒义【三月十六日进天津口】

第四号【镇字】张履发【五月初七日进天津口】

第五号【昆字】徐长盛【三月三十日进天津口】

第六号【通字】金钱利【三月十七日进天津口】

第七号【元字】王遇顺【三月十二日进天津口】

第八号【吴字】沈协亨【三月二十六日进天津口】

第九号【吴字】林锡康【三月三十日进天津口】

第十号【上字】金荣隆【三月初三日进天津口】

第十一号【昆字】金永裕【三月初十日进天津口】

江阴县

派装漕白粮船十只

第一号【元字】方萃丰【三月初三日进天津口】

第二号【通字】彭福延【三月二十日追天津口】

第三号【通字】沙聚源【三月十六日进天津口】

第四号【赣字】余德顺【三月二十日进天津口】

第五号【崇字】赵安泰【三月十八日进天津口】

第六号【宝字】周正顺【三月二十二日进天津口】

第七号【太字】胡福源【三月十二日进天津口】

第八号【海州】张义兴【三月二十三日进天津口】

第九号【昆字】沈福源【三月十七日进天津口】
第十号【元字】陈兴泰【三月二十六日进天津口】

宜兴县
派装漕白粮船五只
第一号【赣字】郭万亨【三月三十日进天津口】
第二號【元字】沈裕盛【三月十五日进天津口】
第三号【元字】陆绥寿【三月十五日进天津口】
第四号【宝字】王恒盛【三月十六日进天津口】
第五号【海州】顾万顺【三月十九日进天津口】

溧阳县
派装漕白粮船九只
第一号【元字】金咏兴【三月十五日进天津口】
第二号【赣字】沈兴祥【三月十七日进天津口】
第三号【元字】孙隆顺【三月三十日进天津口】
第四号【吴字】沈长亨【四月初三日进天津口】
第五号【元字】赵永泰【三月初三日进天津口】
第六号【上字】沈长利【三月十七日进天津口】
第七号【通字】彭锡隆【三月二十日进天津口】
第八号【太字】王德茂【四月初一日进天津口】
第九号【通字】姚洪利【三月十六日进天津口】

太仓州
派装漕白粮船十四只
第一号【上字】袁长茂【三月初十日进天津口】
第二号【元字】唐长利【三月二十日进天津口】
第三号【吴字】施大发【三月十九日进天津口】
第四号【元字】赵洪泰【三月十八日进天津口】
第五号【太字】胡福盛【三月初十日进天津口】
第六号【太字】庄德禄【三月十六日进天津口】
第七号【元字】孙福全【三月十六日退天津口】
第八号【昆字】陈永利【三月初三日进天津口】
第九号【昆字】张永泰【三月二十九日进天津口】
第十号【吴字】应德顺【三月十二日进天津口】
第十一号【通字】彭荣发【四月初一日进天津口】
第十二号【元字】谢天顺【三月初十日进天津口】
第士二号【吴字】章天福【三月十六日进天津口】
第十四号【海门】沈发祥【三月十七日进天津口】

镇洋县
派装漕白粮船十二只

第一号【上字】张大茂【三月初三日进天津口】
第二号【宝字】孙永茂【三月十五日进天津口】
第三号【元字】孙恒泰【三月初三日进天津口】
第四号【海门】沙益利【三月十八日进天津口】
第五号【元字】张大兴【三月初三日进天津口】
第六号【赣字】孙鸿泰【三月十三日进天津口】
第七号【元字】施万兴【三月十九日进天津口】
第八号【元字】孙永吉【三月初三日进天津口】
第九号【元字】张裕兴【三月初十日进天津口】
第十号【元字】孙彩泰【三月初三日进天津口】
第十一号【太字】庄德寿【三月三十二日进天津口】
第十二号【元字】赵恒福【三月三十七日进天津口】

宝山县
派装漕白粮船四只
第一号【海门】陆元顺【三月十九日进天津口】
第二号【通字】彭义茂【三月二十七日进天津口】
第三号【赣字】余聚泰【三月十五日进天津口】
第四号【通字】高万顺【三月十八日进天津口】

嘉定县
派装漕白粮船五只
第一号【元字】孙得顺【三月初三日进天津口】
第二号【镇字】孙兴盛【三月十七日进天津口】
第三号【太字】金德增【三月十九日进天津口】
第四号【海州】顾万盛【三月十一日进天津口】
第五号【海州】张仁昌【四月初三日进天津口】

长洲县
派装漕白粮船二十一只
第二十四号【元字】周元顺【三月二十日进天津口】
第二十五号【吴字】谢恒顺【三月二十二日进天津口】
第二十六号【赣字】徐德泰【三月二十七日进天津口】
第二十七号【镇字】金长茂【三月二十三日进天津口】
第三十八号【吴字】金增盛【四月初一日进天津口】
第二十九号【赣字】郭万泰【三月二十三日进天津口】
第三十号【太字】林增禄【四月初一日进天津口】
第三十一号【上字】张元泰【三月二十日进天津口】
第三十二号【昆字】奚恒孚【三月二十三日进天津口】
第三十三號【太字】袁长泰【四月初一日進天津口】
第三十四号【昆字】施翔发【四月二十八日进天津口】
第三十五号【太字】程增康【四月初五日进天津口】

第三十六号【丹字】聂隆泰【三月二十七日进天津口】
第三十七号【通字】彭恒寿【四月初三日进天津口】
第三十八号【崇字】陈源利【四月初一日进天津口】
第三十九号【崇字】张恒升【三月三十日进天津口】
第四十号【元字】金元发【四月初六日进天津口】
第四十一号【元字】蒋源福【四月初三日进天津口】
第四十二号【镇字】杨永春【三月二十八日进天津口】
第四十三号【元字】孙永兴【三月二十六日进天津口】
第四十四号【镇字】金长泰【三月二十九日进天津口】

元和县
派装漕白粮船十只
第十六号【镇字】章天禄【四月三十日进天津口】
第十七号【昆字】彭咸顺【四月初三日进天津口】
第十八号【镇字】李恒贞【三月二十日进天津口】
第十九号【赣字】郁景泰【三月十六日进天津口】
第二十号【元字】陆永福【三月二十七日进天津口】
第二十一号【昆字】吴茂泰【四月十二日进天津口】
第二十二号【太字】孙福泰【三月二十二日进天津口】
第二十三号【元字】蒋元利【三月二十七日进天津口】
第二十四号【昆字】徐长兴【三月二十九日进天津口】
第二十五号【上字】张德利【三月二十九日进天津口】

吴县
派装漕白粮船十五只
第十三号【元字】王衍泰【四月初四日进天津口】
第十四号【上字】陈景禄【三月二十日进天津口】
第十五号【昆字】黄长利【四月三十日进天津口】
第十六号【镇字】金福来【三月初十日进天津口】
第十七号【崇字】朱福春【三月十六日进天津口】
第十八号【昆字】张聚盛【三月十六日进天津口】
第十九号【元字】丁源利【三月二十七日进天津口】
第二十号【元字】金永康【三月二十日进天津口】
第二十一号【太字】孙恒盛【三月二十五日进天津口】
第二十二号【通字】彭寿发【三月二十七日进天津口】
第二十三号【镇字】彭裕庆【三月二十九日进天津口】
第二十四号【元字】孙帆顺【三月二十三日进天津口】
第二十五号【镇字】孙恒祥【三月二十七日进天津口】
第二十六号【太字】屠长泰【三月二十九日进天津口】
第二十七号【崇字】宋隆盛【三月三十日进天津口】

吴江县
派装漕白粮船九只
第十六号【吴字】尹盛泰【三月二十七日进天津口】
第十七号【宝字】孙德隆【三月初十日进天津口】
第十八号【赣字】沈洪泰【三月二十七日进天津口】
第十九号【元字】金咸禄【三月二十九日进天津口】
第二十号【崇字】施翔泰【三月二十九日进天津口】
第二十一号【吴字】周长顺【四月十一日进天津口】
第二十二号【昆字】包同泰【四月初二日进天津口】
第二十三号【镇字】缪洪泰【三月二十四日进天津口】
第二十四号【海州】刘合兴【三月二十日进天津口】

震泽县
派装漕白粮船十三只
第十号【通字】彭裕寿【三月二十九日进天津口】
第十一号【吴字】谢大顺【三月十九日进天津口】
第十二号【通字】彭长泰【四月十六日进天津口】
第十三号【镇字】孙禄顺【三月二十七日进天津口】
第十四号【通字】朱长顺【三月二十七日进天津口】
第十五号【崇字】顾源发【三月二十九日进天津口】
第十六号【赣字】郭大隆【三月二十二日进天津口】
第十七号【通字】高淞顺【四月初一日进天津口】
第十八号【通字】汤永禄【三月二十七日进天津口】
第十九号【崇字】蔡长福【四月十六日进天津口】
第二十号【通字】彭麟祥【三月二十七日进天津口】
第二十一号【通字】韩聚利【三月二十七日进天津口】
第二十二号【镇字】金合利【四月十二日进天津口】

常熟县
派装漕白粮船二十二只
第十七号【吴字】瞿元贞【三月二十二日进天津口】
第十八号【太字】訾永盛【四月初一日进天津口】
第十九号【赣字】万长源【三月二十七日进天津口】
第二十号【镇字】周德发【四月初三日进天津口】
第二十一号【宝字】孙永隆【三月十八日进天津口】
第二十二号【镇字】陈福利【三月三十日进天津口】
第二十三号【太字】孙同茂【三月二十二日进天津口】
第二十四号【镇字】全宝凝【三月二十九日进天津口】
第二十五号【赣字】畲德泰【三月二十七日进天津口】
第二十六号【通字】彭德昌【三月十七日进天津口】
第二十七号【海州】汪源昌【三月二十二日进天津口】
第二十八号【镇字】周宝源【三月二十七日进天津口】

第二十九号【赣字】孙同德【四月十二日进天津口】
第三十号【通字】彭龄福【三月二十日进天津口】
第三十一号【崇字】沈合茂【三月二十七日进天津口】
第三十二号【镇字】庄茂盛【三月二十日进天津口】
第三十三号【镇字】吴万泰【四月十五日进天津口】
第三十四号【镇字】陆景福【四月十六日进天津口】
第三十五号【镇字】高天发【四月初三日进天津口】
第三十六号【通字】彭长騋【三月二十六日进天津口】
第三十七号【吴字】公大发【三月二十七日进天津口】
第三十八号【元字】陆全吉【三月二十三日进天津口】

昭文县
派装漕白粮船十一只
第十九号【昆字】陈福利【三月二十八日进天津口】
第二十号【元字】钱森利【三月二十九日进天津口】
第二十一号【吴字】陆祥盛【三月十七日进天津口】
第二十二号【昆字】金长发【三月二十二日进天津口】
第二十三号【元字】王元祯【三月二十日进天津口】
第二十四号【太字】张义和【三月二十三日进天津口】
第二十五号【太字】金永兴【三月二十日进天津口】
第二十六号【崇字】陈万春【三月二十七日进天津口】
第二十七号【元字】蒋福茂【三月十八日进天津口】
第二十八号【吴江】顾永林【三月二十二日进天津口】
第二十九号【太字】郑顺发【三月十八日进天津口】

昆山县
派装漕白粮船七只
第八号【元字】朱恒大【三月十九日进天津口】
第九号【吴字】孙恒吉【三月十六日进天津口】
第十号【元字】龚永兴【四月三十日进天津口】
第十一号【海州】武和顺【三月三十日进天津口】
第十二号【上字】王永兴【三月二十日进天津口】
第十三号【镇字】庄源顺【三月十五日进天津口】
第十四号【崇字】孙德发【三月二十七日进天津口】

新阳县
派装漕白粮船八只
第九号【崇字】蔡长增【四月初三日进天津口】
第十号【赣字】蒋源益【四月初三日进天津口】
第十一号【元字】庄合顺【三月二十三日进天津口】
第十二号【镇字】公同发【四月十二日进天津口】
第十三号【通字】彭永康【三月二十三日进天津口】

第十四号【宝字】施元贞【三月二十日进天津口】
第十五号【太字】费大富【四月初一日进天津口】
第十六号【海州】刘长盛【四月初三日进天津口】

华亭县
派装漕白粮船九只
第十号【崇字】张发泰【三月二十九日进天津口】
第十一号【太字】顾长增【三月二十三日进天津口】
第十二号【无字】丁永兴【四月初一日进天津口】
第十三号【宝字】黄福昌【三月二十日进天津口】
第十四号【通字】彭元昌【三月三十日进天津口】
第十五号【通字】姚源利【四月初三日进天津口】
第十六号【崇字】张恒德【四月初一日进天津口】
第十七号【镇字】顾元和【四月初三日进天津口】
第十八号【吴字】沈万亨【四月初三日进天津口】

奉贤县
派装漕白粮船七只
第八号【镇字】陈源裕【四月初八日进天津口】
第九号【昆字】吴协兴【三月三十日进天津口】
第十号【镇字】徐永利【四月初一日进天津口】
第十一号【通字】彭寿申【三月二十九日进天津口】
第十二号【镇字】杨元祥【三月二十三日进天津口】
第十三号【昆字】戴永盛【三月三十日进天津口】
第十四号【崇字】蔡添顺【四月初六日进天津口】

娄县
派装漕白粮船十只
第七号【元字】王宏盛【三月二十二日进天津口】
第八号【赣字】徐常泰【三月二十七日进天津口】
第九号【元字】王衍利【三月十五日进天津口】
第十号【昆字】朱福泰【三月十五日进天津口】
第十一号【崇字】黄长顺【三月三十日进天津口】
第十二号【宝字】黄遇发【四月十二日进天津口】
第十三号【镇字】孙永兴【三月二十三日进天津口】
第十四号【崇字】张合隆【四月初三日进天津口】
第十五号【通字】彭恒源【四月初二日进天津口】
第十六号【通字】杨全顺【三月二十七日进天津口】

金山县
派装漕白粮船七只
第十一号【赣字】陈福顺【四月初三日进天津口】

第十二号【元字】陈同源【三月二十九日进天津口】
第十三号【镇字】杨福茂【三月二十七日进天津口】
第十四号【宝字】孙瑞和【四月初八日进天津口】
第十五号【通字】彭森泰【四月初八日进天鸿口】
第十六号【崇字】陈协春【四月初三日进天津口】
第十七号【崇字】沈元丰【四月十二日进天津口】

上海县
派装漕白粮船十只
第九号【太字】田永兴【三月二十七日进天津口】
第十号【太字】田永发【三月二十三日进天津口】
第十一号【元字】孙遐福【三月二十七日进天津口】
第十二号【上字】金和茂【三月二十二月进天准口】
第十三号【吴字】孙禄昌【三月二十日进天津口】
第十四号【吴字】林吉顺【四月初八日进天津口】
第十五号【崇字】张甡顺【四月二十五日进天津口】
第十六号【镇字】沈协盛【三月二十日进天津口】
第十七号【镇字】杨永安【三月二十九日进天准口】

南汇县
派装漕白粮船二十九只
第七号【元字】孙恒生【三月二十九日进天津口】
第八号【镇字】杨永禄【三月十八日进天津口】
第九号【镇字】沈协茂【三月十五日进天津口】
第十号【镇字】林锡祥【三月十六日进天津口】
第十一号【元字】杨禄茂【三月十六日进天津口】
第十二号【上字】杨元发【三月十七日进天津口】
第十三号【镇字】林锡元【三月十五日进天津口】
第十四号【镇字】金来盛【三月十七日进天津口】
第十五号【镇字】金恒福【三月十五日进天津口】
第十六号【元字】金恒生【三月十七日进天津口】
第十七号【镇字】金恒禄【三月二十日进天津口】
第十八号【镇字】杨永凝【三月十五日进天津口】
第十九号【元字】张义隆【三月二十四日进天津口】
第二十号【元字】王遇春【三月二十六日进天津口】
第二十一号【太字】庄宝来【三月十五日进天津口】
第二十二号【崇字】吕耕泰【三月二十七日进天津口】
第二十三号【元字】赵恒吉【三月二十日进天津口】
第二十四号【太字】赵恒寿【三月二十二日进天津口】
第二十五号【元字】朱恒安【三月二十日进天津口】
第二十六号【镇字】盛吉利【三月初十日进天津口】
第二十七号【崇字】孙恒泰【三月二十四日进天津口】

第二十八号【赣字】蒋通顺【三月二十九日进天津口】
第二十九号【赣字】蒋利顺【三月二十日进天津口】
第三十号【元字】祝介年【三月十九日进天津口】
第三十一号【赣字】蒋源裕【三月二十七日进天津口】
第三十二号【赣字】蒋源增【三月二十二日进天津口】
第三十三号【赣字】沈源祥【三月十六日进天津口】
第三十四号【赣字】沈洪源【三月二十九日进天津口】
第三十五号【元字】祝永年【三月二十日进天津口】

青浦县
派装漕白粮船八只
第二十五号【元字】孙恒有【三月二十二日进天津口】
第二十六号【元字】孙恒来【三月二十六日进天津口】
第二十七号【元字】曹永庆【四月初一日进天津口】
第二十八号【崇字】宋福盛【三月二十七日进天津口】
第二十九号【太字】奚恒钰【四月初一日进天津口】
第三十号【镇字】郭长兴【三月二十二日进天津口】
第三十一号【镇字】诸公顺【三月二十二日进天津口】
第三十二号【海州】江源发【三月二十七日进天津口】

川沙县
派装漕白粮船二只
第三号【元字】赵祥泰【三月二十日进天津口】
第四号【元字】陈景福【三月二十四日进天津口】

武进县
派装漕白粮船十六只
第十六号【赣字】胡同顺【三月二十二日进天津口】
第十七号【昆字】沈恒茂【三月二十六日进天津口】
第十八号【吴字】冯益昌【三月十六日进天津口】
第十九号【赣字】徐德源【三月三十日进天津口】
第二十号【镇字】杨元康【三月二十二日进天津口】
第二十一号【通字】彭同顺【三月二十七日进天津口】
第二十二号【太字】陆全兴【三月二十三日进天津口】
第二十三号【海门】沙恒春【三月二十日进天津口】
第二十四号【崇字】陈隆庆【四月初三日进天津口】
第二十五号【崇字】吕源泰【四月十七日进天津口】
第二十六号【赣字】郭万利【四月初三日进天津口】
第二十七号【镇字】孙恒茂【三月十五日进天津口】
第二十八号【淡字】沈协春三月二十二日进天津口】
第二十九号【太字】钮德利【四月初一日进天津口】
第三十号【太字】金仁泰【三月三十日进天津口】

第三十一号【元字】黄金昌【四月初一日进天津口】

阳湖县
派装漕粮船八只
第二十一号【元字】居长茂【四月二十五日进天津口】
第二十二号【崇字】陈万顺【四月初三日进天津口】
第二十三号【吴字】夏长福【三月三十日进天津口】
第二十四号【吴字】祝咸宁【四月十六日进天津口】
第二十五号【通字】季广凝【四月初三日进天津口】
第二十六号【通字】彭恒隆【四月十三日进天津口】
第二十七号【崇字】陈永发【四月初二日进天津口】
第二十八号【崇字】陈同泰【四月初三日进天津口】

无锡县
派装漕粮船十二只
第十五号【元字】姚生福【四月初五日进天津口】
第十六号【崇字】周如盛【三月二十七日进天津口】
第十七号【崇字】朱履福【三月二十二日进天津口】
第十八号【镇字】奚恒龄【三月二十九日进天津口】
第十九号【太字】谢德和【三月二十日进天津口】
第二十号【昆字】沈永盛【三月二十二日进天津口】
第二十一号【吴字】张德兴【三月二十七日进天津口】
第二十二号【太字】孙长发【三月二十日进天津口】
第二十三号【镇字】王顾顺【三月二十三日进天津口】
第二十四号【元字】孙恒昌【四月十三日进天津口】
第二十五号【吴江】马文泰【四月十三日进天津口】
第二十六号【太字】王复兴【四月初三日进天津口】

金匮县
派装漕白粮船十五只
第十二号【吴字】丁合兴【四月初一日进天津口】
第十三号【上字】奚恒康【三月二十日进天津口】
第十四号【镇字】金大顺【四月初三日进天津口】
第十五号【吴字】邵德盛【四月初一日进天津口】
第十六号【崇字】陆再德【三月二十日进天津口】
第十七号【昆字】潘永泰【三月三十日进天津口】
第十八号【崇字】陈合盛【三月二十九日进天津口】
第十九号【通字】钱长源【三月三十日进天津口】
第二十号【吴字】奚恒延【三月二十九日进天津口】
第二十一号【崇字】陈万隆【四月十五日进天津口】
第二十二号【崇字】蔡兴盛【三月二十九日进天津口】
第二十三号【镇字】马泰来【三月三十日进天津口】

第二十四号【镇字】金德和【四月十二日进天津口】
第二十五号【宝字】黄福安【三月二十日进天津口】
第二十六号【无字】金生利【四月十六日进天津口】

江阴县
派装漕粮船十九只
第十一号【赣字】蒋源隆【三月二十日进天津口】
第十二号【吴字】马协泰【三月二十四日进天津口】
第十三号【元字】陆介福【三月二十二日进天津口】
第十四号【昆字】金咏生【三月二十二日进天津口】
第十五号【上字】孙福盛【三月二十二日进天津口】
第十六号【通字】朱福春【三月二十日进天津口】
第十七号【崇字】施恒发【四月初一日进天津口】
第十八号【吴江志】奚恒利【四月初一日进天津口】
第十九号【元字】奚恒和【三月二十日进天津口】
第二十号【元字】张义茂【三月二十二日进天津口】
第二十一号【元字】朱永茂【四月初一日进天津口】
第二十二号【镇字】庄利全【三月二十七日进天津口】
第二十三号【太字】张德顺【四月初九日进天津口】
第二十四号【崇字】吕生泰【四月十三日进天津口】
第二十五号【通字】彭同福【三月二十三日进天津口】
第二十六号【上字】沈德泰【三月二十七日进天津口】
第二十七号【崇字】陈同发【四月初三日进天津口】
第二十八号【太字】董长春【三月二十七日进天津口】
第二十九号【崇字】蒋源盛【四月十一日进天津口】

宜兴县
派装漕白粮船二十六只
第六号【赣字】孙长利【四月二十七日进天津口】
第七号【昆字】龚和顺【三月二十七日进天津口】
第八号【镇字】杨元春【三月一十九日进天津口】
第九号【通字】彭裕生【三月十七日进天津口】
第十号【赣字】畲临泰【三月二十二日进天津口】
第十一号【海卅】张德昌【三月二十五日进天津口】
第十二号【如字】唐广泰【三月二十三日进天津口】
第十三号【通字】黄福顺【三月二十二日进天津口】
第十四号【赣字】张福增【三月二十二日进天津口】
第十五号【通字】周遂顺【三月二十七日进天津口】
第十六号【通字】汤恒泰【三月二十日进天津口】
第十七号【元字】祝万年【三月二十日进天津口】
第十八号【元字】金永泰【三月初十日进天津口】
第十九号【元字】王仁泰【三月十九日进天津口】

第二十号【镇字】金长顺【三月二十三日进天津口】
第二十一号【吴字】谢德茂【三月三十日进天津口】
第二十二号【吴字】彭顺隆【四月初九日进天津口】
第二十三号【通字】彭元泰【三月二十六日进天津口】
第二十四号【海州】胡源顺【四月初三日进天津口】
第二十五号【吴字】严同顺【三月二十九日进天津口】
第二十六号【上字】张协隆【三月二十九日进天津口】
第二十七号【通字】高騵顺【三月二十七日进天津口】
第二十八号【吴字】金裕兴【四月初三日进天津口】
第二十九号【崇字】龚长源【四月初三日进天津口】
第三十号【镇字】钱保昌【四月初一日进天津口】
第三十一号【元字】张大昌【三月三十日进天津口】

荆溪县
派装漕白粮船十八只
第一号【元字】张永春【三月二十日进天津口】
第二号【如字】吴长利【四月初五日进天津口】
第三号【元字】包长发【三月初三日进天津口】
第四号【太字】奚恒发【四月初一日进天津口】
第五号【元字】任德利【三月十六日进天津口】
第六号【镇字】许长利【四月初六日进天津口】
第七号【镇字】金隆茂【三月二十九日进天津口】
第八号【赣字】万和源【三月二十二日进天津口】
第九号【崇字】黄宏盛【三月二十九日进天津口】
第十号【通字】彭永源【三月三十日进天津口】
第十一号【镇字】金天顺【三月三十日进天津口】
第十二号【镇字】孙协利【三月十五日进天津口】
第十三号【元字】王衍康【三月十五日进天津口】
第十四号【镇字】张原发【三月十九日进天津口】
第十五号【太字】张永和【三月二十日进天津口】
第十六号【上字】张正泰【三月二十日进天津口】
第十七号【镇字】钱万利【三月三十日进天津口】
第十八号【海州】顾万隆【失风】

丹阳县
派装漕粮船十只
第一号【元字】黄利昌【三月二十二日进天津口】
第二号【太字】戴同春【四月十四日进天津口】
第三号【太字】马洽兴【四月十八日进天津口】
第四号【通字】彭恒福【四月初三日进天津口】
第五号【通字】彭利福【四月初一日进天津口】
第六号【通字】崔元昌【四月二十八日进天津口】

第七号【崇字】吕财泰【五月十五日进天津口】
第八号【通字】陈愈庆【四月初三日进天津口】
第九号【赣字】万长顺【四月初十日进天津口】
第十号【吴字】奚恒茂【三月二十日进天津口】

金坛县
派装漕粮船十六只
第一号【通字】彭合茂【三月二十七日进天津口】
第二号【通字】彭发祥【三月二十七日进天津口】
第三号【镇字】陈金参【三月二十二日进天津口】
第四号【昆字】沈永茂【三月十七日进天津口】
第五号【太字】田恒发【三月二十七日进天津口】
第六号【镇字】金永安【五月初三日进天津口】
第七号【吴字】张德和【三月二十七日进天津口】
第八号【昆字】谢隆参【三月二十二日进天津口】
第九号【太字】沈隆祥【三月二十七日进天津口】
第十号【元字】陆介禄【三月二十二日进天津口】
第十一号【太字】薛长发【四月初一日进天津口】
第十二号【黄字】王源发【四月初十日进天津口】
第十三号【荣字】王源生【四月十八日进天津口】
第十四号【黄字】正鸿顺【四月十五日进天津口】
第十五号【江阴】钱德利【三月二十七日进天津口】
第十六号【昆字】陈万利【三月二十七日进天津口】

溧阳县
派装漕粮船二十四只
第十号【崇字】黄胜和【四月十二日进天津口】
第十一号【赣字】徐协源【三月二十七日进天津口】
第十二号【赣字】徐洪泰【三月二十七日进天津口】
第十三号【上字】沈协禄【三月二十三日进天津口】
第十四号【元字】周元亨【三月十九日进天津口】
第十五号【太字】庄利顺【三月十九口】进天津口】
第十六号【昆字】金和利【四月初九日进天津口】
第十七号【海州】武万泰【三月二十七日进天津口】
第十八号【赣字】畲源生【三月二十三日进天津口】
第十九号【崇字】蒋恒协【三月二十三日进天津口】
第二十号【镇字】金长利【三月二十七日进天津口】
第二十一号【上字】张元茂【三月二十二日进天津口】
第三十二号【镇字】杨永兴【三月二十二日进天津口】
第二十三号【昆字】沈恒盛【三月二十七日进天津口】
第二十四号【崇字】施翔茂【四月初三日进天津口】
第二十五号【元字】陈洽茂【三月二十日进天津口】

第二十六号【通字】彭恒禄【三月二十九日进天津口】
第二十七号【太字】徐元福【三月二十二日进天津口】
第二十八号【崇字】陈德和【三月二十七日进天津口】
第二十九号【元字】孙裕禄【三月二十九日进天津口】
第三十号【赣字】郭增源【三月二十日进天津口】
第三十一号【赣字】郭万源【三月二十七日进天津口】
第三十二号【昆字】万源顺【三月二十三日进天津口】
第三十三号【镇字】孙长春【四月初三日进天津口】

太仓州
太仓州派装漕白粮船十六只
第十五号【元字】沈长来【三月二十二日进天津口】
第十六号【元字】孙隆昌【三月十五日进天津口】
第十七号【崇字】龚发顺【失风】
第十八号【崇字】钱洽利【三月二十七日进天津口】
第十九号【太字】张恒茂【三月二十日进天津口】
第二十号【太字】马福凝【三月初三日进天津口】
第二十一号【太字】孙干利【三月十七日进天津口】
第二十二号【太字】沙大生【三月十八日进天津口】
第二十三号【海门】沙胜【三月二十日进天津口】
第二十四号【太字】张益茂【三月二十七日进天津口】
第二十五号【太字】张福茂【三月十六日进天津口】
第二十六号【元字】庄庆禄【三月二十八日进天津口】
第二十七号【元字】孙福昌【三月十九日进天津口】
第二十八号【海州】陈复盛【三月二十八日进天津口】
第二十九号【太字】金源丰【三月二十二日进天津口】
第三十号【昆字】马兆泰【四月初一日进天津口】

镇洋县
派装漕白粮船十六只
第十三号【海州】张万源【三月二十七日进天津口】
第十四号【太字】王福康【三月二十七日进天津口】
第十五号【吴字】金再元【三月二十七日进天津口】
第十六号【通字】彭聚发【三月二十四日进天津口】
第十七号【昆字】金恒利【三月二十七日进天津口】
第十八号【元字】孙炎龄【四月初一日进天津口】
第十九号【元字】曹永祥【四月十三日进天津口】
第二十号【海州】张来亨【三月二十七日进天津口】
第二十一号【元字】金恒发【四月十六日进天津口】
第二十二号【镇字】金福源【三月二十七日进天津口】
第二十三号【通字】任洪茂【三月二十三日进天津口】
第二十四号【吴字】林协利【四月初三日进天津口】

第二十五号【太字】马合兴【四月十三日进天津口】
第二十六号【元字】金同发【三月二十九日进天津口】
第二十七号【太字】唐广盛【三月三十日进天津口】
第二十人号【元字】黄福顺【四月初一日进天津口】

长洲县
派装漕粮船二只
第四十五号【吴字】应德大【四月十二日进天津口】
第四十六号【太字】陆长发【四月二十日进天津口】

元和县
派装漕粮船十九只
第二十六号【通字】卢洪源【四月初六日进天津口】
第二十七号【镇字】沈宏福【四月初六日进天津口】
第二十八号【赣字】郁长泰【四月十一日进天津口】
第二十九号【昭字】顾永发【四月十四日进天津口】
第三十号【太字】孙恒隆【四月初三日进天津口】
第三十一号【崇字】唐同茂【四月十二日进天津口】
第三十二号【太字】邵德发【三月二十七日进天津口】
第三十三号【镇字】张福兴【五月初二日进天津口】
第三十四号【镇字】吴泰元【四月二十五日进天津口】
第三十五号【通字】钱万利【五月初四日进天津口】
第三十六号【镇字】江福高【四月二十五日进天津口】
第三十七号【太字】蔡隆兴【五月初二日进天津口】
第三十八号【太字】张增义【四月初十日进天津口】
第三十九号【江阴】张恒福【四月十四日进天津口】
第四十号【崇字】陈永和【四月二十八日进天津口】
第四十一号【昆字】沈洪盛【四月初十日进天津口】
第四十二号【吴江】宋隆泰【四月初九日进天津口】
第四十三号【元字】金和泰【四月十三日进天津口】
第四十四号【太字】张长发【四月二十七日进天津口】

吴县
派装漕粮船五只
第二十八号【镇字】公同顺【四月十九日进天津口】
第二十九号【通字】崔寿禄【五月初四日进天津口】
第三十号【镇字】孙元泰【四月初三日进天津口】
第三十一号【昆字】沈福茂【三月二十二日进天津口】
第三十二号【崇字】曹元吉【四月十六日进天津口】

吴江县
派装漕粮船十七只

第二十五号【太字】马福兴【四月初四日进天津口】
第二十六号【崇字】张同福【三月三十日进天津口】
第二十七号【吴江】顾永盛【三月二十日进天津口】
第二十八号【崇字】周履亨【四月初八日进天津口】
第二十九号【吴字】顾元寿【四月初三日进天津口】
第三十号【太字】周合顺【三月三十日进天津口】
第三十一号【通字】彭福元【四月初六日进天津口】
第三十二号【通字】彭洪福【三月二十日进天津口】
第三十三号【吴字】夏长顺【五月初三日进天津口】
第三十四号【太字】胡福兴【四月十七日进天津口】
第三十五号【崇字】陈隆盛【五月初五日进天津口】
第三十六号【如字】徐同顺【四月十五日进天津口】
第三十七号【崇字】沈隆盛【四月十六日进天津口】
第三十八号【崇字】周福顺【五月初七日进天津口】
第三十九号【崇字】黄恒泰【五月初七日进天津口】
第四十号【太字】谢德春【失风】
第四十一号【昆字】陶发泰【四月十二日进天津口】

震泽县
派装漕白粮船十二只
第二十三号【崇字】王宝兴【五月初三日进天津口】
第二十四号【崇字】吕长福【四月二十七日进天津口】
第二十五号【镇字】金裕盛【五月初五日进天津口】
第二十六号【太字】奚恒福【四月十六日进天津口】
第二十七号【通字】陆全利【四月十五日进天津口】
第二十八号【太字】张增裕【四月十三日进天津口】
第二十九号【太字】张永利【四月初十日进天津口】
第三十号【太字】陶福泰【四月初十日进天津口】
第三十一号【昆字】奚恒协【四月十八日进天津口】
第三十二号【太字】奚恒春【四月十九日进天津口】
第三十三号【昆字】宋隆茂【四月十九日进天津口】
第三十四号【崇字】王同生【四月二十五日进天津口】

昆山县
派装漕白粮船十八只
第十五号【无字】丁涌利【四月十二日进天津口】
第十六号【吴江】顾永利【三月二十八日进天津口】
第十七号【太字】吴宝兴【四月初六日进天津口】
第十八号【崇字】张泰贞【五月初九日进天津口】
第十九号【昆字】奚恒元【四月二十日进天津口】
第二十号【吴江】谢德康【四月初一日进天津口】
第二十一号【镇字】金源盛【四月初一日进天津口】

第二十二号【昆字】奚恒吉【四月十八日进天津口】
第二十二号【吴江】奚恒裕【四月十八日进天津口】
第二十四号【镇字】林锡泰【五月初二日进天津口】
第二十五号【太字】张恒茂【四月十八日进天津口】
第二十六号【元字】张德春【四月十六日进天津口】
第二十七号【太字】奚恒昌【四月十六日进天津口】
第二十八号【元字】奚恒乾【四月十四日进天津口】
第二十九号【通字】钱合隆【四月二十七日进天津口】
第三十号【阳字】姚长泰【五月初四日进天津口】
第三十一号【崇字】赵发泰【五月初八日进天津口】
第三十二号【元字】曹长发【五月初五日进天津口】

新阳县
派装漕粮船十只
第十七号【崇字】吕丰泰【四月二十七日进天津口】
第十八号【海州】江源兴【四月十五日进天津口】
第十九号【海州】武同发【四月十六日进天津口】
第二十号【镇字】江元利【五月初二日进天津口】
第二十一号【昆字】柴立兴【四月十八日进天津口】
第二十二号【昆字】陆德来【回月初九日进天津口】
第二十三号【昆字】邵德茂【四月初六日进天津口】
第二十四号【镇字】杨元福【四月十二日进天津口】
第二十五号【通字】彭荣福【四月初五日进天津口】

华亭县
派装漕白粮船五只
第十九号【崇字】顾合丰【五月初二日进天津口】
第二十号【崇字】宋合盛【四月初三日进天津口】
第二十一号【昆字】张萃泰【四月初八日进天津口】
第二十二号【通字】陆来顺【四月初六日进天津口】
第二十三号【昆字】沈长茂【三月二十九日进天津口】

奉贤县
派装漕白粮船十只
第十五号【通字】陆遂顺【四月初一日进天津口】
第十六号【通字】陆万顺【四月初五日进天津口】
第十七号【昆字】郁隆兴【四月初六日进天津口】
第十八号【太字】高介昌【四月初一日进天津口】
第十九号【镇字】庄福兴【四月初六日进天津口】
第二十号【太字】张复兴【四月二十五日进天津口】
第二十一号【元字】金泰安【四月三十日进天津口】
第二十二号【江阴】潘周顺【四月十三日进天津口】

第二十三号【通字】郁隆增【五月初八日进天津口】
第二十四号【镇字】孙仁发【四月初十日进天津口】

娄县
派装漕白粮船六只
第十七号【海州】胡茂顺【五月初五日进天津口】
第十八号【崇字】陈源来【五月初四日进天津口】
第十九号【通字】彭裕发【四月十六日进天津口】
第二十号【镇字】管长增【四月十八日进天津口】
第二十一号【荣字】陈万兴【四月十二日进天津口】
第二十二号【镇字】林钖亨【四月十七日进天津口】

金山县
派装漕白粮船七只
第十八号【崇字】李福元【五月初四日进天津口】
第十九号【太字】沈恒茂【四月十二日进天津口】
第二十号【昆字】奚恒庆【三月二十日进天津口】
第二十一号【天津】大全顺【四月初三日进天津口】
第二十二号【天津】咸福【四月初二日进天津口】
第二十三号【崇字】张履顺【五月初八日进天津口】
第二十四号【太字】奚恒兴【三月二十九日进天津口】

上海县
派装漕粮船十六只
第十九号【崇字】金源兴【五月初二日进天津口】
第二十号【如字】徐复顺【三月三十日进天津口】
第二十一号【崇字】陈源发【五月初五日进天津口】
第二十二号【镇字】陈正康【五月初七日进天津口】
第二十三号【元字】黄豫昌【四月二十六日进天津口】
第二十四号【崇字】朱茂生【四月十三日进天津口】
第二十五号【崇字】朱履兴【四月十三日进天津口】
第二十六号【昭字】金茂顺【四月初十日进天津口】
第二十七号【镇字】周福元【五月初四日进天津口】
第二十八号【镇字】周生盛【五月初二日进天津口】
第二十九号【镇字】金长春【四月二十七日进天津口】
第三十号【吴字】应德福【四月二十七日进天津口】
第三十一号【崇字】陈福利【四月二十七日进天津口】
第三十二号【太字】张德发【四月十七日进天津口】
第三十三号【镇字】周万泰【五月初三日进天津口】
第三十四号【崇字】陈福茂【五月初二日进天津口】

阳湖县
派装漕粮船六只
第二十九号【通字】毛天福【四月二十七日进天津口】
第三十号【镇字】黄遇泰【四月十三日进天津口】
第三十一号【元字】黄德和【三月二十七日进天津口】
第三十二号【镇字】金裕福【三月二十日进天津口】
第三十三号【崇字】吕添泰【三月二十日进天津口】
第三十四号【崇字】黄增盛【三月二十九日进天津口】

金匮县
派装漕粮船二只
第二十七号【宝字】黄洪泰【四月二十八日进天津口】
第二十八号【元字】徐福盛【四月二十八日进天津口】

江阴县
派装漕粮船十五只
第三十号【崇字】吕永泰【四月十八日进天津口】
第三十一号【元字】查恒兴【四月初一日进天津口】
第三十二号【通字】汤恒元【三月二十七日进天津口】
第三十三号【通字】张顺兴【四月初八日进天津口】
第三十四号【通字】江顺兴【四月十六日进天津口】
第三十五号【通字】陆彭寿【四月初八日进天津口】
第三十六号【昆字】季元祯【四月二十七日进天津口】
第三十七号【太字】周永发【四月十六日进天津口】
第三十八号【太字】吴源隆【四月三十日进天津口】
第三十九号【荣字】王源茂【四月初十日进天津口】
第四十号【黄字】吉永增【四月十三日进天津口】
第四十一号【黄字】王源盛【四月十八日进天津口】
第四十二号【太字】陆德茂【三月三十日进天津口】
第四十三号【江阴】潘同顺【四月初十日进天津口】
第四十四号【吴字】陆元发【四月十七日进天津口】

荆溪县
派装漕粮船二只
第十九号【镇字】彭永全【三月十三日进天津口】
第二十号【通字】彭合发【三月二十三日进天津口】

丹阳县
派装漕粮船九只
第十一号【崇字】范恒兴【四月十二日进天津口】
第十二号【太字】邵德和【三月二十三日进天津口】
第十三号【崇字】陈福兴【四月十三日进天津口】

第十四号【崇字】俞同兴【四月十六日进天津口】
第十五号【江阴】符增福【四月十六日进天津口】
第十六号【太字】吴源顺【四月十七日进天津口】
第十七号【宝字】沈长源【四月二十七日进天津口】
第十八号【太字】陶龙顺【四月初六日进天津口】
第十九号【元字】金保安【四月初三日进天津口】

金坛县
派装漕粮船四只
第十七号【元字】姚新泰【五月初三日进天津口】
第十八号【太字】金隆顺【四月十二日进天津口】
第十九号【太字】谢德泰【四月十六日进天津口】
第二十号【元字】孙同发【三月三十日进天津口】

卷六·米册

督理苏松常镇太粮储道兼巡视漕河倪良耀呈为造送事今将苏松常镇太五府州属咸丰元年分海运漕白二粮分析漕粮正改兑正耗并白粮粳糯正耗细款实在交仓米数开册呈送伏候查核施行须至册者

计开
苏松常镇太五府州属
咸丰元年分
起运漕粮项下

正兑正米七十四万六千三百三石九斗四升四合九勺　交仓二五耗米一十八万六千五百七十五石九斗八升六合六勺　改兑正米三万五千三百五十八石二斗六升五勺　交仓一千耗米六千一十石九斗四合三勺

以上实起运交仓漕粮正耗米九十七万四千二百四十九石九升六合三勺

起运白粮项下
苏松常镇太五府州属
咸丰元年分
起运白粮项下

内仓上白熟粳正米二千六百八十四石　交仓五升耗米一百三十四石二斗　内仓白熟细粳正米八百八十四石　交仓五升耗米四十四石二斗　内仓白粳正米三千五百七十五石　交仓五升耗米一百七十八石七斗五升　供用库白熟粳正米七千一百五十七石　交仓五升耗米三百五十七石八斗五升　供用库白粳正米二万三千九百八十二石　交仓五升耗米一千一百九十九石一斗　光禄寺白熟粳正米九千四百六十九石　交仓三升耗米二百八十四石七升　光禄寺白粳正米一万二千二百三十五石　交仓三升耗米三百六十七石五升　王禄白粳正米五千六百六十五石　交仓五升耗米二百八十三石二斗五升　酒醋面局上白熟糯正米一千六百二石　交仓五升耗米八十石一斗　光禄寺白熟糯正米九百四石　交仓三升耗米二十七石一斗二升　光禄寺白糯正米八百六十八石　交仓三升耗米二十六石四升

以上实起运交仓白粮粳糯正耗共米七万二千六石七斗三升

通共由海运津交仓漕白二粮正耗粳糯共米一百四万六千二百五十五石八斗二升六合三勺

长洲县
咸丰元年分
起运漕粮项下
正兑正米四万三千五百八十三石八斗三升一合五勺　交仓二五耗米一万八百九十五石九斗五升七合九勺
以上起运交仓漕粮正耗共米五万四千四百七十九石七斗八升九合四勺

长洲县
咸丰元年分
起运白粮项下
内仓上白熟粳正米二百四十二石　交仓五升耗米一十二石一斗　供用库白熟粳正米九百七石　交仓五升耗米四十五石三斗五升　光禄寺白熟粳正米八百五十六石　交仓三升耗米二十五石六斗八升　王禄白粳正米二百四十五石　交仓五升耗米一十二石二斗五升　酒醋面局上白熟糯正米二百三石　交仓五升耗米一十石一斗五升　光禄寺白熟糯正米一百一十四石　交仓三升耗米三石四斗二升
以上起运交仓白粮正耗共米二千六百七十五石九斗五升

元和县
咸丰元年分
起运漕粮项下
正兑正米三万八千四百八十三石四斗七升　交仓二五耗米九千六百二十石八斗六升七合五勺
以上起运交仓漕粮正耗共米四万八千一百四石三斗三升七合五勺

元和县
咸丰元年分
起运白粮项下
内仓上白熟粳正米二百三十五石　交仓五升耗米一十一石七斗五升　供用库白熟粳正米八百八十石　交仓五升耗米四十四石　光禄寺白熟粳正米八百三十石　交仓三升耗米二十四石九斗　王禄白粳正米二百三十七石　交仓五升耗米一十一石八斗五升　酒醋面局上白熟糯正米一百九十七石　交仓五升耗米九石八斗五升　光禄寺白熟糯正米一百一十二石　交仓三升耗米三石三斗六升
以上起运交仓白粮正耗共米二千五百九十六石七斗一升

吴县
咸丰元年分
起运漕粮项下
正兑正米三万六百五十七石一斗三升七合三勺　交仓二五耗米七千六百六十四石二斗八升四合三勺
以上起运交仓漕粮正耗共米三万八千三百二十一石四斗二升一合六勺

吴县
咸丰元年分
起运白粮项下
内仓上白熟粳正米一百六十五石　交仓五升耗米八石二斗五升　供用库白熟粳正米六百一十六石　交仓五升耗米三十石八斗　光禄寺白熟粳正米五百七十九石　交仓三升耗米一十七石三斗七升　王禄白

粳正米一百六十七石　交仓五升耗米八石三斗五升　酒醋面局上白熟糯正米一百三十七石　交仓五升耗米六石八斗五升　光禄寺白熟糯正米七十八石　交仓三升耗米二石三斗四升

以上起运交仓白粮正耗共米一千八百一十五石九斗六升

吴江县

咸丰元年分

起运漕粮项下

正兑正米三万五千二百八十七石三斗五升九合九勺　交仓二五耗米八千八百二十一石八斗四升

以上起运交仓漕粮正耗共米四万四千一百九石一斗九升九合九勺

吴江县

咸丰元年分

起运白粮项下

内仓上白熟粳正米二百二十石　交仓五升耗米一十一石　供用库白熟粳正米八百二十五石　交仓五升耗米四十一石二斗五升　光禄寺白熟粳正米七百七十九石　交仓三升耗米二十三石三斗七升　王禄白粳正米二百二十四石　交仓五升耗米一十一石二斗　酒醋面局上白熟糯正米一百八十四石　交仓五升耗米九石二斗　光禄寺白熟糯正米一百四石　交仓五升耗米三石一斗二升

以上起运交仓白粮正耗共米二千四百三十五石一斗四升

震泽县

咸丰元年分

起运漕粮项下

正兑正米三万一千五石六斗四升九合五勺　交仓二五耗米七千七百五十一石四斗一升二合四勺

以上起运交仓漕粮正耗共米三万八千七百五十七石六斗一合九勺

震泽县

咸丰元年分

起运白粮项下

内仓上白熟粳正米二百三十九石　交仓五升耗米一十一石九斗五升　供用库白熟粳正米八百九十四石　交仓五升耗米四十四石七升　光禄寺白熟粳正米八百四十五石　交仓三升耗米二十五石三斗五升　王禄白粳正米二百四十一石　交仓五升耗米一十二石五升　酒醋面局上白熟糯正米二百一石　交仓五升耗米一十石五斗　光禄寺白熟糯正米一百一十三石　交仓五升耗米三石三斗九升

以上起运交仓白粮正耗共米二千六百四十石四斗九升

常熟县

咸丰元年分

起运漕粮项下

正兑正米三万六千一百五石三斗八升二合四勺　交仓二五耗米九千二十六石三斗四升五合六勺

以上起运交仓漕粮正耗共米四万五千一百三十一石七斗二升八合

常熟县

咸丰元年分

起运白粮项下

内仓上白熟稉正米二百三十九石　交仓五升耗米一十一石九斗五升　供用库白熟稉正米八百九十二石　交仓五升耗米四十四石六斗　光禄寺白熟稉正米八百四十二石　交仓三升耗米二十五石二斗六升　王禄白稉正米二百三十九石　交仓五升耗米一十一石九斗五升　酒醋面局上白熟糯正米二百石　交仓五升耗米一十石　光禄寺白熟糯正米一百一十二石　交仓三升耗米三石三斗六升

以上起运交仓白粮正耗共米二千六百三十一石一斗二升

昭文县

咸丰元年分

起运漕粮项下

正兑正米二万五千四百七十六石三斗八升六合三勺　交仓二五耗米六千三百六十九石九斗六合六勺

以上起运交仓漕粮正耗共米三万一千八百四十五石四斗八升二合九勺

昭文县

咸丰元年分

起运白粮项下

内仓上白熟秔正米一百九十五石　交仓五升耗米九石七斗五升　供用库白熟秔正米七百二十八石　交仓五升耗米三十六石四斗　光禄寺白熟秔正米六百八十七石　交仓三升耗米二十石六斗一升　王禄白秔正米一百九十四石　交仓五升耗米九石七斗　酒醋面局上白熟糯正米一百六十三石　交仓五升耗米八石一斗五升　光禄寺白熟糯正米九十二石　交仓三升耗米二石七斗六升

昆山县

咸丰元年分

起运漕粮项下

正兑正米二万七千八百八十石四斗九升三合六勺　交仓二五耗米六千九百七十石一斗二升三合四勺

以上起运交仓漕粮正耗共米三万四千八百五十石六斗一升七合

昆山县

咸丰元年分

起运白粮项下

内仓上白熟秔正米一百八十九石　交仓五升耗米九石四斗五升　供用库白熟稉正米七百五石　交仓五升耗米三十五石二斗五升　光禄寺白熟秔正米六百六十四石　交仓三升耗米一十九石九斗二升　王禄白秔正米一百九十三石　交仓五升耗米九石六斗五升　酒醋面局上白熟糯正米一百五十四石　交仓五升耗米七石七斗　光禄寺白熟糯正米九十石　交仓三升耗米二石七斗

以上起运交仓白粮正耗共米二千七十九石六斗七升

新阳县

咸丰元年分

起运漕粮项下

正兑正米二万五千五十石三斗八升四合　交仓二五耗米六千二百六十二石五斗九升六合

以上起运交仓漕粮正耗共米三万一千三百一十二石九斗八升

新阳县

咸丰元年分

起运白粮项下

内仓上白熟秔正米一百九十石　交仓五升耗米九石五斗　供用库白熟秔正米七百一十石　交仓五升耗米三十五石五斗　光禄寺白熟秔正米六百六十九石　交仓三升耗米二十石七升　王禄白秔正米一百八十五石　交仓五升耗米九石二斗五升　酒醋面局上白熟糯正米一百六十三石　交仓五升耗米八石一斗五升　光禄寺白熟糯正米八十九石　交仓三升耗米二石六斗七升

以上起运交仓白粮正耗共米二千九十一石一斗四升

华亭县

咸丰元年分

起运漕粮项下

正兑正米一万六千二百七十石八斗一勺　交仓二五耗米四千六十七石七斗　改兑正米二千一百八石五斗三升五合四勺　交仓一七耗米三百五十八石四斗五升一合

以上起运交仓漕粮正耗共米二万二千八百五石四斗八升六合五勺

华亭县

咸丰元年分

起运白粮项下

供用库白秔正米一千六百九石　交仓五升耗米八十石四斗五升　光禄寺白粳正米一千二百六十二石　交仓三升耗米三十七石八斗六升　王禄白秔正米一百八十六石　交仓五升耗米九石三斗

以上起运交仓白粮正耗共米三千一百八十四石六斗一升

奉贤县

咸丰元年分

起运漕粮项下

正兑正米一万七千六百七十二石八丰一升八合四勺　交仓二五耗米四千四百一十八石二斗四合九勺　改兑正米二千二百五十九石二斗九升九合四勺　交仓一七耗米三百八十四石八升九勺

以上起运交仓漕粮正耗共米二万四千七百三十四石四斗三合三勺

奉贤县

咸丰元年分

起运白粮项下

供用库白秔正米一千三百九十八石　交仓五升耗米六十九石九斗　光禄寺白粳正米一千九十六石　交仓三升耗米三十二石八斗八升　王禄白秔正米一百六十一石　交仓五升耗米八石五升

以上起运交仓白粮正耗共米二千七百六十五石八斗三升

娄县

咸丰元年分

起运漕粮项下

正兑正米一万五千六百八十七石八升二合五勺　交仓二五耗米三千九百二十一石七斗七升六勺　改兑正米二千八十三石四斗九升八合五勺　交仓一七耗米三百五十四石一斗九升四合七勺

以上起运交仓漕粮正耗共米二万二千四十六石五斗四升六合三勺

娄县

咸丰元年分

起运白粮项下

供用库白粳正米一千六百三十八石　交仓五升耗米八十一石九斗　光禄寺白秔正米一千二百八十五石　交仓三升耗米三十八石五斗五升　王禄白秔正米一百九十二石　交仓五升耗米九石六斗

以上起运交仓白粮正耗共米三千二百四十五石五升

金山县

咸丰元年分

起运漕粮项下

正兑正米一万九千三十五石八斗四升二合三勺　交仓二五耗米四千七百五十八石九斗六升六勺　改兑正米二千五百四十九石三斗三升二合八勺　交仓一七耗米四百三十三石三斗八升六合六勺

以上起运交仓漕粮正耗共米二万六千七百七十七石五斗二升二合三勺

金山县

咸丰元年分起运白粮项下

供用库白秔正米一千三百二十二石　交仓五升耗米六十六石一斗　光禄寺白秔正米一千三十四石　交仓三升耗米三十一石二升　王禄白秔正米一百五十石　交仓五升耗米七石五斗

以上起运交仓白粮正耗共米二千六百一十石六斗二升

上海县

咸丰元年分

起运漕粮项下

正兑正米三万一千五百三十六石九斗四升二合二勺　交仓二五耗米七千八百八十四石二斗三升五合六勺　改兑正米四千二百六十石三斗二升六合三勺　交仓一七耗米七百二十四石二斗五升五合五勺

以上起运交仓漕粮正耗共米四万四千四百五石七斗五升九合六勺

上海县

咸丰元年分

起运白粮项下

供用库白秔正米一千八百四十二石四斗八升　交仓五升耗米九十二石一斗二升四合　光禄寺白秔正米一千四百四十三石九斗七升五合六勺　交仓三升耗米四十三石三斗一升九合三勺　王禄白秔正米二百一十二石六斗　交仓五升耗米一十石六斗三升

以上起运交仓白粮正耗共米三千六百四十五石一斗二升八合九勺

南汇县

咸丰元年分

起运漕粮项下

正兑正米三万一千六百三十四石七斗五升二合二勺　交仓二五耗米七千九百八石六斗八升八合一勺　改兑正米四千一百二十五石六斗二升五合九勺　交仓一七耗米七百一石三斗五升六合四勺

以上起运交仓漕粮正耗共米四万四千三百七十石四斗二升二合六勺

南汇县

咸丰元年分

起运白粮项下

供用库白秔正米一千八百三石一斗四升　交仓五升耗米九十石一斗五升七合　光禄寺白秔正米一千四百一十二石六斗五合　交仓三升耗米四十二石三斗七升八合一勺　王禄白秔正米二百七石四斗一升　交仓五升耗米一十石三斗七升五勺

以上起运交仓白粮正耗共米三千五百六十六石六升六勺

青浦县

咸丰元年分

起运漕粮项下

正兑正米二万七千四百九十五石五斗六升二合　交仓二五耗米六千八百七十三石八斗九升五勺　改兑正米三千八百四十七石七升九合一勺　交仓一七耗米六百五十四石三合四勺

以上起运交仓漕粮正耗共米三万八千八百七十石五斗三升五合

青浦县

咸丰元年分

起运白粮项下

供用库白秔正米二千二百五十八石　交仓五升耗米一百一十二石九斗　光禄寺白秔正米一千七百七十一石　交仓三升耗米五十三石一斗三升　王禄白秔正米二百五十九石　交仓五升耗米一十二石九斗五升

以上起运交仓白粮正耗共米四千四百六十六石九斗八升

川沙厅

咸丰元年分

起运漕粮项下

正兑正米二千八百九十六石四斗三升八合一勺　交仓二五耗米七百二十四石一斗九合五勺　改兑正米三百八十二石五斗一升九合九勺　交仓一七耗米六十五石二升八合四勺

以上起运交仓漕粮正耗共米四千六十八石九升五合九勺

川沙厅

咸丰元年分

起运白粮项下

供用库白秔正米二百八十六石三斗八升　交仓五升耗米一十四石三斗一升九合　光禄寺白秔正米二百二十四石四斗一升九合四勺　交仓三升耗米六石七斗三升二合六勺　王禄白秔正米三十二石九斗九升　交仓五升耗米一石六斗四升九合五勺

以上起运交仓白粮正耗共米五百六十六石四斗九升五勺

武进县

咸丰元年分

起运漕粮项下

正兑正米二万九千一百三十一石九斗七升四合八勺　交仓二五耗米七千二百八十二石九斗九升三合七勺

以上起运交仓漕粮正耗共米三万六千四百一十四石九斗六升八合五勺

武进县

咸丰元年分

起运白粮项下

内仓白熟细秔正米一百三十四石　交仓五升耗米六石七斗　内仓白秔正米五百五十七石　交仓五升耗米二十七石八斗五升　供用库白秔正米一千三百五斗七升　交仓五升耗米六十七石八斗五升　光禄寺白秔正米四百二十六石　交仓三升耗米一十二石七斗八升　王禄白秔正米二百三十七石　交仓五升耗米一十一石八斗五升　光禄寺白糯正米一百七石　交仓三升耗米三石二斗一升

以上起运交仓白粮正耗共米二千九百四十八石二斗四升

阳湖县

咸丰元年分

起运漕粮项下

正兑正米三万七百七十三石一斗八合五勺　交仓二五耗米七千六百九十三石二斗七升七合一勺

以上起运交仓漕粮正耗共米三万八千四百六十六石三斗八升五合六勺

阳湖县

咸丰元年分

起运白粮项下

内仓白熟细秔正米一百四十二石　交仓五升耗米七石一斗　内仓白秔正米五百八十七石　交仓五升耗米二十九石三斗五升　供用库白秔正米一千四百三十三石　交仓五升耗米七十一石六斗五升　光禄寺白秔正米四百五十石　交仓三升耗米一十三石五斗　王禄白秔正米二百五十石　交仓五升耗米一十二石五斗　光禄寺白糯正米一百一十四石　交仓三升耗米三石四斗二升

以上起运交仓白秔正耗共米三千一百一十三石五斗九升

无锡县

咸丰元年分

起运漕粮项下

正兑正米二万二千八百八十三石四斗一升七合七勺　交仓二五耗米五千七百二十石八斗五升四合四勺

以上起运交仓漕粮正耗共米二万八千六百四石二斗七升二合一勺

无锡县

咸丰元年分

起运白粮项下

内仓白熟细秔正米一百五石　交仓五升耗米五石二斗五升　内仓白秔正米三百九十九石　交仓五升耗米一十九石九斗五升　供用库白秔正米一千六十九石　交仓五升耗米五十三石四斗五升　光禄寺白秔正米二百八十六石　交仓三升耗米八石五斗八升　王禄白秔正米一百八十六石　交仓五升耗米九石三斗

光禄寺白糯正米一百六十五石　交仓三升耗米四石八斗六升

以上起运交仓白粮正耗共米二千三百八石三斗九升

金匮县

咸丰元年分

起运漕粮项下

正兑正米二万四千一百二十九石二斗八升一合一勺　交仓二五耗米六千三十二石三斗二升三勺

以上起运交仓漕粮正耗共米三万一百六十一石六斗一合四勺

金匮县

咸丰元年分

起运白粮项下

内仓白熟细秔正米一百一十一石　交仓五升耗米五石五斗五升　内仓白秔正米四百一十八石　交仓五升耗米二十石九斗　供用库白秔正米一千一百二十七石　交仓五升耗米五十六石三斗五升　光禄寺白秔正米三百一石　交仓三升耗米九石三升　王禄白粳正米一百九十七石　交仓五升耗米九石八斗五升　光禄寺白糯正米一百七十一石　交仓三升耗米五石一斗三升

以上起运交仓白粮正耗共米二千四百三十一石八斗一升

江阴县

咸丰元年分

起运漕粮项下

正兑正米三万五千三百八十五石六斗一升四合　交仓二五耗米八千八百四十六石四斗三合五勺

以上起运交仓漕粮正耗共米四万四千二百三十二石一升七合五勺

江阴县

咸丰元年分

起运白粮项下

内仓白熟细秔正米一百六十一石　交仓五升耗米八石五升　内仓白秔正米六百六十八石　交仓五升耗米三十三石四斗　供用库白秔正米一千六百三十石　交仓五升耗米八十一石五斗　光禄寺白秔正米五百一十二石　交仓三升耗米一十五石三斗六升　王禄白秔正米二百八十四石　交仓五升耗米一十四石二斗　光禄寺白糯正米一百三十石　交仓三升耗米三石九斗

以上起运交仓白粮正耗共米三千五百四十一石四斗一升

宜兴县

咸丰元年分

起运漕粮项下

正兑正米二万五千六百七十四石三斗九升四合二勺　交仓二五耗米六千四百一十八石五斗九升八合六勺

以上起运交仓漕粮正耗共米三万二千九十二石九斗九升二合八勺

宜兴县

咸丰元年分

起运白粮项下

内仓白熟细粳正米一百三十四石　交仓五升耗米六石七斗　内仓白粳正米五百五十七石　交仓五升耗米二十七石八斗五升　供用库白粳正米一千三百五十七石　交仓五升耗米六十七石八斗五升　光禄寺白粳正米四百二十六石　交仓三升耗米一十二石七斗八升　王禄白秔正米二百三十七石　交仓五升耗米一十一石八斗五升　光禄寺白糯正米一百七石　交仓三升耗米三石二斗一升

以上起运交仓白粮正耗共米二千九百四十八石五斗四升

荆溪县

咸丰元年分

起运漕粮项下

正兑正米一万七千七百八十八石七斗七升三合四勺　交仓二五耗米四千四百四十七石一斗九升三合四勺

以上起运交仓漕粮正耗共米二万二千二百三十五石九斗六升六合八勺

荆溪县

咸丰元年分

起运白粮项下

内仓白熟细秔正米九十七石　交仓五升耗米四石八斗五升　内仓白秔正米三百八十九石　交仓五升耗米一十九石四斗五升　供用库白秔正米九交七十一石　交仓五升耗米四十八石五斗五升　光禄寺白秔正米三百五石　交仓三升耗米九石一斗五升　王禄白粳正米一百七十二石　交仓五升耗米八石六斗　光禄寺白糯正米七十七石　交仓三升耗米二石三斗一升

以上起运交仓白粮正耗共米二千一百三石九斗一升

丹阳县

咸丰元年分

起运漕粮项下

正兑正米一万一千八百四十石九斗六升一合　交仓二五耗米二千九百六十石二斗四升三勺　改兑正米三千一百四十七石四斗五升　交仓一七耗米五百三十五石六升六合五勺

以上起运交仓漕粮正耗共米一万八千四百八十三石七斗一升七合八勺

金坛县

咸丰元年分

起运漕粮项下

正兑正米一万四千七百一十六石七斗九升二合六勺　交仓二五耗米三千六百七十九石一斗九升八合一勺　改兑正米四千一百三十二石五斗四升四合　交仓一七耗米七百二石五斗三升二合五勺

以上起运交仓漕粮正耗共米二万三千二百三十一石六升七合二勺

溧阳县

咸丰元年分

起运漕粮项下

正兑正米二万二千七百九十二石八斗七升六合六　交仓五升耗米四石八斗五升　内仓白秔正米三百八十九石　交仓五升耗米一十九石四斗五升　供用库白秔正米九交七十一石　交仓五升耗米四十八石五

斗五升　光禄寺白秔正米三百五石　交仓三升耗米九石一斗五升　王禄白粳正米一百七十二石　交仓五升耗米八石六斗　光禄寺白糯正米七十七石　交仓三升耗米二石三斗一升

以上起运交仓白粮正耗共米二千一百三石九斗一升

丹阳县

咸丰元年分

起运漕粮项下

正兑正米一万一千八百四十石九斗六升一合　交仓二五耗米二千九百六十石二斗四升三勺　改兑正米三千一百四十七石四斗五升　交仓一七耗米五百三十五石六升六合五勺

以上起运交仓漕粮正耗共米一万八千四百八十三石七斗一升七合八勺

金坛县

咸丰元年分

起运漕粮项下

正兑正米一万四千七百一十六石七斗九升二合六勺　交仓二五耗米三千六百七十九石一斗九升八合一勺　改兑正米四千一百三十二石五斗四升四合　交仓一七耗米七百二石五斗三升二合五勺

以上起运交仓漕粮正耗共米二万三千二百三十一石六升七合二勺

溧阳县

咸丰元年分

起运漕粮项下

正兑正米二万二千七百九十二石八斗七升六合六勺　交仓二五耗米五千六百九十八石二斗一升九合二勺　改兑正米六千四百六十二石四升九合二勺　交仓一七耗米一千九十八石五斗四升八合四勺

以上起运交仓漕粮正耗共米三万六千五十一石六斗九升三合四勺

太仓州

咸丰元年分

起运漕粮项下

正兑正米二万七千二百四十五石七斗三升九合二勺　交仓二五耗米六千八百一十一石四斗三升四合八勺

以上起运交仓漕粮正耗共米三万四千五十七石一斗七升四合

太仓州

咸丰元年分

起运白粮项下

内仓上白熟粳正米一百五十六石　交仓五升耗米七石八斗　供用库白粳正米五百八十五石　交仓五升耗米二十九石二斗五升　光禄寺白熟粳正米五百五十五石　交仓三升耗米一十六石六斗五升　王禄白粳正米一百五十二石　交仓五升耗米七石六斗

以上起运交仓白粮正耗共米一千五百九石三斗

镇洋县

咸丰元年分

起运漕粮项下

正兑正米二万三千六百七十九石九斗八升三合　交仓二五耗米五千九百二十二石四斗九升五合八勺

以上起运交仓漕粮正耗共米二万九千六百一十二石四斗七升八合八勺

镇洋县

咸丰元年分

起运白粮项下

内仓上白熟粳正米一百五十六石　交仓五升耗米七石八斗　供用库白粳正米五百八十四石　交仓五升耗米二十九石二斗　光禄寺白熟粳正米五百四十七石　交仓三升耗米一十六石四斗一升　王禄白粳正米一百五十四石　交仓五升耗米七石七斗

以上起运交仓白粮正耗共米一千五百二石一斗六升

嘉定县

咸丰元年分

起运漕粮项下

正兑正米二千五百二十七石九斗七升四合七勺　交仓二五耗米六百三十一石九斗九升三合七勺

以上起运交仓漕粮正耗共米三千一百五十九石九斗六升八合四勺

嘉定县

咸丰元年分

起运白粮项下

内仓上白熟粳正米二百三十三石　交仓五升耗米一十一石六斗五升　供用库白粳正米八百七十二石　交仓五升耗米四十三石六斗　光禄寺白熟粳正米八百二十三石　交仓三升耗米二十四石六斗九升　王禄白粳正米二百三十石　交仓五升耗米一十一石五斗

以上起运交仓白粮正耗共米二千二百四十九石四斗四升

宝山县

咸丰元年分

起运漕粮项下

正兑正米一千九百六十二石七斗二升一合八勺　交仓二五耗米四百九十石六斗八升五勺

以上起运交仓漕粮正耗共米二千四百五十三石四斗二合三勺

宝山县

咸丰元年分

起运白粮项下

内仓上白熟秔正米二百二十五石　交仓五升耗米一十一石二斗五升　供用库白秔正米八百四十石　交仓五升耗米四十二石　光禄寺白熟秔正米七百九十三石　交仓三升耗米二十三石七斗九升　王禄白秔正米二百四十石　交仓五升耗米一十二石

以上起运交仓白粮正耗共米二千一百八十七石四升

河漕备考[①]

卷之一・河漕议

一清江浦运口之闸宜闭不宜开也淮南漕河其初本无运口粮船皆在淮安府城北车盘入河永乐十四年平江伯陈瑄改浚古沙河为清江浦建置天妃闸以出放粮船其制三闸连建启一闭二以拒浊流与边方关塞禁遏奸人窥伺相同又严立条规不许官民船只在此出入惟放粮舡鲜舡从此出口然当粮船过尽即便闭塞直至九月始开再放回空粮船进口后因各省兑运迟缓每不及闭闸之期至伏秋水发尚有粮舡未经出口以致闭闸迟延涨沙倒灌复经题请檄催各省粮舡俱冬兑冬开出口俱有期限闸禁之严如此以故清江浦一线之堤不过二十丈实土自明初至嘉靖时几二百年淮杨漕河从无河患只缘后来闸禁废弛板虽设而莫之闭一任淮水出入漕渠淮水既分南向则入黄之水便力弱不能敌黄黄水乘之反并力而灌入漕渠而下河七州县之水患烈矣始于明隆庆四年极于本朝康熙十六年前后水患皆在淮扬则闸禁废弛之故也尝见时贤奏议谓闭闸不便于商民反驳明总河潘季驯严闸之说为非是不知建闸之始止期便漕运不期便商民今治河以利运而并计及商民殊失本末轻重之义矣昔年有容建议欲移浒市关于无锡县之黄婆墩者实为扼要之地无如浒墅关人深恐失业相与鼓噪于榷关使者之署欲食议者之肉事遂中止今闸禁之说本系旧例废弛已久一旦复严必有大不便于商民者诪张谣啄何所不有时贤不察遂有斯语不知其误国计民生实非浅鲜

一南运河口宜另开也平江伯初建开运口在天妃闸后潘总河改在甘罗城总在淮城之西首运河之上游水流向东水势就下故一决则淮城受灌运道阻绝即令移置清江浦犹是淮安府西面运河上游一有溃决依然受害伏读圣谕云移清口于清江浦左右不云即移于清江浦今河臣所议如是是但知移于清江浦而竟未讲其宜左宜右也按地理书东为左西为右清江浦之右则现今清河县即清口也清江浦之左则淮安府城以东是也议者谓清江浦低于清口故欲改清口于清江浦耳愚谓清口决不可改而漕河之运口可以改也盖南漕河之运口与北漕河之运口及黄河入淮之口淮水入黄之口四大口相会于数里之内其势胶葛众流漫散宜乎时有冲决何不移南运口于淮安府东而仍留清口于旧处依然元末明初故迹而溃决庶可免矣盖清江浦已在清口下流若再东去理应更低改置运口于此则淮城已高据其上既不忧运河之倒灌而黄淮即有决溢亦无碍于漕渠也

一引沁济运非善策也沁河浊水甚于黄河其水万万不可入闸入则闸河必淤明潘季驯河防一览已极言其不可本朝康熙六十年秋河南武陟县黄河沁水并涨冲决马营口堤岸自直隶开州长垣流至山东张秋镇以致运河堤决漕船阻滞有议引沁水以济运者遂宁张相国以地形高下若引之必有遗患乃止则沁水不可济运有识者所共知也

一引漳助卫非急务也漳水在明世向从馆陶县西境入卫卫河得漳水而充足漕运不滞自万历之季漳河忽北从而合于滏水于是卫河失助而漕运每苦浅涩然卫水已浊漳河更甚引之未必有利昔年济水断流大清河专纳汶河之水亦自足以入海山东盐艘由之出入今汶河之水既由戴村 坝全入会通于临清州出口则入卫之汶河犹之入清河之汶河也入大清河足以济盐艘则入卫河自足以济粮舡何忧于之水而沾沾于浊漳之水哉则此一水听其别出可也

卷之一・黄河考

【黄河始于西北极于东南经络天垣绵亘地轴万壑会归中原枢纽决则段九重之忧静则为万民之福为作

① 〔清〕朱鋐撰。据清抄本。

黄河考】

自云南丽江府往西北一千五百余里为朶甘思其西鄙有泉百泓望之如星曰星宿海群流奔凑汇二巨泽东骛成川号赤宾河又行二三日有水西南来名亦里赤与赤宾河合又三四日有水南来名忽兰又有水东南来名也里术合流入赤宾河其流寖大始名黄河然水犹清人可涉又一二日岐为八九股广六七里译言九渡河又四五日水始浊两山夹束其深叵测自浑水东北流二百余里有火秃河自南来注之又东北流一百余里又正北流一百余里乃折而西北流二百余里又折而正北流一百余里又折而东流过昆仑山下河行昆仑南半日又四五日有亦西八思今河自南来注之又行五六日有纳邻哈剌河自西南来注之又行两日有乞儿马出二水合流入河河水北行转西流过昆仑山北鹏拶河自东来注之折而西北流三百余里又折而东北流为河曲折支河自南来注之又东行过大小榆谷大非川自北来注之逢留河自南来注之又东浇河自南来注之又东至大积石山宗哥水自北来注之又东径小积石山野庞河自西南来注之又东北过河州北湟水自西宁合大通浩亹诸河北来注之又东北流洮水自西南来注之又东北过兰州北至会宁县界有石峡险窄又东水分六七道散流渭之南山逆流数十里复合为一河又东北流过靖卤卫西祖厉河自南来注之又东北流至广武营大小黑水自南来注之河水至是向北流过大坝宁夏诸渠南入之北流过鄂尔多斯境至古西受降城南又折而东流分为二河北曰北河南曰南河分流二百余里复合东流五百余里至阴山南又折而南流白渠水自东来注之又南至东胜州黑水河自东来注之出鄂尔多斯境南流至河保营又折向西南流至府谷神木川自北注之又西南至葭州沙河水自北注之之南流至永宁州西闉水鱼河水自北来注之又西南至延水关青涧水自西北来注之又南至永和县之与德关乞莫川自延安来注之又南汾川水自西来注之又南至孟门山西宜川水自西来注之又南过梁山东壶口山西自东胜州南至此夹河两岸皆有山吕梁山在北龙门山在南相去五百余里河水至此出口悬流千丈鼓若山腾非舟楫所能行也过此汾水自东来注之又南过蒲州渭水合泾洛诸水自西来涑水自东来注之至潼关河水折而向东出雷首太华二山之间过阕乡全鸠涧水注之又东永乐涧水注之又东过陕州北又东五十里为三门集津三门广仅二十余丈水行其中声若巨雷东有孤石杰出曰底柱梗咽湍流水行迅急破害舟楫自古为患又东过洛阳之北邙山至孟津为古河阳三城渡处又东至巩县北洛水从南来注之谓之洛汭又东至温县南济水自王屋山来注之其南为石门汴口又东过武陟县南沁水合大小丹河自西北来注之又东过原武县南又东为中滦明初漕运至此起旱陆运处也又东过阳武县南中牟县北又东过开封府北其北岸为荆隆口又东四十里为王家楼舟楫从黄河西行者至此起旱其北为陈桥又东十里为马家口南为兰阳县又东过仪封县北其东北为杠胜营又东南过考城县北其比为黄陵冈又东南过曹县南宁陵县北又东南过城武县南又东西过虞城县北又东南过单县南又东过豊县南砀山县北又东南过旧肃县北其北为溜沟秦沟茶城小浮桥又东为徐州为百步洪又东为吕梁洪又东过房村北又东过双沟南又东为马家浅又东为辛安镇又东为峯山又东过旧邳州又东为鉏头湾又东至直河口又东南十里至皂河口又东南流三十里为董家沟国初粮舡从此进口又东五里为骆马湖口又东十五里过宿迁县南又东十五里为小河口又东二十五里为白洋河口又东二十里过古城南又东二十里过崔镇南又东田十里至桃源县北又东七十里至清河县中河自此进口又南七里为清口淮水会黄河处南为清江浦自此向东流九十里过安东县北又东为云梯关即是海口今涨沙积至一百二十余里河水从沙洲中散行入海

黄河地势南亢北卑荥泽以西山多土坚不甚溃决安东以下去海近虽漫不远徐邳北岸即决而冈阜四合盘纡东下贯皂河入骆马而并归于中河曹单溃决由鱼台上下以入运或汇荆山口彭家河以入运皆无夺河之患若桃宿清河北岸一决则运道皆阻而自沭海以南马陵迤左周围千里渺然巨浸矣开封北岸一决则河水东泛近则注张秋由盐河而入海远则直趋东昌德州而赴溟渤济宁上下无运道矣且开封之境地皆浮沙一经溃决所费必大故决之害北岸为大而北岸之害开封及桃宿清河为甚次则曹单又次徐邳若安东以下非所忧也

卷之一·漕河考

【赋出东南贡输京国安危迟速寄权波臣苟不识其夷险忠其程途则漕运愆期关系匪细为作漕河考】

起自杭州府北行十里至武林门又十里北新关又三十里武林港又十里塘栖又五十五里石门县二十里石门镇二十里皂林四十里嘉与府六十五里平望又四十里吴江县四十里苏州府盘门三十六里浒市关六十里无

锡县三十里落社二十里横林四十里常州府三十里奔牛孟河从此出口二十里吕城四十里丹阳县四十里新豊二十七里丹徒镇二十里镇江府五里至京口马头渡江至瓜州四十里杨州府其江西湖广与江北粮船由仪真进口与江南粮舡并会于此由府城西水路向北行十五里湾头三十里邵伯驿三十五里露肋庙十里南车落五里北车落十五里高邮州二十五里清水潭十里张家沟五里六安闸二十里界首二十里瓦店铺河东有宏济旧渠西有汜光湖三十里淮角楼二十里宝应县西有宝应湖白马湖湖涯筑八浅堤二十里黄浦十里泾河十里平河廵司四十里淮安府向西北行十五里板闸十五里清江浦十五里文华寺向南行过永济河由七里涧至武家墩转西至太平坝由烂泥浅引河入淮复向正北行至清口入黄河中行七里进闸入中河自清河县南六十八里至桃源县北一百二十里至宿迁县北十五里过骆马湖口四十里至皂河进皂河向西北行三十里牛头湾二十里隅头集二十里猫儿窝二十里二郎庙二十里徐塘口三十里泇沟十五里梁王城闸十五里台儿庄闸十二里侯仙闸十里邓庄闸八里丁家庙闸十二里万年闸八里巨梁闸十二里新闸二十里韩庄闸二十里诸葛庄十五里赤山有湖十五里彭家口二十里夏镇八里杨庄闸三十二里珠梅闸五十二里利建闸十八里南阳闸十五里枣林闸三里鲁桥五里师庄闸五里仲家浅闸八里新闸二十四里石佛闸八里赵村闸六里济宁州在城闸二里天井闸向北行二十八里通济闸二十里寺前闸十二里南旺南闸四里南旺分水龙王庙汶水至此南北两分四里北闸十二里开河闸十二里袁老口闸十八里靳家口闸十五里刘家庄十五瑞安山闸三十里戴家庙闸三十里张秋镇城漕渠穿城过十二里荆门上下二闸十二里阿城上下二闸十里七级上下二闸十五里官窑口十里周店闸十五里李梅务二十里东昌府五里永通闸三十里梁家乡闸十五里土桥闸十二里魏湾十里青阳驿十里戴家湾二十里双浅铺二十里临清州新闸板闸出口行卫河中向东北四十里油坊四十里渡口驿三十里过武城县南五十里甲马营五十里郑家口五十里故城县南三十五里四柳树三十五里德州北向北行三十五里老君堂三十五里枣园三十里安陵二十里王家园河口三十里连窝驿三十里东光县四十里泊头二十里齐家堰五十五里砖河驿三十里沧州四十里旧与济三十里青县四十里流河驿七十五里静海县六十里杨柳青二十里曹家庄二十里天津卫十里丁字沽三汊河五十里杨村驿三十里蔡村五十里河西务七十里和驿三十里漷县马头四十里张家湾十五里通州四十里京师

运河自杭州至张家湾凡三千七百余里自杭至苏则资苕霅诸溪之水自苏至常地傍太湖本为泽国不患无水常州以北资宜溧诸山之水至丹阳而山水绝则资京口所入江潮之水水之盈涸视潮之大小故里河常患浅涩渡江之后自瓜仪至淮安资天长诸山所潴高宝诸湖之水自清江浦至清口则资淮水淮水弱黄水倒灌则运河阻塞故必坚筑高家堰一带淮东堤岸不令旁泄斯淮水力全而强足以敌黄清河不淤漕道无阻矣既过黄河入中河则已不藉河水然新河始开原约重由新河回空仍由黄河皂河口子未经筑断以致黄水透入新河竟成两条浊河今新河为黄水冲灌河身比初时宽广三四倍不止两河相去本近三十年来日冲日涧日阔日近合并之患殆将不免由皂河至泇沟资沂河及郯城以北诸山泉之水由如沟至夏镇八闸谓之泇河资滕驿山泉及薛河沙河吕孟昭阳微山等湖之水由夏镇至南阳四闸谓之新河资洙泗雩沂诸河及邹兖山泉鱼嘉以东田水由南阳至南旺十一闸谓之会通河资汶洸及蜀山马踹马肠诸湖嘉祥巨野以东田水由南旺北闸至临清州十八闸亦谓之会通河惟资汶水余无所藉每苦浅涸自出会通河由临清至天津谓之卫河亦曰御河天旱则浅涸雨潦则泛滥又无额设钱粮支应惟藉里下州县苦之自天津至张家湾谓之潞河资潞河白河桑干诸水此具大略也若其紧要处所在江南则京口为粮船过江处在江北则瓜州为粮船收口处而扬州一都会也淮安为总漕驻节粮舡在此盘验处清江浦粮舡自运河入淮河处清口粮舡自淮河入黄河处清河县粮舡自黄河进中河处皆要地也皂河口粮舡出新河进泇河处自此舟行一河并无岐路以北如夏镇南阳济宁州皆都会也南旺漕河水南北分流处以北张秋其都会也黄河北决亦多冲之自此至临清州而会通河尽南北运道此为咽喉出口则行卫河中德州其水陆要冲也自此至天津则三汊河十字沽为太行以东百川入海总会处过此入潞河抵通州天储百万于此卸舡运河自此止矣

卷之一·江南漕河考

京口闸　在镇江府北江口丹阳丹徒一带运河本无水源资潮以济潮长则开闸以放舟潮落则闭闸以积水若水浅舟胶则丹从镇闸亦系通江支河放水入漕可以济运

江南漕渠多有桥梁粮舡俱不竖桅一出京口则千樯高矗矣以北达通州俱无桥梁也

卷之一·淮扬漕河考

【南会于江北达于淮诸明所汇地势低洼或筑坝以拒水或建闸以通舟诚江淮之枢纽清浊之咽喉也为作淮阳漕河考】

瓜州镇　江浙粮舡由此进口初时江口有坝粮船俱用车盘入漕今坝废设置二闸亦不启闭

仪真县闸河　旧例江北及江西湖广粮舡由此进口有四闸

白塔河　在扬州府东明初江南粮舡从常州西北由孟渎过江入白塔河至湾头达漕河今此路久废

句城塘　在仪真县东北四十里南流入漕河

淮安府里河外河　明初漕运自仪真抵淮安谓之里河俱分入五坝转盘黄河谓之外河原不相通后平江伯开清江浦由天妃口径通黄河仍设闸以司启闭凡舟出入启一闭二每岁三月以后粮舡过完即行封闭隔绝黄水官民船盘剥如故其后漕规废弛闸不能闭黄水灌入河臣乃议塞天妃口以杜黄水创开三里新河设通济闸以通淮水其后闸废不修淮水不息黄水乘之高宝湖堤年年冲决盐与等处岁岁被灾矣

五坝　在淮安府城北

元时明初江淮不相通淮城北濒淮其间筑五坝仁义二坝在东门外之东北运舡由此车盘入淮礼智信三坝在西门外之西北商民船由此车盘入淮自后开清江浦出运舡民舡尚由五坝入淮今则并民船亦从清江浦二闸出口矣五坝车盘之法既废二闸启闭之禁又弛于是黄水入灌里河清江口淤下河水患自此日剧

五坝去河仅二十余丈进船水沟每为浊流所淤常事捞浚如更广长河以能车盘今清江浦淤沙稍远舡遂不能进矣

永济河　自府城西过管家湖西行至甘罗城出口设置三闸曰永清曰福兴曰龙江自万历年间已淤且此河通非惟有妨关税亦且有碍漕渠

清江浦　在淮安府城西北去城三十里明永乐十四年平江

伯陈瑄即沙河旧址开凿俾粮船俱由此出口漕运襟喉以故商贾凑集民居栉比为淮上一都会

清江浦今无来流全借黄淮之水内灌方可浮舟而黄流甚浊恐致淤垫故复设天妃等五闸递互启开以便节宣时将入伏闸外即筑软坝一应船只俱于五坝车盘行之二百余年后因天妃闸全纳浊流故复改于三里沟寻又改于甘罗城即今通济闸此处为南河口乃淮水独经之地离黄向淮用清避浊最为便益但须伏秋堄断九月始开后闸禁废弛一任黄流内灌是以有隆庆四年高堰之决

平江伯置清浦一线之堤全为漕船计并非为商贾计故相去仅二十余丈今因漕舟过往商贾辐凑一线石堤乃为阛阓之区惴惴乎鳌背求生者几万余人失其初意矣

通济闸　在甘罗城余详清江浦条下

明给事徐常吉复请移通济闸向南潘季驯驳之曰查淮郡之水别无支流可引欲通漕舟不得不资两河欲资两河必难免其内灌若移闸愈南则纳浊愈甚又多涉险阻六十余里陈瑄疏治清江浦里河虑黄河灌入泥沙淤积设三闸以慎启闭原约运毕即闭官民船只并由五坝车盘入河不许在闸出入前人立法未为不密无如法久废弛各闸难设任其流行绝不禁止往来舡只与无闸同于是淮水入之黄水亦乘虚入之泥沙日积河身日高清口阻塞淮始不东流而南决坏高家堰则皆闸禁废弛之故也不然何自元至明二百余年不见冲决直至万历初闸禁废后乃大决也明臣不知其故徒欲使天妃闸出口之漕舡改从通济闸出口以为向清避浊不知通济天妃仅隔八里苟闸禁不严虽复改移其弊相等

卷之一·淮北漕河考

【绝河入运舍危就安然□□黄河时防淮会□□以西舟行一路既虑水浅又虑河冲八闸之中尤多□□为

作淮北漕河考】

自中河口至夏镇几五百里皆元明以来为漕运而开者

中河　起清河县至宿迁骆马湖止广九丈至七丈不等深丈余共二百里康熙二十七年靳总河开以避桃源宿迁一段黄河之险初约重运由此回空仍由黄河今河身广阔即回空亦由之矣

明臣河议云漕河原不用黄河之水惟用汶洸沂泗诸泉

骆马湖　在宿迁县西北十里广七八里袤三十余里上受沂河之委下出董陈二沟以入黄河明季尝由此河行运入泇康熙十八年开皂河行运此湖遂废不行

孙承泽河纪云骆马湖在宿迁县西万历中因磨儿庄水溜损舡因筑堤遏山东沂水入骆马湖令出清江浦粮船进董家沟陈家沟由此湖入泇河

考骆马湖本系民田明季黄河屡决河底垫高常有漫溢之水流入至低之田渟积不流因有湖名本朝运船常行其中今湖中淤浅另开皂河运船但经其口不入湖行矣

皂河　在中河之北泇河之南起温家沟历窑湾至毛儿窝共四十里其出口处去宿迁五十里康熙二十年间皂河运河为黄水所淤粮运艰阻乃遵

圣祖方略开皂河口另开一河顺导运河之水直下十五里出张庄口清水遂有建瓴之势黄虽异涨不能灌而淤之矣

直河口　在皂河口西十里明末粮舡由此进口二十里田家口二十里马庄集二十里毛儿窝后其口为黄水所淤改行于董家沟后董家沟复淤取道骆马湖行湖中今粮舡由中河过张荘口三十里牛头湾二十里鱼头集二十里毛儿窝则又另是一河矣粮舡过此口入闸河与黄河日远故过直河口为重运一大关键

沂河　出山东沂水县界南流过沂州郯城至徐塘入漕河

泇河　毛儿窝至夏镇共二百五十二里为泇沟河有八闸明万历三十二年总河李化龙所开

卷之一·山东漕河考

【新河会通水无□路山泉湖水聊以□运然沙湾张秋地形最下黄河北决直注于此受病之处尤当预防也为作山东漕河考】

夏镇至南阳九十六里共四闸名新河嘉靖四十四年总河朱衡所开南阳至南旺一百四十里共十一闸南旺至临清三百六十里共十八闸俱名会通河明人循元人遗迹所通

闸河本无水源所恃者汶泗沂洸诸水其出又微不得已置五水柜积水以济之即安山马场南旺蜀山马踞诸湖也明制各湖俱设水车三百五十部遇旱则起夫戽水入漕渠以济运而诸泉之水亦所攸赖焉

汶河　汶水之源有三一出太山仙台岭一出莱芜县原山之阳一出莱芜县寨子村会太山诸泉至静封镇合而为一谓之大汶口转西南与小汶河合仝流至南阳县西北分而为二其一为元人所改于宁阳县北作堽城坝阻截汶流遏使南出别为洸水会泗沂诸水分流入济宁天井闸河南北分水济运其一由堽城西流至东平州东五十里会坎河诸泉至汶口而分其西流者入大清河由东阿而北至利津入海此故道也无如济宁州地低于南旺不便分水明永乐时开会通河乃于宁阳县北三十里转筑堽城坝遏汶水入洸之流又于坎河之曲筑戴村坝以遏汶水入大清河之路务使全流尽由汶上县西流至南旺南北分水六分北流入卫四分南流入漕此漕河所资以济运也

泗河　出陪尾山下四泉并发故曰泗水西南行经卞城过曲阜县北分为二流北曰洙水流经孔林前而泗水绕其后合而西流至兖州府城东西南流合沂水一同入师家庄闸河元时因分水在济宁乃作金口闸遏水西流由府城以至天井闸济运至今如是

沂水　此沂水出尼山过曲阜南合雩水入兖州城而西至济宁州东合洸水入漕济运

洸河　即汶水支流元人欲以济运回筑堽城坝于汶北以遏其北流入大清河之路明初又改堽城坝于汶南以遏其南流会泗之路而洸河之流几绝然堽城之南宫荘河之入于洸者如故但其源微而流不长成化十一年主

事张盛复改堽城坝为堽城闸稍分汶水之支以益之遂西南流至济宁会泗沂二水入漕济运

卷之一・临清至天津漕河考

【卫河一水独上天津发源本微支河复少耳则沱溱即卫决闸其常也但引池引漳俱非善计为作临清至天津漕河考】

自临清至天津共九百五十里系天然之河汉曰屯氏河隋曰永济渠宋时黄河出入其间金元以后曰卫河亦曰御河卫水　发源于河南辉县苏门山名曰朔刀泉径新乡等处合淇漳二水逾馆陶至临清合汶河之水经德州出天津直沽入海板闸以东全赖此水济运无如发源本微太行山一带雨多水即洋溢破堤决岸为沧瀛患若遇旱干水即浅涩粮运艰阻昔年漳河自馆陶入卫水犹可以通舟自万历间漳河北徙卫河水益少漕运益苦浅涩矣

卫河水大则倒灌临清闸内以淤运道水小常贿临清闸官于板闸底下作弊放水出口使粮船稍得行动不然竟搁住不行矣几御河官提浅约定有三尺半水头则免参罚否则沿河文武之责也起剥盘费治河官出盖北河不比南河南河有工费北河无之也

滹沱河　自山西流至青县南坌河南入卫

明天顺时都察院都事金景辉疏言运河水浅查得汴梁城北原有黄河故道其河由长垣曹州至巨野县出会通河由临清下卫河若挑浚深阔可引河沁之水以通运又江淮民舡亦可由徐州小浮桥达陈桥转至临清可免济宁一带闸座挤塞留滞之病弊

卷之一・天津至张家湾漕河考

【下合卫河上合通急诸水所会疏浚为先南北漕粮京通分贮三千七百里于为庆安澜矣为作天津至张家湾漕河考】

此段河共二百八十里谓之潞河资潞河白河桑干诸水以通漕运过此四十里至通州十五里达京师则资通惠河矣

天津州　卫水至此接潞河

潞河　源出塞外流经通州至天津合卫水入海

芦沟河　合涞易诸水源远流长多汇巨浸于武清县南合潞河从直沽入海

白河　源出雾灵山由密云县会榆河浑河至张家湾与通惠河合

通惠河　源出昌平州流经都城入紫禁南出玉河桥由大通桥至通州与白河合杨村亦北通惠之势峻若建瓴白河之流淤沙易阻夏秋水涨则惧其潦冬春水微则病其涩既难建闸以备节宣惟有疏浚之工殊为吃紧又沿河两堤如板誓口火烧屯王家务桃花口以上堤岸坍塌卑薄最为险要水发即决滨河州县淹漫为患粮舡漂淌人甚苦之

卷之二・淮河考

【四漕之名淮居其二中条之水单会于淮自淮会淮流浸淫泛滥即黄肆虐为患东南几与黄埒矣为作淮河考】

按淮河为四渎之一会河南江南两省强半之水以出清口源远流广一当涨决莫可遏御及其枯涸又难冲刷浮沙淮弱黄强遂为所灌粮运阻滞职此之由运道枢纽全在乎是节宣之道不可不亟讲也

卷之二・历代河淮交会考

又考明初运河本不通淮粮舡俱由淮安府东北车盘过坝入河平江伯开清江浦运河始通于淮然初时防护其法甚严自移风闸以下连建数闸递相启闭以免倒灌止许粮船鲜舡由此出口余舡仍令车盘过填又申严闸禁

每岁三月粮舡过尽即便封闭直待伏秋水发过后至九月再开放回空粮舡进口又虑河溢侵漕于是堤北河之南岸四十里以护漕河石甃矶嘴于草湾对岸之冲以护堤人虑淮涨侵漕于是筑淮东之高家堰长二十六里以护漕河砖甃涵洞于中以护堰法甚善也日久废弛任河淮交通以致合并为寇则后人之咎非前人之咎也

卷之二·历代河决考

隋

炀帝大业元年导河自荥泽入汴以通淮泗

此即汉顺帝通淮之汴渠自此为唐宋江淮运道

大业四年穿永济渠引河水入御河北通涿郡

河水通御河惟在此时其他不闻也元初江淮漕米运至中滦便登陆行旱路一百八十里始自淇门上船由御河至燕京可知后世此路不通但未知淤在何时耳

唐

代宗广德二年刘晏浚汴水以通漕运

元

至元二十六年开会通河

先是元运道自济宁分汶水西北流至东平州安民山人清济故渎经东阿由利津出海转从海道进直沽口子至京后利津河淤罢东平河运至是以寿张县尹韩仲晖等言开河通运起郓城安山渠由寿张东昌又西北至临清引汶水以达御河凡二百五十里谓之会通河从古治河但欲除害并不虑及漕运自元都燕转江淮粟实京师岁数百万于是为河计者必更为漕计而治河益多掣肘矣此亦古今一大变也

明

太祖洪武元年河决曹州从双河口入鱼台徐还遂引决水由塌场入泗以济运

明初河即元北河及贾鲁河二道此决北河之南岸也以浚大河由汴城北东经虞城下达济宁入泗

成祖永乐九年浚会通河侍郎金纯自金龙口引河水下达塌场口经二洪商入淮济运

此即汴北东出之淤河浚之以通运自洪武二十四年河行新道不由之洪凡一十八年至此仍出二洪两河并行

永乐十二年陈 瑄凿徐吕二洪以通漕运更于洪口置闸

按二洪为令大河流行之路束于山峡至不通舟楫须烦镌凿而浚行又可以置闸则其路之浅涩狭隘可知半天下之水万里奔趋扼之以一线之咽喉欲其不溃而他泄也难矣南渡以浚河流常决殆以是欤

景泰七年四月沙湾决河塞疏广济渠引河沁之水由澶濮范寿张径张秋北出济漕又分流自兰阳东至徐州以入漕河此即荥阳决河由开封城北经曹濮以至沙湾者但有贞不用塞而用疏先疏上流水势平乃治决决止乃济淤治之果效是后黄水七分入北三分由二洪入淮

嘉靖八年飞云桥水北徙鱼台谷亭舟行闸面

嘉靖二十年凿平徐州洪

是年二洪浅阻粮运不通议复海运

隆庆四年高堰溃决九月河决邳州自睢宁至宿迁小河口淤一百八十余里复试海运

隆庆六年春河决邳州水行符离灵璧运道阻尚书朱衡为筑茶城至宿迁河南北两堤长三百七十里束水济运运道通

神宗万历元年河决房村河臣请筑沛县洼子头至秦沟口堤七十里接古遥堤又于新堤外别筑遥堤而河患宁是年停海运

江淮从古不通自吴开邗沟始通舟楫而河淮之涨水从未由江以达海也此时淮受决河而注于江是即黄河入江之始矣履霜坚冰至可不虑哉

崇祯八年河臣刘荣嗣引河注运运道益阻

孙承泽河纪云时骆马湖溃决泇河运道中阻荣嗣创挽河之议起宿迁至徐州别凿新河分黄水注其中以通漕运无如邳州上下悉黄河故道浚之尺许其下皆沙每挑掘成河经宿沙落河坎复平如此者数四迨引黄水入其中波流迅急冲沙随水而下浅淤不可行舟

康熙二十六年开漕运新河

明时开骆马浚漕道之行于河者尚二百余里至是开新河由清河县出口向北行直抵骆马湖河口竟不经由桃宿一带黄河之险而绝河而通仅七里云

卷之三・历代治河考

贾让言治河上策徙冀州之民当水冲者决黎阳遮害亭放河使之入海潘季驯曰民可徙四百万岁运将安适盖汉不行运明行运也河防要览亦曰上古土广人稀故殷避河患至五迁其国都后世人民稠密万无可徙之理愚按汉时河决放使入海西薄大山东薄金堤今河决在北则灌张秋济宁鱼台金乡徐邳桃宿决在南则灌淮扬下河诸州县亦将徙其民令漕船不行此乎此说之必不可行者也

明

明总河敕命云命尔前去总理河道其黄河北岸长堤并各该堤岸应修筑者俱要著实用工修筑高厚以为先事预防之计可知黄河两岸堤防北边为尤重故勅命者言之又端言之先事豫防正防其决入运河为漕患也

孙承泽河记载万恭言行河有八因因河未泛而北运因河未冻而南还因风南北为运期因河顺逆为运道因河安则修堤因河危则塞决因冬春则治堤因夏秋则据堤防守守有二曰官守曰民守防其四曰昼防夜防风防雨防有三策夏秋水发运舸渡河漕既愆期河无全筭是为无策运艘入闸国计无虞黄水啮堤随缺随补是为中策四月方终舟悉入闸夏秋之变河复安流是为上策

自临清至皂河口皆闸河也常居敬云闸河出口无往而不会黄则无往而不受淤非能由此则淤由彼则不淤也因请于出口处刱建三闸递互啓闭以放舡只纵有淤浅不过十数丈旋浚旋放无难也

隆庆四年九月河决小河口自宿迁至徐州三百里皆淤时漕政不修粮船五月始入淮八月始入闸九月犹在河一遇水决粮船漂损八百只漕卒溺损千余人遂议海运时摠河万恭疏云黄河自西而东淮自南而北会于清河口东南入海夏秋海湖既盛河复腾涌河不得入海逆流入淮淮不能敌故河水倒流而泥沙一拥遂致淀淤既淤则必冲疏土而决之矣今惟疏其下流捍其决口水将自顺毋烦多谋以滋劳费未久河通如所言海运遂停

浚河爬用平底方船横排河中为一层四维拴系以长柄铁爬浚之之数尺移船再浚复数丈复为一层如前法则水中与陆地施功略同

河道都御史李如圭奏打造上中下三等舡只置造大小铁扒锹分发各河官收领遇有淤塞即便督率人夫撑驾船只用心扒浚坚硬去处则用铁锹务使泥沙随水而去河道通流矣

江良材谓引河入卫一时可得两运道愚谓黄河所在必为之设官府筑堤防功费甚大若复引使入卫二十里

之河涯又将为之设官府修堤防一倍费两倍于国家何利焉且国家漕运以假道于河每事掣肘特开新河以接泇沟之运而避黄河之险若河入卫则自临清以下漕运步步须行于河中堤防新造其势更险于南河一遇水涨南必倒灌会通北必下淹沟潞倘更旁决卫河走泄漕运艰阻彼谓一时得两运道愚谓并一运道失之计之决不可行者也

崇祯时刘荣嗣以骆马湖阻运自宿迁至德州开河注之黄水浑浊朝夕迁徙不可以舟河事大坏愚谓元明漕运假道于河已为非策尤失算者引河入会通以济运夫会通河条元人所开灌以汶河及诸泉之水勉强而后成之一线咽喉常虞阻塞黄河浑浊可引以注之乎即或漕运浅涩不得已假以相济终是鸩酒止渴之计为患非浅小也

潘季驯曰议者欲舍旧而图新无论旧河之深且广凿之未必如旧即能如旧数年之后新者不旧乎假令新复如旧将复新之何所乎水行则沙行旧亦新也水溃则沙塞新亦旧也河无择于新旧也借水攻沙以水治水但当防水之溃无虞沙之积也

有议引黄沁济运者云汴梁陈桥原有黄河故道其河北由长垣县大岗河经曹州至巨野县界出会通河合汶水通临清每秋水涨有船往采若开浚深阔亦可分引河沁二水以通运河

刘天河谓汶泉之流遇旱则征汇水诸湖已淤而狭无已吾宁引沁注之而限以斗门涝则纵之俾南入河旱则约之俾东入运易于节制为万全也

胡世宁谓旧开沁水至荆红口分流一道六十里通卫河是河因沁可以通卫也且黄河与卫河亦相去不远宜差官踏勘荆红口及阳武上下相度地势相应处所开掘一河北通卫辉拨附近粮船于此习运以防会通河一时之塞亦国家之长计也……

国朝

总河张鹏翮进治河上谕事宜云尽折拦黄坝以导黄归海广阔清口坚闭坝以东淮敌黄而淮黄交会矣增筑挑水坝加挑陶庄引河遁黄溜北而清口安澜矣堵部伯更楼浚淮扬里河改新旧中河开人字泾涧等河以利转输而漕运通行矣……

康熙六十一年……秋河南武陟县黄河沁水并涨冲决马家营堤岸自直隶开州长垣流至山东张秋镇以致运河堤决漕船阻滞朕涨知地势高下绘图指示谕令将运河堤岸略加修防不可竟堵塞……

沁水浊只宜入河不宜入运

漳水浊宜任其北流若入卫河若阻塞运道

黄河北岸逼近漕渠关系甚重

卷之三·历代漕运考

东南玉粒输贡京师建都不同运道亦异元明完鼎燕京我朝因而弗改然漕道所经有因有草亦因时制宜期于尽善而已为作历代漕运考

元

世祖既定江南漕转之路自浙西入江淮由黄河逆流至于中滦登陆运至淇门复登舟白运河至燕京

至元二十年以江淮水运不通乃命尚书李奥鲁赤等开济宁州河达于东平州之安民山凡一百五十里北自太安州为

一闸导汶水入洸东北自衮州为一闸遏泗沂二水赤会于洸以出于济宁之会源闸分流南北其西北流者至安民山以入清济故渎经东河县济南府至利津县入于海复由海进直沽口从潞河中上水达通州后利津河淤从东阿陆运二百余里抵临清州复登舟由御河达通州

至元二十六年以寿张县尹韩仲晖言开安民至临清州二百五十里运河是为会通河终元世运道由之典海

运并行而不废

明

太祖都金陵江淮之粟不复入燕会通河淤

成祖永乐元年复转江淮之粟饷燕运舟由江入淮由淮入河至阳武县陆运至卫辉入河再登舟运至燕其转江淮之粟饷达东者由海运亦饷燕都盖亦河海并运也

永乐九年以济宁州同知潘叙正言命尚书宋礼浚会通河筑坝东平之戴村遏汶水令出南枉西分往南以达徐沛六分往北以达临清又相地置闸以司启闭自南旺至监清为闸十七而达于漳御自南旺至沽头为闸二十一而达于淮命侍郎金统治黄河故道引水自开封入鱼台县塌场口会汶水从徐吕二洪入淮遂罢海运专事河运

永乐十二年平江伯陈瑄请凿徐吕二洪以通漕运更于洪口建闸

永乐十三年建淮安五坝仁义二坝在省城之东北礼智信三坝在府城之西北令漕运船志从东北于仁义二坝车盘入河置瓜洲坝令江南粮船应于此车盘过坝入漕河

永乐十四年平江伯陈瑄开沙河田渠置闸通舟入河足为清江浦大姚闸罢仁义二坝车盐其闸二月粮船遏毕即封闸官民船仍于五填车盘

宣宗宣德七年平江泊陈瑄筑高邮宝应诸湖堤以便牵挽又问杨州白塔河置新闸潘家庄大擒江口等四闸今江南粮船从常州府西北孟渎河过江入白塔河至湾头达漕河以省瓜洲车盘之费其瓜洲坝废不用

英宗正统四年都督武兴奏罢白塔河运道仍令于瓜洲过坝入漕河

正统七年参将汤节因洪水迅急环舟建议于徐州洪之上流筑堰遇水恶归月河于月河南口设闸以积水通运

正统十三年河决由曹濮冲张秋会通河淤运道阻

景帝景泰三年河决冲沙湾会通河淤运道阻命御史徐有贞治之

景泰四年河涨坏洪口闸漕船仍行洪内

景泰七年沙湾决河塞仍疏广济渠引河沁之水由漕濮范寿径张秋以济漕

宪宗成化四年鑿徐州洪以便漕

成化七年河于清江浦议复车盘旧制未几浚通仍闸行

成化八年侍郎王恕请治扬州至淮安湖荡造闸？引塘水济运

孝宗弘治二年河决原武冲张秋运道阻命侍郎白昂治之又奏开康济越河四十里于高邮堤东通漕以避湖患

弘治五年河冲张秋阻运议通海道不果

弘治七年河后冲张秋阻运命都御史刘大夏治之运道复通

弘治十一年河决由曹草入运

武宗正德四年河决由沛县之飞云桥入运

正德十六年营河郎中杨最请开室应越河通漕以避湖险不果行

世宗嘉靖元年始罢总漕都御史押运进京

嘉靖三年郎中陈毓贤请于宝应高邮湖堤置减水坝十座以杀水势

嘉靖七年河臣盛应期始奏开夏镇新河未成而罢

嘉靖二十年二洪浅涩粮运艰阻议复海运总漕御史始不与河事

嘉靖四十四年河决阻运尚书朱衡仍请开夏□新河凡一百四十里

神宗万历元年河患宁复罢海运

万历三年河决高家堰冲清水潭等处湖堤漕道大坏议开泇河不果

万历四年总河吴桂芳改桃康济越河井筑中堤

万历五年吴桂芳遣官增筑山阳运堤自板闸至黄浦长七十里闭通济闸建兴文闸及修新庄等闸筑清江浦南堤以御湖水加河岸以御黄淮加清江闸以便运舟之牵挽

万历六年河巨潘李驯筑高堰堤六十里以道淮水侵运砌宝应八浅右堤迁通济闸于甘罗城南使纳淮水不接黄水于是漕运复通仍严五闸啓开运船出口过尽即筑坝闭塞官民船俱由五坝车盘则沙无内灌运道常通

万历十二年都御史李世达始循杨最旧策挑宝应弘济越河三十六里

万历十七年总河潘李驯修筑邵伯湖石堤

万历二十七年河南徙徐邳河运阻绝河臣刘东星每岁冬时于其地开一小河至春夏引水下徐州聊以济运若是者三年又建六闸于河中节宣山东汶济之水聊以通漕

万历二十八年总河李化龙开洳河二百六十里以周黄险漕船至是始不行于二洪

万历四十一年开弘济河南北越河仍建滚水坝二座以杀河势

熹宗天启六年河臣李从心开陈沟骆马湖新河漕船之行于河者尚二百余里

国朝

圣祖仁皇帝康熙二十六年开中河二百五里以避黄河之险于是漕船之行于黄河者仅七里而运道始免浊流之患矣

卷之三・河性考

【山则有形水则有性黄河迅疾性异寻常顺也则安逆之则怒目势利使顺以导之为作黄河性考】

河形曲十回百折总无直注遇百里者当其水流所冲即防蚀啮蚀啮不已即有冲决其地便须下埽加筑以遏冲头

河流有溜溜者水急之总名船至此忽觉水高知楼自上而倾下千夫挽之不能过未至此者以为水底地形有高下所以如此然岁时迁徙不常岂地形哉明万历时直河口忽起大溜至不能通每楫回改浚骆马漕渠然则溜之险可知矣

卷之三・地形考

下河地势北高于南庙湾最高盐兴次之高泰又次之沿海皆沙冈绵亘自庙湾至丁溪俱高中间高盐兴一带俱卑水无来源旱则资运河闸洞减下之水以救田潦则运河亦借之泻水以保堤所以下河七州县每苦水旱之灾

卷之四・塞决考

梦溪笔谈云米庆历中塞商胡决口度支副使郭申锡亲往董作凡塞河决□合中间一埽谓之合龙门收功全在此是时屡塞不合时合龙门埽长六十步有水工高超献议谓埽身太长人力不能压埽不至水底故河流不断绳缆多绝今当以六十步为三节每节长二十步中间以索连之先下第一节待其至底穴压第二节第三节旧工争之以为不可超曰第一节水信未断然势已杀半压第二节正用半力水纵未断不过少漏耳第三节乃平地施工足以尽人力处置第三节既定即下二节自为浊泥所淤不烦人工矣申锡不听河决愈甚卒改从超议而后决河塞

至正河防记云决河势大广四百余步中流深三丈余益以秋涨水多故河十之八两河争流洄漩湍激难以下埽且埽行或迟恐水尽涌入决河因淤故河前功尽隳乃精思障水入故河之方九月七日逆流排大船二十七艘前后联以大桅或长桩用大麻索竹絙绞缚缀为方舟又用大麻索竹经将船身缴绕止下令牢不可破乃以铁猫于上流硾之水中又以竹絙绝长七人百尺系两岸大橛上每絙或硾二舟或三舟使不得下船腹略铺散草湍贮小石以合子板钉合之复以埽密布合子板上或二重或三重以大麻索缚之急复縛横木三道于桅其头以索维之用竹编笆夹以草石立之桅前约长丈余名曰水帘桅复以木揞拄使帘不偃仆然后选水工便捷者每船各二人执斧凿立船首尾岸上槌鼓为号跋鸣一时齐凿须史舟穴水入并沉遏决河水怒溢故河水暴增即重更水帘令后复布小埽土牛白阑长稍杂以草上以物随宜填垛以继之石船下诣实地出水基趾渐高复卷大埽以压之前船寻用前法沉余船以竟后功昏晓百刻以次分番甚劳无少间断船堤之后草埽三道并举中置竹络盛石并埽置桩系绳四埽及络一如修截水堤之法第中流水深用物之多施功之大数倍他堤船堤距岸才三四十步势迫流峻深浅巨测于是

光卷下大埽约高二丈者或四或五始出水而修至河口一二十步用功尤艰薄龙口喧豗猛疾势撼埽基陷裂歌倾俄远故所观者股弁乃进官吏工徒日加奖论众皆感激赴功十一月十一日龙口遂合

河防要览云贾鲁治河用沉舟之法人皆称之以为塞决商便之方无如此者独思河底泄深坦陷不一惟草柳性柔一经坚挤则周遭充满故塞决必用埽今以至平之舟底而沉之坦陷不一之湍流则埽根透漏之患必有不俟终日而见者曾是贾鲁而计不出此寻绎累日方知鲁之沉舟盖以代埧而逼水非以塞决而合龙也盖彼时故河业已通流但决河势大水流多于故河十之八又当水涨汩漩湍急埽不能下又其上逼水三堤短弱而势不支恐埽行一除水尽涌决甚则故河复淤前功尽隳因急沉舟为埧以逼之所谓抢救也故前则曰鲁乃精思障水入故河之方后则曰船堤之后草埽三道显举北并举之三道乃加筑前短弱之三堤也迨至船道四堤并就河势南流然后塞决耳不然鲁于九月七日沉舟而龙口之合何以直至十一月十一日耶

卷之四·各坝考

车船埧　水经埧断不能行船船至埧口则用盘车绞而出之

造滚水埧法　此专为伏秋水发盈槽势大漫堤设此分杀水势稍消即归正槽故建埧必择要害卑洼去處坚实地基先下钉椿锯平下龙骨木仍用石楂桥铁缝方铺底石垒砌雁翅宜长宜坡跌水宜长迎水宜短俱用立石拦门椿数层其地钉椿须搭鹰架用悬硪钉下石缝须用糯米汁和灰缝使水不入

如石埧一座埧身连雁翅共长三十丈埧身根阔一丈五尺收顶一丈二尺高一尺五寸迎水阔五尺跌水石阔二丈四尺四雁翅各斜长二丈五尺高九尺用粗细石计长一千三百九十余丈并地钉椿龙骨木铁锭铁销煤炭木炭石灰糯米苘麻及各匠工食约共该银一千九百余两其运石抬石搬料夫船并官夫廪粮工食临期酌给

造平水埧法　準诸湖水之浅者以为闸底之高下大都深四尺为度令可运舟而已勿设板勿藉夫湖温以闸口泄之湖落以闸底截之止蓄潴水自为补泻故云平水又闸欲密欲狭密则水流无胀闷之患狭则势缓无溃决之虞

建车船埧法　先筑基坚实埋大木于下以草土覆之时灌水其上令软滑不伤船埧东西用将军柱各四柱上横施天盘木各二下施石窝各二中置转轴木各二根每根为窍二贯以绞关系篾缆于船缚于轴执绞关木环轴而推之

卷之四·闸工考

明天妃闸初建之时严旨刻石除重运回空及贡鲜船只放行外即闭埧拦黄凡官民商船俱令盘埧往来是以伏秋水涨适当闭塞之时黄不内灌久久通行迨后法禁废弛闸不下板以致浊流内灌清口淤垫积至……

卷之四·土方考

散者矩之是为平方卑者高之是为立方土功之兴二者兼用然远近异势高下异形人力不同工价亦异为作土方考土以方一丈高一尺为一方然有上方下方之别为有专挑兼筑之分为至挑河又有起土浅深之不同焉筑堤亦有运土主客之不同焉其土方工值更有人力强弱之不同焉以江南而论自邳州睢宁县至砀山县止每筑堤土一方给银一钱四分自宿迁县起砀山县止并扬属各州县每一方增银一分此题定之例也……

客土　客土者迤远挑运之土以所起之土为准者也如此处必须筑堤而沿堤基去处俱系积水湖荡畚锸难施势必别处取土用船装运高宝定例以五十六箩为一方每箩重二百余斤每方约重一万斤连搬运上船工银六分运至工所又工银八分由船而运至堤上又工银五分堤基之上再用硪夫夯硪又工银二分通计虚土一方共费银二钱一分止成土方七分也

卷之四·物料考

河防全在岁修岁修全在物料勿胃销而肥己勿括取以伤民时价之贵贱不仝物料之精粗迥别为作物料考

柳草不难于采办而难于搬运到工须豫备车船要紧

凡沿河种柳自明平江伯陈瑄始其根株足以护堤身枝条足以备卷埽清阴足以荫纤夫柳之功大矣然种柳不得其法则护堤之用微且成活者少惟明刘天和六柳说曲尽其妙当仿其法行之统计每年岁修需柳不下一百万束自康熙二十年始各官种柳已得若干株自二十六年以来所用之柳半取诸此再行各营弁凡春初防守少暇之时每丁计地各课种柳若干不过三年沿河成林一有不测卷埽抢防不烦他运即以本汛之柳供本汛之工力省而工易集所益非小也

采办物料一疏水土之工物料最急虽有经画之总理又有诸练之属员与子来之百姓而所需不足以至万夫束手其误事非浅小也然物料非之难采办为难河工旧制一日官办所需之物行文于各出产地方有司给价买解一曰商办听各商人起工领银送料交官夫地方有司必皆假手于胥吏由胥吏而及各行户层层剥食至料户或分文不给及运料到工所端管之官贪婪不职者更复式外苛求索贿致小民不堪其命此官办之难也工料之大莫如椿木而商人领买大都真伪相半其真商领银入己分派各小行其值必亏伪者实无资本夤缘冒领花费拖欠此商办之害也在大工急于星火而文移追比催督不前常至四五年种种误工则一也臣莅事以来深悉此弊再三斟酌终无至当之策若竟委之在工各官恐冒销多若端委之胥役又恐势轻而无济惟员而任以惩劝鼓励之为稍愈耳除岁修物料不多不必差员其大工物料若苇草麻苘之属当委之邻工各邑佐贰彼既与工近习知在工所需之物必不敢欺且淹其椿木之属当籍选廉干之府佐贰端行买办所办之木果坚大如式价值不浮又往来迅速克济大工者题请优叙否者请黜亦如之庶人人知励采办不前之弊或可免矣

御倭军事条款[①]

军门节制

一沿海列营水兵及马步官兵本同一体但能控扼贼船即俘斩不多功当均録若自分水陆致贼深入罪亦同科各将领官务要同心共济并力夹攻毋分彼此自贻诛戮

军法处置

一贼船停泊地方敢有奸徒走漏消息传送酒食资给者各该兵备将领不时体访拿送军门即时枭首示众地邻人等知而不首者事发绑打一百棍仍用一百二十斤大枷枷号充警有能首告捉获得实者即刻赏银三十两

一倭奴初至经涉波涛神气未定若各该水兵将领能竭力扼之水上及初登岸或马步将领能密约水兵相机夹剿首挫贼锋不致深入本院即据实奏

闻破格升赏不在限级叙功之例

一官兵奋勇破贼所得财物不论多寡尽数均给但贼多奸计恐有撇弃船只撒放银货赚诱贪取因而脱逊冲突交锋之际切不可一毫顾恋俟杀贼既毕方可收取违者以军法从事

① 〔明〕李遂撰。据明嘉靖刻蓝印本。

钦定福建省外海战船则例[①]

卷首

奉天外海战船做法

福建省造送金州水师营大赶缯船三只。每只身长七丈四尺。梁头阔一丈八尺七寸。计二十一舱。

今将成造前船需用工料。价值细数开后。

计开。

船底松木龙骨一道。计三节。连交接匙头凑长八丈。围大六尺。做净每折见方尺二十尺。用舰匠一工。交接匙头用长二尺钉十六个。长六寸钉二十四个。共核用围大六尺松木八丈一尺五寸。长二尺钉十六个。长六寸钉二十四个。舰匠二十四工。

水底板长七丈四尺。连两站凑宽三丈。用长四丈二尺。宽八寸。厚三寸大吉木板六十九块二丈三尺。做净每折见方尺八十尺。用舰匠一工。锯板折宽一尺。长七丈。用锯匠一工。【以下锯板用工仿此】钉缝凑长二百九十二丈一尺。每丈用长六寸钉三十个。艌缝凑长五百八十四丈二尺。每丈用灰一斤。桐油六两四钱。网纱竹丝各六两。每七丈用艌匠一工。舂制油灰每四十斤。用舂灰夫一名。【以下艌缝用工用料仿此】共核用围大三尺二寸。净长四丈二尺大吉木二十三根七尺七寸。长六寸钉八千七百六十三个。灰五百八十四斤三两。桐油二百三十三斤十一两。网纱二百十九斤一两二钱。竹丝二百十九斤一两二钱。舰匠八十五工三分三厘。锯匠四十五工九分。艌匠八十三工四分六厘。舂灰夫二十名四分五厘。

各舱梁座。梁头各二十二道。用宽二尺。厚四寸樟木枋一百八十一丈八尺九寸。硬木棍稳吊九根。各长一丈三尺。围大八寸。梁座。梁头每折见方尺八十尺。用舰匠一工。稳吊四十尺。用舰匠一工。钉缝凑长一百九十三丈五尺九寸。每丈用长六寸钉三十个。艌缝凑长三百八十七丈一尺八寸。共核用宽二尺。厚四寸樟木枋一百八十三丈七尺一寸。围大八寸。长一丈三尺硬木棍九根。长六寸钉五千八百八个。灰三百八十七斤三两。桐油一百五十四斤十四两。网纱一百四十五斤三两一钱。竹丝一百四十五斤三两一钱。舰匠一百十一工四分七厘。艌匠五十五工三分一厘。舂灰夫十三名五分五厘。

各舱樟木极内虎头舱极二块。各长一丈二寸。斗盖极二块。各长五尺。冲天极二块。各长一丈一尺。头含檀极二块。各长一丈七寸。第二。第三舱极四块。各长一丈一尺二寸。小官厅舱极二块。各长一丈一尺七寸。阿班二舱极四块。各长一丈一尺二寸。大桅舱极二块。水柜舱极四块。担担舱极二块。油婆舱极四块。各长一丈二尺七寸。官厅前后舱极六块。各长一丈一尺七寸。前后通铺舱极四块。缭公舱极二块。舵工舱极二块。各长一丈二尺七寸。下金极二块。目里前后八字极四块。下担前极二块。尾堵里极二块。各长一丈二尺。止里极二块。各长三尺。鳅鱼极二块。各长七尺。拜棚极二块。各长一丈一尺。肚极二块。头转水极二块。各长九尺。中转水极二块。各长一丈二尺。尾里二块。百子舥十六块。各长六尺。牛头极八块。各长二尺五寸。牛仔极十五块。各长二尺。均围大一尺。做净每折见方尺四十尺。用舰匠一工。钉缝凑长八十九丈一尺。每丈用长六寸钉三十个。艌缝凑长一百七十八丈二尺。共核用围大一尺樟木极九十丈九尺七寸。长六寸钉二千六百七十三个。灰一百七十八斤三两。桐油七十一斤四两五钱。网纱六十六斤十三两二钱。竹丝六十六斤十三两二钱。舰匠二十二工二分八厘。艌匠二十五工四分六厘。舂灰夫六名二分四厘。

船头正面头狮一架。高七尺。宽一丈。用大吉木横枋二块。各长一丈。直枋二块。各长四尺。弓枋

① 〔清〕佚名撰。据清刻本,参校《台湾文献史料丛刊》本。

一块。长一丈三尺。均宽八寸。厚四寸。狮头板六块。各长一丈。宽八寸。厚二寸。签子十六根。各长一丈二尺。宽三寸。厚二寸。签子。木料截下梢尖内选用。架枋。签子。做净每折见方尺四十尺。用舰匠一工。狮板八十尺。用舰匠一工。架枋用长六寸钉四十个。签子用长六寸钉四十八个。狮板用长四寸钉一百二十个。共核用围大三尺二寸。净长四丈二尺大吉木三丈五尺五寸。长六寸钉八十八个。长四寸钉一百二十个。舰匠八工七分六厘。锯匠二工九分三厘。

背面头狮坪一架。高七尺。宽一丈。用大吉木直枋三块。各长七尺。横枋五块。各长一丈。均宽八寸。厚四寸。坪板六块。各长一丈。宽八尺。厚二寸。架枋。做净每折见方尺四十尺。用舰匠一工。坪板八十尺。用舰匠一工。架枋用长六寸钉一百二十个。坪板用长四寸钉四十八个。共核用围大三尺二寸。净长四丈二尺大吉木一根八尺五寸。长六寸钉一百二十个。长四寸钉四十八个。舰匠五工七分六厘。锯匠二工七厘。

船身两旁走马二条。水蛇二条。各长七丈四尺。宽八寸。厚四寸。做净每折见方尺四十尺。用舰匠一工。走马钉缝凑长十四丈八尺。每丈用长一尺钉三十个。水蛇钉缝凑长十四丈八尺。每四尺用长一尺钉三个。艌缝凑长五十九丈二尺。共核用围大三尺二寸。净长四丈二尺大吉木三根二丈二尺。长一尺钉五百五十五个。灰五十九斤三两。桐油二十三斤十两九钱。网纱二十二斤三两二钱。竹丝二十二斤三两二钱。舰匠十七工七分六厘。锯匠五工七厘。艌匠八工四分六厘。舂灰夫二名七厘。

船面两旁舭板各长七丈四尺。凑宽一丈三尺三寸。用长四丈二尺。宽八寸。厚三寸大吉木板□十块三丈五尺。做净每折见方尺八十尺。用舰匠一工。钉缝凑长一百二十九丈五尺。每丈用长六寸钉三十个。艌缝凑长二百五十九丈。共核用围大三尺二寸。净长四丈二尺大吉木十根一丈一尺七寸。长六寸钉三千八百八十五个。灰二百五十九斤。桐油一百三斤九两六钱。网纱九十七斤二两。竹丝九十七斤二两。舰匠三十五工六分一厘。锯匠二十工三分五厘。艌匠三十七工。舂灰夫九名七厘。

两旁舨板各长九丈二尺。高六尺五寸。用长三丈六尺。宽五寸八分。厚二寸五分中吉木板五十七块一丈一寸。舨搭四块。各长三丈六尺。宽五寸八分。厚二寸五分。浮溪木舨柱三十六根。各长六尺五寸。净围大一尺七寸。舨板。做净每折见方尺八十尺。用舰匠一工。舨柱四十尺。用舰匠一工。舨板。舨搭钉缝凑长二百二十丈六尺一寸。每丈用长五寸钉三十个。舨柱钉缝凑长二十三丈四尺。每丈用长六寸钉三十个。舨板舨柱艌缝凑长四百五十九丈二尺二寸。共核用围大二尺五寸。净长三寸六尺中吉木二十根一丈五尺四寸。围大二尺。净长三丈二尺浮溪木七根一丈。长六寸钉七百二个。长五寸钉六千六百十八个。灰四百五十九斤四两。桐油一百八十三斤十一两。网纱一百七十二斤三两三钱。竹丝一百七十二斤三两三钱。舰匠五十五工七分二厘。锯匠二十六工一分六厘。艌匠六十五工六分。舂灰夫十六名七厘。

两舨边舨斗八块。凑长三丈二尺。目里二块。凑长一丈四尺。均宽一尺二寸。用宽五寸。厚三寸浮溪木板十一丈四寸。樟木极舨艉三十六块。鸟嘴燕二块。各长四尺。船头龙目二块。各长一尺五寸。均围大一尺。做净每折见方尺四十尺。用舰匠一工。舨斗。目里钉缝凑长十一丈四寸。每丈用长五寸钉三十个。舨艉。鸟嘴燕。龙目每块用长六寸钉四个。舨斗。舨艉。鸟嘴燕。龙目艌缝凑长四十六丈三尺六寸。共核用围大二尺。净长三丈二尺浮溪木一根四尺八寸。围大一尺樟木极十五丈九尺。长五寸钉三百三十一个。长六寸钉一百六十个。灰四十六斤六两。桐油十八斤八两七钱。网纱十七斤六两二钱。竹丝十七斤六两二钱。舰匠八工二分九厘。锯匠一工二分六厘。艌匠六工六分二厘。舂灰夫一名六分二厘。

舨上前后鼠桥板四块。各长二丈六尺。压板四块。各长二丈八尺。均宽五寸。厚二寸。做净每折见方尺八尺。用舰匠一工。钉缝凑长二十一丈六尺。每丈用长五寸钉三十个。压板艌缝凑长二十二丈四尺。共核用围大二尺。净长三丈二尺浮溪木二根八尺长五寸。钉六百四十八个。灰二十二斤六两。桐油八斤十五两四钱。网纱八斤六两四钱。竹丝八斤六两四钱。舰匠三工七分八厘。锯匠二工一分六厘。艌匠三工二分。舂灰夫七分八厘。

两旁大压二条。笨抽二条。各长七丈四尺。水戗四条。各长三丈七尺。均宽六寸六分。厚三寸五分。做净每折见方尺四十尺。用舰匠一工。钉缝凑长四十四丈四尺。每丈用长六寸钉三十个。舱缝凑长八十八丈八尺。共核用围大二尺五寸。净长三丈六尺中吉木六根六尺。长六寸钉一千三百三十二个。灰八十八斤十三两。桐油三十五斤八两三钱。网纱三十三斤四两八钱。竹丝三十三斤四两八钱。舰匠二十二工四分二厘。锯匠六工四分一厘。舱匠十二工六分九厘。舂灰夫三名一分一厘。官厅横直梁八根。各长一丈二尺。宽一尺二寸。厚八寸。用长一丈二尺。见方八寸大吉木枋十二块。做净每折见方尺四十尺。用舰匠一工。共核用围大三尺二寸。净长四丈二尺大吉木三根一丈八尺。舰匠十三工四分四厘。锯匠三工八分四厘。

官厅用上用中吉木战柜板二十块。官厅内铺板二十块。后墙板二十块。各长一丈二尺。两旁猫里墙板四十块。铺板四十块。各长四尺。均宽六寸六分。厚三寸五分。官厅门二扇。各高七尺。宽三尺。虎头舱门二扇。猫里门二扇。各高五尺。宽二尺。用宽五寸八分。厚二寸五分板十四丈一尺四寸。官厅用木段拜棚板十二块。各长一丈四尺。宽八寸。厚二寸五分。做净每折见方尺八十尺。用舰匠一工。战柜板。墙板。拜棚板钉缝凑长八十丈八尺。每丈用长五寸钉三十个。门每扇用长四寸钉二十四个。战柜板。拜棚板舱缝凑长八十一丈六尺。共核用围大三尺五寸木段四丈二尺六寸。围大二尺五寸。净长三丈六尺中吉木十五根二丈七一寸。长五寸钉二千四百二十四个。长四寸钉一百要十四个。灰八十一斤十两。桐油三十二斤十两二钱。网纱三十斤九两六钱。竹丝三十斤九两六钱。舰匠三十三工六分。锯匠十九工二分。舱匠十一工六分六厘。舂灰夫二名八分六厘。

官厅两旁用浮溪木战柜柱十二根。各长一丈□尺。围大一尺七寸。猫里柜上下袱八块。各长八尺。炕床前后上下枋四块。各长一丈。两旁上下枋四块。各长五尺。直枋四块。各长三尺。均宽五寸。厚三寸。跳板二块。侧板四块。各长一丈八尺。小官厅铺板二十五块。各长八尺均宽五寸。厚二寸。战柜上两边用木段楼挑二根。各长一丈四尺。围大三尺二寸。战柜柱。猫里袱。炕床枋。楼挑。做净每折见方尺四十尺。用舰匠一工。跳板等板八十尺。用舰匠一工。共核用围大二尺。净长三丈二尺浮溪木十二根二尺七寸。围大三尺五寸木段二丈八尺四寸。舰匠二十二工二分五厘。锯匠四工六分三厘。

官厅前后通铺板八块。各长一丈七尺。船后尾里板十块。各长五尺。均宽一尺二寸。厚三寸。做净每折见方尺八十尺。用舰匠一工。钉缝凑长十八丈六尺。每丈用长六寸钉三十个。舱缝凑长三十七丈二尺。共核用宽一尺二寸。厚三寸松木枋十八丈八尺六寸。长六寸钉五百五十八个。灰三十七斤三两。桐油十四斤十四两一钱。网纱十三斤十五两二钱。竹丝十三斤十五两二钱。舰匠六工九分八厘。舱匠五工三分一厘。舂灰夫一名三分。

船面扛豆二条。用大吉木各长七丈。围大二尺九寸。鱇牛十二块。用松木各长八尺五寸。宽一尺二寸。厚三寸。做净每折见方尺四十尺。用舰匠一工。扛豆用长八寸钉二十二个。鱇牛钉缝凑长十丈二尺。每丈用长六寸钉三十个。舱缝凑长四十八丈四尺。共核用围大三尺二寸。净长四丈二尺大吉木三根一丈四尺。宽一尺二寸。厚三寸松木枋十丈四尺四寸。长八寸钉二十二个。长六寸钉三百六个。灰四十八斤六两。桐油十九斤五两八钱。网纱十八斤二两四钱。竹丝十八斤二两四钱。舰匠十七工八分。舱匠六工九分一厘。舂灰夫一名六分九厘。

两旁鱇面战棚板各长七丈四尺。凑宽一丈三尺五寸。用宽五寸。厚二寸。长三丈二尺浮溪木板六十二块一丈四尺。各舱内高洋木堵板八百四十七块。各长三尺五寸。宽四寸。厚一寸。做净每折见方尺八十尺。用舰匠一工。共核用围大二尺。净长三丈二尺浮溪木二十根二丈六尺。围大一尺六寸。净长二丈八尺高洋木二十六根一丈三尺一寸。舰匠七十二工二厘。锯匠四十一工一分六厘。

船面舱盖板一百二十六块。各长六尺九寸。冲天盖板十二块。各长四尺六寸。均宽八寸。厚二寸五分。通槽十八个。侧槽六个。水槽六个。各长四尺六寸。围大三尺二寸。盖板。做净每折见方尺八十尺。用舰匠一工。通槽等槽三十尺。用舰匠一工。盖板钉缝凑长九十二丈四尺六寸。每丈用长五寸钉三十个。舱缝凑长一百八十四丈九尺二寸。共核用围大三尺五寸木段三十七丈八尺七寸。长五寸钉二千七百七十四个。灰一百八十四斤十五两。桐油七十三斤十五两五钱。网纱六十九斤五两五钱。

□□□□□□□□□□□□。□□□□□□□□□□□□。□□□□□□□□□□□□。舱匠二十六工四分二厘。舂灰夫六名四分七厘。

水底上每舱用压赛板三块。共六十三块。各长一丈。宽一尺二寸。厚三寸。做净每折见方尺八十尺。用舰匠一工。共核用宽一尺二寸。厚三寸松木枋六十四丈二尺六寸。舰匠二十三工六分三厘。

船面两旁牛栏四根。凑长十一丈二尺。围大一尺三寸。做净每折见方尺四十尺。用舰匠一工。共核用围大一尺六寸。净长二丈八尺高洋木四根。舰匠三工六分四厘。船头斗盖一块。用樟木长一丈八尺。围大二尺四寸。虾箍梁二块。各长八尺五寸。斗盖下兔耳一块。长一丈。托浪板下鹿肚勒一块。长八尺。均宽一尺五寸。厚三寸。抗浪板九块。各长一丈。宽一尺三寸。厚四寸。斗盖。虾箍梁。兔耳。鹿肚勒。做净每折见方尺四十尺。用舰匠一工。托浪板八十尺。用舰匠一工。斗盖用长八寸钉十二个。虾箍梁。托浪板钉缝凑长十丈七尺。每丈用长六寸钉三十个。兔耳。鹿肚勒钉缝凑长一丈八尺。每丈用长五寸钉三十个。虾箍梁。托浪板。兔耳。鹿肚勒舱锋凑长二十五丈。共核用围大二尺四寸。长一丈八尺五寸樟木一根。宽一尺五寸。厚三寸樟木枋三丈五尺八寸。宽一尺三寸。厚四寸。长一丈二寸樟木九块。长八寸钉十二个。长六寸钉三百二十一个。长□寸钉五□四个。□□□□□□□□□。□□□□□□□□□。□□□□□□□□□。竹丝九斤六两。舰匠八工六厘。舱匠三工五分七厘。舂灰夫八分八厘。

中含檀一块。长一丈八尺七寸。见方二尺八寸。头含檀一块。长一丈五尺。见方二尺。含檀梁二块。各长二丈。头含檀闸三块。各长八尺。均宽一尺五寸。厚三寸。做净每折见方尺三十尺。用舰匠一工。含檀梁钉缝凑长四丈。每丈用长六寸钉三十个。含檀。含檀梁。舱缝凑长十四丈七尺四寸。共核用见方二尺八寸。长一丈八尺九寸樟木一块。见方二尺。长一丈五尺二寸樟木一块。宽一尺五寸。厚三寸樟木枋六丈五尺。长六寸钉一百二十个。灰十四斤十二两。桐油五斤四两三钱。网纱五斤八两四钱。竹丝五斤八两四钱。舰匠十八工六分六厘。舱匠二工一分一厘。舂灰夫五分二厘。

中转水一块。长一丈八尺。宽二尺八寸。厚一尺五寸。头转水一块。长一丈二尺。宽一尺五寸。厚八寸。樟木极转水鞋二块。各长七尺五寸。围大一尺。做净每折见方尺四十尺。用舰匠一工。转水每块用长一尺钉二个。转水鞋每块用长六寸钉七个。舱缝凑长九丈四尺。共核用宽二尺八寸。厚一尺五寸。长三丈八尺二寸樟木一块。宽一尺五寸。厚八寸。长一丈四尺二寸樟木一块。围大一尺樟木一丈五尺四寸。长一尺钉四个。长六寸钉十四个。灰九斤六两。桐油三斤十二两二钱。网纱三斤八两四钱。竹丝三斤八两四钱。舰匠五工八分六厘。舱匠一工三分四厘。舂灰夫三分三厘。

尾楼上下板各宽一丈六尺。进深七尺。两旁拜棚板各长九尺。凑宽一丈六尺。用宽八寸。厚三寸大吉木板十一块二丈二尺二寸。尾楼挑二根。用中吉木凑长三丈。围大二尺二寸。拜棚杠四根。用木段各长七尺。围大三尺二寸。尾楼板。拜棚板。做净每折见方尺八十尺。用舰匠一工。楼挑。拜棚杠四十尺。用舰匠一工。尾楼拜棚板钉缝凑长四十八丈四尺二寸。每丈用长五寸钉三十个。舱缝凑长九十六丈八尺四寸。共核用围大三尺二寸。净长四丈二尺中吉木三根三丈五尺四寸。围大二尺五寸。净长三丈六尺中吉木三丈。围大三尺五寸木段二丈八尺八寸。长五寸钉一千四百五十三个。灰九十六斤十三两。桐油三十八斤十一两八钱。网纱三十六斤五两。竹丝三十六斤五两。舰匠十七工二分一厘。锯匠七工六分一厘。舱匠十三工八分三厘。舂灰夫三名三分九厘。

上金一块。用樟木长一丈七尺。宽二尺五寸。厚一尺。下金一块。长七尺五寸。见方二尺五寸。七星冠一块。长一丈八尺。宽一尺八寸。厚一尺。下竿梁一块。长一丈七尺。宽二尺七寸。厚一尺六寸。尾岩梁一块。长一丈八尺。宽三尺。厚一尺八寸。缭牛一副。长七尺五寸。宽二尺四寸。厚六寸。硬木棍下金拴二根。缭牛臌四根。各长六尺五寸。围大八寸。木段缭牛杠二根。各长七尺。围大三尺二寸。上下金。七星冠。下竿梁。尾岩梁。缭牛。做净每折见方尺三十尺。用舰匠一工。下金拴。缭牛臌。缭牛杠四十尺。用舰匠一工。上金。下竿梁。尾岩梁。每块用长一尺钉十八个。下金用长八寸钉十八个。缭牛用长八寸钉二十二个。缭牛臌钉缝凑长二丈六尺。每丈用长五寸钉三十个。下金舱缝凑长七尺五寸。共核用宽二尺五寸。厚一尺。长一丈七尺二寸樟木一块。见方二尺五寸。长七尺七寸樟木一块。宽一尺八寸。厚一尺。长一丈八尺二寸樟木一块。宽二尺七寸。厚一尺六寸。长一丈七尺二寸樟木一块。宽三尺。厚一尺八寸。长一丈八尺二寸樟木一块。宽二尺四寸。厚六寸。长七尺七寸樟木一块。围大八寸。长一丈三尺硬木棍三根。围大三尺五寸木段一丈四尺四寸。长一尺钉五十四个。长八寸钉四十个。长五寸钉七十八个。灰十二两。桐油四两八钱。网纱四两五钱。竹丝四两五钱。舰匠二十四工一分六厘。舱匠一分一厘。舂灰夫三厘。

船尾硬筋二根。用木段各长一丈四尺。围大三尺二寸。尾楼鲂鱼翅二块。各长七尺。尾楼舦板六块。各长一丈四尺。均宽八寸。厚四寸。猴袋板四块。纱帽匙二块。鸡母宿一块。尾燕板四块。各长一丈四尺。宽八寸。厚二寸五分。浮溪木寄莱板四块。尾座板四块。各长一丈二尺。宽五寸。厚二寸。硬筋。鲂鱼翅。尾舦板。做净每折见方尺四十尺。用舰匠一工。猴袋各板八十尺。用舰匠一工。硬筋头尾用长六寸钉十二个。尾舦板钉缝凑长八丈四尺。每丈用长五寸钉三十个。共核用围大三尺五寸木段十一丈七尺三寸。围大二尺。净长三丈二尺浮溪木一根。长六寸钉十二个。长五寸钉二百五十二个。舰匠十三工八分四厘。锯匠四工九分五厘。

船尾软筋二块。各长一丈二尺。目里鞋二块。各长三尺。朴竹四块。各长一丈四尺。均宽一尺。太平牛头四块。各长四尺。宽一尺五寸。俱厚三寸。软筋。目里鞋。牛头。做净每折见方尺四十尺。用舰匠一工。朴竹八十尺。用舰匠一工。牛头每块用长六寸钉八个。共核用宽一尺。厚三寸柯梅木枋揖八丈七尺四寸。宽一尺五寸。厚三寸柯梅木枋一丈六尺四寸。长六寸钉三十二个。舰匠五工二分一厘。

船尾橹通板四块。各长一丈二尺。橹门枋二块。各长一丈。橹床二块。各长七尺。双头蛇二块。各长四尺。均宽一尺五寸。厚三寸。橹通板做净每折见方尺八十尺。用舰匠一工。橹门枋。橹床。双头蛇四十尺。用舰匠一工。橹床每块用长八寸钉十二个。橹通板钉缝凑长四丈八尺。每丈用长六寸钉三十个。橹床。橹通板舱缝凑长十二丈四尺。共核用宽一尺五寸。厚三寸樟木枋九丈一尺八寸。长八寸钉二十四个。长六寸钉一百四十四个。灰十二斤十六两。桐油四斤十五两四钱。网纱四斤十两四钱。竹丝四斤十两四钱。舰匠五工九分四厘。舱匠一工七分七厘。舂灰夫四分三厘。

大桅座一块。长八尺。头桅座一块。长五尺六寸。俱见方二尺五寸。做净每折见方尺三十尺。用舰匠一工。共核用见方二尺五寸。长八尺二寸樟木一块。见方二尺五寸。长八寸樟木一块。舰匠四工五分三厘。

大鹿耳二块。用樟木各长一丈五尺四寸。厚一尺六寸。头鹿耳二块。各长一丈一尺。宽一尺五寸。厚九寸。硬木棍鹿耳夹二根。各长一丈二尺。围大八寸。做净每折见方尺四十尺。用舰匠一工。共核用宽二尺四寸。厚一尺六寸。长一丈五尺二寸樟木二块。宽一尺五寸。厚九寸。长一丈一尺二寸樟木二块。围大八寸。长一丈三尺硬木棍二根。舰匠九工一分二厘。

大桅一根。长八丈二尺。围大七尺。头桅一根。长五丈五尺。围大四尺五寸。做净每折见方尺四十尺。用舰匠一工。共核用围大七尺。长八丈二尺桅木一根。围大四尺五寸。长五丈五尺桅木一根。舰匠二十工五分四厘。

桅尾用柯梅木马面三块。各长三丈五尺。宽一尺五寸。厚三寸。樟木大桅笠一块。长二尺。头桅笠一块。长一尺六寸。均宽一尺五寸。中吉木大桅琵琶二块。各长三尺。头桅琵琶一块。长二尺。均宽六寸。俱厚三寸。大桅伫一根。长一丈四尺。围大二尺二寸。高洋木头桅伫一根。长八尺。围大一尺三寸。马面。做净每折见方尺八十尺。用舰匠一工。桅笠。琵琶。桅伫四十尺。用舰匠一工。马面钉缝凑长十丈五尺。每丈用长六寸钉二十个。共核用宽一尺五寸。厚三寸柯梅木枋十丈五尺六寸。宽一尺五寸。厚三寸樟木枋三尺八寸。围大二尺五寸。净长三丈六尺中吉木一丈八尺。围大一尺六寸。净长二丈八尺高洋木八尺。长六寸钉二百十个。舰匠六工四分四厘。锯匠一分。

大篷担二根。用浮溪木各长三丈二尺。头篷担二根。各长一丈六尺。均围大一尺七寸。大小篷匙二块。凑长一丈二尺。篷踏二块。凑长一丈四尺。均宽一尺二寸。厚三寸。用宽五寸。厚三寸板六丈二尺四寸。做净每折见方尺四十尺。用舰匠一工。篷匙。篷踏钉缝凑长六丈二尺四寸。每丈用长五寸钉三十个。共核用围大二尺。净长三丈二尺浮溪木三根三丈一尺二寸。长五寸钉一百八十七个。舰匠六工五分八厘。锯匠七分一厘。

大篷车员一根。用中吉木长二丈。椗车员一根。长一丈六尺。均围大二尺二寸。大篷半车员一根。斗头车员一根。尾楼车员一根。用浮溪木凑长三丈二尺。围大一尺七寸。樟木车耳十块。各长八尺五寸。宽一尺七寸。厚五寸。浮溪木船头车脚板二十四块。各长二丈八尺。宽五寸。厚二寸。硬木棍车子七十根。各长一丈三尺。围大八寸。车员。车耳。做净每折见方尺三十二尺。用舰匠一工。车脚板八十尺。用舰匠一工。共核用围大二尺五寸。净长三丈六尺中吉木六根。围大二尺。净长三丈二尺浮溪木八根。宽一尺七寸。厚五寸。长八尺七寸樟木八块。围大八寸。长一丈三尺硬木棍七十根。舰匠二十七工六分三厘。锯匠六工七分二厘。

大小篷架梁三根。凑长二丈七尺。架柱六根。凑长四丈二尺。架针三根。凑长二丈一尺。均宽一尺。厚八寸。做净每折见方尺三十二尺。用舰匠一工。共核用围大三尺五寸木段九丈二尺四寸。舰匠十工一分三厘。锯匠二工三分一厘。

水柜四个。用樟木牛头八块。各长五尺。宽一尺五寸。厚三寸。木段水柜板一百六十八块。各长四尺六寸。宽八寸。厚二寸五分。水柜柱四根。各长六尺五寸。水仙门柱二根。各长四尺六寸。俱围大三尺二寸。牛头柱木。做净每折见方尺四十尺。用舰匠一工。水柜板八十尺。用舰匠一工。牛头。水仙门柱钉缝凑长四丈九尺二寸。每丈用长六寸钉三十个。水柜柱钉缝凑长二丈六尺。每丈用长六寸钉二十个。水柜板钉缝凑长七十七丈二尺八寸。每丈用长五寸钉三十个。水柜牛头柱板 艌缝凑长一百六十七丈七尺六寸。共核用宽一尺五寸。厚三寸樟木枋四丈八寸。围大三尺五寸木段二十三丈三尺六寸。长六寸钉二百个。长五寸钉二千三百十八个。灰一百六十七斤十二两。桐油六十七斤一两七钱。网纱六十二斤十四两六钱。竹丝六十二斤十四两六钱。舰匠二十六工七分。锯匠十一工五分九厘。艌匠二十三工九分七厘。舂灰夫五名八分七厘。

妈祖龛用杉木板十二块。鹰板二块。番仔板四块。顺风板二块。各长二丈五尺。宽六寸。厚一寸。高洋木妈祖旗杆一根。长二丈。围大一尺三寸。旗杆。做净每折见方尺四十尺。用舰匠一工。龛板各板八十尺。用舰匠一工。龛板钉缝凑长三十丈。每丈用长四寸钉三十个。艌缝凑长六十丈。共核用宽六寸。厚一寸杉木板五十丈四尺。围大一尺六寸。净长二丈八尺洋木二丈。长四寸钉九百个。灰六十斤。桐油二十四斤。网纱二十二斤八两。竹丝二十二斤八两。舰匠九工四分。艌匠八工五分七厘。舂灰夫二名一分。

船尾横栏杆一面。宽一丈七尺。高五尺。用横枋三根。各长一丈七尺。直枋四根。各长五尺。两旁栏杆二面。各宽二丈三尺。高五尺。共用横枋八根。各长二丈三尺。直枋十六根。各长五尺。均见方四寸。签子九十条。各长五尺。宽四寸。厚二寸。剑。刀。枪四十二条。各长三尺。宽三寸。厚二寸。各料系截下梢尖内选用。做净每折见方尺四十尺。用舰匠一工。锭栏杆用长六寸钉二百四十个。签子。剑。刀。枪。用长四寸钉一百二十六个。共核用长六寸钉二百四十个。长四寸钉一百二十六个。舰匠三十五工五厘。锯匠八工五分九厘。

船面两旁炮架盖八个。每个用长四尺六寸。宽八寸。厚二寸五分板七块。做净每折见方尺八十尺。用舰匠一工。共核用围大三尺五寸木段六丈五尺八寸。舰匠六工七分六厘。锯匠三工八分六厘。

船头用大吉木樾一枝。长四丈二尺。围大二尺九寸。樟木樾牙一块。长五尺。宽一尺五寸。厚三寸。做净每折见方尺四十尺。用舰匠一工。樾牙用长八寸钉六个。共核用围大三尺二寸。净长四丈二尺大吉木一根。宽一尺五寸。厚三寸樟木枋五尺一寸。长八寸钉六个。舰匠三工五分。

船尾舵一门用椴木舵杆一根。长二丈九尺。宽二尺。厚一尺。舵闪板六块。各长一丈八尺。凑宽三尺九寸六分。用宽五寸八分。厚二寸五分中吉木板十二丈二尺九寸。樟木极舵夹八块。各长四尺。橹尖二个。各长一尺五寸。俱围大一尺。硬木棍舵牙二根。各长一丈三尺。围大八寸。舵杆。做净每折见方尺三十尺。用舰匠一工。舵夹。橹尖。舵牙。四十尺。用舰匠一工。舵闪板八十尺。用舰匠一工。舵夹钉缝凑长三丈二尺。每丈用长八寸钉五十个。舵夹。舵闪板舱缝凑长三十丈九尺八寸。共核用宽二尺。厚一尺。长二丈九尺二寸桜木一块。围大二尺五寸。净长三丈六尺中吉木一块五尺。围大一尺樟木极三丈六尺。围大八寸。长一丈三尺硬木棍二根。长八寸钉一百六十个。灰三十一斤。桐油十二斤六两三钱。网纱十一斤九两九钱。竹丝十一斤九两九钱。舰匠九工七分四厘。锯匠一工四分六厘。舱匠四工四分三厘。舂灰夫一名八厘。

跟随战船舢板船一只。长二丈。宽七尺四寸。深三尺五寸。计四舱。

舢板船龙骨一根。用柯栒木长一丈七尺。托浪二块。各长五尺六寸。斗盖一块。长六尺。均宽一尺。厚三寸。水底板。长一丈八尺。凑宽一丈二尺。艕板八块。各长二丈。凑宽四尺二寸四分。堵板二十四块。各长六尺五寸。凑宽一丈二尺七寸二分。用宽五寸。厚二寸浮溪木板七十六丈七尺。龙骨。做净每折见方尺四十尺。用舰匠一工。斗盖各板八十尺。用舰匠一工。龙骨用长六寸钉十二个。托浪板。水底板。艕板钉缝凑长六十一丈二尺八寸。每丈用长五寸钉三十个。舱缝凑长一百二十二丈五尺六寸。共核用宽一尺。厚三寸柯栒木枋三丈五尺。围大二尺。净长三丈二尺浮溪木七根三丈一尺七寸。长六寸钉十二个。长五寸钉一千八百三十八个。灰一百二十二斤九两。桐油四十九斤四钱。网纱十五斤十五两四钱。竹丝四十五斤十五两四钱。舰匠十五工八厘。锯匠七工六分七厘。舱匠十七工五分一厘。舂灰夫四名二分九厘。

舢板船两旁水蛇二块。各长一丈八尺。压板□□。各长二丈。水戗二块。各长一丈七尺。均宽五寸。厚二寸。做净每折见方尺八十尺。用舰匠一工。水蛇钉缝凑长三丈六尺。每四尺用长八寸钉三个。压板。水戗钉缝凑长七丈四尺。每丈用长五寸钉三十个。舱缝凑长二十二丈。共核用围大二尺。净长三丈二尺浮溪木一根四尺七寸。长八寸钉二十七个。长五寸钉二百二十二个。灰二十二斤。桐油八斤十二两八钱。网纱八斤四两。竹丝八斤四两。舰匠一工九分三厘。锯匠一工一分。舱匠三工一分四厘。舂灰夫七分七厘。

舢板船樟木梁座二块。各长五尺。梁头八块。各长七尺。均宽一尺五寸。厚三寸。樟木极舢板梁四块。各长四尺四寸。冲天极二块。百子舡六块。各长三尺。牛头极十五块。各长二尺。均围大一尺。梁座。梁头。做净每折见方尺八十尺。用舰匠一工。舢板梁。百子舡各极四十尺。用舰匠一工。钉缝凑长十三丈七尺六寸。每丈用长六寸钉三十个。舱缝凑长二十七丈五尺二寸。共核用宽一尺五寸。厚三寸樟木枋六丈七尺八寸。围大一尺樟木极七丈四尺三寸。长六寸钉四百十三个。灰二十七斤八两。桐油十一斤一钱。网纱十斤五两一钱。竹丝十斤五两一钱。舰匠四工七分六厘。舱匠三工九分三厘。舂灰夫九分六厘。

大桅铁箍十二个。头桅箍四个。桅头箍三个。樾箍二个。椗齿六个。橹箍八个。铁镮六个。以上铁料净重三百二十五斤。每正铁一斤。加耗铁一斤。每正铁五斤。用铁匠一工。每正。耗铁一斤。用炭三斤。共核用生铁六百五十斤。炭一千九百五十斤。铁匠六十五工。

油画前船。共用桐油十斤。淡底二斤。乌烟二十八斤。广红十三斤。铜碌四两。京红五两。南粉二斤。银朱二两。膡黄四两。蓝粉四两八钱。杭粉一两。松香八两。水胶六两。墨二块。油画匠十六工。

大小麻绳。用麻四千一百斤。每打绳一百斤。用绳匠三工六分。共核用麻四千一百斤。绳匠一百四十七工六分。

大小棕绳。用棕六千九百斤。每撕棕四十斤。用撕棕匠一工。成绳四十斤。用成绳匠一工。共核用棕六千九百斤。撕棕匠一百七十二工五分。成绳匠一百七十二工五分。

椗舵上配用竹绳。草绳。共用竹篾九百六十斤。绳匠三十四工五分六厘。草心二千斤。绳匠五十工。

千秋踏索用。槐藤四十斤。藤匠八工。

竖立大。小桅用。壮夫五十名。

前船共用大小铁钉四万七千五百九十二个。刷抹钉头每百个用桐油六两四钱。灰一斤。每油灰十斤。用艌匠一工。共核用桐油一百九十斤五两九钱。灰四百七十五斤十五两。艌匠六十六工六分三厘。舂灰夫十六名六分六厘。

前船共用舰匠九百二十工三分六厘。系照杉。松木植核定。内有樟。柯等硬料用匠二百五十二工四分四厘。每工外加匠二分。计加匠五十工四分九厘。共匠九百七十工八分五厘。每百工加安装匠十工。计安装匠九十七工九厘。每舰匠。安装匠一百工。加随匠夫二十名。计壮夫二百十三名五分九厘。

以上共用。

围大六尺松木八丈一尺五寸。计银六两一钱一分三厘。

围大三尺二寸。净长四丈二尺大吉木五十根二丈六尺八寸【每根银二两七钱】。计银一百三十六两七钱二分三厘。

围大二尺五寸。净长三丈六尺中吉木四十五根二丈九尺五寸【每根银一两五钱】。计银六十八两七钱二分九厘。

围大二尺。净长三丈二尺浮溪木六十五根二丈三尺一寸【每根银五分】。计银三十二两八钱六分一厘。

围大一尺六寸。净长二丈八尺高洋木三十一根一丈三尺一寸【每根银二钱】。计银六两二钱九分四厘。

围大三尺五寸木段一百丈二尺。核长一丈四□段料七十一根八尺【每根银六钱】。计银四十二两九钱四分三厘。

宽二尺。厚四寸樟木枋一百八十三丈七尺一寸。核长二丈枋料九十一块一丈七尺一寸【每块银二两七钱一分九厘】。计银二百四十九两七钱五分四厘。

宽一尺五寸。厚三寸樟木枋三十一丈一寸。核长一丈七尺枋料十八块四尺一寸【每块银一两三钱】。计银二十三两七钱一分四厘。

宽一尺三寸。厚四寸。长一丈二寸樟木枋九块【每块银九钱一厘】。计银八两一钱九厘。

宽一尺二寸。厚三寸松木枋九十三丈五尺六寸。核长一丈七尺枋料五十五块六寸【每块银三钱五分】。计银十九两二钱六分二厘。

围大一尺樟木极一百十九丈四尺四寸。核长一丈二尺樟木极九十九块六尺四寸【每块银二钱】。计银十九两九钱七厘。

宽一尺五寸。厚三寸柯桷木枋十二丈二尺【每丈银五钱七分一厘五毫】。计银六两九钱七分二厘。

宽一尺。厚三寸柯桷木枋十二丈二尺四寸【每丈银三钱八分一厘】。计银四两六钱六分三厘。

围大八寸。长一丈三尺硬木棍八十六根【每根银八分】。计银六两八钱八分。

宽六寸。厚一寸杉木板五十丈四尺【每丈银四钱】。计银二十两一钱六分。

围大二尺四寸。长一丈八尺五寸樟木一块。计银六钱六分一厘。

见方二尺八寸。长一丈八尺九寸樟木一块。计银十一两三分九厘。

见方二尺。长一丈五尺二寸樟木一块。计银四两五钱三分。

宽二尺八寸。厚一尺五寸。长一丈八尺二寸樟木一块。计银五两六钱九分五厘。

宽一尺五寸。厚八寸。长一丈四尺二寸樟木一块。计银一两二钱六分九厘。

宽二尺五寸。厚一尺。长一丈七尺二寸樟木一块。计银三两二钱三厘。

见方二尺五寸。长七尺七寸樟木一块。计银三两五钱八分五厘。

见方二尺五寸。长八尺二寸樟木一块。计银三两八钱一分八厘。

见方二尺五寸。长五尺八寸樟木一块。计银二两七钱。

宽一尺八寸。厚一尺。长一丈八尺二寸樟木一块。计银二两四钱四分。

宽二尺七寸。厚一尺六寸。长一丈七尺二寸樟木一块。计银五两五钱五分五厘。

宽三尺。厚一尺八寸。长一丈八尺二寸樟木一块。计银七两三钱二分二厘。

宽二尺四寸。厚六寸。长七尺七寸樟木一块。计银八钱二分六厘。

宽二尺四寸。厚一尺六寸。长一丈五尺二寸樟木二块【每块银四两三钱四分八厘】。计银八两六钱九分六厘。

宽一尺五寸。厚九寸。长一丈一尺二寸樟木二块【每块银一两一钱二分六厘】。计银二两二钱五分二厘。

宽一尺七寸。厚五寸。长八尺七寸樟木八块【每块银五钱五分一厘】。计银四两四钱八厘。

宽二尺。厚一尺。长二丈九尺二寸桵木一块。计银二十六两二钱五分六厘。

围大七尺。长八丈二尺桅木一根。计银七十二两四钱八分二厘。

围大四尺五寸。长五丈五尺桅木一根。计银八两五分四厘。

长二尺钉十六个。每个重一斤。计重十六斤。长一尺钉六百十三个。每二个重一斤。计重三百六斤八两。长八寸钉二百九十一个。每五个重一斤。计重五十八斤三两二钱。长六寸钉二万六千一百三十七个。每十五个重一斤。计重一千七百四十二斤七两五钱。长五寸钉一万九千一百九十七个。每二十个重一斤。计重九百五十九斤十三两六钱。长四寸钉一千三百三十八个。每三十个重一斤。计重四十四斤九两六钱。以上铁钉共重三千一百二十七斤九两九钱【每斤银二分二厘】。计银六十八两八钱八厘。

灰三千五百二斤八两【每百斤银二钱】。计银七两五厘。

桐油一千四百十一斤七钱【每斤银三分】。计银四十二两三钱三分一厘。

网纱一千一百三十四斤十五两八钱【每斤银一分二厘】。计银十三两六钱二分。

竹丝一千一百三十四斤十五两八钱【每斤银六厘】。计银六两八钱一分。

生铁六百五十斤【每斤银一分】。计银六两五钱。

炭一千九百五十斤【每百斤银一钱六分】。计银三两一钱二分。

淡底二斤【每斤银五分】。计银一钱。

乌烟二十八斤【每斤银一分五厘】。计银四钱二分。

广红十三斤【每斤银五分】。计银六钱五分。

铜碌四两【每斤银三钱】。计银七分五厘。

京红五两【每斤银八分】。计银二分五厘。

南粉二斤【每斤银一分】。计银二分。

银朱二两【每斤银六钱四分】。计银八分。

雘黄四两【每斤银二钱】。计银五分。

蓝粉四两八钱【每斤银八分】。计银二分四厘。

杭粉一两【每斤银一钱六分】。计银一分。

松香八两【每斤银二分】。计银一分。

水胶六两【每斤银四分】。计银一分五厘。

墨二块【每块银一分】计银二分。

麻四千一百斤【每斤银一分五厘】。计银六十一两五钱。

棕六千九百斤【每斤银三分】。计银二百七两。

竹篾九百六十斤【每斤银一钱六分】。计银一两五钱三分六厘。

草心二千斤【每百斤银七分】。计银一两四钱。

槐藤四十斤【每斤银二分五厘】。计银一两。

舰匠九百七十工八分五厘。安装匠九十七工九厘。锯匠二百五十一工六分八厘。艌匠四百九十九工一厘。铁匠六十五工。油画匠十六工。绳匠二百三十二工一分六厘。棕匠三百四十五工。藤匠八工。壮夫三百八十六名一分八厘。共匠夫二千八百七十工九分七厘【每工银五分】。计银一百四十三两五钱四分九厘。

又置备物件开后。

椗三门。齿全。每门长二丈。宽一尺二寸。厚七寸【每门银一两七钱五分四厘】。计银五两二钱六分二厘。

橹二枝。各长四丈四尺。宽九寸。厚六寸【每枝银二两四钱二分二厘】。计银四两八钱四分四厘。

舢板橹二枝。各长三丈六尺。宽八寸。厚五寸【每枝银六钱六分】。计银一两三钱二分。

小桨四枝。各长二丈六尺。宽四寸。厚三寸【每枝银二钱七分四厘】。计银一两九分六厘。

大。小风篷二扇。计银七两。

桅饼四个【每个银一钱二分一厘】。计银四钱八分四厘。

大。小无底升八百个【每百个银八分】。计银六钱四分。

大纛绸旗一面。什长绸旗五面【彩画。贴金。红缨。皮顶。铁身。漆栏全】。计银八两五钱四分。

大纛雨帽一顶。计银二钱二厘。

什长旗雨帽五顶【每顶银一钱五厘】。计银五钱二分五厘。

妈祖绸旗一面。计银二两二钱。

色布旗帜。计银五两三钱二分五厘。

槐藤六十四斤【每斤银二分五厘】。计银一两六钱。

大撑六枝。各长三丈四尺。宽五寸。厚三寸【每枝银三钱二分二厘】。计银一两九钱三分二厘。

木桶三十件【每件银三分】。计银九钱。

铁锅四口【每口银一钱六分二厘】。计银六钱四分八厘。

装塑妈祖金身像一位。计银八钱。

尾楼灯一盏。计银三钱二分二厘。

琉璃灯一架。计银一钱二厘。

刊刻靖海二字描金朱漆。计银一钱。

金一面重六斤【每斤银一钱三分】。计银七钱八分。

鼓一面。计银四钱。

以上成造前船准销成案内开。每只需用工料及添备加增长阔料工。共银一千四百三十八两五钱五分五厘。今按册开丈尺做法。按条查核。与准销银数相符。应令该抚于前船届应更造之年。饬令承办之员撙节妥办。如有应行节省之处。据实核明。在于应领银内扣除。仍令照例委员雇觅舵水人等。驾送奉天应用。

卷一

各省外海战船总略

查各省设立外海战船。丈尺不同。名色各异。要皆随江海之险。合驾驶之宜。以供巡防操演之用也。

其修造定例。康熙二十九年题准。自新造之年为始。届三年准其小修。小修后三年大修。再届三年。如船只尚堪修理。仍令再次大修。如不堪修理。该督等题明拆造。乾隆二十六年十二月内。钦奉上谕。阿尔泰奏。登州镇南汛二。五两号战船及东汛七号艍船现届拆造之年。验明船板钉锔尚属坚固。毋庸拆造。应请大修一次等语。甚得核实办公之道。向来各省修造船只。徒循大小修及拆造例限。初不问其实在应行修造与否。在承办者利于开销。而上官亦但知岁月相符。并不悉心查勘。此皆故套相沿。于公事视同膜外。最为恶习。前此已传谕各省矣。今阿尔泰能力破流弊。加意厘正。洵可为各省法式。著将此折抄寄各该督。抚。将军等。令其一体实力查验。照此办理。毋任稍有冒滥。致滋弊窦。仍令每次具折奏闻。钦此。自钦奉谕旨之后。各省督。抚俱于各项船只届期修造之先。实力查勘。有届应修造而勘明船只尚属坚固缓修一年者。有拆造改为大修。大修改为小修者。并有应拆造。大小修而所用工料银两较题定之数节省者。均于未经题估之先专折奏报。年底造册报部汇总开单咨送军机处查核奏闻。

至修造限期。向例小修限三个月完工。大修。拆造限四个月完工。雍正六年。九卿议定。小修展限四个月。大修拆造展限六个月完工。乾隆二十四年。复经军机大臣等议定。仍照向例办理。

其修造船只需用工料银两。有部价。协贴之分。部价系动支司库正项钱粮。协贴则在于各州县耗羡银内派拨。从前并未报部有案。自雍正十年耗羡归公之后。始行定议。将协贴银两在于耗羡项下动支。内江苏。浙江二省。不论大小修。拆造。每部价一百两量加津贴。自一百二十五两至一百八十两不等。山东省。照正价加倍动给。广东省。小修每百两加四十两。大修加六十两。拆造加八十两。福建省。小修加十。大修加九。拆造加八。又于应加津贴之外。每百两另加银三十两。惟台厂远隔重洋。一应料物运送维艰。复于应加津贴并另加三分之外。再加运费银二分。所有各省报销册籍。俱照此例开造。

至分年修造之例。先于康熙五十七年定议。各省船只届应修。造之期。该督。抚一并题明先修一半。仍留置一半在汛巡防。俟前半完工到汛。即将后半续修。工完。一并题销。嗣因各省办理不能画一。于乾隆二十四年据江南提督王进泰奏请。仍照旧例先后分修。经军机大臣议覆准行。通行有船各省一体遵照在案。

惟是前项船只。各省标营设立年久。该督。抚等有以旧船丈尺。做法与配驾情形未能合宜。因拆造之时将长阔丈尺稍为更变。而名色。号数仍照从前编定者。有因配驾不同。将丈尺。做法。名色。号数从新更正者。又有原系分隶各营。而现在归并一处。并将此处船只改隶他营者。亦有船身丈尺较前稍增。所用银两按数扣算数目过多者。并有丈尺较前减少而声明成造坚固。兼之时价昂贵用价较前加增者。变更不一。斯章程难定。当于乾隆十三年。经工部奏请通行各省督。抚。将旧有各项船只以及续行改造船只。一体详查。按照船身丈尺。做法。需用工料价值。酌定成规。送部查核。嗣于乾隆二十六年二月内。吏部等部会议。贵州巡抚周人骥条奏。将有关成例案件。督率司员详细检查。如有应行增入之条。一并汇齐奏明。颁行各省一体遵循等因。随于本年七月内。于奏请纂辑各省物料价值则例案内。并请将战船成规详查更定。嗣于乾隆三十三年钦奉谕旨。令将应裁。应改之处。悉心筹议。随经奏明。将物料价值则例先行赶办。缮册进呈。其各省战船。行令各督。抚详查核议奏报到部。再行编缉成书。颁行各省遵照办理。

再查盛京金州水师旅顺营设有战船六只。例系浙。闽二省分造驾送。凡届大小修之期。所需物料。匠役由该将军核明银数。行文该二省办解拨送。其大小修年限。先于雍正五年议定。照内河战船办理。嗣于雍正十二年。据该将军以前项船只风涛冲击。易于朽坏。题准照外海战船之例办理。除工料银两按例造报外。并无外加津贴银两。合并声注。

福建省外海战船总略

查福建省额设外海战船三百二只。有赶缯。双篷 艍哨等名目不同。丈尺亦异。就其各船长宽丈尺相若者分别列则。计赶缯船分为十八则。双篷艍哨各船分为十则。于福。泉。漳。台四厂并闽安协督标水师营分造。节经裁改赶僧船第十五则。第十八则。双篷艍哨等船第一则。第二则。第四则。第五则裁改无存。现存赶缯船十六则。计一百四十一只。双篷艍哨等船六则。计一百十七只。又有杉板头哨船八只甫经改造。未归入则。共大小□船二百六十六只。原送成规册内所用工料。俱以木植名色相同。汇款开列。并不按依造船应用各项料件名目次第分晰开载。亦不按依船身丈尺核用料物。并有同一料物名目所用匠工前后多寡互异之处。均难查核。今将各则船只。按依修。造用料。次第逐款开注。按料计工。分别厘定。所需料工银两有应行增减者。分晰核明。于逐款项下开注。以备考核。

所有各船名目。营分。号数。开列于后。

福建省外海赶缯船十六则

第一则船五只。水师提标后营清字八号。澎湖协标左营绥字十号。台湾协标右营澄字八号。澄字十号。淡水营波字四号。

第二则船二只。淡水营波字二号。澎湖协标右营宁字十号。

第三则船四只。台湾协标右营澄字九号。海坛镇标左营永字八号。十号。南澳镇标左营南字九号。

第四则船九只。澎湖协标右营宁字八号。九号。澎湖协标左营绥字八号。九号。台湾协标左营定字十号。台湾协标中营平字十号。南澳镇标左营南字八号。水师提标左营国字四号。海坛镇标右营固字十号。

第五则船十四只。水师提标左营国字七号。水师提标前营年字八号。台湾协标左营定字九号。澎湖协标左营绥字七号。澎湖协标右营宁字六号。七号。台湾协标右营澄字七号。铜山营纪字七号。八号。南澳镇标左营南字七号。闽安协标左营安字八号。闽安协标右营澜字八号。海坛镇标右营固字九号。十二号。

第六则船八只。铜山营纪字六号。水师提标左营国字三号。五号。水师提标中营海字五号。水师提标右营万字三号。海坛镇标左营永字九号。海坛镇标右营固字十一号。闽安协标右营澜字七号。

第七则船三只。水师提标中营海字七号。八号。水师提标后营清字五号。

第八则船七只。水师提标右营万字七号。水师提标前营年字六号。海坛镇标右营固字八号。金门镇标右营汤字三号。台湾协标中营平字七号。台湾协标左营定字五号。澎湖协标左营绥字六号。

第九则船二只。台湾协标中营平字五号。六号。

第十则船五十七只。台湾协标中营平字三号。四号。台湾协标左营定字三号。四号。六号。台湾协标右营澄字四号。五号。水师提标中营海字三号。四号。六号。水师提标右营万字四号。五号。六号。水师提标前营年字三号。四号。五号。水师提标后营清字三号。四号。六号。七号。金门镇标左营金字二号。三号。四号。五号。六号。七号。八号。金门镇标右营汤字一号。四号。五号。六号。七号。八号。澎湖协标左营绥字三号。四号。五号。澎湖协标右营宁字三号。四号。海坛镇标左营永字一号。四号。五号。六号。七号。海坛镇标右营固字三号。四号。五号。六号。七号。闽安协标右营澜字四号。五号。闽安协标左营安字七号。水师旗营为字三号。四号。烽火营庆字六号。南澳镇标左营南字三号。□号。铜山营纪字四号。

第十一则船六只。水师提标左营国字二号。水师提标后营清字二号。南澳镇标左营南字五号。澎湖协标右营宁字五号。台湾协标中营平字九号。台湾协标右营澄字六号。

第十二则船六只。水师提标后营清字一号。水师提标左营国字一号。水师提标前营年字二号。铜山营纪字五号。闽安协标左营安字六号。台湾协标右营澄字三号。

第十三则船三只。闽安协标右营澜字六号。烽火营庆字八号。台湾协标左营定字二号。

第十四则船三只。台湾协标右营澄字二号。烽火营庆字五号。闽安协标左营安字二号。

第十六则船三只。台湾协标中营平字一号。台湾协标右营澄字一号。水师提标前营年字一号。

第十七则船九只。台湾协标左营定字一号。台湾协标中营平字二号。澎湖协标左营绥字一号。二号。澎湖协标右营宁字一号。二号。闽安协标左营安字四号。烽火营庆字一号。铜山营纪字二号。

外海双篷艍哨各船六则

第三则船二只。台湾协标中营波字七号。水师提标右营万字十二号。

第六则船十四只。金门镇标右营汤字十二号。十四号。水师提标左营国字十四号。南澳镇标左营南字十号。十五号。闽安协标左营安字十二号。十三号。十四号。闽安协标右营澜字十三号。十四号。督标水师营靖字一号。二号。三号。四号。

第七则船十四只。闽安协标右营澜字十二号。水师提标左营国字九号。十一号。水师提标右营万字十四号。水师提标后营清字九号。十号。十二号。水师提标前营年字十号。南澳镇标左营南字十一号。十四号。澎湖协标左营绥字十二号。十三号。烽火营庆字十号。十一号。

第八则船二十六只。水师提标中营海字九号。十号。十一号。十二号。水师提标左营国字十号。水师提标前营年字十二号。十三号。水师提标右营万字十一号。闽安协标左营安字十号。十一号。闽安协标右营澜字九号。十号。十一号。铜山营纪字十二号。烽火营庆字九号。海坛镇标左营永字十五号。十六号。十七号。十八号。十九号。海坛镇标右营固字十六号。十八号。十九号。台湾协标右营澄字十二号。十三号。澎湖协标右营宁字十二号。

第九则船二十只。铜山营纪字十一号。十三号。十四号。水师提标左营国字十二号。水师提标右营万字九号。金门镇标右营汤字十一号。十六号。金门镇标左营金字十二号。十三号。十四号。十五号。十六号。台湾协标中营平字十三号。澎湖协标右营宁字十一号。澎湖协标右营绥字十八号。澎湖协标左营绥字十一号。十四号。十六号。海坛镇标右营固字十三号。烽火营庆字十三号。

第十则船四十一只。水师提标中营海字一号。水师提标右营万字一号。十号。水师提标前营年字九号。闽安协标左营安字一号。三号。九号。闽安协标右营澜字二号。三号。海坛镇标左营永字二号。三号。十三号。烽火营庆字二号。三号。四号。七号。台湾协标右营澄字十一号。十五号。台湾协标左营定字十三号。十四号。十六号。台湾协标中营平字十一号。十二号。澎湖协标左营绥字十五号。十七号。澎湖协标右营宁字十四号。十五号。十六号。金门镇标右营汤字二号。九号。十号。十五号。金门镇标左营金字一号。十号。十一号。海坛镇标右营固字一号。二号。南澳镇标左营南字一号。铜山营纪字一号。三号。九号。

不入则

台协中。左。右三营利字号杉板头哨船八只。

以上各则船只。长。宽丈尺略有参差。查原送成规并节次准销成案所开工料。均属相同。今俱按则分别订定。届应拆造之年。按照各则一律造报。

又造送奉天金州水师营赶缯船三只。

福建省外海战船做法

第一则赶缯船。五只。内水师提标后营清字八号船一只。身长四丈六尺。头起 翫四尺。尾起翫三尺。船头长一丈八尺。面匀宽八尺八寸。底匀宽八尺。船中长一丈六尺。面匀宽一丈三尺二寸。底匀宽一丈二寸。船尾长一丈二尺。面匀宽一丈二尺六寸。底匀宽九尺四寸。两边舨长五丈二尺六寸。计十五舱。深四尺三寸。

今将拆造前船需用工料。价值细数开后。计开。

船底松木龙骨一道。计三节。船头一节。长一丈五尺。船中一节。连交接匙头长三丈一尺。船尾一节。长一丈。均宽一尺。厚八寸。做净每折见方尺二十尺。用舰匠一工。交接匙头二处。每处用长一尺钉八个。每边用长六寸钉十二个。共核用宽一尺。厚八寸松木枋五丈六尺六寸。

【查成规内开。大吉。中吉。浮溪。高洋四项木植。俱截去尖梢。作栏杆。灶柜。签子。木牌等项之用。其本身木料毋庸另加长荒外。一切枋段各料有截去一二尺至三五尺不等者。亦有未加长荒者。参差不一。今将枋段各料每件长五尺以内者加长荒一寸。五尺以外者加长荒二寸。圆径樟木料一丈以内者每根加长荒二寸。长一丈以外者每根加长荒五寸一律核定。余仿此】。

长一尺钉十六个。长六寸钉二十四个。舰匠十工八厘。

船底板。连起翫长四丈六尺。内船底匀宽九尺六寸七分。两站各匀高四尺九寸五分。用长四丈二尺。宽八寸。厚三寸大吉木板二十八块。做净每折见方尺八十尺。用舰匠一工。锯板折宽一尺。长七丈。用锯匠一工【以下锯板用工仿此】。钉缝凑长一百十七丈六尺。每丈用长六寸钉三十个。艌缝凑长二百三十五丈二尺。每丈用灰一斤。桐油六两四钱。网纱竹丝各六两。每七丈。用艌匠一工。舂制油灰。每四十斤用舂灰夫一名【以下艌缝用工。用料仿此】。共核用围大三尺二寸。净长四丈二尺大吉木九根一丈四尺。长六寸钉三千五百二十八个。灰二百三十五斤三两。桐油九十四斤一两三钱。网纱八十八斤三两二钱。竹丝八十八斤三两二钱。舰匠三十二工三分四厘。锯匠十八工四分八厘。艌匠三十三工六分。舂灰夫八名二分三厘。

各舱内用樟木梁座十六块。凑长十五丈五尺七寸。添换舱梁十二块。凑长十二丈。均宽一尺五寸。厚三寸。松木梁头二十块。凑长二十六丈八尺。宽一尺二寸。厚三寸。硬木棍稳吊九根。各长一丈三尺。围大八寸。梁座。梁头做净每折见方尺八十尺。用舰匠一工。稳吊四十尺。用舰匠一工。钉缝凑长六十六丈七寸。每丈用长六寸钉三十个。艌缝凑长一百三十二丈一尺四寸。共核用宽一尺五寸。厚三寸樟木枋二十八丈一尺三寸。宽一尺二寸。厚三寸松木枋二十七丈二尺。围大八寸。长一丈三尺硬木棍九根。长六寸钉一千九百八十二个。灰一百三十二斤二两。桐油五十二斤十三两七钱。网纱四十九斤八两八钱。竹丝四十九斤八两八钱。舰匠二十四工八分。艌匠十八工八分八厘。舂灰夫四名六分二厘。

各舱添换樟木极四十二块。内。虎头舱极二块。各长九尺五寸。冲天极二块。水柜舱极二块。担担舱极二块。油婆前极二块。各长九尺。后通铺极二块。各长八尺。下金极二块。目里前后八字极四块。下担前极二块。尾堵里极二块。舨上两旁牛头极二块。船后肚极二块。舨边一仔极二块。转水极二块。各长六尺。小官厅极二块。一仔后极二块。船头极二块。各长五尺。目里极二块。各长四尺。鳅鱼极二块。各长七尺。拜棚极二块。各长一丈一尺。均围大一尺。做净每折见方尺四十尺。用舰匠一工。每块用长六寸钉二个。艌缝凑长五十七丈八尺。共核用围大一尺樟木极二十九丈六尺六寸。长六寸钉八十四个。灰五十七斤十三两。桐油二十三斤一两九钱。网纱二十一斤十两八钱。竹丝二十一斤十两八钱。舰匠七工二分三厘。艌匠八工二分六厘。舂灰夫二名二厘。

船身两旁走马二条。水蛇二条抽换。各长四丈二尺。宽八寸。厚四寸。做净每折见方尺四十尺。用舰匠一工。走马钉缝凑长八丈四尺。每丈用长一尺钉三十个。水蛇钉缝凑长八丈四尺。每四尺用长一尺钉三个。艌缝凑长三十三丈六尺。共核用围大三尺二寸。净长四丈二尺大吉木二根。长一尺钉三百十五个。灰三十三斤十两。桐油十三斤七两。网纱十二斤九两六钱。竹丝十二斤九两六钱。舰匠十工八厘。锯匠二工八分八厘。艌匠四工八分。舂灰夫一名一分八厘。

船面两旁鯆板。长四丈六尺。凑宽八尺三寸七分。用长四丈二尺。宽八寸。厚三寸大吉木板十二块。做净每折见方尺八十尺。用舰匠一工。钉缝凑长五十丈四尺。每丈用长六寸钉三十个。艌缝凑长一百丈八尺。共核用围大三尺二寸。净长四丈二尺大吉木四根。长六寸钉一千五百十二个。灰一百斤十三两。桐油四十斤五两一钱。网纱三十七斤十二两八钱。竹丝三十七斤十二两八钱。舰匠十三工八分六厘。锯匠七工九分二厘。艌匠十四工四分。舂灰夫三名五分三厘。

两旁舨板。各长五丈二尺六寸。高四尺。用长三丈六尺。宽五寸八分。厚二寸五分中吉木板二十块。旁添换浮溪木舨柱十六根。各长四尺。围大一尺七寸。舨板做净每折见方尺八十尺。用舰匠一工。舨柱四十尺。用舰匠一工。舨板钉缝凑长七十二丈。每丈用长五寸钉三十个。舨柱钉缝凑长六丈四尺。每丈用长六寸钉三十个。艌缝凑长一百五十六丈八尺。共核用围大二尺五寸。净长三丈六尺中吉木六根二丈四尺。围大二尺。净长三丈二尺浮溪木二根。长六寸钉一百九十二个。长五寸钉二千一百六十个。灰一百五十六斤十三两。桐油六十二斤十一两五钱。网纱五十八斤十二两八钱。竹丝五十八斤十二两八钱。舰匠十七工六分六厘。锯匠八工五分四厘。艌匠二十二工四分。舂灰夫五名四分九厘。

【查成规内。舨板未载舨高尺寸。今按舨柱长丈核定】。

两旁舨边樟木舨斗四块。凑长一丈六尺。宽一尺五寸。厚三寸。樟木极龙目二块。各长一尺五寸。鸟嘴燕二块。各长三尺。舨艭添换十二块。各长三尺五寸。均围大一尺。做净每折见方尺四十尺。用舰匠一工。舨斗钉缝长一丈六尺。每丈用长五寸钉三十个。鸟嘴燕钉缝凑长六尺。每尺用长四寸钉三个。舨艭每块用长六寸钉二个。龙目每块用长六寸钉六个。艌缝凑长十三丈四尺。共核用围大一尺樟木极五丈二尺六寸。宽一尺五寸。厚三寸樟木枋一丈六尺四寸。长六寸钉三十六个。长五寸钉四十八个。长四寸钉十八个。灰十三斤六两。桐油五斤五两八钱。网纱五斤四钱。竹丝五斤四钱。舰匠二工七分二厘。艌匠一工九分一厘。舂灰夫四分七厘。

舨上前后浮溪木鼠桥板四块。各长一丈五尺五寸。压舨板四块。各长二丈二尺。均宽五寸。厚二寸。两旁中吉木舨搭二块。各长三丈六尺。宽六寸六分。厚二寸三分。两边木段猴袋板八块。各长四尺六寸。宽八寸。厚二寸五分。做净每折见方尺八十尺。用舰匠一工。鼠桥。压板。舨搭钉缝凑长二十二丈二尺。每丈用长五寸钉三十个。压板艌缝凑长十七丈六尺。共核用围大二尺。净长三丈二尺浮溪木一根一丈八尺。围大二尺五寸。净长三丈六尺中吉木二丈四尺。围大三尺五寸木段九尺四寸。长五寸钉六百六十六个。灰十七斤十两。桐油七斤六两。网纱六斤九两六钱。竹丝六斤九两六钱。舰匠五工一分九厘。锯匠二工九分七厘。艌匠二工五分一厘。舂灰夫六分二厘。

两旁大压二条。水戗二条接换。各长三丈六尺。宽六寸六分。厚三寸五分。艜面笨抽二条。各长四丈二尺。宽八寸。厚四寸。做净每折见方尺四十尺。用舰匠一工。钉缝凑长二十二丈八尺。每丈用长六寸钉三十个。艌缝凑长四十五丈六尺。共核用围大三尺二寸。净长四丈二尺大吉木一根。围大二尺五寸。净长三丈六尺中吉木二根。长六寸钉六百八十四个。灰四十五斤十两。桐油十八斤三两八钱。网纱十七斤一两六钱。竹丝十七斤一两六钱。舰匠十二工三分一厘。锯匠三工五分二厘。艌匠六工五分一厘。舂灰夫一名六分。

官厅前后用中吉木梁三根。各长一丈四尺。围大二尺二寸。官厅贴柱用木段六节。各长四尺六寸。战柜上两边楼挑二根。各长一丈四尺。俱围大三尺二寸。战柜板八块。长一丈四尺。凑宽五尺二寸八分。铺板十三块。长八尺。凑宽八尺五寸八分。冲天盖板十块。长四尺。凑宽六尺六寸。用宽五寸八分。厚二寸五分中吉木板二十九丈一尺三寸。官厅内浮溪木跳板一块。侧板一块。各长一丈一尺。宽五寸。厚二寸。官厅梁。柱。战柜楼挑。做净每折见方尺四十尺。用舰匠一工。战柜等板八十尺。用舰匠一工。战柜板。冲天盖板钉缝凑长十七丈二尺九寸六分。每丈用长五寸钉三十个。艌缝长三十四丈五尺九寸二分。共核用围大二尺五寸。净长三丈六尺中吉木三根三丈一尺一寸。围大二尺。净长三丈二尺浮溪木七尺三寸三分。围大三尺五寸木段五丈六尺六寸。长五寸钉五百十九个。灰三十四斤九两。桐油十三斤十三两四钱。网纱十二斤十五两六钱。竹丝十二斤十五两六钱。舰匠十三工一分九厘。锯匠三工六分七厘。艌匠四工九分四厘。舂灰夫一名二分一厘。

官厅前通铺二块。各长一丈四尺。后通铺二块。各长一丈二尺。坐赛板十二块。各长六尺。均宽一尺二寸。厚三寸。做净每折见方尺八十尺。用舰匠一工。通铺板钉缝凑长五丈二尺。每丈用长六寸钉三十个。艌缝凑长十丈四尺。共核用宽一尺二寸。厚三寸松木枋十二丈七尺二寸。长六寸钉一百五十六个。灰十斤六两。桐油四斤二两六钱。网纱三斤十四两四钱。竹丝三斤十四两四钱。舰匠四工六分五厘。艌匠一工四分九厘。舂灰夫三分六厘。

官厅两旁用溪木猫里柱八根。各长四尺。猫里柜上下袱四根。各长八尺。均围大一尺七寸。猫里墙板十块。长一丈一尺。凑宽五尺三寸。铺板九块。长七尺。凑宽四尺七寸七分。柜底板八块。长七尺。凑宽四尺二寸四分。用宽五寸。厚二寸浮溪木板二十四丈二尺七寸四分。木段猫里堵板二十四块。各长四尺六寸。宽八寸。厚二寸五分。猫里柱。上下袱。做净每折见方尺四十尺。用舰匠一工。猫里各板八十尺。用舰匠一工。墙板钉缝凑长十一丈六尺六寸。每丈用长五寸钉三十个。共核用围大二尺。净长三丈二尺浮溪木四根一丈六尺九寸一分。围大三尺五寸木段二丈八尺二寸。长五寸钉三百五十个。舰匠九工八分七厘。锯匠四工八厘。

官厅虎头舱。铺板十块。长六尺五寸。凑宽五尺三寸。用宽五寸。厚二寸浮溪木板六丈八尺九寸。做净每折见方尺八十尺。用舰匠一工。共核用围大二尺。净长三丈二尺浮溪木二丈二尺九寸七分。舰匠一工二分一厘。锯匠六分九厘。

两旁艜面战棚板添换。用长一丈四尺。宽四寸。厚二寸高洋木板十二块。各舱内堵板。用长二尺八寸。宽四寸。厚一寸高洋木板二百八十块。做净每折见方尺八十尺。用舰匠一工。共核用围大一尺六寸。净长二丈八尺高洋木十根。舰匠十二工三分二厘。锯匠七工四厘。

两旁艜上艜牛八块。各长八尺五寸。各舱口扛豆六块。各长一丈七尺。均宽一尺二寸。厚三寸。做净每折见方尺四十尺。用舰匠一工。艜牛每块用长六寸钉四个。扛豆钉缝凑长十丈二尺。每丈用长六寸钉三十个。舱缝凑长三十四丈。共核用宽一尺二寸。厚三寸松木枋十七丈二尺八寸。长六寸钉三百三十八个。灰三十四斤。桐油十三斤九两六钱。网纱十二斤十二两。竹丝十二斤十二两。舰匠十二工七分五厘。舱匠四工八分六厘。舂灰夫一名一分九厘。

各舱盖板。用长四尺六寸。宽八寸。厚二寸五分木段板六十块。舱盖下通槽十五个。各长四尺六寸。见方八寸。舱盖做净每折见方尺八十尺。用舰匠一工。通槽三十尺。用舰匠一工。舱盖钉缝凑长二十七丈六尺。每丈用长五寸钉三十个。舱缝凑长五十五丈二尺。共核用围大三尺五寸木段十四丈一尺。长五寸钉八百二十八个。灰五十五斤三两。桐油二十二斤一两三钱。网纱二十斤十一两二钱。竹丝二十斤十一两二钱。舰匠十四工六分一厘。锯匠五工七分二厘。舱匠七工八分九厘。舂灰夫一名九分三厘。

两旁舨上。用高洋木牛栏四根。内。船头二根。各长八尺。船后二根。各长二丈。均围大一尺三寸。做净每折见方尺四十尺。用舰匠一工。共核用围大一尺六寸。净长二丈八尺高洋木二根。舰匠一工八分二厘。

船头斗盖用樟木一块。长一丈五尺。围大四尺七寸。虾箍梁一块。长八尺五寸。宽七寸。斗盖下兔耳一块。长八尺。宽一尺五寸。鹿肚勒一个。长四尺。宽四寸。托浪板四块。各长六尺五寸。宽一尺。俱厚三寸。斗盖。虾箍梁。兔耳。鹿肚勒。做净每折见方尺四十尺。用舰匠一工。托浪板八十尺。用舰匠一工。斗盖用长八寸钉十二个。虾箍梁。托浪板钉缝凑长三丈四尺五寸。每丈用长六寸钉三十个。兔耳。鹿肚勒钉缝凑长一丈二尺。每丈用长五寸钉三十个。虾箍梁。托浪板。兔耳。鹿肚勒舱缝凑长九丈三尺。共核用围大四尺七寸。长一丈五尺五寸樟木一根。宽一尺五寸。厚三寸樟木枋一丈三尺三寸五分。宽一尺。厚三寸。长六尺七寸樟木板四块。长八寸钉十二个。长六寸钉一百四个。长五寸钉三十六个。灰九斤五两。桐油三斤十一两五钱。网纱三斤七两八钱。竹丝三斤七两八钱。舰匠三工八分九厘。舱匠一工三分三厘。舂灰夫三分三厘。

中含檀一块。长一丈八尺。围大七尺。头含檀一块。长一丈五尺。围大五尺三寸。含檀梁一块。长一丈二尺六寸。头含檀闸一块。长六尺五寸。均宽一尺五寸。厚三寸。做净每折见方尺三十尺。用舰匠一工。含檀梁钉缝长一丈二尺六寸。每丈用长六寸钉三十个。含檀。含檀梁舱缝凑长九丈一尺二寸。共核用围大七尺。长一丈八尺五寸樟木一根。围大五尺三寸。长一丈五尺五寸樟木一根。宽一尺五寸。厚三寸樟木枋一丈九尺五寸。长六寸钉三十八个。灰九斤二两。桐油三斤十两四钱。网纱三斤六两七钱。竹丝三斤六两七钱。舰匠九工一分四厘。舱匠一工三分。舂灰夫三分二厘。

中转水二块。各长一丈六尺。宽二尺。厚九寸五分。樟极转水鞋二块。各长七尺五寸。围大一尺。做净每折见方尺四十尺。用舰匠一工。转水每块用长一尺钉二个。转水鞋每块用长六寸钉七个。舱缝凑长九丈四尺。共核用宽二尺。厚九寸五分。长一丈六尺二寸樟木二块。围大一尺樟木极一丈五尺四寸。长一尺钉四个。长六寸钉十四个。灰九斤六两。桐油三斤十二两二钱。网纱三斤八两四钱。竹丝三斤八两四钱。舰匠五工一分。舱匠一工三分四厘。舂灰夫三分三厘。

船尾用木段拜棚杠四根。各长七尺。尾楼舨柱六根。各长四尺六寸。均围大三尺二寸大吉木。拜棚板十二块。各长七尺。宽八寸。厚三寸。尾楼舨板四块。长三丈。凑宽二尺六寸四分。用宽五寸八分。厚二寸五分中吉木板十三丈六尺五寸五分。拜棚杠。尾舨柱。做净每折见方尺四十尺。用舰匠一工。尾舨板。拜棚板八十尺。用舰匠一工。舨板。拜棚板钉缝凑长二十二丈五寸五分。每丈用长五寸钉三十个。拜棚板舱缝凑长十六丈八尺。共核用围大三尺二寸。净长四丈二尺大吉木二丈八尺。围大二尺五寸。净长三丈六尺中吉木一根九尺五寸二分。围大三尺五寸木段五丈七尺。长五寸钉六百六十二个。灰十六斤十三两。桐油六斤一两五钱。网纱六斤四两八钱。竹丝六斤四两八钱。舰匠九工五分九厘。锯匠二工九分四厘。舱匠二工四分。舂灰夫五分九厘。

船尾用樟木下金一块。长七尺五寸。围大七尺五寸。大缭牛一副。长七尺五寸。宽二尺四寸。厚六寸。樟极小缭牛二块。各长四尺五寸。围大一尺。尾楼樟木上金一块。长一丈七尺。宽二尺一寸。厚八寸。七星冠一块。长一丈八尺。宽一尺二寸。厚六寸。硬木棍下金拴二根。缭牛臓二根。各长六尺五寸。围大八寸。木段缭牛柱二根。各长四尺六寸。围大三尺二寸。下金。缭牛。上金。七星冠。做净每折见方尺三十尺。用舰匠一工。下金拴。缭牛臓。小缭牛。缭牛柱四十尺。用舰匠一工。下金用长八寸钉十八个。缭牛用长八寸钉二十二个。上金用长一尺钉十八个。小缭牛每块用长六寸钉二个。缭牛臓钉缝凑长一丈三尺。每丈用长五寸钉三十个。下金舱缝长七尺五寸。共核用围大七尺五寸。长七尺七寸樟木一段。宽二尺四寸。厚六寸。长七尺七寸樟木一块。宽二尺一寸。厚八寸。长一丈七尺二寸樟木一块。宽一尺二寸。厚六寸。长一丈八尺二寸樟木一块。围大八寸。长一丈三尺硬木棍二根。围大一尺樟木极九尺二寸。围大三尺五寸木段九尺四寸。长一尺钉十八个。长八寸钉四十个。长六寸钉四个。长五寸钉三十九个。灰十二两。桐油四两八钱。网纱四两五钱。竹丝四两五钱。舰匠十工六分一厘。舱匠一分一厘。舂灰夫三厘。

船尾舵边。用木段硬筋二根。各长一丈四尺。围大三尺二寸。尾楼鲂鱼翅二块。各长七尺。宽一尺。厚四寸。柯枸木软筋二块。各长一丈一尺。宽一尺。厚三寸。做净每折见方尺四十尺。用舰匠一工。硬筋头尾用长六寸钉十二个。共核用围大三尺五寸木段三丈五尺六寸。宽一尺。厚三寸柯枸木枋二丈二尺四寸。长六寸钉十二个。舰匠四工六分五厘。锯匠二分八厘。

尾楼用大吉木板六块。各长七尺。宽八寸。厚三寸。舨边。用高洋木寄菜板四块。尾座板四块。各长七尺。宽四寸。厚二寸。中吉木尾楼挑二根。共长二丈五尺。圉大二尺二寸。船后松木尾里板十块。各长五尺。宽一尺二寸。厚三寸。尾楼挑。做净每折见方尺四十尺。用舰匠一工。尾楼各板八十尺。用舰匠一工。尾楼板。尾里板钉缝凑长九丈二尺。每丈用长五寸钉三十个。尾里板舱缝凑长十丈。共核用围大三尺二寸。净长四丈二尺大吉木一丈四尺。围大一尺六寸。净长二丈八尺高洋木一根。围大二尺五寸。净长三丈六尺中吉木二丈五尺。宽一尺二寸。厚三寸松木枋五丈一尺。长五寸钉二百七十六个。灰十斤。桐油四斤。网纱二斤十二两。竹丝三斤十二两。舰匠五工二分五厘。锯匠一工一分四厘。舱匠一工四分三厘。舂灰夫三分五厘。

尾楼下用樟木橹通板一块。长一丈二尺。橹门枋一块。橹床二块。各长五尺。均宽一尺五寸。厚三寸。楼双头蛇一个。长四尺。宽一尺二寸。尾楼车一个。长二尺。宽七寸。均厚三寸。橹通板。做净每折见方尺八十尺。用舰匠一工。橹枋。橹床。双头蛇。尾楼车四十尺。用舰匠一工。橹床。每块用长八寸钉十二个。橹通板钉缝长一丈二尺。每丈用长六寸钉三十个。橹床。橹通板舱缝凑长四丈四尺。共核用宽一尺五寸。厚三寸樟木枋三丈一尺七寸六分。长八寸钉二十四个。长六寸钉三十六个。灰四斤六两。桐油一斤十二两二钱。网纱一斤十两四钱。竹丝一斤十两四钱。舰匠二工二分九厘。你匠六分三厘。舂灰夫一分五厘。

水仙门柱用中吉木一根。长四尺。围大二尺二寸。木段板四块。各长四尺六寸。宽八寸。厚二寸五分。樟木极百子舨四块。各长一丈二尺。围大一尺。斗盖下樟木牛头车耳一个。长三尺五寸。宽一尺二寸。厚三寸。做水仙门柱。百子舨。车耳。每折见方尺四十尺。用舰匠一工。板八十尺。用舰匠一工。百子钉缝凑长四丈八尺。每丈用长六寸钉三十个。缝凑长九丈六尺。共核用围大二尺五寸。净长三丈六尺中吉木四尺。围大三尺五寸木段四尺七寸。围大一尺樟木极四丈八尺八寸。宽一尺五寸。厚三寸樟木枋二尺八寸八分。长六寸钉一百四十四个。灰九斤十两。桐油三斤十三两四钱。网纱三斤九两六钱。竹丝三斤九两六钱。舰匠二工一分六钱。锯匠二分八厘。舱匠一工三分七厘。舂灰夫三分四厘。

大桅座一块。长八尺。见方二尺四寸。头桅座一块。长五尺六寸。围大四尺六寸。做净每折见方尺三十尺。用舰匠一工。共核用见方二尺四寸。长八尺二寸樟木一块。围大四尺六寸。长五尺八寸樟木一段。舰匠三工四分二厘。

大鹿耳二块。各长一丈二尺。宽二尺二寸。厚一尺一寸。头鹿耳二块。各长九尺八寸。宽一尺八寸。厚八寸。硬木棍鹿耳夹二根。各长一丈三尺。围大八寸。柯枸木目里鞋一块。长三尺。宽一尺。厚三寸。做净每折见方尺四十尺。用舰匠一工。共核用宽二尺二寸。厚一尺一寸。长一丈二尺二寸樟木二块。宽一尺八寸。厚八寸。长一丈樟木二块。宽一尺。厚三寸柯枸木枋三尺一寸。围大八寸。长一丈三尺硬木棍二根。舰匠七工二分二厘。

大桅一根。长六丈。围大四尺五寸。头桅一根。长五丈。围大四尺三寸。做净每折见方尺四十尺。用舰匠一工。共核用围大四尺五寸。长六丈桅木一根。围大四尺三寸。长五丈桅木一根。舰匠十二工一分三厘。

桅尾用柯枸木马面三块。各长三丈五尺。宽一尺五寸。厚三寸。樟木大。小桅笠。共长二尺。宽一尺二寸。大桅琵琶一块。长三尺。宽一尺。头桅琵琶一块。长二尺。宽六寸。均厚三寸。中吉木大桅伫一根。长一丈一尺。围大二尺二寸。高洋木头桅伫一根。长八尺。围大一尺三寸。马面。做净每折见方尺八十尺。用舰匠一工。桅伫。琵琶四十尺。用舰匠一工。马面钉缝凑长七丈。每丈用六寸钉二十个。共核用宽一尺五寸。厚三寸柯枸木枋七丈四寸。宽一尺五寸。厚三寸樟木枋四尺六寸七分。围大二尺五寸。净长三丈六尺中吉木一丈一尺。围大一尺六寸。净长二丈八尺高洋木八尺。长六寸钉一百四十个。舰匠四工四分五厘。

大风篷一扇。长四丈八尺。宽二丈六尺。头风篷一扇。长二丈四尺。宽一丈四尺。大篷担二根。各长二丈六尺。头篷担二根。各长一丈四尺。均围大一尺七寸。做净每折见方四十尺。用舰匠一工。共核用宽二丈六尺。长四丈八尺风篷一扇。宽一丈四尺。长二丈四尺风篷一扇。围大二尺。净长三丈二尺浮溪木二根一丈六尺。舰匠三工四分。

大。小篷匙二块。凑长一丈。大。小篷踏二块。凑长一丈四尺。大。小目里二块。凑长一丈四尺。均宽一尺五寸。厚三寸。做净每折见方尺四十尺。用舰匠一工。共核用宽一尺五寸。厚三寸樟木枋三丈九尺。舰匠三工四分二厘。

大。小蓬架用木段横梁二根。各长一丈四尺。架柱二根。大小篷架针八根。各长七尺。均宽一尺。厚八寸。做净每折见方尺三十二尺。用舰匠一工。共核用围大三尺五寸木段十丈四寸。舰匠十一工三厘。锯匠二工五分二厘。

大蓬车员用中吉木一根。长一丈二尺。椗车员一根。长一丈。均围大二尺二寸。高洋木车脚斜板八块。各长八尺。宽四寸。厚二寸。硬木车子棍二十五根。各长一丈三尺。围大八寸。车员。做净每折见方尺三十二尺。用舰匠一工。车脚板八十尺。用舰匠一工。共核用围大二尺五寸。净长三丈六尺中吉木二丈二尺。围大一尺六寸。净长二丈八尺高洋木一根四尺。围大八寸。长一丈三尺硬木棍二十五根。舰匠二工四分七厘。锯匠五分五厘。

水柜用樟木牛头八块。各长四尺五寸。宽一尺五寸。厚三寸。木段水柜柱四根。各长四尺六寸。围大三尺二寸。水柜板二十四块。各长四尺六寸。宽八寸。厚二寸五分。水柜柱。牛头。做净每折见方尺四十尺。用舰匠一工。水柜板八十尺。用舰匠一工。水柜柱每根用长六寸钉二十个。牛头钉缝凑长三丈六尺。每丈用长六寸钉三十个。水柜板钉缝凑长十一丈四寸。每丈用长五寸钉三十个。舱缝凑长三十二丈九尺六寸。共核用宽一尺五寸。厚三寸樟木枋三丈六尺八寸。围大三尺五寸木段四丈七尺。长六寸钉一百八十八个。长五寸钉三百三十一个。灰三十二斤十五两。桐油十三斤二两九钱。网纱十二斤五两八钱。竹丝十二斤五两八钱。舰匠七工六分一厘。锯匠一工六分六厘。舱匠四工七分一厘。舂灰夫一名一分五厘。

妈祖龛用杉木板十块。凑长二十九丈。宽六寸。厚一寸。高洋木妈祖旗杆一根。长二丈。围大一尺三寸。旗杆做净每折见方尺四十尺。用舰匠一工。龛板八十尺。用舰匠一工。钉缝凑长二十九丈。每丈用长四寸钉三十个。舱缝凑长五十八丈。共核用宽六寸。厚一寸杉木板二十九丈二尺。围大一尺六寸。净长二丈八尺高洋木二丈。长四寸钉八百七十个。灰五十八斤。桐油二十三斤三两二钱。网纱二十一斤十二两。竹丝二十一斤十二两。舰匠五工七分三厘。舱匠八工二分三厘。舂灰夫二名三厘。

船面两旁。炮架六个并盖。每个用长四尺六寸。宽八寸。厚二寸五分木段板四块。做净每折见方尺八十尺。用舰匠一工。共核用围大三尺五寸木段二丈八尺二寸。舰匠二工九分。锯匠一工六分六厘。

船头用中吉木槌一枝。长三丈二尺。围大二尺二寸。樟木橹尖二个。各长一尺五寸。宽八寸。厚三寸。做净每折见方尺四十尺。用舰匠一工。共核用围大二尺五寸。长三丈六尺中吉木三丈二尺。宽一尺五寸。厚三寸樟木枋一尺七寸一分。舰匠一工九分三厘。

船尾舵一门。用楮木舵栏一根。长一丈八尺。宽一尺四寸。厚八寸。舵闪板三块。长一丈四尺。凑宽一尺九寸八分。用宽五寸八分。厚二寸五分中吉木板四丈七尺七寸九分。樟木极舵夹八块。各长四尺。围大一尺。硬木棍舵牙扼二根。各长一丈三尺。围大八寸。舵栏。做净每折见方尺三十尺。用舰匠一工。舵夹。舵牙四十尺。用舰匠一工。舵闪板八十尺。用舰匠一工。舵夹钉缝凑长三丈二尺。每丈用长八寸钉五十个。舵夹。舵闪板艌缝凑长十五丈九尺五寸八分。共核用宽一尺四寸。厚八寸。长一丈八尺二寸楮木一块。围大二尺五寸。净长三丈六尺中吉木一丈五尺九寸三分。围大一尺樟木极三丈二尺八寸。围大八寸。长一丈三尺硬木棍二根。长八寸钉一百六十个。灰十五斤十五两。桐油六斤六两一钱。竹丝五斤十五两七钱。网纱五斤十五两七钱。舰匠四工九分五厘。锯匠五分七厘。艌匠二工二分八厘。舂灰夫五分六厘。

跟随战船舢板船用柯栒木龙骨一根。长一丈四尺。托浪板二块。各长五尺。均宽一尺。厚三寸。水底两旁板十块。长一丈五尺五寸。凑宽五尺三寸。艕板六块。长一丈七尺。凑宽三尺一寸八分。用宽五寸。厚二寸浮溪木板二十七丈二尺四寸二分。龙骨做净每折见方尺四十尺。用舰匠一工。托浪等板八十尺。用舰匠一工。龙骨用长六寸钉十二个。托浪板。水底板。艕板钉缝凑长二十八丈二尺四寸二分。每丈用长五寸钉三十个。托浪板。水底板。艕板艌缝凑长五十六丈四尺八寸四分。共核用宽一尺。厚三寸柯栒木枋二丈四尺四寸。围大二尺。净长三丈二尺浮溪木二根三丈一寸四分。长六寸钉十二个。长五寸钉八百四十七个。灰五十六斤八两。桐油二十二斤九两五钱。网纱二十一斤二两九钱。竹丝二十一斤二两九钱。舰匠六工。锯匠二工七分二厘。艌匠八工七厘。舂灰夫一名九分八厘。

舢板船两旁水蛇二块。各长一丈六尺五寸。艕上压板二块。各长一丈七尺。头尾添换水戗二块。各长七尺。均宽五寸。厚二寸。做净每折见方尺八十尺。用舰匠一工。水蛇钉缝凑长三丈三尺。每四尺用长八寸钉三个。压板。水戗钉缝凑长四丈八尺。每丈用长五寸钉三十个。缝凑长十六丈二尺。共核用围大二尺。净长三丈二尺浮溪木二丈七尺。长八寸钉二十五个。长五寸钉一百四十四个。灰十六斤三两。桐油六斤七两七钱。网纱六斤一两二钱。竹丝六斤一两二钱。舰匠一工四分二厘。锯匠八分一厘。艌匠二工三分一厘。舂灰夫五分七厘。

舢板船用樟木梁座六块。各长五尺四寸。梁头二块。各长五尺。均宽一尺五寸。厚三寸。樟极舢板梁四块。各长四尺四寸。牛头仔极十二块。各长二尺。冲天极二块。百子舱四块。艕艒六块。各长二尺五寸。均围大一尺。舢板梁。各极。做净每折见方尺四十尺。用舰匠一工。梁座。梁头八十尺。用舰匠一工。梁座。梁头。舢板梁。百子舱钉缝凑长七丈。每丈用长六寸钉三十个。牛头极。冲天极。艕艒。每块用长六寸钉二个。

梁座。梁头。舢板梁。冲天极。百子舱。艕艒缝凑长十八丈。共核用宽一尺五寸。厚三寸樟木枋四丈三尺八寸。围大一尺樟木极七丈四尺四寸。长六寸钉二百五十个。灰十八斤。桐油七斤三两二钱。网纱六斤十二两。竹丝六斤十二两。舰匠三工七分。艌匠二工五分七厘。舂灰夫六分三厘。

大桅铁箍九个。各长四尺六寸。头桅箍二个。舵头箍三个。各长四尺四寸。俱宽二寸。厚五分。椗齿三个。各长一尺。宽七寸。厚五分。橹箍四个。各长二尺七寸。宽一寸。厚三分。铁环四个。各围大六寸。以上铁料。共净重一百七十斤。每正铁一斤。加耗铁一斤。每正铁五斤。用铁匠一工。每正。耗铁一斤。用炭三斤。共核用生铁三百五十四斤。炭一千六十二斤。铁匠三十五工四分。

油画前船。共用乌烟三斤五两。广红五斤。铜碌四两。京红四两。南粉二斤。银朱一两。雌黄四两。蓝粉四两。杭粉一两。水胶六两。松香八两。墨二块。桐油四斤。淡底一斤。油画匠十工。

麻大桅繂索二条。各长七丈二尺。大六寸。头桅繂索二条。各长六丈。大四寸。大踏索二条。各长六丈。大四寸五分。小踏索二条。各长五丈。大二寸。大缭母一条。长四丈。大六寸。小缭母一条。长二丈四尺。大三寸六分。大帮衬六条。各长一丈六尺。大二寸。小帮衬九条。各长五尺。大一寸五分。

以上麻索。共重三百六十斤。每百斤用绳匠三工六分。共核用麻三百六十斤。绳匠十二工九分六厘。

棕正椗索一条。长四十二丈。大七寸。副椗索一条。长四十丈。大六寸。大篷筋一条。长六丈。大一寸八分。小篷筋一条。长三丈。大一寸。缭仔。缭耳共十八条。各长二丈。大二寸。椗奴二条。各长一丈五尺。大六寸。大。小摘尾二条。共长十二丈。大四寸五分。舵吊一条。长三丈。大五寸五分。以上棕绳。共重三百八十斤。每撕棕四十斤。用匠一工。成绳四十斤。用匠一工。共核用棕三百八十斤。撕棕匠九工五分。成绳匠九工五分。

冲风旗一面。长。宽各一丈六尺。一条龙旗一面。长六丈。宽三尺。妈祖旗一面。长。宽各五尺。大。小定风旗三面。内一面长六尺。二面各长四尺五寸。均宽一尺。共核用幅宽一尺色布五十丈。苎线十两。裁缝匠五工。

车椗二门。齿全。各长一丈八尺。宽一尺。厚六寸。

中橹二枝。各长四丈二尺。宽八寸。厚五寸。

舢板橹一枝。长二丈五尺。宽七寸。厚四寸。

大。小桅饼七个。

大。小无底升四百个。

椗舵上配用竹绳。草绳。共用竹篾三百六十斤。绳匠十二工九分六厘。草心三百四十二斤。绳匠八工五分五厘。

【查原送成规内开。打造竹绳。草绳所用匠工。多寡不齐。今照棕。麻绳索用工之例一律核定。】

篷上配用大小缭毬。摄子。兔耳。共用槵藤二十三斤。藤匠四工六分。

刻字用。刻字匠三工。

竖大。小桅用。壮夫三十五名。

前船共用大小铁钉一万七千八百八十六个。刷抹钉头每百个用桐油六两四钱。灰一斤。每油灰十斤。用艌匠一工。共核用桐油七十一斤八两七钱。灰一百七十八斤十四两。艌匠二十五工四厘。舂灰夫六名二分六厘。

前船共用舰匠三百四十一工一分五厘。系照杉。木植核定。内有樟。柯等硬料用匠八十七工八分二厘。每工外加匠二分。计加匠十七工五分六厘。共匠三百五十八工七分一厘。每百工加安装匠十工。计安装匠三十五工八分七厘。每舰匠。安装匠一百工加随匠壮夫二十名。计壮夫七十八名九分二厘。

以上折造前船。共用。

宽一尺。厚八寸松木五丈六尺六寸【每丈银四钱一分四厘】。计银二两三钱四分三厘。

【查原送成规内开。松木按依十六则丈尺计算。每丈核银四钱八分一厘至三钱四分一厘不等。多寡参差。均匀计算。每丈需银四钱一分四厘。今照四钱一分四厘之数一律核定。】

围大三尺二寸。净长四丈二尺大吉木十七根一丈四尺【每根银二两七钱】。计银四十六两八钱。

【查原送成规内开。大吉木十六根。今按丈尺做法核算。应增一根一丈四尺。】

围大二尺五寸。净长三尺六寸中吉木十七根一丈八尺五寸五分【每根银一两五钱】。计银二十六两二钱七分三厘。

【查原送成规内开。中吉木十六根。今按丈尺做法核算。应增一根一丈八尺五寸五分。】

围大二尺。净长二尺浮溪木十五根一丈三寸五分【每根银五钱】。计银七两六钱六分二厘。

【查原送成规内开。浮溪木十六根。今按丈尺做法核算。应减二丈一尺六寸五分。】

围大一尺六寸。净长二丈八尺高洋木十五根四尺【每根银二钱】。计银三两二分九厘。

【查原送成规内开。高洋木十六根。今按丈尺做法核算。应减二丈四尺。】

围大三尺五寸木段五十一丈七尺五寸。核长一丈四尺段料三十六根一丈三尺五寸【海根银六钱】。计银二十二两一钱七分九厘。

【查原送成规内开。木段四十根。今按丈尺做法核算。应减三根五寸。】

宽一尺五寸。厚三寸樟木枋四十九丈一尺一寸七分。核长一丈七尺枋料二十八块一丈五尺一寸七分【每块银一两三钱】。计银三十七两五钱六分。

【查原送成规内开。樟枋二十七块。今按丈尺做法核算。应增一块一丈五尺一寸七分。】

宽一尺。厚三寸。长六尺樟板四块【每块银三钱四分二厘】。计银一两三钱六分八厘。

【查原送成规内开。樟木枋梁座。梁头。一则至十七则各长一丈七尺。宽一尺五寸。厚三寸。每块银一两三钱。托浪樟木板。第一则长六尺五寸。宽一尺。厚三寸。每块开银五钱。第二则至十七则各长八尺。宽一尺。厚三寸。每块亦开银五钱。价值参差。今俱照梁座。梁头之价一律核定。】

宽一尺二寸。厚三寸松木枋六十二丈三尺。核长一丈七尺枋料三十六块一丈一尺【每块银三钱五分】。计银十二两八钱二分六厘。

【查原送成规内开。松枋三十六块。今按丈尺做法核算。应增一丈一尺。】

围大一尺樟木极五十二丈九尺八寸。核长一丈二尺樟极四十四块一尺八寸【每块银二钱】。计银八两八钱三分。

【查原送成规内开。樟极四十四块。今按丈尺做法核算。应增一尺八寸。】

宽一尺五寸。厚三寸柯栂木枋七丈四寸【每丈银五钱七分一厘五毫】。计银四两二分三厘。

宽一尺。厚三寸柯栂木枋四丈九尺九寸【每丈银三钱八分一厘】。计银一两九钱一厘。

【查原送成规内开。柯栂木马面。一则至十七则各长三丈五尺。宽一尺五寸。厚三寸。每块开银二两。软筋及舢板龙骨等料。一则至五则各长二丈五尺。宽一尺。厚三寸。每块开银一两。六则至十七则各长三丈五尺。宽一尺。厚三寸。每块开银二两。价值参差。今俱照马面之价一律核定。】

围大八寸。长一丈三尺硬木棍四十根【每根银八分】。计银三两二钱。

宽六寸。厚一寸杉木板二十九丈二尺【每丈银四钱】。计银十一两六钱八分。

围大七尺。长一丈八尺五寸樟木一根。计银七两九分八厘。

围大五尺三寸。长一丈五尺五寸樟木一根。计银三两四钱九厘。

见方二尺四寸。长八尺二寸樟木一块。计银四两四钱三分八厘。

围大四尺六寸。长五尺八寸樟木一段。计银九钱六分。

宽二尺一寸。厚八寸。长一丈七尺二寸樟木一块。计银二两七钱一分四厘。

围大七尺五寸。长七尺七寸樟木一段。计银三两三钱九分一厘。

宽二尺二寸。厚一尺一寸。长一丈二尺二寸樟木二块【每块银二两七钱七分三厘】。计银五两五钱四分六厘。

宽一尺八寸。厚八寸。长一丈樟木二块【每块银一两三钱五分三厘】。计银二两七钱六厘。

宽二尺。厚九寸五分。长一丈六尺二寸樟木二块【每块银二两八钱九分二厘】。计银五两七钱八分四厘。

围大四尺七寸。长一丈五尺五寸樟木一根。计银二两六钱八分一厘。

宽一尺二寸。厚六寸。长一丈八尺二寸樟木一块。计银一两二钱三分一厘。

宽二尺四寸。厚六寸。长七尺七寸樟木一块。计银一两四分二厘。

【查原送成规内开。一则至十七则。每则用樟木含檀等料十二款。所开价值逐款核计。俱属参差。均匀计算。每折见方一尺需银九分三厘九毫八丝。今照九分三厘九毫六丝之数一律核定。】

宽一尺四寸。厚八寸。长一丈八尺二寸槠木一根。计银十六两。

围大四尺五寸。长六丈桅木一根。计银二十三两。

围大四尺三寸。长五丈桅木一根。计银七两。

长一尺钉三百五十三个。每二个重一斤。计重一百七十六斤八两。长八寸钉二百六十一个。每五个重一斤。计重五十二斤三两二钱。长六寸钉九千四百七十八个。每十五个重一斤。计重六百三十一斤十三两九钱。长五寸钉六千九百六个。每二十个重一斤。计重三百四十五斤四两八钱。长四寸钉八百八十八个。每三十个重一斤。计重二十九斤九两六钱。以上铁钉。共重一千二百三十五斤七两五钱。除选用旧钉四百六十九斤七两五钱。添新七百六十六斤【每斤银二分二厘】。计银十六两八钱五分二厘。

灰一千三百七十二斤十五两【每百斤银二钱】。计银二两七钱四分六厘。

桐油五百五十三斤二两九钱【每斤银三分】。计银十六两五钱九分五厘。

网纱四百四十七斤十二两六钱【每斤银一分二厘】。计银五两三钱七分三厘。

竹丝四百四十七斤十二两六钱【每斤银六厘】。计银二两六钱八分七厘。

生铁三百五十四斤【每斤银一分】。计银三两五钱四分。

炭一千六十二斤【每百斤银一钱六分】。计银一两六钱九分九厘。

乌烟三斤五两【每斤银一分五厘】。计银五分。

广红五斤【每斤银五分】。计银二钱五分。

铜碌四两【每斤银三钱】。计银七分五厘。

京红四两【每斤银八分】。计银二分。

南粉二斤【每斤银一分】。计银二分。

银朱一两【每斤银六钱四分】。计银四分。

膙黄四两【每斤银二钱】。计银五分。

蓝粉四两【每斤银八分】。计银二分。

杭粉一两【每斤银一钱六分】。计银一分。

水胶六两【每斤银四分】。计银一分五厘。

松香八两【每斤银二分】。计银一分。

墨二块【每块银一分】。计银二分。

淡底一斤。计银五分。

麻三百六十斤【每斤银一分五厘】。计银五两四钱。

棕三百八十斤【每斤银三分】。计银十一两四钱。

幅宽一尺色布五十丈【每丈银一钱】。计银五两。

苎线十两【每斤银一钱二分】。计银七分五厘。

椗二门。齿全。各长一丈八尺。宽一尺。厚六寸【每门银一两一钱二分七厘】。计银二两二钱五分四厘。

【查原送成规内开。木椗。一则至五则每门银一两五钱。六则至十七则每门银一两六钱。所开丈尺。第一。第二。第三。第五四则每门长一丈八尺。宽一尺。厚六寸。第四则长一丈八尺。宽一尺二寸。厚六寸。第六。第八。第十。第十一。第十四五则长二丈一尺。宽一尺二寸。厚六寸。第七则长二丈一尺。宽一尺三寸。厚六寸。第十二则长二丈一尺。宽一尺。厚六寸。第九。第十三。第十六。第十七四则各长二丈一尺。宽一尺二寸。厚八寸。俱未按则分配。价值亦复参差。今按册开丈尺。则之大小。斟酌核定一则至五则每门长一丈八尺。宽一尺。厚六寸。六则至十二则长二丈一尺。宽一尺二寸。厚六寸。十三则至十七则长二丈一尺。宽一尺二寸。厚八寸。价值照依木料长。宽丈尺均匀计算。每折见方一尺需银一钱四厘四毫之数一律核定。】

橹二枝。各长四丈二尺。宽八寸。厚五寸【每枝银一两七钱一分三厘】。计银三两四钱二分六厘。

舢板橹一枝。长二丈五尺。宽七寸。厚四寸。计银三钱二分一厘。

【查原送成规内开。中橹。一则至五则长四丈二尺。宽八寸。厚五寸。每枝银一两四钱。六则至十七则长四丈八尺。宽八寸。厚五寸。每枝银二两一钱。舢板橹。一则至三则长二丈五尺。宽七寸。厚四寸。每枝银二钱。四则至十七则长二丈九尺。宽七寸。厚四寸。每枝银四钱。价值参差。均匀核计。中橹每丈需银四钱七厘八毫。舢板橹每丈需银一钱二分八厘五毫。今照此数一律核定。】

大风篷一扇。长四丈八尺。宽二丈六尺。计银三两八钱九分一厘。

头风篷一扇。长二丈四尺。宽一丈四尺。计银一两四分八厘。

【查原送成规内开。一则至十七则。大篷每扇银五两五钱。头篷每扇银一两五钱。所开丈尺。大篷长自四丈八尺至七丈。宽自二丈六尺至三丈三尺不等。头篷长自二丈四尺至三丈五尺。宽自一丈四尺至一丈六尺五寸不等。俱属参差。均匀核计。每折见方一丈需银三钱一分一厘八毫。今照三钱一分一厘八毫之数分别核定。】

大。小桅饼七个【每个银七分】。计银四钱九分。

大。小无底升四百个【每百个银八分】。计银三钱二分。

竹篾三百六十斤【每百斤银一钱六分】。计五钱七分六厘。

草心三百四十二斤【每百斤银七分】。计银二钱三分九厘。

槐藤二十三斤【每斤银二分五厘】。计银五钱七分五厘。

舰匠三百五十八工七分一厘。安装匠三十五工八分七厘。锯匠八十工六分四厘。舱匠一百九十五工六分三厘。铁匠三十五工四分。油画匠十工。绳匠三十四工四分七厘。棕匠十九工。裁缝匠五工。藤匠四工六分。刻字匠三工。壮夫一百六十一名九分九厘。以上匠夫共九百四十四工三分一厘【每工银五分】。计银四十七两二钱一分六厘。

又置备物件开后。

水桶二十件【每件银三分】。计银六钱。

铁锅二口换新【每口贴工料银一钱二分】。计银二钱四分。

鼓一面修理换皮。计银四钱八分。

金一面【重四斤】换新【每斤贴工料银七分】。计银二钱八分。

以上拆造前船成规内开。共需工料银四百十一两七钱一分三厘四毫。内部价银一百九十六两五分四厘。加八津贴并另加三分银二百十五两六钱五分九厘四毫。台厂拆造加一运费。再加加一运费共银三十九两二钱一分八毫。今按条查核。应用一切工料有与丈尺做法相符者。照依原定成规分晰开载。有多寡参差者。分别增减更正。计节减工料银一两八分六厘四毫。台厂运费银一钱三厘八毫。需用工料银四百十两六钱二分七厘。内部价银一百九十五两五钱三分七厘。加八津贴并另加三分银二百十五两九分。台厂加运费银三十九两一钱七厘。行令该抚于前船届应拆造之期。委员先行确勘。如有应行节省。同前节减银两一并据实核明。在于应领银内扣除。

其拆下旧料。成规内估变银十八两。恭查乾隆三十三年五月内。奉上谕。前据工部核驳熊学鹏估变裁汰船只一本。阅其情节。显系承办之员以多报少。希图染指分肥。当经传谕永德另委妥员确实估报。今据该抚覆奏。果有宁绍台道方桂弊混情节。折参革职审拟。并请定例。凡限满拆造船只。不得仍循部定估变成规。逐案委员据实确勘。报部变价等语。所办甚是。已如所议行矣。此等船只。俱系动用官帑修造。每只不下数千金。即经历年久拆卸变价。亦何至每只仅止数十金之少。其为官吏欺公肥橐。不问可知。今浙省明验如此。则其余各省已可概见。著将通谕各督。抚。提。镇等。嗣后遇有届限应行拆造船只。悉照浙省所办。严饬各属悉心确估变价。务使物料皆归实用。而帑项不致虚縻。毋任稍有中饱侵渔。自干咎戾。著为令。折并发。钦此。嗣后限满拆造船只旧料变价。该省督。抚钦遵谕旨。逐案委员据实确估变价扣底报部查核。

至前船大。小修理成规内开。大修共需工料银二百八十一两三钱六分五厘。内部价银一百二十七两八钱九分三厘。加九津贴并另加三分银一百五十三两四钱七分二厘。台厂加二运费银二十五两五钱七分九厘。小修共需工料银二百一两九钱一分五厘。内部价银八十七两七钱八分九厘。加十津贴并另加三分银一百十四两一钱二分六厘。台厂加二运费银十七两五钱五分八厘。其一切匠工物料。应令按依应修处所丈尺做法。均照拆造之例逐款核明开报请销。以归画一。

其余缯船四只。长。宽丈尺稍有不符。所用料工原旧成规内开。均属相同。嗣后届应拆造。大小修之年。俱令照此一律造报。

再查外海战船各省成规。除开载拆造工料。银两数目之外。并将每船大修。小修每次应用工料及部价津贴银两数目逐款分注。即如前船。每次大。小修成规内开。某项物料朽烂应换需用银若干。某项器具损坏应添需用银若干。其大修一次共需用银若干。内部价银若干。津贴银若干。小修一次共需用银若干。津贴银若干。其额定银两原以各船大。小限期年分相同。所需工料银两亦不至大相悬殊。若不定以成数。恐启不肖员弁借端张大。浮冒开销之弊。但查船只应行修换处所。原应按照各项器物实在朽损丈尺名目据实更换。或今次修换。下次尚属坚固。或今次未修。下次朽坏不堪。情形非一。工料自不能一律相同。若预行拟定。不特胶柱鼓瑟。徒属拘泥。且恐假借请销。愈滋弊混。恭查乾隆二十六年十二月内。钦奉上谕。阿尔泰奏登州镇南汛二。五两号战船及东汛七号艍船现届拆造之年。验明船板钉锔尚属坚固。毋庸拆造。应请大修一次等语。甚得核实办公之道。向来各省修造船只。徒循大。小修及拆造例限。初不问其实在应行修造与否。在承办者利于开销。而上官亦但知岁月相符。并不悉心查勘。此皆故套相沿。于公事视同膜外。最为恶习。前此已传谕各省矣。今阿尔泰能力破流弊。加意厘正。洵可为各省法式。著将此折抄寄各该督。抚。将军等。令其一体实力查验。照此办理。毋任稍有冒滥。致滋弊窦。仍令每次具折奏闻。钦此。自钦奉谕旨之后。各省战船有届应修造。勘明船身尚属坚固。奏请缓修者。有拆造改为大修。大修改为小修。并于应行修造项下撙节办理者。现在各省修造船只一应节省银两。俱专折奏报。年底造册报部。工部汇总开单咨送军机处查核奏闻。俾使工归实用。帑不虚縻。所有各省船只。除拆造工料系按依做法核定。自应查照各省送到册籍删繁增简。厘定条规遵照办理外。其大修。小修应用工料银两。将原定核数附载各船拆造工料册后。以备稽查。毋庸逐款定拟。嗣后各省督。抚凡有委员勘明实应大修。小修船只。饬令承办之员将应行修换物料丈尺。器具名目确查呈报。由各该督。抚派员验修。工竣核实报销。总不得有逾额定银数。其有额内节省及木植铁料等项变价银两。一并据实确查。在于应领银内扣除。仍将节省银两汇入各船改修。缓修节省等银案内。分别具奏。年底汇册报部。咨送军机处查核办理。

卷二

福建省外海战船做法

第二则赶缯船。二只。内淡水营波字二号船一只。身长五丈四尺。头起翫四尺五寸。尾起翫三尺二寸。船头长二丈。面匀宽一丈三寸。底匀宽八尺八寸。船中长一丈七尺。面匀宽一丈五尺七寸。底匀宽一丈九寸。船尾长一丈七尺。面匀宽一丈五尺三寸。底匀宽一丈九寸。两边舨长五丈九尺四寸。计十六舱。深五尺三寸四分。

今将拆造前船需用工料。价值细数开后。计开。

船底松木龙骨一道。计三节。船头一节。长一丈四尺。船中一节。连交接匙头长三丈。船尾一节。长一丈。共凑长五丈四尺。均宽一尺。厚八寸。做净每折见方尺二十尺。用舰匠一工。交接匙头二处。每处用长一尺钉八个。又。每边用长六寸钉十二个。共核用宽一尺。厚八寸松木枋五丈四尺六寸。

【查成规内开。大吉。中吉。浮溪。高洋四项木植。俱截去梢尖。作栏杆。灶柜。签子。木牌等项之用。其本身木料毋庸另加长荒外。一切枋段各料有截去一二尺至三五尺不等者。亦有未加长荒者。参差不一。今将枋段各料每件长五尺以内者加长荒一寸。五尺以外者加长荒二寸。圆径樟木长一丈以内者每根加长荒二寸。长一丈以外者每根加长荒五寸一律核定。】

长一尺钉十六个。长六寸钉二十四个。舰匠九工七分二厘。

船底板。连起翫长五丈四尺。内船底匀宽一丈五寸。两站各匀高六尺三寸七分。用长四丈二尺。宽八寸。厚三寸大吉木板三十九块。做净每折见方尺八十尺。用舰匠一工。锯板折宽一尺。长七丈。用锯匠一工【以下锯板用工仿此】。钉缝凑长一百六十三丈八尺。每丈用长六寸钉三十个。艌缝凑长三百二十七丈六尺。每丈用灰一斤。桐油六两四钱。网纱竹丝各六两。每七丈。用艌匠一工。舂制油灰。每四十斤用舂灰夫一名【以下艌缝用工。用料仿此】。共核用围大三尺二寸。净长四丈二尺大吉木十三根。

长六寸钉四千九百十四个。灰三百二十七斤十两。桐油一百三十一斤六钱。网纱一百二十二斤十三两六钱。竹丝一百二十二斤十三两六钱。舰匠四十五工五厘。锯匠二十五工七分四厘。艌匠四十六工八分。舂灰夫十一名四分七厘。

各舱内抽换樟木梁座十八块。内。船头七块。凑长七丈二尺一寸。船中七块。凑长十丈九尺九寸。船尾四块。凑长六丈一尺二寸。舱梁十一块。内。船头四块。凑长四丈一尺二寸。船中四块。凑长六丈二尺八寸。船尾三块。凑长四丈五尺九寸。均宽一尺五寸。厚三寸。松木梁头二十八块。凑长四十二丈八尺。宽一尺二寸。厚三寸。硬木棍木稳吊九根。各长一丈三尺。围大八寸。梁座。梁头做净每折见方尺八十尺。用舰匠一工。稳吊四十尺。用舰匠一工。钉缝凑长九十三丈八尺一寸。每丈用长六寸钉三十个。艌缝凑长一百八十七丈六尺二寸。共核用宽一尺五寸。厚三寸樟木枋三十九丈八尺九寸。宽一尺二寸。厚三寸松木枋四十三丈三尺六寸。围大八寸。长一丈三尺硬木棍九根。长六寸钉二千八百十四个。灰一百八十七斤十两。桐油七十五斤八钱。网纱七十斤五两七钱。竹丝七十斤五两七钱。舰匠三十六工八厘。艌匠二十六工八分。舂灰夫六名五分七厘。

各舱添换樟木极三十二块。内。船头八块。船中八)块。船尾六块。各长一丈二尺。官厅极二块。各长九尺五寸。鳅鱼极二块。各长七尺。尾堵里极二块。各长六尺五寸。转水极二块。一仔舨极二块。各长六尺。均围大一尺。做净每折见方尺四十尺。用舰匠一工。每块用长六寸钉二个。艌缝凑长六十六丈八尺。共核用围大一尺樟木极三十四丈四寸。长六寸钉六十四个。灰六十六斤十三两。桐油二十六斤十一两五钱。网纱二十五斤八钱。竹丝二十五斤八钱。舰匠八工三分五厘。艌匠九工五分四厘。舂灰夫二名三分四厘。

船身两旁走马二条。水蛇二条抽换。各长四丈二尺。宽八寸。厚四寸。做净每折见方尺四十尺。用舰匠一工。走马钉缝凑长八丈四尺。每丈用长一尺钉三十个。水蛇钉缝凑长八丈四尺。每四尺用长一尺钉三个。艌缝凑长三十三丈六尺。共核用围大三尺二寸。净长四丈二尺大吉木二根。长一尺钉三百十五个。灰三十三斤十两。桐油十三斤七两。网纱十二斤九两六钱。竹丝十二斤九两六钱。舰匠十工八厘。锯匠二工八分八厘。艌匠四工八分。舂灰夫一名一分八厘。

船面两旁鹼板。长五丈四尺。凑宽一丈三寸抽换。用长四丈二尺。宽八寸。厚三寸大吉木板十五块。做净每折见方尺八十尺。用舰匠一工。钉缝凑长六十三丈。每丈用长六寸钉三十个。艌缝凑长一百二十六丈。共核用围大三尺二寸。净长四丈二尺大吉木五根。长六寸钉一千八百九十个。灰一百二十六斤。桐油五十斤六两四钱。网纱四十七斤四两。竹丝四十七斤四两。舰匠十七工三分三厘。锯匠九工九分。艌匠十八工。舂灰夫四名四分一厘。

两旁舨板各长五丈九尺四寸。高七尺添换。用长三丈六尺。宽五寸八分。厚二寸五分中吉木板二十六块。两旁添换浮溪木舨柱九根。各长七尺。围大一尺七寸。舨板做净每折见方尺八十尺。用舰匠一工。柱四十尺。用舰匠一工。舨板钉缝凑长九十三丈六尺。每丈用长五寸钉三十个。舨柱钉缝凑长六丈三尺。每丈用长六寸钉三十个。艌缝凑长一百九十九丈八尺。共核用围大二尺五寸。净长三丈六尺中吉木八根二丈四尺。围大二尺。净长三丈二尺浮溪木一根三丈一尺。长六寸钉一百八十九个。长五寸钉二千八百八个。灰一百九十九斤十三两。桐油七十九斤十四两七钱。网纱七十四斤十四两八钱。竹丝七十四斤十四两八钱。舰匠二十二工一分。锯匠十一工一分。艌匠二十八工五分四厘。舂灰夫六名九分九厘【查成规内。舨板未载舨高尺寸。今按舨柱长丈核定】。

两旁舨边换樟木舨斗二块。凑长八尺。宽一尺五寸。厚三寸。樟极舨顭十二块。各长三尺七寸。龙目二个。各长一尺五寸。均围大一尺。做净每折见方尺四十尺。用舰匠一工。舨斗钉缝凑长八尺。每丈用长五寸钉三十个。舨顭每块用长六寸钉二个。龙目每块用长六寸钉六个。艌缝凑长十一丈八寸。共核用宽一尺五寸。厚三寸樟木枋八尺二寸。围大一尺樟木极四丈八尺八寸。长六寸钉三十六个。长五寸钉二十四个。灰十一斤一两。桐油四斤六两九钱。网纱四斤二两五钱。竹丝四斤二两五钱。舰匠一工九分一厘。艌匠一工五分八厘。舂灰夫三分九厘。

舨上前后浮溪木鼠桥板四块。各长一丈五尺五寸。压舨板四块。各长三丈二尺。均宽五寸。厚二寸。两边木段猴袋板四块。各长五尺。宽八寸。厚二寸五分。做净每折见方尺八十尺。用舰匠一工。鼠桥。压板钉缝凑长十九丈。每丈用长五寸钉三十个。压板艌缝凑长二十五丈六尺。共核用围大二尺。净长三丈二尺浮溪木二根。围大三尺五寸木段五尺一寸。长五寸钉五百七十个。灰二十五斤十两。桐油十斤三两八钱。网纱九斤九两六钱。竹丝九斤九两六钱。舰匠三工八分五厘。锯匠二工二分。艌匠三工六分六厘。舂灰夫九分。

两旁笨抽二块。大压二块接换。各长三丈六尺。水戗四块接换。各长一丈八尺。均宽六寸六分。厚三寸五分。做净每折见方尺四十尺。用舰匠一工。钉缝凑长二十一丈六尺。每丈用长六寸钉三十个。艌缝凑长四十三丈二尺。共核用围大二尺五寸。净长三丈六尺中吉木三根。长六寸钉六百四十八个。灰四十三斤三两。桐油十七斤四两五钱。网纱十六斤三两二钱。竹丝十六斤三两二钱。舰匠十工九分一厘。锯匠三工一分二厘。艌匠六工一分七厘。舂灰夫一名五分一厘。

官厅前后用中吉木梁三根。各长一丈四尺。围大二尺二寸。浮溪木柱四根。各长一丈三尺。围大一尺七寸。官厅上用中吉木战柜板三十六块。各长一丈八尺。凑宽二丈三尺七寸六分。用宽五寸八分。厚二寸五分板七十三丈七尺四寸。浮溪木铺板十块。各长九尺。凑宽五尺三寸。战柜楼挑二块。侧板二块。踏板一块。各长一丈三尺。均宽五寸。用宽五寸。厚二寸板十六丈四寸。木段冲天盖板十二块。各长四尺六寸。宽八寸。厚二寸五分。官厅梁。柱做净每折见方尺四十尺。用舰匠一工。楼挑各板八十尺。用舰匠一工。战柜板。冲天盖板钉缝凑长七十九丈二尺六寸。每丈用长五寸钉三十个。艌缝凑长一百五十八丈五尺二寸。共核用围大二尺五寸。净长三丈六尺中吉木七根三丈五尺八寸。围大二尺。净长三丈二尺浮溪木三根九尺五寸。围大三尺五寸木段一丈四尺一寸。长五寸钉二千三百七十八个。灰一百五十八斤八两。桐油六十三斤六两五钱。网纱五十九斤七两一钱。竹丝五十九斤七两一钱。舰匠二十四工八厘。锯匠十一工一分八厘。艌匠二十二工六分五厘。舂灰夫五名五分五厘。

官厅前后通铺五块。各长一丈七尺。坐赛板八块。各长六尺。均宽一尺二寸。厚三寸。做净每折见方尺八十尺。用舰匠一工。通铺板钉缝凑长八丈五尺。每丈用长六寸钉三十个。艌缝凑长十七丈。共核用宽一尺二寸。厚三寸松木枋十三丈五尺六寸。长六寸钉二百五十五个。灰十七斤。桐油六斤十二两八钱。网纱六斤六两。竹丝六斤六两。舰匠四工九分九厘。艌匠二工四分三厘。舂灰夫六分。

官厅两旁用浮溪木猫里墙板十块。各长四尺六寸。凑宽五尺三寸。铺板十块。柜底板十块。各长七尺。凑宽一丈六寸。用宽五寸。厚二寸板十九丈七尺二寸。木段猫里柜上下袱四块。各长七尺。宽八寸。厚四寸。上下袱做净每折见方尺四十尺。用舰匠一工。猫里各板八十尺。用舰匠一工。墙板钉缝凑长四丈八尺七寸六分。每丈用长五寸钉三十个。共核用围大二尺。净长三丈二尺浮溪木二根一尺七寸。围大三尺五寸木段一丈四尺四寸。长五寸钉一百四十六个。舰匠五工一分三厘。锯匠二工四分五厘。

官厅内浮溪木虎头舱门板十块。各长六尺四寸。凑宽五尺三寸。虎头舱铺板八块。柜底板八块。各长七尺。共凑宽八尺四寸八分。用宽五寸。厚二寸板十八丈六尺六寸。做净每折见方尺八十尺。用舰匠一工。虎头舱门板钉缝凑长六丈七尺八寸四分。每丈用长五寸钉三十个。共核用围大二尺。净长三丈二尺浮溪木一根三丈二寸。长五寸钉二百四个。舰匠三工二分七厘。锯匠一工八分七厘。

两旁鰍面战棚板抽换。用长二丈八尺。宽四寸。厚二寸高洋木板二十四块。各舱内铺板。用长三尺。宽四寸。厚一寸高洋木板二百十六块。做净每折见方尺八十尺。用舰匠一工。共核用围大一尺六寸。净长二丈八尺高洋木十八根。舰匠十八工一分八厘。锯匠十工三分九厘。

两旁鰍上鰍牛四块。各长八尺五寸。各舱口扛豆三块。各长一丈七尺。均宽一尺二寸。厚三寸。做净每折见方尺四十尺。用舰匠一工。鰍牛每块用长六寸钉四个。扛豆钉缝凑长五丈一尺。每丈用长六寸钉三十个。艌缝凑长十七丈。共核用宽一尺二寸。厚三寸松木枋八丈六尺四寸。长六寸钉一百六十九个。灰十七斤。桐油六斤十二两八钱。网纱六斤六两。竹丝六斤六两。舰匠六工三分八厘。艌匠二工四分三厘。舂灰夫六分。

各舱盖板。用长四尺六寸。宽八寸。厚二寸五分木段板七十二块。舱盖下大通槽十个。水槽六个。侧槽六个。各长四尺六寸。宽一尺。厚八寸。小通槽八个。各长四尺六寸。见方八寸。舱盖板做净每折见方尺八十尺。用舰匠一工。通槽等槽三十尺。用舰斤一工。舱盖板钉缝凑长三十三丈一尺二寸。每丈用长五寸钉三十个。舱缝凑长六十丈二尺四寸。共核用围大三尺五寸木段二十二丈五尺六寸。长五寸钉九百九十四个。灰六十六斤四两。桐油二十六斤七两九钱。网纱二十四斤十三两四钱。竹丝二十四斤十三两四钱。舰匠二十四工七分六厘。锯匠八工四分一厘。舱匠九工四分六厘。舂灰夫二名三分二厘。

两旁舨边。用高洋木牛栏四根。内。船头二根。各长八尺。船后二根。各长二丈。均围大一尺三寸。做净每折见方尺四十尺。用舰匠一工。共核用围大一尺六寸。净长二丈八尺高洋木二根。舰匠一工八分二厘。

船头斗盖用樟木一块。长一丈五尺。围大四尺七寸。虾箍梁一块。长八尺五寸。宽一尺。斗盖下兔耳一块。长八尺。宽一尺五寸。鹿肚勒一个。长四尺。宽一尺二寸。托浪板四块。各长八尺。宽一尺。俱厚三寸。斗盖。虾箍梁。兔耳。肚鹿勒。做净每折见方尺四十尺。用舰匠一工。托浪板八十尺。用舰匠一工。斗盖用长八寸钉十二个。虾箍梁。托浪板钉缝凑长四丈五寸。每丈用长六寸钉三十个。兔耳。鹿肚勒钉缝凑长一丈二尺。每丈用长五寸钉三十个。虾箍梁。托浪板。兔耳。鹿肚勒舱缝凑长十丈五尺。共核用围大四尺七寸。长一丈五尺五寸樟木一根。宽一尺五寸。厚三寸樟木枋一丈七尺三寸。宽一尺。厚三寸。长八尺二寸樟木板四块。长八寸钉十二个。长六寸钉一百二十二个。长五寸钉三十六个。灰十斤八两。桐油四斤三两二钱。网纱三斤十五两。竹丝三斤十五两。舰匠四工三分八厘。舱匠一工五分。舂灰夫三分七厘。

中含檀一块。长一丈八尺。围大七尺。头含檀一块。长一丈五尺。围大五尺三寸。含檀梁一块。长一丈六尺。头含檀闸一块。长八尺。均宽一尺五寸。厚三寸。做净每折见方尺三十尺。用舰匠一工。含檀梁钉缝凑长一丈六尺。每丈用长六寸钉三十个。含檀。含檀梁舱缝凑长九丈八尺。共核用围大七尺。长一丈八尺五寸樟木一根。围大五尺三寸。长一丈五尺五寸樟木一根。宽一尺五寸。厚三寸樟木枋二丈四尺四寸。长六寸钉四十八个。灰九斤十三两。桐油三斤十四两七钱。网纱三斤十两八钱。竹丝三斤十两八钱。舰匠九工七分三厘。舱匠一工四分。舂灰夫三分四厘。

中转水二块。各长一丈六尺。宽二尺。厚九寸五分。樟极转水鞋二块。各长七尺。围大一尺。做净每折见方四十尺。用舰匠一工。转水每块用长一尺钉二个。转水鞋每块用长六寸钉七个。舱缝凑长九丈二尺。共核用宽二尺。厚九寸五分。长一丈六尺二寸樟木二块。围大一尺樟木极一丈四尺四寸。长一尺钉四个。长六寸钉十四个。灰九斤三两。桐油三斤十两九钱。网纱三斤七两二钱。竹丝三斤七两二钱。舰匠五工七厘。舱匠一工三分一厘。舂灰夫三分二厘。

船尾用浮溪木尾楼舨柱四根。各长四尺。围大一尺七寸。木段拜棚杠四根。各长七尺。围大三尺二寸。拜棚板十六块。各长七尺。宽八寸。厚二寸五分。舨柱。拜棚杠。做净每折见方尺四十尺。用舰匠一工。拜棚板八十尺。用舰匠一工。拜棚板钉缝凑长十一丈二尺。每丈用长五寸钉三十个。舱缝凑长二十二丈四尺。共核用围大二尺。净长三丈二尺浮溪木一丈六尺。围大三尺五寸木段五丈七尺六寸。长五寸钉三百三十六个。灰二十二斤六两。桐油八斤十五两四钱。网纱八斤六两四钱。竹丝八斤六两四钱。舰匠五工八分六厘。锯匠一工六分八厘。舱匠三工二分。舂灰夫七分八厘。

船尾用樟木下金一块。长七尺五寸。围大七尺五寸。缭牛一副。长七尺五寸。宽二尺四寸。厚六寸。尾楼上金一块。长一丈七尺。宽二尺一寸。厚八寸。七星冠一块。长一丈八尺。宽一尺二寸。厚六寸。硬木棍下金拴二根。缭牛臌二根。各长六尺五寸。围大八寸。木段缭牛杠二根。各长七尺。围大三尺二寸。下金。缭牛。上金。七星冠。做净每折见方尺三十尺。用舰匠一工。下金拴。缭牛杠。缭牛杠四十尺。用艋匠一工。下金用长八寸钉十八个。缭牛用长八寸钉二十二个。上金用长一尺钉十八个。缭牛臌钉缝凑长一丈三尺。每丈用长五寸钉三十个。下金舱缝凑长七尺五寸。共核用围大七尺五寸。长七尺七寸樟木一段。宽二尺四寸。厚六寸。长七尺七寸樟木一块。宽二尺一寸。厚八寸。长一丈七尺二寸樟木一块。宽一尺二寸。厚六寸。长一丈八尺二寸樟木一块。围大八寸。长一丈三尺硬木棍二根。围大三尺五寸木段长一丈四尺四寸。长一尺钉十八个。长八寸钉四十个。长五寸钉三十九个。灰十二两。桐油四两八钱。网纱四两五钱。竹丝四两五钱。舰匠十工七分六厘。艌匠一分一厘。舂灰夫三厘。

船尾舵边。用木段硬筋二根。各长一丈四尺。围大三尺二寸。尾楼鲂鱼翅四块。各长七尺。宽一尺。厚四寸。柯枸木软筋二块。各长一丈一尺。宽一尺。厚三寸。做净每折见方尺四十尺。用舰匠一工。硬筋头尾用长六寸钉十二个。共核用围大三尺五寸木段四丈二尺八寸。宽一尺。厚三寸柯枸木二丈二尺四寸。长六寸钉十二个。舰匠五工六分三厘。锯匠五分六厘。

尾楼用浮溪木铺板十块。各长四尺。尾座板四块。各长一丈二尺。舭边寄菜板二块。各长一丈四尺。碗格二块。各长一丈一尺。尾楼挑二块。各长一丈三尺。均宽五寸。厚二寸。做净每折见方尺八十尺。用舰匠一工。尾楼铺板钉缝凑长四丈。每丈用长五寸钉三十个。共核用围大二尺。净长三丈二尺浮溪木一根二丈二尺七寸。长五寸钉一百二十个。舰匠二工八分七厘。锯匠一工六分四厘。

尾楼下用樟木橹通板一块。长一丈二尺。橹门枋一块。橹床二块。各长五尺。均宽一尺五寸。厚三寸。双头蛇一块。长四尺。宽一尺二寸。厚三寸。橹通板做净每折见方尺八十尺。用舰匠一工。橹门枋。橹床。双头蛇四十尺。用舰匠一工。橹床每块用长八寸钉十二个。橹通板钉缝凑长一丈二尺。每丈用长六寸钉三十个。橹床。橹通板艌缝凑长四丈四尺。共核用宽一尺五寸。厚三寸樟木枋三丈八寸。长八寸钉二十四个。长六寸钉三十六个。灰四斤六两。桐油一斤十二两二钱。网纱一斤十两四钱。竹丝一斤十两四钱。舰匠二工一分九厘。艌匠六分三厘。舂灰夫一分五厘。

水仙门两旁用浮溪木柱四根。各长四尺六寸。围大一尺七寸。樟木极百子舭四块。各长一丈二尺。围大一尺。做净每折见方尺四十尺。用舰匠一工。百子舭钉缝凑长四丈八尺。每丈用长六寸钉三十个。艌缝凑长九丈六尺。共核用围大二尺。净长三丈二尺浮溪木一丈八尺四寸。围大一尺樟木极四丈八尺八寸。长六寸钉一百四十四个。灰九斤十两。桐油三斤十三两四钱。网纱三斤九两六钱。竹丝三斤九两六钱。舰匠一工九分八厘。艌匠一工三分七厘。舂灰夫三分四厘。

大桅座一块。长八尺。见方二尺四寸。头桅座一块。长五尺六寸。围大四尺六寸。做净每折见方尺三十尺。用舰匠一工。共核用见方二尺四寸。长八尺二寸樟木一块。围大四尺六寸。长五尺八寸樟木一段。舰匠三工四分二厘。

大鹿耳二块。各长一丈二尺。宽二尺二寸。厚一尺一寸。头鹿耳二块。各长九尺八寸。宽一尺八寸。厚八寸。硬木棍鹿耳夹二根。各长一丈三尺。围大八寸。柯枸木目里鞋一块。长三尺。宽一尺。厚三寸。做净每折见方尺四十尺。用舰匠一工。共核用宽二尺二寸。厚一尺一寸。长一丈二尺二寸樟木二块。宽一尺八寸。厚八寸。长一丈樟木二块。围大八寸。长一丈三尺硬木棍二根。宽一尺。厚三寸柯枸木三尺一寸。舰匠七工二分二厘。

大桅一根。长六丈。围大四尺五寸。头桅一根。长五丈。围大四尺三寸。做净每折见方尺四十尺。用舰匠一工。共核用围大四尺五寸。长六丈桅木一根。围大四尺三寸。长五丈桅木一根。舰匠十二工一分三厘。

桅尾用柯枸木马二块。各长三丈五尺。宽一尺五寸。厚三寸。樟木大桅笠一块。长二尺。宽一尺二寸。大桅琵琶一块。长三尺。宽一尺。头桅琵琶一块。长二尺。宽六寸。均厚三寸。木段大桅伫一根。长一丈二尺。头桅伫一根。长九尺。均围大三尺二寸。马面。做净每折见方尺八十尺。舰匠一工。桅笠。桅伫。琵琶四十尺。用舰匠一工。马面钉缝凑长七丈。每丈用长六寸钉二十个。共核用宽一丈五寸。厚三寸柯枸木七丈四寸。宽一尺五寸。厚三寸樟木枋四尺六寸。围大三尺五寸木段二丈一尺四寸。长六寸钉一百四十个。舰匠五工二分七厘。

大风篷一扇。长四丈八尺。宽二丈七尺八寸。头风篷一扇。长二丈八尺。宽一丈四尺。浮溪木大篷担二根。各长二丈七尺八寸。头篷担二根。各长一丈四尺。均围大一尺七寸。做净每折见方尺四十尺。用舰匠一工。共核用宽二丈七尺八寸。长四丈八尺风篷一扇。宽一丈四尺。长二丈八尺风篷一扇。围大二尺。净长三丈二尺浮溪木二根一丈九尺六寸。舰匠三工五分五厘。

大篷架用木段横梁一根。长一丈四尺。头篷架横梁一根。架针三十根。各长七尺。均宽一尺。厚八寸。做净每折见方尺三十二尺。用舰匠一工。共核用围大三尺五寸木段四丈三尺。舰匠四工七分三厘。锯匠一工八厘。

大篷车员用中吉木一根。长一丈四尺。半车员一根。斗头车员一根。各长六尺。椗车员一根。长一丈。均围大二尺二寸。浮溪木车脚直板四块。各长一丈。斜板四块。各长七尺。均宽五寸。厚二寸。硬木棍本子二十五根。各长一丈三尺。围大八寸。车员。做净每折见方尺三十二尺。用舰匠一工。车脚斜。直板八十尺。用舰匠一工。共核用围大二尺五寸。净长三丈六尺中吉木一根。围大二尺。净长三丈二尺浮溪木二丈二尺七寸。围大八寸。长一丈三尺硬木棍二十五根。舰匠一工六分七厘。锯匠六分八厘。

水柜用樟木牛头六块。各长五尺。宽一尺五寸。厚三寸。木段水柜柱四根。各长七尺。围大三尺二寸。水柜闸四块。各长七尺。见方八寸。水柜板三十六块。各长四尺六寸。宽八寸。厚二寸五分。水柜柱。闸。牛头。做净每折见方尺四十尺。用舰匠一工。水柜板八十尺。用舰匠一工。水柜柱每根用长六寸钉二十个。牛头钉缝凑长三丈。每丈用长六寸钉三十个。水柜钉缝凑长十六丈五尺六寸。每丈用长五寸钉三十个。舱缝凑长五十丈三尺二寸。共核用宽一尺五寸。厚三寸樟木枋三丈六寸。围大三尺五寸木段九丈九尺九寸。长六寸钉一百七十个。长五寸钉四百九十七个。灰五十斤五两。桐油二十斤二两。网纱十八斤十三两九钱。竹丝十八斤十三两九钱。舰匠十一工五分三厘。锯匠三工一分二厘。舱匠七工一分九厘。舂灰夫一名七分六厘。

妈祖龛用杉木板二十丈。尾楼剑。刀。枪及两旁炮眼窗用板十丈。均宽六寸。厚一寸。做净每折见方尺八十尺。用舰匠一工。钉缝凑长二十丈。每丈用长四寸钉三十个。舱缝凑长四十丈。共核用宽六寸。厚一寸杉木板三十丈六尺。长四寸钉六百个。灰四十斤。桐油十六斤。网纱十五斤。竹丝十五斤。舰匠五工二分五厘。舱匠五工七分一厘。舂灰夫一名四分。

船面两旁炮架六个并盖。每个用长四尺六寸。宽八寸。厚五分木段板六块。做净每折见方尺八十尺。用舰匠一工。共核用围大三尺五寸木段四丈二尺三寸。舰匠四工三分五厘。锯匠二工四分八厘。

船头用中吉木槌一根。长三丈六尺。围大二尺二寸。做净每折见方尺四十尺。用舰匠一工。共核用围大二尺五寸。净长三丈六尺中吉木一根。舰匠一工九分八厘。

船尾舵一门。用楮木舵栏一根。长一丈八尺。宽一尺四寸。厚八寸。中吉木舵闪板三块。各长一丈四尺。凑宽一尺九寸八分。用宽五寸八分。厚二寸五分板四丈七尺七寸九分。樟木极舵夹八块。各长四尺。围大一尺。硬木棍舵牙扼二根。各长一丈三尺。围大八寸。舵栏。做净每折见方尺三十尺。用舰匠一工。舵夹。舵牙四十尺。用舰匠一工。舵闪板八十尺。用舰匠一工。舵夹钉缝凑长三丈二尺。每丈用长八寸钉五十个。舵夹。舵闪板舱缝凑长十五丈九尺五寸八分。共核用宽一尺四寸。厚八寸。长一丈八尺二寸楮木一根。围丈二尺五寸。净长三丈六尺中吉木一丈五尺九寸三分。围大一尺樟木极三丈二尺八寸。围大八寸。长一丈三尺硬木棍二根。长八寸钉一百六十个。灰十五斤十五两。桐油六斤六两一钱。网纱五斤十五两七钱。竹丝五斤十五两七钱。舰匠四工九分五厘。锯匠五分七厘。舱匠二工二分八厘。舂灰夫五分六厘。

跟随战船舢板船用柯栒木龙骨一根。长一丈四尺。斗盖一块。托浪板一块。各长五尺。均宽一尺。厚三寸。浮溪木水底板六块。各长一丈六尺。凑宽三尺一寸八分。舨板四块。各长一丈八尺。凑宽二尺一寸二分。堵板十二块。各长六尺。凑宽六尺三寸六分。用宽五寸。厚二寸板二十五丈四尺四寸。龙骨做净每折见方尺四十尺。用舰匠一工。斗盖各板八十尺。用舰匠一工。龙骨用长六寸钉十二个。托浪板。水底板。舨板钉缝凑长十八丈三尺八分。每丈用长五寸钉三十个。托浪板。水底板。舨板舱缝凑长三十六丈六尺一寸六分。共核用宽一尺。厚三寸柯栒木枋二丈四尺四寸。围大二尺。净长三丈二尺浮溪木二根二丈八寸。长六寸钉十二个。长五寸钉五百四十九个。灰三十六斤十两。桐油十四斤十两三钱。

网纱十三斤十一两七钱。竹丝十三斤十一两七钱。舰匠五工六分九厘。锯匠二工五分四厘。舱匠五工二分三厘。舂灰夫一名二分八厘。

舢板船两旁水蛇二根。各长一丈六尺。压板二块。各长一丈八尺。小戗二根。各长一丈五尺。均宽五寸。厚二寸。做净每折见方尺八十尺。用舰匠一工。水蛇钉缝凑长三丈二尺。每四尺用长八寸钉三个。压板。水戗钉缝凑长六丈六尺。每丈用长五寸钉三十个。舱缝凑长十九丈六尺。共核用围大二尺。净长三丈二尺浮溪木一根七寸。长八寸钉二十四个。长五寸钉一百九十八个。灰十九斤十两。桐油七斤十三两四钱。网纱七斤五两六钱。竹丝七斤五两六钱。舰匠一工七分二厘。锯匠九分八厘。舱匠二工八分。舂灰夫六分九厘。

舢板船用樟木舢板舺五个。各长四尺。宽五寸。厚三寸。樟极舢板梁四块。各长四尺四寸。牛头仔极十五块。各长二尺。冲天极二块。牛头极四块。各长二尺八寸。均围大一尺。做净每折见方尺四十尺。用舰匠一工。舢板舺。梁钉缝凑长三丈七尺六寸。每丈用长六寸钉三十个。冲天极。牛头极每块用长六寸钉二个。舢板舺。梁。冲天极。牛头极舱缝凑长十丈八尺八寸。共核用宽一尺五寸。厚三寸樟木枋六尺八寸。围大一尺樟木极六丈六尺九寸。长六寸钉一百二十五个。灰十斤十四两。桐油四斤五两六钱。网纱四斤一两三钱。竹丝四斤一两三钱。舰匠二工四分一厘。舰匠一工五分五厘。舂灰夫三分八厘。

大桅铁箍六个。各长四尺六寸。头桅箍四个。各长四尺四寸。舵头箍三个。各长四尺七寸。槌箍二个。各长三尺四寸。俱宽二寸。厚五分。碇齿三个。各长一尺。宽六寸。厚五分。橹箍四个。各长二尺四寸。宽一寸。厚三分。铁镮四个。各围大六寸。以上铁料。共净重一百八十二斤十二两。每正铁一斤。加耗铁一斤。每正铁五斤。用铁匠一工。每正。耗铁一斤。用炭三斤。共核用生铁三百六十五斤八两。炭一千九十六斤八两。铁匠三十六工五分五厘。

油画前船。共用乌烟三斤五两。广红五斤。铜碌四两。京红四两。南粉二斤。银朱一两。臙黄四两。蓝粉四两。杭粉一两。松香八两。水胶六两。墨二块。桐油四斤。淡底一斤。油画匠十工。

麻大桅肄索二条。各长七丈二尺。大六寸二分。头桅肄索二条。各长六丈。大四寸五分。大踏索二条。各长六丈。大四寸五分。小踏索二条。各长五丈。大三寸。大缭母一条。长四丈。大七寸。小缭母一条。长二丈四尺。大三寸六分。大帮衬六条。各长一丈六尺。大二寸。小帮衬九条。各长五尺。大一寸五分。以上麻绳。共重四百斤。每百斤用绳匠三工六分。共核用麻四百斤。绳匠十四工四分。

棕正碇索一条。长四十二丈。大八寸。副碇索一条。长四十丈。大七寸。大篷筋一条。长六丈六尺。大一寸八分。小篷筋一条。长三丈三尺。大一寸。缭仔。缭耳共十八条。各长二丈一尺。大二寸。碇奴二条。各长一丈五尺。大七寸。大。小摘尾二条。共长十二丈。大五寸。舵吊一条。长三丈。大六寸。以上棕绳。共重四百三十斤。每撕棕四十斤。用匠一工。成绳四十斤。用匠一工。共核用棕四百三十斤。撕棕匠十工七分五厘。成绳匠十工七分五厘。

冲风旗一面。长。宽各一丈六尺。一条龙旗一面。长六丈。宽三尺。妈祖旗一面。长。宽各五尺。大。小定风旗三面。内一面长六尺。二面各长四尺五寸。均宽一尺。共核用幅宽一尺色布五十丈。苎线十两。裁缝匠五工。

中碇二门。齿全。各长一丈八尺。宽一尺。厚六寸。

中橹二枝。各长四丈二尺。宽八寸。厚五寸。

舢板橹一枝。长二丈五尺。宽七寸。厚四寸。

大。小桅饼七个。

大。小无底升四百五十个。

碇舵上配用竹绳。草绳。共用竹篾三百九十斤。绳匠十四工四厘。草心三百七十四斤。绳匠九工三分五厘。

【查原送成规内开。打造竹绳。草绳所用匠工。多寡不齐。今照棕。麻绳索用工之例一律核定。】

篷上配用大小缭球。摄子。兔耳。共用桄藤二十三斤。藤匠四工六分。

刻字用。刻字匠三工。

竖立大。小桅用。壮夫三十五名。

前船共用大小铁钉二万一千九百三十八个。刷抹钉头每百个用桐油六两四钱。灰一斤。每油灰十斤。用艌匠一工。共核用桐油八十七斤十二两。灰二百十九斤六两。艌匠三十工七分一厘。舂灰夫七名六分八厘。

前船共用舰匠三百八十工三分三厘。系照杉。松木植核定。内有樟。柯等硬料用匠八十八工四分七厘。每工外加匠二分。计加匠十七工六分九厘。共匠三百九十八工二厘。每百工加安装匠十工。计安装匠三十九工八分。每舰匠。安装匠一百工加随匠壮夫二十名。计壮夫八十七名五分六厘。

以上拆造前船。共用。

宽一尺。厚八寸松木五丈四尺六寸【每丈银四钱一分四厘】。计银二两二钱六分。

【查原送成规内开。松木按依十六则丈尺计算。每丈核银四钱八分一厘零至三钱四分一厘不等。多寡参差。均匀核计。每丈需银四钱一分四厘。今照四钱一分四厘之数一律核定。】

围大三尺二寸。净长四丈二尺大吉木二十根【每根银二两七钱】。计银五十四两。

围大二尺五寸。净长三丈六尺中吉木二十二根三尺七寸三分【每根银一两五钱】。计银三十三两一钱五分五厘。

【查原送成规内开。中吉木二十根。今按丈尺做法核算。应增二根三尺七寸三分。】

围大二尺。净长三丈二尺浮溪木二十一根一尺三寸【每根银五钱】。计银十两五钱二分。

【查原送成规内开。浮溪木二十根。今按丈尺做法核算。应增一根一尺三寸。】

围大一尺六寸。净长二丈八尺高洋木二十根【每根银二钱】。计银四两。

围大三尺五寸木段五十八丈六寸。核长一丈四尺段料四十一根六尺六寸【每根银六钱】。计银二十四两八钱八分三厘。

【查原送成规内开。木段四十二根。今按丈尺做法。核算应减七尺四寸。】

宽一尺五寸。厚三寸樟木枋五十二丈一尺六寸。核长一丈七尺枋料三十块一丈一尺六寸【每块银一两三钱】。计银三十九两八钱八分七厘。

【查原送成规内开。樟枋三十七块。今按丈尺做法。核算应减六块五尺四寸。】

宽一尺。厚三寸。长八尺二寸樟板四块【每块银四钱一分八厘】。计银一两六钱七分二厘。

【查原送成规内开。樟木梁座。梁头。一则至十七则各长一丈七尺。宽一尺五寸。厚三寸。每块银一两三钱。托浪樟木板。第一则长六尺五寸。宽一尺。厚三寸。每块开银五钱。第二则至十七则各长八尺。宽一尺。厚三寸。每块亦开银五钱。价值参差。今俱照梁座。梁头之价一律核定。】

宽一尺二寸。厚三寸松木枋六十五丈五尺六寸。核长一丈七尺枋料三十八块九尺六寸【每块银三钱五分】。计银十三两四钱九分八厘。

【查原送成规内开。松枋三十八块。今按丈尺做法核算。应增九尺六寸。】

围大一尺樟木极五十五丈二尺一寸。核长一丈二尺樟极四十六块一寸【每块银二钱】。计银九两二钱二厘。

【查原送成规内开。樟极四十六块。今按丈尺做法核算。应增一寸。】

宽一尺五寸。厚三寸柯栒木枋七丈四寸【每丈银五钱七分一厘五毫】。计银四两二分三厘。

宽一尺。厚三寸柯栒木枋四丈九尺九寸【每丈银三钱八分一厘】。计银一两九钱一厘。

【查原送成规内开。柯栒木马面。一则至十七则各长三丈五尺。宽一尺五寸。厚三寸。每块开银二两。软筋及舢板龙骨等料。一则至五则各长二丈五尺。宽一尺。厚三寸。每块开银一两。六则至十七则各长三丈五尺。宽一尺。厚三寸。每块开银二两。价值参差。今俱照马面之价一律核定。】

围大八寸。长一丈三尺硬木棍四十根【每根银八分】。计银三两二钱。

宽六寸。厚一寸杉木板三十丈六尺【每丈银四钱】。计银十二两二钱四分。

围大七尺。长一丈八尺五寸樟木一根。计银七两九分八厘。

围大五尺三寸。长一丈五尺五寸樟木一根。计银三两四钱九厘。

见方二尺四寸。长八尺二寸樟木一块。计银四两四钱三分八厘。

围大四尺六寸。长五尺八寸樟木一段。计银九钱六分。

宽二尺三寸。厚八寸。长一丈七尺二寸樟木一块。计银二两七钱一分四厘。

围大七尺五寸。长七尺七寸樟木一段。计银三两三钱九分一厘。

宽二尺二寸。厚一尺一寸。长一丈二尺二寸樟木二块【每块银二两七钱七分三厘】。计银五两五钱四分六厘。

宽一尺八寸。厚八寸。长一丈樟木二块【每块银一两三钱五分三厘】。计银二两七钱六厘。

宽二尺。厚九寸五分。长一丈六尺二寸樟木二块【每块银二两八钱九分二厘】。计银五两七钱八分四厘。

围大四尺七寸。长一丈五尺五寸樟木一根。计银二两六钱八分一厘。

宽一尺二寸。厚六寸。长一丈八尺二寸樟木一块。计银一两二钱三分一厘。

宽二尺四寸。厚六寸。长七尺七寸樟木一块。计银一两四分二厘。

【查原送成规内开。一则至十七则。每则用樟木含檀等料十二款。所开价值逐款该计。俱属参差。均匀计算。每折见方一尺需银九分三厘九毫六丝。今照九分三厘九毫六丝之数一律核定。】

宽一尺四寸。厚八寸。长一丈八尺二寸楮木一根。计银十六两。

围大四尺五寸。长六丈桅木一根。计银二十三两。

围大四尺三寸。长五丈桅木一根。计银七两。

长一尺钉三百五十三个。每二个重一斤。计重一百七十六斤八两。长八寸钉二百六十个。每五个重一斤。计重五十二斤。长六寸钉一万一千八百二十六个。每十五个重一斤。计重七百八十八斤六两四钱。长五寸钉八千八百九十九个。每二十个重一斤。计重四百四十四斤十五两二钱。长四寸钉六百个。每三十个重一斤。计重二十斤。以上铁钉。共重一千四百八十一斤十三两六钱。除选用旧钉六百七十五斤二两七钱外。添新八百六斤十两九钱【每斤银二分二厘】。计银十七两七钱四分七厘。

灰一千七百三十九斤八两【每百斤银二钱】。计银三两四钱七分九厘。

桐油六百九十九斤十二两二钱【每斤银三分】。计银二十两九钱九分三厘。

网纱五百七十斤四钱【每斤银一分二厘】。计银六两八钱四分。

竹丝五百七十斤四钱【每斤银六厘】。计银三两四钱二分。

生铁三百六十五斤八两【每斤银一分】。计银三两六钱五分五厘。

炭一千九十六斤八两【每百斤银一钱六分】。计银一两七钱五分四厘。

乌烟三斤五两【每斤银一分五厘】。计银五分。

广红五斤【每斤银五分】。计银二钱五分。

铜碌四两【每斤银三钱】。计银七分五厘。

京红四两【每斤银八分】。计银二分。

南粉二斤【每斤银一分】。计银二分。

银朱一两【每斤银六钱四分】。计银四分。

籘黄四两【每斤银二钱】。计银五分。

蓝粉四两【每斤银八分】。计银二分。

杭粉一两【每斤银一钱六分】。计银一分。

水胶六两【每斤银四分】。计银一分五厘。

松香八两【每斤银二分】。计银一分。

墨二块【每块银一分】。计银二分。

淡底一斤。计银五分。

麻四百斤【每斤银一分五厘】。计银六两。

棕四百三十斤【每斤银三分】。计银十二两九钱。

幅宽一尺色布五十丈【每丈银一钱】。计银五两。

苎线十两【每斤银一钱二分】。计银七分五厘。

椗二门。齿全。各长一丈八尺。宽一尺。厚六寸【每门银一两一钱二分七厘】。计银二两二钱五分四厘。

中橹二枝。各长四丈二尺。宽八寸。厚五寸【每枝银一两七钱一分三厘】。计银三两四钱二分六厘。

舢板橹一枝。长二丈五尺。宽七寸。厚四寸。计银三钱二分一厘。

大风篷一扇。长四丈八尺。宽二丈七尺八寸。计银四两一钱六分一厘。

头风篷一扇。长二丈八尺。宽一丈四尺。计银一两二钱二分二厘。

【查原送成规内开。一则至十七则。大篷每扇银五两五钱。头篷每扇银一两五钱。所开丈尺。大篷长四丈八尺至七丈。宽自二丈六尺至三丈三尺不等。头篷长自二丈四尺至三丈五尺。宽自一丈四尺至一丈六尺五寸不等。俱属参差。均匀核计。每折见方一尺需银三钱一分一厘八毫。今照三钱一分一厘八毫之数分别核定。】

大。小桅饼七个【每个银七分】。计银四钱九分。

大。小无底升四百五十个【每百个银八分】。计银三钱六分。

竹篾三百九十斤【每百斤银一钱六分】。计银六钱二分四厘。

草心三百七十四斤【每百斤银七分】。计银二钱六分二厘。

槐藤二十三斤【每斤银二分五厘】。计银五钱七分五厘。

舰匠三百九十八工二厘。安装匠三十九工八分。锯匠一百四工五分七厘。舱匠二百四十七工八分五厘。铁匠三十六工五分五厘。油画匠十工。绳匠三十七工七分九厘。棕匠二十一工五分。裁缝匠五工。藤匠四工六分。刻字匠三工。壮夫一百八十三名四分七厘。以上匠夫共一千九十二工一分五厘【每名银五分】。计银五十四两六钱八厘。

又置备物件开后。

木桶二十件【每件银三分】。计银六钱。

铁锅二口换新【每口贴工料银一钱二分】。计银二钱四分。

鼓一面修理换皮。计银四钱八分。

金一面重四斤换新【每斤贴工料七分】。计银二钱八分。

以上拆造前船成规内开。共需工料银四百五十四两三钱三分八毫。内部价银二百十六两三钱四分八厘。加八津贴并另加三分银二百三十七两九钱八分二厘八毫。台厂运费银四十三两二钱六分九厘六毫。今按条查核。分别增减更正。需用工料银四百五十三两八钱三分七厘。内部价银二百十六两一钱一分三厘。加八津贴并另加三分银二百三十七两七钱二分四厘。台厂运费银四十三两二钱二分三厘。计节减工料银四钱九分三厘八毫。运费银四分六厘六毫。行令该抚于前船届应拆造之期。将节减银两在于应领银内扣除。

至大。小修理成规内开。大修工料银三百九两七钱七分一厘。内部价银一百四十两八钱五厘。加九津贴并另加三分银一百六十八两九钱六分六厘。台厂运费银二十八两一钱六分一厘。小修工料银二百二十二两二钱一分二厘。内部价银九十六两六钱一分四厘。加十津贴并另加三分银一百二十五两五钱九分八厘。台厂运费银十九两三钱二分三厘。其余一船仿此。

卷三

福建省外海战船做法

第三则赶缯船。四只。内台湾协标右营澄字九号船一只。身长五丈。头起萩四尺二寸。尾起萩三尺。船头长一丈九尺。面匀宽九尺五寸。底匀宽八尺六寸。船中长一丈六尺。面匀宽一丈四尺六寸。底匀宽一丈一尺。船尾长一丈五尺。面匀宽一丈四尺二寸。底匀宽一丈一尺七寸。两边舭长五丈五尺。计十六舱。深四尺八寸八分。

今将拆造前船需用工料。价值细数开后。计开。

船底松木龙骨一道。计三节。船头一节。长一丈八尺。船中一节。连交接匙头长三丈二尺。船尾一节。长一丈。共凑长六丈。均宽一尺。厚八寸。做净每折见方尺二十尺。用舰匠一工。交接匙头二处。每处用长一尺钉八个。每边用长六寸钉十二个。共核用宽一尺。厚八寸松木枋六丈六寸。

【查成规内开。大吉。中吉。浮溪。高洋四项木植。俱截去梢尖。作栏栏。灶柜。签子。木牌等项之用。其本身木料毋庸另加长荒外。一切枋段各料有截去一二尺至三五尺不等者。亦有未加长荒者。参差不一。今将枋段各料每件长五尺以内加长荒一寸。五尺以外者加长荒二寸。圆径樟木长一丈以内者每根加长荒二寸。长一丈以外者每根加长荒五寸一律核定】。

长一尺钉十六个。长六寸钉二十四个。舰匠十工八分。

船底板。连起萩长五丈。内船底匀宽一丈六寸五分。两站各匀高五尺六寸一分。用长四丈二尺。宽八寸。厚三寸大吉木板三十四块。做净每折见方尺八十尺。用舰匠一工。锯板折宽一尺。长七丈。用锯匠一工【以下锯板用工仿此】。钉缝凑长一百四十二丈八尺。每丈用长六寸钉三十个。艌缝凑长二百八十五丈六尺。每丈用灰一斤。桐油六两四钱。网纱竹丝各六两。每七丈。用艌匠一工。舂制油灰。每四十斤用舂灰夫一名【以下艌缝用工。用料仿此】。共核用围大三尺二寸。净长四丈二尺大吉木十一根一丈四尺。长六寸钉四千二百八十四个。灰二百八十五斤十两。桐油一百十四斤三两八钱。网纱一百七斤一两六钱。竹丝一百七斤一两六钱。舰匠三十九工二分七厘。锯匠二十二工四分四厘。艌匠四十工八分。舂灰夫十名。

各舱内用樟木梁座十九块。凑长三十二丈三尺。舱梁十七块。凑长二十三丈七尺九寸。均宽一尺五寸。厚三寸。松木梁头二十七块。凑长四十四丈五尺。均宽一尺二寸。厚三寸。硬木棍稳吊九根。各长一丈三尺。围大八寸。梁座。梁头做净每折见方尺八十尺。用舰匠一工。稳吊四十尺。用舰匠一工。钉缝凑长一百十二丈二尺九寸。每丈用长六寸钉三十个。艌缝凑长二百二十四丈五尺八寸。共核用宽一尺五寸。厚三寸樟木枋五十六丈八尺一寸。宽一尺二寸。厚三寸松木枋四十五丈四寸。围大八寸。长一丈三尺硬木棍九根。长六寸钉三千三百六十九个。灰二百二十四斤九两。桐油八十九斤十三两三钱。网纱八十四斤三两五钱。竹丝八十四斤三两五钱。舰匠四十四工二分七厘。艌匠三十二工八厘。舂灰夫七名八分六厘。

各舱配用樟木极三十块。内。船头八块。船中八块。船尾八块。各长一丈二尺。头转水极二块。各长六尺。鳅鱼极二块。各长七尺。目里极二块。各长一丈二尺。均围大一尺。做净每折见方尺四十尺。用舰匠一工。每块用长六寸钉二个。艌缝凑长六十七丈六尺。共核用围大一尺樟木极三十四丈四尺。长六寸钉六十个。灰〔六〕十七斤十两。桐油二十七斤六钱。网纱二十五斤五两六钱。竹丝二十五斤五两六钱。舰匠八工四分五厘。艌匠九工六分六厘。舂灰夫二名三分七厘。

船身两旁走马二条。水蛇二条抽换。各长四丈二尺。宽八寸。厚四寸。做净每折见方尺四十尺。用舰匠一工。走马钉缝凑长八丈四尺。每丈用长一尺钉三十个。水蛇钉缝凑长八丈四尺。每四尺用长一尺钉三个。艌缝凑长三十三丈六尺。共核用围大三尺二寸。净长四丈二尺大吉木二根。长一尺钉三百十五个。灰三十三斤十两。桐油十三斤七两。网纱十二斤九两六钱。竹丝十二斤九两六钱。舰匠十工八厘。锯匠二工八分八厘。艌匠四工八分。舂灰夫一名一分八厘。

船面两旁艕板长五丈。凑宽一丈。用长四丈二尺。宽八寸。厚三寸大吉木板十五块。做净每折见方尺八十尺。用舰匠一工。钉缝凑长六十三丈。每丈用长六寸钉三十个。艌缝凑长一百二十六丈。共核用围大三尺二寸。净长四丈二尺大吉木五根。长六寸钉一千八百九十个。灰一百二十六斤。桐油五十斤六两四钱。网纱四十七斤四两。竹丝四十七斤四两。舰匠十七工三分三厘。锯匠九工九分。艌匠十八工。舂灰夫四名四分一厘。

两旁舨板各长五丈五尺。高六尺五寸添换。用长三丈六尺。宽五寸八分。厚二寸五分中吉木板三十二块。两旁添换浮溪木舨柱十二根。各长六尺五寸。围大一尺七寸。舨板做净每折见方尺八十尺。用舰匠一工。舨柱四十尺。用舰匠一工。舨板钉缝凑长一百十五丈二尺。每丈用长五寸钉三十个。舨柱钉缝凑长七丈八尺。每丈用长六寸钉三十个。艌缝凑长二百四十六丈。共核用围大二尺五寸。净长三丈六尺中吉木十根二丈二尺。围大二尺。净长三丈二尺浮溪木二根一丈四尺。长六寸钉二百三十四个。长五寸钉三千四百五十六个。灰二百四十六斤。桐油九十八斤六两四钱。网纱九十二斤四两。竹丝九十二斤四两。舰匠二十七工二分二厘。锯匠十三工六分六厘。艌匠三十五工一分四厘。舂灰夫八名六分一厘。

【查成规内。舨板未载舨高尺寸。今按舨柱长丈核定。】

两旁添换樟木极舨艉十二块。各长三尺七寸。龙目二块。各长一尺五寸。均围大一尺。做净每折见方尺四十尺。用舰匠一工。舨艉每块用长六寸钉二个。龙目每块用长六寸钉六个。艌缝凑长九丈四尺八寸。共核用围大一尺樟木极四丈八尺八寸。长六寸钉三十六个。灰九斤八两。桐油三斤十二两七钱。网纱三斤八两九钱。竹丝三斤八两九钱。舰匠一工一分九厘。艌匠一工三分五厘。舂灰夫三分三厘。

舨上前后浮溪木鼠桥板四块。各长一丈五尺。压舨板四块。各长三丈二尺。均宽五寸。厚二寸。两边木段猴袋板四块。各长五尺。宽八寸。厚二寸五分。做净每折见方尺八十尺。用舰匠一工。鼠桥。压板钉缝凑长十八丈八尺。每丈用长五寸钉三十个。压板艌缝凑长二十五丈六尺。共核用围大二尺。净长三尺浮溪木一根三丈七寸。围大三尺五寸木段五尺一寸。长五寸钉五百六十四个。灰二十五斤十两。桐油十斤三两八钱。网纱九斤九两六钱。竹丝九斤九两六钱。舰匠三工八分二厘。锯匠二工一分八厘。艌匠三工六分六厘。舂灰夫九分。

两旁中吉木笨抽二块。大压二块。水戗二块接换。各长三丈六尺。宽六寸六分。厚三寸五分。做净每折见方尺四十尺。用舰匠一工。钉缝凑长二十一丈六尺。每丈用长六寸钉三十个。艌缝凑四十三丈二尺。共核用围大二尺五寸。净长三丈六尺中吉木三根。长六寸钉六百四十八个。灰四十三斤三两。桐油十七斤四两五钱。网纱十六斤三两二钱。竹丝十六斤三两二钱。舰匠十工九分一厘。锯匠三工一分二厘。艌匠六工一分七厘。舂灰夫一名五分一厘。

官厅前后梁用中吉木三根。各长一丈五尺。围大二尺二寸。战柜上两边用浮溪木楼挑二根。各长一丈三尺。围大一尺七寸。官厅侧板二块。踏板一块。各长一丈三尺。均宽五寸。厚二寸。官厅内铺板十块。各长九尺。凑宽五尺三寸。战柜下地板十八块。各长七尺。凑宽九尺五寸四分。官厅门板八块。各长四尺。凑宽四尺二寸四分。共用宽五寸。厚二寸浮溪木板三十丈一尺九寸。官厅上战柜板三十六块。各长一丈八尺。凑宽二丈三尺七寸六分。用宽五寸八分。厚二寸五分中吉木板七十三丈七尺四寸。木段冲天盖板十二块。各长四尺六寸。宽八寸。厚二寸五分。官厅柱三根。各长一丈三尺。围大三尺二寸。官厅梁。柱。战柜。楼挑。做净每折见方尺四十尺。用舰匠一工。战柜板。冲天盖板。官厅门板钉缝凑长八十二丈六尺五寸二分。每丈用长五寸钉三十个。战柜板。冲天盖板艌缝凑长一百五十八丈五尺二寸。共核用围大二尺五寸。净长三丈六尺中吉木八根二尺八寸。围大二尺。净长三丈二尺浮溪木三根三丈六寸。围大三尺五寸木段五丈三尺七寸。长五寸钉二千四百八十个。灰一百五十八斤八两。桐油六十三斤六两五钱。网纱五十九斤七两一钱。竹丝五十九斤七两一钱。舰匠二十八工七分三厘。锯匠十二工五分九厘。艌匠二十二工六分五厘。舂灰夫五名五分五厘。

官厅前后通铺五块。各长一丈七尺。坐赛板八块。各长六尺。均宽一尺二寸。厚三寸。做净每折见方尺八十尺。用舰匠一工。通铺钉缝凑长八丈五尺。每丈用长六寸钉三十个。艌缝凑长十七丈。共核用宽一尺二寸。厚三寸松木枋十三丈五尺六寸。长六寸钉二百五十五个。灰十七斤。桐油六斤十二两八钱。网纱六斤六两。竹丝六斤六两。舰匠四工九分九厘。艌匠二工四分三厘。舂灰夫六分。

官厅两旁用浮溪木猫里墙板二十块。各长八尺。凑宽一丈六寸。铺板十块。各长六尺。凑宽五尺三寸。猫里门板八块。各长四尺。凑宽四尺二寸四分。用宽五寸。厚二寸板二十六丈七尺一寸二分。木段猫里柜上下袱四块。各长七尺。宽八寸。厚四寸。上下袱。做净每折见方尺四十尺。用舰匠一工。猫里各板八十尺。用舰匠一工。猫里墙板。门板钉缝凑长二十丈三尺五寸二分。每丈用长五寸钉三十个。共核用围大二尺。净长三丈二尺浮溪木二根二丈五尺。围大三尺五寸木段一丈四尺四寸。长五寸钉六百十一个。舰匠六工三分五厘。锯匠三工一分五厘。

官厅内浮溪木虎头舱门板八块。铺板十二块。各长四尺。凑宽一丈六寸。用宽五寸。厚二寸板八丈四尺八寸。做净每折见方尺八十尺。用舰匠一工。门板钉缝凑长三丈三尺九寸二分。每丈用长五寸钉三十个。共核用围大二尺。净长三丈二尺浮溪木二丈八尺三寸。长五寸钉一百二个。舰匠一工四分八厘。锯匠八分五厘。

两旁臌面战棚板抽换。用长二丈八尺。宽四寸。厚二寸高洋木板三十块。各舱内铺板。用长三尺。宽四寸。厚一寸高洋木板二百五十二块。做净每折见方尺八十尺。用舰匠一工。共核用围大一尺六寸。净长二丈八尺高洋木二十二根。舰匠二十二工五厘。锯匠十二工六分。

两旁臌上臌牛四块。各长八尺五寸。各舱口扛豆四块。各长一丈七尺。均宽一尺二寸。厚三寸。做净每折见方尺四十尺。用舰匠一工。臌牛每块用长六寸钉四个。扛豆钉缝凑长六丈八尺。每丈用长六寸钉三十个。艌缝凑长二十丈四尺。共核用宽一尺二寸。厚三寸松木枋十丈三尺六寸。长六寸钉二百二十个。灰二十斤六两。桐油八斤二两六钱。网纱七斤十两四钱。竹丝七斤十两四钱。舰匠七工六分五厘。艌匠二工九分一厘。舂灰夫七分一厘。

各舱盖板。用长四尺六寸。宽八寸。厚二寸五分木段七十二块。舱盖下大通槽十个。侧槽六个。水槽六个。各长四尺六寸。宽一尺。厚八寸。小通槽八个。各长四尺六寸。见方八寸。舱盖板。做净每折见方尺八十尺。用舰匠一工。通槽等糟三十尺。用舰匠一工。舱盖板钉缝凑长三十三丈一尺二寸。每丈用长五寸钉三十个。艌缝凑长六十六丈二尺四寸。共核用围大三尺五寸木段二十二丈五尺六寸。长五寸钉九百九十四个。灰六十六斤四两。桐油二十六斤七两九钱。网纱二十四斤十三两四钱。竹丝二十四斤十三两四钱。舰匠二十四工七分六厘。锯匠八工四分一厘。艌匠九工四分六厘。舂灰夫二名三分二厘。

两边舨边。用高洋木牛栏四根。内。船头二根。各长八尺。船后二根。各长二丈。均围大一尺三寸。做净每折见方尺四十尺。用舰匠一工。共核用围大一尺六寸。净长二丈八尺高洋木二根。舰匠一工八分二厘。

船头斗盖用樟木一块。长一丈五尺。围大四尺七寸。虾箍梁一块。长八尺五寸。宽一尺。斗盖下兔耳一块。长八尺。宽一尺五寸。鹿肚勒一个。长四尺。宽一尺二寸。托浪板四块。各长八尺。宽一尺。均厚三寸。斗盖。虾箍梁。兔耳。鹿肚勒。做净每折见方尺四十尺。用舰匠一工。托浪板八十尺。用舰匠一工。斗盖用长八寸钉十二个。虾箍梁。托浪板钉缝凑长四丈五寸。每丈用长六寸钉三十个。兔耳。鹿肚勒钉缝凑长一丈二尺。每丈用长五寸钉三十个。虾箍梁。托浪板。兔耳。鹿肚勒艌缝凑长十丈五尺。共核用围大四尺七寸。长一丈五尺五寸樟木一根。宽一尺五寸。厚三寸樟木枋一丈七尺三寸。宽一尺。厚三寸。长八尺二寸樟木板四块。长八寸钉十二个。长六寸钉一百二十二个。长五寸钉三十六个。灰十斤八两。桐油四斤三两二钱。网纱三斤十五两。竹丝三斤十五两。舰匠四工三分八厘。艌匠一工五分。舂灰夫三分七厘。

中含檀一块。长一丈八尺。围大七尺。头含檀一块。长一丈五尺。围大五尺三寸。含檀梁一块。长一丈七尺。头含檀闸一块。长八尺。均宽一尺五寸。厚三寸。做净每折见方尺三十尺。用舰匠一工。含檀梁钉缝凑长一丈七尺。每丈用长六寸钉三十个。含檀。含檀梁艌缝凑长十丈。共核用围大七尺。长一丈八尺五寸樟木一根。围大五尺三寸。长一丈五尺五寸樟木一根。宽一尺五寸。厚三寸樟木枋五尺四寸。长六寸钉五十一个。灰十斤。桐油四斤。网纱三斤十二两。竹丝三斤十二两。舰匠九工八分五厘。

艌匠一工四分三厘。舂灰夫三分五厘。

中转水二块。各长一丈六尺。宽二尺。厚九寸五分。樟极转水鞋二块。各长七尺。围大一尺。做净每折见方尺四十尺。用舰匠一工。转水每块用长一尺钉二个。转水鞋每块用长六寸钉七个。艌缝凑长九丈二尺。共核用宽二尺。厚九寸五分。长一丈六尺二寸樟木二块。围大一尺樟木极一丈四尺四寸。长一尺钉四个。长六寸钉十四个。灰九斤三两。桐油三斤十两九钱。网纱三斤七两二钱。竹丝三斤七两二钱。舰匠五工七厘。艌匠一工三分一厘。舂灰夫三分二厘。

船尾用浮溪木尾楼舭柱四根。各长四尺。拜棚杠二根。各长一丈三尺。均围大一尺七寸。木段尾楼舭板八块。各长一丈四尺。拜棚板十六块。各长七尺。均宽八寸。厚二寸五分。舭柱。拜棚杠。做净每折见方尺四十尺。用舰匠一工。板。拜棚板八十尺。用舰匠一工。舭板。拜棚板钉缝凑长二十二丈四尺。每丈用长五寸钉三十个。拜棚板艌缝凑长二十二丈四尺。共核用围大二尺。净长三丈二尺浮溪木一根一丈。围大三尺五寸木段五丈七尺二寸。长五寸钉六百七十二个。灰二十二斤六两。桐油八斤十五两四钱。网纱八斤六两四钱。竹丝八斤六两四钱。舰匠七工六分七厘。锯匠三工三分六厘。艌匠三工二分。舂灰夫七分八厘。

船尾用樟木下金一块。长七尺五寸。围大七尺五寸。缭牛一副。长七尺五寸。宽二尺四寸。厚六寸。尾楼上金一块。长一丈七尺。宽二尺一寸。厚八寸。七星冠一块。长一丈八尺。宽一尺二寸。厚六寸。硬木棍下金拴二根。缭牛臁二根。各长六尺五寸。围大八寸。木段缭牛杠二根。各长七尺。围大三尺二寸。下金。缭牛臁。上金。七星冠。做净每折见方尺三十尺。用舰匠一工。下金拴。缭牛。缭牛杠四十尺。用舰匠一工。下金用长八寸钉十八个。缭牛用长八寸钉二十二个。上金用长一尺钉十八个。缭牛臁钉缝凑长一丈三尺。每丈用长五寸钉三十个。下金艌缝长七尺五寸。共核用围大七尺五寸。长七尺七寸樟木一段。宽二尺四寸。厚六寸。长七尺七寸樟木一块。宽二尺一寸。厚八寸。长一丈七尺二寸樟木一块。宽一尺二寸。厚六寸。长一丈八尺二寸樟木一块。围大八寸。长一丈三尺硬木棍二根。围大三尺五寸木段长一丈四尺四寸。长一尺钉十八个。长八寸钉四十个。长五寸钉三十九个。灰十二两。桐油四两八钱。网纱四两五钱。竹丝四两五钱。舰匠十工七分六厘。艌匠一分一厘。舂灰夫三厘。

船尾舵边用木段硬筋二根。各长一丈四尺。围大三尺二寸。尾楼鲂鱼翅四块。各长七尺。宽一尺。厚四寸。柯枸木软筋二块。各长一丈一尺。宽一尺。厚三寸。做净每折见方尺四十尺。用舰匠一工。硬筋头尾用长六寸钉十二个。共核用围大三尺五寸木段四丈二尺八寸。宽一尺。厚三寸柯枸木二丈二尺四寸。长六寸钉十二个。舰匠五工六分三厘。锯匠五分六厘。

尾楼用浮溪木铺板十块。各长四尺。尾座板四块。各长一丈二尺。舭边寄菜板二块。各长一丈四尺。碗格二块。各长一丈一尺。均宽五寸。厚二寸。尾楼挑二根。各长一丈三尺。围大一尺七寸。铺板等板做净每折见方尺八十尺。用舰匠一工。楼挑四十尺。用舰匠一工。尾楼铺板钉缝凑长四丈。每丈用长五寸钉三十个。共核用围大二尺。净长三丈二尺浮溪木二根八尺。长五寸钉一百二十个。舰匠三工五分二厘。锯匠一工三分八厘。

尾楼下用樟木橹通板一块。长一丈二尺。橹门枋一块。橹床二块。各长五尺。均宽一尺五寸。厚三寸。双头蛇一块。长四尺。宽一尺。厚三寸。橹通板。做净每折见方尺八十尺。用舰匠一工。橹床。橹门枋。双头蛇四十尺。用舰匠一工。橹床每块用长八寸钉十二个。橹通板钉缝长一丈二尺。每丈用长六寸钉三十个。橹床。橹通板艌缝凑长四丈四尺。共核用宽一尺五寸。厚三寸樟木枋三丈二寸。长八寸钉二十四个。长六寸钉三十六个。灰四斤六两。桐油一斤十二两二钱。网纱一斤十两四钱。竹丝一斤十两四钱。舰匠二工一分五厘。艌匠六分三厘。舂灰夫一分五厘。

水仙门两旁用浮溪木柱四根。各长四尺。围大一尺七寸。樟极百子舱四块。各长一丈二尺。围大一尺。做净每折见方尺四十尺。用舰匠一工。百子舱钉缝凑长四丈八尺。每丈用长六寸钉三十个。艌缝凑长九丈六尺。共核用围大二尺。净长三丈二尺浮溪木一丈六尺。围大一尺樟木极四丈八尺八寸。长六寸钉一百四十四个。灰九斤十两。桐油三斤十三两四钱。网纱三斤九两六钱。竹丝三斤九两六钱。舰匠一工八分八厘。舱匠一工三分七厘。舂灰夫三分四厘。

大桅座一块。长八尺。见方二尺四寸。头桅座一块。长五尺六寸。围大四尺六寸。做净每折见方尺三十尺。用舰匠一工。共核用见方二尺四寸。长八尺二寸樟木一块。围大四尺六寸。长五尺八寸樟木一段。舰匠三工四分二厘。

大鹿耳二块。各长一丈二尺。宽二尺二寸。厚一尺一寸。头鹿耳二块。各长九尺八寸。宽一尺八寸。厚八寸。硬木棍鹿耳夹二根。各长一丈三尺。围大八寸。柯栒木目里鞋一块。长三尺。宽一尺。厚三寸。做净每折见方尺四十尺。用舰匠一工。共核用宽二尺二寸。厚一尺一寸。长一丈二尺二寸樟木二块。宽一尺八寸。厚八寸。长一丈樟木二块。围大八寸。长一丈三尺硬木棍二根。宽一尺。厚三寸柯栒木三尺一寸。舰匠七工二分二厘。

大桅一根。长六丈。围大四尺五寸。头桅一根。长五丈。围大四尺三寸。做净每折见方尺四十尺。用舰匠一工。共核用围大四尺五寸。长六丈桅木一根。围大四尺三寸。长五丈桅木一根。舰匠十二工一分三厘。

桅尾用柯栒木马面二块。各长三丈五尺。宽一尺五寸。厚三寸。樟木大桅笠一块。长二尺。宽一尺二寸。大桅琵琶一块。长三尺。宽一尺五寸。头桅琵琶一块。长二尺。宽六寸。均厚三寸。木段大桅伬一根。长一丈二尺。头桅柱一根。长九尺。均围大三尺二寸。马面。做净每折见方尺八十尺。用舰匠一工。桅笠。桅伬。琵琶四十尺。用舰匠一工。马面钉缝凑长七丈。每丈用长六寸钉二十个。共核用宽一尺五寸。厚三寸柯栒木枋七丈四寸。宽一尺五寸。厚三寸樟木枋五尺六寸。围大三尺五寸木段二丈一尺四寸。长六寸钉一百四十个。舰匠五工三分四厘。

大风篷一扇。长四丈八尺。宽二丈七尺八寸。头风篷一扇。长二丈八尺。宽一丈四尺。浮溪木大篷担二根。各长二丈七尺八寸。头篷担二根。各长一丈四尺。围大一尺七寸。做净每折见方尺四十尺。用舰匠一工。共核用宽二丈七尺八寸。长四丈八尺风篷一扇。宽一丈四尺。长二丈八尺风篷一扇。围大二尺。净长三丈二尺浮溪木二根一丈九尺六寸。舰匠三工五分五厘。

大篷架用木段横梁一根。长一丈四尺。头篷横梁一根。架针三根。各长七尺。均宽一尺。厚八寸。做净每折见方尺三十二尺。用舰匠一工。共核用围大三尺五寸木段四丈三尺。舰匠四工七分三厘。锯匠一工八厘。

大篷车员用中吉木一根。长一丈四尺。半车员一根。斗头车员一根。各长六尺。椗车员一根。长一丈。均围大二尺二寸。浮溪木车脚直板四块。各长一丈。斜板四块。各长七尺。均宽五寸。厚二寸。硬木棍车子二十五根。各长一丈三尺。围大八寸。车员。做净每折见方尺三十二尺。用舰匠一工。车脚斜。直板八十尺。用舰匠一工。共核用围大二尺五寸。净长三丈六尺中吉木一根。围大二尺。净长三丈二尺浮溪木二丈二尺七寸。围大八寸。长一丈三尺硬木棍二十五根。舰匠三工六分七厘。锯匠六分八厘。

水柜用樟木牛头六块。各长五尺。宽一尺五寸。厚三寸。木段水柜柱四根。各长七尺。围大三尺二寸。水柜闸四块。各长七尺。见方八寸。水柜板三十六块。各长四尺六寸。宽八寸。厚二寸五分。水柜柱。闸。牛头。做净每折见方尺四十尺。用舰匠一工。水柜板八十尺。用舰匠一工。水柜柱每根用长六寸钉二十个。牛头钉缝凑长三丈。每丈用长六寸钉三十个。水柜板钉缝凑长十六丈五尺六寸。每丈用长五寸钉三十个。舱缝凑长五十丈三尺二寸。共核用宽一尺五寸。厚三寸樟木枋三丈六寸。围大三尺五寸木段九丈九尺九寸。长六寸钉一百七十个。长五寸钉四百九十七个。灰五十斤五两。桐油二十斤二两。网纱十八斤十三两九钱。竹丝十八斤十三两九钱。舰匠十一工五分三厘。锯匠三工一分二厘。舱匠七工一分九厘。舂灰夫一名七分六厘。

妈祖龛用杉木板三十二丈。宽六寸。厚一寸。做净每折见方尺八十尺。用舰匠一工。钉缝凑长三十二丈。每丈用长四寸钉三十个。舱缝凑长六十四丈。共核用宽六寸。厚一寸杉木三十二丈六尺四寸。长四寸钉九百六十个。灰六十四斤。桐油二十五斤九两六钱。网纱二十四斤。竹丝二十四斤。舰匠五工六分。艌匠九工一分四厘。舂灰夫二名二分四厘。

船面两旁炮架六个并盖。每个用长四尺六寸。宽八寸。厚二寸五分木段板六块。做净每折见方尺八十尺。用舰匠一工。共核用围大三尺五寸木段四丈二尺三寸。舰匠四工三分五厘。锯匠二工四分八厘。

船头用中吉木樾一根。长三丈六尺。围大二尺二寸。做净每折见方尺四十尺。用舰匠一工。共核用围大二尺五寸。净长三丈六尺中吉木一根。舰匠一工九分八厘。

船尾舵一门。用椎木舵栏一根。长一丈八尺。宽一尺四寸。厚八寸。中吉木舵闪板三块。各长一丈四尺。凑宽一尺九寸八分。用宽五寸八分。厚二寸五分板四丈七尺七寸九分。樟木极舵夹八块。各长四尺。围大一尺。硬木棍舵牙扼二根。各长一丈三尺。围大八寸。舵栏。做净每折见方尺三十尺。用舰匠一工。舵夹。舵牙四十尺。用舰匠一工。舵闪板八十尺。用舰匠一工。舵夹钉缝凑长三丈二尺。每丈用长八寸钉五十个。舵夹。舵闪板艌缝凑长十五丈九尺五寸八分。共核用宽一尺四寸。厚八寸。长一丈八尺二寸椎木一块。围大二尺五寸。净长三丈六尺中吉木一丈五尺九寸三分。围大一尺樟木极三丈二尺八寸。围大八寸。长一丈三尺硬木棍二根。长八寸钉一百六十个。灰十五斤十五两。桐油六斤六两一钱。网纱五斤十五两七钱。竹丝五斤十五两七钱。舰匠四工九分五厘。锯匠五分七厘。艌匠二工二分八厘。舂灰夫五分六厘。

跟随战船舢板船用柯枸木龙骨一根。长一丈四尺。斗盖一块。长六尺。托浪板一块。长五尺。均宽一尺。厚三寸。浮溪木水底板十块。各长一丈六尺。凑宽五尺三寸。艈板六块。各长一丈八尺。凑宽三尺一寸八分。堵板十四块。各长六尺。凑宽七尺四寸二分。共用宽五寸。厚二寸板三十七丈三尺一寸二分。龙骨。做净每折见方尺四十尺。用舰匠一工。斗盖各板八十尺。用舰匠一工。龙骨用长六寸钉十二个。托浪板。水底板。艈板钉缝凑长二十八丈九尺八分。每丈用长五寸钉三十个。托浪板。水底板。艈板艌缝凑长五十七丈八尺一寸六分。共核用宽一尺。厚三寸柯枸木枋二丈五尺五寸。围大二尺。净长三丈二尺浮溪木三根二丈八尺四寸。长六寸钉十二个。长五寸钉八百六十七个。灰五十七斤十三两。桐油二十三斤二两。网纱二十一斤十两九钱。竹丝二十一斤十两九钱。舰匠七工八分。锯匠三工七分三厘。艌匠八工二分六厘。舂灰夫二名二厘。

舢板船两旁水蛇二根。水戗二根。各长一丈六尺。压板二块。各长一丈八尺。均宽五寸。厚二寸。做净每折见方尺八十尺。用舰匠一工。水蛇钉缝凑长三丈二尺。每四尺用长八寸钉三个。压板。水戗钉缝凑长六丈八尺。每丈用长五寸钉三十个。艌缝凑长二十丈。共核用围大二尺。净长三丈二尺浮溪木一根一尺三寸。长八寸钉二十四个。长五寸钉二百四个。灰二十斤。桐油八斤。网纱七斤八两。竹丝七斤八两。舰匠一工七分五厘。锯匠一工。艌匠二工八分六厘。舂灰夫七分。

舢板船用樟木舢板舱五个。各长四尺。宽五寸。厚三寸。樟木极舢板梁四块。各长四尺四寸。牛头仔极十五个。各长二尺。冲天极二块。各长二尺八寸。均围大一尺。做净每折见方尺四十尺。用舰匠一工。舢板舱。梁钉缝凑长三丈七尺六寸。每丈用长六寸钉三十个。冲天极每块用长六寸钉二个。舢板舱。梁。冲天极艌缝凑长八丈六尺四寸。共核用宽一尺五寸。厚三寸樟木枋六尺八寸。围大一尺樟木极五丈五尺三寸。长六寸钉一百十七个。灰八斤十两。桐油三斤七两三钱。网纱三斤三两八钱。竹丝三斤三两八钱。舰匠二工一分三厘。艌匠一工二分三厘。舂灰夫三分。

大桅铁箍六个。各长四尺六寸。头桅箍四个。各长四尺四寸。舵头箍四个。各长四尺七寸。樾箍三个。各长三尺四寸。俱宽二寸。厚五分。椗齿四个。各长一尺。宽七寸。厚五分。橹箍六个。各长二尺七寸。宽一寸。厚三分。铁镮六个。各围大六寸。以上铁料。共净重一百九十六斤八两。每正铁一斤。加耗铁一斤。每正铁五斤。用铁匠一工。每正。耗铁一斤。用炭三斤。共核用生铁三百九十三斤。炭一千一百七十九斤。铁匠三十九工三分。

油画前船。共用乌烟三斤五两。广红五斤。铜碌四两。京红四两。南粉二斤。银朱一两。膳黄四两。蓝粉四两。杭粉一两。水胶六两。松香八两。墨二块。桐油四斤。淡底一斤。油画匠十工。

麻大桅繂索二条。各长七丈二尺。大七寸。头桅繂索二条。各长六丈。大四寸五分。大踏索二条。

各长六丈。大五寸。小踏索二条。各长五丈。大三寸。大缭母一条。长四丈。大七寸。小缭母一条。长二丈四尺。大四寸。大帮衬六条。各长一丈六尺。大二寸。小帮衬九条。各长五尺。大一寸五分。以上共重四百四十斤。每百斤用绳匠三工六分。共核用麻四百四十斤。绳匠十五工八分四厘。

棕正椗索一条。长四十二丈。大八寸二分。副椗索一条。长四十丈。大七寸五分。大篷筋一条。长六丈六尺。大二寸。小篷筋一条。长三丈三尺。大一寸。缭仔。缭耳共十八条。各长二丈。大二寸。椗奴二条。各长一丈五尺。大七寸。大。小摘尾二条。共长十二丈。大五寸。舵吊一条。长三丈。大六寸。以上共重四百七十斤。每撕棕四十斤。用匠一工。成绳四十斤。用匠一工。共核用棕四百七十斤。撕棕匠十一工七分五厘。成绳匠十一工七分五厘。

冲风旗一面。长。宽各一丈六尺。一条龙旗一面。长六丈。宽三尺。妈祖旗一面。长。宽各五尺。大小定风旗三面。内一面长六尺。二面各长四尺五寸。均宽一尺。共核用幅宽一尺色布五十丈。苎线十两。裁缝匠五工。

中椗二门。齿全。各长一丈八尺。宽一尺。厚六寸。

中橹二枝。各长四丈二尺。宽八寸。厚五寸。

舢板橹一枝。长二丈五尺。宽七寸。厚四寸。

大。小桅饼七个。

大。小无底升五百个。

椗舵上配用竹绳。草绳。共用竹篾四百二十斤。绳匠十五工一分二厘。草心三百九十二斤。绳匠九工八分。

【查原送成规内开。打造竹绳。草绳所用匠工。多寡不齐。今照棕。麻绳索用工之例一律核定。】

篷上配用大小缭球。摄子。兔耳。共用槐藤二十五斤。藤匠五工。

刻字用。刻字匠三工。

竖大。小桅用壮夫三十五名。

前船共用大小铁钉二万四千五十三个。刷抹钉头每百个用灰一斤。桐油六两四钱。每油灰十斤。用舱匠一工。共核用灰二百四十斤八两。桐油九十六斤三两四钱。舱匠三十三工六分七厘。舂灰夫八名四分二厘。

前船共用舰匠四百二工二分三厘。系照杉。松木植核定。内有樟。柯等硬料用匠九十五工三分。每工外加匠二分。计加匠十九工六厘。共匠四百二十一工二分九厘。每百工加安装匠十工。计安装匠四十二工一分三厘。每舰匠。安装匠一百工。加随匠壮夫二十名。计壮夫九十二名六分八厘。

以上拆造前船。共用。

宽一尺。厚八寸松木六丈六寸【每丈银四钱一分四厘】。计银二两五钱九厘。

【查原送成规内开。松木按依十六则丈尺计算。每丈核银四钱八分一厘至三钱四分一厘不等。多寡参差。均匀核计。每丈需银四钱一分四厘。今照四钱一分四厘之数一律核定。】

围大三尺二寸。净长四丈二尺大吉木十八根一丈四尺【每根银二两七钱】。计银四十九两五钱。

【查原送成规内开。大吉木二十二根。今按丈尺做法核算。应减三根二丈八尺。】

围大二尺五寸。净长三丈六尺中吉木二十四根六尺七寸三分【每根银一两五钱】。计银三十六两二钱八分。

【查原送成规内开。中吉木二十二根。今按丈尺做法核算。应增二根六尺七寸三分。】

围大二尺。净长三丈二尺浮溪木二十四根一丈六寸【每根银五钱】。计银十二两一钱六分六厘。

【查原送成规内开。浮溪木二十二根。今按丈尺做法核算。应增二根一丈六寸。】

围大一尺六寸。净长二丈八尺高洋木二十四根【每块银二钱】。计银四两八钱。

围大三尺五寸木段六十一丈九尺八寸。核长一丈四尺段料四十四根三尺八寸【每根银六钱】。计银二十六两五钱六分三厘。

【查原送成规内开。木段四十四根。今按丈尺做法核算。应增三尺八寸。】

宽一尺五寸。厚三寸樟木枋六十八丈四尺。核长一丈七尺枋料四十块四尺【每块银一两三钱】。计银五十二两三钱六厘。

【查原送成规内开。樟枋四十一块。今按丈尺做法核算。应减一丈三尺。】

宽一尺。厚三寸。长八尺二寸樟木板四块【每块银四钱一分八厘】。计银一两六钱七分二厘。

【查原送成规内开。樟木梁座。梁头。一则至十七则各长一丈七尺。宽一尺五寸。厚三寸。每块银一两三钱。托浪樟木板。第一则长六尺五寸。宽一尺。厚三寸。每块开银五钱。第二则至十七则各长八尺。宽一尺。厚三寸。每块亦开银三钱。价值参差。今俱照梁座。梁头之价一律核定。】

宽一尺二寸。厚三寸松木枋六十八丈九尺六寸。核长一丈七尺枋料四十块九尺六寸【每块银三钱五分】。计银十四两一钱九分八厘。

【查原送成规内开。松枋四十块。今按丈尺做法核算。应增九尺六寸。】

围大一尺樟木极五十四丈四尺一寸。核长一丈二尺樟极四十五块四尺一寸【每块银二钱】。计银九两六分八厘。

【查原送成规内开。樟极五十块。今按丈尺做法核算。应减四块七尺九寸。】

宽一尺五寸。厚三寸柯梅木枋七丈四寸【每丈银五钱七分一厘五毫】。计银四两二分三厘。

宽一尺。厚三寸柯梅木枋五丈一尺【每丈银三钱八分一厘】。计银一两九钱四分三厘。

【查原送成规内开。柯梅木马面。一则至十七则各长三丈五尺。宽一尺五寸。厚三寸。每块开银二两。软筋及舢板龙骨等料。一则至五则各长二丈五尺。宽一尺。厚三寸。每块开银一两。六则至十七则各长三丈五尺。宽一尺。厚三寸。每块开银二两。价值参差。今俱照马面之价一律核定。】

围大八寸。长一丈三尺硬木棍四十根【每根银八分】。计银三两二钱。

宽六寸。厚一寸杉木板三十二丈六尺四寸【每丈银四钱】。计银十三两五分六厘。

围大七尺。长一丈八尺五寸樟木一根。计银七两九分八厘。

围大五尺三寸。长一丈五尺五寸樟木一根。计银三两四钱九厘。

见方二尺四寸。长八尺二寸樟木一块。计银四两四钱三分八厘。

围大四尺六寸。长五尺八寸樟木一段。计银九钱六分。

宽二尺一寸。厚八寸。长一丈七尺二寸樟木一块。计银二两七钱一分四厘。

围大七尺五寸。长七尺七寸樟木一段。计银三两三钱九分一厘。

宽二尺二寸。厚一尺一寸。长一丈二尺二寸樟木二块【每块银二两七钱七分三厘】。计银五两五钱四分六厘。

宽一尺八寸。厚八寸。长一丈樟木二块【每块银一两三钱五分三厘】。计银二两七钱六厘。

宽二尺。厚九寸五分。长一丈六尺二寸樟木二块【每块银二两八钱九分二厘】。计银五两七钱八分四厘。

围大四尺七寸。长一丈五尺五寸樟木一根。计银二两六钱八分一厘。

宽一尺二寸。厚六寸。长一丈八尺二寸樟木一块。计银一两二钱三分一厘。

宽二尺四寸。厚六寸。长七尺七寸樟木一块。计银一两四分二厘。

【查原送成规内开。一则至十七则。每则用樟木含檀等料十二款。所开价值逐款核计。俱属参差。均匀计算。每折见方尺一尺需银九分三厘九毫六丝。今照九分三厘九毫六丝之数一律核定。】

宽一尺四寸。厚八寸。长一丈八尺二寸楮木一根。计银十六两。

围大四尺五寸。长六丈桅木一根。计银二十三两。

围大四尺三寸。长五丈桅木一根。计银七两。

长一尺钉三百五十三个。每二个重一斤。计重一百七十六斤八两。长八寸钉二百六十个。每五个重一斤。计重五十二斤。长六寸钉一万一千八百三十八个。每十五个重一斤。计重七百八十九斤三两二钱。长五寸钉一万六百四十二个。每二十个重一斤。计重五百三十二斤一两六钱。长四寸钉九百六十个。每三十个重一斤。计重三十二斤。以上铁钉。共重一千五百八十一斤十二两八钱。内除选用旧钉七百九十二斤十四两外。添新七百八十八斤十四两八钱【每斤银二分二厘】。计银十七两三钱五分六厘。

灰一千八百四十七斤十四两【每百斤银二钱】。计银三两六钱九分六厘。

桐油七百四十三斤二两六钱【每斤银三分】。计银二十二两二钱九分五厘。

网纱六百二斤十二两三钱【每斤银一分二厘】。计银七两二钱三分三厘。

竹丝六百二斤十二两三钱【每斤银六厘】。计银三两六钱一分七厘。

生铁三百九十三斤【每斤银一分】。计银三两九钱三分。

炭一千一百七十九斤【每百斤银一钱六分】。计银一两八钱八分六厘。

乌烟三斤五两【每斤银一分五厘】。计银五分。

广红五斤【每斤银五分】。计银二钱五分。

铜碌四两【每斤银三钱】。计银七分五厘。

京红四两【每斤银八分】。计银二分。

南粉二斤【每斤银一分】。计银二分。

银朱一两【每斤银六钱四分】。计银四分。

籐黄四两【每斤银二钱】。计银五分。

蓝粉四两【每斤银八分】。计银二分。

杭粉一两【每斤银一钱六分】。计银一分。

水胶六两【每斤银四分】。计银一分五厘。

松香八两【每斤银二分】。计银一分。

墨二块【每块银一分】。计银二分。

淡底一斤。计银五分。

麻四百四十斤【每斤银一分五厘】。计银六两六钱。

棕四百七十斤【每斤银三分】。计银十四两一钱。

色布五十丈【每丈银一钱】。计银五两。

苎线十两【每斤银一钱二分】。计银七分五厘。

椗二门【齿全】。各长一丈八尺。宽一尺。厚六寸【每门银一两一钱二分七厘】。计银二两二钱五分四厘。

中橹二枝。各长四丈二尺。宽八寸。厚五寸【每枝银一两七钱一分三厘】。计银三两四钱二分六厘。

舢板橹一枝。长二丈五尺。宽七寸。厚四寸。计银三钱二分一厘。

大风篷一扇。长四丈八尺。宽二丈七尺八寸。计银四两一钱六分一厘。

头风篷一扇。长二丈八尺。宽一丈四尺。计银一两二钱二分二厘。

【查原送成规内开。一则至十七则。大篷每扇银五两五钱。头篷每扇银一两五钱。所开丈尺。大篷长自四丈八尺至七丈。宽自二丈六尺至三丈三尺不等。头篷长自二丈四尺至三丈五尺。宽一丈四尺至一丈六尺五寸不等。俱属参差。均匀核计。每折见方一丈需银三钱一分一厘八毫。今照三钱一分一厘八毫之数一律核定。】

大。小桅饼七个【每个银七分】。计银四钱九分。

大。小无底升五百个【每百个银八分】。计银四钱。

竹篾四百二十斤【每百斤银一钱六分】。计银六钱七分二厘。

草心三百九十二斤【每百斤银七分】。计银二钱七分四厘。

槐藤二十五斤【每斤银二分五厘】。计银六钱二分五厘。

舰匠四百二十一工二分九厘。安装匠四十二工一分三厘。锯匠一百九工七分四厘。艌匠二百六十三工二分九厘。铁匠三十九工三分。油画匠十工。绳匠四十工七分六厘。棕匠二十三工五分。裁缝匠五工。藤匠五工。刻字匠三工。壮夫一百九十二名三分七厘。以上共匠夫一千一百五十五工三分八厘【每工银五分】。计银五十七两七钱六分九厘。

又置备物件开后。

木桶二十件【每件银三分】。计银六钱。

铁锅二口换新【每口贴工料银一钱二分】。计银二钱四分。

鼓一面修理换皮。计银四钱八分。

金一面重四斤换新【每斤贴工料银七分】。计银二钱八分。

以上拆造前船成规内开。共需工料银四百七十九两八钱五分八厘四毫。内部价银二百二十八两五钱四厘。加八津贴并另加三分银二百五十一两三钱五分四厘四毫。台厂运费银四十五两七钱八毫。今按条查核。分别增减更正。需用工料银四百七十七两九钱一分六厘。内部价银二百二十七两五钱七分九厘。加八津贴并另加三分银二百五十两三钱三分七厘。台厂运费银四十五两五钱一分六厘。计节减工料银一两九钱四分二厘四毫。运费银一钱八分四厘八毫。行令该抚于前船届应拆造之期。将节减银两在于应领银内扣除。

至大。小修理成规内开。大修工料银三百二十八两四钱一分四厘。内部价银一百四十九两二钱七分九厘。加九津贴并另加三分银一百七十九两一钱三分五厘。台厂运费银二十九两八钱五分六厘。小修工料银二百三十四两一钱六分三厘。内部价银一百一两八钱一分。加十津贴并另加三分银一百三十二两三钱五分三厘。台厂运费银二十两三钱六分二厘。

其余三船仿此。

卷四

福建省外海战船做法

第四则赶缯船。九只。内澎湖协标右营宁字九号船一只。身长五丈五尺。头起𦨭四尺五寸。尾起𦨭三尺二寸。船头长二丈。面匀宽一丈三寸。底匀宽八尺八寸。船中长一丈八尺。面匀宽一丈五尺七寸。底匀宽一丈九寸。船尾长一丈七尺。面匀宽一丈五尺三寸。底匀宽一丈九寸。两边舨长六丈二尺。计十六舱。深五尺三寸四分。

今将拆造前船需用工料。价值细数开后。计开。

船底松木龙骨一道。计三节。船头一节。长一丈五尺。船中一节。连交接匙头长三丈五尺。船尾一节。长一丈。共凑长六丈。均宽一尺。厚八寸。做净每折见方尺二十尺。用舰匠一工。交接匙头二处。每处用长一尺钉八个。又每边用长六寸钉十二个。共核用宽一尺。厚八寸松木枋六丈六寸。

【查成规内开。大吉。中吉。浮溪。高洋四项木植。俱截去尖梢。作栏栏。灶柜。签子。木牌等项之用。其本身木料毋庸另加长荒外。一切枋段各料有截去一二尺至三五尺不等者。亦有未加长荒者。参差不一。今将枋段各料每件长五尺以内者加长荒一寸。五尺以外者加长荒二寸。圆径樟木长一丈以内者每根加长荒二寸。长一丈以外者每根加长荒五寸一律核定。】

长一尺钉十六个。长六寸钉二十四个。舰匠十工八分。

船底板连起𦨭长五丈五尺。内船底匀宽一丈五寸二分。两站各匀高六尺三寸七分。用长四丈二尺。宽八寸。厚三寸大吉木板四十块。做净每折见方尺八十尺。用舰匠一工。锯板折宽一尺。长七丈。用锯匠一工【以下锯板用工仿此】。钉缝凑长一百六十八丈。每丈用长六寸钉三十个。舱缝凑长三百三十六丈。每丈用灰一斤。桐油六两四钱。网纱竹丝各六两。每七丈用舱匠一工。舂制油灰。每四十斤用舂灰夫一名【以下舱缝用工。用料仿此】。共核用围大三尺二寸。净长四丈二尺大吉木十三根一丈四尺。长六寸钉五千四十个。灰三百三十六斤。桐油一百三十四斤六两四钱。网纱一百二十六斤。竹丝一百二十六斤。舰匠四十六工二分。锯匠二十六工四分。舱匠四十八工。舂灰夫十一名七分六厘。

各舱樟木梁座二十一块。内。船头配用七块。凑长十丈五尺。船中七块。凑长十一丈九尺。船尾七块。凑长十一丈二尺。舱梁抽换十七块。内。船头配用六块。凑长六丈四尺五寸。船中六块。凑长十一丈一尺。船尾五块。凑长七丈九尺五寸。均宽一尺五寸。厚三寸。松木梁头抽换三十五块。内。船头配用十块。凑长十六丈。船中十二块。凑长十九丈二尺。船尾十三块。凑长二十丈八尺。均宽一尺二寸。厚三寸。硬木棍稳吊九根。各长一丈三尺。围大八寸。梁座。梁头做净每折见方尺八十尺。用舰匠一工。稳吊四十尺。用舰匠一工。钉缝凑长一百二十六丈八尺。每丈用长六寸钉三十个。艌缝凑长二百五十三丈六尺。共核用宽一尺五寸。厚三寸樟木枋五十九丈八尺六寸。宽一尺二寸。厚三寸松木枋五十六丈七尺。围大八寸。长一丈三尺硬木棍九根。长六寸钉三千八百四个。灰二百五十三斤十两。桐油一百一斤七两。网纱九十五斤一两六钱。竹丝九十五斤一两六钱。舰匠四十九工九分四厘。艌匠三十六工二分三厘。舂灰夫八名八分八厘。

各舱用樟木极三十四块。内。虎头舱极二块。油婆前极二块。冲天极二块。各长九尺五寸。水柜舱极二块。各长九尺。舨边各舱极十二块。拜棚极二块。各长一丈。官厅前极二块。各长八尺五寸。下担前极二块。下金极二块。各长六尺。头转水极二块。各长一丈二尺。鳅鱼极二块。各长七尺。斗盖极二块。各长五尺。均围大一尺。做净每折见方尺四十尺。用舰匠一工。每块用长六寸钉二个。艌缝凑长六十丈八尺。共核用围大一尺樟木极三十一丈六寸。长六寸钉六十八个。灰六十斤十三两。桐油二十四斤五两一钱。网纱二十二斤十二两八钱。竹丝二十二斤十二两八钱。舰匠七工六分。艌匠八工六分九厘。舂灰夫二名一分三厘。

船身两旁走马二条。水蛇二条抽换。各长四丈二尺。宽八寸。厚四寸。做净每折见方尺四十尺。用舰匠一工。走马钉缝凑长八丈四尺。每丈用长一尺钉三十个。水蛇钉缝凑长八丈四尺。每四尺用长一尺钉三个。艌缝凑长三十三丈六尺。共核用围大三尺二寸。净长四丈二尺大吉木二根。长一尺钉三百十五个。灰三十三斤十两。桐油十三斤七两。网纱十二斤九两六钱。竹丝十二斤九两六钱。舰匠十工八厘。锯匠二工八分八厘。艌匠四工八分。舂灰夫一名一分八厘。

船面两旁䑸板长五丈五尺。凑宽一丈三寸抽换。用长四丈二尺。宽八寸。厚三寸大吉木板十六块。做净每折见方尺八十尺。用舰匠一工。钉缝凑长六十七丈二尺。每丈用长六寸钉三十个。艌缝凑长一百三十四丈四尺。共核用围大三尺二寸。净长四丈二尺大吉木五根一丈四尺。长六寸钉二千十六个。灰一百三十四斤六两。桐油五十三斤十二两二钱。网纱五十斤六两四钱。竹丝五十斤六两四钱。舰匠十八工四分八厘。锯匠十工五分六厘。艌匠十九工二分。舂灰夫四名七分。

两旁舨板各长六丈二尺。高八尺抽换。用长三丈六尺。宽五寸八分。厚二寸五分中吉木板三十块。两旁添换浮溪木舨柱十根。各长八尺。围大一尺七寸。舨板。做净每折见方尺八十尺。用舰匠一工。柱四十尺。用舰匠一工。舨板钉缝凑长一百八丈。每丈用长五寸钉三十个。舨柱钉缝凑长八丈。每丈用长六寸钉三十个。艌缝凑长二百三十二丈。共核用围大二尺五寸。净长三丈六尺中吉木十根。围大二尺。净长三丈二尺浮溪木二根一丈六尺。长六寸钉二百四十个。长五寸钉三千二百四十个。灰二百三十二斤。桐油九十二斤十二两八钱。网纱八十七斤。竹丝八十七斤。舰匠二十五工八分一厘。锯匠十二工八分一厘。艌匠三十三工一分四厘。壮夫八名一分二厘。

【查成规内。舨板未载舨高尺寸。今按舨柱长丈核定。】

两旁舨艛二十三块。各长三尺七寸。龙目二块。各长一尺五寸。均围大一尺。做净每折见方尺四十尺。用舰匠一工。舨艛每块用长六寸钉二个。龙目每块用长六寸钉六个。艌缝凑长十七丈六尺二寸。共核用围大一尺樟木极九丈六寸。长六寸钉五十八个。灰十七斤十两。桐油七斤八钱。网纱六斤九两七钱。竹丝六斤九两七钱。舰匠二工二分。艌匠二工五分二厘。舂灰夫六分二厘。

舨上前后浮溪木鼠桥板四块。各长二丈五尺。压板四块。各长三丈二尺。均宽五寸。厚二寸。两边木段猴袋板四块。各长五尺。宽八寸。厚二寸五分。做净每折见方尺八十尺。用舰匠一工。鼠桥。压板钉缝凑长二十二丈八尺。每丈用长五寸钉三十个。压板艌缝凑长二十五丈六尺。共核用围大二尺。净长三丈二尺浮溪木二根一丈二尺。围大三尺五寸木段五尺一寸。长五寸钉六百八十四个。灰二十五斤十两。桐油十斤三两八钱。网纱九斤九两六钱。竹丝九斤九两六钱。舰匠四工五分二厘。锯匠二工五分八厘。艌匠三工六分六厘。舂灰夫九分。

两旁大压二块。笨抽二块。水戗二块抽换。各长三丈六尺。均宽六寸六分。厚三寸五分。做净每折见方尺四十尺。用舰匠一工。钉缝凑长二十一丈六尺。每丈用长六寸钉三十个。艌缝凑长四十三丈二尺。共核用围大二尺五寸。净长三丈六尺中吉木三根。长六寸钉六百四十八个。灰四十三斤三两。桐油十七斤四两五钱。网纱十六斤三两二钱。竹丝十六斤三两二钱。舰匠十工九分一厘。锯匠三工一分二厘。艌匠六工一分七厘。舂灰夫一名五分一厘。

官厅前后梁用中吉木二根。各长一丈六尺五寸。围大二尺二寸。浮溪木柱四根。战桓挑二根。各长一丈三尺。围大一尺七寸。官厅上用中吉木战桓板三十六块。各长一丈六尺五寸。凑宽二丈三尺七寸六分。用宽五寸八分。厚二寸五分板六十七丈五尺九寸三分。木段冲天盖板十二块。各长四尺六寸。宽八寸。厚二寸五分。浮溪木铺板十块。各长九尺。凑宽五尺三寸。官厅门板八块。各长四尺。凑宽四尺二寸四分。用宽五寸。厚二寸板十二丈九尺三寸二分。侧板二块。踏板一块。各长一丈三尺。均宽五寸。厚二寸。官厅梁柱。战桓挑。做净每折见方尺四十尺。用舰匠一工。战桓各板八十尺。用舰匠一工。战桓板。冲天盖。官厅门〔板〕钉缝凑长七十六丈五尺五分。每丈用长五寸钉三十个。战桓板。冲天盖板艌缝凑长一百四十六丈二尺二寸六分。共核用围大二尺五寸。净长三丈六尺中吉木七根六尺三寸。围大二尺。净长三丈二尺浮溪木四根六尺一寸。围大三尺五寸木段一丈四尺一寸。长五寸钉二千二百九十五个。灰一百四十六斤四两。桐油五十八斤七两八钱。网纱五十四斤十三两四钱。竹丝五十四斤十三两四钱。舰匠二十三工五分五厘。锯匠十工五分三厘。艌匠二十工八分九厘。舂灰夫五名一分二厘。

官厅前抽换通铺板二块。各长一丈七尺。后通铺板二块。各长一丈六尺。宽一尺二寸。厚三寸。做净每折见方尺八十尺。用舰匠一工。钉缝凑长六丈六尺。每丈用长六寸钉三十个。艌缝凑长十三丈二尺。共核用宽一尺二寸。厚三寸松木枋六丈六尺八寸。长六寸钉一百九十八个。灰十三斤三两。桐油五斤四两五钱。网纱四斤十五两二钱。竹丝四斤十五两二钱。舰匠二工四分八厘。艌匠一工八分九厘。舂灰夫四分六厘。

官厅两旁浮溪木猫里墙板十六块。猫里门板八块。各长四尺。凑宽一丈二尺七寸二分。两旁猫里铺板十块。桓底板十块。各长七尺。凑宽一丈六寸。用宽五寸。厚二寸板二十五丈一寸六分。木段猫里桓上下袱四块。各长七尺。宽八寸。厚四寸。上下袱。做净每折见方尺四十尺。用舰匠一工。猫里各板八十尺。用舰匠一工。墙板。门板钉缝凑长十丈一尺七寸六分。每丈用长五寸钉三十个。共核用围大二尺。净长三丈二尺浮溪木二根一丈九尺四寸。围大三尺五寸木段一丈四尺四寸。长五寸钉三百五个。舰匠六工六厘。锯匠二工九分八厘。

官厅内浮溪木虎头舱门板八块。两旁铺板八块。各长四尺。凑宽八尺四寸八分。用宽五寸。厚二寸板六丈七尺四分。做净每折见方尺八十尺。用舰匠一工。虎头舱门板钉缝凑长三丈三尺九寸二分。每丈用长五寸钉三十个。共核用围大二尺。净长三丈二尺浮溪木二丈二尺六寸。长五寸钉一百二个。舰匠一工一分九厘。锯匠六分八厘。

两旁艜面战棚板抽换。用长二丈八尺。宽四寸。厚二寸高洋木板二十六块。各舱内铺板。用长四尺。宽四寸。厚一寸高洋木板一百九十六块。做净每折见方尺八十尺。用舰匠一工。共核用围大一尺六寸。净长二丈八尺高洋木二十根。舰匠二十工七分二厘。锯匠十一工八分四厘。

两旁艜上艜牛四块。各长八尺五寸。各舱口扛豆四块。各长一丈七尺。宽一尺二寸。厚三寸。做净每折见方尺四十尺。用舰匠一工。艜牛每块用长六寸钉四个。扛豆钉缝凑长六丈八尺。每丈用长六寸钉三十个。艌缝凑长二十丈四尺。共核用宽一尺二寸。厚三寸松木枋十丈三尺六寸。长六寸钉二百二十个。灰二十斤六两。桐油八斤二两六钱。网纱七斤十两四钱。竹丝七斤十两四钱。舰匠七工六分五厘。艌匠二工九分一厘。舂灰夫七分一厘。

各舱盖板。用长四尺六寸。宽八寸。厚二寸五分木段板八十四块。舱盖下大通槽十个。侧槽六个。水槽六个。各长四尺六寸。宽一尺。厚八寸。小通槽八个。各长四尺六寸。见方八寸。舱盖板。做净每折见方尺八十尺。用舰匠一工。通槽等槽三十尺。用舰匠一工。舱盖板钉缝凑长三十八丈六尺四寸。每丈用长五寸钉三十个。舱缝凑长七十七丈二尺八寸。共核用围大三尺五寸木段二十三丈九尺七寸。长五寸钉一千一百五十九个。灰七十七斤四两。桐油三十斤十四两六钱。网纱二十八斤十五两七钱。竹丝二十八斤十五两七钱。舰匠二十六工二分一厘。锯匠九工二分四厘。舱匠十一工四厘。舂灰夫二名七分。

两旁舨边用高洋木牛栏四根。内。船头二根。各长八尺。船后二根。各长二丈。均围大一尺三寸。做净每折见方尺四十尺。用舰匠一工。共核用围大一尺六寸。净长二丈八尺高洋木二根。舰匠一工八分二厘。

船头斗盖用樟木一块。长一丈五尺。围大四尺七寸。虾箍梁一块。长八尺五寸。宽七寸。兔耳一块。长八尺。宽一尺五寸。鹿肚勒一个。长四尺。宽一尺二寸。托浪板四块。各长八尺。宽一尺。俱厚三寸。斗盖。虾箍梁。兔耳。鹿肚勒。做净每折见方尺四十尺。用舰匠一工。托浪板八十尺。用舰匠一工。斗盖用长八寸钉十二个。虾箍梁。托浪板钉缝凑长四丈五寸。每丈用长六寸钉三十个。兔耳。鹿肚勒钉缝凑长一丈二尺。每丈用长五寸钉三十个。虾箍梁。托浪板。兔耳。鹿肚勒舱缝凑长十丈五尺。共核用围大四尺七寸。长一丈五尺五寸樟木一根。宽一尺五寸。厚三寸樟木枋一丈五尺五寸四分。宽一尺。厚三寸。长八尺二寸樟木板四块。长八寸钉十二个。长六寸钉一百二十二个。长五寸钉三十六个。灰十斤八两。桐油四斤三两二钱。网纱三斤十五两。竹丝三斤十五两。舰匠四工二分五厘。舱匠一工五分。舂灰夫三分七厘。

中含檀一块。长一丈八尺。围大七尺。头含檀一块。长一丈五尺。围大五尺三寸。含檀梁一块。长一丈七尺。头含檀闸一块。长八尺。均宽一尺五寸。厚三寸。做净每折见方尺三十尺。用舰匠一工。含檀梁钉缝长一丈七尺。每丈用长六寸钉三十个。含檀。含檀梁舱缝凑长十丈。共核用围大七尺。长一丈八尺五寸樟木一根。围大五尺三寸。长一丈五尺五寸樟木一根。宽一尺五寸。厚三寸樟木枋二丈五尺四寸。长六寸钉五十一个。灰十斤。桐油四斤。网纱三斤十二两。竹丝三斤十二两。舰匠八工八分五厘。舱匠一工四分三厘。舂灰夫三分五厘。

中转水二块。各长一丈六尺。宽二尺。厚九寸五分。樟极转水鞋二块。各长七尺。围大一尺。做净每折见方尺四十尺。用舰匠一工。转水每块用长一尺钉二个。转水鞋每块用长六寸钉七个。舱缝凑长九丈二尺。共核用宽二尺。厚九寸五分。长一丈六尺二寸樟木二块。围大一尺樟木极一丈四尺四寸。长一尺钉四个。长六寸钉十四个。灰九斤三两。桐油三斤十两九钱。网纱三斤七两二钱。竹丝三斤七两二钱。舰匠五工七厘。舱匠一工三分一厘。舂灰夫三分二厘。

船尾用浮溪木尾楼舨柱四根。各长四尺。围大一尺七寸。木段拜棚杠四根。各长七尺。围大三尺二寸。拜棚板十六块。各长七尺。尾楼舨板八块。各长一丈四尺。均宽八寸。厚二寸五分。舨术。拜棚杠。做净每折见方尺四十尺。用舰匠一工。舨板。拜棚板八十尺。用舰匠一工。拜栅板。舨板钉缝凑长二十二丈四尺。每丈用长五寸钉三十个。拜棚板舱缝凑长二十二丈四尺。共核用围大二尺。净长三丈二尺浮溪木一丈六尺。围大三尺五寸木段八丈六尺。长五寸钉六百七十二个。灰二十二斤六两。桐油八斤十五两四钱。网纱八斤六两四钱。竹丝八斤六两四钱。舰匠八工八分。锯匠三工三分六厘。舱匠三工二分。舂灰夫七分八厘。

船尾用樟木下金一块。长七尺五寸。围大七尺五寸。缭牛一副。长七尺五寸。宽二尺四寸。厚六寸。尾楼上金一块。长一丈七尺。宽二尺一寸。厚八寸。七星冠一块。长一丈八尺。宽一尺二寸。厚六寸。硬木棍下金拴二根。缭牛臁二根。各长六尺五寸。围大八寸。木段缭牛杠二根。各长七尺。围大三尺二寸。下金。缭牛臁。上金。七星冠。做净每折见方尺三十尺。用舰匠一工。下金拴。缭牛。缭牛杠四十尺。用舰匠一工。下金用长八寸钉十八个。缭牛用长八寸钉二十二个。上金用长一尺钉十八个。缭牛臁钉缝凑长一丈三尺。每丈用长五寸钉三十个。下金舱缝凑长七尺五寸。共核用围大七尺五寸。长七尺七寸樟木一段。宽二尺四寸。厚六寸。长七尺七寸樟木一块。宽二尺一寸。厚八寸。长一丈七尺二寸樟木一块。宽一尺二寸。厚六寸。长一丈八尺二寸樟木一块。围大八寸。长一丈三尺硬木棍二根。围大三尺五寸木段一丈四尺四寸。长一尺钉十八个。长八寸钉四十个。长五寸钉三十九个。灰十二两。桐油四两八钱。网纱四两五钱。竹丝四两五钱。舰匠十工七分六厘。艌匠一分一厘。舂灰夫三厘。

船尾舵边。用木段硬筋二根。各长一丈四尺。围大三尺二寸。尾楼鲂鱼翅四块。各长七尺。宽一尺。厚四寸。柯栒木软筋二根。各长一丈一尺。宽一尺。厚三寸。做净每折见方尺四十尺。用舰匠一工。硬筋头尾用长六寸钉十二个。共核用围大三尺五寸木段四丈二尺八寸。宽一尺。厚三寸柯栒木二丈二尺四寸。长六寸钉十二个。舰匠五工六分三厘。锯匠五分六厘。

尾楼上用浮溪木铺板十二块。各长四尺。尾座板四块。各长一丈二尺。舷边寄菜板四块。各长一丈四尺。碗格板四块。各长一丈一尺。均宽五寸。厚二寸。尾楼挑二块。各长一丈三尺。围大一尺七寸。楼挑做净每折见方尺四十尺。用舰匠一工。铺板各板八十尺。用舰匠一工。尾楼铺板钉缝凑长四丈八尺。每丈用长五寸钉三十个。共核用围大二尺。净长三丈二尺浮溪木二根二丈七尺三寸。长五寸钉一百四十四个。舰匠四工五分四厘。锯匠一工九分六厘。

船尾用樟木橹通板一块。长一丈二尺。橹门枋一块。橹床二块。各长五尺。双头蛇一块。长四尺。均宽一尺五寸。厚三寸。橹通板。做净每折见方尺八十尺。用舰匠一工。橹门枋。橹床。双头蛇四十尺。用舰匠一工。橹床每块用长八寸钉十二个。橹通板钉缝凑长一丈二尺。每丈用长六寸钉三十个。橹床。橹通板艌缝凑长四丈四尺。共核用宽一尺五寸。厚三寸樟木枋三丈一尺六寸。长八寸钉二十四个。长六寸钉三十六个。灰四斤六两。桐油一斤十二两二钱。网纱一斤十两四钱。竹丝一斤十两四钱。舰匠二工二分五厘。艌匠六分三厘。舂灰夫一分五厘。

水仙门两旁用浮溪木柱二根。各长四尺。围大一尺七寸。樟极百子舻四块。各长一丈二尺。围大一尺。做净每折见方尺四十尺。用舰匠一工。百子舻钉缝凑长四丈八尺。每丈用长六寸钉三十个。艌缝凑长九丈六尺。共核用围大二尺。净长三丈二尺浮溪木八尺。围大一尺樟木极四丈八尺八寸。长六寸钉一百四十四个。灰九斤十两。桐油三斤十三两四钱。网纱三斤九两六钱。竹丝三斤九两六钱。舰匠一工五分四厘。艌匠一工三分七厘。舂灰夫三分四厘。

大桅座一块。长八尺。见方二尺四寸。头桅座一块。长五尺六寸。围大四尺六寸。做净每折见方尺三十尺。用舰匠一工。共核用见方尺二尺四寸。长八尺二寸樟木一块。围大四尺六寸。长五尺八寸樟木一段。舰匠三工四分二厘。

大鹿耳二块。各长一丈二尺。宽二尺二寸。厚一尺一寸。头鹿耳二块。各长九尺八寸。宽一尺八寸。厚八寸。硬木棍鹿耳夹二根。各长一丈三尺。围大八寸。柯栒木目里鞋一块。长三尺。宽一尺。厚三寸。做净每折见方尺四十尺。用舰匠一工。共核用宽二尺二寸。厚一尺一寸。长一丈二尺二寸樟木二块。宽一尺八寸。厚八寸。长一丈樟木二块。围大八寸。长一丈三尺硬木棍二棍。宽一尺。厚三寸柯栒木三尺一寸。舰匠七工二分二厘。

大桅一根。长六丈二尺。围大四尺九寸。头桅一根。长五丈。围大四尺三寸。做净每折见方尺四十尺。用舰匠一工。共核用围大四尺九寸。长六丈二尺桅木一根。围大四尺三寸。长五丈桅木一根。舰匠十二工九分七厘。

桅尾用柯栒木马面二块。各长三丈五尺。宽一尺五寸。厚三寸。樟木大桅笠一块。长二尺。宽一尺二寸。大桅琵琶一块。长三尺。宽一尺。头桅琵琶一块。长二尺。宽八寸。均厚三寸。木段大桅伫一根。长一丈二尺。头桅伫一根。长九尺。均围大三尺二寸。马面。做净每折见方尺八十尺。用舰匠一工。桅笠。桅伫。琵琶四十尺。用舰匠一工。马面钉缝凑长七丈。每丈用长六寸钉二十个。共核用宽一尺五寸。厚三寸柯栒木枋七丈四寸。宽一尺五寸。厚三寸樟木枋四尺八寸七分。围大三尺五寸木段二丈一尺四寸。长六寸钉一百四十个。舰匠五工二分九厘。

大风篷一扇。长五丈。宽二丈七尺八寸。头风篷一扇。长二丈八尺。宽一丈四尺。浮溪木大篷担二根。各长二丈七尺八寸。头篷担二根。各长一丈四尺。围大一尺七寸。做净每折见方尺四十尺。用舰匠一工。共核用宽二丈七尺八寸。长五丈风篷一扇。宽一丈四尺。长二丈八尺风篷一扇。围大二尺。净长三丈二尺浮溪木二根一丈九尺六寸。舰匠三工五分五厘。

大篷架用木段横梁一根。长一丈四尺。头篷架横梁一根。架针三根。各长七尺。均宽一尺。厚八寸。做净每折见方尺三十二尺。用舰匠一工。共核用围大三尺五寸木段四丈三尺。舰匠四工七分三厘。锯匠一工八厘。

大篷车员一根。用中吉木长一丈四尺。半车员一根。斗头车员一根。各长六尺。碇车员一根。长一丈。均围大二尺二寸。浮溪木车脚直板四块。各长一丈。斜板四块。各长七尺。均宽五寸。厚二寸。硬木棍四十五根。各长一丈三尺。围大八寸。车员。做净每折见方尺三十二尺。用舰匠一工。斜直板八十尺。用舰匠一工。共核用围大二尺五寸。净长三丈六尺中吉木一根。围大二尺。净长三丈二尺浮溪木二丈二尺七寸。围大八寸。长一丈三尺硬木棍四十五根。舰匠三工六分七厘。锯匠六分八厘。

水柜用樟木牛头六块。各长五尺。宽一尺五寸。厚三寸。木段水柜柱四根。各长六尺五寸。围大三尺二寸。水柜闸四块。各长六尺五寸。见方八寸。水柜板三十六块。各长四尺六寸。宽八寸。厚二寸五分。水柜柱。闸。牛头。做净每折见方尺四十尺。用舰匠一工。水柜板八十尺。用舰匠一工。水柜柱每根用长六寸钉二十个。牛头钉缝凑长三丈。每丈用长六寸钉三十个。水柜板钉缝凑长十六丈五尺六寸。每丈用长五寸钉三十个。艌缝凑长四十九丈五尺二寸。共核用宽一尺五寸。厚三寸樟木枋三丈六寸。围大三尺五寸木段九丈五尺九寸。长六寸钉一百七十个。长五寸钉四百九十七个。灰四十九斤八两。桐油十九斤十二两九钱。网纱十八斤九两一钱。竹丝十八斤九两一钱。舰匠十一工二分一厘。锯匠三工八厘。艌匠七工七厘。舂灰夫一名七分三厘。

妈祖龛用杉木板二十三丈。尾楼后剑。刀。枪。炮眼窗用板十丈。均宽六寸。厚一寸。做净每折见方尺八十尺。用舰匠一工。妈祖龛板钉缝凑长二十三丈。每丈用长四寸钉三十个。艌缝凑长四十六丈。共核用宽六寸。厚一寸杉木板三十三丈六尺六寸。长四寸钉六百九十个。灰四十六斤。桐油十八斤六两四钱。网纱十七斤四两。竹丝十七斤四两。舰匠五工七分八厘。艌匠六工五分七厘。舂灰夫一名六分一厘。

船面两旁炮架六个并盖。每个长四尺六寸。宽八寸。厚二寸五分木段板六块。做净每折见方尺八十尺。用舰匠一工。共核用围大三尺五寸木段四丈二尺三寸。舰匠四工三分五厘。锯匠二工四分八厘。

船头用中吉木樾一根。长三丈六尺。围大二尺二寸。做净每折见方尺四十尺。用舰匠一工。共核用围大二尺五寸。净长三丈六尺中吉木一根。舰匠一工九分八厘。

船尾舵一门。用楮木舵栏一根。长一丈八尺。宽一尺四寸。厚八寸。中吉木舵闪板三块。各长一丈四尺。凑宽一尺九寸八分。用宽五寸八分。厚二寸五分板四丈七尺七寸九分。樟极舵夹八块。各长四尺。围大一尺。硬木棍舵牙扼二根。各长一丈三尺。围大八寸。舵栏。做净每折见方尺三十尺。用舰匠一工。舵闪板八十尺。用舰匠一工。舵夹。舵牙四十尺。用舰匠一工。舵夹钉缝凑长三丈二尺。每丈用长八寸钉五十个。舵夹。舵闪板艌缝凑长十五丈九尺五寸八分。共核用宽一尺四寸。厚八寸。长一丈八尺二寸楮木一根。围大二尺五寸。净长三丈六尺中吉木一丈五尺九寸三分。围大一尺樟木极三丈二尺八寸。围大八寸。长一丈三尺硬木棍二根。长八寸钉一百六十个。灰十五斤十五两。桐油六斤六两一钱。网纱五斤十五两七钱。竹丝五斤十五两七钱。舰匠四工九分五厘。锯匠五分七厘。艌匠二工二分八厘。舂灰夫五分六厘。

跟随战船舢板船用柯栒木龙骨一根。长一丈四尺。斗盖一块。长六尺。托浪板一块。长五尺。均宽一尺。厚三寸。浮溪木水底板十块。各长一丈六尺。凑宽五尺三寸。舷板六块。各长一丈八尺。凑宽三尺一寸八分。堵板十四块。各长六尺。凑宽七尺四寸二分。用宽五寸。厚二寸板三十七丈三尺一寸二分。龙骨。做净每折见方尺四十尺。用舰匠一工。斗盖各板八十尺。用舰匠一工。龙骨用长六寸钉十二个。托浪板。水底板。舷板钉缝凑长二十八丈九尺八分。每丈用长五寸钉三十个。托浪板。水底板。舷板舱缝凑长五十七丈八尺一寸六分。共核用宽一尺。厚三寸柯枸木二丈五尺五寸。围大二尺。净长三丈二尺浮溪木三根二丈八尺四寸。长六寸钉十二个。长五寸钉八百六十七个。灰五十七斤十三两。桐油二十三斤二两。网纱二十一斤十两九钱。竹丝二十一斤十两九钱。舰匠七工八分。锯匠三工七分三厘。舱匠八工二分六厘。舂灰夫二名二厘。

舢板船两旁水蛇二根。水戗二根。各长一丈六尺。压板二块。各长一丈八尺。均宽五寸。厚二寸。做净每折见方尺八十尺。用舰匠一工。水蛇钉缝凑长三丈二尺。每四尺用长八寸钉三个。压板。水戗钉缝凑长六丈八尺。每丈用长五寸钉三十个。压板舱缝凑长二十丈。共核用围大二尺。净长三丈二尺浮溪木一根一尺三寸。长八寸钉二十四个。长五寸钉二百四个。灰二十斤。桐油八斤。网纱七斤八两。竹丝七斤八两。舰匠一工七分五厘。锯匠一工。舱匠二工八分六厘。舂灰夫七分。

舢板船用樟木舢板舥五个。各长四尺。宽四寸。厚三寸。樟极舢板梁四块。各长四尺四寸。牛仔极十五个。各长二尺。冲天极二块。牛头极六块。各长二尺八寸。均围大一尺。做净每折见方尺四十尺。用舰匠一工。舢板舥。梁钉缝凑长三丈七尺六寸。每丈用长六寸钉三十个。冲天极。牛头极每块用长六寸钉二个。舢板舥。梁。冲天极。牛头极舱缝凑长十二丈。共核用宽一尺五寸。厚三寸樟木枋五尺四寸七分。围大一尺樟木极七丈二尺七寸。长六寸钉一百二十九个。灰十二斤。桐油四斤十二两八钱。网纱四斤八两。竹丝四斤八两。舰匠二工四分五厘。舱匠一工七分一厘。舂灰夫四分二厘。

大桅铁箍六个。各长五尺。头桅铁箍四个。各长四尺四寸。舵头箍四个。各长四尺七寸。槶箍三个。各长三尺三寸。俱宽二寸。厚五分。碇齿五个。各长一尺。宽七寸。厚五分。橹箍五个。各长二尺四寸。宽一寸。厚二分。铁镙六个。各围大六寸。以上铁料。共净重二百六斤。每正铁一斤。加耗铁一斤。每正铁五斤。用铁匠一工。每正。耗铁一斤。用炭三斤。共核用生铁四百十二斤。炭一千二百三十六斤。铁匠四十一工二分。

油画前船。共用乌烟三斤五两。广红五斤。铜碌四两。京红四两。南粉二斤。银朱一两。膡黄四两。蓝粉四两。杭粉一两。松香八两。水胶六两。墨二块。桐油四斤。淡底一斤。油画匠十工。

麻大桅繂索二条。各长七丈二尺。大七寸五分。头桅繂索二条。各长六丈。大四寸五分。大踏索二条。各长六丈。大五寸。小踏索二条。各长五丈。大三寸。大缭母一条。长四丈。大七寸。小缭母一条。长二丈四尺。大四寸。大帮衬六条。各长一丈六尺。大二寸。小帮衬九条。各长六尺。大一寸五分。以上麻索。共重四百八十斤。每百斤用绳匠三工六分。共核用麻四百八十斤。绳匠十七工二分八厘。

棕正棕索一条。长四十二丈。大八寸五分。副碇索一条。长四十丈。大七寸五分。大篷筋一条。长六丈六尺。大二寸。小篷筋一条。长三丈三尺。大一寸二分。缭仔。缭耳共十八条。各长二丈一尺。大二寸。碇奴二条。各长一丈五尺。大七寸。大。小摘尾二条。共长十二丈。大五寸。舵吊一条。长三丈。大六寸。以上棕绳。共重五百斤。每撕棕四十斤。用匠一工。成绳四十斤。用匠一工。共核用棕五百斤。撕棕匠十二工五分。成绳匠十二工五分。

冲风旗一面。长。宽各一丈六尺。一条龙旗一面。长六丈。宽三尺。妈祖旗一面。长。宽各五尺。大小定风旗三面。内一面长六尺。二面各长四尺五寸。均宽一尺。共核用幅宽一尺色布五十丈。苎线十两。裁缝匠五工。

中碇二门。齿全。各长一丈八尺。宽一尺。厚六寸。

中橹二枝。各长四丈二尺。宽八寸。厚五寸。

舢板橹一枝。长二丈九尺。宽七寸。厚四寸。

大。小桅饼七个。

大。小无底升五百个。

碇舵上配用竹绳。草绳。共用竹篾四百五十四斤。绳匠十六工三分四厘。草心四百九十二斤。绳匠十二工三分。

【查原送成规内开。打造竹绳。草绳所用匠工。多寡不齐。今照棕。麻绳索用工之例一律核定。】

篷上配用大小缭球。摄子。兔耳。共用槐藤二十七斤。藤匠五工四分。

刻字用。刻字匠三工。

竖立大。小桅用。壮夫三十五名。

前船共用大小铁钉二万四千六百九十三个。刷抹钉头每百个用桐油六两四钱。灰一斤。每油灰十斤。用艌匠一工。共核用桐油九十八斤十二两四钱。灰二百四十六斤十五两。艌匠三十四工五分七厘。舂灰夫八名六分四厘。

前船共用舰匠四百十工三厘。系照杉。松木植核定。内有樟。柯等硬料用匠九十七工六厘。每工外加匠二分。计加匠十九工四分一厘。共匠四百二十九工四分四厘。每百工加安装匠十工。计安装匠四十二工九分四厘。每舰匠。安装匠一百工加随匠〔壮〕夫二十名。计壮夫九十四名四分八厘。

以上拆造前船共用。

宽一尺。厚八寸松本六丈六寸【每丈银四钱一分四厘】。计银二两五钱九厘。

【查原送成规内开。松木按依十六则丈尺计算。每丈核银四钱八分一厘至三钱四分一厘不等。多寡参差。均匀计算。每丈需银四钱一分四厘。今照四钱一分四厘之数一律核定。】

围大三尺二寸。净长四丈二尺大吉木二十根二丈八尺【每根银二两七钱】。计银五十五两八钱。

【查原送成规内开。大吉木二十二根。今按丈尺做法核算。应减一根一丈四尺。】

围大二尺五寸。净长三丈六尺中吉木二十二根二丈二尺二寸三分【每根银一两五钱】。计银三十三两九钱二分六厘。

【查原送成规内开。中吉木二十二根。今按丈尺做法核算。应增二丈二尺二寸三分。】

围大二尺。净长三丈二尺浮溪木二十四根七尺四寸【每根银五钱】。计银十二两一钱一分六厘。

【查原送成规内开。浮溪木二十二根。今按丈尺做法核算。应增二根七尺四寸。】

围大一尺六寸。净长二丈八尺高洋木二十二根【每根银二钱】。计银四两四钱。

围大三尺五寸木段六十一丈九尺一寸。核长一丈四尺木段四十四根三尺一寸【每根银六钱】。计银二十六两五钱三分三厘。

【查原送成规内开。木段四十五根。今按丈尺做法核算。应减一丈九寸。】

宽一尺五寸。厚三寸樟木枋七十一丈二尺八分。核长一丈七尺枋料四十一块一丈五尺八分【每块银一两三钱】。计银五十四两四钱五分三厘。

【查原送成规内开。樟枋四十四块。今按丈尺做法核算。应减二块一尺九寸二分。】

宽一尺。厚三寸。长八尺二寸樟木板四块【每块银四钱一分八厘】。计银一两六钱七分二厘。

【查原送成规内开。樟木梁座。梁头。一则至十七则各长一丈七尺。宽一尺五寸。厚三寸。每块银一两三钱。托浪樟木板。第一则长六尺五寸。宽一尺。厚三寸。每块开银五钱。第二则至十七则各长八尺。宽一尺。厚三寸。每块亦开银五钱。价值参差。今俱照梁座。梁头之价一律核定。】

宽一尺二寸。厚三寸松木枋七十三丈七尺四寸。核长一丈七尺枋料四十三块六尺四寸【每块银三钱五分】。计银十五两一钱八分二厘。

【查原送成规内开。松木枋四十五块。今按丈尺做法核算。应减一块一丈六寸。】

围大一尺樟木极五十六丈九尺九寸。核长一丈二尺樟极四十七块五尺九寸【每块银二钱】。计银九两四钱九分八厘。

【查原送成规内开。樟极五十块。今按丈尺做法核算。应减二块六尺一寸。】

宽一尺五寸。厚三寸柯栒木枋七丈四寸【每丈银五钱七分一厘五毫】。计银四两二分三厘。

宽一尺。厚三寸柯栒木枋五丈一尺【每丈银三钱八分一厘】。计银一两九钱四分三厘。

【查原送成规内开。柯栒木马面。一则至十七则各长三丈五尺。宽一尺五寸。厚三寸。每块开银二两。软筋及舢板龙骨等料。一则至五则各长二丈五尺。宽一尺。厚三寸。每块开银一两。六则至十七则

各长三丈五尺。宽一尺。厚三寸。每块开银二两。价值参差。今俱照马面之价一律核定。】

围大八寸。长一丈三尺硬木棍六十根【每根银八分】。计银四两八钱。

宽六寸。厚一寸杉木板三十三丈六尺六寸【每丈银四钱】。计银十三两四钱六分四厘。

围大七尺。长一丈八尺五寸樟木一根。计银七两九分八厘。

围大五尺三寸。长一丈五尺五寸樟木一根。计银三两四钱九厘。

见方二尺四寸。长八尺二寸樟木一块。计银四两四钱三分八厘。

围大四尺六寸。长五尺八寸樟木一段。计银九钱六分。

宽二尺一寸。厚八寸。长一丈七尺二寸樟木一块。计银二两七钱一分四厘。

围大七尺五寸。长七尺七寸樟木一段。计银三两三钱九分一厘。

宽二尺二寸。厚一尺一寸。长一丈二尺二寸樟木二块【每块银二两七钱七分三厘】计银五两五钱四分六厘。

宽一尺八寸。厚八寸。长一丈樟木二块【每块银一两三钱五分三厘】。计银二两七钱六厘。

宽二尺。厚九寸五分。长一丈六尺二寸樟木二块【每块银二两八钱九分二厘】。计银五两七钱八分四厘。

围大四尺七寸。长一丈五尺五寸樟木一根。计银二两六钱八分一厘。

宽一尺二寸。厚六寸。长一丈八尺二寸樟木一块。计银一两二钱三分一厘。

宽二尺四寸。厚六寸。长七尺七寸樟木一块。计银一两四分二厘。

【查原送成规内开。一则至十七则。用樟木含檀等料十二款。所开价值逐款核计。俱属参差。均匀计算。每折见方一尺需银九分三厘九毫六丝。今照九分三厘九毫六丝之数一律核定。】

宽一尺四寸。厚八寸。长一丈八尺二寸槠木一根。计银十六两。

围大四尺九寸。长六丈二尺桅木一根。计银二十五两。

围大四尺三寸。长五丈桅木一根。计银七两。

长一尺钉三百五十三个。每二个重一斤。计重一百七十六斤八两。长八寸钉二百六十个。每五个重一斤。计重五十二斤。长六寸钉一万三千一百四十六个。每十五个重一斤。计重八百七十六斤六两四钱。长五寸钉一万二百四十四个。每二十个重一斤。计重五百十二斤三两二钱。长四寸钉六百九十个。每三十个重一斤。计重二十三斤。以上铁钉。共重一千六百四十斤一两六钱。除选用旧钉八百九斤十二两八钱外。添新八百三十斤四两八钱【每斤银二分二厘】。计银十八两一钱六分七厘。

灰一千九百八斤十五两【每百斤银二钱】。计银三两八钱一分八厘。

桐油七百六十七斤九两六钱【每斤银三分】。计银二十三两二分八厘。

网纱六百二十三斤四两四钱【每斤银一分二厘】。计银七两四钱七分九厘。

竹丝六百二十三斤四两四钱【每斤银六厘】。计银三两七钱四分。

生铁四百十二斤【每斤银一分】。计银四两一钱二分。

炭一千二百三十六斤【每百斤银一钱六分】。计银一两九钱七分八厘。

乌烟三斤五两【每斤银一分五厘】。计银五分。

广红五斤【每斤银五分】。计银二钱五分。

铜碌四两【每斤银三钱】。计银七分五厘。

京红四两【每斤银八分】。计银二分。

南粉二斤【每斤银一分】。计银二分。

银朱一两【每斤银六钱四分】。计银四分。

膳黄四两【每斤银二钱】。计银五分。

蓝粉四两【每斤银八分】。计银二分。

杭粉一两【每斤银一钱六分】。计银一分。

水胶六两【每斤银四分】。计银一分五厘。

松香八两【每斤银二分】。计银一分。

墨二块【每块银一分】。计银二分。

淡底一斤。计银五分。

麻四百八十斤【每斤银一分五厘】。计银七两二钱。

棕五百斤【每斤银三分】。计银十五两。

色布五十丈【每丈银一钱】。计银五两。

苎线十两【每斤银一钱二分】。计银七分五厘。

椗二门。齿全。各长一丈八尺。宽一尺。厚六寸【每门工料银一两一钱二分七厘】。计银二两二钱五分四厘。

中橹二枝。各长四丈二尺。宽八寸。厚五寸【每枝工料银一两七钱一分三厘】。计银三两四钱二分六厘。

舢板橹一枝。长二丈九尺。宽七寸。厚四寸。计工料银三钱七分二厘。

大风篷一扇。长五丈。宽二丈七尺八寸。计银四两三钱三分四厘。

头风篷一扇。长二丈八尺。宽一丈四尺。计银一两二钱二分二厘。

【查原送成规内开。一则至十七则。大篷每扇银五两五钱。头篷每扇银一两五钱。所开丈尺。大篷长自四丈八尺至七丈。宽自二丈六尺至三丈三尺不等。头篷长自二丈四尺至三丈五尺。宽自一丈四尺至一丈六尺五寸不等。俱属参差。均匀核计。每折见方一丈需银三钱一分一厘八毫。今照三钱一分一厘八毫之数分别核定。】

大。小桅饼七个【每个银七分】。计银四钱九分。

大。小无底升五百个【每个银八分】。计银四钱。

竹篾四百五十四斤【每百斤银一钱六分】。计银七钱二分六厘。

草心四百九十二斤【每百斤银七分】。计银三钱四分四厘。

檧藤二十七斤【每斤银二分五厘】。计银六钱七分五厘。

舰匠四百二十九工四分四厘。安装匠四十二工九分四厘。锯匠一百十二工一分二厘。舱匠二百七十二工一厘。铁匠四一工二分。油画匠十工。绳匠四十五工九分二厘。棕匠二十五工。裁缝匠五工。藤匠五工四分。刻字匠三工。壮夫一百九十六名二分九厘。以上匠夫共一千一百八十八工三分二厘【每工银五分】。计银五十九两四钱一分六厘。

又置备物件开后。

木桶二十二件【每件银三分】。计银六钱六分。

铁锅二口换新【每口贴工料银一钱二分】。计银二钱四分。

鼓一面修理换皮。计银四钱八分。

金一面重四斤换新【每斤贴工料银七分】。计银二钱八分。

以上拆造前船成规内开。共需工料银四百九十六两二钱四厘八毫。内部价银二百三十六两二钱八分八厘。加八津贴并另加三分银二百五十九两九钱一分六厘八毫。台厂运费银四十七两二钱五分七厘六毫。今按条查核。分别增减更正。需用工料银四百九十四两九钱七分三厘。内部价钱二百三十五两七钱一厘。加八津贴并另加三分银二百五十九两二钱七分二厘。台厂运费银四十七两一钱四分。计节减工料银一两二钱三分一厘八毫。运费银一钱一分七厘六毫。行令该抚于前船届应拆造之期。将节减银两在于应领银内扣除。

至大。小修理成规内开。大修工料银三百三十九两七钱四分八厘。内部价银一百五十四两四钱三分一厘。加九津贴并另加三分银一百八十五两三钱一分七厘。台厂运费银三十两八钱八分六厘。小修工料银二百四十二两四钱一分一厘。内部价银一百五两三钱九分六厘。加十津贴并另加三分银一百三十七两一分五厘。台厂运费银二十一两七分九厘。

其余八船仿此。

卷五

福建省外海战船做法

第五则赶缯船。十四只。内水师提标左营国字七号船一只。身长五丈七尺。头起鼫四尺五寸。尾起鼫三尺二寸。船头长二丈一尺。面匀宽一丈八寸。底匀宽九尺三寸。船中长一丈八尺。面匀宽一丈六尺二寸。底匀宽一丈一尺四寸。船尾长一丈八尺。面匀宽一丈五尺八寸。底匀宽一丈一尺四寸。两边舦长六丈四尺。计十六舱。深五尺三寸四分。

今将拆造前船需用工料。价值细数开后。计开。

船底松木龙骨一道。计三节。船头一节。长一丈五尺。船中一节。连交接匙头长三丈五尺。船尾一节。长一丈。凑长六丈。均宽一尺。厚八寸。做净每折见方尺二十尺。用舰匠一工。交接匙头二处。每处用长一尺钉八个。又每边用长六寸钉十二个。共核用宽一尺。厚八寸松木枋六丈六寸。

【查成规内开。大吉。中吉。浮溪。高洋四项木植。俱截去尖梢。作栏杆。灶柜。签子。木牌等项之用。其本身木料毋庸另加长荒外。一切枋段各料有截去一二尺至三五尺不等者。亦有未加长荒者。参差不一。今将枋段各料每件长五尺以内者加长荒一寸。五尺以外者加长荒二寸。圆径樟木长一丈以内者每根加长荒二寸。长一丈以外者每根加长荒五寸一律核定。】

长一尺钉十六个。长六寸钉二十四个。舰匠十工八分。

船底板连起鼫长五丈七尺。内船底匀宽一丈一尺一分。两站各匀高六尺三寸七分。用长四丈二尺。宽八寸。厚三寸大吉木板四十二块一丈七尺二寸五分。做净每折见方尺八十尺。用舰匠一工。锯板折宽一尺。长七丈。用锯匠一工【以下锯板用工仿此】。钉缝凑长一百七十八丈一尺二寸五分。每丈用长六寸钉三十个。艌缝凑长三百五十六丈二尺五寸。每丈用灰一斤。桐油六两四钱。网纱竹丝各六两。每七丈。用艌匠一工。舂制油灰。每四十斤用舂灰夫一名【以下艌缝用工。用料仿此】。共核用围大三尺二寸。净长四丈二尺大吉木十四根五尺七寸五分。长六寸钉五千三百四十四个。灰三百五十六斤四两。桐油一百四十二斤八两。网纱一百三十三斤九两五钱。竹丝一百三十三斤九两五钱。舰匠四十八工九分八厘。锯匠二十七工九分九厘。艌匠五十工八分九厘。舂灰夫十二名四分七厘。

各舱樟木梁座二十五块。内。船头配用七块。凑长七丈三尺。船中九块。凑长十四丈七尺。船尾九块。凑长十三丈九尺八寸。舱梁十九块。内。船头配用四块。凑长四丈二尺。船中五块。凑长七丈八尺七寸。船尾十块。凑长十五丈九尺。均宽一尺五寸。厚三寸。松木梁头三十七块。内。船头配用十二块。凑长十八丈。船中十三块。凑长二十二丈一尺。船尾十二块。凑长十九丈二尺。均宽一尺二寸。厚三寸。硬木棍稳吊九根。各长一丈三尺。围大八寸。梁座。梁头。做净每折见方尺八十尺。用舰匠一工。稳吊四十尺。用舰匠一工。钉缝凑长一百三十四丈九尺五寸。每丈用长六寸钉三十个。艌缝凑长二百六十九丈九尺。共核用宽一尺五寸。厚三寸樟木枋六十四丈八尺三寸。宽一尺二寸。厚三寸松木枋六十丈四寸。围大八寸。长一丈三尺硬木棍九根。长六寸钉四千四十九个。灰二百六十九斤十四两。桐油一百七斤十五两四钱。网纱一百一斤三两四钱。竹丝一百一斤三两四钱。舰匠五十三工三分六厘。艌匠三十八工五分六厘。舂灰夫九名四分五厘。

各舱配用樟木极三十八块。内。虎头舱极二块。冲天极二块。各长九尺五寸。油婆舱前极二块。拜棚极二块。各长一丈。水舱极二块。目里八字极四块。舦边曲手极四块。各长九尺。后通铺极二块。各长八尺。官厅曲手极二块。各长八尺五寸。中转水极二块。各长一丈二尺。鳅鱼极二块。各长七尺。斗盖极二块。各长五尺。下担前极二块。头转水极二块。下金极二块。各长六尺。尾里极二块。各长六尺五寸。头目里极二块。各长四尺。均围大一尺。做净每折见方尺四十尺。用舰匠一工。每块用长六寸钉二个。艌缝凑长六十一丈二尺。共核用围大一尺樟木极三十一丈三尺二寸。长六寸钉七十六个。灰六十一斤三两。桐油二十四斤七两七钱。网纱二十二斤十五两二钱。竹丝二十二斤十五两二钱。舰匠七工六分五厘。艌匠八工七分四厘。舂灰夫二名一分四厘。

船身两傍走马二条。水蛇二条抽换。各长四丈二尺。宽八寸。厚四寸。做净每折见方尺四十尺。用舰匠一工。走马钉缝凑长八丈四尺。每丈用长一尺钉三十个。水蛇钉缝凑长八丈四尺。每四尺用长一尺钉三个。艌缝凑长三十三丈六尺。共核用围大三尺二寸。净长四丈二尺大吉木二根。长一尺钉三百十五个。灰三十三斤十两。桐油十三斤七两。网纱十二斤九两六钱。竹丝十二斤九两六钱。舰匠十工八厘。锯匠二工八分八厘。艌匠四工八分。舂灰夫一名一分八厘。

船身两旁皾板长五丈七尺。凑宽一丈八寸。用长四丈二尺。宽八寸。厚三寸大吉木板十九块。做净每折见方尺八十尺。用舰匠一工。钉缝凑长七十九丈八尺。每丈用长六寸钉三十个。艌缝凑长一百五十九丈六尺。共核用围大三尺二寸。净长四丈二尺大吉木六根一丈四尺。长六寸钉二千三百九十四个。灰一百五十九斤十两。桐油六十三斤十三两四钱。网纱五十九斤十三两六钱。竹丝五十九斤十三两六钱。舰匠二十一工九分五厘。锯匠十二工五分四厘。艌匠二十二工八分。舂灰夫五名五分九厘。

两旁舦板各长六丈四尺。高七尺抽换。用长三丈六尺。宽五寸八分。厚二寸五分中吉木板三十四块。两旁添换木段舦柱四根。各长七尺。围大三尺二寸。舦板。做净每折见方尺八十尺。用舰匠一工。舦柱四十尺。用舰匠一工。舦板钉缝凑长一百二十二丈四尺。每丈用长五寸钉三十个。舦柱钉缝凑长二丈八尺。每丈用长六寸钉三十个。艌缝凑长二百五十丈四尺。共核用围大二尺五寸。净长三丈六尺中吉木十一根一丈二尺。围大三尺五寸木段二丈八尺八寸。长六寸钉八十四个。长五寸钉三千六百七十二个。灰二百五十斤六两。桐油一百斤二两六钱。网纱九十三斤十四两四钱。竹丝九十三斤十四两四钱。舰匠二十七工六分四厘。锯匠十四工五分一厘。艌匠三十五工七分七厘。舂灰夫八名七分六厘。

【查成规内。舦板未载舦高尺寸。按舦柱长丈核定。】

两旁舦幞十九块。各长三尺七寸。围大一尺。做净每折见方尺四十尺。用舰匠一工。每块用长六寸钉二个。艌缝凑长十四丈六寸。共核用围大一尺樟木极七丈二尺二寸。长六寸钉三十八个。灰十四斤一两。桐油五斤十两。网纱五斤四两四钱。竹丝五斤四两四钱。舰匠一工七分六厘。艌匠二工一厘。舂灰夫四分九厘。

舦上前后浮溪木鼠桥板四块。各长二丈五尺。压板四块。各长三丈二尺。均宽□□。厚二寸。两边木段猴袋板四块。各长五尺。宽八寸。厚二寸五分。做净每折见方尺八十尺。用舰匠一工。鼠桥。压板钉缝凑长二十二丈八尺。每丈用长五寸钉三十个。压板艌缝凑长二十五丈六尺。共核用围大二尺。净长三丈二尺浮溪木二根一丈二尺。围大三尺五寸木段五尺一寸。长五寸钉六百八十四个。灰二十五斤十两。桐油十斤三两八钱。网纱九斤九两六钱。竹丝九斤九两六钱。舰匠四工五分二厘。锯匠二工五分八厘。艌匠三工六分六厘。舂灰夫九分。

两旁大压二块。笨抽二块。水戗二块抽换。各长三丈六尺。均宽六寸六分。厚三寸五分。做净每折见方尺四十尺。用舰匠一工。钉缝凑长二十一丈六尺。每丈用长六寸钉三十个。艌缝凑长四十三丈二尺。共核用围大二尺五寸。净长三丈六尺中吉木三根。长六寸钉六百四十八个。灰四十三斤三两。桐油十七斤四两五钱。网纱十六斤三两二钱。竹丝十六斤三两二钱。舰匠十工九分一厘。锯匠三工一分二厘。艌匠六工一分七厘。舂灰夫一名五分一厘。

官厅前后梁用中吉木三根。各长一丈六尺五寸。围大二尺二寸。官厅上战柜板十二块。后墙板十二块。各长一丈六尺五寸。凑宽一丈五尺八寸四分。左右墙板二十四块。各长八尺。凑宽一丈五尺八寸四分。用宽五寸八分。厚二寸五分板六十六丈九尺一寸。官厅贴柱用浮溪木八根。各长一丈三尺。见方五寸。官厅门板八块。各长四尺。凑宽四尺二寸四分。官厅内铺板十八块。各长八尺。凑宽九尺五寸四分。用宽五寸。厚二寸板十八丈六尺五寸六分。战柜挑二块。官厅侧板二块。踏板一块。各长一丈三尺。均宽五寸。厚二寸。木段冲天盖板十二块。各长四尺六寸。宽八寸。厚二寸五分。梁柱。做净每折见方尺四十尺。用舰匠一工。战柜等板八十尺。用舰匠一工。战柜板。墙板。冲天盖板。官厅门钉缝凑长七十五丈八尺二寸二分。每丈用长五寸钉三十个。战柜板。墙板。冲天盖板舱缝凑长一百四十四丈八尺六寸。共核用围大二尺五寸。净长三丈六尺中吉木七根二丈五寸。围大二尺。净长三丈二尺浮溪木五根二丈……

【原刊缺页】

……围大三尺五寸木段一丈四尺四寸。长五寸钉三百五个。舰匠六工六厘。锯匠二工九分八厘。

官厅内中吉木炕床杠一根。长一丈六尺。围大二尺二寸。浮溪木虎头舱门板八块。各长四尺。凑宽四尺二寸四分。铺板八块。各长七尺。凑宽四尺二寸四分。用宽五寸。厚二寸板九丈三尺二寸八分。炕床杠。做净每折见方尺四十尺。用舰匠一工。虎头舱各板八十尺。用舰匠一工。虎头舱门钉缝凑长三丈三尺九寸二分。每丈用长五寸钉三十个。共核用围大二尺五寸。净长三丈六尺中吉木一丈六尺。围大二尺。净长三丈二尺浮溪木三丈一尺一寸。长五寸钉一百二个。舰匠二工五分一厘。锯匠九分三厘。

两旁艜面战棚板。用长二丈八尺。宽四寸。厚二寸高洋木板二十六块。各舱内铺板。用长四尺。宽四寸。厚一寸高洋木板二百二十四块。做净每折见方尺八十尺。用舰匠一工。共核用围大一尺六寸。净长二丈八尺高洋木二十一根。舰匠二十二工一分二厘。锯匠十二工六分四厘。

两旁艜上艜牛四块。各长八尺。各舱口扛豆四块。各长一丈七尺。均宽一尺二寸。厚三寸。做净每折见方尺四十尺。用舰匠一工。艜牛每块用长六寸钉四个。扛豆钉缝凑长六丈八尺。每丈用长六寸钉三十个。舱缝凑长二十丈。共核用宽一尺二寸。厚三寸松木枋十丈一尺六寸。长六寸钉二百二十个。灰二十斤。桐油八斤。网纱七斤八两。竹丝七斤八两。舰匠七工五分。舱匠二工八分六厘。舂灰夫七分。

各舱盖板。用长六尺九寸。宽八寸。厚二寸五分木段板六十四块。舱盖下大通槽十个。侧槽六个。水槽六个。各长四尺六寸。宽一尺。厚八寸。小通槽八个。各长四尺六寸。见方八寸。舱盖板。做净每折见方尺八十尺。用舰匠一工。通槽等槽三十尺。用舰匠一工。舱盖板钉缝凑长四十四丈一尺六寸。每丈用长五寸钉三十个。舱缝凑长八十八丈三尺二寸。共核用围大三尺五寸木段二十五丈四尺六寸。长五寸钉一千三百二十五个。灰八十八斤五两。桐油三十五斤五两二钱。网纱三十三斤一两九钱。竹丝三十三斤一两九钱。舰匠二十七工六分六厘。锯匠十工七厘。舱匠十二工六分二厘。舂灰夫三名九厘。

两旁舨边用高洋木牛栏四根。内。船头二根。各长一丈四尺。船后二根。各长二丈八尺。均围大一尺三寸。做净每折见方尺四十尺。用舰匠一工。共核用围大一尺六寸。净长二丈八尺高洋木三根。舰匠二工七分三厘。

船头斗盖用樟木一块。长一丈五尺。围大四尺七寸。虾簏梁一块。长八尺五寸。宽七寸。斗盖下兔耳一块。长八尺。宽一尺五寸。鹿肚勒一个。长四尺。宽一尺二寸。托浪板四块。各长八尺。宽一尺。均厚三寸。斗盖。虾簏梁。兔耳。鹿肚勒。做净每折见方尺四十尺。用舰匠一工。托浪板八十尺。用舰匠一工。斗盖用长八寸钉十二个。虾簏梁。托浪板钉缝凑长四丈五寸。每丈用长六寸钉三十个。兔耳。鹿肚勒钉缝凑长一丈二尺。每丈用长五寸钉三十个。虾簏梁。托浪板。兔耳。鹿肚勒舱缝凑长十丈五尺。共核用围大四尺七寸。长一丈五尺五寸樟木一根。宽一尺五寸。厚三寸樟木枋一丈五尺五寸四分。宽一尺。厚三寸。长八尺二寸樟木板四块。长八寸钉十二个。长六寸钉一百二十二个。长五寸钉三十六个。灰十斤八两。桐油四斤三两二钱。网纱三斤十五两。竹丝三斤十五两。舰匠四工二分五厘。舱匠一工五分。舂灰夫三分七厘。

中含檀一块。长一丈八尺。围大七尺。头含檀一块。长一丈五尺。围大五尺三寸。含檀梁一块。长一丈六尺。头含檀闸一块。长八尺。均宽一尺五寸。厚三寸。做净每折见方尺三十尺。用舰匠一工。含檀梁钉缝长一丈六尺。每丈用长六寸钉三十个。含檀。含檀梁舱缝凑长九丈八尺。共核用围大七尺。长一丈八尺五寸樟木一根。围大五尺三寸。长一丈五尺五寸樟木一根。宽一尺五寸。厚三寸樟木枋二丈四尺四寸。长六寸钉四十八个。灰九斤十三两。桐油三斤十四两七钱。网纱三斤十两八钱。竹丝三斤十两八钱。舰匠九工七分三厘。舱匠一工四分。舂灰夫三分四厘。

中转水二块。各长一丈六尺。宽二尺。厚九寸五分。樟极转水鞋二块。各长七尺。围大一尺。做净每折见方尺四十尺。用舰匠一工。转水每块用长一尺钉二个。转水鞋每块用长六寸钉七个。艌缝凑长九丈二尺。共核用宽二尺。厚九寸五分。长一丈六尺二寸樟木二块。围大一尺樟木极一丈四尺四寸。长一尺钉四个。长六寸钉十四个。灰九斤三两。桐油三斤十两九钱。网纱三斤七两二钱。竹丝三斤七两二钱。舰匠五工七厘。艌匠一工三分一厘。舂灰夫三分二厘。

船尾用浮溪木尾楼舨柱四根。各长四尺。拜棚杠三根。各长一丈二尺。均围大一尺七寸。木段尾楼舨板八块。各长一丈四尺。拜棚板十六块。各长七尺。均宽八寸。厚二寸五分。舨柱。拜棚杠。做净每折见方尺四十尺。用舰匠一工。舨板。拜棚板八十尺。用舰匠一工。板。拜棚板钉缝凑长二十二丈四尺。每丈用长五寸钉三十个。拜棚板艌缝凑长二十二丈四尺。共核用围大二尺。净长三丈二尺浮溪木一根二丈。围大三尺五寸木段五丈七尺二寸。长五寸钉六百七十二个。灰二十二斤六两。桐油八斤十五两四钱。网纱八斤六两四钱。竹丝八斤六两四钱。舰匠八工九厘。锯匠三工三分六厘。艌匠三工二分。舂灰夫七分八厘。

船尾用樟木下金一块。长七尺五寸。围大七尺五寸。缭牛一副。长七尺五寸。宽二尺四寸。厚六寸。尾楼上金一块。长一丈七尺。宽二尺一寸。厚八寸。七星冠一块。长一丈八尺。宽一尺二寸。厚六寸。硬木棍下金拴二根。缭牛臓二根。各长六尺五寸。围大八寸。木段缭牛杠二根。各长七尺。围大三尺二寸。下金。缭牛。上金。七星冠。做净每折见方尺三十尺。用舰匠一工。下金拴。缭牛臓。缭牛杠四十尺。用舰匠一工。下金用长八寸钉十八个。缭牛用长八寸钉二十二个。上金用长一尺钉十八个。缭牛臓钉缝凑长一丈三尺。每丈用长五寸钉三十个。下金艌缝凑长七尺五寸。共核用围大七尺五寸。长七尺七寸樟木一段。宽二尺四寸。厚六寸。长七尺七寸樟木一块。宽二尺一寸。厚八寸。长一丈七尺二寸樟木一块。宽一尺二寸。厚六寸。长一丈八尺二寸樟木一块。围大八寸。长一丈三尺硬木棍二根。围大三尺五寸木段一丈四尺四寸。长一尺钉十八个。长八寸钉四十个。长五寸钉三十九个。灰十二两。桐油四两八钱。网纱四两五钱。竹丝四两五钱。舰匠十工七分六厘。艌匠一分一厘。舂灰夫三厘。

船尾舵边。用木段硬筋二根。各长一丈四尺。围大三尺二寸。尾楼魴鱼翅四块。各长七尺。宽一尺。厚四寸。柯栂木软筋二块。各长一丈一尺。宽一尺。厚三寸。做净每折见方尺四十尺。用舰匠一工。硬筋头尾用长六寸钉十二个。共核用围大三尺五寸木段四丈二尺八寸。宽一尺。厚三寸柯栂木二丈二尺四寸。长六寸钉十二个。舰匠五工六分三厘。锯匠五分六厘。

尾楼上用浮溪木铺板十块。各长四尺。尾座板四块。各长一丈二尺。舨边寄菜板二块。各长一丈四尺。碗格二块。各长一丈一尺。尾楼挑二块。各长一丈三尺。均宽五寸。厚二寸。做净每折见方尺八十尺。用舰匠一工。尾楼铺板钉缝凑长四丈。每丈用长五寸钉三十个。共核用围大二尺。净长三丈二尺浮溪木一根二丈二尺七寸。长五寸钉一百二十个。舰匠二工八分七厘。锯匠一工六分四厘。

船尾用樟木橹通板二块。各长一丈四尺。橹门枋一块。橹床二块。各长五尺。均宽一尺五寸。厚三寸。双头蛇一块。长四尺。宽一尺二寸。厚三寸。橹通板。做净每折见方尺八十尺。用舰匠一工。橹门枋。橹床。双头蛇每四十尺。用舰匠一工。橹床每块用长八寸钉十二个。橹通板钉缝凑长二丈八尺。每丈用长六寸钉三十个。橹床。橹通板艌缝凑长七丈六尺。共核用宽一尺五寸。厚三寸樟木枋四丈六尺九寸八分。长八寸钉二十四个。长六寸钉八十四个。灰七斤十两。桐油三斤六钱。网纱二斤十三两六钱。竹丝二斤十三两六钱。舰匠二工九分一厘。艌匠一工九厘。舂灰夫二分七厘。

水仙门两旁用浮溪木边柱二根。中柱二根。各长四尺。围大一尺七寸。水仙门板十四块。各长四尺。凑宽七尺四寸二分。用宽五寸。厚二寸板五丈九尺三寸六分。樟极百子舱十六块。各长六尺。围大一尺。水仙门柱。百子舱。做净每折见方尺四十尺。用舰匠一工。门板八十尺。用舰匠一工。百子舱钉缝凑长九丈六尺。每丈用长六寸钉三十个。百子舱艌缝凑长十九丈二尺。共核用围大二尺。净长三丈二尺浮溪木一根三尺八寸。围大一尺樟木极九丈九尺二寸。长六寸钉二百八十八个。灰十九斤三两。桐油七斤十两九钱。网纱七斤三两二钱。竹丝七斤三两二钱。舰匠四工一分二厘。锯匠五分九厘。艌匠二工七分四厘。舂灰夫六分七厘。

大桅座一块。长八尺。见方二尺四寸。头桅座一块。长五尺六寸。围大四尺六寸。做净每折见方尺三十尺。用舰匠一工。共核用见方二尺四寸。长八尺二寸樟木一块。围大四尺六寸。长五尺八寸樟木一段。舰匠三工四分二厘。

大鹿耳二块。各长一丈二尺。宽二尺二寸。厚一尺一寸。头鹿耳二块。各长九尺八寸。宽一尺八寸。厚八寸。硬木棍鹿耳夹二块。各长一丈三尺。围大八寸。柯枸木目里鞋一块。长三尺。宽一尺。厚三寸。做净每折见方尺四十尺。用舰匠一工。共核用宽二尺二寸。厚一尺一寸。长一丈二尺二寸樟木二块。宽一尺八寸。厚八寸。长一丈樟木二块。围大八寸长一丈三尺硬木棍二根。宽一尺。厚三寸柯枸木枋三尺一寸。舰匠七工二分二厘。

大桅一根。长六丈二尺。围大四尺九寸。头桅一根。长五丈。围大四尺三寸。做净每折见方尺四十尺。用舰匠一工。共核用围大四尺九寸。长六丈二尺桅木一根。围大四尺三寸。长五丈桅木一根。舰匠十二工九分七厘。

桅尾用柯枸木马面二块。各长三丈五尺。宽一尺五寸。厚三寸。樟木大桅笠一块。长二尺。宽一尺二寸。头桅笠一块。长一尺六寸。宽一尺。大桅琵琶一块。长三尺。宽一尺。头桅琵琶一块。长二尺。宽八寸。均厚三寸。木段大桅伫一根。长一丈二尺。头桅伫一根。长九尺。均围大三尺二寸。马面。做净每折见方尺八十尺。用舰匠一工。桅笠。桅伫。琵琶四十尺。用舰匠一工。马面钉缝凑长七丈。每丈用长六寸钉二十个。共核用宽一尺五寸。厚三寸柯枸木枋七丈四寸。宽一尺五寸。厚三寸樟木枋六尺。围大三尺五寸木段二丈一尺四寸。长六寸钉一百四十个。舰匠五工三分九厘。

大风篷一扇。长五丈。宽二丈七尺八寸。头风篷一扇。长二丈八尺。宽一丈四尺。浮溪木大篷担二根。各长二丈七尺八寸。头篷担二根。各长一丈四尺。围大一尺七寸。樟木极小篷踏一块。长三尺五寸。围大一尺。做净每折见方尺四十尺。用舰匠一工。共核用宽二丈七尺八寸。长五丈风篷一扇。宽一丈四尺。长二丈八尺风篷一扇。围大二尺。净长三丈二尺浮溪木二根一丈九尺六寸。围大一尺樟木极三尺六寸。舰匠三工六分四厘。

大篷架用木段横梁一根。长一丈四尺。头篷架横梁一根。架针三根。各长七尺。均宽一尺。厚八寸。做净每折见方尺三十二尺。用舰匠一工。共核用围大三尺五寸木段四丈三尺。舰匠四工七分三厘。锯匠一工八厘。

大篷车员一根。用中吉木长一丈六尺。半车员一根。斗头车员一根。各长一丈。椗车员一根。长一丈五尺。均围大二尺二寸。浮溪木车脚直板四块。各长一丈。斜板四块。各长七尺。均宽五寸。厚二寸。硬木棍车子四十五根。各长一丈三尺。围大八寸。车员。做净每折见方尺三十二尺。用舰匠一工。斜直板八十尺。用舰匠一工。共核用围大二尺五寸。净长三丈六尺中吉木一根一丈五尺。围大二尺。净长三丈二尺浮溪木二丈二尺七寸。围大八寸。长一丈三尺硬木棍四十五根。舰匠四工七分。锯匠六分八厘。

水柜用樟木牛头四块。各长五尺。宽一尺五寸。厚三寸。木段水柜柱四根。各长七尺。围大三尺二寸。水柜闸四块。各长七尺。见方八寸。水柜板三十六块。各长四尺六寸。宽八寸。厚二寸五分。水柜柱。闸。牛头。做净每折见方尺四十尺。用舰匠一工。水柜板八十尺。用舰匠一工。水柜柱每根用长六寸钉二十个。牛头钉缝凑长二丈。每丈用长六寸钉三十个。水柜板钉缝凑长十六丈五尺六寸。每丈用长五寸钉三十个。艌缝凑长四十八丈三尺二寸。共核用宽一尺五寸。厚三寸樟木枋二丈四寸。围大三尺五寸木段九丈九尺九寸。长六寸钉一百四十个。长五寸钉四百九十七个。灰四十八斤五两。桐油十九斤五两二钱。网纱十八斤一两九钱。竹丝十八斤一两九钱。舰匠十工六分三厘。锯匠三工一分二厘。艌匠六工九分。舂灰夫一名六分九厘。

妈祖龛用杉木板二十四丈。尾楼剑。刀。枪舨边炮眼等项用板十丈。均宽六寸。厚一寸。做净每折见方尺八十尺。用舰匠一工。妈祖龛板钉缝凑长二十四丈。每丈用长四寸钉三十个。艌缝凑长四十八丈。共核用宽六寸。厚一寸杉木板三十四丈六尺八寸。长四寸钉七百二十个。灰四十八斤。桐油十九斤三两二钱。网纱十八斤。竹丝十八斤。舰匠五工九分五厘。艌匠六工八分六厘。舂灰夫一名六分八厘。

船面两旁炮架六个并盖。每个用长四尺六寸。宽八寸。厚二寸五分木段板六块。做净每折见方尺八十尺。用舰匠一工。共核用围大三尺五寸木段四丈二尺三寸。舰匠四工三分五厘。锯匠二工四分八厘。

船头用中吉木樾一根。长三丈六尺。围大二尺二寸。做净每折见方尺四十尺。用舰匠一工。共核用围大二尺五寸。净长三丈六尺中吉木一根。舰匠一工九分八厘。

船尾舵一门。用楮木舵栏一根。长一丈八尺。宽一尺四寸。厚八寸。中吉木舵闪板三块。各长一丈八尺。凑宽一尺九寸八分。用宽五寸八分。厚二寸五分板六丈一尺四寸五分。樟木极舵夹十四块。各长四尺。围大一尺。硬木棍舵牙扼二根。各长一丈三尺。围大八寸。舵栏。做净每折见方尺三十尺。用舰匠一工。舵夹。舵牙四十尺。用舰匠一工。舵闪板八十尺。用舰匠一工。舵夹钉缝凑长五丈六尺。每丈用长八寸钉五十个。舵夹。舵闪板艌缝凑长二十三丈四尺九寸。共核用宽一尺四寸。厚八寸。长一丈八尺二寸楮木一根。围大二尺五寸。净长三丈六尺中吉木二丈四寸八分。围大一尺樟木极五丈七尺四寸。围大八寸。长一丈三尺硬木棍二根。长八寸钉二百八十个。灰二十三斤八两。桐油九斤六两三钱。网纱八斤十二两九钱。竹丝八斤十二两九钱。舰匠五工八分四厘。锯匠七分三厘。艌匠三工三分六厘。舂灰夫八分二厘。

跟随战船舢板船用柯枸木龙骨一根。长一丈四尺。斗盖一块。长六尺。托浪板一块。长五尺。均宽一尺。厚三寸。浮溪木水底板十块。各长一丈六尺。凑宽五尺三寸。艕板六块。各长一丈八尺。凑宽三尺一寸八分。堵板十四块。各长六尺。凑宽七尺四寸二分。用宽五寸。厚二寸板三十七丈三尺一寸二分。龙骨。做净每折见方尺四十尺。用舰匠一工。斗盖各板八十尺。用舰匠一工。龙骨用长六寸钉十二个。托浪板。水底板。艕板钉缝凑长二十八丈九尺八分。每丈用长五寸钉三十个。托浪板。水底板。艕板艌缝凑长五十七丈八尺一寸六分。共核用宽一尺。厚三寸柯枸木枋二丈五尺五寸。围大二尺。净长三丈二尺浮溪木三根二丈八尺四寸。长六寸钉十二个。长五寸钉八百六十七个。灰五十七斤十三两。桐油二十三斤二两。网纱二十一斤十两九钱。竹丝二十一斤十两九钱。舰匠七工八分。锯匠三工七分三厘。艌匠八工二分六厘。舂灰夫二名二厘。

舢板船两旁水蛇二根。水戗二根。各长一丈六尺。压板二块。各长一丈八尺。均宽五寸。厚二寸。做净每折见方尺八十尺。用舰匠一工。水蛇钉缝凑长三丈二尺。每四尺用长八寸钉三个。压板。水戗钉缝凑长六丈八尺。每丈用长五寸钉三十个。艌缝凑长二十丈。共核用围大二尺。净长三丈二尺浮溪木一根一尺三寸。长八寸钉二十四个。长五寸钉二百四个。灰二十斤。桐油八斤。网纱七斤八两。竹丝七斤八两。舰匠一工七分五厘。锯匠一工。艌匠二工八分六厘。舂灰夫七分。

舢板船用樟木舢板舱三个。各长四尺。宽五寸。厚三寸。樟木极舢板梁四块。各长四尺四寸。牛仔极十五个。各长二尺。冲天极二块。牛头极八块。各长二尺五寸。均围大一尺。做净每折见方尺四十尺。用舰匠一工。舢板舱。梁钉缝凑长二丈九尺六寸。每丈用长六寸钉三十个。冲天极。牛头极每块用长六寸钉二个。舢板舱。梁。冲天极。牛头极艌缝凑长十丈九尺二寸。共核用宽一尺五寸。厚三寸樟木枋四尺一寸。围大一尺樟木极七丈五尺五寸。长六寸钉一百九个。灰十斤十五两。桐油四斤五两九钱。网纱四斤一两五钱。竹丝四斤一两五钱。舰匠二工三分。艌匠一工五分六厘。舂灰夫三分八厘。

大桅铁箍十个。各长五尺。头桅箍四个。各长四尺四寸。舵头箍三个。各长四尺七寸。P6 箍二个。各长三尺三寸。俱宽二寸。厚五分。椗齿四个。各长一尺。宽七寸。厚五分。橹箍四个。各长二尺七寸。宽一寸。厚三分。铁镮四个。各围大六寸。以上铁料。共净重二百二十六斤八两。每正铁一斤。加耗铁一斤。每正铁五斤。用铁匠一工。每正。耗铁一斤。用炭三斤。共核用生铁四百五十三斤。炭一千三百五十九斤。铁匠四十五工三分。

油画前船。共用乌烟三斤五两。广红五斤。铜碌四两。京红四两。南粉二斤。银朱一两。雌黄四两。蓝粉四两。杭粉一两。松香八两。水胶六两。墨二块。桐油四斤。淡底一斤。油画匠十工。

麻大桅肄索二条。各长七丈四尺四寸。大七寸五分。头桅肄索二条。各长六丈二尺。大四寸五分。

大踏索二条。各长六丈二尺。大五寸。小踏索二条。各长五丈。大三寸。大缭母一条。长四丈。大七寸。小缭母一条。长二丈四尺。大四寸。大帮衬六条。各长一丈六尺。大二寸。小帮衬九条。各长六尺。大一寸五分。以上麻索。共重五百二十斤。每百斤用绳匠三工六分。共核用麻五百二十斤。绳匠十八工七分二厘。

棕正椗索一条。长四十二丈。大七寸六分。副椗索一条。长四十丈。大七寸六分。大篷筋一条。长六丈六尺。大二寸。小篷筋一条。长三丈三尺。大一寸二分。缭仔。缭耳共十八条。各长二丈一尺。大二寸。椗奴二条。各长一丈五尺。大七寸二分。大。小摘尾二条。共长十二丈。大五寸三分。舵吊一条。长三丈。大六寸二分。以上棕绳。共重五百四十斤。每撕棕四十斤。用匠一工。成绳四十斤。用匠一工。共核用棕五百四十斤。撕棕匠十三工五分。成绳匠十三工五分。

冲风旗一面。长。宽各一丈六尺。一条龙旗一面。长六丈。宽三尺。妈祖旗一面。长。宽各五尺。大小定风旗三面。内一面长六尺。二面各长四尺五寸。均宽一尺。共核用幅宽一尺色布五十丈。苎线十两。裁缝匠五工。

中椗二门。齿全。各长一丈八尺。宽一尺。厚六寸。

中橹二枝。各长四丈二尺。宽八寸。厚五寸。

舢板橹一枝。长二丈九尺。宽七寸。厚四寸。

大。小桅饼七个。

大。小无底升五百个。

椗舵上配用竹绳。草绳。共用竹篾四百八十斤。绳匠十七工二分八厘。草心五百十斤。绳匠十二工七分五厘。

【查原送成规内开。打造竹绳。草绳所用匠工。多寡不齐。今照棕。麻绳索用工之例一律核定。】

篷上配用大小缭球。摄子。兔耳。共用槐藤二十七斤。藤匠五工四分。

刻字用。刻字匠三工。

竖大。小桅用。壮夫三十五名。

前船共用大小铁钉二万六千三百九十七个。刷抹钉头每百个用桐油六两四钱。灰一斤。每油灰十斤。用艌匠一工。共核用桐油一百五斤九两四钱。灰二百六十四斤。艌匠三十六工九分六厘。舂灰夫九名二分四厘。

前船共用舰匠四百三十三工七分四厘。系照杉。松木植核定。内有樟。柯等硬料用匠一百工三分三厘。每工外加匠二分。计加匠二十工七厘。共四百五十三工八分一厘。每百工加安装匠十工。计安装匠四十五工三分八厘。每舰匠。安装匠一百工加随匠壮夫二十名。计壮夫九十九名八分四厘。

以上拆造前船。共用。

宽一尺。厚八寸松木六丈六寸【每丈银四钱一分四厘】。计银二两五钱九厘。

【查原送成规内开。松木按依十六则丈尺计算。每丈核银四钱八分一厘至三钱四分一厘不等。多寡参差。均匀计算。每丈需银四钱一分四厘。今照四钱一分四厘之数一律核定。】

围大三尺二寸。净长四丈二尺大吉木二十二根一丈九尺七寸五分【每根银二两七钱】。计银六十两六钱七分。

【查原送成规内开。大吉木二十四根。今按丈尺做法核算。应减一根二丈二尺二寸五分。】

围大二尺五寸。净长三丈六尺中吉木二十五根一丈一尺九寸八分【每根银一两五钱】。计银三十七两九钱九分九厘。

【查原送成规内开。中吉木二十四根。今按丈尺做法核算。应增一根一丈一尺九寸八分。】

围大二尺。净长三丈二尺浮溪木二十四根一丈六尺八寸五分【每根银五钱】。计银十二两二钱六分三厘。

【查原送成规内开。浮溪木二十四根。今按丈尺做法核算。应增一丈六尺八寸五分。】

围大一尺六寸。净长二丈八尺高洋木二十四根【每根银二钱】。计银四两八钱。

围大三尺五寸木段六十三丈八尺。核长一丈四尺木段四十五根八尺【每根银六钱】。计银二十七两三钱四分三厘。

【查原送成规内开。木段四十六根。今按丈尺做法核算。应减六尺。】

宽一尺五寸。厚三寸樟木枋七十六丈五尺七寸二分。核长一丈七尺枋料四十五块七寸二分【每块银一两三钱】。计银五十八两五钱五分五厘。

【查原送成规内开。樟枋五十块。今按丈尺做法核算。应减四块一丈六尺二寸八分。】

宽一尺。厚三寸。长八尺二寸樟板四块【每块银四钱一分八厘】。计银一两六钱七分二厘。

【查原送成规内开。樟木梁座。梁头。一则至十七则各长一丈七尺。宽一尺五寸。厚三寸。每块银一两三钱。托浪樟木板。第一则长六尺五寸。宽一尺。厚三寸。每块开银五钱。第二则至十七则各长八尺。宽一尺。厚三寸。每块亦开银五钱。价值参差。今俱照梁座。梁头之价一律核定。】

宽一尺二寸。厚三寸松木枋八十丈三尺二寸。核长一丈七尺枋料四十七块四尺二寸【每块银三钱五分】。计银十六两五钱三分六厘。

【查原送成规内开。松枋四十九块。今按丈尺做法核算。应减一块一丈二尺八寸。】

围大一尺樟木极六十三丈五尺五寸。核长一丈二尺樟极五十二块一丈一尺五寸【每块银二钱】。计银十两五钱九分二厘。

【查原送成规内开。樟极五十六块。今按丈尺做法核算。应减三块五寸。】

宽一尺五寸。厚三寸柯槆木枋七丈四寸【每丈银五钱七分一厘五毫】。计银四两二分三厘。

宽一尺。厚三寸柯槆木枋五丈一尺【每丈银三钱八分一厘】。计银一两九钱四分三厘。

【查原送成规内开。柯槆木马面。一则至十七则各长三丈五尺。宽一尺五寸。厚三寸。每块开银二两。软筋及舢板龙骨等料。一则至五则各长二丈五尺。宽一尺。厚三寸。每块开银一两。六则至十七则各长三丈五尺。宽一尺。厚三寸。每块开银二两。价值参差。今俱照马面之价一律核定。】

围大八寸。长一丈三尺硬木棍六十根【每根银八分】。计银四两八钱。

宽六寸。厚一寸杉木板三十四丈六尺八寸【每丈银四钱】。计银十三两八钱七分二厘。

围大七尺。长一丈八尺五寸樟木一根。计银七两九分八厘。

围大五尺三寸。长一丈五尺五寸樟木一根。计银三两四钱九厘。

见方二尺四寸。长八尺二寸樟木一块。计银四两四钱三分八厘。

围大四尺六寸。长五尺八寸樟木一段。计银九钱六分。

宽二尺一寸。厚八寸。长一丈七尺二寸樟木一块。计银二两七钱一分四厘。

围大七尺五寸。长七尺七寸樟木一段。计银三两三钱九分一厘。

宽二尺二寸。厚一尺一寸。长一丈二尺二寸樟木二块【每块银二两七钱七分三厘】。计银五两五钱四分六厘。

宽一尺八寸。厚八寸。长一丈樟木二块【每块银一两三钱五分三厘】。计银二两七钱六厘。

宽二尺。厚九寸五分。长一丈六尺二寸樟木二块【每块银二两八钱九分二厘】。计银五两七钱八分四厘。

围大四尺七寸。长一丈五尺五寸樟木一根。计银二两六钱八分一厘。

宽一尺二寸。厚六寸。长一丈八尺二寸樟木一块。计银一两二钱三分一厘。

宽二尺四寸。厚六寸。长七尺七寸樟木一块。计银一两四分二厘。

【查原送成规内开。一则至十七则。每则用樟木含檀等料十二款。所开价值逐款核计。俱属参差。均匀计算。每折见方一尺需银九分三厘九毫六丝。今照九分三厘九毫六丝之数一律核定。】

宽一尺四寸。厚八寸。长一丈八尺二寸楮木一根。计银十六两。

围大四尺九寸。长六丈二尺桅木一根。计银二十五两。

围大四尺三寸。长五丈桅木一根。计银七两。

长一尺钉三百五十三个。每二个重一斤。计重一百七十六斤八两。长八寸钉三百八十个。每五个重一斤。计重七十六斤。长六寸钉一万四千一百四十六个。每十五个重一斤。计重九百四十三斤一两一钱。长五寸钉一万七百九十八个。每二十个重一斤。计重五百三十九斤十四两四钱。长四寸钉七百二十个。每三十个重一斤。计重二十四斤。以上铁钉。共重一千七百五十九斤七两五钱。除选用旧钉八百七十三斤二两二钱。添新八百八十六斤五两三钱【每斤银二分二厘】。计银十九两四钱九分九厘。

灰二千三十九斤【每百斤银二钱】。计银四两七分八厘。

桐油八百十九斤九两二钱【每斤银三分】。计银二十四两五钱八分七厘。

网纱六百六十五斤九两九钱【每斤银一分二厘】。计银七两九钱八分七厘。

竹丝六百六十五斤九两九钱【每斤银六厘】。计银三两九钱九分四厘。

生铁四百五十三斤【每斤一分】。计银四两五钱三分。

炭一千三百五十九斤【每百斤银一钱六分】。计银二两一钱七分四厘。

乌烟三斤五两【每斤银一分五厘】。计银五分。

广红五斤【每斤银五分】。计银二钱五分。

铜禄四两【每斤银三钱】。计银七分五厘。

京红四两【每斤银八分】。计银二分。

南粉二斤【每斤银一分】。计银二分。

银朱一两【每斤银六钱四分】。计银四分。

雘黄四两【每斤银二钱】。计银五分。

蓝粉四两【每斤银八分】。计银二分。

杭粉一两【每斤银一钱六分】。计银一分。

水胶六两【每斤银四分】。计银一分五厘。

松香八两【每斤银二分】。计银一分。

墨二块【每块银一分】。计银二分。

淡底一斤。计银五分。

麻五百二十斤【每斤银一分五厘】。计银七两八钱。

棕五百四十斤【每斤银三分】。计银十六两二钱。

色布五十丈【每丈银一钱】。计银五两。

苎线十两【每斤银一钱二分】。计银七分五厘。

椗二门。齿全。各长一丈八尺。宽一尺。厚六寸【每门工料银一两一钱二分七厘】。计银二两二钱五分四厘。

中橹二枝。各长四丈二尺。宽八寸。厚五寸【每枝工料银一两七钱一分三厘】。计银三两四钱二分六厘。

舢板橹一枝。长二丈九尺。宽七寸。厚四寸。计工料银三钱七分二厘。

大风篷一扇。长五丈。宽二丈七尺八寸。计银四两三钱三分四厘。

头风篷一扇。长二丈八尺。宽一丈四尺。计银一两二钱二分二厘。

【查原送成规。一则至十七则。大篷每扇银五两五钱。头篷每扇银一两五钱。所开丈尺。大篷长自四丈八尺至七丈。宽自二丈六尺至三丈三尺不等。头篷长自二丈四尺至三丈五尺。宽自一丈四尺至一丈六尺五寸不等。俱属参差。均匀核计。每折见方一丈需银三钱一分一厘八毫。今照三钱一分一厘八毫之数一律核定。】

大。小桅饼七个【每个银七分】。计银四钱九分。

大。小无底升五百个【每百个银八分】。计银四钱。

竹篾四百八十斤【每百斤银一钱六分】。计银七钱六分八厘。

草心五百十斤【每百斤银七分】。计银三钱五分七厘。

槵藤二十七斤【每斤银二分五厘】。计银六钱七分五厘。

舰匠四百五十三工八分一厘。安装匠四十五工三分八厘。锯匠一百二十一工九分七厘。艌匠二百九十工五分四厘。铁匠四十五工三分。油画匠十工。绳匠四十八工七分五厘。棕匠二十七工。裁缝匠五工。藤匠五工四分。刻字匠三工。壮夫二百六名二分。以上共匠夫一千二百六十二工三分五厘【每工银五分】。计银六十三两一钱一分八厘。

又置备物件开后。

木桶二十二件【每件银三分】。计银六钱六分。

铁锅二口换新【每口贴工料银一钱二分】。计银二钱四分。

鼓一面修理换皮。计银四钱八分。

金一面重四斤换新【每斤贴工料银七分】。计银二钱八分。

以上拆造前船成规内开。共需工料银五百二十三两八钱三厘。内部价银二百四十九两四钱三分。加八津贴并另加三分银二百七十四两三钱七分三厘。台厂运费银四十九两八钱八分六厘。今按条查核。分别增减更正。需用工料银五百二十二两二钱七厘。内部价银二百四十八两六钱七分。加八津贴并另加三分银二百七十三两五钱三分七厘。台厂运费银四十九两七钱三分四厘。计节减工料银一两五钱九分六厘。运费银一钱五分二厘。行令该抚于前船届应拆造之期。将节减银两在于应领银内扣除。

至大。小修理成规内开。大修工料银三百五十八两二钱九分九厘。内部价银一百六十二两八钱六分三厘。加九津贴并另加三分银一百九十五两四钱三分六厘。台厂运费银三十二两五钱七分三厘。小修工料银二百五十四两七钱六分四厘。内部价银一百十两七钱六分七厘。加十津贴并另加三分银一百四十三两九钱九分七厘。台厂运费银二十二两一钱五分三厘。

其余十三船仿此。

卷六

福建省外海战船做法

第六则赶缯船。八只。内铜山营纪字六号船一只。身长六丈二尺。头起䑼四尺八寸。尾起䑼三尺五寸。船头长二丈二尺。面匀宽一丈一尺三寸。底匀宽九尺八寸。船中长二丈二尺。面匀宽一丈六尺七寸。底匀宽一丈一尺九寸。船尾长一丈八尺。面匀宽一丈六尺三寸。底匀宽一丈一尺九寸。两边舷长六丈九尺。计十七舱。深五尺五寸四分。

今将拆造前船需用工料。价值细数开后。计开。

船底松木龙骨一道。计三节。船头一节。长二丈二尺。船中一节。连交接匙头长三丈六尺。船尾一节。长一丈五尺。凑长七丈三尺。均宽一尺。厚八寸。做净每折见方尺二十尺。用舰匠一工。交接匙头二处。每处用长一尺钉八个。又每边用长六寸钉十二个。共核用宽一尺。厚八寸松木枋七丈三尺六寸。

【查成规内开。大吉。中吉。浮溪。高洋四项木植。俱截去尖梢。作栏杆。灶柜。签子。木牌等项之用。其本身木料毋庸另加长荒外。一切枋段各料有截去一二尺至三五尺不等者。亦有未加长荒者。参差不一。今将枋段各料每件长五尺以内者加长荒一寸。五尺以外者加长荒二寸。圆径樟木长一丈以内者每根加长荒二寸。长一丈以外者每根加长荒五寸一律核定。】

长一尺钉十六个。长六寸钉二十四个。舰匠十三工一分四厘。

船底板连起䑼长六丈二尺。内。船底匀宽一丈一尺五寸三分。两站各匀高六尺五寸八分。用长四丈二尺。宽八寸。厚三寸大吉木板四十七块四丈二寸。做净每折见方尺八十尺。用舰匠一工。锯板折宽一尺。长七丈。用锯匠一工【以下锯板用工仿此】。钉缝凑长二百一丈四尺二寸。每丈用长六寸钉三十个。艌缝凑长四百二丈八尺四寸。每丈用灰一斤。桐油六两四钱。网纱竹丝各六两。每七丈。用艌匠一工。

舂制油灰。每四十斤用舂灰夫一工【以下艌缝用工。用料仿此】。共核用围大三尺二寸。净长四丈二尺大吉木十五根四丈一尺四寸。长六寸钉六千四十三个。灰四百二斤十三两。桐油一百六十一斤二两二钱。网纱一百五十一斤一两。竹丝一百五十一斤一两。舰匠五十五工三分九厘。锯匠三十一工六分五厘。艌匠五十七工五分五厘。舂灰夫十四名一分。

各舱樟木梁座二十七块。内。船头配用九块。凑长十三丈五尺。船中九块。凑长十四丈四尺。船尾九块。凑长十五丈三尺。舱梁二十一块。内。船头。船中抽换十一块。凑长十七丈六尺。船尾十块。凑长十七丈。均宽一尺五寸。厚三寸。松木梁头四十块。船头添换十三块。凑长十九丈五尺。船中十四块。凑长二十三丈八尺。船尾十三块。凑长二十丈八尺。均宽一尺二寸。厚三寸。硬木棍稳吊九根。各长一丈三尺。围大八寸。梁座。梁头。做净每折见方尺八十尺。用舰匠一工。稳吊四十尺。用舰匠一工。钉缝凑长一百五十三丈六尺。每丈用长六寸钉三十个。艌缝凑长三百七丈二尺。共核用宽一尺五寸。厚三寸樟木枋七十八丈七尺六寸。宽一尺二寸。厚三寸松木枋六十四丈九尺。围大八寸。长一丈三尺硬木棍九根。长六寸钉四千六百八个。灰三百七斤三两。桐油一百二十二斤十四两一钱。网纱一百十五斤三两二钱。竹丝一百十五斤三两二钱。舰匠六十一工三分九厘。艌匠四十三工八分九厘。舂灰夫十名七分五厘。①

各舱抽换樟木极四十块。内。虎头舱极二块。冲天极二块。油婆前后极四块。各长九尺五寸。水柜舱极二块。各长九尺。下担极二块。下金极二块。尾里极四块。各长六尺。各舱内极十六块。各长一丈。转水极二块。各长一丈二尺。鳅鱼极二块。各长七尺。斗盖极二块。各长五尺。均围大一尺。做净每折见方尺四十尺。用舰匠一工。每块用长六寸钉二个。艌缝凑长七十丈。共核用围大一尺樟木极三十五丈七尺八寸。长六寸钉八十个。灰七十斤。桐油二十八斤。网纱二十六斤四两。竹丝二十六斤四两。舰匠八工七分五厘。艌匠十工。舂灰夫二名四分五厘。

船身两旁走马二条。水蛇二条抽换。各长四丈二尺。宽八寸。厚四寸。做净每折见方尺四十尺。用舰匠一工。走马钉缝凑长八丈四尺。每丈用长一尺钉三十个。水蛇钉缝凑长八丈四尺。每四尺用长一尺钉三个。艌缝凑长三十三丈六尺。共核用围大三尺二寸。净长四丈二尺大吉木二根。长一尺钉三百十五个。灰三十三斤十两。桐油十三斤七两。网纱十二斤九两六钱。竹丝十二斤九两六钱。舰匠十工八厘。锯匠二工八分八厘。艌匠四工八分。舂灰夫一名一分八厘。

船面两旁臁板长六丈二尺。凑宽一丈一尺三寸抽换。用长四丈二尺。宽八寸。厚三寸大吉木板十八块。做净每折见方尺八十尺。用舰匠一工。钉缝凑长七十五丈六尺。每丈用长六寸钉三十个。艌缝凑长一百五十一丈二尺。共核用围大三尺二寸。净长四丈二尺大吉木六根。长六寸钉二千二百六十八个。灰一百五十一斤三两。桐油六十斤七两七钱。网纱五十六斤十一两二钱。竹丝五十六斤十一两二钱。舰匠二十工七分九厘。锯匠十一工八分八厘。艌匠二十一工六分。舂灰夫五名二分九厘。

两旁舨板各长六丈九尺。高六尺五寸抽换。用长三丈六尺。宽五寸八分。厚二寸五分中吉木板三十六块。两旁添换木段舨柱四根。各长六尺五寸。围大三尺二寸。舨板。做净每折见方尺八十尺。用舰匠一工。舨柱四十尺。用舰匠一工。舨板钉缝凑长一百二十九丈六尺。每丈用长五寸钉三十个。舨柱钉缝凑长二丈六尺。每丈用长六寸钉三十个。艌缝凑长二百六十四丈四尺。共核用围大二尺五寸。净长三丈六尺中吉木十二根。围大三尺五寸木段二丈六尺八寸。长六寸钉七十八个。长五寸钉三千八百八十八个。灰二百六十四斤六两。桐油一百五斤十二两二钱。网纱九十九斤二两四钱。竹丝九十九斤二两四钱。舰匠二十八工九分七厘。锯匠十五工三分七厘。艌匠三十七工七分七厘。舂灰夫九名二分五厘。

【查成规内。板未载高尺寸。今按柱长丈核定。】

两旁臁艔十八块。各长四尺。龙目二块。各长一尺五寸。均围大一尺。做净每折见方尺四十尺。用舰匠一工。臁艔每块用长六寸钉二个。龙目每块用长六寸钉六个。艌缝凑长十五丈。共核用围大一尺樟

① 南京大学图书馆藏清刻本此处缺漏文字甚多,参考台湾文献史料丛刊补。

木极七丈七尺。长六寸钉四十八个。灰十五斤。桐油六斤。网纱五斤十两。竹丝五斤十两。舰匠一工八分八厘。艌匠一工一分四厘。舂灰夫五分三厘。

舨上前后浮溪木鼠桥板四块。各长二丈五尺。压舨板四块。各长三丈六尺。均宽五寸。厚二寸。两边木段猴袋板四块。各长五尺。宽八寸。厚二寸五分。做净每折见方尺八十尺。用舰匠一工。鼠桥。压板钉缝凑长二十四丈四尺。每丈用长五寸钉三十个。艌缝凑长二十八丈八尺。共核用围大二尺。净长三丈二尺浮溪木二根一丈七尺三寸。围大三尺五寸木段五尺一寸。长五寸钉七百三十二个。灰二十八斤十三两。桐油十一斤八两三钱。网纱十斤十二两八钱。竹丝十斤十二两八钱。舰匠四工八分。锯匠二工七分四厘。艌匠四工一分一厘。舂灰夫一名一厘。

两旁大压二块。笨抽二块。水戗二块。各长三丈六尺。宽六寸六分。厚三寸五分。做净每折见方尺四十尺。用舰匠一工。钉缝凑长二十一丈六尺。每丈用长六寸钉三十个。艌缝凑长四十三丈二尺。共核用围大二尺五寸。净长三丈六尺中吉木三根。长六寸钉六百四十八个。灰四十三斤三两。桐油十七斤四两五钱。网纱十六斤三两二钱。竹丝十六斤三两二钱。舰匠十工九分一厘。锯匠三工一分二厘。艌匠六工一分七厘。舂灰夫一名五分一厘。

官厅前后用中吉木梁三根。各长一丈六尺五寸。围大二尺二寸。浮溪木柱四根。各长一丈三尺。围大一尺七寸。贴柱八根。各长一丈三尺。见方五寸。官厅上中吉木战柜板并左。右。后三面墙板共三十六块。各长一丈六尺八寸。凑宽二丈三尺七寸六分。用宽五寸八分。厚二寸五分板六十八丈八尺二寸二分。木段冲天盖板十二块。各长四尺六寸。宽八寸。厚二寸五分。浮溪木铺板十六块。各长九尺。凑宽八尺四寸八分。官厅门板八块。各长四尺。凑宽四尺二寸四分。用宽五寸。厚二寸板十八丈六尺五寸六分。战柜挑二块。侧板二块。踏板一块。各长一丈七尺。均宽五寸。厚二寸。官厅梁。柱。贴柱。做净每折见方尺四十尺。用舰匠一工。战柜各板八十尺。用舰匠一工。战柜板。墙板。冲天盖板。官厅门板钉缝凑长七十七丈七尺三寸四分。每丈用长五寸钉三十个。战柜板。墙板。冲天盖板艌缝凑长一百四十八丈六尺八寸四分。共核用围大二尺五寸。净长三丈六尺中吉木七根二丈六尺九寸。围大二尺。净长三丈二尺浮溪木七根二丈二尺五寸二分。围大三尺五寸木段一丈四尺一寸。长五寸钉二千三百三十二个。灰一百四十八斤十一两。桐油五十九斤七两六钱。网纱五十五斤十二两一钱。竹丝五十五斤十二两一钱。舰匠三十工六分一厘。锯匠十三工一分九厘。艌匠二十一工二分四厘。舂灰夫五名二分。

官厅前通铺板抽换四块。各长一丈七尺。后通铺板二块。各长一丈六尺。均宽一尺二寸。厚三寸。做净每折见方尺八十尺。用舰匠一工。钉缝凑长十丈。每丈用长六寸钉三十个。艌缝凑长二十丈。共核用宽一尺二寸。厚三寸松木枋十丈一尺二寸。长六寸钉三百个。灰二十斤。桐油八斤。网纱七斤八两。竹丝七斤八两。舰匠三工七分五厘。艌匠二工八分六厘。舂灰夫七分。

官厅两旁浮溪木猫里墙板十六块。猫里门板八块。各长四尺。两旁凑宽一丈二尺七寸二分。猫里铺板十块。又柜底板十块。各长七尺。凑宽一丈六寸。用宽五寸。厚二寸板二十五丈一寸六分。木段猫里上下袱四块。各长七尺。宽八寸。厚四寸。上下袱。做净每折见方尺四十尺。用舰匠一工。猫里各板八十尺。用舰匠一工。猫里墙板。门板钉缝凑长十丈一尺七寸六分。每丈用长五寸钉三十个。共核用围大二尺。净长三丈二尺浮溪木二根一丈九尺四寸。围大三尺五寸木段一丈四尺四寸。长五寸钉三百五个。舰匠六工六厘。锯匠二工九分八厘。

官厅内中吉木炕床杠一根。长一丈六尺五寸。围大二尺二寸。浮溪木虎头舱门板八块。各长四尺。凑宽四尺二寸四分。虎头舱铺板八块。各长六尺。凑宽四尺二寸四分。用宽五寸。厚二寸板八丈四尺八寸。炕床杠。做净每折见方尺四十尺。用舰匠一工。虎头舱各板八十尺。用舰匠一工。虎头舱门板钉缝凑长三丈三尺九寸二分。每丈用长五寸钉三十个。共核用围大二尺五寸。净长三丈六尺中吉木一丈六尺五寸。围大二尺。净长三丈二尺浮溪木二丈八尺二寸七分。长五寸钉一百二个。舰匠二工三分九厘。锯匠八分五厘。

两旁艕面战棚板。用长二丈八尺。宽四寸。厚二寸高洋木板二十八块。各舱内铺板。用长四尺。宽四寸。厚一寸高洋木板二百二十四块。做净每折见方尺八十尺。用舰匠一工。共核用围大一尺六寸。净长二丈八尺高洋木二十二根。舰匠二十二工九分六厘。锯匠十三工一分二厘。

两旁鱌上鱌牛四块。各长八尺。各舱口扛豆四块。各长一丈七尺。均宽一尺二寸。厚三寸。做净每折见方尺四十尺。用舰匠一工。鱌牛每块用长六寸钉四个。扛豆钉缝凑长六丈八尺。每丈用长六寸钉三十个。艌缝凑长二十丈。共核用宽一尺二寸。厚三寸松木枋十丈一尺六寸。长六寸钉二百二十个。灰二十斤。桐油八斤。网纱七斤八两。竹丝七斤八两。舰匠七工五分。艌匠二工八分六厘。舂灰夫七分。

各舱盖板。用长六尺九寸。宽八寸。厚二寸五分木段板七十二块。舱盖下大通槽十个。侧槽六个。水槽六个。各长四尺六寸。宽一尺。厚八寸。小通槽八个。各长四尺六寸。见方八寸。舱盖板。做净每折见方尺八十尺。用舰匠一工。通槽等槽三十尺。用舰匠一工。舱盖板钉缝凑长四十九丈六尺八寸。每丈用长五寸钉三十个。艌缝凑长九十九丈三尺六寸。共核用围大三尺五寸木段二十六丈八尺八寸。长五寸钉一千四百九十个。灰九十九斤六两。桐油三十九斤十一两九钱。网纱三十七斤四两二钱。竹丝三十七斤四两二钱。舰匠二十九工一分一厘。锯匠十工九分。艌匠十四工一分九厘。舂灰夫三名四分八厘。

两旁舭边用高洋木牛栏四根。内。船头二根。船后二根。各长二丈八尺。围大一尺三寸。做净每折见方尺四十尺。用舰匠一工。共核用围大一尺六寸。净长二丈八尺高洋木四根。舰匠三工六分四厘。

船头斗盖用樟木一块。长一丈五尺。围大四尺七寸。虾箍梁一块。长八尺五寸。宽七寸。斗盖下兔耳一块。长八尺。宽一尺五寸。鹿肚勒一个。长四尺。宽一尺二寸。托浪板二块。各长八尺。宽一尺。均厚三寸。斗盖。虾箍梁。兔耳。鹿肚勒。做净每折见方尺四十尺。用舰匠一工。托浪板八十尺。用舰匠一工。斗盖用长八寸钉十二个。虾箍梁。托浪板钉缝凑长二丈四尺五寸。每丈用长六寸钉三十个。兔耳。鹿肚勒钉缝凑长一丈二尺。每丈用长五寸钉三十个。虾箍梁。托浪板。兔耳。鹿肚勒艌缝凑长七丈三尺。共核用围大四尺七寸。长一丈五尺五寸樟木一根。宽一尺五寸。厚三寸樟木枋一丈五尺五寸四分。宽一尺。厚三寸。长八尺二寸樟木板二块。长八寸钉十二个。长六寸钉七十四个。长五寸钉三十六个。灰七斤五两。桐油二斤十四两七钱。网纱二斤十一两八钱。竹丝二斤十一两八钱。舰匠三工七分三厘。艌匠一工四厘。舂灰夫二分六厘。

中含檀一块。长一丈八尺。围大七尺。头含檀一块。长一丈五尺。围大五尺三寸。含檀梁一块。长一丈六尺。头含檀闸一块。长八尺。均宽一尺五寸。厚三寸。做净每折见方尺三十尺。用舰匠一工。含檀梁钉缝长一丈六尺。每丈用长六寸钉三十个。含檀。含檀梁艌缝凑长九丈八尺。共核用围大七尺。长一丈八尺五寸樟木一根。围大五尺三寸。长一丈五尺五寸樟木一根。宽一尺五寸。厚三寸樟木枋二丈四尺四寸。长六寸钉四十八个。灰九斤十三两。桐油三斤十四两七钱。网纱三斤十两八钱。竹丝三斤十两八钱。舰匠九工七分三厘。艌匠一工四分。舂灰夫三分四厘。

中转水二块。各长一丈六尺。宽二尺。厚九寸五分。樟极转水鞋二块。各长七尺。围大一尺。做净每折见方尺四十尺。用舰匠一工。转水每块用长一尺钉二个。转水鞋每块用长六寸钉七个。艌缝凑长九丈二尺。共核用宽二尺。厚九寸五分。长一丈六尺二寸樟木二块。围大一尺樟木极一丈四尺四寸。长一尺钉四个。长六寸钉十四个。灰九斤三两。桐油三斤十两九钱。网纱三斤七两二钱。竹丝三斤七两二钱。舰匠五工七厘。艌匠一工三分一厘。舂灰夫三分二厘。

船尾用浮溪木尾楼舭柱四根。各长四尺。围大一尺七寸。木段尾楼舭板八块。各长一丈四尺。拜棚板十六块。各长七尺。均宽八寸。厚二寸五分。舭柱。做净每折见方尺四十尺。用舰匠一工。舭板。拜棚板八十尺。用舰匠一工。拜棚板。舭板钉缝凑长二十二丈四尺。每丈用长五寸钉三十个。拜棚板艌缝凑长二十二丈四尺。共核用围大二尺。净长三丈二尺浮溪木一丈六尺。围大三尺五寸木段五丈七尺二寸。长五寸钉六百七十二个。灰二十二斤六两。桐油八斤十五两四钱。网纱八斤六两四钱。竹丝八斤六两四钱。舰匠六工五分六厘。锯匠三工三分六厘。艌匠三工二分。舂灰夫七分八厘。

船尾用樟木下金一块。长七尺五寸。围大七尺五寸。缭牛一副。长七尺五寸。宽二尺四寸。厚六寸。尾楼上金一块。长一丈七尺。宽二尺一寸。厚八寸。七星冠一块。长一丈八尺。宽一尺二寸。厚六寸。硬木棍下金拴二根。缭牛臌二根。各长六尺五寸。围大八寸。木段缭牛杠二根。各长七尺。围大三尺二寸。下金。缭牛。上金。七星冠。做净每折见方尺三十尺。用舰匠一工。下金拴。缭牛缴。缭牛杠四十尺。用舰匠一工。下金用长八寸钉十八个。缭牛用长八寸钉二十二个。上金用长一尺钉十八个。缭牛臌钉缝凑长一丈三尺。每丈用长五寸钉三十个。下金舱缝凑长七尺五寸。共核用围大七尺五寸。长七尺七寸樟木一段。宽二尺四寸。厚六寸。长七尺七寸樟木一段。宽二尺一寸。厚八寸。长一丈七尺二寸樟木一块。宽一尺二寸。厚六寸。长一丈八尺二寸樟木一块。围大八寸。长一丈三尺硬木棍二根。围大三尺五寸木段一丈四尺四寸。长一尺钉十八个。长八寸钉四十个。长五寸钉三十八个。灰十二两。桐油四两八钱。网纱四两五钱。竹丝四两五钱。舰匠拾工七分六厘。舱匠一分壹一厘。舂灰夫三厘。

船尾舵边用木段硬筋二根。各长一丈四尺。围大三尺二寸。尾楼鲂鱼翅四块。各长七尺。宽一尺。厚四寸。柯椈木软筋二块。各长一丈一尺。宽一尺。厚三寸。做净每折见方尺四十尺。用舰匠一工。硬筋头尾用长六寸钉拾二个。共核用围大三尺五寸木段四丈二尺八寸。宽一尺。厚三寸柯椈木二丈二尺四寸。长六寸钉十二个。舰匠五工六分三厘。锯匠五分六厘。

尾楼上用浮溪木铺板十块。各长四尺。尾座板四块。各长一丈二尺。舨边寄菜板二块。各长一丈四尺。碗格二块。各长一丈一尺。尾楼挑二块。橹棚一根。各长一丈七尺。均宽五寸。厚二寸。做净每折见方尺八十尺。用舰匠一工。尾楼铺板钉缝凑长四丈。每丈用长五寸钉三十个。共核用围大二尺。净长三丈二尺浮溪木一根三丈一尺。长五寸钉一百二十个。舰匠三工三分一厘。锯匠一工八分九厘。

船尾用樟木橹通板二块。各长一丈四尺。橹门枋一块。橹床二块。各长五尺。双头蛇一块。长四尺。均宽一尺五寸。厚三寸。橹通板。做每折见方尺八十尺。用舰匠一工。橹门枋。橹床。双头蛇四十尺。用舰匠一工。橹床每块用长八寸钉十二个。橹通板钉缝凑长二丈八尺。每丈用长六寸钉三十个。橹床。橹通板舱缝凑长七丈六尺。共核用宽一尺五寸。厚三寸樟木枋四丈七尺八寸。长八寸钉二十四个。长六寸钉八十四个。灰七斤十两。桐油三斤六钱。网纱二斤十三两六钱。竹丝二斤十三两六钱。舰匠二工九分七厘。舱匠一工九厘。舂灰夫二分七厘。

水仙门两旁用浮溪木边柱四根。各长四尺。围大一尺七寸。水仙门板十四块。各长四尺。凑宽七尺四寸二分。用宽五寸。厚二寸板五丈九尺三寸六分。樟木极百子舫十六块。各长六尺。围大一尺。边柯椈木朴竹二块。各长六尺。宽一尺。厚三寸。水仙门柱。百子舫。做净每折见方尺四十尺。用舰匠一工。门板。朴竹八十尺。用舰匠一工。百子舫钉缝凑长九丈六尺。每丈用长六寸钉三十个。舱缝凑长十九丈二尺。共核用围大二尺。净长三丈二尺浮溪木一根三尺八寸。围大一尺樟木极九丈九尺二寸。宽一尺。厚三寸柯椈木枋一丈二尺四寸。长六寸钉二百八十八个。灰十九斤三两。桐油七斤十两九钱。网纱七斤三两二钱。竹丝七斤三两二钱。舰匠四工五分一厘。锯匠五分九厘。舱匠二工七分四厘。舂灰夫六分七厘。

大桅座一块。长八尺。见方二尺四寸。头桅座一块。长五尺六寸。围大四尺六寸。做净每折见方尺三十尺。用舰匠一工。共核用见方二尺四寸。长八尺二寸樟木一块。围大四尺六寸。长五尺八寸樟木一段。舰匠三工四分二厘。

大鹿耳二块。各长一丈二尺。宽二尺二寸。厚一尺一寸。头鹿耳二块。各长九尺八寸。宽一尺八寸。厚八寸。硬木棍鹿耳夹二块。各长一丈三尺。围大八寸。做净每折见方尺四十尺。用舰匠一工。共核用宽二尺二寸。厚一尺一寸。长一丈二尺二寸樟木二块。宽一尺八寸。厚八寸。长一丈樟木二块。围大八寸。长一丈三尺硬木棍二根。舰匠七工三厘。

大桅一根。长七丈二尺。围大五尺七寸。头桅一根。长五丈。围大四尺三寸。做净每折见方尺四十尺。用舰匠一工。共核用围大五尺七寸。长七丈二尺桅木一根。围大四尺三寸。长五丈桅木一根。舰匠十五工六分四厘。

桅尾用柯椈木马面二块。各长三丈五尺。宽一尺五寸。厚三寸。樟木大桅笠一块。长二尺。宽一尺五寸。头桅笠一块。长一尺六寸。宽一尺二寸。大桅琵琶一块。长三尺。宽一尺。头桅琵琶一块。长二尺。宽八寸。均厚三寸。木段大桅伫一根。长一丈二尺。头桅伫一根。长九尺。均围大三尺二寸。马面。做净每折见方尺八十尺。用舰匠一工。桅笠。桅伫。琵琶四十尺。用舰匠一工。马面钉缝凑长七丈。每丈用长六寸钉二十个。共核用宽一尺五寸。厚三寸柯枸木枋七丈四寸。宽一尺五寸。厚三寸樟木枋六尺六寸五分。围大三尺五寸木段二丈一尺四寸。长六寸钉一百四十个。舰匠五工四分四厘。

大风篷一扇。长六丈。宽二丈七尺八寸。头风篷一扇。长二丈八尺。宽一丈四尺。浮溪木大篷担二根。各长二丈七尺八寸。头篷担二根。各长一丈四尺。围大一尺七寸。做净每折见方尺四十尺。用舰匠一工。共核用宽二丈七尺八寸。长六丈风篷一扇。宽一丈四尺。长二丈八尺风篷一扇。围大二尺。净长三丈二尺浮溪木二根一丈九尺六寸。舰匠三工五分五厘。

大篷架用木段横梁一根。长一丈四尺。头篷架横梁一根。架针三根。各长七尺。均宽一尺。厚八寸。做净每折见方尺三十二尺。用舰匠一工。共核用围大三尺五寸木段四丈三尺。舰匠四工七分三厘。锯匠一工八厘。

大篷车员一根。用中吉木长一丈六尺。半车员一根。斗头车员一根。各长一丈。椗车员一根。长一丈五尺。均围大二尺二寸。浮溪木车耳六个。各长六尺。车脚直板八块。各长一丈五尺。斜板四块。各长一丈一尺。均宽五寸。厚二寸。硬木棍车子四十五根。各长一丈三尺。围大八寸。车员。车耳。做净每折见方尺三十二尺。用舰匠一工。车脚斜。直板八十尺。用舰匠一工。共核用围大二尺五寸。净长三丈六尺中吉木一根一丈五尺。围大二尺。净长三丈二尺浮溪木二根二尺七寸。围大八寸。长一丈三尺硬木棍四十五根。舰匠七工九分五厘。锯匠二工。

水柜用樟木牛头四块。各长五尺。宽一尺五寸。厚三寸。木段水柜柱四根。各长六尺五寸。围大三尺二寸。水柜闸四块。各长七尺。见方八寸。水柜板三十六块。各长四尺六寸。宽八寸。厚二寸五分。水柜柱。闸。牛头。做净每折见方尺四十尺。用舰匠一工。水柜板八十尺。用舰匠一工。水柜柱每根用长六寸钉二十个。牛头钉缝凑长二丈。每丈用长六寸钉三十个。水柜板钉缝凑长十六丈五尺六寸。每丈用长五寸钉三十个。艌缝凑长四十七丈九尺二寸。共核用宽一尺五寸。厚三寸樟木枋二丈四寸。围大三尺五寸木段九丈七尺九寸。长六寸钉一百四十个。长五寸钉四百九十七个。灰四十七斤十五两。桐油十九斤二两七钱。网纱十七斤十五两五钱。竹丝十七斤十五两五钱。舰匠十工四分七厘。锯匠三工一分二厘。艌匠六工八分五厘。舂灰夫一名六分八厘。

妈祖龛用杉木板二十四丈。尾楼刀。剑舨边炮眼等项用板十二丈。均宽六寸。厚一寸。做净每折见方尺八十尺。用舰匠一工。钉缝凑长二十四丈。每丈用长四寸钉三十个。艌缝凑长四十八丈。共核用宽六寸。厚一寸杉木板三十六丈七尺二寸。长四寸钉七百二十个。灰四十八斤。桐油十九斤三两二钱。网纱十八斤。竹丝十八斤。舰匠六工三分。艌匠六工八分六厘。舂灰夫一名六分八厘。

船面两旁炮架六个并盖。每个用长四尺六寸。宽八寸。厚二寸五分木段板六块。做净每折见方尺八十尺。用舰匠一工。共核用围大三尺五寸木段四丈二尺三寸。舰匠四工三分五厘。锯匠二工四分八厘。

船头用中吉木 槛 一根。长三丈六尺。围大二尺二寸。做净每折见方尺四十尺。用舰匠一工。共核用围大二尺五寸。净长三丈六尺中吉木一根。舰匠一工九分八厘。

船尾舵一门。用楮木舵栏一根。长一丈八尺。宽一尺四寸。厚八寸。中吉木舵闪板三块。各长一丈八尺。凑宽一尺九寸八分。用宽五寸八分。厚二寸五分板六丈一尺四寸五分。樟木极舵夹八块。各长四尺。围大一尺。硬木棍舵牙扼二根。各长一丈三尺。围大八寸。舵栏。做净每折见方尺三十尺。用舰匠一工。舵夹。舵牙四十尺。用舰匠一工。舵闪板八十尺。用舰匠一工。舵夹钉缝凑长三丈二尺。每丈用长八寸钉五十个。舵夹。舵闪板艌缝凑长十八丈六尺九寸。共核用宽一尺四寸。厚八寸。长一丈八尺二寸楮木一根。围大二尺五寸。净长三丈六尺中吉木二丈四寸八分。围大一尺樟木极三丈二尺八寸。围大八寸。长一丈三尺硬木棍二根。长八寸钉一百六十个。灰十八斤十一两。桐油七斤七两六钱。网纱七斤一钱。竹丝七斤一钱。舰匠五工二分四厘。锯匠七分三厘。艌匠二工六分七厘。舂灰夫六分五厘。

跟随战船舢板用柯枸木龙骨一根。长一丈七尺。斗盖一块。长六尺。托浪板二块。各长五尺六寸。

均宽一尺。厚三寸。浮溪木水底板十块。各长一丈六尺。凑宽五尺三寸。舨板六块。各长一丈八尺。凑宽三尺一寸八分。堵板十四块。各长六尺。凑宽七尺四寸二分。用宽五寸。厚二寸板三十七丈三尺一寸二分。龙骨。做净每折见方尺四十尺。用舰匠一工。斗盖各板八十尺。用舰匠一工。龙骨用长六寸钉十二个。托浪板。水底板。舨板钉缝凑长二十九丈五尺二寸八分。每丈用长五寸钉三十个。托浪板。水底板。舨板艌缝凑长五十九丈五寸六分。共核用宽一尺。厚三寸柯枸木三丈五尺。围大二尺。净长三丈二尺浮溪木三根二丈八尺四寸。长六寸钉十二个。长五寸钉八百八十六个。灰五十九斤一两。桐油二十三斤十两。网纱二十二斤二两三钱。竹丝二十二斤二两三钱。舰匠八工二分。锯匠三工七分三厘。艌匠八工四分四厘。舂灰夫二名七厘。

舢板船两旁水蛇二根。水戗二根。各长一丈六尺。压板二块。各长一丈八尺。均宽五寸。厚二寸。做净每折见方尺八十尺。用舰匠一工。水蛇钉缝凑长三丈二尺。每四尺用长八寸钉三个。压板。水戗钉缝凑长六丈八尺。每丈用长五寸钉三十个。艌缝凑长二十丈。共核用围大二尺。净长三丈二尺浮溪木一根一尺三寸。长八寸钉二十四个。长五寸钉二百四个。灰二十斤。桐油八斤。网纱七斤八两。竹丝七斤八两。舰匠一工七分五厘。锯匠一工。艌匠二工八分六厘。舂灰夫七分。

舢板船用樟木舢板舥三个。各长四尺。宽五寸。厚三寸。樟木极舢板梁四块。各长四尺四寸。牛头仔极十五个。各长二尺。冲天极二块。牛头极六块。各长二尺八寸。均围大一尺。做净每折见方尺四十尺。用舰匠一工。舢板舥。梁钉缝凑长二丈九尺六寸。每丈用长六寸钉三十个。冲天极。牛头极每块用长六寸钉二个。舢板舥。梁。冲天极。牛头极艌缝凑长十丈四尺。共核用宽一尺五寸。厚三寸樟木枋四尺一寸。围大一尺樟木极七丈二尺七寸。长六寸钉一百五个。灰十斤六两。桐油四斤二两六钱。网纱三斤十四两四钱。竹丝三斤十四两四钱。舰匠二工二分三厘。艌匠一工四分九厘。舂灰夫三分六厘。

大桅铁箍八个。各长五尺八寸。头桅箍四个。各长四尺四寸。舵箍三个。各长四尺七寸。樾箍二个。各长三尺三寸。俱宽二寸。厚五分。椗齿三个。各长一尺。宽七寸。厚五分。橹箍四个。各长二尺七寸。宽一寸。厚三分。铁镮四个。各围大六寸。以上铁料。共净重二百四十二斤十二两。每正铁一斤。加耗铁一斤。每正铁五斤。用铁匠一工。每正。耗铁一斤。用炭三斤。共核用生铁四百八十五斤八两。炭一千四百五十六斤八两。铁匠四十八工五分五厘。

油画前船。共用乌烟三斤五两。广红五斤。铜碌四两。京红四两。南粉二斤。银朱一两。滕黄四两。蓝粉四两。杭粉一两。水胶六两。松香八两。墨二块。桐油四斤。淡底一斤。油画匠十工。

麻大桅緈索二条。各长八丈五尺。大七寸五分。头桅緈索二条。各长七丈一尺。大四寸五分。大踏索二条。各长七丈一尺。大五寸。小踏索二条。各长五丈。大三寸。大缭母一条。长四丈二尺。大七寸。小缭母一条。长二丈五尺。大四寸。大帮衬六条。各长一丈六尺。大二寸。小帮衬九条。各长五尺五寸。大一寸六分。以上麻绳。共重五百六十斤。每百斤用绳匠三工六分。共核用麻五百六十斤。绳匠二十工一分六厘。

棕正椗索一条。长四十二丈。大八寸七分。副椗索一条。长四十丈。大七寸二分。大篷筋一条。长六丈八尺。大一寸八分。小篷筋一条。长三丈六尺。大一寸二分。缭仔。缭耳共十八条。各长二丈一尺。大二寸。椗奴二条。各长一丈五尺。大七寸二分。大。小摘尾二条。共长十二丈。大四寸三分。舵吊一条。长三丈。大六寸二分。以上棕绳。共重五百八十斤。每撕棕四十斤。用匠一工。成绳四十斤。用匠一工。共核用棕五百八十斤。撕棕匠十四工五分。成绳匠十四工五分。

冲风旗一面。长。宽各一丈六尺。一条龙旗一面。长六丈。宽三尺。妈祖旗一面。长。宽各五尺。大小定风旗三面。内一面长六尺。二面各长四尺五寸。均宽一尺。共核用幅宽一尺色布五十丈。苎线十两。裁缝匠五工。

中椗二门。齿全。各长二丈一尺。宽一尺二寸。厚六寸。

中橹二枝。各长四丈八尺。宽八寸。厚五寸。

舢板橹一枝。长二丈九尺。宽七寸。厚四寸。

大。小桅饼七个。

大。小无底升五百五十个。

椗舵上配用竹绳。草绳。共用竹篾五百二十斤。绳匠十八工七分二厘。草心五百三十七斤。绳匠十三工四分三厘。

【查原送成规内开。打造竹绳。草绳所用匠工。多寡不齐。今照棕。麻绳索用工之例一律核定。】

篷上配用大小缭球。摄子。兔耳。共用槐藤二十八斤。藤匠五工六分。

刻字用。刻字匠三工。

竖立大。小桅用。壮夫四十名。

前船共用大小铁钉二万七千八百七十个。刷抹钉头每百个用桐油六两四钱。灰一斤。每油灰十斤。用艌匠一工。共核用桐油一百十一斤七两七钱。灰二百七十八斤十一两。艌匠三十九工二厘。舂灰夫九名七分五厘。

前船共用舰匠四百六十二工六分七厘。系照杉。松木植核定。内有樟。柯等硬料用匠一百七工二分一厘。每工外加匠二分。计加匠二十一工四分四厘。共匠四百八十四工一分一厘。每百工加安装匠十工。计安装匠四十八工四分一厘。每舰匠。安装匠一百工加随匠壮夫二十名。计壮夫一百六名五分。

以上拆造前船。共用。

宽一尺。厚八寸松木七丈三尺六寸【每丈银四钱一分四厘】。计银三两四分七厘。

【查原送成规内开。松木按依十六则丈尺计算。每丈核银自四钱八分一厘至三钱四分一厘不等。多寡参差。均匀计算。每丈需银四钱一分四厘。今照四钱一分四厘之数一律核定。】

围大三尺二寸。净长四丈二尺大吉木二十三根四丈一尺四寸【每根银二两七钱】。计银六十四两七钱六分一厘。

【查原送成规内开。大吉木二十六根。今按丈尺做法核算。应减二根六寸。】

围大二尺五寸。净长三丈六尺中吉木二十六根六尺八寸八分【每根银一两五钱】。计银三十九两二钱八分七厘。

【查原送成规内开。中吉木二十六根。今按丈尺做法核算。应增六尺八寸八分。】

围大二尺。净长三丈二尺浮溪木二十六根三丈二寸九分【每根银五钱】。计银十三两四钱七分三厘。

【查原送成规内开。浮溪木二十六根。今按丈尺做法核算。应增三丈二寸九分。】

围大一尺六寸。净长二丈八尺高洋木二十六根【每根银二钱】。计银五两二钱。

围大三尺五寸木段六十四丈八尺二寸。核长一丈四尺段料四十六根四尺二寸【每根银六钱】。计银二十七两七钱八分。

【查原送成规内开。木段四十七根。今按丈尺做法核算。应减九尺八寸。】

宽一尺五寸。厚三寸樟木枋九十丈六尺四寸九分。核长一丈七尺枋料五十三块五尺四寸九分【每块银一两三钱】。计银六十九两三钱二分。

【查原送成规内开。樟木枋五十六块。今按丈尺做法核算。应减二块一丈一尺一寸五分。】

宽一尺。厚三寸。长八尺二寸樟木板二块【每块银四钱一分八厘】。计银八钱三分六厘。

【查原送成规内开。樟木梁座。梁头。一则至十七则各长一丈七尺。宽一尺五寸。厚三寸。每块银一两三钱。托浪樟木板。第一则长六尺五寸。宽一尺。厚三寸。每块开银五钱。第二则至十七则各长八尺。宽一尺。厚三寸。每块亦开银五钱。价值参差。今俱照梁座。梁头之价一律核定。】

宽一尺二寸。厚三寸松木枋八十五丈一尺八寸。核长一丈七尺枋料五十块一尺八寸【每块银三钱五分】。计银十七两五钱三分七厘。

【查原送成规内开。松木枋五十二块。今按丈尺做法核算。应减一块一丈五尺二寸。】

围大一尺樟木极六十五丈三尺九寸。核长一丈二尺樟极五十四块五尺九寸【每块银二钱】。计银十两八钱九分八厘。

【查原送成规内开。樟木极五十八块。今按丈尺做法核算。应减三块六尺一寸。】

宽一尺五寸。厚三寸柯梅木枋七丈四寸【每丈银五钱七分一厘五毫】。计银四两二分三厘。

宽一尺。厚三寸柯梅木枋六丈九尺八寸【每丈银三钱八分一厘】。计银二两六钱五分九厘。

【查原送成规内开。柯梅木马面。一则至十七则各长三丈五尺。宽一尺五寸。厚三寸。每块开银二两。软筋及舢板龙骨等料。一则至五则各长二丈五尺。宽一尺。厚三寸。每块开银一两。六则至十七则各长三丈五尺。宽一尺。厚三寸。每块开银二两。价值参差。今俱照马面之价一律核定。】

围大八寸。长一丈三尺硬木棍六十根【每根银八分】。计银四两八钱。

宽六寸。厚一寸杉木板三十六丈七尺二寸【每丈银四钱】。计银十四两六钱八分八厘。

围大七尺。长一丈八尺五寸樟木一根。计银七两九分八厘。

围大五尺三寸。长一丈五尺五寸樟木一根。计银三两四钱九厘。

见方二尺四寸。长八尺二寸樟木一块。计银四两四钱三分八厘。

围大四尺六寸。长五尺八寸樟木一段。计银九钱六分。

宽二尺一寸。厚八寸。长一丈七尺二寸樟木一块。计银二两七钱一分四厘。

围大七尺五寸。长七尺七寸樟木一段。计银三两三钱九分一厘。

宽二尺二寸。厚一尺一寸。长一丈二尺二寸樟木二块【每块银二两七钱七分三厘】。计银五两五钱四分六厘。

宽一尺八寸。厚八寸。长一丈樟木二块【每块银一两三钱五分三厘】。计银二两七钱六厘。

宽二尺。厚九寸五分。长一丈六尺二寸樟木二块【每块银二两八钱九分二厘】。计银五两七钱八分四厘。

围大四尺七寸。长一丈五尺五寸樟木一根。计银二两六钱八分一厘。

宽一尺二寸。厚六寸。长一丈八尺二寸樟木一块。计银一两二钱三分一厘。

宽二尺四寸。厚六寸。长七尺七寸樟木一块。计银一两四分二厘。

【查原送成规内开。一则至十七则。每则用樟木含檀等料十二款。所开价值逐款核计。俱属参差。均匀计算。每折见方一尺需银九分三厘九毫六丝。今照九分三厘九毫六丝之数一律核定。】

宽一尺四寸。厚八寸。长一丈八尺二寸楮木一根。计银十六两。

围大五尺七寸。长七丈二尺桅木一根。计银三十二两。

围大四尺三寸。长五丈桅木一根。计银七两。

长一尺钉三百五十三个。每二个重一斤。计重一百七十六斤八两。长八寸钉二百六十个。每五个重一斤。计重五十二斤。长六寸钉一万五千二百三十四个。每十五个重一斤。计重一千十五斤九两六钱。长五寸钉一万一千三百三个。每二十个重一斤。计重五百六十五斤二两四钱。长四寸钉七百二十个。每三十个重一斤。计重二十四斤。以上铁钉。共重一千八百三十三斤四两。除选用旧钉九百三十九斤十两五钱外。添新八百九十三斤九两五钱【每斤银二分二厘】。计银十九两六钱五分九厘。

灰二千一百六十三斤四两【每百斤银二钱】。计银四两三钱二分七厘。

桐油八百六十九斤五两三钱【每斤银三分】。计银二十六两八分。

网纱七百六斤十一两五钱【每斤银一分二厘】。计银八两四钱八分一厘。

竹丝七百六斤十一两五钱【每斤银六厘】。计银四两二钱四分。

生铁四百八十五斤八两【每斤银一分】。计银四两八钱五分五厘。

炭一千四百五十六斤八两【每百斤银一钱六分】。计银二两三钱三分。

乌烟三斤五两【每斤银一分五厘】。计银五分。

广红五斤【每斤银五分】。计银二钱五分。

铜碌四两【每斤银三钱】。计银七分五厘。

京红四两【每斤银八分】。计银二分。

南粉二斤【每斤银一分】。计银二分。

银朱一两【每斤银六钱四分】。计银四分。

籐黄四两【每斤银二钱】。计银五分。

蓝粉四两【每斤银八分】。计银二分。

杭粉一两【每斤银一钱六分】。计银一分。

水胶六两【每斤银四分】。计银一分五厘。

松香八两【每斤银二分】。计银一分。

墨二块【每块银一分】。计银二分

淡底一斤。计银五分。

麻五百六十斤【每斤银一分五厘】。计银八两四钱

棕五百八十斤【每斤银三分】。计银十七两四钱。

色布五十丈【每丈银一钱】。计银五两。

苎线十两【每斤银一钱二分】。计银七分五厘。

椗二门。齿全。各长二丈一尺。宽一尺二寸。厚六寸【每门工料银一两五钱七分八厘】。计银三两一钱五分六厘。

中橹二枝。各长四丈八尺。宽八寸。厚五寸【每枝工料银一两九钱五分七厘】。计银三两九钱一分四厘。

舢板橹一枝。长二丈九尺。宽七寸。厚四寸。计工料银三钱七分二厘。

大风篷一扇。长六丈。宽二丈七尺八寸。计银五两二钱一厘。

头风篷一扇。长二丈八尺。宽一丈四尺。计银一两二钱二分二厘。

【查原送成规内开。一则至十七则。大篷每扇银五两五钱。头篷每扇银一两五钱。所开丈尺。大篷长自四丈八尺至七丈。宽自二丈六尺至三丈三尺不等。头篷长自二丈四尺至三丈五尺。宽自一丈四尺至一丈六尺五寸不等。俱属参差。均匀核算。每折见方一丈需银三钱一分一厘八毫。今照三钱一分一厘八毫之数分别核定。】

大。小桅饼七个【每个银七分】。计银四钱九分。

大。小无底升五百五十个【每百个银八分】。计银四钱四分。

竹篾五百二十斤【每百斤银一钱六分】。计银八钱三分二厘。

草心五百三十七斤【每百斤银七分】。计银三钱七分六厘。

槐藤二十八斤【每斤银二分五厘】。计银七钱。

舰匠四百八十四工一分一厘。安装匠四十八工四分一厘。锯匠一百二十九工二分二厘。舱匠一百八工二分六厘。铁匠四十八工五分五厘。油画匠十工。绳匠五十二工三分一厘。棕匠二十九工。裁缝匠五工。藤匠五工六分。刻字匠三工。壮夫二百二十二名二分一厘。以上匠夫共一千三百四十五工六分七厘【每工银五分】。计银六十七两二钱八分四厘。

又置备物件开后。

木桶二十七件【每件银三分】。计银八钱一分。

铁锅三口换新【每口贴工一钱二分】。计银三钱六分。

鼓一面修理换皮。计银四钱八分。

金一面重四斤换新【每斤贴工料银七分】。计银二钱八分。

以上拆造前船成规内开。共需工料银五百六十三两八钱四分七厘九毫。内部价银二百六十八两四钱九分九厘。加八津贴并另加三分银二百九十五两三钱四分八厘九毫。今按条查核。分别增减更正。需用工料银五百六十一两七钱三厘。内部价银二百六十七两四钱七分八厘。加八津贴并另加三分银二百九十

四两二钱二分五厘。计节减〔工料〕银二两一钱四分四厘九毫。行令该抚于前船届应拆造之期。将节减银两在于应领银内扣除。

至大。小修理成规内开。大修工料银三百八十五两五钱八分七厘。内部价银一百七十五两二钱六分七厘。加九津贴并另加三分银二百十两三钱二分。小修工料银二百七十四两八钱五分七厘。内部价银一百十九两五钱三厘。加十津贴并另加三分银一百五十五两三钱五分四厘。

其余七船仿此。

卷七

福建省外海战船做法

第七则赶缯船。三只。内水师提标中营海字七号船一只。身长六丈五尺。头起舠四尺八寸。尾起舠三尺五寸。船头长二丈五尺。面匀宽一丈二尺五寸。底匀宽一丈一尺。船中长二丈二尺。面匀宽一丈八尺四寸。底匀宽一丈四尺。船尾长一丈八尺。面匀宽一丈七尺四寸。底匀宽一丈三尺五寸。两边舨长七丈二尺。计十八舱。深六尺一寸四分。

今将拆造前船需用工料。价值细数开后。计开。

船底松木龙骨一道。计三节。船头一节。长一丈八尺。船中一节。连交接匙头长三丈五尺。船尾一节。长一丈二尺。凑长六丈五尺。均宽一尺。厚八寸。做净每折见方尺二十尺。用舰匠一工。交接匙头二处。每处用长一尺钉八个。每边用长六寸钉十二个。共核用宽一尺。厚八寸松木六丈五尺六寸。

【查成规内开。大吉。中吉。浮溪。高洋四项木植。俱截去尖梢。作栏杆。灶柜。签子。木牌等项之用。其本身木料毋庸另加长荒外。一切枋段各料有截去一二尺至三五尺不等者。亦有未加长荒者。参差不一。今将枋段各料每件长五尺以内者加长荒一寸。五尺以外者加长荒二寸。圆径樟木长一丈以内者每根加长荒二寸。长一丈以外者每根加长荒五寸一律核定。】

长一尺钉十六个。长六寸钉二十四个。舰匠十一工七分。

船底板连起舠长六丈五尺。内。船底匀宽一丈三尺三寸五分。两站各匀高七尺八分抽换。用长四丈二尺。宽八寸。厚三寸大吉木板五十四块。做净每折见方尺八十尺。用舰匠一工。锯板折宽一尺。长七丈。用锯匠一工【以下锯板用工仿此】。钉缝凑长二百二十六丈八尺。每丈用长六寸钉三十个。艌缝凑长四百五十三丈六尺。每丈用灰一斤。桐油六两四钱。网纱竹丝各六两。每七丈。用艌匠一工。舂制油灰。每四十斤用舂灰夫一名【以下艌缝用工。用料仿此】。共核用围大三尺二寸。净长四丈二尺大吉木十八根。长六寸钉六千八百四个。灰四百五十三斤十两。桐油一百八十一斤七两。网纱一百七十斤一两六钱。竹丝一百七十斤一两六钱。舰匠六十二工三分七厘。锯匠三十五工六分四厘。艌匠六十四工八分。舂灰夫十五名八分八厘。

各舱樟木梁座二十九块。内。船头配用八块。凑长十丈九尺。船中十块。凑长十七丈。船尾十一块。凑长十八丈五尺五寸。舱梁二十三块。内。船头四块。凑长四丈七尺五寸。船中九块。舱凑长十五丈三尺。船尾十块。凑长十六丈七尺。均宽一尺五寸。厚三寸。各舱松木梁头四十三块。船头配用十五块。凑长二十四丈。船中十四块。凑长二十三丈八尺。船尾十四块。凑长二十三丈八尺。均宽一尺二寸。厚三寸。硬木棍稳吊九根。各长一丈三尺。围大八寸。梁座。梁头。做净每折见方尺八十尺。用舰匠一工。稳吊四十尺。用舰匠一工。钉缝凑长一百六十六丈五尺。每丈用长六寸钉三十个。艌缝凑长三百三十三丈。共核用宽一尺五寸。厚三寸樟木枋八十四丈二尺四寸。宽一尺二寸。厚三寸松木枋七十二丈四尺六寸。围大八寸。长一丈三尺硬木棍九根。长六寸钉四千九百九十五个。灰三百三十三斤。桐油一百三十三斤三两二钱。网纱一百二十四斤十四两。竹丝一百二十四斤十四两。舰匠六十六工六分三厘。艌匠四十七工五分七厘。舂灰夫十一名六分六厘。

各舱配用樟木极四十六块。内。虎头舱极二块。水柜舱极二块。各长九尺五寸。油婆前极四块。冲天极二块。中转水极二块。官厅前后极四块。内曲手极八块。拜棚极二块。各长一丈。八字极二块。各长九尺。通铺前后极四块。各长八尺。下金极二块。头转水极二块。下担前极二块。各长六尺。鳅鱼极二块。各长七尺。尾里极四块。各长六尺五寸。斗盖极二块。各长五尺。均围大一尺。做净每折见方尺四十尺。用舰匠一工。每块用长六寸钉二个。艌缝凑长七十八丈八尺。共核用围大一尺樟木极四十丈三尺。长六寸钉九十二个。灰七十八斤十三两。桐油三十一斤八两三钱。网纱二十九斤八两八钱。竹丝二十九斤八两八钱。舰匠九工八分五厘。艌匠十一工二分六厘。舂灰夫二名七分六厘。

船身两旁走马二条。水蛇二条抽换。各长四丈二尺。宽八寸。厚四寸。做净每折见方尺四十尺。用舰匠一工。走马钉缝凑长八丈四尺。每丈用长一尺钉三十个。水蛇钉缝凑长八丈四尺。每四尺用长一尺钉三个。艌缝凑长三十三丈六尺。共核用围大三尺二寸。净长四丈二尺大吉木二根。长一尺钉三百十五个。灰三十三斤十两。桐油十三斤七两。网纱十二斤九两六钱。竹丝十二斤九两六钱。舰匠十工八厘。锯匠二工八分八厘。艌匠四工八分。舂灰夫一名一分八厘。

船面两旁瞰板长六丈五尺。凑宽一丈二尺八寸抽换。用长四丈二尺。宽八寸。厚三寸大吉木板十五块。做净每折见方尺八十尺。用舰匠一工。钉缝凑长六十三丈。每丈用长六寸钉三十个。艌缝凑长一百二十六丈。共核用围大三尺二寸。净长四丈二尺大吉木五根。长六寸钉一千八百九十个。灰一百二十六斤。桐油五十斤六两四钱。网纱四十七斤四两。竹丝四十七斤四两。舰匠十七工三分三厘。锯匠九工九分。艌匠十八工。舂灰夫四名四分一厘。

两旁舨板各长七丈二尺。高七尺抽换。用长三丈六尺。宽五寸八分。厚二寸五分中吉木板四十二块。两旁添换木段舨柱四根。各长七尺。围大三尺二寸。舨板。做净每折见方尺八十尺。用舰匠一工。舨柱四十尺。用舰匠一工。舨板钉缝凑长一百五十一丈二尺。每丈用长五寸钉三十个。舨柱钉缝凑长二丈八尺。每丈用长六寸钉三十个。艌缝凑长三百八丈。共核用围大二尺五寸。净长三丈六尺中吉木十四根。围大三尺五寸木段二丈八尺八寸。长六寸钉八十四个。长五寸钉四千五百三十六个。灰三百八斤。桐油一百二十三斤三两二钱。网纱一百十五斤八两。竹丝一百十五斤八两。舰匠三十三工六分一厘。锯匠十七工九分三厘。艌匠四十四工。舂灰夫十名七分八厘。

【查成规内。舨板未载舨高尺寸。今按舨柱长丈核定。】

两旁舨膜二十五块。各长三尺七寸。围大一尺。做净每折见方尺四十尺。用舰匠一工。每块用长六寸钉二个。艌缝凑长十八丈五尺。共核用围大一尺樟木极九丈五尺。长六寸钉五十个。灰十八斤八两。桐油七斤六两四钱。网纱六斤十五两。竹丝六斤十五两。舰匠二工三分一厘。艌匠二工六分四厘。舂灰夫六分五厘。

舨上前后浮溪木鼠桥板四块。各长二丈六尺。宽五寸。厚二寸。高洋木压板四块。各长三丈六尺。宽四寸。厚二寸。两边木段猴袋板四块。各长一丈四尺。宽八寸。厚二寸五分。做净每折见方尺八十尺。用舰匠一工。鼠桥板。压板钉缝凑长二十四丈八尺。每丈用长五寸钉三十个。压板艌缝凑长二十八丈八尺。共核用围大二尺。净长三丈二尺浮溪木一根二尺七寸。围大一尺六寸。净长二丈八尺高洋木二根一丈六尺。围大三尺五寸木段一丈四尺二寸。长五寸钉七百四十四个。灰二十八斤十三两。桐油十一斤八两三钱。网纱十斤十二两八钱。竹丝十斤十二两八钱。舰匠五工四分五厘。锯匠三工一分一厘。艌匠四工一分一厘。舂灰夫一名一厘。

两旁笨抽二块。大压二块。各长三丈六尺。水戗四块。各长一丈八尺。均宽六寸六分。厚三寸五分。做净每折见方尺四十尺。用舰匠一工。钉缝凑长二十一丈六尺。每丈用长六寸钉三十个。艌缝凑长四十三丈二尺。共核用围大二尺五寸。净长三丈六尺中吉木三根。长六寸钉六百四十八个。灰四十三斤三两。桐油十七斤四两五钱。网纱十六斤三两二钱。竹丝十六斤三两二钱。舰匠十工九分一厘。锯匠三工一分二厘。艌匠六工一分七厘。舂灰夫一名五分一厘。

官厅前后用中吉木梁三根。各长一丈七尺八寸。围大二尺二寸。浮溪木贴柱八根。各长一丈三尺。见方五寸。官厅上中吉木战柜板十二块。后墙板十二块。各长一丈七尺八寸。凑宽一丈五尺八寸四分。左右墙板二十四块。各长八尺。凑宽一丈五尺八寸四分。用宽五寸八分。厚二寸五分板七十丈四尺六寸。木段冲天盖板十二块。各长四尺六寸。宽八寸。厚二寸五分。浮溪木铺板十六块。各长九尺。凑宽八尺四寸八分。官厅门板八块。各长四尺。凑宽四尺二寸四分。用宽五寸。厚二寸板十八丈六尺五寸六分。高洋木战柜挑二块。侧板二块。踏板一块。各长一丈八尺。宽四寸。厚二寸。官厅梁。贴柱。做净每折见方尺四十尺。用舰匠一工。战柜各板八十尺。用舰匠一工。战柜板。墙板。冲天盖板。官厅门板钉缝凑长七十九丈三尺七寸二分。每丈用长五寸钉三十个。战柜板。墙板。冲天盖板舱缝凑长一百五十一丈九尺六寸。共核用围大二尺五寸。净长三丈六尺中吉木八根二寸七分。围大二尺。净长三丈二尺浮溪木五根六尺二寸。围大一尺六寸。净长二丈八尺高洋木一根一丈七尺。围大三尺五寸木段一丈四尺一寸。长五寸钉二千三百八十一个。灰一百五十一斤十五两。桐油六十斤十二两五钱。网纱五十六斤十五两八钱。竹丝五十六斤十五两八钱。舰匠二十八工八分二厘。锯匠十三工三分一厘。舱匠二十一工七分一厘。舂灰夫五名三分二厘。

官厅前通铺四块。各长一丈六尺。后通铺二块。各长一丈七尺。均宽一尺二寸。厚三寸。做净每折见方尺八十尺。用舰匠一工。钉缝凑长九丈八尺。每丈用长六寸钉三十个。舱缝凑长十九丈六尺。共核用宽一尺二寸。厚三寸松木枋九丈九尺二寸。长六寸钉二百九十四个。灰十九斤十两。桐油七斤十三两四钱。网纱七斤五两六钱。竹丝七斤五两六钱。舰匠三工六分八厘。舱匠二工八分。舂灰夫六分九厘。

官厅两旁用高洋木猫里柱四根。贴柱四根。各长四尺。围大一尺三寸。浮溪木猫里墙板十六块。猫里门板八块。各长四尺。凑宽一丈二尺七寸二分。铺板十块。柜底板十块。各长七尺。凑宽一丈六寸。用宽五寸。厚二寸板二十五丈一寸六分。木段猫里柜上下袱四块。各长七尺。宽八寸。厚四寸。猫里柱。贴柱。上下袱。做净每折见方尺四十尺。用舰匠一工。猫里各板八十尺。用舰匠一工。猫里墙板。门板钉缝凑长十丈一尺七寸六分。每丈用长五寸钉三十个。共核用围大二尺。净长三丈二尺浮溪木二根一丈九尺四寸。围大一尺六寸。净长二丈八尺高洋木一根四尺。围大三尺五寸木段一丈四尺四寸。长五寸钉三百五个。舰匠七工一分。锯匠二工九分八厘。

官厅内中吉木炕床杠一根。长一丈六尺。炕床柱二根。各长四尺。均围大二尺二寸。虎头舱浮溪木铺板八块。各长七尺。凑宽四尺二寸四分。虎头舱门板八块。各长四尺。凑宽四尺二寸四分。用宽五寸。厚二寸板九丈三尺二寸八分。炕床杠。柱。做净每折见方尺四十尺。用舰匠一工。虎头舱各板八十尺。用舰匠一工。虎头舱门板钉缝凑长三丈三尺九寸二分。每丈用长五寸钉三十个。共核用围大二尺五寸。净长三丈六尺中吉木二丈四尺。围大二尺。净长三丈二尺浮溪木三丈一尺一寸。长五寸钉一百二个。舰匠二工九分五厘。锯匠九分三厘。

两旁皴面战棚板。用长三丈二尺。宽五寸。厚二寸浮溪木板十五块。各舱内铺板。用长四尺。宽四寸。厚一寸高洋木板二百二十四块。做净每折见方尺八十尺。用舰匠一工。共核用围大二尺。净长三丈二尺浮溪木五根。围大一尺六寸。净长二丈八尺高洋木八根。舰匠十九工六分。锯匠十一工二分。

两旁皴上皴牛四块。各长八尺。各舱口扛豆四块。各长一丈七尺。均宽一尺二寸。厚三寸。做净每折见方尺四十尺。用舰匠一工。皴牛每块用长六寸钉四个。扛豆钉缝凑长六丈八尺。每丈用长六寸钉三十个。舱缝凑长二十丈。共核用宽一尺二寸。厚三寸松木枋十丈一尺六寸。长六寸钉二百二十个。灰二十斤。桐油八斤。网纱七斤八两。竹丝七斤八两。舰匠七工五分。舱匠二工八分六厘。舂灰夫七分。

各舱盖板。用长六尺九寸。宽八寸。厚二寸五分木段板七十二块。舱盖下大通槽十个。侧槽六个。水槽六个。各长四尺六寸。宽一尺。厚八寸。小通槽八个。各长四尺六寸。见方八寸。舱盖板。做净每折见方尺八十尺。用舰匠一工。通槽等槽三十尺。用舰匠一工。舱盖板钉缝凑长四十九丈六尺八寸。每丈用长五寸钉三十个。舱缝凑长九十九丈三尺六寸。共核用围大三尺五寸木段二十六丈八尺八寸。长五寸钉一千四百九十个。灰九十九斤六两。桐油三十九斤十一两九钱。网纱三十七斤四两二钱。竹丝三十七斤四两二钱。舰匠二十九工一分一厘。锯匠十工九分。舱匠十四工一分九厘。舂灰夫三名四分八厘。

两旁皴边用高洋木牛栏四根。内。船头二根。各长一丈四尺。船后二根。各长二丈八尺。均围大一尺三寸。做净每折见方尺四十尺。用舰匠一工。共核用围大一尺六寸。净长二丈八尺高洋木三根。舰匠二工七分三厘。

船头斗盖用樟木一块。长一丈五尺。围大四尺七寸。虾箍梁一块。长八尺五寸。宽七寸。斗盖下兔耳一块。长八尺。宽一尺五寸。鹿肚勒一个。长四尺。宽一尺二寸。托浪板二块。各长八尺。宽一尺。均厚三寸。斗盖。虾箍梁。兔耳。鹿肚勒。做净每折见方尺四十尺。用舰匠一工。托浪板八十尺。用舰匠一工。斗盖用长八寸钉十二个。虾箍梁。托浪板钉缝凑长二丈四尺五寸。每丈用长六寸钉三十个。兔耳。鹿肚勒钉缝凑长一丈二尺。每丈用长五寸钉三十个。虾箍梁。托浪板。兔耳。鹿肚勒舱缝凑长七丈三尺。共核用围大四尺七寸。长一丈五尺五寸樟木一根。宽一尺五寸。厚三寸樟木枋一丈五尺五寸四分。宽一尺。厚三寸。长八尺二寸樟木板二块。长八寸钉十二个。长六寸钉七十四个。长五寸钉三十六个。灰七斤五两。桐油二斤十四两七钱。网纱二斤十一两八钱。竹丝二斤十一两八钱。舰匠三工七分三厘。舱匠一工四厘。舂灰夫二分六厘。

中含檀一块。长一丈八尺。围大七尺。头含檀一块。长一丈五尺。围大五尺三寸。含檀梁一块。长一丈二尺。头含檀闸一块。长八尺。均宽一尺五寸。厚三寸。做净每折见方尺三十尺。用舰匠一工。含檀梁钉缝长一丈二尺。每丈用长六寸钉三十个。含檀。含檀梁舱缝凑长九丈。共核用围大七尺。长一丈八尺五寸樟木一根。围大五尺三寸。长一丈五尺五寸樟木一根。宽一尺五寸厚三寸。樟木枋二丈四尺。长六寸钉三十六个。灰九斤。桐油三斤九两六钱。网纱三斤六两。竹丝三斤六两。舰匠九工二分五厘。舱匠一工二分九厘。舂灰夫三分二厘。

中转水二块。各长一丈六尺。宽二尺。厚九寸五分。樟木极转水鞋二块。各长七尺。围大一尺。做净每折见方尺四十尺。用舰匠一工。转水每块用长一尺钉二个。转水鞋每块用长六寸钉七个。舱缝凑长九丈二尺。共核用宽二尺。厚九寸五分。长一丈六尺二寸樟木二块。围大一尺樟木极一丈四尺四寸。长一尺钉四个。长六寸钉十四个。灰九斤三两。桐油三斤十两九钱。网纱三斤七两二钱。竹丝三斤七两二钱。舰匠五工七厘。舱匠一工三分一厘。舂灰夫三分二厘。

船尾用浮溪木尾楼舨柱四根。各长四尺。拜棚杠三根。各长一丈三尺。均围大一尺七寸。木段尾楼舨板八块。各长一丈四尺。拜棚板十六块。各长七尺。均宽八寸。厚二寸五分。舨柱。拜棚杠。做净每折见方尺四十尺。用舰匠一工。舨板。拜棚板八十尺。用舰匠一工。拜棚板。舨板钉缝凑长二十二丈四尺。每丈用长五寸钉三十个。拜棚板舱缝凑长二十二丈四尺。共核用围大二尺。净长三丈二尺浮溪木一根二丈三尺。围大三尺五寸木段五丈七尺二寸。长五寸钉六百七十二个。灰二十二斤六两。桐油八斤十五两四钱。网纱八斤六两四钱。竹丝八斤六两四钱。舰匠八工二分二厘。锯匠三工三分六厘。舱匠三工二分。舂灰夫七分八厘。

船尾用樟木下金一块。长七尺五寸。围大七尺五寸。缭牛一副。长七尺五寸。宽二尺四寸。厚六寸。尾楼上金一块。长一丈七尺。宽二尺一寸。厚八寸。七星冠一块。长一丈八尺。宽一尺二寸。厚六寸。硬木棍下金拴二根。缭牛臌二根。各长六尺五寸。围大八寸。木段缭牛杠二根。各长七尺。围大三尺二寸。下金。缭牛臌。上金。七星冠。做净每折见方尺三十尺。用舰匠一工。下金拴。缭牛。缭牛杠四十尺。用舰匠一工。下金用长八寸钉十八个。缭牛用长八寸钉二十二个。上金用长一尺钉十八个。缭牛臌钉缝凑长一丈三尺。每丈用长五寸钉三十个。下金舱缝凑长七尺五寸。共核用围大七尺五寸。长七尺七寸樟木一段。宽二尺四寸。厚六寸。长七尺七寸樟木一块。宽二尺一寸。厚八寸。长一丈七尺二寸樟木一块。宽一尺二寸。厚六寸。长一丈八尺二寸樟木一块。围大八寸。长一丈三尺硬木棍二根。围大三尺五寸木段一丈四尺四寸。长一尺钉十八个。长八寸钉四十个。长五寸钉三十九个。灰十二两。桐油四两八钱。网纱四两五钱。竹丝四两五钱。舰匠十工七分六厘。舱匠一分一厘。舂灰夫三厘。

船尾舵边用木段硬筋二根。各长一丈四尺。围大三尺二寸。尾楼鲂鱼翅四块。各长七尺。宽一尺。厚四寸。纱帽匙二块。鸡母宿一块。尾燕板一块。各长一丈四尺。宽八寸。厚二寸五分。柯栒木软筋二块。各长一丈一尺。宽一尺。厚三寸。硬筋。鲂鱼翅。软筋。做净每折见方尺四十尺。用舰匠一工。纱帽匙各板八十尺。用舰匠一工。硬筋头尾用长六寸钉十二个。共核用围大三尺五寸木段五丈七尺。宽一尺。厚三寸柯枸木二丈二尺四寸。长六寸钉十二个。舰匠七工一分。锯匠一工四分。

尾楼上用浮溪木铺板十块。各长四尺。尾座板四块。各长一丈二尺。舨边寄菜板二块。各长一丈四尺。碗格二块。各长一丈一尺。均宽五寸。厚二寸。高洋木尾楼挑二根。各长一丈八尺。围大一尺三寸。橹棚一根。长一丈八尺。宽四寸。厚二寸。楼挑。做净每折见方尺四十尺。用舰匠一工。铺板各板八十尺。用舰匠一工。尾楼铺板钉缝凑长四丈。每丈用长五寸钉三十个。共核用围大二尺。净长三丈二尺浮溪木一根一丈四尺。围大一尺六寸。净长二丈八尺高洋木一根一丈七尺。长五寸钉一百二十个。舰匠三工八分六厘。锯匠一工五分三厘。

船尾用樟木橹通板三块。各长一丈六尺。橹门枋一根。橹床二块。各长五尺。均宽一尺五寸。厚三寸。双头蛇一个。长四尺。宽一尺二寸。厚三寸。橹通板。做净每折见方尺八十尺。用舰匠一工。橹门枋。橹床。双头蛇四十尺。用舰匠一工。橹床每块用长八寸钉十二个。橹通板钉缝凑长四丈八尺。每丈用长六寸钉三十个。橹床。橹通板艌缝凑长十一丈六尺。共核用宽一尺五寸。厚三寸樟木枋六丈七尺一寸八分。长八寸钉二十四个。长六寸钉一百四十四个。灰十一斤十两。桐油四斤十两二钱。网纱四斤五两六钱。竹丝四斤五两六钱。舰匠三工八分一厘。艌匠一工六分六厘。舂灰夫四分一厘。

水仙门两旁用浮溪木边柱二根。中柱二根。各长四尺。围大一尺七寸。水仙门板十四块。各长四尺。凑宽七尺四寸二分。用宽五寸。厚二寸板五丈九尺三寸六分。樟木极百子舵十六块。各长六尺。围大一尺。舨边柯枸朴竹二根。各长六尺。宽一尺。厚三寸。水仙门柱。百子舵。做净每折见方尺四十尺。用舰匠一工。门板。朴竹八十尺。用舰匠一工。百子舵钉缝凑长九丈六尺。每丈用长六寸钉三十个。艌缝凑长十九丈二尺。共核用围大二尺。净长三丈二尺浮溪木一根三尺八寸。围大一尺樟木极九丈九尺二寸。宽一尺。厚三寸柯枸木枋一丈二尺四寸。长六寸钉二百八十八个。灰十九斤三两。桐油七斤十两九钱。网纱七斤三两二钱。竹丝七斤三两二钱。舰匠四工五分一厘。锯匠五分九厘。艌匠二工七分四厘。舂灰夫六分七厘。

大桅座一块。长八尺。见方二尺四寸。头桅座一块。长五尺六寸。围大四尺六寸。做净每折见方尺三十尺。用舰匠一工。共核用见方二尺四寸。长八尺二寸樟木一块。围大四尺六寸。长五尺八寸樟木一段。舰匠三工四分二厘。

大鹿耳二块。各长一丈二尺。宽二尺二寸。厚一尺一寸。头鹿耳二块。各长九尺八寸。宽一尺八寸。厚八寸。硬木棍鹿耳夹二根。各长一丈三尺。围大八寸。做净每折见方尺四十尺。用舰匠一工。共核用宽二尺二寸。厚一尺一寸。长一丈二尺二寸樟木二块。宽一尺八寸。厚八寸。长一丈樟木二块。围大八寸。长一丈三尺硬木棍二根。舰匠七工三厘。

大桅一根。长七丈二尺。围大五尺七寸。头桅一根。长五丈。围大四尺三寸。做净每折见方尺四十尺。用舰匠一工。共核用围大五尺七寸。长七丈二尺桅木一根。围大四尺三寸。长五丈桅木一根。舰匠十五工六分四厘。

桅尾用柯枸木马面二块。各长三丈五尺。宽一尺五寸。厚三寸。樟木大桅笠一块。长二尺。宽一尺五寸。头桅笠一块。长一尺六寸。宽一尺二寸。均厚三寸。木段大桅伫一根。长一丈四尺。头桅伫一根。长一丈二尺。均围大三尺二寸。马面。做净每折见方尺八十尺。用舰匠一工。桅笠。桅伫四十尺。用舰匠一工。马面钉缝凑长七丈。每丈用长六寸钉二十个。共核用宽一尺五寸。厚三寸柯枸木枋七丈四寸。宽一尺五寸。厚三寸樟木枋三尺四寸六分。围大三尺五寸木段二丈六尺四寸。长六寸钉一百四十个。舰匠五工五分三厘。

大风篷一扇。长六丈。宽二丈七尺八寸。头风篷一扇。长二丈八尺。宽一丈四尺。浮溪木大篷担二根。各长二丈七尺八寸。头篷担二根。各长一丈四尺。围大一尺七寸。做净每折见方尺四十尺。用舰匠一工。共核用宽二丈七尺八寸。长六丈风篷一扇。宽一丈四尺。长二丈八尺风篷一扇。围大二尺。净长三丈二尺浮溪木二根一丈九尺六寸。舰匠三工五分五厘。

大篷架用木段横梁一根。长一丈四尺。头篷架横梁一根。架针三根。各长七尺。均宽一尺。厚八寸。做净每折见方尺三十二尺。用舰匠一工。共核用围大三尺五寸木段四丈三尺。舰匠四工七分三厘。锯匠一工八厘。

大篷车员一根。椗车员一根。用中吉木各长一丈六尺。大篷半车员一根。斗头车员一根。各长一丈。均围大二尺二寸。高洋木车耳八个。各长六尺。车脚直板十二块。斜板四块。各长二丈八尺。均宽四寸。厚二寸。硬木棍车子四十五根。各长一丈三尺。围大八寸。车员。车耳。做净每折见方尺三十二尺。用舰匠一工。车脚斜。直板八十尺。用舰匠一工。共核用围大二尺五寸。净长三丈六尺中吉木一根一丈六尺。围大一尺六寸。净长二丈八尺高洋木八根二丈四尺。围大八寸。长一丈三尺硬木棍四十五根。舰匠十二工一分。锯匠四工二分五厘。

水柜用樟木牛头四块。各长五尺。宽一尺五寸。厚三寸。木段水柜柱四根。各长七尺。围大三尺二寸。水柜闸四块。各长七尺。见方八寸。水柜板三十六块。各长四尺六寸。宽八寸。厚二寸五分。水柜柱。闸。牛头。做净每折见方尺四十尺。用舰匠一工。水柜板八十尺。用舰匠一工。水柜柱每根用长六寸钉二十个。牛头钉缝凑长二丈。每丈用长六寸钉三十个。水柜板钉缝凑长十六丈五尺六寸。每丈用长五寸钉三十个。舱缝凑长四十八丈三尺二寸。共核用宽一尺五寸。厚三寸樟木枋二丈四寸。围大三尺五寸木段九丈九尺九寸。长六寸钉一百四十个。长五寸钉四百九十七个。灰四十八斤五两。桐油十九斤五两二钱。网纱十八斤一两九钱。竹丝十八斤一两九钱。舰匠十工六分三厘。锯匠三工一分二厘。舱匠六工九分。舂灰夫一名六分九厘。

妈祖龛用杉木板二十四丈。尾后番仔板。画鹰板。顺风板及刀。剑。炮眼用板十五丈。均宽六寸。厚一寸。高洋木妈祖旗杆一根。长二丈二尺。围大一尺三寸。旗杆。做净每折见方尺四十尺。用舰匠一工。妈祖龛各板八十尺。用舰匠一工。龛板钉缝凑长二十四丈。每丈用长四寸钉三十个。舱缝凑长四十八丈。共核用宽六寸。厚一寸杉木板三十九丈七尺八寸。围大一尺六寸。净长二丈八尺高洋木二丈二寸。长四寸钉七百二十个。灰四十八斤。桐油十九斤三两二钱。网纱十八斤。竹丝十八斤。舰匠七工五分四厘。舱匠六工八分六厘。舂灰夫一名六分八厘。

船面两旁炮架六个并盖。每个用长四尺六寸。宽八寸。厚二寸五分木段板六块。做净每折见方尺八十尺。用舰匠一工。共核用围大三尺五寸木段四丈二尺三寸。舰匠四工三分五厘。锯匠二工四分八厘。

船头用大吉木𣚚一根。长四丈二尺。围大二尺九寸。樟木𣚚牙一块。长五尺。宽一尺五寸。厚三寸。做净每折见方尺四十尺。用舰匠一工。𣚚牙用长八寸钉六个。共核用围大三尺二寸。净长四丈二尺大吉木一根。宽一尺五寸。厚三寸樟木枋五尺一寸。长八寸钉六个。舰匠三工五分。

船尾舵一门。用楮木舵栏一根。长一丈八尺。宽一尺四寸。厚八寸。中吉木舵闪板三块。各长二丈。凑宽一尺九寸八分。用宽五寸八分。厚二寸五分板六丈八尺二寸八分。樟木极舵夹八块。各长四尺。围大一尺。硬木棍舵牙扼一根。各长一丈三尺。围大八寸。舵栏。做净每折见方尺三十尺。用舰匠一工。舵夹。舵牙四十尺。用舰匠一工。舵闪板八十尺。用舰匠一工。舵夹钉缝凑长三丈二尺。每丈用长八寸钉五十个。舵夹。舵闪板舱缝凑长二十丈五寸六分。共核用宽一尺四寸。厚八寸。长一丈八尺二寸楮木一根。围大二尺五寸。净长三丈六尺中吉木二丈二尺七寸六分。围大一尺樟木极三丈二尺八寸。围大八寸。长一丈三尺硬木棍二根。长八寸钉一百六十个。灰二十斤一两。桐油八斤四钱。网纱七斤八两三钱。竹丝七斤八两三钱。舰匠五工三分八厘。锯匠八分一厘。舱匠二工八分七厘。舂灰夫七分。

跟随战船舢板船用柯梼木龙骨一根。长一丈七尺。斗盖一块。长六尺。托浪板二块。各长五尺六寸。均宽一尺。厚三寸。浮溪木水底板十块。各长一丈八尺。凑宽五尺三寸。艕板四块。各长二丈。凑宽二尺一寸二分。堵板十二块。各长六尺五寸。凑宽六尺三寸六分。用宽五寸。厚二寸板三十五丈八尺二寸八分。龙骨。做净每折见方尺四十尺。用舰匠一工。斗盖各板八十尺。用舰匠一工。龙骨用长六寸钉十二个。托浪板。水底板。艕板钉缝凑长二十八丈六尺八寸。每丈用长五寸钉三十个。托浪板。水底板。艕板舱缝凑长五十七丈三尺六寸。共核用宽一尺。厚三寸柯梼木枋三丈五尺。围大二尺。净长三丈二尺浮溪木三根二丈三尺四寸。长六寸钉十二个。长五寸钉八百六十个。灰五十七斤六两。桐油二十二斤十五两一钱。网纱二十一斤八两二钱。竹丝二十一斤八两二钱。舰匠七工九分四厘。锯匠三工五分八厘。匠八工一分九厘。舂灰夫二名一厘。

舢板船两旁水蛇二根。各长一丈八尺。压板二块。各长二丈。水戗二根。各长一丈七尺。均宽五寸。厚二寸。做净每折见方尺八十尺。用舰匠一工。水蛇钉缝凑长三丈六尺。每四尺用长八寸钉三个。压板。水戗钉缝凑长七丈四尺。每丈用长五寸钉三十个。艌缝凑长二十二丈。共核用围大二尺。净长三丈二尺浮溪木一根四尺七寸。长八寸钉二十七个。长五寸钉二百二十二个。灰二十二斤。桐油八斤十二两八钱。网纱八斤四两。竹丝八斤四两。舰匠一工九分三厘。锯匠一工一分。艌匠三工一分四厘。舂灰夫七分七厘。

舢板船用樟木舢板舱三个。各长四尺。宽五寸。厚三寸。樟木极舢板梁四块。各长四尺四寸。牛头仔极十五块。各长二尺。冲天极二块。牛头极八块。各长二尺五寸。均围大一尺。做净每折见方尺四十尺。用舰匠一工。舢板舱。梁钉缝凑长二丈九尺六寸。每丈用长六寸钉三十个。冲天极。牛头极每块用长六寸钉二个。舢板舱。梁。冲天极。牛头极艌缝凑长十丈九尺二寸。共核用宽一尺五寸。厚三寸樟木枋四尺一寸。围大一尺樟木极七丈五尺五寸。长六寸钉一百九个。灰十斤十五两。桐油四斤五两九钱。网纱四斤一两五钱。竹丝四斤一两五钱。舰匠二工三分。艌匠一工五分六厘。舂灰夫三分八厘。

大桅铁箍七个。各长五尺八寸。头桅箍四个。各长四尺四寸。舵头箍三个。各长四尺七寸。槛箍二个。各长三尺三寸。俱宽二寸。厚五分。碇齿五个。各长一尺。宽七寸。厚五分。橹箍四个。各长二尺七寸。宽一寸。厚三分。铁镮四个。各围大六寸。以上铁料。共净重二百五十五斤十二两。每正铁一斤。加耗铁一斤。每正铁五斤。用铁匠一工。每正。耗铁一斤。用炭三斤。共核用生铁五百十一斤八两。炭一千五百三十四斤八两。铁匠五十一工一分五厘。

油画前船。共用乌烟三斤五两。广红五斤。铜碌四两。京红四两。南粉二斤。银朱一两。籐黄四两。蓝粉四两。杭粉一两。水胶六两。松香八两。墨二块。桐油四斤。淡底一斤。油画匠十工。

麻大桅緈索二条。各长八丈五尺。大七寸五分。头桅緈索二条。各长七丈一尺。大四寸五分。大踏索二条。各长七丈一尺。大五寸。小踏索二条。各长五丈。大三寸。大缭母一条。长四丈二尺。大七寸五分。小缭母一条。长二丈五尺。大四寸。大帮衬六条。各长一丈六尺。大二寸。小帮衬九条。各长六尺五寸。大一寸六分。以上麻绳。共重五百七十斤。每百斤用绳匠三工六分。共核用麻五百七十斤。绳匠二十工五分二厘。

棕正椗索一条。长四十二丈。大八寸七分。副椗索一条。长四十丈。大七寸七分。大篷筋一条。长六丈八尺。大一寸八分。小篷筋一条。长三丈六尺。大一寸二分。缭仔。缭耳共十八条。各长二丈六尺。大二寸。椗奴二条。各长一丈五尺。大七寸二分。大。小摘尾二条。共长十二丈。大五寸二分。舵吊一条。长三丈。大六寸二分。以上棕绳。共重五百九十斤。每撕棕四十斤。用匠一工。成绳四十斤。用匠一工。共核用棕五百九十斤。撕棕匠十四工七分五厘。成绳匠十四工七分五厘。

冲风旗一面。长。宽各一丈六尺。一条龙旗一面。长六丈。宽三尺。妈祖旗一面。长。宽各五尺。大小定风旗三面。内一面长六尺。二面各长四尺五寸。均宽一尺。共核用幅宽一尺色布五十丈。苎线十两。裁缝匠五工。

中椗二门。齿全。各长二丈一尺。宽一尺二寸。厚六寸。

中橹二枝。各长四丈八尺。宽八寸。厚五分。

舢板橹一枝。长二丈九尺。宽七寸。厚四寸。

大。小桅饼七个。

大。小无底升六百个。

椗舵上配用竹绳。草绳。共用竹篾五百二十斤。绳匠十八工七分二厘。草心五百五十八斤。绳匠十三工九分五厘。

【查原送成规内开。打造竹绳。草绳所用匠工。多寡不齐。今照棕。麻绳索用工之例一律核定。】

篷上配用大小缭球。摄子。兔耳。共用槐藤二十八斤。藤匠五工六分。

刻字用。刻字匠三工。

竖大。小桅用。壮夫四十名。

前船共用大小铁钉二万九千四百十六个。刷抹钉头每百个用桐油六两四钱。灰一斤。每油灰十斤。用艌匠一工。共核用桐油一百十七斤十两六钱。灰二百九十四斤三两。艌匠四十一工一分九厘。舂灰夫十名三分。

前船共用舰匠四百八十三工六分一厘。系照杉。松木植核定。内有樟。柯等硬料用匠一百十一工七分一厘。每工外加匠二分。计加匠二十二工三分四厘。共匠五百五工九分五厘。每百工加安装匠十工。计安装匠五十工六分。每舰匠。安装匠一百工加随匠壮夫二十名。计壮夫一百十一名三分一厘。

以上拆造前船。共用。

宽一尺。厚八寸松木六丈五尺六寸【每丈银四钱一分四厘】。计银二两七钱一分六厘。

【查原送成规内开。松木按依十六则丈尺计算。每丈核银自四钱八分一厘至三钱四分一厘不等。多寡参差。均匀计算。每丈需银四钱一分四厘。今照四钱一分四厘之数一律核定。】

围大三尺二寸。净长四丈二尺大吉木二十六根【每根银二两七钱】。计银七十两二钱。

围大二尺五寸。净长三丈六尺中吉木二十七根二丈七尺三分【每根银一两五钱】。计银四十一两六钱二分七厘。

【查原送成规内开。中吉木二十七根。今按丈尺做法核算。应增二丈七尺四分。】

围大二尺。净长三丈二尺浮溪木二十六根一丈九尺九寸【每根银五钱】。计银十三两三钱一分一厘。

【查原送成规内开。浮溪木二十七根。今按丈尺做法核算。应减一丈二尺一寸。】

围大一尺六寸。净长二丈八尺高洋木二十七根一丈六尺【每根银二钱】。计银五两五钱一分四厘。

【查原送成规内开。高洋木二十七根。今按丈尺做法核算。应增一丈六尺。】

围大三尺五寸木段六十八丈五寸。核长一丈四尺段料四十八根八尺五寸【每根银六钱】。计银二十九两一钱六分四厘。

【查原送成规内开。木段四十九根。今按丈尺做法核算。应减五尺五寸。】

宽一尺五寸。厚三寸樟木枋九十七丈八尺五寸八分。核长一丈七尺枋料五十七块九尺五寸八分【每块银一两三钱】。计银七十四两八钱三分三厘。

【查原送成规内开。樟枋五十九块。今按丈尺做法核算。应减一块七尺四寸二分。】

宽一尺。厚三寸。长八尺二寸樟木板二块【每块银四钱一分八厘】。计银八钱三分六厘。

【查原送成规内开。樟木梁座。梁头。一则至十七则各长一丈七尺。宽一尺五寸。厚三寸。每块银一两三钱。托浪樟木板。第一则长六尺五寸。宽一尺。厚三寸。每块开银五钱。第二则至第十七则各长八尺。宽一尺。厚三寸。每块亦开银五钱。价值参差。今俱照梁座。梁头之价一律核定。】

宽一尺二寸。厚三寸松木枋九十二丈五尺四寸。核长一丈七尺枋料五十四块七尺四寸【每块银三钱五分】。计银十九两五分二厘。

【查原送成规内开。松木枋五十五块。今按丈尺做法核算。应减九尺六寸。】

围大一尺樟木极七十一丈九尺九寸。核长一丈二尺樟极五十九块一丈一尺九寸【每块银二钱】。计银十一两九钱九分八厘。

【查原送成规内开。樟木极六十四块。今按丈尺做法核算。应减四块一寸。】

宽一尺五寸。厚三寸柯楠木枋七丈四寸【每丈银五钱七分一厘五毫】。计银四两二分三厘。

宽一尺。厚三寸柯楠木枋六丈九尺八寸【每丈银三钱八分一厘】。计银二两六钱五分九厘。

【查原送成规内开。柯楠木马面。一则至十七则各长三丈五尺。宽一尺五寸。厚三寸。每块开银二两。软筋及舢板龙骨等料。一则至五则各长二丈五尺。宽一尺。厚三寸。每块开银一两。六则至十七则各长三丈五尺。宽一尺。厚三寸。每块开银二两。价值参差。今俱照马面之价一律核定。】

围大八寸。长一丈三尺硬木棍六十根【每根银八分】。计银四两八钱。

宽六寸。厚一寸杉木板三十九丈七尺八寸【每丈银四钱】。计银十五两九钱一分二厘。

围大七尺。长一丈八尺五寸樟木一根。计银七两九分八厘。

围大五尺三寸。长一丈五尺五寸樟木一根。计银三两四钱九厘。

见方二尺四寸。长八尺二寸樟木一块。计银四两四钱三分八厘。

围大四尺六寸。长五尺八寸樟木一段。计银九钱六分。

宽二尺一寸。厚八寸。长一丈七尺二寸樟木一块。计银二两七钱一分四厘。

围大七尺五寸。长七尺七寸樟木一段。计银三两三钱九分一厘。

宽二尺二寸。厚一尺一寸。长一丈二尺二寸樟木二块【每块银二两七钱七分三厘】。计银五两五钱四分六厘。

宽一尺八寸。厚八寸。长一丈樟木二块【每块银一两三钱五分三厘】。计银二两七钱六厘。

宽二尺。厚九寸五分。长一丈六尺二寸樟木二块【每块银二两八钱九分二厘】。计银五两七钱八分四厘。

围大四尺七寸。长一丈五尺五寸樟木一根。计银二两六钱八分一厘。

宽一尺二寸。厚六寸。长一丈八尺二寸樟木一块。计银一两二钱三分一厘。

宽二尺四寸。厚六寸。长七尺七寸樟木一块。计银一两四分二厘。

【查原送成规内开。一则至十七则。每则用樟木含檀等料十二款。所开价值逐款核计。俱属参差。均匀计算。每折见方一尺。需银九分三厘九毫六丝。今照九分三厘九毫六丝之数一律核定。】

宽一尺四寸。厚八寸。长一丈八尺二寸楮木一根。计银十六两。

围大五尺七寸。长七丈二尺桅木一根。计银三十二两。

围大四尺三寸。长五丈桅木一根。计银七两。

长一尺钉三百五十三个。每二个重一斤。计重一百七十六斤八两。长八寸钉二百六十九个。每五个重一斤。计重五十三斤十二两八钱。长六寸钉一万六千七十个。每十五个重一斤。计重一千七十一斤五两三钱。长五寸钉一万二千四个。每二十个重一斤。计重六百斤三两二钱。长四寸钉七百二十个。每三十个重一斤。计重二十四斤。以上铁钉。共重一千九百二十五斤十三两三钱。除选用旧钉九百十九斤外。添新一千六斤十三两三钱【每斤银二分二厘】。计银二十二两一钱五分。

灰二千二百九十四斤十三两【每百斤银二钱】。计银四两五钱九分。

桐油九百二十一斤十三两八钱【每斤银三分】。计银二十七两六钱五分六厘。

网纱七百五十斤三两二钱【每斤银一分二厘】。计银九两二厘。

竹丝七百五十斤三两二钱【每斤银六厘】。计银四两五钱一厘。

生铁五百十一斤八两【每斤银一分】。计银五两一钱一分五厘。

炭一千五百三十四斤八两【每百斤银一钱六分】。计银二两四钱五分五厘。

乌烟三斤五两【每斤银一分五厘】。计银五分。

广红五斤【每斤银五分】。计银二钱五分。

铜碌四两【每斤银三钱】。计银七分五厘。

京红四两【每斤银八分】。计银二分。

南粉二斤【每斤银一分】。计银二分。

银朱一两【每斤银六钱四分】。计银四分。

籐黄四两【每斤银二钱】。计银五分。

蓝粉四两【每斤银八分】。计银二分。

杭粉一两【每斤银一钱六分】。计银一分。

水胶六两【每斤银四分】。计银一分五厘。

松香八两【每斤银二分】。计银一分。

墨二块【每块银一分】。计银二分。

淡底一斤。计银五分。

麻五百七十斤【每斤银一分五厘】。计银八两五钱五分。

棕五百九十斤【每斤银三分】。计银十七两七钱。

幅宽一尺色布五十丈【每丈银一钱】。计银五两。

苎线十两【每斤银一钱二分】。计银七分五厘。

椗二门。齿全。各长二丈一尺。宽一尺二寸。厚六寸【每门银一两五钱七分八厘】。计银三两一钱五分六厘。

橹二枝。各长四丈八尺。宽八寸。厚五寸【每枝银一两九钱五分七厘】。计银三两九钱一分四厘。

舢板橹一枝。长二丈九尺。宽七寸。厚四寸。计银三钱七分二厘。

大风篷一扇。长六丈。宽二丈七尺八寸。计银五两二钱一厘。

头风篷一扇。长二丈八尺。宽一丈四尺。计银一两二钱二分二厘。

【查原送成规内开。一则至十七则。大篷每扇银五两五钱。头篷每扇银一两五钱。所开丈尺。大篷长自四丈八尺至七丈。宽自二丈六尺至三丈三尺不等。头篷长自二丈四尺至三丈五尺。宽自一丈四尺至一丈六尺五寸不等。俱属参差。均匀核计。每折见方一丈需银三钱一分一厘八毫。今照三钱一分一厘八毫之数分别核定。】

大。小桅饼七个【每个银七分】。计银四钱九分。

大。小无底升六百个【每百个银八分】。计银四钱八分。

竹篾五百二十斤【每百斤银一钱六分】。计银八钱三分二厘。

草心五百五十八斤【每百斤银七分】。计银三钱九分一厘。

槲藤二十八斤【每斤银二分五厘】。计银七钱。

舰匠五百五工九分五厘。安装匠五十工六分。锯匠一百三十五工二分。舱匠三百二十六工九分七厘。铁匠五十一工一分五厘。油画匠十工。绳匠五十三工一分九厘。棕匠二十九工五分。裁缝匠五工。藤匠五工六分。刻字匠三工。壮夫二百三十一名六分六厘。以上匠夫共一千四百七名八分二厘【每名银五分】。计银七十两三钱九分一厘。

又置备物件开后。

木桶二十七件【每件银三分】。计银八钱一分。

铁锅三口换新【每口贴工料银一钱二分】。计银三钱六分。

鼓一面修理换皮。计银四钱八分。

金一面重四斤换新【每斤贴工料银七分】。计银二钱八分。

以上拆造前船成规内开。共需工料银五百八十二两四钱六分八厘六毫。内部价银二百七十七两三钱六分六厘。加八津贴并另加三分银三百五两一钱二厘六毫。今按条查核。分别增减更正。需用工料银五百八十九两一钱四分八厘。内部价银二百八十两五钱四分七厘。加八津贴并另加三分银三百八两六钱一厘。计加增银六两六钱七分九厘四毫。行令该抚于前船届应拆造之期。将加增银两在于各则节减银内支领。

至大。小修理成规内开。大修工料银三百九十七两六钱二厘。内部价银一百八十两七钱二分八厘。加九津贴并另加三分银二百十六两八钱七分四厘。小修工料银二百八十三两一钱七厘。内部价银一百二十三两九分。加十津贴并另加三分银一百六十两一分七厘。

其余二船仿此。

卷八

福建省外海战船做法

第八则赶缯船。七只。内水师提标右营万字七号船一只。身长六丈八尺。头起舫四尺八寸。尾起舫三尺二寸。船头长二丈五尺。面匀宽一丈二尺九寸。底匀宽一丈八寸。船中长二丈一尺五寸。面匀宽一丈七尺七寸。底匀宽一丈二尺九寸。船尾长二丈一尺五寸。面匀宽一丈七尺三寸。底匀宽一丈二尺九寸。两边舨长七丈六尺。计十九舱。深六尺一寸四分。

今将拆造前船需用工料。价值细数开后。计开。

船底松木龙骨一道。计三节。船头一节。长一丈九尺。船中一节。连交接匙头长三丈五尺。船尾一节。长一丈四尺。凑长六丈八尺。均宽一尺。厚八寸。做净每折见方尺二十尺。用舰匠一工。交接匙头二处。每处用长一尺钉八个。又每边用长六寸钉十二个。共核用宽一尺。厚八寸松木六丈八尺六寸。

【查成规内开。大吉。中吉。浮溪。高洋四项木植。俱截去尖梢。作栏杆。灶柜。签子。木牌等项之用。其本身木料毋庸另加长荒外。一切枋段各料有截去一二尺至三五尺不等者。亦有未加长荒者。参差不一。今将枋段各料每件长五尺以内者加长荒一寸。五尺以外者加长荒二寸。圆径樟木长一丈以内者每根加长荒二寸。长一丈以外者每根加长荒五寸一律核定】。

长一尺钉十六个。长六寸钉二十四个。舰匠十二工二分四厘。

船底板连起舫长六丈八尺。内。船底匀宽一丈二尺五寸一分。两站各匀高七尺二寸。用长四丈二尺。宽八寸。厚三寸大吉木板五十七块。做净每折见方尺八十尺。用舰匠一工。锯板折宽一尺。长七丈。用锯匠一工【以下锯板用工仿此】。钉缝凑长二百三十九丈四尺。每丈用长六寸钉三十个。舱缝凑长四百七十八丈八尺。每丈用灰一斤。桐油六两四钱。网纱竹丝各六两。每七丈。用舱匠一工。舂制油灰每四十斤。用舂灰夫一名【以下舱缝用工。用料仿此】。共核用围大三尺二寸。净长四丈二尺大吉木十九根。长六寸钉七千一百八十二个。灰四百七十八斤十三两。桐油一百九十一斤八两三钱。网纱一百七十九斤八两八钱。竹丝一百七十九斤八两八钱。舰匠六十五工八分四厘。锯匠三十七工六分二厘。舱匠六十八工四分。舂灰夫十六名七分六厘。

各舱用樟木梁座二十九块。内。船头配用八块。凑长九丈八尺。船中十一块。凑长十八丈七尺。船尾十块。凑长十七丈。舱梁二十一块。内。船头配用三块。凑长四丈。船中十块。凑长十七丈。船尾八块。凑长十三丈五尺五寸。均宽一尺五寸。厚三寸。松木梁头四十三块。内。船头配用十五块。凑长二十四丈。船中十四块。凑长二十三丈八尺。船尾十四块。舱凑长二十三丈八尺。均宽一尺二寸。厚三寸。硬木棍稳吊九根。各长一丈三尺。围大八寸。梁座。梁头。做净每折见方尺八十尺。用舰匠一工。稳吊四十尺。用舰匠一工。钉缝凑长一百六十三丈三尺五寸。每丈用长六寸钉三十个。缝凑长三百二十六丈七尺。共核用宽一尺五寸。厚三寸樟木枋八十一丈五寸。宽一尺二寸。厚三寸松木枋七十二丈四尺六寸。围大八寸。长一丈三尺硬木棍九根。长六寸钉四千九百个。灰三百二十六斤十一两。桐油一百三十斤十两九钱。网纱一百二十二斤八两二钱。竹丝一百二十二斤八两二钱。舰匠六十分工二分一厘。舱匠四十六工六分七厘。舂灰夫十一名四分三厘。

各舱配用樟木极四十八块。内。虎头舱极二块。水柜舱极二块。各长九尺五寸。油婆舱前后极四块。冲天极二块。官厅前后极四块。舨内曲手极八块。拜棚极二块。中转水极二块。各长一丈。通铺前后极四块。各长八尺。舵工舱极二块。八字极二块。各长九尺。下金极二块。转水极二块。下担前极二块。各长六尺。鳅鱼极二块。各长七尺。斗盖极二块。各长五尺。尾里极四块。各长六尺五寸。均围大一尺。做净每折见方尺四十尺。用舰匠一工。每块用长六寸钉二个。舱缝凑长八十二丈四尺。共核用围大一尺樟木极四十二丈一尺四寸。长六寸钉九十六个。灰八十二斤六两。桐油三十二斤十五两四钱。网纱三十斤十四两四钱。竹丝三十斤十四两四钱。舰匠十工三分。舱匠十一工七分七厘。舂灰夫二名八分八厘。

船身两旁走马二条。水蛇二条抽换。各长四丈二尺。宽八寸。厚四寸。做净每折见方尺四十尺。用舰匠一工。走马钉缝凑长八丈四尺。每丈用长一尺钉三十个。水蛇钉缝凑长八丈四尺。每四尺用长一尺钉三个。舱缝凑长三十三丈六尺。共核用围大三尺二寸。净长四丈二尺大吉木二根。长一尺钉三百十五个。灰三十三斤十两。桐油十三斤七两。网纱十二斤九两六钱。竹丝十二斤九两六钱。舰匠十工八厘。锯匠二工八分八厘。舱匠四工八分。舂灰夫一名一分八厘。

船面两旁艒板长六丈八尺。凑宽一丈一尺八寸抽换。用长四丈二尺。宽八寸。厚三寸大吉木板十五块。做净每折见方尺八十尺。用舰匠一工。钉缝凑长六十三丈。每丈用长六寸钉三十个。舱缝凑长一百二十六丈。共核用围大三尺二寸。净长四丈二尺大吉木五根。长六寸钉一千八百九十个。灰一百二十六斤。桐油五十斤六两四钱。网纱四十七斤四两。竹丝四十七斤四两。舰匠十七工三分。锯匠九工九分。舱匠十八工。舂灰夫四名四分一厘。

两旁舭板各长七丈二尺。高七尺抽换。用长三丈六尺。宽五寸八分。厚二寸五分中吉木板四十二块。两旁添换木段舭柱四根。各长七尺。围大三尺二寸。舭板。每折见方尺八十尺。用舰匠一工。舭柱四十尺。用舰匠一工。舭板钉缝凑长一百五十一丈二尺。每丈用长五寸钉三十个。舭柱钉缝凑长二丈八尺。每丈用长六寸钉三十个。舱缝凑长三百八丈。共核用围大二尺五寸。净长三丈六尺中吉木十四根。围大三尺五寸木段二丈八尺八寸。长六寸钉八十四个。长五寸钉四千五百三十六个。灰三百八斤。桐油一百二十三斤三两二钱。网纱一百十五斤八两。竹丝一百十五斤八两。舰匠三十三工六分一厘。锯匠十七工九分三厘。舱匠四十四工。舂灰夫十工七分八厘。

【查成规内。舭板未载舭高尺寸。今按舭柱长丈核定】。

两旁舭艒二十五块。各长三尺七寸。围大一尺。做净每折见方尺四十尺。用舰匠一工。每块用长六寸钉二个。舱缝凑长十八丈五尺。共核用围大一尺樟木极九丈五尺。长六寸钉五十个。灰十八斤八两。桐油七斤六两四钱。网纱六斤十五两。竹丝六斤十五两。舰匠二工三分一厘。舱匠二工六分四厘。舂灰夫六分五厘。

舭上前后浮溪木鼠桥板四块。各长二丈六尺。宽五寸。厚二寸。高洋木压板四块。各长三丈六尺。宽四寸。厚二寸。两边木段猴袋板四块。各长一丈四尺。宽八寸。厚二寸五分。做净每折见方尺八十尺。用舰匠一工。鼠桥板。压板钉缝凑长二十四丈八尺。每丈用长五寸钉三十个。压板舱缝凑长二十八丈八尺。共核用围大二尺。净长三丈二尺浮溪木一根二尺七寸。围大一尺六寸。净长二丈八尺高洋木二根一丈六尺。围大三尺五寸木段一丈四尺二寸。长五寸钉七百四十四个。灰二十八斤十三两。桐油十一斤八两三钱。网纱十斤十二两八钱。竹丝十斤十二两八钱。舰匠五工四分五厘。锯匠三工一分一厘。舱匠四工一分一厘。舂灰夫一名一厘。

两旁笨抽二块。大压二块。各长三丈六尺。水戗四块。各和一丈八尺。均宽六寸六分。厚三寸五分。做净每折见方尺四十尺。用舰匠一工。钉缝凑长二十一丈六尺。每丈用长六寸钉三十个。舱缝凑长四十三丈二尺。共核用围大二尺五寸。净长三丈六尺中吉木三根。长六寸钉六百四十八个。灰四十三斤三两。桐油十七斤四两五钱。网纱十六斤三两二钱。竹丝十六斤三两二钱。舰匠十工九分一厘。锯匠三工一分二厘。舱匠六工一分七厘。舂灰夫一名五分一厘。

官厅前后梁三根。用中吉木各长一丈七尺八寸。围大二尺二寸。官厅上战柜板十二块。后墙板十二块。各长一丈七尺八寸。凑宽一丈五尺八寸四分。左右墙板二十四块。各长八尺。凑宽一丈五尺八寸四分。用宽五寸八分。厚二寸五分板七十丈四尺六寸。浮溪木官厅贴柱八根。各长一丈三尺。见方五寸。官厅门板八块。各长四尺。凑宽四尺二寸四分。官厅铺板十六块。各长九尺。凑宽八尺四寸八分。用宽五寸。厚二寸板十八丈六尺五寸六分。高洋木战柜挑二根。官厅侧板二块。踏板一块。各长一丈八尺。宽四寸。厚二寸。冲天盖用木段板十二块。各长四尺六寸。宽八寸。厚二寸五分。官厅梁。贴柱。做净每折见方尺四十尺。用舰匠一工。战柜等板八十尺。用舰匠一工。战柜板。墙板。冲天盖板。官厅门板。钉缝凑长七十九丈三尺七寸二分。每丈用长五寸钉三十个。战柜板。墙板。冲天盖板念缝凑长一百五十一丈九尺六寸。共核用围大二尺五寸。净长三丈六尺中吉木八根二寸七分。围大二尺。净长三丈二尺浮溪木五根六尺二寸。围大一尺六寸。净长二丈八尺高洋木一根一丈七尺。围大三尺五寸木段一丈四尺一寸。长五寸钉二千三百八十一个。灰一百五十一斤十五两。桐油六十斤十二两五钱。网纱五十六斤十五两八钱。竹丝五十六斤十五两八钱。舰匠二十八工八分二厘。锯匠十三工三分一厘。包匠二十一工七分一厘。舂灰夫五名三分二厘。

官厅前通铺板四块。各长一丈七尺。后通铺板二块。各长一丈六尺。均宽一尺二寸。厚三寸。做净每折见方尺八十尺。用舰匠一工。钉缝凑长十丈。每丈用长六寸钉三十个。包缝凑长二十丈。共核用宽一尺二寸。厚三寸松木枋十丈一尺二寸。长六寸钉三百个。灰二十斤。桐油八斤。网纱七斤八两。竹丝七斤八两。舰匠三工七分五厘。锯匠二工八分六厘。舂灰夫七分。

官厅两旁高洋木猫里柱四根。贴柱四根。各长四尺。围大一尺三寸。木段猫里上下袱四块。各长七尺。宽八寸。厚四寸。浮溪木猫里墙板十六块。猫里门板八块。各长四尺。凑宽一丈二尺七寸二分。两旁猫里板十块。柜底板十块。各长七尺。凑宽一丈六寸。用宽五寸。厚二寸板二十五丈一寸六分。猫里柱。贴柱。上下袱。做净每折见方尺四十尺。用舰匠一工。猫里各板八十尺。用舰匠一工。猫里墙板。门板钉缝凑长十丈一尺七寸六分。每丈用长五寸钉三十个。共核用围大二尺。净长三丈二尺浮溪木二根一丈九尺四寸。围大一尺六寸。净长二丈八尺高洋木一根四尺。围大三尺五寸木段一丈四尺四寸。长五寸钉三百五个。舰匠七工一分。锯匠二工九分八厘。

官厅内中吉木炕床杠二根。各长一丈六尺。炕床柱四根。各长四尺。均围大二尺二寸。虎头舱浮溪木铺板八块。各长七尺。凑宽四尺二寸四分。虎头舱门板八块。各长四尺。凑宽四尺二寸四分。虎头舱门板八块。各长四尺。凑宽四尺二寸四分。用宽五寸。厚二寸板九丈三尺二寸八分。炕床杠柱。做净每折见方尺四十尺。用舰匠一工。虎头舱各板八十尺。用舰匠一工。虎头舱门板钉缝凑长三丈三尺九寸二分。每丈用长五寸钉三十个。共核用围大二尺五寸。净长三丈六尺中吉木一根一丈二尺。围大二尺。净长三丈二尺浮溪木三丈一尺一寸。长五寸钉一百二个。舰匠四工二分七厘。锯匠九分三厘。

两旁𦨭面战棚板。用长三丈二尺。宽五寸。厚二寸浮溪木板十八块。各舱内铺板。用长四尺。宽四寸。厚一寸高洋木板二百五十二块。做净每折见方尺八十尺。用舰匠一工。共核用围大二尺。净长三丈二尺浮溪木六根。围大一尺六寸。净长二丈八尺高洋木九根。舰匠二十二工六分八厘。锯匠十二工九分六厘。

两旁𦨭上𦨭牛六块。各长八尺五寸。各舱口扛豆四块。各长一丈六尺。均宽一尺二寸。厚三寸。做净每折见方尺四十尺。用舰匠一工。𦨭牛每块用长六寸钉四个。扛豆钉缝凑长六丈四尺。每丈用长六寸钉三十个。艌缝凑长二十三丈。共核用宽一尺二寸。厚二寸松木杭十一丈七尺。长六寸钉二百十六个。灰二十三斤。桐油九斤三两二钱。网纱八斤十两。竹丝八斤十两。舰匠八工六分三厘。艌匠三工二分九厘。舂灰夫八分一厘。

各舱盖板。用长六尺九寸。宽八寸。厚二寸五分木段板八十二块。舱盖下大通槽十个。侧槽六个。水槽六个。各长四尺六寸。宽一尺。厚八寸。小通槽八个。各长四尺六寸。见方八寸。舱盖板。做净每折见方尺八十尺。用舰匠一工。通槽各槽三十尺。用舰匠一工。舱盖钉缝凑长五十六丈五尺八寸。每丈用长五寸钉三十个。艌缝凑长一百十三丈一尺六寸。共核用围大三尺五寸木段二十八丈六尺五寸五分。长五寸钉一千六百九十七个。灰一百十三斤三两。桐油四十五斤四两二钱。网纱四十二斤七两。竹丝四十二斤七两。舰匠三十工九分二厘。锯匠十一工九分三厘。艌匠十六工一分七厘。舂灰夫三名九分六厘。

两旁舦边用高洋木牛栏四根。内。船头二根。各长一丈四尺。船后二根。各长二丈八尺。均围大一尺三寸。做净每折见方尺四十尺。用舰匠一工。共核用围大一尺六寸。净长二丈八尺高洋木三根。舰匠二工七分三厘。

船头斗盖用樟木一块。长一丈五尺。围大四尺七寸。虾箍梁一块。长八尺五寸。宽七寸。斗盖下兔耳一块。长八尺。宽一尺五寸。鹿肚勒一个。长四尺。宽一尺二寸。托浪板二块。各长八尺。宽一尺。

均厚三寸。斗盖。虾箍梁。兔耳。鹿肚勒。做净每折见方尺四十尺。用舰匠一工。托浪板八十尺。用舰匠一工。斗盖用长八寸钉十二个。托浪板。虾箍梁钉缝凑长二丈四尺五寸。每丈用长六寸钉三十个。兔耳。鹿肚勒钉缝凑长一丈二尺。每丈用长五寸钉三十个。虾箍梁。托浪板。兔耳。鹿肚勒艌缝凑长七丈三尺。共核用围大四尺七寸。长一丈五尺五寸樟木一根。宽一尺五寸。厚三寸樟木枋一丈五尺五寸四分。宽一尺。厚三寸。长八尺二寸樟木板二块。长八寸钉十二个。长六寸钉七十四个。长五寸钉三十六个。灰七斤五两。桐油二斤十四两七钱。网纱二斤十一两八钱。竹丝二斤十一两八钱。舰匠三工七分三厘。艌匠一工四厘。舂灰夫二分六厘。

中含檀一块。长一丈八尺。围大七尺。头含檀一块。长一丈五尺。围大五尺三寸。含檀梁一块。长一丈二尺。头含檀闸一块。长八尺。均宽一尺五寸。厚三寸。做净每折见方尺三十尺。用舰匠一工。含檀梁钉缝长一丈二尺。每丈用长六寸钉三十个。含檀。含檀梁艌缝凑长九丈。共核用围大七尺。长一丈八尺五寸樟木一根。围大五尺三寸。长一丈五尺五寸樟木一根。宽一尺五寸。厚三寸樟木枋二丈四寸。长六寸钉三十六个。灰九斤。桐油三斤九两六钱。网纱三斤六两。竹丝三斤六两。舰匠九工二分五厘。艌匠一工二分九厘。舂灰夫三分二厘。

中转水二块。各长一丈六尺。宽二尺。厚九寸五分。樟木极转水鞋二块。各长七尺。围大一尺。做净每折见方尺四十尺。用舰匠一工。转水每块用长一尺钉二个。转水鞋每块用长六寸钉七个。艌缝凑长九丈二尺。共核用宽二尺。厚九寸五分。长一丈六尺二寸樟木二块。围大一尺樟木极一丈四尺四寸。长一尺钉四个。长六寸钉十四个。灰九斤三两。桐油三斤十两九钱。网纱三斤七两二钱。竹丝三斤七两二钱。舰匠五工七厘。艌匠一工三分一厘。舂灰夫三分二厘。

船尾用浮溪木拜棚杠三根。各长一丈三尺。尾楼舨柱四根。各长四尺。均围大一尺七寸。木段拜棚板十六块。各长七尺。尾舨板八块。各长一丈四尺。均宽八寸。厚二寸五分。拜棚杠。尾舨柱。做净每折见方尺四十尺。用舰匠一工。拜棚板。尾舨板八十尺。用舰匠一工。拜棚板。舨板钉缝凑长二十二丈四尺。每丈用长五寸钉三十个。拜棚板艌缝凑长二十二丈四尺。共核用围大二尺。净长三丈二尺浮溪木一根二丈三尺。围大三尺五寸木段五丈七尺二寸。长五寸钉六百七十二个。灰二十二斤六两。桐油八斤十五两四钱。网纱八斤六两四钱。竹丝八斤六两四钱。舰匠八工二分二厘。锯匠三工三分六厘。包匠三工二分。舂灰夫七分八厘。

船尾用樟木下金一块。长七尺五寸。围大七尺五寸。缭牛一副。长七尺五寸。宽二尺四寸。厚六寸。尾楼上金一块。长一丈七尺。宽二尺一寸。厚八寸。七星冠一块。长一丈八尺。宽一尺二寸。厚六寸。硬木棍下金拴二根。缭牛臓二根。各长六尺五寸。围大八寸。木段缭牛杠二根。各长七尺。围大三尺二寸。下金。缭牛。上金。七星冠。做净每折见方尺三十尺。用舰匠一工。下金拴。缭牛臓。缭牛杠四十尺。用舰匠一工。下金用长八寸钉十八个。缭牛用长八寸钉二十二个。上金用长一尺钉十八个。缭牛臓钉缝凑长一丈三尺。每丈用长五寸钉三十个。下金艌缝长七尺五寸。共核用围大七尺五寸。长七尺七寸樟木一段。宽二尺四寸。厚六寸。长七尺七寸樟木一块。宽二尺一寸。厚八寸。长一丈七尺二寸樟木一块。宽一尺二寸。厚六寸。长一丈八尺二寸樟木一块。围大八寸。长一丈三尺硬木棍二根。围大三尺五寸木段一丈四尺四寸。长一尺钉十八个。长八寸钉四十个。长五寸钉三十九个。灰十二两。桐油四两八钱。网纱四两五钱。竹丝四两五钱。舰匠十工七分六厘。艌匠一分一厘。舂灰夫三厘。

船尾舵边用木段硬筋二根。各长一丈四尺。围大三尺二寸。尾楼鲂鱼翅四块。各长七尺。宽一尺。厚四寸。纱帽匙二块。鸡母宿一块。尾燕板一块。各长一丈四尺。宽八寸。厚二寸五分。柯枸木软筋二块。各长一丈一尺。宽一尺。厚三寸。硬筋。鲂鱼翅。软筋。做净每折见方尺四十尺。用舰匠一工。纱帽匙各板八十尺。用舰匠一工。硬筋头尾用长六寸钉十二个。共核用围大三尺五寸木段五丈七尺。宽一尺。厚三寸柯枸木枋二丈二尺四寸。长六寸钉十二个。舰匠七工一分。锯匠一工四分。

尾楼上用浮溪木铺板十块。各长四尺。尾座板四块。各长一丈二尺。舨边寄菜板二块。各长一丈四尺。碗格二块。各长一丈一尺。均宽五寸。厚二寸。高洋木尾楼挑二块。橹棚一块。各长一丈八尺。均宽四寸。厚二寸。做净每折见方尺八十尺。用舰匠一工。尾楼铺板钉缝凑长四丈。每丈用长五寸钉三十个。共核用围大二尺。净长三丈二尺浮溪木一根一丈四尺。围大一尺六寸。净长二丈八尺高洋木二丈七尺。长五寸钉一百二十个。舰匠三工二分三厘。锯匠一工八分四厘。

船尾用樟木橹通板三块。各长一丈六尺。橹门枋一块。橹床二块。各长五尺。均宽一尺五寸。厚三寸。尾楼双头蛇一个。长四尺。宽一尺二寸。厚三寸。橹通板。做净每折见方尺八十尺。用舰匠一工。橹门枋。橹床。双头蛇四十尺。用舰匠一工。橹床每块用长八寸钉十二个。橹通板钉缝凑长四丈八尺。每丈用长六寸钉三十个。橹床。橹通板艌缝凑长十一丈六尺。共核用宽一尺五寸。厚三寸樟木枋六丈七尺一寸八分。长八寸钉二十四个。长六寸钉一百四十四个。灰十一斤十两。桐油四斤十两二钱。网纱四斤五两六钱。竹丝四斤五两六钱。舰匠三工八分一厘。艌匠一工六分六厘。舂灰夫四分一厘。

水仙门两旁用浮溪木边柱三根。中柱一根。各长四尺。围大一尺七寸。水仙门板十四块。各长四尺。凑宽七尺四寸二分。用宽五寸。厚二寸板五丈九尺三寸六分。樟木极百子舢十六块。各长六尺。围大一尺。舨边柯栂木朴竹二块。各长六尺。宽一尺。厚三寸。水仙门柱。百子舢。做净每折见方尺四十尺。用舰匠一工。门板。朴竹八十尺。用舰匠一工。百子舢钉缝凑长九丈六尺。每丈用长六寸钉三十个。艌缝凑长十九丈二尺。共核用围大二尺。净长三丈二尺浮溪木一根三尺八寸。围大一尺樟木极九丈九尺二寸。宽一尺。厚三寸柯栂木枋一丈二尺四寸。长六寸钉二百八十八个。灰十九斤三两。桐油七斤十两九钱。网纱七斤三两二钱。竹丝七斤三两二钱。舰匠四工五分一厘。锯匠五分九厘。艌匠二工七分四厘。舂灰夫六分七厘。

大桅座一块。长八尺。见方二尺四寸。头桅座一块。长五尺六寸。围大四尺六寸。做净每折见方尺三十尺。用舰匠一工。共核用见方二尺四寸。长八尺二寸樟木一块。围大四尺六寸。长五尺八寸樟木一段。舰匠三工四分二厘。

大鹿耳二块。各长一丈二尺。宽二尺二寸。厚一尺一寸。头鹿耳二块。各长九尺八寸。宽一尺八寸。厚八寸。硬木棍鹿耳夹二根。各长一丈三尺。围大八寸。做净每折见方尺四十尺。用舰匠一工。共核用宽二尺二寸。厚一尺一寸。长一丈二尺二寸樟木二块。宽一尺八寸。厚八寸。长一丈樟木二块。围大八寸。长一丈三尺硬木棍二根。舰匠七工三厘。

大桅一根。长七丈二尺。围大五尺七寸。头桅一根。长五丈。围大四尺三寸。做净每折见方尺四十尺。用舰匠一工。共核用围大五尺七寸。长七丈二尺桅木一根。围大四尺三寸。长五丈桅木一根。舰匠十五工六分四厘。

桅尾用柯栂木马面二块。各长三丈五尺。宽一尺五寸。厚三寸。中吉木大桅尖一根。长四尺。围大二尺二寸。樟木大桅笠一个。长二尺。宽一尺五寸。头桅笠一个。长一尺六寸。宽一尺二寸。均厚三寸。木段大桅伫一根。长一丈四尺。头桅伫一根。长一丈二尺。均围大三尺二寸。马面。做净每折见方尺八十尺。用舰匠一工。桅尖。桅笠。桅伫四十尺。用舰匠一工。马面钉缝凑长七丈。每丈用长六寸钉二十个。共核用宽一尺五寸。厚三寸柯栂木枋七丈四寸。宽一尺五寸。厚三寸樟木枋三尺四寸六分。围大二尺五寸。净长三丈六尺中吉木四尺。围大三尺五寸木段二丈六尺四寸。长六寸钉一百四十个。舰匠五工七分五厘。

大风篷一扇。长六丈。宽三丈二尺。头风篷一扇。长三丈。宽一丈六尺。浮溪木大篷担二根。各长三丈二尺。头篷担二根。各长一丈六尺。均围大一尺七寸。做净每折见方尺四十尺。用舰匠一工。共核用宽三丈二尺。长六丈风篷一扇。宽一丈六尺。长三丈风篷一扇。围大二尺。净长三丈二尺浮溪本三根。舰匠四工八厘。

大篷架用木段横梁一根。长一丈四尺。头篷横梁一根。架针三根。各长七尺。均宽一尺。厚八寸。做净每折见方尺三十二尺。用舰匠一工。共核用围大三尺五寸木段四丈三尺。舰匠四工七分三厘。锯匠一工八厘。

大篷车员一根。椗车员一根。用中吉木各长一丈六尺。大篷半车员一根。斗头车员一根。各长一丈。均围大二尺二寸。高洋木车耳八个。各长六尺。车脚直板十二块。斜板四块。各长二丈八尺。均宽四寸。厚二寸。硬木棍车子四十五根。各长一丈三尺。围大八寸。车员。车耳。做净每折见方尺三十二尺。用舰匠一工。车脚斜。直板八十尺。用舰匠一工。共核用围大二尺五寸。净长三丈六尺中吉木一根一丈六尺。围大一尺六寸。净长二丈八尺高洋木八根二丈四尺。围大八寸。长一丈三尺硬木棍四十五根。舰匠十二工一分。锯匠四工二分五厘。

水柜用樟木牛头四块。各长五尺。宽一尺五寸。厚三寸。木段水柜柱四根。各长七尺。围大三尺二寸。水柜闸四块。各长七尺。见方八寸。水柜板三十六块。各长四尺六寸。宽八寸。厚二寸五分。水柜柱。闸。牛头。做净每折见方尺四十尺。用舰匠一工。水柜板八十尺。用舰匠一工。水柜柱每根用长六寸钉二十个。牛头钉缝凑长二丈。每丈用长六寸钉三十个。水柜板钉缝凑长十六丈五尺六寸。每丈用长五寸钉三十个。舱缝凑长四十八丈三尺二寸。共核用宽一尺五寸。厚三寸樟木枋二丈四寸。围大三尺五寸木段九丈九尺九寸。长六寸钉一百四十个。长五寸钉四百九十七个。灰四十八斤五两。桐油十九斤五两二钱。网纱十八斤一两九钱。竹丝十八斤一两九钱。舰匠十工六分三厘。锯匠三工一分二厘。舱匠六工九分。舂灰夫一名六分九厘。

妈祖龛用杉木板二十五丈。尾楼番仔板。画鹰板。顺风板及刀。剑。炮眼用板十五丈。均宽六寸。厚一寸。高洋木妈祖旗栏一根。长二丈二尺。围大一尺三寸。旗栏。做净每折见方尺四十尺。用舰匠一工。妈祖龛各板八十尺。用舰匠一工。龛板钉缝凑长二十五丈。每丈用长四寸钉三十个。舱缝凑长五十丈。共核用宽六寸。厚一寸杉木板四十丈八尺。围大一尺六寸。净长二丈八尺高洋木二丈二尺。长四寸钉七百五十个。灰五十斤。桐油二十斤。网纱十八斤十二两。竹丝十八斤十二两。舰匠七工七分二厘。舱匠七工一分四厘。舂灰夫一名七分五厘。

船面两旁炮架六个并盖。每个用长四尺六寸。宽八寸。厚二寸五分木段板六块。做净每折见方尺八十尺。用舰匠一工。共核用围大三尺五寸木段四丈二尺三寸。舰匠四工三分五厘。锯匠二工四分八厘。

船头用大吉木槛一根。长四丈二尺。围大二尺九寸。樟木槛牙一块。长五尺。宽一尺三寸。厚三寸。做净每折见方尺四十尺。用舰匠一工。槛牙用长八寸钉六个。共核用围大三尺二寸。净长四丈二尺大吉木一根。宽一尺五寸。厚三寸樟木枋四尺四寸二分。长八寸钉六个。舰匠三工四分五厘。

船尾舵一门。用槠木舵栏一根。长一丈八尺。宽一尺四寸。厚八寸。中吉木舵闪板三块。各长二丈。凑宽一尺九寸八分。用宽五寸八分。厚二尺五分板六丈八尺二寸八分。樟木极舵夹八块。各长四尺。围大一尺。硬木棍舵牙扼二根。各长一丈三尺。围大八寸。舵栏。做净每折见方尺三十尺。用舰匠一工。舵牙。舵夹四十尺。用舰匠一工。舵闪板八十尺。用舰匠一工。舵夹钉缝凑长三丈二尺。每丈用长八寸钉五十个。舵夹。舵闪板舱缝凑长二十丈五寸六分。共核用宽一尺四寸。厚八寸。长一丈八尺二寸槠木一根。围大二尺五寸。净长三丈六尺中吉木二丈二尺七寸六分。围大一尺樟木极三丈二尺八寸。围大八寸。长一丈三尺硬木棍二根。长八寸钉一百六十个。板二十斤一两。桐油八斤四钱。网纱七斤八两三钱。竹丝七斤八两三钱。舰匠五工三分八厘。锯匠八分一厘。舱匠二工八分七厘。舂灰夫七分。

跟随战船舢板船用柯枸木龙骨一根。长一丈七尺。斗盖一块。长六尺。托浪板二块。各长五尺六寸。均宽一尺。厚三寸。浮溪木水底板十块。各长一丈八尺。凑宽五尺三寸。鮁板四块。各长二丈。凑宽二尺一寸二分。堵板十二块。各长六尺五寸。凑宽六尺三寸六分。用宽五寸。厚二寸板三十五丈八尺二寸八分。龙骨。做净每折见方尺四十尺。用舰匠一工。斗盖各板八十尺。用舰匠一工。龙骨用长六寸钉十二个。托浪板。水底板。鮁板钉缝凑长二十八丈六尺八寸。每丈用长五寸钉三十个。托浪板。水底板。鮁板缝舱凑长五十七丈三尺六寸。共核用宽一尺。厚三寸柯枸木枋三丈五寸。围大二尺。净长三丈二尺浮溪木三根二丈三尺四寸。长六寸钉十二个。长五寸钉八百六十个。灰五十七斤六两。桐油二十二斤十五两一钱。网纱二十一斤八两二钱。竹丝二十一斤八两二钱。舰匠七工九分四厘。锯匠三工五分八厘。舱匠八工一分九厘。舂灰夫二名一厘。

舢板船两旁水蛇二根。各长一丈八尺。压板二块。各长二丈。水戗二根。各长一丈七尺。均宽五寸。厚二寸。做净每折见方尺八十尺。用舰匠一工。水蛇钉缝凑长三丈六尺。每四尺用长八寸钉三个。压板。水戗钉缝凑长七丈四尺。每丈用长五寸钉三十个。艌缝凑长二十二丈。共核用围大二尺。净长三丈二尺浮溪木一根四尺七寸。长八寸钉二十七个。长五寸钉二百二十二个。灰二十二斤。桐油八斤十二两八钱。网纱八斤四两。竹丝八斤四两。舰匠一工九分三厘。锯匠一工一分。艌匠三工一分四厘。舂灰夫七分七厘。

舢板船用樟木船板舱三个。各长四尺。宽五寸。厚三寸。樟木极舢板梁四块。各长四尺四寸。牛仔极十五块。各长二尺。冲天极二块。牛头极六块。各长二尺五寸。均围大一尺。做净每折见方尺四十尺。用舰匠一工。舢板舱。梁钉缝凑长二丈九尺六寸。每丈用长六寸钉三十个。冲天极。牛头极每块用长六寸钉二个。舢板舱。梁。冲天极。牛头极艌缝凑长九丈九尺二寸。共核用宽一尺五寸。厚三寸樟木枋四尺一寸。围大一尺樟木极七丈三寸。长六寸钉一百五个。灰九斤十五两。桐油三斤十五两五钱。网纱三斤十一两五钱。竹丝三斤十一两五钱。舰匠二工一分七厘。艌匠一工四分二厘。舂灰夫三分五厘。

大桅铁箍九个。各长五尺八寸。头桅箍五个。各长四尺四寸。舵头箍三个。各长四尺七寸。槭箍三个。各长三尺四寸。俱宽二寸。厚五分。碇齿四个。各长一尺。宽七寸。厚五分。橹箍三个。各长二尺四寸。宽一寸。厚三分。铁镮三个。各围大六寸。以上铁料。共净重二百六十三斤八两。每正铁一斤。加耗铁一斤。每正铁五斤。用铁匠一工。每正。耗铁一斤。用炭三斤。共核用生铁五百二十七斤。炭一千五百八十一斤。铁匠五十二工七分。

油画前船。共用乌烟三斤五两。广红五斤。铜碌四两。京红四两。南粉二斤。银朱一两。雌黄四两。蓝粉四两。杭粉一两。水胶六两。松香八两。墨二块。桐油四斤。淡底一斤。油画匠十工。

麻大桅肆索二条。各长八丈六尺四寸。大七寸五分。头桅肆索二条。各长七丈二尺。大四寸五分。大踏索二条。各长七丈二尺。大五寸。小踏索二条。各长五丈。大三寸。大缭母一条。长四丈二尺。大七寸五分。小缭母一条。长二丈五尺。大四寸。大帮衬六条。各长一丈六尺。大二寸。小帮衬九条。各长六尺。大一寸六分。以上麻绳。共重五百八十斤。每百斤用绳匠三工六分。共核用麻五百八十斤。绳匠二十工八分八厘棕正碇索一条。长四十二丈。大八寸七分。副碇索一条。长四十丈。大七寸八分。大篷筋一条。长六丈八尺。大一寸八分。小篷筋一条。长三丈六尺。大一寸二分。缭仔。缭耳共十八条。各长二丈六尺。大二寸。碇奴二条。各长一丈五尺。大七寸二分。大。小摘尾二条。各长十二丈。大四寸三分。舵吊一条。长三丈。大六寸二分。以上棕绳。共重六百斤。每撕棕四十斤。用匠一工。成绳四十斤。用匠一工。共核用棕六百斤。撕棕匠十五工。成绳匠十五工。

冲风旗一面。长。宽各一丈六尺。一条龙旗一面。长六丈。宽三尺。妈祖旗一面。长。宽各五尺。大小定风旗三面。内一面长六尺。二面各长四尺五寸。均宽一尺。共核用幅宽一尺色布五十丈。苎线十两。裁缝匠五工。

中碇一门。齿全。各长二丈一尺。宽一尺二寸。厚六寸。

中橹二枝。各长四丈八尺。宽八寸。厚五寸。

舢板橹一枝。长二丈九尺。宽七寸。厚四寸。

大。小桅饼七个。

大。小无底升六百五十个。

碇舵上配用竹绳。草绳。共核用竹篾五百八十斤。绳匠二十工八分八厘。草心六百斤。绳匠十五工【查原送成规内开。〔打〕造竹绳。草绳所用匠工。多寡不齐。今照棕。麻绳索用工之例一律核定】。

篷上配用大小缭球。摄子。兔耳。共核用槌藤二十九斤。藤匠五工八分。

刻字用。刻字匠三工。

竖大。小桅用。壮夫四十名。

前船共用大小铁钉二万九千九百三十八个。刷抹钉头每百个用桐油六两四钱。灰一斤。每油灰十斤。用舱匠一工。共核用桐油一百九十斤十二两。灰二百九十九斤六两。舱匠四十一工九分一厘。舂灰夫十名四分八厘。

前船共用舰匠四百九十四工一分五厘。系照杉。松木植核定。内有樟。柯等硬料用匠一百十名五分九厘。每工外加匠二分。计加匠二十二工一分二厘。共匠五百十六工二分七厘。每百工加安装匠十工。计安装匠五十一工六分三厘。每舰匠。安装匠一百工加随匠壮夫二十名。计壮夫一百十三名五分八厘。

以上拆造前船。共用。

宽一尺。厚八寸松木长六丈八尺六寸【每丈银四钱一分四厘】。计银二两八钱四分。

【查原送成规内开。松木按依十六则丈尺计算。每丈核银自四钱八分一厘至三钱四分一厘不等。多寡参差。均匀计算。每丈需银四钱一分四厘。今照四钱一分四厘之数一律核定。】

围大三尺二寸。净长四丈二尺大吉木二十七根【每根银二两七钱】。计银七十二两九钱。

围大二尺五寸。净长三丈六尺中吉木二十八根一丈九尺三分【每根银一两五钱】。计银四十二两七钱九分三厘。

【查原送成规内开。中吉木二十八根。今按丈尺做法核算。应增一丈九尺三分。】

围大二尺。净长三丈二尺浮溪木二十八根三寸【每根银五钱】。计银十四两五厘。

【查原送成规内开。浮溪木二十八根。今按丈尺做法核算。应增三寸。】

围大一尺六寸。净长二丈八尺高洋木二十七根二丈六尺【每根银二钱】。计银五两五钱八分六厘。

【查原送成规内开。高洋木二十八根。今按丈尺做法核算。应减二尺。】

围大三尺五寸木段六十九丈八尺二寸五分。核长一丈四尺段料四十九根一丈二尺二寸五分【每根银六钱】。计银二十九两九钱二分五厘。

【查原送成规内开。木段五十根。今按丈尺做法核算。应减一尺七寸五分。】

宽一尺五寸。厚三寸樟木枋九十四丈六尺。核长一丈七尺枋料五十五块一丈一尺【每块银一两三钱】。计银七十二两三钱四分一厘。

【查原送成规内开。樟枋五十九块。今按丈尺做法核算。应减三块六尺。】

宽一尺。厚三寸。长八尺二寸樟木板二块【每块银四钱一分八厘】。计银八钱三分六厘。

【查原送成规内开。樟木梁座。梁头。一则至十七则各长一丈七尺。宽一尺五寸。厚三寸。每块银一两三钱。托浪樟木板。第一则长六尺五寸。宽一尺。厚三寸。每块开银五钱。第二则至十七则各长八尺。宽一尺。厚三寸。每块亦开银五钱。价值参差。今俱照梁座。梁头之价一律核定。】

宽一尺二寸。厚三寸松木枋九十四丈二尺八寸。核长一丈七尺枋料五十五块七尺八寸【每块银三钱五分】。计银十九两四钱一分一厘。

【查原送成规内开。松枋五十六块。今按丈尺做法核算。应减九尺二寸。】

围大一尺樟木极七十三丈三尺一寸。核长一丈二尺樟极六十一块一尺一寸【每块银二钱】。计银十二两二钱一分八厘。

【查原送成规内开。樟木极六十六块。今接丈尺做法核算。应减四块一丈九寸。】

宽一尺五寸。厚三寸柯椈木枋七丈四寸【每丈银五钱七分一厘五毫】。计银四两二分三厘。

宽一尺。厚三寸柯椈木枋六丈九尺八寸【每丈银三钱八分一厘】。计银二两六钱五分九厘。

【查原送成规内开。柯椈木马面。一则至十七则各长三丈五尺。宽一尺五寸。厚三寸。每块开银二两。软筋及舢板龙骨等料。一则至五则各长二丈五尺。宽一尺。厚三寸。每块开银一两。六则至十七则各长三丈五尺。宽一尺。厚三寸。每块开银二两。价值参差。今俱照马面之价一律核定。】

围大八寸。长一丈三尺硬木棍六十根【每根银八分】。计银四两八钱。

宽六寸。厚一寸杉木板四十丈八尺【每丈银四钱】。计银十六两三钱二分。

围大七尺。长一丈八尺五寸樟木一根。计银七两九分八厘。

围大五尺三寸。长一丈五尺五寸樟木一根。计银三两四钱九厘。

见方二尺四寸。长八尺二寸樟木一块。计银四两四钱三分八厘。

围大四尺六寸。长五尺八寸樟木一段。计银九钱六分。

宽二尺一寸。厚八寸。长一丈七尺二寸樟木一块。计银二两七钱一分四厘。

围大七尺五寸。长七尺七寸樟木一段。计银三两三钱九分一厘。

宽二尺二寸。厚一尺一寸。长一丈二尺二寸樟木二块【每块银二两七钱七分三厘】。计银五两五钱四分六厘。

宽一尺八寸。厚八寸。长一丈樟木二块【每块银一两三钱五分三厘】。计银二两七钱六厘。

宽二尺。厚九寸五分。长一丈六尺二寸樟木二块【每块银二两八钱九分二厘】。计银五两七钱八分四厘。

围大四尺七寸。长一丈五尺五寸樟木一根。计银二两六钱八分一厘。

宽一尺二寸。厚六寸。长一丈八尺二寸樟木一块。计银一两二钱三分一厘。

宽二尺四寸。厚六寸。长七尺七寸樟木一块。计银一两四分二厘。

【查原送成规内开。一则至十七则。每则用樟木含檀等料十二款。所开价值逐款核计。俱属参差。均匀计算。每折见方一尺。需银九分三厘九毫六丝。今照九分三厘九毫六丝之数一律核定。】

宽一尺四寸。厚八寸。长一丈八尺二寸楮木一根。计银十六两。

围大五尺七寸。长七丈二尺桅木一根。计银三十二两。

围大四尺三寸。长五丈桅木一根。计银七两。

长一尺钉三百五十三个。每二个重一斤。计重一百七十六斤八两。长八寸钉二百六十九个。每五个重一斤。计重五十三斤十二两八钱。长六寸钉一万六千三百五十五个。每十五个重一斤。计重一千九十斤五两三钱。长五寸钉一万二千二百十一个。每二十个重一斤。计长六百十斤八两八钱。长四寸钉七百五十个。每三十个重一斤。计重二十五斤。以上铁钉。共重一千九百五十六斤二两九钱。除选用旧钉九百四十斤三两外。添新一千十五斤十五两九钱【每斤银二分二厘】。计银二十二两三钱五分二厘。

灰二千三百四十斤十两【每百斤银二钱】。计银四两六钱八分一厘。

桐油九百四十斤三两八钱【每斤银三分】。计银二十八两二钱七厘。

网纱七百六十五斤七两四钱【每斤银一分二厘】。计银九两一钱八分六厘。

竹丝七百六十五斤七两四钱【每斤银六厘】。计银四两五钱九分三厘。

生铁五百二十七斤【每斤银一分】。计银五两二钱七分。

炭一千五百八十一斤【每百斤银一钱六分】。计银二两五钱三分。

乌烟三斤五两【每斤银一分五厘】。计银五分。

广红五斤【每斤银五分】。计银二钱五分。

铜碌四两【每斤银三钱】。计银七分五厘。

京红四两【每斤银八分】。计银二分。

南粉二斤【每斤银一分】。计银二分。

银朱一两【每斤银六钱四分】。计银四分。

黱黄四两【每斤银二钱】。计银五分。

蓝粉四两【每斤银八分】。计银二分。

杭粉一两【每斤银一钱六分】。计银一分。

水胶六两【每斤银四分】。计银一分五厘。

松香八两【每斤银二分】。计银一分。

墨二块【每块银一分】。计银二分。

淡底一斤。计银五分。

麻五百八十斤【每斤银一分五厘】。计银八两七钱。

棕六百斤【每斤银三分】。计银十八两。

幅宽一尺色布五十丈【每丈银一钱】。计银五两。

苎线十两【每斤银一钱二分】。计银七分五厘。

椗二门。齿全。各长二丈一尺。宽一尺二寸。厚六寸【每门银一两五钱七分八厘】。计银三两一钱五分六厘。

中橹二枝。各长四丈八尺。宽八寸。厚五寸【每枝银一两九钱五分七厘】。计银三两九钱一分四厘。

舢板橹一枝。长二丈九尺。宽七寸。厚四寸。计银三钱七分二厘。

大风篷一扇。长六丈。宽三丈二尺。计银五两九钱八分七厘。

头风篷一扇。长三丈。宽一丈六尺。计银一两四钱九分七厘。

【查原送成规内开。一则至十七则。大篷每扇银五两五钱。头篷每扇银一两五钱。所开丈尺。大篷长自四丈八尺至七丈。宽自二丈六尺至三丈三尺不等。头篷长自二丈四尺至三丈五尺。宽自一丈四尺至一丈六尺五寸不等。俱属参差。均匀核计。每折见方一丈需银三钱一分一厘八毫。今照三钱一分一厘八毫之数分别核定。】

大。小桅饼七个【每个银七分】。计银四钱九分。

大。小无底升六百五十个【每百个银八分】。计银五钱二分。

竹篾五百八十斤【每百斤银一钱六分】。计银九钱二分八厘。

草心六百斤【每百斤银七分】。计银四钱二分。

槐藤二十九斤【每斤银二分五厘】。计银七钱二分五厘。

舰匠五百十六工二分七厘。安装匠五十一工六分三厘。锯匠一百四十工二分八厘。舱匠三百三十三工五分一厘。铁匠五十二工七分。油画匠十工。绳匠五十六工七分六厘。棕匠三十工。裁缝匠五工。藤匠五工八分。刻字匠三工。壮夫二百三十五名五分二厘。以上匠夫共一千四百四十工四分七厘【每工银五分】。计银七十二两二分四厘。

又置备物件开后。

木桶二十七件【每件银三分】。计银八钱一分。

铁锅三口换新【每口贴工料银一钱二分】。计银三钱六分。

鼓一面修理换皮。计银四钱八分。

金一面重四斤换新【每斤贴工料银七分】。计银二钱八分。

以上拆造前船成规内开。共需工料银五百九十四两二钱一分六厘。内部价银二百八十二两九钱六分。加八津贴并另加三分银三百十一两二钱五分六厘。台厂运费银五十六两五钱九分二厘。今按条查核。分别增减更正。需用工料银五百九十七两八钱四分四厘。内部价银二百八十四两六钱八分七厘。加八津贴并另加三分银三百十三两一钱五分七厘。台厂运费银五十六两九钱三分七厘。计加增工料银三两六钱二分八厘。运费银三钱四分五厘。行令该抚于前船届应拆造之期。将加增银两在于各则节减银内支领。

至大。小修理成规内开。大修工料银四百九两六钱四分。内部价银一百八十六两二钱。加九津贴并另加三分银二百二十三两四钱四分。台厂运费银三十七两二钱四分。小修工料银二百九十一两一钱五分七厘。内部价银一百二十六两五钱九分。加十津贴并另加三分银一百六十四两五钱六分七厘。台厂运费银二十五两三钱一分八厘。

其余六船仿此。

卷九

福建省外海战船做法

第九则赶缯船。二只。内台湾协标中营平字五号船一只。身长六丈九尺。头起鹼四尺八寸。尾起鹼

官厅两旁高洋木猫里柱四根。贴柱四根。各长四尺。围大一尺三寸。木段猫里上下袱四块。各长七尺。宽八寸。厚四寸。浮溪木猫里墙板八块。各长八尺。凑宽四尺二寸四分。猫里门板八块。各长四尺。凑宽四尺二寸四分。两旁猫里板十块。猫里柜底板十块。各长七尺。凑宽一丈六寸。用宽五寸。厚二寸板二十五丈一寸六分。猫里柱。上下袱。做净每折见方尺四十尺。用舣匠一工。猫里各板八十尺。用舣匠一工。猫里墙板。门板钉缝凑长十丈一尺七寸六分。每丈用长五寸钉三十个。共核用围大一尺六寸。净长二丈八尺高洋木一根四尺。围大二尺。净长三丈二尺浮溪木二根一丈九尺四寸。围大三尺五寸木段一丈四尺四寸。长五寸钉三百五个。舣匠七工一分。锯匠二工九分八厘。

官厅内中吉木炕床杠二根。各长一丈六尺。炕床柱四根。各长三尺。均围大二尺二寸。虎头舱浮溪木铺板十六块。各长五尺。凑宽八尺四寸八分。虎头舱门板八块。各长四尺。凑宽四尺二寸四分。用宽五寸。厚二寸板十一丈八尺七寸二分。炕床杠。柱。做净每折见方尺四十尺。用舣匠一工。虎头舱各板八十尺。用舣匠一工。虎头舱门板钉缝凑长三丈三尺九寸二分。每丈用长五寸钉三十个。共核用围大二尺五寸。净长三丈六尺中吉木一根八尺。围大二尺。净长三丈二尺浮溪木一根七尺六寸。长五寸钉一百二个。舣匠四工五分。锯匠一工一分九厘。

两旁䑛面战棚板。用长三丈二尺。宽五寸。厚二寸浮溪木板二十一块。各舱内铺板。用长四尺。宽四寸。厚一寸高洋木板二百八十块。做净每折见方尺八十尺。用舣匠一工。共核用围大二尺。净长三丈二尺浮溪木七根。围大一尺六寸。净长二丈八尺高洋木十根。舣匠二十五工七分六厘。锯匠十四工七分二厘。

两旁䑛上䑛牛六块。各长八尺五寸。各舱口扛豆五块。各长一丈七尺。均宽一尺二寸。厚三寸。做净每折见方尺四十尺。用舣匠一工。䑛牛每块用长六寸钉四个。扛豆钉缝凑长八丈五尺。每丈用长六寸钉三十个。舱缝凑长二十七丈二尺。共核用宽一尺二寸。厚三寸松木枋十三丈八尺二寸。长六寸钉二百七十七个。灰二十七斤三两。桐油十斤十四两一钱。网纱十斤三两二钱。竹丝十斤三两二钱。舣匠十工二分。舱匠三工八分九厘。舂灰夫九分五厘。

各舱盖板。用长六尺九寸。宽八寸。厚二寸五分木段板八十二块。舱盖下大通槽十个。侧槽六个。水槽六个。各长四尺六寸。宽一尺。厚八寸。小通槽八个。各长四尺六寸。见方八寸。舱盖板。做净每折见方尺八十尺。用舣匠一工。通槽等槽三十尺。用舣匠一工。舱盖板钉缝凑长五十六丈五尺八寸。每丈用长五寸钉三十个。舱缝凑长一百十三丈一尺六寸。共核用围大三尺五寸木段二十八丈六尺五寸五分。长五寸钉一千六百九十七个。灰一百十三斤三两。桐油四十五斤四两二钱。网纱四十二斤七两。竹丝四十二斤七两。舣匠三十工九分二厘。锯匠十一工九分三厘。舱匠十六工一分七厘。舂灰夫三名九分六厘。

两旁舨边用高洋木牛栏四根。内。船头二根。各长一丈四尺。船后二根。各长二丈八尺。均围大一尺三寸。做净每折见方尺四十尺。用舣匠一工。共核用围大一尺六寸。净长二丈八尺高洋木三根。舣匠二工七分三厘。

船头斗盖用樟木一块。长一丈五尺。围大四尺七寸。斗盖下兔耳一块。长八尺。宽一尺五寸。鹿肚勒一个。长四尺。宽一尺二寸。托浪板二块。各长八尺。宽一尺。均厚三寸。斗盖。兔耳。鹿肚勒。做净每折见方尺四十尺。用舣匠一工。托浪板八十尺。用舣匠一工。斗盖用长八寸钉十二个。托浪板钉缝凑长一丈六尺。每丈用长六寸钉三十个。兔耳。鹿肚勒钉缝凑长一丈二尺。每丈用长五寸钉三十个。托浪板。兔耳。鹿肚勒舱缝凑长五丈六尺。共核用围大四尺七寸。长一丈五尺五寸樟木一根。宽一尺五寸。厚三寸樟木枋一丈一尺四寸八分。宽一尺。厚三寸。长八尺二寸樟木板二块。长八寸钉十二个。长六寸钉四十八个。长五寸钉三十六个。灰五斤十两。桐油二斤三两八钱。网纱二斤一两六钱。竹丝二斤一两六钱。舣匠三工三分。舱匠八分。舂灰夫二分。

中合檀一块。长一丈八尺。围大七尺。头含檀一块。长一丈五尺。围大五尺三寸。含檀梁一块。长一丈七尺。头含檀闸一块。长一丈二尺。均宽一尺五寸。厚三寸。做净每折见方尺三十尺。用舣匠一工。含檀梁钉缝凑长一丈七尺。每丈用长六寸钉三十个。含檀。含檀梁舱缝凑长十丈。共核用围大七尺。长一丈八尺五寸樟木一根。围大五尺三寸。长一丈五尺五寸樟木一根。宽一尺五寸。厚三寸樟木枋二丈九尺四寸。长六寸钉五十一个。灰十斤。桐油四斤。网纱三斤十二两。竹丝三斤十二两。舰匠十工三分三厘。舱匠一工四分三厘。舂灰夫三分五厘。

中转水二块。各长一丈六尺。宽二尺。厚九寸五分。樟木极转水鞋二块。各长八尺。围大一尺。做净每折见方尺四十尺。用舰匠一工。转水每块用长一尺钉二个。转水鞋每块用长六寸钉八个。舱缝凑长九丈六尺。共核用宽二尺。厚九寸五分。长一丈六尺二寸樟木二块。围大一尺樟木极一丈六尺四寸。长一尺钉四个。长六寸钉十六个。灰九斤十两。桐油三斤十三两四钱。网纱三斤九两六钱。竹丝三斤九两六钱。舰匠五工一分二厘。舱匠一工三分七厘。舂灰夫三分四厘。

船尾用浮溪木尾楼舭柱四根。各长四尺。围大一尺七寸。木段拜棚杠二根。各长一丈四尺。围大三尺二寸。尾楼舭板八块。各长一丈四尺。拜棚板十六块。各长七尺。均宽八寸。厚二寸五分。舭柱。拜棚杠。做净每折见方尺四十尺。用舰匠一工。舭板。拜棚板八十尺。用舰匠一工。舭板。拜棚板钉缝凑长二十二丈四尺。每丈用长五寸钉三十个。拜棚板舱缝凑长二十二丈四尺。共核用围大二尺。净长三丈二尺浮溪木一丈六尺。围大三尺五寸木段八丈五尺六寸。长五寸钉六百七十二个。灰二十二斤六两。桐油八斤十五两四钱。网纱八斤六两四钱。竹丝八斤六两四钱。舰匠八工八分。锯匠三工三分六厘。舱匠三工二分。舂灰夫七分八厘。

船尾用樟木下金一块。长七尺五寸。围大七尺五寸。缭牛一副。长七尺五寸。宽二尺四寸。厚六寸。尾楼上金一块。长一丈七尺。宽二尺一寸。厚八寸。七星冠一块。长一丈八尺。宽一尺二寸。厚六寸。硬木棍下金拴二根。缭牛臓二根。各长六尺五寸。围大八寸。木段缭牛杠二根。各长七尺。围大三尺二寸。下金。缭牛。上金。七星冠。做净每折见方尺三十尺。用舰匠一工。下金拴。缭牛臓。缭牛杠四十尺。用舰匠一工。下金用长八寸钉十八个。缭牛用长八寸钉二十二个。上金用长一尺钉十八个。缭牛臓钉缝凑长一丈三尺。每丈用长五寸钉三十个。下金舱缝溪长七尺五寸。共核用围大七尺五寸。长七尺七寸樟木一段。宽二尺四寸。厚六寸。长七尺七寸樟木一块。宽二尺一寸。厚八寸。长一丈七尺二寸樟木一块。宽一尺二寸。厚六寸。长一丈八尺二寸樟木一块。围大八寸。长一丈三尺硬木棍二根。围大三尺五寸木段一丈四尺四寸。长一尺钉十八个。长八寸钉四十个。长五寸钉三十九个。灰十二两。桐油四两八钱。网纱四两五钱。竹丝四两五钱。舰匠十工七分六厘。舱匠一分一厘。舂灰夫三厘。

船尾舵边用木段硬筋二根。各长一丈四尺。围大三尺二寸。尾楼鲂鱼翅四块。各长七尺。宽一尺。厚四寸。纱帽匙二块。鸡母宿一块。尾燕板一块。各长一丈四尺。宽八寸。厚二寸五分。柯枸木软筋二块。各长一丈一尺。宽一尺。厚三寸。硬筋。鲂鱼翅。软筋。做净每折见方尺四十尺。用舰匠一工。纱帽匙各板八十尺。用舰匠一工。硬筋头尾用长六寸钉十二个。共核用围大三尺五寸木段五丈七尺。宽一尺。厚三寸柯枸木二丈二尺四寸。长六寸钉十二个。舰匠七工一分。锯匠一工四分。

尾楼上用浮溪木铺板十四块。各长四尺。尾座板四块。各长一丈二尺。舭边寄菜板二块。各长一丈四尺。碗格二块。各长一丈一尺。均宽五寸。厚二寸。高洋木尾楼挑二块。各长一丈八尺。围大一尺三寸。橹棚一块。长一丈五尺。宽四寸。厚二寸。尾楼挑。做净每折见方尺四十尺。用舰匠一工。铺板各板八十尺。用舰匠一工。尾楼铺板钉缝凑长五丈六尺。每丈用长五寸钉三十个。共核用围大二尺。净长三丈二尺浮溪木一根一丈九尺三寸。围大一尺六寸。净长二丈八尺高洋木一根一丈五尺五寸。长五寸钉一百六十八个。舰匠四工九厘。锯匠一工六分七厘。

船尾用樟木橹通板三块。各长一丈六尺。橹门枋一块。橹床二块。各长五尺。均宽一尺五寸。厚三寸。双头蛇一个。长四尺。宽一尺。厚三寸。橹通板。做净每折见方尺八十尺。用舰匠一工。橹门枋。橹床。双头蛇四十尺。用舰匠一工。橹床每块用长八寸钉十二个。橹通板钉缝凑长四丈八尺。每丈用长六寸钉三十个。橹床。橹通板舱缝凑长十一丈六尺。共核用宽一尺五寸。厚三寸樟木板六丈六尺六寸三分。长八寸钉二十四个。长六寸钉一百四十四个。灰十一斤十两。桐油四斤十两二钱。网纱四斤五两六钱。竹丝四斤五两六钱。舰匠三工七分七厘。艌匠一工六分六厘。舂灰夫四分一厘。

水仙门两旁用浮溪木边柱四根。各长四尺。围大一尺七寸。水仙门板十四块。各长四尺。凑宽七尺四寸二分。用宽五寸。厚二寸板五丈九尺三寸六分。樟木极百子舱十六块。各长六尺。围大一尺。舨边柯栂木朴竹二块。各长七尺。宽一尺。厚三寸。水仙门柱。百子舱。做净每折见方尺四十尺。用舰匠一工。门板。朴竹八十尺。用舰匠一工。百子舱钉缝凑长九丈六尺。每丈用长六寸钉三十个。艌缝凑长十九丈二尺。共核用围大二尺。净长三丈二尺浮溪木一根三尺八寸。围大一尺樟木极九丈九尺二寸。宽一尺。厚三寸柯栂木板一丈四尺。长六寸钉二百八十八个。灰十九斤三两。桐油七斤十两九钱。网纱七斤三两二钱。竹丝七斤三两二钱。舰匠四工五分八厘。锯匠五分九厘。艌匠二工七分四厘。舂灰夫六分七厘。

大桅座一块。长八尺。见方二尺四寸。头桅座一块。长五尺六寸。大四尺六寸。做净每折见方尺三十尺。用舰匠一工。共核用见方二尺四寸。长八尺二寸樟木一块。围大四尺六寸。长五尺八寸樟木一块。舰匠三工四分二厘。

大鹿耳二块。各长一丈二尺。宽二尺二寸。厚一尺一寸。头鹿耳二块。各长九尺八寸。宽一尺八寸。厚八寸。硬木棍鹿耳夹二根。各长一丈三尺。围大八寸。做净每折见方尺四十尺。用舰匠一工。共核用宽二尺二寸。厚一尺一寸。长一丈二尺二寸樟木二块。宽一尺八寸。厚八寸。长一丈樟木二块。围大八寸。长一丈三尺硬木棍二根。舰匠七工三厘。

大桅一根。长七丈二尺。围大五尺七寸。头桅一根。长五丈。围大四尺三寸。做净每折见方尺四十尺。用舰匠一工。共核用围大五尺七寸。长七丈二尺桅木一根。围大四尺三寸。长五丈桅木一根。舰匠十五工六分四厘。

桅尾用柯栂木马面二块。各长三丈五尺。宽一尺五寸。厚三寸。樟木大桅笠一个。长二尺。宽一尺五寸。头桅笠一个。长一尺六寸。宽一尺二寸。均厚三寸。木段大桅伫一根。长一丈四尺。头桅伫一根。长一丈二尺。均围大三尺二寸。马面。做净每折见方尺八十尺。用舰匠一工。桅笠。桅伫四十尺。用舰匠一工。马面钉缝凑长七丈。每丈用长六寸钉二十个。共核用宽一尺五寸。厚三寸柯栂木板七丈四寸。宽一尺五寸。厚三寸樟木板三尺四寸六分。围大三尺五寸木段二丈六尺四寸。长六寸钉一百四十个。舰匠五工五分三厘。

大风篷一扇。长六丈。宽三丈二尺。头风篷一扇。长三丈。宽一丈六尺。浮溪木大篷担二根。各长三丈二尺。头篷担二根。各长一丈六尺。围大一尺七寸。做净每折见方尺四十尺。用舰匠一工。共核用宽三丈二尺。长六丈风篷一扇。宽一丈六尺长三丈风篷一扇。围大二尺。净长三丈二尺浮溪木三根。舰匠四工八厘。

大篷架用木段横梁一根。长一丈四尺。头篷架梁一根。架针三根。各长七尺。均宽一尺。厚八寸。做净每折见方尺三十二尺。用舰匠一工。共核用围大三尺五寸木段四丈三尺。舰匠四工七分三厘。锯匠一工八厘。

大篷车员一根。椗车员一根。用中吉木各长一丈六尺。半车员一根。斗头车员一根。各长一丈。均围大二尺二寸。高洋木车耳四个。各长六尺。车脚直板十二块。斜板四块。各长二丈八尺。均宽四寸。厚二寸。硬木棍车子四十五根。各长一丈三尺。围大八寸。车员。车耳。做净每折见方尺三十二尺。用舰匠一工。车脚斜。直板八十尺。用舰匠一工。共核用围大二尺五寸。净长三丈六尺中吉木一根一丈六尺。围大一尺六寸。净长二丈八尺高洋木八根一丈二尺。围大八寸。长一丈三尺硬木棍四十五根。舰匠十一工二分。锯匠四工五厘。

水柜用樟木牛头四块。各长五尺。宽一尺五寸。厚三寸。木段水柜柱四根。各长六尺五寸。围大三尺二寸。水柜闸四块。各长七尺。见方八寸。水柜板三十六块。各长四尺六寸。宽八寸。厚二寸五分。水柜柱。闸。牛头。做净每折见方尺四十尺。用舰匠一工。水柜板八十尺。用舰匠一工。水柜柱每根用长六寸钉二十个。牛头钉缝凑长二丈。每丈用长六寸钉三十个。水柜板钉缝凑长十六丈五尺六寸。每丈用长五寸钉三十个。艌缝凑长四十七丈九尺二寸。共核用宽一尺五寸。厚三寸樟木板二丈四寸。围大三尺五寸木段九丈七尺九寸。长六寸钉一百四十个。长五寸钉四百九十七个。灰四十七斤十五两。桐油十九斤二两七钱。网纱十七斤十五两五钱。竹丝十七斤十五两五钱。舰匠十工四分七厘。锯匠三工一分二厘。艌匠六工八分五厘。舂灰夫一名六分八厘。

妈祖龛用杉木板二十五丈。船尾番仔板。画鹰板。顺风板及刀。剑。炮眼用板十五丈。均宽六寸。厚一寸。高洋木妈祖旗栏一根。长二丈二尺。围大一尺三寸。旗栏。做净每折见方尺四十尺。用舰匠一工。妈祖龛各板八十尺。用舰匠一工。龛板钉缝凑长二十五丈。每丈用长四寸钉三十个。艌缝凑长五十丈。共核用宽六寸。厚一寸杉木板四十丈八尺。围大一尺六寸。净长二丈八尺高洋木二丈二尺。长四寸钉七百五十个。灰五十斤。桐油二十斤。网纱十八斤十二两。竹丝十八斤十二两。舰匠七工七分二厘。艌匠七工一分四厘。舂灰夫一名七分五厘。

船面两旁炮架六个并盖。每个用长四尺六寸。宽八寸。厚二寸五分木段板六块。做净每折见方尺八十尺。用舰匠一工。共核用围大三尺五寸木段四丈二尺三寸。舰匠四工三分五厘。锯匠二工四分八厘。

船头用大吉木樬一根。长四丈二尺。围大二尺九寸。樟木樬牙一块。长五尺。宽一尺。厚三寸。做净每折见方尺四十尺。用舰匠一工。樬牙用长八寸钉六个。共核用围大三尺二寸。净长四丈二尺大吉木一根。宽一尺五寸。厚三寸樟木板三尺四寸。长八寸钉六个。舰匠三工三分七厘。

船尾舵一门。用楮木舵栏一根。长一丈八尺。宽一尺四寸。厚八寸。中吉木舵闪板三块。各长二丈。凑宽一尺九寸八分。用宽五寸八分。厚二寸五分板六丈八尺二寸八分。樟木极舵夹八块。各长四尺。围大一尺。硬木棍舵牙扼二根。各长一丈三尺。围大八寸。舵栏。做净每折见方尺三十尺。用舰匠一工。舵夹。舵牙四十尺。用舰匠一工。舵闪板八十尺。用舰匠一工。舵夹钉缝凑长三丈二尺。每丈用长八寸钉五十个。舵夹。舵闪板艌缝凑长二十丈五丈六分。共核用宽一尺四寸。厚八寸。长一丈八尺二寸楮木一根。围大二尺五寸。净长三丈六尺中吉木二丈二尺七寸六分。围大一尺樟木极三丈二尺八寸。围大八寸。长一丈三尺硬木棍二根。长八寸钉一百六十个。灰二十斤一两。桐油八斤四钱。网纱七斤八两三钱。竹丝七斤八两三钱。舰匠五工三分八厘。锯匠八分一厘。艌匠二工八分七厘。舂灰夫七分。

跟随战船舢板船用柯栂木龙骨一根。长一丈七尺。斗盖一块。长六尺。托浪板二块。各长五尺六寸。均宽一尺。厚三寸。浮溪木水底板十块。各长一丈八尺。凑宽五尺三寸。舵板四块。各长二丈。凑宽二尺一寸二分。堵板十二块。各长六尺五寸。凑宽六尺三寸六分。用宽五寸。厚二寸板三十五丈八尺二寸八分。龙骨。做净每折见方尺四十尺。用舰匠一工。斗盖各板八十尺。用舰匠一工。龙骨用长六尺钉十二个。托浪板。水底板。舭板钉缝凑长二十八丈六尺八寸。每丈用长五寸钉三十个。托浪板。水底板。舭板艌缝凑长五十七丈三尺六寸。共核用宽一尺。厚三寸柯栂木板三丈五尺。围大二尺。净长三丈二尺浮溪木三根二丈三尺四寸。长六寸钉十二个。长五寸钉八百六十个。灰五十七斤六两。桐油二十二斤十五两一钱。网纱二十一斤八两二钱。竹丝二十一斤八两二钱。舰匠七工九分一厘。锯匠三工五分八厘。艌匠八工一分九厘。舂灰夫二名一厘。

舢板船两旁水蛇二根。各长一丈八尺。压板二块。各长二丈。水戗二根。各长一丈七尺。均宽五寸。厚二寸。做净每折见方尺八十尺。用舰匠一工。水蛇钉缝凑长三丈六尺。每四尺用长八寸钉三个。压板。水戗钉缝凑长七丈四尺。每丈用长五寸钉三十个。艌缝凑长二十二丈。共核用围大二尺。净长三丈二尺浮溪木一根四尺七寸。长八寸钉二十七个。长五寸钉二百二十二个。灰二十二斤。桐油八斤十二两八钱。网纱八斤四两。竹丝八斤四两。舰匠一工九分三厘。锯匠一工一分。艌匠三工一分四厘。舂灰夫七分七厘。

舢板船用樟木舢板舱三个。各长四尺。宽五寸。厚三寸。樟木极舢板梁四块。各长四尺四寸。牛头仔极十五块。各长二尺。冲天极二块。牛头极六块。各长二尺八寸。均围大一尺。做净每折见方尺四十尺。用舰匠一工。舢板舱。梁钉缝凑长二丈九尺六寸。每丈用长六寸钉三十个。冲天极。牛头极每块用长六寸钉二个。舢板舱。梁。冲天极。牛头极艌缝凑长十丈四尺。共核用宽一尺五寸。厚三寸樟木板四尺一寸。围大一尺樟木极七丈二尺七寸。长六寸钉一百五个。灰十斤六两。桐油四斤二两六钱。网纱三斤十四两四钱。竹丝三斤十四两四钱。舰匠二工二分三厘。艌匠一工四分九厘。舂灰夫三分六厘。

大桅铁箍七个。各长五尺八寸。头桅箍四个。各长四尺四寸。舵头箍三个。各长四尺七寸。樾箍二个。各长三尺三寸。俱宽二寸。厚五分。椗齿五个。各长一尺。宽七寸。厚五分。橹箍四个。各长二尺七寸。宽一寸。厚三分。铁镮四个。各围大六寸。以上铁料。共净重二百七十二斤。每正铁一斤。加耗铁一斤。每正铁五斤。用铁匠一工。每正。耗铁一斤。用炭三斤。共核用生铁五百四十四斤。炭一千六百三十二斤。铁匠五十四工四分。

油画前船。共用乌烟三斤五两。广红五斤。铜碌四两。京红四两。南粉二斤。银朱一两。籐黄四两。蓝粉四两。杭粉一两。松香八两。水胶六两。墨二块。桐油四斤。淡底一斤。油画匠十工。

麻大桅繂索二条。各长八丈六尺四寸。大七寸七分。头桅繂索二条。各长七丈二尺。大四寸五分。大踏索二条。各长七丈二尺。大五寸。小踏索二条。各长五丈。大三寸二分。大缭母一条。长四丈二尺。大七寸六分。小缭母一条。长二丈五尺。大四寸。大帮衬六条。各长一丈六尺。大二寸。小帮衬九条。各长六尺五寸。大一寸六分。以上麻绳。共重六百斤。每百斤用绳匠三工六分。共核用麻六百斤。绳匠二十一工六分。

棕正椗索一条。长四十二丈。大八寸八分。副椗索一条。长四十丈。大八寸。大篷筋一条。长六丈八尺。大二寸。小篷筋一条。长三丈六尺。大一寸二分。缭仔。缭耳共十八条。各长二丈六尺。大二寸。椗奴二条。各长一丈五尺。大七寸三分。大。小摘尾二条。共长十二丈。大四寸三分。舵吊一条。长三丈。大六寸五分。以上棕绳。共重六百二十斤。每撕棕四十斤。用匠一工。成绳四十斤。用匠一工。共核用棕六百二十斤。撕棕匠十五工五分。成绳匠十五工五分。

冲风旗一面。长。宽各一丈六尺。一条龙旗一面。长六丈。宽三尺。妈祖旗一面。长。宽各五尺。大小定风旗三面。内一面长六尺。二面各长四尺五寸。均宽一尺。共核用幅宽一尺色布五十丈。苎线十两。裁缝匠五工。

中椗二门。齿全。各长二丈一尺。宽一尺二寸。厚八寸。

中橹二枝。各长四丈八尺。宽八寸。厚五寸。

舢板橹一枝。长二丈九尺。宽七寸。厚四寸。

大。小桅饼七个。

大。小无底升七百个。

椗舵上配用竹绳。草绳。共用竹篾五百九十斤。绳匠二十一工二分四厘。草心六百二十五斤。绳匠十五工六分三厘。

【查原送成规内开。打造竹绳。草绳所用匠工。多寡不齐。今照棕。麻绳索用工之例一律核定。】

篷上配用大小缭球。摄子。兔耳。共用槐藤二十九斤。藤匠五工八分。

刻字用。刻字匠三工。

竖立大。小桅用。壮夫四十名。

前船共用大小铁钉三万一千一百个。刷抹钉头每百个用桐油六两四钱。灰一斤。每油灰十斤。用艌匠一工。共核用桐油一百二十四斤六两五钱。灰三百十一斤。艌匠四十三工五分四厘。舂灰夫十名八分九厘。

前船共用舰匠五百十一工八分三厘。系照杉。松木植核定。内有樟。柯等硬料用匠一百十四工五分。每工外加匠二分。计加匠二十二工九分。共匠五百三十四工七分三厘。每百工加安装匠十工。计安装匠五十三工四分七厘。每舰匠。安装匠一百工加随匠壮夫二十名。计壮夫一百十七名六分四厘

以上拆造前船。共用。

宽一尺。厚八寸松木六丈六尺六寸【每丈银四钱一分四厘】。计银二两七钱五分七厘。

【查原送成规内开。松木按十六则丈尺计算。每丈核银〔自〕四钱八分一厘至三钱四分一厘不等。多寡参差。均匀计算。每丈需银四钱一分四厘。今照四钱一分四厘之数一律核定。】

围大三尺二寸。净长四丈二尺大吉木二十八根三丈一尺八寸【每根钱二两七钱】。计银七十七两六钱四分四厘。

【查原送成规内开。大吉木二十九根。今按丈尺做法核算。应减一丈二寸。】

围大二尺五寸。净长三丈六尺中吉木二十九根二丈一尺九寸六分【每根银一两五钱】。计银四十四两四钱一分五厘。

【查原送成规内开。中吉木二十九根。今按丈尺做法核算。应增二丈一尺九寸六分。】

围大二尺。净长三丈二尺浮溪木二十八根二丈四尺七寸【每根银五钱】。计银十四两三钱八分六厘。

【查原送成规内开。浮溪木二十九根。今按丈尺做法核算。应减七尺三寸。】

围大一尺六寸。净长二丈八尺高洋木二十八根二丈五尺五寸【每根银二钱】。计银五两七钱八分二厘。

【查原送成规内开。浮溪木二十九根。今按丈尺做法核算。应减二尺五寸。】

围大三尺五寸木段六十九丈二尺三寸五分。核长一丈四尺段料四十九根六尺三寸五分【每根银六钱】。计银二十九两六钱七分二厘。

【查原送成规内开。木段五十根。今按丈尺做法核算。应减七尺六寸五分。】

宽一尺五寸。厚三寸樟木板九十八丈二尺七分。核长一丈七尺枋料五十七块一丈三尺七分【每块银一两三钱】。计银七十五两九分九厘。

【查原送成规内开。樟木板六十块。今按丈尺做法核算。应减二块三尺九寸三分。】

宽一尺三寸。长八尺二寸樟木板二块【每块银四钱一分八厘】。计银八钱三分六厘。

【查原送成规内开。樟木梁座。梁头。一则至十七则各长一丈七尺。宽一尺五寸。厚三寸。每块银一两三钱。托浪樟木板。第一则长六尺五寸。宽一尺。厚三寸。每块开银五钱。第二则至十七则各长八尺。宽一尺。厚三寸。每块亦开银五钱。价值参差。今俱照梁座。梁头之价一律核定。】

宽一尺二寸。厚三寸松木枋一百丈四寸。核长一丈七尺枋料五十八块一丈四尺四寸【每块银三钱五分】。计银二十两五钱九分六厘。

【查原送成规内开。松木板五十九块。今按丈尺做法核算。应减二尺六寸。】

围大一尺樟木极八十丈六尺三寸。核长一丈二尺樟极六十七块二尺三寸【每块银二钱】。计银十三两四钱三分八厘。

【查原送成规内开。樟极六十六块。今按丈尺做法核算。应增一块二尺三寸。】

宽一尺五寸。厚三寸柯梅木枋七丈四寸【每丈银五钱七分一厘五毫】。计银四两二分三厘。

宽一尺。厚三寸柯梅木枋七丈一尺八寸【每丈银三钱八分一厘】。计银二两七钱三分六厘。

【查原送成规内开。柯梅木马面。一则至十七则各长三丈五尺。宽一尺五寸。厚三寸。每块开银二两。软筋及舢板龙骨等料。一则至五则各长二丈五尺。宽一尺。厚三寸。每块开银一两。六价一律核定。】

围大八寸。长一丈三尺硬木棍六十根【每根银八分】。计银四两八钱。

宽六寸。厚一寸杉木板四十丈八尺【每丈银四钱】。计银十六两三钱二分。

围大七尺。长一丈八尺五寸樟木一根。计银七两九分八厘。

围大五尺三寸。长一丈五尺五寸樟木一根。计银三两四钱九厘。

见方二尺四寸。长八尺二寸樟木一块。计银四两四钱三分八厘。

围大四尺六寸。长五尺八寸樟木一段。计银九钱六分。

宽二尺一寸。厚八寸。长一丈七尺二寸樟木一块。计银二两七钱一分四厘。

围大七尺五寸。长七尺七寸樟木一段。计银三两三钱九分一厘。

宽二尺二寸。厚一尺一寸。长一丈二尺二寸樟木二块【每块银二两七钱七分三厘】。计银五两五钱四分六厘。

宽一尺八寸。厚八寸。长一丈樟木二块【每块银一两三钱五分三厘】。计银二两七钱六厘。

宽二尺。厚九寸五分。长一丈六尺二寸樟木二块【每块银二两八钱九分二厘】。计银五两七钱八分四厘。

围大四尺七寸。长一丈五尺五寸樟木一根。计银二两六钱八分一厘。

宽一尺二寸。厚六寸。长一丈八尺二寸樟木一块。计银一两二钱三分一厘。

宽二尺四寸。厚六寸。长七尺七寸樟木一块。计银一两四分二厘。

【查原送成规内开。一则至十七则。每则用樟木含檀等料十二款。所开价值逐款核计。俱属参差。均匀计算。每折见方一尺需银九分三厘九毫六丝。今照九分三厘九毫六丝之数一律核定。】

宽一尺四寸。厚八寸。长一丈八尺二寸楮木一根。计银十六两。

围大五尺七寸。长七丈二尺桅木一根。计银三十二两。

围大四尺三寸。长五丈桅木一根。计银七两。

长一尺钉三百五十三个。每二个重一斤。计重一百七十六斤八两。长八寸钉二百六十九个。每五个重一斤。计重五十三斤十二两八钱。长六寸钉一万七千一百八十五个。每十五个重一斤。计重一千一百四十五斤十两六钱。长五寸钉一万二千五百四十四个。每二十个重一斤。计重六百二十七斤三两二钱。长四寸钉七百五十个。每三十个重一斤。计重二十五斤。以上铁钉。共重二千二十八斤二两六钱。除选用旧钉九百七十二斤十两外。添新一千五十五斤八两六钱【每斤银二分二厘】。计银二十三两二钱二分二厘。

灰二千四百十一斤八两【每百斤银二钱】。计银四两八钱八分三厘。

桐油九百八十斤九两七钱【每斤银三分】。计银二十九两四钱一分八厘。

网纱七百九十八斤十四两九钱【每斤银一分二厘】。计银九两五钱八分七厘。

竹丝七百九十八斤十四两九钱【每斤银六厘】。计银四两七钱九分四厘。

生铁五百四十四斤【每斤银一分】。计银五两四钱四分。

炭一千六百三十二斤【每百斤银一钱六分】。计银二两六钱一分一厘。

乌烟三斤五两【每斤银一分五厘】。计银五分。

广红五斤【每斤银五分】。计银二钱五分。

铜碌四两【每斤银三钱】。计银七分五厘。

京红四两【每斤银八分】。计银二分。

南粉二斤【每斤银一分】。计银二分。

银朱一两【每斤银六钱四分】。计银四分。

臕黄四两【每斤银二钱】。计银五分。

蓝粉四两【每斤银八分】。计银二分。

杭粉一两【每斤银一钱六分】。计银一分。

水胶六两【每斤银四分】。计银一分五厘。

松香八两【每斤银二分】。计银一分。

墨二块【每块银一分】。计银二分。

淡底一斤。计银五分。

麻六百斤【每斤银一分五厘】。计银九两。

棕六百二十斤【每斤银三分】。计银十八两六钱。

色布五十丈【每丈银一钱】。计银五两。

苎线十两【每斤银一钱二分】。计银七分五厘。

椗二门。齿全。各长二丈一尺。宽一尺二寸。厚六寸【每门银一两五钱七分八厘】。计银三两一钱五分六厘。

中橹二枝。各长四丈八尺。宽八寸。厚五寸【每枝银一两九钱五分七厘】。计银三两九钱一分四厘。

舢板橹一枝。长二丈九尺。宽七寸。厚四寸。计银三钱七分二厘。

大风篷一扇。长六丈。宽三丈二尺。计银五两九钱八分七厘。

头风篷一扇。长三丈。宽一丈六尺。计银一两四钱九分七厘。

【查原送成规内开。一则至十七则。大篷每扇银五两五钱。头篷每扇银一两五钱。所开丈尺。大篷长自四丈八尺至七丈。宽自二丈六尺至三丈三尺不等。头篷长自二丈四尺至三丈五尺。宽自一丈四尺至一丈六尺五寸不等。俱属参差。均匀核计。每折见方一丈需银三钱一分一厘八毫。今照三钱一分一厘八毫之数分别核定。】

大。小桅饼七个【每个银七分】。计银四两九分。

大。小无底升七百个【每百个银八分】。计银五钱六分。

竹篾五百九十斤【每百斤银一钱六分】。计银九钱四分四厘。

草心六百二十五斤【每百斤银七分】。计银四钱三分八厘。

槐藤二十九斤【每斤银二分五厘】。计银七钱二分五厘。

舰匠五百三十四工七分三厘。安装匠五十三工四分七厘。锯匠一百四十六工五分三厘。舱匠三百四十七工九分一厘。铁匠五十四工四分。油画匠十工。绳匠五十八工四分七厘。棕匠三十一工。裁缝匠五工。藤匠五工八分。刻字匠三工。壮夫二百四十三名一分。以上匠夫共一千四百九十三工四分一厘【每工银五分】。计银七十四两六钱七分。

又置备物件开后。

木桶三十件【每件银三分】。计银九钱。

铁锅三口换新【每口贴工料银一钱二分】。计银三钱六分。

鼓一面修理换皮。计银四钱八分。

金一面重四斤换新【每斤贴工料银七分】。计银二钱八分。

以上拆造前船成规内开。共需工料银六百十一两二钱五分七厘五毫。内部价银二百九十一两七分五厘。加八津贴并另加三分银三百二十两一钱八分二厘五毫。台厂运费银五十八两二钱一分五厘。今按条查核。分别增减更正。需用工料银六百十六两五钱三分七厘。内部价银二百九十三两五钱八分九厘。加八津贴并另加三分银三百二十二两九钱四分八厘。台厂运费银五十八两七钱一分八厘。计加增工料银五两二钱八分。运费银五钱三厘。行令该抚于前船届应拆造之期。将加增银两在于各则节减银内动支。

至大。小修理成规内开。大修工料银四百二十两三钱八分三厘。内部价银一百九十一两八分三厘。加九津贴并另加三分银二十九两三钱。台厂运费银三十八两二钱一分七厘。小修工料银二百九十九两三钱二分二厘。内部价银一百三十两一钱四分。加十津贴并另加三分银一百六十九两一钱八分二厘。台厂运费银二十六两二分八厘。

其余一船仿此。

卷一〇

福建省外海战船做法

第十则赶缯船。五十七只。内台湾协标中营平字三号船一只。身长七丈。头起虤五尺。尾起虤三尺八寸。船头长二丈四尺五寸。面匀宽一丈二尺七寸。底匀宽一丈一尺。船中长二丈四尺五寸。面匀宽一丈八尺九寸。底匀宽一丈四尺。船尾长二丈一尺。面匀宽一丈七尺九寸。底匀宽一丈三尺五寸。两边舭长八丈四尺。计二十舱。深六尺二寸七分。

今将拆造前船需用工料。价值细数开后。计开。

船底松木龙骨一道。计三节。船头一节。长二丈。船中一节。连交接彪头长三丈五尺。船尾一节。长一丈五尺。共凑长七丈。均宽一尺。厚八寸。做净每折见方尺二十尺。用舰匠一工。交接彪头二处。每处用长一尺钉八个。又。每边用长六寸钉十二个。共核用宽一尺。厚八寸松木板七丈六寸。

【查成规内开。大吉。中吉。浮溪。高洋四项木植。俱截去尖梢。作栏杆。灶柜。签子。木牌等项之用。其本身木料毋庸另加长荒外。一切枋段各料有截去一。二尺至三。五尺不等者。亦有未加荒者。参差不一。今将枋段各料每件长五尺以内者加长荒一寸。五尺以外者加长荒二寸。圆径樟木长一丈以内者每根加长荒二寸。长一丈以外者每根加长荒五寸一律核定】。

长一尺钉十六个。长六寸钉二十四个。舰匠十二工六分。

船底板连起龣长七丈。内。船底匀宽一丈三尺四寸。两站各匀高七尺三寸四分。用长四丈二尺。宽八寸。厚三寸大吉木板六十块。做净每折见方尺八十尺。用舰匠一工。锯板折宽一尺。长七丈。用锯匠一工【以下锯板用工仿此】。钉缝凑长二百五十二丈。每丈用长六寸钉三十个。艌缝凑长五百四丈。每丈用灰一斤。桐油六两四钱。网纱竹丝各六两。每七丈。用艌匠一工。舂制油灰每四十斤。用舂灰夫一名【以下艌缝用工。用料仿此】。共核用围大三尺二寸。净长四丈二尺大吉木二十根。长六寸钉七千五百六十个。灰五百四斤。桐油二百一斤九两六钱。网纱一百八十九斤。竹丝一百八十九斤。舰匠六十九工三分。锯匠三十九工六分。艌匠七十二工。舂灰夫十七名六分四厘。

各舱樟木梁座三十块。内。船头配用十块。凑长十六丈。船中十块。凑长十七丈。船尾十块。凑长十六丈。舱梁二十二块。内。船头配用八块。凑长十二丈。船中七块。凑长十一丈九尺。船尾七块。凑长十一丈二尺。均宽一尺五寸。厚三寸。松木梁头四十六块。内。船头配用十六块。凑长二十四丈。船中十五块。凑长二十五丈五尺。船尾十五块。凑长二十四丈。均宽一尺二寸。厚三寸。硬木棍稳吊九根。各长一丈三尺。围大八寸。梁座。梁头。做净每折见方尺八十尺。用舰匠一工。稳吊四十尺。用舰匠一工。钉缝凑长一百六十九丈三尺。每丈用长六寸钉三十个。艌缝凑长三百三十八丈六尺。共核用宽一尺五寸。厚三寸樟木枋八十五丈一尺四寸。宽一尺二寸。厚三寸松木枋七十四丈四尺二寸。围大八寸。长一丈三尺硬木棍九根。长六寸钉五千七十九个。灰三百三十八斤十两。桐油一百三十五斤七两。网纱一百二十六斤十五两六钱。竹丝一百二十六斤十五两六钱。舰匠六十七工七分五厘。艌匠四十八工三分七厘。舂灰夫十一名八分五厘。

各舱配用樟木极五十块。内。虎头舱极二块。阿班舱极四块。各长九尺五寸。冲天极二块。拜棚极二块。各长一丈一尺。小官厅极二块。八字极二块。各长一丈。油婆前极四块。官厅前后极四块。大桅舱极二块。前后通铺极四块。缭公极二块。舵工极二块。水柜舱极二块。中转水极二块。各长一丈二尺。头转水极二块。一仔梁极二块。各长九尺。鳅鱼极二块。各长七尺。尾里极四块。各长六尺。斗盖极二块。各长五尺。目里极二块。各长三尺。均围大一尺。做净每折见方尺四十尺。用舰匠一工。每块用长六寸钉二个。艌缝凑长九十九丈。共核用围大一尺樟木极五十丈四尺六寸。长六寸钉一百个。灰九十九斤。桐油三十九斤九两六钱。网纱三十七斤二两。竹丝三十七斤二两。舰匠十二工三分八厘。艌匠十四工一分四厘。舂灰夫三名四分七厘。

船身走马二条。水蛇二条。各长六丈三尺。宽八寸。厚四寸。做净每折见方尺四十尺。用舰匠一工。走马钉缝凑长十二丈六尺。每丈用长一尺钉三十个。水蛇钉缝凑长十二丈六尺。每四尺用长一尺钉三个。艌缝凑长五十丈四尺。共核用围大三尺二寸。净长四丈二尺大吉木三根。长一尺钉四百七十二个。灰五十斤六两。桐油二十斤二两六钱。网纱十八斤十四两四钱。竹丝十八斤十四两四钱。舰匠十五工一分二厘。锯匠四工三分二厘。艌匠七工二分。舂灰夫一名七分六厘。

船面两旁鱲板长七丈。凑宽一丈二尺八寸添换。用长四丈二尺。宽八寸。厚三寸大吉木板十八块。做净每折见方尺八十尺。用舰匠一工。钉缝凑长七十五丈六尺。每丈用长六寸钉三十个。艌缝凑长一百五十一丈二尺。共核用围大三尺二寸。净长四丈二尺大吉木六根。长六寸钉二千二百六十八个。灰一百五十一斤三两。桐油六十斤七两七钱。网纱五十六斤十一两二钱。竹丝五十六斤十一两二钱。舰匠二十工七分九厘。锯匠十一工八分八厘。舱匠二十一工六分。舂灰夫五名二分九厘。

两旁舨板各长八丈四尺。高六尺五寸抽换。用长三丈六尺。宽五寸八分。厚二寸五分中吉木板四十五块。两旁添换木段舨柱四根。各长六尺五寸。围大三尺二寸。舨板。做净每折见方尺八十尺。用舰匠一工。舨柱四十尺。用舰匠一工。舨板钉缝凑长一百六十二丈。每丈用长五寸钉三十个。舨柱钉缝长二丈六尺。每丈用长六寸钉三十个。缝凑长三百二十九丈二尺。共核用围大二尺五寸。净长三丈六尺中吉木十五根。围大三尺五寸木段二丈六尺八寸。长六寸钉七十八个。长五寸钉四千八百六十个。灰三百二十九斤三两。桐油一百三十一斤十两九钱。网纱一百二十三斤七两二钱。竹丝一百二十三斤七两二钱。舰匠三十五工七分。锯匠十九工二分一厘。舱匠四十七工三厘。舂灰夫十一名五分二厘【查成规内。板未载高尺寸。今按柱长丈核定】。

两旁舨艛二十五块。各长三尺七寸。围大一尺。做净每折见方尺四十尺。用舰匠一工。每块用长六寸钉二个。舱缝凑长十八丈五尺。共核用围大一尺樟木极九丈五尺。长六寸钉五十个。灰十八斤八两。桐油七斤六两四钱。网纱六斤十五两。竹丝六斤十五两。舰匠二工三分一厘。舱匠二工六分四厘。舂灰夫六分五厘。

舨上前后浮溪木鼠桥板四块。各长二丈六尺。宽五寸。厚二寸。高洋木压舨板四块。各长三丈六尺。宽四寸。厚二寸。两边木段猴袋板四块。各长一丈四尺。宽八寸。厚二寸五分。做净每折见方尺八十尺。用舰匠一工。鼠桥板。压板钉缝凑长二十四丈八尺。每丈用长五寸钉三十个。压板舱缝凑长二十八丈八尺。共核用围大二尺。净长三丈二尺浮溪木一根二尺七寸。围大一尺六寸。净长二丈八尺高洋木二根一丈六尺。围大三尺五寸木段一丈四尺二寸。长五寸钉七百四十四个。灰二十八斤十三两。桐油十一斤八两三钱。网纱十斤十二两八钱。竹丝十斤十二两八钱。舰匠五工四分五厘。锯匠三工一分一厘。舱匠四工一分一厘。舂灰夫一名一厘。

两旁笨抽二块。大压二块。水戗二块添换。各长四丈八尺。宽六寸六分。厚三寸五分。做净每折见方尺四十尺。用舰匠一工。钉缝凑长二十八丈八尺。每丈用长六寸钉三十个。舱缝凑长五十七丈六尺。共核用围大二尺五寸。净长三丈六尺中吉木四根。长六寸钉八百六十四个。灰五十七斤十两。桐油二十三斤六钱。网纱二十一斤九两六钱。竹丝二十一斤九两六钱。舰匠十四工五分四厘。锯匠四工一分六厘。舱匠八工二分三厘。舂灰夫二名二厘。

官厅前后梁用中吉木三根。各长一丈八尺四寸。围大二尺二寸。官厅上战柜板十六块。后墙板十块。各长一丈八尺。凑宽一丈七尺一寸六分。又左右墙板二十块。各长九尺。凑宽一丈三尺二寸。官厅内麒麟枋。大炮舱枋共十五块。各长四尺二寸。凑宽九尺九寸。用宽五寸八分。厚二寸五分板八十丈九尺。浮溪木官厅贴柱八根。各长一丈三尺。见方五寸。官厅门板八块。各长四尺。凑宽四尺二寸四分。官厅铺板二十块。各长九尺。凑宽一丈六寸。用宽五寸。厚二寸板二十二丈四尺七寸二分。高洋木战柜挑二块。官厅侧板二块。踏板一块。各长一丈八尺。宽四寸。厚二寸。木段冲天盖板十二块。各长四尺六寸。宽八寸。厚二寸五分。官厅梁。贴柱。做净每折见方尺四十尺。用舰匠一工。战柜等板八十尺。用舰匠一工。战柜板。墙板。冲天盖板。官厅门板钉缝凑长八十九丈八尺一寸二分。每丈用长五寸钉三十个。战柜板。墙板。冲天盖板舱缝凑长一百七十二丈八尺四寸。共核用围大二尺五寸。净长三丈六尺中吉木九根九寸。围大二尺。净长三丈二尺浮溪木五根一丈八尺九寸。围大一尺六寸。净长二丈八尺高洋木一根一丈七寸。围大三尺五寸木段一丈四尺一寸。长五寸钉二千六百九十四个。灰一百七十二斤十三两。桐油六十九斤二两二钱。网纱六十四斤十三两。竹丝六十四斤十三两。舰匠三十一工七分五厘。锯匠十四工九分二厘。舱匠二十四工六分九厘。舂灰夫六名五厘。

官厅前通铺四块。各长一丈七尺。后通铺二块。各长一丈六尺。均宽一尺二寸。厚三寸。做净每折见方尺八十尺。用舰匠一工。钉缝凑长十丈。每丈用长六寸钉三十个。舱缝凑长二十丈。共核用宽一尺二寸。厚三寸松木枋十丈一尺二寸。长六寸钉三百个。灰二十斤。桐油八斤。网纱七斤八两。竹丝七斤八两。舰匠三工七分五厘。舱匠二工八分六厘。舂灰夫七分。

官厅两旁高洋木猫里柱四根。贴柱四根。各长四尺。围大一尺三寸。浮溪木猫里墙板十六块。猫里门板八块。各长四尺。凑宽一丈二尺七寸二分。铺板十块。各长七尺。凑宽五尺三寸。用宽五寸。厚二寸板十七丈五尺九寸六分。木段猫里上下袱四块。各长七尺。宽八寸。厚四寸。猫里柱。贴柱。上下袱。做净每折见方尺四十尺。用舰匠一工。墙板等板八十尺。用舰匠一工。墙板。门板钉篷凑长十丈一尺七寸六分。每丈用长五寸钉三十个。共核用围大二尺。净长三丈二尺浮溪木一根二丈六尺七寸。围大一尺六寸。净长二丈八尺高洋木一根四尺。围大三尺五寸木段一丈四尺四寸。长五寸钉三百五个。舰匠五工八分。锯匠二工二分四厘。

官厅内中吉木炕床杠二根。各长一丈六尺。围大二尺二寸。浮溪木虎头舱门板八块。各长四尺。凑宽四尺二寸四分。虎头舱两旁铺板十块。各长七尺。凑宽五尺三寸。用宽五寸。厚二寸板十丈八尺一寸二分。炕床杠。做净每折见方尺四十尺。用舰匠一工。虎头舱各板八十尺。用舰匠一工。虎头舱门板钉缝凑长三丈三尺九寸二分。每丈用长五寸钉三十个。共核用围大二尺五寸。净长三丈六尺中吉木三丈二尺。围大二尺。净长三丈二尺浮溪木一根四尺。长五寸钉一百二个。舰匠三工六分五厘。锯匠一工八厘。

两旁艑面战棚板抽换。用长三丈二尺。宽五寸。厚二寸浮溪木板二十一块。各舱内铺板。用长四尺。宽四寸。厚一寸高洋木板二百八十块。做净每折见方尺八十尺。用舰匠一工。共核用围大二尺。净长三丈二尺浮溪木七根。围大一尺六寸。净长二丈八尺高洋木十根。舰匠二十五工七分六厘。锯匠十四工七分二厘。

两旁艑上艑牛六块。各长八尺五寸。各舱口扛豆五块。各长一丈七尺。均宽一尺二寸。厚三寸。做净每折见方尺四十尺。用舰匠一工。艑牛每块用长六寸钉四个。扛豆钉缝凑长八丈五尺。每丈用长六寸钉三十个。艌缝凑长二十七丈二尺。共核用宽一尺二寸。厚三寸松木枋十三丈八尺二寸。长六寸钉二百七十九个。灰二十七斤三两。桐油十十斤十四两一钱。网纱十斤三两二钱。竹丝十斤三两二钱。舰匠十工二分。包匠三工八分九厘。舂灰夫九分五厘。

各舱盖板。用长六尺九寸。宽八寸。厚二寸五分木段板八十块。舱盖下大通槽十个。侧槽六个。水槽六个。各长四尺六寸。宽一尺。厚八寸。小通槽八个。各长四尺六寸。见方八寸。舱盖用柯楠木枕头三块。各长四尺五寸。宽一尺。厚三寸。舱盖板。枕头木。做净每折见方尺八十尺。用舰匠一工。通槽等槽三十尺。用舰匠一工。舱盖板钉缝凑长五十五丈二尺。每丈用长五寸钉三十个。艌缝凑长一百十丈四尺。共核用围大三尺五寸木段二十八丈三尺。宽一尺。厚三寸柯楠木枋一丈三尺八寸。长五寸钉一千六百五十六个。灰一百十斤六两。桐油四十四斤二两六钱。网纱四十一斤六两四钱。竹丝四十一斤六两四钱。舰匠三十一工。锯匠十一工七分二厘。艌匠十五工七分七厘。舂灰夫三名八分六厘。

两旁艑边用高洋木牛栏四根。内。船头二根。船后二根。各长二丈八尺。围大一尺三寸。做净每折见方尺四十尺。用舰匠一工。共核用围大一尺六寸。净长二丈八尺高洋木四根。舰匠三工六分四厘。

船头斗盖用樟木一块。长一丈五尺。围大四尺七寸。虾箍梁一块。长八尺五寸。斗盖下兔耳一块。长八尺。鹿肚勒一个。长四尺。均宽一尺五寸。宽三寸。托浪板二块。各长八尺。宽一尺。厚三寸。斗盖。虾箍梁。兔耳。鹿肚勒。做净每折见方尺四十尺。用舰匠一工。托浪板八十尺。用舰匠一工。斗盖用长八寸钉十二个。虾箍梁。托浪板钉缝凑长二丈四尺五寸。每丈用长六寸钉三十个。兔耳。鹿肚勒钉缝凑长一丈二尺。每丈用长五寸钉三十个。虾箍梁。托浪板。兔耳。鹿肚勒艌缝凑长七丈三尺。共核用围大四尺七寸。长一丈五尺五寸樟木一根。宽一尺五寸。厚三寸樟木枋二丈一尺。宽一尺。厚三寸。长八尺二寸樟木板二块。长八寸钉十二个。长六寸钉七十四个。长五寸钉三十六个。灰七斤五两。桐油二斤十四两七钱。网纱二斤十一两八钱。竹丝二斤十一两八钱。舰匠四工一分三厘。艌匠一工四厘。舂灰夫二分六厘。

中含檀一块。长一丈八尺。围大七尺。头含檀一块。长一丈五尺。围大五尺三寸。含檀梁一块。长一丈二尺。头含檀闸一块。长八尺。均宽一尺五寸。厚三寸。做净每折见方尺三十尺。用舰匠一工。含檀梁钉缝长一丈二尺。每丈用长六寸钉三十个。含檀。含檀梁舱缝凑长九丈。共核用围大七尺。长一丈八尺五寸樟木一根。围大五尺三寸。长一丈五尺五寸樟木一根。宽一尺五寸。宽三寸樟木枋二丈四寸。长六寸钉三十六个。灰九斤。桐油三斤九两六钱。网纱三斤六两。竹丝三斤六两。舰匠九工二分五厘。舱匠一工二分九厘。舂灰夫三分二厘。

中转水二块。各长一丈六尺。宽二尺。厚九寸五分。樟木极转水鞋二块。各长七尺。围大一尺。做净每折见方尺四十尺。用舰匠一工。转水每块用长一尺钉二个。转水鞋每块用长六寸钉七个。舱缝凑长九丈二尺。共核用宽二尺。厚九寸五分长一丈六尺二寸樟木二块。围大一尺樟木极一丈四尺四寸。长一尺钉四个。长六寸钉十四个。灰九斤三两。桐油三斤十两九钱。网纱三斤七两二钱。竹丝三斤七两二钱。舰匠五工七厘。舱匠一工三分一厘。舂灰夫三分二厘。

船尾用浮溪木拜棚杠三根。各长一丈二尺。尾楼柱六根。各长四尺。均围大一尺七寸。木段拜棚板八块。尾舨板八块。各长一丈四尺。宽八寸。厚二寸五分。拜棚杠。尾舨柱。做净每折见方尺四十尺。用舰匠一工。拜棚板。尾舨板八十尺。用舰匠一工。舨板。拜棚板钉缝凑长二十二丈四尺。每丈用丈五寸钉三十个。拜棚板舱缝凑长二十二丈四尺。共核用围大二尺。净长三丈二尺浮溪木一根二丈八尺。围大三尺五寸木段五丈六尺八寸。长五寸钉六百七十二个。灰二十二斤六两。桐油八斤十五两四钱。网纱八斤六两四钱。竹丝八斤六两四钱。舰匠八工四分三厘。锯匠三工三分六厘。舱匠三工二分。舂灰夫七分八厘。

船尾用樟木下金一块。长七尺五寸。围大七尺五寸。缭牛一副。长七尺五寸。宽二尺四寸。厚六寸。尾楼上金一块。长一丈七尺。宽二尺一寸。厚八寸。七星冠一块。长一丈八尺。宽一尺二寸。厚六寸。硬木棍下金拴二根。缭牛舭二根。各长六尺五寸。围大八寸。木段缭牛杠二根。各长七尺。围大三尺二寸。下金。缭牛。上金。七星冠。做净每折见方尺三十尺。用舰匠一工。下金拴。缭牛舭。缭牛杠四十尺。用舰匠一工。下金用长八寸钉十八个。缭牛用长八寸钉二十二个。上金用长一尺钉十八个。缭牛舭钉缝凑长一丈三尺。每丈用长五寸钉三十个。下金舱缝凑长七尺五寸。共核用围大七尺五寸。长七尺七寸樟木一段。宽二尺四寸。厚六寸。长七尺七寸樟木一块。宽二尺一寸。厚八寸。长一丈七尺二寸樟木一块。宽一尺二寸。厚六寸。长一丈八尺二寸樟木一块。围大八寸。长一丈三尺硬木棍二根。围大三尺五寸木段一丈四尺四寸。长一尺钉十八个。长八寸钉四十个。长五寸钉三十九个。灰十二两。桐油四两八钱。网纱四两五钱。竹丝四两五钱。舰匠十工七分六厘。舱匠一分一厘。舂灰夫三分。

船尾舵边用木段硬筋二根。各长一丈四尺。围大三尺二寸。尾楼魴鱼翅四块。各长七尺。宽一尺。厚四寸。纱帽匙二块。鸡母宿一块。尾燕板一块。各长一丈四尺。宽八寸。厚二寸五分。柯枸木软筋二块。各长一丈二尺。宽一尺。厚三寸。硬筋。魴鱼翅。软筋。做净每折见方尺四十尺。用舰匠一工。纱帽匙各板八十尺。用舰匠一工。硬筋头尾用长六寸钉十二个。共核用围大三尺五寸木段五丈七尺。宽一尺。厚三寸柯枸木枋二丈四尺四寸。长六寸钉十二个。舰匠七工二分三厘。锯匠一工四分。

尾楼上用浮溪木铺板十二块。各长四尺。尾座板四块。各长一丈二尺。舨边寄菜板二块。各长一丈四尺。碗格二块。各长一丈一尺。均宽五寸。厚二寸。高洋木尾楼挑二块。橹棚一块。各长一丈八尺。宽四寸。厚二寸。做净每折见方尺八十尺。用舰匠一工。尾楼铺板钉缝凑长四丈八尺。每丈用长五寸钉三十个。共核用围大二尺。净长三丈二尺浮溪木一根一丈六尺七寸。围大一尺六寸。净长二丈八尺高洋木二丈七尺。长五寸钉一百四十四个。舰匠三工三分七厘。锯匠一工九分二厘。

船尾用樟木橹通板三块。各长一丈六尺。橹门枋一块。橹床二块。各长五尺。均宽一尺五寸。厚三寸。尾楼双头蛇一个。长四尺。宽一尺。厚三寸。橹通板。做净每折见方尺八十尺。用舰匠一工。橹门板。橹床。双头蛇四十尺。用舰匠一工。橹床每块用长八寸钉十二个。橹通板钉缝凑长四丈八尺。每丈用长六寸钉三十个。橹床。橹通板舱缝凑长十一丈六尺。共核用宽一尺五寸。厚三寸樟木枋六丈六尺六寸三分。长八寸钉二十四个。长六寸钉一百四十四个。灰十一斤十两。桐油四斤十两二钱。网纱四斤五两六钱。竹丝四斤五两六钱。舰匠三工七分七厘。舱匠一工六分六厘。舂灰夫四分一厘。

水仙门两旁用浮溪木边柱四根。中柱二根。各长四尺。围大一尺一寸。水仙门板十四块。各长四尺。凑宽七尺四寸二分。用宽五寸。厚二寸板五丈九尺三寸六分。樟木极百子舱十六块。各长六尺。围大一尺。舦边柯椈木朴竹四块。各长八尺。宽一尺。厚三寸。水仙门柱。百子舱。做净每折见方尺四十尺。用舰匠一工。门板。朴竹八十尺。用舰匠一工。百子舱钉缝凑长九丈六尺。每丈用长六寸钉三十个。舱缝凑长十九丈二尺。共核用围大二尺。净长三丈二尺浮溪木一根一丈一尺八寸。围大一尺樟木极九丈九尺二寸。宽一尺。厚三寸柯椈木板三丈二尺八寸。长六寸钉二百八十八个。灰十九斤三两。桐油七斤十两九钱。网纱七斤三两二钱。竹丝七斤三两二钱。舰匠五工五分。锯匠五分九厘。舱匠二工七分四厘。舂灰夫六分七厘。

大桅座一块。长八尺。见方二尺四寸。头桅座一块。长五尺六寸。围大四尺六寸。做净每折见方尺三十尺。用舰匠一工。共核用见方二尺四寸。长八尺二寸樟木一块。围大四尺六寸。长五尺八寸樟木一段。舰匠三工四分二厘。

大鹿耳二块。各长一丈二尺。宽二尺二寸。厚一尺一寸。头鹿耳二块。各长九尺八寸。宽一尺八寸。厚八寸。硬木棍鹿耳夹二根。各长一丈三尺。围大八寸。做净每折见方尺四十尺。用舰匠一工。共核用宽二尺二寸。厚一尺一寸。长一丈二尺二寸樟木二块。宽一尺八寸。厚八寸。长一丈樟木二块。围大八寸。长一丈三尺硬木棍二根。舰匠七工三厘。

大桅一根。长七丈二尺。围大五尺七寸。头桅一根。长五丈。围大四尺三寸。做净每折见方尺四十尺。用舰匠一工。共核用围大五尺七寸。长七丈二尺桅木一根。围大四尺三寸。长五丈桅木一根。舱匠十五工六分四厘。

桅尾柯椈木马面二块。各长三丈五尺。宽一尺五寸。厚三寸。樟木大桅笠一个。长二尺。宽一尺五寸。头桅笠一根。长一尺六寸。宽一尺二寸。均厚三寸。木段大桅伫一根。长一丈四尺。头桅伫一根。长一丈二尺。均围大三尺二寸。马面。做净每折见方尺八十尺。用舰匠一工。桅伫。桅笠四十尺。用舰匠一工。马面钉缝凑长七丈。每丈用长六寸钉二十个。共核用宽一尺五寸。厚三寸柯椈木枋七丈四寸。宽一尺五寸。厚三寸樟木枋三尺四寸六分。围大三尺五寸木段二丈六尺四寸。长六寸钉一百四十个。舰匠五工五分三厘。

大风篷一扇。长六丈。宽三丈二尺。头风篷一扇。长三丈。宽一丈六尺。浮溪木大篷担二根。各长三丈二尺。头篷担二根。各长一丈六尺。均围大一尺七寸。做净每折见方尺四十尺。用舰匠一工。共核用宽三丈二尺。长六丈风篷一扇。宽一丈六尺。长三丈风篷一扇。围大二尺。净长三丈二尺浮溪木三根。舰匠四工八厘。

大篷架用木段横梁一根。长一丈四尺。头篷架横梁一根。架针三根。各长七尺。均宽一尺。厚八寸。做净每折见方尺三十二尺。用舰匠一工。共核用围大三尺五寸木段四丈三尺。舰匠四工七分三厘。锯匠一工八厘。

大篷车员一根。用中吉木长二丈。椗车员一根。长一丈六尺。均围大二尺二寸。浮溪木大篷半车员一根。斗头车员一根。各长一丈。尾楼车员一根。长一丈二尺。均围大一尺七寸。高洋木车耳八个。各长七尺。车脚直板十二块。斜板四块。各长二丈八尺。均宽四寸。厚二寸。硬木棍车子四十五根。各长一丈三尺。围大八寸。车员。车耳。做净每折见方尺三十二尺。用舰匠一工。车脚斜。直板八十尺。用舰匠一工。共核用围大二尺五寸。净长三丈六尺中吉木一根。围大二尺。净长三丈二尺浮溪木一根。围大一尺六寸。净长二丈八尺高洋木九根。围大八寸。长一丈三尺硬木棍四十五根。舰匠十三工。锯匠四工三分二厘。

水柜用樟木牛头四块。各长五尺。宽一尺五寸。厚三寸。木段水柜柱四根。各长七尺。围大三尺二寸。水柜闸四块。各长七尺。见方八寸。水柜板三十六块。各长四尺六寸。宽八寸。厚二寸五分。水柜柱。闸。牛头。做净每折见方尺四十尺。用舰匠一工。水柜板八十尺。用舰匠一工。水柜柱每根用长六寸钉二十个。牛头钉缝凑长二丈。每丈用长六寸钉三十个。水柜板钉缝凑长十六丈五尺六寸。每丈用长五寸钉三十个。艌缝凑长四十八丈三尺二寸。共核用宽一尺五寸。厚三寸樟木枋二丈四寸。围大三尺五寸木段九丈九尺九寸。长六寸钉一百四十个。长五寸钉四百九十七个。灰四十八斤五两。桐油十九斤五两二钱。网纱十八斤一两九钱。竹丝十八斤一两九钱。舰匠十工六分三厘。锯匠三工一分二厘。艌匠六工九分。舂灰夫一名六分九厘。

妈祖龛用杉木板二十五丈。尾楼番仔板。画鹰板。顺风板及刀。剑。炮眼用板十五丈。均宽六寸。厚一寸。高洋木妈祖旗栏一根。长二丈二尺。围大一尺三寸。旗栏。做净每折见方尺四十尺。用舰匠一工。妈祖龛各板八十尺。用舰匠一工。龛板钉缝凑长二十五丈。每丈用长四寸钉三十个。艌缝凑长五十丈。共核用宽六寸。厚一寸杉木板四十丈八尺。围大一尺六寸。净长二丈八尺高洋木二丈二尺。长四寸钉七百五十个。灰五十斤。桐油二十斤。网纱十八斤十二两。竹丝十八斤十二两。舰匠七工七分二厘。艌匠七工一分四厘。舂灰夫一名七分五厘。

船面两旁炮架六个并盖。每个用长四尺六寸。宽八寸。厚二寸五分木段板六块。做净每折见方尺八十尺。用舰匠一工。共核用围大三尺五寸木段四丈二尺三寸。舰匠一工三分五厘。锯匠二工四分八厘。

船头用大吉木樋一枝。长四丈二尺。围大二尺九寸。樟木樋牙一块。长五尺。宽一尺二寸。厚三寸。做净每折见方尺四十尺。用舰匠一工。樋牙用长八寸钉六个。共核用围大三尺二寸。净长四丈二尺大吉木一根。宽一尺五寸。厚三寸樟木枋四尺八分。长八寸钉六个。舰匠三工四分二厘。

船尾舵一门。用楮木舵栏一根。长一丈八尺。宽一尺四寸。厚八寸。中吉木舵闪板六块。各长一丈八尺。凑宽三尺九寸六分。用宽五寸八分。厚二寸五分板十二丈二尺九寸。樟木极舵夹八块。各长四尺。围大一尺。硬木棍舵牙扼二根。各长一丈三尺。围大八寸。舵栏。做净每折见方尺三十尺。用舰匠一工。舵牙。舵夹四十尺。用舰匠一工。舵闪板八十尺。用舰匠一工。舵夹钉缝凑长三丈二尺。每丈用长八寸钉五十个。舵夹。舵闪板艌缝凑长三十丈九尺八寸。共核用宽一尺四寸。厚八寸。长一丈八尺二寸楮木一根。围大二尺五寸。净长三丈六尺中吉木一根五尺。围大一尺樟木极三丈二尺八寸。围大八寸长一丈三尺硬木棍二根。长八寸钉一百六十个。灰三十一斤。桐油二十斤六两三钱。网纱十一斤九两九钱。竹丝十一斤九两九钱。舰匠六工五分一厘。锯匠一工四分六厘。艌匠四工四分三厘。舂灰夫一名八厘。

跟随战船舢板船用柯枸木龙骨一根。长一丈七尺。斗盖一块。长六尺。托浪板二块。各长五尺六寸。均宽一尺。厚三寸。浮溪木水底板十块。各长一丈八尺。凑宽五尺三寸。皺板四块。各长二丈。凑宽二尺一寸二分。堵板十二块。各长六尺五寸。凑宽六尺三寸六分。用宽五寸。厚二寸板三十五丈八尺二寸八分。龙骨。做净每折见方尺四十尺。用舰匠一工。斗盖各板八十尺。用舰匠一工。龙骨用长六寸钉十二个。托浪板。水底板。皺板钉缝凑长二十八丈六尺八寸。每丈用长五寸钉三十个。托浪板。水底板。皺板艌缝凑长五十七丈三尺六寸。共核用宽一尺。厚三寸柯枸木枋三丈五尺。围大二尺。净长三丈二尺浮溪木三根二丈三尺四寸。长六寸钉十二个。长五寸钉八百六十个。灰五十七斤六两。桐油二十二斤十五两一钱。网纱二十一斤八两二钱。竹丝二十一斤八两二钱。舰匠七工九分四厘。锯匠三工五分八厘。艌匠八工一分九厘。舂灰夫二名一厘。

舢板船两旁水蛇二根。各长一丈八尺。压板二块。各长二丈。水戗二根。各长一丈七尺。均宽五寸。厚二寸。做净每折见方尺八十尺。用舰匠一工。水蛇钉缝凑长三丈六尺。每四尺用长八寸钉三个。压板。水戗钉缝凑长七丈四尺。每丈用长五寸钉三十个。艌缝凑长二十二丈。共核用围大二尺。净长三丈二尺浮溪木一根四尺七寸。长八寸钉二十七个。长五寸钉二百二十二个。桐油八斤十二两八钱。灰二十二斤。网纱八斤四两。竹丝八斤四两。舰匠一工九分三厘。锯匠一工一分。艌匠三工一分四厘。舂灰夫七分七厘。

舢板船用樟木舢板舱三个。各长四尺。宽五寸。厚三寸。樟木极舢板梁四块。各长四尺四寸。牛头仔极十五块。各长二尺。冲天极二块。牛头极六块。各长二尺五寸。均围大一尺。做净每折见方尺四十尺。用舰匠一工。舢板舱。梁钉缝凑长二丈九尺六寸。每丈用长六寸钉三十个。冲天极。牛头极每块用长六寸钉二个。舢板舵。梁。冲天极。牛头极舱缝凑长九丈九尺二寸。共核用宽一尺五寸。厚三寸樟木枋四尺一寸。围大一尺樟木极七丈三寸。长六寸钉一百五个。桐油三斤十五两五钱。灰九斤十五两。网纱三斤十一两五钱。竹丝三斤十一两五钱。舰匠二工一分七厘。舱匠一工四分二厘。舂灰夫三分五厘。

大桅铁箍十个。各长五尺八寸。头桅箍四个。各长四尺四寸。舵头箍三个。各长四尺七寸。樾箍二个。各长三尺三寸。俱宽二寸。厚五分。椗齿五个。各长一尺。宽七寸。厚五分。橹箍六个。各长二尺七寸。宽一寸。厚三分。铁镮六个。各围大六寸。以上铁料。共净重二百七十六斤八两。每正铁一斤。加耗铁一斤。每正铁五斤。用铁匠一工。每正。耗钱一斤。用炭三斤。共核用生铁五百五十三斤。炭一千六百五十九斤。铁匠五十五工三分。

油画前船。共用乌烟三斤五两。广红五斤。铜碌四两。京红四两。南粉二斤。银朱一两。籐黄四两。蓝粉四两。杭粉一两。松香八两。水胶六两。墨二块。桐油四斤。淡底一斤。油画匠十工。

麻大桅肄索二条。各长八丈六尺四寸。大七寸七分。头桅肄索二条。各长七丈二尺。大四寸六分。大踏索二条。各长七丈二尺。大五寸。小踏索二条。各长五丈。大三寸二分。大缭母一条。各长四丈二尺。大七寸六分。小缭母一条。长二丈五尺。大四寸。大帮衬六条。长一丈六尺。大二寸。小帮衬九条。各长五尺五寸。大一寸五分。以上麻绳。共重六百十斤。每百斤用绳匠三工六分。共核用麻六百十斤。麻绳匠二十一工九分六厘。

棕正椗索一条。长四十二丈。大八寸八分。副椗索一条。长四十丈。大八寸。大篷筋一条。长六丈八尺。大二寸。小篷筋一条。长三丈六尺。大一寸二分。缭仔。缭耳共十八条。各长二丈六尺。大二寸。椗奴二条。各长一丈五尺。大七寸三分。大。小摘尾二条。共长十四丈。大四寸三分。舵吊一条。长三丈。大六寸五分。以上棕绳。共重六百三十斤。每撕棕四十斤。用匠一工。成绳四十斤。用匠一工。共核用棕六百三十斤。撕棕匠十五工七分五厘。成绳匠十五工七分五厘。

冲风旗一面。长。宽各一丈六尺。一条龙旗一面。长六丈。宽三尺。妈祖旗一面。长。宽各五尺。大小定风旗三面。内一面长六尺。二面各长四尺五寸。均宽一尺。共核用幅宽一尺色布五十丈。苎线十两。裁缝匠五工。

中椗二门。齿全。各长二丈一尺。宽一尺二寸。厚六寸。

中橹二枝。各长四丈八寸。宽八分。厚五寸。

舢板橹一枝。长二丈九尺。宽七寸。厚四寸。

大。小桅饼七个。

大。小无底升八百个。

椗舵上配用竹绳。草绳。共用竹篾六百斤。绳匠二十一工六分。草心六百五十六斤。绳匠十六工四分。

【查原送成规内开。打造竹绳。草绳所用匠工。多寡不齐。今照棕。麻绳索用工之例一律核定】。

篷上配用大小缭球。摄子。兔耳。共用槐藤二十九斤。藤匠五工八分。

刻字用。刻字匠三工。

竖立大。小桅用。壮夫四十名。

前船共用大小铁钉三万一千九百二十七个。刷抹钉头每百个用桐油六两四钱。灰一斤。每油灰十斤。用舱匠一工。共核用桐油一百二十七斤十一两三钱。灰三百十九斤四两。舱匠四十四工七分。舂灰夫十一名一分七厘。

前船共用舰匠五百二十七工一分。系照杉。松木植核定。内有樟。柯等硬料用匠一百十六工五厘。每工外加匠二分。计加匠二十三工二分一厘。共匠五百五十工三分一厘。每百工加安装匠十工。计安装匠五十五工三厘。每舰匠。安装匠一百工加随匠壮夫二十名。计壮夫一百二十一名七厘。

以上拆造前船。共用。

宽一尺。厚八寸松木七丈六寸【每丈银四钱一分四厘】。计银二两九钱二分三厘。

【查原送成规内开。松木按依十六则丈尺计算。每丈核银四钱八分一厘至三钱四分一厘不等。多寡参差。均匀计算。每丈需银四钱一分四厘。今照四钱一分四厘之数一律核定。】

围大三尺二寸。净长四丈二尺大吉木三十根【每根银二两七钱】。计银八十一两。

围大二尺五寸。净长三丈六尺中吉木三十一根一尺九寸【每根银一两五钱】。计银四十六两五钱七分九厘。

【查原送成规内开。中吉木三十根。今按丈尺做法核算。应增一根一尺九寸。】

围大二尺。净长三丈二尺浮溪木三十根八尺九寸【每根银五钱】。计银十五两一钱三分九厘。

【查原送成规内开。浮溪木三十根。今按丈尺做法核算。应增八尺九寸。】

围大一尺六寸。净长二丈八尺高洋木三十根二尺【每根银二钱】。计银六两一分四厘。

【查原送成规内开。高洋木三十根。今按丈尺做法核算。应增二尺。】

围大三尺五寸木段六十九丈二尺三寸。核长一丈四尺段料四十九根六尺三寸【每根银六钱】。计银二十九两六钱七分。

【查原送成规内开。木段五十根。今按丈尺做法核算。应减七尺七寸。】

宽一尺五寸。厚三寸樟木枋九十九丈一尺四寸七分。核长一丈七尺枋料五十八块五尺四寸七分【每块银一两三钱】。计银七十五两八钱一分八厘。

【查原送成规内开。樟枋六十二块。今按丈尺做法核算。应减三块一丈一尺五寸三分。】

宽一尺。厚三寸。长八尺二寸樟木板二块【每块银四钱一分八厘】。计银八钱三分六厘。

【查原送成规内开。樟木枋梁座。梁头。一则至十七则各长一丈七尺。宽一尺五寸。厚三寸。每块银一两三钱。托浪樟木板。第一则长六尺五寸。宽一尺。厚三寸。每块开银五钱。第二则至十七则各长八尺。宽一尺。厚三寸。每块亦开银五钱。价值参差。今俱照梁座。梁头之价一律核定。】

宽一尺二寸。厚三寸松木枋九十八丈三尺六寸。核长一丈七尺枋料五十七块一丈四尺六寸【每块银三钱五分】。计银二十两二钱五分一厘。

【查原送成规内开。松木枋六十块。今按丈尺做法核算。应减二块二尺四寸。】

围大一尺樟木极八十一丈六尺三寸。核长一丈二尺樟木极六十八块三寸【每块银二钱】。计银十三两六钱五厘。

【查原送成规内开。樟极七十块。今按丈尺做法核算。应减一块一丈一尺七寸。】

宽一尺五寸。厚三寸柯椈木枋七丈四寸【每丈银五钱七分一厘五毫】。计银四两二分三厘。

宽一尺。厚三寸柯椈木枋十丈六尺【每丈银三钱八分一厘】。计银四两三分九厘。

【查原送成规内开。柯椈木马面。一则至十七则各长三丈五尺。宽一尺五寸。厚三寸。每块开银二两。软筋及舢板龙骨等料。一则至五则各长二丈五尺。宽一尺。厚三寸。每块开银一两。六则至十七则各长三丈五尺。宽一尺。厚三寸。每块开银二两。价值参差。今俱照马面之价一律核定。】

围大八寸。长一丈三尺硬木棍六十根【每根银八分】。计银四两八钱。

宽六寸。厚一寸杉木板四十丈八尺【每丈银四钱】。计银十六两三钱二分。

围大七尺。长一丈八尺五寸樟木一根。计银七两九分八厘。

围大五尺三寸。长一丈五尺五寸樟木一根。计银三两四钱九厘。

见方二尺四寸。长八尺二寸樟木一块。计银四两四钱三分八厘。

围大四尺六寸。长五尺八寸樟木一段。计银九钱六分。

宽二尺一寸。厚八寸。长一丈七尺二寸樟木一块。计银二两七钱一分四厘。

围大七尺五寸。长七尺七寸樟木一段。计银三两三钱九分一厘。

宽二尺二寸。厚一尺一寸。长一丈二尺二寸樟木二块【每块银二两七钱七分三厘】。计银五两五钱四分六厘。

宽一尺八寸。厚八寸。长一丈樟木二块【每块银一两三钱五分三厘】。计银二两七钱六厘。

宽二尺。厚九寸五分。长一丈六尺二寸樟木二块【每块银二两八钱九分二厘】。计银五两七钱八分四厘。

围大四尺七寸。长一丈五尺五寸樟木一根。计银二两六钱八分一厘。

宽一尺二寸。厚六寸。长一丈八尺二寸樟木一块。计银一两二钱三分一厘。

宽二尺四寸。厚六寸。长七尺七寸樟木一块。计银一两四分二厘。

【查原送成规内开。一则至十七则。每则用樟木含檀等料十二款。所开价值逐款核计。俱属参差。均匀计算。每折见方一尺需银九分三厘九毫六丝。今照九分三厘九毫六丝之数一律核定。】

宽一尺四寸。厚八寸。长一丈八尺二寸楮木一根。计银十六两。

围大五尺七寸。长七丈二尺桅木一根。计银三十二两。

围大四尺三寸。长五丈桅木一根。计银七两。

长一尺钉五百十个。每二个重一斤。计重二百五十五斤。长八寸钉二百六十九个。每五个重一斤。计重五十三斤十二两八钱。长六寸钉一万七千五百六十七个。每十五个重一斤。计重一千一百七十一斤二两一钱。长五寸钉一万二千八百三十一个。每二十个重一斤。计重六百四十一斤八两八钱。长四寸钉七百五十个。每三十个重一斤。计重二十五斤。以上铁钉。共重二千一百四十六斤七两七钱。除选用旧钉一千斤三两七钱外。添新一千一百四十六斤四两【每斤银二分二厘】。计银二十五两二钱一分七厘。

灰二千五百二十五斤【每百斤银二钱】。计银五两五分。

桐油一千十四斤三钱【每斤银三分】。计银三十两四钱二分。

网纱八百二十七斤二两六钱【每斤银一分二厘】。计银九两九钱二分六厘。

竹丝八百二十七斤二两六钱【每斤银六厘】。计银四两九钱六分三厘。

生铁五百五十三斤【每斤银一分】。计银五两五钱三分。

炭一千六百五十九斤【每百斤银一钱六分】。计银二两六钱五分四厘。

乌烟三斤五两【每斤银一分五厘】。计银五分。

广红五斤【每斤银五分】。计银二钱五分。

铜碌四两【每斤银三钱】。计银七分五厘。

京红四两【每斤银八分】。计银二分。

南粉二斤【每斤银一分】。计银二分。

银朱一两【每斤银六钱五分】。计银四分。

黱黄四两【每斤银二钱】。计银五分。

蓝粉四两【每斤银八分】。计银二分。

杭粉一两【每斤银一钱六分】。计银一分。

水胶六两【每斤银四分】。计银一分五厘。

松香八两【每斤银二分】。计银一分。

墨二块【每块银一分】。计银二分。

淡底一斤。计银五分。

麻六百十斤【每斤银一分五厘】。计银九两一钱五分。

棕六百三十斤【每斤银三分】。计银十八两九钱。

色布五十丈【每丈银一钱】。计银五两。

苎线十两【每斤银一钱二分】。计银七分五厘。

椗二门【齿全】。各长二丈一尺。宽一尺二寸。厚六寸【每门银一两五钱七分八厘】。计银三两一钱五分六厘。

中橹二枝。各长四丈八尺。宽八寸。厚五寸【每枝银一两九钱五分七厘】。计银三两九钱一分四厘。

舢板橹一枝。长二丈九尺。宽七寸。厚四寸。计银三钱七分二厘。

大风篷一扇。长六丈。宽三丈二尺。计银五两九钱八分七厘。

头风篷一扇。长三丈。宽一丈六尺。计银一两四钱九分七厘。

【查原送成规内开。一则至十七则。大篷每扇银五两五钱。头篷每扇银一两五钱。所开丈尺。大篷长自四丈八尺至七丈。宽自二丈六尺至三丈三尺不等。头篷长自二丈四尺至三丈五尺。宽自一丈四尺至一丈六尺五寸不等。俱属参差。均匀核算。每折见方一丈需银三钱一分一厘八毫。今照三钱一分一厘八毫之数分别核定。】

大。小桅饼七个【每个银七分】。计银四钱九分。

大。小无底升八百个【每百个银八分】。计银六钱四分。

竹篾六百斤【每百斤银一钱六分】。计银九钱六分。

草心六百五十六斤【每百斤银七分】。计银四钱五分九厘。

槐藤二十九斤【每斤银二分五厘】。计银七钱二分五厘。

舰匠五百五十工三分一厘。安装匠五十五工三厘。锯匠一百五十一工三分七厘。艌匠三百五十九工八分。铁匠五十五工三分。油画匠十工。绳匠五十九工九分六厘。棕匠三十一工五分。裁缝匠五工。藤匠五工八分。刻字匠三工。壮夫二百四十九名四分五厘。以上匠夫共一千五百三十六工五分二厘【每工银五分】。计银七十六两八钱二分六厘。

又置备物件开后。木桶三十件【每件银三分】。计银九钱。

铁锅三口换新【每口贴工料银一钱二分】。计银三钱六分。

鼓一面修理换皮。计银四钱八分。

金一面重四斤换新【每斤贴工料银七分】。计银二钱八分。

以上拆造前船成规内开。共需工料银六百三十两五钱二分九厘二毫。内部价银三百两二钱五分二厘。加八津贴并另加三分银三百三十两二钱七分七厘二毫。台厂运费银六十两五分四毫。今按条查核。分别增减更正。需用工料银六百三十一两五钱七分八厘。内部价银三百两七钱五分一厘。加八津贴并另加三分银三百三十两八钱二分七厘。台厂运费银六十两一钱五分。计增工料银一两四分八厘八毫。运费银九分九厘六毫。行令该抚于前船届应拆造之期。将加增银两在于各则节减银内动支。

至大。小修理成规内开。大修工料银四百三十二两一钱二厘。内部价银一百九十六两四钱一分。加九津贴并另加三分银二百三十五两六钱九分二厘。台厂运费银三十九两二钱八分二厘。小修工料银三百七两三钱四分二厘。内部价银一百三十三两六钱二分七厘。加十津贴并另加三分银一百七十三两七钱一分五厘。台厂运费银二十六两七钱二分五厘。

其余五十六船仿此。

卷一一

福建省外海战船做法

第十一则赶缯船。六只。内。水师提标左营国字二号船一只。身长七丈三尺。头起甋五尺。尾起甋三尺八寸。船头长二丈七尺五寸。面匀宽一丈三尺一寸。底匀宽一丈一尺四寸。船中长二丈四尺五寸。面匀宽一丈九尺三寸。底匀宽一丈四尺四寸。船尾长二丈一尺。面匀宽一丈八尺三寸。底匀宽一丈四尺。两边舭长八丈七尺。计二十一舱。深六尺四寸三分。

今将拆造前船需用工料。价值细数开后。计开。

船底松木龙骨一道计三节。船头一节。长二丈三尺。船中一节。连交接匙头长三丈五尺。船尾一节。长一丈五尺。共凑长七丈三尺。均宽一尺。厚八寸。做净每折见方尺二十尺。用舰匠一工。交接匙头二处。每处用长一尺钉八个。又。每边用长六寸钉十二个。共核用宽一尺。厚八寸松木枋七丈三尺六寸。

【查成规内开。大吉。中吉。浮溪。高洋四项木植。俱截去尖梢。作栏栏。灶柜。剑子。木牌等项之用。其本身木料毋庸另加长荒外。一切枋段各料有截去一二尺至三五尺不等者。亦有未加长荒者。参差不一。今将枋段各料每件长五尺以内者加长荒一寸。五尺以外者加长荒二寸。圆径樟木长一丈以内者每根加长荒二寸。长一丈以外者每根加长荒五寸一律核定】。

长一尺钉十六个。长六寸钉二十四个。舰匠十三工一分四厘。

船底板连起靛长七丈三尺。内。船底匀宽一丈三尺七寸八分。两站各匀高七尺四寸八分添换。用长四丈二尺。宽八寸。厚三寸大吉木板六十块。做净每折见方尺八十尺。用舰匠一工。锯板折宽一尺。长七丈。用锯匠一工【以下锯板用工仿此】。钉缝凑长二百五十二丈。每丈用长六寸钉三十个。艌缝凑长五百四丈。每丈用灰一斤。桐油六两四钱。网纱竹丝各六两。每七丈。用艌匠一工。舂制油灰每四十斤。用舂灰夫一名【以下艌缝用工。用料仿此】。共核用围大三尺二寸。净长四丈二尺大吉木二十根。长六寸钉七千五百六十个。灰五百四斤。桐油二百一斤九两六钱。网纱一百八十九斤。竹丝一百八十九斤。舰匠六十九工三分。锯匠三十九工六分。艌匠七十二工。舂灰夫十七名六分四厘。

各舱用樟木梁座三十一块。内。船头配用十一块。凑长十六丈五尺。船中十块。凑长十七丈。船尾十块。凑长十七丈。舱梁二十四块。内。船头配用八块。凑长十二丈八尺。船中八块。凑长十三丈六尺。船尾八块。凑长十三丈六尺。均宽一尺五寸。厚三寸。松木梁头五十块。内。船头配用十七块。凑长二十七丈二尺。船中十七块。凑长二十八丈九尺。船尾十六块。凑长二十七丈二尺。宽一尺二寸。厚三寸。硬木棍稳吊九根。各长一丈三尺。围大八寸。梁座。梁头。做净每折见方尺八十尺。用舰匠一工。稳吊四十尺。用舰匠一工。钉缝凑长一百八十五丈五尺。每丈用长六寸钉三十个。艌缝凑长三百七十一丈。共核用宽一尺五寸。厚三寸樟木枋九十一丈六尺。宽一尺二寸。厚三寸松木枋八十四丈三尺。围大八寸。长一丈三尺硬木棍九根。长六寸钉五千五百六十五个。灰三百七十一斤。桐油一百四十八斤六两四钱。网纱一百三十九斤二两。竹丝一百三十九斤二两。舰匠七十四工三分。艌匠五十三工。舂灰夫十二名九分九厘。

各舱配用樟木极五十二块。内。虎头舱极二块。拜棚极二块。阿班舱极六块。各长一丈。冲天极二块。各长一丈一尺。小官厅舱极二块。各长七尺。八字极二块。各长一丈五寸。水柜舱极二块。含檀极二块。官厅舱前后极四块。通铺舱前后极四块。缭公舱极二块。舵工舱极二块。中转水极二块。各长一丈二尺。头转水极二块。各长八尺。鳅鱼极二块。各长七尺。斗盖极二块。各长五尺。尾里极四块。下金极二块。下担极二块。各长六尺。一仔梁舱极四块。各长九尺。均围大一尺。做净每折见方尺四十尺。用舰匠一工。每块用长六寸钉二个。艌缝凑长九十九丈四尺。共核用围大一尺樟木极五十丈七尺二寸。长六寸钉一百四个。灰九十九斤六两。桐油三十九斤十二两二钱。网纱三十七斤四两四钱。竹丝三十七斤四两四钱。舰匠十二工四分三厘。艌匠十四工二分。舂灰夫三名四分八厘。

船身走马二条。水蛇二条抽换。各长六丈三尺。宽八寸。厚四寸。做净每折见方尺四十尺。用舰匠一工。走马钉缝凑长十二丈六尺。每丈用长一尺钉三十个。水蛇钉缝凑长十二丈六尺。每四尺用长一尺钉三个。艌缝凑长五十丈四尺。共核用围大三尺二寸。净长四丈二尺大吉木三根。长一尺钉四百七十二个。灰五十斤六两。桐油二十斤二两六钱。网纱十八斤十四两四钱。竹丝十八斤十四两四钱。舰匠十五工一分二厘。锯匠四工三分二厘。艌匠七工二分。舂灰夫一名七分六厘。

船面两旁鰍板长七丈三尺。凑宽一丈三尺三寸添换。用长四丈二尺。宽八寸。厚三寸大吉木板二十一块。做净每折见方尺八十尺。用舰匠一工。钉缝凑长八十八丈二尺。每丈用长六寸钉三十个。艌缝凑长一百七十六丈四尺。共核用围大三尺二寸。净长四丈二尺大吉木七根。长六寸钉二千六百四十六个。灰一百七十六斤六两。桐油七十斤九两。网纱六十六斤二两四钱。竹丝六十六斤二两四钱。舰匠二十四工二分六厘。锯匠十三工八分六厘。艌匠二十五工二分。舂灰夫六名一分七厘。

两旁舨板各长八丈七尺。高七尺添换。用长三丈六尺。宽五寸八分。厚二寸五分中吉木板四十八块。两旁添换木段舨柱五根。各长七尺。围大三尺二寸。舨板。做净每折见方尺八十尺。用舰匠一工。

柱四十尺。用舰匠一工。舦板钉缝凑长一百七十二丈八尺。每丈用长五寸钉三十个。舦柱钉缝凑长三丈五尺。每丈用长六寸钉三十个。舱缝凑长三百五十二丈六尺。共核用围大二尺五寸。净长三丈六尺中吉木十六根。围大三尺五寸木段三丈六尺。长六寸钉一百五个。长五寸钉五千一百八十四个。灰三百五十二斤十两。桐油一百四十一斤六钱。网纱一百三十二斤三两六钱。竹丝一百三十二斤三两六钱。舰匠三十八工六分六厘。锯匠二十工四分九厘。舱匠五十工三分七厘。舂灰夫十二名三分四厘。

【查成规内。舦板未载舦高尺寸。今按舦柱长丈核定】。

两旁舦艜二十五块。各长三尺七寸。围大一尺。做净每折见方四十尺。用舰匠一工。每块用长六寸钉二个。舱缝凑长十八丈五尺。共核用围大一尺樟木极九丈五尺。长六寸钉五十个。灰十八斤八两。桐油七斤六两四钱。网纱六斤十五两。竹丝六斤十五两。舰匠二工三分一厘。舱匠二工六分四厘。舂灰夫六分五厘。

舦上前后浮溪木鼠桥板四块。各长二丈六尺。宽五寸。厚二寸。高洋木舦压板四块。各长一丈四尺。宽四寸。厚二寸。两边木段猴袋板四块。各长一丈四尺。宽八寸。厚二寸五分。做净每折见方尺八十尺。用舰匠一工。鼠桥板。压板钉缝凑长十六丈。每丈用长五寸钉三十个。压板舱缝凑长十一丈二尺。共核用围大二尺。净长三丈二尺浮溪木一根二尺七寸。围大一尺六寸。净长二丈八尺高洋木一根。围大三尺五寸木段一丈四尺二寸。长五寸钉四百八十个。灰十一斤三两。桐油四斤七两七钱。网纱四斤三两二钱。竹丝四斤三两二钱。舰匠四工一分三厘。锯匠二工三分六厘。舱匠一工六分。舂灰夫三分九厘。

两旁笨抽二块。大压二块。水戗二块抽换。各长四丈八尺。宽六寸六分。厚三寸五分。做净每折见方尺四十尺。用舰匠一工。钉缝凑长二十八丈八尺。每丈用长六寸钉三十个。舱缝凑长五十七丈六尺。共核用围大二尺五寸。净长三丈六尺中吉木四根。长六寸钉八百六十四个。灰五五十七斤十两。桐油二十三斤六钱。网纱二十一斤九两六钱。竹丝二十一斤九两六钱。舰匠十四工五分四厘。锯匠四工一分六厘。舱匠八工二分三厘。舂灰夫二名二厘。

官厅前后梁用中吉木三根。各长一丈八尺八寸。围大二尺二寸。浮溪木贴柱八根。各长一丈三尺。见方五寸。官厅上用中吉木战柜板十六块。官厅下后墙板十块。各长一丈八尺。凑宽一丈七尺一寸六分。左右墙板二十块。各长九尺。凑宽一丈三尺二寸。官厅内麒麟堵坊十块。大炮舱枋十块。各长四尺二寸。凑宽一丈三尺二寸。用宽五寸八分。厚二寸五分板八十三丈三尺。木段冲天盖板十二块。各长四尺六寸。宽八寸。厚二寸五分。浮溪木铺板十六块。各长九尺。凑宽八尺四寸八分。官厅门板八块。各长四尺。凑宽四尺二寸四分。用宽五寸。厚二寸板十八丈六尺五寸六分。高洋木战柜挑二块。侧板二块。踏板一块。各长一丈四尺。宽四寸。厚二寸。官厅梁。贴柱。做净每折见方尺四十尺。用舰匠一工。战柜各板八十尺。用舰匠一工。战柜板。墙板。冲天盖板。官厅门板钉缝凑长八十二丈六尺五寸。每丈用长五寸钉三十个。战柜板。墙板。冲天盖板舱缝凑长一百五十八丈五尺一寸六分。共核用围大二尺五寸。净长三丈六尺中吉木九根一丈七分。围大二尺。浮长三丈二尺浮溪木五根六尺二寸。围大一尺六寸。净长二丈八尺高洋木一根七尺。围大三尺五寸木段一丈四尺一寸。长五寸钉二千四百八十个。灰一百五十八斤八两。桐油六十三斤六两五钱。网纱五十九斤七两一钱。竹丝五十九斤七两一钱。舰匠三十一工三分五厘。锯匠十四工六分六厘。舱匠二十二工六分五厘。舂灰夫五名五分五厘。

官厅前通铺四块。各长一丈六尺。后通铺二块。各长一丈七尺。均宽一尺二寸。厚三寸。做净每折见方尺八十尺。用舰匠一工。钉缝凑长九丈八尺。每丈用长六寸钉三十个。舱缝凑长十九丈六尺。共核用宽一尺二寸。厚三寸松木枋九丈九尺二寸。长六寸钉二百九十四个。灰十九斤十两。桐油七斤十三两四钱。网纱七斤五两六钱。竹丝七斤五两六钱。舰匠三工六分八厘。舱匠二工八分。舂灰夫六分九厘。

官厅两旁高洋木猫里柱四根。贴柱四根。各长四尺。围大一尺三寸。浮溪木猫里墙板十六块。猫里门板八块。各长四尺。凑宽一丈二尺七寸二分。铺板十块。柜底板十块。各长七尺。凑宽一丈六寸。用宽五寸。厚二寸板二十五丈一寸六分。木段猫里上下袱四块。各长七尺。宽八寸。厚四寸。猫里柱。贴柱。上下袱。做净每折见方尺四十尺。用舰匠一工。墙板等板八十尺。用舰匠一工。猫里墙板。门板钉缝凑长十丈一尺七寸六分。每丈用长五寸钉三十个。共核用围大二尺。净长三丈二尺浮溪木二根一丈九尺四寸。围大一尺六寸。净长二丈八尺高洋木一根四尺。围大三尺五寸木段一丈四尺四寸。长五寸钉三百五个。舰匠七工一分。锯匠二工九分八厘。

官厅内中吉木炕床杠二根。各长一丈六尺。围大二尺二寸。虎头舱浮溪木铺板八块。各长七尺。凑宽四尺二寸四分。虎头舱门板八块。各长四尺。凑宽四尺二寸四分。用宽五寸。厚二寸板九丈三尺二寸八分。炕床杠。做净每折见方尺四十尺。用舰匠一工。虎头舱各板八十尺。用舰匠一工。虎头舱门板钉缝凑长三丈三尺九寸二分。每丈用长五寸钉三十个。共核用围大二尺五寸。净长三丈六尺中吉木三丈二尺。围大二尺。净长三丈二尺浮溪木三丈一尺一寸。长五寸钉一百二个。舰匠三工三分九厘。锯匠九分三厘。

两旁艤面战棚板。用长三丈二尺。宽五寸。厚二寸浮溪木板二十一块。各舱内铺板。用长四尺。宽四寸。厚一寸高洋木杈三百八块。做净每折见方尺八十尺。用舰匠一工。共核用围大二尺。净长三丈二尺浮溪木七根。围大一尺六寸。净长二丈八尺高洋木十一根。舰匠二十七工一分六厘。锯匠十五工五分二厘。

两旁艤上艤牛六块。各长八尺。各舱口扛豆五块。各长一丈七尺。均宽一尺二寸厚三寸。做净每折见方尺四十尺。用舰匠一工。艤牛每块用长六寸钉四个。扛豆钉缝凑长八丈五尺。每丈用长六寸钉三十个。艌缝凑长二十六丈六尺。共核用宽一尺二寸。厚三寸松木枋十三丈五尺二寸。长六寸钉二百七十九个。灰二十六斤十两。桐油十斤十两二钱。网纱九斤十五两六钱。竹丝九斤十五两六钱。舰匠九工九分八厘。艌匠三工八分。舂灰夫九分三厘。

各舱盖板。用长六尺九寸。宽八寸。厚二寸五分木段板八十块。舱盖下大通槽十个。侧槽六个。水槽六个。各长四尺六寸。宽一尺。厚八寸。小通槽八个。各长四尺六寸。见方八寸。舱盖用柯枸木枕头四块。各长四尺五寸。宽一尺。厚三寸。舱盖板。枕头木。做净每折见方尺八十尺。用舰匠一工。通槽等槽三十尺。用舰匠一工。舱盖板钉缝凑长五十五丈二尺。每丈用长五寸钉三十个。艌缝凑长一百十丈四尺。共核用围大三尺五寸木段二十八丈三尺。宽一尺。厚三寸柯枸木枋一丈八尺四寸。长五寸钉一千六百五十六个。灰一百十斤六两。桐油四十四斤二两六钱。网纱四十一斤六两四钱。竹丝四十一斤六两四钱。舰匠三十一工一分五厘。锯匠十一工七分二厘。艌匠十五工七分七厘。舂灰夫三名八分六厘。

两旁舨边用高洋木牛栏四根。内。船头二根。船后二根。各长二丈八尺。围大一尺三寸。做净每折见方尺四十尺。用舰匠一工。共核用围大一尺六寸。净长二丈八尺高洋木四根。舰匠三工六分四厘。

船头斗盖用樟木一块。长一丈五尺。围大四尺七寸。虾箍梁一块。长八尺五寸。宽一尺二寸。斗盖下兔耳一块。长八尺。宽一尺五寸。鹿肚勒一个。长四尺。宽一尺二寸。托浪板四块。各长八尺。宽一尺。均厚三寸。斗盖。虾箍梁。兔耳。鹿肚勒。做净每折见方尺四十尺。用舰匠一工。托浪板八十尺。用舰匠一工。斗盖用长八寸钉十二个。虾箍梁。托浪板钉缝凑长四丈五尺。每丈用长六寸钉三十个。兔耳。鹿肚勒钉缝凑长一丈二尺。每丈用长五寸钉三十个。虾箍梁。托浪板。兔耳。鹿肚勒艌缝凑长十丈五尺。共核用围大四尺七寸。长一丈五尺五寸樟木一根。宽一尺五寸。厚三寸樟木枋一丈八尺四寸四分。宽一尺。厚三寸。长八尺二寸樟木板四块。长八寸钉十二个。长六寸钉一百二十二个。长五寸钉三十六个。灰十斤八两。桐油四斤三两二钱。网纱三斤十五两。竹丝三斤十五两。舰匠四工四分六厘。艌匠一工五分。舂灰夫三分七厘。

中含檀一块。长一丈八尺。围大七尺。头含檀一块。长一丈五尺。围大五尺三寸。含檀梁一块。长一丈二尺。头含闸一块。长八尺。均宽一尺五寸。厚三寸。做净每折见方尺三十尺。用舰匠一工。含檀梁钉缝长一丈二尺。每丈用长六寸钉三十个。含檀。含檀梁艌缝凑长九丈。共核用围大七尺。长一丈八尺五寸樟木一根。围大五尺三寸。长一丈五尺五寸樟木一根。宽一尺五寸。厚三寸樟木枋二丈四寸。长六寸钉三十六个。灰九斤。桐油三斤九两六钱。网纱三斤六两。竹丝三斤六两。舰匠九工二分五厘。艌匠一工二分九厘。舂灰夫三分二厘。

中转水二块。各长一丈六尺。宽二寸。厚九寸五分。樟木极转水鞋二块。各长七尺。围大一尺。做净每折见方尺四十尺。用舰匠一工。转水每块用长一尺钉二个。转水鞋每块用长六寸钉七个。舱缝凑长九丈二尺。共核用宽二尺。厚九寸五分。长一丈六尺二寸樟木二块。围大一尺樟木极一丈四尺四寸。长一尺钉四个。长六寸钉十四个。灰九斤三两。桐油三斤十两九钱。网纱三斤七两二钱。竹丝三斤七两二钱。舰匠五工七厘。舱匠一工三分一厘。舂灰夫三分二厘。

船尾用浮溪木拜棚杠三根。各长一丈六尺。尾楼舨柱六根。各长四尺六寸。均围大一尺七寸。木段拜棚板八块。尾舨板八块。各长一丈四尺。宽八寸。厚二寸五分。拜棚杠。尾舨柱。做净每折见方尺四十尺。用舰匠一工。拜棚板。尾舨板八十尺。用舰匠一工。拜棚板。舨板钉缝凑长二十二丈四尺。每丈用长五寸钉三十个。拜棚板舱缝凑长二十二丈四尺。共核用围大二尺。净长三丈二尺浮溪木二根一丈一尺六寸。围大三尺五寸木段五丈六尺八寸。长五寸钉六百七十二个。灰二十二斤六两。桐油八斤十五两四钱。网纱八斤六两四钱。竹丝八斤六两四钱。舰匠九工九厘。锯匠三工三分六厘。舱匠三工二分。舂灰夫七分八厘。

船尾用樟木下金一块。长七尺五寸。围大七尺五寸。缭牛一副。长七尺五寸。宽二尺四寸。厚六寸。尾楼上金一块。长一丈七尺。宽二尺一寸。厚八寸。七星冠一块。长一丈八尺。宽一尺二寸。厚六寸。硬木棍下金拴二根。缭牛臓二根。各长六尺五寸。围大八寸。木段缭牛杠四根。各长七尺。围大三尺二寸。下金。缭牛。上金。七星冠。做净每折见方尺三十尺。用舰匠一工。下金拴。缭牛臓。缭牛杠四十尺。用舰匠一工。下金用长八寸钉十八个。缭牛用长八寸钉二十二个。上金用长一尺钉十八个。缭牛臓钉缝凑长一丈三尺。每丈用长五寸钉三十个。下金舱缝长七尺五寸。共核用围大七尺五寸。长七尺七寸樟木一段。宽二尺四寸。厚六寸。长七尺七寸樟木一块。宽二尺一寸。厚八寸。长一丈七尺二寸樟木一块。宽一尺二寸。厚六寸。长一丈八尺二寸樟木一块。围大八寸。长一丈三尺硬木棍二根。围大三尺五寸木段二丈八尺八寸。长一尺钉十八个。长八寸钉四十个。长五寸钉三十九个。灰十二两。桐油四两八钱。网纱四两五钱。竹丝四两五钱。舰匠十一工八分八厘。舱匠一分一厘。舂灰夫三厘。

船尾舵边用木段硬筋二根。各长一丈四尺。围大三尺二寸。尾楼鲂鱼翅二块。各长七尺。宽一尺。厚四寸。纱帽匙二块。鸡母宿一块。尾燕板一块。各长一丈四尺。宽八寸。厚二寸五分。柯栒木软筋二块。各长一丈四尺。宽一尺。厚三寸。楼筋。鲂鱼翅。软筋。做净每折见方尺四十尺。用舰匠一工。纱帽匙各板八十尺。用舰匠一工。硬筋头尾用长六寸钉十二个。共核用围大三尺五寸木段四丈九尺八寸。宽一尺。厚三寸柯栒木枋二丈八尺四寸。长六寸钉十二个。舰匠六工五分一厘。锯匠一工一分二厘。

尾楼上用浮溪木铺板十块。各长四尺。尾座板四块。各长一丈二尺。舨边寄菜板二块。各长一丈四尺。碗格二块。各长一丈一尺。均宽五寸。厚二寸。高洋木尾楼挑二块。橹棚一块。各长一丈四尺。宽四寸。厚二寸。做净每折见方尺八十尺。用舰匠一工。尾楼铺板钉缝凑长四丈。每丈用长五寸钉三十个。共核用围大二尺。净长三丈二尺浮溪木一根一丈四尺。围大一尺六寸。净长二丈八尺高洋木二丈一尺。长五寸钉一百二十个。舰匠三工五厘。锯匠一工七分四厘。

船尾用樟木橹通板三块。各长一丈七尺。橹门枋一块。橹床二块。各长五尺。尾楼双头蛇一个。长四尺。均宽一尺五寸。厚三寸。橹通板。做净每折见方尺八十尺。用舰匠一工。橹门枋。橹床。双头蛇四十尺。用舰匠一工。橹床每块用长八寸钉十二个。橹通板钉缝凑长五丈一尺。每丈用长六寸钉三十个。橹床。橹通板舱缝凑长十二丈二尺。共核用宽一尺五寸。厚三寸樟木枋七丈一尺。长八寸钉二十四个。长六寸钉一百五十三个。灰十二斤三两。桐油四斤十四两一钱。网纱四斤九两二钱。竹丝四斤九两二钱。舰匠四工一厘。舱匠一工七分四厘。舂灰夫四分三厘。

水仙门两旁用浮溪木边柱四根。中柱二根。各长四尺。围大一尺七寸。水仙门板十四块。各长四尺。凑宽七尺四寸二分。用宽五寸。厚二寸板五丈九尺三寸六分。樟木极百子舱十六块。各长六尺。围大一尺。船中浮溪木虾心一根。长三丈二尺。围大一尺七寸。舨边栒柯木朴竹四块。各长一丈四尺五寸。宽一尺。厚三寸。水仙门柱。百子舱。虾心。做净每折见方尺四十尺。用舰匠一工。门板。朴竹八十尺。用舰匠一工。百子舱钉缝凑长九丈六尺。每丈用长六寸钉三十个。艌缝凑长十九丈二尺。共核用围大二尺。净长三丈二尺浮溪木二根一丈一尺八寸。围大一尺樟木极九丈九尺二寸。宽一尺。厚三寸柯椈木枋五丈八尺八寸。长六寸钉二百八十八个。灰十九斤三两。桐油七斤十两九钱。网纱七斤三两二钱。竹丝七斤三两二钱。舰匠七工七分一厘。锯匠五分九厘。艌匠二工七分四厘。舂灰夫六分七厘。

大桅座一块。长八尺。见方二尺四寸。头桅座一块。长五尺六寸。围大四尺六寸。做净每折见方尺三十尺。用舰匠一工。共核用见方二尺四寸。长八尺二寸樟木一块。围大四尺六寸。长五尺八寸樟木一块。舰匠三工四分二厘。

大鹿耳二块。各长一丈二尺。宽二尺二寸。厚一尺一寸。头鹿耳二块。各长九尺八寸。宽一尺八寸。厚八寸。硬木棍鹿耳夹二根。各长一丈三尺。围大八寸。做净每折见方尺四十尺。用舰匠一工。共核用宽二尺二寸。厚一尺一寸。长一丈二尺二寸樟木二块。宽一尺八寸。厚八寸。长一丈樟木二块。围大八寸。长一丈三尺硬木棍二根。舰匠七工三厘。

大桅一根。长七丈七尺。围大六尺二寸。头桅一根。长五丈。围大四尺三寸。做净每折见方尺四十尺。用舰匠一工。共核用围大六尺二寸。长七丈七尺桅木一根。围大四尺三寸。长五丈桅木一根。舰匠十七工三分一厘。

桅尾用柯椈木马面三块。各长三丈五尺。宽一尺五寸。厚三寸。樟木大桅笠一个。长二尺。宽一尺五寸。头桅笠一个。长一尺六寸。宽一尺二寸。均厚三寸。木段大桅伫一根。长一丈四尺。头桅伫一根。长一丈二尺。均围大三尺二寸。马面。做净每折见方尺八十尺。用舰匠一工。桅笠。桅伫四十尺。用舰匠一工。马面钉缝凑长十丈五尺。每丈用长六寸钉二十个。共核用宽一尺五寸。厚三寸柯椈木枋十丈五尺六寸。宽一尺五寸。厚三寸樟木枋三尺四寸六分。围大三尺五寸木段二丈六尺四寸。长六寸钉二百十个。舰匠七工一分一厘。

大风篷一扇。长六丈四尺。宽三丈二尺。头风篷一扇。长三丈二尺。宽一丈六尺。浮溪木大篷担二根。各长三丈二尺。头篷担二根。各长一丈六尺。均围大一尺七寸。做净每折见方尺四十尺。用舰匠一工。共核用宽三丈二尺。长六丈四尺风篷一扇。宽一丈六尺。长三丈二尺风篷一扇。围大二尺。净长三丈二尺浮溪木三根。舰匠四工八厘。

大篷架用木段横梁一根。长一丈四尺。头篷架横梁一根。架针三根。各长七尺。均宽一尺。厚八寸。做净每折见方尺三十二尺。用舰匠一工。共核用围大三尺五寸木段四丈三尺。舰匠四工七分三厘。锯匠一工八厘。

大篷车员一根。用中吉木长二丈。椗车员一根。长一丈六尺。均围大二尺二寸。浮溪木大篷半车员一根。斗头车员一根。各长一丈。尾楼车员一根。长一丈二尺。均围大一尺七寸。高洋木车耳八个。各长七尺。车脚直板十二块。斜板四块。各长二丈八尺。均宽四尺。厚二寸。硬木棍车子六十五根。各长一丈三尺。围大八寸。车员。车耳。做净每折见方尺三十二尺。用舰匠一工。车脚斜。直板八十尺。用舰匠一工。共核用围大二尺五寸。净长三丈六尺中吉木一根。围大二尺。净长三丈二尺浮溪木一根。围大一尺六寸。净长二丈八尺高洋木九根。围大八寸。长一丈三尺硬木棍六十五根。舰匠十三工。锯匠四工三分二厘。

水柜用樟木牛头四块。各长五尺。宽一尺五寸。厚三寸。木段水柜柱四根。各长七尺。围大三尺二寸。水柜闸四块。各长七尺。见方八寸。水柜板三十六块。各长四尺六寸。宽八寸。厚二寸五分。水柜柱。闸。牛头。做净每折见方尺四十尺。用舰匠一工。水柜板八十尺。用舰匠一工。水柜柱每根用长六寸钉二十个。牛头钉缝凑长二丈。每丈用长六寸钉三十个。水柜板钉缝凑长十六丈五尺六寸。每丈用长五寸钉三十个。艌缝凑长四十八丈三尺二寸。共核用宽一尺五寸。厚三寸樟木枋二丈四寸。围大三尺五寸木段九丈九尺九寸。长六寸钉一百四十个。长五寸钉四百九十七个。灰四十八斤五两。桐油十九斤五两二钱。网纱十八斤一两九钱。竹丝十八斤一两九钱。舰匠十工六分三厘。锯匠三工一分二厘。艌匠六工九分。舂灰夫一名六分九厘。

妈祖龛用杉木板二十五丈。尾楼番仔板。画鹰板。顺风板及刀。剑。炮眼用板十五丈。均宽六寸。厚一寸。高洋木妈祖旗栏一根。长二丈二尺。围大一尺三寸。旗栏。做净每折见方尺四十尺。用舰匠一工。妈祖龛各板八十尺。用舰匠一工。龛板钉缝长二十五丈。每丈用长四寸钉三十个。艌缝凑长五十丈。共核用宽六寸。厚一寸杉木板四十丈八尺。围大一尺六寸。净长二丈八尺高洋木二丈二尺。长四寸钉七百五十个。灰五十斤。桐油二十斤。网纱十八斤十二两。竹丝十八斤十二两。舰匠七工七分二厘。艌匠七工一分四厘。舂灰夫一名七分五厘。

船面两旁炮架六个并盖。每个用长四尺六寸。宽八寸。厚二寸五分木段板六块。做净每折见方尺八十尺。用舰匠一工。共核用围大三尺五寸木段四丈二尺三寸。舰匠四工三分五厘。锯匠二工四分八厘。

船头用大吉木槌一枝。长四丈二尺。围大二尺九寸。樟木槌牙一块。长五尺。宽一尺二寸。厚三寸。做净每折见方尺四十尺。用舰匠一工。槌牙用长八寸钉六个。共核用围大三尺二寸。净长四丈二尺大吉木一根。宽一尺五寸。厚三寸樟木枋四尺八分。长八寸钉六个。舰匠三工四分二厘。

船尾舵一门。用楮木舵栏一根。长一丈八尺。宽一尺四寸。厚八寸。中吉木舵闪板六块。各长一丈八尺。凑宽三尺九寸六分。用宽五寸八分。厚二寸五分板十二丈二尺九寸。樟木极舵夹八块。各长四尺。围大一尺。硬木棍舵牙扼二根。各长一丈三尺。围大八寸。舵栏。做净每折见方尺三十尺。用舰匠一工。舵牙。舵夹四十尺。用舰匠一工。舵闪板八十尺。用舰匠一工。舵夹钉缝凑长三丈二尺。每丈用长八寸钉五十个。舵夹。舵闪板艌缝凑长三十丈九尺九寸。共核用宽一尺四寸。厚八寸。长一丈八尺二寸楮木一根。围大二尺五寸。净长三丈六尺中吉木一根五尺。围大一尺樟木极三丈二尺八寸。围大八寸。长一丈三尺硬木棍二根。长八寸钉一百六十个。灰三十一斤。桐油十二斤六两三钱。网纱十一斤九两九钱。竹丝十一斤九两九钱。舰匠六工五分一厘。锯匠一工四分六厘。舱匠四工四分三厘。舂灰夫一名八厘。

跟随战船舢板船用柯栒木龙骨一根。长一丈七尺。斗盖一块。长六尺。托浪板二块。各长五尺六寸。均宽一尺。厚三寸。浮溪木水底板十块。各长一丈八尺。凑宽五尺三寸。舨板四块。各长二丈。凑宽二尺一寸二分。堵板十二块。各长六尺五寸。凑宽六尺三寸六分。用宽五寸。厚二寸板三十五丈八尺二寸八分。龙骨。做净每折见方尺四十尺。用舰匠一工。斗盖各板八十尺。用舰匠一工。龙骨用长六寸钉十二个。托浪板。水底板。舨板钉缝凑长二十八丈六尺八寸。每丈用长五寸钉三十个。托浪板。水底板。舨板艌缝凑长五十七丈三尺六寸。共核用宽一尺。厚三寸柯栒木枋三丈五尺。围大二尺。净长三丈二尺浮溪木三根二丈三尺四寸。长六寸钉十二个。长五寸钉八百六十个。灰五十七斤六两。桐油二十二斤十五两一钱。网纱二十一斤八两二钱。竹丝二十一斤八两二钱。舰匠七工九分四厘。锯匠三工五分八厘。艌匠八工一分九厘。舂灰夫二名一厘。

舢板船两旁水蛇二根。各长一丈八尺。压板二块。各长二丈。水戗二根。各长一丈七尺。均宽五寸。厚二寸。做净每折见方尺八十尺。用舰匠一工。水蛇钉缝凑长三丈六尺。每四尺用长八寸钉三个。压板。水戗钉缝凑长七丈四尺。每丈用长五寸钉三十个。艌缝凑长二十二丈。共核用围大二尺。净长三丈二尺浮溪木一根四尺七寸。长八寸钉二十七个。长五寸钉二百二十二个。灰二十二斤。桐油八斤十二两八钱。网纱八斤四两。竹丝八斤四两。舰匠一工九分三厘。锯匠一工一分。艌匠三工一分四厘。舂灰夫七分七厘。

舢板船用樟木舢板舥三个。各长四尺。宽五寸。厚三寸。樟木极舢板梁四块。各长四尺四寸。牛头仔极十五块。各长二尺。冲天极二块。牛头极八块。各长二尺五寸。均围大一尺。做净每折见方尺四十尺。用舰匠一工。舢板舥。梁钉缝凑长二丈九尺六寸。每丈用长六寸钉三十个。冲天极。牛头极每块用长六寸钉二个。舢板舥。梁。冲天极。牛头极艌缝凑长十丈九尺二寸。共核用宽一尺五寸。厚三寸樟木枋四尺一寸。围大一尺樟木极七丈五尺五寸。长六寸钉一百九个。灰十斤十五两。桐油四斤五两九钱。网纱四斤一两五钱。竹丝四斤一两五钱。舰匠二工三分。艌匠一工五分六厘。舂灰夫三分八厘。

大桅铁箍十个。各长六尺三寸。头桅箍五个。各长四尺四寸。舵头箍三个。各长四尺七寸。P6 箍三个。各长三尺四寸。俱宽二寸。厚五分。椗齿五个。各长一尺。宽七寸。厚五分。橹箍三个。各长二尺四寸。宽一寸。厚三分。铁镮六个。各围大六寸。以上铁料。共净重二百九十七斤。每正铁一斤。加耗铁一斤。每正铁五斤。用铁匠一工。每正。耗铁一斤。用炭三斤。共核用生铁五百九十四斤。炭一千七百八十二斤。铁匠五十九工四分。

油画前船。共用乌烟三斤五两。广红五斤。铜碌四两。京红四两。南粉二斤。银朱一两。籐黄四两。蓝粉四两。杭粉一两。松香八两。水胶六两。墨二块。桐油四斤。淡底一斤。油画匠十工。

麻大桅肄索二条。各长九丈二尺四寸。大七寸五分。头桅肄索二条。各长七丈七尺。大四寸五分。大踏索二条。各长七丈七尺。大五寸。小踏索二条。各长五丈。大三寸二分。大缭母一条。长四丈五尺。大七寸六分。小缭母一条。长二丈五尺。大四寸。大帮衬六条。各长一丈六尺。大二寸。小帮衬九条。各长五尺五寸。大一寸五分。以上麻绳。共重六百四十斤。每百斤用绳匠三工六分。共核用麻六百四十斤。麻绳匠二十三工四厘。

棕正椗索一条。长四十六丈。大八寸八分。副椗索一条。长四十丈。大八寸。大篷筋一条。长七丈。大二寸。小篷筋一条。长三丈八尺五寸。大一寸二分。缭仔。缭耳共十八条。各长二丈六尺。大二寸。椗奴二条。各长一丈五尺。大七寸五分。大。小摘尾二条。共长十四丈。大四寸五分。舵吊一条。长三丈。大六寸五分。以上棕绳。共重六百六十斤。每撕棕四十斤。用匠一工。成绳四十斤。用匠一工。共核用棕六百六十斤。撕棕匠十六工五分。成绳匠十六工五分。

冲风旗一面。长。宽一丈六尺。一条龙旗一面。长六丈。宽三尺。妈祖旗一面。长。宽各五尺。大小定风旗三面。内一面长六尺。二面各长四尺五寸。均宽一尺。共核用幅宽一尺色布五十丈。苎线十两。裁缝匠五工。

中椗二门。齿全。各长二丈一尺。宽一尺二寸。厚六寸。

中橹二枝。各长四丈八尺。宽八寸。厚五寸。

舢板橹一枝。长二丈九尺。宽七寸。厚四寸。

大。小桅饼七个。

大。小无底升八百个。

椗舵上配用竹绳。草绳。共用竹篾六百二十斤。绳匠二十二工三分二厘。草心六百八十二斤。绳匠十七工五厘。

【查原送成规内开。打造竹绳。草绳所用匠工。多寡不齐。今照棕。麻绳索用工之例一律核定】。

篷上配用大小缭球。摄子。兔耳。共用槐藤二十九斤。藤匠五工八分。

刻字用。刻字匠三工。

竖立大。小桅用。壮夫四十五名。

前船共用大小铁钉三万二千七百六十九个。刷抹钉头每百个用桐油六两四钱。灰一斤。每油灰十斤。用舱匠一工。共核用桐油一百三十一斤一两二钱。灰三百二十七斤十一两。舱匠四十五工八分八厘。舂灰夫十一名四分七厘。

前船共用舰匠五百四十八工一分五厘。系照杉。松木植核定。内有樟。柯等硬料用匠一百二十二工五分一厘。每工外加匠二分计加匠二十四工五分。共匠五百七十二工六分五厘。每百工加安装匠十工。计安装匠五十七工二分六厘。每舰匠。安装匠一百工加随匠壮夫二十名。计壮夫一百二十五名九分八厘。

以上拆造前船。共用。

宽一尺。厚八寸松木枋七丈三尺六寸。【每丈银四钱一分四厘】。计银三两四分七厘。

查原送成规内开。松木按依十六则丈尺计算。每丈核银四钱八分一厘至三钱四分一厘不等。多寡参差。均匀计算。每丈需银四钱一分四厘。今照四钱一分四厘之数一律核定。

围大三尺二寸。净长四丈二尺大吉木三十一根。【每根银二两七钱】。计银八十三两七钱。

围大二尺五寸。净长三丈六尺中吉木三十二根一丈一尺七分【每根银一两五钱】。计银四十八两四钱六分一厘。

【查原送成规内开。中吉木三十一根。今按丈尺做法核算。应减一根一丈一尺七分。】

围大二尺。净长三丈二尺浮溪木三十一根二丈八尺九寸。【每根银五钱。】计银十五两九钱五分二厘。

【查原送成规内开。浮溪木三十一根。今按丈尺做法核算。应增二丈八尺九寸。】

围大一尺六寸。净长二丈八尺高洋木二十八根二丈六尺。【每根银二钱。】计银五两七钱八分六厘。

【查原送成规内开。高洋木三十一根。今按丈尺做法核算。应减二根二尺。】

围大三尺五寸木段七十丈八尺七寸。核长一丈四尺段料五十根八尺七寸【每根银六钱】计银三十两三钱七分三厘。

【查原送成规内开。木段五十根。今按丈尺做法核算。应增八尺七寸。】

宽一尺五寸。厚三寸樟木枋一百五丈七尺八寸八分。核长一丈七尺枋料六十二块三尺八寸八分【每块银一两三钱】。计银八十两八钱九分七厘。

【查原送成规内开。樟枋六十四块。今按丈尺做法核算。应减一尺一丈三尺一寸二分。】

宽一尺。厚三寸。长八尺二寸樟木板四块【每块银四钱一分八厘】。计银一两六钱七分二厘。

【查原送成规内开。樟木枋梁座。梁头。一则至十七则各长一丈七尺。宽一尺五寸。厚三寸。每块银一两三钱。托浪樟木板。第一则长六尺五寸。宽一尺。厚三寸。每块开银五钱。第二则至十七则各长八尺。宽一尺。厚三寸。每块亦开银五钱。价值参差。今俱照梁座。梁头之价一律核定。】

宽一尺二寸。厚三寸松木枋一百七丈七尺四寸。核长一丈七尺枋料六十三块六尺四寸【每块银三钱五分】。计银二十二两一钱八分二厘。

【查原送成规内开。松木枋六十四块。今按丈尺做法核算。应减一丈六寸。】

围大一尺樟木极八十二丈四尺一寸。核长一丈二尺樟极六十八块八尺一寸【每块银二钱】。计银十三两七钱三分五厘。

【查原送成规内开。樟极七十块。今按丈尺做法核算。应减一块三尺九寸。】

宽一尺五寸。厚三寸柯楠木枋十丈五尺六寸【每丈银五钱七分一厘五毫】。计银六两三分五厘。

宽一尺。厚三寸柯楠木枋十四丈六寸【每丈银三钱八分一厘】。计银五两三钱五分七厘。

【查原送成规内开。柯楠木马面。一则至十七则各长三丈五尺。宽一尺五寸。厚三寸。每块开银二两。软筋及舢板龙骨等料。一则至五则各长二丈五尺。宽一尺。厚三寸。每块开银一两。六则至十七则各长三丈五尺。宽一尺。厚三寸。每块开银二两。价值参差。今俱照马面之价一律核定。】

围大八寸。长一丈三尺硬木棍八十根【每根银八分】。计银六两四钱。

宽六寸。厚一寸杉木板四十丈八尺【每丈银四钱】。计银十六两三钱二分。

围大七尺。长一丈八尺五寸樟木一根。计银七两九分八厘。

围大五尺三寸。长一丈五尺五寸樟木一根。计银三两四钱九厘。

见方二尺四寸。长八尺二寸樟木一块。计银四两四钱三分八厘。

围大四尺六寸。长五尺八寸樟木一段。计银九钱六分。

宽二尺一寸。厚八寸。长一丈七尺二寸樟木一块。计银二两七钱一分四厘。

围大七尺五寸。长七尺七寸樟木一段。计银三两三钱九分一厘。

宽二尺二寸。厚一尺一寸。长一丈二尺二寸樟木二块【每块银二两七钱七分三厘】。计银五两五钱四分六厘。

宽一尺八寸。厚八寸。长一丈樟木二块【每块银一两三钱五分三厘】。计银二两七钱六厘。

宽二尺。厚九寸五分。长一丈六尺二寸樟木二块【每块银二两八钱九分二厘】。计银五两七钱八分四厘。

围大四尺七寸。长一丈五尺五寸樟木一根。计银二两六钱八分一厘。

宽一尺二寸。厚六寸。长一丈八尺二寸樟木一块。计银一两二钱三分一厘。

宽二尺四寸。厚六寸。长七尺七寸樟木一块。计银一两四分二厘。

【查原送成规内开。一则至十七则。每则用樟木含檀等料十二款。所开价值。逐款核计。俱属参差。均匀计算。每折见方一尺需银九分三厘九毫六丝。今照九分三厘九毫六丝之数一律核定。】

宽一尺四寸。厚八寸。长一丈八尺二寸楮木一根。计银十六两。

围大六尺二寸。长七丈七尺桅木一根。计银三十七两。

围大四尺三寸。长五丈桅木一根。计银七两。

长一尺钉五百十个。每二个重一斤。计重二百五十五斤。长八寸钉二百六十九个。每五个重一斤。计重五十三斤十二两八钱。长六寸钉一万八千五百八十七个。每十五个重一斤。计重一千二百三十九斤二两一钱。长五寸钉一万二千六百五十三个。每二十个重一斤。计重六百三十二斤十两四钱。长四寸钉七百五十个。每三十个重一斤。计重二十五斤。以上铁钉。共重二千二百五斤九两三钱。除选用旧钉一千三十四斤二两三钱外。添新一千一百七十一斤七两【每斤银二分二厘】。计银二十五两七钱七分二厘。

灰二千五百八十六斤十一两【每百斤银二钱】。计银五两一钱七分三厘。

桐油一千三十八斤十一两二钱【每斤银三分】。计银三十一两一钱六分一厘。

网纱八百四十七斤二两三钱【每斤银一分二厘】。计银十两一钱六分六厘。

竹丝八百四十七斤二两三钱【每斤银六厘】。计银五两八分三厘。

生铁五百九十四斤【每斤银一分】。计银五两九钱四分。

炭一千七百八十二斤【每百斤银一钱六分】。计银二两八钱五分一厘。

乌烟三斤五两【每斤银一分五厘】。计银五分。

广红五斤【每斤银五分】。计银二钱五分。

铜碌四两【每斤银三钱】。计银七分五厘。

京红四两【每斤银八分】。计银二分。

南粉二斤【每斤银一分】。计银二分。

银朱一两【每斤银六钱四分】。计银四分。

膳黄四两【每斤银二钱】。计银五分。

蓝粉四两【每斤银八分】。计银二分。

杭粉一两【每斤一钱六分】。计银一分。

水胶六两【每斤银四分】。计银一分五厘。

松香八两【每斤银二分】。计银一分。

墨二块【每块银一分】。计银二分。

淡底一斤。计银五分。

麻六百四十斤【每斤银一分五厘】。计银九两六厘。

棕六百六十斤【每斤银三分】。计银十九两八钱。

色布五十丈【每丈银一钱】。计银五两。

苎线十两【每斤银一钱二分】。计银七分五厘。

椗二门。齿全。各长二丈一尺。宽一尺二寸。厚六寸【每门银一两五钱七分八厘】。计银三两一钱五分六厘。

中橹二枝。各长四丈八尺。宽八寸。厚五寸【每枝银一两九钱五分七厘】。计银三两九钱一分四厘。

舢板橹一枝。长二丈九尺。宽七寸。厚四寸。计银三钱七分二厘。

大风篷一扇。长六丈四尺。宽三丈二尺。计银六两三钱八分六厘。

头风篷一扇。长三丈二尺。宽一丈六尺。计银一两五钱九分六厘。

【查原送成规内开。一则至十七则。大篷每扇银五两五钱。头每扇银一两五钱。所开丈尺。大篷长自四丈八尺至七丈。宽自二丈六尺至三丈三尺不等。头篷长自二丈四尺至三丈五尺。宽自一丈四尺至一丈六尺五寸不等。俱属参差。均匀核计。每折见方一丈需银三钱一分一厘八毫。今照三钱一分一厘八毫之数分别核定。】

大。小桅饼七个【每个银七分】。计银四钱九分。

大。小无底升八百个【每百个银八分】。计银六钱四分。

竹篾六百二十斤【每百斤银一钱六分】。计银九钱九分二厘。

草心六百八十二斤【每百斤银七分】。计银四钱七分七厘。

槐藤二十九斤【每斤银二分五厘】。计银七钱二分五厘。

舰匠五百七十二工六分五厘。安装匠五十七工二分六厘。锯匠一百五十四工五分五厘。艌匠三百六十八工五分九厘。铁匠五十九工四分。油画匠十工。绳匠六十二工四分一厘。棕匠三十三工。裁缝匠五工。藤匠五工八分。刻字匠三工。壮夫二百六十一名五分二厘。以上匠夫共一千五百九十三工一分八厘【每工银五分】。计银七十九两六钱五分九厘。

又置备物件开后。

木桶三十件【每件银三分】。计银九钱。

铁锅三口换新【每口贴工料银一钱二分】。计银三钱六分。

鼓一面修理换皮。计银四钱八分。

金一面重四斤换新【每斤贴工料银七分】。计银二钱八分。

以上拆造前船成规内开。共需工料银六百五十八两九钱六分七厘四毫。内部价银三百十三两七钱九分四厘。加八津贴并另加三分银三百四十五两一钱七分三厘四毫。台厂运费银六十二两七钱五分八厘八毫。今按条查核。分别增减更正。需用工料银六百六十二两五钱九分五厘。内部价银三百十五两五钱二分一厘。加八津贴并另加三分银三百四十七两七分四厘。台厂运费银六十三两一钱四厘。计增工料银三两六钱二分七厘六毫。运费银三钱四分五厘二毫。行令该抚于前船届应拆造之期。将加增银两在于各则节减银内动支。

至大。小修理成规内开。大修工料银四百四十七两二钱六分九厘。内部价银二百三两三钱四厘。加九津贴并另加三分银二百四十三两九钱六分五厘。台厂运费银四十两六钱六分一厘。小修工料银三百十九两六钱九分五厘。内部价银一百三十八两九钱九分八厘。加十津贴并另加三分银一百八十两六钱九分七厘。台厂运费银二十七两八钱。

其余五船仿此。

卷一二①

福建省外海战船做法

第十二则赶缯船六只内水师提标后营清字一号船一只身长七丈七尺头起verbose五尺尾起verbose四尺船头长二丈九尺三寸面匀宽一丈三尺五寸底匀宽一丈一尺八寸船中长二丈五尺七寸面匀宽一丈九尺七寸底匀宽一丈四尺八寸船尾长二丈二尺面匀宽一丈八尺七寸底匀宽一丈四尺三寸两边舭长九丈二尺计二十一舱深六尺四寸七分

今将拆造前船需用工料价值细数开后

计开

船底松木龙骨一道计三节船头一节长二丈四尺船中一节连交接匙头长三丈八尺船尾一节长一丈五尺

① 此卷后《台湾文献史料丛刊》缺,故不予点校。

共凑长七丈七尺均宽一尺厚八寸做净每折见方尺二十尺用舰匠一工交接匙头二处每处用长一尺钉八个又每边用长六寸钉十二个共核用宽一尺厚八寸松木枋七丈七尺六寸

【查成规内开大吉中吉浮溪高洋四项木植俱截去尖梢作栏杆灶柜签子木牌等项之用其本身木料毋庸另加长荒外一切枋段各料有截去一二尺至三五尺不等者亦有未加长荒者参差不一今将枋段各料每件长五尺以内者加长荒一寸五尺以外加长荒二寸圆径樟木长一丈以内者每根加长荒二寸长一丈以外者每根加长荒五寸一律核定】

长一尺钉十六个长六寸钉二十四个舰匠十三工八分六厘

船底板连起舭长七丈七尺内船底匀宽一丈四尺一寸六分两站各匀高七尺五寸二分抽换用长四丈二尺宽八寸厚三寸大吉木板六十三块做净每折见方尺八十尺用舰匠一工锯板折宽一尺长七丈用锯匠一工【以下锯板用工仿此】钉缝凑长二百六十四丈六尺每丈用长六寸钉三十个舱缝凑长五百二十九丈二尺每丈用灰一斤桐油六两四钱网纱竹丝各六两每七丈用舱匠一工舂制油灰每四十斤用舂灰夫一名【以下舱缝用工用料仿此】共核用围大三尺二寸净长四丈二尺大吉木二十一根长六寸钉七千九百三十八个灰五百二十九斤三两桐油二百十一斤十两九钱网纱一百九十八斤七两二钱竹丝一百九十八斤七两二钱舰匠七十二工七分七厘锯匠四十一工五分八厘舱匠七十五工六分舂灰夫十八名五分二厘

各舱用樟木梁座三十三块内船头配用十一块凑长十六丈五尺船中十一块凑长十七丈六尺船尾十一块凑长十八丈七尺樟梁二十七块内船头配用九块凑长十四丈四尺船中九块凑长十五丈三尺船尾九块凑长十五丈三尺均宽一尺五寸厚三寸松木梁头五十二块内船头配用十八块凑长二十八丈八尺船中十七块凑长二十八丈九尺船尾十七块凑长二十八丈九尺均宽一尺二寸厚三寸硬木棍稳吊九根各长一丈三尺围大八寸梁座梁头做净每折见方丈八十尺用舰匠一工稳吊四十尺用舰匠一工钉缝凑长一百九十六丈一尺每丈用长六寸钉三十个舱缝凑长三百九十二丈二尺共核用宽一尺五寸厚三寸松木枋九十九丈宽一尺二寸厚三寸松木枋八十七丈六尺四寸围大八寸长一丈三尺硬木棍九根长六寸钉五千八百八十三个灰三百九十二斤三两桐油一百五十六斤十四两一钱网纱一百四十七斤一两二钱竹丝一百四十七斤一两二钱舰匠七十八工八分三厘舱匠五十六工三厘舂灰夫十三名七分三厘

各舱配用樟木极三十四块内船头八块船中八块船尾八块转水极四块鳅鱼极二块尾里极四块各长一丈二尺围大一尺做净每折见方尺四十尺用舰匠一工每块用长六寸钉二个舱缝凑长八十一丈六尺共核用围大一尺樟木极四十一丈四尺八寸长六寸钉六十八个灰八十一斤十两桐油三十二斤十两二钱网纱三十斤九两六钱竹丝三十斤九两六钱舰匠十工二分舱匠十一工六分六厘舂灰夫二名八分六厘

船身两旁走马二条水蛇二条各长六丈三尺宽八寸厚四寸做净每折见方尺四十尺用舰匠一工走马钉缝凑长十二丈六尺每丈用长一尺钉三十个水蛇钉缝凑长十二丈六尺每四尺用长一尺钉三个舱缝凑长五十丈四尺共核用围大三尺二寸净长四丈二尺大吉木三根长一尺钉四百七十二个灰五十斤六两桐油二十斤二两六钱网纱十八斤十四两四钱竹丝十八斤十四两四钱舰匠十五工一分二厘锯匠四工三分二厘舱匠七工二分舂灰夫一名七分六厘

船面两旁舢板长七丈七尺凑宽一丈三尺七寸添换用长四丈二尺宽八寸厚三寸大吉木板二十四块做净每折见方尺八十尺用舰匠一工钉缝凑长一百丈八尺每丈用长六寸钉三十个舱缝凑长二百一丈六尺共核用围大三尺二寸净长四丈二尺大吉木八根长六寸钉三千二十四个灰二百一斤十两桐油八十斤十两二钱网纱七十五斤九两六钱竹丝七十五斤九两六钱舰匠二十七工七分二厘锯匠十五工八分四厘舱匠二十八工八分舂灰夫七名六厘

两旁舨板各长九丈二尺高六尺五寸抽换用长三丈六尺宽五寸八分厚二寸五分中吉木板五十四块两旁添换木段舨柱七根各长六尺五寸围大三尺二寸舨板做净每折见方尺八十尺用舰匠一工舨柱四十尺用舰匠一工舨板钉缝凑长一百九十四丈四尺每丈用长五寸钉三十个舨柱钉缝凑长四丈五尺五寸每丈用长六寸钉三十个舱缝凑长三百九十七丈九尺共核用围大二尺五寸净长三丈六尺中吉木十八根围大三尺五寸木段二四丈六尺九寸长六寸钉一百三十七个长五寸钉五千八百三十二个灰三百九十七斤十四两桐油一百五十九

斤二两六钱网纱一百四十九斤三两四钱竹丝一百四十九斤三两四钱舰匠四十三工九分八厘锯匠二十三工五厘艌匠五十六工八分四厘舂灰夫十三名九分三厘

【查成规内舨板未载舨高尺寸今按舨柱长丈核定】

两旁舨艥二十五块各长四尺围大一尺做净每折见方尺四十尺用舰匠一工每块用长六寸钉二个艌缝凑长二十丈共核用围大一尺樟木极□丈二尺五寸长六寸钉五十个灰二十斤桐油八斤网纱七斤八两竹丝七斤八两舰匠二工五分艌匠二工八分六厘舂灰夫七分

舨上前后浮溪木鼠桥板四块各长二丈六尺宽五寸厚二寸高洋木舨压板四块各长三丈六尺宽四寸厚二寸两边木段猴袋板四块各长一丈四尺宽八寸厚二寸五分做净每折见方尺八十尺用舰匠一工鼠桥板压板钉缝凑长二十四丈八尺每丈用长五寸钉三十个压板艌缝凑长二十八丈八尺共核用围大二尺净长三丈二尺浮溪木一根二尺七寸围大一尺六寸净长二丈八尺高洋木二根一丈六尺围大三尺五寸木段一丈四尺二寸长五寸钉七百四十四个灰二十八斤十三两桐油十一斤八两三钱网纱十斤十二两八钱竹丝十斤十二两八钱舰匠五工四分六厘锯匠三工一分一厘艌匠四工一分一厘舂灰夫一名一厘

两旁笨抽二块各长四丈六尺大压二块各长五丈水戗二块各长四丈八尺均宽六寸六分厚三寸五分做净每折见方尺四十尺用舰匠一工钉缝凑长二十八丈八尺每丈用长六寸钉三十个艌缝凑长五十七丈六尺共核用围大二尺五寸净长三丈六尺中吉木四根长六寸钉八百六十四个灰五十七斤十两桐油二十三斤六钱网纱二十一斤九两六钱竹丝二十一斤九两六钱舰匠十四工五分四厘锯匠四工一分六厘艌匠八工二分三厘舂灰夫二名二厘

官厅前后梁三根用中吉木各长一丈九尺二寸围大二尺二寸浮溪木柱四根各长一丈三尺围大一尺七寸贴柱六根各长一丈二尺见方五寸官厅上用中吉木战柜板三十六块各长一丈八尺凑宽二丈三尺七寸六分官厅内麒麟堵猫里枋十块大炮舱枋十块各长四尺二寸凑宽一丈三尺二寸用宽五寸八分厚二寸五分板八十三丈三尺木段冲天盖板十二块各长四尺六寸宽八寸厚二寸五分浮溪木铺板十六块各长九尺凑宽八尺四寸八分官厅门板八块各长四尺凑宽四尺二寸四分用宽五寸厚二寸板十八丈六尺五寸六分高洋木战柜挑二根各长一丈四尺围大一尺三寸侧板二块踏板一块各长一丈四尺宽四寸厚二寸官厅梁柱贴柱战柜挑做净每折见方尺四十尺用舰匠一工战柜各板八十尺用舰匠一工战柜板板冲天盖板官厅门钉缝凑长八十二丈六尺五寸每丈用长五寸钉三十个战柜板冲天盖板艌缝凑长一百五十八丈五尺一寸六分共核用围大二尺五寸净长三丈六尺中吉木九根一丈一尺二寸七分围大二尺净长三丈二尺浮溪木五根二丈六尺二寸围大一尺六寸净长二丈八尺高洋木一根二丈一尺围大三尺五寸木段一丈四尺一寸长五寸钉二千四百八十个灰一百五十八斤八两桐油六十三斤六两五钱网纱五十九斤七两一钱竹丝五十九斤七两一钱舰匠三十二工五分二厘锯匠十三工九分六厘艌匠二十二工六分五厘舂灰夫五名五分五厘

官厅前后通铺六块各长一丈六尺宽一尺二寸厚三寸做净每折见方尺八十尺用舰匠一工钉缝凑长九丈六尺每丈用长六寸钉三十个艌缝凑长十九丈二尺共核用宽一尺二寸厚三寸松木枋九丈七尺二寸长六寸钉二百八十八个灰十九斤三两桐油七斤十两九钱网纱七斤三两二钱竹丝七斤三两二钱舰匠三工六分艌匠二工七分四厘舂灰夫六分七厘

官厅两旁高洋木猫里柱八根各长四尺围大一尺三寸浮溪木猫里橇两旁板十八块各长五尺三寸凑宽九尺五寸四分踏板十六块门板八块各长四尺凑宽一丈二尺七寸二分铺板十块柜底板十块各长七尺凑宽一丈六寸用宽五寸厚二寸板三十五丈一尺二寸八分木段上下袱四块各长七尺宽八寸厚四寸猫里柱上下袱做净每折见方尺四十尺用舰匠一工墙板各板八十尺用舰匠一工猫里墙板门板钉缝凑长十丈一尺七寸六分每丈用长五寸钉三十个共核用围大二尺净长三丈二尺浮溪木三根二丈一尺一寸围大一尺六寸净长二丈八尺高洋木一根四尺围大三尺五寸木段一丈四尺四寸长五寸钉三百五个舰匠八工八分七厘锯匠三工九分九厘

官厅内中吉木炕床杠二根各长一丈六尺围大二尺二寸虎头舱浮溪木铺板八块各长六尺凑宽四尺二寸四分虎头舱门板八块各长四尺凑宽四尺二寸四分用宽五寸厚二寸板八丈在尺八寸炕床杠做净每折见方尺四十尺用舰匠一工虎头舱各板八十尺用舰匠一工虎头舱门板钉缝凑长三丈三尺九寸二分每丈用长五寸钉

三十个共核用围大二尺五寸净长三丈六尺中吉木三丈二尺围大二尺净长三丈二尺浮溪木二丈八尺三寸长五寸钉一百二个舰匠三工二分四厘锯匠八分五厘

两旁ㄧ面战棚板用长三丈二尺宽五寸厚二寸浮溪木板二十四块各舱内铺板用长四尺宽四寸厚一寸高洋木板三百三十六块做净每折见方尺八十尺用舰匠一工共核用围大二尺净长三丈二尺浮溪木八根围大一尺六寸净长二丈八尺高洋木十二根舰匠三十工二分四厘锯匠十七工二分八厘

两旁䑢上䑢牛六块各长八尺各舱口扛豆五块各长一丈七尺均宽一尺二寸厚三寸做净每

折见方尺四十尺用舰匠一工䑢牛每块用长六寸钉四个扛豆钉缝凑长八丈五尺每丈用长六寸钉三十个艌缝凑长二十六丈六尺共核用宽一尺二寸厚三寸松木枋十三丈五尺二寸长六寸钉二百七十九个灰二十六斤十两桐油十斤十两二钱网纱九斤十五两六钱竹丝九斤十五两六钱舰匠九工九分八厘艌匠三工八分舂灰夫九分三厘

各舱盖板用长六尺九寸宽八寸厚二寸五分木段板八十八块舱盖下大通槽十二个侧槽六个水槽六个各长四尺六寸宽一尺厚八寸小通槽九个各长四尺六寸见方八寸舱盖用柯梅木枕头四块各长四尺五寸宽一尺厚三寸舱盖板枕头木做净每折见方尺八十尺用舰匠一工通槽等槽三十尺用舰匠一工舱盖板钉缝凑长六十丈七尺二寸每丈用长五寸钉三十个艌缝凑长一百二十一丈四尺四寸共核用围大三尺五寸木段三十一丈一尺三寸宽一尺厚三寸柯梅木枋一丈八尺四寸长五寸钉一千八百二十二个灰一百二十一斤七两桐油四十八斤九两二钱网纱四十五斤八两六钱竹丝四十五斤八两六钱舰匠三十四工一分九厘锯匠十二工八分九厘艌匠十七工三分五厘舂灰夫四名二分五厘

两旁舷边用高洋木牛栏四根内船头二根船后二根各长二丈八尺围大一尺三寸做净每折见方尺四十尺用舰匠一工共核用围大一尺六寸净长二丈八尺高洋木四根舰匠三工六分四厘

船头斗盖用樟木一块长一丈五尺围大四尺七寸虾箍梁一块长八尺五寸斗盖下兔耳一块长八尺均宽一尺五寸鹿肚勒一个长四尺宽一尺二寸托浪板五块各长八尺宽一尺均厚三寸斗盖虾箍梁兔耳鹿肚勒做净每折见方尺四十尺用舰匠一工托浪板八十尺用舰匠一工斗盖用长八寸钉十二个虾箍梁托浪板钉缝凑长四丈八尺五寸每丈用长六寸钉三十个兔耳鹿肚勒钉缝凑长一丈二尺每丈用长五寸钉三十个虾箍梁托浪板兔耳鹿肚勒艌缝凑长十二丈一尺共核用围大四尺七寸长一丈五尺五寸樟木一根宽一尺五寸厚三寸樟木枋二丈一寸八分宽一尺厚三寸长八尺二寸樟木板五块长八寸钉十二个长六钉寸一百四十六个长五寸钉三十六个灰十二斤二两桐油四斤三两四钱网纱四斤八两六钱竹丝四斤八两六钱舰匠四工八分五厘艌匠一工七分三厘舂灰夫四分二厘

中含檀一块长一丈八尺围大七尺头含檀一块长一丈五尺围大五尺三寸含檀梁一块长一丈三尺头含檀闸一块长八尺均宽一尺五寸厚三寸做净每折见方尺三十尺用舰匠一工含檀梁钉缝长一丈三尺每丈用长六寸钉三十个含檀含檀梁艌缝凑长九丈二尺共核用围大七尺长一丈八尺五寸樟木一根围大五尺三寸长一丈五尺五寸樟木一根宽一尺五寸厚三寸樟木枋二丈一尺四寸长六寸钉三十九个灰九斤三两桐油三斤十两九钱网纱三斤七两二钱竹丝三斤七两二钱舰匠九工三分七厘艌匠一工三分一厘舂灰夫三分二厘

中转水二块各长一丈六尺宽二尺厚九寸五分樟木极转水鞋二块各长七尺围大一尺做净每折见方尺四十尺用舰匠一工转水每块用长一尺钉二个转水鞋每块用长六寸钉七个艌缝凑长九丈二尺共核用宽二尺厚九寸五分长一丈六尺二寸樟木二块围大一尺樟木极一丈四尺四寸长一尺钉四个长六寸钉十四个灰九斤三两桐油三斤十两九钱网纱三斤七两二钱竹丝三斤七两二钱舰匠五工七厘艌匠一工三分一厘舂灰夫三分二厘

船尾用浮溪木拜棚杠三根各长一丈尾楼舨柱四根各长四尺均围大一尺七寸木段尾舨板八块各长一丈四尺宽八寸厚二寸五分拜棚杠尾舨柱做净每折见方尺四十尺用舰匠一工尾舨板八十尺用舰匠一工舨板钉缝凑长十一丈二尺每丈用长五寸钉三十个共核用围大二尺净长三丈二尺浮溪木一根一丈四尺围大三尺五寸木段二丈八尺四寸长五寸钉三百三十六个舰匠四工九分锯匠一工六分八厘

船尾用樟木下金一块长七尺五寸围大七尺五寸缭牛一副长七尺五寸宽二尺四寸厚六寸尾楼上金一块

长一丈七尺宽二尺一寸厚八寸七星冠一块长一丈八尺宽一尺二寸厚六寸硬木棍下金拴二根缭牛觩二根各长六尺五寸围大八寸木段缭牛杠四根各长七尺围大三尺二寸下金缭牛上金七星冠做净每折见方尺三十尺用舰匠一工下金拴缭牛杠四十尺用舰匠一工下金用长八寸钉十八个缭牛用长八寸钉二十二个上金用长一尺钉十八个缭牛觩钉缝凑长一丈三尺每丈用长五寸钉三十个下金舱缝长七尺五寸共核用围大七尺五寸长七尺七寸樟木一段宽二尺四寸厚六寸长七尺七寸樟木一块宽二尺一寸厚八寸长一丈七尺二寸樟木一块宽一尺二寸厚六寸长一丈八尺二寸樟木一块围大八寸长一丈三尺硬木棍二根围大三尺五寸木段长二丈八尺八寸长一尺钉十八个长八寸钉四十个长五寸钉三十九个灰十二两桐油四两八钱网纱四两五钱竹丝四两五钱舰匠十一工八分八厘舱匠一分一厘舂灰夫三厘

船尾舵边用木段硬筋二根各长一丈四尺围大三尺二寸尾楼鲂鱼翅二块各长七尺宽一尺厚四寸纱帽匙二块鸡母宿一块尾燕板一块各长一丈四尺宽八寸厚二寸五分柯梅木软筋二块各长一丈一尺宽一尺厚三寸硬筋鲂鱼翅软筋做净每折见方尺四十尺用舰匠一工纱帽匙各板八十尺用舰匠一工硬筋头尾用长六寸钉十二个共核用围大三尺五寸木段四丈九尺八寸宽一尺厚三寸柯梅木二丈二尺四寸长六寸钉十二个舰匠六工一分二厘锯匠一工一分二厘

尾楼上用浮溪木铺板十块各长四尺尾座板四块各长一丈二尺舭边寄菜板二块各长一丈四尺碗格二块各长一丈一尺均宽五寸厚二寸高洋木尾楼挑二根各长一丈四尺围大一尺三寸橹棚一块长一丈四尺宽四寸厚二寸楼挑做净每折见方尺八十尺用舰匠一工铺板各板八十尺用舰匠一工尾楼铺板钉缝凑长四丈每丈用长五寸钉三十个共核用围大二尺净长三丈二尺浮溪木一根一丈四尺围大一尺六寸净长二丈八尺高洋木一根七尺长五寸钉一百二十个舰匠三工五分四厘锯匠一工五分

船尾用樟木橹通板三块各长一丈七尺橹门枋一块橹床二块各长五尺均宽一尺五寸厚三寸尾楼双头蛇一个长四尺宽一尺厚三寸橹通板做净每折见方尺八十尺用舰匠一工橹门枋橹床双头蛇四十尺用舰匠一工橹床每块用长八寸钉十二个橹通板钉缝凑长五丈一尺每丈用长六寸钉三十个橹床橹通板舱缝凑长十二丈二尺共核用宽一尺五寸厚三寸樟木枋六丈九尺六寸三分长八寸钉二十四个长六寸钉一百五十三个灰十二斤三两桐油四斤十四两一钱网纱四斤九两二钱竹丝四斤九两二钱舰匠三工九分一厘舱匠一工七分四厘舂灰工四分三厘

水仙门两旁用浮溪木边柱四根各长四尺围大一尺七寸水仙门板十四块各长四尺凑宽七尺四寸二分用宽五寸厚二寸板五丈九尺三寸六分樟木极百子舢十六块各长六尺围大一尺舭边柯梅木朴竹四块各长一丈四尺五寸宽一尺厚三寸船中浮溪木虾簏心一根长三丈二尺围大一尺七寸边柱百子舢虾簏心做净每折见方四十尺用舰匠一工门板朴竹八十尺用舰匠一工百子舢钉缝凑长九丈六尺每丈用长六寸钉三十个舱缝凑长十九丈二尺共核用围大二尺净长三丈二尺浮溪木二根三尺八寸围大一尺樟木极九丈九尺二寸宽一尺厚三寸柯梅木枋五丈八尺八寸长六寸钉二百八十八个灰十九斤三两桐油七斤十两九钱网纱七斤三两二钱竹丝七斤三两二钱舰匠七工三分七厘锯匠五分九厘舱匠二工七分四厘舂灰夫六分七厘

大桅座一块长八尺见方二尺四寸头桅座一块长五尺六寸围大四尺六寸做净每折见方尺三十尺用舰匠一工共核用见方二尺四寸长八尺二寸樟木一块围大四尺六寸长五尺八寸樟木一段舰匠三工四分二厘大鹿耳二块各长一丈二尺宽二尺二寸厚一尺一寸头鹿耳二块各长九尺八寸宽一尺八寸厚八寸硬木棍鹿耳夹二根各长一丈三尺围大八寸做净每折见方尺四十尺用舰匠一工共核用宽二尺二寸厚一尺一寸长一丈二尺二寸樟木二块宽一尺八寸厚八寸长一丈樟木二块围大八寸长一丈三尺硬木棍二根舰匠七工三厘大桅一根长八丈围大六尺五寸头桅一根长五丈围大四尺三寸做净每折见方尺四十尺用舰匠一工共核用围大六尺五寸长八丈桅木一根围大四尺三寸长五丈桅木一根舰匠十八工三分八厘

桅尾用柯梅木马面二块各长三丈五尺宽一尺五寸厚三寸樟木大桅笠一个长二尺宽一尺五寸头桅笠一个长一尺六寸宽一尺二寸均厚三寸木段大桅伫一根长一丈四尺头桅伫一根长一丈二尺均围大三尺二寸马面做净每折见方尺八十尺用舰匠一工桅笠桅伫四十尺用舰匠一工马面钉缝凑长四十丈五尺丈用长六寸钉二十个共核用宽一尺五寸厚三寸柯梅木枋十丈五尺六寸宽一尺五寸厚三寸樟木枋三尺四寸六分围大三尺

五寸木段二丈六尺四寸长六寸钉二百十个舰匠七工一分一厘

大风篷一扇长六丈六尺宽三丈二尺头风篷一扇长三丈三尺宽一丈六尺浮溪木大篷担二根各长三丈二尺头篷担二根各长一丈六尺均围大一尺七寸做净每折见方尺四十尺用舰匠一工共核用宽三丈二长六丈六尺风篷一扇宽一丈六尺长三丈三尺风篷一扇围大二尺净长三丈二尺浮溪木三根舰匠四工八厘

大篷架用木段横梁一根长一丈四尺头篷架横梁一根架针三根各长七尺均宽一尺厚八寸做净每折见方尺三十二尺用舰匠一工共核用围大三尺五寸木段四丈三尺舰匠四工七分三厘锯匠一工八厘

大篷车员一根用中吉木长二丈椗车员一根长一丈六尺均围大二尺二寸浮溪木大篷半车员一根斗头车员一根各长一尺尾楼车员一根长一丈二尺均围大一尺七寸高洋木车耳八个各长七尺车脚直板十四块斜板四块各长二丈八尺均宽四寸厚二寸硬木棍车子六十五根各长一丈三尺围大八寸车员车耳做净每折见方尺三十二尺用舰匠一工车脚斜直板八十尺用舰匠一工共核用围大二尺五寸净长三丈六尺中吉木一根围大二尺净长三丈二尺浮溪木一根围大一尺六寸净长二丈八尺高洋木十根围大八寸长一丈三尺硬木棍六十五根舰匠十三工八分四厘锯匠四工八分

水柜用樟木牛头四块各长五尺宽一尺五寸厚三寸木段水柜柱四根各长七尺围大三尺二寸水柜闸四块各长七尺见方八寸水柜板三十六块各长四尺六寸宽八寸厚二寸五分水柜柱闸牛头做净每折见方尺四十尺用舰匠一工水柜板八十尺用舰匠一工水柜柱每根用长六寸钉二十个牛头钉缝凑长二丈每丈用长六寸钉三十个水柜板钉缝凑长十六丈五尺六寸每丈用长五寸钉三十个 舱缝凑长四十八丈三尺二寸共核用宽一尺五寸厚三寸樟木枋二丈四寸围大三尺五寸木段九丈九尺九寸长六寸钉一百四十个长五寸钉四百九十七个灰四十八斤五两桐油十九斤五两二钱网纱十八斤一两九钱竹丝十八斤一两九钱舰匠十工六分三厘锯匠三工一分二厘舱匠六工九分舂灰夫一名六分九厘

妈祖龛用杉木板二十丈船尾番仔板画鹰板顺风板及刀剑炮眼用板二十丈均宽六寸厚一寸高洋木妈祖旗杆一根长二丈二尺围大一尺三寸旗杆做净每折见方尺八十尺用舰匠一工妈祖龛各板八十尺用舰匠一工龛板钉缝凑长二十丈每丈用长四寸钉三十个舱缝凑长四十丈共核用宽六寸厚一寸杉木板四十丈八尺围大一尺六寸净长二丈八尺高洋木二丈二尺长四寸钉六百个灰四十斤桐油十六斤网纱十五斤竹丝十五斤舰匠七工七分二厘舱匠五工七分一厘舂灰夫一名四分

船面两旁炮架六个并盖每个用长四尺六寸宽八寸厚二寸五分木段板六块做净每折见方尺八十尺用舰匠一工共核用围大三尺五寸木段四丈二尺三寸舰匠四工三分五厘锯匠二工四分八厘

船头用大吉木樴一根长四丈二尺围大二尺九寸樟木樴牙一块长五尺宽一尺五寸厚三寸做净每折见方尺四十尺用舰匠一工樴牙用长八寸钉六个共核用围大三尺二寸净长四丈二尺大吉木一根宽一尺五寸樟木枋五尺一寸长八寸钉六个舰匠三工五分

船尾舵一门用槠木舵杆一根长一丈八尺宽一尺四寸厚八寸中吉木舵闪板六块各长一丈八尺凑宽一尺九寸六分用宽五寸八分厚二寸五分板十二丈二尺九寸樟木极舵夹八块各长四尺围大一尺硬木棍舵牙二根各长一丈三尺围大八寸舵杆做净每折见方尺三十尺用舰匠一工舵夹舵牙四十尺用舰匠一工舵闪板八十尺用舰匠一工舵夹钉缝凑长三丈二尺每丈用长八寸钉五十个舵夹舵闪板舱缝凑长三十丈九尺八寸共核用宽一尺四寸厚八寸长一丈八尺二寸槠木一根围大二尺五寸净长三丈六尺中吉木一根五尺围大一尺樟木极三丈二尺八寸围大八寸长一丈三尺硬木棍二根长八寸钉一百六十个灰三十一斤桐油十二斤六两三钱网纱十一斤九两九钱竹丝十一斤九两九钱舰匠六工五分一厘锯匠一工四分六厘舱匠四工四分三厘舂灰夫一名八厘

跟随战船舢板船用柯枸木龙骨一根长一丈七尺斗盖一块长七尺托浪板二块各长六尺均宽一尺厚三寸浮溪木水底板十块各长一丈八尺凑宽五尺三寸舨板四块各长二丈凑宽二尺三寸二分堵板十二块各长六尺五寸凑宽六尺三寸六分用宽五寸厚二寸板三十五丈八尺二寸八分龙骨做净每折见方尺四十尺用舰匠一工斗盖各板八十尺用舰匠一工龙骨用长六寸钉十二个托浪板水底板舨板钉缝凑长二十八丈七尺六寸每丈用长五寸钉三十个托浪板水底板舨板舱缝凑长五十七丈五尺二寸共核用宽一尺厚三寸柯枸木枋三丈六尺八

寸围大二尺净长三丈二尺浮溪木三根二丈三尺四寸长六寸钉十二个长五寸钉八百六十三个灰五十七斤八两桐油二十三斤一钱网纱二十一斤九两一钱竹丝二十一斤九两一钱舰匠八工锯匠三工五分八厘艌匠八工二分二厘舂灰夫二名一厘

舢板船两旁水蛇二根各长一丈八尺压板二块各长二丈水戗二根各长一丈七尺均宽五寸厚二寸做净每折见方尺八十尺用舰匠一工水蛇钉缝凑长三丈六尺每四尺用长八寸钉三个压板水戗钉缝凑长七丈四尺每丈用长五寸钉三十个艌缝凑长二十二丈共核用围大二尺净长三丈二尺浮溪木一根四尺七寸长八寸钉二十七个长五寸钉二百二十二个灰二十二斤桐油八斤十二两八钱网纱八斤四两竹丝八斤四两舰匠一工九分三厘锯匠一工一分艌匠三工一分四厘舂灰夫七分七厘

舢板船用樟木舢板舱三个各长四尺宽五寸厚三寸樟木极舢板梁四块各长五尺牛头仔极十四个各长二尺均围大一尺做净每折见方尺四十尺用舰匠一工舢板舱梁钉缝凑长三丈二尺每丈用长六寸钉三十个舢板舱梁艌缝凑长六丈四尺共核用宽一尺五寸厚三寸樟木枋四尺一寸围大一尺樟木极四丈九尺八寸长六寸钉九十六个灰六斤六两桐油二斤九两网纱二斤六两四钱竹丝二斤六两四钱舰匠一工六分八厘艌匠九分一厘舂灰夫二分二厘

大桅铁箍十一个各长六尺六寸头桅箍四个各长四尺四寸舵头箍三个各长四尺七寸棚箍二个各长三尺四寸俱宽二寸厚五分椗齿六个各长一尺二寸宽七寸厚五分橹箍八个各长二尺七寸宽一寸厚三分铁环六个各围大六寸以上铁料共净重三百十八斤八两每正铁一斤加耗铁一斤每正铁五斤用铁匠一工每正耗铁一斤用炭三斤共核用生铁六百三十七斤炭一千九百十一斤铁匠六十三工七分

油画前船共用乌烟三斤五两广红五斤铜碌四两京红四两南粉二斤银朱一两籐黄四两蓝粉四两杭粉一两松香八两水胶六两墨二块桐油四斤淡底一斤油画匠十工

麻大桅肄索二条各长九丈六尺大七寸五分头桅肄索二条各长八丈大四寸五分大踏索二条各长八丈大五寸小踏索二条各长五丈大三寸二分大缭母一条长四丈五尺大七寸六分小缭母一条长三丈大四寸大帮衬六条各长一丈六尺大二寸小帮衬九条各长五尺五寸大一寸五分以上麻绳共重六百八十斤每百斤用绳匠三工六分共核用麻六百八十斤绳匠二十四工四分八厘

棕正椗索一条长四十二丈大九寸副椗索一条长四十丈大八寸大篷筋一条长七丈六尺大二寸小篷筋一条长四丈大一寸二分缭子缭耳共十八条各长二丈六尺大二寸椗奴二条各长一丈六尺大七寸五分大小摘尾二条共长十六丈大四寸五分舵吊一条长三丈大六寸五分以上棕绳共重七百斤每撕棕四十斤用匠一工成绳四十斤用匠一工共核用棕七百斤撕棕匠十七工五分成绳匠十七工五分

冲风旗一面长宽各一丈六尺一条龙旗一面长六丈宽三尺妈祖旗一面长宽各五尺大小定风旗三面内一面长六尺二面各长四尺五寸均宽一尺共核用幅宽一尺色布五十丈苎线十两裁缝匠五工

中椗二门齿全各长二丈一尺宽一尺二寸厚六寸

中橹二枝各长四丈八尺宽八寸厚五寸

舢板橹一枝长二丈九尺宽七寸厚四寸

大小桅饼七个

大小无底升八百个

椗舵上配用竹绳草绳共用竹篾六百六十斤绳匠二十三工七分六厘草心七百二十三斤绳匠十八工八厘

【查原送成规内开打造竹绳草绳所用匠工多寡不齐今照棕麻绳索用工之例一律核定】

篷上配用大小缭毬摄子兔耳共用槐籐三十一斤籐匠六工二分

刻字用刻字匠三工

竖大小桅用壮夫五十名

前船共用大小铁钉三万四千四百四十二个刷抹钉头每百个用桐油六两四钱灰一斤每油灰十斤用艌匠一工共核用桐油一百三十七斤十二两三钱灰三百四十四斤七两艌匠四十八工二分二厘舂灰夫十二名五厘

前船共用舰匠五百七十一工一分八厘系照杉松木植核定内有樟柯等硬料用匠一百二十三工三分每工

外加匠二分计加匠二十四工六分六厘共匠五百九十五工八分四厘每百工加安装匠十工计安装匠五十九工五分八厘每舰匠安装匠一百工加随匠壮夫二十名计壮夫一百三十一名八厘

以上拆造前船共用

宽一尺厚八寸松木七丈七尺六寸【每丈银四钱一分四厘】计银三两二钱一分三厘

【查原送成规内开松木按依十六则丈尺计算每丈核银自钱八分一厘至三钱四分一厘不等多寡参差均匀核计每丈需银四钱一分四厘今照四钱一分四厘之数一律核定】

围大三尺二寸净长四丈二尺大吉木三十三根【每根银二两七钱】计银八十九两一钱

围大二尺五寸净长三丈六尺中吉木三十四根一丈二尺二寸七分【每根银一两五钱】计银五十一两五钱一分一厘

【查原送成规内开中吉木二十四根今按丈尺做法核算应减一根一丈二尺二寸七分】

围大二尺净长三丈二尺浮溪木三十三根一丈二寸【每根银五钱】计银十六两六钱五分九厘

【查原送成规内开浮溪木二十四根今按丈尺做法核算应增一丈二寸】围大一尺六寸净长二丈八尺高洋木三十三根一丈四尺【每根银二钱】计银六两七钱

【查原送成规内开高洋木三十三根今按丈尺做法核算应增一丈四尺】

围大三尺五寸木段七十一丈九尺五寸核长一丈四尺段料五十一根五尺五寸【每根银六钱】计银三十两八钱三分六厘

【查原送成规内开木段五十二根今按丈尺做法核算应减八尺五寸】

宽一尺五寸厚三寸樟木枋一百十三丈四尺二寸七分核长一丈七尺枋料六十六块一丈二尺二寸七分【每块银一两三钱】计银八十六两七钱三分八厘

【查原送成规内开樟枋六十八块今按丈尺做法核算应减一块四尺七寸三分】

宽一尺厚三寸长八尺二寸樟木板五块【每块银四钱一分八厘】计银二两九分

【查原送成规内开樟木枋梁座梁头一则至十七则各长一丈七尺宽一尺五寸厚三寸每块开银一两三钱托浪樟木板第一则长六尺五寸宽一尺厚三寸每块开银五钱第二则至十七则各长八尺宽一尺厚三寸每块亦开银五钱价值参差今俱照梁座梁头之价一律核定】

宽一尺二寸厚三寸松木枋一百十丈八尺八寸核长一丈七尺枋料六十五块三尺八寸【每块银三钱五分】计银二十二两八钱二分八厘

【查原送成规内开松木枋六十六块今按丈尺做法核算应减一丈三尺二寸】

围大一尺樟木极七十一丈三尺五寸核长一丈二尺樟森极五十九块五尺五寸【每块银二钱】计银十一两八钱九分二厘

【查原送成规内开樟木极五十八块今按丈尺做法核算应增一块五尺五寸】

宽一尺五寸厚三寸柯桷木枋十丈五尺六寸【每丈银五钱七分一厘五毫】计银六两三分五厘

宽一尺厚三寸柯桷木枋三丈六尺四寸【每丈银三钱八分一厘】计银五两一钱九分七厘

【查原送成规内开柯桷木马面一则至十七则各长三丈五尺宽一尺五寸厚三寸每块开银二两软筋及舢板龙骨等料一则至五则各长二丈五尺宽一尺厚三寸每块开银一两六则至十七则各长三丈五尺宽一尺厚三寸每块开银二两价值参差今俱照马面之价一律核定】

围大八寸长一丈三尺硬木棍八十根【每根银八分】计银六两四钱

宽六寸厚一寸杉木板四十丈八尺【每丈银四钱】计银十六两三钱二分

围大七尺长一丈八尺五寸樟木一根计银七两九分八厘

围大五尺三寸长一丈五尺五寸樟木一根计银三两四钱九厘

见方二尺四寸长八尺二寸樟木一块计银四两四钱三分八厘

围大四尺六寸长五尺八寸樟木一段计银九钱六分

宽二尺一寸厚八寸长一丈七尺二寸樟木一块计银二两七钱一分四厘

围大七尺五寸长七尺七寸樟木一段计银三两三钱九分一厘

宽二尺二寸厚一尺一寸长一丈二尺二寸樟木二块【每块银二两七钱七分三厘】计银五两五钱四分六厘

宽一尺八寸厚八寸长一丈樟木二块【每块银一两三钱五分三厘】计银二两七钱六厘

宽二尺厚九寸五分长一丈六尺二寸樟木二块【每块银二两八钱九分二厘】计银五两七钱八分四厘

围大四尺七寸长一丈五尺五寸樟木一根计银二两六钱八分一厘

宽一尺二寸厚六寸长一丈八尺二寸樟木一块计银一两二钱三分一厘

宽二尺四寸厚六寸长七尺七寸樟木一块计银一两四分二厘

【查原送成规内开一则至十七则每只用樟木含檀等料十二款所开价值逐款核计俱属参差均匀计算每折见方一尺需银九分三厘九毫六丝今照九分三厘九毫六丝之数一律核定】

宽一尺四寸厚八寸长一丈八尺二寸楮木一根计银十六两

围大六尺五寸长八丈桅木一根计银四十二两

围大四尺三寸长五丈桅木一根计银七两

长一尺钉五百十个每二个重一斤计重二百五十五斤长八寸钉二百六十九个每五个重一斤计重五十三斤十二两八钱长六寸钉一万九千六百六十五个每十五个重一斤计重一千三百十一斤长五寸钉一万三千三百九十八个每二十个重一斤计重六百六十九斤十四两四钱长四寸钉六百个每三十个重一斤计重二十斤以上铁钉共重二千三百九斤十一两二钱除选用旧钉一千二十二斤十四两五钱外添新一千二百八十六斤十二两七钱【每斤银二分二厘】计银二十八两三钱九厘

灰二千六百九十七斤五两【每百斤银二钱】计银五两三钱九分五厘

桐油一千八十二斤十五两【每斤银三分】计银三十二两四钱八分八厘

网纱八百八十二斤五两五钱【每斤银一分二厘】计银十两五钱八分八厘

竹丝八百八十二斤五两五钱【每斤银六厘】计银五两二钱九分四厘

生铁六百三十七斤【每斤银一分】计银六两三钱七分

炭一千九百十一斤【每百斤银一钱六分】计银三两五分八厘

乌烟三斤五两【每斤银一分五厘】计银五分

广红五斤【每斤银五分】计银二钱五分

铜碌四两【每斤银三钱】计银七分五厘

京红四两【每斤银八分】计银二分

南粉二斤【每斤银一分】计银二分

银朱一两【每斤银六钱四分】计银四分

籐黄四两【每斤银二钱】计银五分

蓝粉四两【每斤银八分】计银二分

杭粉一两【每斤银一钱六分】计银一分

水胶六两【每斤银四分】计银一分五厘

松香八两【每斤银二分】计银一分

墨二块【每块银一分】计银二分

淡底一斤计银五分

麻六百八十斤【每斤银一分五厘】计银十两二钱

棕七百斤【每斤银三分】计银二十一两

色布五十丈【每丈银一钱】计银五两

苎线十两【每斤银一钱二分】计银七分五厘

椗二门齿全各长二丈一尺宽一尺二寸厚六寸【每门工料银一两五钱七分八厘】计银三两一钱五分六

厘

橹二枝各长四丈八尺宽八寸厚五寸【每枝工料银一两九钱五分七厘】计银三两九钱一分四厘

舢板橹一枝长二丈九尺宽七寸厚四寸计工料银三钱七分二厘

大风篷一扇长六丈六尺宽三丈二尺计银六两五钱八分五厘

头风篷一扇长三丈三尺宽一丈六尺计银一两六钱四分六厘

【查原送成规内开一则至十七则大篷每扇银五两五钱头篷每扇银一两五钱所开丈尺大篷长自四丈八尺至七丈宽自二丈六尺至三丈三尺不等头篷长自二丈四尺至三丈五尺宽自一丈四尺至一丈六尺五寸不等俱属参差均匀核计每折见方一丈需银三钱一分一厘八毫今照三钱一分一厘八毫之数一律核定】

大小桅饼七个【每个银七分】计银四钱九分

大小无底升八百个【每百个银八分】计银六钱四分

竹篾六百二十六斤【每百斤银一钱六分】计银一两五分六厘

草心七百二十三斤【每百斤银七分】计银五钱六厘

槐籐三十一斤【每斤银二分五厘】计银七钱七分五厘

舰匠五百九十五工八分四厘安装匠五十九工五分八厘锯匠一百六十三工五分四厘舱匠三百八十四工三分四厘铁匠六十三工七分油画匠十工绳匠六十六工三分二厘棕匠三十五工裁缝匠五工籐匠六工二分刻字匠三工壮夫二百七十五名四分八厘

以上共匠夫一千六百六十八工【每工银五分】计银八十三两四钱

又置备物件开后

木桶三十件【每件银三分】计银九钱

铁锅三口换新【每口贴工料银一钱二分】计银三钱六分

鼓一面修理换皮计银四钱八分

金一面重四斤换新【每斤贴工料银七分】计银二钱八分

以上拆造前船成规内开共需工料银六百九十五两八钱三分七厘一毫内部价银三百三十一两三钱五分一厘加八津贴并另加三分银三百六十四两四钱八分六厘一毫台厂运费银六十六两二钱七分一毫今按条查核分别增减更正需用工料银六百九十四两四钱八分六厘内部价银三百三十两七钱八厘加八津贴并另加三分银三百六十三两七钱七分八厘台厂运费银六十六两一钱四分二厘计节减工料银一两三钱五分一厘一毫运费银一钱二分八厘二毫行令该抚于前船届应拆造之期将节减银两在于应领银内扣除

至大小修理成规内开大修工料银四百六十八两八钱八分八厘内部价银二百十三两一钱三分一厘加九津贴并另加三分银二百五十五两七钱五分七厘台厂运费银四十二两六钱二分六厘小修工料银三百三十五两七钱二分四厘内部价银一百四十五两九钱六分七厘加十津贴并另加三分银一百八十九两七钱五分七厘台厂运费银二十九两一钱九分三厘

其余五船仿此

卷一三

福建省外海战船做法

第十三则赶缯船三只内闽安协标右营澜字六号船一只身长七丈八尺头起󠄀䲡五尺尾起䲡四尺船头长三丈面匀宽一丈四尺一寸底匀宽一丈二尺五寸船中长二丈六尺面匀宽二丈三寸底匀宽一丈五尺五寸船尾长二丈二尺面匀宽一丈九尺三寸底匀宽一丈五尺两边舨板长十丈计二十一舱深六尺六寸

今将拆造前船需用工料价值细数开后

计开

船底松木龙骨一道计三节船头一节长二丈四尺船中一节连交接匙头长四丈船尾一节长一丈四尺共凑长七丈八尺均宽一尺厚八寸做净每折见方尺二十尺用舰匠一工交接匙头二处每处用长一尺钉八个又每边

用长六寸钉十二个共核用宽一尺厚八寸松木七丈八尺六寸

【查成规内开大吉中吉浮溪高洋四项木植俱截去尖梢作栏杆灶柜签子木牌等项之用其本身木料毋庸另加长荒外一切枋段各料有截去一二尺至三五尺不等者亦有未加长荒者参差不一今将枋段各料每件长五尺以内者加长荒一寸五尺以外者加长荒二寸圆径樟木料长一丈以内者每根加长荒二寸长一丈以外者每根加长荒五寸一律核定】

长一尺钉十六个长六寸钉二十四个舰匠十四工四厘

船底板连起鼦长七丈八尺内船底匀宽一丈四尺八寸五分两站各匀高七尺六寸三分添换用长四丈二尺宽八寸厚三寸大吉木板六十六块做净每折见方尺八十尺用舰匠一工锯板折宽一尺长七丈用锯匠一工【以下锯板用工仿此】钉缝凑长二百七十七丈二尺每丈用长六寸钉三十个艌缝凑长五百五十四丈四尺每丈用灰一斤桐油六两四钱网纱竹丝各六两每七丈用艌匠一工舂制油灰每四十斤用舂灰夫一名【以下艌缝用工用料仿此】共核用围大三尺二寸净长四丈二尺大吉木二十二根长六寸钉八千三百十六个灰五百五十四斤六两桐油二百二十一斤二两二钱网纱二百七斤十四两四钱竹丝二百七斤十四两四钱舰匠七十六工二分三厘锯匠四十三工五分六厘艌匠七十九工二分舂灰夫十九名四分

各舱樟木梁座三十五块内船头配用十二块凑长十八丈船中十一块凑长十八丈七尺船尾十二块凑长二十丈四尺舱梁二十七块内船头本用九块船中九块船尾九块各凑长十五丈三尺均宽一尺五寸厚三寸各舱松木梁头五十四块内船头配用十八块凑长二十七丈船中十八块船尾十八块各凑长三十丈六尺均宽一尺二寸厚三寸硬木棍稳吊九根各长一丈三尺围大八寸梁座梁头做净每折见方尺八十尺用舰匠一工稳吊四十尺用舰匠一工钉缝凑长二百二丈九尺每丈用长陆寸钉三十个艌缝凑长四百五丈八尺共核用宽一尺五寸厚三寸樟木枋一百四丈二尺四寸宽一尺二寸厚三寸松木枋八十九丈二尺八寸围大八寸长一丈三尺硬木棍九根长六寸钉六千八十七个灰四百五斤十三两桐油一百六十二斤五两一钱网纱一百五十二斤二两八钱竹丝一百五十二斤二两八钱舰匠八十一工七分七九厘艌匠五十七工九分七厘舂灰夫十四名二分

各舱配用樟木极四十二块内虎头舱极二块各长九尺五寸冲天极二块各长一丈一尺小官厅极二块八字极二块拜棚极二块各长一丈官厅极二块油婆舱极二块水柜舱极二块大桅舱极二块通铺舱前后极四块缭公舱极二块舵公舱极二块中转水极二块各长一丈二尺头转水极二块各长九尺鳅鱼极二块各长七尺斗盖极二块各长五尺尾里极四块下金极二块下担极二块各长六尺均围大一尺做净每折见方尺四十尺用舰匠一工每块用长六寸钉二个艌缝凑长八十一丈四尺共核用围大一尺樟木极四十一丈五尺二寸长六寸钉八十四个灰八十一斤六两桐油三十二斤九两网纱三十斤八两四钱竹丝三十斤八两四钱舰匠十工一分八厘艌匠十一工六分三厘舂灰夫二名八分五厘

船身两旁走马二条各长七丈八尺水蛇二条各长四丈八尺俱宽八寸厚四寸做净每折见方尺四十尺用舰匠一工走马钉缝凑长十五丈六尺每丈用长一尺钉三十个水蛇钉缝凑长九丈六尺每四尺用长一尺钉三个艌缝凑长五十丈四尺共核用围大三尺二寸净长四丈二尺大吉木三根长一尺钉五百四十个灰五十斤六两桐油二十斤二两六钱网纱十八斤十四两四钱竹丝十八斤十四两四钱舰匠十五工一分二厘锯匠四工三分二厘艌匠七工二分舂灰夫一名七分六厘

船面两旁舭板长七丈八尺凑宽一丈四尺三寸抽换用长四丈二尺宽八寸厚三寸大吉木板二十四块做净每折见方尺八十尺用舰匠一工钉缝凑长一百丈八尺每丈用长六寸钉三十个艌缝凑长二百一丈六尺共核用围大三尺二寸净长四丈二尺大吉木八根长六寸钉三千二十四个灰二百一斤十两桐油八十斤八两二钱网纱七十五斤九两六钱竹丝七十五斤九两六钱舰匠二十七工七分二厘锯匠十五工八分四厘艌匠二十八工八分舂灰夫七名六厘

两旁舨板各长十丈高七尺添换用长三丈六尺宽五寸八分厚二寸五分中吉木板五十四块两旁添换木段舨柱四根各长七尺围大三尺二寸舨板做净每折见方尺八十尺用舰匠一工舨柱四十尺用舰匠一工舨板钉缝凑长一百九十四丈四尺每丈用长五寸钉三十个舨柱钉缝凑长二丈八尺每丈用长六寸钉三十个艌缝凑长三百九十四丈四尺共核用围大二尺五寸净长三丈六尺中吉木十八根围大三尺五寸木段二丈八尺八寸长六寸

钉八十四个长五寸钉五千八百三十二个灰三百九十四斤六两桐油一百五十七斤十二两二钱网纱一百四十七斤十四两四钱竹丝一百四十七斤十四两四钱舰匠四十二工五分八厘锯匠二十三工五厘艌匠五十六工三分四厘舂灰夫十三名八分

【查成规内舨板未载舨高尺寸今按舨柱长丈核定】

两旁舨𦩷二十四块各长四尺围大一尺做净每折见方尺四十尺用舰匠一工每块用长六寸钉二个艌缝凑长十九丈二尺共核用围大一尺樟木极九丈八尺四寸长六寸钉四十八个灰十九斤三两桐油七斤十两九钱网纱七斤三两二钱竹丝七斤三两二钱舰匠二工四分艌匠二工七分四厘舂灰夫六分七厘

舨上前后浮溪木鼠桥板四块各长二丈七尺宽五寸厚四寸高洋木舨压板四块各长三丈六尺宽四寸厚二寸两边木段猴袋板四块各长一丈四尺宽八寸厚二寸五分做净每折见方尺八十尺用舰匠一工鼠桥板压板钉缝凑长二十五丈二尺每丈用长五寸钉三十个压板艌缝凑长二十八丈八尺共核用围大二尺净长三丈二尺浮溪木一根四尺围大一尺六寸净长二丈八尺高洋木二根一丈六尺围大三尺五寸木段一丈四尺二寸长五寸钉七百五十六个灰二十八斤十三两桐油十一斤八两三钱网纱十斤十二两八钱竹丝十斤十二两八钱舰匠五工五分二厘锯匠三工一分五厘艌匠四工一分一厘舂灰夫一名一厘

两旁笨抽二条大压二条各长七丈二尺水戗八条各长一丈八尺均宽六寸六分厚三寸五分做净每折见方尺四十尺用舰匠一工钉缝凑长四十三丈二尺每丈用长六寸钉三十个艌缝凑长八十六丈四尺共核用围大二尺五寸净长三丈六尺中吉木六根长六寸钉一千二百九十六个灰八十六斤六两桐油三十四斤九两网纱三十二斤六两四钱竹丝三十二斤六两四钱舰匠二十一工八分二厘锯匠六工二分二厘艌匠十二工三分四厘舂灰夫三名二厘

官厅前后梁三根用中吉木各长一丈九尺五寸围大二尺二寸浮溪木贴柱八根各长一丈三尺见方五寸官厅上中吉木战柜板十八块官厅内后墙板六块各长一丈九尺五寸凑宽一丈五尺八寸四分左右墙板十二块各长六尺凑宽七尺九寸二分麒麟堵枋十块大炮舱枋十块各长四尺二寸凑宽一丈三尺二寸用宽五寸八分厚二寸五分板七十一丈七分木段冲天盖板十二块各长四尺六寸宽八寸厚二寸五分浮溪木铺板十块各长九尺凑宽五尺三寸官厅门板八块各长四尺凑宽四尺二寸四分用宽五寸厚二寸板十八丈九尺三寸二分高洋木战柜挑二块侧板二块踏板二块各长一丈四尺宽四寸厚二寸官厅梁贴柱做净每折见方尺四十尺用舰匠一工战柜各板八十尺用舰匠一工战柜板墙板冲天盖板官厅门板钉缝凑长七十丈三尺六寸每丈用长五寸钉三十个战柜板墙板冲天盖板艌缝凑长一百三十三丈九尺三寸六分共核用围大二尺五寸净长三丈六尺中吉木八根七尺二寸围大二尺净长三丈二尺浮溪木四根一丈九尺一寸围大一尺六寸净长二丈八尺高洋木一根一丈四尺围大三尺五寸木段一丈四尺一寸长五寸钉二千一百十一个灰一百三十三斤十五两桐油五十三斤九两二钱网纱五十斤三两六钱竹丝五十斤三两六钱舰匠二十八工一分二厘锯匠十二工七分五厘艌匠十九工一分三厘舂灰夫四名六分九厘

官厅前通铺四块各长一丈六尺后通铺二块各长一丈七尺均宽一尺二寸厚三寸做净每折见方尺八十尺用舰匠一工钉缝凑长九丈八尺每丈用长六寸钉三十个艌缝凑长十九丈六尺共核用宽一尺二寸厚三寸松木枋丈九尺二寸长六寸钉二百九十四个灰十九斤十两桐油七斤十三两四钱网纱七斤五两六钱竹丝七斤五两六钱舰匠三工六分八厘艌匠二工八分舂灰夫六分九厘

官厅两旁高洋木猫里柱四根贴柱四根各长四尺围大一尺三寸浮溪木猫里椺两门板十八块各长五尺三寸凑宽九尺五寸四分墙板十六块门板八块各长四尺凑宽一丈二尺七寸二分铺板十块柜底板十块各长七尺凑宽一丈六寸用宽五寸厚二寸板三十五丈一尺二寸八分木段猫里上下袱四块各长七尺宽八寸厚四寸猫里柱贴柱上下袱做净每折见方尺四十尺用舰匠一工墙板等板八十尺用舰匠一工猫里墙板门板钉缝凑长十丈一尺七寸六分每丈用长五寸钉三十个共核用围大二尺净长三丈二尺浮溪木三根二丈一尺一寸围大一尺六寸净长二丈八尺高洋木一根四尺围大三尺五寸木段一丈四尺四寸长五寸钉三百五个舰匠八工八分七厘锯匠三工九分九厘

官厅内中吉木炕床杠二根各长一丈六尺围大二尺二寸虎头舱浮溪木铺板八块各长七尺凑宽四尺二寸

四分虎头舱门板八块各长四尺凑宽四尺二寸四分用宽五寸厚二寸板九丈三尺二寸八分炕床扛做净每折见方尺四十尺用舰匠一工虎头舱各板八十尺用舰匠一工虎头舱门板钉缝凑长三丈三尺九寸二分每丈用长五寸钉三十个共核用围大二尺五寸净长三丈六尺中吉木三丈二尺围大二尺净长三丈二尺浮溪木三丈一尺一寸长五寸钉一百二个舰匠三工三分九厘锯匠九分三厘

两旁艌面战棚板用长三丈二尺宽五寸厚二寸浮溪木板二十四块各舱内铺板用长四尺宽四寸厚一寸高洋木板三百三十六块做净每折见方尺八十尺用舰匠一工共核用围大二尺净长三丈二尺浮溪木八根围大一尺六寸净长二丈八尺高洋木十二根舰匠三十工二分四厘锯匠十七工二分八厘

两旁艌上艌牛六块各长八尺五寸各舱口扛豆五块各长一丈六尺均宽一尺二寸厚三寸做净每折见方尺四十尺用舰匠一工艌牛每块用长六寸钉四个扛豆钉缝凑长八丈每丈用长六寸钉三十个艌缝凑长二十六丈二尺共□□□□□□□□□二寸厚三寸松木枋十三丈三尺二□□□六寸钉二百六十四个灰二十六斤三两桐油十斤七两七钱网纱九斤十三两二钱竹丝九斤十三两二钱舰匠九工八分三厘艌匠三工七分四厘舂灰夫九分二厘

各舱盖板用长六尺九寸宽八寸厚二寸五分木段板八十八块舱盖下大通槽十二个侧槽六个水槽六个各长四尺六寸宽一尺厚八寸小通槽九个各长四尺六寸见方八寸舱盖用柯枸木枕头七块各长四尺八寸宽一尺厚三寸□盖板枕头木做净每折见方尺八十尺用舰□□□□槽等槽三十尺用舰匠一工舱□□□□长六十丈七尺二寸每丈用长五寸钉三□个艌缝凑长一百二十一丈四尺四寸共核用围大三尺五寸木段三十一丈一尺三寸宽一尺厚三寸柯枸木枋三丈四尺三寸长五寸钉一千八百二十二个灰一百二十一斤七两桐油四十八斤九两二钱网纱四十五斤八两六钱竹丝四十五斤八两六钱舰匠三十四工六分九厘锯匠十二工八分九厘艌匠十七工三分五厘舂灰夫四名二分五厘□□□用高洋木牛栏四根内船头二根船后□□□□二丈八尺围大一尺三寸做净每折□□□□□尺用舰匠一工共核用□□□□□□□□□□二丈八尺高洋木四根舰匠三工六分四厘

船头斗盖用樟木一块长一丈五尺围大四尺七寸虾箍梁一块长八尺五寸宽一尺二寸斗盖下免耳一块长八尺宽一尺五寸均厚三寸托浪板六块各长八尺宽一尺厚三寸斗盖虾箍梁免耳做净每折见方尺四十尺用舰匠一工托浪板八十尺用舰匠一工斗盖用长八寸钉十二个虾箍梁托浪板钉缝凑长五丈六尺五寸每丈用长六寸钉三十个免耳用长五寸钉二十四个虾箍梁托浪板免耳艌缝凑长十二丈九尺共核用围大四尺七寸长一丈五尺五寸樟木一根宽一尺五寸厚三寸樟木枋一丈五尺一寸六分宽一尺厚三寸长八尺二寸樟木板六块长八寸钉十二个长六寸钉一百七十个长五寸钉二十四个灰十二斤十四两桐油五斤二两六钱网纱四斤十三两四钱竹丝四斤十三两四钱舰匠四工六分八厘艌匠一工八分四厘舂灰夫四分五厘

中含檀一块长一丈八尺围大七尺头含檀一块长一丈五尺围大五尺三寸含檀梁一块长一丈七尺头含檀闸一块长一丈二尺均宽一尺五寸厚三寸做净每折见方尺三十尺用舰匠一工含檀梁钉缝长一丈七尺每丈用长六寸钉三十个含檀含檀梁艌缝凑长十丈共核用围大七尺长一丈八尺五寸樟木一根围大五尺三寸长一丈五尺五寸樟木一根宽一尺五寸厚三寸樟木枋二丈九尺四寸长六寸钉五十一个灰十斤桐油四斤网纱三斤十二两竹丝三斤十二两舰匠十工三分三厘艌匠一工四分三厘舂灰夫三分五厘

中转水二块各长一丈六尺宽二尺厚九寸五分樟木极转水鞋二块各长七尺围大一尺做净每折见方尺四十尺用舰匠一工转水每块用长一尺钉二个转水鞋每块用长六寸钉七个艌缝凑长九丈二尺共核用宽二尺厚九寸五分长一丈六尺二寸樟木二块围大一尺樟木极一丈四尺四寸长一尺钉四个长六寸钉十四个灰九斤三两桐油三斤十两九钱网纱三斤七两二钱竹丝三斤七两二钱舰匠五工七厘艌匠一工三分一厘舂灰夫三分二厘

尾楼用浮溪木拜棚杠三根各长一丈五尺尾楼舨柱四根各长四尺六寸均围大一尺七寸木

段尾舨板八块各长一丈四尺宽八寸厚二寸五分拜棚杠尾舨柱做净每折见方尺四十尺用舰匠一工尾舨板八十尺用舰匠一工舨板钉缝凑长十一丈二尺每丈用长五寸钉三十个共核用围大二尺净长三丈二尺浮溪木二根围大三尺五寸木段二丈八尺四寸长五寸钉三百三十六个舰匠五工六分三厘锯匠一工六分八厘

船尾用樟木下金一块长七尺五寸围大七尺五寸繚牛一副长七尺五寸宽二尺四寸厚六寸尾楼上金一块长一丈七尺宽二尺一寸厚八寸七星冠一块长一丈八尺宽一尺二寸厚六寸硬木棍下金拴二根繚牛繖二根各长六尺五寸围大八寸木段繚牛杠四根各长七尺围大三尺二寸下金繚牛上金七星冠做净每折见方尺三十尺用舰匠一工下金拴繚牛繖繚牛杠四十尺用舰匠一工下金用长八寸钉十八个繚牛用长八寸钉二十二个上金用长一尺钉十八个繚牛繖钉缝凑长一丈三尺每丈用长五寸钉三十个下金艌缝长七尺五寸共核用围大七尺五寸长七尺七寸樟木一段宽二尺四寸厚六寸长七尺七寸樟木一块宽二尺一寸厚八寸长一丈七尺二寸樟木一块宽一尺二寸厚六寸长一丈八尺二寸樟木一块围大八寸长一丈三尺硬木棍二根围大三尺五寸木段二丈八尺八寸长一尺钉四十个长八寸钉四十个长五寸钉三十九个灰十二两桐油四两八钱网纱四两五钱竹丝四两五钱舰匠十一工八分八厘艌匠一分一厘舂灰夫三厘

船尾舵边用木段硬筋二根各长一丈四尺围大三尺二寸尾楼鲂鱼翅四块各长七尺宽一尺厚四寸纱帽匙二块鸡毋宿一块尾燕板一块各长一丈四尺宽八寸厚二寸五分柯枸木软筋二块各长一丈四尺宽一尺厚三寸硬筋鲂鱼翅软筋做净每折见方尺四十尺用舰匠一工纱帽匙各板八十尺用舰匠一工硬筋头尾用长六寸钉十二个共核用围大三尺五寸木段五丈七尺宽一尺厚三寸柯枸木枋二丈八尺四寸长六寸钉十二个舰匠七工四分九厘锯匠一工四分

尾楼上用浮溪木铺板十块各长四尺尾座板四块各长一丈二尺舨边寄菜板二块各长一丈四尺碗格二块各长一丈一尺均宽五寸厚二寸高洋木尾楼挑二块橹棚一块各长一丈四尺宽四寸厚二寸做净每折见方尺八十尺用舰匠一工尾楼铺板钉缝凑长四丈每丈用长五寸钉三十个共核用围大二尺净长三丈二尺浮溪木一根一丈四尺围大一尺六寸净长二丈八尺高洋木二丈一尺长五寸钉一百二十个舰匠三工五厘锯匠一工七分四厘

船尾用樟木橹通板三块各长一丈七尺橹门枋一块橹床二块各长五尺均宽一尺五寸厚三寸橹通板做净每折见方尺八十尺用舰匠一工橹门枋橹床四十尺用舰匠一工橹床每块用长八寸钉十二个橹通板钉缝凑长五丈一尺每丈用长六寸钉三十个橹床橹通板艌缝凑长十二丈二尺共核用宽一尺五寸厚三寸樟木枋六丈六尺九寸长八寸钉二十四个长六寸钉一百五十三个灰十二斤三两桐油四斤十四两一钱网纱四斤九两二钱竹丝四斤九两二钱舰匠三工六分五厘艌匠一工七分四厘舂灰夫四分三厘

水仙门两旁用浮溪木边柱四根中柱二根各长四尺围大一尺七寸水仙门板十四块各长四尺凑宽七尺四寸二分用宽五寸厚二寸板五丈九尺三寸六分樟木极百子舺十六块各长六尺围大一尺船中浮溪木虾簏心一根长三丈二尺围大一尺七寸舨边柯枸木朴竹六块各长一丈三尺宽一尺厚三寸水仙门柱百子舺虾簏心做净每折见方尺四十尺用舰匠一工门板朴竹八十尺用舰匠一工百子舺钉缝凑长九丈六尺每丈用长六寸钉三十个艌缝凑长十九丈二尺共核用围大二尺净长三丈二尺浮溪木二根一丈一尺八寸围大一尺樟木极九丈九尺二寸宽一尺厚三寸柯枸木枋七丈九尺二寸长六寸钉二百八十八个灰十九斤三两桐油七斤十两九钱网纱七斤三两二钱竹丝七斤三两二钱舰匠八工三分六厘锯匠五分九厘艌匠二工七分四厘舂灰夫六分七厘

大桅座一块长八尺见方二尺四寸头桅座一块长五尺六寸围大四尺六寸做净每折见方尺三十尺用舰匠一工共核用见方二尺四寸长八尺二寸樟木一块围大四尺六寸长五尺八寸樟木一段舰匠三工四分二厘

大鹿耳二块各长一丈二尺宽二尺二寸厚一尺一寸头鹿耳二块各长九尺八寸宽一尺八寸厚八寸硬木棍鹿耳夹二根各长一丈三尺围大八寸做净每折见方尺四十尺用舰匠一工共核用宽二尺二寸厚一尺一寸长一丈二尺二寸樟木二块宽一尺八寸厚八寸长一丈樟木二块围大八寸长一丈三尺硬木棍二根舰匠七工三厘

大桅一根长八丈围大六尺五寸头桅一根长五丈围大四尺三寸做净每折见方尺四十尺用舰匠一工共核用围大六尺五寸长八丈桅木一根围大四尺三寸长五丈桅木一根舰匠十八工三分八厘桅尾用柯枸木马面三块各长三丈五尺宽一尺五寸厚三寸樟木大桅笠一个长二尺宽一尺五寸头桅笠一个长一尺六寸宽一尺二寸均厚三寸木段大桅佇一根长一丈四尺头桅佇一根长一丈二尺均围大三尺二寸马面做净每折见方尺八十尺用舰匠一工桅笠桅佇四十尺用舰匠一工马面钉缝凑长十丈五尺每丈用长六寸钉二十个共核用宽一尺五寸厚三寸柯枸木枋十丈五尺六寸宽一尺五寸厚三寸樟木枋三尺四寸六分围大三尺五寸木段二丈六尺四寸长

六寸钉二百十个舰匠七工一分一厘

大风篷一扇长六丈六尺宽三丈二尺头风篷一扇长三丈三尺宽一丈六尺浮溪木大篷担二根各长三丈二尺头篷担二根各长一丈六尺均围大一尺七寸做净每折见方尺四十尺用舰匠一工共核用宽三丈二尺长六丈六尺风篷一扇宽一丈六尺长三丈三尺风篷一扇围大二尺净长三丈二尺浮溪木三根舰匠四工八厘

大篷架用木段横梁一根长一丈四尺头篷架横梁一根架针三根各长七尺宽一尺厚八寸做净每折见方尺三十二尺用舰匠一工共核用围大三尺五寸木段四丈三尺舰匠四工七分三厘锯匠一工八厘

大篷车员一根用中吉木长二丈椗车员一根长一丈六尺均围大二尺二寸浮溪木大篷半车员一根斗头车员一根各长一丈尾楼车员一根长一丈二尺均围大一尺七寸高洋木车耳十一个各长六尺车脚直板十四块斜板六块各长二丈八尺均宽四寸厚二寸硬木棍车子六十五根各长一丈三尺围大八寸车员车耳做净每折见方尺三十二尺用舰匠一工车脚斜直板八十尺用舰匠一工共核用围大二尺五寸净长三丈六尺中吉木一根围大二尺净长三丈二尺浮溪木一根围大一尺六寸净长二丈八尺高洋木十一根五尺围大八寸长一丈三尺硬木棍六十五根舰匠十五工五厘锯匠五工三分七厘

水柜用樟木牛头四块各长五尺宽一尺五寸厚三寸木段水柜柱四根各长七尺围大三尺二寸水柜闸四块各长七尺见方八寸水柜板三十六块各长四尺六寸宽八寸厚二寸五分水柜柱闸牛头做净每折见方尺四十尺用舰匠一工水柜板八十尺用舰匠一工水柜柱每根用长六寸钉二十个牛头钉缝凑长二丈每丈用长六寸钉三十个水柜板钉缝凑长十六丈五尺六寸每丈用长五寸钉三十个 舱缝凑长四十八丈三尺二寸共核用宽一尺五寸厚三寸樟木枋二丈四寸围大三尺五寸木段九丈九尺九寸长六寸钉一百四十个长五寸钉四百九十七个灰四十八斤五两桐油十九斤五两二钱网纱十八斤一两九钱竹丝十八斤一两九钱舰匠十工六分三厘锯匠三工一分二厘舱匠六工九分舂灰夫一名六分九厘

妈祖龛用杉木板二十丈船尾番仔板画鹰板顺风极及刀剑炮眼用板二十丈均宽六寸厚一寸高洋木妈祖旗杆一根长二丈二尺围大一尺三寸旗杆做净每折见方尺四十尺用舰匠一工妈祖龛各板八十尺用舰匠一工龛板钉缝凑长二十丈每丈用长四寸钉三十个舱缝凑长四十丈共核用宽六寸厚一寸杉木板四十丈八尺围大一尺六寸净长二丈八尺高洋木二丈二尺长四寸钉□百个灰四十八斤桐油十六斤网纱十五斤竹丝十五斤舰匠七工七分二厘舱匠五工七分一厘舂灰夫一名四分

船面两旁炮架六个并盖每个用长四尺六寸宽八寸厚二寸五分木段板六块做净每折见方尺八十尺用舰匠一工共核用围大三尺五寸木段四丈二尺三寸舰匠四工三分五厘锯匠二工四分八厘

船头用中吉木榧一根长四丈二尺围大二尺九寸樟木榧牙一块长五尺宽一尺二寸厚三寸做净每折见方尺四十尺用舰匠一工榧牙用长八寸钉六个共核用围大三尺二寸净长四丈二尺大吉木一根宽一尺五寸厚三寸樟木枋四尺八分长八寸钉六个舰匠三工四分二厘

船尾舵一门用楮木舵杆一根长一丈八尺宽一尺四寸厚八寸中吉木舵闪板六块各长一丈八尺凑宽三尺九寸六分用宽五寸八分厚二寸五分板十二丈二尺九寸樟木极舵夹八块各长四尺围大一尺硬木棍舵牙扼二根各长一丈三尺围大八寸舵杆做净每折见方尺三十尺用舰匠一工舵夹舵牙四十尺用舰匠一工舵闪板八十尺用舰匠一工舵夹钉缝凑长三丈二尺每丈用长八寸钉五十个舵夹舵闪板舱缝凑长十八丈六尺九寸共核用宽一尺四寸厚八寸长一丈八尺二寸楮木一根围大二尺五寸净长三丈六尺中吉木一根五尺围大一尺樟木极三丈二尺八寸围大八寸长一丈三尺硬木棍二根长八寸钉一百六十个灰三十一斤桐油十二斤六两三钱网纱十一斤九两九钱竹丝十一斤九两九钱舰匠六工五分一厘锯匠一工四分六厘舱匠四工四分三厘舂灰夫一名八厘

跟随战船舢板船用柯榔木龙骨一根长二丈斗盖一块长七尺托浪板一块长六尺均宽一尺厚三寸浮溪木水底板十块各长二丈凑宽五尺三寸舨板六块各长二丈二尺凑宽三尺一寸八分堵板十二块各长七尺凑宽六尺三寸六分用宽五寸厚二寸板四十四丈九寸六分龙骨做净每折见方尺四十尺用舰匠一工斗盖各板八十尺用舰匠一工龙骨用长六寸钉十二个托浪板水底板舨板钉缝凑长三十五丈七尺九寸二分每丈用长五寸钉三十个托浪板水底板舨板舱缝凑长七十一丈五尺八寸四分共核用宽一尺厚三寸柯榔木枋三丈三尺六寸围大

二尺净长三丈二尺浮溪木四根一丈九尺长六寸钉十二个长五寸钉一千七十四个灰七十一斤九两桐油二十八斤十两一钱网纱二十六斤十三两五钱竹丝二十六斤十三两五钱舰匠九工四分四厘锯匠四工四分一厘艌匠十工二分三厘舂灰夫二名五分

舢板船两旁水蛇水戗二根各长二丈压板二块各长二丈二尺均宽五寸厚二寸做净每折见方尺八十尺用舰匠一工水蛇钉缝凑长四丈每四尺用长八寸钉三个压板水戗钉缝凑长八丈四尺每丈用长五寸钉三十个艌缝凑长二十四丈八尺共核用围大二尺净长三丈二尺浮溪木一根九尺三寸长八寸钉三十个长五寸钉二百五十二个灰二十四斤十三两桐油九斤十四两七钱网纱九斤四两八钱竹丝九斤四两八钱舰匠二工一分七厘锯匠一工二分四厘艌匠三工五分四厘舂灰夫八分七厘

舢板船用樟木舢板舵三个各长四尺宽五寸厚三寸樟木极舢板梁四块各长四尺四寸牛头仔极十五个各长二尺均围大一尺做净每折见方尺四十尺用舰匠一工舢板舵梁钉缝凑长二丈九尺六寸每丈用长六寸钉三十个舢板舵梁艌缝凑长五丈九尺二寸共核用宽一尺五寸厚三寸樟木枋四尺一寸围大一尺樟木极四丈九尺五寸长六寸钉八十九个灰五斤十五两桐油二斤五两九钱网纱二斤三两五钱竹丝二斤三两五钱舰匠一工六分七厘艌匠八分五厘舂灰夫二分一厘

大桅铁箍十二个各长六尺六寸头桅箍四个各长四尺四寸舵头箍三个各长四尺七寸榧箍二个各长三尺四寸俱宽二寸厚五分椗齿六个各长一尺二寸宽七寸厚五分橹箍六个各长二尺七寸宽一寸厚三分铁环六个各围大六寸以上铁料共净重三百二十五斤每正铁一斤加耗铁一斤每正铁五斤用铁匠一工每正耗铁一斤用炭三斤共核用生铁六百五十斤炭一千九百五十斤铁匠六十五工

油画前船共用乌烟三斤五两广红五斤铜碌四两京红四两南粉二斤银朱一两膳黄四两蓝粉四两杭粉一两松香八两水胶六两墨二块桐油四斤淡底一斤油画匠十工

麻大桅肄索二条各长九丈六尺大七寸五分头桅肄索二条各长八丈大四寸五分大踏索二条各长八丈大五寸小踏索二条各长五丈大二寸二分大缭母一条长四丈五尺大八寸小缭母一条长三丈大四寸大帮衬六条各长一丈七尺大二寸小帮衬九条各长六尺大一寸六分以上麻绳共重七百斤每百斤用绳匠三工六分共核用麻七百斤绳匠二十五工二分

棕正椗索一条长四十二丈大九寸副椗索一条长四十丈大八寸大篷筋一条长七丈六尺大二寸小篷筋一条长四丈大一寸二分缭□□耳共十八条各长二丈六尺大二寸二分椗奴二条各长一丈六尺大五寸三分大小摘尾二条共长十六丈大五寸三分舵吊一条长三丈大六寸五分以上棕绳共重七百二十斤每撕棕四十斤用匠一工成绳四十斤用匠一工共核用棕七百二十斤撕棕匠十八工成绳匠十八工

冲风旗一面长宽各一丈六尺一条龙旗一面长六丈宽三尺妈祖旗一面长宽各五尺大小定风旗三面内一面长六尺二面各长四尺五寸均宽一尺共核用幅宽一尺色布五十丈苎线十两裁缝匠五工

中椗二门齿全各长二丈一尺宽一尺二寸厚八寸

中橹二枝各长四丈八尺宽八寸厚五寸

舢板橹一枝长二丈九尺宽七寸厚四寸

大小桅饼七个

大小无底升八百个

椗舵上配用竹绳草绳共用竹篾七百二十斤绳匠二十五工九分二厘草心七百九十八斤绳匠十九工九分五厘

【查原送成规内开打造竹绳草绳所用匠工多寡不齐今照棕麻绳索用工之例一律核定】

篷上配用大小缭毬摄子兔耳共用槌籐二十九斤籐匠五工八分

刻字用刻字匠三工

竖大小桅用壮夫五十名

前船共用大小铁钉三万五千三百八十个刷抹钉头每百个用桐油六两四钱灰一斤每油灰十斤用艌匠一工共核用桐油一百四十一斤八两三钱灰三百五十三斤十□两艌匠四十九工五分三厘舂灰夫十二名□分八

厘

前船共用舰匠五百八十五工六分九厘系照杉松木植核定内有樟柯等硬料用匠一百二十七工四分九厘每工外加匠二分计加匠二十五工五分共匠六百十一工一分九厘每百工加安装匠十工计安装匠六十一工一分二厘每舰匠安装匠一百工加随匠壮夫二十名计壮夫一百三十四名四分六厘

以上拆造前船共用宽一尺厚八寸松木七丈八尺六寸【每丈银四钱一分四厘】计银三两二钱五分四厘

【查原送成规内开松木按依十六则丈尺计算每丈核银四钱八分一厘至三钱四分一厘不等多寡参差均匀核计每丈需银四钱一分四厘今照四钱一分四厘之数一律核定】

围大三尺二寸净长四丈二尺大吉木三十四根【每根银二两七钱】计银九十一两八钱

围大二尺五寸净长三丈六尺中吉木三十五根八尺二寸【每根银一两五钱】计银五十二两八钱四分二厘

【查原送成规内开中吉木三十四根今按丈尺做法核算应增一根八尺二寸】

围大二尺净长三丈二尺浮溪木三十四根一尺四寸【每根银五钱】计银十七两二分二厘

【查原送成规内开浮溪木三十四根今按丈尺做法核算应增一尺四寸】

围大□□□□净长□丈□尺高洋木三十三根二丈□□【每根银二钱】计银六两七钱八分六厘

【查原送成规内开高洋木三十四根今按丈尺做法核算应减二尺】

围大三尺五寸木段七十丈八尺六寸核长一丈四尺段料五十根八尺六寸【每根银六钱】计银三十两三钱六分九厘

【查原送成规内开木段五十二根今按丈尺做法核算应减一根五尺四寸】

宽一尺五寸厚三寸樟木枋一百十八丈五尺九寸核长一丈七尺枋料六十九块一丈二尺九寸【每块银一两三钱】计银九十两六钱八分六厘

【查原送成规内开樟枋七十一块今按丈尺做法核算应减一块四尺一寸】

宽一尺厚三寸长八尺二寸樟木板六块【每块银四钱一分八厘】计银二两五钱八厘

【查原送成规内开樟木枋梁座梁头一则至十七则各长一丈七尺宽一尺五寸厚三寸每块开银一两三钱托浪樟木板第一则长六尺五寸宽一尺厚三寸每块开银五钱第二则至十七则各长八尺宽一尺厚三寸每块亦开银五钱价值参差今俱照梁座梁头之价一律核定】

宽一尺二寸厚三寸松木枋一百十二丈五尺二寸核长一丈七尺枋料六十六块三尺二寸【每块银三钱五分】计银二十三两一钱六分六厘

【查原送成规内开松木枋六十六块今按丈尺做法核算应减一块一丈三尺八寸】

围大一尺樟木极七十丈九尺五寸核长一丈二尺樟极五十九块一尺五寸【每块银二钱】计银十一两八钱二分五厘

【查原送成规内开樟木极六十块今按丈尺做法核算应减一丈五寸】

□一尺五寸厚三寸柯梅木枋十丈五尺六寸【每丈银五钱七分一厘五毫】计银六两三分五厘

宽一尺厚三寸柯梅木枋十七丈五尺五寸【每丈银三钱八分一厘】计银六两六钱八分七厘

【查原送成规内开柯梅木马面一则至十七□□长□丈□□宽一尺五寸厚三寸每□开银□□□筋及舢板龙骨等料一则□□则各长二丈五尺宽一尺厚三寸每□□银一□□则至十七则各长三丈五□□一尺厚□寸每块开银二两价值参□□俱照□□□□一律核定】

围大八寸长一丈□尺硬木棍八十根【每根银八分】计银六两四钱

宽六寸厚一寸杉木板四十丈八尺【每丈银四钱】计银十六两□钱二分

围大七尺长一丈八尺五寸樟木一根计银七两九分八厘

围大五尺三寸长□□五尺五寸樟木一根计银三两四钱九厘

见方二尺四寸长八尺二寸樟木一块计银四两四钱三分八厘

围大□尺六寸长五尺八寸樟木一段计银九钱六分

宽二尺一寸厚八寸长一丈七尺二寸樟木一块计银二两七钱一分四厘

围大七尺五寸长七尺七寸樟木一段计银三两三钱九分一厘

宽二尺二寸厚一尺一寸长一丈二尺二寸樟木二块【每块银二两七钱七分三厘】计银五两五钱四分六厘

宽一尺八寸厚八寸长一丈樟木二块【每块银一两三钱五分三厘】计银二两七钱六厘

宽二尺厚九寸五分长一丈六尺二寸樟木二块【每块银二两八钱九分二厘】计银五两七钱八分四厘

围大四尺七寸长一丈五尺五寸樟木一根计银二两六钱八分一厘

宽一尺二寸厚六寸长一丈八尺二寸樟木一块计银一两二钱三分一厘

宽二尺四寸厚六寸长七尺七寸樟木一块计银一两四分二厘

【查原送成规内开一则至十□则每则用樟木含□等料□□款所□□□逐款核计俱属□□□□□□□□□□□一尺□银九分□□□□□丝□□□分三厘九毫六丝□数一律□定】

宽一尺四寸□八寸长一丈八尺二寸楮木一根计银□六两

围大六尺五寸长八丈桅木一根计银四十二两

围大四尺三寸长五丈桅木一根计银七两

长一尺□五百七十三个每二个重一斤计重二百八十九斤□八寸□二百七十二个每五个重一斤□□五十四斤六两四钱长六寸钉二万六□六十个每十五个重一斤计重一千三百七十七斤五两三钱长五寸钉一万三千二百七□个每二十个重一斤计重六百六十三斤八两长四寸钉六百个每三十个重一斤计重二十斤以上铁钉共重二千四百四斤三两七钱除选用旧钉一千九十四斤三两七钱外添新一千三百十斤【每斤银二分二厘】计银二十八两八钱二分

灰二千七百六十三斤二两【每百斤银二钱】计银五两五钱二分六厘

桐油一千一百九斤四两八钱【每斤银三分】计银三十三两二钱七分九厘

网纱九百三斤八两五钱【每斤银一分二厘】计银十两八钱四分二厘

竹丝九百三斤八两五钱【每斤银□厘】计银五两四钱二分□厘

生铁六百□十斤【每斤银一分】计银□两五钱

炭一千九百□十六斤【每百斤银一钱□分】计银□两一钱二分

乌烟三斤□□【每斤银一□□厘】计银五分

广红五斤【每斤银五分】计银二钱五分

铜碌四两【每斤银三钱】计银七分五厘

京红四两【每斤银八分】计银二分

南粉二斤【每斤银一分】计银二分

银朱一两【每斤银六钱四分】计银四分

雕黄四两【每斤银二钱】计银五分

蓝粉四两【每斤银八分】计银二分

杭粉一两【每斤银一钱六分】计银一分

水胶六两【每斤银四分】计银一分五厘

松香□□【每斤银二分】计银一分

□二块【每□银一分】计银二分

淡底一斤计银五分

麻七百斤【每斤银一分五厘】计银十两五钱

棕七百二十斤【每斤银三分】计银二十一两六钱

幅宽一尺色布五十丈【每丈银一钱】计银五两

苎线十两【每斤银一钱二分】计银七分五厘

椗二门齿全各长二丈一尺宽一尺二寸厚八寸【每门银二两一钱五厘】计银四两二钱一分

橹二枝各长四丈八尺宽八寸厚五寸【每枝银一两九钱五分七厘】计银三两九钱一分四厘

舢板橹一枝长二丈九尺宽七寸厚四寸计工料银三钱七分二厘

大风篷一扇长六丈六尺宽三丈二尺计银六两五钱八分五厘

头风篷一扇长三丈三尺宽一丈六尺计银一两六钱四分六厘

【查原送成规内开一则至十七则大篷每扇银五两五钱头篷每扇银一两五钱所开丈尺大篷长自四丈八尺至七丈宽自二丈六尺至三丈三尺不等头篷长自二丈四尺至三丈五尺宽自一丈四尺至一丈六尺五寸不等俱属参差均匀核计每折见方一丈需银三钱一分一厘八毫今照三钱一分一厘八毫之数一律核定】

大小桅饼七个【每个银七分】计银四钱九分

大小无底升八百个【每百个银一八分】计银六钱四分

竹篾七百二十斤【每百斤银一钱六□】计银一两一钱五分二厘

草心七百九十八斤【每百斤银七分】计银五钱五分九厘

槐籐二十九斤【每斤银二分五厘】计银七钱二分五厘

舰匠六百十一工一分九厘

安装匠六十一工一分二厘

锯匠一百六十八工五分六厘

舱匠三百九十工七分一厘

铁匠六十五工

油画匠十工

绳匠七十一工七厘

棕匠三十六工

裁缝匠五工

籐匠五工八分

刻字匠三工

壮夫二百八十一名一分六厘

以上共匠夫一千七百十一工六分一厘【每工银五分】计银八十五两五钱八分

又置备物件开后

水桶三十件【每件银三分】计银九钱

铁锅三口换新【每口贴工料银一钱二分】计银三钱六分

鼓一面修理换皮计银四钱八分

金一面重四斤换新【每斤贴工料银七分】计银二钱八分

以上拆造前船成规内开共需工料银七百十五两六钱五分六毫内部价银三百四十两七钱八分六厘加八津贴并另加三分银三百七十四两八钱六分四厘六毫台厂运费银六十八两一钱五分七厘二毫今按条查核分别增减更正需用工料银七百十两九钱六厘内部价银三百三十八两五钱二分七厘加八津贴并另加三分银三百七十二两三钱七分九厘台厂运费银六十七两七钱五厘计节减工料银四两七钱四分四厘六毫运费银四钱五分二厘二毫行令该抚于前船届应折造之期将节减银两在于应领银内扣除

至大小修理成规内开大修工料银四百八十一两五分九厘内部价银二百十八两六钱六分三厘加九津贴并另加三分银二百六十二两三钱九分六厘台厂运费银四十三两七钱三分三厘小修工料银三百四十三两九钱六分三厘内部价银一百四十九两五钱四分九厘加十津贴□另加三分银一百九十四两四钱一分四厘台厂运费银二十九两九钱一分

其余二船仿此

卷一四

福建省外海战船做法

第十四则赶缯船三只内台湾协标右营澄字二号船一只身长八丈一尺头起𦪈五尺尾起𦪈四尺船头长三丈一尺面匀宽一丈四尺底匀宽一丈二尺四寸船中长二丈七尺面匀宽二丈二寸底匀宽一丈五尺四寸船尾长二丈三尺面匀宽一丈九尺二寸底匀宽一丈四尺九寸两边舦长十丈计二十一舱深六尺九寸四分

今将拆造前船需用工料价值细数开后

计开

船底松木龙骨一道计三节船头一节长二丈六尺船中一节连交接匙头长四丈二尺船尾一节长一丈五尺共凑长八丈三尺均宽一尺厚八寸做净每折见方尺二十尺用舰匠一工交接匙头二处每处用长一尺钉八个又每边用长六寸钉十二个共核用宽一尺厚八寸松木枋八丈又三尺六寸

【查成规内开大吉中吉浮溪高洋四项木植俱截去尖梢作栏杆灶柜签子木牌等项之用其本身木料毋庸另加长荒外一切枋段各料有截去一二尺至三五尺□□者亦有未加长荒者参差不一今将枋段各料每件长五尺以内者加长荒一寸五尺以外者加长荒二寸圆径樟木料长一丈以内者每根加长荒二寸长一丈以外者每根加长荒五寸一律核定】

长一尺钉十六个长六寸钉二十四个舰匠十四工九分四厘

船底板连起𦪈长八丈一尺内船底匀宽一丈四尺七寸六分两站各匀高七尺九寸七分添换用长四丈二尺宽八寸厚三寸大吉木板六十六块做净每折见方尺八十尺用舰匠一工锯板折宽一尺长七丈用锯匠一工【以下锯板用工仿此】钉缝凑长二百七十七丈二尺每丈用长六寸钉三十个艌缝凑长五百五十四丈四尺每丈用灰一斤桐油六两四钱网纱竹丝各六两每七丈用艌匠一工舂制油灰每四十斤用舂灰夫一名【以下艌缝用工用料仿此】共核用围大三尺二寸净长四丈二尺大吉木二十二根长六寸钉八千三百十六个灰五百五十四斤六两桐油二百二十一斤二两二钱网纱二百七斤十四两四钱竹丝二百七斤十四两四钱舰匠七十六工二分三厘锯匠四十三工五分六厘艌匠七十九工二分舂灰夫十九名四分

各舱樟木梁座三十六块内船头配用十二块凑长十八丈船中十二块凑长二十丈四尺船尾十二块凑长二十丈四尺舱梁二十七块内船头九块凑长十四丈四尺船中九块凑长十五丈三尺船尾九块凑长十五丈三尺均宽一尺五寸厚三寸松木梁头五十四块内船头配用十八块凑长二十八丈八尺船中十八块凑长三十丈六尺船尾十八块凑长三十丈六尺均宽一尺二寸厚三寸硬木棍稳吊九根各长一丈三尺围大八寸梁座梁头做净每折见方尺八十尺用舰匠一工稳吊四十尺用舰匠一工钉缝凑长二百五丈五尺每丈用长六寸钉三十个艌缝凑长四百十一丈共核用宽一尺五寸厚三寸樟木枋一百五丈六寸宽一尺二寸厚三寸松木枋九十一丈八寸围大八寸长一丈三尺硬木棍九根长六寸钉六千一百六十五个灰四百十一斤桐油一百六十四斤六两四钱网纱一百五十四斤二两竹丝一百五十四斤二两舰匠八十二工八分艌匠五十八工七分一厘舂灰夫十四名三分九厘

各舱配用樟木极四十二块内虎头舱极二块各长九尺五寸冲天极二块拜棚极二块各长一丈一尺小官厅极二块各长一丈大桅舱极二块油婆舱前后极四块官厅舱极二块通铺前后极四块缭公舱极二块舵公舱极二块中转水极二块各长一丈二尺八字极二块各长一丈五寸鳅鱼极二块各长七尺尾里极四块下金极二块下担极二块各长六尺斗盖极二块各长五尺头转水极二块各长九尺均围大一尺做净每折见方尺四十尺用舰匠一工每块用长六寸钉二个艌缝凑长八十二丈共核用围大一尺樟木极四十一丈八尺二寸长六寸钉八十二个灰八十二斤桐油三十二斤十二两八钱网纱三十二斤十二两竹丝三十二斤十二两舰匠十工二分五厘艌匠十一工七分一厘舂灰夫二名八分七厘

船身两旁走马二条水蛇二条各长八丈四尺宽八寸厚四寸做净每折见方尺四十尺用舰匠一工走马钉缝凑长十六丈八尺每丈用长一尺钉三十个水蛇钉缝凑长十六丈八尺每四尺用长一尺钉三个艌缝凑长六十七丈二尺共核用围大三尺二寸净长四丈二尺大吉木四根长一尺钉六百三十个灰六十七斤三两桐油二十六斤十四两一钱网纱二十五斤三两二钱竹丝二十五斤三两二钱舰匠二十工一分六厘锯匠五工七分六厘艌匠九工六分舂灰夫二名三分五厘

船面两旁艜板长八丈凑宽一丈四尺二寸添换用长四丈二尺宽八寸厚三寸大吉木板二十一块做净每折见方尺八十尺用舰匠一工钉缝凑长八十八丈二尺每丈用长六寸钉三十个舱缝凑长一百七十六丈四尺共核用围大三尺二寸净长四丈二尺大吉木七根长六寸钉二千六百四十六个灰一百七十六斤六两桐油七十斤九两网纱六十六斤二两四钱竹丝六十六斤二两四钱舰匠二十四工二分六厘锯匠十三工八分六厘舱匠二十五工二分舂灰夫六名一分七厘

两旁舭板各长十丈高七尺添换用长三丈六尺宽五寸八分厚二寸五分中吉木板五十四块两旁添换木段舭柱七根各长七尺围大三尺二寸舭板做净每折见方尺八十尺用舰匠一工舭柱四十尺用舰匠一工舭板钉缝凑长一百九十四丈四尺每丈用长五寸钉三十个舭柱钉缝凑长四丈九尺每丈用长六寸钉三十个舱缝凑长三百九十八丈六尺共核用围大二尺五寸净长三丈六尺中吉木十八根围大三尺五寸木段五丈四寸长六寸钉一百四十七个长五寸钉五千八百三十二个灰三百九十八斤十两桐油一百五十九斤七两网纱一百四十九斤七两六钱竹丝一百四十九斤七两六钱舰匠四十四工二分六厘锯匠二十三工五厘舱匠五十六工九分四厘舂灰夫十三名九分五厘

【查成规内舭板未载舭高尺寸今按舭柱长丈核定】

两旁舭膜二十五块各长三尺七寸围大一尺做净每折见方尺四十尺用舰匠一工每块用长六寸钉二个舱缝凑长十八丈五尺共核用围大一尺樟木极九丈五尺长六寸钉五十个灰十八斤八两桐油七斤六两四钱网纱六斤十五两竹丝六斤十五两舰匠二工三分一厘舱匠二工六分四厘舂灰夫六分五厘

舭上前后浮溪木鼠桥板四块各长二丈七尺宽五寸厚二寸高洋木舭压板四块各长八丈六尺宽四寸厚二寸两边木段猴袋板四块各长一丈四尺宽八寸厚二寸五分做净每折见方尺八十尺用舰匠一工鼠桥板压板钉缝凑长二十八丈每丈用长五寸钉三十个压板舱缝凑长三十四丈四尺共核用围大二尺净长三丈二尺浮溪木一根四尺围大一尺六寸净长二丈八尺高洋木三根二尺围大三尺五寸木段一丈四尺二寸长五寸钉八百四十个灰三十四斤六两桐油十三斤十二两二钱网纱十二斤十四两四钱竹丝十二斤十四两四钱舰匠五工九分四厘锯匠三工三分九厘舱匠四工九分一厘舂灰夫一名二分

两旁笨抽二块大压二条水戗二条各长八丈四尺宽六寸六分厚三寸五分做净每折见方尺四十尺用舰匠一工钉缝凑长五十丈四尺每丈用长六寸钉三十个舱缝凑长一百丈八尺共核用围大二尺五寸净长三丈六尺中吉木七根长六寸钉一千五百十二个灰一百斤十三两桐油四十斤五两一钱网纱三十七斤十二两八钱竹丝三十七斤十二两八钱舰匠二十五工四分五厘锯匠七工二分七厘舱匠十四工四分舂灰夫三名五分三厘

官厅前后梁三根用中吉木各长二丈围大二尺二寸战柜板十八块各长二丈凑宽一丈一尺八寸八分后墙板十块各长一丈六尺凑宽六尺六寸左右墙板十五块各长八尺凑宽九尺九寸麒麟堵枋十块大炮枋十块各长四尺二寸凑宽一丈三尺二寸用宽五寸八分厚二寸五分板八十二丈三尺八寸六分浮溪木官厅贴柱八根各长一丈三尺见方五寸官厅门板八块各长四尺凑宽四尺二寸四分铺板三十块各长一丈一尺四寸凑宽一丈五尺九寸用宽五寸厚二寸板三十九丈六尺四寸四分高洋木战柜挑二块官厅侧板二块踏板二块各长一丈七尺宽四寸厚二寸木段冲天盖板十二块各长四尺六寸宽八寸厚二寸五分官厅梁贴柱做净每折见方尺四十尺用舰匠一工战柜各板八十尺用舰匠一工战柜板墙板冲天盖板官厅门板钉缝凑长八十一丈七尺四寸每丈用长五寸钉三十个战柜板墙板冲天盖板舱缝凑长一百五十六丈六尺九寸六分共核用围大二尺五寸净长三丈六尺中吉木九根一丈六寸围大二尺净长三丈二尺浮溪木七根一丈二尺一寸围大一尺六寸净长二丈八尺高洋木一根二丈三尺围大三尺五寸木段一丈四尺一寸长五寸钉二千四百五十二个灰一百五十六斤十一两桐油六十二斤十两九钱网纱五十八斤十二两二钱竹丝五十八斤十二两二钱舰匠三十五工五分一厘锯匠十六工九分二厘舱匠二十二工三分九厘舂灰夫五名四分八厘

官厅前通铺板四块各长一丈六尺后通铺板二块各长一丈七尺均宽一尺二寸三八寸做净每折见方尺八十尺用舰匠一工钉缝凑长九丈八尺每丈用长六寸钉三十个舱缝凑长十九丈六尺共核用宽一尺二寸厚三寸松木枋九丈九尺二寸长六寸钉二百九十四个灰十九斤十两桐油七斤十三两四钱网纱七斤五两六钱竹丝七斤五两六钱舰匠三工六分八厘舱匠二工八分舂灰夫六分九厘

官厅两旁高洋木猫里柱四根各长四尺围大一尺三寸木段猫里上下袱四块各长七尺宽八寸厚四寸浮溪木官厅内猫里墙板十六块□板八块各长四尺凑宽一丈二尺七寸二分猫里樦两旁板十八块各长五尺三寸凑宽九尺五寸四分用宽五寸厚二寸板二十丈二尺八寸八分猫里柱上下袱做净每折见方尺四十尺用舰匠一工猫里各板八十尺用舰匠一工猫里墙板门板钉缝凑长十丈一尺七寸六分每丈用长五寸钉三十个共核用围大一尺六寸净长二丈八尺高洋木一丈六尺围大二尺净长三丈二尺浮溪木二根三尺六寸围大三尺五寸木段一丈四尺四寸长五寸钉三百五个舰匠五工七分五厘锯匠二工五分一厘

官厅内中吉木炕床杠二根各长一丈六尺围大二尺二寸虎头舱浮溪木铺板八块各长七尺凑宽四尺二寸四分虎头舱门板八块各长四尺凑宽四尺二寸四分用宽五寸厚二寸板九丈三尺二寸八分炕床杠做净每折见方尺四十尺用舰匠一工虎头舱各板八十尺用舰匠一工虎头舱门板钉缝凑长三丈三尺九寸二分每丈用长五寸钉三十个共核用围大二尺五寸净长三丈六尺中吉木三丈二尺围大二尺净长三丈二尺浮溪木三丈一尺一寸长五寸钉一百二个舰匠三工三分九厘锯匠九分三厘

两旁艜面战棚板用长三丈二尺宽五寸厚二寸浮溪木板二十七块各舱内铺板用长四尺宽四寸厚一寸高洋木板三百三十六块做净每折见方尺八十尺用舰匠一工共核用围大二尺净长三丈二尺浮溪木九根围大一尺六寸净长二丈八尺高洋木十二根舰匠三十一工九分二厘锯匠十八工二分四厘

两旁艜上艜牛六块各长八尺各舱口扛豆五块各长一丈七尺均宽一尺二寸厚三寸做净每折见方尺四十尺用舰匠一工艜牛每块用长六寸钉四个扛豆钉缝凑长八丈五尺每丈用长六寸钉三十个艌缝凑长二十六丈六尺共核用宽一尺二寸厚三寸松木枋十三丈五尺二寸长六寸钉二百七十九个灰二十六斤十两桐油十六斤十两网纱九斤十五两六钱竹丝九斤十五两六钱舰匠九工九分八厘艌匠三工八分舂灰夫九分三厘

各舱盖板用长六尺九寸宽八寸厚二寸五分木段板九十块舱盖下大通槽十二个侧槽六个水槽六个各长四尺六寸宽一尺厚八寸小通槽九个各长四尺六寸见方八寸舱盖用柯栒木枕头九块各长四尺八寸宽一尺厚三寸舱盖板枕头木做净每折见方尺八十尺用舰匠一工通槽等槽三十尺用舰匠一工舱盖板钉缝凑长六十二丈一尺每丈用长五寸钉三十个艌缝凑长一百二十四丈二尺共核用围大三尺五寸木段三十一丈四尺八寸宽一尺厚三寸柯栒木枋四丈四尺一寸长五寸钉一千八百六十三个灰九一百二十四斤三两桐油四十九斤十两九钱网纱四十六斤九两二钱竹丝四十六斤九两二钱舰匠三十五工三分七厘锯匠十三工一分艌匠十七工七分四厘舂灰夫四名三分五厘

两旁艈边用高洋木牛栏四根内船头二根船后二根各长二丈八尺围大一尺三寸做净每折见方尺四十尺用舰匠一工共核用围大一尺六寸净长二丈八尺高洋木四根舰匠三工六分四厘

船头斗盖用樟木一块长一丈五尺围大四尺七寸虾箍梁一块长八尺五寸斗盖下兔耳一块长八尺均宽一尺五寸厚三寸托浪板六块各长八尺宽一尺厚三寸斗盖虾箍梁兔耳做净每折见方尺四十尺用舰匠一工托浪板八十尺用舰匠一工斗盖用长八寸钉十二个虾箍梁托浪板钉缝凑长五丈六尺五寸每丈用长六寸钉三十个兔耳钉缝长八尺每丈用长五寸钉三十个虾箍梁兔耳托浪板艌綖凑长十二丈九尺共核用围大四尺七寸长一丈五尺五寸樟木一根宽一尺五寸厚三寸樟木枋一丈六尺九寸宽一尺厚三寸长八尺二寸樟木板六块长八寸钉十二个长六寸钉一百七十个长五寸钉二十四个灰十二斤十四两桐油五斤二两六钱网纱四斤十三两四钱竹丝四斤十三两四钱舰匠四工八分一厘艌匠一工八分四厘舂灰夫四分五厘

中含檀一块长一丈八尺围大七尺头含檀一块长一丈五尺围大五尺三寸含檀梁一块长一丈七尺头含檀闸一块长一丈二尺均宽一尺五寸厚三寸做净每折见方尺三十尺用舰匠一工含檀梁钉缝长一丈七尺每丈用长六寸钉三十个含檀含檀梁艌缝凑长十丈共核用围大七尺长一丈八尺五寸樟木一根围大五尺三寸长一丈五尺五寸樟木一根宽一尺五寸厚三寸樟木枋二丈九尺四寸长六寸钉五十一个灰十斤桐油四斤网纱三斤十二两竹丝三斤十二两舰匠十工三分三厘艌匠一工四分三厘舂灰夫三分五厘

中转水二块各长一丈六尺宽二尺厚九寸五分樟木极转水鞋二块各长七尺围大一尺做净每折见方尺四十尺用舰匠一工转水每块用长一尺钉二个转水鞋每块用长六寸钉七个艌缝凑长九丈二尺共核用宽二尺厚九寸五分长一丈六尺二寸樟木二块围大一尺樟木一丈四尺四寸长一尺钉四个长六寸钉十四个灰九斤三两

桐油三斤十两九钱网纱三斤七两二钱竹丝三斤七两二钱舰匠五工七厘艌匠一工三分一厘春灰夫三分二厘

船尾用浮溪木拜棚杠三根各长一丈六尺尾楼舨柱四根各长四尺均围大一尺七寸木段尾舨板八块各长一丈四尺宽八寸厚二寸五分拜棚杠尾舨柱做净每折见方尺八十尺用舰匠一工尾舨板八十尺用舰匠一工尾舨板钉缝凑长十一丈二尺每丈用长五寸钉三十个共核用围大二尺净长三丈二尺浮溪木二根围大三尺五寸木段二丈八尺四寸长五寸钉三百三十六个舰匠五工六分六厘锯匠一工六分八厘

船尾用樟木下金一块长七尺五寸围大七尺五寸缭牛一副长七尺五寸宽二尺四寸厚六寸尾楼上金一块长一丈七尺宽二尺一寸厚八寸七星冠一块长一丈八尺宽一尺二寸厚六寸硬木要下金拴二根缭牛臁二根各长六尺五寸围大八寸木段缭牛杠四根各长七尺围大三尺二寸下金缭牛上金七星冠做净每折见方尺三十尺用舰匠一工下金拴缭牛臁缭牛杠四十尺用舰匠一工下金用长八寸钉十八个缭牛用长八寸钉二十二个上金用长一尺钉十八个缭牛臁钉缝凑长一丈三尺每丈用长五寸钉三十个下金舱缝长七尺五寸共核用围大七尺五寸长七尺七寸樟木一段宽二尺四寸厚六寸长七尺七寸樟木一块宽二尺一寸厚八寸长一丈七尺二寸樟木一块宽一尺二寸厚六寸长一丈八尺二寸樟木一块围大八寸长一丈三尺硬木棍二根围大三尺五正木段二丈八尺八寸长一尺钉十八个长八寸钉四十个长五寸钉三十九个灰十二两桐油四两八钱网纱四两五钱竹丝四两五钱舰匠十一工八分八厘艌匠一分一厘春灰夫三厘

船尾舵边用木段硬筋二根各长一丈四尺围大三尺二寸尾楼鲂鱼翅二块各长七尺宽一尺厚四寸纱帽匙二块鸡母宿一块尾燕板一块各长一丈四尺宽八寸厚二寸五分柯枸木软筋二块各长一丈四尺宽一尺厚三寸硬筋鲂鱼翅软筋做净每折见方尺四十尺用舰匠一工纱帽匙各板八十尺用舰匠一工硬筋头尾用长六寸钉十二个共核用围大三尺五寸木段四丈九尺八寸宽一尺厚三寸柯枸木二丈八尺四寸长六寸钉十二个舰匠六工五分一厘锯匠一工一分二厘

尾楼上用浮溪木铺板二十一块各长四尺尾座板四块各长一丈二尺舨边寄菜板二块各长一丈四尺碗格二块各长一丈一尺均宽五寸厚二寸高洋木尾楼挑二块橹棚一块各长一丈七尺宽四寸厚二寸做净每折见方尺八十尺用舰匠一工尾楼铺板钉缝凑长八丈四尺每丈用长五寸钉三十个共核用围大二尺净长三丈二尺浮溪木一根二丈八尺七寸围大一尺六寸净长二丈八尺高洋木二丈五尺五寸长五寸钉二百五十二个舰匠三工九分五厘锯工二工二分六厘

船尾用樟木橹通板三块各长一丈七尺橹门枋一根橹床二块各长五尺均宽一尺五寸厚三寸橹通板做净每折见方尺八十尺用舰匠一工橹门枋橹床四十尺用舰匠一工橹床每块用长八寸钉十二个橹通板钉缝凑长五丈一尺每丈用长六寸钉三十个橹床橹通板舱缝凑长十二丈二尺共核用宽一尺五寸厚三寸樟木枋六丈六尺九寸长八寸钉二十四个长六寸钉一百五十三个灰十二斤三两桐油四斤十四两一钱网纱四斤九两二钱竹丝四斤九两二钱舰匠三工六分五厘艌匠一工七分四厘春灰夫四分三厘

水仙门两旁用浮溪木边柱二根中柱二根各长四尺围大一尺七寸水仙门板十四块各长四尺凑宽七尺四寸二分用宽五寸厚二寸板五丈九尺三寸六分樟木极百子舥十六块各长六尺围大一尺船中浮溪木虾簱心一根长三丈二尺围大一尺七寸舨边柯枸木朴竹八块各长一丈三尺宽一尺厚三寸边柱中柱百子舥虾簱心做净每折见方尺四十尺用舰匠一工门板朴竹八十尺用舰匠一工百子舥钉缝凑长九丈六尺每丈用长六寸钉三十个艌缝凑长十九丈二尺共核用围大二尺净长三丈二尺浮溪木二根一丈九尺八寸围大一尺樟木极九丈九尺二寸宽一尺厚三寸柯枸木枋十丈五尺六寸长六寸钱二百八十八个灰十九斤三两桐油七斤十两九钱网纱七斤三两二钱竹丝七斤三两二钱舰匠九工五分四厘锯匠五分九厘艌匠二工七分四厘春灰夫六分七厘

大桅座一块长八尺见方二尺四寸头桅座一块长五尺六寸围大四尺六寸做净每折见方尺三十尺用舰匠一工共核用见方二尺四寸长八尺二寸樟木一块围大四尺六寸长五尺八寸樟木一段舰匠三工四分二厘

大鹿耳二块各长一丈二尺宽二尺二寸厚一尺一寸头鹿耳二块各长九尺八寸宽一尺八寸厚八寸硬木棍鹿耳夹二根各长一丈三尺围大八寸做净每折见方尺四十尺用舰匠一工共核用宽二尺二寸厚一尺一寸长一丈二尺二寸樟木二块宽一尺八寸厚八寸长一丈樟木二块围大八寸长一丈三尺硬木棍二根舰匠七工三厘

大桅一根长七丈二尺围大五尺七寸头桅一根长五丈围大四尺三寸做净每折见方尺四十尺用舰匠一工

共核用围大六尺九寸长八丈二尺桅木一根围大四尺三寸长五丈桅木一根舰匠十九工五分二厘

桅尾用柯栂木马面三块各长三丈五尺宽一尺五寸厚三寸樟木大桅笠一个长二尺宽一尺五寸厚三寸木段大桅伃一根长一丈四尺头桅伃一根长一丈二尺均围大三尺二寸马面做净每折见方尺八十尺用舰匠一工桅笠桅伃四十尺用舰匠一工马面钉缝凑长十丈五尺每丈用长六寸钉二十个共核用宽一尺五寸厚三寸柯栂木枋十丈五尺六寸宽一尺五寸厚三寸樟木枋二尺一寸围大三尺五寸木段二丈六尺四寸长六寸钉二百十个舰匠六工九分九厘

大风篷一扇长六丈八尺宽三丈二尺头风篷一扇长三丈四尺宽一丈六尺浮溪木大篷担二根各长三丈二尺头篷担二根各长一丈六尺均围大一尺七寸做净每折见方尺四十尺用舰匠一工共核用宽三丈二尺长六丈八尺风篷一扇宽一丈六尺长三丈四尺风篷一扇围大二尺净长三丈二尺浮溪木三根舰匠四工八厘

大篷架用木段横梁一根长一丈四尺头篷架横梁一根架针三根各长七尺均宽一尺厚八寸做净每折见方尺三十二尺用舰匠一工共核用围大三尺五寸木段四丈三尺舰匠四工七分三厘锯匠一工八厘

大篷车员一根用中吉木长二丈椗车员一根长一丈六尺均围大二尺二寸浮溪木大篷半车员一根斗头车员一根各长一丈尾楼车员一根长一丈二尺均围大一尺七寸高洋木车耳十一个各长六尺车脚直板十四块斜板六块各长二丈八尺均宽四寸厚二寸硬木棍车子六十五根各长一丈三尺围大八寸车员车耳做净每折见方尺三十二尺用舰匠一工车脚斜直板八十尺用舰匠一工共核用围大二尺五寸净长三丈六尺中吉木一根围大二尺净长三丈二尺浮溪木一根围大一尺六寸净长二丈八尺高洋木十一根五尺围大八寸长一丈三尺硬木棍六十五根舰匠十五工五厘锯匠五工三分七厘

水柜用樟木牛头四块各长五尺宽一尺五寸井口枋八块各长二尺八寸宽七寸均厚三寸木段水柜柱四根各长七尺围大三尺二寸水柜闸四块各长七尺见方八寸水柜板三十六块各长四尺六寸宽八寸厚二寸五分水柜柱闸牛头井口枋做净每折见方尺四十尺用舰匠一工水柜板八十尺用舰匠一工水柜柱每根用长六寸钉二十个牛头钉缝凑长二丈每丈用长六寸钉三十个水柜板钉缝凑长十六丈五尺六寸每丈用长五寸钉三十个水柜柱闸水柜板牛头舱缝凑长四十八丈三尺二寸共核用宽一尺五寸厚三寸樟木枋三丈一尺二寸三分围大三尺五寸木段九丈九尺九寸长六寸钉一百四十个长五寸钉四百九十七个灰四十八斤五两桐油十九斤五两二钱网纱十八斤一两九钱竹丝十八斤一两九钱舰匠十一工七分五厘锯匠三工一分二厘舱匠六工九分舂灰夫一名六分九厘

妈祖龛用杉木板二十丈船尾番仔板画鹰板顺风板及刀剑炮眼用板二十丈均宽六寸厚一寸高洋木妈祖旗杆一根长二丈二尺围大一尺三寸旗杆做净每折见方尺四十尺用舰匠一工妈祖龛各板八十尺用舰匠一工龛板钉缝凑长二十丈每丈用长四寸钉三十个舱缝凑长四十丈共核用宽六寸厚一寸杉木板四十丈八尺围大一尺六寸净长二丈八尺高洋木二□二尺长四寸钉六百个灰四十斤桐油十六斤网纱十五斤竹丝十五斤舰匠七工七分二厘舱匠五工七分一厘舂灰夫一名四分

船面两旁炮架六个并盖每个用长四尺六寸宽八寸厚二寸五分木段板六块做净每折见方尺八十尺用舰匠一工共核用围大三尺五寸木段四丈二尺三寸舰匠四工三分五厘锯匠二工四分八厘

船头用大吉木樾一枝长四丈二尺围大二尺九寸樟木樾牙每块长五尺宽一尺二寸厚三寸

做净每折见方尺四十尺用舰匠一工樾牙用长八寸钉六个共核用围大三尺二寸净长四丈二尺大吉木一根宽一尺五寸厚三寸樟木枋四尺八分长八寸钉六个舰匠三工四分二厘

船尾舵一门用楮木舵杆一根长一丈八尺宽一尺四寸厚八寸中吉木舵闪板六块各长一丈八尺凑宽三尺九寸六分用宽五寸八分厚二寸五分板十二丈二尺九寸樟木极舵夹八块各长四尺围大一尺硬木棍舵牙扼一根各长一丈三尺围大八寸舵杆做净每折见方尺三十尺用舰匠一工舵夹舵牙四十尺用舰匠一工舵闪板八十尺用舰匠一工舵夹钉缝凑长三丈二尺每丈用长八寸钉五十个舵夹舵闪板舱缝凑长三十丈九尺八寸共核用宽一尺四寸厚八寸长一丈八尺二寸楮木一根围大二尺五寸净长三丈六尺中吉木一根五尺围大一尺樟木极三丈二尺八寸围大八寸长一丈三尺硬木棍二根长八寸钉一百六十个灰三十一斤桐油十二斤六两三钱网纱十一斤九两九钱竹丝十一斤九两九钱舰匠六工五分一厘锯匠一工四分六厘舱匠四工四分三厘舂灰夫一名

八厘

跟随战船舢板船用柯桷木龙骨一根长二丈斗盖一块长七尺托浪板一块长六尺均宽一尺厚三寸浮溪木水底板十块各长二丈凑宽五尺三寸舷板六块各长二丈二尺凑宽三尺一寸八分堵板十二块各长七尺凑宽六尺三寸六分用宽五寸厚二寸板四十四丈九寸六分龙骨做净每折见方尺四十尺用舰匠一工斗盖各板八十尺用舰匠一工龙骨用长六寸钉十二个托浪板水底板舷板钉缝凑长三十五丈七尺九寸二分每丈用长五寸钉三十个托浪板水底板舷板艌缝凑长七十一丈五尺八寸四分共核用宽一尺厚三寸柯桷木枋三丈三尺六寸围大二尺净长三丈二尺浮溪木四根一丈九尺长六寸钉十二个长五寸钉一千七十四个灰七十一斤九两桐油二十八斤十两一钱网纱二十六斤十三两五钱竹丝二十三斤十三两五钱舰匠九工四分四厘锯匠四工四分一厘艌匠十工二分三厘舂灰夫二名五分

舢板船两旁水蛇二根水戗二根各长二丈压板二块各长二丈二尺均宽五寸厚二寸做净每折见方尺八十尺用舰匠一工水蛇钉缝凑长四丈每四尺用长八寸钉三个压板水戗钉缝凑长八丈四尺每丈用长五寸钉三十个艌缝凑长二十四丈八尺共核用围大二尺净长三丈二尺浮溪木一根九尺三寸长八寸钉三十个长五寸钉二百五十二个灰二十四斤十三两桐油九斤十四两七钱网纱九斤四两八钱竹丝九斤四两八钱舰匠二工一分七厘锯匠一工二分四厘艌匠三工五分四厘舂灰夫八分五厘

舢板船用樟木极舢板梁四块各长四尺四寸牛头仔极十五个各长二尺冲天极二块牛头极六块各长二尺五寸均围大一尺做净每折见方尺四十尺用舰匠一工舢板梁钉缝凑长一丈七尺六寸每丈用长六寸钉三十个冲天极牛头极每块用长六寸钉二个舢板梁冲天极牛头极艌缝凑长七丈五尺二寸共核用围大一尺樟木极七丈三寸长六寸钉六十九个灰七斤八两桐油三斤一钱网纱二斤十三两一钱竹丝二斤十三两一钱舰匠一工六分九厘艌匠一工七厘舂灰夫二分六厘

大桅铁箍十二个各长七尺头桅箍四个各长四尺四寸舵头箍三个各长四尺七寸樾箍二个各长三尺三寸俱宽二寸厚五分椗齿六个各长一尺二寸宽七寸厚五分橹箍七个各长二尺七寸宽一寸厚三分铁环六个各围大六寸以上铁料共净重三百四十七斤每正铁一斤加耗铁一斤每正铁五斤用铁匠一工每正耗铁一斤用炭三斤共核用生铁六百九十四斤炭二千八十二斤铁匠六十九工四分

油画前船共用乌烟三斤五两广红五斤铜碌四两京红四两南粉二斤银朱一两膳黄四两蓝粉一两杭粉一两松香八两水胶六两墨二块桐油四斤淡底一斤油画匠十工

麻大桅繂索二条各长九丈八尺四寸大七寸五分头桅繂索二条各长八丈二尺大四寸五分大踏索二条各长八丈二尺大五寸小踏索二条各长五丈大三寸二分大缭母一条长四丈五尺大八寸小缭母一条长三丈大四寸大帮衬六条各长一丈七尺大二寸小帮衬九条各长六尺大一寸六分以上麻绳共重七百三十斤每百斤用绳匠三工六分共核用麻七百三十斤绳匠二十六工二分八厘

棕正椗索一条长四十二丈大九寸副椗索一□长四十丈大八寸二分大篷筋一条长七丈□尺大二寸二分小篷筋一条长四丈大一寸二分缭仔缭耳共十八条各长二丈六尺大二寸二分椗奴二条各长一丈六尺大七寸五分大小摘尾二条共长十六丈大五寸三分舵吊一条长三丈大六寸五分以上棕绳共重七百五十斤每撕棕四十斤用匠一工成绳四十斤用匠一工共核用棕七百五十斤撕棕匠十八工七分五厘成绳匠十八工七分五厘

冲风旗一面长宽各一丈六尺一条龙旗一面长六丈宽三尺妈祖旗一面长宽各五尺大小定风旗三面内一面长六尺二面各长四尺五寸均宽一尺共核用幅宽一尺色布五十丈苎线十两裁缝匠五工

中椗二门齿全各长二丈一尺宽一尺二寸厚八寸

中橹二枝各长四丈八尺宽八寸厚五寸

舢板橹一枝长二丈九尺宽七寸厚四寸

大小桅饼七个

大小无底升八百个

椗舵上配用竹绳草绳共用

竹篾七百四十斤

绳匠二十六工六分四厘

草心八百五十九斤

绳匠二十一工在分八厘

【查原送成规内开打造竹绳草绳所用匠工多寡不齐今照棕麻绳索用工之例一律核定】

篷上配用大小缭毬摄子兔耳共用槐籐二十九斤籐匠五工六八

刻字用刻字匠三工

竖立大小桅用壮夫五十名

前船共用大小铁钉三万六千四十二个刷抹钉头每百个用桐油六两四钱灰一斤每油灰十斤用艌匠一工共核用桐油一百四十四斤二两七钱灰三百六十斤七两艌匠五十工四分六厘舂灰夫十二名六分二厘

前船共用舰匠六百五工一分一厘系照杉松木植核定内有樟柯等硬料用匠一百三十工一分三厘每工外加匠二分计加匠二十六工三厘共匠六百三十一工一分四厘每百工加安装匠十工计安装匠六十三工一分一厘每舰匠安装匠一百工加随匠壮夫二十名计壮夫一百三十八名八分五厘

以上拆造前船共用宽一尺厚八寸松木八丈三尺六寸【每丈银四钱一分四厘】计银三两四钱六分一厘

【查原送成规内开松木按依十六则丈尺计算每丈核银四钱八分一厘至三钱四分一厘不等多寡参差均匀计算每丈需银四钱一分四厘今照四钱一分四厘之数一律核定】

围大三尺二寸净长四丈二尺大吉木三十四根【每根银二两七钱】计银九十一两八钱

围大二尺五寸净长三丈六尺中吉木三十七根一丈一尺六寸【每根银一两五钱】计银五十五两九钱八分三厘

【查原送成规内开中吉木三十五根今按丈尺做法核算应增二根一丈一尺六寸】

围大二尺净长三丈二尺浮溪木三十六根三丈一尺六寸【每根银五钱】计银八两四钱九分四厘

【查原送成规内开浮溪木三十五根今按丈尺做法核算应增一根三丈一尺六寸】

围大一尺六寸净长二丈八尺高洋木三十四根九尺五寸【每根银二钱】计银六两八钱六分八厘

【查原送成规内开高洋木三十五根今按丈尺做法核算应减一丈八尺五寸】

围大三尺五寸木段七十二丈六尺五寸核长一丈四尺段料五十一根一丈二尺五寸【每根银六钱】计银三十一两一钱三分六厘

【查原送成规内开木段五十二根今按丈尺做法核算应减一尺五寸】

宽一尺五寸厚三寸樟木枋一百二十二丈一尺二寸一分核长一丈七尺枋料七十块一丈一尺二寸一分【每块银一两三钱】计银九十一两八钱五分七厘

【查原送成规内开樟木枋七十二块今按丈尺做法核算应减一块五尺七寸九分】

宽一尺厚三寸长八尺二寸樟木板二块【每块银四钱一分八厘】计银二两五钱八厘

【查原送成规内开樟木枋梁座梁头一则至十七则各长一丈七尺宽一尺五寸厚三寸每块开银一两三钱托浪樟木极第一则长六尺五寸宽一尺厚三寸每块开银五钱第二则至十七则各长八尺宽一尺厚三寸每块亦开银五钱价值参差今俱照梁座梁头之价一律核定】

宽一尺二寸厚三寸松木枋一百十四丈五尺二寸核长一丈七尺枋料六十七块六尺二寸【每块银三钱五分】计银二十三两五钱七分八厘

【查原送成规内开松木枋六十八块今按丈尺做法核算应减一丈八寸】

围大一尺樟木极七十一丈九尺九寸核长一丈二尺樟极六十块九尺九寸【每块银二钱】计银十二两一钱六分五厘

【查原送成规内开樟木极六十块今按丈尺做法核算应增九尺九寸】

宽一尺五寸厚三寸柯椈木枋十丈五尺六寸【每丈银五钱七分一厘五毫】计银六两三分五厘

宽一尺厚三寸柯椈木枋二十一丈一尺七寸【每丈银三钱八分一厘】计银八两六分六厘

【查原送成规内开柯椈木马面一则至十七则各长三丈五尺宽一尺五寸厚三寸每块开银二两软筋及舢

板龙骨等料一则至五则各长二丈五尺宽一尺厚三寸每块开银一两六则至十七则各长三丈五尺宽一尺厚三寸每块开银二两价值参差今俱照马面之价一律核定】

围大八寸长一丈三尺硬木棍八十根【每根银八分】计银六两四钱

宽六寸厚一寸杉木板四十丈八尺【每丈银四钱】计银十六两三钱二分

围大七尺长一丈八尺五寸樟木一根计银七两九分八厘

围大五尺三寸长一丈五尺五寸樟木一根计银三两四钱九厘

见方二尺四寸长八尺二寸樟木一块计银四两四钱三分八厘

围大四尺六寸长五尺八寸樟木一段计银九钱六分

宽二尺一寸厚八寸长一丈七尺二寸樟木一块计银二两七钱一分四厘

围大七尺五寸长七尺七寸樟木一段计银三两三钱九分一厘

宽二尺二寸厚一尺一寸长一丈二二寸樟木二块【每块银二两七钱七分三厘】计银五两□□□分六厘

宽一尺八寸厚八寸长一丈樟木二块每块银□两三□□分三厘】计银二两七钱六厘

宽二尺厚九寸五分长一丈六尺二寸樟木二块【每块银二两八钱九分二厘】计银五两七钱八分四厘

围大四尺七寸长一丈五尺五寸樟木一根计银二两六钱八分一厘

宽一尺二寸厚寸长一丈八尺二寸樟木一块计银一两二钱三分一厘

宽二尺四寸厚六寸长七尺七寸樟木一块计银一两四分二厘

【查原送成规内开一则至十七则每则用樟木含檀等料十二款所开价值逐款核计俱属参差均匀计算每折见方一尺需银九分三厘九毫六丝今照九分三厘九毫六丝之数一律核定】

宽一尺四寸厚八寸长一丈八尺二寸楮木一根计银十六两

围大六尺九寸长八丈二尺桅木一根计银五十二两

围大四尺三寸长五丈桅木一根计银七两

长一尺钉六百六十八个每二个重一斤计重三百三十四斤长八寸钉二百七十二个每五个重一斤计重五十四斤六两四钱长六寸钉二万六百三十四个每十五个重一斤计重一千三百七十五斤九两六钱长五寸钉一万三千八百六十八个每二十个重一斤计重六百九十三斤六两四钱长四寸钉六百个每三十个重一斤计重二十斤以上铁钉共重二千四百七十七斤六两四钱除选用旧钉一千七十六斤一两九钱外添新一千四百一斤四两五钱【每斤银二分二厘】计银三十两八钱八厘

灰二千八百十八斤三两【每百斤银二钱】计银五两六钱三分六厘

桐油一千三百三十一斤五两【每斤银三分】计银三十三两九钱三分九厘

网纱九百二十一斤十一两一钱【每斤银一分二厘】计银十一两六分

竹丝九百二十一斤十一两一钱【每斤银六厘】计银五两五钱三分

生铁六百九十四斤【每斤银一分】计银六两九钱四分

炭二千八十二斤【每百斤银一钱六分】计银三两三钱三分一厘

乌烟三斤五两【每斤银一分五厘】计银五分

广红五斤【每斤银五分】计银二钱五分

铜碌四两【每斤银三钱】计银七分五厘

京红四两【每斤银八分】计银二分

南粉二斤【每斤银一分】计银二分

银朱一两【每斤银六钱四分】计银四分

雘黄四两【每斤银二钱】计银五分

蓝粉四两【每斤银八分】计银二分

杭粉一两【每斤银一钱六分】计银一分

水胶六两【每斤银四分】计银一分五厘

松香八两【每斤银二分】计银一分

墨二块【每块银一分】计银二分

淡底一斤计银五分

麻七百□十斤【每斤银一分五厘】计银十两九钱五分

棕七百五十斤【每斤银三分】计银二十二两五钱

色布五十丈【每丈银一钱】计银五两

苎线十两【每斤银一钱二分】计银七分五厘

碇二门齿全各长二丈一尺宽一尺二寸厚□□每门银二两一钱五厘计银四两二钱一分

橹二枝各长四丈八尺宽八寸厚五寸【每枝银一两九钱五分七厘】计银三两九钱一分四厘

舢板橹一枝长二丈九尺宽七寸厚四寸计银三钱七分二厘

大风篷一扇长六丈八尺宽三丈二尺计银六两七钱八分五厘

头风篷一扇长三丈四尺宽一丈六尺计银一两六钱九分六厘

【查原送成规内开一则至十七则大篷每扇银五两五钱头篷每扇银一两五钱所开丈尺大篷长自四丈八尺至七丈宽自二丈六尺至三丈三尺不等头篷长自二丈四尺至三丈五尺宽自一丈四尺于一丈六尺五寸不等俱属参差均匀核计每折见方一丈需银三钱一分一厘八毫今照三钱一分一厘八毫之数分别核定】

大小桅饼七个【每个银七分】计银四钱九分

大小无底升八百个【每百个银八分】计银六钱四分

竹篾七百四十斤【每百斤银一钱六分】计银一两一钱八分四厘

草心八百五十九斤【每百斤银七分】计银六钱一厘

槲簶二十九斤【每斤银二分五厘】计银七钱二分五厘

舰匠六百三十一工一分四厘安装匠六十三工一分一厘锯匠一百七十三工四分舱匠四百一工五分五厘铁匠六十九工四分油画匠十六工绳匠七十四工四分棕匠三十七工五分裁缝匠五工篾匠五工八分刻字匠三工壮夫二百八十七名四分六厘以上匠夫共一千七百六十一工七分六厘【每工银五分】计银八十八两八分八厘

又置备物件开后

木桶三十件【每件银三分】计银九钱

铁锅三口【换新每口贴工料银一钱二分】计银三钱六分

鼓一面修理换皮计银四钱八分

金一面重四斤【换新每斤贴工料银七分】计银二钱八分

以上拆造前船成规内开共需工料银七百三十八两九分三厘三毫内部价银三百五十一两四钱七分三厘加八津贴并另加三分银三百八十六两六钱二分三毫台厂运费银七十两二钱九分四厘六毫今按条查核分别增减更正需用工料银七百三十七两八钱一分五厘内部价银三百五十一两三钱四分加八津贴并另加三分银三百八十六两四钱七分五厘台厂运费银七十两二钱六分八厘计节减工料银二钱七分八厘三毫运费银二分六厘六毫行令该抚于前船届应拆造之期将节减银两在于应领银内扣除

至大小修理成规内开大修工料银五百两九钱八分四厘内部价银二百二十七两七钱二分加九津贴并另加三分银二百七十三两二钱六分四厘台厂运费银四十五两五钱四分四厘小修工料银三百五十六两一钱七厘内部价银一百五十四两八钱二分九厘加十津贴并另加三分银二百一两二钱七分八厘台厂运费银三十两九钱六分六厘其余二船仿此

卷一五

福建省外海战船做法

第十六则赶缯船三只内台湾协标中营平字一号船一只身长八丈六尺头起畝五尺尾起畝四尺船头长三

丈一尺二寸面匀宽一丈五尺一寸底匀宽一丈三尺五寸船中长二丈七尺四寸面匀宽二丈一尺三寸底匀宽一丈六尺五寸船尾长二丈七尺四寸面匀宽二丈三寸底匀宽一丈六尺两边舨长十丈三尺二寸计二十二舱深七尺九分

今将拆造前船需用工料价值细数开后

计开

船底松木龙骨一道计三节船头一节长二丈六尺船中一节连交接匙头长四丈六尺船尾一节长一丈六尺共凑长八丈八尺均宽一尺厚八寸做净每折见方尺二十尺用舰匠一工交接匙头二处每处用长一尺钉八个又每边用长六寸钉十二个共核用宽一尺厚八寸松木八丈八尺六寸

【查成规内开大吉中吉浮溪高洋四项木□俱截去尖梢作栏杆灶柜签子木牌等项之用其本身木料毋庸另加长荒外一切枋段各料有截去一二尺至三五尺不等者亦有未加长荒者参差不一今将枋段各料每件长五尺以内者加长荒三寸五尺以外者加长荒二寸圆径樟木长一丈以内者每根加长荒二寸长一丈以外者每根加长荒五寸一律核定】

长一尺钉十六个长六寸钉二十四个舰匠十五工八分四厘

船底板连起䑸长八丈六尺内船底匀宽一丈五尺八寸八分两站各匀高八尺一寸二分添换用长四丈二尺宽八寸厚三寸大吉木板六十块做净每折见方尺八十尺用舰匠一工锯板折宽一尺长七丈用锯匠一工【以下锯板明工仿此】钉缝凑长二百五十二丈每丈用长六寸钉三十个艌缝凑长五百四丈每丈用灰一斤桐油六两四钱网纱竹丝各六两每七丈用艌匠一工舂制油灰每四十斤用舂灰夫一名【以下艌缝用工用料仿此】共核用围大三□□□□□丈二尺大□□□□□根长六寸钉七千五百六十个灰五百四斤桐油二百一斤九两六钱网纱一百八十九斤竹丝一百八十九斤舰匠六十九工三分锯匠三十九工六分艌匠七十二工舂灰夫十七名六分四厘

各舱樟木梁座三十七块内船头配用十三块凑长二十二丈一尺船中十二块船尾十二块各凑长二十丈四尺舱梁二十七块内船头配用九块船中九块船尾九块各凑长十五□□□均宽一尺五寸厚三寸松木梁头五□□□□船头配用二十块凑长三十四□船□□□□船尾十二块各凑长□十二丈□□均□□□二寸厚三寸硬木棍稳吊九根各长一丈□□围大八寸梁座梁头做净每折见方尺八十□用舰匠一工稳吊四十尺用舰匠一工钉缝凑长二百十九丈一尺每丈用长六寸钉三十个艌缝凑长四百三十八丈二尺共核用宽一尺五寸厚三寸樟木枋一百十丈八寸宽一尺二寸厚三寸松木枋九十九丈七尺六寸围大八寸长一丈三尺硬木棍九根长六寸钉六千五百七十三个灰四百三十八斤三两桐油一百七十五斤四两五钱网纱一百六十四斤五两二钱竹丝一百六十四斤五两二钱舰匠八十八工二分八厘艌匠六十二工六分舂灰夫十五名三分四厘

□□配用樟□□□十□□□□□□□□□班舱极四块各长九尺五寸冲天极二块八字极二块拜棚极二块各长一丈一尺小官厅极二块各长一丈大桅舱极二块油婆舱前后□四块官厅前后极四块通铺前后极四块缭公舱极二块舵公舱极二块中转水极二块各长一丈二尺鳅鱼极二块各长七尺尾里极四块下金极二块下担极二块各长六尺斗盖极二块牛头极六块各长二尺五寸均围大一尺做净每折见方尺四十尺用舰匠一工每块用长六寸钉二个艌缝凑长九十三丈共核用围大一尺樟木极四十七丈四尺六寸长六寸钉一百四个灰八九十三斤桐油三十七斤三两二钱网纱三十四斤十四两竹丝三十四斤十四两舰匠十一工六分三厘艌匠十三工二分九厘舂灰夫三名二分六厘

船身两旁走马二条水蛇二条各长九丈宽八□厚四寸做净每折见方尺四十尺用舰匠一工走马钉缝凑长十八丈每丈用长一尺钉三十个水蛇钉缝凑长十八丈每四尺用长一尺钉三个艌缝凑长七十二丈共核用围大三尺二寸净长四丈二尺大吉木四根一丈二尺长一尺钉六百七十五个灰七十二斤桐油二十八斤十二两八钱网纱二十七斤竹丝二十七斤舰匠二十一工六分锯匠六工一分七厘艌匠十工二分九厘舂灰夫二名五分二厘

船面两旁䑸板长八丈六尺凑宽一丈五尺三寸添换用长四丈二尺宽八寸厚三寸大吉木□二十七块做净每折见方尺八十尺用舰匠一工钉缝凑长一百十三丈四尺每丈用长六寸钉三十个艌缝凑长二百二十六丈八尺共核用围大三尺二寸净长四丈二尺大吉木九根长六寸钉三千四百二个灰二百二十六斤十三两桐油九十

斤十一两五钱网纱八十五斤八钱竹丝八十五斤八钱舰匠三十一工一分九厘锯匠十七工八分二厘舱匠三十二工四分舂灰夫七名九分四厘

两旁舨板各长十丈三尺二寸高七尺用长三丈六尺宽五寸八分厚二寸五分中吉木板六十块两旁添换木段舨柱七根各长七尺围大三尺二寸舨板做净每折见方尺八十尺用舰匠一工舨柱四十尺用舰匠一工舨板钉缝凑长二百十六丈每丈用长五寸钉三十个舨柱钉缝凑长四丈九尺每丈用长六寸钉三十个舱缝凑长四百四十一丈八分共核用围大二尺五寸净长三丈六尺中吉木二十根围大三五寸木段五丈四寸长六寸钉一百四十七个长五寸钉六千四百八十个灰四百四十一斤十三两桐油一百七十六斤十一两五钱网纱一百六十五斤十两八钱竹丝一百六十五斤十两八钱舰匠四十七工四分九厘锯匠二十四工九分舱匠六十三工一分一厘舂灰夫十全名四分六厘

【查成规内舨板未载舨高尺寸今按舨柱长丈核定】

两旁舨艒二十四块各长四尺围大一尺做净每折见方尺四十尺用舰匠一工每块用长六寸钉二个舱缝凑长十九丈二尺共核用围大一尺樟木极九丈八尺四寸长六寸钉四十八个灰十九斤三两桐油七斤十两九钱网纱七斤三两二钱竹丝七斤三两二钱舰匠二工四分舱匠二工七分四厘舂灰夫六分七厘

舨上前后浮溪木鼠桥板八块各长二丈三尺五寸宽五寸厚二寸高洋木舨压板二块各长八丈六尺宽四寸厚二寸两边木段猴袋板四块各长一丈四尺宽八寸厚二寸五分做净每折见方尺八十尺用舰匠一工鼠桥板压板钉缝凑长三十六丈每丈用长五寸钉三十个压板舱缝凑长三十四丈四尺共核用围大二尺净长三丈二尺浮溪木一根三丈七寸围大一尺六寸净长二丈八尺高洋木三根二尺围大三尺五寸木段一丈四尺二寸长五寸钉一千八十个灰三十四斤六两桐油十三斤十二两二钱网纱十二斤十四两四钱竹丝十二斤十四两四钱舰匠七工三分四厘锯匠四工一分九厘舱匠四工九分一厘舂灰夫一名二分

两旁笨抽二条大压二条各长九丈水戗十条各长一丈八尺均宽六寸六分厚三寸五分做净每折见方尺四十尺用舰匠一工□缝凑长五十四丈每丈用长六寸钉三十个舱缝凑长一百八丈共核用围大二尺五寸净长三丈六尺中吉木七根一丈八尺长六寸钉一千六百二十个灰一百八斤桐油四十三斤三两二钱网纱四十斤八两竹丝三十斤八两舰匠二十七工二分七厘艍匠七工七分九厘舱匠十五工四分三厘舂灰夫三名七分八厘

官厅前后梁三根用中吉木各长二丈一尺四寸围大二尺二寸浮溪木贴柱八根各长一丈三尺见方五寸官厅上中吉木战柜板二十块各长二丈一尺四寸凑宽一丈三尺二寸官厅内麒麟堵枋十四块大炮舱枋十四块各长四尺二寸凑宽一丈八尺四寸八分用宽五寸八分厚二寸五分板六十二丈八寸五分木段冲天盖板十二块各长四尺六寸宽八寸厚二寸五分浮溪木铺板十六块各长九尺凑宽八尺四寸八分官厅门板八块各长四尺凑宽四尺二寸四分用宽五寸厚二寸板十八丈六尺五寸六分高洋木战柜挑二块侧板二块踏板二块各长一丈七尺宽四寸厚二寸官厅梁贴柱做净每折见方尺四十尺用舰匠一工战柜各板八十尺用舰匠一工战柜板冲天盖板官厅门板钉缝凑长五十七丈六尺一寸五分每丈用长五寸钉三十个冲天盖板战柜板 舱缝凑长一百八丈四尺四寸六分共核用围大二尺五寸净长三丈六尺中吉木七根一丈九尺一寸五分围大二尺净长三丈二尺浮溪木五根六尺二寸围大一尺六寸净长二丈八尺高洋木一根二丈三尺围大三尺五寸木段一丈四尺一寸长五寸钉一千七百二十八个灰一百八斤七两桐油四十三斤六两网纱四十斤十两七钱竹丝四十斤十两七钱舰匠二十七工八分六厘锯匠十二工四分二厘舱匠十五工四分九厘舂灰夫三名八分

官厅前通铺四块后通铺四块各长一丈七尺宽一尺二寸厚三寸做净每折见方尺八十尺用舰匠一工钉缝凑长十三丈六尺每丈用长六寸钉三十个舱缝凑长二十七丈二尺共核用宽一尺二寸厚三寸松木枋十三丈七尺六寸长六寸钉四百八个灰二十七斤三两桐油十斤十四两一钱网纱十斤三两二钱竹丝十斤三两二钱舰匠五工一分舱匠三工八分九厘舂灰夫九分五厘

官厅两旁用高洋木猫里柱四根各长四尺围大一尺三寸浮溪木左右墙板十块各长一丈二尺凑宽五尺三寸后墙板七块各长二丈凑宽三尺七寸一分猫里门板八块各长四尺凑宽四尺二寸四分用宽五寸厚二寸板三十丈九尺五寸二分木段猫里上下袱四块各长七尺宽八寸厚四寸猫里柱上下袱做净每折见方尺四十尺用舰匠一工墙板门板八十尺用舰匠一工墙板门板钉缝凑长三十丈九尺五寸二分每丈用长五寸钉三十个共核用

围大一尺六寸净长二丈八尺高洋木一丈六尺围大二尺净长三丈二尺浮溪木三根七尺二寸围大三尺五寸木段一丈四尺四寸长五寸钉九百二十九个舰匠七工六分二厘锯匠三工五分八厘

官厅内中吉木炕床杠二根各长一长六尺围大二尺二寸虎头舱浮溪木铺板八块各长七尺凑宽四尺二寸四分虎头舱门板八块各长四尺凑宽四尺二寸四分用宽五寸厚二寸板九丈三尺二寸八分炕床杠做净每折见方尺四十尺用舰匠一工虎头舱各板八十尺用舰匠一工虎头舱门板钉缝凑长三丈三尺九寸二分每丈用长五寸钉三十个共核用围大二尺五寸净长三丈六尺中吉木三丈二尺围大二尺净长三丈二尺浮溪木三丈一尺一寸长五寸钉一百二个舰匠三工三分九厘锯匠九分三厘

两旁艜面战棚板用长三丈二尺宽五寸厚二寸浮溪木板三十三块各舱内堵板用长四尺宽四寸厚一寸高洋木板三百三十六块做净每折见方尺八十尺用舰匠一工共核用围大二尺净长三丈二尺浮溪木十一根围大一尺六寸净长二丈八尺高洋木十二根舰匠三十五工二分八厘锯匠二十一工一分六厘

两旁艜上艜牛六块各长八尺五寸各舱口扛豆五块各长一丈七尺均宽一尺二寸厚三寸做净每折见方尺四十尺用舰匠一工艜牛每块用长六寸钉四个扛豆钉缝凑长八丈五尺每丈用长六寸钉三十个艌缝凑长二十七丈二尺共核用宽一尺二寸厚三寸松木枋十三丈八尺二寸长六寸钉二百七十九个灰二十七斤三两桐油十斤十四两一钱网纱十斤三两二钱竹丝十斤三两二钱舰匠十工二分艌匠三工八分九厘舂灰夫九分五厘

各舱盖板用长六尺九寸宽八寸厚二寸五分木段板八十八块舱盖下大通槽十二个侧槽六个水槽六个各长四尺六寸宽一尺厚八寸小通槽九个各长四尺六寸见方八寸舱盖用柯枸木枕头六块各长四尺八寸宽一尺厚三寸舱盖板枕头木做净每折见方尺八十尺用舰匠一工通槽各槽三十尺用舰匠一工舱盖板钉缝凑长六十丈七尺二寸每丈用长五寸钉三十个艌缝凑长一百二十一丈四尺四寸共核用围大三尺五寸木铍三十一丈一尺三寸宽一尺厚三寸柯枸木枋二丈九尺四寸长五寸钉一千八百二十二个灰一百二十一斤七两桐油四十八斤九两二钱网纱四十五斤八两六钱竹丝四十五斤八两六钱舰匠三十四工五分四厘锯匠十二工八分九厘艌匠十七工三分五厘舂灰夫四名二分五厘

两旁舨边用高洋木牛栏四根内船头二根船后二根各长二丈八尺围大一尺三寸做净每折见方尺四十尺用舰匠一工共核用围大一尺六寸净长二丈八尺高洋木四根舰匠三工六分四厘

船头斗盖用樟木一块长一丈五尺围大四尺七寸虾箍梁一块长八尺五寸斗盖下兔耳一块长八尺均宽一尺五寸厚三寸托浪板六块各长八尺宽一尺厚三寸斗盖虾箍梁兔耳做净每折见方尺四十尺用舰匠一工托浪板八十尺用舰匠一工斗盖用长八寸钉十二个虾箍梁托浪板钉缝凑长五丈六尺五寸每丈用长六寸钉三十个兔耳钉缝长八尺每丈用长五寸钉三十个虾箍梁托浪板兔耳艌缝凑长十二丈九尺共核用围大四尺七寸长一丈五尺五寸樟木一根宽一尺五寸厚三寸樟木枋一丈六尺九寸宽一尺厚三寸长八尺二寸樟木板六块长八寸钉十二个长六寸钉一百七十个长五寸钉二十四个灰十二斤十四两桐油五斤二两六钱网纱四斤十三两四钱竹丝四斤十三两四钱舰匠四工八分一厘艌匠一工八分四厘舂灰夫四分五厘

中含檀一块长一丈八尺围大七尺头含檀一块长一丈五尺围大五尺三寸含檀梁一块长一丈七尺头含檀闸一块长一丈二尺均宽一尺五寸厚三寸做净每折见方尺三十尺用舰匠一工含檀梁钉缝长一丈七尺每丈用长六寸钉三十个含檀含檀梁艌缝凑长十丈共核用围大七尺长一丈八尺五寸樟木一根围大五尺三寸长一丈五尺五寸樟木一根宽一尺五寸厚三寸樟木枋二丈九尺四寸长六寸钉五十一个灰十斤桐油四斤网纱三斤十二两竹丝三斤十二两舰匠十工三分三厘艌匠一工四分三厘舂灰夫三分五厘

中转水二块各长一丈六尺宽二尺厚九寸五分樟木极转水鞋二块各长八尺围大一尺做净每折见方尺四十尺用舰匠一工转水每块用长一尺钉二个转水鞋每块用长六寸钉八个艌缝凑长九丈六尺共核用宽二尺厚九寸五分长一丈六尺二寸樟木二块围大一尺樟木极一丈六尺四寸长一尺钉四个长六寸钉十六个灰二九斤十两桐油三斤十三两四钱网纱三斤九两六钱竹丝三斤九两六钱舰匠五工一分二厘艌匠一工三分七厘舂灰夫三分四厘

船尾用浮溪木拜棚杠三根各长一丈四尺尾楼舨柱五根各长五尺均围大一尺七寸木段尾舨板八块各长一丈四尺宽八寸厚二寸五分拜棚杠舨柱做净每折见方尺四十尺用舰匠一工尾舨板八十尺用舰匠一工尾舨

板钉缝凑长十一丈二尺每丈用长五寸钉三十个共核用围大二尺净长三丈二尺浮溪木一根三丈围大三尺五寸木段二丈八尺四寸长五寸钉三百三十六个舰匠五工五分七厘锯匠一工六分八厘

船尾用樟木下金一块长七尺五寸围大七尺五寸缭牛一副长七尺五寸宽二尺四寸厚六寸尾楼上金一块长一丈七尺宽二尺一寸厚八寸七星冠一块长一丈八尺宽一尺二寸厚六寸硬木棍下金拴二根缭牛臁二根各长六尺五寸围大八寸木段缭牛杠四根各长七尺围大三尺二寸下金缭牛上金七星冠做净每折见方尺三十尺用舰匠一工下金拴缭牛臁缭牛杠四十尺用舰匠一工下金用长八寸钉十八个缭牛用长八寸钉二十二个上金用长一尺钉十八个缭牛臁钉缝凑长一丈三尺每丈用长五寸钉三十个下金舱缝长七尺五寸共核用围大七尺五寸长七尺七寸樟木一段宽二尺四寸厚六寸长七尺七寸樟木一块宽二尺一寸厚八寸长一丈七尺二寸樟木一块宽一尺二寸厚六寸长一丈八尺二寸樟木一块围大八寸长一丈三尺硬木棍二根围大三尺五寸木段二丈八尺八寸长一尺钉十八个长八寸钉四十个长五寸钉三十九个灰十二两桐油四两八钱网纱四两五钱竹丝四两五钱舰匠十一工八分八厘舱匠一分一厘舂灰夫三厘

船尾舵边用木段硬筋二根各长一丈四尺围大三尺二寸尾楼鲂鱼翅二块各长七尺宽一尺厚四寸纱帽匙二块鸡母宿一块尾燕板一块各长一丈四尺宽八寸厚二寸五分柯枸木软筋二块各长一丈一尺宽一尺厚三寸硬筋鲂鱼翅软筋做净每折见方尺四十尺用舰匠一工纱帽匙各板八十尺用舰匠一工硬筋头尾用长六寸钉十二个共核用围大三尺五寸木段四丈九尺八寸宽一尺厚三寸柯枸木枋二丈二尺四寸长六寸钉十二个舰匠六工一分二厘锯匠一工一分二厘

尾楼上用浮溪木铺板十块各长四尺尾座板四块各长一丈二尺舨边寄菜板二块各长一丈四尺碗格二块各长一丈一尺均宽五寸厚二寸高洋木尾楼挑二块橹棚一块各长一丈七尺均宽四寸厚二寸做净每折见方尺八十尺用舰匠一工楼尾铺板钉缝凑长四丈每丈用长五寸钉三十个共核用围大二尺净长三丈二尺浮溪一根一丈四尺围大一尺六寸净长二丈八尺高洋木二丈五尺五寸长五寸钉一百二十个舰匠三工一分八厘锯匠一工八分二厘

船尾用樟木橹通板三块各长一丈七尺橹门枋一块橹床二块各长五尺均宽一尺五寸厚三寸橹通板做净每折见方尺八十尺用舰匠一工橹门枋橹床四十尺用舰匠一工橹床每块用长八寸钉十二个橹通板钉缝凑长五丈一尺每丈用长六寸钉三十个橹床橹通板舱缝凑长十二丈二尺共核用宽一尺五寸厚三寸樟木枋六丈六尺九寸长八寸钉二十四个长六寸钉一百五十三个灰十二斤三两桐油四斤十四两一钱网纱四斤九两二钱竹丝四斤九两二钱舰匠三工六分五厘舱匠一工七分四厘舂灰夫四分三厘

水仙门两旁用浮溪木边柱四根中柱二根各长五尺围大一尺七寸水仙门板十四块各长四尺凑宽七尺四寸二分用宽五寸厚二寸板五丈九尺三寸六分樟木极百子舱十六块各长六尺围大一尺船中大吉木虾簏心一根长三丈围大二尺九寸舨边柯枸木朴竹八块各长一丈三尺宽一尺厚三寸边柱中柱百子舱虾簏心做净每折见方尺四十尺用舰匠一工门板朴竹八十尺用舰匠一工百子舱钉缝凑长九丈六尺每丈用长六寸钉三十个百子舱舱缝凑长十九丈二尺共核用围大二尺净长三丈二尺浮溪木一根一丈七尺八寸围大一尺樟木极九丈九尺二寸围大三尺二寸净长四丈二尺大吉木三丈宽一尺厚三寸樟木枋十丈五尺六寸长六寸钉二百八十八个灰十九斤三两桐油七斤十两九钱网纱七斤三两二钱竹丝七斤三两二钱舰匠十工二分七厘锯匠五分九厘舱匠二工七分四厘舂灰夫六分七厘

大桅座一块长八尺见方二尺四寸头桅座一块长五尺六寸围大四尺六寸做净每折见方尺三十尺用舰匠一工共核用见方二尺四寸长八尺二寸樟木一块围大四尺六寸长五尺八寸樟木一段舰匠三工四分二厘

大鹿耳二块各长一丈二尺宽二尺二寸厚一尺一寸头鹿耳二块各长九尺八寸宽一尺八寸厚八寸硬木棍鹿耳夹二根各长一丈三尺围大八寸做净每折见方尺四十尺用舰匠一工共核用宽二尺二寸厚一尺一寸长一丈二尺二寸樟木二块宽一尺八寸厚八寸长一丈樟木二块围大八寸长一丈三尺硬木棍二根舰匠七工三厘

大桅一根长八丈四尺围大七尺一寸头桅一根长五丈围大四尺三寸做净每折见方尺四十尺用舰匠一工共核用围大七尺一寸长八丈四尺桅木一根围大四尺三寸长五丈桅木一根舰匠二十工二分九厘

桅尾用柯枸木马面三块各长三丈五尺宽一尺五寸厚三寸樟木大桅笠一个长二尺宽一尺五寸头桅笠一

个长一尺六寸宽一尺二寸均厚三寸木段大桅佇一根长一丈四尺头桅佇一根长一丈二尺均围大三尺二寸马面做净每折见方尺八十尺用舰匠一工桅笠桅佇四十尺用舰匠一工马面钉缝凑长十丈五尺每丈用长六寸钉二十个共核用宽一尺五寸厚三寸柯栒木枋十丈五尺六寸宽一尺五寸厚三寸樟木枋三尺四寸六分围大三尺五寸木段二丈六尺四寸长六寸钉二百十个舰匠七工一分一厘

大风篷一扇长七丈宽三丈三尺头风篷一扇长三丈五尺宽一丈六尺五寸浮溪木大篷担二根各长三丈三尺头篷担二根各长一丈六尺五寸均围大一尺七寸做净每折见方尺四十尺用舰匠一工共核用宽三丈三尺长七丈风篷一扇宽一丈六尺五寸长三丈五尺风篷一扇围大二尺净长三丈二尺浮溪木三根三尺舰匠四工二分一厘

大篷架用木段横梁二根各长一丈四尺头篷□横梁一根架针五根各长七尺均宽一尺厚八寸做净每折见方尺三十二尺用舰匠一工共核用围大三尺五寸木段七丈一尺六寸舰匠七工八分八厘锯匠一工八分

大篷车员一根用中吉木长二丈椗车员一根长一丈八尺均围大二尺二寸浮溪木大篷半车员一根斗头车员一根各长一丈尾楼车员一根长一丈二尺均围大一尺七寸高洋木车耳十一个各长六尺车脚直板十四块斜板十块各长二丈八尺均宽四寸厚二寸硬木棍车子六十五根各长一丈三尺围大八寸车员车耳做净每折见方尺三十二尺用舰匠一工车脚斜直板八十尺用舰匠一工共核用围大二尺五寸净长三丈六尺中吉木一根二尺围大二尺净长三丈二尺浮溪木一根围大一尺六寸净长二丈八尺高洋木十三根五尺围大八寸长一丈三尺硬木棍六十五根舰匠十六工八分七厘锯匠六工三分三厘

水柜用樟木牛头四块各长五尺宽一尺五寸厚三寸木段水柜柱四根各长七尺围大三尺二寸水柜闸四块各长七尺见方八寸水柜板三十六块各长四尺六寸宽八寸厚二寸五分水柜柱闸牛头做净每折见方尺四十尺用舰匠一工水柜板八十尺用舰匠一工水柜柱每根用长六寸钉二十个牛头钉缝凑长二丈每丈用长六寸钉三十个水柜板钉缝凑长十六丈五尺六寸每丈用长五寸钉三十个 艌缝凑长四十八丈三尺二寸共核用宽一尺五寸厚三寸樟木枋二丈四寸围大三尺五寸木段九丈九尺九寸长六寸钉一百□十个长五寸钉四百九十七个灰四十八斤五两桐油十九斤五两二钱网纱十八斤一两九钱竹丝十八斤一两九钱舰匠十工六分三厘锯匠三工一分二厘艌匠六工九分舂灰夫一名六分九厘

妈祖龛用杉木板二十二丈船尾番仔板画鹰板顺风板及刀剑炮眼用板二十丈均宽六寸厚一寸高洋木妈祖旗杆一根长二丈二尺围大一尺三寸旗杆做净每折见方尺四十尺用□匠一工妈祖龛各板八十尺用舰匠一工龛□钉缝凑长二十二丈每丈用长四寸钉三十个艌缝凑长四十四丈共核用宽六寸厚一寸杉木板四十二丈八尺□寸围大一尺六寸净长二丈八尺高洋木二丈二尺长四寸钉六百六十个灰四十四斤桐油十七斤九两六钱网纱十六斤八两竹丝十六斤八两舰匠八工七厘艌匠六工二分九厘舂灰夫一名五分四厘

船面两旁炮架六个并盖每个用长四尺六寸宽八寸厚二寸五分木段板六块做净每折见方尺八十尺用舰匠一工共核用围大三尺五寸木段四丈二尺三寸舰匠四工三分五厘锯匠二工四分八厘

□□用大吉木樾一枝长四丈二尺围大二尺□□樟木樾牙一块长五尺宽一尺二寸□□□□做净每折见方尺四十尺用舰匠一工樾牙用长八寸钉六个共核用围大三尺二寸净长四丈二尺大吉木一根宽一尺五寸厚三寸樟木枋四尺八分长八寸钉六个舰匠三工四分二厘

船尾舵一门用楮木舵杆一根长一丈八尺宽一尺四寸厚八寸中吉木舵闪板七块各长二丈三尺凑宽四尺六寸二分用宽五寸八分厚二寸五分板十八丈三尺二寸樟木极舵夹八块各长四尺围大一尺硬木棍舵牙扼二根各长一丈三尺围大八寸舵杆做净每折见方尺三十尺用舰匠一工舵牙舵夹四十尺用舰匠一工舵闪板八十尺用舰匠一工舵夹钉缝凑长三丈二尺每丈用长八寸钉五十个舵夹舵闪板艌缝凑长四十三丈四寸共核用宽一尺四寸厚八寸长一丈八尺二寸楮木一根围大二尺五寸净长三丈六尺中吉木一根二丈五尺一寸围大一尺樟木极三丈二尺八寸围大八寸长一丈三尺硬木棍二根长八寸钉一百六十个灰四十三斤一两桐油十七斤三两五钱网纱十六斤二两二钱竹丝十六斤二两二钱舰匠七工七分六厘锯匠二工一分七厘艌匠六工一分五厘舂灰夫一名五分一厘

跟随战舡舢板船用柯栒木龙骨一根长二丈斗盖一块长七尺托浪板一块长六尺均宽一尺厚三寸浮溪木

水底板十块各长二丈凑宽五尺三寸艍板六块各长二丈二尺凑宽三尺一寸八分堵板十二块各长七尺凑宽六尺三寸六分用宽五寸厚二寸板四十四丈九寸六分龙骨做净每折见方尺四十尺用舰匠一工斗盖各板八十尺用舰匠一工龙骨用长六寸钉十二个托浪板水底板艍板钉缝凑长三十五丈七尺九寸二分每丈用长五寸钉三十个托浪板水底板艍板艌缝凑长七十一丈五尺八寸四分共核用宽一尺厚三寸柯栂木枋三丈五尺六寸围大二尺净长三丈二尺浮溪木四根一丈九尺长六寸钉十二个长五寸钉一千七十四个灰七十一斤九两桐油二十八斤十两一钱网纱二十六斤十三两五钱竹丝二十六斤十三两五钱舰匠九工四分四厘锯匠四工四分一厘艌匠十工二分三厘舂灰夫二名五分

舢板船两旁水蛇二根水戗二根各长二丈压板二块各长二丈二尺均宽五寸厚二寸做净每折见方尺八十尺用舰匠一工水蛇钉缝凑长四丈每四尺用长八寸钉三个压板水戗钉缝凑长八丈四尺每丈用长五寸钉三十个艌缝凑长二十四丈八尺共核用围大二尺净长三丈二尺浮溪木一根九尺三寸长八寸钉三十个长五寸钉二百五十二个灰二十四斤十三两桐油九斤十四两七钱网纱九斤四两八钱竹丝九斤四两八钱舰匠二工一分七厘锯匠一工二分四厘艌匠三工五分四厘舂灰夫八分七厘

舢板船用樟木舢板舢三个各长四尺宽五寸厚三寸樟木极舢板梁四块各长四尺四寸牛头仔极十五个各长二尺冲天极二块牛头极六块各长二尺五寸均围大一尺做净每折见方尺四十尺用舰匠一工舢板舢梁钉缝凑长二丈九尺六寸每丈用长六寸钉三十个冲天极牛头极每块用长六寸钉二个舢板炮梁冲天极牛头极艌缝凑长九丈九尺二寸共核用宽一尺五寸厚三寸樟木枋四尺一寸围大一尺樟木极七丈三寸长六寸钉一百五个灰九斤十五两桐油三斤十五两五钱网纱三斤十一两五钱竹丝三斤十一两五钱舰匠二工一分七厘艌匠一工四分二厘舂灰夫三分五厘

大桅铁箍十四个各长七尺二寸头桅箍四个各长四尺七寸舵头箍三个各长五尺三寸樾箍二个各长三尺四寸俱宽二寸厚五分椗齿五个各长一尺宽七寸厚五分橹箍五个各长二尺七寸宽一寸厚三分铁环五个各围大六寸以上铁料共净重三百七十五斤每正铁一斤加耗铁一斤每正铁五斤用铁匠一工每正耗铁一斤用炭三斤共核用生铁七百五十斤炭二千二百五十斤铁匠七十五工

油画前船共用乌烟三斤五两广红五斤铜碌四两京红四两南粉二斤银朱一两腊黄四两蓝粉四两杭粉一两松香八两水胶六两墨二块桐油四斤淡底一斤油画匠十工

麻大桅肆索二条各长十丈八尺大七寸头桅肆索二条各长八丈四尺大四寸五分大踏索二条各长八丈四尺大五寸小踏索二条各长五丈大三寸二分大缭母一条长五丈大八寸二分小缭母一条长三丈大四寸大帮衬六条各长二丈大二寸二分小帮衬九条各长六尺大一寸七分以上麻索共重七百八十斤每百斤用绳匠三工六分共核用麻七百八十斤绳匠二十八工八厘

棕正椗索一条长四十二丈大九寸副椗索一条长四十丈大八寸三分大篷筋一条长七丈七尺大二寸二分小篷筋一条长四丈大一寸二分缭仔缭耳共十八条各长二丈六尺大二寸二分椗奴二条各长一丈八尺大七寸大小摘尾二条共长十七丈四尺大五寸三分舵吊一条长三丈大六寸五分以上棕绳共重八百斤每撕棕四十斤用匠一工成绳四十斤用匠一工共核用棕八斤撕棕匠二十工成绳匠二十工

冲风旗一面长宽各一丈六尺一条龙旗一面长六丈宽三尺妈祖旗一面长宽各五尺大小定风旗三面内一面长六尺二面各长四尺五寸均宽一尺共核用幅宽一尺色布五十丈苎线十两裁缝匠五工

中椗二门齿全各长二丈一尺宽一尺二寸厚八寸

中橹二枝各长四丈八尺宽八寸厚五寸

舢板橹一枝长二丈九尺宽七寸厚四寸

大小桅饼七个

大小无底升八百个

椗舵上配用竹绳草绳共用竹篾七百八十六斤绳匠二十八工三分草心九百八十一斤绳匠二十四工五分三厘

【查原送成规内打造竹绳草绳所用匠工多寡不齐今照棕麻绳索用工之例一律核定】

篷上配用大小缭毬摄子兔耳共用槐藤二十九斤簾匠五工八分

刻字用刻字匠三工

竖大小桅用壮夫五十名

前船共用大小铁钉三万七千四百五十个刷抹钉头每百个用桐油六两四钱灰一斤每油灰十斤用艌匠一工共核用桐油一百四十九斤十二两八钱灰三百七十四斤八两艌匠五十二工四分三厘舂灰夫十三名一分一厘

前船共用舰匠六百二十五工七分二厘系照杉松木植核定内有樟柯等硬料用匠一百三十二工五分三厘每工外加匠二分计加匠二十六工五分一厘共匠六百五十二工二分三厘每百工加安装匠十工计安装匠六十五工二分二厘每舰匠安装匠一百工加承匠壮夫二十名计壮夫一百四十三名四分九厘

以上拆造前船共用

宽一尺厚八寸松木八丈八尺六寸【每丈银四钱一分四厘】计银三两六钱六分八厘

【查原送成规内开松木按依十六则丈尺计算每丈核银自四钱八分一厘至三钱四分一厘不等多寡参差均匀计算每丈需银四钱一分四厘今照四钱一分四厘之数一律核定】

围大三尺二寸净长四丈二尺大吉木三十五根【每根银二两七钱】计银九十四两五钱

围大二尺五寸净长三丈六尺中吉木三十八根二丈四尺二寸五分【每根银一两五钱】计银五十两一分

【查原送成规内开中吉木三十七根今按丈尺做法核算应增一根二丈四尺二寸五分】

围大二尺净长三丈二尺浮溪木三十七根八尺三寸【每根银五钱】计银十八两六钱三分

【查原送成规内开浮溪木三十七根今按丈尺做法核算应增八尺三寸】

围大一尺六寸净长二丈八尺高洋木三十六根九尺五寸【每根银二钱】计银七两二钱六分八厘

【查原送成规内开高洋木三十七根今按丈尺做法核算应减一丈八尺五寸】

围丈三尺五寸木段七十五丈一尺六寸核长一丈四尺段料五十三根六尺六寸【每根银六钱】计银三十二两二钱一分一厘

【查原送成规内开木段五十四根今按丈尺做法核算应减四尺四寸】

宽一尺五寸厚三寸樟木枋一百二十四丈六尺四分核长一丈七尺枋料七十三块五尺四分【每块银一两三钱】计银九十五两二钱八分五厘

【查原送成规内开樟枋七十三块今按丈尺做法核算应增五尺四分】

宽一尺厚三寸长八尺二寸樟木板六块【每块银四钱一分八厘】计银二两五钱八厘

【查原送成规内开樟木枋梁座梁头一则至十七则各长一丈七尺宽一尺五寸厚□寸每块开银一两三钱托浪樟木板第一则长六尺五寸宽一尺厚三寸每块开银五钱第二则至十七则各长八尺宽一尺厚三寸每块亦开银五钱价值参差今俱照梁座梁头之价一律核定】

宽一尺二寸厚三寸松木枋一百二十七丈三尺四寸核长一丈七尺枋料七十四块一丈五尺四寸【每块银三钱五分】计银二十六两二钱一分七厘

【查原送成规内开松枋七十四块今按丈尺做法核算应增一丈五尺四寸】

围大一尺樟木极七十九丈一尺七寸核长一丈二尺樟极六十五块一丈一尺一寸【每块银二钱】计银十三两一钱九分五厘

【查原送成规内开樟极六十六块今按丈尺做法核算应减三寸】

宽一二尺五寸厚三寸柯椈木枋十丈五尺六寸【每丈银五钱七分一厘五毫】计银六两三分五厘

宽一尺厚三寸柯椈木枋十九丈一尺【每丈银□钱八分□厘】计银七两二钱七分七厘

【查原送成规内开柯椈木马面一则至十七则各长三丈五尺宽一尺五寸厚三寸每块开银二两软筋及舢板龙骨等料一则至五则各长二丈五尺宽一尺厚三寸每块开银一两六则至十七则各长三丈五尺宽一尺厚三寸每块开银二两价值参差今俱照马面之价一律核定】

围大八寸长一丈三尺硬木棍八十根【每根银八分】计银六两四钱

宽六寸厚一寸杉木板四十丈八尺四寸【每丈银四钱】计银十七两一钱三分六厘

围大七尺长一丈八尺五寸樟木一根计银七两九分八厘

围大五尺三寸长一丈五尺五寸樟木一根计银三两四钱九厘

见方二尺四寸长八尺二寸樟木一块计银四两四钱三分八厘

围大四尺六寸长五尺八寸樟木一段计银九钱六分

宽二尺一寸厚八寸长一丈七尺二寸樟木一块计银二两七钱一分四厘

围大七尺五寸长七尺七寸樟木一段计银三两三钱九分一厘

宽二尺二寸厚一尺一寸长一丈二尺二寸樟木二块【每块银二两七钱七分三厘】计银五两五钱四分六厘

宽一尺八寸厚八寸长一丈樟木二块【每块银一两三钱五分三厘】计银二两七钱六厘

宽二尺厚九寸五分长一丈六尺二寸樟木二块【每块银二两八钱九分二厘】计银五两七钱八分四厘

围大四尺七寸长一丈五尺五寸樟木一根计银二两六钱八分一厘

宽一尺二寸厚六寸长一丈八尺二寸樟木一块计银一两二钱三分一厘

宽二尺四寸厚六寸长七尺七寸樟木一块计银一两四六分二厘

【查原送成规内开一则至十七则每则用樟木含檀等料十二款所开价值逐款核计俱属参差均匀计算每折见方一尺需银九分三厘九毫六丝今照九分三厘九毫六丝之数一律核定】

宽一尺四寸厚八寸长一丈八尺二寸楮木一根计银十六两

围大七尺一寸长八丈四尺桅木一根计银五十七两

围大四尺三寸长五丈桅木一根计银七两

长一尺钉七百十三个每二个重一斤计重三百五十六斤八两长八寸钉二百七十二个每五个重一斤计重五十四斤六两四钱长六寸钉二万一千三百二十二个每十五个重一斤计重一千四百二十一斤七两五钱长五寸钉一万四千四百八十三个每二十个重一斤计重七百二十四斤二两四钱长四寸钉六百六十个每三十个重一斤计重二十二斤以上铁钉共重二千五百七十八斤八两三钱除选用旧钉一千一百九十七斤一两二钱外添新一千三百八十一斤七两一钱【每斤银二分二厘】计银三十两三钱九分二厘

灰二千九百二斤七两【每百斤二钱】计银五两八钱五厘

桐油一千一百六十五斤【每斤银三分】计银三十四两九钱五分

网纱九百四十七斤十五两九钱【每斤银一分二厘】计银十一两三钱七分六厘

竹丝九百四十七斤五两九钱【每斤银六厘】计银五两六钱八分八厘

生铁七百五十【每斤银一分】计银七两五钱

炭二千二百五十斤【每百斤银一钱六分】计银三两六钱

乌烟三斤五两【每斤银一分五厘】计银五分

广红五斤【每斤银五分】计银二钱五分

铜碌四两【每斤银三钱】计银七分五厘

京红四两【每斤银八分】计银二分

南粉二斤【每斤银一分】计银二分

银朱一两【每斤银六钱四分】计银四分

膽黄四两【每斤银二钱】计银五分

蓝粉四两【每斤银八分】计银二分

杭粉一两【每斤银一钱六分】计银一分

水胶六两【每斤银四分】计银一分五厘

松香八两【每斤银二分】计银一分

墨二块【每块斤银一分】计银二分

淡底一斤计银五分

麻七百八十斤【每斤银一分五厘】计银十一两七钱

棕八百斤【每斤银三分】计银二十四两

色布五十丈【每丈银一钱】计银五两

苎线十两【每斤银一钱二分】计银七分五厘

椗二门齿全各长二丈一尺宽一尺二寸厚八寸【每门银二两一钱五厘】计银四两二钱一分

橹二枝各长四丈八尺宽八寸厚五寸【每枝银一两九钱五分七厘】计银三两九钱一分四厘

舢板橹一枝长二丈九尺宽七寸厚四寸计银三钱七分二厘

大风篷一扇长七丈宽三丈三尺计银七两二钱三厘

头风篷一扇长三丈五尺宽一丈六尺五寸计银一两八钱一厘

【查原送成规内开一则至十七则大篷每扇银五两五钱头篷每扇银一两五钱所开丈尺大篷长自四丈八尺至七丈宽自二丈六尺至三丈三尺不等头篷长自二丈四尺至三丈五尺宽自一丈四尺至一丈六尺五寸不等俱属参差均匀核计每折见方一丈需银三钱一分一厘八毫今照三钱一分一厘八毫之数分别核定】

大小桅饼七个【每个银七分】计银四钱九分

大小无底升八百个【每个银八分】计银六钱四分

竹篾七百八十六斤【每百斤银一钱六分】计银一两二钱五分八厘

草心九百八十一斤【每百斤银七分】计银六钱八分七厘

槐籐二十九斤【每斤银二分五厘】计银七钱二分五厘

舰匠六百五十二工二分三厘安装匠六十五工二分二厘锯匠一百七十七工二分一厘艌匠四百三工五分八厘铁匠七十五工油画匠十工绳匠八十工九分一厘棕匠四十工裁缝匠五工籐匠五工八分刻字匠三工壮夫二百九十五名九厘以上匠夫共一千八百二十三工四厘【每□银□□□分】计银九十一两一钱五分二厘

又置备物件开后

木桶三十件【每件银三分】计银九钱

铁锅三口【换新每口贴工料银一钱二分】计银三钱六分

鼓一面【修理换皮】计银四钱

金一面【重四斤换新每斤贴工料银七分】计银二钱八分

以上折造前船成规内开共需工料银七百七十二两二钱五分一厘九毫内部价银三百六十七两七钱三分九厘加八津贴并另加三分银四百四两五钱一分二厘九毫台厂运费银七十三两五钱四分七厘八毫今按条查核分别增减更正需用工料银七百六十四两五钱二分八厘内部价银三百六十四两六分一厘加八津贴并另加三分银四百两四钱六分七厘台厂运费银七十二□□八六钱一分二厘计节减工料□□□□□□□厘九毫运费银七钱三分五厘八毫行□□□于前船届应拆造之期将节减银两在于应领银内扣除

至大小修理成规内开大修工料银五百二十一两六分一厘内部价银二百三十六两八钱四分六厘加九津贴并另加三分银二百八十四两二钱一分五厘台厂运费银四十七两三钱六分九厘小修工料银三百七十二两二钱三分内部价银一百六十一两八钱三分九厘加十津贴并另加三分银二百十两三钱九分一厘台厂运费银三十二两三钱六分八厘其余二船仿此

卷一六

福建省外海战船做法

第十七则赶缯船二只内台湾协标左营定字一号船一只身长八丈头起䑸五尺尾起䑸四尺船头长二丈九尺面匀宽一丈四尺六寸底匀宽一丈三尺船中长二丈五尺五寸面匀宽二丈八寸底匀宽一丈六尺船尾长二丈五尺五寸面匀宽一丈九尺八寸底匀宽一丈五尺五寸两边舨长九丈六尺计二十二舱深七尺二寸六分

今将拆造前船需用工料价值细数开后

计开

船底松木龙骨一道计三节船头一节长二丈四尺船中一节连交接匙头长四丈船尾一节长一丈六尺凑长八丈均宽一尺厚八寸做净每折见方尺二十尺用舰匠一工交接匙头二处每处用长一尺钉八个又每边用长六寸钉十二个共核用宽一尺厚八寸松木枋八丈六寸

【查成规内开大吉中吉浮溪高洋四项木□俱截去梢尖作栏杆灶柜木牌□子等□之用其本身木料毋庸另加长荒外□□枋段各料有截去一二尺至三五尺不等者亦有未加长荒者参差不一今将枋段各料每件长五尺以内者加长荒一寸五尺以外者加长荒二寸圆径樟木长一丈以内者每根加长荒二寸长一丈以外者每根加长荒五寸一律核定】

长一尺钉十六个长六寸钉二十四个舰匠十四工四分

船底板连起虦长八丈内船底匀宽一丈五尺三寸八分两站各匀高八尺二寸久分添换用长四丈二尺宽八寸厚三寸大吉木板六十六块做净每折见方尺八十尺用舰匠一工锯板折宽一尺长七丈用锯匠一工【以下锯板用工仿此】钉缝凑长二百七十七丈二尺每丈用长六寸钉三十个艌缝凑长五百五十四丈四尺每丈用灰一斤桐油六两四钱网纱竹丝各六两每七丈用艌匠一工舂制油灰每四十斤用舂灰夫一名【以下艌缝用工用料仿此】共核用围大三尺二寸净长四丈二尺大吉木二十二根长六寸钉八千三百十六个灰五百五十四斤六两桐油二百二十一斤十二两二钱网纱二百七斤十四两四钱竹丝二百七斤十四两四钱舰匠七十六工二分三厘锯匠四十三工五分六厘艌匠七十九工二分舂灰夫十九名四分

各舱樟木梁座三十九块内船头配用十三块船中后三块船尾十三块各凑长二十二丈一尺舱梁三十块内船头配用十块船中十块船尾十块各凑长十七丈均宽一尺五寸厚三寸松木梁头六十二块内船头配用二十一块船中二十一块各凑长三十五丈七尺船尾二十块凑长三十四丈均宽一尺二寸厚三寸硬木棍稳吊九根各长一丈三尺围大八寸梁座梁头做净每折见方尺八十尺用舰匠一工稳吊四十尺用舰匠一工钉缝凑长二百三十四丈四尺每丈用长六寸钉三十个艌缝凑长四百六十八丈八尺共核用宽一尺五寸厚三寸樟木枋一百十八丈六尺八寸宽一尺二寸厚三寸松木枋一百六丈六尺四寸围大八寸长一丈三尺硬木棍九根长六寸钉七千三十二个灰四百六十八斤十三两桐油一百八十七斤八两三钱网纱一百七十五斤十二两八钱竹丝一百七十五斤十二两八钱舰匠九十四工六分五厘艌匠六十六工九分七厘舂灰夫十六名四分一厘

各舱配用樟木极五十二块内虎头舱极二块阿班舱极四块各长九尺五寸小官厅极二块头转水极二块各长一丈担担舱极二块八字极二块拜棚极二块各长一丈一尺官厅极四块冲天极二块水柜舱极二块油婆舱前后极六块通铺前后极四块缭公舱极二块舵公舱极二块中转水极二块各长一丈二尺鳅鱼极二块各长七尺尾里极四块下金极二块下担极二块各长六尺斗盖极二块各长五尺均围大一尺做净每折见方尺四十尺用舰匠一工每块用长六寸钉二个艌缝凑长一百四丈六尺共核用围大一尺樟木极五十三丈三尺二寸长六寸钉一百四个灰一百四斤十两桐油四十一斤十三两四钱网纱三十九斤三两六钱竹丝三十九斤三两六钱舰匠十三工八厘艌匠十四工九分四厘舂灰夫三名六分六厘

船身两旁走马二条水蛇二条各长八丈四尺宽八寸厚四寸做净每折见方尺四十尺用舰匠一工走马钉缝凑长六丈八四尺每丈用长一尺钉三十个水蛇钉缝凑长十六丈八尺每四尺用长一尺钉三个艌缝凑长六十七丈二尺共核用围大三尺二寸净长四丈二尺大吉木四根长一尺钉六百三十个灰六十七斤三两桐油二十六觔十四两一钱网纱二十五斤三两二钱竹丝二十五斤三两二钱舰匠二十工一分六厘锯匠五工七分六厘艌匠九工六分舂灰夫二名三分五厘

船面两旁皲板长八丈凑宽一丈四尺八寸添换用长四丈二尺宽八寸厚三寸大吉木板三十三块做净每折见方尺八十尺用舰匠一工钉缝凑长一百三十八丈六尺每丈用长六寸钉三十个艌缝凑长二百七十七丈二尺共核用围大三尺二寸净长四丈二尺大吉木十一根长六寸钉一千四百五十八个灰二百七十七斤三两桐油一百十斤十四两一钱网纱一百三十斤十五两二钱竹丝一百三十斤十五两二钱舰匠三十十工一分二厘锯匠二十一工七分八厘艌匠三十九工六分舂灰夫九名七分

两旁舨板各长九丈六尺高七尺长三丈六尺宽五寸八分厚二寸五分中吉木板六十四块一丈三尺二寸四

分两旁添换木段舨柱六根各长七尺围大三尺二寸舨板做净每折见方尺八十尺用舰匠一工舨柱四十尺用舰区一工舨板钉缝凑长二百三十一丈七尺二寸四分每丈用长五寸钉三十个舨柱钉缝凑长四丈二尺每丈用长六寸钉三十个舱缝凑长四百七十一丈八尺四寸八分共核用围大二尺五寸净长三丈六尺中吉木二十一根一丈六尺四寸围大三尺五寸木段四丈三尺二寸长六寸钉一百二十六个长五寸钉六千九百五十二个灰四百七十一斤十四两桐油一百八十八斤十一两八钱网纱一百七十六斤十五两一钱竹丝一百七十六斤十五两一钱舰匠五十一工四分四厘锯匠二十七工四分八厘舱匠六十七工四分一厘舂灰夫十六名五分二厘

【查成规内舨板未载舨高尺寸今按舨柱长丈核定】

两旁舨膜用樟木极二十四块各长四尺围大一尺做净每折见方尺四十尺用舰匠一工每块用长六寸钉二个舱缝凑长十九丈二尺共核用围大一尺樟木极九丈八尺四寸长六寸钉四十八个灰十九斤三两桐油七斤十两九钱网纱七斤三两二钱竹丝七斤三两二钱舰匠二工四分舱匠二工七分四厘舂灰夫六分七厘

舨上前后用浮溪木鼠桥板八块各长二丈三尺五寸宽五寸厚二寸高洋木舨压板二条各长八丈六尺宽四寸厚二寸两边木段猴袋板四块各长一丈四尺宽八寸厚二寸五分做净每折见方尺八十尺用舰匠一工鼠桥板压板钉缝凑长三十六丈每丈用长五寸钉三十个压板舱缝凑长三十四丈四尺共核用围大二尺净长三丈二尺浮溪木一根三丈七寸围大一尺六寸净长二丈八尺高洋木三根二尺围大三尺五寸木段一丈四尺二寸长五寸钉一千八十个灰三十四斤六两桐油十三斤十二两二钱网纱十二斤十四两四钱竹丝十二斤十四两四钱舰匠七工三分四厘锯匠四工一分九厘舱匠四工九分一厘舂灰夫一名二分

两旁笨抽二块大压二条水戗二条各长八丈□尺宽六寸六分厚三寸五分做净每折见方尺四十尺用舰匠一工钉缝凑长五十丈四尺每丈用长六寸钉三十个舱缝凑长一百八□□共核用围大二尺五寸净长三丈六尺中吉木七根长六寸钉一千五百十二个灰四一百斤十三两桐油四十斤五两一钱网纱三十七斤十二两八钱竹丝三十七斤十二两八钱舰匠二十五工四分五厘锯匠七工二分七厘舱匠十四工四分舂灰夫三名五分三厘

官厅前后梁三根用中吉木各长二丈一尺围大二尺二寸麒麟堵枋四块大炮舱枋五块各长四尺二寸凑宽五尺九寸四分战柜板十七块各长二丈一尺凑宽一丈一尺二寸二分左右墙板五块各长一丈五尺凑宽三尺三寸用宽五寸八分厚二寸五分板五十三丈四尺六寸浮溪木官厅贴柱八根各长一丈三尺见方五寸官厅门板八块各长四尺凑宽四尺二寸四分铺板二十块各长一丈一尺凑宽一丈六寸用宽五寸厚二寸板二十六丈七尺一寸二分高洋木战柜挑二块官厅侧板二块踏板二块各长一丈七尺均宽四寸厚二寸木段冲天盖板十二块各长四尺六寸均宽八寸厚二寸五分官厅梁贴柱做净每折见方尺四十尺用舰匠一工战柜各板八十尺用舰匠一工战柜板墙板冲天盖板官厅门板钉缝凑长五十八丈七寸每丈用长五寸钉三十个战柜板墙板冲天盖板舱缝凑长一百九丈三尺五寸六分共核用围大二尺五寸净长三丈六尺中吉木六根二丈五尺二寸围大二尺净长三丈二尺浮溪木六根一尺围大一尺六寸净长二丈八尺高洋木一根二丈三尺围大三尺五寸木段一丈四尺一寸长五寸钉一千七百四十二个灰一百九斤六两桐油四十三斤十一两九钱网纱四十一斤一钱竹丝四十一斤一钱舰匠二十七工四分一厘锯匠十二工二分舱匠十五工六分二厘舂灰夫三名八分三厘

官厅前通铺板四块后通铺板四块各长一丈七尺宽一尺二寸厚三寸做净每折见方尺八十尺用舰匠一工钉缝凑长十三丈六尺每丈用长六寸钉三十个舱缝凑长二十七丈二尺共核用宽一尺二寸厚三寸松木枋十三丈七尺六寸长六寸钉四百八个灰二十七斤三两桐油十斤十四两一钱网纱十斤三两二钱竹丝十斤三两二钱舰匠五工一分舱匠三工八分九厘舂灰夫九分五厘

官厅两旁高洋木猫里柱四根各长四尺围大一尺三寸木段猫里上下袱四块各长七尺宽八寸厚四寸浮溪木猫里墙板二十块各长四尺凑宽一丈六寸底板九块各长一丈五寸凑宽四尺七寸七分猫里门板八块各长四尺凑宽四尺二寸四分用宽五寸三分厚二寸板二十一丈八尺八寸九分猫里柱上下袱做净每折见方尺四十尺用舰匠一工猫里墙各板八十尺用舰匠一工猫里墙板门板钉缝凑长十一丈八尺七寸二分每丈用长五寸钉三十个共核用围大一尺六寸净长二丈八尺高洋木一丈六尺围大二尺净长三丈二尺浮溪木二根九尺围大三尺五寸木段一丈四尺四寸长五寸钉三百五十六个舰匠六工三厘锯匠二工六分七厘

官厅内用中吉木炕床杠二根各长一丈六尺围大二尺二寸虎头舱浮溪木铺板八块柜底板八块各长七尺

凑宽八尺四寸八分虎头舱门板八块各长四尺凑宽四尺二寸四分用宽五寸厚二寸板十五丈二尺六寸四分炕床杠做净每折见方尺四十尺用舰匠一工虎头舱各板八十尺用舰匠一工虎头舱门板钉缝凑长三丈三尺九寸二分每丈用长五寸钉三十个共核用围大二尺五寸净长三丈六尺中吉木三丈二尺围大二尺净长三丈二尺浮溪木一根一丈八尺九寸长五寸钉一百二个舰匠四工四分三厘锯匠一工五分三厘

两旁臌面战棚板用长三丈二尺宽五寸厚二寸浮溪木板三十六块各舱铺板用长四尺宽四寸厚一寸高洋木板三百三十六块做净每折见方尺八十尺用舰匠一工共核用围大二尺净长三丈二尺浮溪木十二根围大一尺六寸净长二丈八尺高洋木十二根舰匠三十六工九分六厘锯匠二十一工一分二厘

两旁臌上臌牛六块各长八尺五寸各舱口扛豆五块各长一丈七尺均宽一尺二寸厚三寸做净每折见方尺四十尺用舰匠一工臌牛每块用长六寸钉四个扛豆钉缝凑长八丈五尺每丈用长六寸钉三十个舱缝凑长二十七丈二尺共核用宽一尺二寸厚三寸松木枋十三丈八尺二寸长六寸钉二百七十九个灰十二十七斤三两桐油十斤十四两一钱网纱十斤三两二钱竹丝十斤三两二钱舰匠十工二分舱匠三工八分九厘舂灰夫九分五厘

各舱盖板用长六尺九寸宽八寸厚二寸五分木段板八十二块舱盖下大通槽十二个侧槽六个水槽六个各长四尺六寸宽一尺厚八寸小通槽九个各长四尺六寸见方八寸舱盖下柯栂木枕头六块各长四尺八寸宽一尺厚三寸舱盖板枕头木做净每折见方尺八十尺用舰匠一工通槽等槽三十尺用舰匠一工舱盖板钉缝凑长五十六丈五尺八寸每丈用长五寸钉三十个舱缝凑长一百十三丈一尺六寸共核用围大三尺五寸木段三十丈六寸宽一尺厚三寸柯栂木枋二丈九尺四寸长五寸钉一千六百九十七个灰六一百十三斤二两桐油四十五斤四两二钱网纱四十二斤七两竹丝四十二斤七两舰匠三十三工四分五厘锯匠十二工二分七厘舱匠十六工一分七厘舂灰夫三名三九分六厘

两旁舨边用高洋木牛栏四根内船头二根船后二根各长二丈八尺围大一尺三寸做净每折见方尺四十尺用舰匠一工共核用围大一尺六寸净长二丈八尺高洋木四根舰匠三工六分四厘

船头斗盖用樟木一块长一丈五尺围大四尺七寸虾箍梁一块长八尺五寸斗盖下兔耳一块长八尺均宽一尺五寸厚三寸托浪板八块各长八尺宽一尺厚三寸斗盖虾箍梁兔耳做净每折见方尺四十尺用舰匠一工托浪板八十尺用舰匠一工斗盖用长八寸钉十二个虾箍梁托浪板钉缝凑长七丈二尺五寸每丈用长六寸钉三十个兔耳钉缝长八尺每丈用长五寸钉三十个虾箍梁兔耳托浪板舱缝凑长十六丈一尺共核用围大四尺七寸长一丈五尺五寸樟木一根宽一尺五寸厚三寸□□□一□□□□宽一尺厚三寸长八尺二寸樟木板八块长八寸钉十二个长六寸钉二百十八个长五寸钉二十四个灰十六斤二两桐油六斤七两网纱六斤六钱竹丝六斤六钱舰匠五工三分三厘舱匠二工三分舂灰夫五分六厘

中含檀一块长一丈八尺围大七尺头含檀一块长一丈五尺围大五尺三寸含檀梁一块长一丈七尺头含檀闸一块长一丈二尺均宽一尺五寸厚三寸做净每折见方尺三十尺用舰匠一工含檀梁钉缝长一丈七尺每丈用长六寸钉三十个含檀含檀梁舱缝凑长十丈共核用围大七尺长一丈八尺五寸樟木一根围大五尺三寸长一丈五尺五寸樟木一根宽一尺五寸厚三寸樟木枋二丈九尺四寸长六寸钉五十一个灰十斤桐油四斤网纱三斤十二两竹丝三斤十二两舰匠十工三分三厘舱匠一工四分三厘舂灰夫三分五厘

中转水二块各长一丈六尺宽二尺厚九寸五分樟木极转水鞋二块各长八尺围大一尺做净每折见方尺四十尺用舰匠一工转水每块用长一尺钉二个转水鞋每块用长六寸钉八个舱缝凑长九丈六尺共核用宽二尺厚九寸五分长一丈六尺二寸樟木二块围大一尺樟木极一丈六尺四寸长一尺钉四个长六寸钉十六个灰九斤十两桐油三斤十三两四钱网纱三斤九两六钱竹丝三斤九两六钱舰匠五工一分二厘舱匠一工三分七厘舂灰夫三分四厘

船尾用浮溪木拜棚杠三根各长一丈四尺尾楼舨柱五根各长五尺均围大一尺七寸木段拜棚板四块尾舨板八块各长一丈四尺宽八寸厚二寸五分拜棚杠尾舨柱做净每折见方尺四十尺用舰匠一工拜棚各板八十尺用舰匠一工拜棚板尾舨板钉缝凑长十六丈八尺每丈用长五寸钉三十个拜棚板舱缝凑长十一丈二尺共核用围大二尺净长三丈二尺浮溪木二根三尺围大三尺木段四丈二尺六寸长五寸钉五百四个灰十一斤三两桐油四斤七两七钱网纱四斤三两二钱竹丝四斤三两二钱舰匠七工二分六厘锯匠二工五分二厘舱匠一工六分舂

灰夫三分九厘

船尾用樟木下金一块长七尺五寸围大七尺五寸缭牛一副长七尺五寸宽二尺四寸厚六寸尾楼上金一块长一丈七尺宽二尺一寸厚八寸七星冠一块长一丈八尺宽一尺二寸厚六寸硬木棍下金拴二根缭牛臁二根各长六尺五寸围大八寸木段缭牛杠四根各长七尺围大三尺二寸下金缭牛上金七星冠做净每折见方尺三十尺用舰匠一工下金拴缭牛臁缭牛杠四十尺用舰匠一工下金用长八寸钉十八个缭牛用长八寸钉二十二个上金用长一尺钉十八个缭牛臁钉缝凑长一丈三尺每丈用长五寸钉三十个下金舱缝长七尺五寸共核用围大七尺五寸长七尺七寸樟木一段宽二尺四寸厚六寸长七尺七寸樟木一块宽二尺一寸厚八寸长一丈七尺二寸樟木一块宽一尺二寸厚六寸长一丈八尺二寸樟木一块围大八寸长一丈三尺硬木棍二根围大三尺五寸木段二丈八尺八寸长一尺钉十八个长八寸钉四十个长五寸钉三十九个灰十二两桐油四两八钱网纱四两五钱竹丝四两五钱舰匠十一工八分八厘舱匠一分一厘舂灰夫三厘

船尾舵边用木段硬筋二根各长一丈四尺围大三尺二寸尾楼鲂鱼翅四块各长七尺宽一尺厚四寸纱帽匙二块鸡母宿一块尾燕板一块各长一丈四尺宽八寸厚二寸五分柯枸木软筋二块各长一丈一尺宽一尺厚三寸硬筋鲂鱼翅软筋做净每折见方尺四十尺用舰匠一工纱帽匙各板八十尺用舰匠一工硬筋头尾用长六寸钉十二个共核用围大三尺五寸木段五丈七尺宽一尺厚三寸柯枸木二丈二尺四寸长六寸钉十二个舰匠七工一分锯匠一工四分

尾楼上用浮溪木铺板十块各长四尺尾座板四块各长一丈二尺舨边寄菜板二块各长一丈四尺碗格二块各长一丈一尺均宽五寸厚二寸高洋木尾楼挑二块橹棚一块各长一丈七尺均宽四寸厚二寸做净每折见方尺四十尺用舰匠一工尾楼铺板钉缝凑长四丈每丈用长五寸钉三十个共核用围大二尺净长三丈二尺浮溪木一根一丈四尺围大一尺六寸净长二丈八尺高洋木二丈五尺五寸长五寸钉一百二十个舰匠三工一分八厘锯匠一工八分二厘

船尾用樟木橹通板三块各长一丈七尺橹门枋一块橹床二块各长五尺均宽一尺五寸厚三寸橹通板做净每折见方尺八十尺用舰匠一工橹门枋橹床四十尺用舰匠一工橹床每块用长八寸钉十二个橹通板钉缝凑长五丈一尺每丈用长六寸钉三十个橹床橹通板舱缝凑长十二丈二尺共核用宽一尺五寸厚三寸樟木枋六丈六尺九寸长八六钉二十四个长六寸钉一百五十三个灰十二斤三两桐油四斤十四两一钱网纱四斤九两二钱竹丝四斤九两二钱舰匠三工六分五厘舱匠一工七分四厘舂灰夫四分三厘

水仙门两旁用浮溪木边柱四根中柱二根各长五尺围大一尺七寸水仙门板十四块各长四尺凑宽七尺四寸二分用宽五寸厚二寸板五丈九尺三寸六分樟木极百子舱十六块各长六尺围大一尺舨边柯枸木朴竹八块各长一丈三尺宽一尺厚三寸樟木炮眼三个各长四尺宽一尺五寸厚三寸边柱门柱百子舱炮眼做净每折见方尺四十尺用舰匠一工门板朴竹八十尺用舰匠一工百子舱钉缝凑长九丈六尺每丈用长六寸钉三十个共核用围大二尺净长三丈二尺浮溪木一根一丈七尺八寸围大一尺樟木极九丈九尺二寸宽一尺厚三寸柯枸木枋十丈五尺六寸宽一尺五寸厚三寸樟木枋一丈二尺三寸长六寸钉二百八十八个灰九斤三两桐油七斤十两九钱网纱七斤三两二钱竹丝七斤三两二钱舰匠九工一分七厘锯匠五分九厘舱匠二工七分四厘舂灰夫六分七厘

大桅座一块长八尺见方二尺四寸头桅座一块长五尺六寸围大四尺六寸做净每折见方尺三十尺用舰匠一工共核用见方二尺四寸长八尺二寸樟木一块围大四尺六寸长五尺八寸樟木一段舰匠三工四分二厘

大鹿耳二块各长一丈二尺宽二尺二寸厚一尺一寸头鹿耳二块各长九尺八寸宽一尺八寸厚八寸硬木棍鹿耳夹二根各长一丈三尺围大八寸做净每折见方尺四十尺用舰匠一工共核用宽二尺二寸厚一尺一寸长一丈二尺二寸樟木二块宽一尺八寸厚八寸长一丈樟木二块围大八寸长一丈三尺硬木棍二根舰匠七工三厘

大桅一根长八丈四尺围大七尺一寸头桅一根长五丈围大四尺三寸做净每折见方尺四十尺用舰匠一工共核用围大七尺一寸长八丈四尺桅木一根围大四尺三寸长五丈桅木一根舰匠二十二工二分九厘

桅尾用柯枸木马面二块各长三丈五尺宽一尺五寸厚三寸樟木大桅笠一个长二尺宽一尺五寸厚三寸木段大桅佇一个长一丈四尺头桅佇一根长一丈二尺均围大三尺二寸马面做净每折见方尺八十尺用舰匠一工

桅笠桅仔四十尺用舰匠一工马面钉缝凑长十丈五尺每丈用长六寸钉二十个共核用宽一尺五寸厚三寸柯栂木枋十丈五尺六寸宽一尺五寸厚三寸樟木枋二尺一寸围大三尺五寸木段二丈六尺四寸长六寸钉二百十个舰匠六工九分九厘

大风篷一扇长七丈宽三丈三尺头风篷一扇长三丈五尺宽一丈六尺五寸浮溪木大篷担二根各长三丈二尺头篷担二根各长一丈六尺五寸均围大一尺七寸做净每折见方尺四十尺用舰匠一工共核用宽三丈三尺长七丈风篷一扇宽一丈六尺五寸长三丈五尺风篷一扇围大二尺净长三丈二尺浮溪木三根三尺舰匠四工二分一厘

大篷架用木段横梁二根头篷架横梁一根各长一丈四尺架针五根各长七尺均宽一尺厚八寸做净每折见方尺三十二尺用舰匠一工共核用围大三尺五寸木段七丈八尺六寸舰匠八工六分六厘锯匠一工九分八厘

大篷车员一根用中吉木长二丈椗车员一根长一丈六尺各围大二尺二寸浮溪木大篷半车员一根斗头车员一根各长一丈尾楼车员一根长一丈二尺均围大一尺七寸高洋木车耳十一个各长六尺车脚直板十四块斜板十二块各长二丈八尺均宽四寸厚二寸硬木棍车子六十五根各长一丈三尺围大八寸车员车耳做净每折见方尺三十二尺用舰匠一工车脚斜置板八十尺用舰匠一工共核用围大二尺五寸净长三丈六尺中吉木一根围大二尺净长三丈二尺浮溪木一根围大一尺六寸净长二丈八尺高洋木十四根五尺围大八寸长一丈三尺硬木棍六十五根舰匠十七工五分七厘锯匠六工八分一厘

水柜用樟木牛头四块各长五尺宽一尺五寸厚三寸木段水柜柱四根各长七尺围大三尺二寸水柜闸四块各长七尺见方八寸水柜板三十六块各长四尺六寸宽八寸厚二寸五分水柜柱闸牛头做净每折见方尺四十尺用舰匠一工水柜板八十尺用舰匠一工水柜柱每根用长六寸钉二十个水柜板钉缝凑长十六丈五尺六寸每丈用长五寸钉三十个牛头钉缝凑长二丈每丈用长六寸钉三十个 艌缝凑长四十八丈三尺二寸共核用宽一尺五寸厚三寸樟木枋二丈四寸围大三尺五寸木段九丈九尺九寸长六寸钉一百四十个长五寸钉四百九十七个灰四十八斤五两桐油十九斤五两二钱网纱十八斤一两九钱竹丝十八斤一两九钱舰匠十工六分三厘锯匠三工一分二厘艌匠六工九分春灰夫一名六分九厘

妈祖龛用杉木板二十三丈船尾番仔板画鹰板顺风板及刀剑炮眼用板二十丈均宽六寸厚一寸高洋木妈祖旗杆一根长二丈二尺围大一尺三寸旗杆做净每折见方尺四十尺用舰匠一工妈祖龛各板八十尺用舰匠一工龛板钉缝凑长二十三丈每丈用长四寸钉三十个艌缝凑长五十丈共核用宽六寸厚一寸杉木板四十三丈八尺六寸围大一尺六寸净长二丈八尺高洋木二丈二尺长四寸钉六百九十个灰四十六斤桐油十八斤六两四钱网纱十七斤四两竹丝十七斤四两舰匠八工二分四厘艌匠六工五分七厘春灰夫一名六分一厘

船面两旁炮架六个并盖每个用长四尺六寸宽八寸厚二寸五分木段板六块做净每折见方尺八十尺用舰匠一工核用围大三尺五寸木段四丈二尺三寸舰匠四工三分五厘锯匠二工四分八厘船头用大吉木樾一根长四丈二尺围大二尺九寸樟木樾牙一块长五尺宽一尺二寸厚三寸做净每折见方尺四十尺用舰匠一工樾牙用长八寸钉六个共核用围大三尺二寸净长四丈二尺大吉木一根宽一尺五寸厚三寸樟木枋四尺八分长八寸钉六个舰匠三工四分二厘

船尾舵一门用楮木舵杆一根长一丈八尺宽一尺四寸厚八寸中吉木舵闪板六块各长一丈八尺凑宽三尺九寸六分用宽五寸八分厚二寸五分板十二丈二尺九寸樟木极舵夹八块各长四尺围大一尺硬木棍舵牙栀二根各长一丈三尺围大八寸舵杆做净每折见方尺三十尺用舰匠一工舵夹舵牙四十尺用舰匠一工舵闪板八十尺用舰匠一工舵夹钉缝凑长三丈二尺每丈用长八寸钉五十个舵夹舵闪板艌缝凑长三十丈九尺八寸共核用宽一尺四寸厚八寸长一丈八尺二寸楮木一根围大二尺五寸净长三丈六尺中吉木一根五尺围大一尺樟木极一丈三尺八寸围大八寸长一丈三尺硬木棍二根长八寸钉一百六十个灰三十一斤桐油十二斤六两三钱网纱十一斤九两九钱竹丝十一斤九两九钱舰匠六工五分一厘锯匠一工四分六厘艌匠四工四分三厘春灰夫一名八厘

跟随战船舢板船用柯栂木龙骨一根长二丈二尺斗盖一块长七尺托浪板一块长六尺均宽一尺厚三寸浮溪木水底板十块各长二丈凑宽五尺三寸舨板六块各长二丈二尺凑宽三尺一寸八分堵板十二块各长七尺凑

宽六尺三寸六分用宽五寸厚二寸板四十四丈九寸六分龙骨做净每折见方尺四十尺用舰匠一工斗盖各板八十尺用舰匠一工龙骨用长六寸钉十二个托浪板水底板艕板钉缝凑长三十五丈七尺九寸二分每丈用长五寸钉三十个龙骨托浪板水底板艕板艌缝凑长七十一丈五尺八寸四分共核用宽一尺厚三寸柯枸木枋三丈五尺六寸围大二尺净长三丈二尺浮溪木四根一丈九尺长六寸钉十二个长五寸钉一千七十四个灰七十一斤九两桐油二十八斤十两一钱网纱二十六斤十三两五钱竹丝二十六斤十三两五钱舰匠九工五分七厘锯匠四工四分一厘艌匠十工二分三厘舂灰夫二名五分

舢板船两旁水蛇二根水戗二根各长二丈压板二块各长二丈二尺均宽五寸厚二寸做净每折见方尺八十尺用舰匠一工水蛇钉缝凑长四丈每四尺用长八寸钉三个压板水戗钉缝凑长八丈四尺每丈用长五寸钉三十个艌缝凑长二十四丈八尺共核用围大二尺净长三丈二尺浮溪木一根九尺三寸长八寸钉三十个长五寸钉二百五十二个灰二十四斤十三两桐油九斤十四两七钱网纱九斤四两八钱竹丝九斤四两八钱舰匠二工一分七厘锯匠一工二分四厘艌匠三工五分四厘舂灰夫八分七厘

舢板船用樟木极舢板梁四块各长四尺四寸牛头仔极十五块各长二尺冲天极二块牛头极六块各长二尺五寸均围大一尺做净每折见方尺四十尺用舰匠一工舢板舥梁钉缝凑长一丈七尺六寸每丈用长六寸钉三十个冲天极牛头极每块用长六寸钉二个舢板梁冲天极牛头极艌缝凑长七丈五尺二寸共核用围大一尺樟木极七丈三寸长六寸钉六十九个灰七斤八两桐油三斤一钱网纱二斤十三两一钱竹丝二斤十三两一钱舰匠一工六分九厘艌匠一工七厘舂灰夫二分六厘

大桅铁箍十四个各长七尺二寸头桅箍四个各长四尺七寸舵头箍三个各长五尺三寸橶箍二个各长三尺四寸俱宽二寸厚五分椗齿六个各长一尺宽七寸厚五分橹箍六个各长二尺七寸宽一寸厚三分铁环五个各围大六寸以上铁料共净重四百斤每正铁一斤加耗铁一斤每正铁五斤用铁匠一工每正耗铁一斤用炭三斤共核用生铁八百斤炭二千四百斤铁匠八十工

油画前船共用乌烟三斤五两广红五斤铜碌四两京红四两南粉二斤银朱一两膪黄四两蓝粉四两杭粉一两水胶六两松香八两墨二块桐油四斤淡底一斤油画匠十工

麻大桅緈索二条各长十丈八寸大七寸五分头桅緈索二条各长八丈四尺大四寸五分大踏索二条各长八丈四尺大五寸小踏索二条各长五丈大三寸二分大缭母一条长五丈大八寸二分小缭母一条长三丈大四寸大帮衬六条各长二丈大二寸小帮衬九条各长六尺大一寸六分以上麻绳共重八百十斤每百斤用绳匠三工六分共核用麻八百十斤绳匠二十九工一分六厘

棕正椗索一条长四十二丈大九寸二分副椗索一条长四十丈大八寸三分大篷筋一条长七丈七尺大二寸二分小篷筋一条长四丈大一寸二分缭仔缭耳共十八条各长二丈六尺大二寸二分椗奴二条各长一丈八尺大七寸大小摘尾二条共长十七丈四尺大五寸三分舵吊一条长三丈大七寸以上棕绳共重八百三十斤每撕棕四十斤用匠一工成绳四十斤用匠一工共核用棕八百三十斤撕棕匠二十工七分五厘成绳匠二十工七分五厘

冲风旗一面长宽各一丈六尺一条龙旗一面长六丈宽三尺妈祖旗一面长宽各五尺大小定风旗三面内一面长六尺二面各长四尺五寸均宽一尺共核用幅宽一尺色布五十丈苎线十两裁缝匠五工

中椗二门齿全各长二丈一尺宽一尺二寸厚八寸

中橹二枝各长四丈八尺宽八寸厚五寸

舢板橹一枝长二丈九尺宽七寸厚四寸

大小桅饼七个

大小无底升八百个

椗舵上配用竹绳草绳共用竹篾八百四十斤绳匠三十工二分四厘草心一千八十五斤绳匠二十七工一分三厘

【查原送成规内开打造竹绳草绳所用匠工多寡不齐今照棕麻绳索用工之例一律核定】

篷上配用大小缭毬摄子兔耳共用槐籐二十九斤籐匠五工八分

刻字用刻字匠三工

竖立大小桅用壮夫五十名

前船共用大小铁钉三万九千二百四十五个刷抹钉头每百个用桐油六两四钱灰一斤每油灰十斤用艌匠一工共核用桐油一百五十六斤十五两七钱灰三百九十二斤七两艌匠五十四工九分四厘舂灰夫十三名七分四厘

前船共用舰匠六百四十八工二分六厘系照杉松木植核定内有樟柯等硬料用匠一百三十八工九分四厘每工外加匠二分计加匠二十七工七分九厘共匠六百七十六工五厘每百工加安装匠十工计安装匠六十七工六分一厘每舰匠安装匠一百工加随匠壮夫二十名计壮夫一百四十八名七分三厘

以上拆造前船共用

宽一尺厚八寸松木八丈六寸【每丈银四钱一分四厘】计银三两三钱三分七厘

【查原送成规内开松木按依十六则丈尺计算每丈核银四钱八分一厘至三钱四分一厘不等多寡参差均匀核计每丈需银四钱一分四厘今照四钱一分四厘之数一律核定】

围大三尺二寸净长四丈二尺大吉木三十八根

【每根银二两七钱】计银一百二两六钱

围大二尺五寸净长三丈六尺中吉木三十八根六一六寸【每根银一两五钱】计银五十七两二钱七分五厘

【查原送成规内开中吉木三十八根今核丈尺做法核算应增六尺六寸】

围大二尺净长三丈二尺浮溪木三十八根二丈九尺七寸【每根银五钱】计银十九两四钱六分四厘

【查原送成规内开浮溪木三十八根今按丈尺做法核算应增二丈九尺七寸】

围大一尺六寸净长二丈八尺高洋木三十七根九尺五寸【每根银二钱】计银七两四钱六分八厘

【查原送成规内开浮溪木三十八根今按丈尺做法核算应减一丈八尺五寸】

围大三尺全寸木段七十六丈二尺一寸核长一丈四尺段料五十四根六尺一寸【每根银六钱】计银三十二两六钱六分一厘

【查原送成规内开木段五十五丈今按丈尺做法核算应减七尺九寸】

宽一尺五寸厚三寸樟木枋一百三十三丈八尺八寸八分核长一丈七尺枋料七十八块一丈二尺八寸八分【每块银一两三钱】计银一百二两三钱八分五厘

【查原送成规内开樟木枋七十八块今按丈尺做法核算应增一丈二尺八寸八分】

宽一尺厚三寸长八尺二寸樟板八块【每块银四钱一分八厘】计银三两三钱四分四厘

【查原送成规内开樟木梁座梁头一则至十七则各长一丈七尺宽一尺五寸厚三寸每块银一两三钱托浪樟木板第一则长六尺宽一尺厚三寸每块开银五钱第二则至十七则各长八尺宽一尺厚三寸每块亦开银五钱价值参差今俱照梁座梁头之价一律核定】

宽一尺二寸厚三寸松木枋一百三十四丈二尺二寸核长一丈七尺枋料七十八块一丈六尺二寸【每块银三钱五分】计银二十七两六钱三分三厘

【查原送成规内开松枋七十八块今按丈尺做法核算应增一丈六尺二寸】

围大一尺樟木极八十五丈三寸核长一丈二尺樟极七十块一丈三寸【每块银二钱】计银十四两一钱七分二厘

【查原送成规内开樟木极七十块今按丈尺做法核算应增一丈三寸】

宽一尺五寸厚三寸柯椈木枋十丈五尺六寸【每丈银五钱七分一厘五毫】计银六两三分五厘

宽一尺厚三寸柯椈木枋十九丈三尺【每丈银三钱八分一厘】计银七两三钱五分三厘

【查原送成规内开柯椈木马面一则至十七则各长三丈五尺宽一尺五寸厚三寸每块开银二两软筋及舢板龙骨等料一则至五则各长二丈五尺宽一尺厚三寸每块开银一两六则至十七则各长三丈五尺宽一尺厚三寸每块开银二两价值参差今俱照马面之价一律核定】

围大八寸长一丈三尺硬木棍八十根【每根银八分】计银六两四钱

宽六寸厚一寸杉木板四十三丈八尺六寸【每丈银四钱】计银十七两五钱四分四厘

围大七尺长一丈八尺五寸樟木一根计银七两九分八厘

围大五尺三寸长一丈五尺五寸樟木一根计银三两四钱九厘

见方二尺四寸长八尺二寸樟木一块计银四两四钱三分八厘

围大四尺六寸长五尺八寸樟木一段计银九钱六分

宽二尺一寸厚八寸长一丈七尺二寸樟木一块计银二两七钱一分四厘

围大七尺五寸长七尺七寸樟木一段计银三两三钱九分一厘

宽二尺二寸厚一尺一寸长一丈二尺二寸樟木二块【每块银二两七钱七分三厘】计银五两五钱四分六厘

宽一尺八寸厚八寸长一丈樟木二块【每块银一两三钱五分三厘】计银二两七钱六厘

宽二尺厚九寸五分长一丈六尺二寸樟木二块【每块银二两八钱九分二厘】计银五两七钱八分四厘

围大四尺七寸长一丈五尺五寸樟木一根计银二两六钱八分一厘

宽一尺二寸厚六寸长一丈八尺二寸樟木一块计银一两二钱三分一厘

宽二尺四寸厚六寸长七尺七寸樟木一块计银一两四分二厘

【查原送成规内开一则至十七则每则用樟木含檀等料十二款所开价值逐款核计俱属参差均匀计算每折见方一尺需银九分三厘九毫六丝今照九分三厘九毫六丝之数一律核定】

宽一尺四寸厚八寸长一丈八尺二寸楮木一根计银十六两

围大七尺一寸长八丈四尺桅木一根计银五十七两

围大四尺三寸长五丈桅木一根计银七两

长一尺钉六百六十八个每二个重一斤计重三百三十四斤长八寸钉二百七十二个每五个重一斤计重五十四斤六两四钱长六寸钉二万三千一百七十六个每十五个重一斤计重一千五百四十五斤一两一钱长五寸钉一万四千四百三十九个每二十个重一斤计重七百二十一斤十五两二钱长四寸钉六百九十个每三十个重一斤计重二十三斤以上铁钉共重二千六百七十八斤六两七钱除选用旧钉一千二百三十斤十一两七钱外添新一千四百四十七斤十一两【每斤银二分二厘】计银三十一两八钱四分九厘灰三千七十六斤【每百斤银二钱】计银六两一钱五分二厘

桐油一千二百三十四斤六两八钱【每斤银三分】计银三十七两三分三厘

网纱一千六斤五两七钱【每斤银一分二厘】计银十二两七分六厘

竹丝一千六斤五两七钱【每斤银六厘】计银六两三分八厘

生铁八百斤【每斤银一分】计银八两

炭二千四百斤【每百斤银一钱六分】计银三两八钱四分

乌烟三斤五两【每斤银一分五厘】计银五分

广红五斤【每斤银五分】计银二钱五分

铜碌四两【每斤银三钱】计银七分五厘

京红四两【每斤银八分】计银二分

南粉二斤【每斤银一分】计银二分

银朱一两【每斤银六钱四分】计银四分

膳黄四两【每斤银二钱】计银五分

蓝粉四两【每斤银八分】计银二分

杭粉一两【每斤银一钱六分】计银一分

水胶六两【每斤银四分】计银一分五厘

松香八两【每斤银二分】计银一分

墨二块【每块银一分】计银二分

淡底一斤计银五分

麻八百十斤【每斤银一分五厘】计银十二两一钱五分

棕八百三十斤【每斤银三分】计银二十四两九钱

色布五十丈【每丈银一钱】计银五两

苎线十两【每斤银一钱二分】计银七分五厘

碇二门齿全各长二丈一尺宽一尺二寸厚八寸【每门银二两一钱五厘】计银四两二钱一分

橹二枝各长四丈八尺宽八寸厚五寸【每枝银一两九钱五分七厘】计银三两九钱一分四厘

舢板橹一枝长二丈九尺宽七寸厚四寸计银三钱七分二厘

大风篷一扇长七丈宽三丈三尺计银七两二钱三厘

头风篷一扇长三丈宽一丈六尺五寸计银一两八钱一厘

【查原送成规内开一则至十七则大篷每扇银五两五钱头篷每扇银一两五钱所开丈尺大篷长自四丈八尺至七丈宽自二丈六尺至三丈三尺不等头篷长二丈四尺至三丈五尺宽自一丈四尺至一丈六尺五寸不等俱属参差均匀核计每折见方一丈需银三钱一分一厘八毫今照三钱一分一厘八毫之数分别核定】

大小桅饼七个【每个银七分】计银四钱九分

大小无底升八百个【每百个银八分】计银六钱四分

竹篾八百四十斤【每百斤银一钱六分】计银一两三钱四分四厘

草心一千八十五斤【每百斤银七分】计银七钱六分

樾籐二十九斤【每斤银二分五厘】计银七钱二分五厘

舰匠六百七十六工五厘安装匠六十七工六分一厘锯匠一百八十七工六分六厘舱匠四百三十八工三分一厘铁匠八十工油画匠十工绳匠八十六工五分三厘棕匠四十一工五分裁缝匠五工籐匠五工八分刻字匠三工壮夫三百六名三分八厘以上匠夫共一千九百七工八分四厘【每工银五分】计银九十五两三钱九分二厘

又置备物件开后

木桶三十件【每件银三分】计银九钱

铁锅三口换新【每口贴工料银一钱二分】计银三钱六分

鼓一面修理换皮计银四钱八分

金一面重四斤换新【每斤贴工料银七分】计银二钱八分

以上折造前船成规内开共需工料银八百四□□分二厘三毫内部价银三百八十二两八钱□□三厘加八津贴并另加三分银四百二十两□□钱四分九厘三毫台厂运费银七十六两五钱七分二厘六毫今按条查核分别增减更正需用工料银七百九十五两二钱八分五厘内部价银三百七十八两七钱七厘加八津贴并另加三分银四百十六两五钱七分八厘台厂运费银七十五两七钱一分一厘计节减工料银八两七钱二分七厘三毫台厂运费银八钱三分一厘六毫行令该抚于前船届应拆造之期将节减银两在于应领银内扣除

至大小修理成规内开大修工料银五百四十五两三钱五分一厘四毫内部价银二百四十七两八钱八分七厘加九津贴并另加三分银二百九十七两四钱六分四厘四毫台厂运费银四十九两五钱七分七厘四毫小修工料银三百八十八两四钱八分六厘一毫内部价银一百六十八两九钱七厘加十津贴并另加三分银二百十九两五钱七分九厘一毫台厂运费银三十三两七钱八分一厘

其余八船仿此

卷一七

福建省外海战船做法

第三则双篷船二只内台湾协标中营波字七号船一只身长三丈四尺头起䑸二尺四寸尾起䑸二尺船头长一丈二尺面匀宽六尺三寸四分底匀宽五尺七寸船中长一丈二尺面匀宽九尺七寸六分底匀宽七尺八寸船尾长一丈面匀宽九尺六寸底匀宽六尺六寸两边舨长四丈二尺计十四舱深三尺三寸

今将拆造前船需用工料价值细数开后

计开

船底松木龙骨一道计三节船头一节长一丈船中一节连交接匙头长二丈六尺船尾一节长六尺凑长四丈二尺见方八寸做净每折见方尺二十尺用舰匠一工交接匙头二处每处用长一尺钉八个又每边用长八寸钉十二个共核用见方八寸松木四丈二尺六寸长一尺钉十六个长八寸钉二十四个舰匠六工七分二厘

舡底板连起舭长三丈四尺内舡底匀宽七尺二寸五分两站各匀高三尺七寸七分抽换用长三丈六尺宽六寸四分厚二寸三分中吉木板二十一块做净每折见方尺八十尺用舰匠一工锯板折宽一尺长七丈用锯匠一工【以下锯板用工仿此】钉缝凑长七十五丈六尺每丈用长六寸钉三十个艌缝凑长一百五十一丈二尺每丈用灰一斤桐油六两四钱网纱竹丝各六两每七丈用艌匠一工舂制油灰每四十斤用舂灰夫一名【以下艌缝用工用料仿此】共核用围大二尺五寸净长三丈六尺中吉木七根长六寸钉二千二百六十个八个灰一百五十一斤三两桐油六十斤七两七钱网纱五十六斤十一两二钱竹丝五十六斤十一两二钱舰匠十六工四分四厘锯匠九工四分艌匠二十一工六分舂灰夫五名二分九厘

各舱抽换樟木梁座八块内舡头三块舡中三块舡尾二块共凑长十二丈八尺舱梁七块内舡中三块凑长二丈九尺二寸舡尾四块凑长三丈八尺七寸均宽一尺五寸厚三寸松木梁头十八块内舡头二块凑长一丈一尺舡中十块凑长十丈二寸舡尾六块凑长五丈七尺六寸均宽一尺二寸厚三寸硬木棍稳吊六根各长一丈三尺围大八寸梁座梁头做净每折见方尺八十尺用舰匠一工稳吊四十尺用舰匠一工钉缝凑长四十四丈二尺七寸每丈用长六寸钉三十个艌缝凑长八十八丈五尺四寸共核用宽一尺五寸厚三寸樟木枋十九丈八尺九寸宽一尺二寸厚三寸松木枋十七丈二尺四寸围大八寸长一丈三尺硬木棍六根长六寸钉一千三百二十八个灰八十八斤九两桐油三十五斤六两七钱网纱三十三斤三两二钱竹丝三十三斤三两二钱舰匠十六工七分一厘艌匠十二工六分五厘舂灰夫三名一分

各舱用樟木极十六块内油婆前极二块水舱极二块鳅鱼极二块各长七尺尾堵里极二块目里八字极二块转水极二块各长五尺舨边一仔极二块各长四尺冲天极二块各长八尺□围大一尺做净每折见方尺四十尺用舰匠一工每块用长六寸钉二个艌缝凑长十九丈□尺共核用围大一尺樟木极九丈八尺四寸长六寸钉三十二个灰九斤三两桐油七斤十两九钱网纱七斤三两二钱竹丝七斤三两二钱舰匠二工四分艌匠二工七分四厘舂灰夫六分七厘

舡身两旁走马二条水蛇二条抽换各长一丈八尺宽六寸六分厚三寸做净每折见方尺四十尺用舰匠一工走马钉缝凑长三丈六尺每丈用长一尺钉三十个水蛇钉缝凑长三丈六尺每四尺用长一尺钉三个艌缝凑长十四丈四尺共核用围大二尺五寸净长三丈六尺中吉木一根长一尺钉一百三十五个灰十四斤六两桐油五斤十二两二钱网纱五斤六两四钱竹丝五斤六两四钱舰匠三工四分六厘锯匠九分九厘艌匠二工六厘舂灰夫五分

舡面两旁舨板长三丈四尺凑宽六尺六分添换用长三丈六尺宽六寸四分厚二寸三分中吉木板三块做净每折见方尺八十尺用舰匠一工钉缝凑长十丈八尺每丈用长六寸钉三十个艌缝凑长二十一丈六尺共核用围大三尺二寸净长三丈六尺中吉木一根长六寸钉三百二十四个灰二十一斤十两桐油八斤十两二钱网纱八斤一两六钱竹丝八斤一两六钱舰匠二工三分五厘锯匠一工三分四厘艌匠三工九厘舂灰夫七分六厘

两旁抽换浮溪木舨板三块各长三丈二尺宽五寸厚二寸做净每折见方尺八十尺用舰匠一工钉缝凑长九丈六尺每丈用长五寸钉三十个艌缝凑长十九丈二尺共核用围大二尺净长三丈二尺浮溪木一根长五寸钉二百八十八个灰十九斤三两桐油七斤十两九钱网纱七斤三两二钱竹丝七斤三两二钱舰匠一工六分八厘锯匠九分六厘艌匠二工七分四厘舂灰夫六分七厘

两旁用樟木极舨艨八块各长三尺围大一尺樟木舨斗一个用板三块各长三尺宽一尺五寸鸟嘴燕二个各长二尺宽四寸均厚三寸做净每折见方尺四十尺用舰匠一工舨艨每块用长六寸钉二个舨斗钉缝凑长九尺每丈用长五寸钉三十个鸟嘴燕钉缝凑长四尺每丈用长四寸钉三十个艌缝凑长七丈四尺共核用围大一尺樟木极二丈四尺八寸宽一尺五寸厚三寸樟木枋一丈四寸二分长六寸钉十六个长五寸钉二十七个长四寸钉十二个灰七斤六两桐油二斤十五两四钱网纱二斤十二两四钱竹丝二斤十二两四钱舰匠一工五分五厘艌匠一工

六厘舂灰夫二分六厘

两旁皺面用浮溪木笨抽二根抽换各长三丈二尺宽五寸厚三寸中吉木大压二块水戗二条抽换各长一丈八尺均宽六寸六分厚三寸做净每折见方尺四十尺用舰匠一工钉缝凑长十三丈六尺每丈用长六寸钉三十个舱缝凑长二十七丈二尺共核用围大二尺五寸净长三丈六尺中吉木一根围大二尺净长三丈二尺浮溪木一根长六寸钉八百八个灰二十七斤三两桐油十斤十四两一钱网纱十斤三两二钱竹丝十斤三两二钱舰匠六工二厘锯匠一工七分二厘艌匠三工八分九厘舂灰夫九分五厘

官厅上用浮溪木战柜板四块各长一丈一尺宽五寸厚二寸战柜杠三根各长一丈六寸贴柱八根各长四尺均围大一尺七寸樟木太平牛二块各长四尺宽一尺五寸厚三寸战柜杠贴柱太平牛做净每折见方尺四十尺用舰匠一工战柜板八十尺用舰匠一工战柜板钉缝凑长四丈四尺每丈用长五寸钉三十个太平牛每块用长五寸钉二十个战柜板杠艌缝凑长十五丈一尺六寸共核用围大二尺净长三丈二尺浮溪木二根一丈四尺五寸宽一尺五寸厚三寸樟木枋八尺二寸长五寸钉一百五十六个灰十五斤三两桐油六斤一两网纱五斤十一两竹丝五斤十一两舰匠四工二分锯匠四分四厘艌匠二工一分七厘舂灰夫五分三厘

官厅前通铺板二块各长一丈六寸后通铺板二块各长九尺五寸均宽一尺二寸厚三寸做净每折见方尺四十尺用舰匠一工钉缝凑长四丈二寸每丈用长六寸钉三十个艌缝凑长八丈四寸共核用宽一尺二寸厚三寸松木枋四丈一尺长六寸钉一百二十一个灰八斤一两桐油三斤三两五钱网纱三斤二钱竹丝三斤二钱舰匠一工五分一厘艌匠一工一分五厘舂灰夫二分八厘

官厅两旁木段猫里柱四根各长四尺六寸围大二尺二寸猫里墙板四块猫里堵板四块各长四尺六寸宽六寸四分厚二寸三分猫里柱做净每折见方尺四十尺用舰匠一工猫里各板八十尺用舰匠一工猫里墙板钉缝凑长一丈八尺四寸每丈用长六寸钉三十个共核用围大二尺五寸木段三丈一尺三寸长六寸钉五十五个舰匠一工八分一厘锯匠四分六厘

两旁皺面高洋木战棚板八块各长二丈八尺宽四寸厚二寸各舱内堵板一百二十块各长二尺八寸宽四寸厚一寸木段舱盖板五十三块各长四尺六寸宽六寸四分厚二寸三分通槽六个各长四尺六寸宽六寸六分厚六寸松木水槽垫板四块各长四尺尾里板二块各长五尺缭跳二块各长九尺均宽一尺二寸厚三寸通槽做净每折见方尺八十尺用舰匠一工战棚各板八十尺用舰匠一工舱盖板尾里板钉缝凑长二十五丈三尺八寸每丈用长五寸钉三十个舱盖板尾里板艌缝凑长五十丈七尺六寸共核用围大一尺六寸净长二丈八尺高洋木七根围大二尺五寸木段十一丈一尺二寸宽一尺二寸厚三寸松木枋四丈五尺长五寸钉七百六十一个灰五十斤十二两桐油二十斤四两九钱网纱十九斤六钱竹丝十九斤六钱舰匠十六工八分三厘锯匠七工八分五厘艌匠七工二分五厘舂灰夫一名七分八厘

两旁皺上皺牛二块各长五尺各舱口扛豆二块各长一丈二尺均宽一尺二寸厚三寸做净每折见方尺四十尺用舰匠一工皺牛每块用长六寸钉四个扛豆钉缝凑长二丈四尺每丈用长六寸钉三十个艌缝凑长六丈八尺共核用宽一尺二寸厚三寸松木枋三丈四尺六寸长六寸钉八十个灰六斤十三两桐油二斤十一两五钱网纱二斤八两八钱竹丝二斤八两八钱舰匠二工五分五厘艌匠九分七厘舂灰夫二分四厘

两旁皺上用高洋木牛栏二根内抽称船头一根长一丈船面一根长一丈八尺围大一尺三寸做净每折见方尺四十尺用舰匠一工共核用围大一尺六寸净长二丈八尺高洋木一根舰匠九分一厘

舡头斗盖一块用樟木长一丈二尺宽八寸厚七寸虾箍梁一块长七尺宽八寸斗盖下兔耳一块长六尺宽一尺五寸均厚三寸托浪板二块各长五尺五寸宽一尺厚三寸斗盖虾箍梁兔耳做净每折见方尺四十尺用舰匠一工托浪板八十尺用舰匠一工斗盖用长八寸钉十二个兔耳虾箍梁钉缝凑长一丈三尺每丈用长五寸钉三十个托浪板钉缝凑长一丈一尺每丈用长六寸钉三十个兔耳虾箍梁托浪板艌缝凑长四丈八尺共核用宽八寸厚七寸长一丈二尺二寸樟木一块宽一尺五寸厚三寸樟木枋一丈四分宽一尺厚三寸长五尺七寸樟木板二块长八寸钉十二个长六寸钉三十三个长五寸钉三十九个灰四斤十三两桐油一斤十四两七钱网纱一斤十二两八钱竹丝一斤十二两八钱舰匠二工一分八厘艌匠六分九厘舂灰夫一分七厘

中含檀一块长一丈二尺宽一尺五寸厚一尺五寸头含檀一块长八尺宽一尺二寸厚五寸含檀梁一块长一

丈二尺一仔梁一块长五尺含檀闸一块长九尺均宽一尺五寸厚三寸做净每折见方尺三十尺用舰匠一工含檀梁一仔梁钉缝凑长一丈七尺每丈用长六寸钉三十个含檀含檀梁一仔梁舱缝凑长七丈四尺共核用宽一尺五寸厚一尺五寸长一丈二尺二寸樟木一块宽一尺二寸厚五寸长八尺二寸樟木一块宽一尺五寸厚三寸樟木枋二丈六尺五寸长六寸钉五十一个灰七斤六两桐油二斤十五两四钱网纱二斤十二两四钱竹丝二斤十二两四钱舰匠六工四分三厘舱匠一工六厘舂灰夫二分六厘

转水二块和尚栓二条共用长六尺五寸宽一尺厚六寸樟木板二块内和尚栓长四尺五寸宽四寸厚三寸目里鞋二块各长二尺五寸炮眼四个各长一尺均宽一尺厚三寸做净每折见方尺四十尺用舰匠一工转水每块用长一尺钉二个止里鞋每块用长六寸钉八个炮眼每个用长六寸钉十二个舱缝凑长四丈四尺共核用宽二尺厚六寸长六尺七寸樟木二块宽一尺五寸厚三寸樟木枋六尺四寸长一尺钉四个长六寸钉六十四个灰四斤六两桐油一斤十二两二钱网纱一斤十两四钱竹丝一斤十两四钱舰匠一工七分八厘舱匠六分三厘舂灰夫一分五厘

舡尾用樟木下金一块长五尺五寸宽一尺五寸厚一尺五寸缭牛一副长六尺宽二尺厚六寸尾楼上金一块长一丈三尺宽一尺五寸厚七寸七星冠一块长一丈六尺宽一尺二寸厚六寸硬木棍下金拴二根缭牛臓二根各长六尺五寸围大八寸下金缭牛上金七星冠做净每折见方尺三十尺用舰匠一工下金拴缭牛臓四十尺用舰匠一工下金用长八寸钉十八个缭牛用长八寸钉十八个上金用长一尺钉十八个缭牛臓钉缝凑长一丈三尺每丈用长五寸钉三十个下金舱缝凑长五尺五寸共核用宽一尺五寸厚一尺五寸长五尺七寸樟木一块宽二尺厚六寸长六尺二寸樟木一块宽一尺五寸厚七寸长一丈三尺二寸樟木一块宽一尺二寸厚六寸长一丈六尺二寸松木一块围大八寸长一丈三尺硬木棍二根长一尺钉十八个长八寸钉三十六个长五寸钉三十九个灰九两桐油三两五钱网纱三两三钱竹丝三两三钱舰匠六工七分三厘舱匠八厘舂灰夫二厘

船尾用木段硬筋二条各长九尺水仙门柱二根各长五尺围大二尺二寸船边用樟木极百子舿二块各长一丈二尺围大一尺做净每折见方尺四十尺用舰匠一工硬筋头尾用长六寸钉十二个百子舿钉缝长二丈四尺每丈用长六寸钉三十个百子舿舱缝长四丈八尺共核用围大二尺五寸木段二丈八尺六寸围大一尺樟木极二丈四尺四寸长六寸钉八十四个灰四斤十三两桐油一斤十四两七钱网纱一斤十二两八钱竹丝一斤十二两八钱舰匠二工一分四厘舱匠六分九厘舂灰夫一分七厘

船尾用樟木槽通板一块长八尺槽床二块各长四尺五寸均宽一尺五寸鬼面一块长三尺宽一尺均厚三□□□□做净每折见方尺八十尺用舰匠一工槽床鬼面四十尺用舰匠一工槽床每块用长八寸钉十二个槽通板钉缝长八尺每丈用长六寸钉三十个鬼面用长六寸钉六个槽床槽通板舱缝凑长三丈四尺共核用宽一尺五寸厚三寸樟木枋一丈九尺四寸七分长八寸钉二十四个长六寸钉六个长五寸钉二十四个灰十三斤六两桐油一斤五两八钱网纱一斤四两四钱竹丝一斤四两四钱舰匠一工三分五厘舱匠四分九厘舂灰夫一分二厘

大桅座一块长六尺宽一尺二寸厚七寸做净每折见方尺三十尺用舰匠一工共核用宽一尺二寸厚七寸长六尺二寸樟木一块舰匠七分六厘

大鹿耳二块各长一丈二尺宽一尺二寸厚一尺头鹿耳二块各长七尺宽一尺二寸厚四寸五分硬木棍鹿耳夹二根各长一丈三尺围大八寸做净每折见方尺四十尺用舰匠一工共核用宽一尺二寸厚一尺长一丈二尺二寸樟木二块宽一尺二寸厚四寸五分长七尺二寸樟木二块围大八寸长一丈三尺硬木棍二根舰匠四工三分二厘

大桅一根长五丈围大二尺八寸头桅一根长三丈围大二尺六寸做净每折见方尺四十尺用舰匠一工共核用围大二尺八寸长五丈桅木一根围大二尺六寸长三丈桅木一根舰匠五工四分五厘

大风篷一扇长四丈二尺宽二丈头风篷一扇长二丈一尺宽一丈大篷担二根各长二丈头篷担一根长一丈均围大一尺七寸做净每折见方尺四十尺用舰匠一工共核用宽二丈长四丈二尺风篷一扇宽一丈长二丈一尺风篷一扇围大二尺净长三丈二尺浮溪木一根一丈八尺舰匠二工一分三厘

大篷架横梁一根用木段长九尺头篷架横梁一根长五尺围大二尺二寸浮溪木大篷车员一根长一丈围大一尺七寸樟木大篷踏一块长四尺五寸宽一尺五寸车耳一个长三尺宽一尺均厚三寸硬木棍车子二十三根各

长一丈三尺围大八寸篷踏车员车耳做净每折□□

【原缺】

长五寸钉一百九十三个灰十八斤六两桐油七斤五两五钱网纱六斤十四两二钱竹丝六斤十四两二钱舰匠三工五分三厘锯匠六分九厘舱匠二工六分二厘舂灰夫六分四厘

妈祖龛用杉木板四块各长一丈七尺官厅虎头舱门板八块铺板十块各长四尺均宽六寸厚一寸做净每折见方尺八十尺用舰匠一工妈祖龛钉缝凑长六丈八尺每丈用长四寸钉三十个虎头舱门板钉缝凑长三丈二尺每丈用长五寸钉三十个妈祖龛板舱缝凑长十三丈六尺共核用宽六寸厚一寸杉木板十四丈二尺六寸长五寸钉九十六个长四寸钉二百四个灰十三斤十两桐油五斤七两网纱五斤一两六钱竹丝五斤一两六钱舰匠二工四分五厘舱匠一工九分四厘舂灰夫四分八厘

船头用中吉木槛一枝长二丈五尺围大二尺二寸樟木槛牙一块长四尺宽五寸厚三寸做净每折见方尺四十尺用舰匠一工槛牙用长八寸钉六个共核用围大二尺五寸净长三丈六尺中吉木二丈五尺宽一尺五寸厚三寸樟木枋一尺三寸七分长八寸钉六个舰匠一工五分四厘

船尾舵一门用楮木舵杆一根长一丈五尺宽一尺二寸厚八寸中吉木舵闪板三块各长一丈一尺宽六寸四分厚二寸三分樟木极舵夹六块各长四尺围大一尺硬木棍舵牙扼二根各长一丈三尺围大八寸舵杆做净每折见方尺三十尺用舰匠一工舵牙舵夹四十尺用舰匠一工舵闪板八十尺用舰匠一工舵夹钉缝凑长二丈四尺每丈用长八寸钉五十个舵闪板舵夹舱缝凑长十一丈四尺共核用宽一尺二寸厚八寸长一丈五尺二寸楮木一块围大二尺五寸净长三丈六尺中吉木一丈一尺围大一尺樟木极二丈四尺六寸围大八寸长一丈三尺硬木棍二根长八寸钉一百二十个灰十一斤六两桐油四斤九两网纱四斤四两四钱竹丝四斤四两四钱舰匠三工八分四厘锯匠四分一厘舱匠一工六分三厘舂灰夫四分

跟随战船舢板舡用浮溪木水底板四块各长一丈二尺舷板四块各长一丈三尺舱内铺板十块各长四尺均宽五寸厚二寸做净每折见方尺四十尺用舰匠一工水底板舷板钉缝凑长十丈每丈用长五寸钉三十个水底板舷板舱缝凑长二十丈共核用围大二尺净长三丈二尺浮溪木一根一丈四尺七寸长五寸钉三百个灰二十斤桐油八斤网纱七斤八两竹丝七斤八两舰匠二工四分五厘锯匠一工四分舱匠二工八分六厘舂灰夫七分

舢板船两旁水蛇二根大压二块各长一丈三尺宽五寸厚二寸做净每折见方尺八十尺用舰匠一工水蛇钉缝凑长二丈六尺每四尺用长八寸钉三个大压钉缝凑长二丈六尺每丈用长五寸钉三十个舱缝凑长十丈四尺共核用围大二尺净长三丈二尺浮溪木一丈七尺三寸长八寸钉十九个长五寸钉七十八个灰十斤六两桐油四斤二两六钱网纱三斤十四两四钱竹丝三斤十四两四钱舰匠九分一厘锯匠□分二厘舱匠一工四分九厘舂灰夫三分六厘

舢板船用樟木极舢板梁四块各长三尺舷极六块各长二尺均围大一尺做净每折见方尺四十尺用舰匠一工舢板梁钉缝凑长一丈二尺每丈用长六寸钉三十个舷极每块用长五寸钉二个舱缝凑长四丈八尺共核用围大一尺樟木极二丈五尺长六寸钉三十六个长五寸钉十二个灰四斤十三两桐油一斤十四两七钱网纱一斤十二两八钱竹丝一斤十二两八钱舰匠六分舱匠六分九厘舂灰夫一分七厘

大桅铁箍八个各长二尺九寸头桅箍四个舵箍三个各长二尺六寸俱宽二寸厚五分椗齿二个各长一尺宽五寸厚五分橹箍二个各长一尺九寸宽一寸厚三分铁环二个各围大四寸以上铁料共净重一百五斤每正铁一斤加耗铁一斤每正铁五斤用铁匠一工每正耗铁一斤用炭三斤共核用生铁二百十斤炭六百三十斤铁匠二十一工

油画前船共用乌烟二斤广红三斤铜碌三两二钱京红三两膳黄二两四钱南粉一斤八两银朱八钱杭粉八钱蓝粉三两墨二块松香四两水胶四两淡底一斤桐油三斤油画匠八工

麻大桅肄索二条各长六丈二尺大四寸八分头桅肄索二条各长五丈大三寸大踏索二条各长五丈大三寸二分小踏索二条各长二丈大二寸八分大缭母一条长三丈六尺大四寸八分小缭母一条长二丈大三寸大帮衬六条各长一丈五尺大一寸五分小帮衬九条各长四尺五寸大一寸以上麻索共重一百九十斤每百斤用绳匠三工六分共核用麻一百九十斤绳匠六工八分四厘

棕正椗索一条长四十二丈大五分副椗索一条长四十丈大四寸五分大篷筋一条长五丈大一寸六分小篷筋一条长二丈四尺大一寸缭仔缭耳共十八条各长一丈大一寸五分椗奴二条各长一丈五尺大五寸大小摘尾二条共长十二丈大三寸五分舵吊一条长三丈大四寸五分以上棕绳共重二百十斤每撕棕四十斤用匠一工成绳四十斤用匠一工共核用棕二百十斤撕棕匠五工二分五厘成绳匠五工二分五厘

冲风旗一面长宽各一丈二尺一条龙旗一面长六丈宽二尺妈祖旗一面长宽各四尺五寸大小定风旗三面内一面长四尺二面各长三尺均宽一尺共核用幅宽一尺色布三十丈苎线四两裁缝匠三工

椗二门齿全各长一丈四尺宽八寸厚五寸

橹二枝各长三丈二尺宽七寸厚四寸

舢板橹一枝长二丈五尺宽七寸厚四寸

大小桅饼七个

大小无底升四百个

椗舵上配用竹绳草绳共用竹篾一百八十三斤十三两绳匠六工六分二厘草心二百五十五斤绳匠六工三分八厘

【查原送成规内开竹□草心所用匠工多寡不齐今照棕麻绳索用工之例一律核定】

篷上配用大小缭毬摄子兔耳共核用槐籐十八斤籐匠三工六分

刻字用刻字匠三工

竖立大小桅用壮夫十二名

前船共用大小铁钉七千六百二十九个刷□□头每百个用桐油六两四钱灰一斤每油灰十斤用艌匠一工共核用桐油三十斤八两□钱灰七十六斤五两艌匠十工六分八厘舂灰夫二名六分七厘

前船共用舰匠一百三十五工九分七厘系照杉松木植核定内有樟楮等硬料用匠四十四工六分四厘每工外加匠二分计加匠八工九分三厘共匠一百四十四工九分每百工加安装匠十工计安装匠十四工四分九厘每舰匠安装匠一百工加随匠壮夫二十名计壮夫三十一名八分八厘

以上拆造前船共用见方八寸松木四丈二尺六寸【每丈银三钱三分一厘】计银一两四钱一分

【查原送成规内开松木按依丈尺计算价值参差今照缯船宽一尺厚八寸每丈银四钱一分四厘核算每丈需银三钱三分一厘之数一律核定】

围大二尺五寸净长三丈六尺中吉木十一根【每根银一两五钱】计银十六两五钱

【查原送成规内开中吉木八根今按丈尺做法核算应增三根】

围大二尺净长三丈二尺浮溪木八根一丈五寸【每根银五钱】计银四两一钱六分四厘

【查原送成规内开浮溪木八根今按丈尺做法核算应增一根一丈五尺】

围大一尺六寸净长二丈八尺高洋木八根【每根银二钱】计银一两六钱

围大二尺五寸木段二十三丈二尺四寸核长一丈四尺段料□□根八尺四寸【每根银□钱】计银四□□□三分

【查原送成规内□□□十六根今按丈尺做法核算应增□尺四寸】

围大一尺五寸厚三寸□木枋二十九丈七尺一寸七分核长一丈七尺枋料十七块八尺一寸七分【每根银一两三□】计银二十二两七钱二分五厘

【查原送成规内开樟□十八块今按丈尺做法核算应减八尺□□□分】

宽一尺□三寸长五尺七寸樟板二块□□□□□□□□□□□□厘】计银五钱八分二厘

【查原送成规内开樟木梁座长□丈□□□□□□一尺五寸厚三寸每块银一□□□□□□□□□长五尺五寸宽一尺厚三□□□□□□□□□钱价值参差今□□□□价□□□□□□□□□】

宽一尺二寸厚三寸松木枋二十九□□□□□一丈七尺枋料十七块四尺【每块银三钱五分】计银六两三分二厘

【查原送成规内开松枋十七块今按丈尺做法核算应增四尺】

围大一尺樟木极十九丈七尺二寸核长一丈二尺樟极十六块五尺二寸【每块银二钱】计银三两二钱八分七厘

【查原送成规内开樟极十六块今按丈尺做法核算应增五尺二寸】

围大八寸长一丈三尺硬木棍三十五根【每根银八分】计银二两八钱

宽□寸厚一寸杉木板十四丈二尺六寸【每丈银四钱】计银五两七钱四厘

宽八寸厚七寸长一丈二尺二寸樟木一块计银六钱四分二厘

宽一尺五寸厚一尺五寸长一丈二尺二寸樟木一块计银二两五钱七分九厘

宽一尺二寸厚五寸长八尺二寸樟木一块计银四钱六分二厘

宽一尺厚六寸长六尺七寸樟木二□□【□□□□厘】计银七钱五分六厘

宽一尺□寸厚一尺五寸长五尺七寸【□□□□□】计银一两二钱五厘

宽二尺厚六寸长六尺二寸樟木一块计银六钱九分九厘

宽□尺五寸厚七寸长一丈三尺二寸□□□□□计银一两三钱二厘

宽一尺二寸厚六寸长一丈六尺樟木一块计银一两九分六厘

宽一尺二寸厚七寸长六尺二寸樟木一块计银四钱八分九厘

宽一尺二寸厚一尺长一丈二尺二寸樟木二块【每块银一两三钱七分六厘】计银二两七钱五分二厘

宽一尺二寸厚四寸五分长七尺二寸樟木二块【每块银三钱六分五厘】计银七钱三分

【查原送成规内开樟木含檀等料十一款所开价值逐款核计俱属参差今照缯船每折见方尺一尺核银九分三厘九毫六丝之数一律核定】

宽一尺二寸厚八寸长一丈五尺二寸楮木一块计银十二两

围大二尺八寸长五丈桅木一根计银八两

围大二尺六寸长三丈桅木一根计银一两

长一尺钉一百七十三个每二个重一斤计重八十六斤八两长八寸钉二百四十一个每五个重一斤计重四十八斤三两二钱长六寸钉四千九百八十六个每十五个重一斤计重三百三十二斤六两四钱长五寸钉二千十三个每二十个重一斤计重一百斤十两四钱长四寸钉二百十六个每三十个重一斤计重七斤□两二钱以上铁钉共重五百七十四斤十五两二钱内选用旧钉一百八十一斤十三两二钱添新三百九十三斤二两【每斤银二分二厘】计银八两六钱四分九厘

灰六百九斤十一两【每百斤银二钱】计银一两二钱一分九厘

桐油二百四十六斤十四两四钱【每斤银三分】计银七两四钱七厘

网纱二百斤五钱【每斤银一分二厘】计银二两四钱

竹丝二百斤五钱【每斤银□厘】计银一两二钱

生铁二百十斤【每斤银一分】计银二两一钱

炭六百三十斤【每百斤银一钱六分】计银一两八厘

乌烟二斤【每斤银一分五厘】计银三分

广红三斤【每斤银五分】计银一钱五分

铜碌三两二钱【每斤银三钱】计银六分

京红三两【每斤银八分】计银一分五厘

臙黄二两四钱【生斤银二钱】计银三分

南粉一斤八两【每斤银一分】计银一分五厘

银朱八钱【每斤银六钱四分】计银三分二厘

杭粉八钱【每斤银一钱六分】计银八厘

蓝粉三两【每斤银八分】计银一分五厘

墨二块【每块银一分】计银二分

松香四两【每斤银二分】计银五厘

水胶四两【每斤银四分】计银一分

淡底一斤计银五分

麻一百九十斤【每斤银一分五厘】计银二两八钱五分

棕二百十斤【每斤银三分】计银六两三钱

幅宽一尺色布三十丈【每丈银一钱】计银三两

苎线四两【每斤银一钱二分】计银三分

椗二门齿全各长一丈四尺宽八寸厚五寸【每门银□两】计银二两

橹二枝各长三丈二尺宽七寸厚四寸【每枝银七钱】计银一两四钱

舢板橹一枝长二丈五尺宽七寸厚四寸计银三钱二分一厘

大风篷一扇长四丈二尺宽二丈计银二两六钱一分九厘

头风篷一扇长二丈一尺宽一丈计银六钱五分五厘

【查原送成规内开各则风篷价值参差今照缯船每折见方一丈核银三钱一分一厘八毫之数一律核定】

大小桅饼七个【每个银七分】计银四钱九分

大小无底升四百个【每百个银八分】计银三钱二分

竹篾一百八十三斤【每百斤银一钱六分】计银二钱九分四厘

草心二百五十五斤【每百斤银七分】计银一钱七分九厘

槐籐十八斤【每斤银二分五厘】计银四钱五分

舰匠一百四十四工九分安装匠十四工四分九厘锯匠二十六工一分八厘舱匠八十六工九分二厘铁匠二十一工油画匠八工绳匠十九工八分四厘棕匠十工五分裁缝匠三工籐匠三工六分刻字匠三工壮夫四十五名二分二厘以上共匠夫四百六工六分五厘【每工银五分】计银二十两三钱

又置备物件开后

木桶二十件【每件银三分】计银六钱

铁锅二口换新【每口贴工料银一钱二分】计银二钱四分

鼓一面修理换皮计银四钱八分

金一面重四斤换新【每斤贴工料银七分】计银二钱八分

以上拆造前船成规内开共需工料银一百七十两九钱四分七厘内部价银八十一两四钱三厘加八津贴并另加三分银八十九两五钱四分四厘台厂运费银十六两二钱八分一厘今按条查核分别增减更正需用工料银一百七十两七钱六分内部价银八十一两三钱一分四厘加八津贴并另加三分银八十九两四钱四分六厘台厂运费银十六两二钱六分三厘计节减工料银一钱八分七厘运费银一分八厘行令该抚于前舡届□拆造之期将节减银两在于应领银内扣除

至大小修理成规内开大修工料银一百三十四两七分七厘内部价银六十两九钱二分一厘加九津贴并另加三分银七十三两一钱六厘台厂运费银十二两一钱八分四厘小修工料银八十八两三钱二分三厘内部价银三十八两四钱一厘加十津贴并另加三分银四十九两九钱二分二厘台厂运费银七两六钱八分

其余一舡仿此

卷一八

福建省外海战船做法

第六则双篷船十四只内金门镇标右营汤字十□□□□□□□长四丈四尺头起鼐九尺六寸尾起鼐□□□□□船头长一丈六尺面匀宽七尺□□□□□宽□尺船中□二丈六尺面匀宽□□□一尺底匀宽一丈船尾□一丈二尺面匀□□□□□尺底匀宽八尺九寸两边艎板长五丈计十□□舱□四尺二寸□分

今将拆造前船需用工料价值细数开后

计开

船□□□□□□□□□三节船头一节长一丈二□□□□□□□□□□头长三丈二尺船尾一□长□□□□□丈四尺见方八寸做净每折见方尺二□□用舰匠一工交接匙头二处每处用长一尺钉八个又每边用长六寸钉十二个共核用见方八寸松木五丈四尺六寸长一尺钉十六个长六寸钉二十四个舰匠八工六分四厘

船底板连起䑸长四丈四尺内船底匀宽九尺三寸两站各匀高四尺九寸五分抽换用长三丈六尺宽六寸四分厚二寸三分中吉木板十□块做净每折见方尺八十尺用舰匠一工锯板折宽一尺长七丈用锯匠一工【以下锯板用工仿此】钉缝凑长六十八丈四尺每丈用长六寸钉三十个艌缝凑长一百三十六丈八尺每丈用灰一斤桐油六两四钱网纱竹丝各六两每七丈用艌匠一工舂制油灰每四十斤用舂灰夫一名□艌缝用工用料仿此】共核用围大三尺二寸净长三丈六尺中吉木六十一丈二尺长六寸钉二千五十二个灰一百三十六斤十三两桐油五十四斤十一两五钱网纱五十一斤四两八钱

【原缺】

网纱七斤十四两竹丝七斤十四两舰匠七工八分八厘艌匠三工舂灰夫七分四厘

两旁𦨣上用高洋木牛栏四根各长一丈四尺围大一尺三寸做净每折见方尺四十尺用舰匠一工共核用围大一尺六寸净长二丈八尺高洋木二根舰匠一工八分二厘

船头斗盖用樟木一块长一丈二尺宽八寸厚七寸虾箍梁一块长七尺五寸宽八寸斗盖下兔耳一块长七尺宽一尺五寸均厚三寸托浪板五块各长八尺宽一尺厚三寸斗盖虾箍梁兔耳做净每折见方尺四十尺用舰匠一工托浪板八十尺用舰匠一工斗盖用长八寸钉十二个兔耳虾箍梁钉缝凑长一丈四尺五寸每丈用长五寸钉三十个托浪板钉缝凑长四丈每丈用长六寸钉三十个兔耳虾箍梁托浪板艌缝凑长十丈九尺共核用宽八寸厚七寸长一丈二尺二寸樟木一块宽一尺五寸厚三寸樟木枋一丈一尺三寸一分宽一尺厚三寸长八尺二寸樟木板五块长八寸钉十二个长六寸钉一百二十个长五寸钉四十三个灰十斤十四两桐油四斤五两八钱网纱四斤一两四钱竹丝四斤一两四钱舰匠□工二分四厘□□一工五分□厘□□□三分八厘

中含檀□块长一丈二尺宽一尺五寸厚一尺五□头□□一块长八尺宽□尺二寸厚五寸含檀梁一块长一丈三尺含檀闸一块长一□□宽一尺五寸厚三寸做净每折见方尺三十尺用舰匠一工含檀梁钉缝长一丈三尺每丈用长六寸钉三十个含檀含檀梁艌缝凑长六丈六尺共核用宽一尺五寸厚一尺五寸长一丈二尺二寸樟木一块宽一尺二寸厚五寸长八尺二寸樟木一□宽一尺五寸厚三寸樟木枋二丈三尺四寸长六寸钉三十九个灰六斤十两桐油二斤十两二钱网纱二斤七两六钱竹丝二斤七两六钱舰匠六工七厘艌匠九分四厘舂灰夫二分三厘

转水二块各长一丈一尺宽一尺六寸做净每折见方尺四十尺用舰匠一工每块用长一尺钉二个艌缝凑长四丈四尺共核用宽二尺厚六寸长一丈一尺二寸樟木二块长一尺钉四个灰四斤六两桐油一斤十二两二钱网纱一斤十两四钱竹丝一斤十两四钱舰匠一工七分六厘艌匠六□□厘舂灰夫一分五厘

船尾用樟木下金一块长五尺五寸宽一尺五寸厚一尺五寸缭牛一副长六尺宽二尺厚六寸尾楼上金一块长一丈三尺宽一尺五寸厚七寸七星冠一块长一丈六尺宽一尺二寸厚□寸硬木棍下金拴二根缭牛𦨣四根各长六尺五寸围大八寸下金缭牛上金七星冠做净每折见方尺三十尺用舰匠一工下金拴缭牛𦨣四十尺用舰匠一工下金用长八寸钉十八个缭牛用长八寸钉十八个上金用长一尺钉十八个缭牛𦨣钉缝凑长二丈六尺每丈用长五寸钉三十个下金艌缝长五尺五寸共核用宽一尺五寸厚一尺五寸长五尺七寸樟木一块宽二尺厚六寸长六尺二寸樟木一块宽一尺五寸厚七寸长一丈三尺二寸樟木一块宽一尺二寸厚六寸长一丈六尺二寸樟木一块围大八寸长一丈三尺硬木棍三根长一尺钉十八个长八寸钉三十六个长五寸钉七十八个灰九两桐油三两五钱网纱三两三钱竹丝三两三钱舰匠六工九分九厘艌匠八厘舂灰夫二厘

船尾用木段硬筋二根各长一丈水仙门柱二根各长四尺围大二尺二寸船边用樟木极百子舥六块各长四尺围大一尺做净每折见方尺四十尺用舰匠一工硬筋头尾用长六寸钉十二个百子舥钉凑缝长二丈四尺每丈用长六寸钉三十个百子舥艌缝凑长四丈八尺共核用围大二尺五寸木段二丈八尺六寸围大一尺樟木

极二丈四尺六寸长六寸钉八十四个灰四斤十三两桐油一斤十四两七钱网纱一斤十二两八钱竹丝一斤十二两八钱舰匠二工一分四厘舱匠九六分九厘舂灰无一分七厘

船尾用樟木槽通板一块长一丈槽床二块各长四尺均宽一尺五寸厚三寸槽通板做净每折见方尺八十尺用舰匠一工槽床四十尺用舰匠一工槽床每块用长八寸钉十二个槽通板钉缝长一丈用长五寸钉三十个舱缝凑长三丈六尺共核用宽一尺五寸厚三寸樟木枋一丈八尺四寸长八寸钉二十四个长五寸钉三十个灰十三斤十两桐油一斤七两网纱一斤五两六钱竹丝一斤五两六钱舰匠一工一分七厘舱匠五分一厘舂灰夫一分三厘

大桅座一块用樟木长六尺宽一尺二寸厚七寸木段大小桅尖二个各长四尺围大二尺二寸桅座做净每折见方尺三十尺用舰匠一工桅尖四十尺用舰匠一工共核用围大二尺五寸木段八尺二寸宽一尺二寸厚七寸长六尺二寸樟木一块舰匠一工二分

大鹿耳二块各长一丈二尺宽一尺二寸厚一尺头鹿耳二块各长七尺宽一尺二寸厚八寸五分硬木棍鹿耳夹二根各长一丈三尺围大八寸做净每折见方尺四十尺用舰匠一工共核用宽一尺二寸厚一尺一寸长一丈二尺樟木二块宽一尺二寸厚四寸五分长七尺二寸樟木二块围大八寸长一丈三尺硬木棍二根舰匠四工三分二厘

大桅一根长五丈五尺围大四尺三寸头桅一根长三丈围大二尺六寸做净每折见方尺四十尺用舰匠一工共核用围大四尺三寸长五丈五尺桅木一根围大二尺六寸长三丈桅木一根舰匠七工八分六厘

大风篷一扇长四丈六尺宽二丈头风篷一扇长二丈一尺宽一丈大篷担二根各长二丈头篷担一根长一丈均围大一尺七寸做净每折见方尺四十尺用舰匠一工共核用宽二丈长四丈六尺风篷一扇宽一丈长二丈一尺风篷一扇围大二尺净长三丈二尺浮溪木一根一丈八尺舰匠二工一分三厘

大篷架横梁一根用木段长一丈三尺头篷架横梁一根长一丈均围大二尺二寸樟木大篷□一块长六尺宽一尺五寸厚三寸做净每折见方尺三十二尺用舰匠一工共核用宽一尺五寸厚三寸樟木枋六尺二寸围大二尺五寸木段二丈三尺四寸舰匠二工二分六厘

大篷车员一根椗车员一根用浮溪木各长一丈四尺围大一尺七寸樟木椗车耳篷车耳共六个各长三尺五寸宽一尺五寸厚三寸硬木棍车子二十一根各长一丈三尺围大八寸车员车耳做净每折见方尺三十二尺用舰匠一工共核用围大二尺净长三丈二尺浮溪木二丈八尺宽一尺五寸厚三寸樟木枋二丈一尺六寸围大八寸长一丈三尺硬木棍二十一根舰匠三工八五分

水柜用樟木牛头二块各长五尺宽一尺五寸厚三寸木段水柜柱四根各长七尺围大二尺二寸水柜闸四块各长七尺宽六寸六分厚六寸水柜板二十四块各长四尺六寸宽六寸四分厚二寸三分牛头水柜柱闸做净每折见方尺四十尺用舰匠一工水柜板八十尺用舰匠一工水柜柱每根用长六寸钉二十个牛头水柜板钉缝凑长十二丈四寸每丈用长五寸钉三十个舱缝凑长三十五丈二尺八寸共核用围大二尺五寸木段九丈五尺二寸宽一尺五寸厚三寸樟木枋一丈二寸长六寸钉八十个长五寸钉三百六十一个灰三十五斤四两桐油十四斤一两八钱网纱十三斤三两七钱竹丝十三斤三两七钱舰匠六工六分锯匠一工八分八厘舱匠五工四厘舂灰夫一名二分三厘

妈祖龛用杉木板八块各长一丈八尺官厅虎头舱门板八块各长三尺铺板八块各长四尺均宽六寸厚四寸做净每折见方尺八十尺用舰匠一工妈祖龛板钉缝凑长十四丈四尺每丈用长四寸钉三十个虎头舱门板钉缝凑长二丈四尺每丈用长五寸钉三十个龛板舱缝凑长二十八丈八尺共核用宽六寸厚一寸杉木板二十丈三尺二寸长五寸钉七十二个长四寸钉四百三十二个灰二十八斤十三两桐油十一斤八两三钱网纱十斤十二两八钱竹丝十斤十二两八钱舰匠三工五分舱匠四工一分一厘舂灰夫一名一厘

船头用中吉木樾一根长二丈五尺围大二尺二寸樟木樾牙一块长四尺宽五寸厚三寸做净每折见方尺四十尺用舰匠一工樾牙用长八寸钉六个共核用围大二尺五寸净长三丈六尺中吉木二丈五尺宽一尺五寸厚三寸樟木枋一尺三寸七分长八寸钉六个舰匠一工五分四厘

船尾舵一门用楮木舵杆一根长一丈五尺宽一尺二寸厚八寸中吉木舵闪板三块各长一丈一尺宽六寸四分厚二寸三分樟木极舵夹六块各长四尺围大一尺硬木棍舵牙栀二根各长一丈三尺围大八寸舵杆做净每折

见方尺三十尺用舰匠一工舵夹舵牙四十尺用舰匠一工舵闪板八十尺用舰匠一工舵夹钉缝凑长二丈四尺每丈用长八寸钉五十个舵闪板舵夹艌缝凑长十一丈四尺共核用宽一尺二寸厚八寸长一丈五尺二寸楮木一块围大二尺五寸净长三丈六尺中吉木一丈一尺围大一尺樟木极二丈四尺六寸围大八寸长一丈三尺硬木棍二根长八寸钉一百二十个灰三十一斤六两桐油四斤九两网纱四斤四两四钱竹丝四斤四两四钱舰匠三工八分四厘锯匠四分一厘艌匠一工六分三厘舂灰夫四分

跟随战船舢板船用浮溪木水底板八块各长一丈二尺八寸舨板六块各长一丈四尺舱内堵板十六块各长四尺均宽五寸厚二寸做净每折见方尺八十尺用舰匠一工水底板舨板钉缝凑长十八丈六尺四寸每丈用长五寸钉三十个水底板舨板艌缝凑长三十七丈二尺八寸共核用围大二尺净长三丈二尺浮溪木二根一丈九尺五寸长五寸钉五百五十九个灰三十七斤四两桐油十四斤十四两六钱网纱十三斤十五两七钱竹丝十三斤十五两七钱舰匠四工三分八厘锯匠二工五分艌匠五工三分三厘舂灰夫一名三分

舢板船两旁水蛇二根各长一丈四尺宽五寸厚二寸做净每折见方尺八十尺用舰匠一工水蛇钉缝凑长二丈八尺每四尺用长八寸钉三个艌缝凑长五丈六尺共核用围大二尺净长三丈二尺浮溪木九尺三□长八寸钉二十一个灰五斤十两桐油二斤三两八钱网纱二斤一两六钱竹丝二斤一两六钱舰匠四分九厘锯匠二分八厘艌匠八分舂灰夫二分

舢板船用樟木极舢板梁四块各长三尺舨极六块冲天极二块牛头极六块各长二尺围大一尺做净每折见方尺四十尺用舰匠一工舢板梁钉缝凑长一丈二尺每丈用长六寸钉三十个舨极等极每块用长五寸钉二个艌缝凑长八丈共核用围大一尺樟木极四丈一尺八寸长六寸钉三十六个长五寸钉二十八个灰八斤桐油三斤三两二钱网纱三斤竹丝三斤舰匠一工艌匠一工一分四厘舂灰夫二分八厘

大桅铁箍七个各长四尺四寸头桅箍三个各长二尺七寸舵头箍二个各长四尺一寸樾箍一个长三尺三寸俱宽二寸厚五分椗齿二个各长一尺宽七寸厚五分橹箍二个各长二尺四寸宽一寸厚三分铁环二个各围大五寸以上铁料共净重一百三十七斤每正铁一斤加耗铁一斤每正铁五斤用铁匠一工每正耗铁一斤用炭三斤共核用生铁二百七十四斤炭八百二十二斤铁匠二十七工四分

油画前船共用乌烟二斤广红三斤铜碌三两二钱京红三两膽黄二两四钱南粉一斤八两银朱八钱杭粉八钱蓝粉三两墨二块松香四两水胶四两淡底一斤桐油三斤油画匠八工

麻大桅肄索二条各长六丈六尺大六寸头桅肄索二条各长五丈五尺大四寸大踏索二条各长五丈五尺大四寸五分小踏索二条各长二丈八尺大三寸大缭母一条长四丈大五寸二分小缭母一条长二丈四尺大三寸二分大帮衬六条各长一丈五尺大一寸八分小帮衬九条各长四尺五寸大一寸二分以上麻索共重二百八十斤每百斤用绳匠三工六分共核用麻二百八十斤绳匠十工八厘

棕正椗索一条长四十二丈大六寸副椗索一条长四十丈大五寸五分大篷筋一条长五丈五尺大一寸八分小篷筋一条长二丈八尺大一寸缭仔缭耳共十五条各长一丈八尺大一寸八分椗奴二条各长一丈五尺大六寸大小摘尾二条共长十二丈大四寸五分舵吊一条长三丈大五寸以上棕绳共重三百斤每撕棕四十斤用匠一工成绳四十斤用匠一工共核用棕三百斤撕棕匠七工五分成绳匠七工五分

冲风旗一面长宽各一丈二尺一条龙旗一面长六丈宽二尺妈祖旗一面长宽各四尺五寸大小定风旗三面内一面长四尺二面各长三尺均宽一尺共核用幅宽一尺色布三十丈苎线四两裁缝匠三工

椗二门齿全各长一丈四尺宽八寸厚五寸

橹二枝各长三丈二尺宽七寸厚四寸

桨八枝各长二丈

舢板橹一枝长二丈五尺宽七寸厚四寸

大小桅饼七个

大小无底升四百个

椗舵上配用竹绳草绳共用竹篾三百斤绳匠十工八分草心四百十八斤绳匠十工四分五厘

【查原送成规内开打造竹绳草绳所用匠工多寡不齐今照棕麻绳索用工之例一律核定】

篷上配用大小缭毬摄子兔耳共用槐籐十九斤籐匠三工八分

刻字用刻字匠三工

竖立大小桅用壮夫十六名

前船共用大小铁钉九千九百八十五个刷抹钉头每百个用桐油六两四钱灰一斤每油灰十斤用艌匠一工共核用桐油三十九斤十五两灰九十九斤十四两艌匠三工九分八厘舂灰夫三名五分

前船共用舰匠一百八十四工一分系照杉松木植核定内有樟楮等硬料用匠五十五工三厘每工外加匠二分计加匠十一工一厘共匠一百九十五工一分一厘每百工加安装匠十工计安装匠十九工五分一厘每舰匠安装匠一百工加随匠壮夫二十名计壮夫四十二名九分二厘

以上拆造前船共用

见方八寸松木五丈四尺六寸【每丈银三钱三分一厘】计银一两八钱七厘

【查原送成规内开松木按依丈尺计算价值参差今照缯船宽一尺厚八寸每丈银四钱一分四厘核算每丈需银三钱三分一厘之数一律核定】

围大二尺五寸净长三丈六尺中吉木十三根一丈二尺【每根银一两五钱】计银二十两

【查原送成规内开中吉木十一根今按丈尺做法核算应增二根一丈二尺】

围大二尺净长三丈二尺浮溪木十一根七尺七分【每根银五钱】计银五两七钱七分七厘

【查原送成规内开浮溪木十一根今按丈尺做法核算应增一丈七尺七分】

围大一尺六寸净长二丈八尺高洋木十一根□银二钱】计银二两二钱

围大二尺五寸木段三十九丈四寸核长一丈四尺段料二十七根一丈二尺四寸【每根银三钱】计银八两三钱六分六厘

【查原送成规内开木段二十八根今按丈尺做法核算应减一尺六寸】

宽一尺五寸厚三寸樟木枋三十九丈一尺一寸四分核长一丈七尺枋料二十三块一寸四分【每块银一两三钱】计银二十九两九钱一分

【查原送成规内开樟木枋二十四块今按丈尺做法核算应减一丈六尺八寸六分】

宽一尺厚三寸长八尺二寸樟木板五块【每□□四钱□分八厘】计银二两九分

【查原送成规内开樟木梁座长一丈七尺宽一尺五寸厚三寸每块银一两板长八尺宽一尺厚三寸每块银五钱价值参差今照梁座之坐一律核定】

宽一尺二寸厚三寸松木枋三十九丈五寸核长一丈七尺枋料二十二块一丈六尺五寸【每块银三钱五分】计银八两四钱

【查原送成规内开松木枋二十四块今按丈尺做法核算应减一块五寸】

围大一尺樟木极三十四丈三尺六寸核长一丈二尺樟极二十八块七尺六寸【每块银二钱】计银五两七钱二分七厘

【查原送成规内开樟极二十八块今按丈尺做法核算应增七尺六寸】

围大八寸长一丈三尺硬木棍三十五根【每根银八分】计银二两八钱

宽六寸厚一寸杉木板二十丈三尺二寸【每丈银四钱】计银八两一钱二分八厘

宽八寸厚七寸长一丈二尺二寸樟木一块计银六钱四分二厘

宽一尺五寸厚一尺五寸长一丈二尺二寸樟木□块计银二两五钱九厘

宽一尺二寸厚五寸长八尺二寸樟木一块计银四钱六分二厘

宽一尺厚六寸长一尺二寸樟木二块【每块银六钱三分一厘】计银一两二钱六分二厘

宽一尺五寸厚一尺五寸长五尺七寸樟木一块计银一两二钱五厘

宽二尺厚六寸长六尺二寸樟木一块计银六钱九分九厘

宽一尺五寸厚七寸长一丈三尺二寸樟木一块计银一两三钱二厘

宽一尺二寸厚六寸长一丈六尺二寸樟木一块计银一两九钱六厘

宽一尺二寸厚七寸长六尺二寸樟木一块计银四钱八分九厘

宽一尺二寸厚一尺长一丈二尺二寸樟木二块【每块银一两三钱七分六厘】计银二两七钱五分二厘

宽一尺二寸厚四寸五分长七尺二寸樟木二块【每块银三钱六分五厘】计银七钱三分

【查原送成规内开樟木含檀等料十一款所开价值逐款核计俱属参差今照缯船每折见方一尺核银九分三厘九毫六丝之数一律核定】

宽一尺二寸厚八寸长一丈五尺二寸楮木一块计银十二两

围大四尺三寸长五丈五尺桅木一根计银十六两

围大二尺六寸长三丈桅木一根计银一两

长一尺钉三百八个每二个重一斤计重一百五十四斤长八寸钉二百四十三个每五个重一斤计重四十八斤九两六钱长六寸钉六千一百八十三个每十五个重一斤计重四百十二斤三两二钱长五寸钉二千八百十三个每二十个重一斤计重一百四十斤十两四钱长四寸钉四百三十八个每三十个重一斤计重十四斤九两六钱以上铁钉共重七百七十斤八钱内除选用旧钉二百三十一斤二钱外添新五百三十九斤六钱【每斤银二分二厘】计银十一两八钱五分九厘

灰八百三十八斤六两【每百斤银二钱】计银一两六钱七分七厘

桐油三百三十八斤五两一钱【每斤银三分】计银十两一钱五分

网纱二百七十六斤十五两一钱【每斤银一分二厘】计银三两三钱二分三厘

竹丝二百七十六斤十五两一钱【每斤银六厘】计银一两六钱六分二厘

生铁二百七十四斤【每斤银一分】计银二两七钱四分

炭八百二十二斤【每百斤银一钱六分】计银一两三钱一分五厘

乌烟二斤【每斤银一分五厘】计银三分

广红三斤【每斤银五分】计银一钱五分

铜碌三两二钱【每斤银三钱】计银六分

京红三两【每斤银八分】计银一分五厘

籐黄二两四钱【每斤银二钱】计银三分

南粉一斤八两【每斤银一分】计银一分五厘

银朱八钱【每斤银六钱四分】计银三分二厘

杭粉八钱两【每斤银一钱六分】计银八厘

蓝粉三两【每斤银八分】计银一分五厘

墨二块【每块银一分】计银二分

松香四两【每斤银二分】计银五厘

水胶四两【每斤银四分】计银一分

淡底一斤计银五分

麻二百八十斤【每斤银一分五厘】计银四两二钱

棕三百斤【每斤银三分】计银九两

幅宽一尺色布三十丈【每丈银一钱】计银三两

苎线四两【每斤银一钱二分】计银三分

碇二门齿全各长一丈四尺宽八寸厚五寸【每□银一两】计银二两

橹二枝各长三丈二尺宽七寸厚四寸【每枝银七钱】计银一两四钱

舢板橹一枝长二丈五尺宽七寸厚四寸计工料银三钱二分一厘

桨八枝各长二丈【每枝银二钱】计银一两六钱

【查原送成规内声称桨惟平底船需用双篷船不用所买价值为数无几无庸议给今照册开价值核入凡遇双篷船只拆造之时仍照旧扣除】

大风篷一扇长四丈六尺宽二丈计银二两八钱六分九厘

头风篷一扇长二丈一尺宽一丈计银六钱五分五厘

【查原送成规内开各则风篷价值参差今照缯船每折见方一丈核银三钱一分一厘八毫之数一律核定】

大小桅饼七个【每个银七分】计银四钱九分

大小无底升四百个【每百个银八分】计银三钱二分

竹篾三百斤【每百斤银一钱六分】计银四钱八分

草心四百八十斤【每百斤银七分】计银二钱九分三厘

樾籐十九斤【每斤银二分五厘】计银四钱七分五厘

舰匠一百九十五工一分一厘安装匠十九工五分一厘锯匠三十七工二分三厘舱匠一百十九工四分七厘铁匠二十七工四分油画匠八工绳匠三十一工三分三厘棕匠十五工裁缝匠三工籐匠三工八分刻字匠三工壮夫八十八名二分八厘以上共匠夫共五百五十一工一分三厘【每工银五分】计银二十七两五钱五分七厘

又置备物件开后

木桶二十件【每件银三分】计银六钱

铁锅二口换新【每口贴工料银一钱二分】计银二钱四分

鼓一面修理换皮计银四钱八分

金一面重四斤换新【每斤贴工料银七分】计银二钱八分

以上拆造前船成规内开共需工料银二百二十五两九钱五分七厘内部价银一百七两五钱九分九厘加八津贴并另加三分银一百十八两三钱五分八厘今按条查核分别增减更正需用工料银二百二十六两五钱一分九厘内部价银一百七两八钱六分六厘加八津贴并另加三分银一百十八两六钱五分三厘计加增工料银五钱六分二厘行令该抚于前船届应拆造之期将加增银两在于各则节减银内支领

至大小修理成规内开大修工料银一百八十七两三钱六分内部价银八十五两一钱六分四厘加九津贴并另加三分银一百二两一钱九分六厘小修工料银一百十七两内部价银五十两八钱七分加十津贴并另加三分银六十六两一钱三分

其余十三船仿此

卷一九

福建省外海战船做法

第七则双篷船十四只内闽安协标右营澜字十二号船一只身长四丈六尺头起䑩三尺六寸尾起䑩二尺六寸船头长一丈六尺五寸面匀宽八尺九寸底匀宽七尺五寸船中长一丈六尺五寸面匀宽一丈三尺七寸底匀宽一丈二寸船尾长一丈三尺面匀宽一丈二尺七寸底匀宽九尺一寸两旁舨板长五丈二尺计十四舱深四尺四寸五分

今将拆造前船需用工料价值细数开后

计开

船底松木龙骨一道计三节船头一节长一丈二尺船中一节连交接匙头长三丈三尺船尾一节长一丈凑长五丈五尺见方八寸做净每折见方尺二十尺用舰匠一工交接匙头二处每处用长一尺钉八个又每边用长六寸钉十二个共核用见方八寸松木五丈五尺六寸长一尺钉十六个长六寸钉二十四个舰匠八工八分

船底板连起䑩长四丈六尺内船底匀宽九尺五寸六分两站各匀高五尺二寸三分抽换用长三丈六尺宽六寸四分厚二寸三分中吉木板二十四块做净每折见方尺八十尺用舰匠一工锯板折宽一尺长七丈用锯匠一工【以下锯板用工仿此】钉缝凑长八十六丈四尺每丈用长六寸钉三十个舱缝凑长一百七十二丈八尺每丈用灰一斤桐油六两四钱网纱竹丝各六两每七丈用舱匠一工舂制油灰每四十斤用舂灰夫一名【以下舱缝用工用料仿此】共核用围大二尺五寸净长三丈六尺中吉木八根长六寸钉二千五百九十二个灰一百七十二斤十三两桐油六十九斤一两九钱网纱六十四斤十二两八钱竹丝六十四斤十二两八钱舰匠十八工七分九厘锯匠

十工七分四厘艌匠二十四工六分九厘舂灰夫六名五厘

各舱抽换樟木梁座十二块内船头四块凑长六丈船中四块船尾四块共凑长十二丈八尺舱梁十一块内船头四块凑长三丈四尺船中六块凑长八丈八寸船尾一块长一丈三尺二寸均宽一尺五寸厚三寸松木梁头十六块内船头五块凑长四丈五尺五寸船中九块凑长十二丈一尺船尾二块凑长二丈五尺二寸均宽一尺二寸厚三寸硬木棍稳吊七根各长一丈三尺围大八寸梁座梁头做净每折见方丈八十尺用舰匠一工稳吊四十尺用舰匠一工钉缝凑长五十九丈八尺七寸每丈用长六寸钉三十个艌缝凑长一百十九丈七尺二寸共核用宽一尺五寸厚三寸松木枋三十九丈六寸宽一尺二寸厚三寸松木枋十九丈四尺九寸围大八寸长一丈三尺硬木棍七根长六寸钉一千七百九十六个灰一百十九斤十二两桐油四十七斤十四两三钱网纱四十四斤十四两四钱竹丝四十四斤十四两四钱舰匠二十三工二分三厘艌匠十七工一分一厘舂灰夫四名一分九厘

各舱用樟木极二十四块内冲天极二块鳅鱼极二块各长七尺小官厅舱极二块各长八尺五寸阿班一舱极二块各长一丈阿班二舱极二块各长一丈五寸大桅舱极二块油婆二舱极二块各长一丈二尺水柜舱极二块各长一丈三尺四寸官厅舱极二块各长一丈一尺油婆一舱极二块各长一丈四尺三寸下金极二块各长五尺转水舨极二块各长九尺均围大一尺做净每折见方尺四十尺用舰匠一工每块用长六寸钉二个艌缝凑长四十七丈八尺八寸共核用围大一尺樟木极二十四丈四尺长六寸钉四十八个灰四十七斤十四两桐油十九斤二两四钱网纱十七斤十五两三钱竹丝十七斤十五两三钱舰匠五工九分九厘艌匠六工八分四厘舂灰夫一名六分八厘

船身两旁走马二条水蛇二条抽换各长四丈均宽七寸厚三寸五分做净每折见方尺四十尺用舰匠一工走马钉缝凑长八丈每丈用长一尺钉三十个水蛇钉缝凑长八丈每四尺用长一尺钉三个艌缝凑长三十二丈共核用围大三尺净长四丈大吉木二根长一尺钉三百个灰三十二斤桐油十二斤十二两八钱网纱十二斤竹丝十二斤舰匠八工四分锯匠二工四分艌匠四工五分七厘舂灰夫一名一分二厘

船面两旁臌板长四丈六尺凑宽九尺抽换用长三丈六尺宽六寸四分厚二寸三分中吉木板九块做净每折见方尺八十尺用舰匠一工钉缝凑长三十二丈四尺每丈用长六寸钉三十个艌缝凑长六十四丈八尺共核用围大二尺五寸净长三丈六尺中吉木三根长六寸钉九百七十二个灰六十四斤十三两桐油二十五斤十四两七钱网纱二十四斤四两八钱竹丝二十四斤四两八钱舰匠七工五厘锯匠四工三厘艌匠九工二分六厘舂灰夫二名二分七厘

两旁抽换浮溪木舨板三块各长三丈二尺宽五寸厚二寸做净每折见方尺八十尺用舰匠一工钉缝凑长九丈六尺每丈用长五寸钉三十个艌缝凑长十九丈二尺共核用围大二尺净长三丈二尺浮溪木一根长五寸钉二百八十八个灰十九斤三两桐油七斤十两九钱网纱七斤三两二钱竹丝七斤三两二钱舰匠一工六分八厘锯匠九分六厘艌匠二工七分四厘舂灰夫六分七厘

两旁用樟木极舨艨十二块各长四尺围大一尺樟木舨斗二个各长三尺宽一尺五寸鸟嘴一个长二尺宽四寸均厚三寸做净每折见方尺四十尺用舰匠一工舨艨每块用长六寸钉二个舨斗钉缝凑长六尺每丈用长五寸钉三十个鸟嘴钉缝长二尺每丈用长四寸钉三十个艌缝凑长十一丈二尺共核用围大一尺樟木极四丈九尺二寸宽一尺五寸厚三寸樟木枋六尺七寸六分长六寸钉二十四个长五寸钉十八个长四寸钉六个灰十一斤三两桐油四斤七两七钱网纱四斤三两二钱竹丝四斤三两二钱舰匠一工八分一厘艌匠一工六分舂灰夫三分九厘

两旁臌面用浮溪木笨抽二根抽换各长三丈二尺宽五寸厚三寸中吉木大压二块各长三丈六尺水戗四块各长一丈八尺均宽六寸六分厚三寸做净每折见方尺四十尺用舰匠一工钉缝凑长二十丈八尺每丈用长六寸钉三十个艌缝凑长四十一丈六尺共核用围大二尺五寸净长三丈六尺中吉木二根围大二尺净长三丈二尺浮溪木一根长六寸钉六百二十四个灰四十一斤十两桐油十六斤十两二钱网纱十五斤九两六钱竹丝十五斤九两六钱舰匠九工四分七厘锯匠二工七分一厘艌匠五工九分四厘舂灰夫一名四分六厘

官厅上用浮溪木战柜板十二块各长九尺均宽五寸厚二寸战柜杠三根各长一丈三尺五寸贴柱二根各长一丈三尺均围大一尺七寸樟木太平牛头二块各长四尺宽一尺五寸厚三寸战柜杠贴柱太平牛头做净每折见方尺四十尺用舰匠一工战柜板八十尺用舰匠一工战柜板钉缝凑长十丈八尺每丈用长五寸钉三十个太平牛头每块用长五寸钉十二个战柜板杠艌缝凑长二十九丈七尺共核用围大二尺净长三丈二尺浮溪木三根六尺

五寸宽一尺五寸厚三寸樟木枋八尺二寸长五寸钉三百四十八个灰一二十九斤十一两桐油十一斤十四两一钱网纱十一斤二两二钱竹丝十一斤二两二钱舰匠五工四分四厘锯匠一工八厘艌匠四工二分四厘舂灰夫一分四厘

官厅后通铺板三块各长一丈三尺后通铺板三块各长一丈二尺均宽一尺二寸厚三寸做净每折见方尺八十尺用舰匠一工钉缝凑长七丈五尺每丈用长六寸钉三十个艌缝凑长十五丈共核用宽一尺二寸厚三寸松木枋七丈六尺二寸长六寸钉二百二十五个灰十五斤桐油六斤网纱五斤十两竹丝五斤十两舰匠二工八分一厘艌匠二工一分四厘舂灰夫五分三厘

官厅内用浮溪木铺板十五块各长七尺宽五寸厚二寸两旁木段猫里墙板十八块猫里堵板十八块各长四尺六寸宽六寸四分厚二寸三分做净每折见方尺八十尺用舰匠一工猫里墙板钉缝凑长八丈二尺八寸每丈用长六寸钉三十个猫里墙板艌缝凑长十六丈五尺六寸共核用围大二尺净长三丈二尺浮溪木一根三尺围大二尺五寸木段五丈六尺四寸长六寸钉二百四十八个灰十六斤九两桐油六斤十两网纱六斤三两四钱竹丝六斤三两四钱舰匠五工四分四厘锯匠三工一分一厘艌匠二工三分七厘舂灰夫五分八厘

两旁艜面用高洋木战棚板二十四块各长一丈四尺宽四寸厚二寸各舱内堵板一百六十块各长二尺八寸宽四寸厚一寸木段各舱盖板七十二块各长四尺六寸宽六寸四分厚二寸三分通槽八个侧槽四个各长四尺六寸宽六寸六分厚六寸松木尾里板二块各长七尺缭跳二块各长八尺均宽一尺二寸厚三寸通槽等槽做净每折见方尺八十尺用舰匠一工战棚各板八十尺用舰匠一工舱盖板尾里板钉缝凑长三十四丈五尺二寸每丈用长五寸钉三十个舱盖板尾里板艌缝凑长六十九丈四寸共核用围大一尺六寸净长二丈八尺高洋木十根围大二尺五寸木段十六丈九尺二寸宽一尺二寸厚三寸松木枋三丈八寸长五寸钉一千三十六个灰六十九斤一两桐油二十七斤九两九钱网纱二十五斤十四两二钱竹丝二十五斤十四两二钱舰匠二十三工六分一厘锯匠十一工一分九厘艌匠九工八分六厘舂灰夫二名四分二厘

两旁艜上艜牛五块内三块各长七尺二块各长八尺前中舱扛豆四块各长一丈六尺后舱扛豆二块各长八尺均宽一尺二寸厚三寸做净每折见方尺四十尺用舰匠一工艜牛每块用长六寸钉四个扛豆钉缝凑长八丈每丈用长六寸钉三十个艌缝凑长二十三丈四尺共核用宽一尺二寸厚三寸松木枋十一丈九尺二寸长六寸钉二百六十个灰二十三斤六两桐油九斤五两八钱网纱八斤十二两四钱竹丝八斤十二两四钱舰匠八工七分八厘艌匠三工三分四厘舂灰夫八分二厘

两旁艜上用高洋木牛栏二根尾挑二根各长一丈四尺围大一尺三寸做净每折见方尺四十尺用舰匠一工共核用围大一尺六寸净长二丈八尺高洋木二根舰匠一工八分二厘

船头斗盖一块用樟木长一丈二尺宽八寸厚七寸虾篰梁一块长八尺五寸宽八寸斗盖下兔耳一块长八尺宽一尺五寸均厚三寸托浪板五块各长八尺宽一尺厚三寸斗盖虾篰梁兔耳做净每折见方尺四十尺用舰匠一工托浪板八十尺用舰匠一工斗盖用长八寸钉十二个兔耳虾篰梁钉缝凑长一丈六尺五寸每丈用长五寸钉三十个托浪板钉缝凑长四丈每丈用长六寸钉三十个兔耳虾篰梁托浪板艌缝凑长十一丈三尺共核用宽八寸厚七寸长一丈二尺二寸樟木一块宽一尺五寸厚三寸樟木枋一丈二尺八寸四分宽一尺厚三寸长八尺二寸樟木板五块长八寸钉十二个长六钉寸一百二十个长五寸钉四十九个灰十一斤五两桐油四斤八两三钱网纱四斤三两八钱竹丝四斤三两八钱舰匠三工三分九厘艌匠一工六分一厘舂灰夫四分

中含檀一块长一丈二尺宽一尺五寸厚一尺五寸头含檀一块长八尺宽一尺二寸厚五寸含檀梁一块长一丈三尺五寸含檀闸一块长一丈均宽一尺五寸厚三寸做净每折见方尺三十尺用舰匠一工含檀梁钉缝长一丈三尺五寸每丈用长六寸钉三十个含檀含檀梁艌缝凑长六丈七尺共核用宽一尺五寸厚一尺五寸长一丈二尺二寸樟木一根宽一尺二寸厚五寸长八尺二寸樟木一块宽一尺五寸厚三寸樟木枋二丈三尺九寸长六寸钉四十个灰六斤十一两桐油二斤十两九钱网纱二斤八两二钱竹丝二斤八两二钱舰匠六工一分三厘艌匠九分六厘舂灰夫二分三厘

转水二块各长一丈一尺宽一尺厚六寸做净每折见方尺四十尺用舰匠一工每块用长一尺□二个艌缝凑长四丈四尺共核用宽一尺厚六寸长一丈一尺二寸樟木二块长一尺钉四个灰四斤六两桐油一斤十二两二钱

网纱一斤十两四钱竹丝一斤十两四钱舰匠一工七分六厘艌匠六分三厘舂灰夫一分五厘

船尾用樟木下金一块长五尺五寸宽一尺五寸厚一尺五寸缭牛一副长六尺宽二尺厚六寸尾楼上金一块长一丈三尺宽一尺五寸厚七寸七星冠一块长一丈六尺宽一尺二寸厚六寸硬木棍下金拴二根缭牛臌四根各长六尺五寸围大八寸下金缭牛上金七星冠做净每折见方尺三十尺用舰匠一工下金拴缭牛臌四十尺用舰匠一工下金用长八寸钉十八个缭牛用长八寸钉十八个上金用长一尺钉十八个缭牛臌钉缝凑长二丈六尺每丈用长五寸钉三十个下金艌缝长五尺五寸共核用宽一尺五寸厚一尺五寸长五尺七寸樟木一块宽二尺厚六寸长六尺二寸樟木一块宽一尺五寸厚七寸长一丈三尺二寸樟木一块宽一尺二寸厚六寸长一丈六尺二寸樟木一块围大八寸长一丈三尺硬木棍三根长一尺钉十八个长八寸钉三十六个长五寸钉三十八个灰九两桐油三两五钱网纱三两三钱竹丝三两三钱舰匠六工九分九厘艌匠八厘舂灰夫二厘

船尾用木段硬筋二根各长一丈四尺围大二尺二寸樟木极百子舵六块各长四尺围大一尺做净每折见方尺四十尺用舰匠一工硬筋头尾用长六寸钉十二个百子舵钉缝凑长二丈四尺每丈用长六寸钉三十个百子舵艌缝凑长四丈八尺共核用围大二尺五寸木段二丈八尺四寸围大一尺樟木极二丈四尺六寸长六寸钉八十四个灰四斤十三两桐油一斤十四两七钱网纱一斤十二两八钱竹丝一斤十二两八钱舰匠二工一分四厘艌匠六分九厘舂灰夫一分七厘

船尾用樟木橹通板一块长一丈橹床二块各长四尺均宽一尺五寸厚三寸橹通板做净每折见方尺八十尺用舰匠一工橹床四十尺用舰匠一工橹床每块用长八寸钉十二个橹通板钉缝长一丈每丈用长五寸钉三十个艌缝凑长三丈六尺共核用宽一尺五寸厚三寸樟木枋一丈八尺四寸长八寸钉二十四个长五寸钉三十个灰三斤十两桐油一斤七两网纱一斤五两六钱竹丝一斤五两六钱舰匠一工一分七厘艌匠五分一厘舂灰工一分三厘

大桅座一块用樟木长六尺五寸宽一尺二寸厚七寸中吉木大桅佇一个长八尺围大二尺二寸木段大小桅尖二个各长四尺围大二尺二寸桅座做净每折见方尺三十尺用舰匠一工桅尖桅佇四十尺用舰匠一工共核用宽一尺二寸厚七寸长六尺七寸樟木一块围大二尺五寸净长三丈六尺中吉木八尺围大二尺五寸木段八尺二寸舰匠一工七分

大鹿耳二块各长一丈二尺宽二尺二寸厚一尺头鹿耳二块各长七尺宽一尺二寸厚四寸五分硬木棍鹿耳夹二根各长一丈三尺围大八寸做净每折见方尺四十尺用舰匠一工共核用宽一尺二寸厚一尺长一丈二尺二寸樟木二块宽一尺二寸厚四寸五分长七尺二寸樟木二块围大八寸长一丈三尺硬木棍二根舰匠四工三分二厘

大桅一根长六丈围大四尺五寸头桅一根长三丈围大二尺六寸做净每折见方尺四十尺用舰匠一工共核用围大四尺五寸长六丈桅木一根围大二尺六寸长三丈桅木一根舰匠八工七分

大风篷一扇长四丈八尺宽二丈二尺头风篷一扇长二丈四尺宽一丈一尺大篷担二根各长二丈二尺头篷担一根长一丈一尺均围大一尺七寸做净每折见方尺四十尺用舰匠一工共核用宽二丈二尺长四丈八尺风篷一扇宽一丈一尺长二丈四尺风篷一扇围大二尺净长三丈二尺浮溪木一根二丈三尺舰匠二工三分四厘

大篷架横梁一根用木段长一丈三尺头篷架横梁一根长一丈均围大二尺二寸樟木大篷□一块长六尺宽一尺五寸厚三寸做净每折见方尺三十二尺用舰匠一工共核用宽一尺五寸厚三寸樟木枋六尺二寸围大二尺五寸木段二丈三尺四寸舰匠二工二分六厘

大篷车员一根椗车员一根用浮溪木各长一丈四尺围大一尺七寸樟木斗头车耳一个长二尺五寸宽一尺五寸椗车耳二个各长四尺宽一尺均厚三寸硬木棍车子二十一根各长一丈三尺围大八寸车员车耳做净每折见方尺三十二尺用舰匠一工共核用围大二尺净长三丈二尺浮溪木二丈八尺宽一尺五寸厚三寸樟木枋八尺七分围大八寸长一丈三尺□□舰匠二工四分二厘

水柜用樟木牛头二块各长五尺宽一尺□□□三寸木段水柜柱四根各长七尺围大二尺□寸水柜闸四块各长七尺宽六寸六分厚六□水柜板二十四块各长四尺六寸宽六寸四分厚二寸三分牛头水柜柱闸做净每折见方尺四十尺用舰匠一工水柜板八十尺用舰匠一工水柜柱每根用长六寸钉二十个牛头水□板钉缝凑长十

二丈四寸每丈用长五寸钉三十个舱缝凑长三十五丈二尺八寸共核用围大二尺五寸木段九丈五尺二寸宽一尺五寸厚三寸樟木枋一丈二寸长六寸钉八十个长五寸钉三百六十一个灰三十五斤四两桐油十四斤一两八钱网纱十三斤三两七钱□□十□斤□□□□□□六工六分□匠一工八分八厘舱匠五分四厘舂灰夫一名二分三厘

妈祖龛用杉木板八块各长一丈八尺五寸虎头舱门板十块各长三尺铺板十块各长四尺均宽六寸厚一寸做净每折见方尺八十尺用舰匠一工妈祖龛板钉缝凑长十四丈八尺每丈用长四寸钉三十个虎头舱门板钉缝长三丈每丈用长五寸钉三十个妈祖龛板舱缝凑长二十九丈六尺共核用宽六寸厚一寸杉木板二十二丈一尺六寸长五寸钉九十个长四寸钉四百四十个灰二十九斤十两桐油十一斤十三两四钱网纱十一斤一两六钱竹丝十一斤一两六钱舰匠三工八分二厘舱匠四工二分三厘舂灰夫一名四厘

船头用中吉木樾一根长二丈八尺围大二尺二寸樟木樾牙一块长四尺宽五寸厚三寸做净每折见方尺四十尺用舰匠一工樾牙用长八寸钉六个共核用围大二尺五寸净长三丈六尺中吉木二丈八尺宽一尺五寸厚三寸樟木枋一尺三寸七分长八寸钉六个舰匠一工七分

船尾舵一门用楮木舵杆一根长一丈五尺宽一尺二寸厚八寸浮溪木舵闪板六块各长九尺五寸宽五寸三分厚二寸五分樟木极舵夹六块各长四尺围大一尺硬木棍舵牙扼二根各长一丈三尺围大八寸舵杆做净每折见方尺三十尺用舰匠一工舵夹舵牙四十尺用舰匠一工舵闪板八十尺用舰匠一工舵夹钉缝凑长二丈四尺每丈用长八寸钉五十个舵闪板舵夹舱缝凑长十六丈二尺共核用宽一尺二寸厚八寸长一丈五尺二寸楮木一根围大二尺净长三丈二尺浮溪木二丈八尺五寸围大一尺樟木极二丈四尺六寸围大八寸长一丈三尺硬木棍二根长八寸钉一百二十个灰十六斤三两桐油六斤七两七钱网纱六斤一两二钱竹丝六斤一两二钱舰匠四工二分三厘锯匠六分四厘舱匠二工三分一厘舂灰夫五分七厘

跟随战船舢板船用浮溪木水底板八块各长一丈二尺八寸艕板六块各长一丈四尺舱堵板十六块各长四尺均宽五寸厚二寸做净每折见方尺八十尺用舰匠一工水底板艕板钉缝凑长十八丈六尺四寸每丈用长五寸钉三十个水底板艕板舱缝凑长三十七丈二尺八寸共核用围大二尺净长三丈二尺浮溪木二根一丈九尺五寸长五寸钉五百五十九个灰三十七斤四两桐油十四斤十四两六钱网纱十三斤十五两七钱竹丝十三斤十五两七钱舰匠四工三分八厘锯匠二工五分舱匠五工三分三厘舂灰夫一名三分

舢板船两旁水蛇二块各长一丈四尺宽五寸厚二寸做净每折见方尺八十尺用舰匠一工水蛇钉缝凑长二丈八尺每四尺用长八寸钉三个舱缝凑长五丈六尺共核用围大二尺净长三丈二尺浮溪木九尺三寸长八寸钉二十一个灰五斤十两桐油二斤三两八钱网纱二斤一两六钱竹丝二斤一两六钱舰匠四分九厘锯匠二分八厘舱匠八分舂灰夫二分

舢板船用樟木极舢板梁四块各长三尺艕极六块冲天极二块牛头极六块各长二尺均围大一尺做净每折见方尺四十尺用舰匠一工舢板梁钉缝凑长一丈二尺每丈用长六寸钉三十个艕极每块作长五寸钉二个舱缝凑长八丈共核用围大一尺樟木极四丈一尺八寸长六寸钉三十六个长五寸钉二十八个灰八斤桐油三斤三两二钱网纱三斤竹丝三斤舰匠一工舱匠一工一分四厘舂灰夫二分八厘

大桅铁箍七个各长四尺六寸头桅箍三个各长二尺七寸舵头箍二个各长四尺一寸樾箍二个各长三尺三寸俱宽二寸厚五分椗齿二个各长一尺宽七寸厚五分橹箍三个各长二尺□寸宽□寸厚三分铁环四个各围大五寸以上铁料共净重一百四十四斤每正铁一斤加耗铁一斤每正铁五斤用铁匠一工每正耗铁一斤用炭三斤共核用生铁二百八十八斤炭八百六十四斤铁匠二十八工八分

油画前船共用乌烟二斤广红三斤铜碌三两二钱京红三两膡黄二两四钱南粉一斤八两银朱八钱杭粉八钱蓝粉三两墨二块松香四两水胶四两淡底一斤桐油三斤油画匠八工

麻大桅肆索二条各长七丈二尺大六寸头桅肆索二条各长六丈大四寸大踏索二条各长六丈大四寸五分小踏索二条各长三丈大三寸大缭母一条长四丈二尺大六寸小缭母一条长二丈四尺大三寸二分大帮衬六条各长一丈五尺大二寸小帮衬九条各长五尺大一寸二分以上麻绳共重三百二十斤每百斤用绳匠三工六分共核用麻三百二十斤绳匠十一工五分二厘

棕正椗索一条长四十二丈大六寸五分副椗索一条长四十丈大六寸大篷筋一条长六丈大一寸八分小篷筋一条长三丈大一寸缭仔缭耳共十五条各长一丈八尺大一寸八分椗奴二条各长一丈五尺大六寸二分大小摘尾二条共长十二丈大五寸舵吊一条长三丈大五寸以上棕绳共重三百四十斤每撕棕四十斤用匠一工成绳四十斤用匠一工共核用棕三百四十斤撕棕匠八工五分成绳匠八工五分

冲风旗一面长宽各一丈二尺一条龙旗一面长六丈宽二尺妈祖旗一面长宽各四尺五寸大小定风旗三面内一面长四尺二面各长三尺均宽一尺共核用幅宽一尺色布三十丈苎线四两裁缝匠三工

椗二门齿全各长一丈四尺八寸厚五寸

橹二枝各长三丈二尺宽七寸厚四寸

舢板橹一枝长二丈五尺宽七寸厚四寸

大小桅饼七个

大小无底升四百个

椗舵上配用竹绳草绳共用竹篾三百四十斤绳匠十二工二分四厘草心四百五十六斤绳匠十一工四分

【查原送成规内开竹篾草绳所用匠工多寡不齐今照棕麻绳索用工之例一律核定】

篷上配用大小缭毬摄子兔耳共用槐籐十八斤籐匠三工六分

刻字用刻字匠三工

竖大小桅用壮夫二十六名

前船共用大小铁钉一万一千六十五个刷抹钉头每百个用桐油六两四钱灰一斤每油灰十斤用艌匠一工共核用桐油四十四斤四两二钱灰一百十斤十两艌匠十五工四分九厘舂灰夫三名八分七厘

前船共用舰匠一百九十八工六分六厘系照杉松木植核定内有樟楮等硬木用匠五十六工五分三厘每工外加匠二分计加匠十一工三分一厘共匠二百九工九分七厘每百工加安装匠十工计安装匠二十一工每舰匠安装匠一百工加随匠壮夫二十名计壮夫四十六名一分九厘

以上拆造前船共用宽八寸厚八寸松木五丈五尺六寸【每丈银三钱三分一厘】计银一两八钱四分

【查原送成规内开松木按依丈尺计算价值参差今照□舡宽一尺厚八寸每丈银四钱一分四厘之数核算每丈需银三钱三分一厘之数一律核定】

围大三尺净长四丈大吉木二根【每根银二两五钱】计银五两

围大二尺五寸净长三丈六尺中吉木十四根【每根银一两五钱】计银二十一两

【查原送成规内开中吉木十根今按丈尺做法核算应增四根】

围大二尺净长三丈二尺浮溪木十二根二丈一尺八寸【每根银五钱】计银六两三钱四分一厘

【查原送成规内开浮溪木十二根今按丈尺做法核算应增二丈一尺八寸】

围大一尺六寸净长二丈八尺高洋木十二根【每根银二钱】计银二两四钱

围大二尺五寸木段三十八丈八寸核长一丈四尺段料二十七根二尺八寸【每根银三钱】计银八两一钱六分

【查原送成规内开木段二十六根今按丈尺做法核算应增一根二尺八寸】

宽一尺五寸厚三寸樟木枋四十一丈六尺五寸四分核长一丈七尺枋料二十四块八尺五寸四分【每块银一两三钱】计银三十一两八钱五分三厘

【查原送成规内开樟木枋二十六块今按丈尺做法核算应减一块八尺四寸六分】

宽一尺厚三寸长八尺二寸樟木板五块【每块银四钱一分八厘】计银二两九分

【查原送成规内开樟木枋梁座长一丈七尺宽一尺五寸厚三寸每块开银一两三钱托浪板长八尺宽一尺厚三寸每块银五钱价值参差今照梁座之价一律核定】

宽一尺二寸厚三寸松木枋四十二丈一尺一寸核长一丈七尺枋料二十四块一丈三尺一寸【每块银三钱五分】计银八两六钱七分

【查原送成规内开松木枋二十六块今按丈尺做法核算应减一块三尺九寸】

围大一尺樟木极三十八丈四尺二寸核长一丈二尺樟极三十二块二寸【每块银二钱】计银六两四钱三厘

【查原送成规内开樟木极三十块今按丈尺做法核算应增二块二寸】

围大八寸长一丈三尺硬木棍三十五根【每根银八分】计银二两八钱

宽六寸厚一寸杉木板二十二丈一尺六寸【每丈银四钱】计银八两八钱六分四厘

宽八寸厚七寸长一丈二尺二寸樟木一块计银六钱四分二厘

宽一尺五寸厚一尺五寸长一丈二尺二寸樟木一块计银二两五钱七分九厘

宽一尺二寸厚五寸长八尺二寸樟木一块计银四钱六分二厘

宽一尺厚六寸长一丈一尺二寸樟木二块【每块银六钱三分一厘】计银一两二钱六分二厘

宽一尺五寸厚一尺五寸长五尺七寸樟木一块计银一两二钱五厘

宽二尺厚六寸长六尺二寸樟木一块计银六钱九分九厘

宽一尺五寸厚七寸长一丈三尺二寸樟木一块计银一两三钱二厘

宽一尺二寸厚六寸长一丈六尺二寸樟木一块计银一两九钱六厘

宽一尺二寸厚七寸长六尺七寸樟木一块计银五钱二分九厘

宽一尺二寸厚一尺长一丈二尺二寸樟木二块【每块银一两三钱七分六厘】计银二两七钱五分二厘

宽一尺二寸厚四寸五分长七尺二寸樟木二块【每块银三钱六分五厘】计银七钱三分

【查原送成规内开樟木含檀等料十一款所开价值逐款核计俱属参差今照□舡每折见方一尺核银九分三厘九毫六丝之数一律核定】

宽一尺二寸厚八寸长一丈五尺二寸楮木一块计银十二两

围大四尺五寸长六丈桅木一根计银二十两

围大二尺六寸长三丈桅木一根计银一两

长一尺钉三百三十八个每二个重一斤计重一百六十九斤长八寸钉二百四十三个每五个重一斤计重四十八斤九两六钱长六寸钉七千一百四十九个每十五个重一斤计重四百七十六斤九两六钱长五寸钉二千八百八十五个每二十个重一斤计重一百四十四斤四两长四寸钉四百五十个每三十个重一斤计重十五斤以上铁钉共重八百五十三斤七两二钱内除选用旧钉二百五十六斤六钱添新五百九十七斤六两六钱【每斤银二分二厘】计银十三两一钱四分三厘

灰九百三十六斤十四两【每百斤银二钱】计银一两八钱七分四厘

桐油三百七十七斤十二两【每斤银三分】计银十一两三钱三分三厘

网纱三百九斤十三两四钱【每斤银一分二厘】计银三两七钱一分八厘

竹丝三百九二十三两四钱【每斤银六厘】计银一两八钱五分九厘

生铁二百八十八斤【每斤银一分】计银二两八钱八分

炭八百六十四斤【每百斤银一钱六分】计银一两三钱八分二厘

乌烟二斤【每斤银一分五厘】计银三分

广红三斤【每斤银五分】计银一钱五分

铜碌三两【每斤银三钱】计银六分

京红三两【每斤银八分】计银一分五厘

膸黄二两四钱【每斤银二钱】计银三分

南粉一斤八两【每斤银一分】计银一分五厘

银朱八钱【每斤银六钱四分】计银三分二厘

杭粉八钱【每斤银一钱六分】计银八厘

蓝粉三两【每斤银八分】计银一分五厘

墨二块【每块银一分】计银二分

松香四两【每斤银二分】计银五厘

水胶四两【每斤银四分】计银一分

淡底一斤计银五分

麻三百二十斤【每斤银一分五厘】计银四两八钱

棕三百四十斤【每斤银三分】计银十两二钱

幅宽一尺色布三十丈【每丈银一钱】计银三两

苎线参两【每斤银一钱二分】计银三分

椗二门齿全各长一丈四尺宽八寸厚五寸【每门银一两】计银二两

橹二枝各长三丈二尺宽七寸厚四寸【每枝银七钱】计银一两四钱

舢板橹一枝长二丈五尺宽七寸厚四寸计银三钱二分一厘

大风篷一扇长四丈八尺宽二丈二尺计银三两二钱九分三厘

头风篷一扇长二丈四尺宽一丈一尺计银八钱二分三厘

【查原送成规内开各则风篷价值参差今照缯舡每折见方一丈核银三钱一分一厘八毫之数一律核定】

大小桅饼七个【每个银七分】计银四钱九分

大小无底升四百个【每百个银八分】计银三钱二分

竹篾三百四十斤【每百斤银一钱六分】计银五两四分四厘

草心四百五十六斤【每百斤银七分】计银三钱一分九厘

槐籐十八斤【每斤银二分五厘】计银四钱五分

舰匠二百九工九分七厘安装匠二十一工锯匠四十一工五分二厘舱匠一百三十三工五分二厘铁匠二十八工八分油画匠八工绳匠三十五工一分六厘棕匠十七工裁缝匠三工籐匠三工六分刻字匠三工壮夫一百五名以上共匠夫六百九工五分七厘【每工银五分】计银三十两四钱七分九厘

又置备物件开后

木桶二十件【每件银三分】计银六钱

铁锅二口换新【每口贴工料银一钱二分】计银二钱四分

鼓一面修理换皮计银四钱八分

金一面重四斤换新【每斤贴工料银七分】计银二钱八分

以上折造前船成规内开共需工料银二百四十七两八钱九分三厘内部价银一百十八两四分四厘加八津贴并另加三分银一百二十九两八钱四分九厘台厂运费银二十三两六钱九厘今按□查核分别增减更正需用工料银二百四十八两三钱七分七厘内部价银一百十八两二钱七分五厘加八津贴并另加三分银一百三十两一钱二厘台厂运费银二十三两六钱五分五厘计加增工料银四钱八分四厘运费银四分六厘行令该抚于前船届应拆造之期将加增银两在于各则节减银内支领

至大小修理成规内开大修工料银二百五两八钱六分八厘内部价银九十三两五钱七分六厘加九津贴并另加三分银一百十二两二钱九分二厘台厂运费银十八两七钱一分五厘小修工料银一百二十八两一钱四厘内部价银五十五两六钱九分七厘加十津贴并另加三分银七十二两四钱七厘台厂运费银十一两一钱三分九厘

其余十三船仿此

卷二〇

福建省外海战船做法

第八则双篷船二十六只内水师提标中营海字九号船一只身长四丈九尺头起䑼四尺尾起䑼三尺船头长二丈面匀宽九尺底匀宽七尺船中长一丈六尺面匀宽一丈三尺五寸底匀宽一丈船尾长一丈三尺面匀宽一丈二尺八寸底匀宽八尺八寸两旁舭板长五丈四尺八寸计十五舱深四尺六寸二分

今将拆造前船需用工料价值细数开后

计开

船底松木龙骨一道计三节船头一节长一丈四尺船中一节连交接匙头长三丈四尺船尾一节长一丈凑长五丈八尺见方八寸做净每折见方尺二十尺用舰匠一工交接匙头二处每处用长一尺钉八个又每边用长六寸钉十二个共核用见方八寸松木五丈八尺六寸长一尺钉十六个长六寸钉二十四个舰匠九工二分八厘

船底板连起甋长四丈九尺内船底匀宽九尺二寸三分两站各匀高五尺四寸三分抽换用长三丈六尺宽六寸四分厚二寸三分中吉木板二十四块做净每折见方尺八十尺用舰匠一工锯板折宽一尺长七丈用锯匠一工【以下锯板用工仿此】钉缝凑长八十六丈四尺每丈用长六寸钉三十个艌缝凑长一百七十二丈八尺每丈用灰一斤桐油六两四钱网纱竹丝各六两每七丈用艌匠一工舂制油灰每四十斤用舂灰夫一名【以下艌缝用工用料仿此】共核用围大二尺五寸净长三丈六尺中吉木八根长六寸钉二千五百九十二个灰一百七十二斤十三两桐油六十九斤一两九钱网纱六十四斤十二两八钱竹丝六十四斤十二两八钱舰匠十八工七分九厘锯匠十工七分四厘艌匠二十四工六分九厘舂灰夫六名五厘

各舱抽换樟木梁座十三块内船头五块船中五块船尾三块共凑长二十二丈七尺舱梁十一块内船头四块凑长三丈四尺船中六块凑长八丈八寸船尾一块长一丈三尺二寸均宽一尺五寸厚三寸松木梁头十四块内船头六块船中五块船尾三块共凑长二十一丈二尺均宽一尺二寸厚三寸硬木棍稳吊十根各长一丈三尺围大八寸梁座梁头做净每折见方尺八十尺用舰匠一工稳吊四十尺用舰匠一工钉缝凑长六十九丈七尺每丈用长陆寸钉三十个艌缝凑长一百三十九丈四尺共核用宽一尺五寸厚三寸樟木枋三十五丈九尺八寸宽一尺二寸厚三寸松木枋二十一丈四尺八寸围大八寸长一丈三尺硬木棍十根长六寸钉二千九十一个灰一百三十九斤六两桐油五十五斤十二两二钱网纱五十二斤四两四钱竹丝五十二斤四两四钱舰匠二十六工五分三厘艌匠十九工九分一厘舂灰夫四名八分八厘

各舱用樟木极三十块内冲天极二块小官厅极二块各长六尺阿班舱极二块各长七尺五寸大桅舱极二块通铺舱极二块各长一丈水柜舱极二块鳅鱼极二块各长八尺担担舱极二块舵工舱极二块各长九尺五寸斗盖极二块目里极二块各长四尺油婆舱极二块各长一丈二尺官厅舱极二块各长一丈一尺拜棚极二块各长七尺下金极二块各长五尺均围大一尺做净每折见方尺四十尺用舰匠一工每块用长六寸钉二个艌缝凑长四十七丈共核用围大一尺樟木极二十四丈四寸长六寸钉六十个灰四十七斤桐油十八斤十二两八钱网纱十七斤十两竹丝十七斤十两舰匠五工八分八厘艌匠六工七分一厘舂灰夫一名六分五厘

船身两旁走马二条水蛇二条抽换各长四丈均宽七寸厚三寸三分做净每折见方尺四十尺用舰匠一工走马钉缝凑长八丈每丈用长一尺钉三十个水蛇钉缝凑长八丈每四尺用长一尺钉三个艌缝凑长三十二丈共核用围大三尺净长四丈大吉木二根长一尺钉三百个灰三十二斤桐油十二斤十二两八钱网纱十二斤竹丝十二斤舰匠八工二分四厘锯匠二工三分五厘艌匠四工五分七厘舂灰夫一名一分二厘

船面两旁艑板长四丈九尺凑宽一丈抽换用长三丈六尺宽六寸四分厚二寸三分中吉木板十二块做净每折见方尺八十尺用舰匠一工钉缝凑长四十三丈二尺每丈用长六寸钉三十个艌缝凑长八十六丈四尺共核用围大二尺五寸净长三丈六尺中吉木四根长六寸钉一千二百九十六个灰八十六斤六两桐油三十四斤九两网纱三十二斤六两四钱竹丝三十二斤六两四钱舰匠九工四分锯匠五工三分七厘艌匠十二工三分四厘舂灰夫三名二厘

两旁抽换浮溪木舨板三块各长三丈二尺宽五寸厚二寸做净每折见方尺八十尺用舰匠一工钉缝凑长九丈六尺每丈用长五寸钉三十个艌缝凑长十九丈二尺共核用围大二尺净长三丈二尺浮溪木一根长五寸钉二百八十八个灰十九斤三两桐油七斤十两九钱网纱七斤三两二钱竹丝七斤三两二钱舰匠一工六分八厘锯匠九分六厘艌匠二工七分四厘舂灰夫六分七厘

两旁用樟木极舨䑳十二块各长四尺围大一尺樟木舨斗二个各长三尺宽一尺五寸厚三寸做净每折见方尺四十尺用舰匠一工舨䑳每块用长六寸钉二个舨斗钉疑凑长六尺每丈用长五寸钉三十个艌缝凑长十丈八尺共核用围大一尺樟木极四丈九尺二寸宽一尺五寸厚三寸樟木枋六尺二寸长六寸钉二十四个长五寸钉十

八个灰十十斤十三两桐油四斤五两一钱网纱四斤八钱竹丝四斤八钱舰匠一工七分四厘艌匠一工五分四厘春灰夫三分八厘

两旁艜面用浮溪木笨抽二根抽换各长三丈二尺宽五寸厚三寸中吉木大压二根水戗二根各长三丈六尺宽六寸六分厚三寸做净每折见方尺四十尺用舰匠一工钉缝凑长二十丈八尺每丈用长六寸钉三十个艌缝凑长四十一丈六尺共核用围大二尺五寸净长三丈六尺中吉木二根围大二尺净长三丈二尺浮溪木一根长六寸钉六百二十四个灰四十一斤十两桐油十六斤十两二钱网纱十五斤九两六钱竹丝十五斤九两六钱舰匠九工四分七厘锯匠二工七分一厘艌匠五工九分四厘春灰夫一名四分六厘

官厅梁二根用同洋木各长一丈四尺围大一尺三寸浮溪木战柜板十二块各长九尺均宽五寸厚二寸战柜杠三根各长一丈三尺八寸贴柱四根各长一丈二尺均围大一尺七寸樟木太平牛头二块各长四尺宽一尺五寸厚三寸官厅梁战柜杠贴柱太平牛头做净每折见方尺四十尺用舰匠一工战柜板八十尺用舰匠一工战柜板钉缝凑长十丈八尺每丈用长五寸钉三十个太平牛头每块用长五寸钉十二个战柜板杠艌缝凑长二十九丈八尺八寸共核用围大一尺六寸净长二丈八尺高洋木一根围大二尺净长三丈二尺浮溪木三根二丈九尺四寸宽一尺五寸厚三寸樟木枋八尺二寸长五寸钉三百四十八个灰二十九斤十四两桐油十一斤五两二钱网纱十一斤三两三钱竹丝十一斤三两三钱舰匠七工三分二厘锯匠一工八厘艌匠四工二分七厘春灰夫一名五厘

官厅前通铺板三块各长一丈三尺后通铺板三块各长一丈二尺五寸缭跳四块各长八尺均宽一尺二寸厚三寸做净每折见方尺八十尺用舰匠一工通铺钉缝凑长七丈六尺五寸每丈用长六寸钉三十个通铺艌缝凑长十五丈三尺共核用宽一尺二寸厚三寸松木枋十一丈五寸长六寸钉二百三十个灰十五斤五两桐油六斤一两九钱网纱五斤十一两八钱竹丝五斤十一两八钱舰匠四工七厘艌匠二工一分九厘春灰夫五分四厘

官厅内用浮溪木铺板十五块各长八尺一寸宽五寸厚二寸两旁木段猫里墙板十八块猫里堵板十八块各长四尺六寸宽六寸四分厚二寸三分做净每折见方尺八十尺用舰匠一工猫里墙板钉缝凑长八丈二尺八寸每丈用长六寸钉三十个墙板艌缝凑长十六丈五尺六寸共核用围大二尺净长三丈二尺浮溪木一根八尺五寸围大二尺五寸木段五丈六尺四寸长六寸钉二百四十八个灰十六斤九两桐油六斤十两网纱六斤三两四钱竹丝六斤三两四钱舰匠五工七分三厘锯匠三工二分七厘艌匠二工三分七厘春灰夫五分八厘

两旁艜面用高洋木战棚板二十四块各长一丈四尺宽四寸厚二寸各舱内堵板一百二十八块各长三尺三寸宽四寸厚一寸木段各舱盖板七十七块各长四尺六寸宽六寸四分厚二寸三分通槽九个侧槽六个各长四尺六寸宽六寸六分厚六寸通槽等槽做净每折见方尺三十尺用舰匠一工战棚各板八十尺用舰匠一工舱盖板钉缝凑长三十五丈四尺二寸每丈用长五寸钉三十个舱盖板艌缝凑长七十丈八尺四寸共核用围大一尺六寸净长二丈八尺高洋木九根二丈一尺六寸围大二尺五寸木段十九丈一尺一寸长五寸钉一千六十三个灰七十斤十三两桐油二十八斤五两四钱网纱二十六斤九两竹丝二十六斤九两舰匠二十三工八分二厘锯匠十一工五分四厘艌匠十工一分二厘春灰夫二名四分八厘

两旁艜上艜牛二块各长九尺五寸前后舱扛豆五块各长一丈六尺中舱扛豆三块各长一丈七尺均宽一尺二寸厚三寸做净每折见方尺四十尺用舰匠一工艜牛每块用长六寸钉四个扛豆钉缝凑长十三丈一尺每丈用长六寸钉三十个艜牛扛豆艌缝凑长三十丈共核用宽一尺二寸厚三寸松木枋十五丈二尺长六寸钉四百一个灰三十斤桐油十二斤网纱十一斤四两竹丝十一斤四两舰匠十一工二分五厘艌匠四工二分九厘春灰夫一名五厘

两旁艜上用高洋木牛栏四根内船头二根各长一丈六尺船尾二板各长一丈二尺均围大一尺三寸做净每折见方尺四十尺用舰匠一工共核用围大一尺六寸净长二丈八尺高洋木二根舰匠一工八分二厘

船头斗盖用樟木一块长一丈二尺宽八寸厚七寸虾箍梁一块斗盖下兔耳一块各长八尺均宽一尺五寸厚三寸托浪板全块各长八尺宽一尺厚三寸斗盖虾箍梁兔耳做净每折见方尺四十尺用舰匠一工托浪板八十尺用舰匠一工斗盖用长八寸钉十二个兔耳虾箍梁钉缝凑长一丈六尺每丈用长五寸钉三十个托浪板钉缝凑长四丈每丈用长六寸钉三十个虾箍梁兔耳托浪板艌缝凑长十一丈二尺共核用宽八寸厚七寸长一丈二尺二寸樟木一块宽一尺五寸厚三寸樟木枋一丈六尺四寸宽一尺厚三寸长八尺二寸樟木板五块长八寸钉十二个长

六寸钉一百二十个长五寸钉四十八个灰十一斤三两桐油四斤七两七钱网纱四斤三两二钱竹丝四斤三两二钱舰匠三工六分四厘艌匠一工六分舂灰夫三分九厘

中含檀一块长一丈二尺宽一尺五寸厚一尺五寸头含檀一块长八尺宽一尺二寸厚五寸含檀梁一块长一丈四尺含檀闸一块长一丈二尺均宽一尺五寸厚三寸做净每折见方尺三十尺用舰匠一工含檀梁钉缝长一丈四尺每丈用长六寸钉三十个含檀含檀梁艌缝凑长六丈八尺共核用宽一尺五寸厚一尺五寸长一丈二尺二寸樟木一块宽一尺二寸厚五寸长八尺二寸樟木一块宽一尺五寸厚三寸樟木枋二丈六尺四寸长六寸钉四十二个灰六斤十三两桐油二斤十一两五钱网纱二斤八两八钱竹丝二斤八两八钱舰匠六工四分三厘艌匠九分七厘舂灰夫二分四厘

转水二块各长一丈一尺宽一尺厚六寸做净每折见方尺四十尺用舰匠一工每块用长一尺钉二个艌缝凑长四丈四尺共核用宽一尺厚六寸长一丈一尺二寸樟木二块长一尺钉四个灰四斤六两桐油一斤十二两二钱网纱一斤十两四钱竹丝一斤十两四钱舰匠一工七分六厘艌匠六分三厘舂灰夫一分五厘

船尾用樟木下金一块长五尺五寸宽一尺五寸厚一尺五寸缭牛一副长六尺宽二尺厚六寸尾楼上金一块长一丈三尺宽一尺五寸厚七寸七星冠一块长一丈六尺宽一尺二寸厚六寸硬木棍下金拴二根缭牛臁四根各长六尺五寸围大八寸下金缭牛上金七星冠做净每折见方尺三十尺用舰匠一工下金拴缭牛臁四十尺用舰匠一工下金用长八寸钉十八个缭牛用长八寸钉十八个上金用长一尺钉十八个缭牛臁钉缝凑长二丈六尺每丈用长五寸钉三十个下金艌缝长五尺五寸共核用宽一尺五寸厚一尺五寸长五尺七寸樟木一块宽二尺厚六寸长六尺二寸樟木一块宽一尺一寸厚七寸长一丈三尺二寸樟木一块宽一尺二寸厚六寸长一丈六尺二寸樟木一块围大八寸长一丈三尺硬木棍三根长一尺钉十八个长八寸钉三十六个长五寸钉七十八个灰九两桐油三两五钱网纱三两三钱竹丝三两三钱舰匠六工九分九厘艌匠八厘舂灰夫二厘

船尾用木段硬筋一根长一丈四尺围大二尺二寸樟木极百子舵六块各长四尺围大一尺做净每折见方尺四十尺用舰匠一工硬筋头尾用长六寸钉十二个百子舵钉缝凑长二丈四尺每丈用长六寸钉三十个百子舵艌缝凑长四丈八尺共核用围大二尺五寸木段一丈四尺二寸围大一尺樟木极二丈四尺六寸长六寸钉八十四个舰匠七工四分九厘灰四斤十三两桐油一斤十四两七钱网纱一斤十二两八钱竹丝一斤十二两八钱锯匠一工三分七厘艌匠六分九厘舂灰夫一分七厘

船尾用樟木橹通板一块长一丈橹床二块各长四尺均宽一尺五寸厚三寸橹通板做净每折见方尺八十尺用舰匠一工橹床四十尺用舰匠一工橹床每块用长八寸钉十二个橹通板钉缝长一丈用长六寸钉三十个艌缝凑长三丈六尺共核用宽一尺五寸厚三寸樟木枋一丈八尺四寸长八寸钉二十四个长六寸钉三十个灰三斤十两桐一斤七两网纱一斤五两六钱竹丝一斤五两六钱舰匠一工一分七厘艌匠五分一厘舂灰夫一分三厘

大桅座一块用樟木长六尺五寸宽一尺二寸厚七寸头桅笠一个长二尺宽一尺五寸厚三寸木段头桅尖一个长七尺围大二尺二寸桅座做净每折见方尺三十尺用舰匠一工桅笠桅尖四十尺用舰匠一工共核用宽一尺二寸厚七寸长六尺七寸樟木一块宽一尺五寸厚三寸樟木枋二尺一寸围大二尺五寸木段七尺二寸舰匠一工三分九厘

大鹿耳二块各长一丈二尺宽一尺二寸厚一尺头鹿耳二块各长七尺宽一尺二寸厚四寸五分硬木棍鹿耳夹二根各长一丈三尺围大八寸做净每折见方尺四十尺用舰匠一工共核用宽一尺二寸厚一尺长一丈二尺二寸樟木二块宽一尺二寸厚四寸五分长七尺二寸樟木二块围大八寸长一丈三尺硬木棍二根舰匠四工三分二厘

大桅一根长六丈围大四尺五寸头桅一根长三丈围大二尺六寸做净每折见方尺四十尺用舰匠一工共核用围大四尺五寸长六丈桅木一根围大二尺六寸长三丈桅木一根舰匠八工七分

大风篷一扇长四丈八尺宽二丈二尺头风篷一扇长二丈四尺宽一丈一尺浮溪木大篷担一根长二丈二尺头篷担一根长一丈一尺均围大一尺七寸做净每折见方尺四十尺用舰匠一工共核用宽二丈二尺长四丈八尺风篷一扇宽一丈一尺长二丈四尺风篷一扇围大二尺净长三丈二尺浮溪木一根一尺舰匠一工四分

大篷架横梁一根用木段长一丈四尺头篷架一根长七尺均围大二尺二寸樟木头篷踏一块长五尺宽一尺

五寸厚三寸做净每折见方尺三十二尺用舰匠一工共核用宽一尺五寸厚三寸樟木枋五尺一寸围大二尺五寸木段二丈一尺四寸舰匠二工

大篷车员一根椗车员一根用浮溪木各长一丈四尺围大一尺七寸硬木棍车子二十八根各长一丈三尺围大八寸车员做净每折见方尺三十二尺用舰匠一工共核用围大二尺净长三丈二尺浮溪木二丈八尺围大八寸长一丈三尺硬木棍二十八根舰匠一工四分九厘

水柜用樟木牛头二块各长五尺五寸宽一尺五寸厚三寸木段水柜柱四根各长七尺围大二尺二寸水柜闸四块各长七尺宽六寸六分厚六寸水柜板二十四块各长四尺六寸宽六寸四分厚二寸三分牛头水柜柱闸做净每折见方尺四十尺用舰匠一工水柜板八十尺用舰匠一工水柜柱每根用长六寸钉二十个牛头水柜板钉缝凑长十二丈一尺四寸每丈用长五寸钉三十个舱缝凑长三十五丈四尺八寸共核用宽一尺五寸厚三寸樟木枋一丈一尺四寸围大二尺五寸木段九丈五尺二寸长六寸钉八十个长五寸钉三百六十四个灰三十五斤八两桐油十四斤三两一钱网纱十三斤四两九钱竹丝十三斤四两九钱舰匠六工七分锯匠一工八分八厘舱匠五工七厘舂灰夫一名二分四厘

妈祖龛用杉木板九块各长一丈九尺虎头舱铺板十块各长六尺九寸均宽六寸厚一寸做净每折见方尺四十尺用舰匠一工妈祖龛板钉缝凑长十七丈一尺每丈用长四寸钉三十个龛板舱缝凑长三十四丈二尺共核用宽六寸厚一寸杉木板二十四丈三尺八寸长四寸钉五百十三个灰三十四斤三两桐油十三斤十两九钱网纱十二斤十三两二钱竹丝十二斤十三两二钱舰匠四工二分舱匠四工八分九厘舂灰夫一名二分

船头用中吉木榝一根长三丈六尺围大二尺二寸樟木榝牙一块长四尺宽一尺二寸厚三寸做净每折见方尺四十尺用舰匠一工榝牙用长八寸钉六个共核用围大二尺五寸净长三丈六尺中吉木一根宽一尺五寸厚三寸樟木枋三尺二寸八分长八寸钉六个舰匠二工二分八厘

船尾舵一门用楮木舵杆一根长一丈五尺宽一尺二寸厚八寸浮溪木舵闪板四块各长一丈三尺五寸宽五寸三分厚二寸五分樟木极舵夹六块各长四尺围大一尺硬木棍舵牙扼二根各长一丈三尺围大八寸舵杆做净每折见方尺三十尺用舰匠一工舵夹舵牙四十尺用舰匠一工舵闪板八十尺用舰匠一工舵夹钉缝凑长二丈四尺每丈用长八寸钉五十个舵闪板舵夹舱缝凑长十五丈六尺共核用宽一尺二寸厚八寸长一丈五尺二寸楮木一块围大二尺净长三丈二尺浮溪木二丈七尺围大一尺樟木极二丈四尺六寸围大八寸长一丈三尺硬木棍二根长八寸钉一百二十个灰十五斤十两桐油六斤三两八钱网纱五斤十三两六钱竹丝五斤十三两六钱舰匠四工一分七厘锯匠六分舱匠二工二分三厘舂灰夫五分五厘

跟随战船舢板船用浮溪木水底板十块各长一丈四尺舦板六块各长一丈四尺四寸堵板十六块各长四尺六寸均宽五寸厚二寸做净每折见方尺四十尺用舰匠一工水底板舦板钉缝凑长二十二丈六尺四寸每丈用长五寸钉三十个水底板舦板舱缝凑长四十五丈二尺八寸共核用围大二尺净长三丈二尺浮溪木三根四尺长五寸钉六百七十九个灰四十五斤四两桐油十八斤一两八钱网纱十六斤十五两七钱竹丝十六斤十五两七钱舰匠五工二分五厘锯匠三工舱匠六工四分七厘舂灰夫一名五分八厘

舢板船两旁水蛇二块大压二块各长一丈四尺四寸均宽五寸厚二寸做净每折见方尺八十尺用舰匠一工大压钉缝凑长二丈八尺八寸每丈用长五寸钉三十个水蛇钉缝凑长二丈八尺八寸每四尺用长八寸钉三个舱缝凑长十一丈五尺二寸共核用围大二尺净长三丈二尺浮溪木一丈九尺二寸长八寸钉二十二个长五寸钉八十六个灰十一斤八两桐油四斤九两七钱网纱四斤五两一钱竹丝四斤五两一钱舰匠一工一厘锯匠五分八厘舱匠一工六分五厘舂灰夫四分

舢板船用樟木极舢板梁三块各长四尺舦极六块各长二尺冲天极二块各长二尺五寸牛头极六块各长二尺四寸均围大一尺做净每折见方尺四十尺用舰匠一工舢板梁钉缝凑长一丈二尺每丈用长六寸钉三十个各极每块用长五寸钉二个舱缝凑长八丈六尺八寸共核用围大一尺樟木极四丈五尺一寸长六寸钉三十六个长五寸钉二十八个灰八斤十一两桐油三斤七两六钱网纱三斤四两一钱竹丝三斤四两一钱舰匠一工九厘舱匠一工二分四厘舂灰夫三分

大桅铁箍六个各长四尺六寸头桅铁箍三个各长二尺七寸舵头箍三个各长四尺一寸榝箍二个各长三尺

三寸俱宽二寸厚五分椗齿二个各长一尺宽七寸厚三分橹箍三个各长二尺七寸宽一寸厚三分铁环四个各围大五寸以上铁料共净重一百五十二斤十二两每正铁一斤加耗铁一斤每正铁五斤用铁匠一工每正耗铁一斤用炭三斤共核用生铁三百五斤八两炭九百十六斤八铁匠三十工五分五厘

油画前船共用乌烟三斤五两广红三斤铜碌三两二钱京红三两膪黄二两四钱南粉一斤八两银朱八钱杭粉八钱蓝粉三两墨二块松香四两水胶四两淡底一斤桐油三斤油画匠八工

麻大桅肆索二条各长七丈二尺大六寸二分头桅肆索二条各长六丈大四寸六分大踏索二条各长六丈大四寸八分小踏索二条各长三丈大三寸二分大缭母一条长四丈大六寸小缭母一条长二丈四尺大三寸五分大帮衬六条各长一丈五尺大二寸小帮衬九条各长五尺大一寸二分以上麻索共重三百六十斤每百斤用绳匠三工六分共核用麻三百六十斤绳匠十二工九分六厘

棕正椗索一条长四十二丈大七寸副椗索一条长四十丈大六寸二分大篷筋一条长六丈大二寸小篷筋一条长三丈大一寸二分缭仔缭耳共十五条各长一丈八尺大二寸椗奴二条各长一丈五尺大六寸五分大小摘尾二条共长十二丈大五寸舵吊一条长三丈大六寸以上棕绳共重三百八十斤每撕棕四十斤用匠一工成绳四十斤用匠一工共核用棕三百八十斤撕棕匠九工五分成绳匠九工五分

冲风旗一面长宽各一丈二尺□条龙旗一面长六丈宽二尺妈祖旗一面长宽各四尺五寸大小定风旗三面内一面长四尺二面各长三尺均宽一尺共核用幅宽一尺色布三十丈苎线四两裁缝匠三工

椗二门齿全各长一丈四尺宽八寸厚五寸

橹二枝各长三丈二尺宽七寸厚四寸

桨八枝各长二丈

舢板橹一枝长二丈五尺宽七寸厚四寸

大小桅饼七个

大小无底升四百个

椗舵上配用竹绳草绳共核用竹篾四百三十斤绳匠十五工四分八厘草心五百十六斤绳匠十二工九分

【查原送成规内开竹篾草绳所用匠工多寡不齐今照棕麻绳索用工之例一律核定】

篷上配用大小缭毬摄子兔耳共用槐籐十九斤籐匠三工八分

刻字用刻字匠三工

竖立大小桅用壮夫二十六名

前船共用大小铁钉一万二千五十三个刷抹钉头每百个用桐油六两四钱灰一斤每油灰十斤用艌匠一工共核用桐油四十八斤三两四钱灰一百二十斤八两艌匠十六工八分七厘舂灰夫四名二分二厘

前船共用舰匠二百十工三分八厘系照杉松木植核定内有樟楮等硬料用匠五十八工八分九厘每工外加匠二分计加匠十一工七分八厘共匠二百二十三工一分六厘每百工加安装匠十工计安装匠二十二工二分二厘每舰匠安装匠一百工加随匠壮夫二十名计壮夫四十八名八分八厘

以上折造前船共用

宽八寸厚八寸松木五丈八尺六寸【每丈银三钱三分一厘】计银一两九钱四分

【查原送成规内开松木按依丈尺计算价值参差今照缯船宽一尺厚八寸每丈核银四钱一分四厘核算每丈需银三钱三分一厘之数一律核定】

围大三尺二寸净长四丈大吉木二根【每根银二两五钱】计银九五两

围大二尺五寸净长三丈六尺中吉木十五根【每根银一两五钱】计银二十二两五钱

【查原送成规内开中吉木十三根今按丈尺做法核算应增二根】

围大二尺净长三丈二尺浮溪木十三根二丈一尺一寸【每根银五钱】计银六两八钱三分

【查原送成规内开浮溪木十三根今按丈尺做法核算应增二丈一尺一寸】

围大一尺六寸净长二丈八尺高洋木三十二根二丈一尺六寸【每根银二钱】计银二两五钱五分四厘

【查原送成规内开高洋木十三根今按丈尺做法核算应减六尺四寸】

围大二尺五寸木段三十八丈五尺五寸核长一丈四尺段料二十七根七尺五寸【每根银三钱】计银八两二钱六分一厘

【查原送成规内开木段二十九根今按丈尺做法核算应减一根六尺五寸】

宽一尺五寸厚三寸樟木枋四十五丈七尺二寸八分核长一丈七尺枋料二十六块一丈五尺二寸八分【每块银一两三钱】计银三十四两九钱六分八厘

【查原送成规内开樟枋二十七块今按丈尺做法核算应减一尺七寸二分】

宽一尺厚三寸长八尺二寸樟木板五块【每块银四钱一分八厘】计银二两九分

【查原送成规内开樟木梁座长一丈七尺□□一尺五寸厚三寸每块开银一两三钱□□板长八尺宽一尺厚三寸每块银五钱价值参差今照梁座之价一律核定】

宽一尺二寸厚三寸松木枋四十七丈七尺三寸核长一丈七尺枋料二十八块一尺三寸【每块银三钱五分】计银九两八钱二分七厘

【查原送成规内开松木枋三十块今按丈尺做法核算应减一块一丈五尺七寸】

围大一尺樟木极三十八丈三尺九寸核长一丈二尺樟极三十一块一丈一尺九寸【每块银二钱】计银六两三钱九分八厘

【查原送成规内开樟木极三十二块今按丈尺做法核算应减一寸】

围大八寸长一丈三尺硬木棍四十五根【每根银八分】计银三两六钱

宽六寸厚一寸杉木板二十四丈三尺八寸【每丈银四钱】计银九两七钱五分二厘

宽八寸厚七寸长一丈二尺二寸樟木一块计银六钱四分二厘

宽一尺五寸厚一尺五寸长一丈二尺二寸樟木一根计银二两五钱七分九厘

宽一尺二寸厚五寸长八尺二寸樟木一块计银四钱六分二厘

宽一尺厚六寸长一丈一尺二寸樟木二块【每块银六钱三分一厘】计银一两二钱六分二厘

宽一尺五寸厚一尺五寸长五尺七寸樟木一块计银一两二钱五厘

宽二尺厚六寸长六尺二寸樟木一块计银六钱九分九厘

宽一尺五寸厚七寸长一丈三尺二寸樟木一块计银一两三钱二厘

宽一尺二寸厚六寸长一丈六尺二寸樟木一块计银一两九分六厘

宽二尺二寸厚七寸长六尺七寸樟木一块计银五钱二分九厘

宽一尺二寸厚一尺长一丈二尺二寸樟木二块【每块银一两三钱七分六厘】计银二两七钱五分二厘

宽一尺二寸厚四寸五分长七尺二寸樟木块块【每块银三钱六分五厘】计银七钱三分

【查原送成规内开樟木含檀等料十一款所开价值逐款核算俱属参差今照缯船每折见方一尺核银九分三厘九毫六丝这数一律核定】

宽一尺二寸厚八寸长一丈五尺二寸楮木一块计银十二两

围大四尺五寸长六丈桅木一根计银二十两

围大二尺六寸长三丈桅木一根计银一两

长一尺钉三百三十八个每二个重一斤计重一百六十九斤长八寸钉二百四十四个每五个重一斤计重四十八斤十二两八钱长六寸钉七千九百五十八个每十五个重一斤计重五百三十斤八两五钱长五寸钉三千个每二十个重一斤计重一百五十斤长四寸钉五百十三个每三十个重一斤计重十七斤一两六钱以上铁钉共重九百十五斤六两九钱除选用旧钉二百七十四斤十两一钱外添新六百四十斤十二两八钱【每斤银二分二厘】计银十四两九分八厘

灰一千十四斤六两【每百斤银二钱】计银二两二分九厘

桐油四百八斤十二两三钱【每斤银三分】计银十二两二钱六分三厘

网纱三百三十五斤三两四钱【每斤银一分二厘】计银四两二分三厘

竹丝三百三十五斤三两四钱【每斤银六厘】计银二两一分一厘

生铁三百五斤八两【每斤银一分】计银三两五分五厘

炭九百十六斤八两【每百斤银一钱六分】计银一两四钱六分六厘

乌烟三斤五两【每斤银一分五厘】计银五分

广红三斤【每斤银五分】计银一钱五分

铜碌三两二钱【每斤银三钱】计银六分

京红三两【每斤银八分】计银一分五厘

雕黄二两四钱【每斤银二钱】计银三分

南粉一斤八【每斤银一分】计银一分五厘

银朱八钱【每斤银六钱四分】计银三分二厘

杭粉八钱【每斤银一钱六分】计银八厘

蓝粉三两【每斤银八分】计银一分五厘

墨二块【每块银一分】计银二分

松香四两【每斤银二分】计银五厘

水胶四两【每斤银四分】计银一分

淡底一斤计银五分

麻三百六十斤【每斤银一分五厘】计银五两四钱

棕三百八十斤【每斤银三分】计银一两四钱

幅宽一尺色布三十丈【每丈银一钱】计银三两

苎线四两【每斤银一钱二分】计银三分五厘

碇二门齿全各长一丈四尺宽八寸厚五寸【每门银一两】计银二两二

橹二枝各长三丈二尺宽七寸厚四寸【每枝银七钱】计银一两四钱

桨八枝各长二丈【每枝银二钱】计银一两六钱

【查原送成规内声称桨惟平底船需用双篷船不用所费价值为数无几毋庸议给今照册开价值核入凡遇双篷船只折造之时仍照旧扣除】

舢板橹一枝长二丈五尺宽七寸厚四寸计工银三钱二分一厘

大风篷一扇长四丈八尺宽二丈二尺计银三两二钱九分三厘

头风篷一扇长二丈四尺宽一丈一尺计银八钱二分三厘

【查原送成规内开各则风篷价值参差今照缯船每折见方一丈核银三钱一分一厘八毫之数一律核定】

大小桅饼七个【每个银七分】计银四钱九分

大小无底升四百个【每百个银一八分】计银三钱二分

竹篾四百三十斤【每百斤银一钱六分】计银六钱八分八厘

草心五百十六八斤【每百斤银七分】计银三钱六分一厘

槌籐十九斤【每斤银二分五厘】计银对钱七分五厘

舰匠二百二十二工一分六厘安装匠二十二工二分二厘锯匠四十四工八厘舱匠一百四十四工五分八厘铁匠三十五工五厘油画匠八工绳匠四十一工三分四厘棕匠十九工裁缝匠三工籐匠三工八分刻字匠三工壮夫一百十名四分以上匠夫共六百五十二工一分三厘【每工银五分】计银三十两六钱七厘

又置备物件开后

水桶二十件【每件银三分】计银六钱

铁锅二口换新【每口贴工料银一钱二分】计银二钱四分

鼓一面修理换皮计银四钱八分

金一面重四斤换新【每斤贴工料银七分】计银二钱八分

以上折造前船成规内开共需工料银二百六十五两五钱二厘内部价银一百二十六两四钱三分加八津贴

并另加三分银一百三十九两七分二厘台厂运费银二十五两二钱八分六厘今按条查核分别增减更正需用工料银二百六十五两一钱九分一厘内部价银一百二十六两二钱八分一厘加八津贴并另加三分银一百三十八两九钱一分台厂运费银二十五两二钱五分六厘计节减工料银三钱一分一厘运费银三分行□该抚于前船届应折造之期将节减银两在于□领银内扣除

至大小修理成规内开大修工料银二百二十三两三钱三分六厘内部价银一百一两五钱一分六厘加九津贴并另加三分银一百二十一两八钱二分台厂运费银二十两三钱三厘小修工料银一百三十九两三钱七分内部价银六十两五钱九分六厘加十津贴并另加三分银七十八两七钱七分四厘台厂运费银十二两一钱一分九厘

其余二十五船仿此

卷二一

福建省外海战船做法

第九则双篷船二十只内铜山营纪字十四号船一只身长五丈三尺头起翹四尺尾起翹三尺船头长一丈八尺五寸面匀宽一丈底匀宽八尺二寸船中长一丈八尺五寸面匀宽一丈五尺五寸底匀宽一丈一尺船尾长一丈六尺面匀宽一丈四尺四寸底匀宽九尺九寸两旁舨长五丈八尺八寸计十七舱深五尺一寸五分

今将拆造前船需用工料价值细数开后

计开

船底松木龙骨一道计三节船头一节长一丈六尺船中一节连交接匙头长三丈七尺船尾一节长一丈凑长六丈三尺见方八寸做净每折见方尺二十尺用舰匠一工交接匙头二处每处用长一尺钉八个又每边用长八寸钉十二个共核用见方八寸松木枋六丈三尺六寸长一尺钉十六个长八寸钉二十四个舰匠十工八厘

船底板连起翹长五丈三尺内船底匀宽一丈三寸五分两站各匀高六尺一寸六分抽换用长三丈六尺宽六寸四分厚二寸三分中吉木板三十块做净每折见方尺八十尺用舰匠一工锯板折宽一尺长七丈用锯匠一工【以下锯板用工仿此】钉缝凑长一百八丈每丈用长六寸钉三十个舱缝凑长二百十六丈每丈用灰一斤桐油六两四钱网纱竹丝各六两每七丈用艌匠一工舂制油灰每四十斤用舂灰夫一名【以下艌缝用工用料仿此】共核用围大二尺五寸净长三丈六尺中吉木十根长六寸钉三千二百四十个灰二百十六斤桐油八十六斤六两四钱网纱八十一斤竹丝八十一斤舰匠二十三工四分九厘锯匠十三工四分二厘艌匠三十工八分六厘舂灰夫七名五分六厘

各舱抽换樟木梁座十四块内船头五块凑长七丈船中六块船尾三块共凑长十四丈四尺舱梁九块内船中六块凑长九丈二尺二寸船尾三块凑长四丈二尺五寸均宽一尺五寸厚三寸松木梁头十六块内船头六块凑长八丈四尺船中六块凑长九丈六尺船尾四块凑长出丈均宽一尺二寸厚三寸硬木棍稳吊十根各长一丈三尺围大八寸梁座梁头做净每折见方尺八十尺用舰匠一工稳吊四十尺用舰匠一工钉缝凑长七十一丈八尺七寸每丈用长六寸钉三十个艌缝凑长一百四十三丈七尺四寸共核用宽一尺五寸厚三寸樟木枋三十五丈三尺三寸宽一尺二寸厚三寸松木枋二十四丈三尺二寸围大八寸长一丈三尺硬木棍十根长六寸钉二千一百五十六个灰一百四十三斤十二两桐油五十七斤七两七钱网纱五十三斤十四两四钱竹丝五十三斤十四两四钱舰匠二十七工二分九厘艌匠二十工五分三厘舂灰夫五名三厘

各舱用樟木极三十六块内冲天极二块担担舱极二块鳅鱼极二块各长七尺小官厅极二块下担极二块各长六尺阿班舱极二块各长八尺大桅舱极二块官厅舱极四块通铺舱极二块各长九尺五寸斗盖舱极二块下金极二块各长五尺水舱极二块拜棚极二块各长九尺油婆舱极二块转水极二块各长一丈二尺目里极二块各长三尺牛仔极二块各长二尺均围大一尺做净每折见方尺四十尺用舰匠一工每块用长六寸钉二个艌缝凑长五十四丈四尺共核用围大一尺樟木极二十七丈八尺四寸长六寸钉七十二个灰五十四斤六两桐油二十一斤十二两二钱网纱二十斤六两四钱竹丝二十斤六两四钱舰匠六工八分艌匠七工七分七厘舂灰夫一名九分

船身两旁走马二条水蛇二条抽换各长四丈均宽七寸厚三寸三分做净每折见方尺四十尺用舰匠一工走

马钉缝凑长八丈每丈用长一尺钉三十个水蛇钉缝凑长八丈每四尺用长一尺钉三个艌缝凑长三十二丈共核用围大三尺净长四丈大吉木二根长一尺钉三百个灰三十二斤桐油十二斤十二两八钱网纱十二斤竹丝十二斤舰匠八工二分四厘锯匠二工三分五厘艌匠四工五分七厘舂灰夫一名一分二厘

船面两旁觽板长五丈三尺凑宽一丈一尺抽换用长三丈六尺宽六寸四分厚二寸三分中吉木板十二块做净每折见方尺八十尺用舰匠一工钉缝凑长四十三丈二尺每丈用长六寸钉三十个艌缝凑长八十六丈四尺共核用围大二尺五寸净长三丈六尺中吉木四根长六寸钉一千二百九十六个灰八十六斤六两桐油三十四斤九两网纱三十二斤六两四钱竹丝三十二斤六两四钱舰匠九工四分锯匠五工三分七厘艌匠十二工三分四厘舂灰夫三名二厘

两旁抽换浮溪木舦板六块各长三丈二尺宽五寸厚二寸做净每折见方尺八十尺用舰匠一工钉缝凑长十九丈二尺每丈用长五寸钉三十个艌缝凑长三十八丈四尺共核用围大二尺净长三丈二尺浮溪木二根长五寸钉五百七十六个灰三十八斤六两桐油十五斤五两八钱网纱十四斤六两四钱竹丝十四斤六两四钱舰匠三工三分六厘锯匠一工九分二厘艌匠五工四分九厘舂灰夫一名三分四厘

两旁用樟木极舦觼十二块各长四尺围大一尺樟木舦斗二个各长三尺宽一尺五寸厚三寸做净每折见方尺四十尺用舰匠一工舦觼每块用长六寸钉二个舦斗钉缝凑长六尺每丈用长五寸钉三十个艌缝凑长十丈八尺共核用围大一尺樟木极四丈九尺二寸宽一尺五寸厚三寸樟木枋六尺二寸长六寸钉二十四个长五寸钉十八个灰十斤十三两桐油四斤五两一钱网纱四斤八钱竹丝四斤八钱舰匠一工七分四厘艌匠一工五分四厘舂灰夫三分八厘

两旁觽面用浮溪木笨抽二根抽换各长三丈二尺宽五寸厚三寸中吉木大压二根水戗二根各长三丈六尺宽六寸六分厚三寸做净每折见方尺四十尺用舰匠一工钉缝凑长二十丈八尺每丈用长六寸钉三十个艌缝凑长四十一丈六尺共核用围大二尺五寸净长三丈六尺中吉木二根围大二尺净长三丈二尺浮溪木一根长六寸钉六百二十四个灰四十一斤十两桐油十六斤十两二钱网纱十五斤九两六钱竹丝十五斤九两六钱舰匠九工四分七厘锯匠二工七分一厘艌匠五工九分四厘舂灰夫一名四分六厘

官厅梁二根战柜杠二根用浮溪木各长一丈五尺围大一尺七寸战柜板十二块各长一丈四尺八寸宽五寸厚二寸官厅梁战柜杠做净每折见方尺四十尺用舰匠一工战柜板八十尺用舰匠一工战柜板钉缝凑长十七丈七尺六寸每丈用长五寸钉三十个战柜板杠艌缝凑长四十一丈五尺二寸共核用围大二尺净长三丈二尺浮溪木三根二丈三尺四寸长五寸钉五百三十三个灰四十一斤八两桐油十六斤九两七钱网纱十五斤九两一钱竹丝十五斤九两一钱舰匠五工六分六厘锯匠一工七分八厘艌匠五工九分三厘舂灰夫一名四分五厘

官厅前通铺板三块各长一丈七尺后通铺板三块各长一丈六尺缭跳四块各长八尺均宽一尺二寸厚三寸做净每折见方尺四十尺用舰匠一工通铺钉缝凑长九丈九尺每丈用长六寸钉三十个通铺艌缝凑长十九丈八尺共核用宽一尺二寸厚三寸松木枋三丈三尺长六寸钉二百九十七个灰十九斤十三两桐油七斤十四两七钱网纱七斤六两八钱竹丝七斤六两八钱舰匠四工九分一厘艌匠二工八分三厘舂灰夫六分九厘

官厅内用浮溪木铺板八块各长九尺宽五寸厚二寸两旁木段猫里墙板十八块猫里堵板十

八块各长四尺六寸宽六寸四分厚二寸三分做净每折见方尺四十尺用舰匠一工猫里墙板钉缝凑长八丈二尺八寸每丈用长六寸钉三十个墙板艌缝凑长十六丈五尺六寸共核用围大二尺净长三丈二尺浮溪木二丈四尺围大二尺木段五丈六尺四寸长六寸钉二百四十八个灰十六斤九两桐油六斤十两网纱六斤三两四钱竹丝六斤三两四钱舰匠四工八分六厘锯匠二工七分八厘艌匠二工三分七厘舂灰夫五分八厘

两旁觽面用高洋木战棚板十二块各长二丈八尺宽四寸厚二寸堵板一百四十块各长三尺二寸宽四寸厚一寸木段舱盖板八十三块各长四尺六寸宽六寸四分厚二寸三分通槽九个侧槽六个各长四尺六寸宽六寸六分厚六寸通槽等槽做净每折见方尺三十尺用舰匠一工战棚板各板八十尺用舰匠一工舱盖板钉缝凑长三十八丈一尺八寸每丈用长五寸钉三十个舱盖板艌缝凑长七十六丈三尺六寸共核用围大一尺六寸净长二丈八尺高洋木十根围大二尺五寸木段二十丈五寸长五寸钉一千一百四十五个灰七十六斤六两桐油三十斤八两七钱网纱二十八斤十两二钱竹丝二十八斤十两二钱舰匠二十四工七分四厘锯匠十二工七厘艌匠十工九分

一厘舂灰夫二名六分七厘

两旁前后舱扛豆五块各长一丈六尺中舱扛豆三块各长一丈七尺均宽一尺二寸厚三寸做净每折见方尺四十尺用舰匠一工钉缝凑长十三丈一尺每丈用长六寸钉三十个舱缝凑长二十六丈二尺共核用宽一尺二寸厚三寸松木枋十三丈二尺六寸长六寸钉三百九十三个灰二十六斤三两桐油十斤七两七钱网纱九斤十三两二钱竹丝九斤十三两二钱舰匠九工八分三厘舱匠三工七分四厘舂灰夫九分二厘

两旁艥上前后用高洋木牛栏四根各长一丈四尺围大一尺三寸做净每折见方尺四十尺用舰匠一工共核用围大一尺六寸净长二丈八尺高洋木二根舰匠一工八分二厘

船头斗盖一块用樟木长一丈二尺宽八寸厚七寸虾箍梁一块斗盖下兔耳一块各长八尺均宽一尺五寸厚三寸托浪板五块各长八尺宽一尺厚三寸斗盖虾箍梁兔耳做净每折见方尺四十尺用舰匠一工托浪板八十尺用舰匠一工斗盖用长八寸钉十二个兔耳虾箍梁钉缝凑长一丈六尺每丈用长五寸钉三十个托浪板钉缝凑长四丈每丈用长六寸钉三十个虾箍梁兔耳托浪板舱缝凑长十一丈二尺共核用宽八寸厚七寸长一丈二尺二寸樟木一块宽一尺五寸厚三寸樟木枋一丈六尺四寸宽一尺厚三寸长八尺二寸樟木板五块长八寸钉十二个长六寸钉一百二十个长五寸钉四十八个灰十一斤三两桐油四斤七两七钱网纱四斤三两二钱竹丝四斤三两二钱舰匠三工六分四厘舱匠一工六分舂灰夫三分九厘

中含檀一块长一丈二尺宽一尺五寸厚一尺五寸头含檀一块长八尺宽一尺二寸厚五寸含檀梁一块长一丈六尺含檀闸一块长一丈三尺均宽一尺五寸厚三寸做净每折见方尺三十尺用舰匠一工含檀梁钉缝长一丈六尺每丈用长六寸钉三十个含檀含檀梁舱缝凑长七丈二尺共核用宽一尺五寸厚一尺五寸长一丈二尺二寸樟木一块宽一尺二寸厚五寸长八尺二寸樟木一块宽一尺五寸厚三寸樟木枋二丈八尺四寸长六寸钉四十八个灰七斤三两桐油二斤十四两一钱网纱二斤十一两二钱竹丝二斤十一两二钱舰匠六工六分七厘舱匠一工三厘舂灰夫二分五厘

转水二块各长一丈一尺宽一尺厚六寸做净每折见方尺四十尺用舰匠一工每块用长一尺钉二个舱缝凑长四丈四尺共核用宽一尺厚六寸长一丈一尺二寸樟木二块长一尺钉四个灰四斤六两桐油一斤十二两二钱网纱一斤十两四钱竹丝一斤十两四钱舰匠一工七分六厘舱匠六分三厘舂灰夫一分五厘

船尾用樟木下金一块长五尺五寸宽一尺五寸厚一尺五寸缭牛一副长六尺宽二尺厚六寸尾楼上金一块长一丈三尺宽一尺五寸厚七寸七星冠一块长一丈六尺宽一尺二寸厚六寸硬木棍下金拴二根缭牛艥四根各长六尺五寸围大八寸下金缭牛上金七星冠做净每折见方尺三十尺用舰匠一工下金拴缭牛艥四十尺用舰匠一工下金用长八寸钉十八个缭牛用长八寸钉十八个上金用长一尺钉十八个缭牛艥钉缝凑长二丈六尺每丈用长五寸钉三十个下金舱缝长五尺五寸共核用宽一尺五寸厚一尺五寸长五尺七寸樟木一块宽二尺厚六寸长六尺二寸樟木一块宽一尺五寸厚七寸长一丈三尺二寸樟木一块宽一尺二寸厚六寸长一丈六尺二寸松木一块围大八寸长一丈三尺硬木棍三根长一尺钉十八个长八寸钉三十六个长五寸钉七十八个灰九两桐油三两五钱网纱三两三钱竹丝三两三钱舰匠六工九分九厘舱匠八厘舂灰夫二厘

船尾用木段硬筋二条长一丈四尺围大二尺二寸樟木极百子舱六块各长四尺围大一尺做净每折见方尺四十尺用舰匠一工硬筋头尾用长六寸钉十二个百子舱钉缝凑长二丈四尺每丈用长六寸钉三十个百子舱舱缝凑长四丈八尺共核用围大二尺五寸木段一丈四尺二寸围大一尺樟木极二丈四尺六寸长六寸钉八十四个灰四斤十三两桐油一斤十四两七钱网纱一斤十二两八钱竹丝一斤十二两八钱舰匠一工三分七厘舱匠六分九厘舂灰夫一分七厘

船尾用樟木橹通板一块长一丈橹床二块各长五尺均宽一尺五寸厚三寸橹通板做净每折见方尺八十尺用舰匠一工橹床四十尺用舰匠一工橹床每块用长八寸钉十二个橹通板钉缝长一丈用长六寸钉三十个舱缝凑长四丈共核用宽一尺五寸厚三寸樟木枋二丈四寸长八寸钉二十四个长六寸钉三十个灰四斤桐油一斤九两六钱网纱一斤八两竹丝一斤八两舰匠一工三分五厘舱匠五分七厘舂灰夫一分四厘

大桅座一块用樟木长六尺五寸宽一尺二寸厚七寸高洋木大桅佇一根长一丈四尺围大一尺三寸木段头桅尖一个长五尺围大二尺二寸桅座做净每折见方尺四十尺用舰匠一工桅佇桅尖四十尺用舰匠一工共核用

宽一尺二寸厚七寸长六尺七寸樟木一块围大一尺六寸净长二丈八尺高洋木一丈四尺围大二尺五寸木段五尺一寸舰匠一工五分五厘

大鹿耳二块各长一丈二尺宽一尺二寸厚一尺头鹿耳二块各长七尺宽一尺二寸厚四寸五分硬木棍鹿耳夹二根各长一丈三尺围大八寸做净每折见方尺四十尺用舰匠一工共核用宽一尺二寸厚一尺长一丈二尺二寸樟木二块宽一尺二寸厚四寸五分长七尺二寸樟木二块围大八寸长一丈三尺硬木棍二根舰匠四工三分二厘

大桅一根长六丈围大四尺五寸头桅一根长三丈围大二尺六寸做净每折见方尺四十尺用舰匠一工共核用围大四尺五寸长六丈桅木一根围大二尺六寸长三丈桅木一根舰匠八工七分

大风篷一扇长四丈八尺宽二丈头风篷一扇长二丈四尺宽一丈一尺浮溪木大篷担一根长二丈头篷担一根长一丈一尺均围大一尺七寸做净每折见方尺四十尺用舰匠一工共核用宽二丈长四丈八尺风篷一扇宽一丈一尺长二丈四尺风篷一扇围大二尺净长三丈二尺浮溪木三丈一尺舰匠一工三分二厘

大篷架横梁一根用木段长一丈四尺头篷架横梁一根长一丈一尺均围大二尺二寸漳木大篷踏一块长六尺宽一尺五寸厚三寸做净每折见方三十二尺用舰匠一工共核用围大二尺五寸木段二丈五尺四寸宽一尺五寸厚三寸樟木枋六尺二寸舰匠二工三分九厘

斗头车员一根用浮溪木要长一丈一尺尾楼车员一根长九尺篷车员一根长七尺舢板车员一根长五尺均围大一尺七寸硬木棍车子二十八根各长一丈三尺围大八寸车员做净每折见方尺三十二尺用舰匠一工共核用围大二尺净长三丈二尺浮溪木一根围大八寸长一丈三尺硬木棍二十八板舰匠一工七分

水柜用樟木牛头二块各长八尺宽一尺五寸厚三寸木段水柜柱四根各长七尺围大二尺二寸水柜闸四块各长七尺宽六寸六分厚六寸水柜板二十四块各长四尺六寸宽六寸四分厚二寸三分牛头水柜柱闸做净每折见方尺四十尺用舰匠一工水柜板八十尺用舰匠一工水柜柱每根用长六寸钉二十个水柜牛头水柜板钉缝凑长十二丈六尺四寸每丈用长五寸钉三十个 艌缝凑长三十六丈四尺八寸共核用宽一尺五寸厚三寸樟木枋一丈六尺四寸围大二尺五寸木段九丈五尺二寸长六寸钉八十个长五寸钉三百七十九个灰三十六斤八两桐油十四斤九两五钱网纱十三斤十两九钱竹丝十三斤十两九钱舰匠七工一分五厘锯匠一工八分八厘艌匠五工二分一厘舂灰夫一名二分八厘

妈祖龛用杉木板九块各长一丈九尺虎头舱□板十块各长六尺九寸均宽六寸厚一寸做净每折见方尺八十尺用舰匠一工祖龛钉缝凑长十七丈一尺每丈用长四寸钉三十个龛板艌缝凑长三十四丈二尺共核用宽六寸厚一寸杉木板二十四丈三尺八寸长四寸钉五百十三个灰三十四斤三两桐油十三斤十两九钱网纱十二斤十三两二钱竹丝十二斤十三两二钱舰匠四工二分艌匠四工八分九厘舂灰夫一名二分

船头用大吉木樾一根长四丈围大二尺七寸樟木樾牙一块长四尺宽一尺二寸厚三寸做净每折见方尺四十尺用舰匠一工樾牙用长八寸钉六个共核用围大三尺净长四丈大吉木一根宽一尺五寸厚三寸樟木枋三尺二寸八分长八寸钉六个舰匠三工

船尾舵一门用楮木舵杆一根长一丈五尺宽一尺二寸厚八寸高洋木舵闪板六块各长一丈四尺宽四寸厚二寸三分樟木极舵夹四块各长六尺围大一尺硬木棍舵牙扼二根各长一丈三尺围大八寸舵杆做净每折见方尺三十尺用舰匠一工舵夹舵牙四十尺用舰匠一工舵闪板八十尺用舰匠一工舵夹钉缝凑长二丈四尺每丈用长八寸钉五十个舵闪板舵夹艌缝凑长二十一丈六尺共核用宽一尺二寸厚八寸长一丈五尺二寸楮木一块围大一尺六寸净长二丈八尺高洋木一根一丈四尺围大一尺樟木极二丈四尺八寸围大八寸长一丈三尺硬木棍二根长八寸钉一百二十个灰二十一斤十两桐油八斤十两二钱网纱八斤一两六钱竹丝八斤一两六钱舰匠四工四分四厘锯匠七分六厘艌匠三工九厘舂灰夫七分六厘

跟随战船舢板船用浮溪木水底板九块各长一丈四尺五寸舨板六块各长一丈五尺堵板十二块各长五尺均宽五寸厚二寸做净每折见方尺四十尺用舰匠一工水底板舨板钉缝凑长二十二丈五寸每丈用长五寸钉三十个水底板舨板艌缝凑长四十四丈一尺共核用围大二尺净长三丈二尺浮溪木二根二丈九尺五寸长五寸钉六百六十一个灰四十四斤二两桐油十七斤十两二钱网纱十六斤八两六钱竹丝十六斤八两六钱舰匠四工九

分一厘锯匠二工八分一厘艌匠六工三分舂灰夫一名五分四厘

舢板船两旁水蛇二块各长一丈五尺宽五寸厚二寸做净每折见方尺八十尺用舰匠一工钉缝凑长三丈每四尺用长八寸钉三个艌缝凑长六丈共核用围大二尺净长三丈二尺浮溪木一丈长八寸钉二十二个灰六斤桐油二斤六两四钱网纱二斤四两竹丝二斤四两舰匠五分三厘锯匠三分艌匠八分六厘舂灰夫二分一厘

舢板船用樟木极舢板梁四块各长五尺三寸冲天极二块牛头极六块各长二尺五寸均围大一尺做净每折见方尺四十尺用舰匠一工舢板梁钉缝凑长二丈一尺二寸每丈用长六寸钉三十个各极每块用长五寸钉二个艌缝凑长八丈二尺四寸共核用围大一尺樟木极四丈二尺八寸长六寸钉六十四个长五寸钉十六个灰八斤四两桐油三斤七两七钱网纱三斤一两四钱竹丝三斤一两四钱舰匠一工三厘艌匠一工一分八厘舂灰夫二分九厘

大桅铁箍七个各长四尺六寸头桅箍三个各长二尺七寸舵箍三个各长四尺一寸櫂箍三个各长三尺三寸俱宽二寸厚五分椗齿二个各长一尺宽七寸厚五分橹箍三个各长二尺七寸宽一寸厚三分铁环四个□□大五寸以□铁料共净重一百五十六斤四两每正铁一斤加耗铁一斤每正铁五斤用铁匠一工每正耗铁一斤用炭三斤共核用生铁三百二斤八两炭九百三十七斤八两铁匠三十一工二分五厘

油画前船共用乌烟三斤五两广红三斤铜碌三两二钱京红三两籐黄二两四钱南粉一斤八两银朱八钱杭粉八钱蓝粉三两墨二块松香四两水胶四两淡底一斤桐油三斤油画匠八工

麻大桅緈索二条各长七丈二尺大七寸头桅緈索二条各长六丈大四寸六分大踏索二条各长六丈大四寸八分小踏索二条各长三丈大三寸二分大缭母一条长四丈大六寸四分小缭母一条长二丈四尺大三寸五分大帮衬六条各长一丈六尺大二寸小帮衬九条各长五尺大一寸五分以上麻索共重四百斤每百斤用绳匠三工六分共核用麻四百斤绳匠十四工四分

棕正椗索一条长四十二丈大七寸五分副椗索一条长四十丈大六寸八分大篷筋一条长六丈六尺大二寸小篷筋一条长□□三尺大一寸缭仔缭耳共十五条各长一丈八尺大二寸椗奴二条各长一丈五尺大七寸大小摘尾二条共长十二丈大五寸舵吊一条长三丈大五寸以上棕绳共重四百二十斤每撕棕四十斤用匠一工成绳四十斤用匠一工共核用棕四百二十斤撕棕匠十工五分成绳匠十工五分

冲风旗一面长宽各一丈二尺一条龙旗一面长六丈宽二尺妈祖旗一面长宽各四尺五寸大小定风旗三面内一面长四尺二面各长三尺均宽一尺共核用幅宽一尺色布三十丈苎线四两裁缝匠三工

椗二门齿全各长一丈四尺宽八寸厚五寸

橹二枝各长三丈二尺宽七寸厚四寸

舢板橹一枝长二丈五尺宽七寸厚四寸

大小桅饼七个

大小无底升四百个

椗舵上配用竹绳草绳共用竹篾四百四十八斤绳匠十六工一分三厘草心五百七十斤绳匠十六工一分三厘

【查原送成规内开竹篾草绳所用匠工多寡不齐今照棕麻绳索用工之例一律核定】

篷上配用大小缭毬摄子兔耳共核用槐籐十八斤籐匠三工六分

刻字用刻字匠三工

竖立大小桅用壮夫二十六名

前船共用大小铁钉一万三千三百二十五个刷抹钉头每百个用桐油六两四钱灰一斤每油灰十斤用艌匠一工共核用桐油五十三斤四两八钱灰一百三十三斤四两艌匠十八工六分六厘舂灰夫四名六分六厘

前船共用舰匠二百十八工七分一厘系照杉□木植核定内有樟楮等硬料用匠五十九工五分四厘每工外加匠二分计加匠十一工九分一厘共匠二百三十工六分二厘每百工加安装匠十工计安装匠二十三工六厘每舰匠安装匠一百工加随匠壮夫二十名计壮夫五十名七分四厘

以上拆造前船共用宽八寸厚八寸松木六丈三尺六寸【每丈银三钱三分一厘】计银二两一钱五分

【查原送成规内开松木按依丈尺计算价值参差今照缯宽一尺厚八寸每丈核银四钱一分四厘核算每丈核银三钱三分一厘之数一律核定】

围大三尺净长四丈大吉木三根【每根银□两五钱】计银七两五钱

围大二尺净长三丈六尺中吉木十六根【每根银一两五钱】计银二十四两

【查原送成规内开中吉木十三根今按丈尺做法核算应增三根】

围大二尺净长三丈二尺浮溪木二根二丈一尺七寸【每根银五钱】计银六两三钱三分九厘

【查原送成规内开浮溪木十四根今按丈尺做法核算应减一根一丈三寸】

围大一尺六寸净长二丈八尺高洋木十四根【每根银二钱】计银二两八钱

围大二尺五寸木段三十九丈六尺八寸核长一丈四尺段料二十八根四尺八寸【每根银三钱】计银八两五钱三厘

【查原送成规内开木段二十九根今按丈尺做法核算应减九尺二寸】

宽一尺五寸厚三寸樟木枋四十五丈五寸八分核长一丈七尺枋料二十六块八尺五寸八分【每块银一两三钱】计银三十四两四钱鲆分六厘

【查原送成规内开樟木枋二十九块今按丈尺做法核算应减二块八尺四寸二分】

宽一尺厚三寸长八尺二寸樟木板五块【每块银四钱一分八厘】计银二两九分

【查原送成规内开樟木梁座长一丈七尺宽一尺五寸厚三寸每块银一两三钱托浪板长八尺宽一尺厚三寸每块银五钱价值参差今照梁座之价一律核定】

宽一尺二寸厚三寸松木枋五十丈八尺八寸核长一丈七尺枋料二十九块一尺五尺八寸【每块银三钱五分】计银十两四钱七分五厘

【查原送成规内开松木枋三十二块今按丈尺做法核算应减二块一尺二寸】

围大一尺樟木极四十一丈九尺八寸核长一丈二尺樟极三十四块一丈一尺八寸【每块银二钱】计银六两九钱九分七厘

【查原送成规内开木樟极三十六块今按丈尺做法核算应减一块二寸】

围大八寸长一丈三尺硬木棍四十五根【每根银八分】计银三两六钱

宽六寸厚一寸杉木板二十四丈三尺八寸【每丈银四钱】计银九两七钱五分二厘

宽八寸厚七寸长一丈二尺二寸樟木一块计银六钱四分二厘

宽一尺五寸厚一尺五寸长一丈二尺二寸樟木一块计银二两五钱七分九厘

宽一尺二寸厚五寸长八尺二寸樟木一块计银四钱六分二厘

宽一尺厚六寸长一丈一尺二寸樟木二块【每块银六钱三分一厘】计银一两二钱六分二厘

宽一尺五寸厚一尺五寸长五尺七寸樟木一块计银一两二钱六分二厘

宽二尺厚六寸长六尺二寸樟木一块计银六钱九分九厘

宽一尺五寸厚七寸长一丈三尺二寸樟木一块计银一两三钱二厘

宽一尺二寸厚六寸长一丈六尺樟木一块计银一两九分六厘

宽一尺二寸厚七寸长六尺七寸樟木一块计银五钱二分九厘

宽一尺二寸厚一尺长一丈二尺二寸樟木二块【每块银一两三钱七分六厘】计银二两七钱五分二厘

宽一尺二寸厚四寸五分长七尺二寸樟木二块【每块银三钱六分五厘】计银七钱三分

【查原送成规内开樟木含檀等料十一款所开价值逐款核计俱属参差今照缯船每折见方一尺核银九分三厘九毫六丝之数一律核定】

宽一尺二寸厚八寸长一丈五尺二寸楮木一块计银十二两

围大四尺五寸长六丈桅木一根计银二十两

围大二尺六寸长三丈桅木一根计银一两

长一尺钉三百三十八个每二个重一斤计重一百六十九斤长八寸钉二百四十四个每五个重一斤计重四

十八斤十二两八钱长六寸钉八千七百七十六个每十五个重一斤计重五百八十五斤一两一钱长五寸钉三千四百五十四个每二十个重一斤计重一百七十二斤十一两二钱长四寸钉五百十三个每三十个重一斤计重十七斤一两六钱以上铁钉共重九百九十二斤十两七钱除选用旧钉二百九十七斤十二两八钱外添新六百九十四斤十三两九钱【每斤银二分二厘】计银十五两二钱八分七厘

灰一千一百十九斤十三两【每百斤银二钱】计银二两二钱四分

桐油四百五十斤十四两七钱【每斤银三分】计银十三两五钱二分八厘

网纱三百六十九斤十五两三钱【每斤银一分二厘】计银四两四钱三分九厘

竹丝三百六十九斤十五两三钱【每斤银六厘】计银二两二钱二分

生铁三十二斤八两【每斤银一分】计银三两一钱二分五厘

炭九百三十七斤【每百斤银一钱六分】计银一两五钱

乌烟三斤五两【每斤银一分五厘】计银五分

广红三斤【每斤银五分】计银一钱五分

铜碌三两二钱【每斤银三钱】计银六分

京红三两【每斤银八分】计银一分五厘

籐黄二两四钱【生斤银二钱】计银三分

南粉一斤八两【每斤银一分】计银一分五厘

银朱八钱【每斤银六钱四分】计银三分二厘

杭粉八钱【每斤银一钱六分】计银八厘

蓝粉三两【每斤银八分】计银一分五厘

墨二块【每块银一分】计银二分

松香四两【每斤银二分】计银五厘

水胶四两【每斤银四分】计银一分

淡底一斤计银五分

麻四百斤【每斤银一分五厘】计银六两

棕四百二十斤【每斤银三分】计银十二两六钱

幅宽一尺色布三十丈【每丈银一钱】计银三两

苎线四两【每斤银一钱二分】计银三分

椗二门齿全各长一丈四尺宽八寸厚五寸【每门银一两】计银二两

橹二枝各长三丈二尺宽七寸厚四寸【每枝银七钱】计银一两四钱

舢板橹一枝长二丈五尺宽七寸厚四寸计银三钱二分一厘

大风篷一扇长四丈八尺宽二丈计银二两九钱九分三厘

头风篷一扇长二丈四尺宽一丈一尺计银六八钱二分三厘

【查原送成规内开各则风篷价值参差今照缯船每折见方一丈核银三钱一分一厘八毫之数一律核定】

大小桅饼七个【每个银七分】计银四钱九分

大小无底升四百个【每百个银八分】计银三钱二分

竹篾四百四十八斤【每百斤银一钱六分】计银三钱九分九厘

草心五百七十斤【每百斤银七分】计银三钱九分九厘

槐籐十九斤【每斤银二分五厘】计银四钱七分五厘

舰匠二百三十工六分二厘安装匠二十三工六厘锯匠四十八工一分五厘艌匠一百五十九工六分一厘铁匠三十一工二分五厘油画匠八工绳匠四十四工七分八厘棕匠二十一工裁缝匠三工籐匠三工八分刻字匠三工壮夫一百十五名九分二厘以上共匠夫六百九十二工一分九厘【每工银五分】计银三十四两六钱一分

又置备物件开后

木桶二十件【每件银三分】计银六钱

铁锅二口换新【每口贴工料银一钱二分】计银二钱四分

鼓一面修理换皮计银四钱八分

金一面重四斤换新【每斤贴工料银七分】计银二钱八分

以上拆造前船成规内开共需工料银二百七十五两五钱六分三厘内部价银一百三十一两二钱二分五毫加八津贴并另加三分银一百四十四两三钱四分二厘五毫台厂运费银二十六两二钱四分四厘今按条查核分别增减更正需用工料银二百七十五两四钱五分二厘内部价银一百三十一两一钱六分八厘加八津贴并另加三分银一百四十四两二钱八分四厘台厂运费银二十六两二钱三分四厘计节减工料银一钱一分一厘运费银一分行令该抚于前船届应拆造之期将节减银两在于应领银内扣除

至大小修理成规内开大修工料银二百二十九两一钱二分七厘内部价银一百四两一钱四分九厘加九津贴并另加三分银一百二十四两九钱七分八厘台厂运费银二十两八钱三分小修工料银一百四十七两六钱五分二厘内部价银六十四两一钱九分七厘加十津贴并另加三分银八十三两四钱五分五厘台厂运费银十二两八钱三分九厘

其余十九船仿此

卷二二

福建省外海战船做法

第十则双篷船四十一只内水师提标中营海字一号舡一只身长五丈六尺一寸二分头起甗四尺五寸尾起甗三尺五寸舡头长二丈一尺七寸二分面匀宽一丈四寸四分底匀宽八尺六寸舡中长一丈八尺八寸面匀宽一丈六尺五寸底匀宽一丈一尺九寸舡尾长一丈五尺六寸面匀宽一丈五尺三寸底匀宽一丈九寸两旁舭板长六丈七尺计十八舱深五尺五寸四分

今将折造前舡需用工料价值细数开后

计开

舡底松木龙骨一道计三节舡头一节长一丈九尺舡中一节连交接匙头长三丈八尺船尾一节长一丈凑长六丈七尺见方八寸做净每折见方尺二十尺用舰匠一工交接匙头二处每处用长一尺钉八个又每边用长八寸钉十二个共核用见方八寸松木六丈七尺六寸长一尺钉十六个长八寸钉二十四个舰匠十工七分二厘

舡底板连起甗长五丈六尺一寸二分内舡底匀宽一丈一尺一寸二分两站各匀高六尺五寸五分抽换用长三丈六尺宽六寸四分厚二寸三分中吉木板二十九块做净每折见方尺八十尺用舰匠一工锯板折宽一尺长七丈用锯匠一工【以下锯板用工仿此】钉缝凑长一百四丈四尺每丈用长六寸钉三十个舱缝凑长二百八丈八尺每丈用灰一斤桐油六两四钱网纱竹丝各六两每七丈用舱匠一工舂制油灰每四十斤用舂灰夫一名【以下舱缝用工用料仿此】共核用围大二尺五寸净长三丈六尺中吉木九根二丈四尺长六寸钉三千一百三十二个灰二百八斤十三两桐油八十三斤八两三钱网纱七十八斤四两八钱竹丝七十八斤四两八钱舰匠二十二工七分一厘锯匠十二工九分八厘舱匠二十九工八分三厘舂灰夫七名三分一厘

各舱抽换樟木梁座十四块内舡头五块凑长七丈五尺舡中六块船尾三块共凑长十四丈四尺舱梁九块内船头一块长一丈五尺八寸舡中六块凑长九丈七尺六寸舡尾二块凑长三丈一尺六寸均宽一尺五寸厚三寸松木梁头十八块内舡头七块凑长十丈五尺舡中七块凑长十一丈九尺舡尾四块凑长六丈四尺均宽一尺二寸厚三寸厚木棍稳吊十三根各长一丈三尺围大八寸梁座梁头做将每折见方尺八十尺用舰匠一工稳吊四十尺用舰匠一工钉缝凑长八十二丈一尺每丈用长六寸钉三十个舱缝凑长一百六十四丈二尺共核用宽一尺五寸厚三寸樟木枋三十六丈八尺六寸宽一尺二寸厚三寸松木枋二十九丈一尺六寸围大八寸长一丈三尺硬木棍十三根长六寸钉二千四百六十三个桐油六十五斤十两九钱网纱六十一斤九两二钱竹丝六十一斤九两二钱舰匠三十工五分六厘舱匠二十三工四分六厘舂灰夫五名七分五厘

各舱用樟木极三十八块内冲天极二块阿班舱极二块各长八尺小官厅舱极二块尾里极二块各长六尺大

桅舱极二块各长一丈水舱极二块鳅鱼极二块各长九尺担担舱极二块舵工舱极二块各长九尺五寸油婆舱极二块各长一丈二尺官厅舱极四块内二块各长九尺五寸二块各长一丈一尺通铺舱极二块各长一丈一尺目里极二块各长四尺拜棚极二块转水舨极二块各长七尺斗盖极二块下金极二块各长五尺牛仔极二块各长二尺五寸均围大一尺做净每折见方尺四十尺用舰匠一工每块用长六寸钉二个舱缝凑长五十九丈六尺共核用围大一尺樟木极三十丈四尺八寸长六寸钉七十六个灰五十九斤十两桐油二十三斤十三两四钱网纱二十二斤五两六钱竹丝二十二斤五两六钱舰匠七工四分五厘舱匠八工五分一厘舂灰夫二名九厘

船身两旁走马二条水蛇二条抽换各长四丈均宽七寸厚三寸三分做净每折见方尺四十尺用舰匠一工走马钉缝凑长八丈每丈用长一尺钉三十个水蛇钉缝凑长八丈每四尺用长一尺钉三个舱缝凑长三十二丈共核用围大三尺净长四丈大吉木二根长一尺钉三百个灰三十二斤桐油十二斤十二两八钱网纱十二斤竹丝十二斤舰匠八工二分四厘锯匠二工三分五厘舂灰夫一名一分二厘

船身两旁舨板长五丈六尺一寸二分凑宽一丈一尺抽换用长三丈六尺宽六寸四分厚二寸三分中吉木板十二块做净每折见方尺八十尺用舰匠一工钉缝凑长四十三丈二尺每丈用长六寸钉三十个舱缝凑长八十六丈四尺共核用围大二尺五寸净长三丈六尺中吉木四根长六寸钉一千二百九十六个灰八十六斤六两桐油三十四斤九两网纱三十二斤六两四钱竹丝三十二斤六两四钱舰匠九工四分锯匠五工三分七厘舱匠十二工三分四厘舂灰夫三名二厘

两旁抽换浮溪木舨板六块各长三丈二尺宽五寸厚三寸做净每折见方尺八十尺用舰匠一工钉缝凑长十九丈二尺每丈用长五寸钉三十十个舱缝凑长三十八丈四尺共核用围大二尺净长三丈二尺浮溪木二根长五寸钉五百七十六个灰三十八斤六两桐油十五斤五两八钱网纱十四斤六两四钱竹丝十四斤六两四钱舰匠三工三分六厘锯匠一工九分二厘舱匠五工四分九厘舂灰夫一名三分四厘

两旁用樟木极舨艉十二块各长四尺围大一尺樟木舨斗二个各长三尺宽一尺五寸厚三寸做净每折见方尺四十尺用舰匠一工舨艉每块用长六寸钉二个舨斗钉缝凑长六尺每丈用长五寸钉三十个舱缝凑长十丈八尺共核用围大一尺樟木极四丈九尺二寸宽一尺五寸厚三寸樟木枋六尺二寸长六寸钉二十四个长五寸钉十八个灰十斤三两桐油四斤五两一钱网纱四斤八钱竹丝四斤八钱舰匠一工七分四厘舱匠一工五分四厘舂灰夫三分八厘

两旁鰍面用浮溪木笨抽二根抽换各长三丈二尺宽五寸厚三寸中吉木大压二根水戗二根各长三丈六尺宽六寸六分厚三寸做净每折见方尺四十尺用舰匠一工钉缝凑长二十丈八尺每丈用长六寸钉三十个舱缝凑长四十一丈六尺共核用围大二尺五寸净长三丈六尺中吉木二□围大二尺净长三丈□尺浮溪木一□长六寸钉六百二十□个灰四十一斤十两桐油十六斤十两二钱网纱十五斤九两六钱竹丝十五斤九两六钱舰匠九工四分七厘锯匠二工七分一厘舱匠五工九分四厘舂灰夫一名四分六厘

官厅上用浮溪木战柜板八块各长一丈六尺宽五寸厚二寸战柜杠二根各长一丈六尺围大一尺七寸战柜杠做净每折见方尺四十尺用舰匠一工战柜板八十尺用舰匠一工战柜板钉缝凑长十二丈八尺每丈用长五寸钉三十个战柜板杠舱缝凑长三十二丈共核用围大二尺净长三丈二尺浮溪木二根一丈七寸长五寸钉三百八十四个□三十二斤□□十二斤十二两八钱网纱十二斤竹丝十二斤舰匠三工六分锯匠一工二分八厘舱匠四工五分七厘舂灰夫一名一分二厘

官厅前通铺板三块各长一丈三尺后通铺板三块各长一丈六尺缭跳四块各长八尺均宽□尺二寸厚三寸做净每折见方尺八十尺用舰匠一工通铺钉缝凑长九丈九尺每丈用长六寸钉三十个通铺舱缝凑长十九丈八尺共核用宽一尺二寸厚三寸松木枋三丈三尺长六寸钉二百九十七个灰十九斤十三两桐油七斤十四两七钱网纱七斤六两八钱竹丝七斤六两八钱舰匠四工九分一厘□匠二工八分三厘舂灰夫六分九厘

官厅内用浮溪木铺板十二块各长九尺二寸宽五寸厚二寸两旁木段猫里墙板十八块猫里堵板十八块各长四尺六寸宽六寸四分厚二寸三分做净每折见方尺八十尺用舰匠一工猫里墙板钉缝凑长八丈二尺八寸每丈用长六寸钉三十个墙板舱缝凑长十六丈五尺六寸共核用围大二尺净长三丈二尺浮溪木一根四尺八寸围大二尺五寸木段五丈六尺四寸长六寸钉二百四十八个灰十六斤九两桐油六斤十两网纱六斤三两四钱竹丝

六斤三两四钱舰匠五工五分三厘锯匠三工一分六厘舱匠二工三分七厘舂灰夫五分八厘

两旁艥面用高洋木战棚板二十四块各长一丈四尺宽四寸厚二寸各舱内堵板一百二十八块各长三尺六寸宽四寸厚一寸木段舱盖板八十八块各长四尺六寸宽六寸四分厚二寸三分通槽十个侧槽八个各长四尺六寸宽六寸六分厚六寸通槽等槽做净每折见方尺三十尺用舰匠一工战棚各板八十尺用舰匠一工舱盖板钉缝凑长四十丈八尺八寸每丈用长五寸钉三十个舱盖板舱缝凑长八十丈九尺六寸共核用围大一尺六寸净长二丈八尺高洋木十根三尺二寸围大二尺五寸木段十二丈二尺五寸长五寸钉一千二百四十二个灰八十斤十五两桐油三十二斤六两一钱网纱三十斤五两八钱竹丝三十斤五两八钱舰匠二十六工五分六厘锯匠十二工六分九厘舱匠十一工五分七厘舂灰夫二名八分三厘

两旁艥上扛豆九块内舡头三块舡中四块各长一丈六尺舡尾二块各长八尺均宽一尺二寸厚三寸做净每折见方尺四十尺用舰匠一工钉缝凑长十二丈八尺每丈用长六寸钉三十个舱缝凑长二十五丈六尺共核用宽一尺二寸厚三寸松木枋十二丈九尺八寸长六寸钉三百八十四个灰二十五斤十两桐油十斤三两八钱网纱九斤九两六钱竹丝九斤九两六钱舰匠九工六分舱匠三工六分六厘舂灰夫九分

两旁艥上用高洋木牛栏四根内舡头二根各长一丈六尺舡尾二根各长一丈二尺均围大一尺三寸做净每折见方尺四十尺用舰匠一工共核用围大一尺六寸净长二丈八尺高洋木二根舰匠一工八分二厘

舡头斗盖一块用樟木长一丈二尺宽八寸厚七寸虾箍梁一块斗盖下兔耳一块各长八尺均宽一尺五寸厚三寸托浪板五块各长八尺宽一尺厚三寸斗盖虾箍梁兔耳做净每折见方尺四十尺用舰匠一工托浪板八十尺用舰匠一工斗盖用长八寸钉十二个兔耳虾箍梁钉缝凑长一丈六尺每丈用长五寸钉三十个□浪板钉缝凑长四丈□□□□□寸钉三十个虾箍梁兔耳托浪板舱缝凑长十一丈二尺共核用宽八寸厚七寸长一丈二尺二寸樟木一块宽一尺五寸厚三寸樟木枋一丈六尺四寸宽一尺厚三寸长八尺二寸樟木枋五块长八寸钉十二个长六钉寸一百二十个长五寸钉四十八个灰十一斤三两桐油四斤七两七钱网纱四斤三两二钱竹丝四斤三两二钱舰匠三工六分四厘舱匠一工六分舂灰夫三分九厘

中含檀一块长一丈二尺宽一尺五寸厚一尺□寸头含檀一块长八尺宽□□二寸□□□□檀梁一块长一丈六尺含檀闸一块长□□□尺均宽一尺五寸厚三寸做净每折见方□□十尺用舰匠一工含檀梁钉缝长一丈六尺□丈用长六寸钉三十个含檀含檀梁舱缝凑□七丈二尺共核用宽一尺五寸厚一尺五寸长一丈二尺二□樟木一块宽一尺二寸厚五寸长八尺二寸樟木一块宽一尺五寸厚三寸樟木枋二丈八尺四寸长六寸钉四十八个灰七斤三两桐油二斤十四两一钱网纱二斤十一两二钱竹丝二斤十一两二钱舰匠六工六分七厘舱匠一工三厘舂灰夫二分五厘

转水二块各□□□□□宽□尺厚六寸做□□折见方尺四十尺用舰匠一工每块用长□□钉二个舱缝凑长四丈四尺共核用宽一尺厚六寸长一丈一尺二寸樟木二块长一尺钉四个灰四斤六两桐油一斤十二两二钱网纱一斤十两四钱竹丝一斤十两四钱舰匠一工七分六厘舱匠六分三厘舂灰夫一分五厘

舡尾用樟木下金一块长五尺五寸宽一尺五寸厚一尺五寸缭牛一副长六尺宽二尺厚六寸尾楼上金一块长一丈三尺宽一尺五寸厚七寸七星冠一块长一丈六尺宽一尺二寸厚□寸下金拴二根缭牛艥四根各长六尺五寸□大八寸下金缭牛上金七星冠做净每□□□尺三十尺用舰匠一工下金拴缭牛艥□□□用舰匠一工下金用长八寸钉十□□□□□□长八寸钉十八个上金用长一尺钉十□□缭牛艥钉缝凑长二丈六尺每丈用长□□□□十个下金舱缝长五尺五寸共核用宽一尺五寸厚一尺五寸长五尺七□□□一块宽二尺厚六寸长六尺二寸樟木□□□□宽一尺五寸厚七寸长一丈三尺二□□□一块宽一尺二寸厚六寸长一丈六尺二□□□一块围大八寸长一丈三尺硬木棍三根长一尺钉十八个长八寸钉三十六个长五寸钉三十八个灰九两桐油三两五钱网纱三两三钱□□□□□□舰匠六工九分九厘舱匠八厘舂灰夫二厘

□□用木段硬筋一根长一丈四尺围大二尺二□□□□拜棚板十二块各长一丈四尺宽四□□二寸樟木极百子舶六块各长四尺围大□尺硬筋百子舶做净每折见方尺四十尺用□匠一工拜棚板八十尺用舰匠一工硬筋头□用长六寸钉十二个百子舶钉缝凑长二丈□尺每丈用长六寸钉三十个拜棚板钉缝□□十六丈八尺每丈用长五寸钉三十个□□□百子舶舱缝凑长三十八丈四尺共核用围大一尺六寸净长二丈八尺高

洋木三□围大二尺五寸木段一丈四尺二寸围大一尺樟木极二丈四尺六寸长六寸钉八十四个长五寸钉五百四个灰三十八斤□□桐油十五斤四两八钱网纱十四斤六两七钱竹丝十四斤六两□钱舰匠三工八分九厘艌匠五工四分九厘舂灰夫一名三分四厘

舡尾用樟木橹通板一块长一丈橹床二块各长五尺均宽一尺五寸厚三寸橹通板做净每折见方尺八十尺用舰匠一工橹床四十尺用舰匠一工橹床每块用长八寸钉十二个橹通板钉缝长一丈用长六寸钉三十个艌缝凑长四丈共核用宽一尺五寸厚三寸樟木枋二丈四寸长八寸钉二十四个长六寸钉三十个灰四斤桐油一斤九两六□网纱一斤八两竹丝一斤八两舰匠一工三分五厘艌匠五分七厘舂灰工一分四厘

大桅座一块用樟木长六尺五寸宽一尺二寸厚七寸木段大桅尖一个长七尺围大二尺二寸浮溪木头桅尖一个长七尺围大一尺七寸桅座做净每折见方尺三十尺用舰匠一工桅尖四十尺用舰匠一工共核用宽一尺二寸厚七寸长六尺七寸樟木一块围大二尺五寸木段七尺二寸围大二尺净长三丈二尺浮溪木四尺舰匠一工三分八厘

大鹿耳二块各长一丈二尺宽一尺二寸厚一尺头鹿耳二块各长七尺宽一尺二寸厚四寸五分硬木棍鹿耳夹二根各长一丈三尺围大□寸做净每折见方尺四十尺用舰匠一工共核用□□□□□□□□□□□□二□二寸□□□□□□□□□□□□□□□□□□□□□□□□□樟木□□□□□□□□□□□□□□□□□木棍二根□匠四工□分二厘□□一根长六丈围大□□□□头桅一根长三□围大二尺六寸做净每折见方尺四十尺用舰匠一工共核用围大四尺五寸长□□□木一根围大二尺六寸□□□□木一根舰匠八工七分

大风篷一扇长四丈八尺宽二丈二尺二寸头风篷一扇长二丈四尺宽一丈二尺大篷担一根长二丈二尺□寸□□□□根长一丈一尺均围大一尺七寸做净每折见方尺四十尺用舰匠一工共核用宽二丈二尺四寸长四丈八尺风篷一扇宽一丈二尺长二丈四尺风篷一扇围大二尺□□三丈□尺浮溪木一根二尺二寸舰匠一工四分五厘

大篷架横梁□根用木段长一丈四尺头篷架横梁一根长七尺均围大二尺二寸樟木大篷踏一块长六尺宽一尺五寸厚三寸做净每折见方尺三十二尺用舰匠一工共核用宽一尺五寸厚三寸樟木枋六尺二寸围大二尺□寸木段二丈一尺四寸舰匠二工一分二厘

大篷车员一根用浮溪木长一丈六尺椗车员一根长一丈四尺均围大一尺七寸硬木棍车子三十根各长一丈三尺围大八寸车员做净每折见方尺三十二尺用舰匠一工共核用围大二尺净长三丈二尺浮溪木三丈围大八寸长□□三尺硬□□□□□□□舰匠一□五□水□□□□□□□□□□□□□□□尺五寸厚□□□□□□□□□□□□□□大二尺二寸□□□□□□□□□□□□□□□分厚六寸水□□□十四□□□□□□□宽六寸四分厚□寸三分□□□头水□□□□□每折见□□□□□□□□一工□□□□□尺用舰□□□水柜柱每根用长□□□□十个水柜牛头□□□□□凑长十二□□尺四寸每丈用长五寸钉□□□□□□□□□六丈四尺□□共核用□□□□□□□□□□□□□□□六尺四寸□□□□□□□□□□□□□□□□□□□□□□□□□□□□□□□□十□□□□□□□□□□□□□□□□□网纱十三斤十□两九钱竹丝十三斤十□两九钱舰匠七工一分五厘锯匠一工八分八厘艌匠五工二分一厘舂灰夫一名二分□厘

妈祖龛用杉木板九块各长一丈九尺虎头舱铺板十块各长七尺□□均宽六寸厚一寸做净每折见方尺八十尺用舰匠一工龛板钉缝凑长十七丈一尺每丈用长四寸钉三十个龛板□□□□三十四丈二尺共核用宽六寸厚□□□□□二十五丈三尺八寸长四寸钉五百十□个灰三十□斤□□桐油十□□□两九钱网纱十□□十三两二钱竹丝十□□十三两二钱舰匠四工三分八厘□匠四工八分九厘□□□□□□□□□□□□□□□□□□□□□围大二尺七寸樟□□一□□□□□一尺二寸厚三寸做净□□方□□□□□□□一□□□用长八□□个共核用□□三尺净□□□□□一根□一尺五寸厚□□□□□三尺二寸八分□□□□□□□□□□□□舰匠□□□□□□□

船尾□□□□□□□□□□□□□一丈五尺宽一尺□□□□□□□□□□□□□□□各长一丈□□□□□□□□□二寸五分樟木极舵夹四□□□□□□□□□□□□□□□□牙扼二根各

□□□□□□□□□□□□□做净每折见方尺□□□□□□□□□□夹舵牙四十尺用舰匠□□舵□板八十尺用舰匠一工舵夹钉缝凑□□□□尺每丈用长八寸钉五十个舵闪板

舵夹舱缝凑长十七丈六尺共核用宽一尺二寸厚八寸长一丈五尺二寸楮木一根围大二尺净长三丈二尺浮溪木一根围大一尺樟木极二丈四尺八寸围大八寸长一丈三尺硬木棍二根长八寸钉一百二十个灰十七斤十两桐油七斤六两网纱六斤九两□□竹丝六斤九两□□舰匠四工二分□厘锯匠七分一厘舱匠二工五分□厘舂灰夫六分二厘

跟随战舡舢板船用浮溪木水底板八块各长一丈六尺艌板六块各长一丈六尺五寸堵板十四块各长全尺五寸均宽五寸厚二寸做净每折见方尺八十尺用舰匠一工水底板艌板钉缝凑长二十二丈七尺每丈用长五寸钉三十个水底板艌板舱缝凑长四十五丈四尺共核用围大二尺净长三丈二尺浮溪木三根五尺三寸长五寸钉六百八十一个灰四十五斤六两桐油十八斤二两六钱网纱十七斤四钱竹丝十七斤四钱舰匠五工三分二厘锯匠三工四厘舱匠六工四分九厘舂灰夫一名五分九厘

舢板舡两旁水蛇二块压块二块各长一丈六尺五寸均宽五寸厚二寸做净每折见方尺八十尺用舰匠一工大压钉缝凑长三丈三尺每丈用长五寸钉三十个水蛇钉缝凑长三丈三尺每四尺用长八寸钉三个舱缝凑长十三丈二尺共核用围大二尺净长三丈二尺浮溪木二丈二尺长八寸钉□□五个长五寸钉久十□个灰十三斤四两五钱桐油五斤四两五钱网纱四斤十五两二钱竹丝四斤十五两二钱舰匠一工一分六厘锯匠六分六厘舱匠一工八分九厘舂灰夫四分六厘

舢板舡用樟木极舢板梁三块各长五尺三寸冲天极二块牛头极八块各长二尺五寸均围大一尺做净每折见方尺四十尺用舰匠一工舢板梁钉缝凑长一丈五尺九寸每丈用长六寸钉三十个冲天各极每块用长五寸钉二个舱缝凑长八丈一尺八寸共核用围大一尺樟木极四丈二尺五寸长六寸钉四十八个长五寸钉二十个灰八斤三两桐油三斤四两四钱网纱三斤一两一钱竹丝三斤一两一钱舰匠一工二厘舱匠一工一分七厘舂灰夫二分九厘

大桅铁箍七个各长四尺六寸头桅箍三个各长二尺七寸舵头箍三个各长四尺一寸槌箍二个各长三尺三寸均宽二寸厚五分椗齿四个各长一尺宽七寸厚五分橹箍三个各长二尺七寸宽一寸厚三分铁环三个各围大五寸以上铁料共净重一百六十二斤每正铁一斤加耗铁一斤每正铁五斤用铁匠一工每正耗铁一斤用炭三斤共核用生铁三百二十四斤炭九百七十二斤铁匠三十二工四分

油画前舡共用乌烟三斤五两广红三斤铜碌三两二钱京红三两膳黄二两四钱南粉一斤八两银朱八钱杭粉八钱蓝粉三两墨二块松香四两水胶四两淡底一斤桐油三斤油画匠八工

麻大桅縴索二条各长七丈二尺大七寸二分头桅縴索二条各长六丈大四寸六分大踏索二条各长六丈大五寸小踏索二条各长三丈大三寸二分大缭母一条长四丈大六寸八分小缭母一条长二丈四尺大三寸六分大帮衬六条各长一丈六尺大二寸小帮衬九条各长五尺大一寸五分以上麻索共重四百二十斤每百斤用绳匠三工六分共核用麻四百二十斤绳匠十五工一分二厘

棕正椗索一条长四十二丈大七寸八分副椗索一条长四十丈大七寸大篷筋一条长六丈六尺大二寸小篷筋一条长三丈三尺大一寸缭仔缭耳共十五条各长一丈八尺大二寸椗奴二条各长一丈五尺大七寸大小摘尾二条共长十二丈大五寸舵吊一条长三丈大五寸以上棕绳共重四百四十斤每撕棕四十斤用匠一工成绳四十斤用匠一工共核用棕四百四十斤撕棕匠十一工成绳匠十一工

冲风旗一面长宽各一丈二尺一条龙旗一面长六丈宽二尺妈祖旗一面长宽各四尺五寸大小定风旗三面内一面长四尺二面各长三尺均宽一尺共核用幅宽一尺色布三十丈苎线四两裁缝匠三工

椗二门齿全各长一丈四尺八寸厚五寸

橹二枝各长三丈二尺宽七寸厚四寸

舢板橹一枝长二丈五尺宽七寸厚四寸

大小桅饼七个

大小无底升四百个

椗舵上配用竹绳草绳共用竹篾四百六十斤绳匠十六工五分六厘草心六百七斤绳匠十五工一分八厘

【查原送成规内开竹篾草绳所用匠工多寡不齐今照棕麻绳索核用】

篷上配用大小缭毬摄子兔耳共用槐籐十九斤籐匠三工八分

刻字用刻字匠三工

竖大小桅用壮夫二十六名

前船共用大小铁钉一万四千八十一个刷抹钉头每百个用桐油六两四钱灰一斤每油灰十斤用艌匠一工共核用桐油五十六斤五两二钱灰一百四十斤十三两艌匠十九工七分一厘舂灰夫四名九分三厘

前船共用舰匠二百二十五工九分三厘系照杉松木植核定内有樟楮等硬木用匠六十一工六分六厘每工外加匠二分计加匠十二工三分四厘共匠二百三十八工二分六厘每百工加安装匠十工计安装匠二十三工八分三厘每舰匠安装匠一百工加随匠壮夫二十名计壮夫五十二名四分二厘

以上折造前船共用

宽八寸厚八寸松木六丈七尺六寸【每丈银三钱三分一厘】计银二两二钱三分八厘

【查原送成规内开松木按依丈尺计算价值参差今照缯船宽一尺厚八寸每丈核银四钱一分四厘核算每丈需银三钱三分一厘之数一律核定】

围大三尺净长四丈大吉木三根【每根银二两五钱】计银七两五钱

围大二尺五寸净长三丈六尺中吉木十五根二丈四尺【每根银一两五钱】计银二十三两五钱

【查原送成规内开中吉木十四根今按丈尺做法核算应增一根二丈四尺】

围大二尺净长三丈二尺浮溪木十三根一丈五尺【每根银五钱】计银六两七钱三分四厘

【查原送成规内开浮溪木十五根今按丈尺做法核算应增一根一丈七尺】

围大一尺六寸净长二丈八尺高洋木五根三尺二寸【每根银二钱】计银三两二分三厘

【查原送成规内开浮溪木十五根今按丈尺做法核算应减一根一丈七尺】

围大一尺六寸净长二丈八尺高洋木十五根三尺二寸【每块银二钱】计银三两二分三厘

【查原送成规内开高洋木十五根今按丈尺做法核算应增三尺二寸】

围大二尺五寸木须四十一丈六尺九寸核长一丈四尺段料二十九根一丈九寸【每根银三钱】计银八两九钱三分四厘

【查原送成规内开木段三十根今按丈尺做法核算应减三尺一寸】

宽一尺五寸厚三寸樟木枋四十六丈五尺八寸八分核长一丈七尺枋料二十七块六尺八寸八分【每块银一两三钱】计银三十五两六钱二分六厘

【查原送成规内开樟木枋二十九块今按丈尺做法核算应减一块一丈一寸二分】

宽一尺厚三寸长八尺二寸樟木板五块【每块银四钱一分八厘】计银二两九分

【查原送成规内开樟木梁座长一丈七尺宽一尺五寸厚三寸每块银一两三钱托浪板长八尺宽一尺厚三寸每块银五钱价值参差今照梁座之价一律核定】

宽一尺二寸厚三寸松木枋五十五丈四尺四寸核长一丈七尺枋料三十二块一丈四寸【每块银三钱五分】计银十一两四钱一分四厘

【查原送成规内开松木枋三十四块今按丈尺做法核算应减一块六尺六寸】

围大一尺樟木极四十四丈五尺九寸核长一丈二尺樟极三十七块一尺九寸【每块银二钱】计银七两四钱三分二厘

【查原送成规内开樟木极三十八块今按丈尺做法核算应减一丈一寸】

围大八寸长一丈三尺硬木棍五十根【每根银八分】计银四两

宽六寸厚一寸杉木板二十五丈三尺八寸【每丈银四钱】计银十两一钱五分二厘

宽八寸厚七寸长一丈二尺二寸樟木一块计银六钱四分二厘

宽一尺五寸厚一尺五寸长一丈二尺二寸樟木一块计银二两五钱七分九厘

宽一尺二寸厚五寸长八尺二寸樟木一块计银四钱六分二厘

宽一尺厚六寸长一丈一尺二寸樟木二块【每块银六钱三分一厘】计银一两二钱六分二厘

宽一尺五寸厚一尺五寸长五尺七寸樟木一块计银一两二钱五厘

宽二尺厚六寸长六尺二寸樟木一块计银六钱九分九厘

宽一尺五寸厚七寸长一丈三尺二寸樟木一块计银一两三钱二厘

宽一尺二寸厚六寸长一丈六尺二寸樟木一块计银一两九分六厘

宽一尺二寸厚七寸长六尺七寸樟木一块计银五钱二分九厘

宽一尺二寸厚一尺长一丈二尺二寸樟木二块【每块银一两三钱七分六厘】计银二两七钱五分二厘

宽一尺二寸厚四寸五分长七尺二寸樟木二块【每块银三钱六分五厘】计银七钱三分

【查原送成规内开樟木含檀等料十一款所开价值逐款核计俱属参差今照缯舡每折见方一尺核银九分三厘九毫六丝之数一律核定】

宽一尺二寸厚八寸长一丈五尺二寸楮木一块计银十二两

围大四尺五寸长六丈桅木一根计银二十两

围大二尺六寸长三丈桅木一根计银一两

长一尺钉三百三十八个每二个重一斤计重一百六十九斤长八寸钉二百四十七个每五个重一斤计重四十九斤六两四钱长六寸钉八千九百五十四个每十五个重一斤计重五百九十六斤十四两九钱长五寸钉四千二十九个每二十个重一斤计重贡百一斤七两二钱长四寸钉五百十三个每三十个重一斤计重十七斤一两六钱以上铁钉共重一千三十三斤十四两一钱除选用旧钉三百十斤二两六钱外添新七百二十三斤一两五钱【每斤银二分二厘】计银十五两九钱二分二厘

灰一千一百七十八斤五两【每百斤银二钱】计银二两三钱五分七厘

桐油四百七十四斤五两五钱【每斤银三分】计银十四两二钱三分

网纱三百十九斤一两三钱【每斤银一分二厘】计银四两六钱六分九厘

竹丝三百八十九斤一两三钱【每斤银六厘】计银二两三钱三分四厘

生铁三百二十四斤【每斤银一分】计银三两二钱四分

炭九百七十二斤【每百斤银一钱六分】计银一两五钱五分五厘

乌烟三斤五两【每斤银一分五厘】计银五分

广红三斤【每斤银五分】计银一钱五分

铜碌三两二钱【每斤银三钱】计银六分

京红三两【每斤银八分】计银一分五厘

膳黄二两四钱【每斤银二钱】计银三分

南粉一斤八两【每斤银一分】计银一分五厘

银朱八钱【每斤银六钱四分】计银三分二厘

杭粉八钱【每斤银一钱六分】计银八厘

蓝粉三两【每斤银八分】计银一分五厘

墨二块【每块银一分】计银二分

松香四两【每斤银二分】计银五厘

水胶四两【每斤银四分】计银一分

淡底一斤计银五分

麻四百二十斤【每斤银一分五厘】计银六两三钱

棕四百四十斤【每斤银三分】计银十三两二钱

幅宽一尺色布三十丈【每丈银一钱】计银三两

苎线参两【每斤银一钱二分】计银三分

椗二门齿全各长一丈四尺宽八寸厚五寸【每门银一两】计银二两

橹二枝各长三丈二尺宽七寸厚四寸【每枝银七钱】计银一两四钱

舢板橹一枝长二丈五尺宽七寸厚四寸计银三钱二分一厘

大风篷一扇长四丈八尺宽二丈二尺二寸计银三两二钱二分三厘

头风篷一扇长二丈四尺宽一丈二尺计银八钱九分八厘

【查原送成规内开各则风篷价值参差今照缯船每折见方一丈核银三钱一分一厘八毫之数一律核定】

大小桅饼七个【每个银七分】计银四钱九分

大小无底升四百个【每百个银八分】计银三钱二分

竹篾四百六四十斤【每百斤银一钱六分】计银七钱三分六厘

草心六百七斤【每百斤银七分】计银四钱二分五厘

槐籐十九斤【每斤银二分五厘】计银四钱七分五厘

舰匠二百三十八工八分三厘安装匠二十三工八分三厘锯匠五十工一分九厘舱匠一百六十七工九分五厘铁匠三十二工四分油画匠八工绳匠四十六工八分六厘棕匠二十二工裁缝匠三工籐匠三工八分刻字匠三工壮夫一百十九名六分七厘以上共匠夫七百十八工九分六厘【每工银五分】计银三十五两九钱四分八厘

又置备物件开后

木桶二十件【每件银三分】计银六钱

铁锅二口换新【每口贴工料银一钱二分】计银二钱四分

鼓一面修理换皮计银四钱八分

金一面重四斤换新【每斤贴工料银七分】计银二钱八分

以上折造前舡成规内开共需工料银二百八十四两二钱一分七厘内部价银一百三十五两三钱四分一厘五毫加八津贴并另加三分银一百四十八两八钱七分五厘六毫台厂运费银二十七两六分八厘今按条查核分别增减更正需用工料银二百八十四两一钱三分四厘内部价银一百三十五两三钱二厘加八津贴并另加三分银一百四十八两八钱三分二厘台厂运费银二十七两六分计减增工料银八分三厘运费银八厘行令该抚于前舡届应折造之期将节减银两在于应领银内扣除

至大小修理成规内开大修工料银二百四十一两七钱五分内部价银一百九两八钱八分六厘加九津贴并另加三分银一百三十一两八钱六分四厘台厂运费银二十一两九钱七分七厘小修工料银一百五十一两八钱八分四厘内部价银六十六两三分七厘加十津贴并另加三分银八十五两八钱四分七厘台厂运费银十三两二钱七厘

其余四十舡仿此

卷二三

福建省外海战船做法

台湾协标中营利字一号四号左营六号七号八号九号右营十号十四号杉板头哨船八只每只身长三丈四尺五寸头起巯二尺八寸尾起巯二尺二寸船头长一丈二尺面匀宽七尺四寸底匀宽六尺一寸船中长一丈二尺五寸面匀宽一丈九寸底匀宽八尺船尾长一丈面匀宽一丈五寸底匀宽七尺计十四舱深三尺五寸

今将拆造前船需用工料价值细数开后

计开

船底松木龙骨一道计三节船头一节长一丈船中一节连交接匙头长一丈八尺船尾一节长八尺共凑长三丈六尺见方八寸做净每折见方尺二十尺用舰匠一工交接匙头二处每处用长一尺钉八个又每边用长六寸钉十二个共核用见方八寸松木三丈六尺六寸长一尺钉十六个长六寸钉二十四个舰匠五工七分六厘

船底板连起巯长三丈四尺五寸内船底匀宽七尺五寸二分两站各匀高四尺一寸八分用长三丈六尺宽六寸四分厚二寸三分中吉木板二十四块做净每折见方尺八十尺用舰匠一工锯板折宽一尺长七丈用锯匠一工

【以下锯板用工仿此】钉缝凑长八十六丈四尺每丈用长六寸钉三十个艌缝凑长一百七十二丈八尺每丈用灰一斤桐油六两四钱网纱竹丝各六两每七丈用艌匠一工舂制油灰每四十斤用舂灰夫一名【以下艌缝用工用料仿此】共核用围大二尺五寸净长三丈六尺中吉木八根长六寸钉二千五百九十二个灰一百七十二斤十三两桐油六十九斤一两九钱网纱六十四斤十二两八钱竹丝六十四斤十二两八钱舰匠十八工七分九厘锯匠十工七分四厘艌匠二十四工六分九厘舂灰夫六名五厘

各舱抽换樟木梁座十一块凑长九丈八尺三寸舱梁六块凑长五丈八尺三寸均宽一尺五寸厚三寸松木梁头九块凑长九丈三尺均宽一尺二寸厚三寸配换樟木极二十二块内冲天极二块阿班一舱极二块鳅鱼极二块各长六尺尾堵里极二块目里八字极二块各长四尺水柜舱极二块各长七尺转水极二块油婆舱极二块各长九尺尾舭极二块后通铺舱极二块各长八尺下金极二块各长五尺均围大一尺硬木棍稳吊六根各长一丈三尺围大八寸梁座梁头做净每折見方尺八十尺用舰匠一工冲天各极稳吊四十尺用舰匠一工梁座舱梁钉缝凑长十五丈六尺六寸每丈用長五寸釘三十個梁头稳吊钉缝凑长十七丈一尺每丈用长六寸钉三十个樟极每块用长六寸钉二个艌缝凑长九十四丈三尺二寸共核用宽一尺五寸厚三寸樟木枋十六丈宽一尺二寸厚三寸松木枋九丈四尺八寸围大一尺樟木极十四丈七尺八寸围大八寸长一丈三尺硬木棍六根长六寸钉五百五十七个长五寸钉四百七十个灰九十四斤五两桐油三十七斤十一两六钱网纱三十五斤五两九钱竹丝三十五斤五两九钱舰匠十五工六分九厘艌匠十三工四分七厘舂灰夫三名三分

船身两边走马二条水蛇二条用长三丈四尺五寸宽六寸六分厚三寸中吉木板四块做净每折见方尺四十尺用舰匠一工走马钉缝凑长六丈九尺每丈用长一尺钉三十个水蛇钉缝凑长六丈九尺每四尺用长一尺钉三个艌缝凑长二十七丈六尺共核用围大二尺五寸净长三丈六尺中吉木一根三丈三尺长一尺钉二百五十九个灰二十七斤十两桐油十一斤六钱网纱十斤五两六钱竹丝十斤五两六钱舰匠六工六分二厘锯匠一工八分九厘艌匠三工九分四厘舂灰夫九分七厘

船面两旁鱲板长三丈四尺五寸凑宽八尺抽换用长三丈六尺宽六寸四分厚二寸三分中吉木板九块做净每折见方尺八十尺用舰匠一工钉缝凑长三十二丈四尺每丈用长六寸钉三十个艌缝凑长六十四丈八尺共核用围大二尺五寸净长三丈六尺中吉木三根长六寸钉九百七十二个灰六十四斤十三两桐油二十五斤十四两七钱网纱二十四斤四两八钱竹丝二十四斤四两八钱舰匠七工五厘锯匠四工三厘艌匠九工二分六厘舂灰夫二名二分七厘

鱲面用浮溪木笨抽二块各长三丈二尺宽五寸厚二寸鱲边用中吉木水戗二块舭内大压二块各长一丈八尺均宽六寸六分厚三寸樟木极舭艭六块百子舥六块各长四尺均围大一尺做净每折见方尺八十尺用舰匠一工笨抽大压水戗百子舥钉缝凑长十六丈每丈用长六寸钉三十个舭艭每块用长六寸钉二个艌缝凑长三十六丈八尺共核用围大二尺净长三丈二尺浮溪木一根围大二尺五寸净长三丈六尺中吉木一根围大一尺樟木极四丈九尺二寸长六寸钉四百九十二个灰三十六斤十三两桐油十四斤十一两五钱网纱十三斤十二两八钱竹丝十三斤十二两八钱舰匠六工九分八厘锯匠一工六分三厘艌匠五工二分六厘舂灰夫一名二分九厘

官厅用浮溪木贴柱四根各长一丈三尺见方三寸战柜杠三根各长一丈二尺围大一尺七寸铺板十五块各长七尺战柜板四块各长九尺均宽五寸厚二寸木段猫里墙板九块堵板九块各长四尺六寸宽六寸四分厚二寸三分樟木太平牛头二块各长四尺宽一尺五寸厚三寸柱杠太平牛头做净每折见方尺四十尺用舰匠一工铺板等板八十尺用舰匠一工战柜板猫里墙板钉缝凑长七丈七尺四寸每丈用长五寸钉三十个太平牛头每块用长五寸钉十二个战柜板杠艌缝凑长十四丈四尺共核用围大二尺净长三丈二尺浮溪木三根围大二尺五寸木段二尺八尺二寸宽一尺五寸厚三寸樟木枋八尺二寸长五寸钉二百五十六个灰十四斤六两桐油五斤十二两二钱网纱五斤六两四钱竹丝五斤六两四钱舰匠八工八厘锯匠二工八分八厘艌匠二工六厘舂灰夫五分

前通铺三块各长一丈一尺后通铺三块各长一丈扛豆五块各长一丈三尺尾里板五块各长四尺缭挑二块各长八尺均宽一尺二寸厚三寸通铺尾里板缭挑做净每折见方尺八十尺用舰匠一工扛豆四十尺用舰匠一工通铺扛豆钉缝凑长十二丈八尺每丈用长六寸钉三十个尾里板钉缝凑长二丈每丈用长五寸钉三十个通铺扛豆尾里板艌缝凑长二十九丈六尺共核用宽一尺二寸厚三寸松木枋十六丈七尺一寸长六寸钉三百八十四个

长五寸钉六十个灰二十九斤十两桐油十一斤十三两四钱网纱十一斤一两六钱竹丝十一斤一两六钱舰匠八工五分九厘舱匠四工二分三厘舂灰夫一名四厘

两旁皲面用高洋木战棚板八块各长二丈八尺宽四寸厚二寸各舱内堵板一百六十块各长二尺八寸宽四寸厚一寸木段舱盖板五十四块各长四尺六寸宽六寸四分厚二寸三分通槽八个侧槽四个各长四尺六寸宽六寸六分厚六寸松木水槽垫板四块各长四尺宽一尺二寸厚三寸通槽侧槽做净每折见方尺三十尺用舰匠一工战棚各板八十尺用舰匠一工舱盖板钉缝凑长二十四丈八尺四寸每丈用长五寸钉三十个舱缝凑长四十九丈六尺八寸共核用围大一尺六寸净长二丈八尺高洋木八根围大二尺五寸木段十四丈一尺宽一尺二寸厚三寸松木枋一丈六尺四寸长五寸钉七百四十五个灰四十九斤十一两桐油十九斤十一两网纱十八斤十两一钱竹丝十八斤十两一钱舰匠十九工六分锯匠九工二分舱匠七工一分舂灰夫一名七分四厘

船头斗盖一块用樟木长一丈二尺宽八寸厚七寸托浪板四块各长八尺宽一尺厚三寸兔耳一块长六尺虾箍梁一块长七尺均宽一尺五寸厚三寸斗盖兔耳虾箍梁做净每折见方尺四十尺用舰匠一工托浪板八十尺用舰匠一工斗盖用长八寸钉十二个托浪板虾箍梁钉缝凑长三丈九尺每丈用长六寸钉三十个兔耳钉缝凑长六尺每丈用长五寸钉三十个托浪板兔耳虾箍梁舱缝凑长九丈共核用宽八寸厚七寸长一丈二尺二寸樟木一块宽一尺厚三寸长八尺二寸樟木板四块宽一尺五寸厚三寸樟木枋一丈三尺四寸长八寸钉十二个长六寸钉一百十七个长五寸钉十八个灰九斤桐油三斤九两六钱网纱三斤六两竹丝三斤六两舰匠三工一分一厘舱匠一工二分九厘舂灰夫三分二厘

中含檀一块长一丈二尺见方一尺五寸头含檀一块长八尺宽一尺二寸厚五寸含檀梁一块长一丈二尺含檀闸一块长九尺一仔梁一块长五尺均宽一尺五寸厚三寸做净每折见方尺三十尺用舰匠一工含檀梁一仔梁钉缝凑长一丈七尺每丈用长六寸钉三十个含檀含檀梁一仔梁舱缝凑长七丈四尺共核用见方一尺五寸长一丈二尺二寸樟木一块宽一尺二寸厚五寸长八尺二寸樟木一块宽一尺五寸厚三寸樟木枋二丈六尺五寸长六寸钉五十一个灰七斤六两桐油二斤十五两四钱网纱二斤十二两四钱竹丝二斤十二两四钱舰匠六工四分三厘舱匠一工六厘舂灰夫二分六厘

转水二块各长一丈一尺宽一尺厚六寸船尾用上金一块长一丈三尺宽一尺五寸厚七寸下金一块长五尺五寸见方一尺五寸缭牛一副长六尺宽二尺厚六寸硬木棍下金栓二根缭牛皲四根各长六尺五寸围大八寸上金下金缭牛做净每折见方尺三十尺用舰匠一工转水下金栓缭牛皲四十尺用舰匠一工转水每块用长一尺钉二个上金用长一尺钉十八个下金缭牛用长八寸钉三十六个缭牛皲钉缝凑长二丈六尺每丈用长五寸钉三十个转水舱缝凑长四丈四尺下金舱缝长五尺五寸共核用宽一尺厚六寸长一丈一尺二寸樟木二块宽一尺五寸厚七寸长一丈三尺二寸樟木一块见方一尺五寸长五尺七寸樟木一块宽二尺厚六寸长六尺二寸樟木一块围大八寸长一丈三尺硬木棍三根长一尺钉二十二个长八寸钉三十六个长五寸钉七十八个灰四斤十五两桐油一斤五两七钱网纱一斤十三两七钱竹丝一斤十三两七钱舰匠六工八分三厘舱匠七分一厘舂灰夫一分七厘

船尾用木段硬筋二根各长一丈水仙门柱二根各长四尺均围大二尺二寸高洋木尾挑二根各长一丈四尺围大一尺三寸樟木橹床二块各长四尺宽一尺五寸厚三寸做净每折见方尺四十尺用舰匠一工硬筋头尾用长六寸钉十二个橹床每块用长八寸钉十二个橹床舱缝凑长一丈六尺共核用围大二尺五寸木段二丈八尺六寸围大一尺六寸净长二丈八尺高洋木一根宽一尺五寸厚三寸樟木枋八尺二寸长八寸钉二十四个长六寸钉十二个灰一斤十两桐油十两二钱网纱九两六钱竹丝九两六钱舰匠三工一分七厘舱匠二分三厘舂灰夫六厘

大桅座一块长六尺宽一尺二寸厚七寸做净每折见方尺三十尺用舰匠一工共核用宽一尺二寸厚七寸长六尺二寸樟木一块舰匠七分六厘

大桅一根长五丈二尺围大四尺二寸头桅一根长三丈围大二尺六寸樟木大鹿耳二块各长一丈二尺宽一尺二寸厚一尺头鹿耳二块各长七尺宽一尺二寸厚四寸五分大桅笠一块长一尺五寸小鬼面一块长三尺均宽一尺厚三寸硬木棍鹿耳夹二根各长一丈三尺围大八寸做净每折见方尺四十尺用舰匠一工鬼面用长六寸钉六个共核用围大四尺二寸长五丈二尺桅木一根围大二尺六寸长三丈桅木一根宽一尺二寸厚一尺长一丈二尺二寸樟木二块宽一尺二寸厚四寸五分长七尺二寸樟木二块宽一尺五寸厚三寸樟木枋三尺一寸三分围大

八寸长一丈三尺硬木棍二根长六寸钉六个舰匠十二工二厘

大风篷一扇长四丈二尺宽二丈头风篷一扇长二丈一尺宽一丈浮溪木大篷担二根各长二丈头篷担一根长一丈均围大一尺七寸做净每折见方尺四十尺用舰匠一工共核用宽二丈长四丈二尺风篷一扇宽一丈长二丈一尺风篷一扇围大二尺净长三丈二尺浮溪木一根一丈八尺舰匠二工一分三厘

大篷架横梁一根用木段长一丈二尺围大二尺二寸樟木大篷踏一块长五尺宽一尺五寸厚三寸浮溪木大篷车员一根长一丈四尺围大一尺七寸樟木车耳五块各长三尺五寸宽一尺厚三寸硬木棍车子二十根各长一丈三尺围大八寸篷梁篷踏车员车耳做净每折见方尺三十二尺用舰匠一工共核用围大二尺五寸木段一丈二尺二寸宽一尺五寸厚三寸樟木枋一丈七尺一寸围大二尺净长三丈二尺浮溪木一丈四尺围大八寸长一丈三尺硬木棍二十根舰匠三工五分五厘

水柜用樟木牛头二块各长四尺宽一尺五寸厚三寸木段水柜柱四根各长七尺围大二尺二寸水柜闸四块各长七尺宽六寸六分厚六寸水柜板十八块各长四尺六寸宽六寸四分厚二寸三分牛头柱闸做净每折见方尺四十尺用舰匠一工水柜板八十尺用舰匠一工牛头钉缝凑长八尺每丈用长六寸钉三十个水柜板钉缝凑长八丈二尺八寸每丈用长五寸钉三十个水柜柱每根用长六寸钉二十个 舱缝凑长二十九丈三尺六寸共核用宽一尺五寸厚三寸樟木枋八尺二寸围大二尺五寸木段八丈五尺八寸长六寸钉一百四个长五寸钉二百四十八个灰二十九斤六两桐油十一斤十一两九钱网纱十一斤二钱竹丝十一斤二钱舰匠五工八分二厘锯匠一工五分三厘舱匠四工一分九厘舂灰夫一名三厘

船头用中吉木樾一板长二丈五尺围大二尺□寸樟木樾牙二块各长三尺宽五寸厚三寸做净每折见方尺四十尺用舰匠一工樾牙用长八寸钉六个共核用围大二尺五寸净长三丈六尺中吉木二丈五尺宽一尺五寸厚三寸樟木枋二尺七分长八寸钉六个舰匠一工六分二厘

船尾舵一门用楮木舵杆一根长一丈五尺宽一尺二寸厚八寸中吉木舵闪板三块各长一丈一尺宽六寸四分厚二寸三分樟木极舵夹六块各长四尺围大一尺硬木棍舵牙扼二根各长一丈三尺围大八寸舵杆做净每折见方尺三十尺用舰匠一工舵夹舵牙四十尺用舰匠一工舵闪板八十尺用舰匠一工舵夹钉缝凑长二丈四尺每丈用长八寸钉五十个舵夹舵闪板舱缝凑长十一丈四尺共核用宽一尺二寸厚八寸长一丈五尺二寸楮木一块围大二尺五寸净长三丈六尺中吉木一丈一尺围大一尺樟木极二丈四尺六寸围大八寸长一丈三尺硬木棍二根长八寸钉一百二十个灰十一斤六两桐油四斤九两网纱四斤四两四钱竹丝四斤四两四钱舰匠三工八分四厘锯匠四分一厘舱匠一工六分三厘舂灰夫四分

跟随战船舢板船用浮溪木水底板八块各长一丈三尺水蛇二块各长一丈四尺舷板六块各长一丈四尺舱堵板十六块各长四尺五寸均宽五寸厚二寸樟木冲天极二块牛头极四块舷极六块各长二尺舢板梁四块各长三尺均围大一尺樟木各极做净每折见方尺四十尺用舰匠一工水底各板八十尺用舰匠一工水底板舷板钉缝凑长十八丈八尺每丈用长五寸钉三十个水蛇钉缝凑长二丈八尺每四尺用长六寸钉三个舢板梁钉缝凑长一丈二尺每丈用长六寸钉三十个冲天各极每块用长六寸钉二个水底板水蛇舷板冲天各极舢板梁舱缝凑长五十丈四尺共核用围大二尺净长三丈二尺浮溪木三根围大一尺樟木极三丈七尺六寸长六寸钉八十一个长五寸钉五百六十四个灰五十斤六两桐油二十斤四两四钱网纱十八斤十四两四钱竹丝十八斤十四两四钱舰匠五工九分四厘锯匠二工八分八厘舱匠七工二分舂灰夫一名七分六厘

大桅铁箍六个各长四尺三寸头桅箍三个各长二尺七寸舵头箍二个各长四尺一寸樾箍二个各长三尺三寸均宽二寸厚五分椗齿二个各长一尺宽七寸厚三分橹箍一个长二尺四寸宽一寸厚三分铁环四个各围大六寸共净重一百三十七斤八两每正铁一斤加耗铁一斤每正铁五斤用铁匠一工每正耗铁一斤用炭三斤共核用生铁二百七十五斤炭八百二十五斤铁匠二十七工五分

油画前船共用乌烟一斤广红二斤铜碌二两六钱京红二两膪黄二两四钱南粉一斤银朱八钱杭粉八钱蓝粉三两松香四两水胶四两墨二块淡底十二两桐油二斤油画匠五工五分

麻大桅綷索二条各长六丈二尺四寸大五寸六分头桅綷索二条各长五丈大三寸二分大踏索二条各长五丈大四寸小踏索二条各长二丈四尺大三寸大缭母一条长四丈大五寸二分小缭母一条长二丈四尺大三寸大

帮衬六条各长一丈五尺大一寸八分小帮衬九条各长四尺五寸大一寸二分以上麻索共重二百四十斤每打绳一百斤用绳匠三工六分共核用麻二百四十斤绳匠八工六分四厘

棕正椗索一条长四十二丈大五寸六分副椗索一条长四十丈大五寸大篷筋一条长五丈大一寸八分小篷筋一条长二丈四尺大一寸缭仔缭耳共十二条各长一丈大一寸六分椗奴二条各长一丈五尺大五寸大小摘尾二条凑长十二丈大四寸舵吊一条长三丈围大五寸以上棕绳共重二百五十斤每撕棕四十斤用匠一工成绳四十斤用匠一工共核用棕二百五十斤撕棕匠六工二分五厘成绳匠六工二分五厘

冲风旗一面长宽各一丈二尺一条龙旗一面长六丈宽二尺妈祖旗一面长宽各四尺五寸大小定风旗三面内□□长四尺二面各长三尺均宽一尺连腰共核用幅宽一尺色布三十丈苎线四两裁缝匠三工

椗舵上配用竹绳草共用竹篾二百五十五斤绳匠九工一分八厘草心三百三十六斤绳匠八工四分

【查原送成规内开打造竹绳草绳所用匠工多寡不齐今照棕麻绳索用工之例一律核定】

篷上配用大小缭毬摄子兔耳共用槐籐十八斤籐匠三工六分

刻字用刻字匠三工

竖立大小桅用壮夫十名

前船共用大小铁钉八千三百二十六个刷抹钉头每百个用桐油六两四钱灰一斤每油灰十斤用艌匠一工共核用桐油三十三斤四两九钱灰八十三斤四两艌匠十一工六分六厘舂灰夫二名九分一厘

前船共用舰匠一百五十二工三分系照杉松木植核定内有樟楮等硬木用匠四十三工五分四厘每工外加匠二分计加匠八工七分一厘共匠一百六十一工一厘每百工加安装匠十工计安装匠十六工一分每舰匠安装匠一百工加随匠壮夫二十名计壮夫三十五名四分二厘

以上折造前船共用见方八寸松木三丈六尺六寸【每丈银三钱三分一厘】计银一两二钱一分一厘

【查原送成规内开松木按依丈尺计算价值参差今照缯船宽一尺厚八寸每丈银四钱一分四厘核算每丈需银三钱三分一厘之数一律核定】

围大二尺五寸净长三丈六尺中吉木十四根三丈三尺【每根银二两五钱】计银二十二两三钱七分五厘

【查原送成规内开中吉木十一根今按丈尺做法核算应增三根三丈三尺】

围大二尺净长三丈二尺浮溪木九根【每根银五钱】计银四两五钱

围大一尺六寸净长二丈八尺高洋木九根【每根银二钱】计银一两八钱

围大二尺五寸木段二十九丈五尺八寸核长一丈四尺段料二十一根一尺八寸【每根银三钱】计银六两三钱三分九厘

【查原送成规内开木段二十二根今按丈尺核算应减一丈二尺二寸】

宽一尺五寸厚三寸樟木枋二十四丈六尺八寸核长一丈七尺枋料十四块八尺八寸【每块银一两三钱】计银十八两八钱七分三厘

【查原送成规内开樟木枋十七块□今按丈尺做法核算应减二块一丈六尺七寸】

宽一尺二寸厚三寸松木二十丈八尺三寸核长一丈七尺枋料十六块六尺三寸【每块银三钱五分】计银五两七钱三分

【查原送成规内开松木枋十七块今按丈尺做法核算应减一丈七寸】

围大一尺樟木极二十五丈九尺二寸核长一丈二尺樟极二十一块七尺二寸【每块钱二钱】计银四两三钱二分

【查原送成规内开樟极二十四块今按丈尺做法核算应减二块四尺八寸】

宽一尺厚三寸长八尺二寸樟木板四块【每块银四钱一分八厘】计银一两六钱七分二厘

【查原送成规内开樟木梁座长一丈七尺宽一尺五寸厚三寸每块银一两三钱托浪板长八尺宽一尺厚三寸每块银五分价值参差今照梁座之价一律核定】

围大八寸长一丈三尺硬木棍三十三根【每根□八□】计银二两六钱四分

宽八寸厚七寸长一丈二尺二寸樟木一块计银六钱四分二厘

宽一尺五寸厚一尺五寸长一丈二尺二寸樟木一块计银二两五钱七分九厘

宽一尺二寸厚五寸长八尺二寸樟木一块计银四钱六分二厘

宽一尺厚六寸长一丈二尺二寸樟木二块【每块银六钱三分一厘】计银一两二钱六分二厘

宽一尺五寸厚七寸长一丈三尺二寸樟木一块计银一两三钱二厘

宽一尺五寸厚一尺五寸长五尺七寸樟木一块计银一两二钱五厘

宽二尺厚六寸长六尺二寸樟木一块计银六钱九分九厘

宽一尺二寸厚七寸长六尺二寸樟木一块计银四钱八分九厘

宽一尺二寸厚一尺长一丈二尺二寸樟木二块【每块银一两三钱七分六厘】计银二两七钱五分二厘

宽一尺二寸厚四寸五分长七尺二寸樟木二块【每块银三钱六分五厘】计银七钱三分

【查原送成规内开樟木含檀等料抬一款所开价值逐款核计俱属参差今照缯船每折见方一尺核银九分三厘九毫六丝之数一律核定】

宽一尺二寸厚八寸长一丈五尺二寸楮木一块计银十二两

围大四尺二寸长五丈二尺桅木一根计银十二两

围大二尺六寸长三丈桅木一根计银一两

长一尺钉二百九十七个每二个重一斤计重一百四十八斤八两长八寸钉一百九十八个每五个重一斤计重三十九斤九两六钱长六寸钉五千三百九十二个每十五个重一斤计重三百五十九斤七两五钱长五寸钉二千四百三十九个每二十个重一斤计重一百二十一斤十五两二钱以上铁钉共重六百六十九斤八两三钱内除选用旧钉二百斤十三两七钱□添新四百六十八斤十两六钱【每斤银二分二厘】计银十两三钱一分一厘

灰六百八十七斤六两【每百斤银二钱】计银一两三钱七分六厘

桐油二百七十六斤十五两二钱【每斤银三分】计银八两三钱九厘

网纱二百二十六斤八两七钱【每斤银一分二厘】计银二两七钱一分九厘

竹丝二百二十六斤八两七钱【每斤银六厘】计银一两三钱五分九厘

生铁二百七十五斤【每斤银一分】计银二两七钱五分

炭八百二十五斤【每百斤银一钱六分】计银一两三钱二分

乌烟一斤【每斤银一分五厘】计银一分五厘

广红二斤【每斤银五分】计银一钱

铜碌二两六钱【每斤银三钱】计银四分八厘

京红二两【每斤银八分】计银一分

膳黄二两四钱【每斤银二钱】计银三分

南粉一斤【每斤银一分】计银一分

银朱八钱【每斤银六钱四分】计银三分二厘

杭粉八钱【每斤银一钱六分】计银八厘

蓝粉三两【每斤银八分】计银一分五厘

松香四两【每斤银二分】计银五厘

水胶四两【每斤银四分】计银一分

墨二块【每块银一分】计银二分

淡底十二两【每斤银五分】计银三分七厘

麻二百四十斤【每斤银一分五厘】计银三两六钱

棕二百五十斤【每斤银三分】计银七两五钱

色布三十丈【每丈银一钱】计银三两

苎线四两【每斤银一钱二分】计银三分

竹篾二百五十五斤【每百斤银一钱六分】计银四钱八厘

草心三百三十六斤【每百斤银七分】计银二钱三分五厘

槐籐十八斤【每斤银二分五厘】计银四钱五分

大风篷一扇长四丈二尺宽二丈计银二两六钱一分九厘

头风篷一扇长二丈一尺宽一丈计银六钱五分五厘

【查原送成规内开各则风篷价值参差今照缯船每折见方一丈核银三钱一分一厘八毫之数一律核定】

舰匠一百六十一工一厘安装匠十六工一分锯匠三十五工一分九厘艌匠九十七工九分八厘铁匠二十七工五分绳匠二十六工二分二厘棕匠二工五分油画匠五工五分裁缝匠三工籐匠三工六分刻字匠三工壮夫六十九四分九厘以上匠夫共四百六十一工九厘【每工银五分】计银二十三两五分五厘

又置备物件开后

椗二门齿全各长一丈四尺宽八寸厚五寸【每门银一两】计银二两

橹二枝各长三丈二尺宽七寸厚四寸【每枝银七钱】计银一两四钱

舢板橹一枝长二丈五尺宽七寸厚四寸计银三钱二分一厘

大小桅饼七个【每个银七分】计银四钱九发

大小无底升四百个【每百个银八分】计银三钱二分

水桶二十件【每件银三分】计银六钱

铁锅二口换新【每口贴工料银一钱二分】计银二钱四分

鼓一面修理换皮计银四钱八分

金一面重四斤换新【每斤贴工料银七分】计银二钱八分

以上折造前船成规内开共需工料银一百八十七两一分一厘内部价银八十九两五分三厘加八津贴并另加三分银九十七两九钱五分八厘台厂运费银十七两八钱一分一厘今按条查核分别增减更正需用工料银一百八十二两七钱四分九厘内部价银八十七两二分三厘加八津贴并另加三分银九十五两七钱二分六厘台厂运费银十七两四钱五厘计节减工料银四两二钱六分二厘运费银四钱六厘行令该抚于前船届应折造之期将节减银两在于应领银内扣除

至大小修理成规内开大修工料银一百五十四两六钱九分九厘内部价银七十两三钱一分八厘加九津贴并另加三分银八十四两三钱八分一厘台厂运费银十四两六分四厘小修工料银九十四两八钱六厘内部价银四十一两二钱二分加十津贴并另加三分银五十三两五钱八分六厘台厂运费银八两二钱四分四厘

其余七船仿此

广州驻防事宜[1]

序

水师旗营则建于乾隆十一年向系汉军官兵自满汉合驻后改为满汉均补续以满员不谙水务满丁不敷挑补奏准暂时全用汉军官兵俟满洲将来得人时再行合挑将军旧有军标专制广协暨肇庆协左军统辖绿营弁并三千五百名分前后左右四营如提镇规制乾隆三十三年奉文全裁将军遂无步营因奏请以汉军马甲二百份改补汉军步甲四百名而分隶于各旗下盖至是而将军之马步水军始全也将军于操防旗兵之外别无兼职

(嘉靖十四年计)水师两翼领催兵及副工兵匠役额系六百零四名统计满汉八旗及水师共兵五千二百六十九名此驻防粤东旗兵之总数也

嘉庆二十五年部议添设委署骁骑校职名即在领催前锋内拨补仍食本身钱粮准用八品顶戴随同官弁差委每旗二员而水师两翼四员将军衙门承办文案旧有满汉笔帖式各一人后添置随印外郎四名专司翻译给以顶戴随同办事计满洲八旗额设协领四员佐领四员防御骁骑校各十六员笔帖式一员汉军数同水师旗营则协领一员佐领二员防御二员骁骑校六员通计满汉及水师职官功九十三员另满汉世职各现一员此八旗官员之总数也……水师缯船桨船仅存六只该营各项杠椇每岁保题一次此户口房间马械船只之大数也

逢五十日水师操船春秋合演马步大队九月水师会操虎门凭艺论赏按等议罚所业俱臻纯熟

卷上·驻防官兵额数【世职附】·旗营官兵额数【世职附】

水师旗营【系乾隆十一年添设】
协领一员
佐领二员
官兵额数
防御二员
骁骑校六员
领催三十名
水师兵四百七十名
副工兵一百名
木匠二名
舱匠二名
以上水师旗营职官十一员领催兵木舱匠六百零四名
满汉八旗及水师旗营通共官九十三员　世职二十三员
兵五千九百六十九名

卷上·驻防官兵户口钱粮马匹总数·旗营官兵户口钱粮马匹总数

水师旗营职官共十一员

---

① 〔清〕庆保辑。据清抄本。

水师旗营额兵六百零四名

卷上·官兵奉饷马干眷米各细数·官兵俸饷

水师旗营

协领

俸银一百三十两【二八月支】

心红纸张银七十两【二八月支】

家口三十口【正二月大建支米七石五斗小建支米七石二斗四升九合八勺】

其余十个月【大建支米六石小建支米五石七十四升九合八勺】

三月起至十二月止每月折色米一石五斗共折米一十五石折银一十两零五钱【每石折银七钱每月折色米银一两零五分按月支】

马五匹　岁支马干银四十九两五钱六分【按月支】

以上俸心折色米马干共岁支银二百六十两零六分

共岁支米七十三石四斗九升八合八勺

佐领

俸银一百零五两【二八月支】

家口二十口【正二月大建支米五石小建支米四石八斗三升三合二勺】

其余十个月【大建支米四石小建支米三石八斗三升三合二勺】

三月起至十二月止每月折色米一石共折色米十石折银七两【按折米月支】

马四匹　岁支马干银三十九两六钱四分八厘【按月支】

以上俸马干折色米共岁支银一百五十一两六钱四分八厘

共支米四十八石九斗九升九合二勺

防御

俸银八十两【二八月支】

家口十四口【正二月大建支米三石五斗小建支米三石三斗八升三合二勺四抄】

其余十个月【大建支米二石八斗小建支米二石六斗八升三合二勺】

三月起至十二月止每月折色米七斗共折色米七石折银四两九钱【按折米月支】

马三匹　岁支马干银二十九两七钱三分六厘【按月支】

以上俸折色米马干共岁支银一百一十四两六钱三分六厘

共支米三十四石二斗九升九合四勺四抄

骁骑校

俸银六十两【按月支】

家口十二口【正二月大建支米三石小建支米二石八斗九升九合九勺二抄】

其余十个月【大建支米二石四斗小建支米二石一斗九升九合九勺二抄】

三月起至十二月止每月折色米六斗共折色米六石折银四两二钱【按折米月支】

马二匹　岁支马干银一十九两八钱二分四厘【按月支】

以上俸折色米马干共岁支银八十四两零二分四厘

共支米二十九石三斗九升九合五勺二抄

催领
月支饷银三两
米【正二月大建支一石小建支九斗六升六合六勺六抄】
其余十个月【大建支八斗小建支七斗六升六合六勺六抄】
三月起至十二月止每月折色米二斗共二石折银一两四钱【按月支】
马二匹　岁支马干银一十九两八钱二分四厘【按月支】
以上饷折色米共岁支银三十七两四钱
共支米九石七斗九升九合九勺六抄

水师兵
月支饷银二两
米并折色米【与催领同】
以上饷折色米共岁支银二十五两四钱
共支米九石七斗九升九合九勺六抄

副工兵
木舱匠
月支饷银二两
米【正二月大建支三斗小建支二斗九升】
其余十个月【大建支二斗四升小建支二斗三升】
三月起至十二月止每月折色米六升共米六斗折银四钱二分【按月支】
马二匹　岁支马干银一十九两八钱二分四厘【按月支】
以上饷折色米共岁支银二十四两四钱二分
共岁支米二石九斗四
如遇闰月之年除俸心银两按照二八月关支外養廉银分为十三个月关支仪从银按闰月加支兵饷照数按月关支马干银按大小建大小料月分关支家口米養廉米按大小建关支

卷上·水师旗营船只炮位及管守官兵名数

神安炮台
安置大炮七位
原系广协经管于道光二十五年内与凤岗炮台互换管理每班官一员催领兵十名防守
军械局系道光二十六年建立每班官一员催领兵十名防守
缯船一只　安置大炮十六位　每班官一员催领兵十五名防守
艍船一只　安置大炮十四位　每班官一员催领兵十五名防守
桨船四只　共安炮十七位　每班官一员每只催领兵五名防守
座船一只【前经毁坏尚未修复】　每班催领兵五名防守
原配大炮四十七位内
生战炮十三位　砂炮九位　班鸠炮十三位　热战砂炮六位　河塘炮六位
琵琶枪十三杆
以上船只具湾泊小南门外洪庙河傍所有旗纛军械杠棋每年在十二月保题一次

卷上·操演各项技艺并各定期·操演章程

操演各项技艺【炮位船只】……一水师营砂炮十五位河塘炮六位班鸠炮十三位共三十四位每日轮演五位每位演放六出具火药系在本营药内通融发用所有运炮脚价等项使费系在右司公用房租项内支销

一水师营船上生战炮十三位系随同城上运炮年分运赴燕塘演放其火药炮子及运炮使费照本营砂炮例一律支销……一水师合操亦照八旗之例一体开操每月初十二十等日操船二次每年共操船十六次八旗轮派官兵配操练习水务其需用火药系动本营公费银两移咨地方官操买硝磺回营制造火药七百七十一觔三两二钱每次操船以鎗手兵二百四十名之数每名演放十二出每出用火药二钱四分一年共用火药六百九十一觔三两二钱其余火药八十觔系出洋合操及演放大小炮位之用

一每年十月初旬出洋与提标绿营水师会操三堂大人每年轮流一位前往阅看回署咨报兵部

虎门水操阵式

风云聚汇　二气冲锋　三才制胜　天元一气 万派朝宗

内河水操阵式

燕字排列　交插环攻　双凤朝阳　一字争先　四海清平　破浪开械　冲波火战　伏弩擒贼　各船归队　飞桅过丰

又于同治十年九月二十六日经将军长副都统果共折

奏准每年出洋操演水师常规满洲汉军副都统轮流统带缯艍桨各船前往外海洋面操练驾驶之法立定行阵以期熟悉水性开放炮火以期手足便捷毋庸与提标会操其凫水打鎗开械爬桅等技平日常在内河操演不致荒废亦可毋庸前往每年所需更换各船篷索银二百七十七两八钱八分又添补造药弹洗船只等项需银三十六两又出洋官兵及跟随当差计官十一员每员支口粮银一两兵三百三十六名每名支口粮银五钱共银一百七十九两合共支银四百九十二两八钱八分统在藩库支领年终造册报部核销并借轮船四只以为座驾护送只用

卷上·官署兵房间数并建立年分·房间

水师旗营

协领一员房四十间

佐领二员每员二十四间

防御二员每员二十间

骁骑校六员每员十五间

水师兵房一百五十间

一军械局在番禺县属小南门外洪庙河傍以备水师营存储军械湾泊船只之所系道光二十六年建立

卷上·隶将军节制各镇协营·节陆章程·广东营分·不隶建军节制各镇协营

【督标】中协　【左营】参将　右营参将　【前营】参将　【后营】参将　【水师】营参将　【抚标左营】参将　【右营】游击　【水师】提督　【中军】参将　【左营】游击　【右营】游击　【前营】都司　【后营】游击　【陆路】提督　【中军】参将　【左营】守备　【右营】游击　【前营】游击　【后营】游击　【永靖】营游击

海口协　中军都司　右营守备　左营千总

南澳镇　左右营游击

顺德协

海门参将　左右营都司

香山协　左营游击　右营都司　新会营参将　广海寨游击　雷州营参将　山东营守备　平海营参将

大鹏营参将

龙门协　中军都司　左营守备　右营都司　崖州营参将　徐闻营参将　海安营游击

澄海协　左右营守备

以上水师一镇六协各营俱不隶将军节制

卷下·挑补兵缺章程

水师兵缺出在于副工兵木舱匠内挑补副工兵木舱匠缺出在于養育兵内挑补

水师官兵向系满汉分补如满洲人员较少惟在汉军挑补

查水师营兵额因满洲壮丁幼小不能挑补水师兵于乾隆二十七年经将军明奏准仍在汉军壮丁内挑补俟满洲壮丁长成时再行遵照原奏各半挑补

再查水师旗营于乾隆二十一年满汉兼驻案内协领一员作为满缺佐领二员防御二员满汉各一缺骁骑校六员满汉各三缺乾隆五十九年十月内因该营现无满洲兵经将军福奏准将现在该营满洲官员仍照旧遇缺升用外嗣后满洲官员缺出无论满汉俱在该营官员内擬补如本营實不得人即在汉军八旗官员内擬补俟将来满洲挑补水师兵时所有原定协领等官仍照原奏补放

卷下·加白事赏项

光绪二年七月初三日经将军长副都统果恭折

奏准加给兵丁白事赏银在于旗库拨出银二万两发交典商每月一分行息每年可得息银二千四百两遇闰可得息银二千六百两按季觧交旗库另欵存储如前锋领催马甲炮哒匠役及水师领催遇有白事除例赏外每名加赏银八两副甲步甲无米炮手養育兵闲散寡妇及水师兵副工兵木舱匠遇有白事除例赏外每名加赏银五两俾各藉资办理不致重利称贷至收支剩存数目按年造册送部核销

卷下·红白事故赏例【水师营附】

一水师领催红事赏银六两白事赏银七两

一水师兵副工兵红事赏银五两白事各赏银六两

卷下·借款

一出洋会操官兵各借银一两

卷下·筹备修补军装及资助等项公费

左右二司满汉八旗纸笔公费并官员进京引见盘费及制造操演子母炮火药铅弹水师营公费制造火箭等项之用其用过银两若干尚剩银若干仍照例存留旗库银二千两以备每年填补需用其余剩银两仍解交藩库存贮年终用过数目分析造册咨部题销

卷下·备借兵丁谷价

查此项谷银系雍正五年经前任将军石奏准自行备捐银一万两买谷二万四千余石每年在青黄不接之时借给兵丁每石扣银六钱按月扣缴俟谷价平时买补以便源源借给嗣因乾隆六七等年谷价昂贵停买将银一万四千九百九十九两三钱三分四厘存贮旗库乾隆九年经前任将军策奏准前项银两内拨出六千七百零八两存贮旗库每年岁底借给兵丁以资度岁前锋领催马甲炮手匠后水师兵副工兵各借银二两副甲步甲各借银一两所有借出银两自二月起至十一月止分十个月扣还库贮旗库例不报销其余剩银八千二百九十一两三钱三分

四厘交藩库存贮嗣于嘉庆十五年三月内前任将军庆奏准将前项银两八千二百九十一两三钱三分四厘尽数拨出交商生息作为汉军八旗无米養育兵钱粮之用

卷下·内河水师

督标水师营【兵九百一十九名】

提标水师

前营【兵六百名驻东莞城】　离城一百八十里

后营【兵七百一十七名驻繒城属所辖】　离城九十二里

顺德协【驻劄顺德城】　离城一百里

左营【兵一千零一名】　右营【兵九百一十九名】

新会营　离城二百三十里

左营【兵八百二十名】　右营兵【八百二十二名】

以上水师七营　兵五千七百九十八名

卷下·广东通省水陆各营兵额

督标水师营兵九百一十九名

水师提督中营兵一千八十一名

左营兵九百八十名

右营兵一千一百三十七名

前营兵六百名

后营兵七百一十七名

香山协左营兵八百六十九名

右营兵八百六十六名

前山营兵三百六十八名

顺德协左营兵一千零一名

右营兵九百一十九名

新会左营兵八百二十名

右营兵八百二十三名

大鹏营左营兵五百零五名

右营兵四百八十二名

码头镇中营兵八百六十八名

左营兵八百一十五名

右营兵八百五十八名

平海营兵七百零六名

南澳镇右营兵一千零七十六名

海门营兵九百四十一名

达濠营兵三百八十二名

澄海协左营兵六百六十二名

右营兵六百六十名

阳江镇左营兵九百三十三名

右营兵八百零五名

广海寨兵七百五十三名

吴川营兵六百二十四名

硇州营兵五百七十八名

东海营兵三百零一名

海口协左营兵四百九十二名

右营兵四百八十五名

龙门协左营兵八百二十三名

右营兵八百一十名

海安营兵八百三十六名

崖州水师营兵二百六十八名

以上通省水陆各营额设马步守兵共六万九千二百四十八名【内】

陆路各营马步守兵共四万二千四百八十三名

水师各营马步守兵共二万六千七百六十五名

水师辑要①

船式说

公输子之巧不以规矩不能成方圆而尺寸制度相能之法为不衰矣当斯时也舟楫虽竣而回头转折犹难便易故输子□飞鸟之翱翔施回转折全凭尾力故添有舵为之尾出入以护水观鱼翅之摇动故设橹桨激水以轻快是皆按鱼鸟以成文传之后代愈出愈奇百千其式未能尽述则如今之营船亦别有数种他不具论只以赶缯艍船言之粤人谓之白艚船是也然而各匠亦有各人之传授亦难强以舍己之学从我之门安见其不紊乱乎则如□□□□估价多寡人既不同价亦□□难于取信只略举大□□□□疵姑为酌略述之耳

龙骨　如中艕龙骨长二丈　配头艕龙骨长二丈　尾艕龙骨长一丈　俱高一尺一寸　阔一尺　或有增减依此例推之

含檀　含檀二丈当宽二尺四五寸　厚一尺四五寸　深可六尺　配官船梁头二丈二尺　配尾座二尺配头含檀一丈一尺　配墩巾一丈二尺　含檀一丈配大桅四丈如或一丈八尺配大桅七丈二尺此例推之

鹿耳【即桅夹】如含檀二丈鹿耳当一丈三尺以下舱五六尺□含檀内尺余出船上四五尺矣宽要一尺余厚要八寸余随裁料折冲之

官舱　如官舱梁头长二丈　则深当六尺　配杉板□二丈配椗身二丈有余此例推之

尾座　如尾座二丈　深可四尺有余　当宽二尺有余厚一尺有余

大桅　大桅以一丈配头桅六尺　如大桅八丈头桅该四丈八尺矣以此推之

舵　舵则照含檀之尺寸如含檀二丈舵叶亦二丈宁长勿短舵头或五六尺当看舵金门之高低折冲之

椗　椗身二丈椗齿七尺　阔六寸而　方五寸船身　自墩巾起至尾座止共长多少则大桅亦如之

右各项略言其大概以此相配非就一船而言也则如赶缯艍船之式皆可以此例推之如大桅逼近头桅好溜□好戧大远头桅好戧不好溜要在相称戧溜俱好者为佳或在□重宜于头不宜于尾宜于尾不宜于头者全在匠人之细心船公之使法也见有二匠俱称良工各造一船制度皆好斗驶时不争胜负其有心者暗用小钉棍偷钉其舵未使舵带累其船输矣以些须之物料累全船细微之事难以备述

闽人多云舟中有十二生属系在何处然皆土音亦难□□惟习水务者每以此为问难之由以显熟识之能始入闽音再为记之

子属鼠曰鼠桥【在官舱盖要上尾楼棚一楼是也】

丑属牛曰牛栏【在舨上别搭一短架是也】

寅属虎曰虎尾【即舵头一条绳是也】

卯属兔曰兔耳【即穿藤□□舨外□线以帮舵是也】

辰属龙曰龙骨【□□底□接龙骨是也】

巳属蛇曰水蛇【即水仙门□两条大水蛇是也】

午属马曰马面【即桅尾之帮木穿轮饼之马前是也】

未属羊曰羊角【在斗头墩巾之上四桩木以限椗绳是也】

申属猴曰猴胆【在大篷上抱桅之藤圈以便上下是也】

酉属鸡曰鸡胵【即大篷揽桅之绳穿计多无底升是也】

戌属狗曰狗牙【在头艕之两傍两牙以关勒肚是也】

亥属猪曰桅猪【在大桅根处用一大木以档株其桅使不得出□□□猪是也】

---

① 〔清〕陈良弼撰。据清抄本。

各船式说

凡各处港道有各处船只不同如粤之海南商船要从磁石处过者俱不敢用铁钉以藤捆扎船身木钉油灰耳此不能用之营船也如广州府属内海多以八橹六橹四橹两边皆□橹又有急跳桨船沙罟船两边皆用短桨倒爬亦属营船以其轻快用草包席为大篷吃水不多大者亦如赶缯之式小者亦如艍船之式然终不敢深入大洋每见多有误事只宜用内海则便于赶缯艍船矣如惠州府属亦有营船快哨拖风二式小于艍船不过七八尺梁头只好行走岸边未敢驶入大洋惟□船之拖风亦有大只出洋揽货者亦有一对两只共拖一网□□□连□倒虽大风巨浪恃有后坠为稳渔人喜用之然易于藏奸耳如潮州府属多有舿艚类似艍船而无舦平底浅面便于出入港道耳如福建漳泉内港多用八桨船亦便于内港出入福兴以上用单桅艍船则是小渔船【别名曰杉板头】各因其地之合用耳【如鲢艚钓□□□各小船难以□数矣】如江浙之沙船广南之乌尾船身□正而底平专用两边鸭□舵为之护水好顺风直溜满载负重稍遇逆风则当寄椗难于戧戗江南营船亦有沙船以其驶不偏斜人得安稳耳此两年见广之乌尾重载往闽浙遇风浪沉礁多有打破今亦少行矣现广之新造盐船皆乌尾式也又见有在广之沙船此两年过洋甚得利皆合人之气运不可为例也至若鸟船之式甚大梁头至于三丈余可载数千石则如今之商洋船也然莫如战船上干净明亮双战棚两重炮位器其重大配水兵将百名连战兵人有三百人如先年平台之时福建总督姚启圣令各县备造一只费动万金及平台之后将军施琅见海宇昇平空縻粮饷奏请拆改赶缯今无此式只见商船尚□似之而装载货物少以六七千计大则万余石矣

赶缯船式(图略)

艍船式(图略)

配船水兵

大凡舟师之中不可一日离兵兵以船为家船因兵固守今如二丈面赶缯船者必配舵公二人大缭一人头缭一人头椗副椗二人头抄一人阿班一人杉板公一人直库一人押扛一人香公一人一鑢二鑢二人此十四人名为掌管头目事确不可少也余十二人为之散兵内亦有大旗什长在焉如帮舵入缭车篷起椗拔杉板摇橹帮抄支更瞭望打水皆当帮助协力为之同船共命也务拨一历练勤谨队目管船以约束此三十四人共三十五人此必要也至于队目舵公等加饷以及香□之费另有加赏不可以例定矣如当年闽制军姚启圣欲平台之际舟次铜山率各官以及管船官舵公等皆与之焚香盟誓结为兄弟共图报国各飨以酒肉绸缎纱葛之类堆积如山故能感动军心成其厥功是则抚恤之恩固不可缓矣

一舵公务要能知港道深浅天时明暗潮汐向流戧溜得法心有主宰莫得狐疑□人乱语不为所惑俗云臭耳聋舵公此之谓也专司在舵工□出入于收放勒肚指使缭椗后边舵公舱是其居家人莫能争之时或与大缭同处亦有之任重责大加□名粮不为过矣

一杉板公者佩杉板之时做成绳结使众人共□而背之放时亦然每有出杉板之时彼必先去洗净修拾坚固打水摇橹送差总无暇刻为之最苦

一直库者修理火器炮位号铳火药火绳之类各项火具务要干燥勿湿又当近水舱处要置以防烟火之患时常照管数日晒亮事虽小而关系甚大

一押扛者则木匠也斧凿刀锯锉锥油灰麻绒竹丝网纱之类是其专管时或损坏杠椇补漏修葺制造器械皆有所事亦不可少也

一香公者则比诸役之中惟此清高早晚焚香献纸上□托灯行船之时遇神庙逢名山皆要献纸或点桅灯结灯号赛神明是其专司

一一鑢二鑢即车轮大篷緈索是也如鸟船则有三条緈索今之赶缯只用二条务有专管者使之专心致志如起篷之□鸡胫索【即是无底升】各篷之照顾大緈时或寄泊不驶可以旧緈索换新收藏亦见俭省或船被风摆緈索则能打桅当以小索捆住勿使相察以避损坏或于临阵之时用竹片合裹緈索以防割断

一大缭则如副舵之类常在舵公之侧事事皆能学知亦可帮舵公之不逮如大缭母小缭绳皆要收拾洁净毋得污澜大篷俱要遮护毋使风吹日晒天燥则当用海水漂篷毋使枯焦禁人不许践踏悬挂杂物则易损矣大抵大

篷一年两换苟少行驶或能照管亦可经年

一头缭与大缭之事相同只头篷常先许起而后落戴船之时当摈明以逆风听舵公之唤到去则当扬去以顺风此要著也

一头二椗经管者于驶船之时则要看前面礁石木桁湾船则防其拖椗夜则看守斗头恐椗绳磨干火出当以湿□绵之类包裹椗绳时用水浇之毋使焦干湾船起船之时拣椗送椗务拣送得法不使椗牙椗奴损坏他船多者务当送开勿使椗绳相犯

一头抄者乃照顾大抄或于船出入港道转湾回头遇流水处所舵不灵唤时用抄抄转助之不用则抽入归岫不至撞损也

一阿班者乃登桅远望山势识认地理时或緈牵不清轮饼中有碍各处不妥者当腰带斧钉上桅料理虽在驶船风浪之时亦不能免

一管船队目事事皆当勤谨为一船之主合舵公之议公平使人粮饷不克拨差无偏如打水支更洗笨【即尖柜官舱盖及中舱也】洗舨清水沟毋使藏污月或潭洗舟底用石灰粉泥毋使生蛆【淡水之蛆见咸水即死咸水之蛆见淡水亦死】杠棋预先修整毋得临时有误军器亦当鲜明旗帜毋致破烂水破牌火灶水舱火药舱等事不尽细微者惟伊是问及至能干有功一体超拔勿以水兵求艺荒疏人才蠢扑目之

已上系赶缯船之大要也

至于艍船之中一舵公二缭手二椗手一杉一抄一軇此八人可矣余十二人连管船公官共二十一人其经管约束之法与赶缯同也所有用直库押扛香公则就中选取此二十一人之中事事皆可相兼为用也

所云赶缯者以二大梁头计之载不过千五百担故用三十五人艍船以一丈三尺梁头计之载不过六七百担故用二十一人若有增减之不同是在为将者之神明不可刻舟求剑也然所配之人勿得朝更暮改使各人矢心用命则修理一舱几件衣甲伙食之类亦得安然自在亦肯照顾修理不然遑遑靡定不知能往几日就肯用心料理乎

赶缯船备用器械

大篷一面　头篷一面　尾楼篷三面【并架另遮阳箴篷四张】　舵二门【存一】　椗四门【存二】　椗牌二面【名曰浮荡或用竹筒去皮或用木板写知号急用时□之】　大緈索二付【存一付】　缭母两条【存一】　大篷缭□一付【临战时有多藏一付】　头篷緈两付【存一】　头篷缭母二条【存一】　头篷缭一付　棕椗绳二条【各长四十余丈一尺围】　摘尾鞦韆踏篷吊绳备足用　大索六条【每条十六丈备用】　小索十条【每条十八丈备用】　头桅冲锋红旗一面【九幅每幅一丈伍尺】　大桅一条龙旗一条【中用白布一长六丈两边用青布配长上做荷叶顶下仿蜈蚣尾】　大橹二枝　头抄一枝　杉板橹一枝【配桨四枝】　大贡铳二门【重三四百斤各备药子十出】　斗头铳一门【重二三百斤各备药子十出】　子母铳十枝【各带子伍个各用木匣收贮】　喷筒五十枝　火药三百斤【心药备足】　碎小生弹二百斤　火罐三十个【候收查库舱】　高升火号一百枝【如九龙垂珠或连升三级】　战箭五百枝【翎要鲤筋不落收桶内存官斤】　挑刀十枝【收存战棚下】　钩镰枪六枝【收战棚下】　双手大刀十把【收存官斤】　藤牌十面【收舱】　竹篙枪二十枝【收尾楼边】　大铁锅二口【并盖架】　大水桶二个　小水桶二担【小吊二个】　大鼓一面【并架】　小鼓二面　大锣一面【重五斤】　竹栲二个　饭桶四个　饭碗一百个　粗箸十付　柴刀二把　火盆两个　烘炉二个　斧头二把　铁锯铁凿锥斧锉备用　桐油一担　麻绒竹丝网衫棕片【各一担】　大小铁钉五十斤　石灰二担【亦可为灰包用】　尾楼大战被一张　中笨大战被二张【俱收舵公舱交香公】　两舨边竹甲牌【各五面】　缭岫处牛皮牌【各二面】

已上应用俱皆官备如欲出船当备足用或有打仗开锁随则补足宁可备而不用不可要用无备至于各兵自然各有器械不得冒取此物

至于水兵三十五人当配大旗一杆插在尾楼上冲锋火器红旗一杆插在头狮上当以各兵配执军器应用大双手刀十枝籐牌六面牌枪手十二人弓箭手七人管船官在内而任头目事者使用牌刀二项便于照管船务耳及至临阵杀贼之时一人而用数件军器遇便则用不可以各人各分已物也至有愿学弓箭希图上进者听之

艍船备用器械

大篷一面　头篷一面　舵二门　椗三门【存一】　大緈索二条　缭母一条　大缭绳一付　头篷缭母一条　棕椗绳二条【各长三十五丈八寸□】　小索十条【每条十六丈】　天后旗一面　大桅鸢带一条　头抄一枝　杉板橹一枝【配桨二枝】　子母铳六枝【各带子五个并药弹百出各用木匣收贮】　喷筒三十枝　火药二百斤　碎小生弹一百个　火罐十个　战箭三百枝　挑刀四把　双手刀四把　藤牌六面　竹篙枪六枝　钩镰枪四枝　大小铁锅二口【并盖架】　大水桶二个　小水桶一担【小吊桶二个】　中鼓一面【并架】　小鼓一面　大锣一面【重四斤】　竹梆一个　饭桶二个　碗箸三十付　柴刀一把　火盆一个　斧头二把　铁锯凿锥备用　桐油五十斤　麻绒竹线网纱棕片【各十斤】　石灰一百斤　铁钉大小二十斤

已上皆应备配船之用具水兵二十一人亦如赶缯配法大旗一面插在船后此所不免也或集船配某官系某港当各有暗号

配驾官兵

舟中器备既具人数各有专管则当调官兵以配驾之方或劲旅如赶缯船中水兵三十五人则当配战兵六十五人以足百数或有多带余丁数人若皆壮丁亦能杀贼者则可于战兵之中稍减数人如镇臣登船必有掌号号炮鼓吹排列于前大纛小旗门枪五方旗等类排列尾楼大桅高挂帅字旗【旗可用黄布十三幅长二丈四尺】若营将自出只少帅字旗余皆如式方壮军威官厅以内则主将居之或带家人内幕伴当旗牌之类可住于内或带有守千把领旗头目等官可住阿班舱则大桅前之小官厅也他如各兵计算多少尽配中笨五六舱之间其头桅前之各舱则系众水兵之所收贮舵公舱以后则舵公大缭香公等之所住其大桅以后之水舱乃直库之收拾火器处也计中舱之间每舱配近十人不过收贮衣甲被褥伙食之类耳其睡卧之处仍在笨上篷下则为住处矣故船中遮阳蔑席布棚之类俱不可少竹篙水棍亦不可无于此时可为庶盖风雨也【或遇出洋无水于有雨之时布棚盛水可以济急】如此番出巡将到何处计有数月之住则当预备数月之柴米蔬食矣当为查验多少使无将来枵腹之叹其柴米务令干燥不湿则不烟无明则无蠹毋得有蛀船板出白蚁此为要紧先于各兵上船时验其所带来衣甲军器如刀牌者取其坚刚鲜利□用短稍硬弓战箭务要三十条枪手药筒心药火绳火门火机枪身务要坚固齐备药当三斤弹当百出为将者当自多备好火药百余斤好利器数十件【如枪刀药膏药避暑伤寒各药石亦当预备】碗箸锅灶各自备用勿得取配船之公物与众兵争吃食也

各兵安顿以定各认舱口可将配船兵丁花名写出分褡排舨游兵各名字如配兵六十五名派出四十名用水兵十名兼之共五十名分两舨自头狮以至尾楼一边可得二十五名【尾楼四人尖柜六人中舱六人船头六人头狮三人约略派之其帮大炮子母炮者皆此中人也】内有水兵五名熟谙水务分搭在头狮桅舵之处余枪手杀手弓箭照空兼搭不得汇聚一处其任头目事十四人以十名水兵帮助之并可作游兵之用其战兵二十五人挑选好汉能用数件军器者分为游兵倚船之处以便遇船杀贼也【昔郑芝豹横行海上遇船则藏身于大篷尾约远出缭扬去时随□跳落人船莫之敢当年得财宝无数舟重沉于香山之伶仃洋后灵显乡人有犯之】排舨者则大书名字贴于某处舨内使之识认随将在船人数尽行派出分班打水水皆人人必需勿得狗庇免差【如有愿替之人听之至于出海之时难于取水当禁船发签一人一顿一顿只许一升水毋得多取】次人派出支更人数将战兵与水兵兼务或一更两人或三四人齐支舟中只以四更为度差亦不苦【如用两人一夜不过八人四人不过十六】又派人上岸请先锋石要请时或勿喧嚷戏要相争只拣三实硬石一拳可拿的拣也他一杉板前来到船当鸣金鼓接之堆在尾楼尖柜水仙门头狮各两傍随多少十余堆约足用耳

恐战兵初上船不知规矩如吃烟煙灰从有水处戫不可对阳小便舵金门头狮尾楼抄橹上皆不宜不可剪手自背不可脚跨两舱不可坐垂两脚摇摆厕上大便俱用木片有风不可用纸【曾见有兵登而秽纸被风刮到尾楼兵被处究】其船上各兵煮饭务当十人同煮不必零星只见终日火烟不歇【伊等皆于四更时各持一柴压灶分一锅二锅三锅四锅之例见有奸者只喜二锅以火灶熟易为力□又恐慢故以二锅为美】又如舵公水兵见人众多者于缭岫处自安小灶或于合檀篷边亦安小灶此不妨听之事虽细微亦当知这故备述焉

如艍船之配兵原有水兵二十一名今可配四十人凑就六十一人未免加有管兵官在内则又多矣其规矩调

度与赶缯之法大同小异耳只艍船多用短桨排舨之法似可随时然排舨者亦是人多临大敌以固守移官长以壮威如陆路之操兵站队迎接上司也至于逐奔之际安用胶瑟是在临时变通也

各兵同船共命将卒虽有上下之分威所必行而闲时无事情有可通亦当甘苦与共见有主将登舟人不敢言而以目视将在官厅人不敢行共作狗爬雨淋日晒并无痛惜之心饥饱不问何况伤疾是当为戒不可不恤也

营伍中明盔亮甲原壮军威必不可少而于舟中置此多见锈烂殊为可惜愚尝置竹盔棉甲可以遮阳避雨蔽矢石驱铅弹轻巧而省费遇临敌之际用布湿水色头以竹盔覆之何等便易则棉甲湿水穿挂可避火器此为各兵省费实用之制备也如为将者加以丙丝发绸棉衬袄外加各片盔甲虽炮矢不能伤何况刀枪乎忆昔彭湖之战愚年尚轻持血气之勇不衣脱净用两腿用布包裹置大水桶中泡浸身著水湿棉袄头用水布包裹被甲而不戴盔者以盔有遮掩蔽耳听者朦瞳故去之

出师号令

舟师既备主将登船宜须示号令条规使有遵守当计此行多少船只何者为中左右前后何者为奇为正虽无数十号之巨舰则如伍夫什长亦知左右奇正之分若以三只小舟亦可分中左右之别也是则号令之不可缓矣

一每日清晨中军船头鼓吹打一通放炮升旗各船擂鼓鸣金照式升旗如中军升帅字旗一条龙头冲锋各船亦如之或风大不升桅旗只升大纛小旗门舱各船亦照式

一如二鼓时中军签押已毕尾楼上开蓝巡风旗一对则各官驾杉板禀上衙门如不立小蓝旗则不上衙门如各船有事回话各随其便

一日间瞭望俱照支更轮值分清早上晡下晡至晚分为四停如支一更者瞭望清早二更者瞭望上晡三更者瞭望下晡日将西至落旗时分与四更其瞭望者于泊船之所就高山处遣战兵三名一持瞭望白旗一面插在高岗可达四望之处一持三把连号炮一杆一持刀牌以更代此项可于战兵内拨派一日一船轮流瞭望不用各船齐出也如遇有小船往来打一招旗往来大船往来放一炮大船至五七只者放二炮打二招旗有贼船者放三炮打三招旗瞭望之人速回而船上瞭望之人则系水兵亦照更分轮差各船各望不必通知别船如某船官过某船船上有何事山上瞭望有何举动一一报明瞭望不明不报者小事责大事重处

一船泊港内各兵多有上山买物以及游要至舟中之人因而失事者甚多令设一法计伊一船若有百人只准十签写伊船名第几签先著夜后登岸看验查有签者准去无签不准登岸违者究处

一日落时中军吹打三鼓放炮落旗各船金鼓齐落后各船杉板齐赴中军船听领字号【字号用红纸片二寸长写两字摺几摺小封筒封固外写某船某官支与该船官通知支更人员】如或风浪大杉板难行中军出黑为号不用领号仍用前夜字号

一献纸看中军举灯三次绕转三回金鼓献纸各船亦照金鼓献纸只不敢举灯其各船金鼓时当后中军而鸣先中军而歇不可争行落后

一点尾楼灯中军是夜夜要点如或出洋通变或令各船皆点作何颜色作何挂刻如品字一字吕字器字以及串字桅灯使各船认何灯号以夜战多火鼓在为将之变通也

一献纸毕中军起更鼓掌号放炮定更中军照更点鼓船头应金船后敲梆各船亦应金敲梆如不应者以失更论倘水上有黑块夜浮者以先锋打之或是人以舱打之速唤众人起视中军或遣人查更醒者呼之问何字号答应一字可不知觉被查更之人偷擦黑白暗盗器具而该船不觉者次早查究失更之人罪连该管官至或遗弃杉板以及拖椗重处之失更之人以及该管头上之人也【曾有陆兵初上战船夜轮支更水船拖椗支更不识尚言一船拖椗矣□又云一船拖椗矣如是满海之船皆拖椗矣椗手惊觉而本船已拖过十余舟矣】同船共命如各兵有彼此自持不论日夜争斗聚饮要钱者同坐之人皆处累及管兵官管船官一体究治然后分彼曲直责究

一凡夜船只看灯号远不及看者时或放火号如中军先定何号各船分派何号或流星赶月或九龙吐珠或连升三级或连捷或白火各先认定临时放之则可知某船之去处聚缭松缭以相顾也

一凡各兵奋勇能活擒一贼赏银十两斩一贼级赏银二两活擒贼魁赏银百两斩一魁首赏银二十两毋许夺他人之功冒死贼之级以邀赏也

一凡杀贼之时贼势危急以财宝去水或用银钱打过船来实欲诱我若欲取而舍去之以临阵退速缩罪之或别有得贼船财物者船入官将财宝尽分给有功之人官不得与之

一驶船时须认中方各军各色五方旗如前红后黑左青右白中黄是也如中军连招红旗则前军进连招青旗则左军前进余仿此中军大旗连招则各军齐列前攻招而不应者以见贼不追罪之到而不敢倚贼船者以临阵速罪之有我船打贼船时他船不能帮役致我船有天官兵者以坐视不救罪之上司有没者属员不得生矣【迨有游击典守备驾二船追贼守备拼命交锋身负重伤游击惧不敢进后贼遁守备欲具报游击惧临阵退缩与坐视不救之罪跪求勿报之事稍定反以谗言说备此五年十月事也讳其名而书其事者有国法以垂戒焉】

号令之行随机应变因时制宜亦难预料如先年将军施琅六月十四日自铜山开洋十五日到八罩海上诸人疑为天降料其六月多飓我必兵必不敢出所以各船尽行搁于熚洗及十五早闻大兵到连夜开渠出船彼视我舟如叶拼命而来我众争先港窄难以自展幸将军施琅先有筹备火船之计纵火焚之所杀无几而彼逃回我船亦出将军施琅与总兵吴英计议云出兵之日颁行号令事事有备而未虑□及船多壅塞之虞吴英说以再行恩威之令以于明赏罚于是十八九日集诸将士有功者重赏有过者记罚人人思奋方分为三股三叠如中股之前锋某中股左某中股右某左股之前锋某左股左某左股右某右股之前锋某右股左某右股右某是一叠九只大舰矣二某叠如之三叠亦如之三九二十七只大舰宛如九宫八卦阵其如小鸟赶缯艍船罗列如流星诚为天开八卦以网鲸鲵亘古所未见也其伪将刘国轩颇知兵法见我布列得势急趋小舟从吼门遁去而内此之贼艘一出则三四舟围之矢石炮火多于两点海上全军覆没克成大功谓非圣朝洪福孰能致之而号令之所未料者亦因以赏罚而见效矣

临阵杀贼

临阵之时全在平日训练之功将士猛勇舟楫坚固器械齐备合天时地利人和而后可以言战如察天时之风雨阴晴明地利之浅深潮汐知舟师之协力敢勇料敌情之优劣诚伪方可以抱必胜之技可恃以无恐矣曾闻操演水师排列阵势多见在江湖之中而未言万里之波涛水天一色非人力所能致之处也远如戚继光之靖倭俞大猷之征林道乾近如施将军之平澎台奇谋百出尚有形迹可追彼此可料矣于今升平日久海内澄清虽有一二游魂为衣食所逼势豪驱逐思无藏身之处逃入亡命之党金底游魂情出无奈若能抚以有生之路严其必死之期彼岂不贪生而畏死乎曾记圣祖仁皇帝有云海上原无贼皆由内地而生苟能严之于内则外自安大哉圣言洵为万世法也每见数十年来凡海氛小丑或朝生而暮死或月起而年没靡不荡归于尽是无贼之可杀矣则愚又安用鳃鳃以过计焉但念受恩累世扬历多年譬如庖丁解牛目无全牛而游刃所及身经其事者虽不能展经国之大谟聊效西施之小颦想知者亦不嫌其丑乎

一遇有贼之时掌号金鼓起头篷事急则篷椗齐起再不及将椗羁一浮荡为号弃之回时认号收取

一排艇兵丁各认住处游兵分头狮尖柜尾楼三处各任事头目各顾本等各铳路开明所有弓箭刀枪插在桶内沙米之中【用大桶或装木或装沙或装水以备用】

一大炮应用多水药先以布袋盛之应用炮子碎子各置一筐于本炮之处放完此炮当用铁爬湿水布洗之恐有火气未尽不可再入药耳其大炮要四五人帮之大炮心药或用炒木或用纸包心药或用散药令置库预备其子母炮小子各以装便一位要三人一持稳照的打放一装子炮药一安子以及点绳心用炒木药为上

一喷筒火罐要放时先令人于灶内或火盆中如火炭扇红离贼船三十余步可点著乘风烧之火罐将须点著离十余步掷于贼船之中务要破则药见火而发中藏有碎铁与之俱燃可以伤贼不可大远恐去落水不可使他接去丢倒丢过来反自为害当使贼不见倏然一掷而破则为上

一船上恐滑难走取各兵有睡的草荐草席之类铺满船而浇之以水可避火免滑其中舱用战被遮过做虾蛄心使两边不相顾而排兵艐兵恃以无恐火器亦得安心战被亦用水浇之并缭岫尾楼皆可以遮蔽两艐有竹牌牛皮牌皆用水浇之【澎湖之战船尽盖上皆用木片钉成蓆段大中盖以草荐用水满浇】

一遇贼船时先要他取他上风彼亦要取我上风未免往来梭织此时若在数百余步之外以火炮打之以斗头炮打之然船取上风其船必歪炮发必不远若多见炮子不出百步之外而落若大高则又不准且放一出工夫悠见愚见此时升平似当年大敌者比可以少用只存三门耳【然炮少则多用子母炮更好】

一遇贼子百步之外正子母炮得用之时百步之内牌枪可以兼用五十步之间弓箭可以兼用三十步之内喷火筒可用十步火罐先锋石灰包可以兼用【灰包用纸包石灰内藏一小石方能致远诸器皆当约量可到之际故用之勿太早空费无益贵在稳重切勿慌忙此在上风者而言】

一至倚船之时长枪火剑任其所杀持牌刀过船者持大刀过船者□会之间生死立判所谓养军千日用在一朝敢不以一日之劳数十年报国家数十年养豢养之恩

一如我船多贼船少中左右夹攻之如我船二只贼船一只我一船居上风攻之一船从贼尾楼攻之如彼此各一则当赶上风之势就腰间横截之谓这喜鹊合柴势也及其并列谓之鱼比目势全在人力耳【如船多用横截之势胜于比目也昔攻澎湖时伪镇曾瑞回大熕船来迎愚时配监督李全信船令倚贼上风詹六奇倚贼尾楼林翰倚贼下风曾瑞破愚一箭射中左眼没入半截翻身落舱发□□大熕铳其船列开发火枪例下风焚及林翰船全船亦没林翰落水得詹六奇救起复生】

一如我船少贼船多当避上风择其软弱者攻之□不得上风则从下风驶开让贼船过身就贼之上风尾楼缭䌷处冲之或贼船两边大我当发两边炮子母炮打之【战船中火炮多者发不过一而不敢齐发恐沉没也际此危急之时不得不齐发矣】如或贼势大被他过船他必源源而来我兵则乘伊虚而夺彼之船也【此势败之局也】或贼船高于我船只可用喷筒火罐难用也然今之贼船皆是商船那有火药军器此故无虑间闻有失事者皆由欺敌大过并无军器各自误耳大凡出哨幸勿单船可也并及之见安不忘危之意耳

愚意以此制备置于当年则为简置之今日则为繁当年费多而备足则如大鸟船双战棚而层炮位各款十位火药数千斤火箭九龙箭火桶火砖火浪火罐水底龙喷筒火烟火筒无数皆是议论多而成功少遇有要用之际尽成煤湿不惟点之不著即著亦不出出亦不远空糜粮饷无益于事遇在海坛之时虽有制造各项尽令收贮毋至煤湿临时配用具或庶几乎而喷筒以猫儿竹捆麻合用视费大一筒只用一出更以铁打成铜临用方配孰知监工不力铁不折净致含炭发烈反伤及人经验之事并记之

曾见贼船被追炮火攻打之时贼以掳掠女子赤身制厌对照之枪炮皆为炸烈又如我兵临战口含阴毛以避枪之神煞虽是俗见亦可知之

湾泊船只

凡欲湾船当先明地利如今日一行意欲照垵而行顺风取流则兼数程勿论如戫风逆戮则当辨明此垵系何南风北风可以久住可以寄流可容多少船只山上有水与否何日能有暴期与否则天时地利皆了然胸中自毋错误之处耳譬如此山在此则可当北风之患是为北风澳矣此月何皆有无暴期则可得到天时矣苟或南风盛火之际南面而向甚为不便则当避之皆此理也如浙之海滨山直而下深船虽到边无碍闽之海滨山高低各半当识浅深粤之海滨山面南而不高甚少南风澳若进内港迤逦难通且到处有沉礁□□收泊其难如愚左碣石见说白沙湖可泊船今亦浅矣每有商船打破如碣石港原可入大洋船今只有四五尺水赶缯非搬空不得进田尾一垵到甲子行数日不得进港仍复溜回□到时风流不顺迤逦难进不得不回也愚曾在海坛镇时比巡至比茭头遇夜欲泊船驶到山边下四十余丈椗绳尚不见底惧而溜回夜泊官塘所以地有各别也要明地利略叙大概以为知者悟耳

若山不甚高阔口宽澳可作一字排列或水深作二字排列亦可大船要居中小船分两傍

圆澳作圆式(图略)

三字排列(图略)

如平坦小澳作人字列(图略)

宽处作文字势(图略)

平澳作三叠梅花体(图略)

右如各澳口排列图式不过聊备大概因时制宜随地变化难以尽备只湾船之时当候中军择地而湾不可使椗绳相犯致有相撞之患又不可椗地不稳致有拖椗之虞苟有数日之寄则当放倒椗以候潮水往来庶不致漩回所以言为贼者一夜泊九湾九夜无湾泊以其出入靡定不敢守常使人知觉翕澳也【翕澳者知贼之泊处乘夜驶船攻打之使不得出尽一澳之船而□灭之苟可翕地之澳岂不虑翕我之澳乎】

愚在海坛时巡到南日山因驾左营坐驾舵公不熟不敢进澳内又北风正发船适拖椗令摇杉板拣椗牵入舵公嫌远务要收椗戠入一到山嘴之间下山风一到将船吹倒幸大篷下篷篙吹折小缭绳犹如刀割篷被风吹开方得复正随出山嘴之间头起接缭绳补篷篙乘风直溜用二接篷而驶其随师入船无敢出者凝想二尺余围之篷篙折如折草四五丈高数十条之缭绳齐若刀割此非神天庇佑不知已饱鱼腹之中矣遥望湄洲天后祖庙叩头致祷乞尽日到湄洲祭赛薄暮到莆牺禧备牲牺调梨园次日进庙三参拜作三日住以酬愿方信灵神之功万世不泯焉

水操略言

兵之一道难穷其奥而至于水师则又难中之难矣凡有言者犹如画饼充饥未见其饱而不言者亦如含珠不吐谁知是实漫学邯郸之步聊举水上之萍今如水战拨配船兵湾泊船只已具于前而教练水兵之法又将如何乎愚意以人生皆学而知使之日日舟楫惯习水务生知学识皆可通融则如技艺之精工全在学习之不倦可以理喻矣如船只之排列阵势连艅驾打亦因潮水之进退风力之微缓一来一往则以戠风逆流是岂人工所能为乎愚曾随师澎台提师鹭江历海坛南澳碣石香山水师见所操者不过分而道鱼贯而进傍放边炮到处放一斗头炮交七分左右而回或被急流逆风不能随艅终局者往往皆是是看图形说法从何讲起可不为难中之难乎愚见先以驾杉板船荡桨驾子母炮插小旗一面令舵公抱橹营兵官管船官督驾水兵数名结寨连艅则其船小不贪风流驱驶得法操练既熟次以小船船教之可能如意后以赶缯船配操则驾驶之人未免学习精通易于旋回耳姑为图于后

周天二十八宿璇玑图

水寨

(图略)

周天二十八宿璇玑图

此图四面皆八只中藏八只如东西南北正门二只不动四隅四只共十二只不动取十辰之义也

如内一号移于东门则东南角一只移于正南

二号移于西门则西北角一只移于正北

三号移于南门则西南角一只移于正西

四号移于北门则东南角一只移于正东

五号如一号

六号如二号

七号如三号

八号如四号

消中藏之八只四面仍是八只使人不知其何去何来至有游巡小哨随其出入所谓杂而不乱四头八尾触处为首其殆是乎以此地之陆战兵孰谓不宜乎

【右前图排出以虚其中四面亦皆八只不见其多面宽旷自若安收如前照前出收之不难矣】

(图略)

团操法【先排三叠势将前二叠分左右两边鱼贯而出放边炮看诸船尽到交□之处放斗头炮交又照一船左一船右而回其后叠看两边俱回齐排前进各放斗头炮而两边两叠仍收中军之后后叠亦收回作前叠矣其金鼓掌号招旗随时可用】

(图略)

潮汐论

古今论潮备矣长为潮退为汐匪朝至夕至之谓或以为海鳍出入或神龙变化或日出于海或天河微涌皆居中土不习见潮之论夫天地间一气耳海潮者地之喘息耳记云卯酉之月气以交而盛朔望之日气以变而盛故潮独大此以余月余日论也周翠渠云海居地上地有俯仰潮因有往来气升于北则北盈而南虚地必南俯故潮皆南趋气升于南则南盈于北虚地必北俯故潮皆北趋此以地乘气潮因地论也惟俯仰之形与喘息之意略有异矣月

临于卯酉则潮涨乎东西月临于子午则潮平乎南北此以大阴之天盘论也自朔至望常缓一夜潮自望至晦复缓一昼潮此大没西阴之期常缓于太阳故也海之极远者其得气尤专故潮因之东海南海其候各有远近之殊岂非风之不同而气有独盛与若昼潮大于春夏夜潮大于秋冬潮之极海常在春夏之中涛之极大常在朔望之后此则天地之常数通四海皆然然亦止于封域九州之内若天南望北斗与蒸一羊脾熟而天复明之外及今红毛所居彼地有夏秋概尽春冬水夜之处又洋船为飓风飘所飘常至万水潮东水皆东流而强急无复潮汐南北流愈甚则水垠如沸耳东风大作不可挽回若此之处理之所穷人非人之所可测矣故方舆胜览有钦廉琼海之潮大小随长短星不系月之盛衰之说此虽未可尽信亦未可概非四域之外耳目所不经见之事荒唐尽有姑存之结论以备参考

窃惟潮汐虽天地呼吸之气亦波涛消长之机舟人泛洋不可不察以南海而言每月二十七日潮生渐长至初一日寅时大潮辰时渐退大潮自初一初二初三初四日渐消至初五日潮落小信潮至十三日十四日潮生子时潮满丑时潮退长至十五五日大潮寅时潮满辰时潮退十六日十七日十八日大潮十九日渐消二十日小信潮午时满未时退每年如此东海亦然以北海而言与二海稍异每月十三日大潮渐长十七日午时潮满申时退二十日退潮至二十七日为小潮二更渐满寅时退至二十八日又渐长为大潮至初一日初二日午时长满未时退初三日渐进初四十二日退为小潮二更潮满寅时退周而复始每月如此

外海潮汐

初一卯末长午中满申末乾
初二辰初长午末满酉初乾
初三辰中长未初满酉中乾
初四辰末长未中满酉末乾
初五巳初长未末满戌初乾
初六巳初长申初满戌中乾
初七巳末长申中满戌末乾
初八午初长申末满亥初乾
初九午中长酉初满亥中乾
初十午末长酉中满亥末乾
十一未初长酉末满子初乾
十二未中长戌初满子中乾
十三未末长戌中满子末乾
十四申初长戌末满丑中乾
十五申中长亥初满丑中乾
十六申末长亥中满丑末乾
十七酉初长亥末满寅初乾

【一日十二时　一时八刻　一刻十五分】

（图略）

十八酉中长子初满寅中乾
十九酉末长子中满寅末乾
二十戌初长子末满卯初乾
廿一戌中长丑初满卯中乾
廿二戌末长丑中满卯末乾
廿三亥初长丑末满辰初乾
廿四亥中长寅初满辰中乾
廿五亥末长寅中满辰末乾

廿六子初长寅末满巳初乾

廿七子中长卯初满巳中乾

廿八子末长卯中满巳末乾

廿九丑初长卯末满午初乾

三十丑中长辰初满午中乾

俗云一水差九里正有盈缩之分以其今日之水较之昨日之水照其时刻可行九里之路也所以长算满连根九位满算乾连根八位仍天地呼吸之气月行圆亏之度殊难深穷其奥矣

如初一日卯未算就卯末起长连根算至第九位是午中则午中满矣又就午中满连根算至第八位是申末则申末乾矣

又如子午卯酉寅申巳亥辰戌丑未各有潮汐之分俱皆对照日中则看日时夜间则看夜时如十五日上所写者是申中长如是清晨何处问申所谓且看日时依对照算之则是寅中长矣以类推之余俱仿此

俗云初三十八水长饷午候□或日或夜其满在于子午谷之□也又谓初八二十三暗水没人坦者因此二日总照初一日排至三十日止长退无差虽有日夜要知子午卯因寅申巳亥辰戌丑未循环之理

右系外海潮信如内海时刻海道迤逦长满乾各差一个时辰当约量道程不可据为不准

若琼南又难定此潮信彼处潮随风生东西南北随风向往

浙东潮信

初一初二十三十四寅申长　巳亥平

初三初四十五十六卯酉长　子午平

初五初六十七十八辰戌长　丑未平

初七初八十九二十巳亥长　寅申平

初九初十廿一廿二子午长　卯酉平

十一十二廿三廿四丑未长　辰戌平

二十五二十六寅申长　巳亥平

二十七二十八卯酉长　子午平

二十九三十辰戌长　丑未平

大凡朝生为潮夕生为汐晦朔弦望潮汐应为故潮于地下之中而会于月潮生于寅则汐于申潮生于巳则汐于亥阴阳消长不失其时故曰潮信

【一掌图】

(图略)

如初一初二日从寅上算起初三初四日遇卯位初五初六日遇辰位照此式算至十三十四日在申位又十五十六日在寅上算照式算至廿九三十日在酉位此安定日位之处也

今如是初一日算水时则就寅上算水长卯上算半长辰上算满巳上算退午上算半退未上算乾则知何日何时潮汐余仿此

按外海潮汐日日有差则如一水差九里之说也如浙东潮信更以对照为法不论时刻总算也一掌图之法则二日一位分六时之长退硬法易算也要之各有内外海之分自所至粤流水俱有各别虽差不远未可以不符同而弃之姑并录之

愚曾与西洋人谈及水月之事彼云水生则月明月明则水不易之理也因取一钱置于椀中曰此椀则海也此钱则月也置于座前地中以不见钱为度令人取水灌之水满而钱显然见之若浮则此理也

习潮信者不可不知时日并录之

定寅时诀

正五九五更四点彻　二八五更二点歇
三七平光起寅时　四六日出寅无别
五月日高三大地　十月十二四更二
仲冬才到四更初　此是寅时须切记

定太阳出没

正九出乙入庚方　二八出兔入鸡肠
三七发甲入辛地　四六出寅入犬藏
五月生根归乾上　仲科出巽入坤方
惟有十月与十一　出寅入申仔细详

行船占日月风云

一日晕则雨月晕生风何方有阙即此方风来也

一日没胭脂红无雨也有风须看返照日没之前胭脂红在日没之后记之记之

一星光闪烁不定主有风

一凡风单日起单日止双日起双日止

一凡风起早晚和须防明日再多

一有暴恶之风尽日而没

一防夜起之风必毒

一凡东风急风争云起愈急必雨起雨最难得晴

一凡春风易于传报一日南风必还一日北风虽早有此风尚晚必静

一防南风尾南风头南风愈吹愈急北风吹起便大

一春南夏北有风必雨

一云若炮车形起主大风

一云若鱼鳞不雨也风颠

一水际生靛青主有风雨

一秋天云阴若无风则无雨

一六月一雷止九台七月一雷九台一齐来

一月尽无雨则来月初必有大风雨俗云廿五六若无雨初三四莫行船春有廿四番花信风梅花风打头拣花风打末

一九月内遇箕壁翼轸四宿之日主有风起

如十二月二十一日起一日有风应明年正月有风二十二日有风应明年二月内有风或是日有几次风则明年是月亦有几次风老渔翁之经验也

一春夏三季早看东南黑云濛第二日主有风晚看西北

一北春风浪硬而坚南风浪柔而顺

一海响者主一二日有大风【丁酉年总督杨琳亲在黄冈闻三涌有贼调赴应援时沿海水师令良弼总统率行七月十五日舟次佛堂门海声响应浩浩不绝舟人告曰佛堂门□天后最重协主若未经到当备牲仪祭赛随遣人到牛屎湾买备猪羊迟至十六日祭赛焚香未毕风雨齐到巨浪塞门难容出口急溜四赤墈湾泊迟至十九日方再出风恬浪静至福建头见虎门协守备钱寿船失桅坏舵催渔舟捞牵询伊协主备即游观光于十六日被狂风吹折大桅失舵想难保矣愚急遣人查寻幸无恙现在龙船湾修船可见天后当敬海响有验矣后良弼亲为挂扁曰南海重生】

占八卦时风吉凶

乾【辰未申巳午吉寅卯时凶】

坎【辰未寅卯申吉巳午未时凶】

艮【寅卯巳午吉辰未时凶】

震【亥午子吉辰丑未时凶】

巽【寅卯辰吉申酉时凶】

离【子丑寅卯辰吉申酉时凶】

坤【寅卯巳午吉亥子时凶】

兑【巳午辰戌未吉寅卯时凶】

已上看定风旗从何来是那一方查检防避吉凶先知凡占风雨必审天时云气以每月朔一日管上二旬二日管中旬三日管下旬日色青黑润明多雨黄赤干枯多风又云朔日管上半月望日管下半月又云逐日天色青黑润主雨黄赤干枯主风善断以三旬朔望观其大略以当日而决即知风雨

占晴门

早起满天晴　日出渐渐明　早起雾露云　晌午日蒸曛

日光明又彩　久晴定可待　暮日光烛天　晴明且又炎

暮看西边暗　明日主晴明　红云日暮起　晴明便可许

夜光魁斗净　明日天色正　电光起西南　明日天炎炎

游丝天外飞　久晴定可期　白虹若下降　恶雾尽消亮

西南比微风　可喜天光晴

占风

魁罡气白虹　提防风势狂　早闻日晒耳　狂风即时起

早白与暮赤　飞沙及走石　午前日暮昏　北方风怒嗔

午后日昏晕　风起须当慎　日月忽然圆　风来不等闲

云掩日不动　风势如山重　还照色黄光　明朝风必狂

天道忽昏惨　狂风时下感　天色赤与黄　顷刻大狂风

黑云片片生　眼底主狂风　黑紫云如牛　狂风急似流

云势如鱼鳞　来朝风不轻　黑云北风尖　暴头风大毒

黑云半开闭　大飓随风至　云起乱行急　风势难当抵

乱云大顶绞　狂风来不少　辰阙电光飞　大飓不可期

连日雾濛浓　必定起狂风　星辰若昼见　顷刻狂风变

闪烁兑星光　星下风大狂　蝼虹若放洋　大风必难当

海泛海沙尘　飓风却怎禁　风雨潮相攻　须防风飓起

禽鸟冲霄汉　狂风时下见　面颊热如红　有云天即风

占风雨

日出卯遇云　无雨天必阴　日出红云暗　东风雨即见

日暮若暗红　无雨必生风　日暮黑云接　风雨不可说

朝暮起海云　东风与当晨　东风黑云急　但犯雨倾滴

云暗遇东风　滂沱雨下倾　云随东风起　风定雨方止

云布满山纸　东风雨乱飞　雨过东风至　晚来越添巨

午后遇云遮　东风夜雨泄　云从风门起　飓风连急风
但犯起东风　雨下必相从　黑云暮生西　半雨风雨催
春夏遇阴凉　雨下把风防　秋后遇阴热　云雷风雨烈
西北黑云生　雷雨必声訇　东南北海响　风雨渐渐长
虾蝀出自东　无雨必生风　断虹当晚见　不明天必变
电光若乱明　大雨随风倾　汛头风不长　汛后风雨旺
满海起风浪　潮随风雨涨　乌鳞弄忽波　风雨急如梭

占雨门
魁罡润云气　必定雨垂连　雨霞如黑洒　细雨纷纷下
电光西北起　定然连夜雨　朝日光烛地　细雨必然至
虹见被云吃　当时雨倾滴　虾蝀出自西　明日应雨垂
中后日晒耳　明日定有雨　雾雾夜不起　来朝必细雨

逐月行船宜避暴风忌日
正月
初四接神暴　七八日风乃北风
初九日玉皇暴【此日有暴一年内诸神皆暴无则少】
十五日三官暴　二十九日龙神会暴【俗云乌狗飓】
又初一初八十三二十二十一二十六乃天将下降日逢大杀午时有风无则雨
二月
二日忌北风【俗名白须飓】
十九日观音暴　二十九日龙神朝上帝
又初三日初九十二十七二十四三十日乃诸神下降交会酉时有风
三月
初三日真武暴　初七日阎王暴　十五日真君暴　二十三日天后暴　二十八日诸神朝上帝　忌清明北风
又初二初三十七初十十七二十七日乃请神上界逢星午时后有阴雨
四月
初一日白龙暴　初八日太子暴　二十三日太保暴　二十五日龙神太白暴
又初八初九十九二十三二十七日诸神逢会太白午后有阴雨
五月
初五日屈暴　十三日关帝暴　二十一日龙母暴
忌雪至风以正月下雪日为始算至五月乃一百二十日之内主此风
又初五初十十三十九二十九日天神朝玉帝酉时后有恶风
六月
十二日彭祖暴　十八日【俗云彭祖婆暴】　二十四日雷公暴【俗云洗炊笼暴】
又初九十二十八二十七日卯时主有大风
七月
十五日鬼飓　十八日神煞交会
又初七初九十五二十五日二十七日卯时主有大风
七八月之间若有三日南风必有北风报之

八月

初一日灶君暴　初五日大飓旬　十四日伽蓝暴　十五日魁星暴　二十一日龙神大会

又初二初三初八十五十七二十七日主大风

九月

初九日重阳暴　十六张良飓　十九日观音暴　二十七日冷风暴

又十一十五十七十九日主有大风雨

十月

初五日风信暴　十一日水仙暴　二十日东岳朝天　二十六日翁爹暴

又初十十五十八十九二十二十七日乃是府君上朝天界卯时有大风雨

十一月

十四日水仙暴　二十七日普庵暴　二十九日西岳朝天

又初一初三十三十九二十六日主有大风雨又冬至风

十二月

二十四日扫尘风　二十九火盆飓

又初一初二初五初六初八十一十八二十一二十二二十六二十八日有大风雨

杨救贫定凶日不可行船

正月【十三】二月【十】三月【初九】四月【初七】五月【初五】六月【初三】七月【廿五】八月【廿二】九月【廿五】十月【廿三】十一月【廿二】十二月【廿九】

河伯死忌庚辰日　子胥死忌壬辰日【俱不可行船】

风波【即年建】　白浪【即月建】　覆船【即破日】

逐月诸神寿期宜防暴

正月　初一天腊　初三孙真人　初四诸神下降　初六日定光佛　初七八江东神　初九玉皇　十三刘猛将军　十五三官　十九长春真人　二十一日　天将下降　二十六逢大煞　二十九龙神会

二月　初一太阳升殿　初二土地　初三文昌梓潼　初四曹将军　初六东华帝君　初七春期　初八张大帝　初九昌福真老　初十释迦文佛　十二葛真君　十五大上老君　十六精忠岳元帅　十七东方杜将军　十九观音　廿一普贤　廿二王母　二十五元天圣父　十九龙神朝天　三十诸神交会

三月　初三元天上帝　初六眼香娘娘　初七阎王　初十张老相公　十二中央五道　十五祖天师　十五旻天上帝　真君　玄坛　驱魔大将　十六准提　十七山神圣将　十八三茅真人　十八中岳大帝　二十子孙娘娘　廿三天后娘娘　廿一东岳大帝　至圣先师

四月　初一萧公会　白龙暴　初四文殊　初八释迦　初九尹真人【葛孝先真人】　十四吕纯阳　十五钟离　十五释迦成佛　十八紫微大帝　十九泰山娘娘　二十眼光圣母　二十三太保　二十五龙神太白　二十六钟山蒋公　二十七诸神逢会　二十八药王

五月　初一南极长生大帝　初五屈原　邓天君　温元帅　初七朱太尉　初八南方五道太子　十一都城隍　十二炳灵公　十三关圣帝君　十六天地玄煞　十八张天师　二十丹阳马真人　二十一龙母暴　二十九许威显王【即许远】

六月　初五南瞻部洲转法轮　初六崔府君　杨四将军　初九刘海蟾　十二彭祖　十三井泉龙王　十六王灵官　十八池大王　十九观音成道　廿三火神马明王　二十四雷祖　二十六二郎真君　二十八天枢文丞相【即文天祥】

七月　初七道腊　十二长谭真人　十三大势至菩萨　十五中原地官　灵济真人　十八王母神煞交会　十九值日太岁　二十一普庵祖师　龙神会　二十二增福财神　二十三天枢上相【即诸葛亮】　二十四

龙树王菩萨　三十地藏菩萨

八月　初一妙济真君　初二灶君　初三北斗下降　初五雷声大帝　初十北岳大帝　十四伽蓝　十三太阴朝元守夜烧香　十七酒仙　二十一燃灯佛　廿三伏魔副将显王【即张飞】　廿七北斗下降

九月　初一南斗下降【至初七日】　初三五瘟　初九斗母元君　初九重阳帝君　十七金龙四大王　廿二洪恩真君　廿八五显灵官　三十药师琉璃光王佛

十月　初一东皇大帝　初三磨化真君　初五达摩祖师　初六天曹五岳五帝　十一水仙王　十五下元水官　十九虚靖张天师　二十东岳朝天　廿七北极大帝

十一月　初四大成至圣　初六西岳大帝　十三太乙救苦　十七阿弥陀佛　廿三张仙南斗　二十六北方五道

十二月　初八王侯腊　十六南岳太帝　二十鲁班太圣　十一天猷上帝　廿四灶君朝天　廿八华严菩萨　三十诸佛下界

近年以来圣明在上河清海晏风调雨顺则诸神皆仰体天心少于发暴然古有是传姑载之亦见安不忘危治而愈治之余意耳

如昔年将军施于六月出洋正值暴旬之候十八日泊舟虎井又十九日人逢观音暴之期天将微阴诸将舵公等□□无措忽而雷声轰烈将军祝天以圣朝洪福所庇得安万灵是六月一雷止九飑之应矣

或□□

或问于良弼曰当今圣天子在上隆重武臣而水师之中犹为眷念以子幼历波涛自成行而至秉钺深知有素胡不著述以开后人之迷途乎弼曰吾老矣无能为也惟愿吃菜根以长年祈圣世于万禩得以含哺鼓腹笑傲烟霞自如足矣他如安邦定国之才愿以让诸雄豪客曰噫升平日久历苦战者无其人能□述者有谁氏然比望梅止渴道听途说皆不得其奥□□乃□经其事备历□险当细述从前之见明以公诸人若何弼曰唯唯他日客又过而问曰前承教言仅得其形未得其神良有望于司南耳弼曰愚孤陋寡闻学浅才疏若以未见木行之事捡残书拾唾余以为能乌乎敢凡有身经其事者历叙质明然自戢其不足以补吾子之所须也遂请而正焉

一问船只之造原有全规今以约略言之未见齐备□□

答曰船只之造原有尺寸相关不得紊乱如浙闽粤三处各有规矩□□一定今所载者总而言之不能随地□□逐匠□□如粤之匠工现开木料工费则已不同其他岂能预定乎然商哨之船亦有各别则如商船欲腹广而外载含檀收□短少以省税哨船欲合檀宽阔以合例腹尖窄以省费及其驶风之时腹广者稳腹尖者斜此不易之理也全在监造之用心长短尺寸匠作者之用力也辛丑间台湾之变粤督府杨琳意欲遣提臣姚堂援之拟以香协陈良弼为先锋姚提督曰台为我旧治我即立去当从旱路赴厦雇觅商船出洋杨总督愕然曰现有舟楫可往何□□雇姚曰吾粤之船短钉薄板聊应故事耳底尖不稳□□□□□能沙两□□巨浪乎杨曰早何不言随即饬行凡各船板务要裁尺三寸厚钉务要一尺三钉深入一□现行准案以此推之公中有私全在督造匠工之用力非管兵官可能言也愚在碣时曾有摺奏请预买木料以备用不致临时周章经蒙旨批即使预备如不得其人□漏拖欠及不如临时采办也圣明洞见无微不照岂愚昧之所能及乎乎故未敢多述焉

一问船中有舵公则有火长今何不载

答曰船中之火长则为一船之主宰驶□边船时能知浅深礁石曲直□舵公之事也一出洋则对罗经认针路辨更数皆火长之事舵公听其使唤耳如先年施将军预□几人后得公皆授显秩岂今日无事之时安用计及此乎则如火长好者商请过洋一年可得数百金营中岂能养活之乎且亦无用之处彼亦不愿为我用也置之勿论

一问舟中积□固有预备而头巾插花尾送何无言及

答曰头中插花尾送等事此商船所必要也商以货重轻风难驰故加头巾于桅尾尖边插花于大篷边加尾送于尾□□□之□风轻快□□□以趋利遇贼以难追故有此说□□□台湾有警□□总督杨琳急令各船皆预备头巾等项愚方见杨总督陈明其事曰良弼幼历波涛未见战船戴带头巾则昔年征台大举费尽多少□具亦未及于头巾等事可见营船之不用明矣今以粤船轻浮尖薄遇风只怕歪斜欲倒是不可用一也其战船中不过柴米衣

甲下不满载则下虚船上人多摇摇往来则上盛上盛下虚已非稳计岂可加头巾插花使之飘去乎是可不用二也一见贼则当励必死之志尚敢偷生恃头巾以□遁乎是可不用三也杨曰善哉言也今罢之故不之载

一问号令未分金鼓旗帜该何色号何者为进何者为退

答曰号令不过就此时而言试问今日无事谁敢变易旗号乎改设营制乎一镇出巡多至十舟少则五六内中则可以分四方五方奇正足矣至统率二三十舟亦当分进他处住为犄角之势未必其泊一所也么麽小丑闻声即灭非似有争夺之区设谋用计者比至因时制宜各随处妙算【当年征台各镇□篷皆涂红粉白擦黑以为号协营等□皆满篷大书姓名以为记】

一问赏罚何不逐项分明如何加官进禄如何陟降斩杀

答曰□□之世□使用命之人可以加赏犯法之人可以□□□□能□生死之□□□富贵也至于临大敌建大功在为帅者之料明难以言尽也

一问对敌之时多言必胜岂不虑□不测之虞乎答曰如驾巨舰临大敌则事事当备恐有意外之患炮火之忧多设水湿棉被以扑灭之预设木桩裹湿棉以防炮打船漏【澎湖之战船上皆用草席注水以防火时愚船之□有火罐总官□□余丁急以米覆之□不能起人见我□□山上远炮打著穿板而入余丁急以木桩裹棉塞其口炮从水中跳入其力不大仍在船内后人取视乃西瓜一大炮子焉】若有犯礁败遁急爬水仙而走【爬水仙乃万不得已之时或管船官舵公香公等人□□天后水仙王北神取一饭桶或碗箸之类从水仙门去□大声呼爬众人和之则船如飞可以过□康熙癸卯年愚方五岁从金□入泉遭风失桅舵众爬水仙得至崇武□□方到岸愚急从舵金门跳□彼岸而船复随浪入海击破】尽人力知天意及有事不能为者惟舍身以报国为忠义之人矣

一问兵丁之技艺何无教□炮火军器之制作何无分说

答曰兵丁技艺炮火制备于今为盛凡营伍中逐日操演各无暇刻靡不精备非以古人著书空谈教以技艺进退各项器械只可置于陆战之中似未能及于水师也水师之兵全在胆力行走自如能食能作临阵心定不忙于脚□□□□有学自然可用矣□备军器炮火之需前人屡□□□询之铁匠药匠尽时□晓则如□定远之药□与登坛必□诸书皆可取法愚何用哓舌拾其□余乎□愚莅碣三载所造军器费亦不少如刀每把以熟铁百斤折至二三斤亦可谓精矣如火药皆自置制办以绝□之硝磺配□柳枝柳木之炭按数配合精过于红毛时或赏兵皆留为心药之用尚存数百□为了船可带自用乍然去官军器火药尽为悍弁攘去言之不忍言矣

一问湾泊水操何无一定画图亦不切明

答曰湾泊水操之法前已□明譬如布棋局局有势盘盘有法岂能执一定之规乎则稽之古与设立水寨赤壁洞庭之议□□□江湖而戚定远之靖倭虽表明未尽畅快亦皆合舟登□未有终年在水则水师之操演本在陆地也施将军□载征台泊平海泊铜山择天时地利练兵选将制器备火百务应心至于癸亥克成巨功是才是命宜具世袭罔替也幸勿以班君之言为平平耳

一问潮信所开三式不同同是一海何分数种乎

答曰潮信有南北之分内外海之别虽差不过时辰□譬□□□呼噏二气鼻气口气上气下气俱有气息勿□滞式□为不□□□□□

一问风云暴期亦有不准乎

答曰风云暴期出自天意人□□□有熟识之人亦难知其气运因有是传不敢泯灭故笔于书【俗云四八月好行船以其无报也如粤海相传有□报反之暴多于四五月间不论何处水使海底滚起能溺舟害人至南澳而上不能入闽近如六年七月初八日广海起风沉破许多洋船溺死多人又如七年闰七月初九日肇庆溺破□□一百二十余只何尝有暴期之人数耳】

尝稽诸典籍质之高明其足裨人者恒多即欲表兵家之妙旨又非笔石之所能纪矣然而今昔殊分沧海桑田尘扬弱水天时地利变幻无穷非浅学者所能测其微也是以前人存无限之□心著集于世冀传不朽之芳誉其如时世不同难□古道则前人所著述空为后人笑矣复之人好尚虚文择焉而不精

粤东海图说

粤东列郡有十近滨海者分为三路潮惠为东路高雷廉为西路广州省会处中若肇庆南韶皆山也琼州海外也东路与福建接壤外而南澳为闽粤交界之区扼亢抚育之防甚属紧要而东界柘林澄海达濠海靖海门神泉诸处均属南澳镇属尽皆跬步海涛在在设汛安置炮台可谓星罗棋布矣若惠州海丰属东南滨海而甲子所碣石卫白沙遮浪捷胜汕尾平海等处虽易藏奸而重镇握兵亦赖以无虞继而大鹏沱泞龙船湾佛堂门急水门以及大俞山伶仃洋虎门香山三灶广海等处则为杂踏之区而提镇兼施巡逻周密外而弓□珠池枳杆州环隔外洋至于老万山稍可藏奸近今设防轮守亦云周备其广海以下之上下川阳江海陵戙船澳双鱼放鸡洒州皆称要地今亦严密矣过而琼南风水各别舟楫少通非穷寇亦不尽遽临其处也稽之明季倭寇为患则拓林为首严南澳以外有三澎为盗贼之门户必经之处当为戒严也如许朝光吴平之巢南澳继而黄霸据之【霸军□三尺六】澄海东陇朱良宝巢之东湖莫应敷巢之蓬州魏朝义巢之达濠【即大头埔】林道乾巢之下至碣石则苏利佔据二十年墩下林奇材巢之香山澳□赁居其处外面老万山则邱辉【胡人浑名臭红历授伪镇没于澎湖】为劫掠住札之区阳江北津有许思之巢琼山有李茂之巢揣其巢皆因国乱民贫相率为匪暂至夜郎自大啸虎莫撄流毒生灵自我朝定平以来泽及枯骨华彝宾服梗化者引首就戮俯伏者崇以贵秩恩威并行又何海氛之足虑乎间有如蔡十三等辈乞降无路偶尔猖獗皆由防汛不严两镇轮巡通省前去后空使知无备之防得挺螳臂之力及总督杨林稔悉情形奏分三路筑造炮台以来几何见有潢池之兵乎是杨琳之功为不泯矣故为海疆计者惟虑人地不宜水务不谙能严于内以防出口地于外以防劫夺饬渔船之为匪接济禁奸人之越境生事则合圣祖之训曰海上原无贼皆由内地而生其旨广其意深实心为国者可共勉哉

泽园识

粤东海道垵数

南澳【闽粤镇】 □□【澄海协】

广澳【达濠汛】 钱澳【海门属】

靖海【海门守分汛】 赤澳【海门属】

神泉【惠来县属俱南澳镇辖】 甲子【碣石左营】

田尾【碣石镇中营】 白沙湖【湖内可泊】

遮浪【碣石右营】 汕尾【湖内可泊】

青草【碣石右营】 大星【左三管笔右稔山平海营】

沱泞【大鹏营】 佛堂门【内有赤嵌牛屎湾九龙湾布袋澳可寄泊】

大急水【有三门】

赤垵【赤垵新安属北入广城南往大俞山要入广州至黄河一垵虎头门至鱼珠至省城】

大俞山【大澳可泊新要□属】 十字门【即澳门外口有内十字外十字香山县属】

三灶【香山属】 上下川【新宁县广海属】

阳江大澳【东南北风可泊】 海陵【内大戙澳可避飓】

儒峒 莲头【外是放鸡山内是电白而可泊】

电白【至洒州过小洋无澳可湾】 硇州【直至海口约有三垵水道至此必求】

天后有杯准行一日可到琼州

以上各澳俱有取水之处

共有三十垵

折更数有四十更

粤东新设炮台

饶平县

腊屿一座【炮八位营房十八门】 长山尾一座【炮八位房二十六间】

虎仔屿一座【炮六位房十间】 鸡母澳一座【炮八位房二十六间】

澄海县

大莱芜一座【炮八位房二十六间】 沙汕头一座【炮八位房二十四间】

放鸡山一座【炮八位房十八间】

潮阳县

莲澳一座【炮六位房七间】 广澳一座【炮八位房十八间】

河渡一座【炮六位房十二间】 钱澳一座【炮八位房十八间】

惠来县

靖海港一座【炮八位房十八间】 赤澳一座【炮八位房二十六间】

石牌澳一座【炮六位房七间】 溪东一座【炮六位房十二间】

澳脚一座【炮六位房七间】 神泉港一座【炮八位房十八间】

海丰县

东甘一座【炮八位房十八间】 西甘一座【炮八位房二十二间】

浅澳一座【炮八位房十七间】 遮浪一座【炮八位房二十二间】

牛脚川一座【炮六位房七间】 石狮头一座【炮六位房七间】

归善县

大星山连环一座【炮八位房二十一间】

新安县

沱泞一座【炮八位房二十六间】 佛堂门一座【炮八位房十五间】

南头一座【炮八位房十五间】 大屿山一座【炮八位房二十间】

香山县

前山寨二座【连防城共炮三十位】 三灶一座【炮八位房十八间】

阳江县

北额港一座【炮八位房十六间】 海陵一座【炮八位房十四间】

北津一座【炮□位房十四间】

英川县

淡水头一座【炮八位房十一间】

石城县

龙头沙一座【炮八位房十七间】

合浦县

八字山一座【炮八位房十二间】 冠头岭一座【炮五位房六间】

钦州香炉墩一座【炮八位房十七间】 石龟岭一座【炮五位房六间】

陵水县

桐楼港一座【炮五位房十一间】

文昌县

清澜港一座【炮五位房十一间】

临高县

石牌港一座【炮六位房十一间】

以上共炮台四十一座大炮三百一拾贰位营房六百一十八间俱系两广总督杨琳□定添设其原有旧炮台多经倒坏不载至拨防兵无有定额任听该镇营轮流调度分配操防耳

【粤东海图】

(18 幅略)

洋船更数说

大凡陆地往来有里数有程站可以按程计日分毫不谬惟洋船则不然盖大海之中全凭风力若风信不顺则船势渐退此不可以日期定也汪洋所在杳无山影非同内洋有涯岸垵泊者彼此不可以程站计也故设为更数以定水程夫更数者洋船设一漏以贮沙沙随漏尽则为一更然不得风力相称者则又不可以计更故持木片一块在船头放于海中人即疾趋至船尾其木片亦即并流至船尾者此其气力相称即可随漏以计更矣果有此风信尽一日夜可得十更一更可行六十里如陆路之一站也其所放木片或人走至半船而木片已先流过船尾者此其风力十分顺利则为过更数过更者则为过更程也其所放木片或人走至船尾而木片只流至半船者此其风信不顺则为不及更数不及更者则为不及程也故火长之定罗经者船头从何字行约有几更该到何处下铁锥以取泥沙则知更数之有准针道之不移或转字与否随其分别矣每见洋船回棹被风飘流误收他处者皆由□良火长不精错认更数或被狂风错认山势或因失落器具致遭飘流之害耳故今虽泛泛言及更数者亦皆因愚以诱愚何曾深知其微奥耳而有甚者以垵边之船亦询及更数夫既有垵可泊有程可考举眼见之不问又安用此无稽之形影乎彼曰欲上司之问及欲显熟识水务之才能不得不沙拾故套以讹传讹取侥倖以博高官是终南有捷径之法未能免俗聊复尔云云

附外国水程更数并所出土产

吕宋【水经计七十余更照顺风算一日夜驶十更】

土产出银苏木燕窝鹿脯鹿筋　广船往贩绸缎绵布丝经湖丝等货

宗脚【水程计一百七十更】　吕宋辖属

土产洋参沙藤虾米　广船往贩粗磁器铁锅铜器等货

苏禄【水程计一百四十更】　吕宋辖属

土产上好白片珍珠蚌谷海参玳瑁　广船往贩草虾丝绢铜器铁锅等货

汶来【计程一百五十更】

土产上好白片珍珠蚌谷海参　广船往贩上磁器铁锅杂货等项

宋咭喇【水程计一百八十更】　吕宁辖属

土产苏木单草席海菜海参西国米　广船往贩土磁器铁锅缸瓦杂货等项

咖喇吧【水程计二百八十更】

土产哆罗绒羽缎哔吱西洋布丁香豆蔻胡椒铅锡嘆咀席佳纹席檀香沙藤等货　广船往贩绸缎布匹铜器磁药材武彝松罗茶等货

旧港【水程计一百四十更】　咖喇吧辖属

土产胡椒藤席沙藤西国米海参　广船往贩铁锅铜器杂货等物

麻六甲【水程计二百六十更】　咖喇吧辖属

土产西洋布锅锡冰片象牙犀皮犀角翠毛　广船往贩铁布匹铁锅铜器磁器等货

暹罗【水程计一百四十更】

土产苏木乌木铅锡大枫子燕窝海参鹿筋犀牛角象牙翠毛　广船往贩布匹锅器铁锅雨伞京菜等货

柔佛【水程计一百五十更】

土产胡椒铅锡海参冰片海菜沙藤西国米槟榔鞭杆等货　广船往贩铜器铁锅药材雨伞等货

叮咖咖呶【水程计一百六十更】　暹罗辖属

土产锡胡椒单草席槟榔沙藤海参　广船往贩铜器铁锅药材雨伞等货

赤仔【水程计一百五十更】　暹罗辖属

土产锡上官燕窝翠毛西国米海参　广船往贩铁锅铜器杂货等项

乐昆【水程计一百一十更】　暹罗辖属

土产锡燕窝沙藤西国米海参　广船往贩布匹铜器磁器铁锅等货

安南【即是广南亦是交趾　水程五十更】

土产奇南香东香冰糖燕窝槟榔等货　广船往贩铁锅药材磁器金银纸杂货等项

柬埔寨【水程计一百一十更】　安南辖属

土产象牙翠毛藤黄漆铅锡沙藤鹿脯鹿皮　广船往贩药材铁锅铜器等货

东京【水程六十更】

土产红铜跤紦跋绢漆器等货

此安国南东京二国前朝属在中国版图辖属

东洋【即日本】

土产红铜海蜇菜鲍鱼海参漆器等货

马辰【水程计三百四十更】

土产胡椒锡沙藤燕窝　广船往贩铁锅铜器杂货

大西洋小西洋

此二处土产紫檀鱼翅　大小西洋番名为普图呀于系蜡　土产山有生银　吕宋系在辖属吕宋有船可到广船不得到

法兰西

土产出有生银哆罗绒羽缎哔咬西洋布檀香木香孩儿茶苏合油

英咭嚟

土产哆罗绒羽缎哔吱米香檀香乳香没香苏合油丁香儿黑铅锡等货

此五处地方水程远遥远他本国船只多带一年水米所以难计程途我们中国船只历来并无人到其国

戈思达即白头番四国有他人来货易我们无往者

香山澳门　番名高马西洋人赁居处

福建海图说

福建古闽越地以温处衢【三府俱浙江属】信为北藩建昌南赣【俱江西府属】为右壁惠潮【二府俱广东属】为外口海为门封壤促甚而重关内阻溪山秀美民用以和然处人辄用盗鑛流入政和寿宁【二县属建宁府】之境大为患害古田【福州府属县】福宁一带本窃鱼盐之利山谷遂深通冠毋凭之西啸聚但不当出也滨海上下海寇出没不常曾蒙圣明指示方略教授福督满保设水师二十营大小官弁共一百五十二员兵一万九千三百一十一名列相联营星罗棋布筑造炮台七十七处安炮位七百一十八位备造战船三百一十二只在在戒严安不忘危尚何小丑之足患乎按闽浙接壤海洋舟楫相通备海水程闽之南澳与粤东分界起至浙之蒲门所北关交界止共计二千里作二十六站风顺扬帆则一日可行五六七站然当视风之轻重方可计行之远近然遇顶风蒧戗则又当顺潮驾骤每日止以一站为准凡溯中所载泊船处除有提镇协驻劄之所则多绘船只以备稽考其余则每站各绘一船备站地名俱开载于后

南澳　官仔前　铜山　古雷

陆鳌　井尾　镇海　厦门

金门　围头　永宁　崇武

湄州　平海　南日　万安

鼓屿　磁澳　瑯琦　定海

北茭　小西洋　大金　三沙

□屿　沙埕

【福建海图】（10 幅略）

台湾图说

台湾古荒裔地也前之废兴因革莫可考矣所得故老之传闻者近自明始宣德间太监王三系舟下西洋因风过此嘉靖四十二年流寇林道乾扰乱沿海都督俞大猷征之追及澎湖道乾遁入台大猷侦知港道纡回水浅舟胶不敢偪进留偏师驻澎岛时哨鹿耳门外徐俟其弊道乾以台无居人非久居所恣杀土番取膏血□舟从安平镇二鲲身【鲲身屿名】隙间遁去占城【占城属广南今尚有道乾遗□】道乾既遁澎之驻师有罢天启九年颜思齐为东洋国甲螺【东洋即今日本甲螺者即漢人所谓头目是也彝人立汉人为甲螺□营汉人】引倭屯聚于台郑芝龙附之始有居民既而荷兰人舟遭飓风飘此甫登岸爱其地借居于倭倭不可荷兰人绐之曰只得地大如牛皮多金不惜倭许之红彝将牛而剪如绳綫周围圈匝已有数十丈地人假不归日繁月炽无何而鹊巢鸠居矣寻与倭约而全与台地岁愿贡鹿皮三万张倭嗜利从其约荷兰人善用炮攻其居台也以夹板船为犄角虽兵不满千而南北土商咸听命焉为海滨巨商常来往贸易庚寅甲螺郭怀一谋遂红彝事觉台土番迫役之尽戮从者于欧汪【欧汪地名即今凤山县仁寿里怀一既诛何斌代为甲螺】商民在台者被土番歼灭不可胜数而商贾视台为畏途矣

己亥郑成功自江南丧败其势日蹙孤军厦门图退步地适红彝甲螺何斌负彝债逃厦诱其进取台湾由鹿耳门屈曲盘旋沙浮水浅非善水者不得渡时郑舟至鹿耳水忽涨十余丈巨舰纵横毕入岂天假手于郑以式廓我朝无外之疆域也荷兰与成功战不利遂退保台湾王城归一王【归一王红彝帅名】以死拒之郑师力攻不克环山列营以困之荷兰势穷复整夹板船十余艘与成功决战成功因风纵火焚烧其舰荷兰大败然终无降意成功使人告之曰此地乃我先人故物今所有珍宝听其载归地仍还我兵始罢荷兰知势不敌爰弃城归成功就台湾土城居之改台湾为安平镇赤嵌为承天府总名东都设府曰承天府设县曰天兴县万年县未几成功死子经居鹭江【即今厦门】成功弟世袭阴有窃距意经攻逐之世袭渡海归诚经嗣立改东都为东宁改二县为二州设安抚司三南北路澎湖各一兴市廛构庙宇招纳流民渐近中国风土矣辛酉经死子克塽嗣幼冲在位政出多门人心已涣康熙二十一年总督姚【讳】启圣探知虚实用间谋阴赍劄付到台离散其左右结傅为霖为内应垂成事泄为霖遇害越癸亥靖海将军施【讳】琅统率舟师□征六月由铜山直抵澎湖入罩澳取虎井桶盘与克之誓师□严不许妄杀一人战而澎湖耆定克塽识天命有归遂藉府纳地输诚于是廷议设郡建官制度规模灿然事新于以征道一风同之盛云尔

台湾自癸亥年定以来风调雨顺士民乐业堪称盛世不虞岁在癸丑朱一贵等作乱台镇总兵欧阳凯安平副将许云俱渡战阵贼遂陷台　闽浙总督觉罗满保以厦门水师提督施世骠舟师进剿并檄南澳总兵蓝廷珍统师援之遂克焉然虽七日平台土皆赖天威远播岂群力哉惟是斯地民番杂处山以西属外番山以东属内番外番者即南北二路之熟番中路为郡治止五千里南自大□江山至下淡水五百里北自水冈山上淡水至鸡笼城一千五百余里东尽山西尽海可谓旷荡无涯是台也动固易乱静亦易治不难于治土番而难于治奸民必其能化奸为良斯为长治久安之法耳今北路半线适中之途处多增一县曰彰化以分诸罗之势诚亦熟筹善后之举也究而言之总在治安必计深远弭患宜防未然其所以赞万年有道之世者惟我皇上圣哲遐宣神谟丕显已超百王而独上继大一于无疆兹以方拓之土实东南藩离故其分守也台湾设总兵一员水师副将一员陆师参将二员兵八千名澎湖设水师副将一员兵二千名足以固守奠安诚为海国之砥柱矣今则人居稠密农工商贾各遂其生且满山皆属茂树遍处俱植修竹硫磺水藤糖蔗鹿皮以及一切日用无所不有向之所少者布帛耳兹则木棉盛出耕织不乏况舟帆四达上通江浙下抵闽广往来商船殆数千计查鹿耳门而外波涛万顷一望无际其往内地之船皆寒食后南风盛发由鹿耳门扬帆而去经东西吉傍午至澎湖泊水垵澳利南风也秋后北风凛然出鹿耳门必由隙仔门洋亦经东西吉而至澎湖泊纲垵内外堑等澳利北风也若娘妈宫等澳则南北风皆可湾泊自澎湖往厦开洋则以傍晚为定期越早而内地之山隐现目前此就风顺而论也故风稍烈则下一二摺帆以驾驶虽稍迟犹无倾摧之患若遇飓风或随飘而去有不可言矣至于往福州之船则向北直去不由澎湖若夫往北路之鸡笼山则由鲲身而北向往南路之沙马矶头则由大港而南行此皆一定而不可易也更以水程计之自鹿耳门至福州水程一十五更风利正南至鸡笼港水程一十八更风利正南至沙马矶头水程七更风利正北此又行舟者之不可不知也台往内地为正西为项头风内地往台正东为项头风皆当停泊以待或遇南风北风皆可往来盖南风之气柔弱舟小者易渡北风之气刚劲舟大者为稳故三四月行舟鲜有飓风之患而风力不足往往迟滞□中六八月十一二月以及正月或飓风台生报头骤至宜摺篷驾驶九月北风凛烈积日累日名为九降风七月十月天气和暖风时稍顺行者使焉凡南

风台将作则北风先到十一二月若遇南风迟至三日则台必发于早晨近午而起西风谓之发海西若无西风则天时不崇朝而变矣日落有黑云诘朝未必暗霁天边有断虹飓风且将立至海中多腥气无雨日之清朗水而如浮糠非浪静之天时也若云气候天有时地有气故气候各殊焉台湾地极东南重洋远隔自二十□年间辟疆土番之天时验之气候与□郡迥不相侔也然而金台之气候与内郡异而台湾县之气候与凤山诸罗二县又异邑治地居中正和暖时多虽隆冬不患冻冷其与诸罗之极比而多寒霜雪频降者异矣人居稠密烟火万家寒霜既稀瘴气不入具与凤山之极南甫晡而露降日出而雾消者异矣狂风虽作一二日而恬其与诸罗之鸡笼北风盛发累日不休者又异矣附郭之地平原旷野培楼相联非若鸡笼之山气侵人为可忧也夏暑而冬寒春秋和而秋暖非若淡水之盛暑入夜稍怯寒至于澎湖之气候则又与邑治有不同者澎岛处汪洋森浩之中多风而少晴故有时台则天晴气朗而澎则风声凛烈辰方扫雾云收而午后封姨为崇又其甚者积日连月靡有宁刻行舟之人迟滞累旬来往已无定期他如寒暑雨阳则澎之于台为略相等也善晤气候者可以知一邑并可以知全台矣

按台湾形势状似腰子枕东北而趋西南沿边计程三千余里坡岭清壑鸟道羊肠自北至南约有三千余日自西至东皆深山丛林人迹不到之处传者皆云有二十余天迤东一带舟楫不通水多老古石山多异人惟?? 鲜有能到者东南以下则万水朝东莫能回流矣此图则西向内地一带所有可湾船泊宿之处历绘不爽其图中各社多属番人杂处山后一带莫能稽考矣

【台湾海图】(4 幅略)

澎湖海图说

海上有三岛澎湖其一也海洋之外突兀纡回居然天险实与商澳海坛并峙为三岛至天启壬戌年红夷到厦门后遂据澎湖总兵俞咨皋用计移红彝于台湾乃得复澎湖然澎湖地不甚广无高山峻岭树木稀少四面小岛簇簇环围约有五六十岛望之如浮萍水上土无水田稻粟只以黍稷番薯之类以度生民不知书网鱼拾螺以易钱时际春末炎暑酷人人不负荷田牛拖以代劳若遇狂风大作连牛破刮下海海多老古石状如□芽红绿可爱【离水日久即变灰色】又出纹石空青湖浮石等类澎之入内地厦门者七更船往台四更船地从东向与台湾三林港对照时或晴霁台之鸡鸣澎得而闻澎之两边皆有青水沟两重横洋巨浪冲天虽熟谙水师者至此莫不胆战心寒内地放洋必寻澎湖为准可以收泊倘收泊不及势必溜入东流难以返回若台湾放洋亦必要澎湖以望内地倘收泊不及亦如之急望内地峰尖为主要在风信得宜更数不差而后可昔年克澎湖三十六岛【此皆有名之屿】舟泊虎并登山取水野牛甚多见人争触【今未必有也】而澎湖斥卤之地甘泉难得【彼时伪将引我师暑天之水岂能久住】孰知天心有在退潮时卤水刮净即涌出甘泉可食可浣处处皆有能供数万人之用岂非圣朝洪福帝泽敷施之所及哉而今升平日久生齿繁多渐教诚盛化无远弗届廓千古未有之弘模者也爰将内地放洋钉路开明于后使知四海各有水程之方向焉

【澎湖海图】

(图 2 幅略)

浙江海图说

浙江古扬州地崇山巨瀿所在限隔然嘉湖与江淮相表里□衢以徽饶郛郭右信郡右闽关大海东□绕出淮扬之境斯固四通八达之区也讼奸繁兴颇号难治嘉湖宁绍四郡则震泽【今大湖是】东海之所经也温台并海而南信宿达于福宁【福建属州】估客良便之然不能不防他寇也浙闽制军满保承天子命设水师一十三营大小官弁九十九员兵一万三百八十七名炮台五十处安炮四百六十五位战船一百二十五只至密至严可无内顾之忧且土地肥美人民淳良皆由闽粤之匪类乘南风而往北风而回有以致之耳

浙江之蒲门所北关起至乍浦与江南金山卫交界止内外海面水程计有二十余里除宁波之慈溪绍兴之余姚上虞萧山等县并杭州嘉兴至乍浦沿海各卫开港澳乃系内海哨船少行之道不图细详而自蒲门所北关起至定海县所属之金塘山止共作一十二站皆系外海至于其间行船来往较之闽海大率相类但此亦就其常者而言若或天时有异飓风巨浪时又未可拘于一定也

北关　南峗　北峗　凤皇山
三盘　玉环　大鹿　石塘
鲎壳　马蹄　川招　牛头
茶盘　临门　石浦　昌国卫
爵谿所　龙门津　南窑　霩霩所
崎头　定海县【舟山镇】　金塘山
【浙江海图】
（图6幅略）

江南海图说

江南古扬州地即六朝旧都也江北则徐颖二州【凤阳府属】地跨中原瓜连数省故淮安特建漕运亦示抗扼之势安庆当长江委流而控全楚【江西湖广俱楚地】为江表门户沿海兵戍本以备倭而崇明常熟【俱苏州府属县】之民弗靖江洋一带出洋出没波涛时或有之自我朝圣明布置得宜崇明为通省之要地狼山为扬州金山之海口在在有镇处处有营严密周详民不知兵松江有提即抗拒于外则内地可衽席而无虞矣且人情淳厚诗礼传家经商者连艅于上海物货常饶各安生业人不为盗或有闽粤之匪飘泊无依偶尔一遇如郑尽心之类者亦偶耳故海疆不多略叙□概以为知者办之

【江南海图】
（图2幅略）

京师二东海图说

山东古青州地外引江淮内包辽海西面以临中原而川陆悉曾于德州自海道下运遂以其西境为馈运通衢南尽邳徐北沂天津岁有何患筑寨之劳舟车牵挽之役所在不免登莱本海运故道然势险难图查有水源出高密县至胶州分流为南北新河自胶州入新河西行二百四十里即至莱水沧海复入北海以其自胶抵莱故又名胶莱河元时所浚以避迤东海道数千里之险耳山东者乃先圣文学之宗辽东近焉属在考试故图山东不可不连辽东二东为京师之门户挺护周密以连天津通九州四海之大诚天府之国难以明言矣况盛京为龙兴首地府县齐备部镇整束东朝鲜西京城北枕长白之山南面登莱之海山川环抱地土肥饶实万世不拔之鸿基也且圣明在上河清海晏日月合璧此亘古未有此熙皞之盛世者也然而水师之要在乎广闽浙三省两京山左之形势就其滨海约略图绘之以备观择焉

【京东海图】
（图2幅略）

七省海疆总论

稽七省之海疆自辽东为东北极际沿海而南则北直之天津与山东之登莱二省相连而不可离山东之胶州历大劳山田横岛不夜城至登州寿光利津【此山东界】由天津文安直沽口永平至山海关【此北直界】溥而锦州金州凤凰山鸭绿江【此辽东界】计一千三百余里【此总言大概海道难以测度也】而登莱突出于海如人吐舌与辽东为北直之唇齿而天津为河海运之咽喉也自山东之胶州至江北之安东县黄河之水由此入海次狼山杨子江出焉【扬州要害之处通州也狼山也】为南北条二水之归宿次崇明【崇明为江南之扼控】上海为吴淞三泖震泽诸水所归由此入浙则为乍浦海盐之界其东南则为定海县界沿海而数计一千八百里日本则在定海之东北东洋诸国在焉自浙之定海【即舟山为浙东之控扼】由宁波台州而至浙之浦门所北关交界计二千里【若自乍浦由海宁从杭州慈溪出大海到北关则有二千七百里】过南关烽火门则为闽省门户迤逦而南则兴化泉州漳州三府之间有海坛金门厦门铜山南澳在焉计闽之南关至南澳二千余里而商船之通外洋诸国者悉由厦门出入澎湖在厦门东南台湾又在澎湖之东吕宋在台湾东南琉球在台湾东北又自闽之南澳【南澳介闽

粤两省之区】过潮州惠州香山虎门【广之彝商悉从虎门入】高雷而至琼州迤逦而南北出入计五千里【总而计之七省共一万二千余里此其大多也若由大洋直滔未必有此多也】而安南交趾西南洋等诸国在焉放之前明自七省安设卫所开列岛屿记载甚详著论甚悉然其弊在于水师之不设水战之不修未尝无哨船也船小不可以任战未尝无水兵也兵弱不足以出洋将领畏缩而责之小校小校躲避而不敢远行以致外寇乘虚登岸残破地方陆兵获罪水师傍观计之最左者也又其初守土之兵出于屯卫以耕为饷用乌合之众驱枵腹之兵不得已而调客兵接运不至人地不宜任倭奴之肆横而民间之受毒此地利不如人和故也嘉靖辛酉年倭陷兴化戚继光陆师直抵兴化俞大猷整战舰直泊南日大猷告继光曰公兵主驱我兵主截大猷乃创鸳鸯船于南日海上以左右呼吸探于蒲禧吉了船分飞鸟之势陈兵以待之继光兵入攻其无备披靡而奔为大猷所掩袭不留一奴矣时继光惟知报己合战之功而遗大猷之劳当事者亦遂以戚功奏名告大猷若当有请辨大猷曰不然吾惟知使只倭不归为吾闽万世之安不知有己之劳也继光闻之服其智又得鸳鸯船之法遂下拜结为刎颈之交彼时故有俞龙戚虎之称倭自此而灭此人地相宜故为尤重也第七省之……(下原缺)

外海纪要①

外海水程战法纪录序

古之名将天分特优其意想所及往往出奇用间决胜千里外世□淮阴而后唯岳武穆一人用兵不仿古法尝以坚战制敌其余则恪守纪律盖阵图营伍之式坐□击刺之方虚实客主之形非平昔讲求则将士不用命孙武子之书所已流传至今也我朝揆文奋武每岁有军政之设特派阅兵大臣在内则有满汉绿营在外则分水陆二路而水师惟江浙闽粤四省海面辽阔风云变幻潮汐起伏尤难臆揣古未有按海志里者将军自少随其从父忠毅伯建功海上三十余年拔队歼渠立功报国身经大小百余战未少挫故能邀九重特达之知予按谈之顷犹幸聆其英姿迈往使人肃然生敬回出是书见示知其留心经世随时随事纪载于篇凡目所未睹又参访员弁以求其确大略专主水战而言至四省洋面以至外洋自某处起至某处止分晰标题程途远近尤能综览大要予怂恿将军付之剞劂以诏来者将军不自信谓闽俗土音他省不解余谓旁注音义释文可使阅者了然则是书大有造于世因序数语俾附以传焉是为序

诰授奉直大夫刑部贵州司主事兼督捕司事军机处行走内廷方略馆协修愚弟蔡勋顿首拜序

公是书以训水师将士顾寄示余余读而思之不言舟式者有定制也不言器用者有成法也不言操练与巡缉者有军令也不言权谋术数者古人已言之至神明变化存乎一心言之亦不可尽也然则何以言火攻一侧是则公行之而人知之者也

公少侍从父忠毅公忠毅公总师闽浙选兵八百人厚其廪给以公帅之战则为前锋忠毅公追盗道蔡牵于黑水洋中炮而殁公方奉命登陆制军用闻难赴已不及八百人见公至伏恸不能仰公大呼复仇报国皆收泪跃起眦裂发指矢以死或曰不得盗首目不瞑顾盗首所驾似外夷舟高大且固远攻不相中近与战败则扬去将若何公曰是无虑煅铁为二签长丈有咫缚于鹢首迎盗首舟而上风力猛签入盗舟合为一不可解兵相接适飞炮洞两舟火药震烟焰蔽天盗舟焚而公舟亦焚志与盗俱烬也蔡牵毙于海公亦沉且重伤后舟救之起兵获救者二十九人战酣时恍惚见忠毅公额流血以红帕束首手执红旗立于舟尾是非忠孝之所感乎

余官琼山公方奉命镇雷琼公持已廉抚士卒有恩违令者不少贷以故兵民咸服与余议事意合数相过从闻公谈海洋事公操闽音余初不解两三问公不以为嫌喜与余谈杯酒盘餐即留客漏残灯跋娓娓不倦眉飞色舞余询战蔡牵始末言及忠毅公泪随声堕公为余言水师事宜其伙不能尽记记公尝以酒甑蒸海水水淡可饮公笑曰有是不患出洋无取水处矣今读是书所言多不之及将以其事琐屑不必言耳抑兵家言不可以尽也

知罗定州事寿光景沆跋

俞大猷云沿海之中上等安岙可避四面飓风者凡二十三处曰马迹曰两头洞曰长涂曰高丁港曰沈家门曰舟山前港曰浔江曰烈港曰定海港曰黄岐港曰梅港曰湖头渡曰石浦港曰猪头岙曰海门港曰松门港曰苍山岙曰玉环山梁岙等岙曰楚门港曰黄华水寨曰江口水寨曰大岙曰女儿岙中等安岙可避两面飓风者凡一十八处曰马木港曰长白港曰蒲门曰观门曰竹齐港曰石牛港曰乌沙门曰桃花门曰海闸门曰九山曰爵溪澳曰牛栏矶曰旦门曰大陈山曰大床头曰凤凰山曰南麂山曰霓岙其余下等安岙只可避一面飓风如三孤山衢山之类不可胜数必不得已寄泊一宵若停久恐风反别迅不能支矣又潭岸山滩山许山之类皆团土无岙一面之风亦所难避可不慎乎此乃浙东岛岙形势也

特授奉政大夫知广东罗定州事嘉甫李景沆述识

① 〔清〕李增阶撰。据清道光刻本。

凡水师须谙水务明战法

一兵船之宜坚固也首先拣料桅舵椗三者最重桅须番木椗舵须呀㘓膩或盐番木亦可龙骨桅夹横檀舵牙桅托件件须检船内横梁须直长透者曲手湾须长成大湾交船底板最妙如有直无湾不可用曲手多多甚妙譬如人腰胸骨多大者力必大樟木佳或菩奈木亦可番木恐钉打下裂开不可用水底板长阔者佳如窄短则船不坚固厚薄照船大小配钉宜密不可用竹钉钻也与钉大小配若钉大孔小打下板必裂若孔大钉小打入不得力此船匠省工之弊也灰须细白桐油舂灰交练熟透者佳若省工捣练草率船多漏凿灰要用网纱丝者妙粗者不固易于损漏若用竹丝者则更易于渗漏断断不可厦门全用网纱蓬索妆扮得宜蔴要长白青短者不堪用藤白小者妙棕索须梳净不可杂有片碎兵船御敌古有用牛皮竹栅网纱者而御火炮则莫如网纱愈厚愈妙且用水湿不易燥此以柔制刚之法四面遮盖彼铳箭皆不能入则军心固矣燂洗亦是紧要久不燂洗船底板生虫结住驾驶不快而船板易烂又须时时整顿或船有渗漏或杠具不坚则急于修补否则一遇敌船即追驶外洋戗使迟缓且惊虞风浪焉能专心打仗水师第一紧要是战船员弁兵丁等切记切记

一舵工之宜选择也船只坚固选配官兵军械火具配足矣舵工不识水性不明战法必不敢向前即向前亦不得力而舵工为最难得是以选兵必先选舵工

一器械之且具足也舵工得人矣军械火具之未备则兵胆不壮船多何益大约船配兵一百名其器械须配足四百件以备左右临时执用

一遇敌之且知所用也敌远者用大炮略近者用鸟枪火器喷筒钻箭再近者用火罐火斗石块最近者火具一齐开发探有敌船则将各项齐备船自何方来则各执器械面向何方其无敌之面亦少留兵守望敌船撞拢各弁兵各用所长钩镰挡叉挑刀藤牌执以向敌最要在密用火罐一齐掷烧敌船被烧敌人必逃避我弁兵即乘其烟焰执挡叉钩镰挑刀用藤牌遮盖过船必须我船并拢得稳方可过船谨记谨记

一火攻之宜讲究也洋面水战全仗火炮大铳鸟铳火箭喷筒远近攻打之法诸将皆素习之昔人烧船则用火筒而其发火之法皆不得力是莫如今所用之火罐更有一法以少胜多以少克大则莫如用火攻船而风涛上下难于拢近即拢近而火不能延或火发而彼可以御止逃避皆无益也须用米艇数只将船头二门椗紧紧缚住我船头桅用铁杆二枝尖似钻子长一丈有余一半紧缚椗身一半伸出似蜈蚣须样船后把舵之所用篷弓网纱水灌厚厚遮盖兵二三十名执有藤牌挡叉钩镰挑刀等械在内船头并舱上面先用松香又用火药一桶一桶照排散开上面用松毛覆多多益善或干草火恐不烈又用长竹一条打空心内火药作引由船内通至舵尾后伸出舵工与兵二三十名能浮水有胆量者在篷弓网纱内驾驶保护其驶船要撞进贼船或前撞或横撞二枝铁杆插入敌船木板内斩斩不断拆拆不开推推不去牵牵不动戗戗不起恰似中箭模样我兵又用网纱盖住有器械护身贼无奈我何看可发火我兵在舵门后下落杉板船将竹引心发火贼船可焚我杉板船即在水面拿贼矣或先令我众兵船向贼船相机势择其要处攻打贼心必乱乘机用火攻船破之如不济事或再用火攻船一只撞去以济前火攻船之势是又在领兵者之随机应之临阵之时须占上风或左或右忽前忽后其变不可胜言也

一风云沙礁之且详慎也天时变幻难测而故老占验有记载参以身所阅历可十得八九纵有时不验而要不可不防也砂礁潜隐观窥而舟师经过有水线是必熟于海道者方能知之海上行舟水程里数易知而不知风潮流水逆顺砂礁湾曲各处不同是以到处别请舵工驶船如遇追捕必延搁贻误将兵者不可不选访舵工而亦不能尽委之舵工也忠毅公数十年总师洋面鲜有失事是诚有心领神会而不能以告人者愚阅历闽浙粤三省就其所身亲阅历者附记于后俾人讲求而知所趋避未必不为指迷之一助云尔

尝思水战较陆战难外洋较江河更难海涛汪洋飓台靡定水师一出则士卒之身命托于统兵而统兵之权首在得人夫将如腹心兵如指臂同心报国协力战贼此必胜之师也然使水程不知远近险易流潮不知消长顺逆舟船驾驶不灵炮械运用不准即幸济一时而难于屡试是不可以不预矣余束发从叔父忠毅公涉历四省亲蒙指授剿灭洋匪无算迄今三十余年所历习略得一二亦可以备采择焉

道光岁次戊子季春中浣古闽同安李增阶谦堂氏书于粤东□门提署

广东外海洋面水程记

海口往崖州水程

一流至东水【风台可泊水大可进】

一流至马袅【可寄椗风潮可泊】

一流至红排【小风台可泊】

一流至将军【寄椗停潮】

一流至洋甫【内新英港风台可泊水小亦可进】

一流至田头【或泊水大即可进】

一流至海头【可寄泊】

一流至昌化【可寄泊水大时进内停风台有四更沙须避】

一流至北黎【可寄椗水五尺风台可进泊】

一流至岭头【东北风可寄椗】

一流至望□【风台可泊水满七尺可进】

一流至保□【可寄椗内崖州港□涨大即可进要小心】

由白龙尾落安南水程【白沙龙尾入内珍珠洲最好避风】

一流到竹山【可避风台但水浅大船难泊】

一流至青梅头【外即老鼠山】

一流至虎堤门【可泊避风】

一流至鸡吊门【亦可避风对东南即夹洲马洲】

一流至双门【对东南外即青兰山】

一流至焚赖门【又名炮火门可避风】

一流至崑栏门【对出外洋即狗头山】

一流至外黄

一流至乌囊

一流至桃山

一流至嘛喇港【入内东京口】

一流至鹅公港【此港亦可入东京口】

安南江平又名竹山往东上广东水程

一流至白龙尾【广东安南交界】

一流至牛头澳

一流至乌雷【进内龙门协营内可泊风台】

一流至冠头岭【外开南方有涠洲斜阳前屯贼之所今封禁不许人居】

一流至南面澳【可寄北边】

一流至草潭【内避风台可泊】

一流至江红【落文亦可泊船】

一流至海塘

一流至乌石【澳内可停风台】

一流至东场澳【内流沙亦可泊船】

一流至三?【数船可泊风台】

一流至海北【即海安所琼州山】

一流至三狗坑【或洪坎亦可泊】
一流至锦滩【外琼州山七星岭过浅水七星岭□□前可泊风台山狗□亦可寄椗】
一流至硇州【内外砂礁甚多进□斜可泊风台内则赤坎一带】
一流至过洋【三更船至电白港可停小风台】
一流至连头【进内电白港可泊风台】
一流至青州
一流至双鱼
一流至马尾港【可泊风台】
一流至三点头
一流至海灵头
一流至阳江大澳
一流至公山
一流至三洲塘【可泊小风台】
一流至鱼塘
一流至铜鼓角【外上下有瑶人住】
一流至大金【内进江门港】
一流至浪白滘【有荷包湾风台可泊】
一流至挂椗角
一流至澳门【可泊风台外即万山】
一流至九州【内虎门可进省城】
一流至伶仃山
一流至屯门琵琶洲【风台可泊】
一流至青龙头
一流至浅澳【即浅湾】
一流至仰船洲【可泊风台】
一流至九龙【小台可泊】
一流至佛堂门【小台可泊】
一流至娘船澳
一流至鹅公澳
一流至陀宁三水门
一流至大星角【进内大星港可泊风台】
一流至汕尾港【可泊风台】
一流至龟灵
一流至草鞋洲
一流至遮浪角
一流至金星石
一流至碣石港口【外即田□溹浅澳】
一流至湖东港
一流至甲子港
一流至神泉港
一流至赤澳
一流至靖海

一流至海门钱湾
一流至广澳表头
一流至凤山【即澄海】
一流至南澳【可泊风台外三澎云盖山】
一流至还钟
一流至宫口仔前
一流至苏占【外柑桔】
一流至铜山【古螺头可进铜山营福建管辖】
一流至沙洲【即莱屿】
一流至虎头山
一流至将军澳
一流至灯火安
一流至镇海
一流至梧屿斗米
一流至厦门【外大担小担金门山有沙线小心】

福建厦门开往浙江江南上海天津各处洋面逐流寄泊澳屿开列
厦门放洋十三更到台湾
台湾四五日夜到吕宋国
厦门开放大担小担
一流至金门塔仔脚至潦罗
一流至围头【内大小珍刘五店北椗】
一流至俊仔
一流至永宁【进内深扈可停小风台】
一流至上诗头【内獭屈可泊风台】
一流至崇武【内蚶江即泉州府港口可停风台】
一流至贼仔澳【即湄洲□又后出身化□□□庙极灵内吉寥风台可泊】
一流至平海澳
一流至南日【即海坛镇营辖洋汛外乌龟山】
一流至门扇后【即五间历过草鞋礁可停小风台】
一流至小万安【外扈尾亦可泊船】
一流至宫仔前
一流至竹屿【内海坛港口外观音澳】
一流至石牌大炼【此处海坛内洋礁甚多驶船小心可停风台】
一流至松霞
一流至草屿
一流至滋澳
一流至白犬
一流至地千塘【往内进福州省城内五虎门入港口即闽安】
一流至黄崎【内赤崎亦可避大风过北菱头】
一流至马鼻【内进宁德港可泊风台】
一流至鬼澳老瑚【内盐田亦可泊船】

一流至大金【可停风台外东涌四霜】

一流至福宁港口【可停风台上则三沙澳泊船即福宁镇左营之所】

一流至大瑶【即大俞山或小烽火亦可泊船避风台】

一流至棕簑澳【即烽火营港口内停风台】

一流至南关【内沙程即福鼎县港口可停风台】

一流至北关【闽浙交界洋面浙江平阳县管外台山】

一流至金乡【恐流不到草屿可寄椗内赤溪沙波亦可泊□风台】

一流至盐田【外百亩礁小心】

一流至□□

一流至平阳港口【内可停风】台

一流至凤凰【即瑞安港口内可停风台】

一流至参将屿【外南麂北麂】

一流至三盘澳【内可避风台即三盘内外斧头山内温州港口】

一流至鹿西【或状元澳亦可泊船】

一流至犬门【即坎门】

一流至长屿

一流至水桶澳【内楚门停风台外大鹿小鹿即玉环山】

一流至石塘澳【内太平县又内玉可停风台】

一流至调班【内数船可停风台】

一流至龙王堂【可停风台或鲎壳澳亦可泊船有积谷山】

一流至马蹄【内可停风台外有凤尾大陈山亦可泊船】

一流至川礁【即黄岩港口内海门港进台州外珠岙东西机山】

一流至白带门

一流至牛头门【内有茶盘半月山风台可泊】

一流至三门【可停风台外金七门亦可泊船往金七门外亦可行船】

一流至石浦【天后宫黄岩定海二镇交界内雷公山风台亦可泊】

一流至急水门【外南鱼山牛栏机】

一流至土地公【亦见半边山】

一流至大麦镇【外南韭山又一流到鸽婆】

一流至关帝屿

一流至牛鼻【过孝顺洋】

一流至青龙港【外南田东瑶有海闸门】

一流至崎头【由内进蛟门镇海闸入宁波府】

外行至舟山【即定海镇之所竹沙门可停风台】

往北上至蟳公澳

一流至小洋山【自大洋山七姊妹放洋□日到乍浦由内河一日夜到上海往苏州一日夜到苏州】

舟山往外行至沈家门【内可停风台外乌沙门桃花门】

一流至普陀【南风船泊月澳普陀山有前寺后寺佛顶山紫竹岭化身洞白华庵隐秀庵淮音洞铁佛寺千步沙有数十处小寺院各省烧香者云集】

一流至长涂【风台甚好泊】

一流至妈祖澳【由铁垫三省捕鱼黄鱼之所该处每年四五月浙江提督奉旨护洋】

一流至徐公

一流至马迹【此系浙江江南交界山有野水牛甚多内可停风台】
一流至黄陇
一流至尽山【内数船可停风台对面花乌澳】
以上按流水系逆风行舟安泊岛澳处所尚有小澳小岛亦可寄泊此外不能逆风戗驶

尽山放洋往日本国或往山东往锦州盖州天津在尽山放洋一望无际往上不能戗驶但尽山禁山不准搭寮厂江南省管辖未能尽悉或南下往各国亦是尽山放洋为准

外国水程论更数驶船每更约一时辰之久
福建厦门行舟外海番国顺风更期水程
厦门至鲁万【三十六更】　至外罗【三十六更】
至安南【三十六更】　至叮咬炉【一百四十八更】
至吗啀【三百六十零更】　至鹿赖【一百一十八更】
至笨台【一百四十八更】　至旧港【一百零更】
至蜂仔余兰【四百八十零更】　至柔佛【一百七十零更】
至问来【一百四十零更】　至苏鹿【一百四十零更】
至暹罗【一百八十零更】　至龙芽【一百七十零更】
至吉袁丹【一百四十八更】　至嘛呐甲【二百更】
至通栽【一百五十零更】　至占择问【一百六十零更】
至加嚁吧【二百四十零更】　至蚊加唎【三百二十零更】
至安汶【三百七十更出丁香老孝】　至知汶【三百八十更】
至万难【四百二十零更】　至柅榔屿【过西出椒二百二十更】
至此吉礁【过西出锡二百十零更】　至此把东【过西出金三百五十更】
至此吧实【三百三十四更】　至红毛番国
至望竭仔【过西北所出洋布铁器及乌烟等货】
具约水途六百四十零更

广东琼州海口行舟外海番国顺风水程日期
海口至安南四日夜
至叮咬炉八九日夜　至吗啀二十余日夜
至鹿赖四五日夜　至笨台六七日夜
至旧港十二三日夜　至蜂仔余兰三十余日夜
至柔佛八九日夜　至问来八九日夜
至苏鹿八九日夜　至龙芽八九日夜
至咭嚷八九日夜　至暹罗八九日夜
至嘛呐呷十二三日夜　至通栽七八日夜
至占择问七八日夜　至加嚁吧三十余日夜
至蚊加唎三四十日夜　至安汶三十余日夜
至知汶三十余日夜　至万难四十余日夜
至柅榔屿十余日夜　至此吉礁十余日夜
至把东二十余日夜　至吧实二十余日夜
至望竭仔四十余日夜

崖州至外罗一日夜

风云天气

夏至过有东北风　有热气者风雨必大　无热气者风雨必小　如放雨白者或日出有雨　或云白者下小雨　天气交蒸三两日必有大风台

霜降过有南风　或有西南风无论大小必有报　雨有无未准

白露过有大南风　必有雨或小风雨

立春过必有春雨风不甚大然须看天气遇报期风必大

四月有南风水动　五月有龙船风雨　七月有秋淋风雨　四五六七之月不宜行船看其天气行之

天气全变红云者速备大风雨

天气见一条红云者或三色或五色长并下小雨无大风如若短并无雨不出三日必有大风雨有青蜓乱飞或大蝼蚁等虫多乱飞并大热风台速来

日下山时云变大红色另日必有大风或雨

日有围圈或有云足此二者三日内天必变非风即雨

或星有动另日必有大风看何星何方可定风大小

报期

正月　【初一日十五日】【初四日】【初六日】【初九日】

二月　【初二日】【初七日】【十九日】【二十七日】

三月　【初三日】【十五日】【十六日】【二十日】【廿二日】【廿三日】【廿五日】【廿六日】

四月　【初一日】【初八日】

五月　【初五日】【十三日】

六月　【初六日】【十九日】【二十二日】【二十三日】

七月　【十四日】【十五日】

八月　【十五日】

九月　【初九日】

十月　【十五日】【二十七日】

十一月　【初三日】【初五日】

十二月　【初八日】

海气变备风雨　无风而海浪甚大多风雨或风台甚大而速　海水变臭气　海水变红　海水变黑　海上有鱼大浮　海上有飞鸟鱼成群　海上鱼有浮水相赶逐　备之天必变有大风雨

沙线礁石

浙江有礁石无沙线

福建礁石多沙线微少

广东砂线多礁石略小　维琼南沙礁最多

时辰流水广东与安南交界流水初起新流

【正七】月初七二十一日　【二八】月初五十八日

【三九】月初一十五二十九日　【四十】月十三日二十七日

【五十一】月十一二十五日　【六十二】月初九二十三日

琼州海南流水逐月时日

正月初【一二三】日亥时【初刻中尾】流水　寅时【头中尾】流西　初四初五初六日伏流后系新流水以下做此　初【七八九】日戌时【初刻中尾】流东　丑时【头中尾】流西　初【十十一】日戌时【中尾】流东　寅时【头中】流西　十【二三四】日亥时【头中尾】流东　寅时尾流西　卯时【头中】流西　十【五六】日子时【头尾】流东　卯时尾流西　寅时头流西　十七八九二十伏流　二十【一二三】日酉时【头中尾】流东　子时【头中尾】流西　二十【四五六】日戌时【头中尾】流东　丑时【头中尾】流西　二十【七八九】日亥时【头中尾】流东　寅时【头中尾】流西　三十日子时头流东　卯时头流西

二月初一初二初三初四日伏流　初五日申时尾流东　亥时尾流西　初【六七八】日酉时【头中尾】流东　子时【头中尾】流西　初【九十十一】日戌时【头中尾】流东　丑时【头中尾】流西　十【二三四】日亥时【头中尾】流东　寅时【尾头中】流西　十【五六】日子时【头中】流东　卯时【头中】流西　十七日伏流　十【八九】二十日申时【头中尾】流东　亥时【头中尾】流西　二十【一二三】日酉时【头中尾】流东　子时【头中尾】流西　二十【四五六】日戌时【头中尾】流东　丑时【头中尾】流西　二十【七八九】日亥时【头中尾】流东　寅时【头中尾】流西　三十子时头流东　卯时头流西

三月初一初二日伏流　初三日未时尾新流东　戌时尾流西　初【四五六】日申时【头中尾】流东　子时【头中尾】流西　初【七八九】日酉时【头中尾】流东　【丑子】时【头中尾】流西　【初十十一十二】日戌时【头中尾】流东　丑时【头中尾】流西　十三十四俱伏流　十【五六七】日【午未】时【中尾头】流东　酉时【头中尾】流西　十【八九】日未时【中尾】流东　戌时【头中】流西　二十【廿一二】日酉时【头中尾】流东　【戌亥】时【头中尾】流西　二十【三四五】日酉时【头中尾】流东　【亥子】时【尾中尾】流西　二十【六七】二十【八九】日俱伏流　三十日午时头新流东　酉时流西

四月初【一二日】午时【中尾】流东　酉时【中尾】流西　初【三四五】日未时【头中尾】流东　戌时【头中尾】流西　初【六七八】日申时【头中尾】流东　亥时【头中尾】流西　【初九十】日酉时【头中】流东　子时【头中】流西　十一十二十三十四日俱伏流　十五日巳时尾流东　申时中流西　十【六七八】日午时【头中尾】流东　【申酉】时【尾头中】流西　十九日未时头流东　酉时尾流西　【二十廿一二】日【未申】时【中尾头】流东　戌时【头中尾】流西　二十【三四】日申时【中尾】流东　亥时【头中】流西　二十五二十六日俱伏流　二十【七八】日巳时【中尾】流东　申时【头中】流西　【廿九三十】日午时头流东　申时尾流西

五月【初一初二日】午时【中尾】流东　酉时【头中】流西　初【三四五】日未时【头中尾】流东　亥时【头中尾】流西　初【六七八】日申时【头中尾】流东　亥时【头中尾】流西　初九初十十一日俱伏流【潮水小难行舟】　十【二三】日午时【头中】流东　申时尾流西　十【四五】日午时【头中】流东　酉时【头中】流西　十【六七八】日未时【头中尾】流东　戌时【头中】流西　十九日申时头流东　戌时尾流西　二十日申时流东　亥时头流西　二十【一二三】二十【四五六】日水俱伏流　二十七日午时尾流东　酉时头流西　【二十八九三十】日未时【头中尾】流东　酉时【中尾】流西

六月初一日未时尾流东　戌时【中尾】流西　初【二三四日】申时【头中尾】流东　戌时【中尾】流西　初【五六】日酉时【头中】流东　亥时【头尾】流西　初【七八】初【九十】日俱伏流【潮小难行舟】　十【一二三】日午时【头中尾】流东　申时【头中尾】流西　十【四五六】日未时【头中尾】流东　酉时【头中尾】流西　【二十廿一】日酉时【头中】流东　亥时【中尾】流西　二十二二十【三四】日俱伏流　二十五日巳时头流东　申时头流西　二十【六七】日午时【头中尾】流东　【申酉】时【中头】流西　【二十九三十】日【巳未】时【头中】流东　酉时【头中】流西

七月初一日未时尾流东　戌时头流西　初【二三】日申时【头中】流东　戌时【中尾】流西　初【四五】日申时尾流东　亥时头流西　初【六七】初【八九】日俱伏流　初十巳时头新流东　未时尾流西　十【一二】日巳时【中尾】流东　申时【头中】流西　十三日午时头流东　申时尾流西　十【四五】日午时【中尾】

流东　酉时【头中】流西　十【六七八】日未时【头中尾】流东　【酉戌】时【尾头中】流西　十九日申时头流东　戌时尾流西　二十二十【一二】日伏流　二十【三四五】日巳时【头中尾】流东　【未申】时【中尾头】流西　二十【六七八】日【午巳】时【头中尾】流东　【酉申】时【中尾头】流西　【二十九三日】日未时【头中】流东　酉时【中尾】流西

八月初一日未时中流东　酉时尾流西　初二日未时尾流东　戌时头流西　初【三四】日申时【头中】流东　戌时【中尾】流西　初五日申时尾流东　亥时头流西　初六初七日俱伏流　初【八九】日巳时【头中】流东　未时【中尾】流西　初十日巳时尾流东　申时头流西　十【一二三】日午时【头中尾】流东　【申酉】时【中尾头】流西　十【四五六】日未时【头中尾】流东　【酉戌】时【中尾头】流西　十【七八】日申时【头中】流东　戌时【中尾】流西　十九二十二十一日俱伏流　二十【二三】日巳时【中尾】流东　未时【中尾】流西　二十【四五六】日午时【头中尾】流东　申时【头中尾】流西　二十【七八九】日未时【头中尾】流东　酉时【头中尾】流西　三十日申时头流东　戌时头流西

九月初一二日申时【头中】流东　戌时头流西　初三初四日俱伏流　初【五六七】日辰时【头中尾】流东　午时【头中尾】流西　初【八九十】日巳时【头中尾】流东　【未申】时【中尾头】流西　十【一二】日午时【头中】流东　申时【中尾】流西　十三日午时尾流东　酉时头流西　十【四五】日未时【头中】流东　酉时【中尾】流西　十六十七十八日俱伏流　【十九二十】日卯时【中尾】流东　午时【中尾】流西　二十【一二三】日辰时【头中尾】流东　未时【头中尾】流西　二十【四五六】日巳时【头中尾】流东　申时【头中尾】流西　二十【七八】日午时【头中尾】流东　申时【头中】流西　二十九三十日俱伏流

十月初【一二三】日卯时【头中尾】流东　巳时【头中尾】流西　初【四五六】日辰时【头中尾】流东　午时【头中尾】流西　初【七八】日巳时【头中】流东　未时【头中】流西　初九日巳时尾流东　未时尾流西　初十日午时头流东　申时头流西　十一日午时中流东　申时中流西　十二十三十四日俱伏流　十【五六七】日【寅卯】时【中头尾】流东　【辰巳】时【中尾头】流西　【十八九二十】日卯时【头中尾】流东　巳时【头中尾】流西　二十【一二三】日辰时【头中尾】流东　午时【头中尾】流西　二十【四五】日巳时【头中】流东　未时【头中】流西　二十六日伏流　二十【七八九】日寅时【头中尾】流东　巳时【头中尾】流西　三十日卯时头流东　午时头流西

十一月初【一二】日卯时【中尾】流东　午时【尾中】流西　初【三四五】日辰时【头中尾】流东　未时【头中尾】流西　初【六七八】日巳时【头中尾】流东　申时【头中尾】流西　初九十十一日俱伏流　十【二三四】日子时【头中尾】流东　卯时【头中尾】流西　十【五六七】日丑时【头中尾】流东　辰时【头中尾】流西　【十八九二十】日寅时【头中尾】流东　巳时【头中尾】流西　二十【一二】日卯时【头中】流东　午时【头中】流西　二十三二十【四五】日俱伏流　二十【六七八】日亥时【头中尾】流东　丑时【头中尾】流西　【二十九三十】日子时头流东　寅时【头中】流西

十二月初一日子时中流东　初二三四日□时【头中尾】流东　卯时【头中尾】西流　初【五六七】日寅时【头中尾】流东　辰时【头中尾】流西　初八日卯时头流东　巳时头流西　初九日初十日伏流　十【一二三】日戌时【头中尾】流东　丑时【头中尾】流西　十【四五六】日亥时【头中尾】流东　寅时【头中尾】流西　十【七八九】日子时【头中尾】流东　卯时【头中尾】流西　【二十二十一】日丑时【头中】流东　辰时【头中】流西　二十二二十三日俱伏流　二十【四五六】日酉时【头中尾】流东　子时【头中尾】流西　二十【七八九】日戌时【头中尾】流东　丑时【头中尾】流西　三十日亥时初流东　寅时头流西

海南见铺前山水多流东若在海口一面不同海安水涨大流西若在半洋中或见流水中响便是流东

广东新安潮水

初一日【寅卯辰申酉戌】长　【巳午未亥子丑】退

初【二三】日【卯辰巳酉戌亥】长　【子丑寅午未申】退

初【四五六】日【辰巳午戌亥子】长　【丑寅卯未申酉】退

初【七八】日【巳午未亥子丑】长　【寅卯辰申酉□】退
【初九十十一】日【子丑寅午未申】长　【卯辰巳酉戌亥】退
十【二三】日【丑寅卯未申酉】长　【辰巳午戌亥子】退
十【四五】日【寅卯□申酉戌】长　【巳午未亥子丑】退
十六日从逢初一日起

□□□□潮水
初【一二三】日辰戌长　丑未退
初【四五六】日巳亥长　寅申退
初【七八】日子午长　卯酉退
【初九十十一】日丑未长　辰戌退
十【二三】日寅申长　巳亥退
十【四五】日卯酉长　子午退
十【六七八】日辰戌长　丑未退
【十九二十二十一】日巳亥长　寅申退
二十【二三】日子午长　卯酉退
二十【四五六】日丑未长　辰戌退
二十【七八】日寅申长　巳亥退
【二十九三十】日卯酉长　子午退
以上全省大略相同惟琼州不同

蒸海水法

扬帆海上固必关心设使有危尤须应变即如舟驶沧波倘遇风台漂出外洋樯倾楫折尺寸莫移柜水已既断绝而海水又咸不可咽将如之何可汲海水置锅内上架酒甑如造酒法炽火煮之则水气升腾甑内侧孔流出既成淡水可食矣

江南制造局记①

卷二·建置表

谨按上海制造局同治四年五月初购洋人机厂在虹口开办六年夏始移城南高昌庙镇分建各厂曰机器厂其楼上曰洋枪楼曰汽炉厂木工厂铸铜铁厂熟铁厂库房煤栈其管理各所曰公务厅文案处报销处支应处议价处又建中外工匠住居之室继建轮船厂筑船坞七年设翻译馆八年增汽锤厂另建枪厂移城内广方言馆于局十三年立操炮学堂又在龙华寺镇购地设黑药厂光绪元年改汽炉厂为铁船厂继又改名锅炉厂是年设枪子厂于龙华镇二年建火药库于松江城内四年改汽锤厂为炮厂五年复于炮厂对面购地设炮弹厂七年改操炮学堂为炮队营又创设水雷厂十六年设炼钢厂十八十九两年添设栗色无烟火药两厂二十四年设工艺学堂二十九年二月署南洋大臣张之洞奏请裁节沪厂经费在安徽宣城县湾沚镇启发山分设新厂政务处议准三十年三月湖广总督张之洞会同南洋大臣魏光焘奏请改建江西萍乡县湘东镇以就煤铁并札委湖北候补道魏允恭江苏候补道方硕辅办理沪局兼筹萍乡新厂是年停止旧局黑药栗药两厂筹办铜元改炮弹厂为铸钱厂挑选炮队营勇八十名举办巡警又设考工处并皮带房于机器厂并西木栈于库房十二月署两江总督周馥奏请将沪局铜元归并江宁办理铸钱厂仍改为炮弹厂三十一年奏请将船坞改照商办派总理南北洋海军提督叶祖珪及洋员巴斯经理其事四月划分轮船锅炉机器三厂归商坞经管又改水雷厂为铜引厂

卷二·建置表·各厂②

各厂

厂名	制造	机器	员役	厂屋
机器厂 【同治六年设光绪三十一年划归商厂】	【大小兵轮汽机本局汽机机器船坞抽水码头挖泥起重机件试验煤筋开放工匠汽钟号令添配南北洋鱼雷兵轮机件】	【三百匹马力康邦机器一部一百二十匹马力旧机一部添炉水抽二具大汽炉二座大小车床四十七具刨床钻床十九具轮床螺丝床九具铡床一具起重架九具共八十六件】	【委员一人每月支银五十两 帮办一人月支银三十一两 司事六人每月共支银一百二十三两 匠目二人每月共支洋一百六十元 工匠幼童共二百九十八人每礼拜六工共支洋四百五十七元 小工十九人每六工共支钱二十 八千余文】	【前厂楼房十四间 后厂平房十六间 右新厂房屋十二间 左新厂房屋十二间 机器汽炉房九间 修改机件房五间 铜作房七间 储机器房二间 员司住房四间 共八十一间】

① ［清］，魏允恭等纂修。据上海辞书出版社图书馆藏清光绪三十一年上海文宝书局石印本。

② 据原《建制表·各厂》另制，只辑取与航海有关的内容。

续表

各厂				
厂名	制造	机器	员役	厂屋
木工厂 【同治六年设】	【各厂机器木模轮船机器木模各项军火木箱各厂应用木件】	【锯木机器三部车床机器七部共十件】	【委员一人每月支银三十两 司事二人每月共支银二十八两 匠目一人每月支洋五十六元 工匠二十三人幼童八人每六工共支洋九十元 小工八人每六工共支钱十一千文】	【厂房十四间 锯木房一间 住房五间 收放器具房五间 共二十五间】
铸铜铁厂 【同治六年设】	【翻砂造模 镕铸铜铁】	【磨砂机器一部 镕铜炉二座 镕铁冲天炉三座 地风箱二具 地窖铁桶三个 起重架大小四具 盛铁汁滚炭鉄桶十五个 翻砂模箱一百七 共二百件】	【委员一人每月支银三十两 司事三人每月共支银四十六两 匠目二人每月共支洋一百四元 工匠二十四人每六工共支洋一百三十元 幼童八人每六工共支洋九元 小工二十一人每六工共支钱三十二千文】	【翻砂房三十二间 木样房八间 镕铁房三间 烘模房三间 办公房三间 共四十九间】
熟铁厂 【同治六年设】	【各厂船应用熟铁器具】	【二十四马力汽炉一座 三十四马力汽炉一座 进炉水抽二具 大小汽锤三具 起重架五具 共十二件】	【委员一人每月支银二十六两 司事三人每月共支银四十二两 匠目一人每月支洋四十二元 工匠六十人每六工共支洋二百二元 幼童十一人每六工共支洋十四元 小工八人每六工共支钱十二千文】	【前厂房屋十四间 后厂房屋六间 汽炉房二间 办公房四间 共二十六间】

续表

各厂

厂名	制造	机器	员役	厂屋
轮船厂 【同治六年设光绪三十一年划归商厂】	【南北兵轮 本省小号官轮 广艇 炮架 厂房 水闸 铁路木垫 桥梁 马路 码头 船坞 机器木座 炮船 驳船 水沟 竹笆 水木杂作】	【三十四马力抽水机一部 二十四马力起重机一部 四匹马力锯木机一部 三十一匹马力通壑船挖泥机一部 十六匹马力导泽船挖泥机一部 共五件】	【委员一人每月支银四十一两 司事五人每月共支银一百三十六两 匠目三人每月共支洋一百四十六元 工匠一百五人每六工共支洋二百十七元 小工七十二人每六工共支钱一百二千余支】	【船坞一座 大小房屋九十八间】
锅炉厂 【同治六年设光绪元年改名铁船厂寻复名锅炉厂三十一年划归商厂】	【南北洋兵轮锅炉 屋梁铁架 添配蚊雷船锅炉机件 添配机器零件】	【四十匹马力汽机一部 三十四马力汽机一部 水抽机器一部 造铁甲机器一部 挺直铁条机一具 磨石机一具 地风箱机一具 压铁机二具 剪刀机五具 卷筒机四具 刨床机四具 钻眼机五具 锅钉机二具 总锅炉二座 汽锤四具 烘铁炉二座 打铁炉十七座 车铰螺丝床五具 共五十九件】	【委员一人每月支银三十八两 司事三人每月共支银五十二两 匠目三人每月共支洋一百七十元 工匠五十九人每六工共支洋二百八十九元 小工四十四人每六工共支钱六十六千余文】	【机器房十三间 汽炉房十二间 总汽机锅炉房八间 安设车床厢屋一间 样板房四间 储物料房四间 办公房三间 检工房一间 共四十六间】
……	……	……	……	……

续表

各厂

厂名	制造	机器	员役	厂屋
附 工程处 【同治六年设光绪二十九年改归船厂兼办三十年因工程事务纷繁复派专员管理仍需于船厂三十一年划分船坞另设专厂】	【房屋 道路 桥梁 沟渠 各项杂工】		【委员一人每月支银三十一两 司事四人每月共支银七十二两 匠目一人每月支洋三十二元 木瓦匠 沟匠 漆匠 竹匠 锯匠 玻璃匠 共五十六人小工三十人每六工统共支洋四十一元二角钱八十六千文】	【测望台一所 平房二所计六间 竹棚四间 共十间】

卷二·建置表·图书附①

图书【附】

书名	本数	卷数	图	原著	翻译	笔述	校对	出版	价值
防海新论	六	十八	九十五	布·希理哈	傅兰雅	华衡芳	江衡	同治十二年	一元五角
水师章程	十六	二十		英·水师兵部	林乐知	郑昌棪		光绪五年	四元
水师操练	三	十八	十一	英·战船部	傅兰雅	徐建寅		同治十三年	八角五分
水师保身法	一	一		法·勒罗阿	伯克雷	赵元益			二角
海军调度要言	二	三	四十	英·挲核甫	舒高第	郑昌棪		光绪十六年	四角
轮船布阵	二	十二	一百五十八	英·贾密伦	傅兰雅	徐建寅		同治十三年	六角五分
英国水师考	二	一		英·巴那比 美·克理	傅兰雅	钟天伟			四角五分
英国水师律例	二	四		英·德麟	舒高第	郑昌棪			六角五分
俄国水师考	一	一		英·百拉西	傅兰雅	李岳蘅			三角
法国水师考	一	一		美·杜默能	罗亨利	瞿昂来	钟天伟		三角
美国水师考	一	一		英·巴那比 美·克理	傅兰雅	钟天传			三角
兵船炮法	三	六	一百八十	美·水师书院	金楷理	朱恩锡	李凤苞		七角
海塘辑要	二	十	八	英·伟根斯	傅兰雅	赵元益	沈善蒸		六角
船坞论略	二	二			傅兰雅	钟天伟	程瞻洛		二角
航海通书									

① 据原《建制表·图书附》另制，只辑取与航海有关的内容。

续表

图书【附】

书名	本数	卷数	图	原著	翻译	笔述	校对	出版	价值
行海要术	三	四	六十六		金楷理	李凤苞		光绪十六年	八角五分
航海章程	一	一		美·弗兰克林	凤仪	徐家宝		光绪二十一年	二角五分
行船免撞章程	一	一	六十		傅兰雅	钟天伟	程瞻洛		二角五分
御风要术	二	三	五十一	英白尔特	金楷理	华衡芳	江衡	同治十二年	五角五分
运规约指	一	三	一百三十六	英白起德	傅兰雅	徐建寅	沙英	同治九年	三角
测绘海图全法	六	八	五十六	英华尔敦	傅兰雅	赵元益	赵诒琛	光绪二十六年	一元七角
测地绘图	四	十一		英富路玛	傅兰雅	徐寿			一元二角
绘地法原	一	一	三十九	英国原书	金楷理	王德均			二角五分
海道图说【附长江】	十	十五		英·金约翰	傅兰雅	王德均	蔡锡龄		三元一角
兵船汽机	八	六	二百六十二	英·息尼德	傅兰雅	华备钰		光绪二十年	二元三角

卷二·建置表·公牍

同治四年李鸿章会同曾国藩奏开办情形……又去年十二月初九日钦奉寄谕昨据御史陈廷经奏称绿营水师废弛请饬整顿营伍制造军火一摺著曾国藩李鸿章会同商酌奏明办理原摺著抄给阅看等因钦此遵查原奏所议军火一节大意以夷情叵测恃有战舰机器之精利逞其贪纵然彼机巧之器非不可以购求学习以成中国之长技请于广东等处设局行取西洋工匠置造船炮以期有备无患等语虽语焉不详未得要领而大致与总理衙门暨臣所筹议不谋而合曾国藩平时亦持此议自应遵旨商酌办理兹据丁日昌禀称上海虹口地方有洋人机器铁厂一座能修大小轮船及开花炮洋枪各件实为洋泾浜外国厂中机器之最大者前曾问价该洋商索值在十万洋以外是以未经议妥兹海关通事唐国华历游外国多年熟习洋匠本年因案革究赎罪情急与同案已革之张灿秦吉等愿共集资四万两购成此座铁厂以赎前愆……

一查原厂所用之洋匠计留八人其匠目一名科而技艺甚属精到所有轮船枪炮机器俱能如法制造现拟于华匠中留心物色督令操习如有技艺与洋人等者即给以洋人工食再能精通则拔为匠目以示鼓励……一查铁厂向以修造大小轮船为长技此事体大物博毫厘千里未能挈长较短目前尚未轻议举办如有余力试造一二以验工匠之技艺

光绪二年总办李兴锐禀设松江火药库窃维藏药总汇自以省会为宜其间挹注多端瞬息千变机括灵滞须总全局计之庶临事不虞掣肘金陵之药接济五龙山镇江最便似难兼顾江阴苏州之药接济江阴刘闻沙最便似难兼顾吴淞吴淞炮台首当冲要轮船陆师棋布星罗岛夷所忌在此所争亦未必不在此卑局逼近洋泾恐仍顺处安常之旧势必听前敌仰给宁苏海道若有梗阻运解须由内河无论展转搬移糜费已多即或兼程亦须数日敌如飘风骤雨我则雅步坦途殆未足以制其死命尚将望其侥幸成功耶职道等愚见拟于松江城内由局自造药库一所每月解存一万磅其余弹子等件有须供给水陆各军者酌量拨存为局后路其地上达江防下顾海口巨舰所不能及陆路颇不易攻较之建库上海此为稳著日前亲往松江晤商李军门杨守咸以为宜细 晒建库地方南城内有后营游击旧署基址空旷适用后营移驻嘉定旧基闲废原属官物购地之资可省营造约须数月四围挑河拟借郡防勇夫一助将来储药以二十万磅为度为省局分蓄艾之劳即为防务助储胥之势此屯药虽分而犹合之意也

(光绪)二十三年十月荣禄片再战舰彫零海权全失沿海之地易启彼族窥伺之心现虽与英德伏尔铿厂阿姆士庄厂订造鱼雷快船克日包送来华以资驾驶徒以饷项难筹不能购定多只铁甲巨舰是海防仍一无可恃

况制造厂局多在滨海之区设有疏虞于军事极有关系查各省煤铁矿产以山西河南四川湖南为最又皆内地与海疆情形不同应请

……上谕近来中国战舰未备沿海各地易启他族觊觎从前制造厂局多在沿海要冲亟应未雨绸缪移设堂奥之区庶几缓急可恃……一新厂移设内地已择定基址也臣三次派委道员刘锡庚郑孝胥潘学祖等先后驰往金陵上游沿江偏僻之所分投履勘兹选得皖省宣城县属湾沚镇迤东之启发山陆路距江宁省城二百二十余里道路平坦并无山岭只有小河一道水路距芜湖江边七十余里由芜湖之中江可通至湾沚此河春夏秋水颇深广可行小轮冬间亦可行百余石之民船由湾沚有小河通于胡家桥此山距胡家桥约三里许山面宽广平坦约有地千余亩并无坟墓全山有土无石山麓系坦坡迤逦而上斜度仅止数丈地势高燥土性坚实南面秦龙山远峰耸峙秀气葱茏东西两面众山环抱远在数十里外形势极佳以此地移建新厂最为合用……一经费不必另筹也查近年沪关岁收较旺应拨该厂二成洋税岁得一百二十余万两又奏定各关局另拨沪厂常年专款二十万两统计每年可得银一百四十万两拟提出一百万两专作新设分厂经费饬该厂将各项械弹分别有用无用酌量停造减造并裁汰冗员杂费岁可节省十余万两销售钢铁修理轮船及各省购用枪炮价值……免致捉襟露肘停机减造至方自强要图二曰择地原奏拟用皖省宣城县属湾沚镇之启发山此次臣之洞于赴宁之便顺道往勘臣光焘接准电知亦即乘轮前往同于十五日驶抵芜湖会同至湾沚地方其地距大江口七十里距内河即中江三里春夏秋可行小轮惟冬令水涸时止能行一二百石之民船大率运道畅行之时一年可有八个月但船至二百石即可装一二万斤若在此设厂其机器大件及煤炭可趁此八个月内水大时赶运并无妨碍其余另小机件料物及造成枪支陆路炮各项弹药冬间小剥船仍可常运绝无停阻

……查此路与粤汉干路相接由岳州至洙洲可自造拖轮及大剥船用拖轮带运现在汉阳铁厂开办萍乡煤矿转运机器即是

……三添运费原议新局建设湾沚距芜湖江口仅止七十里由沪至芜亦不足千里故运费尚省今移建湘东则由上海抵岳州江程已经加倍由岳达湘由湘入小河以抵湘东水路纡回机件炉座皆极繁重节节盘剥运费势必加增此添运费之应添款者也

……一局款拟设法筹提也查局中进款仅恃江海关二成洋税及司关道局三厂常费两项常费岁有定额洋税须视海关收数之多寡提存二成拨充局用海关收数衰旺未可预期则局款收数多寡即不能逆料前去两年税收最旺每年提存二成竟多至一百十数万两分月匀摊每月约得银九万数千两实为从来所未有今年自正月起至四月止二成洋税除提出轮船薪饷及金陵机器局经费外共计仅实收银二十七万六千余两以四个月匀摊计算每月仅得银六万九千余两较之前去两年收款数目多寡悬殊以后税收盈绌尚不可以预计三厂常费一款自二十五年改归司关道局分拨后历年解数均尚如额其未经改拨以前系归江海关独任该关至今尚欠解二十四年分常费银十六万两叠次禀请饬拨并备文咨催迄未补解今年常费除收到苏藩司淮运司镇江关各一万两又江海关三万两共六万两外其余十四万两仍候陆续汇解此局中进款之可以稽考者也

……查有南洋兵轮登瀛洲保民普陀威靖等四船薪粮每月合银一万一千五百两向在二成洋税项下动拨由江海关按月扣出发轮船支应所转给前年冬间各轮奉饬裁停后薪粮照章扣存以备购造新式快船之用现在局中筹办分厂经费万绌拟请札饬江海关自五月分起提存二成洋税除划出金陵机器局经费外其余尽数拨归局用所有海关扣出四船薪粮另行筹拨俟局中铜元开办能获余利再行提出养船经费俾与本年奏案相符又江海关短解二十四年分三厂常费银十六万两并恳专案亦拟禀请专案札催该关迅筹补解以济急需至于各营台兵轮及金陵军械所应需军火拟请俟后无论何项先行禀明批示果系万不可少急于待用之件再行札局遵办其有径行咨会职局并未奉到宪批宪札者概不承造

……与该局总办开支薪费多寡悬殊而局中一切开支修理及勇粮夫辛或本无须另行添支或归入公款开报办法亦自不同此时该局添铸铜元纵以在事员司工匠须给花红亦只宜酌量少少提给以示鼓励多提不独有亏正用且与制造军火同在一局一则优给花红一则仅给薪工相形见绌亦恐给红者未必真能奋勉向隅者势必转有借口事贵兼筹法期平允年来部拨防费浙关历年积欠未解拨补苏沪两厘局应解之款各省亦复屡催罔应南洋江海兼防一切经费惟赖沪关一成洋税宁局八万厘金沪关近来税绌防费亦复相随短少而用款现又新添

建威建安两船薪费雷艇雷营又复设立行驶日本订购一船瞬将告竣以后须仍查照张部常原奏续订三船米厘即不可恃船费尚不知从何筹补二成所拨四船养费当于裁船案内既经张部堂奏明备购新船之用而保民一船近复行驶薪费又须照发不独防费万绌正无可为谋且本省如银局等稍有余力之处又须凑解新厂经费所请原拨四船薪粮拨归局用不独与案不符亦为目前财力万不能行应毋庸议至沪关欠解

……三十一年署两江总督周馥奏请划分船坞改照商办窃查江南机器制造总局内旧有船坞创自同治初年本为制造官商轮船并修理兵船而设日久弊生多糜经费又办理之员类皆无师之学以致承修船只工缓价昂近年已来商船裹足不前兵轮反入洋坞修理非认真整顿无由振兴经臣与北洋大臣往复咨商定议将船坞另派大员督理仿照商坞办法扫除官场旧习妥筹改良查船坞与海军事相表里广东水师提督叶祖珪前经奏明奉旨总理南北洋海军往来津沪上海船坞事宜自应归其督察以一事权该提督现已南来会商多次欲筹整顿之法须得明练之人查有总兵衔候补副将吴应科久在海军熟习船务堪以派委总办船坞事宜又查有二等宝星副将衔洋员巴斯久在北洋总管轮机办事核实堪以派委船坞总稽查差使业已分别檄饬前往任事其委员司事工师机匠人等概由该总办自行遴选以专责成所有应用机器等件即饬上海制造局总办道员魏允恭等相度情形分别划拨移交接收其有不便分析者量为添置将来南北洋兵轮如须修理只要船能入坞均可归该坞包修按照实用工料收回工价其余各商轮船亦准由该坞承揽修造总期价廉工速事事核实上海为通商总汇往来船舰极多机轮器具时待修理如果办理得法人自争趋办事员司人等果能始终出力将来获有余利应酌提花红奖赏以示鼓励其余溢款仍可留为该坞添补机器购存料物之用惟是目前购料添厂等费加以开拓坞基约计需银二十余万两拟由粮道库款暂挪就急随后即将修船余利分期归还常年经费统由该坞修船收价自行周转不另请款庶能工归实用费不虚糜此诚穷极当变之时实为海军应尽之责臣当与北洋大臣随时认真考察以期经久无弊其详细章程由该提督臣督员妥改核定再行饬遵所有上海船坞整顿改照商坞办法情形谨会同直督臣世凯恭摺具陈

署两江总督周札光绪三十一年三月十七日准总理南北洋海军事务广东水师提督军门叶咨案照本年三月初九日承准咨开窃照上海船坞创设有年办理多不如法以致商船裹足兵轮反入洋坞估修耗费甚多殊不成事现经本大臣与北洋议定将该坞另派大员管理仿照商坞办法妥筹改良该坞与海军事相表里应由贵军门遴派熟习船政之员前往接管所有与坞相连之机器厂生熟铁厂翻砂厂及应用房屋亲兵等项即与制造局魏道允恭等相势划拨移交贵军门所派之员接收管理以便速筹船坞事宜早日开办仍应和衷共济彼此相助藉收公益而顾大局除札饬沪局遵照办理并行知筹防局外相应咨会为此合咨贵军门请烦查照希即遴员前往接管并议章程督饬认真整顿仍望见复以便咨会北洋大臣查照施行等因承准此当经敝提督选派副将吴应科总办船坞并与该副将商就简明办法八章承蒙改定核准在案仍请将已经核定之章程内开各项并所有与坞相连各厂及应用房屋亲兵等项应行划拨接收之处逐一饬下沪制造局魏道允恭等遵照妥商以便定期开办嗣后尚有未尽事宜应再由敝提督督同吴副将随时与魏道妥筹办理合将拟定章程开摺咨请察照施行再所拟章程除已蒙核定外第三章内另添拟护营办法一则合并声明等因并章程到本大臣准此除咨行外合行抄章札饬札到该局即便遵照妥商筹办

【附】交接船坞章程五款

一凡与船坞相因之轮船机器锅炉熟铁木工铸铁等厂此时开办工程及随时承揽修造皆有不可缺一之情形应一律划拨接收将来该局或须用该坞之厂所机件该坞或须用该局之厂所机件彼此各按工程估价总期两不相妨

二旧存材料照单逐件点验公估价值俟以后动工需用何项材料即照何项价值给价其储材之堆栈各所亦应分交该坞以备存储材料

三自东至西之河岸码头均归船坞接管

四无用之材料变价归公

五所有接收之厂屋机件绘图开单彼此签押呈请存案

卷三·制造表

谨按同治四年创办之初厂中机器均未全备先就原有机器推广造成大小机器三十余座用以铸造枪炮炸弹六年始造轮船十三年仿制黑色火药光绪四年仿造九磅子四十磅子前膛快炮五年更造前膛四十磅八十磅各种开花实心弹七年造箭式一百磅药碰电熟铁浮雷及生铁沈雷十年造林明敦中针枪十一年停造轮船专修理南北洋各省兵轮船只十六年仿造新式全钢后膛快炮十七年改造快利新枪试炼钢料又造各种新式后膛快炮及五十二吨四十七吨大炮十九年仿制栗色火药又禀准将用余铜屑铸造制钱旋以折耗停止二十一年试造无烟火药停造水旱雷专制各种铜引二十四年造七密里九口径新毛瑟枪并将所有各式旧枪一律停造二十八年旧存快利枪报废三十年遵照奏案添造铜元尚未开工旋奉札饬归并江宁合办三十一年四月复奉饬将船坞及轮船锅炉机器三厂划归海军商厂办理

卷三·制造表·器械

器械

	机器	船	枪炮 水雷	火药 铜引	枪子炮弹	房屋
同治六年五月至十二年	…… 挖泥机器连运泥船二副 ……	惠吉兵轮一艘 操江兵轮一艘 测海兵轮一艘 威靖兵轮一艘 海安兵轮一艘 第一号双暗轮铁壳船一艘 第二号双暗轮铁壳船一艘 第三号双暗轮铁壳船一艘	……	……	……	…… 船厂 ……
……	……	……	……	……	……	……
光绪元年	……	驭远兵轮一艘 第四号双暗轮小铁壳船一艘 第五号双暗轮小铁壳船一艘 成大夹板船一艘 轮机小舢板船一艘	…… 铁壳水雷十六具 木壳水雷二十八具 ……	……	……	…… 船厂 ……
二年	……	金瓯铁甲兵轮一艘	……	……	……	……
……	……	……	……	……	……	……
十一年	……	保民钢板兵轮一艘	……	……	……	……
……	……	……	……	……	……	……
十七年	……	飞軨火轮车一辆并车路一条	…… 铁壳水雷六具……	……	……	……

卷三·制造表·轮船【本厂造】

轮船【本厂造】

船名	宽	长	吃水	马力	受重	年分
惠吉	二十七尺二寸	一百八十五尺	八尺有零	三百九十二匹	六百吨	同治七年
操江	二十七尺八寸	一百八十尺	十尺有零	四百二十五匹	六百四十吨	同治八年
测海	二十八尺	一百七十尺	十尺有零	四百三十一匹	六百吨	同治八年

续表

轮船【本厂造】						
船名	宽	长	吃水	马力	受重	年分
威靖	三十尺六寸	二百零五尺	十一尺	六百零五匹	一千吨	同治九年
海安	四十二尺	三百尺	二十尺有零	一千八百匹	二千八百吨	同治十二年
驭远	四十二尺	三百尺	二十一尺	一千八百匹	二千八百吨	光绪元年
金瓯【铁甲船】	二十尺	一百零五尺	七尺	二百匹		光绪二年
保民【钢板船】	三十六尺	二百二十五尺三寸	十四尺三寸	一千九百匹		光绪十一年

卷三·制造表·轮船【本厂承修】

轮船【本厂承修】						
船名	宽	长	吃水	马力	用煤	制造处
南琛	三十八尺四寸	二百七十七尺八寸	十五尺	二千八百匹	每点钟一吨一千六百斤	德国
南瑞	三十八尺四寸	二百七十七尺八寸	十五尺	二千八百匹	一吨一千六百斤	德国
寰泰	三十六尺	二百六尺	十八尺	二千四百匹	一吨一千一百斤	闽厂
镜清	三十六尺	二百六尺	十八尺	二千四百匹	一吨一千四百斤	闽厂
开济	三十六尺	二百六十五尺	十九尺	二千四百匹	一吨一千四百斤	闽厂
龙骧	二十一尺四寸	九十二尺	七尺二寸	六十匹	四百五十斤	
虎威	四十一尺四寸	九十二尺	七尺二寸	六十匹	四百五十斤	
飞霆	二十四尺	一百尺	七尺二寸	六十六匹	百五十斤	
策电	二十四尺	一百尺	七尺二寸	六十六匹	五百五十斤	
登瀛州	三十五尺五寸	二百零四尺四寸	十三尺	一百五十匹	一千三百四十斤	闽厂
普陀	十八尺	一百尺	九尺	五十五匹	四百十斤	

卷三·制造表·公牍

【同治】七年两江总督曾国藩奏报第一号轮船工竣窃中国试造轮船臣于咸丰十一年试造复奏购买船炮摺内即有此议同治元二年间驻扎安庆设局试造洋器全用汉人未雇洋匠虽造成一小轮船而行驶迟钝不甚得法二年冬间派令候补同知容闳出洋购买机器渐有扩充之意湖广督臣李鸿章自初任苏抚即留心外洋军械给时丁日昌在上海道任内彼此讲求御侮之策制器之方四年五月在沪购买机器一座派委知府冯焌光沈保靖等开设铁厂适容闳所购之器亦于是时运到归并一局始以攻剿方殷专造枪炮亦因经费支绌难兴船工至六年四月臣奏请拨留洋税二成以一成为专造轮船之用仰蒙圣慈允准于是拨款渐裕购料渐多苏松太道应宝时及冯焌光沈保靖等朝夕讨论期于必成查制造轮船以汽炉机器船壳三项为大宗从前上海洋厂自制轮船其汽炉机器均系购自外洋带至内地装配船壳从未有自构式样造成重大机器汽炉全具者此次创办之始考究图说自出机器本年闰四月间臣赴上海察看已有端绪七月初旬第一号工峻臣命名曰惠吉其汽炉船壳两项均系厂中自造机器则购买旧者修整参用船身长十八丈五尺阔二丈七尺二寸先在吴淞口外试行由铜沙直出大洋至浙江舟山而旋复于八月十三日驶至江宁臣亲自登舟试行至采石矶每一时上水行七十余里下水行一百二十余里尚属坚致灵便可以涉历重洋原议拟造四号今第一号系属明轮此后即续造暗轮将来渐推渐精即二十余丈之大舰可伸可缩之烟囱可高可低之轮轴或亦可苦思而得之上年试办以来臣深恐日久无成未敢率尔具奏仰赖朝廷不惜巨款不责速效得以从容集事中国自强之道或基于此各委员苦心经营其劳勚亦不可没也八年四

月两江总督马新贻奏报第二号轮船工竣窃照上海机器局筹办制造情形并已造成第一号轮船经调任督臣曾国藩于去年九月奏明在案臣新贻抵任后遵旨会同江苏抚臣丁日昌按照曾国藩李鸿章所定规模悉心筹办正值该局接造第二三号轮船随时拨款购料饬由该局员等督同中外工匠如法僱造本年四月据报称第二号轮船系仿照外国暗轮兵船式样制造完工先由吴淞江口出洋驶行至浙江舟山旋回上海沿途察看船上机器尚觉稳利即经驶至金陵臣亲自登舟验试工料极为坚致船身长十八丈船面宽二丈七尺八寸可以安炮八尊即令开驶至采石矶而回往返几及二百里不过二时有余机器小而灵动在长江行驶尤为便利取名曰操江轮船察看该船规制虽未能遽与外洋大兵轮相颉颃而船壳汽炉及暗轮机器全副均系厂内自造顿觉机杼一新其第三号约九十月间亦可峻工从此由熟生巧似乎船工制造已有把握除饬该局员加意讲求精益求精并将厂内所需巨细要件必需购之外洋者陆续宽为筹买以免停工待料之虞所有续成第二号轮船缘由谨会同直督臣曾国藩湖广督臣李鸿章江苏抚臣丁日昌合词恭摺具陈

光绪二年两江总督李鸿章奏复制造轮船未可裁撤窃查兵法须知己知彼乃是制胜之要访闻英国兵船三百六十余只在诸国为最多内有铁甲船四十余只法国先有兵船三百余只现减至二百四十只内有铁甲船六十余只美国兵船二百余只内有铁甲船五十余只俄国兵船三百余只内铁甲船二十余只布国兵船仅百余只内铁甲船六只现又续筹添造此皆西洋数大强国势力相埒其余小弱诸邦或兵船数十只百只不等然而上年布法之战法兵败于陆路虽战船多而坚且数倍于布尚无把握兵事胜败固难言已大抵西洋商船只可运载兵粮辎重其兵轮则分数等其小者曰根驳舱面置炮数尊用以哨探巡防今闽厂所制万年清伏波安澜等船沪局所造惠吉操江测海等船大小尺寸虽稍异总之不离乎根驳式样至外洋兵船大者马力或七八百匹吃水至二三十尺置炮两层至四五十尊之多现在沪局造成第五号船身长三十丈机器马力四百匹锅炉均在船腹水线之下舱面及两旁两屋置炮二十六尊确系仿照外国三支桅兵船作法英馆新闻称系中国第一号大船信不虚也然吃水已十九尺内江水涸时便虞阻搁又据该局道员冯 焌光禀称上年法国有铁甲船至沪该员登舟察看船炮坚利异常本年四月英国铁甲船又至沪俱泊吴淞江外不能进口该道等往观水线之上铁甲厚十寸内衬木板厚十八寸船旁均系夹层中可藏人即轰破外层而里铁未穿外水不能灌入机器锅炉及两层巨炮均在厚铁甲中其首尾铁皮稍薄水线之下铁皮不过五分六分船内炮位用电气线然放各炮一时同响又用汽机轮转起椗较人力尤为神速等语此等制作实堪奇诧盖根驳不若大兵船之坚猛大兵船又不若铁甲船之坚猛以铁甲船御兵船当之辄糜况根驳乎惟船愈坚大则费愈多今欲我数年创始之船遽敌彼百数十年精益求精之船不待智者而知其不逮然就已成者而益求精进未必其终不逮也中国大势陆多于水练陆军视练水军尤亟即使兵船造精非专恃轮船可以御侮况如天津海口最浅次则江南之吴淞口福州广东进口均有浅处外洋大兵船铁甲船势难深入即长江金陵以上亦不能驶我之造船本无驰骋域外之意不过以守疆土保和局而已海外之险有兵船巡防而我与彼可共分之长江及各海口之利有轮船转运而我与彼亦共分之或不让洋人独有其利与险而浸至反客为主臣尝督同沪局委员筹议仿造兵船以该局现造第五号为度不宜更求加大庶无事时扬威海上有警时仍可收进海口以守为战该局员匠近由英国觅得小铁甲船式样身短中宽底平仅置巨炮数尊其圆活炮台在船中段吃水浅而不能出洋闻西国用以守口最宜曾国藩上年曾经奏明仿造尚未开工第为御侮之计则不妨多为之备彼见我战守之具既多外侮自可不作此不战而屈人之上计即一旦龃龉彼亦阴怀疑惧而不敢遽发若虑制胜无甚把握而遂自隳成谋平日必为外人所轻临事只有拱手听命岂强国固本之道哉

卷四·会计表

谨按制造款项创办之初暂在军需项下通融筹拨同治六年议兴船工两江总督曾国藩奏请在江海关解部四成洋税酌留二成案内以一成为制造轮船之用八年两江总督马新贻附奏请以酌留洋税二成全数作为制造之用光绪十八十九两年设无烟栗色火药两厂二十一年设炼钢厂两江总督刘坤一奏奉部拨银四十万两为三厂开办经费二十三年复奏请加拨三厂常费每年银二十万两在江海关税厘项下拨解二十五年改由江苏各司关道局分筹协济是年以筹款练兵奉饬裁减局用每年节省薪工银一万一千九百余两提解江宁藩库二十七年江海关解局二成洋税改为十二成之二成二十九年两江总督张之洞奏建新厂请在局款内每年酌提新厂经费

银七十万两嗣以南洋订购浅水快轮奉饬借拨银三十万两三十年钦差大臣铁查核历年制造各款奉饬提存银七十七万余两是年遵照新厂奏案建立铜元厂禀准借拨节省经费银二十万两改造厂屋及订购机铜等项嗣经署两江总督周馥奏请归并金陵铜元局并奉饬代购铜斤各料连借拨共垫付银五十三万余两是年奉饬二成洋税以一成作新厂经费按月由江海关扣提存储以一成解本局

卷四 · 会计表 · 公牍

同治八年两江总督马新贻奏拨江海关二成洋税窃臣等接准部咨以江海关征收洋税应行解部之四成银两仍留一成为造船之用其余三成按结解部交纳等因当即饬该关遵照在案旋据会办机器局务升任江海关道应宝时等会禀覆称上海设局制造轮船自六年五月开办起支用奏留二成洋税银两至八年正月将制造枪炮用款亦禀明并入洋税项下开支于是局中既有造船行船翻书等款复增制造枪炮建立学馆用款为数甚巨本年夏间已将第二号船造成其第三号船九月间亦可告峻从此多成一船即每月多支辛工油煤等银二千余两至造船工料船身愈大其费用必递增目下开造第四号船计长二十丈有奇将来第五号船拟造至二十余丈以后逐渐推广再行察看筹议是造船行船经费既已日见浩繁而枪炮等项又难置之不办至于目前工程有与制造轮船相因而至不能不亟为举办者一曰添厂屋缘局内添造机器日渐加多必须酌增厂屋方敷安置嗣又寄信外国觅购大汽炉在刨床及造来福枪机器目下汽锤业已运来其余亦计日可到如不添造厂屋机器无处安置即办理无从下手此工程之难缓者一也一曰学馆未了工程查外国造船行船及制各种利器皆有专门之学上年局中觅雇洋人翻译制造诸书正欲先明其理与数之所以然使门径既辟得以循序渐进建造学馆工竣即挑选聪颖子弟分门学习以期日起有功此工程之难缓者二也一曰船坞未了工程查船坞为修船之所必需上年已将后截造成其前截直出黄浦江边现复接续筑造将来尚需造备坞口木舟已资启闭安配抽水机器以便提汲此工程之难缓者三也上年议建厂屋学馆船坞工程虽已随摺奏明而一切费用系在何项拨发当时未及筹定此为目前难缓之款又工程既竣之后岁支辛工等费此为将来因事递增之款以上各项均系造船行船之外增添用款若非通盘筹划恐至办理束手等语臣等查该局机器制造原分两项其仿造外洋火器用款始于同治四年闰五月由李鸿章奏明在于军需项下通融筹拨其造办轮船经费始于同治六年五月由曾国藩奏准酌留二成洋税拨用其开办先后相隔二年截止同治七年十二月底两项制造同在一局而用款各不相涉嗣因军务肃清军需无款可拨而枪炮未能停工是年正月起改归洋税项下借拨济用论该局目前急务自应以造船为专案而洋火器一项经营仿习数年以来甫得入门既未便半途而废虚弃前项又枪炮二者之中以洋枪拨用之数为多内而经营调拨马枪或三数千杆必不可缓上而江楚留防各军习用洋枪亦需随时更换其尤要者有一轮船即有一船应用之炮位与护炮之洋枪船即由厂自造则随船枪炮不应外求是故制造虽分两项实属一事相因综核该局用款造船项即须兼办枪炮而制造之外又有诸色工程各项经费较之前二年间用费倍增察核该局用禀均属实在情形同治五年前闽浙督臣左宗棠奏请设局试造轮船摺内声明开工集料及中外匠作薪水每月约需五六万两以一年计之需费六十余万两其造船厂购机器募师匠各款尚不在内现在沪局造船事同一律所留二成洋税通年计之不过四十余万两况兼造枪炮及各项工程经费无一不取给于此即使全准充用比照闽省用费尚减三分之一若只留用一成洋税银则本年下半年收款以之归还上半年借用之款尚恐不敷若非停工以待必至束手无策实缘此后局务与开办之初情形迥别有非从前章程所能尽其范围者臣日昌与前日因公赴沪之便亲至该局厘定一切复会商臣新贻所见相同该局甫经得手冀望日有进益未便定为一成不易之规仍于不为限量之中严存节制责其实力办理精益求益惟款项之已经透支者虚悬无著工料之急当兴办者进退两难臣等深知帑项支绌何敢不力求撙节而功在垂成事关大局亦不敢不将实在情形缕晰上达惟有仰恳天恩俯允将奏留酌济军饷之一成洋税仍准抵作机器局之用实于兴造大有裨益除俟命下之日饬行关局钦遵办理外谨会同直隶督臣曾国藩湖广督臣李鸿章合词恭摺具陈十一月初八日奉

……又札查据湖广总督张奏请移建制造新厂原疏其条陈各省缴付购械价银一条内云沪局向来风气凡外省订购枪炮修理轮船缴到价银往往收支含糊诸多牵混又经费一条内云销售钢铁修理轮船及各省购用枪炮价值岁可收回工本银十余万两等因究竟沪局自开办起至现在止某年收回销售钢铁枪炮及修理轮船工本

银各若干内已列入正款作收报明有案银两及含糊牵混并未报收银两各若干应札饬制造局总办按年逐一查明据实登复此项收支各款皆系各前总办之事该总办无所用其迴护除电达两江总督魏外合行札饬遵照

卷五·征缮表

江南制造局记卷五

征缮表

年分	北洋	南洋	炮台	兵轮	各行省
同治八年	神机营 【前膛马枪一千一百杆 鱼尾式前膛马枪三百杆】 北洋大臣 【前膛兵枪一百杆】	江苏巡抚 【十二磅火箭架二座 六磅火箭架一座 前膛洋马枪八十杆】 苏抚标护军营 【炮门自来火五十杆】 督标亲兵营 【炮门自来火八百支】		湖州 【十二磅开花弹单耳铜炮一尊 炮门自来火一百支】 惠吉 【十二磅开花弹单耳铜炮八尊 二十四磅开花弹一百四十个 开花弹慢药引四百个】 操江 【前膛兵枪二十四杆 二十四磅开花炮弹三百九十九个 十二磅开花弹二百个 二十四磅开花弹单耳铜炮四尊 又木心慢药引各八百个 炮门自来火四百支 铅子一千粒】 测海 【十二磅开花弹单耳铜炮二尊 又开花弹子四百个 二十四磅开花弹单耳铜炮六尊 又木心慢药引各六百个 炮门自来火三百支 前膛洋兵枪四十杆 枪子一千粒】	湖广总督 【前膛洋兵枪一百杆】

续表

江南制造局记卷五					
征缮表					
年分	北洋	南洋	炮台	兵轮	各行省
九年	神机营 【鱼尾式前膛马枪五百杆】 北洋大臣 【前膛兵枪七百杆 前膛马枪二百杆】	苏州内军械所 【前膛兵枪一百杆 前膛马枪一百杆 十二磅开花弹四百个 木心慢药引各六百个】 苏抚标护军营 【炮门自来火一百二十支 十二磅开花弹双耳铜炮一尊】 督标亲兵营 【十二磅开花弹双耳铜炮四尊】 扬州营 【前膛兵枪五十杆】		操江 【前膛马枪二十杆】 测海 【炮门自来火六百支】 威靖 【林明敦后膛马枪六十杆 十二磅开花弹单耳铜炮二尊 二十四磅开花弹单耳铜炮十尊 又开花弹二百三十九个】	宁夏军营 【二十四磅开花弹单耳铜炮五尊 又开花弹一千七百个 十二磅开花弹双耳铜炮五尊 又单耳铜炮二尊 又开花弹一千四百个 木心慢药引各三千个 炮门自来火一万一千支 六磅十二磅火箭各三百支】 湖广总营 【十二磅开花弹双耳铜炮八尊 又单耳铜炮五尊 又开花弹七百个 又木心慢药引各七百个 炮门自来火七百支 前膛兵马枪各二百杆】 湖北转运局 【林明敦后膛马枪一百杆】
十年	神机营 【鱼尾式前膛马枪一千一百杆】 北洋大臣 【前膛马枪六百杆】 天津军械所 【开花弹木心慢药引各四千二百四十个】	苏抚标护军营 【炮门自来火五百支】		惠吉 【前膛兵枪二十四杆 二十四磅开花弹五十个 又实心弹五十个 又木心五十个】 威靖 【开花弹木心二百个 二十四磅实心弹一百二十个 十二磅开花弹一百个】	宁夏军营 【二十四磅开花弹四千个 木心慢药引各六千个】 绥远城 【来福兵枪一千五百杆 铜帽七十万粒 洋火药一万五千磅】
十一年	北洋大臣 【林明敦后膛兵枪四百杆 又后膛马枪五百杆】				

续表

江南制造局记卷五

征缮表

年分	北洋	南洋	炮台	兵轮	各行省
十二年	北洋大臣 【林明敦后膛兵枪一千五百杆】 天津军械所 【十二磅开花弹双耳铜炮十尊又弹八百个 木心慢药引各八百个】	苏州军装局 【十二磅实心炮弹四百个 吴淞外海水师铜喷筒三十六个 【十二磅开花生铁炮十二尊】		威闰 【林明敦后膛兵枪六十杆】 海安 【十二磅开花弹单耳铜炮一尊】	
十三年	督标亲兵营 【林明敦后膛兵枪一百杆】	江宁内军械 【林明敦后膛兵枪一千杆 一号克鹿卜实心弹三百七十个 十二磅开花弹双耳铜炮四尊 又弹四百个 二十四磅开花弹铜炮四尊 又弹四百个 木心慢药引各四百个】 江宁外军械所 【林明敦后膛兵枪六百杆】 金陵火药局 【洋火药一万二千磅】 苏州军装局 【林明敦后膛兵枪一千杆 洋火药三万四千磅 一号克鹿卜实心弹二百个】 上海道火药局 【洋火药八千一百磅】 苏抚标亲兵营 【林明敦后膛兵枪一百杆】 苏松外海水师 【十二磅开花弹四百个】 【木心慢药引各四百个】 【前膛马枪六十杆】 海澄营 【十二磅开花弹双耳铜		惠吉 【二十磅来福实心弹五十个 二十四磅开花弹四百个 十二磅开花弹一百个 木心慢药引各六百个 二十磅来福开花弹一百个 洋火药一百磅】 测海 【一号克鹿卜实心弹四百个 二十磅来福炮实心弹二百五十个 又开花炮弹九十个 十二磅开花弹一百个 二十四磅开花弹一百个 木心慢药引各四百个】 威靖 【二十四磅开花炮弹四百个 三号克鹿卜实心弹三百个 又开花弹一百五十个 四号克鹿卜实心弹一百个 十八磅来福开花弹一百个 十二磅开花弹二百个 木心慢药引各八百个 炮门自来火一千支 林明敦后膛兵枪二十杆】 海安	巴里坤营 【十二磅开花田鸡铜炮二尊 开花弹二百个 木心慢药引各二百个】

续表

江南制造局记卷五

征缮表

年分	北洋	南洋	炮台	兵轮	各行省
		炮二尊 又开花田鸡铜炮二尊 十二磅开花弹四百个 木心慢药引各四百个】 沪军营 【林明敦后膛兵枪二百杆】 武毅右军等营 【林明敦后膛兵枪二百杆】 苏松太道 【十二磅开花弹双耳铜炮二尊 又开花炮弹二十个 木心慢药引各十个 林明敦后膛兵枪一百杆 又前膛兵枪四十杆】 本局防护营 【林明敦后膛兵枪四十四杆】		【林明敦后膛兵枪三百杆 炮门自来火三千六百支 三号克鹿卜实心弹八百个 又三号克鹿卜开花弹三百个 洋火药八十二磅 四号克鹿卜实心弹二百个 又四号开花弹五十个 五号克鹿卜实心弹一百个】 二号小铁壳船 【六磅来福实心弹一百二十个】 三号小铁壳船 【十六磅开花钢来福炮一尊 又实心弹四十个】 五号小铁壳船 【过山炮实心弹六十个】	
光绪元年	神机营 【前膛马枪一千杆】 天津军械所 【十二磅开花炮弹二万二千个 木心慢药引各一千四百个】 督标亲兵营 【十二磅开花双耳铜炮二尊 又开花弹十个 木心慢药引各十个】	江宁外军械所 【洋火药七万八千磅】 苏州军装局 【一号克鹿卜开花弹四十个 十二磅开花弹二千六百十个 木心慢药引各四千个 洋火药一万七千磅】 上海道火药局 【洋火药一万五千八百磅】 沪军营 【十二磅开花弹田鸡炮二尊】 本局防护营 【洋火药二百磅一号克鹿卜开花弹一百三十二个 三号开花弹五十个 林明敦后膛兵枪二十杆】	江阴 【垫炮架轮铁轨十副 洋火药五千磅】 象山 焦山 【垫炮架轮铁轨四副】 都天庙 【垫炮架轮铁轨二副】 吴淞 【垫炮架轮铁轨八副】	应吉 【洋火药四百磅】 操江 【一号克鹿卜实心弹三百个 又开花弹一百个 三号克鹿卜实心弹一百个 又开花弹一百个 十二磅来福实心弹二百个 十二磅来福开花弹二百个 十八磅来福开花弹三百个 木心慢药引各三百个 炮门自来火五百支】 测海 【洋火药六百磅 林明敦后膛兵枪十六杆】	湖南抚标防营 【十二磅开花弹双耳铜炮四尊 又开花田鸡炮二尊】

续表

江南制造局记卷五

征缮表

年分	北洋	南洋	炮台	兵轮	各行省
				海安 【洋火药三千二百五十磅】 四号小铁壳船 【十二磅开花弹单耳铜炮一尊】	
二年	天津军械所 【林明敦子药铜卷四十万个 十二磅开花弹一万个 林明敦后膛兵枪一千杆】 督标亲兵营 【十二磅开花弹四十个 木心慢药引各四十个】	清江转运局 【林明敦子药铜卷十一万个 洋火药一万磅】 苏州军装局 【一号克鹿卜开花弹一百个 林明敦后膛兵枪一千杆】 江宁外军械所 【洋火药二万八千磅 林明敦后膛兵枪一千杆 双子药铜卷十五万个】 上海道火药局 【洋火药二万一千五百磅】 苏抚标亲兵营 【林明敦子药铜卷九千个】 本局防护营 【林明敦后膛兵枪十一杆 洋火药一千四百磅 林明敦子药铜卷七千个 一号克鹿卜开花弹一百三十五个 又实心炮弹四百九十一个 炮门自来火五百支 五号克鹿卜实心弹十六个】	江阴 【三号克鹿卜开花实心弹各一百个 垫炮架轮铁轨七副 洋火药一万磅】 乌龙山 【垫炮架轮铁轨六副】	登瀛洲 【洋火药二千五百磅】 惠吉 【洋火药一千磅林明敦后膛兵枪七十杆】 测海 【洋火药一千五百磅 林明敦子药铜卷二千十六个】 威靖 【三号克鹿卜实心弹三百个 又四号实心弹一百个 炮门自来火一千支】 海安 【炮门自来火一千五百支 十二磅开花弹单耳铜炮二尊 洋火药三千磅】 金瓯 【洋火药一千九百二十四磅 五号克鹿卜实心弹二十八个 又开花弹十个 炮门自来火五十支】	

续表

江南制造局记卷五

征缮表

年分	北洋	南洋	炮台	兵轮	各行省
三年	天津军械所 【林明敦子药铜卷二十万个 开花弹木心慢药引各一万六千个】	江宁外军械所 【洋火药二万磅】 江宁筹防局 【一号克鹿卜开花弹二百个 又实心弹二百个 三号克鹿卜开花弹五百个 又实心弹二千五百个 又四号实心弹二百个 又五号开花弹三百个 又五号实心弹六百个 乌理治一百二十磅实心弹五百个】 上海火药局 【洋火药一万八千磅】 苏抚标亲兵营 【林明敦子药铜卷一万二千个】 本局防护营 【一号克鹿卜实心弹八百八十个 林明敦子药铜卷八千个 十二磅开花弹双耳铜炮一尊 又开花弹十个 洋火药二千一百磅 一号克鹿卜开花弹三百二十个 又五号开花弹五个 又五号实心弹三十个 炮门自来火五十支 木心慢药引各十个】	江阴 【洋火药二万磅】 都天庙 【三号克鹿卜开花弹二百四十个 又实心弹四百六十七个洋火药一万磅 炮门自来火五百支】 吴淞 【洋火药一千磅炮门自来火三百支】	登瀛洲 【洋火药二千五百磅 三号克鹿卜实心炮弹一百三十三个】 惠吉 【洋火药二百磅】 测海 【四号克鹿卜开花弹五十个 又实心弹一百个 洋火药一千磅 炮门自来火三百支】 威靖 【炮门自来火六百支 五号克鹿卜实心炮弹一百六十二个 又开花弹五十个】 海安 【三号克鹿卜实心弹四百个 炮门自来火二千支】 金瓯 【洋火药八百磅 五号克鹿卜开花弹十五个 又实心弹三十五个 炮门自来火七十支】	

续表

江南制造局记卷五

征缮表

年分	北洋	南洋	炮台	兵轮	各行省
四年	北洋大臣 【来福兵枪四千杆 林明敦后膛枪二杆 又子药铜卷三十万五千四百个 十二磅铜炮开花弹二万二千个 木心慢药引各二万二千个】	苏州军装局 【洋火药一万磅】 上海道火药局 【洋火药一万八千磅】 抚标 【林明敦枪子药铜卷一万二千个】 苏松镇 【炮门铜管自来火五百支】 本局防护营 【林明敦后膛兵枪三十六杆 子药铜卷五千个 一号克鹿卜实心弹三百十五个 又开花弹三百八十个 洋火药一千八百六十五磅 十二磅铜炮开花弹一百三十二个 木心慢药引各一百六十个 炮门纸管自来火一百五十支 又铜管自来火九百支 来福兵枪二杆】	吴淞 【炮门铜管自来火一千八十四支 又纸管自来火二百十支 洋火药一万二千九百十八磅半 乌理治一百二十磅实心弹二百个 又八十磅实心弹一百二十六个 来福九磅实心弹一百四十五个 五号克鹿卜实心弹八十四个 十磅铁炮实心弹一百五十六个 又八磅实心弹九十六个】	登瀛洲 【瓦瓦斯四十磅后膛钢炮六尊 又实心弹一百二十个 又开花弹一千二百二十四个 炮门铜管自来火一千四百支 来福兵枪二杆】 驭远 【三号克鹿卜钢炮十二尊 又实心弹二百个 又开花弹一百四十个 四号克鹿卜钢炮四尊 又实心弹九十二个 又开花弹五十二个 五号克鹿卜钢炮一尊 又实心弹四十个 又开花弹二十个 炮门纸管自来火一千六百支 后膛兵枪二十杆 子药铜卷三千个 洋火药二千二百六十磅】 测海 【炮门铜管自来火一千三百支 枪子药铜卷七千五十六个 铜帽二万三千支】 威靖 【炮门铜管自来火八千支】 第二号铁壳船 【来福兵枪五杆 小平枪一杆 枪子二百粒 铜帽二百五十个 林明敦后膛兵枪一杆 子药铜卷一百个 洋火药五磅】 第四号铁壳船	

续表

江南制造局记卷五

征缮表

年分	北洋	南洋	炮台	兵轮	各行省
				【兵枪六杆 子药铜卷一百个 小手枪一杆 枪子二百粒 铜帽二百八十个 洋火药五磅】 横云 【小手枪二杆 枪子五百粒】	
五年	北洋大臣 【林明敦后膛兵枪一杆又子药铜卷三十五万个】	江宁外军械所 【洋火药二万磅】 苏州军装局 【洋火药一万五千磅】 上海道火药局 【洋火药二万二千二百磅】 苏州抚标亲兵营 【林明敦枪子药铜卷一万个】 苏松镇标营 【炮门筒管自来火五百支】 本局防护营 【乌理治四十磅实心弹三十九个又开花弹十二个 林明敦枪子药铜卷一万二千个 洋火药一千五十七磅】	吴淞 【洋火药二万三千九百九十磅 五号克鹿卜实心弹一百五十六个 乌理治八十磅实心弹二百十六个 又一百二十磅实心弹三百九十个 铁炮八磅实心弹一百五十六个 又十磅实心弹三百十二个 炮门纸管自来火三百九十支】	靖远 【炮架铜轨一副】 测海 【洋火药七千六百磅 炮门纸管自来火一千三百支 林明敦枪子药铜卷五千八百个 三号克鹿卜实心弹三百个 又开花弹八十个 来福兵枪十杆 铜帽一万六千粒】 威靖 【洋火药三千磅 铜帽一万粒 炮门纸管自来火一千四百支】 驭远 【林明敦枪子药铜卷一万个 炮门纸管自来火二万五 洋火药三千磅 四号克鹿卜开花弹一百个 又五号开花弹五十个 铜帽三万粒】 金瓯 【五号克鹿卜实心弹十二个 又开花弹十七个 炮门纸管自来火三十支 洋火药八百磅】	

续表

江南制造局记卷五

征缮表

年分	北洋	南洋	炮台	兵轮	各行省
六年	神机营 【来福兵枪二千杆】 天津行营军械所 【林明敦枪子药铜卷四十万个】 海防军械所 【四十磅阿姆斯脱郎钢膛熟铁大炮八尊 又开花弹四百个 又实心弹八百个】	筹防局 【四十磅阿姆斯脱郎钢膛熟铁大炮八尊 又开花弹四百个 又实心弹八百个】 江宁内外军械所 【林明敦后膛兵枪六千五百杆 又子药铜卷十五万个 洋火药四万磅】 苏州军装局 【林明敦后膛兵枪一千杆 又子药铜卷十五万个 洋火药四万磅】 苏松镇标营 【炮门铜管自来火五百支 来福枪三十五杆】 江宁提标营 【来福兵枪九十六杆 林明敦后膛兵枪二十杆 又子药铜卷四千个】 江苏抚标营 【林明敦子药铜卷三千个】 上海道火药局 【洋火药二万二千六百磅】 本局防护营 【洋火药六千四 百五十二磅 林明敦枪子药铜卷五千一百个 炮门纸管自来火一百支 又铜管自来火一千一百十三支 铜帽一万四千七百四十五粒 乌理治四十磅实心弹八百十三个 五号克鹿卜实心弹十	吴淞 【炮门铜管自来火一千七百八十八支 又□□□四百个 洋火药二万二千五百五十七磅 乌理治一百二十磅 实心弹三百三十六个 又八十磅实心弹二百十六个 五号克鹿卜实心弹一百四十四个 铁炮十磅实心弹二百八十八个 又八磅实心弹一百四十四个】	第二号铁壳船 【来福兵枪四杆 铜帽五百粒 洋火药二十磅】 测海 【四号克鹿卜实心弹五十个 又三号实心弹二百个 炮门纸管自来火二千五百支 林明敦后膛兵枪六十五杆 又子药铜卷二万七千五百个 洋火药五千五百磅 炮门铜管自来火二千三百支 铜帽七万粒 来复兵枪十杆】 威靖 【洋火药八千磅 林明敦后膛兵枪七十杆 又子药铜卷一万九千百个 炮门纸管自来火一千五百支 又炮门铜管自来火二千一百支 五号克鹿卜开花实心弹各五十个 又三号实心弹一百五十个】 驭远 【洋火药一万八百磅 五号克鹿卜开花实心弹各二十五个 又四号开花弹八十个 又实心弹一百五十个 又三号开花弹二百个 又实心弹三百个 炮门纸管自来火二千二百支 又铜管自来火二千五	

续表

江南制造局记卷五

征缮表

年分	北洋	南洋	炮台	兵轮	各行省
		二个 阿姆斯脱郎一百二十磅实心弹十五个 燕飞来福兵枪二杆】		百支 林明敦后膛兵枪二百二十九杆 又子药铜卷四万二千五百个 铜帽十五万粒】 金瓯 【洋火药三百五十磅 林明敦后膛兵枪八杆】 飞霆 【铜帽一千粒】 策电 【铜帽一千粒】	
七年	海防军械所 【一百二十磅阿姆斯脱郎钢膛熟铁炮五尊】	江宁提标营 【钢炮十二磅开花弹二百四十个 又木心慢药引各二百四十个 来福兵枪二十杆】 江苏抚标营 【林明敦枪子药铜卷一万三千个】 上海道火药局 【洋火药二万七千八百磅】 筹防局兵轮支应所 【洋火药二万磅】 江宁内外军械所 【来福兵枪一千杆】 苏松镇标营 【炮门铜管自来火五百支】 太湖水师 【铜帽五百粒】 本局防护营 【洋火药二千六十六磅 乌理治一百二十磅实心弹九个 阿姆斯脱郎一百二十磅实心弹二十七个 林明敦枪子药铜卷一万个 毛瑟枪子药铜卷六千个	下关 【一百二十磅阿姆斯脱郎钢膛熟铁炮二尊】 圌山关 【一百二十磅阿姆斯脱郎钢膛熟铁炮六尊 又实心弹六十个 又开花弹九十个】 江阴 【乌理治一百二十磅实心弹八十个 又八十磅实心弹一百六十个 四号克鹿卜实心弹一百五十个】 都天庙 【架炮铁轨一副】 吴淞 【洋火药二万一千九百十一磅 乌理治二百五十磅实心弹六十二个 又一百二十磅实心弹三百九十个 又八十磅实心弹一百八十四个 四号克鹿卜实心弹六十个 又五号实心弹一百五十六个 铁炮十磅实心弹三百	碰快船 【林明敦后膛兵枪八十杆 又子药铜卷一万个】 澄庆 【五号克鹿卜开花弹二十个 又实心弹四十个 又三号开花弹一百个 又实心弹二百个 炮门纸管自来火四百支 炮架铜轨六副】 登瀛洲 【林明敦枪子药铜卷五千个 来福兵枪二杆 铜帽二千粒】 第二号铁壳船 【洋火药二千磅 铜帽五百粒】 测海 【林明敦枪子药铜卷二万四千五百个 炮门纸管自来火三百支 又铜管自来火四百支 铜帽一万四千粒 三号克鹿卜实心弹六十个 又四号实心弹三十个	

续表

江南制造局记卷五

征缮表

年分	北洋	南洋	炮台	兵轮	各行省
		铜帽一万三千粒 来福兵枪二十杆】	十二个 又八磅实心弹一百五十六个 炮门纸管自来火五百八十五支 又铜管自来火一千九百三十七支 洋火药三千三百六十六磅】	洋火药一千四百磅】 威靖 【林明敦枪子药铜卷一万 炮门纸管自来火五百支 又铜管自来火一千支 铜帽二万六千粒】 驭远 【炮门纸管自来火一千八百支 又铜管自来火二千支 铜帽十二万粒 林明敦枪子药铜卷四万一千个 洋火药二千六百磅】 金瓯 【四号克鹿卜实心弹二十个 又三号实心弹五个 炮门铜管自来火五十支 洋火药五十磅】	
八年	海防军械所 【阿姆斯脱郎一百二十磅熟铁炮五尊】	苏州军装局 【洋火药六万四千磅 一号克鹿卜开花弹二百个】 江宁内外军械所 【洋火药四万磅】 苏松镇标营 【来福兵枪三十二杆 炮门铜管自来火五百支】 筹防局兵轮支应所 【阿姆斯脱郎十二磅开花弹五百个 炮门铜管自来火四千七百五十支 炮药袋九百个 洋火药二万六千磅】 上海道火药局 【洋火药二万九千四百磅】 江苏抚标营	下关 【阿姆斯脱郎一百二十磅开花弹三十个 又实心弹六十个】 圌山关 【阿姆斯脱郎一百二十磅钢膛熟铁炮二尊 又开花弹九十个 实心弹二百四十个】 象山 【四号克鹿卜实心弹五十个】 江阴 【乌理治一百二十磅实心弹二百个 又八十磅实心弹一百五十个 三号克鹿卜实心弹一百个 双四号实心弹三百五十个	澄庆 【炮门纸管自来火九百支 五号克鹿卜开花弹二十个 又实心弹十个 三号克鹿卜开花弹八十个】 测海 【洋火药一千磅 炮门铜管自来火一千三百支 林明敦枪子药铜卷一万二千个 铜帽二万二千粒】 威靖 【五号克鹿卜实心弹二百个 炮门纸管自来火三百支 又铜管自来火一千一	

续表

江南制造局记卷五

征缮表

年分	北洋	南洋	炮台	兵轮	各行省
		【林明敦枪子药铜卷三千个】 本局防护营 【洋火药一千五百四十磅 阿姆斯脱郎一百二十磅实心弹十五个 又八十磅实心弹十二个 乌理治二百五十磅实心弹三个 炮门铜管自来火一百九十支 又电信自来火十二支 铜帽一万二千粒 来福枪三百三十杆 格林炮一尊 一号克鹿卜后膛钢炮二尊 一号博洪炮一尊】	洋火药二万六千磅】 吴淞 【乌理治二百五十磅实心弹四十五个 又一百二十磅实心弹二百七十个 又八十磅实心弹一百六十二个 五号克鹿卜实心弹一百八个 又四号实心弹五十四个铁炮十磅实心弹二百十六个 又八磅实心弹一百八个炮门纸管自来火四百五支 又铜管自来火八百九十四支 洋火药一万六千九百九十五磅 毛瑟枪子药铜卷三万三千个】	百支 林明敦枪子药铜卷九千六百个 铜帽二万七千粒】 驭远 【洋火药二千磅 洋火药七千磅 炮门纸管自来火六百支 又铜管自来火九百支 铜帽十一万粒 林明敦枪子药铜卷二万四千个】 第二号铁壳船 【洋火药四十磅】 金瓯 【三号克鹿卜实心弹十三个 又四号实心弹十二个 洋火药四十磅 炮门铜管自来火十支】	
九年	行营军械所 【装配毛瑟枪器具十副】	南洋大臣 【必利枪五杆 林明敦枪子药铜卷一千个】 江宁内外军械所 【劈山炮一百八尊 又实心弹五千六百个】 上海道火药局 【洋火药二万六千四百磅】 筹防局 【黄火药一万磅 洋火药二万磅 六生的过山快炮四尊 又开花弹一千二百个 沙不乃尔弹子八百个 炮门铜管自来火二千支 阿姆斯脱郎八十磅大炮五尊 又开花弹四十个 又实心弹一百个】	焦山 【炮门铜管自来火一千四百支 又纸管自来火一千四百支 三号克鹿卜开花弹五百个 又实心弹二百个】 象山 【四号克鹿卜开花弹二百十个 又实心弹一百个三号克鹿卜开花弹三百个 圌山关 【阿姆斯脱郎一百二十磅开花弹二百十个 又实心弹一百五十一个】 下关 【乌理治一百二十磅开花弹二十个 又实心弹三十个	钧和 【阿姆斯脱郎四十磅开花弹三十个 又实心弹五十个 铜炮二十四磅开花弹二百二十个 又木心一百八十二个 林明敦后膛兵枪二十杆 又子药铜卷四千个 炮门铜管自来火二百五十支 铜帽一千粒】 驭远 【五号克鹿卜 开花实心弹各二十五个 又四号开花实心弹各一百七十五个 又三号开花实心弹各三百个 炮门纸管自来火七百	两广总督 【铁壳沈雷六十个 雷线六千条】

续表

江南制造局记卷五

征缮表

年分	北洋	南洋	炮台	兵轮	各行省
		苏松镇标营 【生铁炮十尊 来福兵枪二十九杆 炮门铜管自来火五百支】 本局防护营 【劈山炮实心弹三十个 洋火药二千九百八十六磅 阿姆斯脱郎八十磅实心弹二十一个 又四十磅实心弹三个 又一百二十磅实心弹九个 林明敦后膛兵枪二百杆 又子药铜卷三万二千个 炮门铜管自来火二百八十七支 来福铅子四千个 毛瑟枪子药卷 卷一百九十个 马梯尼枪子药 铜卷五百个 铜帽十二万二千粒】	阿姆斯脱郎一百二十磅 开花弹四十个 又实心弹七十一个】 五龙山 【三号克鹿卜开花弹四十个 铜引一百五十副】 吴淞 【乌理治一百二十磅实心弹三百六十个 又八十磅实心弹二百十六个 五号克鹿卜实心弹二百十六个 又四号实心弹十八个 阿姆斯脱郎二百五十磅实心弹七十二个 又八十磅实心弹五十四个 铁炮十磅实心弹二百八十八个 八磅实心弹一百四十四个 炮门纸管自来火五百三十九支 洋火药一万一千五百七十四 炮门铜管自来火一千七百八十八支 江阴 【装配毛瑟枪弹药器具六副】	支 又铜管自来火二百支 林明敦枪子药铜卷一万个 铜帽八万粒 洋火药四千磅】 威靖 【五号克鹿卜实心弹五十个 又三号实心弹一百个 炮门纸管自来火三百支 又铜管自来火五百支 铜帽三万粒 洋火药三千磅】 测海 【四号克鹿卜实心弹六十个 又三号实心弹一百个 纸管炮门自来火六百支 又铜管自来火九百支 铜帽二万粒 林明敦枪子药铜卷一万六千个 洋火药一千四百磅】 开济 【炮门纸管自来火二千支】 金瓯 【炮门纸管自来火五百五十支 洋火药一千八百磅 克鹿卜四号开花弹三百二十四个 又实心弹四十八个 又三号开花弹二十七个 又实心弹五十八个 林明敦后膛兵枪二十杆 又子药铜卷二千个 来福兵枪二十杆 铜帽二千粒】	

续表

江南制造局记卷五

征缮表

年分	北洋	南洋	炮台	兵轮	各行省
十年	天津军械所 【阿姆斯脱郎一百二十磅开花弹一千个 又四十磅开花弹六百个 又实心弹四百个	江西抚标营 【林明敦后膛兵枪六百杆 又子药铜卷二十万个】 抚标沪军营 【十二磅开花双耳铜炮二尊 圆开花弹二百个 木心慢药引各二百个 毛瑟后膛兵枪二百杆 又子药铜卷四万个】 江苏巡抚 【电线三英里】 苏松镇标练兵新营 海澄营 【劈山炮四尊 炮门铜管自来火九百支 来福兵枪二百八十杆 十二磅铜炮圆开花弹一百个 又木心慢药引各二百个】 督标护军营 【毛瑟后膛兵枪一百杆 又子药铜卷二万个】 督标仁义忠信及亲兵前后营 【洋火药六千四百磅 铜帽三十二万粒】 督标恪靖营 【十二磅开花双耳铜炮二尊 又圆开花弹二百个 又木心慢药引各二百个 又毛瑟后膛枪一百五十杆 又子药铜卷三万个 炮门铜管自来火三百支】 督标南字营 【来福兵枪三百七十杆 小洋枪二十杆	江阴 【三号四号克鹿卜实心弹各三百个 乌理治一百二十磅开花弹三百个 洋火药六万四千磅 林明敦后膛兵枪一千四百杆 毛瑟枪子药铜卷四十万个 阿姆斯脱郎一百二十磅开花弹一百八十个 又实心弹二百三十个】 吴淞 【阿姆斯脱郎二百五十磅 开花实心弹各五六个 又八十磅实心弹一百个 又四十磅开花实心弹各一百五十个 乌理治一百二十磅实心弹三百五十个 又开花弹二百个 又八十磅开花实心弹各一百五十个 五号克鹿卜开花实心弹各一百个 炮门纸管自来火五百八十五支 又铜管自来火九千八百三十七支 洋火药五万三千二百五十九磅 铁壳水雷二十具 阿姆斯脱郎四十磅钢膛炮六尊 三十二磅生铁炮七尊 又五磅圆开花弹各三百个 又八磅圆开花实心弹各四百个 又十磅圆开花实心弹各五十个	南琛 【毛瑟后膛兵枪一百八十杆 又子药铜卷五万个 来福兵枪一百四十杆 炮门铜管击火一千支 阿姆斯脱郎一百八十磅实心弹一百个】 南瑞 【来福兵枪一百四十杆 炮门铜管击火一千支 阿姆斯脱郎一百八十膀 实心弹一百个】 登瀛洲 【林明敦枪子药铜卷三千个 炮门铜管自来火三千支】 靖远 【林明敦后膛兵枪二十杆 来福兵枪一百二十杆 铜帽五万粒 炮门铜管自来火三百支】 金瓯 【林明敦后膛兵枪十五杆 又子药铜卷六千个】 驭远 【炮门纸管自来火九百支 又铜管自来火三百支 炮门铜螺丝拉火一千一百支 五号克鹿卜后膛炮一尊 又实心弹一百个 洋火药二千磅 铜帽十六万粒 毛瑟后膛兵枪二百五十杆 又子药铜卷四万个	广西定边楚军 【士乃得枪子药铜卷七十万个】 福建巡抚 【阿姆斯脱郎八十磅炮七尊 炮门铜管自来火四百支 阿姆斯脱郎八十磅开花实心 弹各三百五十个】 闽浙总督 【林明敦后膛枪二千杆 又子药铜卷八十万个 铁壳水雷二十具 电线六英里 台湾海防军械所 八十磅子阿姆斯脱郎炮四尊 又开花弹七十个 又实心弹一百八十个 三号克鹿卜后膛炮四尊 又开花弹七百二十个 又实心弹一百八十个 铜铁炮路辙各四副 安配炮位器具四副 铜帽二千粒 炮门铜管 纸管自来火各二千支】 云贵总督 【林明敦子药铜卷五十万个】

续表

江南制造局记卷五

征缮表

年分	北洋	南洋	炮台	兵轮	各行省
		又以子药铜卷一千个 铜帽九万粒 来福枪铅子五千粒 洋火药一千五百磅】 马步水陆军总统 【洋火药四万四千磅 毛瑟后膛兵枪四百杆 又子药铜卷四万个 来福兵枪一千七百杆 铜帽二百二十万粒】 督标营务处 【毛瑟枪子药铜卷三万粒】 提标水师营 【林明敦后膛兵枪一百杆 又子药铜卷一万个 洋火药二百磅】 新兵营 【铜炮十二磅圆开花弹二百个 木心慢药引各二百个】 水师南汇营 【洋火药一百磅 铜帽一万粒】 淮扬镇 【毛瑟枪子药铜卷八万个 铜帽三十万粒】 苏州军装局 【洋火药五万磅 铜帽一百万粒 江宁内外军械所 洋火药五万磅 炮门铜管自来火一万二千二百支 劈山炮圆实心弹二千个 铜帽四百万粒】 筹防局 【林明敦后膛兵枪三千十杆 又子药铜卷二百六十三万五千个	又十二磅圆开花实心弹各五百个 又二十四磅个开花实心弹各一百五十个 又六十四磅圆开花实心弹各五十个 又开花弹木心慢药引各一千四百五十个】 都天庙 【五号克鹿卜实心弹一百个】 焦山 【乌理治一百二十磅实心弹二十个】 图山关 【阿姆斯脱郎一百二十磅开花弹三十个 又实心弹一百二十个 又八十磅开花弹四十个 又实心弹一百六十个】 象山 三号克鹿卜开花弹五十个 又实心弹一百个】	哈乞开斯炮二尊 又开花弹二百个 那腾飞炮四尊 又钢子铅子各二百个】 威靖 【五号克鹿卜开花弹六十个 又三号开花弹一百三十个 铜炮十二磅圆开花弹四百八十个 林明敦枪子药铜卷一万一千个 洋火药七千六百磅 炮门铜管自来火八百支 铜帽二万粒】 测海 【四号克鹿卜开花弹六十个 又实心弹二百四十个 又一号开花弹一百二十个 铜炮十二磅 开花弹二百四十个 又木心慢药引各二百四十个 洋火药五千五百磅 林明敦后膛兵枪八杆 又子药铜卷六千个 炮门铜管自来火一千五百支 铜帽一万粒 来福兵枪七十八杆】 开济 【炮门铜管自来火一百支 来福兵枪六千杆】	

续表

江南制造局记卷五

征缮表

年分	北洋	南洋	炮台	兵轮	各行省
		炮门纸管自来火八千支 又铜管自来火四千九百支 洋火药十四万九千磅 五号克鹿卜开花弹一百三十个 又实心弹一百十个 三号克鹿开花实心弹各三百三十个 阿姆斯脱郎一百二十磅炮四尊 又开花实心弹各二百个 又四十磅开花实心弹各三百九十二个 又八十磅实心弹一千二十五个 四号克鹿卜开花弹四十个又实心弹五十个 乌理治八千磅 实心弹三千二百个 又四十磅实心弹三千九百五十个 又开花弹二千六百个 毛瑟后膛兵枪一百八十杆 又子药铜卷五万个 来福兵枪一百杆 铜帽四万四千粒 五门壳治炮二尊 又弹九百九十个 小手枪子药铜卷一千个 士乃得枪子药 铜卷三十万个】 兵轮支应所 【四号三号克鹿卜开花弹各二十个 炮门电信自来火二百支 小手枪二杆 又子药铜卷一百个】 上海道火药局			

续表

江南制造局记卷五

征缮表

年分	北洋	南洋	炮台	兵轮	各行省
		【洋火药二万八千磅】 本局防护营 【林明敦后膛兵枪八十四杆 又子药铜卷四万五千五百八十二个 洋火药八千二百六十四磅 阿姆斯脱郎一百二十磅实心弹二十四个 又四十磅实心弹一百十五个 又开花弹一百个 一号克鹿卜实心弹一百十五个 又开花弹五十个 二十磅来复开花弹二十六个 又实心弹二十四个 又铅子一百个 炮门铜管自来火一千九十五支 铁水雷二具 铁壳浮雷一具 阿姆斯脱郎八十磅炮三尊 又四十磅炮一尊 劈山炮实心弹十八个 铜帽十九万四粒 来福兵枪四十八杆 毛瑟后膛兵枪十四杆 又子药铜卷一千二百个 五门壳治炮弹十个 格林炮弹二千个 小手枪八杆 又子药铜卷一千个】			

续表

江南制造局记卷五

征缮表

年分	北洋	南洋	炮台	兵轮	各行省
十一年		苏州军装局 【克鹿卜三号开花弹一千个 又一号开花弹八百个 又实心弹二百个炮门铜管自来火五千支】 筹防局 【林明敦后膛兵枪一千杆 又子药铜卷五十五万一千个炮门铜管自来火二百支 铜螺丝拉火五百支 阿姆斯脱郎四十磅开花实心弹各六百四十八个 又二十六吨大炮开花弹二百个 三十八吨大炮开花弹二百个 来福兵枪三十二杆 铜帽一千粒】 江宁内外军械所 【洋火药三万磅 生铁炮四十三尊 铜帽一万粒】 督标随军各营 【毛瑟枪子药铜卷一万一千个 洋火药八千磅 铁喷筒四十个 炮门铜管自来火九千支】 苏松镇练兵等营 【炮门铜管自来火一千七百支 黎意枪子药铜卷二百个 铁枪靶四副】 上海道火药局 【洋火药二万六千四百磅】 本局防护营 【林明敦枪后膛	图山关 【阿姆斯脱郎一百二十磅开花弹一百个 又实心弹一百十个 炮门铜管自来火三百十支】 吴淞 【劈山炮二尊 又实心弹七千九百十个 炮门铜管自来火一万六百七十一支 洋火药五万四千三百五十八磅 法兰绒炮药袋三千三百七十四个 阿姆斯脱郎二百五十磅开花实心弹各三十六个 又八十磅开花实心弹各三十六个 乌理治一百二十磅开花实心弹各一百八十个 又八十磅开花实心弹各一百八十个 五号克鹿卜开花实心弹各七十二个 炮门铜螺丝拉火一百支 二百五十磅弹铁炮路一副】 象山 【乌理治一百二十磅开花弹三十个 又实心弹五十个 克鹿卜五号开花弹六十个 又实心弹一百个 又四号开花弹一百个 又实心弹一百六十个 又三号开花弹一百十个 又实心弹二百个	开济 【克鹿卜二百二十磅实心弹二十个 炮门铜螺丝拉火五百支】 南琛　南瑞 【阿姆斯脱郎一百八十磅实心弹各六十个】 保民 【洋火药七百五十磅 克鹿卜十二生的后膛钢炮六尊 又开花弹一百四十六个 又实心弹一百四十二个 又十五生的钢炮一尊 又十七生的钢炮一尊 又十五生的十七生的开花弹各四十六个 又实心弹各四十二个 炮门铜螺丝拉火一百三十支】 测海 【林明敦枪子药铜卷六千个 铜帽一万粒 洋火药一千五百磅 四号克鹿卜实心弹二十个 又三号实心弹四十个 炮门纸管自来火四百支 又铜管自来火四百支 铜帽一万粒】 威靖 【炮门纸管自来火二百支 又铜管自来火七百支 铜帽一万粒】	福建海防军械所 【毛瑟枪子药铜卷十二万个】 浙江巡抚 【阿姆斯脱郎八十磅炮一尊 又开花弹七百五十个 又实心弹五十个 又一百二十磅开花弹一百个 三号克鹿卜开花弹二百个 八十磅炮铁路一副 炮门铜管自来火一百二十支】 福建 【毛瑟枪子药铜卷十万八千二百个 黎意枪子药铜卷四万个 铁壳龙雷十具】

续表

江南制造局记卷五

征缮表

年分	北洋	南洋	炮台	兵轮	各行省
		兵枪四十杆 又子药铜卷三万六千五百个 铜帽二十四万七千粒 洋火药三千七百六十磅 来福兵枪十一杆 又铅子七百粒 毛瑟枪子药铜卷一千一百个 小手枪六杆 又子药铜卷三百个】	阿姆斯脱郎实心弹一百个】 都天庙 【乌理治八十磅开花弹三十个 又实心弹六十个 克鹿卜三号实心弹一百五十个 又五号实心弹一百个 又开花弹五十个】 焦山 【乌理治一百二十磅实心弹一百个 三号克鹿卜实心弹二百个】 江阴 【阿姆斯脱郎一百二十磅炮四尊 又铁炮路四副 又开花弹三百个 又实心弹一百个 炮门铜管自来火六百支】		
十二年		督标亲兵庆字等营 【劈山炮圜实心弹二千八百八十个 炮门铜管自来火一万二千八百八十支 洋火药一千二百磅】 抚标沪军营 【毛瑟后膛兵枪一百杆 又子药铜卷一万个 金陵营督沪军营毛瑟枪子药铜卷一万二千个】 苏松镇标练兵营 【外海水师左营炮门铜管自来火一千七百支】 筹防局 【洋火药二万五千磅 洋火药二万五千磅 克鹿卜四号实心弹六百七十五个	吴淞 【阿姆斯脱郎二百五十磅开花弹二十四个 又实心弹七十二个 又八十磅开花弹二十四个 又实心弹七十二个 乌理治一百二十磅开花弹一百二十个 又实心弹三百六十个 又八十磅开花弹七十二个 又实心弹一百十六个 五号克鹿卜开花弹四十个 又实心弹一百四十四个炮门铜螺丝拉火三百六十六支 又铜管自来火三千五百六十八支	开济 【炮门铜管自来火一千支 又铜螺丝拉火五百支】 保民 【洋火药一万四千磅 铜帽一万五千粒 来福兵枪一百六杆 又子药铜卷三千个 小手枪三十杆 炮门铜螺丝拉火七百支】 测海 【铜帽四千粒 炮门纸管自来火五百支 又铜管自来火一千一百支】	广西提督 【开花弹铜引五千副】

续表

江南制造局记卷五					
征缮表					
年分	北洋	南洋	炮台	兵轮	各行省
		又开花弹二十五个 又三号实心弹四百四十个 又五号实心弹一百五个 又开花弹二十五个 阿姆斯脱郎一百二十磅实心弹二百九十个 又开花弹四十个 又八十磅实心弹二百个 又四十磅实心弹五百十三个 又开花弹四百五十四个 乌理治一百二十磅实心弹二百八十个 又八十磅实心弹一百八十个 炮门铜螺丝拉火二百个】 江宁内外军械所 【洋火药一万一千二百磅】 苏州军装局 【一号克鹿卜实心弹一千个 又开花弹二百个】 上海道火药局 【洋火药二万六千四百磅】 本局防护营 【林明敦后膛兵枪三杆 又子药铜卷四万六千个 来福铅子一万个 洋火药五千二百八十磅 铜帽二十七万五千粒 阿姆斯脱郎八十磅实心弹六个 电线五英里 炮门铜管自来火二各支	洋火药三万三千四百八十八磅 法兰绒炮药袋一千六百三十二个】		

续表

江南制造局记卷五

征缮表

年分	北洋	南洋	炮台	兵轮	各行省
		又铜螺丝拉火八十八支 四号克鹿卜实心弹十八个 又五号实心弹十二个】			
十三年	海防军械所 【一号克鹿卜开花弹三十个 阿姆斯脱郎一百八十磅大炮四尊 又铁炮路四副 又实心弹四百个 又开花弹二百个 炮门铜管击火八百支】	督标亲兵庆字营 【劈山炮圆实心弹二千三百四十个 炮门铜管自来火二千三百四十支 洋火药九百七十五磅】 抚标沪军营 【洋枪铁靶一具】 苏松镇练兵营外海水师等营 【炮门铜管自来火一千七百支】 金陵督捕护军营 【毛瑟枪子药铜卷一万三千个】 筹防局 【威都准七十磅开花弹五十个 林明敦枪子药铜卷五十万二千个 毛瑟枪子药铜卷一百四十万个 士乃得枪子药铜卷二千个 铜帽二千粒 洋火药四万磅 乌理治一百二十磅实心弹十四个 阿姆斯脱郎四十磅实心弹一百八个 又开花弹五十四个 又一百二十磅实心弹二百个 克鹿卜三号实心弹二十七个 又五号实心弹二百个 炮门铜螺丝拉火九百支 来福兵枪十六杆	吴淞 【阿姆斯脱郎二百五十磅实心弹七十七个 又八十磅实心弹七十七个 乌理治一百二十磅实心弹三百九十个 又八十磅实心弹三百三十四个 五号克鹿卜实心弹一百五十六个 洋火药四万一各六十七磅 法兰绒炮药袋一千四百四个 炮门铜螺丝拉火二百三十四支 又铜管自来火一千二百六十支】 都天庙 【乌理治八十磅实心弹二十个 克鹿卜三号实心弹一百九十二个 又五号实心弹七十个】 象山 【克鹿卜三号实心弹一百五十四个 又四号五号实心弹各四十八个 乌理治一百二十磅八十磅实心弹各二十二个】 图山关 【阿姆斯脱郎一百二十磅实心弹一百九十二个 又八十磅实心弹四十八个】	测海 【炮门纸管自来火六百支 又铜管自来火一千六百支 铜帽三万粒 洋火药一千五百磅】 威靖 【炮门纸管自来火一千三百支 又铜管自来火一千三百支 铜帽四万二千粒 炮门铜螺丝拉火四百支】 登瀛洲 【林明敦枪子药铜卷五千个】 南琛　南瑞 【阿姆斯脱郎四十磅实心弹各二百个】 保民 【炮门铜螺丝拉火二百支】 金瓯 【毛瑟后膛兵枪十八杆又子药铜卷二千个】 龙骧 【来福兵枪二杆】	台湾海防营 【开花弹木心慢药引各一万五千个】

续表

江南制造局记卷五

征缮表

年分	北洋	南洋	炮台	兵轮	各行省
		又铜管自来火五百支】 苏州军装局 【炮门铜管自来火五千支】 上海道火药局 【洋火药四千四百磅】 本局防护营 【炮门铜管自来火六千六百六十支 又纸管自来火十支 又铜螺丝拉火十二支 洋火药二万三千四十磅 林明敦枪子药铜卷六万三千个 克鹿卜三号实心弹三十个 又四号实心弹三个 阿姆斯脱郎一百八十磅实心弹四十个 又八十磅实心弹三个 炮门铜螺丝拉火八十支 铜帽十二万一千粒 炮门铜管击火七十八支】			
十四年	海防军械所 【一号克鹿卜开花弹一万个】	老湘合字营 【洋枪铁靶一个】 金陵护军管标庆字等营 【劈山炮圆实心弹一千八十个 炮门铜管自来火一千八十支 洋火药四百五十磅 毛瑟枪子药铜卷一万二千个】 苏松镇练兵营 【炮门筒管自来火一千二百支】 苏州军装局 【一号克鹿卜开花弹一千个 洋火药十万磅】	吴淞 【阿姆斯脱郎二百五十磅 八十磅实心弹各三十六个 乌理治一百二十磅实心弹一百八十个 又八十磅实心弹一百八十个 五号克鹿卜实心弹七十二个 炮门铜螺丝拉火一百八支 又铜管自来火一千八百支 洋火药三万七千一百七十四磅 法兰绒炮药袋六百四	南琛 【士乃得枪子药铜卷一千五百个】 登瀛洲 【阿姆斯脱郎八十磅炮一尊 四号克鹿卜开花弹五十个 又实心弹七十个 炮门铜螺丝拉火二百支】 测海 【炮门铜管自来火九百支 又铜螺丝拉火九百支】 威靖 【炮门铜管自来火一千三百支	

续表

江南制造局记卷五

征缮表

年分	北洋	南洋	炮台	兵轮	各行省
		筹防局 【毛瑟枪子药铜卷四万个 林明敦枪子药铜卷四千个 洋火药一万七千磅 炮门铜管击火二千二百支 又铜螺丝拉火八百支 又铜管自来火四百支】 上海道火药局 【洋火药二万六百磅】 本局防护营 【毛瑟后膛兵枪二百五十杆 又子药铜卷一万九千个 林明敦枪子药 铜卷一万六千一百二十个 洋火药九千六百七十二磅 阿姆斯脱郎一百二十磅实心弹十三个 又八十磅实心弹六个 炮门铜管自来火一千十支 又铜螺丝拉火十四支】	十八个】 图山关 【阿姆斯脱郎一百二十磅实心弹一百九十二个 又八十磅实心弹九十六个】 焦山 【乌理治一百二十磅实心弹五十个】 都天庙 【三号克鹿卜实心弹一百四十四个 五号实心弹九十六个】 象山 【克鹿卜三号四号五号实心弹各四十八个 乌理治一百二十磅八十磅实心弹各二十四个】	铜帽三万粒 洋火药一千磅】	
十五年	神机营转发伊犁 【马枪一千杆】	督标庆字等营 【劈山炮圆实心弹一千八十个 炮门铜管自来火七千八十支 洋火药四百五十磅】 苏松镇练兵营外海水师各营 【炮门铜管自来火一千二百支 铜帽一千粒 洋火药二十磅】 苏州军装局 【铜帽二百万粒】 筹防局 【炮门铜管击火六百五	吴淞 【阿姆斯脱郎二百五十磅八十磅实心弹各三十六个 乌理治一百二十磅实心弹一百八十个 又八十磅实心弹一百八个 五号克鹿卜实心弹七十二个 炮门铜螺丝拉火一百八支 又铜管自来火一千八十支 洋火药二万七千一百七十四磅	测海 【炮门铜螺丝拉火三百支 又铜管自来火一千支 铜帽一万五千粒 不火药一千磅】 威靖 【炮门铜管自来火九百支 铜帽五千粒 洋火药一千磅】	

续表

江南制造局记卷五

征缮表

年分	北洋	南洋	炮台	兵轮	各行省
		十支 又铜螺丝拉火一百五十支 三号克鹿卜实心弹五十个 又一号实心弹一百十六个 又开花弹三百个 洋火药一万五千磅 阿姆斯脱郎一百二十磅开花弹四百个 又实心弹一千个 乌理治一百二十磅开花弹三百个 又实心弹四百个 炮门铜管自来火一千支 黎意枪子药铜卷一万支 铜帽二万支 格林炮弹二十个】 江宁内外军械所 【铜帽五十万粒】 上海道火药局 【洋火药四万一千八百磅】 长江水师军火局 【洋火药二十一万三千二百八十磅】 本局防护营 【二号克鹿卜开花弹四个 又四号实心弹三个 炮门铜管自来火三千八十八支 铜帽六万四千粒 洋火药上千九百四十七磅 阿姆斯脱郎一百二十磅实心弹十八个 又九磅实心弹二个 又七磅实心弹五个 又八十磅实心弹十二个	法兰绒炮药袋六百四十八个】 图山关 【阿姆斯脱郎一百二十磅实心弹三百五十九个 又八十磅实心弹一百四十四个】 焦山 【乌理治一百二十磅实心弹四十八个 三号克鹿卜实心弹三百三十六个】 都天庙 【三号克鹿卜实心弹七十二个】 象山 【三号克鹿卜实心弹四十八个 又五号实心弹四十八个 乌理治一百二十磅实心弹二十四个】		

续表

江南制造局记卷五

征缮表

年分	北洋	南洋	炮台	兵轮	各行省
		炮门铜螺丝拉火三十支 黎意枪子药铜卷五百个 毛瑟枪子药铜卷八千五百个 小手枪子药铜卷一百个 马枪二杆】			
十六年	神机营转发伊犁 【前膛马枪一千杆】 威海卫营 【阿姆斯脱郎一百八十磅炮二尊 又开花实心弹各二百个】 天津海防营 【二号克鹿卜开花弹八千六百个】	金陵神机营 【毛瑟枪子药铜卷一万三千个】 督标中营 忠字庆字营 老湘合字营 【洋枪铁靶四具 炮门筒管自来火一千二百六十支洋火药五万二千五十五磅】 外海水师六营 【林明敦后膛兵枪六十杆 来福兵枪九十八杆 又子药铜卷一万二千个】 苏松镇标右营海澄练兵等营 【来福兵枪二百十七杆 炮门铜管自来火一千二百支】 狼山镇 江宁提标营 【来福兵枪二百二十杆】 里河水师南北营 【来福兵枪一百六十八杆】 筹防局 【阿姆斯脱郎一百二十磅炮一尊 又生铁炮路二副 又二百五十磅炮四尊 炮门铜管自来火三千二百支	吴淞 【五号克鹿卜实心弹七十二个 阿姆斯脱郎二百五十磅实心弹四十八个 又八十磅实心弹三十六个 乌理治一百二十磅实心弹一百八十个 炮门铜螺丝拉火二百三十四支 又铜管自来火二千三百四十支 乌理治八十磅实心弹一百八十个 洋火药五万六百五十七磅 法兰绒炮药袋一千二百九十六个】 图山关 【阿姆斯脱郎一百二十磅实心弹三百九十二个 又八十磅实心弹二百八个】 都天庙 【五号克鹿卜实心弹一百四个 又三号实心弹一百五十六个】 象山 【三号四号五号克鹿卜实心弹各五十六个】 江阴 【三号克鹿卜实心弹三	威靖 【炮门铜管自来火五百支又纸管自来火五百支 铜帽一万粒】	广西边防营 【三号克鹿卜后膛钢炮四尊 又开花弹二千个 二号克鹿卜开花弹二千个 又后膛钢炮二尊】

续表

江南制造局记卷五

征缮表

年分	北洋	南洋	炮台	兵轮	各行省
		黎意枪子药卷一万个 铜帽二万八千粒 格林炮弹四十万二千个 过山快炮六尊 又开花弹一万个 林明敦后兵枪枪一百二十杆 又子药铜卷一万二千个 炮门铜螺丝拉火六百支 又铜管击火七百支 二百二十磅克鹿卜开花弹五十个】 江宁内外军械所 铜帽五百万粒】 苏州军装局 【铜帽二百万粒】 上海道火药局 【洋火药一万三千二百磅】 本局防护营 【洋火药九千一百六十七磅 炮门铜管击火三百五十五支 毛瑟枪五药铜卷二万二千二百五十个 铜帽十七万三千粒 阿姆斯脱郎一百八十磅实心弹二十二个 又开花弹十五个 又八十磅实心弹十四个 又铜质子一个 炮门铜螺丝拉火二十八支 黎意枪子药铜卷二百七十个 炮门铜管自来火三千五十支九州】	百三十个 乌理治一百二十磅实心弹一百八十个 又实心弹一百二十个 洋火药三万磅岛】 焦山 【乌理治一百二十磅实心弹四十八个岛】		

续表

江南制造局记卷五

征缮表

年分	北洋	南洋	炮台	兵轮	各行省
十七年		金陵护军营 【毛瑟枪子药铜卷一万二千个】 苏松镇练兵营 【炮门铜管自来火六百支】 督标庆字营 【洋火药四百五十磅】 长江水师火药局 【洋火药四十五万磅】 筹防局 【炮门铜管击火一千一百支 又铜管自来火一千一百支 黎意枪子药铜卷一万个 洋火药一万五千磅 过山炮六磅开花弹一万个 炮门铜螺丝拉火二百支 小手枪子药铜卷三千个】 江宁内外军械所 【铜帽一万粒】 苏州军装局 【铜帽四百万粒 炮门铜管自来火五千支 洋火药十三万磅】 上海道火药局 【洋火药五千磅】 本局防护营 【炮门铜管自来火一万一千四百九十支 洋火药五千七百四十磅 阿姆斯脱郎一百八十磅实心弹十个 炮门铜管击火十支 格林炮子四千个 毛瑟枪子药铜卷一万三千一百个	吴淞 【阿姆斯脱郎二百五十磅一百八十磅实心弹各十个 炮门铜管击火二百四十支 洋火药三万一千六百七十四磅】 图山关 【阿姆斯脱郎一百二十磅 实心弹九十个 又八十磅实心弹四十八个】	威靖 【炮门铜管自来火九百支】 测海 【炮门铜螺丝拉火二百支】	广西边防营 【炮门铜管自来火三千支 又铜螺丝拉火一千支】

续表

江南制造局记卷五

征缮表

年分	北洋	南洋	炮台	兵轮	各行省
		一号克鹿卜开花弹六个 黎意枪子药铜卷七百四十个 铜帽十六万粒 林明敦枪子药铜卷一千个 利士比枪子药铜卷九千个】			
十八年	海防军械所 【炮门电气自来火三十支 无烟火药一百磅 阿姆斯脱郎四十磅弹快炮一尊 又钢质弹十个 钢炮四十磅开花钢质弹各五个 快利连珠后膛兵枪二百杆 又子药铜卷二万一千个 又子药铜袋四千一百个 炮门铜管击火四十支	督标亲兵忠信营 【洋火药八千八百磅 铜帽四十四万粒】 苏松练兵营 【炮门铜管自来火一千八百支】 外海水师六营 【林明敦枪子药铜卷一万二千个】 里河水师松北营 【林明敦后膛后枪四十杆 又子药铜卷四千个 毛瑟后膛兵枪二十杆 又子药铜卷一万四千个 炮门铜管自来火一千三百支 又铜螺丝拉火四百支 二百二十磅克鹿开花弹三十个 又四号开花弹三十个 快利后膛兵枪二百一杆 又子药铜卷二万三千个 又子药铜袋四千六百个】 江宁内外军械所 【铜帽一千万粒】 上海道火药局 【洋火药二万八千六百磅】 本局防护营 【阿姆斯脱郎四十磅开	吴淞 【阿姆斯脱郎一百八十磅实心弹七十八个 又二百五十磅实心弹五十二个 炮门铜螺丝拉火二百十六支 又铜管击火四百十六支又铜管自来火七百八十二支 洋火药一万三千八百七十二磅 炮药袋一千三百个】 都天庙 【阿姆斯脱郎二百五十磅钢炮二尊 又开花弹一百个又实心弹二百个】 象山 【阿姆斯脱郎二百五十磅钢炮一尊 又开花弹五十个又实心弹一百个】 湖口 【四号克鹿卜后膛钢炮一尊 又三号后膛 钢炮一尊 又四号开花实心弹各一百个 又三号开花实心弹各二百个 炮门铜螺丝拉火六百支】	威靖 【炮门铜管自来火五百支】	

续表

江南制造局记卷五

征缮表

年分	北洋	南洋	炮台	兵轮	各行省
		花弹九个 又实心弹二十六个 又钢质弹四个 又七磅开花弹六个 又七磅实心弹九个 又七磅钢质弹五个 炮门铜管自来火九千二百四十支 毛瑟枪子药铜卷一万六千一百个 铜帽八万三千粒 洋火药七千七百三十磅 三号克鹿卜实心弹十三个 又四号实心弹二个 炮门电气自来火七十四支 又铜螺丝拉火八十二支 黎意后膛兵枪四杆 又子药铜卷一千个 林明敦枪子药铜卷一千四十个 快利枪子药铜卷二百二十个 炮门铜管击火一百支 无烟火药二百四十五磅 利比士枪子药铜卷七十六个 马梯尼枪子药铜卷二百个】			
十九年		督标亲兵忠信营 【黎意枪子药铜卷三万个 洋火药八千四百磅 铜帽四十二万粒】 苏松镇练兵营 【炮门铜管自来火六百支】 筹防局 【毛瑟枪子药铜管一万八千个	吴淞 【阿姆斯脱郎一百八十磅 实心弹七十二个 又二百五十磅实心弹四十八个 炮门铜螺丝拉火二百四支 又铜管击火四百七十二支 又铜管自来火六百八		台湾海防营 【洋火药三万磅】

续表

江南制造局记卷五

征缮表

年分	北洋	南洋	炮台	兵轮	各行省
		炮门铜螺丝拉火一千九百支 洋火药一万五千一百八十磅 林明敦后膛兵枪五千杆 又子药铜卷五十万个 黎意新枪一百杆 五号克鹿卜开花实心弹各四百个 又三号开花弹十五个 炮门铜管击火六百二十支 炮药袋二百十八个 栗色火药二千四百磅 阿姆斯脱郎四十磅快炮一尊 又开花弹六十个 又实心弹四十个 又钢质弹二十个 炮门电气自来火七十支】 江宁内外军械所 【铜帽一千粒】 本局防护营 【炮门铜管自来火一千九十支 林明敦后膛兵枪二杆 又子药铜卷一万三千个 黎意枪子药铜卷一千五百九十个 铜帽八万六千五百粒 洋火药二千四百八十磅 阿姆斯脱郎八十磅实心弹十一个 又四十磅实心弹四十七个 又二百五十磅实心弹十八个 又一百八十磅实心弹十一个 炮门电气自来火一百	十支 炮药袋一千二百个】 都天庙 【阿姆斯脱郎二百五十磅钢膛熟铁大炮三尊 又开花弹一百五十个 又实心弹三百个】 图山关 【阿姆斯脱郎二百五十磅钢膛炮一尊 又开花弹五十个 又实心弹一百个】 下关 【阿姆斯脱郎一百二十磅炮一尊 又炮架铁路一副】		

续表

江南制造局记卷五

征缮表

年分	北洋	南洋	炮台	兵轮	各行省
		二十八支 炮门铜螺丝拉火九十七支 栗色火药五千八百七十四磅 无烟火药四百三十五磅】			
二十年	海防军械局 【阿姆斯脱郎四十磅全钢快炮四尊 又开花实心弹各一千六百个 又钢质弹四百个 又快炮弹铜壳五百个 炮门电气自来火一千支 炮门铜管击火二千六百支 炮药袋一百六十个 无烟火药八百个 快利枪子药铜卷四万个】 山海关行营 【快利连珠后膛兵枪三百杆 又子药铜卷九万五千个 又子药铜袋七千二百个】 山海关湘军营 【快利兵枪子药铜卷十五万二千个 又子药铜袋二千四百个】	江苏巡抚 沪军营 湘军右营 【快利连珠后膛兵枪一百杆 又子药铜卷二万四千个 马梯尼枪子药铜卷二千个 又子药铜袋一千四百五十个 黎意枪五十杆 林明敦后膛兵枪一千八百十六杆 又子药铜卷二十一万一千个 二十四磅铜铁炮圆开花弹五百个 炮药袋一百个 洋枪铁靶一具 黎意枪子药铜卷二万五千个 地雷铜螺丝拉火十二支 铁地雷二十具 洋火药二千一百七十磅 炮门铜管自来火三千二十支 铜帽二万粒 劈山炮十六尊 又圆实心弹二千一百二十个 又木心慢药引各四百个 一号克鹿卜后膛钢炮一尊	吴淞 【炮门铜管自来火四千六百八十支 又铜管击火一千三百七十二支 又铜螺丝拉火八百三十二支 洋火药九千七百四十四磅 栗色火药七万二千一百八十磅 炮药袋一千九百八个 铁地雷五十具 阿姆斯脱郎八百磅开花弹九十个 又实心弹一百二十八个 又钢质弹十个 又二百五十磅开花弹九十个 又实心弹二百三十个 又一百八十磅实心弹三十六个 又八十磅实心弹十二个 乌理治一百二十磅实心弹三十个 又八十磅实心弹十八个 三号克鹿卜开花弹一百六十个 又实心弹一百四十个 又五号实心弹十二个 又一百八十磅实心弹七十二个】 象山 【栗色火药七万四千六	保民 【三号克鹿卜钢质弹二十个】 开济 【炮门铜管自来火六百支】 南瑞 【炮门铜管自来火五百支】 威靖 【炮门铜管自来火一千支 又铅螺丝拉火五百支 洋火药一千五百磅 毛瑟枪子药铜卷四千个 又后膛兵枪二十杆】 登瀛洲 【林明敦枪子药铜卷六千个】 测海 【炮门铜螺丝拉火一千支】	湖广总督 【铁壳水雷四十具 克鹿卜三号开花弹一百二十个 又实心弹二百八十个 又四号开花弹一百八十个 又实心弹四百二十个 洋火药二万磅 炮门铜螺丝拉火一千五百支 毛瑟枪子药铜卷四十万个】 浙江海防营 【洋火药四万四千四百磅 又二百八十磅 阿姆斯脱郎一百八十磅熟铁箍钢膛大炮二尊 又开花弹四百个 又实心弹二百个 炮门铜管击火七百二十支 栗色火药七千八百磅 铜帽四百万粒】 闽浙总督 【洋火药三万磅 洋火药十七万磅】 台湾海防营 【栗色火药三万磅 毛瑟枪子药铜卷一百七十八万一千个 林明敦枪皮件一千副 炮门铜管击火四千支 炮弹磁火铜引三千副 林明敦枪子药铜卷五

续表

江南制造局记卷五

征缮表

年分	北洋	南洋	炮台	兵轮	各行省
		又开花实心弹各四百个】 筹防局 【阿姆斯脱郎二百五十磅大炮三尊 又开花弹一百五十个 又实心弹三百个 又四十磅快炮五尊 又开花弹六十个 又实心弹一百三十个 又钢质弹五十个 又钢壳弹二百二十个 又八十磅铁炮七尊 又四十磅开花弹四百九十个 又实心弹三百十个 又钢质弹九十个 又铜壳二百二十个 又八百磅全钢大炮二尊 又一百八十磅炮八尊 又铁炮路八副 又一百二十磅开花实心弹各五十个 三号克鹿卜开花弹一百三十个 又实心弹三百四十个 又钢质弹二个 又四号开花实心弹各七十五个 炮门铜螺丝拉火二千一百支 又电气自来火九百九十支 又铜管击火三千五百五十支 又铜管自来火一千五百支 克鹿卜二百二十磅开花实心弹各二十六个 铁壳水雷一百三十具 林明敦后膛兵枪二千杆 又子药铜卷一百二十	百磅 克鹿卜五号实心弹二百个 炮门铜管击火一千支 又铜螺丝拉火一千支】 图山关 【阿姆斯脱郎一百二十磅实心弹二百个】 江阴 【阿姆斯脱郎一百二十磅弹全钢炮二尊 又开花弹四十个 又实心弹六十个 又铜壳二十个 炮门电气自来火一百支又铜管击火一百支 洋火药三千三百五十磅】 川沙 【快利枪子药铜卷三万个 一号克鹿卜开花弹八十一个 炮门铜管自来火五百支 又铜螺丝拉火三百支 洋火药一万五千八百五十磅 毛瑟枪子药铜卷七万五千磅 炮门电气自来火七十支 又铜管击火四百支 铁地雷七具 又铜螺丝拉火五十支 阿姆斯脱郎一百二十磅开花弹一百二个 又一百磅开花弹四个 又群子罐十三个 栗色火药六千三百七十六磅 无烟火药六十三磅】 威海卫 【炮门铜管击火五百支】		万八千个】 台防军械所 【毛瑟枪子药铜卷七十一万三千个 林明敦枪子药铜卷四万八千个】

续表

江南制造局记卷五					
征缮表					
年分	北洋	南洋	炮台	兵轮	各行省
		万五百个 毛瑟后膛兵枪一百二十杆 又子药铜卷六十六万一千个 洋火药二万四百磅 快利后膛兵枪一千杆 又子药铜卷二十二万个 又子药铜袋九千二百个 栗色火药一万磅 黎意新枪一千杆 又子药铜卷五十万个 哈乞开斯枪子药铜卷十万个 小手枪子药铜卷五百个 无烟火药三千八百五十磅 八十磅弹炮架铜路连生根柱三副】 江西振武军 【铁地雷八具 炮门铜管自来火二千支 洋火药二千三百磅 哈乞开斯枪子药铜卷五万个 来福枪铅子七千个 铜帽五万八千五百粒】 九江新劲营 【四十磅博洪炮铁架二座】 吴淞水雷局 【铁壳水雷二十六具 洋火药三万五千一百磅 快利后膛兵枪一百杆 又子药铜卷二千一百个 又子药袋一百五十个 毛瑟枪子药卷铜一千个			

续表

江南制造局记卷五

征缮表

年分	北洋	南洋	炮台	兵轮	各行省
		又装配药弹器具二副】 督标奇兵营及亲兵忠信等营 【洋火药三万八千九百二十磅 黎意枪子药铜卷九万六千个 铜帽一百七万五千粒 快利枪子药铜卷四万九千二百五十个 又子药铜袋一千个 林明施后膛兵枪二百五十杆 又子药铜卷十一万五千个 炮门铜管自来火一万七千六百支 哈乞开斯枪子药铜卷十一万八千个 来复铅子二万五千五百粒 铁地雷十八具 炮药袋四百个 劈山炮四尊 又圆实心弹二百四十个】 江宁提标各营 【林明敦后膛兵枪一百杆 又子药铜卷二万三千个 铜铁炮圆开花弹一百个 又木心慢药引各一百个】 海外水师六营 【毛瑟枪子药铜卷三千五百个】 苏松镇练兵营 【炮门铜管自来火六百支】 太湖水师营 【林明敦枪子药铜卷二万一千四百十一个			

续表

江南制造局记卷五					
征缮表					
年分	北洋	南洋	炮台	兵轮	各行省
		黎意枪子药铜卷五千三百个】 章字营 【快利兵枪三百二十八杆 又子药铜卷四万个 又子药铜袋四千个】 苏松镇标营 【铁壳水雷十二具 铁地雷一百具 洋火药六千五百磅 炮门铜管自来火五百支】 苏州军装局 【铜帽六百万粒 炮门铜管自来火五千支 洋火药十万磅】 江宁内外军械所 【铜帽五百万粒】 江宁水师学堂 【铁地雷一百五十具 地雷铜螺丝拉火五十支】 上海道火药局 【洋火药一万九千八百磅】 本局防护营 【阿姆斯脱郎二百五十磅实心弹十七个 又开花弹十个 又八十磅实心弹六十个 又实心弹四个 又四十磅实心弹二十个 克鹿卜一号开花弹七十个 又三号开花实心弹各五十个 又四号开花实心弹各一百五十个 又木心慢药引各四十个			

续表

江南制造局记卷五

征缮表

年分	北洋	南洋	炮台	兵轮	各行省
		又群子罐二百四十六个 快利连珠后膛兵枪十四杆 又子药铜卷一万六千二百个 又子药铜袋五百个 来福枪铅子五十粒 马梯尼后膛兵枪四杆 又子药铜卷二千个】			
二十一年	山海关行营 【铁地雷六十具 地雷铜螺丝拉火六十支 快利枪子药铜卷十三万个 又子药铜袋一万七千个 马梯尼枪子药铜卷八万个 又子药铜袋十万个 毛瑟枪子药铜卷八十万个 黎意枪子药铜卷二十万个】 又山海关行营 【快利枪子药铜卷五万个 又子药铜袋一万个】	江西振武军 【炮门铜管自来火四千支 洋火药三千二百磅 快利枪子药铜卷一千个 哈乞开司枪子药铜卷四万个 来福枪铅子八千个 铜帽十万八千粒】 督标亲兵忠信及奇兵等营 【子母炮二尊 劈山炮圆实心弹四百七十个 子母枪一杆 炮门铜管自来火一万五千支 阿姆斯脱郎六磅全钢快炮一尊 毛瑟抬枪二杆 铜帽五十一万粒 洋火药八千七百磅 来福枪铅子九千粒】 筹防局 【阿姆斯脱郎八百磅全钢大炮二尊 又二百五十磅钢膛熟铁大炮一尊 又一百八十磅开花弹一百六十个 又实心弹三百二十个 又八十磅开花弹一百四十磅	吴淞 【阿姆斯脱郎八百磅实心弹五十个 又钢质弹六个 又二百五十磅实心弹一百十个 又开花弹三十六个 又钢质弹六个 又一百八十磅实心弹三十六个 又八十磅实心弹十一个 乌理治一百二十磅实心弹三十个 又八十磅实心弹十八个 克鹿卜一百八十磅实心弹七十二个 又三号实心弹一百三十六个 又五号实心弹十二个 炮门铜管自来火六百八十支 又击火百九十二支 又铜螺丝拉火四百七十二支 洋火药二万三千七百八十四磅 栗色火药四万一千七百八十磅 炮药袋一千一百八十八个】 象山 【炮门铜管击火一千支		湖北枪炮局 【无烟火药四百七十四磅洋火药四万八千磅】 台防军械所 【炮门铜管击火一千支 洋火药一万六千八百磅 栗色火药一万五千磅 林明敦后膛兵枪一千七百杆 又子药铜卷五十万个 黎意新枪三百杆 又子药铜卷十万个 毛瑟枪子药铜卷八十万个 三号克鹿卜后膛钢炮三尊 又开花实心弹各一百八十个 阿姆斯脱郎四十磅开花弹五百个 劈山炮圆实心弹二百个 炮门铜螺丝拉火四百支 铜帽五百粒】 甘肃巡抚 【铜帽四百万粒】

续表

江南制造局记卷五

征缮表

年分	北洋	南洋	炮台	兵轮	各行省
		又实心弹二百八十个 洋火药二万磅炮门铜螺丝拉火九百支 又五百支 哈乞开司枪子药铜卷五千个 马梯尼枪子药铜卷五万个 毛瑟枪子药铜卷十万个 林明敦枪子药铜卷三万个 炮门电气自来火三百支 又铜管自来火九百支 又铜管击火一千支 无烟火药二千二百磅】 镇江转运局 【毛瑟枪子药铜卷三十万个】 江苏抚标各营 【炮门铜管自来火一千五百支 黎意枪子药铜卷二千个 劈山炮圆实心弹一百个 毛瑟枪子药铜卷三万个 林明敦枪子药铜卷二万六千 三百三十三个铜帽六万四千粒 洋火药一千六百磅 来福枪铅子六千个】 江宁提标各营 【林明敦后膛兵枪二十杆 又子药铜卷一万五千个】 外海水师六营 【林明敦后膛兵枪六十杆 又子药铜卷二万四千	栗色火药二万磅】 江阴 【阿姆斯脱郎八百磅开花实心弹各五十个 又二百五十磅开花弹二十个 又实心弹二十个 炮门铜管击火五千支 又铜螺丝拉火一百支 克鹿卜三号开花弹二百二十个 又实心弹三十个 又四号开花弹五十个 无烟火药一千磅】 川沙 【洋火药一千一百八十磅 无烟火药一百四十磅 铜帽四万五千粒】		

续表

江南制造局记卷五

征缮表

年分	北洋	南洋	炮台	兵轮	各行省
		个】 章字营 【林明敦后膛兵枪七百二十二杆 又子药铜卷七万六千五百个 快利枪子药铜卷一万个 炮门铜管自来火四百五十七支 地雷铜螺丝拉火六十支 洋火药七千七百五十磅】 苏州军装局 【炮门铜管自来火二千支 林明敦枪子药铜卷五万个】 江宁内外军械所 【铜帽一千万粒】 上海道火药局 【洋火药二万六千四百磅】 本局防护营 【铁地雷一具 洋火药四千八百七十九磅 栗色火药三千千磅 阿姆斯脱郎一百磅实心弹五个 又四十磅实心弹八个 炮门电气自来火十五支 无烟火药六十三磅 铜帽十一万四千粒 毛瑟枪子药铜卷一千二百十个 炮门铜管自来火八百十二支 快利枪子药铜卷一百个 又子药铜袋二十个 黎意枪子药铜卷二百			

续表

江南制造局记卷五

征缮表

年分	北洋	南洋	炮台	兵轮	各行省
		五十个 炮门铜管击火四十粒 又铜螺丝拉火二十九支】			
二十二年		督标各营 【洋火药七千六百磅 炮门铜管自来火二万五千二百支 来福枪铅子一万八千粒 铜帽三十二万粒】 江苏抚标营 【炮门铜管自来火三千六百支】 苏松镇标各营 【炮门铜管自来火六百支】 内外海水师各营 【洋枪铁靶三具 林明敦枪子药铜卷二万四千个】 太湖水师营 【毛瑟枪子药铜卷二百个】 筹防局 【毛瑟枪子药铜卷三万个 阿姆斯脱郎快炮四十磅开花弹三十个 又实心弹四十个 又钢质弹十个 炮门铜管击火六百支 又电气自来火二百支 无烟火药二百磅 装配毛瑟枪器具一副】 江宁内外军械所 【铜帽一千万粒】 江宁制造局 【无烟火药一千磅】 长江水师各营 【洋火药六万八千二百二十五磅】 苏州善后局 【铜帽二万粒	吴淞 【炮门铜管自来火三百四十支 又铜管击火二百三十六支 又铜螺丝拉火一百九十六支 洋火药一万一千八百九十磅 法兰绒炮药袋八百十五个】 江阴 【炮门铜管击火四百支 又铜螺丝拉火一百支 又电气自来火一百支】	寰泰 【炮门铜管自来火五百支】	

续表

江南制造局记卷五

征缮表

年分	北洋	南洋	炮台	兵轮	各行省
		炮门铜管自来火五千支 洋火药十万磅 毛瑟枪子药铜卷十万个 装配毛瑟枪药弹器具二副】 上海道火药局 【洋火药四千八百二十六磅 又二万三千七百七十四磅】 本局防护营 【洋火药二千四百五十八磅 炮门铜管自来火二千一百二十支 铜帽十一万四千一百粒 阿姆斯脱郎一百磅开花弹十个 又实心弹八个 又六磅实心弹五个 又二百五十磅实心弹六个 炮门电气自来火二十三支 又铜管击火四十支 又铜螺丝拉火十三支 无烟火药三百三十磅 栗色火药一千四十二磅】			
二十三年	神机营 【快利连珠后膛兵枪一千二百杆 又子药铜卷七万二千个 又子药铜袋一万四千四百个】 练兵处 【快利连珠后膛兵枪二千杆 又子药铜卷十二万八千个	筹防局 【炮门铜管击火二千九百支 又铜螺丝拉火三千三百支 栗色火药一万二千磅 毛瑟枪子药铜卷四十六万七千个 又七十万个 马梯尼枪子药铜卷二万个 枪子小铜帽一百六十	吴淞 【炮门铜管击火四百九十八支 又铜螺丝拉火一千二百九十八支 又铜管自来火八百二支 洋火药一千三百四十四磅】 江阴 【阿姆斯脱郎二百五十磅	威靖 【炮门铜管自来火一千五百支 铜帽一万粒 洋火药五百磅】	湖南巡抚 【洋火药一万三千三百磅】

续表

江南制造局记卷五

征缮表

年分	北洋	南洋	炮台	兵轮	各行省
	又四十万二千五百个 又子药铜袋八万六千一百个 枪子小铜冒二十万粒 装配枪子手扳机器六副】	五万粒 阿姆斯脱郎八十磅实心弹三百五十个 又四十磅实心弹六百个 曼里夏枪子药铜卷四十万个 又子药铜袋二万个 装配枪子手扳机器二十具 哈乞开司开花弹五百个 铅弹一百个】 江宁内外军械所 【铜帽五万粒】 苏州善后局 【铜帽五万粒】 上海道火药局 【洋火药二万六千四百磅】 督标各营 【来福枪铅子六千七百五十粒 铜帽十一万粒 小铜帽八万六千四百粒 洋火药三千四百磅 炮门铜管自来火三千六百支 毛瑟枪子药铜卷二万二千三百个 装配枪子手扳机器一具】 江苏抚标各营 【炮门铜管自来火三千四百八十支】 苏松镇标各营 【生铁炮木架十座】 内海水师五营 【林明敦枪子药铜卷二万四千个】 自强军 【毛瑟枪子药铜卷十万个	开花弹五十个 又八百磅开花弹四十个 又一百磅开花弹二百个 又炮弹铜壳五十个 炮门铜管击火二百五十支 又铜螺丝拉火五百支 又电气自来火一百支】 镇江 【炮门铜管击火二千支 又铜螺丝拉火二千支 栗色火药一万五千磅】		

续表

江南制造局记卷五

征缮表

年分	北洋	南洋	炮台	兵轮	各行省
		又子药铜袋五千个】 本局防护营 【炮门铜管自来火一千六百七十九支 毛瑟后膛兵枪一杆 又子药铜卷二千个 铜帽十万一千五百粒 小铜帽五万粒 炮门铜管击火一百十七支 洋火药八百九十磅 阿姆斯脱郎一百磅开花弹一个 又四十磅开花弹三个 又十二磅实心弹九个 又十磅实心弹十二个 一号克鹿卜开花弹四个 林明敦后膛兵枪二杆 黎意新枪一杆 又子药铜卷二百五十个 马梯尼枪子药铜卷一千六百五十个 哈乞开司枪子药铜卷五百个 来福枪铅子二百八十五个 升降地井炮三百八十磅实心弹四个 世邦道开花弹一个 炮门铜螺丝拉火九支 栗色火药八百二十五磅 装配枪子手扳机器一具】			
二十四年	海防军械所 【快利枪子药铜卷三十万个 又子药铜袋十二万个 八生的克鹿卜开花弹二万个 快利连珠后膛兵枪三百杆	筹防局 【阿姆斯脱郎三磅弹钢炮八尊 又一百磅弹钢炮二尊 又二百五十磅弹钢炮二尊 炮门铜螺丝拉火五千四百支	吴淞 【炮门铜螺丝拉火二百三十四支 又铜管击火二百六十支 又铜管自来火二百支 洋火药一千一百十磅】 江阴	龙骧 【阿姆斯脱郎一百二十磅开花弹四十个 又实心弹二十个 洋火药五十磅铜卷三千个 炮门铜管自来火四百支	广东善后局 【无烟火药一千磅】 浙江防军支应善后局 【铜帽六百万粒】 福建善后局 【铜帽一百万粒】 四川总督 【阿姆斯脱郎六磅弹快

续表

江南制造局记卷五

征缮表

年分	北洋	南洋	炮台	兵轮	各行省
	又子药铜卷三十万个 毛瑟枪子药铜卷一百万个】	又铜管自来火一万四千九百支 枪子小铜帽七百八十一万粒 洋火药四万六千磅 装配枪子快炮机器扳手六副 毛瑟枪子药铜卷一百万个 阿姆斯脱郎二百五十磅开花弹一百个 又实心弹二十五磅 又一百磅开花弹一百个 又实心弹二百三十个 又铜质弹七十个 无烟火药七千九百磅 马梯尼枪子药铜卷一万六千个 曼里夏枪子药铜卷十四万个 又子药铜袋二千八百个】 苏州善后局 【铜帽四百万粒】 督标各营 【洋火药二千一百五十磅 枪子小铜帽十六万九百五十粒 毛瑟枪子药铜卷六千六百个】 江苏抚标各营 【毛瑟枪子药铜卷二万四百三十个 枪子小铜帽十万九千粒 装配枪子扳手机器一副 炮门铜管自来火一千三百七十九支】 自强军 【小口径毛瑟枪子药铜卷十九万一千个】	【快炮弹铜壳一百九十个 洋火药二百四十磅 炮门电气自来火六百八十支 又铜管自来火二千二百支 又铜螺丝拉火一千五十支 栗色火药一万四千磅】	栗色火药二千磅 毛瑟枪子药】 虎威 【阿姆斯脱郎一百二十磅开花弹四十个 又实心弹二十个 炮门铜管自来火四百支 栗色火药二千磅 洋火药五十磅 毛瑟枪子药铜卷三十个】 开济 【炮门铜螺丝拉火五百支 又铜管自来火一千一百九十九支 洋火药五百磅】 飞霆 【阿姆斯脱郎一百磅弹钢炮一尊 又开花弹五十个 又实心弹一百个 又钢质弹十个 快炮弹铜壳五十个 炮门电气自来火五百支 又铜管自来火五百五十支 洋火药六百磅 无烟火药八百磅】 策电 【阿姆斯脱郎一百磅弹快炮一尊 又开花弹五十个 又实心弹一百个 又钢质弹十个 又炮弹铜壳五十个 炮门电气自来火五百支 又铜管自来火五百五十支 洋火药六百磅 无烟火药八百磅】	炮十二尊 又十二磅弹钢快炮八尊 又三磅开花弹一千二百个 又十二磅开花弹八百个 炮弹铜壳六百四十个 炮门铜管自来火二千二百支 洋火药八百磅 无烟火药六百磅 装配枪子扳手机器十具】 甘肃练军 【快利连珠后膛兵枪一千杆 又子药铜卷五十万个 又子药铜袋十万个】

续表

江南制造局记卷五

征缮表

年分	北洋	南洋	炮台	兵轮	各行省
		内海水师五营 【林明敦枪子药铜卷二万四千个】 上海道火药局 【洋火药二万六千四百磅】 本局防护营 【铜铁炮十二磅圆开花弹六十四个 炮门铜管自来火七百五十支 快利连珠后膛兵枪二百八十七杆 又子药铜卷九万二千三百三十个 马梯尼枪子药铜卷九百十五个 又子药铜袋五千六百三十五个 洋火药一千一百七十七磅 阿姆斯脱郎快炮一百磅实心弹十个 又四十磅实心弹十二个 又三百八十磅实心弹七个 十二磅开花弹十五个 又实心弹六个 又三磅开花弹五个 又二百五十磅实心弹三个 炮门电气自来火一百三支 又铜管击火三百九十五支 毛瑟枪子药铜卷九十个 枪子小铜帽五千三百五十粒 铜帽五万五千五百粒 栗色火药一千八百二十磅 无烟火药一百六十七			

续表

江南制造局记卷五

征缮表

年分	北洋	南洋	炮台	兵轮	各行省
		磅 快炮弹铜壳二十四个 来福枪子五百粒】			
二十五年	神机营 【阿姆斯脱郎十二磅弹钢快炮十二尊 又开花实心弹各二千四百个 又炮弹铜壳一千二百个 炮门铜管击火 四千八百支 洋火药七百磅 无烟火药二千磅 绒布炮药袋四千八百个】 武卫军 【小口径毛瑟后膛兵枪二十杆 又子药铜卷四千个 又子药铜袋八百个】	筹防局 【洋火药二万一千一百五十磅 枪子小铜帽一千五百七十万个 阿姆斯脱郎一百八十磅实心弹四十个 又四十磅钢质弹五十个 又三磅开花弹一千六百个 炮弹铜壳四百五十个 炮门铜管击火三千八百支 又铜管自来火八千三百五十支 无烟火药二万五百四十磅 栗色火药十万磅 毛瑟枪子药铜卷一百二万二千个 马梯尼枪子药铜卷三千个 曼里夏枪子药铜卷四十万个 装配枪子扳手机器八副 炮门铜螺丝拉火二百支】 上海道火药局 【洋火药二万八千磅】 苏州善后局 【洋火药四万磅毛瑟枪子药铜卷八十万个】 督标各营 【毛瑟枪子药铜卷二万七千个 枪子小铜帽十八万八千粒 洋火药一千五百磅】 江苏抚标各营	吴淞 【炮门铜螺丝拉火二千支 又铜管自来火四百支 洋火药一万四千一百磅 阿姆斯脱郎三磅弹钢快炮十二尊 又开花弹三千六百个 又六磅弹钢快炮八尊 又开花弹一千二百个 又实心弹四百个 又四十磅弹钢快炮二尊 又开花实心弹各二百个 又铜壳二千个 炮门铜管击火五千九百支 阿姆斯脱郎八百磅开花弹二十个 又一百八十磅开花实心弹各四十个 栗色火药六万磅 无烟火药三千四百磅】 江阴 【水雷胆五十五副 炮门铜管击火一千五百支 又铜螺丝拉火五百支 又电气自来火九百支】 镇江 【栗色火药三万四千磅 无烟火药五千磅 阿姆斯脱郎二百五十磅实心弹六百二十个 又开花弹二百五十个 又四十磅实心弹二百个 克鹿卜四号开花弹一百个	龙骧 【阿姆斯脱郎三磅弹钢快炮二尊 又开花弹八百个 又铜壳四百个 林明敦子药铜卷一千个 炮门铜管击火八百支 洋火药八十磅 无烟火药一百二十磅】 开济 【阿姆斯脱郎一百磅弹钢快炮二尊 又开花弹四十个 又实心弹八十个 又炮弹铜壳四十个 炮门电气自来火一百支 又铜管击火二百支 无烟火药一千磅】 策电 【炮弹铜壳二十一个 快炮一百磅弹铜壳一个 无烟火药三百四十二磅】 威靖 【炮门铜管自来火一千支 铜帽七千五百粒 洋火药五百磅】 保民 【炮门电气自来火一百支 又铜管击火一百支 又铜管自来火八百支 又铜螺丝拉火一千支 哈乞开司开花弹一千个 六响小手枪 子药铜卷一千五百个】	广东善后局 【无烟火药一千磅】 湖北善后局 【毛瑟枪子药铜卷二百万个】 浙江防军支应局 【洋火药十六万六千六百六十六磅八两 栗色火药五万磅 铜帽五百万粒】 福建善后局 【枪子小铜帽六十万粒 炮门铜管击火十支 阿姆斯脱郎三磅弹钢快炮一尊 又开花弹十个 又铜壳十个 洋火药一万磅 毛瑟枪子药铜卷四十万个】 福州将军 【毛瑟枪子药铜卷七十万个】

续表

江南制造局记卷五

征缮表

年分	北洋	南洋	炮台	兵轮	各行省
		【毛瑟枪子药铜卷三万个 枪子小铜帽十四万粒 铜帽一万粒】 自强军 【小口径毛瑟枪子药铜卷四十七万个 又子药铜袋一万七千一百三十一个 装配枪子扳手机器二副】 外海水师六营 【林明敦枪子药铜卷一万二千个】 内海水师五营 【炮门铜管自来火三千支 马梯尼枪子药铜卷二千个 林明敦枪子药铜卷二万四千个 洋火药四百磅】 本局防护营 【阿姆斯脱郎快炮十二磅实心弹十七个 又六磅实心弹又二十五个 又三磅实心弹一百九十个 又一百磅实心弹十七个 又四十磅实心弹九个 又二百五十磅实心弹五个 三生七快炮开花弹八个 又实心弹四十二个 炮弹铜壳十二个 炮门铜管击火五百三十支 又铜管自来火一百九十五支 又电气自来火二十五支	又五号实心弹一百个 炮门铜管自来火一千支 又铜管击火二千六百支 又铜螺丝拉火一千支 电气自来火四百支】 乌龙山 【阿姆斯脱郎二百一十磅 铜膛熟铁箍大炮二尊 又一百磅钢快炮二尊】	镜清 【炮门铜管击火五百支 又铜管自来火五百支】 通济 【炮弹小铜帽一千九百粒】 南琛 【炮门铜管击火二百支】	

续表

江南制造局记卷五

征缮表

年分	北洋	南洋	炮台	兵轮	各行省
		又铜螺丝拉火二百二十六支 快利枪子药铜卷三万七千三百个 毛瑟枪子药铜卷四十五个 又小口径枪子药铜卷一百九十一个 铜帽二千六百粒 无烟火药三百三十七磅半 洋火药四百七十八磅 栗色火药八百八十八磅 又子药铜袋六百四十个 马梯尼枪子药铜卷一百个】			
二十六年	武威军 【毛瑟枪子一百万粒 又黑药铜壳一百万粒 北洋大臣 【黑药一千磅 快利兵枪十杆 五件皮件十副 铜管自来火一千支 快利枪子袋四百个 又无烟枪子二千粒 铜螺丝击火五百支 手枪二杆 又枪子四百粒 毛瑟枪子一百万粒 又黑药铜壳一百万粒】	江宁军械所 筹防局 【栗色火药二十九万二百二十磅 黑药五千零四十磅 黑炮药三万五千六百三十磅 无烟火药十万六千二百七十七磅 炸药一万六千六百磅 黑药八万三百二十磅 开花弹铜帽二千一百五十六万二千一百粒 小铜帽火箭纸饼六百九十万五千五百粒 毛瑟枪小铜帽十万粒 劈山炮铜管拉火一万三千一百粒 又铜管自来火一万三千七百七十支 八杪木引二十个 又铜管击火五百五十支 又铜螺丝拉火一千二百二十支 快炮电气铜螺丝引火	九江 【无烟火药六千七百二十三磅 炸药一千三百十三磅 黑药五百二十五磅 开花弹螺丝公二个 炮门铜击火一千二百支 快炮门螺丝击火三千二百十五支 百磅四十磅快炮铜引六百副 三磅快炮铜引六百十副 六磅快炮铜引一千副 又起子五把 三磅炮扳手螺丝公二个 又铜壳三百六十四个 又六磅弹铜壳六百个 又四十磅弹铜壳三百六十个 又绒布药袋九百个 六磅绒布药袋一千五百个 三磅绒布药袋九百个 四十磅快炮三尊	南琛 【栗色饼药二千磅 黑药一千磅 无烟火药三百磅】 南琛 【克鹿卜四十磅实心弹二百个】 保民 【栗色饼药一千磅 无烟火药三百磅 开花铜帽火三千粒 铜管自来火一千支 马梯尼枪子五千粒】 威靖 【黑药九百五十磅 炮门钢管自来火五百支 又铜螺丝拉火二百支】 策电 【黑药七百磅 开花铜冒火八千支 又铜击火三百支 电气铜引火二百支 老毛瑟枪子二千粒】 寰泰 【无烟火药一百磅	湖广总督 【小口径精利兵枪一杆】 湖北制造局 【无烟火药二万三千磅 林明敦兵马枪胚一千六百五十二杆 又中针枪子三十万粒】 广东制造局 【小口径毛瑟枪钢胚一千杆】 福建军装局 【栗色饼药二万五千二百磅 黑药五千磅 小铜冒火三十万粒 纸饼三十万粒 毛瑟枪子二十万粒】 云南善后局 【来福后膛兵枪三十杆 又枪子三十五万一千粒 又刀壳三百四十个 又刀头九十四把】 四川制造局 【快炮铜螺丝击火一万

续表

江南制造局记卷五

征缮表

年分	北洋	南洋	炮台	兵轮	各行省
		三百八十七支 又铜螺丝击火一万八千五百八十五支 长尾通用碰火七百六十四支 三磅弹铜引一万七千三百五十支 又六磅弹铜引七十五支 十二磅弹铜引三千四百个 八生的弹铜引三百五个 三生七弹铜引五千个 又铜壳一千五个 七生的八生的铜壳六百五十七个 三磅快炮弹铜壳二千八百五个 六磅快炮弹铜壳八个 十二磅弹铜壳一千二百二个 四十磅弹铜壳一个 一百磅弹铜壳六十四个 三磅弹车轮快炮十八尊 二十四磅铜炮一尊 十二磅阿姆脱郎后膛钢炮七尊 十二磅弹车轮快炮四尊 七磅弹克鹿卜炮一尊 马克生七生半车轮快炮六尊 又二磅弹车轮快炮六尊 阿姆斯脱郎七磅弹后膛炮二尊 三生七车轮快炮十尊 劈山大炮一百三十二尊 阿姆斯脱郎三百八十磅后膛开花弹一百三	三磅车轮快炮三尊 六磅快炮五尊 四十磅快炮开花弹六百个 又硬质弹一百五十个 又实心弹三百个 又钢质弹一百五十个 四寸径绳双饼铁轮二个 四寸开口木轮六个 起五吨重铁轮一个 三寸径四寸径白麻绳各一捆 八磅铁榔头一个 六磅快炮开花弹一千个 又实心弹一千个 三磅快炮开花弹六百十个 又实心弹六百个】 吴淞 【无烟火药一万七千五百磅 炸药四千磅 炮门铜管击火一千支 又铜螺丝拉火一千二百支 又电气铜螺丝引火五百支 又铜螺丝击火一千九百支 通用碰火铜引五百个 三磅快炮铜引一千二百个 又铜壳八百个 又六磅铜壳三百个 四十磅弹铜壳一百个 一百磅弹铜壳二百五十个 又快炮五尊 三磅弹车轮快炮三十六尊 一百磅快炮开花弹五	黑药四百磅 炮门铜管自来火一千支】 开济 【黑药二百磅 开花铜冒火四千粒 炮门铜管自来火一千支 又铜螺丝拉火二百支】 镜清 【炮门铜管自来火一千五百支 老毛瑟枪子一千粒】 钧和 【小手枪铅子二百五十粒 呫嗜司枪子六百粒】	支 三磅快炮铜引五千副 又铜壳一千五百个 三磅车轮快炮五十尊 又开花弹五千个】 山东登州镇 【毛瑟黑药铜壳三万粒】 陕西善后局 【哈乞开司枪子五十九万粒 毛瑟枪子九万粒】

续表

江南制造局记卷五

征缮表

年分	北洋	南洋	炮台	兵轮	各行省
		十个 又二百五十磅开花弹六百三十四个 又硬质弹四百五十六个 又七磅开花弹七十五个 克鹿卜快炮八生的开花弹二百六个 又子母弹一百十三个 又葡萄弹五十六个 又二磅实心弹一千五百九十八个 马克生七生半陆路快炮开花弹九十四个 又葡萄弹六十一个 乌理治一百磅快炮实心弹三百三个 四十磅快炮实心弹二个 十二磅快炮开花弹六千个 又实心弹五个 又六磅实心弹五个 三磅快炮开花弹三万六千四百五十个 又实心弹六百五十一个 三生七快炮开花弹五千个 阿姆斯脱郎十二磅开花弹一百七十九个 又实心弹四十四个 又子母弹一百十八个 又群子罐八十八个 劈山炮弹一万三千一百个 格林炮弹八十个 来福后膛兵枪一万二千四百三杆 林明敦枪二百四十杆 又中针枪二千二百七十五杆 燕飞来福兵枪二千三	百个 又实心弹五百个 又四十磅开花弹一百四十个 又实心弹六十个 又六磅开花弹六百个 又实心弹二百个 又三磅开花弹八百个 又实心弹四百个 马梯尼兵枪五百杆 又枪子八万粒 毛瑟枪子十八万四千粒 哈乞开司枪子三万四千粒】 江阴 【栗色药饼六万磅 炮门铜管自来火四千支 又铜管击火一千一百支 又电气铜螺丝引火八百支 四百磅药生铁沈雷二十具 二百五十磅药桶式水雷四十五具】 乌龙山 【栗色火药四千磅 黑药一千四百磅 柯达无烟火药三十磅 炮门铜管击火四百支 又铜螺丝拉火三千支 又电气引火三百个 通用长尾碰火三百九十支 又铜引六十个 一百磅快炮铜壳一百个 阿姆斯脱郎二百五十磅 开花弹六十个 又硬质弹四十个 又实心弹八十个		

续表

江南制造局记卷五

征缮表

年分	北洋	南洋	炮台	兵轮	各行省
		百七十杆 老毛瑟枪一百六十六杆 小口径毛瑟枪十八杆 快利连珠兵枪二千八百七十六杆 马梯尼枪二百二十一杆 呒啫司马枪一杆 又兵枪五杆 哈乞开司兵枪二杆 燕飞来福马枪八十杆 小手枪七百五十杆 又五百五十三杆 老毛瑟枪子七百三十二万三千七百六十五粒 小口径毛瑟枪子十三万一千二十六粒 林明敦枪子一百五十万二千九百六十粒 又二万五千五百十一粒 快利无烟药枪子十二万四千四百十粒 又一百三十二万三千粒 又黑药枪子二十万五百粒 又空枪子二十粒 来福枪子四万四千二百粒 马梯尼枪子二十万粒 黎意枪子三十万七百三十粒 呒啫司枪子四千五十粒 哈气开司枪子二十粒 毛瑟枪子五十粒 曼里夏无烟药枪子二万粒 来福后膛枪子一百三十二万八千八百八十粒	克鹿卜一百二十磅开花弹一百个 又实心弹二百个 又八十磅开花弹三十个又实心弹七十个 又四十磅开花弹十个 又实心弹四百个 又十二生的开花弹二百个 一百磅快炮开花弹六十个 又实心弹八十个 又钢质弹四十个】		

续表

江南制造局记卷五

征缮表

年分	北洋	南洋	炮台	兵轮	各行省
		小手枪铅子七万二千三百粒 毛瑟枪黑药铜二十三万个 老毛瑟枪黑药铜壳九十七万四千粒 二百五十磅药桶式水雷十三具 杂式水雷七具 木壳水雷三十三具】 安徽支应局 【黑药一万磅 开花铜冒火十万粒 搬子药铜壳机器三具 毛瑟枪子一百十五万粒】 太湖水师营 【黑炮药五百磅又枪药五百磅 铜帽一万粒 老毛瑟枪子二千粒 来福枪子一万粒 哒嗜司枪子五百粒】 奇兵营 【黑炮药七百五十磅又枪药三千三百五十磅 小铜帽火箭纸饼三十一万五千粒 劈山炮铜管拉火一千五百支 炮门铜管自来火三千二百五十支 劈山炮群子罐二百个 又炮弹六百个 老毛瑟枪一百九十二杆 又枪子三万八千粒 又黑药铜壳五万四千个】 沪军营 【小铜帽火箭纸饼十七万五千粒 劈山炮铜管拉火四百			

续表

江南制造局记卷五					
征缮表					
年分	北洋	南洋	炮台	兵轮	各行省
		八十支 林明敦边针枪四十支 黎意兵枪三百八支 林明敦枪子四千粒 黎意枪子十五万四千粒 又黑药铜壳一万二千个 毛瑟枪黑药铜壳三万个】 安字营 【毛瑟枪四杆又枪子八十粒 快利连珠兵枪三百杆 马梯尼枪二杆 又枪子四十粒 呍啫司兵枪二杆 又枪子五百四十粒 快利无烟枪子一千粒 又黑药枪子四万二千粒 又铜壳八万一千五百个】 江宁提标各营 【十二磅圆开花弹四百个 林明敦边针枪一百五十杆 又枪子一万五千粒 快利无烟枪子一百粒 呍啫司枪子五百粒】 里河水师营 【林明敦边针枪一百杆又枪子二万粒】 内洋水师营 【林明敦枪子二万四千粒】 松江守营 【毛瑟枪黑药铜壳一万个】 江胜军 【曼里夏黑药铜壳二十万个】 本局防护营			

续表

江南制造局记卷五

征缮表

年分	北洋	南洋	炮台	兵轮	各行省
		【黑药三千八百六十磅 无烟炸药四百五十磅 开花铜冒火十万四千粒 炮门铜管自来火二千四百支 又铜螺丝拉火六十支 又铜管击火二十支 通用长尾碰火四十个 快炮铜引二千个 又铜壳二千二百四十个 三磅弹车轮快炮三十二尊 克鹿卜八十磅开花弹三十个 又四十磅开花弹十个 克鹿卜七生半 开花弹二十个 八生的开花弹六十个 乌理治二十磅 实心弹二十个 三磅快炮开花弹二千个 十二磅圆开花弹二十个 毛瑟枪二杆 毛瑟枪七十二杆 快利枪四百五十杆 呍喈司兵马枪各二十一杆 小手枪十二杆 又枪子十三万八千六十粒 又三千一百粒 又铜壳二万粒】			
二十七年	天津海防营 【黑药二千九百磅 炮门铜管自来火三千支 快炮铜冒火六千粒 又铜螺丝击火五百支】	筹防局 江宁军械所 【四寸径生铁炮一尊 快炮一百磅实心弹十一个 又四十磅开花弹三个 又实心弹十个 十二磅实心弹六十九	江阴 【快炮电火一百个】	南琛 【阿姆斯脱郎四十磅快炮二尊 黑药二千磅 开花铜冒火一万五千粒 炮门铜管自来火二千粒	湖北制造局 【小口径毛瑟枪一杆快利兵枪一杆】 湖南善后局 【装子药铜壳机器二具】 广东制造局 【小口径毛瑟枪钢胚一

续表

江南制造局记卷五

征缮表

年分	北洋	南洋	炮台	兵轮	各行省
		个 六磅开花弹五个 又实心弹九个 燕飞来福兵枪四十杆 曼里夏兵枪四杆 毛瑟兵枪五杆 又小口径兵枪九杆 快利连珠兵枪二十四杆 精利快枪三杆 黎意枪二百杆 呍嗜司枪二杆 小手枪六杆 毛瑟枪子十万七千四百六十粒 精利无熠枪子六百粒 林明敦枪子三千七百五十粒 又一万六百粒快利无烟枪子六千粒 又黑药枪子二千九百四十粒 黎意枪子一万九千五百九十五粒 来福前膛枪子二千粒 呍嗜司枪子一千二百粒 手枪枪子一千九百八十五粒 毛瑟枪黑药铜壳二十万五百粒 又空铜壳一百万粒 黑色饼药四千六百二十五磅 无烟火药二千九百九十八磅 黑炮药二万四千六百三十二磅 炸药四十二磅 黑枪药五万五千四百六十七磅 开花铜冒火三十二万二千一百五十粒 小铜冒火一千二百九		又铜管击火五百支】 飞霆 【毛瑟枪子一千粒 黑药一千磅 开花铜冒火二千五百支 炮门铜管击火二百支】 镜清 【黑药一千磅炮门铜管自来火一千五百支】 威靖 【黑药五百磅炮门铜管自来火百支】 寰泰 【黑药五百磅炮门铜管自来火五百支】 龙骧 【开花铜冒火二千粒】 开济 【开花铜冒火三千粒炮门铜管自来火五百支】	千杆】 云南善后局 【小口径毛瑟枪一杆】

续表

江南制造局记卷五

征缮表

年分	北洋	南洋	炮台	兵轮	各行省
		十五万粒 炮门铜管自来火六百五十支 又铜螺丝拉火十一支 快炮电火七十六个 又铜螺丝击火八百六十个 快炮三磅弹铜壳十个 又六磅弹铜壳五个】 内海水师五营 【林明敦枪子二万四千粒】 江胜军 【曼里夏黑药铜壳十一万一千六百八十粒】 奇兵营 【黑枪炮药二千一百六十磅 小铜冒火十七万八十二粒 劈山炮拉火三百七十五个】 沪军营 【小铜冒火十一万六千粒 劈山炮拉火一千十七粒】 本局防护营 【燕飞来福兵枪一杆 毛瑟枪子一万六千八百七十一粒 精利无烟枪子二百六粒 快利无烟枪子六千五十六粒 黑药一千九十磅 开花铜冒火五万六千粒】			

续表

江南制造局记卷五

征缮表

年分	北洋	南洋	炮台	兵轮	各行省
二十八年	北洋大臣 【毛瑟兵枪二杆 四生七炮撞针二个 撑鐄五个 毛瑟无烟枪子三千五百粒 黑药六千二百磅 炮门铜管自来火四千支 皮件二副 进弹子座二副 夹铜壳铁夹一副】 军械局 【毛瑟兵枪刀头二百把 快利无烟枪子五万粒】	江西派办处 【三磅六磅十二磅快炮开花弹各一个 毛瑟兵枪四百四十杆 又无烟枪子二十二万粒 又空枪子一千粒 又黑药铜壳四万四千粒 三磅十二磅四十磅快炮铜引各一副 三磅六磅十二磅快炮铜壳各一个 皮件四百四十副】 筹防局 【江宁军械所五生七快炮一尊 又开花弹二个 又铜螺丝击火五支 十二磅快炮一尊 六磅快炮一尊 三磅快炮一尊 三生七快炮一尊 阿姆斯脱郎一百二十磅实心弹二个 六生的开花弹七千二百个 一百磅快炮开花弹六百个 又实心弹五百十个 又硬质弹五百个 又四十磅开花弹四百个 又钢质弹四百个 又实心弹四百九个 四十磅素珠开花弹四百个 十二磅快炮实心弹三十四个 又六磅开花弹一个 又实心弹二十四个 三磅快炮开花弹一个 又实心弹一百二十四个三生七快炮实心弹	吴淞 【一千磅药生铁沈雷五具 五百磅药熟铁沈雷五具 二百五十磅经桶式水雷十具 炮门铜管自来火三千支 又铜管击火一千一百支】	龙骧 【十管连珠格林炮二尊 又炮弹四千个 开花铜冒火一千粒】 南琛 【四十磅快炮开花弹一百个 又硬质弹一百个 又实心弹一百个 又素珠开花弹一百个 黑药一千三百五十四磅 无烟火药二百磅 炮门铜管击火一千支 快炮电火二百八个 快炮铜引二百副 四十磅快炮铜壳一百个】 飞霆 【毛瑟枪子二千粒 黑药三百磅 开花铜冒火一千粒】 登瀛洲 【黑药一千二百磅 炮门铜管自来火一千支 又铜螺丝拉火二百支】 虎威 【开花铜冒火二千粒】 威靖 【开花铜冒火五千粒 炮门铜管自来火五百支】 开济 【炮门铜管自来火一千支】 寰泰 【炮门铜管自来火五百支 又钢管击火二百支】	广西巡抚 【十二磅弹快炮十二尊 又开花实心弹各一千二百个 三磅快炮八尊 又开花实心弹各八百个 毛瑟兵枪四百杆 又无烟枪子二十万五十粒 又黑药铜壳四万三十粒 无烟火药一千四百五十磅 黑炸药一千二百磅 黑药六十磅 炮门铜螺丝击火五千支 三磅快炮铜引八百个 又铜壳四百个 十二磅快炮铜引一千二百个 又铜壳六百个 绒布药袋四千六百个 小铁榔头八个 三磅炮洗把棍八根 皮件四百副】 广东善后局 【抬枪钢胚五百杆】 福建善后局 营务处 【机器局钢枪胚一千杆 元钢料二十三杆 钢鐄管一百件 护手弓一百件 三寸扁钢四十三条 一寸元钢八十条 大小锰铁共五箱 无烟火药二千磅】 云南善后局 【毛瑟兵枪五百八杆 毛瑟无烟枪子二十五万二千粒 又黑药铜壳二十五万

续表

江南制造局记卷五					
征缮表					
年分	北洋	南洋	炮台	兵轮	各行省
		三个 六生的克鹿卜过山炮开花弹二个 燕飞来福兵枪十杆 毛瑟兵枪二百十九杆 呍嗜司兵枪一杆 毛瑟枪子四百五十四万二千一百粒 林明敦枪子一百七十七粒 快利无烟枪子四万八千五十粒 又黑药枪子一万四千三百四十六粒 来福前膛枪子一千粒 黎意枪子五百二十粒 呍嗜司枪子一一千三百粒 曼里夏黑药枪子二百八粒 手枪枪子二百五十粒 毛瑟枪黑药铜壳三万个 曼里夏铜壳六十六万四各八百个 毛瑟枪黑药铜壳三各个 栗色饼药三百八十二个 无烟火药一万二百五十五磅半 棉花炸药二磅黑药四万七千六百二十七磅三两 开花炸药二磅黑药四万七千六百二十七磅三两 开花铜冒火三百七十一万粒 毛瑟枪小铜冒火一百四十万粒 曼里夏小铜冒火一百五十九万粒 炮门铜管自来火一千			粒 开花铜冒火一千万粒 皮件五百二副】

续表

江南制造局记卷五

征缮表

年分	北洋	南洋	炮台	兵轮	各行省
		支 又铜管击火一千三百九十六支 又铜螺丝拉火二支 快炮电火五十三支 又铜螺丝击火七百三支 快炮铜引八千五百七十个 又铜壳五百五十四个】 外海水师营 【燕飞来福兵枪六十杆 林明敦枪子一万二千粒】 提标镇标各营 【呍喏司兵枪一杆 又枪子二千粒 毛瑟枪黑药铜壳二万支】 内洋水师营 【林明敦枪子二万四千粒】 奇兵营 【老毛瑟枪子三千粒 又黑药铜壳一万三千六百个黑药一千七百四磅 毛瑟枪小铜冒火十四万四千粒】 缉私营 【老毛瑟枪子九万粒】 江胜军 【曼里夏铜壳十七万五千六百八十个】 常备军 【曼里夏铜壳七十万二千七百二十粒 小铜冒火四十六万粒】 沪军营 【毛瑟枪小铜冒火十一万二千粒 劈山炮拉火一千三百四十四支】 本局防护营			

续表

江南制造局记卷五

征缮表

年分	北洋	南洋	炮台	兵轮	各行省
		【三磅弹快炮八尊 又开花实心弹各八个 燕飞来福兵枪三杆 毛瑟兵枪二百五十四杆 又枪子二万二千二百八十粒 黑药二百磅 开花铜冒火五万粒 炮门铜螺丝击火一百五支 三磅快炮铜引八个 六磅快炮铜壳八十个】			
二十九年	军械局转发奉天 【智利兵枪一杆】 天津铜元局 【六寸径砂轮二十个 四寸径砂轮二十个 生铁砂轮架二副 螺丝板三块】 保定军械局 【毛瑟黑药枪子五十万粒 又无烟枪子一百五十万粒 又小铜冒火五十万粒 炮门铜管电火一千支 快炮铜冒火四千粒】 奉天将军 【智利无烟枪子三十万粒 又子药袋四万个 毛瑟枪药铜壳 二十万粒】	筹防局 江宁军械所 【十二磅快炮三十二尊 六磅快炮十尊 十二磅弹铜炮三尊 三磅弹快炮八十六尊 生熟铁炮共六尊 一百磅快炮开花弹八个 又实心弹二十个 又四十磅开花弹一千二百个 又硬质弹三百个 又钢质弹三百个 又实心弹一千二百十八个 四十磅素珠开花弹六百个 十二磅开花弹一万二千八百个 又实心弹一万二千八百二十一个 六磅开花弹四千个 又实心弹四千二十九个 三磅快炮开花弹三万五千四百个 又实心弹二万一百三个 五生七快炮开花弹二	吴淞 【一百磅弹快炮二尊 毛瑟枪子二十七万粒 无烟火药二千六百磅 栗色饼药四万八千四百磅 炮门螺丝电火三百支 一百磅快炮开花弹一百个 又实心弹一百个 无烟火药五百磅 炮门铜冒击火二百支 平底铜击火二百支 铜管电火四百支 快炮铜引一百副 又铜壳八十个】 乌龙山 【四十磅快炮二尊 六磅快炮四尊 四十磅快炮开花弹二百个 又硬质钢一百个 又实心弹一百个 又六磅开花实心弹各四百个 炮门铜管电火六百支 又铜螺丝击火二千支 快炮铜引六百副 又铜壳三百个】 下关	寰泰 【一百磅快炮开花弹十个 阿姆斯脱郎一百二十磅开花弹十个 无烟火药二百五十磅 枪炮黑药二千二百磅 栗色火药五百五十磅 黑色饼药四百五十磅 炮门铜冒击火二百支 快炮铜引十副 又铜壳十个】 策电 【一百磅快炮开花弹四十八个 又实心弹三十二个 又硬质弹四十八个 又钢质弹十个 十二磅沙不乃尔开花弹七十六个 又钢质弹二百九个 生铁开花弹四十五个 神机炮弹九百七十个 哈乞开司炮开花弹一千七百三十八个 又实心弹一百八十个 老毛瑟兵枪三十杆 燕飞来福兵枪二杆 小手枪五杆 毛瑟黑药枪子四千四	湖南巡抚 【毛瑟黑药枪子五十万粒】 广东善后局 【三磅弹快炮二尊 又开花弹四百个 又铜引铜壳各四百个 毛瑟兵枪一千五百二杆 毛瑟无烟枪子六十万一百粒 又黑药枪子十万粒 无烟火药一万五千五十磅 铜螺丝击火四百支 五件头皮件一千五百副】 广西善后局 【毛瑟兵枪五百一杆 又无烟枪子二十万二百五十粒 五件头皮件五百副】 福建营务处 【无烟火药八百七十磅 黑药一万磅】 云南善后局 【毛瑟兵枪五百杆 小铁榔头十个 铁钉七十五磅 毛瑟黑药枪子一百万

续表

江南制造局记卷五

征缮表

年分	北洋	南洋	炮台	兵轮	各行省
		个 六生的开花弹一万八百个 毛瑟枪一千三百二十四杆 快利兵枪一千九百杆 林明敦兵枪十杆 燕飞来福兵枪二十杆 智利兵枪二杆 小手枪四杆 毛瑟枪子二百二十三万七千六百二十粒 精利无烟枪子七十支 林明敦枪子十粒 快利枪子三十五万粒 来福枪子五百六十一粒 马梯尼枪子一百七十八粒 黎意枪子一百二十万五百粒 呍啫司枪子四千粒 曼里夏枪子八十八万三百十粒 新毛瑟无烟枪子二百十五粒 又空子二十五粒 小手枪枪子一千四百四十粒 又空子二十支毛瑟黑药铜壳二十四万一千四百七粒 曼里夏黑药铜壳一百四十万粒 又空铜壳二十万粒 马梯尼黑药铜壳六千粒 智利枪黑药铜壳十万粒 无烟火药三万一千六百九十三磅 黑药八万六百八十六磅 黑炸药三百二十磅	【十二磅快炮四尊 又实心弹四百个 毛瑟兵枪四百杆 又无烟枪子八万粒 又黑药铜壳十二万个 炮门铜螺丝拉火二十支 又铜管击火四千支 十二磅快炮铜壳四百个】 镇江 【毛瑟兵枪四百杆 又无烟枪子十二万粒 又黑药铜壳八万粒 平底铜击火二千支 铜螺丝拉火二千支】 江阴 【炮门铜管自来火五千支 又铜冒击火四千七百支 平底铜击火三百支 螺丝电火一千五百支 铜管电火一千支 铜螺丝拉火三千支】	百八十粒 手枪枪子二百四十粒 无烟火药二百九十九磅 黑药三百九十磅 开花铜冒火六千五百二十六粒 炮门铜冒击火七百十支 又螺丝电火七百八十一支 快炮铜壳七百四十个 哈乞开司铜壳一千七百七十个】 飞霆 【一百磅快炮开花弹三十六个 又实心弹三十二个 又硬质弹三十六个 又钢质弹八个 八百磅素常炸弹二个 又凝铁炸弹五个 十二磅沙不乃尔开花弹七十九个 又钢质弹二百九个 生铁开花弹四十九个 神机炮弹七百四个 毛瑟兵枪三十杆 燕飞来福兵枪二杆 毛瑟黑药枪子一千五百三十粒 无烟火药一百八十五磅 黑药六百八十七磅 开花铜冒火四百三十支 铜冒击火三百四十七支 螺丝电火五百支 铜螺丝击火二百十九支 快炮铜壳三百个】 南琛 【四十磅快炮开花实心	粒 又无烟枪子二十万粒 哈乞开司枪子一百万粒】

续表

江南制造局记卷五					
征缮表					
年分	北洋	南洋	炮台	兵轮	各行省
		栗色饼药四千二百三十二磅 紫色饼药四百二十五磅半 黑药饼药三千四百三十六磅 开花铜冒火一百万九千五百磅 老毛瑟小铜冒火二百四十五万粒 智利枪小铜冒火一百四十五万粒 曼里夏小铜冒火六十万粒 炮门铜管自来火三万一千五百六十一支 劈山炮自来火一千八百五十支 又螺丝电火五百五十支 又铜管电火一千支 又击火九万八千四百九十支 又铜螺丝拉火二十六支 长尾铜引十副 快炮铜引八千二百个 又四万二千二百个 一百磅四十磅炮弹铜壳各一个 又四十磅弹铜壳六百个 又十二磅弹铜壳二千九百八个 六磅弹铜壳二千二个 三磅弹铜壳一万七千二百一个 三生七快炮铜壳四个 哈乞开司快炮弹铜壳二百个】 江宁提标各营 【劈山炮三十一尊 又炮弹三千一百个 毛瑟兵枪二百十六杆		硬质钢质弹各十个 又四十磅素珠开花弹十个 阿姆斯脱郎一百八十磅开花实心子母弹各十个 又钢质弹十五个 又四十磅开花实心弹各十五个 又子母弹十个 毛瑟兵枪八十杆 又黑药枪子五千粒 黑药四千二百五十磅 黑色饼药五百磅 炮门铜管自来火二千支 又铜冒击火四百支 又螺丝电火五十支 四十磅快炮铜壳六十个】 龙骧 【阿姆斯脱郎一百二十磅开花硬质弹各二十个 十二磅沙不乃尔开花弹八十个 钢质开花弹一百九十八个 生铁开花弹五十个 格林炮弹三千九百八十个 哈乞开司开花弹二千六百六十个 毛瑟兵枪二十杆 马梯尼兵枪十五杆 小手枪八杆 毛瑟黑药枪子二千二百六十粒 马梯尼枪子三百三十粒 手枪枪子七百粒 无烟火药二百四十一磅 黑药二百三十磅	

续表

江南制造局记卷五

征缮表

年分	北洋	南洋	炮台	兵轮	各行省
		又黑药枪子五万八千五百粒 又无烟枪子六万四千八百支 又黑药铜壳二十一万五千粒 劈山炮自来火六千二百支】 苏捕水师营 【毛瑟兵枪四百十四杆 又无烟枪子九万粒】 苏松镇标各营 【毛瑟兵枪一百四十八个 燕飞来福兵枪一百杆 毛瑟黑药枪子二万九千六百粒 黑药五百磅 来福枪子一万粒 开花铜冒火二万粒】 缉私营 【毛瑟黑药枪子一万粒】 江阴合字营 【毛瑟无烟枪子十二万粒 又黑药铜壳八万粒 毛瑟兵枪四百杆】 内洋水师五营 【林明敦枪子二万四千粒】 奇兵营 【毛瑟黑药枪子铜壳一万个 黑药一千七百四磅 小铜冒火十四万四千粒】 沪军营 【小铜冒火六万四千粒 劈山炮自来火七百六十八支】 本局防护营 【十二磅快炮实心弹五		开花铜冒火五百六十粒 铜冒击火一百六十五支 螺丝电火三百九十八支 十二磅快炮铜壳二百个 哈乞开司快炮铜壳二千 七百八十三个】 镜清 【炮门铜管自来火一千支】	

续表

江南制造局记卷五

征缮表

年分	北洋	南洋	炮台	兵轮	各行省
		十个 毛瑟无烟枪子三万二千七百二十粒 又黑药铜壳二万三千粒 黑药三百磅 开花铜冒火五万粒 炮门铜螺丝电火十一支 又铜管电火三十六支 又铜螺丝拉火七支 又击火四百三十六支 三磅快炮铜壳一百个】			
三十年	练兵处 【十二磅弹快炮十八尊 又开花实心弹各三千六百个 无烟火药三千二十五磅 黑药三百磅 黑炸药一千二百三十磅 炮门铜螺丝击火七千三百支 十二磅快炮弹 铜引三千六百副 又铜壳一千八百个】 奉天将军 【毛瑟黑药枪子六十万粒 曼里夏无烟枪子二十万粒 智利无烟枪子四十万粒】 海防军械局转发各兵轮 【黑药一千磅 毛瑟枪子二千粒 炮门铜螺丝击火六百支】 保定军械局 【毛瑟黑药枪子一百万粒 五生七铜引一千七百	筹防局 江宁军械所 【四十磅弹快炮四尊 阿姆斯脱郎七磅后膛炮一尊 十管连珠格林炮二尊 一百磅快炮开花弹二个 又实心弹七个 四十磅快炮开花弹七百七个 又硬质钢质弹各二百个 又实心弹一千二百十四个 素珠开花弹七百个 十二磅快炮开花弹五十三个 又实心弹五十八个 六磅快炮开花弹七个 又实心弹十三个 三磅快炮开花弹十九个 又实心弹二个 阿姆斯脱郎二百五十磅开花弹八百个 毛瑟兵枪五百九十三杆 快利连珠兵枪二百杆 林明敦边针枪五百杆 燕飞来福兵枪八十杆 小手枪五杆	南石坛 【一百磅快炮开花弹五十个 又实心弹二百个 四十磅快炮开花实心弹各五十个 六磅开花实心弹各一百个 阿姆斯脱郎一百八十磅实心弹四十个 炮门铜螺丝击火二千支 又电火五百五十支 又拉火二百支 快炮铜引二百个 又铜壳一百个】 狮子林 【一百磅快炮开花实心弹各五十个 六磅开花实心弹各一百个 阿姆斯脱郎八百磅硬质弹三十个 又二百五十磅开花弹五十个 又硬质弹十一个 又实心弹十九个 炮门铜管铜螺丝电火各二百支 铜螺丝拉火三百支 铜引二百副 铜壳一百二十个】	南琛 【四十磅快炮开花弹九十六个 又硬质弹三十四个 又实心弹四十八个 素珠开花弹四十个 二磅包铅实心弹一千个 阿姆斯脱郎一百八十磅 开花弹五十七个 又实心弹五十个 又子母弹二十二个 又四十磅开花弹一百十六个 又实心弹五十七个 又子母弹八十一个 格林炮子二千一百八十个 哈乞开司开花弹二千五十个 那腾飞炮弹二千个 手枪十九杆 毛瑟黑药枪子五千粒 小手枪枪子九百粒 无烟火药五百磅 黑药二千五百磅 炮门铜管自来火五千二百支 又铜冒击火五百二十四支	广东制造局 【钢料器具胚一千支】 四川机器局 【钢料器具胚三千七十支 铜头七百十七根】 河南机器局 【二磅弹小炮胚二十尊 炮耳箍三十个 四磅小炮胚十尊 炮尾塞方钢料六磅】

续表

江南制造局记卷五

征缮表

年分	北洋	南洋	炮台	兵轮	各行省
	副 八生七铜引一百副 史高德铜引一千二百副 平底螺丝击火二千六百支 又起子二把 六件头铜引一千副 史高德铜壳一千二百个 黑毛拉火三千支 五生七开花弹一千七百个 又起子十把 又铜壳一千七百个 八生七开花弹一百个 又铜壳一百个 又起子二把 史高德开花弹 一千二百个 又起子十二把 七生半梅花饼开花弹一千个】	毛瑟黑药枪子三万五千五十粒 又无烟枪子六万四千三百二十二粒 林明敦枪子三十五万四十粒 快利空枪子三十五万粒 来福枪子五百粒 马梯尼枪子一千一百粒 黎意枪子一千二百三十四粒 曼里夏无烟枪子六十万粒 利士比枪子三十六粒 小手枪枪子七百十七粒 毛瑟枪子铜壳五十五万五千六百六十七粒 曼里夏铜壳八十八万八千二百粒 比利黑药铜壳三十万粒 无烟火药一万八千七百五十九磅半 黑药十万九千四十五磅 棉花炸药三磅毛瑟小铜冒火四十万粒 曼里夏小铜冒火一百九十万粒 比利小铜冒火一百三十万粒 炮门铜管自来火二千二十二支 又铜管击火二千六百五十四支 又平底铜击火四百六支 又铜螺丝击火七百三十四支 又铜螺丝电火二千四百十五支	江阴 【一百磅快炮钢质弹五十六个 二磅车轮快炮开花弹一千个 阿姆斯脱郎八百磅硬质弹七十个 又二百五十磅硬质弹五十个 无烟火药三万二千磅 黑药四千五百五十磅 黑色饼药七千三百磅 铜冒击火二千九百六十二支 平底铜击火四百三十支炮门铜螺丝电火六百七十六支 铜管电火一百十九支 铜引一千三百五十副】 镇江 【毛瑟无烟枪子十一万九千七百粒】 下关 【无烟火药一千二百磅 炮门铜冒击火三百支 又铜螺丝电火二百支 又铜管电火一千支 又铜螺丝拉火二千支】 吴淞 【曼里夏铜壳十万个 无烟火药二百磅 炮门铜管自来火三千支】	又铜螺丝电火二百支 四十磅弹铜壳四十个】 保民 【四十磅快炮开花弹十个 又实心钢质弹各十个 二磅包铅实心弹二十个 克鹿卜十七生的开花实心钢质弹各四个 又十五生的开花实心钢质弹各四个 又十二生的开花实心钢质弹各二十四个 毛瑟兵枪十杆 马梯尼枪一百三十杆 手枪二十五杆 毛瑟黑药枪子一千二百四十粒 马梯尼枪子五千四百六十粒 手枪枪子二千四百八十粒 无烟火药五十磅 黑药五百磅 炮门铜管自来火五百支 黑色饼药五百磅 又平底铜击火一百四十九支 又铜螺丝电火一百五十支 又拉火二十支 快炮铜壳二十个 开花铜冒火一千粒】 钩和 【毛瑟兵枪三十杆 又无烟枪子三十粒】 威靖 【黑药一千五百磅 炮门铜管自来火一百支 开花铜冒火火五千粒】 策电 【黑药五百磅】	

续表

江南制造局记卷五

征缮表

年分	北洋	南洋	炮台	兵轮	各行省
		又铜管电火一百九十七支 又铜螺丝拉火八支 快炮铜引八百四十九支 又铜壳三个 开花铜冒火三百三万二千粒】 苏州盐捕营 【三磅弹快炮三十尊 又开花实心弹各六百个 黑药一百十三磅四两 炮门铜螺丝击火一千二百支 三磅快炮铜引六百十个 又铜壳六百个】 江苏抚标各营 【三磅弹快炮四尊 又开花弹五百六十个 又实心弹二百四十个 毛瑟兵枪三百六十杆 又无烟枪子四万粒 来福枪子八千六百粒 毛瑟枪子铜壳八万粒 比利枪铜壳四万六千粒 无烟火药一百二十五磅 黑药三千五百二十五磅 毛瑟小铜冒火十七万八千粒 比利小铜冒火十五万八千四百粒 炮门铜管自来火五百七十六支 又铜螺丝击火一千二百支 三磅快炮铜引五百六十副 又铜壳二百个开花铜冒火三万三千粒】			

续表

江南制造局记卷五					
征缮表					
年分	北洋	南洋	炮台	兵轮	各行省
		江宁提标各营 【毛瑟兵枪一百五十杆 又九轮兵枪二百五十杆 又枪子九万四千粒 来福枪子八千六百粒 毛瑟铜壳四十一万一千五百粒 黑药三千四百四十五磅 黑炸药六十磅 比利小铜冒火七万九千二百粒 开花铜冒火三万三千粒】 太湖水师各营 【毛瑟兵枪二百杆 又无烟枪子四万粒】 奇兵营 【毛瑟铜壳二万五千个 黑药一千三百七十六磅 毛瑟小铜冒火二十万六千粒】 本局防护营 【十二磅快炮开花弹一个 又实心弹一百二个 又三磅开花弹二百一个 又实心弹十二个 毛瑟无烟枪子五万四千九十个 又黑药铜壳五万三千个 炮门铜螺丝击火一千三百七十支 又拉火一百四支 铜引二百四十七副 铜壳二十个】			

卷六·存储表

谨按初设局制造专供前敌军火迨发捻肃清渐有余蓄嗣后历年仿造外洋军械并陆续购置其所存旧式军

火推陈出新而各省订造或未经解付及各炮台兵轮缴存本局者屯积日够因专设军火处其全厂所需各项物料随时采购预为储备日积月累分存库房四所均各按时造报光绪三十一年分设船坞商厂经署两江总督周派员监查并饬将船厂应用物料估价存储听候船厂随时指拨缴价谨就清厘各款分列军火物料表以是年四月实存数目为断

卷六·职官表

职官表

		督办			总办		提调
年分	北洋大臣直隶总督	湖广总督	南洋大臣两江总督	江苏巡抚	苏松太道	总会办襄	
同治四年			李鸿章	刘郇膏	丁日昌 应宝时	韩殿甲 【记名总兵】 冯焌光 【补用同知】	
五年				郭柏荫		沈保靖 【候选同知】 冯焌光 【候补知府】	
六年		李鸿章	曾国藩				
七年			马新贻	丁日昌		杜文澜 【江苏候补道】 冯焌光 【江苏补用道】	
八年	曾国藩			张朝栋	杜文澜 涂宗瀛	沈保靖 【湖北补用道】 郑藻如 【选用同知】 郑藻如 【选用知府】	
九年		魁龄		丁日昌 张之万		陈兰彬 【刑部主事】	
十年	李鸿章		曾国藩	何璟		陈兰彬 【候补京堂】	
十一年				恩锡 张树声	沈秉成	李兴锐 【江苏补用道】	
十二年			张树声 李宗羲				黄恩诏 华衡芳 徐　寿 徐建寅
十三年				吴元炳	冯焌光		

续表

职官表

	督办				总办		提调
年分	北洋大臣直隶总督	湖广总督	南洋大臣两江总督	江苏巡抚	苏松太道	总会办襄	
光绪元年			刘坤一 沈葆桢			李兴锐 【直隶补用道】	
二年							
三年					刘瑞芬		王镇昌
四年				勒方琦	褚兰生	蔡汇沧 【江苏候补通判】	
五年			吴元炳	吴元炳 谭钧培			
六年			刘坤一				
七年							
八年	张树声		左宗棠	卫荣光	邵友濂	聂缉槼 【分部郎中】	
九年	李鸿章					潘露 【候选运同】	
十年			曾国荃			钟启祥 江苏候补道	
十一年				谭钧培		倪人涵 【江苏候补同知】	
十二年				卫荣光 崧骏	汤寿铭 龚照瑗	黄恩诏 【浙江候补同知】	程锡书
十三年			裕禄			唐寿嵩 【江苏候补知府】	
十四年			曾国荃				
十五年				黄彭年 刚毅		刘麒祥 【江苏候补道】 张庆勋 【云南候补知府】	周　纯
十六年			沈秉成		聂缉槼	李家骅 【江苏候补道】 龚寿图 【江苏候补道】 潘学祖 【江苏候补道】	
十七年			刘坤一				张　鼐
十八年				奎俊			
十九年							

续表

职官表

年分	北洋大臣直隶总督	湖广总督	南洋大臣两江总督	江苏巡抚	苏松太道	总会办襄	提调
		督办				总办	提调
二十年			张之洞		黄祖络		
二十一年	王文韶			赵舒翘		阮祖棠【江苏候补道】	
二十二年			刘坤一		吕海寰 刘麒祥	张应勋【江苏补用知府】	王世绶
二十三年				奎俊	蔡钧	蒋德钧【四川候补知府】 林志道【直隶候补道】	
二十四年	荣禄 裕禄			德寿			
二十五年				鹿传霖	李光久 曾丙熙 余联沅	许夔	
二十六年	廷雍		鹿传霖 刘坤一	陆元鼎 鹿传霖 聂缉椝	袁树勋	潘学祖	周　纯
二十七年	李鸿章 袁世凯			恩寿		毛庆蕃【直隶候补道】	陈本瑞
二十八年	吴重熹 袁世凯		李有棻			郑孝胥【江苏候补道】	李钟珏
二十九年		张之洞	张之洞 魏光焘			赵滨彦【江北候补道】 沈邦宪【江苏候补道】 唐郁华【江苏候补道】	
三十年			李兴锐 端方 周馥	端方 效曾		魏允恭【湖北候补道】 方硕辅【江苏候补道】	

船政[1]

图式

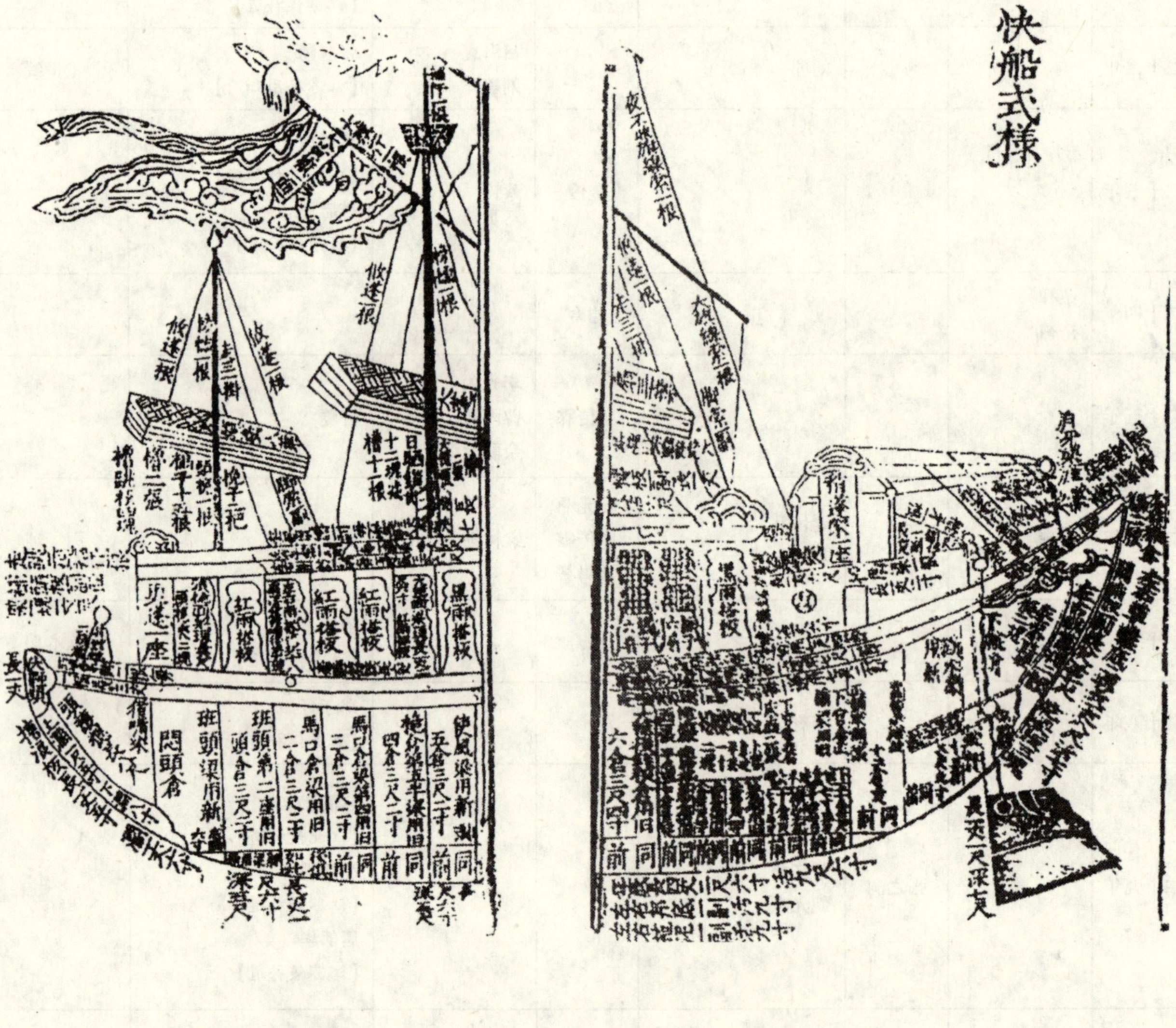

① 〔明〕南京兵部车驾清吏司撰。据明嘉靖刻本。

案呈

南京兵部为遵明例立定规以永恤帮甲事车驾清吏司案呈奉本部送该本司郎中王问呈照得本部车驾司见行事务莫大于修造船只南京锦衣等四十卫军余困苦莫甚于帮甲嘉靖二十一年该本部题奉明例各卫船只官修官造不许拘扰帮甲该厂踵习旧弊于领给官银之外仍开帮甲自备帮助银两数目造册完报此外冒滥科派更多各卫军余未能苏息嘉靖二十四年六月内续蒙本部禁约申明前例断在必行又经札委羽林左卫指挥张寿松等召商和买木料羽林右卫指挥高旻等验勘临差船只及行该厂督率委官甲匠人等造修自兴事之日迄于竣工一应费用工料应增应革事宜俱系该司参酌拟议禀请裁定修造各项样船置立官簿具数核实今据造船厂完报小甲冯聪王立等拆造样船六只拨船厂完报小甲任福等大修样船七只王□等中修样船六只开载工料银两止彀顺定数目并不用帮甲一人到厂帮助亦不用别项赔贱支取本职窃恐官之迁改不常人之奸伪易起此例一行贪夫不便必思巧立事端百计阻坏一中其说日后帮甲复罹前害为此呈乞将本部题例禁约并本年行过事宜刊刻成书散与各甲被害之日许执赴部陈告及行该司将本年但系修造船只收买木料各项文卷印记另柜收贮司堂立石大书以记其事则永远有所稽查成法难于变动及照各卫修造船只前后虽殊事体则一天理人心众所同具后之君子一覩斯弊必不至听憸夫之谗贼以坏良法取军余之膏血以利奸宄禁例昭然成规具在谁肯自伤兹惠之心以开千万人怨讟之口哉等因呈部奉批据呈足见老成深远之虑即如拟施行等因送司奉此拟合就行为此今将各该修造支剩年例银内动支雇觅工匠打造碑记刊刻书籍给散各卫帮甲永远遵守等因案呈到部合就连送本司仰将前银照数动支觅工勒石刊书给甲遵守施行

计开打造碑记刊刻书籍置柜等项共动支银

一勒石碑记

一刊刻书籍

一给散书籍晓谕各该帮甲遵守

嘉靖二十五年正月　初六　日

给帮甲小票

南京兵部车驾清吏司为船政事照得南京锦衣等四十卫造修船只先年□损帮甲富者消乏荡废贫者逃窜流离甚□□系追逼缢溺身死仁者痛心陨涕嘉靖二十四年该本部尚书宋侍郎刘出给告示申明题准事例官修官造不许拘扰帮甲已经查议仰造拨两厂造修样船工料银两备细登记官簿存司可查于官银年例银内扣算支剩俱有羡余又该本司郎中王员外郎李主事龙公同到厂看验造修样船钉板俱有实材比前加倍密厚先年信系委官小甲匠作人等恣意克减花消靠甲赔贱罹此害者何啻万家积弊殃民良可悲叹为此除禀堂外合将题例禁约刊给众甲执照此外买木造修二项事宜续刻成书给发两厂遵守自今以后若有奸贪之辈巧说买木价银不彀造修用度不敷曲禀司堂复开拘扰科派之门者许各甲会齐执此赴部陈告乞寝其谋万一岁时早晚物价不齐止于两厂解部造修年例剩银稍为盈缩当无不济谗言虽利而怨诅丛兴君子在位公明仁恕必将彼凶投畀豺虎与众弃之帮甲永得安生矣须至票者

嘉靖二十五年三月　日给

题例

南京兵部尚书臣熊等谨题为查处快船事宜以苏军余困苦事车驾清吏司案呈奉本部送该南京通政使司连状送据南京旗手等卫军余方钦等连名告称先年蒙佥快船帮甲每船或四五名或七八名各照分数出银如遇有差共出银二十两付与小甲应役无差年分共出银十两以助小甲出水近年以来一应修船造船等费俱令帮甲出银陪补少则五六十两多则百十余两往往将各家产子女变卖犹不能办如金吾后卫帮甲朱升因修船无措夫妇二人同溺死于水羽林右等卫帮甲蔡清徐胜陈清等亦因修船逼迫自缢身死留守左卫帮甲周隆受逼不过自刎身死其它挈家逃走者不计其数钦等见在者累苦不堪情实可怜只得告乞垂悯早为议处增添修造料价依期官修官造免令帮甲陪银困累止照旧例出办年例贴差银两庶使各役得脱涂炭少遂安生等情到部送司查得旗手等卫原额快平船共八百只先年奏革一十七只见名船七百八十三只每船小甲一名月支米一石送船余丁十四名月各支米五斗正德八年因差繁难每船佥取军余三五名名曰㨂甲照分出银帮助小甲出水嘉靖九年本部右侍郎万镗题奉钦依快船每二十年一造十年一大修五年一中修每年造船四十只每只除旧船底心作银二十两官给工料银一百三十两于南京户部商税工部芦课及本部武库司缺官柴薪银内支给大修官给银五十两中修三十两俱将本部扣追违限月粮及帮甲年例银内支给其每年小修及修造不足之数又将余丁月粮扣补随该本部车驾司主事林文华奏将快船每年止造十数只不必拘四十只之例以致停造年久败船满坞近因差使繁多几于无船可拨嘉靖拾贰年又该本部尚书王廷相题余丁月粮无差年分通革不支各船每遇修造官给银少既不足用余丁月粮又无扣补加以小甲及委官匠作人等通同作弊虚冒侵费每造船壹只用银多至叁百余两不足之数俱逼令帮甲陪贱遂至倾家荡产鬻女卖男甚至死丧逃移情委可悯相应议处案呈到部看得前项快船本备差拨赴京等项公用例应官修官造其帮甲之设原止令出分银以助小甲出水今修船造船乃遂一概逼使陪银以致困累如此且南京各卫所军士近来逃亡过半所金帮甲共该陆柒千名余丁不足多将营操正军掣补行伍日虚武备渐弛至如豹韬等陆柒卫尤称疲敝旧佥帮甲类多消乏诉告日至纷纷逃亡尤难佥拨及今不为计处将来益见不堪查得年例起运进贡赴京等项差使所用马快船不过肆百只叁柒兼拨快船止用贰百伍拾只叁年壹差共止用船柒百伍拾只其叁拾叁只似为多余合无将前项快平船共留柒百伍拾只多余叁拾叁只查各疲敝卫分照数减革遗下帮甲分贴见存各船送船余丁发营操备及当别差其造船规则近该本部差委车驾司主事诸杰同指挥胡椿先造样船壹只该用木料钉灰等项亲自估计收买先年冒费等弊尽行革去总计实用过银贰百两以后造船合就准此为式仍查照本部右侍郎万镗先年题准事例再加损益每年造船叁拾伍只每船工料等项该用银贰百

两除船身作银贰拾两外官给银壹百捌拾两照旧于南京户部商税银内支取贰千伍百两工部芦课银内支取壹千陆百贰拾两本部武库司缺官柴薪银内支取壹千捌拾两余该银壹千壹百两查得本部车驾司收贮江济贰卫歇役水夫银内可以通融支给以足前数每遇成造之时本部该司官会同工部委官严加督察务要成造坚固不许该厂官通同夫匠人等作弊侵费各该帮甲仍照先年编定事例每年每分出银壹两本卫照数征收解部存贮该司官库但遇出差年分照例将前银支出壹拾两再令各甲出银壹拾两共贰拾两以助小甲出水费用其拾年大修官给银柒拾两伍年中修给银伍拾两每年小修亦各呈请委官验估合用工料银两俱于前银及扣追违限月粮并前歇役水夫银内支用不许再令帮甲陪累庶船只得以及时成造既无老朽不堪之弊甲役亦各少获苏息可免死亡流离之苦矣伏望皇上轸念根本重地军士疲困已极敕下该部议拟施行地方不胜幸甚缘系查处快船事宜以苏军余困苦事理未敢擅便为此且本专差冠带舍人史宗赍捧谨题奉圣旨该部知道钦此钦遵嘉靖二十一年八月十九日少保兼太子太保兵部尚书张等覆题奉圣旨准议行

禁约

□□兵部为遵□□□宿弊以苏军余困苦事车驾清吏司案呈奉本部送该本司署员外郎事主事李迁呈照得各卫军余每日诉告通状不下百十余纸俱称快船差使赔累消乏有家产尽绝者有卖鬻男女者有逃窜流移者近因时岁荒歉蒸为疫疠死亡无算寡妻孤子提携哀哭枕藉仆伏麾之不去欲一概分豁则出此入彼或以招嫌欲漫不省理则日消月耗岂容坐视此在今日所当急为区处者也查得快船帮甲之设当初审编殷实人户止照分数出办年例贴差银两其于造船修船并不干预近又该本部题奉钦依造船壹只除旧船底心外官给银壹百捌拾两大修船壹只官给银柒拾两中修船壹只官给银伍拾两小修船只临时委官验估量给银两不许拘扰帮甲禁例昭然行已叁年各甲宜充然有余裕矣而又日见困惫者何哉此造拨贰厂委官耗之也夫造修船只本委官小甲之事也无由侵克必诡言帮甲不来则造船不得坚固必欲拘集众甲然后通同经商铺户欺隐冒破重复科派指一取十虽有千金之家易于贫矣况江北军余产业尤薄一经修造生理荡然此帮甲之苦唯在于造船修船之二事也二者不禁则困苦无时可苏矣为此呈乞申明题例省谕各该帮甲秪照分数出办年例贴差银两其余一应船务非奉部司明文该厂把总委官不许轻易拘扰庶疲惫之军余得以少苏而不致诉告纷纷矣等因送司案呈到部看得帮甲之设止该照数出办年例贴差银两其造船修船原无干预各该委官利于帮甲之来以济其贪得之私深为可恶相应严加禁革为此示仰京城内外帮甲人户知悉今后但遇修船造船本部自有题定价银该司自行召商平买木植委官监督匠作如法造修责令小甲管领撑驾并不干及帮甲如该厂把总委官不奉部司明文敢有指以个钉寸木擅自科扰者本部访出或被害人告发定行坐赃参问决不轻贷须至禁约者

造修事宜

南京兵部车驾清吏司为造修船只事照得南京锦衣等四十卫造修船只有成造拆造大修中修小修五项合用工料多寡俱照船身损坏剂量若勘验不精致被小甲通同匠作虚捏开报或是委官匠作故生奬端有应小修者勘作大中修应大中修者勘作拆造又有应拆造者止勘大中修应大中修者止勘小修捏勘则亏官减勘则害甲似此深为不便为此除禀堂外嘉靖二十五年轮该造修船只先期定委廉明缜密指挥二员高旻张文爵□会同该厂把总督率委官小甲带匠□□□□字二名到船细勘自底板以至浮动□□□□船身该载者逐一眼同查验务要周到□□□拆造大中小修每项分别等第以损坏多者为上等次为中等又次为下等从实填单开报仍候本司覆勘定夺匠作识字照议给与工食合用勘单纸□□□□□□写揭具数领价毋得违错不便

(勘船单)①

南京兵部车驾清吏司为造修船只以备差拨事照得南京锦衣等四十卫快平船只虽经题奉明例验估给银

① 括号中小标题为正文中所无,据文前目录补。下同。

官修官造不许科扰帮甲但觅利之徒已成槽局船一兴工便登垄断官甲因而派价匠作利于冒工材犹可用指摘瑕类而斩为爨薪工尚未完假托弃余而取为私器祗图科敛之多全无撙节之意再照成造快船先年议有式样如遇损坏止据拨船厂揭帖开报年分浅深损坏多寡定与成造并大中修理本司俱是临时查验未经细勘将船车绞上岸该厂称说损坏数多给领官价之外不免派甲陪补工完之日亦止据该厂申报工料银两数目揭册查照其间科害花销之弊难与核实此贫甲所以愈困德意所以不流也为此除禀堂外今置文册开立卫分委官小甲帮甲余丁姓名曾否造修远近年分备将船身处所长短广狭并一应什物空立前件刊刻印定发仰□□□□□会同拨船厂把总等官先将各卫嘉靖贰拾伍年分轮拨船只顺序湾泊坞内登船逐一细勘于前件项下批注损坏长短阔狭丈尺多寡在船坏处仍油灰抹书号候本司覆勘的实酌量工程大小定其成造大中修理庶事无遁情而人难欺蔽矣须至单者

右附讫

嘉靖贰拾肆年捌月　十五　日给

司押

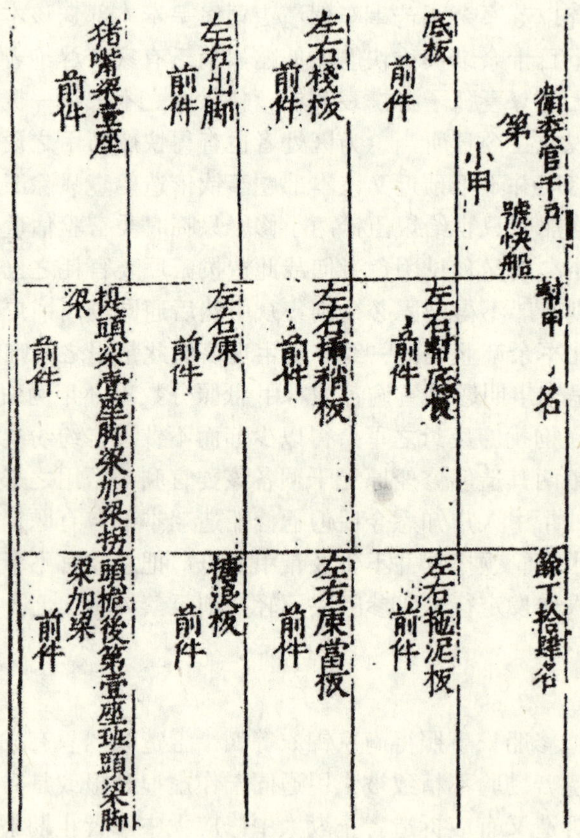
衛委官千户
第　號快船
小甲
幇甲　名
餘丁拾肆名
底板
前件
左右幇底板
前件
左右拖泥板
前件
左右棧板
前件
左右捕梢板
前件
左右廒當板
前件
左右出脚
前件
左右廒
前件
搪浪板
前件
猪嘴梁壹座
前件
提頭梁壹座脚梁加梁拐頭栀後第壹座班頭梁脚
梁
前件
梁加梁
前件

(修船单)

南京兵部车驾清吏司为慎修理以节财用事照得南京锦衣等四十卫快平船只每大中修该厂匠作希图修舱日久破冒工银不顾船身好歹恣意拆毁各卫委官小甲人等只要多派帮银全不省惜以致工料倍费船不坚牢深为未便为此除禀堂外仰该厂把总官将发去修船单照对勘单责令委官督率小甲匠作人等从实拆修逐一填注前件项下中间损坏有勘单未注拆动才知者有因修坏处傍及别板者具揭呈禀填注并计算大修船用大木匠若干细木匠若干舱匠若干锯匠若干打灰拽鑽帮工各若干拽船上岸下水用人若干该作工食若干及油画匠工价若干中修者分照各色所用工食亦若干其估定工食不论限内工完早晚任从各匠添人帮造但有先完者一并准给原定工食仍将用过木植油灰钉锔麻舠并搭棚费用银两的确数目开报以凭稽考匠作姓名亦要书记修不

坚牢责追工银陪赔该厂把总官务体部堂节财至意严加觉察毋沿旧习视作泛常查访得出一体参究不恕须至单者

右附讫

嘉靖二十四年　月　日给

司押

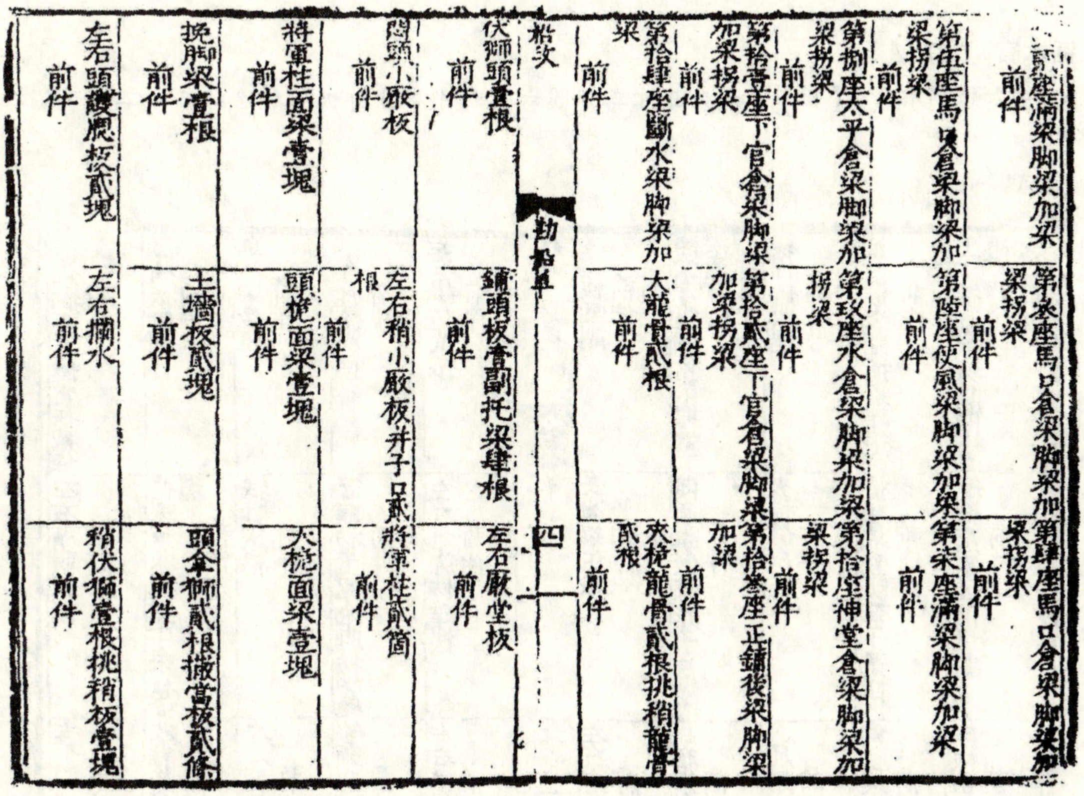
船攴
劫船單
四
第貳座滿梁脚梁加梁　前件
第伍座馬口倉梁脚梁加梁拐梁　前件
第捌座太平倉梁脚梁加梁拐梁　前件
第拾壹座下官倉梁脚梁加梁拐梁　前件
第拾肆座斷水梁脚梁加梁　前件
第叁座馬口倉梁脚梁加梁拐梁　前件
第陸座使風梁脚梁加梁　前件
第玖座水倉梁脚梁加梁拐梁　前件
第拾貳座下官倉梁脚梁加梁拐梁　前件
大龍骨貳根　前件
第肆座馬口倉梁脚梁加梁拐梁　前件
第柒座滿梁脚梁加梁　前件
第拾座神堂倉梁脚梁加梁拐梁　前件
第拾叁座正鋪後梁脚梁加梁　前件
夾桅龍骨貳根挑稍龍骨貳根　前件
伏獅頭壹根　前件
閘頭小廠板　前件
將軍柱面梁壹塊　前件
挽脚梁壹根　前件
左右頭護爬板貳塊　前件
鋪頭板壹副托梁肆根　前件
左右稍小廠板并子口貳根　前件
頭桅面梁壹塊　前件
土墻板貳塊　前件
左右攔水　前件
左右廠堂板　前件
將軍柱貳筒　前件
大桅面梁壹塊　前件
頭傘獅貳根撒宮板貳條　前件
稍伏獅壹根挑稍板壹塊　前件

【快船单内第二座满梁第七座满梁落仓柱管头枋管头照面板左右挂枋长湾梁神堂仓云头板靠背梁夹桅锁伏板左右红黑雨搭官仓抱柱抢车桅后仓上官仓平门正铺床正铺板裙板左右亮槅暖槅中路锁伏板平船无其第二座拐梁第七座拐梁照面云头板照面常平门卷楼板并左右云头板短平门左右披水左右子口蓬架梢蓬照面板平船有快船无】

（立锯木官）

南京兵部车驾清吏司为立官锯木以便给甲事照得拨船厂应修船只损坏大小不齐该用板片亦合比照计算给用为此除禀堂外仰厂设立委官专一锯木将发下印钤官簿登记原领商人某人某号楠木每一根定立前件候填给甲板数各卫管修委官于各甲下应修船只将勘单比对坏处令匠作备算合用某样板材若干块某块长若干阔若干厚若干逐一开单送锯木官处查对明白其锯木委官令锯匠照单锯成材料记官簿给甲领用至于查报银数则以原木见单板于该甲领过板数多寡扣算核实复照各卫应修船只数多一齐兴工锯木止是一官板料给领不及仰将十船统会一总领木到厂立官分头锯板庶材得应用匠不停工须至牌者

嘉靖二十五年五月　日

（各甲领木锯板归见银数）

南京兵部车驾清吏司为公务事照得本部委官召商收买木植将圆木见单板法分别字头照派银数俱有定

规不容再议为照本木发厂锯材止照头围算板以中围稍围比之不免短少及标皮殲角俱非实材为此除禀堂外仰造拨两厂将发去官簿登记原领商人某人某字号楠木围圆丈尺锯成中心左右标皮实板头中稍大小面原阔尺寸开立前件填写用过板片系作船身某材纤悉备书毋得遗漏听候本司不时吊查其拨船厂修船用板多寡不齐有一木尽在一船用者有一木分派二船三船用者亦要备细登记查考各船用过板片归见银数仍以原议头围则例派分庶与买木原价相合钱粮清切不紊日后易于稽查俱毋违错不便须至牌者

（立锯木官薄式）

计开锯尔六号楠木壹根【长三丈九尺三寸二分圆六尺九寸八分解板八块除标二寸二分下锯净板二寸厚】

余同此式

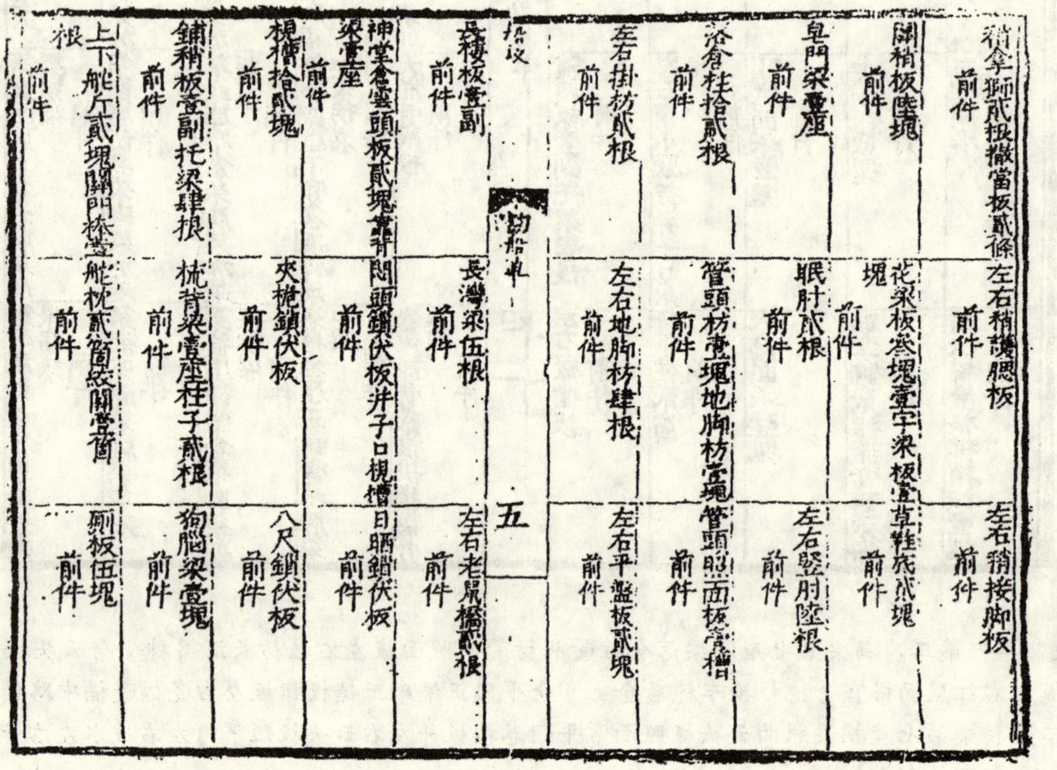

左标板【长二丈九尺】头【厚一寸八分大面阔一尺七寸】中【大面阔一尺四寸】稍【大面阔八寸】前件

左二板【长四丈内稍薄削折三丈七尺】头【大面阔一尺九寸四分小面阔一尺六寸八分】中【大面阔一尺六寸二分小面阔一尺四寸】稍【大面阔一尺一寸八分小面阔一尺】前件

左一板【长四丈】头【大面阔二尺一寸六分小面阔二尺】中【大面阔一尺七寸三分小面阔一尺六寸三分】稍【大面阔一尺五寸七分小面阔一尺二寸九分】前件

中心左板【长四丈】头【大面阔二尺二寸四分小面阔二尺二寸】中【大面阔一尺九寸五分小面阔一尺八寸二分】稍【大面阔一尺八寸七分小面阔一尺七寸】前件

中心右板【长四丈】头【大面阔二尺三寸小面同】中【大面阔二尺五分小面阔二尺三分】稍【大面阔一尺九寸小面阔一尺八寸八分】前件

右一板【长四丈】头【大面阔二尺三寸小面阔二尺二寸】中【大面阔二尺八分小面阔一尺九寸七分】稍【大面阔一尺八寸三分小面阔一尺七寸五分】　前件

雨搭貳拾扇 前件
大桅後腰裝板壹槽上下左右掛鈎貳拾箇 前件
枋貳根 前件
官倉壁柱拾根 前件
官倉抱柱肆根 前件
搶亘貳箇 前件
上下官倉正鋪床面壹張 前件
上下官倉地平共拾柒扇桅後倉平門肆扇 前件
上下官倉平門肆扇 前件
裙板貳塊 前件
腳踏貳箇 前件
左右亮槅拾貳扇 前件
暖槅肆扇 前件
神堂壹座 前件

船政 勤船單 六

下官倉叁鋪床面 前件
下官倉梯子壹張 前件
稍篷桁條肆根并竹席 前件
千斤木貳根 前件
稍篷架壹座板壹槽 前件
登腳梯子壹根板壹塊 前件
碗廚壹座 前件
中路鋪伏板 前件
悶頭倉內肆鋪板 前件
上官倉正鋪板 前件
下官倉叁鋪板 前件
八尺下面鋪板 前件
頭桅壹根綁鈴壹根 前件
頭桅夾貳塊範臼壹箇 前件
大桅壹根綁鈴壹根哨竹壹根 前件

大桅夾貳塊範臼壹箇 前件
頭大桅拴貳根桅點壹根頭大桅揆單貳根 前件
舵鵝板 前件
舵桿壹根舵牙壹根 前件
舵中夾下夾 前件
舵搭腦牽夾 前件
更漏壹座 前件
替獅木壹根登腳梯子貳根 前件

隨船浮動什物

大跳壹塊 前件
小跳壹塊 前件
頭篷壹扇 前件
大篷壹扇 前件
櫓貳張 前件

船政 勤船單 七

櫓跳板肆塊 前件
槁子拾伍根連拐鐏 前件
招杆壹根 前件
挽子貳把 前件
梢提肆根 前件
鉄錨壹口 前件
戽斗壹箇 前件
水牌壹面 前件
水桶壹副 前件
吊桶壹箇 前件
舀米斛壹箇 前件
板凳貳條 前件
牌架壹座 前件
澆管壹箇 前件
榔頭壹箇 前件

水擬貳箇 前件	椰子壹箇 前件	當袋壹副 前件
鉄纜頭壹副 前件	大桅旗壹面 前件	夜不收旗壹面 前件
延杆貳根 前件	明瓦燈籠貳箇 前件	水缸壹口 前件
竭簊貳箇 前件	走三叁掛 前件	擴摽貳根 前件
迎竿壹根 前件	上馬索壹根 前件	檣崩繩貳根 前件

册正　勘船單　八

猫本身壹根 前件	猫纜貳根 前件	吊舵繩壹根 前件
猫頭繩壹根 前件	攀頭繩壹根 前件	脚索貳副 前件
旗線索壹根 前件	度力貳根 前件	塗索貳根 前件
捉拔貳根 前件	攸蓬貳根 前件	本船
帶纜貳根 前件	銅鑼旗鈴井架 前件	年成造 年大修 年中修 年小修

衛委官千户
第　號船匠作
小甲

底板以下前件同勘船單

合用各色匠作人役

大木匠 前件	細木匠 前件	艌匠 前件
鋸匠 前件	打灰匠 前件	撥鐵匠 前件

拖船上岸下水
前件

畫匠
前件

油匠
前件

合用木植釘灰油蔴等項料物

楠木
前件

榆木
前件

杉木
前件

栢木
前件

桐油
前件

釘
前件

鋦
前件

黄蔴
前件

棕蔴
前件

石灰
前件

平船勘修二単同快船単

右二板【长三丈九尺三寸】头【大面阔□□二寸小面阔□□□□□□分】中【大面阔一尺九寸六分小面阔一尺七寸三分】稍【大面阔一尺七寸二分小面阔一尺四寸五分】前件

右标板【长三丈九尺】头【厚一寸五分大面阔一尺八分】中【大面阔一尺六寸七分】稍【大面阔一尺二寸】前件

锯板派甲归见原价【楠木一根以原围算单板若干价银若干锯成材料除亏折实得板若干与各甲分领要归原价法以各甲所领实板上用乘法加与亏折板数仍以每□□银一钱三分二厘算见原价】

（告示）

南京兵部车驾清吏司为广德意祛宿弊以新船政事照得即今快平船只已经申明题例官造官修不许拘扰帮甲又虑官甲人等见泥故常心怀疑惧复牌行造拨二厂将一应合行事务备细开报又经本司公同采议禀堂定夺施行外为照船差实南都之重役优恤乃本部之盛心固不许以个钉寸木科扰帮甲必不欲以分银文钱靠损小甲至于各官贤劳虽较常严密亦自求免于受直息事之咎耳自本司查将各船分委各官督管去后除木植油麻钉锔物料俱是公同查照时估召商收买给散应用其余凡系因船有费不涉私谋者肇自经始迄于完工无巨无细许将领出官银动支干办随即明白备记官簿以听不时吊取查考但不得毫厘冒破及登记不明通取罪戾所有参酌拟定应行事件开具于后仰该厂把总并各委官甲余匠作人等一体遵行所愿精白一心仰承至意庶事不烦民不扰即见大作之成功弊以革利以兴终庆同舟之克济矣俱毋违错未便

计开

一稽财用【照得近年造修俱奉明例加给银两固宜绰有余裕往往辄称赔贼数多实由费用不知撙节故稽查财用乃本厂之第一义也今次造修船一只委官即置方尺簿一扇送司用印给付收掌凡领到在官银两或本船年例俱要先开总数后开逐日支用细数务先斟酌当用多寡方与支给不当用者不准支销听候本司不时吊查如有虚冒侵克等情查出一体从重治罪又查得江济二卫造修马船完日俱有木楂银两解司惟二厂造修独无则从前官甲冒□同知今后船工完日即将逐日□□□头板榍朽烂物料碎断钉□□□蓬柴篾等项尽数查出仍今等则照依时值变卖价银如船事未结即以充费完则该厂总会解司寄库公用并同各船支费过钱粮造册缴报候查】

一搭蓬席【据该厂开称择取十一月初一日制木兴工查照旧规先期俱应搭盖厂蓬于二厂临河造修适中去处各总搭官蓬一座以为给料看工之所除小修船及中修工少不须上岸者止搭匠作小窝蓬一座总搭委官坐卧蓬一座其系拆造大修及中修底坏必须上岸者每船各搭堆放料物蓬一座匠作蓬一座仍共搭委官坐卧蓬一座炊爨蓬一座但随料物工匠多寡为之大小取足以隔内外蔽风雨而已虽称暂用槁竹席篾等物至工完之日又可拆为本船稍蓬等料况厚有苫盖船只席蓬凑用未为全费不得务为宽整靡费钱粮】

一查底船【照得旧规拆造快平船底船作银二十两如系成造年分未远及板木真正者所值之价岂止于此往时多被夫甲匠作不知爱惜拆船之际漫不稽查致将堪用物料弃置浪费后却从新一一买办亦以前有帮甲之能陪钱故也今次拆船各该委官务要眼同小甲匠作查将先经验注船图板片什物件数点记仍将拆出堪用及不堪用者各另堆积以候亲诣查验其堪用者即留凑用不堪用者亦须量改别材或照时价变银充费虽大中修船换下朽板亦俱要见下落如有浪费侵盗等情查出一体究治】

一算板片【照得本部召商选买木植先经禀奉裁定俱于头长五尺处下篾围量若就据此折算板片给发锯用则头稍大小尺寸不同难以为准今拟于木大头中身末稍三处各围计尺寸仍以中身一处准折头稍将宽补窄计算板片管解委官将小甲领到木植督令匠役锯成板后即与查照字号各另登记片数堆积该厂复与查算的实然后支用其有湾匾空朽者仍将原量木格比对务要补折得宜庶几板木多寡有实可稽而无冒破亏损之失矣】

一遵定式【照得马快平船长短广狭俱有原定丈尺近访得积年匠作或多通同夫甲妄意增减预图揽载之利者使大其量而有容间存省料之心者虽小其材而亦用事属故违法难轻贷今次造修船只匠役务要恪遵原定丈尺如法造作本职每日诣厂看工即带原画图样随将船身前后内外板木对象长短广狭厚薄尺寸逐一查对如有违式增减定将匠作治罪仍追工食官甲连坐】

一核物料【照得二厂造修船只先据把总同各委官将合用木植物料油麻钉锔估计定数然后买办应用往年被各委官漫不稽查夫匠全无爱惜致将物料恣意花销后有不敷又行科派故称陪补之多帮甲之所以受累也今次官造官修岂容仍蹈前弊既经委官管解木料则管造官必先查得本船该用某板督令木解二匠商同下锯勿致轻率枉费及领出用后仍将印发官簿登记某日领板若干片并长短宽窄厚薄若干用在某处或无剩有剩剩则留充别用用尽注销凡钉锔油麻亦委官带同小甲领回收贮逐日眼同各匠支用俱照板例明白备记以候本司不时吊查务使竹头木屑各得其用而后官为称职匠为称役矣如有登记不实者即系通同作弊查出一体究治】

一禁故板【查得先年造修船只被各夫申将支出官银任意花费及至工程紧急难以完结专一串通积年拆卖故船板片人户将朽烂不堪旧板图贱买用木匠串通暗得偏手即与设法安顿涂抹苟完以致船只随修随坏虚费钱粮人遵奉明例官造官修凡一切板木俱系新材及拣选底船坚实板料相兼应用不许夫甲仍前串通买用故板违者查将官甲匠作与同卖板之人连坐以罪】

一严工程【访得二厂但遇造修船只俱被积年匠作独行包占却又转觅年老力弱并初学艺业不精之人多是偷工演日本身俗称缴首却行袖手分银以致因循月日虚费廪饩今后该厂工匠务选艺精朴实勤慎之人取具不致延工弄术结状及将年貌籍贯造报查照每日限以寅时上工酉时散工其逐日用过工程仰委官俱与登记官簿如云某日解匠某人解过某字号木阔若干长若干板几片某日木匠某人裁过板几片作为某材完船某处别匠工料俱照此备记每三日本司亲诣比较一次实见用工次第日有所增方免责罚造者仍限以二个月工完大中修者限以一个半月工完小修者不得过二十日俱要完报不许故意延缓通取罪究】

一精造作【照得马快平船俱有议定题准造修年分柰何近年以来造修船只年分未及先已损坏皆由督造官员不加严切夫匠止图了事致使板薄钉稀麻粗油少灰缝不合下水未几而渗漏随之捉舱多而钱愈费矣今后承委官员务要严督匠作凡船周身紧要去处俱用正色坚实新木其合用整段板片者不得零碎饾钉致易惊损如折造止完脚梁帮底拖泥就行侧底舱缝庶得坚固钉锔俱要粗壮密施油灰务使细匀深入至如装修油饰一一精致鲜明随船什物种种纤悉齐备查将粉牌逐件登记毋令遗失违者痛责船工完日仍取具各匠结状如不及造修年分损坏者根究追陪决不轻贷】

一裁冗费【访得往年造修船只即与诸人开张编局一番夫甲领银到手耗费轻于已财衙门人役索取常例旧规匠作人等时需神福犒饷甚则夫甲官伴从而蚕食其中得非法禁不严之故哉今次官造官修分银文钱之用俱要登记查算敢复蹈此以速罪咎各匠工食银两已经参酌旧规俱有定数许赴司照数亲给饭食菜蔬俱自买用本厂量拨与炊爨余丁一名仍定制木下水大神福二次折造每次动支祭礼银七钱大中修五钱铺底上伏狮头起厫小神福三次每次祭礼银四钱大中修船如有起底止小神福一次银三钱祭毕即令各匠共享神余寻常毋得巧立名色生事索取如该厂各卫原有识字者今书写颇多每日量给饭食银一分五厘如无识字须雇用者每日给工食银三分五厘工完住止该厂仍查船工多少量定名数开报查照至于督工官甲人等日用饭食俱系自行备办如此庶廉介彰而糜费可省矣】

一谨堤防【照得造修蓬厂上下四围俱系竹槁芦席前后且与官街河道相隣中间堆积料物干系钱粮火盗二事尤宜防慎旧规俱有巡风官甲今除见委督工官员更难分以别事及另行西城兵马司每日轮拨弓兵一名带领火夫五名昼夜在于造船处所巡逻外该厂把总官查将无船官一员仍轮拨看船人役十名随船余丁六名每五日一班昼一则把门防检夜则支更巡逻以警众心而御奸慝日暮放工先将南北二门封锁俱于中门行走凡工匠人役必于门上搜检过方许放出如有夹带寸木个钉纤芥料物者即便拿送究治至夜令将火烛扑灭净尽蓬内不许燃灯如此庶防范周而万全可保矣】

夫治不贵乎多言尚务力行之实法有难于详禁矧兼虑事之疏凡议拟未恊于中幸忠告可图于后能视国事如家事职业奚惭倘以私智狥私情神明具鉴

嘉靖二十四年十月　日示

（议造样船）

南京兵部车驾清吏司照得造拨两厂造修南京锦衣等四十卫快平船只先年系是各船帮甲领银承认造修

合用一应匠作工费俱无定规任凭甲匠人等科派花消船工紧急将故板稀钉苟且完事本部洞见宿弊今后遇该造修之时禁各帮甲不许到厂止令委官督率小甲匠作遵奉嘉靖二十一年题准官价并各卫年例银两造修星银文钱皆系官给犹恐事非核实则法立而众可议道不宜民则令行而人弗从为此除禀堂外仰将金吾前等卫小甲冯聪王立等拆造大中修样船七只照依勘定拆造大中修理等第造修样船自兴事之日至于竣工凡寸木个钉之用一夫半食之费备细登记发去钤印官簿稽考仍候本司不时吊查俱毋违错不便

计开

拆造快船一只金吾前卫小甲冯聪王立

拆造平船一只府军左卫小甲贾銮

拆造平船一只府军左卫小甲滕仪

大修快船一只府军后卫小甲任福

大修平船一只府军左卫小甲张旺

中修快船一只府军左卫小甲王荣

中修平船一只鹰扬卫小甲陈刚

嘉靖二十五年　月　日

郎中王

员外郎李

主事龙

（造修样船完报工料银两数目）

南京兵部车驾清吏司为造修样船以立定规事照得造拨两厂造修南京锦衣等四十卫快平船只先年系各船帮甲领银到厂朋认造修费用不敷责令赔补本部遵照嘉靖二十一年题准事例官修官造不许拘扰帮甲已经本司重复勘定金吾前等卫小甲冯聪王立等拆造大中修样船发厂责令委官韩辅等督率小甲冯聪王立等匠作许鸾等造修去后今据该厂完报到司又该本司会同司官督同该厂把总及委官小甲人等亲诣船所看视上下船工牢固密厚及查各船官簿开载实用过各项工料银两数目比照题定官价及各领支年例银两俱有羡余显是先年造修花消浪费者十居五六帮甲赔累困苦何堪今系官造官修各甲稍得苏息窃恐年岁迁移簿籍湮灭奸贪之徒复得巧言乱法为此具呈乞行造拨两厂将嘉靖贰拾伍年分拆造大中修样船各官簿开载各项工料实用过银两数目出给告示刻板张挂谕众通知永远遵守施行须至揭帖者

计开

拆造小甲冯聪王立快船壹只

一领楠木玖根各围圆不等共该价银玖拾两玖钱肆厘贰毫伍忽柒微玖纤叁尘

一领杉木叁根价银壹两伍钱叁分肆厘伍毫

一领钉伍百贰拾伍斤每百斤价银壹两陆钱共银捌两肆钱

一领锔柒拾捌斤每拾斤价银贰钱贰分共银壹两柒钱壹分陆厘

一领桐油叁百壹拾柒斤捌两每百斤价银壹两陆钱共银伍两捌分

一领黄麻叁百肆拾柒斤每斤价银捌钱共银贰两柒钱柒分陆厘

一领苘麻壹百柒拾斤每百斤价银捌钱共银壹两叁钱陆分

一领官银收买各项料物共银壹拾陆两贰钱柒分伍厘

一给散各匠作工食银叁拾肆两捌钱贰分伍厘

一小工做过肆百壹拾肆工每工工食银叁分共银壹拾贰两肆钱贰分

一本蓬本厂锯木识字共领工食银壹两伍钱贰分

一给小甲每日盘费银壹分伍厘共银玖钱

已上除旧底船外共享过银壹百柒拾柒两柒钱壹分柒毫伍忽柒微玖纤叁尘余剩银贰两贰钱捌分玖厘贰

毫玖丝肆忽贰微柒尘解司贮库

一关支随船月粮贰拾捌石先年原系本船余丁壹拾肆名亲身赴船值匠帮工食用□□拘各余每名止令出银贰钱□□惯熟人役值匠及添用小甲家属在蓬看守钱粮等用前米仍给各役食用

折造小甲贾銮平船壹只本船原系出差遭风折回钉板比照官价多用银柒两玖钱叁分陆厘陆丝柒忽贰微叁纤捌尘

一领楠木玖根各围圆不等共该价银玖拾捌两肆厘柒忽贰微叁纤捌尘

一领楠木桅根壹根价银肆两陆钱叁分伍毫陆丝

一领杉木贰根共该价银壹两柒分玖厘

一领钉陆百壹拾斤每百斤价银壹两陆钱共银玖两柒钱陆分

一领锔壹百斤每拾斤价银贰钱贰分共银贰两贰钱

一领桐油叁百伍拾叁斤捌两每百斤价银壹两陆钱共银伍两陆钱伍分陆厘

一领黄麻肆百肆拾玖斤每百斤价银捌钱共银叁两伍钱玖分贰厘

一领苘麻壹百柒拾斤每百斤价银捌钱共银壹两叁钱陆分

一领官银收买各项料物共银壹拾玖两贰钱叁分伍毫

一给散各匠作工食银贰拾玖两柒钱壹厘

一小工共做叁百肆拾贰工每工工食银叁分共银壹拾两贰钱陆分

一本蓬本厂锯木识字共领工食银壹两伍钱陆分叁厘

一给小甲每日盘费银壹分伍厘共银玖钱

已上除旧底船外共享过银壹百捌拾柒两玖钱叁分陆厘陆丝柒忽贰微叁纤捌尘

一关支随月粮同前

拆造小甲滕仪平船壹只

一领楠木玖根各围圆不等共该价银玖拾两捌钱捌分陆厘陆毫贰丝柒忽柒纤肆尘

一领楠木桅根壹根价银肆两肆钱贰分捌厘贰毫

一领杉木叁根共该价银贰两贰钱陆分陆厘

一领钉伍百贰拾斤每百斤价银壹两陆钱共银捌两叁钱贰分

一领锔陆拾捌斤每拾斤价银贰钱贰分共银壹两肆钱玖分陆厘

一领桐油叁百肆拾叁斤每百斤价银壹两陆钱共银伍两肆钱捌分捌厘

一领黄麻肆百叁拾斤每百斤价银捌钱共银叁两肆钱肆分

一领苘麻壹百柒拾斤每百斤价银捌钱共银壹两叁钱陆分

一领官银收买各项料物共银壹拾柒两伍钱贰分壹厘伍毫

一给散各匠作工食银叁拾壹两壹钱壹分玖厘

一小工做过叁百伍拾工每工工食银叁分共银壹拾两伍钱

一本蓬本厂锯木识字共领工食银壹两伍钱叁分柒厘伍毫

一给小甲每日盘费银壹分伍厘共银玖钱

已上除旧底船外共享过银壹百柒拾玖两贰钱陆分贰厘捌毫贰丝柒忽柒纤肆尘余剩银柒钱叁分柒厘壹毫柒丝贰忽玖微贰纤陆尘解司贮库

一关支随船月粮同前

大修小甲任福快船壹只

一领楠木肆根各围圆不等共该银肆拾贰两叁钱壹分壹毫壹丝伍忽壹微捌纤伍尘

一领杉木壹根价银叁钱肆分贰厘

一领钉贰百斤每百斤价银壹两陆钱共银叁两贰钱

一领锔贰拾斤每拾斤价银贰钱贰分共银肆钱肆分

一领桐油叁百柒拾叁斤捌两每百斤价银壹两陆钱共银伍两玖钱柒分陆厘
一领黄麻叁百零肆斤每百斤价银捌钱共银贰两肆钱叁分贰厘
一领苘麻壹百柒拾斤每百斤价银捌钱共银壹两叁钱陆分
一领官银收买各项料物共银捌两伍钱柒分贰厘叁毫
一给散各匠作工食银贰拾叁两贰钱玖分伍厘伍毫
一小工共做过贰百柒拾叁工每工工食银叁分共银捌两壹钱玖分
一本蓬本厂锯木识字共领工食银陆钱肆分贰厘
一给小甲每日盘费银壹分伍厘共银陆钱
已上共享过银玖拾柒两叁钱伍分玖厘玖毫壹丝伍忽壹微捌纤伍尘
大修小甲张旺平船壹只
一领楠木肆根各围圆不等共该价银贰拾陆两捌钱壹分柒厘肆毫陆丝柒忽伍微
一领楠木板玖块各价不等共该银叁两玖钱伍厘柒毫
一领杉木壹根价银柒钱陆分
一领钉壹百柒拾斤每百斤价银壹两陆钱共银贰两柒钱贰分
一领锔伍拾伍斤捌两每拾斤价银贰钱贰分共银壹两贰钱贰分壹厘
一领桐油叁百玖拾伍斤捌两每百斤价银壹两陆钱共银陆两叁钱贰分捌厘
一领黄麻叁百叁拾贰斤每百斤价银捌钱共银贰两陆钱伍分陆厘
一领苘麻壹拾伍斤每拾斤价银捌分共银壹钱贰分
一领官银收买各项料物共银壹拾肆两伍钱伍分柒厘
一给散各匠作工食银贰拾贰两叁钱贰分陆厘
一小工共做过贰百柒拾捌工每工工食银叁分共银捌两叁钱肆分
一本蓬本厂锯木识字共领工食银陆钱肆分贰厘
一给小甲每日盘费银壹分伍厘共银陆钱
已上通共享银玖拾两玖钱玖分叁厘壹毫陆丝柒忽伍微
中修小甲王荣快船壹只
一领楠木贰根各围圆不等各该价银壹拾陆两壹钱捌分叁厘壹毫捌丝壹忽贰微伍纤
一领楠木板陆块各价不等共银壹两捌钱伍分贰厘柒毫一领杉木壹根价银肆钱伍分伍厘
一领钉壹百斤每拾斤价银壹钱陆分共银壹两陆钱
一领锔叁斤玖两每斤价银贰分贰厘共银柒分捌厘叁毫柒丝伍忽
一领桐油叁百零玖斤每百斤价银壹两陆钱共银肆两□钱肆分肆厘
一领黄麻叁百捌拾伍斤每百斤价银捌钱共银叁两捌分一领苘麻壹百柒拾斤每百斤价银捌钱共银壹两叁钱陆分
一领官银收买各项物料共银壹拾伍两贰钱柒分
一领散各匠作工食银壹拾肆两伍钱玖分贰厘伍毫
一小工做过贰百零贰工每工工食银叁分共银陆两陆分一本蓬本厂锯木识字共领工食银肆钱捌分壹厘
一给小甲每日盘费银壹分伍厘共银陆钱
已上共享银陆拾陆两伍钱伍分陆厘柒毫伍丝陆忽贰微伍纤
中修小甲陈刚平船壹只
一领楠木贰根各围圆不等共该价银壹拾捌两捌钱陆分壹厘壹毫玖丝伍忽
一领楠木板贰块各价不等共银壹两壹钱贰分捌厘肆毫一领杉木壹根价银叁钱柒分伍毫
一领钉壹百斤每拾斤价银壹钱陆分共银壹两陆钱
一领锔捌斤拾两每斤价银贰分贰厘共银壹钱捌分玖厘柒毫伍丝

一领桐油叁百伍拾捌斤每百斤价银壹两陆钱共银伍两柒钱贰分捌厘
一领黄麻叁百捌拾斤每百斤价银捌钱共银叁两肆分
一领苘麻壹百柒拾斤每百斤价银捌钱共银壹两叁钱陆分
一领官银收买各项料物共银壹拾壹两玖钱陆分伍厘伍毫
一给散各匠作工食银壹拾伍两陆钱伍分玖厘
一小工做过壹百柒拾工每工工食银叁分共银伍两壹钱一本蓬本厂锯木识字共领工食银陆钱肆分贰厘
一给小甲每日盘费银壹分伍厘共银陆钱
已上共享银陆拾陆两贰钱肆分肆厘叁毫肆丝伍忽
嘉靖贰拾伍年肆月　十九　日
郎中王问
员外郎李迁
主事龙翔霄

（造修快平船只刊定银两则例）
南京兵部车驾清吏司为造修船只事照得造拨两厂先年遇船造修俱系帮甲承认完工合用各色匠作帮工算识工食未曾立有定规以致浪费今该本司已经造修样船核实酌拟禀堂裁定发厂遵守施行须至揭帖者
计开
每拆造船壹只
一领楠木玖根共围圆肆拾玖尺共长叁拾伍丈【此准头围给领以原木见单板共七百片二尺八寸每一片折银一钱三分二厘共该折银玖拾贰两四钱三分七厘封其以三折围减折及锯线瓤角标皮斵削折板俱在内】
一领杉木叁根
一领钉陆百斤
一领锔壹百斤
一领桐油叁百捌拾斤
一领黄麻肆百伍拾斤【本船旧绳在内】
一领苘麻壹百柒拾斤
一买石灰捌百斤
议定各匠作工食
一大木匠工银捌两食银叁两
一艌匠快船工银柒两平船工银陆两伍钱食银贰两□□相同
一细木匠快船工银叁两食银壹两伍钱平船工银壹两伍钱食银陆钱
一锯匠工银叁两食银壹两伍钱
一打灰匠工银壹两贰钱食银陆钱
一煊钉匠煊净钉壹百斤工食银叁钱煤炭本匠自备【煊小净钉匠工食银三厘五毫接旧锔一个工食银一厘】
一打绳匠打过通船绳索工食银叁钱叁分
一画匠工食银贰钱桐油官给颜料本匠自备
一油漆匠工食银叁钱桐油官给颜料木匠自备
一搭蓬匠每日工食银叁分
一风蓬匠大小风蓬贰扇价银叁两
一做泥水拽船工食银肆钱
一小工每日工食银叁分

一书写官簿识字官验给食银壹分伍厘雇觅者叁分伍厘

此系拆造有底船议定钉锔数目如遇接驾拆卸回还船只临时验看钉板多寡另行禀请定夺

每大修船壹只

一领楠木【照船身损坏大小计合用板片开单领木送锯木官照单锯板给用算价俱以原木见单板法计用过板数见银两数目】

一领杉木贰根如大桅稍头桅损坏者领用堪可者不领

一领钉贰百斤

一领锔肆拾斤

一领桐油叁百柒拾斤

一领黄麻伍百斤【本船旧绳在内】

一领苘麻壹百柒拾斤

一买石灰壹千斤

议定各匠作工食

一大木匠计工给银每日工食银五分

一舱匠计工给银每日工食银肆分

一细木匠计工给银每日工食银肆分

一锯匠计工给银每日工食银叁分伍厘

一打灰匠计工给银每日工食银肆分

一煊钉匠煊淨钉壹百斤工食银叁钱煤炭本匠自备【煊小淨钉一斤工食银三厘五毫接旧锔一个工食银一厘】

一打绳匠打过通船绳索用麻肆百叁拾斤工食银叁钱叁分外打绞船慢绳用麻壹百伍拾斤工食银捌分

一画匠工食银贰钱桐油官给颜料本匠自备

一油漆匠工食银贰钱伍分桐油官给颜料本匠自备

一搭蓬匠每日工食银叁分

一风蓬匠大小风蓬贰扇系旧船蓬大价银叁两伍钱系新船蓬小价银叁两修换大蓬壹叶价银捌分头蓬壹叶价银肆分

一车船上岸起底落墩下水共工食银壹两贰钱

一小工每日工食银叁分

一本蓬本厂书写官簿公文并锯木识字系官验者每日给饭食银壹分伍厘雇觅者每日工食银叁分伍厘

每中修船壹只

一领楠木【照船身损坏大小计合用板片开单领木送锯木官照单锯板给用算价俱以原木见单板法计用过板数见银两数目】

一领杉木贰根如大桅稍头桅损坏者领用堪可者不领

一领钉壹百伍拾斤

一领锔叁拾斤

一领桐油叁百贰拾斤

一领黄麻肆百捌拾斤【本船旧绳在内】

一领苘麻壹百柒拾斤

一买石灰壹千斤

议定各匠作工食与大修船同

已上俱照造修上等立则其原勘造修中下贰等工料差少因有扣剩银两照数解司贮库

嘉靖贰拾伍年四月　十九　日

郎中王
员外郎李
主事龙

（造修船只工完余剩年例银两解司贮库数）

南京兵部车驾清吏司为修理船只事据拨船厂揭帖开称嘉靖贰拾肆年分大中修快平船壹拾叁只小修快平船壹百叁拾伍只俱蒙给发年例官银并领官给板木等料修理完备听候差拨造册缴报外先据各该委官开报各船逐年在坞征收贮库修船年例银共叁千贰拾壹两叁钱数目到厂内除修船支用过银壹千玖百贰拾肆两柒钱捌分壹厘柒丝柒忽壹微陆纤捌尘赏给甲役并家属工食用过银壹百肆拾肆两玖钱尚有余剩银玖百伍拾壹两陆钱壹分捌匣玖毫贰丝贰忽捌微叁纤贰尘今照将来修船复有日后追征该船年例动支其前项余银再无别项支用似难仍于该卫匣内混收相应照数转收官库以为将来造修船只准作官银支给如此庶钱粮有所稽查而修船不致缺用续据造船厂折造样船陆只拨船厂后案大中小修船陆十捌只该船俱有年例剩银等因到司照得各卫年例银两系备修船应用旧规俱是该卫征完解司委官自用匣柜封记呈禀支用今据该厂呈称前项余剩银两船既修完再无别项支用乞要照数收入官库准作官银支给修船另立卷册查考似亦相应等因据此理合禀请定夺施行等因呈部奉批依拟施行后有风水漂流大坏船只年例银两不勾修造者于此动支著为定规庶免别处

计开

造船厂拆造样船陆只共余剩羡余银贰百伍两捌钱壹分捌厘柒毫陆丝捌忽肆微肆纤玖尘

拨船厂大中小修余剩羡余银玖百伍拾壹两陆钱壹分捌厘玖毫贰丝贰忽捌微叁纤贰尘

拨船厂大中小修陆拾捌只余剩羡余年例官银捌百贰拾柒两捌钱叁分肆厘

（立赏格以示奖劝）

南京兵部为奖励贤劳官员事车驾清吏司案呈据造拨二厂呈报造修完金吾前等卫小甲冯聪王立等快平船只缘由到司照得嘉靖二十四年分各卫船只遵奉禁约依例官修官造不许科扰帮甲备经札委把总指挥张寿松等召商和买木料指挥高旻张文爵勘验临差船只并行造拨一厂督率委官匠作人等造修去后今照各官尽心协力明作赴功果致节省财用休恤帮甲相应奖励及照各该小甲匠作亦合赏犒等因案呈到部合就连送本司仰将库贮造船余剩年例银内动支壹百贰拾壹两玖钱壹分买办后开礼物用鼓乐导送以示奖励施行

计开

奖劝各官职名礼物银两数目

造船厂把总指挥张寿松

红纱壹匹　绒花贰枝　礼银陆两

拨船厂把总指挥高旻【二次】　王钦【二次】

各红纱壹匹　绒花贰枝　礼银陆两

管勘验船只指挥张文爵

红纱壹匹　绒花贰枝　礼银贰两伍钱

管买木兵马宗部

红纱壹匹　绒花贰枝　礼银贰两伍钱

千户二员　官瀚　邓钺【二次】

各红绫壹匹　绒花贰枝　礼银叁两

造船委官千户六员　卞实　韩辅【二次】　张宪【二次】　金瀚【二次】　孙銮　孙棠

各红绫壹匹　绒花贰枝　礼银贰两伍钱

管大修兼中修委官千户八员

陆勋【二次】　翟承宗【二次】　刘瀚　鲁钰【二次】　时珊【二次】　马永昌【二次】　宋璧【二次】

陆章

管勘验船只千户二员

李椿【二次】 许藻

各红绫壹匹 绒花贰枝 礼银贰两伍钱

管锯木委官千户二员

张纯【二次】 常禄【二次】

管中修船只委官千户十员

贾岐 李文璧 王英 王麟 蔡永 徐山 王鸾【二次】 胡益【二次】 薛合【二次】 何钦【二次】

各红绫壹匹 绒花贰枝 礼银贰两

管散油麻钉锔委官千户一员

张添爵【二次】

红绫壹匹 绒花贰枝 礼银壹两

管小修船只委官千户十三员

陈介 张学【二次】 李绣【二次】 张甫 胡山 宁昶 孙盖 徐节 张钺【二次】 李堂 闫鉴 潘儒 贾文举

各红绫壹匹 绒花贰枝 礼银壹两伍钱

拆造大中小修二次小甲冯聪王立等木匠许銮等共四百七十七名

每名赏肉壹斤捌两共肉柒百壹拾伍斤捌两

每名赏酒壹斤贰两共酒伍百叁拾陆斤拾两

外拟拆造大中修船一十九只大木匠许銮等一十九名

每名赏红布壹匹折银贰钱共银叁两捌钱

大中修大木匠陈忠等四十二名

每名赏红布壹匹折银壹钱伍分共银陆两叁钱

买木事宜【钉锔油麻附】

南京兵部车驾清吏司为公务事查漕船志内开楠木价值每根围圆四尺者每尺该价银壹两贰钱伍分五尺者每尺该价银壹两伍钱六尺者每尺该价银壹两捌钱此必公平估验题例刊之书而遵奉已久近该本部修造马快船只应用榆楠等木召商平买而商人陈旭等执□□厂□□新□□□□□禀□□□用手本前□部分司烦查贵厂岁用榆楠等木价值近于何年月日题奉则例于漕志原例上曾否损益打造运船工作重大必有画一之规与商交易近行则例三尺以上至四尺五尺六尺七尺八尺者每根楠木各该用价若干榆木该用价若干逐一查明希报施行须至手本者

嘉靖二十四年七月 初八 日署郎中事主事王同

工部督理漕船都水清吏司主事李为公务事准

(准淮规议价)

南京兵部车驾清吏司手本前事备行本职云云等因准此查得漕船志内开载楠木价值历年增损不一自嘉靖叁肆年来每船一只议作价银伍拾贰两伍钱近因裹河商人亏折颇多屡告漕运衙门于伍拾贰两伍钱之外三次增银柒两伍钱每只实给价银陆拾两整切照此数系□漕司斟酌时宜侣徕商贾之意其实各商自□□卖木由江掣坝经湖入淮中间劳费不知其几及至敝司仍复报抽始得验纳而欲望铢两之息亦在此数之内江客所得想自有数今欲例此买木窃恐陇断之徒因而腾踊似为未便况南京至淮尚复迢递彼既增贵此当何如且闻皇木停止江簰甚多滞而不售价应自减敝司船价似难拘执今准前因拟合回复为此合用手本前去南京兵部车驾清吏司烦为查照斟酌施行须至手木者

嘉靖二十四年七月　二十一　日主事李洞

（准淮尺造围篾）

南京兵部车驾清吏司为公务事照得即今成造马快船只收买楠榆等木已经呈部移文差人前去工部分司查取漕规则例价值数目去后今照量木围篾恐与本部尺寸长短不同事难画一相应移取为此除禀堂外合用手本差人前去工部分司烦将贵厂节年量木酌定印烙围篾希封给发来役如围篾不便亦烦照式较量一尺小篾一根印烙两头封付过司以凭查验施行须至手本者

嘉靖二十四年七月　二十一　日署郎中事主事王问

工部督理漕船都水清吏司主事李为公务事准

南京兵部车驾清吏司手本前事备行本职云云等因准此案照先准本司手本查取楠木价值缘由已经查明回复去后今准前因随□本厂在官牙脚将逐年围木官尺较量行篾一根长一尺整封固给付原来舍人濮刚领赍外合用手本前去南京兵部车驾清吏司烦为查照施行须至手本者

嘉靖二十四年七月　三十　日主事李洞

准淮尺造围篾

（原文缺）

嘉靖二十四年九月初一日较定准式

（量木算除鼻眼）

南京兵部车驾清吏司为公务事照得即今成造马快船只收买木植已经呈部拘集商人陈旭等送堂议定价银比与往时宽处照淮规六十两除过江过坝盘费抽分等项楠木每六十一根五字三根四字三根共七根议定价银五十□两算给今照量木定依淮尺如地鼻眼完□除去一半以补鼻眼空处如碎裂尖削等项俱□乎头处量起以五尺之上下篾长以三丈二尺为率天鼻眼外淨除不算余长照尺寸算价短者照尺寸扣价其空漏麻心湾□及其眞正楠木俱各不用委官看过木值令□商撑□□船厂地方听候本司按临丈量安放如木匠水手通同商人作弊听委官惩治呈来参究为此牌仰委官指挥张寿松兵马宗部督同千户官瀚邓钺照牌事理并后开折减法楠木折单板价银数目一体遵奉施行毋得违错不便须至牌者

（折减法）

计开折减法

通身匾斧口削俱以原木见单板每十丈减一丈

三吊湾以原木见单板每十丈减七尺五寸

二吊湾并半边通身匾半边斧口削俱以原木见单板每十丈减五尺

晒皮烂皮殲裂破碎节眼匾凹俱以量报人寸长乘阔厚照数减除

稍尖以原围见单板后以稍尖围照尖长尺寸亦见单板折减

天空地扒麻心候锯木有损坏多寡照数补板

（折单板价银数目）

计开楠木折单板价银数目

围叁尺长叁丈贰尺壹根折单板贰拾肆丈每丈折银壹钱叁分贰厘共银叁两壹钱陆分捌厘

围肆尺长叁丈贰尺壹根折单板肆拾贰丈陆尺陆寸陆分每丈折银壹钱叁分贰厘共银伍两陆钱叁分贰厘

围伍尺长叁丈贰尺壹根折单板陆拾陆丈陆尺陆寸肆分每丈折银壹钱叁分贰厘共银捌两捌钱

围陆尺长叁丈贰尺壹根折单板玖拾陆丈每丈折银壹钱叁分贰厘共银壹拾贰两陆钱柒分贰厘

围柒尺长叁丈贰尺壹根折单板壹百叁拾丈陆尺陆寸陆分每丈折银壹钱叁分贰厘共银壹拾柒两贰钱肆分捌厘

围捌尺长叁丈贰尺壹根折单板壹百柒拾丈陆尺陆寸陆分每丈折银壹钱叁分贰厘共银贰拾贰两伍钱贰分柒厘

围玖尺长叁丈贰尺壹根折单板贰伯壹拾陆丈每丈折银壹钱叁分贰厘共银贰拾捌两伍钱壹分贰厘

各字围尺上零寸照本字头价目算补

(立木格以便查算)

南京兵部车驾清吏司为立木格以便查算事照得本司修造马快船只召商收买木植先年缘无稽查以致商人串同匠作算手人等围量勘估中间尺寸欠明疵病漏报作弊多端深为未便为此除禀堂外置立格式一扇印发买木委官将买到各商木植查算明白照式填注送司以凭给领官价及将折围丈尺数目填明发锯木委官锯板给甲施行须至格者

右附讫

嘉靖二十　年　月　日给

司押

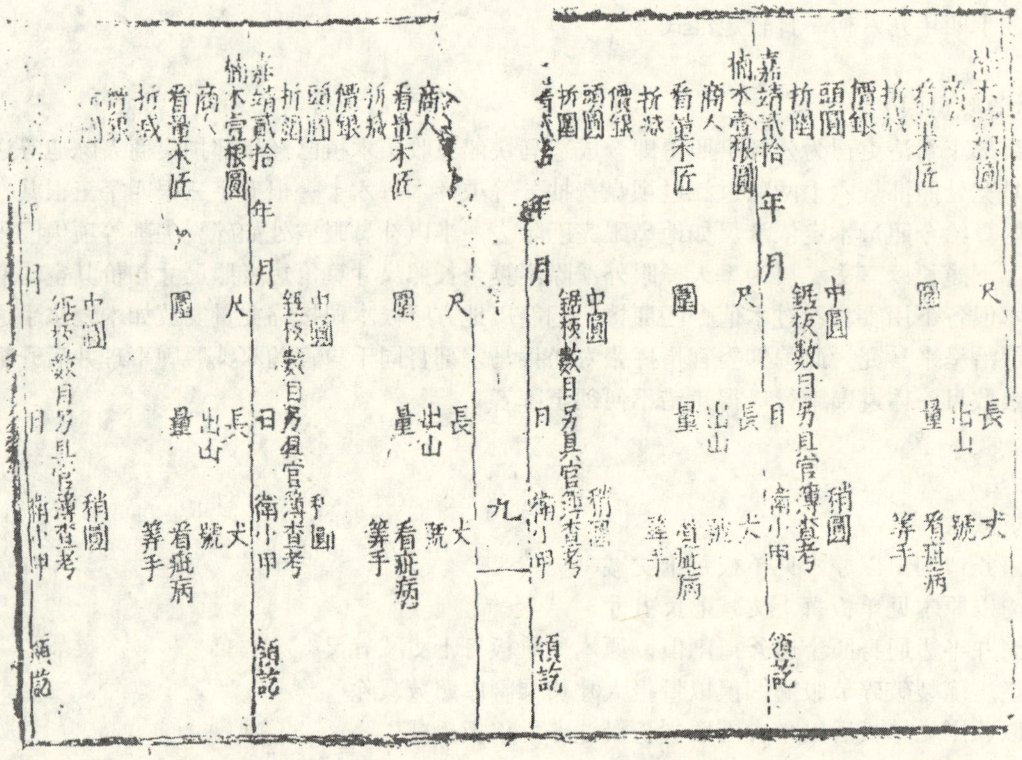
商人 看量木匠
折減
價銀
頭圍
折圍
尺 長 出山 量
圍
丈 號 看瘢病 算手
中圍
鋸板數目另具官簿查考
稍圍
嘉靖貳拾 年 月 日
備木壹根圍 尺 長 出山 量
南小甲
領訖
九

(买杉木准工部价增定数目)

南京兵部车驾清吏司为造修船只事照得工部定买杉木俱是三尺上下围篾今本部买用杉木俱于五尺上围量若依工部给价恐是亏商已经本部行据委官把总指挥王钦高旻张寿松兵马宗部公同会议参酌时价量行加增具揭到司呈堂定拟外为此牌仰造拨两厂遵照后开各项议加杉木价值召商收买施行俱毋违错未便须至牌者

计开除三尺五寸以上围圆杉木各船未用不开外

围三尺四寸每尺价银五分
围三尺三寸每尺价银四分八厘
围三尺二寸每尺价银四分六厘
围三尺一寸每尺价银四分四厘
围三尺每尺价银四分二厘
已上系工部原定价值今参酌时价每天加银九厘
围二尺九寸每尺价银三分六厘
围二尺八寸每尺价银三分
围二尺七寸每尺价银二分六厘
围二尺六寸每尺价银二分三厘
围二尺五寸每尺价银一分七厘
已上系工部原定价值今参酌时价每尺议加银七厘
围二尺四寸每尺价银一分三厘
围二尺二寸每尺价银一分一厘
围二尺二寸每尺价银九厘
围二尺一寸每尺价银八厘
围二尺每尺价银七厘
已上系工部原定价值今参酌时价每尺加银六厘
围一尺九寸每尺价银六厘系工部原定贾
围一尺八寸工部原无定价今照工部规则每一尺该作价银五厘五毫
围一尺七寸工部原无定价今照工部规则每一尺该作价银五厘
围一尺六寸工部原无定价今照工部规则每一尺该作价银四厘五毫
围一尺五寸工部原无定价今照工部规则每一尺该作价银四厘
已上今参酌时价每尺议加银四厘
通前四等杉木长四丈之外工部原无定价今议不算

(油麻钉锔照实值估价)

南京兵部车驾清吏司为造修船只事照得造拨两厂合用油麻钉锔数多相应照依时价参酌旧规召商和买仰厂遵奉施行须至牌者

计开
桐油每一百斤旧价银一两四钱五分今定价银一两六钱
黄苘麻每一百斤旧价银八钱今定同上
钉每一百斤旧价银一两五钱今定价银一两六钱
锔每一百斤旧价银二两五钱今定价银二两二钱
已上肆项价值俱宜随时酌定仍仰该厂每月查访时价且揭呈报

圆木见单板法

计开
楠木每长壹丈阔壹尺厚壹寸为壹个即壹片单板借名个以立法耳即名片可也
围叁尺计柒个伍分
叁尺壹寸计捌个捌毫
叁尺贰寸计捌个伍分叁厘叁毫

叁尺叁寸计玖个柒厘伍毫
叁尺肆寸计玖个陆分叁厘叁毫
叁尺伍寸计拾个贰分捌毫
叁尺陆寸计拾个捌分
叁尺柒寸计拾壹个肆分捌毫
叁尺捌寸计拾贰个零叁厘叁毫
叁尺玖寸计拾贰个陆分柒厘伍毫
围肆尺计拾叁个叁分叁厘叁毫
肆尺壹寸计拾肆个捌毫
肆尺贰寸计拾肆个柒分
肆尺参寸计拾伍个肆分捌毫
肆尺肆寸计拾陆个壹分叁厘叁毫
肆尺伍寸计拾陆个捌分柒厘伍毫
肆尺陆寸计拾柒个陆分叁厘叁毫
肆尺柒寸计拾捌个肆分捌毫
肆尺捌寸计拾玖个贰分
肆尺玖寸计贰拾个捌毫
围伍尺计贰拾个捌分叁厘叁毫
伍尺壹寸计贰拾壹个陆分柒厘伍毫
伍尺贰寸计贰拾贰个伍分叁厘叁毫
伍尺叁寸计贰拾叁个肆分捌毫
伍尺肆寸计贰拾肆个叁分
伍尺伍寸计贰拾伍个贰分捌毫
伍尺陆寸计贰拾陆个壹分叁厘叁毫
伍尺柒寸计贰拾柒个柒厘伍毫
伍尺捌寸计贰拾捌个叁厘叁毫
伍尺玖寸计贰拾玖个捌毫
围陆尺计叁拾个
陆尺壹寸计叁拾壹个捌毫
陆尺贰寸计叁拾贰个叁厘叁毫
陆尺叁寸计叁拾叁个零柒厘伍毫
陆尺肆寸计叁拾肆个壹分叁厘叁毫
陆尺伍寸计叁拾伍个贰分捌毫
陆尺陆寸计叁拾陆个叁分
陆尺柒寸计叁拾柒个肆分捌毫
陆尺捌寸计叁拾捌个伍分叁厘叁毫
陆尺玖寸计叁拾玖个陆分柒厘伍毫
围柒尺计肆拾个捌分叁厘叁毫
柒尺壹寸计肆拾贰个捌毫
柒尺贰寸计肆拾叁个贰分
柒尺叁寸计肆拾肆个肆分捌毫
柒尺肆寸计肆拾伍个陆分叁厘叁毫

柒尺伍寸计肆拾陆个捌分柒厘伍毫
柒尺陆寸计肆拾捌个壹分叁厘叁毫
柒尺柒寸计肆拾玖个肆分捌毫
柒尺捌寸计伍拾个柒分
柒尺玖寸计伍拾贰个捌毫
围捌尺计伍拾叁个叁分叁厘叁毫
捌尺壹寸计伍拾肆个陆分柒厘伍毫
捌尺贰寸计伍拾陆个叁厘叁毫
捌尺叁寸计伍拾柒个肆分捌毫
捌尺肆寸计伍拾捌个捌分
捌尺伍寸计陆拾个贰分捌毫
捌尺陆寸计陆拾壹个陆分叁厘叁毫
捌尺柒寸计陆拾叁个柒厘伍毫
捌尺捌寸计陆拾肆个伍分叁厘叁毫
捌尺玖寸计陆拾陆个捌毫
围玖尺计陆拾柒个伍分
玖尺壹寸计陆拾玖固捌毫
玖尺贰寸计柒拾个伍分叁厘叁毫
玖尺叁寸计柒拾贰个柒厘伍毫
玖尺肆寸计柒拾叁个陆分叁厘叁毫
玖尺伍寸计柒拾伍个贰分捌毫
玖尺陆寸计柒拾陆个捌分
玖尺柒寸计柒拾捌个肆分捌毫

南船纪①

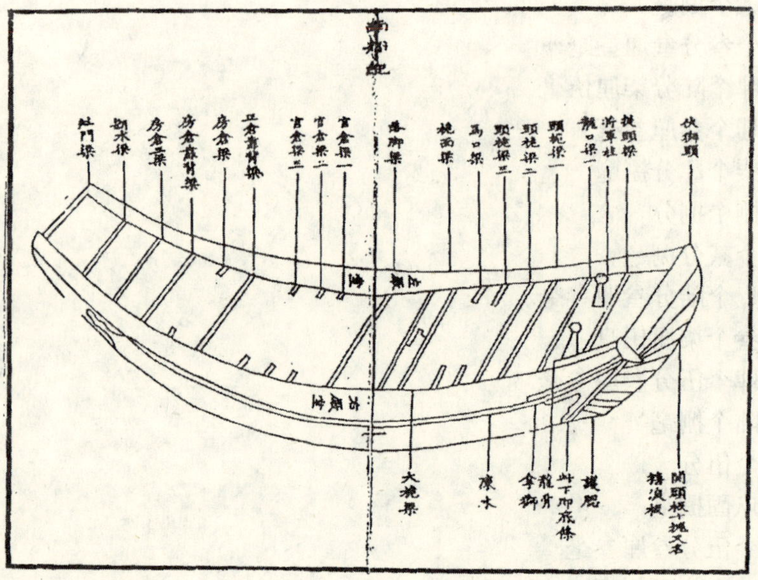

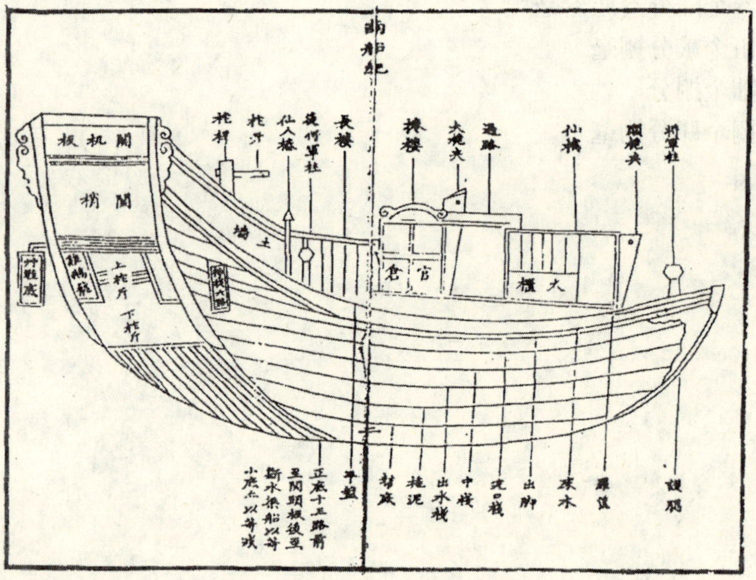

卷一・黄船图数之一

夫舟之制创于尚象成于共鼓以济阔漫之不通而考其制刳木之外无闻焉礼曰天子造舟诸侯维舟大夫方舟释文曰造者船也于是天子之舟有制与等矣然秦汉以还无所征信岂江淮非巡幸之地而从桥之议固万世人臣事君之道欤矧诗曰造舟为梁由今观之梁固桥也不然则历代之定鼎非西北之陆即东南之偏或无事于斯及也乎若其太液积翠之漫游青雀黄龙之流荡规模弘廉虽间有之义可略也唯我圣祖建都南北备物制用而御用

① 〔明〕沈㟢撰。据清乾隆六年沈守义刻本。

黄船有四一曰预备备巡幸也二曰大三曰小四曰匾浅备荐新也巡狩者所以忧世勤民也荐新者所以敬天尊祖也而文典原未之详则夫宫殿车旗服饰卤簿诸仪百度咸列职掌而此独可漫无所纪以垂厥后之稽凭哉是故图之形像以便效法析之度数以便量材条之因革以便考信别之章程以便计功而所以办物采彰等威定名分以昭一代之盛以监百王之遗者皆是乎在他日修典礼者庶几乎其采择云

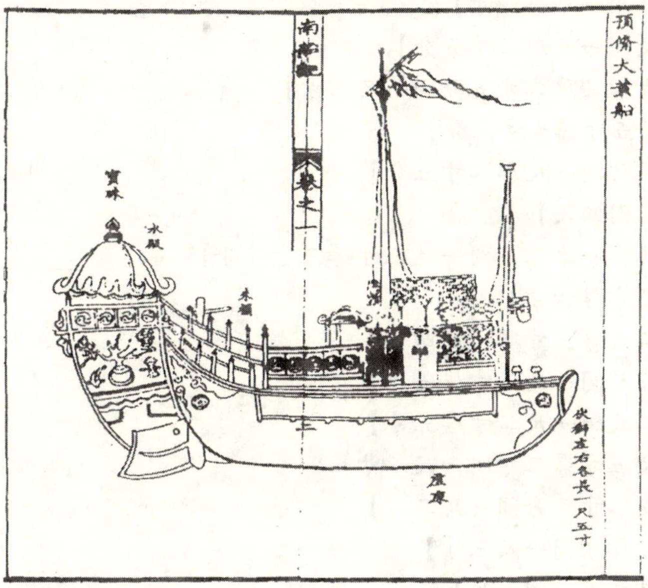

预备大黄船

【启案黄船而名预备者何备御用也御何用巡幸也何谓巡幸由周历览以省方而方皆存问曰巡所至有惠以及民而民皆愿望曰幸益自开辟以来封建列国而巡幸兴焉故兴于虞谤于夏宪于周官亲庆赏刑威之公以临万国所以同度正朔所以命德讨罪所以推存固亡所以保薆植孤秩乎亲俟比民之过昭然矣寂寥千丛船斯创见诚祖宗真见往圣亲天下之心直欲徧神何赤海而抚讯之以显夫为比之公也乎二百年来未见行事岂铥锦帆之荒唐八骏之寥廓有不足事也不然或古今不相及有不必其迹之同者矣何则自秦裂郡县寓吏流官无私土子民之因朝不职者朝辄易之不俟兴师致讨而天下无不贡之土不率之民欲从而令趋也奚庸亲狩为哉历汉而元非无慕古者之议及也道不行也不行而强行之或诛长吏之不支民庶之不给者非制也间有酒食蔼帛之赐遭适而惠私岂展义之谓哉唯田租之半庶为近之上失亲民设教之意况驰道师从未必逢迎征索之不遐其半也是故周官已有擇人行人之省后世因之而观使之遣监访之遣代不能易所谓变则通通则久道之趋也其尚矣乎恭唯圣制监古酌时岁遣御史巡而按之又设都御史巡而抚之为绣坚谛俟度之饬也熊与问俗民隐之勤也驾虽不出而旬宣之化无所弗届矣然如伤之视心无穷也船故存而不去盖以为巡为幸可日可时司牧者毋得肆于民上而谓君门之万里也此明堂之所以不毁也与是以其材之良也木选川杉尽之任也底径五寸制之异也金殿黄章费之繁也无虑千百数之备也恒以十计夫船十也而式一也将不嫌于无别乎尝闻龙舆凤辇制有等威数有隆杀是或议礼诸司之未及也有能请造二船而尊其制一如丹驾之仪副其二者以备修理其他悉从会典所调大小有制者而杀之则名分严而朝廷尊上下辨而民志定矣易曰垂衣裳而天下治非此之谓乎船虽设而不御天下万世之幸甚矣】

头一仓二仓各长四尺　三仓至六仓各长三尺八寸　七仓至十一仓各长四尺二寸　十二仓至十五仓止各长四尺　虚头长一丈二尺五寸　虚稍长一丈二尺　共长八丈四尺五寸阔一丈五尺

正底十三路【长六丈阔一尺内十路厚三寸五分三路五寸五分】

帮底二路【长六丈二尺阔一尺二寸厚四寸】

拖泥二路【长六丈四尺阔一尺二寸厚三寸五分】

出水栈二路【长六丈八尺厚四寸阔一尺五寸】

中栈二路【长七丈二尺厚二寸七分阔一尺三寸】

完口栈二路【长七丈六尺厚二寸五分阔一尺四寸】
插找六块【长二丈阔一尺二寸厚二寸五分】
出脚二路【长八丈四尺五寸厚三寸】
厰堂四路【长七丈五尺阔一尺厚二寸五分】
里口二路【长七丈五尺阔一尺厚四寸】
侧口二路【长二丈七尺阔一尺厚三寸五分】
火柜侧口二路【长二丈四尺厚二寸五分阔一尺三寸】
康木二路【长八丈四尺五寸厚六寸五分】
千斤板四块【长二丈五尺阔一尺厚二寸五分】
伏狮头一【长一丈四尺围四尺】
梁十七座【每座板四块长一丈三尺阔一尺三寸厚三寸五分】
累梁二路【长一丈三尺方厚六寸】
挽脚梁一块【长一丈二尺厚三寸阔一尺四寸】
大桅面梁一【长一丈五尺阔一尺五寸厚五寸】
小桅面梁一【长一丈二尺阔一尺二寸厚五寸】
上下舵巾二块【长九尺五寸厚三寸阔一尺二寸】
灶门梁板二【长九尺厚二寸五分阔一尺二寸】
关头板十【长一丈一尺厚寸阔一尺三寸】
关稍板六【长九尺厚二寸五分阔一尺】
大桅帆柏一【长二丈阔一尺二寸厚五寸】
小桅帆柏一【长八尺阔一尺二寸厚五寸】
拿狮二路【长一丈六尺方五寸】
土墙二路【长二丈四尺阔三尺厚一寸八分】
仙桥板二块【长一丈四尺阔二尺四寸厚二寸】
卷楼平盘板十二【长七尺厚二寸阔一尺二寸】
龙骨四根【长五丈五尺方五寸】
官楼老鼠桥四块【长二丈四尺阔四寸厚二寸】
草鞋底二路【长一丈六尺阔八寸厚二寸】
平盘罗框四路【长八丈四尺五寸阔八寸厚一寸八分】
铺头板六【长一丈一尺阔一尺厚二寸五分】
铺稍板四【长一丈二尺阔一尺厚二寸五分】
长楼顶板七【长二丈七尺厚一寸八分阔一尺二寸】
当家木一块【长九尺方厚五寸】
将军柱四【长五尺五寸围三尺五寸】
大桅夹二【长一丈四尺厚三寸阔一尺二寸】
小桅夹二【长九尺厚二寸五分阔一尺】
舵夹板四【长一丈五尺阔五寸厚二寸五分】
顺水板四【长二丈六尺阔七寸厚三寸】
杠板八【长二丈六尺阔二尺厚一寸五分】
浪槽板八【长三丈厚一寸五分阔二尺】
长楼日晒锁伏板十五【长七尺阔一尺二寸厚二寸】
仙桥锁伏板二十【长五尺阔一尺二寸厚二寸】

水槽十根【长一丈五尺方一尺】
鸡鹅笼锁伏二十【长三尺厚二寸阔一尺二寸】
孟头锁伏二仓五块【长五尺五寸厚一寸阔一尺二寸】
三层锁伏八仓【每仓用板八块长四尺阔一尺二寸】
橹跳板十六【长七尺厚二寸五分阔八寸】
舵编板八【长六尺阔一尺二寸厚二寸】
脚跳板二【长二丈五尺厚三寸阔一尺三寸】
蓬架四座
以上共用
川杉木　十　根【围四尺长四丈者　十　根围三尺五寸长二丈八尺者　根】
楠木　十　　根　　分【围四尺长二丈者　十　根围三尺五寸长一丈八尺者　根】
杉木连二枋　　十　　块　　分
杉木连三枋　　十　　块　　分
有旧料减三分
橹十张杉木五根【围二尺五寸长二丈五尺】
大桅川杉木一根【围四尺五寸长五尺五寸】
杉条木旗哨招杆三根【围一尺长二丈】
头桅川杉木一根【围三尺长四丈】
榆木舵杆一根【围三尺长一丈八尺】
杉条木蓬秤杠四根【围一尺长二丈】
舵牙关门棒檀木一根【围一尺五寸长二丈】
水戗杂木二根【围一尺长二丈】
水撅　　榔头　　羊头
火柜柱子八根【内二根长九尺六根长六尺见方四寸五分】
籍头地脚枋十二根【四根长一丈八尺阔六寸厚五寸八根长九尺阔六寸厚五寸】
麻力槽枋三十六根【内四根长九尺二寸二根长六尺阔三寸】
照面并内装坂四槽【长五尺二寸阔八尺厚八分】
左右裙板二块【阔二丈长二尺八寸厚八分】
平卷楼柱四【长六尺方四寸五分】
籍头地脚枋十【长九尺五寸阔六尺厚五寸】
长楼柱六【长八尺方四寸五分】
过梁三【长九尺阔六尺厚四寸】
左右柱四十【长二尺七寸阔三寸厚二寸二分】
挂枋二【长二丈阔四寸五分厚二寸二分】
地脚眉枋四【长九尺阔六寸厚五寸】
麻力板十六空【每空阔四尺二寸长四尺五寸厚七寸】
地平二十七扇【长四尺五寸阔二尺七寸】
长槅十八【十扇长七尺五寸阔一尺九寸八扇长五尺五寸阔一尺三寸】
短槅四十八扇【长二尺七寸阔一尺九寸】
平门六扇【长五尺五寸阔一尺九寸】
稍亭阑杆四根【长二丈二尺方三寸五分】
雨篛板四十八【长三丈三尺阔一尺六寸厚八分】

箍头枋八【长一丈阔四寸五分厚二寸二分】

角梁押缝十二【长九尺方四寸】

连檐柱四【长一丈四尺阔三寸厚一寸二分】

座柜一铺板全【阔九尺长三尺厚七分】

斗机板【阔九寸长二尺五寸厚七分】

长短花板十八块

受带五十四条　荷叶六

角云四　屏风床一

膳桌二　面架一　衣架一　圆炉架一

金炉架一　鼓架一　御仗架一　御仗一对【以上俱朱红】

连椅二【金漆】　旗柜一　扶梯四　盖锅二

挡众二　东净柜一　膳桶二　浴盆一

面盆一　脚盆一　吊桶一【以上俱朱红】　札板一

膳桶二　浴盆一　脚盆一　净桶一

水挽一　戽斗一【以上俱金漆】

以上共用

杉木连三枋　　块　　分

杉木连二枋　　十　块　　分

楠木二根【围四尺长一丈八尺】

榆木一根【围三尺长二丈】

鱼线胶一斤

油舱底楼【桐油八百斤　白麻六百五十斤　石灰一千六百斤】

铁器【猫二口　锅二口　灶二座　火盆一　挽子二　锁一把　槁铁十　攀胸一条　舵箍一道　橹脚圈四　上马圈二　收蓬圈二　跳板圈四　累梁圈八　铁水管二　箍头圈一　吊桶圈一　鼓钩四副　枣核钉二百　大小钉六百斤　舵串钉二根　舵搭脑一条　桅倒环一副　膳桶圈八个　金架钩一副　桌子插肖二　挡众圈一副　灯笼圈二副　灯笼架二副　鼓炮钉六百　净桶箍三道　面桶箍二道　舵杆箍一道　面梁铁叶四条　千金二十二个　桶箍三十一道　前后锁伏圈五　累梁倒环二副　稍亭倒环四副　稍亭插肖五根　大鼓铁圈五道　小铁圈四十副　膳桶柱十六根　老鹤嘴五十副　手照烛剪二副　稍亭炮钉二百　卓牙小钉五十　攀头小钉五十　旗柜小钉五十　旗柜事件一副　膳桶箍十五道　戽斗小钉三十　灯笼护烛二副　小脚盆箍三道　腰子盆箍三道　金漆盆箍三道　火柜了吊一副　连椅定绞四副　上下抱桅叶八条　上下舵箍叶七条　上下舵中叶四条　环铰四副脚子全　吊桶挽子箍八道　顺水铁叶三十二条　桅箍小钉一百三十　鸡骨栓四根长九寸重三斤　攀头二条长七尺阔四寸重十八斤　桅栓四内一长三尺重二十斤　二长二尺五寸重十五斤】

风蓬二扇【青筀竹八百五十根　猫竹七根五分　黄藤一百斤　箬叶一百二十根　棕毛一百七十斤】

稍亭篾簟一　蓬衣一

纤篷二　八披二　系水四【共青水竹一千七百根】　龙笛一【苦竹一根】

篾丝灯笼二　鼓盖一　旗杆二【猫竹枪头贴金】　官仓雨篛二

棕猫缆二　顶缆二　系水四　度绛三

吊舵二　橹绷十　抱桅二副【共二十一条共棕毛八百斤】

大桅绛索　纤篷二　头桅绛索　箍头二

都管二　上马索一　铳蓬减蓬【各二】　旗线一【共白麻四百五十】

大黄绢旗一【黄号带一】 黄绢小招旗二 青布红云亭衣一

青布兜稍二【每件三副】 稍亭布帘一 火柜青布帏二

长楼帏二 官仓青布帘二

【白绵布十八匹 青丝绵四两 黄生官绢八匹 黄丝绵二两 白麻四十斤 红线五两 明矾一斤 苏木六两 槐花三斤 靛花九十二斤 猪胰子一斤 挽缸灰六十二斤】

红缨头一【茜红火把缨二斤 生犏水牛皮三分 红真皮三分 生丝老线六钱】

花鼓一面 杖鼓一面【生血水牛皮一张五分 樟木一段围三尺长八尺】

铜金一面 铜锁七【匙钥全】 杖鼓钩

【响铜十五斤 黄熟铜十六斤 红铜五斤 木炭一百斤 硼砂一两】

杖鼓绦 笛结子 椅穿【青绵纱二斤八两 大红熟丝线八两五钱 绿丝线三钱】 钉槅【花锡八两 蚌殼六十斤 猪油八两】

油饰【桐油一百斤 石黄三十斤 白面六斤八两 中白绵五两 二朱八斤 土子三升 瓦灰一斗八升 生漆四十斤 水花朱斤四两 密陀僧六两 黑煤五斤 水胶六斤 银朱红土各五斤 光粉二十斤 番朱点漆各二斤 黄丹二斤十两 香油四斤 苎布一丈六尺】

彩画【银朱二斤 二朱二斤 光粉三斤 墨煤一斤四两 水胶三斤 三碌二斤八两 合碌斤十二两 藤黄二两 枝条碌三斤 靛花青五两】

妆銮【金箔六十贴 苎布五匹 熟漆十二两 生漆二斤】

抹金【金箔十三贴】

铸灶【生铁二百十九斤 稻皮一百十九斤 麦穗一百十九斤 木炭一百十九斤 煤炭一百十九斤】

本船诸料共该银 百 十 两 钱 分 厘 毫内如有旧木钉三分扣除实银 百 十 两 钱 分 厘 毫

工食银 十 两 钱 分

大黄船图

【启伏读兵部奏准榜文知南京大黄船者皆以供本部之器贡如曰戗金朱红大小膳盒曰朱红竹丝盒曰大单盒曰茶饭桶汤桶曰方箱曰蒸笼曰连椅曰水沿卓曰茶架曰行曰养牲匣曰御仗黄红销金油绢单袱计船之应用者凡有十五今船之数亦止于十五盖谋定而责成者也稽之光禄膳盒岁造万有二千北工办八千四百南工办三千六百嘉靖八年免南一千五百有奇九年减五百有奇即今所供特一千三百八十有二故船亦仅此而足嗟乎损上益下民悦无疆自上下下其道大光国家月裁日省无非节用以裕民也大光之道岂有疆哉】

头仓至十一仓各长四尺二寸　房仓第十二长三尺二寸　房仓第十三长三尺六寸　八尺仓第十四长三尺四寸　八尺仓第十五长三尺四寸　虚头仓长一丈二尺五寸　虚稍长一丈三尺　共长八丈五尺三寸阔一丈五尺六寸

正底十一路【长六丈零五寸阔一尺二寸厚二寸五分】

帮底二路【长六丈一尺阔一尺厚二寸】

拖泥二路【长六丈三尺阔一尺厚二寸】

出水栈二路【长六丈五尺阔一尺三寸厚二寸】

中栈二路【长七丈阔一尺五寸厚二寸】

完口栈二路【长七丈五尺阔一尺五寸厚二寸】

插找【左右】板六块【长一丈八尺阔一尺二寸厚二寸】

出脚二路【长八丈六尺阔一尺一寸厚二寸五分】

厫堂六路【长六丈五尺阔一尺厚二寸】

官仓侧口二块【长三丈二尺阔一尺五寸厚三寸五分】

火柜里口二路【长二丈五尺阔八寸厚二寸五分】

千斤板二块【长二丈五尺阔一尺一寸厚二寸】

康木二路【长八丈六尺阔六寸厚三寸】

伏狮头一【长一丈一尺围三尺五寸】

一字梁板二路【长一丈厚五寸】

挽脚梁一【长一丈二尺阔一尺四寸厚三寸五分】

梁十六座【每座板五块长一丈三尺阔一尺三寸厚二寸五分】

大桅面梁一【长一丈五尺阔一尺四寸厚五寸】

小桅面梁一【长一丈四尺阔一尺二寸厚五寸】

将军柱面梁一【长一丈阔一尺二寸厚五寸

灶门梁花板三【长一丈二尺阔一尺一寸厚一寸八分】

关头板十【长一丈一尺阔一尺二寸厚二寸五分】

关稍板七【长九尺阔一尺一寸厚二寸】

上下舵市二块【长一丈三尺阔一尺三寸厚三寸】

罗框平盘四路【长八丈六尺阔九尺厚一寸八分】

拿狮二块【长一丈六尺六寸厚五寸】

左右土墙二路【长二丈五尺阔二尺厚一寸八分】

左右平盘二路【长二丈五尺阔五寸厚一寸八分】

草鞋底三【长一丈八尺阔八寸厚一寸】

老鼠桥并平盘二块【长二丈五尺阔六寸厚二寸】

龙骨四路【长六丈五尺阔六寸厚四寸】

仙桥二路【长二丈五尺阔一尺五寸厚一寸八分】

铺头板六【长一丈二尺阔一尺厚一寸五分】
铺稍板七【长一丈二尺阔一尺五寸厚二寸二分】
长楼顶板八【长三丈阔一尺一寸厚一寸五分】
卷楼顶板五【长七尺五寸阔一尺二寸厚一寸八分】
平楼顶板五【长七尺五寸阔一尺一寸厚一寸五分】
将军柱二【长七尺围三尺五寸】
大桅夹板二【长一丈四尺阔一尺三寸厚三寸】
小桅夹板二【长二尺阔一尺二寸厚二寸五分】
帆柏大小二【长七尺阔一尺三寸厚六寸】
舵夹板四【长丈一尺阔七寸厚五寸】
仙人桩二【长五尺厚五寸】
仙桥锁伏板二十【长四尺阔一尺厚二寸】
盂头锁伏板四【长四尺阔一尺厚一寸八分】
中路锁伏板二十【长六尺阔一尺厚一寸八分】
披水板二【长一丈阔一尺一寸厚二寸】
编舵板九【长三尺五寸阔一尺一寸厚二寸】
橹梭六【长五尺六寸厚三寸】
橹跳板四【长六尺阔七寸厚二寸】
脚跳板二
以上卷查楠木并板共折莫楠木　十　根
杉木　根【围三尺长三丈】
有旧料减三分
橹四张杉木二根【围二尺五寸长二丈五尺】
头桅杉木一根【围二尺五寸长二丈五尺】
大桅杉木一根【围四尺五寸长五丈五尺】
舵杆榆木一根【围三尺长一丈八尺】
杉槁木十根【围七寸长二丈】
舵牙关门棒檀木二根【围一尺五寸长一丈八尺】
旗哨招杆杉条三根【围一尺长二丈】
水戗杂木二根【围一尺长二丈】
宝珠胡芦桅饼玲珰【檀木一段围二尺五寸长四尺白杨一段围二尺五寸长四尺】
火柜柱八【二根长九尺六根长六尺方四寸二分】
腰枋六【二根长一丈四根长六尺方四寸】
顺箍地脚枋四【长二丈二尺阔六寸厚五寸】
横顺地脚八【长九尺阔五寸厚四寸】
上下裙板前后照面枋四槽【共阔七丈六尺长四尺五寸厚六分】
平卷楼柱四【长六尺方四寸二分】
箍头地脚枋八【长一丈阔五寸厚四寸】
长楼柱六【长八尺见方四寸五分】
过梁三【长一丈阔五寸厚四寸五分】
挂枋二【长二丈二尺阔四寸五分厚二寸】
柱三十六【长二尺五寸阔三寸厚二寸】

长槅八扇【长四尺五寸阔一尺八寸】

短槅四十扇【长二尺五寸阔一尺六寸】

雨篛板四十【长二尺八寸阔一尺七寸厚六分】

麻力板十二空【阔三尺二寸长三尺厚六分】

平门五扇【阔一尺八寸长五尺】

地平二十四扇【长四尺阔二尺六寸】

麻力槽枋并挨地平枋六十根【长四尺阔三寸厚二寸】

稍亭柱四【长七尺方五寸】

箍头枋八【长一丈阔四寸厚二寸】

角梁押缝八【长九尺方四寸五分】

阑杆四根【长二丈二尺方三寸】

角云四　受带　花板

御仗一对　御仗架一　金架一　扶梯四

以上共杉木　根【围二尺五寸长三丈】　有旧料减三分

油舱身底【桐油四百十二斤　黄麻四百十二斤　石灰八百二十五斤】

铁器【千斤四个　上马圈二　篙钻十个　橹脚环四　箍头圈一　累梁圈八　挡众圈一副　攀头二条长七尺重十二斤　金架钩一副　万字锔六十重十五斤　稍亭插肖五　拐棒锔四十重二十斤　老鹤嘴五十副　旗柜戽斗小钉五十个　累梁倒环二副　大槅摆锡小炮钉二千四百　大小铁钉　小槅摆锡小炮钉共八千】

风蓬二扇【青笙竹一百根　芦柴五十束　棕毛二十五斤　黄藤五十斤】

系水二　牵篴一　八披二【青水竹一千根】

稍亭篾篴九扇【青笙竹七十根　毛竹七根　黄藤十斤】

棕毛顶缆二　系水二　吊舵一　度緈一【共棕毛五百斤】

麻旗线索二　都管二　纴篴一　緈索二【共白麻二百五十五斤】

黄绢旗一【号带一】　青布帏二　青布亭衣一【阔白绵布七匹　青丝线五钱　黄生官绢二匹一丈八尺　黄丝线二钱　槐花五两　明矾八两　苏木四两　靛青二十斤】

红缨头一【红鹿皮一分五厘　生狰水牛皮一分五厘　茜红火把缨二斤　金枪头　金葫芦】

鼓一面　铜铰【黄熟铜一斤五两】　钉槅【蚓殼六十四斤】

油画【桐油二十五斤　银朱四斤　二朱四斤　番朱八两　红土三斤　三碌一斤　石黄七斤　枝条碌一斤　藤黄二两　靛花青三两　黄丹一斤　密陀僧四两　墨煤二斤　光粉十一斤　水胶四斤】

贴金【金箔十贴　熟漆五两】

本船诸料该价银　百　十　两　钱　分　厘　毫　有旧料减三分

实该银　百　十　两　钱　分　厘

工食银　十　两　钱　分　厘　毫

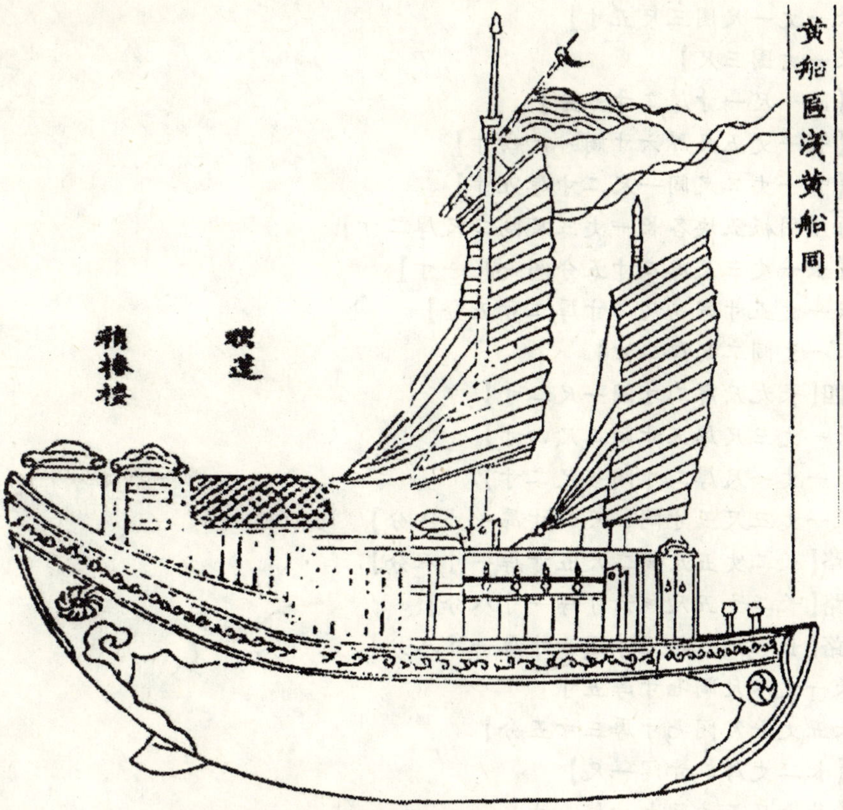

小黄船匾浅黄船同

【启按黄船而曰小曰匾浅者取其小且轻也小且轻则式与法俱杀矣覆板去稍亭去虚庲去雕銮去给□去唯设色之黄与大船同耳究其政供太常之进太常之进有八皆宗庙之时鲜圣祖之定额厥牲唯子□厥果唯梅梨橙柑甘蔗厥蔬惟鲜笋茭白馨香是为昭假不违是以御膳之器每劳哉节而此则惟正之供者翼如也菲饮食而致孝乎鬼神斯孔子曰吾无问然】

头仓长五尺　二仓长四尺　三仓至五仓长四尺五寸　桅后平楼仓六仓长四尺　卷楼仓第七长四尺五寸　官仓第八九长三尺　官仓第十十一长二尺五寸　私仓第十二十三各长三尺　稍后仓第十四十五各长四尺五寸　虚头长一丈二尺　虚梢长一丈四尺　共长八丈三尺阔一丈六尺四寸

正底十一路【长五丈七尺五寸阔一尺二寸厚二寸二分】

帮底二路【长五丈八尺厚二寸阔一尺一寸】

拖泥二路【长五丈九尺阔一尺一寸厚二寸】

出水栈二路【长六丈三尺厚二寸阔一尺一寸】

中栈二路【长六丈八尺厚二寸二分阔一尺二寸】

完口栈二路【长七丈五尺厚二寸阔一尺一寸】

出脚二路【长八丈三尺五寸厚二寸五分阔一尺二寸】

厫堂六【长六丈阔一尺一寸厚二寸】

插找左右四块【长一丈五尺厚二寸阔一尺四寸】

侧口二【长二丈五尺阔一尺四寸厚二寸】

火柜里口【长二丈五尺阔五寸厚二寸】

千斤板二【长二丈阔一尺一寸厚二寸】

庲木二路【长八丈三尺五寸阔六寸厚三寸五分】

伏狮头一【长一丈一尺围三尺五寸】
稍伏狮一【长一丈围三尺】
将军面梁一【阔一尺一寸厚二寸五分】
大桅面梁一【长一丈五尺厚六寸阔一尺四寸】
小桅面梁一【长一丈二尺阔一尺二寸厚五寸】
梁十六座【每座用板五块各长一丈三尺阔二尺厚二寸】
上下舵市二【长一丈三尺厚二寸五分阔一尺一寸】
关头板十【长一丈五寸阔一尺二寸厚二寸五分】
关梢板七【长一丈阔二尺厚二寸】
灶门梁花板四【长九尺厚二寸阔一尺二寸】
挽脚梁一【长一丈三尺厚三寸阔二尺四寸】
铺头板四【长一丈一尺厚二寸阔一尺二寸】
铺梢板七【长一丈三尺五寸阔一尺四寸厚一寸八分】
左右土墙二路【长二丈五尺阔二尺五寸厚一寸八分】
土墙平盘二路【长二丈五尺阔六寸厚一寸八分】
罗框平盘四路【长八丈三尺五寸阔六寸厚一寸八分】
拿狮二块【长一丈八尺阔七寸厚五寸】
龙骨四路【长五丈七尺阔七寸厚三寸五分】
草鞋底二块【长二丈厚二寸阔一尺】
平楼顶板五【长七尺五寸阔九寸厚二寸】
长楼顶板七【长二丈四尺阔一尺二寸厚二寸】
卷楼顶板五【长七尺五寸阔九寸厚二寸】
稍楼顶板十一【长九尺厚二寸阔一尺】
火柜仙桥二【长二丈三尺厚二寸阔一尺三寸】
长楼老鼠槅四【长二丈四尺阔四寸厚一寸八分】
大桅夹二【长一丈四尺厚二寸五分阔一尺三寸】
小桅夹二【长九尺厚二寸五分阔九寸】
将军柱二【长七尺阔三尺五寸】
大小帆柏二【外长六尺厚二寸阔一尺二寸】
锁伏十四块【长六尺阔一尺一寸厚一寸八分】
中路锁伏十五【长六尺阔九寸厚一寸八分】
孟头锁伏三【长四尺阔一尺一寸厚一寸八分】
稍后仓锁伏八【长五尺厚一寸八分阔一尺】
披水板二【长一丈阔一尺二寸厚二寸五分】
橹跳板四【长六尺阔六寸厚二寸五分】
橹梭四【长五尺厚五寸阔五寸】
舵编板四
脚跳板二
以上共用楠木连【二三】板枋共折楠木　十　根　杉木　根【围二尺长三丈】有旧料减三分
大桅杉木一根【围三尺三寸长四丈五尺】
小桅杉木一根【围二尺五寸长二丈五尺】
蓬秤杠四【围一尺长二丈】

橹四张杉木二根【围二尺五寸长二丈五尺】

水戗杂木一根【围一尺长二丈】

杉槁木十根【围七寸长二丈】

舵杆榆木一根【围二尺五寸长二丈八尺】

舵牙关门棒檀木二根【围一尺长一丈】

旗哨招干杉木二根【围一尺长二丈】

桅饼玲珰仙人掌【檀木一段围一尺八寸长四尺三寸　白杨木一段围一尺八寸长三尺】

火柜柱十【长八尺五寸方四寸】

腰枋七【长四尺五寸方四寸】

雨篛并照面土空【阔四丈长七尺厚七分】

挂枋二

平卷楼柱六【长一丈阔六寸厚五寸】

长槅八扇【长四尺五寸阔二尺】

顺簶枋二【长一丈三尺阔五寸厚三寸】

横顺过梁地脚枋六【长九尺阔五寸厚三寸】

长楼柱二【长八尺方四寸】

过梁一

问枋三十【长二尺八寸阔三寸厚二寸】

前后挂枋六【长二丈二尺阔四寸厚一寸五分】

抱柱十二【长六尺阔三寸厚二寸】

短槅十八扇【长二尺八寸阔一尺七寸】

雨篛板十八【各长三尺阔一尺八寸厚七分】

平门十二扇【长六尺阔一尺九寸】

地平二十四扇【长四尺阔二尺四寸】

梢蓬柱十【长六尺五寸方四寸】

过梁一【长一丈三尺阔七寸厚五寸】

腰枋五【长五尺阔三寸厚二寸】

披水板八【共阔三丈各长三尺厚七寸】

扶梯一张

受带三十四条

长短花板十四块

以上共用杉木连二板枋　块阔【一尺二寸厚五寸长一丈四尺】

楠木　根【围三尺长三丈】

有旧料减三分

油舱身底【桐油二百斤　黄麻二百斤　石灰四百斤】

铁器【千斤四个　上马圈二　橹脚环四　累梁倒环二副　簶头圈一　旗柜库斗小钉五十　大小铁钉攀头二条长七尺重十二斤　累梁圈八　拐棒锔四十重二十斤　挡众圈一副　万字锔六十重十五斤　金架钧一副　摆锡小炮钉五千二百】

风蓬二扇【青笙竹一百根　黄藤四十斤　棕毛三十斤　芦柴五十束】

纤篷一　系水二【青水竹四百四十根】　棕顶缆一　系水二　吊舵一　度綷一【棕毛二百五十斤】麻綷索二　都管二　纤篷一　旗线索一【黄麻一百斤】　黄绢旗一【号带一　黄熟官绢一匹　黄丝线五钱】　红缨一【茜红火把缨一斤　生狰水牛皮一分　红鹿皮一分】

油画【桐油十斤　银朱二斤四两　靛花青二两　石黄六斤　光粉三斤　番朱一斤　藤黄二两　墨煤二斤　黄丹一斤　水胶三斤　二朱二斤　密陀僧六两三　碌一斤　枝条碌一斤】

鼓一面　钉槅【蚋殼五十六斤摆锡炮钉二百】　贴金【金箔二贴】　葫芦【金贴】

本船诸料该价银　百　十　两　钱分　厘　毫

实该银　百　十　两　钱　分　厘　毫

工食银十　两　钱　分

有旧料减三分

此系二百船数其下有一百五十料一百二十料一百料九十五料八十五料凡五等当以渐减杀

卷一·战巡船图数之二

诗曰江汉浮浮武夫滔滔水之有战周宣始之夫宣王中兴淮夷丑类犹介中国之间此固不容不用武以殄灭夫类也今兹一统四夷来王守在边陲善则善矣愿以江淮内地尚勤府库以虚战船之备何哉盖以留都根本重地东连海岱西控荆巴南襟闽越北枕青徐天下之腹心王业之镐京也小有震惊则四肢百骸之所从而谓安不忘危者肯为小费惜哉是故二百年来岁为战巡船费者不下万计制无不备法无不取如吴曰艅艎汉曰楼船戈船孙权曰艨冲斗舰王浚曰大船连舫隋曰五牙舰韩世忠曰海船虞允文曰海鳅以至海鹘舴艋走舸游艇飞云飞虎飞乌飞江苍隼野猪指南先登之类虽人各创新代北沿故会今全盛酌准以时是以其为有事之备也曰战座船二百料战船一百五十料战船一百料战船三板划船其为无事之习也曰巡座船巡沙船一颗印巡船九江哨船安庆哨船大胜关哨船轻浅利便船盖战船者斗舰之遗哨船者游艇之变也因革相仍法象兼举比而观之樯乌列阵江汉方池孰不谓有备无患所以待天下之变者周而不知潜销默慑其寝天下之谋者弘矣远略讦谟诚九鼎铸而神奸惧夫岂徒曰修武云乎哉体制攸存统纪无次敬图而述之以昭经制之盛

四百料战座船

【启按战船曰座即边营陆寨之帅幕也号令之所以整齐者是经略之所以指示者是威灵之所以震曜者是窥伺之所以寝息者是规制其可以简陋乎哉是故桅标大纛屯营以准稍翼方亭远敌以觇舲舟中敞帷幄以尊牆

雉外周矢石以捍橹艇齿列驰骤以腾浪板掌铺奔突以便弩穴矛窗攻击以利要其律式殆楼船之轨范与夫楼船之为器也大而雄坚而利用之驱浪乘飚正犹沧溟鲸运波涛驾旋转之威霄汉鹏抟风云鼓扶摇之势有不战而先夺人之心者矣此自古迄今所不能改稽其尺度颇为适宜过此恐难为驭善阵者毋令越其制云】

头仓长五尺五寸　二仓长四尺六寸　三仓长三尺五寸　四仓长二尺六寸　五仓长六尺五寸　六仓长五尺二寸　七仓官楼长三尺六寸　八仓官楼长三尺五寸　九仓官楼长三尺六寸　十仓官楼长三尺一寸　十一仓长四尺二寸　十二仓长四尺二寸　十三夹节仓长四尺五寸　十四座八尺仓长五尺五寸　虚头仓长一丈一尺三寸　虚梢长一丈五尺五寸　共长八丈六尺九寸阔一丈七尺

正底十三路【长六丈五尺五寸阔一尺三寸厚三寸】

左右帮底二路【长六丈七尺厚二寸五分阔一尺二寸】

右右拖泥二路【长六丈八尺五寸阔一一尺三寸厚二寸五分】

左右出水栈二路【长六丈九尺厚三寸五分阔一尺三寸】

左右插找二路【长三丈阔一尺三寸厚二寸】

左右出脚二路【长九尺三寸厚二寸五分阔一尺二寸】

左右中栈二路【长七尺阔二尺五寸厚二寸二分】

左右完口栈二路【长七丈九尺厚二寸阔一尺三寸】

左右厰堂二路【长七丈五尺厚二寸阔一尺一寸】

左右罗框平盘四路【长九丈二阔九寸厚二寸】

左右侧口二块【长二丈五尺阔一尺四寸厚三寸】

左右里口二路【长七丈厚五寸阔一尺】

左右康木二路【长九丈三寸阔七寸厚五寸】

关头板十块【长一丈二尺厚二寸五分阔一尺三寸】

关梢板十块【长一丈厚二寸阔一尺】

铺头板六【长一丈一尺厚二寸阔一尺三寸】

累梁二根【长一丈五尺阔六寸厚五寸】

左右土墙二路【长三丈厚一寸五分阔四尺】

左右【土墙康木平盘】

四路【长三丈五尺阔六寸厚二寸】

将军柱四个【长七尺围三尺五寸】

伏狮头一【长一丈四尺围三尺五寸】

长楼顶板九【长三丈厚二寸阔一尺二寸】

卷楼顶板七【长一丈厚一寸八分阔一尺三寸】

左右平盘四【长一丈厚二寸八分阔一尺】

火柜顶板七【长三丈厚一寸八分阔一尺三寸】

老鼠桥前后八块【长三尺二寸阔五寸厚二寸】

日晒横枋四根【长二丈五尺阔七寸厚一寸五分】

火柜横枋四块【长二丈五尺阔七寸厚五寸】

火柜中路锁伏二十【长七尺厚一寸五分阔一尺五寸】

孟头锁伏板八【长六尺厚二寸阔一尺】

橹跳板十六【长七尺厚二寸阔九寸】

大桅夹二【长一丈六尺厚二寸五分阔一尺四寸】

小桅夹二【长九尺厚二寸阔一尺】

面梁一【长一丈七尺阔一尺四寸厚六寸】

小面梁一【长一丈三尺阔一尺三寸厚五寸】
梢头顶板五块【长一丈一尺阔一尺厚一寸八分】
上下舵巾板二【长一丈二尺厚三寸阔一尺三寸】
车关车耳【长八尺厚五寸阔一尺】
灶门梁花板三【长一丈二尺厚一寸八分阔一尺二寸】
挽脚梁一【长一丈三尺厚四寸阔一尺四寸】
大小帆柏二【长九尺阔一尺三寸厚五寸】
橹印子十六个【长二尺五寸阔六寸厚一寸五分】
橹梭十六个【长五尺厚二寸阔五寸】
一字梁一【长一丈二尺阔六寸厚三寸五分】
左右顺擦板二【长五尺厚一寸八分阔五寸】
前后护窗四【长五尺厚一寸五分阔一尺】
各仓梁头十七座【每座用板五块厚一寸五分长一丈五尺阔一尺二寸】
舵夹板四块【长一丈二尺阔六寸厚二寸】
护损八个【长三尺厚一寸五分阔一尺】
左右狗脑十四【长四尺厚三寸阔八寸】
挑梁四根【围三尺五寸长二丈五尺】
左右顺水二路【长四丈五尺阔九寸厚三寸五分】
龙骨四路【长六丈五尺阔六寸厚五寸】
磨旗板六块【长四丈五尺厚二寸阔一尺二寸】
编舵板九【长四尺厚二寸阔一尺二寸】
以上用楠木并板枋折楠木　十　根【围四尺长三丈】
杉木　十　根　分　厘【围三尺五寸长三丈五尺】
有旧料减三分
左右板浪槽日晒跳板铺仓等松木九根五分【围四尺四寸长一丈四尺】
有旧料减三分
橹十六张杉木八根【围二尺五寸长二丈五寸】
舵杆榆木一根【围三尺长二丈】
杉槁木十六根【围七寸长二丈五尺】
头桅杉木一根【围三尺五寸长四丈五尺】
大桅杉木一【围四尺五寸长五丈五尺】
招杆杉木一【围一尺五寸长二丈】
杉条木蓬秤杠四【围二尺长二丈】
杂木水戗一根【围一尺长二丈】
檀木舵牙关门棒二【阔一尺长一丈五尺】
五方旗大旗杆十六
装修火柜柱子八【长六尺见方四寸】
顺地脚箍头樱枋六根【各长一丈八尺阔五寸厚四寸】
横箍头地脚五根【长九尺阔五左尺厚四寸右】
【左右】裙板共阔四丈六尺【长三尺厚七分】
照面装板三槽【长五尺阔八尺五寸厚七分】
平卷楼柱四【长六尺见方四寸】

箍头地脚枋十二【长九尺阔五寸厚四寸】

抱柱枋十四根【长五尺阔三寸厚二寸】

长楼柱六根【长八尺五寸见方四寸五分】

过梁三根【长九尺阔五寸厚四寸】

间柱三十四【长二尺八寸阔三寸厚二寸】

挂枋二根【长二丈阔四寸厚二寸】

地平二十扇【长四尺五寸阔二尺八寸】

挨地平枋麻力槽枋六十【长四尺五寸阔三尺厚二寸】

麻力板十二空【每空阔四尺五寸长四尺厚七分】

长槅子十六扇【长五尺阔一尺九寸】

短槅子四十二扇【长二尺五寸阔一尺七寸】

雨篛板四十二块【长二尺八寸阔一尺八寸】

房仓屏门四扇【长五尺阔一尺九寸】

稍亭柱子六根【长七尺五寸见方六寸】

左右装板二路【阔二丈六尺高二尺六寸厚五分】

横顺箍头地脚枋十二【长一丈阔四寸厚二寸五分】

角梁押缝椽枋十二【长九尺见方四寸】

幔顶板四空【阔二丈四尺长八尺厚七分】

左右上下琵琶阑干二十四【长八尺五寸高二尺八寸】

阑干长柱子十四【长七尺五寸见方四寸】

过枋十四根【长八尺五寸阔四寸厚二寸】

净瓶短柱十六【长三尺五寸方三寸】

神龛一座

角云四个　受带三十四　长短花板十六

戽斗一个　五方旗架一座　鼓架一座

扶梯七张　旗柜一个　铳杆三个

榔头一个

器用座柜床面一张【长九尺高三尺上面铺板阔九尺长二尺五寸厚七寸】

衣架一座　面架一座　水桶一只　吊桶一个

浴盆面盆各一个　坐桶抬桶净桶各一只

以上共用杉木连二枋　十　块　分【长一丈四尺阔二尺二寸】

杉木　十　根　分【围二尺五寸长二丈五尺】

楠木一根四分【围三尺长一丈八尺】有旧料减三分

油舱船身底【桐油七百斤　黄麻七百斤　石灰一千四百斤】

油饰彩画【三碌一斤　合碌一斤　靛花青三两　铜青六两　藤黄二两　银朱二斤　光粉念三斤　墨煤十二斤　水胶十二斤　黄丹三斤　桐油一百斤　蜜陀僧四两　瓦灰二斗　白面十斤　红土二十斤】

风蓬二扇【青笙竹四百根　黄藤五十斤　棕毛八十斤】

牵篾系水二条【青水竹七百根】　竹挽二　鼓盖一

棱【猫顶缆四条　抱桅二副　橹绷十六条　系水二条　蓬脚索□条　度绁三条　共用棕毛七百七十斤】

麻【箍头一条　游蓬索二条　都管二条　走二三条　旗索二条　迎篷□条　铳蓬索二条　共用黄麻二百四十斤　白麻三十斤】

黄绢旗一面【红黄号带一条】　黄布旗一面【蓝号带一条】

五方绢布旗十四面【蓝号带一条】　放铳旗一面　发放旗二面

催橹黄绢旗二面　神龛黄绢帐一顶　轿衣一领【青布】

共用【白绵布十五匹一丈七尺　黄丝线七钱　黄生官绢七匹　青丝线一两】

染【槐花一斤　明矾一斤　搀缸灰二十斤　靛青二十斤　五棓子一斤　苏木二两】

大红缨三个　黑缨三个　五方红缨并旗

共用【生犏水牛皮　红鹿皮　白麻线六两　红缨十二斤　黑缨十二斤】

鼓一面【生血水牛皮一张　樟木一段围三尺长五尺　花锡一斤　猪油一斤　盖一个】

钉槅【蜊殼七十二斤　猫竹二根】

铁钉事件【大小铁钉一千四百斤　铁攀头二条长七尺阔四寸十二斤　轿顶云头插肖四根　官仓铁叶子吊六副　梢后圣堂曲须五副　阑干老鹤嘴四十副　麻骨钉四十个　橹架铁圈八个　橹脚环十四个　橹千斤十四个　铁簋钻十六个　舵搭脑一条长七尺阔四寸　舵杆箍一道　鼓架钩四副　跳板圈四个　官仓地平圈八个　铁挽子二把　旗柜戽斗小钉七十个　五方旗钻二十四个　桅倒环一副　稍亭用小钉一千拐棒锅七十个重三十五斤　万字锅八十个重二十斤　槅子五十八扇内大十六扇每扇用摆锡蜊殼炮钉三百五十个共五千六百个　小槅子四十二扇每扇用摆锡蜊殼钉二百个共八千四百个】

桅饼玲珰　稍亭宝珠一

缨顶葫芦十四个　宝珠十四【共檀木共白杨】

本船诸料共该银　百　十　两　钱　分　厘　毫内如有旧料三分扣除实该银　百　十　两　钱　分　厘　毫

工食银　十　两　钱

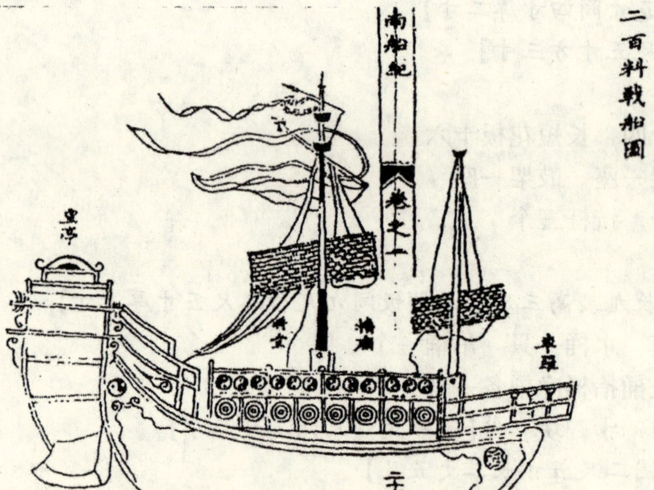

二百料战船图

【启按船之二百料其名曰□即两□之以为战船□□无隘哉于稽其式靡器不举首设车罗拍竿之制也康列女墙路桡之蔽也橹孔两掣飞江之迅也望楼稍□飞云之峻也将台中尊白里外贲艨艟之家法也制周而法精势维而盛益诸船之利孰是□焉嗟乎戎器之设待不虞也苟用其器者知重其器而必请求所以暑之以无负于其器斯为器之利也否则不几于虚器也乎】

头仓长四尺三寸

二仓至八仓各长四尺二寸

九仓十仓各长四尺七寸五分

提头空仓长八尺九寸　稍尾一丈

共长六丈二尺一寸阔一丈三尺四寸

正底十一路【长四丈五尺五寸阔九寸厚二寸二分】

左右帮底二路【长四丈四尺五寸阔一尺二寸厚二寸一分】

左右拖泥二路【长四丈六尺阔一尺厚二寸】

左右出水栈板二路【长四丈八尺厚二寸阔尺三寸】

左右完口栈二路【长五丈四尺阔一尺二寸厚二寸】

左右插找四路【长二丈厚二寸阔八寸】

左右出脚板二路【长六丈三尺阔七寸厚二寸二分】

左右康木二路【长六丈二尺阔六寸厚三寸五分】

左右厫堂板六【长四丈九尺阔一尺二寸厚二寸】

关头板七【长八尺阔一尺二寸厚二寸二分】

关梢板四【长七尺厚二寸阔一尺】

草鞋底二路【长一丈五尺阔八寸厚一寸八分】

左右中栈二路【长五丈二尺厚二寸阔一尺三寸】

一字梁板一【长七尺厚五寸阔六寸】

左右拿狮二块【长一丈七尺阔五寸厚三寸二分】

铺头板四【长七尺五寸阔一尺厚二寸】

铺梢板六【长八尺厚二寸阔一寸】

前后锁伏板十三【长四尺阔一尺二寸厚二寸】

上下舵巾板二【长九尺五寸阔一尺厚二寸五分】

伏狮头一个【长一丈一尺围三尺五寸】

将军柱四【长六尺阔三尺】

左右土墙柱子二根【长五尺方厚各五寸】

桃梁四根【围三尺长一丈八尺】

左右顺水二路【长二尺二寸阔七寸厚三寸五分】

左右八字板四【长四尺阔七寸厚三寸五分】

左右千斤板四【长一丈三尺阔七寸厚二寸】

橹跳板四【长七尺厚二寸阔七寸】

面梁一【长一丈二尺八寸阔一尺三寸厚五寸】

小面梁一【长一丈阔一尺二寸厚五寸】

帆臼二【长七尺阔一尺二寸厚四寸】

大桅夹板二【长一丈三尺厚五寸阔一尺二寸】

小桅夹板二块【长八尺厚二寸阔一尺】

车关车耳【共长六尺厚五寸阔一尺】

橹梭十二个【长五尺厚三分阔四寸】

橹印子十二个【每个长一尺五寸厚一寸五分】

护损八个【长二尺厚一寸五分阔七寸】

蓬架四座【每座用板八尺阔三寸厚三寸】

左右稍土墙二路【长二丈五尺厚寸八分阔二尺七寸】

梢楼左右土墙二路【长七尺厚一寸五分阔一尺五寸】

顶板七【长七尺厚一寸五分阔九寸】

横梢板三【长六尺厚一寸四分阔三寸】

左右颙擦板二【长七尺厚一寸五分阔七寸】

橹架四座【用板六块长五尺厚一寸四分阔三寸】

虾须板三【长八尺厚一寸五分阔六寸】

车罗枋九【长一丈四尺阔五寸厚四寸】

天蓬板一座顶板十二【长三尺三寸厚一寸五分阔一尺一寸】

车罗铺头板三【长六尺五寸阔一尺一寸八分厚二寸】

龙骨二路【长三丈三尺阔五寸厚四寸】

各仓梁头十一座【每座用板四块长一丈一尺阔一尺二寸一分】

编舵板四块

以上共用楠木　十　根　分【围三尺长三丈】

杉木一十一根【围三尺长三丈】

松木一十根【围三尺五寸长二丈五尺】

有旧料减三分

头桅杉木一根【围二尺五寸长二丈五尺】

大桅杉木一根【围三尺五寸长四丈五尺】

橹十二杉木六根【围二尺五寸长二丈五尺】

榆木舵杆一根【围三尺长一丈八尺】

檀木舵牙关门棒二【围一尺长二丈】

杂木水戗二根【围一尺长二丈】

杉条木旗哨招杆三【围一尺长二丈】

杉槁木一十根【围七寸长二丈】

装修长柱子十四【长九尺五寸见方四寸】

短柱子二十二【长六尺见方四寸】

左右平盘挂枋八【长一丈一尺阔七寸厚一寸七分】

过梁九根【长二丈二尺阔六寸五分厚四寸】

地脚抱柱枋八【内四各长八尺四各长三尺阔四寸厚三寸】

橹厢门四十扇【长五尺五寸阔二尺六寸】

门槽四十扇【长一尺三寸阔二寸厚一寸七分】

槅子四扇【长五尺阔二尺】

座床面一【长八尺高二尺三寸上面铺板阔八尺长二尺厚七分】

敌台板十【长八尺阔八寸厚八分】

柱子十根【长一尺五寸见方四寸】

枋十二根【长一丈八尺阔三寸五分厚二寸】

转更楼一座　铳架一座　铳杆三根　枪架四座　木枪挡扒二十五根　扶梯二张　鼓架一座　旗柜一个　五方旗杆五根　望斗一座　脚跳板【二块】　榔头一把　水橛二个　戽斗一个　吊桶一个　水桶一只　上下铺仓板　水牌一面　水挽一只

以上共用杉木　十　根【围二尺五寸长二丈五尺】杉木连二枋　块【长一丈四尺阔一尺二寸】有旧料减三分

油艌【桐油三百斤　黄麻三百斤　石灰五百斤】

油饰彩画【桐油三十五斤　黄丹二斤　密陀僧八两　三碌一斤　合碌一斤　靛花青二两　银朱一斤　二朱二斤　藤黄三两　水胶六斤　光粉四斤　墨煤四斤　番朱三斤　土红五斤　石灰三十斤　□□一斤】

风蓬二【青筀竹二百六十根　黄藤三十五斤　棕毛五十斤　杉条蓬秤杠四根各阔一尺长一丈】

纤篾系水各一条【青水竹三百四十根】　竹挽二

椶【猫缆二条　系水二条　吊舵一条　度繂二条　顶缆二条　橹绷十三条　共用椶毛四百五十斤】

麻【都管索三条　铳蓬索二条　旗线索二条　篾索一条　繂索二条　减蓬索二条】

共用【黄麻一百斤白麻二十斤】

鼓一面

钉槅【蚋觳八斤毛竹五分】

旗二面【号带二条】　五方旗五面　青布斗衣

共用【白绵布九匹　黄绿线一两　青丝线五钱】

染【槐花一斤　苏木六两　明矾八两　靛花青二十斤　搀缸灰十斤】

缨头二个【黑缨二斤　白麻线二两　生狰水牛皮一分　红鹿皮一分】

玲珰桅饼等项用【檀木一段围二尺五寸长六尺　白杨木一段围二尺五长五尺】

铁钉浮动什物【大小铁钉四百七十斤　铁攀头二条重六斤　铁挽子二把重一斤　篙钻八个重二斤　橹脚环四个重一斤　拐棒锔十二斤　万字锔十斤】

本船诸料共该银　百　十　两　钱　分　厘　毫内如有旧木钉三分扣除实该银

工食银　十　两

一百五十料战船

【启按兵无常形阵无定法故子胥尝以船军之教比陆军之法谓大翼者当陆军之车小翼者当轻车突冒者当冲车楼船者当行车由是而观则知战船有体大小不得一律而齐也是船虽杀而老小所少者将台望亭车罗耳其他捍敌之具犹无不修且备也偏裨乘之为先锋为后敌为左犄为右角乌乎弗良谓之小翼可也谓之突冒可也】

头仓至十仓各长三尺八寸　虚头长六尺九寸　虚梢长九尺五寸　共长五丈四尺四寸阔一丈六尺

正底九路【长三丈八尺五寸阔九寸厚二寸三分】
左右帮底拖泥共四路【长四丈一尺阔一尺厚二寸】
左右出水栈二路【长四丈二尺阔一尺一寸厚一寸四分】
左右中栈二路【长四丈五尺厚一寸七分阔一尺二寸】
左右完口栈二路【长四丈一尺阔一尺厚一寸七分】
左右插找四路【长一丈五尺阔八寸厚一寸七分】
左右出脚板二路【长五丈四尺四阔七寸厚一寸七分】
左右厫堂四块【各长四丈厚一寸七分阔一尺】
左右侧口二路【长四丈厚二寸阔五寸】
左右康木二路【长五丈四尺四寸阔五寸厚四寸】
关头板六块【长七尺厚二寸阔一尺】
铺头板三块【长七尺厚二寸阔一尺】
将军柱面梁一【长七尺五寸阔八寸五分厚三寸】
关稍板四块【长七尺厚一寸七分阔一尺】
左右土墙二路【长二丈二尺厚一寸五分阔一尺五寸】
铺梢板六块【长七尺五寸阔一尺厚一寸五分】
上下舵巾板二块【长八尺厚二寸阔一尺】
草鞋底二路【长一丈三尺阔八寸厚一寸】
梢楼顶板八块【长七尺厚一寸七分阔一尺一寸】
左右拿狮二路【长三丈五尺阔五寸厚三寸】
线梁三块【长八尺厚二寸阔八寸】
橹梭六个【长五尺厚三寸阔四寸】
灶门梁板二块【长七尺阔七寸厚一寸】
天蓬顶板四路【长三丈二尺厚一寸六分阔一尺二寸】
橹跳板六块【长六尺厚二寸阔七寸】
桅夹板四块【长八尺厚二寸一分阔一尺】
编舵板六块【长三尺厚一寸五分阔一尺】
舵夹板四块【长六尺五寸厚二寸】
帆柏二块【长三尺厚五寸阔一尺】
大小面梁二块【长九尺阔一尺二寸厚二寸】
前后锁伏板九块【长三尺厚一寸五分阔一尺】
各仓梁头十二座【每座四块长九尺阔九寸厚一寸八分】
橹印子六个【长三尺厚一寸五分】
车关车耳三块【长六尺厚二寸】
将军柱二个【长五尺五寸围三尺】
梢伏狮一个【长七尺围三尺】
伏狮头一个【长八尺围三尺】
龙骨二路四块【长二丈阔七寸厚四寸】

以上共用楠木并折板枋　十　根　分【围三尺长三丈】杉木八根九分【围二尺五寸长二丈五尺】有旧料减三分

杉木大桅一根【围三尺长三丈五尺】
杉木头桅一根【围二尺五寸长二丈五尺】

橹六张杉木四根【围二尺五寸长二丈五尺】

榆木舵杆一根【围三尺长一丈八尺】

檀木舵牙关棒一根【围一尺长一丈五尺】

杂木水戗二根【围七寸长二丈】

蓬秤杆旗哨招杆七根【围一尺长二丈】

杉槁木六根【围七寸长二丈】

装修官楼柱子十根【长七尺见方四寸】

挂枋四根【长一丈八尺阔四寸五分厚二寸】

门八扇【长九尺阔三尺五寸】

照面枋一槽【长三尺五寸阔四尺厚七寸】

敌台枋四根【长一丈八尺阔三寸五分厚二寸】

敌台短枋二根【长四尺阔三寸五分厚二寸】

短柱子六根【长八尺阔三寸五分厚二寸】

梢柱子二根【长六尺见方四寸】

抱柱枋二根【长五尺阔三寸五分厚二寸】

上下柱五根【长五尺阔三寸五分厚二寸】

敌台板四块【长九尺阔五寸厚七分】

左右装板二槽【阔七尺厚七分长三丈】

槅子四扇【长五尺阔一尺九寸】

座柜床面一张【长八尺高二尺二寸】

上面铺板【阔八尺长二丈厚七分】

云头板二块【长九尺八寸厚一寸四分】

枪架二座　木枪挡扒十　鼓架一座　铳架一座　水挽二　铳杆三根　扶梯一张　旗柜一个　榔头一　水枧　水橛二根　跳板二　水吊桶一　戽斗一　铺仓板

以上共用杉木　根【围二尺五寸长二丈五尺】杉木连二枋　块【长一丈四尺阔一尺二寸】有旧料减三分

铁器【大小钉四百二十斤　篙钻六个重一斤八两　橹脚环六个一斤八两　挽子二重一斤　拐棒锔八个　万字锔七个　蚵殼小炮钉八两　门圈一副】

油艌【桐油二百五十斤　黄麻二百五十斤　石灰五百斤】

缆索【棕六件　棕毛三百七十五斤　麻七件　黄麻八十斤】

风蓬二【青笙所二百五十根　棕毛三十斤　黄藤三十斤】

纤篾系水各一条【青水竹三百二十根】　竹挽二条

油饰彩画【桐油廿七斤　黄丹二斤　三碌一斤　银朱一斤　二朱二斤番朱二斤　靛花青二两　藤黄三两　水胶三斤　光粉四斤　墨煤四斤　合碌一斤　密陀僧八两　红土三斤　石黄二十斤　糯米二升】

鼓一面　钉槅【蚵殼五斤】

旗一面【号带一】　用【白绵布七匹　黄丝线五钱　青丝线三钱】

染【槐花八两　明矾四两　苏木四两　靛青十斤　挽缸灰十斤】

缨头缨笼二【白麻线一两　黑缨一斤　红鹿皮一分　生猙水牛皮一分】

玲珰桅饼宝珠【檀木一段围二尺五寸长三尺五寸　白杨木一段围二尺五寸长三尺五寸】

本船诸料共该银　百　十　两　钱　分　厘　毫如有旧木钉三分扣除实该银

工食银共该

一百料战船

【启按战船而至百料小莫甚矣容可三十人悉如游艇而一无捍敌之具岂若人之命独可轻欤不知兵贵奇速船小而速则贵之往来游击以尽其奇隐伏卒蔽以尽其变出没无端以尽其神谁其能右是故轻舟薄击永德所以走仁肇舴艋革承文育所以斩鲍砰又孰谓小不足以制大哉□善将兵者之何如】

头仓至十仓各长三尺五寸　虚头仓长七尺五寸　虚稍长九尺五寸　共长五丈二尺阔九尺六寸

正底七路【长三丈五尺阔一尺一寸厚一寸七分】

帮底二路【长二丈七尺阔九寸厚一寸七分】

拖泥二路【长三丈八尺阔九寸厚一寸七分】

出水栈板二路【长四丈阔一尺厚一寸六分】

中栈板二路【长四丈二尺阔一尺二寸厚一寸六分】

完口栈二路【长四丈二尺五寸阔一尺厚一寸六分】

插找二路【长一丈五尺阔八寸厚一寸六分】

出脚板二路【长四丈七尺七寸阔七寸厚二寸】

厰堂四路【长三丈八尺厚一寸六分阔一尺五寸】

侧口二路【长三丈八尺阔四寸厚三寸八分】

线梁四座【长八尺五寸阔六寸厚四寸】

面梁一块【长九尺阔一尺二寸厚五寸】

将军柱面梁一块【长七尺五寸阔一尺厚四分】

铺头板三块【长六尺五寸阔一尺厚二寸】

关头板五块【长六尺五寸厚二寸阔一尺二寸

左右拿狮二路【长二丈厚四寸阔五寸】

左右康木二路【长四丈八尺阔五寸厚三寸】

左右土墙二路【长一丈七尺厚一寸五分阔一尺五寸】

梢楼顶板【长七尺阔一尺二寸厚一寸五分】

上下舵巾板二【长七尺五寸厚二寸阔一尺】

铺梢板六块【长七尺厚一寸六分阔一尺】
关梢板四【长六尺阔一尺厚一寸六分】
前后锁伏板二十【长四尺厚一寸六分阔一尺】
灶门梁二块【长六尺五寸阔一尺厚一寸六分】
橹印子四个【长二尺五寸厚一寸五分】
草鞋底二块【长一丈二尺阔七寸厚一寸五分】
橹梭四个【长五尺厚三寸】
伏狮头一个【围三尺长六尺五寸】
将军柱二个【长六尺五寸阔三尺】
梢伏狮一个【长七尺阔三尺】
车关车耳【共长六尺方厚五寸】
各仓梁头十二【每座用板三块各长八尺阔尺一厚一寸八分】
官楼顶板八【长五尺阔一尺一寸厚一寸五分】
帆桕一块【长四尺阔一尺二寸厚四寸】
左右千斤板二【长一丈二尺厚一寸七分】
橹跳板四【长六尺厚一寸五分阔七寸】
编舵板六块【长二尺厚一寸五分阔一尺】
舵夹板四【长六尺厚一寸四分阔五寸】
桅夹二块【长五尺厚二寸阔一尺】
铺板二仓　各仓水枧　蓬架一座　跳板二块　水牌一面
以上共用楠木并折板枋该　拾　根【围三尺长三丈】有旧料减三分
杉木桅心一根【围二尺五寸长二丈五尺】
橹四张杉木二根【围二尺五寸长二丈五尺】
榆木舵杆一根【围二尺五寸长一丈八尺】
檀木舵牙关门棒二【围一尺长一丈】
杂木水戗二根【围一尺长二丈】
蓬杠旗招杆四根【围一尺长二丈】
杉槁木十一根【围七寸长二丈】
榔头一　水撅二　戽斗一　水挽二
装修官接柱子四【长八尺见方四寸】
左右装板二槽【阔七尺五寸长四尺厚七分】
上下箍头枋六【四根长九尺阔四寸厚二寸五分二根长五尺阔厚同】
后装板一槽【阔五尺长四尺厚七分】
梢柱子二根【长六尺见方四寸】
上下枋五根【长八尺阔四寸厚二寸五分】
抱柱四根【长五尺阔二寸厚二寸】
左右装板二槽【阔七尺长二尺五寸厚七分】
云头板二块【长八尺阔七寸厚一寸四分】
门二扇【长四尺阔二尺厚一寸五分】
槅子四扇【长四尺五寸阔一尺八寸】
铳架一座　吊水桶二　铳杆三根　旗柜一个
以上共用杉木　根　分【阔二尺五寸长二丈五尺】有旧料减三分

铁器【大小铁钉三十斤　篙钻八个重二斤　橹脚环二个重八两　拐棒锅八斤　万字锅四斤　钉蚶殼小炮钉八两　铁挽子一把重八两　门圈一副】

油舱【桐油一百二十斤　黄麻一百二十斤　石灰二百四十斤】

锚顶缆索等【棕五件　棕毛二百五十斤　麻八件　黄麻七十五斤】

风蓬一扇【青筀竹一百根　黄藤二十斤　棕毛三十斤】

牵篷系水各一条【青水竹二百根】　竹挽二条

油饰彩画【桐油十斤　三碌五两　黄丹四两　合碌五斤　银朱十二两　二朱一斤　靛花青六两　藤黄二两　光粉二斤　墨煤二斤　水胶一斤　密陀僧四两　番朱八两　石灰十斤　糯米三升】

槅子【蚶殼八斤】

缨头一个【生狰水牛皮一分　黑缨一斤】

旗号一面【白绵布五匹　黄丝线五钱】

染【槐花八两　明矾四两　靛青二斤】

玲珰桅饼【檀木一段围二尺长一尺五寸　白杨木一段围二尺长一尺五寸】

本船诸料该银　百　十　两　钱　分　厘　毫内如有旧木钉三分扣除实该银

工食银一十四两七钱

三板船 劃船同

三板船　划船同

【启按三板船划船二种式同而名异制陋而料轻盖当水军操演之时用之营外以为客为□者也有事之日似类于无用不知贾船□□渔舫□胥一苇可航焉知其不足以佐元戎之急】

一仓至十仓各长三尺五寸　虚梢长三尺　共长三丈八尺阔八尺四寸

正底七路【长三丈六尺厚一寸七分阔一尺一寸】

拖泥二路【长二丈六尺厚一寸六分阔一尺一寸】

帮底二路【长三丈六尺厚一寸六分阔一尺一寸】

出水栈二路【长三丈五尺厚一寸六分阔一尺一寸】

中栈二路【长三丈六尺阔一尺厚一寸六分】

完口栈二路【长二丈八尺厚一寸六分阔一尺二寸】

出脚二路【长三丈八尺阔一尺厚一寸八分】

康木二路【长三丈八尺阔五寸厚二寸五分】

拿狮二路【长三丈八尺阔四寸厚三寸】

厫堂六块【长一丈六尺阔一尺厚一寸六分】

前海漫板六块【长九尺厚一寸六分阔一尺】

后海漫板七块【长一丈三尺阔一尺厚一寸六分】

左右插找二【长五尺厚一寸六分阔七寸】

左右千斤板四【长九尺厚一寸六分阔一尺】

橹跳板四块【长六尺厚一寸六分阔七寸】

线梁三块【长七尺厚二寸阔八寸】

铺头梢板二【长六尺厚一寸六分阔一尺】

关梢板一块【长六尺阔一尺三寸厚一寸六分】

草鞋底二路【长六尺厚一寸六分阔一尺】

各仓梁头十座【每座用板二块各长七尺阔一尺厚一寸六分】

桅夹板二路【长六尺阔一尺一寸厚二寸】

面梁一块【长八尺厚三寸阔一尺三寸】

帆柏一块【长三尺厚三寸阔一尺】

上下舵巾板二【长六尺厚二寸阔一尺】

推水板三块【长六尺厚三寸阔一尺】

编舵板三块【长三尺阔一尺一寸厚一寸五分】

将军柱一个【长六尺围二尺五寸】

伏狮头一个【长六尺五寸围二尺五寸】

梢伏狮一个【长七尺围二尺五寸】

橹印子四个【长七尺厚二寸阔九寸】

橹梭四个【长四尺厚二寸五分阔四寸】

蓬架二座

以上共用楠木　根【围三尺长三丈】有旧料减三分

杉木桅心一根【围二尺五寸长二丈五尺】

舵杆榆木一根【围一尺五寸长一丈八尺】

檀木舵牙关门棒二根【围一尺长一丈】

杉木蓬秤杠二根【围二尺长二丈】

水戗杂木二根【围一尺长二丈】

杉槁木四根【围七尺长二丈】

橹四张杉木二根　旗招杆杉木二根　脚跳板二　前后水枧　铳架一座　铳杆三根　水橛二个　铺板二仓　榔头二　吊桶一　戽斗一　旗柜一　水牌一

油舱【桐油一百斤　黄麻一百斤　石灰二百斤】

油饰彩画【桐油十斤　黄丹一斤　密陀僧四两　番朱八两　光粉八两　水胶八两　银朱四两　墨煤八两　石灰十斤　糯米二升】

风蓬一扇【青箠竹一百根　黄藤二十斤　棕毛三十斤】

纤篙一　系水一【青水竹二百根】　竹挽一

梭【锚缆橹绷等六件　棕毛二百二十斤】

麻【旗绵箍头等索九件　共用黄麻五十斤】

旗号一面【阔白绵布二匹黄丝线一钱】

染【槐花二两　明矾一两　苏木一两】

墨缨头一【黑缨一斤　生狰水牛皮一分　红鹿皮一分】

铁钉浮动物件【大小铁钉三百斤　稿钻四个重一斤　橹脚环四个重一斤　铁挠子一把重八两　拐棒锅六斤　万字锅三斤】

玲珰桅饼【檀木一段围二尺长一尺五寸　白杨木一段围一尺长一尺五寸】

本船诸料共该银　内如有旧木钉三分扣除实该银

工食银

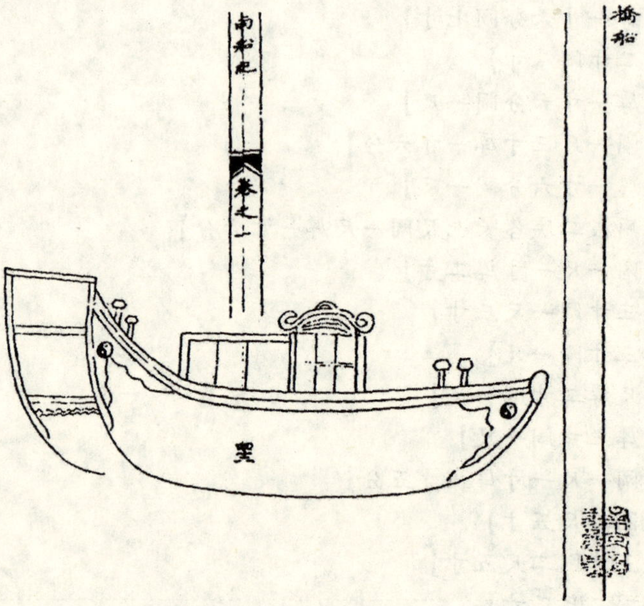

桥船

【启按浮桥云者即诗所谓梁是也济军之器盖不止此此其一也有宋尝命曹彬取江南先令以朗州所造黄黑龙船于采石矶跨江为梁或谓江深水阔古未有浮梁而济者宋祖不从卒以成功呜呼明徽定保梁因用武者所不可已□】

一仓至三仓各长三尺一寸　四仓长二尺三寸　五仓长二尺二寸　六仓长三尺一寸　七仓长二尺一寸　八仓至十五仓各长三尺一寸　虚头仓长九尺　虚梢长七尺一寸　共长五丈九尺九寸阔一丈五尺一寸

正底十一路【长四丈四尺阔一丈二尺厚二寸五分】

左右帮底拖泥四路【长四丈六尺阔九寸厚二寸五分】

出水栈二路【长四丈九尺阔一尺二寸厚二寸二分】

中栈完口四路【各长五丈八尺阔一尺一寸厚二寸二分】

出脚板二路【长六丈三尺阔七寸厚二寸五分】

厫堂六路【长五丈五尺阔一尺厚二寸二分】

伏狮头一个【长一丈围三尺五寸】

梢伏狮头一个【长一丈围三尺五寸】

将军柱四个【长五尺五寸阔三尺】

关头板八块【长一丈阔一尺一寸厚二寸二分】

关稍板七块【长一丈厚二寸阔一尺】

线梁六座【长一丈四尺阔二寸厚三寸】

各仓梁头十五座【每座板四块长一丈二尺阔四尺五寸厚二寸五分】

平基板十块【长一丈六尺阔一丈四尺厚二寸五分】

铺头板五块【长九尺厚二寸二分阔九寸】

马踏板四块【长一丈六尺阔一尺三寸厚二寸五分】

官楼土墙板四【长一丈三尺厚一寸八分阔二尺八寸】

顶板七块【长七尺厚一寸八分阔八寸】

前后锁伏板十五【长四尺五厚一寸八分阔一尺二寸】

左右拿狮二路【长六丈二尺阔七寸厚五寸】

左右廉木二路【长六丈二尺厚三寸阔六寸】

龙骨木四路【长四丈厚五寸阔六寸】

官楼门二扇　铺板二仓

以上共楠木并折枋板　根【围三尺长三丈】有旧料减三分

杉槁木四根【围七寸长二丈】

杂木水戗二根【围一尺长二丈】

水橛二根　榔头　扶梯一　戽斗　水桶　吊桶　水牌

油舱【桐油四百斤　黄麻四百斤　石灰八百斤】

油饰彩画【银朱四两　二朱四两　黄丹二两　水胶一斤　番朱一斤　墨煤二斤　光粉一斤　靛青一两　桐油二十斤　糯米四升　石灰廿斤】

纤篾系水各一条【青水竹五百根】　棕系水一条【棕毛一百斤】

铁钉浮动什物【大小铁钉五百四十斤　万字锅四十个重十六斤　拐棒锅三十个重十五斤】

本船诸料共该银

有旧木钉三分扣除实该银

工食银

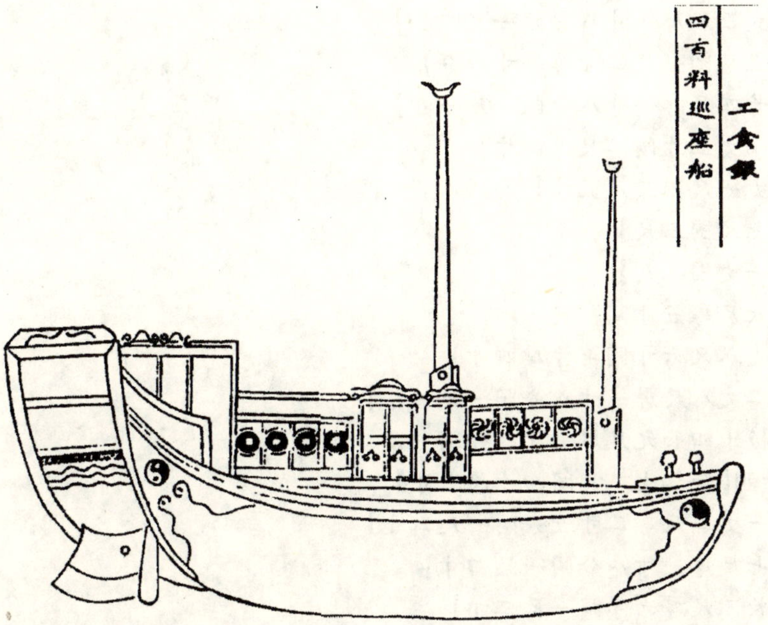

四百料巡座船

【启按盗贼奸宄治世所不能无国门御人恒闻屡发而况长江天际无涯之窟哉巡罗之政不可不讲尝闻其政或据扼要害以探其出没或搜剔荒僻以发其埋藏或混杂辏集以觇其啸傲或隐伏坳曲以几其闪缩多方缉伺是皆以我之无形致彼之有形也轻桡健棹云掩星驰犹惧为其所觉察而何有座船之壮丽反示之有形也哉或总戎以身殉国而欲与士卒分劳而设也果欲分任其劳又不必座船之暇逸也若止欲为江津壮观之图则不赀之费必将启忧国救时者之经略】

仓口与战座船同　共长八丈六尺九寸阔一丈七尺

正底十三路【长五丈八尺七寸阔一尺一寸厚二寸五分】

帮底二路【长五丈九尺厚二寸五分阔一尺二寸】

拖泥二路【长六丈二尺厚二寸二分阔一尺一寸】

出水栈二路【长六丈五尺厚二寸二分阔一尺三寸】

中栈二路【长七丈厚二寸阔一尺四寸】

完口栈二路【长七丈五尺厚二寸阔一尺四寸】

插找八块【长三丈五尺厚二寸阔一尺二寸】

出脚二路【长八丈五尺六寸阔一尺一寸厚二寸五分】

康木二路【长八丈三尺六寸阔八寸厚三寸五分】

厫堂六路【长七寸厚二寸阔一尺三寸】

侧口二路【长二丈八尺厚三寸寸阔一尺五寸】

前侧口二路【长二丈二尺阔七寸厚二寸五分】

罗框平盘四【长二丈五尺六寸阔七寸厚一寸八分】

拿狮二路【长一丈七尺阔六寸厚四寸】

铺头板四【长一丈一尺阔一尺二寸】

关头板八块【长丈一尺五寸阔一尺三寸】

关梢板四块【长一丈厚二寸阔一尺三寸】

灶门梁板三块【长一丈厚二寸五分阔一尺】

左右草鞋底二【长二丈厚一寸八分阔七寸】

铺梢板三【长一丈三尺厚一寸八分阔一尺二寸】

稍锁伏板十【长五尺阔一尺二寸厚一寸八分】

前后锁伏板四【长四尺厚一寸八分阔一尺一寸】

挽脚梁一块【长一丈三寸阔二尺厚四寸】

伏狮头一【长一丈一尺围三尺五寸】

将军柱二个【长七尺围三尺】

梢伏狮一个【长一丈围三尺】

车关车耳【各长六尺厚五寸阔一尺

龙骨四路【长五丈八尺六寸阔七寸厚四寸】

官楼顶板十【长二丈八尺厚一寸八分阔一尺一寸】

平卷楼二座【用板十四长九尺厚一寸八分阔一尺二寸】

官楼老鼠桥平盘四【长二丈二尺阔四寸厚二寸】

大桅夹二块【长一丈二尺厚二寸五分阔一尺二寸】

小桅夹二块【长七尺厚一寸八分阔一尺四寸】

大小帆臼二块【长三尺厚六寸阔一尺二寸】

编舵板七块【长二尺五寸厚一寸八分阔一尺四寸】

舵夹板四块【长一丈厚二寸阔六寸】
橹梭六个【长六尺阔五寸厚五寸】
橹印子六个【长二尺五寸阔五寸厚一寸五分】
梢卷楼顶板六【长一丈厚一寸八分阔一尺二寸】
梢平楼板十二【长一丈二尺厚一寸八分阔一尺二寸】
大桅面梁一【长一丈六尺阔一尺四寸厚六寸】
头桅面梁一【长一丈二尺厚五寸阔一尺二寸】
左右土墙二路【用板六块长二丈五尺厚寸八分阔尺二】
平楼过梁一块【长一丈二尺阔一尺厚一寸八分】
各仓梁头十七座【每座用板五块长一丈二尺五寸阔一尺一寸】
披水板二块【长一丈阔一尺二寸厚一寸八分】
篷架三座【每座用板四条长四尺阔四寸厚二寸】
头梢护腮四块【长六尺阔一尺厚一寸八分】
橹跳板十块【长七尺厚二寸阔八寸】
以上共用楠木　根【围三尺长二丈】
杉木　根　【根围三尺五寸长五丈五尺　根围二尺三寸长二丈五尺】
楠木连二枋　块　连三枋　块
杉木连三枋　块　连二枋　块
有旧料减三分
跳板浪漕中路铺仓用松木十根【围三尺五寸长二丈五尺】
橹八张杉木四根【围二尺五寸长二丈五尺】
榆木舵杆一根【围三尺长二丈】
杉木头桅一根【围三尺长三丈】
杉木大桅一根【围四尺五寸长五丈五尺】
檀木舵牙关门二根【围一尺长二丈】
杉槁木十根【围七寸长二丈五尺】
杂木水戗二根【围一尺长二丈】　水撅二根　榔头一把
旗哨招竿杉木三根【围一尺长二丈
杉条木蓬秤杠四根【围一尺长二丈】
装修大柜柱子八根【长七尺五寸见方四寸】
挂腰枋四根【长一丈八尺阔四寸厚二寸】
横枋五根【长九尺阔五寸厚四寸】
左右前中装板三丈五尺【长四尺厚七分】
暖槅八扇【长四尺阔一尺五寸】
双卷楼柱六根【长九尺见方五寸】
顺枋二根【长一丈四尺阔五寸厚四寸】
横箍头枋四根【长一丈阔五寸见方四寸】
横□梁一根【长一丈阔一尺五寸厚四寸】
长楼柱子六根【长七尺五寸见方四寸】
过梁地脚五【长一丈阔五寸厚四寸】
问枋十八根【长三尺五寸阔三寸厚二寸五分】
挂枋四根【长二丈阔四寸厚二寸五分】

挨地平麻力槽枋八十根【长四尺阔三寸厚二寸】

抱柱十二【长六尺阔二寸厚二寸】

麻力板十六空【每空阔四尺长二尺八寸厚七分】

地平三十扇【长四尺阔二尺七寸】

长槅二十八扇【长六尺阔一尺八寸】

平门六扇【长六尺阔一尺八寸】

短槅二十二扇【长三尺五寸阔一尺六寸】

雨篛板二十二块【长四尺阔一尺七寸厚七分】

梢柱十根【长六尺五寸见方四寸】

过梁五根【长一丈四尺阔六寸厚四寸】

腰枋五根【长七尺阔三寸厚二寸】

披水板二路【阔三丈二尺长二尺五寸厚七分】

五山屏风床一张

桌子一张　铳杆三根　铳架一座　鼓架一座　枪架一座　衣架一　扶梯五【长一短四】灶架一　锅盖二　雕受带【三十二条】　鼓蓬一　面架一　面盆一

长短云头花板十三块【稍楼】用　戽斗一　旗柜一　抬桶水桶浴桶吊桶净桶各一

以上共用杉木　根【围三尺五寸长二丈五尺】

杉木连　二枋　块【长一丈四尺阔一尺二寸厚五寸】

有旧料减三分

油舱【桐油六百斤　黄麻六百斤　石灰千二百斤】

缆索【棕六件五十七条　棕毛六百五十斤　麻十件十七条　白麻三十斤　黄麻二百十斤】

纤缆带缆各一条【青水竹八百四十根】　竹挽

风篷二扇【青筀竹三百十五根　芦柴八十束　黄藤七十四斤　毛竹二根　棕毛八十四斤】

油饰彩画【桐油六十斤　黄丹一斤　银朱二斤　光粉廿五斤　铜青六两　墨煤十五斤　水胶八斤　二朱二斤　合碌一斤　藤黄一两　三碌一斤　靛青二两　蜜陀僧二两　番朱廿斤　白面五斤　瓦灰二斗】

鼓一面　缨头【黑缨二斤　生狰水牛皮三分　红鹿皮三分　白麻线二两】

槅子【蚬壳八十斤　毛竹二根】

旗二面【号带二条　阔白绵布三匹零二尺　黄丝线七钱】

染【槐花一斤明矾十两　苏木二两】

玲珰桅饼仙人掌【白杨木一段围二尺五寸长一丈　檀木一段围二尺五寸长六尺】

铁钉浮动什物【大小铁钉九百十斤　攀头二条各长七尺　重十二斤　磨骨钉四十个　橹脚环十个　篙钻十个　跳板圈二个　铁挽二把　旗柜戽斗小钉五十　攸蓬圈二个　拐棒锔五十个重二十五斤　摆锡炮钉四千五百个　万字锔六十个重十五斤】

本船诸料共该银　百　十　两　钱　分　厘　毫内如有旧木钉三分扣除实该银

工食银

二百料巡沙船

【启按所谓沙船象崇明三沙船式也三沙浮海人长吞天浴日之区靛盐为业履险如夷走船如马家海门江朝吴暮楚苟惊风立浪之相□则鼓气扬眉之有象矣是以率多无良咎之者皆以性成于习而不知器利于用者有以助之巡船式之器亦利矣用器者能以沙船之习习之斯不失为军国之沙船也中有洞屋足以更番外有女墙足以□卫义起者云】

头仓长四尺五寸　二仓三仓四仓俱长四尺　五六仓各长四尺五寸　七八仓官楼各长四尺二寸　九十仓各长四尺五寸　虚头仓长八尺八寸　虚梢长一丈　共长六丈七尺阔一丈三尺六寸

正底十一路【长四丈四尺五寸阔九寸厚二寸一分】

帮底二路【长四丈五尺五寸阔一尺一寸厚二寸一分】

拖泥二路【长四丈七尺厚二寸阔一尺一寸】

出水栈二路【长四丈八尺厚二寸阔一尺二寸】

中栈二路【长五丈阔一尺四寸厚二寸】

完口栈二路【长五丈三尺厚二寸阔一尺四寸】

插找四路【长一丈六尺阔一尺厚二寸】

出脚板二路【长六丈□□阔九寸厚□□□分】

康木二路【长六丈五尺阔五尺厚二寸五分】

厰堂六路【长五丈四尺阔一尺一寸厚一寸八分】

罗框平盘四路【长六丈五尺阔七寸厚寸八分】

侧口二路【长四尺厚二寸阔四寸】

关头板七块【长八尺阔一尺一寸厚二寸】

铺头板四【长八寸厚二寸阔一尺】

孟头梁一【长八尺厚四寸阔八寸】

拿狮二路【长一丈五尺阔四寸厚四寸】
关梢板四块【长七尺厚一寸八分阔九寸】
草鞋底二块【长九尺厚一寸阔七寸】
稍后拿狮二【长五尺厚五寸阔五寸】
灶门梁二块【长七尺厚一寸八分阔八寸】
铺梢板六块【长八尺厚一寸八分阔一尺】
线梁四块【长一丈阔五寸厚三寸五分】
面梁一块【长一丈三尺阔一尺三寸厚五寸五分】
小面梁一块【长一丈阔一尺二寸厚五寸】
千斤板二块【长二丈一尺阔八寸厚二寸】
官楼土墙二路【长一丈五尺阔二尺厚一寸八分】
横梁板一块【长六尺二寸阔二尺厚三寸】
官楼平盘二路【长一丈五尺阔八寸厚一寸八分】
老鼠桥四路【长一丈五尺阔五寸厚四寸】
官楼锁伏板九块【长四尺阔一尺厚一寸八分】
梢楼土墙二路【长一丈七尺厚一寸八分阔二寸五分
左右顶板四路【长一丈七尺厚一寸阔一尺二寸】
梢楼侧口二路【长一丈七尺阔五寸厚二寸五分】
老鼠桥二块【长一丈七尺阔四寸厚二寸
梢楼面梁二块【长七尺厚一寸八分阔八寸】
梢后锁伏十二【长三尺阔一尺三寸】
上下舵巾板二块【长九尺五寸阔一尺厚二寸五分】
将军柱一根面梁一块【长六尺厚一寸八分阔一尺】
车关车耳【共长六尺厚五寸阔八寸】
大小帆柏二个【共长六尺厚五寸阔一尺】
左右狗脑十块【长二尺五寸阔四寸厚三寸五分】
橹梭四个【长五尺阔四寸】
编舵板六块【长三尺厚二寸阔一尺】
橹印子四个【长八尺厚一寸五分阔五寸】
橹跳板六块【长六尺厚二寸阔七寸】
各仓梁头十三座【每座四块长一丈一尺阔一尺三寸】
篷架三座用板四块【长六尺厚二寸阔三寸】
以上共用楠木并折板枋　根【围三尺长三丈】有旧料减三分
头桅杉木一根【围一尺五寸长三丈二尺】
大桅杉木一根【围三尺五寸长五丈五尺】
橹四张杉木二根【围二尺五寸长二丈五尺】
榆木舵杆【围二尺五寸长一丈八尺】
檀木舵牙关门棒二【围一尺长一丈】
杂木水戗二根【围一尺长二丈】
蓬秤杠四根【围一尺长二丈】
脚跳板二块
杉木旗哨杆三根【围一尺长二丈】

杉槁木十根【围七寸长二丈】

槲头一把　水橛二个

装修官仓照面仓槅子六扇【长五尺五寸阔一尺七寸】

上下枋四根【长七尺五寸阔四寸厚二寸五分】

抱柱枋四根【长五尺五寸阔二寸厚二寸】

床面一　上下欢门槅子二扇【长四尺阔一尺二寸】

左右麻力槽枋四【长八尺阔三寸厚二寸】

麻力板二槽【阔八尺长四尺厚七分】

左右遮阳柱子十【长四尺阔四寸厚三寸】

下脚槅子十个【长一尺二寸阔五寸厚一寸五分】

遮阳板八空【每空阔二尺三寸长八尺五寸厚九寸】

稍门二扇【长三尺阔一尺七寸】

梢阑干二扇【杆二根长一丈八尺方三寸柱四根长二尺方二寸】

荷叶【四个】　铺板九仓

全船水枧　枪架一座【六方】　铳杆一根　铳架一座　扶梯一张　戽斗一　水桶一　吊桶一　旗柜一　木羊头二　锅盖一　水牌一　水挽一

以上共用杉木　根【围二尺五寸长二丈五尺】杉木连二枋　块　分　有旧料减三分

油艌【桐油二百五十斤　黄麻二百五斤　白麻十五斤　石灰】

油饰彩画【桐油十五斤　黄丹八两　密陀僧三两　番朱二斤　水胶三斤　墨煤三斤　二朱十五两　靛青三两　藤黄二两　三碌十五两　枝条碌十五两　银朱十五两】

风篷二扇【青笙竹一百四十根　棕毛六十斤　黄藤四十斤　芦柴四十六束】

牵篙二件【青水竹三百七十根】　竹挽二条

棕锚缆橹绷等六件【棕毛三百七十斤】

麻旗线箍头等索九件【黄麻一百五十斤　白麻十五斤】

旗一面【号带二条　黄丝线五钱　阔白绵布二匹】

染【苏木八两　槐花八两　明矾五两】

缨头一副【黑缨二斤　红鹿皮一分　白麻线三钱　生狰水牛皮一分】

钉槅子六扇【蛔殼十五斤】

玲珰桅饼仙人掌【檀木一段围二尺五寸长三尺　白杨木一段围二尺五长一尺】

铁锅一

铁钉浮动什物【大小铁钉四百七十斤　铁攀头二条重六斤　橹脚环四个重一斤　篙钻十个重二斤八两　铁千金四个　铁挽子二把重一斤　拐棒锔十二斤　万字锔八斤　钉蛔殼小炮钉八两　门环一副】

本船诸料共该银　百　十　两　钱　分　厘　毫内如有旧木钉三分扣除实该银

工食银

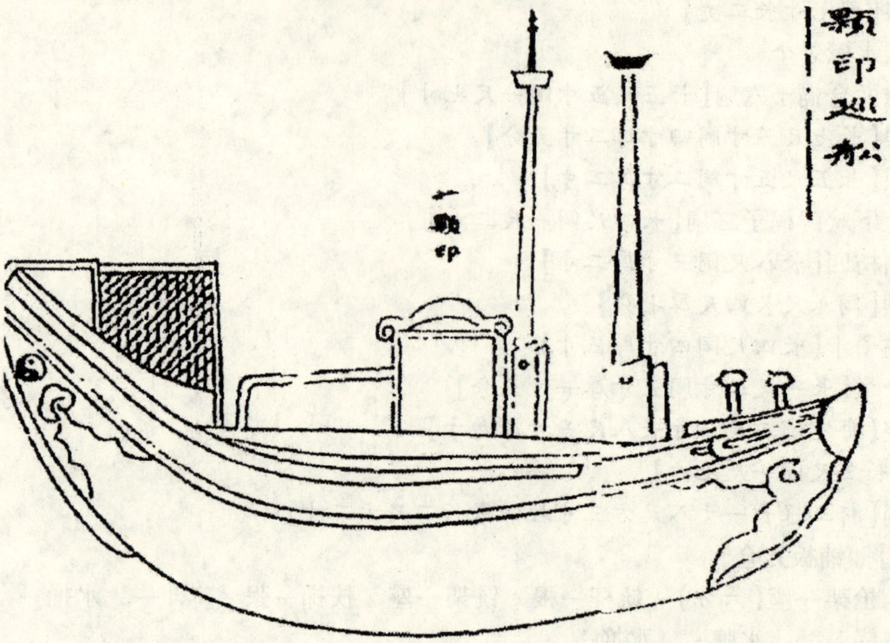

二百料一颗印巡船

【启按巡船以一颗印称前未之闻讯其所以云官仓如印盖象形也较之沙船料同而制稍异尝窃计之战船贵大而雄巡船贵小而犍何也战者与敌为竞非大不足以镇压之若夫巡者所巡不过城狐社鼠之流□□檐蜂之属耳诸哨船轻浅船足任之矣今此与沙船俱适当战船之一等较武者宜不可无等第之杀云】

头仓至四仓各长四尺　五仓至七仓各长四尺五寸　八仓官楼长四尺二寸　九仓十仓各长四尺五寸　虚头仓长八尺八寸　虚梢长一丈　共长六丈一尺五寸阔一丈二尺六寸

正底九路【长四丈六尺阔九寸厚二寸二分】

出水栈二路【长五丈二尺阔一尺一寸厚二寸】

中栈二路【长五丈五尺阔一尺二寸厚二寸】

完口栈二路【长五丈八尺阔一尺五寸厚二寸】

插找六块【长一丈八尺阔一尺五寸厚二寸】

出脚板二路【长六丈三尺阔九寸厚二寸】

左右厰堂四块【长六丈四尺阔一尺三寸厚二寸】

搪浪板十块【长九尺阔一尺二寸厚二寸】

关梢灶门梁铺梢盂梢板梁共十六【长八尺阔一尺厚二寸】

各仓梁头十二座【每座五块长丈一阔九寸厚二寸】

侧口二路【长四丈厚二寸五分阔六寸】

左右庳木二路【长六丈五尺阔六寸厚三寸】

伏狮头一个【长一丈围三尺】

梢伏狮一个【长八尺围八尺】

将军柱二个【长六尺】

拿狮二路【长六丈三尺方四寸五分】

大面梁一块【长一丈二尺阔一尺四寸厚五寸】

小面梁一块【长一丈阔一尺三寸厚五寸】

桅夹板四块【长八尺厚二寸二分阔尺二寸】

千斤板二块【长一丈八尺阔八寸厚二寸】

橹跳板四块【长六尺阔七寸厚二寸一分】

编舵板夹板共七块【长五尺阔一尺厚二寸】

铺头板五块【长九尺阔一尺厚二寸】

线梁五块【长一丈阔一尺厚一寸五分】

上下舵巾板二【长八尺阔一尺厚二寸二分

前后锁伏三十五块【长五尺五寸阔一尺厚一寸八分】

以上共用楠木并折板枋　十　根　分【围三尺长三丈】有旧料减三分

大桅杉木一根【围三尺五寸长四丈五尺】

头桅杉木一根【围二尺五寸长二丈五尺】

橹四张杉木二【围二尺五寸长二丈五尺】

舵杆榆木一根【围二尺五寸长一丈八尺】

舵牙关门棒檀木二【围一尺长一丈】

杂木水戗二根【围一尺长二丈】

杉条木旗哨招杆三根【围一尺长二丈】

杉槁木八根【围七寸长二丈】

装修官楼柱二根【长八尺见方四寸五分】

过梁枋五根【长六尺阔六寸厚二寸】

壁尺二根【长四尺阔三寸厚八寸五分】

门二扇【长四尺阔一尺六寸厚二寸四分】

后梁头板三块【长六尺阔一尺五寸厚一寸七分】

顶板一座【长六尺阔六尺厚一寸七分】

卷花板二块【长一尺阔七寸厚一寸四分】

长楼土墙板二座【长丈四阔三尺厚寸七分】

顶板一座【长一丈一尺阔六尺厚一寸七分】

后梁板一块【长六尺阔二尺八寸厚一寸七分】

梢楼柱四根【长六尺方四寸】

过梁二根【长九尺五寸阔五寸厚二寸五分】

桁条三根【长四尺五寸方三寸】

后土墙板三座【长七尺五寸阔五尺厚一寸七分】

顶板一座【长七尺五寸阔九尺五寸厚一寸七分】

扶梯一张　旗柜一个　蓬架三座　脚跳板二　前后水枧　铺板五仓　榔头一把　水撅二　木羊头二　戽斗一　水桶一　吊桶一　锅盖一　水牌一　水挽一

以上共用杉木　根　分【围一尺五寸长一丈五尺】

杉　木连二枋　块　【长一丈四尺阔一尺二寸厚五寸】

有旧料减三分

油艌【桐油一百斤　黄麻一百斤　石灰四百四十斤】

油饰彩画【桐油十二斤　墨煤二斤　银朱五两　水胶二斤　藤黄二钱　靛青一两　二朱五两　黄丹一斤　蜜陀僧一两　三碌三两五钱　枝条绿三两五钱　光粉二斤】

风篷二扇【青笙竹一百五十　黄藤四十斤　棕毛五十斤　毛竹二根　稍蓬芦席廿领　芦柴五十束　杉条蓬秤杠四根围一尺长二丈】

纤簟一条　系水一条【青水竹三百五十根】　竹挽二条

棕锚缆橹绷等六件【棕毛三百五十斤】　麻旗线箍头等十件【黄麻一百五十斤　白麻二十斤】　旗二面【号带二条　白绵布二匹　黄丝线五钱】

染【槐花八两　苏木八两　明矾五两】

缨头一副【黑缨二斤　白麻线三钱　生狰水牛皮一分　红鹿皮一分】

钉槁【蚵殼十斤】

玲珰桅饼【檀木一段围二尺五寸长三尺　白杨木一段围二尺五长一尺】

铁钉浮动什物【大小铁钉四百七十斤　槁钻八个重二斤　橹脚环四个重一斤　铁攀头一条重六斤　万字钩十斤　铁挽子二把重一斤】

本船诸料共该银　百　十　两　钱　分　厘　毫内如有旧木钉三分扣除实该银　百　十　两

工食银

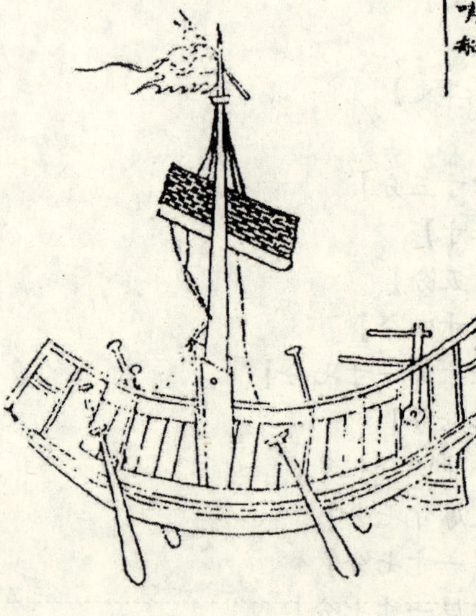

九江式哨船

【启按哨字名义不蒙战阵及考往古战阵国书皆无哨名至会典始载神机营有左哨右哨又律疏载军卫有罪者发嘹哨即会典所谓哨者观之左右游击之义也即律疏所谓哨者观之墩堡觇谍之义也然亦未有名其器者船之名哨实肇于正德之九年比年流贼猖狂东驰西突国狗之瘈无走弗噬海内汹汹东南摇动南京守备操江谋为探察之计故有是设求其江船之最利于疾速者莫如九江安庆九江者无洞而差长安庆者有洞而差小没入汩出狎浪骄风岂惟便于伺察为哉使战阵而庸之则或为向导或为挑战或为疑兵或为伏甲焉往不利所谓立成器以为天下利非是耶】

头仓至四仓各长三尺一寸　五仓长二尺五寸　六仓至九仓各长三尺二寸　虚头仓长六尺　虚梢长六尺五寸　共长四丈二尺阔七尺九寸

正底五路【长二丈七尺五寸阔一尺二寸厚一寸六分】

帮底二路【长二丈八尺阔九寸厚一寸六分】

拖泥二路【长二丈九尺阔九寸】

出水栈二路【长三丈五尺阔一尺二寸】

左右中栈二路【长三丈五尺阔一尺二寸】

完口栈二路【长三丈五尺阔一尺二寸】

出脚板二路【长四丈阔七寸厚一寸八寸】

康木二路【长四丈阔七寸厚三寸五分】
厂堂四路【长三丈二尺阔九寸厚一寸六分】
拿狮二路【长四丈厚三寸阔五寸】
侧口二路【长二丈厚一寸六分阔三寸】
关头板六块【长五尺厚一寸六分阔一尺】
盃头板二路【长五尺厚一寸六分阔八寸】
关梢板二块【长四尺五寸阔一尺厚一寸六分
插找四块【长七尺厚一寸六分阔七寸】
铺梢板五块【长三尺阔一尺厚一寸六分】
面梁一块【长七尺厚三寸阔一尺】
将军柱面梁一【长六尺阔八寸厚三寸】
前后锁伏板二十四【长四丈五尺阔三丈厚一寸六分】
各仓梁头十一座【每座用板五块各长六尺阔九寸厚一寸六分】
草鞋底三块【长四尺五寸厚七分阔六寸】
伏狮头一个【长三尺】
将军柱一个【围二尺长五尺】
梢伏狮一个【长三尺围二尺五寸】
上下舵巾板二块【长三尺厚二寸阔七寸】
编舵板三块【长三尺厚一寸六分阔六寸】
桨扇板四块【长八尺厚一寸四分阔七寸】
以上共用楠木并折板枋　十　根　分【围三尺长三丈】有旧料减三分
桅心杉木一根【围二尺长二丈六尺】
杉槁木四根【围七寸长二丈】
杉木旗哨杆一根【围七尺长一丈五尺】
押伏杉木二根【围七寸长一丈五尺】
杉木招杆一根【围七寸长一丈】
水枧二十根【内一根围一尺长一丈五尺】
篷提头杉条木二根【围一尺长二丈】
橹一张杉木五根【围二尺五寸长二丈】
铺板一仓脚跳一块炮架一副旗柜一个共用松木一根【围三尺长三丈】
槐木舵杆一根【围一尺长七尺】
槐木舵牙一根【围七寸长四尺】
桨四把用杉木五【围尺五长二丈】
榆木桨桩四根【围七寸长二尺】
楠木将军柱一根【围二尺长四尺】
榆木榔头一个【围二尺五寸长一尺三寸】
檀木水撅二根【围一尺长四尺】
桨皮条八　戽斗一　水牌一
油艌【桐油八十斤　黄麻八十斤　石灰一百六十斤】
棕五件【棕毛四百八十斤】
麻五件【黄麻二十八斤】
牵篙一条【水竹五十根】

竹挽子二条

风蓬一扇【青笙竹三十一根　芦席五领　黄藤四斤　棕毛四斤　芦柴十五束　毛竹一根】

旗一面【号带一条　白绵布一匹】

染【槐花四两　明矾一两】

缨头一副【黑缨八两】

桅饼玲珰四个

油饰彩画【桐油三斤　番朱六两　墨煤四两　黄丹一两】

铁钉浮动什物【大小铁钉一百八十斤　拐棒环十四个重七斤　万字锔十六个重四斤　炮架铁圈四副　小铁索二条　弓蓬锔六个　弓蓬圈六个　风蓬钩六个　桨锔八个　扒头钉八个　橹脚环一个　吊舵圈一个　铁挽子一把　旗杆厍斗小钉五十个　铁锚一重四十斤　铁锅一口阔一尺二寸　篙钻四个　攸蓬圈一个】

本船诸料共该银　百　十　两　钱　分　厘　毫内如有旧木钉三分扣除实该银

工食银七两五钱六分

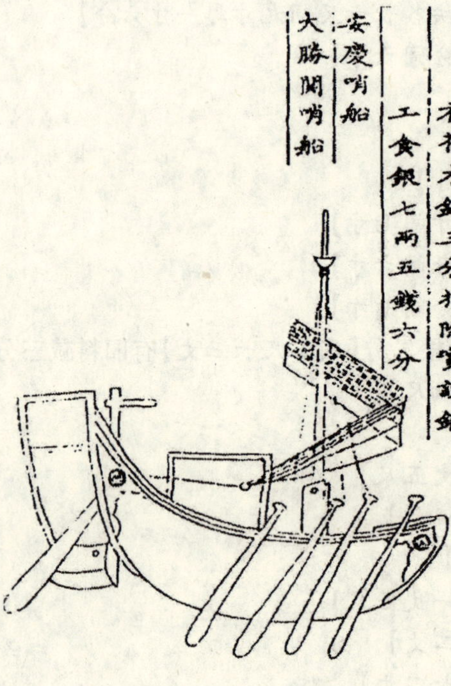

安庆哨船　大胜关哨船

【启按安庆船疏备前九江船下而所谓大胜关哨船者非别有一式也即此以给□人俾为之守夫□□南都险要长波断岸讥察非常非是焉济哉】

头仓至四仓各长三尺　五仓官楼至八仓各长三尺　虚头仓长六尺二寸　虚梢长六尺五寸　共长三丈六尺七寸阔七尺八寸

正底五路【长二丈四尺厚一寸六分阔一尺二寸】

帮底二路【长二丈四尺五寸厚一寸六分阔一尺】

拖泥二路【长二丈五尺厚一寸六分阔一尺一寸】

出水栈二路【长二丈八尺厚一寸六分阔一尺一寸】

中栈二路【长三丈三尺阔八寸厚一寸六分】

完口栈二路】长三丈四尺阔一尺厚一寸八分】

左右插找二路】长一丈厚一寸六分阔一尺】

出脚二路【长三丈六尺七寸阔一尺厚一寸八分】

草鞋底二块【长七尺厚八分阔一尺】
厰堂板四路【长二丈八尺阔一尺厚一寸六分】
里口二路【长二丈八尺阔四寸厚二寸】
拿狮二路【长二丈一尺阔五寸厚三寸】
康木二路【长三丈六尺七寸阔四寸厚三寸】
关头板六块【长六尺阔一尺二寸厚一寸六分】
关梢板五块【长五尺八寸阔一尺厚一寸六分】
灶门梁花板四块【长五尺八厚寸六分阔一尺一寸】
铺梢板四块【长六尺五寸厚一寸六分阔一尺二寸】
铺头板二【长五尺厚一寸六分阔一尺一寸】
线梁一块【长五尺厚二寸五分阔八寸】
各仓梁头十座【每座板三块长六尺五寸六分阔一尺三寸】
前后锁伏板二十【长四尺阔尺一寸厚一寸六分】
官楼土墙二块长六尺五寸厚一寸六分阔一尺三寸】
横梁板二【长五尺厚二寸阔一尺三寸】
上下舵巾板二【长五尺五寸厚二寸阔一尺一寸】
桅夹二块【长四尺五寸厚一寸八分阔一尺】
编舵板四块【长二尺五寸阔一尺厚一寸六分】
面梁一块【长四尺阔一尺三寸厚三寸】
伏狮头一个【长五尺八寸围二尺五寸】
梢伏狮一个【长五尺八寸围二尺】
前后锁伏水枧　根
将军柱一个【长五尺围二尺】
以上共用楠木并折板枋　根　分【围三尺长三丈】有旧料减三分
桅心杉木一根【围二尺长二丈六尺】
杉槁木四根【围七寸长二丈】
旗杆杉木一根【围七寸长一丈五尺】
杉木哨杆一根【围七寸长一丈】
篷提头杉木二根【围一尺长二丈】
铺仓脚跳旗柜【松木一根围三尺长三丈】
橹一张杉木五分【围二尺五寸长二丈】
槐木舵杆一根【围一尺长七尺】
桨栗木八根【长八尺】
桨水扇八块楠木一根【围三尺五寸长六尺】
槐木舵牙一根【围七寸长四尺】
榆木桨桩八根【围七寸长二尺】
吊桶一　榆木榔头一【围二尺五寸长一尺三寸】
檀木水橛二根【围一尺长四尺】　戽斗一　水牌一　桨皮条十六
油艌【桐油八十斤　黄麻八十斤　石灰一百六十斤】
顶缆度緷等棕五件【棕毛一百八十斤】
麻索等四件【黄麻三十五斤】
纤篷【青水竹五十根】　竹挽一

风蓬一【青笙竹三十一根　黄藤四斤　芦柴十五束　棕毛四斤　芦席五领　毛竹一根】

旗一面【号带一条　白绵布一匹】

染【槐花四两　明矾一两】

缨头一副【黑缨八两】

桅饼玲珰四【白杨木　檀木】

油饰彩画【银朱六两　二朱六两　合碌六两　三碌六两　光粉十两　墨煤八两　番朱十二两　水胶十二两　靛青一两　黄丹二两　石黄四两　桐油五斤】

铁钉浮动什物【铁钉一百八十斤　拐棒钩七斤　攀头二条各长三尺五寸　万字钩四斤　□头四条　帽盘箍二道　方箍一道　铁蚂蝗四条　梢头磨脐二　橹箍二道　橹丁公一个　吊舵圈一　纳伏圈六副　桨钩十六个　槁钻四个　桨扒头十六　旗杆钉五十　铁挽子一把　铁锚一个重四十斤　风蓬钩一副　铁索一条长二丈五尺重一十五斤　铁锅一口　弓蓬圈六　个　攸篷圈一个　瓦碗　钩六个】

本船诸料共该银　十　两　钱　分　厘　毫内如有旧　木钉三分扣除实该银

工食银

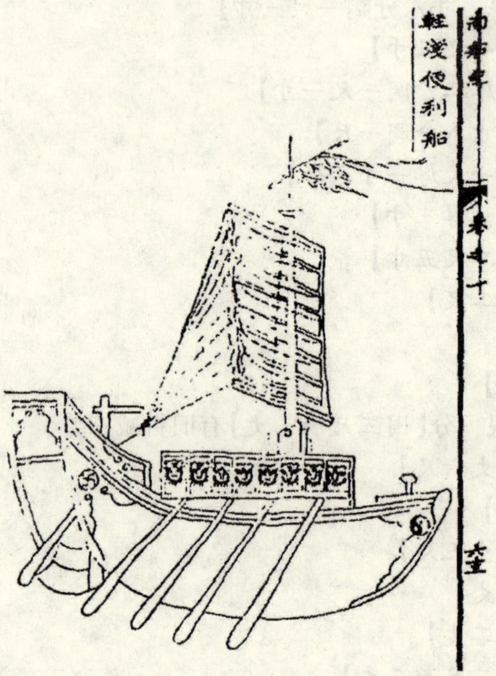

轻浅便利船

【启按飘扬不滞曰轻浮泛不碍曰浅亨通不括曰利旋转不劳曰便船以是名古何仿乎刘裕尝设轻利船北伐取胜则是名之命未为无因考其尺度与一百料战船同考其法制与一百五十料战船同大致法取走舸可以巡可以战唯夫所以用之夫用船者兵尝谓兵之不可不利也而切谓器之尤不可不利也何也古人有言曰器械不精以其卒与敌也况夫舶之为器所系尤重盖容一人则一人之命所悬容十人则十人之命所悬容百人则百人之命所悬苟一□之□不□则灭顶之祸无涯三军之命唯危而匠氏之心易忽夫所以忽之者特狃于偷惰之私溺于侵渔之习而不知师旅之命系于举手之下也呜呼制其心而不使至于忽者谁之责与敢以是为吾督司者告】

头仓长三尺五寸　二仓三仓各长三尺三寸　四仓五仓各长三尺二寸　六仓至十仓各长三尺四寸　十一仓长三尺五寸　虚头长七尺　虚梢长八尺五寸　共长五丈二尺五寸阔一丈零三寸

正底九路【长三丈七尺厚一寸八分阔一尺】

帮底二路【长三丈八尺厚一寸八分阔一尺一寸】

出水栈二路【长四丈二尺厚一寸八分阔一尺一寸】

中栈二路【长四丈六尺厚一寸八分阔一尺四寸】
完口栈二路【长四丈八尺厚一寸八分阔一尺二寸】
插找二路【长一丈七尺阔一尺厚一寸八分】
出脚板二块【长五丈二尺五寸阔八寸厚一寸八分】
康木二路【长五丈二尺阔七寸厚四寸】
前海漫板五块【长九尺厚一寸八分阔一尺二寸】
拿狮二路【长五丈阔五寸厚四寸】
关头板六【长七尺厚一寸八分阔一尺一寸】
铺头横板一块【长六尺厚一寸八分阔一尺二寸】
将军柱面梁一块【长八尺厚四寸阔一尺一寸】
线梁一块【长八尺厚三寸阔一尺】
关梢板六块【长六尺五寸阔九寸厚一寸八分】
草鞋底三块【长七尺厚八分阔六寸】
铺梢板五块【长八尺厚一寸八分阔一尺一寸】
上下舵巾板二块【长八尺厚二寸阔一尺】
皂门梁花板二块【长六尺厚一寸八分阔九寸】
土墙二路【长一丈七尺厚一寸六分阔一尺五寸】
平盘板二路【长一丈七尺阔三寸厚一寸八分】
厫堂板六路【长三丈六尺厚一寸八分阔一尺一寸】
前后锁伏板二十五【长四尺厚一寸八分阔一尺一寸】
梢后挽脚梁一块【长八尺五寸阔一尺厚二寸五分】
侧口二路【长三丈二尺厚二寸阔五寸】
大面梁一块【长一丈五尺厚四寸阔一尺二寸】
伏狮头一个【长六尺五寸围三尺】
各仓梁头十三座【每座板三块长九尺阔一尺二寸厚一寸八分】
将军柱五个【长五尺五寸围二尺五寸】
编舵板四块【长三尺厚一寸六分阔一尺一寸】
舵夹板四块【长五尺厚二寸阔四寸】
橹梭三个【长四尺厚三寸阔四寸】
橹三张【长一丈七尺阔五寸厚五寸】
桨十把用板八块【长八尺厚一寸四分阔七寸】
桨印子十个【长八尺厚二寸阔五寸】
橹跳板二块【长四尺厚二寸阔五寸】
橹床板二块【长四尺厚二寸阔四寸】
小官楼一座【左右】
土墙二【长四尺阔一尺】
龙骨二路【长三丈厚二寸五分阔四寸】
帆柏一块【长三尺厚三寸五分阔一尺】
桅夹板二块【长六尺厚一寸八分阔尺一寸】
随船水枧　根
铺仓板九
以上共用楠木　十根分【围三尺长三丈】

杉木　根【围三尺长三丈】
有旧料减三分
杉木桅一根【围三尺长四丈六尺】
杉槁六根【围七寸长二丈】
旗哨杠杉木一根【围一尺长二丈
桅栓舵牙一根桨桩十【檀木四根阔一尺长七尺】
檀木关门棒一根【围一尺长八尺】
桨栗木十六根【围八寸长八尺】
脚跳板松木
蓬秤杠杉木三根【围一尺长八尺】
水撅二　榔头一　木羊头二　戽斗一
装修柱子十二根【长五尺五寸见方四寸五分】
顺篐头地脚枋六根【四根长三丈二根长一丈】
女墙门三十六【长三尺五寸阔一尺七寸】
门档七十二根
铳架一座　铳杆三　扶梯一张　旗柜一　鼓架一座　锅盖一　水桶一只　吊桶一　水牌一
以上共用楠木　根　分【围三尺五寸长三丈二尺】
杉木　根【围二尺五寸长二丈五尺】
有旧料减三分
油舱【桐油一百八十五斤　黄麻一百八十五斤　石灰三百六十斤】
油漆彩画【桐油十斤　番朱一斤　墨煤一斤　黄丹四两　蜜陀僧四两　土子半斤　光粉二斤　二朱六两　水花朱二两　石黄二两　靛花青五两　合碌六两　水胶一斤】
风篷一扇【青筀竹一百根　棕毛二十斤　黄藤十五斤】
纤篷一【青水竹一百根】　竹挽二条
旗一面【号带一条　红绵布三尺　黄绵布一丈】
缨头一【墨缨十二两　生狰水牛皮半分　红鹿皮半分　麻线二钱】
桅饼玲珰葫芦顶仙掌【檀木一段围二尺五寸长四尺】
棕【顶缆一条　系水一条　吊舵一条　橹绷三条　度律一条　细缆一条】
麻【律索一条　减蓬一条　迎篷一条　旗索一条　都管一条】
鼓一面　桨皮条十六条
铁钉浮动什物【大小铁钉四百二十四斤　拐棒钩四十个　万字钩六十个　攀头铁□二条长七尺　攸蓬圈二个　炮头钉四十个　铁挽子二把　铳架铁箍二十八道　小钉二百个　老鹳嘴四十个　将军柱箍三道　舵杆箍二道　桨钩三十二个　桅箍四道　橹箍二道　扒头钉三十二个　橹方圈一个　橹脚环一个　风蓬钩一副　橹丁公一个　吊舵圈一个　鼓钩四副　跳板圈一个　篙钻四个　锁伏圈十个　旗柜戽斗小钉五十个　铁锚一口重六十斤　锁伏圈十个　铁锅一口　阔一尺五寸　粗碗十个　□头二条】
本船诸料共该银　百　十　两　钱　分　厘　毫内如有旧木钉三分扣除实该银
工食银

卷一·后湖金水河船图数之三

后湖者古玄武湖也今库之以藏版籍金水河者古燕雀湖也今堤之以卫宫廷湖有禁重民数也河有渔鹰时鲜也观之禁之渔知船之设匪易与滥矣

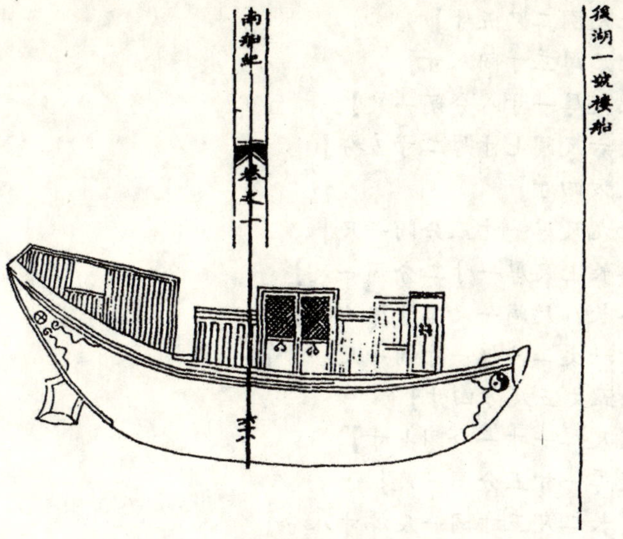

后湖一号楼船

后湖二号楼船

【启按后湖者皇朝之天府万方之版宅焉观其周遭可四十里五洲中峙如蓬岛然昔之图于斯者不为歌舞之区则为讲武之地又不然则为耕锄之薮故有称为天然之池有称为建业□以为险者而岂若圣图远大为得剏建之极哉议者谓天造地设以有待□其信矣是故成祖都北百司尽随而唯后湖之□二百余年虽燕辅北畿数岁而一登其籍于中者犹一日也未尝改设谓非万世之固莫是过与唯夫浩森阔泓虹梁□措济必以船而船之设有禁令焉何则式之禁也有三帆樯不备□杆不备纤索不备行之禁也有三期非五日不渡官非监守不渡人非查对匠役不渡钥之禁也亦有四焉内府藏之中官守之监生请而出纳之户科部司验之酌其政而启闭之其严于法者如此严其地也楼船二官所乘也小者旧制大者正德十五年有为而创备云】

头仓至九仓各长四尺三寸　虚梢长九尺　共长五丈五尺

正底九路【长三丈九尺厚一寸七分各阔一尺】

帮底二路【长四丈厚一寸七分阔八寸】

拖泥二路【长四丈二尺阔一尺厚一寸七分】

出水栈二路【长四丈六尺阔一尺厚一寸七分】

中栈二路【长四丈八尺厚一寸七分阔一尺二寸】

完口栈二路【长五丈厚一寸七分阔一尺】

插找四块【长七尺厚一寸七分阔七寸】

关头板六块【长七尺阔一尺三寸厚一寸七分】

出脚板二路【长五丈五尺阔七寸厚一寸七分】

厫堂二路【长四丈八尺阔一尺厚一寸七分】

关梢板四块【长六尺阔一尺厚一寸七分】

灶门梁二块【长六尺厚一寸六分阔八寸】

伏狮头一个【长七尺围二尺五寸】

木锁梁一块【长七尺厚三寸阔八寸】

铺头板四块【长七尺厚一寸八分阔一尺】

侧口二块【长二丈六尺阔七寸厚二寸五分】

拿狮二路【长四尺方四寸】

左右土墙二路【长九尺厚一寸五分阔一尺】

梢楼顶板七块【各长七尺厚一寸二分阔一尺】

官楼顶板六块【各长八尺阔一尺二寸厚一寸】

长楼顶板七块【长一丈二尺厚一寸阔一尺一寸】

左右康木二路【长五丈五尺方四寸】

草鞋底二块【长九尺厚一寸一分阔七寸】

舵扇五块【长三尺厚一寸五分阔一尺】

盂头锁伏板三块【长二尺五寸阔一尺厚寸八分】

梢后锁伏五块【长二尺五寸阔一尺厚一寸八分】

各仓梁头十一座【每座用板三块长尺阔一尺厚一寸八分】

以上共用楠木十根【围三尺长二丈八尺】

连二连三枋十二块

有旧料减三分

榆木舵杆一根【围二尺五寸长一丈五尺】

檀木舵牙关门棒二根【围一尺长一丈】

杉槁木六根【围七寸长二丈】

装修柱十八根【长七尺方四寸】

挂枋地脚枋五【长一丈八尺阔四寸厚二寸五分】

弯梁横枋十四【长八尺阔一尺厚二寸二分】

槅子四十六扇【长五尺五寸阔一尺六寸】

雨篛板三十块【长五尺阔一尺七寸】

地平十八扇【各长四尺五寸阔二尺五寸】

麻力板十二空【每空阔四尺五寸长一尺五寸】

麻力槽枋廿四【长四尺五寸阔三尺厚二寸】

抱厅并梢左右披水板踏脚一个床一张卷楼云头板六块【各长八尺阔一尺二寸厚一寸五分】

以上共用杉木十一根【围二尺五寸长二丈】有旧料扣三分

油舱【桐油一百八十斤　黄麻一百八十斤　石灰四百斤】

吊舵索等用【棕毛一百斤】

铁钉浮动什物【大小铁钉二百八十斤　万字锔三十个重十斤　铁槁钻八个　拐棒锔二十个重十斤　地平圈六副　铁挽子二把　门环二副】

遮风雨日阳篷【青笙竹一百根　毛竹四根　棕毛五十斤　黄藤十斤　箬叶一百斤】

油饰彩画【桐油五十斤　墨煤四斤　光粉二十斤　二朱一斤　水胶六斤　水花朱一斤　密陀僧四两　番朱四斤　黄丹二斤　白面十斤　枝条碌四两　靛花青一两　藤黄一两】

本船诸料共该银　十　两　钱　分　厘扣旧钉板三分

实该银　十　两　钱　分　厘

一号船工食银十七两九钱七分

二号船工食银十二两六钱三分

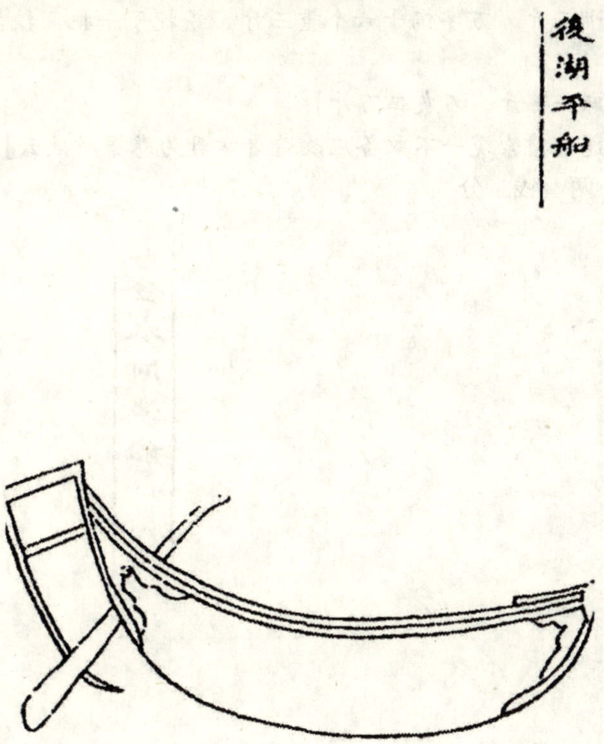

后湖平船

【启按平船所专载者曰册籍曰查对人曰匠役曰物料其禁令患备楼船之下】

头仓至七仓各长三尺四寸　八九仓各长三尺五寸　虚头长五尺二寸　虚稍长六尺　共长四丈二尺

正底五路【各长三丈一尺厚一寸六分阔一尺一寸】

帮底二路【长三丈六尺阔七寸厚一寸】

拖泥二路【长三丈六尺阔九寸厚一寸六分】

出水栈二路【长三丈八尺阔七寸厚一寸六分】

完口栈二路【长四丈二尺厚一寸六阔一尺三寸】

插找四块【长六尺厚一寸六分阔八寸】

康木二路【长四丈二尺阔四寸厚四寸】

关头板六块【长五尺五寸阔一尺厚一寸六分】

出脚板二路【长四丈二尺厚一寸六分阔八寸】

厫堂四块【长三丈四尺阔八寸厚一寸六分】

关梢板一块【长四尺五寸厚一寸六分阔一尺】

梢伏狮一个【长四尺五寸阔七寸厚一寸六分】

头伏狮一个【长五尺五寸围八寸】

铺梢板二块【长四尺厚一寸五分阔一寸二分】

各仓梁头十座【每座用板三块长六尺阔九寸厚一寸六分】

拿狮二路【长四尺二寸方二寸五分】

草鞋底二块【长六尺厚九分阔七寸】

木锁梁一块【长五尺厚二寸阔七寸】

舵盘板一块【长五尺厚一寸五分阔八寸】

以上共用楠木　十　根【围三尺长五丈】有旧料减三分

铁钉浮动什物【钉一百十三斤　万字锔十六个重三斤　铁挽子一把　铁篙钻二个　拐棒锔十个重三斤】

油艌【桐油一百斤　黄麻一百斤　石灰二百斤】

【按后湖船有禁诸凡风蓬樯橹索缆一不敢备应改造者幸毋为卷案所欺云】

本船诸料共该银　十　两　钱　分

工食银肆两八钱

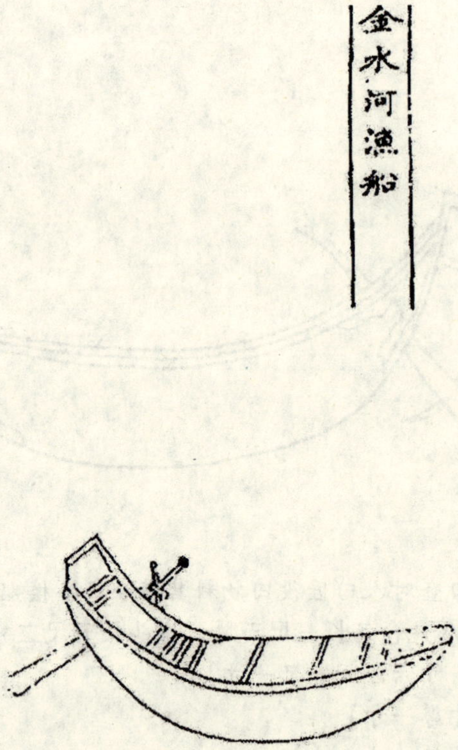

金水河渔船

【启按渔船于诸船中制至小材至简工至约而其用为至重而至慎也何也渔以致孝享也大内者□宫之窟何广且深鱼之鲜备焉采之以为奉先殿之供圣祖孝思维世之则矣宜其圣圣相承以孝治天下】

头仓至六仓各长三尺　虚头仓长三尺五寸　虚梢长三尺　共长二丈四尺五寸

正底三路【长一丈八尺阔八寸厚一寸】

帮底二路【长一丈九尺阔七寸厚一寸】

拖泥二路【长二丈一尺阔五寸厚一寸】

完口栈二路【长二丈三尺阔一尺厚一寸】

康木二路【长二丈四尺五寸阔七寸厚三寸】

插找二路【长四尺厚一寸围】

伏狮头一个【长二尺一寸围二尺】

梢伏狮一个【长二尺三寸围二尺】

孟头板一块【长一尺五寸厚一寸四分阔二尺二寸】

孟锁梁一块【长二尺五寸阔四寸厚一寸四分】

提梁头一块【长二尺五寸阔一尺厚一寸四分】

关头板三块【长二尺五寸厚一寸四分阔一尺】

关梢板三块【长二尺厚一寸四分阔九寸】

里口二块【长五尺厚二寸阔一尺】

各仓梁头七座【每座用板二块长三尺五寸阔一尺厚一寸四分】

以上共用

铁钉五十斤

油艌【桐油六十斤　黄麻四十斤　石灰一百六十斤】

本船诸料共该银

卷一·快船图数之四

恭惟南鼎初宁江防专赖北狩继远月贡旋勤窃尝津问关河而知路途苦鲜船之害也又尝道听驾部而知旗甲苦领船之累也此忧国者每每形之论列救急补偏良多裨益即如缔造之费观之兵不足工继之工不足户继之三部调停财不偏匮政足均矣究其所出孰非朝廷之入哉未有府库而非财赋也仰唯圣明御极之十年下彻民辜悉从南京兵书王公之议贡减其九之三船去其十之七榜揭穹碑象魏昭布于是军伍之领驾者苏驿递之牵挽者节诚迈列圣旷百年而靳见之盛典也比年以来犹以船政为病得无斯民得陇无厌之心妄所觊望也乎或草虫之感方?? 泛舟之后旁午尾虽赪而肩未息也明明在上未必不可嗣请以光前政苟一分之省则三部之余又孰非朝廷之财吁本兵者所司也岂敢僭逾唯岁有兼助之费会督之委会督者官之联故冒及之若夫马船之政虽与黄船并称非联也非联非职也非职不录

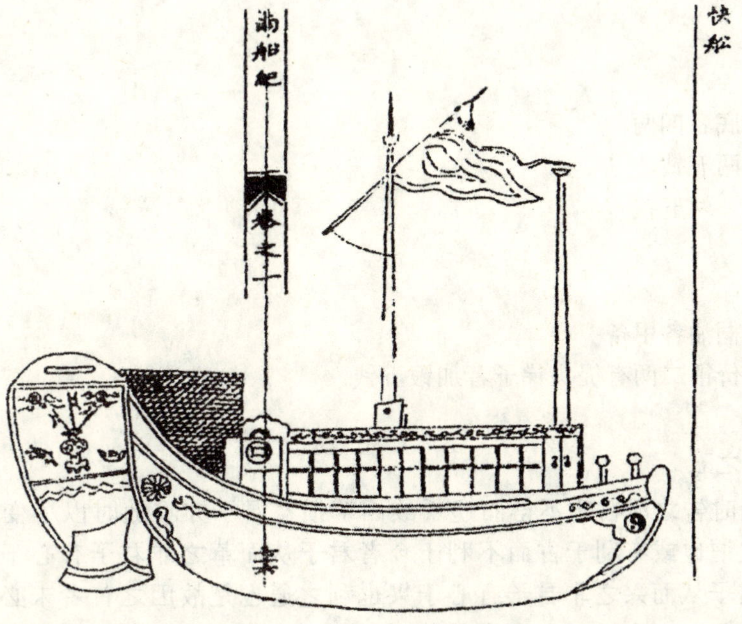

快船

【启按快船者专供南京贡献之政令如鲜藕新茶青梅枇杷榴柿柑橘冬笋橄榄凡八起守备所进也用船五十三今裁而十矣天鹅诸禽风鲫芥菜鹅鸡鸭蛋鲜笋鲜干鲥鱼蜜煎糖糟菜果凡十起尚膳监所进也用船五十七今裁而十二矣荸荠刀豆姜芋十样果凡十起司苑局所进也船二十六今裁而十二矣鲜苗栗子凡二起神宫监所进也用船五香稻凡一起供用库所进也用船二制帛凡一起司礼监所进也用船三各色纻丝罗绫凡一起内织染局所进也用船四诰敕符验□凡一起印绶监所进也用船一白哨鹿皮凡一起巾帽局所进也用船四杨梅凡一起内宫监所进也用船四此皆一岁一进而有限者也冬衣绵布二起针工局所进也船无定数黑扇簸箕笊篱筛帚烘篮及戗金云龙膳桌铜器凡二起内宫监所进也船无定数此皆验数验装而有期者也又若承天琉璃之运砖瓦之

运垒土之运则皆一时之兴作而非著之常典者也此固船所必用而岁造之不容已者焉其制尽一料无高下说稽兵部造船厂工度而列之于左】

一船仓尺寸【出造船厂碑】

前五仓【共长一丈六寸每仓阔三尺底阔五尺四寸横阔六尺】

中四仓【共长一丈三尺六寸每仓顺阔三尺四寸里口阔六尺四寸】

神堂仓【顺阔三尺横阔四尺八寸】

下官仓二【共五尺五寸】

八尺仓【三尺九寸】

以上各仓口要阔厅堂要窄

一船身尺寸

底心【长四丈二尺六寸阔九尺六寸】

梁头【阔一丈二尺六寸】

插头虚板【长一丈三尺四寸】

插梢虚板【长一丈三尺三寸】

以上梁头十四座头尾共长六丈九尺三寸

一板厚薄

底心梁头搪浪板【三样俱二寸二分下锯二寸净】

两厫两栈加援板【三样俱二寸下锯一寸八分净】

一匠作工价

大木匠工银八两

舱作工银七两

锯匠工银三两无底者四两

平船舱作工银六两五钱

平船细木作工银一两五钱

画作工银二钱

油作工银三钱

以上颜料各匠备桐油各甲备

一大小风篷二合价银二两有提头梯子者加银五钱

卷一·裁革船图之五

器以利用制以趋时告之所在物不得而违焉故因革损益君子亦唯随时以尽变通之利而已何也利也者时之所便而安者之谓也或有利于古而不利于今者君子从而革之非君子有心于革也利之穷也或有不利于今而利于后者君子从而兴之非君子有心于兴也利之通也是故因之昔者未必不为今之革革之今者未必不为后之因裁革船三亦夫是而已矣内使其不利也于何举之使其利也于何废之故曰时也是存其制以俟达时通利者

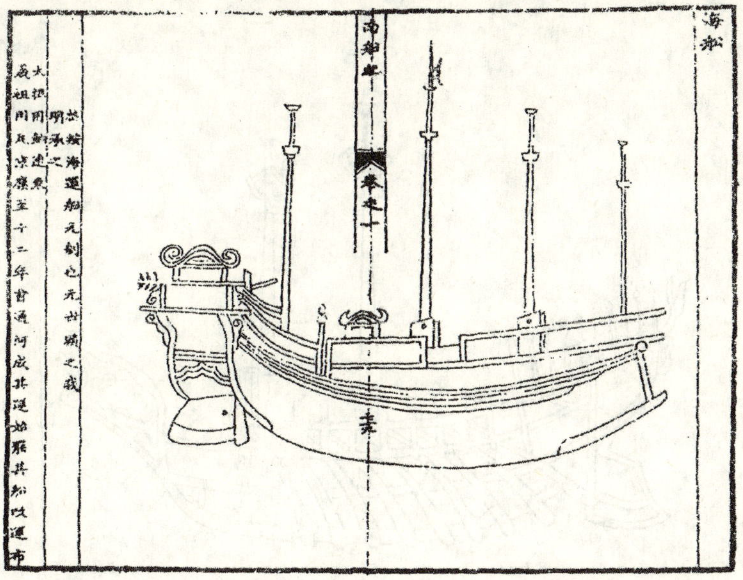

海船

【启按海运船元制也元世赖之我明承之太祖用饷辽东成祖用足京廪至十二年会通河成其运始罢其船改运布花正统间以余船备寇正德间题止海船于是乃革矣革之诚是也而天下之议者未已容无所述尝闻其为海运不可行之说者三有曰九虏也视华为仇惧华之隐海滨者为变故设此以羁其心用其力而轻弃其命也今天下皆赤子宁忍自驱赤子以冒不测之险哉此谓不可行者一说也有曰海运由崇明开洋不旬日而抵直沽者尚矣今沙涨变迁直沽以下淤淖几二百里萑苇弥天芥舟不渡运而抵此大船无所停泊小船不能接济纤莫为力浚莫为工此谓不能行者二说也又有曰惠通间沮治无不通万一艰难怀庆祥符之故道犹存其去卫河七十里耳飞挽无难此谓不必行者三说也其为可行之说者亦有三有曰河运烦劳不若海运之简速会计其费河视陆省十三四海视陆省十八九此计其利害而谓其可行者一说也有曰河害非虞唯夫治久蘖生一旦有如往年流贼奔突东西则炙背熏心之疾也惠通有梗祥符能独利哉此论其常变而谓之当行者二说也有曰登青淮海盐贩为生两浙闽广商掠为业盖华而夷者也其间宁无堪用之才使招而试之各随土著道其险要岂唯可以集事亦化暴为良之机也此即人事而谓之能行者三说也呜呼诸说是非各有轻重夫谓海之不可行者漕政录有见会通之利也谓海之可行者衍义补习知海道之故也人多以此咎文莊启天下纷更附和之谈不知文莊未尝言废河而任海也亦未尝言河海分任其事也特以先事之图欲乘闲暇习船一二俾知海道以济意外分毫之急云虽然近又窃有闻焉闻之旁海间有支河由海州入东安卫抵灵山通马家濠可避刘家岳大洋之险又由马家濠至海沧口新河四百里可避蓬莱黑水之险取道间行舟稳而捷是又一会通而更便者也唯其导泉引水决河立闸之工所不能无蓄泄筑浚而成其功侈之者尤谓其有三利噫三利未足言而前之六说可无劳于聚讼矣是故海船未可轻废乃即职掌之工料匠氏之图形条述之以备为国忧民者考焉】

一千料海船

杉木三百二根　杂木一百四十九根　楠木二十根　榆木舵杆二根　栗木二根　橹梭三十八枝　丁线【三万五千七百四十二个】　杂作【一百六十一个条】　桐油【三十二斤八两】　石灰【九千三十七斤八两】　艌麻【一千二百五十三斤三两二钱】　船上什物【络麻一千二百九十四斤　黄麻八百八十五斤　棕二千一百八十三斤十二两　白麻二十斤】

四百料钻风海船

杉木二百廿八根　桅心木二根　杂木六十七根　铁栗木舵杆二根　橹坯二十根　松木五根　丁线【一万八千五百八十个】　杂作【九十四个条】　桐鱼油【一千一斤十五两】　石灰【三千五斤十三两】　艌麻【七百二十九斤八两八钱】　船上什物【络麻五百七十四斤十四两四钱　白麻十斤　黄藤三百八十三斤八两　棕毛七百三斤】

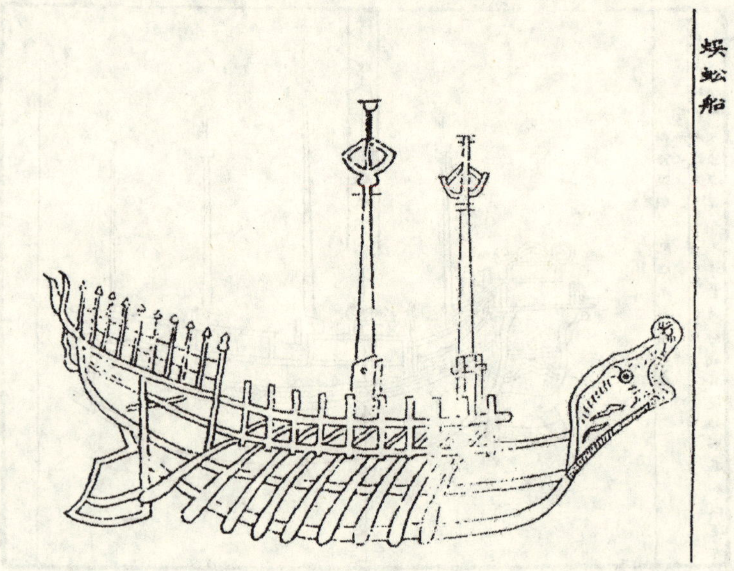

蜈蚣船

【启按船曰蜈蚣象形也其制始于东南夷专以驾佛朗机铳铳之重者千斤至小者亦百五十斤其发之烈也虽木石铜锡犯无不碎触罔不焦其达之迅也虽奔雷掣电势莫之疾神莫之追盖岛夷之常技也浸循流入中国中国因用之以驭夷狄诸凡火攻之具炮箭枪也无以加诸故江防是船特为是器而备其成造也嘉靖之四年其裁革也嘉靖之十三年数年之间未及一试而真知其功用之大也即近日海变而观之穷孽潜滋命将致讨锋未及交而群丑悉毙于兹铳薄震之下诚哉猛烈矣乎宜其于船无不可驾而此必归之蜈蚣船者何耶尝见兵家者流于凡战阵营垒无不侈言之以张大其威灵故古之为阵者有曰天地风云龙虎鸟蛇蛇之一局独举而夸其首尾相应之势未有及于蜈蚣者也今夷人以是名船形之制也式□似之□雉川曰蜈蚣之气能逼蛇夷之制义毋乃为是故与夷而知此亦不可不为之所也呜呼海宴河清万世所愿使长蛇之势不能尽偃则蜈蚣之制其能不兴也乎名器尚存述之以俟】

船身共长七丈五尺阔一丈六尺

正底一路【长二丈六尺连楼】

前巾一路【长一丈八尺连楼】

后巾一路【长一丈四尺连楼】

帮底拖泥栈板二十二路【外左右】

拖泥栈板六十片【内左右】

左右康木二路【长八丈】

左右厫堂二路

龙骨十五根

关梢板六块

上下舵巾二块　帆柏二块

弯梁四十二座

使风梁一座【高六尺五寸长一丈六尺】

前龙口梁一座

后断水梁一座

过梁拖梁二十二根

头桅面梁一块

大桅面梁一块

箍头枋六根

侧口枋七块

顺水平盘六块

左右遮阳柱二十三根

左右遮阳板四十块

战台柱子并过梁四十三根

战台上下枋八根

战台板三十五块

梢楼柱十五根

梢楼顶板十五片

左右杠板

大桅夹二块

头桅夹二块

舵夹板二块

桅栓一根

中路锁伏板一路

官楼顶板

仓内铺板四十片

舵扇板四扇

大桅杉木一根【围四尺五寸长六丈】

头桅杉木一根【围二尺长四丈五尺】

七星桅杉木一根【围二尺长二丈】

橹十八张杉木九根【围二尺五长二丈五尺】

旗竿杉木二根【围一尺长二丈】

舵杆一根

舵牙关门棒二根

杉槁木十根【围七寸长二丈】

架铳将军柱二根

扶梯六用杉木二根【围二尺五寸长二丈五尺】

桅车心绞舵

槲头　水橛二个

桅饼玲珰仙人掌等【檀木一段　白杨木一段】

以上共楠木

前遮阳【生水牛皮三张　芦柴五十束】

油艌【桐油六百斤　黄麻六百斤　石灰一千二百斤】

油饰彩画【桐油四十五斤　石灰四十五斤　黄丹一斤八两　光粉四十斤　蜜陀僧三两　土子一斤　水丹十五斤　墨煤六斤　糯米四升　银朱二斤八两　番朱三斤　二朱三斤　漆黄三斤　靛花青一斤　合黄三斤　三碌三斤】

风蓬二扇【青笙竹二百十根　黄藤四十斤　棕毛五十五斤　杉条蓬秤杠四根】

锚顶缆度緈吊舵【棕毛六百三十斤　白麻二十五斤　黄麻二百五十斤】

纤篾【青水竹四百五十根】

橹绷【黄藤十八斤】

鼓一面　铜金一面　黄布旗二面【号带二条】　七星旗一面【号带一条】　五方旗五面　梢帏幔一副　斗衣二副

【白绵布二十四匹　黄丝线一两五钱　青丝线一两五钱】

染【槐花二斤　苏木六两　明矾八两　靛青二十五斤　陈灰二十斤】

缨头【黑缨十斤　生狰水牛皮五分　红缨一斤九两　红鹿皮五分　白麻线三两】

铁器【大小钉一千六百斤　铁叶四十四条　橹脚环十八副　橹丁公十八个　铁挽子二把　将军柱铁箍二道　篙钻十个　铁锚 二口】

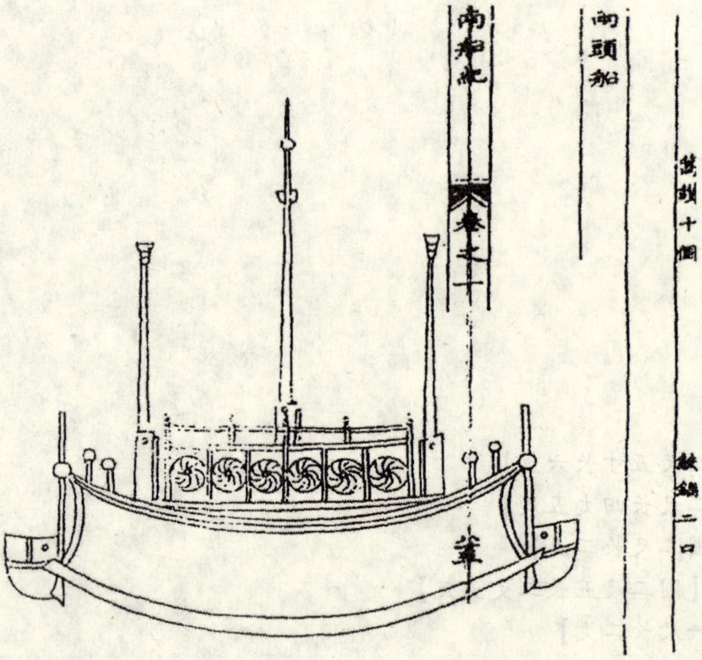

两头船

【启按大学衍义补有两头船之说盖为海运谋船巨遇风惧难旋转两头制舵遇东风则西驰遇南风则北驰海道诸船无逾其利稽之战船卷牍亦有是名裁革已久惜未亲见其式果于江防利乎否也尝谓武备不嫌于多虑患不妨于远莫为之前犹将求之而况为之前者有未泯乎观于补云于海且利则其在江湖浸渎宜无不利也义兹因未泯者而图之以托存革之意】

各工料无稽

卷二·一黄船因革数目例之一

会典国初造黄船制有大小皆为御用之物至洪熙元年计三十七只正统十一年计二十五只常以十只留京师河下听用成化八年本部奏准照快船事例定限五年一修十年成造其停泊去处常用厂房苫盖军夫看守

工部条例凡留京预备黄船一十只例该五年一修十年一造如遇该修造之年官军领驾咨送本部札付督造主事督同提举司官吏匠作料计合用物料会有者行龙江抽分竹木局等衙门关支会无者行拘上江二县铺户买办给作修造遵照钦限完工仍付原差官军领驾料价支芦课工食支匠班银两

又凡南京各卫永乐年间额设大黄船二十四只内渡江并千料遗年朽烂在坞不该修造船九只止有一十五只又设小黄船三十六只俱照例五年一修十年一造先年该修理者就行督造主事并提举司官吏匠作会办修理该造者结申到部奏行工部转行本部覆查明白奏奉钦依然后改造正德十四年该南京外守备衙门题准今后大

小黄船例该改造者南京工部委官覆勘明白即便会计工料奏行本部转行成造不必覆查回奏其会有会无物料工价俱同前

计开

北京预备大黄船十只

通州左卫二只【俱三百料】

通州右卫二只【俱四百料】

神武中卫六只【四百料四只三百料二只】

南京大黄船一十五只【四百料十只三百料五只】

俱南京水军左卫旗军领驾【内二只嘉靖十八年改作香膳船】

南京小黄船三十六只【二百料七只 一百五十料七只 一百二十料十只 一百料八只 九十五料一只 八十五料三只】

南京金吾前卫一只 金吾后卫一只 水军右卫三只 广洋卫五只 龙江左卫五只 锦衣卫三只 龙虎左卫四只 江阴卫五只 虎贲左卫一只 豹韬左卫一只 横海卫一只 留守右卫一只 留守后卫一只 和阳卫二只 旗手卫一只 龙江右卫一只

卷二·匾浅黄船因革数目例之二

卷查匾浅船专为进贡荐新之用先有二百料匾浅船三十只成化三十三年俱因朽坏拆卸停造正德十四年外守备衙门会议大船延涂阁浅不便进鲜题咨到部议处先行料船十只备行督造主事督令龙江提举司造完十只给与南京锦衣等卫小甲领驾其修造工料比小黄船间有多寡

船十只【俱二百料小甲私增物料以致反大】

锦衣卫一只 羽林卫一只 金吾前卫一只 金吾后卫一只 府军左卫一只 留守右卫一只 留守前卫一只 豹韬卫一只 水军右卫一只 鹰扬卫一只

卷二·战巡等船因革数目例之三

会典新江口战船永乐五年额设一百三十一只宣德以后增至三百一十九只至成化十年堪操者止有一百四十只拆卸未造内三四百料俱改造二百料快舡

工部条例凡新江口战船原额一百七十八只划船三十七只三板船三十只巡船九十只摆搭浮桥船五只正德九年奏添哨船一百只造完九十七只除正德十五年行取四十只赴京现在五十七只通共三百九十七只该五季一修十年一造先年修理物料以五分为率官出三分军出二分成化二十三年南京内外守备题称会同南京工部议得巡船冲冒风浪易于损坏比之战船不同除修理战船仍旧照依原议事例遵行外其见今及以后巡船并在船浮动什物但遇损坏俱行文南京工部给官料修理如各官军不行看守用心撑驾以致不久损坏并遗失器具者痛加惩治追陪等因

卷查嘉靖十三年为条陈操巡急务以修职业以靖江洋事该操江兼管巡江南京都察院右副都御史潘题称新江口战船见在两班止用一百二十二只余船无军领驾置之无用欲于一百二十二只之外添存二十八只共凑作一百五十只外再欲将原船改造轻浅利便船五十只共定作二百只发管驾操其余船只俱要除革等因该本部看得修造战船虽该本部职掌其应添应减事体例系兵部掌行本部难以议拟复咨兵部议处去后今该前因通查案呈到部臣等看得南京兵部尚书刘等议开操江都御史潘所奏裁革新江口战巡等船事情与先年南京工部右侍郎何所奏大略相同但船料大小船只名色各异操演取用之际亦各有所宜必须斟酌应用多寡量为去留要将四百料战座船量留二只二百料者量留三十八只一百五十料者十二只一百料者十六只三板船十一只划船十五只浮桥船五只四百料巡座船一只巡沙船五只一颗印巡船十五只哨船三十只共一百五十只就将现在堪用者存留应造应修者照数补完其余不堪应用船只木料发回提举司改造轻浅利便船务合式样大小适中可以御

风可以容众便于撑驾者五十只共二百只比与本官原奏减数目相同及仍要遵照旧例修造一节为照前项船只既经南京各官会同议处事体已为允当相应依拟合侯命下本部一咨兵部转行南京兵部将前项战巡等船悉依原议大小名色照数存留并修造二百只其余船只尽行裁革一行南京工部查照旧例各依年限修造其该管官负务要严督造作如法不许板簿钉稀仍令领驾各军小心爱惜若不及年限损坏者照例责令看守之人陪修还官如此则船非虚设财无妄费江防不弛而警急有备矣缘系条陈操巡急务以修职业以靖江洋及奉钦依该部知道事理未敢擅便本部尚书秦等具题奉圣旨是钦此钦遵

计开

四百料战座船二只

沈阳右卫一只　天策卫一只

二百料战船三十八只

府军卫一只　水军左卫二只　府军右卫二只　神荣卫一只　沈阳右卫一只　豹韬卫二只　沈阳左卫一只　鹰扬卫一只　天策卫二只　留守左卫一只　兴武卫一只　金吾左卫一只　留守中卫二只　锦衣卫二只　应天卫一只　龙江右卫一只　龙江左卫一只　广洋卫二只　虎贲右卫一只　龙虎卫三只　江阴卫二只　金吾后卫二只　府军左卫二只　豹韬左卫一只　留守右卫一只　羽林右卫一只

一百五十料战船一十二只

留守左卫一只　水军左卫一只　水军右卫一只　虎贲左卫一只　留守中卫一只　府军右卫一只　留守前卫一只　江阴卫一只　留守右卫一只　龙江右卫一只　豹韬卫一只　应天卫一只

一百料战船一十六只

府军右卫三只　府军左卫一只　应天卫一只　江阴卫一只　金吾前卫一只　鹰扬卫一只　留守前卫一只　豹韬卫一只　羽林左卫一只　天策卫二只　龙虎卫二只　横海卫一只

三板船一十一只

水军左卫二只　府军右卫一只　水军右卫一只　金吾前卫一只　应天卫一只　镇南卫一只　龙江左卫一只　旗手卫一只　龙虎卫一只　虎贲左卫一只

划船一十五只

镇南卫一只　水军左卫二只　横海卫一只　水军右卫一只　神策卫一只　虎贲左卫一只　龙虎左卫一只　豹韬左卫一只　兴武卫一只　金吾后卫一只　江阴卫一只　旗手卫一只　龙江左卫二只

四百料摆搭浮桥船五只

留守中卫一只　留守前卫二只　留守后卫一只　留守右卫一只

四百料巡座船一只

广洋卫领驾

二百料一颗印巡船一十五只

羽林右卫一只　金吾前卫一只　府军左卫一只　锦衣卫一只　龙虎卫一只　留守前卫一只　江阴卫一只　留守右卫一只　留守左卫一只　旗手卫二只　羽林左卫一只　府军右卫一只　镇南卫一只　水军右卫一只

二百料巡沙船五只

留守中卫一只　天策卫一只　神策卫一只　龙虎卫一只　府军右卫一只

九江式哨船一十四只

龙江右卫一只　龙虎卫一只　水军左卫一只　龙镶卫一只　水军右卫一只　府军右卫一只　府军后卫一只　虎贲右卫一只　旗手卫一只　广洋卫二只　骁骑右卫一只　应天卫一只　武德卫一只

安庆式哨船一十六只

龙江右卫一只　龙虎卫一只　水军右卫二只　广洋卫一只　天策卫二只　府军左卫二只　留守右卫二只　锦衣卫一只　横海卫一只　豹韬卫一只　府军右卫一只　江阴卫一只　龙虎左卫一只

轻浅利便船五十只

府军卫二只　留守左卫一只　金吾左卫一只　水军右卫三只　神策卫二只　虎贲左卫三只　骁骑右卫二只　镇南卫三只　羽林左卫二只　龙虎卫三只　留守后卫三只　武德卫三只　沈阳左卫二只　留守右卫二只　龙江右卫三只　鹰扬卫二只　豹韬卫二只　锦衣卫一只　广洋卫一只　虎贲右卫一只　府军右卫二只　横海卫一只　应天后卫一只　龙江左卫一只　府军后卫二只　豹韬左卫一只　龙虎左卫一只　江口自造一只【样船也】

大胜关哨船二只

卷查嘉靖十二年该关备申兵部转行本部札付提举司照哨船一式成造巡逻工料如例出给本关弓军领驾

卷二·一后湖金水河船数目例之四

工部条例凡后湖额设楼座船二只平船一十只该三年一小修六年一大修十年改造南京光禄寺掌醢署额有供应打鱼船二只在金水河采捕鱼鲜该五年一修十年一造工料出办与黄船同

后湖楼船二只

平船十只

龙江提举司匠丁三十七人充水手五日一撑送【是役为最轻】

金水河鱼船二只

光禄寺掌醢署厨役领驾

卷二·马快船条例之五

会典洪武初置江淮济川二卫马快船及南京锦衣等卫风快船以备水军征进之用既建北京遂专以运送郊庙香币上供品物军需器仗及听候差遣俱属南京兵部掌管

工部条例南京各卫快船额设七百八十八只宣德十年奏准物料每船以十分为率官给六分军余自备四分中府委官于造船厂督造弘治十年该南京兵部奏准改造快船一只南京工部给银七十两本部出草场地租银二十两本船钉板算银十两共一百两本部委官督造正德十二年又该南京兵部奏行会议原给银一百两不敷成造南京工部添银二十两兵部添银一十两其底船不许变卖存留改造匾浅船装载芦柴等用除去钉板银十两每船共银一百二十两每年成造六只嘉靖元年又该南京兵部车驾司奏议每船一只兵工二部各加银一十五两与前一百二十两共一百五十两每年成造一十二只行至嘉靖四年又该南京兵部议处船底为照每年改造快船小甲陪补不下百两而有用底船因仍丢弃诚为可惜今后快船听差二三十年委果损坏覆查明白即将钉板估计价值内除十两资助本船打造工食余价定作三分南京工部坐二分兵部坐一分于该给银内各作扣除作数兵部复议所卖底船必须会同南京工部差委该司经管官员眼同验估责付本船小甲变卖不必拘定年限挨次成造仍咨该部会同南京工部议处施行

又嘉靖八年南京兵部为会议重大事宜请圣裁以裨修省事具题准护行内开一修船费多会同南京户工二部查议得旧例成造快船一只该料价银一百五十两其底船临期看估扣算但人得那移或生欺骗且官须会勘未免后时合无比照漕运底船事例每只定作银二十两外给官银一百三十两今奉钦依岁造四十只除底船外每年共用官银五千二百两宜酌量各衙门钱粮广狭以定分数合无以二千五百两坐派南京户部于北新关商税余银内支给以一千六百二十两坐派南京工部于芦课银内支给以一千零八十两坐派南京兵部于缺官及扣剩柴薪银内支给其户工二部银两听兵部每年于正月间支取过部以便应用间有遭遇风水漂流损坏底船难拘定数须是临时估算不在二十两之限所造船只合查比旧式稍从浅狭使易于撑驾牵挽奸人不得多揽装载以缓行船甲不至陪添工料以受累且又便江防之用不失立名风快之初意其造船之时兵工二部各委主事一员督同该厂把总指挥等官照依时价收买船料立限成造务使官钱费有所归船只坚而可久

卷二·一裁革各船例之六

一海船

工部条例凡山东登州卫海船原设一百只正统十三年减免八十二只止造十八只岁拨五只装运青登莱三府布花钞锭一十二万余斤前去辽东赏军余船湾泊海滨以备海寇弘治十六年山东巡抚都御史奏减四只其十四只分派湖广江西各省四只就彼成造浙江福建各省三只每只解银五十两赴部买料成造正德四年为遭风损坏官船事题准不必打造今后各布政司每三年征价解部三府布花准收折色正德五年户部奏准仍复打造嘉靖三年本部尚书崔议得海船之设本为装运布花防御海寇今布花已收折色若资此以为战舰恐遇风则奔驰莫止临阵则重大难旋等因奏行查覆奉圣旨是海船工程依拟停止今后各布政司不许科派扰民钦此

一蜈蚣船

工部条例嘉靖四年为修武备以固畿甸事南京内外守备衙门题准铸造佛朗机铳六副打造蜈蚣船一只查系广东按察使汪鋐奏有佛朗机番船长十丈阔三丈两旁驾橹四十枝周围置铳三四管底尖面平不畏风浪人立之处用板杆蔽不畏矢石每船三百人撑驾橹多人众无风可以疾走各铳举发弹落如雨所向无敌号曰蜈蚣船其铳用铜管铸造大者千余斤中者五百余斤小者一百五十斤每铳一管用提铳四把以铁为之铳弹内用铁外用铅其火药置法与中国异铳一举发远可百余丈木石犯之皆碎自古铳之猛烈无出其右是年行取到广东船匠梁亚洪等三名发仰提举司先行料造蜈蚣船一只长七丈五尺阔一丈六尺及南京兵仗局铸佛朗机铳六副给发新江口官军领驾操演又嘉靖十三年为条陈操巡急务以修职业以靖江洋事裁革【见战船下】

一两头船

始创无查工部条例嘉靖十三年裁革【见战船下】

卷三·一典司之一

南京工部都水司

郎中一员

注选主事一员

【按周官川衡掌川泽之禁令而平其守皆下士为之至汉元鼎始置水衡都尉又置左右使者历汉因革不常唯魏世主天下水军舟船器械由晋而齐而梁而隋有以进贤两冠与御史中丞同者有为大舟卿位视中书郎列卿之末者有改监及少监并为令者唐为使而领舟楫河梁之署不属将作郎宋置都水监判监事一人以员外以上充同判监一人以朝官以上充丞二薄一并以京朝官充掌内外河梁堤堰之事然犹自为监也恭唯本朝凡在两直隶者悉属之工部都水司郎中司其总其在外河埽之治造船之役差主事一员监之故龙江关有工部分司云】

工部条例凡修造战巡等船先年本部札委司属官一员前去龙江提举司督造正德十三年会议题准注选都水司主事一员住札龙江提举司督造题名记环留都长江也天堑之也人固之江操耳战船由设也江为通津警往来之暴有巡船焉由江而入临都城曰龙江十余里分司署焉分都水司督造船事而驻札于此也所属有提举司有帮工厂造船之所也属官提举一员副提举一员典史一员正德年间裁减存提举副提举各一员今止有提举矣凡造船之料总司之也计料有科人匠有科属吏各承行也人匠皆洪武永乐年间取江西福建湖广浙江南直隶边江府县熟于造船者挈家于提举司隶籍听役今知艺者百无一二召外匠也帮工有军指挥千百户各一员率以趋之听提举司取拨于新江口之营也工竣皆随船归操焉分司唯督视其成若夫验料正费谨作衡工亦不敢辞劳也利之所在弊端毛举匪明蔽宜匪公蔽仁匪毅蔽断匪介蔽忽徒法无威徒费滥功非也难易之间克任与否嫌疑非所计无愧而已是职也成化以前文案灰烬二十三年本部奉钦依委官一员严督提举司官吏匠作及南京中军都督府差拨官军督造之责盖重也往岁部委摄行乃事更代不常

右侍郎新泰崔公请于廷添注主事一员带俸南京工部都水司比洪闸例专任三年满日起送吏部改选督造之责始专也予始承乏人曰南京之清秩也抵任诸寮曰吾部之仙官也予以为然可免俗累矣按其事舛舛然略无统纪既而视船于营弊殆甚焉予心不遑宁也夫以保障重寄乃儿戏如此也哉江南穷民膏血取集于船必视为官

物焉仁者不为也归其究其在我者一一经理之料惟真用惟当工唯精弊者涤废者复斯工速用舒船皆经久图也但归于营吾末如之何矣

右侍郎怀庆何公转闻命下檄予会同兵部职方兵科按季点闸故坏船者陪且罪吁持刃断水能如之何然愈于不为也渐可致警工作庶乎少息民征可疏缓急可有备矣不自反者乃我咎焉惑也所惜者交承不面事与俱往来者之容心未必不犹我之初来也兹用石端疏分司专任者姓讳附藉任年月于其上来者如次而具则专任分司者自是秩然于目矣虽然人之贤否职之举坠观之者得以指其名而臧否之予不能无罪也僭及肤妄非敢为衒且佞激云耳唯同志君子矜恕焉幸也嘉靖八年岁次己丑十有一月吉旦赐进士第承德郎南京工部主事建德方鹏撰

卷三·一典司之二

提举司

提举一员

副提举一员

【按提举司即汉舟楫署也官制云水衡都尉属官有楫棹令丞晋水衡则曰船曹吏齐职仪则曰官船典军后周则曰舟工中士隋则曰舟楫署令唐因之宋因之令掌公私舟船及运漕之事丞为之贰成元丰中诏都水外监提举汴河提举有司提始于此今直隶之为司者曰卫河曰清江其领漕船之职犹故也惟龙江者专掌黄船战船及风快海运等船之政令是故凡工之将兴也经始略事坞工度材及其兴也稽其工叙协其法式禁其奇衺又其既也比其功而秩其稍食几其货而陈其会要出其船而诏其器数上之部司以听部司者之考法焉又以朔望之期也听中军都督府之治也如之】

司吏二名【一人匠科　一计料科】

四厢匠籍凡二百四十伍户

厢长四十名【举匠头之有身家者为之】

船作头一十五名【船木作四名　艌作四名　索作二名　蓬作二名　铁作一名　缆作一名　细木作一名】

内官监匠三十八名

御马监匠四名【粘马槽】

丁字库匠三名【管鱼油】

酒醋面局匠三名

宝船厂匠二名

后湖水夫三十七名

地产册凡地土共三千六百一十二亩八分二厘九毫七丝九忽三微二圭

桐油六千一百二十五斤十一两五钱【原额五千八百二斤五钱嘉靖年增】

黄麻一万二千三百六十一斤【原额一万一千二百四十九斤七两嘉靖年增】

工部条例龙江提举司并瓦屑坝厂田地塘埂佃户佃种递年出纳油麻提举司征收贮库听候修造黄战等船会用嘉靖五年据佃户王俨等状告某等欺隐田租本部委官踏勘查出二处田地塘埂共三千三百六十亩九分二厘二毫九丝六忽五微二圭先将欺隐地租追补以后照例办纳

卷查嘉靖　年又告佃田地塘埂二百六十一亩一分三厘二毫五丝

稻田每亩【桐油二斤　黄麻四斤】共田二千六百五十九亩四分一厘一毫一丝三忽【麻一万六百三十五斤一十一两四钱　油五千三百一十七斤一十两七钱】麦地每亩【桐油一斤　黄麻二斤八两】共地五百一十三亩四厘六毫四丝一忽一微【麻一千二百八十七斤四两一钱八分　桐油五百一十三斤一十两八钱九分二厘】藕水塘沟每亩【桐油一斤　黄麻一斤】共二百九十一亩四分四厘四毫一忽七微二圭【麻二百九十二斤二两九钱二分八厘　油二百九十二斤三两四钱二分八厘】菜地基地坟地荒地柳埂每亩黄麻一斤共一百四

十八亩九分二厘八毫一丝七忽五微【麻一百四十八斤一十两　油壹斤十四两】

卷四·一造船例

卷查各样船只据各该衙门于该修该造年分移文本部发付都水司本司掌印郎中禀堂一札付督造主事一札付龙江提举司相验督造主事将原立稽考隔眼簿籍查对年限果及带领官吏匠作人等看果损坏或修或造备由□落提举司回申本部本部又札都水司会同覆勘是的呈堂本司仍行两关会验木料两关抽分有者谓之会有抽分无者谓之会无回呈到堂本部以其应修者复札督造主事并提举司将会有者支用将会无者买办修理完日附簿发各收领其应造者具题待旨工部咨行本部备劄督造并该司改造凡改造者旧料三分新料七分其关支买办与修理同

工部条例弘治十六年本部因料价不敷题准将改造战巡等船会无物料分派直隶苏松等十二府广和二州征解应用其匠作工食系修理者本司随宜斟定系改造者照后开原定榜例于雇工班匠银内支给

又拆船出钉箍桶等匠例该提举司移文新江口取讨在营下班军役不支工食若夫黄船仍在本部雇匠拆造

预备黄船二千五百五十八工五分该银七十六两七钱八分五厘

【船木作七百八十工　锯匠二百二十五工　铁作一百三十工　上铁作二十七工五分　蓬作九十一工五分　索作七十四工　缆作二十九工五分　装修作三百一十工　锯作七十四工系装修作锯板用　雕銮作五十八工　舱作三百工　撕麻舂灰扯钻共四十三工五分　油漆作一百三十三工　五墨作三十二工五分　装銮作八工　鼓作六工　抹金作四工　缨作二工五分　双线作二工　蚼殼作二十三工五分　摆锡作一工五分　绦作四工　穿椅作六工　裁缝作九工五分　染作一百三工　竹作二十工五分　桶作一十二工五分　上索作一工五分　铜作二十一工五分　铸作五工　旗作六工　旋作五工　响铜作十四工】

南京大黄船一千二十二工该银三十两六钱六分

【船木作三百五十工　锯作一百二十工　扯钻抬板二十五工　舱作一百一十五工　撕麻舂灰二十工　铁作打钉四十五工　鎤钉七工　装修作一百四十五工　锯匠二十五工　雕銮作一十三工　蓬作三十五工　索作三十工　缆作十四工　油漆作一十八工　五墨作六工　竹作二十工　蚼殼作七工　染作十二工　旗作六工　缨作一工　双线作一工　铜作二工　旋作二工　装銮作二工　摆锡作一工】

南京小黄船九百三十四工该银二十八两二分【匾浅船同】

【船木作二百九十八工　锯匠一百三十工　舱作一百一十五工　蓬作三十五工　索作三十二工　铁作打钉鎤钉七工　缆作十六工　装修作一百六十工　锯匠五十工　雕銮作三十工　油漆作三十二工　五墨作八工　装銮作二工　旗作三工　染作四工　缨作一工　双线作一工　旋作二工　蚼殼作七工　摆锡作一工】

四百料战座船二千四百八十七工一分该银七十四两六钱一分

【船木作八百五十工　锯匠二百五十工　铁作一百九十五工五分如买钉此项革　舱作三百四十三工六分　索作六十二工五分　蓬作八十九工　缆作一十八工五分　装修作三百六十四工　五墨作三十工　雕銮作七十九工　蚼殼作四十七工　油漆作六十六工五分　旗作九工五分　双线作六工　缨作二工　旋作五工　摆锡作三工　鼓作五工　染作四工　上铁作一十七工　装修锯匠四十工】

二百料战船一千工该银三十两

【船木作三百十工　锯匠一百十工　铁作七十工如买钉此项应革　舱作一百三十四工　蓬作五十五工　索作三十三工　缆作七工　装修作一百五十工　装修锯匠六十五工　油漆作十工　五墨作一十一工　染作二十五工　旗作十工　旋作三工　双线作一工　缨作一工　鼓作三工　蚼殼作三工】

一百五十料战船七百五十一工该银二十二两五钱三分

【船木作二百七十工　锯匠一百一十工　铁作四十八工如买钉此项革　舱作一百工　蓬作二十九工　缆作七工　索作二十一工　装修作八十工　装修锯匠四十工　油漆作十一工　五墨作九工　染作十五工　旗作二工五分　旋作一工　双线作一工五分　缨作一工　鼓作三工　蚼殼作二工】

一百料战船四百九十工该银一十四两七钱

【船木作一百四十九工　锯匠一百工　铁作四十二工如买钉此项革　艌作五十七工　蓬作二十六工　索作二十一工　缆作四工　装修作并锯匠七十一工　油漆作五工　五墨作四工　染作三工　旗作二工　旋作一工　缨作一工双线作一工　蚼殼作三工】

三板船二百五十六工六分七厘该银七两七钱

【船木作八十工　锯作四十八工　铁作三十三工六分七厘如买钉此项革　艌作三十二工　蓬作二十五工　缆作五工　索作二十一工　油漆作三工　五墨作三工　染作二工　旗作二工　旋作一工双线作五分　缨作五工】

划船二百四十六工六分七厘该银七两四钱

【船木作六十五工　锯匠作五十二工　艌作三十二工　蓬作二十五工　铁作三十三工六分七厘如买钉此项革　缆作五工　索作二十一工　染作三工　旗作二工　旋作一工　油漆作三工　五墨作三工　双线作五分　缨作五分】

四百料摆搭浮桥船六百六十六工六分七厘该银三十两

【船木作三百四十工　锯匠作一百四十工　铁作五十九工六分七厘如买钉此项革　艌作一百五工五分　索作六工五分　缆作八工　油漆作四工　五墨作三工】

四百料巡座船一千四百工该银四十二两

【船木作四百一十六工　锯匠二百工　铁作一百十九工如买钉此项革　艌作一百九十四索作三十五工　蓬作五十工　缆作十工　装修作二百四工　装修锯匠三十三工　雕銮作四十四工　五墨作十七工　油漆作三十八工　蚼殼作二十六工　双线作四工　缨作一工　旗作八工　旋作三工　鼓作三工　染作四工　摆锡作一工】

二百料一颗印巡船七百一十六工六分七厘该银二十一两五钱

【船木作二百九十八工　锯匠一百工　铁作七十工三分七厘如买钉此项革　艌作九十六工　蓬作三十五工　索作三十三工八分　缆作六工　装修作并锯匠六十三工　染作一工五分　五墨作三工　旋作一工　旗作一工　油漆作五工　缨作一工五分　双线作一工五分】

二百料巡沙船八百七十工该银二十六两七钱

【船木作三百二十工　锯匠一百二十工　铁作八十三工五分如买钉此项革　艌作一百十工　蓬作五十二工　索作三十四工五分　缆作六工　装修作一百十八工　油漆作九工　五墨作九工　染作一工五分　旗作一工五分　旋作一工五分　缨作五分　双线作一工　蚼殼作二工】

九江安庆大胜关哨船二百五十二工该银七两五钱六分

【船木作九十工　装修作七工　锯匠作六十五工　铁作鎗钉六工　艌作四十五工　蓬作十工　索作十二工　缆作五工　油漆作三工五分　染作二工　五墨作二工五分　双线作一工　缆作一工　旗作一工五分　旋作五分】

轻浅利便船八百七十六工该银二十六两二钱八分

【船木作二百九十二工二分三厘　锯匠作一百三十六工三分八厘　装修作一百四十一工二分七厘五毫　装修锯匠六十二工　艌作一百四十一工　索作二十九工　铁作十四工　五墨作十工七分　油漆作九工七分　蓬作二十九工　旗作□工　缨作五分　旋作□工　双线作五分　鼓作三工】

后湖楼船五百九十九工该银一十七两九钱七分

【船木作一百八十七工　锯匠七十五工　铁作三十工　艌作六十八工　装修作一百五十工　装修锯匠二十七工　蓬作十九工　索作十六工　油漆作二十二工　五墨作五工】

二号楼船四百二十一工该银一十二两六钱三分

【船木作一百七十工　锯匠六十五工　铁作二十一工　艌作六十五工　蓬作十八工　索作十四工　油漆作十一工　装修作并锯匠五十七工】

平船一百六十工该银四两八钱

【船木作六十工　锯匠四拾八工　索作五工　艌作三十六工　撕麻舂灰四工　蓬作七工】

金水河船【本船先年成造如例近年以来以其至小至轻每打鱼时取渡船代用】

卷四·二收船之例

凡应修造船只各该官军驾送到龙江提举司河下湾泊督造主事奉札蔫同该司官吏与原来官军备将点单稽查船身板片浮动什物无缺即为收纳以待驾军拆卸修造完日仍付领驾回营

一收预备船由北京工部题准咨本部及差官军驾送到司验收

一收南京大小黄船由南京中军都督府照会本部令原驾旗甲将船送提举司河下交割如前例近因各军到司不法俱改泊黄船厂河下坞内自行看守应修者估工给料拨匠修理应造者估给木料七分旧船准作三分听其修领遣匠与造不复点单查对彼此称便

一收新江口战巡等船由操江都察院衙门咨本部差原驾官军送至提举司河下点检板木什物果全方给批回近因本船系操军看守不加爱惜未及年分或沈溺他处或飘泊无存是以每有呈部行委本司相验板片齐备什物周全方令该营自行拆卸运送到司交割仍将原造本船文卷点对查明少者陪补

一后湖船由户科手本船泊于彼遣官诣湖估计发料诣湖修造虽云三七相参盖湖禁有入无出唯工讫告完云

卷四·三收料之例

凡修造等船该用楠杉等料两关会有者都水司先发某船应用某号木植数目到局知会本局待提举司照数蓍匠到彼查同本关抽分主事差人送发批回为验会无者俱督造主事拘招铺户商人照数买办丈量秤验明白发付提举司收贮以待匠作支用其铺商随各具到状三纸告标间注纳过数目一存照一封送都水司查明印记一发提举司出给印信实收申部都水司案呈移付屯田司估价于芦课银内支铺商亲自赴库关领

工部条例嘉靖七年咨送到黄船五只内三只该修舱者系是楠木内二只该改造者系是川杉等木本部差官赍价四路收买绝无川杉本植题奉圣旨这船只既期限紧急准暂用楠木改造钦此

卷查嘉靖二十年正月为立定规祛宿弊以便稽考事该本部都水司案呈奉本部营缮司主事沈呈奉札相勘各船或造或修如法料计内惟会有木植原该都水司札令两局关支向来文移止分大木次木中木根数字样并无围员长短丈尺领者发者但凭见数关支节该领到楠木中间心空皮烂者有之湾曲尾小者有之匠作称说俱系该局委官给发原抽木料切照两关与提举司地方相离一十余里彼此授受原无印烙记号又无丈尺围圆其数里之间木商辐辏匠作通同以小易大何从稽考况原料丈尺有限若料大而用小不无破费之欺若料小而用大难免包补之累及查黄船小甲所领每盈所估之数战船所领多系不堪之材该局官吏难逃轻重之弊似此议得欲凡会查木料之时都水司行令该局就将根数围圆长短丈尺核实编号开报到司本司照数算派某船某号等木若干备行委官并提举司对验号尺相同堪用者印烙明白方许支出运赴船厂验实锯用等因到部送司查得各卷造修船只会有木料俱将勘定原料围长数目行该抽分衙门查会文移止有旧管新收大次中小号数案呈札付虞衡司起勘合关支该局原无围长尺寸今奉前因似亦相应立为定规案呈到部拟合通行为此札付本部各委官并龙江瓦屑二局龙江提举司查照施行

一木料

楠木　松木　川杉木【采买如无题改楠木】　杉木　杉木桅心　杉槁　杉木连二枋【铺商无贩亦折楠木】　杉木连三枋　榆木【舵杆用】　檀木【桅饼等项用】　白杨木【同上】樟木　杂木　栗木【桨把用】

二竹货料

猫竹　筀竹　水竹　苦竹【龙笛用】　箬　芦　黄藤　棕毛【湿者折算】　芦席

三麻料

黄麻【本司地租项下支用如无买办】 白麻

四油料

桐油【本司地租项下支用如无买办】 猪油【鼓用】 香油【漆用】 鱼油【贮大库内造海船用之】

五灰炭料

石灰 木炭 煤 稻皮【铸作用】 麦穗【同上】 木柴 搀缸灰【染作用】 瓦灰【漆作用】

六五金料

铁钉【大中小】 铁事件 铁锚 铁锅 铁灶 金箔 铜【响铜 红熟铜 黄熟铜】 花锡 硼砂

七皮毛料

生血水牛皮 生㴇水牛皮 红真皮 红鹿皮 浆皮条 茜红火把缨 黑缨头

八丝布料

黄熟官绢 黄生官绢 白绵布 苎布【漆作用】 白绵【同上】 青绵纱【穿椅用】 青丝线 黄丝线 大红 熟线 绿丝线 生丝左线 大红绒 白麻线

九漆染画料

生漆 熟漆 点漆 白面 光粉 水花朱 银朱 二朱 番朱 红土 苏木 黄丹 藤黄 石黄 槐花 密陀僧 合碌 三碌 枝条碌 铜青 靛花青 墨煤 靛青 水胶 土子 猪胰 明矾

卷四·四余料之例

凡龙江提举司收贮各船旧板堪用者每船作三分支用其外朽烂木楂完头督造官呈部委官变卖解部作正支销【内有堪用者存留附卷会用】

【一改造大黄船一只木楂完头银五钱

一改造小黄船一只木楂完头银四钱一分

一修理大小黄船一只木楂完头银二钱一分

一战巡等船俱拆卸本司帮工拣择其堪用者存留其不堪者变卖无定数

一后湖船无变卖铁钉每船折十亦作正料三分更有余不堪用者】

卷四·五稽考之例

工部条例嘉靖七年为议重大事宜请圣裁以裨修省事南京礼部等衙门条陈内一严点闸减修造以纾财用据督造船只主事方鹏呈称本职督造新江口战巡等船四百只每船一只成造费银二百余两修理亦不下五十余两例船五年一修十年一造动费料银数万两切见船之所以速著修造者其弊在于撑驾官军视为官物不加爱惜及将随船什物私相借贷以致易坏故耳合无比照先年题准正阳门等查点军器事例本部委官时临泊船处所点闸及将前船十只编作一帮每日轮流一军看守等因该工部覆看得前项处置甚切时弊相应依拟但事干兵务恐非工属一官所宜独任又一月二次点闸不无烦琐合无添差兵部委官一员公同兵科给事中一员每遇季终会同点闸如有官军不行爱惜抛弃磕损及将随船什物私相借贷轻则责令赔修重则公同参完提问其编帮轮守之规亦依所拟施行仍每季终取具管船官军不致遗失损坏结状查较如此则法令既严而战具常完修造有节矣奉圣旨是依拟行钦此

船政新书[①]

卷一·题稿部咨

厘正五议疏

南京兵部尚书臣郭题为船差困弊。势渐不支。敬陈切要事宜。以裨时政事。车驾清吏司案呈。奉本部送据本司管船厂主事倪涷。揭呈前事。内开本职蒙委。管理船政。已逾一年。窃见差使日烦。弊害日滋。军甲困累。家破身亡。若不稍事调停。诚恐后患不测。谨将事体重大者。条为十议。具揭呈请批行车驾清吏司酌报。备行到司。该署司事主事孙秉阳。细加复议。委足以苏军困而厘弊端。除议考核等五事。本部查照施行外。其议官守等五事。乞照题请等因到部。臣等窃惟留都诸曹独船政最剧。弊孔最多。而军甲之困苦最甚。臣等蒿目而隐心久矣。固未易尽议汰革。以杜浮冗之端。亦不忍徒事因循。以重军民之累。除本部职掌所得专行者。悉照施行。不敢一一轻渎天听。兹将所议官守。差使。支放。木料。出则。五事。相应开列上陈。伏乞敕下该部。再加查议。如果臣言不谬。拟议上请定夺。咨行本部。钦遵施行。则军民幸甚。臣等幸甚。缘系船差困弊。势渐不支。敬陈切要事宜。以裨时政事理。臣等未敢擅便。谨题。请旨。

计开

一议官守。照得船政设三厂把总。岁终会同科道举劾。盖所以专事权而示激劝也。然黄船厂专管黄船是矣。差拨船只皆由管船主事。则拨船厂为虚设。乃以快平船之修理者属之。而新造者则属之造船厂因修多而造少。乃令造船厂总收木植。马船属江济二卫。而又多以江济二卫掌印官。兼管造拨二厂。称名无谓。行事矛盾。其失一也。估验之时。造船厂欲多造。拨船厂欲多修。意见不同。事体掣肘。其失二也。木植系江济二卫。及造拨二厂共用之物。而使一官总收。收者不尽关心。用者更多藉口。其失三也。厂烦于卫。而把总尊于指挥。但掌印五年黄选。而把总遇缺推除。故有卫已调简。而仍总厂务者。尊卑烦简。各乖其序。其失四也。举劾专为船政。向因江济掌印。多兼造拨把总。而举劾及之。致令偶有不兼把总者。遂不与举劾。是管船同而激励异。其失五也。合无将拨船厂改为快船厂。以锦衣等四十卫快平船属之。照黄船厂事例。于四十卫内。选掌印指挥之贤能者带管。造船厂改为马船厂。以江济二卫掌印官各带管马船。赴厂修造。以上指挥四员。皆以本衔兼该厂把总名色。一体举劾。并行去留。木植亦照油麻事例。计数分买。则事权一而激励明。去五失而就二善。计之便者也。其委官员数。向属太烦。以后江济二卫各该五员。锦衣等四十卫。各设一员。减去三十余员。以免官多事扰之弊。伏乞圣裁。

一议差使。照得各船三年一差。而修造春秋二案。大约一船。三年之内。料价。工食。粮赏。使费。不下数百金。马船仰给于官。犹之可也。快平黄船。皆系编审。名为有力。实则贫军。而前站经手。又倚之为奇货。指称诈害。非刑搒掠。无所不至。一当此差。则身家不可保矣。见今上供难缓。差使日烦。故或今岁而预拨明年。或临春而预提秋案。往者犹有休息。今则迄无宁期矣。夫一船之内。有朋役。帮甲。余丁。无虑百十人。总计六七万家。此六七万家者。皆皇皇焉思毕其命者也。根本之地。而使军穷至此。可不为寒心哉。查得嘉靖六年。节奉世宗皇帝圣旨。查进贡起数可省则省。可并则并。如起数有定额。难以省并。装运之时。照例著科道官兵部官。监视。务要尽装船载。不许多拨。钦定额例。万历二年。又经题准。裁减船差。故 每年修造之船。止给常差之数。今上供已出额外。而常差又复求增。以致预拨预提。日积月累。数年之后。将何以支。合无通查常贡船差。及公侯伯进京悉遵钦定额

① 〔明〕倪涷撰,冯景隆校。据明万历刻本。

例。其近日奉旨增取者。或同时起运。则并差一官。不必多委。难以并差者。比照相同事体。酌量拨给。仍听本部司官。会同科道官。严行监视。务要尽船装载。升调内官不拘是何衙门。止拨马船一只。身已在北者。遗下行李。听内守备衙门查船附载。不必概给。其马快两项船只四六均拨。前站经手。照万历七年题准事例。赴部卯酉。部给印票。付小甲收执。如有指称等弊。许填注票内。回日赴部销查。凡此皆恪遵明旨。并非擅议减缩而宽一分。则民受一分之赐矣。若因循不节恐势终不给。反误上供。是非所以善后也再照大马船止供下江差使。与小马船进京者。苦乐较异。乃差至淮安等处者。亦皆拨小马船。而扣追半差银两。是以数百金之费。行数百里而止追还一二十金。在官为虚縻。而在船则多差。利归于本甲。而害增于众人也。合查凡系淮安而下。换船搬坝者。悉拨大马船。亦均劳逸之一义也。伏乞圣裁。

一议支放。照得马船水夫。原系南直隶。江西。湖广等处佥解。后经题准。就近召募。而工食则各该州县。照数征解。本部照数散给。是谓银与人之无损益也。非谓解与放之不通融也奈何失议法之意而启弊害之端。必欲以本县解到银两。给所补该县水夫。而势终不能久待。则创为借支名色。有临差而借者矣。有役过而借者矣。有差使烦苦而借者矣。有修造重大而借者矣。有因追拖欠官银而借者矣。又有几年无解。而径行改编者矣。夫以万人之众。而名色多端又如此。查核可否。听之卫官。出入缓急。凭之胥吏。事体错杂。文移浩繁。岂能一一而综核之乎。册查芜湖黄梅黄安。泸溪。兴安。城步。等县。原无水夫。而岁征解银壹千柒百余两。当涂县岁支银陆千余两。而止编贰千余两。则立法之意。原自通融。且工食料价。总行编派。料价既系通融。而何独疑于工食哉。况借支已非本处所解。而改编则并其册籍而更之矣。顾犹执不敢通融之说。使贫困者嗷嗷待哺。而积猾乘之上下其手。窃以为非策也。合无总计出。入通融支放。凡改编。借支暂借预借。名色。一切革除。每年见夫若干。支银若干。指掌了然。随时支给。所以杜奸窦而泽穷夫者。非细故也。伏乞圣裁。

一议木料。照得船工所用。楠木为急。而杉木次之乃杉木无减折之例。又当时给价。故商人夤缘告纳。以致买多积久。朽烂不堪。楠木颇为难得。系查工部税单。计数派买。而反过为搀克。既减其疵病矣。又恐心有麻腐。乃扣价十一。俟用完之日。而后给发。以致商人往往畏避。杉木苦多。楠木苦少。杉木之害在小甲。楠木之害在商人。二者皆弊也。夫木心之蠹。商人亦不得知。乃使之守候于数年之后。已非人情矣。及查每年所减麻心价银。业亦无几。而临期缺木。则必广行召买。或减疵病。或宽丈尺。计之常价。十增二三。以其所增。当其所减。何止倍蓰。而拘拿保家。督责经纪。纷纷四出。扰害多端。势不得已。则在官姑收不堪之物以取盈小甲强领不堪之物以抵数。料既不备。用亦易朽。公私两弊。昭然甚明。又小甲陆续告领。本部陆续批查。官役刁难。奸甲夤缘。弊端丛生。莫可殚述。顷该本官。清理见在杉木。三年之内。不复收买。每年所省。何止万金。合著为例。以后如遇应用杉木。皆先一年。预案呈堂。批准收买。买足之日。即呈堂停止。其楠木除疵病减价外。免其扣留。而量增派买之额。则商人免守候之苦。而本部免召买之累。岂非两利之道哉。木头凿官匠姓名。隐匿疵病者。许本甲呈究给木之时。查明各船等第。扣算应领木植。并油麻。钉。锔。等项。总开一单。召集各甲。拈阄给发。则终年之所扰扰者。顷刻可毕。而刁难滥收之弊。不革而自除矣。伏乞圣裁。

一议出则。照得修造各船。其工料银两。皆有定则。向由小甲陆续告领。俟通完之日。委官查刷。凡所领逾则者。复委官追还。其间增减情弊。擢发不足数。即每案所追出则。大约不下二三千两。秤头火耗。小甲之加纳者十三。而委官侵渔。该卫之解部者十一。拖延不结。毋虑数十年。蠲免。则为委官之资。清查。则为各甲之扰。弊非一日矣。夫既与而复追。不完而议免。议免而不尽。皆弊孔也。木植扣价。油麻计数。总填一单。拈阄给散。自无出则。何用查追。如有额外告增。及冒破余剩等项。径于应领银内查扣。何用委官。近该本官。议行查扣。约计肆千余金。小甲欣然。而钱粮清肃。如使委官追解。恐十年未必能了。而奸弊亦不知其何极也。查得嘉靖肆拾贰年起。至万历八年止见经清查蠲免后。尚欠伍百余两。多系委官侵匿。但有事系祖父。而物故贻患。有身家困极。而无可赔偿。清查稍严。则将各甲免过之数。指作应追。肆行追呼。上德不究。此辈虽罪无可宥。并望悉从蠲豁。以广朝廷旷荡之恩。自万历九年起。至十一年止。共约三千余两。先经委追。而工食亦先领讫。无可查扣。合将各官该管。查开手册。立限比追。无令乾没。其十二年以后。悉照近法。出则。冒破。余剩。等银。马船于工食。快平船于行粮。楂柴。皆于料价。预行查扣。以免委追。则官无虚縻。民沾实惠。委官之事益简。而冗员信乎其可减矣。伏乞圣裁。

奉圣旨兵部知道万历拾肆年肆月拾玖日。

太子太保兵部尚书张等覆题。看得南京兵部尚书郭等条议五事。俱于船政有裨。相应开立前件。拟议上请。恭候命下。本部移咨南京兵部钦遵施行。

计开

一议官守

前件臣等看得拨船既由主事。则厂为冗员。而拨船厂之兼修理。造船厂之收木植皆委任不专。责成无法。是以有五失存焉。诚不可不为议处也。所据尚书郭等具题前因。深为有见。相应依拟。合无备咨南京兵部。除黄船厂照旧外。其拨船厂。改为快船厂。造船厂。改为马船厂。快船厂。于锦衣等四十卫。拣选贤能掌印指挥一员带管。马船厂。以江济二卫掌印官带管。皆以本衔。兼各厂把总名色一体举劾。其收用木植。亦照油麻事例计数分买各厂委官。俱照议定员数委用。以免十羊九牧之扰。永为遵守。伏乞圣裁。

一议差使

前件臣等看得进贡船只设立之初。原自足用。亦未病民。近日奉差员役额外多索。装载私货。肆行拷掠。剥削贫军。以致差用不足。困窘日甚。所据尚书郭等具题前因。深得节用善后之图。俱应依拟。合无备咨南京兵部。将常贡。及公侯伯。进京船只。悉遵钦定额例外。其近日奉旨。增取者。或同时起运。则并差一官。难以并差者。酌量拨给。仍听该部司官监视。尽船装载。升调内臣。止拨一船。遗下行李。查船附载。仍将马快船。四六均拨。前站。经手。卯酉稽查。以后差至淮安徐州等处。及换船搬坝者。俱拨大马船。各项事宜。悉如所议施行。伏乞圣裁。

一议支放

前件臣等看得马船水夫。既系就近募役。则各处解到工食。但当稽核定数。给散明白而已。今必以本县解到银两。给所补该县水夫。则解到自有迟速。而给散不无先后。是以借支之名。多端出焉。可否缓急之际。吏胥因而上下其手。肆行骗索。是皆不体立法之意。而拘挛之过也。既经尚书郭等具题前来。相应亟行厘革。合无备咨南京兵部。将马船水夫工食。自万历拾肆年为始。每年止查算见夫若干。共应给银若干。以时支给。不必拘定募当某处水夫。方领某处银两。致有守候之苦。其改编借支等项名色。尽行革除。若有积猾卫官胥吏。仍前固执。不行通融者。听该部查访的实。从重究处。伏乞圣裁。

一议木料

前件臣等看得楠为木料。均系船工所需。则给价岂宜过为低昂。以致杉多楠少之患。且楠木既不易得。而掺克反过。遂致商人畏避。及其乏木。又宽减召商。何前后之失计也。所据尚书郭等题称以后如遇应用杉木。先一年预案呈堂收买。买足即行停止。召买楠木。量增额数。免其扣价。诚为公私两便。经久可行。相应依拟。合无备咨南京兵部。将收买木料。拈阄给发等项。悉照所议事理。著实遵行。伏乞圣裁。

一议出则

前件臣等看得工料银两。若于给领之时。清查定数。毋令冒破。如有余剩。径行查扣。则查刷之委官何用。而侵渔之弊窦自绝矣。今尚书郭等目击其弊。条议前来。诚于船政有裨。相应依拟合无备咨南京兵部。将嘉靖四十二年起。至万历八年止。拖欠银伍百余两。查明的数。尽行蠲豁。造册奏缴。万历九年起。十一年止。所欠银叁千余两。责成该管主事。开注手册。立限追比完纳。其十二年以后。悉照近行。出则。冒破。余剩。等银。马船于工食。快平船于行粮。楂柴于料价。皆预行查扣。不必复行委官查追。致滋奸弊。伏乞圣裁。

本月二十一日奉圣旨。依拟行。钦此。

快船雇募疏

南京兵部右侍郎臣顾奏为特陈京军最要疾苦。恳乞圣恩。亟赐苏息。以溥德意。以召天和事。迩者伏睹圣谕。以风霾示异。恐政事有妨民生者。命所司条具奏请。仰见大圣人畏天勤民至意。本部尚书臣郭已条议四事上闻矣。续据南京锦衣等四十卫甲余孙芳等。连名开具呈册。内称快船小甲十害。并处分六事。时臣应聘。请告杜门。该臣暂摄部事。随与车驾清吏司主事倪涑。细加查审商确。颇有端绪。一得之愚。不容自默。辄敢上干宸听。伏惟皇上俯垂督焉。窃惟皇祖开国之初。设四十八卫。拱护神京。无非居重驭轻之意。今日之留都。诚为根本之重地。然都城内外编户。军卫居其大半。干城爪牙。于是焉赖。今则日朘月削。极弊而不可支矣。究其所由。则船差之害为大。而各卫之所以告病也。船差之害有三。曰修造。曰差烦。曰审甲。修造之害。清之则弊除。已经臣等随宜区画。差烦之害。宽之则困苏。臣应聘业已具奏上请。至审甲之害。非大举而更张之。不可去也。审甲之害不去。即修浩无弊。差拨不烦。其害犹在也。臣请得而备言之。洪武初。置江淮济川二卫马船。及锦衣等卫风快船。以备水军征进之用。逮成祖定鼎金台。遂专以运送郊庙香币。上供品物军需器仗。而又有黄船平船名色。然皆佥军驾运而已。后因船无定主。易于朽坏。乃佥有力者。使総一船之事。而名之为小甲。夫荷戈执殳。屠估负贩之流。岂真有力哉。就其侪伍之中。稍能自树者。强而名之。强而用之耳。而长途之费用不赀。积猾之需求无厌。彼将何以堪之也。故有一船而三四甲者矣。一甲而数人垛名朋役者矣。垛名不已而加之以帮甲。帮甲不已。而波及于余丁。一船所累。毋虑数十百家。总之殆六七万家。此六七万家者。皆滨于死亡而无所控诉者也。分析规避。告替扳诬。畏之若汤火。而豪强贪点者。且视之为奇货。盖害愈多。则弊愈甚。弊愈甚。则困愈深。故未役之先。则百计经营。剜肉医疮。家业已破。及其既役。则多方求索。剥肤椎髓。皮尽而毛无所傅矣。数年以来。如穆钦秀。郑銮。陈嘉庆。朱喜。高锐。吴子高等。皆相继自尽。举室流离。其典妻鬻子。啼饥号寒者。盖十室而九见之。而有不痛心酸鼻者。臣以为必无人心者也。夫大小马船。与快平等船。一体差拨。马船不以为苦。而快平船则深以为病者。何也。盖快船之应役者。皆小甲之正身。而马船则募夫应役也。夫有常直。故人皆乐从。人皆应募。故外无需索。两船利害。何止径庭。臣以为今日亟反之计。在改快船为马船而已。臣所为改者。非改其制与名也。改其实而已。改其实者。去小甲之名。而从募夫之例也。如是。则向所谓百计经营。多方求索者。不禁而自革矣。查得进京马快平船。共捌百陆拾肆只。内马船叁百陆拾肆只。每船募夫壹拾陆名。共给工食银贰万玖千两有奇。月粮米约陆万玖千石。快平船共伍百只。若照马船事例募夫则应银肆万余两。而月粮米玖万陆千石。此则为费太多。难以轻议。然各船皆三年一修。以供差使。而差回空泊者。辄二年有余。故朽多而费重。各夫工食。亦三年分领。故劳少而利微。若各船止留三分之二。而工食则增三分之一。使以一年修船出差。一年更番休息。则船藉于频修。而不至于朽。夫喜于增银。而不怨其劳。故留船陆百只。而循环足用矣。又下江马船柒拾陆只。似属太多。合无减去贰拾陆只。少隘其制。并作进京船数。则进京马船。共存叁百玖拾只。而快平船所留者。止须贰百壹拾只矣。照例募夫。增其工食不过贰万金。岁支粮米约肆万石。据孙芳等词称愿照原船伍百只之数。每只派银叁拾两解部。共该银壹万伍千两。则所少者不过伍千金。而修造所省。亦略相当矣。又查得先年快平船。原设捌百只。守船有月粮。而出差有行粮。每岁所支。约米叁万石。自嘉靖万历等年。裁减船粮。见支贰万石。则比之近日。虽有贰万石之增。而较之先年原数。所增不过万石但马船差使既频。则工食亦须增给。计每年约银壹万两。而本部马船工料。一岁所赢亦几及贰万两。量入为出。宽然有余。伏惟皇上。作民父毋。四海军民。皆惟赤子。而留京重地。比之他处尤切。即使国家。额外捐银万两。米万石。出此六七万家于水火之中。巩留都于盘石之固。以皇上之聪明仁圣。固将欣然乐从而况通融裒益。本不出于经费之外乎。且各军原无常产。船差原非常役。其自愿输万伍千金。臣犹以为无辜之累。而使复因循不议。诚恐流亡困踣。日甚一日。不惟船政大废。运输缺乏。而行伍空虚。守备单弱。变生不虞。他日之忧。更有不可言者。又将何以救之乎。本部诸司。惟船务为最剧。军人疾苦。惟船甲为最深。地方隐忧亦惟军穷为最大。是以不避琐屑。直陈于皇上之前。伏乞敕下该部。再行查酌。如果臣言不谬。拟议上请。恭候命下。移咨到部。先行江济二卫。清审夫余。如有不足。许于附近地方。开召应募。查访的实。详具籍贯年貌文册。候至万历十六年。小甲轮差已满。即以次年为始。各卫通免审甲。革去前日小甲之名。悉用有司条编之法。每船一只。编银叁拾两。审照贫富。以为差等。征银解部。募夫应用。其下江大马船。减去二十六只。改作进京小马船。而进京马快平等船。共减三分之一。两年更番。增其工食。悉听臣等会计酌量。务使经久可行。黄船差拨属之外守备。修造属之工部。编审属之兵科。亦乞一体编银雇役。而复俯从前疏。申明旧章。并省进贡起数。查核杠数多寡。务加樽节。勿致泛滥。则数万生灵。世世蒙再生之德。而地方安堵。豊镐培不拔之基。所以召和气而致祯祥者。良不小矣。缘系特陈京军最要疾苦。恳乞圣恩。亟赐苏息。以溥德意。以召天和事理臣等未敢擅便。谨题。请旨。

奉圣旨。兵部看了来说。万历十四年五月十三日。

太子太保兵部尚书张等覆题。看得南京兵部右侍郎顾奏称国初设江济等卫马快船。以备水军征进之用。逮成祖定鼎金台。遂专以运送上供品物等项。而又有黄船平船名色。皆佥军驾运。后因船无定主。易于朽坏。乃佥有力者领驾。长途费用不赀。积猾需求无厌。因备陈其困苦流离之状。及称查得进京原额马船三百六十四只。人多乐役。议将下江马船。减去二十六只。改作进京马船。其快平船五百只。减去二百九十只。止存二百一十只。听从军愿。照原船伍百只之数。出银募夫领驾。以苏其因。及将黄船转行兵科及外守备衙门。一体编银募役。各一节。为照马船快船。既均系进贡等用。岂宜苦乐悬殊。揆其所由。盖因江济二卫马船。工料派之湖广江西等处。征银解部。召募水夫。故岁给工食。月支口粮。船有损坏。官为修造。事守定规。未尝有害。是以人皆乐役。至若黄快平船。则于南京锦衣等卫。审编小甲帮甲名色领驾。出差方有行粮之给。撑驾又费雇觅之资。而各船皆自行修造。差官又从而需索科派。无有穷已。害及六七万户。若因循不早为救处。将不知其所终矣。今该侍郎顾目击时弊。条议前因。不出经费之外。而得纾困之策。当事之臣。虚心为国。悉如所议。通融酌处。不嫌于更变。而期于经久。上无匮公家之用。下有济斯民之难。则救时之术。宜未有过于此也。相应依拟覆请恭候命下。本部移咨南京兵部。转行锦衣等四十卫。将快平船小甲。悉照江济二卫马船水夫事例。在于附近地方。召募殷实人户。详具籍贯年貌文册。候至万历十六年。小甲轮差满日。即以次年为始。通免审甲。每船一只。编银三十两。以贫富为差等。征银解部。以为募役工食之资。其下江大马船。减去二十六只。改作进京小马船数。原额进京快平船五百只。于内减去二百九十只止存二百一十只。永为遵守。两年更番。增其工食。悉听该部酌处。务使经久可行。仍转行兵科及守备衙门。将黄船一体编银。召募应役。庶久困疲军得以少苏。而留都重地。永保无虞矣。

万历十四年五月十五日。奉圣旨。各卫快平船小甲既苦累京军。这免审。编银。及减省船只等项。俱依拟。钦此。

【原始草此稿。起处原云。该臣批行回司。悉心计议。会揭到臣。而顾堂翁改为臣与车驾司主事倪涑。细加查审等语。缄授冢嗣翰林先生。□写以进细无闻之者。以亦未之知也。使无前后□□□主特。则几为顾堂翁知人之累矣。倪涑识。】

专官经理疏

南京兵部尚书臣傅等谨题为特陈京军最要疾苦。恳乞圣恩。亟赐苏息。以溥德意。以召天和事。车驾清吏司案呈。奉本部送准兵部咨【云云】钦此钦遵行间又据南京锦衣等四十卫甲军孙芳等。连名通状告称芳等久困船差。流离颠沛。今纶音甫布。万姓欢腾伏乞专委倪主事。经理完报。救活生灵等因。送司。案呈到部。先该本部右侍郎臣顾署管印务。看得车驾司郎中吴仕铨。见在考满未回。且俸资已深。所有见管船政主事倪涑。委果留心职务。洞析利弊。所宜专委。以责成功。随札行管理去后。续该臣等照得前项事体颇多。计虑宜审。一切事宜。除本部可以径行者。听本官规画呈行外。其有一二关系重大。相应题请者。谨开立条件上请伏乞敕下该部。再加查酌。如果臣等所言不谬。速为覆请。恭候命下。咨行臣等。钦遵奉行。庶不孤朝廷惓惓轸念军民德意。地方幸甚。臣等幸甚。缘系特陈京军最要疾苦。恳乞圣恩。亟赐苏息以溥德意以召天和事理。臣等未敢擅便。具题。请旨。

计开

一曰重事权以便责成。照得船政一节。苏京军之困苦。剔累年之积蠹。主持在部司。而奉行在各卫。必须上下相成事方有济。但该管主事。与各卫掌印官。除江淮济川二卫之外。□无相关。若使沿袭旧规群情何由振肃□三事倪涷。历俸已及二年。而经理更需岁□更录之际。尤须任怨任劳自非稍示优□俾之壹意措置。未有可以齐众而集事者。合无将宋官比照户工二部事例。量加協司职衔。请给船政关防一颗。一以重本官之事权一以新众人之耳目。仍免其赴京考满毋致作辍稽误。事完之日。容臣等考核题请。破格优擢。以酬其劳。则臣工兢励。事体易完。而军民得沾实惠矣。再照本差职务特繁。而旧无定员。止以新到主事管之。计日望代。岂能专心职业。讲求利弊查得南京工部。止是修造黄船。及战巡等船。尚注选主事一员。专董其事。本部船政。岂特倍蓰于彼而已。合无俟本官竣事之后。于该司主事二员内。比照前例。注选一员。付以新给关防。专理船政随时防检。是又善后之一策也伏乞圣裁

二曰明激劝以励人心。照得船差之家。皆隶卫所。审编丁银。事在各卫掌印官。其间奉法秉公者。间有之。而射利自私。掊克军伍。亦其常态也。自有小甲以来。上自各官。下逮胥役。皆藉以为利窟。一旦夺之有不快快缺望者乎。苟不示之激劝。恐无以鼓舞人心。且容有倡异说以阴图阻挠者矣。合无令掌印官。悉听船政官调度。事完之日。甄别贤否。具呈到部。听臣等指名举劾。果能守法奉公。有裨新政者。特与优叙。若图私阻挠。昏庸不职者。或调卫。或革任。分别处治。其有鼓众把持。罪情重大者。听臣等不时摘行纠劾重处。庶淑慝有章。而法行无阻矣伏乞圣裁。

三曰严参罚以清逋负。照得各该省直州县。解部工料银两。原备马船之用。今既岁增工食。以苏甲困。则快船之费。亦仰给于此矣。一岁所入。仅足以供所出。安可任其逋负。而不为之所乎。查得车驾司分司主事一员。原奉敕书。亲往各处。催督举劾。明旨昭然固在。万历九年。又经申明一次。近年以来差官则有地方骚扰之嫌。举劾容有职名未确之虑。遂致因循废格。各州县视为末务。而征解不全者。往往有之矣。合无查将前例。严行申饬。仍容臣等。每年七月初旬。行分司官。将完不及分数州县。通行查出。咨行各该巡抚。备查各经管官职名。特差卫官一员。守催造册前来。以凭论劾。分别罚治。催征完日。方许升取。庶各官知儆工料早完。而所入足以供其所出矣。伏乞圣裁。

四曰豫会计以便关支。照得各船工料银两。已经臣等委曲措处。而关支米粮。则事在户部。除马船仍照旧规外。其快船旧例。原系十年一审。应于万历十六年轮差方毕。故前疏募夫应役。拟以十七年为始。而连年上供。逾于常额。差拨繁多。今计旧存快船。止彀十五年之用。则新编船只。当以十六年应役。例应先于十五年支粮。查得原船五百只。看守有月粮。而出差有行粮。岁约支米贰万壹千贰百玖拾石。今据主事倪涷议呈收粮之法。大约将见留船二百一十只定为四班。渐次收补。而又据其修造之重轻。以为关支之先后。于均平之中。寓节省之道。十五。十六。十七。四年之间。通融加减比之旧额。尚未及数。至十九年为始。加收妻粮一半。然犹无所增也。直至二十年。通增妻粮。每岁方约增米。几一万石。始合前疏所题岁增万石之数。然比诸嘉靖年间原额。固不甚相远也。若不预行知会。未免临事稽迟。伏乞敕下该部议请容臣等先咨南京户部。会计明白。临期关支。则规画预定。而粮饷不致后时矣。伏乞圣裁。

奉圣旨该部知道。万历十四年八月初一日。

太子太保兵部尚书张等覆题。看得南京兵部尚书傅等。条议四事。俱于船政有裨。相应开立前件。拟议上请。恭候命下。本部移咨吏礼二部。南京兵部。一体钦遵施行。

计开

一曰重事权以便责成

前件臣等看得南京马快船只。委干供运之重务。实赖振作之得人。非有干济之才。不能以集事。非

专委任之权。不足以急功。所据尚书傅等具题前因。深得经久善后之图。相应依拟。合无移咨吏部。将南京兵部车驾司主事倪涑。比照户工部事例量加协司职衔。俾令专管马快船只。免其赴京考满。事完之日。听该部考核题请。优擢以酬其劳。本部仍移咨礼部覆请。铸给船政关防一颗。以便行事。其本官竣事之后。亦照南京工部事例。于该司主事二员内。注选一员。专董其事。以后相袭举行。不得纷更。伏乞圣裁。

二曰明激劝以励人心

前件臣等看得船政之调度。固在于部署之振举。然非卫官。无以责成其事。而卫官之勤惰。非举劾无以激励其心。所据尚书傅等具题前因。深得激浊扬清之法。相应依拟。合无咨行南京兵部。将所议举劾事宜。转行船政官。著实举行。毋得视为文具。致隳众心。伏乞圣裁。

三曰严参罚以清逋负

前件臣等看得工料银两。原系额供钱粮。若任其逋负而不督催。则甲乙仿效。视为故事。而马快船之资费。何所取给。要非所以苏军甲之困也。今该尚书傅等。欲将催督之例。严行申饬。如有未完等项。咨行巡抚。备查职名。特差廉干卫官。守催册报。听该部分别论劾。一可以杜骚扰之嫌。一可以振废格之弊。相应依拟。合无备咨南京兵部。悉照所议施行。伏乞圣裁。

四曰豫会计以便关支

前件臣等看得船甲之粮米。既隶户部之关支。而应增应支各数亦当豫为会计。庶免枵腹待哺之患。所据尚书傅等具题前因。要皆先时豫备之意。相应依拟。合无咨行南京兵部。将新旧存留快船。应支粮米。照依原议年分。那借支给。仍须渐次收补。以赡其用。每岁应增数目。查算的确。转咨南京户部。豫先会计明白。听令临期照数关支。毋致稽迟不便。伏乞圣裁。

本月初三日奉圣旨。依拟行。钦此。

增饰船制疏

南京兵部尚书傅等谨题为特陈京军最要疾苦。恳乞圣恩。亟赐苏息。以溥德意以召天和事。车驾清吏司案呈。奉本部批送管理船政署员外郎事主事倪涑。揭称本职钦奉明旨。经理船政。虽各项事务。业已就绪。而虑后之计。犹宜致详。盖快船之实虽革。而其名不可除。快船之数虽减。而其用不容缺。今之所增者。马船也。然遇修之时。有船已沉卸。所宜重造者。为费甚多。今之所减者。快船也。然应减之船。有体尚坚固。堪于驾运者。弃置可惜。合无备查马船之沉卸者免其重造。即择快船之坚固者。照数抵补则马船之所省不赀。而快船之应用不缺。且工食料价。已皆一体。使后日以马船不如快船之疾速也。则马船悉仿快船之制可也。使后日以快船不如马船之高朗也。则快船尽从马船之规可也。事在于今。原无更变。而法垂于后。又可通融。其快船周围。仍加彩画。而后仓则易蓬以板。稍似马船之形。本身制度。悉仍其旧。是增其文饰坚固。而于旧制一无所改也。事体人情。实为两便。等因到司该掌印郎中冯景隆看得马快船式。原不相远。但恐私图不便者。或借口于制度之不同。今委曲更调。既足快船岁用之数。而马船免于重造。所省更多。且在今无纷更之嫌。而在后裕变通之术。相应依议。奏请施行等因到部。看得快船之苦。已几二百年。近当水患之流离。又值编审之将及。人情汹汹。深为可虑。荷蒙皇上。超然远览。俯从臣等所请。择官专任。十万生灵。若脱之水火。而置之衽席。莫不举手加额。以祝圣寿于万年。诚千载一时之会矣。但船式关于上供。而人情或不可测。今更换新旧。节省官银。快船虽减而实存。马船不造而自足。既该员外倪涑。筹画于始。又经郎中冯景隆。参酌于后。救时虑远。可谓详妥。相应奏请。伏乞皇上。敕下该部。拟议覆请。恭候命下。移咨到臣。备行本官。使之益竭心思。务底成绩。则军国永赖。而臣等一念任事之愚忠。亦庶几其少慰矣。缘系特陈京军最要疾苦。恳乞圣恩。亟赐苏息。以溥德意。以召天和事理。臣等未敢擅便。谨题。请旨。

奉圣旨兵部知道。钦此。万历拾伍年柒月初肆日。

本部尚书王等覆题卷查万历拾肆年捌月内。该南京兵部尚书傅等条议船政。已经本部覆奉钦依。裁定马快等船。增减数目。责令该部车驾司主事倪涷。专心经理修造去后。今该前因。看得南京兵部尚书傅等题称将马船之沉卸者。免其重造。即择快船之坚固者。照数抵补。而于周围仍加彩尽后仓易蓬以板。使似马船之形。而制度悉仍其旧通融更换。节省官银一节。为照马船应增。而当修之时。有船已沉卸。所宜重造者为费甚多。快船应减。而应减之船。有体尚坚固。堪以驾运者。弃置可惜。今将应减快船之中。择其体尚可用者。稍加改饰。抵补应增马船之数。即有沉卸应修者。免其重造。是既足供应之需。又省工料之费。通融有法。樽节甚多。相应依拟覆请恭候命下。本部移咨南京兵部。责令经该司属等官。备查应用马船见已沉卸若干只。应减快船。见有坚固若干只。通融照数抵补。不须重造。惟于船外及后仓加之彩画易以板蓬使马船之体制自存快船之旧料不废。其于输运重务。裨益不浅鲜矣等因。

万历拾伍年柒月初陆日。奉圣旨是。钦此。

请蠲夙逋疏

南京兵部尚书臣阴等谨题。为特陈京军最要疾苦。恳乞圣恩。亟赐苏息。以溥德意。以召天和事。车驾清吏司案呈。奉本部批送据管理船政署员外郎事主事倪涷。揭称本职钦奉明旨。更新船政。一切经理。业且告成。近蒙本部初任。见四方灾沴相仍。留都连年水患。屡命司属。通查职掌。凡可以苏军民之困疲。而广朝廷之德意者。据实开报。以凭施行。遵依查得锦衣等卫快平船旧役小甲。自万历拾贰年起。至拾肆年止。共未完年例。油舱。银贰千壹百壹拾玖两贰钱壹分玖厘。自万历九年起。至十三年春案止。共未完出则。冒破。余剩。银壹千柒百壹拾叁两肆分捌厘肆毫肆丝叁忽伍微。自万历拾壹年起。至拾伍年止。底薪半差等项银壹百玖拾陆两伍钱伍分捌厘陆毫。通共未完银。肆千贰拾捌两捌钱贰分陆厘肆丝叁忽伍微。饥馑流离。人不堪命。令计各役常差之期。虽该以万历拾陆年为满。但连岁贡额倍常。旧船不待至期。先已拨尽。故今十五年。即照新议。改派丁银。计所纳拾伍拾陆两年之数。殆不下叁万两。而自今以往。又永无虚糜拖欠之弊。是前项银两在小民既因困穷逋负。而在本部又已剂量先征。蠲之于国计无损。征之则民力不堪。伏乞行司酌议。具题请蠲。则贫军之困尽纾。而来苏之心益慰矣。等因到司。该掌印郎中冯景隆看得前项银两。向因各甲出差费重。赔累贫乏。以致经年拖欠。今行新法。贫富有序。输纳争先。军户流移。方渐还集。而使以夙逋。复肆追呼。恐襁负来归之众。复将展转沟壑。何以慰其更生之愿。况丁银预纳已多出则弊端已绝。即少蠲之。自无不足者。备查无异。委应具题。等因到部。该臣看得南都连岁灾歉。京军尤极困疲。恭逢皇上。加志穷民。凡四方水旱。已屡发德音。切于拯救。即常赋之额。犹议蠲除。虽在官之储。犹议发赈。况丁银之见纳者。已及叁万。而夙逋之难追者。不过肆千。蠲不急之征。以苏积困之众。推不费之惠。以广恤灾之仁。正今日所宜亟行者也。既经该司备查酌议。理合具题。伏乞敕下兵部。再加复议上请。恭候命下。移咨臣等。遵将未完年例出则等银。共肆千贰拾捌两捌钱贰分陆厘肆丝叁忽伍微。尽行蠲免。则荒年无追征之扰。贫军有乐业之心。其于我皇上爱民恤困之仁。未必无少补于万一矣。缘系特陈京军最要疾苦。恳乞圣恩。亟赐苏息。以溥德意。以召天和事理。臣等未敢擅便。为此具本。专差千户牛应宿赍捧谨题。请旨。

奉圣旨兵部知道。钦此。万历拾伍年拾壹月初叁日。

兵部尚书王等覆题。看得南京兵部尚书阴等题称南京锦衣等卫快平船旧役小甲。连年未完年例出则等银共肆千贰拾捌两捌钱贰分陆厘肆丝叁忽伍微。向因各甲出差费重。赔累贫乏。以致经年拖欠。今南都连岁灾歉。京军尤极困疲。况查见纳丁银。已及叁万。前项夙逋。不过肆千。乞要尽行蠲除。以苏各军积困一节。为照经国理财。惟在上足岁用。下体民情。南京快平船小甲年例出则等银。当时所以派之各军者。亦为岁用计耳。今该部定为新议。改派丁银。预纳已多。岁用已足。前项未完银两。即为蠲免。于国计无损于军困大苏。既经尚书阴等酌议停妥。具题前来。相应依拟覆请。恭候命下。本部移咨南京兵部。将各军连年拖欠年例出则等银肆千贰拾捌两捌钱贰分陆厘肆丝叁忽伍微。悉与蠲免。以苏困疲。仍大书榜文。揭示通衢。卫所不得重征。军甲不得冒骗。使饥馑流离之众。咸沾朝廷浩荡之恩等因。

万历拾伍年拾壹月初伍日。奉圣旨是。钦此。

请定差役疏

南京兵部尚书臣阴等谨题为特陈京军最要疾苦。恳乞圣恩。亟赐苏息。以溥德意。以召天和事。车驾清吏司案呈。奉本部送据管理船政署员外郎事主事倪涑。揭称近者船政更新。京军乐业。但卫所各官。喜事射利者多。而洁已奉公者少。非示以画一之守。何以收宁一之功。查得卫所军余。各差不一。快平船重矣。而次则有黄船。有运粮。有军斗。有小识字。有长巡。有夜巡。有修仓。有看仓。有夜歇。有看守草库。有跟随巡捕。有守内外城门。有内府幼匠。有工部烧窑有供应机房掺检。有御马监养马有武学听事。凡拾捌等。要之快船独当其柒捌。而别差共居其贰叁。或困其力。或困其财。或财力俱困焉。去取出入。皆卫所之事也。旧例各差原有分认。自船差困极以来。每遇缺乏。辄以别差余丁拨补。而别差有缺。亦拨船差之人补还。遂至彼此牵连。荡无限制。而官役乐其多事。以恣需求。凡壹役偶缺。则尽壹卫之人而绎骚之。故有壹人而当数差者。有壹差不当。而为空闲者。有各官隐占。而竟为私役者。公门之奸弊万端。而闾阎之扳讦百出。扰乱困害。至此极矣。夫军之与民。皆为赤子。民差版籍不乱。而军差尺籍混淆者。以军余各差。国初所未有。亦令甲所未载。故虽有分认而亦易纷更。今快船编派丁银。比之别差。轻重相等。而又该本职逐一清理。各差俱已从一。合无题请。恭候明旨。著为定例。凡快平船丁银。悉以今册为据。子孙永远办纳即有消长止于本册内增减。并不许扳扯别差。亦不许别差扳扯。是守壹差之旧。而免拾有柒差之扰也。省事安民。莫便于此。职岂不知弊孔尽塞。致怨于人。顾今快船所重者惟丁银。而丁银所出者由户籍。使一变动。则各军岁岁有扳连之扰。而国家岁岁有赔赎之费矣。与其顺群小之私。孰若为国家经久之虑。与其避一身之怨。孰若贻各军无穷之安乎。为此具揭。伏乞批司酌议。早为具题等因到司。该掌印郎中冯景隆。看得军民差使。理无重役。向因船差困极。逐致互相扳扯。纷纷扰害。弊难枚举。今本官清理归一。明于指掌。庶几各役有息肩之日矣。若不著为定例。诚恐渐致纷更。且丁银岁有额征。而户丁常无定籍。不惟奸弊复作。亦恐输纳不全。委宜具题。永杜变乱。等因到部。该臣看得安民之道。惟事简法清与之休息而已。故今船政之法。虽任事者。极其烦劳。而要其所归。则惟省重以为轻。剔烦以为简。而变难以为易也。况剂量适均。各差已无偏重。而户籍一定。各军惟恐变更。据其籍而世守之。则所事者壹。而所省者拾有柒。事本至公。法尤画一。信安民之首务。为可久之良图矣。既经该司复议相同。理合题请。伏乞敕下兵部。查果所言不谬。覆题上请。恭候命下。移咨到部。著为定例。快平船丁银。悉以今册为据。子孙永远办纳遇有消长。即于册内人丁增减。并不许将别差人丁拨补。亦不许将快船余丁拨补别差。如卫所各官。有违制纷扰。图逞已私者。轻则革任江操。重则调卫降级。则输银者有定籍。而岁征不乏。力役者有定差。而诸弊尽除。不特船差各军。子孙相安于无事。而尺籍之众亦皆世享清静宁一之泽矣。所为留都根本之计者。岂其微哉。缘系特陈京军最要疾苦。恳乞圣恩。亟赐苏息。以溥德意。以召天和事理。未敢擅便谨题请旨。

奉圣旨兵部知道。钦此。万历拾伍年拾壹月初叁日。

兵部尚书王等覆题。看得南京兵部尚书阴等题称卫所军余旧例。各差原有分认。后因船差困极。每遇缺乏。辄以别差拨补。而别差有缺。亦拨船差之人补还。遂至互相扳扯。纷纷扰害。已经该司管理船政主事倪涑。身任其事。清理归一。然恐久渐纷更。弊端复作。乞要著为定例。快平船丁银。悉以今册为据。子孙永远办纳。遇有消长。即于册内人丁增减。不许将别差人丁拨补。亦不许将船差余丁。拨补别差。仍禁卫所各官。毋再违制纷扰。各一节。为照船差近派丁银。军困始苏。额征必有册籍。人心始定。若被牵连于别差。法守终难于画一所据南京兵部尚书阴等。逐一清理剂量适均。使各差俱有归一。彼此不相扳扰。欲著为定例。具题前来。诚经久可行之法。相应依拟覆请。恭候命下。本部移咨南京兵部。备行各卫所。快平船丁银。悉以今册为据。子孙永远办纳。遇有消长。即于册内人丁增减。不许扳扯别差人丁。别差虽遇缺乏。亦不许将快船余丁拨补。著为定例。一体遵守。卫所各官。如有违制纷扰。图逞已私者。悉照原议。严加处治施行等因。

万历拾伍年拾壹月初伍日。奉圣旨是。钦此。

船政报完疏

南京兵部尚书臣阴等谨题为船政事完。遵旨考核任事司官事。武库清吏司案呈奉本部送据本部车驾清吏司管理船政署郎中事主事倪涷呈称本职先奉本部札付。为特陈京军最要疾苦。恳乞圣恩。亟赐苏息。以溥德意。以召天和事。专委本职。经理船政。事完之日。呈部考核题请等因。随该本职。遵奉原议。经理苟完。除将造过。丁银书册。备照书册。船夫指掌图册。并刊船政新书呈堂听查外。所有原蒙札委事理。遵依完报。伏乞考核施行等因。送司禀堂。奉批查行。奉此随经移付该司吊取本官原经理过船政始末文卷。备付前来。卷查先准吏部咨开准兵部咨该本部题南京马快船只。系干供运重务。要将南京兵部车驾司主事倪涷。比照户工贰部事例。量加协司职衔。俾令专管马快船只。免其赴京考满。事完之日。听该部考核题请优擢。以酬其劳。本官竣事之后。亦照南京工部事例。于该司主事贰员内。注选壹员。专董其事。以后相袭举行。不得再议纷更等因。奉圣旨依议行。钦此。咨部送司。查得本部见行事例。南京户工贰部注选官员。俱以差满赴部考核。又查得倪涷历主事俸。未及两考。例该署职。通查案呈到部。看得主事倪涷。既经兵部题奉钦依。移咨前来。又经该司查有考满事例。相应题请。欲将本官加升南京兵部车驾清吏司署员外郎事主事。恭候命下。本部给凭。令其专管马快船只。如遇考满。免其给由。候任满之日。听该部考核。仍起送赴部补考。以后注选该司主事壹员管事。永为遵守等因。奉圣旨是。钦此备咨前来。先准兵部咨开该本部右侍郎顾题前事。该兵部覆题。奉圣旨各卫快平船只小甲。既苦累京军。这免审编银。及减省船只等项。俱依拟。钦此。备咨到部。又准兵部咨开该本部尚书傅等亦题前事。该部覆奉圣旨依拟行。钦此。等因咨部。随经札行署员外郎事主事倪涷经理去后。续据本官扣于万历拾伍年柒月贰拾壹日连闰。实历俸叁拾陆个月。叁年考满。例应给由。呈请委官暂代起送赴部等因。奉本部批查得本官奉吏部咨文。明开考满免给由矣。况船政虽定。而创行之始。正赖督理得人。方能事有专一。暂代恐非所宜也。该司查各部例报夺。奉此。查得本官新改船只。虽已出差。所派丁银。虽乐输纳。尚有快船壹百伍拾只。未及提修。人夫壹千陆百捌拾余名。未尽调拨。所议船夫指掌图册。亦未造完。一切调度。方赖本官酌行。固非他官可得而周悉。所据给由一节。相应查照南京户工贰部。奉差官员。差满补考。本官督理船政。实与各部奉差事例相同。仍留在部管事。俟其事完。呈部起送给由等因。移咨南京吏部查照外。今奉送前因。查得本官经理过马快平船玖百肆拾只。已经完备。原审正帮甲并余丁杨芳等壹拾贰万伍千名。已尽宁家。造过锦衣等肆拾卫丁银书册伍本。共计伍万丁。又造完军丁备照册贰本。其预征万历拾伍年分丁银。除见差船只。扣算免征外。实征银壹万叁千壹百捌拾肆两陆厘伍毫捌丝。俱征完贮库万历拾陆年分丁银并油舱余差。共壹万陆千贰百余两。见今行征。又造完船夫指掌图册壹拾贰本。计水夫壹万伍百肆拾名。调拨已尽。其新船于万历拾伍年伍月拾壹等日拨差起。见拨过壹百伍拾陆只。又刊完船政新书肆卷。计贰百玖拾肆条。逐项查明外。又该本司会计先后银米数目。节省不下累万。事事停妥。人人称便。其苦心尽瘁。备见于船书。虑远防微。更征于图册。即今欢声载道。公论翕然诚为善后之良谋。国家之永利也。已经查勘明确。理合案坚考核。具题补考优录等因到部。看得船政一事。关系极重。而事体极烦至于内外阻挠尤甚掣肘。该署郎中事主事倪涷。力创其议。身任其成不避怨嫌。惟求共济。取百数拾年之蠹弊。厘正于一时。举肆拾余卫之困疲。苏息于旦且才猷宏远。计画周详。省费殆已不赀。为谋且能垂久。不惟有益贫军。盖将仰裨国用者。非浅小也。既经该司查勘前来。拟合题请。伏乞敕下吏部。再为酌议上前将署郎中事主事倪涷行令赴部补考。查照原题优录。惟复俯念船政新成。人心正戴。或量加升俸级。仍留在司总理。候其资序相应破格以待。则劳绩可酬。而地方之望亦慰矣。缘系船政事完。遵旨考核任事司官事理。未敢擅便。为此具本。专差千户顾英选。赍捧谨题请旨。

奉圣旨。吏部知道。钦此钦遵。万历拾陆年叁月初柒日。

太子少保吏部尚书杨等覆题。查得本部见行事例。南京户工贰部。注选官员。俱以差满赴部考核。通查案呈到部。看得南京兵部尚书阴等题称。管理船政。车驾清吏司署郎中事主事倪涑给由。行令赴部补考。惟复仍留在司总理一节。为照本官。创议造船。委多功迹。但差满之日。起送补考。已经本部覆题。奉有明旨。且所议优录。亦须南京吏部。及河南道。考核到部。引奏之后。方可临时议处合无恭候命下。行令该部。仍将本官考核。起送赴部补考。庶事例不致异同。而优叙亦为有据矣。等因。

本月初玖日奉圣旨。是。钦此。

卷一·禀揭文移【各稿毋虑百十通。录其事有关系而款中所不见者。余皆弗录。】

郭堂翁禀帖

南京兵部车驾清吏司主事倪涑。谨禀。顷者仰荷台命。条陈船政十议。蒙批五议照行。五议题请。业已具槁呈览。然此特其细节也。即不题。亦未必不可行。即不行。亦未必不可已也。所谓军国之大计。拯民生于涂炭。而巩根本于盘石者。独尽改快船一事而已。业已三请而未竟其始末。兹敢毕陈之。伏乞垂听焉。高皇帝水征之有马船也。以载军马也。其有快船也。以载辎重也。文皇帝定鼎金台。皆为贡舫。然马船系水夫应役。有工食粮米。而快船则佥军驾运。后因军不惜船。遂令其支领木料。自行造修。于是皆佥有力者充之。惟名有力。故官役需索。内使逼诈。劳费困辱。殊不可堪。真有力者。万方计脱。而稍给衣食及贫穷愚弱之辈。无不领船当差矣。垛名朋甲分析厘毫。推避纷争。日相斗讼。其间弊害。擢发不足数。虽千金之家。十年之内。而当三差。未有不荡尽者也。流离自尽者。何岁无之遵。二祖之约束。佥军驾运。而官为修造。亦奚不可。然势不能杜中贵之权。而顾使之一无所藉。恐他日之忧。更有大于此者。所谓口不得而言也。为今之计。惟有仍快船之名。用马船之法而已。盖马船夫甲。皆系雇募。近观中贵出差者。皆求快船。而不愿马船。则马船需索之不便可知也。军民人等。求充马船水夫者。纷纷不息。则马船夫役之不苦可知也。验船之时。马船完好。倍于快船。以马船有常守。而快船系轮役也。船回之时。马船限期。亦先于快船。以马船往回有常。而快船财力已竭也。马船无逃夫。而快船有逃甲者。以马船甘一时之劳。以图三年之养。快船则累极而思去。既去而幸免也。利害较著。而人不敢议者。岂尽自便之心。亦以养夫之无策耳。查得快船五百只。若照马船事例。该夫八千名。工食约肆万余两。而米约九万六千石。但快船 每年。除无名之费。道路之苦。意外之虞。所不计外。其出差私派。亦不下三万余两。使减其半。而通融派征。有不忻然鼓舞。而争先输纳者乎。工料岁用有余。可以请捐。船政虚糜无度。可以节省。共处一二万两。凑用。则所少者米耳。再查进京马快船。共八百六十四只。内马船三百六十四只。每只额夫一十六名。共五千八百二十四名。临差一年。固为应用。而闲居两年。实为虚糜。若闲居守船。止用六名。而将见在马船之夫。分派快船之内。尚余夫六百四十名。尽缺勿补。固不必减革以惊人心。而临差则加给行粮一十名。又尽给三年各十六名之工食。使之自行雇募。并供出差诸费。是米无缺乏而银有余饶矣。其银前议已足。而其米则取之快船原支小甲安家行月等粮。及递年不补夫粮。而业已裕如。岂非所谓不加赋而用自足者哉。若以各夫分船。恐争修造之轻重。则莫若将马船夫仍其旧。而快船一体募夫。但裁减快船。以省募夫之值。又通增工食。以增减船之差。会计所费。皆不相远。而又可以省。修造变料价。较之前策。更为便妥。是在老先生择而行之耳。安常守顺之说。盖为常而顺者。则安而守之。即所谓祖法不可变之意也。今已废祖宗之法。军困而不支。费滥而无节。尚可谓之常与顺乎。日甚一日。年甚一年。即欲安而守之。胡可得欤。若谓南京不宜革弊。是自私自便者之说。非职所敢闻也。老先生纯诚体国。而政府方虚怀求善。倘蒙采择而转闻之。未必其不见入也。合属颇多才贤。亦惟老先生所使昨云委之于职。则误矣。职结发受书。本无他技。虽民瘼国事。颇所留心。而性闇而疏。才庸而窒。即能言之。未必其能行也。若欲委之于职。则误矣。职此帖。不敢委笔于人。又不查考卷册。故数目未核。而周析未详诚恐迂疏不足采。台见尚未定。而各军闻之。反起其皇皇之念。于事体原无益耳。南中生齿。军强半焉。而军人大害。莫如此事。此事若荷留神。则不惟十万生灵。世世享生全之福。而军渐归营。又于戎政有裨。豊镐万年之计。非老先生又谁望哉。为此具禀。伏乞财簪批示。下情不胜悚栗之至。须至禀帖者。

派编丁银通行各卫牌

南京兵部管理船政分司员外郎倪为特陈京军最要疾苦恳乞圣恩亟赐苏息以溥德意以召天和事。照得近奉明旨。更张快船事宜。盖以苏十万余家之困苦。而剔二百余年之弊蠹。所关军国。事非渺小。本职猥以菲才。谬叨重委。日夜兢惕。惟恐不胜。顾相与同心。以共成善政者。则各卫掌印官是赖而已。窃惟各官。世受国恩。正宜勉图报效。而事干举劾。尤当奋志功名。毋听唆哄之言。毋怀疑二之志。毋蔑法而射利。毋阳是而阴非。其一意奉公。助成新政。本职必不相负。不然明旨具在。堂禁森然。本职亦不能为尔庇也。为此示仰旗手等四十卫官识人等知悉。逐一查照后开款项。遵奉施行。须至牌者。

移内守备禁约出差各监局官员帖

南京兵部尚书傅为特陈京军最要疾苦。恳乞圣恩。亟赐苏息以溥德意。以召天和事。照得本部原设进京快平船五百只。马船三百六十四只。共船八百六十四只。十年三差。往时凡拨差使。皆快六马四。今准兵部咨为前事。遵奉圣旨。各卫快平船小甲。既苦累京军。这免审编银。及减省船只等项。俱依拟。钦此。将快平船甲役。尽行免编。悉照马船事例。募夫应役。快平船。止存二百一十只。马船三百九十只。共六百只。十年五差。在船甲夫。尽系雇募。马快平船。事同一体。为此合用揭帖。前去南京内守备厅知会。烦为转行各该衙门。悉遵明旨。俟旧设快平船拨尽之后。一应差使俱听本部酌量兼拨。以尽六百只为一周。仍严禁前站经手等项人役。凡船中事务。悉照马船。毋得分外需索。以致各夫怨恨。自取罪戾。再照近年以来快船小甲。类多奸狡。身家可过者。即雇募积年棍徒。其家力贫难者。又多拚命图赖。或临差躲避或中途脱逃或克落官银。修造不固。遇风漂没反借运官银两。回家之后。捏情抵骗。虽经查明。而住居星散。无从追给者有之。今悉照马船事例。则人皆在官。事无推诿。如有不法误事之徒。可以查究。是新例之行。不独贫军受福。而差使员役。便益尤多。更烦备谕出差官员。务在钦遵明旨施行。

咨河道部院山东抚院禁革沿途积害文

南京兵部尚书傅为恳禁沿途蠹害。以肃地方。以苏甲困事。车驾清吏司案呈。准本司船政分司。付开据马快船厂把总等官王诰等揭帖。开称据江淮济川二卫马快平船小甲胡已尧等。连名呈称役等承领马快船每遇差装各项钱粮赴京。切被仪真扬州淮安等处。沿途一带无藉群虎恶棍。号为蹉船火光等项名色。遇船到彼。登船索诈常例。稍有不遂。辄将私盐等物抛于仓内。或将饭米行李。捏为私货。百般吓骗。坐陷无辜。如仪真火光。勒诈常例三钱。扬州火光。常例五钱。淮安火光。常例五钱。徐州吕梁二洪相识五钱。临清火光常例五钱。又有临清带砖二百四十块。除交官价外。勒要使用银八两。船只到湾。起剥钱粮。仍要看堆使用银叁两。发空回南。搜盐火光。勒诈常例银一两。甲累无辜。实为船政蠹害。恳乞转达。行文沿途一带洪闸等衙门。究禁剪恶。庶差装不致受害。贫甲得以稍苏等情。备付到司。准此。看得先年赴京船只。有马快之分。马船系雇募夫役。但资工食过活。快船系审有力之家。或有挟带私货。以觅利息者。以致沿途地方。生情索诈。相因日久。即无挟带者。亦一概被害莫可声诉。近奉明旨。快船马船。一体募夫。在船夫役。悉系穷民。诚恐沿途积棍。仍前需索。则各夫必不能堪。而新法终不可久。相应移咨河道等衙门。一体严行禁革等因。案呈到部。拟合就行。为此合咨贵院。烦为行令兵备道转行沿河一带府属州县地方。遍出榜文张挂。凡遇本部差出装运上供钱粮船只到彼。如有前项蹉船搜盐等项棍徒。仍踵前弊。侵害甲役者。许各甲即赴所在官司禀究各该衙门。仍设法采访。但有此等。不时擒拿轻则径自责治。重则锁解贵院。依例问遣。务使各属军卫有司。一一遵奉新题事例。严示施行。希无视为泛常。有辜奉旨恤甲之意。

议水夫听事揭帖

南京兵部车驾清吏司管理船政署员外郎事主事倪涷。为特陈京军最要疾苦。恳乞圣恩。亟赐苏息。以溥德意。以召天和事。案照先该本职揭开各衙门役占水夫凡二百九十四名。呈请定夺。蒙批司务厅会同四司酌量□□。共去七十六名。留二百一十八名。会揭呈堂。批允在案。但照水夫工食。向各随县。而当差又各随船。故一船之内名数不齐。工食之数。多寡不一。各衙门所役人数。皆以著船当差为名。移咨户部收粮。而实在衙门应役。既已开载职掌。人所共知。而又掩耳偷铃。殊非事体。推其所由。盖谓各衙门不宜役占水夫。故为此漫欺之术也。该职备查大明会典。及先后职掌。乃知江济二卫。圣祖特设以停泊马船。管束夫役。原非军卫也。会典内开载事例一款。武官随从人。指挥使至佥事各四人。寻加二人。千户以下三人。百户以下二人。俱在正伍取用。三日一易。卫所直厅六人。守门二人。守监四人。守库一人。俱选老军充役。一月一易。夫管军则役军。江济二卫。既专管夫。则所役者。非夫而谁。及查国初二卫马船共八百一十七只。而夫共二万三百六十二名。二卫官员。相沿私役。殆不可记。至嘉靖二十四年。因裁减夫船。乃留其不尽减者。听各官跟用。是减之而未尽非创设也。后本部复设分司。及总库。又议设巡河。巡捕等委官。则一应听事跟伴。及库子等项。俱宜添设。使不用水夫。则须另议钱粮。以供各役。故即将所减之夫。量留应役揆之事理。极为妥顺。但未有发明透彻。徒因循苟且。反贻可议之端耳。况今各船字号已更。各夫名数已定。工食多寡已均。即欲使各役插入别船。不惟理有所不可。亦势有所不能矣。且各衙门所役。在往时事体冒滥之际。名数尚多。今百弊清楚之日。又经裁减。而使尽欲议革。毋论人情不堪。即自古以来。亦岂有衙门而不役一人者哉。合无将各衙门应用人役。照今所裁定之数。明开为听事水夫。从实移咨。每名遵例。岁支工食银三两五钱。则制限既明。后日永无私增之弊。不然。名称不实。滥觞无已。往日之弊可鉴也。再照江济二卫。今见大小马船止四百四十只。连新改快平船。止共六百五十只。再加以今议听事水夫。共不过一万三百余名。比之国初。仅及其半。用省而名正。限定而弊绝。似于计便。本职未敢自专。拟合呈请批示施行。须至揭帖者。

奉堂批衙门应用人役。果系必不可少者。须得从实裁定。若可对人言。虽私亦公也。据议查拟妥确。事体明正。不但厘私增之弊。且所省实多。诚于计为便也。悉如行。仍谕众知悉。

议抵免大马船提追工食揭帖

南京兵部车驾清吏司管理船政署员外郎事主事倪涷。为特陈京军最要疾苦。恳乞圣恩。亟赐苏息。以溥德意。以召天和事。案照本部旧有右堂皂隶。及车驾司官四员各皂隶。船政分司书手。京畿道刷卷书手工食。及一切纸张公用等费。每年约计银一百七八十两。向于提追大马船工食支给。今大马船已经裁减。不可复追。先该本职查出小甲邓汝鹗。黄表。毛凤。向未出差。而船又朽坏。遂各照旧例。扣追工食银八十五两。凑给万历十四年合用之数。以免各船提追之累。而十五年以后。无从措处。又经具揭呈堂。蒙批司务厅会同四司议报。经今日久。未见归著。窃思前项银两。所以不敢动支正项钱粮者。盖以各官既有直厅银。不应复用皂隶工食。故自开弊窦。遂致浸淫。即法可请支者。亦以提船为便。不复呈堂。习以为常。恬不知怪。不惟官箴有碍。亦恐夫困日增。及照司官四员。共领印一颗。关防三颗。敕书二道。颇称剧曹。而直厅止四名。一官一皂。何以给使令乎。在各官。则薪俸已薄。既难使之自行雇募。而在各役。则利窦尽塞。亦岂可使之枵腹而趋哉。与其阴伏隐护。孰若明白支销。先蒙减革车驾司库子工食银五十八两五钱。内将三十六两。给报堂官工食外。尚余二十二两五钱。合准给补车驾司掌印郎中员下皂隶支领。其右堂皂隶工食。缺银一十六两。马政厅皂隶工食。缺银二十二两五钱。及刷卷书手工食银一十二两。俱于车驾司集场租银内动支。船政分司皂隶工食。缺银二十二两五钱。书手工食银一十四两四钱。及书算纸张工价。皆于船政内楂柴出则冒破。余剩。半差。底薪。空役。等项下动支。惟草场分司。另有皂隶一班。原系上江二县。解有工食。足彀支给。但因各官员额在先。而草场建立在后。设官之时。已有随官皂役。而建司之后。未定差系何官。故旧皂向系轮流供役。今管船主事。既系注选。则草场主事。亦有常差矣。旧皂既无常主。而工食亦无从措处。但南都各役。皆有窝银。一家数口。衣食所赖。而若一旦议革。人情必不能堪。伏乞俯念姑留。其工食仍批定于何项下动支。以便遵守。本职未敢擅便。理合备具揭帖。禀请批示定夺施行。须至揭帖者。

奉堂批。各役工食。依拟支给。其多余旧皂六名即于草场分司纸赎银内动支。每名岁给六两。其车驾司听事。可总拨二名。作快船厂看厂人役。不必添设。前六名分与该司掌印二名。四分司各一名跟用。

工料分司呈革纸赎保家小票揭帖【工料系水夫工食。及修船料价。而所议书手工食。及笔札等费。又系船政银两。故记之。】

南京兵部清理工料分司主事倪涷。为议处分司事体。以肃官常事。照得分司官员。原系钦领敕谕。巡历各省。故经承员役。及一切人户。得以径行提问。拟罪追赎。随行书吏。给有廪粮。颇为饶裕。以后官不出巡。吏无廪给。仍将违限员役。批城问罪。以供吏书工食。及纸张笔墨之资。因设保家六十余人。承批员役。不远千里。解银赴部。而复行保候。事属无端。京曹拟赎。亦非事体。又旧有小票。往复稽查。动经八次。而本司又系三六九投文。便须一月之期。且部堂。司厅。车驾司。总库。批文投销。未必日期偶合。故有伺候至两三月者。及查小票之法。无益事体。祇为下人恐吓之资耳。合无将小票保家。罪赎。尽行禁革。解人到京。先赴本司挂号。即赴部堂投文。车驾司查送总库收银各印给批回完讫。后赴本司查销。而本司仍每日投文。随到随发。则官常既肃。而诸弊尽除矣。但书手二人上供抄写。近奉本部议题。岁终将柴直。弓兵。各项钱粮完欠。通行本司查核。分别荐劾奖戒。则其事颇繁。其身颇劳。固难使之枵腹而应役。而所用朱墨印色造册工食等项。无从出办。理合议处。查得车驾司冒破银两。岁入原无定额。合无自本年七月初一日为始。书手每名给银六钱。以供口食。仍月支银一两。以供朱墨印色刷印等匠之费。又恐日后仍袭往例。问罪追赎。则前银反为多给。合著为定规。夏冬季终。本司具揭呈堂。明开并未追有罪赎。批行车驾司查明支给。以免冒支之弊。再照解人之劳苦。固所当悯。而奸弊亦不可不防。使一切违限。俱置不问。又恐奸巧之徒。将官银那移别用。或变货图利。反生事端。亦合定例。凡直隶违限一月以上。湖广江西违限二月以上。即于堂批内开注。发回该省司府自行查究。则解人无所容其奸。各役无所行其弊情法两备而本部之体统自尊矣。本职未敢擅便。理合具禀。伏乞批示施行。须至揭帖者。

总库查出各役那借官银付文【银系快船年例。故记之】

南京兵部车驾清吏司管理总库主事倪为清查未明银两。以杜弊端事。本职承委监库。除将节年朦胧卷册。及错乱银号。逐一清理外。又查出原委征年例指挥王省方等银两未明。随于库子处查出封锁银匣一件。向未入册交盘。不知内系何物轻重若干。又查出库子收贮指挥王省方等私开借银文簿一扇。计三百九十九两七钱一分九厘。皆系两堂车驾司各役。及库子人等。先后借支。尚未扣还。备查前因。盖缘万历十年以前年例银两。皆委官征收。各役即从委官处支借。至万历十三年奉例。将万历十一年以前未完。尽行蠲免。原委各官。将已征报完银两。贮匣封锁。交库子尹孙等。又将各役借数备开文簿。并交库子。欲候扣完之日方并匣内银两。总行起解。口称原银共七百余两。相沿三年所借并未见扣。而匣内之物。亦未清查。累年交盘。亦未入册。切照蠲免钱粮。多为奸人之利。乃使将已报在官之数。而朦胧多年。未见归著。甚非所以厘弊端而肃纪法也。显系委官库役。扶同侵隐。本宜查究。但前项银两。系贵司职掌。数未入库。似与本库无干。止因银匣借簿。俱在库役之手。亦恐后日乾没。不无相关。为此合付贵司。烦查委官王省方等。原管何年年例。其该管年分银两。共计若干。除蠲免若干外。在官若干。簿内借支数目。有无虚担。如果系各役所借。即于应领工食内扣还。其余尚应存银若干。即唤本官。眼同开匣查验。先令具批解库。以杜它弊。须付。

咨兵部免听守船只差官文

南京兵部为特陈京军最要疾苦。恳乞圣恩。亟赐苏息。以溥德意。以召天和事。车驾清吏司案呈。奉本部送该本司署员外郎事主事倪涑揭称照得本职遵奉明旨。经理船政。虽所以苏快船之困穷。而马快平船。动相关系。必一一更张。而后事体停妥。今查得职掌听守船只一款。备开正统元年肆月内。准兵部咨称每年上下半年。各拨马快船伍拾只。赴京听守。上半年以叁月初壹日为始。至本年捌月终。下半年以玖月初壹日为始。至次年贰月终各半年为满更替。及称以后差官管押半年船只。给与批文。前来守取印信批回。以便稽考自后本部每年照例轮拨马快船。陆续装送各衙门起运物件。前赴通州交卸。就彼听候半年。本部又札委指挥千户等官。管押。赴内府南京礼兵二科。填给精微批文。定限回销。仍给与委官勘合应付廪粮。驾船行月粮银。照例关支。遵行已久。及查各衙门起运物件。未有适彀伍拾船者。原称陆续拨发。又安能以壹官而管押之乎。且到京迟速。事由内臣。亦非差官所能押也。故本部上下半年。皆于各船拨尽之后。总差壹官。领批赴北。取批回南而已。然稽查总在壹时。则先到而未查者。即过限。终无回日。遇到而随查者。即壹日。亦可径回。况后船未到之时。所谓伍拾只者。亦未必满数。委官既到之日。所谓在后綁者。尚可以支吾。即此日船数适足。而北京用船。又岂适在此日耶。且各船原领本部勘合。赴兵部投递。而限期未满。每蒙兵部拨发。顺装内臣回南。势亦不能听守。以致所差官员。虚文了事。而各船小甲。亦侥幸生心。盖起运之差。美恶原自径庭。而听守之船。银米又有增给故有既拨恶差。复令听守。而甲夫重困者。又有虚认听守。多给银粮。而抵京即回者。使苦乐不均。人心无儆。既失立法之意。而复启奸弊之端。窃以为非策也。今后合无逐年查定美差船壹百只。挨次序拨。责令支领应增银两。赴京听守。业已均其苦乐。而又改刻原给勘合。分别长短贰差。使各船小甲抵京之日。即赴兵部投验。仍以到部之日为始。系短差者。照旧听守壹月。长差者。照旧半年。限满无差。许小甲赴兵部告领。车驾司查照原开填判到京及发回日期。印给本甲以便稽考。往北船多。而回南差少。即遇顺便差使。自有余船可拨。凡听守船只。如限期未满者。毋容奸甲朦胧告回。则长差既守半年。而短差又守壹月。彼来此往。循环无端。通州听守之船。常满伍拾之数。兵部查所留之勘合。而听守船只可数而计矣。各船自相投。到何庸管押。部司自能查理。何俟差官。此不待智者而后知也。又查得通州有参将壹员。凡听守各甲。皆壹月叁次点卯。未免扰害亦合悉行停止。但查无兵部印信者。不容回南。则人无幸心。而缓急有备。所以剔船政无穷之弊。而体国家深远之思者。良非细故矣。不犹愈于骛虚名而滋实弊者乎。伏乞批行车驾司。再加酌议。如果不谬。移咨兵部。查照施行等因。禀堂奉批车驾司查议奉此。该掌印郎中冯景隆。查得马快船只。每年运送上供之物至通州交卸。上下半年。各留伍拾只在彼听候。此祖宗立法。良有深意。不容有缺。然但当常川守候。不宜分限上下半年。若立期分限。则前限满者尽回。而后限者未至。反有缺守候之时矣。且差使有美恶。而守候有长短。宜为相准。事乃得均。而旧无分别。以致奸弊丛生。况船只陆续拨发。而事完之后。乃始差官管押到京先后。由于运官。取批之说向属虚文久矣。今员外郎倪涑更新船政。议及于此差美者与长差。使之守候。差苦者与短差使可即回。此诚至公无弊之法。又改刻各船勘合。分别长短贰差。以抵京投部之日为始。短差者照旧听守壹个月。长差者照旧陆个月。则通州之船。常不止于伍拾只矣。兵部但查所留勘合。而船数可知也。事在掌握之内。何俟南部之差官哉。若通州参将。向于听守甲夫。每月点卯叁次。徒为劳扰。今后但查本船勘合内。如无兵部该司印信发回者。不许南行。则各甲岂能飞渡。而一切奸弊。不禁而自除矣。委合备咨兵部。转行通州参将衙门。并知会南京礼兵二科。查照前议施行等因。具揭禀堂。奉批准行奉此理合案呈施行等因到部。拟合通行。除行南京礼兵二科外。为此合咨贵部。烦为查照前议。如遇各甲管运钱粮到京投部。将本部改给勘合。填注投到日期。计算长差守候陆个月。短差守候壹个月。务令满足。方许回南。有无顺差。填注勘合。以便查验。其给批差官管押。一切悉行停止。庶免虚文。仍转行通州参将衙门。一体查照施行。

兵部为特陈京军最要疾苦。恳乞圣恩。亟赐苏息。以溥德意。以召天和事。车驾清吏司案呈奉本部送准南京兵部咨前事送司查得马快等船长差。分上下半年。依限听遣。短差到京守候壹月。无差放回。

此旧例也。今南京兵部。更新船政。议将差美者与长差使之听守。差苦者与短差使之即回且改刻勘合。分别限期短差照旧守候壹月。长差陆续拨遣。令其自到。无俟差官管押。既均苦乐。又省虚文委为便易。相应依拟。其通州参将点闸各一节。盖因船泊水次。本部不便稽查。故以约束。委之本官。令彼禁绝逃回私弊。夫责有所统。众乃不哗事有所稽。序乃不乱。此国家立法深意难以轻议停革。但壹月叁次。委属烦扰。今准前因。合行令本官。每月止于朔日点验壹次不许仍前扰害。庶事简法行。经久无弊。呈乞施行案呈到部拟合就行。为此除札行通州参将责令每月朔日点卯壹次。如船甲有私逃等情。本官或因而扰害。俱听本部查究外。其余悉照原议。合回咨贵部。烦为查照施行。须至咨者。

按通州参将船卯。以每月叁次减至壹次。诚为简便。顾所以不尽停免者。则以禁绝私逃耳。然凡小甲。弃船逃回者。皆快船也。快船各甲递管。本差既完则船为下甲之物。而一切使费。又各家帮贴。故以接船为名。逃回告扰即壹月拾点。尚有贰拾日可逃。即壹日壹点尚有点过之时可逃岂以烦简为辨哉。今悉照马船雇募。则夫甲以船为本业。况空闲之年银米一体支给。则各役正思船回。以支壹年银米。宁肯弃船而失终身之利哉。又每船壹年银米。约计共贰百余金。即本船弃毁。而扣此亦足相当第北部未之知耳。以此知文移之不足以尽意也。

卷二·船政弊害缘由

南京黄马快平船凡四项。黄船之编审由兵科。修造由工部。拨差由外守备。驾司第移文知会而已。其疾痛非不在念。业已于快船疏中。附题得旨。而职掌所在。不得越俎而治之。马快船皆国初所设。以备水军进征之用。盖马船以载军马。而快船以载辎重。及建北京。皆为贡舫。然其中事体。则大不相同。马船乃洪武元年。令湖广。江西。二省。太平。安庆。宁国。三府。沿江地方。惯熟风水。造船佥夫。解部听用。洪武二十八年。始设江济二卫。使之停泊船只。安插人夫。而它卫所不与焉。湖广太平二处水夫。系垛名永充。原无工食。故设有赡夫田。听各夫回籍。取讨田租。及户丁津贴。江西宁国安庆三处。以民粮审编。十年一换。悉照解军事例。佥妻发解。遇缺清勾。而各夫工食。仍自回取讨。凡船只朽坏。皆发回修造。以后水夫。在外有骚扰之患。而在内有逃亡之弊。船只。在外则潦草塞责。而在内则等候缺差。节经本部及抚按条议。至嘉靖十一年。始著为令。各处酌量水夫工食。及修船料价。征解本部。名曰工料银两。其船皆本部自造。而水夫亦皆就近召募。各夫既多土著。颇为便益。而内使官役。及沿途衙门。亦以其系应募之人。少宽索诈。故水夫愿充者多。乃其大弊不过四端。

一各处议派工食。多寡不同。有六两者。有四两者。有三两五钱者。凡补某处水夫。即支本处银数。事已不均矣。且各夫惟在进京小马船者为最苦。其在下江大马船者次之。又有窜名在官。资衙门之利。而无船差之扰为至逸。乃其工食。反有逸者厚而苦者薄是一弊也。

一各处原有水夫户口册在部。相沿不改。至以后投充之人。皆冒各处户籍。反以实为虚。使有逃亡。何从拘解。是一弊也。

一各夫工食。从其地方所派。故本处银未解到。则本夫不许支领。于是立为数项借支名色。不惟在官人役。得操缓急之柄。而扣借扣补。卷册棼乱。易于为奸。至有本县银两。三年不解。遂将各夫改入他县者。于是吏书之权益重矣。语备郭堂翁疏中。是一弊也。

一冬夫工食。皆年终支放。出差之时。不准全给。长差止与七钱五分。短差止与六钱。各夫 揭债无路。则预扣重息。将工食立券。推与书库等役。及京城奸富之家。而借其银两。实未得半。及至放时。竟被全扣。是一弊也。其余各项弊害。虽种种有之。然其大者止此而已。

快船原于锦衣等四十余卫。佥其有力者充之。平船即快船也。嘉靖三十六年。因解黄木。不便装贮。故量取快船八十五只。去其楼装。遂名之曰平船。而快船实总名也。国初犹以快船在本地应役。比之马船为安逸。故并无优恤之典。惟正甲有安家月粮十二石。长差行月粮一百一十一石。短差则行月粮七十四石而已。既名有力。则内使官役。及沿途恶少。莫不倚之为奇货。相沿一百余年。弊害日深。困穷日甚流离颠沛。家破身亡。而势遂不可支矣。见船五百只。三年一差。而无差之年。则纳年例银两。十年一审。每审辄定十年。每年正甲一名。帮甲十名。余丁十四名。而又有数人垛一名者。殆不下十数万户。自都城而外。以及于庐。凤。淮。扬。安。太。镇江。邳。泗。和。滁。七府四州之地。周围千里。凡系尺籍之家。举若坑焚矣。姑言其概。

一临审之年。先期采访。五城四十八卫之官役。本部衙门之积猾。以至山人墨客。凡出入部司之门者。莫非骗局。富家上户。竟以幸免。而贫弱之辈。横被编差。是一害也。

一十年之内。家力消长不一。人丁存亡不齐。有差既当出水。无差又纳年例。故遇缺则呈补。告贫则查替。及其将差。初则牵扯无干。次则推调同役。次则科派户丁。官役乐于多事。任意反复。名曰十年一审。实则岁无宁日。是一害也。

一十年总定三差。每差朋有数役。其间分上中下三甲。而又某人分帮某人几个月。又某人系当出水。某人系当贴差。究其缘由。支吾不一。询之众役。亦尽茫然。总是积猾故神其说。使不可测。得以上下其手。而尺籍之徒。听部卫之督责。亦不能辩。二百年来。由而不著。莫毕其命。是一害也。

一各甲自编审扳告。打点使用。未及领船。所费已不赀矣。及至领船。则厂卫各官。以及管修人役。事事有常例之称。所领官银。不足以当无名之费是一害也。

一估验之时。或官役刁难。定额太少。不免赔补。或暂图目前。多领官物事完查刷。又有出则之追。每年动经数千金。纷纷扳告。户无安枕。而委官多事侵渔。更有秤头火耗之增。是一害也。

一内使讨船之后。即役使船丁。扛抬私货。每船不下二十名。并无宁日。初见有拜见钱。有轿马钱。有执结钱。有纤缆钱。有赶帮钱。有进闸喜钱。有庆寿礼钱。而跟随有酒饭钱。有衣帽钱。有樎杖钱。有押帮钱。少不如意。即非刑搒掠。无所不至。是一害也。

一内使扛抬私货。已用其力。需索常例。又尽其财。九死一生。幸及交卸。而北司书吏。查刷独严。违限失期。不问运官而问小甲。至财力困竭。船不能回。则停船在湾。而回家措费。大抵愚弱者。剥肤椎髓。而奸点者。生情扳扰。是一害也。

一沿途关津棍恶。每生情挟诈。临清有搜盐之扰。吕梁有放船之例。往回名色甚多。是一害也。

一差回之年。船泊在厂。恐有竦失。每船要小甲一人。巡风画卯卫厂各官班头牢子之费。皆给于各甲。更有无名之费。其江北甲役。隔数百里而赴厂。尤为可怜。是一害也。

一各甲困穷畏祸。往往雇觅积年走差之人。代为出水。及至误事。或船不能回。或损失官船。则复告正身。倍其费而益其困。是一害也。

一各甲皆系轮役。互相推调。以致遗失什物。损坏船只。修理之费。倍于马船。而工料反不坚固。中途漂没者有之。力不能回。而故意凿沉。称为漂没。变费回家有之。至追底薪半差银两。则或毙于狴犴。或扳扯无干。或朦胧寝案。或困急自尽。委官每因之为利。而所追钱粮。多被侵渔。公私两弊。是一害也。

一在卫军余。或屯。或运。或守门。或修仓。或夜巡。或黄船。或快船。并无空闲。向以快船差重。每将别差户内人丁。扳扯帮补。而别差临役之时。亦扯快船歇役人丁。卫官喜其有事。各役暂图目前。致差使混淆。弊害日甚。是一害也。

一快船力不可支。辄将营操正军掣补。以致戎伍日虚。武备单弱。是一害也。

一快船之义。取其疾速。今垛名朋役。住居散远。推躲扳替。纷纷不齐。有拨差数月。而役尚未定。或先期远遁。或中途脱逃。或舍命图赖。势穷理极。渐误上供。是一害也。

一内使以快船为利。每每多求。而贫甲间有逃亡。卒不能补。故十年之差。每八九年而已尽。非上供缺乏。必重行编审。是一害也。

以上十五欸。特略言其概耳。至弊害纤悉。擢发不易数也。各甲除编审佥补。官役需索外。每差一次。辄派银二百两。而尚有意外之祸。弃家远役。风波霜露之苦。所不与也。沉河自缢。颠沛流离。私鬻妻子。官拆房屋者。何月无之。但事关于上供。而肘掣于中贵。夙弊之所积。而奸宄之所藏。即有忧世之心者。亦付之无可奈何而已。天启圣明。而有今日之事。大约以近时之条编。而行宋世之雇役。但计船募夫。每岁应工食银。约四万余两。又有小甲贴接银约二千两。而米九万六千石。若欲尽派各船。则每船应征银八十余两。米二百石。民力既有所不堪。而请捐银米。又各止一万有奇。欲使赋不加而用自足上不损而下自裕。经理调度之间。始称难事矣。

卷二·调度大纲【凡二十四条】

一快平船旧数五百只。每船一只。编银三十两。备募夫之用。但酌贫富。以定多寡。其正甲。帮甲。余丁。名色。及一切出水。年例等项。尽行除豁。比之旧日。曾不及十分之一矣。

各卫船数开后

锦衣卫三十七只　旗手卫六只

金吾前卫十五只　金吾后卫十只

羽林左卫八只　羽林右卫十五只

府军卫十五只　府军左卫十七只

府军右卫十八只　府军后卫十七只

留守中卫八只　神策卫五只

广洋卫十六只　应天卫九只

和阳卫三只　留守左卫十二只

水军左卫十五只　骁骑右卫十五只

镇南卫八只　虎贲左卫十五只

龙江右卫十八只　沈阳左卫二只

沈阳右卫五只　龙虎卫七只

龙虎左卫五只　留守右卫十五只

水军右卫十一只　虎贲右卫十六只

武德卫八只　留守前卫十二只

龙江左卫二十只　龙骧卫七只

豹韬卫六只　天策卫十二只

豹韬左卫九只　留守后卫十三只

鹰扬卫十七只　兴武卫十八只

江阴卫十七只　横海卫二十一只

一派银数少。恐募夫不足。于是减其应募之船。见在大小马船。并快平船。共九百四十只。内进京者小马船三百六十四只。快平船五百只。共八百六十四只。走下江者。大马船七十六只。查大马船之沉卸及朽坏应拆者。减去二十六只。改作小马船。连见在共三百九十只。而快平船减去二百九十只。止存二百一十只。则进京船共六百只。而快平船募夫工食粮饷。十减其六矣。

一船可减。而朝廷差使不可缺。旧例进京马快平船。三年一差。今减船三分之一。须二年一差矣。恐夫力不堪。于是增其工食。然一概议增。不惟用银太多。而抑且人无激劝。备查水夫工食。原有六两。四两。三两五钱而差使又有进京。下江。听事。各三等。本年三月内该南京广东道监察御史王。【讳藩臣富顺人】题称要将水夫工食。酌量适中。以四两为率。奉旨议行。于是即以四两为凖。凡进京者。增三分之一为六两。下江者。皆四两。听事者。皆三两五钱。更调各夫。名正言顺。而听事与下江者。终以原役为利。情愿自减。以就四两。及三两五钱之数。其进京者。亦喜于银数之增。不复沮议。盖四两而三年一差。与六两而二年一差。均之一差得银十二两。差频银多。尤其所愿也。然在本部。则寓裁减于增益之中矣。

一所减之数。虽尽系快平船。而快平之用。恐不可少。乃仍查所减数内。有船身坚固者。选存九十只。抵换拆造马船。编入快船号内。总计马船三百只。快船二百五十只。平船五十只。亦共三百只。彼此适均。如数内尚有可用者。俱留调拆造之船。以省工料之费。应拆者。方拆估贮厂照价散给别船。以抵正料。其不堪作料。并浮动什物。皆变价解库。作正支销。

一新定快平船三百只。以备原差之数。而各夫虑沿途之诈害。犹以快平船为惧。乃于快船尾舱。改篷为板。周围画彩。平船皆造活楼。使装卸随时。内仍快平之旧。而外似马船之形。仍备咨河道及山东巡抚衙门。严革沿途积棍。

一马船向系各处自编字号。而快平船又系四十卫类编。节年裁减不一。错乱难查。既经画一。悉宜清理。今江淮大马船二十五只。取国字。小马船一百五十只。取泰字。济川大马船二十五只。取民字小马船一百五十只。取安字。江淮快船一百二十五只。取风字。平船二十五只。取调字。济川快船一百二十五只。取雨字。平船二十五只。取顺字。各为号。总为国泰民安。风调雨顺。皆自一而二。由始至终。内守备移讨船只。除去马快名色。正开字号。

一江济二卫。旧于大马船内。各将一只。改作黑楼船。以备部堂督操乘用。今各在二十五只数内。即各编入号尾。江淮为国字二十五号。济川为民字二十五号。除外。两卫实在大马船。各二十四只。

船号开后

江淮卫【万历拾伍年春案起每年春秋贰案周而复始第贰拾伍号遇用另修】

前所国字一号　即旧右所礼字九号

后所国字二号　即旧右所仁字三号

后所国字三号　即旧后所岳字八号

前所国字四号　即旧右所义字七号【第一案止】

中所国字五号　即旧右所礼字三号

右所国字六号　即旧右所义字八号

后所国字七号　即旧后所岳字十三号

中所国字八号　即旧左所智字四号【第二案止】

中所国字九号　即旧中所永字二号

中所国字十号　即旧左所智字七号

左所国字十一号　即旧左所仁字七号

前所国字十二号　即旧右所信字三号【第三案止】

右所国字十三号　即旧右所仁字七号

右所国字十四号　即旧右所义字四号

前所国字十五号　即旧前所郴字二号

左所国字十六号　即旧左所仁字二号【第四案止】

前所国字十七号　即旧右所智字三号

后所国字十八号　即旧右所智字六号

左所国字十九号　即旧左所智字三号

左所国字二十号　即旧左所智字十号【第五案止】

右所国字二十一号　即旧右所义字三号

右所国字二十二号　即旧右所义字九号

左所国字二十三号　即旧左所智字五号

中所国字二十四号　即旧左所智字二号【第六案止】

后所国字二十五号　即旧后所信字二号【遇用另修】

济川卫【万历拾伍年春案起每年春秋贰案周而复始第贰拾伍号遇用另修】

右所民字一号　即旧右所安字四十九号

前所民字二号　即旧前所荆字二十一号
后所民字三号　即旧后所归字九号
后所民字四号　即旧后所归字二十五号【第一案止】
左所民字五号　即旧左所安字二十一号
左所民字六号　即旧左所安字二十六号
左所民字七号　即旧左所安字十五号
右所民字八号　即旧右所安字四十三号【第二案止】
左所民字九号　即旧左所安字六号
右所民字十号　即旧右所安字四十五号
右所民字十一号　即旧右所智字二号
左所民字十二号　即旧左所安字二十三号【第三案止】
前所民字十三号　即旧前所荆字三号
中所民字十四号　即旧右所安字四十二号
后所民字十五号　即旧右所安字四十号
中所民字十六号　即旧中所武字二十三号【第四案止】
中所民字十七号　即旧中所武字二十二号
后所民字十八号　即旧右所安字三十七号
前所民字十九号　即旧左所安字二十四号
中所民字二十号　即旧中所武字三十号【第五案止】
后所民字二十一号　即旧右所安字四十八号
前所民字二十二号　即旧前所荆字七号
中所民字二十三号　即旧中所武字二十八号
前所民字二十四号　即旧左所安字十三号【第六案止】
右所民字二十五号　即旧右所天字号【遇用另修】
江淮卫【万历拾伍年秋案起每年春秋贰案周而复始】
中所泰字一号　即旧中所杜字号
中所泰字二号　即旧中所林字号
后所泰字三号　即旧后所冯字号
中所泰字四号　即旧中所倪字号
右所泰字五号　即旧右所流字号
中所泰字六号　即旧中所凤字号
前所泰字七号　即旧前所忠字三号
左所泰字八号　即旧左所松字号
右所泰字九号　即旧右所息字号
左所泰字十号　即旧左所竭字号
前所泰字十一号　即旧前所袁字号
左所泰字十二号　即旧左所樊字号
中所泰字十三号　即旧左所似字号
右所泰字十四号　即旧右所骝字号
右所泰字十五号　即旧右所驱字号
右所泰字十六号　即旧右所骄字号
后所泰字十七号　即旧后所钱字号

中所泰字十八号　即旧中所马字号
右所泰字十九号　即旧右所驯字号
前所泰字二十号　即旧前所任字号
左所泰字二十一号　即旧左所斯字号
中所泰字二十二号　即旧中所玄字号
前所泰字二十三号　即旧前所皮字号
右所泰字二十四号　即旧右所騋字号
后所泰字二十五号　即旧后所杨字号
左所泰字二十六号　即旧左所盛字号
左所泰字二十七号　即旧左所乾字号
中所泰字二十八号　即旧中所夏字号
左所泰字二十九号　即旧左所与字号
后所泰字三十号　即旧后所豊字号
右所泰字三十一号　即旧右所骖字号
左所泰字三十二号　即旧左所君字号
后所泰字三十三号　即旧后所魏字号
后所泰字三十四号　即旧后所张字号
后所泰字三十五号　即旧后所朱字号
中所泰字三十六号　即旧中所顾字号
后所泰字三十七号　即旧后所羽字号【第一案止】
中所泰字三十八号　即旧中所郎字号
中所泰字三十九号　即旧中所安字号
前所泰字四十号　即旧前所苏字号
中所泰字四十一号　即旧中所鲍字号
前所泰字四十二号　即旧前所唐字号
左所泰字四十三号　即旧左所孝字号
后所泰字四十四号　即旧后所邬字号
前所泰字四十五号　即旧前所徐字号
中所泰字四十六号　即旧中所蔡字号
后所泰字四十七号　即旧后所荒字号
中所泰字四十八号　即旧中所洪字号
后所泰字四十九号　即旧后所公字号
前所泰字五十号　即旧前所薛字号
中所泰字五十一号　即旧中所齐字号
中所泰字五十二号　即旧中所卜字号
右所泰字五十三号　即旧右所駉字号
中所泰字五十四号　即旧中所闵字号
左所泰字五十五号　即旧左所是字号
右所泰字五十六号　即旧右所渊字号
右所泰字五十七号　即旧右所駓字号
右所泰字五十八号　即旧右所骤字号
中所泰字五十九号　即旧中所平字号

右所泰字六十号　即旧右所驷字号
右所泰字六十一号　即旧右所驷字号
右所泰字六十二号　即旧右所驰字号
中所泰字六十三号　即旧中所方字号
左所泰字六十四号　即旧左所宝字号
右所泰字六十五号　即旧右所驒字号
左所泰字六十六号　即旧左所地字号
后所泰字六十七号　即旧后所汤字号
右所泰字六十八号　即旧右所称字号
右所泰字六十九号　即旧右所骋字号
中所泰字七十号　即旧中所赵字号
后所泰字七十一号　即旧后所贺字号
后所泰字七十二号　即旧后所宫字号
右所泰字七十三号　即旧右所駣字号
右所泰字七十四号　即旧右所駥字号
右所泰字七十五号　即旧右所騋字号【第二案止】
左所泰字七十六号　即旧左所震字号
前所泰字七十七号　即旧前所天字号
左所泰字七十八号　即旧左所资字号
右所泰字七十九号　即旧右所骋字号
中所泰字八十号　即旧中所田字号
前所泰字八十一号　即旧前所宙字号
前所泰字八十二号　即旧前所姚字号
右所泰字八十三号　即旧右所骏字号
左所泰字八十四号　即旧左所非字号
左所泰字八十五号　即旧左所馨字号
右所泰字八十六号　即旧右所川字号
中所泰字八十七号　即旧中所江字号
左所泰字八十八号　即旧左所取字号
左所泰字八十九号　即旧左所父字号
左所泰字九十号　即旧左所之字号
前所泰字九十一号　即旧前所章字号
前所泰字九十二号　即旧前所忠字九号
右所泰字九十三号　即旧右所骊字号
前所泰字九十四号　即旧前所和字号
前所泰字九十五号　即旧前所伍字号
后所泰字九十六号　即旧后所吕字号
右所泰字九十七号　即旧右所骁字号
后所泰字九十八号　即旧后所止字号
后所泰字九十九号　即旧后所子字号
中所泰字一百号　即旧中所路字号
前所泰字一百一号　即旧前所岑字号

右所泰字一百二号　即旧右所骥字号
前所泰字一百三号　即旧前所郭字号
右所泰字一百四号　即旧右所驄字号
右所泰字一百五号　即旧右所骐字号
右所泰字一百六号　即旧右所駹字号
前所泰字一百七号　即旧前所褚字号
中所泰字一百八号　即旧中所沈字号
左所泰字一百九号　即旧左所力字号
左所泰字一百十号　即旧左所阴字号
左所泰字一百十一号　即旧左所严字号
左所泰字一百十二号　即旧左所如字号【第三案止】
中所泰字一百十三号　即旧中所滕字号
前所泰字一百十四号　即旧前所尹字号
前所泰字一百十五号　即旧前所董字号
前所泰字一百十六号　即旧前所梁字号
后所泰字一百十七号　即旧后所袁字号
前所泰字一百十八号　即旧前所颜字号
前所泰字一百十九号　即旧前所汪字号
中所泰字一百二十号　即旧中所郝字号
后所泰字一百二十一号　即旧后所方字号
后所泰字一百二十二号　即旧后所钟字号
中所泰字一百二十三号　即旧中所颜字号
后所泰字一百二十四号　即旧后所虞字号
中所泰字一百二十五号　即旧中所常字号
后所泰字一百二十六号　即旧后所毕字号
后所泰字一百二十七号　即旧后所邵字号
后所泰字一百二十八号　即旧后所金字号
前所泰字一百二十九号　即旧前所柏字号
左所泰字一百三十号　即旧右所骆字号
后所泰字一百三十一号　即旧后所郝字号
中所泰字一百三十二号　即旧中所时字号
后所泰字一百三十三号　即旧后所黄字号
中所泰字一百三十四号　即旧中所祝字号
左所泰字一百三十五号　即旧中所廉字号
后所泰字一百三十六号　即旧后所商字号
后所泰字一百三十七号　即旧后所许字号
后所泰字一百三十八号　即旧后所彭字号
前所泰字一百三十九号　即旧前所屈字号
左所泰字一百四十号　即旧中所楼字号
前所泰字一百四十一号　即旧前所余字号
后所泰字一百四十二号　即旧后所角字号
左所泰字一百四十三号　即旧中所蒋字号

左所泰字一百四十四号　即旧中所危字号
左所泰字一百四十五号　即旧左所事字号
左所泰字一百四十六号　即旧中所阮字号
前所泰字一百四十七号　即旧前所凌字号
前所泰字一百四十八号　即旧后所伯字号
前所泰字一百四十九号　即旧前所高字号
前所泰字一百五十号　即旧中所季字号【第四案止】
济川卫【万历拾伍年秋案起每年春秋贰案周而复始】
前所安字一号　即旧前所癸字号
中所安字二号　即旧中所骏字号
前所安字三号　即旧前所仁字号
前所安字四号　即旧前所木字号
后所安字五号　即旧后所人字九号
后所安字六号　即旧后所地字七号
前所安字七号　即旧前所忠字四号
左所安字八号　即旧左所人字七号
前所安字九号　即旧前所行字三号
右所安字十号　即旧右所騢字号
前所安字十一号　即旧前所文字九号
中所安字十二号　即旧中所驲字号
前所安字十三号　即旧前所土字号
前所安字十四号　即旧前所信字二号
后所安字十五号　即旧后所地字四号
后所安字十六号　即旧后所地字六号
前所安字十七号　即旧前所行字七号
右所安字十八号　即旧右所驯字号
前所安字十九号　即旧前所信字五号
中所安字二十号　即旧中所驄字号
前所安字二十一号　即旧前所已字号
前所安字二十二号　即旧前所信字四号
前所安字二十三号　即旧前所恭字号
后所安字二十四号　即旧后所岁字号
右所安字二十五号　即旧右所洪字号
后所安字二十六号　即旧后所姜字号
中所安字二十七号　即旧中所律字号
后所安字二十八号　即旧后所从字三号
前所安字二十九号　即旧前所行字五号
后所安字三十号　即旧后所人字五号
后所安字三十一号　即旧后所成字号
左所安字三十二号　即旧左所礼字号
右所安字三十三号　即旧右所人字六号
左所安字三十四号　即旧左所暑字号

中所安字三十五号　即旧中所驷字号
左所安字三十六号　即旧左所宇字号
前所安字三十七号　即旧前所文字四号【第一案止】
左所安字三十八号　即旧左所信字六号
后所安字三十九号　即旧后所珍字号
右所安字四十号　即旧右所骑字号
右所安字四十一号　即旧右所地字一号
中所安字四十二号　即旧中所信字一号
中所安字四十三号　即旧中所信字三号
中所安字四十四号　即旧中所欢字号
前所安字四十五号　即旧前所行字一号
后所安字四十六号　即旧后所菜字号
后所安字四十七号　即旧后所天字五号
右所安字四十八号　即旧右所駹字号
后所安字四十九号　即旧后所河字号
前所安字五十号　即旧前所义字号
左所安字五十一号　即旧左所戊字号
右所安字五十二号　即旧右所甲字号
中所安字五十三号　即旧中所骆字号
左所安字五十四号　即旧左所金字号
左所安字五十五号　即旧左所黑字号
右所安字五十六号　即旧右所騂字号
中所安字五十七号　即旧中所蒲字一号
前所安字五十八号　即旧前所让字号
前所安字五十九号　即旧前所水字号
左所安字六十号　即旧左所火字号
中所安字六十一号　即旧中所驶字号
左所安字六十二号　即旧左所壬字号
前所安字六十三号　即旧前所仁字四号
右所安字六十四号　即旧右所骙字号
右所安字六十五号　即旧右所骋字号
中所安字六十六号　即旧中所地字二号
中所安字六十七号　即旧中所骡字号
前所安字六十八号　即旧前所忠字六号
中所安字六十九号　即旧中所騠字号
后所安字七十号　即旧后所丽字号
右所安字七十一号　即旧右所驎字号
右所安字七十二号　即旧右所驢字号
后所安字七十三号　即旧后所忠字八号
后所安字七十四号　即旧后所文字一号
左所安字七十五号　即旧左所己字号【第二案止】
中所安字七十六号　即旧中所駃字号

中所安字七十七号　即旧中所驂字号
后所安字七十八号　即旧后所天字二号
中所安字七十九号　即旧中所驸字号
左所安字八十号　即旧左所义字号
前所安字八十一号　即旧前所行字四号
前所安字八十二号　即旧前所信字八号
左所安字八十三号　即旧左所辛字号
左所安字八十四号　即旧左所庚字号
左所安字八十五号　即旧左所乾字号
左所安字八十六号　即旧左所艮字号
左所安字八十七号　即旧左所白字号
左所安字八十八号　即旧左所巽字号
后所安字八十九号　即旧后所人字号
中所安字九十号　即旧中所调字号
左所安字九十一号　即旧左所坤字号
右所安字九十二号　即旧右所骏字号
右所安字九十三号　即旧右所驹字号
右所安字九十四号　即旧右所地字九号
中所安字九十五号　即旧中所金字号
中所安字九十六号　即旧中所果字号
中所安字九十七号　即旧中所驵字号
中所安字九十八号　即旧中所骝字号
后所安字九十九号　即旧后所玉字号
左所安字一百号　即旧左所丁字号
后所安字一百一号　即旧后所昃字号
前所安字一百二号　即旧前所忠字七号
后所安字一百三号　即旧后所重字号
后所安字一百四号　即旧后所天字十号
右所安字一百五号　即旧右所骚字号
前所安字一百六号　即旧前所庚字号
右所安字一百七号　即旧右所骁字号
左所安字一百八号　即旧左所水字号
左所安字一百九号　即旧左所黄字号
中所安字一百十号　即旧中所地字三号
前所安字一百十一号　即旧前所信字号
左所安字一百十二号　即旧左所良字号【第三案止】
右所安字一百十三号　即旧右所清字号
左所安字一百十四号　即旧左所让字号
左所安字一百十五号　即旧左所俭字号
左所安字一百十六号　即旧左所兑字号
左所安字一百十七号　即旧左所坎字号
中所安字一百十八号　即旧中所骍字号

后所安字一百十九号　即旧后所天字号
前所安字一百二十号　即旧前所温字号
左所安字一百二十一号　即旧左所智字号
左所安字一百二十二号　即旧左所土字号
右所安字一百二十三号　即旧右所騆字号
左所安字一百二十四号　即旧左所仁字号
中所安字一百二十五号　即旧中所驻字号
中所安字一百二十六号　即旧中所骄字号
前所安字一百二十七号　即旧前所文字三号
右所安字一百二十八号　即旧左所温字号
后所安字一百二十九号　即旧后所天字三号
右所安字一百三十号　即旧右所骇字号
右所安字一百三十一号　即旧左所离字号
右所安字一百三十二号　即旧左所乙字号
右所安字一百三十三号　即旧右所驥字号
中所安字一百三十四号　即旧中所騟字号
前所安字一百三十五号　即旧前所文字五号
后所安字一百三十六号　即旧后所天字六号
右所安字一百三十七号　即旧左所赤字号
后所安字一百三十八号　即旧左所恭字号
后所安字一百三十九号　即旧左所癸字号
右所安字一百四十号　即旧右所骀字号
右所安字一百四十一号　即旧右所騂字号
中所安字一百四十二号　即旧中所驱字号
石所安字一百四十三号　即旧右所骆字号
前所安字一百四十四号　即旧前所文字八号
中所安字一百四十五号　即旧中所驿字号
后所安字一百四十六号　即旧后所人字十号
中所安字一百四十七号　即旧中所骅字号
后所安字一百四十八号　即旧左所贺字号
后所安字一百四十九号　即旧前所仁字三号
右所安字一百五十号　即旧右所辰字号【第四案止】
江淮卫【万历拾伍年秋案起每年春秋贰案周而复始】
左所风字一号　即旧左所仁字九号
左所风字二号　即旧左所智字八号
左所风字三号　即旧左所仁字四号
左所风字四号　即旧左所礼字号
左所风字五号　即旧左所礼字十号
左所风字六号　即旧左所义字一号
右所风字七号　即旧右所礼字六号
右所风字八号　即旧右所义字二号
右所风字九号　即旧右所仁字八号

右所风字十号　即旧右所仁字四号
右所风字十一号　即旧右所仁字六号
右所风字十二号　即旧右所信字五号
右所风字十三号　即旧右所智字四号
后所风字十四号　即旧后所永字十九号
左所风字十五号　新募
左所风字十六号　新募
左所风字十七号　新募
右所风字十八号　新募
右所风字十九号　新募
右所风字二十号　新募
中所风字二十一号　新募
中所风字二十二号　新募
中所风字二十三号　新募
前所风字二十四号　新募
前所风字二十五号　新募
前所风字二十六号　新募
后所风字二十七号　新募
后所风字二十八号　即旧后所雷字号
后所风字二十九号　即旧后所施字号
中所风字三十号　即旧中所傅字号
左所风字三十一号　即旧中所胡字号
右所风字三十二号　新募【第一案止】
中所风字三十三号　新募
前所风字三十四号　新募
左所风字三十五号　新募
右所风字三十六号　新募
中所风字三十七号　新募
后所风字三十八号　新募
前所风字三十九号　新募
中所风字四十号　新募
左所风字四十一号　新募
右所风字四十二号　新募
中所风字四十三号　新募
前所风字四十四号　新募
中所风字四十五号　新募
后所风字四十六号　新募
左所风字四十七号　新募
右所风字四十八号　新募
中所风字四十九号　新募
前所风字五十号　新募
后所风字五十一号　新募

中所风字五十二号　新募
后所风字五十三号　新募
左所风字五十四号　新募
右所风字五十五号　新募
中所风字五十六号　新募
前所风字五十七号　新募
后所风字五十八号　新募
中所风字五十九号　新募
左所风字六十号　新募
右所风字六十一号　新募
中所风字六十二号　新募
前所风字六十三号　新募【第二案止】
右所风字六十四号　新募
后所风字六十五号　新募
中所风字六十六号　新募
左所风字六十七号　新募
右所风字六十八号　新募
中所风字六十九号　新募
前所风字七十号　新募
后所风字七十一号　新募
右所风字七十二号　新募
中所风字七十三号　即旧中所露字号
中所风字七十四号　即旧中所吴字号
左所风字七十五号　即旧左所路字号
前所风字七十六号　即旧前所穆字号
前所风字七十七号　即旧前所肖字号
右所风字七十八号　即旧右所驲字号
中所风字七十九号　即旧中所地字号
左所风字八十号　即旧左所壁字号
左所风字八十一号　即旧左所澄字号
后所风字八十二号　即旧后所若字号
中所风字八十三号　即旧中所孙字号
前所风字八十四号　即旧前所童字号
左所风字八十五号　即旧左所尺字号
右所风字八十六号　即旧右所骅字号
后所风字八十七号　即旧后所柳字号
左所风字八十八号　即旧左所兰字号
前所风字八十九号　即旧前所王字号
左所风字九十号　即旧左所敬字号
后所风字九十一号　即旧后所谢字号
前所风字九十二号　即旧前所湛字号
后所风字九十三号　即旧后所戚字号

后所风字九十四号　即旧后所思字号【第三案止】
左所风字九十五号　即旧左所曰字号
左所风字九十六号　即旧左所寸字号
中所风字九十七号　即旧中所潘字号
前所风字九十八号　即旧前所范字号
中所风字九十九号　即旧中所尹字号
后所风字一百号　即旧后所侯字号
后所风字一百一号　即旧后所安字号
右所风字一百二号　即旧右所驻字号
前所风字一百三号　即旧前所蓝字号
前所风字一百四号　即旧前所霍字号
右所风字一百五号　即旧右所不字号
右所风字一百六号　即旧右所映字号
右所风字一百七号　即旧右所？字号
左所风字一百八号　即旧左所当字号
中所风字一百九号　即旧中所苗字号
前所风字一百十号　即旧前所强字号
中所风字一百十一号　即旧中所乐字号
前所风字一百十二号　即旧前所卫字号
前所风字一百十三号　即旧前所文字七号
前所风字一百十四号　即旧前所周字号
中所风字一百十五号　即旧中所郑字号
后所风字一百十六号　即旧后所史字号
前所风字一百十七号　即旧前所花字号
后所风字一百十八号　即旧后所鲍字号
前所风字一百十九号　即旧前所鲁字号
前所风字一百二十号　即旧前所罗字号
后所风字一百二十一号　即旧后所葛字号
后所风字一百二十二号　即旧后所梅字号
后所风字一百二十三号　即旧后所任字号
后所风字一百二十四号　即旧后所容字号
后所风字一百二十五号　即旧后所男字号【第四案止】
济川卫【万历拾伍年秋案起每年春秋贰案周而复始】
左所雨字一号　即旧左所安字八号
左所雨字二号　即旧左所安字二十三号
左所雨字三号　即旧左所安字十六号
左所雨字四号　即旧左所安字三十四号
左所雨字五号　即旧左所安字二十号
左所雨字六号　即旧左所安字一号
左所雨字七号　即旧左所安字二十七号
左所雨字八号　即旧左所安字二号
左所雨字九号　即旧左所安字十七号

中所雨字十号　即旧中所武字三十三号
中所雨字十一号　即旧中所武字三十二号
前所雨字十二号　即旧前所荆字十三号
左所雨字十三号　新募
左所雨字十四号　新募
左所雨字十五号　新募
左所雨字十六号　新募
右所雨字十七号　新募
右所雨字十八号　新募
右所雨字十九号　新募
右所雨字二十号　新募
中所雨字二十一号　新募
中所雨字二十二号　新募
中所雨字二十三号　新募
中所雨字二十四号　新募
前所雨字二十五号　新募
前所雨字二十六号　新募
前所雨字二十七号　新募
前所雨字二十八号　新募
后所雨字二十九号　新募
后所雨字三十号　新募
后所雨字三十一号　新募
后所雨字三十二号　新募【第一案止】
前所雨字三十三号　即旧前所礼字号
左所雨字三十四号　新募
右所雨字三十五号　新募
中所雨字三十六号　新募
前所雨字三十七号　新募
右所雨字三十八号　新募
中所雨字三十九号　新募
后所雨字四十号　新募
右所雨字四十一号　新募
中所雨字四十二号　新募
前所雨字四十三号　新募
后所雨字四十四号　新募
左所雨字四十五号　新募
右所雨字四十六号　新募
中所雨字四十七号　新募
后所雨字四十八号　新募
右所雨字四十九号　新募
前所雨字五十号　新募
前所雨字五十一号　新募

左所雨字五十二号　新募
右所雨字五十三号　新募
中所雨字五十四号　新募
前所雨字五十五号　新募
后所雨字五十六号　新募
前所雨字五十七号　新募
左所雨字五十八号　新募
右所雨字五十九号　新募
中所雨字六十号　新募
前所雨字六十一号　新募
后所雨字六十二号　新募
前所雨字六十三号　新募【第二案止】
左所雨字六十四号　新募
右所雨字六十五号　新募
中所雨字六十六号　新募
前所雨字六十七号　新募
中所雨字六十八号　新募
前所雨字六十九号　新募
左所雨字七十号　新募
右所雨字七十一号　新募
前所雨字七十二号　新募
后所雨字七十三号　新募
右所雨字七十四号　新募
后所雨字七十五号　新募
前所雨字七十六号　新募
后所雨字七十七号　新募
左所雨字七十八号　新募
右所雨字七十九号　新募
中所雨字八十号　新募
后所雨字八十一号　新募
右所雨字八十二号　新募
中所雨字八十三号　新募
前所雨字八十四号　新募
后所雨字八十五号　新募
左所雨字八十六号　新募
右所雨字八十七号　新募
中所雨字八十八号　新募
前所雨字八十九号　新募
后所雨字九十号　新募
右所雨字九十一号　新募
中所雨字九十二号　新募
前所雨字九十三号　新募

左所雨字九十四号　新募【第三案止】
右所雨字九十五号　新募
中所雨字九十六号　新募
前所雨字九十七号　新募
后所雨字九十八号　新募
右所雨字九十九号　新募
中所雨字一百号　新募
后所雨字一百一号　新募
前所雨字一百二号　新募
后所雨字一百三号　新募
左所雨字一百四号　新募
右所雨字一百五号　新募
中所雨字一百六号　新募
后所雨字一百七号　新募
右所雨字一百八号　新募
中所雨字一百九号　新募
前所雨字一百十号　新募
后所雨字一百十一号　新募
左所雨字一百十二号　新募
右所雨字一百十三号　新募
中所雨字一百十四号　新募
后所雨字一百十五号　新募
前所雨字一百十六号　新募
后所雨字一百十七号　新募
中所雨字一百十八号　新募
右所雨字一百十九号　新募
后所雨字一百二十号　即旧后所海字号
右所雨字一百二十一号　即旧右所生字号
左所雨字一百二十二号　即旧左所信字号
后所雨字一百二十三号　即旧后所友字四号
中所雨字一百二十四号　即旧中所騄字号
后所雨字一百二十五号　即旧后所阙字号【第四案止】
江淮卫【万历拾伍年秋案起年春秋贰案周而复始】
左所调字一号　新募
右所调字二号　新募
中所调字三号　新募
前所调字四号　新募
后所调字五号　新募
左所调字六号　新募
右所调字七号　新募【第一案止】
中所调字八号　新募
前所调字九号　新募

后所调字十号　新募
左所调字十一号　新募
右所调字十二号　新募
中所调字十三号　新募【第二案止】
前所调字十四号　新募
后所调字十五号　新募
左所调字十六号　新募
右所调字十七号　新募
中所调字十八号　新募
前所调字十九号　新募【第三案止】
后所调字二十号　新募
左所调字二十一号　新募
右所调字二十二号　新募
中所调字二十三号　新募
前所调字二十四号　新募
后所调字二十五号　新募【第四案止】
济川卫【万历拾伍年秋案起每年春秋贰案周而复始】
左所顺字一号　新募
左所顺字二号　新募
右所顺字三号　新募
右所顺字四号　新募
中所顺字五号　新募
中所顺字六号　新募
前所顺字七号　新募【第一案止】
前所顺字八号　新募
后所顺字九号　新募
后所顺字十号　新募
左所顺字十一号　新募
右所顺字十二号　新募
中所顺字十三号　新募【第二案止】
前所顺字十四号　新募
后所顺字十五号　新募
左所顺字十六号　新募
右所顺字十七号　新募
中所顺字十八号　新募
前所顺字十九号　新募【第三案止】
后所顺字二十号　新募
左所顺字二十一号　新募
右所顺字二十二号　新募
中所顺字二十三号　新募
前所顺字二十四号　新募
后所顺字二十五号　新募【第四案止】

一江济二卫掌印指挥。悉照新题事例。各兼本卫马船厂把总名色。仍改造船厂为马船厂。听二卫把总临坐。管理修造事。

一拨船厂改为快船厂。于四十卫掌印指挥内。选贤能一员。遵新题事例。兼快船厂把总名色。坐厂管理修造事。

一募夫遵制。悉属江济二卫。凡系夫役事。俱由该卫申呈。其事属修造者。俱以本卫准本厂把总关称。仍用印。快船厂照例施行。毋得用空白文移。致起端。岁终同黄船厂把总四员。一体举劾。

一江济二卫。各五所。每所原各设千户二员。先该堂翁郭题减其半。今既添募水夫。合照旧注选。每卫共十员。各兼本卫马船厂委官事。每员管大马船三只。【佥书二只】小马船一十五只。夫役修造。悉听管理。又快平船一十五只。止管夫役事。其修造尽属快船厂。不许干与。

一快船厂旧设委官千户七十二员。先该堂翁郭题减三十二员。今事体益简。止选各卫所能干掌印千户十员。带管快船厂委官事。每员管快平船修造三十只。随船水夫。听其钤束。但不与佥补事。已上千户共三十员。皆填给箚。付岁终奖戒去留。

一旧例年终举劾奖戒。皆遍用耳目。以致贤否失真。今船政分司。置稽迹簿一扇。各官所管船号。逐一开列。每船之下。将修造期限。应追银两。逐一款开。遇到即注。岁终呈堂。从实区处。

簿式开后

计开万历　年分

江淮卫左所千户某人

某字号小甲某人验系大修下等船

一只某年某月某日给单限

月　日缴单

前件某日缴【或违限几日或不违限】

照填

该扣出则银若干

前件某年月日完

余剩银若干

前件某年月日完

冒破银若干

前件某年月日完

楂柴银若干

前件某年月日完

一木植油麻。向系造船厂总收。今江淮济川快船三厂。各照数分买。以免藉口。钉锔难于收贮。照旧许各甲赴铺户处支领。

一旧例水夫随县。而各县随所。修造又随船。故各所之夫。多寡不一。而佥补修造。彼此搀连。今夫尽随船。船分属所。各官均分管理。自干责成。不许错乱推诿。

一刷卷旧例。独马船系江济二卫承刷。快船因无该吏。及印信。乃车驾司代送。不惟体统倒置。抑且人不知儆。今马船照旧外。其快船厂把总。原系别卫掌印指挥。委官又系别所掌印千户。一应文卷。俱关用该衙门印信。以识字一名承刷。马快船各该委官造修文卷。逐一整理送查。如有侵欺。庶便追究。

一旧例各夫。皆冒各省府籍贯。今皆从实开报。置夫船指掌册。某卫某所某船。甲夫姓名。工食银数。开收妻粮。扣支月日。差使长短。修造等则。一船自为一叶。照例填注。一览了然。尽革随县夫册。食粮册接贴册。拨差册。查拨册。以省烦扰。及指影缓急之弊。自此部司。始得为主。曩第画诺而已。

夫船指掌图册式开后

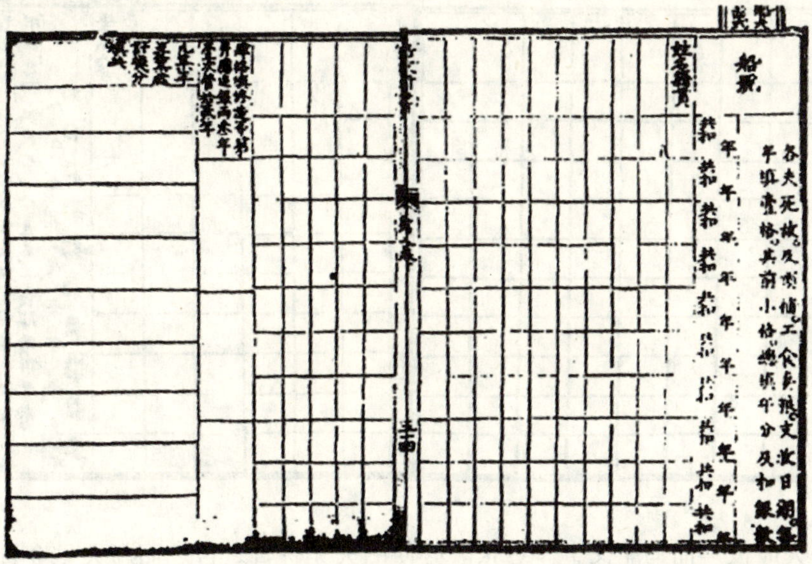
船號
各夫死故及頂補工食換支放日期等
年填壹格其前小格總填年分及扣銀數
姓名籍貫

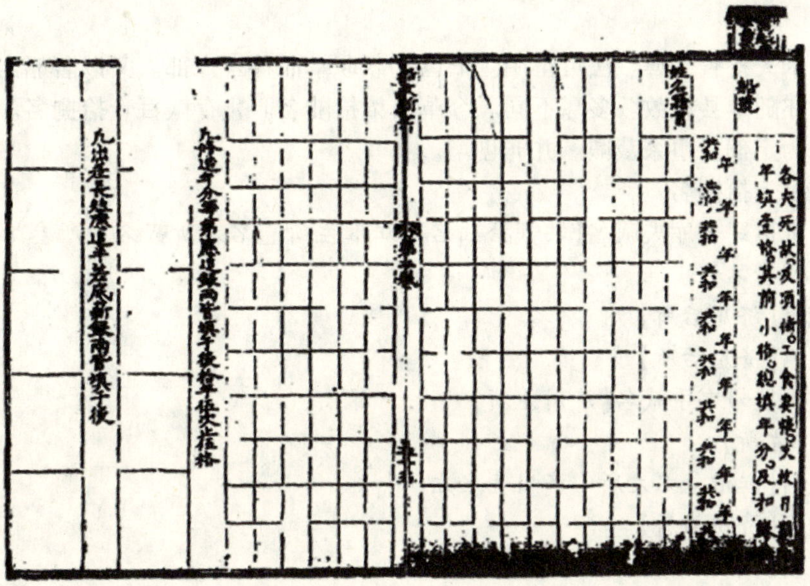
船號
各夫死故及頂補工食換支放月日期
年填壹格其前小格總填年分及扣銀數
姓名籍貫
凡修造年分等第應造錢兩管填于後檢算俱火在格
凡出廠長短應收年若底新錢兩管填于後

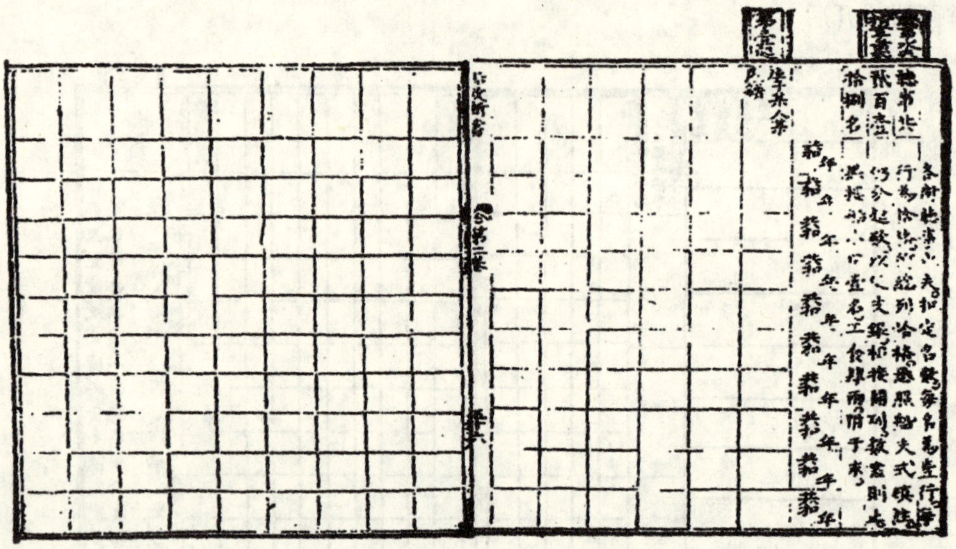

一快平船既募夫应役。而马船又事体更张。必使旧夫无昔日之苦。而新夫见今日之利。然后人情相安。法行可久。查将工食守候。出差扣放。领料刁难。扣除缺差。及快船杂差。一应衙门等弊。查革尽绝。

一各衙门听事水夫备查会典。法可得用。旧已刊载职掌而移咨户部。又以著船当差为名。殊非正大光明之举。其工食亦随本县派数。多寡不同。今革去柒拾陆名。止存贰百壹拾捌名。工食止照下等。每名计叁两伍钱。永为定额。事系裁减。并非创增。

计开听事共贰百壹拾捌名

本部总库库子贰拾肆名库夫贰名【共贰拾陆名内江淮左所□名右所贰名中所叁名前所叁名后所贰名济川中所拾贰名后所壹名】

正堂衙把门贰名【济川后所】

右堂衙把门贰名【济川后所】

司务厅司务员下挂号书手贰名【济川左所】

把门壹名【江淮左所】

武选司听事贰名【江淮壹名左所　济川壹名左所】

武库司听事壹名【济川右所】

车驾司把门贰名

看司壹名

听事捌名

共拾壹名内江淮伍名【左所】

济川陆名【右所贰名中所壹名后所叁名】

马政厅把门壹名

看司壹名

听事壹名

共叁名内江淮贰名【左所】

济川壹名【右所】

船政分司

把门壹名

看司壹名

听事肆名
共陆名内江淮【左所壹名中所壹名】
济川肆名【前所】
草场分司
把门壹名
看司壹名
听事壹名
共叁名内江淮贰名【左所】
济川壹名【中所】
工料分司
看司壹名
听事贰名
共叁名内江淮壹名【右所】
济川贰名【中所】
南京户部广东司听事贰名【济川右所】
科道部三司管放赏听事伍名内江淮贰名【右所】济川叁名【前所】
快船厂看厂贰名【江淮右所】
江淮卫总甲伍名【左右中前后伍所各壹名】
识字伍名【左右中前后伍所各壹名】
把卫门壹名【右所】
看卫厅壹名【右所】
看马船厂壹名【右所】
掌印指挥员下伴当叁名【右所】
佥书指挥员下伴当贰名【右所】
经历司
把门壹名【中所】
识字壹名【中所】
经历员下伴当叁名【中所】
江淮关管摆渡指挥员下巡河夫贰名【前所】
卫镇抚司
把门壹名【中所】
伴当叁名【中所】
左所把门壹名
掌印千户员下伴当叁名
佥书千户员下伴当贰名
所镇抚员下伴当贰名
右所把门壹名
掌印千户员下伴当叁名
佥书千户员下伴当贰名
中所把门壹名
掌印千户员下伴当叁名
佥书千户员下伴当贰名

前所把门壹名
掌印千户员下伴当叁名
佥书千户员下伴当贰名
后所把门壹名
掌印千户员下伴当叁名
佥书千户员下伴当贰名
巡捕千户员下巡捕夫拾名【后所】
外巡千户员下巡捕夫捌名【前所】
济川卫总甲伍名【左右中前后伍所各壹名】
识字伍名【左右中前后伍所各壹名】
把卫门壹名【前所】
看卫厅壹名【前所】
掌印指挥员下伴当叁名【左所】
佥书指挥员下伴当贰名【左所】
经历司
把门壹名【左所】
识字壹名【左所】
经历员下伴当叁名【左所】
新江关管摆渡指挥员下巡河夫贰名【右所】
卫镇抚司
把门壹名【左所】
伴当叁名【左所】
左所把门壹名
掌印千户员下伴当叁名
佥书千户员下伴当贰名
右所把门壹名
掌印千户员下伴当叁名
佥书千户员下伴当贰名
中所把门壹名
掌印千户员下伴当叁名
佥书千户员下伴当贰名
前所把门壹名
掌印千户员下伴当叁名
佥书千户员下伴当贰名
后所把门壹名
掌印千户员下伴当叁名
佥书千户员下伴当贰名
巡捕千户员下巡捕夫拾名【左右中前后伍所各贰名】

已上听事水夫皆仍随原所。内库子贰拾肆名。每年计工食银捌拾肆两。奉堂批以贰拾肆两。给轮役陆名。壹两伍钱。加交盘纸张之用。叁拾陆两。给报堂官伍名。贰拾贰两伍钱。凑给郎中员下皂隶工食。

一旧例马快船事体较异。故料价及底薪半差之类。俱各不同。今除大马船外。其快平船给料追银。

悉与小马船一例。

一每年有长差船壹百只。在通州守候陆个月满方回。此始于正统年间。盖国家深意。不敢议改。但旧日马船。以长差为苦。而快船以长差为利。又无定著。故拨差之际。奸弊丛生。今马快一体。则长差皆其所苦矣。故凡拨长差者。皆与好差。使苦乐相準。每年江淮泰字号。拨贰拾捌只。风字号。拨贰拾贰只。济川安字号。拨贰拾捌只。雨字号。拨贰拾贰只。共凑长差壹百只。旧例平船不拨长差。盖因平船无楼。难以装载人口。不必守候。且止可装运竹木。而竹木又多苦差。不得复以长差苦之。今既增造活楼。而好差数内。又有工部板枋壹起。今即以工部板枋。定作长差。柢作快船之数。其销批期限。悉照旧。

一旧例长差百只。原分上下半年各伍拾只。耳然船只。往来不能适合其期反致无船。听守今查定长差壹百只。陆续序拨。又改刻勘合令赴北部投递。依限听守务使循环不乏。

一旧例上下半年本部差官。管押听守船只。起批赴北。领批回销。悉属虚文。又通州各船。皆听被处参将。朔望卯酉。未免扰害。今悉咨北部停罢。但限期未满者。北部不发勘合。无北部印信者。参将不放回南。

一各款筹画既定。意谓万历拾陆年秋。法当行矣。不图朝廷忽有额外之供。旧船先期早完。而新船势不能给。于是调所减大马船贰拾陆只之甲夫潘贵等。使领快船。以续于旧船之后。又调见在小马船夫之有力者范凤等。使充快船小甲。以续于潘贵等之后。时新夫以范凤等为领袖。范凤等以潘贵等为观望。潘贵等系旧役。于事颇惯。所虑者。中贵耳。乃事体周悉。既杜其倚藉之口。牢笼前站。又制其拨置之人。晓谕利害。更息其无厌之欲。潘贵等之差妥。则范凤等之心安。由是事有定规。人无异虑。新夫争先应役。而新法行矣。职于万历拾肆年拾月拾叁日。方领关防行事。而拨新船盖在次年伍月拾壹日也。

卷三·派丁编银之法【凡二十六条】

一各卫查照见在船数。每船壹只。派征银叁拾两。因银数多寡难定。故派丁以为準则。富者或以壹人。而派叁丁。伍丁。以至拾丁。贰拾丁。贫者或壹人止壹丁。或贰人共壹丁。或叁人共壹丁。尽壹船户内人数。扣派壹百丁。每丁编银叁钱。共足叁拾两。计丁编银。计力派丁。人多不增。人少不减。名曰快船工料银。或先曾审有听继人户。亦照例派丁。每丁亦照例纳派银叁钱。或系正军者。以其食粮免操。除量力派丁外。仍征油舱银贰两。不在叁拾两之数。

一贫者以叁人而共壹丁。每人壹年所出者。止银壹钱矣若壹钱而力犹难办者。但另作贫军。附在本船之后。例不派编。故不得以肆人共壹丁。编银者称丁。不编银者称军。不相混杂。

一各船有家力消乏。难足叁拾两之数者。查有听继抵作正数。无听继者。将户内人丁。报充水夫。资其输纳。并不扳及别船。

一每年于本船内。查其丁力堪可者。佥充收解。亦照民家粮里事例。有力者。以壹人而管数年。不及者。或管壹季。或半年。或叁季。或壹年。其力不能管壹季者。不必佥也。

一派丁以见在快船差内者为据。系职方验充别差者。并不许入。其在本差之内者。亦不许出。凡两处著差者。查其派差多寡。从多者归一。或户丁分认。各从一差。永不许乱。如册内人丁。有例应补军顶操者。该卫先申船政分司查明。或加油舱。或照旧输纳。或开豁本名。另为派补。注册明白。案行到卫。方许抄呈职方司收验。

一卫所各官。不许隐占军丁。违者。许被占之人。赴告本部。随便入快船号内。或派壹丁。或贰人。或叁人。共壹丁。开入听继。如本船消乏者。即帮入正数内。贫不能出银者。即开在贫军项下。

一派丁著见役小甲。会同轮年各甲。从公报派。册内先开报派人姓名。次开逐年收解姓名。次将纳丁银人。逐户细开。如一户赵甲。计几名。某人某人共派几丁。如内又有家力不等者。后开某人几丁。某人某人共几丁。以便填由征银。每只银叁拾两。外加听继丁银若干。正军油舱银若干。总若干。皆该年人役收解。

一严限各船甲役。将丁银数目。及收解姓名。用手折呈报。随发该卫。审取结状。类造手册送司。仍将收解姓名。榜示各卫。一月无争。方雇募书识造册贰本。壹发各卫。一存部司。各丁之轻重。关于收解。收解之当否。关于甲役。所派原轻。而又相关制如此。故无殉情自累之弊。

一各卫造报清册。差漏颇多。且行法之初。体式不一。复经查取听用指挥李胤寿。俟文。到司。将甲役草数。对查卫册之有无增减。将岁报旧册。对查今派之有无遗漏。一应体式。皆本职亲自裁定。逐一监造。以便日久遵守。

一快船之差。在旧为极重。故人恐惟其有名。在今为极轻。故人惟恐其无名。其原造快船岁报册内。存有朋名字样。而今派丁遗漏者。恐行查骚扰。特造备照册贰本存司。以听日后告明查入。

一凡在快船丁银册内者。子孙世世。止纳丁银。并不许别差扳扯。其册内无名者。亦不许夤缘投入。混躲别差。如系亲子的孙。见今未及入册者。该卫不许复拨别差。通俟下次造入。

一丁银拾年。造册壹次以岁次丁年为度。拾年之内。如有死故者。查其遗有妻子产业者。丁银仍于妻子身上追纳。如故绝无产而有朋役者。朋役代认如无朋役。及虽有而无力者。本户派纳。如一户俱贫。必难加派者。该卫查通船有力之家派补。如通船俱贫。即于充夫之人。与正军派补。如无。即于一船内均派。永为定例。不许纷纷告扰。

一拾年造册。如贫富相安者。该卫具文报部。不必再审。但查本家死故者开除。新收者造入。如有死故。而无新收者。即将原派丁银。归并本家在册名下。如无死故。而有新收者。即将所增人数。分派本家应纳丁银。以上皆扣合其原编银数。不得增减。所论者。专在家力消长。不在人数多寡。

一拾年造册之时。如有消长。只于本船之内。增减丁银。更换收解。如一船尽贫者。仍以听继水夫贰事补之。果有本船人户。消耗将尽。而别船拾分有余。人所共知者。方许本船收解。公同告部。酌量裒益。如虚。重责枷号。仍不准补。

一各船人户。有住居 窎远。不便催收者。于各甲呈报手折之后。发卫类造手册之时。出示晓谕。许其各从近便。照丁兑换。盖恐各甲蚤识此意。则派丁或有私心故耳。其兑换未尽者。仍俟下次造册时再换。相安者。不必纷扰。

一丁银油艌遇恩不赦。遇灾不免。其未派丁以前。拖欠出则。冒破。余剩。半差。底薪。年例。等项银两。尽行蠲免。以苏困穷。

一派编丁银。悉照见在人役。并无优免。如派后有登科第者。俟下次造册之年。将本名除豁。其应纳丁银。仍于本身家下人丁分派。或自报空闲顶认。及义男僮仆。愿充水夫者。听其八册派丁。

一旧船于万历拾伍年肆月拨尽。新船即于本年伍月拨起。丁银亦即于本年开征。复查出差未回船壹百伍拾叁只。通行免征。止征银壹万叁千壹百陆拾壹两叁钱伍分陆厘伍毫捌丝。在各役既无重征之困矣。又调所减大马船各夫。兑领快船。接应本年差使。其新募快船水夫。通以拾陆年为始。应差支领工食。则本年所征丁银。皆为余羡。先该本职设法。追扣夙通。及节省各项银两。已预足壹年之用。以后丁银。皆前壹年完纳次壹年方支。如完不及数者。次年即以拖欠收解作正甲余玖名为帮甲余下众户。扣派快船旧例应出银两。付正甲仍领出完过丁银。领船出水。

一每船壹只。逐年发由票壹张。印给该年收解。悉照册内人名银数。逐一填注。凡系壹丁者。即注银叁钱。分为肆季完纳。力能先期全完者听。凡各户完过银数。即亲填本季项下。其未经填注者。即系未完。每季中月望以前。陆续赴卫领批。解部总库。批回该卫附卷。本役赴船政分司。领完票存照。过期不解。及解不足数者。许该卫提究。如有欠户。许收解呈卫即与查追。细户无欠。原由呈缴。每年拾贰月。该卫即将次年由票。照式填注。类申船政分司。挂号印发。

一收解虽在各役。而查催则在卫官。每卫立堂簿壹扇。印发各卫。将本卫船银。总撒数目。备开在内。每年分肆季比较。如本限不完者。下季所完。尽足前限。以便清查。如遇收解请批。当时给发。差千户壹员。押赴车驾司投递。守领批回附卷。但不许秤验。以起物议。批发叁日。而批迴不至卫者。即提解委官。季终初壹日。卫官亲赍。赴部堂听比。锦衣卫旧设造拨千户贰员。今已无造拨事。将该卫船数。各分壹半。填给箚付。与各卫掌印官。一同派丁。催征比较。岁终查全完者奖。完不及捌分者提责示戒。完不及伍分者革任。

一丁银收解批文之法。盖使官役。互相牵制。以杜弊端。如掌印官刁难批文者。许本役即赴本司告纳。领完票回照。本部照数行卫。催取批文。仍提官识解究。如承批千户。有索分例者。许各解抱牌面禀。

一丁银皆总库亲收。并无卫所一切使费。如有收解。私增秤头火耗者。许各纳户。扭送本司。从重究治。

一丁银壹季壹比。虽收解有贰叁人分管者。亦可先后递收。故每船止给部由壹张。该卫不许另给私由。以滋别弊。各户验非本部总由者。不许秤纳。

丁银由票式

南京兵部船政分司。为特陈京军最要疾苦。恳乞圣恩。亟赐苏息。以溥德意。以召天和事。今将卫第　号船。应纳工料银两各户姓名。逐一填注。发卫转付本船收解人役。执票催征。肆季解纳。为此票仰各细户人等。遇票到日。即将应纳银两。照数交付本役。当时将票内本名下。眼同亲注。某月日完过数目。以防影射。该卫不许另给私由。以滋要端。此银遇恩不赦。遇灾不免。若有拖欠。即拘领船出水。俱要在季中之月。拾伍日以前。赴卫请批解部。该卫止发批文。差官押解。不许秤验。及刁难批文。违者许收解径赴本司告纳。领完票回照。该卫官识。另行提究。其肆季应纳银两。有能先期全完者。尤见奉公。该卫及收解人等。再不许混行催扰。如各户恃奸不完。及不足数者。许收解人役。呈卫查追。不服者。申部提究。如收解有私加秤头火耗者。一体重责枷号。决不姑息。须至由票者。

计开

工料银叁拾两　油艌银　听继银　共银

一户　该银【　月　日完过

　月　日完过

月　日完过

月　日完过】

后户同前　右给付收解　某人　准此

万历　年　月　日

司押

分司完票式

南京兵部船政分司。为收纳丁银事。据　　卫第　　号船收解　解到万历　　年分丁银　　两钱。收完贮库外。尚欠银　　两　钱限　月　　日完解。付照。

万历　年　月　　日给

禁约牌式

示快船丁银收解。如有卫官刁难批文。委官识字军牢人等。需索押批饭食分例。及本司总库把门一应人役。凡有需索者。许抱牌面禀。吏书隐匿此牌者。究革。

卷三·募夫看船之法【凡十一条】

一先行江济二卫。查尽在册夫余外。方行招募。初拟即招各卫快船户内派丁之人。既可以为养赡之资。又可以为输纳之助。而愚人听信奸徒。恐充夫贻累。反自隐避。愿充者。不过壹贰拾人。乃示附近军民。听其赴卫报名。造册缴部。依次序拨著船。

一行法之始。人未知充夫之利。而江淮尤甚。乃将衙门人役子弟亲故。批发江淮。以作之倡。江淮行。则济川易易矣。江淮自衙门人之外。未尝批壹人。济川则虽衙门人。亦未尝批也。皆听该卫自行查收。以免日后借口。

一派丁人充夫。极为两便。而此辈一时。未易通晓。偶见夫册之外。尚有军民告投者。乃许其投入快船号内。认派贰丁。取收解结状。方与充夫。时已拨过册内夫贰千余名。其初充壹贰拾人。及后投入派丁人。皆已拨过。无不乐其利者。于是派丁各军。复纷然告投。而缺已少矣。乃择极贫军丁。各发该卫。取收解结状。尽缺拨用。

一先查革各衙门听事食粮水夫。凡柒拾陆名。拨入各船。以省新募之费。

一著船当差。因旧夫事体熟惯。故先拨裁革听事之人。快船资粮输纳。故次拨快船初充。及投派丁银之人。次序拨旧册余丁。次序拨新册应募。及至将尽。而快船派丁贫军。复来投充。于是尽缺拨用。并不紊乱。

一内官前站经手。自愿投充水夫。俱准入册。每船拨入壹名。以便制驭。

一募夫船贰百壹拾只。分为肆班。渐次收夫。大约以差次之远近。及修造之重轻。以为夫粮之先后。则缓急有序。而人情自平。第壹班。拾伍年陆月初壹日。第贰班。柒月初壹日。第叁班。拾月初壹日。第肆班。拾陆年正月初壹日。各为始。

一每船拨夫拾陆名。每班计船若干只。扣拨夫若干名。牌行该卫。令其各从熟便。以拾陆人为壹号互相认识。凡有诈冒情弊者。查革拨补。止许把总亲自查审。并不许转行委官。以滋烦扰。拾陆人内。选调旧夫壹人为甲。各甲齐赴本部。将见留船只拈阄拨定。即依号管领。绝无官识需索。及拣选船只之弊。

一拾伍年快船。未尽回坞。先查见在。凡系中修小修者。扣提应用。逐班拨夫。以后随到随选。凡大修以上者。皆不用。盖不特渐次收粮。为节省之法。且用新弃旧。以省修理之资。

一新甲贰百壹拾名。每名各给银伍两。作守船饭食。其工食仍俟次年当差之时。方与各夫。一齐支领。前壹百伍只。于拾陆年正月初壹日。后壹百伍只。于拾柒年正月初壹日。为始。

一在坞快平船。将安家月粮尽行住支。以后随到随住。会计新收粮数。

卷三·买给料价之法【凡十条】

一杉木利息颇多。奸商钻求上纳。不问应用几何。合用何项。非惟材料不堪。抑且久积多朽。自万历拾贰年捌月本职到任。即停收买。拾伍年为始。每至秋季。预查实在杉木。要见次年何项缺乏。应买若干。方具揭呈堂。依数召买。其围量价式。俱照旧刊职掌。

一楠木照工部税单。派商上纳。苦于不足。而旧例恐木心有腐。每价百两。扣留伍两。俟用后查给。商人又甚苦之。今免其扣留。而增其买数。使商不苦。而用不乏。

派例开后

税银壹两。派木陆分。不及壹根免派。至贰两方派。【壹根从叁字起贰根则壹叁壹肆。以外皆叁肆字均派】

壹拾两者。内派伍字壹根。

贰拾两者。伍字贰根。

叁拾两者。陆字壹根。伍字叁根。

肆拾两者。陆字壹根。伍字肆根。

伍拾两者。陆字壹根。伍字伍根。

陆拾两者。陆字贰根。伍字陆根。

此外照例加增。派木除伍字陆字外。其叁字肆字。派至伍根者。内各派桅木壹根。

一旧例该厂围收木植。止编字号。及丈尺疵病备造格册呈司。而价则未定。俟各甲领用之后。本司方雇募书算。照例磨勘,备开价数。造册呈堂。复行原收衙门。取印信领结。呈堂批车驾司。方许领价。事烦多弊。商人又有守候之苦。今即著原收该厂。照例算价。填入初呈格册。同印信领结。一并申司。当日呈堂批领。其围量价式。并折减疵病。俱照旧职掌。

一围收各木。皆要把总亲自估收。木头即凿把总及匠人姓名。如丈尺不准。疵病不开者。许领用小甲禀告。匠役革责。本官酌量处治。仍追赔各甲所亏料值。若系木心麻腐。锯开始见者。事于原收官匠无干。若天空地拔。损处太多。斧敲可辨者。仍于原收官追赔。

一月朔将各厂木植。备开旧管新收。开除实在。四柱簿。呈堂查发。

一旧设龙江关经纪叁名。天宁洲经纪拾贰名。管催各商木植。又设龙江关保家贰名。保歇各商。皆朔望赴船政分司点卯。而在外惟造船厂。有各役姓名卯簿。盖收买木植。旧例总归造船厂也。今既叁厂分买。则各役亦宜分属。合定为例。经纪龙江关每厂壹名。天宁洲江济马船厂各叁名。快船厂陆名。俱自立卯簿。每月望日。赴厂查点。朔日总赴船政分司点卯。保家止贰名。又难介属。各厂照旧并入簿内。总听稽查。

一船政分司。旧役催木弓兵拾名。造船厂又用巡木弓兵拾名。查弓兵每名工食柒两贰钱。而僭役至贰拾名。似为非法。且催木已有经纪。弓兵为多扰。而巡木新设小甲。弓兵为冗役以后俱掣回城。永不复用。

一桐油苘麻黄麻原有铺户。向因奸商逐利。寅缘上纳。高抬时价。且货未到京。先告认状。以致铺户不敢收买。或违限不至。未免耽误船工。今皆禁革。悉著铺户办纳。如商人有见货在京者。许其依价上纳。以免商旅不至。物价腾踊之虞。

一油麻钉锔。时价不等。旧皆于用完之后。行城访报。致给料之时。难于扣算。出则之多。皆由于此。且用有定数。而价有贵贱。依价扣额。多寡不同。今给发小甲。皆定常价。以便计价扣额。并无增减。其铺户领价。仍依时贵贱。毋致亏滥。

给单常价开后

苘麻每斤银壹分贰厘　黄麻每斤银壹分

桐油每斤银壹分肆厘　钉每斤银壹分捌厘

锔每斤银贰分

一油麻钉锔。皆于验船定则之后。该厂照例。查合用数目。揭呈分司。即唤集铺户。照数认买。仍一面访定时价。俟船工完日。该厂仍查用过实数。揭呈分司。计算价明白。呈堂给领。

卷三・造修船只之法【凡十七条】

一旧例造修。原分春秋贰案。后该本部议以夏日炎长。冬日寒短。并作春案壹次。但修完候差。日久损坏。今将进京马快平船。每年造修壹半。每半。分为两案。定于正七月中旬。将轮该船只。提出估验等则。依期完工。不许迟至叁个月。

一两卫大马船。向不修理。遇差。即令本甲科派各夫。自行整舱。殊非事体。今每卫除黑楼船外。各实在贰拾肆只。见今编号。皆以极损者在前。依次提修。每年各捌只。其序编在后者。见今尚堪应因。叁年壹周。循环修理。费省而用自足。

一旧因快船小甲。住居散远。故提修之时。有牌行数月。而甲犹未至者。以致工完迟误。今既系食粮常役。又多在城中。如牌出伍日。而小甲不至者。责治。半月而该厂不请本司临验者。委官提究。把总附过。

一旧例验船。既有该卫厂指挥把总矣。又有别卫指挥经历。钻求重勘。索诈多端。今尽禁革。止该厂把总。带该船委官。小甲。木匠。识字。各壹人。将本船周围损坏去处。逐一量记丈尺。填注勘册。估定等则。总具揭帖送部。以凭亲临覆勘。

一国民贰号大马船。泰安贰号小马船。一应勘册图式。工料。什物。官银。俱照旧职掌。风雨贰号快船。图式止添周身彩画。及海青板装。调顺贰号平船。图式止添活楼。及周身彩画。海青板装。其工料。什物官银。与泰安贰号。悉同一例。

一旧例本司勘船。皆多带官从。以示体面。又发官银贰钱。与快船厂。使之办饭。贰叁日内。所用不下伍陆金。而官役乘机科派。殊非法纪。今止带夫皂肆伍人。每人日给俸钱拾文。使自买饭食。亦不许跟上各船。本司即带该厂人役。将原造勘册。所开损坏去处。随意点出。亲验有无相同。增减等则。各船总集一处。一日可完。自备蔬饭一飡。尽足为适。此虽小节。实杜弊源。不可忽也。

一估船定等。奸弊最多。向无定準。致奸甲专事夤缘。且损多等重。反以船损为利。不复爱惜。今大约以年分为主。如年分未及。而船已多朽。势不得不从重者。虽依其等则。而仍须酌量。减其料价庶各甲以船为命。自知爱惜。木料不堪者。必不肯领。各厂亦不敢收矣。

计开

拆造后。经壹贰差者。小修。

叁肆差者。中修。

伍陆差者。大修。

大修之后。又小中大修。

拾差以上者。方拆造。

如船有车坝遭风等项。须回坞之日。即告部查明案候。估时虽年未及而逾等者。免减料价。

一等则料价什物。官银。完工限期。悉照旧职掌。快平船俱与小马船同。但职掌原开。大马船难以大修。故不开大修则例。今查实可大修也。凡船身底板极坏者方拆。底板稍损者。皆可修。今添定国民贰号大马船大修则例。凡叁等。

计开

国民贰号大马船每壹只

一成造【谓鼎造者止壹等。系旧例。】该工料银贰百伍拾两内

官给买办什物银贰拾两

官给钉锔油麻并楠杉杂木计算银壹百玖拾两【原有旧例相习。故不细开。后皆仿此。】

随船各夫自备匠作工食银肆拾两【小甲免派。夫拾肆名。每名应出银贰两捌钱伍分捌厘。】

一拆造【谓有旧船。拆而重造者。凡叁等。俱系旧例。】

下等该工料银壹百捌拾两内

官给买办什物银拾两

官给钉锔油麻并楠杉木植计算银壹百叁拾柒两

随船各夫自备匠作工食银叁拾叁两【小甲免派。夫拾肆名。每名应出银贰两叁钱伍分捌厘。】

中等该工料银壹百柒拾两内

官给买办什物银拾两

官给油麻并楠杉木植计算银壹百叁拾两

随船各夫自备匠作工食银叁拾两【小甲免派。夫拾肆名。每名应出银贰两壹钱肆分叁厘。】

上等该工料银壹百陆拾两内

官给买办什物银拾两

官给钉锔油麻并楠杉木植计算银壹百贰拾贰两

随船各夫自备匠作工食银贰拾捌两【小甲免派。夫拾肆名。每名应出银贰两。】

一大修【系今添定者。凡叁等。】

下等该工料银玖拾贰两内

官给买办什物银拾两

官给钉锔油麻楠杉木植计算银陆拾两【系新定。故细开。后仿此。】
铁钉贰百伍拾斤
锔捌拾斤
桐油肆百伍拾斤
黄麻叁百伍拾斤
苘麻贰百斤
楠木伍字头壹根
肆字头叁根
叁字头叁根
杉木橹木肆根　头桅肆根
跳木肆根
随船各夫自备匠作工食银贰拾贰两【小甲免派。夫壹拾肆名。每名应出银壹两伍钱柒分贰厘。】
中等该工料银捌拾伍两内
官给买办什物银拾两
官给钉锔油麻楠杉木植计算银伍拾伍两
铁钉贰百肆拾斤
锔柒拾伍斤
桐油肆百叁拾斤
黄麻叁百伍拾斤
苘麻叁百斤
楠木伍字头壹根
肆字头贰根
叁字头叁根
杉木橹木肆根　头桅肆根
跳木肆根
随船各夫自备匠作工食银贰拾两【小甲免派。夫壹拾肆名。每名应出银壹两肆钱叁分叁厘。】
上等该工料银柒拾捌两内
官给买办什物银拾两
官给钉锔油麻楠杉木植计算银伍拾两
铁钉贰百贰拾斤　锔柒拾斤
桐油肆百贰拾斤
黄麻叁百伍拾斤
苘麻贰百斤
楠木伍字头壹根
肆字头贰根
叁字头贰根
杉木橹木肆根　头桅肆根
跳木肆根
随船各夫自备匠作工食银壹拾捌两【小甲免派。夫壹拾肆名。每名应出银壹两贰钱捌分陆厘。】
一中修【凡叁等。俱系旧例。】
下等该工料银伍拾伍两内
官给买办什物银捌两

官给钉锔油麻并楠杉木植计算银叁拾贰两
随船各夫自备匠作工食银壹拾伍两【小甲免派。夫壹拾肆名。每名应出银壹两柒分贰厘。】
中等该工料银肆拾捌两内
官给买办什物银捌两
官给钉锔油麻并楠杉木植计算银贰拾柒两
随船各夫自备匠作工食银壹拾叁两【小甲免派。夫壹拾肆名。每名应出银玖钱贰分玖厘。】
上等该工料银肆拾叁两内
官给买办什物银捌两
官给钉锔油麻并楠杉木植计算银贰拾肆两
随船各夫自备匠作工食银壹拾壹两【小甲免派。夫壹拾肆名。每名应出银柒钱捌分陆厘。】
一小修【凡叁等。俱系旧例。】
下等该工料银叁拾柒两内
官给买办什物银伍两
官给钉锔油麻并楠杉木植计算银贰拾贰两
随船各夫自备匠作工食银壹拾两【小甲免派。夫壹拾肆名。每名应出银柒钱壹分伍厘。】
中等该工料银叁拾贰两内
官给买办什物银伍两
官给钉锔油麻并楠杉木植计算银壹拾玖两
随船各夫自备匠作工食银捌两【小甲免派。夫壹拾肆名。每名应出银伍钱柒分贰厘。】
上等该工料银贰拾柒两内
官给买办什物银伍两
官给铁钉油麻并楠杉木植计算银壹拾陆两
随船各夫自备匠作工食银陆两【小甲免派。夫壹拾肆名。每名应出银肆钱贰分玖厘。】
泰安风调雨顺小马快平船每壹只
一成造【止壹等系旧例】该工料银贰百壹拾伍两内
官给买办什物银贰拾两
官给钉锔油麻并楠杉杂木计算银壹百陆拾伍两【原有旧例相习。故不细开。后皆仿此。】
随船各夫自备匠作工食银叁拾两【小甲免派。夫壹拾伍名。每名应出银贰两。】
一拆造【凡叁等俱系旧例】
下等该工料银壹百肆拾伍两内
官给买办什物银拾两
官给钉锔油麻并楠杉木植计算银壹百壹拾两
随船各夫自备匠作工食银贰拾伍两【小甲免派。夫壹拾伍名。每名应出银壹两陆钱陆分柒厘。】
中等该工料银壹百叁拾捌两内
官给买办什物银拾两
官给钉锔油麻并楠杉木植计算银壹百零伍两
随船各夫自备匠作工食银贰拾叁两【小甲免派。夫壹拾伍名。每名应出银壹两伍钱叁分肆厘。】
上等该工料银壹百叁拾两内
官给买办什物银拾两
官给钉锔油麻并楠杉木植算算银壹百两
随船各夫自备匠作工食银贰拾两【小甲免派。夫壹拾伍名。每名应出银壹两叁钱叁分肆厘。】
一大修【凡叁等俱系旧例】

下等该工料银柒拾捌两内
官给买办什物银拾两
官给钉锔油麻并楠杉木植计算银伍拾两
随船各夫自备匠作工食银壹拾捌两【小甲免派。夫壹拾伍名。每名应出银壹两贰钱。】
中等该工料银柒拾贰两内
官给买办什物银拾两
官给钉锔油麻并楠杉木植计算银肆拾陆两
随船各夫自备匠作工食银壹拾陆两【小甲免派。夫壹拾伍名。每名应出银壹两陆分柒厘】
上等该工料银陆拾陆两内
官给买办什物银拾两
官给钉锔油麻并楠杉木植计算银肆拾贰两
随船各夫自备匠作工食银壹拾肆两【小甲免派。夫壹拾伍名。每名应出银玖钱叁分肆厘。】
一中修【凡叁等俱系旧例】
下等该工料银伍拾两内
官给买办什物银捌两
官给钉锔油麻并楠杉木植计算银贰拾捌两
随船各夫自备匠作工食银壹拾肆两【小甲免派。夫壹拾伍名。每名应出银玖钱叁分肆厘。】
中等该工料银肆拾叁两内
官给买办什物银捌两
官给钉锔油麻并楠杉木植计算银贰拾肆两
随船各夫自备匠作工食银壹拾壹两【小甲免派。夫壹拾伍名。每名应出银柒钱叁分肆厘。】
上等该工料银叁拾捌两内
官给买办什物银捌两
官给钉锔油麻并楠杉木植计算银贰拾两
随船各夫自备匠作工食银壹拾两【小甲免派。夫壹拾伍名。每名应出银陆钱陆分柒厘。】
一小修【凡叁等俱系旧例】
下等该工料银叁拾叁两内
官给买办什物银伍两
官给铁钉油麻并楠杉木植计算银壹拾捌两
随船各夫自备匠作工食银壹拾两【小甲免派。夫壹拾伍名。每名应出银陆钱陆分柒厘。】
中等该工料银贰拾玖两内
官给买办什物银伍两
官给铁钉油麻并楠杉木植计算银壹拾伍两
随船各夫自备匠作工食银玖两【小甲免派。夫壹拾伍名。每名应出银陆钱。】
上等该工料银贰拾肆两内
官给买办什物银伍两
官给铁钉油麻并楠杉木植计算银壹拾叁两
随船各夫自备匠作工食银陆两【小甲免派。夫壹拾伍名。每名应出银肆钱。】

一旧例木料。皆各甲逐根告领。本司批厂查给。故先通厂识。查选字号。陆续守候。稽误船工。名曰精详。实开弊窦。今各船等则既定。本司即将在厂木植。挨次照例。每船总填长单壹张。丈尺疵病。折减价数。备开在内。

一旧例钉锔油麻。亦陆续告领。而价尚未定。致难扣算。今照额定常价。将各船应给之数。并入木料长单。总扣合额。预示各甲。依期赴部。拈阄填名。登时散给。

一钉锔油麻。若单内数不足用者。皆各甲自买添凑。木料不足。许其告增。当时算价扣足额数。多者即注原单出则项下。其楠木锯板。内有麻腐。与原收官无干者。该厂查明寸尺。具呈本司。依数给补。

给料总单式

某字号

万历　年　案　卫　船小甲　验系

应给料价

计开

楠木商人

号围　尺　寸长　丈　尺　寸疵病　湾　匾　凹　节　已经减价　外计价

号围　尺　寸长　丈　尺　寸疵病　湾　匾　凹　节　已经减价　外计价

号围　尺　寸长　丈　尺　寸疵病　湾　匾　凹　节　已经减价　外计价

杉木商人

号围　尺　寸长　丈　尺　寸计价

号围　尺　寸长　丈　尺　寸计价

号围　尺　寸长　丈　尺　寸计价

铁钉　斤计价

铁锔　斤计价

桐油　斤计价

黄麻　斤计价

苘麻　斤计价

以上共计价

查　则银

右单付本甲。赍赴该厂。照数支领。毋得留难时刻。内木植丈尺疵病。已经开载者。不许混复告扰。钉锔油麻。止以常价扣算。其时价贵贱。本部自与铺户访定。于各甲并无增减。免多寡之累。有无出则。已填注单内。免查刷之弊。拈阄领单。免营求之奸。楠木锯见麻心者。先呈该厂。查明揭报。并呈原单。听本部亲笔登注拨补。如有额外告增者。亦呈原单。登注各项下。以免隐匿。若木植丈尺不合。疵病不报。钉锔油麻。斤数不足。及官识需索者。许登时赴禀。或填注单内。定行重究。

告增

计价

通查　则

万历　年　月　日定限日同勘册缴部押

一各甲领料之后。俱要依限完工。将用过各料。填入勘册原报损坏项下。仍将此册。与料单一同缴销。违限叁日者。本甲责伍板。多者递加。拾日以上。并提官识。

一旧例惟马船拆造额内。开桅根稍壹副。快船并不给桅。领者追还价银。及原桅损坏。又令估价交厂若本甲领用。又扣价还官。是官给壹桅。而甲两出价。故各甲亦多不领。彼此借用用。反生弊端。今马快平船。事同一体。凡新造者。额内皆开桅根稍壹副。如遇损坏。估价交厂。另给新桅。除所交旧桅。扣价抵数外。其余即于料价。或工食内扣除。若失桅另给者。新桅价银。尽数扣算。其见领旧船。未经领桅者。许其仍旧借用。船政分司。仍置旧桅簿壹扇。价数支销。逐一开注。

一船工匠役。各厂虽经造册。及给有由票。而多寡不一有无不等。时有推诿揽役之弊。今酌量修造多寡各定应用额数有缺方补。不得额外多收。以免人多偾事之害。其部司官工。尽行禁革。

计开

快船厂

大木匠壹百贰拾名　细木匠陆拾名

舱匠贰百伍拾名　油漆画匠肆拾名

蓬匠拾名　锯匠拾肆名

铁匠贰拾陆名　绳匠捌名

江淮卫

大木匠陆拾名　细木匠叁拾名

舱匠壹百贰拾伍名　油漆画匠贰拾名

蓬匠伍名　锯匠柒名

铁匠拾叁名　绳匠肆名

济川卫

大木匠陆拾名　细木匠叁拾名

舱匠壹百贰拾伍名　油漆画匠贰拾名

蓬匠伍名　锯匠柒名

铁匠拾叁名　绳匠肆名

一各匠旧系官拨各船。或酗酒生事。或故损物料。或工作草率。而估验之时。由其唱报。故各甲不敢与抗。今本部验船。不由各匠。凡在官匠役。虽由该厂拨用。仍许本甲查选。如有前项之徒。即禀厂究革。若本甲有惯用勤谨之人。亦许自行雇用。各匠不许以卫册无名。及无由票为词。沮挠争嚷。违者究革。

一各厂工银。皆有定额。用匠缓急。本甲自有主裁。旧例本司赴厂点查。无益船工。而反为甲匠之扰。今皆停止。

一江济贰卫黑楼船。遇差之日。委官壹员。同守船小甲。逐一估验。另开合用工料。呈司说堂。木植油麻钉锔。于该厂及铺户处支领。同马船项内。并算颜料工匠银两。于船政银内动支。

卷三·查扣银两之法【凡十一条】

一料价额外多领者。谓之出则。未开用过者。谓之余剩。开用太多者。谓之冒破。旧因料价不定。给发无限。而各甲困于使费。又暂图目前。故任意告领。又各甲勘册。皆不依期呈缴。冒破余剩。亦无从查。俟出差之后。方委别卫经历壹员。带算识人等。磨算木价勘册。查刷前项银两。每案动经数千。经历有奖礼。算识有工食。亦复数拾金。然后委官行追。永无杜绝。各甲困穷拼命者有之。委官肆行侵渔者有之。种种弊害。不可殚言。今扣额给单。有无出则。先自了然。勘册与料单同缴。冒破余剩。随到随刷。每案应追甚少。即于各船应领工食内扣完。绝无丝毫拖欠。而且省委官算识之费。

一旧例进京船只。中途发回者。扣追半差银两。然其中事体。大不相同。如缙绅赍捧。及姜果香橙木樨煎等差。本部原给有陆路勘合。一遇河冻闸浅。恐误限期。即起旱前行。本船止行所过地方。其有遭风失火。漂没灰烬。已经代雇民船。装运到京。取有本官。及所在官司批照者。不惟事出不测。而本甲所费。亦足抵偿。乃一例查追。殊失轻重之义。合著为例。马快平船皆同。

计开

差官起旱本船自回者

至淮安回者。旧追银贰拾捌两。今追银叁拾伍两。

徐州回者。旧追银贰拾贰两。今追银贰拾捌两。

济宁回者。旧追银壹拾捌两。今追银贰拾叁两。

张秋回者。旧追银壹拾柒两。今追银贰拾贰两。

东昌回者。旧追银壹拾陆两。今追银贰拾两。

临清回者。旧追银壹拾伍两。今追银壹拾玖两。

德州回者。旧追银壹拾两。今追银壹拾叁两。

天津回者。旧追银贰两。今追银叁两。

例不到京者。姜果香橙木樨煎。皆先照例查扣。不许迟至次年。余俟次年领工食时查扣。

遭风遇火。代雇民船进京。取有批照者。

至淮安回者。旧追银贰拾捌两。今止追壹拾肆两。

徐州回者。旧追银贰拾贰两。今止追壹拾壹两。

济宁回者。旧追银壹拾捌两。今止追玖两。

张秋回者。旧追银壹拾柒两。今止追捌两伍钱。

东昌回者。旧追银壹拾陆两。今止追捌两。

临清回者。旧追银壹拾伍两。今止追柒两伍钱。

德州回者。旧追银壹拾两。今止追伍两。

天津回者。旧追银贰两。今免追。

以上所追半差。皆以短差为準。如系长差者。须再加追所多官贴接之数。【半差。及长差。贰项皆依例查追。并无减免。】

一旧例进京各船。如有遭遇风火。难复修舱者。许于所在官司。告给印照。拆料变价回部。计追底薪银两。但职掌前后互异。以致奸人牵引。事难归一。今著为例。马快平船皆同。

贰拾年以上。成造者。追银肆拾伍两。

拆造者。追银叁拾伍两。

拾伍年以上。成造者。追银伍拾两。

拆造者。追银肆拾伍两。

拾年以上。成造者。追银陆拾两。

拆造者。追银伍拾伍两。

柒年以上。成造者。追银柒拾两。

拆造者。追银陆拾伍两。

伍年以上。成造者。追银玖拾两。

拆造者。追银捌拾两。

叁年以上。成造者。追银壹百两。

拆造者。追银玖拾两。

壹贰年。成造者。追银壹百贰拾两。

拆造者。追银壹百两。

已上皆同半差长差一并查追外。其拾年以下船只。而又在徐州以南损坏者。以其年分不远。而地方又近。止许舱完驾回。不许违例拆卖。若黄河水骤。漂没无迹。及失火灰烬。片板无存者。必要同𦪇保结。及所在官司印信执照。方谓事出非常。照旧从轻追扣。

贰拾年以上。追银贰拾两

拾年以上。追银贰拾伍两

伍年以上。追银肆拾两

叁年以上。追银伍拾两

新造壹年以上。追银陆拾两

若漂没非黄河之内。火失无同𦪇烧毁。及运官所失钱粮数目者。俱不得用此例。

一大马船地方不远。其到江西湖广者。又系平水。如有损坏。止是驾回修造。并无变价追底薪之例。

一旧例楂柴银两。快平船惟拆造以上方追。而马船则大中小修皆有之。且江济多寡不同。殊属无谓。又委官查追。多致侵渔。今江济马快平船俱为一例。即于领官银时查扣。不必行追。

计开

一大马船成造叁两贰钱

拆造下叁两

拆造中贰两捌钱

拆造上贰两陆钱

大修下壹两捌钱

大修中壹两陆钱

大修上壹两肆钱

中修下壹两贰钱

中修中壹两壹钱

中修上壹两

小修下玖钱

小修中捌钱

小修上柒钱

一小马快平船成造叁两

拆造下贰两柒钱

拆造中贰两伍钱

拆造上贰两叁钱

大修下壹两叁钱

大修中壹两贰钱

大修上壹两壹钱

中修下壹两

中修中玖钱

中修上捌钱

小修下柒钱

小修中陆钱

小修上伍钱

一各夫逃故顶补之月。俱作空役。扣除工食。陆两者。月扣银伍钱。肆两者。月扣银叁钱叁分叁厘。叁两伍钱者。月扣银贰钱玖分壹厘。总库失查混给者。书库坐赃。

一旧例各夫。未差而死故者。仍通查前后日期。追缺差银两。其间意义欠通。向凭吏书开报。莫可推晓。今两年壹差。岁月较近所称缺差一切蠲豁。务使易知。

一旧例长差船抵湾。守候陆个月。方许发回。故比短差多领贴接银柒两陆钱。奸甲凡系长差者。多賷缘北部吏书。谋领便差。或捏称装内臣行李回南。印给批回。并未守候。不惟虚冒官银。亦且失国家立法深意。以后各船回坞。须查批内抵湾。及开回日期。壹月不满。扣追银叁两。名曰长差银。一体呈堂查考。

一出则余剩冒破半差底薪长差定数后。船政分司。一面填入委官稽迹簿内。一面行总库查扣。一面行委官起批。至季终。并查本季扣过楂柴银数。总案呈堂。批车驾司存照查理。各项银两。皆于应领银内查扣。不尽者方追有银可扣而朦胧遗失者。该吏书坐赃究治。

一前柒项。系已经给发。而船政分司。清查追扣。听堂上作正支销。与在库钱粮不同。故名曰船政银。总库立日收簿。逐月呈堂。车驾司立号簿。逐号查理。遇有应用银两。俱由船政分司具揭呈堂。批车驾司查支。岁终车驾司。船政分司。总库。会同查算算明白。将实在之数。具案呈堂。转入库册查盘。与江济工料银两。通融支用。凡失查失扣者。吏书呈堂究革。

一船政银柒项。内除楂柴。先于领官银时查扣外。其出则冒破余剩半差长差底薪陆项。须查小甲若已收过各夫包封。及贴差银两者。俱于本甲身上追纳。毋得重派各夫。若未收者。各夫照数分扣。

卷三·夫役工食之法【凡三十条】

一马船水夫。其原系江西湖广太平安庆宁国批解来京者。此为祖役。其近日招募。系快船户内派丁人数。及投派丁银者。则输纳所资。所有夫缺。理应世代顶充。其以前冒籍入册者。乃朦胧之弊。及今别户投充者。乃势不得已。止许壹辈充当。今后每遇丁年。本部备查指掌册内。食粮夫。凡系祖役。及派编丁银者。案行江济。令其开报亲男。亲孙。造册贰本。仍每船取见食粮水夫。并无虚报弟侄。及别籍义男。连名结状贰张。壹申部。壹存卫。遇缺查补。混报混造者。官识提究。各夫通革。仍许诸人首发。即赏原缺。册式开后。

计开

某字号船夫某系江西籍贯

亲男某年若干岁

某年若干岁

亲孙某年若干岁

某字号船夫某系某卫快船派丁人

亲男亲孙照前

自亲男孙外不许混称户丁朦胧造入

一新船拨夫一完之后。其投派丁银之例。亦尽停止。如有朦胧告入者。本人枷号。官识提究。本司吏书不禀查者。呈堂究革。仍许诸人首告。即赏顶原缺。其册内派丁极贫人。许其俟验船之时。查缺告补本司查丁银册内相合。一面著船收粮。一面行本卫取收解结状。若有冒名代告者。仍查革究治。

一见今派丁各军。及投丁之人。凡充水夫者。除拾年以内。丁银照数办纳外。其下次造丁册时。俱要与通船之人。量力增减。不许拘定今数。违者革除夫籍。

一夫余年贰拾岁。方准补役。年未及者。不许滥充。如有躲避差使。负赖贴银。私自远出。告假违限者。许该委官。及小甲呈告。即行查革。

一各夫皆将真正籍贯。填入指掌册内。如有冒籍者。许诸人首告。即将本缺赏补。凡大马船。甲壹名。夫拾肆名。小马快平船。甲壹名。夫拾伍名。听事额定贰百壹拾捌名。不许增用。其逃故顶役及毋妻粮开住日期。支过及应扣银两。每月初壹日。江济贰卫。各委官壹员。带识字贰名。赴部注册。

一各夫如有逃故者。该卫当时揭报本司。随即住粮。并填注指掌册格内。如官识隐匿日期。冒支钱粮者。依律究治。

一见今招募人夫。既非祖役。又与丁银无干。其册末拨船不及者。本应停罢。但小人既已入册。便生觊心。除听继册烧毁不用外。其在正册者。止除民籍。及冒江济籍贯者不用。其各卫军余投充者。俱许与旧册册内余丁。遇大小马快平船夫缺。一体收补。止许壹辈充当。以后不许造报夫余册。

一今年岁次丁亥江济贰卫本应造报夫余文册。但查原册在万历柒年方造册后新生者。至今不满拾岁。亦未及补役之年。况招募册内。报入者已多。合暂停止。通至下次丁酉年。将祖役及派丁人余丁。一体造报。凡未及拾岁者。俱不许造。

一旧例水夫有缺。在册夫余。即具通状告送本司。行卫查明结报。方准补役。候有临差之船。数内缺人。又告本司。行卫查报。方准著船。始得收粮。支领工食。事体烦琐。官役需索。以致奸徒补役著船。同时具告。每年冒滥无算。自本职到任。置补役册。遇差船夫缺。依次拨补。粮赏工食。岁省不赀。而事体亦简。后议拾陆年为始。皆两年壹差。空闲不多。仍许遇缺。即补然恐预补壹年。未差而故。则拾余金尽属虚弃。合著为定例。凡告通状补役等项。尽行禁革。遇有夫缺。该卫当时揭报。注册记候。直至各船提验定则之后。方许小甲具告。本船缺夫几名。即查故夫亲子孙拨补如无。查册内本所夫余。次及别所拨补。如有快船册内极贫人。查缺告顶者。准其即拨。诸人不得执争。以上不拘马快平船。一体著役。

一各夫临修方补。即有包封之费。其故夫在空闲之年。而或应支银米月分太多者。实为虚冒但工食在库。可以酌处。前项包封。该卫临期呈夺。

一旧例每年四季。本司亲临江济贰卫。查点水夫。不到及老弱冒替者。除名责治。但甲夫出差。临期自相关系。闲常混查固为无益。且壹年出差。壹年休息。亦不必查。必欲查之。未免冒替。万夫之众。一人岂能尽识。祇为群小资耳。合行停止。

一江西湖广旧夫有回家省亲。及各夫因事出外者。许赴分司告假。违限不到。方扣月粮工食。违至叁月者。除名佥补。

一各夫犯罪革役者。俱不许告复。原在各船者。不许更换听事常川跟用。犯法者径革另补。不许复著船差。及将船内人补役。其委系老疾而子孙告替者听。

一旧例水夫收妻月粮。皆无定准。今著为例。凡新补者。每月止收粮陆斗。叁年之后。加妻粮肆斗。俱行卫查勘明白。方准收支妻故者住支。续娶者叁年之后。另收。身死妻粮同住。凡收粮皆要本船小甲结状。如朦胧混收。及应住不住者。许小甲及同船人首告。本夫责革。官识提究。

一旧例水夫工食。各随县分。如该县银未解到。则本夫无从支领。今通融一体。各夫皆随本船。不拘县分。每年拾贰月。通行放给。其借支改编名色。尽行革除。

一旧例各船临差。拘于岁终总放之例。止称预给。凡长差。止给柒钱伍分。短差。止给陆钱。使之揭债磊息。而在官人役乘之为利。今除无差之年。及衙门听事。照旧年终总支外。其长差。皆支壹年。短差。皆支捌个月。如拨差已在拾月之后者。准支壹年。但通不得支过本年。如一应随船各夫。不遇差使。及衙门听事。先期交给。或支过本年。致难查刷。使奸役乘机作弊者。书手库子先坐赃。同本夫究革。

一小甲为壹船之主。俱要正身应役。遇差。先行该卫。备查年貌。填注勘合。以便稽查。其随船各夫。听其贴银雇代。若非老疾。而自愿出水。果系正身者。该卫即给印照。不许甲夫生情计阻其老疾不堪。而强要搪塞者。许本甲呈禀。查实革退。

一总库给散工食。旧皆随县。多寡不等。每封止以壹贰人领出。扣分各夫。颇生弊端。今既随船。每船扣给壹封。付小甲领出分散。事有归著。嫌弊自除。

一进京马快平船。长差者。临行官贴。及船回官接。加给银柒两。短差者。各叁两贰钱。不许同支。

一各夫凡遇进京差使。除本身应役外。其贴银小甲。雇人代役者。临行。上等叁两贰钱。中等叁两肆钱。下等叁两陆钱。回时接船。每名各银壹两。

一各夫出差领过工食出过贴差。而偶遭事故者。未满月日皆免追空役。多役月日。亦不复补。支许小甲回领官接时。具告本船。事故几名。查勘明白。每名官补接船银壹两。其夫缺。候至下次提修时方照例拨补所省拾陪于所增矣。

一各夫岁终。或遇差。告领工食。皆随船共具通状壹张过部。送车驾司行卫。类造实支册壹本。逐船扣算明白。申部查支。

支工食册式【凡差内事故。官给接船者。未支月日。通作缺。】

南京江淮卫。为支领水夫工食事。今将本卫各所各船。应支水夫工食。逐一查开于后。须至册者。

一某所某号船甲夫　名每名支工食【或壹年或捌个月】

该银若干内

某人　某人照数实支

某人领过若干止支若干

某人陆月事故【支至伍月止】某人拾月补役【拾壹月支起】

空役伍个月不支外实支若干【某人柒月补役。以前原缺。空役柒月。实支若干。某人陆月事故。以后未补。空役柒月。实支若干】

本船总实支若干

补支工食册式

南京江淮卫为补支短差水夫工食事。照得各所某年短差船只各夫未支工食各肆个月。已经查勘明白。理合呈请补支。须至册者。

一某所某号系　年【大木杉条】短差随船甲夫拾陆名。已支捌个月。应补肆个月。每名该银贰两。内

某人　某人照数实支　某人　月事故不支

本船总实支若干

一轮差之年。各夫领银。恐致花费。江济马船厂。快船厂。但遇验等既定之后。即照例将各夫应出包封之数。关付江济贰卫。照数具揭。并取各夫领状。差官呈船政分司。即支给本甲。以便造修。余俟定差临行之时。总具通状过部。送车驾司行卫方照前式备具手册。将支过应补数目。逐一填注。又具总数印信领结。呈车驾司。补支完足。其前次领状。请出涂抹。盖手册备开先支应扣应补细数。以便细查。而领结止开应领总数。【内除空役不支月日】以便总刷。其各夫贴差。该卫亦照例扣给本甲。不足者追补。如各夫身非老疾。自愿出水者。不许强扣。各甲亦不许私派各夫。但先支包封。不得过肆两。盖因有短差船。止应扣支银肆两也。

一在船甲夫。凡支包封及短差银。俱要一齐支领。不许故意叁差。致难查刷。其短差未支肆个月工食。俟次年终领工食时。另具通状过部。送车驾司行卫。另造补册。及领结。一同支领。每船每年。止有通状壹张。领结壹张。手册壹本。惟短差者。次年多补支通状领状手册。听事人役。照指掌册内。所分起数同支。死故顶补者。照前册式。并开本名下。以便查刷。并不许先后参差烦琐。违者。库书。及该书坐赃。

一长差称通支本年工食者。谓支本年拾贰月以前应得工食也。如补役在陆月。则除扣外。止应实支银叁两。短差称扣支捌个月工食者。谓扣支本年捌月以前工食也。如补役在陆月。则除扣外。止应实支银壹两。余皆仿此。凡应支数少。则先支包封。亦不得过应支之数。如遇告支银两。吏书库役。先取船夫指掌册。逐一查明。方准支给。朦胧多支者。吏书库役。同本夫一并究治。

一江济贰卫黑楼船各壹只。船不常用。夫亦不必常役。止各留甲壹名。领工食银肆两。看守本船。遇差。于船政银内。照例支给本甲。雇夫应用。

一各处工料银两。向因改编增减不一。以致州县数目不合。其拖欠数多者。本部例有举劾。而职名差错。功罪不明。掣肘因循。遂成画饼。今先咨该抚院。将各省总数。转发各该司府。备造书册。使总撒数合。本部补刻于后。每年柒月初旬。即将应荐应奖应参州县。备开完欠数目。具册壹本。差官壹员。前赴该院。令自查该管职官姓名。移咨前来。以凭举劾。自无错误之失。而人心亦自知儆矣。

计开

一湖广江西直隶安庆宁国太平等府。原额工料银共捌万柒百陆拾肆两捌钱伍分捌厘陆毫伍丝柒忽壹微。

湖广总额银伍万陆百叁拾陆两柒钱贰分叁厘。

武昌府共银
兴国州银
江夏县银
武昌县银
嘉鱼县银
咸宁县银
蒲圻县银
崇阳县银
大冶县银
通城县银
通山县银
汉阳府共银
汉阳县银
汉川县银
黄州府共银
蕲州银
广济县银
黄冈县银
蕲水县银
麻城县银
黄陂县银
罗田县银
黄梅县银
黄安县银
德安府共银
随州银
应山县银
应城县银
安陆县银
云梦县银
孝感县银
承天府共银
沔阳州银
荆门州银
钟祥县银
京山县银
景陵县银
当阳县银
潜江县银
襄阳府共银
襄阳县银
宜城县银

光化县银
荆州府共银
夷陵州银
江陵县银
监利县银
公安县银
枝江县银
松滋县银
宜都县银
长阳县银
石首县银
永州府共银
道州银
零陵县银
东安县银
祁阳县银
宁远县银
永明县银
郴州银
宜章县银
桂阳县银
兴宁县银
桂东县银
永兴县银
岳州府共银
澧州银
巴陵县银
平江县银
临湘县银
华容县银
安乡县银
慈利县银
石门县银
长沙府共银
茶陵州银
长沙县银
善化县银
浏阳县银
安化县银
湘乡县银
湘潭县银
宁乡县银

攸县银
醴陵县银
益阳县银
湘阴县银
衡州府共银
桂阳州银
蓝山县银
临武县银
常宁县银
衡山县银
衡阳县银
耒阳县银
安仁县银
酃县银
宝庆府共银
武冈州银
邵阳县银
新化县银
新宁县银
城步县银
常德府共银
龙阳县银
桃源县银
武陵县银
江西总额银壹万肆千壹百叁拾两
南昌府共银壹千肆百肆拾两
宁州银壹百伍拾柒两伍钱
新建县银贰拾柒两
南昌县银贰百贰两伍钱
丰城县银肆百玖拾玖两伍钱
奉新县银贰百伍拾陆两伍钱
武宁县银壹百贰拾陆两
靖安县银壹百叁两伍钱
进贤县银陆拾柒两伍钱
瑞州府共银壹千壹百捌拾捌两
高安县银陆百叁两
新昌县银贰百玖拾贰两伍钱
上高县银贰百玖拾贰两伍钱
袁州府共银壹千柒百伍拾伍两
分宜县银贰百伍拾陆两伍钱
宜春县银伍百捌两伍钱
万载县银肆百陆拾叁两伍钱

萍乡县银伍百贰拾陆两伍钱
临江府共银柒百捌拾柒两伍钱
新淦县银贰百柒拾两
清江县银贰百贰拾伍两
峡江县银壹百捌拾两
新喻县银壹百壹拾贰两
抚州府共银壹千捌百伍拾肆两
临川县银叁百玖拾陆两
宜黄县银叁百陆两
东乡县银贰百壹拾陆两
金溪县银贰百肆拾叁两
乐安县银叁百柒拾捌两
崇仁县银叁百壹拾伍两
建昌府共银壹千壹百贰拾伍两
南城县银肆百柒拾贰两伍钱
南丰县银叁百贰拾肆两
新城县银贰百贰拾玖两伍钱
广昌县银玖拾玖两
广信府共银壹千壹百伍拾贰两
上饶县银贰百贰两伍钱
玉山县银贰百贰拾伍两
永丰县银壹百玖拾捌两
弋阳县银贰百贰拾玖两伍钱
铅山县银贰百贰拾玖两伍钱
贵溪县银陆拾柒两伍钱
饶州府共银壹千叁百伍拾两
鄱阳县银贰百伍拾陆两伍钱
乐平县银贰百肆拾柒两伍钱
德兴县银贰百柒两
浮梁县银贰百柒两
余干县银壹百柒拾壹两
万年县银壹百肆拾肆两
安仁县银壹百壹拾柒两
南康府共银柒百壹拾伍两伍钱
星子县银伍拾捌两伍钱
安义县银壹百叁拾伍两
建昌县银贰百叁拾肆两
都昌县银贰百捌拾捌两
九江府共银伍百陆拾柒两
湖口县银贰百叁拾肆两
瑞昌县银壹百壹拾贰两伍钱
德化县银壹百壹拾贰两伍钱

德安县银壹百捌两

吉安府共银壹千伍百贰拾壹两

庐陵县银肆百伍拾两

泰和县银壹百贰拾壹两

伍钱永豊县银壹百伍拾叁两

永新县银贰百叁拾肆两

万安县银肆两伍钱

安福县银叁百贰拾捌两

伍钱吉水县银贰百贰拾玖两伍钱

赣州府共银陆百柒拾伍两

赣县银贰百贰拾伍两

兴国县银贰百贰拾伍两

宁都县银贰百贰拾伍两

直隶叁府总额银壹万伍千玖百玖拾捌两壹钱叁分伍厘陆毫伍丝柒忽壹微

安庆府共银玖千捌百伍拾两伍钱

怀宁县银壹千陆百捌两陆钱叁分

桐城县银壹千捌百捌拾两捌钱叁分

宿松县银壹千捌百陆拾玖两柒钱捌分

潜山县银壹千肆百捌两柒钱捌分

太湖县银壹千玖百壹拾捌两叁钱捌分

望江县银壹千壹百陆拾肆两壹钱

宁国府共银叁千贰拾肆两

宣城县银壹千肆百肆拾玖两

南陵县银伍百捌拾伍两玖钱

宁国县银叁百贰拾壹两叁钱

旌德县银贰百叁拾叁两壹钱

泾县银叁百陆拾伍两肆钱

太平县银陆拾玖两叁钱

太平府共银叁千壹百贰拾叁两陆钱叁分伍厘陆毫伍丝柒忽壹微

当涂县银贰千玖拾叁两陆钱伍分玖厘壹毫

芜湖县银壹千贰拾玖两玖钱柒分陆厘伍毫伍丝柒忽壹微

一旧例右堂。及车驾司官肆员。船政分司书手。算木刷案算识。刷卷整案书手各工食。经历奖礼。验船饭食纸张等项。皆提大马船。免其出差。而追工食。支给前项银两。每岁约用壹百柒捌拾金。殊非法纪。且大马船已经裁减。难以复追其前项银两。除经历奖礼。算识工食。验船饭食。节省外。其余已奉堂批。于堪动各项银内支给。永革提船之例。

动支各项银两开后。

车驾司郎中皂隶陆名。补支银贰拾贰两伍钱。于减革库子工食银内支给。

右堂皂隶拾叁名。补支工食银壹拾陆两。马政厅皂隶陆名。补支工食银贰拾贰两伍钱。

刷卷书手工食银壹拾贰两。

以上银两。俱于车驾司集场银内动支。

船政分司皂隶陆名。补支工食银贰拾贰两伍钱。

书手贰名。共支工食银壹拾肆两肆钱。

书算纸张工价银两。以上俱于船政项下楂柴出则冒破余剩半差底薪银内动支。

车驾司船政马政工料草场分跟旧多皂隶陆名。共支工食银叁拾陆两。于草场分司纸赎内动支。

卷三·差拨验装之法【凡九条】

一各差船数悉遵列圣明旨。刻石定额。不得滥增。其近日奉旨增取钱粮。仍遵万历拾肆年伍月。本部尚书郭题奉钦依。或同时起运。则并差壹官。难以并差者。酌量拨给。仍听该部司官监视。尽船装载。升调内官。不拘是何衙门。止拨马船壹只。或身已在北者。遗下行李。查船附载。

一船工既完。该厂呈报部司。即会同科道。知会运官。一同验装。若临期钱粮不出。显系运官畏避。即酌量裁减。如有修完船只预备者。先验装。后拨给。

一每年进京长差船壹百只。皆拨好差。序开在后。

计开

尚膳监起运芥菜薹

尚膳监起运鲜笋

内守备厅起运枇杷果

尚膳监头起鲥鱼

尚膳监贰起鲥鱼

巾帽局起运苎布

内官监起运杨梅

尚膳监起运糟笋

司苑局起运苗姜

孝陵起运苗姜

内织染局起运龙袍奉秋贰起

尚膳监起运鲥鱼干

府部寺赍捧　表文

内守备厅起运藕鲜

内官监起运竹器

尚膳监起运紫苏糕

工部起运器皿

工部起运板枋

司礼监起运画匣板枋

司礼监起运　制帛

工部起运制钱陆起

司苑局起运藕鲜

印绶监起运诰命

司苑局起运荸荠

司苑局起运生姜芋苗

礼部起运乐器弦线叁年壹次

侯伯内臣行李及本部公差

黄船旗军宿食叁年壹次

一旧例长差。分上下半年。其限票内亦开守候某年上半年止。或下半年止字样。然船差陆续拨发。即如陆月叁拾日抵湾。柒月初壹日回南。亦即可谓之守候上半年已毕。而准其长差乎。今改为以抵湾之日为始。扣满陆个月。方许回南。

一凡系淮安徐州以南。大马船可通之地。皆拨大马船。因地远近。定差分数。而工食岁终总给。但贫人出差。未免有工食之费。合著为例。凡全差者。每人预给工食贰两。伍分以上者。壹两。不及伍分者。照旧无支。

计开

至仪真差壹分

镇江差壹分

扬州差贰分

丹阳差贰分

巾帽针工贰局内使暂座差贰分伍厘

常州差叁分

江阴差叁分

宁国差叁分

采打鲟鱼差叁分

采打鲥鱼差叁分

苏州差叁分

湖州差肆分

嘉兴差肆分

安庆差伍分

淮安差伍分【杨梅搬坝】

凤阳差伍分

芜湖装板枋差伍分

芜湖装白土差伍分

杭州差伍分

巡历小姑山差伍分

武昌算壹差

南昌算壹差

新江关摆江算壹差江

淮关摆江算壹差

襄府食盐算壹差

孝陵砖瓦算壹差

一旧例江淮新江贰关每卫上下半年。各拨大马船贰只。名为摆江。以便过客。朝观年。各加拨壹只。扣满陆个月为壹差。此系本处地方。不准预支。查旧管渡委官。索受各夫常例。听其偷安不赴。或以叁肆名在船撑驾。致过客羁留。而江淮尤远。常例尤多。每名至壹两。每年所索。至陆拾余金。甚非法纪。今尽行禁革。违者。许各夫赴告。本部访实。即重责革任。问发江操。

一每年内外守备。部堂科道。阅操渡江。应用大马船。江济轮流拨用。不计分数。

一各差先后原有定期旧因船号错乱。无可凭据。又运官多先期咨讨。图夫役之用。而奸甲寅缘推就。以致奸弊多端今船号既定次序昭然。查照各差先后。壹江壹济。依次序拨。差期序后

计开

进京内官监起运杉楠杂木船正月中旬拨

进京御用监起运杉条木船正月下旬拨

进京尚膳监起运芥菜薹船贰月中旬拨

进京司礼监起运杉条木船贰月中旬拨

进京尚膳监起运鲜笋船贰月下旬拨
下江尚膳监采打鲥鱼船叁月初旬拨
进京内守备厅起运枇杷果船叁月中旬拨
进京尚膳监头起鲥鱼船叁月中旬拨
进京尚膳监贰起鲥鱼船叁月中旬拨
进京巾帽局起运苎布船叁月中旬拨
进京内官监起运杨船肆月初旬拨
进京尚膳监起运糟笋船肆月初旬拨
进京司苑局起运苗姜船肆月中旬拨
进京黄船旗军宿食船肆月初中拨
叁年壹次进京孝陵起运苗姜船伍月初旬拨进
京内织染局起运龙袍春秋贰起【秋起船肆月中旬拨春起船拾月下旬拨】
进京尚膳监起运鲥鱼干船伍月中旬拨
下江司礼监起运板枋赴芜湖印烙船伍月下旬拨
下江内官监起运杨梅至淮安搬坝船伍月下旬拨
进京府部寺赍捧万寿表文船陆月初旬拨
进京内守备厅起运藕鲜船陆月中旬拨
进京内官监起运竹器船陆月中旬拨
下江孝陵取装砖瓦船陆月中旬拨
进京尚膳监起运紫苏糕船陆月下旬拨
进京礼部起运乐器弦线船陆月下旬拨叁年壹次
下江湖广襄府食盐船陆月下旬拨下
江内织染局起运龙袍至淮安搬坝船陆月下旬拨
进京内织染局起运板箱船陆月下旬拨或叁年壹运
下江尚膳监采打鲟鱼船柒月初旬拨
进京尚膳监起运木樨煎船柒月初旬拨
进京内官监起运铜器船柒月下旬拨或贰年壹运
进京工部起运器皿船柒月下旬拨
进京工部起运板枋船捌月初旬拨
进京孝陵起运姜果船捌月初旬拨
进京司苑局起运香橙船捌月初旬拨
下江司礼监起运
制帛赴湖广船玖月下旬拨
进京司礼监起运画匣板枋船【拾壹月初旬拨】
进京司礼监起运
制帛船拾壹月中旬拨
进京司苑局起运藕鲜船拾壹月中旬拨
进京印绶监起运诰命船拾壹月中旬拨
进京司苑局起运荸荠船拾贰月初旬拨
进京司苑局起运姜芋苗船拾贰月终旬拨
进京御用监起运杉楠板木船拾贰月终旬拨
进京工部起运制钱陆起无定期

进京侯伯内臣行李用船无定期

进京内官监起运棕荐或叁伍年取运壹次无定期

一旧例各船报杠验装。向属拨船厂。今拨船厂改为快船厂。一切夫役。皆属江济贰卫。如遇验装报杠。贰卫各拨委官壹员。量带人役。協同答应。如推诿误事。贰卫官役并究。

卷三·看守禁约之法【凡七条】

一旧例快船厂看厂人夫。及把总委官轿马及牢子班头饭食。一应科派。皆在各甲。今添设看厂水夫贰名。听把总差用。其前项无名差使。及部司郊饯发银置酒。借办什物。扛抬柴米等事。尽行禁革。

一大小马船。并快平船。每只轮夫壹名看守。壹月壹换。该委官遇交换之日。即将本船周身。及船内什物。逐一眼同查验明白。并无损失。方放上手。仍带下手赴分司。呈递甘结。如各夫共雇人守者听。仍要壹月壹递甘结。

一叁厂各置船簿壹扇。内将原设出差回坞数目。叁柱填注。又各置木簿壹扇。内将各木旧管,新收,开除,实在,肆柱填注。送分司印给。仍各拨委官壹员。带小甲拾名。内伍名巡船。伍名巡木。各将姓名。分填各簿内。每拾日赍簿同赴分司呈递听查。下班委官。即带该班小甲。总递报名揭帖。当面领簿。出外填名。不到者提责。旧设年貌籖。与结状。俱免递。

一江东巡检司。大胜关。每月拾伍日。照旧呈递循环。填注有无经过木簰。

一船政分司。旧有禁约前站牌一张。即付前站之手。甚属无谓。今经题准。遇差各给堂牌一张。付小甲收领。其前站。经手。吹手。班头。厨子。家人。各项人役姓名。俱开列在内。如前途拨置内官。索诈夫甲者。许自填各名之下。回部投递。依律问遣。

一前站经手。每月初贰日。赴车驾司点卯。查其有无坏法。违者依律究遣。

一旧例每月添匠。赴车驾司点卯。盖恐其代内官装做漆器。私带进京。事属无益。今即停免。

卷三·申明职掌之法【凡二十条】

一旧例追扣出则等项银两。但由船政厅出票。车驾司不知其多寡。及各甲完纳。止向车驾司投批。船政厅不知其完欠。殊非互相觉察之义。今后凡系船政内柒项银两。俱由船政分司。照例酌定。一面付车驾司登簿。一面付总库遇放查扣。一面行该卫查有银在库可扣者。俟总库放银日。照数具批。无银可扣者行追。批文皆于车驾司投递。每季终船政分司将壹季内追扣银两。总案呈堂。批车驾司逐号查理。

一厂卫各官贤否事迹。皆船政分司。日逐亲临。事事有据。乃至岁终举剌奖戒。尽由车驾司。而分司绝不相与。车驾司既无定见。则临期遍用耳目。反致失真。殊非同心共济之义。夫各官贤否。不过船工之迟速。与钱粮之完欠而已。今后船政分司。将各官实事。逐款登入考绩簿内。至岁终会同车驾司。从公翻阅。虚心参酌。会揭呈堂定夺。应奖戒者。会同施行。应举剌者。车驾司赍堂批原揭。会同科道。

一旧因快船小甲。关系甚重。原由车驾司编审。故有更替顶补。亦由车驾司定夺。今尽系募夫。则小甲直壹夫头耳。船政分司。已系注选。凡事悉由经理。与旧事体不同。况甲夫银数。俱无增减。不必复烦车驾司。以后该卫凡遇定甲。及佥总识等项。径呈分司定夺。填注指掌册。亦不移付。

一夫粮通状皆革。如遇夫缺应补。及妻粮应收者。具告船政分司。照例查结。付车驾司。呈堂移咨户部。

一水夫年终。或临差。支领工食。及小甲接贴银两。皆具通状过部。送车驾司。行卫查造手册领结。仍取船政分司指掌册。磨勘明白给发。

一小甲预支各夫包封。皆状告船政分司。照例查明。付车驾司送库支给。其领状须于车驾司投递。以便总支时查算。船政分司。但将预支之数。逐一填注指掌册格内。

一提估船只。照旧由船政分司。验明定等。

一各船合领官银。照旧由船政分司。于验船定等之后。具案呈堂。批车驾司查明支给。

一应用木植油麻钉锔等项。照旧由船政分司。依等给发。

一各船用过钉锔油麻。船政分司照旧于工完之后。备查用过数目。查访时价。具案呈堂。批车驾司查明支给。

一新例船政分司。收买杉木。皆呈堂定夺。不得擅收。楠木皆照工部税单。不得擅减。永禁召买抵销之事。其木价。照旧则扣算。呈堂。批车驾司查明支给。

一各船用过木植。旧例船政分司。每月初壹日。止具四柱簿呈堂。似乎疏略。今每案工完之后。船政分司备查本案用过各项木料。总案呈堂。批车驾司存照。其肆柱簿照旧呈递。

一委官告假。各甲巡风。船行执结。回坞报到。及报杠。验装告卖底薪。摆江季报。一切琐务。皆船政分司之事。而旧皆互报车驾司。甚为烦扰。今后车驾司俱免报。

一旧例各船出差。船政分司给与禁约小票。今皆裁革。其禁约堂牌。一应勘合限期。悉由车驾司填发。分司不与。回日止将限票批回。送分司查理。以便查追长差银两。

一拨船。照旧由车驾司说堂定数。送船政分司。照数序拨。季报。分司具案呈堂。

一收解丁银批文。皆投车驾司。送库秤收明白。该书查对批回。填注小票。赴船政分司佥判印发。

一四季比较各卫丁银。皆由船政分司。照例查明。填注堂簿。年终备查完欠数目。会同车驾司。呈堂定夺。遇有各卫。及收解。呈告拖欠者。皆分司施行。

一每年车驾司造见征丁银册壹本。遇有增减油舱等项。由船政分司查定付车驾司注册。

一拾年锦衣等肆拾卫造报丁银文册。俱由船政分司。事完付车驾司知会。

一拾年江济造报夫余册。照旧止申船政分司。

卷四·会计银米

【工食银两。马船旧夫。皆有增减。故须并旧数而会计之。粮米。旧夫皆如旧。故止夫计节年所省。及快船免支之数。与今募夫粮。扣算多寡】

先后银数

一查万历拾贰年正月起。至柒月止。买过杉木银肆千玖百两。其余最少年分。亦不下贰千两。即以叁千两为适中。自万历拾贰年捌月本职到任起。至拾伍年止。并未收买。计省银壹万两。

一万历拾贰年捌月起。至拾伍年止。查追过年例银壹万壹百叁拾伍两肆钱伍分柒厘伍毫。

一万历拾贰年捌月起。至拾伍年止追扣过出则冒破余剩桅价余丁半差底心银共柒千叁百伍拾肆两玖钱陆分肆毫玖丝陆忽伍微壹纤。

一万历拾贰年捌月起。至拾伍年止。不补闲船水夫。遇差方拨。逐年分算。共计叁百叁拾肆名。内支陆两者。伍拾玖名。计叁百伍拾肆两。支肆两者壹百柒拾捌名。计柒百壹拾贰两。支叁两伍钱者。玖拾柒名。计叁百叁拾玖两伍钱。共省银壹千肆百零伍两伍钱。

一万历拾叁年。停折造马船贰只。夫叁拾贰名。调补别船之缺。省工食料价什物。共银捌百壹拾贰两、

一万历拾叁年。免成造平船壹只。计省差银料价叁百叁拾玖两。

一万历拾肆拾伍年。更调各夫。自愿减银。共贰百贰拾陆两肆钱。

一万历拾叁肆伍年。减革总识贰拾贰名。每年计省银捌拾陆两。叁年共省银贰百伍拾捌两。

一万历拾伍年。快船人役。自愿先纳丁银。内除见差免征外。实先征银壹万叁千壹百陆拾壹两叁钱伍分陆厘伍毫捌丝贮库未用。

一减船贰百玖拾只择船身坚固者。调换应造之船。见换过玖拾只。计省过银捌千贰百捌拾肆两。以后调完。可共省银贰万贰千余两。

一减船贰百玖拾只。变卖什物。每船叁两。见完银玖拾叁两柒钱伍分。未完银柒百柒拾陆两贰钱伍分。共计银捌百柒拾两。

一减船贰百玖拾只。调换应折造之船。其应拆之船。即折料估价。抵别船正料。见抵过料价及卖楂柴银贰千叁拾玖两贰钱。通完可约银壹万柒千余两。

一减船贰百玖拾只。其锚鍊重器。皆留在厂。俟日后小甲缺时领用扣价。每船可约银壹两。共银贰百玖拾两。

已上除未换船只。未完什物价银。未拆朽船。未变锚鍊等项。约共银贰万玖千柒百肆拾余两未算外。实经查追节省过银伍万肆千壹百玖两陆钱贰分肆厘玖毫柒丝陆忽伍微壹纤止于万历拾伍年。用赏新甲银伍百贰拾伍两。除外。实省积银伍万叁千伍百捌拾肆两陆钱贰分肆厘玖毫柒丝陆忽伍微壹纤。

万历拾陆年会计

查旧额夫共柒千贰百伍拾柒名。内支陆两者捌百陆拾捌名。计银伍千贰百捌两。

肆两者叁千柒百壹拾肆名。计银壹万肆千捌百伍拾陆两。

叁两伍钱者贰千陆百柒拾伍名。计银玖千叁百陆拾贰两伍钱。

以上共银贰万玖千肆百贰拾陆两伍钱。

新支陆两船肆百玖拾伍只。计夫柒千玖百贰拾名。该银肆万柒千伍百贰拾两。

肆两船肆拾捌只。又黑楼船甲贰名。共计夫柒百贰拾贰名。该银贰千捌百捌拾捌两。

叁两伍钱听事。贰百壹拾捌名。该银柒百陆拾叁两。

赏新甲伍百贰拾伍两。

共用银伍万壹千陆百玖拾陆两。除旧用银贰万玖千肆百贰拾陆两伍钱。共增银贰万贰千贰百陆拾玖两伍钱。

除征快船丁银。壹万陆千贰百柒拾壹两叁钱。

又自拾陆年以后。每年应买杉木银。不过壹千两。比旧常数约省银贰千两。

又省追出则约银壹千两。

又追扣空役楂柴余剩冒破约银壹千两。

又旧例每年止修造马船玖拾只。皆各夫自备工食。比之快船少领官银不等。今每年叁百只事同一体则皆自备工食矣。少领官银者比前多船贰百壹拾只。通融折算每船约计省银贰拾两。止算银肆千两。

已上共银贰万肆千贰百柒拾两叁钱。除抵所增贰万贰千贰百陆拾玖两伍钱外。尚省剩银贰千零壹两捌钱。

万历拾柒年会计

新支陆两船共陆百只。计夫玖千陆百名。该银伍万柒千陆百两。

肆两船肆拾捌只。黑楼船甲贰名。计夫柒百贰拾贰名。该银贰千捌百捌拾捌两。

叁两伍钱听事贰百壹拾捌名。该银柒百陆拾叁两。

通共陆万壹千贰百伍拾壹两。除旧用银贰万玖千肆百贰拾陆两伍钱。又除新征减省银贰万肆千贰百柒拾壹两叁钱外。实增银柒千伍百伍拾叁两贰钱。

原题旧例各船皆叁年壹修。损多料重。今贰年壹修。损少料轻。每年叁百只。每只岂止拾两。总之不下叁千两。此数未算。

万历拾捌年以后皆同

总算万历拾陆年以前。清查减省。共约银捌万伍千余两又减船贰百玖拾只。皆系应成造拆造之数。约用伍万捌千余两。今皆省免。共约省银拾肆万叁千余两。自万历拾柒年以后。每年方增用银柒千伍百伍拾叁两贰钱。而又有阴省料值。约叁千两未算然则所增者。仅肆千余两。先后粮数。

一万历拾叁年。减成造船壹只。计甲夫壹拾陆名。调拨别船。叁年省米伍百柒拾陆石。

一万历拾贰年起拾伍年止闲船不补夫。共叁百叁拾肆名。每名岁省米拾贰石共省肆千捌石。

一万历拾肆年住过小甲安家月粮。共省米壹千壹百伍拾壹石。

以上叁年。共省米伍千柒百叁拾伍石。【并无增米】

万历拾伍年分

陆月初壹日起增夫柒百壹拾伍名。每名月支米陆斗。至岁终支米肆石贰斗。共增米叁千叁石。

柒月初壹日起增夫玖百壹拾壹名。每名至岁终支米叁石陆斗。共增米叁千贰百柒拾玖石陆斗。

拾月初壹日。起增夫捌百名。至岁终每名支米壹石捌斗。共增米壹千肆百肆拾石。

以上共增米柒千柒百贰拾贰石陆斗。

一住过快平船小甲安家月粮。省米玖百贰拾壹石。

一省快船长差叁拾叁只。每只行月粮壹百壹拾壹石。共省米叁千陆百陆拾叁石。

一省快平船短差捌拾只。每只行月粮柒拾肆石。共省米伍千玖百贰拾石。

一省拆造快平船贰拾伍只。每只省余丁帮工月粮贰拾捌石共省米柒百石。

以上通省米壹万壹千贰百肆石。除抵所增数外。拾伍年分。实省米叁千肆百捌拾壹石肆斗。

万历拾陆年分

正月初壹日起增夫捌百捌拾名。每名岁支米柒石贰斗。共增米陆千叁百叁拾陆石。合拾伍年原增米柒千柒百贰拾贰石陆斗。通共增米壹万肆千伍拾捌石陆斗。

一省快平船伍百只。安家月粮陆千石。

一省快船长差柒拾只。每只行月粮壹百壹拾壹石。共省米柒千柒百柒拾石。

一省快平船短差壹百壹拾只。每只行月粮柒拾肆石。共省米捌千壹百肆拾石。

一省拆造快平船贰拾只。每只帮工余丁月粮贰拾捌石。共省米伍百陆拾石。

以上通共省米贰万贰千肆百柒拾石。除抵所增数外。拾陆年分。实省米捌千肆百壹拾壹石肆斗。

万历拾柒年。与拾陆年同。省米捌千肆百壹拾壹石肆斗。

万历拾捌年。与拾陆年拾柒年同。省米捌千肆百壹拾壹石肆斗。

万历拾玖年。将拾伍年募夫壹千陆百贰拾陆名。每名岁增妻粮米肆石捌斗。共增米柒千捌百肆石捌斗。连原增夫粮壹万肆千伍拾捌石陆斗。通共增米贰万壹千捌百陆拾叁石肆斗。所省与前同除外。实省米陆百陆石陆斗。

万历贰拾年。又将拾柒年募夫壹千陆百捌拾名。每名岁增妻米肆石捌斗。共增米捌千陆拾肆石。连原米贰万壹千捌百陆拾叁石肆斗。通共增米贰万玖千玖百贰拾柒石肆斗。所省与前同。除外。实增米柒千肆百伍拾柒石肆斗。然各夫无妻者多。未必尽增。又往以内官多索快船。每年不止于壹百捌拾只。多壹船。则多壹行月粮而今皆无之。故所开减数。尚为未尽而增数犹未及也。

总算万历拾玖年以前。共实省米叁万伍千伍拾柒石贰斗。自万历贰拾年以后。每年方各增米柒千肆百伍拾柒石肆斗。然无妻应减者未算。

谨按自万历拾柒年以后。所增银不过肆千余两。米不过柒千余石。而使拾万生灵永无流离死卜之患。亦既巨矣。而所省银米。共拾柒万有奇。足抵叁拾余年所增之数。得失损益。不可考而镜乎。

卷四·客问

各项事例。已经欨开在前。但机微之间。未易通晓。故次序与客问答之词。【凡五十四条】

客问减船。恐差不足何如。

职应之曰。旧设进京船共捌百陆拾肆只而叁年零肆个月。轮壹差。则每年应差者。贰百陆拾只耳。今共船陆百只。而贰年轮壹差则每年应差者。叁百只矣。故曰。船虽减。而用反有余也。

客问差频。恐夫不堪。何如。

职应之曰。见奉明旨。议均各夫工食。原以肆两为凖。今进京船夫。一切陆两。是增叁分之壹矣。各夫所欲者银耳。而所增之银。与所增之差。适足相当方以得差为幸宁复以为不堪乎。即以拾年计之使岁得银肆两则拾年总得肆拾两。修船出差之费共以捌两为适中。叁差共费贰拾肆两。所余者止壹拾陆两。其叁两伍钱者。止拾壹两耳。今岁得银陆两拾年总得陆拾两。而伍差共费银肆拾两。□余者尚贰拾两。比之旧数。更有余饶。故曰。差频。而夫反获利也。总计每夫岁加银贰两。而壹船拾陆夫。共叁拾贰两。拾年共叁百贰拾两。而增贰差。以常年食粮领工食之人。增百陆拾金而加壹差岂为困乎。

客问水夫增差者。增其工食矣。宁国夫原陆两。而无所增。何如。

职应之曰。奉旨肆两。则肆两矣。宁国夫敢抗旨乎。且国初江西。湖广。太平。安庆。皆有司造船。而佥夫驾运。故有赡夫田。其资本厚。宁国以路近。故每夫岁编工食拾两解部。内扣贰两为修造工料。而捌两给夫。比之江西等处。尚为不及。后经题准。江西等处。将工食料价。征银解部。其数渐减至于肆两。与叁两伍钱。而宁国乃减止陆两。视他处反优焉。是非国初本制矣。祖宗立法。饩廪称事。断不使近者反厚。而远者反薄也。且通融支放。遇差全支之法行。每岁所免揭债子钱。亦足以当增差之直矣。

客问两年壹差。陆续拨给。陆百只固足矣。然使一时用船。在陆百只以上。则何如。

职应之曰。每年陆续拨船叁百只。犹不可堪。一时而用船在陆百只以上。此何等时乎。且今依期序拨。数月而犹未应差。若一时而欲尽用之。非转益流离。则逼之乱耳。国家万万无此时。即有之。方赖其多贰百壹拾只。雇募可用之船。不见其少贰百玖拾只原存之数也。

客问拾年在伍差之外。何如。

职应之曰。凡吾所为。在以叁差为伍差。而人不苦。以捌百陆拾肆只为陆百只。而船不缺。如是而已。若以陆百只。而拾年不止于伍差。则捌百陆拾肆只。拾年亦不止于叁差矣。与其困无辜之军丁。孰若劳受雇之夫役乎。嗟乎。使圣明俭德日彰。即陆百只而犹有余。使由家制度日广。即壹千只而犹不足。是岂臣子所敢必也。斟酌损益。是又在后之君子。民为邦本。吾所知者此耳。

客问快平船留用募夫者。止贰百壹拾只。而编丁征银。复以伍百只。数不相合。何如。

职应之曰。减船。省募夫之费耳。原船伍百只。编银壹万伍千两。本不足用。皆由通融调度以足其数。安能相合。若减去贰百玖拾只。分增于贰百壹拾只之内。各编 每船夫甲应支银两之数。使所募船夫。对号支讨。则不惟分派之间。反生弊端。而亦恐出银之人。终为官役所制。不如混而无查之为妙耳。盖派丁征银之船。如民家田亩。募夫出差之船。如有司差役。原不相蒙。不必其相合也。

客问既以伍百只征银。贰百壹拾只应用矣。而又兑换马船。以足叁百只之数者。何也。

职应之曰。马快平船样式。虽不甚相远。而亦稍有不同。马船上高而下浅。窖舱而狭旁。便于乘座。快船上浅而下深。舱疏而旁阔。便于装贮。而平船无楼。盖装运竹木之具也。旧额快船肆百壹拾伍只。而拾年叁差。则每年应差者。壹百贰拾肆只半而已。平船捌拾伍只。而拾年叁差。则每年应差者。贰拾伍只半而已。今贰年壹差。而快船足贰百伍拾只。平船足伍拾只。适与原数相合。中贵亦无所藉其口矣。

客问快平船既足叁百只之数矣。而又彩画周身。改换尾舱。复似马船。何也。

职应之曰。此为关津棍恶而设也。快船所至地方。恶少百计诈害。谓之踹船棍而马船则不敢。行法之初。各夫尚虑于此。故从而增饰之。以慰人心耳。上舱下底。周围厰堂。凡乘座装贮之处。悉仍其旧。止增其华彩。而益其坚固。所谓快平船之用。则如旧矣。

客问减船贰百玖拾只。虚弃可惜。何如。

职应之曰。凡所减者。皆其朽烂不堪。已当拆卸。及原已拆卸。号存而船无者也。所留贰百壹拾只。已尽选其新造坚固者矣。其余原非上等。稍堪者。抵换马船。而省其重造之资。应拆者。拆料估价。而分给各船之用。其号存而船无者。则原无船可弃也。此举并无寸板只钉之费。而反获换船变料之资。又节省数多。故曰。雇夫而费更减也。

客问快平船工料。比之马船。原为稍减。今所存叁百只。既仍照快平船式。则工料亦宜照等递减可也。而悉从马船之数。何如。

职应之曰。马船式样。原胜快船。旧因中贵图快船之利。每以制度不同为辞。故仍足快船应差之数。使其无所借口。若数年之后。人心既定。未必不尽欲马船矣。议减于今。而复议增于后。祇多事耳。况今日众夫汹汹。皆不乐于快船。即以此稍优之。亦□人情之一端也。

客问快船系肆拾卫之差役。而今募夫事体。悉属之江济贰卫。何如。

职应之曰。是即国初之意也。马船原系湖广。江西。太平。宁国。安庆。之差役。尚属江济。况肆拾卫皆京辅之地。又何为而不可。昔有分属。故各卫官自行管理。今既合一自应总属。非江济而谁归哉。况国初江济所管马船共捌百壹拾柒只。水夫贰万叁百陆拾贰名。今大小马船。并快平船。共陆百伍拾只。水夫约壹万余名。视国初犹为未足也。

客问快平船募夫。既属江济。则修造宜并归之。以见今马船厂。为江淮船厂。快船厂。为济川船厂。革去快船之名。岂不安妥。而复留快船厂。且使夫船。分属二处。何如。

职应之曰。此微意也。快船之名。敢遽革乎。今之以国。泰。民。安。风。调。雨。顺。而易旧编字号也。意已寓乎其间矣。且改拨船厂为快船厂。是郭堂翁之题请也。顾堂翁上疏之时。郭堂翁尚未离任。所议者未见可否。而遽更前日所请。即大旨无异。人且疑之矣。若各夫向皆随县。而修造又随船。夫船未始不分属也。数年之后。事体既定。当有妙悟而润色之者矣。

客问编派丁银。恐有骚扰。何如。

职应之曰。计人派丁。则扰矣。今所计者力耳。人多不增。人少不减。人名在册者。永免别差。不在册内者。听卫差拨。见今卫所差使。无轻于快船丁银者。人方开报之不暇。故一月而事集。并未见其扰也。

客问见今伍百船。其家力贫富。亦甚不同矣。乃不通融裒益。而止据原号。各派银叁拾两。何如。

职应之曰。物之不齐。物之情也。世岂能使贫富上下。无秋毫之失序乎。快船之害。审编为第一。往以数官分任。犹不能定。今大举更张。群奸之所切齿。而独职一人。身总其事。使通融裒益。□审编何异。恐弊端丛出。而事终不可了矣。每船叁拾两。力优者。固是有余。即力诎者。其所减省。亦既倍蓰于往日矣。已又补之以听继。助之以水夫。自是充然。人生使自苏息足矣。何必与有余者论分数也。拾年之后。就其极贫极富者。而间一酌量。则录中大意已备。临时妙用。是在后之君子。

客问贫人朋丁纳银。恐其不愿。何如。

职应之曰。卫所余丁。无壹人不差者。最轻者。莫如守宿夜廵。岁犹出银柒捌钱。今此辈或以贰人册壹丁。则每人所出。不过壹钱伍分。叁人壹钱矣。而宁有不愿者乎。

客问贫军既不出银。复附名册后。何如。

职应之曰。是亦免其别差之累也。不在此册。则卫所之差。终不可免。此辈原以船差所累。积困至今。附名于册。银差俱免。盖所以优之耳。拾年之后。或家力稍裕。仍酌量派丁。永为本船之助。

客问快船差银。已极轻省。恐人皆投入。则别差□苦。何如。

职应之曰。此所以有职方司验过别差。不许混入之禁也。卫所各差。原有分认。其临役捧扯者。弊也。往者不可追。一以见在为据。其有彼此干连者。酌其重轻。而各自归一。载在方册。世无相扳之患矣。宁以船差吾所事事。而遂不念及于他差之人乎。

客问拾年造册。贫富相安者。既无增减矣。而人名增入。何如。

职应之曰。是亦免其别差之意也。快船丁银。世世相守。而使子孙为别差所夺。是重困之矣。见今行法之初。恐人未通晓。故凡系快船册内。真正子孙。而未经入册者。卫所俱不许别差。至下次造册。通令报入。如下次再遗者。方许别拨差使。

客问丁银收解。似宜付之卫官。乃立收解之人。何如。

职应之曰。卫官收解。能保其不侵渔乎。各家星散。委官到乡。逐一查催。能保其不骚扰乎。且拾年收解。即寓拾名甲役之意。使本役钱粮不完。次年即以此役为正甲。余玖名为帮甲。在册各丁为余丁。领船出差。则人心恐惧。各为早完之计矣。夫恩所以济众生。而法所以齐众志。操纵自我。孰敢奸之。不然。则涣散而无统矣。

客问卫官恐其侵渔矣。倘收解侵渔。何如。

职应之曰。收解委之各役。而查催责之卫官。稽迟无利于卫官。而早完可免于部比。彼此相制。岂致侵渔况领船之约具在。彼宁舍生而趋死乎。且每季钱粮不及捌两。而收解类多有力。即有意外之变尚可赔偿。犹胜委之穷官之手也。

客问立收解诚善矣。恐有贻累。何如。

职应之曰此正所以杜其贻累也。卫官侵欺。而捏开未完。私增秤头。而加派火耗。岂一朝夕哉。且由票之法。已极精详。必无拖欠之理。况壹年收解。即是壹年正甲。往赔百金而不足。今虽悉行代纳。不过叁拾金也。往者经年往来于数千里之外。今远者。不过淮安也。向凡正甲出差。未尝不科敛各家使用。今官票征收。而反称不便乎。

客问雇募钱粮。据录内会计之数。似为有余矣。然或各省工料银两。征解不全。各卫快船丁银。又多逋负。何如。

职应之曰。各省工料。原是旧征。已有查参之法矣。今之新征者。独快船丁银也。故意负欠者。使之出水。力不能完者。令其充夫。何患其不足乎。按季催查。是在后之君子。因循废弛。而徒议立法之不善。非职所敢闻也。

客问各卫穷军。苏息已尽。而衣冠之士。未蒙优免。何如。

职应之曰。是不得已也。有司概县总算。故易于分派。船银每只叁拾金。此免则彼增矣。且今据原差人数而派之。凡衣冠人等。皆向充正甲。一船之领袖。而使尽从优免。则贫军益困矣。京都之内。名色甚多。希冀纷纷。事何得杜。拾年清册之时。乡荐已上。则除其名。或令自报空闲朋补。或报义男充夫。所以优之者。未尝不在也。且子孙世世优免则可。不然。则求入快船册而不可得矣。近有生员贰人。以祖曾登第免差。自陈其曾祖以上。原系快船。而告求入册。此诚守法而知几者。然以行法之初。尚未入别差。事故得準耳。有一春元者。不求免而多派丁银。猗欤达矣。

客问派丁编银。既无田亩粮籍可凭。宜从容详审。而严限速完。似嫌于迫。及各役依期开报。复行各卫查审。而各卫又鲜所变更。何如。

职应之曰。是所谓事机也。人苦不知足。得陇又望蜀。事久则弊生矣。向者快船出差。则小甲遍派各户。以备使用。其间原有等第。方人心踊跃。天理屈事之时。克期定限。则争先报完矣。况派丁之人载名在册。虚实完欠。动辄相干。彼宁肯轻富重贫。以自贻后累乎。催征比较。责在该卫。使悉由甲役。而官不与闻。将有诿其失于上者。卫官方切齿于此举。其所更易。未必尽公。摘发而惩创之。众心自慑。故官甲相信。事不烦扰。而责自不可辞矣。

客问此举。与民家条鞭。相似何如。

职应之曰。是则不可同日语矣。盖民家条鞭。利者什九。而累者什一。徭役轻重。何啻天渊。上差下户。原不相及。乃只丁升米。一例派编。是贫与富为资也。履亩起科。而大商巨贾。一无所问。是农与商为役也。军家快船。上者身亡家破。而最下者。亦岁辨银五钱七分。今上者不及拾金。而下者。或一钱。或空名寄册。永无卫所之忧。是贫富两利之道也。且条编所派。皆有恒产。而此则尺籍穷军。多无宿粒。其所派征。不足以当所用之半。与量出为入者。难易又径庭矣。

客问建议者。谓各船悉照其旧。止分马船夫之半。使领快船。可足柒百贰拾捌只。所少壹百叁拾陆只。亦止募夫一半。则止应募夫壹千余名。所资月粮。不甚相远。而各夫工食。仍合每船拾陆名。每名肆两之数。则银数亦略相当。仍旧叁年壹差。是亦可行也。而竟不从。何如。

职应之曰。此职初议也。他人见亦相同耳。再思。则知其难矣。船身有美恶。而各夫之包封有重轻。惟减船。则留用者皆坚美。而包封皆轻。使分船。而以轻易重。人将何堪。况旧夫工食原有三等。若欲扣合每名肆两之数。则孰增而孰减乎。又况减船频修。固节省之一策也。

客问雇募人夫。恐其脱逃何如。

职应之曰。节年逃者。皆快船之甲役。而无马船之夫。何也。快船之甲。逃以避祸也。马船之夫。逃则失利矣。两年一差。而无差之年。亦通支银米。彼宁不忍壹年之苦。而巽次年之利哉。遇有死故。即有顶补。雇募原照马船之例。非创法也。

客问不减船。不增工食。而多募新夫。与减船而增旧。夫工食损益何如。

职应之曰。此易见也。新夫壹名。银陆两。旧夫止增贰两。则壹人可当叁人。而又无壹人之粮。此所以减船而增工食也。

客问节年水夫临差方补。闲船并不混收。固为节省矣。快船召募。一时而招叁千余人。又先将衙门人批收。何如。

职应之曰。此正所谓苦心之极也。万历拾肆年伍月命下。马船水夫。未知增银之议。止闻快船减十分之六。疑其独累马船。而一切奸宄不逞之徒。捏造词说。以疑其志。而激其怒。数千人哗然而起。时户部方散夫粮。竟无壹人往者。或言宜急出示以安众心。职曰业已筹此。各夫眼不识字。而奸徒鼓簧其间。即言之谆谆。彼必以为诳也。事在呼吸宁得以空言立散哉。欲安旧夫。须使人投充新夫。欲外人求充。须自衙门人始。惟衙门人知为夫之利。而外人视衙门人以为趋向也。两堂翁甚善其策。职即召本衙门人谕意皆耀然求批。是日各将子弟。批发贰拾肆人。旧夫稍息。次日各衙门人。皆以子弟告批。复批贰百余人。伍日而众逾叁千。即出示停止。犹不能已。旧夫惟恐见革。即往户部支粮矣。然皆报名在册耳。至收粮领工食。则直至拾伍年陆月为始。以渐开支。至拾陆年方尽。此即临差方拨。节省钱粮之意。盖未尝有一粒一钱之滥用也。

客问工食通融支放。户籍不同。何如。

职应之曰。必某县水夫。而后可领某县工食也。则凡各县派有柴直者。必本县官员。而后可领乎。况今召募人。夫未必皆系原籍。则将无所支乎。其它疏题已悉。览之自当了了。

客问出差全放。恐有它故。无以制之。何如。

职应之曰。他故最大者。至死止矣。旧例死者。犹容妻儿告领。查明补给。固未尝少之。乃当予而故靳。行查而复补。祗为胥吏资耳。或曰恐其脱逃。则前辨已明。彼所系恋者。无差之年。所支银米耳。若止本年。即不全放。亦不足以絷其逸足也。

客问见食粮水夫。止许亲子孙入册听补。而快船册内编丁人数。许即收充水夫。又许空闲人入快船丁银册内。帮丁充夫者。何如。

职应之曰。快船丁银。本无辜之累。而入册夫役。未必皆祖役之。人职之意。不欲使遊手者。冒水夫银米之利。而无辜者。贻输纳不足之忧耳。水夫岁支工食银陆万余两。而米约拾叁万石。乃快船所纳丁银。仅壹万伍千金。使以水夫叁分之壹。为快船人所充。则可以使快船各户。世世无穷民。尚何输纳之不足乎。有力者欲免累。不催而自□无力者。既充夫。扣之而有余矣。语法至此。亦庶几所谓左右逢其原者欤。

客问验船不多委官役。恐把总扶同。何如。

职应之曰。各官钻求委用。其心岂真欲除奸剔蠹。竭力公家耶。祗令各甲。多分例几倍耳。把总举刺所关。分委他官。反使得逃其责矣。等则高下。由损坏多少。据册抽验。尚有可凭。不犹愈他官之口报耶。要之此事。不能无弊。但使弊少害苏。则善矣。若曰。京曹不宜自苦。利窦不宜尽塞。食君禄而图晏安。縻民脂以悦群小。非职所敢知也。

客问木价由该厂自定。恐有私意。何如。

职应之曰。价有定额。据籍可知。而丈尺疵病。则无定形。数淆难验。使该厂有私。则先于丈尺疵病处。上下其手矣。而顾私于价数。以待上之觉发耶。且旧所雇募算识。又非该厂人役而谁。徒縻工食。重困商人。欲自以为明。而适为奸人所窃笑也。

客问楠木价不扣留。恐锯有麻腐。虚縻。何如。

职应之曰。此正所以杜其虚縻也。量木之法。悬去头尾。减拆疵病。皆有定额。向因楠木不足。往往额外召买。例皆连其头尾。免其疵病。卷查自万历元年起。至拾叁年止。以扣留而减者。凡伍百柒拾伍两。以召买而增者。凡柒百壹拾贰两有奇。虚縻果安在乎。况召买即抵后次正数。以致时常缺乏。迟误船工。免扣留而增派数。两利之道也。

客问治道去其太甚。乃尽举而更张之。何如。

职应之曰。船政之害。岂特不调之琴瑟而已乎。势穷理极。而犹欲以补褊救弊之法行之。祗益弊耳。况不费斗粟。不劳壹人。顺民之欲。而竭吾之才。所惊者。庸人之见。而所伤者。奸人之心耳。是亦安足计也。即今群小侧目。中伤万端。宁有讼言法之不善者乎。且事体相聯。势不容已。譬如栋础既更。则榱题椽壁。自须一一修理。当事始知之。

客问左右之毁。古人所惊。鼠穴尽塞。哲王攸戒。顾事未底绩。而先裁革冒滥。杜塞利窦。以惊奸宄之心。何如。

职应之曰。事以钱粮为急。会计钱粮。不得不先于此也。其更调各夫。寓节省之术也。其尽塞诸弊。慰各夫之心也。各夫方以减快船为疑。又以调工食为疑。而使支领之困。犹夫前日。则止见其可疑。而未见其为利矣。故通融支放。遇差即给。领木无费。出则无追。查盘无弊。使众心共信曰。即有裁减。此犹足以胜彼。故纾徐以观吾之成。及其工食既增。前弊又革。然后益信新法之为便矣。且预处壹年钱粮。以给新募水夫之工食。使本年所纳丁银。皆供下年之用。则可以稽其完欠。而行欠银领船之禁。以束缚之。不然。随纳随支。事亦无可稽查矣。凡职为此。宁顾一身之利害哉。

客问事主于节省矣。乃工食反增。而商人之料价。船甲之等则。不闻议减。何如。

职应之曰。此其所以为节省也。凡节省者。在汰其縻财之人。与塞其为奸之窦而已。若工食料价等则之类。必更从优。而后可以行其节省。况议减乎。减之。则后日之害。从兹始矣。识治体者。当自辨之。

客问半差互有增减。而底薪类多从重。何如。

职应之曰。半差事体。原不相同。故酌量而增减之。船之损坏。多由工料草率。故稍重底薪。使知所警耳。至于事出非常者。则悉仍其旧矣。非黄河之内。未有漂没无迹者。失火必延及同䑸。遇水火大变。运官钱粮。不能独存。即回南空船。亦必有同䑸保结。是则不可不辨耳。

客问长差较之短差。多守伍月。而多领官银柒两陆钱。则每月计银壹两伍钱耳。乃不满壹月者。追银叁两。何如。

职应之曰。因其久候。故拨好差。又多给官银。而竟复早归。是以名为市也。且人皆效尤。如立法之意何。不陪追。奚以示惩哉。

客问长差不守候者。既陪追以示惩矣。乃未及到京者。又止照数追偿。何如。

职应之曰。船不抵京。非各甲意也。势无可奈何耳。且有半差底薪之征矣。而复法外陪追。人将何以堪其命乎。

客问长差原于上下半年。差官查验。而今陆续拨发。不复差官。恐船不听守。难于查验。何如。

职应之曰。此事前后得失。揭帖已明。往第无加之意者耳次序循环。数常不乏。勘合查限。权在北司。乃掌握之内。不自凭。而凭一差官之力哉。向来差官。其虚文与实事。可考镜已。长差之船。依期守候者有几。若北司先期发回。又岂差官所能制也。参将卯酉横多事耳。免朔望之卯酉。而查回南之勘合。岂非法简而弊自除者乎。

客问此举蠲免者以千计。节省者以万计。而苏息者至不可算。乃楂柴锱铢之细。仍前追扣。何如。

职应之曰。事惟求其至当。奚论多寡。法惟求其无弊。奚论人已。积逋难完。则蠲免。滥用无度。则节省。人不堪命。则苏息。楂柴之在各甲。原不为苦。而又公用所需。有其因之。何必于免。且留此足为后人宽恤之地。必欲使恩自已出。而使后来者无所措手。非至公为国之心也。

客问节年拖欠出则等项银两。自万历捌年以前。查免共伍百余金矣。今又自未编丁以前所欠。并未完年例而尽蠲之。似于滥免。何如。

职应之曰。见查一切未完。共肆千叁百余两。半系出则而半系年例。往之年例。即今之丁银也。每年新派丁银壹万伍千两。而又可复追其夙负乎。出则之多。皆由积弊所致。往年追呼四出。其解部者几何。徒为委官利耳。自职立查扣之法。既无丝毫拖欠。立总单之法。又无丝毫出则。自嘉靖年间。通查至今。连前题免。及今未完。仅共贰千伍百余金。此皆向来所未有也。民间力既不堪。而部中事已更始。徒忍不能决。何欤。

客问新甲多给银伍两。似于滥予。何如。

职应之曰。省也。非滥也。亦势不得已也。例贰年壹差。光年收粮。即领工食。今新甲方苦于畏难。而使一概给领。无以示恩。故各夫工食。皆临差之年开支。而独赏小甲。则彼视之为分外之获。而欣然应役矣。实省银壹万陆百陆拾伍两伍钱。而非为壹千贰拾伍金之滥予也。小人愚而势不得已也。夫役之利颇饶。惟以得充为幸。鼓新甲之志。而未尝伤各夫之心。是又与克减为节省者。不可同年而语矣。

客问变审力。减船数。于祖宗之制何如。

职应之曰。马快贰船。原系进征之具。国初仍其便。而用之以进贡。非谓进贡所用。分马快二船也。且国初马船用夫。而快船用军。养其身而后用其力。未尝累及于无辜。自变为审力。而累及于无辜之军余。始非二祖之制矣。凡今所行。政以善述二祖之事也。大小马船。原捌百柒拾壹只。减而至于肆百肆拾只。快平船原捌百只。减而至于伍百只。减船非自今日始也。且昔者快船减。而差数加增。则军困仍旧。马船减而工食仍旧。则夫困益增。今易审力而为雇募。则军困尽苏。计差数而增工食。则夫力不困。故曰今之减。与昔之减异矣。且事皆奉旨。非小臣所擅行也。

客问此书不早刻。以安人心。何如。

职应之曰。是难言也。快船之户拾万。散居千里。马船之夫捌千。共聚一方。贰百年之积习。纠缠棼错。数千人之怨望。鼓惑诪张。若早刻此书。则奸点者且造为无端。而指其瑕缪。荧惑人心。益在于此。一事不妥。则百谪交萃。身辱而事偾矣。故职常面语诸人曰。使法不便者。即集众廷欣。当虚心以改。然后人情无恐。而吾乃随机酌量之。故令出则行。而邪说莫动。然后笔之于书。以垂永久。此书未成之时。夜卧何曾帖席也。篝灯拥衾。穷思达旦。有所得。则起书片纸。粘之壁间。四壁皆满。夫示之以一毫无所著。而出之使一定不可移。真凛凛乎。朽索之驭也。只今头顾。毵毵白矣。

客问小人不利者。恐有变更。何如。

职应之曰。此必不能。盖充夫趋利者万人。聚不可散。苏息避害者拾万。散不复来。且自古议法。未有纯乎无弊者。惟利多而害少。则从之及其既弊。辄为人所借口。乃若此法。则有利而无害。数年之后。输纳之计益便。而小人之心渐平矣。

客问派丁贫军充夫。恐预措包封不便。且充夫为丁银之助。而极贫者未必尽得。各船亦未必尽均。何如。

职应之曰。包封许扣支库内工食。何忧其不便。职于快船人投夫词状。先尽其贫不派丁者。次尽其丁数最少者。又剂量各船人数。亦可谓尽心焉耳矣。但贫军不下数万。而夫缺不及壹千。且赴告者又多不齐。其贫者不尽得。而船数不尽均固也。然拾年之内。丁银有缺。许于充夫人酌补。下次造册。许其量方增丁。各船丁银。又许以羡补不足则贫人无不蒙其庇。而其事未始不均矣。盖充夫者。在壹船。则为壹船之利。在伍百船。则为伍百船之利。不但壹人之私也。谚云。同船共命。正谓此耳。

客问快船派丁人充夫者。混拨大小马船。何如。

职应之曰。马快平船。事同一体。必使夫无分别而后事始合一。故快船之夫。先尽马船旧册夫余。而快船人丁。拨充马船夫役。彼此浑然。并无分别。方成一体之义。不然。分船分夫。恐终成两家。数拾年后。未免有意外之弊矣。此长虑却顾之心也。

客问应募者市人耳。既非祖役。又无丁银。册末拨船不及。即宜停罢。而复留之听补。似于姑息。且使旧册夫余。急不得补。何如。

职应之曰。此亦所谓事机。而未尝不出于至公也。快船先尽旧册夫余。凡壹千余名。今应募候缺者。不及壹千。而又系马快两船兼用。是犹不足以偿其半也。且外无可用之人。则人将制我。下多待命之众。则我可制人。去年江济招募新夫。人言内有老弱者。请职督察之。职咲而不答。乃叁日数足。而旧夫贴然。即此意也。夫事所难者。一时之人情耳。徐察而潜消之。则柒寸之管可定矣。

客问快船以流离颠沛之苦。而改为征银。又以拾万余金之费。而止派壹万伍千两。今又使之投充水夫。既除其害。而又增其利。毋乃仁之过乎。

职应之曰。父毋之于子也。所以保护而抚爱之。岂有限量哉。经曰。若保赤子。又曰。抚士卒如婴儿。力苟可为。何嫌于过。且独不念此辈贰百年之苦。又他人所未有乎。古云。成大事者不惜小费。不计小害。又云一劳而永逸。今无一劳而有永逸。无小害而有大利。无小费而有大省。而顾谓仁不可过。乃靳之而弗为乎。

客问分定职掌。恐议其僭。何如。

职应之曰。源清则事简。事简则弊除。且往以船政为苦差。畀之新任者。职守茫然。而业已告代矣。后系注选。事干责成。而犹可泄泄如故乎。曩者傅堂翁灼见事体。欲为职建一分司。而职不可。终不以身图縻公帑。人惟患官之或旷司。业非长子孙。宁复藉曹事为重轻哉。

客问船政事。往者皆言欲为壹分之赐而不可得。乃今乐利至此。且人之所必不为。而独为之。岂将以自见乎。

职应之曰。以自见为疑。则奉公者沮矣。职之抵留都驾曹也。曾未匝岁。而快船军丁。所报自尽。及举室流离。逼鬻妻女。折卖房屋者。业已数拾。每一念之。寝食俱废。苟可以救庸计其他。且始之寤。请欲恩出于上。而人之不我知也。继之草疏。以时当摄篆。而职之不可诿也。终之任事。以奉有明旨。而义之不可辞也。若身创其议。而委劳于人。非惟人不能堪。亦恐意见不同。反至偾事。则将以前言为妄矣。职不足惜。如堂翁何。士君子修身砥行。随事效忠凡以求慊吾心而已藉一节以希有闻。下士所深耻。而职乃愿之乎。

卷四 · 虑后

因革缓急。前后异宜。或在今不可遽行。而在后所当损益者。敢殚愚衷。敬贻忠告。【凡六条】

一快船丁银。已极轻省。而本职所以计计之者。又极周悉。恐拾年之后。生计日蕃。未免为他差人所忌。而卫所乐于纷扰。略一扳动。则渐致荡然矣。故今特题奉旨。永不许别差扳扰。后之贤者。如遇别差告扳。须念此辈贰百年困累之苦。又念吾党三载经理之劳。坚守成规。毋为轻动。是省事安民。纯心为国之道也。

一快船之人。既不许别差扳扯。则亦不可自扯别差之人。倘有事故。只应在本船内。照例处补。不可告入空闲余丁。虽奉本司批查者。亦须备查并无别差粘带。方与执结入册。如贪多轻入。反为别差人所借口矣。语曰。安分者享福□谓此也。其投丁充夫之例。已经停止。断不可复开。今不早投者。后悔当无及矣。

一充夫之利。惟城中人知之。而江北则向所不识也。见今城中快船人丁。投充水夫者已多。拾年之后。将无不投充者矣。江北人。终不惯此。恐法外之利。尽为城中所擅。非大公之心也。清审之时。如江北丁力消乏。不能足前叁拾两之数。而又无充水夫者。会而通之。亦在后之君子。

一收解日久。必至于多收秤耗。卫官日久。必至于差使收解。由是收解卫官。相倚为奸。而指称科派之弊出矣。防微杜渐。蚤拆弊萌。后来者。不可不加之意也。

一朝廷差使。非臣子所能必。万一上供日益。拾年伍差而不足。则有楂柴包封贴接叁事。可以渐议。盖楂柴之扣。已为算尽于秋毫。故宽一分。则民受一分之赐。而各夫又有包封之助。即旧职掌所刊。自备工食银若干两者。是也若本部全数实给。则各夫免出包封。较之往日。所省几半。差虽多而人不以为苦矣。旧例小甲临差。告领贴接银长差拾肆两。短差陆两肆钱。于此量增。则无赔报之患。包封各夫之所费。贴接小甲之所资。一免一增。夫甲各蒙其惠矣。然小人贪得无穷。国家钱粮有限。使拾年不过伍差。或偶有增益。而不为常例者。慎勿轻议。诎国计以市私恩此人臣之大戒也。万一时势异常。转运不给。虽议三事。而人犹不堪则酌量增造。照例募夫嗟乎。此非忠臣所忍言也。

一快船所编银两。已为极轻。初职面语派丁甲役。令将极贫之人。俱免编派。而各甲计较锱铢。忍不能割。恐此辈完纳违期。未免贻累收解。后遇造册之年。必须会同收解。酌量明白。如果极贫。而又非正军。及充水夫者。不若通开免派项下。而丁银派增有力之家。则所增者。不过分厘。而贫人安其养。收解省其劳矣。夫有力之家。未有不充收解者。此正所以自为耳。然智者当自辨官司固不得而强之也。

卷四·纪事【凡二十条】

此事幸而获成。实非鄙劣所能办也。庙堂主持于上。堂翁保护于下。而职因得以竣事。否则事未成。而祸先及矣。人情事体。聊记于后。

一船差关于上供。人情沿于积习。从群小之怨。以拂中贵之心。便须将利害赞毁。一切置之度外。人生未免有情。亦复谁能堪此。

一各厂把总。及掌印指挥。其间贤而宣力者。盖有之矣。至以妨已见恶者。则甚多也。若中贵前站经手。各所委官。及修造委官。各船总甲。厂卫识字。商人。铺户。牙保吏书班随门皂。及各衙门听事各役。积年包揽。放债富家。皆所不便。盖船政系留都弊薮。奸宄之所藏。每年蠹鱼其间者。不下万人。而一旦尽□之。宁无鞅鞅。且黄船之编审修造差拨。经该衙门凡六七。一应官役。及包揽射利之人。亦复不少。惟恐快船事成。则黄船得以比例。成否所关。独职一身而已。小人之心。何所不至。

一此法之行。实快船人户之福。然其间有力者。向多夤缘交结。或窜入衙门。并未有充前役者。今一概编丁。不以为德。而反以为累者。亦或有之矣。

一人心类不知足。留都玩愒成风。向者领船一年。类费一二百金。又不免于风波劳役之苦。今有止派丁银一二两。而复央求减免。至动声色者。收解即系小甲。盖已十省其九。而又有欲并收解而俱免者。造收解贻累之说。而簧鼓愚人。预造募夫册。所以安旧夫之心也。而惟利是趋之徒辄欲将所报夫数。预收粮银。一有不从。即閧然论说。曾不计钱粮之所从出。彼皆所称蒙恩者也。而尚如此。他可知矣。

一肆拾余卫。于小□大小官员动以千计。而又皆其心之所甚不欲。郎署威令孰与抚按。武弁志操。孰与有司。举刺之旨。适以增其疑忌而已。

一凡举大事者。未有不用钱粮。而左右或乘之以为利。故亦乐于从事。今惟以心思计虑。塞人利孔于笔札之间。承委应役者。昼夜勤劳。而无锱铢之利。积年当事者。机巧尽绝。而罕衣食之资。欲其奋发效劳。胡可得也。

一奸人市利。巧为鼓簧。即如调船之法。极为便民。乃初行之始。委官哗然以为厉下。而各甲亦称不便。即职亦自疑之矣。及各甲正身。赴部告明。至欲拳殴前告者。而始知前告者为包揽也。盖拆造。则委官有分例银拾两。而包揽乘之以棓克耳。如此之类。岂能尽数。

一非常之原。黎民惧焉。如裁减快船之命甫下。而未见实际。人孰知增马船之银也。补夫之禁方严。而忽行批收。人孰知安旧夫之心也。既经召募。而未即开粮。人孰知钱粮之有会计也。及至著船。又先著旧役。人孰知事体之有惯否也。快船之名。人所共畏。孰知新法之无碍也。各夫之船。向自相传。孰知更调之有利也。天下皆以编丁为扰。孰知入册之为福也。快船愚氏。日用而不知。马船众夫。怀疑而未定。左右鼓惑之于上。卫所沮挠之于下。群奸扇动之于外。是可指顾而定乎。

一派征银两。曾不及所用十分之三。未免主于节省。即委曲调度。自使人无失所。而小人胸中有物。未事先疑。千人一心。百端挠沮。积弊如此之久。事体如此之难。头绪如此之烦。地方如此之广。人户如此之众。行法者一人。而挠法者数千百十。掣肘苦心。岂口舌所能尽哉。

一诸弊积习二百年。而卫官才识有限。即日者以派丁事。一官带数人来见。与所行条格。茫然不合。职诘之曰。如此。则须加派银若干。却更困之矣。此官即回顾其人。言曰。部司分付加派银若干。其人亦应声而出。急追而细告之。方顿首曰。卫官言向不如此。问何以不观部示。曰。目不识字。嗟乎。利其行者皆愚民。而利其败者皆奸宄。奸足以沮法。而才不能奉法。欲法之行难矣。

一船政厅旧所司者。竹头木屑之细而已。又皆受成于正郎。今事当更始。规模之所肇。而反使副贰为之。一切卷籍。皆非司存。又本厅止书手贰人。诸事素未谙习。乃呈请堂翁。批借正司书手。使之承行其事。宽猛之间。将何以为政耶。

一黄船原非职掌。而黄船众甲。欲职越爼而治焉职出疏稿示之曰。已为若附题得旨。转行该衙门矣。但职掌则不可越也。小人不惟不感。而反生怨。又忌快船之独逸也。恶其成而幸其败。岂叔季之世。人情固如此乎。

一人心不同。有如其面。群小沮挠无怪矣。快船人户。惟恐一日之不行而意指殊归。异论蜂起。职于是大会父老。及衣冠之士于朝天宫。令其各陈所见极言无隐。□议既毕。而职乃出袖中稿遍示之。要皆稿中之绪余也。于是始无敢议法者。不然几何而不为道傍之谋哉。

一旧例快平船拾年壹次编审。新船应于万历拾柒年为始初拟拾肆年行事。至拾柒年可以成功。未及查见存旧□之数也既题之后。方查船数。向因内臣越例多讨。多用壹年。故傅堂翁复题。当以拾陆年为始。已甚促矣。不意朝廷忽有额外之供。旧船一时拨尽。空悬两年。计船约伍陆百只。旧法既不可复行。而新法又方在酬酢。将欲已之。则业已奉旨。将欲亟之。则人尽茫然。况时当大计。奸徒睥睨。乃以叁月之间。而成叁年之事。变贰百年之法。而安拾万人之心。忧疑劳苦。岂笔舌能尽也。

一职至愚极□。素非处世之才。而血指汗颜。强效铅刀之割众已诧其不量矣。且更张之初。人怀疑信。而都会之地。法难必行。即如丁银有多寡。收粮有先后。充夫有去取。收解有出入。调船有高下。拨差有美恶。一派丁也。始则本差之人尚。用计以避。既则别差之人。且用计而来。一收夫也。始则食粮之人。声言欲出。既则合京之众。无不愿投。本户充夫。以为输纳之助也。始焉出示晓谕。则疑其累而莫应。既焉夫册已定。复知其利而求充。分船定田。使总差使之事也奸点者。众所共摈。而彼则求充。谨厚者。众所共推。而彼则求脱。此辈株连蔓引。惯事夤缘。关节应酬。日无宁晷。而成败所关。难以曲徇。即人皆相谅。亦恐遂成落落之名矣。

一旧因船号。夫籍。银数。错乱不齐。莫能综核。故收夫补粮等为细事。游人色役。辄自请求。求者既志有所凭。予者复势无所靳。相沿日久。习以为常。今一切清楚丝毫皆有会计。而此辈一不如意。便起戎心。耳可得而闻。口不可得而言者。又不知其凡几也。

一事当更始。百务棼纭。左右近习。能保其无作奸犯科者。故不得操之以严。吾以为社鼠之祛。而彼固以为渊鱼之察矣。

一江济先募新夫。盖救时之一策耳。当时惟恐其不来。乃人心鼓动。争先入册。至有以楮笔遗该卫官识者。而人或病职不行督责之术。嗟乎。投夫之人。所谓以耳视者也。方旧夫哗然欲散之时。而使新夫至损资以求入。转移之机。言何容易。乃官识刀锥之细。而一切督责。使之无乐于此。则彼将倡言沮散。恐新夫裹足而逝。旧夫复脱巾而起矣。然委官贤否。自不能逃于岁终之去留。盖叁尺未尝不在。而其事则人所未晓。其机又不可以语人。故曰难也。

一中官未知典故。以快船审甲。为国初事也。偶因验装。会于公所。见其衣领之式。谩问之曰。内庭制如此乎。诸珰竞云。此圣祖旧制也。请君亦改之。职曰。吾所改者。正谓其变圣祖之制者耳。因备为道状。群珰语塞。

一新法政在汹汹。而朝庭忽有额外之供。一最无状者。趋谓中珰曰。旧船先期且尽。新船安能遽办。况今不便者。方各为计。此法必不成。俟船不应差时。借阻乏上供为名。彼无死所矣。职若弗知者。即堂翁前。亦不相闻。盖恐闻而气阻。则群小得以测其机耳。惟昼夜经理。委曲调度。乃至旧船尽时。新船已蚤备矣。将拨之先。密询守备大珰之亲信者。使以事势利害。反复晓谕。大珰感悟。已复白傅堂翁。备陈更张之故。及所以折难之词。乞往谕大珰。以坚其心。傅翁慨然命驾。悉如职言大珰唯唯。次日乃拨新船。又次日而领差中珰。往见大珰。欲集众诣职。论辩而后行。大珰叱之曰。若何为者。京军久不堪命。一旦思变。祸且不测部司今日所为。是福我也。且事事奉旨。款款周详。若将何以措其词耶。若即往。彼岂畏若等者。速退。无贾祸。吾不与若等事也。自是群珰始帖然矣。

卷四·解怼

此法之行。上益国家。下济军民。盖人人称庆。而怨怼之人。则亦已多矣故各为词以解之。并记于此。【凡十四条】

一中贵分例。快船多而马船少。故俗名马半边。谓其止得快船之半也。今皆减少。岂能什然。不知近年以来。快船之人。皆雇觅棍徒。或中途脱逃。或损坏船只。反将人命。告赖内官者。屡屡有之可以诈骗者。十不二三。则欲求半边而不可得反不如今之为妥也。且廷臣宫臣。俱当以君父之念为念。皇上爱恤军民。廷臣竭力经理。而宫臣可专图索诈乎。又闻中贵多供佛求福。又岂可苦剥穷军。以造来生罪业耶若谓旧例不可变。则请复国初佥军驾运克日到京之制。

一裁革委官六十二员。每员随伴人等。各不下拾余人动以千计。又革江济食粮总识伴当柒拾陆名。又革各卫识字贰百余名。此辈每年阴蠹何止万金。贰百年利窟。一旦塞之。亦人情所不堪也。然人生天地间。何往不可自食。而必于船事乎。各官如有才能。别处自可委用。各役若能守分。别处亦可资生。必吮咀穷军之膏血。是何无策之甚乎。今各官皆痛恨不已职则以为未必非福也。盖造修委宫。原无上进之路。其捐赀钻求。以图委用者。志在得财耳。然部司每年考劾去留。常有不足以酬其所费者。即幸留用。而厂卫之科派。上官之差遣。科房之需索。钱縻于酒食。用陪于仆从。常见委官。皆衣冠不备。未闻其有肥家润身者也。即别无委用。而优游世禄。岂不更为媮快耶。

一卫所之于快船。犹其良田之负廓者也。岁望其入。以资百用。而今皆无望。能不怏怏。然各官世受国恩。不能勉图报效。而徒剥削穷军以为利。是尚谓有人心乎。且往者部司有比较之烦。各军有反噬之毒。今上下恬然。岂不快也。况宗族亲戚。累于快船者甚多。徒以一己之微利。而不忘亲族之积患耶。料贤者必辩于此矣。

一各厂把总及委官。以修造买木为利。今皆减少。以为不便固也。然把总官阶亦尊。选择而使。宜以事简无误为乐。岂宜计微利以自苦。若委官尚得留用。视之裁革者。相去何如。正宜益加勉旃。恪守职业。安得更起怨尤。为他人所笑乎。

一快船书办。缺银数百。此外凡在车驾司者。亦一二百金。合司皂隶。顶首银皆六十余金。所倚者。船政也。而今皆无望。宜其怨矣。然尔等独不为子孙计乎。使快船之害不除尔等今日倚此以克剥穷军。后世子孙当有为人所克剥者。快船之害既除。尔等今日无横财。子孙亦无横祸矣。谚云。公门好修行。此语尤有意味。书办仅足资生。皂隶皆有工食。是亦足矣。必欲快意以积罪业乎。世曾见公门人非义之财。有能成家受用者耶。

一各衙门人役。向皆窜名夫籍。空蠹官钱。莫可究诘。而今一切清汰。又听事多者减银贰两伍钱。少者减银伍钱。而本司四厅皂隶。因不提大马船。恐工食无措。疑怨交至。诚所宜然。独不思朝廷钱粮。原非尔等应得之物也。岂可以不得冒滥为恨耶。听事人役。向虽工食数多。然事体未妥。今则永久不变矣。且优游衙门。视之修船出差者。相去何啻倍蓰。试增尔之银。而使之当差。尔其愿之乎。要之充夫已擅船中之利。听事尤擅夫中之利者也。尔辈岂不自知。若四厅皂隶工食。悉为议处。更得实支视前日为较胜矣。

一前站经手。向视快船小甲。如杌上之肉。恣其噬啖。而无复顾忌。今皆不可得。其恨固宜。然尔等不耕不织。窜入中贵之门。凭藉凶顽。肆为非法。不知恶业既重。天殃必深。且人生勤动终年。衣食尚不能给。尔等鲜衣美食。扬扬人前。亦既足矣。乃犹无厌。必至于大祸临身而后悔乎。

一各处商人贩卖杉木油麻。辄以衙门为外帑。货不论美恶。价不论高底。但求一律要人情。郎尽数收买。从高定价。牙保铺户。相倚为利。而今乃一洗而清之。能不切齿。然以有易无。因本生息。是古今常道。未有无故縻官钱以市私恩者也今所清理者。非亏尔等之本。而困尔之生也。应用则收买。应买则予直。视之市价。犹或赢焉。且需索刁难之弊。业已尽洗。尔辈如有贸易。视前为更便矣。

一富家巨室。及书库有力之人。向多预借夫银。临放扣息。岁得子钱无算。今弊窦已绝。宁无恨心。然人生自有本等经营。未有使人借债。而自图其息者也。尔等家有赢钱。他道皆可以生息。放私债而扣官银。独不闻律例乎。

一快船有力者。向多夤缘交结。或窜入衙门。未经编有差使。今一概派丁。宜其不以为德也。然今派丁者。即壹人拾丁。岁不过出银叁两。若以交结。所费宁止于此。而且时时有四顾之虑。乃今则高枕矣。窜入衙门。冀免者差患耳。今所派甚微。而且世世无患。以彼较此。不相天渊矣乎。

一各船包揽之徒。衣食所藉。今船既裁减。而夫皆雇募。资身若无策矣。然船虽减。而每年差数不缺。见今召募水夫。即可投充。且他人充夫者。又皆转雇惯识风水之人。则尔辈仍可往也。在今日。则利本不失。而在后日。则子孙世世。永无扳差之患。此正尔辈之福。而反怨望耶。若曰。往日包揽。政欲为躲闪翻覆之计。以肆诈害。此则杀人干货之心。而可以不得遂为恨乎。

一快黄船差。向同患害。今快船在春台之上。而黄船尚在水火之中。尔等未尝学问。忌成幸败。固情所宜然官各有守。非其职而题请。已贾群小之怨矣。又岂能越俎而治之乎。且黄船之数。不及快船之拾壹。而人情事体。难易较然。快船事成于前。则黄船可仿于后。况已经题请。必无独寝之理。正宜共为休戚。宁可遽分两家。但快船之害。人人所同。而黄船则独累帮甲。正甲反藉为利。故间有为两可之说者。此在尔等。宜良知之。

一各省直解宫解户。是积书保家之鱼肉也。一日而革保家陆拾余名。使书手空劳于笔札。心非巷议。情固宜然。但职之意。则以为最宜革者。莫如工料分司之弊役也。盖别役诈人而取其财。犹为有所事事。工料之完欠在正官。于解役何与。千里而来。无端召保。内则书手。外则保家。扶同恐赫。刁难挟诈。而官司故示迟留。以为群小之资。此何为者哉。

一各役所借年例银柒百余两。事经多年。而册籍已渐埋灭。此皆视之为囊中物。而一旦查还。库子工食。又经裁减。似乎不堪矣。独不念侵盗有重律乎。使后终发觉。则尔等当何如。今还其本无之银。而免其应有之罪。犹为未厌耶。南京库役。无不夤缘投充。未闻有粮赏工食者也。肆年之内。壹年应役。有粮赏。有工食。叁年空闲。止无工食。而尚有粮赏。滥耶。俭耶。尔等肯以工食之减。遂弃之不充。而甘心于船差否乎。

卷四·黄船续集【黄船已奉钦依而莫之或行故台中复有疏请】

南京陕西道监察御史臣陈奇谋。谨奏为留都船政新成。人心鼓舞。乞遵明旨。扩仁恩。以隆圣治事。窃惟更化善治者。帝王经世之术。因事效力者。人臣报国之忠。是故□有明圣之君。则下有忠恳之士。上有辨贤之典。则下有任事之臣。自古百职熙而世治康。率由此道也。留都根本重地。而军卫十居其八。二百年来。流离颠沛。而势不可支者。则船差之为害而已矣。臣奉命巡视京营。又直验装船只。故于军人船差事。知之颇详。而又知其系于国家者甚重。要之快船患害为最。而黄船则当其十一焉。然人有众寡。害有大小。而莫非皇上之赤子也。但快船审甲造修拨差。皆由南京兵部。黄船则审甲由兵科。造修由工部。而拨差由外守备。查得先该南京兵部右侍郎顾章志。奏为特陈京军最要疾苦。恳乞圣恩。亟赐苏息。以溥德意。以召天和事。要将快船更改。而黄船则转行该衙门。一体行事。该兵部覆题。奉圣旨。各卫快平船只小甲。既苦累京军。这免审编银及减省船只等项俱依拟。钦此纶音甫下。凡积害望苏之众。真如大旱之望云雨。而缙绅之士。则相顾吐舌。以为事之极难。而成之必不易者。随该原任南京兵部尚书傅。特举其所属主事倪涷。坐名题请。专任责成。是时监局官员。千般恐吓。厂卫员役。百计阻挠前后左右。伺间动摇。市棍积猾。生情簸弄。此臣等耳所闻。目所见也。又快船与马船相兼拨差。事须悉行更始。而规模制度之间。动辄窒碍。至其积习之敝。多端尤为掣肘。乃本官以身承之殚精毕虑。甫逾壹载。事已就绪。见今群小无所逞其谋。监局无所藉其口。自都城而外。以及于庐。凤。淮。扬。邳。滁。和。泗。太平。安庆。镇江。柒府肆州之地。凡隶军卫之家。无不焚香吁天。荷皇上好生之德。父老至有泣下者。此其为船政之良法。可知也臣按京营。见往年抽掣军丁。已多归伍。及查拨船。又见出差船只。视昔更便。臣又面会原任南京兵部尚书李。今任尚书阴。询其会计银米之数。佥言视旧更为节省。然则天下无难事。亦有志者竟成耳。今黄船之数。不过快船之十一。况与别船。不相干涉。其间事体。则人人能言之矣。所称难易。岂特千百之一二哉。且监局之意已平。上下之谋已惬。在快船有已成之规。而黄船切奚后之怨。又先经题奉钦依。因势而利导之。未有便于此者也。今各甲投控各衙门。欲照快船事例。奔走街衢。哀号涕泗。而曾无一人肯任其事者。往云视快船之成败。以为行止。今快船成效如此。而又奚视耶。推其所由。盖以利害劳逸之间。人所顾避。而因托词于事权之不一耳。查得监局官员。讨取黄船。皆移兵部。该部酌定船数。转行外守备照拨。而季终又系兵部奏报。则外守备之拨差。本无关系。而弊则由此以生。是不若归并兵部。自拨自报之为便也。其余事体以钱粮为重。而造修钱粮。原出工部。岂宜自诿。合无责令堂上官。推司属之贤而有才者壹员。坐名题请。专董其事。一应事例。悉照快船。其审甲一节。仍听部科会议归一。果有因革异宜。不妨随机酌量。事成之日。准与纪录。量行优叙。毋使任劳任事之臣。反出优游自逸之后。则事有专责。而人怀劝心矣。夫此船政之敝。乃贰百余年之积习。而军卫至拾余万户之纷纭。倪涑才一建议。其事即应手而成。况今迹其已行之绪。而补其未行之缺。势固甚便。且事系一体。亦安得举甲而遗乙。利此而弃彼也。不然快船已尽苏息。而黄船困累如前。臣复不言。岂所以仰承皇上无不覆帱之仁哉。伏乞敕下兵部。再加查访。如果臣言不谬。复议上请。恭候命下。备咨南京工部将黄船事宜。悉听经理。仍选司属之才贤者壹员。专董其事。功成之日。准与纪录。量行优叙。更乞天语。严戒监局官员。以后出差。不许贪图小利。需索各船水夫分例。以致贫人受困。则善政可垂于不朽。而圣治益隆于无疆矣。缘系留都船政新成。人心鼓舞。乞遵明旨。扩仁恩。以隆圣治事理。未敢擅便。谨具奏闻。

奉圣旨。兵部看了来说。钦此。

兵部为留都船政新成。人心鼓舞。乞遵明旨。扩仁恩。以隆圣治事。该本部题车驾清吏司案呈奉本部送兵科抄出南京陕西道监察御史陈奇谋奏【云云】奉圣旨兵部看了来说钦此钦遵。抄出到部送司卷查原行事理相同案呈到部。看得南京陕西道御史陈奇谋奏称快船审甲造修拨差。皆由南京兵部。黄船则审甲田兵科。造修由工部。而拨差由外守备。今快船既经题奉钦依。委官专理。苏息京军。已有成效。黄船小甲。欲照快船事例。归并兵部。自拨自报。其造修钱粮。原出工部。责令堂上官坐名题请司属官一员。专董其事。一应事例。悉照快船。而惟于审甲。则仍听部科会议。并戒出差各监局官员。不许需索船甲分例。以苏黄船困累。各一节。为照船政之积弊已久。军困已极。黄快二船。名虽不同。而事体则一。今快船既经题奉明旨。专任经理。已有成绩。独黄船尚称困累。委应议处。所据南京陕西道御史陈击其弊。条议前来。欲因已行之绪。而补未行之缺。诚一体恤军之意。但事在彼中。遽难定拟。应行查议。合候命下。本部移咨南京兵部。会同工部。备查黄船之拨。向由于外守备者。有无关系。据奏弊由此生。何以禁革。若兵部归并差拨。工部专官造修。审甲部科会议。果否长便。将奏内事情。逐一会议停妥务在酌量经久可行径自具奏。以凭覆请定夺施行等因。万历十五年八月二十三日本部尚书王等具题本月二十五日奉圣旨是。钦此钦遵。抄出到部送司。案呈到部。拟合就行。为此合咨前去。烦为查照本部题奉钦依内事理。钦遵施行。须至咨者。

南京兵部尚书臣阴等谨题为留都船政新成人心鼓舞乞遵□旨□仁恩以隆圣治事。车驾清吏司案呈奉本部送准兵部咨【云云】到部送司。奉此理合案呈施行等因到部。该臣查得南京马快平船。共玖百肆拾只。已尽更张。而扁小黄船。止肆拾陆只。尚未经理。先该原任本部尚书傅李欲行而未果。及臣初至本部亦欲议题而未发者。诚以职掌所关。不可得而越耳。备查黄船职掌。造修属南京工部。而审甲拨差。皆属外守备。后因审甲弊多。至历柒年。该南京兵科给事中王良心奏将审甲听该科会同御史壹员。转行应天府江防厅。编审造册。而拨差一节。仍由外守备。顾勲府重臣。势难亲理。而一切员役。沿习为奸。正如御史陈奇谋所称拨差虽无关系。而弊则由此以生者也。先该本部原任右侍郎顾奏为特陈京军最要疾苦。恳乞圣恩。亟赐苏息。以溥德意。以召天和事。乞将快船审甲改为丁银。而黄船则转行该衙门。一体行事。奉旨钦依。复该原任本部尚书傅题委□议主事倪涑。专任责成。将马快平船。通行经理。见已完妥。黄船各甲。因苦于衙门之多。而又见快船之便。具告通状。并诉各该衙门。求并于本部船政分司。但工部原有注选黄船主事壹员。职系专管。故御史陈奇谋题乞归并于工部者。盖遵职掌。体民情之至意也。该臣会同南京工部署部事南京户部右侍郎方弘靖。南京兵科给事中杜麋。议得审甲改为编银。则派编者。兵科职也。而催征银两。该科又难于兼理。黄船既有注选则修造者。工部事也。而调度官军。该部亦有所不便。至于各甲。皆愿比照快船事例而中间事势亦难尽同快船每只工食米价。通计应派银贰百余两。而今所派止叁拾两者。则因马快船只数多。而事又归一。故得以通融调度。清查节省。使之足用。黄船数少。而事又分属。则通融查省。将安所施况快船泫驾。止用夫壹拾陆名。而黄船比之则多肆名。若通船雇募。银米之费。计贰百伍拾余两且快船造修。皆出官帑。而黄船修理。则系旗甲。尚须加派数拾金。是安可尽同也。今准南京工部咨称据甲役何汝泮等。肆拾余名呈称自愿每年纳银叁千余两。则每船该银柒拾两矣。然快船派银叁拾两。犹惧其不能完纳。黄船所派。复欲增于一倍之外。恐民力不堪。他日之虞更大也。诏臣等委曲调停。图于必济。除将派编丁银仍听兵利。造修船只尽归工部外。其催征之事。则本部义不敢诿。并调度军夫。节省银两。臣已通行该司。复议处分停妥。大都派征之数。每船止伍拾两。共银贰千叁百两而有余。应役之人。亦已取具认状文册在卷。缘事体烦琐。敬陈为十款。开列具题。伏乞圣裁。敕下兵部。再加复议上请。恭候命下。移咨到臣。转行各该衙门。一体钦遵施行。则臣等幸甚。军民幸甚。缘系留都船政新成。人心踧舞。乞遵明旨。扩仁恩。以隆圣治。及奉钦依。会议停妥。务在酌量经久可行。径自具奏。以凭覆请定夺事理。臣等未敢擅便。为此开款具本。专差千户顾英选。赍捧谨题。请旨。

计开

一曰分大小黄船之差。照得黄船原有大小贰项。大黄船壹拾伍只。拾年伍差。岁计柒差有半。不为烦苦。而每船原有驾军叁拾名。无佥补余丁之害。故今皆仍愿照旧。不在更张数内。所更张者止小黄船肆拾陆只耳。但彼此混淆。以致奸徒作弊不可缕指。若将杠柜轻差。专属大黄船又减去半差。每年止差柒次。则既任其轻。又乐其简。大黄船军役。皆忻然感悦。而小黄船亦不受其所混矣。如后遇有额外加差。则小黄船加过叁次。大黄船方加壹次。乃为适均。伏乞圣裁。

二曰减太常寺官之差。照得小黄船差使。向称拾年捌次者。盖因经管员役。扶同作弊。贿放奸富之家。而将各卫正军。及佥补余丁。暗行差拨。其应役者。但总计拾年之内。出差捌次相沿日久。竟莫觉其弊端之所在耳。今该本部备查奏报卷内。每年内守备贰拾捌差。太常寺柒差。共叁拾伍差。除大黄船柒差外。止余贰拾捌差。则肆拾陆船。拾年止陆差有零耳。又查得太常寺。雪梨。香橙。茭白。甘蔗。肆差。名虽由船。管差者常恐违限。例于前途起旱。极称不便。今该寺差官。皆项即于南京由陆。若每差加给路费银壹拾两。则既获长途之资。而又免违限之患。是肆差者。故可减也。见存贰拾肆差。而以肆拾陆船。分为贰班。则每年贰拾叁只。止少船壹只耳。于拾年伍差之外。通融轮拨所增无几。而人皆乐为之役矣。伏乞圣裁。

三曰减驾船之军额。照得小黄船驾运。旧例每船用正甲壹名。军余壹拾玖名。然往以各甲朋当。故多壹人。则增壹八之补贴。今皆用银雇募。故少壹役。则省壹役之工资。备查本船轻重。与马快船相同。止用壹拾陆人。已有余裕。况旧用贰拾人。而拾年捌差。今用拾陆人。而拾年止有伍差。视昔更为轻便。是财既可省。人亦不病其劳矣。伏乞圣裁。

四曰处原驾之正军。照得驾船人数虽减。而以壹船拾陆名论之雇募之直。所缺尚多。备查各卫有原驾小黄船食粮正军。共贰百捌拾名。向皆免其差操。每月纳银贰钱。交委官收贮。名为备用。而实则乾没。今若尽雇外夫。而使此辈出办丁银。则每年不过派银贰两肆钱。莫若将各军匀开分隶各船之内。照船轮差。免其丁银。则所免者少。所省者多矣。差回免其月银。悉发寄操。照例休息。是各军免于纳银。委官无所乾没。而营伍不致空虚。非一举而三利者乎。于中又择其年力相称者壹人。为军头。本部给付批单壹张。使之约束各军。查检什物。此壹军者。仍岁加工食银肆两。常川免操。则统率得人。而劳逸有辨矣。见取各军认状在卷。如出差之年。偶遇米贱。许照运军事例。将月粮壹半。及所加行粮。俱支折色。则小人尤感德易使。而在官固不费之惠也。伏乞圣裁。

五曰会计行粮之数。照得正军以本役。而免其丁银。减其差数。固翕然应命矣。然用人之道。必使其资给优裕。而后法行可久也。备查小黄船旧例。每只正甲军余。共贰拾名。计船肆拾陆□□共玖百贰拾名。每名遇差。支行粮陆斗。合无再加玖斗。共壹石伍斗。使其月粮足以安家。行粮足以自给。则往返无内顾之忧矣。然向以甲余玖百贰拾名。各支陆斗。而拾年捌次。共肆千肆百壹拾陆石。今止以正军贰百捌拾名。各支壹石伍斗。而拾年伍次。共贰千壹百石。军利几于叁倍。而公廪所省。则过半矣。伏乞圣裁。

六曰酌量应募之直。照得各船正军处之诚无容议矣然每船所派。仅仅陆柒名耳。此外当募者尚多也。使欲如快船之例。尽募外夫。将何以给。伏惟国家。定鼎燕台。而东南贡运。多用操军者。神谋远虑万世所当法也。修举而整饬之。岂特为贡事之利已乎。大黄船每只。用正军叁拾名。悉出水军左卫。今水军右卫。军数相同。比例用之。义无不可。各船如遇出差。即于水军右卫操军。扣数拨用。各军原有月粮。不必再给。但每名给工食肆两亦免行粮。业已争先应命。取认状文册在卷矣。盖快船召募外夫。不得不厚。黄船即用食粮正军。可以从轻。差回一体拨操。原无旷役。遇差方给工食。亦无滥与。固不必泥快船之法。而贻不给之忧也。伏乞圣裁。

七曰议接船之银。照得各军出差。固皆称便矣。但钱入人手。虽良民不免妄用。而况贫军乎。使厚其往。而不虑其回。非长策也。备查马快平船。将回之时。皆有官接银两。合无照例。每差议增官接银壹拾两。给军头收领。以备本船回南公费。而募军工食肆两之内。亦扣存壹两。于回时补给。则不惟前后往来。皆无缺乏。而即有奸狡之徒。亦顾其后而不敢肆矣。伏乞圣裁。

八曰议修理之费。照得工部黄船职掌。开拾年成造壹次。日久相沿。止管成造。而一切修理。皆各军自办。积困非一日矣。然该部储蓄。已渐空虚。而若欲使之尽出于官。其力恐有所不给也。今调剂之间。已多节省。即于征完贰千叁百两之内。扣银叁百伍拾两。助该部修理之费。见在船肆拾陆只。两年更番。岁修壹半。通融裒益。绰有余饶。倘更不足。即照该部咨开抽分木植。及地租银内。量加赔补。则不加赋而用自足矣。伏乞圣裁。

九曰派编应照快船。照得先据各甲。告称每船愿派银柒拾两。然若驾船尽用募夫。尚不足雇直叁分之壹。今调度节省。通计雇募。修理。接船。及太常寺道官路费。止编伍拾两而已足矣。但先因审甲。有正户帮户之不同。是差有重轻。法宜详慎。故必行应天府江防厅会同该卫编审。方送科道。会同参酌。今已改为编银矣。止是各役自相派认。该卫亦无所容其私。况编派与催征相关。若再行别委。恐反致借口互异。合无悉照快船事例。径行该卫。召集原认旧役。公同派报。取具各役。及收解结状。造册壹本。各先呈送兵科。参酌停妥。复送船政分司。填注由票。庶事简而人便矣。伏乞圣裁。

十曰拨差应并兵部。照得审甲改为编银。拨差已无他弊矣。但各衙门取讨黄船。皆行文本部。查定只数。转行外守备点拨。而本部季报。又转行该衙门查明附奏。往反多端。深为不便。合无照御史陈奇谋所请。归并本部船政分司。将见在船只照前议派定军头管领。具造书册。遇差序拨。季终一并奏闻。其黄船厂官。亦径由本部选补。则事简而权一矣。已上处分。已颇周悉。至于一切条约。款目尚多。难以一一渎烦天听。本部见有船政事例书册。开载甚详。虽黄船事简。不及马快平船之百一。然其间。事有相类者。所宜悉照施行。务在省事安民。厘奸革弊。输纳者。自丁银之外。无复他扰应差者。自驾运之外。无复他劳。则良法永垂于不朽。而圣治益隆于无疆矣。伏乞圣裁。

兵部为留都船政新成。人心鼓舞。乞遵明旨。扩仁恩。以隆圣治事。该本部题车驾清吏司案呈。奉本部送兵科抄出南京兵部尚书阴等题前事等因。奉圣旨兵部知道钦此钦遵。抄出到部送司。案呈到部。看得船差之为旗甲害也久矣。赔累已极。势不可支。迩者快船尽数更张。大惬来苏之望。而黄船独未经理。不无向隅之悲。今据尚书阴等。因御史陈所条陈者。会同各该衙门。覆行酌议。条为拾款。具题前来。其间体恤军甲。剂量事情。委曲详尽。得行之永久而无所阻挠。则船政一新。圣恩普洽。凡此军卫积困之众。尽如赤子而衽席之矣。相应开立前件。议拟覆请。恭候命下。本部移咨南京兵部。转行各该衙门。一体钦遵施行等因。万历拾陆年叁月初陆日。本部尚书王等具题。本月初捌日奉圣旨。黄船轮差。还著南京兵部。会同守备衙门。照次定拨。不许纵容下人。需索阻挠。其余俱依议行。以苏京军疲困钦此钦遵。抄出到部送司。案呈到部。拟合就行。为此合咨前去。烦为查照本部题。奉钦依内事理。钦遵施行。须至咨者。

计开

一曰分太小黄船之差

前件臣等看得黄船既有大小。拨差亦当分属。若彼此混淆。奸弊滋起。据议前因。诚为有见。相应依拟。合无咨行该部。查将大黄船壹拾伍只。专拨杠柜轻差。每年柒次。而小黄船则分属别差。不使相混。其额外加差者。必小船加过叁次。大船方加壹次。务要苦乐适均。不至推诿误事。伏乞圣裁。

二曰减太常寺官之差

前件臣等看得公差既有定数。则拨船当有定次。经管员役。乃一向暗行差拨。作弊多端。委非事体。据议欲除大黄船柒差外。其余贰拾捌差。减去太常寺肆差。将小黄船肆拾陆只。分为两班。通融为两年壹差之法。永杜其拾年捌差之弊。相应依拟。合无咨行该部。查将雪梨。香橙。茭白。甘蔗。肆差委官。加给路费银拾两。径于南京起旱。免拨船只。而以轮年贰拾叁只之船。听拨贰拾肆差之用。外少壹只。挨次拨补。要之人乐为役。自经久可行。伏乞圣裁。

三曰减驾船之军额

前件臣等看得驾船军数之多少。一视船只之轻重。况用银雇募。与朋当不同。尤宜从省。据议应减名数。无非节用至计。相应依拟。合无咨行该部。照马快船例。每黄船止用军壹拾陆名。毋再多募。财既可省。人亦乐从。伏乞圣裁。

四曰处原驾之正军

前件臣等看得国家养军。在体恤其情。以备一时差遣。非为月银丁银也。若有军不用。而令之纳银。雇募外夫。委为未便。据议欲以原驾正军。分隶各船。照船轮差。差回发操。诚所谓一举而三利也。合无咨行该部。将各军悉依原议调度。而月银丁银。概免输纳。仍立军头壹名。岁加工食肆两。常川免操。使约束众军。查检物件。各军如出差之年。偶遇米贱。将月粮一半。与外加行粮。俱支折色。以恤其私。庶几悦以使民。民忘其劳矣。伏乞圣裁。

五曰会计行粮之数

前件臣等看得小黄船军甲。每名支粮陆斗。此旧例也。但远涉风波。军有饥色。资给不赡。内顾是忧。据议欲为增给行粮。无非体恤至意。相应依拟。合无咨行该部。每军于陆斗之外。再加玖斗。使资用优裕。往返无忧。且向也军多而拾年捌次。虽支陆斗。而费至肆千肆百余石。今也军少而拾年伍次。则虽加玖斗。而仅用贰千壹百石。是名增而实减。虽惠而不费矣。伏乞圣裁。

六曰酌量应募之直

前件臣等看得贡运用军。为虑实远。水军拨用。有例可行。今计每船正军。仅陆柒名。则欲足壹拾陆名之数。不容不募。而外夫之募。又苦计费之难。据议欲将水军右卫。比例差拨。诚通融调度之法。应如所议施行。惟用水军右卫之军。未有的数。见今应命承认者。如系常直船役。则应藉有定名。如或轮流差拨。则应约为定次。其出差之时。止给募直银肆两。不给行粮。差回即发收操。仍听该部审察而酌行之。盖初募以所本无之役。则宜预体其所永便之情。伏乞圣裁。

七曰议接船之银

前件臣等看得驾运官军。当使往来足用。若厚其往而不虑其回。委非其策也。据议欲增处银两。量扣工食。于回时接济补给。其于人情。曲而尽矣。相应依拟。合无咨行该部。准照马快船例。每差增官接银拾两。扣工食银壹两。给各军头收领以备本船回南公费。则往来俱无缺乏。而贫军之利赖不浅矣。伏乞圣裁。

八曰议修理之费

前件臣等看得修理船只。本当给以官银。向乃责诸各军自办。赔累久矣。据议欲将原征银内。扣剩助工部修理之费。其余听另项处补。诚所谓不加赋而用自足者。相应依拟。合无咨行该部。于征完贰千叁百两内。扣银叁百伍拾两。解发工部。将见在应用船只。每年更番。岁修壹半。倘更不足。不妨于抽分木植。及地租银内。量行处补。伏乞圣裁。

九曰派编应照快船

前件臣等看得黄船旧审正户帮户。故事繁而委官亦多。今既改为编银。则无庸纷纷别委矣。据议欲照快船事例。径行该卫。使各役自相派认。诚为简便。相应依拟。合无咨行该部。以后每船派银伍拾两。止令各该卫。召集原认旧役。公同派报。取具册结。送兵科酌议停妥。该部分司。填注由票。照数催征。毋得再行别委。以滋烦扰。伏乞圣裁。

十曰拨差应并兵部

前件臣等看得黄马快船。本同一体。季报点拨。本为一事。据议欲照御史陈奇谋所请。将黄船归并该部。自拨自报。而黄船厂官。亦由该部径自选补。盖所以一事权。而祛积弊也。相应依拟。合无咨行该部。将见在黄船。俱听差拨。仍照马快船例。填给勘合。议定限期到京。赴本部投放以便稽查。黄船厂官。亦由该部。径自选补。□□□□船政□□一体施行。伏乞圣裁。

龙江船厂志[①]

卷一·训典志

在昔盛时上有道揆涣为谟训下有法守陈为典常故百工厘而庶绩凝所以率之者有具也河滨之器罔有苦窳神圣所风默而成之太上立德由此其选矣文告肇兴防范斯密明征保定与治同归逮我皇祖开基殪汉蹙吴率舟楫是资首建专局用司厥务神谟所存利用不匮垂裕无疆列圣嗣兴乘时损益凡以羽翼旧章而已易爻之秘彖象莫殚系传乃行此成规所为附见也百工之所信者将于是乎在乃志训典

谟训

洪武□年制

昔圣人也朴民俗亦厚制不饰华六曹之设内工官居数中之一耳其所司之工者皆无异伎国无奇役然而公务虽简其成也必精其废也必当一举而无再为一废而无复造所以民逸者多劳者少因是而官贤称君圣德今之人受职任事则又不然矣凡临事之际必因公而役私因私以弊上于国则不利于民为害是以神人共怒祸及身家往往有之未尝有福臻而愆消者也然罪者已往存者复为是不隔禽兽也所以古人重其事而选人在福民之福固国以奉天地是以前贤能体君心而以务事工得家保而国昌今朕设工部实法古制特以尔某为工部某官当敬事信工无弊上下咸合汝贞良哉

宣德三年敕

朕惟工部掌天下百工山泽之政令度民力因地利天时以成国家之务夫天地生人虽有贵贱之分而好逸恶劳情无不同过用人力则不堪命惟以身体人用人之力如己力斯民不病焉国家用度皆出于民过用于上必过取于下财匮民贫何以为国惟以身体国用民之财如己出斯财不竭焉凡所举作审度缓急为之节制以息民力以纾国用斯为良哉古者役民于农隙当思用之以时古者山林辟泽有厉禁当思用之有制今天下工匠数倍祖宗之世而畏避卜逸者日多当思抚绥安养之道至若屯田水利之政皆有成法比年因循废弛罔闻实效当思兴举作新之方尔其懋哉夫侈用伤财掊克之端厉民循欲敛怨之阶书曰民为邦本本固邦宁节财所以爱民爱民所以爱国臣之职以道事君尚率尔属惟公惟清辅予于治庶几明良相成之美尔惟钦哉故谕

嘉靖六年旨

访得南京进贡船只起数甚多管运内官廉靖守法者固有贪刻害人者不无沿途多索人夫勒要折乾银两不遂所欲动辄搜求甚至殴打职官绑缚夫役里河一带俱被其害甚非朝廷恤民之意便著兵部行南京内外守备查进贡起数可省则省可并则并如起数系定额难以省并装运之时照例著科道兵部官监视务要尽船装载不许多拨听其夹带私货搭人索钱其管运内官务选老成安静的去凡奸贪刻剥好生事端之人俱不许差遣都察院还出榜禁约人夫照例上水二十名下水十名各用廪给口粮俱照关文应付敢有似前多索夫役措要折乾银两生事害民的抚按巡河兵备等官将本船为首一人拿与被害之人对问明白干碍应参官员指实具奏

按舟楫之务冬官之一端耳然敬事信工节财爱民则无异道焉窃尝伏读仰窥我祖宗及皇上惓惓之意惟欲损上益下俾家国俱昌公私并利以臻至治而已至于洞察留都贡献船只之扰民并省从约严禁运官谆谆不已如此其节爱盛心即虞廷咨吁交儆之义何以加焉方今造船者能无成之不精废之不当因公营私病国而害民乎侈用伤财厉民狥欲而不知以身体国乎拨船者其有不稽厥实多与以滋夹带之弊乎圣灵孔赫国典于昭有一于此知不免矣书曰率作兴事慎乃宪钦哉屡省乃成诗曰王之荩臣无念尔祖敬揭首卷相与佩服焉

① 〔明〕李昭祥撰。据《玄览堂丛书续集》本,参校江苏古籍出版社"江苏地方文献丛书"版(王亮功校点)。

典章

诸司职掌　凡在京并沿海去处每岁海运辽东粮储船只每年一次修理其各卫征战风快船只等项若缺少损坏当修理者务要会计木钉灰油麻藤及所用工具依数拨用如有不敷亦当预为规画或令军民采办或就客商收买或外处拨支审度利便定拟奏闻行下龙江提举司计料明白行移各库放支物料其工程对象照依料例文册然后兴工如或新造海运船只须要度量产木各便地方差人打造其风快小船就京打造者亦须依例计造木料等项就于各场库支拨若内外有船只务要周知其数设或需索运用酌量劳逸多寡拨与其各河泊所带办鱼油鳔每岁催督进纳备用

大明律　凡造作不如法者笞四十若造军器不如法者笞五十若不堪用及应改造者各并计所损财物及所费工钱重者坐赃论其应供奉御用之物加二等工匠各以所由为罪局官减工匠一等提调官吏又减局官一等并均陪物价工钱还官

又凡造作局院头目工匠多破物料入已者计赃以监守自盗论追物还官局官并覆实官吏知情符同者与同罪失觉举者减三等罪止杖一百

会典　国初造黄船制有大小皆为御用之物至洪熙元年计叁拾柒只正统十一年计贰拾伍只常以十只留京师河下听用成化八年本部奏准照快船事例定限五年一修十年成造其停泊去处常用厂房苫盖军夫看守

又新江口战船永乐五年额设一百三十一只宣德以后增至三百一十九只至成化十年堪操者止一百四十只拆卸未造内三四百料者俱改造二百料快船

又洪武初置江淮济川二卫马快船及南京锦衣卫等风快船以备水军进征之用既建北京遂专以运送郊庙香帛上供品物军需器仗及听候差遣俱属南京兵部掌管

又永乐五年改造海运船二百四十九只备使西洋诸国

正统七年令南京造遮洋船三百五十只给官军由海道运粮赴蓟州等仓

又登州卫每年装送花布钞锭原设海船一百只正统间止存三十一只

职掌条例　凡修造战巡等船先年本部札委司属官一员前去龙江提举司督造正德十三年本部会议题准注选本司主事一员驻扎管理

又凡留京预备黄船一十只例该五年一修十年一造如遇该修造之年官军领驾咨送本部札付督造主事督同提举司官吏匠作料计合用物料会有者行龙江抽分竹木局等衙门关支会无者行拘上江二县铺户买办给作修造遵照钦限完工仍付原差官军领驾料价支芦课工食支班匠银两

又南京各卫永乐年间额设大黄船二十四只内渡江并千料远年朽烂在坞不堪修造船九只止有一十五只又设小黄船三十六只俱照例五年一修十年一造先年该修理者就行督造上事并提举司官吏匠作会办修理结申到部奏行工部转行本部覆查明白奏奉钦依然后改造

正德十四年该南京外守备衙门题准今后大小黄船例该改造者南京工部委官覆勘明白即便会计工料奏行本部转行成造不必覆查回奏其会有会无物料工价俱同前

又嘉靖七年咨送到预备黄船伍只内三只该修舱者系是楠木内二只该改造者系是川杉等木本部差官赍价四路收买绝无川杉木植题奉圣旨这船只既限斯紧急准暂用楠木改造钦此【以上黄船例】

又新江口战船原额一百七十八只划船三十七只三板船三十只巡船九十只

正德九年奏添哨船一百只造完九十七只除正德十五年行取四十只赴京见在五十七只通共三百九十七只该五年一修十年一造

先年修理物料以五分为率官出三分军出二分

成化二十三年南京内外守备题称会同南京工部议得巡船冲冒风浪易于损坏比之战船不同除修理战船仍照原拟事例遵行外其见今及以后巡船并在船浮动什物但遇损坏俱行南京工部支给官料修理如各官军不行看守用心撑驾以致不久损坏并遗失器具者痛加惩治追陪等因

工部覆奏备行本部从公查照如果前项巡船曾经会议相应修理别无违碍就将该用物料查会关支采办仍委官一员严督龙江提举司官吏匠作及南京中军都督府差拨官军同原船旗军相兼用工如或本部虽经会议事

有窒碍者宜从径自奏请定夺等因到部时本部右府郎黄因曾经会议不复奏请即将战巡等船概与出料修理自后各船官军不复出办

弘治十六年本部因料价不敷题准将改造战巡等船会无物料分派直隶苏松等一十二府广和二州征解应用其匠作工食系修理者本司随宜斟定系改造者定立则例榜示俱于班匠银内支给

又嘉靖七年为议处重大事宜请圣裁以裨修省事南京礼礼等衙门条陈内一严点闸减修造以纾财用据督造船只主事方鹏呈称本职督造新江口战巡等船四百只每船一只成造费银二百余两修理亦不下五十余两例约五年一修十年一造动费料银数万两切见船之所以速于修造者其弊在于撑驾官军视为官物不加爱惜及将随船什物私相借贷以致易坏故耳合无比照先年题准正阳等门查点军器事例本部委官时临泊船处所点闸及将前船十只编作一帮每日轮流一军看守等因

该工部覆看得前项处置甚切时弊相应依拟但事干兵务恐非工属一官所宜独任又一月二次点闸不无烦琐合无添差兵部委官一员公同兵科给事中一员每遇季终会同点闸如有官军不行爱惜抛弃揺损及将随船什物私相借贷轻则责令陪修重则公同参究提问其编帮轮守之规亦依所议施行仍每季终取具管船官军不致遗失损坏结状查较如此则法令既严而战具常完修造亦有节矣

奉圣旨是依拟行钦此

又嘉靖十三年为条陈操巡急务以修职业以靖江洋事该操江兼管巡江南京都察院右副都御史潘题称新江口战船见在两班止用一百二十二只余船无军领驾置之无用欲于一百二十二只之外添存二十八只共凑作一百五十只外再欲将原船改造轻浅利便船五十只共定作二百只发营驾操其余船只俱要除革等因该本部修造战船虽系本部职掌其应添应减事体例系兵部掌行本部难以议拟复咨兵部议处去后今该前因通查案呈到部臣等看得南京兵部尚书刘龙等议开操江都御史潘所奏裁革新江口战巡等船事情与先年南京工部右侍郎何塘所奏大略相同但船料大小船只名色各异操演取用之际亦各有所宜必须斟酌应用多寡量为去留要将四百料战座船量留二只二百料者量留三十八只一百五十料者十二只一百料者十六只三板船十一只划船十五只浮桥船王只哨船三十只共一百五十只就将见堪用者存留应造应修者照数补完其余不堪应用船只木料发回提举司改造轻浅利便船务合式样大小适中可以遇风可以容众便于撑驾者五十只共二百只比与本官原奏减数目相同及仍要遵照旧例修造一节为照前项船只既经南京各官会同议处事体已为允当相应依拟合候命下本部一咨兵部转行南京兵部将前项战巡等船悉依原议大小名色照数存留并修造二百只其余船只尽行裁革一行南京工部查照旧例照依年限修造其该管官员务要严督造作如法不许板薄钉稀仍令领驾各军小心爱惜若不及年限损坏者照例责令看守之人陪修还官如此则船非虚设财无妄费江防不弛而警急有备矣

奉圣旨是钦此【以上战巡船例】

又后湖额设接座船二只平船一十只该三年一小修六年一大修十年改造南京光禄寺掌醢署额有供应打鱼船二只在金水河采补鱼鲜五年一修十年一造工料出办与黄船同【以上湖船渔船例】

又凡山东登州卫海船原设一百只

正统十三年减免八十二只止造一十八只岁拨五只装运青登莱三府花布钞锭一十二万余匹斤前去辽东赏军余船湾泊海滨以备海寇

弘治十六年山东巡抚都御史奏减四只其十四只分派湖广江西各四只就彼成造浙江福建各三只每只解银五千两赴部买料成造

正德四年为遭风损坏官船事题准不必打造今后各布政司每三年征价解部三府花布准收折色

正德五年户部奏准仍复打造

嘉靖三年本部尚书崔议得海船之设本为装运花布防御海寇今花布已收折色若资此以为战舰恐遇风则奔驰莫止临阵则重大难旋等因奏行查覆

奉圣旨是海船工程依拟停止今后各布政司不许科派扰民钦此【以上海船例】

又嘉靖四年为修武备以固畿甸事南京内外守备衙门题准铸造佛朗机铜铳六副打造蜈蚣船一只查系广东按察使汪鋐奏有佛朗机番船长十丈阔三丈两傍驾橹四十枝周围置铳三四管底尖面平不畏风浪人立之处

用板捍蔽不畏矢石每船二百人撑驾橹多人众无风可以疾走各铳举发弹落如雨所向无敌号曰蜈蚣船其铳管用铜铸造大者千余斤中者五百余斤小者一百五十斤每铳一管用提铳四把以铁为之弹丸内用铁外用铅其火药制法与中国异铳一举发远可百余丈木石犯之皆碎自古铳之猛烈无出其右是年行取到广东船匠梁亚洪等三名发提举司先行料造蜈蚣船一只长七丈五尺阔一丈六尺及南京兵仗局铸铭朗机铳六副给发新江口官军领驾操演【以上蜈蚣船例】

又南京各卫快船额设七百八十八只

宣德十年奏准每船物料以十分为率官给六分军余自备四分中府委官于造船厂督造

弘治十年该南京兵部奏准改造快船一只南京工部给银七十两本部出草场地租银二十两本船钉板算银十两共一百两本部委官督造

正德十二年又该南京兵部奏行会议原给银一百两不敷成造南京工部添银二十两兵部添银一十两其底船不许变卖存留改造扁浅船装载芦柴等用除去板钉银一十两每船共银一百二十两每年成造六只

嘉靖元年又该南京兵部车驾司奏议每船一只兵工二部各加银一十五两共银一百五十两每年成造一十二只

嘉靖四年又该南京兵部议处底船为照每年成造快船小甲陪补不下百两所有底船因仍丢弃诚为可惜今后快船听差二三年委果损坏覆查明白即将钉板估计价值内徐十两资助本船打造工食余价定三分南京工部坐二分兵部坐一分于该给银内各自扣除作数兵部复议所卖底船必须会同南京工部差委该司经管官员眼同验估责付本船小甲变卖不必按定年限挨次成造容行兵部会同本部议处施行

又嘉靖八年南京兵部为会议重大事宜请圣裁以裨修省事题准内开修船费多会同南京工部查议得旧例成造快船一只该料价银一百五十两其底船临期看估扣算但人得那移或生弊骗且官须会勘未免后时合无比照漕运底船事例每只定作银二十两外给官银一百三十两今奉钦依岁造四十只除底船外每年共享官银五千二百两宜酌量各衙门钱粮广狭以定分数合无以二千五百两坐派南京户部于北新关商税余银内支给以一千六百二十两坐派南京工部于芦课银内支给以一千零八十两坐派南京兵部于缺官及扣剩柴薪银内支给其户工二部银两听兵部每年于正月内支取过部以便应用间有遭遇风水漂流损坏底船难拘定数临时扣算不在二十两之限所造船式合查复旧稍从浅狭使易于撑驾牵挽奸人不得多揽装载以缓行船甲不至添陪工料以受累且又便江防之用不失立名风快之初意至造船之时兵工二部各委主事督同该厂把总指挥等官照依时价收买船料立限成造务使官钱费有所归船只坚而可久【以上快船例】

按修造快船兵部司之而海船蜈蚣废亦久矣略之可也然会督之责协济之费犹属本部且遗制遂泯亦稽古者所憾也故附录之以示存羊之意云

成规

凡事体遵行已久卷籍可稽而未经奏请或虽经奏请而条例所不载者不敢混入别为成规附录于后以便检阅

一扁浅黄船卷查专为进贡荐新之用先二百料扁浅船三十只成化二十三年俱因朽烂拆卸停造正德十四年外守备衙门会议大船沿途阁浅不便题咨到部议处先料船十只造完给与南京锦衣等卫小甲领驾工料比小黄船间有多寡

一添设哨船卷查嘉靖十二年大胜关备申兵部转行本部札付提举司照哨船式成造发该司领驾巡逻工料如例出给

一抽分座船嘉靖九年以前原系龙江抽分竹木局打造嘉靖十四年始送提举司修理至嘉靖二十三年送司改造遂为定例

一计料船只凡遇该修造黄船由外守备战巡船由操江各该衙门移文本部一行督造主事一行龙江提举司相勘应否督造主事吊查卷簿果及年限看验委系破坏取具提举司官吏匠作不扶结状呈报本部复委都水司会勘是实札行料计【近年不复会勘止是督造主事勘报】提督司开具工料揭帖送督造主事酌定发回誊写呈堂

准发都水司案呈将合用竹木等料行抽分委官查会抽有者谓之会有无者谓之会无查会至日应修者札行督造主事及龙江提举司将会有者关支会无者收买兴工工完呈报仍行提举司将用过物料造册一申本部一申督造分司各查照若改造者具题候旨工部移咨至日方得委官兴工

一解领船只凡战巡船该修造者该营批差千户或百户解泊桥外投批督造分司行委提举司官吏查照本船点单将船上浮动什物逐一点齐如船身破坏者查原造文卷点完板片方准开桥放入随禀督造主事亲临覆验无欠仍令驾船军士将应改造者拆卸堆垛方给批回修造完日呈报本部移文原发衙门差官各具印信领状领驾督造主事后委官查照本船点单点齐交割官军领驾赴营澡江衙门委官躧看有无坚固

嘉靖三十一年操江衙门移咨本部内开查验造完战船八只渗漏要待重修等因该主事李照得造船虽十分完固者守不慎阁浅撞岸不日可破前船八只俱经督同各官人等眼同验过出厂到营未久岂遂渗漏彼此推误终致误事深为未便合于船完之日呈报本部移咨操江衙门委官前来厂前与本部委官眼同验看如式方始领驾如有前弊退回重修经管匠作如法究治到营之后不拘久近但有损坏责有攸归具呈本部准行遵守以为定规

一会支物料凡修造合用楠杉等料抽分场局会有者都水司案奉本部札行该局知会提举司差经管匠作具印信领状赴虞衡司关领勘合赴抽分分司挂号发局查对无差出给查同仍赴抽分分司告领准票前赴该场支领到厂查验明白给作领用

嘉靖二十年带管督造主事沈启查得会有木植向来文移止分大次根数并无围圆长短领者发者但凭见数关支节该领到楠木中有空烂湾小及照两关与提举司相离一十余里彼此授受原无记号又无围长丈尺数里之间木商辐辏匠作通同以小易大何从稽考况原料丈尺有限若料大用小不无破费之欺若料小而用大难免包陪之累及查黄船小甲所领每盈所估之数战巡船所领多系不堪之材该局不无轻重之弊议欲会查之时就将根数围长丈尺核实开报照数派拨委官并提举司对验相同方许印烙支出赴厂验实给用等因具呈本部准立定规札付各委官并龙江瓦屑二局龙江提举司查照施行

一收买物料凡会无物料俱督造主事拘招商铺照数买办丈量秤验明白发提举收贮待用其铺商随各具到状三纸告标纳过数目一存照一封送都水司查明印记一发提举司出给印信实收申部都水司案呈移付屯田司估价商铺亲自赴库关支

又嘉靖二十六年奉部札为乞恩悯察亏苦因时估价以苏商困事据商人杨纪等通状告称本部造船所买楠木价比兵部减少二部相邻事同一体乞赐吊查定立规则超活商民等因到部行委司厅会同四司官会议得本部木价虽比兵部略少但本部围尺比之兵部每尺短少五分照尺折算价之盈缩相去不远相应悉照兵部围尺铸造铜尺一样二根一留都水司备照一发提举司较定遵守价值亦照兵部支给札仰该司官吏将发下铜尺收贮遵行

又嘉靖二十九年该本部尚书潘看得兵部原议船政书册内楠木照围计价自围叁尺起其叁尺以下者不曾开载虽照铜尺围量仍依时估算价至今遵行

又嘉靖三十一年为申明旧制裁弊安民事该本部尚书潘题各衙门买办木植遵照旧规著令编定坐地铺行领价买用凡经过行商抽分完日给票照行不许拘留抑买及近年内外木作类多虚张尺数责有于无收小作大而钉铁灰朱等料率候委官回齐一并支价似为淹滞以致商铺屡称赔累今后应总给者总给应截支者截支其拘留折买减价齐给重估覆料等弊尽行裁革等因该工部覆奏钦依通行遵守于是行商坐贾各有定业矣但各工之用木无涯铺行之产业有限而截支之令卒亦未见施行窃恐将来铺行之告病殆有甚于行商者矣当事者可不预为之支计乎

又嘉靖三十二年该本部尚书孙公看得围量本植原无一定之规人易为弊备行督造主事李昭祥查议得楠木头稍俱除鼻量至五尺下箧稍围比之头围每木长一丈容其减小一寸五分以为定式如稍尖小不及此式者每小一寸折减长一尺杉木围三尺者自头除鼻量至三尺下篾二尺以下者量至二尺下篾稍围须及头围一半如尖细不及一半者不拘几尺除去不量其木价俱止照头围算给具呈本部覆行会议无异依拟遵行

一规算单板嘉靖二十三年该本部尚书宋公景因提举司修造船只所用木植率以根计大小长短无从稽核乃立单板则例【详见后】凡木悉归于板以板丈尺稽木大小长短船亦如之又行各衙门但系本部修造船只每样取驾一只前来委官逐一丈量通长深阔丈尺揭算该用单板数目每船置簿一本发仰提举司收掌修造之时按

籍求之如指诸掌公私便之

嘉靖二十八年督造主事裘衍吊取稽查偶值回禄遂成灰烬今虽检阅旧案重录成帙已非原本舛谬良多上下犹以为据而不敢少加损焉是刻舟而记剑也尝欲细加校厘未遑毕志故备记所闻以俟来者

一拆卸旧船凡船只应改造者本船钉板即充所造船料三分止给新料七分相兼取用修者每用新板换下旧板与拆卸一应不堪旧料俱收入厂入库造报本部听候变卖其修造各船木楂完头工完之日督造主事行委提举司查数发仰原管作头领卖价银解部取批回送验附卷黄船俱有定数战巡船查照旧案施行

【改造每只大黄船银伍钱小黄船银肆钱伍分修理每只大小黄船银贰钱壹分

嘉靖拾伍年造贰百料战船壹只壹百伍拾料壹只哨船贰拾只叁板船贰只划船肆只壹颗印巡船拾壹只巡沙船贰只共肆拾壹只完头叁千斤木楂壹万叁百斤

嘉靖拾陆年造巡座船壹只贰百料巡沙船壹只壹颗印巡船肆只划船叁只共玖只完头贰百斤木楂捌百斤

嘉靖拾柒年造肆百料战座船壹只完头壹百斤木楂贰百斤

嘉靖拾捌年造贰百料战船捌只完头贰千肆百斤木楂伍千贰百伍拾斤哨船拾只肆百料战座船壹只浮桥船壹只壹百料战船壹只共壹拾叁只完头壹千壹百斤木楂叁千贰百斤

嘉靖贰拾年造浮桥船肆只完头壹千斤木楂壹千捌百伍拾斤

嘉靖贰拾壹年造贰百料战船贰拾玖只完头拾千柒百斤木楂壹万捌千捌百伍拾斤

嘉靖贰拾贰年造壹百伍拾料战船拾壹只台百料拾伍只叁板船捌只划船玖只巡沙船贰只共肆拾伍只完头叁千伍百陆拾肆斤木楂柒千捌百贰拾斤

嘉靖贰拾伍年造轻浅利便船伍拾只完头伍千斤木楂捌千叁百伍拾斤

嘉靖贰拾伍年修造后湖楼平船拾贰只完头肆百斤木楂壹千叁百叁拾叁斤

嘉靖贰拾贰年造大胜关哨船贰只完头壹百斤木楂贰百贰拾斤

嘉靖贰拾叁年造抽分座船壹只完头捌拾斤木楂贰百斤

嘉靖贰拾玖年造金水河渔船贰只完头叁拾斤木楂壹百斤

修理比改造数少酌量定拟】

一变卖旧料嘉靖拾柒年为修造船只变卖木料事该龙江提举司看得累年旧料堆积朽烂具申督造主事及都水司稟堂准今变卖价银贰拾玖两陆钱贰分解部

嘉靖贰拾柒年为变卖绳索以杜卷宗事提举司通申修造各起船只换下棕麻绳索乞行变卖等因该都水司稟堂行仰该司变卖价银壹拾两贰钱伍分解部俱有批回在卷

一折征油麻嘉靖叁拾壹年为查处油麻以便成造事该督造主辜李昭祥看得提举司额管油麻田地塘埂共叁千陆百壹拾亩壹分有零岁征桐油陆千壹百贰拾伍斤黄麻壹万贰千叁百陆拾肆斤收时则麻倍于油用时则油麻相等以致油恒不足麻恒有余要将本年应征黄麻尽数折征桐油但查佃户帖内桐油每斤价银壹分柒厘黄麻每斤价银壹分叁厘算该麻壹斤肆两玖钱贰分伍厘折该油壹斤访得见今时价与此微有不同万一亏官损民法当详慎移文都水司稟堂覆行拘审铺户查照时价酌量议拟每麻壹斤捌两折征桐油壹斤案呈本部依拟施行

一格眼文簿龙江提举司掌之船完书其岁月与其号数修理改造则据而考焉及期者结申本部其未及期者则否

一关防出入本厂围墙颓缺木栅毁尽耕牧者杂于工作之间防范颇难旧例编有匠丁轮流把守一应物料非奉分司批照不许擅取出外但出入收支原无典籍汇记卷案汗漫率缘为奸嘉靖叁拾年督造主事李昭祥始立出入各壹簿不拘关支收买但物料入厂即登入簿取用之时匠作赴分司告给小票壹纸挂号出簿提举司照票验发每月终该吏将入簿送分司查对已支尽者印盖支讫二字未支者发回该司按籍稽查于是出入之数一举睫而无遁情矣

一派征船料卷查弘治十六年本部因料价不敷题准将改造战巡等船料分派直隶苏松等十二府广和二州征解应用其匠作工食修理者随宜斟定改造者定例刊榜晓示遵行【详见第七卷】

一处办杂工凡战巡船改造拆船出钉箍桶等匠该提举司移文新江口取讨在营下班军役不给工食若黄船

仍本部雇匠应役

一改造黄船原系旗甲驾送到厂交收一如战巡船例后因各军到厂不法俱改泊黄船厂坞内本部估工给料遣匠修造亦照新旧三七分数扣给不复点单查对彼此称便近时黄船仍复送厂而旗甲颇知畏惧不复似前不法矣

一后湖船只三年一小修六年一大修十年一造该湖移文本部委官诣湖估计发料修造亦照三七扣给而湖禁有入无出惟工讫告完而已

一裁革船数正德十三年裁革战巡船贰百伍拾肆只内贰百料战船柒拾柒只壹百伍拾料壹拾叁只壹百料壹拾伍只令船伍只三板船壹拾柒只划船贰拾伍只肆百料巡座船叁只贰百料巡沙船叁拾肆只壹颗印巡船叁拾只哨船叁拾只贰百料两头船贰只蜈蚣船贰只

一黄船公费预备船兴工必先祭告出水亦如之重厥事也每祭用羊豕各一提举司具申本部支官银买办仍送胙堂司及燕送船指挥后乃以随船旧旗幕变卖充用不复具申故历年皆无案卷盈缩莫稽

嘉靖三十二年提举司备申都水司及督造分司禀堂详允转行估价共得银柒两玖钱有零准充公用仍将用过数目及有无余剩申报查考

卷二·舟楫志

爰自象涣制器舟楫肇兴其来尚矣月令五反五覆乃告舟备虽崇卑广狭厥制靡传而慎重之意可想也降乃青龙赤雀铁轴牙樯名以义奇规缘时别纷乎无稽而古制日远矣我皇祖开基备物制用职掌一书巨细毕举独舟楫之制旷焉不垂后有作者将奚考衷焉矧以备巡幸则等威攸章以供荐献则孝敬攸寓以固江防则武备攸饬尤所不容忽者哉乃括提举司之所修造者类而为五曰黄曰战曰巡曰渔曰湖是已黄船之别有四战巡船之别各有七湖船之别有二渔船则无异制焉呜呼器数并陈法象兼著是亦足以补职掌之遗备一代之典矣乃志舟楫

制额

北京预备黄船壹拾只

叁百料肆只内

通州左卫贰只　通州右卫壹只　神武中卫壹只

肆百料陆只内

通州右卫贰只　定边卫贰只　神武中卫贰只

南京大黄船壹拾伍只【嘉靖拾捌年将贰只改作香膳船】

叁百料伍只　肆百料拾只【俱南京水军左卫旗军领驾】

南京小黄船叁拾陆只

贰百料柒只　壹百伍拾料柒只　壹百料捌只　壹百贰拾料拾只　玖拾伍料壹只　捌拾伍料叁只

金吾前卫壹只　金吾后卫壹只　锦衣卫叁只　旗手卫壹只　龙江左卫伍只　龙江右卫壹只　江阴卫伍只　横海卫壹只　留守右卫壹只　留守后卫壹只　广洋卫伍只　和阳卫贰只　水军右卫叁只　豹韬左卫壹只　龙虎左卫肆只　虎贲左卫壹只

贰百料匾浅黄船壹拾只

锦衣卫壹只　羽林卫壹只　金吾前卫壹只　金吾后卫壹只　府军左卫壹只　留守右卫壹只　留守前卫壹只　豹韬卫壹只　水军右卫壹只　鹰扬卫壹只

肆百料战座船贰只

沈阳右卫壹只　天策卫壹只

贰百料战船叁拾捌只

府军卫壹只　府军左卫贰只　府军右卫贰只　神策卫壹只　沈阳左卫壹只　沈阳右卫壹只　豹韬卫贰只　鹰扬卫壹只　天策卫贰只　留守左卫壹只　留守右卫壹只　留守中卫贰只　兴武卫壹只　金吾左

卫壹只　金吾后卫贰只　锦衣卫贰只　应天卫壹只　龙江左卫壹只　龙江右卫壹只　广洋卫贰只　龙虎卫叁只　虎贲右卫壹只　江阴卫贰只　水军左卫贰只　豹韬左卫壹只　羽林右卫壹只

壹百伍拾料战船壹拾贰只

留守左卫壹只　留守右卫壹只　留守中卫壹只　留守前卫壹只　府军后卫壹只　水军左卫壹只　水军右卫壹只　虎贲左卫壹只　龙江右卫壹只　豹韬卫壹只　江阴卫壹只　应天卫壹只

壹百料战船壹拾陆只

府军卫壹只　府军左卫壹只　府军右卫贰只　应天卫壹只　江阴卫壹只　金吾前卫壹只　鹰扬卫壹只　留守前卫壹只　豹韬卫壹只　羽林左卫壹只　天策卫贰只　龙虎卫贰只　横海卫壹只

三板船壹拾壹只

水军左卫壹只　水军右卫壹只　府军右卫壹只　金吾前卫壹只　龙江左卫壹只　应天卫壹只　虎贲左卫壹只　镇南卫壹只　旗手卫壹只　江阴卫壹只　龙虎卫壹只

划船壹拾伍只

水军左卫贰只　水军右卫壹只　虎贲左卫壹只　豹韬左卫壹只　龙虎左卫壹只　横海卫壹只　金吾后卫壹只　镇南卫壹只　神策卫壹只　旗手卫壹只　兴武卫壹只　江阴卫壹只　龙江左卫贰只

肆百料摆搭浮桥船伍只

留守中卫壹只　留守右卫壹只　留守前卫贰只　留守后卫壹只

肆百料巡座船壹只

广洋卫领驾

贰百料巡沙船伍只

留守中卫壹只　府军右卫壹只　天策卫壹只　神策卫壹只　龙虎卫壹只

贰百料壹颗印巡船壹拾伍只

留守左卫壹只　留守右卫贰只　留守前卫壹只　金吾前卫壹只　羽林左卫壹只　羽林右卫壹只　府军左卫壹只　锦衣卫壹只　江阴卫壹只　龙虎卫壹只　旗手卫贰只　水军右卫壹只　镇南卫壹只

九江式哨船壹拾肆只

水军左卫壹只　水军右卫壹只　府军右卫壹只　府军后卫壹只　龙江右卫壹只　骁骑右卫壹只　虎贲右卫壹只　龙虎卫壹只　龙骧卫壹只　旗手卫壹只　应天卫壹只　武德卫壹只　广洋卫贰只

安庆式哨船壹拾陆只

府军左卫贰只　府军卫壹只　龙江右卫壹只　水军右卫贰只　龙虎左卫壹只　龙虎卫壹只　锦衣卫壹只　留守右卫壹只　豹韬卫壹只　广洋卫壹只　江阴卫壹只　横海卫壹只

天策卫贰只

轻浅利便船伍拾只

留守左卫壹只　留守右卫贰只　府军左卫贰只　府军右卫贰只　府军后卫贰只　留守后卫叁只　水军右卫叁只　金吾左卫壹只　虎贲左卫叁只　虎贲右卫壹只　羽林左卫贰只　沈阳左卫贰只　龙江左卫壹只　龙江右卫叁只　豹韬左卫壹只　豹韬右卫贰只　龙虎左卫壹只　龙虎右卫叁只　锦衣卫壹只　横海卫壹只　应天卫壹只　骁骑右卫贰只　鹰扬卫贰只　武德卫贰只　兴武卫壹只　镇南卫壹只　广洋卫壹只　神策卫贰只

江口自造壹只样船

大胜关哨船贰只　巡检司弓兵领驾

金水河渔船贰只光禄寺掌醢署厨役领驾

后湖船壹拾贰只楼船贰只平船拾只俱水手撑驾

抽分座船壹只看船水手领驾

器数

船之制虽修短广隘不可律齐其集众材而始成一也譬诸人百骸九窍一不备则残船之器不下百数一不备则废称工秩材典司者将于是乎稽之不容以琐而略也犹医之于人察百骸洞九窍不容以小而遗也语曰室先基船先底言工有始也底有正【大船拾叁路小者递减每路长短广狭视船大小而隆杀之】有帮【初则为帮左右各壹路】辅之以栈栈必侧之为拖泥为出水为中为完口为世脚【平铺完口之上者】皆栈名也【每栈左右各壹路惟渔船无出脚无中栈】凡船必崇其尾故有插找【用板尖其一端插于各栈之尽处也】中虚则不固故托之以梁梁必衡之如屋梁也【分仓者曰座梁大船拾柒小者递减前曰提头次曰龙口次曰头桅者三次曰马口曰桅面曰落脚曰官仓者二曰靠背曰房仓者三曰断水曰灶门而又有挽脚梁线梁挑梁累梁者皆横于船面者也过梁弯梁一字梁喜鹊梁者皆架于船楼者也】左右有廡前后有楼【大船有长楼其前为卷楼左右窗槅直连稍亭皆施花板小船则唯官楼而已】里口在下侧口在上【里口在廡堂之里以承水枧锁伏侧口侧于上以承楼柱窗槅者】锁伏本同而随在异称【船面横板以蔽仓口曰锁伏在盂头者曰盂头锁伏其余仙桥长楼中路后仓等仿此】罗框虽设而因船以杀【完口之上又侧壹口为罗框上平壹板曰平盘黄船座船乃有之】拿狮伏狮其用殊也【首尾横大木曰伏狮两边侧木曰拿狮以拿伏狮也】火柜仙桥其实一也【大桅前之楼曰仙桥下置灶又名火柜】头有车罗以用武也尾有斗机以示文也【贰百料战船以木纵横架于头如车厢使用技者倚以为固座船尾一字梁下斗装花板曰斗机】桅面梁桅夹桅柏桅拴【以小木横贯桅夹之下】桅点【船面上以小木斜撑桅腰以为固】桅饼【桅顶上平置之以护朽也】桅哨竿【饼上再加哨杆】桅箍【铁为之】桅綷抱桅【皆索也】皆因桅而设者也舵巾【稍上横大板以贯舵者】舵杆舵牙【插于杆以推移】舵搭脑【承舵板者】舵板舵夹舵盘舵关【即关门棒】舵箍【铁为之】舵吊【索也】皆因舵而制者也夫桅舵二者船之要也可不至详与于是有仙人桩【立于船尾土墙尽处】仙人掌【又名七星板以贯蓬脚使不乱也】将军柱【以系缆者】草鞋底【关稍两端各压壹板】琵琶栏净瓶柱有鼠桥【官楼下梁木也】鹳嘴【门牵也】虾须【贰百料船车罗下左右各壹板挑出船前如虾之须】象鼻【座船头下之木】狗脑【黄座船左右廠堂之上再加浪槽板故用小木侧于平盘之内以承浪槽板曰狗脑】羊头【又名玲珰又曰抢车置于桅首以贯索拽蓬者】有荷叶葫芦宝珠【稍亭上之顶黄船则用金涂之】绶带【长楼左右短槅间以柱壹柱壹带】云头云角【俱刻镂为之黄船用】女墙土墙【利便船左右各列短板为卫曰女墙黄座船稍上左右侧板曰土墙】有天蓬【楼顶板】海漫【船面上用长板满覆之】护腮【左右栈板尽处各横板护之】裙板则皆因象以成名有顺水【肆百料战座船庲木外架挑梁两端各侧长板如罗框者】顺擦【黄座船头左右各架板以防擦如车罗然】推水【叁板船头博浪板直起故名】披水【船左右各垂板以便使风】有磨旗【顺水板上立柱柱端复架长板】麻力【黄座船仓内左右各以板铺满侧口之下】平基【桥船上有之】马踏【大脚跳也】千斤【挑出左右以摇橹者】当家【大船头面上横桃是也】押伏【押锁伏者】护损【战座船挑梁两端用之】有铺头铺稍关头关稍有招杆撑槁箍头照面【俱枋名】有水橛水戗【撅以止船戗以开船】水牌【船上记物件者】水枧【锁伏下过水者】有地平地脚【挨地平者】车关车耳【大船稍上起舵者也以圆木长叁尺许横之曰车关两端承之以车耳】日晒【楼上铺板】雨篛【左右蔽雨板也】则皆因用以定号橹桨异名而同用【摇者曰橹木为梭为印藤为箍铁为脚镮为丁公索为绷划者曰桨栗木为把又名八尺楠木为扇榆木为桩皮条为束】跳板异用而共名【脚跳板橹跳板】金鼓以令众唯预备船有金而战船独缺旗帜以发号唯肆百料船为多而黄船独少【预备黄船大小黄旗叁余黄船则壹而已战座船大黄旗带之外有五方旗放铳旗发放旗催橹旗共贰拾壹面贰百料船共柒面】此其损益之宜沿袭之故有不可得而知者乃若水殿檐帷等威以尊【黄船稍亭为殿形上施宝珠云角楼之左右俱有青幕】龙笛鼍鼓雅乐以具【刻龙头于笛首系以红绉大鼓之外复有仗鼓】椅卓床仗致用以周【每船有连椅贰膳卓贰屏床壹御杖贰】釜灶盒桶饍羞以慎【铁釜灶各贰膳桶肆又浴桶之类无不毕具】泥金朱彩物色以章【用器俱朱红花板云头宝珠之类俱泥金以上皆预备船余黄船无之】他如蓬篷系缆【俱以竹为之】钩管钉锔镮钗拴铰【俱以铁为之】雕銮车旋油漆垔涂凡此类者更仆数之未易终也典司者一或懵焉何以稽其工叙秩其稍食几其货贿而禁其奇邪也哉考工记亦周礼之遗也读其所以察车者轮轵轸轐尺度纤举揉直杼侔必当于用虽良工莫逾焉岂圣人之昧大体而斤斤若此哉称工秩材冬官之事守也近世学者崇艺文篾世务勾稽磨勘辄目为俗吏刓工作末技乎是篇之著委琐不遗非敢远迹古人庶几广镜将来尔矣

图式

总图二

凡量船旧用营造尺近虽照兵部尺量木而船书未改匠作亦沿故习参错难考今悉从新尺比旧每尺长五分锯板厚薄不一不能悉载每船举其底板最厚者余可类推

【预备船底厚伍寸　大黄船底厚贰寸贰分　小黄船底厚贰寸壹分　战座船底肆百料者厚贰寸捌分贰百料者厚贰寸贰分　壹百伍拾料者厚壹寸陆分　壹百料者厚壹寸陆分　轻浅利便船底厚贰寸　肆百料巡座船底厚贰寸陆分　贰百料沙船底厚壹寸玖分　摆搭浮桥船底厚贰寸　一颗印巡船底厚贰寸　哨船底厚壹寸伍分　划船底厚壹寸伍分】

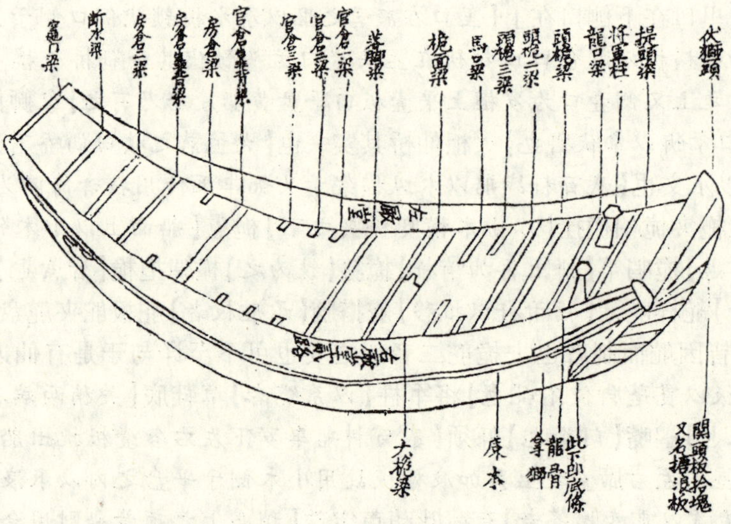

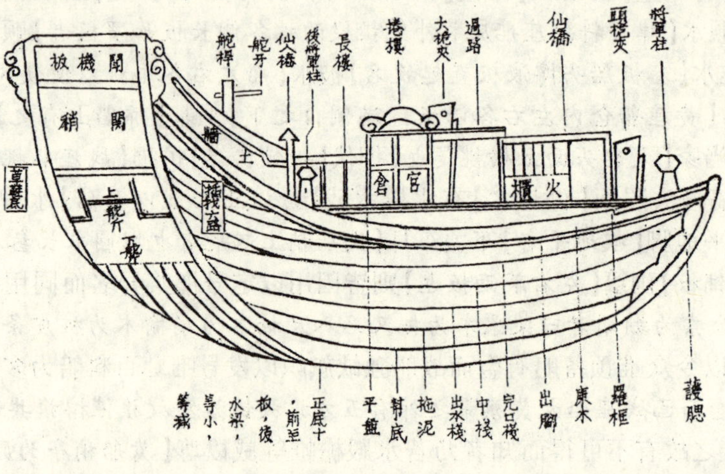

预备大黄船

【船面自头至稍七丈玖尺叁寸　船底自头至无板处伍丈贰尺肆寸 无板虚稍贰丈贰寸　头阔玖尺深伍尺肆寸　中阔壹丈伍尺深陆尺贰寸　稍阔壹丈肆寸深柒尺贰寸】

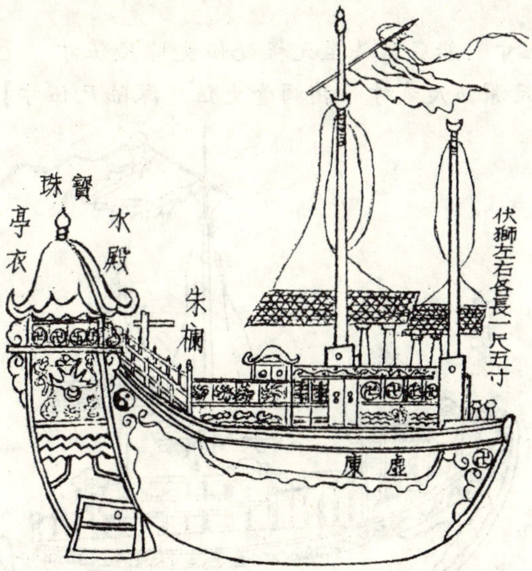

南船纪曰船之数十而式一也将不嫌于无别乎尝闻龙舆凤辇制有等威数有隆杀是或议礼诸司之未及也有能请定二船而尊其制一如丹驾之仪副其二以备修理其它悉从会典所谓大小有制者而杀之则名分严而朝廷尊上下辨而民志定矣

按预备者备巡幸也故停泊通州番轮修造俾供御恒不乏焉然自都燕以来百九十年未尝一御岂非鉴楚泽之荒唐惩邗沟之侈逖不为乘危之举以劳民伤财也哉虽然明堂不毁路马必式董修造之役者毋以其不用而忽之也

大黄船

【船面自头至稍捌丈肆寸　船底自头至无板处伍丈肆尺壹寸无板虚稍壹丈陆寸　头阔壹丈壹尺伍寸深伍尺叁寸　中阔壹丈肆尺肆寸深伍尺叁寸　稍阔壹丈叁寸深陆尺柒寸】

按大黄船专充本部及内官御用各监器贡之用与兵部快船相兼差拨岁有常数往返不绝窃谓一器之价有限岁运之费不赀修造船只之费装盛箱柜之费拽送夫役之费起车纲脚之费计一器至京而费且数倍矣近岁大司马王公建议减省进贡快船皇上慨然行之损上益下恩至渥也方今司农告诎有能献计将岁运之器就京师监局成造则供御不缺而民力所省多矣又安知不足以动宸衷之轸念乎

小黄船【扁浅船同】

【船面自头至稍柒丈玖尺伍寸　船底自头至无板处伍丈肆尺伍寸　无板虚稍壹丈伍寸头阔壹丈壹尺柒寸深伍尺贰寸　中阔壹丈伍尺深伍尺贰寸　稍阔壹丈伍寸深陆尺伍寸】

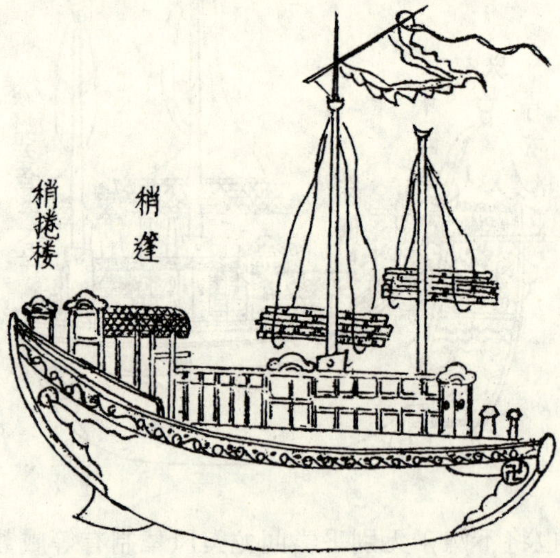

夫既谓之黄船矣而何取于小何取于扁浅乎利于行之疾也时鲜之贡以荐宗庙是圣天子之所以广孝思示不匮也其可忽诸

按是船俱自九十五料始至二百料止视大黄船不过半之料以递减制宜递隘迩因从旗甲之便就于原泊坞内修造本部估给工料遣匠往役不复稽其尺度遂使利于私载者渐为加广厥制一定莫敢损益不惟工料视昔有加而所谓扁浅轻速之意果安在哉

肆百料战座船

【船面自头至稍捌丈玖尺伍寸　船底自头至无板处陆丈伍寸 无板虚稍壹丈叁尺伍寸　前阔壹丈贰尺捌寸深肆尺玖寸　中阔壹丈陆尺伍寸深陆尺　稍阔壹丈贰尺玖寸深柒尺】

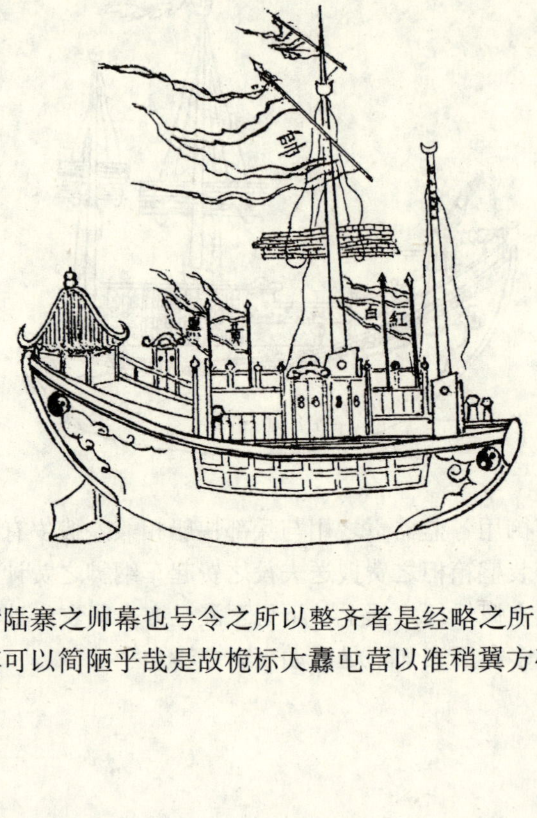

南船纪曰战船曰座即边营陆寨之帅幕也号令之所以整齐者是经略之所以指示者是威灵之所以震耀者是窥伺之所以寝息者是规制其可以简陋乎哉是故桅标大纛屯营以准稍翼方亭远敌以觇舲艭中敞帷幄以尊

樯雉外周矢石以捍舻枝齿列驰骤以腾浪板掌铺奔突以便弩穴矛窗攻击以利要其律式迨楼船之轨范与夫楼船之为器也大而雄坚而利用之驱浪乘飙正犹沧溟鲸运波涛驾旋转之威霄汉鹏搏风云鼓扶摇之势有不战而先夺人之心者矣此自古迄今所不能改与稽其尺度颇为适宜过此恐难为驭善阵者毋令越其制云

按我圣祖尝谓陈友谅乘尾大不掉之舟以自取败而彭蠡之战六舟飘摇势若游龙卒以克敌战舰之不贵大亦明矣而乃有肆百料者何与夫主将贵持重非持重则敌得而窥其际偏裨贵敏疾不敏疾则不能赴功故所乘之舟亦各有宜也不然则斯船也独非国初之遗制耶

贰百料战船

【船面自头至稍陆丈捌寸　船底自头至无板处肆丈贰尺伍寸 无板虚稍壹丈伍寸　头阔捌尺伍寸深肆尺肆寸　中阔壹丈贰尺陆寸深肆尺伍寸　稍阔玖尺捌寸深伍尺】

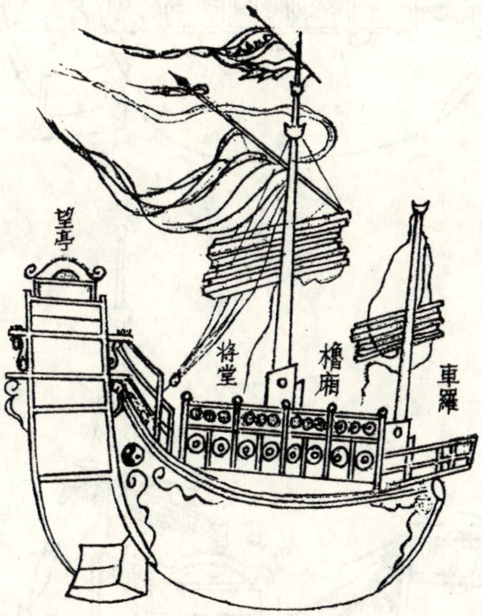

壹百伍拾料战船

【船面自头至稍伍丈伍尺　船底自头至无板处肆丈贰尺　无板虚稍捌尺伍寸　头阔捌尺贰寸深叁尺陆寸　中阔壹丈壹寸深叁尺陆寸　稍阔柒尺柒寸深肆尺壹寸】

壹百料战船

【船面自头至稍肆丈玖尺贰寸　船底自头至无板处叁丈肆尺贰寸　无板虚稍柒尺捌寸头阔陆尺伍寸深贰尺叁寸　中阔捌尺壹寸深叁尺柒寸　稍阔柒尺贰寸深肆尺】

夫战船一也而制以递杀所以辨尊卑之等利迟速之宜也伍子胥论船战之法谓大翼者当陆军之车小翼者当轻车突冒者当冲车楼船者当行车似矣然长岸之役竟以艅艎资敌吴世为泽国宜足以尽其利而楚遂能克之何哉器虽利而用之存乎人也杨仆之楼船孙椎之艨冲王浚之连舫皆足取胜而陶侃以运船为战亦克成功故将得其人则随宜致用因变就功而器械之利不与焉方今倾府库以营战舰岁费不下万计大小毕具迟速并宜诚足以扬武烈固江防矣乘是舟者尚思所以善用之哉

叁板船【划船同】

【船面自头至稍叁丈玖尺伍寸　船底自头至无板处叁丈肆尺伍寸无板虚稍伍尺　头阔伍尺叁寸深叁尺壹寸　中阔捌尺肆寸深叁尺壹寸伍分　稍阔伍尺伍寸深叁尺肆寸】

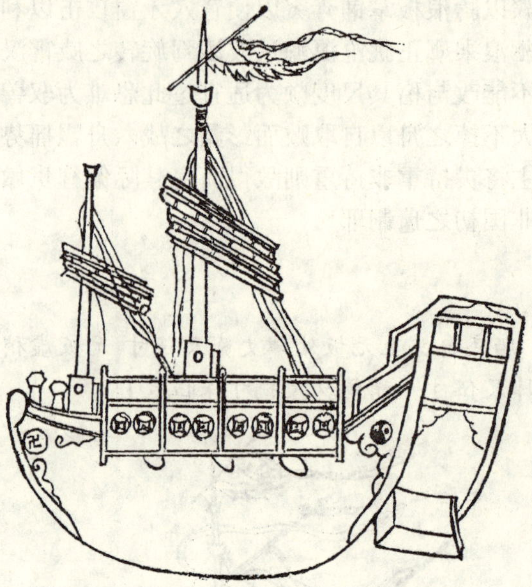

按二船名异而制同盖战船之极小而最捷者也所容不过十余人耳三军之众动以万计于兹何取焉稽之于古则游艇飞舸轻舠舴艋往来神速率多取效善阵者所不废也杨行密用飞舻以归弘铎鲁肃因渔艇以擒关羽故因变设奇投机制胜顾所以用之何如耳岂可以其小而略之也哉虽然长风巨浪撼坚摧山而纵一苇以当之苟非素习则股战目瞬不能安其身矣虽有长技将安施乎此训练之所以为要也

浮桥船

【船面自头至稍陆丈贰尺　头阔壹丈贰尺伍寸深肆尺肆寸　中阔壹丈伍尺深肆尺陆寸稍阔壹丈贰尺伍寸深伍尺叁寸　船底自头至稍陆丈伍尺伍寸】

按诗曰造舟为梁桥之用船昉诸此矣木罂竹筏皆足以济师而况船之为用其利尤溥此兵家所不容废者然武王之济孟津缪公之济西河去文王未远岂不能袭而用之哉而皆无闻焉以是知梁舟之制特以重大婚之礼非为军旅设也至宋祖欲取江南乃命朗州造黄黑龙船跨采石矶以渡厥后樊若水即以其策授之虏人于是天堑失险宋遂不国呜呼不戢自焚其此之谓乎有志于江防者当知斯船之不可忽也

肆百料巡座船

【船面自头至稍别丈捌尺　船底自头至无板处陆丈贰尺 无板虚稍壹丈壹尺伍寸　头阔壹丈贰尺伍寸深伍尺　中阔壹丈伍尺陆寸深伍尺贰寸　稍阔壹丈壹尺柒寸深陆尺叁寸】

南船纪曰巡逻之政或据扼要害以探其出没或搜剔荒僻以发其埋藏或混杂辏集以觇其啸傲或隐伏坳曲以几其闪缩多方缉伺皆以我之无形致彼之有形也轻桡健棹云掩星驰犹惧为其所觉而何有座船之壮丽反示之有形也哉或总戎以身殉国欲与士卒分劳而设也果欲分任其劳又不必座船之暇逸矣若止欲为壮观之图则不赀之费必将启忧国救时者之经略

按昔人立法之意有警用战无事用巡二船不可缺一也然尝窃观水操者进退卷舒俱有成法不容少紊军律之严固宜然矣使敌人乘间设奇变起仓卒而欲按纪律以应之阵而后战不亦晚乎尝闻张巡之教士不泥古法人自为战但使兵知将意将识士情正以此尔今汪洋之盗乘风鼓浪倏去倏来若非因势趋便未有能收尺寸之功者窃以为宜合战巡而一之操练以观其进退之常巡逻以习其应变之略奇正并用缓急从宜则船不虚设而临事为有备矣况国家承平日久岁造战船未尝御敌坐以待朽水军一出即乘巡船则彼之所用以驾驭风涛出没渊浸者固已习之素矣及临大敌乃复使去其所习而他就焉其为计不亦左乎庆郑论战马欲使安其教训而服习其道惟所纳之无不如志噫知陆战之所以用马则知水军之所以用船矣

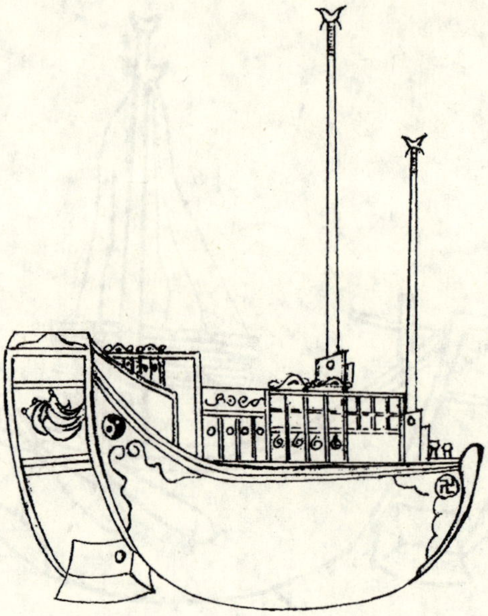

贰百料壹颗印巡船

【船面自头至稍伍丈捌尺柒寸 船底自头至无板处肆丈叁寸 无板虚稍壹丈壹尺 头阔柒尺玖寸深叁尺捌寸 中阔壹丈贰尺深肆尺 稍阔玖尺贰寸深伍尺叁寸】

南船纪曰船以一颗印称前未之闻讯其所以官仓如印盖象形也较之沙船料同而制稍异尝窃计之战船与敌为竞非大不足以镇压之巡船所巡不过城狐社鼠之流耳诸哨船轻浅船足任之矣此与沙船俱适当战船之一等较武者宜不可无等第云按是船与沙船战船相当而顾巧其名称多其制式岂将以侈武备之盛与尝读正德中裁革之疏知军少船多停泊者十居六七使诚合战巡为一则沙船战船料数既同用亦无异又焉用此以动岁时之修造哉

贰百料巡沙船

【船面自头至稍陆丈壹尺 船底自头至无板处肆丈 无板虚稍壹丈壹尺陆寸 头阔柒尺伍寸深肆尺壹寸 中阔壹丈贰尺叁寸深肆尺贰寸 稍阔玖尺肆寸深伍尺】

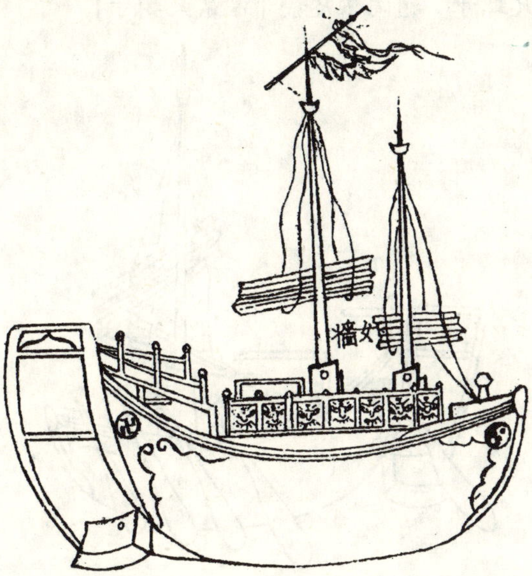

按三沙在崇明界浮居海中其人以鱼盐为稼穑以舟楫为舆马虽惊涛怒波震荡掀揭彼方出没其间扬眉鼓气挟其所长而用之故时入江洋为盗巡军莫制焉巡船而曰沙者岂非仿其制度以夷攻夷之意乎汉人论匈奴之技上下峻阪出入涧谷中国之马弗能当愚窃以为不然即以匈奴之马与汉兵乘之欲其上下出入如匈奴亦未易得也故匈奴之长不在马而在善驭沙人之长不在船而在善操近时言官请改操船悉仿沙船之制议寝不行岂非当事者有见于此乎方今江津时戒商旅畏途御人国门不可长也任巡逻之责者尚加之意哉

九江式哨船

【船面自头至稍叁丈柒尺　船底自头至无板处贰丈柒尺贰寸　无板虚稍伍尺伍寸　头阔伍尺肆寸深贰尺陆寸　中阔陆尺柒寸深贰尺柒寸　稍阔伍尺深叁尺壹寸】

安庆式哨船【大胜关哨船同】

【船面自头至稍叁丈肆尺壹寸　船底自头至无板处贰丈贰尺　无板虚稍陆尺伍寸　头阔伍尺肆寸深

贰尺肆寸　中阔陆尺肆寸深贰尺肆寸　稍阔伍尺贰寸深贰尺捌寸】

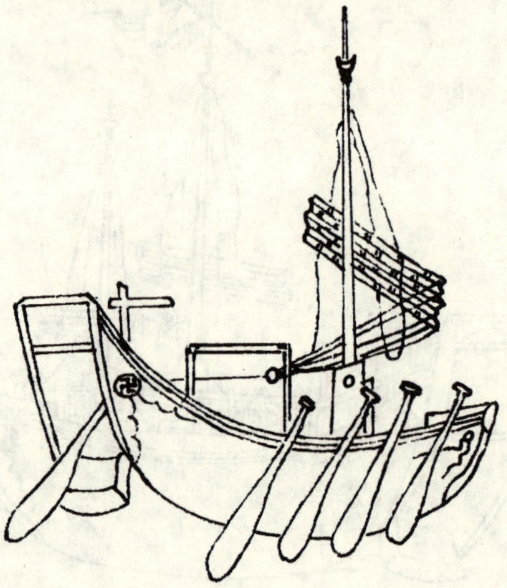

南船纪曰哨字名义不蒙战阵及考往古战阵图书皆无哨名至会典始载神机营有左哨右哨又律疏载军卫有罪者发瞭哨即会典观之左右游击之义也即律疏观之墩堡觇谍之义也然亦未有名其器者船之名哨实肇于正德之九年流贼猖狂东驰西突国狗之瘈无走弗噬南京守备操江衙门谋为探察之计故有是设求诸江船之最疾者莫利九江安庆九江者无洞而差长安庆者有洞而差小没入汩出狎浪骄风岂惟利于伺察为哉使战阵而庸之则或为向导或为挑战或为疑兵或为伏甲安往不利所谓立成器为天下利者非耶

按哨船之义船纪备矣大胜关当留都上流哨船之设信设险守国之要也然窃以为权不一则难于勾稽势不属则缓急不可为用原设哨船不为少矣轮拨听用司巡者并察而考其成焉则事体归一而缓急亦可以为策应矣不犹愈于添设矣乎

轻浅利便船

【船面自头至稍五丈陆尺

船底自头至无板处叁丈陆尺陆寸 无板虚稍壹丈伍寸　头阔捌尺肆寸深叁尺肆寸　中阔壹丈深叁尺肆寸　稍阔柒尺柒寸深肆尺叁寸】

按船而谓之轻浅利便者取其行之捷也其制始于嘉靖十三年都御史潘珍之疏彼诚深达于江防之政者哉然名虽创新义实缘旧昔田頵尝攻赵锽于宣州而以轻船取胜刘裕之北伐亦以轻利船成功潘公之为此也殆稽古而准今者与是故其尺度视壹百料战船其规制视壹百伍拾料战船非侈非隘适惟其中或战或巡无所不利又复有哨船以远斥堠有划船以当冒突如是而不足以取胜焉者非器之罪也

金水河渔船

【船面自头至稍贰丈贰尺叁寸　船底自头至无板处壹丈柒尺叁寸 无板虚稍叁尺柒寸伍分　头阔贰尺柒寸深壹尺肆寸　中阔肆尺深壹尺伍寸　稍阔贰尺柒寸深壹尺肆寸】

按金水河即古燕雀湖也王宫既宅则是水萦络宫墙如古之御沟矣我圣祖乃取其鱼以荐奉先殿此渔船所由设也诗载条歌礼虔荐寝圣祖可谓孝思维则矣列圣以来虽定鼎北京而荐庙之礼奉行惟谨岂非善继圣祖达孝之志与然是船视诸船制极小工极约司造作者不可不知其所系之重也

后湖一号楼船

【船面自头至稍伍丈伍寸　船底自头至无板处叁丈伍尺叁寸 无板虚稍柒尺柒寸　头阔柒尺肆寸深贰尺伍寸　中阔壹丈壹尺深贰尺陆寸　稍阔捌尺深叁尺叁寸】

后湖二号楼船

【船面自头至稍肆丈壹尺捌寸　船底自头至无板处贰丈玖尺　无板虚稍陆尺捌寸　头阔陆尺柒寸伍分深贰尺伍寸　中阔捌尺肆寸深贰尺贰寸　稍阔陆尺肆寸深贰尺肆寸】

后湖平船

【船面自头至稍叁丈玖尺贰寸　船底自头至无板处贰丈伍尺捌寸 无板虚稍柒尺　头阔陆尺壹寸深贰尺贰寸　中阔柒尺壹寸深贰尺叁寸　稍阔陆尺深贰尺陆寸】

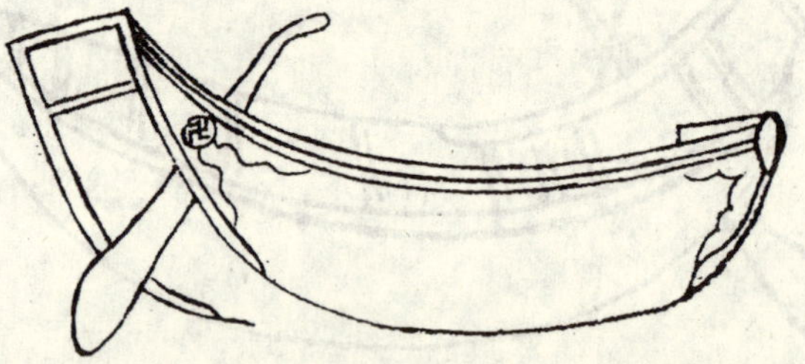

按后湖者古玄武湖也自舒王建议富国遂为耰锄之地盖三百余年矣我圣祖神谟独览开府其中用藏版籍乃复潴水为浸非船不济非有事不入矣船之数为楼者一官乘之为平者十有二胥役乘之正德十三年因大查官众奏准添造楼船一而稍杀其制焉船皆锁于石非五日之期不得辄启启则请其钥于内府返复锁而归之可谓禁严而地重矣其视六朝歌舞游嬉何如哉

抽分座船

【船面自头至稍柒丈伍尺柒寸　船底自头至无板处捌丈壹尺伍寸 无板虚稍壹丈伍寸 头阔壹丈贰尺深肆尺贰寸　中阔壹丈伍尺陆寸深肆尺柒寸　稍阔壹丈贰尺肆寸深陆尺捌寸】

按本部抽分原设瓦屑坝龙江二局官吏专掌其事所抽率多竹木柴炭之类以供内府及各衙门支用后因抽积数多改收折色于是都察院及本部各委官壹员会同监督验抽此座船所由设也旧例两局自行修造不属提举司属提举司自嘉靖九年始但是船撑驾无虚日与诸船番休迭用者不同故破漏特速须时为修舱庶不速败不察者乃欲拘拘于五年之限斯亦迂矣看船水手贰名本部岁给工食云

快船

【尺度载兵部船政书】

按快船原额九百九十八只专以备进征也都燕之后乃以充进贡器物之用于是南北往返络绎不休旧俱行委提举司相勘应否改造料计会办给兵部委官领赴造船厂兴工各料之费本部十居其七后节经南京兵部奏减止存七百八十三只嘉靖二十一年又奏减三十三只今见额唯七百五十只而已嘉靖二十四年南京兵部尚书宋公始立单板自行委官督理虽料价照旧支给而相勘料计俱不属之本部矣

蜈蚣船【已废】

【头至稍通长捌丈阔壹丈陆尺】

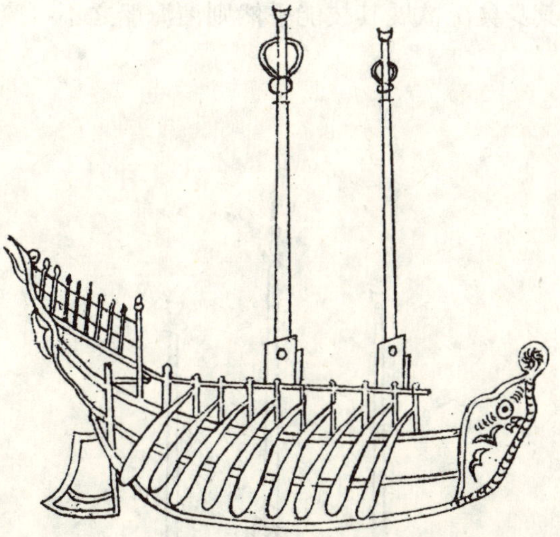

按蜈蚣船自嘉靖四年始盖岛夷之制用以驾佛朗机铳者也广东按察使汪鋐图其制以献上采其议令南京造以为江防之用至十三年而复罢之夫佛朗机铳之猛烈有益于兵家固已试之矣乃若是船之制不过两旁多橹取其行之速耳而谓之蜈蚣者盖象形也考之壹百伍拾料战船两旁置橹亦略似之而捍以厢门义尤为备特其首尾之制微有不同因是而增损之则无蜈蚣之名而有蜈蚣之用矣何至堂堂天朝取法小夷烦其品式巧其称谓以为作者之眩哉

海船【已废】

【尺度无考】

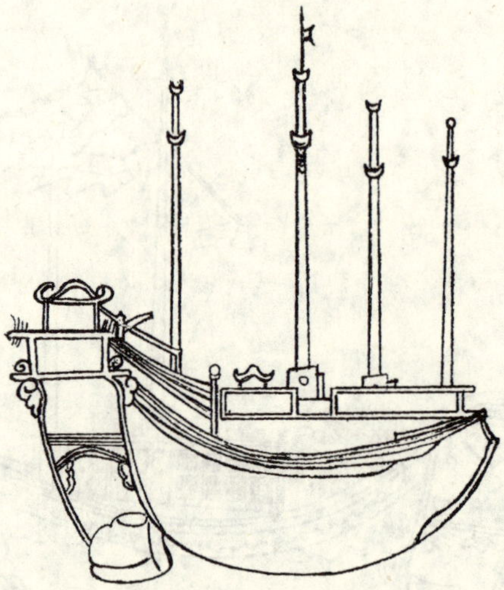

南船纪曰谓海之不可行者漕政录有见于惠通之利也谓海之可行者衍义补习知海道之故也人多以此咎文庄启天下纷更附和之谈不知文庄未尝言废河而任海也亦未尝言河海分任其事也特欲乘闲暇习船一二俾知海道以济意外分毫之急耳虽然近又窃有闻焉旁海间有支河由海州入安东卫抵灵山通马家濠可避刘家岛大洋之险又由马家濠至海沧口新河四百里可避蓬莱黑水之险取道间行舟稳而捷是又一惠通而更便者也惟其导泉引水决河立闸之工所不能无侈之者尤谓其有三利噫三利未足言而海运之说可无劳于聚讼矣按海船者即元之运船也元都燕挽东南之粟由海道入直沽国初因之永乐十二年会通河成而海运罢然犹用之以输辽东之花布以备倭夷之侵扰正德中革而复沿至嘉靖三年始题准停造矣然窃闻其说不过曰花布已收折色无事装运而重大难旋不可用以为战噫是说也以为为国家惜财则可恐非所以达变也迩者岛夷屡发为寇闽浙至焚村落屠居民虽添设重臣奔走二省而全效未著岂兵威之未振哉士不习也夫海涛之势与江湖稍异士非素习其间一旦欲用之头旋股栗不能安其身矣况欲展其技能乎然则谓海船之不可废者未必无深意也因访其遗制图以俟考焉

两头船【已废】

【尺度俱无考】

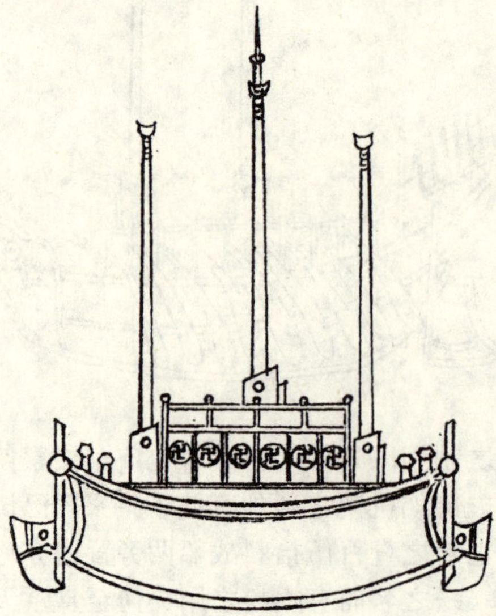

按两头船未之前闻也其说始见于丘文庄公盖海风转易不常而船大难旋故两头置舵随风顺逆而用之要亦行海之不可缺者审如是又何忧其重大难旋而遂废之也哉稽之战船卷中亦有是名而裁革已久莫可考据窃以为江海异宜特其制有大小耳未有利于海而不利于江者也因图其制以俟采择云

卷三·官司志

共鼓之后作舟楫者代不乏人周官六职厥属三千乃称大备然仅设川衡一官掌川泽禁令而舟楫之务不一概及岂冬官信亡哉抑上古疆服不及江汉游巡征伐惟车马是饬也胶舟之变不为眇矣楚人乃委诸水滨莫任厥咎典司之旷不以甚与汉元鼎中置水衡都尉左右使者然不主舟楫也主天下舟船自魏黄初始于是乃有专职矣故有以进贤两梁冠与御史中丞同者有为大舟卿位视中书郎列卿之末者有改监及少监并为令者唐为使领舟楫河梁之署不属将作宋制都水监判监事一人以员外以上充同判一人以朝官以上充丞二簿一并以京朝官充盖自南北分治江淮间战漕之务不可一日不讲则其职任日趋而重者亦势使然也其属有舟楫署楫棹令丞在晋曰船曹吏在齐曰官船典军后周曰舟中士隋曰舟楫署令唐宋因之掌公私舟船漕运之事元丰中诏都水外监提举汴梁乃始有提举之称矣

明兴法古并建六部政无旁出河梁舟楫之事凡在两直隶者皆隶都水司郎中总其事主事分往监督故卫河清江龙江皆有分司有提举司纲举目张超越前代矣然卫河清江专理漕务皆永乐以后增置唯龙江则肇自洪武初年专为战舰而设也正德戊寅复注选主事驻扎管理责任既专而防范益密矣

郎中【正五品】

【郎中虽非为船厂设也然船务无巨细必关白之例不可略已但事籍莫稽虽名姓仅存率多阙略不无待于博雅云】

洪武时　张【名缺】　王溥　薛□　杜永中　刘彬

永乐时　向善　冯华　薛□　张思忠

宣德时　李源

正统时　【缺】

景泰时　王【名缺】

天顺时　蔡【名缺】　刘昌【四年任】　刘春【六年任】　陈浩【八年任】

成化时　潘杰【四年任】　黄会【十一年任】　张缙【山西人十六年任】　张本【浙江人十九年任】　彭鏦【二十三年任】

弘治时　卢勖【元年任】　安康【三年任】　司马尧【浙江山阴人六年任】　金祺【浙江鹿水人十年任】　曹梓【直隶歙县人十三年任】　汪璇【直隶黟县人十五年任】　汪金恩【浙江人十八年任】

正德时

徐潭【浙江钱塘人一年任】　李汎【直隶歙县人四年任】　邢珣【直隶当涂人八年任】卢学书【江西清江人九年任】　陈伯安【锦衣卫籍湖广黄陂人十年任】　徐爱【浙江余姚人十年任】　吴士典【福建龙溪人十一年任】　张汉【湖广安陆人历本司员外郎十四年任】　刘守达【直隶开州人十五年任】　方选【江西浮梁人历本司主事十六年任】

嘉靖时

祝亨【应天江宁人三年任】　李凤【山东昌邑人四年任】　卢蕙【直隶山阳人六年任】倪霖【应天上元人七年任】　林维翰【广东番禺人八年任】　刘让屿【江西安福人十一年任】　狄冲【应天溧阳人嘉靖癸未进士十二年升任】　邓文宪【广东新会人十三年任】　涂相【江西南昌人十七年任】　薛漏【直隶魏县人十七年任】　陈文浩【福建闽县人嘉靖壬辰进士二十一年升任】　郑汝舟【福建莆田人嘉靖壬辰进士历本部主事员外郎二十二年升湖广按察司佥事】　金椿【浙江山阴人嘉靖丙戌进士二十四年升任寻升广东琼州知府】　李愚【河南祥符人二十七年升任】　钟卿【广东东莞人嘉靖己丑进士历户部郎中谪官二十九年由

府同知升任升江西九江知府】　张珪【直隶太仓人嘉靖壬辰进士历南京刑部郎中谪官三十一年由府同知升任】　杨九泽【陕西华阴人嘉靖戊戌进士由御史谪官历升南京户部员外郎三十二年升任】

督造员外郎主事

正德十三年以前督造之责未有专属或员外郎或主事随时承委禅代靡常今皆无可考矣独其留心厂务著有政绩者犹可得而纪焉

司马尧【弘治二年以都水司员外督造查复厂地为富民侵并者四顷五十余亩岁增油麻以千数】

王镮【弘治四年以都水司主事督造因厂地四旷乃立木栅自帮工厅直抵前厂延袤二百余丈守者称便焉】

沈启【直隶吴江人嘉靖戊戌进士嘉靖二十年以营缮司主事兼理督造船务顺琐案牍汗漫难稽作南船纪四卷至今赖之】

注选主事【正六品】

刘梦诗【江西永新人正德进士十四年任升南京刑部郎中历升兖州知府河东盐运使】

王炜【顺天固安人正德进士十六年任升礼部郎中】

方鹏【直隶建德人嘉靖丙戌进士五年任历升户部员外郎郎中按察佥事】

陈茂义【浙江慈溪人嘉靖己丑进士历吏部主事谪官九年任历升兵部车驾司郎中广西参议】

王利【山东阳信人嘉靖中举人历知县十三年任改工部主事历升郎中山西佥事】

张瀚【浙江仁和人嘉靖乙未进士十六年任改刑部主事郎中升庐州知府】

陈津【直隶长洲人嘉靖中举人历知县二十年任升南京兵部职方司郎中致仕】

裘衎【江西新建人正德丙子举人历推官嘉靖二十五年任升本部虞衡司郎中致仕】

李昭祥【直隶上海人嘉靖丁未进士历知县嘉靖三十年任】

河防科令史壹名典吏壹名【附】

属辖

龙江提举司提举壹员【正八品】副提举贰员【正九品】典史壹员【未入流】正德十三年裁革副提举壹员典史壹员然自嘉靖九年副提举张秀之后亦不复选止存提举壹员而已其在弘治以前者不惟事籍莫详虽名姓亦莫可考

南船纪曰提举之职专掌战巡等船之政令凡工之将兴也经始略事鸠工度材及其兴也协其法式禁其奇邪又其既也比其功而秩其稍食几其货而陈其要会出其船而诏其器数上之部司以听部司之考核焉又以朔望之期听中军都督府之治也如之

提举

凌鹤【应天江宁人弘治八年任】

张赴【山东商河人正德二年任】

巩瓒【河南杞县人正德五年任】

梁清【广西郁林人正德九年任】

郭彦实【陕西泾阳人正德十三年任】

权仝【直隶霍丘人嘉靖六年任】

迟议【直隶颍上人嘉靖十二年任】

刘子贞【江西安福人嘉靖十六年任】

邹亨【江西清江人嘉靖二十年任】

邹琼【江西南昌人嘉靖二十五年任】

龚佶【江西南昌人由中书谪都司检校嘉靖三十一年升任】

副提举

荣济【山东曹县人弘治三年任】

张希德【湖广石首人弘治十年任】

尹贵【江西贵溪人弘治十一年任】

苟贤【河南新郑人正德三年任】

刘晟【陕西渭南人正德十三年任】

柯正国【四川云南人嘉靖四年任】

张秀【直隶新城人嘉靖七年任】

司吏贰名【一人匠科一计料科】

帮工指挥千戸百户各一员五年一次兵部考选廉勤者充之受中军都督府操江都察院之约束督率驾船官军在厂协济小工【如抬板舂灰拽鑚之类】船之成也上其数于府院以听取拨焉迩者军士习于偷惰督率者以非属姑息十不一至协济之工皆出于作头之雇募而匠役于是愈困矣

杂役【附】

厢长四十名洪武永乐时起取浙江江西湖广福建南直隶滨江府县居民四百余户来京造船隶籍提举司编为四厢一厢出船木梭橹索匠二厢出船木铁缆匠三厢出舱匠四厢出棕蓬匠厢分十甲甲有长择其丁力之优者充之长统十戸每厢轮长一人在厂给役季一更之历年既远匠戸皆失其故业且消长不齐嘉靖二十年存者二百四十五户又户丁多寡悬绝视户责役贫者不堪流亡日甚至三十年而户不及二百矣乃通行清审勾稽厢均其甲甲均其户与丁于是旧规稍复劳逸渐平但迩年船政督察近苛虽宿弊渐除而匠作不乐其业率趋他役以求脱赖版籍素定罔敢辄改虽有力者亦莫行其志云

作头四十五名匠户中择其丁刀有余行止端悫者充之所以统率各匠督其役而考其成也旧制船木作舱作各四名蓬作索作各二名铁作缆作细木作各一名共一十五名岁岁不易后因人役告病乃分定三班役一休二周乃复始三年而一审之核其贫弱者而更之

内官监匠三十八名先年该监因造上供器皿移文本部取拨造船匠充役工完发回后因工作增多陪数添取遂为定例及遇工完止将添取者发回而原数三十八名即辖内府每月输钱不可复蠲今四厢之丁日就衰耗虽本厂之役亦不克支苟不稍为矜恤吾不知其所终也

御马监匠四名洪武中移文取拨船匠油舱马槽料桶

丁字库匠三名永乐中移文取拨船匠油舱板柜装盛各处市舶司所进鱼油

宝船厂匠二名洪武永乐中造船入海取宝该厂有宝库故取拨匠丁赴厂看守今厂库鞠为茂草而匠丁之输钱者如故

酒醋面局匠三名洪熙元年该局奏准行取舱匠作酒榨饭槽等器

后湖水夫三十七名永乐中该湖奏准取拨匠丁三十七名驾船过湖每名帮丁一人共七十四人分为二班统以小甲五日一往如遇事故更易提举司审佥二名送湖听点是役视诸役最轻人率趋之以避重差

看料匠丁二十名本厂物料丛聚无墙垣之限旧规本部拨班匠二名并四厢空丁轮流看守遇晚附近地方拨人巡徼弘治年间厢民不便告部准令朋办料钱雇人充役正德二年本部班匠不复拨到在厂者唯雇倩之人而已【嘉靖八年都水司免匠户杂差帖照得所辖龙江提举司专以修造各项船只设有厂库房屋堆放木物等料先年俱是西城所辖地方晏公庙车船坝定淮门仪凤门四处人户轮流看守朔望呈递不致失误结状其提举司所辖四厢人户杂处四散又当该城夫差近该本部督造主事方清查各户原系起取赴京造船人匠今多不谙祖业著令子弟在厂学习本艺以备差用及至拘唤多有不到却以应当该城总小甲坐铺夫差搪塞缘由比恐避重就轻耽误工程从宜处置充换续奉本部送到南京通政使司送据龙江提举司匠籍余仲善等连名状告为分理重复差役事比例太常寺牧马牺牲所事体给帖执照除豁地方杂差以便在厂专役等情当审得四厢人匠在厂造船系当正差西城夫差皆系杂役轻重应否自有不同况西城原听提举司巡守人役几倍于四厢人户今提举司即不用西城人夫

则西城杂差亦不宜复用四厢人户已经禀堂行城遵依充换给帖付照外今该城仍复朦胧差拨以致争讼法司殊非定策除将原帖取回涂抹另给新帖付照其西城所辖四处人户仍旧轮流看守提举司钱粮朔望呈递不致失误结状提举司所辖四厢人户遇夜应当该城坐铺守更此外不许该城勾扰别差科索财物永为遵守使习艺者日间得以在厂专工帮匠者不致妨害生业庶可经久如该城再行勾扰许令呈告转呈本部参送治罪】

更夫一十五名系定淮门仪凤门车船坝晏公庙四铺居民轮拨巡徼

桥夫四名前后厂溪口二处皆有板桥每处佥左右各一家以司启闭几出入

脚头一名商铺输木于厂雇募附近军民扛抬往往掯索工价随时低昂乃佥一人为首而平其值使统理而督率之

船户无定数四厢匠户皆无恒产率以驾船为业旧规有船者随其大小报名分司置籍纪之以听本部之差别衙门不得擅拨近因仪真等处埠头拘扰告给印烙稍牌为照【嘉靖三十年督造分司行仪真砖厂转行禁革公移为乞恩查革滥差以便贫匠活生事据龙江提举司第一等厢匠户潘凤等连名状告凤等蒙佥作头厢长身役家无田产惟靠撑驾船只活生已蒙本部差拨不缺所在地方埠口揽载往返再无别项差遣遵行已久不期近来仪真县积年埠头将彼处船只卖放用强捉拿身等船只装差但不依听不容在彼觅载曾经其告本部督造分司蒙行文本部砖厂转行禁革未久又被惯恶埠头张遵叶景等屡屡故违捉拿窃思本县自有听差船只岂容卖放不拨捉拿身等替差理法不容耳伏乞行文禁革庶免扰害等情据此看得所辖龙江提举司四厢匠户俱各荡船生理凡有船只俱报在册听候本部差遣今据前因相应查豁为此合用手本前去管理瓜仪二厂本部主事朱处烦为转行卫县禁革施行】

佃户无定数即提举司岁征油麻人户每遇本厂起船出船车水作坝等务暂拘帮役事已即散不得数召久羁以妨农业

上作头十六名本部各所局所辖不属提举司故称上以别之每遇预备等船兴工提举司作头所不能办者则暂拨管理搭罩蓬作三名旗作油画作鼓作铜作绦作铸作蜊殼作穿椅作贴金作缨作旋作各一名箍桶作二名

卷四 · 建置志

周礼设官分职必先辨方正位体国经野所以察地宜立民极也厂地外萦天堑内倚石城衍沃四望卢龙马鞍挂榜诸峰前后拱揖足称形胜天待我明辟置船肆建官设局汇材聚工而兹地日益增重虽百九十年来制有沿革神谟宏远莫越范围无疆惟休端在是矣居是地者尚务成厥事以无负建邦启土之意哉乃志建置

洪武初即都城西北隅空地开厂造船其地东抵城濠西抵秦淮街军民塘地西北抵仪凤门第一厢民住廊房基地【阔壹百叁拾捌丈】南抵留守右卫军营基地北抵南京兵部苜蓿地及彭城伯张田【深叁百伍拾肆丈】后因承平日久船数递革厂内空地暂召军民佃种止留南北水次各一区以便工作畎浍中界而厂遂分为前后矣二厂各有溪口达之龙江限以石闸板桥以时启闭

东南隅旧有短垣西北沮洳艰版畚弘治四年主事王镮作木栅以补其缺周绕二厂各置水关以几出入守者便之岁久而废

南为厂门三间路由马鞍山下逶迤属之通衢嘉靖十五年主事王利建工部分司坊于路口【今易其额曰龙江船厂】又曰路苦淖悉甃以砖【右副都御史顾璘为记云南都石城之西沿清江而下置工部分司援水部尚书郎一人总今提举司之政督治江防战舰厥务重矣前视事者多历其人政日益举自阳信和斋王君利来董司事精核敏亮百务焕修尝坐外庭见百工赴役者值霖雨泥淖沾体没足跋涉孔艰恻然念之且自讼曰任王事而不备谓之不忠睹民瘼而不恤谓之不惠吾将谁诿乎于是相地曲直为道者凡三百六十丈有奇广狭如度不越岁告成去陂即平视故都御史容庵金公所葺旧道未备者益更新充拓仍建表识以壮观望里有金生迁实容庵公之从子乐圮道之聿新聆舆人之共诵率同里滕生泰辈谒余为文以纪厥美且曰特君仁政之绪耳昔闻令翼城及顺义时定婚葬之礼均里甲之税锄横暴之族屈强御之势解淹滞之狱仁闻四达台府交荐擢官南来父老留连车下若失怙恃可不谓仁人也乎今莅兹任政固有大于修道者愿因此以著嘉绩之一遂不让为之记】厂内有分司提举司帮

工指挥厅各一区蓬厂一所云

工部分司建自成化初年坐东向西前有池跨石为梁正德十四年主事王炜增建后厅三间左右厢房以为寝室

嘉靖七年主事方鹏建仪门及牌坊三座【中曰工部分司左曰监牧右曰督造】又立分司题石碑【自为记云环留都长江也天堑之也人固之江操耳战船由设也江为通津警往来之暴有巡船焉由江而入临都城曰龙江十余里分司署焉分都水司督造船事而驻扎于此也所属有提举司有帮工厅造船之所也属官提举一员副提举二员典史一员正德年间裁减存提举副提举各一员今止存提举矣凡造船之料物司之也计料有科人匠有科属吏各承行也人匠皆洪武永乐年间取江西福建湖广浙江南直隶边江府县熟于造船者挈家于提举司隶籍今知艺者百无一二石外匠也帮工有军指挥十百户各一员率以趋之听提举司取拨于江口之营也工竣皆随船归操焉分司惟督视其成若夫验料正费谨作卫工亦不敢辞劳也利之所在弊端毛举匪明蔽宜匪公蔽仁匪毅蔽断匪介蔽惠徒法无威妄费滥功非也难易之间克任与否嫌疑非所计无愧而已是职也成化以前文案灰烬二十三年本部奉钦依委官一员严督提举司官吏匠作及南京中军都督府差拨官军督造之责盖重也往岁部委摄行乃事更代不常右侍郎新泰崔公请于廷添注主事一员带俸南京工部都水司比洪闸例专任三年满日起送吏部改选督造之责始专也予始承乏人曰南京之清秩也抵任诸寮曰吾部之仙官也予以为然可免俗累矣按其事舛舛然略无统纪既而视船于营弊殆甚焉予心不遑宁也夫以保障重寄乃儿戏如此哉江南穷民膏血取集于船必视为官物焉仁者不为也归其究其在我者一一经理之料惟真用惟当工惟精弊者涤废者复斯工速用舒船皆为经久图也但归于营吾未如之何矣右侍郎怀庆何公转闻命下檄予会同兵部职方兵科按季点闸故坏船者赔且罪吁持刀断水能如之何然愈于不为也渐可致警工作庶乎少息民征可疏缓急可有备矣不自反者乃我咎焉惑也所惜者交承不面事与俱往来者之容心未必不犹我之初来也兹用石端疏分司专任者姓讳附籍任年月于其下来者如次而具则专任分司者自是秩然于目矣虽然人之贤否职之举坠观之者得以指其名而臧否之予不能无罪也僭及肤妄非敢为衒且俟激云耳惟同志君子矜恕焉幸也】

十七年主事张瀚建更楼于门之左右隅

二十六年主事裘衍建希侃堂于仪门之北依谷亭于堂左【自为解云鲁江子至龙江之明年为嘉靖丁未时维朱明伏金于庚当风鼓翣蕴隆郁蒸乃命童子移几席择树阴而避之北隅有木秀发芃朴古干卷曲高者若昂而下者若伏迫近附著堂然如屋熏风徐徐日光凝绿时有长者之车贲然过余招之燕坐饷以瓜疏客曰南有乔木不可休息乔木果若是之班乎鲁江子曰有杕之杜生于道左信非杕杜之所可及也客曰木托于君迭为主宾陶菊周莲奕世相闻惜也维谷材非栗榛传谓恶木未由自新惟参与墨世称誓人或回朝歌之车或忌骂母之门常恐不善亲予其身子也力学泛爱亲仁甘与恶木日相比邻毋乃不可乎鲁江子曰天之沃沃丛生卉育胡为以恶厚诬于木子必有据为我终告客曰谷之生理外枉中脆大难备夫栋梁小亦不可制器工师临之过而弗视或楮或薪局石小枝由檀而恶谁毁谁誉鲁江子曰出于天者为命畀于物者为性性固本于天成命实由乎一定孰委化以流行孰委顺而各正美恶于物何由僭莫违夫性命即以其材遂訾其恶脱有抱善之类陋巷独乐顾可以名恶使才如跖蹻亦将以善类而自托客曰然则然矣登崇明堂缉治总章断削簠簋黼黻庙廊信如谷也奈何舆群木而争长鲁江子曰子能不主故常变化回翔阔视玄听知微知彰以达观于物情否耶吾闻尤物总总必有侈用侈用繁兴真元日倾圣人所以不责异物者虑其外本而内末施天下以夺争是故巢穴而民茅茨而君讵曰知巧罔及夫人常维风而反蔽敢追琢乎仪文使谷生斯时遘会逢机招摇茅茨并驾齐驱投之所向何往弗宜岂终受玄卿之污染附翼燧氏常供烈焰之需悲夫至德无为管商出而崛奇枝叶繁盛坟典益衰澶漫摘僻蹩躠踶跂致使后进礼乐澜倒波趋怀大雅之君子日皎皎乎白驹乃欲举天下于隆古君将怅惘而谁归客荡荡默默乃不自得三复俛仰恍惚滋惑鲁江子抚南柯而歌曰嗟尔谷兮维木之良自古在昔兮尔栋尔梁慨高才之汇征兮尔拙斯藏谁云巧善而拙恶兮使我心伤愿构亭以寤笑兮聊与子而徜徉歌既写之亭中以质诸好古者】

二十八年毁于火室宇荡尽唯希侃堂仅存【今改题曰景陶斋】

三十一年主事李昭祥重建视旧制稍崇广之改为南向【自为记云龙江厂所司特船务尔提举董之矣分司何居司督察也夫事夕则蛊必干乃亨情怠则偷必饬乃振故曰琴瑟敝则更张之圣人遇变而通道固然也我圣祖

龙兴荡平芟辟率先吴汉吴汉皆泽国故舟楫为要焉此提举司所由设也有贰有史官备责专复隶诸水部可不谓慎且重哉于时人人奋庸艺精业监舳舻蔽江用罔弗利矣迨熙洽既久四海遏刘上下相袭视水军为虚设而舟楫之务不复一加之意谋国者长虑远览图善厥终谓提举官卑秩下不足倚遂疏请专任部属时往督察于是分司建焉然厂部相去二十里而遥官多摄事莅不以时蛊者未尽干偷者未尽饬奸宄之侵渔而诡迹者未尽丽于法也复请添选主事驻扎专理夫船务一也或寄诸提举而有余或督以部属而不足岂难易之势遂悬殊哉敬与怠焉尔矣余去秋承乏兹官则分司已先弗戒毁无遗廛席蓁莽视事因叹曰有居而至者弗时且怠若事矧无居乎乃白于大司空朴溪潘翁将重建焉翁曰可遂以见属鸠工度材岁莫经始厅事首建墉垣周缭门阈中启可以止茇矣余乃以次底绩为中门为左右厢为后堂为堂规制既具翼然改观而书斋寝室神祠警舍左右嗣兴庶几完美计为屋三十有六楹门之外为绰楔三凡六阅月而竣事是役也以经画则受之朴翁以经费则出之公帑以规制则循其故址易西向南以受阳也余不能少有与焉既成矣将扁其厅或以旧额告曰济川余易之曰敬事夫敬始于吾心而充之可以安百姓使居是堂者恒惟委任之专惩玩愒之弊日兢兢焉思毖厥后毋幸其不试而苟且以塞责毋惮于更张而因循以避怨则人思效能工必信度国初盛美可以复臻故干蛊饬偷无逾敬矣否则上驰下窳终以偾事济川之功不亦远哉后食之堂名以素丝食之不浮则委蛇而有羔羊之风矣遂纪诸石将与同志者共勉焉】别作吏隐堂于左以为衙舍又迁三坊于前而新之易其额【中曰水衡别署左曰省试右曰监督】凿井疏泉插柳移竹于是方隅不倚规制整肃葱郁幽雅与马鞍诸峰争胜矣

提举司国初创建堂寝门庑靡不备具左为幕厅吏舍【今俱废】正德十四年提举郭彦实重修嘉靖十六年提举刘子贞增建仪门及寝室于堂后二十二年提举邹亨立题名石【清江张时为记云予北上维舟南都之龙江因询提举邹君居官何如民皆贤之予与君里姻也闻之喜及抵公所遥见君徒步烈日中视事无纠旨无勚态既而君恳留踰信宿备见君逮下厉而纾剔棘敏而毖至于奉身则又俭而约颓然一书生也予益喜谓民之言足征矣因讯前之官此者何人君举对沛如建瓴丽如贯珠无住舌也予甚异之因诘其何能悉此君曰吾景仰先辈久矣第惜其去世远则迹耗迹耗则泽涸泽涸则名湮将祈扛笔纪而求诸石惜未得其人今幸遇君脱辱既沐惠腆矣予曰嘻观此岂惟见君待前辈之厚实能懋官以风后人是君爱国之意远矣夫即石以观其名缘名以核其实使民是之必其人之贤也不贻石之光乎脱民非之必其人之不贤也不贻石之羞乎歆其光思以就之而取以淑己恶其羞思以去之而恐其涣己是则所谓懋官也然是心也岂惟君哉盖人皆同也人皆同则凡后之官是者同一知所去就而思懋厥官也官懋则治功树治功树则朝廷之望副矣由是观之则后之懋官者皆君启之也是君爱国之意不亦远哉则斯石之建其为而官之助也不浅矣昔彭克修尹永安石前尹名于亭继克修者亦劖克修名于后未几而克修之孙有官而过永安者问其祖民携香拜于石而指以告焉今予一至龙江已喜民贤君之言足征又觇君爱国之远逆知他日必有思君如克修者君勉乎哉君闻予言拜手扬言曰命之矣命之矣遂请刻于石】二十六年提举邹琼即幕厅故址作小堂三间司后为油麻库左右各八间岁久而圮三十一年提举龚佶重修之库后为提举副提举廨宇各一区今皆垂废仅存形制焉

帮工指挥厅坐厂东北隅西向前后各三间左右厢房

蓬厂坐分司之北先年打造海船风蓬之所也内有房十连【计六十间】收贮船料今俱废唯墙垣仅存拆船旧板收积其中既无塈茨曰就腐烂是房之建殆厂务之不容已者云

细木作房六间在分司西南

油漆作房四间在分司西北旧房与分司同灾三十一年重建

艌作房三间在提举司北

铁作房四间在提举司西北路外

蓬作房　索作房　缆作房【已上俱废】

看料铺舍一所在后厂路口

愚尝历览木栅之遗迹而知创治立法之难也使继之者日葺而月补之岂遂至废灭若此哉聚财贿于广野中欲无侵蚀之患不为深墉固门之限而仅托诸区区之法禁吁危矣哉方今财用日诎兴复之难不待智者而知之矣尝欲因四周旧河浚而广之蓄水为限似为稍易而淤浅之弊亦近在二三年后耳呜呼秦筑长城后世笑之乃至于

今利焉而三代井田良法至汉已不可复睹矣吾亦且柰何哉

卷五·敛财志

昔大禹经略九州三壤咸则乃复交正庶土底慎财赋故自总铚之外凡有裨于邦用者漆枲丝絮羽毛齿革璆铁簵楛靡不登贡周礼大司徒以土宜之法办物任事荆茅不入至勤师致讨厥亦慎哉我圣祖建都江南倚舟楫为重务然船政所需率资于榷又随宜收买以济不给具载职掌可睹也惟油麻所入额有土田科征储用故庶土之赋一不及民虽市舶有鱼鳔之贡而海船既罢寻亦停革岂非崇本抑末悯农恤民之至意与逮弘治中始有畿郡协济船料之派盖亦当事者补弊持偏不获已之计也今油麻田土屡经增置而傕政日趋折色竹木之用收买者什居七八矣通工惠商量入为出固典司者所事也乃志敛财

地课

国初设厂以来厂外原有田地塘埂递年召人佃种比照税粮计亩出办桐油黄麻收贮司库以待修造黄战等船之用不敷又将瓦屑坝抽分场空地俱拨提举司召佃亦照前例征办油麻后因海运等大船渐次裁减厂地空间数多正统天顺间附近居民侵占耕种冒认上元县及各卫所税粮屯粮又太监郑和子孙盗卖菜地一块弘治二年本部右侍郎黄据匠作周春等呈告查实具奏准行南京刑工二部会官勘问明白查出退还田地共肆顷伍拾捌亩伍分玖厘玖毫【南京工部为清查侵占官地事都水清吏司案呈奉本部送准工部咨该南京工部右侍郎黄等奏方琏等侵占盗卖龙江提举司官地数多欲行差官清查提问如果冒认税粮即与开豁将所占田地给帖暂令承管比照庆丰闸河岸空地认纳油麻以备造船取用候该司造船工多之日仍各退还堆放料物工部议拟覆题奏奉钦依移咨南京刑部工部委官各一员督同该城兵马司通行查实果有侵占盗卖情由应提问者就彼提问应参奏者径自参奏等因移咨到部本部就经委官员外郎司马尧会同南京刑部委官山西司郎中游兴督同西北二城兵马指挥王琮赵胜带领原识匠作周春等前去龙江提举司沿丘履亩踏勘丈量委被方琏等侵占盗卖本司墙围内地基共肆顷伍拾捌亩伍分玖厘玖毫是实将方琏等贰拾壹名依律问罪外照出龙江提举司原被方琏等耕种稻田麦地藕塘水沟柳埂并房屋基地俱经会官丈量过数明白行兵马司造册本部给帖暂令各人承管耕种办纳油麻其方琏等陆名于正统天顺年间冒认上元县及该卫所税粮屯粮合移咨户部查吊各人册籍开豁差徭及郑灏招系太监郑和子孙伊祖在日耕种提举司菜地壹段虽有誊黄给赐之文查无文卷可照太监已死子孙陆续卖与江宁县已故民人宋谦得银贰拾两入己缘前项地土原系该司官地理合退还仍令买主照旧耕种办纳油麻等因具奏又该工部履题奉旨是钦此钦遵移咨到部理合就行为此一咨户部将方琏等税粮除豁一札委官郎中司马及龙江提举司俱遵照钦依内事理施行】

嘉靖五年又据佃户王俨等告滕太等欺隐田租本部委官踏勘查出二处田地塘埂新旧共叁千叁百陆拾壹亩贰分柒厘贰毫玖丝陆忽伍微贰圭内除无主坟地肆亩陆分叁厘柒毫无租荒地玖亩柒分玖厘柒毫每年实征油麻田地共叁千叁百肆拾陆亩捌分叁厘捌毫玖丝陆忽伍微贰圭内提举司柒百叁拾叁亩肆厘玖丝陆忽伍微贰圭瓦屑坝贰千陆百壹拾叁亩柒分玖厘捌毫【查得嘉靖五年踏勘文册总内多算麦地叁亩伍分肆厘失算无主坟地肆亩陆分叁厘柒毫今俱查明改正】十二年又据黄淮告称龙江抽分场墙外空地比照瓦屑坝事例自愿承佃开垦本部委官勘量除石堆不耕外实得田地塘贰百陆拾壹亩壹分叁厘贰毫伍丝照例输纳油麻二十年又据佃户张献等告增开垦提举司麦地壹亩肆分伍厘肆毫壹丝三十一年又据本司匠户王用等告称龙江场墙外空地亦愿照例承佃开垦该督造主事李呈部委官勘量实得田地叁百贰拾亩肆厘时豪家争佃者多比照子粒屯田止许军人领种事例准给本司匠户永远承佃不得盗卖【南京工部督造主事李呈为开垦官地以助国用以业贫匠事查得龙江抽分场原堆竹木地方广大后因改堆瓦屑坝场该场空地数多嘉靖十三年有黄淮等告部情愿自备工本开垦前地比照龙江提举司官地办纳油麻以充造船之用蒙准差官勘明给帖承佃外尚余未垦荒地壹半有余今照本部造船岁用油麻地课不足不免动支库银收买前地乃弃不耕深为可惜相应查照前例召人开垦岁辨油麻少纾公帑万分之一及照提举司所属匠户俱系先年起取外京人民来京造船原无恒产之资生齿日繁贫不能给往往流移漂散失其故艺故每一兴工辄募外匠该司油麻官地理应比照各卫所屯田止许军人领种事

例通行分给匠户以为恒产然召佃之时每为有力者夺去贫匠束手无策自甘穷饿良可悯恤又恐安习已久一时难以纷更见今未垦之地合无候本部委官勘明查审各匠丁力多寡量分承佃不许豪家仍前霸占其原佃过田地候有事故更佃之时悉改给匠户渐次更张使归画一匠户亦不许不行告官私相授佃及佃与军民人等以开垦工本为词得银入己即以盗卖官田抵罪庶使积荒无用之地既得以裨国用而贫不聊生之匠皆得藉此为业而不至于流散矣】于是土地日辟课税益增通计田地塘沟埂共叁千玖百肆拾贰亩肆分肆厘伍毫肆丝陆忽伍微贰圭内除无主无租坟荒地外实在三处共叁千玖百贰拾捌亩壹厘壹毫肆丝陆忽伍微贰圭岁纳桐油陆千陆百玖拾斤柒两贰钱黄麻壹万叁千伍百叁拾壹斤陆钱陆分捌厘

稻田每亩征桐油贰斤黄麻肆斤计稻田贰千玖百零壹亩伍分玖厘捌毫捌丝叁忽该征桐油伍千捌百陆斤肆两柒钱捌分黄麻壹万壹千陆百壹拾贰斤伍两伍钱陆分

本厂肆百柒拾玖亩玖分壹厘叁毫叁丝

瓦屑坝抽分场贰千壹百壹拾贰亩肆分伍厘捌毫

龙江抽分场叁百玖亩贰分贰厘柒毫伍丝

麦地每亩征桐油壹斤黄麻贰斤捌两计麦地伍百捌拾陆亩陆分玖厘陆毫肆丝柒忽壹微该征桐油伍百玖拾斤肆钱玖分贰厘黄麻壹千肆百柒拾柒斤贰两壹钱捌分

本厂壹百陆拾亩柒分柒厘玖毫肆丝柒忽壹微

瓦屑坝抽分场贰百叁拾叁亩贰分叁厘

龙江抽分场壹百玖拾贰亩陆分捌厘柒毫

藕塘水沟每亩征桐油壹斤黄麻壹斤计塘沟贰百玖拾壹亩肆分伍厘肆毫捌忽玖微贰圭该征桐油贰百玖拾肆斤壹两玖钱贰分捌厘黄麻贰百玖拾肆斤壹两玖钱贰分捌厘

本厂陆拾肆亩柒分柒厘肆毫捌忽玖微贰圭

瓦屑坝抽分场壹百伍拾亩壹分贰厘贰毫

龙江抽分场柒拾陆亩伍分伍厘捌毫

菜基坟地柳埂每亩征黄麻壹斤计地埂壹佰肆拾柒亩壹厘陆毫壹丝柒忽伍微该征黄麻壹百肆拾柒斤柒两

本厂贰拾玖亩贰厘捌毫壹丝柒忽伍微

瓦屑霸抽分场壹百壹拾柒亩玖分捌厘捌毫

木价

【本部诸料俱从上江二县逐年估价造报随时增损唯本部自嘉靖二十六年以后用兵部尺式量木亦照兵部书册给价具录于左以备稽考其楠木自围陆尺以上杉木围叁尺伍寸以上本厂向无收买及楠木围不及叁尺杉本围不及壹尺伍寸者兵部原无开载故皆不录云】

木楠	壹每尺长	壹加寸围	贰加寸围	叁加寸围	肆加寸围	伍加寸围	陆加寸围	柒加寸围	捌加寸围	玖加寸围
围叁尺	该银玖分玖厘	该银壹钱贰厘叁毫	该银壹钱伍厘陆毫	该银壹钱捌厘玖毫	该银壹钱壹分贰厘贰毫	该银壹钱壹分伍厘伍毫	该银壹钱壹分捌厘捌毫	该银壹钱贰分贰厘壹毫	该银壹钱贰分伍厘肆毫	该银壹钱贰分捌厘柒毫
围肆尺	该银壹钱柒分陆厘	该银壹钱捌分肆毫	该银壹钱捌分肆厘捌毫	该银壹钱捌分玖厘贰毫	该银壹钱玖分叁厘陆毫	该银壹钱玖分捌厘	该银贰钱贰厘肆毫	该银贰钱陆厘捌毫	该银贰钱壹分壹厘贰毫	该银贰钱壹分伍厘陆毫
围伍尺	该银贰钱柒分伍厘	该银贰钱捌分伍毫	该银贰钱捌分陆厘	该银贰钱玖分壹厘伍毫	该银贰钱玖分柒厘	该银叁钱贰厘伍毫	该银叁钱捌厘	该银叁钱壹分叁厘伍毫	该银叁钱壹分玖厘	该银叁钱贰分肆厘伍毫

木杉	壹每尺长	壹加寸围	贰加寸围	叁加寸围	肆加寸围	伍加寸围	陆加寸围	柒加寸围	捌加寸围	玖加寸围
围壹尺						该银肆厘	该银陆厘	该银柒厘伍毫	该银捌厘	该银玖厘
围贰尺	该银壹分壹厘	该银壹分壹厘伍毫	该银壹分贰厘伍毫	该银壹分伍厘	该银壹分伍厘伍毫	该银贰分壹厘	该银贰分柒厘	该银叁分壹厘	该银叁分柒厘	该银肆分肆厘
围叁尺	该银伍分壹厘	该银伍分肆厘	该银伍分捌厘	该银陆分贰厘	该银陆分伍厘					

按此乃长壹尺之价也执此法而推广之则自尺而丈以至十佰千万皆可指诸掌矣不然则虽寸寸而列之亦何益哉

单板

【单板之法每长一丈阔一尺厚一寸为一个个者片也即今算板之一丈也木有尖削弯扁空朽者计其所欠之数而折除之视板数以减其价但算时须头稍相折大小适中若止以头围为据则稍细而少板又立法初意矣】

木楠	壹每丈长	壹加寸围	贰加寸围	叁加寸围	肆加寸围	伍加寸围	陆加寸围	柒加寸围	捌加寸围	玖加寸围
围叁尺	计柒个伍分	计捌个捌毫	计捌个伍分叁厘叁毫	计玖个柒厘伍毫	计玖个陆分叁厘叁毫	计拾个贰分捌毫	计拾个捌分	计拾壹个肆分捌毫	计拾贰个叁厘叁毫	计拾贰个陆分柒厘伍毫
围肆尺	计拾叁个叁分叁厘叁毫	计拾肆个捌毫	计拾肆个柒分	计拾伍个肆分捌毫	计拾陆个壹分叁厘叁毫	计拾陆个捌分柒厘伍毫	计拾柒个陆分叁厘叁毫	计拾捌个肆分捌毫	计拾玖个贰分	计贰拾个捌毫

木楠	丈长壹	壹加寸围	贰加寸围	叁加寸围	肆加寸围	伍加寸围	陆加寸围	柒加寸围	捌加寸围	玖加寸围
围陆尺	计叁拾个	计叁拾壹个捌毫	计叁拾贰个叁厘叁毫	计叁拾叁个柒厘伍毫	计叁拾肆个壹分叁厘叁毫	计叁拾伍个贰分捌毫	计叁拾陆个叁分	计叁拾柒个肆分捌毫	计叁拾捌个伍分叁厘叁毫	计叁拾玖个陆分柒厘伍毫
围柒尺	计肆拾个捌分叁厘叁毫	计肆拾贰个捌毫	计肆拾叁个贰分	计肆拾肆个肆分捌毫	计肆拾伍个陆分叁厘叁毫	计肆拾陆个捌分柒厘伍毫	计肆拾捌个壹分叁厘叁毫	计肆拾玖个肆分捌毫	计伍拾个柒分	计伍拾贰个捌毫

续表

玖加寸围	捌加寸围	柒加寸围	陆加寸围	伍加寸围	肆加寸围	叁加寸围	贰加寸围	壹加寸围	丈长壹	木楠	玖加寸围	捌加寸围	柒加寸围	陆加寸围	伍加寸围	肆加寸围	叁加寸围	贰加寸围	壹加寸围	壹每丈长	木楠
计陆拾陆个捌毫	计陆拾肆个伍分叁厘叁毫	计陆拾叁个柒厘伍毫	计陆拾壹个陆分叁厘叁毫	计陆拾个贰分捌毫	计伍拾捌个捌分	计伍拾柒个肆分捌毫	计伍拾陆个叁厘叁毫	计伍拾肆个陆分柒厘伍毫	计伍拾叁个叁分叁厘叁毫	围捌尺	计贰拾玖个捌毫	计贰拾捌个叁厘叁毫	计贰拾柒个柒厘伍毫	计贰拾陆个壹分叁厘叁毫	计贰拾伍个贰分捌毫	计贰拾肆个叁分	计贰拾叁个肆分捌毫	计贰拾贰个伍分叁厘叁毫	计贰拾壹个陆分柒厘伍毫	计贰拾个捌分叁厘叁毫	围伍尺

伍加分玖寸	玖加寸围	伍加分捌寸	捌加寸围	伍加分柒寸	柒加寸围	伍加分陆寸	陆加寸围	伍加分伍寸	伍加寸围	伍加分肆寸	肆加寸围	伍加分叁寸	三加寸围	伍加分贰寸	贰加寸围	伍加分壹寸	壹加寸围	伍加分围	丈长壹	木杉
															计柒分伍厘贰毫捌忽	计陆分柒厘伍毫	计陆分贰毫捌忽	计伍分叁厘叁毫叁丝叁忽	计肆分陆厘捌毫	围柒寸伍分
计伍叁忽个壹分陆厘捌毫柒丝	计叁个捌毫叁丝叁忽	计贰个捌分伍厘贰毫捌忽	计贰个柒分	计贰个伍分伍厘贰毫	计贰个肆分捌厘叁毫叁丝	计伍贰忽个贰分陆厘捌毫柒丝	计叁贰忽个壹分叁厘叁毫叁丝	计贰个贰毫捌忽	计壹个捌分柒厘伍毫	计壹个柒分伍厘贰毫捌丝	计壹个陆分叁厘叁毫	计伍壹忽个伍分壹厘捌毫柒丝	计壹个肆分捌毫叁丝叁忽	计壹个 叁分贰毫捌忽	计壹个贰分	计壹个壹分贰毫捌忽	计壹个捌毫叁丝叁忽	计玖分壹厘捌毫柒丝伍忽	计捌分叁厘叁毫叁丝叁忽	围壹尺
计柒个贰分伍厘贰毫捌忽	计柒个捌毫叁丝叁忽	计丝陆伍个忽柒分陆厘捌毫柒	计丝陆叁个忽伍分叁厘叁毫叁	计陆个叁分贰毫捌忽	计陆个柒厘伍毫	计伍个捌分伍厘贰毫捌忽	计伍个陆分叁厘叁毫	计丝伍伍个忽肆分壹厘捌毫柒	计伍个贰分捌毫叁丝叁忽	计伍个贰毫捌忽	计肆个捌分	计肆个陆分贰毫捌忽	计肆个肆分捌毫叁丝叁忽	计丝肆伍个忽贰分壹厘捌毫柒	计肆个叁厘叁毫叁丝叁忽	计叁个捌分伍厘贰毫捌忽	计叁个陆分柒厘伍毫	计叁个伍分贰毫捌忽	计叁叁忽个叁分叁厘叁毫叁丝	围贰尺

慨自六艺教废数学之不讲久矣虽荐绅学士鲜或习之殊不知画象而易道章推步而干度著皆是数之用也况其小者耶宋公单板之法肇制立轨俾船料之盈缩物价之增损咸有准焉岂直利一时已哉然考其法不过围长相乘一二归除皆昔人之成法也而寥寥乎莫有倡明之者噫岂郑夹漈所谓小学不传已久见者不无疑骇与

杂料

一木材

川杉木　川杉连二枋　川杉连三枋【侧黄船用近因川杉木无买题准用楠木代】

杉木　杉木桅心　杉木橹【桅橹之木俱用头尾相等故价亦视杉木稍加】　杉槁【小者】　楠木　松木　榆木【舵杆】　樟木 檀木　白杨木【俱车旋桅饼玲珰等用】　杂木　栗木【桨把】　木柴

二竹货

猫竹　筀竹　水竹　苦竹【龙笛用】　箬　芦　白藤　黄藤　棕毛　芦席

三五金

熟铁　生铁　铁钉【大中小】　铁事件【攀钩之类】　铁锚　铁锅　铁灶　响铜　熟铜【红黄二色】　金箔　花锡　硼砂

四五采

光粉　黄丹　水花朱　银朱　二朱　番朱　红土　藤黄　石黄　合碌　三碌　靛花　枝条碌　铜青　密陀僧　墨煤

五麻

白麻　黄麻【即地课所收少则收买】　络麻【海船用】　苘麻【快船用】

六油

桐油　香油【漆作用】　猪油【摆锡用】　鱼油【贮内库海船用】

七灰炭

石灰【艌作用】　瓦灰【漆作用】　搀缸灰【染作用】　木炭　煤炭　稻皮　麦稳【铸作用】

八皮毛

生血水牛皮　生挣水牛皮　红真皮　红鹿皮　皮条【桨用】　茜红火把缨　黑缨　水胶　蛔殼

九丝布

黄熟官绢　黄生官绢　白绵布　黄绵布　青绵布　红绵布【俱旗幞用】苎布　白绵【俱漆作用】　青绵纱【穿椅】　青丝线　黄丝线　大红熟丝线　绿丝线　生丝左线　大红绒　白麻线

十漆染

生漆　熟漆　点漆　白面　靛青　苏木　槐花　土子　明矾　猪胰子

卷六·孚革志

革之九三征凶贞厉革言三就有孚革岂易言乎哉议之迨三众孚而后可革也躁则凶厉从之圣人应天顺人未占有孚禅伐之代兴忠质之异尚宽猛之互施凡以救敝也适治之路弗可易已弊之嫉也斤芟而更树之惑莫甚焉夫弊也者非能自为之也犹垢之于服也丽服以生可澣而不可绝也故禁虽备弗能悉奸犹虽远弗能任后亦势然也厂为百需所萃弊兹猬兴而屡经厘剔政亦罟焉数矣然不能俾之弗弊也去泰去甚焉尔矣周咨爰度非岁月不能悉了未究其所由来而徒欲祛之使去将无凶厉之咎乎乃志孚革

律己之弊有五

一曰慎任使夫官非士流则自爱者寡敛财程工咸须亲为裁制毋轻委任以滋弊端苟委非其人即不至相欺为奸而彼之智识有所不逮亦适以启奸而容蠹矣胥隶匠作尤宜临时点差庶乎买嘱之弊可少革也

二曰杜请托夫厢民既无恒产率多贫弱能不累于衣食者仅什一耳若以请托之故劳逸不均轻重易置不惟怨讟繁兴而守道守官均有所未安也

三曰平市价夫分司去市稍远凡有市易率委诸直月厢长苟不戢御僮仆至或损其价值则赔补之累必有所归日积月累其何以堪是不可不慎也

四曰略势分夫厢民虽附籍京师然世居草野朴陋特甚虽作头日役于官亦与各局院者不同苟御之以术震

之以威虽有迫切之情不复能自鸣矣恩威兼著情法并行使彼畏我而不敢欺爱我而不忍欺万一情有冤抑事有窒碍亦须为之禀堂曲为区处无俾失所如是则自然乐于趋事而大有功矣

五曰察扣减夫工匠执役于官晨出暮归岂真有奉公之义哉为糊口计也兴工之初工食未领先称贷以自给工完支银计其出息十已损二矣而府史胥徒蚕食于公门者又方聚喙而睁目焉故匠工之所得者仅十之六七耳此之不戢其伤实多迩因查访既明痛加禁革冀得少祛一二但恐以石压草石去旋生能时加之意或庶乎其可也

收料之弊有八

一曰烛容隐尝闻往时船料派征畿内郡邑商人上木于厂给文径往关之无侯价之劳其利颇丰贿嘱量木人役即有空损容隐不举时单板未立原料率多宽盈故匠役亦乐从之今屡经振刷稽考严密然未能保其尽无也

二曰预储蓄夫大筏之来俱在春夏水涨时至秋冬则商贾屏迹若不于此时多买以备一年之用即有紧急不能集事不可不知

三曰戒滥恶夫水楠大叶楠皆楠也然不若香楠为美清流木色白理疏而易朽均称为杉又尾削则料少弯扁则不中于用兵部收买楠木大者至围七八尺围不及三尺者弃而不售本部虽欲围四尺者亦不易得故板狭缝多而船不固竹有大小其价随以高下铺户率以小者充数收者取盈而止殊不知匠作不敷则料计时必旋添以足之若能拣选大者可省十之二三矣芦虽取之抽分共美恶之不同亦犹竹之有大小也支到者往往细弱不堪匠作买蓬以代之绵布阔一尺八寸与黄绢俱长三丈二尺为一疋若狭不中度损其长以补之棕麻贵干湿则重而易朽浊贵清多滓则不真又天寒经冻则入舱不固铁有精粗以尤溪者为最本厂原有定规每铁百斤出钉六十五斤但新旧杂揉藏带易而防范难小匠率有盗窃之弊凡此皆不可不察也

四曰谨权度围篾丈尺俱有本部原定式样及量衡号烙皆须收贮分司临时验发用毕交收不时查勘以防挪移加损

五曰禁需求商铺人等赴厂纳料候至工完方得领价最为可悯验收时若信下人留难适启需求之路但亲为查验不许稽延将不禁而自止矣

六曰量贴役铸户一名率小户数名贴之其为首者每遇衙门派办物料即分派小户出贴夫物价在官未有弃而不支者所当贴者不过送纳之脚钱与官价比时价或有不敷耳又其甚则领价稽迟所赔之利息尔乃欺其愚弱并物价而均派之稍不如意往往告追当事者急于取料不得不徇其求而不知贫民之受困者多矣

七曰稽抵换会有物料赴抽分场支用相去既远抵换之弊不可不防若木植则先差吏赴场印号支回验而入之

八曰惩勒措作头赴场支料该场看守人役有指索出场常例纸扎钱者商铺上料赴部支价吏胥索赂辄停阁累月夫作头自备脚价以运官物铺户先纳料而后领银中间既有折阅之忧乃复有此人何以堪严禁而痛绝之可也

造船之弊有十

一曰板薄夫板之厚薄每船俱有定式载在船书但自单板法行料算精密匠作有折阅之忧率减薄以足之承沿已久恬不为意须于锯时用时亲诣稽查务求如式又雇募小匠习用营造小尺以致混乱成法亦须不时较勘

二曰钉稀一尺三钉原有成规作头不能防闭小匠之窃取致有不足则其用之必省然畏于查验故钻孔虽密入钉则疎一经舱过无复可辨此须责之舱作毋得互相容隐犯者一体处治又乘未舱时随意检阅庶可革其一二尔

三曰不精夫造船之工唯油舱为最要油舱不固虽板厚木坚水一入而朽随之矣然油舱欲固又在灰麻如法舂灰者心须宽力须猛心不宽则入油太骤而不纯力不猛则不得成胎少弛即败弃矣撕麻须细今帮军不至作头雇人充役率以速了为幸岂肯尽心如此哉油漆丰啬亦各有宜油不啬则木不受而多皱漆不丰则不泽瓦灰入油少则未久而剥落凡此类者皆不精之过可以触而长也

四曰不式夫船之制虽不同大小广狭皆有成式但造完时不曾覆量故有船名同料同而长短不同者此因袭

之弊也至于黄船则又甚焉小者比之大者而反宽四百料者比之一百料者而反窄恐传之愈久而愈失其真矣

五曰故板夫拆船旧板虽例充本船改造三分之料然破朽有多寡则旧料有盈缩若破朽不甚是三分为有余新板七分须随时斟酌给用否则新板既盈人情不乐于用旧皆弃而归之木楂矣

六曰省舱匠作视船为官物无诚心体国之义如闷头之内厰堂之下查看所不及虚稍等处波涛所不至者皆舱其外而遗其中或全略而不舱以为是无害焉而不知舱而不履则一经振动灰皆脱落水即入之安得不朽此既先朽彼亦安能独固耶尝试观黄船有小甲以监造每至三十余年尚堪撑驾而操船之坏常不及修造之期使能查仿黄船事例每船定委一官或旗甲看管不得屡易修造时即令本人赴厂监察各匠完时亲领归营看守损坏者有罚如是而船之不固者未之有也

七曰稽延本厂造船唯预备黄船有罩蓬余皆无之故兴工之后日暴雨浥在所不免若非严限速完则船未入水而已先受损矣

八曰克减凡造船所用料物皆有定数若完时不为查验渐归短小日积月累将有不堪之忧如旗幕布绢须量算丈尺绳索棕麻须秤计斤数又就其中量除折耗则情法皆宜公私两便矣举此二者余可类见

九曰揹诈夫船之必求坚固者虽以为国而于身谋亦未尝不便近来匠作既图苟且监督者忽而不察船既不能如式安得不启小人之揹诈乎故预备船改造时至有一板一木之不精旗甲执勒所得至十余金者苟不遂其欲则动以上用为词多方恐吓必济而后已承袭既久肆行无畏近事可惩后图宜慎战巡船虽无此弊而躔验之时匠作亦有所费夫使船不如式则彼虽不言而庸免于后事之忧曷若劳心于初使彼无所用其诈乎虽小人贪得之风或不能顿革能先簿正器亦君子挽回末俗之一机也

十曰赔补兵部政册内每船杂工不下百数如车船起侧落墩出水之类皆计工给银匠作乐于趋事而无苟且之心本厂每一大船出入至用二三百工然料计时止算正工凡诸杂工悉倚办于帮军夫帮军即使尽至多不过三四十人耳况未必至乎又原料正工既经刊定榜例而后来监督者率以节省为能日减月缩作头赔补之累至今日可谓极矣苟非变通而优恤之不惟厢民之日贫而欲求船之如式也不亦难哉

收船之弊有二

一曰验器物通州预备船备御用也未经御用则器物不应先自损坏先自损坏者非管船旗甲僭用破损则造作之不固也操船既经五年风蓬之类难以责其不坏唯件数不可缺耳

二曰查板片新江口送到船只往往未及修造之期先已破碎沉水板木欠少畏于追赔剧□□□匠作为之容隐又挨至水涸之时驾送到厂□□□小桥就于水次拆卸此令一行则小人之计遂矣况战船装修制度多与常船不同即有欠少非曾经造过者不能悉知匠作既受其嘱又何从而稽其全缺也

佃田之弊有三

一曰转佃提举司田地止是召人承佃岁办油麻初无取价之例有等奸人将佃帖私卖与人买者承其旧名以输岁课相沿成风于是无无价之田矣此弊虽不可顿革亦须时时查访惩一警百渐次而消息之可也

二曰霸佃油麻田地如卫所屯田止应军人承佃但提举司匠户贫困者多每遇召佃之时率为豪家所霸况本厂作坝车水之役皆倚诸佃户豪家佃田莫肯赴役则小民独受其累又油麻不以时纳至经岁拖欠使小民效尤深为不便

三曰官佃旧因提举无薪皂之资将油麻田地七十余亩与彼耕种除纳课外藉其余利以给家口此例不知始于何时但一官既去辄为吏胥所卖新官到任乃复取回屡兴词讼今已禁革改召厢民有力者承佃后来者不许仍蹈前弊况每岁油麻既属该司掌收则此田之课纳与不纳亦无从考事关钱粮迹涉嫌疑不可不远也

看守之弊有二

一曰惩玩 惕厂寄城外又官多交承防范之规废弛特甚其仅存者看守之役而已然偷安嗜利人情所同偷安则巡徼不以时嗜利则通同之弊日滋苟非时时申饬悬重法以惧之严检阅以察之欲无侵渔之患也难矣

二曰汰老弱看料之人厢民每月赡其工食下之人非无故而养之上之人非无故而优之也亦曰厂为百需所萃将恃此无失耳奈庸懦衰老之徒藉以为终焉之计而巡徼之责漫不加意甚者以患失为心惮于致怨保奸容寇无所不至噫畜猫捕鼠岂以无鼠而畜不捕之猫乎

愚因志乎革深究船政之由蠹得其大端二焉成之太艰而毁之太亟也夫战舰自裁革之后仅止二百只以常期计之每岁所当修造者不过各二十只耳然工役之兴靡有宁日是何其成之之难若此耶盖迟速无期勤怠莫别于是愒日避劳者得行其私而一船之工至有经岁未报者及其归诸营也典守者五日辄一易焉故物无常主莫加爱慎人无固志盼盼焉惟候代之不暇而莫任其朽敝之责风雨所侵波涛所触虽欲无毁不可得已

尝观国初彭蠡之战舳舻千艘然不闻其成造之难也今修造之费岁且巨万监督之寄已有专属矣乃者江防小警辄有缺乏之忧至以马船充数噫是将孰执其咎哉揆厥弊原端在于此此之不革而徒区区于末恐于船政未见其益也

尝欲合战舰之数量其大小难易均为十班每班二十只每岁定限修造各一班岁终不竣事者有罚则当事者各务举其职业莫敢旷矣工孰有逾期者乎而又通计水军之数授以水操之船随船大小以为军之众寡每船设一甲以统之十船为一联因以寓部伍之法有事而出各乘其所授之船人不得越船船不得离次违者罪之敝者罪之有故然后更之则军之视船也如其室然身所庇也又安肯坐视其损破而不一加之意哉然一船之作也必具奏待报乃敢兴事而分授之令则又属之操江衙门皆非可得而擅革者

呜呼易穷则变变岂圣人之得已哉桑弘羊王安石皆不忍时事之弊起而更张之卒犯众喙死有余戮自今观之海内虚耗经费匮乏举朝莫为之所二子者盖有激焉欲以济时艰纾国恤特其自信太过未达于乎革之义焉耳使智虑不逮二子遂欲嘐嘐焉以变法更化为倡吾惧其咎之滋甚也

卷七·考衷志

盖尝博征典籍历骋中古灼知船务者前称陶刺史后称刘度支卓乎尚矣及考其综理之密不遗于竹头木屑君子曰士行之精敏其集事而裕国也宜哉至每船给钱千缗虽损半犹可以办则又曰何士安之阔略乃若此耶晋承旷荡之余威网宽简非明作罔以就功唐祚中兴政惟永图惇大成裕固其所也夫创制者必稽其终师古者不泥其迹故曰道有升降政由俗革益之损之酌时而趋变者善为理者也史称晏之法至咸通中已为极敝矧今船肆之辟历年将三倍于兹乃欲循故辙胶往调以求理即使陶刘复生曷以善其后哉传曰铢铢而称之至石必差寸寸而度之至丈必舛言贵操其要也船书之设诞而寡核船纪之作漫而靡归窃欲持盈缩之准烛良苦之岐而不使少进退焉是岂易言哉揆诸故而已矣作考衷志

黄船	弘治十六年榜例
预备大【叁肆百料同】	贰千伍百伍拾捌工伍分该银柒拾陆两柒钱捌分伍厘【船木作柒百捌拾工 锯作贰百贰拾伍工 装修作叁百壹拾工 雕銮作伍拾捌工 锯作柒拾肆工 艌作叁百工舂灰撕麻 扯钻肆拾叁工伍分 铁作壹百叁拾工 上铁作贰拾柒工伍分 蓬作玖拾壹工伍分 索作柒拾肆工 上索作壹工伍分 缆作贰拾玖工伍分 竹作贰拾工伍分 油漆作壹百叁拾叁工 五墨作叁拾贰工伍分 妆銮作捌工 抹金作肆工 旗作陆工 鼓作陆工 蜊壳作贰拾叁工伍分】
南京大【叁肆百料同】	壹千贰拾贰工该银叁拾两陆钱陆分【船木作并扯钻抬板共叁百柒拾伍工 锯作壹百贰拾工 装修作壹百肆拾伍工 雕銮作壹拾叁工 锯作贰拾伍工 艌作壹百壹拾伍工 撕麻舂灰贰拾工 铁作肆拾伍工鍹打柒工 蓬作叁拾伍工 索作叁拾工 缆作拾肆工 竹作贰拾工 油漆作拾捌工 五墨作陆工 妆銮作贰工 旗作陆工 蜊壳作柒工 缨作壹工 旋作贰工 染作拾贰工 摆锡作壹工】

稍食

南京小【贰百料匾浅以下俱同】

玖百叁拾肆工该银贰拾捌两贰分【船木作贰百玖拾捌工锯作壹百叁拾工 装修作壹百陆拾工 雕銮作伍拾工 锯匠伍拾工 艌作壹百壹拾伍工 铁作鐣打柒工 蓬作叁拾伍工 索作叁拾贰工 缆作拾陆工 油漆作叁拾贰工 五墨作捌工 妆銮作贰工 旗作叁工 蛎壳作柒工 缨作壹工 旋作贰工 染作肆工 摆锡作壹工 双线作壹工 余买办不料】

船书

【缨作贰工伍分 旋作伍工 染作壹百叁工 裁缝作玖工伍分 摆锡作壹工伍分 双线作贰工 绦作肆工 穿椅作陆工 桶作拾贰工伍分 铜作贰拾壹工伍分 响铜作拾肆工 铸作伍工】

【双线作壹工 铜作贰工】

玖百贰拾柒工该银贰拾柒两捌钱壹分【船木作并扯钻抬板共叁百陆拾伍工】

捌百陆拾陆工肆分该银贰拾伍两玖钱玖分贰厘【船木作叁百工】

【锯匠壹百壹拾工 装修作壹百叁拾伍工 雕銮作叁拾工 锯匠贰拾伍工 艌作壹百叁拾叁工 舂灰撕麻拾工 铁作鐣打伍工 蓬作叁拾贰工 索作叁拾伍工 缆作拾贰工 竹作玖工 油漆五墨二作拾陆工 妆銮作贰工 旗作陆工 蛎壳作伍工 余买办不料】

【锯匠壹百壹拾伍工 装修作壹百伍拾工 雕銮作叁拾工 锯匠叁拾工 艌作壹百壹拾工 铁作打钉贰拾肆工肆分 鐣打陆工 蓬作叁拾贰工 索作贰拾柒工 缆作拾叁工 油漆五墨二作贰拾壹工 妆銮作壹工 旗作贰工 蛎壳作伍工 余买办不料】

一案

贰千肆百柒拾叁工柒分该银柒拾肆两贰钱壹分壹厘【嘉靖二十五年造肆百料船】

【雕銮作锯匠
舂灰撕麻扯钻
蓬作上索作
缆作竹作
五墨作妆銮作
抹金作旗作
鼓作蚌壳作
缨作旋作
裁缝作摆锡作
双线作绦作
穿椅作桶作
铜作响铜作】

玖百贰拾柒工捌分该银贰拾柒两捌钱叁分肆厘【嘉靖二十七年造钟胜肆百料船】【船木作锯匠
雕銮作锯匠
艌作舂灰撕麻
蓬作缆作
竹作油漆作
五墨作妆銮作
蚌壳作俱同船书
装修作壹百贰拾工
索作叁拾工
铁作贰拾贰工捌分
錠作伍工】

玖百壹拾柒工该银贰拾柒两伍钱壹分【嘉靖二十三年造杨川关贰百料船】

【雕銮作妆銮作
旗作俱同船书
艌作蓬作
缆作五墨作
蚌壳作俱同榜例
船木作叁百陆工
锯匠壹百贰拾贰工装修作壹百陆拾陆工
锯匠伍拾叁工
铁作钉买办錠打柒工
索作贰拾陆工
油漆作贰拾叁工
余买办不料】

【铸作俱同榜例
船木作柒百玖拾工
锯匠贰百贰拾陆工伍分
装修作叁百伍工
艌作贰百玖拾肆工
铁作壹百壹拾捌工
上铁作拾贰工柒分
索作柒拾工
油漆作壹百叁拾贰工伍分
染作肆拾叁工】

【旗作肆工
余买办不料】

二案

贰千伍百零玖工该银柒拾伍两贰钱柒分【嘉靖二十八年造肆百料】

【船木作锯匠
装修作雕銮作】

捌百叁拾壹工该银贰拾肆两玖钱叁分【嘉靖三十一年造许和亮叁百料】

【船木装修锯匠
雕銮作 蓬作】

柒百柒拾壹工该银贰拾叁两壹钱叁分【嘉靖三十年造】【蓬作
索作缆作 妆銮作】

【锯匠艌作
舂灰撕麻扯钻
蓬作索作
上索作缆作
竹作油漆作
五墨作妆銮作
抹金作旗作
鼓作蜊壳作
缨作旋作
栽缝作摆锡作
双线作绦作
穿椅作桶作
铜作响铜作
铸作俱同一案
铁作壹百贰拾肆工
上铁作贰拾肆工
染作陆拾壹工】

【缆作竹作
旗作蜊壳作
俱同一案
船木作贰百玖拾伍工
装修作壹百伍拾叁工
艌作壹百壹拾工
索作贰拾捌工
油漆五墨共壹拾捌工
余买办不料】

【蜊壳作俱同一案
船木作贰百伍拾叁工
锯匠壹百柒工
装修作壹百伍拾叁工
雕銮作贰拾肆工
锯匠叁拾工
艌作壹百工
铁作鐟打柒工
油漆作拾贰工
五墨作伍工
旗作壹工
余买办不料】

叁案

贰千肆百贰拾柒工伍分该银柒拾贰两捌钱贰分伍厘【嘉靖三十一年造叁百料】
【船木作雕銮作
上索作妆銮作
抹金作鼓作
缨作旋作
摆锡作双线作
绦作穿椅作
响铜作俱同榜例
索作同一案
染作同一案
船木作锯匠贰百贰拾工
装修作贰百玖拾叁工】

捌百伍拾捌工该银贰拾伍两柒钱肆分【嘉靖三十一年造周瑚肆百料】
【雕銮作锯匠
撕麻舂灰蓬作
索作缆作
竹作装銮作
旗作蜊壳作
俱同二案
船木作叁百贰拾伍工
锯匠壹百工
装修作壹百叁拾伍工艌作壹百贰拾工
铁作鐟打伍工
油漆五墨作共壹拾陆工余买办不料】

捌百贰拾工该银贰拾肆两陆钱【嘉靖三十二年造葛原壹百料】
【蓬作缆作
油漆作五墨作
妆銮作旗作
蜊壳作俱同船书
船木作贰百捌拾伍工
锯匠壹百肆工
装修作壹百肆拾工
雕銮作贰拾捌工
锯匠贰拾捌工
艌作壹百肆工伍分
铁作贰拾肆工伍分
鐟打陆工
索作贰拾陆工】

战船	
肆百料座船	【锯匠柒拾工 舱作贰百捌拾捌工 舂灰撕麻扯钻肆拾叁工 铁作壹百壹拾贰工 上铁作贰拾肆工 蓬作捌拾捌工 缆作贰拾柒工 竹作贰拾工 油漆作壹百叁拾工 五墨作叁拾工 旗作肆工 蜊壳作贰拾叁工 裁缝作捌工 桶作拾贰工 铜作贰拾工 铸作拾工】
贰百料	
壹百伍拾料	【余买办不料】

弘治十六年榜例	
	贰千肆百捌拾柒工壹分该银柒拾肆两陆钱壹分 【船木作捌百伍拾工 锯匠贰百伍拾工 装修作叁百陆拾伍工 雕銮作柒拾玖工 锯匠肆拾工 舱作叁百肆拾叁工陆分 铁作壹百玖拾伍工伍分 上铁作拾柒工 蓬作捌拾玖工 索作陆拾贰工伍分 缆作拾捌工伍分 油漆作陆拾陆工伍分 五墨作叁拾工】
	壹千工该银叁拾两 【船木作叁百壹拾工 锯匠壹百壹拾工 装修作壹百伍拾工 锯匠陆拾伍工 舱作壹百叁拾肆工 铁作柒拾工 蓬作伍拾伍工 索作叁拾叁工 缆作柒工 油漆作拾工 五墨作拾壹工 旗作拾工 鼓作叁工 蜊壳作叁工 缨作壹工 旋作叁工】
	柒百伍拾壹工该银贰拾贰两伍钱叁分 【船木作贰百柒拾工 锯匠壹百壹拾工 装修作捌拾工 锯匠肆拾工 舱作壹百工 铁作肆拾捌工 蓬作贰拾玖工 索作贰拾壹工 缆作柒工 油漆作拾壹工 五墨作玖工 旗作贰工伍分 鼓作叁工 蜊壳作贰工 缨作壹工】

【旗作玖工伍分
鼓作伍工
蜊壳作肆拾柒工
缨作贰工
旋作伍工
染作肆工
摆锡作叁工
双线作陆工】

【染作贰拾伍工
双线作壹工】

【旋作壹工
染作拾伍工
双线作壹工伍分】

船书

柒百零壹工伍分该银贰拾壹两肆分伍厘【船木作船木锯匠
艌作索作
缆作油漆作
五墨作旗作
蜊壳作俱同榜例
装修作捌拾叁工
装修锯匠肆拾壹工】

【铁作鐙打拾贰工
蓬作叁拾叁工
余买办不料】

壹案

贰千肆百柒拾壹工该银柒拾肆两壹钱叁分【嘉靖十七年造】
【船木作船木锯匠
雕銮作装修锯匠
上铁作蓬作
索作油漆作
五墨作旗作
鼓作蜊壳作
缨作旋作
染作摆锡作
双线作俱同榜例
装修作叁百陆拾肆工
艌作叁百肆拾叁工】

玖百贰拾玖工该银贰拾柒两捌钱柒分【嘉靖十八年造】
【船木作装修作
装修作锯匠
蓬作索作
缆作油漆作
五墨作旗作
蜊壳作缨作
旋作染作
双线作俱同榜例
船木作锯匠壹百零贰工
铁作鐙打柒工
鼓作贰工】

陆百玖拾玖工该银贰拾两玖钱玖分【嘉靖十五年造】
【船木作艌作
索作缆作油
漆作五墨作
旗作蜊壳作
俱同船书
装修作装修锯匠
蓬作缨作
旋作染作
双线作俱同榜例
船木锯匠壹百贰工
铁作鐙打柒工】

	贰案
【铁作壹百捌拾工伍分 缆作拾捌工】	贰千壹百柒拾贰工该银陆拾伍两壹钱陆分【嘉靖三十一年造】 【船木作船木锯匠 装修作雕銮作 装修作锯匠俱同一案 舱作叁百柒拾工 铁作鏇打玖工 上铁作拾陆工 蓬作陆拾工 索作陆拾工 缆作拾伍工 油漆作伍拾工 五墨作贰拾柒工 旗作拾工】
【余买办不料】	捌百捌拾工该银贰拾陆两陆钱肆分【嘉靖二十一年造】 【装修作装修锯匠 索作油漆作 五墨作蚓壳作 俱同一案 船木作叁百贰拾贰工 船木锯匠壹百肆拾工 舱作壹百叁拾伍工 铁作鏇打玖工 蓬作装扎叁工 旗作柒工 余买办不料】
【余买办不料】	柒百零陆工伍分该银贰拾壹两壹钱玖分伍厘【嘉靖二十二年造】 【船木作舱作 装修作装修锯匠 索作缆作 油漆作五墨作 旗作蚓壳作 俱同一案 铁作鏇打拾贰工 船木锯匠壹百壹拾工 蓬作叁拾捌工 余买办不料】

	叁案
【蚓壳作贰拾贰工 余买办不料】	
	捌百柒拾贰工该银贰拾陆两壹钱陆分【嘉靖三十一年造】 【装修作装修锯匠俱同二案 船木作叁百贰拾工 船木锯匠玖拾伍工 舱作壹百叁拾工 铁作鏇打玖工 蓬作肆拾工 索作叁拾工 缆作陆工 油漆作捌工 五墨作拾工 旗作柒工 蚓壳作贰工】
	陆百肆拾柒工伍分该银壹拾玖两肆钱贰分伍厘【嘉靖三十年造】 【缆作蚓壳作 俱同二案 船木作贰百伍拾工 船木锯匠捌拾伍工 装修作柒拾捌工 装修作锯匠叁拾肆工 舱作玖拾伍工 铁作贰拾伍工伍分 蓬作叁拾壹工 索作贰拾工 油漆作拾工 五墨作捌工】

	战船	弘治十六年榜例
	壹百料	肆百玖拾工该银壹拾肆两柒钱【船木作壹百肆拾玖工 船木锯匠壹百工 装修作并锯匠柒拾壹工 艌作伍拾柒工 铁作肆拾贰工 蓬作贰拾陆工 索作贰拾壹工 缆作肆工 油漆作伍工 五墨作肆工 旗作贰工】
【余买办不料】	三板船	贰百伍拾陆工陆分柒厘该银柒两柒钱【船木作捌拾工 船木作锯匠肆拾捌工 艌作叁拾贰工 铁作叁拾叁工陆分柒厘 蓬作贰拾伍工 索作贰拾壹工 缆作伍工 油漆作叁工 五墨作叁工 旗作贰工 缨作半工】
【旗作贰工 余买办不料】	划船	贰百肆拾陆工陆分柒厘该银柒两肆钱【船木作陆拾伍工 船木作锯匠伍拾工】

	船书
【蜊壳作叁工 缨作壹工 旋作壹工 染作叁工 双线作壹工】	肆百伍拾壹工该银壹拾叁两伍钱叁分【船木作船木锯匠 艌作索作 缆作油漆作 五墨作旗作 俱同榜例 装修作伍拾贰工 装修锯匠贰拾贰工 铁作錠打拾工 蓬作贰拾叁工 蜊壳作贰工】
【旋作壹工 染作贰工 双线作半工】	贰百叁拾贰工该银陆两玖钱陆分【船木作船木锯匠 艌作蓬作 索作缆作 油漆作五墨作 旗作俱同榜例 装修作伍工 铁作捌工】

续表

船书	贰百壹拾玖工该银陆两伍钱柒分【船木作陆拾伍工 船木锯匠伍拾贰工 装修作伍工 艌作叁拾贰工 铁作鐘打捌工 蓬作贰拾叁工 索作贰拾壹工 缆作伍工 油漆作叁工 五墨作叁工】	
壹案	肆百肆拾捌工该银壹拾叁两肆钱肆分【嘉靖二十年造】【船木作船木锯匠 铁作艌作 蓬作索作 缆作油漆作 五墨作旗作 蚋壳作俱同船书 装修作并锯匠柒拾壹工 余买办不料】	【余买办不料】
	贰百叁拾工该银陆两玖钱【嘉靖十五年造】【船木作艌作 缆作油漆作 五墨作旗作 缨作旋作 染作双线作 俱同船书 船木锯匠肆拾工 装修作肆工 铁作鐘打伍工 蓬作贰拾叁工 索作拾玖工】	
	贰百肆拾壹工该银柒两贰钱叁分【嘉靖十六年造】【船木作艌作 油漆作五墨作 旗作俱同船书 船木锯匠肆拾柒工 装修作肆工 铁作叁拾工肆分 蓬作贰拾伍工 索作拾玖工 缆作伍工陆分 缨作半工 旋作壹工 染作叁工 双线作半工】	【旗作贰工】

贰案	叁案
	肆百贰拾陆工该银壹拾贰两柒钱捌分【嘉靖三十二年造】
贰百叁拾贰工该银陆两玖钱陆分【嘉靖二十二年造】【船木作艌作 缆作油漆作 五墨作旗作 俱同一案 船木作锯匠 装修作铁作 蓬作索作 俱同船书 余买办不料】	贰百壹拾贰工该银陆两叁钱陆分【嘉靖三十年造】【装修作索作】
贰百壹拾捌工该银陆两伍钱肆分【嘉靖二十二年造】【船木作艌作 油漆作五墨作 旗作俱同一案 装修作船木锯匠 铁作蓬作 索作俱同船书 缆作肆工 余买办不料】	壹百玖拾捌工该银伍两玖钱肆分【嘉靖三十年造】【装修作油漆作】

	巡船	榜例
【船木作船木锯匠 装修作装修锯匠 铁作艌作 索作油漆作 五墨作旗作 蜊壳作俱同二案 蓬作扎挽贰工 余买办不料】	肆百料座船	
【油漆作缆作 旗作俱同一案 船木作柒拾伍工 船木锯匠肆拾工 铁作鐟打柒工 艌作叁拾工 蓬作贰拾肆工 五墨作贰工 余买办不料】	贰百料巡船	
【旗作俱同二案 船木作陆拾工 船木锯匠肆拾贰工 铁作鐟打柒工 艌作叁拾工 蓬作贰拾肆工 索作壹拾捌工 缆作伍工 五墨作贰工 余买办不料】	贰百料沙船	捌百柒拾工该银贰拾陆两壹钱【船木作叁百贰拾工船木锯匠壹百贰拾工 装修作壹百壹拾捌工艌作壹百壹拾工】

船书	
陆百柒拾壹工陆分该银贰拾两壹钱肆分捌厘【船木作贰百捌拾工 船木锯匠玖拾工 装修作陆拾工】	
	【铁作捌拾叁工伍分 蓬作伍拾贰工 索作叁拾肆工伍分 缆作陆工 油漆作玖工 五墨作玖工 旗作壹工伍分 蜊壳作贰工 缨作半工旋作壹工伍分 染作壹工伍分 双线作壹工】

壹案	
壹千肆百工该银肆拾贰两【嘉靖三年造】【船木作肆百壹拾陆工 船木锯匠贰百工 装修作贰百零肆工 雕銮作肆拾肆工 装修锯匠贰拾叁工 艌作壹百玖拾肆工 铁作壹百壹拾玖工】	
陆百贰拾肆工伍分该银壹拾捌两柒钱叁分伍厘【嘉靖十五年造】【船木作贰百玖拾捌工 船木锯匠玖拾叁工 装修作陆拾叁工 艌作玖拾柒工 铁作鍹打柒工 蓬作肆拾伍工】	【艌作玖拾工 铁作陆拾伍工陆分 蓬作叁拾玖工 索作叁拾贰工 缆作柒工 油漆五墨作共柒工 旗作壹工 余买办不料】
柒百柒拾壹工伍分该银贰拾叁两壹钱肆分伍厘【嘉靖十五年造】【船木作装修作 艌作索作 油漆作五墨作 旗作旋作 蜊壳作染作 缨作双线作】	

贰案		
	壹千玖百伍拾伍工伍分该银伍拾捌两陆钱陆分□厘【嘉靖二十九年造】 【船木作柒百壹拾工 船木锯匠贰百工】	【蓬作伍拾工 索作叁拾伍工 缆作拾工 油漆作叁拾捌工 五墨作拾柒工 旗作捌工鼓作叁工 蜊壳作贰拾陆工 缨作肆工 旋作叁工 染作肆工 摆锡作壹工 双线作肆工】
	柒百壹拾陆工伍分该银贰拾壹两肆钱玖分伍厘【嘉靖十六年造】 【船木作船木锯匠 装修作艌作】	【索作叁拾肆工 缆作柒工 油漆作伍工 五墨作叁工 旗作壹工 缨作壹工伍分 旋作壹工 染作壹工伍分 双线作壹工伍分】
	捌百叁拾捌工该银贰拾伍两壹钱肆分【嘉靖十六年造】 【船木作船木锯匠 装修做艌作】	【俱同榜例 船木锯匠壹百肆工 铁作鍟打玖工 蓬作肆拾伍工 缆作柒工】
叁案		
		【装修雕銮作叁百陆拾肆工 装修锯匠陆拾工 艌作叁百壹拾叁工 铁作柒拾贰工 蓬作陆拾玖工 索作肆拾伍工 缆作拾捌工 油漆作伍拾工 五墨作贰拾工 旗作肆工伍分 蜊壳作贰拾工】
	陆百叁拾陆工该银壹拾玖两捌分【嘉靖三十一年造】 【艌作旗作 俱同船书】	【蓬作索作 缆作油漆作 五墨作旗作 旋作缨作 染作双线作 俱同一案 铁作陆拾伍工】

续表

船名	工料	榜例
叁案	【蓬作索作 缆作油漆作 五墨作旗作 蜊壳作缨作 旋作染作 双线作俱同一案 铁作柒拾叁工伍分】	陆百捌拾叁工伍分该银贰拾两伍钱伍厘【嘉靖三十一年造】【油漆作五墨作】
巡船		榜例
安庆哨船		贰百伍拾贰工该银柒两伍钱陆分【船木作玖拾工】
九江哨船	【船木作贰百柒拾工 船木锯匠捌拾工 装修作伍拾陆工 铁作陆拾肆工 蓬作叁拾伍工 索作贰拾捌工 缆作陆工 油漆作叁工 五墨作叁工 余买办不料】	同安庆号
轻浅利便船	【蜊壳作俱同榜例 铁作同一案 船木作贰百捌拾工 船木锯匠捌拾伍工 装修作捌拾工 装修作锯匠叁拾工 艌作壹百工 蓬作肆拾贰工 索作叁拾工 缆作陆工 旗作壹工伍分 余买办不料】	捌百柒拾陆工该银贰拾陆两贰钱捌分【船木作贰百玖拾贰工贰分叁厘】
船书	【船木锯匠陆拾伍工 装修作柒工 艌作肆拾伍工 铁作鍟打□□ 蓬作拾工 索作拾贰工 缆作伍工 油漆作叁工伍分 五墨作贰工伍分 旗作壹工伍分 缨作壹工 旋作半工 染作贰工 双线作壹工】	

续表

船书	【船木锯匠壹百叁拾陆工叁分捌厘 装修作壹百肆拾壹工贰分柒厘伍 毫 装修锯匠陆拾贰工 艌作壹百肆拾壹工 铁作鍑打拾肆工 蓬作贰拾玖工 索作贰拾玖工 油漆作玖工柒分 五墨作拾工柒分 旗作叁工 鼓作叁工 旋作贰工 缨作半工双线作半工】
	壹案
	贰百贰拾工该银陆两陆钱【嘉靖十 年造】 【船木作艌作 缨作俱同榜例 船木锯匠叁拾捌工 抬板扯钻捌工 舂灰撕麻叁工 装修作叁工铁作柒工 蓬作柒工 索作捌工 缆作贰工 油漆作贰工 五墨作贰工 旗作壹工 染作叁工】
	贰百叁拾贰工该银陆两玖钱陆分 【嘉靖五年造】 【船木作玖拾工 船木锯匠陆拾捌工 艌作肆拾伍工 蓬作柒工 索作捌工 缆作肆工 油漆作贰工 五墨作贰工 旗作壹工 旋作壹工 染作叁工 缨作壹工】
	捌百玖拾捌工该银贰拾陆两玖钱肆 分【嘉靖十三年造】 【旗作鼓作 旋作缨作 双线作俱同榜例 船木作叁百工 船木锯匠壹百肆拾工 装修作壹百肆拾肆工 装修锯匠陆拾肆工 艌作壹百肆拾伍工 铁作拾伍工 蓬作叁拾工 索作叁拾工 油漆作拾工 五墨作拾壹工】

贰案

贰百零肆工该银陆两壹钱贰分【嘉靖二十四年造】

【五墨作旗作
俱同一案
船木作捌拾工
船木锯匠肆拾工
装修作伍工
艌作肆拾工
铁作拾工
蓬作陆工伍分
索作拾叁工伍分
缆作叁工
油漆作叁工
五墨作贰工
旗作壹工
余买办不料】

贰百伍拾贰工该银柒两伍钱陆分【嘉靖十五年造】

【船木作艌作
缨作俱同一案
装修作船木锯匠
铁作蓬作
索作缆作
油漆作五墨作
旗作旋作
染作双线作
俱同榜例】

玖百零伍工柒分该银贰拾柒两壹钱柒分壹厘【嘉靖二十五年造】

【艌作装修锯匠
蓬作索作
油漆作五墨作
旗作俱同榜例
船木作贰百玖拾贰工
船木锯匠壹百叁拾壹工
装修作壹百肆拾工
铁作肆拾玖工叁分
缆作肆工
余买办不料】

湖船

叁案

壹号楼船

壹百捌拾捌工伍分该银伍两陆钱伍分伍厘【嘉靖三十年造】

【蓬作索作
缆作五墨作
旗作俱同二案
船木匠柒拾伍工
船木锯匠叁拾伍工
装修作肆工
艌作叁拾肆工
铁作拾贰工
油漆作贰工伍分
余买办不料】

贰号楼船

壹百捌拾陆工伍分该银伍两伍钱玖分伍厘【嘉靖三十年造】

【五墨作旗作
俱同一案
船木作柒拾伍工
船木锯匠叁拾伍工
装修作肆工
艌作叁拾肆工
铁作拾工
蓬作陆工伍分
索作拾叁工伍分
油漆作贰工伍分
缆作叁工
余买办不料】

平船

榜例	船书	壹案
伍百玖拾玖工该银壹拾柒两玖钱柒分 【船木作壹百捌拾柒工 船木锯匠柒拾伍工 装修作壹百伍拾工 装修锯匠贰拾柒工 艌作陆拾捌工 铁作叁拾工 蓬作拾玖工 索作拾陆工 油漆作贰拾贰工 五墨作伍工】		伍百玖拾玖工该银壹拾柒两玖钱柒分【嘉靖十一年造】
肆百贰拾壹工该银壹拾贰两陆钱叁分 【船木作壹百柒拾工 船木锯匠陆拾伍工 装修作并锯匠伍拾柒工 艌作陆拾伍工 铁作贰拾壹工 蓬作拾捌工 索作拾肆工 油漆作拾壹工】		肆百贰拾壹工该银壹拾贰两陆钱叁分【嘉靖十一年造】
壹百陆拾工该银肆两捌钱 【船木作陆拾工 船木锯匠肆拾捌工 艌作叁拾陆工 撕麻舂灰肆工 蓬作柒工 索作伍工】		壹百肆拾伍工伍分该银肆两叁钱陆分伍厘【嘉靖十一年造】

榜例	船书	贰案
【船木作船木锯匠 装修作装修锯匠 艌作铁作 蓬作索作油 漆作五墨作 俱同榜例】		伍百捌拾贰工该银壹拾柒两肆钱陆分陆厘【嘉靖二十五年造】 【船木作船木锯匠 装修作装修锯匠 艌作油漆作 俱同壹案 铁作贰拾玖工贰分 蓬作拾贰工 索作拾贰工】
【船木作船木锯匠 艌作铁作 蓬作索作 油漆作俱同榜例 装修作肆拾伍工 装修锯匠拾贰工】		肆百零贰工该银壹拾贰两陆分【嘉靖二十五年造】 【船木作船木锯匠 装修作装修锯匠 艌作铁作 油漆作俱同一案 蓬作伍工 索作捌工】

续表

	贰案
【艌作蓬作 俱同榜例 船木作伍拾叁工 船木锯匠贰拾陆工 铁作贰拾工 索作叁工伍分】	壹百陆拾工该银肆两捌钱【嘉靖十七年造】【船木作船木锯匠 艌作春灰撕麻 蓬作索作 俱同榜例】

叁案		榜例	船书	壹案
	肆百料浮桥船			陆百陆拾陆工陆分柒厘该银贰拾两零壹毫【嘉靖五年造】【船木作叁百肆拾工】
	抽分座船			捌百零陆工该银贰拾肆两壹钱捌分【嘉靖二十三年造】【船木作叁百伍拾工】
壹百叁拾柒工捌分该银肆两壹钱叁分肆厘【嘉靖二十五年造】【船木作艌作 俱同榜例 船木锯匠同壹案 铁作拾柒工捌分 蓬作贰工 索作叁工】	金水河渔船			捌拾肆工该银贰两伍钱贰分【嘉靖十一年造】【船木作肆拾伍工 船木锯匠拾叁工】

	贰案
【船木锯匠壹百肆拾工 艌作壹百伍工伍分 铁作伍拾玖工陆分柒厘 索作陆工伍分 缆作捌工 油漆作肆工 五墨作叁工】	肆百玖拾伍工该银壹拾肆两捌钱伍分【嘉靖二十年造】 【船木作叁百工 船木锯匠捌拾工 艌作壹百伍工】
【船木锯匠拾贰工 装修作壹百叁拾工 装修锯匠叁拾工 艌作贰百工 铁作贰拾工 蓬竹作贰拾陆工 索作拾伍工 缆作伍工 油漆作拾工 五墨作陆工 蜊壳作贰工】	柒百玖拾工柒分该银贰拾叁两柒钱贰分壹厘【嘉靖三十二年造】 【装修锯匠蓬竹作 索作缆作 油漆作五墨作】
【艌作贰拾叁工 铁作叁工】	捌拾柒工该银贰两陆钱壹分【嘉靖二十九年造】 【船木作船木锯匠 艌作俱同一案 铁作陆工】

	叁案
【铁作伍工 油漆作叁工 五墨作贰工 余买办不料】	肆百玖拾捌工该银壹拾肆两玖钱肆分【嘉靖三十二年造】 【船木作船木锯匠 艌作铁作 油漆作俱同二案 五墨作伍工 余买办不料】
【蜊壳作俱同一案 船木作贰百玖拾工 船木锯匠壹百工 装修作壹百壹拾陆工 铁作贰拾壹工柒分 艌作壹百陆拾玖工 余买办不料】	

量材

	预备黄船
船纪	船木作 【楠木单板壹千伍百壹拾伍丈壹尺叁寸 川杉木并连贰连叁枋共单板伍百柒拾柒丈伍尺伍寸 头大桅用川杉木贰根 橹拾张用杉木伍根 旗哨招杆用中杉条叁根】
船书	
壹案【嘉靖二十八年】	船木作 【楠木单板玖百伍拾丈 捌尺贰丈叁分 楠木连叁枋单板贰百伍拾叁丈肆尺肆寸 川杉木单板肆百柒拾丈贰尺壹寸 川杉连贰连叁枋单板壹百壹拾柒丈陆尺 川杉头大桅】
贰案【嘉靖三十二年】	船木作 【楠木单板玖百壹拾捌丈柒尺伍寸 川杉木单板叁百伍拾捌丈伍尺玖寸 楠木连叁枋单板 川杉连贰连贰枋单板俱同壹案 川杉头大桅 旗哨招杆】

【蓬秤杠用杉条肆根 水戗用杂木贰根 舵杆用榆木壹根舵牙关门棒用檀木贰根 水撅榔头用旧料改用】 装修雕銮二作 【川杉木并连贰连叁枋共单板叁百陆拾陆丈陆尺捌寸 楠木单板叁拾伍丈柒尺陆寸陆分 连椅用榆木壹根 鱼线胶壹斤】 艌作 【桐油捌百斤 白麻陆百伍拾斤】	【旗哨招杆 橹木蓬秤杠 舵牙关门棒 已上俱同船纪 撑槁杉条拾根 水戗杉条贰根】 装修雕銮二作 【川杉连贰连叁枋共单板壹百玖拾捌丈柒尺贰寸 楠木单板伍拾捌丈陆尺陆寸 榆木 鱼线胶 俱同船纪】 艌作 【俱同船纪】	【橹木蓬秤杠 舵杆水戗 撑槁舵牙关门棒 已上俱同壹案】 装修雕銮二作 【川杉连贰连叁枋单板 楠木单板 榆木鱼线胶 俱同壹案】 艌作 【桐油柒百伍拾斤 白麻陆百斤 石灰壹千伍百斤】 铁作 【熟铁壹千肆百斤 煤炭贰千壹百斤】

【石灰壹千陆百斤】
铁作
【熟铁
煤炭】
上铁作
【熟铁
煤炭】
蓬作
【青篁竹柒百根
毛竹肆根
棕毛壹百柒拾斤
黄藤壹百斤
若叶壹百贰拾斤】
索作
【棕毛捌百斤
白麻肆百伍拾斤】
上索作

铁作
【熟铁壹千陆百斤
煤炭贰千肆百斤】
上铁作
【熟铁叁百斤
煤炭肆百伍拾斤】
蓬作
【毛竹青篁竹
箬叶黄藤
俱同船纪
净棕伍拾斤】
索作
【白麻同船纪
净棕贰百陆拾陆斤玖两】
上索作

上铁作
【俱同壹案】
蓬作
【青篁竹陆百伍拾
根毛竹叁根
黄藤捌拾斤
箬叶壹百斤
净棕伍拾斤】
索作
【白麻肆百叁拾斤
净棕贰百伍拾叁斤
上索作
同壹案】
缆作
【青水竹壹千伍百
根】
竹作

【白麻肆拾斤】
缆作
【青水竹壹千柒百银】
竹作
【青篁竹壹百伍拾根
毛竹叁根伍分】
油漆作
【桐油壹百斤
石黄叁拾斤
白面陆斤捌两
中白绵伍两
二朱捌斤
土子叁斤
瓦灰壹斗捌升
生漆肆拾斤
水花朱壹斤肆两
密陀僧陆两
墨煤伍斤】

【同船纪】
缆作
【青水竹壹千陆百根】
竹作
【毛竹青篁竹
俱同船纪
黄藤贰拾斤】
油漆作
【桐油白面
二朱中白绵
土子瓦灰
生漆墨煤
水胶密陀僧
红土光粉
点漆番朱
香油
俱同船纪
石黄拾叁斤】

【毛竹青篁竹
俱同壹案
黄藤壹拾捌斤】
油漆作
【二朱水花朱
光粉点漆
黄丹香油
番朱苎布
俱同壹案
桐油捌拾斤
石黄拾贰斤捌
两
白面陆斤
土子贰斤
瓦灰壹斗陆升
生漆叁拾玖斤
中白绵肆两
墨煤肆斤
水胶伍斤】

【水胶陆斤
银朱伍斤
红土伍斤
光粉贰拾斤
番朱贰斤
点漆贰斤
黄丹贰斤拾两
香油肆斤
苎布壹疋壹丈陆尺】
五墨作
【银朱贰斤
二朱贰斤
光粉叁斤
墨煤壹斤肆两
水胶叁斤
叁碌贰斤捌两
合碌壹斤拾贰两
藤黄贰两】

续表

【水花朱叁斤捌两 黄丹贰斤 苎布壹疋壹丈伍尺伍 寸】 五墨作 【俱同船纪】 妆銮作 【金箔苎布 熟漆俱同船纪 生漆壹斤】 抹金作 【金箔同船纪 熟漆伍两】 旗作 【俱同船纪】 鼓作 【生血水牛皮壹张】	【密陀僧伍两 红土肆斤】 五墨作 【银朱二朱 水胶俱同壹案 光粉贰斤 枝条碌贰斤拾 两 墨煤壹斤 叁碌贰斤肆两 合碌壹斤拾两 靛花青肆两伍 钱 藤黄贰两】 妆銮作 【俱同壹案】 抹金作 【金箔拾贰贴 熟漆肆两】 旗作

【枝条碌叁斤 靛花青伍两】 妆銮作 【金箔陆拾贴 苎布伍尺 熟漆拾贰两伍钱 生漆贰斤】 抹金作 【金箔拾叁贴】 旗作 【黄生官绢捌疋 黄丝线贰两】 鼓作 【生血水牛皮壹张 伍分 樟木壹段】 蜊壳作 【蜊壳陆拾斤】	【樟木壹段】 蜊壳作 缨作 旋作 【俱同船纪】 染作 【靛青壹百玖斤 槐花贰斤 明矾苏木 猪胰搀缸灰 俱同船纪】 裁缝作 【阔白绵布拾捌疋 青丝线伍两】 摆锡作 双线作 绦作	【黄生官绢捌疋 黄丝线壹两捌钱】 鼓作 蜊壳作 缨作 旋作 【俱同壹案】 染作 【明矾槐花 猪胰俱同壹案 靛青玖拾斤 苏木伍两捌钱 搀缸灰陆拾贰斤】 裁缝作 【俱同船纪】 摆锡作

缨作 【茜红火把缨贰 斤】 旋作 【白杨木壹段 檀木壹段 白苦竹贰根】 染作 【靛青玖拾贰斤 明矾壹斤 苏木陆两 槐花叁斤 猪胰子壹斤 搀缸灰陆拾贰斤】 裁缝作 【阔白棉布拾捌疋 青丝线肆两】	穿椅作 桶作 铜作 响铜作 【俱同船纪】 铸作 【红铜伍斤 木炭拾伍斤 广铁锅贰口 买办】	双线作 【俱同壹案】 涤作 【大红熟丝线捌两 绿丝线贰钱伍分 红绒肆两】 穿椅作 桶作 铜作 响铜作 【俱同壹案】 铸作 【红铜伍斤 生铁叁拾捌斤 木炭壹百斤 广铁锅贰口 买办】

摆锡作
【花锡捌两
猪油捌两】
双线作
【生犅水牛皮叁分
红真皮叁分
生丝左线陆钱】
涤作
【大红熟丝线捌两伍
钱绿丝线叁钱
红绒伍两】
穿椅作
【青绵纱贰斤捌两】
桶作
【用本船旧料】
铜作 响铜作
【黄熟铜拾陆斤
响铜拾伍斤】

【木炭壹百斤
硼砂壹两】
铸作
【红铜伍斤
生铁壹百壹拾玖斤
稻皮壹百壹拾玖斤
麦穗壹百壹拾玖斤
木炭壹百壹拾玖斤
煤炭壹百壹拾玖斤】

南京大黄船

船纪
船木作
【楠木单板柒百壹拾
陆丈陆尺叁寸
杉木并板枋单板贰
百陆拾陆丈叁尺贰
寸
头大桅用杉木贰根
橹肆张用杉木贰根】

船书
船木作
【楠木单板陆百壹拾
壹丈壹寸捌分肆厘
杉木单板壹佰贰拾
壹丈壹尺叁寸玖分
头大桅
旗哨招杆】

壹案【嘉靖二十七年】
船木作
【楠木单板柒百伍拾
伍丈壹尺伍寸陆分
杉木单板伍拾伍丈
捌尺陆寸贰分捌厘
头大桅 水戗
蓬秤扛 撑槁】

贰案【嘉靖三十一年】
船木作
【楠木单板陆百陆拾
陆丈贰尺叁寸叁分
杉木单板壹百玖丈
捌尺壹寸玖分
松木单板柒丈柒尺
贰寸捌分】

【旗哨招杆用杉条叁
根水戗用杂木贰根
舵杆用榆木壹根
撑槁用杉槁拾根
舵牙关门棒用檀木
贰根】
装修雕銮二作
【杉木单板壹百伍拾
贰丈陆尺肆分
楠木单板贰拾丈叁
尺】
舱作
【桐油肆百壹拾贰斤
黄麻肆百壹拾贰斤
石灰捌百贰拾伍斤】
铁作
【熟铁□□
煤炭□□】

【舵杆撑槁
舵牙关门棒
俱同船纪
蓬秤扛用杉条陆根
水戗用杉条贰根
稍栏杆用杉条贰根】
装修雕銮二作
【杉木单板壹百贰丈
贰分肆毫
楠木单板陆丈柒尺
陆寸壹分伍厘贰毫】
舱作
【桐油肆百斤
黄麻肆百斤
石灰捌百斤】
铁作
【铁钉贰百伍拾斤】

续表

【舵牙关门棒 舵杆 俱同船书 哨招杆用杉条 贰根 桅点用杉条壹 根】 装修雕銮二作 舱作 【俱同船书】 铁作 【熟铁叁百捌拾 伍斤 煤炭玖百伍拾 斤】 蓬作 索作 缆作 竹作 油漆五墨作
【头大桅水戗 蓬秤扛撑槁 哨招杆舵杆 舵牙关门棒 俱同壹案】 装修雕銮二作 【杉木单板壹百叁 丈陆尺玖寸壹分 楠木单板肆丈肆 尺玖寸柒分陆厘】 舱作 【桐油叁百伍拾斤 黄麻叁百伍拾斤 石灰柒百斤】 铁作 【铁钉贰百伍拾 斤】 蓬作
蓬作 【青笙竹壹百根芦 柴伍拾束 黄藤伍拾斤 棕毛叁拾伍斤】 索作 【棕毛伍百斤 白麻贰百伍拾伍 斤】 缆作 【青水竹壹千根】 竹作 【青笙竹柒拾根 毛竹柒根 黄藤拾斤】 油漆五墨二作 【桐油贰拾伍斤 银朱肆斤】
【煤炭贰百斤】 蓬作 【青笙竹芦柴 俱同船纪 黄藤叁拾斤 净棕拾斤】 索作 【净棕壹百陆拾陆 斤拾两 黄麻贰百伍拾斤】 缆作 【青水竹陆百根】 竹作 【青笙竹伍拾伍根 毛竹叁根伍分 黄藤拾斤】 油漆五墨二作
妆銮作 旗作 鼓作 蛳壳作 【蛳壳 刨钉 俱同船书 毛竹壹根】 缨作 旋作 【俱同船书】
【芦柴 黄藤 俱同壹案 青笙竹玖拾叁根 净棕陆斤捌两】 索作 【净棕壹百肆斤黄 麻壹百陆拾柒斤】 缆作 【青水竹伍百伍拾 根】 竹作 【毛竹黄藤 俱同壹案 青笙竹陆拾贰根】 油漆五墨二作 【桐油墨煤 水胶番朱 二朱光粉】
【二朱肆斤 番朱捌两 红土叁斤 二碌壹斤 石黄柒斤 枝条碌壹斤 藤黄贰两 靛花青叁两 黄丹壹斤 密陀僧肆两 墨煤贰斤 光粉拾壹斤 水胶肆斤】 妆銮作 【金箔拾贴 熟漆伍两】 旗作
【桐油贰拾斤 银朱捌两 墨煤贰斤 水胶贰斤拾 叁两 番朱壹斤 二朱壹斤拾 伍两 光粉叁斤拾 柒两 黄丹壹斤捌 两 红土拾叁两 密陀僧叁两 石黄拾斤 合碌壹斤 枝条碌拾伍 两 藤黄壹两 靛花青壹两】 妆銮作 【金箔拾贴】
【石黄 密陀僧 合碌俱同壹案 黄丹壹斤柒两贰钱 红土拾贰两柒钱 藤黄壹两陆钱 靛花壹两捌钱 枝条碌拾伍两】 妆銮作 【金箔叁贴 熟漆贰两】 旗作 【黄熟绢 红绵布 青黄丝线 俱同壹案 青绵布伍疋】

【黄生官绢贰疋壹丈捌尺 黄丝线贰钱 阔白绵布柒疋 青丝绵伍钱】 鼓作 【鼓壹面】 蛳壳作 【蛳壳陆拾肆斤】 缨作 【茜红缨贰斤 生(牛+争)水牛皮壹分伍厘 红鹿皮壹分伍厘】 旋作 【檀木壹段 白杨木壹段】	熟漆肆两 旗作 黄熟绢肆丈贰尺 青绵布伍疋 红棉布叁丈 鼓作 同船纪 蛳壳作 蛳壳伍拾捌斤 毛竹壹根伍分 刨钉贰千个 缨作 大红缨头壹个 旋作 哨杆木葫芦顶壹个 木桅饼伍个	【同壹案】 蛳壳作 【刨钉毛竹 俱同壹案 蛳壳伍拾斤】 缨作 旋作 【俱同壹案】

	船纪	船书	壹案【嘉靖二十九年】	贰案【嘉靖二十九年】
	染作 【靛青贰拾斤 槐花伍两 明矾捌两 苏木肆两】 铜作 【黄铜壹斤伍两】	【七星板贰块 木玲珰叁个 鼓槌壹副 宝珠壹个】		
小黄船	船木作 【楠木单板柒百贰拾陆丈伍尺伍寸壹分捌厘 杉木并板枋共单板壹百叁拾捌丈陆尺叁寸 头大桅用杉木贰根 橹用杉木贰根】	船木作 【楠木单板壹千贰拾贰丈陆尺叁寸壹分 杉木单板玖拾贰丈玖尺陆寸捌分肆厘 松木单板叁拾肆丈捌尺捌寸陆分叁厘】	船木作 【楠木单板柒百肆拾丈玖尺捌寸捌厘 杉木单板壹百零伍丈壹尺伍寸捌分伍厘 松木单板贰拾贰丈玖尺伍寸捌分肆毫】	船木作 【楠木单板捌百柒拾柒丈捌尺叁寸肆分陆厘 杉木单板伍拾肆丈贰尺肆寸贰厘贰毫 旗哨招杆 水戗蓬秤杠】

【蓬秤杠用杉条叁根
水戗用杂木壹根
旗哨招杆用杉条叁
根撑槁用杉槁拾根
舵杆用榆木壹根
舵牙关门棒用檀木
贰根】
装修雕銮一作
【杉木并板枋共单板
贰百肆拾柒丈捌尺
肆寸叁分贰厘
楠木单板壹拾捌丈
伍尺贰寸】
舱作
【桐油贰百斤
黄麻贰百斤
石灰肆百斤】

【头大桅
旗哨招杆
撑槁舵杆
舵牙关门棒
俱同船纪
蓬秤杠用杉条陆根
梢蓬桁条用杉条柒
根水戗用杉条贰根】
装修雕銮一作
【杉木单板壹百壹拾
伍丈叁尺陆寸贰分
楠木单板柒丈陆寸
陆分肆厘】
舱作
【桐油贰百伍拾斤
黄麻贰百伍拾斤
石灰伍佰斤】

【旗哨招杆
撑槁水戗
舵杆蓬秤杠
舵牙关门棒
俱同船书
桅稍用杉木壹根
稍蓬桁条用杉条肆
根】
装修雕銮贰作
【杉木单板玖拾□丈
捌尺陆寸伍分肆厘
楠木单板捌丈柒尺
伍寸玖分贰厘捌毫
肆丝】
舱作
【俱同船纪】
铁作
【铁□□□□斤】
蓬作

【撑槁舵杆
舵牙关门棒
俱同壹案
头大桅
稍箭蓬桁条
俱同船书】
装修雕銮一作
【杉木单板壹百零贰
丈陆尺叁寸肆厘捌
毫
楠木单板壹拾壹丈
叁尺肆寸肆分叁厘
柒毫叁丝】
舱作
【俱同壹案】
铁作
【熟铁叁百捌斤
煤炭肆百陆拾贰斤】

铁作
【熟铁□□
煤炭□□】
蓬作
【青箽竹壹百根
芦柴伍拾束
黄藤肆拾斤
棕毛叁拾斤】
索作
【棕毛贰百伍拾斤
黄麻贰百斤】
缆作
【青水竹肆百肆拾
根】
油漆五墨二作

铁作
【熟铁叁百陆斤
煤炭陆百伍拾玖斤】
蓬作
【芦柴青箽竹
俱同船书
黄藤叁拾斤
净棕拾斤】
索作
【净棕捌拾叁斤
黄麻壹百叁拾斤】
缆作
【青水竹伍百根】
油漆作

【青箽竹玖拾陆根
芦柴肆拾捌斤
黄藤贰拾捌斤
净棕玖斤伍两】
索作
【净棕柒拾伍斤
黄麻壹百叁拾贰
斤】
缆作
【青水竹肆百根】
油漆作
【桐油黄丹
番朱密陀僧
墨煤水胶
二朱光粉
俱同船书
石黄柒斤】

蓬作
【芦柴青箽竹
黄藤俱同船书
净棕玖斤拾伍两】
索作
【净棕同壹案
黄麻同船书】
缆作
油漆作
五墨作
妆銮作
鼓作
【俱同壹案】
蜊壳作
缨作

【桐油贰拾斤
银朱贰斤肆两
靛花青贰两
石黄陆斤
光粉叁斤
番朱壹斤
藤黄贰两
墨煤贰斤
黄丹壹斤
水胶叁斤
二朱贰斤
密陀僧陆两
三碌壹斤
枝条碌壹拾伍两】
妆銮作

【桐油贰拾斤
黄丹壹斤
密陀僧伍两
石黄拾斤
番朱壹斤
墨煤壹斤
水胶贰斤
二朱壹斤
光粉贰斤】
五墨作
【三碌壹斤
合碌壹斤
二朱拾两
银朱捌两
藤黄贰两】

五墨作
【俱同船书】
妆銮作
【金箔壹贴
熟漆壹两】
旗作
【黄绢肆丈玖尺】
鼓作
【鼓壹面】
蝌壳作
【蝌壳伍拾陆斤】
缨作
【同船书】
旋作

【俱同壹案】
旋作
【桅饼七星板
玲珰葫芦顶
俱同壹案
鼓槌壹副】

【金箔贰贴】
旗作
【黄熟绢贰疋
黄丝线伍钱】
鼓作
【鼓壹面】
蝌壳作
【蝌壳伍拾陆斤
摆锡刨钉贰百个】
缨作
【茜红缨贰斤
生(牜+争)水牛皮壹分
红鹿皮壹分】
旋作
【檀木壹段
白杨木壹段】

【靛花青贰两
水胶壹斤
墨煤壹斤
光粉】
妆銮作
【金箔贰贴
熟漆壹两】
旗作
【黄熟绢壹疋壹丈】
鼓作
【鼓壹面】
蝌壳作
【蝌壳伍拾陆斤
摆锡刨钉壹千肆百肆
拾个
毛竹伍分】

【玲珰七星板
葫芦顶
俱同船书
木桅饼伍个】

船纪

肆百料战座船

船木作
【楠木并板枋共单板壹千捌拾叁丈陆尺肆寸
陆分贰厘
杉木并板枋共单板贰百柒拾捌丈壹尺陆寸
陆分】

续表

		肆百料战座船
缨作【红缨头壹个】旋作【木梳饼叁个 七星板贰块 木玲珰叁个 葫芦顶壹个】	船书	
	壹案【嘉靖十七年】	船木作【楠木并连贰连肆枋单板伍佰陆拾壹丈壹尺贰寸 杉木连贰连叁枋单板伍佰伍拾贰丈柒尺贰寸】
	贰案【嘉靖三十一年】	船木作【楠木单板壹千贰百叁拾贰丈陆尺伍寸贰分叁厘捌毫 杉木单板叁百伍拾丈陆寸玖分肆厘玖毫】

【松木单板壹百伍拾丈贰尺捌厘玖毫 头大桅用杉木贰根 橹用杉木捌根 蓬秤杠用杉条肆根 招杆用杉木壹根 水戗用杂木贰根 撑篙用杉篙拾陆根 五方旗杆用杉篙拾陆根 舵杆用榆木壹根 舵牙关门棒用檀木贰根】装修雕銮二作
【杉木单板肆百玖拾玖丈壹尺捌寸玖分 罗松连贰枋单板壹百零玖丈贰尺 头大桅 橹木招杆 水戗蓬秤杠 舵杆舵牙 关门棒 俱同船纪 撑篙用杉篙壹拾根】装修雕銮二作【杉木连贰枋单板壹百陆拾捌丈】
【头大桅 招杆撑篙 舵杆舵牙 关门棒 蓬秤杠 俱同壹案 旗哨杆用杉条贰根 水戗杉木贰根】装修雕銮二作【杉木单板贰百捌拾贰丈肆寸叁分玖厘 肆毫肆丝 楠木单板柒丈叁尺伍寸柒分叁厘玖毫】舱作【俱同壹案】
【杉木并连贰枋共单板贰百柒拾伍丈柒寸叁分肆厘 楠木单板拾叁丈贰尺叁寸】舱作【桐油柒百斤 黄麻柒百斤 石灰壹千肆百斤】铁作【熟铁□□ 煤炭□□】上铁作【熟铁□□ 煤炭□□】蓬作【青篁竹肆百根】

续表

【杉木单板壹百零玖丈捌尺柒寸伍分 樟木壹根】 舱作 【俱同船纪】 铁作 【铁钉壹千肆百贰拾捌斤】 上铁作 【熟铁贰百斤 木炭贰百斤 煤炭贰百斤】 蓬作 索作 缆作 油漆五墨二作 旗作
铁作 【铁钉壹千捌百贰拾斤 鐣打旧钉煤灰贰百斤】 上铁作 【熟铁贰百斤 煤炭叁百斤】 蓬作 【青筀竹肆百贰拾肆根 黄藤伍拾斤 净棕贰拾斤 箬叶伍斤】 索作 【净棕贰百伍拾陆斤拾两 黄麻贰百柒拾斤】
【黄藤伍拾斤 棕毛捌拾斤】 索作 【棕毛柒百柒拾斤 黄麻贰百肆拾斤 白麻叁拾斤】 缆作 【青水竹柒百根】 油漆五墨二作 【桐油壹百斤 叁碌壹斤 合碌壹斤 靛花青叁两 铜青陆两 藤黄贰两 银朱贰斤】
【俱同船纪】 鼓作 蜊壳作 【俱同船纪】 缨作 【生犊水牛皮壹张贰分 红鹿皮壹张贰分 白麻线叁两 红缨拾贰斤 黑缨拾贰斤】 染作 摆锡作 【俱同船书】 旋作 【白杨木壹段】
缆作 【青水竹陆百根】 油漆作 【桐油壹百斤 黄丹叁斤 密陀僧捌两 水胶拾斤 光粉贰拾壹斤 番朱拾斤 红土陆斤 墨煤拾斤 白面拾斤 瓦灰叁斗 土子贰升 石灰贰拾斤 糯米肆升】 五墨作
【花粉贰拾叁斤 墨煤拾贰斤 水胶拾贰斤 黄丹叁斤 密陀僧肆两 瓦灰贰斗 白面拾斤 红土贰拾斤】 旗作 【白绵布拾伍疋壹丈柒尺 黄生官绢柒疋 黄丝线柒钱 青丝线壹两壹钱】 鼓作
【叁碌壹斤 合碌壹斤 靛花青叁两 藤黄贰两 光粉贰斤 银朱叁斤 墨煤贰斤 二朱贰斤 水胶贰斤】 旗作 【黄绵布拾伍丈玖尺 蓝绵布叁丈陆尺 红绵布叁丈陆尺 青绵布陆疋壹丈玖尺 白绵布壹丈玖尺 黄麻线叁两】

【生血水牛皮壹张 樟木壹段 蜊壳作 蜊壳柒拾贰斤 毛竹贰根】 缨作 【生犅水牛皮□□ 红鹿皮□□ 白麻线陆两 红缨壹拾贰斤 黑缨共壹拾贰斤】 旋作 【桅饼玲珰 稍亭宝珠壹个 缨头葫芦顶拾肆个】		
【黄熟绢贰拾壹丈肆尺 红熟绢叁丈陆尺伍寸 白熟绢壹丈玖尺 青熟绢壹丈玖尺 蓝熟绢叁丈壹尺伍寸 黄红丝线贰两整】 鼓作 【鼓壹面】 蜊壳作 【蜊壳伍拾贰斤 毛竹贰根】 缨作 【大红缨叁个 大黑缨叁个 五方旗小红缨拾陆个】		
		贰百料战船
【宝珠拾肆个】 染作 【槐花壹斤 明矾壹斤 靛青贰拾斤 五倍子壹斤 苏木贰两 搀缸灰贰拾斤 摆锡作 花锡壹斤 猪油壹斤】	船纪	船木作 【楠木并板枋共单板贰百陆拾叁丈捌尺柒寸柒分肆厘】
	船书	船木作 【楠木单板肆百玖拾玖丈柒尺捌分捌厘 杉木单板壹百贰拾捌】
	壹案【嘉靖三十一年】	船木作 【楠木单板肆百伍拾陆丈陆尺陆寸柒分柒厘杉木单板壹百丈捌尺】
旋作 【桅饼陆个 抢车两个 七星板贰块 玲珰叁个 哨杆桅饼壹个 宝珠顶壹个 宝珠座壹个 栏杆宝珠大小叁拾个 鼓槌壹副】	贰案【嘉靖三十二年】	船木作 装修作 【俱同船书】 舱作

【杉木并板枋共单
板玖拾贰丈柒尺
贰寸陆分松木单
板壹百柒拾捌丈
陆尺肆寸伍分陆
厘头大桅用杉木
贰根
橹用杉木陆根
旗哨招杆用杉条
叁根蓬秤杠用杉
条贰根
撑槁用杉槁壹拾
根
水戗用杂木贰
根舵杆用榆木壹
根舵牙关门棒用
檀木贰根
装修作
【杉木并连贰枋单
板壹百贰拾叁丈
陆尺肆分】
舱作

【丈陆尺叁寸陆分
松木单板柒拾肆丈
伍尺玖寸伍分
橹木头大桅
舵杆舵牙
撑槁蓬秤杠
关门棒
俱同船纪
水戗用杉木贰根
旗招杆用杉条贰根】
装修作
【杉木单板壹百伍拾
壹丈肆尺伍寸肆分】
舱作
【桐油贰百伍拾斤
黄麻贰百伍拾斤
石灰伍百斤】

【肆寸陆分柒厘
松木单板壹拾陆丈
壹寸捌分捌毫
橹木头大桅
水戗旗哨杆
撑槁蓬秤杠
舵杆舵牙
关门棒
俱同船书】
装修作
【杉木单板壹百肆拾
伍丈壹尺肆寸肆分】
舱作
【俱同船书】
铁作
【铁浮动事件
旗柜戽斗装修小钉】

【同壹案】
铁作
【铁浮动事件
旗柜戽斗装修小钉
煤炭
俱同壹案
铁钉叁百伍拾斤】
蓬作
【头大桅篾风篷贰扇
青筀竹玖根
黄藤贰斤
净棕壹斤】
索作
【同壹案】
缆作
【篾系水贰条】

【桐油叁百斤
黄麻叁百斤
石灰伍百斤】
铁作
【铁钉肆百柒拾斤
铁浮动事件叁拾贰
斤】
蓬作
【青筀竹贰百陆拾根
黄藤叁拾伍斤
棕毛伍拾斤】
索作
【棕毛肆百伍拾斤
黄麻壹百斤
白麻贰拾斤】
缆作

铁作
【铁钉肆千叁拾玖个
铁浮动事件拾捌斤
伍钱
旗柜戽斗装修
小钉壹千贰拾叁个
煤炭壹百斤】
蓬作
【头大桅篾风篷贰扇
青筀竹肆根
黄藤拾叁两
棕脚索拾肆斤拾贰
两】
索作
【棕绳缆共壹百肆拾
捌斤】

【煤炭
俱同船书
铁钉叁百柒拾斤】
蓬作
【青筀竹贰百零壹根
黄藤叁拾斤
净棕拾陆斤】
索作
【净棕壹百肆拾捌斤
黄麻玖拾陆斤捌两】
缆作
【青水竹叁百贰拾
根】
油漆作
五墨作
旗作

【篾牵簟壹条】
油漆作
五墨作
旗作
鼓作
蜊壳作
缨作
旋作
【俱同壹案】

【青水竹叁百肆拾根】
油漆五墨二作
【桐油叁拾伍斤
黄丹贰斤
密陀僧捌两
叁碌壹斤
合碌壹斤
靛花青贰两
银朱壹斤
二朱贰斤
藤黄叁两
水胶陆斤
光粉肆斤
墨煤肆斤
番朱叁斤
红土伍斤】

【黄麻绳索共玖拾陆斤捌两】
缆作
【篾系水贰条
篾牵壹条】
油漆作
【桐油贰拾伍斤
黄丹壹斤
密陀僧陆两
番朱叁斤
黑煤叁斤
水胶叁斤
二朱肆两
红土壹斤
石灰贰拾伍斤
糯米陆升】

鼓作
蜊壳作
缨作
旋作
【俱同船书】

【石灰叁拾斤
糯米捌升】
旗作
【白绵布玖疋
黄丝线壹两
青丝线伍钱】
鼓作
【鼓壹面】
蜊壳作
【蜊壳捌斤
毛竹伍分】
缨作
【黑缨贰斤
白麻线贰两
生狰水牛皮壹分
红鹿皮壹分】
旋作

五墨作
【叁碌陆两
二朱陆两
藤黄壹两
靛花青贰两
水胶壹斤
光粉贰斤捌两
墨煤壹斤】
旗作
【黄绵布玖丈叁尺柒寸
红棉布贰丈
青绵布伍丈肆尺
蓝绵布贰尺
白绵布贰尺
五色麻线伍钱】
鼓作
【鼓壹面】

壹百		
船木作	船纪	【檀木壹段 白杨木壹段】 染作 【槐花壹斤 苏木陆两 明矾捌两 靛青贰拾斤 搀缸灰拾斤】
船木作	船书	蜊壳作 【蜊壳肆斤 毛竹贰分 摆锡刨钉壹百陆拾个】 缨作 【黑缨头贰个】 旋作 【木桅饼伍个 抢车贰个 木玲珰叁个 望亭小葫芦顶伍个 敌台宝珠拾个 七星板贰块】

续表

壹百		
船木作	壹案【嘉靖二十二年】	
船木作	贰案【嘉靖三十年】	

伍拾料战船
【楠木并板枋共单板贰百陆拾柒丈捌尺玖寸柒分捌厘 杉木单板伍拾柒丈 叁尺叁寸伍分陆厘 头大桅用杉木贰根 橹用杉木肆根 旗哨招杆蓬秤杠用杉条柒根 水戗用杂木贰根 撑篙用杉篙陆根 舵杆用榆木壹根 舵牙关门棒用檀木贰根】 装修作 【杉木并板枋共单板柒拾伍丈壹尺肆寸柒分捌厘】
【楠木单板贰百叁拾陆丈贰尺柒寸肆分玖厘玖毫 杉木单板肆拾柒丈 陆尺肆分壹厘 松木单板贰拾贰丈 贰尺陆分捌厘 撑篙头大桅 旗哨招杆蓬秤杠舵 杆关门棒 舵牙俱同船纪 水戗用杉木贰根 头大桅上旗杆贰根】 装修作 【杉木单板肆拾陆丈壹尺叁寸玖分肆厘贰毫】 舱作 【同船纪】
装修作 舱作 铁作 蓬作 【俱同船书】 索作 【棕毛同船书 黄麻捌拾斤】 缆作 油漆作 五墨作 旗作 【红绵布同船书 黄绵布玖丈叁尺陆寸】 鼓作 蜊壳作
装修作 舱作 【俱同壹案】 铁作 【铁钉壹百肆拾陆斤 熟铁贰百肆拾肆斤伍两 煤炭肆百柒拾陆斤拾两】 蓬作 【黄藤青笙竹 俱同壹案 净棕拾斤】 索作 缆作 油漆作 五墨作

舱作
【桐油贰百伍拾斤
黄麻贰百伍拾斤
石灰伍佰斤】
铁作
【铁钉肆百贰拾斤
铁浮动拾壹斤】
蓬作
【青筀竹贰百伍拾根
黄藤叁拾斤
棕毛叁拾斤】
索作
【棕毛叁百柒拾伍斤
黄麻捌拾斤】
缆作
【青水竹叁百贰拾
根】

铁作
【铁钉肆百壹拾捌斤
浮动同船纪】
蓬作
【同船纪】
索作
【净棕壹百贰拾斤
黄麻捌拾贰斤】
缆作
【青水竹贰百根】
油漆作
【桐油贰拾斤
黄丹玖两
密陀僧陆两
番朱贰斤
墨煤贰斤】

缨作
旋作
【俱同船书】

【俱同壹案】
旗作
【黄绵布同壹案
红绵布壹丈柒尺伍
寸麻线叁钱】
鼓作
蜊壳作
缨作
【俱同壹案】
旋作
【同壹案】

油漆五墨二作
【桐油贰拾斤
黄丹贰斤
叁碌壹斤
靛花青贰两
银朱壹斤
二朱贰斤
番朱贰斤
藤黄叁两
水胶叁斤
光粉肆斤
墨煤肆斤
合碌壹斤
密陀僧捌两
红土叁斤
石灰贰拾斤
糯米叁升】
旗作
【水胶壹斤
二朱壹两
银朱壹两
糯米贰升伍合
石灰拾伍斤】
五墨作
【叁碌陆两
合碌陆两
二朱拾贰两
银朱陆两
藤黄贰两
靛花青壹两
光粉贰斤
墨煤贰斤
水胶壹斤】
旗作
【黄绵布捌丈柒尺肆
寸红绵布贰丈贰尺】

【白绵布柒疋
黄丝线伍钱
青丝线叁钱】
鼓作
【鼓壹面】
蜊壳作
【蜊壳伍斤
小刨钉捌两】
缨作
【黑缨壹斤
红鹿皮壹分
生㸲水牛皮壹分
白麻线壹两】
旋作
【白杨木壹段
檀木壹段】
染作
【明矾肆两】

蜊壳作
【蜊壳伍斤
毛竹叁分
摆锡刨钉贰百陆拾肆
个】
鼓作
【同船纪】
缨作
【黑缨头贰个】
旋作
【宝珠肆个
木桅饼叁个
七星板贰块
鼓槌壹副】

		壹百料战船
船纪	【槐花捌两 苏木肆两 靛青拾斤 搀缸灰拾斤】	船木作 【楠木单板贰百伍拾壹丈叁寸陆分捌厘 杉木单板叁拾陆丈叁尺玖寸伍分 桅用杉木壹根 橹用杉木贰根 蓬秤杠招杆用杉条肆根 撑槁用杉槁壹拾根】
船书		船木作 【楠木单板壹百玖拾肆丈柒尺陆寸 杉木单板贰拾壹丈贰尺陆寸肆分 松木单板柒丈捌尺叁寸捌分 桅心蓬秤杠 招杆舵杆 舵牙关门棒】
壹案【嘉靖二十二年】		船木作 装修作 舱作 铁作 蓬作 【俱同船书】 索作 【净棕捌拾叁斤 黄麻柒拾伍斤】
贰案【嘉靖三十二年】		船木作 装修作 舱作 铁作 【俱同壹案】 蓬作 【篾风蓬壹扇 青筀竹壹根 黄藤肆两】

【水戗用杂木贰根 舵杆榆木壹根 舵牙关门棒檀木贰根】 装修作 【杉木单板贰拾贰丈伍尺壹寸柒分陆厘】 舱作 【桐油壹百贰拾斤 黄麻壹百贰拾斤 石灰贰百肆拾斤】 铁作 【铁钉贰百叁拾斤 铁浮动拾伍斤】 蓬作 【青筀竹壹百根 棕毛叁拾斤】
【俱同船纪 旗哨杆用杉条贰根 撑槁用杉槁陆根 水戗杉木贰根】 装修作 【杉木单板壹拾陆丈贰尺玖分柒厘叁毫】 舱作 【俱同船纪】 铁作 【铁钉贰百壹拾柒斤 铁浮动拾壹斤 镫打旧料用煤炭壹百斤】 蓬作 【青筀竹同船纪】
缆作 油漆作 五墨作 【俱同船书】 旗作 【黄绵布柒丈零陆寸 红绵布捌尺】 蜊壳作 缨作 旋作 【俱同船书】
索作 【净棕柒拾捌斤 黄麻同壹案】 缆作 【篾系水贰条 篾 牵？壹条】 油漆作 五墨作 旗作 蜊壳作 【俱同壹案】 缨作 【黑缨头壹个】 旋作 【同壹案】

【黄藤贰拾斤】
索作
【棕毛贰百伍拾斤
黄麻柒拾伍斤】
缆作
【青水竹贰百根】
油漆五墨二作
【桐油拾斤
三碌伍两
黄丹肆两
合碌伍两
银朱拾贰两
二朱壹斤
靛花青陆两
藤黄贰两
光粉贰斤
墨煤贰斤
水胶贰斤】

【黄藤贰拾斤
棕毛拾伍斤】
索作
【棕绳缆柒拾玖斤
黄麻索陆拾伍斤】
缆作
【俱同船纪】
油漆作
【桐油拾斤
黄丹肆两
密陀僧叁两
水胶壹斤
墨煤壹斤
番朱捌两
糯米贰升
石灰拾斤】
五墨作
【二碌叁两】

【密陀僧肆两
番朱捌两
石灰拾斤
糯米叁升】
旗作
【白绵布伍疋
黄丝线伍钱】
蜊壳作
蜊壳捌斤
小刨钉捌两】
缨作
【黑缨壹斤
生狰水牛皮壹分】
旋作
【檀木壹段
白杨木壹段】
染作
【槐花捌两】

【合碌叁两
二朱捌两
银朱肆两
藤黄壹两
靛花青壹两
水胶捌两
光粉壹斤肆两
墨煤壹斤】
旗作
【黄绵布五丈柒尺肆寸红绵布捌尺】
蜊壳作
【蜊壳伍斤
毛竹叁分
摆锡刨钉贰百陆拾肆个】
缨作
【黑缨壹斤】

三板船

【明矾肆两
靛青贰斤】

船纪
船木作
【楠木单板壹百柒拾陆丈贰尺肆寸伍分
杉木单板玖丈肆尺伍寸
桅心杉木壹根
蓬秤杠用杉条贰根
撑槁杉条肆根
橹用杉木贰根
旗招杆用杉条贰根】

【生狰水牛皮捌厘
红鹿皮肆厘
麻线贰钱伍分】
旋作
【木桅饼壹个
七星板贰块】

船书
船木作
【楠木单板壹百贰拾捌丈壹尺肆分柒厘柒毫
杉木单板拾肆丈肆尺肆寸玖分叁厘
松木单板柒丈柒尺玖厘
桅心蓬秤杠撑槁旗招杆
舵杆舵牙】

一案【嘉靖二十二年】
船木作
装修作
舱作
铁作
蓬作
索作
缆作
油漆作
五墨作

二案【嘉靖三十年】
船木作
装修作
舱作
【俱同壹案】
铁作
【铁钉柒拾斤
熟铁壹百叁拾贰斤拾两玖钱肆分
煤炭贰百壹拾壹斤捌两】

【水戗杂木贰根
舵杆榆木壹根
舵牙关门棒用檀木贰根】
装修作
【铳架壹座
铳杆叁根】
舱作
【桐油壹百斤
黄麻壹百斤
石灰贰百斤】
铁作
【铁钉叁百斤
铁浮动拾壹斤捌两】
蓬作
【青筀竹壹百根】

【关门棒
俱同船纪
水戗用杉条贰根】
装修作
【杉木单板壹丈叁寸肆分贰厘肆毫】
舱作
【俱同船纪】
铁作
【铁钉壹百肆拾斤
铁浮动拾叁斤壹两伍钱
旗柜戽斗小钉叁拾叁个
鐿打旧料用煤炭捌拾斤】

【俱同船书】
旗作
【黄绵布壹疋贰丈肆尺贰寸
红绵布捌尺】
缨作
【黑缨头壹个】
旋作
【同船书】

蓬作
【黄藤青筀竹
俱同一案
净棕叁斤】
索作
缆作
油漆作
五墨作
旗作
缨作
旋作
【俱同一案】

【黄藤贰拾斤
棕毛叁拾斤】
索作
【棕毛贰百伍拾斤
黄麻伍拾斤】
缆作
【青水竹贰百根】
油漆五墨二作
【桐油拾斤
黄丹壹斤
密陀僧肆两
墨煤捌两
番朱捌两
光粉捌两
水胶捌两
糯米贰升
银朱肆两】

蓬作
【黄藤青筀竹
俱同船纪
棕毛拾伍斤】
索作
【棕绳缆柒拾叁斤
黄麻同船纪】
缆作
【青水竹壹百柒拾根】
油漆作
【桐油柒斤
黄丹叁两
密陀僧贰两
水胶肆两
墨煤肆两
番朱肆两
糯米贰升】

【石灰拾斤】
旗作
【阔白绵布贰疋
黄丝线壹钱】
缨作
【黑缨贰斤
生狰牛皮壹分红鹿皮壹分】
旋作
【檀木壹段
白杨木壹段】
染作
【槐花贰两
苏木壹两
明矾壹两】

【石灰拾斤】
五墨作
【合碌贰两
水胶肆两
光粉捌两
银朱贰两
墨煤肆两】
旗作
【黄绵布伍丈肆尺柒寸红棉布捌尺】
缨作
【黑缨捌两
生狰牛皮肆厘红鹿皮叁厘
麻线壹钱伍分】
旋作
【桅饼壹个
七星板贰块】

划船

船纪

同三板船

船书

船木作
【楠木单板壹百肆尺陆寸贰分贰厘玖毫
杉木单板壹拾壹丈伍尺叁寸陆分伍厘捌毫松木单板柒丈叁尺捌尺玖分捌厘玖毫
大桅用杉木壹根
旗哨杆用杉条贰根
蓬秤杠水戗用杉条肆根撑槁用杉槁肆根
舵杆用榆木壹根舵牙关门棒用檀木贰根】
装修作
【杉木单板玖尺伍寸捌分肆厘陆毫】

一案【嘉靖二十二年】

船木作
装修作
舱作
铁作
蓬作
索作
缆作
油漆作
五墨作
【俱同船书】
旗作
【黄绵布伍丈肆尺柒寸红棉布捌尺】
缨作

二案【嘉靖三十年】

船木作
装修作
舱作
【俱同一案】
铁作
【铁钉柒拾斤
熟铁壹百叁拾壹斤捌两伍钱伍分
煤炭贰百捌拾玖斤拾壹两】
蓬作
【黄藤青筀竹
俱同一案
净棕伍斤】
索作

【吊桶水挽子戽斗俱用旧料】
舱作
【桐油壹百斤黄麻壹百斤
石灰贰百斤】
铁作
【铁钉壹百肆拾斤铁浮动拾叁斤壹两伍钱旗柜戽斗小钉叁拾叁个鍹打煤炭捌拾斤】
蓬作
【青筀竹壹百根黄藤贰拾斤棕毛拾伍斤】
索作
【棕锚等缆柒拾叁斤黄麻伍拾伍斤】

旋作

俱同船书

缆作
油漆作
五墨作
旗作
【俱同一案】
缨作
【黑缨头壹个】
旋作
【同一案】

缆作【青水竹壹百柒拾根】

油漆作【桐油柒斤黄丹叁两密陀僧贰两水胶肆两墨煤肆两番朱肆两糯米贰升石灰拾斤】

五墨作【合碌贰两水胶肆两光粉捌两银朱贰两墨煤肆两】

旗作【黄绵布肆丈玖尺柒寸红棉布捌尺】

缨作【黑缨捌两白麻线壹钱伍分生(牛+争)水牛皮肆厘红鹿皮肆厘】

旋作【木桅饼壹个七星板贰块】

肆百料巡座船

船纪

船木作【楠木并板枋共单板捌百叁拾陆丈叁尺叁寸玖分陆厘叁毫杉木并板枋共单板壹百玖拾叁丈肆尺捌寸伍分陆厘松木单板贰百伍拾壹丈贰尺头大桅用杉木贰根橹用杉木肆根撑篙用杉篙拾根旗哨招杆蓬秤杠用杉条柒根水戗用杂木贰】

船书

船木作【楠木单板柒百肆拾陆丈陆尺肆寸肆分肆厘杉木单板壹百柒拾丈玖尺贰分叁厘蓬撑篙头大桅称杠旗招杆舵杆舵牙关门棒俱同船纪水戗用杉木贰根蓬秤杠用杉条陆根】

装修作

一案【嘉靖十六年】

船木作【楠木单板壹千陆百玖拾叁丈壹尺陆寸叁分捌厘楠木连贰连叁枋单板贰百肆拾柒丈贰尺杉木单板叁百叁拾丈陆尺肆寸陆分杉木连贰连叁枋单板陆百陆拾丈橹用杉木捌根撑篙头大桅】

二案【嘉靖二十九年】

船木作【同船书】

装修作【杉木单板壹百捌拾叁丈伍尺贰分陆厘叁毫楠木单板捌丈捌尺玖寸陆分捌毫】

舱作【同壹案】

铁作

【根舵杆用榆木壹根舵牙关门棒用檀木贰根】

装修作【杉木并板枋共单板壹百柒拾柒丈肆寸伍分楠木长短云头花板拾叁块绶带叁拾贰条屏风床壹张桌子壹张铳鼓架衣架各壹座扶□伍张旗柜壹个】

舱作【桐油陆百斤黄麻陆百斤石灰壹千贰百斤】

铁作【铁钉大小玖百壹拾斤铁浮动陆拾贰斤】

续表

【杉木单板壹百伍拾伍
丈玖寸壹分伍厘壹毫
楠木单板捌丈壹尺玖
寸玖厘陆毫】
舱作
铁作
蓬作
【头大桅芦风蓬贰扇】
索作
【棕绳缆大小叁拾捌条
黄麻索大小拾肆条白
麻旗线壹条】
缆作
【篾系水贰条
篾牵簟壹条】
油漆五墨二作

【秤杠舵牙关门棒
舵杆
俱同船书
水戗同船纪】
装修作
【杉木单板壹百零玖丈
捌尺陆寸伍分
杉木连贰枋单板壹百
陆拾捌丈鱼线胶壹斤】
舱作
【同船纪】
铁作
【熟铁壹千捌百斤
木灰壹千捌百斤
煤炭壹千捌百斤】
上铁作
【熟铁壹百伍拾斤】

【铁钉伍佰捌拾伍斤
熟铁玖百斤
煤炭壹千叁百伍拾斤】
上铁作
【熟铁同一案
煤炭贰百贰拾伍斤】
蓬作
【芦柴青篁竹
黄藤俱同一案
净棕贰拾壹斤】
索作
【净棕贰百壹拾陆斤拾
两
黄麻贰百肆拾斤】
缨作
油漆五墨二作
【俱同一案】

【旗柜厍斗小钉伍拾
个】
蓬作
【青篁竹叁百壹拾伍根
芦柴捌拾束棕毛捌拾
肆斤黄藤柒拾肆斤
毛竹贰根】
索作
【棕毛陆百伍拾斤
黄麻贰百壹拾斤
白麻叁拾斤】
缆作
【青水竹捌百肆拾根】
油漆五墨二作

旗作
【大黄布旗壹面小黄布
旗壹面黄布号带贰条
中心红布月贰面】
蜊壳作
鼓作
缨作
【黑缨头贰个】
旋作

【木炭叁百斤】
蓬作
【芦柴青篁竹
黄藤棕毛
俱同船纪】
索作
缆作
油漆五墨二作
【俱同船纪】
旗作
【阔白绵布叁丈贰尺
黄丝线柒钱】

旗作
【黄绵布捌丈捌尺
红绵布壹丈
红黄麻线共贰钱】
蜊壳作
【蜊壳捌拾斤
毛竹捌根】
鼓作
【同船纪】
缨作
【同船书】
旋作
【木桅饼陆个】

【桐油陆拾斤黄丹壹斤银朱贰斤光粉贰拾伍斤铜青陆两墨煤拾伍斤水胶捌斤二朱贰斤合碌壹斤藤黄壹两叁碌壹斤靛花青贰两密陀僧贰两番朱贰拾斤白面伍斤瓦灰贰斗】
旗作
【阔白绵布叁疋贰尺黄丝线柒钱】
鼓作
【鼓壹面】
蝌壳作
【蝌壳捌拾斤】

蝌壳作
【蝌壳捌拾斤毛竹贰根】
鼓作
【生血水牛皮壹张樟木壹段】
缨作
【黑缨贰斤白麻线壹两】
旋作
【同船纪】
染作
【槐花壹斤明矾拾两苏木拾两】

【木玲珰叁个七星板贰块】

		贰百料巡船
船纪	【毛竹贰根摆锡刨钉肆千伍百个】 缨作 【黑缨贰斤生狰水牛皮叁分红鹿皮叁分白麻线贰两】 旋作 【白杨木壹段檀木壹段】 染作 【槐花壹斤明矾拾两苏木贰两】	船木作 【楠木并板枋单板肆百叁拾陆丈柒尺陆寸柒分壹厘杉木单板贰拾丈柒寸陆分叁厘】
船书		船木作 【楠木单板肆百叁拾捌丈陆寸柒分壹厘杉木单板叁拾捌丈壹尺陆寸玖分玖厘叁毫】
一案【嘉靖十六年】		船木作 【楠木单板贰百叁拾捌丈伍尺肆寸壹分陆厘杉木连二连三枋单板壹百叁拾壹丈伍尺贰寸楠木连二连三枋单】
二案【嘉靖三十一年】		船木作 【楠木单板叁百壹拾肆丈玖尺玖寸陆分肆毫杉木单板叁拾贰丈柒寸肆厘肆毫肆丝】

【头大桅用杉木贰根橹用杉木贰根旗哨招杆用杉条叁根蓬秤杠用杉条肆根撑篙用杉篙肆根水戗用杂木贰根舵杆用榆木壹根舵牙关门棒用檀木贰根】
装修作
【杉木单板陆拾丈玖尺伍寸贰分捌厘伍毫楠木单板壹丈壹尺柒寸陆分】
舱作
【桐油壹百斤黄麻壹百斤石灰肆百肆拾斤】
铁作
【铁钉肆百柒拾斤铁浮动叁拾贰斤铁锅壹口】

【撑篙头大桅称杠旗哨招杆舵杆舵牙关门棒俱同船纪水戗杉木贰根】
装修作
【杉木单板伍拾丈玖尺肆寸捌分壹毫】
舱作
【桐油贰百贰拾斤黄麻贰百贰拾斤石灰肆百肆拾斤】
铁作
【熟铁叁百贰拾斤煤炭壹千贰百叁拾斤铁锅壹口】
蓬作
【青笙竹黄藤毛竹芦席芦柴俱同船纪】

【板壹百捌拾玖丈叁尺陆寸头大桅橹木旗哨招杆蓬秤杠水戗撑篙舵杆舵牙关门棒俱同船纪】
装修作
【杉木连二枋单板捌拾肆丈杉木单板贰拾伍丈贰尺壹寸贰分伍厘】
舱作
【同船书】
铁作
【熟铁捌百贰拾斤木炭捌百贰拾斤煤炭捌百贰拾斤】
蓬作
【同船纪】

【撑篙头大桅蓬秤杠旗哨招杆水戗舵杆舵牙关门棒俱同船书】
装修作
【杉木单板叁拾叁丈肆尺玖寸捌分肆厘】
舱作
【同一案】
铁作
【熟铁同壹案煤炭壹千贰百叁拾斤铁锅壹口】
蓬作
索作
【俱同壹案】
缆作

蓬作
【青笙竹壹百壹拾伍根黄藤肆拾斤棕毛伍拾斤毛竹贰根芦席贰拾领芦柴伍拾束】
索作
【棕毛叁百伍拾斤黄麻壹百伍拾斤白麻贰拾斤】
缆作
【青水竹叁百伍拾根】
油漆五墨二作
【桐油拾贰斤黄丹壹斤密陀僧壹两水胶贰斤】

【净棕壹拾陆斤拾两】
索作
【净棕壹百壹拾陆斤拾两黄麻同船纪】
缆作
油漆五墨二作
【俱同船纪】
旗作
【黄绵布伍丈柒尺陆寸红绵布陆尺肆寸麻线伍钱】
缨作
【黑缨头壹个】
旋作

索作
【棕毛黄麻俱同船纪】
缆作
油漆五墨二作
旗作
缨作
旋作
【俱同船纪】

油漆五墨二作
缨作
旗作
旋作
【俱同一案】

【墨煤贰斤银朱伍两二朱伍两藤黄贰钱靛花青壹两三碌叁两伍钱枝条碌叁两伍钱光粉贰斤】

旗作【白绵布贰疋黄丝线伍钱】

缨作【黑缨贰斤白麻线叁钱生狰水牛皮壹分红鹿皮壹分】

蜊壳作【蜊壳壹拾斤】

旋作【檀木白杨木各壹段】

木桅饼共伍个

葫芦顶壹个

贰百料巡沙船

染作【槐花捌两苏木捌两明矾伍两】

船纪

船木作【楠木单板肆百捌拾捌丈陆尺贰寸壹厘伍毫杉木单板叁拾捌丈壹尺壹寸柒分捌厘头大桅用杉木贰根橹用杉木贰根旗招杆蓬秤杠用杉条柒根撑槁用杉槁拾根水戗用杂木贰根舵杆用榆木壹根】

船书

船木作【楠木单板肆百贰拾柒丈肆尺捌寸贰分叁厘杉木单板肆拾叁丈伍尺柒寸玖厘头大桅撑槁旗招杆蓬秤杠舵杆舵牙关门棒俱同船书水戗杉木贰根】

装修作

一案【嘉靖二十二年】

船木作【楠木单板肆百壹拾壹丈壹尺玖寸伍分贰厘杉木单板贰拾捌丈贰尺伍寸肆分柒厘松木单板肆拾丈柒尺叁寸陆分壹厘捌毫撑槁头大桅旗哨杆蓬秤杠水戗舵牙关门棒舵杆俱同船书】

二案【嘉靖三十一年】

船木作【楠木单板肆百叁拾玖丈壹尺肆厘杉木单板拾陆丈壹尺玖寸柒分捌厘撑槁头大桅旗招杆蓬秤杠水戗使风梁桅点稍栏杆舵杆舵牙关门棒俱同一案】

装修作

【舵牙关门棒用檀木贰根】

装修作【杉木单板贰拾玖丈壹尺伍寸贰分贰厘】

艌作【桐油贰百伍拾斤黄麻贰百伍拾斤石灰伍佰斤】

铁作【铁钉肆百柒拾斤铁浮动事件叁拾贰斤捌两锅壹口】

续表

【杉木单板贰拾肆丈陆尺叁寸陆厘陆毫　锅盖水挽子水桶庠斗　俱壹个用旧料】　舱作　铁作　蓬作　【头大桅芦风蓬贰扇】　索作　【棕毛绳缆叁拾捌条黄麻律索拾肆条白麻旗线壹条】

【使风梁用杉木壹根桅点稍栏杆用杉条叁根】　装修作　【同船书】　舱作　【同船纪】　铁作　【铁钉肆百斤铁浮动叁拾捌斤叁两旗柜庠斗小钉陆拾伍个錠打煤炭壹百伍拾斤锅壹口】

【杉木单板叁拾肆丈壹尺捌寸　锅盖水挽子水桶庠斗　同一案】　舱作　铁作　【俱同一案】　蓬作　【青荎竹黄藤芦柴　俱同一案　净棕贰拾斤】　索作　【同一案】

蓬作　【青荎竹壹百肆拾根棕毛陆拾斤黄藤肆拾斤芦柴肆拾陆束】　索作　【棕毛叁百柒拾斤黄麻壹百伍拾斤白麻拾伍斤】　缆作　【青水竹叁百柒拾根】

缆作　【篾系水贰条篾牵□壹条】　油漆五墨二作　旗作　【黄绵布旗贰面号带壹条中心红绵布月肆面】　蛳壳作　缨作　【黑缨头贰个】

蓬作　【同船纪】　索作　【净棕壹百贰拾叁斤拾贰两黄麻壹百壹拾斤壹两】　缆作　【青水竹贰百伍拾根】　油漆作　【桐油拾伍斤黄丹陆两密陀僧叁两水胶贰斤光粉贰斤墨煤贰斤】

缆作　【青水竹贰百贰拾伍根】　油漆作　五墨作　【俱同一案】　旗作　【黄绵布柒丈贰寸红绵布捌尺】　蛳壳作　【同一案】

油漆五墨二作【桐油拾伍斤黄丹捌两密陀僧叁两光粉陆斤番朱贰斤水胶叁斤墨煤叁斤银朱拾伍两二朱拾伍两靛花青叁两藤黄贰两三绿拾伍两枝条绿拾伍两】

旗作【白绵布贰疋黄丝线伍钱】

蛔壳作【蛔壳拾伍斤小刨钉捌两】

缨作

旋作

五墨作【三碌拾伍两合碌拾伍两藤黄叁两靛花青肆两墨煤壹斤光粉贰斤银朱陆两二朱捌两水胶壹斤】

旗作【黄绵布柒丈陆寸红棉布捌尺】

蛔壳作【蛔壳拾贰斤摆锡刨钉肆百贰个毛竹伍根】

缨作

缨作【同船书】

旋作【同一案】

安庆

哨船

【黑缨贰斤白麻线叁钱红鹿皮壹分生狰水牛皮壹分】

旋作【檀木白杨木各壹段】

染作【苏木捌两槐花捌两明矾伍两】

船纪

船木作【楠木单板壹百伍拾壹丈肆尺玖寸陆分叁毫杉木单板陆丈壹尺陆寸伍分陆厘松木单板拾伍丈柒尺伍寸桅心用杉木壹根撑槁用杉】

船书

船木作【楠木单板壹百丈柒尺贰寸玖分陆厘捌毫杉木单板肆丈贰尺壹寸捌分玖厘陆毫松木脚跳壹块本船旧桅改用铺仓橹木】

【黑缨壹斤捌两红鹿皮伍厘生狰水牛皮壹分白麻线伍钱】

旋作【木桅饼伍个玲珰贰个葫芦顶壹个】

一案【嘉靖二十四年】

船木作

装修作

舱作

铁作

蓬作

索作

二案【嘉靖三十年】

船木作【楠木单板玖拾玖丈柒尺壹厘柒毫杉木单板脚跳铺仓橹木水梘拿伏桨桩印子水栅桅心撑槁舵杆舵牙关门】

【槁肆根旗哨杆蓬提头共享杉条肆根橹用杉条伍分舵杆用槐木壹根榆木桨桩捌根檀木小橛贰根舵牙用槐木壹根桨八尺用栗木捌根桨皮条壹拾陆条】
装修作
【杉木单板贰丈柒尺肆分吊桶戽斗各壹个】
舱作
【桐油黄麻各捌拾斤石灰壹百陆拾斤】
铁作

【水枧拿伏桨桩印子榔头水橛俱用旧料并旧舵杆改用桅心撑槁桨八尺皮条俱同船纪舵杆用榆木壹根舵牙关门棒用檀木贰根蓬秤杠用杉条贰根】
装修作
【杉木单板壹丈柒寸锅盖戽斗吊桶挽子俱用旧料】
舱作
【桐油玖拾斤黄麻玖拾斤石灰壹百捌拾斤】
铁作

缆作
【俱同船书】
油漆作
【黄丹墨煤番朱水胶俱同船书桐油伍斤】
五墨作
旗作
【俱同船书】
缨作
旋作
【俱同船书】

【棒栗木皮条蓬秤杠俱同一案】
装修作
舱作
【俱同一案】
铁作
【铁钉肆拾伍斤熟铁壹百壹拾壹斤拾壹两煤炭贰百贰拾斤贰两粗碗铁锅俱同一案】
蓬作
【俱同一案】
索作
【净棕陆拾陆斤拾两】

【铁钉壹百捌拾斤铁索壹条铁锅壹口旗柜小钉伍拾个粗碗拾个铁浮动】
蓬作
【青笙竹叁拾壹根黄藤肆斤棕毛肆斤芦柴拾伍束芦席伍领毛竹壹根】
索作
【棕毛壹百捌拾斤黄麻叁拾伍斤】
缆作
【青水竹伍拾根】
油漆五墨二作

【铁钉壹百斤铁浮动拾伍斤拾肆两戽斗旗柜小钉贰拾伍个锅壹口粗碗拾个錠打用煤炭柒拾斤】
蓬作
【黄藤棕毛芦柴芦席毛竹俱同船纪笙竹贰拾捌根】
索作
【棕毛贰百斤黄麻肆拾斤】
缆作
【同船纪】
油漆作

【黄麻肆拾斤】
缆作
油漆作
五墨作
旗作
缨作
旋作
【俱同一案】

【银朱陆两二朱陆两合碌陆两三碌陆两光粉拾两墨煤捌两番朱拾贰两水胶拾贰两靛花青壹两黄丹贰两石黄肆两桐油伍斤】
旗作
【白绵布壹疋】
缨作
【黑缨捌两】
旋作
【白杨木檀木】
染作
【槐花肆两明矾壹两】

续表

	【桐油贰斤黄丹贰两墨煤拾贰两番朱拾贰两水胶陆两】 五墨作 【三碌陆两银朱肆两靛花青贰两石黄肆两墨煤肆两水胶肆两光粉拾两】 旗作 【黄绵布贰丈陆尺壹寸黄麻线共贰钱】 缨作 【黑缨头壹个】 旋作 【桅饼玲珰各壹个】
九江哨船	
船纪	船木作 【楠木单板壹百肆拾壹丈叁尺玖寸伍分柒厘叁毫杉木单板拾陆丈陆尺柒寸贰分肆厘贰毫松木单板拾伍丈柒尺伍寸桅用杉木壹根撑篙用杉槁肆根旗哨招杆蓬提头用杉条肆根押伏用杉条贰根橹用杉木伍分舵杆用槐木壹根舵牙用槐木壹根榆木桨桩肆根檀木水榔贰根皮条捌条】
船书	
一案【嘉靖十五年】	船木作 【楠木单板壹百叁拾捌丈玖尺贰寸杉木单板拾柒丈捌尺伍寸肆厘松木单板拾丈伍尺桅心撑篙旗招杆蓬提头拿伏橹木桨桩皮条俱同船纪舵杆用榆木壹根舵牙关门棒用檀木贰根桨捌尺用栗木肆根】 装修作 舱作
二案【嘉靖三十年】	船木作 【楠木单板玖拾捌丈肆尺叁寸壹厘杉木单板肆丈贰尺壹寸捌分玖厘陆毫脚跳壹块本船旧桅改用铺仓板浆印子橹木水榔拿伏桨桩俱用旧料舵杆舵牙关门棒俱同一案】 装修作 【旗柜庳斗锅盖水挽子吊桶俱用旧料】
	【装修作庳斗壹个】 舱作 【桐油捌拾斤黄麻捌拾斤石灰壹百陆拾斤】 铁作 【铁钉壹百捌拾斤铁锅壹口铁锚壹口旗柜庳斗小钉伍拾个铁浮动贰拾斤】 蓬作 【青筀竹叁拾壹根黄藤肆斤棕毛肆斤芦柴拾伍束芦席伍领毛竹壹根】
	【俱同船纪】 铁作 【铁钉壹百伍拾斤旗柜庳斗小钉叁拾个铁锅壹口铁浮动拾伍斤捌两粗碗拾个】 蓬作 【青筀竹芦柴黄藤芦席毛竹俱同船纪棕毛捌斤】 索作 缆作 油漆五墨二作 旗作 缨作

续表

舱作 【桐油玖拾斤黄麻玖拾斤石灰壹百捌拾斤】 铁作 【铁钉伍拾斤熟铁捌拾柒斤壹两煤炭贰百伍斤捌两铁锅粗碗俱同一案】 蓬作 【芦柴黄藤芦席毛竹俱同一案 青箽竹贰拾捌根净棕壹斤陆两】 索作 【净棕捌拾斤黄麻柒拾斤】
索作 【棕毛壹百捌拾斤黄麻贰拾捌斤】 缆作 【青水竹伍拾根】 油漆五墨二作 【桐油叁斤番朱陆两墨煤肆两黄丹壹两】 旗作 【白绵布壹疋】 缨作 【黑缨捌两】 旋作 【桅饼玲珰肆个】 染作
【俱同船纪】 旋作 【檀木白杨木】 染作 【同船纪】
缆作 【同一案】 油漆作 【桐油伍斤黄麻贰两墨煤肆两番朱捌两水胶陆两】 五墨作 【水胶肆两银朱贰两三碌壹两墨煤肆两合碌壹两光粉叁两二朱贰两】 缨作 【黑缨头壹个】 旋作 【桅饼玲珰贰个】
轻浅利便船
槐花肆两明矾壹两 船纪 船木作 【楠木单板叁百壹拾叁丈柒尺壹寸玖分杉木单板三十柒丈壹尺柒分桅用杉木壹根撑槁用杉槁陆根旗哨杆蓬秤杠杉条伍根桨八尺栗木拾陆根舵牙关门棒檀木贰根舵杆用榆木壹根榆木桨桩拾根桅栓壹根桨皮条拾陆条】 装修作
船书 船木作 【楠木单板叁百伍拾叁丈柒寸玖分叁毫捌丝杉木单板贰拾贰丈壹寸贰分叁毫贰丝 桅心旗哨杆蓬秤杠舵杆舵牙关门棒俱同船书桨桩拾根桅点贰根栗木桨捌尺拾根】 装修作 【杉木单板伍丈捌尺壹寸伍分捌厘陆毫陆丝神武船与利便船身同】
一案【嘉靖二十五年】 船木作 【楠木单板叁百伍拾壹丈玖尺玖寸玖分叁毫玖丝 杉木单板同船书桅心旗哨杆蓬秤杠舵杆舵牙关门棒桨八尺桨桩桅点俱同船书 桨皮条拾条】 装修作 【楠木单板贰拾捌丈叁尺贰寸杉木单板同船书神武船与利便船身同】

续表

轻浅利便船
二案【嘉靖三十二年】船木作【楠木单板叁百壹拾玖丈柒尺肆寸贰分杉木单板贰拾叁丈玖尺捌寸桅心旗哨杆蓬秤杠舵杆舵牙关门棒桨八尺桨桩桅栓皮条俱同一案】装修作【楠木单板叁拾陆丈肆尺肆寸捌厘杉木单板柒丈肆尺柒寸柒分肆厘】
【楠木单板叁拾伍丈肆尺柒分伍厘杉木单板拾肆丈柒尺玖寸肆分】艌作【桐油壹百捌拾伍斤黄麻壹百捌拾伍斤石灰叁百陆拾斤】铁作【铁钉肆百贰拾肆斤铁浮动旗柜戽斗小钉伍拾个铁锚壹口铁锅壹口粗碗拾个】蓬作【青筀竹贰百零肆根棕毛贰拾斤黄藤拾伍斤】
【杉木单板拾肆丈叁尺叁寸伍分肆厘肆毫楠木单板捌丈柒尺叁寸陆分】艌作【同船纪】铁作【铁钉壹百玖拾肆斤铁浮动柒拾贰斤拾两旗柜戽斗小钉陆拾个钉□小钉肆拾个铁锚壹口锅壹口粗碗拾个】蓬作【青筀竹贰百零伍根棕毛黄藤俱同船纪】
【俱同船书】艌作【俱同船书】铁作【熟铁叁百斤煤灰叁百柒拾斤铁浮动旗柜戽斗小钉铁锅粗碗俱同船书】蓬作
【神武船与利便船身同俱同船书】艌作【桐油贰百斤黄麻壹百捌拾伍斤石灰叁百捌拾斤】铁作【铁钉铁浮动旗柜戽斗小钉铁锅粗碗俱同一案鍹打煤炭柒拾斤】蓬作【头大桅篾风蓬贰扇挽子筀竹贰根鼓盖筀竹壹根净棕壹】
索作【棕绳缆大小柒条麻□索伍条】缆作【青水竹贰百根】油漆五墨二作【桐油拾斤番朱壹斤墨煤壹斤黄丹肆两水花朱叁两合碌陆两水胶壹斤石黄贰两靛花青伍两光粉贰斤二朱陆两密陀僧肆两土子半升】旗作【黄绵布壹丈红棉布叁尺】
【鼓盖用青筀竹贰根箬叶贰斤棕毛肆两】索作【净棕壹百贰斤黄麻玖拾捌斤】缆作【青水竹壹百壹拾根墨煤贰斤水胶壹斤捌两银朱叁两桐油番朱黄丹密陀僧土子光粉二朱石黄合碌靛花青俱同船纪神武船每只加瓦灰壹斗叁升陆合白面肆斤肆两苎布捌丈伍尺桐油肆斤肆两】

续表

	索作 缆作【俱同船书】 油漆作【桐油拾斤番朱壹斤 墨煤壹斤水胶捌两 黄丹肆两密陀僧肆 两土子半升】 五墨作【光粉贰斤二朱陆两 石黄贰两合碌陆两 银朱叁两靛花青伍 两墨煤壹斤水胶壹 斤神武船同船书】 旗作
	【两伍钱黄藤拾壹两 箬叶贰斤】 索作【同壹案】 缆作【篾牵□壹条】 油漆作 五墨作 旗作 鼓作 缨作 旋作【俱同一案 加添头桅】
	鼓作【鼓壹面】 缨作【黑缨拾贰两生狰水 牛皮半分红鹿皮半分 白麻线贰钱】 旋作【樟木壹段】
	旗作【黄绵布肆丈贰尺红 棉布叁尺】 鼓作【同船纪】 缨作【黑缨头壹个】 旋作【木桅饼贰个玲珰贰 个仙人掌壹个葫芦 顶壹个鼓槌壹副】
	鼓作 缨作 旋作【俱同船书】
	船木作【头桅用杉木壹根楠 木单板拾丈肆尺陆 寸柒分陆厘杉木单 板壹丈捌尺伍寸壹 分撑槁用杉槁肆根】 铁作【铁象鼻箍座箍各壹 道马面箍贰道风蓬 钩壹副槁鐏肆个攸 蓬圈壹个】 蓬作【头篾蓬壹扇】 索作
后湖一号楼船	
船纪	船木作【楠木单板壹百捌拾 伍丈壹尺贰寸玖分 杉木单板贰拾陆丈 贰尺伍寸舵杆用榆 木壹】
船书	

后湖一号楼船

一案【嘉靖十一年】

船木作【楠木单板贰百叁拾伍丈伍尺楠木连二连三枋单板捌拾肆丈叁尺柒寸杉木单板拾肆丈】

【净棕捌斤黄麻肆拾斤】

油漆作【桐油壹斤捌两黄丹叁两墨煤肆两水胶肆两】

旋作【仙人掌壹个玲珰壹个头桅木饼贰个】

二案【嘉靖二十五年】

船木作【楠木单板贰百柒拾贰丈肆尺捌寸柒分捌厘杉木单板伍丈□尺陆寸撑槁舵杆舵】

【根舵牙关门棒用檀木贰根】

装修作【杉木单板肆拾壹丈壹寸伍分陆厘贰毫】

舱作【桐油壹百捌拾斤黄麻壹百捌拾斤石灰肆百斤】

铁作【铁钉壹百玖拾陆斤铁浮动】

蓬作

【陆尺肆寸松木单板拾捌丈柒尺伍寸橹用杉木壹根撑槁用杉槁陆根水戗用杉条贰根舵杆用榆木壹根舵牙关门棒用檀木贰根梁八尺用栗木肆根桨皮条肆条添桅壹根】

装修作【杉木单板贰百伍拾陆丈叁尺伍寸楠木单板贰拾贰丈伍尺】

舱作【俱同船纪】

铁作

【牙关门棒撑槁俱同一案】

装修作【杉木单板壹百陆丈贰尺玖寸柒分玖厘楠木单板拾壹丈捌尺陆分叁厘】

舱作【桐油黄麻同船纪石灰叁百伍拾斤】

铁作【熟铁叁百斤煤炭肆百伍拾斤】

蓬作【同一案】

【做簟用青筀竹壹百根毛竹肆根棕毛伍拾斤黄麻壹拾斤箬叶壹百斤】

索作【棕毛壹百斤】

油漆五墨二作【桐油伍拾斤墨煤肆斤光粉贰拾斤水胶陆斤番朱肆斤二朱壹斤水花朱壹斤密陀僧肆两黄丹贰斤白面拾斤枝条碌肆两靛花青贰两藤黄壹两】

【熟铁叁百伍拾斤木炭叁百伍拾斤煤炭叁百伍拾斤添铁锚壹口】

蓬作【同船纪】

索作【棕毛壹百斤添桅用黄麻伍拾斤棕毛伍拾斤】

油漆五墨二作【俱同船纪】

索作【净棕肆拾贰斤】

油漆五墨二作【墨煤水胶密陀僧枝条碌俱同一案桐油叁拾斤番朱叁斤白面肆斤光粉拾斤二朱拾两银朱肆两藤黄伍钱靛花青伍钱】

二号 楼船

船纪

船书

一案【嘉靖十一年】

船木作【楠木单板贰百零壹丈楠木连二连三枋单板柒拾伍丈 橹用杉木壹根撑槁用杉槁肆根蓬架用杉条贰根 添桅用杉木壹根舵杆用榆木壹根舵牙关门棒用檀木贰根】

装修作【杉木单板陆拾肆丈肆尺伍寸】

二案【嘉靖二十五年】

船木作【楠木单板壹百柒拾叁丈陆尺捌分壹厘柒毫杉木单板捌丈叁寸柒分壹厘撑槁舵杆舵牙关门棒同一案】

装修作【楠木单板壹丈伍尺伍寸壹分杉木单板叁拾丈叁尺叁寸陆分贰厘玖毫】

舱作【桐油黄麻俱同一案石灰贰百斤】

舱作【桐油壹百壹拾斤黄麻壹百斤石灰贰百伍拾斤】

铁作【熟铁叁百斤木炭叁百斤煤炭叁百斤添铁锚壹口】

蓬作【青箽竹肆拾根黄藤捌斤箬叶肆拾斤添风蓬用青箽竹叁拾根黄藤肆斤棕毛肆斤芦柒拾伍束】

索作

铁作【熟铁贰百伍拾斤煤炭叁百柒拾伍斤】

蓬作【毛竹陆根箬叶叁拾斤黄藤伍斤棕毛拾叁斤】

索作【净棕叁拾贰斤捌两】

油漆作【墨煤壹斤光粉贰斤番朱壹拾两水胶壹斤捌两桐油拾伍斤黄丹伍两】

	平船	
船纪	船木作【楠木单板壹百壹拾贰丈肆寸陆分杉木单板玖丈陆尺叁寸陆分】铁作	
船书		
一案【嘉靖十七年】	船木作【楠木单板壹百捌拾贰丈捌尺贰寸壹分杉木单板拾贰丈陆尺伍寸】	【棕毛伍拾斤添锚缆棕毛贰拾斤黄麻肆拾斤】油漆作【桐油贰拾斤光粉贰斤番朱拾贰两墨煤壹斤水胶贰斤黄丹伍两】
二案【嘉靖二十五年】	船木作【楠木单板壹百壹拾捌丈壹尺捌寸肆分杉木单板柒丈贰尺贰分】	

		【铁钉壹百壹拾叁斤拐棒万字贰拾陆个挽子壹把槁鐏贰个】艌作【桐油壹百斤黄麻壹百斤石灰贰百斤】
		【松木单板贰拾贰丈伍尺橹用杉木伍分撑槁用杉槁贰根】铁作【铁钉壹百斤拐棒万字贰拾捌个铁镐鐏贰个】艌作【同船纪】蓬作【青笙竹肆拾根黄藤伍斤箬叶贰拾斤】索作【棕毛捌拾斤】
		【撑槁贰根蓬架杉槁贰根】铁作【熟铁贰百斤煤炭叁百斤】艌作【同一案】蓬作【毛竹叁根黄藤贰斤箬叶贰拾斤】索作【净棕陆斤拾两】

浮桥船

船纪

船木作【楠木单板伍佰贰拾玖丈玖尺伍寸肆厘杉木单板伍拾捌丈肆尺壹寸肆分叁厘撑槁用杉槁肆根水戗用杂木贰根水橛贰根】

舱作【桐油肆百斤黄麻肆百斤石灰捌百斤】

铁作【铁钉伍佰肆拾斤铁拐棒万字叁拾壹斤索作】

船书

船木作【楠木单板陆百伍拾捌丈楠木将军柱肆个头稍伏狮贰个撑槁同船纪水戗杉木贰根】

舱作【桐油叁百斤黄麻叁百斤石灰□□】

铁作【铁钉壹百柒拾伍斤铁拐棒万字拾斤拾两槁鐏肆个挽子贰把鐣打旧料煤炭伍拾斤】

船木作 舱作 铁作 索作 缆作 油漆五墨二作【俱同船书】

船木作 舱作 铁作 索作 缆作 油漆五墨二作【俱同一案】

【棕毛壹百斤】

缆作【青水竹伍百根】

油漆五墨二作【银朱肆两二朱肆两黄丹贰两水胶壹斤番朱壹斤墨煤贰斤光粉壹斤靛花青壹两桐油贰拾斤糯米肆升石灰贰拾斤】

索作【棕系水贰条】

缆作【篾系水贰条】

油漆五墨贰作【银朱叁两二朱叁两黄丹贰两光粉拾两水胶拾两靛花青伍钱番朱拾两墨煤贰斤】

抽分座船

船纪

船书

一案【嘉靖二十三年】

船木作

抽分
座船

二案【嘉靖三十二年】
船木作

【楠木单板肆百捌拾
捌丈玖尺肆寸叁分捌
厘龙骨肆根橹贰张杉
木桅心壹根哨杆蓬秤
杠肆根撑槁肆根脚跳
贰块舵牙关门棒贰根
舵杆壹根俱用会支本
厂旧料
杉木单板叁拾陆丈叁
尺玖分】
装修作
【楠木单板肆丈壹尺
伍寸捌分会支本厂旧
料用杉木单板壹百柒
拾壹丈肆寸捌分陆厘
铁作】

【楠木单板陆百柒拾
捌丈伍尺壹分贰厘杉
木单板捌拾贰丈肆尺
柒寸陆分叁厘桅用杉
木壹根哨杆蓬秤杠用
杉条叁根撑槁用杉槁
肆根舵杆用榆木壹根
舵牙关门棒用檀木贰
根】
装修作
【楠木单板肆丈玖尺
捌寸玖分陆厘
杉木单板壹百伍拾陆
丈柒尺贰寸】
铁作

【熟铁叁百斤木炭叁
百柒拾伍斤石灰陆百
斤铁钉肆百玖拾斤铁
浮动叁拾捌斤旗柜戽
斗装修小钉柒百个接
锚齿熟铁贰拾斤鐿打
接锚用煤炭贰百伍拾
斤】
蓬作
【青笙竹伍拾柒根芦
柴贰拾叁束棕毛叁拾
斤黄藤贰拾斤】
竹作
【箬叶贰百伍拾斤毛
竹贰拾根黄藤拾斤】

【小钉俱同一案熟铁
捌拾肆斤拾贰两煤
炭叁百陆拾玖斤】
蓬作
【毛竹陆根箬叶叁拾
斤青笙竹黄藤芦柴
俱同一案净棕壹拾
斤】
竹作
【同一案】
索作
【净棕壹百贰拾陆斤
黄麻壹百柒拾斤】
缆作
油漆作

缆作
【青水竹伍百根】
油漆作
【光粉贰拾贰斤白面
陆斤瓦灰叁斗墨煤陆
斤水胶陆斤番朱贰斤
黄丹壹两密陀僧陆两
桐油肆拾斤】
五墨作
【银朱叁两二朱贰两
合碌叁两光粉壹斤水
胶壹斤靛花青壹两】
蝌壳作
【蝌壳贰拾斤刨钉柒
百贰拾个】

五墨作
蝌壳作
鼓作
旋作
【俱同一案】

	金水河渔船	
	船纪	
	船书	
鼓作【鼓壹面】旋作【桅饼贰个玲珰贰个】	一案【嘉靖十一年】	船木作【楠木单板拾壹丈贰尺伍寸杉木单板柒丈】铁作【铁钉伍拾斤煤炭拾伍斤】艌作【桐油叁拾斤黄麻叁拾斤石灰陆拾斤】
	二案【嘉靖二十九年】	船木作【楠木单板捌丈肆尺肆寸玖分杉木单板伍丈肆尺陆寸】铁作【熟铁柒拾伍斤煤炭壹百壹拾贰斤】艌作【同一案】

各船单板铁钉之数俱照例十分之七若遇失风漂流旧料不及三分者临时量加其篙橹蓬索之类不拘修造全料易新不在三七之例也

卷八·文献志

昔者孔子删述典礼志存夏殷之盛乃以文献不足喟然兴叹至论为治之要虽一车之冕必稽诸先王之制是何其笃于信古不一自用其圣耶故曰述而不作不知而作之者我无是也多闻择其善者而从之多见而识之噫信乎哉其言之也矧舟楫之制圣人观象天船以前民用降自吴楚遂倚为战争之具国之安危恒必系之胡可忽也但言既人殊制亦时禅班班史籍虽未能尽娴于先王之典而考今揆昔循景察标亦足以达从违之宜广得失之鉴矣乃志文献

创制

刳木　易系词黄帝刳木为舟剡木为楫舟楫之利以济不通致远以利天下盖取诸涣释文曰涣之象木在水上也

梁舟　诗大明文王亲迎于渭造舟为梁不显其光集注云作船于水比之而加版于上以通行者即今浮桥也张子曰造舟为梁文王所制而周世遂以为天子之礼也礼曰天子造舟诸侯维舟大夫方舟士特舟【按周以前虽有舟楫而无等夷至周始有之】

舟师　左传襄二十四年楚子为舟师以伐吴【按以舟为战盖始于楚】

钩拒　武经总要公输般自鲁之楚为舟楫之具谓之钩拒退而钩之进则拒之

艅艎　左传昭十七年吴伐楚战于长岸大败吴师获其乘舟艅艎【艅艎舟名舟之有名始此】

太白　蜀王本纪秦为太白船夏艘以攻楚

牂柯　地理志牂柯系船杙也楚王伐夜郎杙船于岸乃改其名曰牂柯

大小翼　越绝书越为大翼小翼中翼为船战

戈船　下濑船　吴子胥书有戈船以载干戈也又有下濑船汉书武帝纪元鼎五年遣归义越侯严为戈船将军师古注曰船下安戈戟以御蛟鼍之害也

楼船　汉官仪云高祖命选引阙蹶张材力武猛者为轻车骑士材官楼船平地用轻车山阻用材官水泉用楼船严助传越王入燔浔阳楼船食货志武帝时粤欲与汉用船战乃大修昆明池治楼船高十余丈旌旗加其上甚壮黄图云昆明池有百艘楼船上建楼橹戈船各数十上建干戈四角悉垂幡葆麾盖

枋箄　露桡　岑彭传建武九年公孙述遣将数万人乘枋箄下江关击破冯骏横江起斗楼立攒柱绝水道彭装直进楼船冒突露桡数千艘直冲浮桥飞炬烧之注曰枋箄以竹木为之浮于水上郭景纯曰水中簰筏也尔雅曰楫谓之桡露桡者露楫在外人在船中

革船　汉和帝时邓训缝革船置箄上渡河击迷唐羌注曰箄筏也

龙舟　魏黄初二年帝亲御龙舟浮淮如寿春至广陵吴大浮舟舰于江为疑城假楼帝曰魏虽有武骑千群将安用之【按舟以龙称盖人君所御如龙车龙楼之类始于魏而盛于隋】

蒙冲　吴志张昭曰操得荆州水军蒙冲战舰浮以沿江释名曰上下重版曰舰外狭而长曰艨艟【按蒙冲与艨艟字异而义一也皆所以冲突敌舰】

飞云　周瑜传孙权乘飞云大舸吴都赋弘舸连舳巨舰接舻飞云盖海制非常模注船后施舵处曰舳船头刺棹处曰舻铣曰飞云船上楼名甚高者盖海言多也刘曰飞云盖海吴楼船之有名者

艨艟　通鉴纲目孙权遣吕蒙以艨艟载其精兵使白衣摇橹收缚江边斥候遂斩关羽

连舫　王浚传作大船连舫方百二十步受二千余人以木为城起楼橹开四门上皆得驰马来往又画鹢首怪兽于船首以惧江神舟楫之盛自古未有

指南舟　宋志晋代有指南之舟

蒙冲小舰　通鉴纲目刘裕使王镇恶伐秦乘蒙冲小舰行船者皆在船内秦人但见船进惊以为神

鳊鱼船　梁天泉池制鳊鱼船形狭而短

没突舰　梁裴邃征邵阳州密作没突舰破之

鸼舠　舣艕　梁侯子鉴以鸼舠千艘载战士拒王僧辩侯景以舣艕载石断秦淮口拒陈霸先

青龙 白虎舰　湘州贼陆纳造青龙舰白虎舰衣以牛皮高十五丈王僧辩败降之

金翅　陈樊毅请出金翅二百以为防备集览云金翅船名

龙舟　翔螭　浮景　隋炀帝幸江都龙舟四重高四十五丈长二百尺上重有正殿内殿朝堂中二重有百二十房皆饰以金玉下重内侍处之皇后乘翔螭舟制度差小别有浮景九艘三重皆水殿也【按水殿之名始此】

五牙　黄龙　平乘 舴艋　杨素传素为取陈计作大舰名曰五牙上起楼五层高五余百尺左右前后置六拍竿并高五十尺容战士八百人次曰黄龙置五百人余平乘舴艋等各有差

战舰　唐河间王传孝恭及李靖率战舰二千余艘东下击萧铣唐王皋传教战舰挟二轮蹈之鼓水疾进【按船之有轮始此然未有名也宋人效之而有车船之名使其制尚可考将不为今日水军之利器耶】

海航　裴立德传太宗时为匠即洪州造浮海大航

战格　后梁贺环以竹笮聮艨艟十余艘蒙以牛革设睥睨战格横于河渚

黄黑龙船　宋开宝七年遣八作使郝守浚自荆南以大船载巨竹絙并下朗州所造黄黑龙船于采石矶跨江为浮梁

转海船　咸平三年造船务匠项绾献转海船式

战棹　大中祥符六年于金明池按试战棹

海舶　建炎四年韩世忠与兀术相持于黄天荡进海舶百余泊金山下

飞虎　绍兴二年无为军守臣王彦猷制飞虎战舰傍设四轮八楫四人旋干日行千里

海鳅　绍兴三十一年金人南侵虞允文用海鳅船迎击虏舟多沉溺

车船　杨存中虞允文恐车船临时不可用临江拽试命战士踏车径趋瓜州上下三周金山回转如飞金主笑曰纸船耳

龙虎舟　鸦鹘船　金主亮既败尽焚其龙虎舟趋扬州令军中运鸦鹘船于瓜州期以明日渡江

飞江船　淳熙三年建康都统郭刚奏依海船样造多桨飞江船

舭艔船　宝庆三年李全谋叛募南匠大治舭艔船

白鹞子　德佑元年张世杰败绩于焦山元人获白鹞子七百余艘

划车　元伯颜设划车中流数千艘乘风直进势不可敌

海运船　开万户府于江南作运船由海道抵直沽

龙舟　顺帝于内苑造龙舟自制其样首尾长一百二十尺广二十尺前瓦廉棚穿廊两暖阁后五殿楼子龙身并殿宇用五采金装前有二爪船行则龙首尾爪眼皆动

钻风海船　国朝诸司职掌有千料海船四百料钻风海船

水殿黄船　国朝御用之船以石黄涂其外又稍上有亭如殿故名水殿

匾浅黄船　座船　划船　沙船　一颗印巡船　三板船　哨船　蜈蚣船　两头船　轻浅利便船　马船　快船　俱国朝之制详见舟楫志

设官

苍兕　齐世家武王东征以观诸侯师尚父左仗黄钺右把白旄以誓曰苍兕舟楫总尔众庶与尔舟楫马融曰苍兕掌舟楫官名

舟虞　鲁语诸侯伐秦及泾莫济叔向召舟虞与司马曰鲁叔孙赋匏有若叶必济矣具舟除隧不共有法注云舟虞掌舟

黄头郎　汉邓通以濯船为黄头郎注云濯与棹同濯船能持棹行船也土胜水故刺船之郎著黄帽

水衡都尉　元鼎二年置水衡都尉主上林苑魏因之始主天下水军舟船器械

伏波　楼船　戈船　下濑将军　元鼎五年征南粤置

船司空　地理志京兆尹船司空注云本主船之官遂以名县又庐江郡有楼船官

辑濯令丞　百官表水衡有辑濯令丞注云辑与楫同短曰楫长曰棹如淳曰船官也

都水　晋武帝置都水使者一人掌舟航及部运其属有船曹吏

龙骧　武帝与羊祜谋伐吴吴有童谣曰阿童复阿童衔刀浮渡江不畏岸上兽但畏水中龙祜曰此必水军有功王浚小字阿童乃加浚龙骧将军密令造舟楫

水衡令　宋都水使者铜印墨绶进贤两梁冠与御史中丞同武帝改为水衡令

将作长史　苻坚以熊邈为将作长史大修舟舰

官船典军　南齐置都水台使者其属有官船典军

大舟卿　梁天监七年改都水使者为大舟卿位视中书郎列卿之最末者主舟航河堤

都水监　舟楫署　隋仁寿元年改都水台为监炀帝增置少监领舟楫河梁二署署有令丞各一人

司津监丞　唐龙翔四年改都水使者为司津监丞

造船务　宋建隆四年置造船务上临幸观水军

战棹都监　乾德元年遣战棹都监武怀节分兵巡岳州

战棹指挥　刘光义伐蜀生擒战棹指挥使

遗迹

黄帝臣共鼓库狄为舟楫

公刘涉渭为乱集注云涉渭取材而为舟以往来邲之役荀桓子令具舟故中军不败下军争舟舟中之指可掬也

晋侯享秦针造舟于河

楚囊瓦伐吴师吴人见舟豫章而潜师于巢

吴伐越获俘焉使守舟吴子余祭观舟阍弑之

楚获吴乘舟艅艎公子光请于众曰丧先人之乘舟岂惟光之罪众亦有焉请藉取以救死众许之使长鬣者三人潜伏于舟侧曰我呼艅艎则对师夜从之三呼皆迭对楚人从而杀之师乱取艅艎以归

蔡吴唐伐楚舍舟于淮汭左司马戌谓子常曰子沿汉而与之上下我悉方城外以毁其舟

吴徐承帅舟师浮海入齐【按此浮海行师之始】

越为船战吴王阖闾以问子胥对曰夫船军之教犹陆军之法也大翼者当陆军之车小翼者当轻车突冒者当冲车楼船者当行楼车船者当轻足骠骑越使范蠡入吴徙其大舟

周昭王巡狩返济汉汉滨人以胶胶舟王至中流胶液王及祭公皆溺焉

秦始皇东游海上遣徐市等求蓬莱不死药船交海中又宛渠之民乘螺舟而至

汉韩信击魏王豹陈船欲度临晋而伏兵从夏阳以木罂度军

伍被论吴王伐江陵之木以为船

武帝欲伐南粤遣伏波将军路博德出桂阳楼船将军杨仆出豫章归义越侯严为戈船将军甲为下濑将军各将船十万人

帝欲通南夷唐蒙上书曰南越王名为外臣实一州主今以长沙豫章往水道多绝莫若通夜郎道浮船牂柯出其不意此制越一奇也

帝遣严助浮海救东粤淮南王安上书谏曰前时南海王反击之会天暑多雨楼船卒水居击棹未战而疾死者过半

朱买臣为会稽太守受诏到郡治楼船

公孙述聚兵蜀中作十层楼船

元帝欲御楼船薛广德谏上不说张猛进曰乘船危就桥安圣上不乘危上遂从桥

李傕郭汜之乱白波将军李乐欲令车驾御船杨彪以为河道险恶乃使乐夜渡其舟上与公卿步出同济者才数十人

刘备使关羽乘船数百艘会江陵备斜趣汉津适与船值其至夏口

周瑜部将黄盖曰今寇众我寡难与持久操军方连船舰首尾相接可烧而走也乃取蒙冲载荻苇居前同时发火风猛火烈船往如箭烧尽北船延及岸上营落皆尽

孙权舟船整肃曹操叹曰生子当如孙仲谋

曹操击马超军皆先渡许褚扶操上船船工中矢死褚左手举马鞍蔽操右手刺船得渡

黄祖横两蒙冲夹守沔口吴军不能前董袭乘大舸突入断绁蒙冲横流大兵遂进

吴将军贺齐所乘船雕刻丹镂青盖绛檐蒙冲斗舰望之若山

王浚大作舟舰别驾何攀曰屯兵五六百人不能猝办后者未成前者已腐宜召诸郡兵合万余人造之岁终可成浚欲先上须报攀曰朝廷猝闻召万兵必不听不如辄召设或见却功夫已成势不得止

王浚既克西陵起火巴山陶春谓吴主曰蜀船皆小得二万兵乘大船以战自足破之众未合浚方舟百里鼓噪入石城孙楚遗孙皓书曰国家整器械兴造舟楫简习水战楼船万艘千里相望刳木以来舟车之用未有如今日之殷盛者也蜀汉蒋琬以秦州道险亮数出无功乃多作舟楫欲浮汉沔东下

邓艾既灭蜀在成都以书言于晋公昭曰兵有先声而后实者今因亡蜀之势以乘吴吴必震恐席卷之时也然大举之后将士疲劳不可便用宜留陇右及蜀兵大作舟船豫为顺流之事

晋怀帝欲迁都傅只以司徒受诏出河阴修理舟楫为水行之备

陶侃造船荆州竹头木屑皆籍而记之后桓温伐蜀用其竹头作钉装船侃综理精密器械舟车皆有定簿

陈敏反寇武昌侃以运船为战舰或以为不可侃曰用官船击官贼何为不可

桓玄欲平关洛先作轻舸载神玩图书曰脱有意外当使轻而易运又尝漾小舸于舟尾以备走故士无斗志

张骏有兼秦雍之志上疏曰勒雄既死虎期继逆元老消落后生不识慕恋之心乞敕司空鉴征西亮等泛舟江沔首尾齐举

石虎欲击燕以船三百艘运谷诣高句丽又令青州造船千艘

慕容垂攻翟钊为牛皮船百余艘伪列兵仗泝流而上钊击之垂乘隙度河

燕太子宝击后魏临河造船为济具忽风漂船南岸魏人拒之宝遂烧船夜遁

何澹之以所乘舫盛装旗帜何无忌曰贼必不居此乃诈我耳

孙恩以楼船千艘浮海至丹徒刘裕破之恩船高大泝风数日乃至白石

宋桓护之以百舸为前锋王玄谟败魏人以所得战舰铁锁三重断河护之中流而下以长柯斧断之唯失一舸

魏诸将欲大作舟舰以御宋师崔浩以为不可魏主不能违众乃诏造船三千艘

齐萧衍起兵出檀溪竹木装船葺之以茅事皆立办

张融为中书郎曰臣陆处无屋舟居水上武帝问其从兄绪绪曰融未有居权作小船岸上住帝大笑

梁韦叡以舟师伐魏魏起斗舰高与合肥城等

王僧辩克郢州宋子仙乞归僧辩给船百艘子仙将发水军主宋遥帅楼船暗江云合遂大破之

王琳伐陈侯瑱发拍击舰以牛皮冒蒙艟小船击之

章昭达讨欧阳纥纥聚沙石盛以竹笼置水栅以遏船昭达装舰造拍临栅令人潜水斫笼因纵大船乘流突之贼遂败

周华皎侵陈吴明彻令军中小舰先出受其拍俟其拍尽乃以大舰拍之华皎大败

吴明彻围彭城环列舟舰王轨以铁索贯车轮数百沉之清口以遏船路遂擒明彻

隋贺若弼以老马多买陈船而匿之置敝船五六十艘于渎内陈不为备遂灭之

杨素引舟下三峡陈将军戚昕以青龙百余艘守龙尾滩素曰胜负大计在此一举若昼日下船彼见虚实滩流迅激制不由人则吾失其便不如以夜掩之乃夜率黄龙数千艘衔枚而下

素水军东下陈江中无一战舰护军将军樊毅言于袁宪曰京口采石俱是要地各须锐兵五千并出金翅二百缘江上下以为防备宪及萧摩诃皆以为然

越州高智慧苏州沈玄懀皆举兵反船舰蔽江杨素击之来护儿曰吴人轻锐利在舟楫难与争锋宜严阵以待之请假奇兵潜度掩破其壁此韩信破赵之策也素从之护儿以轻舸数百直登江岸袭破其营

炀帝欲巡历淮海遣王弘等往江南造龙舟及杂船数万艘官吏督役严急丁夫死者什四五

帝亲御龙舟击高丽又敕元弘嗣往海口造船三百艘

帝幸江都龙舟之外余舟数千艘诸王公主百官僧尼道士番客乘之共享挽士八万余人皆以锦纁为袍卫兵所乘又为数千艘舳舻相接二百余里

处士元藏几至海中一洲人曰此沧洲去国几万里藏几思归洲人制凌风舟送之激水如箭旬日归东莱

唐高祖欲征萧铣命李孝恭大作舟舰

太宗以张亮为总管率舰五百泛海征高丽贞观二十一年欲复征高丽发江南工人造大船

玄宗泛舟白莲池召李白至扶以登舟

韦坚聚江淮运船望春楼下上幸观坚以新船数百艘扁榜郡邑各陈珍宝

刘晏以江汴河渭水力不同各随便宜造船江船达扬州汴船达河阴河船达渭口渭船达太仓又于杨子置一场造船每船给千缗或言虚费太多晏曰成大事不得惜小费凡事必为永久之虑今始置船场执事者至多当先使之私用无窘则官物坚完矣若遽与之屑屑较计锱铢安能久行乎异日必有患吾所给多而减之者减半以下犹可也过此则不能运矣后五十年有司果减其半及咸通中有司计费给之无复羡余船益脆薄漕运遂废

韩滉为镇海节度使造楼船三千舵以舟师由海门大阅至申浦乃还

后梁王彦章攻唐阴遣具舟杨村朱守殷不为备遂拔德胜守殷撤屋材为筏载兵器浮河东下彦章亦为筏而

东唐人以火筏烧其连舰彦章乃走

楚人以水军围汉封川汉人沉铁絚于江两岸作巨轮挽絚轻舟迎战楚人逐之挽轮举絚楚舟不能进退

吴水军攻楚岳州许德勋将战舰千艘御之以轻舟三百出其后遂大败之

楚彭师暠复立其君希萼断江为栅编竹为舰

周世宗伐契丹自御龙舟沿流而北舳舻相连数十里

世宗患唐水军锐敏于汴水侧造战舰数百艘命唐降卒教之数月后殆胜唐兵凿鹳水引舟达江唐人大惊

宋太祖从世宗伐唐乘皮船入寿春濠中

乾德元年造楼船数百艘选精卒号水虎揵

宋太宗幸金明池观习水战战舰角胜以进顾谓侍臣曰兵棹南方之事也今既平定固不复用但时习之不忘武功耳张魏公制置江淮战舰悉备

韩世忠与兀术战豫以铁绠实大钩敌舟噪而前每縋一绠则拽一舟沉之兀术穷蹙募人献破海舟策闽人王姓者教其舟中载土以平板铺之穴船板以棹桨俟风息则出有风则勿出海舟无风不可动也又以火箭射其篛蓬则不攻自破矣兀术然之天霁风止兀术乘小舟出海舟无风不能动兀术使善射者以火箭射之五緉皆自焚世忠遂败走

杨么方浮舟湖中以轮击水其行如飞旁置撞竿官舟迎之辄碎岳飞伐君山木为巨筏塞港汊又以腐水乱草浮上流而下贼船来追草木壅积轮不能行官军乘筏以牛皮蔽矢石举大木撞其舟么技穷投水

嘉定三年命殿前司造战舰又韩侂胄有北伐之谋习战造舰

金主亮至和州以梁山泺水涸先造舟不得进乃命李通更造船督责苛急将士日夜不得息坏城中民居以为材木煮死人膏为油用之

杨存中等俱集京口时海船不满百戈船半之虞允文谓遇风则使海船无风则使战舰又以数少恐不足用遂聚材改治马船为战舰焉

李全谋叛募舟楫习水战米商至则留其舵工以一教十又募南匠造船自淮口及海相望时试舟射阳湖及海洋又以粮少为辞遣海舟自苏州洋入平江嘉兴告籴实习海道以觇临安

贾似道出师临安所乘舟胶堰中以千人拽之不能动

帝舟迁于厓山时官民二十余万多舟居资粮倚办广右复刷人匠造舟楫民不能堪

张世杰结大舶千余艘碇海中舻外贯以大索四周起楼如城堞元人以舟载茅乘风纵火宋舰皆涂泥舟不能爇

国初中书省命处州造海船又佥溪船户一千为水军章溢奏设千户统之

伪汉陈友谅攻太平引巨舟泊城西南士卒缘舟尾攀堞而登

陈友谅入寇战于龙湾获其巨舰名混江龙塞断江撞倒山江海鳌者百余艘及战舸数百太祖高皇帝征陈友谅舟师发龙湾上御龙骧巨舰有乌数万夹上舰而飞又有蛇蟠舵后众以为神物之助

张士诚寇长兴放火船烧水关

陈友谅复攻洪都作大舰高数丈饰以丹漆上下三级级置走马棚下设板房为蔽置橹数十其上中下人语不相闻橹厢皆裹以铁上谕诸将曰彼巨舟首尾相接不利进退可破也乃命舟师为十二队戒令近寇舟先发火器次弓弩及其舟则短兵击之

上所乘舟樯白友谅觉之欲并力来攻上夜令诸船尽白其樯敌益骇敌巨舰艰于运转我舟环攻之杀卒殆尽而操舟者犹不知呼号摇橹如故俞通海等以六舟深入敌运大舰拒战望之无所见意谓已没有顷旋绕敌舟而出势若游龙

张士诚寇江阴康茂才追之获巨舰无算又获其斗船十八艘

张士诚将徐义为常遇春所困士诚遣赤龙船亲兵援之遇春袭破焚之

傅友德伐蜀阻汉水不得渡作战舰三百艘

大将军达北征至天津获元海船为浮梁济师

巡台录[1]

卷上·折覆事宜

窃本道到台抵任后业将宪谕筹画台地各项细为采访但值南北两路初平人民扰攘之余询谘民风土俗有可据实为宪台备陈者如台湾官庄佃户选择殷实之人当兵一项查官庄耕种之佃户计其每年现纳官租之数较完粮为更重是以所余无几今若与之田少固不敷其用与之田多又恐私为售卖近闻各佃户已有私卖者亦有竟据为已有者亦有借田根名色者种种不一似难猝行再容确覆又台地招募土著当兵一项本道密为广询咸称海外人心莫测宁借内地之兵调班弹压万不宜本地募兵以开土兵之端若既招土兵又调内地之兵必更相树党欺凌其弊害不可胜言似属不可行再台民搬眷一项前宪高曾于雍正五年七月题为酌筹台民等事九卿会议不准奉旨九卿所议是台湾民人带眷一事应行与否历来众论不一再候酌量等谕伏乞宪台查阅部咨原案似应再奏尤望酌裁再鹿耳门与安平之七鲲身二处本道亲历其地看阅水陆情形鹿耳门原设有炮架十三座其鲲身七处乃自府至安平大海中一沙线两边皆水其沙土堆高之处即为鲲身每年冬季可以行走其春夏秋水涨发时俱有阻隔土松沙坍又时有大风不能安设炮台亦宜仿鹿耳门设炮架七座无事之际藏之营房用则推出亦属便易再查安平一镇并无仓粟红毛城内宜盖仓贮谷本道之意欲将凤山县八社久贮之谷二十四万石内拨运二三万石分贮安平陆续碾给兵米出陈易新所需盖仓运脚之费容与台湾府商议妥协具文详请宪示至添官加兵一项为目今第一要务本道另具禀折总共添官添兵每年约计俸饷干银须得三万余两粮米八千余石现今台地全年兵饷一十五万余两在内地领给者有十万余两则台湾一郡虽为沿海四省之屏障实独出闽省之钱粮居今日而为台湾之计是劝垦升科一事可以有裨益于国计民生今提督王于十七日回府本道现在本月二十八日自府起行往北路巡视民番庄社地里情形回日俯容再禀为此具禀伏乞宪鉴

卷上·晓谕难民

照得彰化一邑突遭凶番焚杀肆横以致尔良民抛家弃业相率逃生或迁移邻邑或流离府治颠沛失所殊堪怜悯兹幸大师征剿凶番就擒地方已获荡平本道深切民瘼现在亲往沿途绥辑合行示谕为此示仰各难民人等知悉尔等务速回庄整顿庐屋耕作田园安分图生共乐升平凡有犯法之事切勿妄为亦不得疑虑观望自甘失弃有负本道安辑劝谕婆心特示毋违

卷上·行知绥辑

照得北路一带地方遭番猖獗蹂躏难堪今幸大师征剿元凶就擒本道奉命观察台疆轸念地方甫平被难民番理应亲往绥辑兹的于本月二十八日由府减从起程所有应拨车辆民夫本道仍照旧例每辆十里给钱五十文民夫每名十里给钱三十文俱系按里现给并不分拨乡保通事以致侵短累及百姓番黎至一切日用薪米蔬菜等项及随带书役饭食概系自行现给钱银买备应用亦并无扰累民番一草一木所至处所不论茅房瓦屋惟要打扫洁净公馆以供歇宿并预作粗饭一甑与车夫民夫自吃还钱一概下程酒食供应等项不许呈送合就行知为此牌仰该厅县官吏照依事理即便传谕遵照仍将发来告示先行张挂晓谕敢有藉称迎送夫马供应名色沠累里民社番一经察出官则详揭请参役则立拿处死断不姑贷毋违

---

[1] 〔清〕张嗣昌撰。据清雍正刻本。

卷上・晓谕巡行

照得北路一带地方遭番猖獗蹂躏难堪今幸大师征剿元凶就擒地方甫平良民宜恤本道奉旨升任台疆除各务次第举行首先亲行绥辑兹择于本月二十八日减从起程所有应拨车辆民夫本道仍照旧例每辆十里给钱五十文民夫每名十里给钱三十文俱系按里现给并不分拨乡保通事致滋侵蚀派累百姓番黎至一切日用薪米蔬菜等项及随带书役饭食概系自行现给钱银备办应用惟公馆夜须歇宿亦不论瓦屋茅房并预作粗饭一甑与车夫民夫自行买吃余并无一草一木扰累民番除已通行厅县遵照外合行晓谕为此示仰沿途乡管保甲里民通事社番人等知悉如有衙役乡保人等藉称供应擅行私派许即指名喊禀本道定行官揭役毙倘互相隐讳一有风闻并拿重处决不姑贷各宜凛遵毋忽

卷上・再行晓谕

照得彰化各庄社遭番肆虐致尔等良民家被焚而身被杀弃业逃难散处郡城别邑地方殊堪悯恻兹幸大师征剿凶番就擒地方已获安堵业经本道出示劝令归庄安业在案兹本道恫念甫集哀鸿亟宜绥辑日来亲临邑治见尔民番尚有未尽归庄播迁流离托身无地更属可怜除被杀兵民现在捐银设醮超度以慰幽魂其房屋被焚父兄子弟被杀者业经檄吊府库银两并饬该厅县查造数册俟本道北巡回县之日按间按名赈给俾尔等归庄盖屋栖身埋葬以免流离失所外合再示谕为此示仰各难民人等知悉尔等务须仰体婆心遵照叠示速赴本道行辕领给银两立刻回庄整理安居休养元气永乐太平切勿观望迟延以致失时废业有负皇上爱惜元元之至意各宜凛遵毋忽

卷上・报明难民

窃照凶番梗化殃及社庄本道奉命东来正值王师荡平哀鸿甫集念难民宜急安抚一面出示谕令各行归庄并亲往沿途绥辑业经报明在案兹十二月初二日到彰化见县治以南居民房屋十去七八县治以北自大肚猫雾捒直抵竹堑等处几成灰烬百姓寄聚于县治内外者十之六七散处于府市各处者十之三四伊等知本道北来途处接踵拦舆哀求鹄面鸠形实堪悯恻及彰化令陈同善来谒据禀情状亦属可怜且称现在具详请赈盖屋归庄等语本道伏思此方百姓遭番摧残幸赖皇上天威上宪驱策大兵剿灭铙歌凯旋此等茕茕若不令早归庄安业恐致流离有负皇仁宪德是以不及祗候宪示于初三日即檄吊府库银二千两并县库所存前赏番银三百余两一面出示晓谕难民候赈归庄一面飞赴猫雾捒大肚直抵竹堑一带亲看情形至十一日复回彰治查被焚房屋约有八千余间被杀百姓约有二百余人义民衙役约三十余人本道酌议被焚房屋每间赈银二钱被杀百姓每人赈银一两义民衙役每名赈银二两于十三十四十五等日俱已查照散给陆续归庄其淡水被奇仑番焚烧之各庄社并杀死民人据署淡水同知尹士俍查禀情形亦属可悯即委该同知如前散给俾各于年内归庄将散给之数统行造册详报至于大甲西沙辘牛骂三社之凶番已尽拿解省城所有妻属子女六百余口前提督王发中北大肚阿束大甲东三社领养惟是各番固属有罪然业已投首即中北大肚阿束大甲东三社前亦被我兵焚毁本道过社之时俱齐声哀求称伊罪有余辜本大甲西等三社番眷合遵分养但今岁未得耕种此时自顾不暇有失养活反为罪上加罪祈赏口粮等语本道目睹大甲西沙辘牛骂三社已成荒埔此三社之妻属子女固无所归若必令中北大肚等之三社养活而此三社今岁果失耕种又被剿焚亦属苦难本道面谕姑念尔等归诚约赏各犯属口粮谷二百余石在彰化县仓给领其犯属作何著落之处候宪示到日遵行随各叩首而去再本道经过各社男妇老幼尽出社十里五里匍匐叩迎察其情状甚属畏惧随谕之以利害复捐赀将出力拿番之土官赏以靴帽银牌其余番妇番童赏以布烟线珠等项盖以彼既知畏威亦当示之以恩也本道原欲于十六日再由海边一路周行看视十五日接奉宪檄令同陈副将安辑北路番民仰见上宪睿虑周详爱育群黎恩威并行至意随即飞移陈副将到彰再为详悉酌议料理善后事宜务期妥协尽善无负上宪委任嗣容遵行另报再前奉文给与难民口粮从前约有千余名现在赴仓给领者止四百余名并亦有欲借领仓谷者统俟明春相度而行至今岁并旧岁钱粮该县已据呈请豁合并声明统候宪夺

卷上·饬行遵照

窃本职道查得北路凶番作歹被害最惨者惟猫雾捒一保半线半保两遭焚杀蹂躏难堪难民散处四方庄业俱成灰烬而淡属奇仑口各庄亦甚惨恻所有难民聚集县治者当蒙宪恩檄令开仓按月赈给口粮经赴仓给领者千余人至十一月分赴仓给领者四百多人查从前难民或逃居于府治或寄食于邻邑路途遥远未领者多兹逢地方荡平又值岁暮无论远近一闻宪檄开赈之恩悉皆群然而来争先赴领兹虽经赈给银两归庄盖屋然缺乏口粮种籽尚难资身安业本职道仰体皇上惠元之至意宪台爱育之盛心会同酌议饬行彰化县将该保内各庄正实穷民户口查造实数开仓照前例每大口每月赈粟六斗小口每月赈粟三斗即以十年十二月分未领及本年正月分应领两月口粮并行给予俾令伊等糊口有资种籽有赖不至于失所宪德实等生成其奇仑等庄穷民亦饬厅就淡仓动谷照例赈给复即出示订期晓谕并据该县造送各庄户口清册前来本职道即于本月初三初四初五等日公同逐一按名确查的实穷民当堂给赈谕令速行归庄安业力作永享太平仍檄行该厅县查照造册由府核详题销外至于各番社除甲西牛骂沙辘番属已经给过口粮其余此时俱可以通那资生安业合并声明

卷上·密陈事宜

窃本道巡视北路于本年正月十一日回署所有赈给民番银谷及现在百姓归庄安业情形业经节次禀报在案兹于本月十三日接奉宪谕将沙辘牛骂大甲西三社所遗田园一项条列管见为宪台陈之一沙辘牛骂大甲西三社所遗田园宜分别招垦给赏也查此项田园依律原应入官今提督王以此三社系首祸之人所遗田园应赏出力有功之岸里后垄南日南甲东等社不可因其悬旷招民垦耕兹奉宪谕云该社等田园招垦原属有限以之赏给有功番社所议未为不可但恐番势日炽不无尾大之虞宪虑极为深远本道遵查牛骂沙辘甲西俱隶大路尽属番社而岸里在沙辘牛骂之东中隔一山界址相连俱在大甲溪之南此彰邑所辖也大甲东与大甲西俱在溪北两社东两相对中隔小山南口南又在大甲溪之东北后垄又在南日南之北中隔猫盂菀里房里吞霄等社距甲西六十里之遥此淡防厅所辖也兹奉宪谕不必执定一见总期归于至当本道不揣愚昧应请将此三社田地饬行该厅县每社丈其已垦田园若干未垦田园若干各以十分为率应以四分给赏出力有功之番以六分招民耕种纳粮其未垦者俱著其开垦升科查去年军前头等出力之岸里社应赏四分内之二就近于牛骂沙辘社内拨给次等出力之后垄应赏四分内之一就近于大甲西社内拨给又次出力之大甲东南日南二社应共赏四分内之一亦就近于大甲西社内分拨如此亦足以奖励有功矣其余已垦未垦各存有六分著落该厅县招民耕种其已垦者应照时估价缴银入官其未垦者准开垦升科照例立户纳粮至承耕之户必须查有家室殷实之人取该厅县印结申送不得滥招无籍之徒致有抛荒欠粮等弊本道在北路之时已嘱该厅县将三社所遗已未垦田园确查数目报夺是否有当伏候宪裁

一沙辘牛骂大甲西三社逆番之家属应须设法散遣也查此三社逆番家属共有六百余名口照律俱应给付功臣之家为奴但此等男妇老幼语言衣食俱系番属非可解京解省本道愚见或发与台府官卖于在台汉人为妻奴或分给与中南二路各番社为奴以绝其冷灰复燃应请早为定夺若仍聚在北路养活终非了局伏候宪裁

一沙辘牛骂大甲西三社现在逃匿山谷之歹番应须分别处置也去年提督王设立赏格能取逃番首级一颗者赏银五两生擒逃番一名者赏银十两令通事张达京等率同土番搜捕在案兹查三社案内有名未获者三十余名其无名逃匿者约共百有余名提督回军之日亦饬行照前搜捕余孽今大兵已撤地方已平而犹令通事土官复沿山杀戮且杀来之头止据番人之言为凭又不能认识辨别盖除恶固宜净扫根株但恐通事土番人等妄杀惹事且撤兵之后诛杀不已亦非善计本道以为三社逃番案内共扳有名者非生擒即斩首必当跟诛其余案内无名之逃番应开面网仍著张达京同土番等招谕出头照入官为奴之例分发别社亦足蔽辜如果蒭荛可采乞檄行文武会同凛遵

一开垦之宜稍缓也台北地土洵为广阔惟开垦可以有补于国计民生本道一路巡历所至地方可垦之地悉系番土立有界牌向来民人欲垦者必先与番社议赎议租而后承耕尚多反复且番性宁听其地之荒芜不肯与人耕种今地方初平之后若遽行招垦番心反疑夺其田土恐致滋事容当缓图再议

以上四条悉系北路切要事务本道北回正欲具禀适奉宪谕下颁谨缕晰条陈伏乞宪台裁酌施行

卷上·折禀事宜

窃本道叨沐宪恩拔置台疆重地凡地方一切事宜敢不刻刻留心筹画以仰报知遇于万一如北路事宜业经节次缕陈宪察在案惟南路广东义民一项最关紧要以此时而论固属有功以将来而计实为可虞所幸者与泉漳之人不睦耳但防范之法驾驭之术不可不急讲也本道再四思维亦惟于不时稽察严查保甲之外再查有功加外委札付之人选其汉仗技艺可观而能约束众客仔者十余人令其在镇标行走效力再有后效陆续拔置经制千把于内地一可以作台镇之耳目又可以分其势而散其党曾与台镇商酌如果蒭荛可采伏乞宪台谕知台镇速照遵行亦防微杜渐之一法也

卷上·清查保甲

照得台地五方杂处最易藏奸欲靖盗源必须先严保甲使奸宄无所托足而地方始以宁谧本道莅任以来访闻台属设立乡保坊长惟以讹诈吓骗朘削民膏为事于保甲正务并不严行清查以致盗窃频闻殊深痛恨业经本道檄行三厅四县将各坊保里庄乡保坊长并经管练总捕役各姓名逐一造册缴送在案合行晓谕为此示仰台属各坊保里庄乡保坊长练总捕役人等知悉尔等自示之后务宜洗心革面痛改前非于本坊保甲内昼夜清查如有面生可疑来历不明以及素行不轨之人即行首禀拿逐倘不实力巡查仍前窝容一经该地方禀报被盗即将该地乡保坊长及练总捕役先行拘拿重处仍就跟缉盗贼每逢十日严比盗获方免如盗贼已获查系何保容留仍拿该保乡坊长捕役重处本道令出法随各宜凛遵毋违

卷上·观风试俗

照得人才应运而兴文章所以华国台疆虽僻处海外然沐圣朝教育垂今几五十年济美胶庠联翩甲第虽由山川毓秀并以征文物声名渐摩已久矣本道观察是邦恰值南北初平军旅未靖迨王师奏凯又以绥辑巡历靡宁际此春风和畅桃李敷荣时雨流行菁莪勃发正可衡文讲艺以当问俗采风除通行府县儒学外合行晓谕为此示仰诸凤彰属贡监生童知悉尔等远居属邑应候封题住近郡城各宜就试董醇贾茂胸中之抱负毕抒所长蘇海韩潮腕底之玲珑尽呈其技将来珠玑络绎既风发而泉流锦绣成章更赏心而悦目则百花璀璨争看海上奇观万顷波澜并见文心荡漾本道徐将拭日多士无有遐心

卷上·移风易俗

照得台疆南北两路多系土番聚族而居自入版图以来均属朝廷赤子无如习俗相沿愚冥成性莫识礼让惟事凶顽虽曰赋禀有殊实由渐被未久之故方今圣天子声教日敷外番之归化日众北自上淡水南至琅璃沿山一带无不倾心归向纳饷当差但其顽劣之未驯悉因习俗之未变纹身绣面岂类冠裳被发圈耳成何面目本道欲移气质先整规模合行通饬为此牌仰该府厅县官吏照依事理即便传谕凛遵将圈耳纹身绣面被发之旧习尽行禁绝教以衣帽之仪其各社土官尤必先行穿戴以为一社表率其余男女均不许裹布赤身至于番妇尤当示以廉耻男娶女嫁务听父母之命更凭媒妁之言毋许野合致垂风化其婚姻丧祭宴饮酒礼俱照汉民而行不得滥饮生事再弓箭镖刀等械毋论老壮幼番不准携带随身将来再立社师教化番童俾其读书识字风俗丕变一道同风皆各县奉行之效仍将劝番短歌刻发每户给与一张每社再发通事社丁各一张著其不时读听该府厅县其实力董率毋视具文本道所厚望也

谕尔番黎　沐化已久　如何陋习　至今尚有
绣身纹面　裸体露丑　环耳披发　又加酗酒
种种顽风　断不宜狃　开垦田园　子弟耕耦
何必捕鹿　弓矢弃手　著衫穿裤　不类禽兽

孝顺父母　分别长幼　要识廉耻　男女勿苟
再毋妄为　自取其咎　三尺具在　法所不宥

卷上·饬查地利

该本职道查得台地奉旨许民人搬眷入台将来生齿日聚食指浩繁亟当先行计及田亩方使民食有赖兹奉宪谕下颁询及开垦一事仰见宪台未雨绸缪深谋远虑为地方民生计周且至矣惟是台地自入版图历今五十余载生民滋聚繁多荒芜开垦将尽其台湾凤山二邑番地久已承贌汉人耕种并无鹿场堪垦亦无鹿饷名色至凤邑界外沿山一带虽有可垦荒地约计四五万亩但附近傀儡生番往往戕杀民人是以前奉宪檄饬令营县会勘定议竖石立界复行栽种莿桐竹木为界不许汉人透越私垦在案独有彰化县淡防厅所属地方乃系新辟民人初集其中空旷荒地颇多而诸罗次之此三处地方荒埔约计开垦共有五万余畝然皆系社番之地非鹿场即系牛埔若竟行招垦诚如宪谕无以服番人之心也且番情不愿势必滋生衅端兹欲开垦其荒地以增国赋须当亟除其社饷以服番心汉人贌垦番地原系贴纳鹿饷纵有首报升科亦止十报二三何也以其年既贴纳鹿饷又行输纳正供是一牛两皮不得不隐匿以长补短也今无论番民或田或园并已经卖贌未经卖贌一概去其鹿饷名色请照例升科则汉人无重纳之鹿饷番人有征粟之科则是番无鹿饷自不捕鹿既不捕鹿不独免其捕猎奔走之劳而且渐消其弓箭镖枪之器况彼番知有催征之条势必尽力南亩以供课粟自耕之外余地问旷或贌卖汉人或招佃开垦悉听其便则荒芜之地不数年来不迫之开而自尽开矣至汉人以后欲贌卖番人之业并从前承贌开垦番地既无贴纳鹿饷应听其向番愿议贌卖凭官立界税契为业仍行出示晓谕以甲化亩准照同安则例输纳则群乐首报升科再各处欺隐之田园亦出示立限一年令其自行首报宽其罪愆免其已往之税则百姓自不肯干蹈隐匿如此鹿饷一除荒芜尽开欺隐俱首民食足而国赋增于地方民番皆有裨益矣管见如斯是否可行合就禀覆伏祈宪裁至琅??一社远处极南山径既属崎岖难行而海道又系波涛巨险其中荒埔约可开垦二三千余亩亦属无几又值生番毗界不无戕害之虞况该处乃系烟瘴地方民人到彼多有水土不服似应照县议稍缓俟将来民聚垦多地辟番服另行酌议合并声明

卷上·敬陈末议

窃惟雨阳时若乃圣世之休征澍泽愆期亦天年之偶啬我皇上轸恤民瘼因上冬至今春京师雨雪稀少减膳斋居饭僧祈祷遂得霖雨滂沛四野均沾所以颁行各省凡遇天旱之时令臣工一体钦遵兹台湾自五月初旬以后雨泽稀少各里田园微旱本道会同同城文武于五月二十七日在龙王庙设坛二十八日祈祷幸藉神庥即于是夜戌时得雨随于六月初三日起会同文武在海会寺斋僧以答神光续又因初五六七等日时雨未得接济本道复行会议祈求初九日晚又得甘霖大沱连绵数日四野沾足业经节次禀报在案乃初八日正在设坛之时突有中路保大东保大西两里广储东广储西两里永康一里乡民聚众数百人群来府治于执麻旗声言祈雨欲行拜街经台湾县路令力为谕止方行散回查台湾陋习一遇天旱輙聚众抬神执旗拜街閧动地方甚至假公挟私打降抢物往往酿成事端本道随即出示谕禁以天时少旱同城文武现在斋僧虔祷即尔里民欲为祈求亦必禀明地方官在各该社设坛拜祷方为合宜何以擅自聚众进城欲行拜街甚属不合本应拿乡保并为首之人究治念系愚民无知且闻县谕即行解散姑予宽宥以后若有此等事件务要先期禀明地方官在各本里本社祈祷不得越保聚众进城多事如违拿究等由在案查台地五方杂处奸良不一况南匪初平北番甫灭极当防微杜渐本道愚见嗣后遇有天旱之时除地方官设坛祈祷虔诚斋僧外如府治县治地方百姓欲祈祷雨泽者乡保禀明地方官许乡保耆老在城虔诚随官祈求至各乡里有文武弁员驻札地方者许该地乡保禀明驻札官率领祈求如无驻札官必乡保禀明该县官方准其在各乡各里自行祈求不许越保连及邻社聚众妄行赴城拜街哄动地方即或取汲神水亦止许各社自行往取不得连及邻社倘有不遵即拿乡保并为首之人重究如此庶上可召天和下亦可绝奸究藉端之弊再本道前守兴漳两郡时见内地亦有此恶习如以蒭荛之言可采伏乞宪台通饬凛遵尤沾宪泽于无既矣

卷上·恭请宪示

窃查台湾孤悬海岛自入版图以来民人皆系内地只身而至并无家室足以系其身心近蒙皇恩浩荡准民人搬眷来台文到之日台民俱各欢声动地复荷宪恩慎重海疆恐有奸民乘机携带亲族之弊乃于恭请圣鉴事案内题议止许民人搬取内地妻子其余不准携带仰见宪台绸缪久远既周且至查文内开止许搬取妻子几名口但未经指出是何名目是以地方官止许搬其妻子其余未敢擅专恐干滥给之愆若拘泥遵循止许带其妻而挈其子则台民籍居内地间有年老父母以及儿媳幼孙幼女家无亲戚堪托碍无名目又难同其共载致原籍老父老母无依儿媳女孙无恃是枝附叶联缠绵莫解又人人所不能免者也兹本道窃议以后民人请照内地或有父母年老并无次丁侍奉以及儿媳幼孙与幼女未经出嫁者许其据实呈明地方官查实申详道府附填照内移原籍地方官查实仍报明院司填给路引准其来台其余不许携带如有捏报查出照例治罪如此则民无内顾之忧更感宪恩无既矣再父母妻子女与孙原包括于宪题妻子之内可以无容渎详但未经明指事关重大不得不行详请宪台察照批示以便遵循者也

卷上·酌议铁禁

窃照台地铁斤例禁綦严原因有不法奸徒嗜利营私开设炉店制造鹿枪番箭串通通事私卖番社贻害地方良非浅鲜是以久奉列宪严禁不许贩运鉎铁制造军器无非慎重海疆防渐杜微之至意也惟是台地已准搬眷又准开垦迩来生民日聚田土日辟铁器一项资用难缺如农家所需犁耙锄头镰铗等物居家所用菜刀柴斧锅鐤铁钉等项此皆日用之物势所必需案查为四民无资等事案内开台民应需农具铁器议给印照准其内地采买等因遵行在案检阅民人给照册内只开采买锅鐤犁耙而已其余家用器具悉无填给则是台地开炉制造资用由来久矣所有民间日用器具久年颓坏不堪使用若令弃置沟壑则嗤嗤小民心所不甘倘或换售市店又格于禁例每被查拿卖主买主均干治罪小民无所适从况台属港澳渡渔船只计有四千余号年间不无击破损坏桅圈铁钉难免易旧换新倘炉店概行禁绝废铁不许售卖不独日用器具无资而且修造农具何赖如任听其开设制造又难保无私制军械卖于番黎之弊本道身任地方□有关系民生者不得不鳃鳃过计若嗣后商哨船只敢将鉎铁夹带来台并奸民私卖番黎者拿获之日仍照例治罪其在台废铁似应立法变通今谬抒愚臆为我宪台陈之查台属港湾马头甚多开张铁店处处皆有地方官稽察难周兹府厅县地方现在奉文栽植莿竹为城设立城门安兵看守盘诘出入应饬令地方官将各港市炉店尽皆革除酌量数家移入城内开设查明来历造具花名确册取具连环保结除军火器械不许打造破坏锅犁鉎铁之类不许炒化外其余民间需用农具家伙许其制造出卖如民间有颓坏家伙器具废铁亦许持入城内铁店换卖修改该店或有赴府县修买旧坏鉎鐵务必先赴地方官禀明给照并申移府县买足之日亦禀呈该县查验填明数目给与领运沿途汛口验照放行仍移明本县到县之日缴验查明斤数相符给发收领如或以多报少查出重惩铁斤尽数入官倘无给照在外收买废铁并仍在村庄开张铁店者一经查拿即以私贩违禁按律拟处该厅县仍酌量本辖居民所需将足即行停止不得滥给照票打造如此盘察严密则民间农具器用有资而奸匠私制贩运无术于地方民生似有裨益鄙见如斯是否可采仰祈宪台察夺饬议施行

卷上·酌筹班兵

窃惟台地兵丁例系内地抽换今又奉宪题加汛添兵星罗棋布诚金汤永固之良策但兵丁多多益善到台赴汛之时少有不便于番黎者本道身任地方不得不为筹画俾地方宁谧而番黎安业也查南北二路延袤千有余里凡换班兵丁从前概系派拨番车运载续因番累难堪业于雍正六年间为严禁班兵勒用番车等事案内奉前督宪高饬禁班兵只许出钱雇用车辆运载行李不许勒派需索酒食在案迨后法久废弛阳奉阴违徒有给价之名究无发钱之实仍旧扰累不已又于雍正九年间为滥役难当番苦已极等事案内据各社番佥呈禀禁滥拨番车经行据文武员弁会议换班兵丁十名给车一辆由县给票每十里给牛草饭食钱五十文设立循环号簿发填拨车数日月终缴查不许擅行滥拨复于十一年三月内为汰革车役以苏苦累事案内据台湾府议以兵丁食粮有限盘费无多所有车价银两议由县给请就藩库公项银两每年酌拨二百两分贮各县以备策应缘由详请各在案是番黎之苦

累已早在宪台洞鉴之中其抚绥轸辑亦周且至矣兹查台湾凤山二邑附近府治沿途皆有饭店与番社窎远从前泒拨番车甚少不议外惟北路一隅诸罗彰化二县以及淡水一带地广人稀番社皆冲孔道为往来必由之所平时已有文武衙门公事往来之役再兼换班兵丁是终岁络绎不绝番黎日夜策应无遑就使给与现价而番力已苦累不堪矣且社有大小不一其社大番多者犹可尽力驱使如中港吞霄等之小社番壮不满三十每遇换期无可策应多令番妇番女供役驾车殊堪怜悯况北自半线以上埔地未辟并无庄民饭店往来住宿必资于番社虽买米借锅白爨亦难免其滋扰若遽行禁革而海外劳戍既无间夫可雇又乏民店住宿肩负行李军装枵腹跋涉道途此又不得不资于社番车辆也兹本道谬抒一见窃以北路诸罗县辖之笨港彰化县辖之鹿仔港淡防厅辖之竹堑港淡水港四处皆属沿海地方舟楫常通但海洋风信难定该处营汛兵丁若概令船渡又恐违误汛防似当酌时而行如每年正二九十十一十二等月北风盛发波涛巨浪往回俱难行走而到台往换并换四兵丁应仍照例给价由旱路拨车往来如系三四五六七八等月南风之候波恬浪静来往悉皆可渡况由旱则时当霪雨路途淤泥即驾车亦难行走所有应换兵丁俱令驾坐安平协营淡水营平底哨船并小哨往回不独稍苏番黎之艰亦可资藉哨巡之益如或各港战舰一时公出不能应副许令地方官在港雇募杉板头仔船渡载所有船载银两即于该府前议就藩库公项内拨贮各县策应之项动用开销年为定例如此则稍苏番累于地方实有裨益矣鄙见如斯是否可采合就详请宪台察夺饬议遵行

卷上・班兵骚扰

照得本年系大换班兵之期又加新添兵丁新旧为数甚多往来络绎不绝需用车辆例由该县给票每十人拨车一辆运载行李器械较之往年需车加倍再台凤诸彰四县属各汛沿途尚有饭店往来兵丁得以买食住宿惟淡厅所属自半线以上并无民庄饭店悉皆住宿番社每有不法兵丁不恤番情到社换车额外多索恣取酒食不给饭钱虽名通事之供应实出番黎之膏脂种种骚扰苦累难堪本道莅台一载深悉锢弊若不亟行严禁则番黎难支合就饬禁为此示仰带兵官弁以及兵丁人等知悉凡有赴汛换班者过往番社务必严行约束自守营规体恤番情莫萌故习不得于常例拨车之外多索车辆亦不得索取酒食恣行骚扰如有营盘饭店之处住宿于营盘买食于饭店倘无营盘饭店之地虽到社买食住宿亦必现给饭钱如敢不遵仍前需索扰累一经访闻或被告发定行查拿重究不贷各宜凛遵毋贻伊戚

卷上・颙颂皇恩

钦惟我皇上德并天高恩同地厚登斯民于寿域共乐尧年开景运于寰中群游舜日四海戴生成之德近悦远来九州沐教养之隆民康物阜兹逢十月令节恭遇万寿昌期赓歌喜起普天共祝无疆拜手扬言率土咸呼有道维兹番庶自入版图践土食毛久沐盛朝雅化沦肌浃髓乐庆中国圣人争越重洋愿输诚而向化欲趋省会随亿兆以呼嵩等情兹据台湾府准据厅县详送到道本道鉴其踊跃佥呈皆诚中而形外观其欢欣齐集实手舞而心倾念既切于尊亲自应遂其颙祝庶使梯山航海欣观圣世之威仪就日瞻云快睹天朝之纲纪则皇恩浩荡万国攸同宪德覃敷无远弗届矣

卷上・宪德汪洋

窃本道前奉宪檄恤劳番黎仰见我宪台胞与为怀泽及海隅番众洵格外之旷典也除将赍到物件加谨收贮随檄行府厅县查造番社之冲僻差役之繁简分别酌赏务使宪惠均沾续据核造总册前来本道复核轻重咸宜将宪赏布针线盐价照数发府分发散赏不许胥役通事侵冒又据该府申据各厅县报称遵将赏番物件按社照议分别散给明白备造花名清册前来本道覆查无异业经节次具文申送在案兹又据该府准据厅县牒详据各社番佥呈为鸿恩远沛大赉群番叩垦转详代谢宪仁各等情缘各社番久荷宪台保赤抚绥教养兼至感恩戴德近悦远来兹又悯恤力役之劳特颁赏赉之典凡属旧社新归通商护厂各番黎共庆佩服之荣感恩饱食之德缘重洋远隔莫能趋赴宪辕爰于本月二十日率彼番众齐集海边高建双旗恭书膏流海国德遍番黎八字望三山而匍伏众口欢

呼虔百叩以输诚同声颙祝本道阅其情词诚属爱戴之切观其举动皆由感激之深因许代达恩忱随待以酒饭给以烟布慰其各归安业山陬海澨动色生春洵盛世之休征实太平之景象此台湾自入版图以来所未有者也若非我宪台恩泽普施慈仁远被曷克臻此合就披沥上闻

卷上·拾金不昧

查此案已据淡防厅详本道业经给赏哔吱银牌针线等物并批候转详在案兹据台湾府知府尹士俍具详前来本道核看得妇女尚廉让洵属海外未闻儿童知还金实为番社盛事皆缘圣教覃敷远播于文身凿齿宪恩广被大化于裙布荆钗似兹尚义合据上闻转请题旌以彰圣化

卷上·饬发劝谕

照得治民之道劝化全在平时况台湾乃五方杂处之区其中安业守分者固有其人而顽梗罔法者亦复不少是以本道莅任之始即行出示婉曲开导务令洗除陋习痛改前非无论民番总期同趋于善乃犹未尽悛改或于草野未谙文义特编短歌一纸分发通晓俾小民时常触目警心俗语俚词群相传诵亦因民施教之一端也合行发示为此票仰该厅县官吏照依事理即将发去短歌遍发所属各乡村庄社张挂乡保通事互相讲读俾小民晓然于心知所迁善改过如所发不敷遍挂立即具文请领补挂总期穷乡僻壤咸知遵守毋违

谕尔百姓　当务常业　游手好闲　家私抛撒
吃食鸦片　身戕命绝　若作闯棍　便入缧绁
开场窝睹　流徒的决　急宜回头　勿蹈故辙
或农或商　力勤俭节　守分安己　何等快悦
孝顺父母　甘旨罔缺　尊敬长上　兄弟和协
更无妄想　自作罪孽　前匪可鉴　枭首殄灭
用劝吾民　归于正则

卷上·婚姻及时

照得男女婚姻人之大伦古礼男子三十而娶女人二十而嫁难容愆期兹访闻台地风俗不古婚姻多半论财六礼不敷常致三十岁内外之女子久掩闺阃将朱颜半损未赋桃夭而白发将垂犹虚琴御甚至嫌贫爱富藉称长大不聘为由竟行别缔丝罗背前缘而罔顾不思寸丝为定千金不移此等恶风殊堪痛恨合行晓谕为此示仰台属士民人等知悉自示以后务宜洗涤陋习遵循礼则凡有男女必须及时成婚毋使怨旷有干天和如不法之徒仍蹈前辙以勒索重聘之故将女久于稽留并贪富嫌贫重婚别嫁一经访实定即拘拿父兄治以败伦伤化之罪决不轻饶各宜凛遵

卷上·饬行会议

遵将宪发八则逐条细加确议登荅开列于左

第一条开垦番地每甲荒埔承买之人给银五钱官即给照为业等因查番社荒埔原有肥瘠不同而价之高低视焉计每甲之地垦田一十一亩仅给价银五钱勿论非番所愿且启奸民强买之端而肥瘠迥异价值不分亦非持平之议应请凡有可垦荒地不必官为定价听民自向番黎照值议价两相甘愿开明四至呈官印契给照报垦庶得易于遵从

第二条开垦番地分别社之大小丁之多寡每口给地一甲将临山归番近海归民等因查土番衣食惟田是赖自应酌留地亩以资俯仰但筹之目前尤当谋于永久若每口给地一甲在现今数口固可有资而将来生育繁衍保无日给不足况附山近海分别立界在依山之番社可以照行如台湾县之新港社平坦近海居民相错凤山县之武洛上下淡水等社一派平阳诸罗县之萧垄湾里麻豆打猫他里雾柴里等社彰化县之猫儿千南社三林大突马芝

遴阿束等社淡防厅属之双寮房里等社逼临海边离山颇远入焉能令其舍自有之业而驱于无可归之山耶为筹经久之策莫若按其社之大小人之多寡酌留该番附近可耕可种之地宁予有余毋使不足以裕将来生齿繁多之计余仍听该番自行觅受要在当官税契立石为界不许侵占均无庸执定临山近海之分庶于番汉两得其宜

第三条已垦熟地于五钱之外量增价值等因查已垦番地有番黎自用工资垦熟者有现贌汉民垦熟者若照荒埔每甲五钱之外纵使再增五钱是一十一亩之熟田仅得价银一两不特无如许贱田且致势豪兜买攘为利薮似非善策应请将该番已垦熟田如有愿卖者照依时价售卖其前贌与汉民垦熟之地听令议找买价若干即作绝卖当官税契入册给与为业以杜业户借贌耕名色致滋掯占之弊总使番汉情愿庶可两无争执

第四条开垦之后禁植竹果令其照园纳租等因查果竹一项民间必需而栽植之处均系附屋基地即间有番檨柀椰等园现俱编入额征赴县输税在案况台地各庄树竹以为籓篱所在皆然居民称便似无庸勒令禁绝也

第五条社饷应除镖箭当追等因查社饷之设原以羁縻其身迨后番将鹿埔贌与汉民年贴社饷社粟复升科纳供在承贌之户实负两税之苦今广招开垦将鹿饷豁除按照同安则例计亩输粮庶民免两税而赋自无缺至于镖箭虽属捕鹿所需然亦以堵御生番之具且番黎种田之外全靠捕鹿为利势难骤禁应请饬令遵照饬行查议事案内于箭镖上一体书明姓名听其带用俟行之数年该番知耕种之乐渐次议除方为妥协

第六条土番垦园请照民间下则田园之例减半纳银等因查番性虽蠢易于感恩且所种概系杂粮收获无多应请将赋税准予从轻按照民间上中下则例折半科征以存抚恤

第七条社饷既免革去通事举充社长等因查通事之设原因传述番语承拨车徭督办社饷等事苐承充其役稍用非人即多克剥是以前经各宪饬革通事改为社丁今社饷虽除而供赋犹征语言尚属扞格另设社长经理仍须若辈充当不过改换名色耳今即改名社长亦惟严饬毋许克剥扰累如有违犯许该番赴县具禀究革另举诚实之人顶充但欲责其廉洁奉公尤当有以资其辛劳应于每社议拨垦地二甲给与耕种照番田折半科征庶衣食既周自不致有刻削社番之弊

第八条番埔广阔于每十里募设饭店栖宿店民等因查彰化北至淡水虽属经由大道而上下往来不过班兵差役甚且间日寥寥杳无行走是以从前未有设店今欲募设饭店但经纪原属为利诚恐寂寞道左承募乏人即使募人设店而荒径孤寮保无藏匿匪类情弊应请遵照饬行查议事案内严谕经过兵役人等投歇番社给还饭钱通事设簿登记按月缴送文武官弁稽查循去还来毋许少有扰累倘荒埔广辟行人渐多应听民人自行相地开设以安行旅可也

以上八条本道因地制宜据实抒议伏祈宪察施行

卷上・遵批禀覆

该本道查该游击所禀六条亦属筹画台地之苦心但其中已经禀详候示者三现在奉行者一其不可行者二一一为宪台陈之如

第一条叛番之地宜速招佃南大肚水里沙辘牛骂大甲西等社叛番耕种之地以及草地不下数千余顷荡平以来未免荒芜宜饬令该县亲履踏勘按甲查实招佃立名耕种输纳庶粮课不致旷悬等由查前件当经本道饬行淡防厅彰化县勘丈分晰共三万七千八百余亩开折呈禀宪台在案应候将叛番定罪后宪檄到日出示招买招垦也

第二条北路彰化中港竹堑至上淡水等处地方绵亘数百余里虽崇山密菁居多而草莱可辟之地亦广宜招佃开辟给与牛种俾其垦耕可得数千余顷之地二年之后照甲升科庶野无旷土民得力业不至非为但此新辟之地宜宽其亩数不可限以常额等由查前件于恭请圣鉴事案内业蒙宪题开垦行据府县议覆本道核转宪察复奉宪发筹酌八则下询当经本道同府厅县逐条议覆在案应候檄饬到日遵行至民人开垦照原议同安则例升科诚属薄征不便再行宽其亩数致启隐匿之端

第三条北路附山一带多系熟番耕种之地倘小民藉以开垦之名侵入番界反滋事端宜饬令该县于招垦之先出示张挂自某番某甲起至某番某甲止或东或西草地若干听民认垦给与种籽庶无侵占可得相安等由查前件于饬行查议事案内经两司会议详蒙宪批行委令县丞巡检典史勘分番民地界现在奉行俟开垦之日再行出

示张挂晓谕按其畝数定其界址俾民人不得混越而番地自无侵占之虞

第四条大甲西等社叛番大小男女数百口久禁囹圄诚非上宪好生厚德请乞饬令该管官造册官卖申报充饷等由查前件于折禀事案内据府议详将此三社凶番逆属饬发台风诸三县熟番给与承领听为妻媳子奴应听宪示发落且现在分发大甲东中北大肚阿束等社保领给其园地令其自种自食并无监禁囹圄之中

第五条北路地方最广番社最多向化者虽知礼法而顽梗者亦复不少一受愚民欺罔则愎性逞发请设理番通判一员端理番社朔望宣讲圣谕广训迪化顽嚚习气其于所耕田畝照额出示宣挂征收不得仍被通事包揽输纳致其苛刻生变等由查前件所议亦属教导顽番之计但北路原非繁剧之地现有淡水同知彰化县知县二员堪以宣讲上谕化导番民若加设通判反致扰累至通事一役亦难骤去业经于议覆八则内声明已改为社丁名目佥举诚实之人充当不许仍前包揽

第六条台湾虽处海中界连三省延袤千有余里地土广大人民可聚故每多愚民偷渡过台切思台地广阔正可需民辟垦稠密之后添设府县断然可为与以冒险偷渡曷若设立官渡如内地其县人呈明本县或就近赴厦防厅愿往台湾某县地方依傍亲友某人耕种生理本县给文移交某县查明安插编入保甲许带妻子同过每人纳官渡税银一两一年之间可得数千万两充饷等由查前件断不可行若照所请则是大为弛禁且与宪奏止许台民搬其妻子之例相悖矣查官渡之设原因奸稍措勒刁难故官设之以便民也今厦船赴台者俱属商民空船非系偷渡附搭甚易每人船租不过几钱随时可以开驾若设官渡则船只不多重洋风信难定必须集至百余人或数十人方可解缆茕茕小民何堪此久候之苦况每年修船之费用舵水之工食甚至风涛不测船必另造在在需费究亦无益于国帑而实不便于民人

以上六条均无庸另行议详该本道莅台一载凡地方民情颇悉大概如历年来议论当行而未定者则开垦加兵建城搬眷数大事俱蒙宪恩条奏奉旨准行其余节目之处亦经文武条议备悉矣此时惟饬在台文武官弁实心实力奉行以观厥后效也缘蒙批查理合据实禀覆伏祈宪裁施行

卷下·折覆海疆

窃本道接读宪谕并发抄折六条饬令本道查明应详禀者详禀应举行者举行仰见宪台筹画海疆勤求治理刻以教养民番为念本道身任台疆凡有关于国计民生者无不悉心体察殚精竭力期有裨于地方惟是才识短浅仰蒙宪台不时指示俾本道得以遵循今除教番礼义廉耻不许纹身凿齿二条现已通饬另行具详其靖难之义民节妇一条饬行府县查覆另报并不可行三条现在逐条声明开列上呈宪鉴

第一条北路应作何开垦应否立县等因查台湾荒芜埔地业荷宪题招民开垦复奉檄发筹酌八则下询当经本道同府厅县逐条备细议覆各在案至于彰化县起北至大鸡笼山止延邪约有五六百里然自后垅以北山水交错依山则多系沙石靠海则悉皆咸卤间有平洋旷埔如中港竹堑南崁八里坌等处久经业户开垦成田升科完课其后垅以南即系大甲西牛骂沙辘等社内有可垦之地亦经民番开垦兹三社剿废田地入官所有未垦地埔现在饬行设法开垦或招民承买或佃垦赁租外其余荒芜之地北路一带约止有二三万亩业经议覆示到自可尽辟无庸另行设法至所谓旷野五六百里尽为沃壤者非得之传闻即属之遥望未曾亲履而逐处踏看也本道于雍正十年冬北巡时曾与尹守同行初见亦觉宽旷无涯及细为讲论并于各处履看不能开垦成田者居多矧漳泉之人搜求利薮无处不到岂肯视数百之膏腴弃置不向番黎瞨垦者哉即此知其所言之未尽然也再竹堑一社系北路适中之区已设有淡水同知驻札于此现在盖造城垣衙署该同知不日移驻又有添设巡检二员一驻竹堑一驻八里坌分头巡查足资弹压毋庸更设县令致滋扰累

第二条教番礼义廉耻等因查台地土番质本愚鲁习复怪异所云礼义廉耻从前茫然不知自入版图归化深沐皇恩教养宪德抚绥迩年来颇识尊卑之分粗知拜跪之仪本道初履斯土即刊刻短歌谆切诫谕令通事土官讲明规以廉耻导以礼义凡男女婚娶务遵父母之命媒妁之言毋仍恶习淫风恣行苟合复饬厅县延请社师教化番蒙读书识字遵汉人之制行汉人之礼当经于上年三月内折禀在案复奉宪题设立社学檄饬力行讲明圣谕广训现在淡防厅所属各社立社学五处肄业番童四十一名彰化县设立社学六处肄业番童三十六名其余各县亦现在料理奉行今奉宪谕又转行实心实力次第引导渐可俗易风移再查县令事繁而台地各学因士子寥寥当日止

设教谕一官今圣天子作养人材人文蔚起蒙宪题广籍之人准于入试故又加训导一员然海外不比内地终属事少请将训导一员除该学一应事宜令其照例与教谕同办外将所属县番社社师听其约束查察不许怠惰虚应故事该县每季考察一次如果能改一社之陋习报明本道社师给以花红酌增束修训导予以纪功功多议叙番童之勤学者给赏银牌笔墨以示鼓励如堪考试再行详题其淡防厅本未设有教职即令彰化县教谕兼理其白番麻踏仍即令该县督率通事土官晓谕如能改易亦报明本道酌量奖励不遵者惩治如此则乡语易省番俗渐淳汉番无彼此之分焕然有一道同风之美现在具详合并声明

第三条靖难义民当旌等因查阐微扬幽乃德报功之巨典彰义明节实劝善立懦之休风前年南匪北番作恶被害男妇人等本道前出巡时设场达醮超度亦曾谕厅县查禀未经查有确实今蒙宪谕复饬行该府厅县速行确实挨查详开事实情节造具册结送到即详请题旌以彰节义以慰幽魂

第四条禁番纹身凿齿等因查土番既导之礼义廉耻必当除其陋习恶俗如张耳刺面凿齿纹身男女赤身露体殊异观瞻本道甫经到任即行劝谕令其冠服衣裳以学汉民之规矩严禁其披发圈耳凿齿纹身绣面之恶习弓箭镖刀等械毋许携带随身刊刻劝番短歌遍贴各社晓谕责令通事土官不时讲明开导俾渐消其污俗之习而潜移其气质之偏业于上年三月内具折禀明宪察在案复频行告诫禁止现有数社番黎上衣下裤束发完肤遵行有效今蒙饬谕复饬厅县令土官通事多方禁戢其番童入社读书者亦责令该学训导该社社师一体训诲查考奖劝之法同前而白番麻踏仍听该县督率通事土官劝谕劝惩之法亦同前将见陋习渐除教化兴起共成淳朴之风现在具详合并声明

第五条修理桥梁道路等因查架造桥梁修葺道路实为便民利涉但台地沙土浮松非与内地可比即平时往来道路之实地每遇霖雨崩陷为坑如雍正九年间彰邑地方曾经修葺道路坚而且厚迨至次年春即被水冲陷此不能修葺之明征也况北路一带有傍山沿海中道三路南路一带有傍山沿海二路若遇冬成水涸直道平坦堪行如系夏秋霖雨水积之时行旅往来公文飞递俱由沿山一路行走里数相同并无绕道践害田禾之苦亦从未闻有陷溺之虞至于桥梁尤难架造台地溪河甚多水流靡定一遇淋雨涨满东浮西陷南倾北填如北路之铁线桥盐水港桥笨港桥悉系孔道之冲年有沟缺冲坏旋倒旋修是以南路之淡水溪北路之淡水港深阔之处已饬该厅县各设渡船三四只其余窄小者亦有竹筏小艇济渡行旅未尝有沉没之惨至于大甲以上溪河旋绕皆系卵石即船亦不能渡何能架以桥梁所幸近海雨住稍晴水即消退行人往来并无沮滞兹若行修理桥梁道路枉费工力究无实济应毋庸议

第六条广设船只贸易货谷等因查淡水一隅处台湾极北之区离府窎远所产者不过鹿肉皮张水藤通草等物为利甚微所需者无非农具器用布匹等项行销有限是以前设厦船三只贸易去岁又详明添设一只裕课便民已属尽善盖缘多设船只恐启偷渡越贩及夹带违禁之弊端现在额设四只已足通商兹以南崁以上淡水内港等处谷价甚贱以有用之物置之无用之地不拘部颁所限俱听商民往贩似属以有易无之举然不知该处业户每遇收成之后频用澎仔等船运载来府源源接济内地未尝有壅塞不通致谷价如许之贱至于无用之地者若夫需用器皿杂物亦由府治载往贸易何尝有重价无处购求及需银缺乏之苦如听在省在厦殷实之人不时往贩是欲不由鹿耳门挂验任出任入查福州之闽安兴化之涵江泉州之安海均可直抵淡水在业户利其省运府船脚之小费保无夹带偷渡之大弊乎而与当日设口稽察不便多开港口之深意相悖况藤斤鹿皮等物产自内山皆系生番出没之所若听令民人公然入山抽藤吊鹿贸易营生匪特犯越界之禁而戕杀多事不胜其数其广开额设船只应毋庸议

以上六条本道因地制宜据实抒议伏祈宪察至于台地一切蒙宪台日夜筹画悉皆尽善尽美设施并无不周文武并无未备况有治人无治法惟望宪台时为训示文武各员实心实力各尽各职庶地方日渐淳良而海疆获安宁之福矣

卷下·严禁捕馆

照得捕役之设原以弭盗安民兹本道访闻台属各县设立鹰捕里捕皆系一种流棍充当复设立公所名曰捕馆又招集无赖棍徒为爪牙名曰帮捕群聚一处如狼似虎凡有正实盗贼通同窝隐贿放少有拘获之人惟各处捕

风捉影乱拿平民并曾经有案今已改过之小窃不禀官长擅行锁禁捕馆恣意苛索银钱有则释放无则禁饿甚至酷刑恐吓不餍不休是设捕原以缉盗保民反为庇盗殃民之害殊堪发指除差役密往各馆查察并通饬各县查明折逐外合行示禁为此示仰台属各捕役并乡保管甲人等知悉尔等捕役务须洗涤肺腑痛改前非一切捕馆如系自盖者立行折毁租赁者立即退还各宜严缉正盗真赃解究凡有拿获各犯之时即行禀明县官查讯重则监禁轻则发保不得仍前私馆擅行拘禁如有不遵一经发觉该管官即行详参捕即立拿杖毙决不姑徇尔乡保管甲人等自示之后如各该乡保内有前项不法捕役所设捕馆或赁居房屋或自行起盖务即查明赴辕具禀以凭拿究倘敢通同窝隐不禀任听设馆锁禁平民觉察之日一体同坐断不轻饶本道言出法随各宜凛遵毋致噬脐莫及

卷下·散帖请会

禀者台湾孤悬海外五方杂处奸良不一官斯土者须当时刻留心访察杜渐防微庶奸匪不得潜生滋蔓也兹本道于五月二十五日访得府城内有阮泮林冲宋恩三人散帖邀会即密差的役拿获阮泮林冲并搜出会帖四张上书唱兰亭会并各出铜钱七百文字样随会同台镇率同台府讯问起意同谋等缘由据阮泮等供起意系阮泮同谋即系林冲宋恩共散过帖有十余张缘小的等俱系兴化人在台做小生理因人数不多请酒聚钱欲存为乡邻中公事之用兰亭之名是取兴化兰陂之意并不敢结盟拜把作犯法之事等语本道再三究诘实无别情阮泮等邀人聚钱虽与结盟拜把者不同但散帖立会亦属不应况台地初平渐不可长随会商巡台镇将为首之阮泮林冲各重责枷号示众满日逐水未获之宋恩获日一体发落其余十数人现在饬府差拘俟拿获讯明分别责逐安插以儆将来因事尚在未成所以不便具文申报合将访拿讯供发落缘由禀明宪察

卷下·禀携官眷

禀者台湾府知府尹士俍在台五载文武和协办事妥当本道前为地方起见是以禀请协办台湾府事蒙宪台具题奉旨补授诚造就之鸿恩也但协办正任为期计有三年之久该员年已四旬有余现在无子宪台体恤属员无所不至可否邀恩入告准其买一妾过台以育子息则该员更感激天恩自当益加奋励也抑本道更有请者台地民人已蒙皇仁准其搬眷惟台地文武各官俱孑然一身在宪台自有深心本道何敢置议但向所谓建城垣搬民眷之不可行者今俱准行矣本道到任以来见台地各官虽黾勉供职而中心究不无内顾之忧可否照民间之例具题准其妻子过台则台地各官无室家之虑以分其心愈当竭力报效且其中之无子者亦可以启裕后人海外臣工更戴皇恩宪德于无既矣

卷下·入山采料

该本道捧读之下自愧不能料理尽善致费宪衷今蒙下询敢不悉心筹画以赎前愆以副宪命查台湾水性烘热螯虫最多厚力一树多产凤山其性辛其肉坚故自设厂以来凡修造战舰悉用是木为水底一以利其板片坚辛螯蛀难入一以利其产自本地可立取立应不患稽迟诚如宪谕内地办运重洋险阻万万不能者也伏读宪台卓见欲将应用船工木植令督理船厂之官逐一开明长短尺寸围圆派一巡检或典史同本汛千总先与通事令其入山与番人讲明何等木料若干给何等赏项若干运交一宗木料即同所派文武三面交给一宗赏项令番人亲自领回可沾实惠洵为有益军工保全民命之善策但查船工木料内休俱要坚实长短务求合式生番实在不谙斧斤又未能相木取材且其性亦不愿得此劳苦之利若徒委之于彼恐致转有贻悮本道谬参末议似莫若于产木之社择番性颇良者即委诚实通事为匠首令其招募诚实小匠数名照例开报花名清册发县会营给与腰牌仍于小匠中择一善能相木者与通事为帮理复买备番物照宪谕委巡检一员千把一员协同该通事小匠入山看木与番议明量值给番赏项在通事熟知番性自然得番之心在生番无砍运之劳又有实得物件莫不欣从如遇厂料紧迫之时即可饬该员弁催该通事督匠办应当不至迟悮生端至红柴碇舵等木出在谢不益与大龟文等社查此两处虽属内山但归化日久与熟番无异自办料以来并无生事其含檀鹿耳樟木等料多出于诸邑内山碇舵亦有时采之彰化外山取办以来亦无生事照旧著诚实匠首同该社土官通事备物与番贸易亦委员弁监查更为妥协仍不许匠首

携带闲人入山亦不许庄民冒匠私入如巡典千把不实心查办揭咨斥革徇私舞弊者揭参究问如通事匠役办理妥协巡典千把据实回明管厂之员从优奖赏如奉行不力者治以大法巡典千把办理有效地方宁谧者详明分别记功拔升如此行之似于民生军工两有裨益本道再查凤邑地方沿山四百余里界内已尽开辟树木无存台属之小商船与有底无盖之渔船共计不下三千余只而台属居民不啻几万家城乡民屋湾港船只以及糖廍车辆年年需材莫不取给于山且民间火柴日用必需即使军工不需木料而百姓盖屋修船建廍造车与日用火柴之类安能缺少势难绝其取用况台湾诸物倍贵内地又有嗜财之徒见利忘命轻生深入者乎惟有严加禁止并饬令该汛地文武不时查逐惩治而已缘奉宪谕本道据臆直陈并不敢游移两可是否有当伏乞宪训遵行

卷下·详报番童

该本道查得台属一厅四县造到管辖社番计共番童三百名但本道一时不能亲历各处查察随就近传到台湾县管辖之番童面加考试皆能恭诵上谕背书写字而字迹亦颇端楷且衣冠拜跪悉遵汉民规矩果有一道同风之盛除捐资照厅县册分别各赏给社师番童花红纸笔墨外合将缴到清册备文详送所有台湾县儒学训导薛云不辞劳苦勤督教化可否邀恩记功一次以示鼓励伏候宪台察夺至北路之诸罗彰化淡防厅各处已饬台湾府于此次奉檄赏番时顺便查考其凤山县俟本道前往南路巡查亲加考验杲否勤惰统于下季考察文内声明

卷下·靖难义民

该本道核查得台湾府义民高登怀陈正学黄自达等守分躬耕见危尚义一呼响应随军拔帜以登山众志成城奋勇捐躯而冒敌毅然烈气甘心视死如归慰尔忠魂崇德宜膺恤典兹据该府厅县呈缴册结合就据移

卷下·番妇节义

窃本道据详番妇大南蛮性含姜桂节凛冰霜镜破鸾分矢志栢舟三十七载心坚铁石妇道无亏五十六年且事公姑以孝顺教子孙以义方似兹甘心向义属在民妇亦所难能苦志靡他出于番婺更为罕觏皆缘圣化广被宪教覃敷以致黄鹄遗风见于海外番社亦由该县平昔化导有方之所致也甚可嘉尚仰台湾府饬候详请题旌以昭雅化

卷下·具禀饬换

该本道查得绥字四号一船前届在福厂折造新换桅木历今三年方届小修验其桅头之孔桅身砍伤三处该弁所禀非虚然俱系在山当日本有之痕察其砍伤原委盖因树主知为良材堪作桅料恐官买不得多价故于无关之处砍破树皮以示其不堪用也但伤在木皮而无深入桅头之孔夹在鹿耳之内俱无害于事是以前届福厂监修之员同该营管驾队目选择而用今该船修工将竣本道会同台协将原桅细行查看果系良木惟桅尾镶帮之内木皮注水处稍有微朽即令船匠削去朽皮仍然坚固实属堪用然所用原帮乃系橡木恐不耐久本道不惜重费将购到桅材三七开作两片将七分督匠制帮欲配该船之用时把总陈捷与管队龚春均称堪用讵知该把总管队是何意见又禀伊营主详移换新独不思小修无换桅之例即有不堪亦当照估报六十六只案内藩司议详或小修而桅已损坏者该营于驾厂之先报明提镇移会宪台及藩司于工料之外量增桅价以给厂员换竖新桅方可预领购备查该营先无报明则桅之堪用可知不应于修工将竣方以旧伤为嫌胶执勒换况桅经台协验明实配堪用无可疑议者乎至大修宁字九号原桅据看修把总陈捷同管队江清称原桅坚实自愿配用本道照依制配完固孰意临竖之顷又捏禀不堪必勒换新致澎协详镇移咨到道本道再令该弁目细验又曰堪用始将原桅配竖似此一桅忽而堪用忽而不堪又忽而堪用反复三次方得竖起则绥四原桅不问而知其堪用也明矣本道承修船案深念战舰为重务且系官兵托命之具用料必加斟酌应换则换应留则留务期有裨军工不致虚縻库帑而后于心乃安即如绥字七号亦届小修之艘查该船前年遭风失去桅舵奉文饬令自行购换经营报称差弁往厦购买新桅新舵运广于十年四月初四日制配初九日完竣五月十三日回汛经准布司移称前船桅舵已据该营自行购换完同无庸更换

在案本道验其所购桅舵实属朽烂不堪不敢拘定成例随令该营弁目自选折造绥九之良桅配竖又绥字六号同届小修原桅亦坏查将拆造宁三之桅多用匠工制帮配换业将配竖交营情由于战船奉公遭风等事案内移司转报在案均是同营小修之船何绥六绥七二桅俱行换给而独靳绥四一船不换盖为绥六绥七原桅不堪绥四之原桅果坚实堪用故也兹该船已经完竣因该弁目措勒不用此桅厂中又无额外之桅可换以致搁延莫能竖交合亟详请宪台察夺批示遵行

卷下·酌改艍船

该本道查得修造战船之法定赶缯船龙骨每丈配含檀阔三尺盖以面阔底深身长利涉外洋也艍船龙骨每丈配含檀三尺三寸盖以面狭底浅身短利驶内洋也揆前人立法之深意以外有赶缯内有艍船内外接应缓急相通远近咸宜各适其用也兹澎协艍船一十三只营移请照提督奏请龙骨每丈配含檀三尺六寸之法更改是艍船之阔深皆与大赶缯船同而长各皆减丈余如绥字十五号船现长五丈四尺阔一丈三尺八寸今照营册再加阔二尺七寸六分共阔一丈六尺五寸六分与中赶缯平字八号船同阔查平八长六丈四尺该船仅长五丈四尺阔同而长减一丈又绥字十一号船现长六丈六尺阔一丈七尺五寸今照营册加阔二尺六寸六分共阔二丈一寸六分比大赶缯船平字二号更阔矣查平二长八丈一尺该船仅长六丈六尺阔加一寸六分长减一丈五尺又绥字十二号船现长六丈四尺四寸阔一丈七尺五寸今照营册加阔二尺四寸八分共阔一丈九尺九寸八分比大赶缯船绥字一号同阔查绥字一号船长八丈该船仅长六丈四尺四寸阔同而长减一丈五尺六寸其余十船照依营册尺寸更改其阔深悉与大赶缯船同而长皆减丈余若此十三只艍船必照营册更改方为长阔相配则五十余只赶缯船尽皆过长似应截长以配阔若五十余只赶缯船之长阔相配则此十三船之阔深似不宜加二者必居一于此焉况艍船之设原为港道纡浅赶缯船遇潮退不能出入故制艍船以为退潮涉浅之用今若加阔加深似非艍船又非赶缯恐内港不能涉浅外洋不能破浪将欲何用所关非轻本道职在承修若加阔加深自必增价非忧累惮改特以前文有檄令本道将应否改造之处妥议通详等因若不议详遽行更改后来各船阔不配长艰于驾驶营员详照旧式请改虽库帑自有攸归而明知不言之咎本道实所难辞合将十三船更改与赶缯船同阔减长之处逐船注明造册同确估十三船更改加阔加深工料册一并妥议详请宪裁如必当照营册更改伏候批示遵行

卷下·人才倍盛

看得台地人文蔚起胶庠已六倍于当年吁俊登庸中式仍一名而定额则今昔无分多寡弃取实属偏枯兹据台湾府知府尹士俍议详酌请广额共八名本道复核似属过多酌共广额三名连旧额一名共四名殊为允协盖文场入彀惟在胸中抱负以搴赤帜之旗而广额搜罗咸思进取有阶庶免遗珠之憾伏乞宪台题请加增副圣主立贤无方之至意广开文教遂诸生有志上进之微忱则海疆士子均沾雨露之恩而拔茅连茹益收得人之效矣再本年系值乡试之期伏祈宪台迅赐题请俾海外士子得以早被皇恩感戴宪德尤靡涯矣

卷下·劝捐社谷

该本道核看得士民捐谷已属闾阎休风番社乐输实为海外美举本道前据淡防厅详称大甲东等社番目直加难等捐社谷三百一十石业经转详在案兹据台湾府详称台凤诸彰四县各属社番乐捐社谷共五百二十一石二斗前来本道查各社番黎踊跃争先乃诚中而形外输将恐后本一道以同风皆缘圣恩广被俱各好义趋公宪教广敷莫不闻风兴起除批照该府前议收贮大加奖励外似兹盛举出自番社从未有闻理合转请宪台可否题旌以昭德化所有各属社番捐谷册已据该府径送毋庸重复缴送理合声明

卷下·建坊树德

窃本道三载台疆宣布皇仁宪德年来各社番黎咸知尊君亲上有饮和食德之风革面洗心具懦立顽廉之志皆由圣恩广被宪教覃敷之所致也兹据该厅报称大甲东社番目直加烂等欲为本道建坊立石披阅之下具见诚

但查各番于去岁恭祝万寿往返重洋捐贮社谷几费经营况甘棠无树可留碑石何能载道亟宜谕止毋任举行实本素心良非虚语也仰厅转饬遵照毋违

卷下·特行劝垦

照得裕国必先于富民富民莫大于辟野若野无旷土则民用恒舒仓廪因此而盈兵糈亦藉此而裕是以从前钦奉纶音颁诏劝垦今又特奉院宪严谕招耕其为富民裕国计敦且切矣本道查台凤诸彰四邑并淡防一厅虽渐次举报开荒然未垦之地尚多究其不垦原委有小民无力者有业主互争者更有地属番界欲垦而不得者以致肥沃之壤任其抛弃甚属可惜除严谕该府厅县留心区画实力劝勉外合行示晓为此示仰所属士庶人等知悉尔等有从前请荒因彼此争界致未开垦者许照前请四至各执赴县指禀勘明定界立可招耕如有无力开垦者不论业主小民许尔赴厅县借给牛种籽粒收成之后照数还项或有无主荒地果查询确实准即赴厅县禀垦倘地属番界可向该社通事土官会同番众指定界址或银或物议定若干务使众番心愿立契成交贴与番粟然后同通事土官赍契赴县投税立界请照开垦照同安则例升科之后除去社饷苟非熟番界内之地则不便妄请至于前项无碍荒地度其可田者田可园看园必须因其地之所宜毋使弃沃壤于荒芜庶田野辟而民用足方不负圣天子与院宪谆谆劝垦至意各宜凛遵毋违

卷下·请饬严查

窃照台湾一郡岛屿孤悬南北绵亘千有余里东依深山西临大海而本省与粤省之人民接踵至止杂处其中莫辩奸良遂致匪窃时发且海外地土松泛居民房屋多系编竹为篱盗贼更易行窃本道初莅台疆时先严保甲于匪类盗贼首加痛惩除应详候宪示者候批遵行外仍严饬厅县查拿案盗解审亲如讯验按赃轻重行盗次数若单身赤棍照例枷杖刺字逐水仍行取该原籍地方官安插收管或生长台地有父母妻子系累无籍可归者亦分别刺字挂铃在于本地朔望跪牌听讲上谕仍立定限予以自新再饬厅县一有报窃之家先将稽查不力之该管乡保捕役重责并行解比务获赃盗其盗贼应刺字逐水者仍解本道验明逐水应刺字挂铃者亦验明挂铃即匪类不良之徒有犯必惩应逐水者亦备文逐水立法以来宵小亦颇知敛迹矣但改恶从善者固有其人而憝不畏死之徒亦复不少凡经逐回原籍者仍有偷渡来台期满挂铃者不无复蹈故辙非挖栏盗牛即割篱偷物甚至乘间为匪贻害地方良非浅鲜揆厥所由固因本管地方官稽察之不力亦由原籍地方官收管不严之所致也本道身在地方不得不为筹画除现在督令各厅县严查保甲实力奉行查拿分别惩治逐水期于盗息民安如或纵盗殃民姑息养奸立即揭参外伏乞宪台饬行内地所属各州县并粤省惠潮二府之各县凡有台地备文逐回贼犯以及匪类取具族邻保甲安插收管结状于朔望点卯不许外出并饬泉台两防厅于船只出入口岸留心稽查庶盗匪不能复潜海外地方可保宁谧矣

卷下·特筹劝垦

查台属荒埔尚广各处居民多系内地而来其中有力者固不乏人而贫穷无措之户比比皆是即欲遵示开垦牛种籽粒无所从出势必坐视仍然抛弃虽有公项堪以借给而地广人众恐难为继兹本道仰体皇仁宪德为国为民劝垦谆谆至意随倡捐银三百两以助贫民农本之需即檄发台湾府酌量分发各厅县遵照出示晓谕凡有请荒正实无力贫民许其赴该承给衙门具领买备牛只农具籽种及时开垦勿使别处花费亦勿使该厅县胥役捏饰扣克再绅士富民中或有好义乐善之人情愿捐资报垦者计其数之多寡详请旌叙以示鼓励以勷垦举该府督同厅县须实心实力倡率劝导以收实效仍将劝垦顷亩发给资本各花户缘由不时具文报查正在檄发间节据府厅四县陆续报捐前来统查本道并府厅县通共捐银一千三百两粟七百石合就具文先行详报再台地绅士现在踊跃乐输人民亦接踵报垦俯俟各厅县报到另文呈报合并声明

卷下·权吏枉民

审看得监生陈国辉控告宋琼等谋番夺田一案缘国辉之兄陈赞于康熙五十二年用银五十两契买大突社

番孩斗里等本社西北势荒埔一所及赞故国辉承管越二十年并未照台例贴纳社粟至雍正十年始报出升科田十甲五分计一顷十五亩五分其余有已经开成田园者有未经开成者迨于十一年孩斗里等见从前所卖草地顷亩过多四至广而价极轻又未议及贴纳社粟遂赴彰化县以欺愚强占等事具告国辉经前任彰化县陈令查讯所执契内未载有贴纳社粟又无土官图记随以为假契断令原价取赎饷银移入孩斗里名下输纳而陈国辉不愿领银适因前察院柏北巡孩斗里等沿途赴控随批彰化县查报该县录案呈详仍批照断令陈国辉领银还业各番以察院批定即招林华宋琼吴振纶等承贌立契公议正价银六百两并贴社粟将业付管国辉以田已开成将半不肯轻舍随赴宪辕以权吏枉民等事具控蒙批本道查报遵即行县提犯并饬该县将所争田内已垦若干未垦若干不堪垦者若干共有若干亲行丈勘明白绘图帖说连人解送去后因国辉尚在内地未回至四月十六日到台复往彰化县指勘田亩于五月初八日据该县丈勘明白绘画图形开造清册并将一干犯证人等批解前来除宋琼李文辉李初豪故问等业已物故外本道就现犯细加研讯验明契券查阅图册其陈赞当日所贌之契原无假伪但以当日之草地甚广番性愚昧陈赞仅用五十两之价而即贌六千亩之埔又无贴纳社粟近来番黎知识渐开各不甘心及验转贌林华等契券内连猫士埔一所共载价银六百两北势之地估银五百两又定载第一年贴粟二百石北势之地应估一百六十石第二年四百石北势之地应估三百四十石第三年六百石北势之地应估五百石以后俱照五百石按年贴纳质之卖主中见俱众口一词而贴纳番粟亦全台番社之通例查现在彰化荒埔每顷以该县前详定价银十五两计算此项埔地共有六千余亩除不堪开垦外其有已垦成未垦成并建房牛埔四千余亩约值银一千余两今俱作荒埔算亦值银六百余两适与林华等所用之价所多无几相应著陈国辉除从前原价银五十两外再缴出银四百五十两发还孩斗里并凑县库存银五十两共五百两付还林华等原价其业仍归国辉掌管番粟照前约估数目自今年为始按年交纳至国辉除十年报升十甲五分外尚有一百零二甲九分未报若非饬县勘丈竟被朦混查台地欺隐甚多若不惩一儆百无以劝将来应将国辉发学戒饬以为海外欺隐者戒仍责令即行照亩额年数升科其未垦处所饬令速垦呈报不得丝毫隐漏如此则银业均不致两空而番黎亦有资生本道当堂明白示谕俱各伏首称愿并无不平之鸣至于引番告状造供之事不惟讯之高猷黄泽泰林华吴振纶等极口称冤即质之国辉亦不能指实且林华吴振纶俱因经县判定该番招垦方敢承贌并无唆买情弊而首名宋琼业已病故应无庸议余俱无干均释归农所有词外契内之猫士埔系番明卖仍听林华等掌管不得借水圳复行生端合并声明

卷下·特筹劝捐

看得俗美风淳本圣朝之雅化博施济众惟仁者之居心乃有籍隶龙溪寄居台湾之贡生王绥家号素封心存好义睹海外之荒芜甚广开辟惟殷念工本之匮乏无资锱铢弗吝一闻圣主念切民生上宪心殷稼穑慨然捐谷三千石以助贫民农事之用似此心乎乐善内地亦所难能勇于急公海外更不易得皆缘皇仁远播宪教覃敷以致休风见于盛世除将所捐谷石饬行台湾府转移淡防厅收贮以资拨给外理合详请宪台具题议叙以振后起以彰懿行再查该生于雍正五年在遵旨营田事例内由俊秀营田三顷准作贡生合并声明

卷下·禁扣钱数

照得制钱行使毋论易货兑银每串扣底钱二文余皆足数此天下之通例且钱文一律使用并无铅钱之名迩来台湾兑银必须足入充钱每串扣底钱一十四文其余以九十八文为一百是每千钱竟短卅文之多而又搀和铅钱数文凡商贾贸易以及佣雇工资莫不如是在富商巨贾尚可支持其佣雇贫民有限工资被搀被扣有名无实其何以堪揆厥所由皆因钱柜作弊只图利己不顾病民深可痛恨除密差查拿外合行示禁为此示仰所属军民商贾人等知悉自示之后凡制钱交关贵贱随行出入每串只准扣减串底四文串底之外务要足数不许减少亦不许搀入铅钱如有不法奸商以及充换钱柜敢再出少入多加扣串底杂入铅文病商害民者或被拿获或被交关之人扭禀依律从重究治决不姑贷各宜凛遵毋违

卷下·严禁增重

照得番银原无低潮所以便于行使从前有等不法奸匠棍徒暗用水银将银加增分数每两亦不过止增二三

分遂致商旅交关互相争较业经本道访闻严禁在案近闻有等愍不畏死之徒仍蹈故习每两竟增至六七分不等遂有薄增厚增之名遍行街市日多一日毫无顾忌细察所由皆因商民水客带银来台生理即有奸棍到行认去煎增晚夕付银凌晨交缴薄增每银一百如银三两厚增加银五两奸商水客即以分发各处籴买货物小民运货往卖嫌其增重则货竟无处可售明知为增无奈听从接用及欲将银兑钱而钱铺又以薄增每两扣至四五分厚增每两扣至八九分若不曲从又无可兑之处在巨富大商已蒙暗吃之亏嗟彼贫民终岁勤动血汗交流奚堪遭此剥削况台地民人大半妻子皆在内地将增重带回家用买衣买食每两扣折更多似此罔法病民殊堪发指除严行密访查拿外合就示禁为此示仰阖属商民行家银匠钱铺人等知悉嗣后尔等凡有增重一概不许行使或自行烧洗或交银匠烧淨每两酌给工炭之资银匠不许刁措通行大例总要清水原银公平交易如再有前项奸商匠棍通同制作仍旧行用许尔甲邻坊保赴辕密首以凭严拿照依制造假银律例从重治罪倘知情不首发觉之日该坊保甲邻定治以知情容隐不报之条本道言出法随断不宽假各宜凛遵毋得以身试法凛之

卷下・禀报被风

窃本年八月初九日自未时风雨大作连至十一日卯时停息本道恐各厅县地方田禾民房仓库衙署监狱城垣墩台营房以及港湾船只不无被损随飞行各属确查情形据实飞报外仍一面分差干役前往沿海谕查不许居民乘隙盗折打坏船料并四郊躧看去后续据该差役回称郊外田禾早稻已经收割所剩无几晚稻尚未开花虽被风括堪以培复其府城内外并安平镇民间瓦房计倒坏一百零一间半草房计倒坏七十八间海口商渔船只被风击坏有三十余只尚堪修理者居多淹死舵水三名又安平水师营击坏平十四号哨船一只淹死兵丁一名府城木栅倒坍计有千余枝营房亦有倒坏等情本道再行台湾县确查随据禀覆无异其营房木栅等项应即严饬该县修葺但淹死之舵水均系穷梢无银收殓倒坏之房屋俱属贫民乏资起盖未免有暴露餐风之苦本道随捐资每舵水一名给收殓钱二千文每瓦屋一间给钱六百文每草房一间给钱四百文共捐钱一百千零一百文发台湾县散给各户速行修盖毋致失所以仰副宪台轸恤穷黎之至意至于各厅县民房衙署仓库监狱城垣墩台营房并田禾等项有无坍塌损坏容俟飞催查实覆到日再报如穷民有应周恤之处已饬府厅县酌量及时周恤另禀恐廑宪念合亟禀闻

卷下・沥陈弊端

查茄藤皮税年额不过四十余金即修理府城之用每年每县止可取资十数两而已彼等奸商藉纳课名色罔利病民无所不至深为地方大害况郡城业已栽竹完竣一二年自可茂密无俟修理木城矣仰即出示革除饬厅县大张告示听民自便不许开设私馆如杨以承敢于阳奉阴违私抽病民或被告发或经访闻立即拿究重处至今岁课银止可令其完纳一季仍将本道批革缘由报明藩司此缴

卷下・饬议革捕

照得台湾一郡孤悬海岛漳泉二府以及浙粤人民接踵至止杂处其中奸良莫辨盗贼易于潜藏是以王升守详饬各县设立里捕令各里中自行保举诚实壮丁承充月给薪米以资日食果能实力缉捕重加奖赏如有生事讹诈严拿治罪此亦无非弭盗安民之意也但自设立里捕以来所有报窃者百有余案究未获一盗一赃且闻里庄保举充当非无藉棍徒即乡保冒捏良善一人充捕十盗倚为长城一家报窃十家均被株累本案正盗任纵逍遥村哑平民偏遭诈害由此观之是欲为斯民计衽席之安反为百姓滋闾阎之害里捕之设果否有益合行饬议为此仰府确查妥议如果有益自当饬缉盗赃若果有害亟应即行革逐必作何设法区处能使盗息民安之处该府领守全郡当善为筹酌据实议详毋得执泥前说致累地方速速

卷下・议覆民壮

查前募民壮内有家室在台者亦有无家室在台而有生业者亦有并无家室又无生业者及奉革之后俱经安

插各坊里取有甘结编甲入册在案迄今二年有奇回内地者有之改别业者有之死亡者亦有之兹奉宪谕将所裁民壮作何酌量安顿其有家室者准于取保留台无家室者移归内地安插如有熟于技艺而愿食粮者准其考验补伍俾免无籍之徒在海外游手游食等因仰见宪台慎重地方抚绥旧役之至意今据该府申称从前所募民壮多系有室有家之人奉裁以后俱经坊里长保结安业编甲为氓并无游手游食之徒与熟于技艺情愿入伍食粮之人等语以本道愚昧之见如有家室在台者应照宪谕取保留台如无家室而在台有生业者或为人佃耕或各自贸易若一旦逐回内地未免有失业之惨可否取其管事乡保里邻甘结准其在台资生倘日后生事并坐具结人之罪如无家室又无生业即系游手好闲之徒虽为数无多向年未见生事然亦不便留台应移回内地其有愿食粮者赴本籍地方官呈明会同同城武职考验果有汉仗可观详送入伍以上均分别造册存查庶在台之人不至失业回籍之辈更可进身而海外重地民无游手游食之虞均沐宪恩于无既矣

卷下·遵奉宪谕

查本年二月二十五日闻有南路余孽在乌龙庄三叉河等处复有聚众之举本道随即会商台镇差役分头密查并飞札凤山县钱令知会南路营侯参将速为确查密拿慎勿因循去后续据凤山县知县钱洙禀称卑职查系从前余匪林初在乌龙庄藏匿被兵役访闻营中带兵围拿未获以致乡民讹传又有竖旗之说实无确据等语又据差役回禀亦然本道尚未敢遽信为无随又密饬防范再为确查外复询之台镇所闻亦同因事无确据所以未敢具禀今林初已同前匪目卯郑禄李景等陆续拿获现在讯鲜兹蒙宪谕下颁捧读之际仰见宪台慎重海外防微杜渐至意本道自任地方敢不刻刻留心随即会商台镇密谕府县札致各营当常以有事为念日夜巡查不致稍有疏虞仍一面选的差密访并饬县加意缉查一有萌孽即为剪除现在严查保甲饬府厅县令各乡保于每月朔望日具结亲投声明该保内如有匪类藏匿察出愿甘一体坐罪等情报查总期实心奉行不得虚应故事亦勿致兵役捏覆尚有从前余孽现在会营严缉使此辈无所逃窜则奸徒知有三尺而地方自可宁谧矣

卷下·折覆宪批

窃本年八月念四日台湾府尹守赍宪批该守原禀一扣内开台地远处海外民番杂沓与内地不同开垦一事屡次札布慎重办理幸张监司与该守丞令咸遵指示查办协宜甚为忻喜等因前来本道捧诵之下不胜惶愧伏思养民必资开垦原系地方官吏之首务乃历年以来守土之员虽俱知勉力劝导而究未收实效欣蒙宪台明白指示分晰布告俾本道等有所遵循尽心办理而该地绅士人民一时感动天良报垦报捐源源不绝此皆宪台教化之神所以风行草偃一至于此除琅𤩝小琉球二处听候司议宪示外其田园共报垦有不足三万亩数而官绅士民所捐之银共有二千四百余两谷共有五千九百余石此番查垦本道仰体宪台慎重周详之意总使番民两无偏枯业佃均受利益以垂久远而拨给农资亦因人地制宜不至拘执失当苟非十分稳妥之处不敢冒昧举行尹守北路赏番已于八月二十四日回郡询其一路情形俱各安静堪垦荒埔亦明白宣示宪德劝导其渐渐开辟不得侵入生番之界而熟番界内亦必议明两愿而后可行民番毫无勉强各厅县亦均能上体宪心下恤民瘼实心实力妥协奉行兹蒙宪批除再切谕府厅县加谨查办外为此具禀

卷下·乞怜万里

审看得王保母颜氏与监生王升即王章互控争业一案缘王升本系薛姓之子在襁褓中为王保之祖王照抱养为子配有妻室后照娶妾陈氏生有二男长王基次王慎自是陈氏遂起兼并之意谓升非王氏血脉日浸润于家长正妻之前莫可如何及王照于康熙三十四年物故即逐升外出所遗缎铺一间店屋二间房舍三间尽为王基兄弟居占竟不量给些须王升孤苦伶丁始而教读继而垦耕数十年来陈氏母子直视王升为路人矣幸升克勤克俭渐积成家而王基王慎浪荡奢侈将缎铺花销无存旋即兄弟相继云亡嫡母陈氏于五十七年亦故王升犹念养父深恩推及所亲衣衾棺殓之外复代为修葺住屋延师训侄又每月给米一石银壹两以供日用之需顾乃颜氏听弟颜朝主唆志图夺业于七年间掇姑陈氏控告台湾县经前令唐孝本审非公业劝断王升拨园五十甲为陈氏并王

保母子养老毕姻度日之计在王升可谓感恩知报者矣讵王保犹未厌足于八年控两察院批前府倪象恺审详仍照县断批结十一年又因抢糖被王升呈明前府王士任批台湾县路以周审详仍照原断指拨蛮笼园五十甲加糖廍一张取具遵依详批在案至十月间又向本道呈控及批府录卷细阅从前倪府断拨系上园而蛮笼乃瘠土且查县供王保有求拨后庄仔园给小的之语本道以前断系上园今拨乃瘠土与前断稍违所以陈氏有不平之鸣即于后庄仔拨给上园五十甲糖廍一张廍内器具齐全行县立界不过令工保母子稍为宽裕而王升不致有背恩之名耳岂料王保母子恃陈氏乃风前之烛可借为挟诈之具竟于十二年春强占王升后庄仔房屋三间欲将王升产业踞为己有陈氏未几遂亦病故至三月二十六日保复邀牛婆华等硬抬升糖以致有打折王标手骨之控也及本道行县验讯并倠丈明分界去后据凤山县立界分粮取具遵依并声明王升尚多给伊侄王保园五甲有零修理廍器银三十两所占王升之屋俟伊祖母百日后搬移又据台湾县验明王标手骨被伤是实移讯各在案乃王保不夺不厌竟敢冒顶水手渡海赴宪辕抱告而王升之子生员王远光赴省乡试亦代父抱诉宪辕均奉批本道于开讼日查报随于开讼后行县提齐各犯细加鞠讯王姓并无族房可以质审而王保亦无所执凭证惟王升买业诸契向转当之陈世淳等吊阅多系买与王升名下并王宅字样查契内年月俱在王照已故王升被逐之后且原价共一千余两而执当之价亦无甚多寡本道揆情度理如果业系公置王慎乃属亲生正子何年至四十契券为掌业要据犹听抱养之王升执管契亦多写王升名下而毫不与之较量且甘受每月之帮米帮银迟至七年始行告理乎即此可信其业之非公也况吊讯卖业之王国英亦供当日系卖给王升等语相应仍照前断管业毋庸另议陈氏棺柩不便久停庄内藉作升屋但陈氏分属王升庶母王保年幼又因丧将城内房屋典用在升亦难置之不理著升再出银五十两以二十五两为安葬陈氏之费以二十五两为府治赎房之用押王保即行择日安葬祖母同母颜氏等出庄移城居住一可杜葛藤更可免瓜李王保诬告刁讼本应反坐姑念听从母命从宽免究但赴省不照例请照擅敢私顶水手姓名偷渡应照私渡关津律同船户蔡胜高源亨各杖八十均折责三十板其原到台未回之水手饬县查明杖惩押回原籍安插颜朝虽与王保系甥舅至亲情有可原但屡次唆讼法不容贷应请重责四十板如再不悛从重究处牛婆华实属无赖棍徒虽抢夺物件未有确据而打拆王标之手骨经县验明是实而王升又指供即其下手庭讯之际该犯亦不能置辩本应照拆人肢体律治罪但据王升供伤经平复请予重责四十板枷号两个月逐回原籍杨程审系无干应予省释所有车工在殷基马求梁保沈妙等俟拿获审明分别发落具报是否允协理合粘连原奉批词详请宪台裁夺批示祇遵

卷下·报明巡行

切本道因时届隆冬欲赴南路一带巡查地方情形业经禀明在案兹于十一月二十一日由郡起行一路阅看各乡目睹民情宁帖询之田农野老咸称晚稻登场统计有八分收成至凤山县治市肆各安生业兵民亦两相辑和营伍整饬城竹茂盛已有渐次成林之象本道每至一处輙宣示皇仁宪德劝其力行善事毋作非为又切谕不得深入生番界内致滋事端过溪以东从放索上淡水下淡水阿猴武洛力力茄藤搭楼等处周行八社见其社寮完固社谷盈仓沿途迎接之老幼番众及社师率领之番童俱各冠服衣履本道先讲上谕并宣新君恩诏俱各踊跃称庆稽首叩首其各社番童逐处面考或能背诵上谕一二条或能朗读四书毛诗朱注一节一章令其当面写字亦能成行端楷更有下淡水社之番童潘志正即腊欝竟能作承题文义粗通又有力力社九岁之番童吧宁授以纸笔觧写敦孝弟以重人伦七字其于拜跪俱如民人礼仪且有能习正音者本道除将从前捐贮社谷之处大为加奖所有土官以及老幼男妇各番俱给赏银牌红布番珠针线戒指生烟等项番童于能作承题并背诵书注谙晓正音及知默写上谕之幼番各增给银花笔墨纸张外其余番童亦分别各给竹纸笔墨社师教督有方倍给竹纸笔墨至能教作文之社师田世忠又给与银二两以示慰劳鼓励赏赉已毕另由岗山罗汉门一路统行查阅地方安堵民番乐业其所过番社宣谕番众考试番童俱赏赉如前遂于二十六日回郡本道将所考承题字纸带回与在郡文武观看后现将原本存查皆由圣教覃敷宪训远播之所致也本道身在地方巡阅之下见民情宁谧番俗丕变若此可胜感颂欢忭除另文申报外谨将查过各庄社情形备悉禀闻至训导江冰鉴董率教导勤劳有效另于秋季考查册内声明应否予以纪功并候宪裁优养番童窃照各社番黎向皆雕题凿齿不知衣冠文物之盛迩来声教远被渐知蹑履穿衣且番众之中秀顽不一上宪期于文治覃敷行设社师督以读书识字鼓舞作兴之下据报番童就塾各有其人即据转

报在案昨本道亲巡南路各社社师率领番童匍匐叩迎见其服饰已大类于齐民进退从容亦渐觉其驯雅考以四书上谕各能背诵靡忘授以纸笔复当面书写楷字且竟有能作承题得其大意者番民异类渐摩未久即能丕变如斯深嘉其有志上进当于能文者从优赏以银牌花红其余各童亦各赏笔纸并面加奖励外但查各童中如年颇长成仍即与番众一例当差督课之余复行扛招负荷其何以示鼓舞业经行府转谕各社通事土官将读书番童免其随众当差仍传谕番童既受格外优养更当加意受教毋致怠荒有负皇仁宪德作养外理合申报

卷下·生番归化

查得沙里兴生番向化愿归版图虽男妇仅有一百九十九人纳贡之银止有二两四钱但喁喁慕义感化归诚实由皇恩浩荡宪德洪深所致本道职任监司何敢壅于上闻随行台湾府确查是否实情取具通事社丁土官人等妥结先行慰谕招徕以凭点验劳赏去后兹据该府据彰化县申请唤验生番席由敏等加意奖抚给赏烟布酒食随取具户口丁册并该通事土官约束遵依转造细册详报前来当批生番向化输诚贡赋不自弃于圣世之外甚属可嘉仰候据详并给赏银牌物件理合据由详请应否俯顺番情准其归化收入版图贡赋供役本道未敢擅便伏候宪台鸿裁批示准行

卷下·议覆通商

查得卑南觅社番请与内地一体贸易一案本道随一面饬行台邑照例著令保家管看给与口粮加意抚绥一面饬行凤邑查明从前有无纳课可否允与通商确议速覆去后兹据该府县详覆前来本道核查卑南觅社于康熙三十年归入版图报部征纳载在志书递年贸易输饷并有琅𤩝加六堂小琉球三社共征银一百七十两九钱二分二厘零因六十年变后奉前督宪满禁止分定生熟番界限自六十一年起前项饷税不许催征历经垫解在案又于雍正二年卑南各社曾赴府输诚向化前道吴移会前镇林委员前往招抚详题颁赏有案又于雍正三年为遵批议覆等事案内以琅𤩝地方开禁行县议覆详府未转则是卑南觅社均属王朝赤子通商输课由来已久后因禁绝往来今复输诚向化仰见圣朝文德武功无远弗届即海隅日出之地亦靡不倾心悦服宁尚有黑齿雕题之辈甘自外于圣世者耶且诸邑之崇爻社番蒙各宪准予通商事同一辙似应俯如府县所议邀请宪恩一体准予通商并请照依崇爻之例饬令呈赴厅县给照放行惟于出入口之时严加查察不许夹带违禁货物自可永远行之而无弊

卷下·生番贸易

本道查崇爻四鲍鸾等社番从前既经通商输饷载在志书可考今仍结舟远来恳请照前贸易似应准照前督宪议定顾船给照准其往来通商输饷以广布圣朝柔远德化但该船装载货物数目务须填注印照之上于出入口时严加盘验不许夹带违禁之件并多带人数自无透越之弊矣兹准据议覆前由合就详请宪台察夺批示饬遵

卷下·宪德渊深

窃搜罗广额圣世之人才振兴帮补廪增海外之宫墙蔚起兹有台湾府学并台凤诸彰四县庠又彰化县庠士子蒙宪台题请钦奉恩旨台属广中举额一名彰化廪增各加补十名多士踊跃欢欣喜青云之有路观光鼓舞感宪德之无涯争向海边望辕叩谢连名佥恳吁代详陈所有各生感激微忱本道不敢壅于宪闻

卷下·命悬呼吸

本道查台湾地方浮沙之园甚多凡硗瘠园地不堪布种五谷悉种落花生少为正供民食之计从前随收随卖久已相安乃蔡德等以认饷为名将此项地利所产设立牙行垄断横抽贫民终岁勤劳竟霸截不许对卖西成而转失望乡农俯仰奚资本道访闻奸牙四路把持必欲归行恣其朘削致摘取者未能即售在土者旋经朽坏前经据傅宣等佥呈批府查议未及详革日来霸占行市愈肆横抽本道身在地方目击病民岂忍听其藉一十八两之饷滋害全台贫民况据民人傅宣等照数认饷具有遵依在案可见情切剥肤所有牙行似应革除以安海外民生至于此项

牙饷倘未经报部应否免其输饷之处仍祈贵司酌裁

卷下·散给灵丹

照得台属各县秋冬以来时气流行兵民多所传染本道甚深轸念因思督宪向颁灵丹效验如神特飞禀请发原方配合分散以资疗治复蒙督宪怀保深恩于本道禀折未到之前即先发药五千丸并祈穰费银五十两委员赍发于十一月十九日由省起行因准所请又将原方邮发现在选择药料虔诚修配共成药一万丸闻各属居民于前病犹未尽除而重洋风信复难逆料谨将所合成药先行散给调理除经移送台湾镇一千安平协澎湖协北路协南路协各五百丸又发海防厅淡防厅澎粮厅各一千丸台凤诸彰四县各一千丸外合行示谕为此示谕所属番民人等知悉尔等倘有染患前项病症应赴各该厅县请领丹药速行疗治宪发之银药俟差员到日再行建醮分散本道仍念病症可随时痊愈灵药之利济无穷并将原方发县俾以配合备而不用况督宪德意感格上穹疫气消除有病之人断无不立见痊可毋怀疑虑

武备志[①]

卷五·兵诀评·虎韬·军用第三十一

武王问太公曰王者举兵三军器用攻守之具科品众寡岂有法乎太公曰大哉王之问也夫攻守之具各有科品此兵之大威也武王曰愿闻之太公曰……渡大水飞江广一丈五尺长二丈以上八具以环利通索张之天浮铁螳螂矩内圆外径四尺以上环络自副三十二具以天浮张飞江济大海谓之天潢一名天船【此言飞江及天浮铁螳螂之用以济大海】

卷五·兵诀评·虎韬·军略第三十五

武王问太公曰引兵深入诸侯之地遇深溪大谷险阻之水吾三军未得毕济而天暴雨流水大至后不得属于前无有舟梁之备又无水草之资吾欲毕济使三军不稽留为之奈何太公曰凡帅师将众虑不先设器械不备教不精信士卒不习若此不可以为王者之兵也凡三军有大事莫不习用器械……济大水则有天潢飞江逆波上流则有浮海绝江三军用备主将何忧

卷十七·兵诀评·船战第十

夫船战之时擂一通鼓吏士皆严再通士伍皆就船整待橹棹战士持兵就船各当其所幢幡鼓角各随所载船鼓三通大小船以次发左不得右右不得左前后不得后前违令者斩

卷二十六·战略考·三国【二】

是夜瑜复见权曰诸人徒见操书言水步八十万而各恐惧甚无谓也今以实校之彼所将中国人不过十五六万且已久疲所得表众亦极七八万耳尚怀狐疑夫以疾病之卒御狐疑之众众数虽多甚不足畏瑜得精兵五万自足制之愿将军勿虑权抚其背曰公瑾卿言至此甚合孤心子布元表各顾妻子深失所望独卿与子敬与孤同耳此天以卿二人赞孤也已选三万人船粮战具俱办卿与子敬程公便在前发孤当续发人众多载资粮为卿后援遂以周瑜程普为左右督与备并力逆操以鲁肃为赞军校尉助画方略刘备望见瑜船乘单舸往见瑜问战卒有几瑜曰三万人备曰恨少瑜曰此自足用豫州但观瑜破之备深愧喜进与操遇于赤壁时操军已有疾疫初一交战操军不利引次江北瑜等在南岸瑜部将黄盖曰今寇众我寡难与持久操军方连船舰首尾相接可烧而走也乃取蒙冲斗舰十艘载燥荻枯柴灌油其中裹以帷幕上建旌旗豫备走舸系于其尾先以书遗操诈云欲降时东南风急盖以十艘最著前中江举帆余船以次俱进操军吏士皆出营立观指言盖降去北军二里余同时发火火烈风猛船往如箭烧尽北船延及岸上营落顷之烟焰涨天人马烧溺死者甚众

卷二十九·战略考·晋【一】

晋王与羊佑谋伐吴佑以为宜藉上流之势密表王浚监梁益军诏使罢屯田兵大作舟舰别驾何攀曰屯兵五六百人作船不能猝办后者未成前者已腐宜召诸郡兵合万余人造之岁终可成浚欲先上须报攀曰朝廷猝闻召万兵必不听不如辄召设或见却功夫已成不得止浚从之令攀典造于是作大舰长百二十步受二千余人以木为城起楼橹开四出门其上可驰马往来

① 〔明〕茅元仪撰。据明天启刻本。

正月王浑出横江所向皆克二月王浚唐彬击破丹阳监盛纪吴人于江碛要害处并以铁锁横截之又作铁锥长丈余暗置江中逆拒舟舰浚作大筏数十方百余步缚草为人披甲持仗令善水者以筏先行遇铁锥锥辄著筏而去及作大炬长十余丈大数十围灌以麻油在船上遇锁燃炬烧之须融液断绝于是船无所碍遂克西陵荆门夷道杜预遣牙门周旨等帅奇兵八百夜渡江袭乐乡多张旗帜起火巴山连破至武昌降之预与众军会议或曰百年之寇未可尽克方春水生难于久驻宜俟来冬更为大举预曰昔乐毅藉济西一战以并强齐今兵威已振譬如破竹数节之后皆迎刃而解无复著手处也遂指授群帅方略径造建业初诏王浚下建平受杜预节度至建业受王浑节度至西陵预曰浚已得建平则顺流长驱威名已著不宜受制于我遂与书曰足下既摧其西藩便当径取建业讨累世之逋寇释吴人于涂炭振旅还都亦旷世一事也浚大悦表呈预书及张悌败死杨州别驾何恽谓刺史周浚宜速渡江指建业浚使白王浑恽曰浑暗于事机而欲慎己免咎必不我从浚固使之浑果曰受诏但屯江北不使轻进今者违命胜不足多若其不胜为罪已重且诏令龙骧受我节度但当具君舟楫一时俱济耳恽曰龙骧克万里之寇以既成之功来受节度未之闻也且明公为上将见可而进岂一一须诏令乎浑不听浚自武昌顺流而下吴主遣将军张象帅舟师万人御之望旗而降吴人大惧吴主分遣使者奉书浑浚请降浚舟师过三山浑遣信要与论事浚举帆指建业报曰风利不得泊也是日浚戎卒八万方舟百里鼓噪入于石头吴主皓面缚舆榇诣军门降

卷三十·战略考·晋【二】

初徐道覆闻刘裕北伐劝卢循袭建康不从自至番禺说之曰本住岭外岂得以此传之子孙耶正以刘裕难与为敌也今裕顿兵坚城之下未有还期我以此思归死士掩击何刘之徒如反掌耳不乘此机而苟求一日之安裕平齐后以玺书征君自将屯豫章遣诸将帅锐师过岭恐将军不能当也若先克建康倾其根蒂裕虽南还无能为矣循乃从之初道覆使人伐船材于南康山至始兴贱卖之居人争市之至是悉取以装舰旬日而办循自始兴寇长沙道覆寇南康卢陵?章皆陷之道覆顺流而下舟楫甚盛朝廷急征裕裕方议留镇下邳经营司雍会得诏乃以韩范为都督八郡军事封融为渤海太守引兵还何无忌自寻阳引兵拒卢循长史邓潜之谏曰循兵舰盛居上流宜决南塘守三城以待之彼必不敢舍我远下蓄力养锐俟其疲老然后击之此万全之策也今决成败于一战万一失利悔将无及参军殷阐曰循所将皆三吴旧贼百战余勇始兴浮子拳捷善斗宜留屯豫章征兵属城兵至合战未为晚也无忌不听与徐道覆遇于豫章贼令强弩数百登山邀射乘风暴急以大舰逼之众遂奔溃无忌遂握节而死刘毅将自拒卢循裕与书曰贼新获利其锋不可轻今修船垂毕当与弟同举又遣刘藩谕止之毅怒谓藩曰往以一时之功相推耳汝谓我真不及刘裕邪投书于地帅舟师二万发姑孰五月与循战于桑落洲毅兵大败弃船步走其众皆为循所虏循闻裕已还与其党相视失色欲退还寻阳取江陵据二州以抗朝廷徐道覆谓宜乘胜径进固争累日循乃从之裕募人为兵赏之同京口赴义之科发民治石头城议者谓宜分兵守津要裕曰贼众我寡若分兵屯守则人测虚实且一处失利则沮三军之心今聚兵石头随宜应赴既令彼无以测又以众力不分若徒旅转集徐更论耳时刘毅新败人情 恟惧将士北还者多疮病建康战卒不盈数千循战士十余万舟车百里楼船高十二丈孟昶诸葛长民欲奉乘舆渡江以避其锋裕不听参军王仲德言于裕曰明公新建大功威震六合妖贼既闻凯还自当奔溃若先自遁逃则同匹夫何以威物裕甚悦昶固请不已裕曰今重镇外倾强寇内逼人情危骇莫有固志若一旦迁动便自土崩瓦解江北亦岂可得至设令得至不过延日月耳今兵士虽少自足一战若其克济则臣主同休苟厄运必至我当横尸庙门遂其由来以身许国之志不能草间求活也昶恚甚请死裕怒曰且一战死复何晚昶乃抗表曰臣赞北伐之计使狂乘间至此谨引咎以谢天下乃仰药而死循至淮口中外戒严琅琊王德文都督宫城裕屯石头谓将佐曰贼于新亭进其锋不可当宜且避之若回泊西岸此成禽耳道覆请于新亭至白石焚舟而上数道进攻循曰大军未至孟?望风而自裁以大言之当计日溃乱今决胜负于一朝既非必克之道且多杀伤士卒不如按兵待之道覆叹曰我终为卢公所误事必无成使我得为英雄驱驰天下不足定也裕登城见循军引向新亭顾左右失色既而回泊蔡洲乃悦遂栅石头淮口修治越城筑查浦药国廷尉三垒皆以兵守之明日循伏兵南岸使老弱乘舟向白石声言悉众自白石步上裕留沈林子徐赤特戍南岸断查浦戒令坚守勿动裕北出拒之林子曰妖贼此言未必有实宜为之防裕曰石头城险淮栅甚固留乡在后足以守之矣又明日循焚查浦赤特将击之林子曰众寡不敌不如守险以待大军赤特不从出战大败林子据栅力战贼乃退裕帅诸军驰还石头斩赤特出陈于南塘

卷三十四·战略考·梁【二】

燕昭成帝奔高丽使其族人冯业以三百人浮海奔宋

卷三十五·战略考·陈

虢州刺史崔仲方上书曰今唯须武昌以下更帖精兵密营度计益信襄荆基郢等州速造舟楫多张形势若贼以精兵赴援上流则下流诸将可择便横渡如其拥众自卫则上江水军鼓行以前彼虽恃九江五湖之险非德无以为固徒有三吴百越之兵无恩不能自立矣隋主以仲方为基州刺史及陈受萧岩等降隋主益忿谓颎曰我为父母岂可限一衣带水不拯之乎命大作战船人请密之隋主曰吾将显行天诛何密之有使投其柹于江曰若彼惧而能改吾复何求杨素在永安造五牙大舰起楼五层高百余丈置六柏竿高五十尺容战士八百人其次黄龙平乘舴艋大小有差

隋杨素伐陈引舟师下三峡军至流头滩陈将军戚昕以青龙百余艘兵数千人守狼尾滩地势险峭隋人患之素曰胜负大计在此一举若昼日下船彼见我虚实滩流迅激制不由人则吾失其便不如以夜掩之乃夜帅黄龙数千艘衔枚而下遣将军刘仁恩帅步骑击昕败之悉俘其众劳而遣之秋毫不犯遂帅水军东下

正月朔陈主会朝大雾四塞陈主昏睡至晡时乃寤是日贺若弼自广陵引兵济江先是弼以老马多买陈船而匿之买弊船五六十艘置于渎内陈人觇之以为中国无船又令缘江防人交代之际必集广陵大列旗帜营幕被野陈人以为隋兵大至急发兵为备既而知之不复设备又缘江时猎人马喧噪及是济江陈人遂不知觉韩擒虎将五百人自横江宵济采石守者皆醉遂克之戍主驰启告变陈主以萧摩诃樊毅鲁广达并为都督司马消难施文庆并为大监军台下处分一以委施文庆贺若弼之攻京口也萧摩诃请逆战不许及弼至钟山摩诃又曰弼悬军深入垒堑未坚出兵掩袭可以必克又不许任忠言于陈主曰兵法客贵速战主贵持重今国足食足兵宜固守台城缘淮立栅北军虽来勿与交战分兵断江路无令彼信得通给臣精兵一万金翅三百艘下江径掩六合彼大军必谓其渡江将士已被俘获自然挫气淮南士人与臣旧相知悉今闻臣往必皆景从臣复扬声欲往徐州断彼归路则诸军不击自去待春水既涨上江周罗睺等众军必沿流赴援此良策也陈主不能从

卷三十六·战略考·隋

越州高智慧苏州沈玄懀皆举兵反自称天子攻陷州县陈之故境大抵皆反大者有众数万小者数千诏遣杨素讨之智慧据浙江东岸为营周亘百余里船舰被江素击之总管来护儿曰吴人轻锐利在舟楫必死之贼难与争锋公宜严陈以待之勿与战请假奇兵数千潜度掩破其壁使退无所归进不得战此韩信破赵之策也素从之护儿以轻舸数百登江岸袭破其营因纵火烟焰张天素纵兵奋击大破之智慧逃入海素遣总管史万岁帅众二千逾岭越海攻破溪洞不可胜数前后千百余战转斗千余里寂无声问者十旬远近皆谓已没万岁置书竹筒中浮之于水得者以告素上其事上嗟叹厚赐其家斩智慧因泛海掩至泉州擒贼帅王国庆江南大定

卷三十七·战略考·唐【二】

百济为寇命刘仁轨刘仁愿孙仁师讨之百济王丰南引倭人以拒唐兵仁师与仁愿仁轨合兵势大振诸将以加林城水陆之冲欲先攻之仁轨曰加林险固急攻则伤士卒缓之则旷日持久周留城虏之巢穴群凶所聚除恶务本宜先攻之若克周留诸城自下于是仁师仁愿与新罗王法敏将陆军以进仁与别将杜爽扶余隆将水军及粮船自熊津入白江以会陆军同趋周留城遇倭兵于白江口四战皆捷焚其舟四百艘烟炎灼天海水皆赤百济王丰脱身奔高丽王子忠胜忠志等帅众降百济尽平

卷四十三·战略考·五代【一】

吴越王镠遣其子副大使傅瓘击吴吴遣将彭彦章陈汾拒之战于狼山吴船乘风而进傅瓘引舟避之既过自后随之吴回船与战傅瓘使顺风扬灰吴人不能开目及船舷相接傅瓘使散沙于己船而散豆于吴船豆为战血所渍吴人践之皆僵仆因纵火焚吴船吴兵大败

卷四十五·战略考·北宋【一】

池州人樊若水举进士不第因谋归宋乃密于采石江上乘小舟载丝绳其中维江南岸疾棹抵北岸凡十数往返得其江之阔狭因诣汴上书言江南可取状请造浮梁以济宋王然之以为右赞善大夫遣使往荆州造黄黑龙船数千艘又以大舰载巨竹絙自荆渚而下或谓江水深阔古未有浮梁而济者乃先试于石牌口移置采石三日而成不差尺寸至是潘美因帅步兵渡江如平地卒赖此以成功

卷四十八·战略考·南宋【一】

初韩世忠以前军驻青龙镇中军驻江湾后军驻海口欲俟兀术师还击之及兀术由秀趋平江世忠事不就遂移师镇江以待金师至江上世忠先以八千人屯焦山寺兀术欲济江乃遣使通问且约战期世忠许之因谓诸将曰是间形无如金山龙王庙者敌必登之以觇我虚实乃遣苏德将百人伏庙中百人伏庙下岸侧戒之曰闻江中鼓声则岸兵先入庙兵继出以合击之及敌至果有五骑趋庙庙兵先鼓而出两骑其三则振策以驰驰者一人红袍玉带既坠复跳而免诘诸者则兀术也既而接战江中凡数十合世忠妻梁氏亲执桴鼓敌终不得济俘甚众掳兀术之婿龙虎大王兀术惧请尽归所掠以假道世忠不许复益以名马又不许遂自镇江泝流西上兀术循南岸世忠循北岸且战且行世忠艨艟大舰出金师前后数里击柝之声达旦将至黄天荡兀术窘甚或曰老鹳河故道今虽湮塞若凿之可通秦淮兀术从之一夕渠成凡五十里遂趋建康岳飞以骑三百步兵三千邀击于新城大破之兀术乃复自龙湾出江中趋淮西会挞自潍州遣孛堇太一引兵来援兀术乃复引还欲北渡世忠与之相持于黄天荡太一军江北兀术军江南世忠以海舰进泊金山下豫以铁鞭贯大钩授捷者明旦敌舟噪前世忠分海舟为两道出其背每縋一鞭则拽一舟沉之兀术穷蹙求会祈请甚哀世忠曰还我两宫复我疆土则可以相全兀术语塞又数日求再会而言不逊世忠引弓欲射之兀术亟驰去见海舟乘风使蓬往来如飞谓其下曰南军使船如使马奈何乃募人献破海舟之策于是闽人王姓者教其舟中载土以平板铺之穴船板以擢桨俟风息则出海舟无风不可动也且以火箭射其箬篷则不攻自破矣兀术然之刑白马以天及天霁风止兀术以小舟出江世忠绝流击之海舟无风不能动兀术令善射者乘轻舟以火箭射之烟焰蔽天师遂大溃焚溺死者不可胜数世忠仅以身免世忠以八千人拒兀术十万之众凡四十八日而败然金人自是亦不敢复渡江矣

卷四十九·战略考·南宋【二】

金主亮渡淮虑魏胜睨其后分军数万围海州会李宝帅舟师由海道将拒敌于胶西胜遣人邀之宝溯风至东海慷厉士赴援与胜同击金兵于新桥败之

卷五十一·战略考·元

刘整与阿术计曰我精兵突所当者破惟水战不如宋耳夺彼所长造战舰习水军事济矣乃造船五千艘日练水军虽雨不能出亦画地为而习之练卒七万遂筑白河城以筑襄阳

卷七十·阵练制·练【三】·编伍【二】·编水兵

纪效新书曰船一只捕盗一名家丁一名舵工二名斗手二名瞭手二名椗手二名守舱门二名掌号一名神器四名此一定不可增减兵八队每队队长一名兵十名共八十八名或七队或六队五队相船相地损

益之

凡船号最忌名色杂踏不一不一则号令繁杂踏则士难辨混淆无有纲领何以坐筹制胜应只一号至六号而止不呼船名者闽广等处俱称泽国皆有海腹里江河尤多随处土造船只名色不等各地方驾使相宜各执其便故有以小船而系贼巨舰者有以大舰而轻视小船者有以寡视众者有以众困寡者此书欲东南凡有江河湖海之处通融为用故不执一处船名各处于定号之外如船名一字更为易辨每一寨系一将领者不拘船之大小多寡均匀分派但系一寨之尊不拘参游都守把总一例曰主将各量分亲船为中中

中军领之缘将领所职应在冲要故多其数以便督进若主将往中左右各司巡逻监督只将中中随从便于往来一到彼哨又有该哨相帮即称重矣永不许抽零司哨之船若主将仍抽取司哨寸板以致司哨寡弱误事只重罪主将主将中军船不及各司数者以其常与一司合为一处已倍于他哨而船中必择其第一坚大者为中军司势已厚余分为中司左司右司每司分二哨共六哨船多则加前司后司又各分二哨共十哨由此知之大小相兼大约十船以下五船以上为一艅哨官领之两哨为一司分总领之三司二司则为一部主将领之

凡每船上大旗俱用黑布一则便于远瞭一则合于水性也仍用白布取寨名一字大书加于旗心各照方色制以号带每队长小旗一面各照本船号带方色

凡捕盗专管一船之务无所不理凡人船客兵俱听管束第一当重其事权俾有专力无掣肘可也舵工专管舵兼防舵门下攻守椗手专管椗正头前攻守缭手专管帆樯绳索主持调斗手遇贼则上斗用犁头镖下射贼舟神器手专管定发无敌神飞炮掌号手专管接应司哨号令及独船对敌进止号令守舱门者临敌牢守舱门平时管一应家火杠具支销昼夜出入关防队长司一队内攻守督兵用命贼近专发火桶平时督兵习艺修治军火器械

一号某字船一只捕盗一名家丁一名舵工二名斗手二名瞭手二名椗手二名守舱门二名掌号一名神器四名此一定不可增减兵八队每队队长一名兵十名共八十八名或七队六队五队相船相地损益之后各号船皆仿此旗帜方色俱随本哨

第一队此队在船始终用此器队长习用火桶

第二队此队在船始终用此器队长习用火桶

第三队此队在船以长枪手四名管狼机二位牌手管射镖仍用牌射手仍用钯射手贼远射火箭贼近举喷筒队长习用火桶

第四队此队在船以长枪手四名管百子铳二位余同第三队

第五队此队在船以长枪手四名管狼机二位余同第二队

第六队此队在船以长枪手四名管百子铳二位余同第三队

第七队此队在船以长枪手四名管狼机二位余同第二队

第八队此队在船以长枪手四名管百子铳二位余同第三队

二号某字船一只捕盗一名家丁一名舵工二名斗手二名瞭手二名椗手二名守舱门二名掌号一名神器二名队长六名兵夫六十名旗帜方色

第一队此队在船始终用此器队长习用火桶

第二队此队在船始终用此器队长习用火桶

第三队此队在船以长枪四名管狼机二位牌手管射骠仍用牌射手仍用射钯手贼远射火箭贼近举喷筒队长用火桶

第四队此队在船以长枪四名管百子铳二位余同第三队

第五队此队在船以长枪四名管狼机二位余同第三队

第六队此队在船以长枪四名管百子铳二位余同第三队

三号某字船一只捕盗一名家丁一名舵工工名十手二名瞭手二名椗手二名守舱门二名掌号一名神器二名队长五名兵夫五十名旗帜方色俱随本哨

第一队此队专举鸟铳队长习用火桶

第二队此队在船以长枪手四名管狼机二位牌手管射镖仍用牌射手仍用射钯手贼远射火箭贼近举喷筒队长习用火桶

第三队此队在船以长枪手四名管百子铳二位余同第二队

第四队此队在船以长枪手四名管狼机二位余同第二队

第五队此队在船以长枪手四名管百子铳二位余同第二队

四号某字船一只捕盗一名家丁一名舵工二名瞭手二名斗手二名椗手二名神器二名掌号一名队长四名兵夫四十名旗帜方色俱随本哨

第一队此队专举鸟铳队长习用火桶

第二队此队在船以长枪手四名管狼机二位牌手管射镖仍用牌射手仍用射钯手贼远射火箭贼近举喷筒队长习用火桶

第三队此队在船以长枪手四名管百子铳二位余同第二队

第四队此队在船以长枪手四名管狼机二位余同第二队

五号某字船一只捕盗一名家丁一名舵工二名招手二名瞭手一名椗手一名掌号一名队长三名兵夫三十名旗帜方色俱随本哨

第一队此队专举鸟铳队长习用火桶

第二队此队在船以长枪手四名管狼机二位牌手管射镖仍用牌射手仍用射钯手贼远射火箭贼近举喷筒队长习用火桶

第三队此队在船以长枪手四名管百子铳二位余同第二队

六号某字船一只捕盗一名家丁一名舵工一名招手一名

瞭手一名椗手一名掌号一名队长二名兵夫二十名旗帜方色俱随本哨

第一队此队在船以长枪手四名兼狼机一位百子铳二位牌手管射镖仍用牌射手仍用射钯手贼远射火箭贼近举喷筒队长习用火桶

第二队此队在船长枪手四名专举鸟铳余同第一队

七八号船如喇叭唬八浆渔船哨马之类

飞哨或用铳箭贼舟大而无风便于围绕困攻随所地方挨次编定每船舵工一名即兼捕盗之政家丁一名瞭手一名守船一名兵一队大约不出一十名之外陆操即以舵工充队长照执把军器不必用火器如叭喇唬用人多听临时于大船拨发

第一队此队照大船杀手惟长枪四名兼习鸟铳

卷七十四・阵练制・练【三】・悬令【四】・水军凡二十五条

一平日各照派定武艺时常检点船上器具每日一次看验损坏火药遇天晴五日一晒收阁干燥避火之处枪刀铁器半月一磨遮蔽风雨一件磨不如法扣罚工食甲长连坐

一每船斧口石大擂石务足若干八分放在船底二分放在船面用过即补不补者扣工食

一每甲兵六名如有在逃一名将甲长捆打监甲下兵夫以五名监以五名赍文分投捉拿日即以本犯历过工

食充赏限三月拿不回将差过之兵各打四十监并又差在监一半去拿如此轮拿一年不全甲兵夫俱革其一年工食通扣在船修舱船只凡差出拿逃兵者工食即日扣收在官拿有功之日给与其逃兵自首免罪不到者春汛时月发船之期依临阵在逃法示众每甲俱有逃兵连坐捕盗每船俱有逃兵连坐哨官各哨俱有逃兵连坐领兵官依次连坐即行觉举者免罪

一兵逃甲长即时禀捕盗捕盗呈哨官转呈把总呈府注册拘该甲兵夫给文行拿

一每月一十五补兵即于廿九十四日该管捕盗募兵到船送付哨官带到领兵官验呈把总类验本府验中给与腰牌发总呈道册发船驾操

一各船捕盗遇夜出哨脚船三板船俱要藏稳便不许拖带恐遇风急潮滚顿流如在船兵役取水不便误失者管船兵夫一面治以军法一面扣月粮赔造

一在港每日清晨中军船定营吹打三通放炮三个升太平旗左右前后四营依序安拢各擂鼓鸣金亦升太平旗

一捕舵兵夫上岸买办柴米及神福船具俱赴中军船给筹票刻限时日回销敢有不行禀鸣私自擅离及该管小甲互相容隐知而不举者一体连治军法

一各船领兵指挥哨官捕舵兵夫风汛时月不许偷安假托事故在岸宿歇虚窃钱粮致误事机者不分贵贱一体军法重治如有警掌行号已毕而未到船已起椗而方来俱系畏避即发保候无功者斩

一各船捕舵小甲兵夫各照安名分长幼尊卑务念同舟共命如父子兄弟相处不许嗜酒在船争打违令喧哗俱以军法连坐然后另行发官问理曲直

一兵与甲长凡事务相推让惟甲长是听甲长平时见捕盗一跪一揖遇中军发放跪听号令

一捕盗见哨官平时皆一撒一跪一揖遇在中军或临敌以军法施行

一哨官见领兵官一跪一揖临敌临操军法施行

一领兵官戎装见把总两跪一揖平时许以冠带临操临阵戎装听令小则径自捆打

一哨官见把总两跪一揖临操叩头捕盗见把总叩头捕盗见领兵官平时两跪一揖临操叩头跪见

一各船官捕兵役各备蓑衣箬笠一副以便遇雨应用毋得抗违

一隔日先行牌谕各捕兵将以出洋若干日该备鲞米水数目令备完限时点查欠者捆打罚工食凡中军吹长声喇叭一通立起黄旗一面各哨船出洋哨贼如报有警本总即升船厅听炮三个大吹打毕先吹哱啰一荡各船一面起椗长号笛官捕旗甲俱坐三板赴中军船下两边照营列定掌号官禀称官旗到齐听发放船上叫官旗进来水仓门报门俱赴船面掌号官叫官旗过来以下俱照常时在于水寨操练规矩发放毕各官捕回船亦照寨操一体发放毕中军船擂鼓升行旗吹第二荡哱啰响各船起篷第三荡哱啰依次开船在洋行使首尾相接雁行而进不许太相远离艅哨一船违令捕盗之罪二船违令哨官之罪四船违令领兵官之罪中军畏缩把总之罪其舵工瞭手皆加倍重治遇有船漏风水不便者核实免罪

一各船以灯火为号中军船放起火三枝放炮三个悬灯一盏各船以营为辨前营船悬灯二盏平列左营悬灯二盏各桅一盏右营大小桅各悬灯二盏平列后营悬灯二盏一高一低看灯听铳收艅船到将近船上捕盗先自呼名识认

一遇夜泊船听中军船招艅喇叭响各船依序随艅安插不许私求稳便远泊因而疏虞斩首示众哨官连坐

一守夜号令俱同在港号令但每夜加鸟铳手二名点火执铳遇疑即便对放

一各船遇夜有急看中军旗五方高竖灯五盏是欲设疑以见船多之意每船后尾上立灯左右一盏前桅上加灯二盏

一中军船战声喇叭响各鸣锣齐擂战鼓天鹅声响大声呐喊奋勇剿杀有功级各送领兵指挥验实送中军纪验解报退缩后至者斩其捕盗船行迟曲而后到者斩其捕盗舵工遇浅者斩其扳招手船虽先到而不射贼船旁边擦过者斩其舵工瞭手使风不正者斩其舵工瞭手如已使逼贼舟相并不能成功致贼舟复走者斩其捕盗各甲长有能挨报某兵不用心某兵不用心者其不用心之兵斩首甲长止于捆打

一敌人虑我官兵追战将船内器物遗弃水中兵夫敢有捞拾而不追贼者许本船捕甲割耳示众故纵者连坐

斩首

一凡已打败贼舟一只而余舟不行分投追打别贼共相攒来争捞首级致贼遁走者各船获级俱止归先打一船之功余船捕盗捆打一百割耳各治以军法

一报警至急起不前即便用大猫竹一段计长一二丈缚于缴浮水以便班师各自认取违误椗手割耳示众

一各船捕舵兵夫遇泊船山岙无故不许上山闲游恐遇警一时下船不便致有误事若要取水轮直兵夫赴中军船告禀明白方许取水违令上山人拿治不恕

一往来巡哨遇有警急各在信地登各相近山上先行举放烟火所在兵船瞭见火光烟焰就行开帆望火前进哨剿联近烽堠即时按放传报南北大兵防截其哨船仍探贼船白往踪迹亲报领哨官以便进止如火报不爽兵船逗遛误事罪坐该营领哨官员若哨船不尽信地止于一处探望或在渔樵船只人内取信或到山放火而原积柴草不足火小不能燎远致失传报误事者该直哨船军甲俱以军法斩首

卷八十二·阵练制·练【十五】·教旗【七】·本朝戚继光法【四】·水与陆异作水操篇

一在港每日清晨中军内吹打三通举炮三声擂鼓鸣金升太平旗各营司依序列于水面各擂鼓鸣金亦升太平旗

一中军擂鼓立黄旗发樵汲各船应上岸买办柴米及神福船具者赴中军给筹票刻限时日回销敢有不行禀鸣私自擅离及该管队长互相容隐知而不举者一体连坐军法治之

一各船领兵协总哨官捕舵兵夫风汛时月不许偷闲假托事故在岸宿歇虚窃钱粮致误事机者一体军法重治如有警掌行号已毕而未到船已起椗而方来俱系畏避即发保候无功军法从事

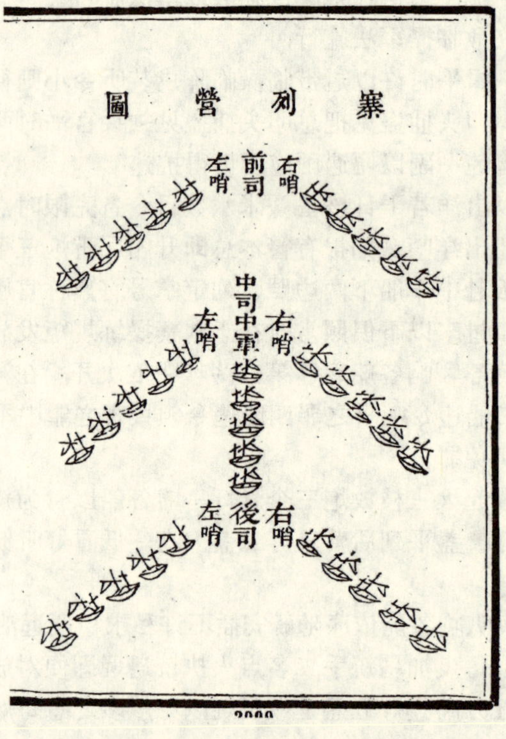

一摆船之说大端海涛汹涌港有湾曲阔狭当风隐风之不同随港形深浅难拘一定之势此图言在宽？善水处道其常也设使水浅港曲则又当单只一字顺下不可拘方亦不失此意之外

一每日日落时分听中军船上大吹打一通举炮三声各船一体鸣金擂鼓落旗夜昏中军发擂三通发放与陆兵行营篇内同发放毕举号炮一声喇叭吹天鹅声各齐击铁木便物一次每更用兵二名一名船头远视一名船尾高瞭遇有船过即便鸣锣各船通行备警傥水上有黑块浮来恐贼人踏水偷椗支更兵夫以石击之一面高叫捕盗

同看若是别物流过则已若是贼来即鸣锣打铳各一体防备违令支更兵夫重治因而失车斩首不必禀候中军号令缘卒然夜至处变有权也

水操者凡是江河皆可操惟海中波涛风帆难以成列不能驱使如意应于防汛后掣回各水寨时其水寨皆风平浪静阔大容舟之所先一日寨将悬牌明日该操各收拾听候次日平明看天色晴霁风浪不作掌号一遍做饭食收拾棚索一面鸣金边将哨船遣发远去做四面探贼状掌号二遍各列船听候掌号三遍主将升船厅吹号笛水兵听发放分总把哨捕舵椗缭队长人等俱用脚船凑至座船下布告官分付官旗过来照陆操将脚船挨次列在座船两边先协哨官捕盗坐船门上报官捕进各上座船列定舵工以下至队长各三板小船上跪发放曰官旗听著耳听金鼓目视旌旗驾船如马见贼争先同舟共命船各为战纵逃贼舟军法不贷发放毕官哨挨次叩头起去舵工听著一舟之功全赖尔辈将舵斜开不能射贼舟者斩首示众报舵工叩头分付舵工起去又缭手听著见贼减帆使风用奸纵逃贼舟斩首示众报缭手叩头分付缭手起去又椗手听著闻报贼至起椗不速事到急不肯弃椗以致误事军法不贷报椗手叩头分付椗手起去又队长听著各兵分有兼艺远近务要中机尔等专司督催不许先自错乱远近违令畏避躲奸尔与同罪报队长叩头分付队长起去又分付官旗下地方大吹打官捕队散各船吹打止各司哨发放各捕盗招队长发放毕一面起椗扬帆毕中军禀贼船已见在洋行使禀放铳升行旗起操举号炮一声擂鼓升行旗举肃静炮三声又举号炮一声点鼓各船尖字扎者一齐向前看粧塘贼船约在二百步之内举号炮一声喇叭吹天鹅声先举狼机鸟铳俱不用子火箭另做小起火代用分班打射再近三十步以内举号炮一声喇叭吹天鹅声鸣锣击鼓放喷筒射镖枪兼毒弩与铳矢齐发喷筒只放五个镖枪取干柴木棍荆枝极贱者代之量用十余枝弓张空铳无铳子再近船边船上用火桶喷筒火箭及掷滑湿之物上斗上船尾者用犁头镖掷贼舟镖用细竹木以绵其顶代之庶免伤人火桶用空木桶以一细长绳悬之系于船女墙掷下战毕又可取回不为飘流火箭如前用起火小镖用小细竹裹头代掷之我船大贼舟小正其蓬舵作犁沉势粧塘船亦用大船二只作摇橹迟状小船桨橹甚利用四五船作围击状以一只逼我大船边两船做力战状力战则斗尾掷镖我有神飞炮洞碎其舟常操不用六合铳另为浮板载之别用脚船或八桨以绳牵引必近贼舟对身燃发板碎铳沉不复顾矣所舍不过六条椽木五道铁箍而已此炮与神飞炮操习时不可轻用俟操毕另行取来各试一位如临阵同大操毕方行分习何也缘一船为一家将领有数大操时各船齐举官目不能一船一身以调度之若混千众舟声馛之中即不合彀或迟迅不得瞭见或见而不及改正或对面不得飞过故必先将船船照此号令将领总哨亲身在船一练熟再练一船各船练完方合众总练其大概即如陆兵一队练熟合一旗练一旗练熟合一哨练之类只是练法不同单妆塘练时不用粧塘贼妆塘件件与临贼同神飞百子俱用子火桶俱实掷水面射仍不用真矢镖仍不用真镖用真器只可一举惜费也

水兵当操于妆塘复操于陆不亦劳乎夫水陆之分可恨在此逼贼登山将不舍舟步战乎每隔夜主将先出操牌明日陆操次日早布告官先于船上五更掌头号各兵起收拾做饭约中军船炊熟掌二号各兵食饭各官捕带兵先登岸赴教场摆立如图

一将合寨兵内每一司所属但系鸟铳手不拘几队聚为一哨小船四五名不成队者俱从杀手队用军器不用火器并入杀手后挨号派去足三队为一旗足九队为一哨数完又分一哨每足一哨以一哨官领之每一旗用捕盗领之捕盗不足另委在军中胆勇者暂署哨官不足以军中听用官暂署鸟铳一哨杀手四哨共为一司以分总领之分总不拘数以兵尽为度寨将总统又鸟铳不必计多寡足一哨即为一哨不足一哨亦称一哨多出一哨之外亦只称一哨此内称寨将主将者即推升水寨把总参将是也

一掌第三号本寨主将摆清道建五方旗鼓进场坐定中军官禀放升帐炮以后俱照陆操至收方营止

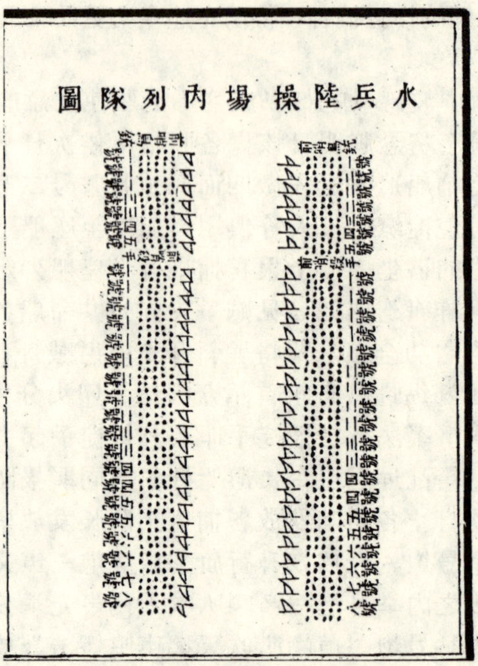

卷九十四·军资乘·营【二】·营制【二】·戚继光野营法

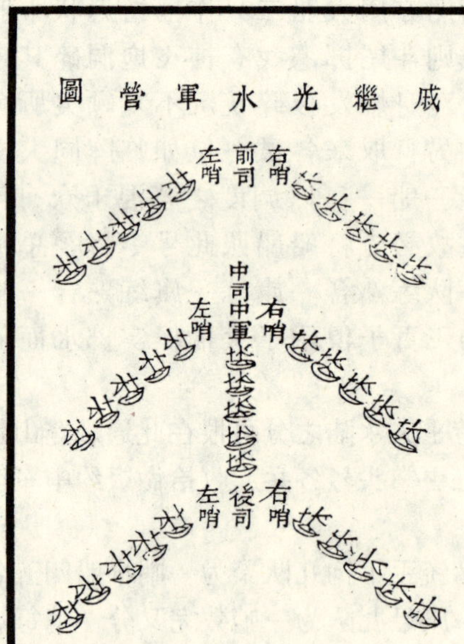

右摆船之说大端海涛汹涌港有湾曲阔狭当风隐风之不同随港形深浅难拘一定之势此言处宽迴水善之形耳设使狭如羊肠则又当单只一字顺下不可拘方也

卷九十四·军资乘·营【二】·营制【二】·诸家水军营法

水军营用舷不拘其数大船落篷排列四面内藏甲士火器如在江中下铁锚若在海则下木碇留四门各船须要异放异发营内左右设快舟上善水劲兵执长枪钩链火弩出敌在相风势兵力举之耳

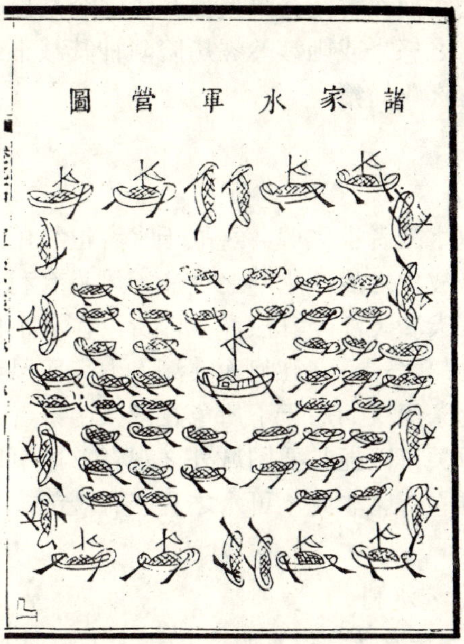

卷九十五·军资乘·营【三】·营规

一水营起行处所中军放炮一个鸣鼓声行旗大吹打毕掌号笛各官哨长赴中军听发放本日所行所止之事毕散回听放炮吹天鹅声呐喊三声点鼓竖何旗色照旗色相同应行之营一体点鼓开船其起行次序以日干所临甲乙丙丁戊己庚辛壬癸五行为前锋先行余照营次若行间遇中军放大炮一个昼磨旗夜车双灯即便驻船营各照方向泊齐围住中军听令

一水营到止宿去处前行之营放炮三个鸣金落旗每营约去一箭之远每一营为一鯮一体落旗听中军到落旗后仍后升旗是掌号笛发放若不升旗各官目有事者赴禀事无事者谨守信地训齐兵伍若有更令必差巡视旗口传或有令票不在此内

一水营止宿处所每营四哨官内轮拨兵一小哨赴把总处巡夜每营轮一哨官巡夜其本夜内警恐火烛奸细之变俱罪坐本官其把总不时亲自密查

一水营止宿处所船只各随到齐各分营定讫到日晚听中军放炮三个打关门鼓毕俟擂鼓各营照中军一体聚巡夜人在把总船边跪下发放陆行同发放云官兵听著【齐应】夜巡谨慎【齐应】毋得懈惰【齐应】误了事军法不饶【齐应】起去【齐应】听定更喇叭一声凡把总处支更其每船一只内不分大小轮议五人每更一名在船头执竹梆支更每打鼓一声打梆一遍天明各赴本营回话

卷九十七·军资乘·战【二】·度险

一行军渡水先令水手前行探共浅深如水深无船栰即用大索数条于两岸林木或用桩橛上系定令人攀索过水其枪刀每十条为一束于近便处采斫大竹木作排栰下排刀枪刀枪上铺衣甲用索穿大环于索上先过人于岸上捽曳过水或可用大瓮绞作栰或用羊皮浑脱皮囊吹气在内系其囊内可一囊浮两人或用数囊绞定作栰亦可渡人其队伍亦依渡山之法

一船渡大江河先令人搜检恐被贼先凿暗孔在船底沉溺我军

卷一百七·军资乘·战【十二】·祭禡【一】·祭风伯雨师文

维某年月日具官某谨以牲牢香酒之奠祭于风伯雨师之神惟神箕毕之精阴阳之粹动息无间游潜太虚大

块噫气鼓天地以发籁飞龙在天合云雷而作解茫茫禹迹民其赖之今某出师有期惟灵是禡冀神阴垂嘉佑赞我师旅或则驾舟楫济巨川神其施九窍之怒号或则涉岭岑历险阻神其减十期之霧霈然后扇腥膻之气如尘扬空抽凶妖之血为波注海大事苟济敢忘玄贶尚飨

卷一百十六·军资乘·水【一】

茅子曰水之道有二障流决壅以水战者也飞艎斗舰战于水者也欲用水者必先讲水利故以首之水平者所以量水之高下而为障决者也其法微故次之战于水均之受命于风涛有利有不利则舟大小迟速便拙之故也故战船又次之船有所不及备故太公言天潢飞江今其法详矣皆所以言济水也又次之船者彼有所通则吾有所禁禁人之涉者亦资水之急务也又次之船之难不在江河而在海人力穷而风潮专非知其候不可庶几也渊哉邈矣故以终焉夫唐汉而前天下所急在北条唐汉而后天下所急在南条南条者非水不战曷慎诸哉况登莱巉俯沧渤方舆之外皆水也故争幅员之内者重关可以扼其要图域外之观者首尾可以恣其击昔人用之而未尽其道今途无所不辟则力无所不通以之抒国难立奇庸非此不可水之利宁有既哉

卷一百十六·军资乘·水【一】·水利

虎钤经曰兵法曰以水佐攻者强善用水者其道有四一曰因二曰逆三曰贼四曰绝因水之用其道有二或敌绝中流而栅我得上游因风之利可以鼓棹纵火顺流冲之栅绝而遇风转则止又若敌在下士马赖是水我得上游可以毒之此二者所谓因者也逆水之用也则为崇堤以障其下注溢于内然后引之以灌所谓逆者也贼水之用也敌所赖水也当潜以水攻审地理阴为亩浍导之他处竭敌所赖所谓贼也绝水之用也或以薪衣土以石实舟沉之于上别为长渠泄之或为沙囊于上流以壅其水欲水行则决囊所谓绝也用水之道有其地非所用而用反为所害顺则利矣

卷一百十六·军资乘·水【一】·水平

水平者木槽长二尺四寸两头及中间凿为三池池横阔一寸八分纵阔一寸三分深一寸二分池间相去一尺五寸间有通水梁阔二分深一寸三分三池各置浮木木阔狭微小于池箱厚三分上建立齿高八分阔一寸七分厚一分槽不转为关脚高下与眼等以水注之三池浮木齐起眇目视之三齿齐平则为天下准或十步或一里乃至数十里目力所反置照版度竿亦以白绳计其尺寸则高下丈尺分寸可知谓之水平

照版形知方扇长四尺下二尺黑上二尺白阔三尺柄长一尺可握

度竿长二丈刻作二百寸二千分每寸内小刻其分随其分向远近高下其竿以照版映之眇目视三浮木齿及照版以度竿上尺寸为高下递而往视尺寸相乘山冈沟涧水之高下浅深皆可以分寸度之

水平圖

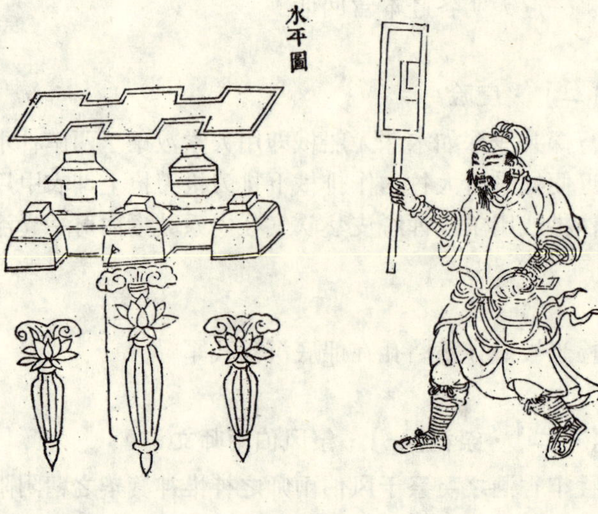

卷一百十六·军资乘·水【一】·战船

凡水战以船舰大小为等胜人多少皆以米为準一人不过重米二石帆橹轻便为上以金鼓旗旛为进退之节其战则有楼船斗舰走舸海鹘其潜袭则有冲游艇其器则有拍竿为其用利顺流以击之诸军视大将军之旗旗前亚闻鼓进则旗立闻金则止旗偃即还若先锋游奕等船为贼所围以须外援则视大将赤旗向贼点则进每一船进旗前亚不举则战船徐退旗向内点每点一船退若张疑兵则于浦泛广设旌旗帆樯以惑之此其大略也

游艇者无女樯舷上桨床左右随艇子大小长短四尺一床计会进止回军转阵其疾如风虞候用之

拍竿者施于大舰之上每舰作五层楼高百尺置六拍竿并高五十尺战士八百人旗帜加于上每迎战敌船若逼则发拍竿当者船舫皆碎

蒙冲者以生牛革蒙战船背左右开掣掉空矢石不能败前后左右有弩窗矛穴敌近则施放此不用大船务在捷速乘人之不备

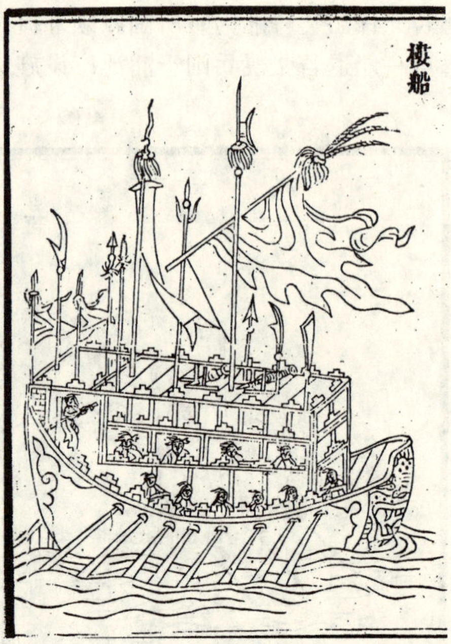

楼船者船上建楼三重列女墙战格树幡帜开弩窻矛穴外施毡革御火置炮车檑石铁汁状如小垒其长者步可以奔车驰马若遇暴风则人力不能制不甚便于用然施之水军不可以不设足张形势也

走舸者船舷上立女墙棹夫多战卒皆选勇力精锐者充往返如飞鸥乘人之所不及金鼓旌旗在上

斗舰者船舷上设女墙可蔽半身墙下开掣棹空穴船内五尺又建棚与女墙齐棚上又建女墙重列战士上无覆背前后左右竖牙旗金鼓

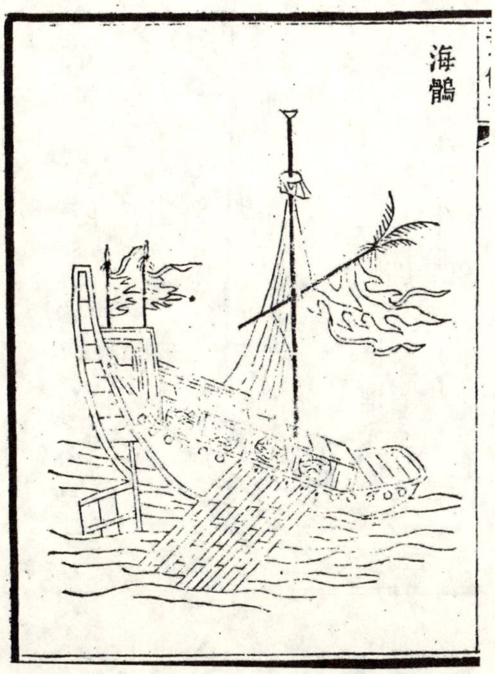

海鹘者船形头尾高前大后小如鹘之形舷上左右置浮板形如鹘翼翅助其船虽风涛怒涨而无侧倾覆背左右以生牛皮为城牙旗金鼓如常法

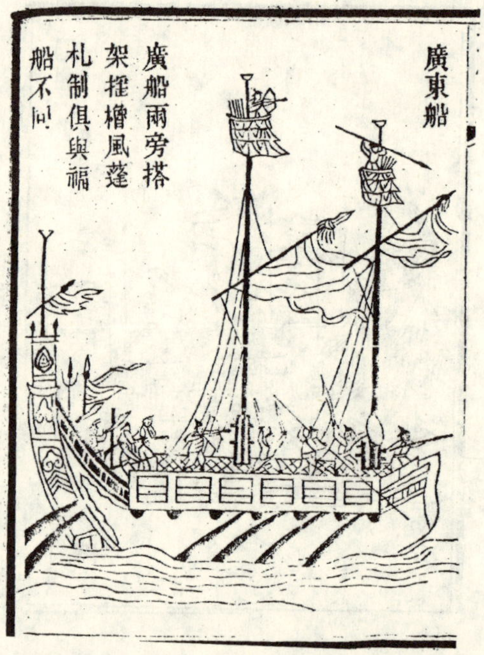
廣東船
廣船兩旁搭架摇櫓風蓬札制俱與福船不同

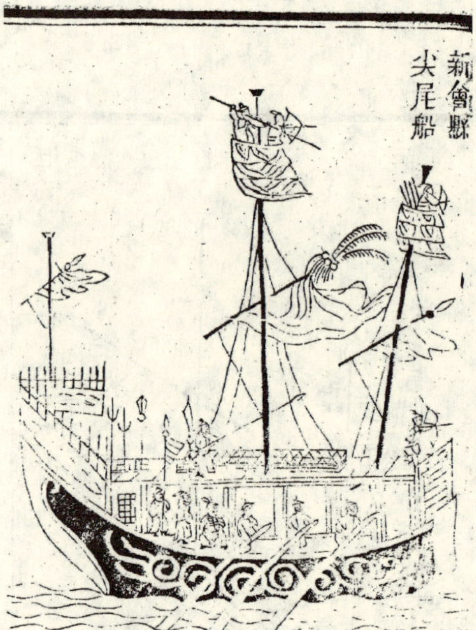
新會縣尖尾船

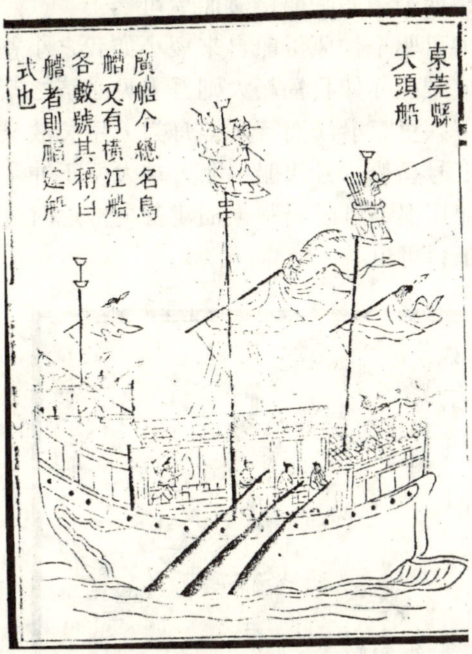

广船视福船尤大其坚致亦远过之盖广船乃铁力木所造福船不过松杉之而已二船在海若相冲击福船即碎不能当铁力之坚也倭夷造船亦用松杉之类不敢与广船相冲广船若坏须用铁力木修理难乎其继且其制下窄上宽状若两翼在里海则稳在外洋则动摇此广船之利弊也广东大战舰用火器于浪漕中起伏荡漾未必能中贼即使中矣亦无几何但可假此以褫敌人之心胆耳所恃者有二发矿佛郎机是惟不中中则无船不粉一也以火球之类于船头相遇之时从高掷下火发而贼舟即焚二也大福船亦然广船用铁力木造船之费加倍福船而其耐久亦过之盖福船俱松杉木朳虫易食常要烧洗过八九汛后难堪风涛矣广船木坚朳虫纵食之亦难坏也

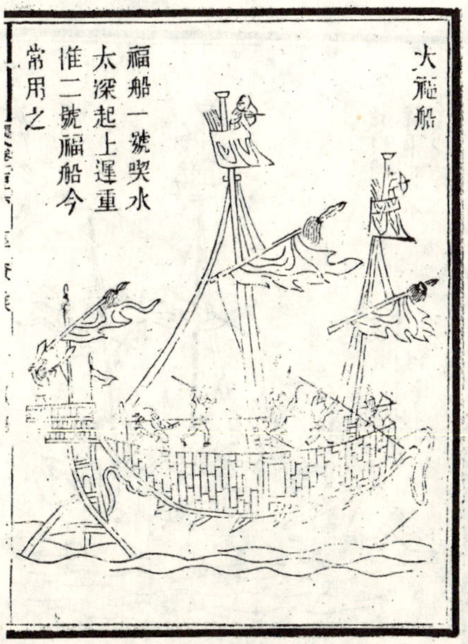

福船高大如楼可容百人其底尖其上阔其首昂而口张其尾高耸设楼三重于上其旁皆护板护以茅竹坚立如垣其帆桅二道中为四层最下一层不可居惟实土石以防轻飘之患第二层乃兵士寝息之所地柜隐之须从上蹑梯而下第三层左右各设木椗系以综缆下椗起椗皆于此层用力最上一层如露台须从第三层穴梯而上两旁板翼如栏人倚之以攻敌矢石火炮皆俯瞰而发敌舟小者相遇即犁沉之而敌又难于仰攻诚海战之利器也但能

行于顺风顺潮回翔不便亦不能逼岸而泊须假哨船接渡而后可

戚继光云福船高大如城非人力可驱全仗风倭船自来矮小如我之小苍船故福船乘风下压如车碾螳螂斗船力而不斗人力是以每每取胜设使贼船亦如我福船大则吾未见必济之策也但吃水一丈一二尺惟利大洋不然多胶于浅无风不可使是以贼舟一入里海沿浅而行则福舟为无用矣故又有海沧之设按福建船有六号一号二号俱名福船三号哨船四号冬船五号鸟船六号快船福船力雄大便于冲犁哨船冬船便于攻战追击鸟船快船能狎风涛便于哨探或捞首级大小兼用俱不可废船制至福建备矣惟近时过于节省兵船修造估价太廉求其不板薄钉稀不可得也欲船之坚须加工料可也

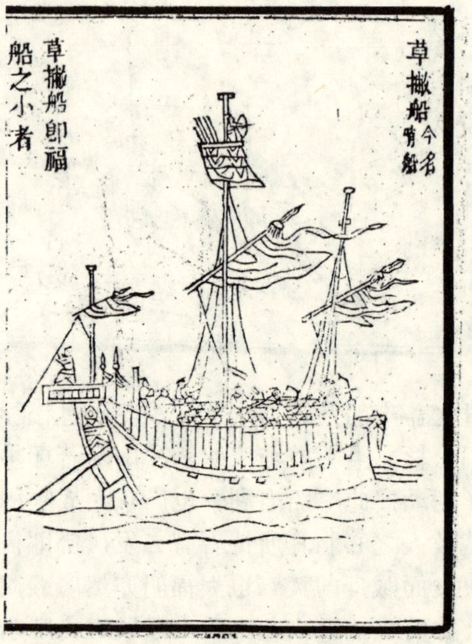

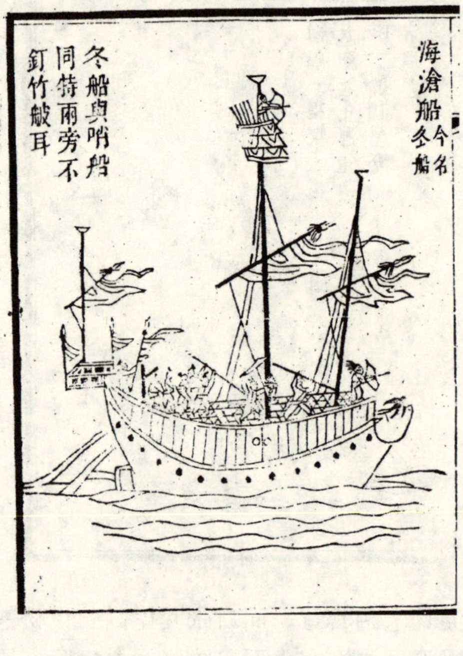

戚继光云海沧稍小福船耳吃水七八尺风小亦可动但其功力皆非福船比设贼舟大而相并我舟非人力十分胆勇死斗不可胜之二项船皆只可犁沉贼舟而不能捞取首级故又有沧船之设

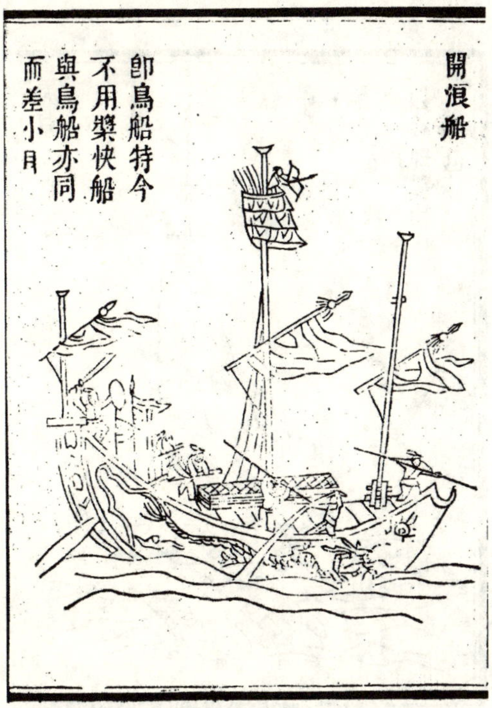

戚继光云开浪以其头尖故名吃水三四尺四桨一橹其形如飞内可容三五十人不拘风潮顺逆者也

庄渭阳曰广船不如福船广船下挟上阔不耐巨浪又其上编竹为盖遇火器则易燃不如福船上有战棚御敌尤便也往年游击侯国弼改造福船业有成效今合酌用其制底用广船式上用福船面庶足涉鲸波而销氛祲也

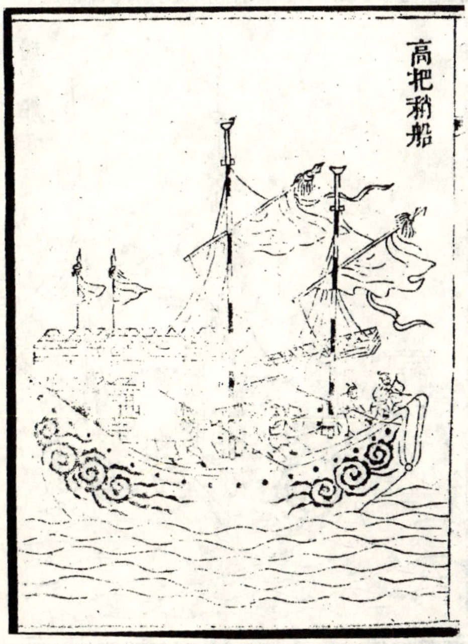

卷一百十七·军资乘·水【二】·战船【二】

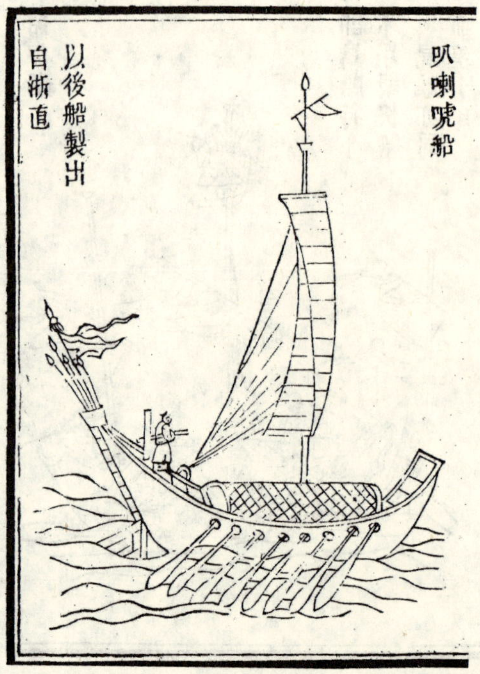

叭喇唬船浙中多用之福建之烽火门亦有其制底尖面阔首尾一样底用龙骨直透前后阔约一丈长约四丈末有小官仓面两旁各用长板一条其兵夫坐向后而棹桨每边用桨十枝或八枝其疾如飞有风竖桅用布帆桨斜向后准作偏柁亦能破浪甚便追逐哨探倭奴号曰软帆贼亦畏惮

戚继光云近者改苍山船制为艟𦪇比苍船稍大比海沧更小而无立壁最为得其中制遇倭舟或小或少皆可施功

苍山船首尾皆阔帆橹兼用风顺则扬帆风息则荡橹其橹设于船之两旁腰半以后每旁五枝每枝二跳每跳二人方橹之未用也以板闸于跳上常露跳头于外其制以板隔为二层下层镇之以石上一层为战场中一层穴梯而下卧榻在焉其张帆下椗皆在战场之处船之两旁俱饰以粉盖卑隘于广福船而阔于沙船者也用之冲敌颇便而捷温州人呼为苍山铁

苍船最小旧时太平县地方捕渔者多用之海洋中遇贼战胜遂以著名殊不知彼时各渔人为命负极之势亦由贼之入我地故也今应官役便知受命然此船水面上高不过五尺就加以木打棚架亦不过五尺贼舟与之相等既均不能冲犁若使径遇贼舟两艘相联以短兵斗力我兵决非长策多见惧事但若贼舟甚小一入里海我大福海沧不能入必用苍船以追之此船吃水六七尺与贼舟等耳其捞取首级水潮中可以摇驰而快便三色之中又此为利

八桨船但可供哨探之用不能击贼今闽广浙直皆有之

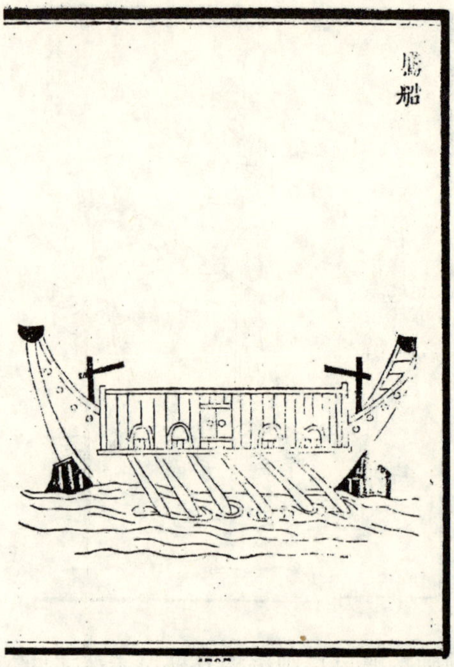

崇明沙船可以接战但上无壅蔽火器矢石何以御之不如鹰船两头俱尖不辨首尾进退如飞其旁皆茅竹板密钉如福船旁板之状竹间设窗可出铳箭窗之内船之外隐人可荡桨先用此舟冲敌入贼队中贼技不能却沙船随后而进短兵相接战无不胜矣鹰船沙船乃相须之器也

渔船于诸船中制至小材至简工至约而其用为至重何也以之出海每载三人一人执布帆一人执桨一人执鸟嘴铳布帆轻捷无垫没之虞易进易退随波上下敌舟瞭望所不及是以海上赖之取胜擒贼者多其力焉

此船定海临观象山一带沿海地方俱有之其形如梭样竹桅布帆仅可容二人冲风冒浪专入大洋抵下入山取谷菜紫菜打鱼之利舟至山麓二三人以舟舁置滩涂避风潮若欲西归仍舁舟下水不能御敌但可为哨探之用乃渔船之至小者也

戚继光云网船形似织梭内二人前后用二人以棹棹之风浪大可拖之涂上且不能覆吃水七八寸耳此可走报或用之里港窄河动以百数每只内用鸟铳二三人蜂集蚁附沿海沿途而打之甚妙如贼追逼就可弃走一舟不过一金之费耳

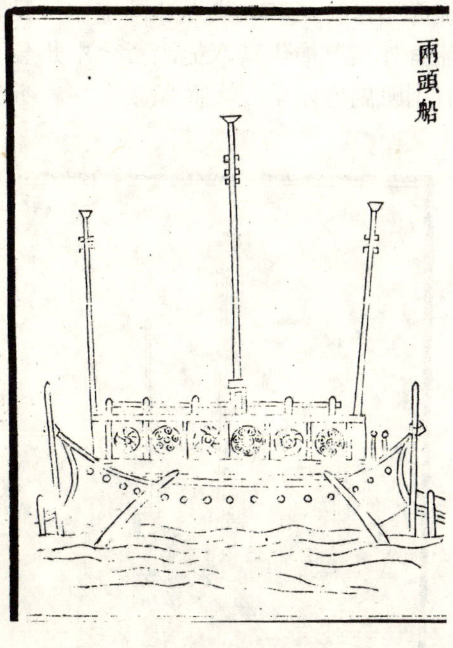

按大学义有两头船之说盖为海运为船巨遇风惧难旋转两头制舵遇东风则西驰遇南风则北驰海道诸船无逾其利盖武备不嫌于多虑患不妨于远莫为之前犹将求之而况设之前者有未泯乎以此冲敌则贼舟虽整可乱也

水战非乡兵所惯乃沙民所宜盖沙民生长海滨习知水性出入风涛如履平地在直隶太仓崇明嘉定有之但沙船仅可于各港协守小洋出哨若欲出赴马迹陈钱等山必须用福苍及广东乌尾等船

沙船能调戗使斗风然惟便于北洋而不便于南洋北洋浅南洋深也沙船底平不能破深水之大浪也北洋有滚涂浪福船苍山船底尖最畏此浪沙船却不畏此北洋可抛铁锚南洋水深惟可下木椗【此船当与鹰船说参看】

毛希秉曰太祖旧制深严双桅船只私自下海之禁承平既久法度侵弛双桅习以为常甚至有五桅者长江大帆一日千里近者当道建言申明旧制晓谕改正而未常著实举行故沙船入港头桅多寄海口或倩人游说官府船海非双桅不可冀便其私盖单桅双桅无不可行但有大小迟速耳定制沙民止许户船一只巡船宜快便多桅橹如粮船有一定之式以便江海识别沙船宜朴实单桅仍禁双桅眼责令本州县及守御官限一月之内改正违者即系贼船许诸人擒获首告即以充赏惟有副帆副桅以备损坏而桅眼止一者听庶几我常强而彼常弱我常速而彼常迟此造船之良法也

右船其形如蜈蚣其制始于东南夷以驾佛郎机铳铳之重者千斤小者亦百五十斤其法之烈也虽木石铜犯罔不碎触罔不焦其达之迅也虽奔雷掣电势莫之疾神莫之追盖岛夷之长技也其法流入中国中国因用之以驭夷狄诸凡火攻之具炮箭枪球无以加诸其成造也嘉靖之四年其裁革也嘉靖之十三年数年之间未及一试而莫知功用之大者葛稚川曰蜈蚣之气能逼蛇夷之制义毋乃为是故与夫海宴河清万世所愿使长蛇之不能尽偃则蜈蚣之制其能不兴也乎名器尚存述之以俟海行甚速而迟者斗风故也如大食国在漳州东南每岁之番者必候冬初西北风盛而去夏初东南风面来诚所谓海舟无风不可动也惟佛郎机蜈蚣船底尖面阔两旁列楫数十其行如飞而无倾覆之患故仿其制造之则除风暴作狂风怒号外有无顺逆皆可行矣况海中昼夜两潮顺流鼓枻一日何尝不数百里哉

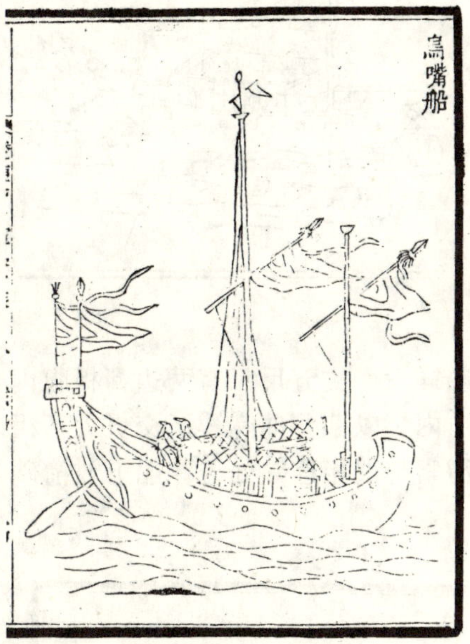

鸟嘴船出温台松门海门等处船首形如鸟嘴有风则蓬无风用橹长四五尺南人亦用捕鱼

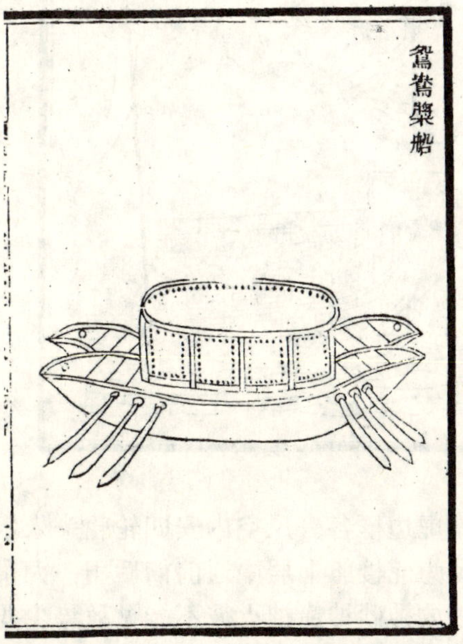

鸳鸯桨用二舟活扣一处形如舰船不用蓬桅各长三丈五尺阔九尺舱上用生牛皮张裹藏列兵器勇士摇桨每边八把舱旁两边留箭眼如赶敌则两飞棹相敌近则放神器分为两舟夹攻使彼左右难救贼必败也

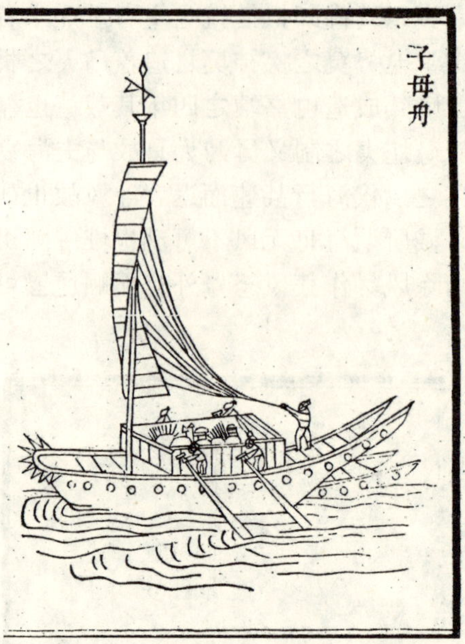

子母舟长三丈五尺前二丈如舰船样后一丈五尺只有两边帮板腹内空虚后藏一小舟通连一处亦有盖板掩人两边四棹前母船使风送棹桨前舱内装以茅薪油麻缚沃交贯火药粗线船前两腋俱用狼牙钉锭背用钢尖快利或迎抵彼船舱内发钩拒掉搭以溜索与彼相连一处先往船上放箭砂等具即将我母船发火与彼并焚我军后开子船而归

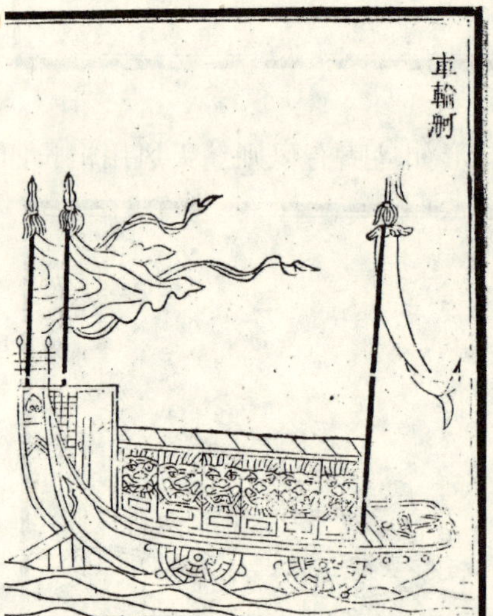

车轮舸长四丈二尺阔一丈三尺外虚边框各一尺空内安四轮轮头入水约一尺令人转动其行如飞船前平头长八尺中舱长二丈七尺后尾长七尺为舵楼舱上居中通前彻后用一大梁盖板自两边伏下每一块长五尺阔二尺下安转轴如吊窗样临敌先从内里放神砂神箭神火彼不能见敌势少弱我军一齐掀开船板立于两边即同旁牌与舱俱用生牛皮张裹人立于内抛火球放镖枪使钩巨等器敌船必焚破也

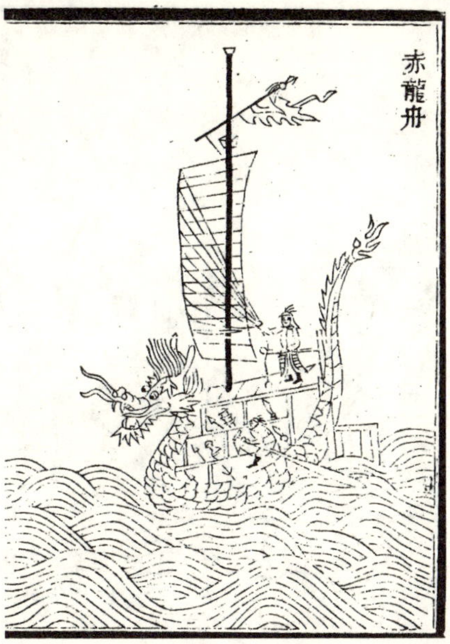

舟形像龙分作三层内藏器械火具盖头作成龙首口开容兵一名窥贼动静盖背用竹片菱角钉锭之宜密匀稀实使坚确为最上盖胸开一小门用铁板为户中层之船放中间开一井只以通走动举发火器两旁用兵一名使桨又用竖木造两架撑起舟盖便使火器舟底造龙骨中空用机括以铁坠之风涛不能沉溺此舟头坚一桅帆前开一窗用兵一名掌柁以观水道又用二名掌火具二名轮使桨若造此数百只浑如赤龙游于江河待贼船将近岸时舟中暗机一动神火毒烟神箭飞弩一举俱发

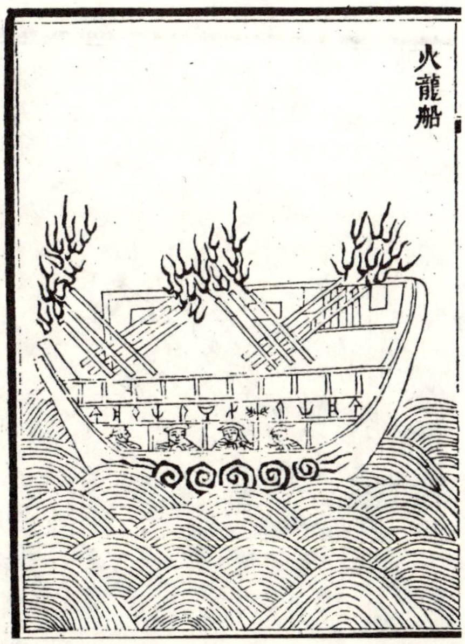

陆战用车骑水战用舟船一定之制也艨艟战船武经自有图式惟此船制式状海舶周围以生牛革为障或剖竹为笆用此二者以挡矢石上留铳眼箭窗看以击贼上中下分为三层首尾设暗舱以通上下中层铺用刀板钉板两旁设飞桨或轮乘浪排风往来如飞募四人以为水手遇贼诈败弃而与之精兵暗伏下仓四人赴水而走待贼登船机关一转贼皆翻入中层刀钉板上生擒活缚懦夫病妇亦可就而戮之况于兵乎若冲入贼船队内两旁暗伏火器百千余件左冲右突不可当用此船一号足抵常用战船十号顾用之者将得其人耳

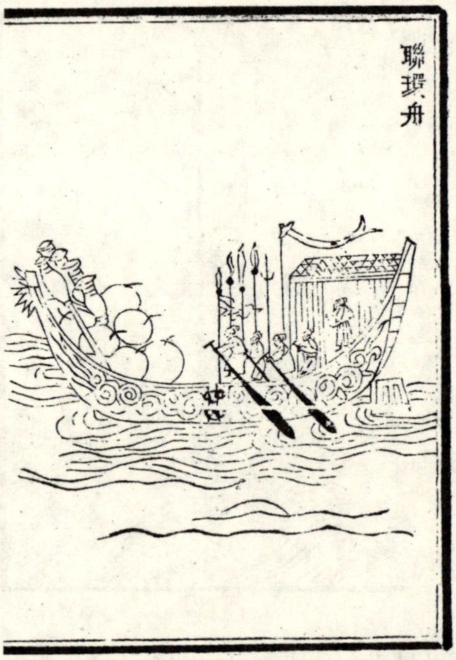

其舟约四丈许外视之若一舟分则为二舟前半截三之一后半截三之二中联以环前截载大炮神烟神砂毒火等器舟首锭大倒须钉数枚铳向其前后截两旁施数桨载兵士遇贼乘顺风或自上流相机径趋贼营以舟首钉撞于贼舟之上前环自解后截则回本营乘贼心惊惶用器系之乃水战之奇策也环者大铁圈两个锭前截后截用铁钩两个钩住撞于贼船则放其钩而后截即回本寨也

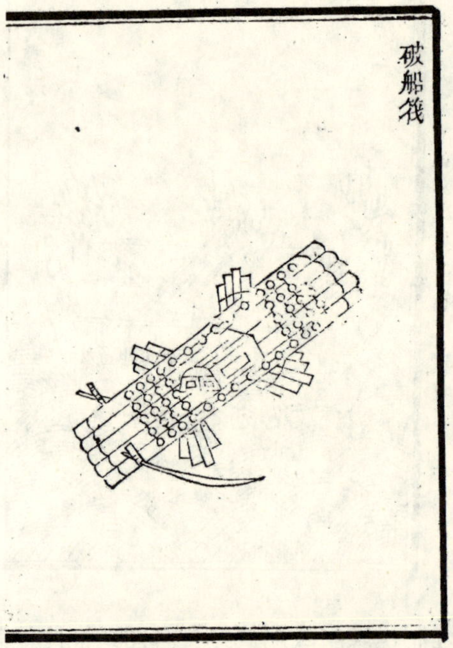

破船筏用大木五根各长三丈余将木居中凿空仍铺板平以油灰麻填缝钉完油过前后横串一处两边四轮中作船藏轮轴在内前平头上安破舟等器木头与水相平此制射打贼船轻便

走风捉飓事急追贼车关人力起椗迟误备此临急解系缴尾泛之以便回取用桐木烧黑外一寸甚妙

卷一百十七·军资乘·水【二】·制篷索药

每白矾十斤皮硝五斤栀子四斤为末入水五斗熬三五沸制在篷索上以防雨火也

卷一百十七·军资乘·水【二】·船上利器【附习法】

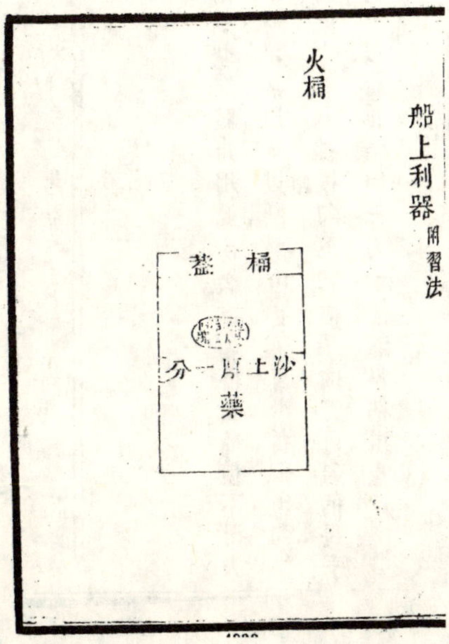

木桶一只粗缓药五斤粗厚磁瓦碗一只木炭实用二两备烧久消耗二两旧用火药倾下贼舟此固长策然又别用火器或炭火再倾掷使之发药顷刻舟移每每将火掷入水中或被贼乘火未掷以水沃药使湿火再及不燃亦皆未中肯綮惟此器火药同下不先不后可以必发万用万中

习法用木桶可容一斗者用缓药即今各船不堪之药每桶先入药五斤平平铺定上用薄沙土一分覆之临时用无焰炭火一盆听候将粗碗一只内用灰埋火二三块薄灰覆之平平阁在桶内沙上轻轻将桶加盖加闩闩孔要

大门要细取其入门时不致撞动桶也装完双手平举不可用力轻轻落下彼舟为舟所击火激药发全舟尽焚此器无药线长短之失遇激便燃不及返掷我舟必临用时方装火碗装入火碗就要掷去不可留在我舟恐碗药燃又恐忙中忘之或为物件手足所触动必付队长平时习熟试过数次临阵方得从容不致错乱误事

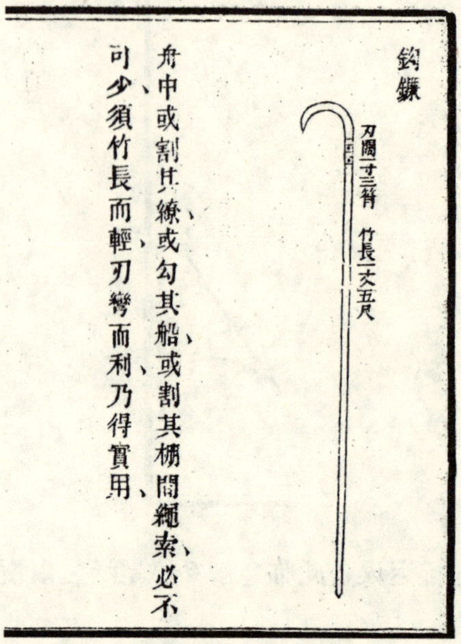

舟中或割其缭或勾其船或割其棚间绳索必不可少須竹长而轻刃弯而利乃得实用

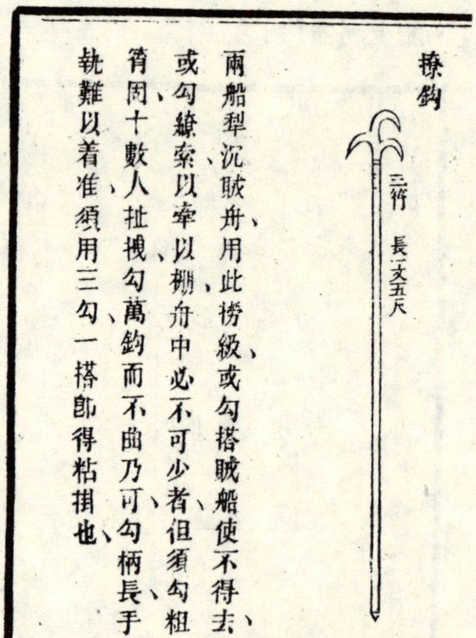

两船犁沉贼舟用此捞级或勾搭贼船使不得去或勾缭索以牵其棚舟中必不可少者但须勾粗筲固十数人扯拽勾万钧而不曲乃可勾柄长手执难以著准须用三勾一搭即得粘挂也

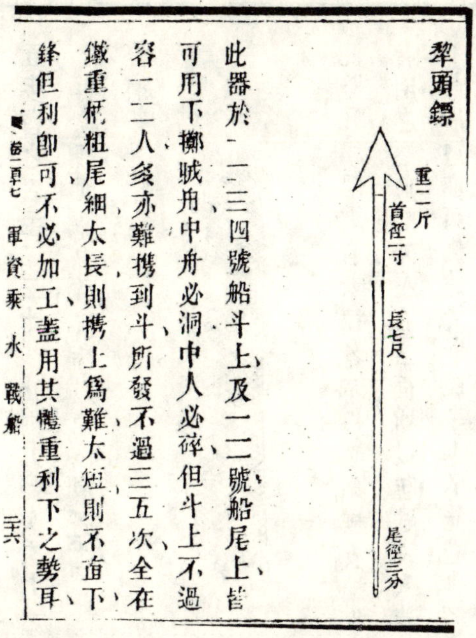

犂頭鏢

重二斤 首徑一寸 長七尺 尾徑三分

此器於一二三四號船斗上及一二號船尾上皆可用下擲賊舟中舟必洞中人必碎但斗上不過容一二人多亦難攜到斗所發不過三五次全在鐵重柄粗尾細太長則攜上爲難太短則不直下鋒但利即可不必加工盖用其體重利下之勢耳

卷一百七 軍資乘 水 戰船 三六

此器于一二三四号船斗上及一二号船尾上皆可用下掷贼舟中舟必洞中人必碎但斗上不过容一二人多亦难携到斗所发不过三五次全在铁重柄粗尾细太长则携上为难太短则不直下锋但利即可不必加工盖用其体重利下之势耳习法平时照小镖习法掷去手熟庶临高掷下不致颠倒番筋斗方能命中每船择能上桅斗之人先于高陡山上比桅斗尤高之处山下立小圆牌把团团如一人之粗自山上掷镖每发必中把上方为精熟

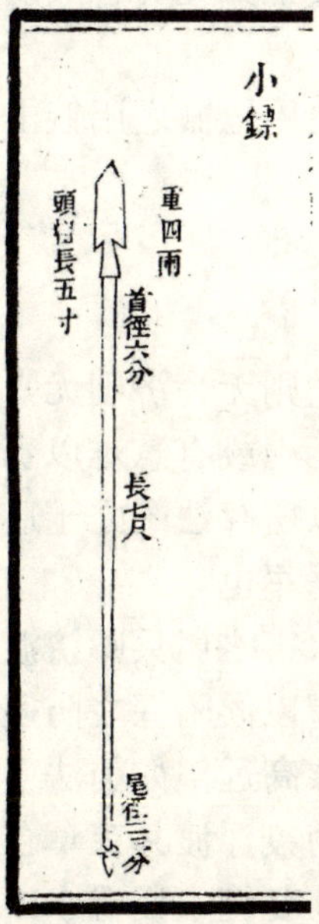

小鏢

重四兩 首徑六分 頭刃長五寸 長七尺 尾徑三分

舟中别无长策如相近一二十丈之内若贼舟低小我舟高大用此器最利掷之如雨无不中贼但习之不熟或番筋斗或中而无力皆为徒费锋须有钢精利头重尾轻用竹尤妙盖竹体和软头粗尾细相宜也如无竹处必用木杆须使头粗尾细取其颤软发之有力而准不番筋斗也

习法凡船内兵俱习用一手握于近前但以前重为限握用固手指顺向后庶发时有机而活非惯习不熟用银钱悬十步习之能矢矢命中又远五步习之习至二三十步止则力尽矣有力之士能再远发而命中者当待以绝技厚遇之

五步習之、習至二三十步止、則力盡矣、有力之士、能再遠發而命中者、當待以絶技厚遇之

吕網

即壞魚網也以經粗者爲貴

此器凡樓船之有女墻者不用、必須無女墻板木者用之、懸於船外、左右二面、所以防賊跳入、若有十數層厚、亦可備鎗箭、惟銃子則不能避也緣船

此器凡楼船之有女墙者不用必须无女墙板木者用之

悬于船外左右二面所以防贼跳入若有十数层厚亦可备枪箭惟铳子则不能避也缘船舨既不能用板木故不得不用此物如只二三层其势疏薄难以遮蔽不如无矣各战船率多藉此为名有女墙者亦挂数幅徒取虚文无足为恃

习法先将各网张之无女墙船上用矢射之用枪戳之用铳击之一层不效则加二加至十必以可御枪矢不穿为准

卷一百十八・军资乘・水【三】・济水

武经总要曰渡泛溢及入山谷逢水暴涨止则无舍济则无舟太公对周武王以飞桥辘轳越沟堑飞江天艎济大水而不显制度无以追究然器用素具乃克无患或有急难以赍持故韩信以木罂渡河而虏魏王豹邓训以缝革置筏而击胡此又临事制宜而能利涉者也今以所存法图之于后凡军行渡水上流有浮沫至者须待其定测水不涨则渡盖虑半渡水涨或虏人壅遏上流欲绝吾军也

凡殊方异域水势有洄洑险恶者及蛟鼍水害之属兵师济渡须皆先得乡导问状预为防虑

凡将渡先于岸上四面阵列仍令乘高远望以候骑探之防寇之掩袭后分队旋济

凡济必先战队既升岸勒为方阵亦令人乘高远望如前法

凡簰筏谓以竹木及有屋宇处可以毁折为筏浮渡并束草刍亦可用之

凡遇沟涧小水可伐水旁木并枝柯縻以藤蔓缠索推置水中使前后积聚相挽可以渡人

凡大寒欲济流澌未合以巨绳横绝水面约澌须流澌自合可以济矣

凡军行遇溪陂未得济者则度水阔狭以军中车用铁索相维横绝中流实以土囊以遏水水稍浅诸军可渡

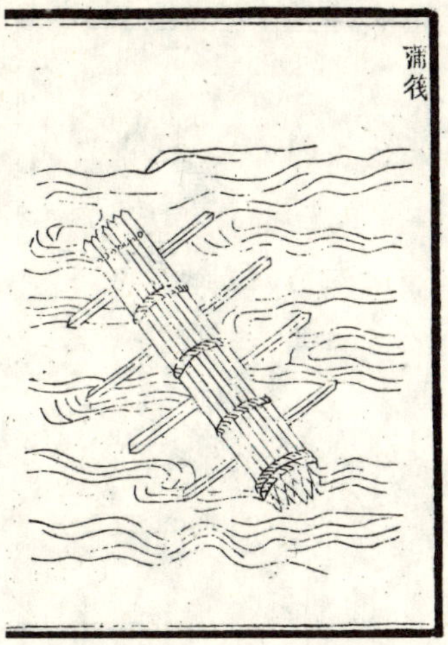

蒲筏者以蒲束九大围颠倒为十道如束枪状量长短为之无蒲用苇可以浮渡

飞絙者募善游水士或使人腋挍浮水系绳于腰先浮渡水次引大絙于两岸立大柱急定其絙使人挟絙浮水而过器械戴于首如大军可为数十道渡

浮囊者以浑脱羊皮吹气令满系其空束于腋下人浮以渡

皮船者以生牛马皮以竹木缘之如箱形火干之浮于水一皮船可乘一人两皮船合缝能乘三人以竿系木助之可十余返

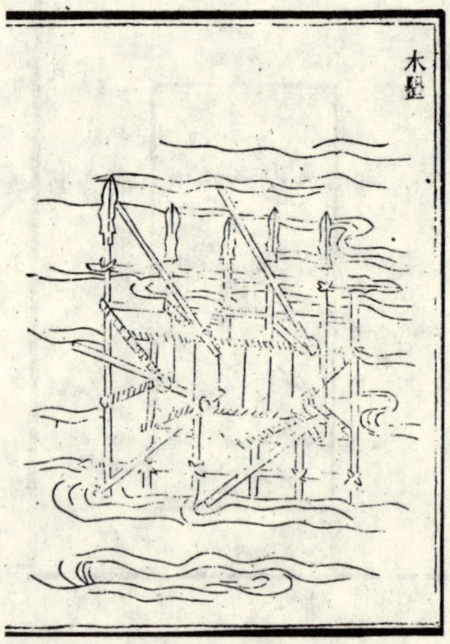

木罂者缚瓮以为筏甕瓮受二石力胜一人瓮间容五寸下以绳勾联编枪其上形长而方前置筏【或作板】头后置稍左右置棹

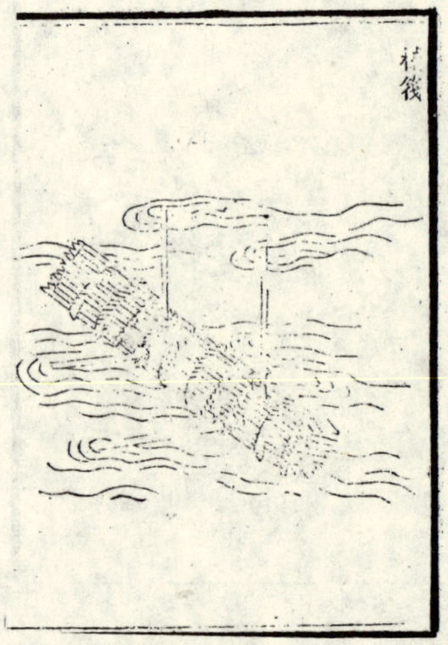

械筏者以枪十条为束一束力胜一人且以五千条为率为一筏枪去鐏刃鳞次面排纵横缚之可渡五百人或左右各系浮囊二十先令水工至前岸立大柱系二大絙属之两岸以夹筏絙上以木絙环贯之施绳联著于筏筏首系绳令岸上牵挽之以絙为约免漂溺之患

旱船过水用布周方各四尺双层十字缝柱四方每方用猪胞四个各口抽严放于水上如站立过水用皮做裩连袜当中容放食物用搭包一条以布做四小袋乘猪胞四个系放腰间过水

卷一百十八·军资乘·水【三】·禁涉

翠微北征录曰江湖禁涉之法不一而足惧其浅而步骑可涉也吾则曲铁为钩曳之以索谓之聚钩所触无不死伤直铁为针透之以木谓之涉针所过无不残灭编竹为索纽蔑为刺谓之水毛猬所以锥涉者之肌肤断木为轴钉铁为维谓之水蒺梨所以刺水兵之胫股炼竹为筌植之泥泞谓之踢筌所以毒人之脚面理柘为距置之沙浅谓之鸡距所以碎人之脚板凡此六者虽有滩碛贼安能涉我境哉惧其深而舟楫可航也吾则缀铁钩于浮筒之上谓之浮钩遇贼船则底版可沉系索网于江流之中谓之拒橹遇贼船则桨棹可得采绵穰采禾以裹贼船之柏舵而杆橹难摇割缠芦割藤蔓以碍贼船之划水而车版难蹈水势湍急则立刀口木而使贼船之底不凿自破水浩渺则立曲锥而使贼船之板不锥自透置挽索于水底使贼船遇之而尺寸不移兵家谓之神系卓倒纂于水涡使贼船揍之而旋转千匝兵家谓之鬼钻凡此十者虽有舟楫贼安能及我岸哉惧贼兵浮罂浮环以我袭之津岸也吾则造木竹造豁木于滩碛而贼不可用惧其驾飞翼搭浮桥以跨我之河道也吾则造火牌造橦筏于急流而贼不可施惧其纽芦束苇以济也吾则断木为查手木穿木为皂角木置之半渡之处而使其物之不可行惧其附缆结杆以济也吾则横木为阑河连木为截河置之未渡之时而使其具之不可至惧吾步岸之易登也吾则立伏牛交马使贼人之船近岸不得以下卸惧吾壕堑之易通也吾则钉暗桩使贼人之船曳席不可以顺流惧贼船之乘风而前也吾则有撩风榻水以绝其帆之不可使惧贼船之拽纤而至也吾则有碍竿虚木以阻其纤索之不可通上流高而下流低吾则占其上流立堰板以灌其军彼势阔而我势狭吾则因其势堆沙囊以没其卒贼迫岸则立四索番车以碎其船贼卒上岸则立独面暗捧以掩其卒此其为利顾不伟欤然胜在于敌人之不及知事败于吾军之不能秘事机之无穷一或不密则我之所以制敌者敌反得以制我矣公孙述拒岑彭述为浮桥攒钩以拒彭之船缆其术似矣未几彭乃预知纵火焚桥钩而述兵以败韦昭达征岭南贼为竹笼盛沙石以拒招达之舟楫其智非不巧也不知招达得以预知使士卒持刀斫笼而贼兵以溃吴人之御晋可谓得策然铁锁截船之术一泄而不能免王浚卷大筏火拒之烧杜是皆败于轻泄而贵于善秘也

卷一百十八·军资乘·水【三】·海候·占天门

朝看东南有黑云推起东风势急午前必有雨暮看西北有黑云推起西风势急半夜必有雨

卷一百十八·军资乘·水【三】·海候·占云门

天顶早无云日出将渐明暮看西无穷明日更晴明游丝天外飞久晴便可期清朝起海云风雨霎时辰风静郁蒸热云雷必振烈东风云过西雨下不移时东南卯没云雨下巳时辰云起南山暗风雨辰时见日出卯遇云无雨天必阴云随风雨疾风雨霎时息迎云对风行风转时雨辰日没黑云接风雨不可说云布满山低连霄雨乱飞云从龙门起飓风连急雨西北黑云生雷雨必声訇云势若鱼鲜来朝风不轻云钩午后排风色属人情夏云钩内出秋风钩背来晓云东不虑夜雨愁过西雨阵两双煎大飓连天恶恶云半开闭大飓随风至风息始静然乱云天顶纹风雨来不少风送雨倾盆云过都暗了红云日出生劝君莫出行红云日没起晴明便可许

卷一百十八·军资乘·水【三】·海候·占风门

秋冬东南风雨下不相逢春夏西北风下来雨不从讯头风不长讯后风雨毒春夏东南风不必问天公秋冬西北风天光晴可喜长忧风势轻舟船最可行深秋风势动风势浪未静夏风连夜倾不昼便晴明雨过东风至晚来越

巨风雨潮相攻飓长难将避初三须有飓初四还可惧望日二十三飓风君可畏七八必有风讯头有风至春雪百二旬有风君须记二月风雨多出门还可记初八及十三十九二十一三月十八雨四月十八至风雨带来潮傍船人难避端午讯头风二九君还记西北风太狂回南必乱地

六月十二彭祖忌连天大忌终须忌七月上旬争秋风稳泊河南莫开船八月半旬潮候时风雨随潮不可移

卷一百十八·军资乘·水【三】·海候·占日门

乌云接日雨即倾滴云下日光晴朗无妨早间日珥狂风即起申后日珥明日有雨一珥单日两珥双起午前日晕风起北方午后日晕风势须防晕开门处风色不狂早白暮赤飞砂走石日没暗红无雨必风朝日烘天晴风必扬朝日烛地细雨必至暮光烛天日光晴彩久晴可待日光早出晴明必久返照黄光明日风狂午后云遮夜雨滂沱

卷一百十八·军资乘·水【三】·海候·占虹门

虹下雨垂晴明可期断虹晚见不明天变断虹早挂有风不怕

卷一百十八·军资乘·水【三】·海候·占雾门

晓雾即收晴天可求雾收不起细雨不止三日雾蒙必起狂风白虹下降恶雾必散

卷一百十八·军资乘·水【三】·海候·占电门

电光西南明日炎炎电光西北雨下连宿辰瞰电飞大飓可期远来无虑迟则有危电光乱明无风雨晴夏风电下来秋风对电起闪烁星光星下风狂

卷一百十八·军资乘·水【三】·海候·占海门

蝼蛄放洋大飓难当两日不至三日无妨满海荒浪雨骤风狂大海无虑至近无妨金银徧海风雨立待海泛沙尘大飓难禁若近山岸仔细思寻乌鲻弄波风雨必起二日不来三日难抵水上鹅毛风大难抛东风可守回南暂傲白虾弄波风起便和

卷一百十八·军资乘·水【三】·海候·占潮门

月上潮长月没潮涨大讯潮光小讯月上水涨东北东南旋漫西南水回便是水落北海之潮终日滔滔高丽涨来一日一遭莱州洋水南北长落北来是长南退方觉杨子江内粮舟之患最怕船密大风紧急系定且守船走难缆纽定必凶至沙岸走花落叮神惊散要知叮地大洪泥硬滩山一般铁叮可障海中泥泞须抛木叮黑水洋深接缴数寻成山开处名罗鼓地磨断棕毛蔑徽可抛成山铁山万丈深泉

卷一百十八·军资乘·水【三】·海候·浙东潮候

初一初二十三十四寅申长已亥平
初三初四十五十六卯酉长子午平
初五初六十七十八辰戌长丑未平
初七初八十九二十已亥长寅申平
初九初十廿一廿二子午长卯酉平
十一十二廿三廿四丑未长辰戌平
廿五廿六寅申长已亥平

廿七廿八卯酉长子午平

廿九三十辰戌长丑未平

卷一百十八・军资乘・水【三】・海候・江北潮候

初一子午正初二子午末初三丑未初初四丑未正初五丑未末初六寅申正初七寅申末初八卯酉正初九卯酉末初十辰戌正十一辰戌末十二巳亥正十三巳亥末十四子午初十五子午正十六子午末十七丑未正十八丑未末十九寅申正二十寅申末二十一卯酉初二十二卯酉正二十三卯酉末二十四辰戌初二十五辰戌正二十六辰戌末二十七巳亥初二十八巳亥正二十九巳亥末三十子午初

江洋春夏潮大而速秋冬潮小而迟江海每月初三至初七十八至二十二为大汛潮大而速初八至十七二十三至初二为小汛潮小而迟

夫朝生为潮夕生为汐晦朔弦望潮汐应焉故潮平于地下之中而会于月潮生于寅则汐生于申潮生于巳则汐生于亥阴阳消长不失其时故曰潮信

卷一百十八・军资乘・水【三】・海候・定太阳出没以应潮信时刻长短

正九出乙入庚方二八出入鸡肠三七发甲入辛地四六出寅入犬藏五月生艮归乾上仲冬出巽入坤方惟有十月与十二出寅入申仔细详

卷一百十八・军资乘・水【三】・海候・定寅时

正九五更二彻二八五更二歇三七平光是寅时四六日出寅无别五月日高三丈地十月十二四更二仲冬到四更初此是寅时须切记

卷一百十八・军资乘・水【三】・海候・又总占日月星云气风涛

一日晕则雨月晕则风何方有阙即此方风来也

一日没胭脂红无雨也有风须看返照日没之前胭脂红在日没之后记之记之

一星光闪烁不定主有风

一夏秋之交大风及有海沙云起谓之风潮名曰风此乃四方之风有此风必有霖淫大雨同作

一凡风单日起单日止双日起双日止

一凡风起早晚和明日须防大起

一有暴恶之风尽日而没

一防夜起之风必毒

一凡东风急风急云起愈急必雨最难得晴

一凡春风易于传报一日南风必还一日北风虽早有此风向晚必净

一防南风尾北风头南风愈吹愈急北风吹起便大

一春南夏北有风必雨

一云若炮车形起主大风

一云起下散四野满目如烟如雾名曰风花主风起

一云若鱼鳞不雨也风颠

一凡雨阵自西北起者必云黑如泼墨又必起作眉梁阵主先大风后雨急易晴

一水际生靛青主有风雨

一秋天云阴若无风则无雨

一海燕忽成群而夹主风雨乌肚雨白肚风

一海猪乱起主大风

一夜间听九逍遥鸟叫风雨一声风二声雨二声四声断风雨

一鰕笼张得纬鱼主风水

一水蛇蟠在芦青高处主水高若干涨若干回头望下水即至望上稍慢

一月尽无雨则来月初必有大风俗云二十五六若无雨初三四莫行船春有二十四番花信风梅花风打头拣花风打末

卷一百十八·军资乘·水【三】·海候·逐月风忌

正月忌七八日风乃北风也

二月忌初一北风

三月忌清明北风

四月忌立夏风

五月忌夏至风以正月下雪日为始算至五月乃一百二十日之内主此风

六月十二日忌彭祖风在前后三四日

七八月若有三日南风必有北风报之

九月九日前后三四日忌九朝风

十月忌初五风在前后三四日内

十一月忌冬至风

十二月二十三四忌扫尘风

卷一百十八·军资乘·水【三】·海候·各月风候

正月初二三头飓初七八十二三十七八烧灯风二十二三风二十七八风无雨风轻立春过后未惊蛰先动雷一月天门不开日夜海上有风浪惊蛰过后雷响不妨春雷起风雷春飓雷先行二月初二三风初七八风十二三风十七八风二十二三风二十七八风春有雷电海上有风浪本月初二雾露生日本日若重一年俱重如轻则轻三月初三除飓风清明日主有大风本月二十一日立夏如发北风准有二十日北风如南风天定也

四月夏雷压三风前立春日过后下雪一百二十日雪子风正月初八日下雨风轻晴明风重

五月初八日夏至发北风重梅雨本日晴明俱是南风黄鱼从南来北风吹散鱼头羊山无鱼

六月十二彭祖忌有大风前三后四初十起十五丘此几日内发风俱作忌风六月有日七月有半六月十二无风七月十五亦无风

七月立秋日起五十二日龙风过后发是秋黄风七日紧七日慢秋雷起压天定立秋挂鲎三日过有大风七日过有风则轻鲎挂乱雷向无风

八月起后早西风晚东风天定了本月二十七日主有大风九月初九日定风当日发风准定本日不发不一二日必发十二三风十七八风二十二三风二十七八风

十月初二三风初七八风十二三风十七八风十四五有大风

十一月初二三风初七八风十二三风十七八风二十二三飓二十七八风

十二月初二三风初七八风十二三风十七八风二十二三风二十七八风本月发西南风下雪本月二十四日送神风冬怕赤鲎有一个月风浪

卷一百二十二·军资乘·火【四】·火器图说【一】·炮【一】

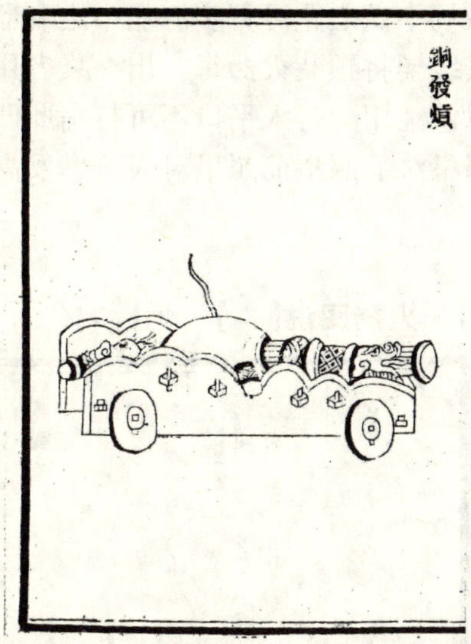

每座约重五百斤用铅子一百个每个约重四斤此攻城之利器也大敌数万相聚亦用此以攻之其石弹如小斗大石之所击触者无能留存墙遇之即透屋遇之即摧树遇之即折人畜遇之即成血漕山遇之即深入几尺不但石不可犯而已凡石所击之物转相拷击物亦无不毁者甚至人之支体血肉被石溅去亦伤坏又不但石子利害而已火药一爇之后其气能毒杀乎人其风能煽杀乎人其声能震杀乎人故欲放发熕须掘土坑令司火者藏身后燃药线火气与声但向上冲可以免死仍须择强捍多人为之护守以防敌人抢发熕之患若非攻坚夺险不必用此也或问用之水战可乎曰贼若方舟为阵亦可用其小者但放时火力向前船震动而倒缩无不裂而沉者须另以木筏载而用之可也曰城上可用乎曰不可发熕便于攻高不便于攻下故也

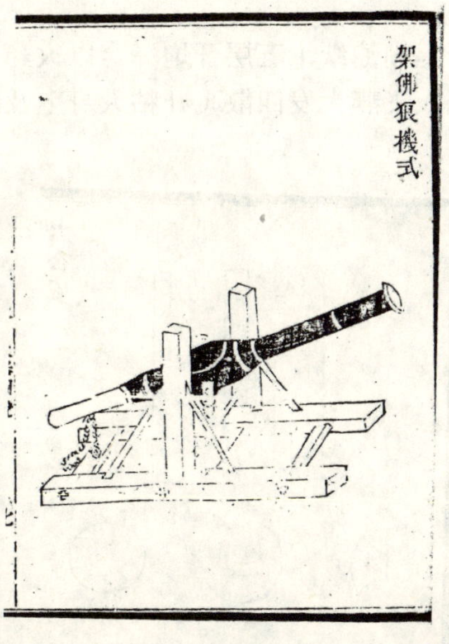

顾应祥云佛狼机国名也非铳名也正德丁丑予任广东佥事署海道事蓦有大海船二只至广城怀远驿称系佛狼机国进贡其船主名加必丹其人皆高鼻深目以白布缠头如回回打扮即报总督陈西轩公金临广城以其人不知礼令于光孝寺习仪三日而后引见查大明会典并无此国入贡具本参奏朝廷许之起送赴部时武庙南巡留会同馆者将一年今上登极以其不恭将通事明正典刑其人押回广东驱之出境去讫其人在广久好读佛书其铳以铁为之长五六尺巨腹颈腹有长孔以小铳五个轮流贮药安入腹中放之铳外又以木包铁箍以防决裂海船舷

下每边置四五个于船舱内暗放之他船相近经其一弹则船板打碎水进船漏以此横行海上他国无敌时因征海寇通事献铳一个并火药方此器曾于教场中试之止可百步海船中之利器也……人马洞过预将船舷上凿孔可容铁信高下左右利便活动先将子铳安线毕将预装火药每一出一袋者用取一袋装入用木送轻轻送实用纸盖之将铳子一枚入口面用铁凹心送子以铁锤用力打入平口不可打扁此凹心之妙也九子俱装完举发时将子铳一门入腹用拴牢用手执后尾眼看后照星对前照星前照星对人舟燃发高下左右但将母铳转动相对执铳者遇线燃时面只看贼对准不可回头

卷一百二十三·军资乘·火【五】·火器图说【二】·炮【二】

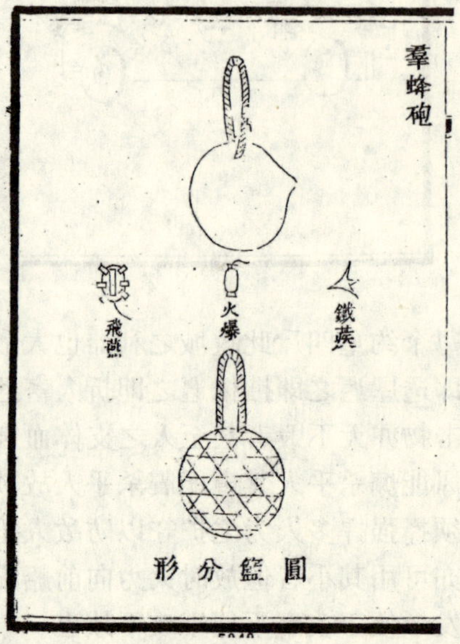

篾编成圆篮以厚糊四五十层晒干上糊油纸十五层开炮一窍以火药三斤加铁蒺藜半斤飞燕毒火纸爆各数十个纳其中其威力甚大不惟可以击人飞燕火发四散飞开粘人身上及遇篷帆尤能延烧水浇之不灭投之贼船篾有不破者

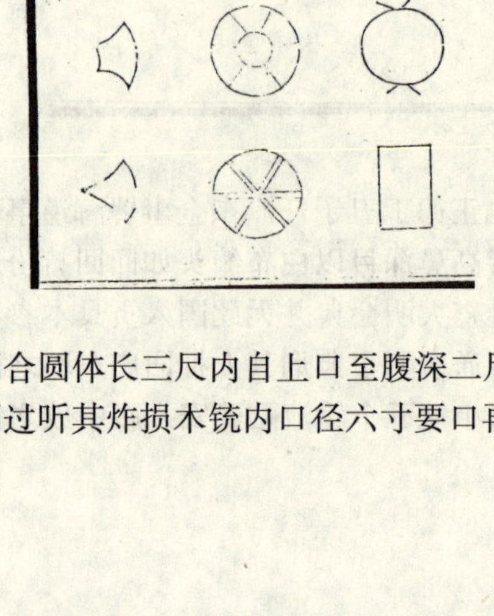

以坚木六条做成内尖外阔照图合圆体长三尺内自上口至腹深二尺底下实木内有肩长一尺子铳一门厚五分径五寸高五寸仅装满药而已用过听其炸损木铳内口径六寸要口再大任意必以铁箍大小为准口上外木

厚三寸口底实木自外至尖厚六寸石子用坚石合口军中有匠随时采用若在陆用先将木做完六合为体用箍照图箍另将子铳先安药线用药筑实铳外线眼处用药一两包线下入木铳内留线眼稍大用粗二分药线捻入不必透子铳只对包药所处燃外线入药包药包自燃又快又不致失误下合口石子一丸可以碎堵陆用必攻坚营击城寨乃设发时远亦不可过半里百步外更妙太远则力柔少中水用以木为小船将铳缚在上另用三板船或八桨哨马之以绳一丈系铳船一面预用粗火绳燃系长竿杪发击贼舟此器任其沉水发时远不过二十步近至五步内尤妙缘水中舟荡风帆旋转再远则发后舟移但差一尺不可望中

卷一百二十六·军资乘·火【八】·火器图说【五】·箭【一】

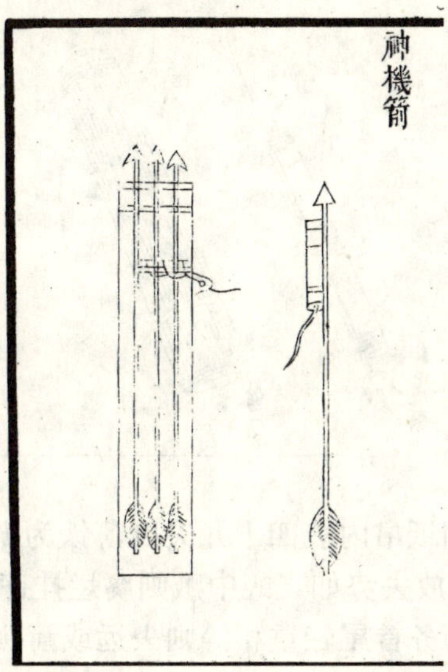

造法礬纸为筒内入火药筑令满实另置火块油纸封之以防天雨后钻一孔装药线用箭竹为干铁矢簇如燕尾形末装翎毛大竹筒入箭二矢或三矢望敌燃火能射百步利顺风不利逆风水陆战皆可用用之水战能燔舟篷用之陆战能毁巢穴中毒必死

卷一百二十七·军资乘·火【九】·火器图说【六】·箭【二】

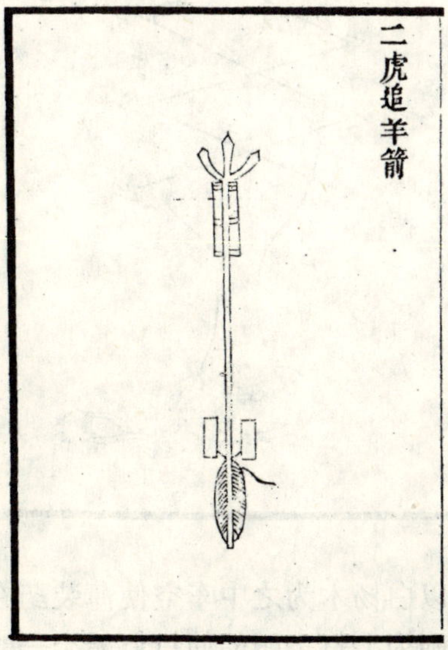

箭杆长五尺一股三簇行火药二筒向翎劣火药一筒向簇共三筒径七分长四寸五分于一竿发五百步行火药二筒火从出毕会至劣火药筒火出能焚烧棚寨及烧敌船及毁敌之房舍一人用之则百人惊惧大有玄妙亦涂见血封喉药与返复火枪刀备之

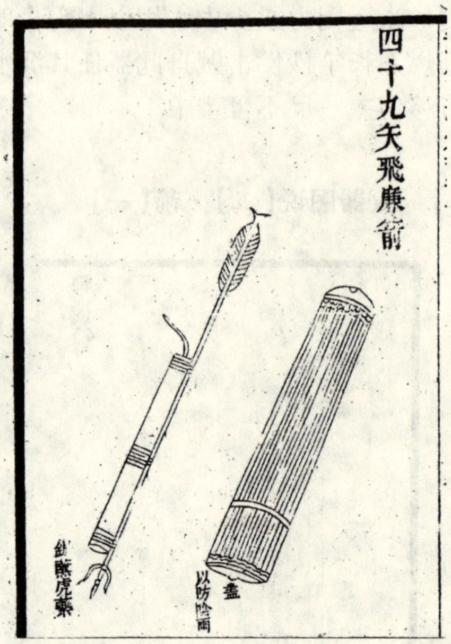

编篾为笼中空圆眼约长四尺外糊纸帛内装四十九矢以薄铁为镞卷为筒长二寸许前装烧火【用砒霜巴豆合】后装催火【发药也】于镞上顺风放去势如飞蝗中贼则腐烂挂蓬则焚烧贼心惊怖且焚且溺破之必矣前装烂火药神火药各对分后装催火发药务首尾轻重相等则去远或箭蘸虎药中贼则见血封喉亦水战之利器也

卷一百二十八·军资乘·火【十】·火器图说【七】·器械

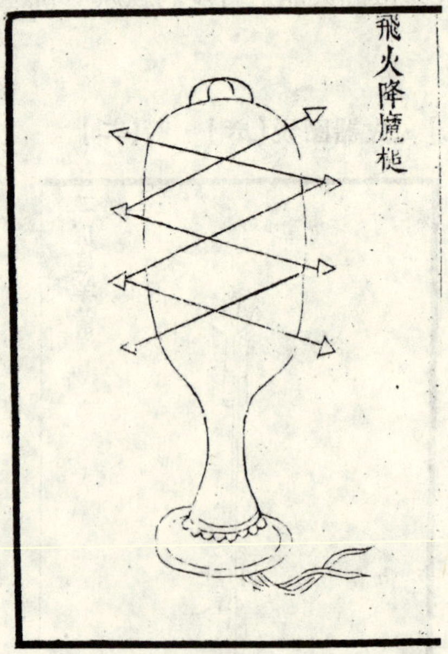

身连柄八寸长圆围三寸状如棒槌以白杨木为之中车空使薄装药在内钉三道钉每道用倒须钩钉四个攒十字钉止留倒钩在外倒钩约一十以锋利为上打去贼船使钉钉船牢一时不能脱而火发可以烧船火礶揺易碎

裂火砖抛去易还掷不如此器之妙也

卷一百二十九·军资乘·火【十一】·火器图说【八】·浸水药品

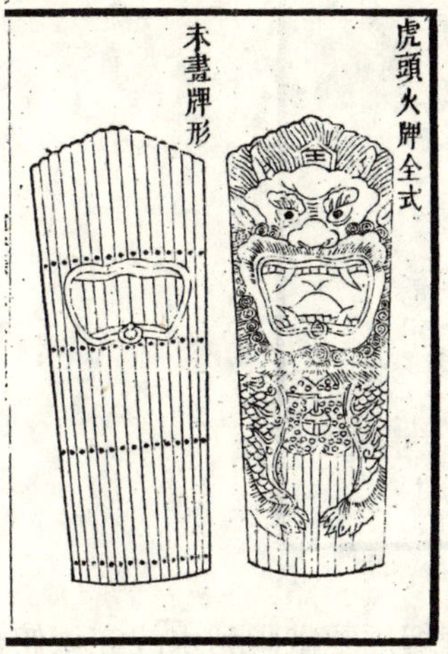

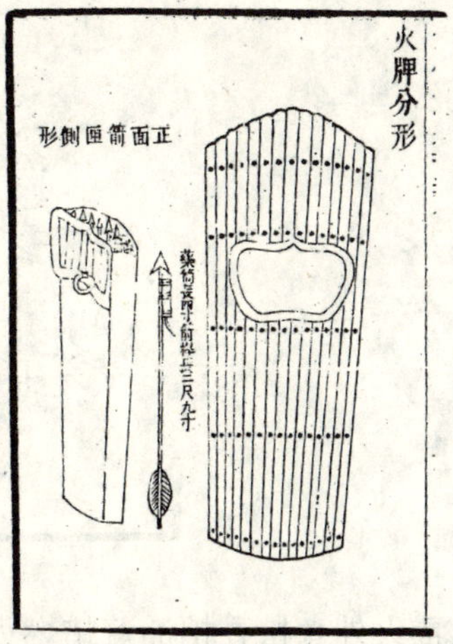

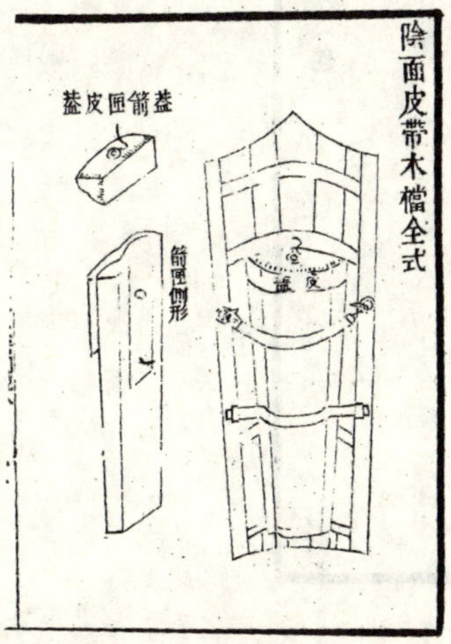

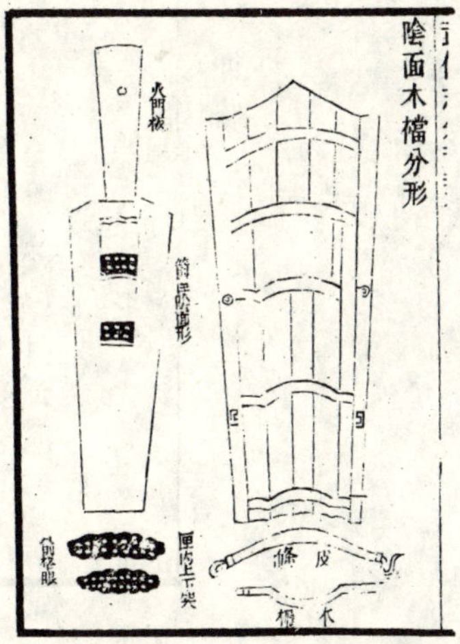

内藏神机箭十枝或猛箭二十枝外牌以备矢石临近忽然火发箭敌不及拒用之水陆诚便利器也

卷一百三十·军资乘·火【十二】·火器图说【九】·五毒膏

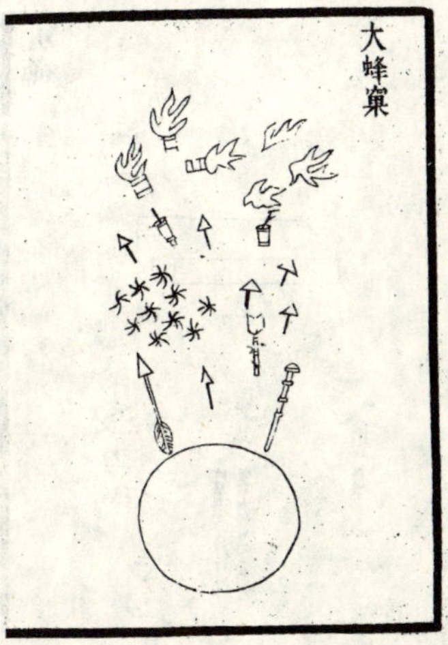

此器战守攻取水陆不可无者夺心眩目惊胆伤人制宜精妙此兵船第一火器也

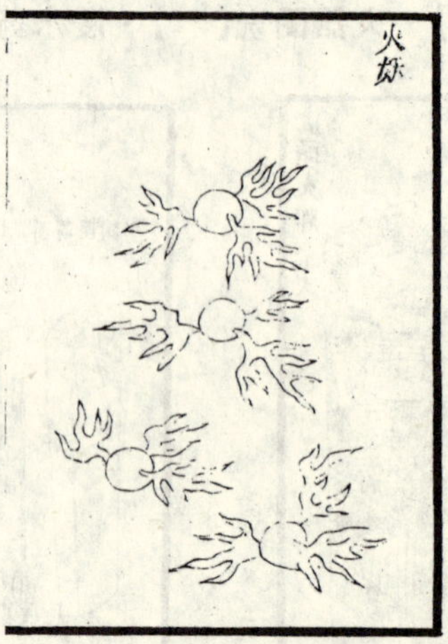

薄拳大内荡松香入毒火外煮松香柏油黄蜡燃火抛打烟熖藜戳脚利水战守城俯击短战

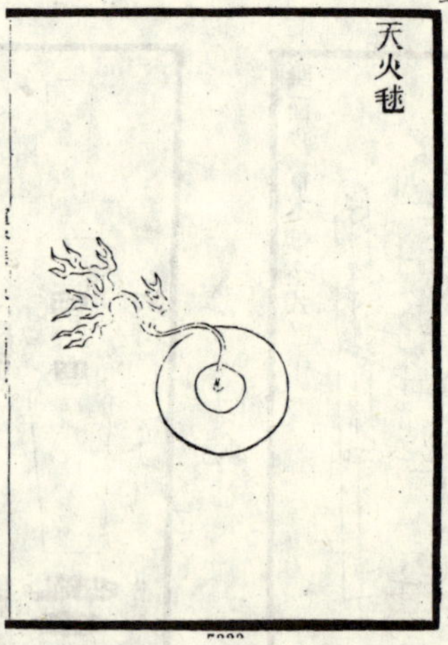

此火不用凡火以药修合三五个月乃可用见风见日即著合必须在地窨内不见风方可其药用黑豆楷烧每存性每一斤加焰硝半斤硫黄四两班毛一两真黄天硫一两六钱无风日处攒合当时即装入鸡鸭卵壳内令满每一个令加顽石子一块如栗子大夹纸封口用茄楷灰固济半指厚遇敌令军士以绳圈投去到彼处跌破不拘落在草船木人身服尽成火水亦不能救若陆战烧敌粮辎积尤妙

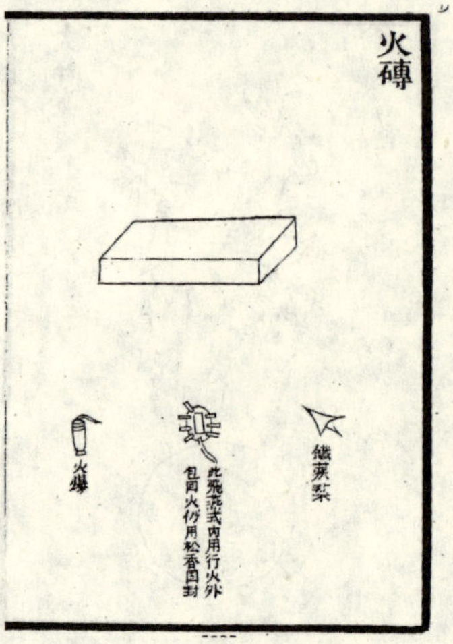

用薄胎素板糊成方砖样板匣一个长一尺阔四寸高二寸开一头用松香熬化荡在匣内硫黄末掺上入火药一斤四两飞燕与纸爆各二十铁蒺藜三十外用油纸四五层封固燃药线抛入敌船发开飞燕四散飞击延烧

卷一百三十一·军资乘·火【十三】·火器图说【十】

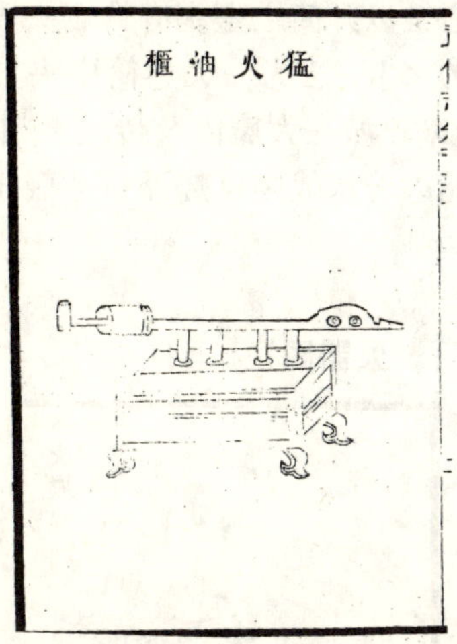

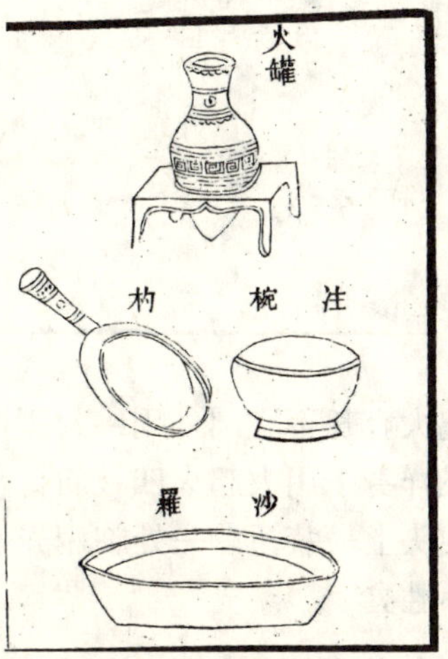

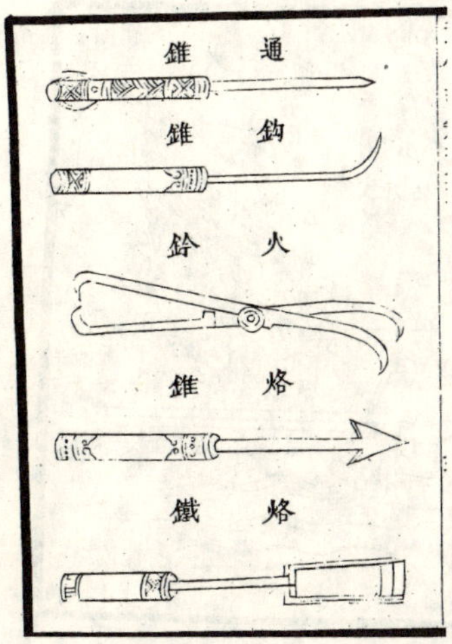

放猛火油以熟铜为柜下施四足上列四卷筒卷筒上横施一巨筒皆与柜中相通横筒首大尾细尾开小窍大如黍粒首为圆口径寸半柜旁开一窍卷筒为口口有盖为注油处横筒内有拶丝杖杖首缠散麻厚寸半前后贯二铜束约定尾有横拐拐前贯圆揜入则用闭筒口放时以杓自沙罗中挹油注柜窍中及三斤许筒首施火楼注火药于中使然【发火用烙锥】入拶丝放于横筒令人自后抽杖以力蹙之油自火楼中出皆成烈焰其挹注有碗有杓贮油有沙罗发火有锥贮火有罐有钩锥通锥以开筒之壅塞有钤以夹火有烙铁以补漏【通柜筒有罅漏以蜡油青补之凡十二物除锥钤烙铁外悉以铜为之】一法为一大卷筒中央贯铜胡卢下施双足内有小筒相通【亦以筒皆为之】亦施拶丝杖其放法準上凡敌来攻城在大壕内及传城上颇众势不能御则先用槁秣为火牛縋城下于踏空版内放猛火油中人皆糜烂水不能灭若水战则可烧浮桥战舰于上流放之于【先于上流簸𥞊秕熟草以引其火】

卷一百三十一·军资乘·火【十三】·火器图说【十】

用细竹篾为篓细芦亦可身如斤余鸡大宜长不宜圆外用绵封固内用明火炸药装满又将棉纸封好前后装头尾又将裱纸裁成二翅钉牢两旁似鸦飞样身下用大起火四枝斜钉每翅下二枝鸦背上钻眼一个放进药线四根长尺许分开钉连四起火底内起火药线头上另装扭总一处临用先燃起火飞远百余丈将坠地方著鸦身火光遍野对敌用之在陆烧营在水烧船战无不胜矣

卷一百三十三·军资乘·火【十五】·火器图说【十二】

用弊船或木筏载以蒭薪从上风顺流发火以焚敌人楼船战舰

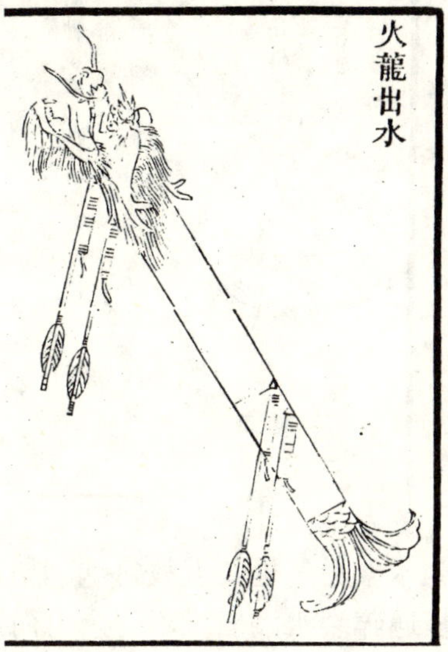

用猫竹五尺去节铁刀刮薄前用木雕成龙头后雕龙尾口宜向上其龙腹内装神机火箭数枝龙头上留眼一个将火箭上药线俱总一处龙头下两边用斤半重火箭筒二个其筒大门宜下垂底宜上向将麻皮鱼胶缚定龙腹内火箭药线由龙头引出分开两处用油纸固好装钉通连于火箭筒底上龙尾下两边亦用火箭筒二个一样装缚其四筒药线总会一处捻绳水战可离水三四尺燃火即飞水面二三里去远如火龙出于江面筒药将完腹内火箭飞出人船俱焚水陆并用

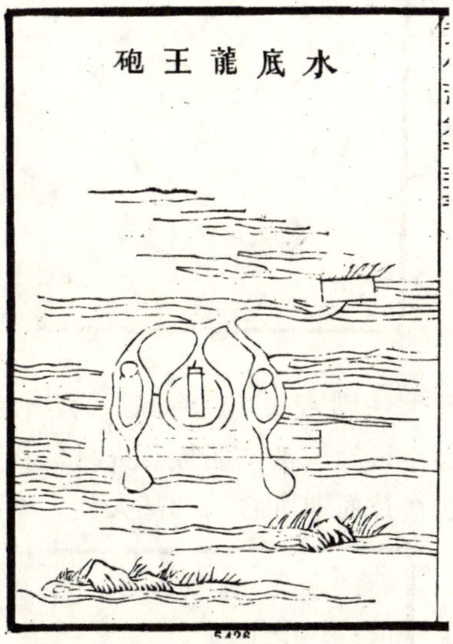

炮用熟铁打造以木牌载之其机巧在于藏火炮上缚香为限香到信发【或一更或三更準定香限寸数时刻不差】裹以牛脬而不通气则火闷死通以羊肠【硝过夹以粗铁线】上以鹅雁翎为浮随波浪上下则水灌入而火亦死其机之玄妙有如此乃量贼船泊处入水浅深将重石坠之黑夜顺流放下香到火发炮从水底击起船底粉碎水入贼沉可坐而擒也

卷一百三十三·军资乘·火【十五】·火器图说【十二】·应用法物

大弹【重四五六斤】发药【或一斗或五升】

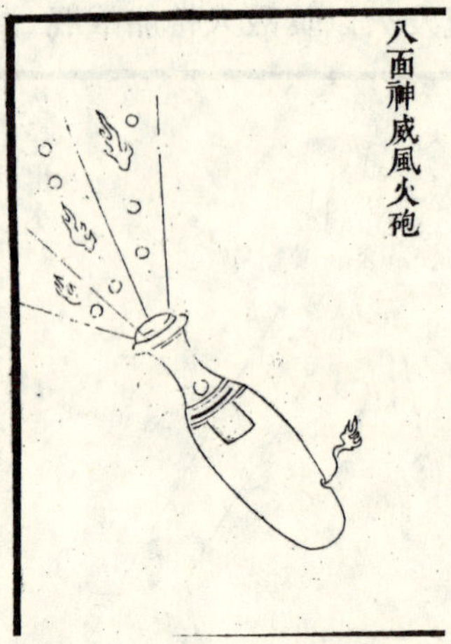

炮用精铜镕铸长三尺后为蘸尾下为木架另铸提心五枚每炮一架用兵二人一装一放冲入贼船队内八面旋转攻打无休一炮可透数人下打船底板遇碎裂水漏船沉不劳余力而贼可擒也中藏铅弹发药远则攻打二百余步近则攻打一百余步遇人则穿心透腹遇船则竟透木板远近之机在低昂之侧发药之多寡系铅弹之重轻水战中远近击之器最利者莫过于此

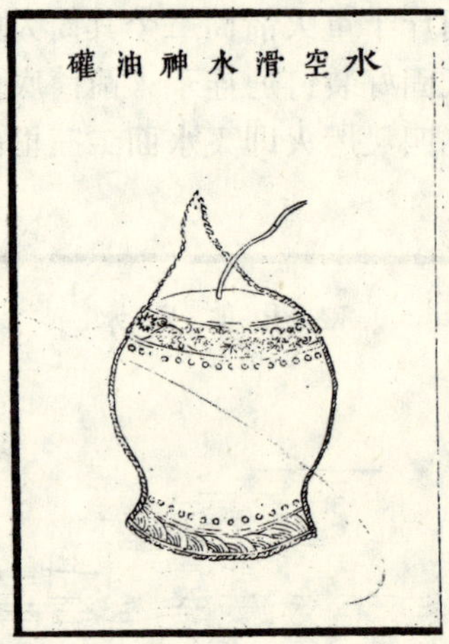

用鹅鸭鸡蛋尽去其黄和以桐油将磁罐注满掩塞其口将细绳为路使膂力勇士持之约离贼船二三丈许掷入击碎四散流溢兼以风波汹涌滑不可立器不得施况油沾船板惹火易焚我兵更于上风或扬神砂以迷其目或纵神火以冲其阵或举火炮以突其锋固虽微法小技而取胜之功则甚大矣为将者慎无轻忽宝而用之亦万全之利

水战用打船底铁铸大炮长一尺五寸径四寸内藏送药二斤药信盘曲于炮上放大铅弹重二斤用黄蜡封口用狗皮一张缝袋将炮兜在居中四足用四锥钻钉贼舟底上每一舟底用炮八个香到炮发船底粉碎则舟沉贼可生擒也

卷一百三十九·军资乘·饷【五】·河漕【一】

茅子曰运于水运于陆费不可同日语也军所聚运必至焉岂特京师哉然远而险莫京师若也言京师而天下之形势略尽矣汉之京师在长安运诸州之粟冒砥柱之险而达于渭唐之京师亦在长安运江淮之粟以入于汴自汴入洛而通于渭别有一道沂大江入汉口自丹江抵武关陆运而致之此西通秦之大略也宋之京师在汴则秦之半耳元在燕燕之形始与秦异故自江达淮自淮入河由徐州经山东浚泉闸水仅而能达而其功不克就故终元之世取足于海运焉本朝定鼎金陵运豫章荆楚之粟自江而顺流运吴越之粟循江而会江口至便也后改卜燕京则始终元人之功而其绩绪则古所未创矣此北通燕之大略也大约言秦燕而极天下河漕之变其非此者仅半之三之一耳今秦之运道故在自汴而入渭须加浚筑汴之下固晏然也自荆楚而抵京口长江一帆唯自越抵燕事创而未有以诏后故录其全图所以遵时也所以告来也

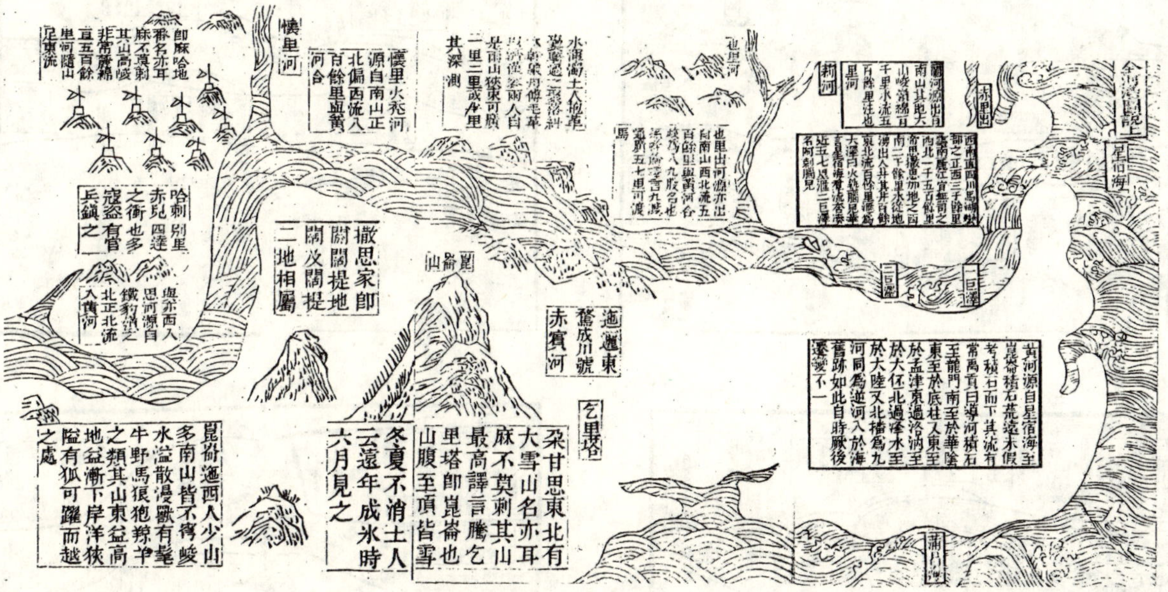

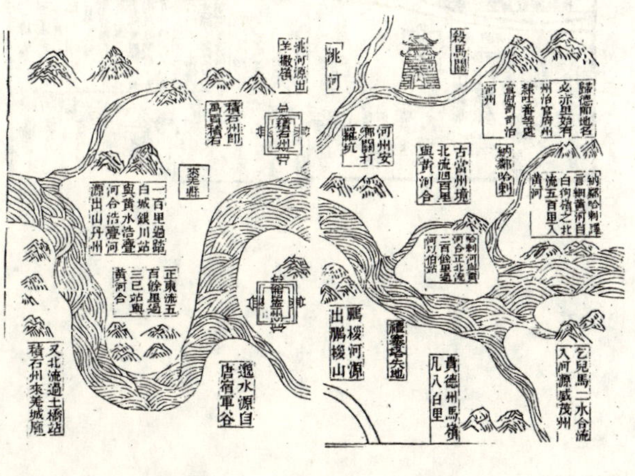

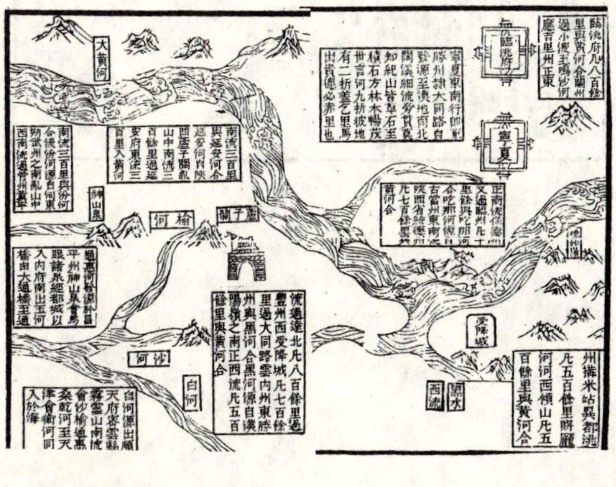

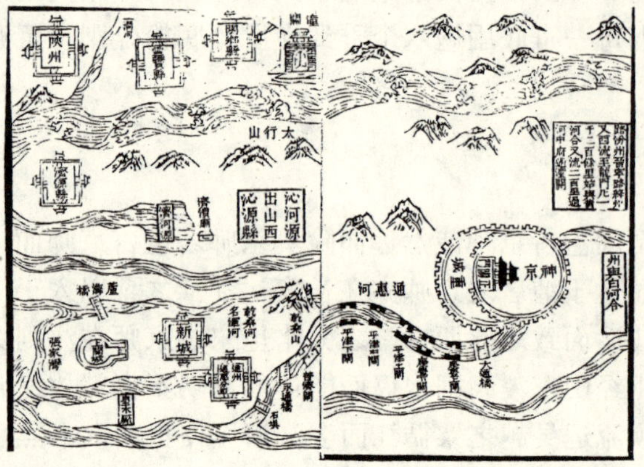
陝州
太行山
通惠河

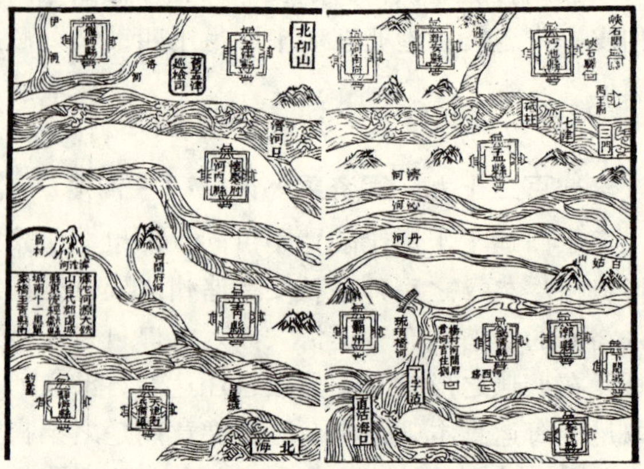
北海

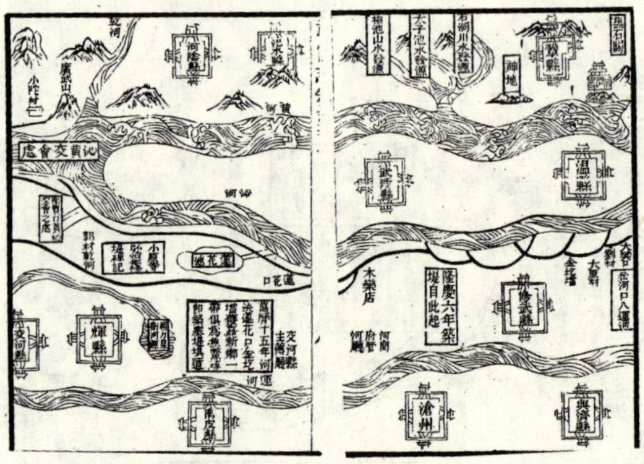
隆慶六年築
堤自此起

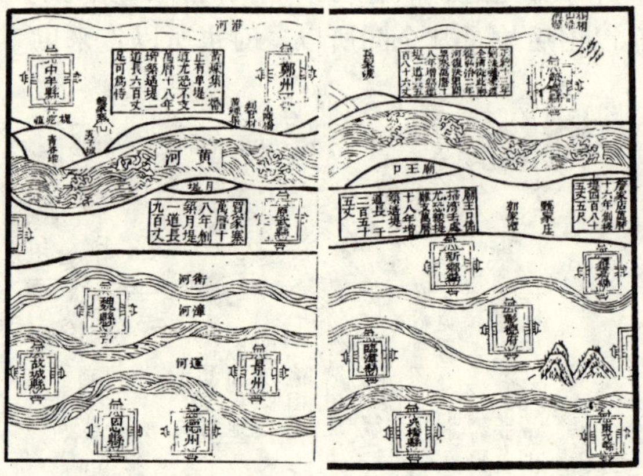
黃河

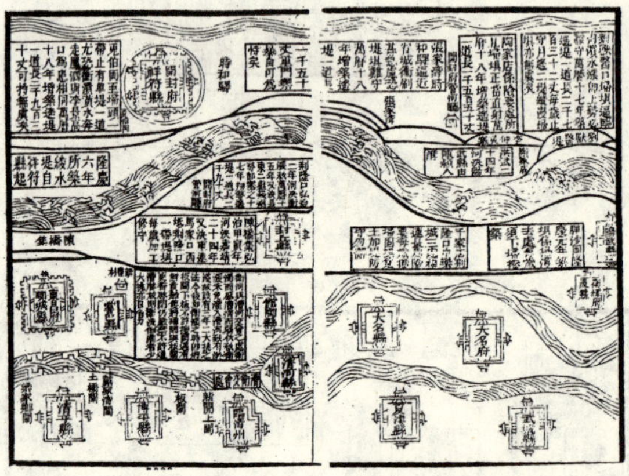

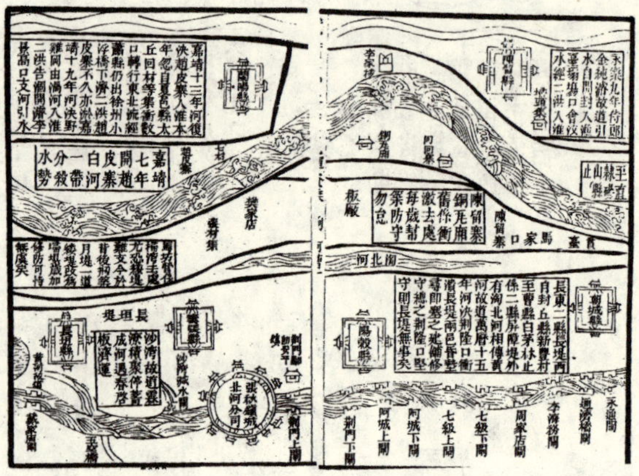

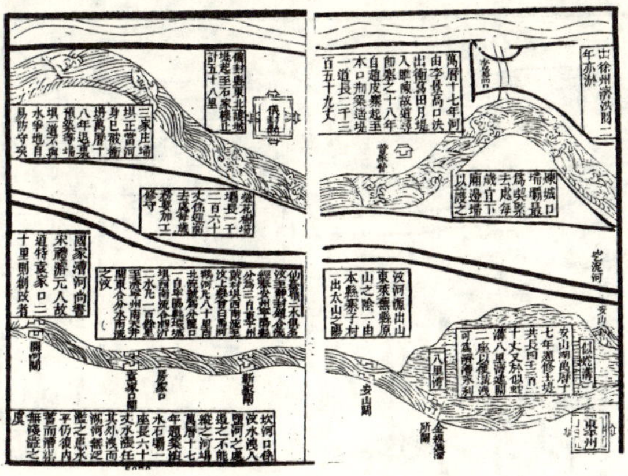

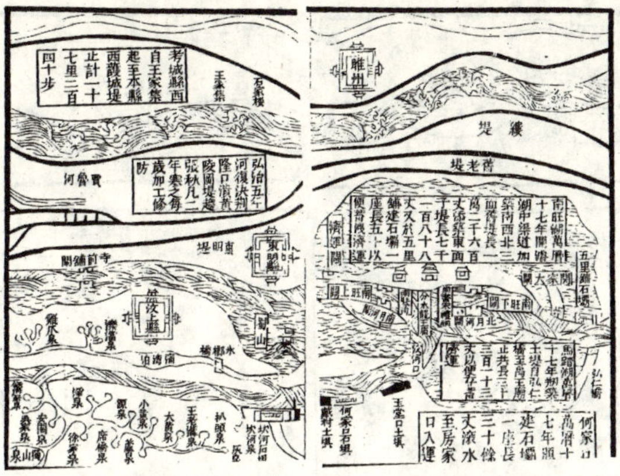

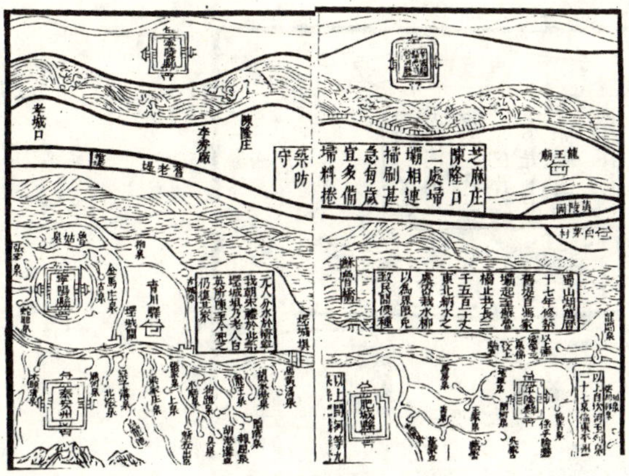

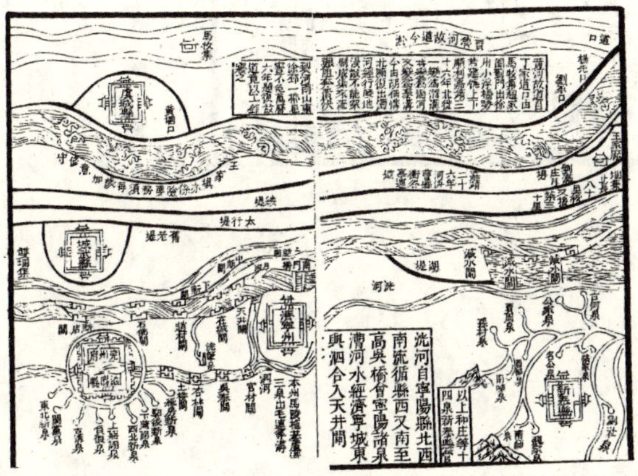

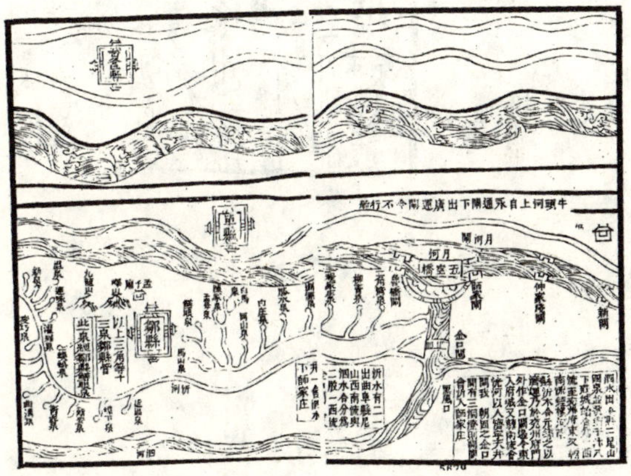

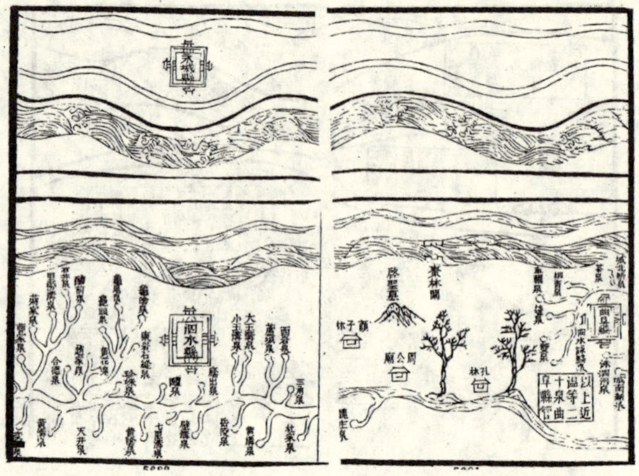

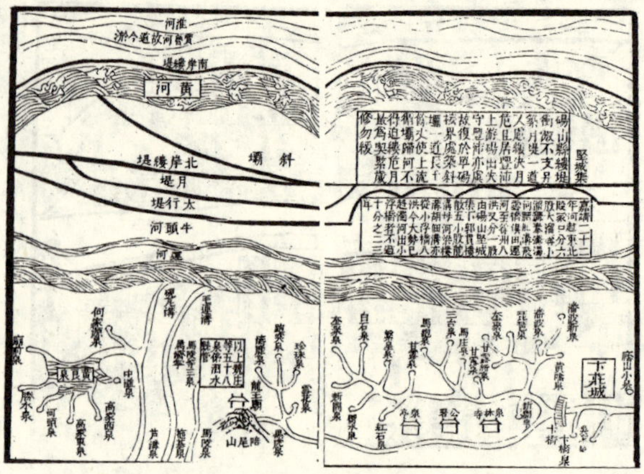

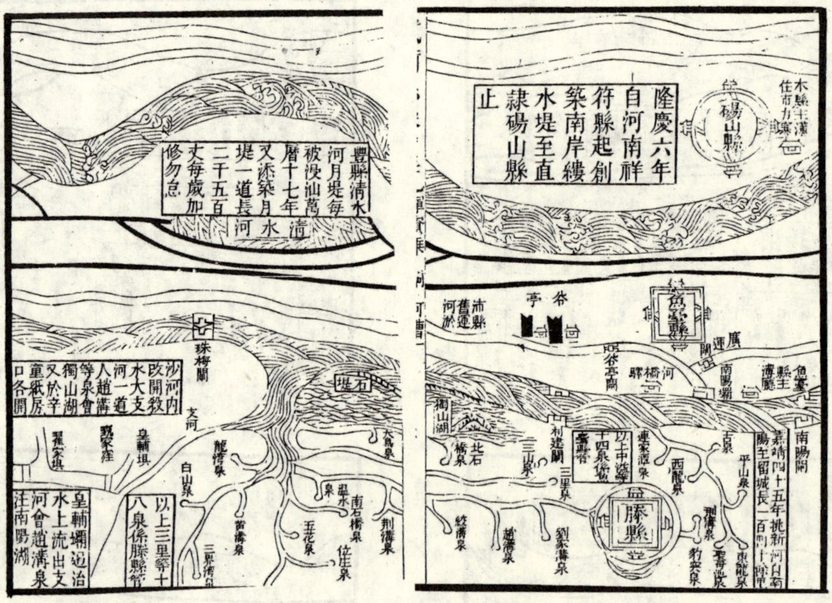
豐縣清水河月堤每被没汕萬曆十七年又添築月堤一道長二千五百丈每歲加修勿怠
隆慶六年自河南祥符縣起創築南岸縷水堤至直隸碭山縣止
以上三里零十八泉係滕縣管
皇輔壩迤治水上流出支河會道溝泉注南陽湖

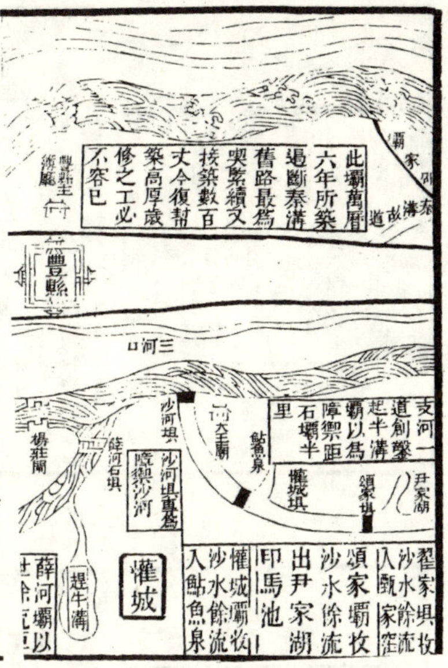
豐縣
三河口
權城

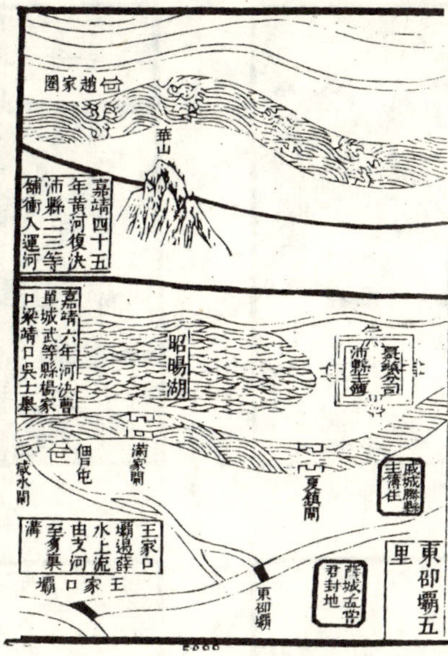
華山
昭陽湖
東邵壩

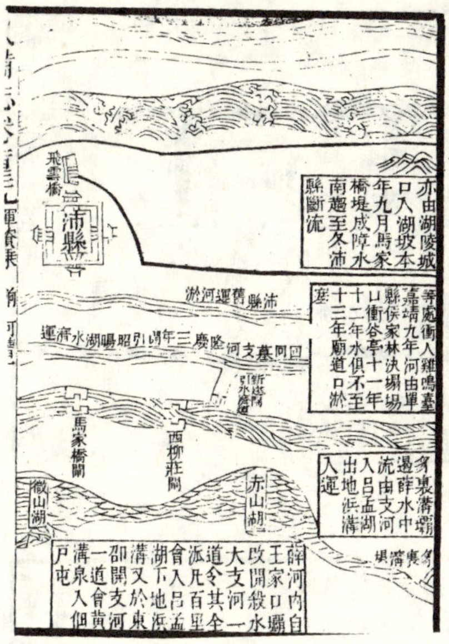
沛縣
馬家橋閘
西柳莊閘
赤山湖

留侯廟
張庄湖
呂孟湖

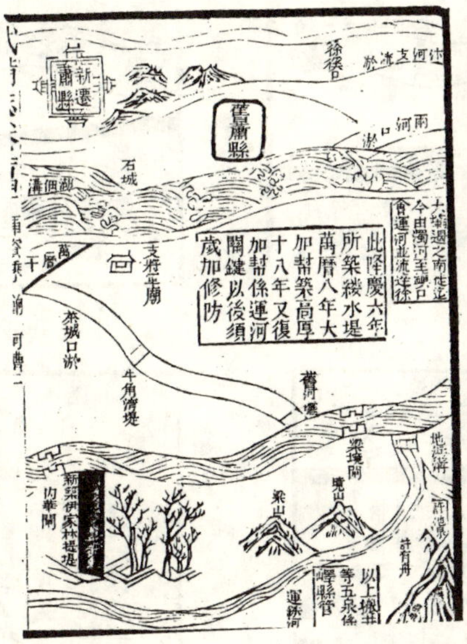
牛角灣堤

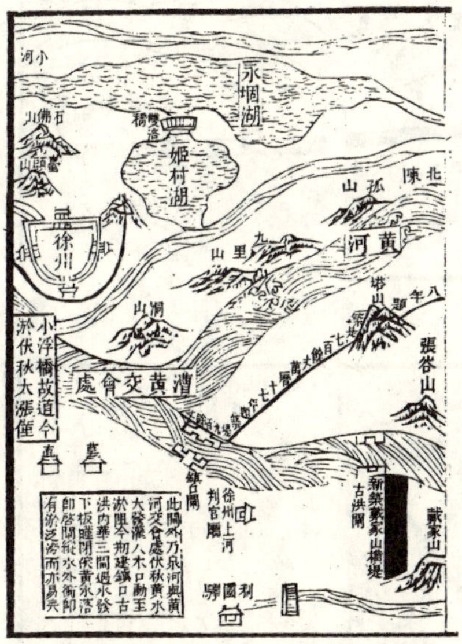
永堌湖
姬村湖
徐州
黃河
張谷山
漕黃交會處

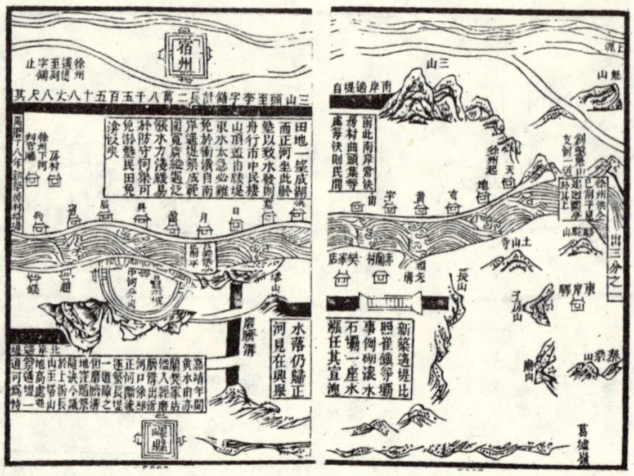
宿州

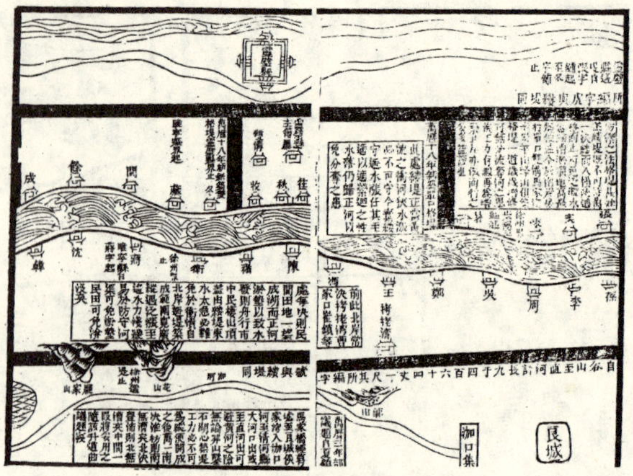
良城

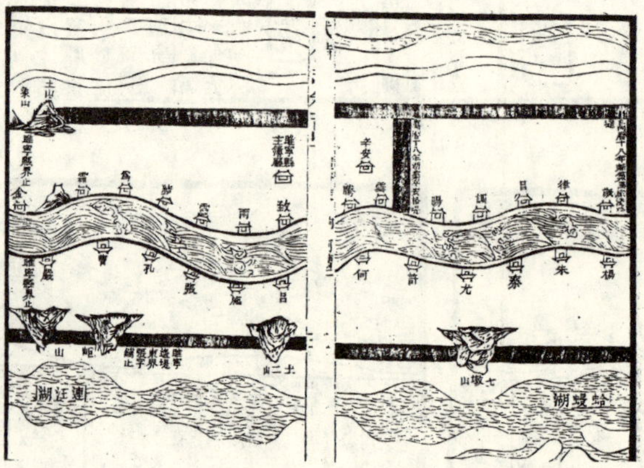

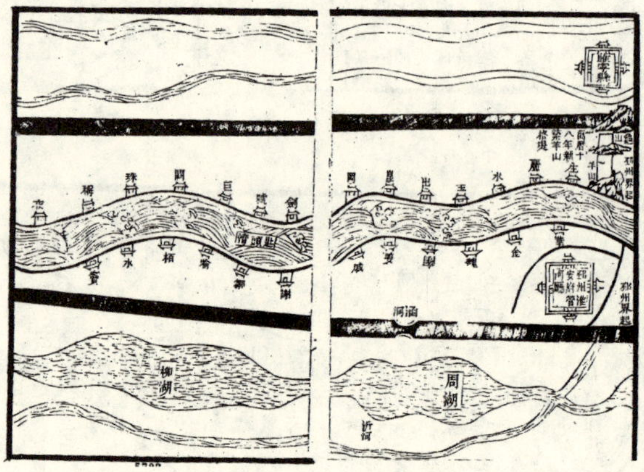
周湖

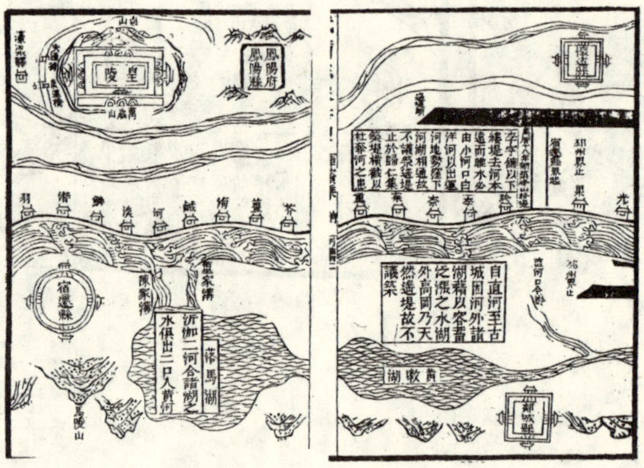
皇陵
鳳陽府

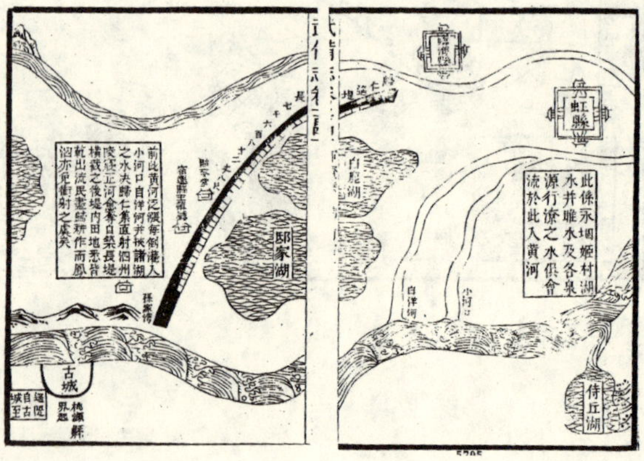
此係永堌姬村湖
水并睢水及各泉
源行潦之水俱會
流於此入黄河
侍丘湖
古城

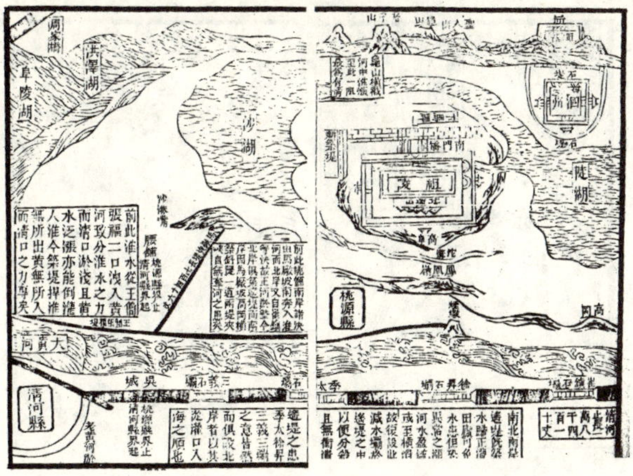

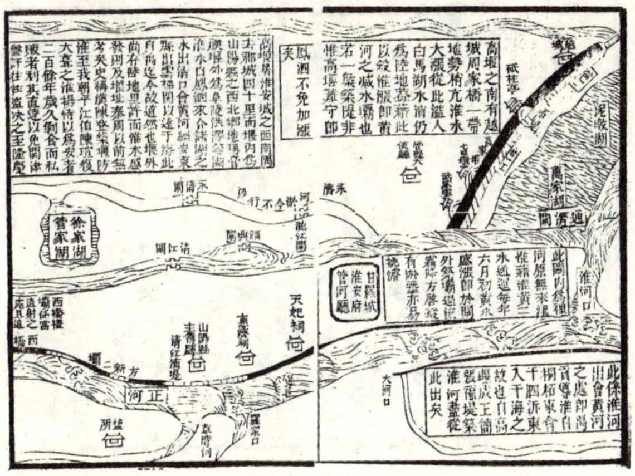

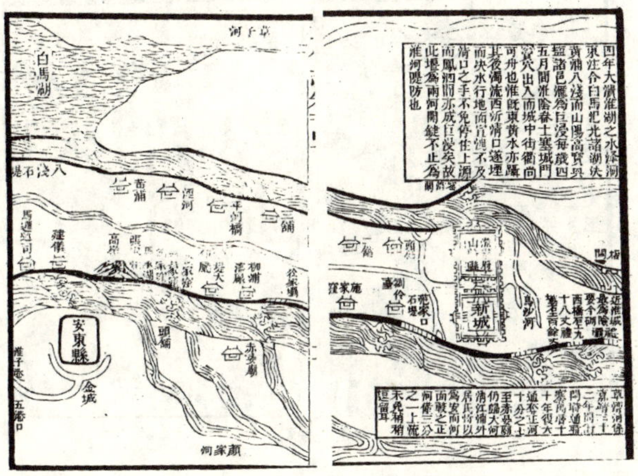

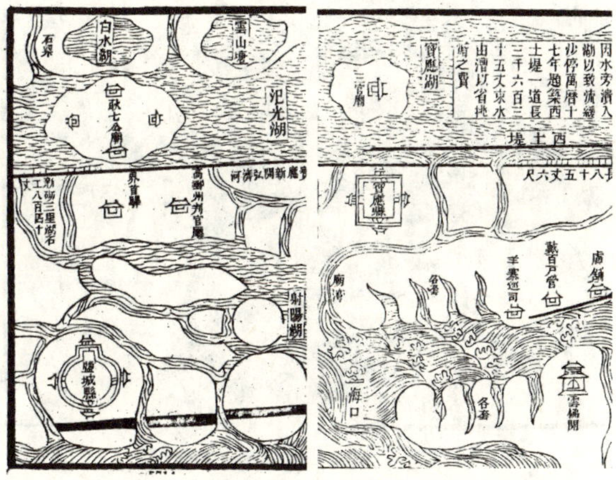

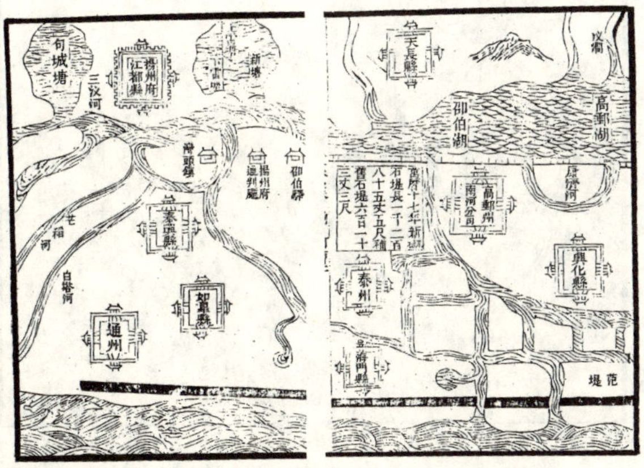

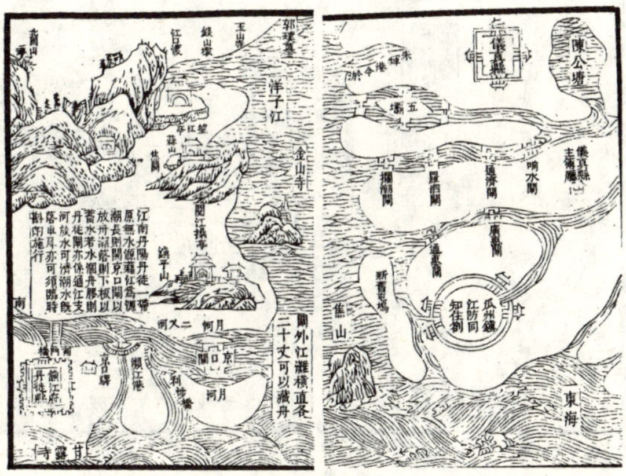

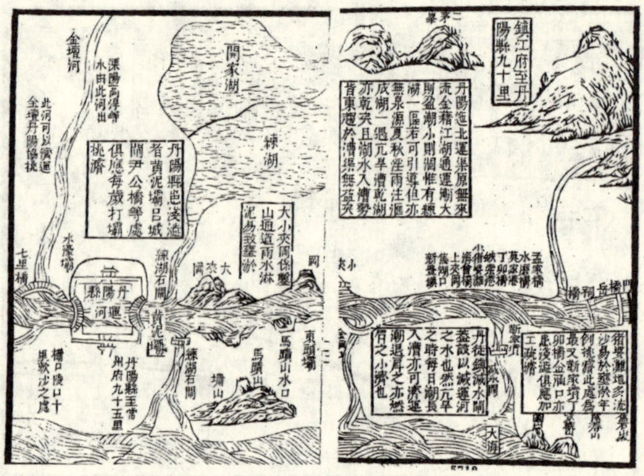
鎮江府至丹陽縣九十里
丹陽縣運河
練湖

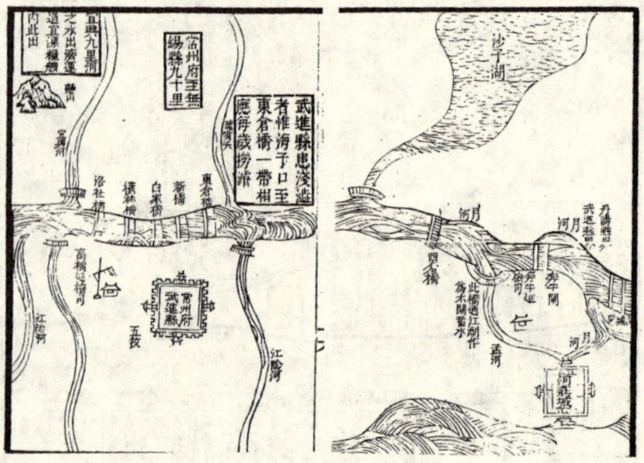
常州府至無錫縣九十里
沙子湖

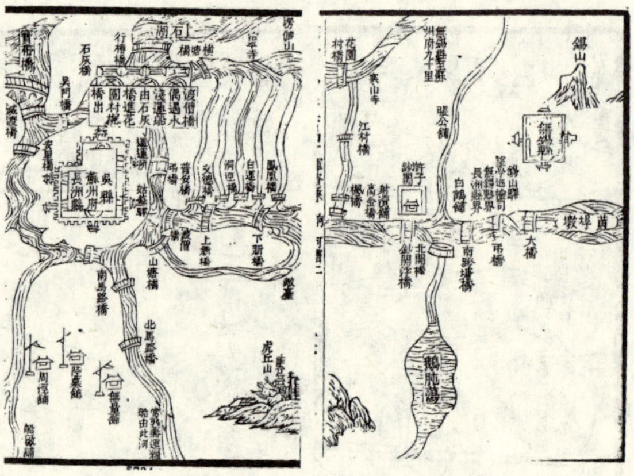

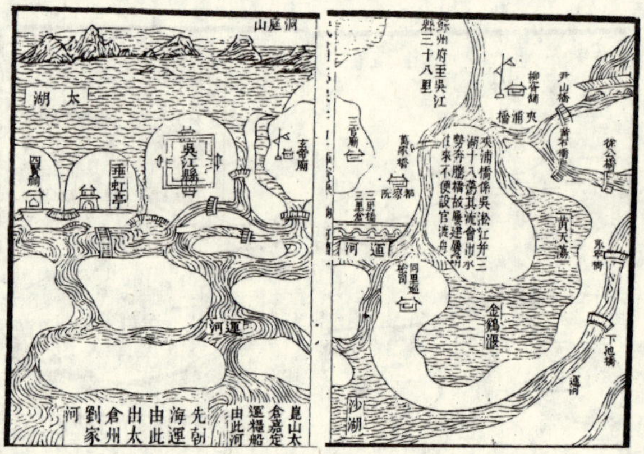
蘇州府至吳江縣三十八里
太湖
洞庭山

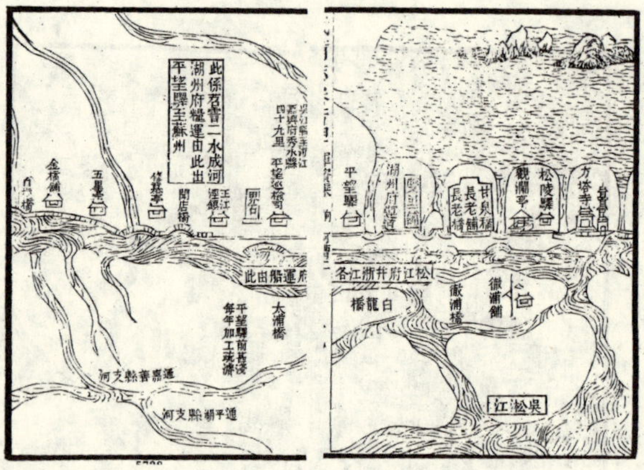
松江府并浦各
吳淞江

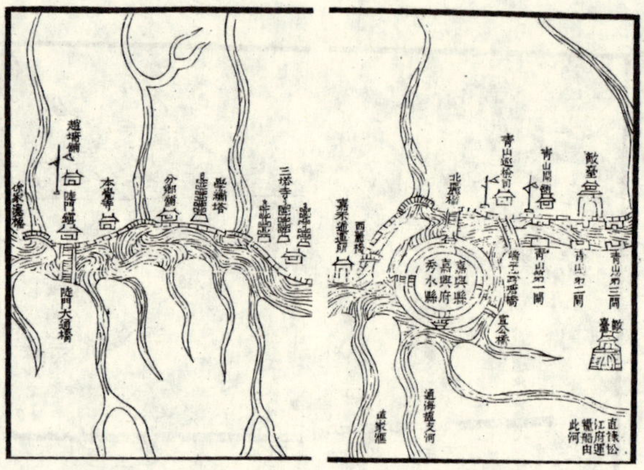
嘉興府嘉興縣秀水縣

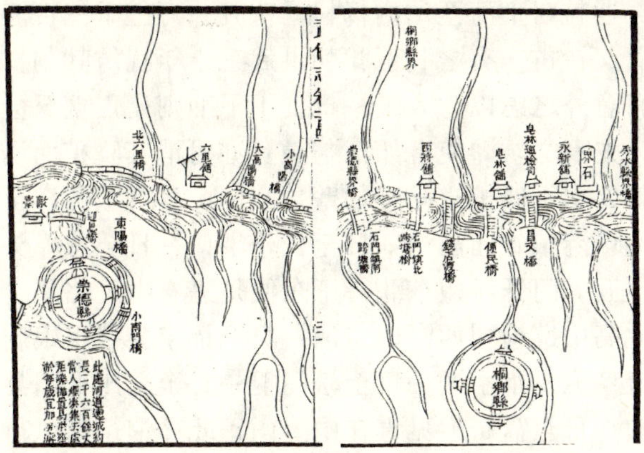

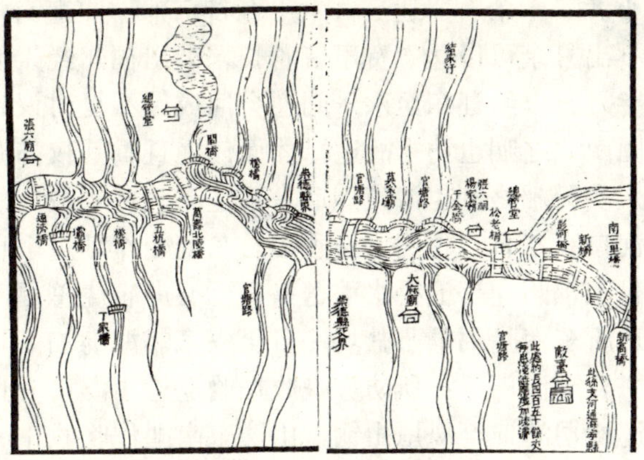

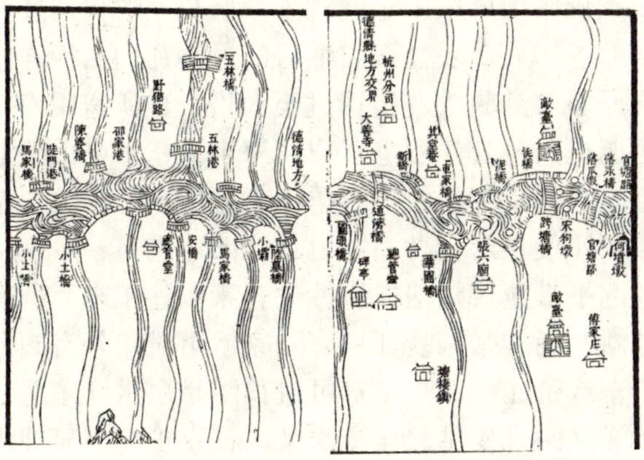

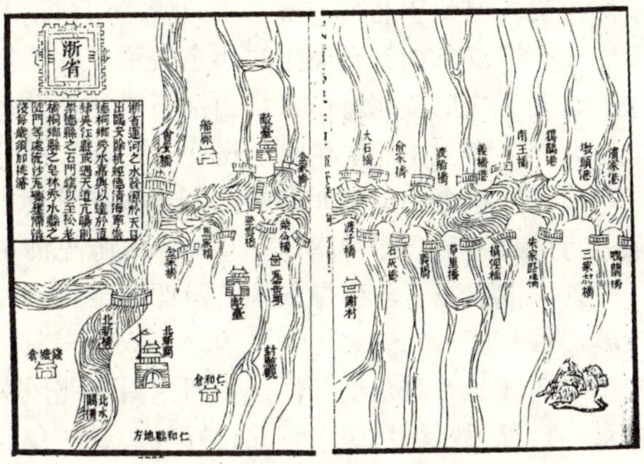

卷一百四十·军资乘·饷【六】·河漕【二】

潘季驯曰黄河发源于星宿海绕昆仑历积石越西域逾关陕山西河南经丰砀出徐州始为运道会泗沂之水蟺蜿而至清河县之清口又名南河口会淮而东经安东县以入于海此黄河之大较也以运河言之由浙江至张家湾凡三千七百余里自浙至苏则资苕霅诸溪之水常州则资宜溧诸山之水至丹阳而山水绝则资京口所入江潮之水水之盈涸视潮之大小故里河每患浅涩云自瓜仪至淮安则南资天长诸山所潴高宝诸湖之水西资清口所入淮黄二河之水俱由瓜仪出江故里河之深浅亦视两河之盈缩焉由清口至镇口闸则资黄河与山东汶泗之水由镇口闸以至临清则资汶泗之水即泰安莱芜徂徕诸泉也然汶河由南旺南北分流并济故天旱泉微每苦不足由临清至天津则资汶河与漳卫之水由沽入海而自天津至张家湾则资潞河白河桑干诸水矣此运河之大略也若江西湖广运艘俱由长江入仪真闸止有风波之险而无浅涩之虞此又在运道之外矣

卷一百四十一·军资乘·饷【七】·海运

广舆图曰朱清张瑄者海上亡命也久为盗魁出没险阻若风与鬼劫略商贩人甚苦之元至元二十一年伯颜建议海运乃招之授以金符千户押运粮三万五千石仍立海道万户府三以清瑄与罗壁为万户辖千户百户所领虎符金牌素银牌船大者不过千石小者三百石自刘家港出杨子江盘转黄连沙嘴月余始至淮口过胶州牢山一路至延真岛望北行转成山西行到九皋岛刘公岛沙门岛放莱州大洋收界河两月余抵直沽实为繁重至元二十六年增粮八十万石二月开洋四月直沽交卸五月还复运夏粮至八月回一岁两运是时船小人恐惧至元二十七年朱万户请长兴李福四押运自杨子江开洋落潮东北行离长滩至白水绿水经黑水大洋北望延真岛转成山西行入沙门开莱州大洋进界河不过一月或半月至直沽漕运利便是岁加朱为浙江省参政张为浙江盐运司都运如是者二十余年大德七年招两浙上户自造船与脚价十一两五钱分拨春夏二运延佑以来各造海船大者八九

千小者二千余石岁运三百六十万石京师称便迤南番贡亦通盖自上海至沽内杨村马头凡一万三千三百五十里不出月余可以达省费不赀若长乐港出福州经崇明以北又自古未有之利也我朝洪武三十年犹仿其制岁运七十万石以给辽东至永乐间通会河成始不复讲议者恒有意外之虑以为人生一日食不下咽则死亡立至会通河固南北之咽也访求故道择才而任之且重其权抑亦可为先事之防即使有如清与瑄且亦可消其骁犷而诱以自效实无疆之利也海道列后一福建布政司水波门船厂船要水手船护送其神仙壁碧水屋山岛有贼开洋至三岔河口一二日至古山寺送香烛防东南飓作潮过平息至望琪港娘娘庙前泊一日至长乐港口一日至总埠头港一日至福州左等卫要水手送一日至五虎庙烧总福一日至五虎门开洋望东北行正东便是裹衣山正北是定海千户所东南是福清县盐场一日至王家峪海岛泊一日至北高山巡检司西洋山口泊一日至福宁县帮娘娘庙前泊一日至满门千户所防雾晚收摆艚巡检司海口一日至金乡卫要水手送一日至松门卫一日至温州平阳县平阳巡检司海口至凤凰山铜盆山防东南飓作晚收中界山泊一日至盘石卫见雾在中界山正北岛泊待南风行至晚收北门千户所要捕鱼小列船送待南风北行过利洋鸡笼山候潮行至松门港松门卫东港泊候潮至台州海门卫东洋山泊离温州望北行到桃青千户所圣门口泊开洋至大佛头山屏风山至健跳千户所长亭巡检司要水手鱼船送又至罗汉堂山到石浦千户所东关泊要水手送至定海卫始放金乡盘石浦港后门过铜瓦山后沙洋半边山党公爵溪千户所望北行至青门山乱石礁洋至前仓千户所双脐港骑头巡检司过至大松千户所家门山招宝山进定海港定海卫南门要稍水船送烧总福开洋望北行至遮口山黄公洋烈港千户所海宁卫东山姑山望北行若至茶山低了至金山卫东海滩松江府上海县海套水浅望东南行晚泊船候潮过羊山大七山小七山大仓宝塔望东北行两日夜见黑水洋南风一日见绿水瞭见海内悬山一座便是延真岛靖海卫口浅滩避之

一刘家港出杨子江南岸候潮长沿西行半日到白茆港潮平带蓬橹摇遇撑脚沙尖转崇明沙正东行南有朱八沙婆婆沙三脚沙须避之杨子江内北有双塔南有范家港滩东南有张家沙江口有陆家沙可避口外有暗沙一带连至崇明江北有瞭角嘴开洋或正西西南西北风潮落正东或带北一字行半日可过长滩是白水洋东北行见官绿水一日见黑水循黑绿水正北行好风两日一夜到黑水洋又两日夜见北洋绿水又一日夜正北望显神山半日是成山自转瞭角嘴未过长滩正北行靠桃花班水边北有长滩沙向沙半洋沙阴沙冥沙切避之如黑水洋正北东一字行量日期不见成山黑水多必低了可见升罗屿海中岛西有矶如笔架即复回望北带西一字行一日夜便见成山若见黑水洋见北洋官绿水或延真岛望西北山便是九峰山向北去有赤山牢山皆有岛屿可泊若牢山北有北茶山白蓬头石礁横百余里激浪如雪即开使或复回望东北行北有马鞍山竹山岛北有旱门漫滩皆可泊若东南风大不可击北向便是成山如在北洋官绿水内望见显神山挑西一字多必是高了即便复回望东北行过成山正西行前鸡鸣屿内有浮礁避之西有夫人屿不可行须到刘岛西可泊刘岛正西行到芝界岛东北有门可入西北离百余里有黑礁三四亩大避之八角岛东南有门可入自芝界岛好风半日过抹直口有金嘴石冲出洋内潮落可见避之新河海口到沙门岛东南有浅挨深行南门可入东有门有暗礁西北有门可泊沙门岛开洋北过砣矶山钦岛没岛南半洋北半洋钦山洋东旅顺口黄洋川西南有礁黄洋川东收平岛口内泊南洋外洋成见岭尽东望三山正中人内有南北沙相连可泊三山西有南山 青泥洼西有松树岛北有山东北望凤凰山和尚岛墩西有礁石外有乱礁避之三山北青岛一路望海岛收黄岛使岛若铁山西羊头洼双岛东北看盖州西看宝塔台便是梁房口入三义河收牛庄马头泊

一直沽开洋望东挑南一字行一日夜见半边沙门岛挑南字多必见莱州三山挑东北行半日便见沙门岛若挑北多见砣矶山南登州卫沙门岛开船东南山嘴有浅挨中东行好风一日夜到刘岛刘岛开洋望东挑北一字转成山嘴正南行好风一日夜见绿水一日夜见黑水又一日见南洋绿水又两日一夜见白水望南挑西一字行日点竿戳一丈渐减一丈五尺水下有乱泥二尺便是长滩渐挑西收洪如戮硬沙即便复回望东行见绿水到白水寻长沙收三沙洪如不著洪望东南行日看黄绿色浪花如茶末夜看浪泼如大星多即是茶山若船坐茶山往西南一字半朝北见崇明沙南见 青浦墩岸刘家港如在黑水洋正南挑西多是高了前有阴沙半洋沙向沙拦头沙即是瞭角嘴便复回往正东行看水色风讯三沙洪如风不便即挑东南行看水色收宝山如在黑水大洋挑东多必是低了见隔界大山一座便望正西南一字行一日夜便见茶山如不见隔界山又不见茶山见黑绿水多便望正西行必见石龙山碓山复回望西南行见茶山洪

一辽河口开洋顺风一日夜至铁山带东二字望南行经成山入南洋望正南行三日夜经桃花班水望东行见白水带西二字勤戳点竿寻长滩一丈八尺渐减至一丈五尺望西行戳杨子江洪如不见望下使必见茶山船稍南面坐茶山望西行半朝便见崇明洲知风顺一朝至刘家港内

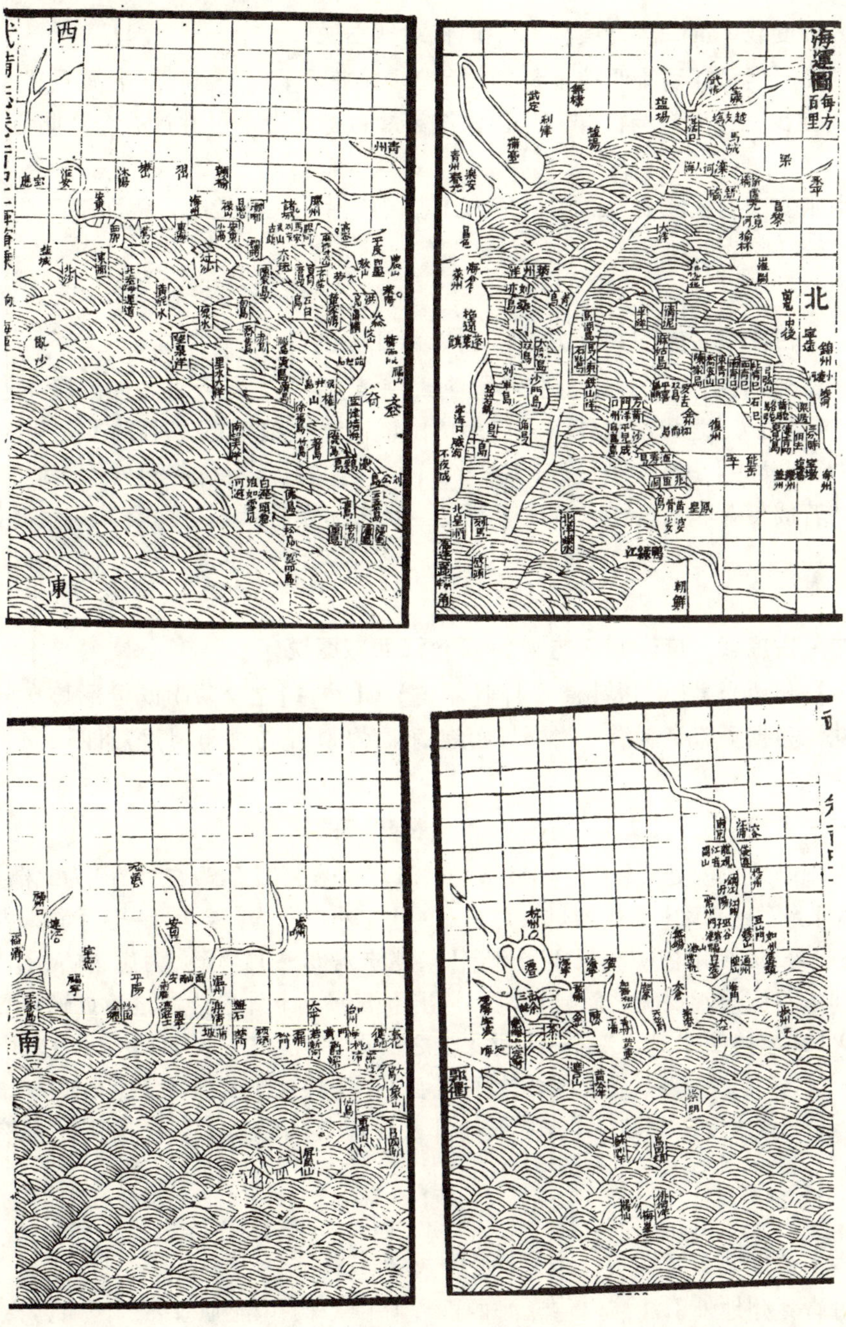

卷一百八十九·占度载·度·方舆【一】·北隶叙图说

海运通衢也【国初江南粮运俱从海道今废惟蓟州运道犹通】

卷一百九十·占度载·度二·方舆【二】·南直隶叙图说

桂萼曰江南则安庆当长江委流西控全楚【江西湖广俱楚地】为江表门户沿海兵戍本以备倭而崇明常熟【俱苏州府属县】之民间作弗靖与江洋一带出没波涛肆行摽劫者不可胜计故今江防海备其重一也

余懋衡曰江南则安庆当长江委流而控全楚为江表门户沿江兵戍虽以备倭而崇明常熟与江洋一带之民出没波涛肆行劫掠故江防当与海备并重

卷一百九十一·占度载·度【三】·方舆【三】·浙江叙图说

桂萼曰嘉湖宁【宁波】绍【绍兴】四郡则震泽【今太湖是】东海之所经也溯冲淤壅大遗三农之害而盐徒【嘉湖易通舟楫故私多盐尤】之患次之处州之民多依山盗矿动至数千持之则激缓复驰纵庆元【处州属县】松溪【福建属县与处州接界】一带岁被侵温【温州】台【台州】并海而南信达于福宁【福建属州】估客良便之然不能不防他寇也若倭夷奉珍入贡则风帆指宁波突至倏来黠诈叵测先事而备其在定海【宁波属县即夷舟所从入】乎

卷一百九十二·占度载·度【四】·方舆【四】·江西叙图说

桂萼曰江西古扬州地当吴【南】楚【湖广】闽【福建】粤【广东】之交险阻既分形势自弱安危轻重常视四方若保境和民则九江独据上流牵制沿江州郡且密迩南康滨临巨湖【鄱阳湖】盗舟四出不可无备

卷一百九十三·占度载·度【五】·方舆【五】·福建叙图说

桂萼曰福建古闽越地以温处衢【温州处州衢州俱浙江属府】信【江西广信府】为北藩建昌南赣【建昌南安赣州俱江西属府】为右壁惠潮【惠州潮州俱广东属府】为外户海为门封壤促甚而重关内阻溪山秀美民用以和然处【浙江处州府】人辄用盗矿流入政和寿宁【俱建宁府属县】之境大为患害古田【福州府属县】福宁一带本窃鱼盐之利山谷深逋寇每凭之而啸聚但不常出也滨海上下外遏倭寇之流近通琉球之贡不为要害而海物互市妖孽荐兴【通番海贼不时出没】则漳浦龙溪之民居多且汀【汀州】漳【漳州】之山尤广人迹罕到独与赣州【江西属府】声势相通提督兵备实交治之而永春安溪【俱泉州府属县】沙尤【俱延平府属县】之间则属之捕盗官矣【四县交界地方山盗颇多】盖僻莫如邵武嚣讼莫如漳州土沃民稀耕稼自给兵燹不加则八郡一也

卷一百九十六·占度载·度【八】·方舆【八】·山东叙图说

桂萼曰山东古青兖州地外引江淮内包辽海西面以临中原而川陆则悉会于德州【济府属】自海道既废遂以其西境为馈运通衢南尽邳徐【俱南隶州】北泝天津岁有河【运河】患筑塞挑浚之劳舟车牵挽之役所在不免桂萼曰山东古青兖州地外引江淮内包辽海西面以临中原而川陆则悉会于德州【济府属】自海道既废遂以其西境为馈运通衢南尽邳徐【俱南隶州】北泝天津岁有河【运河】患筑塞挑浚之劳舟车牵挽之役所在不免……登【登州】莱【莱州】本海运故道然势险难图【成山沙门一带多海碛运船至此辄坏】稽之往迹则平度州【东州府属】东南有南北新河【水源出高密县至胶州分流为南北新河自胶州入新河西行一百四十里即至莱之海仓复入北海以其自胶抵莱故又名胶莱元时所浚以避迤东海道数千里之险者】盖尝治闸【故迹在迤北新河店海潮所通自此至海止八十里】以达安东【卫名在青州东南境】则避开洋之险宜有可讲者

卷二百·占度载·度【十二】·方舆【十二】·广东叙图说

桂萼曰广东古百粤地盖五岭之外号为乐土由雄【南雄】连【连州广州府属】可以向荆吴【湖广江西是】由惠【惠州】潮【潮州】可以制闽越【福建】由高【高州】濂【濂州】可以控交桂【交趾广西是】而形胜亦寓焉滨海一带岛夷之国数十虽时时出没要其志在贸易非盗边也然诸郡之民恃山海之利四体不勤惟务剽掠有力则私通番舶【托名通番因而行劫海上】无事则挺身为盗桴鼓之警弥满山谷

卷二百五·占度载·度【十七】·镇戍【二】·辽东

职方考曰辽故航海属山东自金州旅顺口达登州新河关计水程五百余里而海中岛屿相望远可百里近止数十里舟易停泊先年山东岁运以给辽丰歉有无彼此两利嗣因亡命窜入海岛为患设禁始严辽自是坐困矣万历二十五年以来议从海运饷东征士卒其禁稍弛而旅顺复设游击以防海彼此相通声援易及虽则为运实以为防

卷二百九·占度载·度【二十一】·海防【一】

茅子曰防海岂易言哉海之有防自本朝始也海之严于防自肃庙时始也汉之于海外也我逞其武彼敢内窥若晋唐以降番舶以通其利朝贡以縻其犷时有寇掠未为深虞日本在宋以前与诸国不相高下自元初败范文虎之师始狡然有启疆之虑以二祖之威德柔而致之时肆其毒故于海兢兢焉然以辽东受衄不致大衅嘉靖之际经措失方以天下钱谷之本供其渔猎国几不支苟非纠纠虎臣批根荡窟则中原九塞乘间而发岂能有百岁之安哉而其要在拒之于海故首采诸家之论因按胡宗宪郑若曾绘分合诸图而并按其戍守之险要兵力以永示来者焉

卷二百九·占度载·度【二十一】·海防【一】·御海洋论【二】

胡宗宪曰防海之制谓之海防则必宜防之于海犹江防者必防之于江此定论也国初海每卫各造大青及风尖八桨等船一百余只出海指挥统率官军更番出洋哨守海门诸岛皆有烽墩可为停泊其后弛出洋之令列港次浙东于定海浙西于乍浦苏州于吴淞江口及刘家河夫乍浦之地海滩浅阁无山岙避风之处前月把总周易等所领战船被贼烧毁仅遗十余近又报为风击碎不若海中洋山殿前窝集反可泊也吴淞江口及刘家河出海纡回又非泊防海处所议者欲分番乍浦之以守海上洋山苏松之以守马迹定海之以守大衢则三山品峙哨守相联可扼来寇而又其外陈钱诸岛尤为贼冲三路之要兵部原题副总兵俞大猷统领战船住札海上防贼截杀则如陈钱乃其所当屯泊而提督军门及海道等官每于风汛时月相参巡察有警则我大船火器冲截贼入使不得越过各岛则彼毒无所施衅孽不作而内地安堵矣隶与浙江名虽异地而实则一家若不设官总理则彼自此分门户贼一入内地随风南北可以互犯故必共守陈钱分守马迹等三道而后贼无遁情兵可夹击必得总兵官正副二员分驻金山临山要会之地先守陈钱以春秋分任更番出入而参将分画三道马迹等三山各督信地则人易为守而守无弗力矣

郑若曾曰御海之策有言其可行者有言其不可行者将以何者为定乎曾尝亲至海上而知之向来定海奉一带贫民以海为生荡小舟至陈钱下八山取壳肉紫菜者不啻万计每岁倭舶入寇五岛开洋东北风五六昼夜至陈钱下八分艅以犯闽浙隶此辈恒先遇之有被杀者有被掳为乡导者因此诸山旷远萧条无居民守御贼得以深入总督胡公与赵工尚之议所由建也国初以来从来无人发此自二公上疏之后罔不羡其卓识然事理虽长而未经试练嗣后将官遵而行之始其间有不便者何也离内地太远声援不及接济不便风潮有顺逆椗舶有便否蛟龙之惊触礁之险设伏击刺之难将官之命危于磊卵无惑其争执为难行也然自御海洋之法立而倭至必预知为备亦甚易非若乙卯以前倭舶至岸人犹未觉其为寇也苟因将官之不欲而遂已之是因咽而废食也乌可哉如愚见哨贼于远洋而不常厥居击贼于近洋而勿使近岸是之谓善体二公立法之意而悠久可行矣

卷二百九·占度载·度【二十一】·海防【一】·洋山记

郑若曾曰洋山乃苏松御倭海道之上游也旧闻此山涂浅不可以泊舟惟娘娘庙四南略有泥涂可以暂泊今乃知其不然盖海舟必得山岙而后可泊无岙之山不可以避飓风如之何敢泊也洋山乃两头洞西北高百余丈周围约七八十里形如圈树其中有十八岙如一大湖可藏数百艘湖口面北娘娘庙在焉海水咸不可食惟山岭有一池泉淡可汲倭船与我兵船必舣而汲庙东有巡检岙故址山口有一山名陆家市山麓俱白沙如粉非泥涂也迩年当道建议浙直哨船期会于此交牌信验深为有见何也洋山南去定海北去吴淞皆一潮盖在浙直之交适中之地也曾尝出定海关浮海舠踏勘海防形胜而深有感于天心设险以限华夷舟山诸山者两浙之屏捍也崇明诸沙者三吴之屏捍也定海海外非止一山舟山其魁焉耳舟山之东北有灌门长涂代山衢山西北有马墓两头洞东南有沈家门乌沙门石牛等山衢山之东北有马迹山马迹山之东北有陈钱壁下二山陈钱者中国海山之尽处也倭楫击空明而来万里风涛茫无际涯望见陈钱则喜中国将近有山可泊既至陈钱然后南北分鯮若经马迹大衢而西过舟山则两浙受其患不经大衢舟山而向洋山之西迤北而行则历淡水门大七小七西冲宝山北冲高家竹箔二嘴或东北冲三片扁担二沙而苏松江北惟其所骋矣

卷二百九·占度载·度【二十一】·海防【一】·固海岸论

唐顺之曰贼至不能御之于海则海岸之守为紧关第二义贼新至饥疲巢穴未成击之犹易延入内地纵尽殱之所损多矣然自来沿海戍守莫不以拥城观望幸贼空过谓可免罪而不顾内地之残破内地戍守亦幸贼所不到而不肯策应沿海今不然宜分定沿海保护内地内地策应沿海地方沿海方战损兵折将宜坐内地不能策应之罪内地残破沿海幸完宜坐沿海纵贼之罪又如同是一样沿海地方贼由宁绍登岸宁绍不残破而残破温台贼由温台登岸温台不残破而残破宁绍自来止坐地方残破者之罪今不然宜并坐贼所从入其海文武将吏有能连次鏖战抵遏贼锋阻贼下船不得登岸深入者虽无首级以奇功论一准平倭事例如此则人知谨于海岸之守不敢幸贼空过以觊免门户当扃堂岙自安矣

卷二百九·占度载·度【二十一】·海防【一】·勤会哨论

胡宗宪曰广福浙三省大海相连地画有限若分界以守则围受敌弱而危戢捕之谋能不有赖于相须乎曾考入番罪犯多系广福浙三省之人通伙流劫南风汛则勾引夷船由广东而上达于漳泉蔓延于兴福北风汛则勾引夷船由浙江而下达于福宁蔓延于兴泉四方无赖又从而援济之向导之若欲调兵剿捕攻东则窜西攻南则遁北急则潜移外境不能以穷追缓则旋复合鯮有难于卒殄此夷与草擞之大也又有一种奸徒见本处禁严勾引外省在福建者则于广东之高潮等处造船浙江之宁绍等处置货纠党入番在浙江广东者则于福建之漳泉等处造置货纠党入番此三省之通弊也故福建捕之而广浙不捕不可也广浙捕之而福建不捕亦不可也必严令各官于连界处会哨如在福建者下则哨至大城千户所与广东之兵会上则哨至松门千户所与浙江之兵会在浙江者下则哨至流江等处与烽火之兵会在广东者上则哨至南湾等处与铜山之兵会遇有倭患互为声援协谋会捕贼势岂有不穷而海患岂有不戢宁者哉

福建五寨烽火门水寨设于福宁州地方以所辖官井沙埕罗浮为南北中三哨其后官井洋添设水寨则又以罗江古镇分为三哨是在烽火官井当会哨者有五小埕水寨设于福州府连江县地方以所辖闽安镇北茭焦山等七巡司为南北忠三哨是在小埕寨当会哨者有三南日水寨设于兴化府莆田县地方以所辖冲心莆禧崇武等所司为三哨而文湾港哨则近添设于平海之后是在南日当会哨者有四浯屿水寨设于泉州府同安县地方上自围头以至南日下自井尾以抵铜山大约当会哨者有二铜山水寨设于漳州府漳浦县地方北自金山以接浯屿南自梅岭以达广东大约当会哨者有二由南而哨北则铜山会之浯屿浯屿会之南日南日会之小埕小埕会之烽火而北来者无不备矣由北而哨南则烽火会之小埕小埕会之南日南日会之浯屿浯屿会之铜山而南来者无不备矣消道联络势如常山会捕合并阵如鱼丽防御之法无逾于此

浙江之总沿海诸山其界有三黄牛山马墓长涂册子金一人射兰秀剑山双屿双塘六横韭山塘头等山界之

上也滩山许山羊山马迹两头洞渔山三姑霍山徐公黄泽大小衢大佛头等山界之中也花脑求芝络华髀九东库陈钱壁下等山界之下也此倭寇必由之道也海防莫急于舟师旧制边海卫所各造战船有七百料五百料四百料二百料尖船之殊向因贼舟不大七百料停造久矣其余五百料之类亦以不便海战改造福清等船复调发广东横江乌尾船顾税苍沙民船又有小哨草撒船军驾八桨船装火器出奇埋伏划网船四参六总分哨守各洋港【参将原设二人分守浙东西后分为四曰杭嘉湖曰宁绍曰台州曰温处把总原系指挥四人今因地方多事卫所窎远分而为六曰定海曰昌国曰临观曰松海曰金盘曰海宁裁去备倭总督而各把总以都指挥体统行事辖诸卫】每值春汛战出海初哨以三月二哨以四月三哨以五月小阳汛亦慎防之【每年六七八月风渐险恶正月十一二月不常舟皆不可行三月至五月东北风多倭来便易十月小阳汛亦可渡海寇有停泊海岛乘间而至者故春秋二汛皆当严为预防也】其南哨也至镇下门南麂玉环乌沙门筹山交于闽海而止其北哨也至洋山马迹滩浒衢山等处交于海而止陈钱为浙分艅之处则交相会哨远探穷搜复于沈家门列兵船一枝以一指挥领之马墓港列兵船一枝以一指挥领之舟山驻札把总兼督水陆贼若流突中界也则沈家门马墓兵船北截过长三姑而与浙西兵船相为犄角南截过普陀青龙洋韭山而与温台兵船相为犄角贼若流突上界也总兵官自烈港督发舟师北截之于七里屿观海洋而参将自临山洋督兵应援南截之于金塘崎头洋而石浦梅山港兵船为之应援是故今日之设险自内达外有三会哨于陈钱分哨于马迹羊山普陀大衢为第一重出沈家门马墓之师为第二重总兵督发兵船为第三重备至密也所患者海气溟濛咫尺难辨风涛欻忽安危叵测兼之潮汐有顺逆哨报有难易奸将往往藉以规避吾何从而综覆之哉自海上用师以来击来贼者仅一二见而要去贼者不过文其故纵之愆识者谓宜以击来贼之赏优于追去贼之赏纵来贼之罚严于纵去贼之罚风汛时月正副总兵不拘警报有无而亲出海洋严督各总僇力用命以遏海寇于方来则何边鄙不宁之有

福浙海洋浙东地形与福建连壤浙西地形苏松连壤利害安危各有辅车相依之故上命浙江巡抚总督浙福分哨各官互为声援而不许自分彼己画地有限责任相联此庙谟之所以为善而海防之所以为固也愚考海中山沙南起舟山北至崇明或断或续暗沙连伏易于阁浅贼舟大者不能东西乱渡如遇东北风也必由下八陈钱马迹等山以犯浙江而流突乎苏松如遇正东风也必由茶山西行以犯淮扬而流突乎常镇如遇正北风也必由琉球以犯福建而流突乎温台三途窎远瞭望难及须总兵官拨游兵把总领哨千百户等船往来会哨【以交信票为验】其在浙江也南则沈家门兵船哨至福建之烽火门而与小埕兵船相会北至马墓兵船哨至苏州洋之洋山而与竹箔沙兵船相会其在苏松也南则竹箔沙兵船哨至洋山而与浙江之马墓兵船相会北则营前沙兵哨至茶山而与江北之兵相会诸哨络绎连如长蛇群方合并齐如丘鼎南北夹击彼此不容岂惟逐寇舶于一时殆将靖寇患于无穷矣

卷二百九·占度载·度【二十一】·海防【一】·开互市论【二】

唐枢曰我太祖高皇帝定鼎之二年遣使赵秩招谕日本次年国王良怀奉表入贡五年复遣僧祖阐往谕之随遣人奉方物时祖阐之使也宗渤以诗别而高皇帝亲和之有同仁无遐迩之句十三年贡使无表文俱发三边安插十四年贡使表有前使姓名乃悉放还自十五年贼臣胡惟庸党备倭指挥林贤入倭构乱十六年寇金乡十九年进巨烛暗藏火药兵器佐惟庸为不轨于是高皇帝立训绝其往来夫招之者帝王无外之仁也无验而拘之及得其真而即归之中国柔远之礼也其奸深祸结示以永拒圣人诛罪之义也然不即勤兵于讨以训令代铁明钺于世之所不及不欲以全律之也况罪以罪乎其人岂终罪其国无可宥之日耶是则良怀死而圣怒宜息矣故当文皇帝继世定贡加赉遣使给符封其镇山初禁似与全释盖后先殊局彼此异宜而其致一也尝考大明律凡将物私出外境货卖及下海者罪止杖一百将人口军器出境及下海者绞而走泄事情者斩及考问刑条例擅造二桅以上大船将带违禁货物下海往番国买卖潜通海贼同谋结聚及为向导劫掠良民者处以极刑若止将大船顾与下海之人分取番货及纠通下海之人接买番货发边卫充军若小民撑使单桅小船下海边近处捕鱼采木巡捕官兵不许扰害钦测皇猷防民以恶交而不强遏其贩贸杜民以奸构而不首挠其生业故海上境外之货实与夷为市罪惟杖而不过谓不胜其重也其诛斩焉则人口军器恐资寇兵益盗党耳违式巨舰虽成济具而原其所欲为若只从互市罪亦不列死款夫然后知先皇制律之意严奸宄以沮其渐复因利用以体其情苟当事者不意论慎测一切矫枉而逾于岂

先皇大道为公之谓哉

唐顺之曰国初浙福广三省设三市舶司在浙江者专为日本入贡带有货物许其交易在广东者则西洋番船之辏许其交易而抽分之若福建既不通贡又不通舶而国初设立市舶之意漫不可考矣舶之为利也譬之矿然封闭矿洞驱斥矿徒是为上策度不能闭则国收其利权而自操之是为中策不闭不收利孔泄漏以资奸萌啸聚其人斯无策矣今海贼据峿屿南屿诸岛公然番舶之利而中土之民交通接济杀之而不能止则利权之在也宜备查国初设立市舶之意毋利孔使奸人得乘其便

卷二百一十九·占度载·度·江防【一】

茅子曰疆场之大要有三曰边曰海曰江边与海皆与寇为邻江则似稍缓焉然迫海而亘中区外溃则为门户内讧则为腹心故江之要与边海均太湖者近江而薮盗故我既详图其形势采其论说详其信地而附以湖防图论焉若獞苗与我杂处癣疥之疾不可并言也

卷二百一十九·占度载·度·江防【一】·江防图

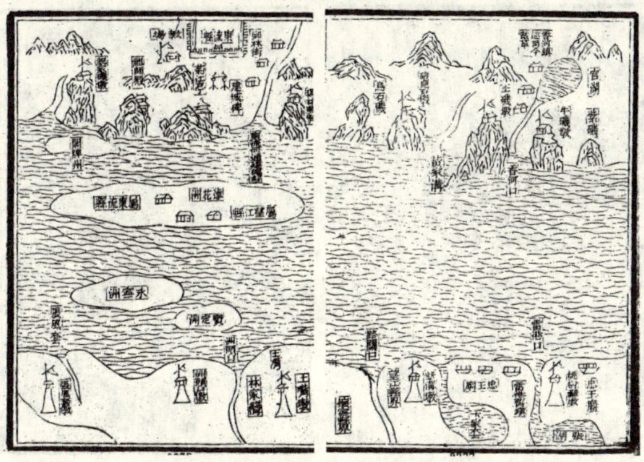

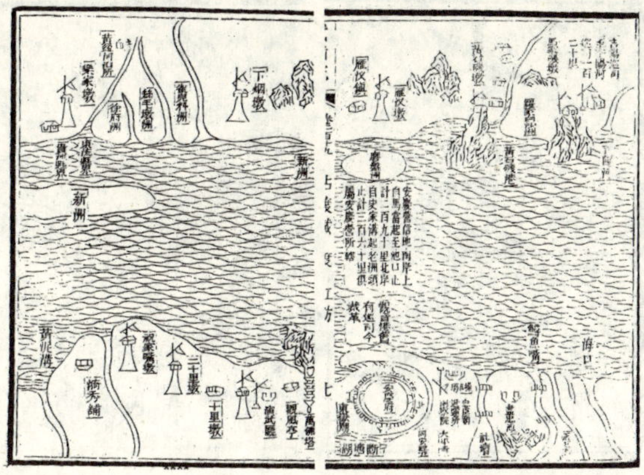

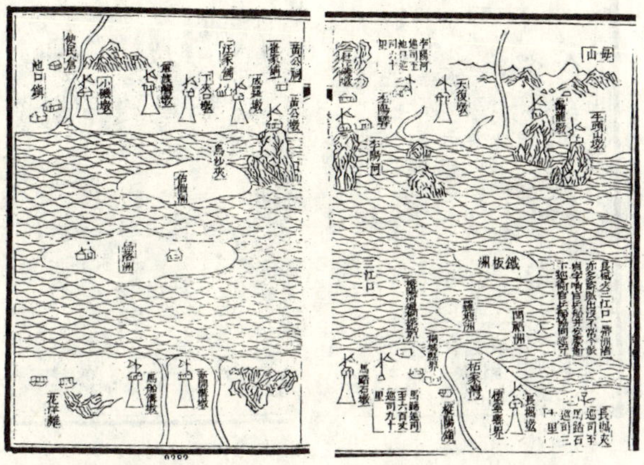

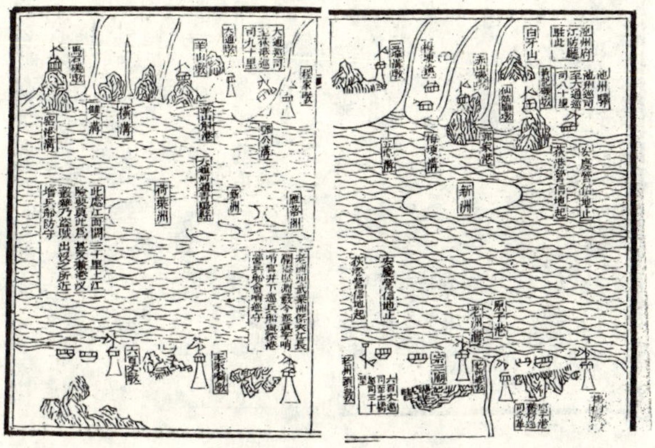

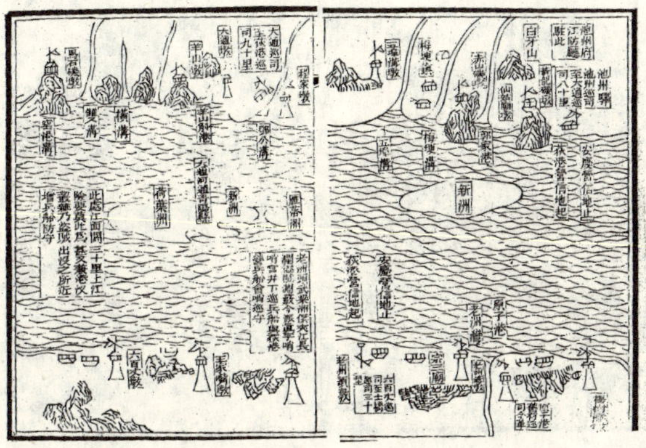

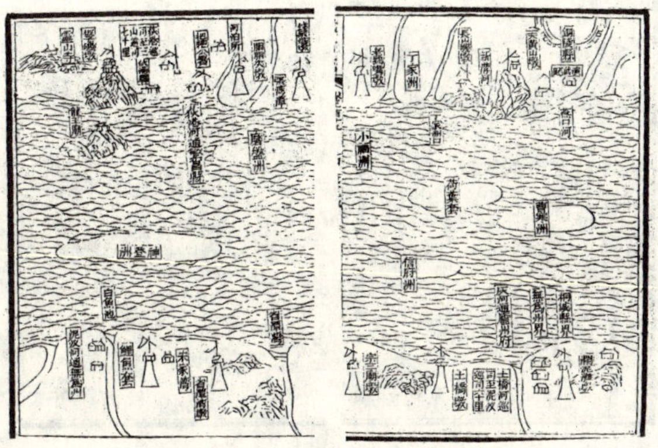

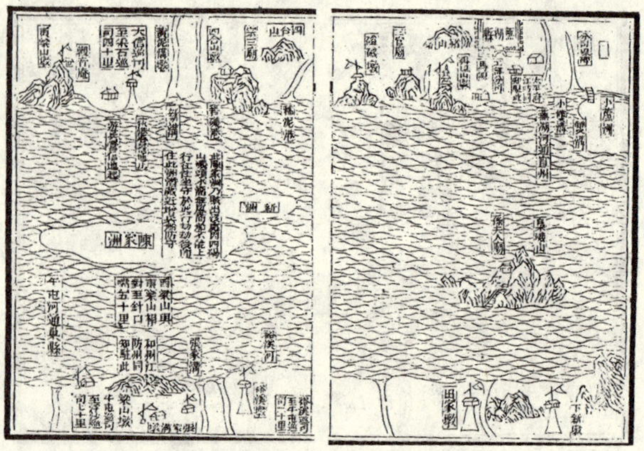

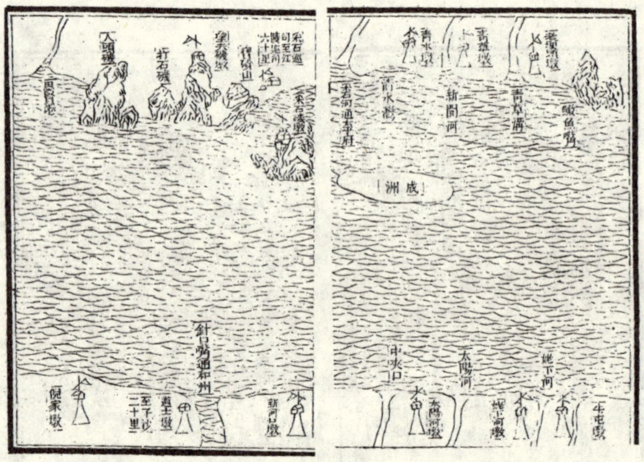

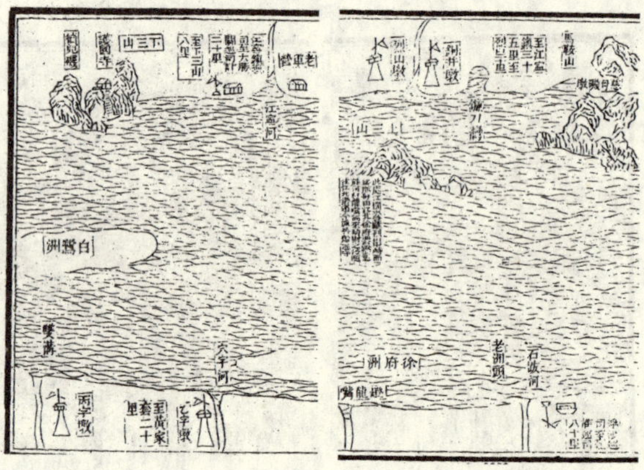

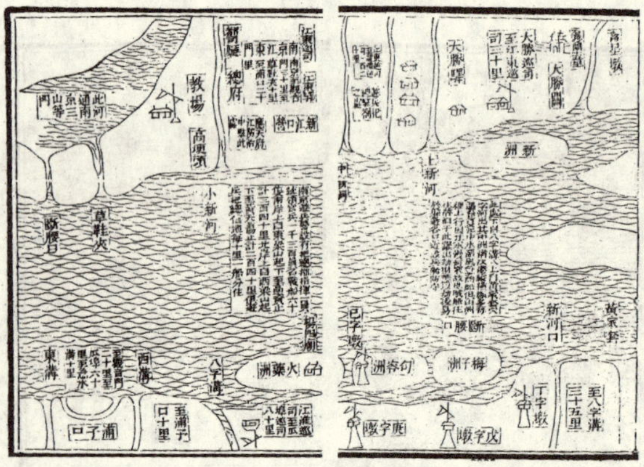

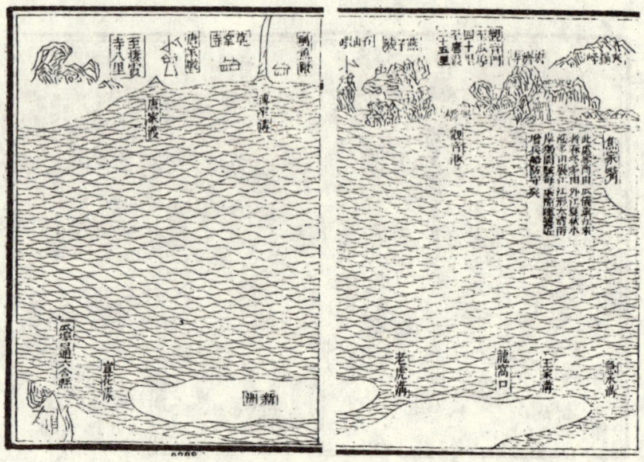

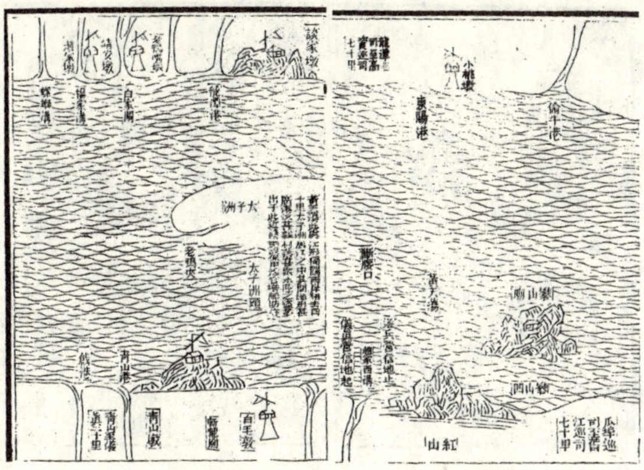

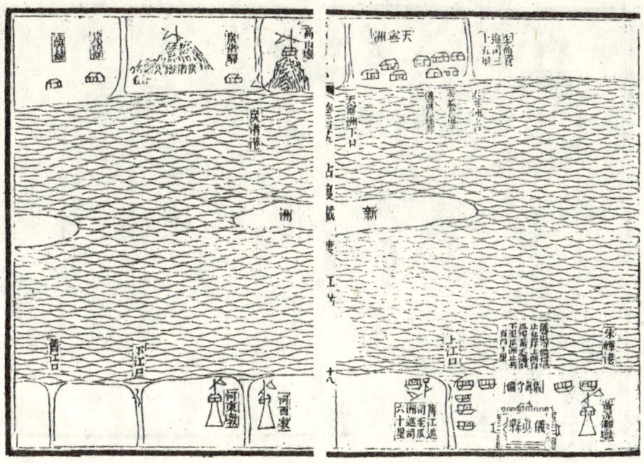

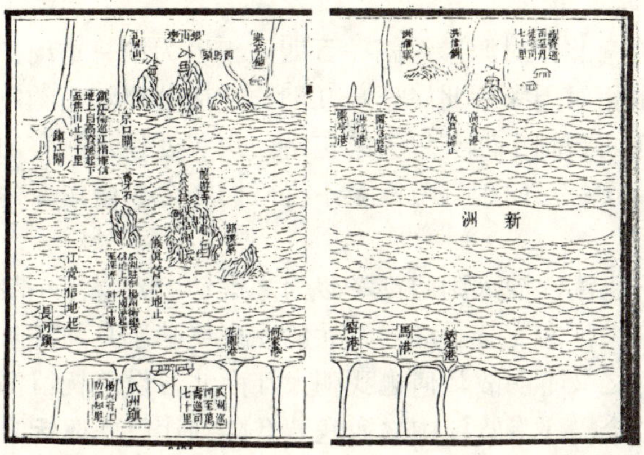
新洲
瓜洲鎮

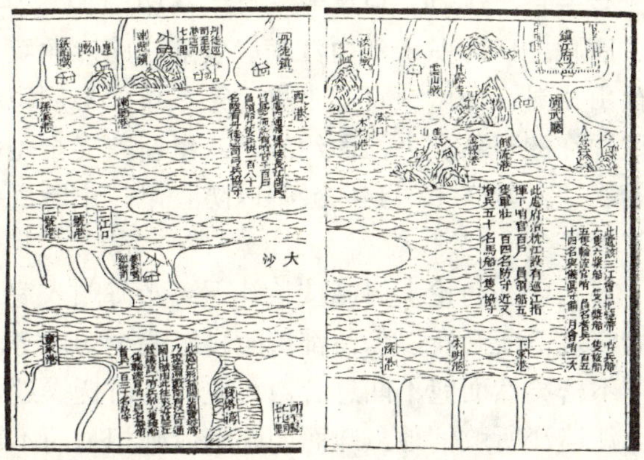
大沙

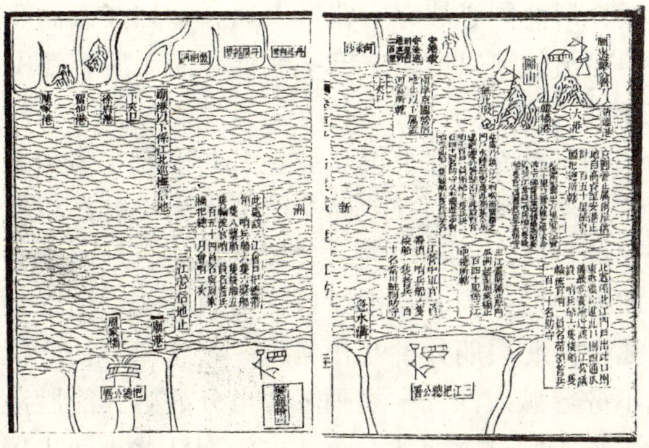

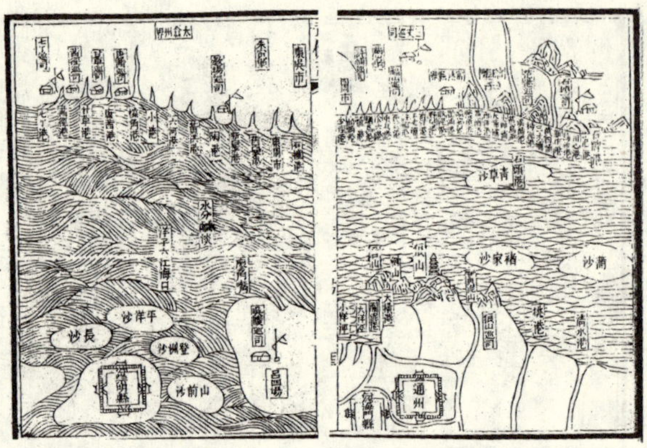

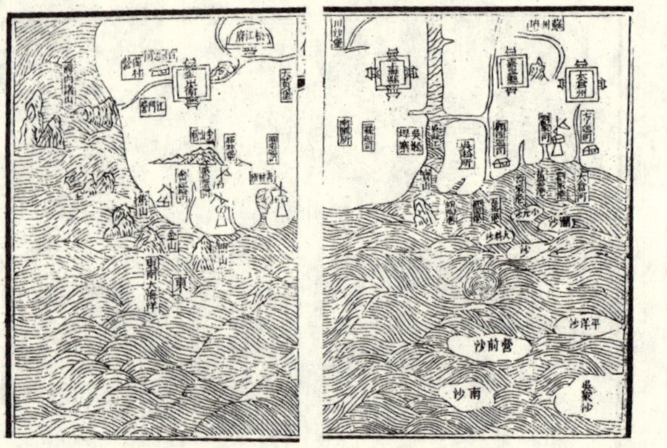

卷二百一十九·占度载·度·江防【一】·江防论

唐顺之曰海贼入江由江南岸登陆之路廖角嘴营前沙南北相对海岸约阔一百四五十里为第一重门户狼山福山相对江面阔一百二十里为第二重门户周家桥与山相对周家桥北岸至顺江洲与江南分界江面约阔六七里顺江洲至新洲夹江面约阔七八里新洲夹至山南岸江面约阔十四五里为第三重门户三处领水兵官须整备船舰昼夜紧守三门勤勒会哨以防春汛门户既固堂奥自安若三门稍有疏虞至不得已而守金焦南岸斯为下策与无策矣

郑若曾江防论上曰谨按长江下流乃海舶入寇之门户也溯江深入则留都孝陵为之震动所系岂小小哉故备御江之下流乃所以保留都护陵寝至要至切之务也向来夹江南北分兵戍守游兵船往来巡哨于其间江防不可谓不密矣然而寇不闻息者岂无说哉良由抚操巡江官联之义不明故耳何也我朝大江南北各设巡抚留都专设操江巡江所敕信地虽殊而四院事体则相关而不可分也今操巡专管江中之寇寇若登陆则让曰此巡抚之事也巡抚专管岸上之寇寇若入江则让曰此操巡之事也一江南北胡越顿分同握兵符尔我相逊何惑乎江寇之弗除也哉如愚见莫若先正官联官联者联属四人为一利害休戚异形而同心战守赏罚会谋而齐举如江寇而登陆也操巡督发江船进内港以协捕之陆寇而入江也巡抚督发哨船出外江以策应之庶乎寇计穷而无所容江中其永清矣江患息则留都陵万亿年巩固而不摇江防之策孰先于此

郑若曾江防论中曰海船入江必由崇明南北二路县后扁担二沙在县之北易于胶浅凡舟之轻小者由此而行竹箔宋信嘴在县之南其水深洼凡舟之重大者由此而行二路堵截更无入江之路矣崇明者天生此沙以锁江之水口江防第一关键实在是也过此以西方论营前靖江金焦此设险之大旨也向之建议者设将官结水寨分守乎江之两岸而海口入江之处止以崇明官兵御之游兵都司应援之愚以为非计也海口兵力孰与江中诸寨之多分战江中孰与并力御外之易似宜立为规制贼尚在海之时江南江北兵船分番互出常以一半至海口协守崇明南北二路舟众力齐则贼必不能入江矣此守江之上也舍此不务容贼入江江中之师躲散力分欲望其能胜敌得乎虽然擒江贼亦无难所患者我兵自分彼已不若敌胆之合一耳若贼过营前沙而营前之江南江北火速出援左右翼击不坐视乎营前之兵之受敌也过靖江亦如之过金焦亦如之贼进不得前退无所遁我兵有增而无限贼舟有限而无增胜负不亦较然矣乎愚故曰二提督与操巡必四人同心而后可济也

郑若曾江防论下曰今之论江防者孰不曰营前沙者大江之第一关键也靖江江阴其第一也瓜仪京口其第三也守此三者则海寇不能飞越而窥留都以愚观之殆不然何也京口虽系江南诸郡咽喉然从古寇犯金陵未有由此而进者以沿江南岸迭嶂如屏而润州秣陵之间夹冈险陂无港可达故也若从通泰登陆循江北内地而行屯兵六合分师渡芜湖采石走太平而北岂非地势之至要至要者欤故保留都须严江防严江防须重江北贼计狡猾常避实而击虚不可但以江中之关键为恃而为贼所诒也

王鸣鹤曰长江万里上通川湖下尽海壖环绕南畿带映陵寝故置镇设兵东西错峙声援易达势若珠连规画尽善无容议矣今自留都以下江防最急者言之查镇江京口与瓜仪相对实七省漕运咽喉较之他处尤为重地近因盗贼生发当事者议于永生洲设兵防守又以江上洲田供给新集沙兵最为得策虽充国湟中之屯不是过矣但

旧设三江圌山各去永生洲不三四十里官兵肯互相接应盗何得逞缘兵中多盗贼家属官少举动伺察先觉故会哨与不会同也今永生洲新设果能合二营之力厚养间谍不使轻泄出必速战必果获有真盗不使贿脱计免又不为势家所嘱而纵之虽江海广阔盗贼众多岂皆不畏死之人哉若泄机有人请托有路救死有术虽里守把而洲游恐于江防亦无所补益也

卷二百二十·占度载·度·江防【二】·信地【一】

南湖嘴守备信地

南岸上自城子镇起下至马当止计二百九十五里北岸上自湖广龙坪起下至沙湾角止计二百四十里大小黄鹰等战哨船共四十八只卫县巡捕巡江官军民兵共五百三十余员名上哨至德化县城子镇止下与安庆守备官兵会哨

安庆守备信地

南岸上自马当起下至池口止二百九十里北岸上自史家沟起下至老洲头止三百六十里楼巡梭等船四十一官兵五百余员名分四哨上与南湖嘴守备官兵会哨下与荻港把总官兵会哨

荻港把总信地

南岸上自池口起下至东梁山止计三百五十里北岸上自老洲头起下至西梁山止计三百里楼巡桨梭等战船三十六只官兵五百二十八员名分四哨上与安庆守备官兵会哨下与游兵营把总官兵会哨

游兵把总信地

南岸上自东梁山起下至高资止计三百四十里北岸上自西梁山起下至黄天荡止计二百四十里楼巡沙铁桨梭等战船九十四只官兵一千三百余员名分十哨各派信地上与荻港营把总官兵会哨下与仪真守备圌山把总官兵会哨

仪真守备信地

北岸上自黄天荡起下至爪洲止计一百四十里楼巡草撇梭等战船三十七只官兵四百五十五员名上与游兵营把总官兵会哨下与三江口把总官兵会哨

洲卫总指挥信地

北岸上自花园港起下至深港止计三十里楼巡草撇梭等战船三十六只官兵五百八十余员名上与仪真营官兵会哨下与三江口营官兵会哨

三江口把总信地

北岸上自州起下至庙港止计一百四十里楼巡福桨梭等战船四十四只官兵七百五员名上与仪真守备官兵会哨下与周家桥把总官兵会哨

圌山把总信地

南岸上自高资港起下至包港止计二百五十里楼福沙撇铁桨梭等战船四十一只官兵七百四十余员名上与游兵营把总官兵会哨下与孟河把截指挥官兵会哨

以上八营信地共计一千五百余里大小战船三百七十余只官兵五千三百三十余员名

应天府属信地

上元县巡捕官主簿下淳化镇巡检一员兵三十二名该司设居陆路原无船只旧规俱系新江口营官兵出江巡哨与本县无干该镇虽不滨江实南畿喉襟之地上抵京城高桥门二十里下至句容县土桥铺三十里今议将该司兵三十二名分作三班旬一轮替居则为列屯之兵出则为巡哨之兵每哨上至高桥门而止下至土桥与句容县义民会哨仍听巡捕官调度

江宁县巡捕官主簿下江宁马驿巡捕驿丞一员兵三十名哨船一只信地上至圭山四十里下至黄沟口二十里今议将该驿兵分作三班一班居守一班水哨一班陆哨水哨上至圭山四十里与和尚港暗伏官军会哨下至黄沟口二十里与大胜关兵会哨外陆哨之信地则上至当涂县界葛冈铺三十里为止下至金家坟十里为止仍听巡捕官调度

句容县巡捕县丞下龙潭巡检司巡检一员协守义民一名兵四十名协官民壮二十名哨船二只信地上自罗家套接黄天荡至埠巡检司二十里下至老鹳嘴至青山三江口二十里斜沟把守义民一名民壮二十名巡船原无打造每会哨民壮旋雇民船信地上至仪真旧江口三十五里下至高资镇巡检司四十里该县开称龙潭镇巡检司地方系该司协同义民在彼把守上自罗家套接黄天荡至埠巡检司下至老鹳嘴至仪真卫把截地方青山三江口计程俱二十里兵壮轮拨往来会哨斜沟地方系义民把守至仪真旧江口三十五里下至高资镇巡检司四十里彼处原无巡船只有民壮四十名每遇会哨雇民船出江勘得京师去句容九十里句容抵龙潭抵斜沟俱七十里长江一带洲渚限隔唯斜沟龙潭二处船只由此出入故黄天荡为贼渊薮而龙潭斜沟则津要地也故二处兵防视诸处尤当加意今查龙潭巡司兵民壮共六十名又有义民与巡检协守又有巡船出哨其官兵不必添多其船只不必添造矣但恐义民巡检互相推调或致误事今议上半月系巡检居守义民官率民兵哨江下半月系义民官居守巡检率兵哨江巡检义民更迭出入屯兵互为犄角但有误事罪坐所由则不敢推调矣及查斜沟地方有民壮四十名亦令义民官轮作二班一班屯列一班巡哨亦可足用但称巡哨无船临时旋雇似乎不可切缘民船蓬桅之类恐不利便又雇船方行恐缓不及事合无行令该县查将无碍官银造船二只给与巡哨该县巡捕县丞仍令时常往来调度其间则信地明而兵纪肃矣

溧阳县巡捕县丞下上兴埠巡检司巡检一员兵二十四名该司设居陆路原无巡船信地西至溧水县分界山十五里东抵县六十里本县额编守城民壮二百名续添设巡哨官五员民壮四十名分拨巡哨县属险要地方向系巡捕官调度勘得溧阳地方虽滨大江然去金坛宜兴俱不百里金坛去镇江不远宜兴去苏松不远江贼海寇俱宜预防先年添编民壮添设义民盖为此也但恐前项把守义民民壮或有虚名应役及别项役占者须令巡捕县丞时常查点庶得实用

溧水县巡捕县丞下民壮四十名该县设居陆路原无巡船信地至柘塘铺四十里至溧阳县上兴埠巡检司六十里至孔镇铺六十里至上店铺三十里该县止有额编民壮防护城池看守仓库外仍有轮拨民壮分委义民督率至柘塘铺四十里至溧阳县属上兴埠巡检司六十里至孔镇六十里至上店铺三十里各巡逻地方缉捕盗贼似亦严密合仍行巡捕县丞时常查点毋致疏旷

高淳县巡捕县丞下广通镇巡检司巡检一员兵三十名哨船原无设造信地自县陆路至孔镇铺六十里自县陆路至广通镇六十里自广通镇河道上至水阳五十里宣州界至建平县定埠镇六十里该县地方不边江洋止有广通镇东河道由溧阳宜兴常州无通接苏松经行往来客商船只本镇原设巡检司巡检一员兵三十名住彼盘诘防守其县境陆路本县分委义民轮拨民壮分投巡缉外但东河道亦系要路恐本司官兵误事今议添委义民一名并添拨民壮十名前去本镇协同防守往来上下巡缉仍听巡捕县丞督察调度其县境陆路巡捕县丞照旧督率民壮缉捕

江浦县巡捕官典史下本县信地除江面系府属江淮巡检司管理其县治及陆路村落系该县巡捕官管理原无设有江防巡哨船只官兵无从分管及查县治江而见系府属江淮巡司管理该司额有巡哨船只每日昼夜在江巡逻该县原无城池居民零落江淮巡检司虽设在彼实系府属与县无干但其逼近大江盗贼出没不可无先事之虑今议该县地方江面一带系江淮巡检司信地合县陆路村分系该县巡捕官信地其县治地方巡检巡捕官协同防守互相调度

六合县巡捕官典史下埠巡检司巡检一员兵四十五人协守老人一名民壮三十五名巡船一只信地江面上

至唐家渡二十里下至西沟二十里本县设居江北东南通江陆路至埠巡检司二十五里额设巡检一员兵四十五名并本县添设把守老人一名督率民壮三十五名各驾巡船在于所辖江洋信地上至唐家渡二十里与南京观音港新江口暗伏官军接哨下至西沟二十里与句容县龙潭巡检司官军接哨其巡捕典史督率民壮三十五各在于本县看守仓库狱囚及县境四门陆路巡逻缉捕盗贼该司所辖江面俱系险要信地设有兵民壮八十名巡检老人协同哨守似亦有备兵不必添矣但恐巡检老人及兵壮互相推误今议将兵壮八十名轮为三十名一班为列屯之兵又五十名分为二班每班二十五名驾巡船一只上半月巡检居守老人督率兵船出江接哨下半月老人居守巡检督率兵船出江接哨更迭出入互为犄角俱听典史调度其县境陆路仍行巡捕典史照旧督兵巡逻

江东巡检司巡检下兵三十名哨船一只信地上至响水沟十五里下至草鞋夹十里该管江面信地北岸一带以江心为界俱属江淮巡检司管辖南岸一带本司该管巡检督率兵驾使巡船出江巡逻上至响水沟十五里与大胜关兵并上新河暗伏官军交哨下至草鞋夹十里与下江暗伏官军交哨中江左右河口原设新江口营巡哨官军船只驻札防守该司设居近江所管信地窄狭又有暗伏官军交相巡守颇为严密相应行令巡检照旧督兵驾船上下往来巡逻

江淮巡检司巡检下兵四十名哨船二只信地上至和州所属浮沙口巡检司下至六合县所属埠巡检司该司去浮沙口及埠俱百里而遥其间穴子河王家套八字沟甚是险要议将兵分作二班每班二十名哨船二只每船十名犄角而出并方剿捕则江盗可清而往来称便矣

秣陵镇巡检司巡检下兵三十二名哨船设居陆路原无船只信地上至河定桥四十里下至乌鹊桥三十里该司原系府属所辖信地俱系陆路不近江洋兵三十二名在司巡缉但本司地方亦系要路各该兵虽在巡缉原无定体今议将见在兵三十二名轮作二班一班存司盘诘防守一班出境巡哨更相出入

太平府属军卫信地

本府巡捕经历总统巡逻哨官下民壮二十名哨船三只上自四合山大信巡检司下至牛渚矶采石巡检司计四十里与县哨官接哨

当涂县巡捕县丞哨官下民壮三十八名巡船一只哨船二只上自四合山稀泥港下至和尚港镰刀湾计八十五里与该港守把委官接哨大信巡检司巡检下兵三十四名哨船四只上自稀泥港下至青草沟计四十里与府哨委官并采石巡司官兵接哨

采石巡检司巡检下兵三十四名哨船四只上至青草沟下至人头矶计二十五里与哨官二员接应会哨

守把和尚港委官下民壮三十六名哨船二只上自人头矶下至镰刀湾二十里上与采石巡司下与对江浮沙巡司各会哨

芜湖县巡捕官县丞下民壮五十名巡船四只哨船二只上自河口巡司下至四合山稀泥港计四十里与当涂县大信巡司官兵接界会哨河口镇巡检司巡检下兵三十四名巡船一只哨船二只上自繁昌县螃蟹矶下至本镇与县巡捕官兵会哨巡检带管杨夹沙守把民壮一十五名哨船一只上自本沙下至河口巡司与三山巡司官兵接应会哨

繁昌县巡捕委官下民壮二十六名巡船一只哨船二只驻札地名宗三庙系荻港三山二司官兵接界适中最为要害之地专令本官带领民壮船只严加调度若遇上下有警随即协力应援

荻港巡检司巡检下兵三十五名巡船一只哨船二只上自胭脂夹与铜陵县官兵接应下至宗三庙与三山巡司官兵接应计四十里该镇江面广阔添设民兵十名哨船一只木官带管督率防守

三山巡检司巡检下兵三十四名巡船一只哨船二只上自宗三庙与荻港巡司接应下至芜湖县河口司与该司官兵接应计四十里往来会哨巡逻

建阳卫指挥一员总管巡江分为上下二哨上哨千户一员巡军七十五名沙哨舠船共三只上自繁昌县荻港司起至芜湖县河口司止计一百里上与铜陵县下与下哨千户接哨下哨千户巡军七十五名沙哨舠船共三只上自河口司起至当涂县和尚港止计一百里上与上哨千户并芜湖县官兵下与和尚港守把官兵接哨

以上府卫县并巡司把截官兵仍各与游兵部下哨捕兵相兼巡缉

和州信地

巡捕同知总巡八桨船一只上至新沟口起下至穴字河止一百一十里督率上哨阴阳官一员巡哨民壮二十四名巡哨船二只上至新沟口起下至新河口止六十里又民壮十名哨船一只守把姥下河口下哨阴阳官一员巡哨民壮二十四名巡哨船二只上至新河口起下至穴字河止五十里又民壮十名哨船一只守把芝麻河口

裕溪河镇巡检司巡检下兵三十二名巡哨船二只上至新沟口起下至张家沟止十里与奥龙牛屯二巡司官兵接哨

牛屯河巡检司巡检下兵四十六名巡哨船二只上至张家沟起下至新河口止五十里与裕溪浮沙大信三巡司官兵接哨

浮沙口巡检司巡检下兵四十六名巡哨船二只上至新河口起下至穴字河止五十里与牛屯江淮二司及和尚港暗伏各官兵接哨以上官兵仍与游兵部下官哨捕兵船相兼巡缉

池州府属信地

本府上哨船一只民壮二十名又贵池县哨船一只民壮十五名自池口起巡至怀宁县一百二十里每季拨府首领或李阳河巡检督之下哨船一只民壮二十名又贵池县哨船一只民壮十五名自池口起巡至铜陵县一百二十里每季拨贵池县巡捕官或池口巡检督之

东流县典史下民壮二十名哨船二只部哨上至香口巡检司四十里与望江县会哨下至雁汊九十里与怀宁县会哨

铜陵县主簿下民壮二十名哨船二只部哨上至横港二十里与大通巡司兵船接哨下至新沟十五里与老鹳嘴把隘官兵接哨

香口巡检司巡检下兵十九名哨船二只上巡至响水矶二十里与马当巡司兵船接哨下巡至稠林矶三十里与吉阳巡司兵船接哨

吉阳巡检司巡检下兵十九名哨船二只上巡至稠林矶三十里与香口巡司兵船接哨下巡至雁汊六十里与李阳巡司兵船接哨

李阳巡检司巡检下兵二十名哨船二只上巡至雁六十里与吉阳巡司兵船接哨下巡至乌沙夹二十里与池口巡司兵船接哨

池口巡检司巡检下兵二十名哨船二只上巡至乌沙夹四十里与李阳巡司兵船接哨下巡至五埠沟六十里与大通巡司兵船接哨

大通巡检司巡检下兵二十名哨船二只上巡至五埠沟二十里与池口巡司兵船接哨下巡至横港二十里与铜陵县兵船接哨

险隘老鹳嘴设义民一名下民壮二十名哨船二只部哨上至新沟十里与铜陵县兵船接哨下至滥泥滩与钱家湾官兵接哨

钱家湾设义民一名下民壮二十名哨船二只部哨上至滥泥滩五里与老鹳嘴官兵接哨下至王家沟十里与张家湾潭官兵接哨

张家湾潭设义民一名下民壮二十各哨船二只部哨上至王家沟五里与钱家湾官兵接哨下至胭脂夹十里与荻港巡司兵船接哨铜陵县仍每处添拨民壮二名协守但有警息俱听该县巡捕官调度

以上官兵船只仍与安庆守备荻港把总各部下官兵把守兵船相兼巡缉

庐州府属信地

无为州该管江面上自桐城县六百丈巡司起下至和州裕溪河巡司止共计江面二百三十里

自六百丈起至省潭湾止八十里内有杨山矶石河三江口险要俱土桥司巡检带领弓兵哨船二只分为两班巡逻上与六百丈下与泥汊各巡司官兵会哨

自省潭湾起至薛家湾止七十里泥汊巡检司官带领兵哨船二只分为两班巡逻上与土桥下与奥龙各巡司

官兵会哨

自薛家湾起至裕溪巡司止七十五里奥龙司巡检带领兵哨船二只分为两班巡逻上与泥汊下与裕溪各巡司官兵会哨

黄落河司巡检带领民壮四十八名哨船四只分为两班在于该管江面总巡上至六百丈下至裕溪河

以上巡司官兵仍各与获港及安庆守备部下各兵军勇船只相兼巡缉

扬州府属信地

上自仪真县东沟起至青山白茅墩止江面四十五里把截义官一员领民壮四十名屯守上与瓜埠巡司下与青山巡江官南与龙潭巡司各会哨自青山起至罗汉州止江面八十里中间青山为黄天荡最要已该仪真守备部下官兵分布防守旧江口又为仪真县喉舌重地该仪真卫巡江指挥统领百户一员镇抚一员军舍二百名巡船十四只分为四班每半月一换轮流巡逻上与东沟把截官下与旧江口巡检司各会哨

自下江口起至窑港止江面四十里该旧江口巡检领兵五十二名巡船三只上与下江口官兵下与窑港义官各会哨

自窑港起至何家港止该仪真县义官一员领游兵三十名屯守上与旧江口巡司下与何家港各官兵会哨

自罗汉州起至旧江口止江面八里该花园港把截百户一员领军舍四十名民壮三十名骁勇鸟铳手十名巡船一只上与卫县巡司下与瓜洲镇巡江千户各接哨

自旧江口起至蒋八港江面十里该千户一员领军舍四十名巡船一只上与把截百户下与巡江千户各接哨

自蒋八港至深港止江面十里该巡江百户一员领军舍四十名巡船一只该港仅逼镇城通接孟河海口等处为东南险要之最合添民壮二十五名与本官统领上与瓜洲镇千户下与万寿巡司各官兵接哨俱为屯列瓜洲镇巡检领兵五十二名巡船二只以为应援余有兵勇壮夫脚兵存留防守瓜洲城池其操江民壮一百二十名巡船六只召募民船六只分为三班驻札本镇大南门外江口听瓜洲江防官不时调遣上下哨缉

自深港起至穿心港止江面六十里该万寿巡检领兵五十名上与巡江百户下与归仁巡司及三江会口各营官兵接哨

三江会口上至瓜洲镇下至庙港止共计江面一百五十里乃仪险要之最地已该把总官部下官兵分布防守自穿心港起至急水港止江面三十里该归仁巡检领兵五十名上与万寿巡司下与口岸巡司各会哨

自急水港起至李家港止江面三十里该口岸巡检领兵三十名上与归仁巡司下与印庄巡司各会哨

以上各文武官兵船只查照该管信地务要同心戮力相兼哨缉

镇江府属军卫信地

镇江卫江操指挥部下千户一员百户二员巡船四只督令巡江军余防守金山东哨至丹徒港二十里西哨至高资巡检司五十里北哨至瓜洲一十里各互相会哨百户一员统领江操军余在于金山西马头陆路把截俱江操指挥不时出江查哨御本府委千户一员统领队兵二十五名自东马头下至丹徒镇十五里与巡检会哨上至西马头十里与千户会哨千户一员统领队兵二十五名自西马头上至高资巡检司四十里与巡检会哨下至东马头十里与千户会哨

丹徒镇巡检司巡检雇船统领兵十五名上至焦山十五里与府委千户会哨下至孩溪桥十五里与姜家嘴巡司会哨

高资下巡检司巡检雇船统领兵十五名上至斜沟三十里与把截义民会哨下至西马头四十里与镇江卫巡江官军并府县操江把截壮快会哨

安港巡检司巡检雇船统领兵十五名上至姜家嘴巡司二十里下至包港巡司三十里接哨

姜家嘴巡检司巡检雇船统领兵十五名上至孩溪桥十五里与丹徒巡司接哨下至顺江洲一号港与安港巡司接哨

以上府卫巡司官兵仍各与 圌山把总部下捕兵船相兼巡缉

安庆府卫信地

本府沿江上下二水哨原额哨船四只民壮八十八名分为二班上巡至小巡司止计二百三十里下巡至池州府池口巡司止计一百二十里俱该本府巡捕同知总统巡缉

怀宁县巡捕县丞带民壮二十名驾哨船二只上巡至雷港巡司地名洲头口与该司官兵接哨

观音港巡检带兵四十四名驾哨船二只亦上巡至雷港巡司洲头口与该司官兵接哨下巡至长枫夹地名竺家嘴与该司官兵接哨

长枫夹巡检驾哨船二只带兵四十四名上巡至观音港巡司地名黄泥沟与该司官兵接哨下巡至马踏石柘家湾止与该司官兵接哨桐城县巡捕县丞每月轮拨精壮二十名跟随哨官驾哨船一只督领马踏石巡检驾哨船二只带兵四十三名自柘家湾起上巡至长枫夹巡司接界下巡至马船沟止源子港巡司接界江面六十里该司与长枫夹观音港合为一哨跟随本府巡哨官兵上至怀宁县下至贵池县讨印挂号

源子港巡检带兵四十六名驾哨船二只自马船沟起下巡至老洲湾江面六十里与六百丈巡司及池口大通二巡司合为一哨随桐城县哨官并对江贵池县巡捕官上巡至贵池县下巡至铜陵县讨印挂号

六百丈巡检带兵四十三名驾哨船二只上自老洲湾起下巡至石河止对江铜陵县江面五十里与源子港巡检及池口大通二巡司官兵合为一哨亦随哨官与对江贵池县巡捕官上巡至贵池县下巡至铜陵县讨印挂号

老洲头守把哨官民壮二十名望江县巡捕王簿带民壮二十名驾哨船二只上巡至杨湾司地名朱福沟毛湖洲相接九江府彭泽县巡捕官兵会哨下巡至雷港司新口镇相接怀宁县并对江东流县接哨

杨湾口巡检带兵三十三名驾哨船二只上巡至朱福沟毛湖洲相接小巡司会哨下至黄家 2b 相接雷港巡司会哨

雷港巡检带兵二十五名驾哨船二只上巡至黄家相接杨湾司官兵会哨下巡至新口镇相接观音港官兵会哨

宿松县巡捕典史每月轮拨民壮三十名跟随阴阳官驾哨船一只于小江洋住守上巡至湖口县下巡至望江县一百二十里往来接哨小巡司带兵五十名分为二班驾哨船一只自本司江面起上至泾江司杨家洲二十里下至毛湖洲一十五里

泾江巡检带六兵二十二名驾哨船一只自本司起上至九江土嘴四十里接哨下至小孤六十里接哨

归林巡司带兵二十八名分为二班驾哨船一只每月一换自本司起上巡至湖口县三十里下巡至泾江巡司六十里接哨

安庆卫上江总巡指挥一员带军舍五十名驾沙桨船共二只自怀宁县观音港巡司起上巡至小孤巡司止计二百三十里千户一员军舍三十名驾哨船二只百户一员军舍三十名驾哨桨船二只俱自观音港巡司起上巡至小巡司止共计二百三十里

下江总巡指挥一员军舍五十名驾哨桨船二只自观港巡司起下巡至大通巡司止共计二百里千户一员军舍三十名驾桨船一只百户一员军余三十名驾桨船一只俱自观音港巡司起下巡至大通巡司止共计二百里

卷二百二十一·占度载·度·江防【三】·信地【二】

苏松常镇兵备道分布防汛信地

一圌山兀处江边系干要地北与周家桥相对乃镇江之咽喉留都之门户也把总部下兵船分为三枝前哨百户一员统领福铁桨船七只捕兵九十二名为正兵泊守安港口仍哨至黄山门与孟河兵船互为策应中哨千户一枝统领福铁桨船七只捕兵九十二名为应兵泊守圌山洪口仍哨至安港与江北周家桥兵船互为策应后哨千户一枝统领沙船八只耆兵九十九名仍哨上至仪下至江阴杨舍等处往来游哨有警与江北三江会口及游兵把总下兵船互为策应把总官专在圌山驻札不许擅离信地

一镇江府东西二马头皆滨大江逼近城郭乃要地也指挥一员领有江操船只分作二枝一枝泊守焦山以护东津一枝泊守金山以护西津仍各分番出哨北至瓜洲仪真以防江寇南至圌山安港以防海贼仍听把总官调度

一镇江府原有土兵四百名丹徒县民壮一百九十九名丹阳县八十名金坛县一百名快手四十九名军余八

十二名丹徒等巡司兵四十名机兵五十六名共一千六名管操指挥一员督同哨官千百户统领操练春汛之月分为四枝一枝千户一员领住大港一枝千户一员领住埤城一枝千户一员领住东津马头一枝百户一员领住西津马头无事往来巡哨遇警听参总调度剿杀

准扬海防兵备道分布防汛信地

一三江会口系江都县地方西到瓜洲镇一百二十里东到周家桥四十里与江南圌山相对中有顺江洲江面颇窄水流湍急最为险要此处能守仪可保无虞留都无复轸虑近该操院题设把总官一员统领水兵六百名哨官二员哨长一名大小战船二十只常川防守其游兵把总官统领兵船住札一号港地方上接圌山十里下接三江会口十里泊守中流以便两地协助防守江北有警互相飞报并力截剿仍要与江南及周家桥仪各兵船彼此策应

一沙河港系江都县地方在府城东南八十里西至瓜洲镇二十里东至三江会口一百里与江心焦山寺相对往时原无设兵平时令瓜洲与三江会口兵船巡逻江洋有警合兵追剿

一瓜洲镇系江都县地方南滨大江东到沙河港二十里西到花园港七里北到府城四十五里与江心金山寺相对建有砖城居民稠密商贾辐辏江南粮运由此过设有总巡指挥一员部下州卫巡江官一员军舍一百名巡船一只操江民壮六十名巡船二只守城骁勇二百五十名脚斛行兵四百四名机兵五十五名巡检司官兵五十三员名巡船一只捕兵十六名叭喇船四只捕兵一百十四名草撇船十只无专防守地方出江会哨有警并力截剿仍要西与天宁洲河口花园港东与三江会口南与镇江各兵船彼此应援仍听江防同知官提调

一花园港系江都县地方东到瓜洲镇七里西到何家港十五里商民船只颇多停泊设有扬州卫把截官一员部下军舍二十名巡船一只似属单弱近时设拨瓜洲操江军舍四十名前去防守平时防捕盗贼遇有警息东令瓜洲西令仪真兵船策应

一何家港系仪真县地方东到花园港十五里西到旧江口十里若贼由镇江冲来必趋本港则西入仪真东奔瓜洲北侵杨子桥等处原无设兵有警东令瓜洲西令仪真兵船应援

一旧江口系仪真县地方东到何家港十里西到下江口十里与江心新洲相对原设旧江口巡司官兵六十一员名守把止可巡逻江洋探哨消息难于拒敌但下江口设有兵船甚近临时听守备官调兵应援

一下江口系仪真县地方在县南东到旧江口十里西到 青山三十里与江心天宁洲相对其洲接连何家港为江洋要害设有守备部下水兵二百名领兵官三员大小战巡船十七只仪真卫巡江军舍二百名官五员巡船十三只上至青山埠下至瓜洲镇江南与河口各兵船会合无事巡逻江洋会哨有警互相策应其仪真县募兵三十名巡船三只分守下江口奄东窑港至何家港一带近议仪真卫县官兵防守东沟

一仪真城内有卫县衙门东到瓜洲镇四十里西到应天府六合县六十里东北到扬州七十里南滨大江五货财辏集漕运粮船由此过闸第一要害见有守备官驻守该卫设有守操官舍官军舍余四百五十一员名有警行令卫县掌印巡捕城操等官严督军舍民壮及添拨居民防守城池听军门调兵接应仍将五坝居民商贾财货预搬入城以为清野之计

一上江口系仪真县地方在县南东到下江口约一里许原无设兵今议相去下江口不远有警令彼处兵船截剿一青山嘴系仪真县地方东到该县下江口三十里西到东沟二十里原有卫县官兵及江防游兵把总兵船屯驻往来守御与守备官兵互相策应

一东沟系六合仪真二县交界处所今议本处正当黄天荡大江之中险要尤甚议将该县民壮八十名分为二班并募兵三十名巡船三只与仪真卫军舍仍守东沟

当镇参将分布防汛信地

一倭寇过洋如遇南风多则犯浙遇北风多则犯闽广中流风水不便则马迹羊山候便开船遇南风必由高家嘴而入犯七八九团以至竹箔沙宝山吴淞入内彼处设有总兵坐镇把总及中军都司兵船犄角防守且刘河与吴淞海面不远兵船瞬息可至该总见有兵船分为五哨一哨泊守新灶一哨泊守黄窑一哨出洋远探二哨坐泊港内更番调遣哨守严密可保无虞若由蛇山外洋而来必经三片高家沙入内不犯三沙不犯江北或由山前营前沙出

登舟沙过西则至白茅过北则犯狼山或褚家沙或西犯福山以至杨舍登舟沙实系福山白茅常镇门户其三片高家沙已该崇明把总兵船二哨泊守探三沙洪抛泊二哨以备堵截一哨轮发外洋远哨三片沙亦系江北要路狼山襟喉议将彼处把总兵船一枝住泊与崇明把总兵船互相应援福山兵船一枝泊守营前沙与江北旧守山前沙兵船相为犄角白茅兵船泊守登舟沙以为营前应援以固入犯要路要舍逼近狼福乃由海入江门户已该参将议将本部兵船一枝泊守褚家沙哨至营前三沙洪东可固三片山前营前等沙入犯南可固吴淞刘河入犯亦便应援一枝泊守三丈浦一枝汨守谷渎港以备缓急与褚家沙兵船轮番哨守但自褚家沙而至杨舍以及江阴孟河一带江面窄狭阴沙颇多船难行使若不远出外洋哨探邀击一遇入江纵使堵截势难万全未免登岸入内之虞今江阴靖江孟河圌山兵船虽经派守信地俱应差拨远哨不惟遇警得以应援阻遏抑且临事便于传报设备矣

一杨舍迤西江阴县北枕长江而黄田港切近县治尤为要害今设练兵指挥一员操官三员统领陆兵一千余员屯札城内武生一名统领兵船一枝泊守本港可以控扼与靖江兵船相为犄角本处接连夏港著令义官兵船策应

一靖江悬江心尤为要害今设蟛蜞港山套烂港一处兵船可以控扼与江阴兵船相为犄角孟河接界该地兵船互相应援

一贼由大江南突孟河尤为险要今设指挥一员兵船三十只土兵六百名堪以控扼圌山兵船互相应援

一圌山洪系干要地乃镇江之咽喉留都之门户今设有把总兵船可以控扼与周家桥三江会口兵船相为犄角镇江京口并仪兵船互相策应

扬州参将分布防汛信地

一青山嘴系仪真地方查得本处东到县三十里西到东沟二十里原设仪真卫县官兵巡船在彼防守后操院添设重兵备御有警与仪真下江口旧江口兵船互相应援一仪真城查得东到瓜洲四十里东北到州府城七十里西到六合县埠镇六十五里南滨大江商贾杂集漕运所关诚为要地原设守备都指挥一员驻札在彼统领仪真卫县城操军舍并民壮乡兵防守若瓜洲扬州有警守备俱要应援如彼处有警其扬州瓜洲之兵亦要策应一下江口在仪真县南东到旧江口十里西到青山嘴三十里与新洲相对接连何家港江面险要原设仪真卫操江军舍一百二十名巡船一十七只在彼防守听守备官调度上与青山埠下与花园港瓜洲南与镇江各兵船往来会哨巡逻有警彼此应援

一旧江口在仪真县东西到下江口十里东到何家港二十里与新洲相对设有巡检司官兵巡船把守止何哨探但去下江口不远不必设兵有警会下江口官兵策应

一何家港在仪真县东二十里东到花园港十五里西到旧江口十里若倭寇自镇江突来必由此处登岸西人该县东奔洲北侵杨子桥等处有警西令下江口东令瓜洲各兵船策应一都天庙即新城在仪真县稍东偏北十五里一路入县一路通何家港一路东到杨子桥诚为通衢先年原议漕兵五百名委官防守看得本处亦系腹里且相离该县不远合照旧将漕兵免调

一花园港系江都县地方在瓜洲镇西七里西到何家港十五里商民船只停泊颇多亦为要原设扬州卫把截军舍二十名巡船一只在彼防守近时议将瓜洲镇操江军舍内拨四十名共六十名委官百户一员管领若遇有警西令仪真东令瓜洲兵船彼此策应

一瓜洲镇系江都县地方南滨大江建有城垣东到沙河港二十里西到花园港七里北到杨子桥三十里到府城四十五里与江心金山寺相对居民商贾辐辏之地江南运量由此过最为险要今添注扬州府同知一员驻札统领原有民壮骁勇机兵等项八百余名并扬州卫巡江军舍巡检司兵及巡哨船一十余只及草撇船十只捕兵一百一十四名嗒喇船四只捕兵一十六名在彼防御有警调兵策应

一沙河港系江都县地方在府城东南一十八里与江心焦山斜对东到三江会口一百里往年原未设兵有警行令瓜洲三江口兵船应援一新港即三江口系江都县地方西到瓜洲镇一百二十里东到周家桥四十里与江南圌山相对中有顺江洲江面稍狭水流至急此处能守仪可保乃为留都门户近该操院题设把总一员统领水兵六百名沙船二十只把守若遇有警与周家桥官兵互相应援

游兵把总分布防汛信地

水路南岸圌山北岸三江会口乃江防第一重门户江面颇狭甚为要害今皆设有兵船南北夹守控扼堵遏深为得策如圌山有警则把总官兵屯守此处而三江会口把总应为应兵三江会口有警则把总官兵屯守本处而圌山把总应为应兵游兵把总督领兵船住札一字港上接圌山十里下接三江会曰十里泊守中流以便两便协助次而镇江瓜洲则是第二重门户应接中军官一员督领部下健勇义勇兵船只系泊南岸各屯宿重兵与瓜洲江防官兵船相应防守又次而仪真相对天宁瓜洲为第三重门户应令中军官一员督领部下义勇健勇兵船只系泊天宁瓜洲稍西各屯宿重兵与仪真守备兵船相应防守如南岸有警则令瓜洲与三江会口各兵船协助北岸有警则令镇江江操指挥与圌山各兵船协助若警迹重大则令游兵把总不分南北上下往来应援万一倭寇侵犯及江盗结伙即与喘山三江会口把总仪真守备各会合同心戮力堵遏

仪真守备分布防汛信地

自瓜洲与镇江相对中流金山高险乃仪真江界门户可以设兵瞭望江中亦有新洲夹江南即高资巡司抵河口北自花园港沂达何家港旧江口巡司最为要害此处当宿其控扼合令哨官百户一员率领沙船二只沙兵四十名哨探堵遏以作前锋差拨梭船远出外洋接续哨报飞报其瓜洲镇江两路兵船互为犄角夹攻之势花园港旧江口高资巡司兵船以备奇伏策应至于仪真江口内逼城廓闸漕渠外沿青山南对河口中即新洲首亦系险要堪设正兵应敌合令哨总指挥一员统部巡船一只沙船四只梭船二只兵一百四名居中驻札防守屯御如青山东沟守把埠巡司三隘南与龙潭黄大荡江面斜峙则有重洲迭江多港虽云腹里尤系险洋逼近观音门诚谓南畿肘掖之所合令哨官百户一员率领沙船二只耆兵四十名上下游巡以为后援南北巡司守把兵船夹攻策应仍照往年规则行令游兵把总兵船协巡防守守备官不分昼夜上下江面往来巡檄随贼向往截杀

镇江府巡捕通判分布防汛信地

本府所辖沿江一带地方上至高资镇下至孟河堡本府东西二马头南通吴越北枕大江诚为要地见有镇江卫江操指挥一员千户一员百户二员统镇江操巡船五只军余一百三十三名分作二枝一枝泊守焦山以护东津一枝泊守金山以护西津仍各分番出哨上至仪下至圌山安港等处有警飞报沿江官兵堵截又看得圌山洪口为镇江之咽喉留都之门户诚要害之所兼以江洋空阔波浪汹涌盗贼出没之乡形势甚险尤当戒严即今南有圌山把总兵船一枝北有三江会口把总兵船一枝互相对峙防守圌山总福铁沙巡等船共二十二只兵夫三百名原分三哨各前哨百户一枝当为正兵统领原拨福铁桨船七只捕兵夫九十二名泊守安港仍哨至黄山门与孟河兵船互为策应中哨千户为策应兵统领拨福铁桨等船七只捕耆兵夫九十二名泊守圌山洪仍哨至安港与江北周家桥兵船互为策应后哨千户一员统领原拨沙户船只兵夫九十九名上至仪下至江阴杨舍等处往来游哨其江北三江会口顺江洲等处与黄山门孟河京口兵船互为策应如遇有警或贼从江南而入则圌山把总为正兵三江会口把总为奇兵贼从江北而入则三江会口把总为正兵圌山把总为奇兵互为犄角之势又其中游兵把总兵船驻札一字港两地协应水路分布已定陆路亦当备御看得圌山要路内通埤城外通戴港东至孟河南达丹阳西接府城及东西马头俱系要害本府设有练兵指挥一员统领陆兵七百八十九名分为四枝一枝令千户一员住守戴港一枝令千户一员住守埤城一枝千户一员住守东津马头一枝百户二员住守西津马头无事合营入场操练仍往来巡哨有警贼从孟河至埤城则埤城千户为正兵而戴港为应兵贼由戴港登岸则戴港千户为正兵而埤城千户分兵应援东津千户即率兵截杀当为伏兵缘府城坐枕江干虽有江操指挥一员统领兵船二枝金焦防护倘寇仓卒登岸将何御之合行镇江卫练兵指挥及百户等官统领陆兵并选精壮机兵五十名各发城外协同把截西津马头江操百户军余一百一十六名往来府城沿江一带巡哨防御四门两关则拨镇江卫城操巡捕巡盐军舍余丁尽数查出分布把截

永生洲地方添设把总信地【后改参将】

召募官兵一千六员名雇觅沙船四十只分为四哨以二哨上巡荡网洲孟河一带与周家桥三江圌山仪营会

哨以二哨下巡新河口下港靖江印庄刘家沙等处与大河狼山营会哨遇贼奋力协擒遇倭并力截杀听南北抚操按巡兵备各官并江南狼山二副总兵节制

卷二百二十二·占度载·度·江防【四】

茅子曰言天下之险者未有及湖也然禹贡曰震泽底定其来旧矣昔之不定以洪水今之不定以盗贼故吴人郑若曾图之论之鳃鳃乎意深哉采而载之防江海者不可不知也

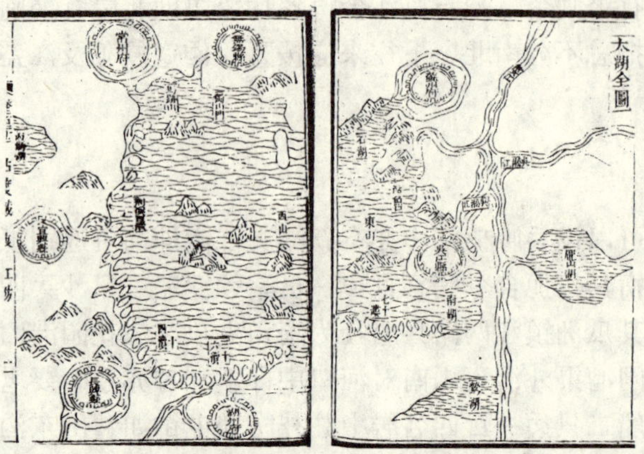
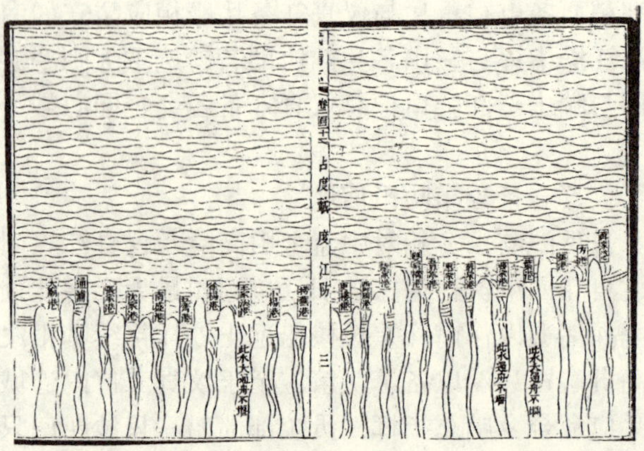

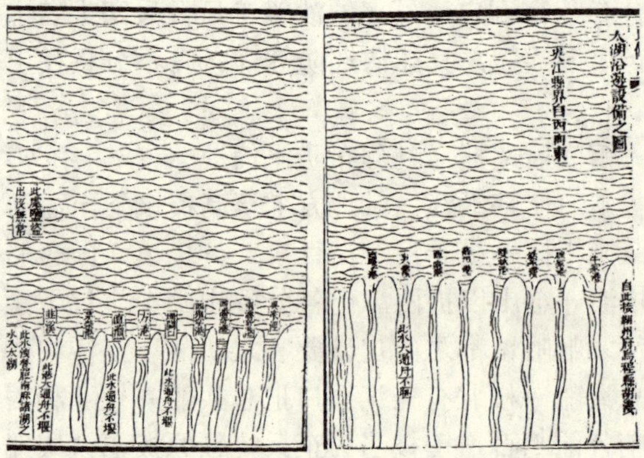

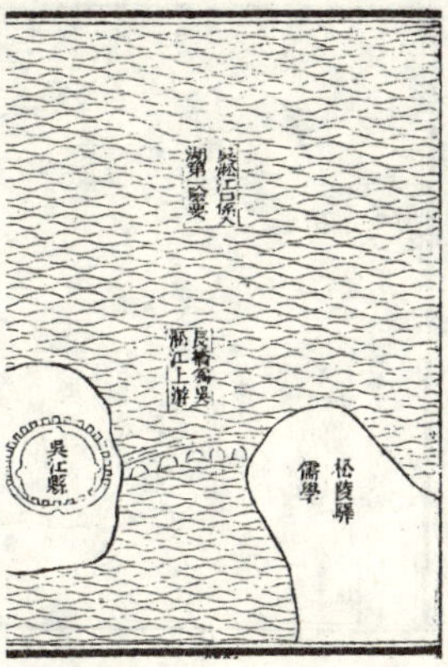
松陵驛
儒學

循湖塘又折而西
循湖塘折而北
此後皆石塘

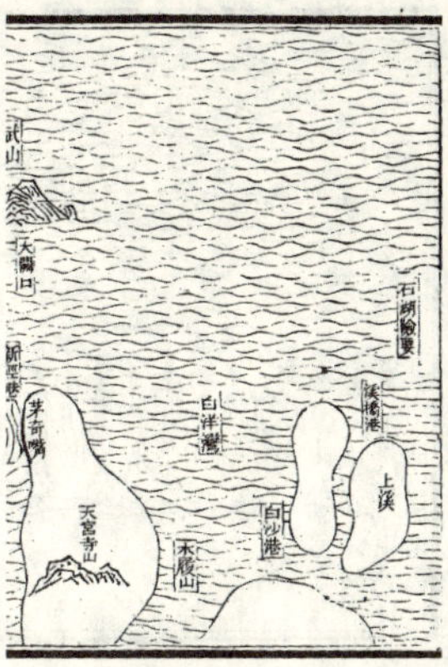

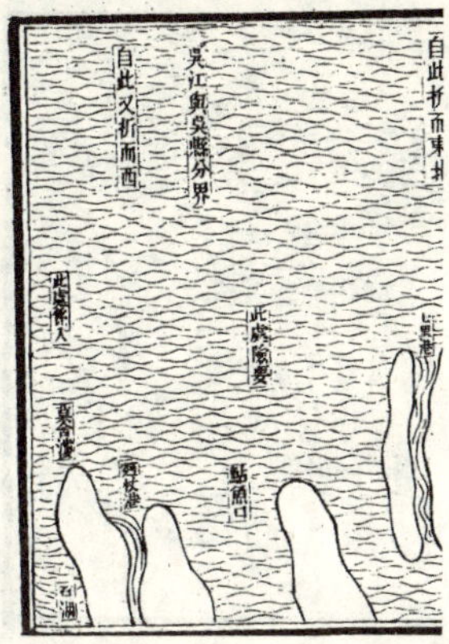
自此折而東北
吳江與吳縣分界
自此又折而西

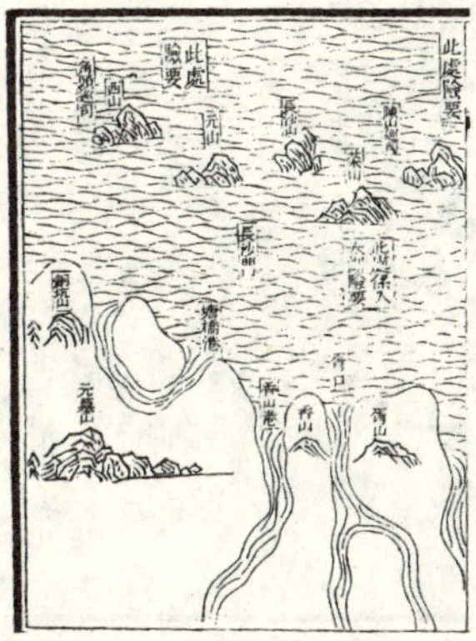
此處險要

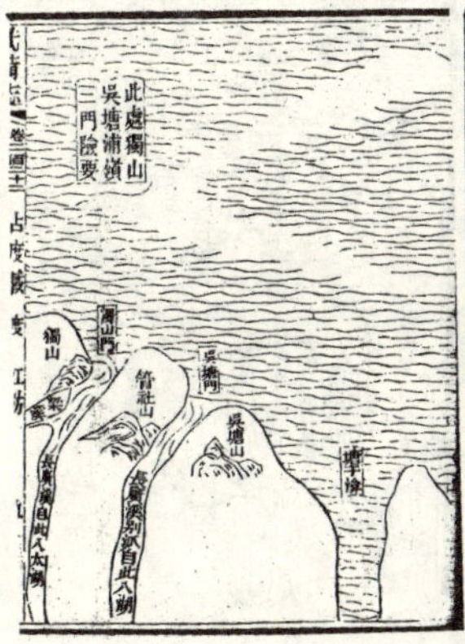

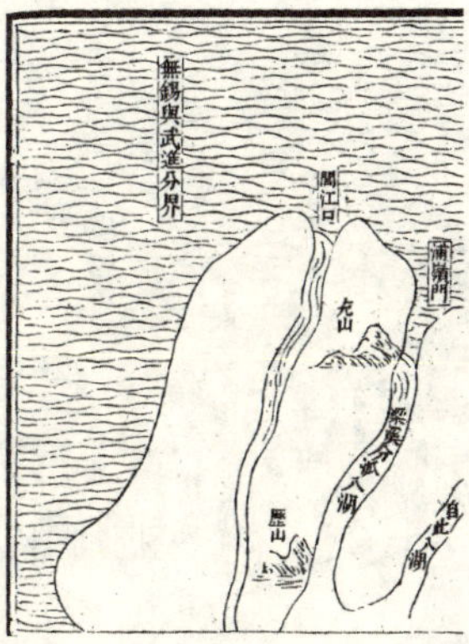
無錫與武進分界

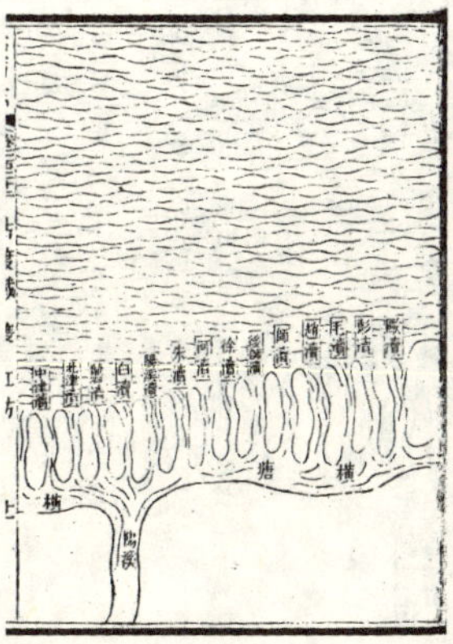

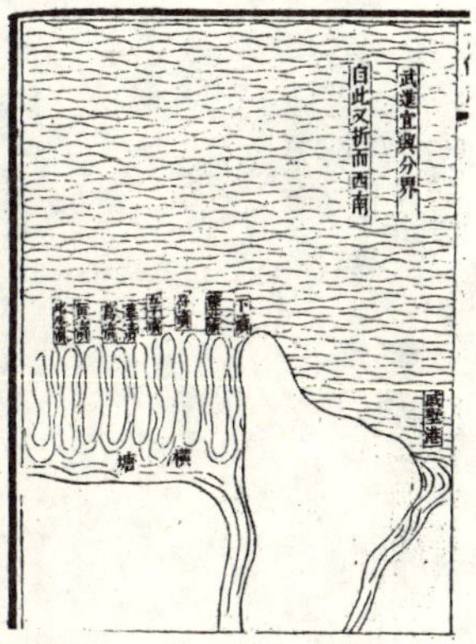
武進宜興分界
自此又折而西南

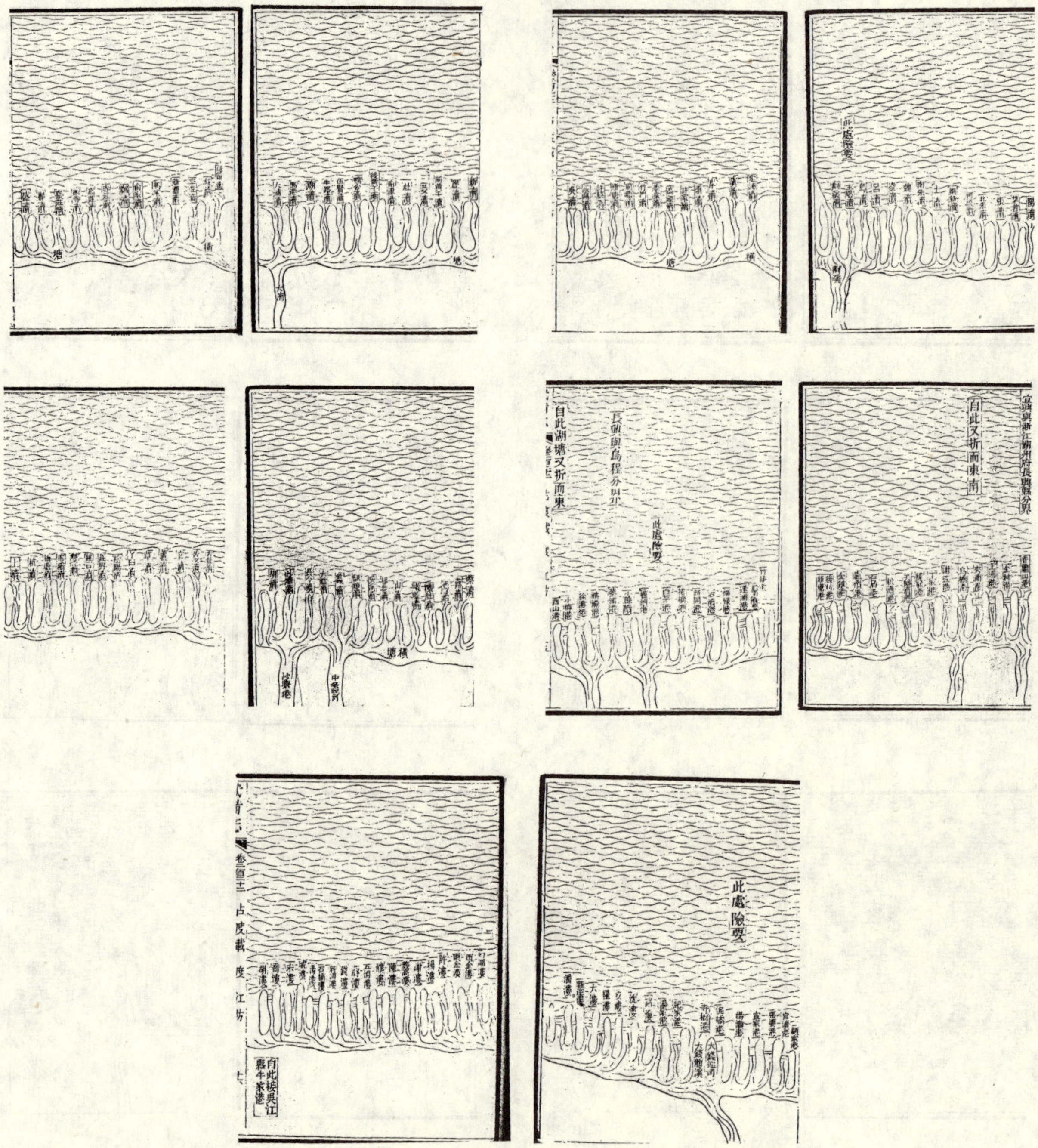
此處險要
自此湖塘又折而東
長興與烏程分界
此處險要
自此又折而東南
宜興與浙江湖州府長興縣分界
占度載度江防
自此接吳江縣牛家港
此處險要

卷二百二十二·占度载·度·江防【四】·湖防论

郑曾曰太湖古震泽也延袤五百余里雄跨苏常湖三境自宣歙以东富阳以北诸溪山之水咸吐纳焉全吴巨浸无大于此论水利则三郡田赋丰歉系焉论兵防则三郡封疆安危系焉全吴利害亦无大于此向来论经略者多未之及此无他图志弗详厄塞无考故也曾也遍阅史志及访耆艾太湖图古所未有王文恪公始作之曾觅而观之仅可以供赏鉴考胜概而已而险要防守皆弗之载岂非古今一大旷典耶乃操小艇历五湖越半载始有所得凡港渎通塞之迹古今同异之名何者为水利之所关何者为兵防之所要悉详识之而绘为二图绘全湖之图者昭形胜也绘沿湖之图者详区画也庶司兵者得有所据以便规画矣或曰东西洞庭及滨湖诸山古来兵燹莫及奚必议守御而图之曰自古大兵之下江南也或从京口或从三志在城郭则山林必在所遗若倭寇则不然志在掳掠弃无就有今腹内诸村镇搜刮已尽其志必在未经兵燹之处则沿湖诸邑非所当防者耶况自宜兴至金陵为道甚捷皆今日兵议所未及也其可不思先事之防乎或又曰湖中风波与江河异若之何其御之曰此非渔网船不可也何也江船与海船不同海船与内河之船不同内河之船与湖泖船又不同内河之船大者为川为襄小者为满江洪为摆渡之类海船十余种【广东新会船东莞船大福船草撇船海沧船开浪船高把梢船艟船苍山船八桨船鹰船渔船蜈蚣船两头船网梭船沙船】曾各图形于筹海图编可览而知若湖泖之船虽生长吴地者问之多不知况以寅游之人而知用之乎请详言之夫湖泖之船大小不齐运石者谓之山船运货者谓之炮船民家自出入者谓之塘船卫所巡司所用者谓之巡船乡夫水兵所驾者谓之哨船往来津口者谓之渡船之六者虽皆习知湖中风涛之性尤未若渔船之便利也渔船莫大于帆罟其桅或六道【可装二千石】或五道【可装一千四五四石】或四道【可装千石】无间寒暑昼夜在湖每二只合为一舍素为贼之所畏虽蓄赀巨万贼不敢近也联而鯮之太湖攻战此其最善乎此船小者亦可入港桅三道【可装五百石】二道【可装百石以下】是也江湖中皆有之若风息时无问大小皆不适用盖帆之所利者狂风怒涛也其尾无橹其傍无桨风息帆弛即不如巡哨船之击楫为有用矣其次为边江船【大者可装二千石以渐而降至于百石】自五桅以至二桅亦专使帆无橹与桨其中号以下者可入港最大者不可入港若欲出杨子江则由锡山高桥下江水宽处行然须重载压船吃水方可过高桥也其次为厂稍船【大者可装六七百石渐降至六七十石】又其次为小鲜船【即湖中航船是也大者不满百石其小可知】二者皆有帆而有橹边江厂稍商贾赁之远游荆襄近往江北小鲜船亦为通贩之用皆湖中之渔舟而兼事乾没者也又其次为剪网船【亦合二只为一舍】船虽狭小第一迅駃又其次为丝网船驾使不过三人而风帆迅駃人亦堪用此二者各湖所共有也又其最小者为划船三四人荡桨如飞疾于剪网但不用风帆不利湖浪用之以探报诸舟所不及矣其遇贼也以桨超淖泥泼贼舟舟滑难立大为贼之所惮此船惟吴江长洲有之他县皆无而吴江之二十九都者惯一行劫至为可恶凡此皆渔船之可用者也其他湖泖内港渔船尚有辄网【一人坐于船首辄鱼者是】赶网【一辄一赶者是】逐网【一二口网在于船头者是】罩网【秋冬鱼夏月则歇而捕田鸡者是】江网【立木于吴淞江鲇鱼口水中之两两相峙其人登架其船下泊是也】溏网【一只带头一只安坐溏岸起网者是】六者皆迟钝不适于用所适用者惟鸬鹚船【一名水老鸦一橹一桨或二桨】出于吴江长洲二县其驾使不过二三人其駃埒于剪网善用之大为军旅之助或又曰周湖港口无虑百数焉得港港而备之曰不然湖口虽多通舟往来者不过如吴江之非溪叶港雪落洪栅关鲇鱼口吴县之莫舍溇胥口港无锡之独山蒲岭吴塘门武进之马迹山宜兴之荆溪东蠡河忻溪直渎之类可指而数也各练乡兵守之而以巡哨船为之探报帆罟边江等船常居深水贼岂能入湖也哉然大小渔船未经刷集一旦用之欲望其出死力不能也须平时籍之于官蠲其重役专委一廉仁有司点闸之则庶乎不敢规避耳

卷二百二十三·占度载·度【三十五】·四夷【一】·祖训四夷条

一四方诸夷皆限山隔海僻在一隅得其地不足以供给得其民不足以使令若其自不揣量来坏我边则彼为不祥彼既不为中国患而我兴兵轻伐亦不祥也吾恐后世子孙倚中国富强贪一时战功无故兴兵致伤人命切记不可但胡戎与西北边境互相迩累世战争必选将练兵时谨备之今将不征诸夷国名开列于后

东北

朝鲜国【即高丽其李仁人及子李成桂今名旦者自洪武六年至洪武二十八年首尾凡弑王氏四王姑待之

正东偏北】

日本国【虽贡实诈暗通奸臣胡惟庸谋为不故绝之正南偏东】

大琉球国【朝贡不时王子及陪臣之子皆入太学读书礼待甚厚】

小琉球国【不通往来不曾朝贡】

西南

安南国【二年一贡】

真蜡国【朝贡如常其国滨海】

暹罗国【朝贡如常其国滨海】

占城国【自占城以下诸国来朝贡时内带行商多行谲诈故沮之自洪武八年沮至洪武十二年方乃得止共国滨海】

苏门荅剌【其国滨海】

西洋国【其国滨海】

爪洼国【其国居海中】

湓亨国【其国居海中】

白花国【其国居海中】

三弗齐国【其国居海中】

浡泥国【其国居海中】

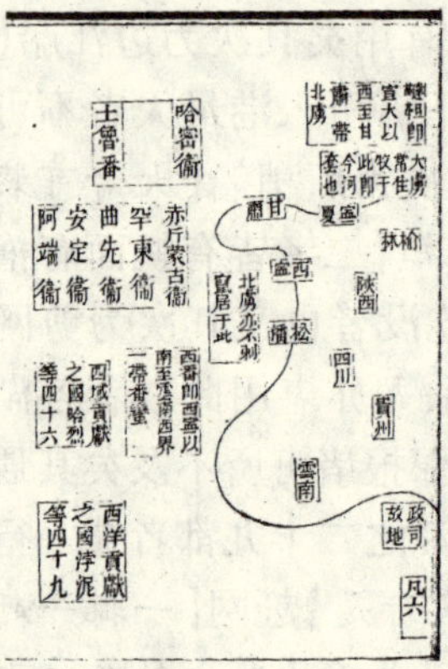

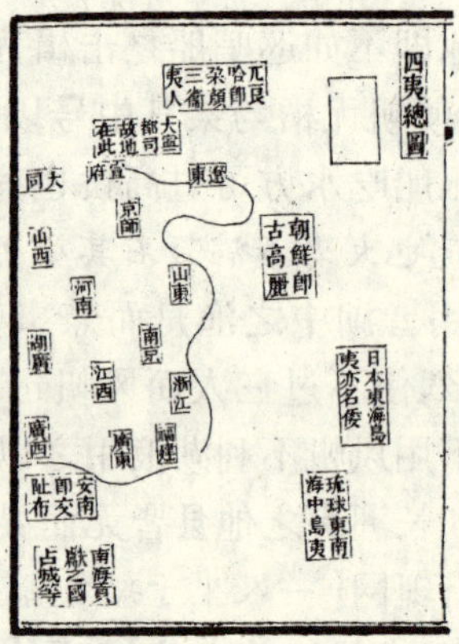

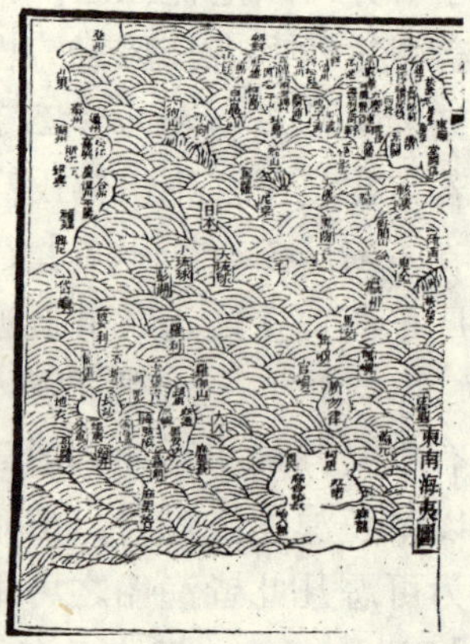

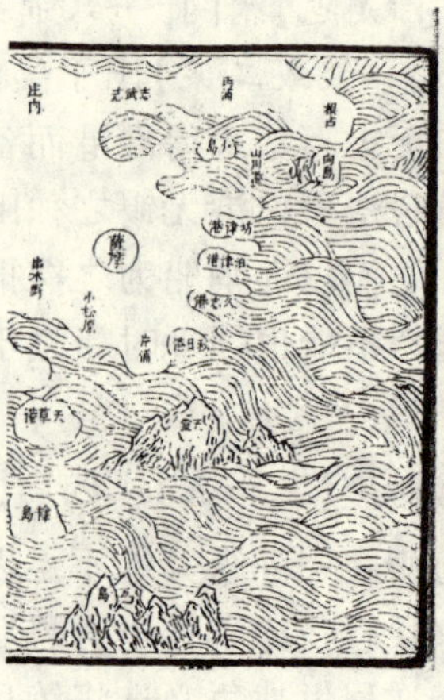

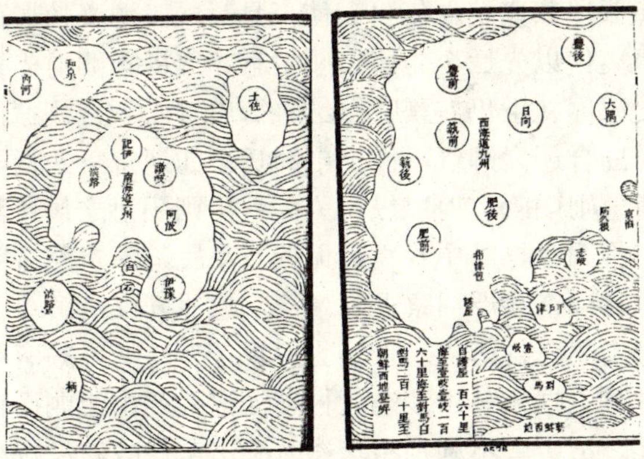

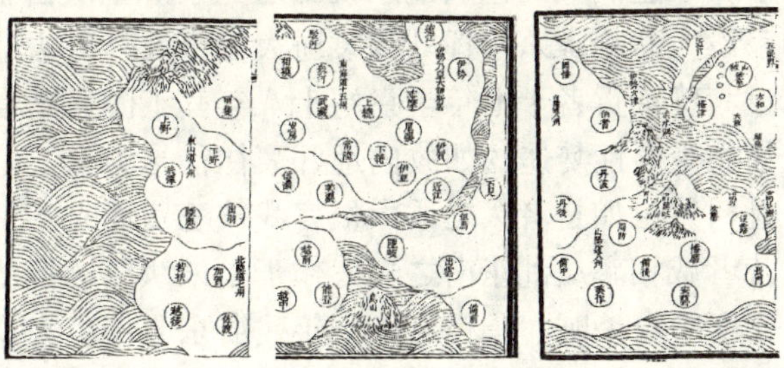

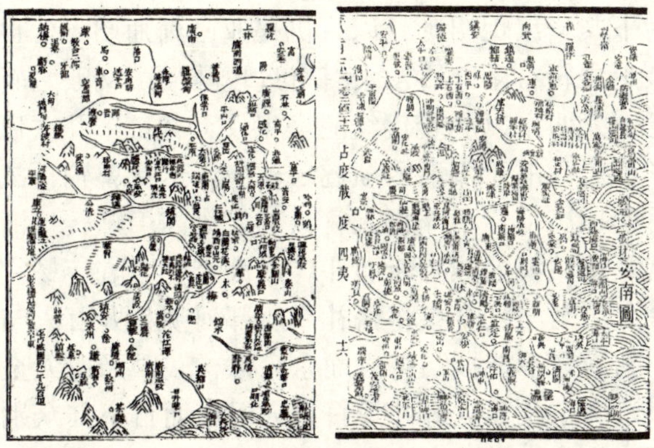

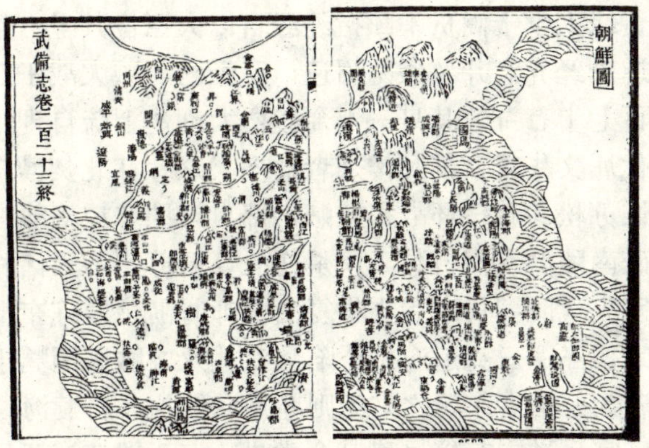

卷二百三十·占度载·度【四十二】·四夷【八】·日本考

日本古倭奴国在东海中地分五畿七道三岛又附庸国百余大者五百里小者百里最强大桀汉灭朝鲜通使称王者三十余国其后天材云尊立累传皆称尊神武天皇立累传皆称天皇亦间立女王时与中国通唐咸亨初改号日本元世祖使赵良弼招之不至遣唆都范文虎将十万兵往征至五龙山暴风舟覆军尽没终元世绝不通国朝洪武二年倭寇山东淮安明年再入转掠闽浙上遣赵秩语其王良怀尔能臣则来毋患苦吾边不能则善自为备良怀言蒙古当使赵良弼好语餂我袭以兵今使者得毋良弼后乎其亦将袭我也欲刃之秩为具言所以来宣国家威德耳岂狃汝耶良怀气沮乃遣僧随秩奉表称臣入贡上亦遣克勤仲猷二僧往谕然其为寇掠自如濒海郡县迄无宁岁乃下令造海舟防倭德庆侯廖永忠请备轻舸以便追逐从之七年来贡无表文其臣民久私贡并却之九年表贡语谩诏诘责之十三年再贡皆无表以其征夷将军源义满所奉丞相书来书倨甚命锢其使明年复贡命礼臣为檄数而却之已复纳兵贡艘中助逆臣胡惟庸惟庸败事发上乃著祖训示后世毋与倭通而令信国公汤和江夏侯周德兴分行海上视要害地筑城设卫所摘民为兵戍之防御甚周倭不得间小小入与我军相胜败永乐元年王源道义遣使入贡上赐冠服文绮给金印道义稍捕诸岛寇来献赐赉甚丰封其山碑而铭之予勘合十年一贡八年道义死子源义持立遣使往封顷之我兵献海上俘其首皆倭人群臣请诛之上释归玺书下义持尔父畏天事大职贡不愆先烈之不图而轻于上国尔罪在必讨朕所以隐忍者未忘尔父之恭耳尔其思之义持奉表谢罪礼其使遣归未几复寇辽左都督刘荣大破之初荣侦倭至即伏兵望海埚而别遣奇兵断其归路倭中伏奔捕馘无孑遗当是时我方招来诸岛夷络绎海上倭乘为欺诈频海复骚赖是捷遂戢论功封荣广宁伯宣德七年以日本贡久不至命中使谕其王源义教明年来贡自后递贡递掠备严则贡得间则掠与之期不遵我亦取羁縻示宽大而已倭益肆无忌至焚官民舍缚婴儿竿上沃以沸汤卜孕妇男女剖视赌胜为乐毒不忍言至成化时廷臣始有发愤议却其贡者而竟格不行

正德四年王源义澄遣宋素卿来贡素卿者鄞人朱缟也逃入倭有宠于其王易姓名使其族人相与耳目为奸

利守臣白发之礼臣恐失外夷心置不问素卿厚赂阉墐赐飞鱼服遣归嘉靖二年再奉使至是时国王源义植孱诸岛争贡以邀利大内艺兴遣宗说谦道先素卿至俱留宁波故事夷使以先后至为序市舶中官赖恩墨素卿财先素卿宗设大忿相雠杀指挥刘锦袁琎大掠宁波夺丹去巡按御史以闻礼臣仍右素卿以给事御史言乃下素卿狱论死没其赀绝贡者十七年至嘉靖十八年其王源义晴复贡乞易勘合还素卿赀不许仍申约贡必如期舟三人百不者却勿受夷性婪违约如故内地奸豪往往与为市不偿夷索逋急则恫喝官府以纵寇为辞兵出则阴泄之倭速其去且树德也如是者久之倭大恨言我挟王赀而来不得何以归报因盘据岛中我亡命无赖及小民迫于贪酷饥寒困苦者咸相率从乱东南之祸大作于是朱纨以巡抚莅治之纨日夜饬兵严纠察上章暴豪交通罪奸谋稍解纨竟为豪所中自杀贼益猖獗三十一年残浙东明年犯太仓破上海崇德嘉善诸邑时王忬为巡视忬经略摘发颇有绪旋移大同去李天宠代将则卢镗汤克宽俞大猷是时倭至无虚月屯据柘林川沙洼青村陆泾诸处四出流剽而柘林贼最剧镗战孟宗堰大猷战金山卫天宠合诸将兵战乌程县之窑墩皆不利别将李逢时率山东兵战新泾桥小胜既大败三十三年张经为总督经前总督两广有威惠计调广兵御倭兵未集而工部侍郎赵文华以祷海至文华素夤缘大学士嵩贵幸頤指经经自以大臣位其上自重不为下文华屡促出师经以兵机秘业已刻师期不告也文华遂劾经养寇并及天宠诏逮讯时经已与贼大战王江泾破走之斩首千九百八十有奇进攻陆泾贼又败之斩首二百七十有奇焚其舟三十余艘倭大创业上疏自理不听竟论死西市以周珫代经胡宗宪代天宠珫未几去以杨宜代属文华督察其师倭来者益多大众掠江北焚漕舟文华盛集兵战于陶宅败绩遂还朝应天巡抚曹辅再战再败惟苏松参政任环战稍捷贼别部自日照登掠赣榆自上虞登掠高埠皆不满百人官兵莫能御高埠贼转掠浙西南破南陵溧水横行数千里杀伤无算至苏州乃灭诸将大猷等逐贼海上颇有斩而斗广倭大至三十五年杨宜罢去宗宪代阮鹗代宗宪文华复出督师时浙贼惟陈东最强徐海后至与之合参将宗礼率所部河朔兵九百人与战于崇德三遇三克追逾桥桥陷兵溃礼死之贼进围鹗于桐乡鹗固守不能拔乃解去而宗宪欲构二贼乃遣人至海所若为好语者东疑之宗宪则厚赂海使执东自赎海许诺即计擒东及其党麻叶等百余人以献而自率其众别管梁庄官兵遂围东巢尽殲其余党进攻海于梁庄海死别部据舟山俞大猷攻之未下会夜大雪大猷督兵进贼拒战败归巢拥栅自固我兵纵火焚之斩首百四十余级余悉死巢中两浙平其明年诛王王者徽人也啸逋海上能号召诸夷治大舶巢五岛中奸商王激叶宗满谢和王清溪等共集众与相署置倭之来皆等导之宗宪欲招之乃迎其母妻至杭供具犒慰甚厚而先是鄞诸生蒋洲者上书督府言能说日本使禁戢诸夷毋内犯宗宪遣洲行以诸生陈可愿副之至五岛邀入为言日本方乱往无为也诚令我辈得自归无难倭矣遂遣养子毛臣同可愿还具白语而传送洲至丰后岛其岛主留洲稍为传谕诸岛居二岁乃遣僧德阳及夷目四十人随洲来入贡亦许俱至而宗宪亦遣毛臣归报所以游说百端至是乃来御史王本固疏言不宜招异议閧然至觉有异乃先遣王激入见宗宪曰吾等奉招而来谓宜信使远迎宴犒交至也今行李不通而兵陈俨然公毋诳我乎宗宪曰国法宜尔毋我虞也与约誓坚苦直终不信曰果尔可遣激归宗宪立遣之复以指挥夏正为质乃使毛臣王激守舟而身入见顿首言死罪且陈其与洲戮力状宗宪慰藉甚至令居狱中俟命疏闻诏诛始宗宪本无意杀以本固争之强议者且谓其受金欲贷其死故宗宪惧不敢为请死王激毛臣杀夏正率余众据舟山征之逾年乃解三十八年倭寇江北分数道入巡抚李遂驰至如皋与贼遇白蒲诸将言宜及其未定击之遂曰夫战贵得地贼方锐而我军未尝见大敌即小挫难复矣约勒军中毋得言战贼益进遂策曰贼分道入过如皋必且合合则道有三自泰州逼天长凤泗即皇陵惊最要自黄桥逼仪摇南都而梗漕次之若从富安而东海滨荒凉掳掠无所得至庙湾绝矣乃吾得地时也于是部诸将防遏令毋得过天长仪而分兵缀贼后贼果走庙湾遂欲以策困之通政唐顺之以视师至促战死伤甚众顺之度不能克释去遂益合兵攻围贼困甚欲遁副使刘景韶督兵焚其舟贼救舟我兵水陆攻之大溃斩首八百余级江北倭悉平其寇福建者张甚连攻破宁德福清永福诸邑巡抚阮鹗罢去王询刘焘游震得相继抚闽无尺寸功宗宪檄参将戚继光往援时贼据宁德之横屿阻水为营路险隘官军坐守逾年莫敢进继光军令严所部用命至则令军中人持束草填河进力战大破之生擒九十余人斩首二千六百余级焚溺死者无算夺所掳三千七百余人归乘胜剿福清牛田倭又破之继光初至福清邑令及父老请师期继光曰吾兵疲且休矣俟缓图之贼侦者归告不为备其夜督兵行三十里明攻其巢邑人尚未知兵出也继光归贼复肆四十一年攻陷兴化总兵刘显去贼一舍而军不敢战复命继光往时贼方巢平海闻继光至欲逃为俞大猷所扼不得出继光督军薄战大猷继之因风纵火贼皆糜巢中无脱者支党寇仙游连

江诸处尽讨平之当是时微继光几无闽未几广东倭亦为官军所败逃至甲子门将夺舟入海暴风尽溺得脱者仅二千余留屯海丰俞大猷就围之贼食尽欲走副总兵汤克宽伏兵待之贼至伏发擒斩几尽倭患遂息自东南中倭以来十余年间中外骚扰财力俱诎生灵之炭已极倭亦大伤至尽岛不返隆庆时海上逋寇曾一本等复稍稍勾引入犯闽粤我亦严为备旋至旋扑非如嘉靖之季矣始倭盛时议者以市舶罢夷无所衣食故反宜开市如诸番参将大猷以为倭与诸番不同诸番产物多舶至而征之其利厚倭之市仅一刀一扇无他产可利也而又生祸端国初绝之今忍开之乎且倭能苦我者以我陆而御之主客反而胜败也吾以海为堑以舟为家明风候严约束来击去追倭可创矣舍此不图而轻与之市为国家生事后必悔之大猷习海上事后多用其画日本称王者自原氏历橘氏平氏以至秦氏即藤氏其秉政者曰关白神庙初平信长为关白雄能御下有秀吉者幼而贱勇跷辩才贩鱼而醉卧树下信长出猎马惊欲杀之以辩而免养为义子更名森吉每出战无不摧信长遂据二十余州杀其主而秀吉以赏轻颇怨望信长恐其叛乃令为摄津镇守大将已而信长为部将明智所弑秀吉讨平之废信长之子而自立当是时乃万历十四年也至十七年尽并六十六州矣严刑以御众狡智以诱叛故所向皆靡亦以是失众心是年诱琉球不下胁朝鲜朝鲜遂入贡次年将自朝鲜入寇禁琉球弗我贡恐以泄其事琉球相郑回密以闻天子乃下诏责朝鲜壬辰遂自釜山掠朝鲜戊戌秀吉死始底定详朝鲜考中

其地北跨朝解南尽闽浙其西北至朝鲜也自对马岛开洋信宿至闽浙顺风月至其主居山城故称山城君山城之南为和泉又南为沙界沙界之东南为纪伊纪伊之西为伊势山城之西为丹渡左为摄津左之西为摄摩右为但马右之西为因幡丹渡西为美作左为备前左之西为备中右为因幡右之西为伯美作之西为备后之北境出云之南境备后之西为安艺出云之西为石见安艺石见之西为山口谷国即古之周防州也山口之西为长门关渡在焉渡此而西为丰前其南为丰后又其南为日向丰前之西北为筑前西南为后筑后之南为大隅大隅之西为萨摩丰后东南悬海为土佐为伊豫为阿波阿波相近悬海为炎路土佐丰后之间为佐加关萨摩之北为肥后又其北为肥前肥前西悬海为平户平户之西为五岛北为多艺为伊岐极北则对马岛诸岛皆有酋长山城君弱空名耳倭不禀其号令内相攻强则役属而丰后最大每岁清明后至五月重阳后至十月常多东北风利入寇故防海者以三四五月为大汛九十月为小汛其入寇多萨摩肥后长门三州人次则大隅筑前筑后博多日向丰前丰后和泉诸岛俗喜盗轻生好杀每战必单列缓步为蝴蝶陈前一人挥白扇为进止木竹矢以骨为簇刀极刚利中国不及也男子魁头断发黥面文身妇人披发跣足间用屦土气温暖宜禾稻桑麻产金银琥珀水晶硫黄水银铜钱白珠青玉苏木胡椒细绢花布漆器扇刀剑铠甲贡道故由宁波达于京

茅元仪曰今我之御倭者綦密矣然似密而实疏兵减于伍将玩于法器毁于敝然犹可言也唯是我之步卒不能当倭之利刃倭之水斗不能当我之战艇故先正谓御倭者必御之于海设会哨之法谨战艘之修所以事贵豫也今防讯者以捕鱼为业而舟楫帆樯敝者莫葺缺者莫补自失其险衅将安弭至于绝贡市杜私贩固万年长策哉然亦未尽然也天地不能违人情而制道圣王不能违人情而制治我之利于倭者一扇一刀固远物之不贵倭之利于我者丝纩针磁乃资生之必精贡市绝则私贩通私贩通则寇掠启私贩则奸民藏致勾引之隐祸讥察废致禁物之？出贡市通则舍门户之险延盗中堂均不可也而私贩者日益其将吏防闲适所以启贿冒法而出必非良民冒法而入寄命人手故昔则教之入寇今且教之造船使彼之船与我等便彼之习船与我等巧胜负未可知也故不如税贩物藉商名严冒禁核往返其什一而挈其纲领顺其性欲而杜其侵凌诚良法也昔者肃皇帝之禁北虏马市也曰再言者斩今竟以贡市五十年之奠安制治因乎时耳东南之祸在于旦夕主国是者深长思哉其地理语言嗜好寇术特详之左方以告来者

卷二百三十一·占度载·度【四十二】·四夷【九】·日本考【二】·津要

国有三津皆商舶所聚通海之江也西海道有坊津【萨摩州所属】花旭塔津【筑前州所属】洞津【伊州所属】三津惟坊津为总路客往返必由花旭塔津为中津地方广阔人烟凑集中国海商无不聚此地有松林方长十里【名十里有百里】松土名法哥煞机乃厢先也有一街名大唐街唐人留彼相传今尽为倭也洞津为未津地方又远与山城相近货物或备或缺惟中津无不有贸易用银金铜钱凭经纪名曰乃隔依理钱铸天顺永乐洪武【样自琉球高丽得之】银一两换三百三十三文零用三文抵一分总钱千称一贯每米一石常价一两中国斛可三石

绢段有花素花者三四两素二两大红七八两

卷二百三十一·占度载·度【四十二】·四夷【九】·日本考【二】·船船

日本造与中国异必用大木取方相思合缝不使铁钉惟联铁片不使麻筋桐油惟以草塞罅漏而已【名短水草】费功甚多费材甚大非大力量未易造也凡寇中国者皆其岛贫人向来所传倭国造船千百皆虚诳耳其大者容三百人中者一二百人小者四五十人或七八十人其形卑隘遇巨舰难于仰攻苦于犁沉故广福船皆其所畏而广船旁陡如垣尤其所畏者也其船底平不能破浪其布帆悬于桅之正中不似中国之偏桅机常活不似中国之定惟使顺风若遇无风逆风皆倒桅荡橹不能转戗故倭船过洋非月余不可今若易然者乃福浙海奸民买舟于外海贴造重底渡之而来其船底尖能破浪不畏横风斗风行使便易数日即至也凡倭之来每人带水四百斤约八百碗每日用水六碗极其爱惜常防匮乏也水味不同海水咸不可食食即令人泄故彼国开洋必于五岛取水将近中国过下八山陈钱之必停舶换水所以欲换者冬寒稍可耐久若五六月蓄之桶中二三日即坏虽甚清列不能过数日也海洋浩渺风涛叵测程不可计过山而汲亦其势耳盥沐浴海水山水亦可用或云浴海水令人肤冽近访之不然但黑肌肤而已倭奴有一秘法煮泉一二沸置之缸缶能令宿而不坏然亦不过半月久则不能也其至普陀必登者非换水亦非真欲焚香乃觇兵防虚实耳

卷二百三十六·占度载·度【四十七】·四夷【十四】·海外诸国考

茅子曰东南诸国其朝贡敬共无如占城琉球然占城古越裳也明王大度置之版图之外反以为安南利琉球近亦胁于倭不以时至君子每咨叹焉修文德以来之张武功以动之均之圣王之略也岂必勤兵而后服哉然我之威德衰则彼亦鸟兽散故圣王兢兢焉

卷二百三十六·占度载·度【四十七】·四夷【十四】·海外诸国考·琉球

琉球在海东南自福建梅花所开洋顺飚利舶七日可至汉魏至唐宋不通中国隋尝遣兵虏其男女五千人元遣使招谕意不从洪武初国分中山山南山北称三王遣使朝贡十五年赐中山王察度山南王承宗镀金银印金币使还言三王争雄相攻赐诏谕之并谕山北王怕死芝十六年赐山北王印文绮王妃侄相寨官各有差二十五年中山遣子侄及其陪臣子弟入国学上喜礼遇独优赐闽人三十六姓善操舟者令往来朝贡永乐二年察度卒诏封其世子武宁嗣王是年山南王承察度卒无子令其从弟汪应祖摄国事应祖使来请命如山北王故事谕蹇尚书遣使赐应祖冠服嗣山南王九年中山王思绍令坤宜堪弥贡马及方物以其长史程复来见表言长史王茂辅导有年乞升国相兼长史事又言复本中国饶州人辅臣祖察度四十余年不懈于职今年八十有一乞令致仕还其乡上从之升复琉球国相兼左长史致仕还饶茂国相兼右长史景泰元年中山王尚思达遣人朝贡三王嗣封皆请于朝已而山南山北为中山所并中山遣使朝贡令三年一贡贡无过百五十人察度后五传至尚圆嗣王卒子尚真嗣嘉靖十一年尚真卒子尚 清请嗣遣左给事中陈侃行人高澄以太牢祀真封清嗣王赐王妃冠服锦币使臣疏言弘治正德时修撰罗伦等尝使安南安南乞留诏敕为镇国之宝伦为请得留即琉球请留如安南海外远不得即请乞下礼官议议请如安南使至国授封王拜曰天朝诏敕藏金匮者八叶于兹矣请留使许之比还遣其王亲宁吉长史蔡瀚上表谢使上使琉球录言大明一统志中载琉球有落漈王居壁下聚髑髅非实事杜氏通典集事渊海赢虫录星槎胜览之所述亦传者妄也乞下史馆从之其后为日本所胁事见日本考中其俗以盈虚为晦朔以草木为冬夏人皆去髭黥手羽毛衣无礼节好剽掠既遣人学于国学夷习稍变奉正朔设官职被服冠裳陈奏章表著作篇什有华风焉今其国中王下有王亲不与政次法司官次察度官司刑名次那霸港官司钱谷次耳目官司访问皆土官为武职以上世及所辖地为姓名其大夫长史通事官司朝贡有定员为文职皆三十六姓人及学于国学者为之王并日视朝旦中昃凡三朝群臣搓毛膜拜尊且亲者入殿坐饮酒卑疏者移时长跪阶下岁元旦圣节长至君臣服拜龙亭祝庆子为亲丧数月不肉食人死以中元前后日浴尸溪水去腐肉取骨缠以布帛裹苇草埋土中王及诸臣家匣骨藏山穴窍木为小牖岁时祭扫启视之地无货殖不通商贾朝贡乘航海上渔盐泛小艇无竹筏信畏神神以妇人为尸号

女巫女巫之魁称女君白日呼啸聚辄数百人携枝戴草骑步纵横时入王宫亵游狎戏一唱百和音声凄惨倏忽往来莫可踪迹冯附淫昏娇诬祸福王及世子陪臣皆顿首拜跪王居山巅国门名欢会府门漏刻殿门奉神朴素无金碧之饰赋法略如井田王臣民各分土为禄食上下无征敛有事一取诸民事已即已用刑甚严盗窃即刵劓家富贵者瓦屋不过二三楹余皆茅土风雨飘摇以螺殻爨爨无釜甑耕无铁妇人嚼米为酒男子煮海为盐市用日本钱十当一如宋季鹅眼綖贯人无贵贱皆骁健耐劳苦饥寒不知医药而无疾疫兵甲坚利射可至二百步进止有金鼓邻国视为勍敌然好争狠斗辄刀杀人度不能脱即剖腹自毙其山川鼊屿彭湖岛为大或曰国西古米山有礁甚险舟至辄败即落漈也产马海巴牛皮磨刀石硫黄铜锡扇山无猛兽以故多野马牛豕斗镂木苏木胡椒诸香非其产也又有小琉球近泉州闽人言霁日登鼓山可望而见入国朝未尝朝贡或曰并入琉球琉球旁有毗舍那者岛中小夷鸟语形袒裸盱睢殆非人不通中国

卷二百三十六·占度载·度【四十七】·四夷【十四】·海外诸国考·三佛齐

三佛齐即旧港又名浡淋在东南海中本南蛮别种初爪哇有地十五州东距爪哇西距满剌加南距大山西北滨海番舶辐辏多广东漳泉人土沃宜稼穑人好赌博习水战服药刀不能伤遇敌敢死邻国畏之水多土少将领得居陆民率架筏水中架梁柱语言如爪哇市用钱布字用梵书其属有单马令凌牙斯蓬丰蕃牙依细兰诸国洪武初王恒麻沙那阿称臣入贡四年遣玉的力马罕亦里麻思奉金字表朝贡赐大统历文币六年使来贡八年使从我招谕拂菻十年恒麻沙那阿卒赐王子麻那者巫里三佛齐国王印印驼钮银质镀金是时广东有陈祖义者脱罪避居其国久之得为将领暴横掠过客永乐中太监郑和统海舶下西洋至三佛齐有施进者祖义乡人也诉于和和擒杀祖义承制官进仍留旧港为将领进没女嗣官产鹤顶火鸡神鹿金银水晶味琉璃瑚犀角牙龙脑诸香猫睛石蔷薇水阿魏没药血结鹤顶鸟大于鸭脑骨厚寸余外黄内赤鲜丽可爱火鸡大于鹤颈足亦似鹤软红冠锐背毛如青羊色甚利伤人腹致死食炭神鹿大如巨豕高可三尺短毛豕喙蹄三跆

卷二百三十六·占度载·度【四十七】·四夷【十四】·海外诸国考·占城

占城古越裳秦林邑汉象林汉末区连杀县令自称林邑王遂不入版图唐元和初改号占城宋淳熙中袭破真腊庆元中真腊复雠俘杀几尽更立真腊人为主洪武二年遣吴用颜宗鲁杨载等使占城爪哇日本等国赐王玺书是年遣使蒲旦来都朝贡言安南侵境上遣使诏谕安南罢兵是年国主阿答阿者遣虎都蛮来朝贡虎遣中书省管勾甘桓会同馆副使路贡贤封阿答阿者为占城国王赐大统历金绮四年阿答阿者遣答班农奉金叶表朝贡言安南数侵境乞赐兵器乐人俾安南知我乃声教所被输贡之地不敢辄欺上怜之命中书省咨王言交邻有道事上以诚占城安南既皆臣事朝廷岂可擅兵相毒即咨安南令其罢兵兵器不尔吝但以安南故赐尔是助尔构兵也乐器有声律华夷方言本异中国人不可遣遣尔国人能习华音者来习肄十六年遣子来贺圣节赐勘合文册二十四年使至以臣弑君故绝之永乐四年王占巴锁里人勅王的赖得贼父子及其党恶即械送京尚书陈治在南交军中驰奏占城国王占巴的赖奉命出兵讨安南阴怀二心愆期不进及进至化州辄肆虏掠又以金帛战资季扩季扩亦以苍女遣之复约季扩舅陈翁挺等三万余人复侵升华府四州十一县地驱掠人民罪下季扩一等耳请发兵讨之上以交趾初平不欲穷兵远夷遣使谕王归我侵地永乐后遣人朝贡令三年一贡正统六年国人请封其嗣王遣使册封成化中遣使册封正使卒海上副使论罪戍边其国在大海南南距真腊西距交趾东北际海自闽长乐五虎门西南行顺风可十日至东北百里海口立石塔为标舟至是系焉俗犷悍果于战斗尚释教王三山金花玲珑冠衣白跣足乘或黄犊车臣茭叶男蓬头女后椎结所居茅茨不得逾三尺衣紫衣衣玄黄罪死出入乘马粒食亦鲜食杀牛祭驱逐邪市用金银焚衣祭天酿酒瓮中俟熟宾主绕瓮坐筒而且且注水味尽而止文书用羊皮及黑木皮无闰月昼夜各分五十刻王当贺日沐人胆汁将领献人胆为贺王在位三十年即入山茹素受戒令子侄摄国居一岁吁天矢日我不道当充虎狼食或病死朞年得无恙复入为王于是国人呼为芳嚟马哈剌札云有号尸致鱼者妇人也目无瞳夜飞头入人家食小儿秽气侵儿腹儿即死头返合体如故失其体不得合即死夫不闻者罪之产金银锡铁狮犀牛瑇诸香朝霞大火珠菩萨石蔷薇水猛火油槟榔诸文异木胡椒白藤吉贝丝绞白氎布孔雀山雉伽南香唯此地

有之价亦高观音竹如藤长丈八尺许色黑如铁寸二三节犀角牙最多犀如水牛大者八百斤体黑无毛蹄有三跆独角在鼻端长者可尺五寸马小于驴波罗形如东瓜

卷二百三十六·占度载·度【四十七】·四夷【十四】·海外诸国考·真腊

真腊本扶南属国一名占腊在东海中隋始通中国唐神龙中并扶南而国分为二其南近海多陂泽为水真腊北多山阜为陆真腊后复合为一宋宣和初封为真腊国主庆元中破占城立其国人为占城王占城遂为属国又有参半真里登流眉蒲甘等国皆属真腊聚落颇众地亦广洪武六年国王忽儿那遣奈亦告郎表献方物赐大统历文绮二十年正黎列保昆耶甘苦者遣使贡及方物景泰二年贡赐王及妃文绮朝贡至今不绝其俗尚华侈东向为上右手为洁县镇风刁大占城王三日一视朝婚娶燃灯不息视力耕种产铜金诸香翠羽嘉树异鱼

卷二百三十六·占度载·度【四十七】·四夷【十四】·海外诸国考·暹罗

暹罗本暹与罗斛二国在南海中暹土瘠不宜耕稼罗斛土平种多获暹仰给焉元至正间暹降罗斛洪武四年暹罗斛国王参烈昭毗牙遣奈思俚侪剌识悉替奉金叶表朝贡赐大统历十年遣子昭禄群膺奉金叶表贡及方物遣使赐诏及暹罗国王之印十六年给勘合文册令如期朝贡永乐元年称暹罗国十五年琐里人昭禄群膺哆啰谛剌为王遣奈必上表贡方物乞量衡式赐古今烈女传金绮量衡令三年一朝贡宣德中稍减赐物著令其国方千余里群山环绕峭拔崎岖地下湿土疏恶气候岚不齐自占城西南舟行七昼夜至其国王宫壮丽民楼居其楼密联槟榔片藤系之甚固籍以藤席竹簟处于中王白布缠首腰束嵌丝如锦绮跨或乘肩舆尚释教国人效之好为僧尼妇人多智夫听于妻妻与中国人私不为怪男阳嵌珠玉富贵者范金盛珠行有声婚则群僧迎婿至女家僧取女红贴男额称利市丧礼贵者灌水银葬民间鸟葬言语大广东俗浇浮习水战好斗喜寇掠市用海煮海为盐酿秫为酒产宝石奇香异木翠羽狮白白鼠苏木贱如薪色绝胜六足瑚

卷二百三十六·占度载·度【四十七】·四夷【十四】·海外诸国考·苏门答剌

苏门答剌即古苏文达那西洋之要会也东南大山西北距海山连阿鲁那孤儿黎伐三国自满剌加西南行顺风五昼夜至答鲁蛮村舍舟陆行十里至其国无城郭有大溪入海海口大涛舶至此往往没溺洪武中国王遣人奉金叶表贡马及方物永乐三年国主锁丹罕难阿必镇遣阿里来朝贡封为苏答剌国王赐印诰金币五年使来贡已而王与花面王战败中矢死子弱不能复雠其妻发愤令于国曰能复此雠者我以为夫与共国事有渔翁闻之率众败杀花面王王妻遂从渔翁永乐七年王来贡上喜厚赐之十年遗使至其国故王假子率部众杀渔翁王王子苏干利率众奔于峭山时时相侵欲复雠十一年太监郑和擒送京伏法渔翁王子感激贡方物甚伙宣德中贡使数至用金叶表十年封其子嗣王皆有赐至今朝贡不绝风俗淳厚言语和媚室庐婚丧衣服物产满剌加田硗谷少熟番舶往来财货充牣人饶富市用金锡钱惟酋长好杀杀人辄取血浴身花面王者即那孤儿王也国小仅比大村祗千余家人皆面以故号花面风俗语言苏门答剌

卷二百三十六·占度载·度【四十七】·四夷【十四】·海外诸国考·爪哇

爪哇古阇婆国又名莆家龙元称爪哇其国分东西二王所属有苏吉丹打板打纲底勿诸国洪武三年王昔里八达剌遣八的占必奉金叶表贡方物及黑奴三百人纳元所授宣敕已而我使至三佛齐爪哇要而杀之十三年王八达那巴那务遣阿烈烈时奉金叶表朝贡上遣其使还诏谕责王遂绝其使永乐二年其国东王遣使朝贡请印与之五年西王都马板与东王战灭东王时我舟过东王城西王杀我百七十人西王惧遣亚烈加恩谢罪敕诘责西王令偿死者黄金六万两已而遣人贡万两礼官请索如数上曰朕利金耶令远人知畏耳蠲其金赐钞币谕之十六年西王杨惟西沙遣人献白鹦鹉正统八年令三年一贡其国四乡初至杜板仅千家二酋主之流寓多广东漳泉人又东行半日至厮村中国人客此成聚落遂名新村约千余家村主广东人番舶至此互市人宝充溢人富饶又南水行可半日至淡水港乘小艇行二十余里至苏鲁马益亦有千余家半中国人港傍大洲林木蔚茂有长尾猱数万又水

行八十里至漳沽登岸西南陆行半日至王所居满者伯夷仅二三百家总领七八人王官砖墉墉高余三丈方三十余里屋高四丈地覆板藤花席蹁跌而坐民居茅茨砖库坐卧于内王蓬头顶金叶冠萦嵌丝帨腰束锦绮佩短刀跣足跨或乘牛民男蓬头女椎结上衣下帨男必腰刀刀极精巧刑无鞭朴罪不问轻重藤系刃杀之市用中国古钱衡量倍于中国贵磁麝绮帛国人大抵三种西番贾胡居久者服食皆雅洁中国流寓者尚回回教持斋受戒曰唐人土人有名无姓尚气好斗颜色黝黑猱头赤脚信坐卧无椅榻饮食无匙箸啖蛇蚁虫蚓与犬同寝食不为秽也婚男造女家后五日迎妇金鼓刀盾前后甚都妇裸披发跣足萦嵌丝帨戴被金珠彩饰宝妆丧有水葬火葬犬葬惟死者所欲产金珠银犀角牙玳青盐槟榔椒香苏木桄榔木吉贝倒挂鸟彩鸠绿鸠红绿白鹦鹉白鹿白猿猴

卷二百三十七·占度载·度·四夷【十五】·海外诸国考【二】·古俚

古俚大国西洋诸番之会去中国十万里西濒海南距柯枝自柯枝海行可三日至永乐元年王马那必加剌满遣马戍朝贡马五年遣太监郑和赐王诸币升赏其将领有差王好浮屠敬牛老不传子传外孙否则传弟无外孙弟传善行人族分五种如柯枝王南毗人不食牛将领回回人不食猪大家晨起用牛粪涂地煅牛粪为囊佩之每旦水调抹额及股国事皆决于二将领土宜麦多马俗尚信义行者让路道不拾遗海滨为市通诸番用金银钱以葫芦为乐器红铜丝为弦歌声相协铿锵可听刑无鞭笞轻断手足罚金重诛戮没产夷其旅有西洋布曰扯黎本出邻国坎夷巴匹阔四尺五寸色丝间花阔五尺产孔雀白鸠马无余鸟诸香尝贡金丝宝带金丝细如发结花缀八宝珍珠鸦鹘石

卷二百三十七·占度载·度·四夷【十五】·海外诸国考【二】·浡泥

浡泥本阇婆属国在西南大海中统十四州洪武四年王马漠沙遣亦思麻逸进金表银笺贡方物赐金绮永乐三年遣使封其国主麻邪惹加那乃为浡泥国王赐印符诰币六年王率其妃及子来朝遣使迎劳之福建至南京王上金表献珍物妃笺献中宫东宫上宴王奉天门是年王卒于会同馆谥恭顺葬石子冈树碑立祠有司春秋祀封其子遐旺嗣赐玉带金银绮币器皿使送归国遐旺请封其国后山赐名长宁镇国上为文刻石十二年洪熙元年皆来朝贡俗以板为城以铜铸甲煮海为盐酿秫为酒丧葬有棺盛食无器室宇弘敞原田丰利刁尚奢侈爱敬华人王服颇效中国产片脑诸香牙吉贝玳鹤顶

卷二百三十七·占度载·度·四夷【十五】·海外诸国考【二】·满剌加

满剌加永乐三年王西利入儿速剌遣使奉金叶表朝贡言愿内附为属郡效职贡七年太监郑和克册封使赐印诰锦绮封为满剌加国王九年嗣王拜里迷蓟剌率其妃其子五百四十人来朝上御奉天门宴王赐玉带羽仪鞍马金银钱钞锦绮王妃服子侄傔从赏各有差十年遣使送还国十二年王母来朝贡厚赐之二十二年宣德九年王复来朝贡赐亦厚正统十年后数遣使来朝贡天顺三年王无答佛哪沙卒子舟茫速沙请封遣使册立为王成化末给事中林荣行人黄乾亨奉使溺海死子入监读书其国旧名五屿东南距海西北皆山地瘠卤故未称国隶暹罗岁输金五千两既奉我正朔始不隶暹罗王白帛缠首衣青花袍蹑皮履乘轿俗淳朴尚回回教民舍如暹罗婚丧大哇联榻趺坐刳木为舟泛海而渔旁海人畏龙龙高四尺四足身鳞甲露长牙遇人即啮啮即死山有黑虎视虎差小或变人形白昼群入市觉者擒杀之

卷二百三十七·占度载·度·四夷【十五】·海外诸国考【二】·榜葛剌

西天有五印度国榜葛兰者东印度也永乐六年王霭牙思丁遣人朝贡九年至太仓命行人往宴劳之十二年王蹇弗丁遣人奉金叶表献麒麟国最大自苏门答剌海行过翠蓝帛至浙地港更小舟行五百里至锁纳儿港登陆行三十五里至其国地广人稠财物丰甲于诸邻国国有城郭王及诸官皆回回人男祝发白布缠头圆领长衣吏彩蹑皮履市用银钱海五领山最高大气候常如夏赋十二刑笞杖徒流官有印章行移军有粮阴阳医卜百工技艺大中国有衣黑白花衫萦佩珊琥珀缨络系臂硝子镯钏歌舞侑酒者曰根肖速鲁奈奈盖优人也能作百戏以铁索系

虎行市中入人家解索坐虎于庭裸而挎虎虎怒交扑什虎数回乃已或手投入虎喉虎亦不伤戏已仍系之家人争以肉啖虎劳戏者钱历有十二月无闰风俗朴厚人好耕殖一年二熟产镔铁翠羽琉璃蛇马桑漆丝绵尤多枪剪最巧利布数种有阔四五尺者蓦黑蓦勒阔四尺背皆毳绒厚可五分即兜罗锦也白树皮布腻滑光润如鹿皮椰茭为酒槟榔当茶

卷二百三十七·占度载·度·四夷【十五】·海外诸国考【二】·锡兰山

锡兰山在大海中海中有翠蓝山最高大自山东南乘风可三日至赤卯坞坞人穴居男女皆裸若野兽不粒食食芭蕉子波罗密鱼虾又西海行可十日至佛堂山泊舟处滨海山麓有卧佛寺佛榻宝饰极华丽又西北陆行五十里至王居王尚释重牛煅牛粪涂体饮牛乳不食其肉杀牛者罪死王宫民居旦必调牛粪涂地而礼佛国富饶地广人稠亚于爪哇民上裸下缠帨加压腰去须毫留发布缠之女椎髻于后下萦白布饮食不令人见产青红黄鸦忽石水晶海洲有珠池日映光浮起闪闪射日间岁一淘珠诸番贾争来市珠土宜稻不宜麦市用金钱重麝香绮绢青磁器铜钱樟脑永乐九年王亚烈若奈儿锁里人绝我使途太监郑和俘至京十年封耶巴乃那为王赦亚烈若奈儿还国耶巴乃那故王族人也一名不剌葛麻巴思剌查国人以为贤故封之遣使送归诏谕其国正统十年遣使耶把剌谟的里哑来朝贡珠宝石天顺三年王葛力生夏剌昔利把交剌惹复遣使朝贡

卷二百三十七·占度载·度·四夷【十五】·海外诸国考【二】·苏禄

苏禄在东南海中人鲜粒食食鱼虾螺蛤短发缠皂缦煮海为盐酿蔗为酒织竹布为业气候常永乐十五年其国东王巴都葛叭答剌西王巴都葛叭苏哩峒王叭都葛巴剌十各率其妻子头目来朝贡珍珠玳诸物赐王服玉金带蟒龙金银钱钞锦币器皿王妃王子女姻戚头目赐物各有差三王者东王为尊西峒二王副之归次德州卒命有司营葬为文树碑墓道留其妃妾及傔从十人守墓令毕三年还国遣使封其长子都麻合为苏禄国东王十九年遣使来贡

卷二百三十七·占度载·度·四夷【十五】·海外诸国考【二】·柯枝

柯枝一名阿枝东连大山西南北皆海自葛兰山海西北行一昼夜可至永乐二年王可亦里遣完者答儿朝贡请封其国大山诏封为镇国山赐碑文是时太监郑和使至其国国王锁里人也首缠黄白布上不衣下萦丝帨束彩压腰缀椰木叶苫屋国人五种曰南昆与王同祝发线悬胫为贵族次回回人次富有财者曰哲地次牙侩曰革全又次卑贱者曰木木滨海而居业渔樵屋檐不得过三尺上衣不过膝途遇南昆哲地即伏候过乃起王尚浮屠敬牛建寺范金为佛每旦鸣钟鼓汲泉灌佛顶数回已乃礼之有曰浊肌者盖优婆塞也娶妻不剃胎发发缕缕垂后牛粪涂体行吹大螺妻随之乞钱气候常多雨市用金银钱银钱十五当金钱一产珠牙苏木

卷二百三十七·占度载·度·四夷【十五】·海外诸国考【二】·祖法儿

祖法儿亦名左法儿东南皆海西北重山自古俚西北海行十昼夜可至无城郭俗尚回回教体干修硕语言朴实王白布缠头衣青花丝帨或金锦袍靴履乘轿跨马前后列驼马鼓吹气候常如秋市用金铜钱钱文人形永乐中王亚里遣人来朝贡宣德中又来朝贡产西马驼鹤顶驼鸡福鹿片脑沉香乳香乳香即树脂诸奇药以易中国纻丝磁器驼鸡如鹤长三尺脚二指毛如驼行亦如之驼单峰或双峰皆可乘

卷二百三十七·占度载·度·四夷【十五】·海外诸国考【二】·溜山

溜山四面滨海如洲在西海中有石门如城阙土瘠无城郭依山聚居八村稍大皆以溜名可通舟楫余小溜无虑三千土人曰此弱水三千也人巢居穴处不识菽粟啖鱼虾无衣草木叶蔽前后舟行遇风失入溜即溺溜山有牒干国皆回回人俗淳厚业渔好种椰树气候常如夏市用银钱产龙涎香海椰皮结绳可贯板成舟涂沥青坚如铁针鲛鱼一名溜渔织丝帨甚精致亦有织金帨永乐中国王亦速福遣使来朝贡

卷二百三十七·占度载·度·四夷【十五】·海外诸国考【二】·阿丹

阿丹近古俚濒海可舟行国中富饶有马步胜兵七八千邻国畏之永乐九年诏中使郑和赐命互市

卷二百三十七·占度载·度·四夷【十五】·海外诸国考【二】·白葛达

白葛达海中小国土瘠俗尚佛教宣德七年国王遣和者里一思等来朝贡

卷二百三十七·占度载·度·四夷【十五】·海外诸国考【二】·琐里

琐里西海中小国物产甚微有撒哈剌诸异布洪武五年国王卜纳的遣撒马牙茶嘉儿干的亦剌丹八儿奉金字表朝贡图上其土地山川赐大统历金币永乐元年复遣人朝贡

卷二百三十七·占度载·度·四夷【十五】·海外诸国考【二】·西洋琐里

西洋琐里近琐里视琐里差大物产大琐里洪武三年使来以金叶表文贡方物上喜王敬中国涉海道甚远赐甚厚永乐元年复遣人朝贡上曰海外远夷附载番货勿征二十一年西洋十六国遣使千二百人贡方物至京师西洋琐里贡独丰美

卷二百三十七·占度载·度·四夷【十五】·海外诸国考【二】·彭亨

彭亨在东南海岛中并山山傍多平原禽兽稀少草树繁茂沃土宜谷饶果洪武十一年遣人奉金叶表朝贡赐彩币永乐十二年遣苏麻固门的里来朝贡其俗上下亲狎无寇盗男女椎髻好诵佛经煮海为盐酿椰为酒产冰脑诸香花锡

卷二百三十七·占度载·度·四夷【十五】·海外诸国考【二】·百花

百花在海中依山为国国中有奇花嘉树民俗饶富尚释教洪武十一年国王剌丁剌者望沙亦遣八智亚坛奉金叶表朝贡产红猴筒玳孔雀倒挂鸟胡椒

卷二百三十七·占度载·度·四夷【十五】·海外诸国考【二】·婆罗

婆罗山面海人多念佛素食恶杀喜施永乐四年国王遣人勿黎哥来朝贡真珠玳玛瑙车渠赐王及妃文绮

卷二百三十七·占度载·度·四夷【十五】·海外诸国考【二】·阿鲁

阿鲁一名哑鲁在西南海中土广人稀物产亦薄永乐五年国王速鲁唐忽先遣满剌哈三附古里诸国来朝贡令内臣至其国赐王文绮

卷二百三十七·占度载·度·四夷【十五】·海外诸国考【二】·小葛兰

小葛兰小国也东连大山西南北皆海永乐中太监郑和至其国王锁里人遣人入贡俗尚浮屠重牛饭和酥酪市用金钱婚丧巾服大锡兰山自锡兰山别那里西北海行六昼夜可至

卷二百三十七·占度载·度·四夷【十五】·海外诸国考【二】·古里班卒

古里班卒在海中永乐三年国王遣人马的来朝贡其俗土瘠谷少登气候不齐夏多雨雨即寒俗质朴男女披短发假锦缠头红油布系身物产甚薄

卷二百三十七・占度载・度・四夷【十五】・海外诸国考【二】・吕宋

吕宋在海中其国甚小顾产黄金以故亦富厚人颇质朴不喜争讼永乐三年国王遣隔察老来朝贡

卷二百三十七・占度载・度・四夷【十五】・海外诸国考【二】・合猫里

合猫里地小土瘠国中多山山外大海海饶鱼虫人亦知耕稼永乐三年国王遣回回道奴马高来朝贡产苏乌木胡椒

卷二百三十七・占度载・度・四夷【十五】・海外诸国考【二】・碟里

碟里国在东南海中大洲上洲有诸港通海人淳少讼尚佛物产甚薄永乐三年国王遣使马黑木来朝贡

卷二百三十七・占度载・度・四夷【十五】・海外诸国考【二】・打回

打回海外小国数为邻国所苦已乃治兵器与邻国战战胜稍得自立永乐三年遣麻勿来朝贡

卷二百三十七・占度载・度・四夷【十五】・海外诸国考【二】・日罗夏治

日罗夏治海中小国无他奇产产苏木胡椒人颇知种艺无盗贼崇佛教永乐三年国王遣文那打时镇来朝贡

卷二百三十七・占度载・度・四夷【十五】・海外诸国考【二】・忽鲁母恩

忽鲁母恩在东南海中或曰在西侥外国小土瘠物产薄永乐三年国王遣巳即丁朝贡

卷二百三十七・占度载・度・四夷【十五】・海外诸国考【二】・忽鲁谟斯

忽鲁谟斯在西南海中东连大山国中土厚宜耕种人质状貌伟硕喜作佛事常歌舞恶杀永乐三年国王遣马剌足来朝贡产大马西洋布狮子驼鸡福禄灵羊马哈兽

卷二百三十七・占度载・度・四夷【十五】・海外诸国考【二】・甘巴里

甘巴里在南海中大岛上人多织锦粒食亦鲜食永乐十二年国王兜哇剌查遣得名公葛葛来朝贡

卷二百三十七・占度载・度・四夷【十五】・海外诸国考【二】・古麻剌

古麻剌在东南海中永乐时王哇来顷本率其臣来朝至福州卒赐谥康靖敕葬闽县有司岁时祭

卷二百三十七・占度载・度・四夷【十五】・海外诸国考【二】・讨来思

讨来思在海中周径不百里城近山山下有水赤色望之知火然俗尚佛妇人主家事市中多驼羊马牛亦有布缕毛褐交易用钱土宜麦穄无稻谷宣德六年尝遣人朝贡

卷二百三十七・占度载・度・四夷【十五】・海外诸国考【二】・吃力麻儿

吃力麻儿永乐中遣使十一人来朝贡方物惟兽皮鸟羽罽褐之类其俗不事耕农喜射猎山卑水浅西南傍海东北林莽深密多猛兽毒虫得中国雄黄麝香磁器甚喜有逵巷无市肆交易无期用钱铁

卷二百三十七・占度载・度・四夷【十五】・海外诸国考【二】・纳失者罕

纳失者罕东去失剌思数日程皆舟行海中其国山林川泽有林木鱼虫城东平原饶水草可牧马马有数种最

小者高不过三尺俗敬事僧僧所至必饮食之顾尚气健斗斗不胜者众共嗤之永乐中遣使十人来朝贡

卷二百三十七・占度载・度・四夷【十五】・海外诸国考【二】・亦思把罕

亦思把罕于西南海中为大国广袤近千里四面皆海西北多山东南皆平沙国有城坚壮王居亦侈丽物产丰厚风俗朴厚尚佛畏刑喜施恶夺亦有中国人寓寄者时时出贾撒马儿罕市多马驼少布帛有珠珀而无稻黍日食惟麦穄麦粒粗壮甘美永乐中遣使四十四人来朝贡

卷二百三十七・占度载・度・四夷【十五】・海外诸国考【二】・淡巴

淡巴在西南海中洪武十年国王遣人来贡赐之金币其国风景秀赡土地广衍泉甘而水清草木畅茂畜产甚伙城以石筑屋以瓦履王乘舆官跨马颇有威仪国人勤生种艺织缕抱布男女咸务常业市有交易野无寇盗称乐土矣

卷二百三十七・占度载・度・四夷【十五】・海外诸国考【二】・甘把里

甘把里永乐间遣六人来朝贡自言其国小介于西南海中与诸邻国不通交易物产又薄山无长林田无宿麦以故国用常乏人民艰窘然奉佛教不求积聚无乞丐者

卷二百三十七・占度载・度・四夷【十五】・海外诸国考【二】・答儿密

答儿密永乐间遣使十八人来朝贡方物赐大统历文绮药茶国在海中不百里人不满千家有墙垒而无城郭屋以板覆田以牛耕王居官舍不甚差别产马驼羊牛毛褐布缕交易兼用银钱刑专用棰朴服属撒马儿罕

卷二百三十七・占度载・度・四夷【十五】・海外诸国考【二】・阿速

阿速在西海中为大国多撒马儿罕天方诸国人有城倚山面川川南流入海海有鱼盐之市野有耕牧之利敬佛畏好布施恶争斗物产饶俗凉暄适节人无饥寒夜无寇盗永乐中遣百十二人来朝贡

卷二百三十七・占度载・度・四夷【十五】・海外诸国考【二】・沙哈鲁

沙哈鲁永乐间遣七十七人来朝贡国在阿速西南海岛中人民淳耻斗好佛交易海中诸国西域贾胡来布海中奇物不惜高价亦有价廉而得奇货去者沙哈鲁人不识也王及酋长居城中有瓦屋庶人旅处城外田野中村落相聚山川环抱畜产丰利

卷二百三十八・占度载・度【四十九】・四夷【十六】・安南考

安南唐虞时南交也秦为象郡汉初南越赵陀据之武帝平南越置交趾九真日南三郡光武时女子征侧征贰反马援讨平之建安中改为交州置牧唐置都护府改为安南五代时土豪曲承美据之已为南汉所并宋初丁琏有其地封交趾郡王自是弃为夷琏传弟璇桓篡之桓传子龙挺李公蕴篡之公蕴八传嗣绝为其婿陈日煚所有元攻下之封其子光昺为交趾郡王终元世贡不绝亦时时侵掠边郡不敢大为寇国朝洪武二年国王陈日煃遣使同时敏等来朝贡上命侍读学士张以宁典簿牛谅赍诏封日煃为安南国王给镀金银印未至日煃卒侄日灯嗣请诏印于以宁拒之吾受命封先王何以得擅予若日熞请于朝乃遣编修王濂主事林唐臣封日熞嗣王而嗟赏以宁得使臣体日熞拜诏甚恭未几为陈叔明所篡叔明老弟煓代视事煓攻占城败死弟炜代先是上尝戒安南占城毋相攻至是以叔明兄弟怙强速祸复遣使谕之叔明表谢连岁贡上厌其数令三年一贡毋侈方物进犀象以劳吾民二十一年季犁弑炜立叔明子日焜命绝其贡叔明八年死上以叔明身自为篡敕礼臣毋吊而遣行人陈诚吕让谕还所侵思明五县不听日焜旋亦为季犁所弑……其俗惟交爱人倜傥欢演人淳秀有华风文学则欢演为盛其山川佛

迹勾漏伞圆富良江宣光江为大产金珠瑚玳丹砂诸香苏合油胡椒羚羊角犀角兕白鹿猩程狒狒白雉翡翠蚺蛇蚁子盐醢波罗密庵罗果乌木苏木

茅子曰昔当宣德间西东杨称名臣哉然其劝宣皇帝之弃安南先臣谓良策也我敢同声而和耶文皇帝两出师损士众倾府库竭仓廪当是时天下良苦之数公者固腹心帷幄之臣也岂不可置一语哉及郡邑之成守之章章有程士大夫便于朝农便于野商贾便于道一夫跳梁委而弃之肯堂肯构其谓之何是役也实基于文皇以辅得之使以辅守之如黔之于云南也安得屡叛哉其议弃之也辅实为元老不敢坚其说将有望耶抑不得已耶嗟乎屯法之弊军民均病焉二公之所为也恩可殉法可驰根本可不虞况区区疆域哉迨肃皇帝以天纵之英武焉欲正篡弑之罪而当是时有君无臣至今惜之君臣之难相遭也如此哉然有文皇在数公者皆宣力王家者也故曰为君难谨按其疆域之详及进兵之道于左方以告后之君臣

卷二百三十八·占度载·度【四十九】·四夷【十六】·安南考·道里

入交道三一由广西一由广东一由云南由广用水军伏波以来皆行之广西道宋行之云南

若广东海道自廉州乌雷山发舟北风顺利一二日可抵交之海东府若沿海岸以行则乌雷山一日至永安州白龙尾白龙尾二日至玉山门又一日至万宁州万宁一日至庙山庙山一日至屯卒巡司又二日至海东府海东二日至经熟社有石堤陈氏所筑以御元兵者又一日至白藤海口过天寮巡司南至安阳海口又南至山海口又南至多渔海口各有支港以入交州自白藤而入则经水棠东潮二县至海阳府复经至灵县过黄径平滩等江其自安阳海口而入则经安阳县至荆门府亦至黄径等江由南策上洪之北境以入其自山而入则取古斋又取宜阳县经安老县之北至平河县经南策上洪之南境以入其自多渔海口而入则由安老新明二县至四岐溯洪江至快州经咸子关以入多渔南为太平海口其路由太平新兴二府亦经快州咸子关口由富良江以入此海道之大略也交州之东有海阳荆门南策上洪下洪顺安快府等府去海颇远各有支港穿达迤逦数百里大舰不能入故交人多平底浅舟以便入港云

卷二百三十九·占度载·度【五十】·四夷【十七】·朝鲜考

朝鲜箕子封国汉初为燕人卫满所据传至右渠武帝攻杀之置真番临屯乐浪玄菟四郡汉末公孙氏晋高氏并据其地高本扶余别种人改国号曰高丽居平壤即乐浪也已为唐所破东徙后唐时王建代高氏并有新罗百济地益广东徙松岳以平壤为西京元至元中西京内属置东宁路总管府画慈岭为界国朝高皇帝洪武二年王颛表贺即位遣符玺郎偰斯赍金印诰文封颛为高丽国王使者入谢上从容问王居国何为城郭修乎甲兵利乎宫室壮乎顿首言东海之波臣朝夕礼觉王甚恭他未皇也玺书谕王佛法非所以治国梁武后世之前车也王其毋惑以王君临一方而出令之无所其何震之有王国北接虏而南邻倭虏创于此恐将逸于彼倭狡而贪出没海上且窥王虚实朕私忧之设险搜乘以固吾圉惟王念哉今以经史诸书赐王其悉朕意中书省臣言高丽使者往来私为市非法请征其入而禁其出不听五年颛请徙耽罗国所留蒙古人及征兰秀山逋寇报诏耽罗尔附庸也蒙古亦人耳尔何弃焉逋寇以朕命命之传檄可致勿用兵顷之贡马五十匹道亡其二使者以闻及马至无恙诘之则使者所偿也上责其不诚却之七年谕中书省臣曰古诸侯事天子比年小聘三年大聘五年一朝九州外夷戎世见而已高丽去中国近知经史礼乐非他比宜令三年一聘不则比年聘曩高丽贡献数使者溺海几不返甚失朕意丞相其明以谕王八年颛弑死子禑嗣贡不如期却之羁其使周谊仍敕辽东守臣绝勿通十七年表请故三谥及嗣封不许十八年许之明年贡马千匹布万匹谢请易冠服不许指挥高家奴自其国市马归言禑辞马上令给之二十一年国相李仁人废禑立王昌岁中两请入朝皆不许李成桂复废昌立定昌国院君瑶瑶尝遣子奭来朝奭未归而成桂废瑶自立王氏自五代至今传数百年绝其国评议司表言禑昌不当立瑶暴虐失人心国虚无王舍成桂莫适与也惟朝廷命之上曰彼夷耳吾何诛成桂更名旦徙居汉城已请更国号诏仍称朝鲜二十八年入贡表语谩逮撰表者郑总羁留之令辽东绝朝鲜旦老请子芳远嗣永乐元年赐冕服经籍从芳远请也六年世子禔来贡八年献马万匹助征虏十三

年表更立子祹为世子是年芳远老请以祹嗣宣德元年遣使赐祹五经四书及性理大全纲目通鉴因谓礼臣是书有国家所当知朕嘉惠远人故赐之四年祹进海东青制诏珍禽异兽非朕所贵其勿进方物效诚而已母金至器祹再进再谕之已请遣子弟入学不许仍赐诸书俾学于国中正统四年建州夷酋凡察童仓逋居朝鲜界上别酋李满住以为言诏问祹亡何凡察归建州祹表言凡察以穷归臣臣遇之善卵翼而遂飞必索之凡察复言祹羁留其私属请檄还不则随以兵诏两解之且慰藉祹国家以王为东藩如凡察直夷畜之何敢望王彼其怀鸟兽心去留无恒王第善自备毋与较景泰元年赐祹世子珦冕服祹卒珦嗣三年卒子弘暐嗣稚而孱逊其叔瑈天顺三年边臣疏瑈私与建州夷酋董山通已又杀毛怜酋郎卜儿哈累诏戒谕之成化三年进海青白鹊却之时方征建州瑈遣中枢府知事康纯等率兵助王师捕斩李满住及其部落遣使来献俘玺书褒嘉之明年瑈卒子晄嗣六年晄卒从子嗣复出兵助击建州捷闻遣中使赉王金币并其将士弘治八年娎卒子㦕嗣㦕病风逊其弟怿嘉靖二十三年怿卒子峼嗣未逾年卒子峘嗣时日本入寇舟漂至朝鲜及奸民往来海上私与倭市峘辄捕以献上亦厚赐予答其意隆庆元年峘卒从子昖嗣李氏自成桂以来事朝廷恭岁时朝贡外庆慰报谢无常期行李踵于道王嗣立则使者往封有大事则颁诏其国他夷不敢望也始成桂立高皇帝虽置不问然心恶其篡而传者复以成桂为仁人子故祖训谓其父子先后弑王氏四王其后嗣当永乐正德嘉靖间累表自白言恭愍之弑由嬖臣伦仁人诛伦立禑禑既立则遣兵侵辽东先臣成桂惧干上国返其兵禑遂逊位于子昌而恭愍妃安氏以禑昌皆非王氏不当立乃黜昌立瑶瑶复不道国人请命高皇帝立先臣赡瑶别邸终其身先臣实未尝为弑而虚蒙此声又家世出新罗司空顾以为仁人子皆冤甚乞下史馆昭雪之神庙初乃得请其地之釜山者海口也与日本相对釜山之民向与倭往来互市无间有长子孙通婚姻者曰倭户又日丽倭时王昖久于位怠弃政事其臣柳承宠李德馨辈邪谀得政戎事废驰故日本酋平秀吉乘之师起不两月而封疆已失其半矣入王京王昖奔义州告急于本朝乃拜兵侍郎宋应昌为经略将兵以剿之是时议者谓倭得朝鲜可以旦夕渡鸭绿内窥畿辅外扞山东皆举手之易故剿之者不惟恤属国亦以杜臣害而兵尚书石星入沈惟敬之说使往倭营说封贡星之意以倭之所以蹂中国者在不得互市耳可以表饵伏甲兵与之封号如北虏西番以备四夷来王之礼固无所不可而惟敬乃诪张其说遂私许以帝女下降而其议两抗而不入矣应昌薄军平壤倭来战遂乘之斩获颇多于是降议始有绪以诏旨宣谕之罗拜听命去王京送还五子宫眷百余口言者谓应昌不任乃以顾养谦代养谦疏上与朝议不合亦谢病去乃以孙矿代是时小西飞者报命因请封上以倭尚屯釜山乃庭诘之小西飞稽颡曰留军待封使非敢有它怀乃铸王印遣临淮矦长子李宗城副将杨方亨往封之是时惟敬谓功多可得专使即不尔亦可介而两不用宗城复纨裤不谙事谩骂惟敬惟敬思有以因之且倭恋釜巢未肯轻去遂羁二使于倭营一载度其窘以危言惕之宗城弃玺书而遁朝议逮宗城而以惟敬副方亨倭将行长清正始撤师册使得渡海朝鲜陪臣从秀吉责朝鲜王子不亲谢及期引使者入见方亨前立惟敬捧印立阶下良久忽殿上黄帷开一老叟曳杖挟二青衣而出即关白秀吉也侍卫呼噪二使匍伏老叟颇加诟让行长曰此天朝送礼人宜优待之始出就馆次日宴册使惟敬方发言撤兵通好秀吉即怒曰天朝遣使封我我不敢辞朝鲜决不许和天使亦不须久留诘朝可即发我当再征朝鲜耳二使行至郎古耶将渡海倭酋赍秀吉书来二使谓谢表也发之乃檄责朝鲜列其三罪至釜山釜山倭营尚弱朝鲜将李元翼欲乘虚击之惟敬不可乃私市珍异为秀吉贡物以诡报而倭兵陆续渡海以行长清正兴哥义弘将朝鲜避兵颠越本朝复议出师而兵已尽撤募者不至乃下石星于里时倭兵二十余万分五路而入不复掠财嗜杀唯据险守城为久远设施第敌本因粮朝鲜而朝鲜久遭兵燹公私无储野谷未蓄故倭亦待秋而进矿乃议设水兵于天津登莱以防其海道冲突自宁城至开城千四百里皆设兵守之据朝鲜形势之半教其国兵以汉战即山以铸钱因地以开屯亦为久远设施未几矿亦去而邢玠代杨镐为经理惟敬度不能得之秀吉乃乞朝鲜僧百计说清正终不得惧得罪将窜降倭玠乃密授南原守将杨元擒之惟敬恨元乃以虚实报行长攻破南原得拓林要路水陆并阑入全州破守将陈愚衷遁时庆尚大半已陷全罗之南贼皆横行逼王京玠尚未出山海关朝鲜惟倚藉经理镐镐驻平壤不即进闻二城破始至王京漫无一筹是时朝议以朝鲜不自奋檄责其王苟奖率三军死守社稷当大发兵饷以助讨贼如自轻宗庙窜伏草莽求缓须臾中国岂得代为尔戍弗持两端以误机务朝鲜王具言诚款请躬服櫜鞬以待指挥是时王京水路要害皆为贼所得使其半由陆牵制于南半由水抄入于北则吾兵陷死地而倭犯旅顺犯天津犯登莱无不可直践中国第倭酋无雄略恐离海口易进难退故筑营垒窖刍粮令丽民纳粮免戮愈为久远设施而我得待兵饷之集玠未抵王京倭游兵先至全义馆距王京止百五十里偏将

杨登山牛伯英败之斩其骁将叶一枝倭气稍挫玠至觇知行长管在釜山清正营在西生浦与请将计曰我先攻釜山则倭据险阻我水陆失援必先破清正则可以尽步兵之力东至东莱机张北至庆州蔚山但必得水军为奇兵以牵其四顾而陆兵方可出所患者水军弱耳乃合计步马共得四万余并将高丽之军万余以高策为中军李如梅为左军李芳春为右军大将麻贵同经理镐自忠州乌领向东安而趋庆州专攻清正然恐行长自西来援则令中军扼全罗使不暇顾又摘三路骑兵千余人同朝鲜之师由天安全州南原而下命平壤一带备行粮十二万声言大举以摇其心分其势水军寡使暗伏俟战鸣鼓为疑兵倭败遁则夹击之盟师而发是时丁酉十二月四日也至二十日兵会于庆州知贼巢于蔚山蔚山之南为岛山二山不甚峻而城依山为固中有一江可通釜山其陆路则由彦阳亦可通釜山麻贵将专攻蔚山分军扼彦阳以绝釜山之援李如梅等斩四百四十余遂逼岛山营游击茅国器又斩六百六十余遂密匝四围困之十日倭食尽汲断至啮饮溺并食以食善炮者而余听其馁死炮弹以碎铁蘸药可一发伤两人清正固守不下俟我之怠诈以降请镐信之疏报曰清正乞降臣不之许必当生擒以献阙下老将吴惟忠曰围城必缺走而可擒也镐叱之逮十日行长援至然恐我师乘其后北抽精锐二千遍树旗帜蔽江而下水兵寡故不足以御镐震惧议正月初四撤兵先一日轻骑遁去士皆奔窜清正袭之损失过半以是镐罢归三军俱回屯庆州筑浚以自固乃益召川广两浙之师而名将陈璘刘綎张榜邓子龙蓝芳威等皆至以万世德为经理玠以地理隔越山川险阻兵不可聚分为水陆四路以李如梅主中麻贵主东刘綎主西陈璘主水合师十万各守信地未几如梅镇辽以董一元伏之世德犹未至玠即于九月二十日进师是时倭据朝鲜七年于兹矣沿海千里分为三窟清正仍据蔚山行长则据顺天义弘则据望津泗川麻贵驻温井当清正深沟高垒时出游兵以扰之刘綎驻水源当行长行长寨逼于海綎兵不能进乃诱行长出会以擒之每期则单骑候于道行长渐信之而綎部下降倭泄其谋行长惊遁綎以兵迫之不利愈迫之遂大董一元当义弘躬往宣府募家丁未至裨将茅国器请以身当贼日有斩乃作檄谕之以携其党党有离心乃俟一元至大举倭临江固守势若长蛇国器曰观其形势以望洋为首首碎则立破矣然晋江不可飞渡当以计得之逻骑得一妇自倭营来怀中出一署曰此妇将度异域吾怜而赎之天兵弗害也末曰知吾姓者令公之后埋儿之父问吾名者有或之口无才之按国器赞画诸葛绣解口此郭国安也以语参谋史世用世用跃然曰郭国安华人也往与共在日本誓自效于本朝今在兹可以间矣乃谋诇之知义弘尚在泗川主望津营者国安也乃遗书约之于九月二十日伏火屯聚俟我师渡焚粮以应之至期如所约遂大胜夺其营倭退守于泗川是日麻贵亦袭破永春焚其营垒积聚二十一日西破昆阳焚毁殆尽三营既破我兵得驻江南二十八日夜半袭泗川骁将李宁以先入失道陷没我兵反为所乘及晓我兵四集倭奔败遂斩获数百倭弃城奔新寨乃烧其东阳仓二十九日议取新寨即义弘所居也国器曰倭虽败而士尚众并归大营其守必力攻之不下而援兵四集往事可鉴也不若先攻固城倭方挫未敢出救固城拔则新寨援绝此长策也一元狃于屡胜掀髯曰疾雷不掩耳寨将不战而下矣遂进师城几坏而木杠破药烟障目倭遂乘之我兵大败奔溃国器欲死守望津而诸将已不能军乃还星州是时陈璘率邓子龙等扼海道倭艇不敢横行忠清道有九龙岛者不可燃犀裨将方日新过其处铳惊水怪一军尽没十月世德至王京乃移檄倭营数秀吉之罪而叹悯岛民无辜八年暴露以感激之是时倭众久思归得檄心动值秀吉死其子金哥幼国中潜谋篡夺三将皆欲归莫敢先发国器知义弘素怨秀吉可间也乃遣茅国科持世德檄赍金帛以见义弘郭国安从旁赞之义弘诺国安私谓国科曰国有大故势当疾归所恃者釜山数月粮耳粮尽当归矣已而清正粮果尽告借义弘义弘不许清正乃先撤蔚山之师义弘行长以次而撤陈璘俟其渡海以水师邀之邓子龙深入后军火器误中其帆樯遂战没我兵战益力倭不善水战且无斗志遂大败复窜于岸者为陆兵所掩溺死万余斩首尚千余级行长最后发师犹在道为刘綎所邀大败之至是三路二十一寨悉荡平是时戊戌十一月也我师归朝鲜得再有其国焉至庚子善后始毕大司农计度支自玠出凡四载用饷银八百余万两军资不与焉昖卒子晖嗣四十六年奴酋犯顺乃敕王整军协剿经略杨镐于已未二月十一日誓师而发镐即故经略朝鲜釜山宵遁而罢者也起镐田间识者日无以谢辽士且不可使朝鲜闻也然事急莫敢言者镐以诏旨发其师晖命姜弘立为都元帅金景瑞副之率士万三千人铳手居多朝鲜之习火器自东征始也其法以木为牌并列如墙开穴置铳铳力颇猛镐命属于刘綎綎即征东时大将也时当一面其道出宽奠与朝鲜近故使属之而命游击乔一琦端督焉綎之师颇有斩朝鲜再丧之余稍知训练亦能成军虏覆他路将杜松假其旗帜以袭綎军綎一琦皆战没朝鲜裨将金应河据山为营严铳以拒虏中铳不退天乃大风扬尘铳不能发应河据胡床持大弓射贼力屈而死弘立与景瑞举军降次年天子下诏恤朝鲜之

死事者命经历程仑以二万金往廷议又请以行人刘时俊往且驻札义州以奖励朝鲜士卒是时朝鲜使臣在京师以往者东征之役宫军颇暴其民请自奉敕赍赉以往不敢烦天使且言残败之余未能整众义州之驻无益事宜本兵黄嘉善遂请令顺赍敕赉如所请而时俊驻宽奠宽奠则我境也非励率外藩之意矣时俊辞遂罢其使是时奴尝以威胁朝鲜朝鲜惧遂阴与通而阳诇于我边臣有言其馈盐米与虏者言路以为言王晖震恐乃表咎行人失辞请命专使并白其逊辞缓祸非敢阴馈盐米疏留中其地东西相距二千里南北四千里分八道统府州郡县其设官略仿中国以田制俸刑法不苛俗柔谨崇释尚恶杀茅居苎衣知文字喜读书上下威仪灿然可观矣山川丸都神嵩北岳海鸭绿江为大产金银铁水晶盐绸苎布白硾纸狼尾笔果下马长尾鸡貂豽海豹皮八稍鱼昆布秔黍麻榛松人参茯苓其贡道由鸭绿江历辽阳广宁入山海关达京师成化中苦女真邀劫请改道职方郎刘大夏持不可议遂寝

卷二百四十·占度载·度【五十二】·航海

茅子曰禹贡之终也详哉言声教所及儒者曰先王不务远夫劳近以务远君子不取也不穷兵不疲民而礼乐文明赫昭异域使光天之下无不沾德化焉非先王之天地同量哉唐起于西故玉关之外将万里明起于东故文皇帝航海之使不知其几十万里天实启之不可强也当是时臣为内竖子郑和亦不辱命焉其图列道里国土详而不诬载以昭来世志武功也

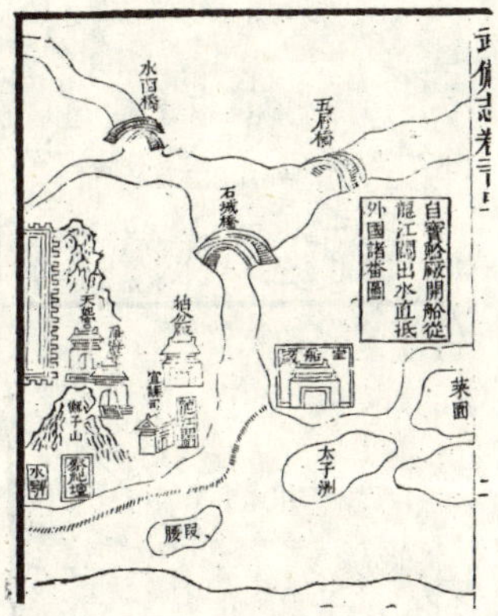

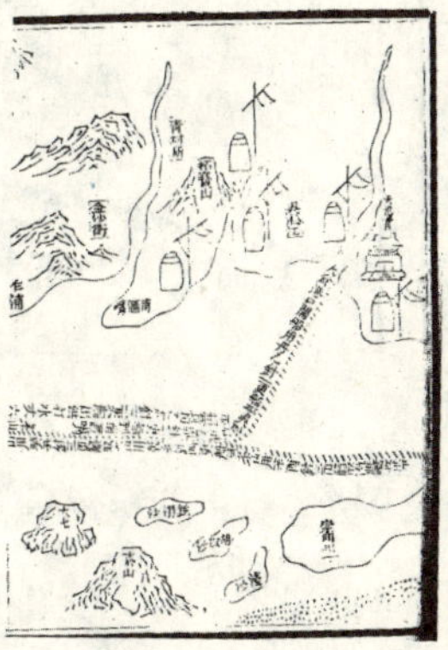
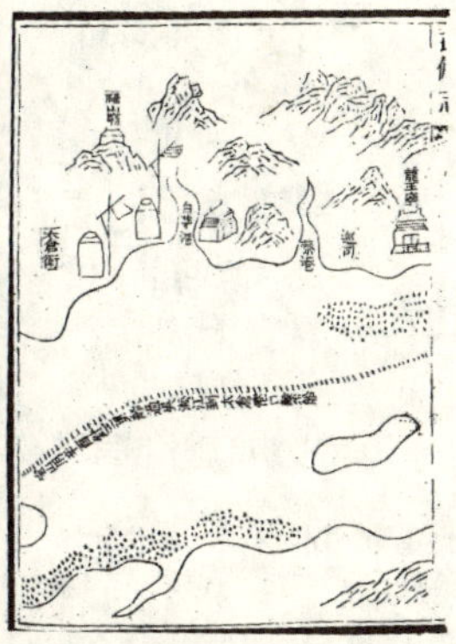
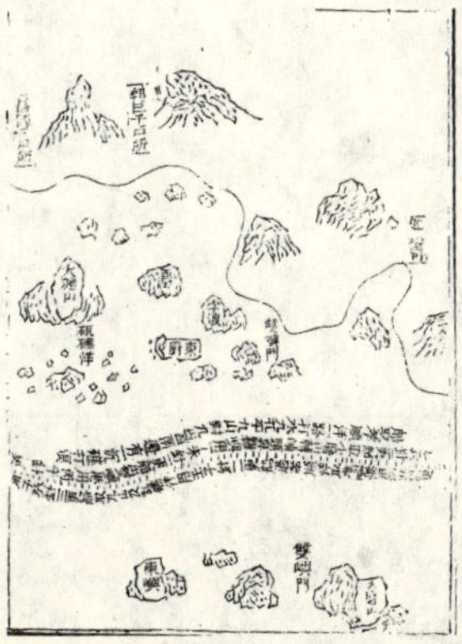

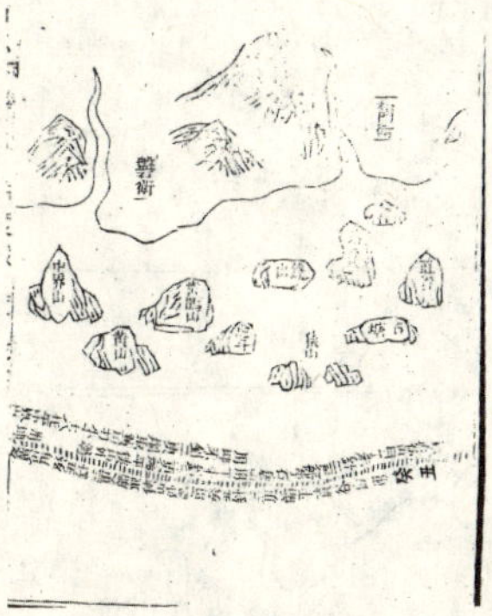
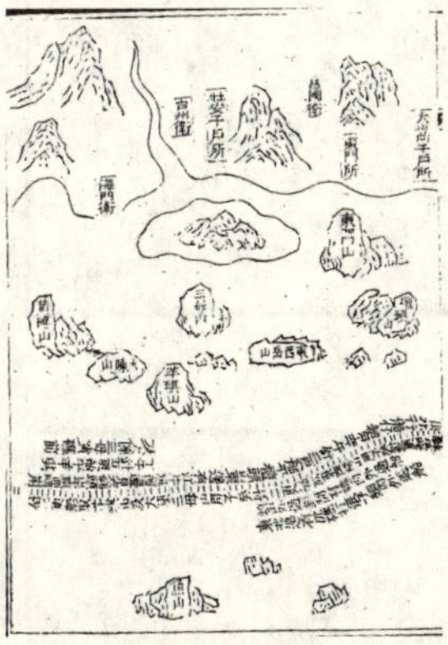

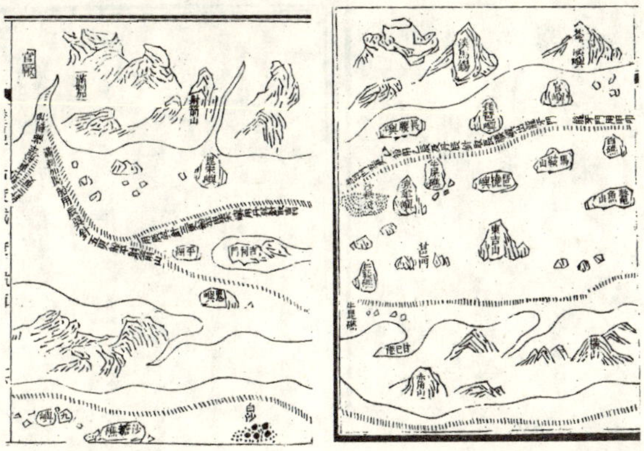

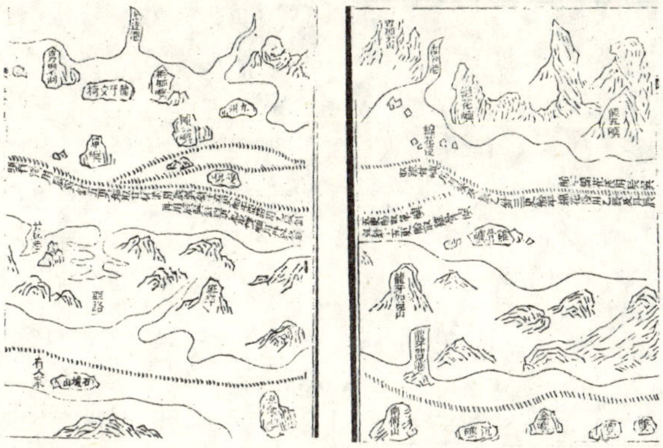

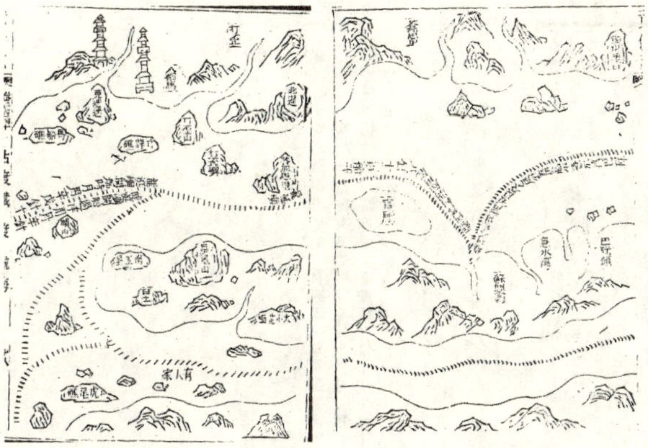

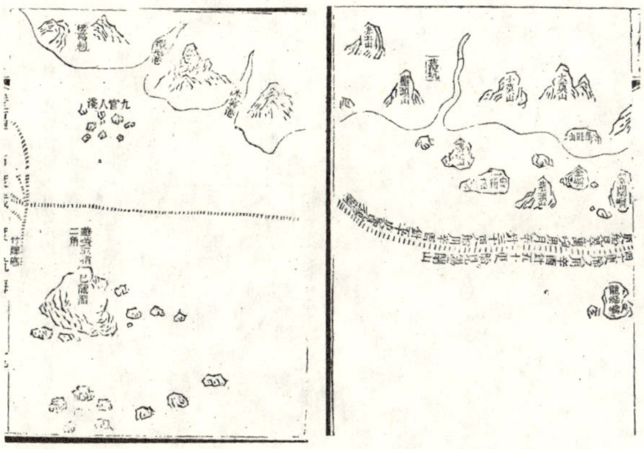

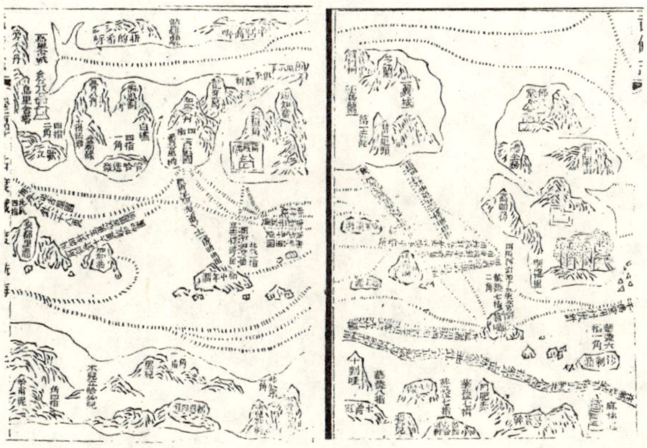

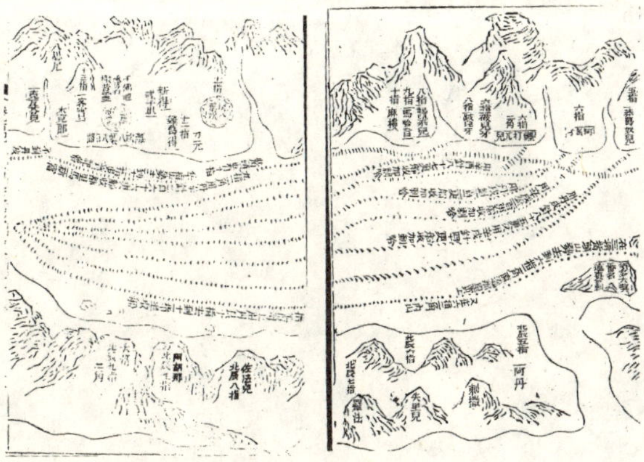

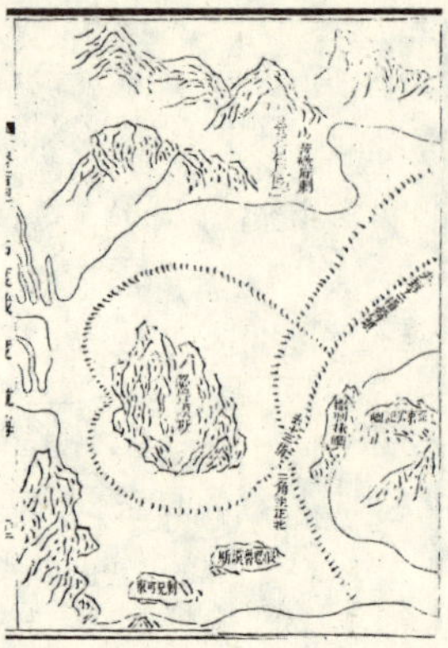

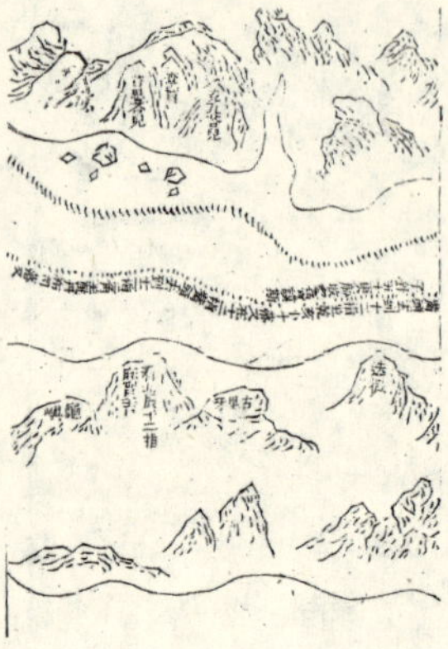

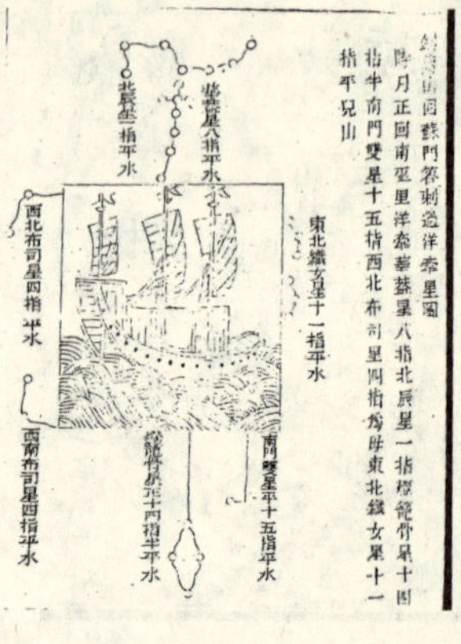

星圖
時月正回南巫里洋牽華蓋星八指北辰星一指燈籠骨星十四
指半南門雙星十五指西北布司星四指為母東北織女星十一
指平兒山
東北織女星十一指平水
南門雙星平十五指平水

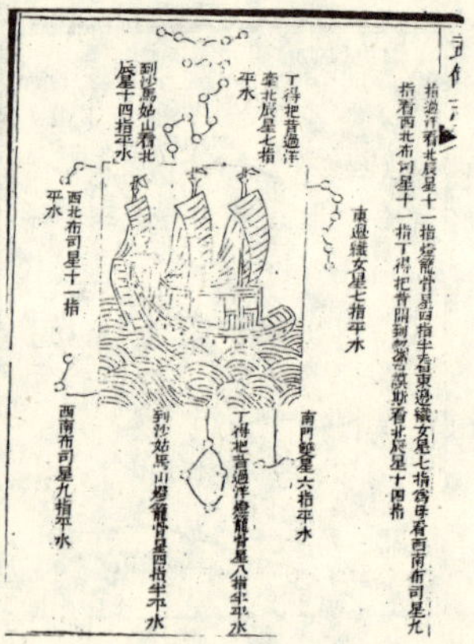

東邊織女星七指平水
南門雙星六指平水
西南布司星九指平水

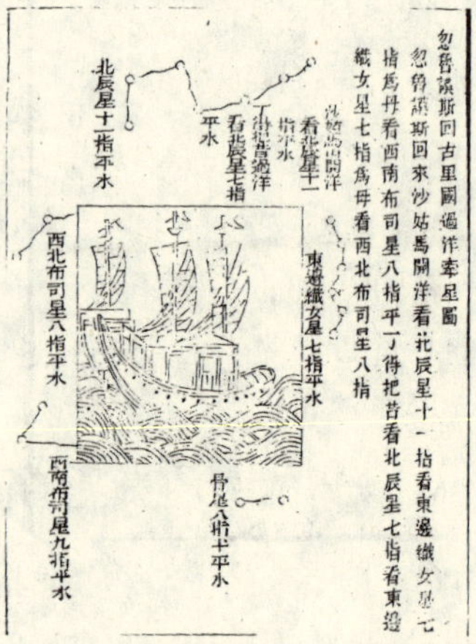

忽魯謨斯回古里國過洋牽星圖
忽魯謨斯回來沙姑馬開洋看北辰星十一指看東邊織女星七
指為母看西南布司星八指平丁得把昔看北辰星七指看東邊
織女星七指為母看西北布司星八指
北辰星十一指平水
西北布司星八指平水
東邊織女星七指平水
西南布司星九指平水

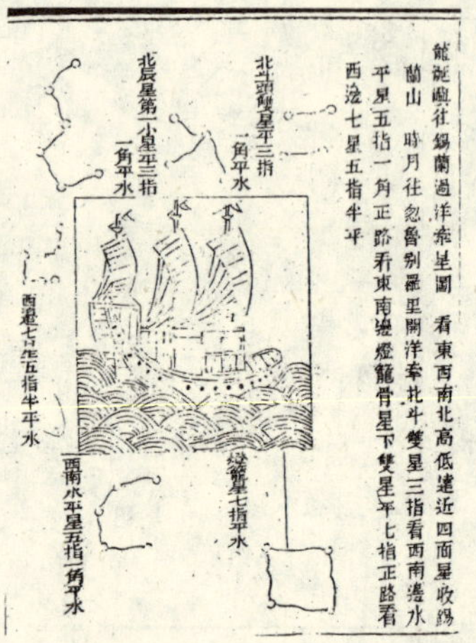

錫蘭山過洋牽星圖 看東西南北高低遠近四面星收錫
蘭山 時月往忽魯謨斯開洋牽北斗雙星三指看西南邊水
平星五指一角正路看東南邊燈籠骨星下雙星平七指正路看
西邊七星五指半平
北斗頭雙星平三指

本卷系交通部交通应用基础研究项目成果

中国航海史基础文献汇编

（第三卷·杂史卷）

（索引）

中国航海史基础文献汇编编辑委员会
大连海事大学中国航海史基础文献研究项目组　编

主编　孙光圻　　副主编　刘义杰

海洋出版社

2012年·北京

图书在版编目(CIP)数据

中国航海史基础文献汇编.第3卷,杂史卷/孙光圻主编.—北京:海洋出版社,2011.9.

ISBN 987-7-5027-8054-8

Ⅰ.①中… Ⅱ.①孙… Ⅲ.①航海—交通运输史—文献—汇编—中国 Ⅳ.①F552.9

中国版本图书馆CIP数据核字(2011)第128845号

责任编辑:刘义杰

责任印制:赵麟书

海洋出版社 **出版发行**

http://www.oceanpress.com.cn

(北京市海淀区大慧寺路8号 邮编:100081)

中煤涿州制图印刷厂北京分厂印刷 新华书店发行所经销

2012年4月第1版 2012年4月北京第1次印刷

开本:880mm×1230mm 1/16 印张:372

字数:10620千字 印数:1~1000册

定价:980.00元

发行部:62147016 邮购部:68038093 总编室:62114335

索引目次

索 引

一、人物

C

D

E

F

G

H

K

M

N

O

P

Q

R

S

T

W

X

Y

Z

二、地名与水域

1. 地名

A

B

C

D

E

F

G

H

J

K

L

M

N

O

P

Q

R

S

W

X

Y

Z

2. 水域

A

B

C

D

E

F

G

H

J

K

L

M

N

P

Q

R

S

T

W

X

Y

Z

三、运载工具

1. 船舶种类与式样

A

B

C

D

E

F

G

H

M

T

W

X

Y

Z

2. 船名

A

B

C

D

F

G

H

J

T

W

X

Y

Z

3. 船舶结构、设备、仪器、辅件等

B

C

D

H

J

K

L

M

N

P

Q

R

S

T

W

X

Y

Z

4. 船舶修造技术与材料

B

C

D

E

F

G

H

J

K

L

M

N

P

Q

R

S

T

W

X

Y

Z

5. 船舶修造机构与设施

W

X

Z

6. 船舶购置与修造活动

C

D

G

H

M

Q

S

T

X

Y

Z

四、知识与技术

1. 地文

A

B

C

D

E

F

G

H

J

2. 水文

3. 气象

4. 船艺

F

G

H

J

L

P

Q

S

5. 水上与陆地设施

S

T

6. 教育培训

T

Y

五、管理

1. 机构与建制

A

B

C

D

K

L

M

N

P

Q

R

S

T

W

X

Y

Z

2. 职务与职业

A

B

C

D

E

F

G

H

J

K

L

M

N

T

W

X

Y

Z

3. 政策与措施

B

C

D

H

J

K

L

M

N

X

Y

Z

4. 运输性质与方式

B

C

D

G

H

J

L

Q

S

T

W

X

Y

Z

六、其他

1. 水上事故与救助

2. 风俗文化

3. 相关文献

本卷系交通部交通应用基础研究项目成果

中国航海史基础文献汇编

（第三卷·杂史卷）

（6）

中国航海史基础文献汇编编辑委员会
大连海事大学中国航海史基础文献研究项目组 编

主编 孙光圻 副主编 刘义杰

海洋出版社

2012年·北京

图书在版编目(CIP)数据

中国航海史基础文献汇编. 第3卷,杂史卷/孙光圻主编. —北京:海洋出版社,2011.9.

ISBN 987-7-5027-8054-8

Ⅰ.①中… Ⅱ.①孙… Ⅲ.①航海—交通运输史—文献—汇编—中国 Ⅳ.①F552.9

中国版本图书馆CIP数据核字(2011)第128845号

责任编辑:刘义杰

责任印制:赵麟书

海洋出版社 出版发行

http://www.oceanpress.com.cn

(北京市海淀区大慧寺路8号 邮编:100081)

中煤涿州制图印刷厂北京分厂印刷 新华书店发行所经销

2012年4月第1版 2012年4月北京第1次印刷

开本:880mm×1230mm 1/16 印张:372

字数:10620千字 印数:1～1000册

定价:980.00元

发行部:62147016 邮购部:68038093 总编室:62114335

舟师绳墨[①]

教习弁言

【弁音便。冠也。即今所谓帽也。弁言者。书之序文。所以言著书之原委。因列于书首。如人头上有帽。故序文谓之弁言。今称营中千把等官。亦谓之弁者。以千把居兵丁之上。亦如人头上之帽同一意也。是书本为教习水师而设。而此一篇统官兵而告戒之。令其一体学习。其意侧重在官。为全篇之主脑。提通部之大纲。如演戏副末所唱之开场白也。故曰教习弁言。以后才分舵缭斗碇四项。末及众兵云。】

司马法曰。士不先教。不可用也。然束伍之法。号令之宜。鼓舞之机。赏罚之信。不但无古今。亦并无水陆。万世同道。不容旁赘一说。惟是水师首重战舰。若遇风恬浪静。操驾巡防。有何难处。所患海气溟濛。风涛瞬息。兼以乱礁逆流。掀簸震荡。戍守之险。难于出路者此也。苟非教之有素。自顾不暇。所望其捍御者安在哉。【司马法。武经篇名。战舰。即战船也。恬音田。安也。溟音明。水黑色谓之溟。濛音蒙。溟濛。细雨也。掀簸音轩播。捍御。犹言抵敌护卫也。】

历来商渔之徒。颇有精通水务。又苦辞不达意。亘无抉示纤微。即有谙练之弁目。自任以约束调度为职。而于一切行舟事宜。惟捕舵是问。又其甚者。方谓舵缭斗碇。【按碇即锚也。有铁有木。考字书本作矴。音订。镇舟石也。又作碇矴。并无椗字。但今俗通作椗。不复知有矴碇矴等字矣。】[②]此一技一艺事也。似不必习。曷亦念为将之道。所谓身先士卒者。非独临阵身先。件件苦处要当身先。所谓同滋味者。非独患难时同滋味。安常时亦要同滋味。而况舵缭斗碇。千金之战舰所系。一船之身命所关。岂可云一技一艺之末。独使士卒该习。弁目不该习乎。虽舟师溅水拖泥。事事艰险。若必顾体统。惜气力。看到口不能开。手不能动。名为坐船之弁目。实同开铺之招牌。可耻孰甚。即使习之。不尽通晓。则同舟之卒。得以欺骗避难。而逆诳【古况切。光。去声。欺也。】莫可辨。斯驱策不能明。不可行也。升平日久。比比借为捷径。若使伺候上司。问以某汛某岛屿某洋某礁脉。答应不穷。如瓶泻水。一经随带巡行。岛屿礁脉认得他。他却认不得岛屿礁脉。闭目念文。到底不识一字。其斯之谓与。【比音秘。比比。犹每每也。捷径。犹近路。言其由水师出身较陆路为快便也。屿音序。海中洲上石山也。礁音焦。海中隐石。本作嶕今俗通作礁。非。】

今圣天子念周瀚【音汗。广大之貌。】海。加意水师。凡具出类拔萃之才。不数年而位至大员。可见士卒者。侯伯之根苗也。生逢盛世。急宜互相鼓舞。以膺千载一时之旷典。总之千言万语。水师技艺。不是答应官府的公事。系尔官兵保身立功。自己贴肉的勾当。你若舵缭斗碇。平日学习得十分。到不测时用得五分。亦可保全。若用得八分。已可万全无患。未有到不测时。能用尽十分本事。而从容活泼者也。故俗语有云。到厮打时忘了拳法。全在平日学习时。存想到那遇不测的一般。久而纯熟奥妙。即陡【音斗】遭台飓【台音台。俗字无考。飓。本作飓。音具。海中大风。南越志云。飓风者。具四方之风也。又岭表录云。秋夏间有晕如虹。谓之飓母。苏东坡飓风赋云。断霓饮海而北指。赤云夹日以南翔。此飓之渐也。今俗通读为报】就以平日所学习者用之。一件熟。即得一件之妙。若平日不知学习。即属不要性命的呆【鱼开切。艾。平声。痴呆也。】子。猝然飓来。便张目丧胆。待命鱼腹。此时悔哭血出。亦属无益。

凡尔千把外委等官。身邀一命之荣。岂可不识指挥。以取罪戾。即尔兵丁吃著粮饷。又有加拔。不

① 〔清〕林君升撰。据清乾隆三十七年陈奎刻本。

② 此段文内夹注原本见于眉批，编者按文意补入。

要说你安坐一日。少不得你的银米。就是你病一日。也少不得你一厘一合。这粮饷都是官府征比来的民脂民膏。尔等在家。那个不是种田地的百姓。肯想到种田地完粮银的艰苦。即知今日吃粮饷的容易。并不用耕种担驼。尔等更有那做渔采生业的。拌【音潘。弃也。俗又作拚。】却性命。历尽辛苦。尚多亏折。愈知今日粮饷之不呼而至。安坐而得。州县迟误。尚有参罚。朝廷养兵千日。用力一朝。享天高地厚之恩。身为水师士卒。若犹不熟水性。即是不恩报答之人。国家要你何用。尔等各具天良。亦曾思量到此否。

本镇仰荷皇恩。谬任以来。无日不恳切训诫。特恐言者谆谆。听者藐藐。虽经分列四甲【舵缭斗椗四项之人。】轮流学习。猥蒙圣明俯采。一体遵行。但舵缭斗椗。事固琐碎鄙陋。而其难其慎又什倍于弓矢干戈。用与三营。将备。斟酌考论。分设教习。自捕舵而下。及众兵。所有职掌章程。详列于后。本镇生长海滨。自从戎以及簉仕。数十年虚心问察。字字身试力行。欲使尔等简易遵循。故各条教约。宁言粗俗而求实效。不敢粉饰而事虚文。各抄一本。识字者自读。不识字者听识字者解说诵读。到行船时。字字依著而行。便觉亲切有味。就是或战或守。俱不外此。【此战守。不是言战兵守兵。是言或遇海洋打仗交锋。或则出巡防守。俱不外此法则。战则如今水操亦是。】管驾之法。但不得假借水师。全凭口说。以为骗窃功名之衣钵。【钵音拨。盂也。和尚传法有衣有钵。此喻假借水师以骗功名。个个如此。犹和尚衣钵相传也。】殊不思无本之学。即使侥幸得来。一旦奉令巡防。偶有不测。手足无措。势必负罪非轻。贻误不小。想到此际。不知功名在那里。连性命也不知在那里。却不是反害了你。故圣贤学问。全在毋自欺三个字。天下若有实在本领。凭他怎样颠扑不得破的。若或稍涉虚假。再没有不败露的日子。尔等捕舵各头目。熟读遵循。便称一个好头目。那个水手敢不听你调度。这就是无惭职守。报答国恩的人了。所可惜者。尔等终岁在洋。步伐进退。茫无讲求。状貌不异愚蠢乡人。举止全无行伍。所以营伍水师。二者原难兼得此千古之通病也。尔等若再能于管驾之外。营伍熟。武艺好。此时求才若渴。功名唾手可得。至尔千把外委等官。毋耻下问。【言自己不晓得。不可以问于下人为耻。则不护己短。而水师亦渐明白矣】毋避劳冗。【而陇切。戎。上声。杂也。忙也】毋水陆歧视。局于一途。努力造到全才。庶水师可以出力。陆路亦可报效。异日即为干城腹心之器。【干。盾也。古人以木板为之。上尖下方。兵器所以护卫身体者。如今藤牌之类是也。诗经周南兔罝之篇有云。赳赳武夫。公侯干城。又云。公侯腹心。言其如干如城。可以扞外而卫内。同心同德。可以致治而安民也。】

本镇于尔各弁目兵丁。实有厚望。不得不万分叮嘱。思之思之。三军性命。地方安危。藉【音谢。犹言倚靠也。】尔舟师。舟师所藉何等重大。尚可诿四甲为匹夫之技艺。漫不经心。而反出商渔下耶【言不可不如商船渔船之人。而反居其下也。】各自濯磨。毋负本镇一片苦心。幸甚幸甚。

诰授营禄大夫提督江南全省军门前浉江定海镇总兵官同安林君升敬亭氏著于舟山之镇鳌公廨。

捕盗事宜

古者舟师之制。首捕盗。次舵工。跪听中军发放毕。本船甲长兵丁。各听捕盗发放。非以假其威。实以重其事也。使知责成有所归。则临事必惧。兵丁有所畏。则受命不违。兵法谓出门如见敌。我亦谓行船如遇飓。要使一船共为一耳。共为一目。共为一心。共为一力。这才是有制之舟师。方可恃为无患。所以不明纪律不可以为捕盗。【纪律。纪纲法律也。行兵走阵。大小事情。要依军令。不容儿戏。所谓纪律也。行船亦然。】

一曰公。凡遇轮流派拨。丝毫不容徇情。如摇橹打水支更瞭哨。事务繁杂。都要秉公。若该轮著。就是你的子弟亲戚。也没本事免了他。若不该轮著。就是你的旧仇宿怨。也没本事硬派他。你只要想此班轮过。偶然。记重派了他。人就不服。都要喧攘起来。可见公错尚然。倘或徇情面。或藉报仇。谁肯依你使唤。谁肯受你吆喝。军法无私。切宜首记。然又要出之以和。春秋传曰。师克在和。所谓不和于众。不可以共事。盖和则心同。心同则协谋而齐力。故一船之兵。战水不一。凡有举动。务商随船队目。自得协济之妙。

一曰明。凡人智愚强弱。天所赋与。不能勉强。要看他果否胜任。如某人可用某甲。某人可任某事。平日留心。分别停妥。设或某甲某人。猝然有病。可以不必思索。不费商量。立唤某兵替代。在该兵亦乐为知己之用。在本船仍不缺专管之人。预将派定兵丁。登记水牌。首列舵缭斗碇。次及各行事件。犹如舥边贴列战兵的名字一般。【此所谓战兵者。陆兵也。舥。考字书把巴切。帕。平声。注云。浮梁也。浮梁即今之浮桥。与船边意义无涉。俗又作舭者。字书无舭字。愚按。疑即笆字。以其形似篱笆。故谓之笆边也。】既可杜各兵避难趋易之弊。又可使昼夜行泊。或遇风雨有警。皆能按立地位。各司其事。设有一人搀越。禀官究处。至闲尝在船各兵。固不可过于拘束。反致疲倦。而又不可任谈闺阃【谓谈论人家妻女阴私之事也】以致嬉笑轻狂。惑乱神思。全失规矩。如遇泊船收䑸。以及各处港口。无故不许上去闲游。庶几一呼之际。一名不遗。可见离却严字。又行不去。

一曰勤。朝廷设厂造船。文武监督。何等慎重。一经交营驾驶。致有差误。实尔捕盗之罪。船底易致蛆蛀。要尔每月按期燂【徐盐切。音蚕。火热也。】洗。灰缝易致晒裂。要尔早晚督令浇淋。风篷日晒则脆。【音翠】雨久则黴。【音梅。物中久雨而青黑。也俗作霉。考字书无霉字。】要尔因时晒泼。不惟耐久。亦避火烛。船上什兵要尔随时分付他打扫收拾。并指点一切绳索。船上炮位。要尔平时较准。吃多少药弹。须逐位装藏如法。杠具篷索。要尔预先禀请购办。又须验看合式坚固。即属不甚值之物。亦要尔检查制造。行船走马。事属一体。你看揎【音宣】马鞍的皮条。所值不过厘许。若不辨别朽固。信手揎系。半途断绝。性命攸关。行船物件。类如此者甚多。你若稍一躲懒。有一件不经心处。异时不但劳而无功。还要祸到头来没药医。况且众兵俱听你指挥。未有好劳而是恶逸者。每见捕盗因循。众兵怠忽。上下相因。必致逐物易朽。所苦计日无多。请换不敢。仍用不可。这才是开口告人难。毕竟辗转思量。且大著胆。仍旧用去。设遇台飓。心魂先丧。你想医家尚有割股之心。何况同舟共命。这战船又属官物。身家所系。此时若割肉可以补救。在捕盗也是肯的。到你肯时究有何济。想到此地。惟勤有益一句。至宝至宝。总之公则无所徇庇。自然能明。明则洞悉利害。自然能勤。三者既得。尚有许多琐屑之处。我常将捕盗譬作人家当家人一般。自堂前以及厨下。事事都在当家人肚里。早夜不得安逸。食用器皿。件件俱要问著他。还要任劳任怨。若使一避劳怨。又却当家不成。故为捕盗者。行舟先须计算粮米。此为第一要著。次之柴火水浆。即属各兵去砍来汲来的。亦要开导他在船上的艰难。切不可多用。有不率者则严叱之。凡油麻灰钉斧凿锯子之类。缺一不可。每夜火盆内。不可断绝火种。灯笼内。预要防备蜡烛。若遇夜洋行驶。各船要首尾相接。雁行而进。藉力全在尾楼灯。如相离既远。必放流星。庶可遥望跟踪。凡百之难。急宜周悉。随机应变。又在临时。捕盗得此。思过半矣。

舵工事宜

舵者。犹人之心也。缭斗碇。犹人之四肢也。船上众兵。犹人之百骸也。心若主持得正。则四肢百骸。皆得其道。心若主持不正。则四肢百骸。尽失其宜。故一船著力。全在舵工。三略曰用军之害。犹豫为大。审决既定。应进则进。应退则退。细思犹豫之害。在尔舵工尤甚【犹豫。迟疑不决也。】凡事谋于众则吉。惟尔舵工事宜。要在你一心主宰。众人都不能参赞一见的。况行船一遇风浪。兵心莫不摇惑。礁脉浅沙。他又如何晓得。所以仰观俯察。舵工独任其劳。仰观之法如何。风云不测。变化无穷。虽古今推算之书甚多。有曰乾坤秘录。有曰雷霆都司。有曰测天赋。有曰洩天机。细究其法。都不过占风云气象而已。且其说亦有渺茫处。今取其简而明。明而易者。如日雾后须防风飓。夏秋更有雷风。秋天夜间有露决无飓。交冬北风虽大。不为台。夏至以后。北风一起。即有风台。又要晓得六月雷响止九台。七月雷响九台来。但风台雷飓。各有云象可观。总之四季有不应时之风就知不宜。每天再看日月出没。若有黑云横蔽。非风即雨。兼以天神未动。海神先动。或水有臭味。或水起黑沫。【音末】或无风偶发移浪。【无风自动曰移。崇明县志作侬。】礁头浪响。皆是做风的预兆。紧紧留心。俯察之理如何。潮候随四时之节令。长退有一定之去来。春潮大在申酉戌。夏潮大在亥子丑。秋潮大在巳午未。冬潮大在寅卯辰。各按时候。即如春天初一日。此处不浅可过。转至夏来初一日。此处却过不去。由此类推。

行船无失。但礁脉有明暗。流水有顺逆。一被岛罴山屿所阻。又有缓急迟早。隔省更不相同。若遇无风之际。一到水急礁浅。先要度量船之大小。才可强施桨橹。以避其害。所以风飓险。流水更险。欲求妥稳。惟有斟酌抛碇而已。又如春天多有烟雾。若在内洋驾驶。礁脉丛杂。无论昼夜俱须停泊为要。谚云、宽心可驶万年船者此也。如若不明方向。须看罗盘。不识浅深。须用水托。倘到薄暮行舟。【薄音卜迫也。薄暮。犹俗所云靠夜傍晚也。】必认一山为主。尖而高者。耸立易识。但山高则影远。见影又毋害怕不前。小而平者。急切难辨。须记得此山的山嘴。系何形象。左右有无小山屿。如看见有小山屿。则知为应山。始可认定。至认礁脉。亦以附近之山为主。或由某山嘴。或对某山头。或某山门开。或某山门闭。确对某处。认定某礁。然后可驶戗【戗本同创。今俗俱以为行船驾驶之法用。】避。认礁之要。不外一开一拢。一横一直。倘若不看对山。不认某门。稍有犹豫忽略。鲜有不受其害者。如黑夜大洋遇风。不敢收罴。惟有凭香戗织。戗去香点若干。收回照依若干。以防礁岸拢浅之虞。或浪大不能转戗。只可将篷蹲少。缭母往下风挽紧。朝东而行。可避山屿。然凡遇风飓。要蹲篷几页。传集头目各兵。各司其事。至松繂【音律。大绳也。又以竹为索。用以维舟者。今战船用麻作绳以升降风篷者。名曰樯繂。】趱缭。尽宜开戗。又要迅速。若是顺风遇飓。尤要戗起。缭已收紧。可放樯繂。如篷尚吃风。又防樯繂或松不下。腰缦【莫半切。满。去声。腰缦。即篷档抱桅用以穿骨辘子之绳名也。】挂紧大桅。此际戗若太起。复恐转戗。所以开泊转戗。先要叫顾头篷者小心提防。其于夏秋遇台之后。须知转西回南。必择碇地。方可收泊。凡百独任之劳。上司故格外优恤。捕盗之下。即继舵工。你却有呼唤吆喝之任。又不可不知检束。如打扫收拾。在你自谓勤谨。谈笑戏谑。在你谓和睦。【音木。】这都是不应为而为之事。体统何在。岂不闻圣人说。不重则不威。行船事务都要你商之捕盗。传之头目。告之众人。忘却端严。谁能用命。军令首先肃静。行船愈戒喧哗。或在洋。或进港。或遇船踪。不许众人聚望。就是海上现出金山银山来。也不许他们拥挤观看。耳目既无遮蔽。心神更觉清明。用心在你。用力在人。故各兵职掌不一。闲时逐细讲知。庶几指挥无误。各兵心性不同。平日情谊关切。庶几呼应得灵。要到得如心之所在。则四肢百骸。无不从心所欲。这才成得一个舵工。然亦谈何容易。兵法曰。善将者。知天之时。就地之势。因人之力。舵工虽微。备此三语。

缭手事宜

易曰。同声相应。同气相求。一船上声应气求的事务。惟尔舵缭更甚。是以舟师纪律。驶风不正。责之舵缭。务必和衷协力。方克有济。至行船先问那一戗开。收泊先问那一戗抛。尤要辨地方之宽窄【音责。狭也】或左右贴近山屿。或前后逼连船踪。趱【趱。积产切。赞。上声。逼也。走也。欲其速之意也。】缭过缭。事事俱与舵工斟酌而行。不可造次。至开船时诚恐洒来洒去。船头不定。万一头缭照管不及。忽然碇浮。原要这一戗开。反致那一戗转。故缭母必须双买。以防不测。使两戗有备无患。方可任其转折。凡遇捵【音连。上声作辇。般运也。】篷之际。可将缭曲揎在缭风之上。猝然遇风。恐篷高不能揎挂。至在洋行驶。常川宜在缭袖门。过门须防山溲风。要看戗一起头。急宜收缭舵。若风大难拉。急宜松缭。收放应手。方称活缭活舵。然善事者必先利器。舟之乘风也。利便迟钝。尽在乎篷。其留心先要在匠人。联篷之时。亲自帮他。将大篷之孱【孱音谗。本义懦弱也。】口。【篷边绞口处。以白藤为之。】用力绞紧。篷抽【一曰篷筋。】每条楹七八寸。既免走样可观。又且耐用可久。即篷档倒插等竹。亦必逐根配齐。竹太大。则篷硬不能吃风。竹太小。则篷软【音善。上声。与硬相反。】遇飓反兜风。而船且不能过浪。至于篷钩等项。早宜预备齐全。庶几遇飓蹲篷。不致手忙脚乱。若船上要做缭风。还当审察桅木之向背。向前之桅。上把缭略松几寸。背后之桅。上把缭略紧几寸。所以分缭寸舵。毫厘千里。

斗手事宜

选兵之道。丰伟第一。独选斗手则不然。丰伟之人。体重不能便捷。如何爬得上桅。故手足伶俐。

精力强壮者。方胜斗手之任。然又必有胆以充之。倘胆或不充。略能爬得几页。便足软眼花。如何到得桅顶。就使到了桅顶。稍有仓猝惊惶。如何穿缭挂索。尽能舒徐无误。故二十以下。四十以上之人。俱做不得盖年到四十。则筋力少衰。岂能以堂堂七尺之躯。而蹲伏委曲。猿腾鹘击。上落则甚可危。年未二十。则胆气未壮。岂能以遥遥数仞之上。而屈申进退。蛇行龟息。临事则又可患。故要选别得人。先教以一切上桅工作。须带一丈多长之布。将身系缚。【音伏。束也。又音婆。去声读。】不惟身安心稳。两手皆可运动。凡桅之软硬。预宜辨知。帮用居多。箍【音姑】亦生锈。又恐帮桅摩久则能黴【音梅】。不时将箍催紧。庶免摇动抽签。桅门桅笋。【音荐】。尤须时时阅视。笋平要虑秤桅。必用板䑱【音殿。俗用垫。非。】桅笋之后。免至跳起。却又不宜过高。反致不牢。如遇遭风过洋。必要捆著桅笋。不使跳动。桅脚又有桅箾。【音宵】。且宜著箾三四分。如或过箾。则调戗不灵。至饼子箾。时用硬木更换。恐略弯则篷必难揵。一切绳索。平时预备收好。樯綷吊扬。都要合式。小则塞门。大则难过饼子门。再若腰缦所穿骨辘子。此其极小者也。然两头不时常揎紧。或挪动缺少。一时风雨骤至。任你用力蹭篷。却被铁箍挂住。害生于细微即此谓也。四时风飓。最坏篷索。夏秋移浪。损伤尤甚。故必预为绸缪。时时更换。不致台飓临时。急迫穿挂之苦。你想一船事务。都可藉著众人。协力共济。独上桅一节。风浪时谁帮得你。故无浪时要作有浪时防备。登高则险。毋自贻误。

碇手事宜

波涛浩渺。望战舰如磐石。知碇之为功甚大。故抛碇之法宜详。走碇之害不小。孑然独艘。则飘流撞搁。一船尽受其害。若鳞次联踪。则风急浪涌。祸延更觉其惨。常见厦门作飓。上风一船断碇。一撞二。二撞四。如转圆石于千仞之山。一时数十号大船。顷刻尽成齑粉。所以遇著联踪。其抛碇切忌雁行。须按七星圆式。细悉碇木利害。平日照管收拾。自然刻刻留心。滚练务必及时。浇洗不容迟误。尤防蛆蛀于内。难辨于外。惟看熚后有未干之处。即知内系蛆蛀。熚舵亦然。何愁不识。购买碇舵。俱宜照此辨别。其余防备之碇。亦须频频浇泼。万一久不泡浸。到临用抛下时。干燥不能到底。反致误事。即所用碇纫。或椶【纫。音切。索也。椶。音宗。椶榈也。俗作棕。非。棕乃别一种木名也。】或藤或篾。俱是喜湿怕燥之物。若不浇泼。则摩动必黴。黴则脆矣。每到遇风勒舵。以及过门等项。又要生根为妙。再值有风之际䑱头亦宜不时浇泼。若于风水一息。速行转碇。不致泥沙埋没。伤其碇齿。此皆平时收拾之道。碇纫俱可应用。临事不致患生意外。抛碇之法有三。一看地之浅深。浅地抛碇。必要等船戗定。方可抛下。在碇纫又要慢出。出得太急。往往纫绊碇头。俗谓之包头。又名为吊狗。若港嶴有逼江海之处。恐雨水冲出泥沙。深处忽浅。难以拘执。如久不进此港嶴。先问土人方可收入。一看流之缓急。如急水抛碇。预先将碇泼水。出斗再择善为泼揶者等候。乃将车内碇纫。量其地之浅深。先约放纫多少在船。又把碇纫生根停当。等舵工戗起。就可抛碇。须快出纫。才能使得到底。此又不可与浅地一例而论。一看风之顺逆。如顺风逆流。等大篷头篷齐下。方可抛碇。若顺风顺流。又要看嶴之宽窄。嶴若宽。戗起抛碇。然后下篷。嶴若窄而浅。即在嶴口下大篷。驶头篷进嶴。听叫头缭放去。小戗一起。即可抛碇。是名走马抛。抛碇之法。大力具此三者。再于泥烂风大。防碇割地而走。须用薄板一块。长二尺许。较碇齿阔一寸凿四孔。用绳揎系于碇齿。可以爬泥。俗语唤做碇鞋。至碇担揎系不可长短。长短亦能走碇。倘移地避飓。事起仓猝。或恐车关人力。起碇迟误。备用大毛竹一根。缚于碇纫浮水。以便归取。碇手熟此。何致把碇迟疑。胸无定见。故能措舟师如磐石之安者。此又碇手之功也。

众兵事宜

众手好移山。此千古俗语。却是至理。你要想船上有好捕盗。好头目。离了众人。他独自可行船么。你又要想你等离了捕盗。那个差遣得人。离了头目。那个把得舵。趱得缭。上得桅。抛得碇。他非你不行。你又非他不行。善乎孙子【武经有孙子兵法】有言曰。吴人与越人相恶也。【恶。本音入声。读相恶。言不相和好也。】当其同舟。济而遇风。其相救也。如左右手。【以上六句俱孙子之言也。】只此数

语。形容到尽情的地位。你想吴越素有仇隙。尚知同舟共济。尔等不要说同标共伍。只要想到不测时节。那利害是一人独受的还是众人共尝的。晓得到这个利害所在。就晓得不费我的钱。只费我的力。力原不是为他人用的。仍旧为我自己用的。就有人教你不要上前去用力。你还要挣出头去用力哩。在船的捕盗头目。即如你在家的家长一样。有事无事。各要听他约束呼唤。什长有管头缭传差使之责。众兵于一切用力的事务。只要不偷懒就好。船上火食。打总为妙。一则省却工夫。二则免却火烛。尔等果能学习得水务熟谙。【音庵。明也。】操练得武艺高强。这官难道你水兵做不得的么。往时水兵配船。每每那调更换。所以视同传舍。【传。朱恋切。转去声。与左传列传之传不同音。传舍。即今馆驿也。人所止息。而去后人复来辗转相传。居无常主。以非己室家。人无爱惜。故凡比方不肯修理之处。谓之视同传舍。】弃如敝蹝。【音徙。敝屣。犹俗语破鞋也。】今将长配之有益者言之。尔等一派到船。行止坐卧。不离此处。这就是你家里一般。想著在家时。设或夜闻火烛贼盗等事。仓猝起来。并无灯火在手。信步走去。遇门知开。遇槛知跨。不致碰【音彭。去声。】头绊脚者。熟极之故也。若一迁移换屋。就是青天白日。偶不经心。还像旧屋里走将去。因而碰头绊脚。多少不便。新落一船。光景无二。及到了长久的时候。各人之仓口。统船之前后。随步往来。毋庸著想。设或黑夜行舟。遇风作飓。一到自如。省了多少气力。且随船之器具什物。某项系旧设。某项系新制。不烦细问。到眼即知朽固。某物系利便。某物系滞钝。不待详推。到手悉知用法。在尔等一人有一人之性情。共船日久。识性又可同居。至营船未届修造之年。若一朽烂。就有看守不慎的处分。你想捕盗一人。那里看守得许多。全要大家爱惜。你既长配在船。便知战船的仓口。就是你的房子。即如灰缝稍有豁裂。就该速行舱补。每看半夜三更。漏湿被铺之苦。这时就是费你的钱。你亦心肯的要想到长在此船。件件俱宜爱惜。则战船坚固。营员亦并受其福。凡此皆、配之有益。有派拨配船之责者。不可不永守其法。至于人之气力。常用则坚实。不用则疲软。你看古时多少大英雄豪杰。尚且劳其筋骨。尔等众兵。须知拼得性命。成得事业。光阴无几。壮士乘时。不可随行逐队。虚过了一生。有志者亟宜猛醒。奋发有为。毋自暴弃。

跋

舟师绳墨者。同安敬亭林公之所著也。古称篙工楫师。选自闽禺。公闽产也。浮家泛宅。弱冠之年。即扬历洪波巨浸中。故其于云气氛祲。礁脉沙线。凡所谓仰观俯察之道。时时地地研究。不遗余力。固将以储国家有用之材也。厥后以水师应募。涍澥折冲。同袍中无出其右者。洊擢崇阶。对扬丹陛。即受知于世宗宪皇帝。雍正丙午。特简浙江定海总镇。其于训练部伍。捍御疆圉而外。每惓惓尤以舟师为要务。盖定海固东浙屏藩。水师重镇也。爰以公素所讲求阅历。灼见真知。屡试不爽者。敷陈直言。著为轨则。分舵缭斗碇为四甲。而以捕盗众兵始终之。互相教习。咸使知能。其所以鼓励戎行。保护战舰。为我朝防海巡洋计者。厥意良厚。厥功匪尠。编次脱稿。进呈宪皇帝睿鉴。深荷温旨都俞。即诏海疆营分。一体遵行。当日者。非特铁衣之列。手执一编。目睹口授。即商艘渔艇间。无不奉为利涉指南矣。时奎年甫冠。受业父兄。缘不耐寻章摘句。旋即投笔挽强。奔走戎幕。公尝诲余云。以尔抱昂藏之质。目尚识丁。其亦于我舟师绳墨。颇能理会耶。余适强记成诵。脱口而出。公笑曰。谚谓。熟读王叔和。不如临症多。是非可以睹记毕乃事也。第孺子可教矣。后逢巡哨海上。余辄从公于迈。涉历岛嶴。冲冒风涛。见公调度指挥。无不身先士卒。区处如意。暇即以绳墨事宜。讨论试验。奚啻父教其子。兄诫其弟。虽卤莽如余者。而亦颇领略其因地制宜。随机应变之意。四十年来。得从赳桓大夫后。周旋江浙。乘驾艨艟。四甲诸人。颇不敢视余为门外汉。而诳饰揶揄之者。皆藉公嘉惠后进。面命耳提。得其一二绪余之益也。惟是过江以来。首经吴淞承乏。考校之余。询所谓舟师绳墨。佥多茫然罔闻。即核之四甲中人。虽不致大相迳庭。而于一切舵缭斗碇事宜。未尽动中肯綮。是虽此邦狃于沿袭使然。实亦江左外洋散漫险危所限。苏松川吴。四班巡船。自高家嘴而外羊山马迹诸处。止堪暂停而不宜久顿。虑西风推荡。逼侵沙麓。伤及艑艚也。汇头以内。离却吴淞口。其他别无可以倚庇矣。故出则旅出。收即旅收。亦安得风正潮平。年如一日。而俾之扬帆捩舵。梭织自由。又安得如吾定海之岛屿星

罗。港浦门列。舟师果克晓畅水务。汛境之内。或行或泊。东西南朔。攸往咸宜。台飓雷霆。有恃无恐乎。故觇江左舟师。动辄限地。有长者不及尽展。而抱拙者亦尽易藏。彼此因循。惟知徼天之幸。此舟师绳墨。所由束之高阁。而官兵难求出色欤。然而有备无患。绳墨不可不知。是在为之将领者。所当身先士卒。未雨绸缪也。辛卯三春。余滥膺今上恩命。阃寄苏松。入观螭墀。叠蒙召见。仰承清问江浙外海情形。与夫曾否遇险之处。武臣质率。敢以身亲经历。略悉麄知者。敷奏宸聪。猥荷宠赉。径邀非分之荣。视事以来。铭心镂骨。固不敢自栩为稽古之力。而致身有自师承。耿耿莫忘。因叹林公辞世。仅十余年耳。盛德肤功。自有碑留堕泪。而其婆心一片。尤寄绳墨数条。迄今典刑尚在。奚忍湮没不传。徒饱蠹鱼之腹。且夫纸上谭兵。类多空言。无补于事。而惟此一书。事事切实。语语精详。舟师舍此。更无别求生活者。可不亟为诠述。遍用申明。以仰副圣天子之加意水务等第。远绍贤先达之留神洋伍机宜也哉。用是检点遗编。付诸剞劂。期与四营僚属。各执一卷。细心体察。实力遵循。以作舵缭斗碇之衡鉴。其在缯艍沙舡小哨诸船。及各队目兵人等。分发讲习。夫然后四班轮督。率四甲而日省月试之。毋任拘墟。勿容划地。将见范围不过。统水陆弁兵而胥就甄陶。又奚虑有长莫展。有拙可藏。致憾江左水师。循名多难核实乎。昔子路问政于夫子。子曰。先之劳之。请益。曰。无倦。斯言也。夫子岂独为子路告哉。是在有志者毋让林公专美于前。则庶几矣。开雕既竣。谨叙是书巅末。谬附臆见以跋其后。或亦孔子所云。述而不作。信而好古之意也夫。

旹时龙飞乾隆三十七年岁次玄黓执徐履端上元节江南苏松镇总兵官旧隶帐下士翁洲伏峰陈奎谨跋。

海防要览[①]

卷上

海防条议 【丁日昌】

一练兵原奏称陆路之兵固宜益加训练外海水师尤当益事精求各口岸固须设防然非有海洋重兵可迎剿可截击可尾追彼即可随处登岸使我有防不胜防之苦等语是所注意者在于要口设防不效从前零星散漫即兵法所谓致人而不致于人之意查十余年来泰西凡三大战一曰英法照士攻俄之战开衅之初英法即以重兵守黑海口使俄不能出入其后俄卒求成于英法一曰花旗南北之战开衅后北花旗即将所有兵船驶往南花旗各海口全行堵塞俾不得乞援邻国购办战械南花旗卒致歼灭一曰布法之战布人自闻法国动兵即将道国劲旅先堵礼吴河口而法亦卒为布所困即如中外用武以来兵非不多饷非不足然彼族不过数千人今日扰可而粤之全省疲于奔命矣明日扰闽而闽之全省疲于奔命矣我则备多力分彼则择瑕而蹈是皆未练重兵屯扎处处设防之弊故致此也外国之有战事也力与力相敌则器精者胜器与器相等则先下辣手者胜故今日择要练兵以备攻剿尾击之用尤不可须臾缓矣今以天下大势言之法国占据安南之胥江及南天省既与我广西云南贵州之边境毗连英国占据五印度既与我云南四川之边境毗连成国染指新疆聡络回部已与甘肃陕西之边境毗连其占据黑龙江以北者又且与我盛京等处边境毗连至东南七省之逼近海洋为洋船所可朝发夕至者又无论已从古中外交涉急于陆者恒缓于水固未有水陆交逼处处环伺如今日之甚者也然以理与势揆之凡外国陆地之与我毗连者不过得步进步志在蚕食而不在鲸吞其水路之实逼处此者则动辄制我要害志在鲸吞而不在蚕食故东北为最要东南与西北为次要西南又次之此四要者若分缓急选练重兵水则首尾互应陆则各自为战庶几渐息乎敌人觊觎之心或有可稍固吾圉之一日也中国旗绿各营数非不多口粮太薄器械太窳断难恃以制敌年来虽有减兵增饷之议而饷仍薄汛兵未裁终难化散为整彻底改观臣在可苏时言将抚标数营旧兵一律裁汰易以新勇撤去汛地改操洋枪洋炮当时舆论颇碍撤汛之难经臣密奏以和议不可长恃自强必须早计仰蒙圣恩特允照办迄今并未闻泛地撤后稍有流弊若使各省均以勇易兵减额优饷分别练为炮队舱队虽不增帑增费而十万劲兵固可星罗棋布而其要则在于裁汛併营盖分汛则兵断不能练不练则虽优饷减额而兵何自而精乎至于各省沿海水师但知安泊内港不能拒御外洋积习之深非一日矣然使水师即精而所用乃艇船旧炮则仍以予敌也沿海渔人蛋戸熟习风涛之险者其根柢较内地之兵为能耐劳次则挑选水师之得力者易其船械勤其操演教以测量规算渐练渐熟使其常以水为家而且当令沿海全洋统筹兼顾不可稍分畛域何则风涛驰骤一息千里若分各省疆界则彼此推诿寇盗终无殄灭之日故化散为整之法不特陆师宜然而水师尤为切要日本弹丸小岛不过夜郎靡英之伦而年来发愤自雄变更峨冠博带之旧习师法轮船飞炮之新制其阴而有谋固属可虑其穷而无赖则更可忧以北境之塞希伦地与俄而日俄之交固用李太国开火车铁路而多借英国之债其国主尝见英使巴夏礼与之潜谋密计而日英之交固用黎展远密查台湾情形资为指臂腹心而日美之交固彼其低首下心沁沁晛晛以求悦于各国者岂有他哉盖其觊觎台湾已寝食寤寐之不忘中国倘弃之如遗固既从心所欲万一势出于战则又交昵各国为之解铃说合不致能发而不能收此其所以敢肆然无忌快志于一逞也臣任苏藩司时曾于议覆修约条内陈明日本阴柔而有远志中国所买枪炮皆彼国选余之物宜阳与之好而阴为之备其时李鸿章深以臣言为然常即代为密陈今日本虽小有所偿然彼之所费既不啻十倍此数况死于是役者复五六百人万一他日复藉端发难以数舶横亘于黄海黑水洋之间则洋沪之气不通事事为之棘手而台湾之患犹其小而且缓者也故今日驭远之法内则力图整顿不可徒托空言外则虚与委蛇不必稍涉虚憍不惟与泰西各国开诚布公示之以信即日本亦宜暂事羁縻使目前不致决裂候我水陆各军均既精练自可潜消其窥伺之心万一不能彼出于骄而我应之以正亦为薄

① 共两卷,上卷《海防条议》为丁日昌撰,下卷《覆奏海防条议》为李鸿章撰。据清光绪十年敦怀书屋刻本。

海之所共谅此练兵之当务速务实不可得过且过者也

一简器原奏称凡炮台及水炮台所需巨炮应如何购办水陆各军所用洋枪应如何一律购用最精之器及以后应如何自行铸造精益求精之处等因查外洋火器至今日如此之精非惟唐宋元明之所未有抑亦尧舜禹汤之所不及料总理衙门所称知效彼之长已居于后然使并无此器更何所恃诚为洞见症结之论惟火器一项不外炮枪火箭等物有宜于攻者有宜于守者有攻与守并宜者英国之大炮有曰阿勿斯郎有曰巴留西有曰安司脱浪有曰回得活特法国大炮曰墨迭儿鲁士布国大炮曰克虏伯美国大炮有曰巴勒得有曰四得卧得有曰布鲁嘎斯有曰德里氏嘎盖诸国之炮以阿勿斯郎德里氏嘎为最大以克虏伯布鲁嘎斯为最精大者吃子至六百磅闻其铸造时内用生铁外套熟铁钉以螺丝既成之后多用火药轰放使内外二层涨力匀透生铁与熟铁相切已紧然后以之施用阿勿斯郎在其本国购买已须一万九千圆买价既大即运费亦当不轻精者二十四磅之弹能与百磅弹同其锐力从前炮后开门仅用左右双劈近则用整块圆劈又用药演放千数百次腹内始加钢圈钢底弹则加以铅殼比膛略大炮腹有螺旋三十二转必使弹由腹中相荡相摩宛转而后出口此涨力之所以加大速率之所以加快也但无论如何大炮其命中须在一里内外过远则弹子本体之坠重力与空气之阻拦力皆足以异之恐攻坚不能有劲矣至美国之格林炮管多放速有同鱼贯蝉联布国之联珠枪两人肩负而行若中国之抬枪一分杪可放数十次亦为陆战行营之所必不可少者或欲击近则用马口铁盒实以群子以漆固之出口后亦能四散扑人如风雨之骤至但须圆滑合膛方能得力其欲越山越城而击不能望见之物则用十五寸径口以上之么打炮昂其首而用高弧之度自上而下可以炸物焚营南花旗炮台为北花旗所毁多受此种炮子之害至洋枪一件外国不三十年而已屡变其制初用火石引火枪继用钢夹引火枪最后以来福枪为第一等自南北花旗交战北花旗始用林明敦枪南花旗始用果伦比枪自布法交战法国始用筛师拨枪布国始用尼一根枪经一次之战争则必增一番之惨酷造物至此亦几无以供其雕镌其枪腹背有来福皆从后门进子循环迭放无坚不摧然而机簧太繁用久则渐失挺力而不能尽如人意而且铜卷子药购觅艰难子罄则枪为废物故只能用于临阵操演只可仍用旧枪其抵御马队则用能炸之火箭倘两军相接我占顺风则用喷筒毒烟以迷敌目使其洋枪不能施放器城既利则又在平时心定与手热总之机器及前敌之军城必须精于腹地各省庶得以重驭轻之法至于炮台则宜建于地险水曲敌船必宛转而后能驶行者之处方能使敌船多受数炮又可从前面后面为通行之围若台设于水路径直之地则敌船瞬息即过岂能炮炮中其要害北海惟大沽之水道最曲大江自镇江以下惟金山前水势回环均可建筑炮台焦山四面受敌似不如也造台之法极内一层须用灰墙外墙则用砖石不如用三合土其厚总须在二十尺以外高低则视地势之低昂及水路之中偏护墙必须成交角而不可成正角斜至五股之一勾敌炮若来自可斜拂而过不致显与为抵其炮台及火药仓上必设太平盖以御自上而下之炮子下必设高阳堆以御横扫之炮子其最下层之他隧必须加筑坚固四面俱通沟外之小炮台大沙堆亦必须迤逦照应即使敌用陆兵闯入尚可侧轰横截然而北花旗之铁甲船为南花旗炮台之炮所轰伤者仅三只为水雷所轰沈者十余只盖专用炮台而无水椿水雷浮坝等物阻于前则炮台断不能得力而敌船之游驶可以自如而无忌若台中大炮则自六百磅以至二十四磅之炮无不可用惟放炮地步愈宽则愈可转移愈密则愈受敌弹此在位置者先事之绸缪与临时之变通耳外国寓兵于工即寓工于士故制造与行兵概可归于一贯中国两离之则两缺此其所以不能以格致为自强之本也若夫机器局之设必须在煤木麢集五金易采之处光为便易江西之鄱阳湖边有数大岛山阻水环敌船所不能入而南赣汀建之水亦可乘涨而至上达楚蜀而下逮皖吴于此建一大机器厂气易通而科易集臣上年曾以此事商之曾国藩李鸿章皆以为可只以无费而止今机器之役事方经始有进境而无止境若精华全在洵濵势同孤注万一彼族变生不测先下辣手岂不深费经营是则欲制器又必先觅制器之地为尤切而且要者矣

一造船原奏称创立外海水师应如何添购各兵船及铁甲船水炮台应用若干船只该船吃水最深各海口何处宜于驻泊如何抵御如何攻破逐一详议等因查外国前十余年新闻纸即有云中国自唐虞用木船荡桨至今数千年仍是用木船荡桨可谓永远守执古法等语盖所以调之者微矣易曰穷则变变则通战国杜挚有言曰利不百不变法工不千不易器盖及今而能变则尚有可通之日及今而不变则再无可变之时外国之铁甲船有数等其最上者中用梓木与黄松木外加极韧而有大凹凸力全无炭质之熟铁板五层每层约厚四寸层层用螺丝钉嵌凡遇船中吃力之处则铁板加层加厚盖铁甲数层相合者炮子难穿独层厚铁者炮子易穿也铁板之下必用坚木以为

之垫有厚十二寸者有厚八寸者方可稍减敌弹震动之力而又嵌铁弹于木垫之内使不穿透其最大者机器力重有一千五百匹马力吃水太深中国口岸内恐无此深水之港难以购用今年英国驶乘换仁刁之铁甲船约八百匹马力者用之于中国洋面最为合式若如日本所购之鐵甲船本系木质不过上面蒙以三四寸之铁仅有二百八十匹马力船下吃水之处亦全无铁若以两枝半桅之结实头板船乘风撞之自必震动松裂非真铁甲船也购买之价视船之精粗大小厚薄新旧及马力多寡机器锅炉之灵便结实往往有贱于兵轮船者大约上与中之铁甲船价总在十万磅以外二十万磅以内每百磅又须加船渔杂费十二圆半若托洋人辗转购求必致误买木质之蒙铁者不如选派熟习船务结实可靠之委员分往外国船厂托其制造一面带同中国制船驶船之人前往认真学习俟其造成中国工人亦可习焉而化大约英美法丹各国船厂每厂各宜定造一船成后再行考较优劣贵贱以为委员之赏罚方不致虚縻巨款现在英国有大小铁甲船五十四号法国六十二号俄国二十四号美国四十六号其间以木船旧质外蒙铁甲藉为虚声者亦属不少中国洋面延袤最寛目前大小铁甲船极少须十号将来自能创造极少须三十号方敷防守海口以及游歷五大洲保护中国商人至停泊铁甲船之处固须水深然海底必须硬泥之质庶能受锚若软泥质则起锚艰难沙质则锚易走动石质及蛉彀质则不能受锚中国极好锚地以香港为最盖上有重山回护可以避风而下则水深二三十拓不致过浅过深今已归之英人抑无庸议北海辽东之老铁山前后以及搭途岛长子岛等处海面全是泥质水深二三十拓不等直隶辽东二海大风不越十二时虽无山势挡阻亦属无妨此间似可泊铁甲船二三号距大沽南炮台之南高墩约八里以外海底泥质此间似可泊铁甲船三四号东北海有此数船首尾相应则津沽山海关鸭绿江之门戸可固惟十月水漠以后须将各船移泊烟台以资活动烟台港外有峙峒列岛可以遮护风力海底亦是泥质似可泊中小铁甲船一二号杨子江口崇明山之南面水深二三十拓不等惟海底软泥居多中亦有泥沙相合者可以抛锚此间似可泊铁甲船二三号上以通津沪之气下以保太平洋万里之安台湾北面距日本之九修岛为直隶一苇可杭似宜泊铁甲船二三号以固东南枢纽但台湾东北海面水势为吕宋诸山所束缚波涛最险不如泊于澎湖渔翁二岛之间抑或鸡笼港等处亦易运煤锚地亦尙稳妥广东虎门水非不深而海底不平且一旦与诸国有事即不能驶出香港与东北洋诸铁甲船相聮络照应资首尾之互击似只可泊铁甲船一二号以为自固之用其铁甲船攻破炮台之法在八百丈以内者可用八寸径以上之螺丝炮配以实心尖弹专指台角一处层放迭击不可忽东忽西俟有倾圮之形然后自上而下递击递低其台墙自必渐裂渐离卸矣其十五寸以上之么打炮炸弹则用以仰攻台中之火药仓太平盖使其延烧台兵自无站足之地而船中人抽配陆兵为常行垒以逼之敌人接济一绝有不涣然瓦解者乎其铁甲船目卫之法倘遇两岸有林木之处船桅必多挂树枝使敌人不能辨识所有锅炉气贯机链两边必护以沙袋外面必蒙以铁链使之往复回环又以大绳结网为外层遮蔽使之以柔克刚倘遇敌之铁甲船冲撞势猛者捩柁偏左偏右以避之势相等者急转船首铁冲先撞其腰又以船首冲四五丈之长木二条作父形外蒙以网下以重物坠之则可以收取前阻之水雷等物俾免为所触击其攻破铁甲船之法一曰大炮须用实心尖弹自二十四磅以至六百磅愈大愈为得力其殚体一为觜孤二为圆椎形三为圆柱形四为平圆底开炮之时先应计其速率三千步内定其率点于船头三千步外则定准点于求到之处及其尤近又心须炮炮击其火药仓及锅炉螺轮气机捩柁之处则一炮胜千十炮至炮中火药宜用近曰布国新制之药饼则始能速率稍减可免炸制未速率倍增铁甲可以直透

一曰水雷用生铁铸彀厚约半寸用药自五十磅以至百余磅以距水面之浅深为用药之多寡水深者用电线引火之雷水浅者用磨而发火之雷下系之锚其重必须比雷七倍倘以木椿系之尤为定而有准若紧靠船底轰发虽极厚极坚之铁甲船无不裂而沈者倘在船之前后左右轰发则有沈有不沈矣惟用于外海则烟水渺茫万难恰值敌船一定往来之道而且自铜山以至沈家门潮信过大自七尺以至二十一二尺不等水雷放低则潮涨时相距二丈有余虽触发不能有劲若放高则潮落时适为敌人所窥见更为无济虽用活机以俯仰之而高下悬殊过甚终难得其定力若能用于内港河道稍窄之处分挡排如雁行虚虚实实以标识之则敌船势不胜捞必疑自退其顺风力水力飘动之水雷或用机器自行之水雷敌人用长竿一拨即开难以有准亦有船装水雷以机器在水底行走者然难以对准敌船本船亦多先受危险似不可用若用须以小船以垫垫桨使无声响船首以长竿系水雷黑夜用猛力送至敌船之下自可轰破此外国在大洋相持时亦偶有用之者一日水炮台有在水面浮洲用坚木排列成格而外以沙土为垣者此为定炮台有下系重锚七个中用铁链推于木椿者此为活炮台有用四千顺之铁船配极重之

大炮中用机器自行遇铁甲船过可以自后通行打之者此为浮炮台此三种炮台有用大炮六门者有用四门二门者即使系铁甲船得力而势同孤注故所用皆系光膛大炮螺丝贵重之炮无用之者恐一旦同归于尽也近时法国比伦又以熟铁皮为极大之浮标其形为扁椭圆体其重三万吨比铁甲船加倍其标留三孔锚链即从三孔而出其分隔之机共有一万八千个均无漏水之门故不漏气与水虽使铁甲船用力冲之亦不易沈似较水炮台稍为得力然费重运难不如多造水雷而有实济也一曰大筏中用铁仓实以火药外用触火之物筏见于水面者极小乘风乘水送至铁甲船边机器一发药仓炸裂北花旗之铁甲船亦有为此种大筏所冲毁者至于气球电线皆行军必不可少之物自应分别购制方不致临渴掘井以上各项船械购买之值贱于自制者数倍然若不一面购买一面制造则始终受人把持终无自强之日矣

一筹饷原奏称以上各层此时创立之需日后久远之费非有大宗巨款不能开办非有不竭饷源无以持久等因查各条办法只陆营改兵为勇就原有之饷选新练之兵但费训练工夫不必另筹口粮其军火一切或酌用前敌所余旧枪或酌给次等新枪似尚可无须大宗巨款其炮台铁甲船以及要口防兵新枪新炮水雷炮台等物并制造一切经费将来持久固非数万万金不能即此时开办亦恐非千余万不可从前总理衙门案提四成洋税原为绸缪未雨而设未知现存尚有若干各省厘捐榷榷落地税若能结实整顿归为画一办法岁入当可稍盈其两淮之商捐广东之沙田或亦可酌筹一二余则惟有如原奏所称尽人力因地利开财源节财流而已丝茶二者中国大利之所归也今仅浙闽数省种植得法若能于地气不甚塞冷之省一律劝植桑茶多出一分之货即可多增一分之税洋人呢布皆从中国买丝棉而成之者也往来越海洋十余万里而犹有余息若中国自行仿造耕织机器则丝棉无自外求深耕可尽地利不惟百姓可免饥寒而利权所入当益饶矣五金煤铁各矿西班牙布鲁士英俄新老金山等处岁入何止千万中国地大物博为五大洲第一繁盛之区此等金宝之气岂能终秘而不宣西人之精于化学者凡见石面上有青黑花形及平地隐隐有一复凸煤如山或有一条凹下如涧或其地草木独异则其下掘至三四丈深必有五金之矿又其下小石之与大石相附丽而自成一色者西人谓之果唔若能分别其脉络而以水银灌之则果晤中皆有金可取闻仿造自来火之草木质金石质者云南与印度接壤之处最多似可令谙化学之人分别前往采觅四川盐井之有煤油者若用机器挖通亦可挹注不竭磁州平陆大同太原米脂等处皆煤多而佳传闻潍孙莱芜等处皆有煤而块亦大镇江之东南山煤铁五金似皆可采浙江之金华福建之永定则有煤井至于铁则各省产者尤多而且产煤之处皆多产铁广东之芝麻铁尤有韧力而炭质亦少台湾北路一带田地最饶自崇文山后与菖鸟厅毗连之处高山旷野纵横千里生番野性醒则如人而醉则如兽本万难就驯然趁此恩威并用随时招抚以生化熟或亦是一机会台地每年出乌龙茶千数万箱皆此间附近所产而良材大木为尤多五金煤炭之矿定亦不少若设一大机器厂及大船厂于此当可取不尽而用不竭闽粤人之佣于彼路者无一生还若招以屯田开矿利窦曰开生聚自可日盛数十年后意可另设一省于此以固夷夏之防以收自然之利且木料五金煤铁等项非特利源所系亦军事胜败所关法国战船十倍于布而平时未及多储煤炭战事开而始购用各国遵照公法之例不准售买法国以此竟为布人所败故开矿一层尤为目前军事饷事之第一要务矣至中国人之商于外国者以新老金山新加坡为最多生意亦最大若设领事官乃派铁甲船以保护之则抽其货厘亦可为供给该船之费若夫鸦片一项漏卮尤甚每年丝茶所入之款仅足抵鸦片烟所出之数即不能禁彼之不来亦当设法维持使销售之渐少查官与兵二项吃烟者本已有禁自当认真申明旧例有犯必惩至绅衿及士农工商之吃烟者拟限五个月全戒不戒者不加以罪但别其籍入瘾附于娼优蒜卒之后为五等合家不得请封子孙不得应试为官夫不加罪名则无书差需索之扰列入贱藉则有家人父子极力劝戒自行严禁之益但禁有用之人吃烟而不禁无用之人吃烟又但禁吃食之人而不禁贩买之人则彼族亦不得责以违约向我纠缠除官与兵二者由大吏自行查禁外其绅民限期似可由督抚选举公正绅士会同州县设局办理限满之后临时再酌予展限一次应入瘾籍而不入者许旁人揭告分别妥办仍多贴戒烟良方以宾挽救若虑骤然行此一事成致藉口则各省百姓服鸦片自尽者无日无之疆吏藉此撮举数端恳请通饬办理以重民命似亦不为无因豆英国为弛禁黑奴之事捐银千余万以成善举今以青物贻害中国自问想亦不安似可一面遣公使与该国王及上下议院婉词理论耐心坚持但求异曰之有济不望速效于一时并由商民常刻洋字新闻纸公布各国欣以中国受鸦片烟之毒为至惨至酷其国内虽重利而外亦好名或不至漠然无所动于中也抑或由公使携带桑茶种各若干赠其国主劝令将印度种烟之地试种桑茶彼以毒物来我以美物往或可使之内

愧乎至禁未净绝之前中国自出罂粟似当稍减租厘使内地之烟贱于外来之烟则彼烟销滞本亏更可望其日来日少不禁吸者贩者而徒禁内地之种者则内地少种一分即引外国多销一分中国货财亦即多耗入外国一分是虑猛虎之噬人而又惜其不能飞而传之以羽翼也沿海旧有水师裁后所有口粮船费即可津贴新创之水师其旧日水师大小官员衙署均设在内地人烟稠密可以收费之处若一律变费充公似亦不无小补且可杜绝水师永远不致居陆之弊陆地设电报其费减于海者一之七苦择陆地紧要繁盛近海之处先设公司汉字电报一可通军情二可收信资三可减驲费似亦不为无益况洋人沿海已设英字电报我仍置而不设则是我之一举一动外人瞬息得而知之外人一举一动我终久不得而知也陆路电报已通则海中电报销路必滞然后由中国承充亦准外国附递信息但须一律改为汉字令通事译以授之似亦杜渐防微之道此外复设公司银行凡官民公司皆得入股以通天下之有无以报随时之贴息将来开矿一局亦即从此公司生根银行一设则银纸可以通用如古者钞票之类开源之端孰大于是至目前之轮船招商局则损外益内最为有益大局之举尚宜扩而充之使可由近而远铁路亦将来之所不能不设者否则恢复新疆转运艰苦抽调兵勇行走岂不迟延但此则须设在我海防已有可恃之后方不致为他人所揽以上各层皆有关于人力地利开源节流之大者惟宜行之以渐持之以恒购造最縻巨款不可用同泥沙矿务最易扰民不可出以卤莽用财者苟诸事一秉至公私毫不存意见行见天下变通地不爱宝而国用无虞匮乏矣

一用人原奏称以上各事一不得人均归虚费然其误在于用非其人而不在法之未善不得谓事之不可为等因查练兵简器造船筹饷皆可筹切实辨法惟用人难得切窦办法而洋务用人尤难得切实辨法何则用人而求切则泛者疑矣用人而求实则虚者怨失欲求所以用人先求所以知人至于洋务则尤为丛污群垢之所归当波澜骤起之时如捕恶蛇如御洪水不知费筏许经营而后不致决裂乃不责其平时之不能自强而诟其临事之不能一掷以父母清白之遗终日与异类往返酬答舌敝唇焦转使千秋万世蒙一不韪之名有志之士如之何而不去之若浼乎总理衙门原奏所称同心少异议多局中之委曲局外未必周知盖痛哭流涕其言之也南宋初赵子砥自金归奏云金人议和以用兵我国敛兵以待和譬如畏虎以肉饲之肉尽终于噬人不如预设陷阱以待之此言可谓至明至切夫给香港给赔价以肉饲虎也陈兵简器造船设陷阱以待虎也彼深居室中目未见虎者辄谓虎形如羊状如豕可持棰以驱之厉色以杀之及一旦独行深山突遇庞然大物张牙舞爪据地一啸猎猎风生不觉啊然长号始自悔陷阱之未设致一身亲处其害也而已无及矣则何如及今事尚可为而为之乎为之之术奈何惟用济变之才以自强一曰水师将才二曰外国使才三曰制造通才何谓水师将才查水师脉络虽与陆路不同而驭之之理不异十数年来水陆各营将领岂无智勇兼优而略能耐习风涛之苦者宜调往轮船学习优厚其饩廪而深观其造就计其中必有伟然特出之人又于机器各局及现有轮船管带办事员中采访考验试之以事当亦可间得一二其旧时水师以及沿海诸色人中或设榜以招入格之才或博访以求出群之选上以诚求下必有以实应者何谓外国使才古来列国交际皆不废聘问之礼岂今日而能独异惟使臣必使能通彼此之情而又能消未然之衅则责任亦实不轻京官为人材渊薮向有抱负经济者即不必曾任洋务但稍加阅歷办理自有分寸其次则索之于沿海士商及曾亲往外国之人但求能任时局之艰巨不必复计资格之有无英使阿而各本系医生巴夏礼本系商人何尝有资格哉而彼国倚之若股肱腹心中国竟大受其累可知何地无人何途无才特在当局者之能悬鵠以招耳使才既得或数国兼遣一使或一国专遣一使惟英俄法美布五大国及罗马教主处则当择其有风力而善言语之使臣方不辱命盖英国交涉本繁而又有洋药一害法及罗马为天主教之枢纽必须端使与之辨论教士之入中国也引诱莠民欺凌良善掣肘官吏潜通消息凡有百姓之处即有传教之人目前受其荼毒固属甚而又甚将来酿成大变更为防不胜防罗马本属弱国全赖法人为之袒护自法被布国所败后护卫该教主之铁甲船业已撤回罗马原境又为意大利所夺教主亦无如之何故近来教士之在他国者气焰稍衰而在中国之教士则嚣张如故是宜急遣使臣将教士种种不法之处与该教主及法国辨论切陈熟商一面制办教士之法一面严饬州县不分民教一律处断公平勿再为丛驱雀此遣使中第一议也喀什噶尔酋目牙古干者前年与英立约英议院中亦有论及该国不宜与中国之叛臣通好结盟因中国当时无公使在彼不能与之执约以争也布则素恨传教俄则关涉新疆而且为最大最强之国美则地旷物博皆使臣之所必须联络者日本在我卧榻之侧近而且逼所使当精益求精矣至于离间一法只能行之于昔时不能行之于今日盖泰西自其国远涉数万里以来和则乐利同沾战则群起为难当布法交哄时法领事被

戕布领事尚为代抱不平兔死则狐悲理固然也故使臣惟有一秉至诚不必稍涉疑间之计转启各国疑贰之心至安南暹罗等属国亦当遣使顺道抚慰坚其向化之忱不徒以厚往薄来为能尽礼之谊也何谓制造通才以中国之大人物之众岂无精于化学算学留心机器之人化学算学者制造之所从出也将来军火铁船耕织机器以及开矿各事皆与制造相为表里任繁事大尤当慎其选而专其责津沪闽诸局陶镕已久成就必多木外官有精于算学者自可指派来局互相磋切此外加有心灵品端之人似亦无妨广为延致但切多中选精断难精中求多此时厚其薪水他日优其出身人才岂有不蒸蒸日上者哉且求才必当于无事之时然后能用于有事之际否则时方晏然虽伯乐牵骐骥过于其门而不顾及变生仓猝驽马之骨竟奉以于金何则预则识拔自真急则取舍或误也一曰储将来有用之才其目有九曰图学曰算学曰化学曰电气曰兵器曰机器曰工务曰船务曰政务凡同文馆广方言馆以及出洋学生皆就此数大端发愤精研以底于成学成之后只准为公办事不得自图生计各关道并有洋务各州县及各省税务司皆该学生出身之阶即将才使才通才亦皆伊等生根之处惟中外各馆须再加扩充斯取不尽而用不竭自强根本无有重于此者矣仰臣更有进者外患不除人身痈疽之疾也民生不安人身腹心之疾也痈疽之疾固足伤生心腹之疾尤能致命海内黔黎自遭发捻扰乱以来仅有生业饔飧不缺者十之三饥寒逼迫朝不保暮者十之七而其中尤受困累无可告诉者一为农一为商农民终日胼胝之余所得几何一经胥吏之垂涎叫嚣必至鸡犬无声而后已一催科也串票有费投纳有费一词讼也审讯有费提押有费见教土则若天神视平民则如鱼肉有若深恨百姓入教之不速者朝廷有豁蠲之旷典而取盈者不为下行草野有委曲之冤情而倚势者不为上达当官幕吃烟飲酒呼卢喝雉之时正百姓顛连疾苦哀吁无门之时其佐杂之擅受滥刑营汛之藉端讹索者更无论已商人涉江浮海冒犯霜露营求尺寸之利而官府仅取百中之一以充饷奉公彼亦何敢稍有异言乃权吏卡员苛索万状翻囊倒箧无异盗贼随身需用之物在洋人尚有优免之章独至华民漏报一丝一缕虽全船货物充公而尚须加以厚罚不知当事者何厚于待洋人而薄于待华商也日既高而未起日未暮而停查私费未投虽千百人守候呼号而有所不恤征收完纳之间绝不寓体恤矜怜之意迨至商人利薄本亏于税厘岂无所损则何如明定一抽收章程悬牌示众使各色均归一律不得畸轻畸重罚款概以充公司事人等不得私分庶免藉端酷罚复出其不意特派素有清望大员微行查访奏参一二或可挽回风气厘课亦可日有起色去年沿江讹传彭玉麟微服查察厘榷员役敛迹数月可见若辈并非毫不畏法但任非其人则流弊滋甚此又不可不防也然而农商之受害日甚则由于官吏不能通上下之情官吏陋习之日深则由于员多缺少补署无期一旦冀得差使地方如饿狼之忽遇肥豕不趁此饱噬一口则将来永无果腹之时迨此狼去而彼狼复来民困如之何得苏元气如之何得复也万一诛求无厌人心或摇不知须縻费几千百万之饷贻害几千百万之民而后始能奠定明收有数之款项暗耗无限之脂膏广西前事是其殷鉴无乃所入者过薄所偿者过厚乎朝廷倘一旦毅然决然为停止实职捐输之计疆吏认真淘汰考课无所能者一概奏请于本职上酌加虚级咨送回籍听候调取然后删去浮泛膈膜之虚文讲求生聚教训之实济必大僚不贪馈送而后州县之法可行必州县不任吏胥而后官民之情可贯若上之于下呼吸易通则下之于上亲爱有至即一旦海疆有事苍赤抱同袍同泽之忱可一呼而成劲旅虽有教士之浸淫不怀疑贰虽有汉奸之买嘱不能间离是国家所失于捐输者甚小所得于民心者甚大又何必饮鸩止渴为一时苟且权宜蹈东汉末流之覆辙乎否则官民之气日揆上下之情日散心腹痼疾既深虽曰事筹饷筹兵亦终恐无补于万分之一除船械一切自强之具必须效法于东西洋外其余人心风俗察吏安民仍当循我规模加以实意庶可以我之正气靖彼之戾气不致如日本之更正朔易衣冠为有识者所窃笑也

一持久原奏称方今大局攸系莫如外患御患之道莫如自强非局中局外用心切筹坚持定见岂能有济等因查西人于格致一事往往冥心孤索父不能通其理者子若孙必通之而后已故事能有成然能制一有用之物者国家必隆其爵子孙必世其业以故有志之士无不端心并力坚忍耐苦而为之我中国则穷理之学有余格物之学不足诚以所悬以为富贵功名之的者在此不在彼故极身心性命以趋之者亦在此不在彼目前已难望其事之有济况日后能期事之久持乎其所以不能持久之故撮而举之约有二端一曰任事不专责重者群务猬集每日何止数百事故只能了事之当然而不能深求事之所以然虚文繁则精力疲于应酬例案繁则枢纽持于书吏不惟奉行者习而不察即倡议者亦且过而弗留极紧极要之事反为不紧不要之事所累姑且以一省言之地方报盗上司但批会营严拿而营之有兵无兵不问也州县报灾上司但批筹款抚恤而款之有著无著不计也一事如此诸事可知一

省如此天下可知非常之举黎民所惧固非惨淡经营苦心孤诣不能底于有成乃关系安危之事与循例奉行之事纷至而杂尝则何能穷其所往使事无遁物物无遁情乎故必先省事而择其至重至要者尽瘁以图之然后事能有济此持久之一道也一曰求效大速泰西之谋国也缔造经营掷金钱于无用之地者不知几何一旦辟土开疆始收效于数千百年之后中生士人于事浅尝辄弃子之甚吝而期之甚赊见卵而求时夜见弹而求鸮炙无怪其业止于半途功亏于一篑也况西人之船械本于创创则近于捉影捕风而耗费难计中国之制造出于因因则按图索骥而实效易求即使初次略不中肯而所费之省于西人者已不可以道里计矣譬如前制之械未精而后制者必可渐精若因一械之未精而即谓此械之无用则虽日言自强而自强终不可得而至精卫填海未必一石而海即成田愚公移山未必半锄而山即改道惟有不计其效之迟速但求其效之有无日积月累成效必有可观此又持久之一道也西国事事必求远胜古人故术曰习而日精中国事事必求效法古人然辨论多而事业少虚文多而真诣少古人之糟粕存而古人之实意已失矣夫铁船飞炮古人所无之物亦古书所未载之条嗜古者固无怪其不欲弃我之长效彼之长然使彼仅以船炮自囿于东西则我亦何妨以戈矛自足于中土无如我弱一分则敌强一分我退一步则敌进一步安危祸福之间固有稍纵即逝者天下大变之来方如烈火燎原毁室家弊人畜在须臾之际而一二老师宿儒反叱水龙各机器为奇技淫巧方且斋戒沐浴罄折俯伏欲以至诚感格上苍使之反风而自灭抑或击里鼓召胥徒礼井泉分长幼持杯勺以灌之心非不诚法非不古而财物之烬于火人命之弊于火者已不可救药矣御今日之外侮而仍欲以昔日之兵器者何以异此沿海之机器船厂当经开办旋请停止者屡矣异议者岂真欲敌国之日强中国之日弱哉不过古人所载以矛刺盾之议横亘胸中而且目未睹铁船炸炮之利身未尝铁船炸炮之害故鳃鳃虑夷之变夏欲挺然以一身当其冲拟此后凡有指陈练兵简器造船之失者即令亲往沿海各厂各船考究阅歷外国之兵与器果否胜于中土之兵与器即将来购船制器当必有疑为秏费过大者亦可令指陈之员亲往查核果真有弊自可愈加厘剔若其无弊言者当可释然其购物价钱以及一切杂用尤必每月刊布月报以昭核实古今来无记大如丘山细如毫毛之事内愈秘则外愈疑则何必不洞开城府使局中局外皆可共见共闻天津一案臣屡请和不可恃防必须固万一决裂或由上海或由胥江以捣其后又自请严议为津郡官民赎咎奏牍具在可覆按也而论者痛诋在津办事诸臣陷害循吏贻误大局若使当时局外得见臣与曾国藩等密陈各疏或亦可稍息讥谤此曾国藩之所以叹息痛恨长逝而不瞑目者也故臣为欲局中局外一力一心为持久之计则莫如将应办各事使之目击心晓了然于中如虑漏泄密情亦何妨令异议各员亲到局中详阅原委妥筹熟计然后办事者有立足之地而定见可坚持矣且今日人才不患持议之异同而患委靡之日甚宋臣苏轼所谓平居无犯颜敢谏之士临事安得有殉义死节之臣若局外而能坚持异议虽未必言能中肯然其气自可用也倘令阅歷边事由粗而精由生而熟此时多一骨鲠之直士即他日多一干济之能臣岂不大有裨益乎然则今日而令人人之能自强则当先示以的而不可徒用虚言欲事事之能持久则当相见以诚而不可稍分门戸庶不致功败垂成半途辄止矣以上六条皆就总理衙门原奏略申余蕴附呈管见臣身婴痼疾呕吐连年医药百端曾无大效前蒙圣恩特召曲予矜全感激涕零往往中夜起立只以病势尚深未能即时就道复荷圣慈准给假期益深镌篆而犬马恋主之忱拳拳不能自已谨倾葵藿冀报涓埃是否有当伏乞圣鉴谨奏

卷下

覆奏海防条议 【李鸿章】

一原奏练兵一条内称若求实在可御外患事较办发捻诸贼为更难兵亦较办发捻诸贼宜更精洵是不刊之论盖发捻苗回诸贼皆内地百姓虽有勇锐坚忍之气而器械不及官军之精备可以剿抚兼施若外洋本为敌国专以兵力强弱角胜彼之军械强于我技艺精于我即暂胜必终败敌从海道内犯自须亟练水师惟各国皆系岛夷以水为家船炮精练已久非中国水师所能骤及中士陆多于水仍以陆军为立国根基若陆军训练得大炮兵登岸时尚可鏖战炮台布置得法敌船进口时尚可扭守但用旗绿营弓箭刀矛抬鸟枪旧法断不足以制洋人并不足以灭土寇即如直隶练军屡经挑选整顿近始兼习洋枪小炸炮以剿内寇尚属可用以御外患实未敢信各省抽练之兵大率类此用洋枪者已少用后门枪及炸炮者更少其势只可加练而不可减练只可添练洋器以求制胜而不可拘执旧制以图省费前督臣曾国藩于同治十年正月覆奏筹备海防折内谓沿海之直隶奉天山东三省江苏浙江两

省广东福建两省沿江之安徽江西湖北三省各应归并设防沿海七省共练陆兵九万沿江三省共练陆兵三万统计每年需银八百万两因无款可筹议遂中止兹总理衙门拟以曾经制胜之洋枪队练习水战丁日昌拟选练陆军合天下得精兵十万人与曾国藩前奏大略相同惟陆军与水师用法各殊练法亦异水师犹可上岸击贼陆军未便强令操舟似不宜两用以致两误臣愚以谓沿海沿江各省现有练兵枪队虽不及曾国藩丁日昌所拟十余万之多然与其多而无用不若少而求精但就现有陆军认真选汰一律改为洋枪炮队凡绿营额兵老弱勇丁酌加裁减其饷即加给新练之队沿海防营并换用后门进子枪于紧要口岸附近之处屯扎大股劲旅无事时专讲操练兼筑堡垒有事时专备游击不准分调各海口仿照洋式修筑沙土炮台以地步宽展椭圆坚厚为要炮位宜用口径八寸至十余寸者演习之务在及远愈远愈妙务在能中不中不发即所谓药能对症有备无虞者矣

一原奏简器一条西国水陆战守利器以枪炮水雷为大宗炮有前后门生熟铁纯钢之分枪有前后门滑膛来福之异水雷有用触物磨物电气发火之别窃尝考究其图与器而得其大略洋枪一项各国改用后门枪以其手法灵捷放速而及远其旧制前门枪贱价售于中国每为外人所轻英俄德法美泰西五大强国也其后门枪名目英之至精者曰亨利马梯呢其次曰士乃得俄曰俾尔打啦德曰呢而根法曰沙士钵美曰林明登以利钝迟速较之则英之亨利马梯呢精于俄俄之俾尔打啦精于美美之林明登又精于英之士乃得及德法诸枪也林明登士乃得二种近年已运入中国臣处及沈葆桢均购存林明登数千枝上海机器局亦能仿照惟兵勇粗疏者多士乃得机簧较简购价较省修改较便现拟令各营酌换士乃得枪而间以林明登认真操习由渐而精并令津沪各局先购林明登造子机器仿制子药铜卷以便接济仍与总理衙门商购英国亨利马梯呢枪若干枝又与俄领事订购俾尔打啦枪千枝以备将士选锋者操用至炮位一项英德两国新式最精德国克鹿卜后门枪炮击败法兵尤为驰名臣逐年购到克鹿卜大小炮五十余尊分置大沽炮台天津防营其最大者两尊口径八寸足抵前门炮口径十一二寸之子力然每尊价约二万圆苦于无力多购或谓钢炮过大药力过猛用久或致损裂故英国多用前门熟铁来福长弹大炮曰乌理治曰阿墨斯得郎曰回德活特三家尤著大者口径十一寸至十五寸身重八万斤以上子弹重至六百磅能打穿二十余寸厚之铁甲惟起运维艰价值尤贵中国尚无购用者陆路行仗小炮则以德国克鹿卜四磅弹后门钢炮美国格林连珠炮为最精捷臣又各购定数十尊以备游击要需目下沪宁各局亦能仿造十二磅至六十八磅之圆弹钢铁炸炮淮军习用已久远胜中国旧制而不及西洋新式之精仍拟仿照乌理治阿墨斯得郎之式箍以熟铁而机器未备外国订造枪炮机器全副购价须数十万金再由洋购运钢铁等料殊太昂贵须俟中国能用洋法自开煤铁再添购大炉瀛锤压水柜等机器仿造可期有成若克鹿卜之钢炮回德活特之熟铁炮系用生钢生铁铸成该厂目有秘法更未易学步矣至水雷一项轰船破敌最猛从前南北花旗之战南兵获雷力居多德法之战法国兵艘十倍于德而波罗的海法艘未能深人全仗水雷之功其法分为两类一为定而不动之水雷或连于木桩木排之间或用锚定其位使沈水中或陆地城堡被攻时于缺口要路安置此专为自守而设一为能行动之水雷或浮水面顺风力飘动或用机器自行或干铁船首伸出长竿置之或专作拖带水雷之船此可为攻敌之用近来格致之学曰精水雷之法亦曰精多以强水触物磨物及电线发火其触而发火磨而发火比用法点放者尤佳用药仅五六十磅无论何种兵船皆能轰破其底闻各国皆讲求此物制存极多其用时必于水中排列数行每口安放数十具使敌船疑畏不敢进沪津各局现只能仿造其粗者而电机铜丝铁绳桨皮等件仍购自外洋须访募各国造用水雷精艺之人来华教演庶易精进至火器尽用洋式炮子火药两项亦系要需津局有造药机器四副曰出二千余磅已可敷用惟枪炮多而子弹尚少沪局仅造药机器一副曰出无几宜添购机器在苏宁推广制造各省防江防海需用洋枪炮之子药均宜设局在内地仿造否则事事购之洋商无以备缓急且闽沪津各机器局逼近海口原因取材外洋就便起见设有警报先须重兵守护实非稳著嗣后各省筹添制造机器必须设局于腹地通水之处海口若有战事后路自制储备庶可源源接济也

一原奏造船一条查布国防海新论有云凡与滨海各国战争者若将本国所有兵船径往守住敌国各海口不容其船出入则为防守本国海岸之上策其次莫若自守如沿海数千里敌船处处可到若处处设防以全力散布于甚大之地面兵分力单一处受创全局夫势故必聚积精锐只保护紧要数处即可固守等语所论极为精切中国兵船甚少岂能往堵敌国海口上策固办不到欲求自守亦非易言自奉天至广东沿海袤延万里口岸林立若必处处布以重兵所费浩繁力既不给势必大溃惟有分别缓急择尤为紧要之处如直隶之大沽北塘山海关一带系京畿

门户是为最要江苏吴淞至江阴一带系长江门户是为次要盖京畿为天下根本长江为财赋重地但能守此最要次要地方其余各省海口边境略为布置即有挫失于大局尚无甚碍惟既欲固守必预将所有兵马炮位军械辎重并工局物力储备坚厚虽军情万变而不离其宗庙谟阃算平昔之经营临事之调度皆不可一毫错乱道光二十二年夷船入长江而全局始震咸丰十年夷兵犯津通而根本遂危彼族实能觇我要害制我命脉而我所以失事者由于散漫设防东援西调未得全力聚于紧要数处今议防海则必鉴前辙揣敌情其防之之法大要分为两端一为守定不动之法如口内炮台壁垒格外坚固须能抵御敌船大炮之弹而炮台所用炮位须能击破铁甲船又必有守口巨炮铁船设法阻挡水路并藏伏水雷等器一为挪移泛应之法如兵船与陆军多而且精随时游击可以防敌兵沿海登岸是外海水师铁甲船与守口大炮铁船皆断不可少之物矣现计闽厂造存轮船十五号内有二号已在台湾遭风损坏沪厂造成轮船六号内有二号马力五百匹配炮二十六尊与外国大兵船相等其余各船皆仅与外国小兵船根钵相等然已费银数百万有奇物料工匠多自外洋购致是以中国造船之银倍于外洋购船之价今急欲成军须在外国定造为省便但不可转托洋商误买旧船徒縻巨款访闻兵船及铁甲船以英国为最精英之宫厂公司厂均以造铁甲之优劣相与争衡曰新月异应拣派明于制造略知兵事之员选带学生工匠前往由总理衙门会商驻京使臣移知该国兵部俾得亲赴各厂考究系何等船制最为坚致灵捷并宜于中国水道者与其议价定造即将带去华匠兵士附入该厂及武备院学习造工并讲求驾驭操练之法俟成船后配齐炮位随船回华庶有实济而中国船厂仍量加开拓以备修船地步至拟设兵船数目如丁曰昌所称北东南三洋各设大兵轮船六号根钵轮船十号合共四十八号自属不可再少除将中国已造成二十号抵用外尚短二十八号窃谓北东南三洋须各有铁甲大船二号北洋宜分驻烟台旅顺口一带东洋宜分驻长江外口南洋宜分驻厦门虎门皆水深数丈可以停泊一处有事六船联络专为洋面游击之师而以余船附丽之声势较壮约计定造铁甲船每只需银百万两内外已费不资只有先购此项分年筹办俟有余力再置他船或由闽沪各厂陆续仿造兵船总以足成四十八号为度惟守口大炮铁船即所谓水炮台船亦系西洋新制利器以铁船配极重之炮辅助岸上炮台四面伏击阻遏中流能自行动最为制胜凡要口须添设一二艘闻在外国定购每船连炮约价银十余万两但笨滞不能涉海须将炮位铁甲分折运载来華装配应俟委员到彼一併察办如价省运便陆续再购造二十号分布南北各口抑或由外洋购大炮由华厂照式仿造铁船更可次第添置至丁曰昌奏称裁併五十号艇船可养给一号大兵轮船裁并十号阔头舢板可养给一号根钵轮船计各省沿海水师旧制各船縻费以之供给四十八号轮船尚觉有盈无绌等语查同治十一年五月臣于覆奏船政事宜折内拟请裁撤各省艇船即以各船修造养兵之费抵给轮船月费经总理衙门议令各该督抚奏办迄今并未议覆今添购铁甲等船巨款必须另行筹集养船练兵一切费用应如丁曰昌所议请旨敕下江苏山东浙江福建广东沿海各省将旧置及新添红单拖罟艇船舢板等项分别裁併专养轮船以免虚縻而资实用

一原奏筹饷一条近日财用极绌人所共知欲图振作必统天下全局通盘合筹而后定计新疆各域自乾隆年间始归版图无论开关之难即无事时岁需兵费尚二百余万徒收数千里之广地而增千百年之漏卮已为不值且其地北接俄罗斯西界土耳其天方波斯各回国南近英属之印度外日强大内日侵削今昔异势即勉图恢复将来断不能久守屡阅外国新闻纸及西路探报喀什噶尔回酋新受土耳其回部之封并与俄英两国立约通商是已与各大邦勾结一气不独伊犁久距已也揆度情形俄先蚕食英必分其利皆不愿中国得志千西方而论中国目前力量实不能兼顾西域师老财匮尤虑别生他变曾国藩前有暂弃关外专清关内之议殆老成谋国之见今虽命将出师兵力饷力万不能逮可否密谕西路各统帅但严守现有边界且屯且耕不必急图进取一面招抚伊犁乌鲁木齐喀什噶尔等回酋准其自为部落如云贵粤蜀之苗猺土司越南朝鲜之略奉正朔可矣两存之则两利俄英既各怀兼併中国亦不致屡烦兵力似为经久之道况新疆不复于肢体之元气无伤海疆不防则腹心之大患愈棘孰重孰轻必有能辨之者此议果定则已经出塞及尚未出塞各军似须略加核减可撤则撤可停则停其停撤之饷即匀作海防之饷否则只此财力既备东南万里之海疆又备西北万里之饷运有不困穷颠蹶者哉至此时开办江防海防约计购船练兵简器各项至少先需经费一千余万两本年八月间户部奏覆文祥寛筹饷需折内议请暂停内府不急之需而海防用项仍无可筹姑令各省先尽各项存款移缓就急抵充防费究之各省留支奉拨之数视岁入之数无不浮滥数倍更有何款可以存留借抵必不得已应仍照总理衙门五年奏案专提部存及各海关四成洋税一款为目前开办之需除将津海东海关四成奏归天津机器局江海关四成内之二成奏归上海机器局山海江汉两关

四成奏明拨充奉兵及淮军月饷淡水一关奏留台湾军需均为海防而设毋庸置议外其余各海关四成洋税及部库歷年提存四成应请专备总理衙门及海防统帅大员会商拨用此后即责令各关另款封存径行抵解不准本省借留亦不必再解部库致多转折此项每年计可得银百数十万两加以部库提存三百余万其有不敷拟仍暂借洋款由续收四成项下拨还或另行设法归楚以应急需其息银以七八廛为度归本以十年八年为度亦各国常有之事无足诧虑也至于日后久远之费当于开源节流求之现在丁漕课税正供之外添出厘金捐输二款百方罗掘仍不足用捐输所得无几流弊甚大而内地厘金又为半税所绌如铜铁羽呢洋布等项类皆有关民生日用洋船转运迅捷输纳又仅半税于是奸民包揽冒骗大宗货物皆免完厘因税则载在和约无可议加以至彼此轻重悬殊商民交困丛雀渊鱼之喻何堪设想丁日昌议设厂造耕织机器曾国藩与臣迭次奏请开煤铁各矿试办招商轮船皆为内地开拓生计起见盖既不能禁洋货之不来又不能禁华民之不用英国呢布运至中国每岁售银三千余万又铜铁铅锡售银数百万于中国女红匠作之利妨夺不少曷若亦设机器自为制造轮船铁路自为转运但使货物精华与彼相埒彼物来自重洋势不能与内地自产者比较我利曰兴则彼利自薄不独有益饷厘也各省诸山多产五金及丹砂水银煤炭之处中国数千年未尝太开偶开之又不得其器与法而常忧国用匮竭此何异家有宝库封锢不启而坐愁饥寒西士之精化学者视山之土石即知其中有何矿窃以为宜聘此辈数人分往徧察记其所产择其厚利者次第开挖一切仿西法行之或由官筹借赀本或劝远近富商凑股合立公司开得若干酌提一二分归官其收效当在十年以后臣近于直隶之南境磁州山中议开煤铁饬津沪机器局委员购洋器雇洋匠以资倡导因为铸军器要需亦欲渐开风气以利民用也近世学者鉴于明季之失以开矿为弊政不知弊在用人非矿之不可开也其无识绅民惑于凿坏风水无用官吏恐其聚众生事尤属不经之谈刻下东西洋无不开矿之国何以独无此病且皆以此富强耶若南省滨江近海等处皆能设法开办船械制造所用煤铁无庸向外洋购运权其余利并可养船练兵此军国之大利也至于洋药一项流毒中国本年三月间钦奉寄谕以醇亲王请饬密筹杜绝饬即妥议办法等因臣查阅醇亲王折内有不必仓猝施行要在矢志弗懈俟外洋鸦片不来再严中国罂粟之禁等语实属洞达大体适因台湾事起未便置议兹查洋药自印度进口每年约七万数千箱售银三千余万之多英国明知害人之物而不欲禁洋商贩运并欲禁中国内地自种其用意殊极狡狠上年修约总理衙门与英使言之屡矣并预声明既不能禁英商之不贩洋烟即不能禁华民之不食洋烟惟有暂行弛禁罂粟不但夺清商利权并可加增税项将来计穷事迫难保不出于此其时英使闻之亦颇心动而该国卒不见听臣即再与办理恐亦无益应仍循总理衙门原议阴相抵制以冀洋药渐来渐少再加厉禁为宜查云贵川陕山西各省多种罂粟疆臣台谏每以申明禁令为言是徒为外洋利薮之驱授胥文扰索之柄究之罂粟曰种曰广势仍不可遽禁闻土药性缓价廉而瘾亦薄不比洋药为害之烈为今之计似宜暂弛各省罂粟之禁而加重洋药之税厘使外洋烟土既无厚利自不进口然后妥立条规严定限制俾吸食者渐戒而除绝之民财可杜外耗之源国饷并有曰增之势两得之举也查洋药每箱百斤新关正税三十两厘捐则各省多寡不同福建每箱捐银三十六两江苏每箱捐银三十三两北洋天津等关捐银二十四两捐愈重则漏愈多英国条约原有洋药如何征税听凭中国办理之说如能于洋税一律议加自可毫无渗漏裨益更大否则南北各目通行加重捐数均照关税之例无稍参差以免趋避专收作海防经费由统帅提用合之亦成巨款此外沿江沿海各省皆令整顿货厘盐厘各省每年限定酌拨数万两协济海防以上数端皆开源之事也若夫裁艇船以养轮船裁边防冗军以养海防战士停内府不急之需减地方浮滥之费以裨军实而成远谋亦节流之大者苟非上下一心内外一心局中局外一心未有不半途而废者矣

一原奏用人一条拟派统帅责成经理及遴选得力提镇将领为之分统查南北洋滨海七省自须联为一气方能呼应灵通惟地段过长事体烦重一人精乃断难兼顾各督抚未必皆深知洋务兵事意见尤不能尽同若责成统帅调度既恐扞格不行若会同各省商筹又恐推诿贻误从前办粤捻各贼何尝不屡简统帅臣亦曾备位其间深知其苦饷权疆政非其所操不过徒拥空名而各省督抚仍不能不问兵事畛域分则情形易隔号令改则将士难从是欲一事权而反紊也何况有事之际军情瞬息变更倘如西国办法有电线通报径达各处海边可以一刻千里有内地火车铁路可屯兵于旁闻警驰援可以一曰千数百里则统帅尚不至于误事而中国固急切办不到者也今年台湾之役臣与沈葆桢函商调兵月余而始定及调轮船分起装送又三月而始竣而倭事业经定议矣设有紧急诚恐缓不济事故臣尝谓办洋务制洋兵若不变法而徒骛空文绝无实济臣不敢明知而不言也窃计北洋三省设一统

帅即才力倍于臣者尚虑不能肆应南洋四省口岸更多似亦非一统帅所能遍及若因创设铁甲兵船等项须责成大员督筹经理如前江西巡抚沈葆桢前江苏巡抚丁曰昌皆究心此事熟悉洋情似堪胜任至丁曰昌拟设北东南三洋提督分统各船不为无见但文武兼资素习风涛驾驭轮船操法者实不易得耳抑臣更有陈者用人最是急务储才尤为远图洋人入中国已三十余年驻京已十余年以兵胁我殆无虚岁而求练达兵略精通洋法者恒不数靓由于不学之过不不学田千土不教也军务肃清以后文武两途仍舍章句弓马末由进身而以章句弓马施于洋务膈膜太甚是以沈葆桢前有请设算学科之奏丁曰昌前有武试改枪炮之奏皆格于部议不行而所用非所学人才何山而出近时拘谨之儒多以交涉洋务为浼人之具取巧之士又以引避洋务为自便之图若非朝廷力开风气破拘挛之故习求制胜之实济天下危局终不可支日后乏才且有甚于今日者以中国之大而无自强自立之时非惟可忧抑亦可耻臣愚以为科各即不能骤变时文即不能遽废而小楷试帖太蹈虚饰甚非作养人才之道似应于考试功令稍加变通另开洋务进取一格以资造就现在京师既设同文馆江省亦选幼童出洋学习似已辟西学门径而士大夫趋向犹未尽属者何哉以用人进取之途全不在此故也拟请嗣后凡有海防省分均宜设立洋学局择通晓时务大员主持其事分为格致测算舆图火轮机器兵法炮位化学电气学数门此皆有切于民生曰用军器制作之原外国以之黜陟人才故心思日出而不穷华人聪明才力本无不逮西人之处但未得其法未入其门盖无以鼓励作新之耳如有志趣思议于各种略通一二者选收入局延西人之博学而精者为之师友按照所学浅深酌给薪水俾得研究精明再试以事或分派船厂炮局或充补防营员弁如有成效分别文武照军务保举章程奏奖升阶授以滨海沿江实缺与正途出身无异若始勤终怠立予罢革其京城同文馆上海广方言馆习算学生及出洋予弟学成回国皆可分调入局教习并酌量派往各机器局各兵船差遣如此多方诱掖劝惩兼施就所学以课所能即使十人中得一成就已多一人之用百人中得十成就已多十人之用二十年后制器驶船自强之功效见矣

一原奏持久一条窃以古无久而不仿之法惟在办事之人同心协力先后相继日益求精不独保境息民兼可推悟新意裕财足用如泰西各国皆起于弹丸之地创造各样利器未及百年而成就如此之精规画如此之远拓地如此之广岂非其举国上下积虑殚精人思自奋之效乎中国在五大洲中自古称最强大今乃为小邦所轻视练兵制器构船诸事师彼之长去我之短及今为之而已迟矣若再因循不办或旋作旋辍后患殆不忍言若不稍变成法千洋务开用人之途使人人皆能通晓将来即有防海万全之策数十年后主持乏人亦必名有实亡渐归颓废惟有中外一心坚持必办力排浮议勿以成格为万不可破勿以风气为万不可□开勿急近功勿惜重费精心果力歷久不懈百折不回庶几军实渐强人才渐进制器渐精由能守而能战转贫弱而为富强或有其时乎是天下臣民所祷祀求之者也

高僧传[1]

卷第一·译经上·安清三

安清。字世高。安息国王正后之太子也。……高游化中国。宣经事毕。值灵帝之末。关雒扰乱。乃振锡江南。云。我当过庐山。度昔同学。行达郏亭湖庙。此庙旧有威灵。商旅祈祷。乃分风上下。各无留滞。尝有乞神竹者。未许辄取。舫即覆没。竹还本处。自是舟人敬惮。莫不慑影。高同旅三十余船。奉牲请福。神乃降祝曰。船有沙门。可便呼上。客咸惊愕。请高入庙。神告高曰。吾昔外国与子俱出家学道。好行布施。而性多瞋怒。今为郏亭庙神。周回千里。并吾所治。以布施故。珍玩甚丰。以瞋恚故。堕此神报。今见同学。悲欣可言。寿尽旦夕。而丑形长大。若于此舍命。秽污江湖。当度山西泽中。此身灭后。恐堕地狱。吾有绢千匹。并杂宝物。可为立法营塔。使生善处也。高曰。故来相度。何不出形。神曰。形甚丑异。众人必惧。高曰。但出。众人不怪也。神从床后出头。乃是大蟒。不知尾之长短。至高膝边。高向之梵语数番。赞呗数契。蟒悲泪如雨。须臾还隐。高即取绢物。辞别而去。舟侣扬帆。蟒复出身。登山而望。众人举手。然后乃灭。倏忽之顷。便达豫章。即以庙物造东寺。高去后。神即命过。暮有一少年上船。长跪高前。受其咒愿。忽然不见。高谓船人曰。向之少年即郏亭庙神。得离恶形矣。于是庙神歇末。无复灵验。

卷第二·译经中·佛驮跋陀罗六

佛驮跋陀罗。此云觉贤。本姓释氏。迦维罗卫人。甘露饭王之苗裔也。……常欲游方弘化。备观风俗。会有秦沙门智严。西至罽宾。覩法众清胜。乃慨然东顾曰。我诸同辈。斯有道志。而不遇眞匠。发悟莫由。即谘讯国众。孰能流化东土。佥云。有佛驮跋陀者。出生天竺那呵利城。族姓相承。世遵道学。其童龀出家。已通解经论。少受业于大禅师佛大先。先时亦在罽宾。乃谓严曰。可以振维僧徒。宣授禅法者。佛駄跋陀其人也。严既要请苦至。贤遂愍而许焉。于是舍众辞师。裹粮东逝。步骤三载。绵历寒暑。既度葱岭。路经六国。国主矜其远化。并倾心资奉。至交趾。乃附舶循海而行。经一岛下。贤以手指山曰。可止于此。舶主曰。客行惜日。调风难遇。不可停也。行二百余里。忽风转吹舶。还向岛下。众人方悟其神。咸师事之。听其进止。后遇便风。同侣皆发。贤曰不可动。舶主乃止。既而有先发者一时覆败。后于闇夜之中。忽令众舶俱发。无肯从者。贤自起收缆。一舶独发。俄尔贼至。留者悉被抄害。顷之。至青州东莱郡。

秦主姚兴专志佛法。供养三千余僧。并往来宫阙。盛修人事。唯贤守静。不与众同。后语弟子云。我昨见本乡。有五舶俱发。既而弟子传告外人。关中旧僧。咸以为显异惑众。又贤在长安。大弘禅业。四方乐靖者。并闻风而至。但染学有浅深。得法有浓淡。浇伪之徒。因而诡滑。有一弟子因少观行。自言得阿那含果。贤未即检问。遂致流言。大被谤读。将有不测之祸。于是徒众。或藏名潜去。或踰墙夜走。半日之中。众散殆尽。贤乃夷然不以介意。时旧僧僧?。道恒等谓贤曰。佛尚不听说己所得法。先言五舶将至。虚而无实。又门徒诳惑。互起同异。既于律有违。理不同正。宜可时去。勿得停留。贤曰。我身若流萍。去留甚易。但恨怀抱未申。以为慨然耳。于是与弟子慧观等四十余人俱发。神志从容。初无异色。识真之众。咸共叹惜。白黑送者千有余人。姚兴闻去怅恨。乃谓道恒曰。佛贤沙门。协

① 〔南北朝〕释慧皎撰。据《大正新修大藏经》本。

道来游。欲宣遗教。缄言未吐。良用深慨。岂可以一言之咎。令万夫无导。因敕令追之。贤报使曰。诚知恩旨。无预闻命。于是率侣宵征。南指庐岳。沙门释慧远。久服风名。闻至。欣喜若旧。远以贤之被擯。过由门人。若悬记五舶。止说在同意。亦于律无犯。乃遣弟子昙邕。致书姚主及关中众僧。解其擯事。远乃请出禅数诸经。贤志在游化。居无求安。停止岁许。复西适江陵。遇外国舶至。既而讯访。果是天竺五舶。先所见者也。

卷第三·译经下·释法显一

释法显。姓龚。平阳武阳人。……后至中天竺。于摩竭提邑波连弗阿育王塔南天王寺。得摩诃僧只律。又得萨婆多律。抄杂阿毗昙心。綖经。方等泥洹经等。显留三年。学梵语梵书。方躬自书写。于是持经像。寄附商客。到师子国。显同旅十余。或留或亡。顾影唯己。常怀悲慨。忽于玉像前。见商人以晋地一白团绢扇供养。不觉凄然下泪。停二年。复得弥沙塞律。长杂二含及杂藏本。并汉土所无。既而附商人大舶。循海而还。舶有二百许人。值暴风水入。众皆惶懅。即取杂物弃之。显恐弃其经像。唯一心念观世音。及归命汉土众僧。舶任风而去。得无伤坏。经十余日。达耶婆提国。停五月。复随他商。东适广州。举帆二十余日。夜忽大风。合舶震惧。众咸议曰。坐载此沙门。使我等狼狈。不可以一人故。令一众俱亡。共欲推之。法显檀越厉声呵商人曰。汝若下此沙门。亦应下我。不尔。便当见杀。汉地帝王奉佛敬僧。我至彼告王。必当罪汝。商人相视失色。僶俯而止。既水尽粮竭。唯任风随流。忽至岸。见藜藿菜依然。知是汉地。但未测何方。即乘船入浦寻村。见猎者二人。显问此是何地耶。猎人曰。此是青州长广郡牢山南岸。

卷第三·译经下·释昙无竭二

释昙无竭。此云法勇。姓李。幽州黄龙人也。幼为沙弥。便修苦行。持戒诵经。为师僧所重。尝闻法显等躬践佛国。乃慨然有忘身之誓。遂以宋永初元年。招集同志沙门僧猛。昙朗之徒二十五人。共赍幡盖供养之具。发迹北土。远适西方。……后于南天竺随舶泛海达广州。所历事迹。别有记传。

卷第三·译经下·求那跋陀罗十二

求那跋陀罗。此云功德贤。中天竺人。……跋陀前到师子诸国。皆传送资供。既有缘东方。乃随舶泛海。中途风止。淡水复竭。举舶忧惶。跋陀曰。可同心并力念十方佛。称观世音。何往不感。乃密诵咒经。恳到礼忏。俄而信风暴至。密云降雨。一舶蒙济。其诚感如此。元嘉十二年至广州。刺史车朗表闻。宋太祖遣信迎接。

卷第十·神异下·杯度八

杯度者。不知姓名。常乘木杯度水。因而为目。……时吴郡民朱灵期使高骊还。值风舶飘。经九日至一洲边。洲上有山。山甚高大。入山采薪。见有人路。灵期乃将数人随路告乞。行十余里。闻磬声香烟。于是共称佛礼拜。须臾。见一寺甚光丽。多是七宝庄严。见有十余僧。皆是石人。不动不摇。乃共礼拜。还反行。步少许。闻唱导声。还往更看。犹是石人。灵期等相谓。此是圣僧。吾等罪人不能得见。因共竭诚忏悔。更往。乃见真人。为期待设食。食味是菜。而香美不同世。食竟。共叩头礼拜。乞速还至乡。有一僧云。此间去都。乃二十余万里。但令至心。不忧不速也。因问期云。识杯度道人不。答言。甚识。因指北壁有一囊挂锡杖及钵云。此是杯度许。今因君以钵与之。并作书著函中。别有一青竹杖。语言。但掷此杖置舫前水中。闭船静坐。不假劳力。必令速至。于是辞别。令一沙弥送至门上。语言。此道去。行七里便至舫。不须从先路也。如言西转。行七里许至舫。即具如所示。唯闻舫从山顶树木上过。都不见水。经三日。至石头淮而住。亦不复见竹杖所在。舫入淮至朱雀门。乃见杯度骑大船

栏以杖捶之曰。马马何不行。观者甚多。灵期等在舫遥礼之。度乃自下舫取书并钵。开书视之。字无人识者。度大笑曰。使我还那。取钵掷云中。还接之。云。我不见此钵四千年矣。度多在延贤寺法意处。时世以此钵异物。竞往观之。一说云。灵期舫漂至一穷山。遇见一僧来云。是度上弟子。昔持师钵而死治城寺。今因君以钵还师。但令一人擎钵舫前。一人正舵。自安隐至也。期如所教。果获全济。

卷第十二【亡身诵经】·诵经第七【二十一人】·竺法纯三

竺法纯。未详何许人。少出家。止山阴显义寺。苦行有德。善诵古维摩经。晋元兴中。为寺上兰渚买故屋。暮还。于湖中遇风而船小。纯唯一心凭观世音口诵不辍。俄见一大流船。乘之获免。至岸。访船无主。须臾不见。道俗咸叹神感。后不知所终。

卷第十二【亡身诵经】·诵经第七【二十一人】·释慧庆七

释慧庆。广陵人。出家止庐山寺。学通经律。清洁有戒行。诵法华。十地。思益。维摩。每夜吟讽。常闻闇中有弹指赞叹之声。尝于小雷遇风波。船将覆没。庆唯诵经不辍。觉船在浪中。如有人牵之。倏忽至岸。于是笃厉弥勤。

卷第十三【兴福经师导师】·兴福第八【十四人】·释慧达一

释慧达。姓刘。本名萨阿。并州西河离石人。……尔后年许。有临海渔人张系世。于海口得铜莲华趺。浮在水上。即取送县。县表上上台。敕使安像足下。契然相应。后有西域五僧诣悝云。昔于天竺得阿育王像。至邺遭乱。藏置河边。王路既通。寻觅失所。近得梦云。像已出江东。为高悝所得。故远涉山海。欲一见礼拜耳。悝即引至长干。五人见像。歔欷涕泣。像即放光。照于堂内。

卷第十三【兴福经师导师】·兴福第八【十四人】·释僧亮八

释僧亮。未知何许人。少以戒行著名。欲造丈六金像。用铜不少。非细乞能办。闻湘州界铜溪伍子胥庙多有铜器。而庙甚威严。无人敢近。亮闻而造焉。告刺史张邵。借健人百头。大船十艘。邵曰。庙既灵验。犯者必毙。且有蛮人守护。讵可得耶。亮曰。若果福德。与檀越共。如其有咎。躬自当之。邵即给人船。三日三夜行至庙所。亮与手力一时俱进。未至庙屋二十许步。有两铜镬。容百余斛。中有巨蛇长十余丈。出遮行路。亮乃正仪执锡。咒愿数十言。蛇忽然而隐。俄见一人秉竹笏而出云。闻法师道业非凡。营福事重。今特相随喜。于是令人辇取。庙铜既多。十不取一。而舫已满。唯神床头有一唾壶。中有一蝘蜓。长二尺许。乍出乍入。议者咸云。神最爱此物。亮遂不取。于是而去。遇风水甚利。比群蛮相报。追逐不复能及。

续高僧传[①]

卷第一·译经篇初

拘那罗陀陈言亲依或云波罗末陀译云真谛并梵文之名字也本西天竺优禅尼国人焉景行澄明器宇清肃风神爽拔悠然自远群藏广部罔不厝怀艺术异能偏素谙练虽遵融佛理而以通道知名远涉艰关无惮夷险历游诸国随机利见

梁武皇帝德加四域盛唱三宝大同中敕直后张氾等送扶南献使返国仍请名德三藏大乘诸论杂华经等真谛远闻行化仪轨圣贤搜选名匠惠益氓品彼国乃屈真谛并赍经论恭膺帝旨既素蓄在心涣然闻命以大同十二年八月十五日达于南海沿路所经乃停两载以太清二年闰八月始届京邑武皇面申顶礼于宝云殿竭诚供养

谛欲传翻经教不羡秦时更出新文有逾齐日属道销梁季寇羯凭陵法为时崩不果宣述乃步入东土又往富春令陆元哲创奉问津将事传译招延英秀沙门宝琼等二十余人翻十七地论适得五卷而国难未静侧附通传

至天保三年为侯景请还在台供养于斯时也兵饥相接法几颓焉会元帝启祚承圣清夷乃止于金陵正观寺与愿禅师等二十余人翻金光明经

三年二月还返豫章又往新吴始兴后隋萧太保度岭至于南康并随方翻译栖遑靡托逮陈武永定二年七月还返豫章又止临川晋安诸郡

真谛虽传经论道缺情离本意不申更观机壤遂欲泛舶往楞伽修国道俗虔请结誓留之不免物议遂停南越便与前梁旧齿重覆所翻其有文旨乖竞者皆镕冶成范始末轮通

至文帝天嘉四年扬都建元寺沙门僧宗法准僧忍律师等并建业标领钦闻新教故使远浮江表亲承劳问谛欣其来意乃为翻摄大乘等论首尾两载覆疏宗旨而飘寓投委无心宁寄又泛小舶至梁安郡更装大舶欲返西国学徒追逐相续留连太守王方奢述众元情重申邀请谛又且修人事权止海隅伺旅束装未思安堵

至三年九月发自梁安泛舶西引业风赋命飘还广州十二月中上南海岸刺史欧阳穆公頠延住制旨寺请翻新文谛顾此业缘西还无措乃对沙门慧恺等翻广义法门经及唯识论等后穆公薨没世子纥重为檀越开传经论时又许焉而神思幽通量非情测

尝居别所四绝水洲纥往造之岭峻涛涌未敢凌犯谛乃铺舒坐具在于水上加坐其内如乘舟焉浮波达岸既登接对而坐具不湿依常敷置有时或以荷叶搨水乘之而度如斯神异其例甚众

至光太二年六月谛厌世浮杂情弊形骸未若佩理资神早生胜壤遂入南海北山将捐身命时智恺正讲俱舍闻告驰往道俗奔赴相继山川刺史又遣使人伺卫防遏躬自稽颡致留三日方纾本情因尔迎还止于王园寺时宗恺诸僧欲延还建业会杨辇硕望恐夺时荣乃奏曰岭表所译众部多明无尘唯识言乖治术有蔽国风不隶诸华可流荒服帝然之故南海新文有藏陈世

以太建元年遘疾少时遗诀严正勖示因果书传累纸其文付弟子智休至正月十一日午时迁化时年七十有一

卷第四·译经篇四

那提三藏唐曰福生具依梵言则云布如乌代邪以言烦多故此但讹略而云那提也本中印度人少出家名师开悟志气雄远弘道为怀历游诸国务在开物而善达声明通诸诂训大夏召为文士拟此土兰台著作者性泛爱好奇尚闻有涉悟不惮远夷曾往执师子国又东南上楞伽山南海诸国随缘达化善解书语至此敷演度人立寺所在

① 〔唐〕释道宣撰。据碛砂藏本。

扬扇承脂那东国盛转大乘佛法崇盛赡洲称最乃搜集大小乘经律论五百余夹合一千五百余部

以永徽六年创达京师有敕令于慈恩安置所司供给时玄奘法师当途翻译声华腾蔚无由克彰掩抑萧条般若是难既不蒙引返充给使

显庆元年敕往昆仑诸国采取异药既至南海诸王归敬为别立寺度人授法弘化之广又倍于前以昔被敕往理须返命慈恩梵本拟重寻研龙朔三年还返旧寺所赍诸经并为奘将北出意欲翻度莫有依凭惟译八曼荼罗礼佛法阿吒那智等三经要约精最可常行学其年南海真腊国为那提素所化者奉敬无已思见其人合国宗师假涂远请乃云国有好药唯提识之请自采取下敕听往返迹未由

余自博访大夏行人云那提三藏乃龙树之门人也所解无相与奘颇返西梵僧云大师隐后斯人第一深解实相善达方便小乘五部毗尼外道四韦陀论莫不洞达源底通明言义词出珠联理畅霞举所著大乘集义论可有四十余卷将事译之被遣遂阙夫以抱麟之叹代有斯踪知人难哉千龄罕遇那提挟道远至投俾北冥既无所待乃三被毒载充南役崎岖数万频历瘴气委命斯在呜呼惜哉

卷第十三·义解篇九

释圆光俗姓朴本住三韩卞韩马韩辰韩光即辰韩新罗人也家世海东祖习绵远而神器恢廓爰染篇章校猎玄儒讨仇子史文华腾翥于韩服博赡犹愧于中原遂割略亲朋发愤溟渤年二十五乘舶造于金陵有陈之世号称文国……

卷第十六·习禅初

释道珍未详何人梁初住庐山中恒作弥陀业观梦有人乘船处大海中云向阿弥陀国珍欲随去船人云未作净土业谓须经营浴室并诵阿弥陀经既觉即如梦所作年岁绵远及于房中小池降白银台时人不知独记其事安经函底

卷第二十二·明律上

释智文姓陶丹阳人……文昔梦泛舟海钓获二大鱼心甚异之及于东安寺讲麈尾才振两峰俱落深怪其事以询建初琼上乃曰斯告之先见必有二龙传公讲者其言果矣

卷第二十八·感通篇下

释宝宪郑州人宝镇律师之学士也……开皇之始与镇同来住大兴善威仪调顺言无涉俗仁寿奉敕置塔洪州即豫章之故地初向彼州路由江阻既失正溜泥泞不通人力殆尽无前进理程期又逼道俗遑惧宪乃凭心舍利请垂通涉忽降白鸟船前缓飞乍来乍去如有引导即遣随逐遂逢水脉通夕泛舟安达无障

补续高僧传[1]

卷二·义解篇·宋·晋水法师传【附诚法师义天僧统】

义天者。高丽国王第四子。辞荣出家。封祐世僧统。元祐初。入中国上表。乞传贤首教。归朝弘扬。敕有司。举可授法者。以诚法师对。

诚法师者。住东京觉严寺。讲华严经。历席既久。学者依以扬声。其为人。纯至少缘饰。高行远识。近世讲人。莫有居其右者。上表举师自代。曰。臣虽刻意讲学。识趣浅漏。特以年运已往。妄为学者所推。今异国名僧。航海问道。宜得高识博闻者。为之师。窃见杭州慧因院僧净源。精练教乘。旁通外学。举以自代。实允公议。上可其奏。遣朝奉郎杨亿馆。伴至慧因。受法诸刹。迎饯如行人礼。初华严疏钞。久已散坠。义天持至咨决。遂得复全。义天。业就还国。留金书华严三译本。一百八十卷。于慧因。师乃建阁。奉安之。时称师为华严中兴之祖。师之道遂大行海外矣。元祐三年冬。示寂。荼毗获舍利无数。塔于院西北。寿七十有八。义天念法乳。遣侍僧寿介等。过海致祭焉。师先世。泉之晋水人。故学者。称晋水法师。

卷三·义解篇·宋·中立传

中立。鄞之陈氏子。母梦日轮入怀。遂有娠。夜不三浴。则啼号不止。九岁出家。受经一诵……元祐初。高丽僧统。问道中国。甫济岸。遇师升堂。叹曰。果有人焉。遂以师礼见。师令门徒介然。始作十六观室。以延净业之士。

卷三·义解篇·宋·了然传【智仙附】

了然。台临海薛氏子。处胎十三月而生。十六具戒。从安国惠师。学教观得要领。尝梦坐盘石泛大海。望大士坐山上竹林间。师正立。说百偈以赞。觉忆其半……

卷七·习禅篇·宋·怀贤禅师传

金山龙游寺。圆通禅师。讳怀贤。字潜道。温州永嘉何氏子……初开法于太平隐静。嗣主金山。金山当孔道。客至无虚日。师颇厌之。熙宁元年。遂谢事。隐于金牛山。山去丹阳数十里。人迹罕。至庭养猿鹤孔雀鹦鹉白鹇。皆就掌取食。号五客。各为一诗。赠之士大夫。欲相见者。就山中访焉。庐山之圆通。明州之雪窦。相次坚恳。各住一年。雪窦至。前后二十年间。三请乃赴。其行由海道。遇大风。漂至慈溪东岸。舟破。从者多人皆散走。师独安坐水中不动。以元丰五年九月甲午。示灭于金牛。寿六十七。

卷七·习禅篇·宋·南安严传

南安岩自严尊者。生郑氏。泉州同安人……后游南康槃古山。先是西竺波利尊者。经始谶曰。却后当有白衣菩萨。来兴此山。师住三年成丛林。乃还南安。江南眠槎。为行舟碍。师舟过焉。摩挲之曰。去去。莫与人为害。槎一夕荡除。有僧自惠州来曰。河源有巨舟著沙。万牛挽不可动。愿得以载砖建塔于南海。为众生福田。师曰。此阴府之物。然付汝偈取之。偈曰。天零灞水生。阴府船王移。莫立沙中

---

[1] 〔明〕释明河撰。据卍字续藏本。

久。纳福荫菩提。僧即舟唱偈。而舟为动。万众欢呼。至五羊。有巨商从借以载。僧许之。方解缂。俄风作。失舟所在。

卷八·习禅篇·宋·昭庆禅师传

乌江惠济院禅师。名昭庆。字显之。泉州林氏子。少所弛任气。为巨贾。往来海中十数年。资用甚饶。一日尽所有财物属同产。使养其亲。徒手入漳州开元寺。出家受具戒。

卷十一·习禅篇·宋·元枯木传

祖元。七闽林氏子。初谒雪峰顶佛心才。皆已契机。后参妙喜于海上洋屿庵。风骨清臞。危坐终日。妙喜目为元枯木。以剔灯有悟。妙喜赠之以偈。洋屿发明大事者十三人。师其一也。

卷十一·习禅篇·宋·松源岳传

崇岳。号松源。处州龙泉吴氏子。幼不好弄。稍长慕出世法。二十三。弃家衣扫塔。服受五戒。……隆兴二年。师始得度于临安西湖白莲精舍。自是遍历江浙诸大老之门。罕当其意。乃浮海入闽。见木庵永公……

卷十一·习禅篇·宋·虚堂愚传

智愚。字虚堂。四明人。具戒游参。见运庵颜公。言下了旨。出世历住十刹。化道风行。咸淳末。被诏住径山……先是。高丽国王。请师于彼国说法。八载还山。问法弟子。随侍千指。至我明嘉靖间。高丽尚遣法嗣来此扫塔云。彼国法道。甚盛焉。

卷十三·习禅篇·元·祖铭传

祖铭。字古鼎。奉化应氏子。幼颖悟。不近荤食。稍长学通百氏书。而尤嗜佛典。年十八厌处尘俗。从金峨锡公。学出世法。二十五得度受具戒。出游诸方……顺帝元统元年。师五十有四。始自径山出。住昌国之隆教。学者不惮步险。争愿趋往座下。后八年。迁普陀。浙东都元帅完者都公。威震海上。而于师至礼甚恭。日本商航。数奉国命。盛赍金币来聘。师每避去。

卷十三·习禅篇·元·石屋珙禅师传

清珙。字石屋。苏州常熟人。俗姓温。母刘氏。生之夕有异光。及长依崇福永惟出家。二十祝发。越三年受具……至正壬辰秋七月二十有一日。示微疾。中夜与众诀……世寿八十有一。僧腊五十有四。弟子愚太古者。高丽国人。师说偈印可。有金鳞上直钩之句。后归。王尊之。以为国师。数道师德。王甚渴仰。及师化。表达朝廷。诏谥佛慈慧照禅师。移文江浙。请净慈平山林公。入天湖。取师舍利之半。馆伴归国。建塔供养。

卷十三·习禅篇·元·日本梦窗国师传

智曜。更名疏石。字梦窗。姓源氏。势州人。宇多天王九世孙。九岁出家。群书一览辄能记。暨长。绘死尸九变之相。独坐观想。慨然有求道志。一夜梦。游中国疏山石头二刹。一庞眉僧。持达磨像。授之曰。尔善事之。寤而叹曰。洞明吾本心者。其唯禅观乎。遂更名疏石。谒无隐范公。又见一山宁公。不甚契。后求指决于高峰日公。于言下有省。因夕坐久。偶作倚壁势。身忽仆去。豁然大悟。平生碍膺之物。冰解雪融。心眼烂然如月。佛祖玄机。一时烁破。高峰嘱其护持。且出其然无学元公手书

一通。畀之以寓相传付授之意。师志在烟霞。出世非所愿。聘致皆力辞之。甲州之龙山庵。五台山之吸江庵。与夫泊船庵。退耕庵。兜率内苑。皆师避隐之所。或慕迫之不已。至逃入海屿以避之。春秋五十一。国主后醍醐天王。强起师主南禅。入见引坐。师言所志求退。王曰。吾心非有他。欲朝夕问道耳。及王妃薨。强师再入南禅。请宣说大戒。执弟予礼弥谨。赐国师之号。王即世。太仓天王。复从师受戒。愿为弟子。敷宣之际。有二星降于庭。光如白日。两宫国母。请师于仙洞受五戒。廷议重师名德。复强师入天龙。锡师号正觉心宗普济。遗以手书。其略曰。道振三朝。名飞四海。主天龙席。再转法轮。秉佛祖权。数摧魔垒。国中以为荣。后化于兜率内院。世寿七十九。僧腊六十。弟子奉全身塔于院之后。送者黑白二万余人。皆哀恸不胜。分存日所翦爪发。瘗于云居。发中累累生舍利云。师仪观高朗。慧学渊深。凡所莅止。如见一佛出世。香花供养。惟恐或后。故管领源公赖之。尝与人言曰。我从先人。听国师剧谈佛法。颇达真乘。遂能死生如一。临事不慑。而先人竟死于忠。吾亦知委身以事君者。皆国师化导之力。然则师之道。非特究明心学。实足增其世教之重。且其抗志高明。视荣名利养。澹若无物。唯欲栖身林泉。虽屡典大刹。皆迫于王命而起。世称大善知识。非师孰能当之。

宋文宪曰。宋南渡后。传达磨氏之宗于日本者。自千光禅师荣西始。厥后无学元公。以佛鉴范公之子。附海舶东游。大振厥宗。高峰纂而承之。师为高峰之遗胤。

卷十三·习禅篇·元·日本古先原公传

印原。字古先。相州藤氏子。藤为国中贵族。师生有异征。垂髫时。辄刻木为佛陀像。持以印空。人异之。十三剃发受具戒。遍历诸师户庭。咸无所证入。乃慨然叹曰。中夏乃佛法渊薮。盍往求之乎。于是。绝鲸波之险。奋然南游。初参无见顶公于天台华顶。公语之曰。汝缘不在此。中峰本公。现说法杭之天目山。炉鞴正赤。此真汝导师。宜急行。师即蓬累而出。往见中峰。中峰一见。遽命给侍左右。屡呈见解。辄遭呵斥。退而涕泣。至于饮食皆废。中峰怜其诚恳。乃谓之曰。此心包罗万象。迷则生死。悟则涅槃。生死之迷。固是未易驱斥。涅槃之悟。犹是入眼金尘。当知般若如大火聚。近之则焦头烂额。唯存不退转一念。生与同生。死与同死。自然与道相符脱。使未悟之际。千释迦。万慈氏。倾出四大海水。入汝耳根。总是虚妄尘劳。皆非究竟之事也。师闻遍身汗下。益厉精猛积之之久。忽有所省。现前境界。一白无际。中峰印之。复见诸大老。皆无异词。会清拙澄公。将入日本建立法幢。师送至四明。澄公曰。子能同归。以辅成我乎。师曰。云水之踪。无住无心。何不可之有。即摄衣升舟。其后澄公能化行于遐迩者。皆师之力也。然瓣香酬法乳。的归之中峰。师化大行。专以流通大法。建立梵宫为事。若丹州之愿胜。津州之保寿。江州之普门。信州之盛典。房州之天宁。皆郁然成大兰若。而建长之西。复创广德庵。命其徒守之。如慧林。等持。真如。万寿。净智。皆师受请弘化之刹。劳绩之见不与焉。年度比丘千余人。非所度而受法称弟子者。不与焉。师临众端严。见者若未易亲。及闻其诲者。温若春阳。莫不悦服而去。人有来求法语偈颂者。濡毫之顷。翩翩数百言。曾不经意。皆契合真如。师不自以为是也。取语录并外集。投火中曰。吾祖不立文字。留此糟粕何为。门人欲画师像。预索赞语。师作一圆相。题其上曰。妙相圆明。如如不动。触处相逢。是何面孔。其方便为人皆类此。甲寅春正月。坐化于长寿院。

卷十四·习禅篇·明·孤峰德禅师传

明德。号孤峰。明之昌国朱氏子。其父有成。母黄氏。父与普陀山僧玠公交。玠闻鸡声入道。凡说法。必鼓翅为鸡号。玠亡已久。母梦玠来托宿。觉而有娠。历十四月而生。不好戏弄。每跏趺端坐。十七为大僧。慨然有求道之志。首谒竺西坦公于天童。复见晦机熙公于净慈。二老首肯之。而师弗自是也。繇是。益自策厉。以必证为期。抵双林。见明极俊公。一见之顷。埙篪协应。命司藏钥。会日本遣使。迎明极为国师。师送至海滨。而竺田霖公。亦自雪窦至。见师气貌不凡。延归山中。以第一座处

之。自是群疑顿释。

卷十五·习禅篇·明·日本德始传

德始。字无初。日东信州神氏子。幼聪颖。不好弄。遇群儿嬉戏。辄避匿引去。见僧则喜动颜色。从州之天宁大比丘一公。祝发为沙弥。逮长。诣山城诸刹。既进具。坐探群书通大意。已而叹曰。昔吾乡觉阿上人。慧解精绝。善大小乘。一旦舍所学。附商舶抵中土。谒灵隐远禅师得法。东归国人景仰。尊之为禅祖。予晚生末学。尚何敢高攀逸驾。而望其后尘。然讵可坚守一隅。而卒无闻耶。因请于其王。得随国使宣闻溪。诣阙朝贡。馆于天界寺。久之。闻溪得旨还国。师偕数辈。愿留华夏。参访求法。许之。首谒全室泐公。机语契合。为掌内记。未几泐公有西域之行。师失所依怙。闻古幽都山川之胜。意其必有异人居之。拉友游观。及足迹殆遍。寻憩庆寿。若有所待焉。越明年洪武壬戌。独庵衍公。来莅寺事。以师为法门犹子。延致丈室。相与激扬临济宗旨。意甚相得。二十三年庚午。师告去。缁素遮留之不可。遂西逾栈道。巡礼峨眉。时蜀献王之国成都。嘉师远来。邀至咨问禅要。礼遇勤厚。岁丙子。被命出世无为之大隋。瓣香为全室嗣。继迁飞赴。道望弥隆。衲子坌集。室无所容。一住七年。法席几于全盛。永乐初。独庵繇左善世正衣冠。进阶太子少师。念师远在西蜀。寓书招之。既至。迎归其第。昕夕论道。六年春。应聘董平坡之席。居再岁。即谢事。十年壬辰。将辟静室为佚老计。遇太宗皇帝。特旨畀领龙泉寺。师钦承明命。蚤夜孜孜。以缮修兴复为先务。凡栋宇蠹弊者。伐美材以易之。阶甽颓圮者。购坚甓以完之。丹垩之丽。涂塈之新。比旧有加焉。先是献王。与师备买山之赀。师不自有。乃命工以漆布附土偶。肖西方三圣之像。金珠彩色。为之庄严。曲尽其妙。又尝以达官富室所施。服玩之具。贸钱数万缗。造千臂大悲像三躯。授净信者敬事之。其平昔。尤喜赈恤贫困。薄于奉己。厚于待人。以故四坐道场。囊无余蓄。楮衾瓦钵。聊以自随。斯皆师之狥缘诱物。权巧方便耳。若夫高提祖印。勘辩方来。全体大用。迥出乎言象之表者。微上根利器。或未易窥测焉。后端坐书偈。示寂于退处之金刚室。荼毗。获舍利百余颗。晶荧圆洁。塔焉。时宣德四年九月也。

卷十九·感通篇·宋·清耸全了二师传

清耸。福州人也。初参法眼。眼指雨谓师曰。滴滴落在上座眼中。初不喻。后阅华严。了悟其旨。因入山求卓庵之地。至四明。登高四望。投以一石。石所住处。吾其止焉。遂结庵居之。既而钱忠懿王。闻其名。命主灵隐。署了悟禅师。摩诃般若。非取非舍。若人不会。风寒雪下。师说法也。一日王阅华严经。知震旦有支提山。为天冠菩萨住处。乃大集诸山耆德问之。无能知者。唯师道所以然甚详。王曰。非师一往不可随。遣人偕行。至海滨踪迹圣境。入深山行三日。时有钟声。白猿相导而前。师至心顶礼。见幽林中有一大刹。扁金书古佛大华严之境。既入寺。殿阁峥嵘。众盈万指。菩萨千躯。俨然居上。异香袭人。光明射目。师默想运诚。随喜竟夜。既曙。依然在林莽间。所见乃化刹也。师还报王。即其处建寺。如师所见。铸天冠千身。航海入山。至中流飓风大作。舟重欲没。相视无策。遂沉像之半于水既济。其半沉水者。已先至其地矣。其异如此。

卷十九·感通篇·明·别传老人传

慧宗。别传其字。湖广云梦汪氏子。生而凝寂。不乐世相。七岁投白鹤寺出家。九岁。有王居士者。引之入蜀。至重庆綦江石门寺。受具戒。嘉靖甲午。登峨眉颠礼佛次。时云气乍敛。杲日当空。见金色异人。乘小舟历铜塔崖而没。述于得法师谦公。公曰。尔大有缘。此菩萨示现也。自是以荷担山门为事矣。居山四十年。自白水至山颠。楼观像设之属。无不鼎新充拓。俨如天宫化城。隆庆己巳。始出山。游京师。渡南海。礼观音大士。入五台。有终焉之志。……其渡海也。见白衣大士。坐金色莲花。冉冉云气中。

卷二十·遗身篇·明·夜台秋月传

夜台者。西蜀人。少习引导辟谷之术。遇大智师于峨眉。剃发受戒……师往反四大名山。精神尫顿。繇蜀至广陵。忽病作。道人某。断指入糜。冀疗师疾。师诃曰。出世人。岂效儿女子所为。吾期已近矣。是时疾已瘳。买一巨舫。设水陆像。放焰口不绝。庚戌十月。繇通州渡海。过福山。忻然欲留。先遣散诸弟子。独留老道人自随。登舟将行。有新安二贾客。恳附舟。师曰。此有缘人许诺。扬帆甚驶。问日中乎。曰中矣。命作饭。饭二客。复出衬钱授之。因礼十方诸佛曰。我欲归海。众惊曰。今已在海中。复何归。师曰。我闻。解脱菩萨。临命终时。戒其弟子。分身为三。一施鸟兽。一施鱼鳖。一施蝼蚁。我今亦尔。众哀号牵挽。师出一纸授客。即解脱菩萨语也。众方哀挽不已。师曰。汝为我礼佛。皆拜。师一跃入海。众欲收帆援师。师端坐水浪上。摇手曰。帆一下。汝曹皆覆矣。须臾白黄雾拥师而去。时万历庚戌十月二十五日也。老道人。归言之人。华亭陈眉公。作文记其事。

秋月者。苏州玄墓山老僧也。精戒律。勤礼诵。以茗饮作佛事。过玄墓者。必访秋月。然非高雅之士。秋月不与之见。见亦不与茗饮。方时禅期讲席。四至轰然。师恬如不闻。或劝之一出随喜。笑而弗答。天启改元之岁。别山中道侣。朝南海。从莲华洋。忽起至船头礼拜。高声称佛名。即奋身下水。众急出扳挽。已无及矣。时风浪大作。师出没浪间。犹合掌称佛。声舟渐远乃失。

卷第二十二·兴福篇·明·徐和尚传

徐和尚。名恺乐。清蒲岐人。故尝渔海上。渔舟时有行剽者。或曰恺亦在焉。闻之怒愤甚。遂祝发为僧。因姓徐。人以徐和尚呼之。

卷第二十五·杂科篇·明·大善国师传

实哩沙哩卜得啰。东印土拶葛麻国王之第二子也。父母感奇梦而生。在童真位。聪敏不凡。而百无所欲。唯见佛法僧。则深起敬信。年十六。请命出家。遣礼孤捺啰纳麻曷萨弥为师。剃落受具。资受学业。习通五明。阖国臣庶。以师戒行精严。智慧明了。尊称为五明板的达。师足迹周遍五天。从化得度者甚众。凡过道场塔庙。必躬伸尽敬。至地涌塔。修敬卓锡。而禅塔以久圮。劝国王修治。脱管心木。木下纪师名号。众咸异之。永乐甲午。入中国。谒文皇帝于奉天殿。应对称旨。命居海印寺。丁酉。奉命游清凉山。还都。召见武英殿。天语温慰。宠赉隆厚。授僧录阐教。命居能仁寺。岁甲辰。仁宗昭皇帝。举荐扬大典。师掌行。特授师号圆觉妙应慈慧普济辅国光范弘教灌顶大善大国师。赐金印宝冠供具仪仗。乙巳。宣宗章皇帝。举荐。亦命师掌行。师平生。不矜名。不崇利。外示声闻。内修大行。遇恩宠而志意愈谦。涉诸缘而戒行弥确。在京师。受度弟子数千辈。各随器宇诱掖之。渐引次升。不立遏捺。难行蹊径。使人望崖而不敢前。将化。谓弟子不啰加实哩等曰。吾自西天行化至此。今化缘已周。行将逝矣。汝等各当善护如来大法。毋少懈怠。言讫。俨然而寂。实宣德丙午正月十三日也。讣闻。上悼叹之。命有司具葬仪。阇维。收舍利于香山乡。塔而藏之。遗命分藏清凉山。圆照寺亦建塔焉。

四库全书存目丛书

洗海近事①

卷上·呈总督军门张条议三事【隆庆二年正月十七日】

镇守广西地方总兵官征蛮将军前军都督府署都督同知俞大猷为广求□□进剿海寇事

职至广东省城与巡抚李会议此奉总督军门案验前事内开贼有五长兵有七短此可谓灼尽其情今欲使长者短短者长有三策焉一曰使过职窃见参将魏宗瀚王如澄勇略素著战功久懋大江以南屈指名将宜水宜陆无踰二人一战不利罪之可也弃之则不可必连弃此二人而他求莫若用之立功以自赎古人功成于三败之后职亦三折肱之医者故知二人宜再用用之不效则治职之罪与二人同亦不敢辞二曰以贼攻贼见今海上之贼有三伙一伙曾一本其势猖獗一伙林道乾向日势微近日方张一伙大家井此易与也易与者且置之猖獗与方张当讨惟均必欲并讨之兵力有所未及莫如抚一而剿一事至今日曾一本其可抚乎虽至愚之人亦不肯信况黠贼乎又曾一本为人愚悍自无主张奸党得杂乱其心故屡招屡叛屡叛屡招反复无常必至于灭而后已林道乾凡事自决推诚谕之尚可令其信从职非至此觅得一人谓决能鼓其归顺立功职即差名色把总黎胜前去抚谕许助兵一枝使其势厚又许量给粮米使不登岸求食此亦可为目下应急之一画虽未能而收全功亦可牵制贼势使不大肆也三曰用贼所忌夫贼所忌者福兵福船也连年倡议道傍筑室其在今日可不举行乎独不见福建原有五水寨近日每水寨造福船四十只贼势大则合五寨以夹攻贼势小则各水寨自当之故海贼不敢入其境

职谓为今日广东海洋之计宜吊回参将魏宗瀚王如澄把总俞尚志朱相前来差去福建打造福船每一参将一把总二十只共四十只每只该银叁百叁拾两其船用福建造船尺宽贰丈陆尺船外钉以竹板并船上杠椇器械完整总在叁百叁拾两数内每船合用头目一名听参将把总自选每船用兵七十五名并头目七十六名每头目合给银叁两每兵合给银壹两伍钱造完各船齐驾南下以广之白艚船五十只共用兵一千五百名乌艚横江船四十只共用兵二千八百名与福船合势以总兵总统之何患贼之不灭乎以差往造船之日为始计至收功之日决不出六个月外功成即将此船分各水寨则地方可期永宁也

或曰贼人远遁则如何职则知此贼乃吾釜中之鱼无所于遁北入闽则不敢南入番则不能去岁参将汤克宽却司傅应嘉追至安南境上而战胜之今者诸将追之海康而战不胜或胜或不胜何尝不追及乎曰今无不灭之贼皆罪大恶极而后灭远不暇论即如近年山海之间有名贼首今皆安在惟我师必先胜而后求战不可责效于旬日必先后皆有胜著不可孤注以取困昨者之师空国出战先战求胜两违军律遂至不可收拾其可不为鉴哉又时下沿海城池行令固守最为急务其在省城宜造龙头艕一百只听汤总兵督兵驾使俾悍贼不敢深入内港此亦当务之急拟合通行为此俱呈伏乞照详施行

卷上·又呈总督军门张及通行各院道【隆庆二年正月二十三日】

镇守广西地方总兵官征蛮将军前军都督府署都督同知俞大猷为军务事

职与巡抚李及张廉使议海贼不患不灭但灭贼无具而欲求连则决不可今合依前议行总兵汤克宽督参将魏宗瀚把总俞尚志朱相文官惠州府唐同知照依前议前去福建造福船四十只每只用军器杠椇用银三百三十两募头目每船一名给安家银三两舵工每船二名每名给安家银二两兵夫每船七十五名每名给安家银一两伍钱各项钱粮交委官领去福建先选造船头目听其一面雇募精兵一面买料造船或开厂于福州总造或在漳州开

① 〔明〕俞大猷撰。据清钞本。

厂分造各听其便只以兴工之日为始限一个月久工完浮水听汤总兵等督驾南来

先期移文与广船相约随贼所在约会夹攻贼败必登岸逃生西海当预设陆兵一千五百名往住电白东海预设陆兵二千名往住海丰待贼败登岸随其所往而追灭之又前议白艚船五十只共用目兵一千六百名此亦须福建雇募使其大小相应威势乃张白艚船出在漳州地方每只每月约门雇脚银五两五十只该用头目五十名舵工五十名兵一千五百名合用安家行粮俱照大福船头目兵夫之例仍乞总督军门及抚按衙门行文及修书与福建抚按及监军巡海福宁兴泉兵备等道及福兴泉漳等府掌印官共笃恤邻之义为催造船雇兵诸务俾得速完前来早收一鼓灭贼之功其新任郭总兵不日将到令其督责王如澄及各把总收拾乌尾横江船四十只以待会合夹攻庶灭贼之期可克而地方可保永宁也

其各兵合用本色行粮每名每日该米一升五合每名该行粮九十日共一石三斗五升大福船四十只白艚船五十只兵夫舵工并头目共四千七百二十该米六千三百七十二石又各官并家丁行粮约用米二百石通共米六千五百七十二石每米一石约该银五钱正共该银三千二百八十六两乞并发各官就于福建地方籴买在船应用其工食头目每日五分舵工每日四分兵每日三分俱自福建开船之日起

又每大福船一只该用佛郎机十架每架约价银四两五钱乌铳二十门每门约价银一两佛郎机先给六架价银就福建造买其四架在广省造买乌铳尽数给价听其福建造买白艚船每只该佛郎机四架二架照价给与福建造买其二架亦在广省造买乌铳每只十门照价给与就福建造买火药每大铳一架合用三十斤大福船并白艚船在福建造买者三百四十架共该用火药一万零二百斤乌铳在福建造买大福船并白艚船共一千三百门每门用火药三斤共三千九百斤二项火药共一万四千一百斤在福建买制价高每一百斤该用银十两又每大佛郎机一架用铅弹三十斤三百肆十架共铅弹一万零二百斤乌铳每门用铅弹一斤半乌铳一千三百门共享铅弹一千九百五十斤计用铅一万二千一百五十斤每斤该价银三分俱合给价付听其在广省造买佛郎机并照架该用火药差官由龙川路运去潮州候发各船又造船兴工及各兵开洋祭旗犒赏杂费合董给银五百两与汤克宽等收又发运多银沿途合用精兵三百名防护至彼每名该给工食银一两尚有未尽事宜听各官陆续议报为此除通行外合就呈乞施行

卷上·书与李培竹公【隆庆二年正月二十七日】

浙直来福建造船每次皆造百只或八十只福建人何尝阻之福建造每只用银三四百两此间造要银七八百两乃造得且取匠于福建买木于广西恐日月又迁延也林弘仲所说彼间有百余只即猷议中募其五十者此船小须得大福船与之相兼乃可成功也事至今日决当立一大规模大振作一番地方乃得安宁不然莫知所终也昔人谓兵间拙速未覩巧之久夫速而果拙何贵于速逞而果巧决不可求速也裁之

卷上·又书与李培竹公【隆庆二年正月二十七日】

造船于闽凡百皆便若在此造贼必入犯咎将谁委伏惟名公裁之勿贻他日之悔

卷上·书与庄石坡【隆庆二年二月初四日】

贼悍甚骄甚非规模做一番决难成功而此间议论不一朝夕更改军门又远禀请颇难奈何奈何然欲猷顺人意做不可必成之功如前人则决不可也容详请之军门

卷上·书与李培竹公【二年二月初七日】

海北道禀元老三条诚是也此间皆已议行唯款贼一节未曾达知耳翁既欲造许多乌船横江又欲减造福船其计左也伏惟尊裁不宣

卷上·禀总督军门张揭帖【二年二月初八日】

禀款贼散党诚今日首务职初至此即与巡抚李议差把总莫朝哨官李逢春前往雷州抚谕未报今又差把总皮冠往催贼虽虽悍必然听从所苦造船之议不能速决地方至今日若不多费时饷大规模做一番大憝安能就掠洋海何能肃清乎谨禀

卷上·禀总督军门张揭帖【二年二月十三日】

禀造大福船四十只今议欲在此造唯福兵及冬仔白艚船募于福建乞军门一文行彼省巡抚知会

卷上·书与任斋涂公【二年二月十七日】

荷□爱良深领□教无由企仰之私不忘顷刻计今圣上经略北边南方督府如谭二华翁如吴自湖翁俱已召内名公当不□乃于闽也千载一时之盛事二三名公幸努力努力

粤东东邻福建西邻桂林兹地方危急总督军门西檄猷来理其事东乞师乞船于名公猷不胜感愤已即至五羊矣名公感愤之意想亦同也乞师乞船诸事伏惟留意为幸余惟顺时珍爱以膺圣宠不宣

卷上·书与庄石坡【二年二月二十九日】

闻军门又特本留猷完东省事果尔当发案验令猷待旨使猷得专心定志做事免于悬悬不然三月半间必有二华公本覆消息到此此时猷欲留无据必不俟驾行也乞翁为猷达此意于军门

天下事两处其难猷之今日也灭海妖以报新相知猷愿也此事委非猷不能了故不敢辞也驰往北与华老建破虏之业猷平生之志也华老初至彼非猷与共图委难下□也故曰两处其难虽然猷今只知一日在南则尽心干南事一日去北则尽心干北事他姑未论以为何如

卷上·书与郭华溪【二年三月二十九日】

东省海寇事诸将被上人催督严迫竟致坏事名公尊教得其情矣猷初至此又欲参将我也把总我也猷告以知止能得不容助长之义人有信者有不信者

兹造船于广征兵于闽一时委难备集计收功尚在六七月间猷了此即西归请益门下也不宣

卷上·书与许东水【二年五月初六日】

去闽造船已不果矣今者雇匠于闽造船于广募兵于闽广之间其事委不能速完惟一面款贼一面整搠计九十月乃一毕事西回

昨兵回至平乐有健步三人惹衅已重处之又二人各杖百棍问罪此衅实由三人他船之兵则任人攻打不敢上岸应斗故不之究

人便此候不任瞻依不宣

卷上·书与李培竹公【二年五月十三日】

贼在三洲迟疑似有内犯之意福船造未完乌船又不肯借福兵用柰何奈何闻白船又有五十只到乞行提举司发银令经纪谕雇他数日之用何如倘以为然乞速行

卷上·书与李培竹公【二年五月二十二日】

知贼之可胜不知吾兵之不可胜胜之半也我船未完半胜举事非全计也裁之牌行二参将造粮册送宝山转送海道及行宝山知会乞即行幸幸

卷上·书与郭宝山【二年六月初三日】

贼情反复无常百有所求安能一一依之有一不依即反官府安能尽包容之乞公与培翁议将福兵照旧发上广船将已完冬仔船整捌并白船俱出泊波罗待之或天作飓风即速收入五羊驿前亦不迟也此恃吾有以待之意乞留神

此后逐日俱差人赴报不宣管广船参将坚不准福兵上广船

卷上·又书(与郭宝山)【六月初四日】

贼反复无常所请求多不可依省城兵粮宜速给各色船俱整捌出泊波罗以待火船须用大者乃济事

自东莞县至大鹏皆大山险路满三日之程猷一时回省恐难及事公与武河共图之贼若敢内犯定使其片板莫遁乃可

又吴靖中今日来见不肯回船自以为得脱虎口亦难为他吴靖中不去未知他明日肯来见否猷已别差二人下船去宣谕矣

卷上·又书(与郭宝山)【六月初四日】

贼二更时又差人来说要带三百人来见如不准他即开船去宜防之

卷上·禀总督军门张揭帖【二年六月十五日】

禀不意曾贼于本月十一日辰时直抵五羊大福船造者未完冬仔完者一十七只杠桹俱不备职不得已一次具禀乞委监督又一次具禀谓各委官见时事已异各有怠心乞行催督乃反惹恠

又职数日之前行令各船先出波罗遇贼乃可展布众皆不信及贼临境各兵空腹应敌贼乘上风上流而来兵船随风随流而行转战虽前以致不支郭总兵一船力战家兵伤死数人身几不免此皆职调度无方之罪其何敢辞顾其中苦情万千实隐忍不敢言恐取怨益深今一官民咸指职等通贼似此无根伏惟恩台原察职愚一遇恩台推诚委用即以危险之事自担付成败利害于不顾复何悔乎今纵有别策亦岂敢复蹈前失乎……

卷上·又禀(总督军门张揭帖)

禀职之初议造船募兵于闽计乃万全众议不从一面在此造船一面去闽募兵兵到无船可用及至事坏又视兵为仇欲驾大祸于担当之人职恐地方愈坏愈深罪职一人何益哉今有微见不敢开口矣代乞裁照其禀

卷上·书与许东水【二年六月十九日】

猷当初建议欲福建造船众执不欲造于广东猷谓贼知在此造船入烧将如何众以决无此事今调兵已到造船数目不完一旦被贼入烧责自有归乃纷纷罪猷可柰何乎

今事益坏猷岂敢如前认真姑且听之其将何以教猷不宣

卷上·书与王三湘公【二年六月十九日】

兵住人家委不便乞明公发一牌令广州道刷大河船一百五十只交猷将兵发住兵下船之际仍乞明公差一官同猷住于路口逐兵行李看过如有夹带民间物件者即斩示众

卷上·又书(与王三湘公)【六月廿一日】

此间士夫已并疑猷不知此后欲用猷否如不用猷则闽兵尽发回如尚用猷须将兵挑选回者回留者留见今新会有福船七只顺德有八只有此十五只船为主其余冬仔白艚收拾可得二十只加以广船鼓舞澚兵一月之间

尚可出洋击贼

闻镜翁十八日过岭想即日亦到诸宜待其裁决今兵已住船与民无争又已得粮决不敢犯令也不宣

卷上·书与郭宝山【二年六月廿一日】

福兵为此方人疑用之于水则无大船同之于陆便说劫掠车岐之围所当救猷实难处希裁教

卷上·禀总督蓟辽军门谭揭帖【二年六月二十一日】

广东事猷有议稿奉看此间厄运无一晓事之官决欲就此造船图速猷谓贼必入烧人皆不信且上下推延数月不得完以致六月十一日贼人烧焚悔何及乎

代人做事无一人同心如何克济取去北事久不闻息天竟如何靳人万世事业唯名公再图之谨禀

卷上·禀总督军门张揭帖【二年六月二十二日】

禀贼渐离去已差人督去潮州立功贼狡难测亦姑得如此行此间事欲速反迟欲省费反多费职亦不得不任终如始也具禀

卷上·呈总督军门张【二年六月廿三日】

镇守广西地方总兵官征蛮将军前军都督府署都督同知俞大猷为申议剿灭海寇事

本年正月十七日该本职议近奉总督军门案验内开贼有五长兵有七短此可谓灼尽其情今欲使长者短短者长有三策为云云功成即将此船分各水寨则地方可期永宁也等因已经通行外续于本月二十三日又该本职议海贼不患不灭云云尚有未尽事宜听各官陆续议报亦经通行外及后众议福船就于广省打造本职以贼必乘船未完入焚竟不见信一旦贼至福船打造未有一备虽有福兵无福船可驾不能展布乃有今日

昔王翦必欲用兵六十万人不肯从后竟从之本职窃恐广东今日必欲剿灭海寇尚当从本职初议但福船造至四十只每只当用兵百名冬仔四十只每只当用兵四十名军器并船价尚当再估须总兵官一员二司官一员督大小将领赍银同去福建打造并选募精兵坐驾责限前来剿各海寇何患不收全功其见在新会顺德所造福船并冬仔亦宜一面挑选福兵驾坐另图为此具由呈乞照详施行

卷上·书与熊镜湖公【二年六月二十三日】

地方事至今日猷罪何辞若弃猷不用则不敢复谈若尚用猷必当如王翦初议培翁同志戮力心亦苦也其如人不听何

非常之功必待非常之人从古如是今日之事诚有待于名公也

诸容面不宣

卷上·又书(与熊镜湖公)【七月初五日】

此间恶福兵者不过欲宽造乌船之税得多造以觅利贼之能获与否彼不管也

猷昨议欲民间多造乌船五年之间官府不取剿贼自有兵船恐须如此然后民间之船日盛也其目前之事名公筹之已熟若不用福船福兵而能灭贼猷未之信

卷上·禀总督军门张揭帖【二年七月初七日】

禀曾贼母妹已被林道乾戮杀连日林贼又来告立功恐二贼之势只是两立欲相吞亦未易欲相合亦难成官府唯有再修内政如职春初之议别无巧速之法谨禀

卷上·呈总督军门张【二年七月初九日】

镇守广西地方总兵官征蛮将军前军都督府署都督同知俞大猷为紧急军务事

准广东等处承宣布政使司分守岭南道谢参政广东等处提刑按察司整饬广州兵备兼分巡带管海道周佥事手本奉钦差巡抚广东地方兼赞理军务都察院右佥都御史熊宪牌

照得进剿海贼先议新造福船四十只冬仔船四十只乌艚船七只凑原日成造与海南道哨船并刷募民船共计二百余艘近因黠贼突犯焚毁数多其尚存者见在整顿原开未完者亦已委官查理外但海上驰击全以大船胜小船多船胜寡船方今收拾旧舰大约不过三四十只类皆中号小号者而大号甚少中号欠多兹欲打造用费固繁缘今贼志益骄其势愈熖若不及早计图将来愈远愈大地方可虑合行查议

为此牌仰本道即便会同总兵俞郭从长计议今应新造福船冬仔乌艚各若干只其船俱要高大深长大约福船以长八丈围二丈有零乌船以四五十万载冬仔亦须极大者逐一查估合用工料若干价银若干应于某项银两动支在于某处地方打造其管工则委府县正官每官应任若干只而总理监督则守巡该道亦分任之限以一月告完可副急用各道通将查议遏缘由造册一本内开某道监督某项船若干只应支银若干其管下管工官某人造某项船若干领银若干俱要总叙于前其次则开某项船只合用某物某物若干该银若干凡船中杠椇蓬肆櫓舵缭索斗衣铁锅等项一应物件一一备载明白庶可按册计办限二日内具由缴详以凭裁酌施行此系万分紧急军情毋得迟误

奉此拟合通行会议合用手本烦照备云内事理计议停当一一备载明白开报以凭呈详施行等因准此

照得二十载前本镇叨任都司见广之东莞县有乌尾船二百余只新会县有横江船一百余只其船各系富家主造其驾船之人名曰后生各系主者厚养壮夫每船各四五十人南至琼州载白藤梹榔椰等货东至潮州载盐皆得十倍之利各船隶名于官每年轮十只东守柘林之十只西守龙门如海上有贼窃发势大则共调船百只上下势小则共调船五十只上下随其所往无不抟灭而广东之海向无大警者此也

不意十五年前浙直倭炽总督军门胡议调广船一百只皆选其巨者前去剿倭经三四载不得毕事各船因皆损坏于彼而一只不返广东船势从此弱矣继以数年之前叛兵等贼将在海乌尾横江到处追焚所余遂无几也自此而海上之事益多民间方造得船一二只尚未得载货之利未有精壮后生在船官府遂刷以载兵或为贼焚或为贼得或经年载兵不得退还而各主者钱本亏损以后造船觅利之念皆灰矣

近日海寇横行广船屡出屡败人但知二十年前广船广兵之强不知十五年后广船广兵之弱故本镇谓欲济广海一时之艰宜用福兵既用福兵宜造福船既造福船宜在福省浙江直隶每造一二百只皆在福建打造驾用头目兵勇工匠木钉棕蓬色色皆便出外海来广追击各贼千洋中内地无搔扰之患

但大福船须打造五十只内面阔三丈者十五只面阔二丈八尺者十五只面阔二丈六尺者二十只冬仔船五十只内面阔二丈者二十只面阔一丈八尺者三十只俱用福建造船尺如依此议于中尚该详细估计惟一意造此船共一百只为今日剿贼之计贼平将前船分布各水寨防守仍一面出给告示及通行各县许民间照依二十年前之例各造大船载货买卖近议造船纳税之例并不准行五年之间如有海警只调各寨兵船决不刷取民间之船致失主者钱本如此则民间知官府实有大势兵船相率造船趋利者如市矣五年之后福船已渐破损福兵亦渐消磨乌尾横江已有二十年前之盛足为广海之防遇警随调随足可无今日之患若官府时下不鉴前辙复欲在此打造福船不知将用何兵驾使诸料亦决难办若欲打造乌尾横江须先议何将官领雇募兵勇安得如昔年后生之精勇

近日河下广船大者各有广兵百名本镇恐其不支欲拨福兵贴驾其官与兵皆云请自当锋不用贴驾及一见贼望风而溃仍各弃其船乌散回家当日四千余众今集不满数百此皆众目共见未有能明其由何哉

但福建造船须得总兵官一员二司官一员带文武大小官前去监督庶船坚兵精而诸弊可免也为此备由具呈伏乞照详施行

卷上·呈总督军门张【二年七月十二日】

镇守广西地方总兵官征蛮将军前军都督府署都督同知俞为紧急军务事

照得欲灭海贼其策不能外福建造船募兵整器备粮遵海而来随贼向往而追灭之此本职一向慷慨以为己任如不收功甘赴海而死何待刑诛乎

今者军门俯从所议欲往福建造大福船二十只冬仔船二十只可谓独断矣本职窃恐所造船数尚少自彼来此忽遇贼于洋中收功不全人又得以罪本职本职又得以为辞悔何及哉

自古二广讨贼之师每贼徒一万必调兵十万擅十围五攻之势负太山压卵之形无一次不收全功故曰有征无战也今日用兵只为钱粮欠乏未能堂堂大举然去岁一举而用数万今岁亦用数万皆与东风俱散矣近又欲姑狗外议造大乌船二十只并募兵备器计用银三万乌船在广福船在闽一时未能合并各为孤军莫如移此三万之银总去福建造大福船面阔三丈者十五只面阔二丈八尺者十五只冬仔船面阔二丈二尺者十五只面阔二丈者十五只面阔一丈八尺者二十只大福船舟只用兵一百名上下冬仔船每只用兵四十名上下一面差的当官选的当头目待彼兴工成造其银陆续解运去凑九十月毕工乘风前来随处遇贼随处追击则一鼓奇勋指日可计事完将各兵船分六水寨防守此间一面行各州县大出告示听民间造船买卖并免其告状纳税诸事唯造完之日乃报名于官五年之间如有窃发海寇官府自有兵船可剿决不调于民间如此则民间造船趋利者如市五年之后船有不可胜用矣为此备由具呈伏乞照详施行

计开

一大福船面阔三丈共十五只

本船木料杠椇

中艣长四丈五尺　头艣长三丈二尺　尾艣长二丈

大抽四条用杉木　含檀长二丈九尺阔三尺厚一尺五寸　大桅挟长一丈八尺阔二尺厚一尺　下金长七尺阔一尺八寸　锄头柄六十枝　桅楮用杉木一条三丈三尺　桅座长七尺阔二尺厚一尺六寸　头勘舫长一丈五尺　头龙梁一片长一丈四尺阔二尺厚八寸　头含檀长一丈六尺阔一尺八寸厚一尺　头桅二片每片长一丈五尺阔一尺五寸厚五寸　小头桅长六丈围四尺　大桅长九丈围大七尺　横梁肚壁四百片长二丈厚三寸五分　船艕三百片每片长二丈五尺厚二寸　褒板战棚用松板五百五十片不等每片厚薄一寸五分长三丈阔一尺五寸如原来板短窄凑其数　褒柱并尾楼牵抽用杉木一百五十枝　上金樟木长二丈七尺大二尺厚一尺　双筋二条每条长三丈用杉围三尺　尖柜枋三十片每片厚二寸阔一尺用杉木板　水柜一口　阔六尺高五尺用杉木二条围三尺小水柜一口阔四尺高三尺五寸　头战棚板五十片每片长三丈　战棚横梁用杉木十条长三丈二尺　龙须极二片长九尺大一尺　舵二扇每扇长三丈三尺用铁力木　舵头长一丈四尺扇一丈八尺　舵闪每扇四片用杉木厚二寸五分长一丈八尺阔一尺二寸　舵□枋用樟木每扇八片厚一寸　大平车一条二丈五尺围三尺　中车心二条每条长七尺围三尺　车圈六十枝　大橹二枝长五丈二尺　头梢一条用杉木长四丈二尺围二尺五寸　舵牙靛筋共三十枝长一丈　走马板二条厚二寸五分阔一尺长三丈　抱擽用樟板三十片大小八尺长短一丈湾曲可用　靛六门长二丈阔一尺　棕缆二条每条七十丈　篾缆索四条每条长六十丈　黄麻什费等索一千斤　大风篷阔五丈五尺长六丈　头篷阔二丈四尺长三丈　桐油一千二百斤灰八十石　铁钉三千片　草根一千五百斤　脚艇一只面阔七尺　橹三枝　中艣用杉木一条长二丈四尺头艣五尺五寸　尾艣六尺用杉　下底艕用杉木三条围三尺　肚梁十二仓樟木可用　小钉八十斤　油五十斤　草根一百斤　竹甲褒用茅竹四百枝　小钩钉二百五十斤　海中清二件

已上每只用银一百九十两

本船军火器械

铁佛朗机铳八架每架重一百斤　带子铳六件每架价银四两五钱共银三十六两　镖枪一千五百枝每枝一分五厘共银二十二两五钱　透甲枪四十枝带柄每柄银七分共银二两八钱　斩刀二十柄每柄银八分共银一两六钱　钩镰枪二十枝带柄每柄银八分共银一两六钱　长竹枪六十枝每枝银三分五厘共银二两一钱藤牌六十面每面银三钱共银一十八两　黎头镖三十枝每枝银三分五厘共银一两五分　乌铳三十门每门银一两共银二十两　大锐硝六担银十八两　磺一百二十斤银三两六钱　乌铳药硝一担银三两　磺三十斤银九钱　大铳铅子照各铳大小不等共三百五十斤每斤银四分共银一十四两　鼓一面价银五钱　铜锣一面重

七斤价银六钱三分　神机箭一百枝每枝银四分共银四两　大黄布旗一面用布四匹每匹银二钱五分共银一两　号带一条布二丈一尺银一钱五分　绵纱绳重十三斤每斤银一钱五分共银一两九钱五分　喷筒三十枝每枝银二钱共银六两　大桅斗衣一副用五色　布三匹每匹银二钱五分共银七钱五分　头桅斗衣一副用五色布三匹每匹银二钱五分共银七钱五分　大桅帐顶布篷一番用布六十六丈共布二十四每匹银二钱五分共银五两另黄麻一百斤共银七钱　缭钩十枝　带柄每柄银七分共银七钱　割缭刀十柄每柄银五分共银五钱　斧头八柄每柄银八分共银六钱四分　锯仔四张每张银五分共银二钱　大鼎五个每个银一钱五分共银七钱五分　大桅号带一条用布一匹银二钱五分　大火筒带铁泊三十枝每枝银七钱共银二十一两　大小锥钻四把每把银四分共银一钱六分刨刀四把每把银四分共银一钱六分　大小凿八把每把银三分共银二钱四分又备用铁钉五十斤每斤银三分五厘共银一两七钱五分　桐油一百斤价银四两　灰二百斤银二钱　麻一百斤价银一两五钱

已上每只用银一百九十八两六钱三分

一大福船面阔二丈八尺共十五只

本船木料杠椇

中艍长四丈二尺周围大六尺　头艍长三丈围四尺　尾艍长一丈八尺　抽四条用杉木含檀二丈七尺大二尺厚一尺八寸　锄头柄七十枝　大桅挟长一丈八尺大二尺厚一尺　下金长六尺五寸大一尺八寸　桅楮用杉木三丈二尺桅座六尺五寸大二尺厚一尺五寸　头勘舫长一丈五尺五寸　头龙梁一片长一丈四尺　头含檀长一丈六尺大一尺六寸厚八寸　头桅挟二片每片长一丈四尺阔一尺五寸厚五寸　小头桅长五丈八尺围四尺　大桅长八丈五尺围七尺　横梁肚壁三百五十片长二丈厚三寸　船艕二百八十片每片长二丈五尺厚二寸　褒板战棚用松木五百二十片不等每片厚薄一寸五分长三丈阔一尺五寸如原来板短窄凑足其数褒柱尾楼牵抽用杉木一百二十枝　上金樟木长二丈四尺大二尺厚一尺　双筋二条每条长三丈用杉木围三尺尖柜板二十八片每片厚二寸阔一尺长二丈五尺用杉板　水柜一口阔六尺高五尺用杉板厚二寸　小水柜一口阔四尺高三尺五寸　头战棚板　四十五片长二丈战棚横梁用杉木十条每条长三丈　龙须极二片每片长九尺　舵二扇每扇长三丈用铁力木舵头长一丈三尺扇一丈七尺　舵闪每扇用杉板四片每片长一丈七尺厚二寸五分阔一尺　舵甲樟板每舵八片厚一寸　太平车一条长三丈四尺用松木　尾舵车一条长二丈二尺围二尺　中心车二条每条长六尺五寸　车圈五十枝大橹二枝长五丈　头稍一条用杉木长四丈围二尺五寸舵牙艇筋二十四枝长九尺　走马板二条每条厚二寸阔一尺长三丈　抱极用樟板三十片大小八尺长短一丈湾曲可用　艇六门每门长一丈九尺阔一尺　棕缆二条每条长六十五丈　竹缆索四条每条长六十丈　黄麻什费等索一千斤　大风篷阔五丈三尺长六丈　头篷阔二丈二尺长二丈八尺　桐油一斤一百斤匹七十石铁钉二千七百斤　草根一千三百斤　脚艇一只面阔六尺五寸　中艍用杉木一条长二丈　头艍五尺　尾艍六尺用杉木下底艕用杉木三条围三尺　肚梁十二仓樟木可用小钉八十斤　油四十斤　草根八十斤　脚艇橹二枝每枝长三丈二尺　竹甲褒用矛竹三百三十枝　小钩钉二百斤　海中清二件

已上每只用银三百六十两

本船军火器械

大铳八门每门带子铳六件每门价银四两五钱共银三十六两　硝六担每担银三两共银一十八两　磺一百二十斤每斤银三分共银三两六钱　铅子八百斤每斤银四分共银三十二两　乌铳二十门每门银一两共银二十两　绵纱索三十斤每斤银一钱五分共银四两五钱　火箭一百枝每枝银四分共银四两　藤牌五十面每面银三钱共银一十五两　透甲枪四十枝带柄每柄银七分共银二两八钱　镖枪一千枝每枝银一分五厘共银一十五两　斩刃二十柄每柄银八分共银一两六钱　火筒三十枝每枝银七钱共银二十一两　斩斧二十柄每柄银八分共银一两六钱　缭钩十柄每柄银七分共银七钱　割缭铗十柄每柄银五分共银五钱　斧头八柄每柄银八分共银六钱四分　锯仔四张每张银五分共银二钱　竹篙枪六十枝每枝银三分五厘共银二两一钱金皷一副共银一两一钱　大旗一面并号带一完共布五匹每匹银二钱五分共银一两二钱五分大小望斗衣二副用五色布六匹每匹银二钱五分共银一两五钱　大桅帐顶布篷一番用布二十匹每匹银二钱五分共银五两

大桅号带一条用布一匹银二钱五分 大鼎四个每个银一钱五分共银六钱 大小锥鑚四把每把银四分共银一钱六分 刨刀四把每把银四分共银一钱六分 大小凿八把每把银三分共银二钱四分 备用铁钉五十斤每斤银三分五厘共银一两七钱五分 桐油一百斤价银四两 灰二百斤价银二钱 麻一百斤价银一两五钱

已上每只用银一百九十六两九钱五分

一冬仔船面阔二丈二尺共十五只

本船木料杠棋

中艍长三丈六尺用松木围五尺 头艍长二丈五尺围四尺 尾艍长一丈六尺含檀长二丈一尺阔一尺八寸厚一尺四寸 下底艕共一百九十片每片长三丈厚一寸五分 肚壁横梁共一百七十片厚三寸长二丈长短可用 下金长六尺五寸大一尺八寸厚一尺六寸 桅座长六尺五寸大一尺七寸厚一尺七寸 大桅挟长一丈五尺大一尺六寸厚九寸 小桅杖长九尺大一尺五寸厚五寸五分双筋二条每条长一丈六尺 头勘舶长一丈一尺大一尺 头龙梁长一丈二尺大一尺六寸厚六寸 头照水枋樟板大一尺五寸长一丈二尺厚一寸五分上金枹枋长一丈五尺大一尺七寸厚七寸龙须极二条每条长一丈一尺大一尺二寸厚六寸 照水褒枋大一尺四寸厚一寸尖柜枋长二丈大一尺五寸厚一寸八分用杉木褒柱并尖柜横梁用杉三十五条围三尺 水柜一口用杉二条围三尺锯枋厚二寸铁钉一千五百斤 油五百斤 草根七百斤 灰三十三石 大桅长六丈五尺围五尺 头桅长四丈九尺围三尺 舵二门每门长二丈五尺 舵闪杉枋长一丈六尺厚二寸 椗四门用硬柴每门长一丈七尺大八寸 椗齿八个每个长七尺五寸 尾橹二枝每枝长四丈 头稍一条长四丈用杉木 大风篷阔四丈二尺长五丈五尺 头风篷阔二丈二尺长三丈二尺 黄麻九百斤舵牙并车圈椗筋共八十枝 棕缆索二条每条长六十丈 篾缆索二条每条长六十丈 小艇一只面阔六尺用杉木二条围三尺 小钉六十斤油三十斤 草根六十斤 灰二石 竹甲褒用茅竹二百二十枝 小钩钉二百斤 小艇橹二枝每枝长三丈三尺 海中清二件

已上每只用银一百八十两

本船军火器械

大铳六门每门带子铳六件每门价银四两五钱共银二十七两 硝四担每担银三两共银一十二两 磺一百一十斤每斤银三分共银三两三钱 铅子六百斤每斤银四分共银二十四两 乌铳十六门每门银一两共银一十六两 绵纱索二十五斤每斤银一钱五分共银三两七钱五分 火箭八十枝每枝银四分共银三两二钱藤牌三十面每面银三钱共银九两 透甲枪三十枝每枝带柄银七分共银二两一钱 镖枪八百枝每枝银一分五厘共银一十二两 斩刀廿二柄每柄银八分共银九钱六分 火筒二十枝每枝银七钱共银一十四两 斩斧十二柄每柄银八分共银九钱六分 缭钩十柄每柄银七分共银七钱 割缭铗十柄每柄银五分共银五钱 斧头四柄每柄银八分共银三钱二分 竹篙枪四十枝每枝银三分五厘共银一两四钱 锯仔三张每张银五分共银一钱五分 金鼓一副共银一两大旗一面并号带一完用布五匹每匹银二钱五分共银一两二钱五分 大小桅望斗衣二副用布十匹每匹银二钱五分共银二两五钱 大桅号带一条用布一匹银二钱五分 鼎四个每个银一钱五分共银六钱 大小锥鑚四把每把银四分共银一钱六分 刨刀四把每把银四分共银一钱六分 大小凿八把每把银三分共银二钱四分备用铁钉五十斤每斤银三分五厘共银一两七钱五分 桐油一百斤价银四两灰二百斤价银二钱 麻一百斤价银一两五钱

已上每只用银一百四十四两九钱五分

一冬仔船面阔二丈共十五只

本船木料杠棋

中艍长斗丈三尺用松木围四尺 头艍长二丈三尺 尾艍长一丈四尺含檀长一丈九尺阔一尺八寸厚一尺二寸 下底松板共一百五十片每片长三丈厚一寸五分 肚壁横梁共一百二十片厚一寸每片长二丈长短亦可用 下金长六尺大一尺六寸厚一尺六寸 桅座长六尺阔一尺六寸厚一尺五寸 大桅挟长一丈四尺大一尺六寸厚八寸 双筋二条每条长一丈四尺 小桅挟二片每片长八尺大一尺三寸厚四寸 头勘舶长一尺阔八寸 头龙梁长一尺阔一尺五寸厚五寸 头照水板樟板阔一尺五寸厚一寸四分 上金枹枋长一丈二尺

大一尺五寸厚七寸　龙须极长一丈阔一尺厚五寸　照水褒枋大一尺四寸厚一寸　尖柜板长一丈八尺大一尺五寸厚一寸五分用杉木　褒柱并尖柜横梁用杉木三十条围二尺五寸　水柜一口用杉木二条围三尺厚二寸　铁钉一千二百斤　油四百斤　草根六百斤　灰三十石　大桅长六丈围五尺　头桅长四丈八尺围三尺　舵二门每门长二丈二尺　舵闪杉枋长一丈四尺厚二寸　椗四门用硬柴每门长一丈五尺　椗齿长七尺　橹二枝每枝长三丈六尺　头稍长三丈八尺用杉木　火风篷阔三丈八尺长五丈　小风篷阔一丈八尺长二丈五尺　舵牙并车圈椗筋共六十枝　黄麻八百斤　棕缆索二条每条长五十丈　篾缆二条每条长五十丈　小脚艇一只面阔六尺用杉木二条围二尺五寸橹二枝　小钉五十斤　油二十五斤　草根五十斤　灰一石八斗　竹甲褒用茅竹一百八十枝　小钩钉一百二十斤　海中清二件

已上每只用银一百六十两

本船军火器械

大铳四门每门带子铳六件每门价银四两五钱共银一十八两　硝四担每担银三两共银一十二两　磺八十斤每斤银三分共银二两四钱　铅子五百斤每斤银四分共银二十两　乌铳十六门每门银一两共银一十六两　火箭四十枝每枝银四分共银一两六钱　绵纱索二十斤每斤银一钱五分共银三两　藤牌二十六面每面银三钱共银七两八钱　透甲枪三十枝每枝带柄银七分共银二两一钱　镖枪六百枝每枝银一分五厘共银九两　火筒十五枝每枝银七钱共银十两五钱　斩刀十柄每柄银八分共银八钱斩斧十柄每柄银八分共银八钱　缭钩十柄每柄银七分共银七钱　割缭铗八柄每柄银五分共银四钱　斧头四柄每柄银八分共银三钱二分　竹篙枪三十枝每枝银三分五厘共银一两五分锯仔二张每张银五分共银　一钱金鼓一副共银一两　大旗一面并号带一完用布四匹每匹银二钱五分共银一两　大小桅望斗衣二副用布九匹每匹银二钱五分共银二两二钱五分　大桅号带一条用布一匹银二钱　鼎三个每个银一钱五分共银四钱五分　大小锥鑚四把每把银四分共银一钱六分　刨刀四把每把银四分共银一钱六分　大小凿八把每把银三分共银二钱四分　备用铁钉五十斤每斤银三分五厘共银一两七钱五分　桐油一百斤价银四两　灰二百斤价银二钱　麻一百斤价银一两五钱

已上每只用银一百一十九两四钱八分

一冬仔船面阔一丈八尺共二十只

本船木料杠棋

中艕长三丈　头艕长一丈九尺　尾艕长一丈三尺　含檀长一丈六尺五寸厚一尺阔一尺八寸　下底膀板厚一寸四分长三丈阔一尺五寸共一百二十片如原来板长短不等凑足其数　樟下金长五尺大一尺五寸仓横梁厚三寸长一丈八尺长短俱可用共一百斤　桅座长五尺大一尺六寸　大桅挟长一丈一尺大一尺五寸厚七寸　双抽筋二条每条长一丈二尺　头勘舫长一丈　头梁长一丈头　照水板樟枋厚二寸　上金长一丈大一尺厚五寸　龙须极长八尺照水褒枋锯厚一寸　尖柜枋长一丈四尺厚一寸五分用杉木　褒柱并尖柜横梁用杉木　水柜一口用杉木铁钉七百斤　桐油三百斤　草根六百斤　灰二十石　大中桅长六丈二尺　小头桅长三丈五尺　舵二扇每扇长一丈八尺舵闪杉枋长一丈二尺厚二寸　椗四门用硬柴身长一丈四尺齿长六尺　橹二枝　头招一枝长三丈五尺用杉　大风篷一扇阔三丈二尺长四丈五尺　黄麻六百斤　小风篷阔一丈五尺长二丈二尺　舵牙四枝并硬柴五十枝用小木长六尺　脚艇一只　橹二枝　椗索四条　竹甲褒用矛竹一百五十枝　小钩钉八十斤　海中清二件

已上每只用银一百四十两

本船军火器械

生铁发贡一门重四百五十斤价银二十两只用大石子硝四担每担银三两共银一十二两　磺七十斤每斤银三分共银二两一钱　大铳四门每门带子铳六件每门价银四两五钱共银一十八两　硝四担每担银三两共银一十二两　磺八十斤每斤银三分共银二两四钱　铅子五百斤每斤银四分共银二十两　乌铳十四门每门银一两共银一十四两　绵纱索二十斤每斤银一钱五分共银三两　火箭四十枝每枝银四分共银一两六钱　藤牌二十二面每面银三钱共银六两六钱　透甲枪二十五枝每枝带柄银七分共银一两七钱五分　镖枪四百

枝每枝银一分五厘共银六两　斩刀八柄每柄银八分共银六钱四分　斩斧八柄每柄银八分共银六钱四分　火筒十枝每枝银七钱共银七两　缭钩十柄每柄银七分共银七钱　割缭铗八柄每柄银五分共银四钱　竹篙枪二十五枝每枝银三分五厘共银八钱七分五厘　斧头三柄每柄银八分共银二钱四分　锯仔二张每张银五分共银一钱　金鼓一副共银一两　大旗一面并号带一完用布三匹零每匹银二钱五分共银八钱五分　大小桅望斗衣二副用布八匹每匹银二钱五分共银二两　大桅号带一条用布一匹银二钱　鼎三个每个银一钱五分共银四钱五分　大小锥鑽四把每把银四分共银一钱六分　刨刀四把每把银四分共银一钱六分　大小凿八把每把银三分共银二钱四分　备用铁钉五十斤每斤银三分五厘共银一两七钱五分　桐油一百斤价银四两　灰二百斤价银二钱　麻一百斤价银一两五钱

已上每只用银一百四十二两五钱五分五厘

每名色把总一员协总二员各造大福船一只每哨官五员各造冬仔船一只共为一哨旗炽服色俱一样

一天字哨

名色把总一员王宗义造三丈面一只

协总二员

王宗道造三丈面一只

王宗明造二丈八尺面一只

哨官五员

王必容造二丈二尺面一只

王大辅造二丈面一只

洪眷造二丈面一只

谢安造一丈八尺面一只

陈腆造一丈八尺面一只【此条减去】

一地字哨

名色把总一员王奇聪造三丈面一只

协总二员

黄胜造二丈八尺面一只

杨福造二丈八尺面一只【杨福改杨琚】

哨官五员

杨乔造二丈二尺面一只

梁化造二丈二尺面一只

洪春造二丈面一只

林秀造一丈八尺面一只

王荣宠造一丈八尺面一只【此条减去】

一风字哨

名色把总一员洪道谦造三丈面一只

协总二员

洪时乔造二丈八尺面一只

洪大旭造二丈八尺面一只

哨官五员

王宇盛造二丈二尺面一只

洪祖圣造二丈二尺面一只

朱禄造二丈面一只

郭敬造一丈八尺面一只

洪大兰造一丈八尺面一只【此条减去】
一云字哨
名色把总一员王可兴造三丈面一只
协总二员
陈良贵造三丈面一只
杨文哲造二丈八尺面一只
哨官五员
郭爱礼造二丈二尺面一只
蔡益造二丈面一只
黄丕谟造二丈面一只
杨昌造一丈八尺面一只
李华造一丈八尺面一只【此条减去】
一龙字哨
名色把总一员余正造三丈面一只
协总二员
李魁秀造三丈面一只
黄明造二丈八尺面一只
哨官五员
张宣造二丈二尺面一只
徐烈造二丈二尺面一只
杨胜造二丈面一只【杨胜改江福】
黄章造一丈八尺面一只
江宽造一丈八尺面一只【此条减去】
一虎字哨
名色把总一员林应继造三丈面一只
协总二员
阮显造三丈面一只
庄回春造二丈八尺面一只
哨官五员
林世德造二丈二尺面一只
庄贵造二丈面一只
徐光造二丈面一只
林士训造一丈八尺面一只
黄君成造一丈八尺面一只【此条减去】
一鸟字哨
名色把总一员陈亮造三丈面一只
协总二员
金义造三丈面一只
许玉造二丈八尺面一只
哨官五员
洪七造二丈二尺面一只
张兴造二丈面一只

张宪造二丈面一只
黄宗兴造一丈八尺面一只
林瑶造一丈八尺面一只【此条减去】
一蛇字哨
名色把总一员林弘仲造三丈面一只
协总二员
刘君宜造二丈八尺面一只
汪珊造二丈八尺面一只
哨官五员
李寄造二丈二尺面一只
刘君荣造二丈二尺面一只
周以逊造二丈面一只
许节造一丈八尺面一只【此条减去】
林义造一丈八尺面一只
一中军哨
名色把总一员黄处造三丈面一只
协总一员吴杞造二丈八尺面一只
哨官四员
余学源造二丈二尺面一只
郑聪造二丈面一只
林洪造一丈八尺面一只
王明德造一丈八尺面一只【此条减去】
名色把总一员林友造三丈面一只
协总一员李君素造二丈八尺面一只
哨官三员
柯魁造二丈二尺面一只
史朝宝造二丈面一只
李章顺造一丈八尺面一只
名色把总一员周孟岐造二丈八尺面一只
协总一员徐谦造二丈八尺面一只
哨官三员
阮迁造二丈二尺面一只
周孟振造二丈面一只
杨太造一丈八尺面一只【此条减去】
一面阔三丈船每只兵一百二十名舵工二名缭手舵手等项在兵内取用
一面阔二丈八尺船每只兵一百单五名舵工二名缭手舵手等项在兵内取用
一面阔二丈二尺船每只兵五十五名舵工二名缭手舵手等项在兵内取用
一面阔二丈船每只兵五十名舵工二名缭手舵乎等头兵兵内取用
一面阔一丈八尺船每只兵四十五名舵工二名缭手舵手等项在兵内取用
一募兵安家
名色把总银四两　协总银三两五钱　哨官银三两　舵工银二两五钱　兵银一两五钱【□次募兵□□□□用一两今自□□募□福州造船用不仍□□□□故□□】

一廪粮工

管兵名色把总每日银八 分协总每日银七分 哨官每日银六分 舵工每日银五分 兵每日银三分三厘 官兵行粮每日各一升五合

一各官兵廪粮工食行粮俱到潮境之日为始行粮宜先给每名一石三斗五升工食先给一个月银该预详在福建浯屿支给本色行粮德管粮同知在福省买籴散给

一汤总兵同同知督各把总协总哨官先去兴工造船募兵并造军器约一个月间本镇亲去漳州浯屿水寨待各船到查点各兵申明号令及查各军器明白同汤总兵督来广海追捕

一乞总督巡抚皆有公移私柬与闽中抚按及监军道海道兴泉道及行福州府泉州府漳州府同安晋江海澄龙溪漳浦诏安等县知会庶不相阻

一谕各头目为严禁奢丽求成实功事照得见定把总协总哨官前去福建造船募兵听本镇同总兵汤督来广海剿贼此乃广东一时厄运本镇逞然独见不顾死生利害是非毁誉建议救时长策日夜思惟当如古人卧薪尝胆方可一鼓收功各把总协总哨官此番入闽衣服欲素饮食欲俭黄伞勿用纱帽勿戴出入不许马轿随从只二三人勿使乡里人妒汝勿使乡里人怨汝交易买卖两要均平若閙至官司所损多也见官司须要尽礼路遇须要回避不问官之大小也旧日有仇之人且得婉曲处之勿使生衅也船要坚固器要齐整兵要惯海之人一一俱如书册所载又福州乃省会之地在彼尤宜朴素不然必不为人所容以上数事皆肝膈之言汝能依我则功名可立如不依我必自取大祸悔之晚也全功能收我决不负汝也亦汝报我二三十年相从之情也万一收功不全天地亦不容汝诛戮亦必加汝汝将何所逃哉戒之戒之时时将我此令玩味毋怠毋忽

一为军务事准钦差巡抚广东地方兼赞理军务都察院右佥都御史熊手本照得见今各营兵士俱有名色把总哨官管领中间相见之体上下之分犹未定议大礼制不立则纪纲不振纪纲不振则号令不行号令不行则临陈无制而欲望其战胜攻取诚不可得即如广中前日遇敌而却皆号令不行之所致也失令不早议行未免流弊日深将来尾大不掉尤难为力为此备用手本烦为议定各营官员如名色把总之与坐营都指挥各哨官之与名色把总哨队长之与哨官兵士之与哨长各相见之际作何行礼逐一酌议停当希由见报以凭颁行通省各营哨遵守其名色把总原非祖职及奉钦依升授者不许擅用黄伞金带一并示知遵行等因准此查得坐营及把总以都指挥行事则名色把总当属节制行一跪礼留傍坐协总以下悉听节制行两跪礼不留坐名色把总则协总当属节制行一跪礼留傍坐哨官以下悉听节制行两跪礼不留生自此而下则协总节制哨官哨官节制队长队长节制兵俱跪与叩头也凡属具节制者平时若敢抗拒协总以上禀军门量请处治哨官以下听径自处治临军若敢退缩违令协总以下禀总兵斩首哨官以下听径自斩首其黄伞金带原非世袭指挥及军功升指挥者俱不许用为此牌仰各把总协总哨官遵照施行

卷下·书与熊镜湖公【二年七月十四日】

曾贼今去潮州与林贼相攻相合皆不可知但贼势日张兵船由闽来势不大林卒与之遇何能成功愿名公决计其它委无长策

钱粮前欠乏费处猷岂不知苟且作事愈费愈多终难收拾想明公亦知之熟也如何如何

卷下·又书(与熊镜湖公)

福船数猷报与陈守久矣渠估未完者广船也乞将猷今议行陈守速议报幸幸择水次造福船所谓岂容再误此间诸料无买处福建色色皆便也不宜

卷下·禀总督军州张揭帖【二年七月十八日】

禀安林道乾俾立功诚救时一策总兵郭成已东去欲令一亲信官去坐林道乾寨使林道乾前攻无后顾之患又欲令莫应敷出兵出船合势倘遂所图亦可少挫贼锋其收全功必待福建大势兵船也

今抚按各道俱从职所议汤克宽亦愿前去福建造船募兵其背疮已全愈约七八日可出职待其先去一月之余亦当亲至浯屿水寨查点各兵申明号令就同汤克宽督押前来广海追捕决收万全之功也

知今日用职之议为是则知前日不用职之议为非知前日不用职之议为非则知今日纷纷诋职者为未是

伏惟军门慈察无任恐惧谨禀

卷下·禀总督军门张揭帖【七月廿一日】

禀贼所忌者福船也乘造将完而入焚之若福船早完而驾之以福兵贼何敢犯哉夺去者广船贼见船则夺又何择乎招来福兵欲拨贴广船则广之官兵皆不肯谓我自能敌贼乃一见贼至而自溃福兵袖手登山者诚有之无一只已完福船与之驾坐其冬仔虽完数只又皆无杠椇诸器职于此情累诉于恩台功未蒙见察他何望哉

巡抚熊向任浙直极知福兵福船之事故近日所议皆依职所陈恩台以多为胜之议之武各官无不钦服广兵时下决不可用职已将二十年间广船强弱之情详陈矣

伏惟垂察无任恐惧具禀

卷下·又禀(总督军门张揭帖)

……

汤克宽疮已愈跃然愿往督船募兵能熟知海上风色水势目中诸将断然无如汤克宽者也无任恐惧

卷下·书与林湖山【二年七月廿二日】

去闽造船生初春议之诸公不从以至今日乃肯俯从适奉尊教岂所谓英雄所见略同耶外议稿奉览余情容面悉不宣

卷下·书与熊镜湖公【二年七月廿三日】

造船之时督造福匠一二人委官及广匠人众所谓一齐众楚甚至将匠打死交船之时只云官兵刁难

今河下旧冬仔内一只系新会解来吴宪拨兵看又三只系新会解来俞尚志拨兵看又一只系委官南海县李县丞造交许瀚拨兵看前吴宪俞尚志将行方交许瀚拨兵看各船解到只一廓廓或缝中用泥而缝外用灰其各杠椇欠者甚多有者亦无一堪用即与昨日顺德解到之船一般解到之船本期似此朦胧解到即丢开乃蒙翁明察著官看估不遂其奸若系官兵言之即取众恠并将官亦开口不得猷前见翁查究顺德解到船真明见也乃于十四日具书乞翁行常同知并查估旧冬仔五船即日侯廷佐将合修数目交常同知不知曾回报否

猷讶曰久未示故昨日申言之翁差官看若船已完固交过官兵致其损坏是官兵之罪也若船只廓廓官兵言之猷亦屡以为言而人无肯信之而又欲罪之岂不冤哉就如昨日各官来估亦云三板不用可也三板者船之脚也自岸度人上船自船渡人上岸必用三板此等事猷说与且甚费力兵与之说如何肯从猷又中夜思惟天时不如地利地利不如人和今日人举唯名公是猷议外皆相龃龉者

夫举大事而不得人和恐事后纷纷之论将有甚于今日乾坤内许多豪杰猷何可独拂众情而直以至艰至大之事认真耽当若是乎愿名公垂察猷议诚迂乞别举豪杰之士能和于众者任其事虽置猷于鼎镬刀锯谈笑受之必不敢辞凡匹夫之志不可夺者亦实见得是耳无任惶悚无任惶悚

卷下·书与熊镜湖公【二年七月二十六日】

冬仔船欲减十只何哉减此船则发贡亦减两大将不顾身督一军出洋乃不论贼势不问胜败只欲省费其计左也

二大伙贼在潮虽不相合伙其声势亦相倚可易视乎观众人之意皆不欲猷成此功莫非以猷执不用广船广兵耳

适得一息总督军门欲令猷回料理古田事专责宝山造广船募广兵成功此最为今日长策愿名公早决猷且退一步宇宙内许多事猷捐躯以报名公尚有日也

无任惶悚不宣

卷下·禀阁下熊揭帖【二年七月廿七日】

禀广东海寇所以得久猖獗者因近年以来本省民间大船消乏不似十年之前船既消乏兵因脆弱一时不能振作

职春初建议必须前去福建造船募兵方可灭贼众议欲速就于广省打造职议贼必乘船未完入焚人不之信乃至今日始从职议差官往福建造船募兵计此兵船集方可破贼以收桑榆之功也为此具情叩禀

卷下·书与熊镜湖公【二年七月廿七日】

猷议与众论不合名公委曲从之他日不免为猷所累凡举事以合人情宜土俗为贵猷今始悟愿名公裁之

郭宝山见在惠州乞取回听其详计该乌船若干横江若干兵若干以此间人造此间船其工亦易集若夫成功则天也

名公为一代人豪宇宙内许多事在肩上猷昨谓捐躯效报尚有日乃肝膈之言亮之亮之

卷下·又书(与熊镜湖公)【七月廿七日】

冬仔不知少几只乞将道议之文行猷知之若临时觉少就彼中亦处得若约广省之船至潮会合势决不得阋昨日小图即知之

猷自有真见故敢挺然倡议何患其骇而疑者终不翕然定乎猷心何私哉不过欲为广中灭大寇盗彼傍观者以猷欲为自家事故负不平耳

容面悉不备

卷下·手本行巡抚熊【二年八月初五日】

镇守广西地方总兵官征蛮将军前军都督府署都督同知俞为紧急军务事

查得议估福建造船募兵书册内各兵安家改银一两本镇原议每兵安家银一两五钱者以前次募兵自漳入潮不过三四日程今次自漳州募兵往福州造船用工完日乃驾来漳不免一二月工夫又今次欲选壮士与前次不同每兵须得一两安其家小又得五钱买刀等费委非一两五钱不可又于冬仔船今议监造十只合无听本镇至彼差人哨探如贼势重大结巢潮境须就闽中一面量雇人小船不拘只数募兵添驾应用一面具报知会又原估大小船七十只共该硝三万九千五百斤磺八千四百斤铅子三万八千七百五十斤今改议硝二万一千斤磺四千五百斤铅子一万九千三百二十五斤缘大药铅弹系兵船紧要之物宁使有余如海中遇贼一日不收功则十日半月追战今若减之太多临时缺乏无处合再量加硝共足三万斤磺共足六千四百斤铅共足二万五千斤再照磺于福建价平可买硝铅系依广东时价估值若闽中则三倍其价乃可买也合行广州府扣硝共二万斤共价银九百两铅子二万五千斤共价银一千两行府俱买齐备差官解运福建送交本镇散与各船应用

为此合用手本前去贵院烦依行道府查照施行仍由见报

卷下·书与朱白野公【二年八月初五日】

……闽中造船募兵今幸悉依王翦矣不宣

卷下·禀总督军门谭【二年八月初五日】

曾一本事计次年春乃有捷本猷只了此前件他不与也此时乞名公为猷处若属戚节制亦何妨乎有实息乞

差杨瑄驰报猷知具禀

卷下·禀总督军门张【二年八月十七日】

禀职与汤克宽认挑此重担欲奋身于大海波涛之间为广东歼巨寇以报朝廷答知己他何所为哉

此间诸人若以职等为自家私事不问如何成功如何不成功只在傍边发冷语职虽武流窃笑此辈既无拨乱反正之智又无忠君爱民之心只谓此巡抚总兵之事或成功不成功原不相关耳噫世之食人禄者皆如此卒欲安国家定社稷将责之谁哉

诸人诚轻职职但知以身许国许知已死于风波亦可死于盗贼亦可死于文法亦可殆不知天地之为大古今之为变彼利害荣辱是非得丧何足介于其怀哉

承谕吐狂死罪死罪具禀

卷下·书与张鹤楼公【二年八月二十日】

西粤相遇即大相期相资有成今有日也惟名公念之

此间海寇非福船福兵不能挫其锋猷费许多辞说人始听汤总兵先入闽猷迟月余亦行天下事种种皆丈夫所当为容相对一剧论也使返布谢尚容躬致不宣

卷下·禀总督军门张揭帖【二年九月初二日】

禀福建造船事彼中决不阻其木料亦易办此船一成职与汤克宽督之不患不成功但贼势日张兵船未见厚巡抚熊谓听职至彼酌处加添职为此间众人留住待十月初间乃行谨禀

卷下·手本行巡抚熊【二年九月初八日】

镇守广西地方总兵官征蛮将军前军都督府署都督同知俞为紧急军务事

照得贼船在海日食之米多则积有二个月少则积有一个月或日久无积者只随时登岸劫食往常兵船追之亦因食尽而还以致全功不收使兵船有五六个月之粮贼船前遁兵船尾追彼遁不已我追亦不已贼船无暇登岸夺劫必困而就毙也

今照兵船见议行粮三个月若在惠潮广之海尽足食用唯恐贼遁西海琼雷廉地方不免月久乏食所当预处合行琼州府买米五千石廉州府买未二千石雷州府买米三千石秉今收成之际可以买贮各用草包装袁候兵船追贼至彼听本镇行文接支济兵庶无误事

为此合用手本前去贵院烦行各府照数预买听用施行

卷下·禀总督军门张揭帖【九月初十日】

照得广东地方贼炽蒙军门请之朝廷将职调移广东为其设策剿贼职至此地议造福船大小若干军火器械若干兵勇若干色色齐备交职督出汪洋之海堂堂正正与贼从事期收全功此职报军门答朝廷之职分也即不能奋身灭贼职罪将何辞乎

若职所议诸皆未备职不能展布惟有待其齐备而已其它一切地方诸务皆非职之职分若复以地方诸务并责之职是当日调职者欲为广东地方之官分罪也非欲职为其地方设策剿贼也前者不用职议并罪于职成事不说矣

今闻曾贼不日西流兵船泊守南头者其势尚微众议欲职至彼调度职窃谓兵贼之形强弱相悬或胜或负不待战之日乃知之必欲收此全功宜容职候福建船兵齐备必欲为此地方官当罪职不得已亦当一行巡抚熊曰何至于此已明知其强弱不敌弟借一行聊振肃兵心耳职领此意于本月十二日前去约在十月初回五羊即往闽督押船兵也

无任惶悚谨禀

卷下·书与吴海道【二年九月十九日】

小集随事论事付之梓俾后人有所稽尚祈大方家订而教之事体人殊猷知之也猷所司戟阵事不可拘以经要其心无他功求成而已事后人皆能亮之兹名公既先能亮猷心何敢不力任此乎容面悉

卷下·又书(与吴海道)【九月二十五日】

……

福建造船募兵成军之日决可败贼猷实塞也何苦又画添足之蛇此方之守窃见纷纷之议皆为无头绪之画猷已屡与镜翁言之吴起对魏文侯谓君为革车坚甲长戟短戟不求能用者用之譬蜀鸡抟里乳犬犯虎虽有斗心随之死矣

今有福船二十余只广船数十只又欲新造数十只若有担当之人出主其事必使船船皆坚器械色色俱备运之以全谋用之以奇著则守亦可攻亦可若以今之船以今之器械以今之主将则攻亦难守亦难不待两军相当而胜负得失之机固已见于胸中矣

……

卷下·禀总督军门张揭帖【二年十月初一日】

见在凑集兵船大者不满二十只器械全不齐备其余皆中小之船以之守南头尚恐不支欲临时再用别策庶得保全若东向潮州时下风汛阻逆须二十日乃可到彼福建兵船未得会合之时贼来追战难免误事

前往福建造船大者只三十只今与巡抚议再添造十只此船造完何患丑贼不灭但不可求速以致诸不完整乃误大计也谨禀

卷下·手本行巡抚熊【二年十月初七日】

镇守广西地方总兵官征蛮将军前军都督府署都督同知俞为紧急军务事

节据哨探人役报称曾一本贼船见有大者五十只中者四十只小者不计贼党共有万人今照见往福建造大兵船三十只冬仔四十只募兵五千五百四十名造船完日驾至潮州地方遇贼交战兵势似乎未张合再添造面阔二丈八尺者二十只

照依原议之数每只该造船银三百六十两军火器械银一百二十一两二钱八分一厘另硝三百七十九斤兵一百单五名每名安家银一两三钱共一百三十六两五钱舵工二名每名安家银二两共四两行粮米每名先给三个月共一百零七名各该米一石三斗五升共米一百四十四石四斗五升每升折银四厘共银五十七两七钱八分工食一个月兵每名每日三分三厘各该九钱九分共一百零三两九钱五分舵工每名每日四分各该一两二钱共二两四钱共银七百八十五两九钱一分一厘添造船二十只并兵粮器械共银一万五千七百一十八两二钱二分又管船名色把总五员每员安家银四两共二十两廪粮一个月每员每日七分各该二两一钱共一十两零五钱家丁每员各三名共一十五名每名工食一个月每日二分各该六钱共九两协总一十五员每员安家银三两共四十五两廪粮一个月每日六分各该一两八钱共二十七两家丁每员二名共三十名每名工食一个月每日二分各该六钱共一十八两把总协总家丁共六十五员名每员名先给行粮三个月各该米一石三斗五升共米八十七石七斗五升每升折银四厘共银三十五两一钱共一百六十四两六钱

以上通共该银一万伍千八百八十二两八钱二分其每船合用硝三百七十九斤共七千五百八十斤合行广州府买办解用银照数解到给发庶一劳永逸大功可成也为此合用手本前去贵院行议施行

【后只议二丈八尺船十只管船把总一员协镇三员哨官六员前后议造福船文移大小多寡不同者因贼势初尚小大船尚寡后大船多贼势大也】

卷下·书与薛南塘【二年十一月初三日】

猷此行恃汤先至彼造船共督下海二人同心大功可成今汤有事一大重担自当挑之虽不患不成功然当费两倍之力也……

卷下·书与涂任翁【二年十一月十四日】

伏读夹剿疏及募兵牌稿具见名公无分土分民之心猷敢不殚力所有事冨收全功以为报乎不宣

卷下·又书(与涂任翁)【二年十一月十五日】

闽中今欲造船来广厂拘见雇用工之匠乞示委官以闽广先后之序仍乞一告示来广厂张挂又广中自山中定买来木料亦乞令勿拘夺幸幸

卷下·书与熊镜湖公【二年十一月十五日】

会剿奉有明旨贼灭可待也福建官民战船除伤损外今查堪用者大小仅百只任斋公一面整搠一面令猷与林同知催所造船完日一齐发剿造船事林同知初到禀抚按皆乐从遂择日兴工续有别悔停工数日赖林同知恳禀任斋公又慨然许造

猷适至见闽中抚按三司府县翕然谓合剿之功可收盖前岁及今岁名称会剿其实不曾约会兹猷在闽造船募兵与闽师同日而发无先后彼此之异谓不收全功有是理乎

我船日夜催促年终必有一半下水正月终二月初决可出洋窃观各把总协镇哨官咸震怒饮血期成此功以报猷使猷得以报名公不宣

卷下·书与柴定宇公【二年十一月十五日】

……

猷适至此奉有明旨夹剿诸可面议与往时文移约会者不同乃天厌丑贼欲使尽灭之时也其造船募兵诸事猷一面差人分投买料雇募乞名公行谕各地方知照其各兵年甲籍贯册待猷点选明白造报不宣

卷下·书与唐麓阳公【二年十一月十五日】

……夹剿奉有明旨造船益不敢迟请乞名公发一告示谕令此间工匠木竹之人勿得怠缓猷实受赐无涯也不宣

卷下·书与广东各司道【二年十一月十五日】

见奉明旨省夹剿贼无所逃矣往时虽称夹剿不过文移约会彼此先后不齐海上妖氛延蔓无已时者此也

今猷在闽造船募兵一应机宜与任斋公面计闽省诸公翕然谓灭贼之期可以立待我船因猷来迟约正月尽二月初乃完闽船见收拾得一百只与我船同发贼时下在闽之铜山广中事少缓也要之贼皆潮人天夺其魄使恋乡土以待兵至尽数歼之未可知也

匆匆布怀尚容不宣

卷下·书与张鹤楼公【二年十一月廿一日】

……

海寇事兹奉明旨闽广夹剿猷至闽会逢其适天欲灭贼乃有此也往常虽云会剿文移约会不得如期彼此推诿归咎今无此患矣

我船八十只计正月尽二月初可完闽中整船百只合势二三月后可以收功容续布不宣

卷下·与涂任斋公书【二年十一月廿一日】

闽广会师一左一右两军并进闽战舟大广战舟小大者坚小者瑕兵法必先攻瑕猷恐贼计出此故有借三大舟之恳承示慨然猷中心感激愿效锥刀报此殊遇神明知之

但欲驰书告西垣公渠又不敢擅主其事复请夺麾下许之然后报猷二往二返已阅月矣从而收拾杠椇募兵制器未免缓不及事敢乞名公一面重许一面移书与西垣公知猷亦修启求之渠为猷同气之友之奉有名公之命决肯相资以相成

闽有三大哨每哨各拨一大舟以资广左右两翼正正堂堂贼不披靡而北兵不破竹而乘猷不信也虽然猷又思之闽舟大居左虎也广舟小居右狐也虎与狐同行百兽避虎狐亦得藉其威广舟虽小犹可藉闽之威以驱贼贼不尽歼灭猷亦不信也况借闽之木造广之舟借闽之民充广之兵借闽之官督广之哨名公恤邻之仁助邻之义可谓笃至

猷不自揣复有此请盖以天地父母之心望名公无已也猷死罪死罪惟名公容之宥之不任恐惧不宣

卷下·禀总督军门张揭帖【二年十二月十五日】

会剿奉有明旨贼灭可待也福建官民战船除伤损外今查堪用者大小尚有百只巡抚涂一面整搠一面令职与林同知催所造船完日一齐发剿

造船事林同知初到禀抚按皆乐从遂择日兴工续有别悔停工数日赖林同知恳禀巡抚涂又慨然许造

猷适至见闽中抚按三司府县翕然谓会剿之功可收盖前岁及今岁名称会剿其实不曾约会兹职在闽造船募兵与闽师同日而发无先后彼此之异谓不收全功有是理乎

我船日夜催促年终必有一半下水正月终二月初决可出洋窃观各把总协总哨官咸震怒饮血期成此功以报职使职得以报恩台但云见贼只恃放铳不肯奋勇围冲贼船血战终难收功必欲血战收功须每船有厚丝绵甲三四十领此说诚然职今将冲锋银支出一千两散与各总制办如灭得贼即准其冲锋之数我欲责之效死可不资之以自防之具乎

贼见在闽之铜山广中事少缓也职计此贼恋恋于潮终死于潮固首丘之理必然天又夺乱其魄彼将何逃乎具禀

卷下·书与杨遡川公【二年十二月廿三日】

……猷夙仰山斗思沐教海兹奉明旨夹剿海寇入闽会师莫展郊迎之敬祈藉威灵庶获奏凯而归则参谒有期缅怀可慰矣……

卷下·前会剿议【嘉靖四十四年八月】

剧寇吴平见有大小船近二百只众近万人结巢于海与深湾半在寨半在船以前之事言之无益不复言矣

近奉明旨闽广会剿猷初得报即具文通行谓宜行福建海道广东海防道猷及总兵戚约至适中之地面议事宜克期合攻诸公乃以猷言为迂远猷之遇见盖覩往常攻剿巨寇皆当计定而后举事斯有征无战收功可必若先战而后求胜未必遂取全胜

又二省大举夹剿之师一备一未备实其所遇事势之不同闽广之官易地则皆然若责广谓怠缓指闽谓猛于从事皆未考易地皆然之义也何也闽五水寨各有兵船福兴泉漳沿海地方不过十日之程督府总戎檄书驰取官民船只旬日可集广中原无水寨兵船又道里辽远一公文未往非四五十日不能到而东莞民间乌船时出海南各处买卖官取数十之船非月余不能集船集而后募兵兵集而后修整杠椇又非三二十日不能完美抚按诸公非不严文督限其势自不能速耳此在人者不可必岂敢故自怠缓乎

又二三月风色与八九月同船自广来潮俱要唱风不可以时日计此在天者不可必岂敢故自怠缓乎猷故谓欲会同夹剿必须二省会约广省船兵计若干时日方可齐集闽省船兵计若干时日方可齐集以彼量此期限相就其有后期罪之无辞今皆置之不论惟一面严辞催责不知在广当事各官虽负难委之罪实有无可柰何之情

召陵之师齐侯宋公与江人黄人会盟于贯又会盟于阳谷会而又会者何哉盖所以坚江黄之约使之修矛缮甲秣马膏车预治犄角之其乃可约会以伐楚齐桓之虑深哉或曰贼势猖獗急于焚负约会后举如何及事曰两广大征之兵皆因贼势猖獗而后议举方其猖獗之时大兵未集只是一面权宜调度防御一面行议兵粮具奏允日然后处粮调兵各有一年半年之久然后大征之役成夹剿吴平当算一大征之师事属两省不行约会安责其一旦齐备乎

今闽之舟师又于八月十五日进泊深澳港如卷初矣此必计定而举必不使贼遁如春初也大收全捷之功可必矣功之在闽者大福之及广者弘矣猷之私议万一攻贼未即下猷请催汤王二参将大小兵船百余只水兵共五六千名前来听总兵戚调度以闽中水陆之兵为主以广之水兵为辅以一个月为期一号一令俱出于总兵戚水陆进攻如其功成则大功在闽矣广中不敢并论万一攻又未下闽中陆兵一万掣退只拨水兵五千船大小一百只听猷调度猷请广中亦调陆兵一万凑二参将水兵及闽水兵亦以一个月为期水陆进攻如其功成大功亦归于闽盖首事在闽广亦不敢并论其或不能灭贼成功猷甘自受罪不敢委于他人虽然徒手搏虎无米为炊非人所能若水陆兵集火药器械本折月粮广中二道早计呈请无一不备贼岂有不灭哉贼岂有不灭哉

作会剿议

卷下·后会剿议

前会剿议为攻海寇吴平作慨其有会之名无会之实其故何哉势不行也

以天下之地形考之闽居东北广居西南潮居闽广之间为海寇渊薮而航海之舟以得便风为主此顺则彼逆彼顺则此逆如闽省发舟东北风便不数日可抵于潮广省舟师自西南来逆风而行须月余乃可到广省发舟西南风便不数日可抵于潮闽省舟师自东北来逆风而行亦须月余乃可到

又两省会城相去几三千里文移约会差人往还须四五十日兵机之事变在旦夕约会至日欲依举行时异而事体不同矣故从来剿贼兵难会合彼此之间不求其故反相归咎而潮海剧寇相继弄兵从此无宁时矣又闽中旧有五水寨近该督府整搠精采百倍贼势轻则一寨自当贼势重则量调别寨策应故闽中海寇不得终逞广原无水寨向未设有官船有警则调东莞之乌艚新会之横江海寇随起随灭赖有此耳

此二色大艘乃各县富户主造在海营生每得十倍之利各厚养惯战之夫名曰后生一可当十其船共有二三百只随调多寡一呼可集故无不灭之贼何意十五年前浙直总督胡公行取一百余只往彼剿倭皆校其大者及至彼处日久损坏片板不返其尚存船只连年被贼攻焚殆尽虽尚有一二或再造一二又被官府取去载兵日久损坏及为贼焚夺主者坐此倾资无复造船觅利之志而向日之后生壮夫皆消散无存矣迩来剧寇曾一本横行海上东广虽新设六水寨向未设有战船近日事急方议打造并搜掳民间次号船只追捕其兵悉皆临时募集脆弱之夫望见贼舟不战先溃海丰东场雷港三次大败可鉴也

今春总督两广张公檄愚至东广协理建议造船募兵于闽南下剿贼贼平之日分发新设六水寨防守仍示晓民间富户许令造船营生决不调取载兵斯数年之后船不可胜用诸公不以为然盖信广中士民执称彼省尚有二色船兵可用愚谓此省之船吾昔用灭安南海南各起巨寇岂不知其可用顾今与昔迥异如前所云耳诸公虽亦信从又共执欲造船于广调兵于闽愚谓造船于广贼乘未备入焚将如之何诸公曰见有参将收拾广船大小五十余只广兵四千余名足以防守一齐众楚愚且奈何哉姑多方款贼使其迟疑不敢入犯延至六月已经半载贼不信我矣

造船委官日延一日并无一只完备雇募福兵初到无船可驾只在岸上安宿贼船乘风忽至广船之兵望风先溃一如前时福兵无用武之船不能展布广之官兵无以自诿遂倡福兵从贼讹言愚即冒谤唤招各兵札营教场请督府委官点查除伤死者数十人余皆名名实在委官试其乡音辨其服色无有假伐以报督府留一半驾新会顺德新造福船其一半差官押回沿途并无分毫搔扰巡按三湘王公临别云昨查福兵名名俱在惟广兵只存三四百愚

曰名公出此言复何赘猷□告督府熊公曰此我对三湘公之言也但今计将安出愚曰王翦请用六十万竟且从之募兵造船于闽若速举行譬之畜艾去疾疾去犹有期也不然广事不知所终愚之一身诚不足惜如地方何

督府熊公甫任即决计行之总督张公复列数条命愚登对遂蒙俯从选择先委同知林君持资入闽愚亦随至幸抚按三司诸公咸笃恤邻之义无分上分民之意造船募兵诸事皆慨然允行昔申包胥乞师秦庭泣尽继之以血而后许之我今二人不待此者盖其所遇与申包胥异而精心诚意形于谒见之初亦与申包胥有不同乎二省会剿兹又奉有明旨广造船于闽大小八十只不久竣工而督府□公面定会剿方略整搠兵船百余约期同发堂堂正正乘东北上风与贼从事犄其角而维其足计收全功指日可待

噫闽广相去其势何邈人持所见其论难合今日不期而协谋于一堂合兵为一家乃天心厌乱圣上威灵有此安排之巧又溟海风程虽数万里到处穴窠可数而知贼食易尽兵粮有继横海之势既成洗海之功垂收矣顾违众廷议终始坚持南方重务确任不拔一何愚乎抑匹夫之志不可夺者由实见得是耳苟可以报朝廷济时艰成天下之事又何是非利害足介于其中哉

作后会剿议以识其事

【今两军与郭总兵船相去只一二日程不能约会合剿可见也】

卷下·书与熊镜湖公【二年正月初九日】

名公令数更易猷则真知海上事必如是而后功可成今各船此月尽二月初决口完所惜猷离广不早故船完之迟也

十一月初十十七廿四共三日闽兵与贼交战胜负之形此间得其详彼中传闻欠真何哉闽中今大振奋前发去策应火药九万余斤今又在省制造火器无算造四丈面船二十四只一面催趱欲与我船会合同日出洋计贼决当歼灭诚恐转战追逐欲使尽绝须多积本色米于各府多积硝磺于省城庶不临期有误伏惟名公裁之

船将出洋之日另专人驰报不宣

卷下·禀总督军门刘揭帖【三年正月十三日】

……猷今至福建造船募兵奉有夹剿明旨两省兵务得面议请裁无以前参差虑贼何患不尽歼发兵之期计在二月终也容陆续具禀谨禀

卷下·书与熊镜湖公【三年正月廿三日】

广事如此名公心独苦也猷专力造船募兵期灭曾贼余未能效助一二愧罪愧罪

船已有九分工夫原估宽若干者各总奋力每只多宽一二尺只只皆雄壮坚固曾贼不足灭也但各船尚宜添兵闽中造船尚未完任翁亦一面催促差人去请李总兵回省与猷面计诸务须二月中方得出洋曾贼住潮专待我兵一战必须色色在此整搠齐集方可与之从事二省全力二大将统之不收万全之功有是理乎

今次闽中买木甚贵为闽亦造船募兵甚难为闽亦募兵也诸费不免多于前议待功成之日报名公想当俯亮

前分三大哨今孙敖有事只用邵晏二参将分二大哨总理其事二参将各准自带精兵六十名又尚欠小哨船就此募兑用每只约用兵二十五名广中大小船只在彼待猷追贼至彼乃取合哨潮州城易守宝山可令带兵杀倭倭本易与惟欲有与之之兵耳

猷在此心更急任斋之心亦急缘贼船大小有百只之外故不得不十分慎重惟名公亮之要当灭此贼以报名公也不宣

卷下·书与熊镜湖公【三年二月初六日】

两地消息往返四五十日乃得通猷会剿议言之详广中船能独当即可出不能独当岂能与此间船相约同日同时见贼略无先无后乎此间船虽完其中琐事尚多桅木以两水未发不能出港必一一齐整乃可行闽中船亦将

备猷船须与期约同行乃是会剿然亦不出此月广东乌船虽多猷知其不能独当此劲寇乞裁之慎之不宣

卷下·书与郭宝山【三年二月初七日】

林道乾愿翁推诚抚之终始保全之山海贼尚多岂能尽用杀伐抚一伙为他伙之望以后有愿抚者抚之不服者剿之庶地方有宁期况林道乾累有大功见今又欲助官兵立功其志可知

欲奉旨专为曾贼此贼灭即回广西完古田事其它皆翁之事但翁主之猷一一遵听也

此间船计月尽可出倭贼近如何乞示广乌船虽多未可轻出不知尊意以为然否

卷下·书与张松陵公【三年二月十九日】

此间兵船将完不久同闽船齐开剿贼细思去年正月如从猷议来闽造船地方之祸岂至今日言之无益亦不得不言

适闻惠州兵变恻然不安连日名公苦心猷独知之不能效助一力愧歉愧歉唯愿从容处之不可急迫若再急迫愈误愈甚

去岁贼至五羊非猷收拾杀数兵定乱则此变当见于去岁矣为将领无机权自误其身并误地方可恨可恨

各贼势今如何希详示兵船亦不出三月中可行剿贼也容续布不宣

卷下·书与熊镜湖公【年二月十九日】

兵船桅木将完决在此月尽陆续出海至漳州浯屿集齐今闽省船同发此举奉明旨会剿决不可似前先后参差

适闻惠州兵变令人食不下咽名公苦心可想而知猷不能效一力愧歉愧歉

去岁贼至五羊若非猷居外婉处杀数兵使定则此变当于去年见之

将领御兵无机权自误其身如地方何事至今日只得从容处之不患功不全收但须多处钱粮多备本色米为要耳反忆去年正月如依猷议来闽造船地方岂至如今日言之无益亦不得不言

余容兵船发日另布不宣

卷下·祭江文【二年二月十七日】

钦差镇守广西协理广东地方总兵官征蛮将军前军都督府署都督同知翁大猷参将邵应魁晏继芳率把总协总哨官等谨以牲仪祭于南海海若之神曰

我国家惠育万国抚绥百蛮山海宁谧四方攸同乃有酋曾一本诸贼蚁聚岭海豕躅闽疆皇帝震怒赐剑授钺两省合师肃将天伐旌甲楼船貔师虎旅泛海而南与诸贼从事唯尔有神实厌凶虐助我师之风水皆顺俾贼人之徒党尽歼用昭圣天子之威灵亦见尔神功之明显神其鉴之尚飨

卷下·书与蒙近野公【三年二月十七日】

……南方近年多事东广为甚而闽亦因不靖兹奉明旨会剿而我名公特膺简注代巡于闽诚知名公以天下为度其精神风采之所加必并东广而兼济之也恭候台驾拜领庙略夙夜惓惓不腾至愿

东广旧有乌船之兵连年驱战披靡成风一时委难振作今募兵造船借重于闽议始于猷因作会剿前后一议谨差赐览

此间所造船三月初旬方可出洋然亦须关船同发下敢似前先后不齐也

……

总兵俞军令于后

一我官兵试思自古以来有不灭亡之贼乎又思自我为将用兵以来有不灭亡之贼乎况今闽广会师各军门严督于上大小战船数百艘水陆雄兵数万人两大将亲督各偏将分督振怒饮血誓不与贼俱生各头目及兵于中自有忠勇出众之人宜以吾言终日谕众不乘此时立大功业于天下将待河时贼船虽大我船更大每二三只攻彼一只彼安能敌贼虽有铳我铳更大更多只管齐犂上去贼气自夺贼技自屈此理甚明敢有言贼船大贼铳多惑人者即斩首示众

一本镇坐船吹唢呐一通各大小船就近及远相继亦吹唢呐一通参将及各把总协总哨官等齐到听发放不到者重治

一将开船时本镇坐船先欲起大三枝鸣金鼓扯樯尾旗起蓬碇收三板各船齐鸣金鼓扯旗起蓬碇收三板本镇坐船放大铳三声间船各船一齐开行

一洋中行船俱要归哨至未时前船遇澳即便先泊使后船得以寻泊泊船亦要归哨

一船在洋中前船见贼即放铳三声起火三枝报知后船后船相继各放起火三枝报知最后之船使其急赶向前如前船不报及后船不传报者俱以军法从事

一临阵时头冲锋兵船一只赏银二十两次锋赏银一千两本船把总协总哨官保荐升实授官舵工于冲锋银内取赏头锋赏一百两次锋赏五十两若临阵逗遛斩首示众

一生擒曾一本赏银三千两斩首赏银一千两货物尽充赏头目奏升官三级其余有名贼首并从贼皆从重议赏

一贼人丢弃包服过船及以锡作银散掷为饵不许拾取违者斩首

一昏黑之夜追贼最前之船见贼船连连点鼓报知后船后船亦连连点鼓报知最后之船若前船不见贼船即连连点金报知后船后船亦连连点金报知最后之船进止听本镇号令

一洋中卒遇大雾前船如见澳分即鸣金鼓相报暂泊候雾开始行

一洋中卒遇飓风各船随便收澳不待我令

一泊船时本镇坐船三板未放各船不许擅放若有机事赴禀不在此禁

一夜中守更听本镇及二参将坐船起擂毕放铳三声各船俱备鱼鼓二个照更相应不许失误各船头目务要加谨稽察本镇不时差人巡视如有失更头目并守更之人俱以军法从事

一海上鱼船鱼网不许盗取违者捆打一百棍割耳

一差哨探船回报时有警放铳放火箭无警张扯太平旗如黑夜入澳回话沿途点锣而来以便识认其哨探的实者重赏如或躲避误事及哨探不实者处斩

一夜间行船本镇悬灯三盏参将悬二盏把总以下各悬一盏

一各船攻贼之际不论左右哨兵船每贼船一只只用兵船三只附攻余船别剿亦依前规倘贼船结艅我船亦列艅攻之不许逗遛先后合攻之时贼围在中不许外船铳箭乱发以致自伤

一贼被兵攻败须收功后将船货尽数充赏如功未收不许贪货争夺违者依军法

一兵船常要积薪积水足用五日若紧急之际称无薪水者即系逗遛治以军法不恕

一贼徒能约众缚献曾一本者免其本罪仍依格赏之又贼中徒党或被掳之人弃戈连船来投者审无诈伪处之不死汝兵若杀降为功幽则神责明则刑诛戒之戒之

一闽广合师乃奉明旨有功同赏只要争先破贼不论得功孰多孰寡沉广船造于闽广兵募于闽闽有大造于广汝众当知敢因小忿起争或以功次较论我则重治汝决不轻恕慎之慎之

一同舟之人同是一个身命各头目须要抚爱各兵其各月粮至广补给尽如前册所载有侵克者许来告治

一大小火筒须兵船犂及贼船乃放不待言也若本镇近发去大小碗口铳亦须兵船犂及乃放务要百发百中若似往常离远放铳终日鏖战不得收功何益于事决当重治不恕穴箭佛朗机及哨船发贡亦须近及乃放

一船中百执事误要拨定火药火筒火箭等器各要分人管理收拾勿致损失大小铳俱要拨定精兵管收管放使有寄责头棚中棚尾棚俱要分定信地遇敌听其且守且战不许临期推误

一发去碗口铳用铅子愈于百子大者入三铅子用药半斤小者入二铅子用药五两其药研极细乃可用研不

细查出捆打不轻恕

一各船自浯屿开向广东之日为始以后大小铳无故不许放杂乱军令如欲该铳及放出旧药准于泊船及间船顷刻之间点于其鸟铳听在浯屿地方未起行时勤勤演习若至广各澳泊船本镇酌量事势少缓即于大桅尾悬双蓝号带许各演习双号带收即止

一大小船两傍每傍前后画两大圈边黑色中一白月各写一大字把总王宗义哨大小船八只前月写左字后月写大字把总王奇聪哨八只前月写左字后月写地字把总洪道谦哨八只前月写左字后月写风字把总王可兴哨八只前月写左字后月写云字协总刘君宜等四只前月写左字后月写中字把总余正哨八只前月写右字后月写龙字把总林应继哨八只前月写右字后月写虎字把总陈亮哨八只前月写右字后月写乌字把总黄处哨八只前月写右字后月写蛇字把总林弘仲等四只前月写右字后月写中字把总黄士杨等八只前月写大字后三写中字募哨二十只两傍画大圈中白写哨字各要如令明写以便稽查进止诸事

一大兵临贼贼必败遁沧海犹隘贼将何之贼船可到兵船亦可到贼食易尽兵粮有继决当穷追尽灭其党而后已敢有推诿不肯远追者斩首示众

一左右哨大小兵船听二参将自立号令名色把总以下一一遵守敢有似前无礼拒令者重治慎之戒之

一行船遇单日左哨先开次右哨次大中军哨双日右哨先开次左哨次大中军哨务要齐齐整整不许混乱

右军令三十条逐条皆切军中事务如各遵守大功可收或升或赏荣耀极矣如违吾令加汝戮辱汝又何辞南山可移吾令不改金石可销吾信不失汝各头目立此大功救我平生之得持之以报朝廷答各军门传之千载有余辉也吾之覆令亦既三申五申矣汝众其思之戒之慎之毋贻伊悔

此令之外更有宜申明者待再播示

（缺字）

续加硝四千斤磺四百斤铅二千五百斤乃以上七十只之用

续添造二丈一尺面者十只俱心前估共八十只今分左右二大哨又左哨有左中军右哨有右中军又另大中军一哨其协总哨官有与前不合者以今分于后者为主又募哨二十只随时差拨

一左大哨晏参将督天地风云

天字哨

把总王宗义造三丈面船一只

协总王宗道造三丈面船一只

王宗明造二丈八尺面船一只

哨官王必容造二丈八尺面船一只

王蒲造二丈二尺面船一只

王大辅造二丈面船一只

洪眷造二丈面船一只

谢安造一丈八尺面船一只

地字哨

把总王奇聪造三丈面船一只

柯谕造三丈面船一只

协总黄胜造二丈八尺面船一只

哨官梁化造二丈八尺面船一只

柯魁造二丈二尺面船一只

洪春造一丈面船一只

李章顺造一丈八尺面船一只

林秀造一丈八尺面船一只

风字哨
把总洪道谦造三丈面船一只
协总许丽造二丈八尺面船一只
洪时乔造二丈八尺面船一只
哨官吴章造二丈八尺面船一只
王宇盛造二丈二尺面船一只
洪祖圣造二丈二尺面船一只
朱禄造二丈面船一只
郭敬造一丈八尺面船一只
云字哨
把总王可兴造三丈面船一只
协总陈良贵造三丈面船一只
杨文晢造二丈八尺面船一只
王可法造二丈八尺面船一只
哨官郭爱礼造二丈二尺面船一只
蔡益造二丈面船一只
王丕谟造二丈面船一只
杨昌造一丈八尺面船一只
左中军哨
协总刘君宜造二丈八尺面船一只
汪珊造二丈八尺面船一只
哨官李窬造二丈二尺面船一只
温方造二丈二尺面船一只
一右大哨邵参将督龙虎鸟蛇
龙字哨
把总余正造三丈面船一只
协总李魁秀造三丈面船一只
黄明造二丈八尺面船一只
柯俊造二丈八尺面船一只
哨官陈贯造二丈二尺面船一只
徐烈造二丈二尺面船一只
江福造二丈面船一只
黄章造一丈八尺面船一只
虎字哨
把总林应继造三丈面船一只
协总阮显造三丈面船一只
庄回春造二丈八尺面船一只
哨官张宣造二丈八尺面船一只
林世德造二丈二尺面船一只
庄贵造二丈面船一只
林崇荣造二丈面船一只
林士训造一丈八尺面船一只

鸟字哨

把总陈亮造三丈面船一只

协总余义造三丈面船一只

许玉造二丈八尺面船一只

哨官周孟振造二丈八尺面船一只

洪七造二丈二尺面船一只

张宪造二丈面船一只

张兴造二丈面船一只

黄宗兴造一丈八尺面船一只

蛇字哨

把总黄处造三丈面船一只

周孟岐造二丈八尺面船一只

协总吴杞造二丈八尺面船一只

洪大旭造二丈八尺面船一只

哨官阮迁造二丈二尺面船一只

郑聪造二丈面船一只

林瑶造二丈面船一只

林洪造一丈八尺面船一只

右中军哨

把总林友造三丈面船一只

协总李君素造二丈八尺面船一只

哨官史朝宝造二丈面船一只

林义造一丈八尺面船一只

一大中军哨本镇

把总黄士扬造二丈八尺面船一只

协总杨琚造二丈八尺面船一只

林乔樾造二丈八尺面船一只

谢天衢造二丈八尺面船一只

徐谦造二丈八尺面船一只

哨官林期造二丈二尺面船一只

杨乔造二丈二尺面船一只

徐光造二丈面船一只

钦差镇守广西协理广东地方总兵官征蛮将军前军都督府署都督同知俞为劝招乱民复业事

照得海寇曾一本罪大恶极见奉明旨二省夹剿募兵造船多方经理务成十围五攻之势一鼓歼之而后已

但贼中胁从被掳者多中夜寻思岂无欲回本乡与父母妻子共全骨肉共保宗祀之念但每登岸之日各处官兵乡民即拿报功兴言至此我心恻然想总督巡抚三司府州县各官心与我同惜尔赤子不体我心可伤可悯今给告示沿海乡村张挂

汝各乡民有子弟亲戚朋友邻里原被掳胁从久陷贼中者可多方使人劝谕回家安生免受诛戮之惨其官兵乡里之人敢有似前贪功指拿如已害命即问偿命如未害命亦反坐罪往当官府亦有此令以印信免死小票散弃听其自取并无信从竟是虚文

今次但有逃生登岸者许即赴所在州县或巡检衙门告门都勿问其从前是真贼是被掳俱一面给与免死照

身二面申报军门准其回家复业其各州县巡司以招复乱民多者论功如今北边招徕达虏之例

噫天父地母我与尔众同胞而生汝初无知陷于罪逆我能赦活汝一命即是救活我同胞一命尔各赤子思之念之早寻生路毋贻后悔古今山海有不就诛之贼乎试将二十年间事看之即自觉悟也

须至示者

卷下·书与熊镜湖公【三年三月廿四日】

兵船三月初十日以前尽开若风汛不便未能转茭茭者福州港口地名沙多水浅大小船至此俱要迟缓过茭后则悠然无碍计月尽乃可到漳

猷十二日离省十九日到泉二十二日离泉一二日可到浯屿待任翁到议定发船另报

兵聚日久费用困乏昨有文借支本色米并银乞留意灭贼事不愁迟只要收得全功从来事莫非欲速误也任翁意亦甚急但自不能急耳

容续布不宣

卷下·书与涂任斋公

……

猷十九日抵泉二十二日即潜离二十五日到中左所所造船逐日有到量二三日后可齐但各船于二十二日出茭遇飓风大小有坏者其余杠棋多损又当整顿一番

猷所深忧各兵在洪塘日久粮米食尽差人往告镜翁以道途遥远又须经过山贼窠窟一有疏虞所系非细具此事急于燃眉取之于广亦缓不及不曲为措处误事非细

猷意欲具一文乞名公行借三千五百两来散各船买米待猷一面取解前来补还此银借猷非借广还银惟责猷不责广自当明白谨情恳告如垂许方敢具文

剧贼无处逃有逃处逃已久矣惟恐四五月后风汛不便但天欲灭贼必夺其魄使恋恋于潮以待毙也剧贼肆志已久此举最宜从容慎重乃可一鼓收之决不可似前急迫世人谓巧迟不如拙速速而果拙何贵于速迟而果巧何病于迟乎名公以为何如

卷下·书与涂任斋公【四月初七日】

广船收拾将有次第唯粮米欠乏其事甚难愿名公重念为一措处则万幸也

卷下·书与庄秀才【三年四月初八日】

楼船千艘水军数万鼙鼓振天遵海而南蛟见之深藏鲸遇之就戮此亦天地古今一大观从我者其兄也欤他日为作洗海传直叙目击景象方是信史……

卷下·书与熊镜湖公【三年四月初十日】

本色米乞随地多积船上一时欠乏难处来闽造船募兵时日已久各哨困乏甚甚自当济之要于成事事后计算自然明白造船诸事挨序实当如此非故迟延也伏惟裁亮

卷下·书与杨次泉【四月十八日】

猷统舟师欲早至潮境请教诲扫海妖是本心也

但思既奉明旨二省夹剿不可或先或后计今亦不久虽此后风色欠顺但逐澳挨去自有一日遇贼可大破之即如所报贼深入则收功更易且全或者天厌其恶而夺其魄未可知也

容续布不宣

卷下·书与涂任斋公【四月十八日】

贼船尽数开上十六日至古雷港若顺风则半日可到海沧猷详观形势贼若深入必大破之今与西垣公约会分布畐形呈览盖恃吾有以待之意也乞裁教贼若不来二省船备同出追剿一鼓歼之无难也不宣

卷下·书与熊镜湖公【四月二十二日】

师事不能速自古而然近见总督军门行下数条是庙堂之上所见尤真也

今乌船一艅不知用过银若干闽船一艅不知用过银若干恐他日破阵冲锋必是猷船他人不知兵士事每每发难为猷之言名公所教亦每如此猷将柰何乎

猷船驻漳未可独往日久粮乏名公试为猷默思体念使猷躍然为名公效死不然猷何所恃乎今贼在闽上下向往未定如名公果至潮猷当驰赴面悉此情也不宣

卷下·书与杨次泉【四月廿三日】

连已奉启兹不多攻大抵须俟闽船同行闽船已备将行猷岂敢后闽船未备未行猷岂敢先任斋公即日至行期可定也

容续布不宣

卷下·书与涂任斋公【四月廿三日】

贼尚在古雷计他遁无所之唯待毙而已既知其遁无所之在我唯当收拾十分全备乃与从事一鼓收功不可急逼也

闽船日集广船待借银到整备亦易也西垣已出木屿猷初布广船在前今闽船又泊在广船之前乃二省兵将各欲当锋真好消息也

尊驾至漳乞即移镇月港庶便请受方略不宣

卷下·书与杨次泉公【四月廿三日】

两省夹剿乃奉明旨猷兵船在闽自当俟闽船同发力合势张以与此丑从事如摧枯耳

天下事何者不因欲速误乎况兵事尤宜慎重千日计虑期于一日收功要之功收之日议论自定也沧海犹隘贼将何逃容续布不宣

卷下·书与熊镜湖公【四月廿三日】

新宁决非曾贼乌船势大就近击之可也计名公业已行此时已收全功矣曾贼入闽二省全力击之当一鼓尽歼

数日后任翁至即发唯我船无银无米昨差官去领乞速发为幸

……

卷下·书与涂任斋公【四月廿六日】

贼在古雷进退两难乃计穷无技唯待毙而已猷与西垣公议每日五更二省兵船皆起蓬椗以待其来若巨舰尽到即开往击之诸方略容面受不宣

卷下·书与涂任斋公【四月三十日】

各官兵承赐借银莫不愿效死以报不知闽中本色米有余否猷恐出洋追贼南北未定日期难限欲求借三千

石以备各兵远追食用浚求之罪乞宥

卷下·书与郭宝山【五月初七日】

五月初六日任斋公亲至各船犒赏初八日两省兵船同开风顺则一蓬直抵古雷破贼风未顺逐日移去计破贼亦不出旬日外也惟名公督广乌船大小一百七十只来截贼走之路共收荡平之功是幸

卷下·书与涂任斋公【五月初七日】

贼见在古雷两省合师不分彼此人和已征又仗威灵在上灭贼不难也容另报不宣

卷下·又书(与涂任斋公)【五月初十日】

今日行矣猷心则如烈火惟恐时下风色不顺船有大小迟速之不同容另与西垣公议宜取其速乃可成功也不宣

卷下·书与张盘峰【五月十二日】

猷与西垣公约初十早开船猷泊曾家湾闽船泊波灶本日猷如约至曾家湾闽船分二哨泊大担一哨泊旧浯屿猷十一日亦至旧浯屿前面白沙湾泊已与西垣公约此后不论单日双日取便前行矣船在洋中停住无说但听风听潮徐徐移去自有一日见贼大破之也谨复不备

卷下·书与杨次泉【五月十三日】

二省兵船五月十二日乘风到古雷十三日风太猛又李总兵自船今日方到铜山又闽船有损失已差人与约十四日欲直抵柘林尚未得息

计贼此时必在马耳歼灭在不久矣乞差人催郭宝山兵来夹攻尤幸不宣

卷下·书与涂任斋公【三年五月十九日】

此间兵船但得速至南澳则贼在掌股矣必欲待巨舰齐恐迟

昨承郭总兵书谓四催王诏据回禀帖说呈请军门未示催牌何泄泄也本省总兵裨将如此轻视何有于猷乎

又镜湖公甚不知猷苦情催文催书辞多危切猷报之谓将官苟无真见方寸惊乱如翁事何

王诏未下来并不敢言及想总督亦催之急不久当至渠船在贼上风追迅原不妨恐镜翁亦不知此也不宣

卷下·书与江新源【三年五月二十日】

猷昨与吴主簿带回启谓名公一至潮即发兵食其深于兵可见矣兹承教取兵充伍其深于兵又可见同事如名公猷不能效力共济非丈夫也

各兵因乏用有逃者兹得解来银即分给各兵见在者必安逃者即就近补足只得一日便风兵船直抵南澳贼自不能逃也不宣

卷下·禀总督军门刘揭帖【三年五月二十日】

二省兵船向因风色不便故行之迟五月十二日风便行至中洋又遇猛风收泊铜山广船只坏一只其余收拾已完惟闽船尚费数日收拾待风便一日直抵南澳二省全力堂堂正正见贼一战即可收功

……

卷下·书与涂任斋公【三年五月廿一日】

西南此风初转亦猛难行容二三日风势略平即行也贼尚欲一逞须时时齐整俱如见敌方收万全之胜如其遁走是贼怯也进追攻之兵气益振贼自授首……

卷下·答总督军门刘揭帖【三年五月廿二日】

镇守广西地方总兵官征蛮将军前军都督府署都督同知俞大猷为两省合兵预申军令以图并力夹攻共收全捷事

照得见奉总督两广福建军门刘开行八条除禁接济严哨备戒妄杀定赏格申号令伍条遵行无容再议外今将三条开立前件详议通行回报为此理合备由并具便览书册具呈伏乞照详施行

计开

一量地里以定先后

前件贼见在潮州马耳港本职兵船同总兵李锡兵船见至铜山总兵郭成督王诏兵船见报已离海丰以陆路计之程里可谓适均以海路计之当论风之顺逆时下风多西南在海丰来者为顺一二日可到马耳在铜山去者为逆欲逐日唱风行使夜无安泊大澚船只众多忽夜风猛发误事非轻欲分艅先后移去贼在上风乘我单薄来冲我兵前后相远不能策应亦不免误事

本职窃计之王诏议造大鸟船七十只今又加以中小船凑共一百七十只其势亦不为不厚但彼船虽大且多彼军器甚少兵甚弱欲与相期同日同时见贼则无是理如彼船顺风先至此船逆风未至贼先迎其至者而敌之彼船万一不支误事亦大本职向日有会剿二议其说详矣

幸天心厌乱之极千古一时之会巡抚熊自本职来闽造船巡抚涂百端曲成本职造船募兵已成一军总兵李锡议造巨舰百器齐备先该巡抚涂犒师于浯屿无分闽广今该我二总兵率各将领饮血于铜山两军一心正所谓两省之兵力俱举一鼓之全功可收风色未顺远则同远风色既顺近则同近战则同战追则同追敢有逗遛不进者我二大将俱乘快船在于阵前调度即以军法处之决不容情也其王诏兵船若能相机取便前来共收追北之功亦甚善也【此条自事后观之可谓所料无爽也】

一审风潮以分奇正

前件本职及总兵李锡船见在东北王诏等兵船见在西南在东北者本职大小船一百零五只兵万余名同行同止正所谓广兵福兵广将福将兼有也若欲分奇正王诏兵船居上风当以为奇而此间兵船在下风当为正若论强弱则此间兵船为强王诏之兵船为弱今我二总兵相约贼在大洋则堂堂正正齐一进攻贼在港次遇单日则福船先冲为正广船继冲为奇遇双日则广船先冲为正福船继冲为奇贼何患不尽灭乎

一据要害以防逃遁

前件贼见在马耳港天夺其魄使与官兵接战一鼓灭之在瞬息间耳若走出此港即系江洋大海更无他港经过无可设备使贼难脱但贼走出大海兵船追之遇晚即当收回不敢泊于中洋数百之船二万之兵中夜发风误事不细所可计算者本日是何风色贼走南走北当收入何港兵船知其踪迹已真次日即进追之如知之不真又当多差快船哨探乃可进追贼屡遁屡远兵船屡远屡追贼内无接济之粮外无应援之党欲战则不敢欲掠则不敢不过一月之余贼可尽灭后患可未息惟兵船当备足三四个月粮恐追去风顺日少收回风逆日多也

卷下·书与涂任斋公【三年五月廿四日】

已与西垣公约下待巨舰只侍东南风量即日当有此风铜山船不能下玄钟犹浯屿船不能下铜山倘浯屿船至铜山铜山船尚未动是猷二人迁延负罪也伏惟慈亮不宣

卷下·书与江新源【三年五月廿九日】

急于灭贼猷心亦如火烈茅连日西南风猛兵船一步难前俟转东南和平风色即直抵南澳若遵听惟迫不审

风而行与贼相通误事非细伏惟裁谅不宣

卷下·书与李西垣【三年六月初三夜】

贼到时遇水退我决勿动则同他船流出若水长则乘椗与战愈战愈流入内我兵决取大胜也昨烧洗船及入云霄有人报他乃来岂知洗者已完云霄者已出是天欲灭此贼也

卷下·禀总督军门刘揭帖【三年六月初三日】

遇贼破之其事可必风色未顺须徐待之委难期必六月初三日子时据报贼船已移至南澳向北行使如其径来铜山求战决大破之如其不战遁走即落下风兵船穷追亦决大破之

容续报谨禀

卷下·祭天妃袖文【二年六月初七日】

钦差镇守广西地方总兵官征蛮将军前军都督府署都督同知俞大猷谨率大小将须以牲醴祭于敕封天妃娘妈之神曰

剧贼曾一本横行海上毒害生灵非惟居民生者之咎亦尔神明好善恶恶之道有未至也今大猷等统领舟师会合闽师始战之铜山贼已丧败而走再攻之柘林尚期首从尽歼愿我神明临战之际助以顺风俾此丑贼无一遗遁尔神明之威灵斯显而远近之感戴无已也尚飨

卷下·书与涂任斋公【三年六月初三日】

贼入港乘潮长闽兵船原近港口先迎战猷兵船离闽船一矢余逆流摇橹随至共攻贼船贼大困败后逢潮退转战转出港若有风助此贼亦灭若天未黑此贼亦灭贼之遁走非胆丧神夺肯悠逝如此乎

今众兵踊跃知贼易与猷与西垣公议挑精锐结哨猛进期当一鼓灭之如或遁走不问大洋或岸边或白日或黑夜俱要尾追务将剧贼首从尽灭而后已

唯此三四日彭祖忌风宜待定乃行此风未定不惟不便于攻且不便于追又昨港中巨舰百械之雄使贼惊惶求乞洋中广船之冲使贼燃火号夜遁何名公尚未闻乎

今贼住柘林连日烧亡贼之尸烟火蒙山兵在玄钟只待风定不问风色正南东南皆可开船去攻贼亡决在不久逃亦决无所之也

……

卷下·书与郭宝山【三年六月初八日】

今猷每三大船结为一哨以一官督之其船篷两面用白布写官船人姓名二张缝篷二面使催阵之官看见退缩指名拿斩福建船以木牌写名待彭祖忌风定开去攻贼乞翁差人打听速来合攻不宣

卷下·书与涂任斋公【三年六月初九日】

前日西垣公使者口禀名公之言乞勿过信猷若不与西垣同心必渠有字告名公乃可信也

贼船入港是顺流也闽巨舰高大用深水并二号船泊近港口故先与贼敌猷船离闽一矢余摇橹出援是逆流也随至协攻港次迫窄两军混与贼战实容不得许多船虽闽船自离署远者亦难前进及转战出洋两军翼张其势始大贼奔遁不暇矣

使者之言果可信则巨舰是真逗遛也巨舰非逗遛此人之言似不足信矣猷感名公之恩如天之高如地之厚自谓年生一奇逢捐躯为报尚有待也今日破贼以报夫何足言使者以猷观望欲脱去广东其说何巧乎

猷与西垣在港则终日相对计议行船则同坐一小船在兵船之前相度进止猷固知西垣必无此言今世公卿

广大高明如名公骤听之恐不免有疑继而量其人品察其心术必能垂亮也……

卷下·书与涂任斋公【三年六月十五日】

诸皆西垣之功猷愿拜下风矣唯进止之际猷独任其咎于今似当见亮也

铜山之战巨舰据港贼船冲入就之诸色长技得施贼乃大败若先出港与贼战巨舰无风难行其事未可知也猷固曰铜山之战兵船据港其策非迂兵船泊玄钟朝暮推验天色决于忌风之日出贼不意直向柘林鏖战港中大小兵船皆得合力贼乃大败

夫与此等剧贼从事必计定与战渐次挫之全功乃可收若不待风色而使兵船不保急欲成功而使我锋少挫猷之负罪又岂止今日哉

伏惟慈亮不宣

卷下·书与熊镜湖公【三年六月十五日】

堂堂正正渐次挫贼忌风之日又出战不意贼今大败何所逃乎非但渠魁未歼兵船当追虽徒党亦当穷追尽灭乃可收兵也此皆名公经略发纵于上广东赤子将有出水火之日也

……

已与西垣公约传令各船修整暑完一二日即前进矣

……

卷下·书与涂任斋公【三年六月二十日】

将士戮力血战十八日尤奋将士死伤既多贼死伤者何可计兵船既多损折贼船损折量不少不数日间潮人自能传之也……

卷下·祭阵亡把总及各兵士【三年六月廿五日】

钦差镇守广西地方总兵官征蛮将军前军都督府署都督同知俞大猷参将邵应魁晏维芳侯熙谨以牲醴祭于阵亡名色把总余正协总李魁秀哨官王宗兴及各亡卒之灵曰

气数有时而塞故贼子得以弄兵而生民之水火可悯然正气之所钟萃即有忠臣义士间生其中弄兵贼子赖以诛锄水火之民赖以衽席天地纲常赖以撑柱盖雪霜同烈而日月为昭矣

呜呼伤哉痛哉汝余正誓志灭贼其秉忠臣义士之气而生者欤汝协总哨官亡卒奋不顾身其不愧古之所谓义士者欤

人孰无死为国而死为民而死成仁取义死有余荣矣世之读古人书担受人爵禄者其处死生利害之际刑赏予夺之间能慷慨如众死士则治日多乱日少虽有不良之夫自当隐伏而不敢逞兴言至此安得不负戟而长叹乎

哀哉痛哉游义魂于南溟之岛瘗义骨于粤海之沙除凶一时作镇千古汝众之功可谓大也修诚哭奠此情有尽此心无日而忘汝众之功也尚飨

卷下·书与涂任斋公【三年六月廿五日】

……郭总兵统大艅战舟日四日至南湾两军邸日往与合营今次当另立一大局面做容至南湾议定请裁

卷下·书与杨次泉公【三年六月二十六日】

整兵再进歼此丑类似无难也连日场篷起碇阻风不得出港计旦夕风转即行乌船退泊广澳据上风贼益难逃矣容续布不备

卷下·书与涂任斋公【三年六月二十六日】

贼见在马耳郭总兵船前日乘长沙尾在马耳前过贼不敢动昨日又去广湾据上风防贼遁亦在马耳前过贼亦不敢动贼亦困矣走无所之惟待刃耳两军今日欲开出港风阻不得出看明日风色如何容另报不宣

卷下·书与熊镜湖公【三年六月三十日】

经画两载收功一朝福船福兵撄其头广船广兵邀其尾渠魁遂生就擒徒党歼灭几尽名公神武雄略盖古周吕之匹俦猷也何幸得藉以免矣容即躬赴奉贺并谢不任喜跃不宣

卷下·书与诸公【三年闰六月初一日】

猷造船于闽与李西垣总戎三月间在浯屿合营相度风色渐次南来因风未便札于铜山

曾一本各贼一何猛乎六月初四日统大船五十只小船五十只前来小船札港口大船径冲入港幸闽新造巨舰器械具备泊在港口奋振迎战我兵在内港即出同战贼败死约有千人头目死者过半乃乘潮退脱遁

初五日至柘林两军穷追初五日至玄钟相度风色于六月十二日径冲入柘林攻贼贼乃大败死伤沉水者不计两军及四散奋斩约有六百名颗原船一百者被官兵焚沉只存大中者十余只小船二十只走出外洋天晚兵收泊柘林贼走泊莲澳

两军收拾十八日径抵莲澳攻之血战竟日因天无风摇橹攻打不得焚沉其船然贼死在彼船者比前二战尤多得生擒审之云三战之后贼党死去四分之三头目已无一存

廿四廿五日郭宝山乌船往来贼船之前贼不敢动被乌船之兵看破廿六日即与之战遂得贼首收我三战之功也

窃谓此役若非两军三撄贼锋于前而大破之则乌船未敢轻与从事若非乌船一战于后则贼首不免脱遁此事不知所终要之莫非诸军门调度之功将士何与焉

乌船报功之文云冲沉贼船十一只焚二只走出外洋九只是此战贼大小船只二十二只曾一本船向称近二百只今皆何在是可推而知也

班师在迩领教有日诸容面悉不宣

卷下·书与李思质【三年闰六月初十日】

当日贼入五羊广兵有船而败福兵无船不得与贼战人指福兵从贼而共怨谪之几成变猷百口不能为白只不顾身出城外收福兵为一营约束之使不肆有二三人略犯令即斩示众事乃定定后即差官押回沿途无扰

抚院熊令守巡二道来问猷谓贼势如此竟当如何处猷初谓人既指福兵从贼并猷而疑之今何可复言地方事姑听其坏胥受其罪可也继而思之生平受国厚恩天下事既有真见生死且不避若顾利害是非而委之岂丈夫乎即告二道曰欲灭此贼必用福船福兵欲用福船福兵非猷统御之不可如从猷议不能灭贼当赴东海而死不待刑诛必欲用猷又不依猷用福船福兵他日误事猷不能无辞

二道以告抚院熊曰今一如所议猷造船于闽适闽亦造船募兵于闽适闽亦募兵然四方木料多就卖于广厂以其偿二倍之直也四方兵勇多就募于广船以其各把总与之安家食用甚厚也卒之冲锋破阵竟籍福兵福船猷罪乃可免众得因以为功万一此贼不灭福船兵果不能摧其锋则猷之罪独浮于众其何说之辞

噫亦危哉拒论于孤独之表处身于危疑之间固其所见之真谓必如此而后功成若非天心厌乱助顺于冥冥之际佑人以不可测之神何能成今日之功哉虽然为巨室必求大匠有大匠而后有众工巨室乐成之日人但知众工之功矢口不及大匠先生欲谈天下事柳子厚梓人传请再熟读不宣

重编使琉球录①

使琉球录叙

使琉球录者陈侃高澄使琉球录也琉球归化圣朝前此尝有使矣而弗录焉遗也遗则后将何述沧溟万里不无望洋之叹焉此录之所以作也二公之心仁哉

嘉靖戊午世子尚元乞封上命汝霖与李君际春往首访是录如获梯航解舟潞河漳人郑教授者来语余渡海事余出录询之曰得矣而未尽也暨入福城造船用人惟录是据问询旧行故老一二弗协岂时变不相沿乎将作之竣事之余二公前所行者或未逮也且事属浑论要实未核余是年值海警淹迟船更再造人亦数亲视之前役颇详然其发端则前录资益弘多而又惧其久且漫或遂遗也后之使者将伤今而罪我矣舟旋之日因类编之首以诏敕尊君命也次以使事礼仪述宏纲也次以造船用人敬神见紧要也次以群书质异则山川风俗夷语贡物并前使姓名诗文而题奏终焉具始末备稽考也原录云云者列于前而是岁所行者附于后呜呼后之全都一举目而星槎海涛灿然指诸掌矣若夫登之天府备史苑稽查则二公之惠何敢再渎

嘉靖辛酉十月　　日

钦差吏科左给事中吉郡永丰郭汝霖书

卷上·乞留诏敕

原录云越癸巳五月侃等至三山七月二日兴工修船十一日遣承差赍本赴京谨题为求封事切照嘉靖十一年琉球国世子尚清奉表请封钦蒙差臣等充正副使赍捧诏敕前往琉球封尚清为中山王臣等随即辞朝前来福建造船船完之日过海行礼所有赍去诏敕闻弘治正德年间修撰伦文叙编修沈焘等曾差往安南国因彼国欲留诏敕为镇国之宝俱曾题奉钦依听其请留臣等思得琉球国袭封事例远年无从查考万一尚清亦如彼国请留诏敕臣等坚执不从恐拂彼敬奉之心听其请留又非臣等所敢专□如蒙乞敕礼部查议应否听其请留庶臣等有所遵守而临期不至错误矣为此具本专差承差郑珂赍捧谨题请旨

九月承差至京赴通政司投进

奉圣旨礼部看了来说钦此

随该礼部覆题云看得钦差史科等衙门左给事中等官陈侃等题称赍捧诏敕前往琉球国封世子尚清为中山王惟恐请留诏敕乞要查议一节既查有伦文叙等事例合无准其所奏本部行令各官临时斟酌如彼国王请留之意果出诚恳亦宜俯顺夷情听其请留等因

奉圣旨是钦此

十一月承差齐仪制司手本至闽侃等伏睹睿旨驭夷以诚歆不只若明命

霖按嘉靖三十七年册封命下时科中条陈请留诏敕一节礼部覆议旨意与前同

卷上·使事纪

原录云喜靖丙戌冬琉球国中山王尚真梦越戊子世子尚清表请袭封下礼部议礼部恐其以奚齐夺申生也又恐其以牛易马也令琉球长史司复核其实戒毋诳越辛卯长史蔡瀚等核诸舆民达于勋戚同然一辞佥曰尚清乃先王真之冢嗣立为世子有年昔先王辱徼福于天朝愿终惠于义嗣者具文申部宗伯韪之越壬辰春礼部肇上

① 〔明〕郭世霖（文中为“郭汝霖”，待考。）撰。据明钞本。

其议请差二使往封给事中为正行人为副侃与澄适承乏焉命下之日时夏五望也有为予等不平者曰海外之行险可知也智者计免而愚者罹之如公论何不然同寅以序而差一言可决自春徂夏何其久也曷辩诸予等曰君父之命无所逃况我生各有命在天岂必海外能死人哉寅宷有兄弟之义弱者当代其劳何以辩为亦听诸天而已矣不平者唯唯而退六月各赐一品服一袭侃以麒麟澄以白泽俱大红织金罗为表绢为里绿罗褡複青罗褶子里亦用绢使外国必加服者欲其称国王位宾主也带以玉则自备又各赐家人口粮四名悯兹遐役优以缉御恩至渥也八月侃等始治装戒行行之若是徐徐者因封琉球旧案礼部失于回禄请查颁赐物于内府各监局弥月而后克明复分造于所司亦难卒制故弗克行其敢久稽君命

越癸巳五月侃至三山澄亦以六月至闽之三司诸君承礼部咨文已将过海事宜会裁已定七月二日定艑修船十一月琉球进贡船至予等闻之喜闽人不谙海道方切忧之喜其来得询其详翼日又报琉球国船至乃世子遣长史蔡廷美来迓予等则又喜其不必询诸贡者而有为之前驱者矣长史进见道世子遣问外又道世子亦虑闽人不善操舟遣看针通事一员率夷稍善驾舟者三十人代为之役则又喜其不必藉诸前驱而有同舟共济者矣大蹇朋来忧用以怿即此而观世子其贤矣乎敬使所以敬君也敬君所以保国也怀德畏威邦其永孚于休

越甲午三月舟始毕工四月十八日舟先发于南台二十六日予等启行三司诸君送至南台包肉于几釃酒于尊爵三行予等起谢曰曩时海国之役必数年而始克竣事闻之舟不易成也今未及期月而有航海之期谁之功也敢不再拜诸君皆歌烝民之诗以赠亦再拜遂别是晚宿于舟中翼日至长乐长史舟亦随行中途为浅所伤臬厥载具状伏于墀下求为之援予等欲藉其为前驱即日将行事已亟不可辞判词于提举司令申海道假环海卫所御寇之舟暂遣其归此固为赵亦为楚也适分守海道都阃诸君继至海道亦以王事为亟遂遣之

五月朔予等至广石大舟亦始至二日祭海登舟守巡诸君设宴为饯是日北风大作昼昏如夕舟人皆疑予等亦有惧心有爱之者劝迟迟其行迟而得已于行姑少待焉可也终不能已迟之何益今人既集矣涣之恐难卒萃舟不速行器具易窳有司费已侈缓则更倍之遂别诸君慨然登舟连日风逆五日始发舟不越数舍而止海角尚浅至八日出海口方一望汪洋矣风顺而微波涛亦不汹涌舟不动而移与夷舟相为先后出舱观之四顾廓然茫无山际惟天光与水光相接耳云物变幻无穷日月出没可骇诚一奇观也虽若可乐终不能释然于怀九日隐隐见一小山乃小琉球也十日南风甚迅舟行如飞然顺流而下亦不甚动过平嘉山钓鱼屿过黄毛屿过赤屿目不暇接一昼夜兼三日之程夷舟帆小不能及相失在后十一日夕见古米山乃属琉球者夷人鼓舞于舟喜达于家夜行彻晓风转而东进寸退尺失其故处又竟一日始至其山有夷人驾小舠来问夷通事与之语而去十三日风少助顺即抵其国奈何又转而北逆不可行欲泊于山麓险石乱伏于下谨避之远不敢近舟荡不宁长年执舵甚坚与风为敌不能退不能遂上下于此山之侧然风不甚厉浪亦未及于舟人尚未惧相持至十四日夕舟刺刺有声若有分崩之势大桅原非一木以五小木攒之束以铁环孤高冲风摇撼不可当环断其一众恐其遂折也惊骇叫嚣亟以钉钳之声少息原舟用钉不足舱麻不密板联不固罅缝皆开以数十人辘轳引水水不能止众曰不可支矣

是时惟长年数人色不少动但云风不足惧速求罅缝而塞之可保无虞众亦知其然舟荡甚足不能立心悸目眩何罅之求于是有倡议者曰风逆则荡顺则安曷回以从顺人心少宁衣袽有备尚可图也有一人执舵而云海以山为路一失此山将无所归漂于他国未可知也漂于落漈未可知也守此尚可以生失此恐无以救夷通事从旁赞之予等亦知其言有据但众股慄啼号不止姑从众以纾其惧彼亦勉强从之旋转之后舟果不荡执烛寻罅皆塞之固水不能入众心遂定翼午风自南来舟不可往又从而北始悔不少待也计十六日旦当见古米山至期四望惟水杳无所见执舵者曰今将何归众始服甚先见徬徨踯躅无如之何予等亦忧之亟令人上桅以觇云远见一山巅微露若有小山伏于其旁询之夷人乃曰此热壁山也亦本国所属但过本国三百里至此可以无忧若更从而东邦日本矣申刻果至其地泊焉

十八日世子遣法司官一员来具牛羊酒米瓜菜之物为从者犒亦有酒果奉予等通事致询曰天使远临世子不胜忻踊闻风伯为从者惊世子益不自安欲躬自远迓国事不能暂离谨遣小臣具菜果将问安之敬予等爱其词受之时予之舟已过王所之东欲得西风为顺夏月诚不易得世子复遣夷众四千人驾小舟四十艘欲以大缆引余之舟通事乃曰海中变出不测岂亦久淹从者世子不遑寝食谨遣众役挽舟以行敢告船分左右各维一缆迤逦而行若常山蛇势亦一奇观也一昼夜亦行百余里

十九日风逆甚不可以人力胜遂泊于移山之澚法司官率夷众环舟而宿未尝敢离左右泊至五日予众苦之在舟日久欝隆成疾求登岸以避之而不可得泣诉于予曰乘桴浮海子路喜之未知浮海之险若此也人至四千力亦众矣不能挽一舟以行虎贲三千犹足以成武功孰谓浮海为易耶二十三日世子复遣王亲一员益以数舟而来风亦微息始克行法司官左右巡督鼓以作气自夕达旦夷众亦勇于用力无少懈至二十四日犹未克到世子复遣长史来曰世子闻至移山刻期拱俟六日不詹中心孔棘恐为从者忧谨遣小臣奉慰予等谢之二十五日方达泊舟之所名曰那霸港计广石登舟至此几一月矣予二人局于一舱不便出入暑气薰蒸脾胃受疾寝食弗安兼以风涛之险日惊于心得保残喘以终王事呜呼艰哉是日登岸

六月哉生明报长史舟至北山又越五日始抵国较之予舟浃旬之隔询之乃知桅折帆倾非夷众熟于操舟几何而不饫鱼腹也越既望行祭王礼七月二日封王九月十二日登舟而回泊舟之港出海仅一里中有九曲夹岸皆石惟灭风而后可行坐守六日王日使人待于侧至十八日风少息挽舟而出亦斜倚于岸众恐其伤于石大惊幸前月亲督修舱不为所伤复止二十日始克开洋夷舟同行二十一日夜飓风陡作舟荡不息桅舵俱折【其语具载敬神类中】

二十三日黑云蔽天风又将作卜珓易舵二十六日风大作相与叩神风若少缓舟行如飞彻晓已见闽之山矣二十八日至定海所十月初二日入城痛定思痛不觉伤感凡接士大夫叙其所以无不为之庆幸

霖按嘉靖三十四年六月琉球国中山王尚清薨三十七年正月世子尚元差正议大夫长史等官到京请乞袭封王爵礼部以请勘俱系彼国官民乃不复行勘奏请如故事差正副使二员赍诏敕皮弁冠服等往时科中应行者吴君时来行人司则李君际春也命下二月十六日矣部咨翰林院撰文各衙门造该用仪物延之三月终未行而吴君有成事汝霖乃同李君承乏焉四月初二日也部中监前畏避之嫌促日起程霖等亦以重命不可再缓遂请诏书易名改赐品服初八日概然解舟南下七月初抵江西地方霖意海警连年事须巧速因一面差人至福建布政司令作连委官伐本造船九月中亲至闽坐督刻次年春汛必行奈地方多事贼报交驰当事者已疑不能必往又皇皇剥□之灾而视外及为稍缓管工官亦泄泄于是船自十一月起工至次年四月仅完其半贼报紧急不俟工完四月初四日出坞尹参将令百户严继先等接至镇驾守十一日午刻方至镇未刻贼已接踵相望数里不为所夺幸也亦尹之力也是年倭奴辏集福州城外称数万城门闭者三月余等亦日日上城同有司巡守先是戊午冬琉球世子差来迎迓长史梁炫等住柔远驿尽为所掠六月始得脱逃七月终各役奔命者渐复欲召之行而风汛过矣

声息转闻琉球三十九年正月蔡廷会等来修贡传其国有领封之请呈文该司该司以时事艰难国体所系遂为转奏本下□议以旧典难遽变俟海警稍宁必期渡海终事时勘合到迟将届六月倭寇伺候海口者又比比予召漳州火长舵工等役中途又为贼阻各役依山缘径而来动经月余至则又七月矣前船既有伤损久住内港乌螆丛生乌螆者生于淡水则坠于咸水生于咸水则坠于淡水内□淡水也一至海则垂垂而坠船板精华俱为所蚀油灰不能复往水从罅隙而入何可止也余时与诸司议但挟数十人从夷舟往夷舟颇小举动敏捷既不为贼觇觎又可藉以济事有司固执以堂堂天朝为此举动何以威临四夷若事不易济宁修船俟时无得而论欲从权济事亦须上闻不然他日谁任其咎余时聆诸君正论亦不能夺且念事体重大人役颇多又非可一人微服行者于是内愈热而情益苦季君亦曰既不能行毋徒躁动不若专意修船静俟地方事大非一手可掩他日当有人谅也余然之火长舵工等因呈乞有司改造前船八月再定艋至十一月毕工出坞

越嘉靖四十年春二月予遂召集漳州等处各役亦先期来余欲挟之先出海口而守各役谋以海口风涛难泊公若往内各兵船亦往各兵船往而内港虚矣不若探听消息有急而行可也三司诸君亦曰既不能出内港岂能出外洋乎今岁传闻贼或不至内地姑俟之盖大船出内港水浅必潮平而后行日不数里自南台而旺崎而闽安镇而广石须十数日而后至定海梅花开洋之处滞重逶迤谋犯之者其力易及封舟之不能速行此也若大洋中汪洋浩荡予固知他舟不易犯即犯之封舟之威可施夫万里之外洋犹可无虑而数日之内港乃能阻人间者岂能知之守至四月忽值内地广兵之变既平定长乐又报福清之贼既又传福宁之报余于是朝而侧目夜而侧耳盼盼然日守一日惟恐报皷之声也

五月初六则有贼二百余至闽安镇之下江时各役告请行粮余亦牒有司渐次散给兵道杨君来言曰今事急且不论行即船将如何守欲发之闽安镇驾守又已近贼欲行张汉入守闽安镇又旷无人予曰各役已散行粮行期

旦夕若复动摇人心解散岂能再集百姓官银到手宁不支用不行而复追之敲扑日系矣杨君曰事果难如是予因曰君来自部中莫谓予等有畏避之嫌今可目覩之且今乃一小报前两年遑遑时刻紧急不同何如也盖船既重大不惟行之难而造之亦难不惟造之难而守之亦难三者惟地方无事时可也若如己未年贼旗既到上下纷扰虽委造官皆奔走守城之役厂有用料谁复查理当其时非予亟于收拾纤毫岂可望耶后来改造诸犹得应用其亦必有自矣至于守之难者谓一于用不行者则践踏震撼视舟全无爱惜之心一于用同行者则水木郁蒸行时必多暴露之疾余不得已乃参而用之令其轮班更迭将就全事闽安镇初六之报令许严等牵船前十余里又行张汉与严继先陈孔成马魁道等严密侦贼向往又请于军门刘公牌张汉若有急即自座守既贼乃从下江口由长乐松下澳入福清而船始报安焉

五月十九日船至长乐取水予与李君二十五日起行抚按三司饯于南台府县别于新港二十六日辰刻至长乐时自二十三日起连有南风各役以二十九日夏至恐风尚未定三司诸君送者仍欲守候余曰天时难测今已南风又疑其未定而欲俟其定何时乃定且伙长辈皆余所需以决事者今临事率不敢担当事在一人信矣遂决而行二十七日至广石二十八日祭海登舟别三司诸君二十九日至梅花开洋幸值西南风大旺瞬目千里长史梁炫舟在后不能及过东湧小琉球三十日过黄□闰五月初一日过钓屿初三日至赤屿焉赤屿者界琉球地方山也再一日之风即可望姑米山矣奈何屏翳绝弛纤尘不动潮平浪静海洋大观贞奇绝也舟不能行住三日初六日午刻得风乃行见土纳已山土纳已山琉球之案山洋路从姑米山而入正也时东南风旺用舵者欲力驾而东势既未捷至申刻乃见小姑米山小姑米山在琉球之而稍过即热壁山幸而小姑米山夷人望见船来即驾小艓来迎有二头目熟知水路且曰既不能从大姑米山入何可傍土纳已山而入其中多礁予等闻之骇二头目一面令夷船入报渠遂躬在余船道驾从小姑米山而入且云得一日一夜之力即未遽登岸可保不下熟壁山矣予等厚赏赐之昼夜赶行

初七日未刻得望见王城哪霸港焉然东风为多相隔仅五十里不能辄近世子遣法司官来迓夷船凡五十余艘集封舟前后欲用先年輓入故事予谓风浪方旺岂能力胜诸人欲急登岸余莫能止然竟弗能行至初八日午刻有冲风暴雨予曰可整舟挽而行诸人疑之既而果得行初九日辰刻得遂达岸焉盖风旺三日而复暴急予忆其必将止若暴先发则旺势未衰此理之常何足疑哉既抵岸三日后有传贼船从其境上过者盖蓬力小大洋中自不相及择日行封祭礼毕守候风汛回国往者封船既至琉人亦招集各岛夷船以观天使为名实亦因之滋贸易也是年则琉人务假防护之名时虽有商舶一只亦逐出之而各役所带纤毫行李俱不能售于是尽举而归之琉人琉人故蹬而贱之而各役之情苦矣往者九月终交初冬则东北风旺是立九月内风气不定日东日南守之至十月初飓风大作伙长等皆以飓风既过可以遂行

十月初九日登舟及登舟之后方图举帆而风雨骤至阻于哪霸港口各役皆焦心劳思不得出港盖港口险隘仅容一舟稍有偏侧船辄不保船之泊港口也两旁系以大缆至十五夜右缆忽断陈孔成见之忙吹号举炮夷人二千余来加索牵转再加新缆船乃得安不然是夜船已碎于礁石五百人了矣即幸存将何渡海也至十八夜天忽朗霁月光如画四更时诸人与夷官夷稍乃导而出出港后东北风旺舟行如飞二十日午后忽有黑云接日冥雾四塞舟人皆惧曰此飓征也顷刻果飓风旋至舟人守之益慎至夜二鼓劈烈一声舵已去矣舟遂大颠吴宗达等遂落大蓬余一家人跑入窓传报举舟哭声震天时既黑夜何从措手余乃速止诸人曰即如此命也哭何所济且勿乱我心时陈孔成传令各役不能动手及晕船者俱入舱择其漳人仅五十将各舱所载重者一面丢抛一面令李子显许严吴宗达等倡言舵虽折尚有边舵决保无虞凡过洋未尝不遭此只要老爷心稳舟事容某等渐处余谂之曰静以御变极是但舵何时可换达等曰天明可换吾不举大蓬但张二蓬三蓬任其漂流至后可补鍼也陈大韶曾宏俱上界从陈高过洋者亦来大言曰往年亦如此然往年船不固今此船固往年船发漏今不发漏往年无边舵今有边舵往年折舵并折桅今舵虽折而桅尚存余闻具言心亦颇定然播荡反侧无顷刻宁风涛之势与天上下舟亦虢虢如裂屋响呼吸存亡茫然不知何所在也幸而天明促之换舵而风势愈烈何能举事余召孔成来曰事将奈何孔成曰海中行船此事亦所有但持之观明日如何至次日风又不息余乃口为文令史陈珮床前书之以檄天妃适一晨刻风稍定始得换舵舵既定诸人颇有生望但牵舵大缆兜之自尾至船首者又忽中断则海水咸厉绳缆不能久舵工等又惧舵不能稳稍摆动金口开船分两片矣此尤危也乃用银重赏一夷人系其腰令之下海接之竟不能接吴宗达来禀欲穿二舱三舱透绳系舵而不能决余闻即概然是之乃凿而度绳舵始得安盖舱近系绳比之兜肚远者其力

尤大行之至二十六许严等来报曰渐有清水中国山将可望乎二十七日果见宁波山历温历台闽人未能尽晓浙中山㐰疑迷莫测仍怀忧思至二十九日忽至福宁见定海台山心始安焉从五虎门入十一月初二日入省城追想前迹为之测然凡士夫相会真同再世往读陈高使录说者皆谓其过余亦疑之至是亲历知其字字不虚且中间除若尚有笔楮不能尽奇呜呼痛哉

卷上·造舟

航海莫要于造船原录云造船之制访于耆民得之大小广狭惟其制价计二千五百两有奇予等初欲各具一艘见其费之广也而遂不敢无益于国而侈其赀财之蠹也惟旧制以铁梨木为舵桿取其坚固厚重今以轻价索之而艰于得易以他木予等必欲倍价以购后果得之财固当惜舵乃一船司命其轻重有不难辨者七月二日定艖艖即船之底木福州底土备祭豕二羊二予等主祭三司诸君率府县官亦与陪焉重王事也定艖之后方鸠舟人僝功矣侃等与众官时巡督之

越甲午三月舟始毕工其舟之形制与江河间座船不同座船上下适均出入甚便坐其中者八窗玲珑开爽明霁真若浮屋然不觉其为舟也此则舱口与船面平官舱亦止高二尺深入其中上下以梯艰于出入面虽启牖亦若穴之隙所以然者海中风涛甚巨高则冲低则避也故前后舱外犹护以遮波板高四尺许虽不雅于观美而实可以济险因地异制造作之巧也长一十五大阔二丈六尺深一丈三尺分为二十三舱前后竖以五桅大桅长七丈二尺围六尺五寸余者以次而短舟后作黄屋二层上安诏敕尊君命也中俱天妃顺民心也

舟之器具舵用四副用其一置其三防不虞也橹用三十六枝风微逆或求以人力胜备急用也大铁锚四约重五千斤大综□八每条围尺许长百丈惟舟大故运舟者不可得而小也小　舡二不用则载以行用则藉以登岸也水十四柜海中惟甘泉为难得勺水不以惠人多备以防久泊也通船以黄布为围幔五色旗大小三十余面刀枪弓箭之数多多益办佛郎机亦设二架凡可以资戎事者靡不周具所以壮国威而寒外丑之胆也二十五日出坞坞即造舟之所亦设祭如定艖之时其间若竖桅若浮水治□皆有祭行祭礼皆如初靡神不举靡爱斯牲者王事孔艰利涉大川祈也

录中又有漳人操舟记云届行得舵工谢敦齐者善于航海者也至则徘徊审视曰此舟之不善者三海中常防礁石船底板须二层倘有不虞庶刮去一层而一层尚存也今板虽厚止于一层船之不善一也板之泊樑以钉为力板厚七寸钉贯串不及即及亦无力海涛冲撼軮弱不支船之不善二也从行人几四百炎署聚处舱中不免郁□之病船之不善三也二公闻之惶然始怨有司者曰其谁乎误我敦齐乃取藤麻自艖底遮波板战棚板簰之数座以防崩溃又于船舷札虚棚使众役昼则散处棚上夜则入卧舱中

霖按录言封船之制备矣乃敦齐折之如是余召旧匠并从行者数人询之皆云无簰船事余曰无其事而有其理也盍仿其意为之河口匠止守旧尺寸火长陈学曰熟于海舟惟漳泉匠遂召其役用皆以海寇猖獗宜如兵舡兵船战棚宜高海船则舱皆低平时木料未得齐备匠皆停手以待至次年四月未得完贼已满城外军门王公令参将尹凤急牵船出闽安镇驾守船之桅舵未齐仓卒而行陡值冲风吹之岸上舵口伤损风汛既过而不能行船久住港中乌鲶丛积凡四五寸二十九年春适转奏夷情勘合到乃六月各役奔驰贼报一时召集不及仍未能行则水渐污漫各役恳请改造前船余意船一举动费用不赀改造而即行可也今警报日未尝息万一改造而复不行将若之何又意事在必行而不能已今野无所掠贼亦未尽□船若完吾先出泊海口乘隙而行可也遂一意修改前船经历潘棠涖其事余因谓曰船虽两造不出上界一次费用用虽节省而船又极其坚牢此今日意也汝惟体而行之时时亲在厂督用无不善物料新旧出入汝之所司至于匠人合河口漳泉者并用规制异同吾亦日来巡督可共商确卜以八月□□日定艖兴工于是议船之尺寸一以官尺为定盖闽人以官尺为足民尺一尺乃官尺八寸故旧录长短广狭虽有定数而论者莫知所准　船身自头尾虚稍凡一十四丈五尺除虚稍一十二丈二尺船面除两傍橹部阔二丈五尺五寸舱内带两旁橹部阔二丈九尺七寸船舱深一丈四尺除井眉实深一丈二尺七寸官舱比之旧高二尺阔一丈六尺大桅高七丈八尺自桅夹以上量之围七尺舵长三丈二尺比旧多五尺围三尺五寸船之艖用松木取其重且能久浸也横梁用樟木取其能翕钉也板用杉木取其能浮水也架龙棚之外有兜艖鞠河口匠欲以铁漳泉者欲以木余两用之锁梁钉之外用米锤鞠河口匠亦欲以铁漳泉匠亦欲以木余亦两用之益用铁者取其坚韧用

木者取其敷大皆协于用也船之中作为龙骨以牵縏前后船之舷悬挂渔网以预防矢石惟梁之合板处虽有米锤鞠等余尚疑其联合未壮也今马魁道等思之乃创为贴梁势如犂转两旁夹之则浑厚坚重内无复分崩之患船用藤箍事或未有而意实可师余乃制为大铁条二十座自艬底搭之两舷则船之外势束缚益严视藤箍胜矣上界船皆谓其软弱余思其乃身长而舱阔所致也于是缩之益为二十八舱则舱狭而梁多又何软弱之患哉

大率海舟之紧要者三曰桅曰舵曰艬艬定之于下舵主之于后桅运之于中三者用相倚而势相当一不备未可也备而不相当未可也造舟之时三者齐备而兴工长短广狭庶可度量闽中虽云木料颇多而近年兵船搜抉无余故尝疑旧以五木合桅未善求得一巨樯用之而所得仅仅如此若张通判所求之艬甚短小不合再造乃余檄推官施冞所觅者始中制也铁梨舵杆比之前界尤长二尺余未抵闽已行布政司差官往广时胡知事者赍银而行漳州贼方在境胡惮远涉止于龙溪县求之何能中用又八月而往除夕乃回责其再行亦缓不及迟误可胜言耶次年正月余募人往广有吏吴姓者请行得一根焉五月终乃及小埕澳等处又为兵贼所阻七月初始入厂余查铁梨舵杆旧备正副吴吏谓行期尚奢得请再往适杨方伯转广左辖知余求之切而闽得之难乃为购之复得二根余喜甚以为可胜任矣然追忆未得之时徬循环搜索竟无可意而地方多事求者又莫能专即得之犹惴惴其未能至也苦中之苦言宁可尽后之使者慎母若予之遇云

原录云七月二十五日之夕飓风暴雨倏忽而至茅舍皆席卷予馆亦兀兀不安寐起坐中堂门牖四壁荡然无存因念港口之舟恐不及系遣人视之佥曰昏黑不辨牛马而岐路安可分盍待之风雨果恶亦不可强质明而往王已差法司官率夷人数百守于舟侧询之舟人乃夜半时至法司亦夷官之尊者路且遥不避而来予因叹曰华夏之人风雨晦冥之夕塞门闭户而避之犹恐未安冲风冒雨而行者必期骨肉颠沛而不容已孰能视他事如家事而艰险不辞者乎夷之君臣其亦可感也夫

霖按是年六月初三日颶风骤发王即差法司官统数百人看守封船顷刻不离凡四日风止而后已海上多风每风暴王即差官巡视用心诚可谓不苟矣

霖再按是年船之造可谓善矣然归帆之时犹折舵者以其制尚有一二分非余意也余初忆海风冲高官舱战棚俱宜低矮低矮则舵不必高短小尤易得力今船舱高则舵不得不长而深长而深则其力不牢壮矣且是年所求三舵虽云铁梨皆其似者而非真也余尝谓即再十金购之必不能得其真何者长至于三丈四尺奚从而得哉诸人初欲船之高大亦以所带各役既多海洋之贼必战无疑故欲高张其势余后观之洋中播摇浩荡彼何能措手风浪山摧眼昏目眩不独在吾意彼必同之即使吾船矮小例之彼终亦高且大矣此诸人之过疑而余之不能强者以往未之历也且方往之时水俱东流势犹不难至回归之时则横截而过波浪摇撼山岳一船之力尽归之舵故往往折舵之危多在归帆之际后之使者慎毋务船之高大而在乎粗壮坚固毋务人之多而在乎惯习耐劳其庶几得渡海之中策云

卷上·用人

原录云四月十八日舟先发于南台南台距海百余里大舟畏浅必潮平而后行日行数里故先之驾舟民梢用一百四十人有奇工选军用一百人通事引礼医生识字各色匠役亦一百余人官三员【千户一员百户二员】官各给官十二两为衣装费余各给工食银五两三钱五分旧时用四百余人今革其十分之一从约也

予因是而有所感浮海以舟驾舟以人二者济险之要务也今官府造作什器官之尊者视为末务而不屑于查理官之卑者视为奇货而惟巧于侵欺以故种种皆不如法不久即坏房舍器用之物坏则可修犹未甚害惟舟之坏即有覆溺之患虽有般师在舟亦无及矣前之所云姑米山之险其明效也后之使海外者军官不必三员随行先择有司贤者二员委期造舟舟完令其同行彼躯命所关督造必不苟且万一藩臬不从以之请于上命可也从予驾舟者闽县河口之民约十之八因夷人驻泊于其地相与情稔欲往为贸易耳然皆不知操舟之术上文所云长年数人乃漳州人也漳人以海为生童而习之至老不休风涛之惊见惯浑闲事耳其次如福清如长乐如镇东如定海如梅花所者亦皆可用人各有能有不能唯用人者择之果得其人犹可少省一二此贵精不贵多之意也一则可以节国之费一则可以卫众之生故不惜辞之烦为后使者忠告

霖按是役用人者二一则在于造船一则在于行船予初至时诸司委管造者张通判也其人若不用心始闻题

请督造者一同过海犹颇趋事至礼部复云俟临时与有司议处则日请于司院等解行而载采之意荡然初次领银但查旧案分布买料不复酌量拣择如所委河泊黄朝钟者往连江等处八月领银十二月犹未给发何以责伐木者之解即解至俱短而小何以应用船虽工程浩大苟料作齐备三月可了乃本年十一月兴工至次年四月完者乃十之五六而其未具者仍三四也予时欲即参究议者谓地方多事船完亦未能行已而其人亦逝矣后改造得经历潘棠颇体激厉之意船之所籍者不小也

匠人亦有二其在河口者经造封船颇存尺寸出坞浮水俱有成规然一于守旧而不能斟酌时宜又苟且用料而不必求其当此其失也漳泉之匠善择木料虽舵牙橹棍之类必求强壮坚厚然粗枝大叶自信必胜而不能委曲细腻此其失也用者去具贰短而取其二长船其全矣至于主张行船之人断非漳人不可盖其浮历已多风涛见惯其主事者能严能慎其趍事者能劳能苦予是岁所采用者马魁道等凡八九人余令各举其所知者凡五十余人议者颇疑之余于其主事者每厚之以恩后在舟目其早晚用力实有不同

万安梅花镇东定海军士及长乐水稍近处海滨俱可取用从余行者近八十人但不能如漳州长年有主张耳

再总记是年各役略称事而给食焉提调军士百户一名严继先旧守船者也行粮银十两再军伴一名行粮银五两三钱五分提调伙长舵工水稍义民马魁道久造船者也行粮银八两再家人一名银五两三钱五分提调军器义民陈孔成亦始守船者也行粮银八两家人一名提调蓬缆工匠及过海油铁省祭施中卿提调收支公用器物及各役行李省祭张应魁提调管水火巡视及火药省祭李伯龄省祭三名先俱分职修船至岸时充引礼官与提调夷稍通事林玺各行粮银陆两三钱五分译语通事曾宏等捧展诏敕书办陈珮等四名各行粮银五两三钱五分伙长陈大韶许严等六名每名行粮银六两三钱五分舵工吴宗达等一十六名每名银六两零五分大桅班手四名每名行粮银五两六钱其余二桅班手等头矴二矴等护鍼总甲水稍军民行匠道士戏子等及二衙门门书皂隶防马夫厨馆夫等俱每名银五两三钱五分无复差矣总计散银若干视之上界仅多五十两焉虽时方多警宜广用人而国用所关亦不敢过盖以滋费也后来洋中所目用事之时实在乎得人而不在乎多

余又闻二公所用班手十人而当时八人不能其事至岸而鞭之迟矣曷若慎择之于初二公所用者闻多由府县县取其吏书欲行者或期而行欲免者或求而免如是而曰得人难矣后之使者其尚精采用事者头目数人而其余令各自举又参之访论其庶几乎

再是年至琉球时伙长许严陈大韶李子显等皆余与李君推已廪食食之舵公吴宗达马禄等则推二衙家人口粮给之

是役余用漳人颇多盖亦信旧录所云而言者颇摇之予执定不移后洋中拆舵非陈孔成之提调非吴宗达之谙历勤劳非许严等之镇定非散班之奔走敏捷则五百人何有哉且漳人至彼守法不苟其梅花定海外卫军士亦闻有可用终不若彼之惯习若近城水稍三卫军士则一筹莫展带之多适碍平脚后之用人者审之

卷上·敬神

原录云五月十一日夕望见姑米山十三日风转而北逆不可行十四夕舟刺刺有声若有分崩之势罅隙皆开以数十人辘轳引水水不能止众曰不可支矣齐呼天妃而号剪发以设誓予等不能禁彻夜不寐坐以待旦忽一家人匍匐入舱抱予足口噤不能言良久方云速求神佑船已坏矣予等闻此心战神怖无可奈何叹曰各抱诏敕以终吾事余非所计也于此将焉求之而又将焉逃之十八日风少息挽舟而出亦斜倚于岸众恐其伤于石大惊幸前月亲督修舱不为所伤复止二十日始克开洋夷舟同行二十一日夜飓风陡作舟荡不息大桅原以五木攒者竟折去须臾舵叶亦坏幸以铁梨木为柄得独存舟之所恃以为命者桅与舵也当此时舟人哭声震天予辈亦自知决无生理相顾叹曰天命果如此以计免者得之矣狐死尚正首丘呜呼狐之不能若也舟人无所庸力但大呼天妃求救予等为军民请命亦叩首无已果有红光烛舟舟人相报曰天妃至矣吾辈可以生矣舟果少宁翼日风如故尚不敢易舵众皆废寝食以待毙不复肯入舱止水同行夷舟遂相失不知所往二十三日黑云蔽天风又将作有欲易舵者曰舵无尾不能运舟风弱犹可以持烈则不可救有不欲易者曰当此风涛去其旧而不得安其新将奈何众不能决请命于予等予等曰风涛中易舵静则可以生动则可以死中心惶惑亦不能决令其请珓于天妃乃得吉兆众遂跃然起舵舵柄甚重约有二千余斤平时百人举之而不足是时数十人举之而有余兼之风恬浪止倏忽而定定后风浪

复厉神明之助不可诬也舵既易众始有喜色二十六日忽有一蝶飞绕于舟佥曰山将近矣有疑者曰蝶质甚微在樊圃中飞不过百步安能远涉沧溟此殆非蝶也神也或将有变速令舟人备之复有一黄雀立于桅上雀亦蝶之类也令以米饲之驯驯啄尽而去是夕果疾风迅发白浪拍天巨舰如山漂荡仅如一苇稍后距水不下数丈而水竟过之长年持舵者衣尽湿则舱中受水又可知也风声如雷而水声助之真不忍闻舟一斜侧流汗如雨予等惧甚衣服冠而坐欲求速溺以纾其惧又相与叹曰圣天子威德被海内外百神皆为之效职天妃独不我救乎当此风涛中而能保我数百民命真为奇功矣当为之立碑当为之奏闻于上言讫风若少缓舟行如飞彻晓已见闽之山矣舟人皆踊跃鼓舞以为再生稽首于天妃之前者若崩厥角也十月初二日入城区区二人何德获此实荷圣天子威福以致神明之佑不偶然也今越旬日同行之舟尚未至或不免漂溺之患焉呜呼危哉呜呼危哉

霖按是年闰五月初四日至赤屿无风舟不能行当昼有大鱼出跃从者谓如一舟然旁有数小鱼夹之至暮舟震撼冲击莫知其故自舱上观之则风平浪静而舟之颠危次日愈甚余与李君目眩心悸召长年问之皆谓无风而船如此事诚可恠所喜者船力劳壮坚固决保无虞慰安余二人既退余使人伺之则皆稽首天妃之前祷矣中夜颠危益甚李君曰事将何如余曰造船用人乃人事之可尽者此以外岂复能与且余二人所捧者朝命也皇上德被幽明海神必且效若时余二人既不能安枕中夜见忽有明光烛舟舟稍安严百户舵工等俱得异梦六日辰刻伙长舵工请余二人拜风且谓有所爱之物可施之余思出京时曾有人惠金光明佛经又舵工陈姓者能作綵舟以禳余曰事无害于义从之可也余二人官服以拜口为文以告道人等用经与綵舟舁之舱口祈之而风忽南来诸从者尚未回谢天妃之前咸仰呼曰风到风到遂满蓬而行至初九日登岸神明之贶显矣

十月十九日开洋回国东北风旺至二十日午刻忽有麻雀一双宛宛来泊舱蓬陈大韶等见之即心动曰此神雀报信又往年陈高二爷回时之兆倏忽间黑云接日冥雾四塞冷雨飔风号呼大发余令吴宗达等谨备之行至夜二鼓舵忽折去举舟哭天而叩天妃余亦呼天妃告曰此华夷五百人性命岂可易易至天明风连旺不止舵不能换二十二日辰时余眩瞑甚矣盖五日不一粒生命余亦已决肚外惟是五百人尚不能忘念乃召书吏陈珮具笔札床前余口为文授之今书以檄天妃前舟中鸡鸭牲口之类尚多余问之庖人曰不知何时靡孑遗矣惟一鹅尚存余令宰之告曰霖等钦奉上命册封琉球仰荷神祐公事既完兹当归国洋中折舵无任惊惶惟尔天妃海岳偕国家庙祀正神兹朝使危急华夷五百生灵所系岂可不施拯救若霖有贬心之行即请殛之于床无为五百人之累若尚可改过而自新也神其大显灵威俾风恬浪静更置前舵庶几可以图全神其念之毋作神羞既祭后风稍息诸人亦求珓于天妃许之遂易新舵诸人大发愿心祈修醮兴余亦许归朝奏请如例遣祭舵工陈兴珙又善降箕乃用李君一家僮并不能字者扶之字皆倒书曰有命之人可施拯救钦差心好娘妈保船都平安也嗟乎鬼神冥邈谈者未有不疑然此四无边岸之中宛弱双雀何从而来易舵之后又一鸟常据于桅尾何从而来孰谓世间事可尽以常理臆决哉到岸日凡诸人祈许余令一一修还所谓毋使行负神明何故以险既平而遽忽诸

卷下·群书质异·使职要务①

霖按琉球归化大明圣祖命闽人善操舟者送之归国自是朝贡命使络绎不绝然询其洪武永乐年间使者姓名莫知矣宣德三年而下始有名有而字号邑里无从质访姑列之左以俟考云

宣德三年

钦差正使柴山副使阮【忘其名】及给事中行人册封国王尚巴志

正统八年

钦差正使给事中俞忭副使行人刘逊册封国王尚忠

正统十三年

钦差正使给事中陈傅副使行人万祥册封国王尚思达

景泰三年

钦差正使给事中陈谟副使行人董守宏册封国王尚金福

① 原书《使职要务》内容见本卷《汇编》之陈侃《使琉球录》,此处姑不赘录。

景泰七年

钦差正使给事中李秉彝副使行人刘俭册封国王尚泰久

天顺七年钦差正使给事中潘荣【漳州府龙溪县人】副使行人蔡哲册封国王尚德

成化八年

钦差正使给事中管荣副使行人韩文册封国王尚圆

成化十五年

钦差正使给事中董旻副使行人司副张祥册封国王尚真

嘉靖十三年

钦差正使给事中陈侃【浙江鄞县人】副使行人高澄【顺天府固安县人】册封国王尚清

嘉靖四十年

钦差正使史科左给事中郭汝霖【江西吉永丰人】副使行人李际春【河南杞县人】册封国王尚元

倭患考原①

洪武二年倭寇山东淮安及沿海郡邑

三年□□山东□掠浙东福建旁海诸郡寻又掠温州□□莱州府同知赵秩赐玺书谕王良怀言倭□□□□□□如臣我奉表来庭不臣则修兵自固□□□□□国圣主威德非蒙古比王具方物□□□□□□称臣入贡

按元遣赵良弼諗倭夷好语实觇其国也既而发舟师数千袭之比至一时风霆漂覆无遗类自是不与通者数十年至是秩至其国王犹疑为良弼欲杀之秩曰圣天子生华帝华非蒙古比云云乃得免

五年倭寇海盐及澉浦与福建海上诸郡上谕刘基曰东夷尚禅教姑遣明州天宁寺僧祖阐南京瓦官寺僧无逸往谕之王遣使同二僧入贡初令浙江福建二省造海船防倭

六年以于显为总兵官出海巡倭是年倭寇登莱

七年寇胶州寻遣僧来贡无表文却之令中书省移文责王

九年倭王遣僧归廷用等奉表贡马及方物谢罪上赐王及使文绮有差已而览表文曰良怀不臣诏责之

十二年来贡无表文安置使人于陕西番寺

十三年令礼部移书责王数掠我海上遣僧如瑶来贡马复却之诸僧皆安置陕西番寺

十四年倭王遣僧奉表入贡乞还安置诸僧使词甚恭顺上曰日本既谢罪还其使召至京师宴赏遣归

十五年倭僧归廷用又来贡于是有林贤之变由故丞相胡惟庸通日本谋为不轨上怒贻训绝之勒碑宁波海堧不与互市

十六年倭寇金乡平阳

十七年倭僧如瑶又来贡坐通惟庸发云南守御是年信国公汤和致仕居凤阳上召往筑登莱浙江沿海五十九城民丁四调一为戍兵

二十年置浙东西防倭卫所复遣江夏侯周德兴筑福建海上一十六城设卫所燧垛调漳泉民丁为兵戍之

二十六年倭寇金乡

二十七年诏遣都督合法事刘德商暠巡视两浙防倭三月敕都督杨文魏国公徐辉祖安陆侯吴杰练兵海上防倭

二十八年倭寇金州会靖难后遣太监郑和等率舟师三万下西洋日本遣人来贡并擒献犯边二十余人即付使人治之缚至甑中蒸死

永乐二年使还遣通政使赵居任赐王冠服文绮古器图书又给勘合百道令十年一贡每贡副使等毋得过二百人若贡非期入船逾数夹带刀枪并以寇论居任还不受王馈上喜厚赐之寻命都御史俞士吉赐王印诰册封为日本国王名其国之镇山曰寿安镇国山上为文勒石久之嗣王道义卒子源道义嗣益奸狡时令各岛入掠我海上

六年寇登州沙门岛一带抄掠殆尽始置备倭都司九年寇松门金乡是年遣礼部员外吕渊谕王还所掠海上人

十六年倭王遣使谢罪都督刘江时镇守辽东缮海上堠堡伏兵俟之

十七年倭船入王家山岛传烽沓至刘江率精兵疾驶入海埚贼数千人直抵马雄岛进围望海埚江发伏出战遣奇兵布伏诸山下断其归路贼奔入樱桃园江合兵围而攻之斩首七百四十二捕生八百五十七上召江至京封广宁伯自是倭不敢窥辽东

二十八倭寇象山永乐初西洋之役虽伸威海表而华人习知东夷金宝之饶夷人来贡亦知我海道奸阑出入

① 〔明〕黄俣卿撰。据清初抄本。

华夷相纠以故寇盗复起非广宁之捷祸未已也

宣德元年倭王遣人来贡人船刀枪不奉我约束上谕使臣自后贡船毋过三舟使人毋过三百刀枪毋过二十否则不受

七年来贡如约束受之

八年王源道义卒上命太监雷春少卿潘赐等往吊祭

十年嗣王遣使贡谢倭自得我勘合方物式器满载而来遇官兵矫称入贡贡即不如期守臣幸无事辄请俯顺夷情主客者为尽可条奏即复许贡云不为例嗣后再至亦复如是窥我无备肆出杀掠满载而归末年海防大备贼不得间贡稍如约遂许夷至京师宴赏市易饱恣其欲矣

正统四年备御浙疏倭寇大嵩入桃渚官庾民房焚劫一空驱掠少壮发掘塚墓束婴孩竿头沃以沸汤视其啼号拍手笑乐捕得孕妇忖度男女刳视中否为胜负饮酒荒淫秽恶不可名状积骸如陵流血成川城野萧条过者陨涕于是朝廷下诏备倭命重帅守要地增城堡谨斥堠修战舰合兵分番屯驻海上寇盗稍息

五年倭突寇登州闻有备遁去

七年来贡

十一年倭寇海宁乍浦

成化初年倭忽至宁波知我有备矫称入贡守臣为请于朝欲遣之至京杨文懿公守陈贻书张主客力言其不可许

正德六年宋素卿源永寿来贡求祀孔子仪注不许鄞人宋澄告称素卿本澄从子叛附夷人法当诛戮守臣以闻主客以素卿正使释之令谕王效顺毋侵边海

八年僧桂梧等来贡

十年倭焚沙门岛等处光射南岸居民露刃者十余日

嘉靖元年倭王源义植无道国人不服诸道争贡僧宗设僧瑞佐及素卿先后至宁波故事凡番贡至者阅货宴席皆以先后为序时瑞佐后至素卿奸狡通市舶太监馈宝贿万计令先阅瑞佐货宴又令坐宗设上宗设席间与瑞佐争忿相仇杀太监以素卿故阴助瑞佐授之兵器致杀备倭指挥刘锦等大掠宁波旁海乡镇素卿坐叛论死宗设瑞佐皆释还给事中夏言上言祸起于市舶礼部遂请罢市舶而不得所当罢者市舶太监也然寻罢寻设如东夷有马市西夷有茶市江南海夷有市舶所以通华夷之情迁有无之货收征税之利减戍守之费又以禁海贾抑奸商使利权在上也罢市舶则利孔在下奸商外诱岛夷内讧海上无宁日矣

二十五年以朱纨为浙江巡抚都御史兼领福兴漳泉并福宁州地方纨清谅方劲任劳任怨严戢闽浙官员通番渠魁于是衣冠盗切齿抵诬惑乱视听必欲杀纨旋改纨为巡视阴遣言官劾讯纨愤闷卒所任将吏杀贼有功者皆论死系狱是年海道副使柯乔都司卢镗获通番贼于走马溪斩之船货没官叙功题请识者韪焉御史陈九德参论驳查差官勘问皆拟重典后恤刑郎中陆稳乃奏释之

三十一年浙巨寇王直勾倭为乱闽贼许朝坚洪迪珍亦诱合倭奴往来海上遂残黄岩掠定海豖突劫掠闽浙骚动遣都御史王忬巡视两浙兼领漳泉福兴四郡以都指挥俞大猷汤克宽为闽浙参将剿贼顾兵政久驰将士耗钝水寨战舰所在废坏忬经略未几群盗总至相寨列满仓分约诸岛内招亡命势益猖獗

三十二年俞大猷冒险出洋焚荡巢穴贼首逸去群盗流散乘风奔突倏忽千里温台宁绍杭嘉苏松扬淮并受其害克宽统领步兵往来海堧护城捕贼斩获亦多忬擒治奸豪破解支党时论以为得策而通番奸豪又言忬大猷捣巢非计且摇动忬忬荐卢镗起为闽参将代克宽克宽以副总兵屯金山闽人故忌镗凶险不可用南京言官又复荐镗

三十三年倭犯江北海门如皋通州皆被杀掠是时复用卢镗为参将而以俞大猷为浙直总兵未几工部侍郎赵文华以海贼猖獗请祷海神权相严嵩遂遣文华行祷公私劳费不赀皆归囊橐比忬改大同巡抚徐州兵备李天宠代忬以南京兵部尚书张经提督浙闽江南北七省军务经有文武才是时柘林倭寇盈二万公奏调永顺兵一万保靖兵一万狼兵八千狼兵先到文华即欲捣其巢经与诸将谋咸谓不可欲待永保二兵至合击之文华怒遂称经通倭以闻数日贼出狼兵邀击之不利经曰邀击且不利况捣其巢乎及嘉兴保靖兵至与战亦不利经与大猷驰入

苏州督永顺兵至平望与贼战大破之贼败走回王江泾保靖兵从嘉兴追而北永顺兵从平望追而南夹攻又大破之斩首三千余级经且以百功归文华文华悔遣人反其奏已入矣乃揭报朝以贼为浙兵投毒死也经功竟为所掩遂与天宠皆诏狱论死西市以浙西巡抚胡宗宪代天宠以南京户部侍郎杨宜代经

三十四年寇福清海口杀数百人大掠而去

三十五年春广盗萧宪寇掠嘉定焚戮雪惨又有陈东者亦广东人蟠据柘林周浦之间屡败官兵三月盗僧徐海徽州人复引倭数千与陈东合攻围乍浦进逼桐乡时参政阮鹗超拜巡抚驻兵桐城被围者经月京营左击宗仁力战死之官兵败绩烽火相望朝议以通运漕围留都护陵寝为急佥举兵部侍郎沈良材督讨赵文华以前祭海熟识夷情也因而自具疏请行严嵩急欲就赵功而虞其弗支以车驾司正郎郭仁佐之比文华至嘉兴阮已破围驱贼宗宪方因歙奸人童华邵岳等得徐海老母幼弟黄金白璧以感其心朱绯华毂以养其志用招徐海海与东合遂舍相城而屯吕港东屯新场众且二万余结巢于乍浦城南之教场及濒海秦山之麓络绎二十余里胡与阮分布水陆大兵辐辏四集屯劄要害徐海欲设诈谋归与通事蔡时宜等言愿立功赎罪因诱贼首麻叶及倭酋入见军门而约我兵缚之后又执陈东来献而兼有其众意图易船回岛以脱死耳时或中于其术郭仁独以为不可文华遂以乍浦为徐海之冲使郭仁往守盖投之死地耳然乍浦破于众兵徐海挟二妓及精倭二千余奔据沈庄胡遣中书罢龙文入贼巢易徐海来见至则跌 阶下环以劲敌百余各执利器莫敢谁何诸公议欲具疏纵海还岛宣布天子威德使诸夷效顺阮独排众论一意任剿寻有旨宜速剿除言抚者斩于是胡阮分兵屯劄扼贼诸冲遂举火夹焚其巢海死于烈焰中莫辨其面召海二妓一名绿珠一翠翘者识之方知元凶授首将吏举酒交庆有逸寇一十八舟窜入宁波邱家洋据山为剿官兵攻之屡衄阮独率游击尹秉衡追剿斩获甚多余贼渡温奔闽时九月二十等日也冬寇福建之漳浦

按吾学编有胡总制计擒贼首王直之语而不及焚徐海事余近叩朱都护先言直竟逸去盖朱当日在胡公中涓者言不予妄郭光禄南征实略亦云舟山剧贼若天不欲歼之每进剿必遇风雨也然卷末又有方议休卒伺隙以图万全之举乃值赵连檄速还云云则纵虎遗患罪有所归耳榆林之戍亦天道哉朱都护又尝言胡阮二公初甚相欢也时以抚剿异议遂有微隙云

三十六年以浙江都御史阮鹗提督军务巡抚福建地方闽有军门自阮始是时承平已久民不知兵海寇山贼一时并发军储武备倭船火器之属束手无资而卫所军余郡邑机兵巡司弓兵之徒大都市鬼虚应阮至不避劳怨殚瘁胥施尤拳拳加意学校未几出巡海上意在折冲讵倭数千由福宁三沙薄省南台洪塘之间焚掠猖炽阮以力士陈成等数十人循海堧趣援会城行至吴航古岭人马困乏成等方进炒 杯水为飡倭千余遽集阮驰入乐邑躬登楼橹俾发矢石射敌连毙数酋贼方散去阮乘夜取间道入省调浙广诸兵与贼战于吉原西峡诸处辄奏斩获贼惊讶曰阮兵安得猝至闽耶急遁去冬复合漳贼数千屯于海口阮督分巡道盛唐提兵营于绵亭出广浙诸兵围之贼乘夜溃去阮督兵追剿于澳门断屿之间贼赴海死者无算御史吉澄累以捷闻辄赐金绮会海寇许胡坚谢策等勾倭突至漳州登岸焚掠阮访知有贼船湾泊南湾逼近诏安梅岭皆接济通番之徒在焉督同各道亲临其地计获八湾四姓巨魁何邦珙等二百余名搜出各家违禁货物会问具题悉置于法士民翕然称快九月延邵山贼复起公躬督官兵征剿悉就擒斩于是闽省闾阎始有更生之望矣

三十七年有旨逮阮巡抚士论惜之由何邦珙等奸党飞揭中伤胡总制修□乘而阴挤云

按阮镇闽日有获贼疏及谕民约法二十四事词极恳切足以见其拊循劳苦血战艰难也迄今闽中父老类能诵之当其时竟抱不白之冤而仅以身免樊蝇市虎亦可畏哉

夏四月倭合漳贼蹂连江踰北岭获逼会城遂陷福清县城训导邬中涵被执不屈而死杀掠之惨不可言状逾旬残毁南安五月至泉御史樊献科率士民固守二十余日贼攻永宁卫不得入流而月港随风飘至海口覆溺甚众把总秦经国方坐立功遇之擒斩数十级以赎失事之罪又海贼洪迪珍谢策许朝坚持纠倭三千余散劫诸村旋犯诏安杀男妇百五十余人

三十八年新旧倭奴结聚数千焚掠边海兵力脆弱往往阵亡二月焚劫诏安云霄诸处三月焚劫长泰善化里攻其城不得入仍寇泉州掠南安破某巡检司四月陷福安县城杀掳男妇三千七百余人转寇福州五月陷永福县城知县周焕死之八月由长泰劫掠南靖诸村九月由龙溪突劫平和清宁里十一月倭千余屯福清之上迳时巡抚

军门王询委坐营都司朱先督率桑植士兵御之进战枫亭斩倭二百余级夺回所掳男妇二千余人时论以为创见之功王巡抚条奏安攘七事未几以畏谗引疾去代者刘巡抚焘

三十九年倭掠福州省城外诸村城门昼闭者弥月刘巡抚下令大开之不禁往来者亲督将领及家畜健儿邀击于闽安镇斩获千余级刘精骑射家健数十辈俱刁战各倭闻风遁去四月陷崇武据之四十余日突寇平和泉州诸处皆以有备去又有倭五百余徒自仙游直抵永春破其邑及陷宁德十月倭破福清金峰寨贡士陈道有文甚哀

四十年春倭自漳州出掠同安及晋江屿头诸村又焚掠诏安东关外者三阅月住长泰者三十余日旋复掠晋江南安诸村秋合土贼掠人于安溪转寇泉州是时郡邑皆有备且多良守令雉堞无恙广兵王凤等作乱自江西渡关欲窥福州至荼洋闻省城有备不敢下刘单骑往谕还所掳男女七百余人刘巡抚奏定兵粮以图久安长治疏居亡何以粮乏兵疲才猷莫展自陈不职去代者游巡抚震德

四十一年是年倭寇闽者有四伙一泊宁德之云淡门一屯兴化之江口诸村一流突同安南安诸村分党围福清一自漳州突屯诏安二月倭袭陷永宁卫城者再杀伤军民焚掘房墓劫尸勒赎胁从数万于是漳泉之间祸尤惨矣四月倭逛逼兴化郡城是时游巡抚败贼于江口汪兵备道昆败贼于囊山漳泉土寇稍听招抚残党流倭屯于福清兴化宁德塞路四至军门告急于浙江总督胡宗宪八月遣参将戚继光督兵援闽戚有制之师首歼倭于横屿再捷于牛田连破六十余营于兴化之涵头先后斩级三千余颗是时寇汀延诸贼各守巡道剿抚之其寇连江之倭合福宁新倭连陷宁德寿宁政和三邑独松溪县城不一得知县王宾力御之戚宁奉文回浙是时胡总制亦躬至建宁闻牛田之捷而返十月潮贼吴平纠倭陷福建之玄钟所城十一月新倭围兴化府城者逾旬游巡抚将遣步卒往援皆以天兵为名号先差二健赍符验期会该道翁时器倭于途杀二健令土人诈称奉差进城期于某夜举火为号则天兵至矣且戒不用巡警是时士民城守久困得其符验以为实然至期乃倭从城之东隅举火而入于是城陷倭驻其中者两阅月金帛子女毁掠一空

按野史有莆变二纪盖自元至正间迨嘉靖壬戌莆城几再陷郡人宋曰仁最称其详今按莆志于陷城事文多隐饰亦胜质之史哉

四十二年春倭陷岐头镇城而据之又陷平海卫城屯住其中指挥欧阳深战于东萧死之军门累疏乞以戚继光充福建副总兵部覆从之百姓始有更生之望游疏陈兵务三事

按倭之内犯皆土贼为之响导如永宁卫之陷则泉贼李作观江益疯等诱之也永春之攻则谢爱夫黄元爵等诱之也浦城之寇则饶贼张琏萧晚林朝曦等诱之也其为患最大者则王直徐海诱倭以犯浙吴平曾一本林凤之徒诱倭以犯闽广所在皆然莆可知矣亦何怪于以有天兵而败哉

四月军门谭纶至有新倭欲赴岐头平海之党总兵刘显俞大猷邀击之斩首二百余级适总兵戚继光亦至二十日谭直抵平海悬二万金以赏冲锋之士乃分戚与刘俞兵为三哨歃血矢心僇力并侵晨有黄云东起白雾弥山兵已合围贼尚未觉逼巢纵火鏖战烈木料死窜无算捷闻告庙升赏有差其他各处残倭概有斩获是时计功戚兵斩级一千二百二十颗救回被掳男女二千一十二名口刘兵斩级四百九十四颗救回被掳男妇一百八十名口俞兵斩级四百九十六颗救回被掳男妇一百八十八名口一时副将材官如胡守仁杨文通王如龙蒋百清傅应嘉朱珏张元勋赵国柱朱玑张勋金科欧阳枢马应龙陈其可顾乔李超王道诏安县知县梁士楚及蹶张之士有朱文达姜虎王济胡世等首膺冲锋破敌之赏树功尤奇云十二月倭攻仙游县城未下军门以王如龙胡守仁分兵斩获一千余级其机宜号令一听于戚总兵寻击长乐贼二百余级

四十三年正月倭攻泉州安平镇城三日不克闻戚兵且至奔往同安二月戚总兵督王如龙马陈濠耿宗元及总哨朱文达姜虎等追剿于王仓坪又败之于蔡陂岭先后斩级五百余颗其遁伏岩谷者类被乡兵芟薙殆尽五月潮贼吴平假以招抚为名突据诏安县梅岭堡劫掠诸村是月谭以补制去巡抚汪道昆代之是时屡捷之后兵威甚振春汛路寨各有斩获

四十四年有新倭于泉州永宁卫沙堤登岸劫掠指挥白希周王世实把总冯焕等擒斩一百名级又倭于烽火门福宁海岸流突李起胡守仁等攻之斩级三百余颗把总姜虎于鹿湾梅水渔洋南山柳溪地方斩获一百余颗六月潮贼吴平率倭数千围攻诏安知县梁士楚御退之吴平者先系总兵俞大猷抚回梅岭向在南澳杀贼报效因四十三年二月闻闽广二省有会剿之议遂遁于海傅应嘉等擒斩二百四十八名颗吴平走广海桐山把总邓铨追之

傅应嘉与参将汤克宽举兵夹剿又斩级一百四十五颗吴平复于广海纠聚贼徒大小船二百余只北犯玄钟围执把总朱玑兵船盘据南湾谭军门会戚总兵驰赴漳州督傅应嘉统魏宗瀚等追剿吴平驾遁出海七月复来十月戚总兵亲督陆兵渡海率寨路水陆夹攻先后斩级二千余颗生擒叛贼陈进卿等及俘获无算谭与御史李邦珍会题善后十二事

四十五年春倭船百余突至泉州永宁各湾时戚兵正巡沿海遂截杀之而潮贼吴平余党林道乾曾一本之徒复寇闽中矣时晋江抚贼谢爱夫至家益肆有勾倭再动之念知府万庆计擒而杀之

隆庆元年春有倭三船自东南外洋驾入闽海王如龙追剿斩级三十八颗又一伙于南日海坛乘间登突把总朱玑追剿斩级七十九颗

二年秋海贼曾一本由广入闽拥众流突是年五六月间驾船自高雷至广城外公然劫掳肆志横行至建醮于海珠寺者几昼夜以发贡佛狼巨铳发射广城声不辍如雷重城坚闭官兵莫何抢造战舰声震邻封至是驾船二百余只党众数万侵玄钟闽军门涂泽民会总兵李锡督调水陆官兵来击于柘林云盖南湾等处三战皆捷斩级七百五十九颗焚溺不计把总朱玑赵记王世实死于阵曾贼仅存三十余船遁去奏闻升赏有功将领朱玑等赠恤立祠是时廷议令闽广二省会兵夹剿曾贼以兵部侍郎刘焘升右都御史总督两广福建军备以监察御史纪功兵部主事王倖协议机宜与总兵季李锡俞大猷计画举行十一月把总姜虎于潮州黄冈城斩贼四十余级

三年春倭船分伙于浯屿铜山烽火诸处参将张元勋都司王如龙呼良朋杨文通陈琳顾乔欧阳枢张奇峰等攻捕斩级三百一十七颗获船七只四月曾贼突入诏安东林地方把总杨文通擒斩三十四级姜虎于南湾云盖寺截杀计斩级一百八十三颗生擒二十名义勇沈英奋管督渔船擒斩生倭昭三郎等六月初四等日官兵进剿曾贼焚溺船贼大半福兵斩级五百三十八颗姜虎调往柘林攻贼斩获二百余颗广兵斩获名颗广东总兵郭威督参将王诏等会合闽兵乘风径进斩级五百颗生擒曾一本解至潮阳梅溪身死余党悉平

是时两省用兵闽累独甚转输供应耗费不赀且一时制造巨船一百二十只又为广东造福船八十只穷山巨木斩伐无遗大姓墓村合围以上亦尽濯濯骚动襍盍甚于倭后之时云

四年春汛小埕水寨把总叶文选等于信地海洋先后擒斩真倭一百一十四名颗七月广东海贼欧老拥众突窥铜山古雷地方杀掠凶横把总杨文通督兵攻剿擒斩三十余级贼遁回广军门涂泽民题奏经略地方十事

五年春广寇杨老拥船至玄钟海洋觇知水陆有备至秋遁去把总王济五月于龙岩寺斩倭百余级

六年春汛秦经国追剿南贼及冲沉倭船于乌坵海洋截剿倭船于料罗湾把总沈英奋又攻获倭船于诏安之徐渡社叙录具题各赏赉时漳州府同知罗拱辰议垦开番舶之禁通商贩之利以窒乱源以裨军饷军门殷从俭行之有奏定岁额军饷疏沿海小民各遂活计云

万历元年潮贼林道乾乘春汛驾船奔突漳泉海洋窜据彭湖径投东番盖前因两省军门之招抚而不敢为非后因与剧贼朱良宝相图不克心怀疑惧故也其党林凤最黠代领其众四出流突六月至万安夺百户侯炜所领兵船五只至烽火寨信地破鉴江塘头二堡至松山后港把总刘国宾哨官鲍尚忠等战死

二年五月两广军门举兵讨平叛贼朱良宝因会闽省军门夹剿林凤

三年夏五月海坛游兵把总□岳南日把总方策斩真倭于牛山东洋计六十余名颗

四年林凤逋诛驾大伙贼船百余只在东海乘风突至彭湖地方惠潮道遣官冯伯才等往招概被杀害闻两省兵至新港林凤以轻舟四十余号且走西洋吕宋福建巡抚刘尧诲与兴泉道参议遣浯屿道哨官王望高等于二月计往吕宋谕其国王以番兵战船攻凤于玳瑁港获贼总黄德许元二首级夺回妇女三十八口及凤贼谋主林逢春同回吕宋国王遣僧入贡方物军门具题遣王望高等再同番僧人等往擒林凤凤于九月驾遁广潮军门督行兴泉二道会总兵胡守仁严督参将呼良朋把总秦经国等以十月自浯屿开驾与广潮参将吴京兵船合䑸追剿擒斩攻击贼船过半若计日可殄灭者适广东惠潮道致书胡总兵令兵且缓进听本道招抚于是两省议论不协而林凤之生死竟不可晓矣殷有酌议兵食疏

是时凤贼有伪总马志善等奔入潮阳告降乞招故惠潮道有缓兵之议或者谓其纳贿纵寇云

恤援朝鲜倭患考【附】

友人陈生英偕李甥大年既梓余所纂集倭考矣究于朝鲜事如耳食也客有示以许游戎东征诸刻及叙功罪读之然后得其梗概用约略为全书俾附锓焉

万历十九年倭寇朝鲜其酋关白平秀吉春夏之交闽人番商许豫陈申朱均旺等报警时当事者疑其为倭间幽陈申于狱寻出之

按倭呼关白如汉大将军之称平秀吉貌若猕猴短小多智初为人厮养卒以狡谲事山城君得幸官至关白未几弑山城君自立为王袭取三十六州多用利诱卑骄狙诈之术

二十年四月倭分伙大寇朝鲜两月之间席卷七道国王避于义州上疏乞援廷议以侍郎宋应昌经略事务总兵李如松提督南北兵共四万余名往李系宁远伯成梁长子为人勇敢机敏方平宁夏哱承恩之乱遂移师董东事时设三副将为三协而诸偏裨近二十员云

二十一年正月初八日李如松亲率南北兵克复平壤副将杨元先登小西门军声大振倭奴胆落遂连克开城进次碧蹄馆李如松以数胜之余鼓兵长驱误入倭伏得弟如梅如栢等突围救出是役也先胜后败兵气渐馁遂遣沈惟敬行媾初欲愚倭后为倭所愚惜哉

二十二年召宋应昌李如松还京撤散东征各兵而遣临淮侯李言恭亂子宗城为正使副将杨芳亨佐之沈惟敬晋官游击兼其役赍敕印往封之冀其撤倭还国不扰朝鲜也宗城至行长釜山营察倭无受封意且倨傲遂夜遁廷议囚之改杨方亨为正使沈惟敬副之

是年福建军门许孚远总兵朱先防海甚严倭不为患第岁祲民颇艰食无赖之徒樱聚大都数县皆然军门擒其首邓三辈斩于市闾阎始安许有御倭须知刻于倭奴入冠情形大略具矣

二十三年册使渡对马岛抵山城国亲见关白关白劳资甚厚敕印亦接受但其志不在封封之不足惬其望遂礼辞方亨等归以大众尾之渡海分屯釜山晋州各要害

二十四年朝鲜告救月几数至遂以侍郎邢玠晋秩兵部尚书经略其事晋佥都御史杨镐经理朝鲜御史陈效监察之设三司道二赞画四总兵调南北军兵共十万余名偏裨近三十员盖重其事是年不尚书石星于狱死焉论斩沈惟敬东市以其误国也

福建军门金学曾檄诸司葺城池精器械修艅艎复烽堠增营伍拔□张密探侦一时将领毕力效命海洋无警金有八闽抚政渔船事宜及闽海兵防诸刻尤皆御倭长策

二十五年朝议征兵四方羽檄旁午兵部题调福建水兵二千朝鲜督抚特疏坐名取都司许国威领之行国威夙负忠勇雅富韬略先为游击备倭辽左习知地利夷情时以忤封使落官至是得檄慷慨扬绥但自闽之朝鲜程一万三千里兵士行役者有如弃市临发父子兄弟相送哭声惨动天地国威以乡语慰谕众藉无恐且御兵有纪所过安堵秋毫无犯甫至王京即从攻岛山受赞画丁应泰诬害虽才猷磊落不竟所施盖应泰仇杨镐而国威镐之故人也故波祸及焉镐精骑射勇略冠世是冬亲督六师攻围清政岛山寨破其外栅困之凡九日清正请降未之许适倭救至我师退舍丁赞画遂乘机修怨镐罢官归里先是八月倭合伙攻克南原副将杨元丧师三千六百人马如之廷论弃市众论冤之谓其平壤先登之功未酬也倭进至稷山国王将遁黄州海上杨镐遣将解生杨登山等战退之追至庆州斩级有差

是时邸报有奏议云躯命难同爪叶敝袴必待有功故爵赏一端明主斤斤爱惜今有事武夫暴骨于原野儒者袖手于庙堂无事则游魂沙汉者未沾片语之温而因人成事者滥沐踰涯之宠欲以劝天下之劳臣斯已难矣此许给事弘纲疏也又云前有劲敌后有吏议设身而处当事之地回顾尽是危机故东事不坏则已坏则由事中人两疏由前则抚臣分别功次太蚤使侥幸者妬功避罪转相鼓煽而阃帅已被操戈由后则赞画粧点败屻失真使耳食者疑功为罪疑罪为功而是非如辨穴鼠此陈御史效疏也余每读此一增感慨又喜公论直道之在人心因摘录于此以资扪虱者之高谭

是年七月福建铜山把总张万纪擒斩通倭剧贼无齿老等六十余名于井仔湾

二十六年闽金单门遣人侦倭虚实得报关白已死首具奏闻时我师分中东西水四路并进东路以总兵麻贵率之攻岛山清正营中路以总兵董一元率之攻泗州石蔓子营西路以总兵刘铤率之攻顺天行长营水路以总兵

陈璘领之塞其归路刑马为盟誓师决战会倭果以关白死撤备奔丧势穷力竭诸寨俱遁各路追击于海咸有斩获遂班师叙赏云

按叙功疏内间□自丁酉九月以后洎戊戌九月以还除损失官军兵马器仗各有奏记外计中路前后擒斩活倭二百五名颗东路擒斩倭级一百五名颗西路通共擒斩倭级四百七十八名颗水路通共斩倭级一千二百三十四名颗焚溺生倭及船只器械尤多

闽越人曰余生于越长于闽用窃有感焉夫闽与越皆邻倭之国也倭之为患无时无之嘉靖之季猖獗甚矣壬辰之举不我而东者倭岂阴厚吾闽与越哉盖其精神在朝鲜未遑他及也及其罢众归岛又值主幼国疑酋相雄长自图不暇耳藉令彼国内宁则虎豹终日不噬宁不啮草木以肆其毒乎必以邻为壑也乃今滨海之民不倭之是虑而恒冀倭之至者又治安景象哉抑闻之兵法曰无恃其不来恃吾之有待余尝与通侠贰师游海上窥其为倭备者舟可用乎器可用乎兵可用乎三者而皆无之大都狃于故习了延岁月而已善夫许游我之言隋唐之主□其富强尝以数十万之师加于朝鲜矣然竟无成功关白以奴隶之子率髡首跳踉之夫一渡釜山直捣王京空其畿郡势如破竹者何哉尚文墨而卑武略习承平而忘戒备故也然则为闽越桑土衣袽之思者盍亦以朝鲜为前车可乎噫嘻吁余真杞人也忧天良可哂哉

使琉球记①

琉球东海小国也。唐宋以来。世奉正朔。王姓尚名质。自明季请封未果。使者留滞闽中。顺治三年。福建平通事谢必振至江宁。具投经略洪承畴转送进京。礼部题勅印未缴。不便遣封。必振取缴勅印。飘流日本。十一年七月。始来部请册封。循旧典应差科员行人学礼。与仝副使王公【名垓】实膺是选。召对太和殿。正副使俱赐一品。麒麟服玉带束珠顶。赐御酒勅印。差官护送前往。辞朝。蒙世祖召询家世。学礼奏。臣弟学圣。忝任福建巡抚。臣有子六人。长子思明。见任江南分巡道。次子思恭。见任参领营佐领事。三子思齐。广平知县。四子思行。吏部笔帖式。五子思信。荫生。六子思任。荫生。候补笔帖式。嫡孙景方。世职阿达哈哈番。世祖闻奏大悦。卿乃巨族老臣。福禄来崇。子孙绳绳。此去无妨。赐茶毕。辞行。十月抵江宁。因遴选随行医官赵政之。熊跃陵。次年正月至武林。天文生朱廷树病故。移咨督抚请补。三月入闽造船。藩司详称旧例。舵木用铁力。其木产于广西。由海道运。今游氛未靖。未可计程至也。敢请缓期。因留闽四载。新补天文生黄道隆又故。仍请补。奉旨海氛未靖。钦差官暂行掣回。俟平定之日。另行差遣。十五年进京缴勅印。世祖宣至殿上。赐茶谢恩。仍入兵垣办事。是年。裁左右科员。放授江南道御史。掌河南道。奉差河东巡监事竣。值鼎湖升遐。今上即位。维新出治。考核臣工。奉旨。张学礼已差册封琉球。为何不去。礼部回奏。奉世祖掣回。上念遐方盼待日久。员役物故多人。迟延或有隐情。再奏再驳。竟议革职。所以勤远略也。

元年十月。忽奉上传。张学礼。王垓。仍差册封琉球。事竣之日。以原官用。弃故图新。所以励劳臣也。补差天文生李光宏。太医吴燕时。聘请从客陈翼等。于十一月就道。

二年四月。抵闽。督抚设席于南台。阅视船只。其船形如梭子。上下三层。润二丈二尺。长十八丈。高二丈三尺。桅舱左右二门。中官厅。次房舱。后立天妃堂。船尾设战台。桅杆众木凑合。高十八丈。俱用铁裹杆头。有斗可容数人。观风瞭望。舱内有水井二口。设官司启闭。不妄用涓滴。船底用石铺压。上层列中炮十六位。中层列大炮八位。是日。设祭。封桅炮讫。询舵之所来。云有红毛国进贡。请兵船数只。已回。留三只现泊江上。因购得铁力木舵。随往泊所视之。有侍郎总兵二员。从役三四十人。其人面白发黄。眼绿鼻高。戴黑圆帽。执红棍者为尊。官穿红哆啰呢。从员穿青。高底木屐。前高后底。其船底用鐵包。缝以铅灌。桅杆三节。如风大用一节。风小用二节。再微用三节。每节有盘无斗。盘容数人。其船坚而且稳。左右前后。俱有火炮。过海最善。所造二舟。虽坚固不及。而寛广过之。督拨水师守备王祚昌。魏文耀。千总陈兰。施恩。兵丁二百五十余名。长随五十余名。传宣二员。听用四员。管水井二员。通事二员。管舵管罗镜二员。书吏门皂轿伞役百余名。吹手十六名。舵工二十余名。水手六十余名。僧道十六名。择吉于五月初四日登舟。初八日迎供天妃像。十一日靖藩设晏。次日督抚藩臬出饯于南台。从官以下笾豆有加。以光使臣。昭国体也。十七日泊林浦。十八日过鼓山。十九日过罗星塔。二十日过闽安镇。镇将李遣游击郑洪以鸟船百余。兵三千。护送出海。次猴屿祭天妃。二十二日候风广石。风汛不定。复回猴屿。再过闽安。避风罗星塔下。阅十日。风汛定。再过猴屿。见梅花所故城。荒榛瓦砾。满目凄然。通官谢必振。禀云天妃姓蔡。此地人。为父投海身亡。后封天妃。本朝定鼎。尚未封。于是至庙行香。许事竣请封。

初七日。西南风微起。向阙叩辞。时长子思明已解任。送至海口。不忍分离。必欲随侍。再四拒之。乃止。出海口。中流风作。护舟游徼左右。炮流旌掣。电闪虹飞。炮声轰动。空海如沸。余与王公坐战台。顾而喜曰。马之磬控在人。舟之旋折亦复如是。有军若此。何烦朝廷南顾忧为。是日。至白

① 〔清〕张学礼撰。据清钞本。

洋。大风息。雾云散。忽见贼船一只。遂令游击领兵发炮。击碎贼船。杀贼百余。道开。举帆长往。郑之舟师亦辞归矣。初九日。浪急风猛。水飞山立。舟中人颠覆呕逆。呻吟不绝。水色有异。深青如蓝。舟子曰。入大洋矣。顷之有白水一线。横亘南北。舟子曰。过分水洋矣。此天之所以界中外者。随见群鱼鬐鬣。有如人立者。有飞舞水面者。有作扑状者。鱼之脊翅坚如大桅。周围旋遶。舟子曰。水族闻封舟过海。欢忻来朝。此祥征也。海洋之水。绿白红蓝。历历如绘。汲起视之。其清如一。不能解也。十一日早。忽见一山横于舟前。首尾约长千丈。随将洋镜照之。非山非云。乃巨鱼耳。于是令僧道设醮施食。其鱼渐沉。如水相平。犹如沙屿盈苇。至晚潜消。十二日过糠洋。风恬浪净。天水若一。日出则海水皆红。月现则碧天皎洁。时有大沙鱼二尾。长三丈余。随舟左右。每一尾。有小鱼二尾随之。亦不离左右。形如河鲀。花绿可爱。又见一鱼。长丈余。身黑尾红。脑上方白如玉印。是夜。饮于战台。宵深无风。忽听船傍呕水声。其船动摇。继喷水满船。舟子曰。此乃大鱼戏水。逞怀勿惊。连日无风。船浮水面。胶滞不前。通官谢必振禀曰。已离梅花七日。不见一山。舟中水米且尽。枵腹已三日矣。惟有顺流七岛。冀活两舟性命。予闻七岛去中山远。有羁王命。不可。令舵工上斗瞭望。见东有一山形。圆卑如覆盂。四面无趾。谅无居民。心甚疑。十五日。有风自北来。又见一山。如长蛇蜿蜒水中。至晚。抵山下。见薪柴堆积。知有居民。恐有礁石不敢近。遶山行。以待天明。居民惊疑。遁入深山。差王大夫。郑通事上山探问。云是琉球北山。与日本交界。举舟欢忭。随有地方官进水薪。居民亦至。问昨所见小山。云乃尤家埠琉璜山也。北去日本。东去弱水洋矣。过此。则当飘蓬莱扶桑。不知何日西还矣。傥神不假北风引舟南行。过此将安之乎。痛定追思。喜逾望外。泊一宿。差琉人破浪先往。十八日。南风起。风逆。不能起舵。彼地方官拨小船百余。牵挽出口。十九日。将近伊蓝埠。有二龙悬挂。首尾俱见。风云四起。影播荡飏。摇曳大桅。决铁箍已失二三。舟中人怖绝。恍惚晦冥。似有天吴海童奔逸左右者。守备王祚昌。魏文耀告曰。皇灵远降绝域。百神来集。速出免朝牌示之。牌悬如故也。顷之乃悟。易墨以朱。一悬鹢首。一投海中。天渐开。云渐散。风仍大作。土人称此是龙潭。不可泊。转至山南。予因连日受惊。登岸调养三日方愈。

廿五日。次温镇。抵那坝港。法司等官来迎。士民欢阒。金鼓不绝。国人先年请封。到闽有六十人。故者四十余。家属来问。询知人在者喜逾重生。已故者哀恸欲绝。不觉伤感。是日。中山王备龙亭。恭迎勅印。称旧馆毁败。已备民房。现在修理。因在船守候六日。七月初一日。进馆。王差法司呈供应旧册。云向来供应。俱照此册。因三年不雨。五谷不登。不能如前。予念其困穷。一应供应十减八九。择十七日。行册封礼。鼓乐引道。倾国聚观。不啻数万。欢声若雷。王出城三里。至守礼坊下。具朝服行九叩礼。乘轿进城。至中山殿前。将勅印供奉。行九叩礼。付官张宿耀上左台宣读。王跪听。宣毕。将勅印并恩赐蟒缎。装花紬绫四十八疋付王收受。行九叩礼。王妃勅谕付官孟道脉上右台宣读。王妃跪听。宣毕。将蟒缎。装花紬绫四十八疋付王。转付妃收受。又行九叩礼。事毕。与王交拜。更衣赴晏。旧例。器用金银折席。予仰体朝廷柔远之意。概行除免。使臣例有七晏。重阳有龙舟。国无优伶。笙箫管鼓而歌者。大夫以下等官。舞则十龄幼童。皆各官子弟为之。歌章大义。首祝天子万年。继颂使臣有光海邦。此大较也。次日。大雨三日。通国加额。云。圣天子恩泽沾霈。奠我海邦。世世戴之。

大典既竣。戒员役宿馆中。候风回舟。旧例。过海以夏至前后两三日。归以冬至前后两三日。是月十一日。冬至。十二日登舟。王率属诣署饯送。不忍别。至晚方回。十四日。东北风起。出那坝港。暮抵马齿。过孤米。十六日。飓风大作。暴雨如注。船倾侧将危。与副使王公登战台。匍匐风雨中。急祷天妃。风愈大。桅摇撼将倒。桅右欹则龙骨现于左。桅左欹则龙骨现于右。忽折半截。相连不断。船愈侧。哭声震天。余曰。两人奉使无状应死。尔等葬于鱼腹何辜。众应曰。大数已定。同死无怨。桅出入波涛。棚半浮水面。半罩战台。相系牵带。舟人曰。桅不速断。舟必中裂。于是再祷以请。风势如故。余仰天大呼曰。皇帝怀柔百神。天妃血食中土。不在祀典内也。使臣愿投海中。桅可速去。冀活余人。归报天子。神之赐也。随有火光荧荧。自风雨中起霹雳。断截其桅。即令守备魏文耀。千总陈兰。割去篷索。篷桅逝而船始平。但风浪挎击。舵不能定。舵左转。舵右者随而仆。舵石转。舵左者随而仆。浪

由船尾进。从鹢首出。严冬凛冽。舟皆裹冰。榜人冻沍。不能施力。亟易其衣。初以布。次以紬缎众袱。凡一昼夜。十七日。雨虽止。风仍大作。通官曰。昨险不死。或有可生。须再祷。各许愿。设簿登记。时黑云密布。上下晦冥。心塞胆裂。问必振曰。汝言可生若何。云。大桅虽去。头桅尚存。可生者一。舵乃二绳没于水底。夹于龙骨。一绳断。舵即浮。今勒索无恙。可生者二。十八日。舟子忽报曰。勒索断。舵浮于水。危在顷刻矣。予令曰。如能下水者。赏银五十两。有一人出应。令饮酒而下。入水即起。予又曰。能换绳者。赏银百两。有一二少壮者出应。皆随下随起。入水不能。起舵不可。船从风顺流。随波上下。又一昼夜。不知几千里也。十九日。风息。祷神起舵。三祷三从。易绳下舵。风乃止。设使易舵时风起。则船必覆。今祷而随心。人舟无恙。神之佑也。廿日。东北风起。修整篷桅。东风大作。折帐房为帆。继以被。皆可翼风。舟行如飞。廿一日。有一鸟绿嘴红足。形如鹰鸷。集战台。舟人曰。天妃遣来引道也。相狎如驯鸟。廿二日。海水渐浑。中国相近。但恐过闽。或抵粤耳。行至申刻。望见一山。浮于天际。廿三日。舟子曰。是浙江之定海。北是普陀。西是九山也。喜甚。随犒劳舟人。午后忽见贼船四只。扬帆从东北来。不远数里矣。通官谢必振。守备王祚昌告曰。我船篷桅俱无。若调风对敌。万不能。奈何。余与王公曰。岂可束手待之。急令各官督内司长随。各备弓箭。铳炮。手鎗。其余舟人。取压船石。贮备对仗。忽天际云雾荟蔚。垂蔽我舟。有顷复霁。贼帆灭迹矣。晚至福宁。舟人曰。悉是贼窝。不可近。此去闽安。只有两潮。再出大洋。可以直进。又恐西北风起。傍九山下迤逦而进。日晡。远望山上隐隐有火光。山下船桅如林。不敢近。廿四日。舟子报曰。船已到五虎门矣。正遇落潮。随放炮。守口兵丁惊疑。亦开炮迎敌。急令鼓吹。扬旗示之。然后官役出迎。直达闽安。李总镇慰问曰。舟中人口无恙乎。余曰。前朝旧例。封舟过海。恐飘流别岛。不能复回。随带耕种之具。又虑员役损失。后事俱备。今随行数百人。无一损失。皆朝廷之福也。询二号船。随风飘至江南崇明之凤尾山。南行一昼夜。将至广东。始得顺风而转。已至闽安二月矣。谢恩船迟半月到。因风坏船。复回修舱。故来迟耳。大船进口。先用小船剥。进南台。靖藩督抚司道出郭迎。请礼欢洽。倍于出时。廿五日。进城。至天妃庙行香。余与王公各出赀酬愿。如所许数。员役亦然。督抚委王守备修盖庙宇。余与王公置金冠。悬匾。答神惠也。

季冬二十三日。起行。督抚饯送。至建宁度岁。正月。至衢州。长子思明来迎。云。拜别后不敢归。坐待于浙耳。抵杭州。督抚司道置席西湖。与表弟王大哉盘桓数日。三月。过姑蘇。至京口。五月。过山东。河水涸船。不能进。日行不数里。七月。抵通州。初十日。同王公率琉球陪臣并随封官员谢恩复命。琉球进贡土物。绵盔甲一副。缕金鞍鞊一副。琉槍刀。琉黄。磨刀石。蕉布。琉扇。琉纸。椆椒赴礼部交毕。奉旨晏犒并随分官员。临归。中山王赠金百两。副使九十两。两臣固辞。王另疏上闻。奉旨。著张学礼。王垓收领。又与副使赴缴一品服色。部云。此系恩赐。不必缴。

是役也。去程三月。归仅一旬。其间涉险至再。皆获安全。皇灵遐畅。感格幽显。甘雨随车。百神效职。溟渤奇观。山川。风俗。笔不能载。聊纪一二。传示后人。至熙朝盛典。旷世遭逢。余两臣亦忝窃焉云尔。钦命册封琉球正副使赐一品服兵科副理事前钦差巡监河东监察御史臣张学礼王垓恭纪。

中山纪略

琉球。海中小国也。所出土产。惟蕉布琉黄其烟刀纸张折扇漆器之类。皆来自日本国。有米麦。祇可供应王府。民皆食番茹。状如薯蓣。宴宾客。席甚简薄。斤肉樽酒可享数人。叙款洽而已。一席不过一二器。即夫妻儿女。从不同飡食之。所余皆弃之。客来相访。不分上下东西。任随客意自坐。盘膝于地。坐下。方叩一首。烟酒茶汤接踵而至。如客返。亦叩一首。竟出。主人不迎送。若无闻也。官宦之家。俱有书室。客轩。庭花。竹木。四时罗列。架列四书。唐诗。通鉴等集。板翻高阔。傍译土言。本国之书亦广。但不知所载何典。所云何事耳。设官之法。自唐宋至元。王之长子应袭爵者。至中国入国子监读书习礼。其父薨。始归国受封。至洪熙时。悯其来往风波惊险不测。特免之。赐三十六姓人教化三十六岛。子孙世袭通使之职。习中国之言语文字。至今请封。谢恩朝贡。皆诸姓之后。俱有名姓。若

上官有名无姓也。取士之法。不尚文。不考试。举贤良方正。由秀才历法司。设官长。无衙门。从役惟百姓轮直。其执法甚严。不狥情面。即官长父子兄弟犯法。轻则徒流。重则处死。不曲庇丝毫也。百姓见官长。经过男女皆去簪脱屐。俯伏道傍。俟过而后敢行。小心畏法若是。道不拾遗。夜不闭户。甚有太古之风焉。有犯罪者。大夫闻之法司。法司察其因由直曲。令直者死。亦不敢迟留也。有犯法重者。竟自刎颈投缳。不取妄辨求生。男女不剃胎发。男至二十成立。娶妻之后。将顶发削去。惟留四余。挽一髻于前额右傍。簪小如意。如意亦分贵贱品级。国王用金而起花者。王之伯叔兄弟用光金。三法司紫金大夫用银而起花者。大夫通使等职用光银。百姓玳瑁明角竹簪而已。妇女亦然。衣服敞袖长袍。腰系全幅锦缎。长丈余。旁插扇子烟袋小刀之类。足穿无根皮鞋。冠以纸为胎。紬布裹之。分贵贱。长七寸。阔二分。周回三转。共为一圈。王用五色花绫。王之伯叔兄弟子侄用黄花绫。宗族用黄光绫。法司紫金用紫花绫。大夫通使等官用红绢。初进王府者为秀才。用红花绢。王府役人及杂职。用红布百。姓用绿青布。此定制也。

彼国人与中国同。而言语大别。金曰额膩。银曰喀难。爷曰安知。大曰倭捕煞。小曰弥煞。红曰呀噶煞。白曰十六煞。男曰会耕噶。女曰会南宫。幼小曰蛙蓝璧。父母曰倭牙。吃曰米小利。饭曰安班。酒曰蓬凡。好曰优哒煞。不好曰挖煞。醉曰威帝。睡觉曰殷帝。人名俱有四五字者。如马烂敏达罗。如喀难顾司姑之类。惟有阿嚼多。夜弗蘸二名呼唤者甚多。

国中有迎恩亭。即天使登岸之所。离海口三里许。在那坝港地方。其间里巷相连。人民稠密。过此则天使馆。向来册封员役。俱驻于内馆。中有厅堂。廊房。楼阁。亭园。台榭。书室。小轩。周回宽广。与燕中报国寺相类。馆内铺设棹椅。床帐。及碗碟什物。俱照中国制度。设专司收贮在库。俟天使至日。方敢动用。今馆虽倾颓。后楼上尚有故明使臣杜三策题梅花诗百首于壁间。其余吟咏甚多。外有匾额字画。皆故明历代明公之遗迹也。馆前有空地百亩。每日午后。妇女或老或少。携筐挈筥。聚集于此为贸易。实游玩也。傍晚方归。其间亦有殊色摇曳而来。风俗。女子自幼即刺黑点于指上。年年加刺。至十五六岁出嫁时。竟成梅花。至衰老。手背皆黑矣。发长四五尺。头梳一髻。光如油。黑如墨。不修眉鬓。不带钗镮首饰。不施脂粉。穿大领衣。色尚白。有时以手扯裳。有时以衣覆脑。若兆衣之状。如有夫之妇犯奸淫。男女俱死。亦有女子不嫁人者。竟离父母自居。专接外岛贸易之客。女之亲戚兄弟。无论贵贱。仍与外客亲戚往来。不以为耻。若遇本处有室者。亦不苟合也。那坝港至中山王城约二十里许。殿在山顶。其殿康熙元年冬天火焚。至今尚未建。殿后有一小峰。名虎萃。下有小庙。无像。但设香供于地。殿前有石壁。高数丈。阔二十余丈。平如斧削。中间有一穴。穴口嵌一鐡龙头。龙口内有泉水喷出。从空注下。即大旱之年。水亦不竭。王城之西北。有一大池。池内有鲤鲫鱼。又一山。松柏参天。名花四布。王城之西南。有中山王之祖茔。茔中无塚。惟石碑上刻琉球中山王祖茔。茔前五峰相对。左右有情。后有靠山。沙水相映。明堂可容万马。远山围抱。中山王家庙离那坝港数里。官民经过下马步行。庙前有海水来潮。金碧相映。前后殿中所供牌位。自唐宋以来。子孙不替。守庙是僧。那坝港之东北三里有三清殿。殿前二松大数围。高廿余丈。枝叶茂盛。势若飞舞。三清殿东有天妃庙。庙虽窄隘。幽雅可观。庙东演武场。场南有长虹桥。阔丈余。长五里。桥下大水。水曰曼湖。通海。过桥有松岭。岭长二十里许。松楸满目。苍翠郁然。亦琉球之一景也。

旧例。使臣有七晏。迎风晏。事峻晏。仲秋晏。重阳晏。冬至晏。饯别晏。登舟晏。器用金银折席。琉刀。小刀。蕉布。琉烟。苎布。琉扇。琉纸。琉鎗并折席。以上俱免。只领席。从员役亦然。守备。千总。通官。等三十余员。每员廪给免去九分。每日支米面各一斗。牛羊猪肉各十觔。鲜干鱼各十斤。鸡鸭各十只。烧酒。油。盐。酱。醋各十斤。柴十束。长随。内司。听用各官五十余员。俱半廪给。每日支米面各五升。牛羊猪肉。鲜干鱼各五斤。鸡鸭各五只。酒油盐酱醋各五斤。柴五束。僧道及各项匠作。吏书。门皂等役百余名。口粮每日支米面三升。牛羊猪肉。鲜干鱼。酒。油。盐。酱。醋各三斤。鸡鸭三只。柴三束。兵丁及各官随役二百余名。俱月粮每日支米面各二升。牛羊猪肉。鲜干鱼。酒。油。盐。酱。醋各二斤。鸡鸭二只。柴二束。封舟过海。例有从客偕行。姑蘸陈翼字友石。多才

艺。王持帖请授世子等三人琴。世子名曰弥多罗。王之婿名曰哑弗蕴。三法司子名曰嗒难敏达罗。寓天界寺习一月。移至中山王府又月余。授世子思容操平沙。落雁。关雎三曲。授王婿秋鸿。渔樵。高山三曲。授法司子流水。洞天。涂山三曲。求诣无虚日。皆称曰友石先生。西湖吴燕时。字羽嘉。业岐黄。切脉知生死。国中求治者无不立愈。亦有数人受其传。八月中秋节。王设晏。是日。设席正殿。两使上座。从客向西。中山王向东北陪。其钦天监。太医院。守备。千总各官。设席别院。俱三法司。紫金大夫陪。内司。长随。中军。听用各官。设席别院。俱大夫陪。册封吏书。僧。道各役。俱长随通使陪。其兵丁跟役。俱秀才杂职陪。其通官二员。时在左右。传递问答。不预席。设鼓乐。有走马。弄刀。刺鎗。舞剑。踘球。走索诸戏。至晚方散。重阳节。王又设晏如前。早至王府小饮。次看龙舟。中国午日兢渡。琉球在重阳。于西城之龙潭。潭中二山并峙。一名石笋。一名龙岗。岗上设小席。湖水澄清。微波不动。舟有五。各分五方旗帜。每船用水手四十八人。往来飞转。金鼓震天。午后上晏。幼童百余人。皆贵戚子弟。又一少年僧。生成头长尺五。眉发雪白。颏缀雪髯。伫立庭中。一童子挽双髻。杖挂葫芦。次于寿星之右。一童子。生成背鮀眼细。戴箬冠。穿锦服。手擎蟠桃。如东方朔。于寿星之左。有黑鹿一只。徘于寿星之前。鸣啰击鼓。众童子还遶歌舞。内穿锦衣。外白绫。半臂绣菊花。以应佳节。

濒行。王请留匾额。正殿上东南屏藩。家庙上河带山砺。三清殿苍生司命。天妃庙中外慈母。王公亦有赠匾。其请封各官。王念其远出多年。各加俸米不等。惟紫金大夫蔡国器年老。加俸米以原官致仕。

其国南北约三千余里。四面濵海。无盗贼。为治简朴。颇有华风。敦尚礼教。宗族亲睦。子留日无多。见闻有限。略存其概。以俟后贤广为考订。以备采风之助云尔。

时康熙三年岁次甲辰书于闽之公署三韩张学礼谨识。

徐海本末[1]

嘉靖三十五年徐海之拥诸倭奴而寇也一枝由海门入略维扬东控京口一枝由淞江入略上海一枝由定海关入略慈溪等县众各数千人而海自拥部下万余人直逼乍浦而岸岸则破诸舟悉焚之令人人各为死战又导故窟柘林者陈东所部数千人与俱并兵攻乍浦城盖四月十九日也当是时朝廷方夺故总督而新总督胡公自提督代之甫八日问幕府麾下募卒仅三千人俱孱弱不可用故总督所征四川湖广山东河南诸兵俱罢去所为缓急者特容美土兵千人及参将宗礼所藉河朔之兵八百人耳南北诸倭酋不下数万谍者声言他酋分掠江淮于越诸州郡间以扼援兵而海等当窟乍浦下杭州席卷苏湖以胁金陵气恣甚总督胡公方召诸司画计无何故提学阮公代胡公为提督檄未至夜半闻乍浦围卷甲趋之胡公亦分遣兵瀓浦海盐之间为声援而自引兵壁塘楼相犄角居顷之海闻新总督胡公即故御史所尝提兵督战于莺湖五泾之间而覆之者气稍沮寻罢乍浦围闻两公方拥兵壁近郊不复敢窥杭于是径略峡石越皁林出乌镇以北乌镇者即海故所犯苏湖旧路也当是时胡公既获谍度苏湖之间惟莺湖为四战地于是檄河朔兵自嘉兴入驻胜墩阵而待因以吴江水兵遮其前湖州水兵尾其后而公自引麾下募卒及容美土兵冲击之提督阮公自崇德闻贼且出乌镇也即道挟河朔之兵骑而驰及之于皁林令善射者且蹑且射贼稍稍引去贼纵数百人尝之辄又败去贼怒甚鼓噪而前提督阮公势惶急于是走轻舸入保桐乡而参将宗礼与裨将霍贯道等乃自张左右翼厚集其阵以待战数合击杀数十人会日暮贼且引去时贼气颇窘而宗礼霍贯道等亦已绝向道不得择善地便水草以自休止明日饿而战贼遣候者树而望益孤垒以堑无他援者也大喜复纵兵以半击其前以半绕其背而霍贯道河朔故骁将也大呼众力战矢炮如雨下无不人人一当十复击杀数十百人而贯道亦手自刃十余人贼益怖海且中炮欲驰去会火药尽霍贯道与宗礼仰天呼曰吾两人再得药数斗可以了此贼矣未几贯道与宗礼俱陷众大败贼遂乘胜围桐乡时总督胡公已引兵蹑崇德闻之潸然流涕曰河朔之兵既败东南之事无复可支矣贼已困桐乡假令复分兵困崇德以劫我我两人譬之抱而自沉也国家且奈何于是还省城檄诸路兵为战守计先是公始为提督时尝与监督尚书赵公谋曰国家困海上之寇数年于兹矣诸倭奴乘潮出没将士所不得斥堠而戍者人言汪直以威信雄海上无他罪状苟得诱而使之或可阴携其党也按部题亦尝有用间为策者于是遣辩士将洲陈可愿及故尝与汪直友善者数辈入海谕直直果感悦愿如约遣其养子毛海峰款定海关谢过间以谕海海已散他岛勾岛人入劫故不相及而海峰者云云彼固未之闻也胡公策曰直与海虽顺逆不同其势固唇齿也直既悔悟海独不可以大义说之乎不然彼贪人也诱之以利或可狃其心闻桐乡城小而坚缓之数十日则永保戍兵至固可破之矣于是疾走人谕海峰因厚遗谍者阴过海所曰直已遣子款定海关朝廷固且赦之矣若独无意乎新总督威名非曩时比且仰体朝廷德意推心置人腹若不乘此时解甲自谢他日必为虏矣海颇然其计于是亦遣酋自谢约罢围去因以要公稍出中国货物遗他倭酋而疏释其罪公佯诺辄以银牌绮币厚遗来谢酋而阴令营中盛兵容私谍者故纵酋瞰之酋既德公遗又内怖公之兵威也归以报于海明日复遣他酋来谢公视之如初凡数复海于是始归心于公愿为公死之矣然陈东独心窃疑海私公遗犹鞅鞅未之从也海间遣酋次桐乡城下私城上兵曰某已听总督胡公约解去矣城东门故柘林贼陈东党也骜悍不吾从若谨备之是夕海果道崇德而西且乞他兵于公以夹击东胡公犹心讶未之许而东独盛为楼橹撞竿以撞城而桐乡令金燕者强干吏也城中一切兵仗火药诸已缮备提督阮公复躬厉矢石狥城上人令令散千金募敢死之士督战益亟所杀伤贼亦数十人方撞竿自楼橹中跃而撞城城几坏一男子为缗索圜撞竿所击故窟处竿至即缗挽以上斩之又募冶者煮铁汁灌城下酋城下酋不敢逼东既无如何闻海等解去道远势且孤亦相与稍稍引去围始解而提督阮公出矣时五月二十三日也方阮公困桐乡时固日夜望总督胡公援兵之至而胡公亦重念东南之安危身之祸福与阮公相旦暮情固急业已遣兵备刘公督同留守王伦宣抚田九霄勒兵自嘉兴入壁斗门分守汪公督同知县张冕勒兵自湖

① 〔明〕茅坤撰。据影印清嘉庆虞山张氏刻《借月山房汇钞》本。

州入壁乌镇参将丁仅勒兵自海盐入壁王家店指挥乐堉督同千户罗天与勒兵自崇德入壁石门又令崇德令崔近思收河朔之散卒入城为声援兵四而环贼远者二三十里近者十余里而阵然各以狃皁林之败逡巡惶怖不敢逼而公业遣谍羁说贼亦日夜迟永保戍兵之至以决一战也计无可奈何而胡公与阮公两人者为同年故深相结者及援兵不合阮公自围中颇急于是两相猜而他谤者与为飞语撼两公者盈道路矣当是时朝廷闻东南之寇即日出尚书赵公督山东河朔诸兵援之又两公所私相猜者语颇闻赵公赵公亦故与两公者为肺腑交所尝两推毂中朝以填东南者念两公卒有却则东南之事抵牾不可图于是日夜引兵而南至扬州则阮公业已出桐乡围东渡钱塘狥会稽诸下邑击他贼胡公亦闻尚书赵公之至且战且南淮扬毘陵之间无足虑独海为巨孽间虽狃而内附中固不可测而上海之贼万余人由吴淞江西引方急乃日遣谍者蹈海以金帛而说之东出海上击他贼海亦果收诸倭酋出乍浦道平湖时谍报吴淞江之贼已鼓行涉嘉善界欲西合海公念海万一卒他变两相合奈何因策海始已焚舟为深入今不得舟必急于是遣谍诇海谓海既内附何不如故约勒兵击吴淞江贼且篡夺其辎掠舟以归海果然其计即日引诸酋逆之朱泾道上斩首若干级余贼遂夜走以故海不及篡夺其舟而还及他酋脱而出海也公又别遣总兵俞大猷伏飞舰海上遮击之溺且尽于是海既德公不敢背又闻吴淞江贼之出为海兵所遮击益内怖日输款于公遂辇故所戴飞鱼冠及他坚甲名剑数十种并以输公而间遣其弟洪入质于公公固佯纳之公又谍闻海麾下独书记叶麻为长酋其为人颇黠而悍近与海争一女子有微却非用间急缚之则无以死彼之内附之心于是遣谍就海帐中讽海缚叶麻以出叶麻出而诸酋中故隶叶麻部曲者稍稍怨且惧矣怨且惧恐生他衅则又以他罪缚縳几百余人公又策陈东于诸部曲中与叶麻声相椅顷以桐乡之役两睚眦者也数遣谍持簪珥玑翠遗海两侍女令两侍女日夜说海并縳东海间诸而陈东者萨摩王弟故帐下书记酋海固未之能也于是出叶麻囚中令其诈为书于东反兵贼杀海其书故不以遗东阴泄之于海激怒之使并縳东海读其书涕双下益德公之不忍为东所贼杀之也日夜谋縳东以报公居无何尚书赵公移兵渡江来所过州县数举兵向贼贼辄败走俘斩若干级兵威大布当是时公已知海之甘心于东不忍疾击海疾击之两人迫而深相结则东南之事未易图而尚书赵公之至也私约公共部署兵击海日急且召公故所遣谍面诘之曰若为我谕海海连兵以来罪不容死非缚陈东及斩千余级以献恐无以谢朝廷若能则吾当同督府诸公疏释之不然若且齑纷矣是时阮公亦至于是海益怖出所故掠中国货物千余金赂王弟诈请东代署书记海因夜得东即缚以故约复于胡公叶麻与陈东相继缚而诸酋长汹汹内乱矣是时诸酋长既疑且怨海无斗心故其气日窘海亦自度纵令反故岛当亦必为诸酋长所贼杀故为内附日固而公与赵公簿责海益急海既急因念欲掠舟出海恐为海上兵所劫欲列垒拒官兵又业已内附不忍背且陈东党固日夜袭杀之也公策曰彼既乱吾可乘之矣因遣谍私海曰我固欲宽若赵尚书爷以若罪孽大何不听我舣数十艘海上若且诱之逐海上艘令俘斩千余级以谢赵公而若因得以自完乎海不得已且疑且诺因约兵备副使刘公引兵伏乍浦城中而某日时某当引众出海岸去乍浦城半里而阵佯令众酋逐海上艘某手旗麾之城中官兵即举燧为号从城中出亟击勿失诸官兵卒如故约乘之诸倭酋逐海上艘如蚁不及还兵斗于是诸官兵得乘胜蹂而前不伤一卒所俘斩数十百人没海者无算于是海自以数有功于朝廷愿与部下诸酋长入款具庭谒胡公与尚书赵公提督阮公及巡按赵公并许之谍往复期以八月初二日然海犹恐间设甲士劫之先期一日卒拥酋数百人胄而阵平湖城外自帅酋长百余人胄而入平湖城中以求款四公者计不许恐他变遂许海与诸酋长北向面四公按次稽首呼天星爷死罪死罪海欲再为款胡公而未之识因顾谍谍目示之海复面胡公稽首呼天星爷死罪死罪胡公亦下堂手摩海顶谓之曰若苦东南久矣今既内附朝廷且赦若慎勿再为孽海复稽首呼天星爷死罪死罪于是四公厚犒遗之而出是日城中人无不洒然色变者海既出诸公者固已忿恚海之列款犹胄而入属强胁无礼乂不及如谍故所期月日而先日卒至也其习行点若此于是阖谋不勒兵诛之他日必为患计部下尚千余人猛鸷难即破永保兵犹迤逦远道未至也于是佯令海自择便地居之海果自择便地得沈家庄即僦沈家庄与居之是为八月八日当是时众复喧然哗诸公辈何不扑灭海不然且纵之出海上令自解去顾豢虎以自祸也不知诸公者固有待于是胡公与尚书赵公提督阮公私自部署兵又日夜遣使趣永保兵来会兵未集恐海惊祸且肘腋间胡公因日遣谍诇海且昭海如囊时公因谋以请于赵公曰吾闻善兵者乖其所之海与陈东党业已深相仇今合而两附者迫故耳闻沈家庄故东西两处而中缩河为堑何不说海以西沈家庄居陈东党而自择东沈家庄以居部下酋乎谍以谕海海果如其言顷之永保兵至会海输二百金于公市酒米公复与赵公谋以药毒其中而归之又令陈东诈为书夜遗其党

曰海已约官兵夹剿汝辈矣陈东党果疑而夜伏逻卒东沈家庄道上瞰之适海惶急因令酋窃两侍女出道上而急则因间道走幕府以自托逻卒瞰知之归以报于陈东党陈东党闻之大惊即勒兵篡两侍女过海所骂曰吾死若俱死耳遂私相稍而斗海中稍众大乱明日官兵四面合墙立而进保靖兵先尝之稍却河朔兵乘之又却俄而胡公擐甲厉声叱永保兵左右列大呼而入瞰垒下击会风烈公麾众束千余炬人各持炬纵火焚之海窘甚遂沉河死甫食顷人人鸷而攫千余酋搜斩殆尽矣中所故饮毒首虏黑色者凡三百余人于是永保兵俘两侍女而前问海何在两侍女者王姓一名翠翘一名绿姝故歌伎也两侍女泣而指海所自沉河处永保兵遂蹈河斩海级以归江上丈人曰海以一缁衣起岛上五年之间百战百胜朝廷遍征海内诸名将与之喋血吴越诸州郡间未闻有俘其偏卒者方其拥兵数万人分五道入湛舟以战示无复还意当是时其气飘忽奋迅固已欲吞江南而下咽矣何其猛也已而困于胡公区区之饵卒之纠缠狼狈以自翦而死若封羊豕然岂非所谓人固屈于欲也乎善哉友人唐司谏尝曰始贼盛兵围桐乡时假令持觖觖公胡不量彼已而驱兵以战一蹶而偾东南事去矣今且卒坚忍纾徐以收之兵法曰利而诱之乱而取之若胡公者可谓缓急合兵变者也虽然公开襟多自喜尝欲仿诸葛武侯纵孟获故事且生缚海献之天子疏请海与汪直两人者为弋媒于海上而因以缨系海上酋嗟乎公之心固雄虎槛而逸亦危矣幸而赵公与公沉谋搤公手曰不杀海我辈无以丈剑报天子公意遂决不然彼谗口之所以交吻于公者岂其小哉

纪倭乱者始于广宁伯刘江载之水东日记迨今嘉靖三十三年之乱范表详其事后总制胡公所述汪直徐海本末予因次第刻纪乱则中俾后之可以考也乙丑三月再罹倭警吴之郡邑荷大巡温公之威严身冒矢石将士协谋剿除屡次吴民百万户得以安枕者非其功耶因附记如此别有所录是岁阳至日谢湖老人漫笔

越峤书①

卷一·州郡沿革

入交有三道一由广西一由广东一由云南广东水军伏波以来皆由之广西路宋始开云南路元及我朝始开……若广东海道自广州乌雷山发舟北风顺利一二日可抵交之海东府若海沿岸以行则乌雷山一日至永安州白龙尾白龙尾二日至玉山门又一日至万宁州万宁一日至庙山庙山一日至屯卒巡司又二日至海东府海东二日至经熟社有召堤陈氏所筑以御元兵者又一日至白藤海口过天寮巡司南至安阳海口又南至多鱼海口各有支港以入交州自白藤而入则经安阳县至荆门府亦至黄径等江由南策上洪之北境以入其自涂山而入则取古齐又取宜阳县经安老县之北至平河县经南策上洪之南境以入其自多鱼海口而入则由安老新明二县至四岐遡洪江至快州经咸子关以入多鱼南为太平海口其路由太平新兴二府亦经快州咸子关口由富良江以入北海道之大略也

卷一·边境服役

占城国【立国于海滨中国商舟泛海往来谓藩者皆聚于此以积薪水岛南方第一马头】

卷二·书诏制敕

永乐五年二月初一日敕得奏知尔差都指挥花英去广东调船此举甚为不当且此时南风已作海道岂可行舟若卒然遇贼力不能支则反为其所有况灭贼之功今已就绪若必待海舟之至何日得班师已敕广东都司止之尔等须疾早扫除更勿延待误事故敕

永乐五年四月二十一日敕总兵官征夷右副将军新城侯张辅右参将云阳伯陈旭兵部尚书刘儁得奏知已破贼党余孽尽平向尔等令花英回广东取粮及船朕计贼未尽擒蟠据海上若花英粮船去人既软弱只为贼资葬于鱼腹所以急遣人止之今贼平定尔等仍须遣人海上巡逻若寇贼果平海上无事粮或不敷可与西平侯计议即差人来奏一面差人催督花英海上償运如已足用不必海运可即奏来……

卷三·编年·汉

元鼎五年以路博德为伏波将军出桂阳下湟水主爵都尉杨仆为楼船将军出豫章下横浦越人归义侯为戈船下濑将军出零陵下漓水抵苍梧越人义回巴蜀罪人发夜郎兵下牂柯江十万师分道而进六年楼船将军精兵先至石门得越船粟与博德俱进至番禺嘉等城守汉兵攻败纵火烧城日暮伏波乃为营令相使招降者黎旦城中皆降嘉等已夜亡入海获遣其故校尉司马苏弘追获建德封为海常侯越郎都稽得嘉封为二品蔡侯【越郎南越郎也】伏波戈船下濑夜郎兵未下南越已平遂以其地为九郡

卷三·编年·东汉

（光武帝建武）十八年遣伏波将军马援以扶乐侯刘隆为副及楼船将军段志发长沙桂阳零陵苍梧兵万余人讨之明年夏四月援破交阯斩侧贰等余皆降散进击九真贼都阳等破降之徙其渠帅三百余口于零陵于是岭表悉平援乃立铜柱为汉界始于交郡立城郭置井邑援又与越人申明旧章俾之遵守自是骆越奉行马将军故

① ［明］李文凤撰。据明蓝格钞本。

事二十年振旅还京后交阯七郡贡献皆泛海从东冶上供【治福州侯官县也】

卷三·编年·晋

安帝义熙七年夏四月交州刺史杜彗度破卢循于龙编南冲斩之彗度瑗之第五子也瑗卒朝廷以其斩李逊功授慧度为交州刺史适卢循寇番禺不克败走袭合浦境奔交州慧度帅州府文武拒循于石碕破之循余众犹三千人李逊子李燓与余党李脱等结集俚僚五千余人以应循是月庚子循晨至龙编南津慧度悉散家财以赏军士与循合战掷雉尾炬焚其舰以步兵夹岸射之众舰俱燃兵众大溃循自投于水……

卷三·编年·宋(南朝)

阮弥之宋交州刺史元嘉中征林邑其王范阳迈出外婚媾阮弥之领七千人先袭区粟城弥之泛海遇风三日无顿止所夜遇贼于寿会范阳迈部船五百来救谦之射中阳迈拖上船兵败纵横单舸接得阳迈而遁弥之胥溺余里难制胜遂北还

卷三·编年·梁

中大同元年陈霸先败李贲于典澈湖贲帅众二万自獠中出屯典澈湖大造船舰充塞湖中众军惮之陈霸先谓诸将曰我师已老将士疲劳且孤军无援入人心腹若一战不捷岂望生全今藉其屡奔人情未固夷獠乌合易为摧殄正当共出百死决力取之无故停留时事去矣诸将皆默然不敢应是夜江水暴起七丈注海中霸先勤所部兵乘流先进众军鼓噪俱前贲众大溃窜入屈獠洞中

卷四·编年·唐

宪宗元和三年以张舟为都护镇抚安南先是舟为安南经略判官大罗城前经署张伯义筑才高二丈二尺都门三重门各有楼东西门各三门南门三门上置鼓角城内造左右十营裴泰时欢爱二城投环三改破坏□殆尽环三占城王也舟又筑之初军中器械八千事三年以来计三十余万事令左右起甲伏楼二十间贮之先有战船数十艘且迟钝舟造成艨艟三千二百艘每船载战士二十五人棹手二十三人连弩二枝掉船向背疾如风自占城真腊悉修贡职……

(懿宗咸通四年)是年夏六月废安南都护府置行交州于海门镇以右监门将军宋戎为行交州刺史以康承训兼领安南及诸军行营　秋七月复置安南都护府于行交州攻宋戎为经署使发山东兵万人镇之时诸道兵援安南者屯聚岭南江西湖南馈运者皆泝相江入澪渠漓水劳费艰澁诸军乏食润州人陈磻石上言请造千斛大舟自福建运米泛海不一月至广州从之军食以定然有司以和顾为名夺商人舟委其货于岸侧舟入海或风涛没溺有司目系纲吏舟人使偿其米人颇若之

(咸通七年)十月诏安南邕州西川诸军各保疆域勿复进攻南诏委刘潼晓谕如能更修旧好一切不问置静海军于安南以高骈为节度使自李涿侵扰安南为安南患殆将十五年至是始平骈筑安南城周三千步造屋四十余万间骈以南海至交州有石隐水中常覆巨舟遂凿前去其石交广之民舟楫安行

郑畋字台文僖宗朝为相初交广邕南兵旧取岭北五道往来餉运之船多败没畋请以岭南盐铁委广州节度韦荷岁泛海收盐直四十万缗布易米以赡安南罢荆洪等漕役军食遂饶

卷四·编年·后晋

(天福)三年杨廷艺故将吴权自爱州举兵攻皎公羡于交州羡遣使以赂求救于汉汉主岩以其子万王弘

操徙封交王将兵救之汉主自将屯于海门援因问策于崇文文使萧益对曰今霖雨积旬海道险远吴权桀黠未可轻也大军宜持重多用乡导然后可进不听命弘操帅战舰自藤江趣交州权已杀公羡据交州引兵逆战先于海口多植大杙锐其首冒之以铁遣轻舟乘潮桃战而伪遁须臾潮落汉舰皆碍铁杙不得返汉兵大败士卒覆溺者太半弘操死汉王恸哭收余众而还

卷四·编年·宋

（太平兴国五年）……帝以为然以仁宝为交州水陆转运使孙全兴刘澄等并为部署将兵讨之孙全兴张璿崔亮以陆路兵自邕州路入刘澄贾湜王僎等以水路兵自广州路入是岁黎桓遣使贡方物仍为丁璿上表乞袭位王察其欲缓王师寝不报是时王师进讨破贼万余众斩首万余级明年又破贼于白藤江口斩首千余级获战舰二百艘甲胄万计转运使侯仁宝率前军先进全兴等顿兵花步七十日以俟澄仁宝累促之不进澄仁宝及至并军由水路至多罗村不遇贼复擅回花步桓诈降以诱仁宝遂为所害会炎瘴军士多死转运许仲宣驰奏其事逐班师

淳化元年诏加黎桓特进邑千户实封四百户遣左正言直史馆宋镐右正言直史馆王世则往使交州镐等归阙王令条例山川形势事迹以闻乃具奏曰去岁秋未抵交州境桓遣牙内都指挥使丁承正等以船九艘卒三百人至太平军来迎由海口入大海冒涉风涛颇历危险经半月至白藤径入海汉乘潮而行凡宿泊之所有茅舍三间营葺尚新目为馆驿至长州渐近本国桓张皇虚诞务夸诧尽出舟师战棹谓之棹军自是宵征抵海岸至交州仅十五里有茅亭五间题曰茅经驿至城一百里驱部民畜产妄称官牛数不满千扬言十万又广率其民混于军旅衣以杂色之衣乘船鼓噪近城之山虚张白旗以为陈兵之像……

至道元年春广西路转运使张观钦州如洪镇兵马监押卫昭美皆上言有交州战船百余艘寇如洪镇掠居民劫仓实而去……

（熙宁八年）时王安石为相欲求边功用沈起知桂州妄议有攻取之仪起及刘彝相继遣官入海峒集土兵为里保甲继命于海滨集舟师预教水战禁止州县与交人贸易交人疑之遂举众分道入寇众号八万围邕州……

（熙宁）九年十二月郭逵等破交阯蛮于决里隘次富良江蛮以精兵乘船逆战逵击破之杀其王子洪真乾德惧遣使奉表诣军门纳款

（淳熙元年）押伴安南进奉梁衎言安南入贡所过州县差夫数多自静江水路可至容州又自北流遵陆一百二十里至郁林自郁林州水路可至廉州皆有回脚盐船运盐牛车可顾自廉航海一日之程即交趾则从静江而南二千余里可不役一夫而办诏遂路帅臣详具陈行既而尹子思等以为涉夏水溢乞依例由钦州路以归。

卷五·编年·元

至元丁亥朝廷复兴师讨取安南国王就国王命平章奥鲁赤等将江淮江西湖广云南四省蒙古汉军广西峒兵海南黎兵海道运粮万户张文虎等十万师受镇南王节制秋九月师兴自鄂十月二十八日己酉至来宾分道参政乌马儿樊楫率高八千人乌未及张玉刘珪等统兵数万战舡五百运船七十艘数州进十一月十一日戊戌舟师先进经万宁绿水口彼将仁德侯陈椰伏兵浪山将断我后觉之即夜围山迟月击走滋死者众擒数百人获船数十艘乌马儿乘胜前驱不顾粮船居后失援粮陷……至元戊子正月四日乙丑王还旧屯乌马儿由海道出迎张文虎续进粮舰十一日丙申与彼战于多鱼口潮落而散张文虎先遇敌于多邦口粮陷乘单舸走还叙州……（三月）七日辛卯舟师至竹洞彼兵追战刘珪击退获二十艘乌马儿不由海还却由白藤江遇敌乌马儿自领精兵逆战樊参政获峰为应潮退军陷……

(至元)二十二年月三月占城行省言镇南王昨奉旨统军征占城遣左丞唐兀解驰驿往占城约右丞唆都将兵会合又遣理问官曲烈宣使塔海撒里同安南国使阮道学等持行省公文责日烜运粮送至古城助军镇南王路经近境令其就见比官军至衡山县闻日烜从兄兴道王陈峻提兵界上……官军遂分六道进攻执其将大僚班段台兴道王逃去追至万劫攻诸隘皆破之兴道王尚有兵八千余艘距万劫十里遂遣兵士于沿江求船及木钉灰置场创造选各翼水军令乌马儿拔都部领数与战皆败之得其江岸遗弃文字二纸乃日烜与镇南王及行省平章书……因令其使阮文翰达之及官军获生口乃称日烜调其圣翊等军船千余艘助兴道王拒战镇南王遂与行省官亲临东岸遣兵攻之杀伤甚众夺船二十余艘兴道王败走官军缚筏为桥,渡富良江北岸日烜沿江布兵船立木栅见官军至岸即发砲大呼求战至晚又遣其阮奉御奉镇南王及行省官书请小却大军行省复移文责之遂复进兵日烜乃弃城遁去仍令阮效锐奉书谢罪并献方物且请班师行省复移文招谕遂调兵渡江壁于安南城下明日镇南王入其国宫室尽空惟留屡降诏敕及中书牒文尽行毁抹……其弃船登岸之军犹众日烜引宗族官吏于天长长安屯聚兴道王范殿前领兵船复聚万劫江口阮盝驻西路永平行省整军以备追袭而唐兀解与唆都等兵至自占城与大军会合自入其境,大小七战取地二千余里王宫四所初败其昭明王兵击其昭孝王大僚护皆死昭明王远遁不敢复出又于安演州清化长安获亡宋陈尚书婿交趾梁奉御及赵孟信叶郎将等四百余人万户李邦宪刘世英领军开道自永平入安南每三十里立一寨六十里置一驿每一寨一驿屯军三百镇守巡逻复令世英立堡专提督寨驿公事右丞宽彻引万户忙古解孛罗哈答兒由陆路李左丞引乌马兒拔都都由水路败日烜兵船禽其建德侯陈仲日烜逃去追至胶海口不知所往其宗族文义侯父武道侯及子明智侯婿彰怀侯并彰宪侯亡宋官曾参政苏少保子苏宝章陈尚书子陈丁孙相继率众来降唐兀解刘珪皆言占城无粮军难久驻镇南王令唆都引元军于长安等处就粮日烜至安邦海口,弃其舟楫甲仗走匿山林官军获船一万艘择善者乘之余皆焚弃复于陆路追三昼夜获生口称上皇世子止有船四艘兴道王及其子三艘太师八十艘走清化府唆都亦报日烜太师走清化乌马儿拔都以军一千三百人战船六十艘助唆都袭击其太师等兵复令唐兀解沿海追日烜亦不知所往。日烜弟昭国王陈益稷率其本宗与其妻子官吏来降……

(至元)二十四年正月发新附军千人从阿八赤讨安南又诏发江淮江西湖广三省蒙古汉券军七万人船五百艘云南兵六千人海外四州黎兵万五千海道运粮万户张文虎费拱辰陶大明运粮十七万石分道以进置征交趾行尚书省奥鲁赤平章政事乌马兒樊楫参知政事总之并受镇南王节制……六月枢密院复奏令乌马兒与樊参政率军士水陆并进……九月以琼州路安抚使陈仲达南宁军民总管谢有奎延栏军民总管符庇成出兵船助征交趾并令从征……十一月镇南王次思明留兵二千五百人命万户贺祉统之以守辎重程鹏飞孛罗合答兒以汉券兵万人由西道永平奥鲁赤以万人从镇南王由东道女兒关以进阿八赤以万人为前锋乌马兒樊楫以兵由海道经玉山双门安邦口遇交趾船四百余艘击之斩首四千余级生擒百余人夺其舟百艘遂趋交趾……

(至元二十五年)二月镇南王引兵还万劫阿八赤将前锋夺关系桥破三江口攻下栅三十三斩万余级得船二百艘米十一万三千余石乌马兒由大滂口趋塔山遇贼船千余击破之至安邦口不见张文虎复还万劫得米四万余石普赖至灵山木栅成命诸军居之诸将因言交趾无城池可守仓庾可食张文虎等粮船不至且天时已热恐粮尽师老无以支久为朝廷羞宜全师而还镇南王从之命乌马兒樊楫将水兵先还程鹏飞塔出将兵护送之三月镇南王以诸军还张文虎粮船以去年十二月次屯山遇交趾船三十艘文虎击之所杀略相当至绿水洋贼船益多度不能敌又船重不可行乃沉米于海趋琼州费拱辰粮船以十一月次惠州风不得进漂至琼州与张文虎合徐庆粮船漂至占城亦至琼州凡亡士卒二百二十人船十一艘粮万四千三百石有奇……

(至元三十年)八月平章不忽木等奏立湖广安南行省给二印市蜑船百斛者千艘用军五万六千五百七十人粮三十五万石马料二万石盐二十一万斤预给军官俸津遣军人水手人钞二锭,器仗凡七十余万事国杰设幕官十一人水陆分道并进又以江西行枢密院副使彻里蛮为右丞从征安南陈岩赵修已云从龙张文虎岑雄等亦令共事益稷随军至长沙会寝兵而止

卷六·编年·皇朝(明)

(永乐四年十月)是时左副将军西平侯亦自云南蒙自县进兵经野蒲蛮人境都指挥朱浚等夺猛烈关俞让等拔栅华隘随处筑堡驻兵伐木造舟都指挥徐源孔斌等突出宣光江口夺其湾沕等沙左参将丰城侯领兵渡其上游督都督程达等中夜舁舟越山自间道以出洮水江纵火焚贼舟遂夺富良江

(十一月)时贼有划舡出没江口辅命鲁麟夜舁舡从上流下水夺其舡斩首百余级自是划舡不敢出没辅与西平侯议于上流渡江乃遣朱荣等于下流十八里嘉林置舟筏为欲渡以势以制其势贼果分遣水军于嘉林夺我舟荣等奋击大破之

(五年)三月癸酉大军回交州甲午贼果犯咸水关报至己酉王与左副将军合兵水陆并进贼以海船横截江中面以战船划船两岸齐进既而登岸植木为栅辅乘其栅之未成亲督精锐攻之都督柳升等亦率舟师来奋击贼遂大败富良江水为之赤积尸数十里右参将云阳伯乘胜长驱直抵闷海口黎贼父子闻败乘船远遁于灵源辅谕诸将宜乘破竹之势追剿殄灭乃回军交州留右将军守镇备御黄江等处

四月乙亥辅与左副将军统军由清化府倍道兼进调柳升鲁麟莫邃等分领战船由水路穷追戊寅舟师至清化之磊江贼众聚船以拒升等击败之斩首万余级。

五月丁卯辅至演州柳升等舟师来会途中降者相继询知黎贼父子遁于义安府之深江辅议与左副将军兵从陆路柳升等率舟师由水路追贼壬申大军至义安府土油县辅从举厥江西路进兵两军俱至盘石县下营甲戌,柳升率舟师至奇罗海口与贼战大败之获贼船三百艘余船分散贼首潜窜草野乙亥升所领军士王柴胡等七人擒贼伪上皇黎季犛黄中所领军士李保保等十人获伪卫国大王黎澄丙子莫邃下土人武如卿五人获伪国主黎苍及其伪太子芮于高望山凡黎氏亲属俘获无遗安南地悉平所得府州四十八县一百八十六户三百十二万五百象马牛羊舟粮器械无算遣都督柳升等献俘阙下露布以闻

卷十·书疏移文

永乐四年征交趾新城侯张辅与大将军榜示黎贼父子大罪二十以明天讨之意……初交人闻天兵南下罔知所以既闻榜示咸知罪在季犛永乐四年七月十六日出师十月初九日至广西思明府凭祥县祃牙入境耀武陈师遂入安南坡垒关贼无兵守初十日望祀境内山川之神告以黎贼弑君害民内侵上侮之罪奉行天讨出榜晓谕国中官民

……

一先自领兵入境以来……十一月十四日拣选精锐命横江将军都指挥同知鲁麟率扛粮造成划船从个招市上流十里离岸稍远顿放期以今夜扛抬下水袭夺贼船至四更时分齐抬划船下水夺取贼船一只贼人除落水淹死外砍到首级一百余颗余贼知觉惊走下水去讫自后划船不敢出没获功官军若干员名

……

一瞭得贼人哨船常于富良江出没正离交州下流二十余里及来降者云贼首及男黎澄等聚船于黄江等处议晋左副将军于交州守备安抚人民十二日左副将军左参将领马步官军战船由富良江之左右水陆立进次于鲁江左副将军等次于木丸江对岸下营十四日巳时有众贼驾船三百余只泝流而上夹州两岸来犯我军两军合势水陆进战石参将亲督都督柳升等江内以战船弓箭陆路用神机铳碗口铳逼贼船于州水浅处船不能动贼众大败杀贼伪将阮仁男阮磊阮劣其余斩首一万级溺水死者不计期数又生擒伪将黄世冈彤文杰伪官冯宗实莫铁芁虽阮利并贼徒一百名俱各典刑获到贼船一百只余船望风逃窜遂以贼馘筑观于岸获功官军若干员名

……

一贼已窜海及胶水地面泥泞非久驻兵之所乃与左副将军等谋议贼虽外窜所去不远必藏河港觇我动静若回军交阯留兵于咸子关水狭处两岸立堡并留战船守备贼见我军回彼必仍由闷海口以袭我后我以马步官军战船一齐攻击致彼以擒事必可成众议既同三月初八日遂自胶水回军至咸子关置堡堡成留军守备大军抵交阯二十七日早有左副将军等报据上人报慈廉州地面有贼象八十只见在山内已议左右参将领军前去征捕二十九日夜有守咸子关堡都督佥事柳升来报本日贼人哨船离堡甚近下十里有贼船数多三十日早右副将军与左副将军同进贼人果至大小船只首尾相联数里不绝陆路又以精壮数万拒战官军两岸夹攻贼乃以海船横截江中却以战船划船两岸齐进南岸陆路又埋燕于窠放铳及船内装载木植登岸埋立木栅右副将军亲督虎贲士及精锐官军乘其栅之未备奋勇直前贼不敢当其锋升等又率舟师以击贼船贼众大败……其余生擒典刑二千名斩首万级溺水淹死者不可胜纪富良江水尽为之赤尸壅数十里获到战船海船万余只余党逃散当日追至鲁江前所追象已行遁去右参将等亦至乘胜长驱追至黄江直抵闷海口黎贼父子仅以船数只脱身逃窜灵源去讫又获金饰船三十只战船一千余只……

一贼首远遁宜乘破竹之势追剿……四月二十日右副将军左参将军领马步官军由清化府倍道兼进调都督佥事柳升横海将军鲁麟等并土官知府莫邃等各领战船由水路穷追二十三日舟师至清化府磊江贼众尚聚船恃险以拒我军柳升等随率官军杀败斩首万余级其余望风奔溃获功官军若干员名

卷十二・书疏移文

礼部尚书严嵩兵部尚书张瓒等会讯得郑惟獠称彼国因逆庸称乱世孙黎宁播迁清革累遣陪臣驰奏逆党闭拒不得上通嘉靖十三年四月十七日黎宁具本差惟獠等及朱显等十人分为二行各潜入海船取道来京惟獠等六人被风漂至占城国至十五年七月内始得抵广东西南驿附搭商船直抵高邮由陆路入京情与奏同兵部覆奏安南国逆臣争乱信使不通踰二十二年……

河漕通考①

卷上·禹迹【原经原贡辨疑考易释水】·**原经**【四则】·**其一**【决九川距海浚畎浍距川】

河上史曰汉平当云经义有决河深川而无堤防壅塞之文信乎夫决者近世之所讳也自汉以来有事于河者负薪湛玉往往侈塞决为奇功而圣人反以之为妙用一时诸水大者距海小者距川蒙者涤原坎者潴泽东西南北惟吾所命焉由顺其性耳是故善为川者太上决之其次因之其次塞之最下为之防又曰余考禹迹因旁揽旧闻如世纪中经历诸书所载委宛藏书洮河授玉及河精巫支祁等语何其恠诞不经也虞书称述禹功至地平天成永赖万世而禹之自言则决川浚畎浍之外无他异术焉又尝考信于仲尼其称禹德至不容口而独究其原其于尽力沟洫盖水行地中犹人血络手足百骸之间血循络则治否则错经妄行为痿痹崩漏故沟洫之制可以宣泻汙潦可以引纳支流酌其虚盈而条其衍溢实河政之首务也虞夏之法后虽无传而殷周封井分画之制则犹可考当其时田间有遂遂通于沟十夫有沟沟通于洫百夫有洫又通于漕千夫有漕漕通于川万夫有川川通于济于洛于汝于泗淮河江以达于海故畛广四尺涂广八尺道广二仞路广四仞而封树之皆水坊也无所事堤以潴蓄水以坊止水以沟荡水以遂均水以列舍水皆水治也无所事渠畿疆封筑取诸农隙旱蓄潦泄任诸农功卒然有急移用其民以救其时事取诸力征故土不堤而固水不渠而洒河由地行盖不劳而定亦也亦无为事河斯即浚畎浍尽力沟之遗意乎后世阡陌既废沟洫尽湮大河之壖平隰千里曾无丈尺之渠以潴泻其间稍遇十日之霖不溢涌内壑则且助河为虐矣甚哉沟洫之

卷上·禹迹【原经原贡辨疑考易释水】·**原经**【四则】·**其二**【导积石至龙门华阴底柱孟津洛汭大伾大陆九河】

河上史曰河源出域外昆仑而禹导之自积石始荒远在所略也又越三千里至龙门而后其径始详焉今考近志河自积石至河州径兰县宁夏出塞外东北至古东胜废武州复南入中国西则为陕西界凡历延安西安二府起府谷神木吴堡清涧延川宜川韩城郃阳朝邑以至华阴潼关东则为山西界凡历大同太原平阳三府起河曲保德兴临宁乡石楼永和大宁吉和津荣河蒲州南望华阴是为西河而龙门之险在韩城之东北境与河津值吕梁之险在石州西境与郃阳值壶口之险在吉州西境雷首之险在蒲州东南传所称孟门之险即在龙门以上亦吉州西界又自蒲而东径芮城平陆垣曲入河南怀庆之济源孟温武陟曰河内自华阴而东入河南开封二府径阌乡灵宝陕州渑池新安洛阳孟津巩县偃师河阴荥泽原武延津西北望大伾曰河外是为南河而底柱之险在陕州之东界析城王屋之险在泽州阳城济源传所称三门即底柱也七津在其下由此过巩之洛汭浚之大伾此禹贡所载今郡县可指而名者也其东河则洚水而大陆而九河而逆河而碣石入海虽亦禹贡所载而今郡县并不可指名焉如以地形揆测则当在今大名真定河涧及古北平营辽之间然而不可强执亦不必强矣程氏谓自洛汭以上山水名称迹道古今如一自大伾以下不特水道难考虽名山旧尝凭河者亦复不可究辨非山有徙移也河既变迁年世久远人知新河之为河不知旧山之不附新河辄并河求之安从而得旧山之真与详具后考　又按禹治河自龙门至大伾皆缘山为阻隘束河流及大陆而下则泽壤旷夷水势奔放乃不惜数百里地委之九河以杀其怒而初无堤防以迫阸之故自夏迄周千有余年其间冲决迁改虽自不常然要不越瀛冀之域而已周秦以降河始不行于大伾之北而出于相魏之南一徙而屯氏再徙而漯川川流所导已非禹迹然亦犹兖之境也迨宋元以后河益南徙由豫入徐而自荥阳以东尽非禹旧至于今而又异矣即先朝以来一再北决势若建瓴第以济运之故障之使南而又左虞泗漕右虞陵寝仅仅留中一线居水东行壅垫自其宜耳夫禹时道河北入碣石之海道济东入千乘之海道淮南入杨州之海三渎分流犹虞羡溢而今以一淮兼三渎之任益以渭洛汶沁泗沂诸川之流而无他殊渎以泄之今日之河所

① 〔明〕黄承玄撰。据清抄本。

以为难之难也然则必道河北复流禹旧迹然后可乎曰河不可复而可分不必狗禹之迹而当师禹之意此今日之宜讲求者耳

卷上·禹迹【原经原贡辨疑考易释水】·原经【四则】·其三【导淮】

河上史曰考古淮河自桐栢而东径信阳新息寿春临淮泗州尽揽南条诸山迤北之水至淮阴而与泗水合泗水自陪尾而西径曲阜滋阳鱼台入彭城至下邳合沂水又南至宿迁东南入淮三水合流东入于海则今云梯海口即大禹以来泗淮入海之故道也

卷上·禹迹【原经原贡辨疑考易释水】·原经【四则】·其四【导沇】

河上史曰古沇水源出济源县王屋山东过温县西北始名为济又东南流当巩县之北入河与河并流过成皋南溢为荥水东径阳武封邱北又东径定陶南又东北与菏水会径乘氏入巨野泽过寿张西合汶水至青州博兴县入海此济之故道也自汉元光中河决瓠子注巨野济为河所淫王莽之世川渎枯竭后汉永平中修汴渠起自荥阳东至千乘则大都贯济故渎以行后河徙益南津渠势改即枯渎亦杳不可寻今惟东平以下汶水支流时溢入故道从利津入海世谓之清河而实非济也详具考易

卷上·禹迹【原经原贡辨疑考易释水】·原贡【一则】·其一【大禹贡道】

河上史曰当时冀拥北山配天作邑八州星罗揖拱于外方而大河盘旋萦带其左右故当时贡道莫不仰河水为康荘旁引诸川之水为绝络水不可则求诸陆陆不可则求诸海且一州也而或分境一水也而或分岐如豫如青如雍在近界则豫径入河青由济入雍由渭入在远界则豫南浮洛青东浮汶雍西浮积石之河又兖之南浮济北浮漯其一州而分境者如此徐浮淮矣浮泗矣泗之上或灉或沛荆浮江矣浮汉矣江

汉之左右或沱或潜其一水而分岐者如此荆之由汉而逾洛梁之由沔而逾渭其水不可而求诸陆者如此冀北之碣石入河扬之沿江入海其陆不可而求诸海者又如此大都水为我用则取道于水固无所强于水也水不为我用则取道于水之外以通其水道之所穷亦无所强于水以就我也要之及河而止焉夫唐虞之世抵璧于山投珠于渊禹也以食则菲以衣则恶以居则犹茅茨土阶又粟米则赋之远郊铚秸则赋之近甸公卿食采则赋之侯服是余所藉于八州之民者能几何所求通于水者又能几何然先之有底慎则壤之法以制其经有间岁错出之法以制其权有十三载乃同之法以缓其入后之有水运陆运海运之法以便其往以通其穷嗟乎圣人之利赖斯民何若是之周又若是之大乎议者不察猥云古所易者第祛河之害今所难者祛河之害且藉河之利以供运事也是不然在礼祭法禹真御灾捍患为天下烈乎然尤劳定国法施民度土度田度贡度赋又曷尝不厚收天下之利也哉余故为之说曰古人决川以远害不蕲利也然惟决故水不能为我困而尝为我用今人防川以觊利不蕲害也然惟防故我不能用水而反受困于水其难其易则必有分矣

卷上·禹迹【原经原贡辨疑考易释水】·辨疑【一则】·其一【排淮泗酾二渠通鸿沟凿荆涂】

河上史曰孟子推言天下治乱首归之禹抑洪水于是有疏九河沦济漯注海之说有决汝汉排淮泗注江之说是余管敬仲则有凿十二虻渫十七湛疏三江凿五湖之说韩非吕览则有凿龙门辟伊阙之说淮南子则有凿江通九路之说司马迁则有酾二渠之说地志则有凿荆涂二山之说至郦道元误读河渠书则有通鸿沟入淮泗之说而宋张洎诸人复附会之元人郏亶则附会疏三江凿五湖之说而谓禹尝凿震泽而疏江入海今建议者则又附会排淮泗注江之说而欲复禹故道余因榷而论之之数说也有可信而可疑者焉有不足信而可疑者焉有不足信亦不必疑者焉何者龙门未凿则河出孟门之上震荡梁岐之间今华阴上下皆安流也荆涂未凿则淮水泛滥于荆之西麓今寿春上下亦皆安流也是禹凿之明效也然谓因势修辟去其龃龉则可若曰堕山断岭创为开道则虽殚八年之力竭三圣之财吾知其难成矣二渠分厮后人多称述者然据马迁以为大伾以上载之高地似矣解者曰从顿邱而分一由泽水入碣石之海一由漯川入千乘之海又似矣何以又曰既酾为二复播为九将播之入海后耶非耶封

禅沟洫皆言武帝塞瓠子徙二渠复禹旧迹将复于何所耶此二者所谓可信而复可疑者也史记河渠书既次禹功乃曰自是之后荥阳下引河东南为鸿沟以通宋郑曹卫与济汝淮泗会盖言自禹之后汉以前有引河为沟者非谓禹引也何郦道元遂谓大禹实塞荥泽开渠以通淮泗乎夫禹时荥口惟有出河南溢之济从兖青入海其后津流既辍而荥自受河或名鸿沟或名阴沟或名官渡或名汴渠或名浚仪或名蒗荡其下流始通淮泗而实非禹旧也宋都大梁惟汴水横亘域中首承大河漕引江湖之粟故宋臣复张大其说归功大禹盖借口水经之释而哆其附会之私耳然亦有可疑者经言浮于淮泗达于河而无从泗入河之道故许慎辈谓汲受浚仪阴沟至蒙为灉可以通泗而泗至巨野合泲可以通河不知陶邱巨野境壤相邻泲泗通津理之所有至汲水阴沟则后人列目未可诬禹此所谓不足信而可疑者也若谓淮泗注江此则出于前贤文字之误今考其时盖在吴夫差筑邗沟通江淮之后虽未及百年亦或假托而讹传之耳设如求之老子山南盱眙天长六合之境而务欲援古以便今则诬亦甚矣至凿湖后虽无传然荆扬以南号称水国涂泥卑隰凿安所施且今泽自为汇江自为流辨之无益也此二者所谓不足信而亦不必疑者也夫禹于四海间何一地非其所历涉何一水非其所节宣即随所指顾靡不举而归之曰禹曰禹亦奚不可余独惜世人借口圣贤文其臆说则关于世道不小也故権论之如此

卷上·禹迹【原经原贡辨疑考易释水】·考易【二则】·其一【九河】

河上史曰九河之名尔雅著其目李巡孙炎之徒附会其义而先儒强求其地以实之至又谓九河碣石已沦于海其说皆非也夫九河原非常渎初无定名河自大伾而下地平土疏偶遇暴溢分裂而为九支禹因加疏导使同归于海耳河性宁有常哉倏而为一倏而为九又倏而为一即在禹之世八支通塞要不可知又安得而强名之也常征之近事嘉靖三十七年河从徐邳之上忽分为十一支下流俱会清淮由安东入海不久遂塞夫十一支非即禹九河乎俱会安东入海非即所谓同为逆河者乎此理甚明无足深辨乃后人不务察其理而务狥其迹则或滥袭故号或诡窜新乡甲是乙非多指乱视而喜事且欲泥而求之常试而为之此其罪又加于白圭一等矣余故曰藉令禹生今世治今河亦必就其势之何如而因为利导必不徒狥其迹又必不强河以就我也此九河说也

卷上·禹迹【原经原贡辨疑考易释水】·考易【二则】·其二【荥济】

河上史曰济水当河未徙之时径巩县之北入河溢而南出由徐青入海自河南徙之后径从孟县乔二营入河东南而逝不复截河之南而兖济界中惟汶水自泰安州出者尚由故道东北流入海然自元人引汶入洸以益泗漕国朝遮入南旺而入海之道亦多湮塞今所谓大清河者乃汶水从坎河口及张秋溢出之支流会诸山沟泉之水合小清河东北注海是济河之故道而实非济源流出之水也经文至菏菏会汶其义甚明世儒乃谓济水潜流地中或隐或见一见为济源再见为荥水又见为山东诸泉其说与经文不类夫禹贡青浮于汶达于济兖浮济漯达于河是济原有水道以通于河也果若穴地伏流之说则水绝壤断何由径达将不免为荆之逾洛梁之逾沔矣经何以称焉世儒附会穿凿牢不可破第弗深考耳

或曰导济自禹而济之名非始于禹也传曰龙门未辟吕梁未凿河水出孟门之上则禹以前或不河经伊洛而济之贯曹郓齐青以入海者原有故渎及禹导河出龙门经巩洛绝济而北其溢出于故渎者仍为之济也方氏云金之亡也河自开封北卫州决而入涡河以入淮济水之绝于王莽时者今其源出河北温县犹经枯黄河中以入汶而后趋海清济贯浊河遂成虚论则可见济水之性津注通流原无隐见而其枯竭于汉世者实为河所夺耳程氏之说未必非也

卷上·禹迹【原经原贡辨疑考易释水】·释水【一则】·其一

河上史曰禹贡之水凡五十有一焉而冀有其五兖有其六青扬各有其三徐有其四荆梁各有其七雍豫各有其八以今考之如青如扬如荆如梁如雍五州之水迹道名称其间虽小有变易而经流无改禹迹可寻也独冀之水五而今亡其二豫之水八而今亡其四兖之水六而今无一焉此其故何也盖黄河始行冀之东以及于兖之北继徙豫之北以及于兖之南冀豫半当河冲而兖全受其下流被毒尤烈故不直碣石九河苞沦易迹即名川大渎若济若漯者亦尽

化为乌有焉甚哉河之为利害也今河徙而南全入于徐州之域而淮扬凤泗半为鱼龙之宫即泗淮沂沭诸川且将各失其职至于江淮之间洪涛相接黄流南注势易建瓴又骎骎乎有四渎合流之兆矣茫茫禹迹将安求乎

卷上·禹迹【原经原贡辨疑考易释水】·**河源**【正录附录证讹】

域中川浸以什伯计惟九州为长然汉附江泗附淮汶附济渭洛附河川之距海四渎为最长而河又称宗焉故礼三王祭川皆先河后海谓之务本言海之本源自河也彼其衍溢中夏亘塞北极西徼外莫知所从来故古今谭河源者语多枘凿而要以经史为折衷余次而录之附以诸家之说凡三篇曰河源

卷上·禹迹【原经原贡辨疑考易释水】·**河源**【正录附录证讹】·**正录**【二则】·**其一**【昆仑析支渠搜西戎】

河上史曰世称河源者孰不曰昆仑哉而说者谓河源远出绝域禹不穷其所至然今观西戎即叙之文又何尝不互见之也即传所称周行宇内东造绝迹西延积石南踰赤岸北过寒谷徊昆仑察六扈脉地理名金石固不足尽信然不可谓非迹禹之所至焉其后奉使西域求河源者汉有张骞唐有薛元鼎元有都实其历涉远近见闻详略不同然昆仑积石禹已揭其要领彼三家譬则衙官总不能外禹经而别一途径也且江源岷山汉源嶓冢济源王屋渭源鸟鼠泗源陪尾禹书五山不云五水之源又何疑于昆仑淮源大复第云桐栢洛源冢领第云熊耳此岂绝远又何疑于昆仑之外乃论者不察信不经之书求诸荒唐之域则亦好奇之过矣

卷上·禹迹【原经原贡辨疑考易释水】·**河源**【正录附录证讹】·**正录**【二则】·**其二**【史记盐泽南则河源汉书河有两源唐史得河源于莫贺延积尾曰闷磨黎山元史】

河上史曰元史所载河源自以为轶汉越唐前古莫及而今之为图说者亦复宗之余故详录其文但其名杂华夷语多滤漫读者病焉乃复本脱脱宋史参以宋濂邱浚诸家之言节略其语并次于后以便观览元世祖命都实西穷河源得其源于西蕃朶甘思之南鄙曰星宿海四山之间有泉百泓汇而为泽登高望之若列星然流出复潴曰哈剌海东出为赤宾河合忽阑也里术二水其流浸大东行岐为九派为九渡河其水犹清骑可涉也贯山中行出西戎之都会曰阔即阔提二地合纳邻河所谓细黄河也水流已浊绕昆仑之南折而东注合乞里马出河复绕昆仑之北转而东北流历贵德西宁之境而至积石上距河源盖六千七百有余里焉又东北流过达达地复转河东南抵潼关出三门过虎牢而后奔放平壤吞纳支川以百数无崇山巨矶以防闲之始旁激横溃不遵禹迹矣杨慎曰元都实朱思本二家之书其间分合转折虽或有异而昆仑积石地域远近大要相同始考张骞使西域所至惟大月氏大宛大夏康居其余旁国皆得之传闻徒见盐泽伏流至于积石再出遂谓此为河源而实未见昆仑也元鼎虽亦以使事往土蕃然履历有序其言昆仑山水委曲可信故蔡氏书传以元鼎之言为近至元混一天下通道绝域如行国中都实又特以河源事往所诣多乡道指授其所纪载当有证据然后知于阗盐泽昆仑积石一皆河流所经去源犹远譬诸常山之蛇张骞见其尾元鼎见其腹而都实所至昂霄所纪庶几见其全体矣虽然中夏内事有干人纪者君子所当知中夏外事无预于人者君子所当略故禹贡止书导河积石至于龙门其下经过播逆入海之处则備及之意盖有在矣后世振决荡析河流在中国者代无善捍之策而反远求其源于荒绝之外欲何为邪

卷上·禹迹【原经原贡辨疑考易释水】·**河源**【正录附录证讹】·**附录**【二则】·**其一**【尔雅山海经王鏊河源辨水经通志略杂志】

河上史曰余所录尔雅山经诸传志之语多诞妄不足信惟水经通志略为近之王文恪当世宗匠雅主桑氏之说而其论亦博辨可嘉第杂引本纪外国图诸家之言而以鸿烈十洲记为证则亦近于缪悠矣

卷上·禹迹【原经原贡辨疑考易释水】·**河源**【正录附录证讹】·**附录**【二则】·**其二**【黄河四大折九曲】

河上史曰此九折上应星躔当必有据然吐蕃志称河西九曲之地水甘草良宜蓄牧又云独山九曲二军则九

曲乃别一境界如春秋河曲相似与此殊戾盖张华言天柱为昆仑而郭璞谓似别有昆仑余于此亦云

卷上·禹迹【原经原贡辨疑考易释水】**·河源**【正录附录证讹】**·证记**【一则】**·其一**【初学】

河上史曰此徐铉初学记之全文也盖杂引经史组织成章而随于大字行间笺以小注读者必有分矣太平御览截取小注首二行山海经语遂溷以大小字接去数行为一段中又从所引吕氏春秋数语发首亦复溷大小字接去数行为一段此但殽杂徐记之本末未直指为山海经也近见治河通考乃并前二段为一篇而于中削去吕氏春秋曰五字直名之曰山海经至河防一览书又袭通考之误亦曰山海经则非惟失徐记之本末且失御览之本末矣夫山海经多涉诞诡殊不足为世轻重然传讹袭响则非所以训也余故表而列之以镜河事

卷上·河变

河入中国自孟门上下皆有重山叠嶂以东之故不能为大患自底柱三门以东地势平衍水得骋其戎毒是故徙决不常津流世易其地则冀兖青豫徐扬其入海则碣石渤海千乘海安河之所向即为洪流河之所淤即为平陆盖记有详略治有得失而古今无不变之河余穷搜而僃志之命编曰河变

卷上·河变·其一【河徙砱砾】

河上史曰汉王横言周定王时河徙已失禹时故道欲开西山足使乘高地而东北入海元余阙谓周定时河始南徙明卲宝治河论又谓河自周定王时北徙或误淮群志则又曰周定王时河徙砱砾南浮于淮不知何所考据盖自砱砾地界失传而所指易向考古者为之三叹焉

卷上·河变·其二【汴渠】

河上史曰古汴河名不甚著至东汉而后见于史传今汴源出荥阳县大周山合京索须郑四水东南至中牟县入河而水源亦不甚大疑自汉以前汴但合入诸水故不自列目及汉时济水枯竭而后汴水独径济之故渎东入于海故称河汴分流耳席氏之说尚未详也

卷上·河变·其三

河上史曰世儒皆云自新莽讫唐九百余年无河患余窃疑之因上下古今历代河防之迹自禹而详至春秋战国而略自西汉而详至三国迄六朝而略自北宋而尤详至南渡迄金元间而略此何以故当其时人伦俶扰海宇沸腾天下方有陆沉之难上者军师行阵算胜之不遑而何遑问水下者流离窜徙偷生之不暇而何暇告灾且其时学官失职疑信无传迨其久而人代变更文献不足犹之乎鸿荒肇判神圣未兴则亦莽莽苍匕相忘于巢窟之间而已河曷故哉河曷故哉

卷上·河变·其四

按说者相传宣和初井水皆浑为黄河水信而前史第云大雨水骤高云云不言黄河也汴城四面无山俱平衍之地即雨水骤涨何至乃尔其必河水并发无疑也

卷上·河变·其五

按河分流单州之境史不详其下流自宋亡迄今世宗数十年间徙决地分无从考据所称旧河故道不知原从何处行流窃以河势反北决则害山东河北语观之则此时河流已东南半入于淮矣

卷上·河变·其六

按此年河失故道势益南行而史前后通不详其下流入海之路及查二十七年所设防河官则嘉祥金乡萧沛

彭城诸州县之长贰皆已提举河防而河北诸路并不预河事是全河业已南徙合泗淮入海矣盖此时下流淮泗诸郡邑尚与宋争衡未尽入金版借故不具载尔

卷上·河变·其七

按邱氏曰金之亡也河自开封北卫州决而入涡河历南直寿亳蒙城怀远之间入淮旧河自开封城北四十里东至虞城下远济宁州界而金宣宗贞祐中剌史温撒可喜言近世河离故道自卫东南流由徐邳入海则似与今邳宿桃清河道不远矣

卷上·河变·其八

河上史曰河自汉元光决瓠子浮淮泗虽云南泛然间有之亦旋复之矣熙宁以前河患之大者皆在澶滑思冀上下嗣后在青兖徐邳间而河稍稍入淮后更合淮后全入淮矣故汉及唐皆以北流为故道宋以东流为故道元季则以南流为故道至于今又以清河之北为故道矣

卷上·河变·其九

后景泰中王暹言黄河自洪武二十四年改流从汴梁北相离四五里许东南转至凤阳入淮者为大黄河其支流分出徐州以南者为小黄河自正统十三年以后河复故道从黑阳山后径趋沙湾入海止存小黄河出徐州随浚随塞

卷上·河变·其十

时都御史邵宝奏黄河水势自弘治七年修理之后向在清河口入漕弘治十八年北徙三百里至宿迁小河口入正德三年又北徙三百里至徐州小浮桥入四年六月又北徙一百二十里至沛县飞云桥入漕河

卷上·河变·其十一

时御史戴金言黄河入淮之道有三一自中牟至荆山合长淮之水曰涡河一自开封府经葛冈小坝丁家道口马牧集鸳鸯口至徐州出小浮桥曰汴河一自小坝经归德城南饮马池至文家集经夏邑至宿迁曰白河弘治以来黄河变迁涡白二道上源湮塞故徐州独受其害

卷上·河变·其十二

时尚书胡世宁言河自汴以来南分二道一出汴城西荥泽经中牟陈颖至寿州入淮一出汴城东祥符经陈留亳州至怀远入淮一东南一道自归德宿州经虹县睢宁至宿迁出其东分为五道一自长垣曹郓至阳谷出一自曹州双河口至鱼台塌场口出一自仪封归德至小浮桥出一由沛县南飞云桥出一自徐沛之中境山北溜沟出六路皆入漕河而总南入淮今诸道皆塞惟沛县一道仅存故溢出丰沛徐为患近又漫入昭阳湖流缓沙停运道遂塞

卷上·河政

政者何纪治也河独有政者何纪难治也盖河自关陕而下北决澶滑思冀东决曹郓齐青中泛汴颍宋亳南决丰沛下邳淮阴古九州惟梁荆外无不被河之毒者自河湟以降凡濒河诸川若渭若泾若汾若沁若伊若洛若漳若洚若汶若漯若泲若灉所谓百川灌河者非乎往往为所吞噬湮灭者不可胜数乃四渎秩等也自巨野入而清济之道湮自涡汴入而清淮之道乱古中原川渎惟岷江外亦无不被河之毒者国家运道由江入湖乱淮入泗沂济汶达卫白而黄河横绝其中东决则忧会通北徙则忧漳御南溢则忧高宝西溃则忧洪故运河自江南通惠而外亦无不被河之毒者盖河患若斯之亟也司水者惟是为务焉余因备考古今河事经以代年而诠次之竟始终别同异明得

失俾后来者有所镜焉

卷上·河政·其一【上古】

河上史曰三皇以前尚矣史传多称五帝以来然其言多怪妄不足信余择其尤雅者录之以纪所自始

卷上·河政·其二【陶唐】

河上史曰鸿范言鲧堙鸿水汨陈五行鲧则殛死然稽之帝典但云绩用勿成而传称羽山之殛特拘因困苦之耳非死之也故舜举禹于尧亦曰纘鲧之业谓之业语绩也谓之纘惜未成也盖箕子欲伸伯禹而不觉厚抑其父耳因稽我国朝宋康惠会通之役刘忠宣安平之役宋司空新河之役中更霜露再蹶再振而卒也竟底于成之盖三公者盖以一身当之而鲧也禹也以父子当之吁天下事可易言哉余故谓九载弗成之绩实开万世永赖之功

卷上·河政·其三【禹贡】

河上史曰余前考禹迹至龙门洚水碣石九河盖已辨之详矣总之以尚书禹贡为正至河渠书所称厮二渠入渤海皆非也盖禹所导止有一河至大陆而下始播为九以入碣石之海郑氏之言颇属有据但漯川一渠亦非始自汉代意必自禹之后河流变迁或从顿邱派别为二年世久远讹传以为禹之所分至汉时亦复湮废元封中塞瓠子导河北行二渠遂以为复禹旧迹而实非也

卷上·河政·其四【山浚川】

河上史曰余考传记自禹九州攸同之后暨舜建十二州之时才两三年耳当其时水土初平元圭方锡乃复有浚川之举何也盖自古无久行不变之河而圣人亦无久安长治之术所恃者随时疏浚先事预防使不至大为民害是则可久之道耳今黄河之势不啻十倍往昔乃当事者徒株守旧辙侥幸目前即乏先时浚道之谋而议事者遇小有决溢烦言骤兴复多吹求责备之说均非知河者余也余故表而著之若此

卷上·河政·其五【夏】

河上史曰考世纪夏禹至少康仅百有余年而时已命官治河至勤其官以死则当时河患已殷而夏之君臣所有事于河者亦甚亟亟矣第史传缺略其治法无传耳乃论者不察猥云自禹讫周无河患者八百余年则亦世儒臆度之说也

卷上·河政·其六【商】

河上史曰商以河故迁都屡屡故特详其都夫诗称商邑翼翼四方之极帝都顾不重欤乃一当河圮无难改邑改井以避之何也亳在河南为下流势或不支或不得厚为堤御若耿在河东相邢在河北嚣居河上流皆负山临河其为堤防宜易易者何卒出彼而不出此也夫亦以与水争地利害茫不可几要不若弃地与河亦犹行所无事之智耳

又按汉以后言河事者具曰砱砾之徙河始失故道此语不然商所都耿相邢嚣其地故濒河无论至所称亳都即今河南归德之界矣诗不云乎景员维河言景亳四周皆大河也则商初河南出亳郊六传而遂为所圮五迁厥邑靡有宁居是可见商之河已非复虞夏之河而有商诸君所以处河之变者亦非复禹之故智矣要之不与水争地则犹出贾让之上策而非后世之所可及也

卷上·河政·其七【周】

河上史曰昔人云春秋二百四十二年无河患以故圣经不书是不然盖春秋书法皆因鲁史旧文其于列国则

皆从所赴告非赴告则阙焉时方倥偬于战斗会盟之不暇宁暇及河事且观葵邱五戒以曲防等之树子而塞河自广躬自犯之何论其余尚得以赴告望之也

卷上·河政·其八【汉】

河上史曰金堤曷昉乎开州有鲧堤卫州有古伯禹堤博州亦有鲧堤又名禹堤志云自开封荥阳至千乘海口千余里历代筑之以御河患通谓之金堤意者其起于东周之季乎兖河之西有魏堤其东有齐堤各距河二十余里盖七雄分据时多割河为界则因堤阻以为守亦或堰河以灌邻后代接因补葺遂相连亘耳汉以后言河事者恃金堤为廓廓然亦多见效观贾让之策亦云东薄金堤势不能远其重可知已乃孙禁议决平原金堤李垂议破大伾古堤识者韪之是亦药笼中物也

卷上·河政·其九

河上史曰汉时河不为国家用而此决彼阏利害亦足相当又建都关中去东郡远非所称要害故瓠子之决置之度外者二十年至宣防之塞盖天幸耳非有事封禅临决河安能目睹其利害慷慨悲歌而亟为之所也今距汉千五百余年寘薪楗竹搴茭之法犹以为防河善策则信哉英主之遗烈矣

卷上·河政·其十

河上史曰河平前馆陶之塞本用杜钦荐而延世独蒙上赏所以平原之役钦复进焉以惎延年宋熙宁修二股河初由宋昌言建议而司马君实以主议见褒于是疏明昌言建议之功君子韪之抑有鉴于汉事乎然陶馆以三旬报功而平原以六月则又专任与不专任之明效矣

卷上·河政·其十一

河上史曰邱氏茅氏之说今议河者人人能言之然地形水势古今异宜有不可尽泥者河臣刘天和曰贾让三策其上策放河北入海是即禹之故智今妨运道已不可行其中策谓据坚地作堤东西多张水门然自汉至今千数百年尽中州大名之境率为河所淤泥沙填委无复坚地而河流不常与水门每不相值或并水门而冲决淤漫之浚治无已所溉之地一再岁而高矣西方地高水安可往使让复作或亦不可行矣宋任伯雨曰河流混浊淤沙相半流行既久迤逦淤淀久而必决者势也或北而东或东而北安可以人力制哉为今之策正宜因其所向宽立堤防约拦水势不至大段漫流尔此论甚当然以愚度之今治河者纵不可放河使北复禹故道独不可放之使东复近日之故道耶纵不能作堤穿渠以资其利独不能量留决口支分下流以驱其害耶河苟可分何必黎阳水苟可减何必灌溉此当得其意而不当泥其迹也而要之不与争地休息游波多张水门宽设堤岸则其论有不可易者

卷上·河政·其十二

河上史曰汉世治河之策虽多乃今观其所用者不过两策曰塞与不塞耳其议塞者文之酸枣武之瓠子成之馆陶平原是也其议不塞者武之屯氏元之鸣犊成哀之渤海清河信都新莽之魏郡是也夫鸿水沸出闾殚为河塞之诚是矣然而止啼塞口咽不及下积淤生壅积壅生溃远者支二三十年近者仅四三年是塞不可为常也河性难驯因其自决以观水势不塞诚是矣然而所向易堙地难数徙漫而行地浸邑坏庐多者十余郡少者三四郡是不塞不可为常也然则将奈何曰可塞则塞塞之久而其势不得不于则又宜疏而导之以酾其流而杀其怒不可塞则不塞及其水势定而稍自成川则又宜浚而沦之以达其委而防其漫盖塞与不塞二常者常相为用而疏与浚又所以通二者之用于不穷无时而可废者也

卷上·河政·其十三【南北朝】

河上史曰黄河洚洞湍悍其性难驯自古未有以河为用者用河实自隋始虽其时役重作苦天下咸被其劳乃

自唐宋以迄于今若汴若清若沁若卫转相灌输夫谁得而废之者是隋炀固罪之魁而实功之首也

卷上·河政·其十四【宋太祖至神宗】

大抵熙宁初专欲导河东流闭北流元丰以后因河决而北议者始欲复禹故迹令北去神宗爱惜民力思顺水性而水官非其人王安石力主程昉范子渊二人尤以河事自任帝虽藉其才然每抑之其后元祐元年子渊已改司农少卿御史吕陶劾其修堤开河糜费巨万护堤压埽之人溺死无数功卒不成乞行废放于是黜知兖州寻降知陕州其制略曰汝以有限之材兴必不可成之役驱无辜之民置之必死之地中书舍人苏轼词也

卷上·河政·其十五

先儒曰宋太祖云夏后治水但言导河至海随山浚川未闻力制湍流广营高岸神宗云后世以事治水故常有碍以道治水无违其性可也如能顺水所向迁徙城邑以避之复有何患欧阳修云开河如放火又云避高就下水之本性河流已弃之道自古难复文彦博云河不出于东则出于西利害一也今发夫修治徙东从西何利之有自古治河之说多矣若宋二帝二臣之言可为百世法

卷上·河政·其十六【宋哲宗至钦宗】

河上史曰哲宗朝一回河耳倡之者张问王令图和之者王孝先踵而为之者吴安持李伟也主其说者文彦博吕大防安焘也开陈利害力诋其非者苏轼范纯仁苏辙曾肇范祖禹傅尧俞刘安世张商英辈也张问二王之说屡罢屡行吴安持李伟之官暮黜朝陟而两制诸君子之忠言竟置若罔闻未几而北辕之难鞠为战场夫亦垂气所丛哉吁可鉴巳

卷上·河政·其十七

河上史曰自古竭天下之力以事河者莫如宋而欲强回大河之势以从人者亦莫如宋皇祐之六塔熙宁之二股元祐之孙村建言者与任事者悖若冰炭而欧苏曾范诸君子之硕论终不足以开悟庙堂寝息过动及元符以后河始就北流稍合禹迹不为大害者二十余年而无益于宋亡矣悲夫

邓元锡曰宋都汴藉河以限兵防其北为敌用国家都燕藉河以利漕防其北为漕忧宋人无意于幽燕而区区防一河以为之限末矣令河适北与卫河合入于海径易达河讵无漕而顺水性以从禹迹则固今世之所大讳也念以为漕渠中断岁运不继将害不在民生而在国计必堤之使南而后安漕安而河势愈激被灾者愈益广于求上策无乃已踈乎

卷上·河政·其十八【金】

河上史曰河为中国剧患自古已然特谓其横忽靡常智不及谋力不及抵耳以余观之其无常者乃水之常也夏之距海殷之迁都皆从其靡常者以为常故常不能为我害汉初议塞然瓠子之役遲迟二十年不亟塞也馆陶之役亟塞亟败矣宋初灵河濮阳皆屡塞之至熙丰元佑间而商胡横垄减水回河纷纷蝟起竟以不支嗟乎传称春秋二百四十余年不书河患又称新莽讫唐九百余年河不为患虽其时假扰昏荒忽焉而不之省哉然亦安于无事吾无利于河而亦不甚虞其害耳要之夏商之治卢扁之神方也春秋李唐中医不药不可为世训汉初虽庸医不可废在节取焉

卷上·河政·其十九【国朝】

河上史曰国朝河事较前代为难其在今日较国初为尤难盖前代于河第袪其害耳犹之驱猛兽也我朝于河袪其横决之害而且资其津济之利则犹豢猛兽矣国初运道不尽资河自都燕以后漕挽益多堤防日设至于今而河全为我用是豢猛兽而使之驾矣夫欲河全为用则上流必不使之旁决下流必不使之直逝上下胥窒而不得遂

其奔放之性则势不得不腾涌而中垫利之中而大害伏焉犹驾猛兽而不令税其不跳踯于中途而脱腹败轮也者几希余故曰今日之河较国朝尤难也昔成周之御顽民公旦谨毖以戎索君陈和中以华索毕公保厘以休前政考河政者俟后之休之尔

卷上·河政·其二十【洪武】

河上史曰恭惟圣祖当天造草昧之始即数逢河伯之殃每每称天灾称民患或恻然播告之顷或蠲课被没之乡或恐劳民力或恐夺民时或恐堤塘坝堰不可久至其谕群臣也尝有言曰治民犹治水治水者顺其性治民者顺其情人情莫不好生恶死当省刑罚息干戈以奠之莫不厌贫喜富当重农时薄赋敛以厚之莫不好佚恶劳当简兴作节徭役以安之若使之不以其道但抑之以威迫之以力强其所不欲而求其服从是犹激水过颡终非其性也洋洋圣谟虽神禹复生何以易此敢敬述之以为万世治河之监

卷上·河政·其廿一【永乐至隆庆】

河上史曰新河之工胡端敏倡其议盛中丞创其工朱司空竟成而扩大之当是时旧河市廛之众攘臂而哗庙堂掣肘之虞非时而至而公也屹焉如山躬之弗恤初遭异帜秉议独坚后被投杼克终美绩识者谓排横流尤易排横口实艰盖抑降水故淫辞功与齐而力倍矣

卷上·河政·其廿二【万历元年迄八年】

河上史曰自两河工成运道安流者几二十年可不谓功乎及览绍疏则谓当时河决崔镇而北从灌口入海淮乘黄弱渐已归复云梯两河各得其职不宜遽塞口决口挽黄复合于淮是亦一策也自绍斥其说遂废人无传者今黄淮夹涌凤泗沉沦忧及陵寝乃建为分黄导淮之议质之绍说若相吻合焉嗟乎昔之臭腐今之神奇向之妙策今之刍狗余搜而录之以备司河者考焉

卷上·河政·其廿三【万历九年迄十八年】

河上史曰河臣治河初以堤防得效故其自信益坚晚年持之益力至先后称引禹陂九泽以成其说夫国家引河济漕堤防固何可废哉第云舍堤而外别无他法则亦过矣且禹贡之文固曰九川涤源九泽既陂夫流者为川潴者为泽川谓之涤泽谓之陂其必有分矣是则河臣之误也

卷下·河运

凡漕皆视京畿唐都平阳虞都蒲坂夏都安邑皆河内河东故禹贡九州皆以达河为至秦汉唐皆都长安漕山东江淮之粟皆历砥柱三门之险宋都汴梁用四河转输而汴为最重元都燕用海运国初因之自成祖定鼎燕京之后罢直沽而浚内河以漕盖自岷江以北扬淮间则用湖及淮徐邳间则用河及沁济兖至清源则用泗沂济汶其上则用漳卫以达白榆四渎诸川濒海之水无匕滴不为漕用者而又邗沟用吴京口山阳永济用隋清河吕梁沙河用宋会通通惠用元自昔好大喜功之君所为劳民耗国以驱除其难者若天假其力以为国家用也呜呼今日漕渠可谓独兼前代之盛矣而先忧远识之臣则又或起而议复海运焉议开胶河焉议凿洳口焉又或议修陈颖之道及沁卫之道焉诗疏有云贰矛重弓以備不虞余故合而考之统纪其源复分系其类凡若干卷总命曰运河

卷下·河运·其一【历代运道】

漕河便览曰我国家建都燕京岁漕东南四百万之粟以实京师涉大江由瓜仪高宝清江浦通济闸出清口会黄河经桃宿邳徐进镇口至临清长亘七百余里为闸四十有四全藉汶泗沂诸泉之水是为会通河自临清以北会卫水来自河南辉县经馆陶会淇漳之水达天津卫是为卫河自天津至张家湾藉白河之水从密云来会卫河至直沽下海是为白河自张家湾至京师藉神山马眼玉泉之水经西山入内府过大通桥每十里一闸百二十里至张家

湾会白河是为通惠河亦名潞河则是黄沁淮沂汶泗沂漳卫白诸水历代所分流而异趋者今皆合而济运矣今之议北河者曰疏浚要矣然而一线泉源分流南北春夏之亢旱易涸也汶河之辽阔易耗也湖水之飘荡易竭也闸座之启放易泄也故其患在浅涩今之议南河者曰防御要矣然而河性湍悍呼吸变态南徙则大梁为墟也北徙则运道为梗也西溃则陵寝可虞也东溃则淮扬为壑也故其患在泛滥两河均要而难易辨焉要在治水者栉沐周览蒭荛博采深惟利害之故讲求往昔之规害之所伏毋以利在目前而遽兴前之所成毋以功从人立而轻变斯为得之若乃过听人言揣摩巳意闻之若津津有味而实不尽然绎之似凿凿可行而终且有患岂惟尘饭不可餐乃食乌喙之类也司漕事者审焉

卷下·河运·其二

漕乘曰经有之高岸为谷深谷为陵山川之变恶可胜穷也况漕河本以人力开凿使通中间排遏居多非水所欲行黄河西来又善溃出始漕至今率胜之以人力人力有时而或诎河流无时而不变庸足恃乎文皇帝为河建万世之功亦为河周万世之虑水道通利输将徭役者安若衽席当此之时与民休息固其宜也乃海运既罢矣遮洋独不令废不以属诸山东天津濒海卫所顾使南京水军左等八卫将卒领其役渊谋神略非天下后世所能及是故漕司按故典复海运深惟万全之策不从太仓崇明故道度淮海径易翼河以漕漕道广而人力不诎国计充实使民无邪心夫岂快意于涉险也乎善为家者必旁置便门以備不虞为天下而令转饟专出一隅安在其为深计乎今天下漕谷之多莫如吴越吴越所出江必经丹阳京口是处冈岭重复本天地所以蔽长江故地形特高中难潴水江潮之涨日裁数刻水最少而浮谷最多且并出京口一道可无虑耶孟渎虽险不过于海弃洪川而仰纤流未为得也又加以疏浚之劳费乎扬州白塔河故受孟渎北渡之舟避瓜洲车坝者亦一漕路也南京浦子口入天长六合有河出高邮湖水势相平人言移卲伯两闸置湖口即可通漕又一路也自黄河迁徙不常论议蠭起一谓凿祥符北七十里通卫河使漕船从泗亳入一谓自开封城北陈桥以西凿三十余里引沁河通漕船自徐州达陈桥出会通河之二者伟乎其言然历世卒莫之行非以故道易遵诸无所事事尔哉夫蹈常以自安者坐守之徒也达变而广虑者恢闳之度也自天地不能保山川之无变而人顾欲保一水以安流必不可得矣世不能以常盛力不能以常赡今国家闲暇及是时宜悉讲求以济河之阸庸非无穷之利哉虽然动大众捐大费成大功流俗之人转相惊怖此无足深异即财且智不免于妬忌乘众口以雷同者不少嗟乎非当国主断者居其间乌能为乎

卷下·河运·其一【通惠河】

河上史曰通惠河自历朝以来旋议旋罢再举再废若似乎不可为者赖肃皇帝英断于上诸辅臣力赞于下始克底绩永赖至今往昔纷纷之议皆成筌说矣余独并存之以见国家举事大功难成道谋易起当事者不可以一人之言一时之见而遂使功亏于一篑也此不独一通惠河然也又余闻之曰元时运舟直至积水潭即今西海子也本朝弘治二年舟亦直至抵大通桥下今漕舟不能直达犹费剥运盖缘当时诸臣恐开浚难成故其疏以为纵不能直达京师犹可置剥船转运姑为浅近之计以期必成也今行之既无碍矣当开闸河如临清以上之例使漕舟挨帮而进浅者隘者略为浚治用力不多而又于都城东复开五六里里使直抵城下则所省尤多此在当事者断而行之耳

卷下·河运·其二【白河】

河上史曰右考历代北河漕路以质之国朝旧志桑干河发源代地下合灰河浑源川皡川武州川温河洋河妫川溪河广阳河诸水至顺天府境自卢沟桥东南流径固安县杨先务又径霸州苑家口至武清县丁字沽入白河自杨先务至丁字沽三百余里通舟楫又保安府西北漕河徐河石桥河一亩泉河滋河沙河鸦儿河唐河诸水发源不一至安州西北十八里合流总名易水过安州至雄县南又名瓦济河东北经保定县猫儿湾又会中堡河长流河温义河拒马河白沟河至霸州苑家口与桑干河合自安州至丁字沽四百余里通舟楫又铁灯竿河自博野县东北流至河间府数支绕城而北相合东北流五十余里至市荘分为二一自市荘西北十五里流经任邱县南分为二遶城而北相合东北流二十余里至武溘淀一自市荘东北流经东荘桥至武溘淀二水又合东北至猫儿湾与桑干河合

自河涧府至丁字沽五百余里任邱县至丁字沽四百余里俱通舟楫按此则白河西北可通固安县又可通安州东南可通河间府桑干易水亦可以漕运无运疑矣抑燕赵之间地方千里其间巨细河流悉至武清县丁字沽注于白河故一遇雨潦白河满溢武清县耎儿渡口南蔡村等处冲决堤岸坏民田庐起夫筑塞劳费万计逮时旱干舟行白河又或浅阻以此知水势盈涸不常不可以经久而论也

卷下·河运·其三【新河】

河上史曰余观元史云杨村河上接通惠诸河下通滹沱入江淮使官民舟楫直达都邑利国便民则杨村固白河要害处也杨村而北地多浮沙水涩易壅挑浚甚艰杨村而南下流渐深近接潮水即有阻涩为力稍易及伏秋霖雨浸淫则两河浩荡合为一壑千里污潦尽注一渠腾涌溢溢决岸坏庐弥漫四出而莫之御则布楗缮堤之功诚不可不预也又闻之白河河甚广沙故易漫若为坚堤束之沙亦可随水而去理或固然惟司水者择焉

卷下·河运·密云运道

密云运道即白河上流也自庚戌虏犯之后蓟辽总督移住密云兵将屯结岁用漕粮十余万石悉由通州陆运至牛栏山转输密云颇称劳费嘉靖三十四年总督都御史杨博疏请开密云白河以济粮运于城西杨家荘地方筑塞新口疏通白河故道与漕河合流俾通州漕粮直抵密云城下仍于城西修筑泊岸以防城墉崩塌之患从之未果至十三年总督刘焘发卒疏通潮河川水达于通州更驾小舟转粟直抵该镇大为便利且省僦运费什七上加焘功诏赏银币其余效劳官吏各给赏有差未几复淤隆庆六年总督刘应节奏密云一城环控潮白二河若天开以便漕者向以二水分流至牛栏山而上始合故剥船自通州而上者至牛栏山而止若至隆庆仓则僦车陆挽劳费不赀前督臣杨博议改河资运直抵密云备陈四利预防一害今两水之流已为一派水益深而漕益便则所谓四利毕举而一害永除矣请大加疏浚造舟输挽便从之是后随时浚修漕渠加辟自通至牛栏山一带粮艘通行惟自牛栏山以北至密云五十里地系山脉走沙善淤设立官军岁事挑浚亦堪永赖矣

卷下·河运·昌平运道

昌平运河即榆河下流沙河也汉建武中王霸为上谷太守请从温水漕以省陆挽之劳即此我国家定鼎燕京昌平为陵园重镇先是护陵诸军每月就食于京师往复辄经旬日后改为陆运则费且不赀隆庆六年总督侍郎刘应节会巡抚都御史杨兆议于巩华城外安济桥起至通州渡口止疏通一河长一百四十五里内水深成漕见可行舟者一百余里散漫淤浅稍费开凿者三十余里发永巩二营并莫靖军夫三千人治之踰时河成至今赖之

卷下·河运·蓟州运道【丰润河附】

蓟州运道即海口新河也汉建安中魏武将征辽西单于凿渠自呼沲入泒水名平虏渠又从泃河口凿入潞河名泉州渠以通海唐神龙初姜师度于渔阳开平虏渠循魏武故迹并海穿漕以避海难国初蓟州军饷用遮洋船由直沽出口越大海七十里风涛险恶岁有疏虞天顺二年大河卫百戸闵恭言臣见新开沽河北望蓟门正与水套沽河相对止四十余里河径水深堪行舟楫但其中淤塞仅十里许若浚通之以便漕乃命都督佥事宗胜都指挥马荣御史李敏工部主事李尚发军夫万余凿之自新开沽起直达蓟州舟行便之每三年一浚著为令后成化宏治间屡浚屡塞正德中巡抚都御史刘聪议浚沽河抵鸦鸿桥河以便输运部议以为非便罢之嘉靖初海口淤塞漕舟从天津出海复折入梁河而达蓟州道远水湍舟数为败议者谓直沽东北岸有二道一曰新开一曰水套北接梁河径四十里可以疏浚成河改由此道无涉海之虑谓之新河行之天顺间民大称便后岁久湮塞漕臣以为言工部覆从其议命工部主事江珊会同巡按御史天津兵备督浚之至今岁漕无梗以潮雨冲淤遂定每岁一挑之例矣丰润河丰润县有河西流径玉田县折而南与蓟州运河相通初永平山海边关主客兵饷俱仰给蓟州仓粮远者五六百里近者三四百里公私俱困成化十九年以提督永平粮草戸部郎中官廉言乃命疏渠达于蓟州以通粮运立仓于丰润县以贮之后复湮废嘉靖四十五年复诏浚丰润县环香河转漕太平等寨军饷从巡按御史鲍承荫奏也承荫乃查

复旧河运道仍于北齐莊长官屯鸦鸿桥设闸以潴水云

卷下·河运·永平运道

永平运道循滦河至纪各荘由海运而至天津者也元至元中曾疏浚滦河以漕运上都国朝自庚戌虏患后燕河石门二路所增主客兵饷岁计三十万石而该郡土硗岁收不给又水陆绝无商贩全恃乞运嘉靖四十五年前巡抚都御史温景葵倡通漕之议会以疾去诏继任都御史耿随朝勘奏及是勘上该郡有青滦二河青河为工巨不可开滦河自永平西关外经流一百五十四里至纪各荘入海自纪各荘至天津卫四百二十六里悉并岸行舟中间开洋仅一百二十里沿途有建河粮河小沽大沽河中流遇风可以引避宜于纪各荘修建仓厫自天津漕粟于此卸囤转载小舟由滦河达之永平永丰仓力半功倍可为左辅永利诏可自是每岁通漕省国帑十二滦东诸邑渐称饶阜云

卷下·河运·大同宣府运道

宣大运道即桑干河也自大同县古定桥至顺天府界卢沟桥共长八百余里唐太宗时将讨辽东命韦挺主饷运挺遣燕州司马王安德行渠作漕舻转粮自桑干水抵卢思台行八百里渠塞不可通国朝嘉靖二十一年给事中钱亮言虏骑充斥宣大二镇单弱宜为兵守漕大同以南之桑干河如新修通惠河之法则转输费省可备二镇缓急下部覆行抚臣查议以闻二十四年给事中李文进御史赵炳然亦以为言请相度开浚或量设闸坝以蓄水上允行勘议未报三十三年巡按山西御史朱仪望奏言桑干河发源于金龙池下瓮城驿古定桥会众水东入卢沟桥一千余里在大同则卜村稍有乱石在宣府则黑龙湾有石崖颇险其险与石不越四五十里水浅处亦不下二三尺诚疏凿之为力甚易当时抚臣侯钺尝驾小舟至怀来过卜村踰黑龙湾坦行无虞又自怀来载米三十石逆水而上竟达古定桥则河足便漕验矣时朝廷新行乞运之法山谷崎岖率三十而致一石部臣谋所以易之未得其便及仪望疏下兵部力赞之且称都御史赵锦尝使人从桑干河水行千里直抵大同城下若稍加疏凿不惟通漕且因可以捍虏诏会工部议工部谓道远役重请俟详勘举行遂报罢三十九年时李文进为大同巡抚都御史乃复奏大同边储缺乏米价翔贵乞开桑干河以通运道自大同县古定桥至卢沟桥务里村水运五节计程七百二十七里陆运二节计程八十八里总该造船二百六十只置骡三百五十头夫役一千三百四十余人官十九员春秋二运可得米二万五千余石日久大同贸迁浸广公私俱利又卢沟迤南达天津另造浅船运米百者石者改小滩兑运由天津迳达卢沟桥务里村交兑尤为省便乃乞仿通惠河事例于务里村青白口等八处建公廨仓厫以备拨运堆积工部议覆言本河不系长河泛溢则迅激难制干涸则一苇不通又多山石阻碍每议辄止今抚臣既有成画当令如议举行如有窒碍亦当从实具奏后以利费不能相当竟复报罢

卷下·河运·陕西运道

天顺中延绥用兵日久户部尚书杨鼎上言阿罗出住牧河套入寇迨今三年费用浩繁几银两引盐收马征运之法尽行尚为未足又起预征之利民困财竭所不忍言惟黄河乃汉唐漕运河即今盐船木筏往来不绝其间虽有三门析津之险而古人倒仓之法为当三门之上有小河径通延绥如以所运粮草各贮水次遡流僦运庶几运饷可足而民力苏或摘漕运数千粮赴陕就令教习山西陕西河南之人待舟楫通乃许回运且可顺带鲜盐数十万以充淮课则国利大有增矣诏悉从之后复有阻其议者遂不果嘉靖十一年陕西巡抚都御史王尧封奏陕西各边岁仰食县官者不可胜数考之黄河运道自汴城入洛河至孙家湾下载陆转可数百里而达陕州复由黄河经潼关通渭南不四十里抵陕城而陕之金州等处径湖广襄阳汉江皆有水可漕诚循此道改立漕卒增置牛车先转河南湖广原派临德二仓米十万石于金州续改附近陕西等处折粮二十万石各舟浮车转而达于陕则可以不烦内帑而用饶足矣户部覆言汉唐盛时岁漕关中米数十万石耳然汉畨系议作渠田不欲漕张汤议通褒斜不能漕唐褚朗凿三山为梁而功不成杨务廉又凿为栈以挽舟而挽卒多坠死李齐物凿底柱以通舟而不能入至候水涨乃上盖皆更底柱之险败亾过半故至呼河中山为米山谓顾门匠为无墓而我朝成化间亦曾转漕二十万石至陕有斗钱易

斗米之费竟不能达今徒爱获谷之利而不知利之不偿其害是杨雄所谓耗十而爱一之说也宜下廷臣会议可否以闻既而廷臣皆言不便遂寝

卷下·河运·陕西运道·其一【卫河】

河上史曰卫河古无所考禹贡恒卫既从之卫乃在真定府灵寿县非今日之卫也今卫水源出辉县百门泉即毛诗泉源之水以其来自卫辉故俗呼为卫而实非古也在隋为永济渠又名为御河后因漳水合流又或名为漳御汉元封中河决馆陶分为屯氏河经魏郡清河信都入海大河在西屯河在东二河相并而行则今卫河即汉屯氏河故渎也宋时黄河北决则常贯御河为一即国朝正统以来河沁亦时决入于卫舟楫径通故议者往往有引沁之说焉但考卫河之水漳居其七古漳卫自景沧以上尚未合流水经漳水自邺县西又东过列人县东北过斥漳县南曲周县东巨鹿县东信都县西至咸平县南而后合清河宋志漳河由磁洺州南入冀州新河镇合胡卢河亦未尝与卫合也国初漳始西注魏县而北历西店东注馆陶入卫正德初复徙大名府南阎家渡入卫又十余年自双井入卫后复自回隆入卫今自南馆入卫经称漳水湍悍今并流渐南则卫所当受处渐益湫隘而临清以下数苦决溢为害议者至欲循漳河故道即入卫之处分流北注以杀河势而况益以丹沁之湍流乎此竟成道旁之议也

卷下·河运·陕西运道·其二

河上史曰余观卫河其水一石其泥数斗盖受浊漳为多焉禹贡为之衡漳孔注衡横也以漳水为流而得名也即今漳水自林邺以上犹岁苦决溢况下合淇卫清洹汤美防诸水以益其暴欲不为患得乎盖尝较之黄河当水猥盛汹涌济湃决岸坏防横逆四出其善溃同也时至而去盐卤下湿填淤肥美其善淤同也沧德以降所在处下筑垣居水水及堤平其水高于地同也但其决止于散漫而不至于夺河害止于病民而不至于妨运故犹称易治耳然危堤受啮岁修岁圮劳民动众殆无已时而终无永赖之策余代匮北河深惟便计偶为四议详具北河纪略中倘为之以渐未必非一劳永逸之计也以俟后来者择焉

卷下·河运·陕西运道·其三【沁河】

河上史曰历朝以来引沁之说甲乙可否旋议旋罢前考载之详矣沁果不可引乎卫本河沁故道当时卫滑以下何遂化为沉渊即今卫河阔者百余丈狭者亦不下数十丈亦何至如议者所云四五丈也盖守土者溺为成案司漕者狃为偏安而故难其说耳沁果可引乎然而暴涨难容堤防难恃便私者籍口于藩封避事者佹辞于运道而况民难虑始事无万全不为福先将为祸首是引沁亦安可轻议也然则将奈何曰待其决焉而勿之塞可也军民田庐已坏者不可复完则因而假道之易就其决道稍加疏辟则经费之易藩封运道城郭苟不至十分为患则持议之易是亦行所无事之智也

卷下·河运·陕西运道·其四【会通河鱼沛旧河附】

河上史曰会通河旧以汶泗为源今所受者独一汶耳元人能用汶而未能全汶之用国初能全用汶而未能收全汶之利故时引黄济漕延盗入室沙湾张秋之决贻患者几数十年自黄陵之功成而河水涓滴不入于漕迄今百有余年一水盈盈安于衽席舳舻衔尾若行堂奥则独资全汶之利也盖尝总十年而计之其水之均调足用者常十之七而其旱涸涝溢者仅十之三然旱可节涝可宣浅可浚均可以人力为者且历朝以来经制大备守之勿失虽与天壤俱敝可矣今司水者见其暂而不见其常方其涝也遂忘其为涸于是宣泄之意胜而泉源湖泊废坏不修方其涸也遂忘其为涝于是节蓄之意胜而堤坝斗门堙没不治至欲引他流以益之是皆非知汶者也谨识之以告来者

卷下·河运·陕西运道·其五【夏镇新河李家口及镇口新河附】

河上史曰夏镇新河之役创之自盛中丞应期而成之于朱司空衡当时且以为永赖之计矣然仅行之二十余年茶城淤则改而为古洪镇口及留城浸又改而为李家口新河新之又新已非复衡之旧矣今黄身之消落无期泉

泺之灌输未艾两湖相属茫无畔涯一线之堤朝不保夕虑且漫决将复新之何所乎即近开韩荘支渠求以泄诸湖溢滥之水然议者谓昭阳吕孟诸湖与周柳诸湖水面不甚相悬而黄河能壅镇口独不能壅董家沟口乎游波往来势终不得时泄运道民生之害尚未知所及也愚意今可为者有一焉往岁黄河于上流黄堌口溢岸成渠由胡浮桥至徐溪口经符离出宿迁小河口每岁由此分流颇杀镇口倒灌之势倘遂疏其下流增设堤岸导全河由此经行径出小河口而自宿迁以上仍还汴泗清河之旧则镇口之患其有瘳乎若舍是而求永利之策则非愚之所知也

卷下・河运・陕西运道・其六【清河徐吕二洪】

河上史曰徐邳河自隆万以来修防太密尽塞诸口两堤夹峙束水中行以是二洪之间常得饱水不虞险涩运称利矣然行之既久黄身渐高阻泗遏淮退而内潴陵运民生几不可支近徼庙断当事者获成分黄之功全淮积水可望尽泄矣第镇口之阨计划尚无所施独计有新冲黄堌口一途可用为分导之地乃说者则又谓湍流横溢恐不免为下流睢宿之殃或全夺正河又不免贻二洪梗涩之患不知河从宿州睢宁至宿迁小河口入漕原系先年故道本非益之以所无即移滕沛之患于睢宿利害亦足相当不犹赢新河一带运河之利乎况于下流设法疏导宽立堤防亦何至大为民害也至徐邳河身向为黄流冲广若一旦全河他徙汶泗之水固不足以润之然河面虽广其中溜冲深之处河漕亦自有限也况有先朝筑坝建闸之制不可仿而行之乎如以岁修遥缕二堤之费为狭河漳水之堤以新河镇口葺岸捞沙之工为二洪月河闸坝之用又何运事之不可济也故愚以为今日徐邳运河当以郄黄用清为上策

卷下・河运・陕西运道・其七【汴河】

河上史曰按鸿沟下通宋郑陈蔡而与汝淮泗会则水经所谓由滆入淮由睢获入泗之道也上通曹卫而与济会则即汉永平中所修汴渠由今曹州阳谷东阿一带至青州千乘海口之道也说者皆谓鸿沟止通淮泗则亦不详考之故矣又按苏秦说魏王云大王之地南有鸿沟则鸿沟在战国时已有之不始于秦也

卷下・河运・陕西运道・其八

河上史曰按千乘海口即今山东青州府乐安县界盖明帝时黄河东北由漯濮平原以入于海而汴河则东由兖豫以达于青州入海此两河故道河汴决坏或相连合故修汴渠堤城而各复其旧迹也邱氏以为东南入泗误矣又按沟洫志贾让治河奏云议者疑河大川难禁制荥阳漕渠足以卜之其水门但用木与土尔荥阳漕渠疑即永平中所修汴渠也

卷下・河运・陕西运道・其九

河上史曰按韩愈赠张仆射诗云汴泗交流郡城北注汴水在徐之西泗水在徐之南苏氏书传云自唐以前汴泗会彭城之北然后东南入淮近岁汴水直达于淮不复入泗矣观此则隋引汴入泗达淮当在彭城之间又按翰墨大全云泗州临淮县当水口郡志云泗州南瞰淮水北有汴泗而水经注亦云泗水东南径泗阳角城北东北南流注于淮或云于睢陵入淮或云于下相入淮皆非实录观此则引汴入泗达淮又疑在泗州之境矣

卷下・河运・陕西运道・其十

河上史曰按王氏谓炀帝龙舟由此河游幸江都不闻浅阻是直以隋时汴泗之会在于徐州而邱氏谓吕梁之险未有以之为运道者则是以隋时汴泗之会直在泗州矣未知孰是

卷下・河运・陕西运道・其十一

按南河图说南河自通济闸至瓜仪俱资淮湖之水通漕顾淮以北岁防黄之决漕堤淮以南岁苦湖之决东堤盖黄决则里河淤垫而湖决则兴泰高宝为沼如往年天妃坝之决范家口之决钵池山之决非月余不能堵塞则里

河之浅阻岂必皆通济闸之内灌所致哉杀黄之举微独为淮亦所以为里河计也若湖水决则由决口下兴泰诸邑不决则由四十八减水闸下兴泰诸邑总之以诸邑为壑而他无出路故前有三工之议白驹等场为东工戛粮等河为北工芒稻白塔为南工南工者所以通未减之湖水而注之江东北二工者所以通已减之湖水而注之海然注江则易而注海终难盖诸邑地形如釜而海岸反高如釜边非浚令极深积水必不能出而浚之太深河水又易以入故闸之置最为吃紧宝高邵伯诸湖相连高宝因有越河束水故湖水汹涌之势尽伸于邵伯湖堤屡决病盖坐此则邵伯越河似为必不容已之工而浅政不复则河日高而堤日卑将来民生运道胥受其病是又所当急讲者也

卷下·河运·泉源

国家自废海运而用会通河资汶泗诸泉之水亦称重矣然山东诸泉如济南豹突七十二泉百脉泉皆不资于运其资运者仅十八州县二百四十四泉耳而其大派有五一曰分水派二曰天井派三曰鲁桥派四曰新河派五曰邳州派而大小缓急则有辨焉如新泰莱芜泰安肥城平阴东平汶上诸泉及宁阳之龙港鼆鲁姑泺当四泉合流为汶河俱出南旺分流兼济南北是为分水派其源最盛其功最多上矣如泗水曲阜滋阳诸泉及宁阳城北蛇眼等八泉俱由兖郡城西流出济宁天井闸入运者是为天井派视分水次之沂泗之下流旧通港里河及邹县济宁诸泉鱼台黄良等六泉曲阜蜈蚣泉会入白马河出鲁桥枣林以入运者是为鲁桥派视天井又次之如鱼台之东龙等七泉及滕县诸泉峄县之许有等三泉旧或分入沙河或出沽头或出留城入运是为沙河派今多会于南阳湖及王家口等处支河故为新河派视鲁桥又次之以当下流之汇也旧有沂水蒙阴二县诸泉及峄县许池龙王二泉俱会沂汶二河出邳州入运是为邳州派自宏正以来黄河经徐吕而下遂废不用矣各州邑新旧诸泉并列目于左

卷下·河运·诸湖

国家运河自会通以至江南延袤二千余里其旁各有诸湖之汇潆回联络于其间斟酌损益皆足为漕河之用而其用各异焉故河低河仰则可资以蓄以济运河之不足如山东之安山南旺马场诸湖及江南之练湖是也河亢河卑则可资以泄以减运河之有余如沛县之昭阳诸湖是也方河水盛时则自河注湖以杀夏秋之涨河水落时则自湖注河以济冬春之竭天然水柜互相灌输则如邳宿之侍邱落马黄墩周梆诸河是也至如宝应之汜光高邮之新开江都之邵伯则诸湖即为运道东堤一线牵挽赖之又今日之称最要害者也其他若射阳洪泽诸湖虽与运无涉然或据上游之险或当下流之汇亦问水者所必及焉并附考其略类次于左

湖名虽伙总之古所谓大野泽也禹贡大野既潴东原底平周礼职方兖州其薮泽曰大野在汉为巨野至宋又谓之梁山泺盖大野故为济泗所钟而自汉以后黄河常经濮郓则渠山巨野皆为洪流休荡之区巨浸汪洋弥亘数百余里及河南徙大野堙为平陆其下隰沮洳之处往往各自为湖此南旺安山马场昭阳诸湖之所由分也然初南旺犹合为一湖自元人开会通河纵贯其中而湖始东西界为二矣至国朝宋尚书遮汶出南旺复筑汶堤横贯其中而东湖又界为二矣此南旺蜀山马踏诸湖之所由分也昭阳以东故无湖自嘉靖末开新河成河身高仰各山泉之水无所从泄遂潴成河此独山吕孟诸河之所由汇也大都南旺蜀山马踏为分水上流兼济南北最为吃紧安山可济张秋以北马场可济济宁以南苟时蓄放亦足备缓急焉至昭阳越在河西仅可以泄而不可以潴独山吕孟则湖河相接渺成巨浸即潴泄并无所赖矣此山以东诸湖之大较也

卷下·河运·淮北诸湖

按诸湖之名旧志无考嘉隆以来新志始有之然亦不备盖皆因黄河南徙溢流灌注以渐而汇者也诸湖绵亘大河之旁几数百里河之南岸系黄河故道支流所经其水多泄而少潴故湖差少河之北岸则外连冈阜内壅黄流其水多蓄而少泄故湖为多要之河湖表里互相灌输涝可以杀河之暴旱可以济河之竭所谓天然水柜者也至安沐傅今诸湖则在黄淮下流去运颇远总之为游波休息之所而山阳阜陵洪泽诸湖则在淮上流近年黄河逆壅漫为巨浸上灌泗陵下溢高宝咸被其殃又今日疏治之必先者也此淮以北诸湖之大较也

卷下·河运·淮南诸湖

淮扬诸湖故系民间膏壤其地形西高而东下自隋唐以来开沟置堰潴水通漕西山之水障于东堤以渐汇为巨浸古称有三十六湖湖名不尽著而其大者为宝应之白马汜光高邮之新开甓社江都之邵伯山阳之管家及旧志可考者凡十有八焉湖初高江淮数丈水易泄而难潴及近年以来黄淮内灌湖腹日饱汪洋浩荡方数百里不辨津涯今第名之曰宝应高邮邵伯三湖而已其堤以东下邑诸湖以非运道所经不具载惟射阳广洋二湖为更深广去庙湾海口为近高宝诸湖之水必注于此而后放于海宝潴汇宣泄之孔道也因附考其略

卷下·河运·五塘

古五塘之设第以灌溉及唐宋时转运江淮始用以齐漕然其时漕渠尚高于淮数丈河水北流入淮故塘稍可以备蓄泄今淮黄垫高洪流内注诸湖之水皆南入江五塘乃在高宝下流自难复籍其利至议者欲以为山水上流之汇不至骤溢决堤及为民间旱潦之备则或不无少补矣

卷下·河运·江南诸湖

江南诸湖惟太湖最大潆回三郡而漕渠环带其东资其灌输不患浅涸自丹阳以北则地势渐高别无支流可引惟有练湖一区谓可资以蓄泄然湖故无源天旱易涸且水势东趋于漕不甚有济也

海防述略[①]

广东

广东列郡者十分为三路惠潮为东路省会广州为中路高雷廉为西路东路与福建连壤而潮为岭东之巨镇焉柘林南澳俱系要区枕吭抚背之防不可一日缓而靖海海门蓬州大城诸所又皆跬步海涛所赖以近保三阳远卫东岭者也惠州海丰东南滨海其捷胜平海碣石甲子门皆瞬息生变傥柘林南澳失守是无潮也平海碣石失守是无惠也而不知柘林之地尤为南粤海道门户据三路之上游番船自福趋广悉由此入旧例风汛之期各澳皆设战舰秋尽掣回水寨此在他澳犹可柘林去水寨一日之远警报未易达倘贼视我无备乘虚冲突不亦危乎故必以慎固柘林为要而附近城所戍卒互为声援斯为胜算焉至南澳当闽广交界在大海之中乃明初起发居民遗弃之地嘉隆间倭泊于此互市广捕急则奔闽闽捕急则奔广而海寇许朝光吴平之徒巢穴于此故万历三年设副总兵以弹压之若广州地虽中处而环郡大洋风涛千里皆盗贼渊薮帆樯上下乌合突来接船屯哨可容缓乎尝考诸岛入寇多自闽趋广柘林设备遏其冲而不得泊势必越于中路之屯门鸡栖佛堂门冷水角老万山虎头门等澳而南头为甚或泊以寄潮或据为巢穴附海有东莞大鹏戍守之兵往来巡哨遇警辄敌必不敢泊此矣势必历峡门望门大小横琴山零丁洋仙女澳九灶山九里洋等处而西而浪白澳为甚乃番舶等候接济之所也附海有香山所戍守之兵往来巡哨遇警辄敌则亦不敢泊此矣势必历崖门塞门海万斛山硇州等处而西而望峒澳为甚乃番舶停留避风之门户也附海有广海卫新宁海朗所戍守之兵往来巡哨遇警辄敌则又不敢泊此矣夫其来不得停泊去不得接济虽滨海居民且安枕而卧况会城乎其西路高雷廉三郡以倭寇东来言之似防守之责可缓然三郡逼近占城暹罗满剌诸番岛屿森列游心注盼防守少懈则变生肘腋滋蔓难图矣按高州东连肇广南凭溟渤一带海澳若莲头港汾州山两家滩广州湾为来府之南翰兵符重寄不当托之匪人以贻保障之羞也雷州突出海中三面受敌其遂溪湛川漳洲乐民等四十余隘固为合卫三道门户而海安海康黑石清道并徐闻锦囊诸隘所以合防海澳操纵反侧者也若廉州则尤为全广重轻故兵符特札于灵山迭堡增屯于卫北海寇峒獠外彝之忧视三岭独劳焉西南雄郡琼为廉之外户五脂腹心尽为黎据郡邑封疆无不滨海若白沙石琼馆头文昌海安海康对峙番岛飙风突来防御甚艰凡此皆西路所当汲汲经画者也故其分守也东路则于柘林设把总哨至猪头嶕与碣石会碣石设把总哨至大星洋与南头会而惠潮则有参将之设南澳又有漳潮副总之设中路则于虎头门设把总哨至三角州与广海会广海设守备哨至黄麖门与北津会而广州则又有海防参将之设西路则于阳电设参将哨至赤水洋与白鸽会白鸽门设把总哨至海安港与漳洲会而漳州则有游击雷廉则又有副总兵之设琼州白沙塞则又有把总崖州则又有参将之设所以备粤寇者如此

福建

八闽之地西北阻山东南滨海其锋火之台山小埕之东涌海坛东庠南日乌邱浯屿彭湖元钟铜山皆岛寇必经之地故分布五寨以镇之俱江夏侯所设也一曰浯屿水寨始设于海边旧浯屿山外有以控大小岨屿之险内可以绝海门月港之奸诚为要区后迁入厦门旧浯屿弃而不守遂使番船南来据为巢穴是自失一险也今欲复旧制则孤悬海中既鲜村落又无生理一时寇来攻劫哨援不及兵船之设何益哉故与其议复旧规孰若慎密厦门之控于以控泉郡之南境自岱坠以南接于漳州哨援联络岂非计之得者哉一曰南日水寨原设于海中南日山下北可以遏南茭湖井之冲南可以阻湄洲岱坠之阨亦要区也景泰以来乃奏移莆田县之吉了仍以南日为名旧南日弃而不守遂使番船北向泊以寄潮是又失一险也今之事体与浯屿相仿一曰烽火门水寨原设于福宁州三沙海中

① 〔清〕杜臻撰。据清道光十一年六安晁氏木活字《学海类编》本。

永乐间倭寇犯境议拨福宁卫大金所官军防守秦屿罗浮官井洋皆辖焉正统九年侍郎焦宏以其地风涛汹涌不便栖船徙今松山寨地方其后官井洋虽添设水寨而沙埕罗江古镇罗浮九澳等险孤悬无援势不能复旧矣一曰铜山水寨漳州府所辖也漳浦一县最近海屿声水寨者二铜山西门澳为把总水寨而元钟则受其节制焉故今止以五寨为名初水寨在井尾澳景泰间移今西北地区北自金石以接浯屿南自梅岭以达广东险陁所系匪浅浅也况倭船自浙趋闽所必由宜严遏其冲并绝惯徒之勾引接济者则有以控八闽上游之势矣一曰小埕水寨北连界于烽火南接壤于南日盖连江为福郡之门户而小埕为连江之藩翰也海坛连盘雄踞耸峙若南屏然为贼船之所必泊其所辖闽安镇北茭焦山诸巡司为南北中三哨无事往来探视有警协力出战则此寨之设为不虚矣番船自粤趋闽而入于南澳粤云盖寺走马溪乃番船始发之处惯徒交接之所也附海有铜山去钟等哨守之兵若先分兵守此则有以遏其冲而不得泊矣其势必抛于外浯屿外浯屿乃五澳地方番人之窠窟也附海有浯屿安边等哨守之兵若先会兵守此仍拨小哨守把紧要港门则必不敢以泊此矣其势必趋于料罗乌沙此番船等候接济之所也附近有官澳金门等哨守之兵若先会兵守此则又不敢以泊此矣其势必趋于福兴若越于福兴计其所经之地南日则有代坠湄州等处在小埕则有海坛连盘等处在烽火门则有官井流江九澳等处此贼船之所必泊者也若先会兵守此则又不敢以泊此矣来不得停泊去不得接济船中水米有限人力易疲将有不攻而自溃者况乘其疲而夹力攻之岂有不胜者哉故其分守也铜山寨领以把总南哨至洪淡巡司北哨至东镇洋又于旧辖元钟所增游兵寨设南澳把总领之分哨云盖寺走马溪等处而听节制于漳潮之总兵浯屿寨领以把总南哨至旧浯屿北哨至大岞山而又特于南路设副总兵兼辖起祥芝直底广东界之信地南日寨领以把总南哨至金沙澳北哨至苏澳与海坛哨会海坛则又增设把总领游兵分哨观音胡卢等澳会为小埕之南藩小埕寨领以把总南哨至白大山北哨至西洋山与烽火哨会而又特于中路设参将兼辖起慊澳直抵泉郡祥芝之信地烽火门寨领以把总南哨至小西洋北哨至官澳而又特于北路设参将兼辖起福宁直抵宁德县廉澳之信地所以备闽寇者如此

浙江

两浙日本旧时贡道在焉论列郡之海口则温州之飞云横阳馆头台州之松门海门宁波之定海太液湖头渡绍兴之三江沙门杭州之赭山龛山嘉兴之乍浦澉浦皆海寇规犯之地列郡之门户也论洋海之要害则金盘之凤凰山南麂山松海之大陈大佛头昌国之韭山定海之舟山远而陈钱马迹下八山临观之烈港海宁之洋山许山皆洋寇必经之地沿海之藩篱也然温州与闽境接壤寇贼扬帆必首当之惟先严莆门镇下官屿南台之险以扼其来于此不戒而入内地则温为正兵而台为应援宁区速宜戒备矣台州四塞之国南有桃屿金竹北有桑州桐严西有关山卫墅迭嶂层冈重关鸟道而且南去盘石楚门仅百五十里东南去松门仅百里东去海门仅八十里设或海寇弃舟登陆皆可卒至城下自海门而上者则一潮直达三面阻山一面濒海孤悬于数百里之外孤危之势诚可畏也务在加力防守过温而台则台为正兵宁为应援温则为后袭矣宁区之冲石浦昌国为最石浦一城去昌国仅十里城下一带水涯堪以栖泊战船对面有山即石浦旧城山外大洋有山名曰坛头盗船出没辄乘其地故闽寇南犯必由三门林门下湾门东门四路而入倭寇东犯必由牛栏基洞下门等处而入今策其最要则洞下门逼近石浦所城其港颇窄其潮甚急贼船进此必纡回磬折于两岸夹山之下而石浦左连一山名打铜坑与洞下门直冲相对拨兵分据使寇艘不得飞渡所谓以逸待劳此守洞下门之一策也三门去石浦颇远与台区未门海洋邻界其港颇阔以诸汛稍缓之兵并力堤防此守三门之一策也至下湾门外系坛头大洋内则旧城东门港阔潮急且与火炉头对峙于火炉头更宿重兵与对岸旧城东门互相防击此守下湾门之一策也而其最要者则定海一城乃全浙门户且东北一隅山石参差每为下涂快捷方式倘贼舟扬帆直抵城下尤宜备御杭州则鳖子门者乃省城第一门户石墩凤凰外峙乃第二门户此外无山唯羊许独立海中东接衢洋西控吴淞江口为第三门户洋许二山有防然后石墩凤凰有蔽石墩凤凰有蔽然后钱塘鳖子门可守此其大略也嘉区之南盐海宁及乍浦澉浦梁庄等处海以城为垣城以海为池去城不及半里登岸即可攻掠所谓洋山许山者远落大洋不知何处矣往者攻犯乍浦惨不忍言顾议及浙海辄以宁绍台温为上游而嘉区为可缓不知嘉区西浙之门户也故其分守也浙江有六总金乡盘石二卫设把总一南与福建烽火会哨北与松门关会哨辖温州沿海延袤四百余里而节制之以温处之参将松门海门二卫设把总一南哨至蒲岐北哨至昌国石蒲港辖台州沿海延袤五百余里而节制之以金台严之参将昌国卫设把总一

领本卫并在外前后钱爵四所及游仙寨而以南起石浦冯家山北抵南湖头为信地定海卫设把总一领本卫并在外后所霩衢大嵩中中中左五所而以南起湖头渡北抵管界巡司及外海舟山为信地观海临山二卫设把总一领宁绍地方西自三江所东至龙山所延袤三百余里及在外金家岛为信地而皆节制之以宁绍之参将海宁卫设把总一则浙江沿海一带起自鳖子门直抵金山卫延袤五百余里皆属焉而节制之以杭嘉湖之参将所以备浙寇者如此

江南

江南东滨巨海北亘长淮中贯大江其与浙江连界者为松江自金山卫至南汇所官军各分信地而金山北卫松江南援乍浦尤为要区若金山以东有翁家港蔡家港柘林漴缺等处南汇以北有四五六七八九团洪口川沙洼清水洼等处防守宜严万一外守不固则黄浦一带又为苏松险要守浦乃所以守门户也今吴淞江口即为黄浦口子故设兵一枝以防深入至于上海之高仓渡沈庄塘周浦闸港闵行华亭之叶谢曹泾张堰等处贼一登岸渡浦甚易防御宜密然寇船之来必至海外太山停舶候齐则洋山之地外为定海吴淞江会哨兵船之羽翼内为海港把守兵船之捍卫矣苏州沿海一带险隘甚多常熟有福山港白茆塘太仓有刘家河七丫港嘉定有吴淞江黄窑港皆贼之通衢而东吴之门户此则所谓一府之险要长洲则泖湖浩荡吴江则莺湖相属吴县则太湖交通皆贼之径道而腹里之关隘此则所谓一县之险要其次则福山以西有三丈浦斜桥以东有许浦金泾刘家河以北有新塘浪港茜径吴淞江以南有宝山以东有老鹳嘴均之所谓险要而少次焉者况海滨数百里一望平坦非有山岚险阻为之扼塞皆可以泊船登岸兵力有限而防御之计当先其大者以海边惟福山为最以腹里惟胜墩为最故刘家河吴淞江福山港舟师防守不可单弱白泖口七丫港黄窑港俱当预设战舰庶与各港相为犄角又如贼自东南而来必由宝山吴淞江宜于吴家沙堵截之贼自东北而来必由三沙刘家河宜于营前沙堵截之则苏之外防或可无忧至于风汛时月吴淞水兵统发胜墩平望以防嘉兴突犯之寇吴县水兵统发太湖以防蠡里突犯之寇长洲水兵统发周庄以防泖湖突犯之寇则苏之内防或可无忧惟吴淞所为水陆之要冲苏松之喉吭提兵南向可以援金山之急扬帆北哨可以扼长江之险者也崇明孤悬海外又天生此一块土以为苏州之屏障江海之锁钥者也若常镇之所防者在江而不在海海寇入江由江两岸登陆之路廖角嘴营前沙南北相对为第二重门户周家桥与圌山相对为第三重门户紧守门户堂奥自安若三门稍有疏虞至不得已而守金焦两岸谓之下策矣故其分守也苏松专防海常镇兼防江由浙之乍浦以东则松之金山卫扼其冲于是有参将之设而若华亭之柘林上海之川沙则各设陆兵把总屯守之由松之黄浦以北则苏之吴淞江口当其吭于是有总兵之驻札把总之哨守游兵把总之策应而若太仓之刘家河常熟之福山港凡贼舟可入处则各设水兵把总堵截之至于崇明孤悬海中尤为贼所必经之处旧设把总一员驻竹箔沙营而与营前沙之名色把总往来会哨又所以巡视海洋而警报港口也由苏而常而镇则于杨舍设守备西与孟河堡之官兵相哨望于圌山营设把总西与永生洲新设之游击相声援又皆所以东堵江口而遥卫江宁也所以备苏松常镇之寇者如此

江北

江北局势与江南浙福不同难恃舟师止仗陆战狼山当江海之吭而鹿角掘港皆扬之东南界也朐山据淮海之首郁州嘤游山皆淮之东北境也中包泰兴之周家桥盐城之射阳湖山阳之云梯关庙湾等处此皆据守所当先者而贼入海之道有二其一曰新港即所谓三江口盖由江南狼山越仪真瓜州而入登岸则卞家坟周家坟稍折而东则扬州矣此可入以登岸亦可从以出海者也其二则蛤蜊麻线等港与沿北大海口大海口有水陆路南通庙湾与刘家庄姚家荡俱为大镇贼若据此官军屯于汤潮岸等处贼南寻新港路出不得则必北寻大海口而出势所必然若安东海州之东北有大北海不惟道里迂远且砂碛甚多此不可运舟者也崛港新插港之东亦有北海砂碛亦多此但可从而入不可出者也是贼出海之路止有三途若其登岸之处则不一东则廖角嘴吕四场西则杨树港徐沙营又西则狼山杨树港北则新插港掘港皆其所从以登岸而入寇之路也故其分守也则江海淮三者并防廖角嘴之大河口突出东南则设把总沿而西若狼山为通州门户则设把总通州为全扬之门户则有总兵特驻焉又西

设周家桥把总以防泰兴之冲犯又西设三江会口把总设仪真瓜州守备以防内地之突入皆意专防江其自海门而北为崛港则设守备又自新插港转而西北为盐城则设守备又西北为庙湾则设游击皆以防东海一带各港岸之登犯自云梯关以东为东海守御所则设把总以防贼由海入淮之路又于杨州设陆营官兵以待调遣接应所以备淮杨寇者如此

登莱

登莱二郡凸出于海如人吐舌东南北三面受敌故设三营联络每营当一面之寄登州营所以控北海之险也登莱二卫并青州左卫俱隶焉其策应地方语所则有奇山福山中前王徐前诸所语寨则有黄河口刘家江解宋芦马停阜河马埠诸寨语巡司则有杨家店高山孙夼镇马停镇东良海口柴葫海仓鱼儿铺高家港诸司其在海外则岛屿环抱自东北崆峒半洋西抵长山蓬莱田横沙门鼍矶三山芙蓉桑岛错落盘铭以为登州北门之护过此而北则辽阳矣此天造地设之险也然诸岛虽近登州而居岛中以取鱼盐之利者乃辽阳之编伍非山东之戍卒也叫呶跳梁可畏而不可恃故北海之滨既有府治而复建备倭城于新河海口以为屏翰且有本营之建焉而但建水寨于岛屿良有以也夫岛屿既不设险则海口所系非轻自营城以东若抹直石落湾子刘家汪平畅芦诸处自营城以西若西工荘西山孙家海洋山后八角城后芝罘莒岛诸处皆可通番船登突严外户以绥堂阃其本营典守之责乎登莱突入海中至文登县尤其东之尽处也成山以东若旱门滩九峰赤山白蓬头诸岛纵横沙碛联络潮势至此冲击腾沸议者谓倭船未敢猝达然考之明初倭寇成山海侧居民重罹其殃倭果畏海奚而有是哉故文登县东北有文登营之设所以控东海之险也宁海威海成山靖海四卫皆隶焉其策应地方语所则有宁峰海阳金山百尺崖寻山诸所语寨则有青泉赤山等寨语巡司则有辛汪温泉镇赤山寨诸司透而北则应援乎登州迤而南则应援乎即墨三营鼎建相为犄角形胜调度雄且密矣其与江南省连壤者为即墨县南望淮安东海所城左右相错如咽喉关锁倘海波告警淮杨被刦则自淮达莱片帆可至也故即墨所系较二营似尤为要自大嵩鳌山灵山安东一带南海之险皆本营控御之责其策应地方语所则有雄崖胶州大山浮山夏河石洞诸所语巡司则有乳山行村栲栳岛逄猛南龙湾古镇信阳夹仓诸所司其海口若唐家湾大任陈家湾鹅儿栲栳天津湾颜武周睡松林全家湾青岛徐家荘诸处俱为冲要堤防尤难封守者可勿慎乎故其分守也自青之赣榆界而东于安东卫设守备分哨至莱之高密界而止莱自古镇巡司而东于灵山卫之沙沟设守备分哨逄猛以西之海口又于即墨县治南设守备分哨浮山以东之海口又东则于登之莱阳大嵩卫设守备又折而东北则于文登设守备以协防东南两面之险又折而西北则于府治之北特有副总兵之驻札设水陆两游击分扼两港岸前哨旅顺以协防北海一面之险又西为莱之西北界则设王徐寨守备防守白浪新河等九海口又西则于府治设游击南策即墨北应王徐而海与青州之声援接又西则于青州设游击南策安东北守唐头营一带而西与武德二守备之声援接所以备山东寇者如此

沿海全境

沿海自广东乐会县接安南界起历海条粤为文昌界铺前港为会通界神应港丰盈浦为琼州界麻头浦吕湾浦为临高界田禾湾为儋州界峩诈山为昌化所界历白沙营为感恩县界大洞天小洞天为崖州界牙娘澳双洲门为凌水县界七十二径牙山淡水湾为钦州界革木营乌雷山为灵山县界青婴池杨梅池平江池为廉州界邵州为永安所界泖州为康海所界涠州为锦农所界调洲独猪山为石城千户所界钢洲小黄程汾洲为宁川所界青聚山罗浮峰为神电卫界海凌山为双海所界小获山为海朗所界中获山为阳江所界大获山为新宁县界西熊山鹦洲山为新会县界万斛山上川山为顺德县界石岐峰为香山县界蛇西山大南常山为南海番禺界乌沙洋为白沙巡司界九星洋为福永巡司界珊瑚洲渡杯山为东莞县界合兰洲为大鹏所界马峯洲为铁冈驿界宁洲山桔州山为惠州界记心洋为平海所界徐娘山为海丰县界大星尖山捷胜所界吉头峰为碣石卫界前标峰为甲子门所界陶娘湾靖海岛为靖海所界大浮山玉屿山为潮阳县海门所界小柑山为蓬州所界大柑山为大城所界大京山九猴山为饶平县界计五千里抵福建南澳山为元钟所界历侍郎洲石城屿为铜山所界历鸿儒屿沙汭岛为陆鳌所界大散屿璧洲山为镇海卫界小散屿为月港界旧浯屿为高浦所界嘉禾山大担山为中左所界小担虎头山为金门

所界大登山小登山为福全所界大捕山小捕山为永宁卫界呈埭峰獭窟峰为崇武所界沙塘湾为惠安县界泺屿白屿为峰尾巡司界湄洲山为南泉寨蒲禧所界石狮峰小粤峰为平海卫界呈口三江口为冲心巡司界纲山王家屿为万安所界六湖山碧水岛为镇东卫界踵门山为蕉山巡司界日屿月屿为梅花所界即会城三坡焦五虎粤为连江界下干塘四屿为定海所界花瓶为北茭巡司界飞鸾渡为宁德县界青山峰为大金所界天千山丁家程大俞山三星山流江为福宁州界计二千里抵浙江悬中峰为蒲门莊士二所界历长沙门大昆山为金乡卫界凤凰山为平阳所界铜盆山为沙园所界仙口峰飞云渡为瑞安所界大衢山海安港为海安所界霓岛披山为宁村所界黄华港为盘石卫界太岩头为盘石后右界前山□斗门为蒲岐所界九眼塘斗山关为三山巡司界丫髻峰为楚门所界临门隘为隘顽所界省梅坑为沙角巡司界大陈山石塘港为松门卫界金青闸西屿闸冰丰闸皆朱文公所造为新河所界金沙滩铛焦为海门卫界海门港为海门前所界五屿为桃渚所界三门山为健跳所界石蒲港为前后二所界青苔湾为昌国卫界小目山为爵溪所界西厨山为前仓所界孝顺洋白涂为大嵩所界大射山为穿山所界洛茄山长白山为中左所界大鱼湾为长山巡司界招宝山巾子山为定海卫界金家岛为宁波界邱家洋为慈溪界金塾浦为龙山所界松浦港为松浦巡司界横山为观海卫界破山浦为三山所界化龙浦为余姚界临山港为临山卫界西海塘为上虞界渔山蒙池台为绍兴三江所界鳖子山为萧山界和尚山楞门为会城界茶浦门为海宁所界大衢山小衢山为澉浦所界桑扶山为海宁卫界西海口马迹山北丁兴殿前山淡水门为乍浦所界计二千七百里抵江南省三姑山为金山卫界胡家港为金山巡司界上钓山中钓山下钓山大盘山为青村所界蒲岛为南汇所界陈前山茶山为南跄巡司界宝山为上海界永字山分水焦海焦山彩淘港为吴淞所界浪冈山顾泾港为嘉定界竺箔沙送信嘴小团沙新安沙为大仓界大阴沙管家沙为崇明福州狼山三槿口为通州千户所界塘家港海门岛为泰州界乱沙新洋港为盐城界开山淮河霪莺山为安东界蚄山高公岛为海州所界清河口巴头河为赣榆界旬岛劳山岛为安东界孤耆山为石臼所界计一千八百里抵山东青沈峰历胡家峰为高港巡司界沙嘴峰为灵山卫界黄埠峰为夏河塞界洋河峰为胶州界大劳山田横岛为鳌山卫界走马峰为即墨界马山为浮山所界旬岛赤岛为雄崖所界吾岛徐福山为大山所界巨高岛为大嵩卫界竹岛为海隅所界松岛莫邪岛漫鸡岛为靖海卫界佛岛为津宁所界五迭岛下劳山为寻山所界歇马墩洛口堡为成山卫界海牛岛为不夜城界窦家峰为百尺岩所界古陌顶为威海卫界父岛为金山所界新安堡戏山峰为海宁卫界海鸡山为灶司寨界武家庄为马埠寨界洋山为莱州界八角岛碗蚁岛为登州界刘家洼为卢洋塞界沙门岛为解宋寨界单山为黄县界桑岛为马停塞界龟岛为昌邑县界歆末岛为寿光界都里镇为蒲台界青岛为利津界黄岛为宾州界直沽口为宝坻县界塔山为卢龙卫塞界南半洋山为昌黎县界计一千二百里抵辽东北半洋山为山海卫界蔬莱岛为中前所界牛车岛为中后所界孤山为中右所界向阳岛罗儿岛为金州卫界石滩岛为左所界东云岛黄驼岛为盖州卫界屏风山为复州卫界凤凰山为中左所界女儿河为中屯卫右屯卫界辽河渡古寺岛为广宁卫界麻田岛平岛为海州卫界汤站堡为镇辽所界临江为义州界计一千三百余里为鸭绿江朝鲜界

皇华纪闻①

卷二·三萧神异

新淦大洋洲萧公庙神名伯轩籍祥符访道临江没祀为水府之神元至大间封五湖显应真人洞庭湖有铁锚为怪爪见辄覆舟公以法力摄治之遇吉州长年康某托载归以梦报于家已而风便舟利若有神助至洋洲泊舟祠下忽滞不能行公家人出述其梦始知遇者公之神也锚今存庙门之右子祥叔增修父道多神异常过洞庭飓风四起出神半空以衣袂压水面少顷波浪顿息元至正间封神化普济舍人从祀伯轩孙天任尤有异术能前知永乐中绝粮啖白石化去年八十有二遗令覆以巨桶没后神异愈著封英佑侯桶有二内桶仰置侯端坐交椅外覆以巨桶周回二十有八以象列宿环以竹箍五以象五行今在庙中左庑

卷二·铁十字

庐陵南门外有铁十字濒于江题云保大二年五月日置重一千三百斤世传南唐造铁舰以此系缆

卷三·安南使臣诗

安南使臣过南康县南埜驿赋诗云鼓报黄昏客泊船咿咿轧轧橹声连一双凫鸟沧浪外几个人家杨梆边红日落残钩挂月白云卷尽镜磨天安南万里朝天客暂借邮亭一夕眠

卷四·藤艑

阳江至琼州大海中皆有磁石性能吸铁船有钉者不敢渡俗用藤艑甚坚

卷四·浑脱

乐府有浑脱舞明皇杂录历代名画记皆云公孙大娘善舞西河剑器浑脱故杜诗云云注家多不详浑脱之义朱中丞浣水续谈云唐长孙无忌以乌羊毛为浑脱毡帽时人效之号赵公浑脱予于役三关次太子滩隔岸群夷来见乱流而渡见有骑一物浮于水面者问之曰浑脱也盖取羊皮去其骨肉令不透水以气管吹之宛然羊也夷人乘以渡水若壶然盖浑脱其肉骨而制之故以为名赵公之帽义亦应而愚因忆南卓羯鼓録载杜鸿渐尝于嘉陵江楼月夜以枯枝击羯鼓见岸上群羊皆低昂盘旋舞应节奏则舞名浑脱亦当以羊取义顷闻奋威将军王进宝自河西恢复兰州时贼尽拘船于河东王乃缝羊皮为囊以济师须臾飞渡盖中丞所见即此制也

---

① 〔清〕王士禛撰。据清康熙间王氏家刻后印本。

通漕类编[1]

序

昔汉高得天下于马上谋勇云从谋如良平勇如樊灌第剖符而封彻侯萧相国无汗马之劳徒持文墨议论而功出诸侯王上它时洛阳南宫置酒语群臣曰镇国家抚百姓给饷馈不绝粮道吾不如萧何迺知萧相国之实关中为四百年兴王本业镇国抚民转输称最急焉我

国家奠鼎幽燕京都百亿万口抱空腹以待饱于江淮灌输之粟一日不得则饥三日不得则不知其所为命是东南者天下之敖仓而东南之灌输西北所寄命焉者主人拥堂奥而居而仓囷乃越江踰湖以希口食于间关四千里外则

国之紧关命脉全在转运乃开国迄今运事几经更变矣海运变而海陆之兼运再变而支运兑运兑运变而为改兑今且为长运矣始犹兼督军农而今独委转输于漕卒赋出于田田者不供而军代之供是军者为民输租贡税者也今以输租贡税之人而寇仇疾之矣军不输则粮不至粮不至则万口饥是军者为

君足国裕民者也今以足国裕民之军而牛马疲之矣卫所依军而立军亦托卫所为依是军者卫官所为死生相倚者也今以死生相倚之辈而鱼肉啖之矣军无中人百金之产而有经年飞挽之劳遇点运则富买闲而贫任役然而富者不胜岁岁之营脱也贫固贫而富亦贫矣每膺差则逃者倖宽而存者不免然存者不胜岁岁之拮据也逃因逃而存者亦逃矣拘老羸惫顿之军勾流亡新集之众懦不更事势必假手于积年包揽之徒胥于是卖船盗饷亡命于何有之乡而运官经年缧絏倾其产罄其族不恤其身为殉可哀也夫孰非王事而与民争升斗之羡赋役长以全力迸之而又挟长官之势以制之托豪有力以摧之糠秕混入水湿相参米不上仓逼军就兑宪臣稍一行法而势豪且反唇相稽有司以恤民为贤以鬭军为强干风力独不念其修途跋涉有浥润霉蒸之苦乎有浅涩盘剥之艰乎有晒扬扇簸之亏折乎兑军不能索精粒于水次而欲交精粒于太仓计臣不能强出兑者之稍任其亏而欲责转输者之兼任其苦贫军疲卒左右皆无可托第托身于统帮之将领而此将领者又剥军无已不恤一体周身之痛而甘自食其肉者也然则综事权而轸军旗之疾苦有经收之主司在有监临之使臣在而掾役之需索仓攒之阻勒直同负嵎之虎官愈严而弊役愈横当事者谁不明罚以饬之而其究亦孰能穷之以万苦扬历之军而无一夕宁家之乐仓粮未经交割新运又摄家丁迩如壬子之春则以次丁领兑而邀旧卒于途家无二丁且严摄其亲属白头黄口瞽聩疲癃无匿身遁形之术蹩躠于道路累系于公庭鹑衣藿食之不给以殷劳于县官之供亿噫夫何使军至于此极也然则天下之颠连无告者今之所谓运军也率由斯道不数年而罢伍之军立尽矣军尽则不知所为漕事计又安知所为军

国万年根本计故今时最急者惟漕乃漕之可虑又悬系于江湖河洪一线之脉此一线水冯夷司其吐纳天吴宰共绝续飞涝相硖鄨沙礐石时以纤力与潋滟淼渺之天河抗衡争胜一决塞即以金钱数十万委之浤浤汩汩中自嘉隆以来秋风瓠子璧不胜投河之为患古有之未有侵

陵侵漕侵民这田亩庐舍如今日者此通自滞前沦后淤今岁甫以开决叙功明岁又以疏排请饷以游龙变幻之势为画圈域地这工三方之人力各省之协济只以供河伯之鼓掌漕之有渠也犹人之有喉吭然未有喉吭时时受病而腹心安然无恙者也往当事乾蹙额忧漕则又为无聊姑试之计而谋及胶河请以一丸泥东塞沽河西塞潍河以通海道迨躬为履地而知不可塞也其说穷再为而为东引沽河西引潍河以疏水实又躬为履勘而知不可引也其说又穷

上令科臣往视会漕河抚按以及部院大臣之详议其说皆穷比隆庆间漕臣毅然复海运大率纵桅连槐以纳蛟龙之腹始有

---

① 〔明〕王在晋撰。据明万历刻本。

诏严杜异议而海中之粟不可登矣说者谓海运宜于胜国今胡独不然朱清张瑄为海上亡命故周知海门之险阻胡元虏使其民投之穷海而忍视其死至元二十八年漂米二十四万石五千有奇至大二年漂米二十万九千有奇其随船汩漂没者盖不知几千人矣当元之盛岁运三百万以上及其衰也仅十有一万枵腹而乞灵于海若海运岂百年长久之筴哉

国初去胜国未远沙民犹能习海余家生长海壖尝闻父老言驱民转输海粟父别子夫别妻生受其祭而死招其魂浮没如萍生死如梦其幸而脱鲸鲵之口则以为再世更生来岁复运如蟪蛄之不知有春秋昔始皇驱民于边犹掩骼长城之下而胡元驱民于海乃纳命沆漭之中吾民何辜而罹此劫国运安得灵长人群安得永戴有为国为民之心者其忍创言海运哉以今时而思海道则三十六岛之间定有余粮以供狡夷之劫掠为封豕长蛇之藉寇即丘文庄公而在亦必缄口咋舌不敢抵掌而谈斯事矣海运既不可复则当先时而图以长保此江淮衣带之水又当悉心而画以恤此蓬腂憔悴之军大抵驱人于所避者必有利以尝之见其利而忘其害人乐为趋宋时以盐易米故终宋之世而运事犹可支今直驱之以害有不以漕为鼎镬者耶

庙议岌岌以无财之为患不知急之而可致者财也今大盈之充积皆财也

君虽守而实与中外共之者也傥时有叵测而索米于四千里之遥京通所积仅同点水沃焦精镠白镪不可以疗饥故有国者无财并匮而无粮为匮急财而缓饷急催科而缓灌输有三年之疾而忘七年之艾正恐忧在萧墙岂独九边军士之能大呼脱巾已哉晋尝司篆水衡蒿目忧河又尝代庖输挽蒿目忧漕辄于政事之暇翻阅故牒广集成书纂通漕类编八卷为将来偾漕治河者一筹之赞又集海运附考以明海道之必不可行悉按旧闻无所增置以参臆说盖不能为萧相国之转饷关中无已而发贾生之太息量小而才不足知无逭于汉廷之诮矣万历岁次甲寅孟夏之吉

赐同进士出身嘉议大夫浙江等处提刑按察司按察使以督运功特

题奉

旨纪录前奉

敕提督湖广通省学政副使工部都水清吏司郎中黎阳王在晋撰

卷之一·漕运·三代

禹贡冀州夹右碣石入于河【自北海达河碣石在其右】兖州浮【舟行水曰浮】于济漯达【因水入水曰达】于河青州浮于汶达于济徐州浮于淮泗达于河扬州沿【顺流而下曰沿】于江海达于淮泗荆州浮于江沱潜汉逾【越也】于洛室于南河豫州浮于洛达于河梁州浮于潜逾于沔入于渭乱【绝河而变曰乱】于河雍州浮于积石至于龙门西河会于渭汭丘文庄曰禹贡于各州之下列贡赋之后而叙其各州之水达河之路达于河即达京师也然当时贡赋皆驾舟筏浮水路以达于河盖亦后世漕运之法但未明言其为漕耳

百里赋纳总【禾本全日总】二百里纳銍【刈禾曰】铚三百里纳秸【半□去皮曰秸】服【又使服输将之事】四百里粟五百里米

丘文庄曰禹贡之时民所输纳以供京师者止于五百里盖当是时风俗淳厚用度俭朴而卿大夫各有采地而又寓兵赋于井田无后世养官养兵之实也

左传僖公十三年晋荐饥乞籴于秦秦输粟于晋自雍及绛相继命之曰泛舟之役【泛舟以输粟已见于□□□之世】

哀公九年吴城邗沟通江淮杜预曰于邗江筑城穿沟东北通射阳湖西北至宋口入淮通粮道金广陵邗江是也【开渠以通粮道已见于春秋之世】

卷之一·漕运·汉

汉兴高帝时漕运山东之粟以给中都官岁不过数十万石娄敬说帝都关中张良曰关中阻三面而守独以一面东制诸侯诸侯安定河渭漕挽天下西给京师诸侯有变顺流而下足以委输敬说是也

武帝时通西南夷作者数万人负担馈粮率十余钟致一石其后东灭朝鲜人徒之众拟西南夷又击匈奴取河南地【今朔方】复兴十万余人筑卫朔方转漕甚远自山东咸被其劳

元光中郑当时言关东运粟漕水从渭中上度六月而罢而渭水道九百余里时有难处引渭穿渠起长安并【傍也】南山下至河三百余里径易漕度可三月罢而渠下民田万余顷又可得以溉此损漕省卒上以为然发卒穿渠以漕运大便利

时山东西岁百余万石更底柱之险败亡甚多而亦颇费乃议穿渠引汾溉皮氏汾阴下引河溉汾阴蒲阪下可得五千顷尽河壖弃地可得谷二百万石以上谷从渭上与关中无异而底柱之东可无复漕上又以为然发卒作渠田数岁河移徙渠不到田者不能偿种久之河东渠田废予越人令少府以为稍入【时越人徙者以田予之其租税入少府其入未多故谓之稍】其后又议通褒斜道【褒斜二水名褒水东流南又河今汉中郡褒城县斜水北流入渭今武功县及扶风郡】及漕事下御史大夫张汤汤言抵蜀从故道多坂回远今穿褒斜道少阪近四百里而褒水通沔斜水通渭皆可以行船漕漕从南阳上沔入褒褒之绝水至斜间百余里以车转从斜入渭如此汉中谷可致而山东从沔无限便于底柱之漕且褒斜材水竹箭之饶拟于巴蜀上以为然拜汤子卯为汉中守发数万人作褒斜道五百余里道果便近而水多湍石不可漕

武帝作柏梁台宫室之修由此日丽徒奴婢众而下河漕渡四百万石及官自籴乃足

元封元年桑弘羊请令民入粟补吏赎罪他郡各输急处而诸农各致粟山东漕益岁六百万石一岁之中太仓甘泉仓满边余谷

按汉初致山东之粟不过岁数十万石耳至孝武而岁至六百万石则几十倍其数矣虽征敛苛烦取之无艺亦由河渠疏利致之有道也

昭帝元凤二年诏减漕三百万石

三年诏曰民被水灾颇匮于食其止四年勿漕

宣帝五凤中耿寿昌奏故事岁漕关东谷四百万斛以给京师用卒六万人宜籴三辅弘农河东上党太原诸郡国足供京师可省关东漕卒过半

丘文庄曰寿昌此议遇京辅丰穰之岁亦可行之赵充国条留屯十二便宜其五曰至春省甲士卒循河湟漕谷至临羌以威羌虏扬武折冲之具也

丘文庄曰充国此议边方遇岁丰稔亦可行之光□北征命寇恂守河内收四百万斛以给军以辇车骊驾转输不绝

丘文庄曰自古书运皆以转为名是以汉唐宋之漕挽皆转相递送而未有长运者长运之法始于本朝

虞翊为武都太守开漕船道而水运通利

明帝永平十三年汴渠成河汴分流复其旧迹初平帝时河汴决坏久而不修建武时光武欲修之而未果其后汴渠东侵日月弥广兖豫百姓怨叹会有荐乐浪王景能治水者乃诏发卒数十万遣景与将作谒者王吴修汴渠堤自荥阳东至千乘海口千余里十里立一水门令更相洄注无溃漏之患费以百亿计【千乘今青州乐安县】

致堂胡氏曰世言隋炀帝闻汴渠以幸扬州文士考禹贡言兖都冀州居河下流而八都贡赋重于用民力故每州必记入河之水独与河无相通之道求之故迹而不得乃疑汴之水自禹以来有之不起于隋世既久远或名鸿沟或名官渡或名汴渠大概皆自河入淮故淮可引江湖之舟以达于冀也今据后汉书则平时已有汴渠曰河汴决坏则谓输受之所也至于是发卒数十万修渠堤则平地起两岸而汴水行其中也十里立一水门更相洄注则以节制上流恐河溢为患是正与今之汴渠制度无异特未有导洛之事耳史曰渠堤自荥阳而东则上疑其为鸿沟下疑其为官渡者恐未得其要官渡直黄河也故袁曹相距曰悠悠黄河吾其济乎汴渠自西而东鸿沟乃横亘南北故曰未得其要也独所谓自禹以来有汴者此则不易之论也

卷之一·漕运·三国

诸葛亮在蜀劝农讲武作木牛流马运米集斜谷口治斜谷邸合息民休士三十年而后用之【马廷鸾曰邸合者仓廪之异名】

魏正始四年邓艾行陈项以东至寿春开广漕渠东南有事兴众泛舟而下达于江淮资食有储而无水害

凡漕运者皆自南而运于北而此则自北而运于南

卷之一·漕运·晋

晋武帝太始十年凿陕南山决河东注洛以通运漕【虽有此诏竟未成功】

怀帝永嘉元年修千金堨于许昌以通运成帝咸和六年以海贼寇抄运漕不继发王公以下千余丁各运米六斛

穆帝时频有大军粮运不继制王公以下以三户共借一人助支运

赵王虎以租入殷广转输劳烦令中仓岁入百万斛余皆储之水次令刑赎之家得以钱代财帛无钱听以谷麦皆随时价水次仓

卷之一·漕运·北朝

后魏自徐扬州内附之后经略江淮转运中州以实边镇有司请于水运之次随便置仓乃于小平石门白马津漳涯黑水济州陈郡大梁凡八所各立邸阁每军国有须应机漕引

后魏于水运之次随便置仓此亦良便

孝文太和七年荠骨律镇【灵武郡】将刁雍上表曰奉诏高平安定统万及臣所守四镇出车五千乘运屯谷五十万斛付沃野镇以供军粮臣镇去沃野八百里道多深沙轻车往来犹以为难今载谷二十石每至深沙必至滞陷又谷在河西转至沃野越渡大河计车五千乘运十万斛百余日乃得一返大废生人耕垦之业车牛艰阻难可全至一岁不过三运五十万斛乃经三年臣闻郑白之渠远引淮海之粟泝流数千里周年乃得一至犹称国有储粮人用安乐求于汧屯山【古平原郡高平县】河水之次造船二百艘二船为一船一船胜二十斛一舫十人计须千人臣镇内之兵率皆习水一运二十万斛方舟顺流五日而至自沃野牵上十日还到合六十日得一返从三月至九月三返运送六十万斛计用人工轻于车运十倍有余不费牛力又不废田诏曰造船运谷一冬即大省人力既不费牛又不废田甚善非但一运自可永以为式

卷之一·漕运·隋

隋文帝开皇二年以京师仓廪尚虚议为水旱之备诏于蒲陕虢熊伊洛郑怀邠卫汴许汝等水次十三州置募运米丁又于卫州置黎阳仓陕州置常平仓华州置广通仓转相灌注漕关东及汾晋之粟以给京师又遣仓部侍郎韦瓒向蒲陕以东募人能于洛阳运米四十万石经底柱之险达于常平者免其征戍其后以渭水多沙流有深浅漕者苦之

四年诏宇文恺率水工凿渠引渭水自大兴城东至潼关三百余里名曰广通渠转运通利关内使

炀帝大业元年发河南诸郡男女百余万开通济渠自西苑引谷洛水达于河又引河通于淮海自是天下利于转输四年又发河北诸郡百余万众开永济渠引沚水南达于北河通涿郡隋虽无道然开此三渠以通天下漕百世之后赖以通济

五年于西域之地置西海等郡谴天下罪人配为戍卒大开屯田发四方诸郡运粮以给之

十年分江淮南配骁卫大将军来天儿别以舟师济沧舢舻数百里并载军粮期与大兵会于平壤【高丽所都】置洛口回洛仓

致堂胡氏曰隋炀积米其多至二千六百余万石何凶旱水溢之足虞然极奢于内穷武于外耕桑失业民不聊生所谓江河之水不能实漏卮仓窖充盈适足为重敛多藏之罪耳

卷之一·漕运·唐

唐都长安关中号称沃野然地狭所出不足以给京师备水旱故常转漕东南之粟高祖太宗之时用物有节水

陆漕运岁不过二十万石故漕事简自高宗以后岁益增多而功利繁兴民亦敝矣

显庆元年苑西监诸朗议凿三门山为梁可通陆运乃发卒六千凿之功不成其后将作大匠杨务廉又凿为栈以挽漕舟挽夫系二鉥于胸而绳多绝挽夫辄坠死则以逃亡报因系其父母妻子人以为苦

唐关中久雨谷贵明皇将幸东都召京兆尹裴耀卿谋之对曰关中帝业所兴当百代不易但以地狭谷少故乘兴时幸东都以宽之臣闻贞观永徽之际禄廪不多岁漕关东一二十万石足以周赡乘兴得以安居今用度浸广运数倍于前犹不能给故使陛下数冒寒暑以恤西人今若使司农租米悉输东都自都转漕稍实关中苟关中有数年之储则不忧水旱矣且吴人不习河漕所在停留日月既久遂生隐盗臣请于河口置仓使吴船至彼即输米而去官自雇载分入河洛又于三门东西各置一仓至者贮纳水险则止水通则下或开山路车运而过则无复留滞省费巨万矣河渭之滨皆有汉隋旧仓葺之非难也明皇深然其言

明皇以裴耀卿为江淮河南转运使于河口置输场于输场东置河阴仓西置柏崖仓三门东置集津仓西置盐仓凿漕渠十八里以避三门之险先是舟运江淮之米至东都含嘉仓僦车陆运三百里至陕率两斛用十钱耀卿令江淮舟运悉输河阴仓更用河舟运至含嘉仓及太原仓谓之北运自太原仓入渭输关中以实京师益漕魏博等郡租输诸仓转而入渭凡三岁运米七百万斛省僦车钱三十万缗或说耀卿献所省钱耀卿曰此公家赢缩之利耳奈何以之市宠乎悉奏以为市籴钱

自汉以来漕运之数无以踰此

大历八年以关内丰穰减漕十万石度支和籴以优农刘晏自天宝末掌出纳监岁运知左右藏主财谷三十余年及杨炎为相以旧恶罢晏转运使复归度支凡江淮漕米以库部郎中崔河图主之及田悦李惟岳李纳梁崇义拒命举天下兵讨之诸军仰给京师而李纳田悦兵守涡口梁崇义扼襄邓南北漕引皆绝京师大恐

代宗时自丧乱以来汴水堙废漕运者自江汉抵梁洋迂险劳费以刘晏为河南江淮以东转运使议开汴水又命晏与诸道节度使均节赋役听从便宜行毕以闻时兵火之后中外艰食关中米斗千钱百姓挼穗以给禁军宫厨无兼时之积晏乃疏浚汴水遗元载书具陈漕运利病令中外相应自是每岁运米数十万石以经关中唐世称漕运之能者推晏为首后来者皆遵其法度云

先是运关东谷入长安者以河流湍悍率一斛得八斗至者则为成劳受优赏刘晏以为江汴河渭水力不同各随便宜造运船教漕卒江船达扬州汴船达河阴河船达渭口渭船达太仓其间缘水置仓转相受给自是每岁运谷或至百余万斛无斗升沉覆者船十艘为一纲使军将领之十运无失授成劳官其人数运之后无不斑白者晏于杨子置十场造船每艘给钱千缗或言所用实不及半虚费太多晏曰不然论大计者固不可惜小费凡事必为永久之虑今始置船场执事者至多当先使之私用无窘则官物坚完矣若遽与之屑屑校计锱铢安能久行乎异日必有患于所给多而减之者减半以下犹可也过此则不能运矣其后五十年有司果减其半及咸通中有司计费而给之无复羡余船益脆薄易坏漕运遂废矣晏为人勤力事无闲剧必于一日中决之不使留宿后来言财利者皆莫能及之

李泌言于德宗曰江淮漕运自淮入汴以甬桥为咽喉地属徐州邻于李纳刺史高明应年少不习事若李纳一旦复有异图窃据徐州是失江淮也国用何从而致请徙寿庐濠都团练使张建封镇徐州割濠泗以隶之复以庐寿归淮南则淄青惕息而运路常通江淮安矣德宗从之

韩滉欲遣使献绫罗四十担诣行在每担夫与白金一版使置腰间又运米百艘以饷李晟自负囊米置舟中将佐争举之须臾而毕艘置五弩手以为防援有寇则叩舷相警五百弩已彀矣比达渭桥盗不敢近时关中兵荒米斗直钱五百及滉米至减五之四户部侍郎赵赞又以钱粮出淮迂缓分置汴州东西水陆运两税盐铁使以度支总大纲贞元初关辅宿兵米斗千钱太仓供天子六宫之膳不及十日德宗以给事中崔造敢言为能立事用为相造以江吴素嫉钱谷诸使乃发诸道观察使刺史选官部送两税至京师废诸道水陆转运使及度支巡院江淮转运使以度支盐铁归尚书省宰相分判六尚书以户部侍郎元琇判诸道盐铁榷酒侍郎言中孚判度支诸道两税增江淮之运浙江东西岁运米七十五万石复以两税易米百万石江西湖南鄂岳福建岭南米亦百二十万石

是时汴宋节度使春夏遣官监汴水察盗灌溉者岁漕经底柱覆者几半河中有山号米堆运舟入三门雇平陆人为门匠执标指麾一舟百日乃能上陕虢观察使李泌益凿集津仓山西迳为运道属于三门仓上路以回空车费钱三万缗下路减半又为入渭船方五板输东渭桥太仓米至凡百三十万石遂罢南路陆运其后李巽为诸道转运

盐铁使以堰埭归盐铁使罢其增置者自刘晏后江淮米至渭桥寖减至巽乃复如晏之多迨后江淮米至渭桥者才二千万斛刑部侍郎王播建议米至渭桥五百石亡五十石者死其后判度支皇甫鎛议万斛亡三百斛者偿之千七百斛者流塞下过者死盗十斛者流三十斛者死而覆船贩挽至乃不得十之四五部吏舟人相挟为奸榜符号苦之声闻于道路禁锢连岁赦下而狱死者不可胜数其后贷死刑人不畏法运米至者十亡七八盐铁转运使柳公绰请如王播议加重刑太和初岁旱河涸掊沙而进米多耗抵死其众不待覆奏秦汉时故漕兴城堰东达永丰仓咸阳县令韩辽请疏之自咸阳抵潼关三百里可以罢车挽之劳宰相李固言以为非时文宗曰苟利于人阴阳拘忌非朕所顾也议遂决堰城罢挽车之牛以供农耕关中赖其利

贞元初陆贽上奏言邦畿之税给用不充东方岁运租米冒淮湖风浪之险沂河渭湍险之艰费多而益寡今淮南诸州米每斗当钱一百五十文其米既糙且陈尤为京邑所贱据市司月估每斗只粜得钱三十七而已耗其九而存其一馁彼人而伤此农制事若斯可谓深失矣今约计一年和籴之数可当转运二年一斗转运之资足以和籴五斗比较即时利害运务且合悉停臣切虑停运则舟船无用坏烂莫修傥遇凶灾复须转漕临时鸠集理必淹迟臣今欲减所转之数以实边储其江淮诸道运米至河阴河阴运米至太原仓太原运米至东渭桥来年各请停所运三之二其江淮所停运米八十万斛委转运使每斗取八十钱于水灾州县粜之以救贫乏计得钱六十四万缗减僦直六十九万缗请令户部先以二十万缗付京兆令籴米以补渭桥仓之阙数斗用百钱以利农人以一百二万六千缗付边镇使籴十万人一年之粮余十万四千缗以充来年和籴之价其江淮米钱僦直并委转运使折市绫绢絁绵以输上都偿先贷户部钱如此则不扰一人无废百事但于常用之内收其枉费之资百万赢粮上实边鄙又有劝农赈乏之利存乎其间矣

按西汉与唐俱都关中皆运东南之粟以饷京师自河渭溯流而上然汉武帝时运六百万斛唐天宝极盛之时韦坚为水陆运使仅一岁能致四百万斛余岁止二百五十万斛而至德以后仅百余万而已俱未能如汉之数且考之食货志及参以陆苏二公之言则运弥艰费弥重岂古今水道有险易之不同耶

咸通元年南蛮陷交趾征诸道兵赴岭南诏湖南水运自湘江入运渠并江西水运以馈行营诸军溯运艰难军屯广州乏食润州人陈磻石诣阙言海船至福建往来大船一只可至千石自福建不一月至广州得船数十艘便可得三五万石胜于江西湖南溯流运粮又引刘裕海路进军破卢循故事乃以磻石为盐铁巡官往杨子县专督海运于是军不阙供

卷之一·漕运·五代

后唐同光三年吏部尚书李琪奏请勅下诸道合差百姓转输之数有能出力运官物到京者五百石以上白身授一初任州县官有官者依资次迁授欠选者便与放选千石以上至万石者不拘文武显秩赏酬免令方春农人流散此亦转仓赡军之一术也勅租庸司下诸州有应募者闻奏施行

长兴二年勅应沿河船般仓依北面转运司船般仓例每一石于数内与正销破二升

四年二月三司使奏洛河水运自洛口至京往来牵船下卸皆是水运牙官每人管定四十石今洛岸至仓门稍远牙官运转艰难近日例多逃走今欲于洛河北岸别凿一湾引般直至仓门下卸从之

周显德二年上谓侍臣曰转输之物向来皆给斗耗自汉以来不与支破仓廪所约新物尚破省耗况路所般岂无损失自今后每石宜与耗一斗

致堂胡氏曰受税而取耗虽非良法诚以给用犹不使民徒费今观世宗之言则知晋汉间取雀鼠耗及省耗未尝为耗用直多取以实仓廪耳比及输运其当给耗米尝友不与或责之纲吏或还使所出州县补其亏数亡身破家不可胜计岂为国抚民之道也不宜取而取者省耗縻费是也当予而未尝予者漕运十耗是也世宗既与之善矣省耗应罢而未罢岂非以多故未友耶明宗路王时可谓窘匮犹放逋租数百万世宗诚欲蠲除省耗又何难哉

四年诏疏下汴水一派北入于五丈河又东北达于济自是齐鲁之舟楫皆至京师

六年命侍卫马军都指挥使韩令坤自京东疏汴水入于蔡河侍卫步军都指挥使袁彦浚五丈河以通漕运

卷之一·漕运·宋

宋定都于汴漕运之法分为四路江南淮南浙东西荆湖南北六路之粟自淮入汴至京师陕西之粟自三门白波转黄河入汴至京师陈蔡之粟自闵河【即惠民河】蔡河入汴至京师京东之粟历曹济及郓入五丈渠至京师四河惟汴最重

丘文庄曰汉唐建都于关中汉漕仰于山东唐漕仰于江淮其运道所经止于河漕一路宋都汴梁四冲八达之地故其运道所至凡四路

宋朝岁漕东南米麦六百万斛漕运以储积为本故置转船仓于真【今仪真】楚【今淮安】泗【今泗州】三州以发运官董之江南之船输米至三仓卸纳即载官盐以归舟还其郡卒还其家汴船诣转船仓漕米输京师往来摺运无复留滞而三仓常有数年之储

昔人谓宋人以东南六路之粟载于真泗楚转船之仓江船之人至此而止无留滞也汴船之出至此而发无覆溺也江船不入汴汴船不入江岂非良法欤宋人都汴漕运比汉唐为便易前代所运之夫皆是民丁惟今朝则以兵运前代所运之粟皆是转递惟今朝则是长运唐宋之船江不入汴汴不入河河不入渭今日江湖之船各远自岭北湖南直达于京师唐宋之漕卒犹有番休今则岁岁不易矣夫宋人漕法其便易也如此而其回船也又有载盐之利今之漕卒比之宋人其劳百倍一岁之间大半在途无室家之乐有风波之险洪闸之停留舳舻之冲激阴雨则虑浥漏浅涩则费推移沿途为将领之科率上仓为官攒之阻滞及其回家之日席未及暖而文移又催以兑粮矣运粮士卒其艰苦万状有如此者

乾德六年令诸州辇送上供钱帛悉官给车乘当水运者官为具舟不得调发居民以妨农作

初荆湖江浙淮南诸州择部民之高赀者部送上供物民不能御舟人舟人侵盗官物民破产以偿乃诏遣牙将部送勿复扰民

雍熙中转运使刘璠议开沙河以避淮水之险乔维岳继之开河自楚州【今淮安府】至淮阴凡六十里舟行便之【沙河即今淮安府板闸至新庄一带是也】

本朝永乐十三年平江伯陈瑄因运舟溯淮险恶乃寻乔维岳所开故道开清江浦五十余里置四闸以通漕又于沿河一带增堰以防走泄蓄水以资灌注引泉以备干涸至今以为利

端拱二年国子博士李觉上言曰晁错云欲民务农在于贵粟盖不可使至贱亦不可使至贵今王都万众所聚导河渠达淮海贯江湖岁运五百万斛以资国费此朝廷之盛臣庶之福也近来都下粟麦至贱仓廪充牣红腐相因或以充赏给斗直数十钱此工贾之利而军农之不利也夫军士妻子不过数口而月给粮数斛即其费有余矣百万之众所余既多游手之民资给以食农夫之粟何所求倍况粮之来也至远至艰官之给也至轻至易岁丰俭不可预期傥不幸有水旱之虞卒然有边境之急何以救之今运米一斛至京师其费不啻三百钱诸军旧日给米二升今若月赋钱三百人必乐焉是一斗为钱五十计江淮运米工脚亦不减此数望明敕军中各从其便愿受钱者若市价官米斗为钱二十即增给十钱裁足以当工脚之费而官私获利数月之内米价必增农民受赐矣若米价腾踊即官复给粮军人粜其所余亦获善价此又戎士受赐矣不十年官有余粮江外之运亦渐可省上览奏嘉之

真宗时内侍赵守伦建议自京东分广济河由定陶至徐州入清河以达江淮漕路以地隆阜而水势极浅虽置堰埭又历吕梁滩积之险罢之

汴水入河之故迹自汉明帝时王景修汴渠而河与汴分流至晋安时刘裕伐秦彭城内史刘遵考将水军出石门自汴入河隋炀帝自板渚引河历荥泽入汴又自大梁之东引汴水入泗达于淮盖汴河旧自荥阳县东经开封府城内又东合蔡水东注泗州入于淮今蔡河湮没不知所在而汴河则自中牟县入于黄河今归德宿州虹县泗州一带汴河故堤尚有存者而河流久绝所谓入泗达淮者今无复有矣是则汉以来漕路所谓汴船入河者率由蔡河经泗州入于淮而吕梁之险未有以之为运道者惟晋谢玄肥水之役堰吕梁水以利运漕盖潴水以暂用耳非运通也宋真宗时赵守伦建此议又以历吕梁险而竟罢由是观之吕梁之险用之以为漕路始自我　朝引沁水以入于泗经二洪下会沂河至清口以汇于淮合于河沁水者源出山西沁州之绵山旧自武涉县入于河随河达海自河南徙之后沁水乃别自武陟县界东流经原武祥符归德等处至徐州城东北与泗水合以为今运道云

景德中漕东南粟岁不过四百五十万石后增至六百万天圣中发运使计所部六路计民税一石量籴粟二斗

五升岁可更得二百万石给京师仁宗曰常赋外增籴是重扰民不许时江南谷贵民贫尚书员外郎吴耀卿以为言诏岁减五十万后是三司奏复增至六百万然东南灾歉辄减岁漕数或百万或数十万又转移以给他路者时有焉

天禧末京城所积仓粟一千五百六十余万石草一千七百万五千余围

国初以来四河所运粟未有定制至太平兴国六年汴河岁运江淮米三百万石菽一百万石黄河粟五十万石菽三十万石惠民河粟四十万石菽二十万石广济河粟十二万石凡五百五十万石非水旱大蠲民租未尝不及其数至道初汴河运米至五百八十万石自是京城积粟盈溢大中祥符初至七百万石【凡漕运数计亦临时移易】

英宗治平四年三司言京师杭米支五岁余久且陈腐请令发运司以上供谷五十万石粜谷贵处市金制储榷货务以给三路军需从之

发运司始于仁宗时许元自判官为副使创汴河一百纲漕荆湖江淮两浙六路八十四州米至真扬楚泗转般仓而止复从通泰载盐为诸路漕司经费发运司自以汴河纲运米入京师

神宗熙宁七年诏委官疏浚广济河增置漕舟依旧运京东米上供

宣徽南院使张方平言国初浚河渠三道以通漕运立上供年额汴河六百万石广济河六十二万石惠民河六十万石广济河所运止给大康咸平尉氏等县军粮而已唯汴河运米麦此乃太仓畜积之实近罢广济河而惠民河斛十不入太仓大众之命惟汴河是赖议者不已屡作改更必致汴河日失其旧愿留神虑以固基本

薛向为江淮发运使先是漕运吏卒上下共为侵盗贸易甚则托风水沉没以灭迹而官物陷折者岁不减二十万斛至向始募客舟与官舟分运以相检察而旧弊悉去

八年诏罢岁运粮百万石赴西京先是导洛入沛运东南粟以实洛下至是户部奏罢之

元祐七年知扬州苏载上言臣切见嘉祐中张方平论京师军储云今之京师古所谓陈留四通公达之地非如雍洛有山河之险足恃也特恃重兵以立国兵恃食食恃漕运漕运一亏朝廷无所措手足嘉祐前岁运六百万石以欠折六七万石为多去岁止运四百五十余万石而欠折之多约至三十余万石运法之坏一至于此臣到任以来所断粮纲欠折等人不可胜数衣粮罄于折会船车尽于拆卖质妻鬻子聚为乞丐散为盗贼切计京师及缘河诸郡例皆如此盖祖宗以来通许纲运揽载物货既免征税而脚钱又轻故物货流通缘路虽失商税而京师坐获富庶自导洛司废而淮南转运司阴收其利数年以来官用窘逼转运司督迫诸处税务日急一日刻剥得粮纲税钱一万贯而令朝廷失陷纲运米三十余万石利害皎然臣闻东西馈运所系国计甚大故祖宗以来特置发运司专任其责选用既重威令自行如昔时许元辈等皆能约束诸路主张纲运但发运使得人稍假事权申明元祐编敕不得勒令住岸条贯严赐约束行下庶刻薄之吏不敢取小害大东南大计自然办集矣

徽宗时发运副使柳庭俊言真扬楚泗高邮运河堤岸旧有斗门水闸七十九座限节水势常得其平比多损坏诏检计修复

今日运道自仪真直抵潞河其间最险者有二所高邮湖堤及徐吕二洪是也然二洪之险地也地有定形人可以用其力湖堤之险则天也天无常变虽若非人力可为然人力胜天亦有此理惟今高邮之湖南起杭家觜北至张家沟共三十余里唐李吉甫为淮南节度使始于湖之东面亘南北筑平津堰以防水患即今牵路在宋时又有斗门水闸我朝洪武九年知州赵原者始甃以砖永乐十九年加以砖之大者景泰五年又护以木椿实以砖土以备风浪纲运之上下舟楫之往来皆沿堤行人以牵百丈方其天色晴霁风恬浪静如行镜中然一隅西风骤起波涛汹涌顷刻之间樯楫倾沉人物沦亡不可胜计建计者往往欲于旧堤之外湖泊之旁别为长堤一带约去旧堤一二十丈许下覆铁釜以定其基旁树木椿以固其势就浚其中之土以实之用砖包砌一如旧堤其中旧有减水闸三座就用改作通水桥洞引湖水于内以行舟楫仍于外堤造减水闸以节水势如此则人力足以胜天天虽有迅歘之变人则有持循之方省官物之失陷免人命之死亡其为利益实非小矣

徽宗大观三年尚书省言六路上供斛斗已令直达而奉行之吏因循止将岁贡额斛于真扬楚泗仓厫为卸纳折运之地又以所管斛斗代诸路岁额不足之数且欠发运司一百二十余万斛不偿乞将见在斛斗尽令般发赴朝廷从之

转般之法东南六路斛斗自江浙起纲至于淮甸以及真扬楚泗为仓七以聚畜军储复自楚泗置汴纲般运上京以发运使董之故常有六百万石以供京师而诸仓常有数年之积州郡告歉则折纳上等价钱谓之额斛计本州

岁额以仓储代输京师谓之代发复于丰熟以中价收籴谷贱则官籴不至伤农饥歉则纳钱民以为便本钱岁增兵食有余国家建都大梁足食足兵之法无以加于此矣崇宁初蔡京为相始求羡财以供侈费用所亲胡师文为发运使以籴本数百万缗充贡入为户部侍郎自是来者效尤时有进献而本钱竭矣本钱既竭不能增籴而储积空矣储积既空无可代发而转般无用矣乃用户部尚书曾孝广之说立直达之法时崇宁三年九月二十九日也孝广之言曰往年南自真州江岸北至楚州淮堤以堰猪水不通重船般剥劳费遂于堰傍置转般仓受逐州所输更用运河船载之入汴以达京师虽免推舟过堰之劳然倡盗之弊由此而起天圣中发运使方仲荀奏请度真楚州堰为水闸自是东南金帛茶布之类直至京师惟六路上供犹循用转般法吏卒縻费与在路折阅动以万数欲将六路上供斛斗并依东南杂运直至京师或南京府界卸纳庶免侵盗乞贷之弊自是六路郡县各认岁额虽湖南北至远处所亦直抵京师丰不知籴歉不代发方纲米之来也立法峻甚船有损坏所至修整不得踰时州县欲其速过但令供状以钱给之以至沿流乡保悉致搔扰公私横费无有纪极又盐法已坏回舟无所得舟人逃散船亦随坏本法尽废弊事百出良可叹也

谭稹言自转般之法废为直达岁运仅足窃详祖宗建立真楚泗州转般仓之本意可谓至密一则以备中都缓急二则以防漕渠阻节三则纲般装发循次运行更无虚日自其法废河道日益浅涩遂致中都粮储不继淮南三转般仓今日不可不复置淮南路泗州江南路真州两浙路楚州仍乞先自泗州为始候一处了当次及真楚既有籴本顺流而下不甚劳费乞赐施行然后俟丰岁计置储蓄取旨立法转般以为永法诏稹所陈利害甚明并可依奏

五年二月新淮南路转运判官向子諲奏转般之法寓平籴之意江湖有米则可籴于真二浙有米则可籴于杨宿亳有米则可籴于泗坐视六路之丰歉间有不登之处则以钱折斛发运司得以斡运之不独无岁额不足之忧因以宽民力万一运渠旱干则近有便口仓庚今日所患者向来籴本岁五百万缗支移殆尽难以全仰朝廷乞将经制司措置地契等钱以椿充籴本假之数年可以足用令尚书省措置取旨

大观以后或行转般或行直达诏令不一政和元年张根为江西转运副使岁漕米百二十万以给中都江南州郡僻远官吏艰于督趣根常存三十万石于本司为转输之本以宽诸郡时甚称之

高宗建炎初诏诸路纲米以三分之一输行在所余赴京师二年八月诏二广湖南北江东西路纲运赴江宁府福建两浙路赴平江府京畿淮南京东西河北陕西路及川纲并赴行在又诏二广湖南北纲运如京由两浙亦许赴平江府送纳福建纲运经由江东西亦许赴江宁府送纳三年闰八月又诏诸路纲运除见钱并粮斛赴建康府户部送纳外其金银绢帛并赴行在所绍兴初因地之宜以两浙粟专供行在以江东之粟饷淮东以江西之粟饷淮西荆湖之粟饷后鄂荆南量所用之数责漕臣将输而归其余行在钱帛亦然惟水运有舟楫之劳陆运有夫丁之扰雇舟差夫不胜其弊民间有自毁其舟楫不愿藏舟自弃其田而不愿有田王事鞅掌人胥病之于是申水脚縻费七分钱三分钱法严卸纲无欠复拘留人船之戒虑掳船之为民害也既优价雇募客舟矣又许将一分力胜搭带私物捐其税及于两浙江东西四川泸叙嘉黔间自造官舟又揆道里之远近滩碛之险阻置转般仓修堰闸开浚河道以便漕运

绍兴四年川陕宣抚吴玠调两川夫运米十五万斛至利州率四十余人致一斛饥病相仍道死者众漕臣赵开听民以粟输内郡募舟挽之人以为便然嘉陵涉险滩碛相望夏苦涨流冬苦浅涩终岁之运殆莫能给乃委官就籴于沿流复就兴得阆州置场听客人中卖又减成都水运对籴米免四川及京西路请州租以宽之

吴氏漫录曰本朝东南岁漕米六百万石而江西居三分之一盖天下漕米麦取于东南而东南之米多取于江西也

东莱吕氏曰古者天子中千里而为都公侯中百里而为都天子之都漕运东西南北所贡入者不过五百里诸侯之都漕运所贡入者不过五十里所以三代之前漕运之法不备虽如禹贡所载入于渭乱于河之类所载者不过是朝廷之路所输者不过币帛凡贡之法所以三代之时漕运之法未甚讲论正缘未是事大体重到春秋之末战国之初诸侯交相侵伐争事攻战是时稍稍讲论漕运然所论者尚只是行运之漕至于国都之漕亦未甚论且如管子所论粟行三百里则无一年之积粟行四百里则无二年之积粟行五百里则众有饥色如孙武所谓千里馈粮士有饥色皆是出征转输至其所以输国都不出五百里五十里国都所在各有分故当时亦尚未讲论惟是后来秦并诸侯罢五等置郡然后漕运之法自此方详秦运天下之粟输之北河是时盖有三十钟致一石者地里之远运粟之多

故讲论之详方自此始后来历代最盛无如汉唐在汉初高后文景时中都所用者省岁计不过数十万石而足是时漕运之法亦未讲到得武帝官多徙役众在关中之粟四百万犹不足给之所以郑当时开漕渠六辅渠之类盖缘当时用粟之多漕法不得不讲然当汉之漕在武帝时诸侯王尚未尽输天下之粟至武宣以后诸侯王削弱方尽输天下之粟汉之东南漕运至此始详当高帝之初天子之州郡与诸侯封疆相间杂诸侯各据其利粟不及于天子是时所谓淮南东道皆天子奉地如贾生说是汉初如此至汉武帝时亦大概有名而无实其发运粟入关当时尚未论江淮到得唐时方论江淮何故汉会稽之地去中国封疆辽远开垦者多粟不入京师以京师之粟尚不自全何况诸侯自封殖且如吴王濞作乱枚乘之说言京都之仓不如吴之富以此知当时殖利自丰不是运江淮之粟到唐时全倚办江淮之粟唐太宗以前府兵之制未坏有征行便出兵兵不征行各自归散于田野未尽仰给大农所以唐高祖太宗运粟于关中不过十万后来明皇府兵之法渐坏兵渐多所以漕粟自此多且唐睿宗明皇以后府兵之法已坏是故用粟乃多向前府兵之法未坏所用粟不多唐漕运时李杰裴耀卿之徒未甚讲论到二子讲论自是府兵之法既坏用粟既多不得不讲论且如汉漕系郑当时之议都不曾见于高惠文景之世唐之李杰裴耀卿之议都不曾见于高祖太宗之世但只见于中睿明皇之时正缘汉武官多役众唐中睿以后府兵之法坏聚兵既多所以漕运不得不详大抵这两事常相为消长兵与漕运常相关所为宗庙社飨之类十分不费一分所费广者全在用兵所谓漕运全视兵多少且唐肃宗代宗之后如河北诸镇皆强租赋不领于度支当时有如吐蕃回讫为乱所用犹多镇武天德之间岁遣两河诸镇所以全倚办江淮之粟议论漕运其大略自江入淮自淮入汴自洛入河自河入渭各自正输水次各自置仓如集津仓洛口仓含嘉仓河阴仓渭桥转相般运道途之远此法遂坏自当时刘晏再整顿运漕之法江淮之道各自置船淮船不入汴汴船不入河河船不入渭水之曲折各自使习其操舟者所以无倾覆之患国计于是足以唐人议论之多惟江淮为最急德宗时缘江淮米不至六军之士脱巾呼于道韩滉运米岁至德宗太子置酒相庆可见唐人倚办于此如此其急唐时漕运大率三节江淮是一节河南是一节陕西到长安是一节所以当时漕运之臣所谓无如此三节最重者京口初京口济江淮之粟所会于京口京口是诸郡咽喉处初时润州江淮之粟至于京口到得中间河南陕西互相转输然而三处惟是江淮最切何故皆自江淮发足所以韩滉由漕运致位宰相李錡因漕运飞扬跋扈以至作乱以此三节惟是京口最重所谓汉漕一时所运临时制宜不足深论到得宋朝定都于汴是时漕运之法分为四路东南之粟自淮入汴至京师若是陕西之粟便自三门白波转黄河入汴至京师若是陈蔡一路粟便自惠民河至京师京东之粟自广济河至京师四方之粟有四路四条河至京师当时最重者惟是汴河最重何故河西之粟江无阻及入汴大计皆在汴其次北方之粟自三门白波入关自河入汴入京师虽惠民广济来处不多其势也轻本朝置发漕两处最重者是江淮至真州陆路转输之劳其次北之粟底柱之门舟接之利若其他置发运如惠民河广济河虽尝立官然不如两处之重此宋朝之大略如此然而宋朝所谓岁漕六百万石所专倚办江淮其所谓三门白波之类非大农仰给之所惟是江淮最重在宗祖时陆路之粟至真州入转般仓自真方入船即下贮发运司入汴方至京师诸州回船却自真州请盐散于诸州诸州虽有费亦有盐以偿之此是宋朝良法凡以江淮往来迟速必视风势本朝发运使相风旗有官专主管相风旗合则无罪如不合便是奸弊天船之迟速何故以风为旗盖缘风动四方万里只是一等所以使得相风旗诸州船只到真州请盐回其次入汴入京师后来发运岁造船谓之发运官船与诸州载米发运申明汴船不出江诸州又自造船虽有此约束诸州船终不应副因此漕法渐坏惟发纲发运未罢及蔡京为相不学无述不能明考祖宗立法深意遂废改盐法置直达江无水处不如此是时奸吏多虽有运漕之官不过催督起发其官亦有名而无实大抵用官船逐处漕运时便都无奸计若用直达江经涉岁月长远故得为奸所费甚多东南入京之粟亦少故太仓之粟少似东南畜积发运有名无实此召乱之道也本朝漕运之法坏自蔡京东京发运本原大略如此

理宗时知安庆黄干代抚州陈守奏复转搬法疏略曰国家纲运资以饷军比年以来法纪弛坏非惟军饷不继抑亦公私受弊其未离岸有江水浅涸坐食縻费之弊其已离岸月监官侵亏船稍盗窃之弊而其既败有摊赖平民之弊虽知其弊莫之能革且以江西一路言之如抚州建昌纲之折关每以水道浅涸不能巨舟延引岁终而未能起隔岁之纲者一纲吏卒水手动数百计又所招集并皆游手无赖之人自度官吏侵盗大数已亏恣情极用无所顾忌估藉所偿不能万分之一官司不免纵之摊赖平民侵削国本为害不细今若于隆兴置转搬仓一所每岁一路纲运水脚其费不赀取其所费养水军数百人命一武臣为之长造数十巨舰部以军法责之转输近里州军止以小舟运

载纳之转搬仓却令水军专一护送更往迭来不假召募纲纪素定部分素严舟楫素具较之乌合尝试实相万万如此则非惟可以省官纲之折阅抑足以增国家之武备戢江湖之群盗脱士大夫之罪戾免平民之摊赖是一变法而群害悉去众利并兴矣

卷之一·漕运·辽

圣宗太平时燕地大饥户部王嘉献计造船使民谙海事者漕粟以赈燕民水路艰险多至覆没鞭笞榜掠民怨思乱于是首杀王嘉以快众忿

卷之一·漕运·金

世宗大定初刘玑同知漕运司事奏言漕户顾直太高虚费官物宜约量裁损若减三之一岁可省官钱一十五万余贯上是其言

章宗明昌六年三月以北边粮运括群牧驰以银五十万两钱二十三万六千九百贯以备支给银五万两金器一千八百两金牌百两银盂八十两绢五万匹杂彩千端衣四百四十六袭以备赏劳

宣宗元光元年六月造舟运陕西粮由大庆关渡以抵湖城

哀宗天兴元年八月发丁壮五千人运粮以饷合喜合喜时为枢密使将兵应完颜思烈等自汝州急入援故饷之

卷之一·漕运·元

世祖中统四年诏北京运米五千石赴开平其车牛之费并从官给

至元十三年遣泸州屯田军四千转漕重庆

二十二年增济州漕三千艘役夫万二千人初江淮岁漕米百万石于京师海运十万胶莱六十万石而济之所运三十万石水浅舟不能达更以百石之舟运用四人故夫数增多

至元中以寿张县尹韩仲晖等言自安民山开河北至临清凡二百五十里引汶绝济直属漳御建闸三十有一度高低分远近以节蓄泄赐名会通河

丘文庄曰会通河之名始见于此然当时河道初开岸狭水浅不能负重每岁之运不过数十万石非若海运之多也是故终元之世海运不罢

至元中都水监郭守敬言疏凿通州至大都河道导昌平县白浮村神山泉过双塔榆河引一亩玉泉至西门入都城南汇为积水潭出文明门【今崇文门】至通州高丽庄入白河长一百六十四里塞清水口十二处置坝闸二十座节水通漕为便明年河成赐名通惠先时通州至大都五十里陆挽官粮民不胜其悴至是皆罢之

丘文庄曰通州陆挽至都城仅五十里耳而元人所开之河总长一百六十四里其间置闸坝凡二十处所费盖亦不赀况今废坠已久庆丰以东诸闸虽存然河流淤浅通运颇难且今积水潭【即今海子】在都城中禁城之北漕舟既集无停泊之所而又分流入大内然后南出其启闭蓄泄非外人所得专者言者往往建请欲复元人旧规似亦便利然以陆挽与河运利害略亦相当故议复元旧欲于城东凿潭以容漕舟议通陆运欲开新路以达东挽此其大略也

英宗至治三年江浙行省言镇江运河全籍练河之水为上源漕运商贩舟楫无不由此以供亿前朝尝浚此湖潴畜潦水若运河水浅开放练河一寸可添河水一尺近年淤浅以致递运不通乞加修治制可工毕又置湖兵百人专任修理

顺帝至正九年十一月漕运使贾鲁建言便益二十余事其一曰京畿和籴二曰优恤漕司旧领漕户三曰接运委官四曰通州总治豫定委官五曰船户困于坝夫海粮坏于坝户六曰疏浚运河七曰临清万户府当隶漕司八曰宜以宣忠船户付本司节制

十五年江浙省臣乞减海运以甦民困户部定拟本年税粮除免征外其寺观并拨赐田粮十月开仓尽行拘收

其不敷粮拨至元折中统钞一百五十万锭于产米处籴一百五十万石贮濒河之地以听拨运从之

卷之二·漕运·皇明

太祖定鼎金陵凡四方贡赋各缘其所至入于江达于京师及一成祖迁都于燕百官卫士仰需江南于是始议立运法派为二道一由江入海出直沽口由白河运至通州谓之海运一由江入淮黄河至阳武县陆运至卫辉府由卫河运于蓟州谓之河运

国初海运因元之故海运不给于是陆运以济之陆之劳盖不减海之险也及会通河既浚于是有儹运而海运乃罢遮洋海运犹不废焉然儹运之初皆支运也既而议者以为军民不便于是有兑运时支运才四十之一而故法几废矣盖凡五变而小小损益不与焉其势然也

按五变一曰海运二曰海陆兼运三曰支运四曰兑运五曰改兑俱详于后

洪武二年令户部于苏州太仓储粮二千万石以备海运供给辽东

五年命海运以饷辽岁七十万石

六年冬十二月浚开封漕河明年春转漕粟于陕西

十三年海运粮七十万石于辽东

二十二年令海运苏州太仓粮米六十万石以给辽东官军所谓海运者是也盖是时止以饷边而已

三十年海运粮七十万石于辽东

按是时海船有一千料有四百料名钻风海船后永乐中改海运遂改四百料为浅船浅船因海船得名

永乐元年令于淮安用船可载三百石以上者运粮入淮河沙河至陈州颖岐口跌坡下用浅船可载一百石以上者运至跌坡上别在大船载入黄河至八柳树等处令河南车夫赴卫河转输北京此变海运之始

六年海运粮八十万石于京师其会通河卫河以浅河船相兼转运时驾驻北京百费仰之不但饷边矣十二年海运粮四十八万四千八百一十石于通州又卫河儹运粮四十五万二千七百七十六石于北京所谓海陆兼运者是也

又令北京山东河南山西中都直隶徐州等卫俱选官军运粮此为漕运之始

十三年时会通河成遂令浙江嘉湖杭与直隶苏松常镇等秋粮除存留并起运南京供内府等项外其余原坐太仓海运之数尽改拨运淮安仓交收扬州凤阳淮安三府秋粮内每岁定拨六十万石运至徐州仓交收徐州并山东兖州府秋粮内每岁定拨三十万石俱令民运赴济宁仓交收河南山东税粮令民运至临清仓交收仍令浅河船于会通河以三千只支淮安粮运至济宁仓以二千只支济宁粮运赴通州仓每岁通运四次所谓支运者是也其天津并通州等卫各拨官军于通州接运至京盖自是海运不复行矣

先是遣平江伯陈瑄往湖广江西等处造舟二千艘以从河运瑄建言造平底浅船甚称便焉岁可运三百余万石至京是时遮洋船每岁于河南山东小滩等木次兑运粮三十万石于天津等卫仓收二十四万石连耗折银六钱俱从直沽入海转运蓟州仓收是年又令浙江都司并直隶卫分官军于淮安运粮至徐州置仓收囤京卫官军于徐州运粮于德州置仓收囤山东河南都司官军于德州运粮至通州交收淮安常盈仓本部各委主事一员监督收放其儹运粮每石俱两平斛斗收放官军儹运止一尖一平定为例

末年瑄复计议凡民运粮俱于淮安瓜洲补给脚价价兑与军船领运瑄又奏请于淮安瓜洲水次令军民于此对船交兑令军船出给通关付还与民销缴仍令民补脚价在淮安水次者每正粮一石外加五斗在瓜洲水次者每正粮一石加五斗五升十六年儹运粮四百六十四万六千五百三十石于北京

是年令浙江湖广江西并苏松常镇等处税粮除存留及起运南京外余粮坐拨一百五十万石零粮里人户自备船只运赴北京通州河西务等处上仓

十一年奏准每岁漕运以两运赴京仓一运赴通州仓交纳

宣德二年令浙江江西湖广并直隶苏松等处起运淮安徐州仓粮拨民自运赴通州仓其运粮官军于淮安南京支运

四年仍令江西湖广浙江民运粮一百五十万石贮淮安仓苏松宁国池州庐州安庆广德民运粮二百七十四

万石贮徐州仓应天镇江常州太平淮安扬州凤阳及滁州和州民运粮二百二十万石贮临清仓令官军支运山东河南北直隶府州县粮经赴北京其僨运军船量地远近与粮多寡如淮安上粮民船十抽其一徐州十二抽一临清十五抽一给与官军兼旧船运载五年令河南南阳怀庆汝宁三府粮运于临清仓开封彰德卫辉三府粮运于德州仓交收是年又令江南民粮兑拨附近卫所官军运载至京量其远近给与路费耗米此兑运之渐也

六年奏淮浙江江西湖广苏松常镇太平等府佥拨民丁及军多卫所添拨军士与见运军士通二十四万分两班更替僨运所谓僨运之初皆支运者是也七年始立兑运法先是各处粮米民运淮安徐州临清德州水次四仓交收漕运军官分派官转运于通州天津二仓往返经年以故民违农业永乐末从侍郎周忱议始令民运于淮安瓜洲补给脚价兑与运军军民两益卫所出给通关付缴后参将吴亮又言遂令江西浙江湖广江南等处粮米各官军于各附近水次领兑南京江北府州县粮于瓜洲淮安交兑共淮徐临德四仓仍支运十分之四浙江苏松等船各于本地方领兑不尽者仍赴瓜淮交兑河南所属民粮运至大名府小滩兑与遮洋海船官军领运山东济南州县于济宁交兑官军领兑必量其地之远近费之多少定为加耗脚米则例又给以轻赍银两以为洪闸盘剥之费许其附载货物以为沿途衣食之资是谓转运变而为兑运也

是年又增拨南京豹韬左等卫及各都司直隶卫所军余并见运官军共一十六万僨运粮储

成化七年都御史滕昭议罢瓜淮兑运里河官军顾江船于江南水次交兑民加过江之费浙江等处每正粮一石外加过江米一斗南直隶等处每正粮一石外加过江米一斗三升是谓兑运变而为长运也十年始立改兑法先是江西应天苏松等处粮民自运上纳淮徐临德四仓官军赴仓支领运送京通二仓至是议抽支运米七十万石改令官军各赴彼水次交兑

卷之二·漕运·漕运总数

漕粮先年俱民运淮徐临德四仓军船接入京通二仓名为支运永乐末始令民运赴淮安瓜洲补给脚价兑与军船领运名为兑运其四仓仍十之三四后兑运渐增又令军船各回附近水次领兑民加与过江脚价视远近为差成化十一等年改四仓米七十万石令各军径赴水次领兑名为改兑其兑运中又分支运米与天津蓟州密云昌平其正额外又有预备米贮于临德二仓【临清广积仓山东五万四百石河南六万石德州德州仓山东六万石河南二万石】岁运米四百万石北粮七十五万五千六百石南粮三百二十四万四千四百石内兑运三百三十万石改兑七十万石除例折外每年实通运正耗粮五百一十八万九千七百石

卷之二·漕运·历年僨运漕粮数目

国初漕额岁运四百万八千九百九十八石九斗九升二合

宣德八年僨运粮五百余万石通仓收二分京仓收八分

正统二年僨运粮四百五十六万石通州收六分京仓收四分

景泰二年僨运粮四百二十三万五千石

七年官军兑运粮二百八十一万三千四百八十石于淮安临清东昌徐州德州有粮仓收支运一十一万六千二十石三斗共运粮二百九十二万九千五百五十石三斗内遮洋船运粮三十万石以二十四万石于苏州仓收六万石于京通二仓收

天顺四年僨运粮四百三十五万石内兑运三百六十三万八千二百石淮安临清徐州仓支运七十一万一千八百石内遮洋船运三十万石以二十四万石于蓟州仓收六万石于天津等卫仓收

卷之二·漕运·漕粮近额【万历十七年□□漕运议单开载今以为定额】

成化八年题准定额本色米四百万石【岁额至是始定】弘治二年又定兑运三百三十万石改兑七十万石后又于数内定山东河南各改折七万石湖广改折三万七千七百三十四石七斗如各省直遇有灾伤奏留奏免改折于临德二仓预备粮内支运足数

一兑运米三百三十万石

浙江六十万石

山东二十八万石【内折色七万石】

河南二十七万石【内折色七万石】

湖广二十五万石【内折色三万七千七百三十四石七斗】

江西四十万石

应天府一十万石

苏州府六十五万五千石

松江府二十万三十石

常州府一十七万五千石

镇江府八万石

太平府一万七千石

宁国府三万石

池州府二万五千石

安庆府六万石

凤阳府三万石

淮安府二万五千石

扬州府六万石

庐州府一万石

徐州三万石

一改兑米七十万石

江西一十七万石

应天府二万八千石

苏州府四万二千石

松江府二万九千九百五十石

广德州八千石

镇江府一万石

淮安府一万一百五十石【以上旧俱运淮安府常盈仓】

浙江三万石

扬州府三万七千石

凤阳府三万三百石

徐州一万八千石

镇江府一万二千石

淮安府六万九千石【以上旧运徐州广运仓】

山东二万六百石

河南五万石【以上旧运临清广积仓】

山东七万五千石

河南六万石【以上旧运德州仓】

原系民运徐淮临德四仓上纳军船赴仓支运京通二仓交收成化十一等年照兑运事例改令官军径赴水次领兑遂罢民运

一拨运米四十五万四千八十三石三斗内

天津改兑粟米六万石

蓟州兑运粟米五万石【除节次题准改折外实存本色米一万三千八百石万历十六年又增一万一千二百石】

密云兑运粟米一十五万四千八百一十石八斗

昌平兑运粳米一十二万五千石粟米六万四千二百七十二石五斗

一改折米一十七万七千七百三十四石七斗山东河南各七万石内各二万石每石折银八钱五万石每石折银六钱解蓟州湖广三万七千七百三十四石七斗每石折银七钱解太仓以上在四百万石之内

嘉靖元年题准每年会派临清广积仓山东夏税麦折米二万石河南夏税麦折米六万石又山东秋粮米三万四千四百万共米一十一万四千四百石德州仓山东夏税麦折米六万石河南夏税麦折米二万石共八万石以上俱在原额糟粮四百万石之外专备灾伤改折凑补若有灾伤地方将改兑米停兑听各该巡抚官于附近府州县酌处如苏州府有灾该免若干则于附近松江常州等府拨补足数安庆府有灾该免若干则于附近宁国太平等府拨补足数其余府分有灾俱照此例凑补候灾伤府分有收之年仍照数征还如果附近府分各有灾伤无处凑补漕运官就将临德仓收贮备灾粮米内照数支运务不失原额四百万石之数嘉靖三十九年将前临清仓会派河南夏税六万石内改拨小滩运军行粮一万五千五百八十七石一斗九升七合三勺德州仓会派山东夏税六万石内改拨天津仓五千八百石折放天津等卫官军俸粮著为定例

又题准各该抚按今后但遇灾伤于水次四仓借粮支运每石止征脚价银一钱五分若次年丰熟即便照数征完运赴该仓上纳补还前借之数仍听户部管仓主事查催若有侵欺那移听各官参拿追究万历十四年本部题准临德二仓粟米积久成腐议自十六年以后将二仓每年山东河南应解米一十九万四千四百石尽征本色临清仓常留米三十万石德州仓留米二十万石两仓共留米五十万石为递年出陈之数其余剩米在临清仓除拨小滩行粮一万五千五百八十七石一斗九升七合三勺外余皆改拨河南兑米德州仓除拨天津仓官军俸粮五千八百石外余皆改拨山东兑米俱要挨陈支运两省改拨之数照例兑运一石折银七钱改兑一石折银六钱解京领运官军照依漕运衙门坐定仓口径赴该仓领运京通仓上纳每石随船耗米七升米准于支运数内照给随粮席价并车脚工食准于各总七分席银内动支解给盘剥进仓银两俱于各总轻赍银内临时听通粮郎中通融支用如遇年岁灾伤即于五十万石内动支仍将下年新征粟米补足五十万之额余方支运永为定例

十五年题准灾伤改折漕粮如果被灾八分以上者不分正改每石折银五钱被灾七分以下者仍照例正兑每石折银七钱改兑每石折银六钱不愿折者听

卷之二·漕运·漕运职官

都御史一员　总兵官一员

监兑

户部主事五员【每岁于漕运议事毕选差请敕分请山东河南南直隶浙江江西湖广督军民有司依期交兑催儹起程南运督至仪真与儹运官交接明白即将各兑完起程并交接日期报部查考回日仍将兑完日期具奏近经题准裁革】

儹运

御史一员【旧用户部郎中一员三月奏差今改差御史】

押运

参政一员【旧有协同漕运参将二员今革以一参政领漕务】

理刑

刑部主事一员【或员外郎三岁代万历二年革十□年复差】

把总

漕运把总十三员【题准各给关防】

天顺二年设户部管仓主事四员一驻淮安一驻临清一驻徐州一驻德州工部管河郎中二员一管沙河至仪真河道一管静海至济宁河道后又设管理惠通闸河并天津河道工部郎中一员

成化二十年设工部主事二员一驻沛县沽头闸一驻宁阳南旺闸

正德十五年题准天津兵备带管白河漕政

嘉靖三十八年题准户部注选郎中一员驻劄通州会同巡仓御史督理闸河粮运

隆庆二年改沽头闸主事于夏镇闸

四年题准南京巡屯御史兼管应天太平安庆宁国池州五府与广德州征兑漕粮

又题准徐州兵备每年粮船过淮亲诣清河桃源等处会同各处粮储参政等官分地驻劄黄河一带逐程催儹

五年题准设参政一员每年正月移驻瓜仪经理粮船过闸过坝管押到京

又题准两淮巡盐御史兼理庐凤淮扬及滁徐和三州粮务

六年又加设工部主事一员清江浦造船

又议准徽宁池太兵备兼管粮务

万历五年添设工部管徐淮河道郎中

十二年令两浙巡盐御史仍带管漕粮止行文督催免其押送镇江

二十二年题准通州南仓监督事务归并中仓兼管

卷之二·漕运·漕船数目

洪武间海运船数无可考【当时南京卫所浙江福建都司南直隶卫所官军海运】永乐至景泰船料大小无定其数比今多三之二【此后因改里河不用福建官军】天顺以后始定船一万一千七百七十五艘【官军一十二万一千五百余员名】

南京卫分一千七百六十只

锦衣三十四只　府军一十三只

府军右一十二只　金吾后一十五只

虎贲军二十六只　羽林右三十六只

神策一十四只　留守中二十八只

广洋一百一十四只　留守左二十二只

骁骑右三十五只　镇南四十九只

龙虎五十五只　龙江右一百三十六只

江阴八十一只　豹韬左一百九十二只

鹰扬一十九只【右系一总】

旗手十十四只　羽林左九只

府军后一十六只　金吾前一十五只

府军左一十九只　应天二十三只

沈阳八只　龙虎左一百四十二只

水军左一百五十四只　留守右四十三只

武德三十五只　虎贲右五十五只

水军右七十六只　豹韬三十九只

龙江左九十一只　兴武四十只

横海八十三只【右系一总】

江北直隶各卫所二千六百九十四只

淮安二百二十三只　大河三百三十六只

归德七十七只　泗州三百八十五只

徐州二百五十三只　徐州左一百七十八只

寿州一百五十三只　邳州一百三十五只【右系一总】

庐州一百七十三只　仪真一百一十只
高邮一百四十七只　兴化四十二只
滁州七十九只　扬州三百五只
六安一百只【右系一总】
中都留守司八百八十八只
凤阳中一百七只　留守左一百一十二只
凤阳一百一只　留守中九十一只
怀远九十二只　颍川二十只
长淮一百五十四只　凤阳右一百三只
武平四十七只　宿州三十五只
洪塘二十只　颍上五只
以上俱造于清江提举司
山东都司七百七十三只
临清二百五十九只五分平山一百三只六分
东昌七十五只八分　济宁二百二十四只六分
兖州护六十只　濮州备御二十五只五分
东平守御二十七只五分
北直隶一百七十七只
德州四十九只八分　德州左五十只一分
天津一十四只五分　天津左一十二只一分
天津右九只八分　通州左一十三只三分
通州右十只　神武八只
定边八只五分
以上造于卫河提举司
浙江都司二千四十六只
杭州右二百四十三只　杭州前二百二十三只
台州二百八十九只一分宁波三百一十只五分
温州二百九十三只　处州二百五十只
绍兴二百七十七只　宁海五十只四分
金华二十五只五分　衢州五十二只
严州一百只五分　海宁三十四只
湖州六十四只【右系一总】
江西都司八百九十九只
南昌　南昌前一百七十九只二分
赣州一百一十只六分　袁州二百只
南昌左一百四十五只四分
抚州六十只五分　广信三十八只七分
建昌三十六只五分　铅山四十七只一分
永新三十八只八分　安福四十一只三分
饶州六十四只二分　吉安七十七只一分【右系一总】
湖广都司七百五十九只
武昌一百一十八只八分武昌左一百一只八分

黄州一百四只二分　　沔阳一百四只
荆州右四十九只三分　蕲州一百四十五只五分
长沙　　　　　　　　荆州四十九只四分
岳州六十一只五分　　荆州左四十九只四分
安陆一百一只一分　　襄阳四十七只六分
德安三十八只一分【右系一总】
江南直隶一千四百四十三只
苏州二百四十只八分　嘉兴四十只
太仓一百二十六只六分松州五十只
镇海一百六十二只六分新安一百一十五只
安庆一百八十一只一分建阳一百三十五只
宣州五十一只四分　　九江一百六十一只六分
镇江二百二十九只八分【右系一总】
以上造于各原卫所
遮洋海船五百二十五只【原系大船三百五十只后改作中样浅船五百二十五只】
南京水军左三十六只　水军右三十只
龙江左三十一只五分　龙江右四十只六分
广洋三十六只　　　　江阴三十一只五分
应天十八只　　　　　横海二十五只六分
淮安四十八只　　　　大河八十二只五分
高邮三十七只五分　　扬州五十四只
长淮五十四只
以上造于卫河提举司【嘉靖以后归并清江】
今额造船共一万二千一百四十三只【浅船一万一千六百十八只遮洋船五百二十五只】
原卫所五千三百四十只
江南直隶上江总下建阳等卫六百四十八只
江南直隶下江总下镇江等卫松江等所七百七十五只
浙江都司总下杭州等卫金华等所二千三十九只
江西都司总下南昌等卫安吉等所八百六十六只
湖广都司总下武昌等卫德安等所一千一十只
清江提举司六千八百三只
南京总下锦衣等卫八百七十一只
中都留守司总下凤阳等卫颍上等所八百八十七只
江北直隶总下扬州等卫通州等所九百五十五只
江北直隶总下淮安等卫一千六百一十只
江南直隶总上江总下水军等卫领驾徐左泗州二卫缺军八十六只
江南直隶下江总下水军右等卫领驾泗州卫缺军三十六只
江南直隶上江总下水军左等卫领驾德州左等四卫一百二十五只
江南直隶下江总下水军右等卫领驾天津等五卫五十二只
山东都司总下临清等卫东平等所七百七十三只
遮洋总下淮安等卫五百二十五只

卷之二·漕运·漕军数目

岁中漕米四百余万船万二千余艘官军十二万七千八百余员名其法每船用卒十人海船人数视遮洋十二人择取其中蕃富者署为旗甲纲纪一舟于是乎在而从卒九人附焉

卷之二·漕运·十三总所属卫所船军漕粮数目

南京锦衣总属【十三卫】

锦衣【军三百四十一人浅船三十六艘领漕一万四百七十石】府军右【军一百二人浅船一十二艘领漕三千五百石】神策【军一百三十五人浅船一十四艘领漕四千二百三十五石】金吾后【军一百六十四人浅船十五艘领漕四千七百九十四石】留守左【军一百九十二人浅船二十三艘领漕六千一百七十六石】虎贲左【军二百三十四人浅船二十六艘领漕七千八百石】镇南【军四百七十人浅船五十艘领漕一万四千八百一十石】龙虎【军五百人浅船五十六艘领漕一万六千四十二石四斗】广洋【军一千六百一十一人浅船一百五十七艘领漕四万九千五百五石六斗七千】龙江右【军一千九百七十二人浅船一百八十五艘领漕五万八千六百五十九石六斗】豹韬左【军二千三十三人浅船一百九十八艘领漕六万二千石】江阴【军一千一百七十三人浅船一百一十九艘领漕三万六千七百二十一石】府军【军一百三十人浅船一十三艘领漕四千一百石】

旗手总属【十三卫】

旗手【军二百二十二人浅船二十四艘领漕七千九十一石】府军左【军一百九十五人浅船一十九艘领漕六千石】羽林左【军八十八人浅船九艘领漕二千七百石】应天【军四百四十四人浅船四十四艘领漕一万四千石】横海【军一千九十八人浅船一百一十三艘领漕三万四千八百五十五石三斗三升八合】兴武【军三百八十七人浅船四十艘领漕一万二千石】府军后【军一百四十八人浅船一十五艘领漕四千七百五十石】水军左【军一千一百二十五人浅船二百一艘领漕六万四千石】龙虎左【军一千四百四十人浅船一百四十二艘领漕四万四千七百石】龙江左【军一千四百一十七人浅船一百三十二艘领漕四万三千石】水军右【军一千一百二十二人浅船一百一十二艘领漕三万五千四百二十四石五升】金吾前【军一百四十九人浅船一百一十五艘领漕四千七百五十石】沈阳右【军七十九人浅船八艘领漕二千四百二十五石】

上江总属【十卫】

建阳【军一千三百五十人浅船一百二十八艘领漕四万三千□百四十四石九斗六升六合】新安【军一千二百五十人浅船一百二十五艘领漕三万八千三百七十七石五斗】安庆【军一千九百一十二人浅船一百七十五艘领漕五万八千六百七十二石】九江【军一千七百一十六人浅船一百六十五艘领漕五万二千五百九十石三斗四升四合】宣州【军五百六十四人浅船五十五艘领漕一万八千石】鹰扬【军三百七十四人浅船三十七艘领漕一万九百八十四石八斗六升】留守右【军四百三十人浅船四十三艘领漕一万二千二百四十七石七斗五升】豹韬【军三百八十七人浅船四十艘领漕一万一千八百石三斗八升】虎贲右【军五百九十人浅船五十七艘领一万八千一百三石六斗一升】武德【军三百五十九人浅船三十五艘领漕一万九百七十一石五斗九升】

下江总属【七卫二所】

镇江【军二千四百一十八人浅船二百三十八艘领漕七万七千五百二十五石九斗五升】苏州【军二千一百七十四人浅船一百九十八艘领漕六万七千二百二十石】太仓【军一千一百三十人浅船九十五艘领漕三万三千二百五十石】镇海【军一千一百二十六人浅船九十六艘领漕三万三千六百石】骁骑右【军三百五十九人浅船三十五艘领漕一万一千三百七十五石】羽林右【军三百五十八人浅船三十六艘领漕一万一千三百七十五石】留守中【军一百六十人浅船一十六艘领漕五千二百石】嘉兴所【军四百一十人浅船四十一艘领漕一万三千五百三十石】松江所【军四百人浅船四十艘领漕一万三千二百石】

淮大总属【五卫】

淮安【军二千六百三人浅船二百五十九艘领漕八万三千六百七十七石】大河【军三千九百九十人浅船

三百九十九艘领漕一十二万九千四百六十八石四斗五升】泗州【军二千七百七十五人浅船二百七十三艘领漕八万九千六百九十九石六斗】寿州【军一千四百九十七人浅船一百五十艘领漕四万八千石】邳州【军一千五百九十二人浅船一百九十九艘领漕五万九百七十五石五斗】

扬州总属【六卫四所】

扬州【军一千九百四十人浅船一百九十四艘领漕六万五千七百八十石九斗五升】高邮【军一千五百五十人浅船一百五十五艘领漕五万四百八十四石九斗三升二合】仪真【军一千一百人浅船一百一十艘领漕三万五千二百石】滁州【军七百四十一人浅船七十九艘领漕二万五千二百八十石】庐州【军一千六百七十六人浅船一百六十七艘领漕五万三千四百七十七石七斗五升八合】六安【军九百五十人浅船九十五艘领漕三万三百五十七石九斗】通州所【军三百二十六人浅船三十二艘领漕一万二百四十石】泰州所【军四百八十五人浅船四十八艘领漕一万五千三百六十石】盐城所【军二百二十五人浅船二十二艘领漕七千四十石】兴化所【军四百九十七人浅船五十艘领漕一万六千石】

中都总属【十卫一所】

凤阳中【军九百八十人浅船一百七艘领漕一万四千二百四石三斗二升】凤阳右【军一千二十人浅船一百三艘领漕三万三千八十石五斗四升】凤阳【军九百六十六人浅船一百一艘领漕三万二千六百三十九石六斗七升二合】留守中【军九百三人浅船九十一艘领漕二万九千九百九十七石八斗五升】留守左【军一千一百一十九人浅船一百一十二艘领漕三万五千六百八十石】怀远【军九百二十七人浅船九十二艘领漕三万三百二石一斗五升】长淮【军一千七百九十二人浅船一百七十五艘领漕五万八千六十石】宿州【军三百五十人浅船三十五艘领漕一万一千二百石】武平【军四百七十一人浅船四十七艘领漕一万五千一百石】颍州【军二百五十人浅船二十五艘领漕八千石】洪塘所【军一百九十七人浅船二十艘领漕六千四百石

浙西总属【四卫三所】

杭州前【军二千二百七十七人浅船二百七艘领漕七万一千五百八十三石一斗】杭州右【军二千四百九十七人浅船二百二十七艘领漕七万八千四百九十九石三斗四升】绍兴【军二千七百六十一人浅船二百五十一艘领漕八万六千七百九十八石八斗二升】海宁【军一百三十二人浅船一十二艘领漕四千一百四十九石七斗四升二合】严州所【军一千一人浅船九十一艘领漕三万一千四百六十八石九斗二升】湖州所【军六百六十人浅船六十艘领漕二万七百四十八石七斗三升】海宁所【军六百四十九人浅船五十九艘领漕二万四百二石九斗七升】

浙东总属【四卫二所】

宁波【军三千一百七十九人浅船二百八十九艘领漕九万三千六十七石七斗】台州【军二千八百八十二人浅船二百六十二艘领漕八万四千三百七十二石八斗】温州【军二千七百九十四人浅船二百五十四艘领漕八万一千七百九十六石四斗八升】处州【军二千九十人浅船一百九十艘领漕六万一千一百八十六石四斗】金华所【军三百八十五人浅船三十五艘领漕一万一千二百七十一石二斗八合】衢州所【军六百八十二人浅船六十二艘领漕一万九千九百六十六石一斗】

江西总属【二卫八所】

南昌【军二千三百三十六人浅船二百一十二艘领漕七万二千九百七十九石八斗三升】袁州【军一千三百八十四人浅船一百二十艘领漕四万二千七百八十七石七斗】赣州【军六百七十四人浅船六十艘领漕二万八百八十六石二斗】吉安所【军一千一百五十人浅船九十八艘领漕三万五千五百一十九石】安福所【军六百五十五人浅船六十二艘领漕二万二百三十六石八斗九升】永新所【军四百一十人浅船三十七艘领漕一万二千五百六十八石七斗六升】抚州所【军七百八十一人浅船六十六艘领漕二万四千八十石六斗】建昌所【军五百三十人浅船四十七艘领漕一万六千一百九十石七斗三升】广信所【军五百六十三人浅船五十一艘领漕一万七千三百三十八石七斗】铅山所【军五百四人浅船四十六艘领漕一万五千四百五十九石七斗】饶州所【军八百七人浅船六十七艘领漕二万四千三百七十四石七斗四升】

湖广总属【旧有荆州左卫嘉靖间改显陵卫旧有安陆□改承天卫俱免运今九卫一所】

武昌军【一千一百九十三人浅船一百一十六艘领漕三万九千九百五十一石九斗五升】武昌左【军一千一百二十三人浅船一百八艘领漕三万七千一百五十二石六斗】蕲州【军一千四百五人浅船一百二十七艘领漕四万一千七百五十三石六斗】黄州【军八百七十六人浅船八十五艘领漕二万八千五百四十二石二斗四升】荆州【军七百七十九人浅船七十五艘领漕二万五千六百五十三石五斗】荆州右【军七百七十四人浅船七十四艘领漕二万五千二百四十九石】岳州【军五百七十六人浅船五十七艘领漕一万九千一百七十七石五斗七升】襄阳【军七百三十六人浅船六十七艘领漕二万三千四百八十六石六斗八升】沔阳【军一千五十六人浅船九十七艘领漕二万八千五百三十五石五升】德安所【军四百一人浅船三十八艘领漕一万二千九百五十八石九斗五升】

山东总属【十七卫二所】

临清【军二千六百六十五人浅船二百六十五艘领漕八万一千八百四十五石】平山【军一千一百六人浅船一百一十艘领漕二万三千九百六十六石】东昌【军五百八人浅船五十艘领漕一万五千六百一石】济宁【军二千三百一十六人浅船二百三十一艘领漕七万一千一百二十八石三斗八合】任城【军六百人浅船六十艘领漕一万八千四百八十八石】东平所【军三百一五十人浅船三十一艘领漕九千六百七十四石】濮州所【军二百五十五人浅船二十五艘领漕七千八百三十石以上系本总原领】徐州【军二千五百一十六人浅船二百四十九艘领漕七万七千二百四十六石二斗三升二合】徐州左【军一千五人浅船一百一艘领漕三万八百五十五石五斗一升】归德【军七百六十八人浅船七十七艘领漕二万三千五百七十九石一斗三升六合】德州【军五百二人浅船四十二艘领漕二万三千九百五石】德州左【军五百一人浅船四十二艘领漕二万三千八百五十七石】天津【军一百四十五人浅船一十二艘领漕六千九百四石】天津左【军一百二十一人浅船一十艘领漕五千七百六十一石】天津右【军九十八人浅船八艘领漕四千六百六十六石】通州左【军一百三十三人浅船一十一艘领漕六千三百三十二石】通州右【军九十九人浅船八艘领漕四千七百一十四石】定边【军八十五人浅船七艘领漕四千四十九石】神武中【军八十人浅船七艘领漕三千八百一十石以上系裁革遮洋并入本总数】

遮洋总属【先年原领南直隶淮大等六卫北直隶德州等九卫官军俱兑运山东河南粮米三十万石内六万石于天津仓二十四万石于蓟州仓各上纳其船虽系遮洋止涉海三十余里即抵蓟仓程途不远嘉靖四十五年给事中胡应嘉建议停罢以北直隶德州等九卫并分江北淮大总下原管徐州左归德三卫共一十九卫所隶山东总其遮洋总下淮安大河泗州三卫并入淮大总扬州高邮二卫并入扬州总长淮卫并入中都总各归原卫兑运南粮至隆庆六年给事中宋良佐条议总漕王宗沐题准复开海运自淮出海口之数年覆溺数多乃罢今遮洋总犹存止属】淮安大河泗洲高邮扬州长淮六卫通州盐城二所【会典不载】

卷之二·漕运·各总粮额

南京总运粮五十五万一千八百八十一百六斗一千六合

湖广总运粮三十四万八千六百三十四石二斗八合

江西总运粮三十万六百九十五石三斗八升八合

浙江总运粮六十六万五千三百十一石三斗四升

中都总运粮六万七千五百九十八石六斗三升三合

江北总运粮八十八万九千七百七十四石一斗二合

江南总运粮四十七万二千四百七十三石七升

下江总运粮五万四千二百二十九石六斗六合

山东总运粮二十三万六千四百一石二升

遮阳总运粮二十四万石

卷之二·漕运·漕运职掌

宣德十年并正德六年题准总督漕运及该巡抚都御史总兵官每年八月以里例该赴京会议下年粮运事宜若遇有灾伤等项俱免赴京先期各将应议事件限六月以里驰奏止总兵官赴京会议弘治十二年题准各卫所应运官员有奸懒托病不赴运者指挥降三级卫镇抚千户降二级所镇抚百户降一级仍发运正德五年题准把总官运粮三年以上果廉能干济依期完粮许各该衙门据实保荐准令于实职上升一级

又题准见运官员无故私自逃回照军船到迟水次降一级仍照运军弃撇船粮调边卫

又题准运军弃撇船粮者调边卫充军瞭哨五年著伍

嘉靖二十七年题准监兑主事兑粮完日会同巡

按御史将各违限有司军卫官员从公照例查参若四月以里参劾不到或止参卑官塞责本部参治降罚

三十六年题准见在运粮把总指挥等官遇有升迁仍须督理候代将原管钱粮交割明白方许离任

三十八年题准总督漕运都御史务要久任必漕务修举节年粮运无欠方许迁转

隆庆四年题准粮船过淮逐程催儹但有脱压帮次即将为首官旗责治其黄河广阔许越帮前进务要三月以里尽数过洪入闸在闸河仍旧挨帮不得搀越完日将催儹过洪日期呈报漕司具奏违者参究

又题准每年正月漕运都御史出巡扬州经理瓜仪过闸粮船总兵官驻劄邳徐催督过淮帮船依期过洪入闸仍同专理漕务参政管押到京如有官旗故意延迟查照先年捆打事例著实举行

五年题准各处巡抚漕运河道等官于兑运事竣将兑完过淮过洪各日期并船粮细数奏报巡抚不得过二月漕司不得过三月河道不得过四月如有司粮米不完军卫船只不备以致过淮迟误者罪在巡抚若有司有粮军卫无船并船已到淮不即验放及不系河道变故压帮停泊有误过洪原限因而漂冻寄囤者罪在漕司其粮船依限前进河渠淤浅疏筑无法捞浅无人及闸座开闭失时致有停阻不得过洪抵湾罪在总理河道悉听科道官参究

又题准各省粮储道凡漕运一应征兑补军催督船料追并旧欠等项事宜责成专理如有司军卫怠玩误事开呈漕司参奏兑粮完日各选委府佐二三员分投管押粮船过淮过洪入闸方许回任三年俱能依期漕司奏荐超擢遇有升迁等项事完方许离任不得改委误事如一时员缺带管官一体责成敢有推避延从实参究

六年题准漕司置立全单每年亲派某卫所某帮运官旗军若干船只若干应运粮若干赴某府州县领兑粮数到日为始限几日支领月粮空船驾赴水次开兑重船过闸过坝到淮计程若干再酌量守风阻浅参谒峧斛等项日期逐一定限填入单内每帮分给一纸运官有司查照款目各于前件项下开注船粮有无违限日期并各该官吏姓名用有司监兑印钤到淮之日赍单投坐委推官除验有地方执照不计外查算某处违限几日或罪在有司或罪在军卫明开单后呈送漕司照数责治情重者参究奸旗违限密填单尾一并惩治仍编帮改限严责如期过洪入闸抵湾起粮完日单送巡仓御史查此奖荐参治

又题准运官依期过淮过洪完纳巡仓御史据实奖荐即行赏赉仍拟升署职一级过淮洪后期完纳依限者通候三年准升署职一级若先犯降级不系侵欺挂欠许将所升职级准复原降之数若见有漂欠并未掣通关者不得滥举以后凡经荐举运官兵部即行纪录候升迁之日破格优叙不过淮者候三年依期完纳照例升署职一级

又题准各处监兑主事及巡按巡盐上江各御史题参水次军船违限及儹运御史等官题参过淮过洪违限运官抄到之日姑从案候七月后备行京通等仓逐查原参各官目今有无依期完纳若先违限后能早纳者即于覆本内明白声说免罪如有挂欠并前照例问拟

又题准淮安漕库积贮船料赃罚等银每年终漕司会同巡按逐一秤盘备将出入项款分析造册具题中间公费不容已者明白登簿支销如有别弊据实参究至于各省并上江下江船料银两巡按御史每年照例查盘　奏报

万历元年题准淮徐临德天津五仓收粮部官各印刊票帖候粮船一到各照地方如淮安至徐州算该水程若干严定限期每帮给付一张赍至徐州收粮官处查验违者责治转限催行不许拘留听点徐州临清德州天津俱照此例粮运毕日将催过运船并违限官员具揭呈部查考

二年题准黄河一带责成徐宿参将沛县以北德州以南每年于山东都司佥书内选委一员自通州抵河西务一带责成通州参将各督率官兵严加防护如有疏失照地责成

四年题准南京卫所掌印官照例更番领运每年八月初旬南京兵部将各掌印应运官职名册送漕司填单坐

委永为定规

又题准粮船过淮总兵御史参政并沿河分司随便亲历催儹如运官于经过无干衙门停舟参谒阻压帮船及奸猾官旗无故停泊延捱者一体参治不许滥委府州县佐贰卑官需索骚扰致生事端违者参究

又题准漕运十三把总各照本管帮船催督不许夤缘别委违者本部及总督巡仓等衙门一体访拿参革

七年题准儹运御史催儹运毕驻劄通州稽察插和奸弊候各卫运官漕粮入仓方许具疏举劾本部查明分别具题以昭劝惩

八年题准运官三年无欠总督衙门查依限完纳及无别项违碍方准题升署职一级若三年内曾经罚俸及有别项违碍不许一概滥升

九年题准浙江南京江北等总有一卫分两三帮者将本帮旗甲挨年轮流更番领兑不许搀越重复如把总卫官派拨不均旗甲避难就易坐赃重处

十五年题准督粮参政自本年为始押运到湾照旧驻劄通州催儹粮运起粮完日免其进京即便查理空船编给限票径由水路催儹回南敢有撇船逃回受载稽留致误新运者听其径自拿究

又题准漕务参政如遇升迁候新官交代方许离任以后载入勅内永为定制

又题准把总指挥千百户等官水次常例听监兑主事及巡按巡盐巡江御史过江过淮常例听总督漕运及儹运御史进京常例听总督仓场及巡仓御史各就近密切体访从重参究不许徇情姑息

又题准总兵督运进京每年赁僦民居不便议动漕库收贮赃罚及支剩过江米银买房一所永为公署每年完事出京责令通州四卫每年轮拨军人二名常川看守以后每三年于漕库前项银内动支一百两随时修理不许私自变卖

十七年题准浙江苏松徽宁各道自十八年为始各将所属船粮数目呈报应天巡抚查催严督度江并挑浚河渠事宜悉听先期料理以免漕艘阻滞其浙直各府挑河脚米折银仍听漕司查考完欠的数分别奖戒每岁秋京口兴工行漕储道会同常镇司道勘视挑浚如各道因循误事者会疏参究

又题准自十八年兑运为始备行苏松抚按每遇开兑之期选委各府佐贰于隔别府分分投监视令其约束军民公平交兑庶分理有人争斗自息永为遵守

十八年题准漕运都御史免赴京会议其应议事件于六月内径行驰奏

二十年题准凡有漕粮府州县掌印管粮等官自十月开仓以后即遇行取升迁罢闲等事必待粮完开帮方许离任

二十一年题准漕运总兵官止督押船粮到通州催行领运各官将漕粮完纳毕日即便回南应议事件与总督衙门照旧会议停妥限六月内驰奏不必入京

二十三年题准漕折银两听巡漕御史一并催儹与漕粮一同赴部完纳以后年完一年不许分厘拖欠如有司抗阻怠玩解官途路耽延悉听题参重究

二十五年题准各省直督粮各道催船过淮即便回任料理新运不许枉道回家如遇升迁推补务要面相交代方许离任如或耽延误事听总漕巡漕衙门指名题参

卷之三·漕运·征兑运纳

宣德十年题准各处起运京仓米粟先将样米送部转发各仓收候运粮至日比对相同方许收纳

正统六年题准兑运粮米若水次临近领兑官具收过州县粮数开报本卫所用印出给通关如相离窎远开报附近卫所或府州县用印出给俱付部粮人员赍回该州县依例收缴

天顺六年题准一州一县止许与一卫交兑兑支不尽方许兑与别卫分派水次不许将一州一县分作三四卫亦不许将一卫分作三四州县及以远派近以近派远

成化七年题准山东都司北直隶卫所限三月初一日完粮江北直隶凤阳等处卫所限四月初一日完粮南京江南直隶卫所限五月初一日完粮浙江江西湖广各卫所俱限六月初一日完粮违者总督衙门巡仓御史分别参究罚俸降级若南京并江南直隶各卫所兑江浙二省粮米江北卫所兑江南各府粮米领运官违限查照二省并江

南事例参治

十二年题准京通二仓粮运至日各仓囤基俱听囤放粮米若小脚歇家指称公用索取囤基等项财物及别项求索情弊许被害人赴总督巡仓等衙门陈告审实于本仓门首枷号一个月满日径送法司问拟军发边卫充军民发口外为民干碍内外官员奏请定夺

正德五年令漕运衙门以漕运水程日数列为图格给与各用官收掌逐日将行止地方填注一格同原给帮票送部查考事完送漕运衙门查缴无故违误运官住俸问罪

又题准运官故违限期寄囤守冻把总至三千石指挥二千石千户一千石百户五百石以上每一次降一级若所寄不及数者俱止照常例发落旗甲不服催儹在途迁延者发边卫充军

嘉靖八年议准淮徐等五仓收粮部官遇粮船到彼定与水程令赍到前路部官处照限查考

十二年议准湖广粮俱赴蕲州汉口城陵矶三处水次交兑后将城陵矶兑粮改并汉口近复题改汉口水次于金沙洲陈公套蕲州仍旧

十六年题准江西吴城水次原兑粮改进贤水次交兑

又题准各处粮斛务照原解样米两平交兑各监兑主事及直隶兼理御史以后兑粮必令晒扬干洁不许徒议加增过淮之日漕司责令各总查将所属卫所兑过漕粮有无粗恶甘结投递以专责成仍严行各该把总及运官稽查旗军沿途不许侵费买押糠秕抵湾起米听本部委官查有米色粗恶者即将违犯官旗参呈总督衙门照单例参送法司从重问发仍尽法晒扬责令换补该总亦听查究

三十四年题准天蓟一仓管粮官遇该总卫所领到总督等衙门限票至日即督官旗及官攒人等严限进仓晒扬收受十日内务要完出通关若十日后不完开具所由申部若系仓官勒索稽迟即便提问计赃从重拟罪若系运官短少米数及有别项情弊即便指实参送究问

四十年题准各处征收势豪大户敢有不行运赴官仓逼军私兑者比照不纳秋粮事例问拟充军如掌印管粮官不即申达区处纵容迟误一百石以上者提问罚俸一年二百石以上者提问降二级三百石以上者比照罢软事例罢黜

本年并隆庆三等年题准漕粮兑运上纳京仓改兑上纳通仓如改兑不敷仍拨兑运以足通仓三分之一支运漂流俱拨通仓扣作额数若灾伤改折京通二仓各照数递减

隆庆二年题准照成化五年题准永为法则字样铁斛添铸二十六张每总各领二张赍赴水次与有司管粮官较准木斛开兑如有私造大斛大斗用强多兑者许有司具呈监兑衙门依律拿问

又题准京通仓收放粮米成造木斛三年一次漕运衙门将真正木料照数分给帮船顺带到京送东官厅交收遇应造年分呈总督衙门照依　钦降铁斛式样成造较印停当发仓应用

三年题准有司征兑大县限船到十日小县限船到五日各兑完开行监兑官务要于十月初旬亲历各水次稽查船粮迟速不许驻劄一处若奸顽粮长故意延缓将本粮长押同旗甲过洪入闸粮无漂流方许放回若有漂流责与官旗均赔仍解漕司问罪

四年题准每年漕粮俱限十月开仓十二月终完兑开帮如十二月终有司无粮军卫无船督粮司道及府州县掌印管粮官并领运把总指挥千百户各罚俸半年过正月者各罚俸一年过二月者各降二级布政司掌印官降一级三月终不过淮者督押司道等官及领运把总以下各降一级四月终不过洪者一体参究

又题准昌密二镇漕粮户部委主事一员会同通仓两镇郎中主事分投督率委官搬运禁革侵盗插和通仓郎中仍将应得脚价付与分运主事亲散车户船户粮斛到仓限日收受各照京通二仓则例总计尖耗两平收纳其额耗七升内除一升作耗余米六升作正支销每次交纳各要填给日期送部查考收米进仓即各先给完呈令旗军回南止留运官一员候掣通关

六年题准各府州县掌印管粮官征办漕粮违限不完捏报推诿听漕司参奏照例降级住俸其住俸日期不准实历候补完三年实俸方许申明漕司起送考满朦胧庇护者参治干碍方面官特本参黜

又题准各处漕粮除舟楫通行地便者照旧本色赴水次仓厫听兑其余山谷深远去处许粮户赍银径赴水次收买照例交兑

万历元年题准官军兑粮江北各府州县限十二月以里过淮应天苏松等府县限正月以里过淮湖广江西浙江限二月过淮山东河南限正月尽数开帮如有违限听儧运等官查照久近分别参究治罪

又题准京通仓官攒经收粮米坐支不尽剩有千石上下者盘并别厫交与见年代放即日起送若希图守支俸粮筹架延捱过一年者送问革职革役

二年题准江北南京等卫所派兑江南粮米船到水次止许一旗一纲随运官赴仓领兑其余军士俱在本船看守不许一人私自登岸敢有故违及沿途一切违犯漕规听粮储兵备等官拿解漕运衙门径以军法重治如粮里迟误插和诬赖抵饰亦听从重究罪有司故纵一体参究

六年题准运蓟密昌平各镇边粮改限五月初一日完纳

七年题准收粮限期不论有无闰月定以十月开仓

又题准各处样米俱要将本土所产米粟晒愓干圆洁净每州县各取四升用二袋装盛印封付本帮运官解送总督衙门验发该仓比对收粮

一水次各州县粮长自行交兑居民不许包揽违者听监兑拿问

一水次仓厫用楞木席板铺垫不许用糠粃等物致滋插和交兑时或有司故纵粮长搀和粗恶计殴官军运官容令旗军勒索加增分外生事俱听临兑官拿问参究

一京通粮米俱令运官挚斛进仓报晒临仓挂欠照数赔补治罪如守门员役需索扰害者许径赴总督巡仓等衙门呈告拿问

一漕粮进仓敢有官攒把门歇家通同拦阻乘机盗窃及谋利分用耽误交纳者听巡仓御史坐粮监收官拿问重治

一各仓收粮委官照例分别兑运改兑等项名色加耗一尖一平收受尖则不许淋漓踢斛平则止许刮铁为度不得多增斛面苦累官旗亦不得沽宽厚之名少收斛面

本年因苏松米色不类本部查参苏松监兑主事陈宣奉圣旨陈宣奉勅监兑徇情容私姑照才力不及例降一级调外任今后漕粮收完之日著总督仓场官及巡仓御史通查各总有烂恶搀和等弊除运官照例追赔问罪外其监兑并督粮参政有司官查各责任所在分别参奏如粗恶不堪至三万石以上将总督漕运等官一并参来究治其余依拟行

九年覆准河南粮解折收价银前来小滩买米多被包揽插和议将小滩水次晒场开辟广阔令河南粮户多征本色解赴该滩晒扬干洁交兑如路远不便管粮官押解粮长或在邻近州县或在小滩务买干洁好米若仍前包揽插和听监兑官拿问参究

又覆准各处监兑官务将所属漕粮米色眼同各该州县掌印官并运官看验明白必要干细洁净不许黑粃湿浥取具有司结状运官领状备将紧要数目字样用印钤盖各一样四本一存监兑委官一送漕运衙门一送本部一送总督衙门案候收粮查验如米色烂恶不堪与领状不同即系官旗插和照例重处若有司纵容势豪粮长将烂米搪塞不肯从实结报听御史监兑官从重参究如各官不行参奏本部与总督衙门查出指名参治若地方灾伤其应兑漕粮俱要干洁好米方许入船不得藉口灾伤贱买粗恶湿米混行交兑巡漕御史回至通州行京通粮厅查有原交米色粗恶不系运官插和者将掌印管粮官并行参劾不得止参运官而遗州县及量参佐贰而遣正官

十二年覆准凡京通仓完粮违限三个月者把总以下罚俸半年五个月者罚俸一年蓟昌密各仓完粮违限者递减一等止行各该卫所罚俸免其提问违至次年二月终者俱问罪降二级若又挂欠数多把总名下三千石或银一千五百两以上指挥及千户等官全帮领运者一千石银五百两以上千户五百石银二百五十两以上百户镇槵等官二百五十石银一百二十两以上仍于违限上各递降一级每一倍加一等把总指挥千户降至总旗百户降至小旗而止不及前数者照常发落有能当年完补者通免降及如愿下年领运至京补完许复原职仍以十分为率能完五分以上者准复职一级三年内尽数补完亦准奏复原职其一应提问官旗各省及直隶江南卫所行各巡按御史南京并江北卫分行漕运衙门就近提问以便完结

十四年议得归德卫浅船七十七只始于成化年间因徐泗二卫灾疲缺军暂拨代运原非正差彼时尚有屯外余地少资帮贴至嘉靖四十二年清丈地土将前余地悉归有司运车困苦势难久累酌派于山东总下临清济宁徐

州徐州左德州德州左平山七卫旧例减存运军内分摊领驾该卫减去运军名粮照常支解淮库听备修船以补各卫出运旗军应扣办料之数永为遵守本部覆准行

十五年覆准自万历十五年为始将原派浙东浙西总下宁波处州衢州杭前杭右严州六卫所原运淮扬二府兑改正粮四万九千四百七十四石三升军船一百五十只具改回本省照数拨运其锦衣总下广洋龙江右豹韬左三卫原兑浙粮军船照数改运苏州府吴江嘉定二县漕粮淮大扬州二总下泗州滁州兴化三卫所原兑苏粮军船今改回本处淮扬二府各照数领运其泗州等卫所原运苏州粮米每石有过江耗米六升折银三分听有司征给锦衣总下广洋等三卫领用其广洋等三卫原兑浙粮亦有过江银三分仍令该省照粮征完随同轻赍解淮补给泗州滁州兴化三卫所修船支用永为遵

十七年覆准凡有灾伤地方除抚按二臣俱全各照旧报勘外如抚臣偶缺按臣即许代报如按臣偶缺原有别差御史者抚臣一面具题一面移文司道呈详各御史先行督勘如无别差御史者抚臣即为代勘其有灾伤重大议及漕粮改折者务在八月之前到京听部题行漕司遵派庶可无失九月填单之期永为遵守

又覆准劄行临德二仓主事将二仓预备米共收足五十万石余者具数呈部移咨漕运衙门将湖广江浙远省漕粮照数摘拨徐淮二仓上纳就便派拨军船往临德二仓支运以足漕粮四百万石之数其徐淮二仓亦候积至五十万石以后输流出陈庶免腐浥永为遵守

十九年题准各省直有漕粮府州县如有米色粗恶逐一委官验看分别军卫有司罪状明白的系有司怠玩所致即将各府州县正官及管粮官务悉数怠玩疏虞之过从实参奏贤能有司亦要疏名荐举至于督粮名道亦查所属米色美恶及弊端分数一体举劾

又题准重运粮船到淮总漕衙门委官勘验米色如有插和官旗从重惩戒即将应给行月二粮扣留在帮以备完纳仍编号印记分别赏罚

二十年题准督粮道并领运把总迟粮迟船俱以阖省通计粮万石以上船五十只以上过限不完不到者照隆庆四年新例一体参降不及前数而有司运官违误者司道把总参呈听漕运衙门参降司道把总姑从宽免若司道把总既不严催又不查参隐蔽者仍照新例参罚

又题准各省直督粮道专管粮务每遇开仓开兑躬亲稽查水次起运加意催儹如粮米拖欠及浥烂不堪者总计合省至万石以上者抚按等官据实题参抚按曲蔽容隐部科核究

二十三年题准京通二粮厅并各仓监兑官以后如遇各卫起欠挂欠就将本旗严限追并仍一面责令运官先行设处完纳回南行令该卫掌印官将各该旗军家产变卖补偿不许朦胧更运其有脱逃者严缉正罪如掌印官徇情宽假许讦告漕司从重参究

又覆准京通各仓监督等官如遇帮船抵湾即与起运进仓严督官攒人等速行晒扬收受完毕即出通关赴缴不许刁蹬留难仍计投文以至完纳如无别故出一月之外不给通关者听仓场衙门从重查究

二十四年题准各该省直额办漕粮果有重大灾伤止许将被灾地亩分数并应折粮石从实勘报如不论灾害轻重徇情改折者听巡漕御史查实参究

又题准各省直额办漕粮如遇秋灾议题改折务在七月具题以便坐派如题议后期及临时题改者俱立案免覆

二十五年题准各仓监督官收受粮斛每石明加尖米四千二合俱用平斛收受

二十七年御史李光辉题称军船由瓜洲出闸涉百四十里长江之险今查原兑水次离泰州四十里亦有小河剥运可通合改于泰州出兑傥港河浅隘务令捞浚通利于领兑甚便

又题九江虽属直隶而卫治则列在江西界中频年拨兑宁国池州安庆三府属南陵建德青阳铜陵望江等县粮米百尔艰难合将新安卫船只岁拨六十二只派兑宁池等府九江卫原兑宁池等府船只改兑江西各互换领兑俱覆准行

二十八年巡漕佴祺题原定运粮一州一县止许一卫交兑兑支不尽方许兑于别卫不许将一州一县分作三四卫亦不许将一卫分作三四州县及以远派近以近派远今不照例咸称不便宜循故事从之

四十一年题覆漕粮输纳多出于巨室往往有势豪之家粮不上仓逼军私兑或插和糠水旗军吞声而受或折

干随便有司置若不闻官旗势难与兢遂中途凿船漂没累及合帮虽作弊在旗军而本源由势家如有势豪大户仍蹈前弊者许各掌印管粮等官据实申呈轻则径自拿问重则题参以凭从重究处依例议遣

卷之三・漕运・轻赍耗脚

国初民运无脚耗等项至宣德间令民粮兑与军运成化间将徐淮临德四仓支运亦改兑军皆给路费始各有耗米兑运米俱一平一尖收受故有尖米耗尖米除随船给运外余折银谓之轻赍备运军盘剥费用改兑无尖米以耗米二升折银谓之折易轻赍费不足则于兑运轻赍内旣贴后通惠河成省脚价始立减扣法扣留者以备修理通惠河闸量减者宽民力

兑运加耗米一百七十五万一千一百九十五石九升八合

两尖米三十一万二千二百二十六石五斗三升

轻赍银四十四万五千二百五十七两零

过湖米九江府每石征米七升饶州广信建昌铅山抚州五所兑本省粮者每石亦征四升折银一分二厘给军作过湖脚耗及什物等用

改兑加耗米二十万四千九百三十七石五斗浙江江西每石俱加耗米四斗二升应天苏州松江镇江广德每石俱三斗二升凤阳淮安扬州每石俱二斗七升

以上各加耗内各折米二升易银一分名折易轻赍余俱本色

徐州每石二斗二升山东河南每石一斗七升俱本色无折银

凡改兑俱无尖米盘剥之费折易轻赍如不敷于

本总属下各卫所兑运轻赍银内旣贴应用

成化十三年题准每兑运一石该原兑耗米二斗五升改兑一石该原兑耗米一斗七升随正数进仓以备晒扬其上仓鼠耗每石兑运七升改兑四升遮洋船六升支运一尖一平若官军人等将原兑好米沿途粜卖却粜陈腐湿碎及搀和沙土糠秕粗谷等项抵数者收粮官呈总督衙门将旗军先送刑部指挥等官参奏送问该部查照侵盗事例问拟仍换好米上纳

一河南米在小滩交兑除一六轻赍外每石该水剥耗米三升折银一分五厘随粮给军以资卫河盘剥山东东昌府属观城朝城莘县冠县在小滩交兑者亦再加耗米三升折银给军与河南同

正德十年并嘉靖十等年题准兑运粮米江西湖广浙江每正粮一石外加耗米六斗六升又加两尖米一斗共米七斗六升内除四斗随船作耗余米三斗六升折银一钱八分谓之三六轻赍江南直隶并江北庐州等府每正粮一石外加耗米五斗六升又加两尖米一斗共米六斗六升内除四斗随船作耗余米二斗六升折银一钱三分谓之二六轻赍江北直隶府州县每正粮一石外加耗米四斗六升又加两尖米一斗共米五斗六升内除三斗随船作耗余米二斗六升折银一钱三分亦谓之二六轻赍山东河南两省府州县每正粮一石外加耗米三斗一升又加两尖米一斗共米四斗一升内除二斗五升随船作耗余米一斗六升折银八分谓之一六轻赍嘉靖七年通惠河成议减脚价除一六轻赍数少照旧外系二六者减征米二升止征二斗四升折银一钱二分改为二四轻赍系三六者减征米二千止征三斗四升折银一钱七分改为三四轻赍共减征米二升后因有司征解如故本部题准折银一分仍旧征收解淮尽数给发运官领解同扣省八项等银一并送纳太仓银库济边

一改兑粮米浙江江西每石俱加耗米四斗二升将四斗作耗二升折银一分给军应天苏松镇江广德每石俱三斗二升将三斗作耗二升折银一分给军凤阳淮安扬州每石俱二斗七升将二斗五升作耗二升折银一分给军徐州每石二斗二升山东河南俱一斗七升俱本色以上尖米轻赍俱无完粮于本总各卫所兑运轻赍银内旣贴应用其山东河南运赴天津仓亦照京通改兑例加纳耗米四升

嘉靖十年题准京通仓歇家包囤每石给银八厘五毫小脚抗粮倒囤四厘雇人抱筹抬斛打卷银七毫晒夫饭米每船银一两一钱买垫囤苇把每船银二钱掀扫笆斗银每船三钱轮年本折其本色给银买纳折色扣银以备铺垫支用京通仓运官交粮纸劄每处银二两房水银指挥三两千百户各二两旗甲每船京仓一两二钱通仓一两

又题准扣省八项京粮车户每石扣银在三六二分三六一分经纪每石扣银五厘京通仓歇家包囤每石扣银

一厘五毫晒夫饭米每石扣银一厘小脚抗粮倒囤每石扣银一厘雇人抱筹抬斛打卷每石扣银三毫买苇把垫囤每船扣银一钱买补折罚席每船扣银二钱

又题准呈验轻赍之后先将例该使用银两各运官查算应用数目送京通二仓坐粮处收贮置立印信文簿遇有支领在运官者运官领用在仓中者歇脚领用俱照定例各项数目不许仍前冒滥虚费官银其应扣银两俱解入太仓银库运官旗甲照依今定则例支使造将通缴查考

十一等年题准轻赍银两每年类解漕司分为三七三分给本帮运官以备沿途支费如遇盘剥俱要呈明督押参政或管理河闸仓钞部属及兵备等官查无他弊批与印信执照方许动支余银呈验通州坐粮郎中查算支扣若无前项执照即系虚冒不准支销以侵欺问罪其七分银两选定廉干解官秤验明白各令入鞘类至十万上下装入标船拨鵰兵三十名星夜越帮前进送通仓坐粮郎中秤过寄库候该帮船到验给运官完粮其山东河南轻赍原不过淮责成临清兵备呈请抚按差官起解

三十八年题准通州郎中督理粮完将扣省脚价解送太仓银库除修理通惠河量动外余接济边费其支剩羡余一分解准二分给军每年终造册奏缴青册送部查考三年满日回部考核复职

隆庆二年题准二分羡余运官新旧粮银完纳无欠查将本总本帮下余银内把总给银二十两指挥十两千户六两百户四两其余尽数给军

三年题准京通仓筹架每石银五厘每厫一万二千石见在副使每员银二两攒典每名一两五钱小甲每名一两三钱军斗每名五钱事故扣除米不足额各照数递减俱解银库充作小修仓厫工食

一密云漕粮赴隆庆等仓交纳自通州水运至牛栏山每石水脚银四分二厘五毫自牛栏山至隆庆仓每石银四分

一江北三总南京浙江下江等总军船径赴水次领兑每石应征脚米六升折银给军为修舱什物之用江宁上元江浦六合句容五县脚米六升万历元年题议军船径赴水次领兑有司免雇民船通给运官公同有司买办修船物料等费镇江卫庐州卫兑本府粮各一分五毫随粮给军以资卫河盘剥

万历元年题准瓜仪建闸通舟浙东浙西下江三总军船俱免盘坝每船扣省车盘银二两二钱内漕司扣留五钱和洪夫工食其余一两七钱解部济边

二年题准旧规河西务南北阻浅起剥脚价每粮一百石桃花浅至湾二两二钱杨村至湾一两九钱蔡村至湾一两六钱蒙材至湾一两五钱二分五厘河西务至湾一两三钱王家摆渡至湾一两除轻赍一六数少不加外其二四三四每两加银二钱每钱加银二分里二泗至坝六钱五分哑叭庄至坝五钱五分郝家务至坝四钱五分中心楼至坝二钱五分俱照旧不加若运船直达石土二坝免剥

四年题准各处轻赍有司官每年先期征完随粮解赴漕司迟违误事照依漕粮违限事例分别降罚

七年题准京通二坐粮厅支给轻赍银两总督衙门给印信查收查给文簿各一扇逐项登注粮完缴查

又题准以后每年支剩轻赍等银照例尽数解太仓银库取库收呈验其一应盘剥完粮扣省等银应扣应给候运完之日京通二粮厅各将原领查收查给文簿呈送总督衙门比对必与例相合方准注销仍查照旧规年终造册通呈本部稽查销算其羡余二分给军一分修船银两通粮厅每年运完具呈本部照例选差部属官解准给散

又题准每年将轻赍银凑留一万两贮运库备各役借支置袋舱船等费即于当年脚价内扣完仍贮库

又议覆完粮轻赍沿途盘剥止给二分以八分解贮通库听候完粮给军羡余通候到湾起粮无欠先将一分唱名给散以资回南如军已先回扣贮通库候次年查明果系本军呈详本部及总督衙门方许查给敢有冒领以侵欺问拟其所带砖瓶合用盘剥并上京车脚照旧查给奉圣旨近来漕河无虞起剥诸费虽觉稍省然不可遽以为常且运军罢困亦当宽恤这轻赍银两还照议单分为三七以三分给本帮备沿途乞贴等费其羡余先给回南旗军一分余候完掣通关之日查无挂欠亦便与运官领回分给不必扣贮其余依拟钦此

又题准通惠河经纪脚价自石坝至大通桥每粮一石银一分八厘六闸水脚自石坝至桥每石共银九厘

又题准包揽起剥指勒加增脚价者听巡仓御史及通州坐粮郎中访拿究治

八年覆准通粮郎中将各运轻赍银两每总置一天匣交纳止验成色分两封钉入匣应给完粮眼同开匣给与原银应扣解者照数扣解应给赏者照数分给

又覆准运官应给盘缠除新旧粮完不犯赃私参论及迟违等项全给外其余但经以赃私不法参论者盘缠尽行停给完粮违限三月以上而过淮先期依期与完粮不违期限而过淮后期及淮北领兑例不过淮而完粮违限三月以上者止给一半过淮后期完粮违限三月以上者给与三分之一完粮违限五月以上者不论过淮先期运官盘缠尽行停给运军应得羡余姑准给与停扣银两俱类解太仓内过淮入仓违限者仍照例分别罚俸不得因已经领赏议减

又覆准锦衣旗手上江下江四总照嘉靖二十六等年事例于领兑江浙三四耗米轻赍银两每石量加一分以为过坝旱脚并帮修什物之用每年漕司查明造册送部查考

九年题准于蓟靖仓内改拨边粮二万石今实拨蓟靖仓一十三万石自通州水运至沙子营每石经纪银三分七厘五毫自沙子营陆运至蓟靖仓每石给车户银四分水盛自沙子营径达安济桥每石经纪银二分二厘五毫自安济桥短盘进仓每石给车户银六厘十四年呈允加增二厘扣省银九厘五毫解送太仓

一昌平旧额粮自通州水运至牛栏山每石银四分二厘五毫自牛栏山陆运至黄花仓每石脚价银一钱二分五厘至渤海仓每石脚价银八分至广济仓每石脚价银三分八厘自通州水运至沙子营每石三分七厘五毫自沙子营陆运至居庸仓每石脚价银五分至延庆仓每石脚价银九分至白羊仓每石脚价银九分以上陆运脚价俱系本镇饷银内给发

十二年覆准京粮车户脚价自大通桥至东仓每石银一分六厘西仓每石银二分三厘通粮车户自土坝至西仓西门南仓北门银一分三厘西仓南北二门南仓东门银一分二厘中仓三门银一分

又题准凡卫所官完粮后备造支销数目呈报稽考若有造报不明及侵欺等弊查照律例从重问拟把总失于觉察参问治罪

十三年覆准给军羡余浙东浙西湖广江西四总每船增银一两给银四两江南上江下江锦衣旗手江北淮大扬州并中都七总每船增银五钱给银二两山东遮洋二总每船照旧给银一两

又覆准通仓车户歇家小脚京通粮车船户水脚闸运抗夫经纪原住通州及相去伊迩者应得脚价俱令各役赴通库亲领其京仓边镇河西务等处并运官房水纸劄砖瓶垫囤等银仍令运官照旧赴库支领随粮解给永为遵守

十五年覆准粮船至河西务上下照旧行河西务钞关主事通粮厅郎中遇浅阻即便测度水势拨剥不必拘泥扣省旧例

又覆准河西务等处剥船剥价除山东河南江北一六轻赍数少不加外其江浙湖广南京二四三四轻赍照依万历二年题准事例每两加银二钱每钱加银二分如桃花浅至湾每百石原议二两二钱今给二两六钱四分余照地里远近加给以上脚价俱算至张家湾止自湾抵坝止给银五钱五分不得与外河船户自里二泗起剥者同六钱五分之例缘里二泗至湾脚价已在前数之内不得重给故减银一钱

又覆准粮船浅阻在卫河者呈请督押参政或沿途管理仓钞部属及兵备等官查勘真实取有印信执照准于随帮三分轻赍银内动支起剥其天津以北自桃花浅至王家摆渡等处俱呈请钞关主事自里二泗至两坝俱呈请通粮郎中若卫河一带查无执照白河一带不行呈请俱不准支销每船存米多者百余石少者数十石务令与剥船一齐抵坝如有仍前逗留不进仓漕御史会同坐粮郎中即便从重究治

又题准临清等二十九卫所自万历十六年新运为始行临清兵备道每年准于山东河南二省轻赍银内照蓟州事例先乞一分付运官随帮备剥其通州盐城二所准于遮洋总下高邮卫银内借给候于二所乞贴银内补还至于南北乞贴脚价每年仍附轻赍标解永为遵守

十六年题准河西务剥船除抵船价银照旧三七扣还外通候十年限满总计节扣不足准于轻赍银内动支凑补不必复于各役名下追陪仍劄通粮郎中自本年新运为始河西务剥船抵坝每百石照例给抗粮落崖银三钱五分

二十年覆准河西务船户苦累每船每年于解淮扣省银内给修舱银二两免其追偿其南粮每两加增银二钱仍扣在官

二十一年该巡仓御史张应扬条议轻赍银两三七分解原备运船沿途盘剥支费因运官毫芒未动反有守候

陪累之苦议令标船一总解送至万历二十二年又该通粮郎中于仕廉条议每米一石给银一分付运官亲赍以备沿途缓急呈请支用余剩查明交还通库类解太仓

二十二年题　准解淮一分羡余银两差官往返不便每年将银数咨行总漕衙门于次年轻赍银内照数扣除前差停止

又覆准通仓粮米俱用剥船由城河运至各门起运进仓交纳

二十五年覆准居庸延庆白羊三仓漕粮俱水运至汤山方许陆运进仓

卷之三·漕运·仓厫板席

嘉靖十年题准蓟州天津昌平密云西仓芦席与京通仓例同

十一年题准山东等总应纳斜席浙江等总应纳方席俱照题准式样斜席长六尺四寸阔三尺六寸方席长阔俱四尺八寸务合式方许兑交如有司折纳官旗尅减价银及所在权豪强逼收买将不堪席运纳悉听漕运衙门查验参究

又题准京通二仓坐粮郎中各照式成造木格官旗呈席比量登样方许收受如不合式将入席呈送总督究治

十二年题准席木则例每席一领折银一分每兑运米二千石该纳楞木一根松板九片俱本色每改兑米二石该席一领本色五分随粮进仓交纳折色五分交纳太仓银库以备修仓支用俱随粮收受出给通关

万历元年题准铺厫一座全用新板给工食银三两新旧兼用给银二两于筹架银内支给

三年题准京通坐粮郎中每年将应该大修厫座门送工部修仓主事先期查估旧料不堪即行更换场料不堪即行另买务要木植壮大筑基坚厚照依样厫规制鼎新建造不许因陋就简以图速完仍听提督官不时阅视稽考如有别弊公同巡仓御史查参究治

七年覆准总督仓场衙门题议随粮板木全解本色席片照昌平例三分本色七分折色其席折银另项收贮不必混入轻赍银内以便查算

一京仓席板楞木随船带至大通桥席令车户带运以备阴雨

八年覆准随粮板木令各运官就于水次收买合式松板每片长六尺五分阔一尺三寸五分厚五寸五分楞木每根长一丈四尺九寸围二尺五分呈监兑官验果如式印钤发运先将验烙过板木尺寸厚薄造册二本钉封预送本部并总督衙门发仓查果相同方准收纳

九年该总督仓场侍郎刘思问题称厫座楞木日久朽烂议用砖铺本部覆奉钦依在工部大修就于额设银内在本部小修即于筹架银内各动支续议每砖一个价银一分六厘窑户领银烧造

一京通二仓估修厫座每年酌量粮数多寡不等动支太仓筹架银两修完造册报部

十年漕运尚书凌云翼题称各卫所运船随粮板木自来有司折价兑与运官随宜收买不为负累近奉例定以式样买办艰难官旗赔累要令有司预买听监兑验烙交与官旗带运本部议覆若令有司自买又恐苦累小民仍令运官照旧买纳至大通桥推运进仓每木一根板一片各折米一石通仓郎中于轻赍银内各给脚价银一分六厘

十二年漕运都御史李世达题称各处板木贵贱不同如江西湖广系出产之地上江系聚集之区原议楞木一根价银四钱松板一片价银二钱五分俱足买办相应照旧其浙直南京卫所运浙直司府粮米者非产木处所其价甚高要将木价四钱再令有司加银一钱共银五钱板价二钱五分加银一钱五分共银四钱本部覆准依议加增仍令运官自买永为遵守

十五年工部咨称旧规每年大修廒京仓三十六座闰月加三座通仓十五座遇闰不加近因陵工浩大要量行减修本部覆议京仓实在厫共一千四百五十四座大约四十年方得周遍难以议减仍照旧修建

二十二年覆准各省折席并改兑耗米折银俱并入标船总解不得复给运官

四十年总漕陈荐题称各省直轻赍银除山东河南不过淮及扣收淮库支用外余银三十四万八千余两解交淮库类解通仓不便应令各省直类齐给各把总领解通仓而通厅照额扣一分径给把总带回交入淮库以备各卫修船在淮可绝那借在通仓可省文移从之

卷之三·漕运·漕运船只

正德十四年题准运船料价以十分为率军办三分民办七分

嘉靖三年题准轻赍羡余银差官解淮安府听漕司将漂流船只次第补造查有缺船卫所先将本卫补足方通融于本总定日给领

十四年题准将上运船只原定行粮三十三石其有损坏就将行粮存省各船旗军俱令在卫查照漕规办料俱解赴漕运衙门听作小修工费

二十四年题准军三民七料价军卫有司依期征扣八月以里给发买料兴工若船料不完该厂官即呈布政司一面将库贮堪动银两照数支给一面严行欠料军卫府县追补若延至九月终不完者罚俸半年十月终不完者罚俸一年应造船只限十月终驾赴水次候兑如十月以里造船不完底船不到厂者管厂并押底船各委官罚俸半年十一月终不完不到各罚俸一年十二月终不完不到各降二级

三十八年题准清江造船主事每季备造文册要见每处各原额银若干已未解若干该年见造船只并修补用过物料该银若干及先年官商借用若干追过若干每季终呈报工部并漕运衙门查考

三十九年题准各总原额浅船一万二千一百余只分隶各厂管造完日将委官匠作人等姓名打造年月刻凿船尾漕运衙门验明印烙给军领驾湖广等厂随帮过淮一体查验印烙或有板薄钉稀造不如式侵费料价底板船不能完者坐赃从重问拟干碍提调官一体参究

四十年题准南北直隶浙江江西湖广山东各司府卫所掌印官每年于放粮之期务将减存运军应扣料价按月扣贮限七月以里即差该卫所当年催料运官逐项封记解赴漕司验发漕库收贮听漕司给付造船旗军支领按季填报循环稽考

隆庆元年六年题准上江总属建阳等四卫浅船俱在安庆厂打造听新设副使提调九江卫浅船仍在本处打造听九江道提调下江总属镇江等六卫所浅船俱仍旧苏州厂打造听粮储参政提调各选委廉明府佐管理年终更换原设把总千百户等官尽行革去

隆庆元年题准各造船厂责成粮储道会同工部抽分主事照例隔年督催料银办料兴工如稽迟冒破□□□□悉听本官参究拿问

五年题准江西浙江湖广江南各巡抚每年八月分委官赴淮接催空船

又题准漕务参政督押重运到湾起粮完日严令各把总先将本总空船押过天津然后入京完粮候空船尽南参政就便回任

六年题准各卫所应造浅船工料俱完止因底板不到停待未造者查将漕库见贮军料银内每分借给二两提取旗军发厂成造所借银两即扣本军随船月粮限以二年补足

万历三年题准遮洋海船每年专派德州上下外河领兑回空船只寄泊临清故厂年久损坏该道兵备官计料修理查照原限十五年一次改造若官旗故意迟延有妨河运听漕司径以军法处治把总运官参提问革

五年题准各运粮完选委运官管押空船定与期限令赴该省粮储道投验迟违一月者照依故违

钦限事例拟罪一月以上者罪外罚俸三个月管押船除漂毁等项验有沿途印信执照外审有通同盗卖等弊照问刑条例追赃重拟通粮厅将押空官员姓名呈部先咨各该巡抚查考

六年题准各卫浅船什物凡初造之年总给银二十三两六钱五分照数买办以后九年陆续给银二十两九钱七分凑买俟十年改造将原置物件分别计算准银九两六钱贴送该厂找给银一十四两五分从新置办仍刻记物件银两数目若旗军损失责令赔补盗卖依律问拟

七年题准漕司及各该巡抚等官备查各总下漕船若干原缺若干补造若干见少若干严督各粮储道催行该厂补造足额一应公费将见在军民料价及追完节年拖欠银两应用不许仍前雇觅民船及将损坏者凑数派搭本帮以致船重难行每年终备将各总船只数目造册送部转咨总督衙门收候粮船至日照册查对如不足额及有雇觅民船者将该厂督工官并粮储等官照例参奏

八年覆准锦衣旗手上江下江四总浅船军料旗造一百三十一只照旧支江浙三四轻赍银四千六百六两七钱厂造七十六只照旧支南京户兵二部盐引柴薪银二千七百四十八两每年漕司造册送查

九年覆准各总减存浅船见运官开单交付掌印委官督军看守彼此取结每年新运过淮册报漕司如有损失委官缺十只者照例降一级掌印官缺至十只以上者问罪降一级每十只加一等降至三级而止船军照例问罪追赔

又覆准浙江漕船改用坚厚楠木可用十年每只除旧价八十四两五钱底船作银二十四两止外加银一十八两五钱共银一百二十七两如法成造刻记官匠姓名必限十年方许另造合用料价查照彼中事例派征

又覆准山东河南岁有额定折色一十四万石将应兑前米山东总属浅船每年减造三十二只所省料价底船改与江北等总作补造正额湖广每年额折粮三万七千余石浅船如例减造

十五年题　准每年回空粮船漕储道查照各船卸粮先后挨次编定号数明注单上使所过官司按号稽查如后船已过前船不到即沿河挨拿私货入官押空官照例参降

十九年覆准浙省运船改限九年一造

二十一年题准押空官务要随船尾押候船只到厂报修方许赴督粮道投单总押官缺船五只以上降一级十只以上降二级分押官各照所押船只如至五只十只以上者一体参降把总官缺船至二十只以上者罚俸五个月若赴水次违限至四十只以上及延至正月终船只不齐者降一级

二十三年题准江北永改折色漕粮四万三千二百七十石三斗一升原派中都淮大二总各卫每年额造运船一十三只四分俱免打造以后如有永折悉照今例一体减造

又题准遮洋海船照依山东总下浅船规式改造每船减去运军三名止用见军十名领兑二名行月粮银给领帮官水次短顾水手驾运日后万一海运不妨再议

二十七年御史李光辉题称南京各卫所漕船自改隶南京工部分司诸色烦费不下三四十金宜尽送淮安清江分司照旧如式成造其不应造者停泊仪真新运单到运官即责各旗在彼修船赴兑庶船只得以早完旗军不至赔累该郎中王在晋覆议呈堂题准自二十八年为始尽送清江厂如式成造

三十六年题覆漕船急需在木料而楠木产于川蜀来自商贩远涉波涛而能如期赴厂者惟关津之无阻耳近年税使四出自川湖以至南京在在榷征则在在停留兼之爪牙市侩横肆科索耽延逾时故商木动经二三年不得抵淮有由然也窃惟漕木之税算国课不当锱铢之入而误及漕事于国计实受什伯之害权度轻重何容计小利而忘大害也相应如议除荆州芜湖南京三处并九江渡簰船料原系额课不得议蠲外其余各处新增税课乞概赐蠲豁漕木到时但验有批文即日放行仍严谕牙侩不得措索稽留庶商困可纾而漕木辏集矣

四十年题准回空船只令霸州等八道督率将领等官画地儹行总兵漕储道督催尾押备闻出境入境船只报新差御史违误者参处提究

卷之三·漕运·剥船

三年题准查得旧卷成化丙申平江伯疏浚里河之后漕舟直达大通桥后因权豪欲专起剥之利寻废抵桥嘉靖初年俱至通州二坝无起剥脚价之费后因三四月间水浅权宜置外河剥船一百五十只及五六月水涨仍至通州嘉靖戊子设工部郎中一员浅无六百名专剥浚河以求必达二坝隆庆四年该总督侍郎陈绍儒等题要照旧例令浅剥二船俱抵二坝本部覆奉钦依通行钦遵讫续该侍郎万恭题称粮船到湾仍于李二泗起剥赴仓免其顶坝挤塞本部查议粮船挤塞不在抵坝而在大通桥之阻滞桥运若速自可流行以后浅剥二船照嘉靖初年俱抵二坝著为例

七年题准剥船十年一造通惠河自新坝至庆丰五闸每闸船六十六只共船三百三十只每只价银五十五两新增箬蓬八扇借支淮库银打造抵价就于各役脚价内陆续扣还河西务船八百只每只价银三十五两外河剥船二百只每只价银五十三两一钱零二项俱动支淮扬二钞关税银打造抵价俱于各役脚价内陆续扣还河西务船属钞关外河船属通粮厅如遇粮船浅阻即与随地起剥如水势稍可通行粮船直抵二坝不许剥遇浅就令撑夫抗负抵坝落崖每百石行轻赍银内给脚价银三钱五分通仓郎中不时看验水势浅深不得执为定例

一密云原船四百只万历十二年议减一百只该船三百只每只价银三十五两动支密云镇造船银于通州草厂打造抵价银六年扣还万历十五年议定自十九年起至二十三年止每年造船六十只借银二千一百两其银当

年借给次年扣还以后逐年做此更造

一昌平船二百八十八只万历十二年议减三十二只该船二百五十六只每只价银三十五两动支通州草厂子粒银于草厂打造抵价六年扣还十六年定议一照密镇例行

十五年覆准将石坝外河船户里增七名并旧役十三名共二十人将该坝见在剥船一百四十只分为二十号令每名分领七只听候剥运通粮郎中精选沿河殷实居民充役巡仓御史照例给票永为遵守以后不许加增以滋冒滥

十八年题准密镇原减准造剥船一百只仍行漕运衙门委官打造抵价银两听通粮厅郎中于各经纪脚银内逐年扣解淮库

四十一年覆准漕船起剥每至雇觅民船应行通粮厅及河西务钞关督率各该有司将船户逐名查审补其缺额修其破坏至于石土二坝额设剥船二百只又续添帮船七十只仍应酌量添造以免雇觅及闸河见在排造船只严查板木务要坚厚勒限催督完造

卷之三·漕运·漂流挂欠

天顺八等年题准旗军漂流船粮在大江漂流者为大患河道漂流者为小患许即时赴所在督押司道陈告当日委官亲勘船粮有无俱尽漂没或漂失粮米面船只尚存或虽损失而捞救干湿米若干逐一查勘的实出给执照仍申呈漕运儹运密切访勘的实会同具奏听本部议覆处补

弘治二年题准漂流奏到之日先将运到粮米照例上纳京仓者减除通仓上纳如漂流十石减除一百石每石省下脚米一斗以补漂流之数除正粮照例加耗所省脚米止刮铁两平收受若通仓缺廒仍赴京仓上纳如漂流一百二十石免晒一千石亦两平收受□□□下晒折米五升并耗米七升共一斗二升以补漂流之数前项免晒及通仓所收省下脚米俱不挨陈先放若减除免晒处补不敷将该帮官旗应给羡余银两扣除该帮不足将该卫该总扣除务要补足原数每石给银七钱责令买米上纳不许妄诿米色不类希图折价有亏额数

嘉靖三十九年题准羡余银两应该处补漂流者扣寄通库务要当年补完若拖延至次年者即查解大仓银库自查解后虽有应补漂欠俱不准处给

四十四年题准小患漂流止以二百石为率该总勘结呈报准行处补若出二百石外仍照大患漂流事例具奏勘明方与准处

又题准船粮到湾查无起欠漂欠即将羡余银两先给一分以便回南其余验明贮库候完掣通关照前给领如有起欠挂欠悉行贮库不得一概混给

隆庆二年题准轻赍银两验后总计某总下某卫某帮大患漂流若干免晒减除等项补过若干小患漂流若干本船脚费等项应补若干其各不敷小患先尽本帮次及本卫大患先尽本帮本卫次及本总如数足于本帮同卫列帮者照常给军数足于本卫同总别卫者照常给军如遇非常大患扣及概总均派各卫所数足亦照常给军

三年题准每年各抚按官及漕运衙门遇有户部题参运官漂流挂欠粮银文移至日责成粮储道严督见运把总官旗设法处补完足与新运前来上纳如故违不行设法追处粮储把总等官听户部及各抚按漕司参究

四年题准挂欠漕粮除奏到漂流外运官千石以上旗甲百石以上即参送法司监追移文漕司另行佥补不及数者严限比并完有次第押发漕司追处其逃回者运官四百石以上旗甲五十石以上俱属情罪深重提解来京送法司查照侵欺并弃撇船粮事例问拟监追

六年题准把总等官原运粮二万石漂去一千石以上或二千石漂去一百石以上降一级如原运粮一万石漂去一千石以上或一千石漂去一百石以上降二级俱在祖职上实降不得复职若能自补完不费别军处补者免罪

又题准完粮运官本卫虽有旧欠不系经手准给通关若能代补旧欠一千石以上一体旌赏新运官带解完补旧欠粮银巡抚坐名报部其不即完纳及挂欠者除照例追问外仍质留新运通关

万历元年题准凡遇奏到漂流粮船照例减除免晒处补不敷方许动支给军羡余仍候本部转行巡按御史严加查勘若有假捏情弊即行原籍变产追完前银照侵欺事例拟罪若未经奏到虽有印信执照不许混支其临仓挂欠明系侵欺与漂欠不同不得妄援前例一帮内原无漂流挂欠者即将应给羡余照例唱名给散若漂流数少扣补

完足尽其所剩给军后到冻阻者纵无挂欠不准支给

三年题准各总下积欠粮银运官漕司抚按转行各粮储道查果故绝无从追并者准与奏豁如有子孙已经袭替照例责限三年完报若过限全不完者仍从降例终身不准复职子孙亦止于降级上承袭原欠粮银免追其见在各官已经问降者立限严追未经提问者查照原参提问追并年终完不及数粮储等官从实参究若不行查参听本部该科纠举

又题准各把总官务将新运粮银年完一年任内如分毫颗粒挂欠纵遇升迁不许离任敢有朦胧赴任者革任监追远年旧欠悉免查比其原给未完文簿遵照旧例填注完欠赴部倒换稽查中间有能完及分数者移咨漕司照例奖赏

又题准官旗纳剩余米除旧欠扣留外其余悉令照出如官攒甲斗人等留难诓骗及棍徒揽买指价者听各监督官员查究

五年题准河西务官剥船起剥漕粮遇有漂失责令船户照数均赔如系民船将本船应得脚价尽数追给旗军买补若果人船漂没无迹勘实呈部覆勘方准动支该帮羡余买补

一运船小有损失打捞湿米运官即分派各船食用抵换原带食米上仓

六年题准如遇漂流在杨子江者先赴催儹把总处具告一面赴督押司道官处告委有司相去一百里者限二日一百里外者限四日勘实呈漕司即与具奏除豁如有违限扶捏等弊即将勘官参问官旗分别捏报漂欠虚数多寡问拟重罪其河道漂流者责令本帮补纳不敷量动概帮润米摊补不得一概奏豁

十二年覆准凡漕运官军敢有水次折干及中途粜卖以致抵坝起欠临仓挂欠者即系侵欺除正犯查照律例问拟外其余官旗仍各总计名下欠数总小旗欠一百石问发嘹哨百户镇抚欠二百五十石千户欠五百石指挥及千户等官全帮领运者欠一千石把总官欠三千石俱问降一级发原卫所带俸差操有能临期设法买补完足止坐折干粜卖正犯各官旗免罪其虽不系侵盗俱有亏折俱照前例拟断若总欠数多及粗恶不堪至三万石以上总督总兵等官另行奏请定夺

一漕运粮米漂流万石以上漕运都御史总兵官听科道官纠劾该部具奏定夺三千石以上提问把总官不及数者止提问本管官旗各巡抚亦有漕运之责系本境漂失数多者照漕司事例一体参究出境不必概及

一漕运把总指挥千百户等官如有漂流数多把总三千石指挥及千户等官全帮领运者一千户千户五百石百户镇抚二百五十石俱问罪于见在职级上降一级有能自备银两不费别军羡余当年处补完足者免其问降若愿随下年粮运补完及三年内尽数补完者亦准复原职

十年又题准漕运官军如有水次折干沿途粜卖自度粮米短少故将船放失漂流及虽系漂流损失不多乘机侵匿捏作全数贿嘱有司官吏扶同奏勘者前后帮船及地方居民有能觉察告首督运官司查实给赏轻赍银十两官军不分赃数多少俱照例发边卫永远充军有司官吏从重问拟仍行原卫所将失事之人家产变卖抵偿不得轻扣别军月粮以长奸恶前后帮船知而不举一体连坐仍将正犯所欠钱粮责令帮赔十分之三

一运官补纳漂流挂欠监督官俱要验系干洁新米方许收受若有陈米即根究卖米之家拿至总督衙门将本犯就于本仓门首枷号一个月满日参送法司从重问罪运官责令易买新米交纳另行查参重治

十三年暴雨漂损粮船该户科都给事中田畴题本部覆议除石土二坝原旧号房外再于石坝量买民地增建号房二十七间土坝十五间浅剥船抵坝随即搬入号房不许停压船中过夜以至骤雨漂没之患

十四年留守左等卫于瓜洲大江漂失正粮七十余石本部覆准借淮库旱脚银两速令买米赶帮前进完纳所借官银将各官军应得俸月粮银多者限三年少者限一年扣还淮库

十五年石坝一带漂流船三十二只实失正米八千一百七十二石零本部议照议单减除免晒事例处补把总指挥各于见职上降一级奉圣旨粮船已经抵坝骤遇水冲与在途漂流疏玩作弊的当有分别孙逢吉等姑免降职著各降俸一级钦此

十六年覆准自十六年为始凡官旗纳剩余米如本名有旧欠数多而余米少者尽数扣留于下年再扣余米多而欠数少者扣完即止其余悉令照出本卫有欠每十石扣留三石亦扣完即止

二十年题准漂粮运官会勘的实照例降级不得援万历十五年把总孙逢吉等降俸事例代奏乞恩

二十三年覆准如遇江洋大患漂流人船淹没地方有司及该道亲诣勘实具呈漕司照例奏豁总运各官不能自备处补照例查降职级其河道小患损失除捞获湿米准令分派各船抵换食米外不足米石尽令失事旗甲变产陪补不敷次及运官再次及把总不许擅扣军粮如系假捏许本帮各用军人及地方居民从实首举照例给赏官军问遣把总革任

卷之四·漕运·官军粮钞

永乐十三年题准官军行粮浙江江西湖广江南直隶各总卫所俱于本处仓关支南京各卫于兑粮水次州县应解南京仓粮内扣算关支俱米三石江北总所属并安庆卫于本处仓支米麦二石八斗凤阳等八卫所并直隶庐州六安滁州泗州寿州仪真扬州高邮淮安大河武平宿州颍川共二十一卫所俱于淮安常盈仓支米麦二石八斗邳州徐州徐州左归德四卫于徐州仓支米麦二石六斗前项江北卫所并安庆卫官军内摘拨江南水次交兑者照依江南卫所事例各于原定仓分支米麦三石山东官军于临清仓德州天津等九卫官军于德州仓各支米麦二石四斗遮洋官军运蓟州粮者各支二石八斗

正统五年题准官军该实钞锭每年指挥八锭千户卫镇抚六锭百户所镇抚五锭旗军四锭在浙江江西湖广卫所于本布政司关支南京并直隶淮安迤南卫所于淮安扬州二府课程等钞内关支邳州迤北卫所于临清课程等钞内关支俱照例填入勘合投部缴查

嘉靖十七年题准运军月粮各该抚按官先将应征存留粮斛依期征给如征不及或灾伤停免听各仓库别项钱粮通融处给不许刁蹬留难其行粮例该本处关支者虽派别省兑运仍旧本处支给若原议水次随支者俱要预期征完同正粮并兑不许先尽正粮将行粮落后

三十九年题准各州县存留粮并卫所屯粮征收完足先尽运军给领如领运而月粮不给许赴漕司告理各省行粮储道各府行管粮官提问追给系淮扬凤阳徐州者听漕司提问追给

四十四年题准运军行粮例该本处关支者虽派别省兑运仍旧本处支给如征收不齐浙江江西每石征银五钱江北扬州等卫原系苏州四府起运凤□□仓支给者每石征银四钱官军一到即与支给如征收不及将在库别项银两借支补还俱以文书到日为始一月不给者掌印管粮官各罚俸半年二月不给者各罚俸一年三月不给者各降二级半年之上不给者从重拟处

万历六年题准淮安大河邳州运军月粮十个月在河南帮济漕税银内给六个月存留屯粮内给四个月山东遮洋帮济漕税银内给七个月存留屯粮内给三个月泗州卫运军月粮除该卫屯粮秋米抵给五个月其余五个月该折银三千七百四十四两分派泗州及天长时眙五河虹县出办与该卫夏税屯粮折银一千一百六十两三钱四分凑足前数各该掌印管粮官每年依期征解凤阳管仓主事收候粮单派到通融支给迟违误事者漕司分别参究住俸降级

七年题准浙江等十二总卫所支领官军行粮每正粮三十石七斗二合扣军一名查各运正粮若干官军若干照数支与已支行粮不行上运者听南京户部并各抚官漕司查究从重问拟

一江南下江总所属镇江等卫月粮俱于镇江苏州太仓等府州关支一官军在运身故官给银三两军给角二两仍存恤

二年本军该支月粮羡余银两一体给领

九年覆准扬州高邮仪真通州泰州盐城兴化七卫所月粮旧例苏常二府解到扬州府关领因征解不前关领不得以时今将苏常二府领兑军造册送扬州府算明领去二府就便关支余粮仍解扬州府听给别军

十一年题准凡运军中途病故预支安家月粮俱免还官仍优恤二年其遗下行粮给本船旗军以充雇募免下年扣除若途中脱逃者获日问罪仍追安家月粮还官

十六年覆准移咨南京户兵二部将水军左等三十四卫减存船只有妻正军每月量给月粮五斗无妻正军每月量给三斗有妻余丁每月量给三斗五升无妻余丁每月量给二斗俱准免其办料听候新运以后年分如遇减存俱照此例遵行

二十八年巡漕佴祺题行月二粮除扣留解帮入标外其余并一应钱粮务候船到尽数给领傥一时正饷不全

即于库贮别项钱粮严行借给从之

四十一年题准申饬各该有司凡旗军行月粮等银务凿碎包封唱名亲领不许运官代领致令扣除一切领运沿河到京各文武衙门无论官职崇卑但有需索常例及纵役剥军者许旗军到京日揭告部院以凭从重参处即各部院吏书不得庇护

又题准官军行月二粮不拘本折船到时即便给放不得迟延逾旬亦不许拨发兑支如有兑粮已完行月粮尚未全给者督粮道即便参呈依例议处

卷之四·漕运·选补官军

弘治十二年题准各处监兑将所属把总卫所官攒运官将各总把总运粮官贤否每年七月以里开遂户兵二部案候至三年之期漕运都御史总兵官通将各卫所官三年得失事迹开送户兵二部会同考察见运官依期完粮与见在掌印官考词上等者俱列在掌印项下违限不完与考语下等者俱列在退黜项下将开到别差贤能考语优等者填入掌印照例更番其随帮千百户镇抚等官把总官查访贤否呈送漕司照例考选

十三年题准各卫所奏文佥补旗军俱责限一月之内照名补完若限外不完百户十名以上千户二十名以上指挥三十名以上各住俸督补

又题准南京兵部委主事各巡抚行守巡道严督各卫所备查原额旗军通行补足该部主事并各道备将选补过各卫旗军姓名造册送部查考如各官不行用心查选滥取充数临期每总缺旗甲五名以上军百名以上或中途在逃旗甲十名以上军二百名以上者卫所官问降一级原选主事司道等官听漕司参奏本部量议降罚

正德五年题准军官交粮完日务严督军人将本帮船只督押回还其军丁有恃顽不行上运不候交兑及虽交兑即弃船逃走者将行粮赏钞尽追入官仍问发边卫充军另拘户丁补伍

嘉靖八年题准江北直隶等总系南京卫分者南京兵部选委主事一员系布政司者各该巡按御史会同监兑守巡兵备等官严督各该卫所军政掌印官通查原额运军逃故缺少者另选正伍内精壮旗军补役正军不足于空闲余丁或别差下选补该卫所无丁同卫所拨补本卫无丁于本总卫所拨补发各把总官处审验上运如有已拨上运又复改差及老弱不堪诡名搪塞等弊并听漕运衙门巡按御史及各委官照例参究仍将拨过姓名数目造册送户兵二部查考

十四年题准南京兵部及各省抚按衙门遇有申告运官一切患病年老缘事等项必须会行漕运衙门勘实方许替换若遇考选军政之期查系户兵二部原考定者不得擅为纷更各处卫所总官有缺于领运及各卫所佥书军政等官素有才力者选补其余管事缺官不许擅掣运官其各该运官如有科扰侵欺等项实迹悉听漕运衙门监兑官并巡按御史指实参究黜罚不在三年考察之限

二十二年题准旗军选补齐足备造花名年貌开列年月格眼文册如某卫某所某甲于某年承管某字号浅船某年该造某年见运某年减存俱以造船之年先期审编堪充者存留奸顽误事者退回该卫别差并未及限满有为事及逃故者照例佥补呈明漕司每卫所造册二本一本该卫所存照以备漕司吊查一本送该把总处类造方册呈送漕运衙门稽查各卫所掌印等官若有受嘱改差及领运指挥千百户纳贿私自更换者俱问拟枉法赃罪发遣立功满日带俸差操把总官不行查举一体参究

二十七年题准把总官必得谙练运务者方克有济今后员缺查照漕司巡仓荐举指挥千百户内推升三年以内粮无挂欠似升署职仍旧领运三年之上方许迁转如有不职照例劾罢

四十四年题准各卫所掌印官先期料理下年粮运不得规避延捱违者照避运事例参治终身不许叙用其旧运官完掣通关查无违碍即令掌印间有挂欠参提不得一概冒滥另选贤能官掌印以备更番

万历十一年覆准南京各卫掌印指挥专留该卫修举军政柢选廉干左右佥书更番代运其余外卫不得援以为例

十四年巡仓御史喻文伟题称南京各卫佥书领运事权不专以致奸旗玩弄运事废弛本部覆准仍将锦衣等三十四卫掌印佥书官照旧更番领运永为遵守

十六年题准每遇佥补旗甲在京卫则南京兵部委司官督同应天府佐在外卫则各道呈详巡抚行委各府佐

贰官会同该卫掌印官选补至十七年本部覆准以后佥补旗军遵照原题各慎加拣选不许卖富差分其军士故绝者即于各官户下承佃屯田殷实舍余选补足数如府卫各官仍前虚应故事听总漕运巡漕衙门指名参究

二十年题准运官如有粮运不完见在设处完备者不得滥冒掌印佥书革退官员务遵节次题准事例不许仍前夤缘掌印领运如敢故违取用粮储兵备等官本部从重参治本官仍行重处

二十三年题准佥选运粮旗甲各府掌印官径同应该赴运官员查选

二十五年题议运粮把总俱于领运指挥千百户内屡经总漕巡漕巡仓等衙门荐举者方行推用

卷之四·漕运·官军犯罪

嘉靖二十二年题准两京各衙门及各处抚按司府州县等官受理军民词讼除人命强盗重情照例备行漕司知会委官会问其余赃私小事备抄原词行漕司候粮运完日发理刑主事问理不得径自拘系

三十年题准凡户部类参运官及违犯漕规应提问者通行漕司及各都司守备文书到日应住俸者一面住俸问完方许开支其山东等总不系过淮及各该减存运军并原不在运者查照地里远近到淮旧归结若迁延三月以上即将经管官吏住俸半年以上听各类呈漕司参奏重治

四十一年题准南京兵部并直隶江浙湖广山东河南抚按官严行各该运粮都司卫所如有袭替指挥千百户等官务要严加查核但系管运会经漕司参提应追入官还官赃银或挂欠京通仓库各项粮银曾否完纳原问罪名曾否归结果无违碍方许保送如未经完绝仍查实数严限监并通取关收至日申明漕司始准保送如不系充军降级而家产已尽不能办纳者掌印等官各具结详允始准袭职仍将应得俸粮陆续扣解完卷朦胧保送者许该卫所首领官检举掌印等官论以枉法参提立功欠赃人犯监追完口发遣首领官知而不举一体连坐

隆庆二年题准把总官除合用座船应用军伴外不许多占船只多带门厨书识派累贫军供应违者听漕司儧运等官指实从重参究

一势豪举放私债交通运官挟势擅拿官军绑打凌辱强将官粮准还私债者军发边卫充军民发口外为民运粮官参究治罪

一光棍指称势要名目诈骗漕运军船财物横行索取者许被害旗军拿送巡仓御史管仓官员及所在官司究问明白照例送问从重议拟

万历十二年覆准凡各卫所管军头目人等关出粮料布花等物若指以公用为由因而扣减入已粮料至百石布一百匹棉花六百斤钱帛等物值银三十两以上者问罪追赃完日军职发立功五年满日降一级带俸差操旗军人等枷号一个月发极边墩台守哨五年满日疏放

一漕运把总指挥千百户等官索要运军常例及指以公办等费为由科索并扣除行月粮与船料等项值银三十两以上者问罪立功五年满日降一级带俸差操如未及三十两者止照常科断其跟官书算人等指称使用科索军人财物入已计赃论罪如至二十两以上发边卫充军

一凡漕运钱粮有侵盗银三百两粮六百石以上俱照侵盗本律仍作真犯死罪系监守盗者斩系常人盗者绞奏请定夺

一运军有欲陈告运官不法事情者许候粮运过淮或完粮回南之日赴漕司告理如赴别衙门挟告诈财者听把总官就拿送问犯该徒罪以上调发边卫充军另拘户丁补伍

卷之四·漕运·砖瓶土宜

隆庆二年题准凡粮船应带临清城砖每船照例四十八块随到随行不许托言该厂短少搬移致误运期

万历七年题准各省粮船由仪真闸者每只顺带光禄寺酒瓶三十个

十二年题准凡运军土宜每船许带六十石沿途遇浅盘剥责令旗军自备脚价例外多带者照数入官监兑粮储等官水次先行搜检督押司道及府佐官员沿途稽查经过仪真听儧运御史盘诘淮安天津听理刑主事兵备道盘诘六十石之外俱行入官经盘官员徇情卖法一并参治其余衙门俱免盘诘

十三年题准各总卫所回空粮船私揽商货沿途易卖屡稽新运许沿途司道等官著实盘诘拿问货物入官押空官通同分利参降一级发回原卫带俸差操

十八年题准运军土宜每船除六十石外若有多余或违禁仍载竹木沉重等物及沿途收买货物者将货物尽数入官仍将违犯运官指名参治如经管地方盘验官员徇情卖法听河道衙门参处开兑之时粮储道加意检查违者亦同参治

卷之四·漕运·民运规则·浙江

供用库白粳米三万二千石本色

酒醋面局白糯米六千七百石本色

光禄寺白粳米一万九千石本色九分折色一分每石折银一两

白糯米八千五百石本色八分折色二分每石折银一两一钱

卷之四·漕运·民运规则·苏州府

光禄寺白粳米一万五千石本色九分折色一分每石折银一两

白糯米二千五百石本色八分折色二分每石折银一两一钱

宗人府并五府六部等衙门米二万一百九十五石四斗一升二合九勺五抄三撮本色八分折色二分每石折银一两

酒醋面局白糯米三千三百石本色

供用库白粳米一万五千九百石本色

内官监白粳米四千二百五十石本色

卷之四·漕运·民运规则·松江府

光禄寺白粳米一万三千六百石本色九分折色一分每石折银一两

白糯米二千二百石本色八分折色二分每石折银一两一钱

酒醋面局白糯米二千二百石本色

供用库白粳米一万七千三百五十二石四升七合本色

宗人府并五府六部等衙门神乐观米一万六千四百四十四石六升一合七撮本色八分折色二分每石折银一两

卷之四·漕运·民运规则·常州府

光禄寺白粳米五千四百石本色九分折色一分每石折银一两

白糯米八百石本色八分折色二分每石折银一两一钱

供用库白粳米一万七千二百石本色

内官监白细粳米一千七百石本色

白粳米六千八百七十五石本色

五府六部等衙门米七千五百七十七石二斗七升七合二勺本色八分折色二分每石折银一两

牺牲所糯谷二百五十石本色

成化六年十月户部会官议巡抚漕运等官所陈事宜其一苏州松江常州及嘉兴湖州五府轮运内府白熟粳糯米并各府部糙粳米每岁十六万石俱官给以船今经沿途砖厂钞关必欲如民船带砖纳钞兼遇水涸守闸又为运军凌逼及抵扬州等处则揽头包揽巧肆刻削是以留滞日久困于负贷请罢带砖纳钞之例及禁包揽之害仍移文漕运官令军民船皆鱼贯而行其看漂流粮米以该纳京仓者改纳通州省脚价以补其数上从之

隆庆二年题准两浙巡盐御史会同巡按御史行浙江苏松粮储参政严督有司将坐派起运内府各监局及吏部等衙门细熟白糙粳糯等米每年十月终征收完足十二月以里尽令开行掌印管粮官依限完报者奖劳违限者查照漕粮事例参究即以原管粮府佐一员总部县佐一员协部管押粮长运至瓜洲听儹运御史漕务参政儹入军运帮内一体督催到京完纳如总协部运官在任稽延及谋改别差滥委首领等官代运即将推避官员参奏罢黜掌印官查参罚治沿途催督勤惰漕司儹运一体分别举劾

又题准民运粮行各抚按委府佐贰官一员为总部州县佐贰官一员为协部正月以里督行开船定限六月以里完纳如部运官不依期催解违七月终限者住俸三月违八月终限者住俸半年违九月终限者住俸一年违十月终限者降级岁终不到者比罢软例能斥各掌印官递降一等

四年题准每年收受禄米仓粮米一尖一平每石加耗五升支放脚米三升不用楞木惟松板本色席照京仓例其席板等件隆庆四年减半征解万历七年又议题停征五年俟万历十二年后将应征之数再减免一半以宽民力同白粮解纳该仓备用

又题准浙江嘉湖直隶苏松常五府起解白粮细开某县部解官粮户管运粮米若干石雇觅船户某人责限日期投递漕司查给帮牌勒限运纳销缴其前项船只止许受载五百石为率如或船大载少夹载私货过多及将帮牌不行销缴者从重究治

六年题准白粮经过洪闸各夫役与军船一体挽拽如运军船户洪闸等夫挟骗许粮长就告儹运该道处治沿途管仓官处转限及到京上纳各衙门人役不得抑勒刁难如违听部粮官指名呈告

万历元年题准民运照军运每船许量带土宜四十石经过钞关验无多余夹带即时放行免其纳税

七年题准每白粮一石里河脚价银一分五厘水脚银九厘经纪银五厘扣省银四厘五毫解银库

又题准歇家包囤晒夫饭米小脚抗粮买苇把抱筹抬斛打卷房水纸劄掀扫筹架俱照京仓例

一白粮起剥转运俱照旧例军七民三不许军卫恃强争嚷违者重治

九年题准漕司及各巡抚将江南五府应运白粮令各粮长仍雇五百料中船应得水脚当官议定先给一半其余印封船过徐州总部验给

又题准每岁解京白粮务点殷实粮户正身解纳不许棍徒包揽船只许令粮长自雇五百料中船每百石定给银三十三两埠头等役悉行查革经过钞关如果止于土宜四十石免其纳税粮至丁字沽以北河西务主事即照军粮所定脚价拨船起剥径交经纪搬抗过坝不许仍前寄囤如有积棍揽解歇家科扰等弊听巡视科道参究粮完之日解户批单给发部运官领回类缴各有司不必监比家属

十二年题准车户脚价银进北安门仓者每石给银二分三厘八毫四丝二忽七微进东安门仓者每石给银一分六厘

十五年覆准上石二坝及普济等闸号房如漕粮已尽凡遇苏松常嘉湖等五府运到白粮一体寄顿号房如号房不足各解自赁民房其价听从两便仍禁不许措勒

又覆准河西务剥船如遇运到白粮漕粮未尽照依军七民三挨剥如果漕粮已完将剥船尽数给与其船脚之费仍令各解出给原船过坝稍迟准免罚税

卷之四·漕运·空通

成化二十年题准遮洋支兑三十万石除天津等仓六万石外将蓟州二十四万石内改拨十万石丰润仓交收以备山海远卫官军支给

弘治九年题准运本色十万石赴蓟州仓上纳折色十四万石运送永平库收贮以便官军月粮

嘉靖二十九年命拨漕粮二十万六千余石接济密云昌平兵马

三十年题准蓟州班军六万七千员名该行粮十三万四千石于漕粮内拨运

三十四年题准密云主客粮米内量改六万石给昌平支用

三十五年减免密云昌平原拨漕粮五万石

三十九年题准令运官将漕粮运密云镇七万石昌平镇三万石并行粮一十四万四千三石三斗径运该镇岁

以为常

四十四年以蓟永分镇拨蓟镇本色十万石折色八万四千石拨永平折色五万六千石

隆庆三年题准除原派蓟镇仓粮船只照旧外仍将临清各水次应兑漕运坐派昌密二镇以便北卫所军船就近派兑工部设厂户部委官监收就与领运以免进仓出仓繁费其应用脚价盘剥该扣米一万一千六百一十二石每石五钱行令有司征银一万八百六两随起解以备乞运

四年题准乞运石匣古北等远仓者两镇管粮郎中主事于春各照地里远近给发脚价责令该县官督率车户运至各仓分或将脚价给军就彼关支各从其便

六年以溯自二湖通令密云□□旧发一十万石外加赠五万石由新修河道运赴该镇隆庆等仓交纳仍于该镇客兵年例银内每石扣银七钱存留太仓

本年题准长陵等八卫拱护陵寝官军月粮旧在京仓关支不便自万历元年为始岁拨漕粮一十五万石运赴奠靖仓交纳以便前项官军就近关支

万历九年题准奠靖仓原拨漕粮十五万石内将二万石自沙子营陆运改拨居庸仓收贮凑放居庸黄花横岭三路官军月粮以免召商劳费

十一年题准营州左屯卫官军月粮远赴通仓不便自万历十二年为始每年漕粮到日通州管粮郎中拨发二千五百石就令昌镇运粮经纪自通州水运至顺义县小东庄每石给脚价银三分七厘五毫自小东庄陆运至城每石给银五厘俱在随粮轻赍银内动支该卫官军逐月关领

卷之四・漕运・议民运

总漕王宗沐云国初漕运立转般之法民与军各任其半今改为兑运则全责之军矣欲以苏军非复民运不可然今行之已一百七十余年欲复民运谁敢复言之而亦谁忍复言之故非朝廷虚悬不费之权以阴代民运之实则运士之元气必不可复而漕计终将复坏矣

卷之四・漕运・议改折

按漕运总兵万表疏云臣愚以为理财之道莫要于本折通融如丰年米贱全运本色遇灾伤量减折色而本折相兼为用国计亦不为无补漕运粮斛除河道工役之费其轻赍耗米并修造浅船粮银官军行月等粮率四石致一石艰难险阻实不易得如今年支运京军月粮每米一石不过易银三钱难得而贱用似为可惜若以先年所收折银每石七钱者作二石放支候至米贵之年方放本色则军需实济矣总漕王宗沐奏称漕属有粮司府惟湖广江西为远而二省所属惟永州衡州长沙赣州四府为尤远且经过洞庭之险赣石二十四滩之恶四处之到水次几同淮安之抵京师而风波不与焉故往岁四府属邑粮米催征既难水次又远军船四月毕兑过淮必系尾帮与黄水相值往往淤阻邳徐白河守冻此固积玩成风亦由地远人疲势必至尔今岁湖广漕粮过淮虽早缘由改折况今例限十二月开兑则此时江水消而北风急城陵矶里港浅涸难入长滩上滩风帆不可逆张非坏则迟尤所当念臣查湖广衡永长沙府属共该粮九万一千四百八十七石一斗江西赣州府属赣县宁都二县共粮一万三千二百九十六石七斗二省通共止该粮一十万四千七百八十三石八斗为数不多臣乞陛下每年坐准改折随同本色解纳于穷远之民既苏其困又免其患此臣所谓远地之当处者也国家财赋仰给东南然兑军之粮六省同供而白粮之困则惟苏松常嘉湖五府为重江南物产繁盛故祖宗派运独多然承平已久生齿渐繁而地方有限则今之江南又岂永乐宣德时之旧哉以苏州一府言之兑运至六十九万而南粮白粮不与焉其余各府类是可推夫江南朝廷之厨也失今不稍加优恤乃用其力以至于不可索而后委焉此臣所以迂阔而深为国患计也臣乞陛下每年坐将十万石分布五府照白粮之多寡分摊而改折之以稍休其重累著为定规臣查得山东河南原粮止得三十余万不当苏州之半仅抵松湖之全尚蒙朝廷坐折七万以示优恤而今江南军粮白粮交征重困而可不加一念哉此臣所谓重地之当处者也如蒙　勅下户部再加查议将此二十万四千七百八十三石八斗定为改折以处此数郡在朝廷不过居四十分之二而在列郡则诚得一分之宽今新条派拨责在漕司容臣将此二十万石零轮流歇运以恤无军无船之卫

所而休息之则不惟郡民之供运者获省数之利而卫总之疲困者亦蒙休养之恩此所谓一举两得者也

卷之四·漕运·议搬运仓粮

刘大夏疏云臣惟京储之充足固资乎漕运漕运之通塞亦由乎天时若导泉浚渠筑堤捞浅之类皆可以人力为也至若雨泽之愆期泉脉之微细则由乎天时似非人力所能为也思得扬州一带河道别无泉源止藉高邮邵伯等湖接济去年湖水消耗河道浅涩运船阻滞比到张家湾等处却值秋雨连绵脚价高贵每银一两装京粮八九石原领耗米雇脚不敷以致军士借债卖船凑补上纳至十月终方得回还所以多在沿途守冻迄今尚有未到卫者今年扬州地方仍前干旱河道愈加浅涩虽已设法挑捞车水接济止可补其所耗岂能增其所无虑恐今年粮运又似去年不无负累军士访得即今张家湾等处脚价比之去年有雨明月颇贱所宜议处乞勅户部公同总督粮储内外官员从长计议出榜召募有车之家给与勘合趁今路干之时令其支运通州仓粮赴京仓上纳管粮主事等官躬亲监临平斛出纳仍令巡仓御史禁革奸弊就与该仓支与粮米准作脚价每十石比街市时价多加与米四五升则人嗜利而乐为之运纳运勾京仓粮数而止待粮船到日若遇天雨却令将该运京仓米粮照斛照数于通州仓上纳每石仍照今次纳过脚价米数令其抵斗稍加斛面交纳则军得其便而愿为之出备合用垫仓芦席等项就于该仓领用如此非惟京储不致迟误而军士亦得以便息矣

议复临德仓粮

徐栻疏云国家都燕雄镇西北密迩边邮藉兵为守故岁漕东南米四百万石聚之京师以充粮儹固根本而为强兵之资复于临清广积仓德州德州仓每年会派秋粮夏税麦折米共一十九万四千四百石分贮二处以广积贮计十年当积一百九十四万余石而仓廪实矣设遇该运地方灾伤重大例当蠲免无处拨补就将二仓粮米照数支运务不失四百万额数载在漕运议单可考此我祖宗立法备患意至深远也嘉靖初年遇有灾伤奉旨蠲免起运旋于临德二仓拨补后因会派地方告歉轻减及二处囤积损腐一时偶见窒碍辄有建改折之议者自改折之议行而二仓额粮渐减积贮渐耗矣矧闻京通二仓鲜三年之积万一卒然有警胡以备之臣诚抱杞忧焉窃思欲裕国安民为有备无患之计必须求复祖宗旧制先将临德二仓修葺添增俾可积贮十年会派额米顾由今渐积则十年之间安能必各该地方之无虞河渠之不阻哉又须设处粜补而后可若专令会派该运地方设处似尤有难焉盖各省库藏自隆庆元年查盘起解之后搜括殆尽中间纵余一二似当稍积以备地方不时之用为天下长计者不可使天下库藏皆空虚也臣愚窃谓宜行临德二仓管仓官查历年见贮仓粮若干改折银若干以十年所积计之尚欠粮若干悉听将前改折银给发于产米地方收买如数少不敷并行漕运河道各衙门量支无碍官银凑买或每运耗米有余随便与之转籴俱摊搭运船载至二仓交纳其二仓会派以万历二年为始遵照近例俱征本色期以三年连前籴补务足十年会派之数如二仓囤积不足即徐州天津等仓一水联络相通分贮尤便若虑米有腐烂听管仓官每年量将附近卫所该运漕粮照数抵换出陈易新必于原额约二百万数有余方许改折会派其改折银两须专贮听候籴补不许别项支用以后如遇地方重大灾伤照依原奏报核实分数将起运粮米特赐减免以示宽恤即于各仓内先行支运候该地方岁丰量给银籴买补还或漕渠阻梗亦可预为支运候运到之日如数扣补务足支运额数如此仓有余粮帑有余粮一可以霑蠲恤之洪恩一可以备河渠之不测且二仓地方相去边境疾驰之骑不过旬日卒遇缓急亦可接济边饷以固根本而每岁四百万石之运常保不失正额垂之数年京通二仓当余六年之积矣

卷之四·漕运·议优恤运士

王宗沐疏云国漕自永乐十二年开浚会通河于时佐成祖定法者都督陈瑄也其法江南民运至淮安江北至徐州山东河南至临清而军士递运焉是千里之途民行其四而军行其六当时瑄岂不念百姓哉为求可继而久也自是之后诸臣辄有改更虽因时制宜无非恤民之意然积之生弊逐成偏累之规侍郎周忱未改之先尚全民运而今则直达矣都御史滕照未改之先尚一分之运而今则全兑矣全兑而又直达于是军士始困而诸弊百出也夫惟正之供本民之职自三代汉唐宋以来无以军运者民据田庐收租税出升斗之输以兑于舟次则一岁之计已毕还家掩扉而卧傍妻子享安逸而不知军士之苦方自此始也曝挽于赤日之下则背肉生鳞力斗于急溜之中则哀呼

声惨运官有剥削衙门有支费洪闸有需索到仓有经营经年劳瘁还家席未暖而官司已点新运矣夫一日三餐一升五合而饱人之情也今但使其求足于九合之中是亦无怪乎冒禁鬻法而漂流挂欠之相寻而未已也一船既坏分摊众赔甚至漫及一总是不坏者以坏者困不盗者为盗者偿相胥而溺此待尽之术也今承极弊之时不以法制勒之则其弊不已而不先有以稍给之则其法不行臣查得弘治五年指挥蒋鉴奏军士欠债户部题奉孝宗皇帝圣旨许将太仓库银借与军士还债取印信结状来年一两止还一两不取利息祖宗念恤军士如此故先年运额不告坏缺臣查得轻赍原系耗米以其太多而折为轻赍以待剥浅固军士之物也近年以来始又折一分以解太仓臣乞陛下轸念军士疲困捐此三数升之额于其应给之中而先与之以为饱食之具使其不耗不凋不侵不盗以为可久之图不致仰厪宵旰则其利为甚溥矣

卷之四·漕运·议操练漕军

巡漕御史马从聘奏为振积习以裨国计事窃惟国家挽漕用军而统之以材官总之以勋帅盖示寓兵干漕之意为虑至深远也迩来承平日久此意浸微官军全不知兵敌器咸称虚具此在平居无事既不思为未然之防一遇中途有警将何以御卒然之变是不几于以漕予敌哉如正德年间流贼出没江洋粮艘大半煨烬此往事可鉴已矧今岛夷匪茹震邻之恐甚切矿徒潜伺腹心之患更殷一切防御事宜诚不容缓臣见旗军外水中强健者甚多若教以兵法角以艺能总计全漕可得胜兵十万人但器械责以自备恐疲兵力有难支终属虚文无裨实用似当官为处给者如蒙敕下该部咨行漕运衙门通行七省直兵粮道查议动支何项官银将所属卫所每帮办给牙旗每船给利刀长枪铳炮弓矢务要可用并在船锣铃鼓吹置立文簿岁令运官交接稽查督责旗军时加修整仍听巡漕御史督责各把总运官或遇守闸阻风乘暇训练教以击刺之方作其勇敢之气如是则随帮有备到处皆兵无事则为鸣桡击楫之夫有事则为荷戈挽强之众无论漕糈永保而折冲亦有赖矣此在平时尚当讲求其于今日尤为急务诚不可泄泄缓视之也

王鸣鹤曰漕运之制军驾运艘原意行则撑挽止则操练一遇地方有变保此漕粮于无虞也今则不然额军逃故不思勾补乃以军粮募市人代驾其应募者谓之外水倏然有事则无所顾忌只有弃船而走耳能攘臂争出以护粮运者谁耶正德中河北之寇焚舟劫粮往事可鉴今尚沿袭故弊未加振刷既不实军伍又不备器械自瓜仪抵京计二千四百余里兹值倭虏外扰矿盗可虞之会敢复因循顷读漕台奏疏谓能教练漕卒计七省可得胜兵十万有奇真足食足失之胜算振起二百年既颓之气补于国家岂小小哉

卷之四·漕运·议太仓存耗

万表云太仓起剥则例一厫兑正粮一万二千石每石加耗米七升共计八百四十石约定四百八十石作正支销余准作耗数内扣五十石或一百石其欠二百石以上经历官攒甲斗级照依欠数多寡责治有差数外间有余剩者则是多收之数不敢别作支销节年于仓中隙地掘窖埋之后主收者日苛剩余者渐多嘉靖十三年周侍郎叙初督仓场见余米岁埋岁多心切惜之乃言于太司徒梁公材公曰此出耗米附余四百四十石之外若欲其题作正支销主收放者法应参究况起此附余之端他日害大计矣宁复弃之不敢作俑也周乃贮之空厫以数作一手本报部公亦不受令总督厅自计乃知老臣固识体耳夫每厫明交耗粮八百四十石以其不得尽耗责以四百八十石附余作正支销然或缺少亦止于责治而已不为深究盖恐后之流弊至于多收也宣德年间京通二仓收受斛米一尖一平尖斛淋尖平斛概行后将淋尖斛外余米俱要入官有亏旗甲至元年参将袁佑奏要每石不分平尖明加一斗俱各铁斛收受户部题奉钦依只加耗五升此佑之见惟目前之图而无长久之虑彼当事者有存宽厚之意耳至二年又该户部题准加八升今载入议单每石兑运加耗七升则原为尖斛而增今于加耗之外复收斛面以为附余则是耗外又有加耗矣正德十六年表总浙运时每石只加七升以进仓便毂交纳常有余剩之米照出今每石加二五进仓尚有挂欠若不革去耗外斛面行概平收则军逃运敝虽有善者亦无如之何盖虽取之斛面余米不多而国计根本所系为害者大此只十数年来之弊老成筹国者固当革弊以存大计可也

卷之四·漕运·议复支运

邵宝曰我朝运法所谓法者即今支运是也故有淮徐临德水次四仓以受民间输纳运官者于斯领焉归于京通二仓虽遇灾伤民有免征而军无免运支者不必出当年之民纳纳者不必供当年之军支盖通数年以为裒益虽岁有丰歉而常数不缺及支变为兑继而又有改兑向者转输今也直达派征兑纳丛于一岁之中于是军无余力而缺于常数岂得已哉若今南有非常之水北有非常之寇则又不待论也当是之时所谓变通者无他不过渐复支运之法而已支运之艰难于脚价不足则粮不自行其理然也苟能预处脚价以拟兵荒之事于旧例支运七十万石之外每遇兑缺则支以补之岁不失四百万石之数此于国计为便不可不虑而处之也

卷之四·漕运·议官军借补

成化九年奏准运粮官军盘剥费用正粮不敷总督等官出给印信文凭付把总官于太仓折草等项银内借与完纳下年照数送还

二十一年又令运粮把总等官每年粮完清查欠债旗军开报巡仓御史及本部监督委官处不分远近年分止依律加息三分偿还其各卫所借银千两以上者革去冠带五千两者住俸万两降一级不许管军管事若运粮俱完不欠债至六年之上者许总兵等官具奏把总都指挥及卫所千百户等官俱量升一级

弘治五年令运粮官旗借债但系三年以前者尽为革罢近年者止照律出息若放债之家倚势逼放及擅执官军官掠粜卖官粮准折者军发边远卫充军民发口外为民果有穷困卫所缺少脚价者许于太仓量借银两完纳下年照数送还

十二年奏准自天津该运京通二仓粮储脚价不敷许令太仓银库借用如把总等官纵容旗军花费及私下还债以监守自盗论罪立功满日带俸差操债主以盗官物论罪势豪官员奏请发落家人伴当发广西烟瘴卫分充军

晋按官军借贷之例今已废格不能行矣祖宗廑念运军有家人一体之谊怜其缓急多方轸恤今轸恤之意全虚而惟一意督责此运军所以益贫而漕务所由日替也今而后将不知其所税驾矣

卷之五·河渠·漕运河道

国初都金陵则漕于江其饷辽卒犹漕于海自永乐都燕后岁漕东南四百万石由江涉高宝诸湖绝淮入河经会通河出卫河白河溯大通河以达于京师诸洪泉坝闸以次修举至于今织悉具备故并载焉胜国海运之制议停于永乐十三年而东南粮饷所以实京师而给边镇者悉由会通河故道以达于都城南北不啻数千里总命为漕河其实有六为白漕为卫漕为闸漕为河漕为湖漕为浙漕大抵河势迥异而治法亦各有缓急之殊六漕之中唯河漕湖漕最急河漕为有源之水而迁决靡定湖漕为无源之水而冲啮可虞圣天子廑宵旰与公卿大夫和歌瓠子唯今时为然矣

里河自通州而至仪真瓜洲水源不一总谓之漕河又谓之运河神山泉等水自西山来贯都城过大通桥东至通州入白河开渠置闸而漕舟不行自通州西南至直沽会卫河入海者白河也自临清而北至直沽会白河入海者卫河也自汶上县分水河口分流而北至阳谷县绝黄河又至临清州会卫河南至济宁州会汶泗沂三水者汶水也自济宁州城东北来南流至徐州会沁河者汶泗沂三水也自徐州城西北来东南流至清河县入淮者沁水也北至清江浦通淮南至仪瓜洲坝临江中为漕渠者诸湖无源之水也

卷之五·河渠·大通河

大通河即潞河旧为通惠河其原出昌平州白浮村神山泉过榆河会一亩马眼诸泉汇为七里泺东贯都城由大通桥而东五十里至通州高丽庄入白河长一百六十余里元初所凿赐名通惠每十里为一闸蓄水通舟以免漕运陆挽之劳国朝永乐以来诸关犹多存者仍设官夫守视然不以转漕河流渐淤成化正德间累命疏之工不果就嘉靖六年遣漕运总兵锦衣卫都指挥及御史会浚之自大通桥起至通州石坝四十里地势高下四丈中间设庆丰等五闸以蓄水每闸各设官吏共编夫一百八十名【每名工食银八两】造剥船三百只【每只价银三十五两】分

置各闸责经纪领之使制布囊盛米催役递相转输以达都下军民称便盖元郭守敬尝行之而弗果至我国家决策修复为万世利

卷之五·河渠·白河

白河南去通州二百里其原出胡地经密云县合大通榆浑诸河凡三百六十里至直沽会卫河入海源远流迅河皆溜沙每夏秋暴涨最易冲决每决辄发丁夫修筑屡筑屡决正统三年命官相视地势自河西务经二十里改凿顺下河遂安流每淤浅处设铺舍置夫甲专管挑浚舟过则招呼使避浅而行嘉靖中霍韬建议通河源出河南辉县之苏门山东北流会淇漳诸水过临漳分为二其一北出经大名至武邑以入滹沱其一东流经大名东北出临清合汶水至直沽会白河入海长二千余里今为运河自临清至直沽凡五卫十七州县浅一百五十七处初卫水临清之境去海尚远两岸亦高未见冲决自德州而下渐与海近河狭地卑冲决甚易沧州以下水发易盈冲决益易每决辄发丁夫修治嘉靖十三年议准恩县东光沧州与济四处各建减水闸一座以泄涨溢之水若于入海故道再加修浚深广其利永矣

刘天和曰通州上达都城近已修闸转般漕运脚费大省为万世利无容议矣若白河经密云诸山且全受浑榆诸河之水夏秋暴涨堤防不能御源远流迅水势漫散河皆溜沙深浅通塞不常运行甚艰殊无策以治之惟用兜杓数千具治河官夫遇浅即浚此外运舟各携四五具二三百舟即可得千余具合力以浚顷刻而通盘剥大省矣惟运卒利于盘剥方可开支脚价如即以盘剥之费偿运卒浚浅之劳则运卒受实惠不愈利归剥船耶兼官置剥船千艘粮运不滞矣近有议于白河建闸者河广水盛涨必有决底皆淤沙闸必易损且河徙无定闸难改移盖未达水土之宜也运河数千里惟白河堤防大坏历观河底两岸率皆淤沙以故易于冲决迁改治堤宜远宜坚宜植土柳卫合淇漳诸水故其流盛临清而下去海犹远而岸亦高冲决犹少德州而下河身既狭去海渐近两岸复卑沧州以下尤毕易盈易决矣近恩县东光沧州兴济连建四闸诚足以泄涨溢之水但入海之道须修浚深广无瘵成功也沧德天津之间河决无岁无之亦有水不甚盛河不甚盈两决者非尽由堤岸卑薄也一则盐徒盗决以图行舟私贩一则碱薄地土盗决以图淤肥一则对河军民盗决以免冲决彼岸巡守当严而防察当预也临清板闸运河入卫处也卫河水涨即壅入闸或漫闸面以入故闸上下常淤运舟每为停阻宜增培闸面旱涝俱须下板启闭盖启则闸下之淤每日冲洗可尽闭则卫水不入闸河之水积盈及启则二河水势相当淤亦不入矣元人遏汶分流北出阳谷以通卫南出济宁以通泗名会通河然分水之处地势稍高仅胜小舟永乐九年宋司空礼筑戴村坝以遏汶导之西南流四十里出鹅河口南旺湖中地势下矣然后分流南北方可胜巨载漕运永利焉夫人知宋导汶浚河之功而不考其故为著于此

卷之五·河渠·卫河

卫河旧名御河源出河南辉县之苏门山东北流会淇漳诸水过临漳分为二其一北出经大名至武邑以入滹沱其一东流经大名东北出临清至直沽会白河入海长二千余里今为运河【自临清至直沽五卫十七州县浅一百五十七处】此河此德州而下渐与海近河狭地卑易于冲决辄发丁夫修治嘉靖十三年议准恩县东光沧州兴济四处各建减水闸一座以泄涨溢之水

霍韬议云元人漕舟涉江入淮至于封丘陆运一百八十里至于淇门入于御河达于京师御河即今之汲县卫河也今由河阴原武孟津怀庆之间择地形便道河水注于卫河东春水平漕舟由江入淮沂流至于卫河沿临清沧州至于天津夏秋水迅仍由徐沛达于临清至于天津是一举两得之道也开一卫河可杀徐沛上流之患可免凤阳州邑溃溢之虞可得运舟兼济之利有如此

卷之五·河渠·会通河

会通河自临清迤南至济宁州元初由任城【即济宁】开渠至安民山【即安山】一百五十里复自安民山之西南开渠由寿张西北至东昌又西北至临清凡二百五十里引汶绝济直归漳卫洪武二十四年河决原武县黑阳

山由旧曹州郓城县两河口漫过安南湖而会通渐淤永乐九年因海运艰阻遣尚书都督等官疏凿元人故道乃于东平州戴村汶水入海处筑一土坝横亘五里遏汶水使西流尽出南旺分流四分往南接济徐吕六分往北以达临清自后添设新闸修筑旧岸大为漕运之利【自临清抵徐州七百里间全资汶泗沂流诸水接运总曰闸河旧为闸四十有三前元建者二十余永乐以来先后增建者二十余而减水通河诸闸不与焉两闸之间每存稍浅一处约数丈多不过十余丈用留泄水令积易盈今建设改革益多见闸坝条下】

国初会通河故道犹在今济宁在城闸洪武三年晓谕往来船只不许挤塞碑石故在北岸可考也二十四年河决原武漫过安山湖而会通河遂淤往来者悉由陆以至德州下河永乐初粮道由江入淮由淮入黄河运至阳武发山西河南二处丁夫由陆运至卫辉下御河水运至北京厥后济宁州同知潘叔正因州夫递运之难请开会通旧河朝命工部朱尚书礼发丁夫十余万疏凿以复故道又命刑部金侍郎纯自汴城北金龙口开黄河故道分水下达鱼台县塌场口以益漕河十年宋尚书请从会通河通运十三年始罢海运而专事河运矣明年平江伯陈瑄又请浚淮安安庄闸一带沙河自淮以北沿河立浅铺筑牵路树柳木穿井泉自是漕法通便窃惟运东南粟以实京师在汉唐宋皆然然汉唐都关中宋都汴梁所漕之河皆因天地自然之势中间虽或少假人力然多因其势而微用人为以济之非若会通一河前代所未有而元人始创我朝修理而拓大之前元所运岁仅数十万而今日则踰四百万盖十倍之矣宋人论汴水谓大禹疏凿隋炀开通终为宋人之用以为上天之意呜呼夏至隋隋至宋中经朝代非一而谓天意颛在于宋非也若夫元之为此河河成而不尽以通漕盖天假元人之力以为我朝之用其意彰彰明矣

卷之五·河渠·汶河

汶河之源一出新泰县宫山之下曰小汶河一出泰安州仙台岭一由莱芜县原山一出县寨子村俱至州之静封镇合流曰大汶河出徂徕山之阳而小汶来会经宁阳县北堽城至汶上东平东阿又东北流入海元于堽城之左筑坝过汶入洸南流至济宁合沂泗二水以达于淮自永乐间筑戴村坝汶水尽出南旺于是洸沂泗自会济而汶不复通洸今沂州亦有汶河一出蒙山东涧谷一出沂水县南山谷俱入邳州淮河

按汶水东北入海以人力遏转济漕非其性然也成化以后戴村坝以下河淤塞平满故水易涨溢即此下东平故道盐河入海运河不得其□顷年挑浚颇劳费历岁滋久坝或圮坠时以□□□□而西夏秋伏发南旺以北舟胶不行则漕渠病东原之田或苦羡溢膏坏亩钟化为沮洳则民亦病是左涸漕渠右荡平陆而以利盐筴也然障而不泄漕亦苦溢故斟酌捂损制河渠之盈虚在汶之上流耳隆庆中就坎河口坝以积石石如累丸沙流其下久之亦溃而坎河之工始此

汶水出泰莱诸山伏秋流亦混浊率皆虚浮沙积两岸风起飞飏仍归河内运河命脉全赖兹流虽勺水当惜众议两岸筑堤以约栏之又议开减水闸滚水坝各四以泄暴水嘉靖十三年秋筑东堤尚须培补高厚十四年秋筑西堤去河远而高厚闸坝亦计料修建嗣而治之运道永赖矣又汶水自泰莱至南旺几三百里咸谓汶泉水征盖盈河淤沙深广春夏亢旱沙极干燥汶水经之多渗入河底所经既远安得不微耶有献议者云汶水自春城口以下河流迂远宜于春城口置石坝一道中为数　洞创开小河八里余取径入鲁姑龙斗二泉渠量加浚广凡六十三里余而至黑马沟伏秋水盛流浊则闭　洞俾由故道春夏之间及天旱水微流清则遏水由　洞下出马沟口即可避汶河百数十里之沙渗余大奇之随因中道五泉隔绝不能入遂止如将五泉者横汶开沟以入亦无不可自徐州北至临清七百里间为闸四十有三自元建者二十余圣朝永乐至今先后增建者二十有余故闸面闸底高下不一黄河南徙诸闸有仅露闸面者有没入泥底者惟枣林闸露闸面三尺南阳已没入泥底闸面泥淤仍四尺六寸八里湾闸面泥淤仍五尺宜悉培而平之以时启闭仍各测其深浅其闸底过深者则量留底板均止以十二板启闭则闸上之水益深苟非久旱水微固可直达上闸舟行其永利矣南旺迤北诸闸亦可行之而大劳甫息未遑也闸河自鲁桥以下为黄河冲洗以渐而广乙未浚河止以底广五丈为准盖南旺上源也分水处河底仅四丈下流愈广则愈浅矣闸河仅取通舟非务为观美元人有因水散至以板为岸逼水行舟可验也尝闻之先辈两闸之间须留稍浅一处盖中道皆深下闸一开上闸之水尽泄闸近者积水犹易盈闸远者倍费时日矣故中道留浅船行至此虽少待然积水不必盈闸即可越之而直达上闸舟行速矣

卷之五·河渠·洸河

洸河乃汶水之支流出宁阳县北三十里堽城西南流又循县南流三十里会宁阳诸泉又六十里经济宁城东与泗合出天井闸河

卷之五·河渠·沂河

沂河原出曲阜县尼山西南分流为二一西流至金口坝上即与泗会一南流亦与泗会出堪里河又有出沂水县艾山者会蒙阴沂水诸泉与沂山之汶合流至邳州入淮

卷之五·河渠·泗河【泗水西流枎洙水经曲阜北为洙南为□】

泗河原出泗水县陪尾山四泉并发西流至兖州府城东又南流经横河与沂水合元时于兖州东门外五里金口作坝建闸遏泗之南趋国朝因而修筑每夏秋水长则启闸放使南流会沂水由堪里河出师家庄闸冬春水微则闭闸令由黑风口东经兖城入济又南流会洸水至济宁出天井闸

卷之五·河渠·济河

济河出王屋山至河南济源县二源合流其水或伏或见东出于陶丘北又东北会干汶今在汶上县北一名大清河元人作金口坝傍有河【即黑风口】西通济流并入会通河

卷之五·河渠·沁河

沁河出山西沁源县绵山东谷由太行山麓至河南原武县黑阳山与河汴合流至徐州入运河以济徐吕二洪每年水势浅深尺寸管洪官按季奏报前代尝引沁以通卫正统以前其支流犹自武陟山原村东北由红荆口经卫辉凡六十里与卫通天顺七年河趋陈颖入淮乃开沁以达徐复引河以合泗而入卫之故道始湮

成化二十年大学士万安等言我朝建都于北而上下供用多取给于江南然必藉船而后可达于京师是运道水利所系甚重如河南怀庆地方筑堤障沁水以济徐吕二洪及邳州宿州桃源运道山东兖州等处导引汶泗洸河诸泉以济济宁上下运道今沁水冲决堤岸流入黄河汶泗洸诸泉岁久不浚亦各壅塞以致河淤浅涩粮道稽迟请加修筑疏浚

刘天和问水集有云将导沁入卫卫辉宗藩已因水患奏塞上流矣且临清下至天津河道甚狭濒年已苦冲决不可复益以水遇干则微汇水诸湖以淤而狭若于武陟境内沁水横建滚水石坝于东岸开三斗门引沁自原武阳武北界大堤之外经延津循大堤而东至长垣界入黄河旧冲张秋故道又东至曹州境旧分水处黄河旧于此分流一大支径冲张秋一小支下济宁永通闸月口北向张秋之道别设一闸张秋以下水涸则沁水尽东全济运河涝则半由滚水坝仍旧黄河是运河复增一汶为永远无穷之利黄河亦可少杀矣而沁则易于节制不亦大愈于引黄河耶

按胡氏世宁议欲因沁引河入卫今以天和之议参之引河有三难防宗藩一也临清下至天津河身狭难受二也河性流移或导之冲淤会通三也似天和所言差强

卷之五·河渠·南阳新河

新河在昭阳湖之东起南阳至留城一百四十一里八十八步嘉靖六年以河决命官开浚垂成而止四十四年复决乃因旧迹疏凿又起留成至境山浚复旧河五十三里凡役夫九万一千有奇八阅月而成隆庆元年山水冲决复淤新河之三河口【薛河沙河赶牛沟会此故名】乃经理沙薛上流各开支流筑黄家口豸里沟等坝引薛河由吕孟湖出地浜沟筑宋家坝引沙河由尹家湖出鲇鱼口筑黄甫坝引沙河由满家湖入南阳河次年工成又为三河口石坝一座南阳湖石堤三十余里凡建闸九筑坝十三减水闸二十开支河九十六里三年又于昭阳湖以东沙薛二水所从入旧河处开鸿沟废渠达李家口回回墓而东出留城闸计六十余里积水俱有宣泄滕沛利之

卷之五·河渠·漳河

万历中科臣王德完奏漳河水患蔓延故道宜复其变有二其患亦有二其策则有三二变者何盖漳水经临漳三台口回龙镇及大名南关至小滩入卫济毕漳之故道也一变于十七年则河决小屯东经魏县元城抵馆陶入卫其害小再变于二十五年则河决高家东吕彪河合流经广平肥乡永年至高周入滏水同流至青县口方入运河其害大所谓二患者何盖滏水不胜漳而今纳漳则狭小不足收束巨浸病溢而患在民卫水昔仰漳而今舍漳则细缓不能扫卷沙泥病涸而患在运所谓三策者何一塞高家河口导入小屯河费少利多为上策一仍回龙镇至小滩入卫费巨害小为中策一筑吕彪河口岸堤障水固不资利亦不罹害为下策此漳河徙治之大较也

卷之五·河渠·卢沟河

出北代州泛溢辄坏民田庐宣德以来每河岸冲决不时修筑弘治二年命内官及文武官给事中御史各一员同管理工役发军民夫修治

卷之五·河渠·滹沱河

出真定府西山天顺以来每决辄修筑弘治二年命真定等府卫发军民同筑

卷之五·河渠·蓟州河

蓟州军饷国初每岁用遮洋船出海转运而至风波甚险弘治初议发军夫万人凿河四十里以免海运每三年一次修浚【漳河卢沟滹沱蓟州河会典不载今并附于运河之后】

卷之五·河渠·诸水通漕

诸河之水自清河县淮河品迤南三百六十里至江都县又南四十五里至瓜洲又西南七十五里至仪真诸湖之水大汇于高邮宝应之境穿渠引水南北通江淮东筑长堤以为陆行牵挽之路湖名不一附见于后

诸河发源远近不一而下流相合循其合流之道而为漕运之河自通州至仪真凡三千里河之所经军□有司分而居之

卷之五·河渠·徐州洪

在徐州为运河要害乱石峭立凡百余步故又名百步洪成化四年　命官凿石以利舟楫又甃石路长一百三十余丈以便牵挽二十年置石坝长八十丈遇有损坏管河官随时修筑嘉靖二十年于洪下置石闸一座

卷之五·河渠·吕梁洪

在徐州东南六十里有上下二洪相距七里亦运河要害成化八年　命官甃二石堤共长七十余丈十六年筑石坝长一百六十五丈复于坝西筑堤二十余丈洪东甃石路四百二十丈遇有损坏管河官随时修筑嘉靖二十年于洪下置石闸一座

卷之五·河渠·羊山新河

万历十一年议准由昭灵祠南黄河出口历羊山内华山梁山接境山开河置闸以避戚港之溜

卷之五·河渠·泇河

泇河自夏镇李家巷起至邳州直河口出止计长二百六十里内平地创开河渠八十二里四分展浚旧河八十七里五分筑堤二十七里建闸七座估该工价二十余万又开朱吉庄巨梁桥万家庄孙怀德庄台庄梁城王市直河

口各月河一道加浚直河沙浅二十三里加筑直河两岸堤防二十里三分纪家集张材河口护坝各一道于万历三十一年十二月开土兴工至三十二年四月内各筑坝挑河辟沙浚浅起凿山石增修堤岸等工陆续完毕自黄河患溜沂湖患浅粮艘留滞邳宿之间势诚可虑幸泇河工完舟楫通行既脱二洪之险兼省百里之程官民称庆□□□应龙刘东星挑浚李化龙竣工

三十二年五月风雨大作王市坝西干土蛰陷缘其地皆沙底上实下虚水从地下涌出南奔以致河流复浅乃于新河浅处多建草闸调集人夫捞浚沙浅船得通行

卷之五·河渠·漕河纪原

春秋时吴城邗沟通江淮秦欲攻匈奴使天下飞刍挽粟起于黄腄琅邪负海之郡转输北河汉高祖时漕山东粟以给中都官武帝时因郑当时言引谓穿渠起长安并南山下至河三百余里转漕甚便明帝永平十三年汴渠成河汴分流复其旧迹魏正始四年司马宣王使邓艾行陈项以东至寿春乃开广漕渠东南有事兴众泛舟而下达于江淮资食有储而无水害晋武帝太始十年凿陕南山决河东注洛以通运漕竟未成功又谢玄淝水之役乃堰吕梁水以利运漕公私便之隋文帝开皇四年诏宇文恺率水工凿渠引渭水自大兴城东至潼关三百余里名广通渠转运通利关内赖之七年于扬州开山阳渎以通运炀帝大业元年发河南淮北诸郡民前后百余万开通济渠自西苑引谷洛水达于河复自板渚引河历荥泽入汴又自大梁之东引汴水入泗达于淮四年又发河北诸军百余万穿永济渠引沁水南达于河北通涿郡唐高宗咸亨三年于岐州陈仓县东南开渠引谓水入升源渠通船筏至京故城则天垂拱问开安东漕渠南通淮北通海沂密等州明皇时李杰奏浚汴州梁公堰以通江淮漕运明皇事边功运青莱之粟浮海以给幽平之兵故置海运使后周世宗显德四年诏疏汴水北入五丈河由是齐鲁舟楫皆达于大梁宋朝定都于汴是时漕运之法分为四路东南之粟自淮入汴至京师陕西之粟自三门白波转黄河入汴至京师陈蔡一路之粟自惠民河至京师京东之粟自广济河至京师四河惟汴最重太祖建隆元年命陈承昭督丁夫导闵河自新郑与蔡水合贯京师南历陈颍达寿春以通淮右舟楫相继商贾毕至都下利之于是以西南为闵河东南为蔡河天禧二年张纶为江淮发运使筑漕河堤二百里于高邮北旁锢巨石为十礎以泄横流哲完元祐四年知润州林希奏复吕城堰置上下闸以时启闭其后京口瓜洲犇牛皆置闸又京东转运司方清河与江浙淮南诸路相通因徐州吕梁百步两洪湍浅险恶多坏舟楫由是水手牛驴牵户盘剥人等邀阻百端商贾不行朝廷已委齐州通判滕希靖知常州晋陵县赵疏度地势穿凿今若开修月河石堤上下置闸以时开闭通放舟船实为长利乞遣使监督兴修复之元符元年知润州王愈建言昌城闸当宜车水入澳灌注闸身以济舟若舟会至而力不给许量差牵驾兵卒并力为之监官任满水无起泄者赏水未应而辄开闸者罚守贰令佐当觉察之诏可重和元年前发运副使柳庭俊言真扬楚泗高邮运河堤岸旧有斗门水闸七十九座限则水势常得其平比多损坏诏检计修复宣和二年以真扬等州运河浅涩委陈亨伯措置三年春诏发运副使赵亿以车畝水运河限三月中三十纲到京宦者李宗言真州乃外江纲运会集要口以运河浅涩故不能速发按南岸有泄水斗门八去江不满一里欲开斗门河身去江十丈筑软坝引江潮入河然后倍用人工车畝以助运河水发运使曾孝蕴严三日一启之制复作归水澳惜水如金比年行直达之法走茶盐之利且应奏权倖朝夕经由或启或闭不暇归水又顷毁朝宗闸自洪泽至召伯数百里不为之节故山阳上下不通欲救其弊宜于真州太子港作一坝以复怀子河故道于瓜洲河口作一坝以复龙舟堰于海陵河口作一坝以复茱萸待贤堰使诸塘水不为瓜洲贞泰三河所分于北神相近作一坝权闭满浦闸复朝宗闸则上下无壅矣元都于燕至元初粮道自浙西涉江入淮由黄逆水至中滦旱站陆运至淇门入御河以达于京十九年伯颜建议造平底海船六十艘运粮由海道至京师二十年以转运弗便乃自任城开河分汶水西北流至须城之安民山入清济故渎通江淮漕经东阿至利津河入海后因海口沙壅又从东阿陆转二百里抵临清下漳御输京师二十六年又以寿张县尹韩仲晖太史院令史边源相继言复自安民山开河北至临清凡二百五十里魏村闸改名惠和籍东闸改名庆丰郊亭闸改名平津通州闸改名通流河门闸改名广利扬尹闸改名溥济初海运之道自平江刘家港入海经扬州路通州海门县黄连沙头万里长滩开洋沿山岙而行抵淮安路盐城县历西海州海宁府东海县密州胶州界放灵山洋投东北路多浅沙行月余始抵成山计其水程自上海至杨村马头凡一万三千三百五十里至元二十九年未清等言其路险要复开生道自刘家港开洋至撑脚沙转沙觜至三沙洋子江过匾檐沙大洪又过万里长滩放

大洋至清水洋又经黑水洋至成山过刘岛至芝罘沙门二岛放莱州大洋抵界河口其道差为径直明年千户殷明略又开新道从刘家港入海至崇明州三沙放洋向东行入黑水大洋取成山转西至刘家岛又到登州沙门岛于莱州大洋入界河当舟行风信有时自浙西至京师不过旬日而已视前二道为最便云三十年九月漕司言通州运粮河全仰白榆浑三河之水合流名曰潞河舟楫之行有年矣今岁新开闸河引浑榆二河上源之水故自李二寺至通州三十余里河道浅涩今春夏天旱有止深二尺处粮船不通改用小料船般载淹延岁月故亏粮数仁宗延祐元年以大船阻碍新开会通河路余船不得往来乃于金沟沽头两闸中置隘闸二临清置隘闸一各阔一丈以限大船止许一百五十料船行其后愚民嗜利无厌为隘闸所限改造减舷添仓长船至八九十尺甚至百尺皆五六百料入至闸内不能回转动辄浅阁阻碍余舟又于隘闸下约八十步河北立二石中间相离六十五尺如舟至彼量长如式方许入闸长者罪遣退之三年命丞相脱脱开龙山河至大元年江浙省令史裴坚言杭州钱塘江近年以来为沙涂壅涨潮水远去离北岸十五里舟楫不能到岸商旅往来募夫般运十七八里使诸物翔涌生民夫所递运官物甚为烦扰访问宋时并江岸有南北古河一道名龙山河今浙江亭南至龙山闸约一十五里粪壤填塞两岸居民间有侵占迹其形势宜改作运河开掘沙土对闸般载直抵浙江转入两处市河免担负之劳生民获惠省下杭州路相视自是开之河长九里三百六十二步造十桥又立上下二闸接通运河公私大便是年三月七日兴工至四月十八日工毕本期　太祖高皇帝定鼎金陵四方贡赋供需悉由大江而至供给辽东边饷则由海道运之先是黄河变易济宁之南阳西暨周村洼淤窒壅数坏舟楫洪武二年济宁府闻于山东行省发丁夫疏浚河道又于耐牢坡口置石闸一座蓄水行舟凡役夫匠四百八十五人五十日而成九年命扬州府所属州县烧运砖灰包砌高邮宝应湖堤岸六十余里以捍风涛初宝应县槐楼抵界首沿湖一带皆淤泥堤岸屡修屡圮民甚苦之操舟者亦不便洪武二十八年以本县老人柏丛贵建言发淮扬丁夫五万六千余众就于湖外直南北穿渠四十里筑一大堤长与渠同期月而成引水于内行舟自后堤无溃决之患而民亦获休息矣文皇帝肇建北京永乐初粮道由江入淮由淮入黄河水运至阳武县由阳武县陆运至卫辉府由卫河入运至北京海运则从直沽接运至京焉永乐四年以河庄闸闸官裴让陈江南漕运之利命通政赵居仁等率常苏松三府丁夫浚导孟渎河凡十昼夜讫工比旧倍加深广转输商贩便焉

按漕河合【鹜沙大日卢浑滹】卫水【汶泗沂黄汴】淮而流北自通州南抵仪真凡三千余里河之所经所属军卫有司共七十九处济宁迤北至通州为北河所属五十二处济宁迤南至仪真为南河所属二十七处俱有夫役钱粮官员管理而郎中各提督之我朝名之曰漕河即元会通河也洪武年间淤塞不通至永乐九年太宗皇帝命工部尚书宋礼同都督周长开浚之仍命刑部侍郎金纯开黄河故道由是漕河大通海运始罢

卷之五・河渠・运河疏筑

永乐九年六月会通河成河合汶泗汶水出宁阳县泗水出兖州至济宁而合置天井闸以分其流南流达于淮而新开河则其西北流由新开河通东昌入临清计三百八十五里自济宁至临清置十五闸以时启闭舟行便之

八月工部尚书宋礼等言会通河以汶泗为源夏秋霖潦泛溢则马常泊之流亦入焉汶泗合流至济宁分为二河一入徐州一入临清河流深浅舟楫通塞系乎泊水之消长泊水夏秋有余冬春不足非经理河源及引别水以益之必有浅涩之患今汶河上流自宁阳县闸已筑坝堰使其水尽入新河东平州之东境有沙河一道本汶河支流至十里口通马常泊比年泊沙淤塞河口宜趁时开浚况沙河至十里口故道俱存不必施工河口当浚者仅三里河中宜筑堤计百八十丈从之

十三年开清江浦河道凡漕运北京舟至淮安过坝渡淮以达清河挽运甚劳平江伯陈瑄自淮安城西管湖至淮河鸭陈口与清河口相直凿河引湖水入淮以通漕舟置四闸曰移风曰清江曰福兴曰新庄以时启闭人甚便之

宣德四年平江伯陈瑄奏自徐州至济宁河水多浅转运甚难今遣官巡视谢沟胡陵城八里湾南阳浅及东昌梁家浅师家庄仲家浅皆常置闸其徂徕诸山泉源所山旧有湖塘今多淤塞乞加修浚庶有停蓄通利往来从之

七年置吕梁漕渠石闸初陈瑄以吕梁上洪地险水急漕舟难行奏准令民于旧洪西岸凿渠深二尺阔五丈有奇夏秋有水可以行舟至是复欲深凿置石闸二时其启闭以节水庶几往来无虞事间命附近军卫及山东布政司量发民夫工匠协成之

成化四年巡抚江南都御史邢宥修复运河坝闸先是正统初巡抚周忱经理运道武进奔牛吕城设为坝闸俾

漕舟由京口出江最称便利迨景泰间坝闸渐颓水道淤浅有议从蔡泾孟渎出江者因迫海洋漕舟多覆溺天顺巳卯巡抚崔恭奏请从周忱故道增置五闸至是成之

卷之五·河渠·淮安运道

自汉以来即有高家堰在淮安之东南永乐间通淮河为运道筑堤堰上以防淮水东侵又自府北凿河蓄诸湖水南接清口凡六十里曰清江浦乃运船由江入淮之道建清江等闸递互启闭又筑土坝以遏水势后闸坝禁弛河渠淤塞嘉靖八年疏治复旧隆庆中高家堰废淮水由黄浦口决入漫衍民田

万历四年开草湾河渠长六十二里分杀黄河以缓清口之冲七年复筑高堰起新庄至越城长一万八百七十余丈堰成淮水复由清口会黄河入海而黄浦不复冲决又以通济闸逼近淮河旧址坍损改建于甘罗城北仍改浚河口斜向西南使黄水不得直射因废拆新庄闸又改福兴闸于寿州厂适中处所其清江板闸照旧增修又议修复五坝惟信字坝久废不用智礼二坝加筑仍旧车盘船只仁义二坝与清江闸相邻恐有部浸移筑天妃闸内八年用石包砌高堰九年又于府城南运河之旁白窑湾杨家涧历武家墩开新河一道长四十五里曰永济河因置三闸以备清江浦之险　十一年建清江浦外河石堤长二里矶嘴七座又建西桥石堤长九十八丈以御淮河之冲

南昌万恭云淮安隆庆中水万历壬申又水或云海口淤宜浚之郡有司为探海口则广三十里望之无际冬中洲渚微见海中潮长则烟雾波涛极目耳舟从河系入从何依工从何施且清河之流甚驶海口即淤清河当上行矣古无浚海者有由然哉而怨淮水罪海口者谬矣

卷之五·河渠·扬州高宝运道

自清口引淮为清江浦至乌沙河汇管家白马二河堤黄浦入浅及宝应县槐角楼南诸湖相接西抵泗州盱眙县界皆运道所经湖东有堤长三十余里

洪武九年用砖修高家潭等处成化二十一年造石堤渐修至二十余里其南高邮邵伯等湖皆有石堤运船触堤往往几溺弘治三年命官于高邮河迤东开新河以避其险曰康济河中为圈田南北置闸以时启闭两岸俱甃以石嘉靖五年题准于汜光湖东傍旧堤开新河长三十里遂弃康济河又宝应至界首凡有沟可通往注于海者造平水闸十座十年又自宝应湖东筑月堤长二十一里万历五年淮水由黄浦口决入石堤多坏七年　命官修筑改建减水闸四座加高闸石九座自是宝应诸河堤岸相接十二年题准于石堤之东傍堤开新河三十余里以避槐角楼一带之险曰弘济河

南昌万恭云汉唐以前至春秋战国大江由六合溯邗沟取道于高邮宝应诸湖之西北达长淮江南之漕俱由邗沟而苦浅阻陈平江乃堤扬州以及于淮西遏诸湖之水遂汇为一湖港相通三百七十里达于黄河饷道大通邗沟遂绝今不必泥古妄图恢复唯浚之泄淮则可

成化中总理河道侍郎王恕疏论淮扬一带河道南临大江北抵长淮别无泉源止藉高邮邵伯等湖所积雨水接济湖面虽怀河身相等而河身比之湖面颇高每遇旱干湖水消耗则河辄浅涩不能行舟若将河身比湖身浚深三尺则湖水自来河水自深虽遇旱干亦不阻船高邮湖自杭家嘴至张家沟南北三十余里每遇西风大作波涛汹涌损坏船只失落钱粮人命不可胜记前项堤岸之外地势颇低若再浚深三尺阔十二丈起土以为外堤就将内堤原有减水闸三座改作通水桥洞接引湖水以内行舟仍于外堤造减水闸三座以节水利虽遇风涛亦无前患又扬州湾头镇迤东河道内通泰等四州县二千户所富安等二十四盐场其间有鱼盐柴草之利在前河道疏通之时二千户所运粮船只俱在本所修船客商引盐装至仪真每引船钱不过用银四五分扬州柴草每束止卖铜钱二三文近年以来河道淤浅加以天旱河水干断舟楫不通盐鱼柴木等项俱用旱车装载二所运粮船只不得回还本所牛车脚贵柴米价高以致客商失陷本钱军民难以过日前项河道自湾头起至通州白浦止三百四十余里俱应挑阔雷公上下塘句城塘陈公塘俱系汉唐以来古迹各有放水减水闸座年久坍塌遗址尚存近年止是打造土坝拦水随修随坍不能蓄积水利若每塘修造板闸一座减水闸二座潦则减水不致冲决塘岸旱则放水得以接济运河舟楫流通永为军民无穷之利矣

万恭云高邮诸湖西受七十二河之水岁苦溢乃于东堤建减水闸数十泄水东注闸下为支河总汇于射阳湖盐城入海岁久悉湮弘治中乃开仪真闸苦不得泄治水者岁高长堤而湖水岁溢隆庆初水高于高宝城中者数尺每决堤即高宝兴化悉成广渊隆庆六年万历元年建平水闸二十一于长堤又加建瓜洲闸并仪闸为二十三湖水大平淮涨不能过宝应又复浅船浅夫但许深湖不许高堤旧制初建瓜洲花园港通惠闸得故今焚韩世忠船板改广惠闸又得故闸基椿石椿大四围基因之则花园港故闸道也而或恐二十三闸泄高宝八百里七十二河之水欲闭瓜仪蓄诸湖利饷道误哉

各湖水南注者仪河窄而浅瓜河广而深余惧瓜之夺仪也乃于三汊河建洋子桥桥口如闸制以节束之仪河不病浅矣而瓜闸江潮近六十里则早至而迟落更便于仪闸镇江截流官舫径趋江都真州省续食征夫之役又利仪闸云高邮湖弘治三年白公以七十余万金成康济河商诚便也第不当东绕围民田一万八千亩康济与湖通水如城田若盂不得已于新河之底沉三涵洞穿月河而东泄船行洞之上方未七十年松板洞窒不复能穿月河水汇田中是老堤之东又益一万八千亩之田湖也左哉左哉老堤如线浸万顷中八面受敌而大堤坏中堤故卑薄大湖拥田湖风涛击之而中堤坏二堤俱坏则康济东堤直弱缯当万石之弩耳岂不危哉今议固老堤塞金门决康济涸湖田乃循老堤之东去十丈为之东堤一护老堤一成月河岁加修筑则运与民与商舶万世之利也

万历二十三年三月南京礼科给事中朱维藩疏浚高宝二湖其略云臣窃维高宝二湖界在淮泗之下既仰受上流之水又旁接诸山之水众湖联络汇为巨浸中间所恃者惟一线之堤耳堤之内涓滴皆漕渠也稍损之则病漕堤之外尺寸皆民膏也或溢之则病民二者皆非所以为国也治河者但知筑堤为要以堤日高而河身亦与之俱高矧堤土之版筑一经风雨之淋则即此堤上之土又反为填河之害矣如是则内之容受者不多暴水一至不得不涨堤口之决始以寻丈既而数百丈其势焉能御哉去岁高邮清水潭决湖水东注数月不塞二州五县之沃壤悉为沮洳之场补葺未已又复报决且比闻漕渠之水亦渐艰涩可不为寒心哉夫此二湖者虽善泛溢然皆通江达海可以宣泄仍有原设诸塘可以容纳为今之计虑其壅溢莫若导其下流之处何也水必有归而后不为害查得二湖之在上流者北可入江皆有故道可循在下流者则有蒙龙喻口尤为入海要路闻有旨疏浚而复辍臣诚不知其故也尤有要者欲其容蓄必当预复其翕受之所何也水必有容而后不横溢查得该隶江都者则有上雷下雷小新之三塘隶仪真者则有陈公句城之二塘缘兹二湖既受诸山之水必此五塘斯有容受之处原设石闸确有定例溢则由塘而南导之入江旱则引之入漕河以济运此又先臣平江伯陈瑄规划之至计今竟不闻修复何也乞勅工部再议如复挑浅以疏积土复闸规以杀冲流皆有旧制似可无难惟浚下流并厚五塘二议尤为吃紧耳

卷之五·河渠·祖陵

总河潘季驯题称嘉靖十四年总河刘天和议得祖陵在泗州城东北相距一十三里坐北向南地俱土冈其冈西北自徐州诸山发脉经灵璧虹县逶迤起伏数百里而来会秀含灵至兹聚止陵北有土冈联络倚负南有小冈横亘依凭小冈之北间有溪水涨流先年置桥利涉凡谒陵官员俱至此下马是西北二面土冈联属永奠无虞其南面小冈之外即俯临沙湖西有陡湖之水亦汇于此沙湖之南为淮河自西而来环绕东流上有塔影芦湖龟山韩家柯家等湖但遇夏秋淮水泛涨则西由黄冈口东由直河口弥漫浸溢与前项湖河诸水通连会合间或渰及冈足及下马桥边惟正德十二年大水异常涨至陵门遂侵墀陛此则旷百年而一见也今欲遵奉原题东西南三面量筑土堤一节职等浅见欲自下马桥边及林木左右筑堤则板筑震惊锸斧掘伐关系匪细固非职等所敢轻议欲自陵前平地筑堤则积水长盈群工难措抑且远无所御近有所妨亦非职等所敢轻议又欲东自直河口西自黄冈口上下五十余里间远筑围绕但恐此堤一成淮河一时泛涨之水虽稍能障蔽傍溢而陵前湖河诸水又将阻遏北侵名虽防河实则蓄水远流未及为患而近水先有可忧者矣尤非职等所敢轻议也又据匠役王良等量得自淮河见流水面至岸地北水高七尺又自岸至下马桥边地高八尺四寸桥边至陵门地高六尺陵门地至陵地高一尺七寸共高二丈三尺一寸况基运山虽俱土冈百余年来每岁水溢未闻冲决实我　三祖陵寝万年根本之地百祥肇始之区委的事体重大未敢遽拟等因到职随该职公同各官恭诣祖陵伏瞻环仰博访备询亦与各官会议相同窃惟祖陵数百年来奠安已久今一旦添筑土堤虽水患固当预防而工役岂宜轻动委的事体重大非职等所敢轻议等因职按前疏系嘉靖十四年所题地势水势颇为明悉据称陵地迥高二丈三尺一寸则虽极大之水亦无高出玄宫者且陵

前湖河诸水向来伏秋涨溢如此要知非筑高堰后始然矣

万历五年工部勘得水势汹涌风浪冲击崖岸逐渐坍塌带侵柏林包砌石工计长二百二十六丈至万历五年工完巡按邵亦于此时行州将护城堤用石包砌至今赖之称为邵公堤

一地理心学云祖陵龙脉发自中条王气攸萃前潴水成湖作内明堂淮河黄河合襟作外明堂淮上九峰插天为远案黄河西绕元末东开会通河绕之而圣祖生矣

黄淮二河合襟谓之水会天心实祖陵钟灵毓秀之吃紧处也今欲纵淮出高堰是分两河为二道且过官反跳为堪舆家大忌臣子何敢轻议

淮水发源河南桐柏山挟汝决穷颍肥濠等处七十二溪之水至泗州下流龟山横截河中即祖陵赋云下口龟山不等闲湾如牛角势样非凡者是也故至泗则涌且淮涨于泗即淮涨于河南徐邳也每岁伏秋皆然万历六年前黄决崔镇而北淮决高堰而东泗州苦水石护祖陵东麓及泗州护城堤以此

卷之五·河渠·仪真瓜洲运道

仪真上下江口及瓜洲便河皆由江达淮运道襟喉宋时仪真尝建三闸洪武中即其地筑为坝弘治元年始建东关罗泗二闸十二年复于滨江建拦潮闸嘉靖五年题准潮长开闸放船潮退盘坝不许候闸延久万历四年于朱辉港钥匙河清江等处各开河以便停泊

瓜洲江口旧建土坝江北粮船空回撤坝以出而江南重船友令盘坝搬剥艰难风涛守候隆庆六年题准自时家洲以达花园港闸渠六里有奇建瓜洲通江闸二座自此漕艘始免车盘之苦万历四年于瓜洲开港坞以泊运船

卷之五·河渠·丹阳运道

常州至丹阳河道浅淤岁费工力开挑嘉靖十九年夏四月丹阳道淤漕舟由孟渎渡江江阴大盗黄艮秦璠劫舟粟七艘杀运卒数百人执捕官繫樯竿射杀之南科以闻上曰江寇猖獗守土巡江官职谓何令夺俸置理有差

卷之五·河渠·漕河职掌

永乐初江南粮饷一由江入海出直沽由白河运至通州一由江入淮由淮入黄河至阳武县陆运至卫辉府由卫河运至通州九年浚元会通河宋礼奏三年海运二次于徐州济宁州置仓收粮造浅船五百集拨附近卫军领驾从会通河償运每年三次以补海运一年之数十三年户部奏罢海运悉转运于里河

一正德年□工部题奉武宗皇帝圣旨京储重事今运河水少又被往来马快座船人员挟势越帮强开闸座走泄水利诚巩阻滞粮运你部里便申明旧例行都察院出榜禁约今后再有似这等的重治不饶钦此

一工部分差主事严督闸坝管河等官每年各要先时挑浚淤浅慎蓄水利粮船到闸即便开放不许停留守候

嘉靖三十八年题准各该河道大小官员自通州至仪真及扬州高邮各地方俱要及时修筑堤岸疏浚河渠以济粮运如遇非常冲决亦要多方设务亟行修筑临期误事者军卫有司官员悉听漕司河道衙门及巡仓巡河御史参提照依运官参降事例阻浅十日该管有司军卫罚俸半年阻浅二十日罚俸一年阻浅一月军官降一级回卫差操有司降一级赴部调用管可郎中照才力不及事例降一级调外任河道都御史听南北科道巡盐巡仓御史参奏定夺

四十一年题准常州奔牛丹阳黄泥坝镇江京口至瓜洲一带河道江南巡抚行镇常兵备道严督各府州县掌印等官每年十月中旬查勘浅阻去处立限挑浚临时若耽阻重运至十日该府州县掌印管河官俱听巡抚漕司照例参究

隆庆三年题准河道都御史每年委官查勘小滩河道淤浅去处速责管河官设法挑浚果天旱水涸难行许运官即呈河道衙门行大名兵备道临清管关主事严行府县委官督雇民船刻期起剥运官给与脚价如该道司府运延致误粮运即行参奏其豪民盗决泉源者如律究治

五年题准苏州宁国等府南陵泾县太平三县及海军崇德等处运河淤浅府县掌印管河官每年先期踏勘挑

浚俱限十月内工完违误照例查参其丹徒蓄水练湖清复还官

又题准漕河一带自仪真至北通州俱有额设浅铺浅夫每年沿河兵备及管河郎中主事备细清查照额编补不时查点责令专在地方筑堤疏浅拽船事完照例采办椿草违者参究

万历元年题准蓟州运道自王家浅至冀家窝一带蓟州兵备道督令各该有司掌印管河官每年务要先期疏浚修筑以待粮运如怠玩致临期阻误漕司照例参奏降罚

又题准直隶徐邳上下黄河经由去处如有军民盗决故决河防干碍漕运照例将为首者民发附近卫所充军军调边卫

六年覆准将淮南并浙江江西湖广各属兑改漕粮分别灾疲地方通融改折二百万石共该折粮银一百三十七万一千四百二十三两二钱零又减存运军省下行粮等银约该二十二万四千两有奇通共银一百五十九万五千四百二十三两有奇于内以一百万解户部以五十九万五千八十两协济河工

七年题准每年粮运过淮之日高邮管河郎中驻劄仪真张秋郎中驻劄济宁通州管河郎中驻劄河西务以便督理一遇浅阻亲督人夫即时挑浚

又题准通仓郎中会同管河郎中至浅阻处所多方疏浚仍责令运船依限前进将儹过运官船只每十日开揭递报南去空船一并催儹依限早回若各运官旗故意迁延规避者究治仍呈部查参其临河各仓主事亦要留心催督疏浚不得迟违误事

一天津以北一带河道属巡仓御史及管通惠河工部郎中分理其河西务桃花浅等外浅溜务要督率军卫有司管河官严责原设堤浅夫役常川疏浚如有阻误查照单例计日参治

一天津至蓟州一带敢有居民弓兵官校人等在河路张布罾网阻碍船只及称盘诘因而抢夺财物者许运军即赴抚按衙门及邻近管粮管河郎中主事陈告拿问

一经纪把持闸坝索钱者听巡仓御史通州坐粮郎中拿问治罪

九年题准将河西务至通州一带河道分为四节河西务至舒难浅委武清县管河主簿谢家浅至李家浅委香河县县丞白阜圈浅至马房浅委漷县典史王家浅至石土坝委通州同知各领浅夫一百五十名兼用军民浅夫照地严督挑浚遇船阻浅并力挽拽送过信地周而复始如有卖放军夫管河郎中即行查参勤能出众移文吏部纪录

二十八年御史方大美题天津迤北一带河道河西务至通州分为四节每节各浅委州县官一员分地挑浚又杨村通判一员专督浅工原以白河浮沙易淤易浚全赖人力疏通乃今官则觊觎别差夫则包揽积棍冒名搪抵终日挑浚不过捞集浮土粮船一至率皆四散奔逃致误粮运该郎中王在晋议履呈堂题准每年定于冬季务如额挑浚如有踵习前弊者抚按不时参究

卷之五·河渠·漕河总论

按历代建都于西北者皆仰给东南之漕都长安者阻塞陕之险漕运极难所资者江淮河渭都洛阳汴梁者兼资汴洛汝蔡而已惟我朝建都幽燕东至于海西暨于河南尽于江北至大漠水涓滴皆为我国家用其用最大其功最巨者其运河由江而入邗沟由邗沟达淮而渡上清口经徐吕二洪沂沁泗水至济宁济宁居运道之中所谓天井闸者即元史所谓会源闸也泗沂洸汶诸水毕会于此而分流于南北北至安民山入于新河地降九十尺为闸十有七而达于漳御南至沽头地降百十有六尺为闸二十有一而达于河淮此盖居两京之间南北分中之处自是而南至于河淮顺流也河淮东流至清口而入于海乱流而渡由邗沟渡江而达于南京自是而北至于漳御顺流也御河北流至直沽而入于海沂流而上由白河抵潞而达于北京迤南接济之水有自武陟来之沁有自琅邪来之沂迤北接济之水有自金龙口之河有分滹沱河之水通论诸闸天井居其中临清总其会居中者如人身之有腰膂总会者如人身之有咽喉腰膂损则四肢莫运咽喉闭则五脏不通国家都北而仰给于南恃此运河以为命脉济宁居腹里之地州县栉比居民鳞次而又多有旁出之途惟临清乃会通河之极处诸闸于此乎尽众流于此乎会且居高临下水势泄易而涸速是凡三千七百里之漕路此其要害也东控青齐北临燕赵且去边关不远疾驰之骑不浃旬可到焉国家深长之思者宁有而弃毋无而悔屯兵以为防守是亦思患豫防之一事也

卷之六·河渠·湖

湖泉之水导引蓄泄皆以济漕为运道所关徐沛山东诸湖在运河东者储泉以益河之不足曰水柜在过河西者分涨以泄河之有余曰斗门而淮扬诸湖即为运道其山东新旧各泉可引以济漕者派分为五入汶者为分水派入泗沂济及天井开漕河者为天井派入白马河及南阳枣林鲁桥闸河者为鲁桥派入南阳新河者为新河派即沙河派入邳州河者为邳州派今备载焉

安山湖在东平州周围八十三里零一百二十二步旧有二闸底高于河水不能入湖之下口无闸水不能出嘉靖六年止于湖中筑堤十余里而湖益狭后乃渐复焉

南旺湖在济宁州【即七十二泉所汇】周围一百五十余里漕渠贯其中西岸为南旺西湖东岸为南旺东湖汶水自东北来界分东湖为二二湖之下北为马踏湖又北为伍庄湖南为蜀山湖又南为马场湖各湖通连无间凡与西湖尽处相对者即为东湖东西湖中为长堤二西堤设斗门为减水闸十有八随时启闭以济运河遇于淤浅随时挑浚每二年一大挑隆庆中开南旺月河二十里有奇以便大挑北至王家洼南出尹家洼稍北里余各建通河大闸一座

马场湖周围四十里旧有堤坏与运河相通河水稍盈即泄入湖每致浅涸嘉靖十四年筑堤长六十里内外各植柳以护之更置减水闸五座运河易盈湖水亦有蓄泄

蒲湾泊武家湖在汶上县

南阳湖在鱼台即独山坡汇为湖周围七十六里引沙河经其中入新河

昭阳大湖长十八里小湖长十二里二湖相连北属滕南属沛周围八十余里纳诸县水湖口置石闸放水入薛河由金沟口以达旧运河后以河决弃沽头于湖东开新河则南阳在东昭阳在西去黄水益远运河乃安

赤山湖微山湖吕孟湖张庄湖四湖相连长八十里在徐州引薛河出地浜沟入新河

蛤鳗湖长二十里连汪湖长一十五里周湖长二十里柳湖长一十五里在邳州

落马湖长六十里茅茨湖长六十里黄墩湖长二十里侍丘湖长三十里仓基湖长三十里埠子湖长八十里在宿迁县

大庄湖长十里崔镇湖长三十里在桃源县

杜村湖长十里万家湖长十里在清河县

管家湖在淮安府城西门外旧有堤永乐十四年

命官于湖中筑长堤以便运舟随时修筑

白马湖长三里汜光湖即宝应湖长三十里界首湖即津湖长三里在宝应县新开湖长三十五里在高邮州邵伯湖长十八里在江都县诸湖延袤高宝以抵扬州上下相接

按济漕不出于南旺昭阳二湖也南畿专载淮扬诸湖之水涣散无纪乃筑堤束水界为漕渠而田亩运道始利都御史陈公濂又于邵伯湖作石堤二十余里而堤始固湖多风涛舟复损于石弘治三年都御史白公昂又于高邮之北五十里作外堤长四十里南北作石闸启闭名康济河而湖患除惟汜光湖在宝应尚为舟患知县闻人诠尝请如高邮治外堤得可其奏而有司未竟其事似不可终辍驰霍韬议云前议起河南山东丁夫数万疏浚淤塞以通运道然淤泥自高而下势无限极日役万夫力亦不足今沛县河淤运舟皆由昭阳湖入鸡鸣台至沙河宿迁路不过百里惟湖西宽阔夏秋水溢波涛汹涌或有覆溺之虞冬春水涸复有胶浅之患若沿湖侧畔筑砌长堤浚为小河河口为闸以时蓄泄可备风涛水涸易为通浚目前运道可以无阻三月即土堤可成一年即石堤可成用力少取效速黄河愈溢运道愈利较之役夫丁以浚淤土愈浚愈淤劳逸大不侔矣

按昭阳湖跨沛之境南北与漕道贯脉顾当时始开漕者不藉于昭阳而别为一漕道者只以昭阳有覆溺胶浅二患耳今如湖侧可筑堤是或一说也

卷之六·河渠·泉

齐鲁地多泉故闸河自徐达卫地七百里赖泉以济刘天和曰运道以徐兖闸河为襟喉闸河以诸泉为本源今

查泉源共一百七十六处散在泰安等州汶上等县先年兖州府专设管泉同知一员近年虽有浚河之名全无实效将泉源浚而修治之庶漕渠有济矣

东平州泉十四【旧九新五】

安圈泉　吴家泉

张胡郎泉　小黄泉【新】

大黄泉【新】　王老沟泉

席桥泉　净泉【新】

源泉【新】　冽泉【新】

杷头泉　独山泉

铁钩嘴泉　坎河泉【俱入汶】

【旧有徐家庄灰芦三泉今废】

汶上县泉三【旧二新一】

龙斗泉　泺当山泉

鸡爪泉【旧俱入汶】

【旧有马庄泉今废】

平阴县泉一【旧】

柳沟泉【入汶】

滋阳县泉八【旧四新四】

东北新泉　阙党泉

古沟泉【新】　负假泉

上蒋诩泉【新】　下蒋诩泉【新】

西北新泉　驿后新泉【新俱入济】

邹县泉十二【旧八新四】

鳝眼泉　程家庄泉【新】

孟母泉　陈家沟泉

白马泉　冈山泉

黄港沟泉【新】　渊源泉

柳青泉　马山泉【新】

胜水泉【新俱入白马河】三角湾泉【入鲁桥河】

【旧有白庄泉今废】

曲阜县泉二十【旧十七新三】

横沟泉　埠下泉

新安泉　变巧泉【俱入泗】

青泥泉　柳青泉

车辋泉　达泉

茶泉　双泉

曲水咏归泉　温泉

连珠泉　新泉

曲沟泉　灌缨泉

邹村泉【新】　文水泉【新】

柳庄泉【新俱入沂】

蜈蚣泉【会鳝眼泉入白马河】

【旧有瀑声泉今废】

泗水县泉五十三【旧三十新二十三】

趵突泉　　珍珠泉

淘糜泉

黑虎泉【四泉俱出陪尼山林泉寺左会为泗源】

繁星泉　　白石泉【新】

莲花泉　　新开泉【新】

响水泉　　红石泉

甘露泉【七泉在林泉寺南会趵突等泉入泗】

下庄泉　　三台泉【新】

涌珠泉　　石露泉【新】

甘露新泉【新】　　奎聚泉【新】

琵琶泉【新七泉俱会趵突等泉入泗】

潘波旧泉　　潘波新泉【新】

黄阴泉　　吴家泉

杜家泉　　曹家泉

蒋家泉　　里涝沟泉【新】

石井泉【新】　　鲍村泉

合德泉【新】　　赵家泉

龟阴泉　　龟眼泉【新】

龟尾泉【新】　　东岩石缝泉

珍珠泉【在县东南尚舒社】

黄沟泉　　岳陵泉

石河泉　　璧沟泉

小玉沟泉　　大玉沟泉

芦城泉　　西岩石缝泉

三角湾泉　　雪花泉【新】

新开第二泉【新】　　天井泉【新】

醴泉【新】　　醴前泉【新】

七里沟泉【新】　　马庄泉【新】

马跑泉【新】　　魏庄泉【新俱入泗】

滕县泉十八【旧十五新三】

北石桥泉　　三里桥泉

大乌泉　　绞沟泉

赵沟泉　　荆沟泉

趵突泉　　刘家沟泉【新】

南石桥泉　　玉花泉

魏家庄泉【新】　　三山泉

黄沟泉　　白山泉【新】

温水泉

黄家沟泉【俱转入南阳新河】

三界湾泉　　龙湾泉【二泉挑入新河】

峄县泉五【旧三新二】
许有泉　　温水泉
搬井泉【新俱转入南阳新河】
许池泉　　龙王泉【新俱入邳州河】
宁阳县泉十二【旧】
龙鱼泉　　龙港沟泉
鲁姑泉　　泺当泉【俱入汶】
蛇眼泉【会诸泉入漕河经洸济出天井闸】
张家泉　　井泉
三里沟泉　　古泉
柳泉【俱会蛇眼等泉入漕河】
金马庄泉　　古城泉【俱入漕河】
鱼台县泉十四【旧五新九】
东龙泉　　平山泉
古泉【新】　　廉家潭泉【新】
西龙泉　　圣母泉【新】
黄良泉　　庙前泉
滕家泉【新】　　河头泉【新】
高家东泉【新】　　高家西泉【新】
陈家泉【新】　　中溢泉【新俱入南阳新河】
济宁州泉三【旧】
芦沟泉【入南阳闸河】　　拓其泉【入枣林闸河】
马陵泉【入鲁桥闸河】
泰安州泉三十八【旧三十五新三】
板桥湾泉　　皂泥沟泉
鲤鱼沟泉　　范家湾泉
铁佛堂泉　　清泉
周家湾泉　　风雨泉
马儿沟泉　　梁子沟泉【新】
木头沟泉　　龙湾泉
张家泉　　梁家庄泉
上泉　　马蹄沟泉
臭泉　　朔港沟泉
水磨泉　　狗跑泉
报恩泉　　陷湾泉
胡家港泉　　马黄沟泉
龙王泉　　浊河泉
斜沟泉　　羊舍泉
颜谢泉　　北滚泉
顺河泉　　韩家庄泉【新】
力沟泉　　东柳泉
神泉【新】　　西柳泉

龙堂泉　　水波泉【俱入汶】

新泰县泉十四【旧十二新二】

南陈泉　　魏家泉

南师家泉　　名公泉【新】

张家泉　　公家庄泉

孙村泉　　西周泉

名湾泉【新】　　和庄泉

西都泉　　古河泉

刘杜泉　　灵查泉【俱入汶】

【旧有北鲍泉及北流泉万岁泉今废】

肥城县泉九【旧五新四】

清泉　　拖车泉【新】

盐河泉　　董家泉【新】

臧家泉　　吴家泉

王家泉　　开河泉【新】

马房泉【新俱入汶】

莱芜县泉十六【旧址一新五】

小龙湾泉　　湖眼泉

莲花池泉　　郭娘泉

牛王泉　　鹏山泉

乌江岸泉　　镇里泉

赵家庄泉　　王家沟泉

半壁店泉　　海眼泉【新】

雪家庄泉【新】　　水河泉【新】

鱼池泉【新】　　新兴泉【新俱入汶】

蒙阴县

【旧有泉河顺德伏牛峪官桥下家庄五泉俱入邳州河今废】

沂水县

【旧有单家铜井芙蓉上泉盆泉灰泉大泉小水雪王台龙王堂共十泉俱入邳州河今废】

卷之六·河渠·泉源分派

南旺诸闸分汶河以为漕而汶泗上源有泉跨三郡十六州县其幅廓最广流委最长乃设官督理焉

汶河派【计一百四十五泉】

济河派【计九十六泉】

泗河派【计二十六泉】

新河派【计二十八泉】

沂河派【计十六泉】

东泉志曰山东凡发地皆泉其为漕河之利者不过三府十八州县二百四十四泉也大派有五三汶争趋势如飞泻出新泰莱芜泰安肥城东平平阴汶上蒙阴之西宁阳之北经南旺以南北其流者曰分水派故首志之泗沂西下夹鲁而南出泗水曲阜滋阳宁阴会汶与洸以入元人所谓会源闸者曰天井派故次之邹县济宁鱼台峄县之西曲阜之北诸泉通平埝里黄良而下各入漕渠其济鲁桥一也则曰鲁桥派故又次之邹鱼滕峄之流自昭阳湖分入

沙河八泉入上沽头统与沙河相近合也则曰沙河派故又在其次沂水蒙阴及峄县许池泉会沂汶二河而下径入古邳与黄河入淮曰邳州派故以是终焉关系虽有重轻其实皆能利泽万世者也故各疏其所出及其派所由来以备参考云

自分水而入者皆汶也当为汶河派自会源而入者泗沂交流合为济会于洸当为济河派自鲁桥而入者泗故道也而济鱼之泉注之当为泗河派滕鱼峄之泉入于留城者今为新河当为新河派其流于下邳者自沂而入当为沂河派

国初泉无专官永乐中定北都始浚会通河以通漕徂徕诸泉之在北者由汶河以分达之沂泗诸泉之迤南者由沂泗而散达之由是东泉始为漕河上源蓄济之用

济州据齐鲁之交南北道里之中受泗沂洸汶诸水分流其地斗峻势若建瓴厥流湍激易涸乃疏诸泉源以壮其源增修诸闸以节其流漕道斯通公私利之矣

卷之六·河渠·闸坝

宛平县【闸五】

青龙闸　白石闸

广源闸　高粱闸

澄清闸

大兴县【闸三】

庆丰闸　平津上下二闸

通州【闸五坝一】

普济闸　南普闸

土桥闸　广利闸

通流闸　石坝

【旧普济通流俱有上下二闸今各废其一】

临清州【闸五】

南板闸　新开上闸

沙湾减水闸　潘官屯减水闸

观音觜减水小闸

【旧有会通临清二闸今废】

清平县【闸三】

戴家湾闸　李家口减水闸

魏家湾减水闸

堂邑县【闸四】

梁家乡闸　土桥闸

土桥进水闸　新开口进水闸

【旧有上城中闸二减水闸今废】

博平县【闸五】

第一至第五减水闸

【旧有老堤头北减水闸今废】

聊城县【闸十】

通济桥闸　李海务闸

周家店闸　龙湾西柳行二进水闸

官窑口裴家口方家口李家口耿家口五减水闸

阳谷县【闸六】
七级上下二闸　　阿城上下二闸
荆门上下二闸
宁阳县【闸二】
洸河东西二闸【嘉靖六年建】
【旧有堽城石坝堽城闸今废】
滋阳县【闸一坝一】
金口闸
金口石坝【成化八年因元旧易为石堰】
【旧有土娄杏林二闸今废】
邹县
【旧有港里积水闸小闸今废】
东阿县【闸一】
通源闸
寿张县【闸一坝一堰一】
沙湾积水闸　　师家坝
野猪脑堰
东平州【闸七坝二】
戴村闸【旧】　　戴家庙闸【嘉靖十九年建】
安山闸【成化十二年建】靳家口闸【嘉靖四年建】
袁家口闸　　安山湖东西二小闸
戴村坝　　坎河口堤坝
【旧有□□减水闸今废】
汶上县【闸□】
闸河闸　　南旺上下二闸
寺前铺闸　　界首石口二积水闸【】
焦栾张全刘玄彭秀孔家邢家常家口关家口李
泰口田家口十减水闸
巨野县【闸一坝一】
长沟减水闸【嘉靖十九年建】
蓬子山坝
济宁州【闸十四】
天井闸　　在城闸
赵村闸　　石佛闸
新店闸
新闸【六闸俱因元旧嘉靖间重修】
仲家浅闸【宣德四年建】师家庄闸
鲁桥闸【二闸永乐间建】上新闸
中新闸
下新闸【□□□□□□□□□□】
枣林闸【永乐间】　　四里湾减水闸
【旧有分水闸广运上下二闸永通□闸耐牢坡

闸宫村闸吴泰闸片玉闸碎玉闸今废】

济宁卫【闸四】

永通减水闸　五里营平水闸

十里铺平水闸　安居平水闸

鱼台县【闸十六坝一】

南阳闸【宣德二年建】

利建闸【即宋家口闸隆庆元年建】

新河十四减水闸【嘉靖四十五年建】

苏家坝

【旧有谷亭八里湾砚瓦沟阳城湖泥河五闸今废】

滕县【闸一坝五】

佃户屯减水闸　东邵坝

王家口坝　豸里坝

宋家坝

黄甫坝【□□闸坝俱隆庆二年建筑】

沛县【闸七坝三】

珠梅闸　杨庄闸

夏镇闸　满家闸

西柳庄闸　马家桥闸

留城闸【以上七闸俱隆庆元年以旧河孟阳泊沽头上中下胡陵城庙道口谢沟七闸改建】

沙河口坝【隆庆元年筑】薛河口石坝【隆庆二年筑】

欢城坝【嘉靖四十五年筑

旧有新兴闸金沟口飞云桥鸡鸣吉昭阳湖中东西六积水闸今废】

徐州【闸四坝二】

黄家闸【天顺三年建】

梁境闸【即境山旧闸万历二十年复】

内华闸

古洪闸【二闸万历十一年建】

徐州洪石坝　吕梁洪石坝

【旧有徐州汝闸吕梁洪上下二闸今废】

邳州【闸一】

匙头湾减水闸【万历八年建】

桃源县【闸一坝四】

马石坡减水闸【万历八年建】

崔镇徐升季大三义四减水石坝【万历七年筑逯堤建】

清河县【闸一坝一】

通济闸【嘉靖中建万历七年改建甘罗城出口之处题准每年六月初旬水涨筑坝拦截九月初旬水落开坝行舟】

天妃坝【万历七年建

旧有新庄闸天妃闸万历七年俱废】

山阳县【闸七坝六堤一】

福兴闸【万历七年改建寿州厂】

清江闸 板闸

龙汪闸 永清闸

窑湾闸【三闸万历十年永济河建】

黄浦减水闸【万历二年建】

方家坝 新建坝

仁义礼智四字坝 高家堰石堤【万历七年建旧有移风闸□闸新城上下二闸及万历九年建泾河平河桥二减水闸又有清江东西淮安满浦南锁五坝信字坝今俱废】

宝应县【闸十三】

弘济河南北二闸 长沙沟减水闸

朱马湾减水闸

刘家堡减水闸【五闸俱万历十二年建】

江桥北等八减水闸【嘉靖万历年间建

旧有七里沟某桥口鱼儿沟三减水闸白马沟七里沟槐角楼滚水坝今俱废】

高邮州【闸九坝一】

康济河南北二闸【万历四年建】

城南河堤三减水闸【嘉靖中建】

新中堤减水闸【万历五年建】

蛤蜊坝

【旧有观桥上下二闸车逻王琴二减水闸今废】

江都县【闸十六坝十一】

广惠闸

通惠闸【隆庆六年瓜洲建】

邵伯九减水闸

芒稻河减水闸【万历十一年建】

沙坝裔家马家渡南潭四平水闸【万历元年建】

瓜洲十坝【旧十一】 湾头滚水坝

【旧有朝宗上下通江新开大同潘家大桥江口留潮九闸及新庙等十一减水闸邵伯小坝扬子桥古坝瓜洲减水□雷公上下二塘小新塘句城塘今俱废】

仪真县【闸四坝六】

向水闸 通济闸

罗泗闸【一名临江闸】 拦潮闸

一坝至五坝 新坝

【旧有清江等八闸里河口闸及东门新高桥二减水闸刘塘茅家山北山陈公四塘蒋家沟张家沟二减水□今俱废】

丹徒县【闸一】

大犊山闸【万历十一年建】

丹阳县【闸一】

黄泥坝闸【万历十一年建以上二闸俱为挑复练湖设】

卷之六·河渠·漕河水程

漕运水程自通州至仪真三千里凡为驿四十有二

通州潞河水马驿【至本州合和驿一百里】
合和驿【至武清县河西驿九十里】
河西驿【至本县杨村驿九十里】
杨村驿【至本县杨青驿八十里】
杨青驿【至静海县奉新驿一百里】
奉新驿【至青县流河驿七十里】
流河驿【至兴济县干宁驿七十里】
干宁驿【至州砖河驿七十里】
砖河驿【至交河县新桥驿七十里】
新桥驿【至吴桥县连窝驿七十里】
连窝驿【至德州良店驿七十里】
良店驿【至本州安德驿七十里】
安德驿【至本州梁家庄驿七十里】
梁家庄驿【至武城县甲马营驿一百一十五里】
甲马营驿【至临清州渡口驿七十里】
渡口驿【至本州清源驿七十里】
清源驿【至清平县清阳驿六十里】
清阳驿【至东昌府崇武驿七十里】
崇武驿【至阳谷县荆门驿八十五里】
荆门驿【至东平州安山驿六十里】
安山驿【至汶上县开河驿七十里】
开河驿【至济宁州南城驿一百一十里】
南城驿【至本州鲁桥驿五十五里】
鲁桥驿【至兖州府沙河驿六十五里】
沙河驿【至沛县泗亭驿六十里】
泗亭驿【至徐州夹沟驿七十五里】
夹沟驿【至本州彭城驿六十里】
彭城驿【至本州房村驿六十里】
房村驿【至邳州新安驿六十里】
新安驿【至本州下邳驿六十里】
下邳驿【至本州直河驿六十里】
直河驿【至宿迁县钟吾驿六十里】
钟吾驿【至桃源县古城驿六十里】
古城驿【至本县桃园驿六十里】
桃园驿【至清县清口驿六十里】
清口驿【至淮安府淮阴驿六十里】
淮阴驿【至宝应县安平驿八十里】
安平驿【至高邮州界首驿六十里】
界首驿【至本州盂城驿六十里】
盂城驿【至扬州府邵伯驿六十五里】
邵伯驿【至本府广陵驿四十五里】
广陵驿【至仪真县仪真驿四十五里】

今瓜洲近造通江闸江南兑运漕船由闸径通广陵驿无过坝之劳广陵驿至瓜洲四十里

卷之七·河渠·黄河

山海经注河源出昆仑之墟【山海经曰昆仑山纵横万里高万一千里去嵩山五万里有青河白河赤河黑河环其墟其白水出其东北陬屈向东南流为中国河河百里一小曲千里一大曲发源及入中国大率常然】东流潜行地下至规期山北流分为两源一出葱岭一出于阗其河复合东注蒲昌海复潜行地下南出积石山西南流又东回入塞敦煌酒泉张掖郡南与洮河合过安定北地郡北流过朔方郡西又南流过五原郡南又东流过云中西河郡东又南流过上都河东郡西而出龙门【汾水从东于此入河河东即龙门所在】至华阴潼关与渭水合又东回过砥柱【砥柱山名河水分流包山而过山见水中若柱然今陕州东河北陕县三县界】及洛阳【孟津所在】至巩县与洛水合成皋与济水合【济水出河北至王屋山而南截河渡正对成皋】又东北流过武德与沁水合至黎阳信都【信都今冀州绛水所在绛水亦曰渍水一曰漳水】巨鹿之北遂分为九河【巨鹿今邢州大陆所在大陆泽名九河一曰徒骇二太史三马颊四覆釜五胡苏六简七洁八钩盘九鬲津】又合为一河而入海【齐桓公塞九河以广田居故馆陶贝丘广川信都东光河间以东城池九河旧迹有存汉代河决金堤南止多罹其害议者常欲求九河故迹而穿之未知其所是以班固云自兹距汉已亡其八支也河之故渎自沙丘堰南分屯氏河出焉】故尚书称导河积石至于龙门【今绛州龙门县界】南至于华阴北至于砥柱东至于孟津【在洛北都道所凑古今以为津】东过洛汭至于大伾【洛汭今巩县在河洛合流之所大伾山今汜水县即故成皋山再成曰伾】北过绛水至于大陆【其绛水今冀州信都大陆泽名今邢州巨鹿】又北播为九河同为逆河入于海是也【同合也九河又合为一名为逆河逆迎也言海口有朝夕潮以迎河水】初禹自黎阳东北界分河为二渠以引水一南出会隰川今河所流也【今河滑州以东是旧隰水】一出贝丘即九河之上河王莽时废弃故俗谓之王莽河【史记河渠沟洫志并云河之为菑害中国尤甚禹导河自积石历龙门又釃二渠以引河如淳注二渠一出贝丘一则隰川王莽时河遂塞但用隰耳】隋炀帝于卫县【今卫县】因淇水之入河【淇水亦曰清水】立淇门以通河东北行得禹九河之故道隋人谓之御河

古今河源之说异禹贡云导河自积石未穷其源也汉张骞云河有两源一出于阗一出葱岭唐薛元鼎云得河源于昆仑之水赤黄黑青色以方异穆天子传言阳纡之山河伯所居是惟河宗佛书言阿耨达山有大渊水即昆仑也其山名往往不同者或古今变易或番汉异称耳按潘侍读昂霄河源志今朝之究河源盖得之目睹非传闻者也太祖尝征西夏过沙陀至黄河九渡九渡者在昆仑西南宪宗命皇弟旭烈征西域凡六年拓地四万里而河源在域内矣至元庚辰世祖命臣都实往西域将城其地以通互市自河洲行五千里抵河源及还图城墩位置以闻上悦以为吐蕃都元帅领工徒以往使其弟阔阔出跪奏大臣阻之次年还河源在吐蕃西鄙有泉百余窦地方七八十里皆沮洳不胜人迹泉不可逼观登其旁岭下视窦历历如列星然故名火敦恼儿火敦者汉言星宿也脑儿者海也星宿海合流而东汇为二泽复合流始名黄河然犹清可涉河析为九即九渡也广五七里下复合流渐远水益浑土人抱革囊骑过之其聚落之外多编木如舟以济附以毛革中仅容二人又东则两山峡束广可一二里或半里深莫测矣昆仑腹顶皆雪盛夏不消河过其南距山麓仅五六十里又南为四达之冲地多盗常镇以兵昆仑之西人民少山居其南山峻兽有旄牛野马狼狍羱羊之属东则山益峻而地渐下岸至狭或狐可踴渡河至贵德州始有官治历积石至河州东北流历兰州鸣沙州应吉里州流正东自星宿海至汉地河南北小水旁注者众其山或草或石至积石始林木畅茂世言河九曲而彼地有二折云汉书言葱岭河至蒲昌海水洑流而出临洮今洮水自南下非蒲昌也土人言于阗葱岭水下流散之沙碛则其洑流信然然其后出者莫知矣或又云黄河与天通又云昆仑去嵩高五万里阆风玄圃积瑶华盖仙人所居皆妄也世多言河出昆仑者盖自积石而上望之若源是矣而不知星宿之源在昆仑之西北东流过山之南然后析而抵山之东北其绕山之三面如玦焉实非源也于是山也然凡水者山之血脉也山高而广则其水必众而巨昆仑至高广者也而谓无一水源于其间邪其不言之者盖欲破昔之谬著今之奇故略之尔延祐中阔阔出为翰林承旨潘侍读与同寮稔得其深言云

黄河水东北流历西番至兰州凡四千五百余里始入中国又东北流过房境凡二千五百余里始转河东又南流至蒲州凡一千八百余里通计屈曲九千余里而张骞所访乃在其西万里外盖为吐蕃遮隔不得假道故也

卷之七·河渠·黄河修筑

黄河发源合陕西山西诸水而始大至河南始散漫泛溢至山东势益峻急冲决无常

洪武二十四年决原武淤安山

正统十三年河溢荥阳县自开封府城北经曹濮二州阳谷县以入运河至兖州府沙湾之东决大洪口诸水从之入海

景泰四年命官塞之乃更作九堰八闸以制水势复于开封府金龙口【即荆隆口】筒瓦厢等处开渠二十里引河水东北入运河

弘治二年复决金龙口东北至张秋镇入运河而红荆口并陈留通许二县俱淤浅命官治之

三年河决原武命户部左侍郎白昂往治之时河决分三支一出封丘县金龙口漫祥符长垣下曹濮溃张秋长堤一出中牟县下尉氏县一出泛兰阳仪封考城归德之境至于宿州廷议遣昂挑浚通许河江荆口二处弗绩乃首筑阳武长堤以防张秋筑塞金龙口挑浚荥泽县之杨桥以分导河流浚宿州古汴河以达泗挑开归德之小坝分河流入睢宁县之小河名为濉河以杀之又自小河西抵归德饮马池中经符离桥一带皆深广矣又疏月河十余塞决口凡三十六由是河入汴汴入睢睢入泗泗入淮以达于海役夫凡二十五万

五年决杨家金龙等口擢浙江左布政使刘大夏为右副都御史往治之大夏曰不治上流则决口不可塞乃发丁夫数万从黄陵冈浚旧贾鲁河四十余里由曹以出于徐分杀水势又浚河自孙家渡口七十余里别开新河一道由陈颍导水南行以入于淮又浚河由中牟扶沟陈颍二十五里至宿迁东入于淮又浚淤河由陈留县至归德州分二派一由宿迁县小河口一由亳州涡河会于淮又筑长堤起河南胙城经滑长垣东明曹单诸县尽徐州长三百六十里

刘天和曰刘忠宣弘治之役始惟治张秋久而弗绩乃开上流孙家渡及导河下流由梁靖日出徐州继治黄陵冈决而张秋之口自塞可以为法矣

又总督漕运都御史张伟云黄河沁水自大潭口合流东下先年此河于通许县分流一股入凤阳涡河接连淮河又于江荆口分一股流于卫辉河又于金龙口分一股流下张秋其徐州止是小黄河一股流下所以水不为患近年以来通许县河及江荆口二股俱已淤塞而金龙口又经先年侍郎白昂筑塞况上流身宽阔水势散漫及至徐州城边河道窄狭所以汹涌冲决为患

正德四年溢皮狐营决曹县之温家口冯家口等处又北徙至仪封县小宋集而决冲黄陵冈埽坝溢入贾鲁河败张家口等处缕水小堤循运河大堤东南行而贾鲁河下流淤塞亦出张家口合而南注遂决杨家口道曹单二县城下直趋丰沛命官塞之是年河决沛县飞云桥入运河势甚盛

十二年溢武城县坏城郭田庐命官修浚

嘉靖五年上流骤溢东北至沛县庙道口截运河注鸡鸣台口入昭阳湖汶泗南下之水从而东而河之出飞云桥者漫北而泥沙填淤亘数十里管河官力浚之仅通舟楫

六年复塞老和尚寺八里屯张家庄等处命官发丁夫数万于昭阳湖东北起汪家口南抵留城口改凿新河以避黄河冲塞之患寻以灾异罢役　命官即故道浚之修筑单县林台至沛县旧城堤百四十余里以塞入湖之道又浚赵皮寨孙家渡口杀上流之势沛漕复通

九年自沛北徙横流金乡鱼台出谷亭口命官浚赵皮寨抵宁陵故道及筑长睢州张见口至归德州长堤百余里以御泛涨寻以河流改迁罢役十四年筑岔河口缕水堤一道长三里又于曹县八里湾抵单县侯家林筑长堤八十里

十二年冬十月河决亳泗归宿等处自济宁南至徐沛数百里运道遂淤命右副都御史刘天和往治之初嘉靖戊子河流东溃飞云治者疏开封赵皮寨口导之南由亳泗归宿入淮以杀其势至已丑庚寅两年间飞云桥之流益北徙鱼台之谷亭势将及济宁一时舟行闸面颇称快顾决溃堤岸冲广河身废坏闸座阻隔泉源先见者惧有他虞及是年冬赵皮寨河南向亳泗归宿之流骤盛东向南靖之流渐微梁靖仓岔河口东出谷亭之流遂绝济宁至徐沛数百里间悉淤廷议天和往督浚事至访群议或谓引黄河或谓浚漕河天和遂躬度自赵皮塞东流故道淤凡一百二十余里而于梁靖河底视南流高丈有五尺又自梁靖岔河口东流故道淤凡二百七十余里而始至谷亭遂定计

浚南旺淤浅以免盘剥筑曹单长堤以防冲决施植柳法以护堤岸浚月河以备霖涝建减水闸以司蓄泄筑缕水堤以防冲决置顺水坝以来漫流运道遂通

十六年凿地丘店野鸡同等上流支河西十余里

十九年浚睢州孙继口至丁家道口淤河五十里

二十一年又凿野鸡同上流李景高等口支河三导河东注以济二洪

二十四年由野鸡冈决而南至泗州合而入海遂溢蒙城五河临淮等县

二十五年又决曹县溢入武城金乡鱼台单县漂溺甚众命总理河道御史会同南北直隶山东河南抚按官议筑曹县等处不果

三十一年又决房村至曲头集凡决四处淤四十余里命官浚之役夫五万余三阅月而成

三十七年淤新集趋段家口析为六支入运河又由砀山起郭贯楼析为五支出小浮桥会徐州洪

四十四年黄河泛徐州将溜沟以上运河淤凡一百六十余丈以下淤七十余丈又自境山至茶城五里许小闸至沛金沟口一十三里许俱淤其沛县黄河赤径冲鲁村浅西岸循谢家庄至上闸上浅仍东北冲由三教湾一带一十五里尽淤乃以朱衡为工部尚书往治河衡议开南阳口至留城一带新河以备运道又开留城口至洋浅一带旧河以接新河费银四万有奇粟三万有奇功犹未就言官劾奏衡等乃浚自南阳口至仲家口俱底绩可行舟但三河口至夏村口二十余里微浅涩是年六月黄河水发遂决长堤二百余丈其所挑旧河与沽头闸数里复淤百中桥至留城一带新河堤又决百十余丈及留城至白洋浅运道仍淤言官复劾奏

万历元年茶城复淤修建境山闸并护房村等处堤岸又筑遥堤四开草湾导河自安东县至金城五港入海然泛滥如故曹丰徐沛之间随塞随决

五年秦沟复淤自崔家口历北陈雁门集等处至九里山出小浮桥其一支自九里沟谊安山历符离出小河口而崔镇大决散漫湖泊间桃源以下故渠多浅

六年命官修治乃议塞崔镇口因筑遥堤束水冲沙其南岸自三山头至李字铺长二万八千五百五十八丈又自归仁集筑横堤至孙家湾长七千六百八十余丈又于桃源县马厂坡筑堤长七百四十丈以遏南奔入淮之势其北岸自谷山至直河长九千四百六十四丈又自古城至清河长一万八千四百十丈建崔镇等滚水石坝四座以缓泛滥之水使不能溃堤而出河流始安

二十年淮河涨溢特遣科臣勘议开腰铺抵周家庄四十里使黄让淮而安祖陵开韩家庄有訾家营以泄闸河之水而保运道实由河身日高易于淤梗耳后户部题称黄流猛悍逼阻清口壅塞运道欲开复老黄河上流深浚草湾下流部科咸谓黄水阔深若挑故道须与相等计长六十里烦糜可虑且大河口去清口仅五里许强黄仍逼弱淮恐终不能泄之东注而渔家沟一带土地可耕捐弃拂民又有议开浦口至徐州延亘七百余里费约五六百万部谓泗凤陵寝所在王气讵可少泄并行报罢

二十三年巡按高举疏黄淮受病之原其略云臣于去年奏命巡按淮扬比五月入徐时徐州月河新成积水尽泄臣一望黄流见城外有堤几与城齐堤外有河水与堤齐且水日益涨堤日益增将不知其所终是黄水之日高为徐城害者如此既由徐而泗一望淮水见城墙以内积水占之城墙以外淮水环之倾颓民舍渰没民田是淮水之日高为泗城害者如此又由淮安历扬州见扬州迤逦漕渠三百余里所恃一线长堤乃其所以为堤者皆岸上加土水高平地多者丈余少亦不下五六尺夫堤高则渐薄薄则易溃今日报决青水潭明日报决濠家湾又明日报决邵伯口筑土砌石岁无虚日聚料鸠工日无停□闾阎日疲于奔命田舍悉汇为巨浸是漕水之日高为地方害者又如此臣尝得之咨辄盖黄河之水自星宿海历关陕奔腾万里而入于海淮河之水自桐柏涉寿颖夹七十二溪之水由泗会黄而达于海夫此沆漭两河纳百川需此一海口以沛其朝宗之脉则海口其咽喉也海口沙壅咽喉作梗斯则河泥日结淤而高泥高于河水涨于上向所称吕梁一洪至为险峻今则履为坦途而不知有洪于是乎黄涨而徐城坐困矣强黄外抗弱淮中停况又截以高应堤以张福即向所称洪泽等河各有界限今则汇而而浩渺无涯淮涨而泗城告急矣淮不此出势必南注故每遇夏秋都管塘周家桥等处茫乎四十余里水漫而南于是乎水涨而漕堤决矣于此而按其势揆其源则凤泗淮扬之陷溺病在淮淮停病在黄黄之泛涨病在海口是故疏海口以导黄抑黄水以泄淮此诚首务第恐茫茫海口工力难施则于今昔所议三又镇耿公庙訾家营鲍家口等处另开支河驱由灌口而

注之海以治其本黄水既分淮无壅遏或又尽决张福之堤大辟清河之口而纵之以治其标则祖陵以奠运道以安而凤泗高宝之民可措之衽席矣

是年冬十月工部覆议得分黄导淮大工事宜

一议钱粮河工用银六十八万各役该领银两责成各道督率各府佐官每十日一验依期给领不许稽迟致误工程

一议官夫该夫八万余名每夫给银一两五钱凡科索苦累夙弊尽行禁革赴工之日照行伍之法每十有长每百有率各设旗牌以便识认稽查分界止宿以杜争闹设局施药以疗疾病调兵巡逻以防意外之虞

一议分委以便责成河工重大工费不赀所赖以督率夫役稽查钱粮者惟大小官员也各府推官等兼督各州县官分理周桥武墩泾河子婴沟等处五港口三岔墩工程专属之海口分司官并黄家坝三大工每工以部司及兵道各一人管理催募人夫及放钱粮措备器具照查夫役责之各部司与各道查催工程核验土方给散工食柴米等项则属之府佐官一应收放河工钱粮属之淮安府掌印官查盘分黄钱粮属之庐州府推官各官如遇升迁不许离任

一议肃法纪以整肃人心大工肇举怨谤易生所赖以整肃人心鼓舞众志者惟法纪严明也宜甄别劝惩有钱粮明白工程如式者定行纪劝否则纪罚总河以此甄别司道司道以此甄别各委官如横生疑畏至隳大工者许指名具奏重治诏从之

二十四年三月工部奏祖陵运道事本兼重分黄导淮势实相须向者淮流壅遏由于清口河身垫高黄流倒灌淤沙阻塞渐成门限以致水积盱泗患及祖陵今之议者有谓开黄家坝以分黄辟清口沙以纵淮而又开周桥武墩以消淮泗积水者有谓于运河口起至甘罗城北拐角对正东岸边另挑小渠一道暂以行运者有谓沙在所当辟为目前第一务者即今粮运过淮在迩事势燃眉虽运口新挑小渠暂可通漕然非永赖长策则清口沙之辟诚有不容缓者至谓运船出清口从鲍王口转入黄河不如移口于江浦上与鲍王口对直出入仅渡一河相距止二里许既无远涉挽输之劳又免旧口浅滩之患为运道永便乞命漕臣定议奏报如此不惟运道无梗塞之虞陵泗亦可免壅溢之患矣诏可之至六月尽而功成

闰八月工部覆奏高宝诸河为淮泗旁泄之路先因淮水泛溢清口阻隘宣泄无自议开周桥等处急泄淮涨以安祖陵又恐淮身不容纳故议浚泾河子婴沟以泄河入海辟金湾芒稻河以引湖入江即今分黄导淮已告成功而犹当广其入海入江之路以防伏秋之溃伏乞下漕臣杂议

二十七年工部尚书杨一魁题覆云迩年黄河之南徙也徐邳运道有浅阻之虞归仁堤防有侵啮之虑彼时议论纷纷计划无出欲塞黄堌而千丈之狂澜恐难力遏欲浚浊河而百万之金钱又难力办遂致筑室三年竟无成功今自开挑三仙台□□圈母河及挑浚运河各工告成黄流东注出小浮桥入运河水势盈漕已挽全河十分六七顷运事已依期报竣即今秋冬水涸之时水势浅者八九尺一丈深者丈六七尺不等东向大势已定官民船艘通行无阻可为明效大验总计费银止十万有奇较之本工原估一十九万已省其半若与浊河工费相提而论省盖不啻数倍矣都水司郎中王在晋潜心水经加意河道所应并赉奉旨管河官各叙赉有差

二十九年四月工部覆河道尚书刘东星本有白河淮交变北遏茶城南侵陵寝故议开黄家嘴分杀下流以导其去复因黄堌口决至九十余里工不可必费不可继故议开赵家圈三仙台等处疏瀹上流以道其来今值天道亢旱经岁不两原头即微来流日少此浊河之役旋挑旋淤非人力之未至实水性之不可强为耳惟徐邳一带运道咽喉目今粮船浅阻关系匪细相应移咨总河衙门及各官作速踏勘赵家圈三仙台李吉口上流不及有无旁溃果否壅塞应否开浚或另寻别道引水润漕以救目前之急令泇河工程既有次第一面添夫并力速成务期克济

九月工科给事中张问达题称总河尚书刘东星于赵家圈告峻后复采旧议开泇河舍黄流引汶泗山川泉源之水以为运道便宜经久谋之心亦良苦顾连二汪黄泥湾以至万家庄韩庄地多石块沙礓畚锸繁兴工尚未就而赵家圈日淤日塞因而断流以致徐邳间三百里之河水止尺余益浅粮船停阁不行者几一月虽皇皇焉复决李吉口以引水而随即壅淤非一时天雨连绵水势陡涨深三五尺船可挨帮渐渡而至闸河乎及入闸河而中间又多浅阻临清以北如八里圈半壁店武城等处五闸水微河流甚细且河底流沙走动不常左挑则右塞前开则后壅而漳河之水不由故道经三台口回龙镇至小滩入卫济运此一万二百七十有余之船相与争一线之水而不能进之速

也夫粮船抵坝迟故交纳迟交纳迟故回空又迟无船何以兑支装载而河不先时挑浚何以通运行舟仓庾之积贮日空又何以接济取给是诚国家之咽喉命脉绝续安危所关何可以因循迁延而泄泄然漫视为耶

御史张养志题称治河之策不越理黄河开泇河之两端而黄河之说其目有四泇河之说其目亦有四一曰塞黄堌口以杜泄水之隙盖运道河身原浅故蓄水不深全赖黄水接济方可通运自黄堌口一决湍流汹涌全河势已南徙见今口阔八十余丈水深二丈四五尺三丈不等以致东流微细浊河干涸徐邳一带年年浅涩前年开赵家圈三仙台业已能运今复淤平今岁开李吉口亦已通流旋亦淤塞职此之由故欲运河充盈粮船通利须将此口预为堵塞使水不南泄尽向东注庶运河之水可以常盈而粮艘可以免阻滞之患矣一曰浚李吉口能通引水之源夫自赵家圈既淤所赖以引导黄水接济运道者惟此口耳况黄堌冲决日久势已深阔须将此口大加挑窓深阔相等始得分夺其势但此口至运河长三百里工力浩繁远难成功合于每岁运毕之日自李吉口至坚城集系隶山东自坚城集至镇口系隶徐属或量动官银募夫或调集各处徭夫并力兴工大加疏浚近口处澗二十丈以下澗十余丈俱深一丈四五尽庶可引水一半东注而宿邳之间可免浅涸之患矣一曰浚邳徐漕河以为受水之地自邳宿以至徐吕地高河浅难以蓄水每至春夏之交率多浅涩粮运至此往往阻滞合于初冬以后将北自珠梅闸南自宿邳一带探勘浅处即以额设徭浅二夫大加疏浚三五尺务俾深通更于大浮桥迤北刘家湾建闸一座镇口闸迤北玉皇庙建闸一座以时启闭庶停蓄自深节宣有具水可常盈缓急有赖矣一曰筑永夏堤以防决水之虞此堤束水归漕关系甚重先年原系土民接筑御水后因黄河南徙节年水涨沙淤前堤低矮单薄去岁马家溜何家集冲决数口水尽南奔不惟徐邳运道浅涸即永夏田庐亦被淹没今虽堵塞尚未完工近又冲决申家营三四十丈若不上紧加帮恐难捍御合于此堤帮修高厚夯杵坚实更接筑大堤一道直至大石山头俾南岸一带俱有堤御仍将前口上紧堵完庶堤岸坚固水不溃决运道民生均有攸赖矣以上四款皆运道之不可缺者也一曰开黄泥湾以通入泇之径查得邳州沂河口系泇河之门户也进口六七里有湖名连二汪者其水浅而且阔且下多淤泥粮船至此沾滞难行欲为挑浚则无岸可循欲为埽坝则无根可据总难为工查得湖外有黄泥湾离湖不远地亦颇低自沂口至湖之北崖约二十余里合于此处窓河一道以接泇口不必拘定丈尺惟以可通运艘为度湖水引以灌河湖身弃而不用所费不多成功亦易运舟从此可以直达泇口不致阻碍矣一曰凿万家庄以接泇口之源泇口迤北有地名万家庄以及台家庄侯家湾梁城等处原系山冈高阜之地且多砂礓石块极难为工总理河臣刘东星分委沿河部司等官调集徭浅等夫并力疏凿业已成河今岁轻小粮船已通行三二十只但河身尚浅水止三二尺不等浙江湖广粮船重大难以通行合于此处更加凿削三五尺俾韩庄之水下接泇口并蓄水五六尺深庶粮船不论大小轻重沛然可达矣一曰浚支河以避微口之险韩庄之西有湖曰微口上下三十余里水深丈余必预先测探水势深浅插立标竿以为船只向导遇风扬帆顷刻可过但湖水辽阔偶遇猛风暴作不免漂流之患今已于湖边开支河一道下接韩庄上通西柳庄四十五里不由湖中挽拽有路但工尚未完水未深通合将此河再加疏浚务使通舟庶船有持循可免漂没之患矣一曰建闸座以为蓄泄之具地势原有高下则蓄水自有浅深万庄一带地势原高虽所开河身一二丈四五尺不等较之泇河已南犹为高峻北来之水至此南下必速合于此处比照济宁在城等处或三五里或十数里相其地势建闸三五座以时蓄泄庶节宣有具水可常盈无浅涩之患矣以上四款皆泇河之不可缺者也夫黄堌口先此河臣以为不可塞而臣以为可塞者非故为是异同也盖彼一时也徐吕二洪不患浅涸而患冲决故留之泄水以防冲运之患留之诚是也此一时也二洪不患其冲决而患其干涸故塞之借水以成济运之功塞之亦是也泇河先此河臣以为不可开而臣以为可开者非敢为是纷更也盖前此疏凿未至砂石为梗故谓其不可开者虑河工之未易成也今砂石已凿深通颇易故谓其可开者惜成功之不可弃也此二役也在理黄河乃万世不易之经开泇河乃一时济变之权若修泇口而遂弃黄河此舍正而用奇非常胜之道也非臣之所知也惟在当事者审时度势次第兴工则善矣

十月工部议覆迩者蒙墙寺萧家口之徙也原系黄河故道自嘉靖三十七年河淤新集水始北徙李吉口下入镇口为运道济垂四十余年所矣不意昔年有黄堌口之决又不意今日有萧家口之徙也然黄堌虽决始以河势浩大费巨财诎不若因势利导尤河济急故议开赵家圈三仙台等处引水出小浮桥以接济徐吕之泓数年来运道无梗漕艘得全皆其力也今蒙墙寺一徙虽黄堌口亦在其北矣黄堌口一涸而赵家圈且至断流矣溯其横溢之势既奔趋淮泗浸及陵园究其远徙之形又逾邈徐吕病及漕运臣等駴目惊心不觉废箸而日夜鳃鳃者窃以为全河既

溃势难捍御不若从决口图之犹可事逸而功集也查得蒙墙寺西北宋家庄至上流傅家集两河相望约十里许乃黄流湾曲之所须开浚直河可以引水东流仍自徐家口起至下刘口止约长十二里大加挑空务俾深阔容受水汛并将李吉品以下至坚城集三十余里沙淤河道尽力挑通其黄堌口以南如马家溜武家营何家集各处决口速行堵塞更加坚厚使河流尽归正漕免致旁泻又恐全河来复灌于镇口再改挑唐家口而注之龙沟入小浮桥庶既资其利又免其害目前急切之计似无出于此者矣

十一月工部议覆河南张家楼决口在开封府东北蒙墙寺决口在归德府正北全河既溃势难捍御不若从决口图之犹可事逸而功集也查得张家楼决口尚小堵塞易就蒙墙寺西北宋家庄至上流傅家集两河相望约十里许乃黄流湾曲之所须开浚直河可以引水东流仍自徐家口起至下刘家口止约长二十里大加挑空务俾深阔容受水汛并将李吉口以下至坚城集三十余里沙淤河道尽力挑通其黄堌口以南如马家溜武家营何家集各处决口速行堵塞更加坚厚使河流尽归正漕免致旁泻又恐全河来复灌于镇口再改挑唐家口两注之龙沟入小浮桥庶既资其利又免其害矣

三十年工部题覆祖陵为国家根本重地中州乃凤阳淮泗上流近因蒙墙等口冲决黄河尽皆南徙势趋永宿逼近祖陵目今若不亟图转盼水涨狂流非惟生民受昏垫之虞抑恐陵园有侵啮之患抚臣议筑汴堤以障南徙诚为目前保护至计汴堤上自归德下至灵虹接连归仁石堤数百余里以故万历二十一年洪水滔天至此而止若今河南地方已修完固而灵虹一带尚在残圮则狂澜尽复奔南前工又成虚费合无一并修筑坚厚始保万全再查宿迁小河口乃睢水出泄故道河渠尚未深广兼以耿车儿滩横堤年久残废莫能障御狂流为今之计速应疏浚小河正渠仍培筑耿车等堤使黄流尽归小河口则弥漫自消而祖陵庶无他虞第前堤既筑决口既塞傥下流不浚上源必复淤塞恐冲决之患又所不免诚有如抚臣之所言者矣

十一月工部题覆淮泗祖陵为国家万年根本徐邳运道乃京师百万咽喉向因蒙墙口决黄流南溢徐邳之间竟成平陆淮泗之地几为巨浸生民垫运道浅阻陵园震恐其关系何如者惟是中州河决陵运病焉王家口关山东忧也故一王家口也河南勘臣以为迎溜可开山东勘臣以为地势高不可开总抚意见少殊诸臣繁议日兴兹查总河疏内谓王家口前此会勘时只是迎溜今水已扫岸八十余丈有跃然自趋之势天然河形万无可疑故上源必主于开王家口黄堌李吉相距咫尺黄堌下而李吉高先是黄堌未塞水性就下尽奔黄堌而出李吉口者特余波耳安得不随浚随淤今已筑塞坚固又于近口筑坝一道则水势已趋李吉再于口上大加挑展水不出此将安之乎故下流必主于浚李吉口至于坚城集原估八十万今待水自冲刷可省钱粮三分之二及将前项工程以监工委之正官督率分之司道提调委之中河分司兼理任之漕河道稽核委之推官催儹责之府佐大小官员不许擅离工次司道以下一并停其升转井井条分谆谆节省此盖总河周阅遍历全河已入于胸中悉虑苦思勘议量复无遗策至于请重事权一节盖向来河上官员原非总河专摄以故统属少疏差委罔效今日集三省之官僚聚十万之夫役若不预为申饬仍袭因循恐人心以积玩莫振法令以久疏难行肤功未易奏而陵运之忧终未已也合无依议将勑书内应行事宜再行申饬一切应举应劾许以便宜行事是亦今日振厉河工之一机也再照天下事成于果断而败于犹豫今总河计议既定且不难以身担当之自应一意鸠工速求底绩固不必以人言为阻贰亦不必以议后怀疑畏而一时建议者亦宜少息纷纭之议俾不至旁掣其肘庶当事者得遂其勇往之心而乐于成功矣

十二月工部覆议向见勘臣崔邦亮一疏谓河自宿州南平集由五河县尽数入淮符离集之水亦引之而南其入小河口者仅十分之一二已耳夫河强淮弱河既入淮淮不能容必泛滥南溃而清口交会之处其势必杀于时即虑清口有浅涸之虞而今果然矣据总河疏谓分派夫役上紧挑浚期在半月过浅无误新运臣等何容再议伏乞严督管河官将清口一带淤浅处所上紧鸠工挑浚务使回空尽数过浅如有迟误参奏重处诏从之

三十一年三月御史李思孝题称河口运道自去岁十月淮黄骤落因空阻滞但遇东南风起外水消落数尺不能接济必得西南风方可进船即勉强完回空之数新运断不可恃环视周遭别无可引之水亦无可议之路县宿迁白洋河而下日渐浅涩各湖俱竭岂人力所可施哉自古以来无淮黄湖泽干涸之事于今见之可为寒心惟恃黄水之至不知王家口黄河挑止深一丈七尺即放水东流千余里至清口能益淮丈余而入闸乎似万不能若亢旱不雨天下事未可也该工部看得清河浅涸为漕渠吃紧之患河臣目击时艰议仿往昔陈平江节宣旧制引淮南高宝诸湖之水建闸浚渠以济新运深为有见相应依拟奉旨准行

总河李化龙题河自开归而下合运入海其路有三由兰阳道考城至李吉口过坚城集入六座楼出茶城而向徐邳是名浊河为中路由曹单经丰沛出飞云桥泛昭阳湖入龙塘出秦沟而向徐邳是名银河为北路由潘家口过司家道口至何家堤经符离道睢宁入宿迁出小河口入运是名符离河为南路此三路者近代以来河所递行之道也较而言之南路虽近 陵然有隋堤障其上有九冈十八洼隔其中有归仁堤护其下于陵无害也第其北扼于山南近于淮傥下流淤塞不逆流而上则溃堤而南是皆能乱淮乱淮则久之而淮亦淤淮淤而沮洳之患上及陵园矣且全河下宿迁徐邳运道不免告涸则南路者利不胜害者也北路虽近运然太行堤足障惊涛徐吕洪足束乱流且汶泗有接漕艘之利也第其下流往往溃堤堤溃而鱼沛之间城郭夷牵路坏不直殃民亦且梗运则北路者利害正等者也惟中路则不南不北既远于陵亦济于运有利无害称全善焉惟是泇河之役向来数议竟成画饼谈者恐以为疑乃臣则以为其善有六而其不必疑有二今之称治河难者谓往代止避其害今且兼资其利故河由宿迁入运则徐邳涸而无以载舟是以无水难也河由丰沛入运则漕堤坏而无以过牵是以有水难也泇河开而运不借河有水无水第任之耳疏瀹排决皆无庸矣善一黄河者运河之贼也用之一里则有一里之害避之一里则有一里之利以二百六十里之泇河避三百三十里之黄河二洪自险镇口自淤不相关也善二河之当治固不问其济运与否而皆不容已者也顾运借河则河为政河为政则河得以困我当不惮劳费而治之运不借河则我为政我为政则我得以相河当熟察机宜而治之夫熟察机宜之与不惮劳费也其利害较然睹已善三先年估全工以三百九十万估半工以二百六十万即朱尚书开新河百四十里费亦以四十万也今直以二十万开二百六十里比之全工则二十之一比之半工则十之一比之新河亦事半而功倍者也善四江之北山之东患水极矣老弱转乎沟壑壮者散而之四方矣召募行而富民不苦于赔穷民且得以养春荒而役兴麦熟而人散以仲淹之堤湖代汲黯之发仓此即国计无裨计犹且为之也善五粮艘过洪约在春尽盖畏河涨之为害耳运入泇河而安流逆浪蚤暮无妨过洪之禁可弛参罚之累可免即运军不至以赶帮失事所全多矣善六运不借河则河防遂疏恐遂恣横流而沼凤泗也奈何夫开封归德上下千里未闻济运未闻不治河也彼直为民御灾而若此矣何况乎为陵捍患其何妨之敢疏无疑者一徐州天下咽喉处也奈何一日而令其索寞荒凉安所称重地平夫太王迁岐盘庚迁亳第审利害安问重轻且徐沼于河直须时耳徐民安土重迁闻泇河之役且刺心隐痛曰夺其利也此如蛾赴火蝇趋饧大利在前害不暇顾一日而洪水暴至城沼民鱼悔之晚矣泇河开而徐城之贸迁化居者必且移之泇口必且移之沿河上下即土著者利所不在必且择高土而居之即使水能破城必且为鱼者少此为曲突徙薪于徐而出之罟擭陷井者也无疑者二故泇河之开无俟再计而知其可行者也

三十二年总河李化龙题照得黄河之为中国害也自古然矣迩来东溃西决岁无宁日开浚筑塞劳费莫胜当去年王家口工就方庆回河之役已成畚闸之劳少息讵意水行三月而单堤决全河徙沛城为沼运道中穿则事尚为不了之事而工复为难竟之工矣臣触目蒿心审酌缓急次第施工先开泇河以道今岁运事大修行堤以固鱼济运道已而复念单堤帮筑虽已高厚若御排山之黄流必无幸矣遂乘泇河告完之时亟为酌浚故道之举移调官夫书地分工自朱旺口起至郭煖楼止上则总是一口下则酾为二渠南北两工一时并举只缘财用匮乏民力疲困兼之时届麦秋人各散归以故应募夫少未竟工多计若两作必成两误臣复与司道熟议北股浊河原系故道而六座楼以下旧日河渠犹在宛然大河深阔倍于南股遂又并力北工开新浚旧期于竣事乃今而河幸成矣

十月总河李化龙题河自去年决苏家庄入昭阳湖穿夏镇以南之漕渠坏南阳以下之运堤而鱼济一带且震于邻此其不可不治也明矣故臣议开泇不已复议保堤保堤不已仍议分黄盖谓并力于堤则堤一决而全河北势恐至于穿漕兼以分黄则堤纵决而水已分自不至于害运盖臣之分黄祛民灾也亦以保运道也比新河放水旬日之间冲刷倍于原挑分水已及五分臣计河势已成因而塞之使全河南行则不直南阳之漕堤可治即李家口之运道可清一了百了矣盖臣之塞决祛民灾也亦以保运道今黄河起溜回空粮船及官民船只又皆由泇以行然皆由连汪湖出口耳明春黄更溜湖县涸则无泇真是无漕矣故直河改挑支渠也王市添砌石闸也大泛口之治溜彭家口之治浅也真急工之不可缓者臣已檄行司道分工并作总之所难仍在黄河之工盖钱粮至四十万人夫至二十万可谓非常之原矣傥新臣以年内至亟为相度早行陈请或夫料凑手急大挑以回狂澜于既倒则一劳永逸可收平成之效于目前矣

十二月总河李化龙题向来运道必由徐邳以达镇口河一北决曹单丰沛之间则总由昭阳湖出李家口而运

苦水溢河一南决虞夏徐邳之间则总归小河口及白洋河而运苦水涸今新河一成则自直口至夏镇以外河三百六十里之迂途易为内河二百六十里之捷径此后黄河在山东直隶其能系运道命脉者寡矣然自朱旺口以上万一决单则单城为沼决曹则曹民为鱼下而丰沛徐邳鱼砀各城数十万生灵皆悬命于一线之堤则堤防亦何可弛也然此数城者直有关于民命耳至于中州河防所关更重又不独在民灾已者荆隆口铜瓦厢等处皆入张秋之路也孙家渡口野鸡冈及蒙墙寺等处皆入淮之路也傥一不守北必坏运南且伤陵则堤之所系岂直一城一邑之利害已哉夫河盖有以一逸贻永劳者未有以一劳贻永逸者防守不固则下流虽通上流必夺防守固则上无旁溢下必顺流此之利害一恒人辨之矣奈何持议者之纷纷也去年水□堤北则曰昭阳湖不能容水水且倒灌矣今年水分堤南则曰新河不能容水水且倒灌矣自倒灌之议兴而筑塞之事缓卒至事久变生堤溃河淤然水之取道昭阳湖而南者自如亦未见其倒灌也则又何不取地势观之也臣观自朱旺口由苑家楼杜家楼以至小浮桥其地在下流者比之上流低可三四尺臣向止以树上水痕验之耳乃近日南北两河水落之后其下流皆通黄河水面相平乃北河水不浮舟而南河舟行如故则北高南下居可知矣夫北河非高于上流而南河更低于北河若水入新河两河分流总使伏秋水涨不过溢岸以行岂能自卑而趋高自下而返上哉盖即今年下流决而上源无恙亦自可知又何倒灌之足患也臣又查得水落之后朱旺口以上河水皆离岸五六尺即向来伏秋水涨溢岸而及堤根者不过时消时长未有数日拍岸者比之单丰行堤以一线百里为全河之岸者原自不同则上源之堤更为易守抑不直此也自朱旺口下至黄庄无南堤者五里遇涨则分流可径达许家口入徐矣自朱旺口上至黄堌坝东无南堤者十五里遇涨则分流可径达砀山城南由杨家楼入徐矣自黄堌坝西至王所楼无南堤者十里遇涨则分流可径达司家道口至浮离桥矣故上堤诚守则河必在朱旺口上下亦其自然之势也又何倒灌之足患也故如臣愚见前人之治河屡矣前人之修堤备矣今第有相率守之耳西自开归东至徐邳必无不守之地上自司道下至府县必无不守之人在府县掌印官必与管河佐贰同其赏罚在地方守巡道必与管河司道同其功罪庶几人人著肩自不暇于腾口说矣

卷之八·河渠·历代河决考

周定王五年河徙砱砾

晋景公十五年谷梁传曰梁山崩壅河三日不流晋君召伯尊伯尊遇辇者问焉辇者曰君亲素缟帅群臣哭之既而祠焉斯流矣伯尊至君问之伯尊如其言而河流【左传曰伯宗】

汉文帝十二年冬十二月河决酸枣东溃金堤

武帝建元三年河水溢于平原

元光三年春河水徙从顿丘东南流夏复决濮阳瓠子注巨野通淮泗泛郡十六

元帝永光五年冬十二月河决初武帝既塞宣房后河复北决于舘陶分为屯氏河东北入海广深与大河等故因其自然不堤塞也是岁河决清河灵鸣犊口而屯氏河绝

成帝建始四年夏四月河决东郡金堤灌四郡三十二县居地十五万顷坏官亭庐舍且四万所

河平三年秋八月河复决平原流入济南千乘所坏败者半建始时复遣王延世作治六月乃成

鸿嘉四年秋渤海清河信都河水溢溢灌县邑三十败官亭民舍四万余所

新莽三年河决魏郡泛清河以东数郡先是莽恐河决为元城冢墓害及决东去元城不忧水故遂不堤塞

唐玄宗开元十年博州河决十四年魏州河溢十五年冀州河溢

昭宗乾宁三年夏四月河涨将毁滑州朱全忠决为二河夹城而东为害滋甚

后唐同光二年秋七月唐发兵塞决河先是梁攻杨刘决河水以限晋兵梁所决河连年为曹濮患命将军娄纪英督汴滑兵塞之未几复坏

晋天福二年河决郓州四年河决博州六年河决滑州

开运三年秋七月河决杨刘西入莘县广四十里自朝城北流

汉乾祐元年五月河决鱼池三年六月河决郑州

周广顺一年十二月河决郑州滑州周遣使脩塞周王以决河为忧王浚请自行视许之周塞决河三月澶州言河决

天福十一年黄河自观城县界楚里村堤决东北经临黄观城两县

宋太祖乾德二年赤河决东平之竹村三年秋大雨开封府河决阳武又孟州水涨坏中潬桥梁澶郓亦言河决

四年八月滑州河决坏灵河县大堤

开宝四年十一月河决澶渊泛数州

太宗太平兴国二年秋七月河决孟州之温县郑州之荥泽澶州之顿丘

七年河大涨蹙清河凌郓州城将陷塞其门急奏以闻诏殿前承旨刘吉驰往固之

八年五月河大决滑州韩村泛澶濮曹济东南流至彭城界入于淮

九年春滑州复言房村河决

淳化四年十月河决澶州陷北城坏庐舍七千余区

真宗咸平三年五月河决郓州王陵埽浮巨野入淮泗水势悍激浸迫州城

景德元年九月澶州言河决横垅埽

四年又坏王公埽并许诏发兵夫完治之

大中祥符三年十月判河中府陈尧叟言白浮图村河水决溢明年九月棣州河决聂家口

五年正月本州请徙城居民重迁命使完塞既成又决于州东南李氏湾环城数十里民舍多坏又请徙商河役兴踰年虽捍护完筑裁免决溢而湍流益暴壖地益削河势高民屋殆踰丈矣民苦久役而终忧水患

六年乃诏徙州于阳信之八方寺

七年八月河决澶州大吴埽

天禧三年六月乙未夜滑州河溢城西北天台山旁俄复溃于城西南岸漫溢州城历澶濮曹郓注梁山泊又合清水古汴渠东入于淮州邑罹患者三十二

仁宗天圣六年六月河决澶州之王楚埽

明道二年徙大名之朝城县于社婆村废郓州之王桥渡淄州之临河镇以避水

景祐元年七月河决澶州横垅埽

庆历八年六月癸酉河决商胡埽

皇祐元年三月河合永济渠注乾宁军

二年七月辛酉河复决大明府舘陶县之郭固

四年正月乙亥塞郭固而河势犹壅议者请开六塔以披其势

嘉祐元年夏四月壬子朔塞商胡北流入六塔河不能容是夕复决令三司盐铁判官沈立往行视

神宗熙宁元年六月河溢恩州乌拦堤又决冀州枣强埽北注瀛七月又溢瀛州乐寿埽

四年七月辛卯北京新堤第四第五埽决漂溺舘陶永济清阳以北八月河溢澶州曹村十月溢卫州王供时新堤凡六埽而决者二下属恩冀贯御河奔冲为一

十年五月荥泽河决急诏判都水监俞光往治之是岁七月河复溢卫州王供及汲县上下埽怀州黄沁滑州韩村乙丑遂大决于澶州曹村澶渊北流断绝河道南徙东汇于梁山张泽泺分为二派一合南清河入于淮一合北清河入于海

丘浚大学衍义补曰此黄河入淮之始

本年八月又决郑州荥泽

元丰元年四月丙寅决口塞诏改曹村埽曰灵平五月甲戌新堤成闭口断流河复归北

三年七月澶州孙村陈埽及大吴小吴埽决

四年四月小吴埽复大决自澶注入御河

五年六月河溢北京内黄埽七月决大吴埽堤以纾灵平下埽危急八月河决郑州原武埽溢入利津阳武沟刀马河归纳梁山泺

七年七月河溢元城埽决横堤破

八年河流虽北而孙村低下夏秋霖雨涨水往往东出小吴之十月又决大名之小张口

元符三年四月河决苏村

徽宗大观元年丙申邢州言河决陷巨鹿县庚寅冀州河溢坏信都南宫两县

三年六月河溢冀州信都十一月河决清河埽是岁水坏天成圣功桥

元世祖至元九年七月卫辉路新乡县广盈仓南河北岸决

二十三年河决冲突河南郡县凡十五处役民二十余万塞之

二十五年汴梁路阳武县诸处河决二十二所漂荡禾房舍委宣慰司督本路差夫修治

成宗大德元年秋七月河决杞县蒲口塞之明年蒲口复决塞河之役无岁无之是后水北入复河故道

二年秋七月大雨河决漂归德属县田庐禾稼

三年五月河南省言河决蒲口儿等处侵归德府数郡百姓被灾

武宗至大二年秋七月河决归德又决封丘

仁宗延祐七年七月汴城路言荥泽县六月十一日河决塔海庄东堤横堤两重又决数处二十三日夜开封县苏村及七里寺复决二处

泰定帝泰定二年五月河溢汴梁三年河决阳武漂民居万六千五百余家寻复坏汴梁乐利堤发丁夫六万四千人筑之

文宗至顺元年六月曹州济阴县河防言方初五日魏家道口黄河旧堤将决不可修筑募民修护水月堤复于近北筑月堤未竟至二十一日水忽泛溢新旧三堤一时咸决明日外堤复坏有蛇时出没于中所下椿土一扫无遗

顺帝至正四年五月大雨二十余日黄河暴溢平地水深二丈许北决白茅堤六月又北决金堤并河郡邑济宁军州虞城砀山金乡鱼台丰沛定陶楚丘武城以至曹州东明巨野郓城嘉祥汶上任城等处皆罹水患北侵安山沿入会通运河延袤济南河间将坏两漕司盐场

五年河决济阴漂官民庐舍殆尽

六年河决

二十六年春二月黄河北徙先是河决小疏口达于清河坏民居伤禾稼至是复北徙自东明曹濮下及济宁民皆被害

卷之八·河渠·国朝河决考【万恭著此与黄河修筑可互考】

国朝黄河入运洪武元年河决曹州从双河口入鱼台大将军徐达开塌场口入于泗以通运时戴村未坝汶由坎河注海运阻故引河入塌场以济之二十四年河决阳武东南由陈颖入淮而故元会通河悉淤永乐九年以济宁州同知潘叔正言命尚书宋礼役丁夫一十六万五千浚会通河乃开新河自汶上县袁家口左徙二十里至寿张之沙湾接旧河九阅月而成绩侍郎金纯从汴城金龙口下达塌场口经二洪南入淮漕事定为罢海运正统十三年河决荥阳冲张秋尚书石璞侍郎王永和都御史王文相继塞之弗绩景泰四年都御史徐有贞役丁夫五万八千作九堰八闸以制水势塞之凡十有八月而成弘治三年河决原武支流为三一决封丘金龙口漫祥符下曹濮冲张秋长堤一出中牟下尉氏一泛滥仪封考城归德入于宿以布政使徐恪言命侍郎白昂役丁夫二十五万塞之弘治五年复决金龙口溃黄陵冈再犯张秋侍郎陈政治之弗绩六年讹言沸腾有云河不可治宜复海运有云陆运虽费饷事亦办朝议弗之是也乃命都御史刘大夏平江伯陈锐役丁夫十二万有奇一浚孙家渡口开新河导水南行由中牟至颍川东入于淮一浚四府营淤河由陈留至归德分为二派一由宿迁小河口入淮一由亳州涡河入淮分土命工始塞张秋二年告成自是河南岁计河工矣正德四年河东决曹县杨家口趋沛县之飞云桥入运患之工部侍郎崔岩役丁夫四万二千有奇塞垂成暴涨溃之岩以忧去侍郎李镗代之四月弗绩盗起而罢七年都御史刘恺筑大堤自魏家湾起至双堌集亘八十余里都御史赵璜又堤三十里续之嘉靖六年河决曹单城武杨家口梁靖口吴士举庄冲鸡鸣台七年淤庙道口三十里都御史盛应期开赵皮寨白河诸支流杀水势役丁夫五万八千三月而成乃议开夏村新河役夫九万八千四阅月朝议不一罢之八年飞云桥之水北徙鱼台谷亭舟行闸面九年由单县侯家林决塌场口冲谷亭十一年十二年水竟不耗十三年庙道口淤都御史刘天和役丁夫一十四万三千九百九十四浚之四月始成而忽由赵皮寨向亳泗俄骤溢而东向梁靖口渐奔岔河口东出谷亭之流遂绝运河淤二洪阻涸秋冬

忽自河南夏邑县太丘四村诸集攻开数口转向东北流经萧县城之南仍也徐州小浮桥下济二洪赵皮寨俄塞十九年决野鸡冈由涡河经亳州入淮二洪大涸兵部侍郎王以旂开李景高支河一道引水出徐济洪役丁夫七万有奇八月而成寻淤二十六年决曹县冲谷亭运河不淤三十二年决房村约淤三十里都御史曾钧役丁夫五万六千有奇浚之二月而成三十七年新集淤七月忽向东北冲成大河而新集河由曹县循夏邑丁家道司家道出萧县蓟门由小浮桥入洪七月淤凡二百五十余里趋东北段家口析为六股曰大溜沟小溜沟秦沟浊河胭脂沟飞云桥俱由运河至徐洪又分一股由砀山坚城集下郭贯楼又析五小股为龙沟母河梁楼沟杨氏沟胡店沟亦由小浮桥会徐洪河分为十一流遂不淤然分多则水力弱水力弱则并淤之几也四十四年七月河果大淤郭贯楼淤平全河逆行自沙河至徐州俱入北股至曹县崇朴集而下北向分二股内南之一绕沛县戚山徐州杨家集入秦沟至徐州北一绕丰县华山北又分二股南之一自华山东马村集漫入秦沟接大小溜沟泛溢入运河达徐北一大股自华山向东北由三教堂出飞云桥而又分十三股或横截或逆流入漕河至胡陵城口漫散胡坡达徐从沙河至二洪浩渺无际而河变极矣八月少保尚书朱衡乃请开盛应期新河浚留城旧河同都御史潘季驯开新河自南阳达留城一百四十一里有奇浚旧河自留城达境山五十三里有奇役丁夫九万一千八阅月而成七月河复决沛县冲运河而运河亦由胡陵城口入湖坡九月马家桥堤马水始南趋秦沟冬沛流遂断隆庆元年正月河南冲浊河鸡爪沟入洪二年专由秦沟入洪而河南北诸支河悉并流秦沟三年四年河大涨徐州上下悉为巨浸舟行梁山之麓而茶城至吕梁两崖为山所东不得下又不得决五年乃自双沟而下北决油房口曹家口青羊口南决关家口曲头集口马家浅口阎家口张摆渡口王家口房家口白浪浅口凡十一口枝流既散干流遂微乃淤自匙头湾八十里而河变又极矣议者欲弃干河而行舟于曲头集大枝间冬初水落则干已平沙而枝复阻浅损漕舟千有奇则又议弃黄河运而胶河伽河海运纷沓焉莫可归一都御史潘季驯乃役夫丁五万开匙头湾仅仅一沟遂塞十一口并冲沟沟大疏导而八十里之故道渐复明年议大堤两崖北堤起磨脐沟迄邳州之直河南堤起离林铺迄宿迁之小河口六年二月少保尚书朱衡兵部侍郎万恭至悉罢胶伽之议而一意事徐邳河役丁夫五万有奇分工划地而筑之夏四月两堤成各延袤三百七十里始列铺布夫议修守如河南山东黄河例河乃安运通万历元年运又大通议始定夫黄河有干有枝嘉靖四十四年以前析十一枝上流而复归于徐州之干河故干通而枝淤隆庆五年以前析十一枝上决而不归于邳州之干河故枝通而干淤若植木焉枝荣则干瘁干荣则枝瘁与其瘁干孰若瘁枝治河者与其枝通孰若干通故黄河合流防守为难然运之利也国家全藉河运往事镜之何尝一年废修守哉或者欲分河以苟免修守之劳而不欲事堤以永图饷道之利又不虞河分之易淤堤废之易决其未达祖宗之所以事河与河之所以利运者余故备著于篇大智者采择焉

卷之八·河渠·古今治河要略

贾让治河三策堤防之作近起战国齐与赵魏以河为境齐地卑下作堤去河廿五里虽非其正水尚有所游荡时至而去则填淤肥美民耕之田或久无害稍筑室宅排水泽而居之湛汤固其宜也今堤防陋者去水数百步远者数里此皆前世所排也今行上策徙冀州之民当水冲者放河北入海此功一立河定民安千载无患若乃多穿漕渠旱则开东方下水溉冀州水则开西方高门分河流富国安民兴利除害支数百岁谓之中策若缮完故堤增卑培薄劳费无已数逢其害此最下策也

欧阳修曰河本泥沙无不淤之理淤常先下流下流淤高水行渐壅乃决上流之低处此势之常也然避高就下水之本性故河流已弃之道自古难复是则决河非不能力塞故道非不能力复所得不久终必决于上流者由故道淤而水不能行耳智者之于事有所不能必则较其利害之轻重择其害少者为之犹愈害多而利少

欧阳玄至正河防记云治河一也有疏有浚有塞三者异焉釃河之流因而导之谓之疏去河之淤因而深之谓之浚抑河之暴因而扼之谓之塞疏浚之别有四曰生地曰故道曰河身曰减水盖生地有直有纡因直而凿之故道有高有卑高者平之以趋卑高卑相就则高不壅卑不潴虑夫壅生溃潴生湮也河身者水虽通行身有广狭狭难受水水溢悍故狭者以计辟之广难为岸岸善崩故广者以计御之减水河者水放旷则以制其狂水隳突则以杀其怒治堤一也有创筑修筑补筑之名有刺水堤有截河堤有护岸堤有缕水堤有石船堤治埽一也有岸埽水埽龙尾拦头马头等埽其为埽台及推卷牵制薶挂之法有用土用石用铁用草用木用杙用絙之方塞河一也有缺口有豁口

有龙口缺口者已成川豁口者旧常为水所豁水退则口下于堤水涨则溢出于口龙口者水之所会自新河入故道之派也曰折者用古算法因此推彼知其势之低昂相准折而取匀停也

宋濂曰比岁河决不治以中原之地平旷夷衍无洞庭彭蠡以为之汇故河常横溃为患非多为之委以杀其流未可以力胜也自禹治水之后无水患者几三千八百余年以大伾而下酾为二渠至于大陆播为九河入于渤海盖河之流分其势自平也自汉至唐平决不常宋时又南决南渡之后遂由彭城合汴泗东南以入淮向之故道又失矣夫以数千里湍悍难制之河而欲使一淮以疏其怒势万万无此理也方今破金堤踰曹郓地几千里悉为巨浸民生垫溺比古尤甚莫若浚入旧淮河使其水南流复于故道然后导入新济河分其半便之北流以杀其力则河之患中平矣

徐恪疏云臣谨按地志黄河旧在汴城北四十里东经虞城县下达山东济宁州洪武二十四年决武原县黑羊山东经汴城北五里又南至项城县入淮而故道遂淤正统十三年决于张秋之沙湾东流入海又决荥泽县东经汴城历睢阳自亳入淮景泰七年始塞沙湾之缺而张秋运道复完以后河势南趋而沛城之新河又淤弘治二年以来渐徙而北又决金龙口等处直趋张秋横冲卫河长奔入海而沛城南之新河又淤百余年间迁徙数四千里之内散逸弥漫似非人力所能支特臣尝历考史传黄河之患古今有之而惟汉瓠子之决其患尤甚其功尤难二十余年塞之不效当时贵臣田蚡又以封邑之私倡为不可塞之说厥后武帝躬劳万乘临决河沉璧马黿神祇又令将军以下亲负薪土卒塞决口起筑宣防河在武帝时不过为数郡之害虽不塞可也而武帝必塞之若夫今日之患关系运道之通塞尤事之不可已者乌可以噎而废食哉且黄陵冈口不可塞者非终不可塞也顾以修筑堤防之功多疏浚分杀之功少河身浅隘水无所容故其湍悍之势不可遽回耳议者以荥泽县孙家渡口旧河东经朱仙镇下至项城县南顿犹有涓涓之流计其淤浅之处仅二百余里必须多役人夫疏浚深广使其由泗入淮以杀上流之势又以黄陵冈贾鲁旧河南经曹县梁进口下通归德州丁家道口足以分杀水势讫能成功今观梁进口以南则滔滔无阻以北则淤淀将平计其功力之施仅八十余里今春虽尝用功未得竟力必须再役人夫疏浚深广使之由徐入淮以杀下流之势水势既杀则决口可塞运道可完矣

李东阳曰河之为患自古有之汉以后冲决无常治法亦异有塞有浚有疏而疏之说胜国朝凡四决后为张秋都宪徐公有贞治之有挠其议者曰不能塞河而顾开之邪使者至徐出二壶一核五核者各一注而泻之则五核者先涸使归而议决此白公昂之亲得于见闻者也金龙之决山东以为忧而河南得虞其塞议之弗定亦久矣白公复从其议于是倍增汴堤又疏其下流诸河故两省之民咸宜之疏之效亦明矣哉

刘大夏议得河南山东两直隶地方西南高阜东北低下黄河大势日渐东注究其下流俱妨运道虽该上源分杀终是势力浩大较之漕渠数万余倍纵有堤防岂能容受若不早图恐难善后其河南所决孙家口杨家口等处势若建瓴势无筑塞之理欲于下流修治缘水势已逼尤难为力惟看得山东河南与直隶大名府交界地方黄陵冈南北古堤十存七八贾鲁旧河尚可泄水必须修整前项堤防筑塞东注河口尽将河流疏道南去使下徐沛由淮入海水经州县御患堤防俱令随处整理庶几漕河可保无虞民患足为有备仍于黄陵冈南北各造滚水石坝一条俱长三十四十丈中砌石块每条拟长十四五里虽有小费可图经久若黄陵冈等处堤防委任得人可以长远仍照旧疏导汶水接济运河万一河流东决坝可以泄河流之涨堤可以御河流之冲傥或夏秋水涨之时南边石坝逼近上流河口船只不便往来则于贾鲁河或双河口径达张秋北上以免济宁一带闸河尤为利便

刘天和曰河之水至则冲决退则淤填而废坏闸座冲广河身阻隔泉源害岂小耶前此张秋之决庙道口之淤新河之役今兹数百里之淤可鉴已议者有引狼兵以除内寇之喻真名言也故先朝宋司空礼陈平江瑄之经理亦惟导汶建闸不复引河且于北岸筑堤卷埽岁费亿计防河北徙如防寇盗然百余年来纵遇旱涸亦不过盘剥寄顿则抵京稍迟尔未始有壅塞不通之患也惟汶泉之流遇旱则微汇水诸湖以淤而狭引河之议或亦虑此然国计所系当图万全无已吾宁引沁之为愈盖劳费正秝而限以斗门涝则纵之俾南入河旱则约之俾东入运易于节制之为万全也若徐吕二洪而下必资河水之入而后深广惟当时疏浚慎防御相高下顺逆之宜酌缓急轻重之势因其所向而利导之尔

按问水集谓河流之淤难复引之以入运如正统戊辰全河徙孙家渡即今荥泽县南徙至弘治己酉凡四十余年而始淤朝廷相继遣官往治自弘治六年迄嘉靖年间凡十余浚每浚费数万缗卒不能复故国家治河如尚书平

江伯陈瑄惟导汶浚淤建开通运不复引河徐有贞白昂刘大夏诸公亦不过力塞之而已不复资以济运盖河至则冲决去则淤填修治之工无时可已迁徙不常害多于利

金景辉疏曰我太宗皇帝建立京师首命大臣疏会通河开清江浦增修各闸疏凿二洪以通漕贩开万世太平之基近来河道浅阻转输稽迟天顺七年朝廷恐妨国计仍命王竑总督漕运委臣河南疏黄沁二河分水灌注运河即今徐吕二洪下至清河一带河道通行无阻矣惟安山北至临清卫河至直沽俱各水少而德州武城等处浅阻船只不下千百余艘不可不虑考得安山北至临清二百五十余里止有汶水春时雨少泉脉微细以至浅涩其汴梁城北陈桥原有黄河故道其河北由长垣县大冈河经曹州至巨野安兴墓巡检司地界出会通河合汶水通临清每秋水涨有船往来止是陈桥迤西三十余里浅狭水小时月不得通流若开挑深阔亦可分引河沁二水以通运河如此则徐州临清两河均得河沁之济而卫河亦增且开封长垣曹郓等处税粮俱免际挽又江淮民船亦可由徐州小浮桥达陈桥至临清得免济宁一带闸座挤塞留滞之弊甚为便利

周用疏云今黄河每岁冬春之时自西北演迤而来固亦未见大害逮乎夏秋霖潦时至吐泄不及震荡冲激于斯为甚考之前代传记黄河徙决于夏月者十之六七秋月者十之四五冬月盖无几焉此其证也夫以数千里之黄河挟五六月之霖潦建瓴而下乃仅以河南开封府兰阳县以南之涡河与直隶徐州沛县百数里之间拘而委之于淮其不至于横流溃决者实侥万一之幸也夫今之黄河古之黄河也其自陕西西宁至山西河津所谓积石龙门合泾渭汭漆沮汾泌及伊洛瀍涧诸名川之水与纳每岁五六月之霖潦古与今亦无少异然黄河所以有徙决之变者无他特以未入于海霖潦无所容也沟洫之为用说者曰备旱潦而已其用以备旱潦者容水而已故自沟洫至于海其为容水一也夫天下之水莫大于河天下有沟洫天下皆容水之地黄河何所不容天下皆修沟洫天下皆治水之人黄河何所不治水无不治则荒田何所不垦一举而兴天下之大利平天下之大患矣

王軏疏云黄流分入运道者大略有六若六道分流水势减杀而不怒岂至为患但从来治河各官因循度日自涡河之源塞则河徙而北并出小黄河溜沟等处而淮安徐州受其害曾不数年前三四处支流尽塞而河益北并出飞云桥则丰沛鞠为巨浸而金沟一带运道淤矣此则河势渐徙而北之验也幸此数处东西俱山溢出之水尚可因之以济事如今岁金沟之运道虽塞而昭阳湖实通舟楫是也若不先时并力预为之计河益徙而北东南无山可恃径奔入海则安平镇故道可虞也冲突之势则单县谷亭百万生灵之命可念也万一或出于此济宁之北临清之南运道诸水俱被混带入海粮运何由可通臣愚以为六道分流之势当择其可为者而导引之使分于南庶将来可免冲决大患此则下流不可不疏浚者也然欲保丰沛单县谷亭一带居民必须筑堤以障其西北况此数处俱有旧堤可因为役稍易在上既无溢出之水其下自无淬没之患矣此则上流不可不堤防者也若沟运河必欲复故道不若就湖之为便就湖之中但恐沙随而至识者以为不若于湖之东引水甃为运道建闸以节水下自留城以达沙河为尤便其地脉水性之顺否闸坝之因革又在治河各官临时相度不可执一而废百也

洪朝选疏云臣惟黄河之为患虽云变迁不常然其避高趋下之性自古及今则一而已故下流壅则上流必冲此理势之必然者嘉靖四十四年七月内河决沛之飞云桥逆流而上因而淤塞运河人心惶惶莫知所措先帝特命工部尚书朱都御史潘前来经理当时之议只谓开得一条运河以济转输此为目前最急其于下流壅塞之处虽知其必为害未遑及也辟之人方病喉咽梗塞之时饮食水谷不能输医者惟当以通喉咽便饮食为急其于他日腹心之病姑辽缓之似亦无妨也然郭贯楼一带既淤旧运河一带复于昭阳湖一带又淤三沽泥沙积高至二三丈许而黄河之大势骎骎乎其北徙矣臣自被命东土即闻黄河渐有北徙之势询访司道部闸各官皆言黄河方出戚华二山以入秦沟浊河滔滔而下更复何虑决无北冲之理臣终未以为然盖黄河出口之处必多然后可以容其万里远来之势骋其恣肆猛骤之威今乃出之以一秦沟一浊河安能使之勇趋而驶流也臣因案行山东布按二司行各道亲诣踏勘则各道之报大略相同矣夫当此桃花水方发之时势已可畏如此万一伏秋之际雨水交发势如漫天浩漾渺茫将何以御之若曹单之堤不可保则南阳鲁桥一带运河决成淤塞曹单城武金乡鱼台等县决为巨浸其于国计民命所关岂浅浅也古人所谓见其势之激而逆知其必决正今日之谓也臣按古今治河之策莫不以宣导为上堤防为下然时势不同事从而异前代之资于河也利与害大抵相远故全祛其害则全获其利我朝之资于河也利与害大抵相邻故有甚利则有甚害有大害亦有大利何者运河惟资山东之泉水足矣初无所赖于河也然二洪微黄河则舟行陆地中牵挽不动故必导河向徐沛萧砀丰而后二洪有所接济既由徐沛萧砀丰之间而行则黄河

之来一石带淤泥数斗其势必淤淤一处则决一处而利害之相因于是乎为无穷矣是故我朝治河独难于前代以利害之相邻也故堤防之设决不可缓而宣泄利导之方为最上策者虽万古一致也且臣闻河出二洪旧有六股近惟有秦沟浊河二股今浊河之流甚微其势将塞则仅在秦沟一股出口而已以万里转折东下之势乘之以雨水交发百川灌集之威而出之以一股其不为国计民命之妨者臣不信也乞勅部备为议处如堤岸足恃则固堤岸堤岸不足恃则开支河于漕运既无妨阻东省民命亦得保全矣

御史陈堂疏云黄河之与淮河其流虽二其为运道相维系贯通者则一未有黄不治而可以治淮亦未有淮治而黄可以无事者也今之议者为黄河计曰筑崔镇口矣今闻崔镇而上至于邳州一带决者不下一二百处大者百余丈小者亦三四十丈何可胜筑也即筑之又何保其不复决也曰复老黄河矣然引黄河东流将必引淮逆为北向而后可以与黄会而全运道窃恐非水之性势难成功益退而壅决于宿邳之间不可为也曰挑正河矣然河之决也由下无所归故上有所壅今河无入海之路虽使河身日浚奚益哉为淮河计者曰筑高家堰则工费不赀束手无策曰筑高宝黄浦寺等堤则随筑决漫不可支欲引淮泗而入之江则江上流也而海为下海近而江远高宝之间所经兴盐等县皆为入海之路岂能尽堤防之而使必逆而南哉兼之草湾海口淤淀如故遂使河身日高黄水日涨不图为疏导之计而惟筑堤以防之将见堤之高也有穷而水之高也无限其势必内灌而并泗水以趋于黄淮之一日不治则淮之人一日不安枕此定势也以是数者积时累日坐观其大败决裂而不可救此何以哉臣以为天下事有利必有害未有有其利而无其害者择其利多而害少者为之则可矣利在于河者多而漕者少则从其利多者而不以为私图害在于淮者少而黄者多则从其害少者而不以为嫁祸利一害百毋以害掩利害一利百毋以利冒害诚遣大臣奉命而往听其便宜行事大破故常利必期于大兴而不惜小费害必期于尽去而无惑人言或年终勘核功罪或三年类报使人心鼓舞于奖劝激励之中群力可协而百工可成矣该户工二部会看得陈堂欲特遣大臣督理无非欲得人任事之意相应依拟特遣大臣讲求致害之因广采平治之策备查草湾之口何为既开复淤及今海口作何开通□淮之水何为南徙不复及今淮口作何疏导徐邳河身高并城何以疏之使平黄浦崔镇等口久塞无功何以筑之使固及查诸臣历年建议有行奏疏逐一勘议要见老黄河故道应否开复清挑正河应否挑浚高家堰宝应堤应否修筑及一应合行事宜俱要熟计利害重轻议处停当会疏奏闻请自圣裁再照黄河自汴城南下经徐邳桃宿而后会淮入海先年徐邳河身尚未淤而高也犹有张秋之决今徐邳而下河身高且数倍于前矣地势南昂北下所恃以防北徙者寻丈堤耳万一鱼台金乡曹单等处长堤一溃势必奔流北徙将为闸河之梗其害尤甚于今日有不可不早计而预待者合行总理河漕大臣溯流穷源审其孰为支河孰为合河或正而当厚其防或支而当杀其势或合而当分其流一并勘议详妥奏闻区处此万全之策也

尚书胡公治河疏曰臣闻河流迁徙不常历周至今未有治久而不决之术国家救灾恤民亦未有听其决而不治之理今日之事开运道最急治河次之夫自古言河流者曰分则势小合则势大言河身者曰宽则势缓狭则势急大而急则难治小而缓则易防理固然也其言治河者曰顺其性则易遏其性则难又曰不与水争地此其大法也河自经汴以来南分二道一出汴梁城西荥泽县经中牟陈颖等州县至怀远县入淮其东南一道自归德宿州经虹县睢宁至宿迁县出其东分新旧五道一自长垣曹郓等县至阳谷出一自曹州双河口至鱼台县塌场口出一自仪封归德等州县至徐州小浮桥出一由沛县之南飞云桥出一在徐沛之中境山之北溜沟出是此新旧分流六道皆入漕河而总南入淮今皆塞而止存沛县一道所谓合则势大而河身又狭不能容纳所以不得不泛滥横溢丰沛二县徐之半州漫为巨浸近又溢也沛县之北而漫入昭阳湖以致运道旧河流缓沙壅而渐致汙塞也或恐沙壅积久其地渐高水高趋下其势必决而东南有山限隔犹祸小也决而东北则往年张秋之溃运道因之以竭前宋澶州之决郡县数十皆灌祸不可言也故今治河不得不因故道而分其势其前出阳谷鱼台二道恐其决而东北断不可开也其在汴西荥泽近开孙家渡至寿州一道决宜常浚以分其上流之势不可使壅也臣与尚书李承勋议若干昭阳湖东岸滕沛鱼台邹县地方之中地名独山新安社等处择其土坚无石处所另开一道南接留城北接沙河口二处旧河其间应开不过百十余里更或随势利便各寻近道工力尤省其河新开深则各随地势阔则先止五六丈以通二舟之交行其就取土厚筑西岸以为湖之东堤且防河流之漫山水之泄而隔出昭阳湖在外以为河流漫散之区所谓不与水争地也来冬冰结船止之时更加浚阔以为运道于彼立一夫厂量拨山东州县人夫接递以暂宽丰沛之民而稍息咽喉之气此上策也

余毅中全河说云黄河之性合则流急分则流缓急则荡涤而疏通缓则停滞而淤塞故以人力治之则逆而难以水力治之则顺而易尽塞诸决则水力合矣宽筑堤防则衡决杜矣多设减坝则遥堤固矣并堤归仁则黄不及泗矣筑高堰复闸坝则淮不东注矣堤柳浦缮西桥则黄不南浸矣修宝应之堤浚扬仪之浅则湖捍而渠通矣故自告峻以来河身益深而河之赴海也急淮口益深而淮之合河也急河淮并力以推涤海淤而海口之宣泄二渎也急用是河尝秋涨而涯畛屹然淮尝夏溢而消耗甚速贡赋舳舻若履枕席转徙孑遗寝缘南亩盖借水攻沙之效已较然显白矣

广东陈建云嘉靖数年间河益南徙而冲涡奔亳震惊皇陵徐房而南安东淮北皆被其害以河流无所分而一淮不足以并容全河之委也众说纷纷愚谓欲河之北以循古道者为河患也犹幸其南所以佐漕也顾河能佐漕亦能决漕累朝挑浚之费已不赀矣故尝有言曰前代之河决也不过损民田庐国家之河决也患及漕运治河视古岂不尤难哉

总河潘季驯疏云黄水来自昆仑入徐济运历邳宿桃清至清口会淮而东入于海淮水自洛及凤历盱泗至清口会河而东入于海此两河之故道即河水自然之性也胡元岁漕江南之粟由扬州直北出庙湾入海至永乐年间平江伯陈瑄始堤管家诸湖通淮河为运道然虑淮水涨溢东侵淮郡也故筑高家堰堤以捍之起武家墩经小大涧至阜宁湖而淮水无东侵之患矣又虑黄河涨溢南浸淮郡也故堤新城之北以捍之起清江浦铅钵池山柳浦湾迤东而黄水无南侵之患矣尤虑河水自闸冲入不免泥淤故严启闭之禁止许漕艘鲜船由闸出入匙钥掌之都漕五日发寿一放而官民船只悉由五坝车盘是以淮郡晏然漕渠永赖而陈平江之功至今未斩也后因剥食既久堤岸渐倾水从高家堰决入一郡遂为鱼鳖而当事者未考其故乃谓海口壅塞遂穿支渠以泄之盖欲亟拯淮民之溺多方规划以为疏导之计其意甚善而其心良亦苦矣讵知旁支暂开水势陡趋西桥以上正河遂至淤阻而新开支河阔仅二十余丈深仅丈许较之故道不及三十分之一耳岂能容受全河之水下流既壅上流自溃此崔镇诸口所由决也今新开寻复淤塞故河渐已通流虽深阔未及原河十分之一而两河全下沙随水刷欲其全复河身不难也河身既复面阔者七八里狭者亦不下三四百丈滔滔东下何水不容若犹以为不足而欲另寻他所别开一渠恐人力不至于此也以臣等度之非惟不必另凿一口即草湾亦须置之勿浚矣故为今之计惟有修复平江伯之故业高筑南北两堤以断两河之内灌而淮扬昏垫之苦可免至于塞黄浦口筑宝应堤浚东关等浅修五闸复五坝之工次第举之则淮以南之运道无虞矣坚塞桃源以下崔镇口诸决而全河之水可归故道至于两岸遥堤或葺旧工或创新址或因高冈或填洼下次第举之则淮以北之运道无虞矣淮黄二河既无旁决并驱入海则沙随水刷海口自复而桃清浅阻又不足言矣此以水治水之法也若夫扒捞挑浚之说仅可施之于闸河耳黄河河身广阔捞浚何期悍激湍流器具难下前人屡试无功徒费工料但恐伏秋水发淫潦相仍不免暴涨致伤两堤故欲于磨脐沟陵城安娘城等处再筑滚水坝三道万一水高于坝任其宣泄则两堤可保而正河亦无淤塞之患矣

又疏云臣初抵淮安即询黄河出接运道处所众云出徐州小浮桥则臣等喜以为此黄河故道之最顺者也又询水深若干众云深四丈余则臣等又喜以为此河身之本体也又询小浮桥迤西则为胡佃沟为梁楼沟为北陈为雁门集为石城集而石城集以上十五里则为崔家口即去岁八月所决之口也其间浅深俱不能答臣等即行淮安府管河同知王琰前往测度去后随据揭报前项河水深七八尺至二三尺不等而梁楼沟至北陈三十里则止深一尽六七寸散漫湖波一望无际原系民间住址陆地非比沙淤可刷故河流逾年而浅阻如故也臣等不胜惊讶随据徐州砀山乡民段守金龚泮王霜等各呈称老河故道自新集历赵家圈萧县蓟门出小浮桥一向安流名曰铜帮铁底后因河南水患另开一道出小河口本河渐被沙浅至嘉靖三十七年河遂北徙忽东忽西靡无定向行水河底即是陆地比之故道高出三丈有余停阻泛滥妨运殃民恳乞开复老河上下永利等情臣等当督前司道由夏镇历丰沛至崔家口复自崔家口历河南归德府之虞城夏邑商丘诸县至新集阅视闻则见黄河大势已直趋潘家口矣随据地方禀称去此十二三里自丁家道口以下二百二十余里旧河形迹见在尽可开复臣等即自潘家口历丁家道口马牧集韩家道口司家道口牛黄堌赵家圈至萧县一带地方委有河形中间淤平者四分之一地势高亢南趋便利用锥钻探河底俱系滂沙见水即可冲刷又据夏邑虞城等县乡官王极乡民欧阳照等七百余人连名呈告俱为乞疏旧河便民事窃照黄河故道自虞城迤下萧县迤上夏邑迤北砀山迤南嘉靖年间岸阔底深水势安流即于运河无虞亦于民田无害商贾通行货易大遂民称丰庶自嘉靖三十六年以后故道渐淤河随北徙黄流泛溢青野汪

洋居民十不存一运道屡年阻滞告乞早为开通上利下便是诚万世盛举等情臣等度其言实为采本之论但道里辽远工费巨艰复又沿河荒度更无省近可从者而臣等犹冀崔家口一带浅阻去处或可疏浚成河易为力也复督各官驾小舠至梁楼沟北陈等处躬亲测量委果浅阻河底原系陆地委难冲刷萧县地方一望弥漫民无粒食号诉之声令人酸楚该县城外环水为壑城中猪水为池居民逃徙官吏婴城难守见今题请迁县臣等窃思之一县之害此其小也夫黄河并合汴沁诸水万里湍流势若奔马陟然遇浅形如槛限其性必怒奔溃决裂之祸臣等恐不在徐邳而在河南山东也止缘徐州以北非运道经行之所耳目之后人不及见止见其出自小浮桥而不考小浮桥之所自来遂以为无虞耳岂知水从上源决出运道必伤往年黄陵冈孙家渡赵皮寨之故辙可鉴乎臣等又查得新集故道河身深广自元及我朝嘉靖年间行之甚利后一变而为溜沟再变而为浊河又再变而为秦沟止因河身浅涩随行随徙然皆有丈余之水未若今之逾尺也浅愈甚则变逾速臣等是以夙夜为惧也臣等又查得此河先年亦尝建议开复止缘工费浩繁因而寝阁臣等窃料先时诸臣虽以工费为辞实非本心盖诚虑黄河之性叵测万一开复之后复有他决罪将安辞目前既有一河可通姑为苟安之计耳而不知臣子任君父之事惟当论可否不当论利害惟当计其功之必成不当虑其后之难必且所虑者他决也随决随塞亦非有甚难者故河变迁之后何处不溢何年不决宁独不虑之乎臣等与司道诸臣计之故河之复其利有五河从潘家口出小浮桥则新集迤东一带河道俱为平陆曹单丰沛之民永无昏垫之若一利也河身深广受水必多每岁可免泛溢之患虞夏丰沛之民得以安居乐业二利也河从南行去会通河甚远闸渠可保无虞三利也来流既深建瓴之势导涤自易则徐州以下河身亦必因而深刷四利也小浮桥之来流既安则秦沟可免复冲而茶城永无淤塞之虞五利也臣等以为复之便至于复故道难仍新冲易复故道劳仍新冲逸则臣等计之熟矣然舍难就易趋逸避劳虑日后未必之身谋而不惜将来必致之大患非臣等所以尽忠于陛下也伏乞特遣科臣勘议施行

潘季训疏云治河之役古今称难今日之河缘云梯关塞而不通高家堰通而不塞是以桑梓鞠为巨浸陵寝亦有小妨盖高堰决则淮水东黄河随蹑其后故清口塞而堰内皆住址陆地其泄不及清口之半故泗州之水聚今塞高堰乃所以通清口而泄泗州之水也高堰既成即闻泗水消落两府贫民得免鱼鳖之患三陵树木得免洊没之虞而淮黄合流为祖陵一大合襟所关尤重功在朝廷岂浅鲜哉

又疏云高堰据黄浦之上游而黄浦为兴宝盐城之门户高堰既筑黄浦之工自易黄浦既塞则兴宝盐城一带田地尽行干出自兹两河横流涓滴皆由正道千里之内民业皆可耕获而海口河身日见深刷亦可免壅溃之患矣

又疏云我朝建都燕冀转输运道实为咽喉自仪真至淮安则资淮河之水自清河至徐州则资黄河之水黄河自西而来淮河自南而来合流于清河县之东经安东达云梯关而入于海此自宋及今两渎之故道也数年以来崔镇诸口决而黄水遂北高堰黄浦决而淮水遂东桃清虹泗山阳高宝兴泰田庐坟墓俱成巨浸而入海故道几成平陆臣等受事之初触目惊心所至之处孑遗之民板舆号泣观者皆为陨涕然议论纷起有谓故道当弃者有谓诸决当留者有谓当开支河以杀下流者有谓海口当另行开浚者臣等反覆计议弃故道则必欲乘新冲新冲皆住址陆地漫不成渠浅涩难以浮舟不可也留诸决则正河必夺桃清之间仅存沟水淮扬两郡一望成湖不可也开支河则黄河必不两行自古纪之淮河泛溢随地沮洳水中凿渠则不能别寻他道则不得况杀者无几而来者滔滔昏垫之患何时而止不可也惟有开浚海口一节于理为顺方在犹豫而工部遗咨叮咛臣等亲诣踏看臣等乃乘轻舠出云梯关至海滨延袤四望则见积沙成滩中间行水之路不及十分之一然海口故道则广自二三里以至十余里询之土人皆云往时深不可测近因淮黄分流止余涓滴入海水少而缓故沙停而积海口浅而隘耳若两河之水仍旧全归故道则海口仍旧全复原额不必别寻开凿徒费无益也臣等乃思欲疏下流先固上源欲遏旁支先防正道遂决意塞决以挽其趋筑遥堤以防其决建减水坝以杀其势而保其堤一岁之间两河归正沙刷水深海口大辟田庐尽复流移归业禾黍颇登国计无阻而民生有赖矣

知府张允济等会查得古有大清口小清口大清口在清河县后即今之老黄河也小清口在清河县前即今淮水所出之清口也淮出清口东数里大河口与黄会黄河入三义镇以下老河口亦出大河口与淮会同流至云梯关九十里入海此弘治正德以前运道漕船到淮俱由五坝车盘以达外河溯流至大河口由清河县后经渔沟等处出三义老河口而北达桃宿邳徐以上淮不入里河黄不至清口自塞三义口而黄流横绝清口矣自开天妃坝而外河引入内灌矣黄淮转折直射清浦淮南之患始殷淮口之沙日积泗北之水日聚故议者每每欲开复老黄河意盖有

见于此耳近年以来泗水之潴愈厚而王公堤之势愈危通济闸外常淤而天妃坝亦决故首虑祖陵次虑运道次虑民生而复开老黄河之说若不容已者但总计挑河共长一万五千二百一十丈计八十四里五分共该银九十万六千三百七十二两应用钱粮夫役尚未敢拟诚开此河接入赤晏庙大河下海使淮不受敌顺势东注无复退缩洄洑之状泗北积水自消祖陵可无他虞黄流既与通济闸隔远清江浦运道自下受冲而王公堤岸可保是老黄河有可开之利矣但河流既分万一全夺正河自三义镇至清河三十余里水少而浅漕艘胶阻国家大计可虑也河性靡常迁徙不一傥开后淤垫或别有改移至虚劳费可虑也连岁灾伤民穷财尽一旦动大众营大费时诎举赢可虑也是开老黄河亦非全利而无害者矣

黄河自宿迁而下河博而流迅治法宜纵之必勿堤宿迁而上河窄而流舒治法宜束之亟堤可也又徐邳水高而岸平泛溢之患在上宜筑堤以制其上河南水平而岸高冲刷之患在下宜卷埽以制其下不知者河南以堤治是灭趾崇顶者也徐邳以埽治是摩顶拥踵者也其失策均也

筑堤有三禁毋掘房基毋穵古塚毋划膏腴

河堤之法有二有截水之堤有楼水之堤截水者遏黄河之性而乱流阻之者也治水者忌之缕水者因河之势而顺流束之者也治水者便之夫水之为性也专则急分则缓而河之为势也急则通缓则淤若能顺其势之所趋而堤以束之河安得败唯河欲南而截之使北河欲合而截之使分以逆天地之气化而友天地之血脉河始多事也已

黄河由小浮桥会徐洪自小浮桥之上皆闸河也故汶水出高家闸与小浮桥大河会是汶与河交会在高家闸嘉靖末水北徙由秦沟则自小浮桥以上逆四十里至茶城悉为大河高闸沉河中不复见则汶与河交会在茶城矣

河南属河上源地势南高北下南岸多强北岸多弱夫水趋其所下而攻其所弱近有倡南堤之议者是偪河使北也北不能胜必攻河南之铜瓦厢则径决张秋攻武家坝则径决鱼台此覆辙也若南攻不过溺民田一季耳是偪之南决之祸小而北决之患深治漕有八因因河之未泛而北运因河之未冻而南还因风之南北为运期因河之顺流为运道因河安则修堤以固本因河危则塞决以治标因冬春则沿堤以修因夏秋则据堤以守是谓八因有三策四月方终舟悉入闸夏秋之际河复安流上策也运艘入闸　国计无虞黄水啮堤随缺随补中策也夏秋水发运舸度河漕既愆期河无全算斯无策矣是谓三策

今河有三无患徐吕二洪往患淤浅今乃水二丈余二洪无患南行一百八十里隆庆末悉为平陆今水由地中水深二丈岸高一丈邳河无患邳河下至清河水深不得其底且近海而流迅宿清之河无患

嘉靖六年以前黄河分为六道其两道由河南凤泗入淮其四道由小浮桥飞云桥大小溜沟入河时则开归徐沛利害相当今开归沛诸流俱堙全河悉经徐州一道则开归沛之患纾而徐邳之患博其不两利亦不能两害者势也

茶城口之浅十年患之盖闸河之口逆接河流河涨直灌入召淤耳而北崖悉洲沙余为大南堤以偪之南堤急则北沙悉溃水渐徙而北茶城之口以偪而益深且顺而东与黄河夹流半里而后会既令茶城深又不令逆接河流召淤善之善者也

五行之性金圆木直水曲火锐土方水之不可使直犹木之不可使曲也黄河九折而入中国每折千里此西域之河耳亦折之大者耳若自三门七津而下由安东入海仅仅二千里而强不知几百十折也故能盘旋停蓄而不泄若人之肠胃然丹田以上多直遂丹田以下多盘曲然后停蓄而注于膀胱否则径泄气射毙也久矣黄河之在西域丹田而上者也流入潼关丹田而下者也故入西域折以千里计入潼关折以数十里计是注膀胱之势也每折必扫湾在河南制之以埽在徐邳制之以堤吾谨备之耳若恶其埽湾必导之使直是欲直肠胃从管达膀胱也岂徒人力不胜之倾宕急泻是谓敝河故大智能制河曲不能制河直者势也

两河大挑有五不便有五便旧以正月兴工二月竣事则新运踵至停积河流既虑风涛复稽程限一不便夫役年终徭役更换旧役已满新役未来二不便春事方兴民无暇力迫之工作田野不安三不便未接青黄至而县罄头会箕敛工食艰窘四不便坚冰初解时尚严凝驱之泥淖之中责以疏凿之力五不使若改期九月兴工十月竣事则回空已尽筑坝绝流疏浚甫完藉冰封闭春融冻解河即有待是新运之便也旧夫未更按册可集正投者不劳于再籍雇役者无事于更张是征夫之便也秋事告成农多暇日既无私虑自急公家是民力之便也新秋丰稔民多盖藏闾阎利以供输夫役易于征敛是工食之便也天霁秋高气候清爽河鲜沮洳锨锸易施是用工之便也

黄河若河南铜瓦厢陶家店练城口判官村窀泥河荣花树刘兽医口若山东武家坝瓦堽口皆要害也以头年下埽为次年之防一年积料为两年之用则桑土早备阴雨无虞矣慎之哉

黄河四堤今治水者多重遥直而轻偪曲不知遥者利于守堤而不利于深河偪者利于深河而不利于守堤曲者多费而束河则便直者省费而束河则不便故太迟则水漫流而河身必垫太直则水溢洲而河身必淤四者之用有权存焉变而通之存乎人也山东河南黄河之北大堤若阜起修武迄沛县之窑子头绵亘五百余里曰泰黄堤河人呼曰南老堤夫堤迄黄河北十余里不呼北堤而呼南堤盖先年河行泰黄堤之北始皇堤之南则泰黄固南堤也今河循铜瓦厢武家坝则又籍泰黄为障矣隆庆末复循曹单丰沛跨戚山华山为之缕水堤二百里是泰黄以缕水为肤缕水以泰黄为骨南北相峙犄角之势也而又续窑子头之大堤培戚华山之缕水则鱼沛可安枕而南阳至黄家闸永无黄河侵陵之患矣

黄河非持久之水也与江水异每年发不过五六次每次发不过三四日故五六月是其一鼓作气之时也七月则再鼓而盛八月则三鼓而竭且衰矣万一河势虚矣锐不可当我且避其锐气固守要害如河南之铜瓦厢山东之武家坝徐州之曲头集布阵严整二字四防以待而姑以不要害之堤委而尝之以分弱其势以全吾要害持至水势渐落却将所委之堤随缺而随补之刻期高厚勿令后水再由渐成河身致垫旧河如此则河之攻我也有限我之守河也无穷

四防中风防尤宜慎之房村决风涛鼓击不已黄吕梁以巨舟数十障于决口风涛遽净亦奇事然河堤千里舟不及也古有黄河风防之法如遇水涨涛击下风堤岸则以秫秸粟藁及树枝草蒿之类束成捆把遍浮下风之岸而系以绳随风高下巨浪止能排击捆把且以柔物坚涛遇之足杀其势堤且晏然于内排击弗及丁夫却于堤外帮工此风防之要诀也捆把仍可贮为卷埽之需盖有所备而无所费云

河决口之患二如上有所决下无所泄者曰隘决不必斗水抢筑俟涨落水出直塞之耳若上决而下泄者曰通决此不可少需抢筑可也否则流冲势泄恐成河身则正河流缓而淤矣余于房村以抢筑法施之正河即安

吕梁上至徐州南岸山接冈连水无他泄直河下至清河两岸崖高河阔水鲜旁趋此两段纵被冲决未为大害惟黄钟集下房村双沟曲头新安王家曹家等口青洋白浪等浅八九十里之间两岸皆低北堤决则水出沂武直河南堤决则水出小河口故北岸嘉靖末决房村由鲤鱼山出直河则辛安四十里尽淤南岸隆庆末决曲头下睢宁出小河则匙头湾八十里皆垫旁流既急而盛则正河必缓而微微则停盛则溢势使然也

一多穿漕渠以杀水势此汉人之言也特可言之秦晋峡中之河耳若入河南水汇土疏大穿则全河由渠而旧河淤小穿则水性不趋水过即平陆耳夫水专则急分则缓河急则通缓则淤治正河可使分而缓之道之使淤哉今治河者第幸其合势急如奔马吾从而顺其势堤防之约束之范我驰驱以入于海淤安可得停淤不得停则河深河深则永不溢亦不舍其下而趋其高河乃不决故曰黄河合流国家之福也

一我朝之运不赖黄河此先臣之言也盖欲黄河由禹故道而以为山东汶水三分流入徐吕二洪为可以济运遂倡为不赖黄河之说耳夫徐吕至清河入淮五百四十里嘉靖中河身直趋河南孙家渡赵皮寨或南会于淮或出小河口而二洪几断漕事大困则以失黄河之助也今欲不赖之而欲由禹故道则弱汶三分之水曾不足以湿徐吕二洪之沙是覆杯水于积灰之上者也焉能荡舟二洪而下经徐邳历宿桃河身皆广百余丈皆深二丈有奇汶河勺水能流若是之远乎能济运否乎故曰我朝之运半赖黄河也

一黄河北徙国家之利此先臣之言堪舆家者流之说也不知三代以上都冀州黄河若张弓然其时大江以南多未贡赋故山东之运东而至西秦之运西而至原不藉南运也若河南徙则东运既不便而黄河之水从太行而望之势若反而挑王气乃微方今贡赋全给于江南而又都燕据上游以临南服黄河南徙则万艘度长江穿淮杨入黄河而直达于闸河浮卫贯白河抵于京且王会万国其便若是苟北徙则徐邳五百里之运道绝矣故曰黄河南徙国家之福也

一黄河不能复禹故道必使复河南故道此近臣之议也盖惩徐邳连岁河患激而云然耳不知徐邳之患由邳河之淤邳河之淤又由先年河行房村口近年曲头集口旁流既急而盛正流必缓而淤而徐邳之水患博矣然河患不在徐邳必在河南不在河南必在徐邳嘉靖以前河经河南河南大患九重拊膺百工蹙额思与河南图一旦之命策力毕举竟莫支吾而河南适有天幸河并行徐邳而后河南息二百年之大患居平土者仅二十余年今若复河南

之故道岂惟人力不胜即胜之是又移徐邳之患于河南而又生二洪干涸阻运之患敢第堤徐邳三百里有奇河不泛滥而徐邳之患消故河由徐邳则民稍患而运利由河南则民与运两患之姑毋论王土王民邻国为壑之大义也又况堤固水深即砀徐之患直河秋一季耳利害岂不章章明甚故曰河南故道不必复也

一黄河清圣人生此史臣之言也河性常浊浊者尽泥沙水急则滚泥沙不得信息而后河深清则水澄泥沙不复行不能入海故河清则治河者当被发缨冠而捄之忧方大耳【以上各条俱载南昌万恭治水筌蹄】

御史骆駸曾疏云国家因漕于河治河即以治漕此河之大利于漕者也而惟以河为漕河益则有冲射漂没之虞而漕危河塞则有壅关推挽之虞而漕亦危此又河之大不利于漕者也夫欲收其利不被其害其利之在广川迅流舳舻衔尾可必无意外之虞者邳宿以下之河是也而我即因之以为用其害之在悬崖赑石出没于波涛汹涌之中稍不戒即万斛之舟无不奉而委诸壑者徐吕之河昔之所以为漕病也而我别为泇以避之则河为无权其害之在此通彼塞迁徙无常一旦举百里洪流梗为平陆而祸且立中于漕者徐邳之河今之所以为漕病也而我别为泇以济之则河又为无权夫以是两者举不足为漕害而漕可长无事矣然则泇河之开其有裨于国计岂浅鲜哉虽然谓泇可常恃乎非也何也泇之为水非有不涸可以随取而随至者也统一岁计之夏秋雨集或偏受其羸冬春则涸统夏秋计之骤雨终日或偏受其羸旱干则涸当其涸也一浅不属万艘俱停泇之不可常恃甚明也泇黄始于兼济而终于相妨今日之计在泇为已成之业可以袭故而安纵使通塞无时稍加葺治可支数十年无事而河垂积废之余凌夷已甚淮徐六七百里堤防厌弃不修者二十年于兹矣堤之圯也无以御河而河决河之溢也水分力弱不能刷泥沙而沙淤沙淤而河愈高决乃愈甚万历三十九年尝一决于狼矢沟矣狼矢沟未决之先他非无决者而不以告也四十年尝一决于三山矣三山既决之后他非无决者而又不以告总之在在可决决者既不可胜塞岁岁言塞塞者又宁保无他决乎故兴其既决而塞皇皇于焦头烂额之余何如未决而修致戒于衣袽者事半而功倍也伏乞皇上严勅新臣实心经理泇可时浚也勿以功非已出而更张河宜曲防也勿以时多即安而玩愒至于一切筑堤增坝总期高坚毋徙苟且以完目前之局一切课工程费务垂永久毋徙虚冒以贻后来之讥河与漕庶几其永赖乎

卷之八·河渠·黄河运河总论

黄河发源于星宿海绕昆仑历积石越西域踰关陕山西河南经丰砀出徐州始为运道会泗沂之水蟺蜿而至清河县之清口又名南河口会淮而东经安东县以入于海此黄河之大较也以运河言之由浙江至张家湾凡三千七百余里自浙至苏则资苕霅诸溪之水常州则资宜深诸山之水至丹阳而山水绝则资京口所入江潮之水水之盈涸视潮之大小故里河每患浅涩云自瓜仪至淮安则南资天长诸山所潴高宝诸湖之水西资清口所入淮黄二河之水俱由瓜仪出江故里河水深浅亦视两河之盈缩焉由清口至镇口闸则资黄河与山东汶泗之水由镇口闸以至临清则资汶泗之水即泰安莱芜徂徕诸泉也然汶河由南旺南北分流并济故天旱泉微每苦不足由临清至天津则资汶河与漳卫之水由直沽入海而自天津至张家湾则资潞河白河桑干诸水矣此运河之太略也若江西湖广运艘俱由长江入仪真闸止有风波之险而无浅涩之虞此又在运道之外矣

卷之九·海运·历代海运考

秦欲攻匈奴运粮使天下飞刍挽【引车船也】粟起于黄腄【黄腄东莱二县】瑯琊负海之郡转运北河【在朔方】率三十钟【六斛四斗】而致一石

丘文庄曰前此未有漕运之名而飞挽始于秦秦以欲攻匈奴之故致负海之粟输北河之仓盖由海道以入河也海运在秦时已有之然率以三十钟而致一石是以百九十斛乃得三十石盖通计其飞挽道路所费不专指海运之时也

唐懿宗咸通中始议行海运

宋神宗熙宁七年京东路访察邓润等言山东沿海州郡地广丰岁谷贱募人为海运山东之粟可转之河朔以勅军兴诏京东河北路转运使相度卒不果元世祖至元十九年始通海运初伯颜平宋遣朱清张瑄载宋库藏诸物从海道入京二人遂言海道可通乃命上海总管罗璧暨清等造平底海船六十艘运粮四万六千余石至京师然创

行海洋沿山求墺风信失时明年始至直沽朝廷未知其利

元史食货志元都于燕去江南极远而百司庶府之繁卫士编民之众无不仰给于江南自伯颜献海运之言而江南之粮分为春夏二运盖至于京师者岁多至三百万余石

胡长孺曰杭吴闽越扬楚幽蓟莱密俱岸大海舟航可通相传朐山海门水中流积淮淤江沙其长无际浮海者以竿料浅深若浅生角曰料角不可度越淮江入海之交多洲号为沙朱清者尝佣海滨沙民杨氏家杀人亡命捕急辄引舟东行三日夜得沙门岛又东北过高句丽水口见文登夷维诸山又不见燕山与碣石往来若风与鬼形迹不可得稍怠则复来亡虑十五六往返私念南北海道此固径直不逢浅角识之后就招怀为防海民义清与其徒张瑄随宰相入见授金符千户遂言海漕事试之良便遂兴海运

虞集曰元至元间既平宋始运江南粮以河运弗便用伯颜言初通海道漕运抵直沽以达京城立运粮万户府三以南人朱清张瑄罗璧为之初岁运四万余石后累增三百余万石春夏分二运至舟行风信有时自浙西不旬日而达于京师内外官府大小吏士至于细民无不仰给于此

丘文庄曰海军之法自秦已有之而唐人亦转东吴粳稻以给幽燕

元初粮道自浙西涉江入淮由黄河逆水至中滦里站【在封丘县西南旧黄河北岸】陆运至淇门【在浚县西南即古枋头】一百八十余里入御河以达于京后又自任城【今济宁州】分汶之西北流至须城【今东平州】之安民山入清济故渎通江淮漕经东阿至利津河入海由海道至直沽后因海口沙壅又从东阿陆转二百里抵临清下漳御至京

初绍兴之官粮入海运者十万石城距海十八里岁合有司拘民船以备短送吏胥得并缘以虐民及至海次主运者又不即受有折缺之患时王艮为海道漕运都万户府经历抗言曰运户有官职之直何复为是纷纷乃责运户自载粮入运船又运船为风所败者当核实除其数移文往返连数岁不绝艮取吏牍披阅即除其粮五万二千八百石钞一百五十万缗运户自是得免于破家

卷之九·海运·岁运之数

至正二十年四万五千五十石至者四万二千一百七十二石

二十一年二十九万五百石至者二十七万五千六百一十石

二十二年一十万石至者九万七百七十一石

二十三年五十七万八千五百二十石至者四十三万三千九百五石二十四年三十万石至者二十九万七千五百四十六石

二十五年四十万石至者三十九万七千六百五十五石

二十六年九十三万五千石至者九十一万九千九百四十三石

二十七年一百五十九万五千石至者一百五十一万三千八百五十六石

二十八年一百五十二万七千一百五十石至者一百二十八万一千六百十五石

二十九年一百四十万七千四百石至者一百三十六万一千五百一十三石

三十年九十万八千石至者八十八万七千五百九十一石

三十一年五十一万四千五百三十三石至者五十万三千五百三十四石

元贞元年三十四万五百石

二年三十四万五百石至者三十三万七千二十六石

大德元年六十五万八千三百石至者六十四万八千一百三十六石

二年七十四万二千七百五十一石至者七十万五千九百五十四石三年七十九万四千五百石

四年七十九万五千五百石至者七十八万八千九百一十八石

五年七十九万六千五百二十八石至者七十六万九千六百五十石

六年一百三十八万三千八百八十三石至者一百三十二万九千一百四十八石

七年一百六十五万九千四百九十一石至者一百六十二万八千五百八石

八年一百六十七万二千九百九石至者一百六十六万三千三百一十三石

九年一百八十四万三千三石至者一百七十九万五千三百四十七石

十年一百八十万八千一百九十九石至者一百七十九万七千七十八石

十一年一百六十六万五千四百二十二石至者一百六十四万四千六百七十九石

至大元年一百二十四万一百四十八石至者一百二十万二千五百三石

二年二百四十六万四千二百四石至者二百二十八万六千三百石三年二百九十二万六千五百三十三石至者二百七十一万六千九百十三石

四年二百八十七万三千二百一十二石至者二百七十七万三千二百六十六石

皇庆元年二百八万三千五百五石至者二百六万七千六百七十二石

二年二百三十一万七千二百二十八石至者二百一十五万八千六百八十五石

延祐元年二百四十万三千二百六十四石至者二百三十五万六千六百六石

二年二百四十三万五千六百八十五石至者二百四十二万二千五百五石

三年二百四十五万八千五百一十四石至者二百四十三万七千七百四十一石

四年二百三十七万五千三百四十五石至者二百三十六万八千一百一十九石

五年二百五十五万三千七百一十四石至者二百五十四万三千六百一十一石

六年三百二万一千五百八十五石至者二百九十八万六千一十七石

七年三百二十六万四千六石至者三百二十四万七千九百二十八石

至治元年三百二十六万九千四百五十一石至者三百二十三万八千七百六十五石

二年三百二十五万一千一百四十石至者三百二十四万六千四百八十三石

三年二百八十一万一千七百八十六石至者二百七十九万八千六百一十三石

泰定元年二百八万七千二百三十一石至者二百七万七千二百七十八石

三年三百三十七万五千七百八十四石至者三百三十五万一千三百六十二石

四年三百一十五万二千八百二十石至者三百一十三万七千五百三十二石

天历元年三百二十五万五千二百二十石至者三百二十一万五千四百二十四石

二年三百五十二万二千一百六十三石至者三百三十四万三百六石

按元自世祖用伯颜之言岁漕东南粟由海道以给京师始自至元二十年至于天历至顺由四万石以上增而为三百万以上其所以为国计者大矣历岁既久弊日以生水旱相仍公私俱困疲三省之民力充岁运之恒数而押运监临之官与夫司出纳之吏恣为贪黩脚价不以时给收支不得其平船户贫乏耗损益甚兼以风涛不测盗贼出没剽劫覆亡之患自改至元之后有不可胜言者矣由是岁运之数渐不如旧至正元年益以河南之粟通计江南三省所运止得二百八十万石三年又令江浙行省及中政院财赋总管府拨赐诸人寺观之粮尽数起运仅得二百六十万石而已及汝颍昌乱湖广江右相继陷没而方国珍张士诚据浙西之地虽縻以好爵资为藩屏而贡赋不供剥民以自奉于是海运之舟不至京师者积年矣至十九年朝廷遣兵部尚书伯颜帖木儿户部尚书齐履亨征海运于江浙由海道至庆元抵杭州时达识帖睦儿为江浙行中书省丞相张士诚为太尉方国珍为平章政事诰命士诚输粟国珍具舟达识帖睦儿总督之既违朝廷之命而方张互相猜疑士诚虑方氏载其粟而不以输于京也国珍恐张氏掣其舟而因乘虚以袭己也伯颜帖木儿白于丞相正辞以责之巽言以谕之乃释二家之疑克济其事粟之载于舟者为石十有一万二十年五月赴京是年秋又遣户部尚书王宗礼等至江浙二十一年五月运粮赴京如上年之数二十二年五月运粮赴京视上年之数仅加二万而已二十三年五月仍运粮十有三万石赴京九月又遣户部侍郎博罗帖木儿监丞赛因不花往征海运士诚托辞以拒命由是东南之粟给京师者遂止于是岁云

元之海漕其利甚溥其法亦甚备船有仙鹤哨船每船三十只为一纲大都船九百余只漕米三百余万石船户八千余户又分其纲为三十每纲设押纲官二人以常选正八品为之其行船者又顾募水手移置扬州先加教习领其事者则设专官秩三品而任之又专责清瑄辈但加秩耳不易其人此所以享其利几百年当全盛之时固无庸论至正之末天下分崩犹藉张士诚给数年岂非以措置得宜久而不变哉

卷之九·海运·国朝海运考

洪武二年令户部于苏州府太仓储粮三十万石以备海运供给辽东

二十五年令海运苏州太仓粮米六十万石供给辽东官军下年同

永乐二年命总兵官一员副总兵一员统领官军海运

又以海运粮到直沽用三板划船装运至通州等处交卸水路阁浅迟误海船回还令于小直沽起盖芦囤二百八座约收粮一十万四千石河西务起盖仓囤一百六十间约收粮一十四万五千石转运北京六年令海运船运粮八十万石于京师其会通河卫河以浅河船相兼转运

十三年罢海运粮令浙江嘉湖杭与直隶苏松常镇等府秋粮除存留并起运南京及供给内府等项之数其余并坐太仓海运之数尽改拨运赴淮安仓扬州凤阳淮安三府秋粮内每岁定拨六十万石徐州并山东兖州府秋粮内每岁定拨三十万石俱运赴济宁仓令浅河船于会通河以三千只支淮安粮运至济宁以二千只支济宁粮运赴通州仓每岁通运四次其天津并通州等卫各拨官军于通州接运至北京

海运本虞夏时沿江入海贡道自刘家港开洋经黑水绿白蓬头水诸大洋险又有伏礁洄以故粮多漂至岁数万石挽卒往往溺死自宋公开会通河罢海运平江侯陈公瑄又治刊沟通江淮于是漕大利便并罢中湾之运漕渠在江淮间者陈公功为大在齐鲁间宋公功多为

嘉靖中河道都御史于湛云海运由浙西不旬月可达都下较之河运费省而功倍丘文庄言之详矣近年言者多厌河运之劳欲举文庄之策乃犹有以海运为不便者谓文庄计漂溺之米而不计漂溺之人故以海运为便不知米漂而载米之舟驾舟之卒管卒之官能独免乎考元史至元二十八年海运漂米二十四万五千六百有奇至大二年漂米二十万九千六百有奇即如文庄言每舟载米千石用卒二十人则岁溺而死者殆五六千人此残虏之所以忍于华人也奈何华人亦忍于华人哉河运之费于人所谓人亡人得损上益下王者以天下为家又奚恤也

嘉靖三十一年给事中贺泾上疏云海运之说不讲久矣一旦而议之未有不骇且疑者然使如先臣丘浚所谓泛登州由沙门岛蹈风涛不测之险以犯倭寇出没之区是非不可讲而亦不忍讲也若新河既开有通运之利而无冒险之名则亦何所惮而不为哉访之胶州近淮人呼为有海莱州近天津卫北人呼为北海自南海而至淮仅五百里商舶往来百货贸易迅风三日可达今胶已成巨镇矣此则由海之岸而非大洋也自北海而达天津仅六百余里泉货所必经商贾所共由顺风五日可达今亦已成坦途矣此则由海之夹渠而实非海也然前此不通运道保哉盖自胶州之南海以达沧州之北海中间不通者百七十里之间见有新河一道可以行舟而未之通者由马家濠十五里为梗耳濠底土石颇坚难于浚辟若并力疏浚此河则南北转运之通特易易耳嘉靖十四年山东海道副使王献锐意访求曾经督率工力专凿马家濠功已半成以迁代去继之者不能就其功海滨之民至今称惜乞遣官亲诣胶州海口由马家濠抵新河访求故迹加工开凿则一劳永逸实贻万世无疆之美不报

隆庆元年十二月户科魏时亮言辽阳自罢海运转饷甚艰乞稍通旧路于每岁季或大熟极荒之秋间一行之仍厉禁议察非常则山东米粟贸易既为两利万一坌河戒严而襟喉之地可无阻矣从之

二年正月顺天抚臣刘应节等以永平西门直抵海口至天津凡五百余里可通漕议令永平通判及指挥等官募诸县民习知海道者与俱赴天津领运仍同原运官军驾海舟出大洋至纪谷庄更小舟运至永平仓其造船水夫诸顾募转搬之费取诸漕运粮轻赍及食粟之余者户部覆言故事独蓟辽有遮洋总而无永平海运今驱漕卒冒不测之险于计不便即如抚臣等言谓以山东河南额派蓟镇漕运分拨折色十万石俱改本色运至天津交兑永平通判指挥等官径自领运不必同原运官军其沿途转搬入仓工费皆如漕规扣给以原拨永平民运及太仓所发年例如数抵运蓟州 上从部议

初嘉靖间山东按察司副使王献建议请循元人海运遗迹于胶莱间开河渠一道舟由淮安靖江江浦历新开口马家濠麻湾口海仓口以达天津道里甚近径度不过千六百里又可避海洋之险业已从其议开凿将毕会献去官遂罢其役至是户科给事中李贵和言比岁河决转饷艰难请修献遗策开胶莱新河复海运以济饷道上以为事体重大遣给事中胡槚往视之槚及山东抚按官议皆以为不便疏治乃奏言今为新河之议者徒指元人故渠及副使王献臆说非能涉三百余里间亲睹其利害也臣尝浚分水岭验问献所凿渠皆流沙善崩虽有白河一道徒涓涓细流不足灌注至如现河小胶河张鲁河九穴都泊稍有潢汙亦不深广胶河虽有微源然地势东下不能北引且陈

村闸以下夏秋雨骤冲流积沙为河大害纵谓诸水可引亦安能以数寸之流济河之用则诸河之不足用明矣或谓诸河颇多积水可因用为渠不知潢潦所聚皆以下流壅滞之故设皆浚深水必尽泄则蓄水之不足恃明矣或欲引潍河之水不知潍河之高密西去新河一百二十余里中间高岭甚多虽竭财力终不接济则潍河之不可引明矣分水岭以南至陈家闸以北至周家庄虽云近海通潮又皆冈石縻沙终难凿治则海水之不可达明矣大抵上源则水泉枯涸无可仰给下流则浮沙易溃不能持久二者皆治河之大患也故元史食货志以为劳费而无成国朝遍访运道舍此而不顾自献以后屡勘不行良由于此苟率意轻动捐内帑百万之费以起三百里无用之渠如误国病民何请亟罢其事并令所司明示新河必不可成之端勿使今之既误而复误后人也上乃罢之令自今不必更议以滋纷扰

五年山东抚臣梁梦龙等上海运议曰今漕河多故言者多献开胶河之说此非臣等所敢任也第尝考海道自淮安至胶州往北自天津至海仓各有商贩往来舟楫屡通中间自胶州至海仓一带亦有岛人商贾出入其间臣等因遣指挥王惟精等自淮安运米二千石自胶州运米一千五百石各令入海出天津以试海道无不利者其淮安至天津一道计三千三百里风便两旬可达况舟皆由近洋洋中岛屿联络遇风可依非如横海而渡风波难测大约每岁自五月以前风顺而柔过此稍劲诚以风柔之时出并海之道汛期不　占候不失即千艘万橹可保无患以接济京储羽翼漕河省牵挽之力免守帮之苦而海防卫所犬牙错落又可以严海禁壮神如甚便事下户部户部以为海运法废已久难以尽复乞勅漕司量拨近地漕粮十二万石自淮入海工部即发与节省银万五千两充佣召水手之费上从之本年工科题止胶河疏云勘得分水岭系新河命脉旧名王干坝昔年王副使欲开河先于此相视因恶王字与姓同干坝乃无水谶遂易云分水岭至今土民犹呼王干坝其实河岸俱有八九尺河身沙泥淤积较两头差高非冈岭之岭也募工凿验三尽以下皆冈石小块无有顽石至一丈则皆流沙旋挑旋溃用力颇艰此处止有白河一道二三寸细水流入新河一股往西北一股往东南仅宽一步已经各官踏勘水源本来微细然新河之开须是借水以济今现河小胶河张鲁河九穴都泊虽接新河即今干涸低处稍有积水亦不深广胶河虽有微源仅得一线沽河停蓄之水有三五七尺亦多行潦渍积查其源头亦细况地势东下不能北引以达分水岭且陈村闸以下夏秋雨涝水溢俱从此河冲入新河流沙淤积为河大害前人云欲开新河当先治沽河不然未受水利先受水害况敢引之而入乎纵使诸水可引不论地势不虑沙患然亦不过数寸之水安能充足二百里全河之用执此以论诸河之不足资审矣今人皆云新河易开者止见沿河一带旱洼处积水有一尺二尺三尺者高浅处有二寸三寸四五寸者若将高浅处挖下则水自通深不知旱洼水积者以下流高浅壅滞故停蓄耳若将高浅处浚深则蓄水流行流则无源必竭安能积聚执此以论蓄水之不足恃的矣又因登莱二郡士民往返新河闸上见河形稍宽海水潮入一二尺遂谓全河皆然不知迤南十里余河之宽狭水之浅深迥不同矣有献引潍河之策者潍河在高密县之西离新河一百二十余里中间高岭五层难于挑引及量潍河东岸三丈四尺方与石平石高九尺方与水平即石岸甚高已难挑浚况道里甚远高岭甚多诚如各官所称虽竭尽财力终难济事执此以论潍河之不可引明矣夫新河之开必借济于旁支之水水既无可借河决不可开此有目者所共睹即执拗如崔旦辈视之亦俛首叹息而已且崔旦昔年所刊海运编请以一丸泥破之东塞沽河西塞潍河今因无水又献策东引沽河西引潍河及委踏勘潍河则又具呈回称委实难引夫以一人之言而前后牴牾悬绝如此以一人之见而旬日之间悖谬如此则新河之说皆游谈而鲜定论益彰彰著矣臣又筹之新河无水以济无泉可引固矣然南北两头海水相接中间三百里河身又与海相通旁水固无可引海水独不可达乎若将河身深浚广开较海面更深数尺俾海水灌入停蓄亦可牵引舟楫纵工力繁难财费浩大亦须估计的确开说明白以晓示后人以杜绝后议复委各官带领打水平匠役沿河计算丈尺以凭估计据各官所称南自陈村闸以至分水岭积高二丈九尺八寸北自周家庄以至分水岭积高三丈九尺八寸复委同知李学礼等并监生崔旦募工凿试阔四丈长十丈深三丈五尺随据学礼等囊沙回称挑浚一尺之下俱是冈石五尺下即是縻沙挑至九尺六寸随时塌去四尽此河绝无能为矣盖縻沙力软不能承载崩溃甚速流淤不常渗漏亦易故耳是新河以上视之水源不足既无盈尺活泉可以引济则全河之血脉已涩以下验之縻沙不坚又易坍塌干漏难以持久则全河之躯腹已亏兹二者皆修河大忌也纵费帑金百万开之何裨于用纵引海水数尺蓄之胡可以保则元史食货志所载劳费而无成国初遍访运道舍此而不顾王副使以后屡行奏勘而未兴厥工者始得其真矣再考元益都田赋总管于钦山水纂文云至元初莱人姚演建言首起胶西县东陈村海口自东南趋西北凿陆地数百里欲通漕直

沽海口数年而罢余尝乘传过之询土人云此河为海沙所壅又水潦积淤终不能通徒残人耳即此则彼时已议其非矣何今人之不审耶

六年总河王宗沐疏云天不满西北地不满东南故东南之海天下之水之委也渺茫无山则回避靡地近南水煖则蛟龙窟居是以风波足畏传闻可骇昔元人海运之有惊坏以其起自太仓嘉定而北也若自淮安而东引登莱以泊天津则原名北海中多岛屿可以避风又其地高而多石蛟龙有往来而无窟宅故登州有海市以石气与水气相搏映日而成石气能达于水面以石去水近故也北海之浅是其明验即与舟与米行于登莱因其旷达以取其速而标记岛屿以避其患则名虽同于元人而利实专其便易佐河运之缺计无便于此者然此犹举时宜之绪论而非臣条议之初图若语其全则有稍进于是者而其说有三一曰天下大势二曰都燕专势三曰目前急势汉不远引请以唐宋之事明之唐人都秦右据岷凉左通陕渭是有险可依而无水通利也有险则天宝兴元乘其便无水则会昌太中受其贫宋人都梁背负大河而面接淮汴是有水利通而无险可依也有水则景德元祐享其全而无险则重和宣和受其病若国家都燕北有居庸巫闾以为城而南通大海以为池金汤之固天造地设以拱卫神京圣子神孙万年之全利也而乃使塞不通焉岂非太平之遗虑乎此臣所在谓天下之大势也夫三门之险天下之所谓峻绝也然唐人裴耀卿刘晏辈百计为之经营者以彼都在关中故也粟不能飞则途有必由是三门者秦都之专路也若夫都燕则面受河与海矣一河自安山涉汶济即今之会通河一河自淮入汴入卫而俱会于天津然终元之世未尝事河而专于海者彼以夷陋纷攘终岁用兵固无暇于事河也彼又以为河亦间有不如海者入闸则两舟难并是不可速也鱼贯逆溯一舟坏则连触数十舟同时俱靡若火则又甚焉是不可避也一夫大呼则万橹皆停此腰脊咽喉之譬先臣丘浚载在衍义补者是不可考也若我朝太平重熙累洽主于河而协以海自可万万无虑故都燕之受海犹凭左臂从腋下取物也元人用之百余年矣梁秦之所不得望也此臣所谓都燕专势也黄河西来禹之故道虽不可考然不过自三门而东出天津入海是腹虽稍南而首尾则东西相衡也至宋时直猎大名则已稍南矣我朝弘治二年决张秋夺汶入海是其首犹北向也乃今则直南入淮而去岁之决阎家口支由小河近符离灵璧则又几正南矣自西北而直东南途益远而合诸水益多则其势大而决未可量也故以汉武之雄才尚自临决塞王安石之精博且开局讲求河之为立国病讵直今日然哉且如去年之漂流大臣之与国同休及小臣之有志于世者闻之有不变色者乎夫既不能不变色于河之梗而又不能无难色于海之通则计将安出故富人之造宅则旁启门焉防中堂有客而肴核自旁入也此臣所谓目前急势也臣诚愚浅如该科条议虑之应熟岂其肯误圣明风波系天数臣亦何能逆睹其必无然臣以为趋避占候使其不爽当不足以妨大计故敢缘科臣建议而详布其愚所有请银造舟张官改额皆系更革统乞圣明采择　勅下该部查议施行俟其行之稍久官军狎习不妨渐加至数十万使黄河无梗或欲即以此舟河运亦不虑费惟意所欲复久废而足储蓄诚于国计至急且切不当复惮惜更费以失久远之利臣不胜战栗待罪之至

一定运米言海运既行宜定拨粮额以便征兑隆庆六年已有缺船粮米足备支运以后请将淮安扬州二府兑改正粮二十万一千一百五十石尽派海运行令各州县于附近水次取便交兑遇有灾伤改折则拨凤阳粮米足之

一议船料言海运二十余万通计运船四百三十六艘淮上木贵不能卒办宜酌派湖广仪真各厂置造其合用料价十一万八千四百两有奇即将清江浙江下江三厂河船料价并浙江湖广本年折粮减存及湖南班匠等银解用不足以抚按及巡盐衙门罚赎银两抵补

一议官军言起运粮船宜分派淮大台温十四卫责令拨军领驾每艘照遮洋旧例用军十二人以九人赴运其三人扣解粮银添雇水手设运海把总一员统之其领帮官员于沿海卫所选补所须什物即将河船免运军丁粮银扣解置办

一议防范言粮船出入海口宜责令巡海司道等官定派土岛小船置备兵仗以防盗贼

一议起剥言粮至天津海口水浅舟胶须用剥船转运至坝每粮百石给水脚银二两九钱其轻赍银两先期委官由陆路起解听各督粮官收候应用

一议回货言海运冒险比之河运不同旗军完粮回南每船许带私货人十担给票免税以示优恤一崇祀典言山川河渎祀典具载今海运所畏者蛟与风耳宜举庙祀以妥神明疏下部覆如宗沐言诏允行之

先是漕舟敝者几二千而漂没又八百艘盖几无漕云于是科臣宋良佐议行海运而山东左布政王宗沐力主

海运之策遂迁总漕都御史诏其议遂以二十万石自三月十八日自淮出海至五月二十九日抵天津后行之数年遇龙跃覆溺数万乃罢

万历四年工部覆止胶河疏云议照尚书刘应节侍郎徐栻建议新河要舍故河而寻便道在于匡家庄一带开浚以通海为主盖两海相贯则河渠充满海舟直达于河由河复入于海往来无滞诚为得策随该二臣改议黄皐岭又改船路沟今却于分水岭开试勘称河形太高而海最下势不可通遂议及乘潮导河障沙造舟等事意在多方求济大约以两头所恃者潮南自麻湾以抵朱铺凡五十里北自海口以抵亭口一百八十里皆可通潮巡抚李世达却谓南潮止及陈村闸距海口二十里北潮止及杨家圈距海口六十里间或至朱铺亭口者盖一年之内有大风迅烈潮流疾速则然不可以为常也且潮水倏焉而长倏焉而落落则未免守候耽延踰时况潮之所及为有限乎潮不足恃明矣又以中段所恃者张奴河至胶乃最下之地为秋潦所归十月以后日渐消耗至春月泉脉微细适粮运涌到之时虽置柜建闸以时启闭终不能使之源源而来滔滔不竭也至谓白河流沙为害议建坝二座以过水之入而谓水流坝下引以济河秋涨水经坝上则沙必与水俱入而谓内以停沙又皆臣等所未喻也河不足恃亦明矣两海口地方各有淖沙至谓为浅沙客沙亦能为害全河长亘二百七十里内沙洲颇多自王家丘至船路沟七里虽为便路其下有沙与否亦未可知沙在海中者潮水涌进沙必随之而入沙在地中者疏浚所及沙必随之而出虽上沙中半土或荡尽而沙则下沉日积日多愈挑愈有固非祛除所能绝亦非堤闸所能障也乘潮导河皆无足恃沙多水浅置舟则胶虽稍俭其制载粮三四百石亦非浅浅者所能胜也剥浅易舟建仓等议必将复起尚书刘应节亦谓善后之策难以逆睹窃恐所谓利者未必利而害将不止于什一矣　国家举事固不嫌于导河若无裨漕计亦奚以导河为哉今以百万之银驱数十万之众而希冀不可必成之功殊非万全之谋亦非二臣建议之初意也且尚书刘应节原奉明旨会同徐栻等并该省抚按官虚心计议先将难处开浚试验果否的有可行今抚按官李世达商为正俱各亲到地方公同开浚试验而执论互异如此则刘应节所谓为而可成成而可恃者询谋原未佥同事体委多窒碍相应停罢以省劳费

卷之九·海运·海道

元时海道自平江刘家港入海经通州海门县黄连沙觜万里长滩开洋沿山屿抵淮安路盐城县历海宁府东海县又经密州胶州界放灵山洋投东北行路多浅沙旬月始抵成山计自上海至直沽杨村马头凡一万三千三百五十里其后再变自刘家港出扬子江开洋落潮东北行离万里长滩至白水绿水经黑水大洋转成山西行过刘家岛入沙门岛放莱州大洋抵界河至直沽其道差直三变自刘家港入海至崇明三沙放洋向东行入黑水大洋直取成山转西至刘家岛入沙门放莱州大洋至直沽如遇风顺由浙西至京师不过旬月而已其道径便国初海运犹仍元旧自会通河成报罢嘉靖中寻胶莱故道烧凿马家壕十五里达于麻湾隆庆五年议因其故开新河令江南之粮由淮安清江浦口历新坝口马家壕麻湾口海沧口径抵直沽天津止一千六百里半从河行其海行者止由海套不泛海洋惟马家壕分水岭二处开凿为难遣科官勘报竟以无源水多沙碛而止

周弘祖曰淮河北岸隔一里为支家河通新沟至安东县有澳河向水三叉俱临淮可通东则有东涟河朱家河白家河七里河流入淮又东有盐场河平望河界官河牛洞河车轴河流入海俱宜筑塞中有遏蛮河在淮海之交可置闸以杀水势西则有沭阳水涸为太湖为传湖又有杨家沟西涟河崔家沟古闸河皆入涟河海口自支家河至涟河水程三百八十里入于海由海州赣榆至山东界历安东卫石臼所夏河灵山卫胶州瞭头营至麻湾海口计二百八十里隔马家湾五里可通把浪庙新河口店口社陈庄小闸戴高刘家大闸王朱社家小村至平度州又经窝铺停口大成昌渠小闸新河集秦家庄海仓口至大海口共三百七十五里大海口至直沽四百里通计一千四百三十五里与地图云登莱本海运故道稽之往迹平度州东南有南北新河水源出密县至胶州分为二流北河西流入莱之海仓口入海以其自胶抵莱故云胶莱盖元时所浚可避迤东海道数千里之险嘉靖十一年御史方远宜巡东莱访其遗迹为图表之副使王献力主其说近罗文恭亦取王议备载广舆图云海运惮文登南之成山登州北之沙门此两险多碛又成山突出当东洋之冲沙门旋扼处北洋之腹宜无靖势新河一开可避两险不尔则古潍水及沽尤河稍致力皆可免于两险

卷之九·海运·本朝海道附考

一自南京开洋出龙江关靠东边行使至观音山中洪一路好行至攀山北有浅滩中洪可行望方山东边中洪一路浅滩直过斩龙庙止至　鱼厂东路至龙潭驿一路水紧北边中洪可过径到仪真中洪北到金山寺西首十余里水紧不可抛猫寺北中洪都好行到礁山门仔细戳水行西南嘴有浅滩唤做姜婆沙西北下戳水中洪好行南有浅滩中洪到孟子河西南好行东北中间浅滩沙嘴占多是洪有芦青嘴东南冲出有三四里转过南中洪戳水行使便是黄山东北浅滩冲出大江中洪行使望西边紧水洪过东有马驮沙西南嘴冲出沙带一条东南亦有沙带一路中洪可行南有江阴县地方抛船江阴县西边是夏港过江阴县中洪到巫子门浅塞打外洪过唤做宝船洪望见西山虾蟆山可转中洪到虾□山西浅水好行南有谷渎港中洪有浅水南有洪照黄恩铺占南岸行使到夷铺港南有浅滩北边是洪到福山港中洪到白茆港北有狼山望东北戳水中有浅北有洪径到瞭角嘴南路于刘家港抛泊

一刘家港开船出杨子江靠南岸径使候潮长沿西岸行使好风半日到白茆港在江待之潮平带篷橹摇过撑脚沙尖转过崇明沙嘴挑不了水望正东行使无碍南有朱八沙婆婆沙三脚沙可须避之杨子江内北有双塔开南在范家港沙滩东南有张家沙滩江口有陆家沙脚可避口外有暗沙一带连至崇明洲沙亦可避之江北有瞭角嘴开洋或正西西南西北风待潮落往正东或带北一字行使戳水约半日可过长滩便是白水洋望东北行便见官绿水一日便见黑绿水循黑绿水望正北使好风两日一夜到黑水洋好风一日一夜或两日两夜便见北洋绿水好风一日一夜依针正北望便是显神山好风半日便见成山自转瞭角嘴东过长滩依针正北行使早靠桃花斑水边北有长滩沙向沙半洋沙阴沙冥沙切可避之如在黑水洋内正北带东一字行使料量风沉日期不见成山见黑水多必是低了可见升罗屿海中岛西边有不等矶如笔架山样即便复回望北带西一字行使好风一日一夜便见成山若过黑洋见北洋官绿水色或陇必见延真岛望西北见个山尖便是九峰山向北一带连去有赤山牢山二处皆有岛屿可以抛泊若牢山北望有北茶山白蓬头石礁一路横开百余里激波如雪即便开使或复回望东北行使北有马安山竹山岛南可入抛泊北是旱门亦有漫滩也可抛泊但东南风大不可抛击北向便是成山如在北洋官绿水内好风一日一夜正北望见山便是显神山若挑西一字多必是高了但见赤山九峰山西南洋有北茶山白峰头即便复回望东北行使好风半日便见成山一转过成山望西北行使前有鸡鸣屿内有浮礁一片可以避之往西有夫人屿不可在内使船收到刘岛西小门也可进庙前抛泊刘岛开洋正西行使好风一日到芝罘岛东北有门可入西北离有一百余里有黑礁一片三四亩大避之收到八角岛东南有门可入自芝罘岛有好风半日使过抹直口有金嘴石冲出洋内潮落可见避之至新河海口到沙门岛东南有浅可挨深行使南门可入东边有门有暗礁二块日间可行西北有门可入庙前抛泊沙门岛开洋望北径过砣矶山钦岛没岛南半洋北半洋到铁洋往东收旅顺口黄洋川西南有礁黄洋川东收平岛口外有五个馒头山进口内抛泊南边一路老岸外有一孤山望成儿岭尽头东望有三山正中进入内有南北沙带一条相连陡岸深水可以抛泊三山西有南川收进青泥洼西有松树岛北有孤山东北望看凤凰山便是和尚岛烽墩下占西有礁石西北有仓庙外有浅滩乱礁避之三山北看青岛一路山望海驼收黄岛使岛铁山往西收羊头洼双岛有半边山艾子口看搭山看连云岛东北看盖舟一路山看盐场西看宝塔台便是梁房口进入三叉河收牛壮马头泊

一直沽闻洋望东抛南一字行使一日一夜见半边出便见沙门岛若挑南字多了必见莱州三山便挑东北行使半日便见沙门岛若挑北字多必见砣矶山往南收登州卫北沙门岛开船东南山嘴有浅可挨中望东行使好风一日一夜到刘岛收入宫前刘岛开洋望东挑北一字转成山嘴望正南行使好风一日一夜见绿水好风一日一夜见黑水好风一日一夜便见南洋绿水好风两日一夜见白水望南挑西一字行使好风一日点竿累戳二丈渐渐减作一丈五尽水下有乱泥沙约一二尺深便是长滩渐渐挑西收洪如水竿戳著硬沙不是长沙地面即便复回望大东行使见绿水望东行使到白水寻长沙收三沙洪如收不著洪即望东南行使日间看水黄绿水浪花如茶末木夜间看浪泼如大星多即是茶山若船稍坐茶山往西南一字好风半潮北见崇明沙南见青浦墩沿岸刘家港如在黑水洋正南挑西多必是高了前有阴沙半洋沙向沙拦头沙即是瞭角嘴北便复回往正东行使看水色风汛收三沙洪如风不便收不得洪即挑东南行使看水色收宝山如在黑水大洋挑东多必是抵了可见隔界大山一座便望正西挑南一字行使好风一日一夜便见茶山如不见隔界山又不见茶山见黑绿水多便望正西行使必见石龙山孤礁山复回望西南行使见茶山收洪后住尽回帆程限

一辽河口开洋顺风一日一夜经至铁山南面山前带东铁二字望南行使经至成山收入南洋望正南行使三日三夜经至桃花斑水边望东行使见白水带西二字勤戳点竿寻投长滩一丈八尺渐渐减至一丈五尺望西行戳杨子江洪如寻不见洪内望下使必见茶山至茶山后水溺船稍南面坐茶山望西行使半湖便见崇明洲如若风顺一朝送至刘家港口内抛泊若船去回须记桃花斑水北有半洋沙向沙阴沙在洋内须要提防凡空回还不可料程早早可使船小料亦如此即防无碍

一福建布政司水波门长乐港船厂门船水程地头预要水手船只护送沿港海岛其神仙壁碧水屋山岛去处古有贼船到一良便船开洋送至三岔河口如过一日二日至古山寺登山送香烛防东南飓作潮大过日平息送至望琪港娘娘庙前抛泊过日至长乐港口过一日至民远镇巡检司过一日至总埠头港过一日至福州左等卫告要水手船送过一日至五虎庙总福过一日至五虎门开洋望东北行使正东便是裹衣山正北便是定海千户所东南便是福清县盐场过一日至王家峪海岛抛泊过一日至北高山巡检司西洋山口好抛泊过一日至福宁县晚收风火帮娘娘庙前抛泊过了一日至满门千户所防有天雾晚收 t2 艚巡检司海口过一日至金乡卫告要水手船只引送过一日至松门卫过一日至温州平阳县平阳巡检司海口至凤凰山铜盆山防东南飓作晚收中界山抛泊过一日至盘石卫但见天雾在中界山正北岛抛泊过一日南风行使至晚收北门千户所要寻捕鱼小列船送过一日南风往北行使过利洋鸡笼山等潮可行至松江港松门卫东港抛泊见捕鱼船十五六只便是港口过一日等潮开船至台州海门卫东洋山晚收抛泊过一日离温州望北行使晚到桃青千户所圣门口抛泊过一日开洋至大佛头山屏风山至涧跳千户所长亭巡检司要水手鱼船过一日于罗汉堂山到石浦千户所东门抛泊要水手送过一日至定海卫放回金乡卫盘石卫要稍水手离石浦港后门出过铜尾山后沙洋半边山党公爵溪千户所望北行使至青山门乱石礁洋至前仓千户所双脐港骑头巡检司前抛过至大嵩千户所过家门山招宝山进定海港定海卫南门抛要稍水船送烧总福娘娘庙祭奠开洋望北行使至遮口山黄公洋至烈港千户所海宁卫东三姑山望北行使若至茶山低了至金山卫东海滩松江府上海县海套水浅望东南行使过晚抛船等潮过半日大匕山小匕山过太仓宝塔望东北行使过两日两夜见黑水洋南风使船一日见绿水瞭见海内悬山一座便是延真岛至靖海卫口浅滩可预避之

舟行海洋不畏深而畏浅不虑风而虑礁故制海舟者必为尖底首尾必俱置舵卒遇暴风转帆为难亟以尾为首纵其所如且暴风之作多在盛夏今后率以正月以后开船置长篙以料角定盘针以取向一如蕃舶之制夫海运之利以其放洋而其险也亦以其放洋今欲免放洋之害宜豫遣习知海道者起自苏州刘家港访问傍海居民鱼户煎盐灶丁逐一次第踏视海涯有无行舟横道泊舟港口沙石多寡洲渚远近亲行试验委曲为之设法可通则通可塞则塞可回避则回避画图具本以为傍海通运之法万一可行是亦良便

前闻记①

下西洋

永乐中。遣官军下西洋者屡矣。当时使人有著瀛涯胜览及星槎胜览二书以记异闻矣。今得宣德中一事。漫记其概。

题本【文多不录】

人数　官校旗军火长舵工班碇手通事办事书算手医士铁锚木舱搭材等匠水手民稍人等共二万七千五百五十员名。

里程　宣德五年闰十二月六日龙湾开舡　十日到徐山【打围】　二十日出附子门　二十一日到刘家港　六年二月十六日到长乐港　十一月十二日到福斗山　十二月九日出五虎门【行十六日】　二十四日到占城　七年正月十一日开舡【行二十五日】　二月六日到爪哇斯鲁马益　六月十六日开舡【行十一日】　二十七日到旧港　七月一日开舡【行七日】　八日到满剌加　八月八日开舡【行十日】　十八日到苏门答剌　十月十日开舡【行三十六日】　十一月六日到锡兰山【别罗里】　十日开舡【行九日】　十八日到古里　二十二日开舡【行三十五日】　十二月二十六日到鲁乙忽谟斯　八年二月十八日开舡回洋【行二十三日】　三月十一日到古里　二十日大鯮舡回洋【行十七日】　四月六日到苏门答剌　十二日开舡　【行九日】　二十日到满剌加　五月十日回到昆仑洋　二十三日到赤坎　二十六日到占城　六月一日开舡【行二日】　三日到外罗山　九日见南澳山　十日晚望见望郎回山　六月十四日到埼头洋　十五日到碗碟屿　二十日过大小赤　二十一日进太仓【后程不录】　七月七日到京　十一月关锡奖衣宝钞

船号　如清和惠康长宁安济清远之类。又有数序一二等号。

船名　大八橹二八橹之类。

天象

下洋兵邓老谓予言。向历诸国。唯地上之物有异耳。其天象大小远近显晦之类。虽极远国。视之一切与中国无异。予因此益知旧以二十八舍分隶中国之九州者。为谬也。

娼冤

吴邑人朱生。宣德中商于湖襄。泊舟官河下。其旁四方客云集。娼船附焉。一日。忽传名妓新王二者至矣。众竞出观。至则果艳姬也。与一优偕来。其船比朱生之舟。既数日。凡生言笑动作。娼罔不察察。有眷眷意。数以言挑生。生亦漫应之。一日。生登岸。独留一仆在。娼即移船。就仆密问生之年里性度及其家族生计。以及妻之妒悍。子之多寡极悉。仆一一告之。乃去。迨生还。仆陈其状。生亦不为意。明日晚。娼视生在舟。使优邀生饮。又潜告生曰。君但言延我入舟则可。我欲有言于君耳。生从之。娼既入生舟。饮间戚戚无欢容。生数殷勤之。娼亦漠然不欢。使其歌亦不肯。俄先去卧榻上。生曰。小娘子既辱临近。何不开意为欢乎。娼曰。我自不耐烦。君勿缠殢也。生有新衫在榻。娼取碎裂之。生亦无愠容。惟心念风尘骄贱。不足介意。酒罢就寝。中夜问之。娼顾旁舟无觉者。乃低语生曰。我有冤。欲图之人。久不获。日者吾察君久。似见君有心人。故辄自求近。凡君身家我固悉知矣。独不见君性度。适裂衫。乃试君度耳。我用意精如此。不知君有此力量否。若果能担负。则我事乃济。而君

① 〔明〕祝允明撰。据明《纪录汇编》本。

亦不为无益也。生曰。吾素负义侠。岂不能庇一妇人乎。娼潸然曰。我非娼。淮安蔡指挥女也。吾父以公错调湖广之襄阳卫。挈家以行。至江中。舟人王贼乘父醉挤之江。并母死焉。僮婢悉尽。以我色独留犯乏。呼为妾。吾父赀素丰。贼厚载欲商于他。不几日。复为盗劫。吾贼仅免死。吾家赀乃空焉。贼欲归。以有我不可。进退维谷。遂以身畔余赀买小舟。使我学歌舞为京娼而来此。君能复吾仇于官。我终身事君为妾侍耳。因出父文牍示生。生慷慨许诺。翌日优来曰。二姐未起乎。生大詈贼。贼不知死所。复觅二姐乎。优知事泄。随生语自投于水。生遂持娼归家。娼卒老焉。

海寇议[①]

前编

宁波自来海上无寇每年止有渔船出近洋打鱼樵柴并不敢过通番者后有一二家止在广东福建地方买卖陆往船回潜泊关外贿求把关官以小船早夜进货或投托乡宦说关我祖宗之法尚未坏也二十年来始渐有之近年海禁渐弛贪利之徒勾引番船纷然往来而海上寇盗亦纷然矣然各船各认所主承揽货物装载而还各自买卖未尝为群后因海上强弱相凌互相劫夺因各结鯮依附一雄强者以为船头或五十只或一百只成群分党分泊各港又用三板草撇脚船不可计数在于沿海兼行劫掠乱斯生矣自后日本暹逻诸国无处不至又哄带日本各岛贫穷倭奴借其强悍以为羽翼亦有纠合富实倭奴出本附搭买卖者互为雄长虽则收贩番货俱成大寇

徽州许二住双屿港此海上宿寇最称强者福建陈思盼住横港后许二为朱都堂取委福建卢都司镗带领福兵破其巢穴焚其舟舰擒杀殆半就将双屿港筑截贼首许二逸去今见在京师王五峰名直亦徽州人原在许二部下管柜素有沉机勇略人多服之乃领其余党改住沥港后有一王船主卒领番船二十只陈思盼往迎之约为一伙因起谋心竟将王船主杀害夺领其船其党不平阳附思盼将各船分布港口以为外护而潜通五峰五峰正疾思盼之压已而沥港往来又必经横港屡被邀贼乃潜约慈溪积年通番柴德美发家丁数百人又为报之宁波府白之海道差官兵但为之遥援询知其从船出掠未回又俟其生日饮酒不备内外合并杀之尽夺其财德美所得亦以万计擒其侄陈四并余贼数十人送官及各船余党回还因无所依悉归五峰后虽有一二新发番船俱请五峰旗号方敢海上行使朱都堂所取福清船义官吴美干所领者不尽还本省一半亦从五峰五峰之势于此益张海上遂无二贼矣此因其有隙而用贼攻贼亦兵家之常未为失策五峰以所部船多乃令毛海峰徐碧溪徐元亮等分领之因而往来海上四散劫掠番船出入关无盘阻而兴贩之徒纷错于苏杭公然无忌近地人民或馈时鲜或馈酒米或献子女络绎不绝边卫之官有献红袍玉带者如把总张四维因与柴德美交厚而往来五峰素熟近则拜伏叩头甘为臣仆为其送货一呼即往自以为荣矜挟上下顺逆不分良恶莫辨法禁之坏至此极矣今虽平昔本分者亦往通之只是法弛故也近自破黄岩屠霏衢而其志益骄绯袍玉带金顶五檐黄伞头目人等俱大帽袍带银顶青伞侍卫五十人俱金甲银盔出鞘明刀坐于定海操江亭数日先称净海王僭窃叛逆腰斩指挥杀府知事杀百戸焚烧房屋掳掠妇女财物数月以来沿海军民被杀数万罪恶滔天在所不赦昔年太仓秦璠王艮之乱未尝见其攻一城杀一官而抚按衙门即以奏闻请将出师一面通行各省缉捕亲党剪其羽翼而其势始穷束手就擒地方遂宁今此贼屠城掠邑杀官戕吏一至于此而见今四散劫掠不于余姚则于观海不于乐清则于瑞安往来涂毒生灵无有虚日而犹混言倭寇不实上闻果何待耶今既曰倭奴酋长为谁是乌可隐也其所劫掠地方凡通番之家皆不相犯盖以立信故人皆兢趋而贼党之在省者纷纷不可复言奸细如王五峰之眷属徐碧溪之子弟亦且安住出入真若无人况其它乎而杭州秀才监生俱与往来厚为内交近日碧溪之子弟见为人首告拿获在官而又故纵

毛海峰鄞县人其父毛相乃黜退秀才先因长子毛子明通番逋欠货物以父往赀而后以弟代之颇有勇力善使佛狼机又善弹射五峰因育为子托为心腹就称海峰父去子来交驰番国其兄县学秀才亦尝看其弟银两财物不时差搬送至家而其父母尚在兄以科举入场且徐碧溪毛海峰皆五峰部下贼首也黄岩县实徐碧溪同侄明山率领攻掠又屠霏衢其恶不在五峰之下族诛犹有余辜而待之若此是为无法杭城歇客之家明知海贼贪其厚利任其堆货且为之打点護送如铜钱用以铸铳铅以为弹硝以为火药铁以制刀鎗皮以制甲及布帛丝绵油麻等物大船装送关津略不讥盘明送资贼继以酒米非所谓授刃于敌资粮于盗乎此自古所未有也或又曰行法虑以招衅若只畏忌必欲法不行而衅不招但各悠悠以度时而彼贼养一日四方点猾之来附者日众沿边财物之劫虏者日富毕竟纵之何所至而后已也且今日之屠残是果谁招衅以激之耶正在法之不行有以酿成之耳今为调停之

① 〔明〕万表撰。据明嘉靖吴郡袁氏嘉趣堂刻《金声玉振集》本。

说与之送货及馈酒米以姑从其请者此即宋之和议前此已误岂容再误耶近又有海贼厚利欲变祖宗成法倡开海市以息乱者全无后虑且不知致乱之原盖在于法弛而非有严法以致之吾恐市一开而全浙危矣先年夷斋沈公为海道正当群盗纵横之时虚心访究尽得其情惟尽心奉法略无假借凡地方积年通番者一拿即至不敢踰时按法治罪虽豪右不能以计免而人皆始知惧法无敢窥海者如巨猾柴德美亦逃之福建而不敢归番船亦各渐往广东别为生理若迟以一二年海道其肃清矣惜乎其去之速也岂边海之当厄耶至今士民皆怀诵之后自沈公之去而法禁复弛逃避者复回问罪者复脱而海贼复横复又拆巡海之哨船减塾寨之成卒城垣任废而不修边粮侵欠而不究海贼杀掠禁不许报惟务隐蔽但令边官买贼以为功姑以塞责祖宗之法益荡然矣夫以朱中丞捣穴焚舟除海巨寇凿山筑海功非不伟而人未有怀之者盖以其高而不下粗而不察惟专攻其末而反遗其本临下虽过严地方之通番纷然如故除一许二增一五峰其劳宜不足称此不犹汲水灭火而厝薪沃膏者之不息乎本之所当先而末之所当后也明矣今以杭之兵卒器械不利裹粮不足盛暑以往即欲攻其末不亦难乎赭山鳖子门又焉能守贼船尽入其将何法以御之但为之迎贼可也各郡役民守城妨其生理殆不可久况通番者得利而良善者受劳人心焉服且勾引者之不除则海贼必不可去从逆者之不正其罪则远近黠猾者何所惮而不为此纪纲法度朝廷所以维持天下不可一日或废者也岂胜太息识者有谓今岁不亟为处养至明年二三月间其势决不可复为浙东诸郡皆危矣岂特浙东之危如杭州由鳖子门而入嘉兴由澉乍二浦而入其先潜住诸党又为之内应亦不可保殆不为迂然即今诚犹可为也但以朝廷之法治之则有不待血刃而可以成功者交通即绝酒米不馈彼亦不能久住今舍其易而不为坐失事机何哉且闻此贼攻掠之处未尝不有人勾引而但无勾引者则不攻掠则可知矣近又闻许二舰海禁之弛纠领黑番船复来海上此尤可忧愚衷切切不觉言之憨直伏惟公为国者一垂览焉

后编

王直歙人少落魄有任侠气及壮多智略善施与以故人宗信之一时恶少若叶宗满徐惟学谢和方廷助等皆乐与之游间尝相与谋曰中国法度森严动辄触禁孰与海外乎逍遥哉直因问其母汪妪曰生儿时有异兆否汪妪曰生汝之夕梦大星入怀傍有峩冠者诧曰此弧矢星也已而大雪草木皆冰直独心喜曰天星入怀非凡胎草木冰者兵象也天将命我以武胜乎于是遂起邪谋嘉靖十九年时海禁尚弛直与叶宗满等之广东造巨舰将带硝黄丝绵等违禁物抵日本暹罗西洋等国往来互市者五六年致富不赀夷人大信服之称为五峰船主则又招聚亡命若徐海陈东叶明等为之将领倾赀勾引倭奴门多郎次郎四助四郎等为之部落又有从子王汝贤义子王滶为之腹心会五岛夷为乱直有宿憾于夷欲藉手以报及以威慑诸夷乃请于海防将官而剿之无孑遗者而声言宣力本朝以要重赏将官馈米百石直以为薄大诟投之海中从此怨中国频入内地侵盗直又尝以扁舟泊列表参将俞大猷驱舟师数千围之直以火箭突围去怨中国益深且眇官军易与也乃更造巨舰联舫方一百二十步容二千人木为城为楼橹四门其上可驰马往来据居萨摩洲之松浦津僭号曰京自称曰徽王部署官属咸有名号控制要害而三十六岛之夷皆其指使时时遣夷汉兵十余道流劫濒海郡县延袤数千里咸遭荼毒而福清黄岩昌国临山崇德桐乡诸城皆为攻堕焚燔庐舍虏掠女子财帛以巨万计吏民死锋镝填沟壑者亦且数十万计比年如是官军莫敢撄其锋但为计狡谲每残破处必诡云某岛夷所为也故东南虽知王直之叛而不知受祸之惨皆由直者独总督公胡前按浙时见贼进退纵横皆按兵法知必有坐遣者且贼酋来者皆直部落也而不闻直来其为坐遣无疑先是间使徽州收其母妻及子千金华府狱中至是出之丰衣食洁第宅奉之以为饵而疏请以移谕日本禁戢部夷为名其实注意伺察直也上从之乃遣生员蒋洲陈可愿充正副使以行公以密计授洲等曰王直越在海外难与角胜于舟楫之间要须诱而出之使虎失负嵎之势乃可成擒耳又曰王直南面称孤身不履战阵而时遣褊裨杂种侵轶我边圉是直常操其逸而以劳疲中国也要须宣布皇灵以携其党使穷发皆知向化则直之势自不能容然后道之灭贼立功以保亲属此上策也洲等领计敬诺而行居无何倭酋董二被擒讯道直事甚悉与公所料不爽毫发中外始晓然知状于是上以公灼见祸本降玺书褒劳而阃外之事一以委公公得旨规罗益密御史金淛陶承学交章请立赏格有能主设奇谋生擒王直者封伯予万金部议从之诏曰可嘉靖三十四年十一月洲等至五岛遇王滶道以移谕事滶曰无为见国王也此间有徽王者岛夷所宗令渠传谕足矣见国王无益也明日直出客馆见洲等椎髻左衽旌旗服色拟王者左右簇拥洲等心动坐论乡曲设酒食相对情欵方洽洲等曰总督公遣洲等敬劳足下风波无恙直避

席曰直海介逋臣总督公不曳尺缠牵而鞫之而远劳讯使死罪死罪洲等曰总督公言足下称雄海曲志亦伟矣而公为盗贼之行何也直曰总督公之听误矣直为国家驱盗非为盗者也洲等曰是何言与足下招聚亡命纠合倭夷杀人剽货坐分卤获而为之辞曰我非为盗者是何异于昏夜操罟以临人之池执之则曰我非盗鱼者为君护鱼者也虽三尺童子知其心不然矣直语塞洲等曰总督公统领官军十万益以镇溪麻寮大剌土兵数万艨艟云屯戈矛雨注水陆戒严号令齐一而欲以区区小岛与之抗衡是何异于螳螳臂以当车辙也又曰总督公推心置腹任人不疑拔足下寿母令妻于狱中馆谷甚厚则公之心事可知矣何不乘机立功以自赎保全妻孥此转祸为福之上策也直默然而罢乃挟洲等巡数小岛而还而从此风闻外夷随其颐指者颇少变而叛贾倚直为渊薮者多有离心直始不安于彼矣初直闻母妻为戮心甚忿欲犯金华及闻洲等言无恙又窃喜于是始有渡海之谋日夜集所亲信者计之谢和等曰今日之举未可冒昧以往也当遣我至亲为彼所素信者先往宣力以坚其心待彼不疑然后全师继进始可以逞直笑曰妙算也遂托宣谕别国为名留蒋洲在岛令叶宗满王汝贤王激同陈可愿回至宁波诘之皆云宣谕未至时徐海陈东已拥萨摩洲夷过洋入寇矣今王直归顺先遣叶宗满等投赴效力成功之后他无所望惟愿进贡开市而已公得报已揣知其计姑从所请疏上许之公喜曰虏在掌中矣先是海中倭寇败没有零寇百余据舟山为乱公遣叶宗满等协助官军剿之尽歼焉公疏上功次犒赏有差王激笑曰此何足赏若吾父至当取金印如斗大嘉靖三十五年三月徐海等果拥众十余万寇松江嘉兴诸郡甚急声言欲下杭城取金陵势张甚公乃谋之王激等以观其意激等初欲小试殷懃故甘心千舟山之寇至于徐海等正其所倚以图大事者且欲速直来共济乃辞曰是非吾所能办须吾父来乃可耳遂留夏正童华邵岳辅王汝贤在军门自以招直为名与叶宗满开洋去是年徐海等以次就擒事见徐海传公恐形迹彰露委心留用王汝贤等抚摩若亲子然叶宗满兄弟并加礼遇时时对将吏士民曰直非反贼顾倔强不一见我见我当有处也直闻公意指谓公诚朴可欺欲乘机以全亲属且未知徐海等败没以为纵不知所料亦可与之应援得志而去遂决策渡海先遣蒋洲次遣王激叶宗满等率锐卒千余执无印表文诈称丰洲王入贡先泊岑港据形胜分布已定直乃与谢和等慷慨登舟酾酒誓众曰俞大猷吾尝破之列表泊岸时须备之公当直未至时已度其有隙豫调俞大猷于金山而以总兵卢镗代之卢镗者旧与王激等从事丹山同饮食抚循倭夷备至直坦然不疑惟日聚群倭砺兵刃伐竹木为开市计且索母妻子弟求官封时公计已定仍姑列状上请以安其心上已知直为釜鱼智力俱非胡公敌乃显诏王直既称投顺却挟倭同来以市买为词胡某可相机设谋擒剿不许疎虞致堕贼计公奉诏秘而不宣夜驰至宁波城图方略密调参将戚继光张四维等督诸健将埋伏数匝水陆要害星罗棋列鱼鸟莫度乃以夏正等为死间谕直曰汝欲保全家属开市求官可以不降而得之乎带甲陈兵而称降又谁信汝汝有大兵于此即往见军门敢留汝邪况死生有命当死战亦死降亦死等死耳死战不若死降降且万有一生焉直拂然不悦而公与其所亲信王激叶宗满先遣来见者连床卧因佯露诸将请战书十余篇于几案王激等窃视惊怖夜半公作醉梦中语云吾欲活汝故禁不进兵汝不来休怨我也含糊其辞吐满床王激等漏之于直直始疑之又使其子澄啮指血寓直书云军门数年恩养我辈惟愿汝一见使军门有辞于朝廷即许眷属相聚汝来军门决不留汝藉令不来能保必胜乎空害一家人耳又使邵岳童华等往来游说直犹豫未决公以直执恋岑港已踰五旬察其心神终属观望乃开关扬帆示欲进兵直探知四面兵威甚盛终无脱计且知徐海等败没孤立无援因叹曰昔汉高祖见项羽鸿门当王者不死纵胡公诱我其奈我何乃曰部兵无统欲得王激摄之公知海上诸贼惟直多智习兵久雄异域得人心为难制其余皆鼠子辈毋足虑诸将亦云以犬易虎不可失也遂遣激往直乃桀然诣军门时嘉靖三十六年十一月也公执之付按察司狱乃集三司诸大夫参议曰王直始以射利之心违明禁而下海继忘中华之义入番国以为奸勾引倭夷比年攻劫海宇震动东南绎骚虽称悔祸以来归仍欲挟倭而求市上有干乎国禁下贻毒于生灵恶贯滔天神人共怒问拟斩罪犹有余辜公具疏上请得旨斩直于市枭示海濵妻子给功臣之家为奴王汝贤叶宗满俱从末减边远充军王激出洋为飓风所覆其余从贼鱼散鸟惊奔聚山谷公亲督官兵扫除党与皆绝嘉靖三十九年二月兵部始以封赏之议上请诏曰大憝既除海氛已靖部议报谢徐徐何也胡某可太子太保都察院左都御史兼兵部左侍郎荫一子锦衣卫副千戸其余有功者升赏有差

倭情考略[①]

维扬当南北咽喉为陵京重地门户且商贾舟车之所走集也故倭往往窥扬而谋国防倭者于扬尤加之意焉洪武七年倭入寇命汤和筑海上备倭数城则如皋掘港始设备倭军与通泰兴化等所并列意深远矣

嘉靖壬子汪直引倭寇闽广吴浙延及江北自甲寅至己未凡六载始罢时承平日久民不知兵兵不知战扬属概受焚掠杀害之惨及后兵练备修倭来辄殪鲜生还者今倭何敢轻来即来何能为哉余窃以朝鲜近事度关白举动谓倭不来则已来则今昔情异而备之有难易焉昔倭以千百为群众不逾万今来必拥大众昔倭志在抢掠满载则归今来必图攻取倭众无统纪败不相救今来必奉将令进止此今昔倭情大较也昔倭情若彼故利其入而击之而出海诸口可扼今倭情若此倘纵之入则难驱矣故御之外洋勿令近岸御之水滨勿令登岸奇策也待倭入港登岸之初急击驱回勿令残害岸上居民上策也竖壁清野纵倭浅入扼之要害而歼之中策也如不能扼之要害竟被深入虽能歼灭亦得失相半是为下策今民众势难收敛兵少地难分布无论下策即中策尚恐难支势必出于上策奇策而后为万全此今昔难易之辨也

且就昔倭观之初之长驱者何非以我兵人各为战乎后之失败者何非以我兵协力为战乎夫镜往可以知来也今欲决策御倭以保内地者其必申明协应之令乎以江北海上大势言之外洋则大小七山浪刚丁兴蛇山以至南之下八山马迹苏窦磬蒲磬陈钱北之青峰等处皆入犯之倭舣舟取水者汛兵出哨能于此协力拒倭乎倭当水食将竭之时我得主客劳佚之算矣过此而滨海东南则廖角嘴吕四余东大河口江家卢家金沙西亭石港掘港新插港角斜场等处东北滨海则庙湾云梯刘庄姚荡安东盐城蛤蜊麻线港等处江海门户则狼山左右各港皆有水上防汛舟师及各信地官兵可水陆协力扼倭者果能于此扼倭不令登岸功与外洋不令近岸者同奇也即听其登岸或尾其后或悬其前或椅其左右不得深入杀掠而走之海中功亦上矣如谓倭众登岸地旷难制则当如中策扼其要路如皋丁堰海安三路倭所必由也昔年调兵屯守成规可仿多兵犄角自能阻过况南有狼山总兵北有庙湾参将贰兵亦可遥为策应乎至于江边登岸即为村落非海滨沮洳可比故通州狼山以西如任家港灰港竖河天生石庄黄桥周桥新港瓜洲仪真等处尤必不可容之登岸者如谓江洋浩渺倭从中流直上两岸兵易推诿误事则泰兴以南靖江以上适中之处择永生壹洲设立舟师营寨责之哨防上下策应两岸使倭不北登不西向似为得策见今议行可蚤决也

水陆游兵随在追倭勿分远近信地主兵左右合杀勿相推诿申著为令敢不同心又如皷濒海竈勇以尾截倭之往来收江海盐徒以为我羽翼不为倭用虽曰旧议亦可资其协应者推协应之议而广之则一境受倭而邻境应之一府受倭而邻府应之江北受倭而江南淮南应之令倭随处受敌首尾不及相顾则我可百战百胜倭即有能将拥众而来我乘未入先挫其锋且令不得踰皋泰以窥扬况扬以西哉或谓海外战功人鲜知见曾有被掩不录者即登岸驱回功谁称奇必内地剿倭其功方显况倭入一饫其欲无心恋斗破之亦易昔戚刘诸将多用此成功今胡抑为下策耶噫此功利畏怯之徒不顾民社倡为此说而不知倭深入内地受祸已深即功成破倭然此焦头烂额之辈安可与曲突徙薪者道耶兹宜以今鉴昔图难千易合异为同明示约束责成汛防官兵严立观望逗留纵倭深入之罚重水战及登岸战功之赏务行奇策上策而以中策为后应可也

倭国事略

日本即古倭奴国也去中土甚远隔大海依山岛为国邑隋书记在百济新罗东南其地形类琵琶地势东高西下东西数千里南北数百里九州居西为首陆奥居东为尾山城居中乃彼国之都也其国君以王为姓以尊为号后改称皇初居日向筑紫宫后徙山城国文武僚吏皆世其官有德仁义礼智信大小拾贰等及军尼伊尼翼诸名山城

① 〔明〕郭光复撰。据旧抄本。

以东地方广邈虽倭奴远服贾者不能阅历而知况华人乎故其岛之数可考而其间广狭至到有不能考者今姑据之所闻者而述之山城之南为和泉又其南为沙界沙界之东南为纪伊纪伊之西为伊势山城之西为丹渡左为摄津左之西为摄摩右为但马右之西为因幡丹渡西为美作左为备前左之西为备中右为因幡右之西为伯耆美作之西为备后之北境出云之南境备后之西为安艺出云之西为石见安艺石见之西为山口国即古之周防州也山口之西为长门关渡在焉渡此而西为丰前其南为丰后又其南为日向丰前之西北为筑前西南为筑后筑后之南为大隅大隅之西为萨摩丰后东南悬海为土佐为伊豫为阿波阿波相近悬海为炎路土佐丰后之间为佐加关萨摩之北为肥后又其北为肥前肥前西悬海为平户平户之西为五岛北为多艺为伊岐为对马岛

其西北至高丽也必由对马岛开洋南至琉球也必由萨摩州开洋顺风七日其贡使之来必由博多开洋历五岛而入中国因造舟水手俱在博多故也贡舶回则径收长门因抽分司官在焉故也若其入寇则随风所之东北风猛则由萨摩或由五岛至大小琉球而视风之变迁北多则犯广东东多则犯福建若正东风猛则必由五岛历天堂官渡水而视风之变迁东北多则至乌沙门分䑸或过韭山海闸门而犯温州或由舟山之南而犯定海犯象山奉化犯昌国犯台州正东风多则至李西嶴壁下陈钱分䑸或由洋山之南而犯临海犯钱塘或由洋山之北而犯青南犯太仓或过南沙而入大江若在大洋而风歘东南也则犯淮杨犯登莱若在五岛开洋而南风方猛则趋辽阳趋天津大抵倭舶之来恒在清明之后前乎此风候不常届期方有东北风多日而不变也过五月风自南来倭不利于行矣重阳后风亦有东北者过拾月风自西北来亦非倭所利矣故防春者以三四五月为大汛九十月为小汛其停挠之处焚劫之权若倭得而主之而其帆樯所向一视乎风实有天意存乎其间倭似不得而主之也第此在往时则然若今窃扰朝鲜无论风向东西南北皆可扬帆入犯此中四时皆当防汛矣大约向之入寇者萨摩肥后长门三州之人居多其次则大隅筑前筑后博多日向摄摩津州纪伊种岛而丰前丰后和泉之人亦间有之乃因商于萨摩而附行者也日本之民有贫有富有淑有慝富而淑者或登贡舶而来或登商舶而来凡在寇舶皆贫与恶者也山城君号令不行徒寄空名于上非若我中国礼乐征伐自天子出大一统之治也山口丰后出云开三军门各以大权相吞噬今惟丰后尚存亦不过兼并肥前等六岛而已山口出云以贪灭亡欲望彼国之约束诸夷断断乎不能也

倭患

【自嘉靖叁拾叁年来倭入犯我淮南无论数拾次其四路焚劫得利者固多并未闻陷我城池至我兵抵死血战为我所杀伤败走者亦不少其得失胜负盖相半也用兵者知彼知我知其所以得失所以胜负而全倭在吾目中可制挺以挞之矣故志之】

嘉靖叁拾叁年倭始犯江北

【壬子癸丑年倭先在吴浙肆掠甲寅年贼首徐海号明山者汪直之党也残破江阴等县仍屯松江柘林分掠江北】

叁月倭入掘港犯如皋主簿阎士奇率乡兵迎敌于曹家庄击败之又倭掠丁堰已又犯县北极门复败之

【时县未有城池富民惧奔扬泰城中及四乡逃匿惟乡兵及贫不能奔者恐倭至焚掠奋勇远出御之先曹庄杀死叁倭已又至县治北乡兵来河且行且相又合战于仓东倭箭伤我兵数人我兵恋战不退且市儿亦持瓦石自阵后奋击倭亦多伤北遁县吏追斩一首首时赏格未立知县陈雍吝赏兵各解体未收全功】

肆月倭困通州城郭参将守却之

【困城月余时城外民居大被焚掠常来攻城郭参将随机应变御之一夕倭驱被掠者运顾姓书楼所积群书填城河将渡击退又用佛浪机在隔河楼上对城攻打城上用水湿被褥遮之弹不能入又一夕来约次日伍鼓攻城郭参将虑暗夜难防密令司更者惩期至天明犹击叁皷倭原传众肆皷造饭比闻叁皷太久起视已明矣急攻各门独用壮倭负巨木门扇蔽矢石以攻南门甚急城中从容御之解围而去又乡民义勇曹鼎者勇力过人手执竹枪数杆迭掷杀倭常以一身横扼倭冲杀倭数拾人令之不得追杀奔逃者所全活以数千计屡战辄胜倭最惮之后卒死于倭东南乡兵战功鼎为第一至今通人祠祀焉】

倭屯掘港肆掠守备张寿松杨缙先后御之寿松无功杨缙亦败绩

【先盐院黄公国用者遣守备张寿松御掘港倭松观望不进巡抚郑公晓者又命守备杨缙戍如皋缙提兵独

往当之兵醉陷千淖中败绩倭追及缙射渠魁杀之始免】

伍月倭犯如皋主簿阎士奇率乡兵迎至东陈镇败之已又窥犯县泊值颍州甲兵至击败之

【时如皋乡兵不满伍百常战却倭倭恨之仍遣谍探县市路径东陈之战获倭佛郎机贰座又每次望见皋兵阵中有叁大人在焉询被掠者知神助阵且遣谍以铁针针各神像足以厌之期数路并进陷县谋泄民正惶惧忽值徐道调颍州铁甲兵伍百适至倭以渐近遂迎至蒋铺御之倭在勇力战我兵不退杀倭拾余级内一酋身被百余枪始斩其首秤重贰拾陆斤倭长技在前见射不伤人乃啮指惊惧遁去盖自入犯以来始见甲兵故也此来声势甚大非甲兵至危矣】

城如皋海门泰兴瓜洲

【巡抚郑公建议请城濒江海中要处以备倭也】

叁拾肆年肆月倭犯海门知县赵卿率兵败之

【时有卢家等场灶勇协力故能成功】

伍月参将乔基等击倭于吕四场败之

【基与都指挥张恒通州同知印宷统兵夹击获功中多协从平民云】

叁拾伍年肆月千百户戚继爵等提兵戍通州狼山御倭死之

扬州卫千户洪岱文昌龄领军至通州遇倭死之

【时通州告急各处未设将官洪文贰千户领军援通州至西门遇倭误认为迎接人役也失于防备遂致束手遇害】

倭薄扬州城都指挥张恒千户罗大爵鲁沂御之于教场兵溃死之

【时倭一从瓜洲入一从新港入一从通州入一日报倭至蔷薇港人不知信次日又报倭至霍家桥本府见倭来逼近急出牌催城外居民入城次日倭至东关奔逃者争渡河不得将沿河北走又遇北路倭至被杀及溺死者数千人横尸断流血浸数拾里皆愚民不早敛避是以受祸北倭渡河西四散放火杀掠卫官张恒等怆惶领兵列营教场中未敢轻出击倭忽见有挥扇持刀连接单行入教场后门者官兵不知为倭也及后见其形状不同始知是倭仓卒点铳放箭无能中倭者倭径前进我兵渐退倭忽吹号挥众围杀我兵溃败恒等俱死于围中倭乘胜追败兵出辕门遇戴家楼上集山陕善射盐客乱射之倭始退去仍出柳巷四掠时小东门城上守者见倭射入惧其几溃非盐客射退倭必攻门矣】

伍月倭犯瓜州民夫击走之

【时抬盐脚夫百人见倭即用扛畚击倭不能当各弃刀伏逃走伤倭颇多上官目为脚兵云】

倭复犯扬州府同知朱裒等死之

【先次掠扬之倭屯舟江千入掠满欲捉市民负载送入舟中矣拾余日后倭复至扬裒与高邮卫经历晏锐率千户贾勇应袭男恩及官兵出城渡河东御之忽被倭众一拥前来杀散官兵将裒与锐掳至井巷口被害至今巷口立双忠祠祀之有倭掳坐演武厅城上用佛郎机击倭火药延烧小东门城楼仓皇自救倭亦稍退大东门外及缺口钞关一带先后大被焚掠又烧毁盐堆无数惟西门一带未经倭患】

倭至仪真五里铺

【倭将西犯仪真县行至五里铺望见一红面巨神立马持刀横截去路倭询被掳乡民知是关神倭畏退东奔至今其地立关神祠祀之】

无为州同知齐恩与倭战于圌山之北江中死之

【恩陕西隆德县人祖敏知四川蒲江县杀贼有功与贰子俱死于贼诏为立祠恩荫入国子监授序班迁河曲知县御寇修边有功抚按保留久任九年考绩迁无为同知闻东南久罹倭患竭忠图报练兵衣械一毫不敢于民长江赖以保障倭犯上流奉檄即率子孙叔侄兄弟几拾贰人领兵赴敌一至圌山即身先士卒皷众而前杀倭数多倭遂畏惧奔溃乘胜逐北误中倭计戒于侄曰一死莫惜图成功以靖国难举家赴敌至于力竭势穷又曰儿辈勉存宗祀吾与此倭誓不俱生由是次子齐嵩等肆人得脱恩与长男尚文孙童叔仲实弟宝荣侄友良及大卿力战不屈俱死于倭一门忠义自有倭患所未有也人以为克绳祖武云】

副使马慎追倭于狼山败之都指挥邓城又败之

【倭遁出江慎追败既而邓城又追败沉其舟拾伍是年犯北之倭凡五而庙湾之倭尤剧副总兵卢镗参将刘显士舍人彭志显屡进攻之倭遂败遁】

增建扬州东关城成

叁拾陆年肆月倭攻海门县应袭百户俞宪章死之

【倭遂乘胜西犯通州如皋等处】

倭攻如皋城固守却之

【时倭大举约贰千余犯城列阵拾余里刀光耀日喊声震地旦近城河赶杀人民以示威从来倭入不过千百乃拥众之盛自此始乡兵在城见倭沿河杀人放火愤欲缒出城下一战署县姜通判以寡众不敌固止之倭放箭及乌铳入城者以数万计城中士人不畏竞拥上城观倭仅伤叁人城中得矢近万余见城守严谨随焚掠北去】

伍月倭又攻如皋城击却之

【此后至之倭叁千余众夹河奔城追我排马几及之因近城得脱倭复捉我数人杀之仍各持门扇自蔽放箭攻城先次倭攻城时府署官恐激倭困城禁止城上勿放矢石人皆不平至是官始传令击倭矢锐齐发击伤一巨酋倭挟去焚之时城上箭发如雨倭遁往北去所过一路焚掠】

倭犯扬州参将王完伯御之于河东转战至铁盘厂败之

【王完伯山东人谋勇出众所部徐兖马兵精锐善战先闻倭报设伏于上年倭来路径待之不意倭从瓜洲至缺口河东完伯恐其西渡难与交锋乃一面调兵驰伏于湾头铁盘厂地方一面亲领贰拾余人诱倭倭见其扶病临戎遂追战不舍完伯令兵且战且行引至伏处骑兵一起冲倭阵为数段鼓众攻之杀死多倭传令事完方许下马割首倭势大败有马公子者自募家兵突来混抢首级乱我兵营阵倭得逸去扬城之战惟见此举足寒倭胆至今人羡服之】

倭入宝应县

【倭见扬州东关及瓜洲俱设添城堡不得肆掠乃从高邮至宝应县县旧无城焚掠殆尽后始建城】

倭犯天长都指挥沃田把总岳君宠与战死之陆月副使于德昌参将王元伯刘显击泗洲倭破之倭遁出海追至安东庙湾又败之

【时倭掠泗洲为官兵所败德昌等会击之显身先士卒杀衣红倭首一人群倭大乱元伯督兵乘之倭大溃败追及于舟所水兵复自下应之倭死者无算而倭遁出海总兵刘显败之于安东千户汪时中又败之于庙湾匣子港倭竟遁去】

叁拾柒年叁月调山西边兵叁千戍如皋游击丘升统之

【时土兵客兵不能平倭故疏调边兵驻如皋要冲防备丘升山西偏头关人屡世战将种也持重善射御军有纪临阵声色不动身先士卒所统山西一千皆披甲骑马善战河涧保定府赴边义勇二千皆善射地方赖之兵春至秋归凡伍年始罢】

叁拾捌年肆月倭犯海门通州副总兵邓城败绩

【时狼山新设制总兵舟师兵器未备所募浙兵多未经战倭突泊海门杨树港邓城一战折兵肆百余名城兵迤逦倭尾莫敢撄其锋】

倭犯丁堰毛兵败绩千户王良吕忠战没丘升击却之

【此杨树港倭也初柒日过白蒲至丁堰镇毛兵边兵障于两河倭见河西毛兵单弱因往冲击毛兵毛兵力战斩数倭忽倭自蒲中袭其后众遂惊溃千户王良吕忠败死毛兵柒百止存陆拾叁人丘升隔河勒兵救之斩倭拾余级但部兵尽割被倭杀死毛兵之首报功不早禁止虽事竟发觉不许论功而令毛兵身首异处惨矣】

倭犯如皋城丘升背城击败之邓城再战败绩升复追击败之

【初玖日倭贰千余薄如皋城海防兵备道刘公景韶仗剑临城督署县府通判姜寿固守仍令游击丘嵩率兵背城一战斩获首倭并生擒壹拾叁名内获一酋乘舆名四大王者倭遁入龚家庄距城叁里丘升将驰兵攻围之邓城适至再三争欲乘边兵战胜之威再战立功以雪前耻升不得已听之倭见通州营兵列阵于县北阻其去路遂大

呼乘之城又折兵贰百余升急驰兵救之又斩柒级倭遁值犯泰兴一夜杀死乡民男妇一千七百余名口此时城不独当倭倭则升必成功民何受此惨害故人皆恨城坐军法论死】

倭犯卢家场千户汪时中击却之

【倭从大河口吕四场登者以千计据卢家场时中与把总张大义合兵围之大义意欲困之旦待诸兵齐至然后进击时中奋然曰我等既受委任坐视倭之肆虐民之荼毒而不肯前何也大义固沮之遂与有隙时中单骑提双刀突入倭营所倭数人倭大惊异相雇错愕莫敢谁何似有叹羡其勇而欲收用之意时中绕倭营后倭追之部兵往救之倭大败走为之丧气】

参将胡宗义与倭战于海安兵溃千户赵世勋镇抚韩彻死之又副使刘景韶统边兵追剿尽歼之

【此拾肆日事也时海安先调有毛葫芦立营守之毛兵素贪宗义新任无纪毛兵为倭所饵而败官兵皆溃世勋与彻死于阵提督李公遂檄召副使刘公景韶率丘升边兵逐之斩虏一百二十级时我兵亦损四十余人倭奔北去官兵陈忠等复追败之倭奔张家庄官兵围之因从火攻焉倭奔新州官兵后追败之俘斩尽绝约二百伍拾有奇其别支在曹家庄亦为景韶所败奔潘家庄景韶复斩绝】

游击丘升围倭于如皋城西周宣庄倭溃围遁

【此二十一日事也倭被边兵追杀势穷奔至周宣庄房内又驱兵运草填门将焚之倭狡计折□□□□□□□□□□□□□□□□□□□□□□□冲出复军八十人失兵器无数升急索马亲手射死数倭方免时攻围三日夜值大雨如注军困敝矣升督战甚力期尽歼之倭穷计生是以得出我不意逸去】

副使刘景韶游击丘升追倭至泰兴新河败之

【此二十八日也斩首九十颗随擢丘升为扬州参将】

陆月又御倭于如皋西场败之又击却倭于姜堰镇东

【时江南逸倭复犯通州长驱而西副使刘景韶以兵扼如皋义河断倭西行游击丘升先在西场伏兵待之倭果徜徉而至我骑兵张两翼以冲其腋大炮摧其中坚一饷时斩首三百余级倭败奔仲家庄围之三日缺其一面倭不敢遁凡斩大酋首以下一千五百二十七级生擒十五人至于西场有平倭塚在又别枝倭突犯姜堰镇升统兵遮击保全之倭遁往刘庄及七灶河】

倭自竖河犯如皋

【倭三百从江直上入竖河港登岸一路焚掠犯皋东门时丘游击兵在旧场止留荫子在皋子欲单骑出战署县者曾受升嘱虑其轻敌不肯开门放出旦固止之人皆壮其胆勇】

刘景韶统兵追倭于刘庄场等处尽歼之参将丘升首倡冲锋战殁

【此二十九日也时倭贼近万逋至刘家庄墙院景韶督七营官兵围困莫敢先攻一夕忽见大□□□□□□□□□□□□□□入倭巢已手歼三倭各倭拥出以长枪群刺之马上短兵难敌官兵不蚤接应致被重创时分宜当国向军门索赂军门又索之将官故升不得不克饷以应由此军心离异观望不进升伤重坠马部将救出已不能言驰送回皋调理至海安气绝将领哨及队长哭声震地月余不止殡归之日姜堰居民感其捍卫家为祭哭皋人思其功立祠春秋享祀焉】

捌月副总兵刘显曹克新等败倭于白驹场

【倭既为刘景韶所败遁入白驹场官兵围之四面逸出复为官兵敌退回守其巢显身先陷阵倭死者百余乘夜遁大海沙州显复陷阵攻败之倭溃走走则陷沙涂中官兵又败之俘斩千余】

倭遁廖角嘴副使熊桴败之

【倭为刘显等所窘将遁出海总督胡公预檄苏松兵备副使熊桴率舟师设伏海上至是倭逸官兵败之总兵卢镗又追败之】

叁拾玖年正月军门唐顺之阅兵海上城海安镇

【时各处倭冲惟称掘港要害顺之登汤潮岸见掘港一场三面皆海念守御军士劳苦急取牛猪等物赏之值知县童蒙吉初任未备即欲以军法处斩士民为之哀告乃以未当二月开刀期责而宽之又因见海安一镇为倭入冲要遂夹河为城议设兵守之自后倭因前来鲜生还者不敢复犯而我兵防亦渐撤】

日本造船与中国异必用大木取方相思合缝不使铁钉惟联铁片不使麻筋桐油惟以草塞罅漏而已【名短水草】费功甚多费财甚大非大力量未易造也凡寇中国者皆其岛贫人向来所传倭国造船千百只皆虚诳耳其大者容三百人中者一二百人小者四五十人或七八十人其形卑隘遇巨舰难于仰攻苦于犂沉故广福船皆其所畏而广船旁陡如垣尤其所畏者也其底平不能破浪其布帆悬于桅之正中不似中国之偏桅机常活不似中国之定惟使顺风若遇无风逆风皆道桅荡橹不能转戗故倭船过洋非月余不可今若易然者乃福建沿海奸民买舟于外海贴造重底渡之而来其船底尖能破浪不畏横风斗风行使便易数日即至也

凡倭船之来每人带水四百斤约八百碗每日用水六碗极其爱惜常防匮乏也水味不同海水咸不可食食则令人泄故彼国开洋必与五岛取水将近中国过下八山陈钱之类必停舶换水所以欲换者冬寒稍可耐久若五六月蓄之桶中二三日即坏虽甚清冽不能过数日也海洋浩渺风涛叵测程不可计遇山而汲亦其势耳盥颒沐浴海水山水皆可用或云洽海水令人肤裂近访之不然但黑肌肤而已倭奴有一秘法煮泉一二沸置之缸缶能令宿而不坏然亦不过半月久则不能也其至普陀必登者非换水亦非真欲焚香乃觇兵防虚实耳

其他

海运新考[①]

卷上

咨访海道【一】

钦差巡抚山东等处地方兼督理营田都察院右佥都御史梁为漕河淤塞粮运艰阻事牌仰布政司官吏照依牌内事理即便会同按都二司巡察守巡等道督同备倭都司并各委官率领知识人等亲诣胶莱废河踏勘计处务求可成期济转漕合用人夫物料银两等项逐一估计明白画图贴说通呈如果难成亦要多方查访自胶州至海仓止一带海中有无元人大洋故道或别有海边新道如淮安可达胶州形势设法悬赏多方讲究三路务求一路可通具由草成图说通呈以凭裁酌施行庶可仰承庙谋为社稷无疆之利矣

咨访海道【二】

山东布政使司左布政使王宗沐会同本司分守东兖带管海右道左参政刘孝山东按察司按察使吴文华提学道副使周鉴青州兵备道副使潘允端分巡济南带管驿传道佥事高克谦山东都司署都指挥佥事李希周张承业看得漕运系国家命脉而河道系漕运咽喉近年邳河累淤漕运梗塞是以庙堂深思远虑特为胶河之议自闻命及承钧督以来早夜图维广询博访务求胶河必可通行之法以副朝廷急切之念但事体重大众议纷纭即各见之无有定归似河功之终难必济该司会同看得海运系元人故道除自淮安而北至胶州见今民船通行不计外其自胶州转东而北至海仓口大约不过八百余里自元至国初曾通海运享有成利其道可寻访而知稍以民船试行无碍然后别加详议自可定为国家永利且今胶河之议不过欲避大洋之险别开运路以防不虞然见今民船往往通行何独漕船辄为疑畏况行海省而挑河费利害什百除一面差人多方访通之日另报外但事干大计伏惟本院再加详酌转闻早兴百年发功以垂一朝远利诚不胜惓惓为此理合会呈伏乞钧裁施行等因到院据此案照先准工部咨该户科给事中李题为漕河淤塞粮运艰阻等事备行该司会同勘议通呈去后未报复该本院照得事关国计不容延缓又经催行该司会同按都二司巡察守巡等道督同备倭都司并各委官率领知识人等亲诣前项河道设法悬赏多方讲究三路务求一路可通具由草呈图说通呈以凭裁酌施行去后今据前因本院查得山东登州卫海船原设一百只正统十三年减免八十二只止造十八只岁拨五只装运青登莱三府布花钞锭一十二万余斤前去辽东赏军余船湾泊海滨以备海寇弘治十六午山东巡抚都御史奏减四只其十四只分派湖广江西各四只就彼成造浙江福建各三只每只解银若干两赴部买料成造正德四年题准不必打造今后各布政司每二年征价解部三府布花准收折色正德五年户部奏准仍复打造嘉靖三年本部尚书崔奏奉圣旨是海船工程依拟停止今从各布政司不许科派扰民钦此本院窃思海船未革于国初仰见成祖未尝绝意于海运近年河漕屡塞太仓空虚患切燃眉事当畜艾舍海运无可图者言官建议及此乃今第一重务可谓忧之切而忠之至矣胶莱新河可成诚为幸甚如不可成岂可以三百里之阻废一全运不图妨初意而误大计所据会呈前因不为无见拟合就行为此案仰布政司著落当该官吏即便会同按都二司巡察守巡等道督同备倭都司并各委官一面将新河从实勘估务求可成期济转漕作速呈报一面将海洋新道故道设法悬赏多方踏访草具图说并将海道因革事宜酌议周妥具呈以凭裁酌施行

---

① 〔明〕梁梦龙撰。据明万历刻本。选自《玄览堂丛书》,《四库全书存目丛书》亦收。

咨访海道【三】

牌仰巡察海道官吏郎便会同守巡二道备倭都司选差熟知海道勤慎官二员一员北自海仓口起至天津海口一员南自胶州起至淮安海口各遵照工部覆奉钦依该户科给事中李具题海边一带堪以运粮道路多用船只踏试明白如果真确可为运道各将经行湾泊及回避地方画图贴说先赴各道审试明白呈送本院覆审施行各官每员量给花币银五两其合用水手画匠各色人役工食该道径自酌拟银数一并查将应动官银呈请支给合用船只水手不拘土人岛人各处商人该道随宜调度仍令各官会同沿海卫所有司差募但要籍记姓名住址一以便事成犒赏一以便他日指引粮船另议工食其奉委各官有功之日超格别处敢有虚应故事及骚扰生事者访出重究

咨访海道【四】

照得国初由海运粮京储充盈登莱富庶经今年久虽官船不行查得民船每每往来所据道里合行访试为此牌仰巡察海道官吏即便会行守巡二道备示沿海地方不拘官吏军民及岛中流寓之人但有熟知自胶州至海仓一带或大洋故道或靠边新道如淮安可达胶州之类许画图贴说赴该道审试明白转送本院陈禀如果真确可通粮运有功之人先赏银一百两仍具题擢用如不愿赏银或愿优免或愿赎罪俱听其便漕河屡塞见今奉有钦依计处海运事理忠义之士各思报国显扬身家毋得迟隐欺诳该道先将遵行日期缘由呈报查考毋得违延未便

试行海运【一】

节据分巡海右兼青州兵备道呈报先蒙本院钧牌内事理本道选委千户韩礼指挥孙学诗高凤阳杨国勋孙世忠等带领船户人等踏勘海道委可行船别无阻碍等因到院照得海道虽已踏过尤须多方试验为此牌仰布政司官吏即便会同按都二司转行该道会同分守巡察二道备示沿海地方不拘军民人等如有情愿将自己或收买杂粮用自己船只装载自胶州海口起至天津粜卖者许赴该道禀如给与执照赴天津粜卖毕日备开海中经行湾泊及险要去处同执照赴道销缴系良民重加犒赏或系有罪人犯情愿输粟备船装运赴彼粜价纳官贮库赎罪者听从其便将各姓名呈报本院以凭优处该道仍具遵行出示日期缘由缴查毋得违延未便

试行海运【二】

据分巡海右兼整饬青州兵备道呈称为照海中道路虽经多官踏勘屡有商贩通行固无可疑缘事体重大难以空谈遥度必须粮船试行一遍方见成绩本道思无别处随据莱州府见监详允军犯华诏等告称情愿输粟以赎前罪又据青州府义勇官鲁矿呈要照例纳授青州卫镇抚本道定拟华诏出米四百石鲁矿援例该银一百八十两见今勒令备银押赴淮安籴买其余再行设处务足二千石之数行委指挥王惟精千户陈璋押运及委登州府通判李应斗前去淮安督令买完前米如法装载合用船只听诏等自行顾觅本道仍量给官银籴买食米以资船户盘用再照粮船通行应带军兵盛张旗帜吹鼓先声震慑以耀武威定拟跟从健卒十二名每名给与盘缠官银二两南自淮安开洋由安东胶州登州乐安各经行地方掌印官挂号验放直至天津卫交盘收贮掣取收过粮石数目日期回报候本院酌议题请施行等因呈详到院案照隆庆五年三月二十四日准工部咨前事该本部覆题奉钦依备咨前来节行该道一面勘估新河一面多方踏试海道去后今据前因拟合就行为此合咨贵院烦为轸念国计委官查验明实量给海船并惯行海中淮人数名相帮指引护送各役一到天津之日本院别有犒赏希将查验缘由船户姓名登海日期咨示施行右咨漕运衙门

试行海运【三】

据分巡海右道呈称委官登州府通判李应斗前去淮安买米二千石装船交付指挥王惟精等押运已到天津其米作何收贮伏乞详示等因据此案照先据布政司呈将通判李应斗指挥王惟精等押运米石赴天津道寄收缘由前来本院详批依拟米石暂于天津道寄纳候另议处该道素切体国必有以恤各役泛海之劳也完日报缴去后今据前因拟合就行为此牌仰布政司官吏一面转行分巡海右道知会取各犯人实收一面该司仍取天津道回文

立案备查毋得迟违未便

试行海运【四】

据分巡海右道呈称委官镇抚宋应期百户王九经押运犯人王凤嚵买完小麦六百石装船三只千户崔士贤义勇官王收押运犯人孟崇仕买完小麦六百石装船四只俱自胶州起运踏试海道即今已过登州将至天津其麦作何收贮伏乞详示等因据此拟合就行为此牌仰布政司官吏即将前麦照依该司原议行天津道寄收取回文立案备查一面转行分巡海右道知会取各犯实收缴报

试行海运【五】

隆庆五年七月初九日据分巡海右道潘副使禀帖据委官宁海卫指挥刘崇儒报称米船五只已过鹰游山斋堂岛等处六月二十九日过胶州灵山海面至福岛三十日巳时风顺东行本职会同委官千户汤诏驾田横岛船一只引路仍每船拨给岛人一名帮送七月初一日晚到海洋所海面连遇东风不息初六日方抵文登县花石港与委官文登营把总千户黄汝忠交代理合禀报十一日据委官青州府同知程道东报称相同本月二十一日据潘副使禀帖据委官文登营把总黄汝忠报称在于靖海卫专候南来米船入境交代引路至七月初六日辰时米船五只方到本卫地方本日午时由大洋苏岛行至申末在玄真岛前湾住次日寅时阻风进入本岛守候初八日辰时得风略顺开船本日午时过成山卫白峰头初九日戌时过成山殿东头俱远远开洋行使初十日申时过威海卫刘公岛十一日辰时至金山所海口湾住守候风便西行已近宁海州养马岛自此至登州二百余里皆系无险去处理合禀报本日据委官登州卫百户孟得贤报称相同本月二十二日据潘副使禀帖据委官登州府通判李应斗报称指挥王惟精等押领米船五只于七月十四日午时至本府蓬莱阁下十五日祭庙十六日寅时开船理合禀报本日备倭都司张可久报称相同本日酉时据莱州府知府杨起元禀帖据原差探海马夫报称十七日申时指挥王惟精等米船五只乘风东来到本府城北海神庙后芙蓉岛停泊理合禀报八月初六日未时据委官登州府通判李应斗呈称本年七月初七日承奉山东布政使司扎付蒙抚按衙门批据本司呈前事仰职即将采石径赴天津兵备道交纳寄放取本道回文径报本院施行奉此切照卑职先蒙分巡海右道潘副使案验蒙抚按衙门批据该道呈前事仰职于淮安府督令犯人王佩等粜米二千石雇船五只每船装载四百石交付指挥王惟精等五员押运踏试海路于六月十七日自淮安开船至八月初三日申时到于天津卫河口湾泊一路平稳卑职眼同本院续差千户杨国勋布政司今差承差王邦鲁查验船米并无短少卑职等候天津兵备道交割另行呈报外今将船到日期理合星驰具报等因并将样米呈送前来据此案照本年三月内准工部咨为漕河淤塞粮运艰阻该户科给事中李具题本部覆题恭候命下移咨都察院转咨山东抚按督同布按二司海右守巡等官务选才干官员逐一相勘南自淮安至麻湾北自天津至海仓口俱系沿海地方经行有无险阻见今商民船只是否往来通行陈村以北亭口以南虽有河形原未疏凿务要计处周详画图贴说等因题奉圣旨这事体重大还差给事中一员前去会同该省抚按官计处停当具奏钦此备咨前来除陈村以北亭口以南河形不堪行运已该钦差工科左给事中胡会同两院勘明具奏讫所据海中道路查访得南自淮安至胶州北自海仓口至天津内经卫所州县海面岛屿各有商民船只经行岁久中段自胶州至海仓口内经卫所州县海面岛屿亦有岛人并商民船只经行二十余年各不闻险阻节行布政司会同按都二司巡察守巡等道备倭都司及带管巡察海道潘副使前后呈请批委才力官役照委分踏覆委通踏堪以通行本年五月内两院会同钦差工科左给事中胡前后各亲诣登莱海面只尺长山芙蓉等岛备细查访军卫有司士夫百姓俱无异词犹恐未的又经两院批行带管巡察海道潘副使设处罪赎委登州府通判李应斗带领原犯于淮安府买米二千石雇海鹏船五只装载每只十二人撑驾每船一只并撑驾人雇值共银一百两交付指挥王惟精千户韩礼陈璋缘事千户汪士弘纳级官鲁矿押领由淮安下海直至天津通行覆试本年七月初四日准总督漕运都御史陈回咨内称准照咨文行淮安府晓谕海船人户悉听原委通判李应斗等募装米石于六月十七日自淮安开行出海讫拟合咨覆等因在卷今据前因照得前项海道既踏试明白堪以通行今河道多事一切转运大计正臣子不遑寝食多方献纳之日但事贵慎始议当稽众况系大计尤须致详应否具题与河道并运为国家万年之利及应有急要事宜合行

会议为此案仰布政司官吏即便会同按都二司并巡察海道守巡海右等道备加考访如果众见符合有利无害会议明白画图贴说并将应有急要事宜通呈两院以凭复议会题施行

犒赏官役【一】

据分巡海右道呈委自淮安至天津押运米船覆试海道指挥千百户王惟精等并带家丁军伴吹鼓人役远涉海洋効劳日久具有成绩有裨国计殊为不浅合行犒赏为此票仰济南府官吏照票事理即动本院赃罚银两买办缎花羊酒给赏后开官役仍具用过银数缴查

计开

灵山卫指挥王惟精青州卫千户韩礼莱州卫千户陈璋胶州所缘事千户汪士弘纳级官鲁矿以上每员给赏堪用红缎一匹黄缎一匹银花一对重一两羊一只堪用金酒一坛家丁韩朝阳于卿徐宠李尚德高京韩东阳汪劾藿郭二元阎四夏得利陈孟王得贤盛明惠鲁一化鲁恩水手杨木王栋军伴王进伦赵书韩凤鸣陈佃夏林马道远吹手张邦儒封伦毛千王书猛千马礼船户杨杲祝贤顾升以上共二十二名每名给赏红绢一匹红布一匹绒花二枝折牛酒银一两

犒赏官役【二】

据分巡海右道呈委自胶州至天津押运麦船覆试海道镇抚宋应期等并带吹鼓人役远涉海洋効劳日久具有成绩有裨国计殊为不浅合行犒赏为此票仰济南府官吏照票事理即动本院赃罚银两买办缎花羊酒给赏后开官役仍具用过银数缴查

计开

靖海卫武举卫镇抚宋应期益都县义勇官王收每员给赏堪用红缎一匹黄缎一匹银花一对重一两羊一只金酒一坛吹鼓手邓时春宋花于尚荣崔志永每名给赏红绢一匹红布一匹绒花二枝牛酒银一两

犒赏官役【三】

据分巡海右道呈委自胶州至天津押运麦船覆试海道千百户王九经等并义民李逢泰及各带家丁远涉海洋效劳日久俱有成绩有裨国计殊为不浅合行犒赏为此票仰济南府官吏照票事理即动本院赃罚银两买办缎花羊酒给赏后开官役仍具用过银数缴查

计开

登州卫百户王九经宁海卫千户崔士贤义民李逢泰以上每员名给赏堪用红缎一匹黄缎一匹银花一对重一两羊一只金酒一坛家丁陈继祖宋六十李道臧尚友赵忠王栋崔庆李准学李邦以上每名给赏红绢一匹红布一匹绒花二枝牛酒银一两

犒赏官役【四】

票仰布政司官吏即动无碍银照依后开数日各另包封给各行海官役以为赴京盘缠仍具由缴查

计开

灵山卫指挥王惟精青州卫千户韩礼莱州卫千户陈璋胶州所千户汪士弘纳级官鲁矿登州卫百户孟得贤以上官六员每员盘缠银五两各另包封淮人水手杨杲祝贤岛人水手王天寿项大举以上四名每名盘缠银一两

五钱各另包封俱用红纸包封印钤差首领官初一日辰时候本院公同三司面赏

犒赏官役【五】

准总督漕运王咨先准户部咨该山东抚按会题前事本部覆奉钦依咨行量拨漕粮十二万石务在四月以前趁东南风柔始便利涉雇觅海船装载选委把总等官管辖旗军兼同惯熟水手驾运其领运官若一年无欠者即从优赏奖荐二年无欠者仍听特荐破格超升准此除已量拨淮安扬州凤阳三府漕粮十二万石委官督押雇觅海船至期由淮安出海运纳等因移咨到院准此照得海运初行前项粮船经过山东所有押运官员水手人等合行犒赏以励人心为此牌仰布政司官吏即动库贮官银二百两径发巡察海道转发登州府打造银牌置办花红粮船至日听候两院司道亲临酌量犒赏事完造册缴报查考毋得迟违未便

海运蠡测

弘治间太傅琼山丘文庄公请于无事时通元人海运故道与河漕并行江西湖广江东之粟照旧由河运浙西东濒海一带浙江布政司及常州苏州松江三府由海运使人习知海道一旦河漕少有滞塞此不来而彼来又谓海运之利以放洋而其险也亦以放洋今欲免放洋宜访素知海道曲折者讲求傍海通运之法起自苏州历淮扬青登等府以抵直沽滨海去处踏勘万一可行是亦良便是时河漕通利未见施行正德嘉靖间河漕屡塞每当修治动经累年帑藏措处告匮丁夫征发无已海运之议节经建白竟未施行至隆庆四年邳州一带河道淤平一百八十余里京师坐困患切燃眉事乏畜艾朝廷深以为忧户科李给事中建议工部议覆讲求傍海通运之法若曰博议变通之宜善述祖宗之事西河漕而东海运河为根本海为羽翼脱有一道之塞必有一道之通社稷万年利也隆庆五年五月钦差工科左给事中胡会同巡抚山东右佥都御史梁巡按山东监察御史张计处踏勘得原议海道南自淮安至胶州北自海仓至天津委便通舟今日之议与文庄公所称傍海通运其事吻合中段自胶州至海仓所经即墨县田横岛海洋所黄岛文登县槎山成山卫竹岛登州府沙门岛莱州府三山岛等处可以一体通舟南北中总计三千余里风便两旬可达不便一两月不可必访得二十年前傍海潢道尚未之通今二十年来土人岛人以及淮人做鱼虾贩芩豆贸易纸布等货往来者众其道遂通文庄公所谓历扬淮青登等府滨海去处踏勘可行与否者历历可按且沿海二十四卫所地方俱联错中段若即此经略不动大众不烦大费不假岁月可以成运社稷万年此海万年更无冲决之患可行可止可止可行可以全运可以稍运可以为常可以济变伸缩成算咸由朝廷乃神京莫大水利文庄公之言历今百年方遇庙堂力行忠猷大计先后一揆但造船系每年不赀之费改兑关各省便安岁久之情事理重大不敢越俎妄议略具成造船式料理究运二款之下及照山东海道绵亘四府东近朝鲜北接辽东西北密迩神京南控淮扬无远弗达真四海上游海运既行经略事宜水战有备庶几海防肃清功收万全

海道捷径

查得二十年前傍海潢道尚未之通今二十年来土人岛人以及淮人做鱼虾贩芩豆贸易纸布等货往来者众其道遂通文庄公所称傍海通运之法历扬淮青登等府滨海去处踏勘可行与否者历历可按大较元人海运起自苏州今起自淮安元人泛大洋今傍海涯间泛洋中

海运之议在今日由淮安而上姑置勿论自淮安而下望东北历鹰游山安东卫石臼所夏河所斋堂岛灵山卫古镇胶州鳌山卫大嵩卫行村寨【莱阳属】一带海面【二十年来七人淮人岛人贸易南北货物已为熟路】自海洋所历竹岛宁津所靖海卫望东北转过成山卫刘公岛威海卫转西历宁海卫一带海面【二十年来土人岛人遍洋采捕商贩达淮往来不绝】自福山县芝罘岛至登州府城北新海口沙门等岛西历桑岛崌屺岛【黄县属此岛通陆岸土人多养马其间】自崌屺岛望西历三山岛芙蓉岛莱州大洋海仓口【土人岛人采捕商贩往来不绝因切近备倭衙门颇为回避】自海仓口西历淮河海口鱼儿铺西北历侯镇店【青州属】至唐头寨【青州属土人岛人商贩不减于胶淮】自侯镇望西北大清河小清河海口【济南利津县属】乞沟河入直沽抵天津卫【东西南北往来尤多】

海道口岸

自淮安府淮口入海向云梯关历石鳅口长滩安东县莲花口西海州塔儿湾临洪岛青河口鹰游山【此山在安东卫东南百里山嘴有石石冲水水旋船应避不可入旋中】兴庄朱门口向石口安东卫拦头山【此山嘴激水喷浪】望东转过历滴水口【有巡检司赣榆县属】张洛口涛洛口夹仓口【有巡检司日照县属】石臼岛所石河口湖水口龙汪口青泥口信阳场口【诸城属】石山岛所夏河岛所【灵山卫属】斋堂口【诸城属】灵山卫古镇【胶州属】董家湾福岛【即墨属】劳山鳌山田横岛大嵩卫行村寨【莱阳属】琵琶岛【即官家岛】乳山寨【宁海州属此山东南有乱石应避】望东南行使转过东北便是海洋所望东小黄岛东北青岛竹岛再往东北便是宁津所靖海卫北望槎山白峰头【开洋向东北稍避】转过成山青鸡岛罗山所威海卫刘公岛转西历宁海州空空岛奇山所芝罘岛【福山县属】八角岛正西历芦洋寨【登州卫属】刘家汪海口【蓬莱县属】湾子口抹直口【登州城外有金嘴石应避】登州新海口沙门岛望西南历黄河营桑岛【黄县属】峪屺岛【莱州属】三山岛芙蓉岛莱州海神庙海口虎头崖【此崖傍海湾泊至天津九百余里青莱船多行又一近洋止五百余里岛船多行】海仓口【掖县属】淮河口【昌邑县属】鱼儿铺白浪河【潍县属】洱河海口【寿光县属】唐头寨【乐安县属】小清河口丝网口子江岔河大口子【利津县属】大清河小沙河浑水汪降河久山河【沾化县属】大沙河套河沙头河【海丰县属】大沟河桑句河徐家沟乞沟河【盐山县属】大沽河抵天津卫

海道里数

淮安府至安东县九十里安东县至马洛关五十里马洛关至芦浦四十里芦浦至杨寨四十里杨寨至白沙关二十里白沙关至云梯关二十里云梯关至淮河套六十里淮河套至大海东洲山一百二十里东洲山至高公岛三十里高公岛至鹰游山三十里鹰游山至虚沟所十五里虚沟所至青口六十里青口至兴庄五十里兴庄至东流所一百里东流所至涛洛场三十里涛洛场至信阳场一百二十里信阳场至斋堂岛四十里斋堂岛至灵山岛九十里灵山岛至竹槎岛五十里竹槎岛至浮岛四十里浮岛至湾岛六十里湾岛至鳌山管岛三十里管岛至田横岛七十里田横岛至钦岛一十里钦岛至青岛一百二十里青岛至海洋所灰岛七里灰岛至炕儿岛十八里炕儿岛至玄城岛一百二十里玄城岛至双驼埠二十里双驼埠至宁津所八十里宁津所至成山卫五十里成山卫至青鸡岛六十里青鸡岛至罗山所五十里罗山所至威海卫四十里威海卫至刘公岛五十里刘公岛至宁海州七十里宁海州至空空岛五十里空空岛至奇山所三十里奇山所至福山县三十里福山县至登州新海口八十里登州新海口至沙门岛八十里沙门岛至桑岛五十里桑岛至莱州峪屺岛四十里峪屺岛至三山岛八十里三山岛至芙蓉岛五十里芙蓉岛至海仓一百里海仓至鱼儿铺十里鱼儿铺至白浪河五十里白浪河至八沟河五十里八沟河至小清河二十里小清河至新河五十里新河至丝网口子十里丝网口子至江岔河十里江岔河至大口子四十里大口子至大清河十里大清河至唐头寨十里唐头寨至小沙河五里小沙河至浑水汪十五里浑水汪至降河三十里降河至久山河十里久山河至大沙河二十里大沙河至泊油河十五里泊油河至套河十五里套河至沙头河十里沙头河至大沟河三十里大沟河至桑句河三十里桑句河至徐家沟十里徐家沟至乞沟河七十里乞沟河至大沽河一百二十里大沽河至天津卫一百五十里天津卫至张家湾八十里

以上淮安府起至张家湾止海道水程共计三千三百九十里

海道日程

自淮安上船一日可至鹰游山此山一昼夜可至斋堂岛此岛一午可至灵山此山一午可至胶州海面自此一夜可至福岛此岛一早可至管岛此岛一午可至田横岛此岛一晌可至青岛此岛一时可至黄岛此岛一时可至宫家岛此岛一夜可至黄礁石此礁一时可至槎山双驼儿此驼一时可至养马岛此岛一时可至白峰头自此一时可至成山卫嘴龙湾过成山自此一时可至青鸡岛此岛一时可至刘公岛此岛一时可至空空岛【一名崆峒岛】此岛一夜可至登州城外新海口此口一晌可至沙门岛此岛两时可至桑岛此岛一时可至峪屺岛此岛两时可至三山岛此岛一时余可至芙蓉岛此岛一日可到海仓海口自此一早可到唐头寨此寨三日可到天津卫

此条与上条似重但彼以里数言此以所至时刻言盖海舟进止以风汛为主非其时尺寸不前得其时瞬息千里不可以智力争法令驱也胶莱土人云风利两日夜可达淮安万一不利或十日或半月不可知云

海道湾泊

沿海经行停泊去处宜在旧设墩上昼竖旗帜夜悬澄笼以便趋泊尝考之永乐间平江伯陈瑄督海运于宝山上建烽火高三十余丈今宜师其遗意多为标识云

由淮安起至信阳场【场东土民董敬门前可湾船二三百只】斋堂岛【诸城县属在夏河所东南相去水路陆路共约二十里自鹰游山开船好风一昼夜到斋堂岛岛后琵琶嘴可湾船二三百只○访得涛洛夹仓口白夏河等所安东灵山一带地方近多福建徽州巨商做鱼兴贩】灵山岛【西离斋堂水路五十里北离灵山卫水路四十里系胶州地方好风由岛北径行或阻风奔本岛或灵山卫前可湾船二百余只】古镇巡检司【由镇南海边行或阻风在镇西海王门前龙王溜处可湾船五百余只】竹槎岛【胶州属在灵山卫东薛家岛前离灵山卫水路五十里船由岛前怀行或阻风即奔此岛或薛家岛前可湾船二三百只】黄岛【商船每在此湾守风可湾船百十只】淮子口【在胶州城东最为险要内多隐石潮长不见须是转南行船胶淮商贩一向往来甚众已成熟路】阴岛【胶州属船由岛前行潮退有旱路内为民居】麻湾西口【通胶州可湾船】福岛【一作浮即墨县南五十里颜武社地方船由岛后好行亦可湾船】淮口港【鳌山卫属遇大潮可湾船四五十只】董家湾【即墨县南九十里每三四月捕鱼时百筏丛集湾前有石岗须近里二里路开船】大管岛【即墨县萧旺社地方离县水陆共十里岛里外俱可行船】小管岛【萧旺社地方离岸十里如船奔程不及北岛可湾离鳌山卫十余里】田横岛【即墨县属去县一百二十里北岛西离斋堂岛水陆共有五百里好风一日可到岛后东圈西圈俱可湾船】柘岛【春天船由外行秋天船由里行】沙岛【大山所属离岸十里可湾船百十余只】马公岛【即墨县正东雄崖所正南莱阳县属岛前岛东并何家马头俱可湾船六七十只】草头嘴【大嵩卫正东离卫二十里宁海州属自田横岛开船或阻风奔此可湾船六十只】青岛【乳山寨西南小海最可湾船带麦岛海口杨家盘海口擒虎山海口俱可湾船不多】黄岛【海洋所正南离所二十五里岛西所前最好湾船宁海州属离州一百六十里】海洋所白沙海口【可湾船不多】宫家岛【即琵琶岛宁海州郡村社地方离海洋所四十里岛西北空里最可湾船】长湾圈【文登县地方古湾船处】龙门口【文登县地方在靖海卫西北可湾船】狗角口【靖海卫正东苏心岛西北与苏州南北相对故名苏心岛上有海神庙此口最可湾船】槎山【文登县南一百二十里有九顶南瞰大海可以远瞭船只为水程摽记】宋家圈【即沙岛俗呼柳埠海口靖海卫属可以湾船又苏山海口可湾船百十余只】何头嘴【即延真岛离岸五里文登县东一百二十里】石岛【文登县赤山寨地方船由岛南行】别付崖【在赤山寨南可湾船】木家岛【即镆鎁岛南怀好湾船岛东北海内有凹屋塞最为险要船开里行无妨岛在文登县东一百里昔有捕鱼者于此获宝剑故名】黑石岛【辽呼虾児驼船由里外俱好行】杨家茔【宁津所东南潮落则显潮长则隐内有石龙有坟六七座由里洋数里开船无妨岸人呼为杵岛岛人呼为乾岛】绿豆岛【寻山所南遇南风可湾船】家鸡汪海口【成山卫属可湾船四十余只】窝岛海口【可湾船百十余只】骆驼石【水急好湾船】竹岛【成山外正南相去二十里船由嘴东头行转马山至秦皇庙或阻风进马山北小海口可湾船守风】送波嘴春山嘴【一名黄石崖滩陡水势汹涌无风激浪如雪船由里行或阻风在黄埠嘴可避亦可湾船百余只】成山卫海口【可湾船百余只】柳夼海口【可湾船百余只】白峰头【在成山卫地方约有十里其处多礁石无风激浪有声船经此向东闭十余里避之无妨】仙人桥【潮退桥显十余里潮长水漫只露桥尖无风激浪如雪由里开洋二十里行船或口西亦可】海驴岛【成山卫东北四十里可避仙人桥之险开洋二十里岛东北望西转】鸡鸣岛【即青吉岛文登县东一百里自成山卫起望西北行抵此岛行船湾船俱可遇东风即行回避或回成山或前山刘公岛○有鸡鸣屿内浮礁一片可避望西有夫人屿不可在内行船望西北行至刘公岛约四十里】大沟海口【文登县地方口南边有暗石沙港不可湾船】辛汪寨【文登县属迤北有陈家崖可湾船】黑山洋【近黑岛在威海卫东北洋险不可湾船】刘公岛【文登县地方去县一百二十里望东北行至王家嘴转西行过有漫村海口有土滩在威海卫后东西有黑石海口俱陡崖不可湾船遇南风在卫东北张家海口可湾自刘公岛转西至小杵岛抵空空岛约一百余里好风一日可到芝罘岛或遇西风西北风正北风燥起速回刘公岛避之空空岛不可湾船】威海卫东关外海套【可湾船二百余只】宁海卫东柄海口【可湾船不多】

养马岛【水路至宁海卫十里可湾船不得已在花合港亦可】龙门港口【古湾船处】金山所双山等海口【俱宁海卫属可湾船三十余只】芝罘岛【俗呼滋岛奇山所西北与陆岸相通东西二十里长内有福山民居至奇山所一十里至福山县三十五里至八角口六十里最好湾船】大河海口【不得已可湾船五六十只】奇山所前圈海口【可湾船不多】后圈海口【可湾船不多】胜子圈【可湾船不多】滩名口【可湾船五六十只】婆婆海口宅窠海口【俱可湾船五六十只】八角海口【一名八家福山县属古湾船处可湾百十余只东至芝罘岛水路七十里】芦洋营【蓬莱属有芦洋社土人与岛人最狎处南北相通】刘家汪口【蓬莱属可湾船六七十只】湾子海口【可湾船不多东至八角口水路七十里】抹直口【近岸有金嘴石礁可避】登州新海口【备倭都司城进可湾船百十只】长山岛沙门岛【俱蓬莱县属海运故道最要处见有井可汲旧有监察行台二巡检司有海庙正德以前有司春秋两祭】栾家海口【可湾船十数只遇北风不敢久停西至黄河口寨三十里】黄河营【登州卫属有东小海套可湾船二三十只土人岛人最狎处】桑岛【一名桑鸡岛岛前怀可湾船百五十只东至新海口六十里离岸马停寨十五里有井可汲】马亭镇巡检司【黄县属迤西地名大龙口一带滩浅不堪湾船】马亭寨备御所【莱州卫属西至东良海口二十里招远县属】界河【海道经云开放莱州大洋收进界河即此在黄河西六十里今沙浅不堪湾船】东良海口【东北羊拦海口历王徐寨城北海岸一带礁石最宜回避】峒屺岛【黄县属南怀可湾船五十只避北风西至三山岛约五十里东西南北俱有礁石宜避内有龙王庙此岛有路约一里宽南通陆岸】三山岛【莱州属南北二面俱可湾船五十余只西面有礁石有龙王庙西至芙蓉岛约四十里】蜉蝣岛【莱州属一名芙蓉岛此岛东有沙塞一条半截没水半截显露开船里行无碍西至海仓巡检司一百里此岛可湾船百十余只至虎头崖五十里至唐头寨三百余里】莱州海神庙后海口【滩浅可湾船十数只】虎头崖【登州上船至虎头崖俱有岛屿湾泊处所虎头崖至海仓口七十里海仓至唐头寨一百八十余里唐头寨至天津卫七百余里此路虽远有湾船处所堪以行运又虎头崖开洋往西北至天津卫约五百余里此路径便但无湾船处所】海仓口【西半里新河海口可以湾船西至鱼儿铺巡检司一十里至淮河三十里可湾船各十余只】潍河口【可湾船三十余只西至鱼儿铺三十里至白浪河五十余里】鱼儿铺巡检司【昌邑县属西至青州左卫唐头寨二百二十里至洱河海口九十里】洱河海口【青州属可以湾船】小清河大清河海口【俱可湾船】唐头寨【乐安属通商处所山东人辽东人永平人天津人二三四五月间贩运布匹米豆面块鱼虾并临清货物往来不绝】小沙河口【往里十五里可湾船三十余只至浑水汪十五里】浑水汪口【可湾船三十余只】大沙河【西北东南俱可湾船】套河【往里二十余里可湾船三十余只至沙头河十里】沙头河【可湾船百十只】桑旬河【至徐家沟十里】徐家沟河口【可湾船十数只至乞沟河七十里】乞沟河海口【可湾船三十余只至天津一百二十里】天津卫【至张家湾八十里】

以上海道节经行委布政司左布政使王宗沐转行分巡海右兼青州兵备带管巡察海道副使潘允端会同分守东兖带管分守海右道左参政刘孝及副使潘允端呈请前后批委才力官生及各色陈禀人役分投踏访明白仍买米二千石雇海鹏船五只每只十二人撑驾由沙安装载至天津下卸覆试无碍

成造船式

海船初造并每年添造工料银两国初均派各省自宣德至嘉靖年间陆续裁免已尽

海船原有一千料又曰钻风四百料

元用罗璧造舟名曰海鹏【一名海鹞】其制龟身蛇首版木坚厚每船两旁用大竹帮夹随带楸杉梧桐轻木一不畏礁二不畏沙一任风浪轻浮若隼翅然以鹏名者言其迅捷有扶摇万里之义沙船亦利今载米踏试海道所雇淮船名曰海鹏今福建白艚船广东乌尾船梁高三四丈者更利

参募船工

元人于扬州教习水手丘文庄公亦云然元人用召募今用旗军初行海运旗军未惯又一时教习水手不及访得登莱淮扬多有行海之人宜行召募每船参用三五人俱著落州县卫所结送前来议给工食一二年后旗军惯熟另行议处行运之初偏裨把总等官宜遴选登莱淮扬或闽广素行海洋武弁以充访得胶莱商贩募淮人开洋直抵

交卸一往一来每人工食银二两七钱仍每人日给米一升青莱天津商贩募值少减今又加中段况系海运初行宜加优厚以裨乐从

海道通禁

查得元人海运既通南番贡献皆仿效而行今通海运预当禁止仍令由中原驿路以迂其行盖祖宗有深意云胶莱父老云海船底尖入水颇深最忌满载如舟堪千石者只载七百石遇风不利转柁为便不然未免失事往来淮安屡有证验又云海船全借风力故海运之利以风而其为害亦以风又云海船之失皆因风打非遇礁则遇浅最要占候回避诸占候门类及预备缓急具载海道经通运之初应于淮安天津揭榜通衢令人人知悉

料理兑运

海道犹碁枰也运粟犹手较也元人海运自刘家港开洋故江南之粟悉输太仓国初仍元故事今拟自淮安海运亟应议将某省某府之粟输于淮安听漕运衙门料理若不先议定譬之奕者具枰几上乎较之事尚长矣至天津交卸亦宜有专官料理

官署事权

今议海运南起淮安北达天津登州实为居中要地宜命重臣于此经略海道兼理军务仍须淮扬天津二兵备道地方听其节制庶便行事巡察海道副使应兼理粮运备倭都司应改参将兼管海道粮运各增入应辖地方请给敕书以隆事权其胶州并唐头寨二处宜设把总分地提调各卫所司寨墩港

申严海防

山东沿海虽有二十四卫所行伍逃亡过半余赴京边做工海防废弛已甚将来深有可虞及今海运宜申严巡哨须将京班军人或于近年改借边班数内量留一枝以实地方以振武备盖不但有裨海运实预为海防

胶莱河辩

志称登莱本海运故道谓登莱海面非谓登莱陆地故文庄公所称傍海通运乃求之于海非求之于陆也观其欲访通番航海之人及起取惯驾海舟灶丁许以成事加以官赏数言可见嘉靖十七年山东海道王副使误认元人胶莱废渠为海运故道劳费无成辄刻石缮书类辑文案疑以传疑后人或增入舆图或采作志纪遂遍四方其略曰胶莱新河元时所浚可避海道数千里之险世人未能举其说也不知原未成运安得谓之可避又曰海运行则胶莱之故道不可不复矣不知元人先有事于胶莱新河劳费不赀卒无成效然后行海运食货志年月可考又曰今之胶北废河非元人放洋旧道乎夫既云放洋岂应在于陆地又曰胶莱新河即文庄公傍海通运之意盖未详文庄之议始终与新河无干又曰新河乃历代所求而未得者夫元人以前无新河也元人以开国全盛财力智巧咸集两番有事于新河毕竟废弃岂其得已盖渠身道里太长春夏泉流浅涸别无引注伏秋山水猛骤顷刻盈溢一望无际不便牵挽南北两头海沙易壅出入借潮潮有大小舟有行阁门户之处全不通利以故国初置而不问何得谓之历代所求而未得也他未暇论乃江西预作广舆图王方伯今再起山东以所见与在江西时所闻悬绝深悔当年误信王副使石刻其余近刻志纪遍四方者又皆采广舆图之说者也不待辩也且西河漕而东海运大致也河漕似安而多劳费海运似险而属便利一任其劳一任其便相济之策今行海运中段乃有事于新河借曰可成目前开治之难临事启闭牵挽之劳盘剥守候之费日后淤塞之苦又一河漕矣若谓南北海运中取快捷方式不思中段千里海面与南北一水相通三五日可达似迂而实捷新河三百余里以河漕行程而计速则半月迟则尚多似捷而实迂文庄公以前议海运不及新河王副使而后议海运必及新河起手不成全议顿阻良可太息今经多官历历勘明若不详辩后世万一复踵其议修元人之中辍举二祖之不图百万财力用尽无效欲增不可欲罢不能窃惧别致事端矣王副使之功独其因嘉靖十一年巡按方远宜采访遗意自胶州以南海仓以比因私泛之人得傍海之路拟通海运以待不

虞其思深其见远其谋忠其事苦不敢泯焉今庙堂忧邳河淤平京师坐困议通海运羽翼河漕忠猷大计千载一时诚止胶莱河役自淮安至天津南北中二段俱由海运则一水易通劳费不须是即文庄公傍海通运之策而国计永赖矣

○附元益都田赋总管于钦山水全文

○胶水按水经出黔陬胶山今胶州胶西县西南铁橛山也北径密州东北卤山古名五弩山卤水入焉【寰宇记胶水出密州诸城县东塞山或亦曰胶山出卤山皆非是】又北径高密县东北入都泺都泺者水经谓之夷安潭秦地图谓之剧清池即古貕养泽也张奴水出高密东阜下亦注此泽自泽北出注新河【张奴水一名墨水水侧有张奴店】由河北入于海其东北入海者胶水之故道差浅而新河为经流新河者至元初莱人姚演建言首起胶西县东陈村海口自东南趋西北凿陆地数百里欲通漕直沽海口数年而罢余尝乘传过之询土人云此河为海沙所壅又水潦积淤终不能通徒残人耳演真郑国之罪人也

卷中

勘报海道

钦差巡抚山东等处地方兼督理营田都察院右佥都御史梁梦龙题为勘报海道事据山东布政司呈称隆庆五年八月二十七日抄蒙臣案验内开隆庆五年七月初九日据分巡海右道潘副使禀帖据委官宁海卫指挥刘崇儒报称米船五只已过鹰游山斋堂岛等处六月二十九日过胶州灵山海面至福岛三十日巳时风顺东行本职会同委官千户汤诏驾田横岛船一只引路仍每船拨给岛人一名帮送七月初一日晚到海阳所海面连遇东风不息初六日方抵文登县花石港与委官文登营把总千户黄汝忠交代理合禀报十一日据委官青州府同知程道东禀帖报称相同本月二十一日据潘副使禀帖据委官文登营把总千户黄汝忠报称在于靖海卫专候南来米船入境交代引路至七月初六日辰时米船五只方到本卫地方本日午时由大洋苏岛行至申末在玄真岛前湾住次日寅时阻风进入本岛守候初八日辰时得风略顺开船本日午时过成山卫白峰头初九日戌时过成山殿东头俱远远开洋行至初十日申时过威海卫刘公岛十一日辰时至金山所海口湾住守候风使西行已近宁海州养马岛自此至登州二百余里皆系无险去处理合禀报本日据委官登州卫百户孟得贤禀帖报称相同本月二十二日据潘副使禀帖据委官登州府通判李应斗报称指挥王惟精等押领米船五只于七月十四日午时至本府蓬莱阁下十五日祭庙十六日寅时开船理合禀报本日据备倭都司张可久禀帖报称相同本日酉时据莱州府知府杨起元禀帖据原差探海马夫报称十七日申时指挥王惟精等米船五只乘风东来到本府城北海神庙后芙蓉岛停泊理合禀报八月初六日未时据委官登州府通判李应斗呈称本年七月初七日承奉山东布政使司札付蒙抚按衙门批据本司呈前事仰职即将米石径赴天津兵备道交纳寄放取本道回文径报本院施行奉此切照卑职先蒙分巡海右道潘副使案验蒙抚按衙门批据该道呈前事仰职于淮安府督令犯人王佩等籴米二千石雇船五只每船量载四百石交付指挥王惟精等五员押运踏试海道于六月十七日自淮安开船至八月初三日申时到于天津卫河口湾泊一路平稳卑职跟同本院续差千户杨国勋布政司今差承差王邦鲁查验船米并无短少卑职等候天津兵备道交割另行呈报外今将船到日期理合星驰具报等因并将样米呈送前来本年八月三十日据委官靖海卫镇抚宋应期登州卫百户王九经宁海卫千户崔士贤益都县义勇官王收禀称蒙分巡海右道潘副使明文蒙两院批委职等押领犯人王凤嚍等前至胶州买完小麦一千二百石雇船三只装载于七月十五日由本州岛下海覆试海道本日申时至灵山海口守风二十八日方得长行八月初三日至登州府挂号回避风雨初十日未时至桑岛十一日至三山岛十二日至芙蓉岛十三日子时得好风长行二十日至天津城东龙王庙前湾泊见今麦石听候交纳理合禀报本日据登州府通判李应斗报称相同据此照得前项海道既踏试明白堪以通行今河道多事朝廷深以为忧一切转运大计正臣子不遑寝食奔走讲求之日但事贵慎始议当稽众况系大计尤须致详应否具题与河道并运为国家万年之利及应有急要事宜合行会议仰司即便会同按都二司并巡察海道守巡海右等道备加考访如果众见符合有利无害会议明白并将应有急要事宜通呈两院以凭复议会题施行蒙此又据本司经历司呈抄蒙巡按山东监察张御史案验同前事蒙此该本司左布政使王宗沐会同右政使陈绛左参政刘孝龙光右参议宋守约按

察司按察使吴文华副使周鉴李汶佥事高克谦都司署都指挥佥事李希周张承业并巡察海道副使郭文和分守海右道右参政徐衎祚分巡海右道副使潘允端会议得治体莫先于法祖须寻已试之规国计最急于恤民惟求利多之便海运裕国始自元人至于我朝洪武末年运七十万石以饷辽左永乐初制运六十万石以给京师恭惟二祖圣明独断谋臣画策乃俯循元人之途以足漕输之额者诚以都燕之利在海也犹之都秦则必通渭都汴则必通河方域所拘势无异便转输之利在海也据其省费则裕民财速达则纾民力全利所委理有当同及尚书宋礼开通济河犹有三年一次海运之议辅臣丘浚方当河漕通利尚著彼不至而此来之文登州海船裁于嘉靖三年遮洋一总革于四十五载海运遗规尽废未久使济河安流何庸别议迩岁以来河流屡决工程浩大挑浚艰辛公帑匮乏私贴繁冗民力瘁竭民命伤残岁额之漂失太多太仓之空虚可虑致廑圣明轸念谏官陈言特遣科臣东视海上又蒙抚按多方踏试据今米麦船只皆抵天津并无阻碍诚行海运利有数端万艘并开舟无守帮之苦片帆径度粮靡剥浅之虞一年但以夏初上运及时更番足息人力一月可以直达天津乘汛利涉宁用淹时力既息则往来不疲时不淹则行粮可省牵挽于赤日之中运卒久劳矣海上则卧舟可行专仰于行粮之给运卒久贫矣海舟则余货可带运卒有凿舟而逃者海中则逃将焉归运卒有窃米为市者海中则市将谁易其它便利未敢悉陈惟是风波人遂称险然河运不免漂失岂必海波海行终无挂欠利亦相当况今次踏出新道视殷明略所开尤为稳捷若使行船不爽汛期不忽占候自可万全无失至于防海卫所犬牙联络久缘承平百务废弛海运之日渐加整齐不惟足护国漕抑且兼裨海禁开此一路拱护神都北以居庸为城南以大海为池诚为宗社万年至计法祖恤民不无兼得乞益为题请国计幸甚若夫或多运或少运造船更卒颇费详图或总漕或分漕文武臣工稍应增置此则恭候宸断庙谟非藩服微臣所敢轻议等因具呈到臣据此案照隆庆五年三月内准工部咨为漕河淤塞粮运艰阻事该户科给事中李贵和具题本部覆题恭候命下移咨山东巡抚都御史梁梦龙及咨都察院转行巡按御史张士佩督同布按二司海右守巡等官务选才干官员逐一相勘南自淮安至麻湾北自天津至海仓口俱系沿海地方经行有无险阻见今商民船只是否往来通行陈村以北亭口以南虽有河形原未疏凿务要计处周详等因题奉圣旨这事体重大还差给事中一员前去会同该省抚按官计处停当具奏钦此备咨前来除陈村以北亭口以南河形已该钦差工科左给事中胡价会同臣等勘明具奏讫所据海中道路臣等查访得南自淮安至胶州北自海仓口至天津内经卫所州县海面岛屿各有商民船只经行岁久中段自胶州至海仓口内经卫所州县海面岛屿亦有岛人并商民船只经行二十余年各不闻险阻节行布政使司会同按都二司巡察守巡等道备倭都司及带管巡察海道副使潘允端前后呈请批委才力官役照委分踏覆委通踏堪以通行本年五月内臣等会同钦差工科左给事中胡价前后各亲诣莱登海面咫尺长山芙蓉等岛备细查访军卫有司士夫百姓俱无异词犹恐未的又经批行带管巡察海道副使潘允端设处罪赎委登州府通判李应斗带领犯人王佩等于淮安府买米二千石雇海鹏船五只装载每只十二人撑驾每船一只并撑驾人雇值共银一百两交付指挥王惟精千户韩礼陈璋缘事千户汪士弘纳级官鲁矿押领由淮安下海直至天津通行试验本年七月初四日准漕运都御史陈玠回咨内称准照咨文行淮安府晓谕海船人户悉听原委通判李应斗等募装米石于六月十七日自淮安开行出海讫拟合咨覆等因在卷再委镇抚宋应期百户王九经千户崔士贤义勇官王收带领犯人王凤噫等于胶州买小麦一千二百石雇船三只由胶州下海直至天津覆行试验续据各官将经行日期地名米麦船只湾泊天津缘由禀报到臣会案备行该司会同按都二司并巡察海道守巡海右等道备加考访如果众见符合有利无害会议明白并将应有急要事宜通呈两院以凭会题去后今据前因该臣会同巡按山东监察御史张士佩议照自古建都一切转运莫不因形胜以制便宜洪惟我朝成祖定鼎燕京转运大计一由河道一由海道至永乐十年以后平江伯陈瑄开清江浦尚书宋礼开会通河成始尽由河运然海船多存遮洋海运未废宋礼之议又曰虽由会通僨运每三年海运一次是当时未尝绝意于海运也为虑远矣弘治间大学士丘浚倡议请于无事时通海运故道与河漕并行一旦河漕少有滞塞此不来而彼来又谓海运之利以放洋而其险也亦以放洋今欲免放洋宜访素知海道曲折者讲求傍海通运之法历淮扬青登等府以抵直沽滨海去处踏看万一可行是亦良便是时河漕通利未见力行嗣是一遇滞塞大小臣工疏陈策试数百万言皆以海运为请竟未力行正德迄嘉靖间河患益剧且频每当挖浚塞筑工程浩大刻期勒完昼夜并力公犒私贴计费不赀上下窘急接连三省丁夫调发动踰十万寒暑风雨暴露经年手足溃烂枕藉传染疾病死亡殆不可计大众数聚久劳怨生启衅干和关系不细爱国之臣深以为忧我皇上抚临华夷天覆海涵世跻隆平乃去岁邳河陡塞一百余里今岁宿迁漂伤无算异

常河变屡见迭出太仓空虚咽喉梗滞中外危之先蒙皇上采纳忠猷简差科臣胡价会同臣等计处胶河期通海运以佐河漕之急社稷大计孰先于此于时臣等勘得胶河虽属难开而原题海道南自淮安至胶州北自天津至海仓各有商民船只经行岁久委堪行运及勘得中段自胶州至海仓一带海道与南北一水相通亦有岛人并商民船只经行二十余年堪以一体行运自淮安至天津总计三千三百余里风便两旬可达不便稍迟每岁五月以前风顺而柔较之六月以后更为便利臣等前后亲诣莱登二府地方督同参政刘孝副使潘允端备倭都司张可久莱州府知府杨起元等登州府署印推官江容可等及委官青州府同知程道东等三营把总千户黄汝忠等选委指挥孙学诗等照委分踏覆委通踏湾泊程次逐一明白及访得沿海官民俱称二十年前傍海潢道尚未之通今二十年来土人淮人以及岛人做贩鱼虾苓豆往来不绝其道遂通未见险阻群情踊跃臣等犹惧事无的验今两试俱利兼恐人有遗识今众见佥同臣等蚤夜思议窃以大海风波谁则不知然海面多潢犹陆地多岐海人行海犹陆人行陆傍海而行非横海而度海道险利兹可具推臣又与三司各官再三面审行海委官指挥王惟精千户韩礼陈璋缘事千户汪士弘纳级官鲁矿并水手等役数十余人俱称今次踏出海道傍海居多间由近洋洋中岛屿联络遇风可依岸上人烟举目可见若船非干朽行遵占候自无他虞较殷明略踏出之道尤属稳捷是即丘浚所称傍海通运果为良便臣家于陆先年未至海上不能测识浚议今待罪海邦亲勘博访几八阅月始叹服浚议乃神京远计若畏风波则江河与海皆所不免今岁宿迁河道漂伤众多是也若重民命则大役死亡或更多也况岁免浚筑永无迁徙天津密迩通州不烦陆挽既不劳民伤财更擅形胜便宜浚之言曰家居海隅颇知海舟之便先年前后总漕大臣王恕曰高邮湖西风大作波涛汹涌损坏船只失落钱粮人命不可胜计邵宝曰陆之为劳不减行海之险陆釴曰汶水导引南接淮泗北通白卫自元人始然河渠浅涩故终元之世海运不废永乐年间礼部会议曰黄河漕运未能周急必藉海运然后足用诸臣斯言当必有据今议海运诚为足采臣等愚见请及今日以河道为正运益加综理以海道为备运兼为规复万一河道未易疏通则海运可至畜艾对证临急无患河道大工自可安心浚筑如法以垂经久再照海防至重沿海卫所疲玩岁久先年江南闽浙苏松江北淮扬各沿海州县数被倭患近来加意整饬自是宁谧山东海面东望朝鲜北接辽东西迩畿甸南控淮扬远达浙闽直四海上游形胜之区沿海卫所疲玩更甚久无倭患识者有未然之忧今行海运兼饬海防是不但有裨于国计兼有裨于地方如是则咽喉无恐肘掖有备神京百万人心自是安定万年永利昭代全规我皇上继述之善太平之烈光于千古矣至于急要事宜在设官造舟简卒兑米或先复遮洋旧运或酌拨就便一总事图垂久额议渐加自有庙堂忠猷仰候圣断非臣等分所敢议愚所能及伏望皇上敕下该部会议如果臣等芹曝之愚万一可播俯赐施行国计幸甚

海道覆议

户部为勘报海道事该本部题云南清吏司案呈奉本部送户科抄出巡抚山东等处地方兼督理营田都察院右佥都御史梁梦龙题前事等因奉圣旨该部看了来说钦此又该巡按山东监察御史张士佩题同前事奉圣旨工部知道钦此钦遵通抄到部送司案查近为河变迭出漕运日艰恳乞圣明议复祖宗成法广饷道以备不虞以纾旰忧事该户科都给事中宋良佑等题称连年河变冲决不一乞要查复遮洋总以通海运及据天津管仓员外郎胡昶揭报山东抚按官差委灵山等卫指挥王惟精等驾运粟米试行海道缘由本部查无抚按衙门先将遮洋一总照旧议复及查勘经由海道果否通行防护事宜有无素备速行议处等因覆奉钦依通行去后今该前因案呈到部臣等会同太子少保工部尚书朱衡等看得山东巡抚都御史梁梦龙巡按御史张士佩各题称勘试海道先差指挥王惟精等运米二千石自淮安入海至天津交卸后差镇抚宋应期等运小麦一千二百石自胶州入海至天津上纳中间程途不远运行便利乞要循行傍海潢道以备海运一节为照京师所需粮饷转输俱仰给东南国初漕河海运尚为兼举后因漕河通利遂停海运迩来徐邳一带多被黄河冲决又沿河浅涩不止一处粮运阻误漂流数多先该言官建白修复海运已经通行查勘去后今山东抚按等官奏称先该议开胶州等河遂因寻觅海运踏出傍海潢道商贩往来已经二十余年与旧运出放大洋之险不同刊刻书册竭精覃思逐节注有应栖程岛应避险要又称以运河为根本以海运为羽翼用备一时之急诚为求赖之图所据具题分明已经再试无容更议但前项海运废弛日久一旦举行必须先为少运以后不妨渐次加添应运粮米合行漕司早为酌拨附近地方以便转兑差官督运必得近海惯习有力量心计者付之悬以赏格以使乐趋至督催行止及占候湾泊等项亦宜多方延访如册内注称各处岛口大

者可湾船百余小者止湾船一二十只如遇前项小岛众船忽避风涛不堪容受作何区处尤须先期讲明约束有法所用下海船只与运河漕船不同若令旋为打造目今仓卒不及合行暂雇一年俟后另行造办其驾运船只军士未经习练必先雇觅水手相兼搭用应给雇值即将淮扬商税内借用中间派拨条款及地方防范事宜通行漕司与山东抚按转行各处守巡等官查处周悉务在万全相应题请恭候命下移咨漕运总兵都御史即将近便地方漕粮量拨十二万石以上作速运赴淮安如各处赴瓜仪兑运事体哂扬干洁务在四月以前趁东南风柔始便利涉工部即动支节慎库银一万五千两差官解赴漕司转委各兵备等官分投雇觅堪用坚固海船装载前项漕粮其多寡悉照山东二次委官运过则例不得过多以致遇风难于转柁此书册所载海人吃紧之语一面选委督运把总及千百户等官管辖旗军兼同惯熟水手驾运其雇觅水手银两暂于淮扬商税内动支一万五千两如商税银两不彀前数即将淮扬等府所贮抚按赃罚锾补后不为例其领运把总指挥等官若一年无欠者漕司即从优赏奖荐二年无欠者仍听特荐破格超升各项差拨防范事宜开载未尽者俱听漕司与山东抚按等官临时悉心计处应径行者径自举行应奏闻者具奏定夺其雇觅船只水手用过银两事完造册缴报所有余剩前银即贮漕库以备下年支用再照漕河一路国家二百年来极力经营原有深意海运一事不过用备一策所有漕河冲决浅涩处所合行河道诸臣查照先今节奉钦依事理作速修浚以备全运不得指以海运致有纤毫延缓以误大计关系匪轻伏乞圣裁等因隆庆五年九月二十七日户部尚书张守直等具题二十九日奉圣旨是

奖励官役

该两院具题户部覆奉钦依备咨前来除钦遵施行外照得海道关系国计至重所据委用官役前后踏试茂有勤劳内除有罪员役已经该道呈请两院批允赎罪外其指挥王惟精等合行礼奖以励人心为此除案行布政司并转行各衙门动支无碍官银代办花币用鼓乐导送公宇及本家以礼行奖文到各衙门作速举行各具动支过缘由行奖过日期回报查考毋得泛常延缓其后开献策各官生诚亮可嘉移文谕奖俾知始末以慰其心各官役承奖之后务要益励廉干以收嘉绩俟海运通行之日该司道将有功员役分别明白呈报以凭奖荐施行如敢狥私误事定行从重参治该司仍转行巡察守巡海右各道并备倭都司青莱登三府一体知会施行俱毋违错未便抄案依准呈来

计开

灵山卫指挥王惟精最先呈报海道里数由淮安至张客湾共三千三百九十里极为详明后承委督率告纳运米犯人王佩籴完米八百石雇船户王明张汉海鹏船各一只人船价银共二百两犯人华诏籴完米四百石雇船户王洪海鹏船一只人船价银共一百两犯人栾守泽籴完米四百石雇船户杨果海鹏船一只人船价银共一百两千户韩礼原领鲁矿邹仿银籴完米四百石雇船户杨木海鹏船一只人船价银共一百两同千户陈璋缘事千户汪士弘纳级镇抚鲁矿自淮安运至天津覆试无碍效劳甚久

青州左卫千户韩礼踏试海道自胶州海套起至登州止与指挥孙学诗会集又自灵山卫海口起至莱州府海仓口止一带查勘岛屿程次里数湾泊画图贴说呈报详明又承委于淮安买米雇船同指挥王惟精千户陈璋缘事千户汪士弘纳级镇抚鲁矿自淮安运至天津效劳甚久

以上二员每员银五十两布政司支

登州府通判李应斗承委会同指挥王惟精千户韩礼陈璋缘事千户汪士弘纳级镇抚鲁矿于淮安买米二千石雇淮安海鹏船五只每船一只用十二人撑驾人船雇值共一百两取有淮安总督漕运衙门回咨在卷仍委本官前赴天津收米又揭报查过淮安运粮船式及船户水手姓名效劳甚久

莱州卫王徐寨千户陈璋承委同指挥王惟精千户韩礼缘事千户汪士弘纳级镇抚鲁矿自淮安运米至天津效劳甚久

胶州所缘事武举千户汪士弘具揭乞试海道开款事宜俱属有据后承委淮安买米雇船同指挥王惟精千户韩礼陈璋纳级镇抚鲁矿自淮安运米至天津效劳甚久

青州左卫带衔卫镇抚鲁矿承委淮安买米雇船同指挥王惟精千户韩礼陈璋缘事千户汪士弘自淮安运米至天津效劳甚久

文登营把总宁海卫千户黄汝忠承委自文登县花石港接到指挥王惟精等米船五只同引路岛船一只由大洋避白峰头送至宁海州养马岛险要数处俱已历过又同指挥刘崇儒带领善晓风候指引驾船王收李逢泰并岛人洪大江等覆勘海道湾泊处所自登州南至浮岛止画图贴说俱属有据效劳甚久

宁海卫指挥刘崇儒承委同缘事千户汤诏驾田横岛船一只接到指挥王惟精等米船五只自浮岛引路送至花石港交代与原委文登营把总千户黄汝忠护送效劳甚久

缘事即墨营把总宁海卫千户汤诏承委自胶州灵山卫开船由大嵩成山登州等处踏勘至莱州海仓口登岸备陈海道无阻又同指挥刘崇儒驾田横岛船一只接到指挥王惟精等米船五只自浮岛引路送至花石港交与文登营把总黄汝忠护送讫效劳甚久

以上七员内除汤诏已经该道呈请两院批久以功赎罪免参其六员每员银二十两布政司支

青州左卫指挥孙学诗踏勘海道自海仓口起至登州止与千户韩礼会集又同千户杨国勋自登州起至天津止一带查勘海口湾泊处所颇为详明又自海仓口起至胶州止画图贴说呈报有据效劳为久行青州府支

青州左卫镇抚高凤阳承委同莱州卫千户孙世忠曰照县缘事生员李永熙自胶州起至淮安止沿海踏勘程次及湾泊处所又开报造船式样及合用官斛官尺效劳为久行青州府支

莱州卫千户孙世忠承委同青州卫镇抚高凤阳日照县缘事生员李永熙自胶州至淮安沿海踏勘程次及湾泊处所呈报详明又蒙差往胶州等处查验指挥王惟精等米船又会同委官青州府照磨郭宗伊督催犯人孟崇仕等买完小麦自胶州装载讫效劳为久行莱州府支

青州左卫千户杨国勋承委同指挥孙学诗踏勘海道自登州至天津止一带旱岸海口湾泊处所明白又自海仓口起至胶州止画图贴说亦备又呈报据船户蒋朝阳执称登州上船至虎头崖俱有岛屿湾泊处所又称虎头崖起由海仓口唐头寨至天津卫九百余里此路虽远有湾船处所堪以行运虎头崖开洋往西北至天津卫五百余里此路径便但无湾船处所又同布政司承差王邦鲁前赴天津探听指挥王惟精等米船到日回报备尽天津卫海口图一张又揭报海内时常往来船只装载米麦豆曲布匹等货自唐头寨迤东起至天津卫罗张二店发卖查系潍县人谭恭张东海丁邦锦等效劳为久行青州府支

靖海卫镇抚宋应期承委带领告纳运麦犯人孟崇仕籴完小麦六百石犯人王凤噝籴完小麦六百石各雇灵山岛船同千户崔士贤百户王九经缘事义勇官王收义民李逢泰自胶州运麦至天津覆试无碍又揭开报称查对白峰头系成山卫地方屡次踏勘今又亲驾麦船止见傍岸礁石一片入水约半里许无风激浪有声向东开十余里即无险阻效劳为久行文登县支

宁海卫千户崔士贤承委同镇抚宋应期百户王九经缘事义勇官王收义民李逢泰自胶州运麦至天津又揭报海道湾泊处所自胶州起至天津止效劳为久行宁海州支

登州卫武举百户王九经承委同镇抚宋应期千户崔士贤缘事义勇官王收义民李逢泰自胶州运麦至天津又揭报海道湾泊处所自胶州起至天津止效劳为久行登州府支

登州卫武举百户孟得贤揭报海道及行海事宜俱属有据又开报自淮安至天津中间成山等处紧要海面俱属明白又开报安东卫系淮人土人商贩之处又开报唐头寨系山东人辽东人永平人天津人二三四五月间贩运布匹米豆曲块鱼虾并临清货物往来不绝效劳为久行登州府支

宁海州义民李逢泰先同缘事义勇官王收跟随文登营把总千户黄汝忠指挥刘崇儒覆勘海道湾泊处所自登州起南至浮岛止画图贴说明备又同镇抚宋应期千户崔士贤百户王九经缘事义勇官王收自胶州运麦至天津又揭报海道湾泊处所自胶州起至天津止效劳为久行宁海州支益都县缘事义勇官王收先同义民李逢泰跟随文登营把总千户黄汝忠指挥刘崇儒覆勘海道湾泊处所自登州起南至浮岛止画图贴说明备又同镇抚宋应期千户崔士贤百户王九经义民李逢泰自胶州运麦至天津效劳为久

以上十员名内除王收已经该道呈请两院批允赎罪其九员名每员名银十二两

莱州卫王徐寨千户陈镗承委与黄县闲住兵马胡以堪雇船装载米豆自黄县开船至天津踏试海道颇属效

劳行莱州府支

黄县闲住兵马胡以堪开报海仓至天津水程颇详又躬同莱州卫千户陈镗雇船户董一迁船一只装载粳米小米绿豆自黄县开船直抵天津踏试海道并无阻碍颇属效劳行黄县支

青州府照磨郭宗伊承委会同押运官镇抚宋应期等带领犯人孟崇仕等于胶州买小麦一千二百石雇岛船装载讫行青州府支

莱州卫千户赵昜承委节催指挥王惟精等米船起程回报行莱州府支

以上四员每员银八两

蓬莱县儒学廪膳生员卢钿学行素优首报海道可行自淮安而下胶灵登莱直至天津海中一带湾泊要地有险无险南北商贩来历开报详确种种有据后承本院取委校录海道新考并各图册蚤夜精思效劳甚久

以上一名银八两行登州府支

医官刘守才跟随指挥孙学诗踏试海道

以上一名已经该道呈允给与冠带讫

日夜书办海道文书画图本院书吏一名王宷

以上一名银十两行济南府支

日夜书写海道文移画图本院写本吏三名 鄢邦杰 刘继文 焦瑨

以上三名每名银八两行济南府支

往来星夜差遣奏报本院承差二名 朱九思 王拱

以上二名每名银八两行济南府支

布政司承差王邦鲁同千户杨国勋接报指挥王惟精等米船星夜驰报

布政司吏汪东儒查访天津海口并无淤塞回报明白颇属效劳

以上二名每名银六两布政司支

海右兵巡道舍人程有材跟随指挥孙学诗踏试海道

以上一名银六两行莱州府支

胶州民李耀跟随千户韩礼踏试海道行胶州支

黄县渔户王光显跟随指挥孙学诗踏试海道行黄县支

熟知海道岛人安国祥跟随指挥刘崇儒踏试海道行登州府支

熟知海道岛人洪大江跟随指挥刘崇儒踏试海道行登州府支

熟知海道岛人李得景跟随镇抚高凤阳踏试海道行登州府支

熟知海道岛人王天寿跟随千户韩礼踏试海道行登州府支

熟知海道岛人蒋朝阳跟随指挥孙学诗踏试海道行登州府支

以上七名每名银四两

奖励官役

献策官生

青州府同知程道东济南府同知牛若愚兖州府推官景嵩青州府推官张集莱州府推官岳凌霜滋阳县知县王堤益都县知县杜其骄寿光县知县刘朴临朐县知县李填诸城县知县王三锡乐安县知县吴一龙博兴县知县王尧臣昌乐县知县袁礼高苑县知县袁稽掖县知县赵钦汤高密县知县李尚宾章丘县儒学教谕陈量维县儒学教谕庾吉登州卫闲住都司沃允谦成海卫指挥王曰然莱州卫指挥雷鸣春安东卫指挥胡鸣韶登州卫千户齐思贤济宁卫千户张增黄县致仕知县胡熙正平度州监生雀旦蓬莱县生员张德化黄县生员仲思极莱阳县生员王业儒日照县生员李永熙

以上三十员名移文谕奖俾知始末以慰其心

自淮安纳米海运犯人三名 王佩 华诏 栾守泽

以上各犯已经该道呈请两院批允赎罪讫

自胶州纳麦海运犯人二名 孟崇仕 王凤嵦

以上各犯已经该道呈请两院批允赎罪讫

奖励官役

会荐宪臣

钦差巡抚山东等处地方兼督理营田都察院右佥都御史梁梦龙巡按山东监察御史吴从宪题为会荐卓异宪臣乞赐加秩久住以责成效事访得山东按察司分巡海右兼整饬青州兵备营理屯田副使潘允端天性敏毅智略弘赡凡政属艰大人所缩手独能挺身若事值纷沓人所不堪独能立就久摄数道备历诸艰矿盗防有先机盐徒岁无一犯军民胥服僚属共推劳迹有裨于地方赤心无忝于臣节诚盘根错节之器乃长驾远驭之才迩者计处辽人益彰恩信踏试海道更竭勤诚臣与巡按御史张士佩目击其劳心服其忠议照世际隆平斯贤才励翼今朝廷悬卓异之格方面有加秩之例若允端者殆其人也况辽人经其计处怀畏方新海道赖其踏试险夷已熟重务方兴用人为急加之激劝精采自殊假以岁时料理益密伏望皇上敕下吏部再加查访如果臣言不谬乞将潘允端照例加秩以旌卓异俾之久任以课功能俟有成效亟赐超擢展其才猷如或误事咎将何辞如此则庶职竞奋重务有托矣为此具本专差承差黄存礼亲赍谨题请旨

处置事宜

案照先准户部咨该两院会题前事本部覆奉钦依移咨前来已经备行布政司通行各司道查照施行外所有委官提调海道设立标记预备船工事宜合行开款通行遵守庶免临时错误为此案仰布政司官吏即便转行巡察海道守巡海右道武定兵备道守巡济南道备倭都司将后开条款行各委官逐一遵照施行如有未尽事宜该司道作速议呈定夺事完之日该司道将各委官任事误事实迹列为四等具呈两院以凭分别荐奖戒劾用示劝惩

计开

一提调海道

即墨营原设提调海防把总二员

提调本营一带海道自南直隶鹰游山起至海洋所黄岛止关防口岸设立标记巡革奸弊粮船往回之日暂驻居中田横岛防护指引湾泊回避把总一员鳌山卫指挥佥事朱衣量带兵快

提调本营策应海道事务把总一员胶州守御千户所正千户匡受爵

文登营原设提调海防把总二员

提调本营一带海道白海洋所青岛起至宁海州养马岛止关防口岸设立标记巡革奸弊粮船往回之日暂驻居中骆驼口防护指引湾泊回避把总一员宁海卫前所副千户黄汝忠量带兵快

提调本营策应海道事务把总一员莱州卫右所正千户王通

登州营原设提调海防把总二员

提调本营一带海道自宁海州崆峒岛起至青州卫唐头寨备御百户所止关防口岸设立标记巡革奸弊粮船往回之日暂驻居中沙门岛防护指引湾泊回避把总一员登州卫指挥使赵康侯量带兵快

提调本营策应海道事务把总一员登州卫指挥佥事王科以上海道系巡察海道定巡海右道备倭都司地方巡察海道郭副使分守海右道徐参政分巡海右道潘副使备倭张都司会同调度案行各官遵照施行仍委青州府同知程道东登州府通判李应斗往来提调稽查

提调唐头寨以西海道自济南府属丝罔口起至大沟河止关防口岸设立标记巡革奸弊粮船回往之日暂驻居中久山河防护指引湾泊回避总委官一员济南卫指挥同知陶翔分委官二员莱州卫王徐寨千户陈镗靖海卫

镇抚宋应期

以上海道系武定兵备道守巡济南道地方武定兵备道甄佥事分守济南道宋参议分巡济南道徐佥事会同调度案行各官遵照施行仍委济南府同知牛若愚滨州知州万鹏程往来提调稽查

一设立标记

或口岸或岛屿可以湾泊去处竖立大杉杆每杆上昼悬黄布大旗一面夜悬大灯笼一个铁丝纤系铁底铁盖糊以油纸或油绢内燃长明灯一盏务要设法紧束杆上毋致风摆每杆下用小渔船二只昼夜伺候悬挂旗灯每船用铜锣一面见粮船至即击锣为号湾与不湾任其自便粮船行日为始船尽为止粮船回日为始船尽为止或始或止俱候该道传示湾船去处或堪容一二三四十只或五六七八十只或百只以上或二百只以上或三百只以上各于两头竖立大杉杆悬挂旗灯如本处湾泊满足不堪再容即收旗灯后到船只或趋前或靠后取便湾泊免致壅塞敢有违误从重治罪

或礁石或浅滩应该回避去处竖立大杉杆每杆上昼悬青布号带二条夜悬大灯笼二个铁丝铁系铁底铁盖糊以油纸或油绢或燃长明灯一盏二笼一上一下悬挂务要设法紧束杆上毋致风摆每杆下用小渔船二只昼夜伺候悬挂带灯每船用牛角唢呐一个见粮船至即吹唢呐为号令其回避粮船行日为始船尽为止粮船回日为始船尽为止或始或止俱候该道传示礁石浅滩去处如根生通岸者如根生连岛者礁石浅滩尽处竖立一杆悬挂双带双灯礁石浅滩离岸离岛者两头尽处各竖立一杆各悬挂双带双灯敢有违误从重治罪

一预备船工

查得海船安东卫东流所诸城县胶州灵山卫夏河所即墨营海洋所靖海卫宁津所成山卫百尺所威海卫福山县招远县乐安县并洪岛刘公岛沙门岛芙蓉岛唐头寨及案开未尽地方多有素行海道惯熟水手巡察海道会同守巡海右道备倭都司精选四百名取具各该州县卫所保结该道训练齐备开造姓名籍贯文册呈报两院知会听候咨送总督漕运衙门分发粮船指引海道各后工食奉有钦依动支淮扬商税银两临期本院移咨总督漕运衙门与淮安水手工食一体施行其自山东至淮安量给盘缠银几钱安家银几钱应于何项银两动支该道会议明白具呈两院批允支给以重初役不为常例仍备细出示晓谕各役知悉

以上俱限二月初十以里料理完备该道稽查明白星驰开报两院该道仍刊为小册分发驾船员役各要熟记临时不许错认其海道湾泊回避去处所辖各有几处该道并备倭都司另开手册预先呈送两院以凭稽查

一淮安粮船以今十二万石每船四百而计该船三百只今议分六起每起五十只间两日发一起以便小岛陆续湾泊一运米官指挥王惟精千户韩礼陈璋汪士弘带衔卫镇抚鲁矿运麦官镇抚宋应期千户崔士贤百户王九经义勇官王收各官一面听该道委勘湾泊一面听本院咨送总督漕运衙门运粮

一海运既行海防益当慎重一二吃紧事宜本院查访略有端绪窃恐一隅之见未为佥同之谋该司道均切体国各抱远猷详加查访议拟明白要见某事作何整备某事作何严禁某事作何互察某事作何量复预先呈报两院以凭参酌题请永裨海防

提调北直隶海道自盐山县口岸起至天津止关防口岸设立标记巡革奸弊粮船往回之日暂驻居中乞沟海口防护指引湾泊回避委官某衙门某官某人量带兵快系天津兵备道地方已经两院移文北直隶抚按转行该道查照会同武定兵备道守巡济南道一体施行

北直隶一段海道湾泊一节止应于口岸处所竖立标记别无岛屿回避一节止应于浅滩处所竖立标记别无礁石一海道自南直隶淮安起至北直隶天津止共计三千三百余里南直隶除河行两日之程出六套口至鹰游山止海行一日之程北直隶起盐山县口岸至天津止海行两日之程中间海道俱山东青登莱济四府地方

卷下

经理海防

钦差巡抚山东等处地方兼督理营田都察院右佥都御史梁梦龙题为经理海防事据山东布政司呈蒙臣批据巡察等道呈称准布政司照会抄蒙抚按会案行道查照案开各款应行者作速施行应议者作速查议内一款海

道既行海防益当慎重一二吃紧事宜本院查访略有端绪窃恐一隅之见未为佥同之谋该司道均切体国各抱远猷详加查访议拟明白要见某事作何整备某事作何严禁某事作何互察某事作何量复预先呈报两院以凭参酌题请永裨海防等因准此除提调海道设立标记预备船工等款行即墨营把总朱衣匡受爵委官带衔卫镇抚鲁矿文登营把总黄汝忠王通委官百户孟得贤登州营把总赵康侯王科委官指挥王世禄同知程道东通判李应斗各照委施行不日事完造册另报所有海防四事各道查议明白拟合呈详等因蒙批仰布政司会同按都二司复议通详缴蒙此又蒙本院批据整饬武定兵备等道呈称准布政司照会抄蒙抚按会案前事准此除行指挥陶翔镇抚宋应期千户陈镗程有本赵一鸣同知牛若愚掌滨州事同知万鹏程各照委施行所有海防四事各道查议明白拟合呈详等因蒙批仰布政司会同按都二司复议通详缴蒙此案照先抄蒙抚按会案前事通行各道去后今蒙前因该本司左布政使施笃臣左参政龙光会同按察司掌印副使李汶提学副使周鉴山东都司署都指挥佥事李希周复议得傍海通运足国利民不徒目前有济乃千万年可久之图不止山东可行实南北直隶往来利涉之道海防久弛及今通运亟应经理所有整备严禁互察量复四事各道查议明白各司会议画一拟合通详乞加裁酌会题施行庶成规既立诸务可举海运永赖等因到臣据此案照隆庆五年十月初四日准户部咨为勘报海道事该臣等具题本部会议恭候命下移咨漕运总兵都御史即将近便地方漕粮量拨十二万石以上作速运赴淮安如各处赴瓜仪兑运事体晒扬干洁务在四月以前趁东南风柔始便利涉分投雇觅堪用坚固海船装载前项漕粮其多寡悉照山东二次委官运过则例一面选委督运把总及千百户等官管辖旗军兼同惯熟水手驾运其领运把总指挥等官若一年无欠者漕司即从优赏奖荐二年无欠者仍听特荐破格超升各项差拨防范事宜开载未尽者俱听漕司与山东抚按等官临时悉心计处应径行者径自举行应奏闻者具奏定夺等因题奉钦依备咨到臣已经会案备行布政司通行各道遵行又该臣等将提调海道设立标记预备船工并海防事宜会案开款通行司道一面施行一面查议续据各道议呈前来批行该司会同按都二司复议通详去后今据前因臣会同巡按山东监察御史吴从宪议照国家定鼎极北转运之路淮安实为中枢河流其左海环其右天造地设以河道为左翼奠根本之图以海道为右翼壮辅车之势变通相济其利无疆旋绕归向之形盘石之业也海道元人起处远自苏松不得不由岛屿之外以泛大洋风波为大一万三千之程声闻难通经略繁难时或可废今起淮上为近由岛屿之内傍岸以行风波有数三千三百之程声闻易接理应可久且在淮南江汉湖港利赖不一又淤浅之患小在淮北止赖一河又涨塞决徙之患大故今转运不苦于淮南独苦于淮北淮北有两翼然后金台可恃以无恐迩因河患异常伏蒙圣明独断庙堂画策傍海通运诚社稷无疆之利臣等待罪地方应行事宜蚤夜举行唐头寨迤东海道巡察副使郭文和分守参将徐衍祚丝网口迤西海道兵备佥事甄敬分守副使宋守约各协心料理分巡参政潘允端竭力周旋左布政使施笃臣多方调度近准漕运总督王安沭咨称米船俱有次第为照海运事务粗备所据海防一节贵在预饬既经司道通详前来臣等会同裁酌列为四事相应具题伏乞敕下户工二部从长复议上请定夺施行此外尚有一二官联事宜应俟十二万石既过之后酌议具题未敢并及致碍复议

计开

一曰整备查得山东沿海地方自青州卫唐头寨起迤东历成山卫转折而南至安东卫与南直隶接界中间有备倭都司三营十卫五守御所十七备御所原设城池据险当要联络不绝但今坍塌数多如灵山等卫夏河等所坍塌几尽门楼铺舍形迹全无及时修葺以壮门户而杜窥伺乃海防第一急务除登州等卫王徐等所该道设法葺补外其应修理城池坍塌数多者大嵩成山二卫海阳大山雄崖胶州四所估银共八千二百六十两坍塌几尽者灵山鳌山威海靖海四卫夏河奇山宁津三所估银共一万一千五十两通该银一万九千三百一十两以上系巡察海道守巡海右道地方自济南府利津县丝网口起迤西历沾化县至海丰县与北直隶接界中间有三巡检司公署倾残尽成瓦砾均应修理岂国镇巡检司估银一百二十两久山镇巡检司估银一百二十两大沽河巡检司估银一百五十两通该银三百九十两以上系武定兵备道守巡济南道地方二项通该银一万九千七百两欲仍责成军卫有司卷查接年行文回称军赴班操库无毫银地土荒芜加派难支竟然废阁查得臣等应解赃罚每年二限每限巡抚二千两巡按四千两合无俯容将隆庆五年冬限六年夏冬二限各应解赃罚共一万八千两留贮布政司分发各道修理支用事完会同委官将修过工程用过银两查明造册奏缴如有误事及或冒破从重参究伏乞圣裁

二曰严禁查得元人海运起自苏松由岛屿之外远泛大洋浩荡无际奸人乘便通番禁缉为难又许南番贡献仿效而行尤非事体今粮运自淮安下海直抵天津三千三百余里皆在岛屿之内傍岸以行势若漕渠必先禁例严明然后有利无害乃海防要务合无北行辽东抚按衙门严禁各该海口非奉题准如嘉靖三十七等年事例商民不许私自下海南行总督漕运巡按衙门严谕商民自今行海俱由岛屿之内其南番贡献不许仿效而行中行臣等山东抚按衙门严谕商民并各岛寄庄辽人自今行海俱由岛屿之内一则藉其往来熟习潢道但有擅造双桅大船远泛大洋私卖违禁货物者巡海官兵捕送官司照依律例问罪船货一半入官一半给有功之人充赏或有异样船只合艘远来欲行内泊事有可疑者不拘是盗是夷一面诘捕一面飞报抚按相机施行事情重者奏闻定夺伏乞圣裁

三曰互察查得海禁久弛私泛极多辽东山东淮扬徽苏浙闽之人做卖鱼虾腌猪及米豆果品磁器竹木纸张布匹等项往来不绝垂二十年大势傍海而行间有远泛大佯缘僻在一隅官兵并不讥呵海运既通岂容私泛查得腹里人民出境关隘验引合无行漕运北直隶山东抚按衙门刊刻木榜明示商民南来者赴淮安该道给引至天津该道挂号回淮安日销引北来者赴天津该道给引至淮安该道挂号回天津日销引山东商民或南泛或北泛俱赴登州巡察道给引至淮安天津道各挂号回登州销引如无文引即系私泛如日久不销文引即系远泛大洋挨查明白各照依律例问罪伏乞圣裁

四曰量复查得利津县丰国镇沾化县久山镇海丰县大沽河海口各设巡检一员原编弓兵多者百名少者七八十名常川驻守地方有赖近年屡经裁革止存一二十名巡检反畏盗贼远住县城地方渐以多事海运既行三巡检各有沿海信地前项弓兵相应量复合无各量添三十名运船往来之日就令设立标记指引护送诚为两便伏乞圣裁

海防复议

云南司案呈奉本部送户科抄出山东巡抚梁梦龙题前事奉圣旨户工二部看了来说钦此又该山东巡按御史吴从宪题同前事奉圣旨该部知道钦此钦遵通抄到部送司案呈到部臣等会同工部左侍郎赵锦等看得山东巡抚都御史梁梦龙巡按御史吴从宪会题整备严禁等四事开立前件议拟上请定夺

计开

一曰整备前件臣等看得山东抚按官梁梦龙等题称沿海地方灵山等卫所原设城池坍塌殆尽即今差官修理估计工料银一万九千七百两乞要扣留抚按赃罚银两支用一节为照沿海城池本为地方保障况今海运复行废弛已久委宜逐年渐次修理务裨实用但赃罚银两原系解部济边紧急支用之数每计一岁出入不敷尚多势难别项留用查得山东抚按先试海运曾贮天津米麦三千二百余石已经题准变价听修海防所有具题前因相应酌议恭候命下行移山东抚按衙门督行各该海道守巡兵备等官查将城池公署前项工价再行覆实先将原议米麦变价银两分给修理不敷之数量以泰山香钱凑补及抚按赃罚除解济边正数外余剩数内动支并在库不系解边无碍银两相兼搭用仍严行各道不时巡察务加撙节毋致委官匠作人等冒破侵费其修造过城垣即以原委员役刻记姓名于各城石上以备日后查考如有倒塌不坚即责令原委员役包赔其各卫所见缺军伍务要逐一清查实在额数以备防守事完将修过工程支过银两及查过军伍造册奏缴青册送户工二部查考伏乞圣裁

二曰严禁前件臣等看得山东抚按官梁梦龙等题称沿海大洋奸人多有通番等弊今欲海运粮石乞要严禁商民不许私自下海远泛大洋贩卖违禁货物如违诘捕究治一节为照海洋一带原有夷人通贡土人乘便通番今议海运俱由岛屿之内则一切大洋远泛俱属私自往来万一接引为奸关系匪细委应严加禁缉既经抚按官会题前来相应依拟恭候命下移咨辽东巡抚及咨都察院缉行辽东巡按御史严行濒海地方官员查将各该海口严禁商民人等不许私自下海如违挐究本部仍行移山东凤阳各抚按官作速备行各该司道一体严禁商民及各岛寄庄辽人各要循行岛屿之内不许仿效南番贡献径走大洋但有双桅大船大洋远泛私卖违禁货物者许巡海官兵捕送所在官司查照律例问罪船货一半入官一半充赏以后凡遇异样船只合艘远来湾泊粮船帮内不拘是否盗贼夷人速行擒捕送官飞报抚按衙门相机施行如事体重大奏请定夺仍各严禁各巡海官兵不许分外生事如违

一体重治伏乞圣裁

三曰互察前件臣等看得山东抚按官梁梦龙等题称近年海禁久弛各省人役极多贩卖货物乞要行令各该抚按衙门责令往回给引查销一节为照沿海商民贩卖货物委系相沿旧习但今海运既通而傍海潢道率多藉其指引又难轻议尽革今欲各给文引往回挂号查销则巡察者有所凭验私泛者实自难容委于海运有裨既经会题前来相应依拟恭候命下行移漕运北直隶山东抚按衙门刊刻榜文晓谕各该商民自南入海者赴淮安管漕参政处给引至天津道挂号责令回淮销缴自北入海者赴天津兵备处给引至淮安参政挂号责令回天津销缴如山东商民不拘南行北行俱赴登州巡察道给引各照南北地方一体挂号回销如无文引日久不销者即系远泛大洋查明照例问拟伏乞圣裁

四曰量复前件臣等看得山东抚按官梁梦龙等题称沿海利津等县原额设有巡检司弓兵近年裁革数多地方日渐多事乞要各查信地量复名数候运船往来之日立标指引护送一节为照海运粮船傍海循行其立标指引随后护送委不容缺今议于各巡检司原设弓兵额数量为查复似亦相宜但须计地方民力堪胜酌派弓兵工食庶免烦扰即经会题前来相应依拟恭候命下行移山东抚按衙门查将利津沾化海丰等县原设沿海三巡检司各将见在弓兵酌量加添责令常在地方巡逻如遇海运粮船经过之日就令设立标记预为指引各随帮后护送前进防备要虞其该司官吏若有卖放弓兵致误事机及假以盘诘为名容纵扰害者抚按官指名参究伏乞圣裁奉圣旨依拟行

议复成法

钦差总督漕运兼提督军务巡抚凤阳等处地方都察院右副都御史臣王宗沐题为河变迭出漕运日艰恳乞圣明议复祖宗成法广饷道以备不虞以纾旰忧事据管理漕务右参政潘允端徐州兵备副使冯敏功海防兵备副使陈耀文会呈奉臣札付前事督同淮安扬州二府知府陈文烛徐尚查得遮洋总先年原领南直隶淮大等六卫北直隶德州等九卫官军俱兑运山东河南粮米三十万石内六万石于天津仓二十四万石于蓟州仓各上纳其船虽称遮洋止涉海三十余里即抵蓟仓程途不远今议海运以南粮自淮安出海达天津计程三千三百余里非曩昔遮洋之比止宜特设海运一总至于粮米非就近拨派则起运不便船只泝海远涉利在乘风非坚整巨舰不可以赴洪涛非高大蓬桅不能以任风力而驾船之人非沿海卫所习见海波者不能驾使所据应运漕粮合无将附近淮安扬州二府共该粮二十万一千一百五十石每年尽数坐派以正耗六百石零用船一只共船四百二十六只外装把总运官船十只细估合用打造木植等项工料每只计该银三百七两零及查原属遮洋总下淮大等六卫官军为数原少又有事故缺补不足领运应将额兑淮扬二府粮米江北扬州总下通州盐城二所浙东总下宁波台州温州三卫浙西总下绍兴卫下江总下太仓镇海二卫各滨海地方官军拨凑定拟仍照遮洋旧规每船用军十二名然各军固是生长海滨但淮安迤北直抵天津一带原非素所经涉止令各卫所每船派拨旗军九名仍将原船余下军人行粮月粮银两尽数扣解每年于淮安山东地方雇水手一千三百八名每船分配三名拦头执柁以足十二名之额其海运把总细访江北卫所并无堪充官员似应就于原委试运山东各卫所官员内推举庶委用得人等因到臣据此案照先准户部咨前事该户科都给事中宋良佐题称乞将遮洋议复以图海运仍要广集众思裁定归一之说该本部复议遮洋一总议革未久所当亟为查复兼宜访求海运故道以备缓急近据天津管仓员外郎胡杲揭报山东抚按差委灵山等卫指挥王惟精等五员各驾海鹏船一只每只装米四百石水手八名工价一百两自淮安开船沿海湾泊计四十日至天津告验交卸回还等因观此则淮安海道似有可通但未经有山东抚按具题凡所经由道路及防护官军必须查勘停妥又遮洋一总其名虽存然先时止渡天津海口不过八九十里自嘉靖年间又于内开一小河以抵蓟镇今欲一旦涉海运饷须另造船只撑驾水手并坐派某处漕粮通应漕司拘集各总悉心计议具题前来方可通行会议恭候命下一面备行漕运总兵巡抚等官先将遮洋一总照旧议复原额其海运船只水手及坐派粮米等项作速计料又海道系山东地方一面移文彼处抚按细加查勘经由道路果否通行防护事宜有无素备速行议处明悉具奏以凭会议上请宸断等因又准本部咨为勘报海道事该山东巡抚都御史梁梦龙巡按御史张士佩各题称勘试海道先差指挥王惟精等运米二千石自淮安入海至天津交卸后差镇抚宋应期等运小麦一千二百石自胶州入海至天津上纳中间程途不远运行便利乞要循行傍海潢道以备海运该本部复议恭候命下移咨漕运

总兵都御史即将近便地方漕粮量拨十二万石以上作速运赴淮安如各处赴瓜仪兑运事体晒扬干洁务在四月以前趁东南风柔始便利涉工部即动支节慎库银一万五千两差官解送漕司转委各兵备等官分投雇觅堪用坚固海船装载前项漕粮其多寡悉照山东二次委官运过则例不得过多以致遇风难于转柁此书册所载海人吃紧之语一面选委督运把总及千百户等官营辖旗军兼同惯熟水手驾运其雇觅水手银两暂于淮扬内动支一万五千两如商税银两不勾前数即将淮扬等府所贮抚按赃罚凑补后不为例其领运把总指挥等官若一年无欠者漕司即从优赏奖荐二年无欠者仍听特荐破格超升各项差拨防范事宜开载未尽者俱听漕司与山东抚按等官临时悉心计处可径行者径自举行应奏闻者具奏定夺等因节经题奉钦依备咨准此又准山东巡抚都御史梁梦龙咨称查自淮安起至天津止共计三千三百余里内或口岸或岛屿可以湾泊去处或礁石或浅滩应该回避去处俱设立标记及精选惯熟水手四百名分发粮船指引海道分委官员海防等项事宜开款咨行前来该臣一面酌量派拨近便地方隆庆六年应运漕粮淮安凤阳二府每府六万石共一十二万石雇募海船选委指挥千百户等官管辖旗军兼同惯熟水手由海运纳俱已齐集候夏初遣行及一面督行各运粮把总赴淮计议缘各官交粮回迟恐致误事随行管理漕务参政及徐海二兵备道公同淮扬二府掌印官逐一悉心酌议去后今据前因该臣会同提督漕运镇守淮安地方总兵官保定侯梁继璠巡按直隶监察御史张宪翔议照国计之有漕运犹人身之有血脉血脉通则人身康漕运通则国计足此固古人立国不易之轨也我朝河运几百六十年法度修明通行无壅夫何近年以来事久弊生千疮百孔又以黄河泛滥漂流数多而深忧远见之臣始有扼喉不达之虞矣以故都给事中宋良佐职长该科目击时弊有此论列欲复遮洋一总以通海运计遮洋止是一程稍掠海面本非放洋远涉然拨本官之意不过欲聚已散之船复建一总以行海道为国家备长远不穷之法尔查得遮洋总原粮三十万石至嘉靖四十五年因给事中胡应嘉建议停革将军船分派各总之下今既经宋良佐特见深忧欲设此总诚于漕政国计大有裨益且经各道府会议佥同相应通行拟议开立条款通请圣裁且发帑雇募今岁既已试行则派粮造舟明岁自当定运河海并输国计更裕自此圣明足食之虑稍可少纾矣夫自平江伯开浚会通河以来海运之不讲已久其后科道之条陈乡会之策试名臣之著书欲举行者不一而足然卒莫之能用也近臣备员山东尝条斯议而适巡抚都御史梁梦龙经济抱才忠诚体国毅然以米试行底绩无壅事获上闻恭遇陛下圣明英断辅臣恢张庙谟遂出帑银委督漕司募载而今四方始知海道之可通行矣然议立于刱见之时则群情未信而法复于久废之后则不免更张故今缙绅之虑不过云海上风波在海三尺童子知之矣然其事有可言者古语云天不满西北地不满东南故东南之海天下之水之委也渺茫无山则回避靡地近南水暖则蛟龙窟居是以风波足畏传闻可骇昔元人海运之有惊坏以其起自太仓嘉定而北也若自淮安而东引登莱以泊天津则原名北海中多岛屿可以避风又其地高而多石蛟龙有往来而无窟宅故登州有海市以石气与水气相抟映日而成石气能达于水面以石去水近故也北海之浅是其明验即以舟与米行于登莱因其旷达以取其速而标记岛屿以避其患则名虽同于元人而利实专其便易佐河运之缺计无便于此者然此犹举时宜之绪论而非臣条议之初图若语其全则有稍进于是者而其说有三一曰天下大势二曰都燕专势三曰目前急势汉不远引请以唐宋之事明之唐人都秦右据岷凉而左通陕渭是有险可依而无水通利也有险则天宝开元乘其便无水则会昌大中受其贫宋人都梁背负大河而面接淮汴是有水通利而无险可依也有水则景德元佑享其全而无险则重和宣和受其病若国家都燕北有居庸巫闾以为城而南通大海以为池金汤之固天造地设以拱卫神京圣子神孙万年之全利也而乃使塞不通焉岂非太平之遗虑乎此臣所谓天下大势也夫三门之险天下之所谓峻绝也然唐人裴耀卿刘晏辈百计为之经营者以彼都在关中故也粟不能飞则途有必由是三门者秦都之专路也若夫都燕则面受河与海矣一河自安山涉汶济即今之会通河一河自淮入汴入卫而俱会于天津然终元之世未尝事河而专于海者彼以夷陋纷攘终岁用兵固无暇于事河也彼又以为河亦间有不如海者入闸则两舟难并是不可速也鱼贯逆溯一舟坏则连触数十舟同时俱縻若火则又甚焉是不可避也一夫大呼则万橹皆停此腰脊咽喉之譬先臣丘浚载在衍义补者是不可散也若我朝太平重熙累洽主于河而协以海自可万万无虑故都燕之受海犹凭左臂从腋下取物也元人用之百余年矣梁秦之所不得望也此臣所谓都燕专势也黄河西来禹之故道虽不可考然不过自三门而东出天津入海是腹虽稍南而首尾则东西相衡也至宋时直猎大名则已稍南矣我朝弘治二年决张秋夺汶入海是其首犹北向也乃今则直南入淮而去岁之决阎家口支出小河近符离灵璧则又几正南矣自西北而直东南途益远而合诸水益多则其势大而决未可量也故以汉武之雄才

尚自临决塞王安石之精博且开局讲求河之为立国病讵直今日然哉且如去年之漂流大臣之与国同休及小臣之有志于世者闻之有不变色者乎夫既不能不变色于河之梗而又不能无难色于海之通则计将安出故富人之造宅则旁启门焉防中堂有客而肴核自旁入也此臣所谓目前急势也臣诚愚浅如该科条议虑之应熟岂其肯误圣明风波系天数臣亦何能逆覩其必无然臣以为趋避占候使其不爽当不足以妨大计故敢缘臣建议而详布其愚所有请银造舟张官改额皆系更革统乞圣明采择敕下该部查议施行俟其行之稍久官军狎习不妨渐加至数十万使黄河无梗或欲即以此舟河运亦不虚费惟意所欲复久废而足储蓄诚于国计至急且切不当复惮惜更费以失久远之利臣不胜战栗待罪之至

计开

一定运米查得隆庆六年分奉例量拨海运漕粮一十二万石原因试行为数颇少不成一总规制今且造船实运自应定拨额粮以便征兑合无每年俱以近便淮安扬州二府岁运兑改正粮二十万一千一百五十石为额尽派海运以复遮洋一总之数除隆庆七年已有截留缺船粮米二十二万六千五百八十石七斗六升听备支运外其自隆庆八年以后俱行淮扬二府各将额粮先期征收完足漕司于正月终旬调集各该官军赴淮并募拦头柁工水手领驾海船坐定近便水次如扬州府属仪真通泰如皋海门泰兴江都七州县粮米运于府城河下高邮兴化二州县粮米运于本州河下淮安府属山阳清河桃源邳睢宿沭盐城宝应九州岛县粮米运于淮安城外河下安东海州赣榆三州县系海船必经之地粮米就于本州河下各取便交兑以上漕粮俱责成各该管粮官押同粮里就以随粮原征水脚银两雇船装运定限二月终旬齐到前定地方户部管仓主事督与官军对船交兑开帮以免入仓烦费如有过期者照依议单无粮事例参究若二府地方遇有灾伤改折悉听临时拨派附近凤阳等府粮米凑足前数以为定额而凤阳等府水次则当坐于泗州庶为便益伏乞圣裁

一议船料照得每年定派海运漕粮二十万一千一百五十石以正耗六百石零用船一只共船四百二十六只外造装把总运官共船十只通共船四百三十六只臣先行道府各官拘集匠作及有海船之人从公估计每只先除装水并什物等件约虚二百石外实止装粮六百石合用木植等料该银三百七两零臣恐多开随委造船厂并料先造样船一只据开用过料银二百九十两适臣移驻扬州催儹粮运彼时亲率漕务参政潘允端海防副使陈耀文及如府等官徐尚等诣船验看咸谓板植坚厚钉艌紧密规制颇整足驾三十年方行改造臣思旗军领驾则视为官物终比民船不同若限以三十年一造不无过久且海洋行使又非老船可支风浪则海船当以十五年为改造之限乃得适中臣查海运虽自淮安发行前船若于淮上打造木植入坝不便且清江卫河二厂自有应造年例船只即常年买木召匠打造尚且不前合无酌派产木湖广厂打造二百只专委督粮道参议刘翾督理其余二百三十六只在于集木仪真地方设厂专委海防道副使陈耀文督理各谈催工官员听二道自行选委务如前式坚致其有速坏者责在二道湖广木植等料价比仪真稍贱每只量减银四十两实该银二百五十两共银五万两仪真造者每只仍给银二百九十两共银六万八千四百四十两二项共银一十一万八千四百四十两臣查前项海船每只比河船多装粮二百石是海船一只抵河船一只半共抵河船六百五十四只合将各卫所额船数内查其漂流者照数免其造补即以各船料价打造海船计算前船内清江厂造者该扣三百九十只每只料银一百一十四两五钱七分零共银四万四千六百八十二两三钱浙江厂造者该扣一百五十只每只料银九十二两共银一万三千八百两下江厂造者该扣一百一十四只每只料银九十三两一钱二分四厘共银一万六百一十六两二钱以上通共该银六万九千九十八两五钱俱应于清江抽分年浙江布政司及苏州府岁额军民料价解用但船未及号料价无征先尽臣前题漕库收贮河工赃罚等银借足三万两及借动清江厂寄库抽分年例正造大料银三万九千九十八两五钱凑用备行浙江等司府各候前船及号改造之期扣解料价补还尚有不敷银四万九千三百四十一两五钱臣又查今岁浙江改折粮一十二万六千石该扣减存军行粮月粮抵料赏钞共银一万六千二百四十七两八钱八分湖广改折粮一十万六千一百三十二石六斗五升该扣本省减存军月粮抵料银三千六百两并前折内该扣应给各卫旗军行粮银五千一百八十四两共银八千七百八十四两又河南布政司未解班匠银六千六百九十九两零俱系正额造船之数均应催解此外仍少银一万七千六百一十两六钱二分别无区处必须暂为借用方克完造乞敕该部再加查议准将庐凤巡按御史例解赃罚银六千五百两两淮巡盐御史赃罚银九千两并臣巡抚例解赃罚银二千两及借备

赈府州县赃罚银一百一十两六钱二分凑足料价待候漕运积有减存等银补还起解仍乞转行湖广浙江河南各巡抚都御史严督布政司掌印官勒限查将前项行粮等银刻期征完湖广银两就彼收贮听臣找解凑造海船二百只浙江河南二省俱各解淮发造缘此银皆系扣定必用之数一面先将在库不拘何项银两借解以济造船一面径追前银补还原项其湖广分造船只完日并办桅蓬什物责差原造官员暂拨附近卫所减存运军撑驾仍量给月粮以资食用及行沿途稍添人夫挽继务限明年二月以里到淮庶不误运事完通将用过工料钱粮造册奏缴稽考再照今议打造海船前数虽开至十一万之上但海船所用之料即河船免造之银殊非新增额外之费其不足者又漕司折粮之内扣出支用而所借者不过一万七千余两赃罚耳然臣又计之河船清江厂十年一造浙江下江二厂五年一造而今海船则十五年一造是又抵河船只半多矣即今加费一万七千余两而所省又该银二万一千余两国家开一百六十年久废之海运而简省若此诚输运之便途也伏乞圣裁

一议官军照得海运粮船四百三十六只合坐派卫分定拨旗军领驾查得原有遮洋总下淮大等六卫及通州盐城二所浙江宁波绍兴台州温州直隶太仓镇海六卫俱系边海地方其人习知海事相应摘拨分领前船定拨淮安卫三十只大河卫五十只高邮卫三十只扬州卫五十二只长淮卫三十只泗州卫三十只盐城所一十八只通州所二十只宁波卫三十只台州卫二十只温州卫二十只绍兴卫二十只太仓卫三十八只镇海卫三十八只俱仿照遮洋旧规海船用军十二名然犹恐各军虽是生长海滨但淮安迤北直抵天津一带原非素所经涉况驾使海船惟拦头一人执柁二人最为要紧又必须久惯行海者方能不摄合无止令各卫所每船拨军九名就将每船余下军人三名应支行粮月粮银两尽数扣解每岁漕司于淮上及海州等处雇水手八百七十二名山东雇岛人四百三十六名分配每船二人执柁一人拦头便于趋避以足十二名之数待后各军习熟海道渐次减雇仍将原军拨补及照臣于今岁募船三百只已分为六小总以平定宁静安全为号派令原运山东各官分摄以行今既实运自应照遮洋事体设把总一员以便统束请乞敕下兵部再加查议将山东原运题过有名各官如千户韩礼镇抚鲁矿百户孟得贤等五员内推一员量升都指挥体统准充海运把总仍铸给关防一颗以便行事其领帮官俱委山东原运各官率领岛人赴淮给与行粮起运中或有缺听臣于属下沿海卫所选补以上把总运官待有成效俱照户部原题事理升擢各该卫所止委指挥千百户押军至淮交割免其入海自愿者听至于各船军士内有怯弱不惯行海者许以原支行月粮添凑自行雇募熟识海道的实之人代替回货之利替者得之惟求海道得人各押军官审无错误听从其便行之既久习者益多且大约每岁二月尽开兑三月半开洋四月尽到天津九月半可以完归悉如洪武二十七年事例休息日多人将争赴矣再照造船必有桅蓬什物在河船原系旗甲自办今海船新造必须官为全备而所用银两六应设处臣查前项海船四百三十六只算抵河船六百五十四只其计额军七千三百五十六名内除拨出海运五千二百三十二名分派每船十二名驾运外尚有余下军人二千一百二十四名内淮安高邮长淮泗州四卫各一百八十名大河卫三百名扬州卫三百一十二名通州所六十名盐城所五十四名俱每月粮银二两八钱八分行粮银一两一钱二分宁波绍兴二卫各一百三十五名台州温州二卫各九十名太仓镇海二卫各一百一十四名俱每名月粮银四两八钱行粮银一两五钱通共该银一万五十五两四钱俱应每年扣支以充前费合无转行浙江应天巡抚都御史督责各卫所掌印官预期造册送赴有司关领差官解淮听给各船置办桅蓬什物应用如或不敷临时再行酌处补足今岁海船初造相应逐件全办以后年分止是稍加添置并每年修舱工料即以前扣粮银似为足用若有余积专备海船限满复造料费不得别项支销伏乞圣裁

一议防范查得海运既通米船来往商贾渐集则他盗之防所宜预加料理除淮安迤东云梯关地系海船出口彼处原有额设备倭官军五百余名系属东海把总管辖往年春汛之期听本官调度操守并迤南各沿海地方臣于起运之日严行各加意防范外惟自出淮安海口经行山东北直隶一带地方海洋辽阔已经臣移文山东天津巡海司道等官责令各该备倭守御等衙门申严防护派土岛之船指引开行其在船应用军器漕司仍动支漕银置办军器每船斩马刀四把火药二十斤手铳四把弓二张箭二把长枪四根给瓴随船防备运回交库再照山东沿海系粮船历行之途至于天津迤东系海船入口之地交卸粮米督发剥船催儹回南俱系栉比犬牙之地防备盗贼尤须加意统容臣备咨行山东抚按悉心议处可无行者径自施行应奏请者径自奏请务在兵防振饬旁伺潜消以不误大计伏乞圣裁

一议起剥查得海运粮船若进天津海口则恐底尖胶浅除水大径行外若水偶浅涩已经移文户部酌定俱用

剥船起剥自天津至石土二坝每粮百石给与水脚银二两九钱就于本帮轻赍银两动用乞敕该部转行天津管仓河西务钞关各主事遵照自今为始每年凡遇海运粮米船到天津海口各该领运官具呈管仓主事移文查取河西务剥船照前议定水脚剥运粮米前赴石土二坝交卸转般进仓上纳其各船随粮轻赍银两听臣酌量分别差官由陆起解系给剥船水脚者交与天津管仓主事系完粮应用者交与通州坐粮员外各就彼支用若有余剩给散海运官军以资回南伏乞圣裁

一议回货查得海运旗军柁工水手冒险转输比之里河常运不同然常运每船许带土宜四十担今海船赴纳难容带载若已卸粮回南似无妨碍乞敕该部再加查议合无每船许带货物八十担听便贸易回淮以示优恤仍听天津管仓主事每船给与装带货物数目照票一张免其纳税但不许夹带私盐及腌腊咸物并违禁硝黄铁器如违定行从重治罪伏乞圣裁

一崇祀典照得海运肇行舟泛大海所畏者惟蛟龙风涛尔考之五行蛟乙木也而寄在辰风巽木也而寄在已二者性皆畏金此五行相克厌胜之术如先臣刘基辈未尝不讲也况是类是禡文著于诗夫举大事动大众而又安可无神道设教以壮人心臣谨于海口建立海神庙以铁铸而以鸡衅每岁船将发则祷之仍每船奉一小像以行缘前庙既建看守必须专人发运必有祭祀乞敕该部查议合无行臣每年令山阳县于里甲定编经费银三两买办猪羊祭品每岁开船漕司亲行致祭仍行该县于均徭内编佥门子一名常川看守以防倾圮伏乞圣裁

成法复议

户部为议复成法事该本部题云南清吏司案呈奉本部送户科抄出总督漕运兼提督军务巡抚凤阳等处地方都察院右副都御史王宗沐题前事又该提督漕运镇守淮安地方总兵官保定侯梁维藩题同前事俱奉圣旨该部知道钦此钦遵通抄到部送司案查先该户科都给事中宋良佐题前事已经本部覆奉钦依通行去后今该前因案呈到部看得漕运都御史等官王宗沐等条陈定运米七事内除议船料一节中间事干工部另行会同议覆外其余事件俱应本部查覆合开立前件议拟上请定夺等因隆庆六年三月二十一日户部尚书张守直等具题二十三日奉圣旨依议行

计开

一定运米前件臣等看得都御史王宗沐等题称海运漕粮除隆庆七年已有截留缺船粮米二十二万六千五百八十石有零听备支运外其隆庆八年以后要将淮安扬州二府岁运兑改正粮二十万一千一百五十石作为定额运赴各州县近便河下限二月终旬听管仓主事督与官军对船交兑违限参究若二府遇有灾伤临时拨派凤阳等府凑足额数一节为照海运粮米原议先为少运以后渐次加添今漕司欲将淮扬二府原运之数作为岁额分定水次就令管仓主事监兑无非先事处分以便起运之意及查江北漕粮原系两淮巡盐御史兼理奉有专敕其前项海运钱粮似应就便一体责成所有前因通应题请恭候命下移咨漕运衙门除隆庆七年海运粮米已经题留折运外以后年分如果海运便利即自八年为始每年额坐淮扬二府原运兑改米二十万一千一百五十石严行各该掌印管粮官依期征收完足督同粮里就于随粮水脚雇船装载悉照原题分定水次俱限二月终旬到齐听候兼理漕务巡盐御史督与官军对船交兑开帮如有违限及米色粗恶等弊悉照议单事例参究若遇二府灾伤万不得已方临时另议拨派凑足原额伏乞圣裁

一议船料前件臣等会同工部左侍郎赵锦等看得都御史王宗沐等题称议造海船四百三十六只酌派湖广厂产木地方打造二百只仪真集木地方设厂打造二百三十六只共该料银一十二万八千四百四十两算抵河船该扣清江浙江下江三厂料银六万九千九十八两五钱不敷之数查将浙江湖广本年折粮减存并河南班匠等银三万一千七百三十余两催解应用此外仍少银一万七千六百一十两六钱乞于抚按及巡盐衙门赃罚动支足数务期各造完足限明年二月以里到淮通将用过钱粮造册奏缴稽查一节为照涉海输粮全赖船只坚固先因海运创行仓卒造船不及议令暂雇一年俟后另行打造但所用工料必先设处完备方得临期无误今漕司议将应用价银除各厂扣下河船料价及灾折减存粮料班匠等银外尚少银一万七千余两要将抚按等衙门赃罚动支凑补及

查赃罚银两原系题准解部济边额数实难别项留用但打造海船事出创始较之别项不同合无姑准借支以便急用其应解彼处银两于内查数陆续扣留所有具题前因相应题请恭候命下移咨总督漕运及湖广浙江应天巡抚各都御史专委粮储道参议刘翾督责湖广厂委官打造海船一百只每只议定价银二百五十两及委海防道副使陈耀文督责委官于仪真设厂打造海船二百三十六只每只议定价银二百九十两先将漕库河工赃罚及清江厂寄库年例料银共借六万九千九十八两五钱分发二厂支用候于各厂扣下船料及浙江等司府扣解军民料价抵补其三万一千七百三十两八钱八分暂将在库堪动银内借支即将各卫减存及旗军行月粮银赏钞并河南班匠银两如数补还不敷之数即照原议派定数目于抚按巡盐等卫门赃罚银内动支一万七千六百一十六两六钱凑用候于通州坐粮厅查扣一分解淮银两补偿以前船只各照发去式样如法打造务要板木坚厚钉舱紧密照例将委官匠作姓名刻鉴船尾其在湖广造完者兼办蓬桅什物暂拨附近卫所减存运军量给行粮责令原委官员限二月以里到淮漕司即将二处新船查明印烙如有板薄钉稀侵费料价等弊从重问拟并将经管官员一体参究仍令经造员役领回不堪船只另行造补自后各船俱以十五年改造一次永为定规事完将支用过工料价银造册奏缴青册送户工二部查考再照海运事宜打造船只关系最重其所用价银委宜先期定议但运务见在经理北来若果有成效可为经久至计即照所议施行倘事势未见万全亦宜斟酌务使前项船只不致妄费伏乞圣裁

一议官军前件臣等看得都御史等宫王宗沐等题称海运粮船四百三十六只均拨淮大台温等一十四卫每船照遮洋旧例用军十二名摘拨三名扣解粮银添雇水手等役即将原委试运千户等官韩礼等准尧海迟把总仍给关防以便行事其领帮官员于山东原领各官并沿海卫所选补及称海船蓬桅银两将算抵河船余下军人扣解行月粮应用若有多余专备复造料费各一节为照粮船海运经涉风涛其把总官军必须沿海卫所取用而拦头执舵等役亦须雇募惯习海道之人今欲照前已定粮船坐派淮大等卫旗军领驾及扣取余下粮银雇觅水手人等并置办蓬桅等项又将试运官员充补把总议处已详相应依拟题诣恭候命下移咨总督漕运及巡抚浙江应天各都御史自隆庆七年为始查将海运旗军如淮安高邮长淮泗州四卫每卫坐定五百四十名每年输拨三百六十名各驾海船三十只大河卫坐定九百名每年轮拨六百名领驾海船五十只扬州卫坐定九百三十六名每年轮拨六百二十四名领驾海船五十二只通州所坐定三百名每年轮拨二百四十名领驾海船二十只盐城所坐定二百七十名每年轮拨二百一十六名领驾海船十八只台州温州二卫每卫坐定三百三十名每年各轮拨二百四十名各驾海船二十只宁波绍兴二卫每卫坐定四百九十五名每年各轮拨三百六十名驾海船三十只太仓镇海二卫每卫坐定五百七十名每年各轮拨四百五十六名驾海船三十八只以上各卫所每船旗军十二名内摘拨二名支取行月二粮解贮淮上海州等处雇募水手岛人分配各船执柁二名拦头一名使知海道趋避其各船蓬桅什物就于各卫原坐海运余下军人各照南北地方折给行月粮则例各该巡抚督责各卫掌印官预期造册送赴有司关领差官解淮收贮听给各卫买办蓬桅等项如或不敷听漕司临时酌处自后年分照旧支解专备修舱工料及添置什物等费如有余剩存积漕库候复造船料支用其总运官员本部移咨兵部查将山东原运题过有名如千户韩礼镇抚曾矿百户孟得贤等五员内推升海运把总一员照例以都指挥体统行事仍咨礼部铸给关防一颗以便遵行至于领帮官漕司查于山东原运各官及沿海卫所选用其海运各卫止委千百户一员管押旗军赴淮交割即许回卫伏乞圣裁

一议防范前件臣等看得都御史等官王宗沐等题称粮船自出淮安海口经行山东北直隶一带地方已经行移巡海司道责令各该备倭守御等官申严防护仍令各船置办刀枪火药等物及称一切防备盗贼要行山东抚按悉心议处以杜不虞各一节为照海运粮船出口入口凡所经由地方必须加意堤防方为有备所有漕司具题前因相应依拟恭候命下移咨漕运衙门严行山东天津各该巡海司道凡遇粮船起运责令沿海备倭守御等衙门申严防护及坐定土岛小船沿途占候指引开行仍移文山东抚按查将粮船入口交卸起剥去处其一切防备事宜务要悉心议处小则径自施行大则奏闻区处漕司动支库银每船置办应用兵器火药等项悉照原议数目给发候运回查明交库以备下年领用伏乞圣裁

一议起剥前件臣等看得都御史等官王宗沐等题称海运粮船若进天津海口须用剥船转运至坝每百石议给水脚银二两九钱其轻赍银两先期差官由陆路起解交送天津及通仓坐粮厅各委官收候起剥完粮应用一节为照随粮轻赍专备盘剥交粮等费今议彼处差官由陆路起解听候各项支用委应依拟题请恭候命下札付天津

管仓主事凡遇海船至天津海口官旗具呈到仓即移文河西务钞关主事查取剥船照依原定脚价给发船户转运粮米前赴石土二坝原运官旗照常进仓交纳其各该轻赍银两漕司于海运兑完之日差官由陆起解酌量拨船脚价若干交与天津主事收支其余尽起送通仓坐粮厅收贮尽给完粮之外照例扣出一分余散官军以资回南伏乞圣裁

一议回货前件臣等看得都御史王宗沐等题称海运旗军冒险转输比之里河常运不同议于完粮回淮之日每船许带货物八十担以示优恤仍令天津主事给票免税不许夹带私盐违禁等物各一节为照议单事例里河粮船许带土宜四十担今海运劳苦似宜倍加优恤所议回空船只许令带货八十担委为不费之惠相应依拟恭候命下札付天津管仓主事于海运回南之日许各军旗收买土物每船八十担取具货物数目给票一张免其纳税如有夹带私盐及硝黄铁器诸凡违禁等物即行从重治罪原物入官不得宽纵伏乞圣裁

一崇祀典前件臣等看得都御史等官王宗沐等题称粮船泛海每畏蛟龙风涛议于海口建立海神庙宇行令山阳县每年买办祭品致祭开行及行该县编佥门子常川看守一节为照山川海渎之神每岁崇祀亦国典所不废者今海运既行议于海口立庙祭祷无非祈保粮运之意相应依拟恭候命下移咨漕运衙门查于海口空闲地方建立庙宇一所铸一海神每年开船之日行令山阳县动支里甲银三两买办猪羊祭品漕司督率把总官旗亲行祭祷仍令各船奉一小像随行其在庙看守人役该县于均徭内编佥庙户一名应用毋令倾圮伏乞圣裁

飞报海运

山东等处提刑按察司巡察海道兼管屯田分巡登州副使郭文和报称先奉钦差总督漕抚军门札付内开粮船分为陆总以平定宁静安全为号坐委运官于本年三月十八日自淮安开行挨次进发本道随将沿海湾避标记并防护指引各项事宜预备停当行据三营提调把总指挥等官朱衣等分布九程委官千户等官宗器等各节次报称平字号船五十四只运官鲁矿等于四月初八日寅时到即墨县田横岛初十日丑时开船寅时过大嵩卫辰时过宁海州草头嘴巳时过海阳所官家岛至晚到威海卫刘公岛定字号船五十五只运官汪士弘等于四月初九日未时到田横岛宁字号船五十六只运官陈相等于四月十四日申时到田横岛十七日酉时定字号船到福山县东崆峒岛十八日酉时全字号船六十三只运官孟得贤等到田横岛十九日到青岛本日未时平字号船到登州城下黑山岛二十日午时定字号船到登州城下沙门岛二十一日申时宁字号船到登州城下教场头湾泊以上三号俱蒙抚按两院亲临阅视犒赏讫本日酉时靖字号船五十八只运官韩礼等到田横岛二十四日酉时平字号船到掖县芙蓉岛定字宁字两号俱到掖县三山岛湾宿次日风顺开船去讫二十六日未时全字号船到登州新河海口径过领赏讫独安字第五号船因在海州赣榆兑粮来迟以止先到平定宁字三号已防护出本道原分地方俱系万全并无疏虞计程已到天津全字号已过掖县静字号将过威山白峰险处其安字号在后不旬日亦可望到程途无阻粮运万全除候差人查明粮船俱到天津另再飞报外今将船过日期理合禀报

优励臣工

户科署科事左给事中张博等题为海运告通恳乞圣明优励肩事诸臣并申饬应行事宜以鼓人心以裨国计事臣等本以一介草茅谬蒙简拔待罪户垣凡上裨国计下协舆情苟有见闻不敢隐默本月初六日据漕运王都御史揭报海运平字号船已于本月初三日进抵天津至二十三日又开得天津管仓师主事呈报本年五月初四等日节据海运平定宁三号总运程相等呈称领驾海船一百六十六只共装正米六万石俱到天津起米交纳余船陆续将到等因到部及查先该户科都给事中宋良佐题要复遮洋总冀通海运续该山东巡抚都御史梁梦龙题称亲历沿海地方自淮安至胶州一带勘视海道设处船米差官试行天津上纳臣等切惟天下无不可为之事而事每难于成者何哉以任之难其人耳亦未尝无任事之人而人每不多见者何哉在励之无其道耳我国家鼎建燕都岁输江南之粟四百万石由会通河而运以培天下之命脉垂二百年安享之利非一日矣顷者河患迭出运道阻艰中外汹汹莫知所措胶河夹沟之议徒纷纷焉未闻以海运刱之者也首自科臣疏请而抚臣亲试行焉当此之时重民命者横波涛之虑惧鲸鲵者厘招寇之尤众言淆乱群疑塞胸未有决以为可行而行之亦未必若今之全趋于利也幸我

皇上干旋气运洞灼事机独主其议于上而孜孜干国知无不为辅臣替成于下俾二百年来已试之利一旦议复永为河漕万年羽翼覩洛思功端有在矣稽之先臣丘濬有曰自古运道有三曰陆曰河曰海陆运以车水运以舟而皆资乎人力所运有多寡所费有烦省河漕视陆运什省三四海运视陆运什省七八盖河漕虽免陆行而人挽如故海运虽有漂溺之患而省牵挽之劳今据先后报闻该运六总前帮已至天津后帮次第随诣是昔之所患者去今之所省者倍救时急务所谓全利而寡害者非此耶稽之漕单开载赏格虽微必录矧有臣若此而可以拘挛之格驭之乎且人心初事之时正群情观望之日在今尤不可不加之意者伏望皇上惩往事之惟艰念国计之攸赖将建议经行先今内外诸臣举有劳绩者分别优叙而都御史梁梦龙力先任重才克济艰首事之功尤不可泯该部尚书及该司郎中主持果确查议精详均当首及以为人臣任事之功再照海运之议近该漕运衙门列款题请议覆遵依似无容赘然动惟时宜而后可垂利于永久法宜加慎乃可以防患于未然递岁增运以渐通之是矣而势既通行不妨多运十二万石之外果不可以倍加乎支银造船以官给之是矣而船系官物动有私弊视雇募之费不尤有可应乎卫所巡司有营乱略式遏矣而或因之以生乱其可以不加察乎夷民下海有禁奸萌是杜矣倘禁之而民不聊生可无通融之术乎一切应行事宜中有未尽者再乞敕下该部转行各该衙门加意料理悉中机宜不徒目前有济实足以为千万年可久之图不徒漕务允资实可以收制服倭夷之绩如果积有勤劳优渥之典不嫌至再一或迟误朝廷之上法纪昭然仍敕山东抚按衙门每岁粮船出海按期巡历近海紧要地方住扎以便查督务俾万全永为遵守则法制益严人心益劝而我国家千万年之大计不益有裨也哉本年五月二十八日具奏奉圣旨户部知道

运务条陈

巡按直隶监察御史李栻题为运务更新条陈未尽事宜以备会议以裨国计事臣以一介庸菲待罪仓河早夜思惟不遑宁处庶几少效一得之愚仰裨国计于万一幸遇圣明在上运务更新河海效灵天人交应今岁之运比之往岁顿早数月且鲜漂欠诚百年之仅见者臣复何所庸赘但运务更新之始正人心转移之机若变通鼓舞之道或有未尽则法守未能画一速于今者安知不弛于后也即今会议在迩除选军造船严限等项事宜已该漕臣具题臣不敢泛及谨就臣职事所切得于见闻之真者条具以闻惟圣明采择焉切为运务之修举莫先于领运之得人是故运官不可以不重也往年卫所官员率畏漕运烦苦苟图乡梓安逸或托病而营别差或夤缘而求掌印或称捕盗而徼微功或假差占而妄沽虚誉奔走获上觊幸荐升而其不职闲住者乃始贿嘱当事申名领运则其在运亦何所不至哉近岁新例掌印官员更番运粮稍可以革此弊矣然掌印者未必皆得人而领运者未必更番也臣切以为莫若特重运官之选通行更番之制使南京兵部各省抚按官加意取择非贤能精壮者不得更番领运臣衙门据实保荐非如期早者不得滥行荐举兵部定为格例自军功之外非领运有功者不得泛行升擢使天下武弁晓然知军功之外非此无以出身而一切虚名无实者即今荐扬不得以冒升擢则武弁之贤能者皆趋于此途不但可以整饬运务尤可以搜罗将才此运官之当议者一也夫运期不早则虽运官得人无益也况未必皆得人乎往年各省开兑例在二三月开帮例在四五月甚有至六月者议单之限视为虚文年复一年不可复整驯至旧岁加以河患而其弊极矣今岁仰赖朝廷加意振饬当事诸臣殚力经营各帮粮运皆先期过淮过洪幸无漂没到湾起纳复多余剩盖尾帮入闸方三日而河水发矣可见运期之早不但可以速粮运又可以免河患而官旗亦得以食赢余之利免赔累之苦不然运舟方至而河水正发欲无漂流冻阻得乎况有漂流冻阻欲无起欠得乎臣切以为宜申酌议单通行各省每年监兑官定以八月到地方十月开仓十一月兑运完十二月开帮完二月过淮完三月过洪入闸完各省粮储道官皆押至徐州洪而返永为定例敢有迟误违期者听各该抚按监兑官查参其粮储道官亦听漕司与臣衙门查参此限一定守之不易使每岁漕舟及河水未发而过淮入闸河水未冻而驾空回南即河道或有变迁而粮运终无损失此运期之当议者二也夫运期既早则开帮必速然使行之不得其宜能保其中途不濡滞乎查得议单旧例运船定以挨帮而进压帮脱帮者有罚夫使果皆挨帮速进岂不尽善但人力之强弱不齐船只之完敝不一而风水之遭值亦异岂不能一一挨帮者亦势也若使拘而挨帮而不知通变则将以一船而滞众船以一帮而压众帮欲其争先速进不可得矣近奉钦依虽有越帮之例然议单开载未明漕司犹复拘守不知挨帮之例可守于闸河而越帮之例须行于黄河盖闸河而非挨帮则无以联属而取齐黄河而非越帮则无以前进而取速此固当并行而不悖者也今岁儧运御史张宪翔以此断然行之船无漂流而且得速达是其明验向使拘于挨帮则未及入闸而河水已发全运其可

保乎臣切以为宜申明此例载在议单使后帮者竞相鼓舞而争先前帮者惟恐怠缓而落后其于速运实为至要此运帮之当议者三也夫运帮速达领运者方以此为功若非有以一体悉之何以为速运者之劝查得京通二仓收受旧例漕粮五千石以上晒二天扬一天五千石以上晒二天即与扬收夫粮到有迟早而日则有长短若是七八月到者依别晒扬人亦何词惟五六月到者而一例行之不惟永日烈曝倍于秋冬亦且尽日耙抛多所耗撒非徒无以为先至者之劝而且有以沮速运者之心也往年运务废弛虽由开兑之迟而避夏日之永烈以就秋冬之短晷亦人情之所必然者矧迟到漂流不核虚实例免晒扬淋尖而早至者独受晒扬尖耗之苦是后至者反享其利而先至者反受其害矣人亦何为而不避早以就迟乎臣切以为宜酌定则例载在议单五月以里运到漕粮五千石以上者晒一天扬一天五千石以下者晒一天即与扬收七月十五日以后到者照依旧例晒扬尖则不许淋漓平则止许刮铁庶立法公平而粮无亏耗迟早有辨而黙寓劝惩此收受之当议者四也夫粮运完纳晒扬固须有等然不严责奸旗安能尽免挂欠盖水次官粮皆系旗军领兑运官不过总摄到湾若使旗军无沿途偷盗之弊则官粮自有赢余安能有欠惟是运官什物使用不免派取于军奸旗利其派取因以科敛于众安所出哉惟有粮而已官既指公糜费军益恣行侵盗官之所利者一军之所盗者十及至到湾起纳奸旗自度短少辄先弃运逃回运官无所于逃只得代为交割所有起欠挂欠悉累运官补赔虽行扣补拘提曾何一人解到今岁沿途防催颇严旗军未得肆盗各帮漕粮不但起纳无欠而且剩余颇多其有旧欠者臣悉行令扣补其无旧欠者余米悉归旗军是有欠则运官独受其害而有余则旗军独享其利又有运官畏奸旗挟私告害而不敢严加防制者焉欲粮运之无挂欠得乎臣切以为申严近行事例载在议单但有挂欠即将旗甲一同参送问理如有私逃即行彼处衙门严提解问其挟告无实者定行重加究治庶旗甲知有余则已享其利而又欠与官同其害不复敢恣行侵盗而独累运官矣此挂欠之当议者五也夫官旗同责固可以杜侵欠之弊然功罪不核亦何以示鼓舞之权查得江南北浙东西漕粮开兑皆台臣监之运官船到水次稍迟例当参论盖苟不震之于始以为后至之惩将何以邀之于终以要早完之效此法之所当然者也然亦有所当酌议者盖使水次而到迟而到湾又迟其罪固不容逭矣使水次到迟而起纳复欠其罪尤不容逭矣其间或有水次虽迟而完纳颇早者如邳州卫指挥王尌以水次到迟而被参罚罪宜矣然能奋励争先其粮以四月十一日到湾五月初七日报完勤劳似不可泥一例仍复罪罚何以为速运者之劝臣切以为起运参迟无非欲其运之速耳既能速运功过既须相准自今以后参本到部似应姑且停覆俟其到湾起纳之日然后稽其迟早核其完欠分别类覆以示劝惩庶领兑者有所儆皆先到水次而不敢后速运者有所劝皆争先赴纳而不容缓矣此功罪之当议者六也至若海运臣复有三议焉曰非优叙其功无以为任事之劝曰非酌定其数无以适通变之宜曰非更制其舟无以尽转运之利何也盖海运之废其来已久节经名臣建议欲讲求修复竟莫有能行之者近赖圣明英断庙堂主持采廷臣之议而试行之而当事之臣悉心经理以能有成功盖步数千里无涯之海以兴百余年久废之利其为心意甚苦为力亦孔艰矣近该科臣题称欲优叙建首事及经行内外诸臣是也然今岁任事如总督漕运都御史王宗沐管漕参政潘允端始终经理殚竭忠猷懋著劳绩其功尤当优录而领运把总韩礼运官鲁矿孟得贤庄重杨万春等往返海道屡经试行速完粮运其功亦为难能盖创行之与习行难易既殊海道之与河道夷险迥异且河运官岁有更番而海运官急难代替苟非破格优叙何以久任责成臣切以为宜敕下该部查议优叙庶任事者有所劝而益励涉险者慰所愿而不辞矣故曰非优叙其功无以为任事之劝但海运之行所以备河道之不虞也若使河运无虞何事于海夫河之变患无常而运之通塞难料则海运者固河运之间道也往岁习于河运而不思海运固非虑远之良图若海运之通而遂定以岁加至二十四万石则又非易简变通之长策矣盖使河运通则虽海运十二万石已为多使河运有阻则虽海运二十四万石犹为少臣切以为河道有阻在于夏月而其无变可定于秋冬每岁总漕之臣须先时相机量度若河道有阻不但加运二十四万即再倍其数亦无不可若河道无阻额运止二十万更不必加但使可以习熟海运通此一道以备不虞而已固无事厌常而喜新舍易而求难加多冒险以重劳费也若曰海运或遇加增一时恐难卒办则每岁开洋之期例在三月而江北开兑之期例在仲冬中间数月足可料理何患不集乃坐弃河运妄多为无益之备即虽粮运难保无失劳费视河已倍况未必能尽保乎故曰非酌定其数无以适通变之宜然使船制不更则河海难以通用卒遇海运加增其将何以为备访得今岁海运皆雇募滨海地方捕鱼船及沙船其制尖首阔腹深舱高舷上无棚楼可以破浪而不鼓风惟其高舷深舱而平安镇板可以重载而不近水且撑驾无有隔碍而帆樯便于转旋河海俱为便利故民船制多用之今之浅船乃异于是近经御史唐炼建议欲将浅船更为此制后起官蓬中安

琐板非但撑驾便利又可重载无虞且私货不能私藏工费亦为简省然唐炼之建议为河运而言也今海运既须造船而此制又可通用柰何不亟行之乎臣已询之河海运官此制的为通便合无行令漕司斟酌此制照依年例改造运船务使河海可以通行风水可以无虞不出数年之间船制悉皆更定不但海运有资而于河运尤便故曰非更制其舟无以尽转运之利若夫经制可久之宜防御未然之策则在当事者熟虑而详计之非臣之所能臆料而悬断也臣才识迂疏愧无足以裨国计然职事所在偶有所见不敢不竭惓惓伏乞敕下该部再加查覆如果臣言或有可采参之会议酌定议单一新漕政以为国家河海并运无穷之计本年七月二十日具奏奉圣旨户部看了来说

运成优叙

云南司案呈奉本部送户科抄出巡按直隶监察御史李栻题前事等因奉圣旨户部看了来说钦此抄出到部送司查得题内议运官运期等六事候会议漕运之日呈堂另行开款议覆外案查先该户科都给事中宋良佐题要议复遮洋以寻海运故道本部议覆备行山东巡抚梁梦龙督同布政王宗沐副使潘允端等分委踏勘差官试行海道堪以通行具题前来已经会同工部覆奉钦依通行漕运衙门雇船雇夫从海转运去后近据京通等仓委官呈报海运粮米尽数完纳讫今该前因案呈到部看得御史李栻题称海运旷废已久节经各臣建议竟莫有行近赖圣明英断庙堂王持而当事之臣悉心经理以有成功要将都御史王宗沐参政潘允端各加优録及领运把总等官韩礼等破格优叙并称以后粮数量度河道通塞酌定多寡仍更拟船制务使河海通用各一节为照漕运乃军国之需关系至重而其转运也当以河道为经用通万世之利以海道为权用济一时之急但海道险阻苟非惯习于平时则不能取便于一旦查得我朝永乐初年专恃海道后改漕河海运遂废弘治年间辅臣丘浚议将浙直漕粮仍由海运计虑深远竟不行者惮其难也近年河变不常漕务狼狈诸臣别议纷纷徒劳踏勘竟亦罔功适值科臣宋良佐疏请仍寻海道行移山东巡抚梁梦龙查勘本官遂督同司道等官悉心咨访备查得傍海潢道直抵天津画图开款本部题覆幸赖先帝圣明立断于上辅臣赞襄于下特允所请备行漕司酌量修举今查六号船粮相继抵湾上纳完足既免大洋风涛之险又不烦别议开凿之劳较诸先臣丘浚所议更事省功倍及查先该户科左给事中张博题欲将有事诸臣梁梦龙等分别优叙缘彼时海船尚未尽到案候在卷所有内外经理诸臣委宜一体优叙而辅臣为最盖鉴河漕之失利遂咨询以启其谋知海运之可通则力主以定其议旷事顿复大计攸资巡抚梁梦龙徧历海隅逐处指画屡上封事效谋忠诚漕臣王宗沐参政潘允端既建议于勘议之日复经画于转运之时计虑周详设处停妥俱当各加优叙科臣宋良佐因事纳忠似当纪录至于领运把总韩礼运宜鲁矿等既涉险道复早完粮虽原题一年无欠分别赏赉但起事之初鼓舞之权或不可以例拘亦当破格优叙至于海运粮数船只规制尤为紧要俱当详议以俾经久可行所据本官具题前因相应题请恭候命下将梁梦龙王宗沐潘允端各加优叙宋良佐纪录其辅臣优崇之典出自朝廷臣等未敢轻拟伏乞圣明裁定至于把总韩礼运官鲁矿孟得贤庄重杨万春等破格优叙若后恃功骄纵致生别情定行从重究治本部仍移咨漕运衙门备查下年海运粮米原留二十二万余石如河运可通应否量减分数若少有阻塞应否再行加添务要细加酌议其见造海船及补造水运船只查将本年雇募民船与御史唐鍊原题改造船式再加斟酌速行打造至于海防未尽事宜逐一渐次修备立为定规以为永赖之计通乞圣裁奉圣旨是梁梦龙王宗沐各陞俸一级赏银三十两绽丝二表里潘允端升一级赏银十两照旧佥运粮储韩礼并鲁矿等各升署职一级赏银五两

漕船志[1]

卷之一·建置

志首建置何？溯建厂之源也。夫治艘以转粟，国计允赖；建厂以治艘，漕政之所先也。是故地控上游，规制弘矣；法监前代，综理周矣；官省剩员，责成易矣。此明兴经国理漕之善，所以度越千古与。志《建置》。

三代而上，漕法未备，建置无所于考。【古者封建井田，各有定制。天子中千里为都，所贡入者，不出畿封之内。《禹贡》曰："四百里粟，五百里米"是也。盖是时，卿大夫各有采地，而兵赋寓于农，无后世养官养兵之费也。】

汉初，命河南以东造舟五百艘，岁漕东方之粟于关中。【汉用张良议，漕山东之粟以给中都官，岁不过数十万石。武帝时，用粟渐多，岁始至四百万石，漕法至是浸备矣。】

唐代宗时，刘(宴)【晏】领漕事，乃于扬子置十场造船，每艘给钱千缗。【或言：所用实不及半，虚费太多。晏曰："不然。论大计者，不计小费，凡事必为永久之虑。今始置船场，执事者众，当先使之私用无穷，则官物坚完矣。他日必有患，吾多而减其半犹可也，过此则不能运矣。"至今赖之】。

宋初，命温、台、婺、楚诸州设场，岁造运舟共三千三百余艘，分纲而运。【处州六百五，吉州五百二十五，明州一百七十七，婺州一百三十，温州一百二十五，台州一百二十六，楚州八十七，潭州二百八十，鼎州二百四十一，凤翔、斜谷六百，嘉州四十五。天禧末，议于各州，岁减造四百二十一】。

国朝洪武元年，诏中书省议，漕四方之粟于京师。洪武三十年，议海运辽东以给军饷。是时，河海运船俱派造川、湖诸省及龙江提举司。【当时，每年会计粮运应用船只，俱派湖广、四川诸省产木近水州县，军民相兼成造，亦有造于龙江关者。】

永乐间，肇建清江、卫河二厂，督造运船。【旧传：永乐七年，淮安、临清肇建清江、卫河二厂。窃惟十二年以前，虽由海运，内有黄河运至卫河漕船，以是而知船厂设于是年之前明矣，但不知的为七年否也。】南京、【南】直隶、江西、湖广、浙江各总里河浅船，俱造于清江。遮洋海船并山东、北直隶三总浅船，俱造于卫河。大约造于清江者，视卫河多十之七。【因罢海运，故以便于里河者为浅船，从仪真、徐、淮、临、德运至通州。遮洋海船由山东、北支隶，从直沽入海，转白河运至蓟州。先年，遮洋船多隶清江厂成造，寻改隶卫河。】

宣德间，议造江西、湖广、浙江、江南直隶各总浅船，俱归原卫，惟南京、镇江、江北直隶诸卫，隶于清江。【各就水次兑运，不专在淮安常盈仓支运，故归原卫造船，以便物料。】是后，各船虽归原卫，计料修造，仍从清江。【凡各船回至清江本厂，行委提举司官匠，估计应该修理或改造合用料物，填注票贴，给官军回至原卫，照数支给，买料修造。后因各船守候日久，本司方行估计，稽误回程，成化十年以后，议令各司府自行估计修理。】

成化二十一年，议将卫河总遮洋海船，山东、北直隶浅船，听官军领价，从便成造。【是后，官军给领料价，多在仪真自造。虽有卫河厂主事代管，缘地里隔远，不能遥制，往往侵费料价，以致船只脆薄，不堪驾运。甚有中途折改旧船搪塞，及将船只盗卖而逃者，奸弊尤甚。】成化二十三年，议造镇江浅船，亦改归原卫。【是年，御史谢文、郊中洪汉，奏将直隶镇江卫船，比照苏、松事例，归本处成造。及将通、泰、盐城三所，分拔军余，一体出办，料银五两。】

正德十六年，刑科给事中田君赋建议，欲将卫河总运船俱归隶清江厂，下本部议之。【该本部议得，所

---

① 〔明〕席书编次；〔明〕朱家相增修。选自《玄览堂丛书》。

奏深切事宜，但各总运船原分属清江、卫河二提举司监造，今当就中量为损益，未敢轻议。】

嘉靖三年，奉本部题准，将卫河总运船俱归清江厂团造。【该本部尚书赵公璜题，为祛积弊复旧规以清漕运事。议将山东、北直隶、遮洋三总运船，今后督令官旗俱赴清江厂，听本部主事监督成造。卫河厂衙门未几裁革，详见"法例"。】

按：芜湖、仪真，群商四会，百木交集，船厂不设于二处，而设于清江，何也□缘永乐初，江南粮饷民送于淮，官军运船俱于淮安常盈仓转输，此厂之所由建也。况长淮分天下之中，北达河、泗，南通大江，西接汝、蔡，东近沧溟，乃江淮之要津，漕渠之喉吻。船厂之建，非但便于转输，实我国家一统之(訏)【訏】谟，万世之长计也。【出旧《志》。】

卷之一·厂地

厂地界山阳、清河二县之间，东西去县各三十里，在宋、元为沙河。永乐初，平江伯陈公瑄督漕，查闲旷之地，建盖厂房，令各卫所官旗鳞次而居，以为造船之所。其他南枕运河，淮水萦回，钵池环拱，肆烟津树，映带帆樯，亦淮南之形胜也。

厂之总有四：京卫、中都、直隶、卫河。

京卫厂三十有四：【东至头牌楼戚家沟，西至都司庙，长六里。】

水军左厂　【在都司庙东；】

龙虎左厂　【在水军左厂东；】

府军后厂　【在龙虎左厂东；】

虎贲左厂　【在府军后厂东；】

府军右厂　【在虎贲左厂东；】

金吾前厂　【在府军右厂东；】

府军左厂　【在金吾前厂东；】

沈阳右厂　【在府军左厂东；】

兴武厂　【在沈阳右厂东；】

江阴厂　【在兴武厂东；】

鹰扬厂　【在江阴厂东；】

骁骑右厂　【在鹰扬厂东；】

镇南厂　【在骁骑右厂东；】

龙江右厂　【在镇南厂东；】

神策厂　【在龙江右厂东；】

留守中厂　【在神策厂东；】

留守左厂　【在留守中厂东；】

留守右厂　【在留守左厂东；】

虎贲右厂　【在留守右厂东；】

水军右厂　【在虎贲右厂东；】

豹韬厂　【在水军右厂东；】

羽林右厂　【在豹韬厂东；】

龙江左厂　【在羽林右厂东；】

豹韬左厂　【在龙江左厂东；】

横海厂　【在豹韬左厂东；】

武德厂　【在横海厂东；】

龙虎厂　【在武德厂东；】

旗手厂 【在龙虎厂东;】

锦衣厂 【在旗手厂东;】

府军厂 【在锦衣厂东;】

金吾后厂 【在府军厂东;】

羽林左厂 【在今吾后厂东;】

应天厂 【在羽林左厂东;】

广洋厂 【在应天厂东。】

中都厂十有二:【东至黄泥冈,西至福兴闸,长五里。】

凤阳中厂 【在黄泥冈西;】

洪塘所厂 【在凤阳中厂西;】

凤阳右厂 【在洪塘所厂西;】

留守左厂 【在凤阳右厂西;】

留守中厂 【在留守左厂西;】

怀远厂 【在留守中厂西;】

颍川厂 【在怀远厂西;】

凤阳厂 【在颍川厂西;】

武平厂 【在凤阳厂西;】

长淮厂 【在武平厂西;】

宿州厂 【在长淮厂西;】

颍上所厂 【在宿州厂西。】

直隶厂十有八:【东至福兴闸,西至韩信城,长七里。】

大河厂 【在福兴闸西;】

庐州厂 【在大河厂西;】

仪真厂 【在庐州厂西;】

淮安厂 【在仪真厂西;】

归德厂 【在淮安厂西;】

高邮厂 【在归德厂西;】

兴化所厂 【在高邮厂西;】

滁州厂 【在兴化所厂西;】

扬州厂 【在滁州厂西;】

通州所厂 【在扬州厂西;】

盐城所厂 【在通州所厂西;】

泰州所厂 【在盐城所厂西;】

六安厂 【在泰州所厂西;】

泗州厂 【在六安厂西;】

徐州左厂 【在泗州厂西;】

寿州厂 【在徐州左厂西;】

徐州厂 【在寿州厂西;】

邳州厂 【在徐州厂西。】

卫河厂十有八:【东至都司庙,西至部厂,长五里。原系浙江厂地,后为军民占种,主事邵君经济查复之,今建厂。】

临清厂 【在部厂东;】

东平所厂 【在临清厂东;】

平山厂 【在东平所厂东;】

济宁厂 【在平山厂东;】

濮州所厂 【在济宁厂东;】

任城厂 【在濮州所厂东;】

东昌厂 【在任城厂东;】

德州厂 【在东昌厂东;】

德州左厂 【在德州厂东;】

天津厂 【在德州左厂东;】

天津左厂 【在天津厂东;】

天津右厂 【在天津左厂东;】

天津中厂 【在天津右厂东;】

神武中厂 【在天津右厂东;】

定边厂 【在神武中厂东;】

通州左厂 【在定边厂东;】

通州右厂 【在通州左厂东;】

淮安厂 【在通州右厂东;】

大河厂 【在淮安厂东。】

卷之一·草场

原设草场三处:【先年各卫厂房、窝铺、墙垣,俱给官料缉盖。平江伯陈公瑄踏出荒闲草场三处,每厂分派一处,逐年差拨官军,依时打草,苫盖修补。】

京卫厂一处 【坐落宝应县瓦店铺地方,东至大官庄、小官庄,西至清溪沟、旱塘,南至三汊河、石家荡,北至潘家住基。】

直隶厂一处 【坐落清河县淮河北岸,东至淮河,西至赵信等民地,南至蒋家沟,北至双沟,长十里,阔一十八丈。】

中都厂一处 【坐落清河县淮河东,七里沟起,至洪泽大冲口止,长六十余里,阔十八步。】

卷之一·闸坝

闸有五:【永乐十四年,平江伯陈公瑄议设。】

板闸 【在山阳县北十里,去司厂东一十五里。附移风闸官吏代管。闸夫三十名,系山阳县每年编送。今减去六名,止存二十四名。】

移风闸 【在山阳县北十四里,去司厂东一十二里。闸夫三十名,系山阳县每年编送。今减去六名,止存二十四名。】

清江闸 【在山阳县北二十七里,去司厂北一里。闸夫四十名,系山阳县每年编送。正德间,因闸道不通,各坝车船减去夫十名,止存三十名。今复减去六名,止存二十四名。】

福兴闸 【在山阳县北三十八里,去司厂西八里。闸夫四十名,系山阳县每年编送。正德间,减去十名,止存三十名。今复减去六名,止存二十四名。】

新庄闸 【在清河县南十里,去司厂西一十八里。闸夫五十名,清河县每年编送三十名,安东县编送二十名。今减去二十名,止存三十名。】

坝有二:

清江东坝

清江西坝 【在淮河南岸，去部厂仅里许。成化七年，漕河水涸，新庄闸闭，漕司集议设坝于此，以车运船，官旗甚便。近年，河流数派皆会灌新庄闸口，每将闸河淤浅。若因时封闭，以阻浊流，使运舟由二坝车运(与)【于】清河对岸而渡，不惟可以避长淮之险，亦可以省闸河挑浚之费矣。后废，近议复置。】

卷之二·奉使

《周官》设御史，掌百官名数、先后之次。《汉【书】百官表》纪众职特详，制也。建厂来，奉使于兹者，声华懋著，辉映后先，历岁既深，流风渐歇，不有纪载，后将何稽？今各以年，而姓氏爵里毕列者，备论世也；失传则阙，备参考也；宦绩不敢温书，俟定也。存往诏来，劝戒有赫，其在兹乎？志《奉使》。

水部之官，其所由来远矣。益掌泽虞；周建川衡；汉置水衡都尉、都水长贰；晋置都水使者，掌舟航及运部；隋改都水令；唐改都水局水衡监及舟楫令，掌公私舟船及运漕之事；宋置都水监，修职如故。

国朝设工部，总四司，都水其一。永乐十三年，命工部差都水司官一员，督理清江船厂。【先年差官川、湖等处，催造不为常例。是年，始差部官，专理厂事。是后或差主事、郎中，无定例焉。】景泰后，例差主事一员，率三年一代。天顺间，漕运衙门题奉钦依，札委兼管淮安一带河道。缘本厂收放船料，不能离职辞之，仍兼管清江等五闸。正德十五年四月，内奉部札，题奉钦依，行令不妨原务，兼管清江等五闸，以时启闭，著为例。仍札仰淮安府卫管河管闸官吏一体钦遵，听其提调管理。【例凡奉使清江者，率三年代。先任者，将满四月前，先具满呈差人赴部呈，代候。吏部詮选一员，赴部到任，仍候题差，领有札付，赴内府给领精微批文。兵部起关，应付前来相代。至厂之日，于淮安府吊取本部原发号簿，比对硃墨，字号相同，然后行事。

年表

国朝	郎中	主事
文皇帝【永乐】		
癸未【元年】		
甲申【二年】		
乙酉【三年】		
丙戌【四年】		
丁亥【五年】		
戊子【六年】		
己丑【七年】		
庚寅【八年】		
辛卯【九年】		
壬辰【十年】		
癸巳【十一年】		
甲午【十二年】		
乙未【十三年】		
丙申【十四年】		谢彦诚【字、籍失传】
丁酉【十五年】		
戊戌【十六年】		
己亥【十七年】		
庚子【十八年】		
辛丑【十九年】		吴观【字□□，江西人】
壬寅【二十年】		
癸卯【二十一年】		
甲辰【二十二年】		

昭皇帝【洪熙】		
乙巳【元年】		
章皇帝【宣德】		
丙午【元年】		
丁未【二年】		
戊申【三年】		
己酉【四年】		
庚戌【五年】		
辛亥【六年】		
壬子【七年】		潘□□【明、籍失传】
癸丑【八年】		胡臻【字□□，山西阳曲县人，贡士，升郎中】
甲寅【九年】		
乙卯【十年】		
睿皇帝【正统】		
丙辰【元年】		
丁巳【二年】		
戊午【三年】		
己未【四年】		
庚申【五年】		
辛酉【六年】		赵简【字文翰，山东临邑县人，贡士，历官布政司参政】
壬戌【七年】		
癸亥【八年】		
甲子【九年】		
乙丑【十年】		
丙寅【十一年】		
丁卯【十二年】		
戊辰【十三年】		
己巳【十四年】	朱昂【字□□，直隶无为州人，贡士，历官参政】	
景皇帝【景泰】		
庚午【元年】		
辛未【二年】		
壬申【三年】		项备【字□□，浙江瑞安县人，贡士】
癸酉【四年】	张溥【字□，顺天府平谷县人，贡士】	
甲戌【五年】		

国朝	郎中	主事
乙亥【六年】		张荣【字□□，湖广人，贡士】
丙子【七年】		欧阳熙【字□□，江西泰和县人，进士】
睿皇帝【天顺】		
丁丑元年		相杰【字世英，顺天府大兴县人，进士】
戊寅【二年】		
己卯【三年】		
		李昴【字文举，浙江仁和县人，进士，历官漕运都御史】
庚辰【四年】		
辛巳【五年】		
壬午【六年】		
		张鼐【字尧臣，【南】直隶江都县人，进士，历官布政司参政】
癸未【七年】		
甲申【八年】		
纯皇帝【成化】		
乙酉【二年】		
丙戌【三年】		
丁亥【四年】		杨懋【字克勤，顺天府宛平县人，进士，升郎中】
戊子【五年】		
己丑【六年】		
		沈戫【字□□，【南】直隶华亭县人，进士，历官知府】
庚寅【七年】		
		郭缉经【字□□，江西庐陵县人，进士】
辛卯【八年】		
壬辰【八年】		
		屠勋【字元勋，浙江平湖县人，进士，历官刑部尚书，谥康僖】
癸巳【九年】		
甲午【十年】		
		萧奎【字汉文，【南】直隶常熟县人，进士，历官按察司佥事】
乙未【十一年】		
丙申【十二年】		
丁酉【十三年】		
戊戌【十四年】		
己亥【十五年】		

国朝	郎中	主事
甲子【十七年】		陈炫【字文光，广东南海县人，进士，历官布政司参议】
乙丑【十八年】		
毅皇帝【正德】		
丙寅【元年】		
乙卯【二年】		边伟【字朝仪，直隶任丘县人，进士历官长芦运使】
戊辰【三年】		
己巳【四年】		
庚午【五年】		毕济时【字汝霖，江西贵溪县人，进士，升郎中】
辛未【六年】		
壬申【七年】		
癸酉【八年】		王鏓【字汝直，江西南城县人，进士】
甲戌【九年】		
乙亥【十年】		
丙子【十一年】		任恩【字天锡，直隶南宫县人，进士】
乙丑【十二年】		
戊寅【十三年】		
		陈焕【字子文，浙江余姚县人，进士，见任光禄寺卿】
乙卯【十四年】		
庚辰【十五年】		丁瓚【字敬夫，【南】直隶丹徒县人，进士，历官按察司副使】
辛巳【十六年】		
今上皇帝【嘉靖】		
壬午【元年】		
癸未【二年】		
		张絅【字美中，江西吉水县人，进士，见任云南按察使】
甲申【三年】		
乙酉【四年】		
		吕希周【字从野，浙江崇德县人，进士，历官通政司右通政】
丙戌【五年】		
丁亥【六年】		
戊子【七年】		
		邵经济【字仲才，浙江仁和县人，进士，历官知府】
己丑【八年】		
庚寅【九年】		
辛卯【十年】		
壬辰【十一年】		
		江东【字伯阳，山东朝城县人，进士，见任山西布政司参政】
癸巳【十二年】		

国朝		
甲午【十三年】		主事
		徐存义【字质夫，浙江余姚县人，进士，历官知府】
乙未【十四年】		
		高耀【字子潜，直隶清苑县人，进士，见任太仆寺少卿】
丙申【十五年】		
		陈尧【字敬甫，南直隶通州人，进士，见任台州府知府
丁酉【十六年】		
戊戌【十七年】	郭乾【字易甫，直隶任丘县人，进士，见任户部主事	
己亥【十八年】	叶选【字仁夫，浙江余姚县人，进士，见任本部郎中】	
庚子【十九年】		
辛丑【二十年】		
壬寅【二十一年】		
		杨周【字道夫，浙江钱塘江县人，进士】
癸卯【二十二年】		
		朱家相【字伯邻，河南归德州人，进士】
甲辰【二十三年】		

卷之三·船纪

粤自刳木取涣涉川，用益舟之利，用尚矣。矧漕事倚办于舟，尤重也。无纪可乎？是故有数以分其纲，有式以一其度，有号以杜其欺，有限以惩其怠。旗厂有等，出纳有稽，昭可久也。日玩而月愒，能无弊耶！画一以守其常，而变通以救其敝，或庶乎其可也。志《船纪》。

春秋秦输粟于晋，自雍及绛，相继命之曰泛舟之役。【漕运之舟始此。】秦欲攻匈奴，使琅琊负海之郡，转输北河。【海运之舟始此。】汉耿寿昌籴关内之粟，筑仓理船，费直百万万余。【当时船数之多可知。时萧望之识其不使，帝不从，卒用寿昌之计，漕事果便。】唐刘晏即盐利雇傭，分吏督之，随江、汴、河、渭所宜，造歇艎支江船二千艘，每艘受千斛。【唐漕法，江船不入汴，汴船不入河，河船不入渭。江南之运积扬州，汴河之运积河阴，河船之运积渭口，渭船之运入太仓。岁转粟百一十万石，无升斗溺者。】宋皇祐中，漕纲法坏，用发运使许元议，诸路增置漕船，劳费甚钜，久之浸弊。【宋漕运之法，分为四路：江南、淮南、浙东、西荆、湖南北六路之粟，自淮入汴；陕西之粟自三门、白波转黄河入汴；陈蔡之粟，自闵河、蔡河入汴；京东之粟，自十五丈河历陈、济及郓，皆至京师。初，于各州置仓行转般法，岁漕粟七百万石，一变直达。久涉岁

月，奸弊互生，而委积发运，名浮于实，漕政日坏。至是用元议，增舟输米，充岁计如故事。既而诸路纲亦不集，汴纲既不得至江，江船亦不至京师，船愈坏而漕愈减耗矣。】

国朝洪武、永乐间，河、海运船未有定式，亦无定数。景泰中，河船数比今多三之一。【国初用南京、南直隶、浙江、福建等处各卫所官军海运，后改漕运，所谓“河船”，即今之“浅船”也。所谓“海船”，即今之“遮洋船”也。当时，船数、船式未经定议，每年会议粮运合用船只，临时派造，以为增减。】

天顺以后，始定天下船数，为一万一千七百七十五艘。【合用官军十二万一千五百余员，名“领驾”。】

卷之三·船数

南京卫分浅船原共一千七百四十只，今增至二千一百三十只，每年该造船二百一十三只。锦衣卫【三十四只；】

府军卫 【十三只；】

府军右卫 【十二只；】

金吾后卫 【十五只；】

虎贲左卫 【二十六只；】

羽林右卫 【三十六只；】

神策卫 【十四只；】

留守中卫 【十八只；】

广洋卫 【原一百一十四只，今增至一百五十八只；】

留守左卫 【二十二只；】

骁骑右卫 【三十五只；】

镇南卫 【四十九只；】

龙虎卫 【五十二只；】

龙江右卫 【原一百三十六只，今增至二百二十三只；】

江阴卫 【原八十一只，今增至一百一十九只；】

豹韬左卫 【一百九十二只；】

鹰扬卫 【一十九只。】

右系一总。

旗手卫 【二十四只；】

羽木左卫 【九只；】

府军后卫 【十六只；】

金吾前卫 【十五只；】

府军左卫 【十九只；】

虎贲右卫 【五十五只；】

沈阳右卫 【八只；】

龙虎左卫 【一百四十二只；】

留守右卫 【四十三只；】

武德卫 【三十五只；】

豹韬卫 【三十九只；】

兴武卫 【四十只；】

应天卫 【原二十三只，今增至四十四只；】

水军左卫 【原一百五十四只，今增至二百四十十只；】

水军右卫 【原七十六只，今增至一百二十二只；】

龙江左卫 【原九十一只,今增至一百二十九只;】

横海卫 【原八十三只,今增至一百一十三只。】

右系一总。

江北直隶各卫所浅船,原共二千六百九十六只,增减不同,今共船二千五百四十二只,每年该造船二百五十四只二分。

大河卫 【三百三十六只;】

归德卫 【七十七只;】

寿州卫 【一百五十三只;】

徐州卫 【二百五十三只;】

徐州左卫 【原一百七十八只,今减至一百一只;】

淮安卫 【原二百二十三只,今增至二百五十只;】

泗州卫 【原三百八十五只,今减至二百五十七只;】

邳州卫 【原一百三十五只,今增至一百五十九只。】

右系一总。

庐州卫 【一百七十三只;】

仪真卫 【一百一十只;】

高邮卫 【一百四十七只;】

兴化所 【四十二只;】

滁州卫 【七十九只;】

六安卫 【一百只;】

扬州卫 【一百五十四只;】

通州所 【五十六只;】

泰州所 【四十八只;】

盐城所 【四十七只。】

右系一总。

中都留守司浅船,共八百八十七只,每年该造船八十八只七分。

凤阳中卫 【一百七只;】

凤阳卫 【一百一只;】

留守左卫 【一百一十二只;】

留守中卫 【九十一只;】

凤阳右卫 【一百三只;】

怀远卫 【九十二只;】

颍川卫 【二十只;】

长淮卫 【一百五十四只;】

武平卫 【四十七只;】

宿州卫 【三十五只;】

洪塘所 【二十只;】

颍上所 【五只。】

右系一总。

以上浅船,俱造于清江提举司。

山东都司浅船,共七百七十六只五分,每年该造船七十七只六分。

临清卫 【二百五十九只五分;】

东昌卫　【七十五只八分;】
济宁卫　【二百二十四只六分;】
平山卫　【一百三只六分;】
任城卫　【六十只;】
濮州所　【二十五只五分;】
东平所　【二十七只五分。】
右系一总。

遮洋总海船,原共五百一十二只一分,今增至五百四十八只一分,每年该造船五十四只八分。
德州卫　【四十九只八分;】
德州左卫　【五十只一分;】
天津卫　【十四只五分;】
天津左卫　【十二只一分;】
天津右卫　【九只八分;】
神武中卫　【八只;】
通州左卫　【十三只三分;】
通州右卫　【十只;】
定边卫　【八只五分;】
淮安卫　【四十八只;】
大河卫　【八十二只五分;】
高邮卫　【三十七只五分;】
长淮卫　【五十四只;】
泗州卫　【六十只;】
扬州卫　【原五十四只,今增至九十只。】
右系一总。

以上浅船、海船,原造于卫河提举司,今并入清江厂团造。

【先该本部郎中赵君载题,为陈肤见以裨漕政事。嘉靖三年,该漕运衙门会议户部题准,将水军左、水军右、龙江左、龙江右、广洋、江阴、应天、横海八卫运军,共二千九百八十八名,原系遮洋总运粮之数,改领德州、德州左、天津、天津左、天津右、通州左、通州右、定边、神武中、泗州、徐州右等十一卫原领驾浅船二百九十九只,分为江南上、下总,兑运江、浙等司府粮米,由里河运至京通仓交纳;将德州、德州左、天津、天津左、天津右、通州左、通州右、定边、神武九卫运军一千七百六十四名,徐州左、泗州二卫运军一千二百二十四名,原系江北总运粮之数,改领遮洋总水军左、水军右、龙江左、龙江右、广洋、江阴、应天、横海八卫原领驾遮洋船二百四十九只,兑运小滩、德州等处粮米,运至天津、蓟州二仓交纳。是后官军免往来之劳,粮储无稽误之患,漕政至今称便。详见“法例”。】

卷之三·附录

浙江都司浅船,共二千四十六只。
【杭州前卫,二百五只;
杭州右卫,二百二十四只;
台州卫,二百八十只;
宁波卫,二百八十七只;
温州卫,二百八十七只;
绍兴卫。二百七十只;

金华所,二十只;
湖州所,五十七只;
海宁所,三十二只;
海宁卫,四十七只;
处州卫,一百九十只;
严州所,九十一只;
衢州所,四十九只。右系一总。】
江西都司浅船,共八百九十九只。
【南昌前卫,一百一十二只;
南昌左卫,(原稿缺);
南昌卫,(原稿缺);
赣州卫,六十只;
广信所,五十只;
建昌所,五十只;
铅山所,五十八只;
永新所,五十只;
安福所,五十八只;
饶州所,六十五只;
抚州所,六十四只;
吉安所,九十五只;
袁州卫,二百四只。
右系一总。】
湖广都司浅船,共七百五十九只。
【武昌卫,一百一十六只;
武昌左卫,一百八只;
黄州卫,八十五只;
长沙卫,(原稿缺);
沔阳卫,九十七只;
蕲州卫,一百二十七只;
荆州卫,七十五只;
荆州左卫,六十六只;
荆州右卫,七十四只;
岳州卫,六十二只;
安陆卫,(改);
德安所,三十八只;
襄阳卫,六十七只。
右系一总。】
江南直隶浅船,共一千二百五十八只。
【苏州卫,一百七十五只;
太仓卫,一百三十五只;
嘉兴所,四十只;
镇海卫,一百五十六只;

镇江卫,二百一十九只;
新安卫,一百一十五只;
安庆卫,一百六十五只;
建阳卫,一百二十八只;
九江卫,一百九十只;
宣州卫,五十只;
松江所,五十只。
右系一总。】
以上造于各原卫所。
历年造过船数:
【弘治三年,造清江船五百一十六只;
私治四年,造清江船三百九十只;
弘治五年,造清江船四百八十只;
弘治六年,造清江船五百三十六只;
弘治七年,造清江船四百八十只;
弘治八年,造清江船六百七十八只;
弘治九年,造清江船四百九十八只;
弘治十年,造清江船四百五十一只;
弘治十一年,造清江船六百二十七只;
弘治十二年,造清江船五百九十九只;
弘治十三年,造清江船四百九十四只;
弘治十四年,造清江船五百八十一只;
弘治十五年,造清江船五百三十五只;
弘治十六年,造清江船五百三十四只;
弘治十七年,造清江船五百四十八只;
弘治十八年,造清江船五百七十七只。
正德元年,造清江船五百四十七只;
正德二年,造清江船五百四十一只;
正德三年,造清江船五百三十六只;
正德四年,造清江船五百五十六只;
正德五年,造清江船四百八十三只;
正德六年,造清江船王百七十九只;
正德七年,造清江船五百二十一只;
正德八年,造清江船五百只;
正德九年,造清江船六百五十二只;
正德十年。造清江船五百一十四只;
正德十一年,造清江船五百九十四只;
正德十二年,造清江船五百六十只;
正德十三年,造清江船四百八十三只;
正德十四年,造清江船五百四十五只;
正德十五年,造清江船四百七十四只;
正德十六年,造清江船六百二十四只。

嘉靖元年,造清江船四百六十二只;
嘉靖二年,造清江船五百一十只;
嘉靖三年,造清江船四百三十六只;
嘉靖四年,造清江船四百三十八只;
嘉靖五年,造清江船四百八只;
嘉靖六年,造清江船四百五十只,卫河船一百五只;
嘉靖七年,造清江船四百一十二只,卫河船四十三只;
嘉靖八年,造清江船三百三十只,卫河船二十四只;
嘉靖九年,造清江船四百八十只,卫河船一百二十四只;
嘉靖十年,造清江船四百六十四只,卫河船一百九十四只;
嘉靖十一年,造清江船四百七十二只,卫河船一百五十二只;
嘉靖十二年,造清江船五百六十一只,卫河船一百四十二只;
嘉靖十三年,造清江船五百只,卫河船六十九只;
嘉靖十四年,造清江船五百四十六只,卫河船一百七十四只;
嘉靖十五年,造清江船四百八十七只,卫河船一百四十四只;
嘉靖十六年,造清江船五百四十六只,卫河船八十五只;
嘉靖十七年,造清江船四百九十四只,卫河船一百四十七只;
嘉靖十八年,造清江船五百五十三只,卫河船五十九只;
嘉靖十九年,造清江船五百五十九只,卫河船一百二十三只;
嘉靖二十年,造清江船五百九十二只,卫河船一百五十四只;
嘉靖二十一年,造清江船五百二十只,卫河船五十九只;
嘉靖二十二年,造清江船五百四十四只,卫河船一百七十七只;
嘉靖二十三年,造清江船五百三十七只,卫河船五十只。】

卷之三・船式

浅船每只:底长五丈二尺;头长九尺五寸;稍长九尺五寸;底阔九尺五寸;底头阔六尺;底稍阔五尺;头伏狮阔八尺;稍伏狮阔七尺。

梁头十四座;底栈每一尺四钉;龙口梁阔一丈、深四尺;两　共阔七尺六寸;使风梁阔一丈四尺、深三尺八寸;后断水梁阔九尺、深四尺五寸。

每船合用料物:底板厚二寸;栈板厚一寸七分。【共用大中小楠木九根。】

以上共该"民七"木价银六十两。

杂木一根,【银二两六钱五分。】

草鞋底一副,【银八钱。】

脚夫,【工银一钱五分。】

拆船匠,【工银三钱。】

大木匠,【工银五两。】

细木匠,【工银三钱。】

雇牛拽木,【工银一钱二分。】

锯匠,【工银一两七钱。】

皮条四根,【银八分。】

艌匠,【工银七钱。】

牙人,【用银五钱。】

宣打黄钉,【工银五钱。】

攀头稍铁叶,【银三钱。】

桐油三十斤,【银六钱。】

画匠,【工银一钱。】

菜蔬等项,【银七钱七分。】

油灰五百五十斤,【银三两。】

黄麻一百七十斤,【银二两四分。】

钉(局)【锔】六百二十斤,【银十两二钱三分。】

饭米八石六斗,【银五两一钱六分。】

以上共该"军三"料银三十五两。

有底船者,准银二十两。

卷之三·什物【附】

大桅一根, 头桅一根,

大篷一扇, 头篷一扇,

绯 索三付, 度绯三条,

铁锚缆一条, 锚顶绳一条

系水一条, 絍篷一条,

箍头绳一条, 八皮四条,

牵篷三条, 抱桅索二付,

橹四枝, 脚索二付,

招头木一根, 篙子十条,

棁子一把, 水橛二根,

榔头一个, 跳板一块,

橹跳四块, 橹绳四条,

戽斗一个, 铁锚一个,

吊桶一个, 挨篷木二根,

竹水斗一个, 舵一扇,

舵牙一根, 舵关门棒一根,

锅二口, 水桶一个,

前后衬仓、盖篷、水基、竹瓦、芦席。

以上系纲运三修等银给买。

按:浅船以海船得名,阔欲承载之多,浅欲盘剥之易。原定漕式过越洪闸,涉历江河,最为轻便。迩来各船身长厰阔,多添梁头,运军利于私载,运官敢于公占,诚当严禁以杜其渐也。

遮洋海船每只:底长六丈;头长一丈一尺;稍长一丈一尺;底阔一丈一尺;底头阔七尺八寸;底稍阔六尺;梁头十六座;头伏狮阔一丈;稍伏狮阔七尺五寸;使风梁阔一丈五尺、深四尺八寸;龙口梁阔一丈二尺、深四尺八寸;后断水梁阔九尺五寸、深六尺;两厰每边阔四尺五寸;底栈每一尺四钉。

每船合用料物:底板厚二寸;栈板厚一寸七分。【共用大中小楠木十根。】

以上共该"民七"木价银六十五两三钱三分三厘三毫。

杂木一根【,银四两五钱四分。】

拆船匠,【工银五钱。】

脚夫,【工银一钱五分。】

锯匠,【工银二两一钱。】
雇牛拽木,【工银一钱五分。】
大木匠,【工银五两五钱。】
细木匠,【工银三钱。】
牙人,【用银五钱。】
宣打黄钉,【工银五钱。】
舱匠,【工银一两二钱。】
桐油七十斤,【银一两四钱。】
皮条五根,【银一钱。】
攀头稍铁叶,【银三钱五分。】
画匠,【工银一钱。】
榆木草鞋一(付)【副】,【银八钱。】
油灰七百一十五斤,【银三两九钱。】
黄麻二百五十斤,【银三两。】
钉(局)【锔】七百五十斤,【银十二两三钱七分五厘。】
饭米十二石,【银六两六钱。】
菜蔬等项,【银三两九钱二分五厘。】
以上共该“军三”料银四十八两。
有底船者,准银二十四两。

卷之三·什物【附】

大桅一根, 头桅一根,
大篷一扇, 头篷一扇,
绁索三付, 度绁三条,
铁锚缆二条, 锚顶绳二条,
快缆一条, 紝簹一条,
簁头绳一条, 八皮四条,
牵簹三条, 抱桅索二付,
橹四枝, 脚索二付,
招头木一根, 篙子十二根,
篙错十二个, 挽子一把,
水橛二个, 榔头一个,
跳板二块, 橹跳四块,
橹绳四条, 戽斗一个,
铁锚二个, 吊桶一个,
水竹斗一个, 挨簹木二根,
舵一扇, 吊舵绳一条,
舵牙一根, 舵关门棒一根,
锅二口, 水桶一个。
前后衬仓、盖篷、水基、竹瓦、芦席。
以上系纲运三修等银给买。

卷之三·附录

一千料海船,一只合用料物:

【杉木三百二根,栗木二根,杂木一百四十九根,株木二十根,橹坯三十八枝,榆木舵杆二根,钉线三万五千七百四十二个,杂作一百六十一条、个,桐油三千一十二斤八两,石灰九千三十七斤八两,船麻一千二百五十三斤三两三钱。】

什物　附

【络麻一千二百九十四斤,黄藤八百八十五斤,棕毛二千一百八十三斤一十二两,白麻二十斤。】

四百料钻风海船,一只合用料物:

【杉木二百二十八根,桅心木二根,铁力木舵杆二根,杂木六十七根,橹坯二十枝,松木五根,杂作九十四条、个,钉线一万八千五百八十个,桐鱼油一千一斤一十五两,石灰三千五斤一十三两,艌麻七百二十九斤八两八钱。】

什物　附

【络麻五百七十四斤一十四两四钱,黄藤三百八十三斤八两,棕毛七百三斤,白麻一十斤】。

凡在京并沿海去处,每岁海运辽东粮储船只,每年一次修理。其各卫征战风快船只等项,若有缺少损坏及当修理者,务要会计木、钉、灰、油、麻、藤及所用(贡)【工】具,依数拨用。如有不敷,亦当预为规画,或令军民采办,或就客商收买,或外处拨支,审度便利,定拟奏闻,行下龙江提举司计料明白,行移各库放支物料。其工程物件照依料例文册,然后兴工。如或新造,海运船只,须要度量产木水便地方,差人打造。其风快小船,就京打造者,亦须依例计造木料等项,就于各场库支拨。若内外有船只,务要周知其数。设或需索运用,酌量劳逸多寡拨与。其各湖河泊所带办鱼油鳔,每岁催督进纳备用。此条出《诸司职掌》。

卷之三·船号

军子号　【旗军自造。】

民字号　【民造。】

运字号　【提举司造。】

按:永乐、宣德间,造于湖广者,为"湖字几号";造于江西者,为"江字几号";造于浙江、徽州等府者,仿此。天顺间,始照各总类编。原系民造者,为"民字几号",旗军自造者,为"军字几号"。又有"运字号"者,则造于提举司者也。今船只"军"、"民"、"运"字号虽存,而皆造于提举司矣。

卷之三·船等

旗造:【凡遇造船之年,各卫管运官先审旗军殷实者,赴厂给领木料,自行造船,名为"旗造"。】

厂造:【凡遇造船之年,各卫管运官先审旗军系极贫者送厂,行令本卫所千、百户,在厂委官给领木料,并该卫所军办银两,成造完日,给各军领驾,名为"厂造"。】

先年,旗军不分贫富,一概给料成造。天顺间,因银、料不敷,亏累贫军,始分二等。今旗、厂之名虽存,而皆归厂造矣。

卷之三·船限

里河浅船、遮洋海船,俱十年一造。【清江、卫河二提举司成造浅船、遮洋船,每年俱于瓜、仪二处湾泊,各雇江船于各州县水次兑运,回至瓜、仪,上载不轻过坝,故十年于造。近年船只方及九年,即算十年,送厂改造。如嘉靖元年造船,至嘉靖十年,首尾算作十年,其实止得九年。今后嘉靖元年正月造过船只,须至嘉靖十一年正月,方作十年,准其改造可也。

正统以前,所造船只,或用杉木,或用杂木,小坏则修理,大坏则改造。景泰以后,始有松木者五年一造,杉木者十年一造,或有株、楠、杂木者,七年一造,自成化十六年以后停止。各处解木清江厂,俱用楠木,十年一造。】

江南船俱五年一造。【江南支隶并浙江、江西、湖广卫所,为外江船,因其往回经坝二次,故五年一造。】

卷之四・料额

料额者何?治艘之需也。夫市材鸠工,匪料胡办,漕政之所重也。第艘之岁造有常,而料之盈缩弗一,吾恐后之难继也。振刷以起新,而经画以善后,于司国计者有深望焉。志《料额》。

国初,漕船派造于诸省及各提举司,其料价例为军三民七。天顺六年以后,诸省罢造,止解料赴二司厂。【先年,每岁应用运船造于各省者,皆有司自行派料成造。其造于提举司者,合用杉、楠等木,俱派四川、湖广、江西出产处所。浙江、江南支隶不出木者,买办送纳。福建亦有油、铁等料,无灾之年全派,有灾之年减派。天顺六年以后,各司府未有造解船只,止解物料,赴二提举司成造。】江南漕船归造原卫者,照例派料,故军无补贷。【江南直隶、浙江、湖广、江西船只,除旧船外,民出银七十两,军办三十两,每年征解司府收贮,遇造支给。】天顺间,料价倚办于各省者,征解如期,照数给造,故军所补尚未多也。【永乐间起,至天顺八年止,俱各处派纳杉、松、楠、柏、钉、铁等料。每船用新衫、篙木六十二根,株、樟、榆、槐二十余段,油、麻、铁、炭等料三千余斤,给军全造一只。军士所赔补者,不过修艌什物而已。】成化元年以后,各处灾伤,料价日缩,军土始有赔补之患矣。【成化元年起,至十五年止,有司派纳物料数少,本厂先尽见在料物撙节支放。每船止得衫、株、樟、榆、槐木十三四根段,枋板二三块,油、麻、铁、炎等料二三千斤,止值银三四十两。每船约用银一百二十两,比(与)【于】天顺以前,每船欠价银六七十两,其余皆军旗自(陪)【赔】完造。】成化十五年,停止各处派料,议取抽分木价,以充造船之需。【先时,各处解纳杉、楠等木,远自川、广,经涉江湖,有在途漂流者,有尺寸不及者,监收官拘泥成法,必求合式。致令解户经年往复,不获实收,至有鬻妻、卖子、捐躯、荡业者。至是工部会奏,始于荆、杭二处设厂,以充造船之需,民困始苏。】成化十六年,取荆、杭木价银各四千两。【先于成化十五年,工部会官议奏,本厂该坐派荆、杭前项银数,至十六年,委官领取回司。每厂造船一只,给银二十七两八钱,人匠银四两五钱,小料一分约值银七八两。该厂办料银六十三两三钱四分,连旧船一只,值银十四五两,共价银一百二十两,成造一只。旗造船一只,给银二十七两八钱。旧船值银十五六两,其余俱旗军赔补及该卫运粮官措置,大约不过一百二十两。此时官给银料甚少,军士赔补日甚,以后木价渐增加矣。】成化十七年,取荆州木价银四千两,杭州木价银五千五百两。【先于成化十六年,该平江伯陈公锐会议内开,船料不敷,或照旧全派有司,或尽数变卖。三处抽分银两,解送提举司支用。或照先年旧例,将兑军民粮每石加耗一斗,准作造船料价。工部会议,准添杭州抽分银一千五百两,本年共得银九千五百两。】成化十八年,议取荆州木价银六千两,杭州木价银七千两。【先于成化十七年,又该平江伯陈公锐会议,船料不敷,本部议拟,每年又加添杭州抽分银一千五百两,荆州银二千两,共银一万三千两。】成化二十年,荆、杭银数如故,取芜湖木价银一千五百两。成化二十二年,芜湖木价银数如故,议增取杭州木价银九千五百两,荆州木价银七千三百两。【先于成化二十一年,该户部奏差监察御史谢文、工部郎中洪汉,会同漕运衙门,前诣清江提举司查理船料,回京具奏。运船要行,全领三处抽分银料,如三处抽分不敷,照依先年坐派有司出办,或查取直隶府州县赃罚纸价辏用,务要足原额船数。及要将盐城、通、泰三所佥补军余,一体出办料银五两。工部议得,清江提举司每年额造船四百七十四只,每只加添银一十一两六钱六分有零,连前官给各项银,每船共计四十五两。原支杭州抽分银七千两,今再增二千五百两;荆州银六千两,今再增一千三百两,芜湖银一千五百两照旧外,通共每年该领银一万八千三百两,连匠银三千三十两,通融支给造船。二十二年,领取三处木价并人匠银,共二万一千三百两。按:各卫原额漕船共一万一千七百七十五只,自成化二十三年,议减一千二百五十四只。今各省船只仍照原额成造,银料亦未减少。惟清江厂原数五千三百四十二只,每岁该造五百三十三只,今成造仍照原数。其议定

银数,止彀造四百七十四只,每只给银五十两,并岁得抽分人匠银不等,尚不敷每年额造船料之数也。】弘治二年,议增取杭州木价银一万八百七十两,荆州木价银八千三百两,芜湖银数如故。【弘治元年,该都察院左都御史马题称:船料不敷,军士陪补,因苦日甚。每船增木价银二十两,共银六十两。旧船准银三十两外,少银二十两,行令空闲余丁出办,其不敷之数,本船军士出办,与旧船物料相兼成造。工部议得,每船一只增银五两,通前共银五十两。杭州加添银一千三百七十两,共一万八百七十两,荆州加添银一千两,共八千三百两;芜湖一千五百两。弘治二年,共领银二万六百七十两。】弘治三年会议,每船一艘,官给木价银五十两,军办银五十两,旧船准银二十两,通计银一百二十两。【本年漕运衙门会同本部议得,每年额取各处抽分银二万六百七十两,人匠银三千三十两,通该二万三千七百两,并淮安府抽分折收柴席、竹木等银不等。每年例造船四百七十四只,每只给木价银四十四两八钱外,淮安抽分竹木、油麻等小料一分,折银五两一钱。辏该官给钱五十两,军余出办,减存银五十两,旧船算值二十两,每只共一百二十两,议为定额。】

弘治四年以后,银有定数,船日加多,官军每有借贷之患矣。【按:自宣德以来,清江提举司厂该原船五千三百二十八只,每年该造五百三十二只八分,每只该价银五十两,共该给银二万六千六百四十两。成化二十三年,该御史谢文、郎中洪汉奏,为处置粮储极济贫军事。内查得,各该卫所原额浅船一万二千一百一十四只,查点见在船只一万八千六十只,内有遭风失火等项事故船一千二百五十四只。本部议得,先年岁漕六百万石,近年议定,止是四百万石,例该用四百料船一万只。今见驾粮船一万八百六十只,又有五百料遮洋船在内。今查原少船只,相应尽数除豁,但恐风火不测,一时造办不及,合将一万只之外多余船八百六十只存留备用,所少船一千二百五十四只行移漕运衙门,斟酌相应卫所照数除豁,以为定例。仍将除豁过船只造册查考,转行各提举司并各军卫有司,免其补造。切详议单内,岁漕四百万石加四七,该正耗米五百八十八万石,每船军丁一十名,每名三十石,每船装正米三百石,该脚耗米一百四十一石,共正耗米四百四十一石,计该用船一万二千余只。今查江南、江北二提举司实在船一万一千七百五十只,俱系应用船只,原非多余之数。缘本部止算正米四百万石,不曾计算加耗四七之数,因此止议四百料正船一万只,余船八百六十只通行除豁。清江厂原船数五千三百二十八只,除豁免造五百九十只,止存四千七百四十余只。每年额造船四百七十四只,止扣派银二万三千七百两。彼时本部行移漕运衙门,不曾查算明白,亦不曾行文各卫除豁免造,其原额船数照旧未减。每年仍造船五百三十三只,实领银料止得四百七十四只之数。十余年来,加以遭风失火等项事故船只,申呈漕运衙门送厂预造,大约自弘治三年起至弘治十四年止,多造过五百五十余只。后将见年领到银两,补放以前造过船数,其该年船只俱系官军借贷料物成造,候下年银两到日,方得给领,加利还商。因此,官军负累,船只不坚。本部委官,累经备由呈请本部,要行增复料价,及要将累年内多造过船五百五十余只,或借卫河提举司料银,或追苏、扬、淮三府人匠拖欠银,共二万余两,补还前造船只未领价银之数,具呈本部案候勘报施行。】弘治十四年会议,每船一艘增木价银五两,移荆州木价,悉于芜湖取用。【共增银二千三百七十两,通前共银二万六千七十两。私治十三年,该漕运衙门会议,要照江南军三民七事例,官再增银二十两,共七十两,军止办银三十两。及要将荆州原银八千三百两,悉于芜湖领取,免其经涉江湖往返迟误等因,会同本部议拟,每船增银五两,及将荆州原议本价银两,悉于芜湖抽分厂领用。】弘治十六年会议,每船一艘增木价银十两,军办小料银三十五两。【是年,漕运都御史李因军余办料不前,以致缺银完造,困苦日蹙,漕政渐坏,会同本部尚书曾等奏准,每船令军余出办银三十五两,作军三小料,加木价银一十两,通前共计银六十五两,作民七大料。又加旧船准银二十两,共银一百二十两,成造船一只,以为永久之额。是年,议杭州增银二千三百七十两,共银一万三千二百四十两,芜湖增银四千七百四十两,共银一万四千五百四十两,连苏、淮、扬三府人匠银三千三十两,每岁额该银三万八百一十两。嗣后,军免陪补,船得坚完,至今行之。】嘉靖三年,议将卫河提举司原额芜杭木价及人匠班银,悉归清江厂,以供造船之需。【该本部尚书赵公璜议得,山东、北直隶、遮洋三总运船,既归清江厂团造,其卫河提举司原设人匠应办工价,查照淮、扬等府办料则例,每年征完,封解清江厂收发支用。其卫河每年额领芜湖银四千二百三十两,杭州银一千二百两,就令清江厂径自行取买料造船应用。】

卷之四·芜杭岁办

芜湖抽分厂，每岁额办木价银一万八千七百七十两。【清江厂该银一万四千五百四十两，卫河厂该银四千二百三十两。】

杭州抽分厂，每岁额办木价银一万四千四百四十两。【清江厂该银一万三千二百四十两，卫河厂该银一千二百两。本厂每岁差官二员，给领本司关文、提举司印信领状，驰驿分投，前往芜、杭二处，领取前项木价银两，回司以供买木造船之用。】

卷之四·抽分税办

唐德宗时，以户部侍郎赵赞税天下竹木为常平本，后世抽分之设，实昉诸此。

国朝景泰间，淮安设抽分厂，凡竹木等物应干造船者，三十税一，以为供造漕船之需。视芜杭十税其一者，减三之二，凡以宽商力也，其不得已之情见矣。税无定额，每岁以货之多寡为舒缩。天顺间，议于淮安税课司添设副使一员，专理抽分之务。【先年，俱税课司自行抽分，每季从府类解本部分司，转发提举司验收，出给实收回照。至天顺间，所抽木料不堪，兼之商人走水匿税，税司官不能制，奸弊日甚。本部分司官始五日一次赴厂，监临抽分，仍发税课司从府转解。至是，税课司设副使一员、吏二名，专一管理抽分竹木等料。凡商货自南而北者，俱于南锁厂湾泊，自北而南者，俱于清河口湾泊，赴厂报抽，方许放行。】

卷之四·抽分物料则例

本厂抽分之物，木则杉、楠、松、檀、杂木，竹则青竹、猫竹、筀竹、笪竹、水竹、箭竹、苦竹、滑皮竹、竹板，铁则切铁、钢铁、建铁、新钉、黄钉、钉坯、铁线、铁砧、铁条、篙错、秤铊，油则桐油、豆油，麻则黄麻、白麻、山麻、綵麻，炭则木炭、煤炭，外，黄藤、白藤、棕毛、石灰、芦柴、芦席、蔑篙，凡应干造船者计四十件，方行赴厂报抽。其余不系船料者不在其例。【先年，本部官因杉、篙、柴、竹、石灰等物收贮年久，不堪造船，呈请本部，照依时估折收银两给放。近年又因木、铁等物收贮在厂，官军不愿关领，而往来商人亦多愿纳折色，呈请本部，凡各色木、铁诸物，本、折听从商便。抽分官军相兼支放，上下便之。】

相考之，范文正曰："国用既不可减，与其取于农，不若取于商，未甚害也。"其抽分之意乎？杨龟山曰："先王所谓理财者，非尽笼天下之利而有之，其取之有道，其用之有节，而各当于义之谓也。"其理财之准乎？第财利之司易乱以汩，因时更化，别嫌明微，诸君子虑周而备饬。相也，不类得师资焉。乃设监收之官，书稽考之籍，行简便之法，求以尽吾职业，明吾心迹焉尔矣。若曰商力之纾，国课之增，则非所敢知也。

卷之四·人匠工办

清江三府人匠，共三千二百六名，额派银三千三十两。

苏州府二千五百六十五名：

长洲县五百二十三名　【艌匠二百七十名，箬篷匠七十八名，竹匠八十六名，索匠四十三名，船木匠二十一名，铁匠二十五名；】

吴县四百六名　【艌匠二百七十名，船木匠八十八名，箬篷匠一十二名，竹匠三名，铁匠二十三名，索匠一十名；】

吴江县四百五十三名　【艌匠三百五十五名，船木匠一十三名，铁匠六十五名，箬篷匠三名，竹匠一十七名；】

常熟县二百名　【艌匠一百四十四名，竹匠三十五名，索匠七名，船木匠一名，铁匠一十三名；】

昆山县三百七十九名　【艌匠二百六十二名，船木匠一十五名，箬篷匠三十六名，竹匠一十五名，索匠二十六名，铁匠二十五名；】

太仓州二百六十九名　【艌匠一百八十三名，船木匠一十九名，竹匠一十九名，箬篷匠二十四名，铁匠

一十九名,索匠五名;】

嘉定县二百八十五名 【艌匠一百一十一名,船木匠三十四名,篛篷匠三十二名,竹匠六十八名,索匠一十二名,铁匠二十八名;】

崇明县五十名 【铁匠二十四名,船木匠七名,艌匠十九名。】

淮安府五百六名:

山阳县一百八十名 【艌匠五十五名,篛篷匠一十四名,船木匠三十一名,竹匠二十一名,铁匠三十五名,油灰匠一名,索匠二十三名;】

海州五十名 【船木匠七名,铁匠四十三名;】

邳州二十六名 【船木匠一十一名,铁匠一十五名;】

清河县一十八名 【船木匠八名,铁匠八名,艌匠二名;】

桃源县二十四名 【船木匠三名,铁匠二十名,艌匠一名;】

宿迁县四十六名 【铁匠三十八名,船木匠八名;】

睢宁县二十五名 【铁匠一十一名,船木匠一十一名,竹匠三名;】

沭阳县三十名 【铁匠二十三名,船木匠六名,芦篷匠一名;】

赣榆县一十二名 【铁匠七名,船木匠三名,竹匠二名;】

安东县二十五名 【船木匠十三名,艌匠五名,铁匠六名,竹匠一名;】

盐城县七十名 【船木匠二十七名,艌匠二十一,芦篷匠五名,铁匠一十七名。】

扬州府一百三十五名:

江都县九名 【俱铁匠;】

宝应县三名 【俱铁匠;】

高邮州九名 【俱铁匠;】

泰州九名 【俱铁匠;】

如皋县四名 【俱铁匠;】

海门县一十四名 【俱铁匠;】

泰兴县二十六名 【俱铁匠;】

兴化县一十五名 【俱铁匠;】

通州四十六名 【俱铁匠。】

卫河各府人匠,共二千一百八十四名。每二年一班,每年该银一千九百六十五两六钱。

山东九百名:

济南府三百名,

兖州府二百名,

青州府三百名,

东昌府一百名。

河南三百四十名:

开封府一百九十二名,

河南府七十六名,

彰德府二十四名,

怀庆府四十八名。

南直隶九百四十四名:

凤阳府二百二十四名,

滁州二十名,

扬州府四百一十六名,

徐州一百四名,

庐州府一百八十名。

本司住坐各色人匠一百三十四户,每岁一户纳银一两八钱,共该银二百四十一两二钱。

以上芜、杭岁办暨本厂税办、匠办银两,即先年所谓“民七”大料,以供买木造船之需者也。

按:清江、卫河二提举司人匠,旧例俱二年一班,每班三个月,无力者上工,有力者每班纳银一两八钱,以为造船木价额料之需。近年以来,法久弊生,清匠官漫无稽查,匠役互相影射。上工者仅百之一二,而班银拖欠动以万计,弊斯极矣。相曾议欲照议单,以严征解,造匠册以便清勾,查积逋以偿借贷,备呈本部。近蒙题准,严行各属,多方清查,如期征解,庶人匠之料价少增,而漕船之攒造有济矣。详见《法例》。

卷之四·军余工办

原设清江厂,用工办料旗军余丁三千一十七名,共银九千二百五十五两。

南京卫分用工办料军余,共七百七十七名。【用工一百二十名,办料六百五十七名,每名办银四两,每年该办料银二千六百二十八两。今各军俱掣回运粮,免其办料,录此见存羊(通详)之意也。】

锦衣卫　【用工一名,办料九名;】

旗手卫　【用工二名,办料八名;】

羽林左卫　【用工二名,办料五名;】

府军卫　【用工一名,办料五名;】

府军右卫　【用工一名,办料四名;】

府军左卫　【用工一名,办料六名;】

府军后卫　【办料八名;】

金吾前卫　【办料七名;】

金吾后卫　【用工一名,办料三名;】

虎贲左卫　【用工一名,办料六名;】

羽林右卫　【用工一名,办料九名;】

神策卫　【用工一名,办料四名;】

留守中卫　【用工一名,办料五名;】

应天卫　【用工二名,办料一十三名;】

广洋卫　【用工五名,办料五十一名;】

沈阳右卫　【用工四名,办料一十二名;】

留守左卫　【用工二名,办料三名;】

骁骑右卫　【用工九名,办料一十三名;】

镇南卫　【用工三名,办料一十八名;】

龙虎卫　【用工五名,办料四十二名;】

龙虎左卫　【用工四名,办料二十一名;】

龙江左卫　【用工九名,办料三十四名;】

龙江右卫　【用工九名,办料九十一名;】

水军左卫　【用工一十六名,办料七十五名;】

武德卫　【用工二名,办料一十八名;】

留守右卫　【用工一名,办料九名;】

虎贲右卫　【用工二名,办料一十二名;】

水军右卫　【用工八名,办料三十名;】

豹韬卫　【用工二名,办料一十一名;】

豹韬左卫 【用工四名,办料二十六名;】

兴武卫 【用工三名,办料一十三名;】

鹰扬卫 【用工二名,办料一十四名;】

江阴卫 【用工一十一名,办料四十一名;】

横海卫 【用工四名,办料三十一名。】

按:南京各卫旧额,军办银内每年例该料银二千六百二十两,草银一百二十八两。比因各军掣取运粮,免其出办,节经漕运衙门会议,户部题准,将南京刑部、都察院赃罚银内,每年动支二千七百四十八两,以补军办料草银之数。后因赃罚称匮,又议动支南京户部盐引纸价银一千七百四十八两,兵部缺官柴薪银一千两,每年差官领取,解赴漕运衙门,发淮安府贮库,以为改造本总厂船"军三"小料之需。详见"法例"。

直隶卫所用工办料军余一千八百二十九名 【用工一百八十五名,办料一千六百四十四名,各办不等。每年共办料银四千六百五十九两。】

淮安卫 【用工一十一名,办料二百四十一名;】

大河卫 【用工一十八名,办料三百五十九名;】

庐州卫 【用工八名,办料四十二名;】

仪真卫 【用工七名,办料一百六十四名;】

归德卫 【用工一十二名,办料一百二十二名;】

高邮卫 【用工一十名,办料九名;】

兴化所 【用工五名,办料九名;】

滁州卫 【用工一十一名,办料三十一名;】

六安卫 【用工九名,办料一百一十六名;】

泗州卫 【用工三十一名,办料七十六名;】

徐州左卫 【用工一十二名,办料二十三名;】

扬州卫 【用工九名,办料二百三十五名;】

寿州卫 【用工一十三名,办料七十六名;】

徐州卫 【用工一十三名,办料八名;】

邳州卫 【用工一十六名,办料六十一名。】

中都卫所用工办料军余六百五十五名 【用工一百二十一名,办料五百三十四名,各办不等。每年共办料银一千九百六十八两。】

凤阳中卫 【用工一十一名,办料四十四名;】

洪塘所 【用工一十名,办料二十四名;】

凤阳右卫 【用工九名,办料五十三名;】

留守左卫 【用工一十四名,办料四十六名;】

留守中卫 【用工一十二名,办料五十三名;】

怀远卫 【用工九名,办料四十九名;】

凤阳卫 【用工八名,办料五十五名;】

长淮卫 【用工一十八名,办料八十六名;】

武平卫 【用工九名,办料三十七名;】

宿州卫 【用工八名,办料五十七名;】

颍川卫 【用工一十名,办料二十五名;】

颍上所 【用工三名,办料五名。】

卫河厂用工办料军余二百一十九名,共该料银三百一十三两五钱。

山东卫所用工办料军余一百九十二名 【用工三十名,办料一百六十二名,各办不等。每年共办料银

三百一十三两五钱。】

济宁卫 【用工九名,办料一十三名;】

临清卫 【用工十名,办料六十一名;】

平山卫 【用工四名,办料四十五名;】

东昌卫 【用工三名,办料二十名;】

任城卫 【用工二名,办料五名;】

东平所 【用工一名,办料一十三名;】

濮州所 【用工一名,办料五名。】

遮洋卫分用工军余二十七名:

淮安卫 【用工二名,】

大河卫 【用工四名,】

泗州卫 【用工四名,】

高邮卫 【用工二名,】

长淮卫 【用工三名,】

扬州卫 【用工四名,】

德州卫 【用工二名,】

德州左卫 【用工二名,】

天津卫、天津右卫 【用工一名,】

天津左卫 【用工一名,】

通州左右卫 【用工一名,】

定边卫、神武中卫 【用工一名。】

按:遮洋总各卫原未设有办料军余,惟以运军减存料银,充造船之需而已。

卷之四·减存料办

减存料银,乃旗造漕船额料也。先年议准,凡遇灾免之年,粮改折色,各卫所运船空闲者,令歇役。运军每名办减免料银二两四钱,近例俱将各军月粮抵扣,类解漕运衙门,转发淮安府寄库,以为改造旗船"军三"小料之需。其中都、南北直隶、山东各卫所减存料银,原无定数,惟以歇役运军多寡为盈缩。其京卫运军歇役者少,议于江、浙纲运过江脚米银内,每年扣除银共四千六百六两有零,以补减存料银之数。

以上军办减存银两,即所谓"军三"小料,以供造船钉、灰、油、麻诸费之需者也。

相按:漕船料价,成化以前其病在民,【时派料各省,民苦征解故也。】成化以后,其病在军,【免民解料,拘于芜、杭抽分银数,军士每有赔补之患。】嘉靖以后,其病在厂。【船归厂造,军免赔补,但船日增,而料日缩,致将别项银两借造。】夫治艘以漕粟,国之重计;兴利以除害,漕之永图也。今厂之病蹙矣,不思有以起之可乎哉!夫原议芜、杭料价,有定数也。今船日增矣,而料独不可增乎?况人匠军办等银,皆额料之旧也。今委任不得其人,征解不及其数,如之何?其有济也,必也,究利弊之源,申综核之令,严征解之法,俾额料不减于旧,而后可以纾杞人之深忧矣。否则,积逋相因,而燃眉莫救,所谓七年之病,而求三年之艾也,嗟何及也哉!

卷之五·公署

宫室掌之圬人,次舍载于《周礼》,君子攸跻攸芋,以宣政令,以表民物者,公署之不可已也如是。明兴,分遣使臣饰厥攸居,俾莫莅有所,游息有地,凡以示优礼也。噫!仰视栟幪,而弗思所以报称,毋取于使臣也与哉!志《公署》。

《百官志》曰:“官司之名,曰司者言法度之所司也。”【分司之得名,义取诸此。】唐贞观初,京司及州县皆有公廨田,供公私之费。其后以用度不足,京官有俸赐而已。诸司置公廨,本钱以番官,贸易取息,计员多少为月料。建隆中,诏百官:“今后满任,县治所廨舍有无损坏,及所增修著为籍,受代则书于考课之文。其损坏不完者,殿一选;完葺建置而不烦民力者,减一选。”柳子厚曰:“高其閈闳,壮其门阁,修容之有地,交政之有所,政以之成礼,于是具。”【出柳文。】李华曰:“政事堂者,臣不可以悖道于君,逆道于人,黩道于货,乱道于刑,尅一方之命,变王者之制,此堂得以易之。”【出《政事堂记》。】淮浦司厂,规制旧已寖备,【足】【征】署治矣。修葺而增饰,俾勿坏,是在后之【君】子者焉。

工部厂 【东西三百五十步,南北一百五十步,永乐十三年建。】

牌坊,【一座,扁曰“工部厂”;】左右榜房,【各三间;】大门,【三间;】东西直宿房,【各三间;】仪门,【一间,扁曰“仰极”;】东西库房,【各六间;】正堂,【三间,扁曰“鉴空衡平”,翰林院侍读学士西充马公廷用有记,见《艺文志》;】左公移房,【一间;】右船料库,【一间;】退轩,【一间,扁曰“自公”;】后堂,【三间;】书办房,【三间;】庖湢房,【三间;】文昌、土神祠,【各一所;】厂外更楼。【一座。】

工部分司 【东西一百三十步,南北一百二十二步,永乐十三年建。】

东西牌坊【二座,扁曰“利涉济漕”;】大门,【三间;扁曰“工部分司”;】左右听事直宿房,【各四间;】左右廊房,【各六间;】仪门,【三间,扁曰“淮南漕政”;】正堂,【三间,扁曰“济川”,翰林院庶吉士胡君爟有记,见《艺文志》;】捲轩,【三间;】退堂,【三间,扁曰“青天白日”;】东书房,【三间,扁曰“思补”;】东西书办皂隶房,【各三间;】东西文卷库房,【各三间;】东庖湢房,【三间;】西慎独轩,【三间;】益民堂,【三间,在正堂之左;】一鉴亭,【三间,在益民堂之前,主事陈君焕建,有记,见《艺文志》;】葵亭,【一间,在一鉴亭之前,主事姚君文灏建,丁君瓒有记,见《艺文志》;】积翠亭,【一间,在葵亭之左;】内寝堂,【三间,扁曰“清慎勤”;】东西围房,【各五间;】崇景堂,【三间,主事邵君经济建,参政李君元有记,见《艺文志》;】后堂,【三间;】土神祠,【三间;】西虚白亭,【一座,今废,主事丁君瓒有记,见《艺文志》;】人匠房,【五间;】更夫房,【三间;】朝阳留晖门,【二座,主事任君恩建;】眺远楼。【一座。】

抽分厂 【在淮安府城南六里。】

牌坊,【一座,扁曰“都水行台”;】旗竿,【一根;】大门,【三间;】正堂,【三间;】退堂,【三间;】左右厢房,【各三间;】神祠。【一所。】

提举司 【在部厂后,正统元年建。】

大门,【三间;】二门,【一间;】正厅,【三间;】典史厅,【三间;】东西文卷房,【各三间;】提举住房,【十间;】典史住房,【五间;】吏住房。【三间。】

清江造船总厂

牌坊,【一座,扁曰“督造船厂”;】大门,【三间;】二门,【一间;】正厅,【三间;】东西书办、军牢房,【各三间;】退轩,【三间;】土神祠。【一间。以上俱主事邵君经济建。】

卫河造船总厂

大门,【三间;】二门,【一间;】正厅,【三间;】东西书办、军牢房,【各三间;】退轩,【三间;】住房。【三间。以上俱主事邵君经济建。】

清江书舍

大门,【三间;】木屏,【一座;】文会堂,【三间;】退省轩,【三间;】左右号房。【共十二间。俱主事叶君选建,有记,见《艺文志》。】

清江义学

大门,【一间;】正房,【三间。主事叶君选建,有记,见《艺文志》。】

卷之五·官属

天下之政必有统,治则事权兼总,而法令乃行。必有分治,则群力毕趋而庶绩斯底。矧漕政孔殷,不有

官属，孰与理错而解棼哉！是故严以监临，体统正矣；周以防范，纲纪肃矣；鼓以激劝，威惠行矣。莅属之道，其庶几乎？志“官属”。

唐刘晏为度支使，常以为办集众务，在于得人，故必择通敏、精悍、廉勤之士而用之。至于勾检簿书，出纳钱谷，事虽至细，必委之士类，吏惟书符牒，不得轻出一言。常言士陷赃贿则沦弃于时，名重于利，故士多清修；吏虽廉洁，终无显荣，利重于名，故吏多贪污。【出《唐书》。】

元耶律楚材奏立征收课税使，凡长贰悉用士人，如陈时可、赵昉等，皆宽厚长者，极天下之选。参佐皆用省部旧人。【出《元史》。】

司厂官属，或以铨授，或以例设，官匪冗员，事多兼济。敢告尔属，尚思所以靖共有位，无贻瘝旷之辱也哉！

把总官五员，【旧设二员。遇缺，漕运衙门访取各卫指挥贤能者，俱以本等职衔分理造船事务。正德四年，始假以把总名色。今增至五员。】

清江厂四员，卫河厂一员。

提举司官二员：

提举一员，【正八品，原系龙江提举司委官署管。正统二年，主事胡君臻始请设。】

典史一员，【未入流，今缺。】吏二名，【今缺一名。】

各总厂官四十员，【系各卫所千百户、镇抚等官，遇缺取补。】

清江厂官三十六员。

南京总三十四厂：

水军左卫厂官一员；

龙江右卫厂官一员；

豹韬左卫厂官一员；

龙虎左卫厂官一员；【兼管留守左卫厂。】

龙江左卫厂官一员；【兼管沈阳右卫、兴武卫厂。】

水军右卫厂官一员；【兼管府军左卫、府军右卫、府军后卫、虎贲左卫厂。】

江阴卫厂官一员；【兼管神策卫、鹰扬卫、金吾前、金吾后卫厂。】

镇南卫厂官一员；【兼管旗手卫、府军卫、羽林右、骁骑右卫厂。】

武德卫厂官一员；【兼管应天卫、虎贲右卫、留守右卫厂。】

横海卫厂官一员；【兼管羽林左卫、留守中卫厂。】

龙虎卫厂官一员；【兼管豹韬卫厂。】

广洋卫厂官一员；【兼管锦衣卫厂。】

中都总十二厂：

凤阳中卫厂官一员；

凤阳右卫厂官一员；

留守左卫厂官一员；

留守中卫厂官一员；【兼管武平卫厂。】

长淮卫厂官一员；【兼管本卫遮洋厂。】

怀远卫厂官一员；【兼管宿州卫厂。】

凤阳卫厂官一员；【兼管颍川卫、颍上所、洪塘所厂。】

颍川卫厂官一员；【今缺，附凤阳卫厂官兼管。】

武平卫厂官一员；【今缺，附留守中卫厂官兼管。】

宿州卫厂官一员；【今缺，附怀远卫厂官兼管。】

直隶总十八厂：

庐州卫厂官一员；

淮安卫厂官一员；

大河卫厂官一员；

仪真卫厂官一员；

归德卫厂官一员；

滁州卫厂官一员；

六安卫厂官一员；

寿州卫厂官一员；

徐州卫厂官一员；

邳州卫厂官一员；

徐州左卫厂官一员；

泗州卫厂官一员；【兼管本卫遮洋厂。】

高邮卫厂官一员；【兼管兴化所并本卫遮洋厂。】

扬州卫厂官一员；【兼管通州、泰州、盐城三所，并本卫遮洋厂。】

卫河厂官四员。

山东总七厂：

临清卫厂官一员；【兼管平山卫、东平所厂。】

济宁卫厂官一员；【兼管任城卫、东昌卫、濮州所厂。】

遮洋总十一厂：

淮安卫厂官一员；【兼管大河卫厂。】

德州卫厂官一员；【兼管德州左卫、神武中卫、定边卫、天津左卫、天津右卫、天津卫、通州左卫、通州右卫厂。】

以上各厂，船数多者，特设专官管理。少者附各厂兼摄，亦官不必备之意也。

税课司官二员、吏四名：

大使一员，【专理商税，】吏三名；

副使一员，【专理抽分，】吏一名。

闸官四员：

移风闸官一员，【兼管板闸，】吏一名；

清江闸官一员，吏一名；

福兴闸官一员，吏一名；

新庄闸官一员。【福兴闸吏代办。】

卷之五·人役

古者自王公而下，大夫臣、士士臣、皂皂臣、舆舆臣、隶隶臣、僚僚臣、仆仆臣台，故曰："君子劳心，小人劳力。"此之谓也。盖政事之司，待命相力，匪役诸其人曷以济哉：制有定数，示弗冗也；事有常职，示弗侵也。严之防御，而周之体悉，其逮下之道乎？志"人役"。

周官宰，夫掌百官之征令，辨其八职。五曰府掌官契以治藏，六曰史掌官书以赞治，七曰胥掌官叙以治叙，八曰徒掌官令以征令。然自太宰至旅下士，凡六十三人。而府史胥徒，止百五十人，五官亦然，其所以省吏员者至矣。夫吏省则其禄易给，吏有禄，则人知自爱。故当时庶人之在官者，无非贤也。后世一职一司，而胥吏不胜其众，官之不胜，吏奸也明矣。盖为治之道，当委任责成。而岁终考其殿最，必使案不重校，文不烦悉，然后易以校，而无纷更蒙蔽之患。苟一事而数人主之，则甲可乙否，此是彼非。一人之聪明有限，众人之错杂难防，是岂御简举要之道哉！【出丘文庄公《大学衍义补》。】司厂人役，大约从省，今复裁其

可省者,求至于无可省而止云。

书办二名,【各厂军(识)【职】内选用;】

算手一名,【旧规二名,今减去一名,各厂军(识)【职】内选用;】

农民八名,【山阳、清河二县申送,分为二班,每班四名听用;】

门子四名,【山阳县徭役内编送,分为内外二班听用;】

老人二名,【山阳县申送,看守桥闸各坝,验收抽分子票;】

阴阳生二名,【淮安府阴阳学申送;】

皂隶十六名,【邳州并清河县徭役内编送,分为内外二班应役;】

巡拦五名,【山阳县徭役内编送,看守桥闸各坝,缉查匿税货物;】

军余十名,【各厂用工军役内取用,分为二班,以供差遣;】

水手五名,【各闸取用,以供差遣;】

船头十二名,【淮安递运所、清口驿、洪泽驿每年申送,驾船应用;】

总小甲四名,【地方送用,率领巡更人役,看守厂库。】

卷之六·法例

夫制而用之谓之法,著而守之谓之例。法久必弊,弊必更始而例生焉。例也者,所以辅法之不及也。故观法可以守经,观例可以达变。明兴,漕政之善,前代鲜俪,而法例宣朗,又足以善其政于无穷。职漕者绎思而世守之,则永无愆矣。志《法例》。

自结绳政远,文法日繁,象魏风微,禁例斯设。我朝理漕之政,良法美意,著为令典者,经纬相承,细大毕列,固天下臣民所共睹也,无庸悉矣。谨撮其有关船闸者,书诸左方,用垂观省,便遵守云尔。

永乐六年,令遮洋海船运粮八十万石于京师,其会通河、卫河以浅船转运。

十年,尚书宋礼以海船造办太迫,议造浅船五百艘,拨运淮、扬、徐、兖等处岁粮一百万石,由会通河攒运,以补海运一年之数。【是年十月,宋公礼奏,海运粮储,每年五月太仓开洋,直沽下卸,秋间回京。船只中多被损坏,亦有漂失不见下落者,俱用修理补造。分派江西、湖广、浙江等布政司,并直隶徽州等府,近水产木处所军卫有司相兼修造,俱限次年三月终完备,驾赴太仓应用。因限逼迫,措料不及,不免科敛钞物置办,其间作弊受害者,不可胜言。

造船者惟顾目前之急,不虑速成不坚之患,计其所费物料、人工,又难细举。且如造千料海船一只,须用百人驾驶,止运得米一千石。若将用过人工、物料估计价钞,可办二百料河船二十只,每只用军二十名,运粮四百石。以此较之,从便则可。如将镇江、凤阳、淮安、扬州四府岁征粮米,定拨七十万石赴徐州交纳,徐州并兖州府粮米三十万石,赴济宁州交纳,差拨近河徐州等卫旗军一万名,各委指挥千百户管领,工部拨与二百料浅船五百只,一如卫河事例,将前项仓粮从会通河攒运,供给北京。每三年海运二次,使造船者无逼迫之患,驾船获坚,久之利以两河,并海运计之,三年可得八百余万石;十年之间,国有足食之备,民无烦扰之忧。具奏抄出,户部会各衙门官计议。】

十二年,令湖广造浅船二千艘,岁于淮安仓支运,赴京交纳。

十三年,始罢海运,增造浅船三千余艘,一年四次,悉从里河转运。【是年闰九月初三日,行在户部奏准工部咨,该本部奏:节奉"钦依。里河运粮的船,看工部去湖广上头,再造二千只来,只在淮安装运,来北京便当。那太仓纳的粮,都著来淮安收贮。还著户部令官议得停当了来说,饮此。"除行工部外,所据运粮一节,移咨到部。除会官议得北京所属官军,岁用俸粮并营造等项,军夫该支粮米浩大,每岁海运船约有一千一百余只,运粮八十余万石,到于北京,与北京所属该征税粮及开中盐粮,并会通河、卫河转运粮储,相兼供给。今奉前因查得,会通河见运粮止有浅河船一千三百余只,每次可运粮二十余万石,于徐州并济宁两处仓支粮运赴北京在城仓,一岁可运三次,共该粮六十余万石,比与海运粮数不及。若添造二百料船,共辏三千只,专于淮安仓支粮,至济宁交收,却将二千只于济宁仓支粮,运至北京,一次该运粮四十万石,往回约

用五十日,自二月起至十月河冻止,可运四次,共得粮一百六十万石。比与海运数多,又无风水之险,诚为快便。但即今船只造办未完,及淮安等处见贮粮米未广,合行户部将浙江布政司所属嘉、湖、杭三府,与直隶苏、松、常、镇等府永乐十三年秋粮,除原存本处备用,及起运赴京,并供给内府等项之数,照旧不动外,将余剩并坐太仓该收海运粮米,尽数改赴淮安仓交收。及将扬州、凤阳、淮安三府秋粮,每岁定拨六十万石,徐州并山东兖州府秋粮,每岁定拨三十万石,俱赴济宁交收。工部差官催造船只完备,自永乐十三年为始,依拟里河转运,却将海运停止。所据退下海运官军,俱令于里河驾船运粮。及照前项粮储,每岁若令径赴北京在城交收,其通州至北京陆路往回八十余里,转运迟误,合将所运粮储止于通州仓交卸。今天津并通州等卫差拨官军,专于通州接运至北京。及行工部并北京工部取勘,淮安、济宁、通洲三处见在仓厫,若有不敷,计料盖造,庶不迟误。奉成祖文皇帝圣旨:"是,钦此"。复题:运粮到时,若只著通州官攒斗级交收,诚恐收受不前。合将通州见在仓厫,照依南京江北事例,拨与通州五卫管领,委官拨军分投收受,具奏通行。】

是年,平江伯陈公瑄因漕舟有车坝沂、淮之险,并清江浦五十里,建闸四,导湖水以达清口,自是漕舟南北交通矣。【宋雍熙中,转运使刘播议开沙河以避淮水之险,乔维岳继之,开河自淮安至清口,凡六十里,舟行便之。是岁,平江伯陈公瑄访询故老,寻乔维岳故道,置四闸以通漕。自是,舟无车坝之危、淮波之险矣。】

宣德二年,令工部及诸衙门不许将粮船拨载他物,至误攒运。

是年,议准各处解到清江厂油麻、铁炭等料,俱送淮安府阜积库收贮,出给实收,呈报分司,以便支放。

五年,奏准运粮官军船只,南京、中都及南直隶卫所,于淮安厂修理;山东等都司卫所,于临清厂修理;湖广、江西、浙江都司,各回原卫修理。

正统元年,令造船旗军不与操守之事。【总兵官都督武公兴等题,岁运粮船损坏,产有物料者,于本处修造;无产者,分拨各提举司修造。各拨官军前来,贴办用工,庶使运粮者得以依时休息。今巡按御史将造船官军,尽行点选,守城操练,遗下船料,无人管理,以致缺船误运。户部查得前项官军,即系漕运之数,难比杂役,欲照旧存留。奉圣旨:"是,钦此"。】

十年,许把总官乘坐粮船。【武公兴奏:提督运粮都指挥李琮等,自永乐间,各许座官船一只,乘坐催攒。近御史吴镒奏革,给与站船廪给。缘驿船有限,占住不便,合于该管卫分摘船一只,量带官粮乘坐。户部议准所言,仍不给廪给。明年,山东把总都指挥狄瓛奏,仍要廪给脚力。本部会议,合照旧例,兑粮之时,总兵官、各都司填给符验,应付站船廪给,兑完住给,各乘座船赴京交粮。】

景泰二年,令清江、卫河二提举司匠役二年一班。【先年,原拨苏、淮二府各色人匠共四千名,二年一班,每年二千名,在厂上工造船。近因新编勘合,该四年一班,班稀匠少,造船不敷。总兵官徐公恭奏,照正统间例,二年一班,户部会议依拟。】

四年,敕总兵官徐恭,都御史王竑、徐有贞整理粮船。【户科给事中卢君祥题,要将浙江等处民粮该征者,尽数起运,量拨淮、徐、济宁等仓收纳。奉圣旨:"是。便写敕与徐恭、王竑、徐有贞,上紧去整理前项粮船,今年务要过尽。"时有贞以治河在张秋,故有是命。】

是年,平江伯陈公瑄议将造船完头木楂,准令军民人等烧用,每只备钞五十贯还官。至成化间,每领船银一只,退银一钱五分,准钞五十贯收贮在官,作正支放。

是年,会议清江提举司造遮洋、浅船数多,卫河提举司改造船少,将卫河原派物料,暂改清江交收供造,候有料之日仍旧。

天顺八年,令运军或遇风水不测,损坏船粮,若在百里内者,务要府州县正官,在百里外者,许所在有印信官司勘实结,申总兵等官处,如有诈妄,罪坐勘官。

是年,议准淮、扬地方巡获私盐只,俱解清江提举司充造船之用。

成化十八年,令清江、卫河二提举司人匠征银解纳。【总兵官陈公锐奏:清江提举司每年造船人匠二千名,卫河提举司人匠二千一百八十四名,共四千一百八十四名,止有一百七十九名见到兴工。虽有纳银

者,不过六百二十名,未到三千三百八十五名。要行各该司府,今后不必解送人匠,令其照名出办银两,每年印封解送二提举司,如数给军,雇人造船,庶得船只早完,军士不累。从之。】

弘治二年,申明处置抽分。【本部主事林君沂奏:该本部尚书贾公、都察院右副都御史边公等题,内开:今后若有官豪势要之家搅扰厂分者,听差去官员拿究。在府分者,著落推官问理;在州县者,著落州县问理。徒罪以上,罪名申详,合干上司定夺。其有司府州县视常误事官员,亦听本官转行巡按御史及按察司分巡官,照例参问施行。本年四月二十九日,奉圣旨:"是,钦此"。】

五年,严禁打搅局场奸弊。【都察院复题,为打搅局场强取客商银两事。南京都察院奏称,各场税务但系钱粮所在,军民人等打搅取财等项,各有奏行枷号充军事例,以此人知警惧。惟各处抽分未曾奏有事例,以致豪强玩法,客商受害。奏请著为定例,用戒将来。该都察院复题,通行本部。但有前项豪强之人,打搅厂分,挟取财物,生事作弊,违法害人者,事发到官,问拟明白。初犯笞杖罪者,止照常例发落;其初犯徒罪以上者,俱枷号一个月,满日亦照常例发落;若稔恶不悛,再犯至累犯者,笞杖罪亦枷号半月,仍照常例发落。徒罪以上者,免其枷号。属军卫者,俱发边卫充军;属有司者,俱发口外为民。干碍职官奏请定夺等因。本年四月初三日,右副都御史白公等具题。奉圣旨:"是,钦此"。】

八年,请定江南造船料价期限之例。【都御史李公蕙、总兵官郭公鋐奏开:湖广、江西、浙江、南直隶四总运船,俱"军三民七"出料打造。各司府卫所不行依时给领料银,有守至三四月之久,官旗只得加利借银,将船造完,负累益甚。要立领料期限,行令造船卫所,差官赍文,限十月以里到各该衙门支领。如过期不到,漕运衙门查提领料人员究问;出料官司,限十一月以里支给,十二月回厂造船,正月船完。如料银征解不敷,司府量查在官银两,照数借支,仍立文案,待后补还。若过十一月终不给料价,就将经该误事官员住俸,年终不给,听漕运衙门参行各该巡抚、巡按官提问。庶造船及时,粮运无阻。从之。】

十年,令各卫所掌印官监同运粮委官,征收运军减存料银。【从都御史李公蕙、总兵官郭公鋐议也。】

十五年,凡闸惟进贡鲜品船只,到即开放,其余船只务要待积水而行。若积水未满,或积水虽满,上面船未过闸,或下闸未闭,并不得擅开。若豪强之人逼胁擅开,走泄水利,及闸已开,不依帮次,争先斗欧者,听所在闸官,将应问之人,拿送管闸并巡河官处究问。因而(阁)【搁】坏船只,损失进贡官物,及漂流系官粮米及伤人者,各依律例从重问治。干碍势豪,官员参奏以开,运粮旗军有犯,非人命重情,待候完粮回日提问。其闸内船已过,下闸已闭,积水已满,而闸官夫牌,故意不开,勒取客船钱物者,亦治以罪。

是年,凡漕运军人,许带土产易换柴盐,每船不得过十石。若多载货物,沿途贸易稽留者,听巡河御史、郎中及洪闸主事盘检入官,并治以罪。

是年,凡闸溜夫受雇一人,冒充二人之役者,编充为军,冒一人者枷项示众一月毕,罪遣之。

正德二年,议处征收造船料银。【总兵官郭公鋐、都御史张公敷华奏:议得料银齐足,则造船早完,粮无迟误。否则军必倍加利息赊料,又非良材。一经江险,多致漂没。及照民七料银,非独湖广一省耽误,军三料银亦非袁州一卫拖欠,而他卫他省亦莫不然。如蒙乞敕该府,合无通行湖广、江西等布政司,并江南直隶苏、松等府,造船民七料银,俱照浙江布政司一体,务遵前例,预征完足。该布政司者解赴布政司,该直隶府分者解赴各府收贮。若一时征解不及,照例查将见收别项官银挪借支给,明立文案,待候征补。其军三料银,亦照原拟预征在官。属都司者解赴都司,属直隶南京卫分者,解赴各卫收贮,各听造船卫所支领。若延至正二月,料银不完,以致无船装粮,有司军卫听漕运衙门参行各该巡抚衙门,照依迟粮事例住俸,革去冠带催给。若延至三四月不完者,亦照中途寄囤事例查究。其南京卫分迟误者,亦听漕运衙门参行南京兵部,俱照前例施行。仍将湖广江陵县、江西袁州卫拖欠料银者,本部行移巡按御史,各将经该官员查提问罪、完解。如此庶宿弊可革,而船料易完矣。】

五年,议准各卫所运粮并造船官,不许掣差。【总兵官顾公仕隆奏:查得近年以来,各该卫所,遇有军政、京操等项缺官,不独将运粮指挥千百户更改替补,而管厂千百户亦被掣改京操,遂致事体纷更,人难遵守。如蒙乞敕兵部会议,合无通行南京兵部并浙江等六都司、江南、江北及直隶卫所,今后运粮并造船厂官,遇有事故更换者,把总官推访堪代官员,开呈漕运衙门覆实取补。其各该卫所军政、京操等官差用,并

不许将运粮管厂官员朦胧取补。如或故违，听把总官举呈，参究改正。】

八年，查处料银补造火烧船只。【总兵官顾公仕隆奏：查得正德六年，南京、浙江、湖广、江西、山东、江南、江北直隶、中都留守司十总，被贼烧毁运船，共计一千五百五十二只。该臣会同总督漕运右都御史张议，将正德七年兑改粮米，每石量加银三分，以为造船之费。具题续准，工部咨该本部议得，正德五年收积轻赍根五万二百两，杭、芜二厂拖欠正德二年料银一万三十余两，变卖烧毁席板银二百八十七两，酌量船少卫所，先行给造。其余不足之数，查系年限已满，属直隶卫所者，清江、卫河二提举司支领该年料银打造。属各都司者，照依旧例军三民七打造。中间若有年限未满，听各官从长计议区处等因。题奉钦依，备咨前来。俱经通行钦遵外，今照前因，臣等议得，山东、中都、江北等总烧毁船只，俱例该卫河、清江提举司补造，给军领驾，船数不多，措办颇易。其南京、浙江、湖广、江西等总，共烧毁船计一千四百三十三只，已及年分者少，未及年分者多。前项该补打造船只完给者，十无一二。如今年该补完造船只，所得工料，止有收积轻赍银五万一百两。各总支用讫，尚欠十万余两。其杭、芜二厂料价，拖欠如故。再查年限已满，属直隶者，清江提举司领料。缘前料又系常年军士借价造完，该令补还之数，尚且挨候五年之上方领得出，纵使旧欠完解，亦与火烧船只无干。席板变卖，累催未完，就使完解数亦不多。再照火烧船只，工部原不曾计料加添，又不知将何银两支领打造。尝闻谋大事者不计小利，乃今粮船遭此变故，急在目前，岂可以寻常计之？若照军三民七事例追征造船，明年必然有误漕运。且军三银两，乃是各卫空闲余丁出办。如南京豹韬左卫，该船二百只，常例止有办料军余一十三名。其余卫所亦有三二十名者，有四五十名者，递年拖欠不完。此军三之例如此。岂知自来造船多是运军，于该造年分预先一年休息，办料代役，空闲军余出办，以凑军三之数，累苦迄今，无计可除。若论民七出办各处，皆系科派里甲，经年不完，及至收完，又被收头揽户侵欺，病民误事，又不可言。此民七之例如此，而欲救急济用诚难矣。如蒙乞敕该部从长会议，合无将山东、南京、江北等总，仍照咨文内事理，移咨工部，必须计添烧船数料价，行芜、杭二厂，于常例打造船价之外，另给火烧船八十四只料价，各领打造，方得明白。其江西、湖广、浙江等布政司，及直隶等府，合行各该总理粮储都御史，查照抚属军卫、有司烧毁船只，或将两浙、两淮运司盐价及各钞关银两，或各布政司府自有收贮见在官银，不为常例，准令借与原拟不彀支用银八万余两，务加严紧，期在明年正月以里，措办完备。查给各该运粮把总等官，督同造船委官，严限打造，给军领驾待候。各该司府卫所，将军三民七出办料价征完，抵补前项所借银两，照数解送各年衙门交收，取具库收备照。事完之日，各总理都御史将借给过官银，打造过船只数目具奏，及送户、工二部与漕运衙门查考。】

九年，申明部使体统。【主事杨君最具呈，本部复看得，在京官员大凡公差出外，惟以王命为重。虽三司等官，亦皆礼逊。初不计其职之崇卑，所谓王人虽微，序于诸侯之上是也。况主事二品衙门、六品京官，岂宜轻视？今后知府等官照例遵行，不许恃顽违抗，有乖体统。节该奉圣旨："是，钦此"。】

十一年，湖广运船通改楠木打造，催解料价。【都御史丛公兰、总兵官顾公仕隆奏：据湖广把总运粮指挥佥事周正呈，窃惟漕司急务重在运船，而成造运船必藉料价。先因司府卫所料价稽迟，节次题奉钦依，责限催督。奈何各该官司不遵法例，仍前迟误。且如湖广产木地方，比与江南积木所在不同，而原定料价因而高下难拘一例。若不各立严法征解，则料银愈迟，船只愈误，漕政益见废弛矣。如蒙乞敕工部计议，合无备行湖广都、布二司，查照该总额造运船若干，通改楠木。七年一造，每年该造若干，合用军民料银若干。军料行武昌等卫所，比依襄阳卫佥补军余；民料行各府县，俱限本年十月以里征完，起解本布政司，各贮库听候给军，买料打造。若有临时征办不前，俱令布政司将官库见银借给应用，候征收前价照数补还。如有违慢，比照稽迟粮运事例：十二月终不完者，各该掌印官住俸；次年正月终不完者，革去冠带，仍将首领官吏提解漕运衙门问罪发落；若延至四月终不完者，掌印官一体参奏问罪，起送吏部降级。其江南直隶卫所浅船，难拘湖广定例，合令照旧成造，其征解军、民料价期限，悉照前例施行。】

十四年，查催军三民七料银给造运船。【都御史臧公凤奏：查得在运造船料价，每船十分为率，军办三分，民办七分，使司其亨者催征早完，则成造及时，而粮运可达矣。夫何各布政司原办船料征给迟缓，甚者看令官军远赴所属支领。而卫所出办者，亦各视常怠缓，派征失时，是以交兑之后见造船者等候船完，无船

者就赁民舟,甚者亦配别船带运。所在耽搁,粮运迟晚,亦由于斯。合无乞敕该部,行令各布政司,将有司出办造船料价,俱在头年十月以里征完,十二月内给领。其各卫该办料价,亦令掌印官员依期派征,务在年前给领,庶几成造不误,漕船足用矣。】

十六年,补造焚溺运船。【总兵官场公宏奏:看得所议运船被盗、焚毁、遭风、沉水,或被旗军盗卖,军、民料价连年拖久,念累愈疲。通查漕运见在不堪装运浅船的有若干,将没官银两量数拨发,工部专差属官二员,领敕于产木地方买料完造,给军领驾,并催军卫有司各年拖欠料价,以备添补一节,系是修复漕政、经理国储至计,相应依拟举行。及照前船,该提举司造者,本部见有主事在厂专管;该原卫所造者,地方自有司府该管。官可委本部,若再差官,不无繁扰。合无命下之日,本部移咨漕运都御史、总兵官,严督各该运粮把总官员,通查各总缺欠未补、损坏不堪浅船各若干只,直隶、南京、中都、江北、山东、遮洋、北直隶等总浅船,备行清江、卫河二提举司。本部委官主事责限依式补造,如工料不敷,查照旧例。如该军办,径呈漕运衙门;如该官给,径呈本部,各另催办足数应用。隶江南、江西、浙江、湖广等总浅船,各行各巡抚、都御史督同守巡、知府等官,责限各该军卫有司查照旧例,军办若干,官给若干,出办补造。如是工料不敷,径呈巡抚、巡按衙门设法拨补,足数应用,通限一年之内补造完足,备细造册奏缴。仍各责成把总官员严加管束,各该卫所官旗务将船只爱惜,不许作践盗卖。以后但有损坏缺少,以致雇买民船凑运,罪坐把总官员。如是损坏数多,参究罢黜。正德十六年十一月初三日,本部左侍郎赵公璜等具题:本月初五日奉圣旨:"是,钦此"。备行到臣,除钦遵外,会同总督漕运、户部尚书兼左副都御史陶公琰查得,节据江北直隶把总运粮指挥酆良呈开本,总共缺船四百五十九只;江南直隶把总运粮指挥戚景通呈开本,总共缺船三百七十一只;遮洋把总运粮指挥王讃先呈开本,总共缺船一百二十四只,续呈报缺船七十六只,共二百只;江北直隶把总运粮署都指挥杨仁吴开本,总共缺船二十九只;山东把总运粮署都指挥马缙呈开本,总共缺船一百五十五只;北直隶把总运粮署都指挥使孙机呈开本,总共缺船八十一只;湖广把总运粮署都指挥佥事苏润呈开本,总共缺船七十二只;中都留守司把总运粮署都指挥李辅至开本,总共缺船一百七十一只;江西把总运粮指挥余大纶呈开本,总共缺船五十一只;浙江把总运粮署都指挥万表呈开本,总共缺船一百九十一只;南京把总运粮都指挥梁端呈开本,总共缺船九十二只;把总运粮指挥周汉呈开本,总共缺船一百六十六只,通计各总共缺船二千四十四只。查得前项船只,除浙江、湖广、江西、江南四总各都司卫所自造外,南京、江北、凤阳等五总运船,俱于清江提举司每年成造五百三十二只八分;遮洋、山东、北直隶三总运船,俱于卫河提举司每年成造一百四十七只五分,料价俱于杭州、芜湖并清江提举司三处抽分,相兼各卫所军办料银两平,收买板木、油麻、钉灰等料,该卫委官支领打造,以备各总领运,已是定规。近年以来,各处银两拖欠数多,该厂缺料造船,卫河提举司弊坏已,该给事中田赋具奏处置更改。近据管理清江提举司工部委官主事丁瓒呈,查得杭州抽分厂节年拖久银一万一千八百三十八两四钱五分三厘六毫,芜湖抽分厂节年拖欠银三万七千八百七十八两五钱七分四厘,苏州、扬州、淮安三府节年拖欠人匠银三万一千三十三两八钱,通共拖欠银八万七百五十两八钱二分六厘六毫。本厂缺料造船,赊欠客商料物银四万二千余两,行据杭州城南税课司抽分厂主事范璁,陆续催起解银一万三千二百四十两,芜湖抽分厂主事张佩催起解银一万五千六百九十两九钱四分,扬州府征解人匠银九十三两,通共解到银二万九千二十三两九钱四分到厂。要将解到前项银两,给还客商赊欠料价等囚。查得杭、芜二处抽分年例止该银二万七千七百八十两,若将前项解到银两给还商欠,则见年船只依旧无银买料,不免又赊料物打造。下年征列银两仍还客欠,年复一年,利归木客,患贻运军。且以见在价银,两平收买,其权在官,庶得物价相应,木料齐足,便于打造。若如所拟,将见银给还木客,客常有余,官常不足,其权在商,任其增价。一船之木止值时价银四十五两,务勒足六十五两方肯赊借。物料既迟,造船必误,何以济事?切照抽分厂专为漕船而设,所抽之银积年拖欠,致有赊借之累,则抽分之利似为木客而设,此岂创立抽分及船厂之意哉!查得运船一只,该运正耗米四百五十五石,今各总缺船二千四十四只,该运米九十一万九千八百石,非雇觅民船入运,则洒派军船加带。船厂既无及时可补之船,则船厂委官亦为虚设。即今漕运狼狈已极,最要者莫先于船只。除将节次取到芜湖、杭州二抽分厂拖久木价并扬州府人匠,共银二万九千二十三两九钱四分,给还上年赊借木客银一万三千四百八十三两,余

银一万五千五百四十两,择委管厂把总指挥王端,合同守备仪真等处署都指挥蔡霖、扬州府同知常会,于仪真地方,两平收买楠木二千一十四根,约彀造船三百三十三只,每只给见银四十五两,共用价银一万四千九百八十五两,外船一百九十九只八分,扣该用楠木一千二百根,共该银八千九百九十一两。今止有余银五百五十五两,外少银八千四百三十六两。又差指挥等官陈章等,前去芜湖抽分厂支取,就于湖广地方收买未到,即今江北把总扬仁总下高邮、扬州等卫粮船,已于十二月二十五等日陆续过淮。其余梁端等总下卫所船粮,臣等差官分投催攒。其鄞良等十二总缺船二千四十四只,该运正耗本色粮米实是缺船装运,未免仍前雇觅民船装运。其所雇船价必于粮耗轻赍银内取用,倘有不敷,借倩累军,诚为漕运大害。况各官军该得俸月等粮,连年未支,十分疲敝。加之船只缺少,负累逃亡数多,管运官员束手无策,漕规废坏,至此已极。臣等伏睹正德十六年四月二十二日诏书内开,荆州、杭州、芜湖三处抽分厂,专为打造粮船成造供应器皿而设,以省科派小民之计。近来南京各监局相沿具奏,差人赴芜湖厂支取杉、篙等木数多,又有内官监差官中半抽分二年有余,致将造船银料不敷支给,累及运军,出利揭债,缺船运粮,耽误国计。今后南京各监局合用竹木,听于本处龙江瓦屑神木厂并真定、芦沟桥等抽分厂支取,其内官监原差抽分太监李文等,诏书到日即便回京,以后不许援例奏差,钦此钦遵。臣等有以见皇上洞察运船缺少之害,明诏复其旧例,清江、卫河二提举司造船料银不患拖欠之弊,漕运之幸,朝廷之幸也。为照该部所议,如或工料不敷,查照旧例。如该军办,径呈漕运衙门;如该官给,径呈本部,各另催派足数应用。隶江南、江西、浙江、湖广等总浅船,备行各处巡抚都御史督同守巡、知府等官,责限各该军卫有司,查照旧例,军办若干,官给若干,出办补造。如是工料不敷,径呈巡抚、巡按衙门设法拨补,足数应用。通限一年之内补造完足,备细造册奏缴,固为明白。臣等查得卫河提举司造船料价递年不缺,其清江提举司额该浅船五千三百二十八只,十年一次打造。每年该造浅船五百三十二只八分,每船一只,该大料银五十九两八钱,小料银五两二钱,共银六十五两,通该共银三万四千六百三十二两。年例取芜湖抽分厂银一万四千五百四十两,杭州抽分厂银一万三千二百四十两,共该银二万七千七百八十两。全数解到,止彀造船四百六十四只五分,大料尚欠船六十八只三分,不敷料价银四千八百余两。原无坐派,及查各卫军办料银,每船该银三十五两,以船五百三十二只八分算,该银一万八千六百四十八两,年例止派银九千五百八十两五钱,不敷银九千六十七两五钱,俱因不彀一分打造之数,连年赊借木料,亦由于此。其节年事故船二千四十四只,系无底船下落,每年额造以外之数,亦无料价。纵行各巡抚等官,不过催完年例军三民七料银,止彀打造见年一分之数,前项船只终无银两,难以成造完足。臣等猥以凡庸,受兹重托,急欲完补运船,以复漕运。但今缺船数多,料价动以万计,委的无从区画,夙夜忧惶,偶有管见,不容缄嘿。如蒙伏望圣恩,轸念漕运兵食军国大计,运船不足,粮运攸系。乞敕户、工二部会议,转行巡按南直隶并浙江监察御史,合同各该监兑主事,将芜、杭二抽分厂并苏、淮、扬三府各年拖欠银两,逐一清查,将已收在官者,并见年征完银两,尽数解淮,转发清江提举司,两平买木督匠打造。其拖欠无征银两,遇蒙恩宥宽免,似难再征,所司无从完报。合无将两淮运司见收没官引盐内,准给三十万引,招商纳银,每引一道,赴两淮运司收银伍钱,共凑银一十五万两,分发各提举司及江西、湖广等都司买料,上紧打造,庶得补足节年漂流、烧毁、损失、盗卖缺少之数。船无缺欠,不误领运,而京储重务,免致延迟,漕司旧规亦有修举之望矣。】

嘉靖元年,运军许带土宜,附搭客货者参问。【户部题:查得旧例,每粮船一只,许带土宜二十石。又见行事例内一条,漕运船只,除运军自带土宜货物外,若附搭客商势要人等酒曲、糯米、花草、付木、板片、器皿、货物者,将本船运军并附带人员参问发落,货物入官。其把总等官有犯,降一级回卫,带俸差操。合行漕运衙门,并攒运郎中,及巡河御史,管仓、管洪、管闸郎中、主事,每季终将修理过河道工程,采办过桩草钱粮,催攒过轻重粮船数目,与夫水程深浅缘由,造册奏缴,仍报户、工二部并漕运衙门查考,以为各官任内政迹。芳有仍图安逸废政者,听科道官访察举动。】

二年,不许变卖拆毁坏船。【户部题:成化九年,工部题准,总督、总兵等官转行各处卫所,将运粮官民料造船只,每只出印信文凭一纸,开写原编字号、料力、打造缘由,付与驾船旗军收执运粮。如遇粮完,某船损坏,不堪驾使,明白告知亲管官,赍执前项文凭,并不扶结状,赴大同关提举司,告委拨官匠相看是实,就

将文凭收销附卷,官船著令拆卸,带回该卫或清江提举司交收。自造船只,听从发卖,仍送通州抽分竹木局,照例拆卸抽分,并行张家湾巡检司常川巡视。但有擅自拆卖官、私船只,捉获到官,转送法司问罪,追船并板片入官。正德十五年,又该御史杨百之题,户部议准,漕运衙门如遇运船回空之时,务照前查理,验实放行。及行通州分守等官,前去张家湾一带,密切访巡,但有官军通同无籍光棍盗卖军船,或势豪之人强夺拆卸等项,就便擒拿到官。查照盗卖钱粮事例,各从重追问明白。监赔原船完日,问罪发落。其间果系损坏船只应该变卖者,许赴所在官司告验,出给印信执照,方许变卖。所卖价银送赴本管官员验封,转送修船处所,以备造船公用。正德十六年议准,照后例行,仍行通州巡仓御史、管仓员外一体访察,照例施行。】

是年,补造攒运船只。【都御史俞公谏、总兵官杨公宏奏:切照漕运粮储四百万石,原额船一万二千一百四只,每只该运正粮三百三十石,耗粮一百三十二石,名为四百料浅船,以便里河驾运。此皆先朝大臣经画良法,行之岁久,运无废事。自正德六年以后,运船有被流贼烧毁者,有被河水暴涨漂流者,有在江湖沉溺者,又有经过洪闸磕损拆卸无存者,加之官军亏损正粮,因而盗卖,以致运粮缺船共二千一百九只。其该运粮卫所,该兑运粮米各有分派数目,缺船颇少者,分派概卫军船带运,以致载重,经涉长江大河,一遭风涛易为沉溺;及入里河,水脉涸涩,亦易浅阁。漂失粮米,不能完纳,是以有挂筹之累。或缺船太多,带运不尽,雇觅民船,动支轻赍银两,以充脚价。攒运到京,原来轻赍已费三分之一,京、通二仓雇车等项,应用不足,是以有借债之累。臣已将缺船缘由,会本具题该工部议行,臣等严督各该运粮把总官,通查各总缺欠未补,损坏不堪浅船各若干只,直隶、南京、中都、江北直隶、山东、遮洋、北直隶等总浅船,备行清江、卫河二提举司,本部委官主事,责限依期补造。如或工料不敷,查照旧例,如该军办,径呈漕运衙门;如该官给,径呈本部各另催办,足数应用。隶江南、江西、浙江、湖广等总浅船,备行各该巡抚都御史,督同守巡、知府等官,责限各该军卫有司,查照旧例,军办若干,官给若干,出办补造。如是工料不敷,径呈巡抚、巡按衙门,设法拨补,足数应用。通限一年之内,补造完足,造册奏缴等因,备行到臣。查得清江、卫河二提举司年例银两,共军三民七料银,纵使尽数征完,止彀打造年例一分之数。共缺少船二千一百九只,每只该用料价一百两计算,该银二十一万九百两。民办七分,该银一十四万七千六百三十两;军办三分,该银六万三千二百七十两。各该地方灾伤,军士在营月粮多有拖欠,巡抚等官岂能措办?前项议处,未免又为虚文。即今运政废坏,急先之务在于船只。除嘉靖元年秋粮,蒙准折银一百四十八万石,见在船只扣彀运输前项粮米,目前得以少纾缺船之累。其嘉靖二年,该起运本色秋粮四百万石,止有见在船九千九百九十五只,该运粮三百二十余万石,实少船二千一百九只。该运粮七十余万石,将何装运?且粮出于民,船造于官,卫所官军责在出力挽运而已。今船缺数多,贻累雇船,预费轻赍,不能完粮;挂筹累债,苦不胜言;逃窜死亡,莫知其数,是皆缺船之所致也。若非预处补造,给军领运,年复一年,漕船愈缺,漕运愈累,不惟挂筹举放之弊难免,将来万一致误大计,所系诚非细故。如蒙伏望圣旨,轸念漕运军国重务,兵食攸系,乞敕户、工二部从长议处。前项缺少船只,该用料价,合无将南、北二京,并江西抄没犯人田产,变卖银两,舍缓就急,照数给发清江、卫河二提举司,并浙江、湖广、江西三省,及南直隶各府。趁此之事之时,分投打造,期在来年秋冬时月完备,给与各卫官军领驾。以抄没之私财,充漕运之公用,实为相应。或银数不敷,惟复于太仓银库,将折粮银先借一十万两,给发各布政司并清江等提举司,买料打造,仍行杭、芜二抽分厂,于船料银两照数扣还。庶使漕运船只不失原额,疲敝官军不致负累,而免于稽迟违限之弊矣。】

三年,申复旧规,以清漕运。【总兵官杨公宏奏:会同都御史胡公锭议,照卫河提举司造船木料,先年俱于仪真地方收买,回厂打造。后因不便,奏准官军领价,自行前来仪真等处打造。相距卫河路远,往往无官管束,潜踪投贱,苟且成就,既披官军侵尅料价,又为匠作包揽,板薄钉稀,不堪驾运。今给事中田赋所奏,正切其弊。若将年例该造船只,改令清江提举司管厂主事监造,查考事体相应。其卫河提举司系额设衙门,不必迁动。人匠每名,查照准、扬等府办料则例,出办工价,并迤北卫所军三料银,仍令原管闸主事征完印封,并将及年船只旗甲,每年春正月、秋九月,二次顺差官军领解清江厂,买料雇匠。其杭、芜抽分银两,不必取至临清,往复徒劳。就行清江厂主事,委官带领别项支销。其船打造完日,驾赴原管闸主事处,并卫河提举司验销。仍照漕运衙门旧规,另造卫河船号格眼册,遇造完日销注。如此则船易监督,军无逃

运，而钱粮有稽，庶为允当。其浙江、江西、湖广各卫所船只，原系民造，军领驾运，后改军三民七办料，官军领驾，自行打造，行之年久，法弛弊生。由是浙江把总陈璠有设厂团造之议，给事中田赋又比例推广，欲将江南、江西、湖广三总各卫军船设厂团造，虽皆因时救弊之利，不为无益。然立法革弊，客有未尽，是以巡按御史欧珠复有此奏。臣等考求始末，参酌事宜，谬有所见。查得湖广船只木植及料价银两多寡不同，有用杉、楠木者，十年一次改造，连底船该价银一百三两；有用株、杂木者，七年一次改造，连底船该价银九十两五钱；有用松木者，五年一次改造，连底船该价银七十三两九钱。江西用木二等株、杂木者，七年一次改造，连底船该价银九十三两；用松木者，五年一次改造，连底船该价银八十三两。浙江俱用松木，五年一次改造，连底船该价银九十七两。此外尚有运军自行贴助之数，且料价既有差等，则船只自有年分。况距产木地方有远近，则至买木价有低昂，以此成造，法久弊生。有领楠木之价而造株、杂木船者，有领株、杂木之价而造松木船者，则价必侵欺于官旗。船只式样，底板厚二寸，栈板厚一寸七分。有底板止彀一寸五六分者，栈板一寸三四分者。铁钉每尺实该四钉，有止用二三钉者。石灰油麻俱不及原估之数，则料必尅减于匠作。况一省各卫运官中间，有得人无几，不职恒多，由是或船脆薄不坚而辄坏，或驾运未及年分而遂失，临兑缺误，难保不无散造之弊，至于如此。而势不容不变，故始有团造之议。盖团造诚为事体归一，可革前弊。但江西、湖广二省阔远，卫所星散，必须将年例该造船只旗军通聚于省城雇觅，匠作少则工价高贵而不能并举，官军众则寄旅之费不胜陪贴，此团造不便一也；其民七料银，俱该布政司派取各府州县里甲官吏，勤事征解者固有，因循怠事者不无。况经由上下，动淹数月。比至解司，官旗候领，中间岂无吏胥之勒索，彼此之留难？皆足以縻误装运，此团造不便二也；其军三料银各处事体不一，若系军办，多月粮折纳，未免倾销领解。况月粮未必得支缓急，官银无措。若系运军自办，则自有米食木料俱可应用。钱布时银皆可折使，但欲类解前银，往往人情不愿，此团造不便三也；今据呈称，江西省下该造船二百只，因匠、料俱迟，至起运领兑之时，止造完船二十二只，固其创始之难，及访樟树镇并饶州河下之攒造，虽后得有船打发上运，但今年折色数多，船仅彀用。若至来年全运本色，年例该造船多，一时不得严督，岂能并完？又未免壅滞漕挽。而任法久计，不能不为深长虑也。团造之难亦又如此，故复有散造之议。然二者利病相半，难可偏废。惟在斟酌人情，审度地方，于分造之中，而寓团造之法；于用人之中，而存革弊之意，斯可善后而久行矣。合无通行各省并南直隶巡抚衙门，严督各该布政司及各府州县，将年例民七料银预为坐派，定立限期，俱在每年七月内征处完足，封解该司。如州县一时征解未完，本司务要另项挪借处给，待解到补数。如离司窎远，路途不便，亦就责成本府州库收支，俱不许延调征解，留难支给，有误打造，妨废工力。仍严督都司，将各卫所军三料银，务照江北卫所，另拨军余，办纳完足，听解所在有司寄候。其各卫所，专委掌印官，不妨卫事，预将及年应造底船，每十一二月查取到卫，约会所在府州掌印官估勘明白，将领军民料银，督并官军随便买木雇匠，就令各该府州空闲地方刻期如法造完。掌印官不时查考比较，务照原降式样，丈尺板厚钉密，妆修完固，仍会有司掌印官。惟浙江钱塘迤南，并杭州海宁船只，多在苏州打造，亦就委该府掌印官，各验实呈报。彼处巡抚衙门查照本卫，呈报漕运衙门，待后过淮验印。如有不堪，查追价银以备改造，掌印官旗一并提问。若有侵欺，从重问拟。仍预造本色年例字号、旗甲、格眼文册七本缴报，工部并漕运衙门把总官及彼处巡抚衙门各一本，内存一本，卫所备照，其余候各及年船完造册分缴注销，不许奸贪官旗将领出银两任意侵分，收买杂木，听信奸匠包造尅减分数，苟图完事，造不坚固，以致驾不及年，仍听各巡抚查究，从重问治。及原监验府州官员举正，如此则造有定所，事有定规，价免侵尅，军得少便，而亦免于作舍道旁之议矣。及查漕运岁额粮斛四百万，兑运三百三十万石，支运七十万石。成化八年，该漕运都御史滕奏准，将支运粮米就各水次领兑，名为“改兑”。漕司一向循守旧观，均搭分派军船领兑运纳。除外河遮洋总下旗军六千三百名，运粮三十万石，内正兑二十四万石，改兑六万石。里河南京等十一总旗军一十二万五百一名，每军一名，额运正兑粮二十五石三斗九升二合，改兑粮五石三斗一升，共粮三十石七斗二合。惟北直隶总下，每军多运三升八合，以尽畸零之数。每浅船一只，旗军十名，共运正粮三百七石二斗，耗在外。前项官军共分派正兑粮三百六万石，改兑粮六十四万石，运赴京、通二仓。正兑者三七，改兑者四六上纳，通前不失四百万石之数。正耗米之外，照依有司地里远近，又出轻赍，以备水陆脚价。浙江、江西、湖广最远，每石二斗六

升,折银一钱五厘;山东、河南二省最近,每石止出一斗六升,折银八分。其改兑粮米,原系有司自运淮、徐、临、德四仓,上纳官军支运之数。其正耗米,浙江、江西二省每石四斗二升,山东、河南二省一斗七升,俱是本色,原无折色轻赍京、通二仓,水陆脚价,递年俱于正兑轻赍内窀贴完纳,损正兑之有余,以补改兑之不足,多寡适均,不分南北,通融领兑。前项漕规,俱经先朝文武大臣议处停当,行之岁久,则例已定。今称要将浙江正、改兑粮共六十三万石,俱派本都司卫所官军领兑,虽称民粮与军船顺便,或因本辖易制,但浙江一总旗军二万一千六百七十名,照依则例通融均派,止该正兑粮五十五万二百四十四石六斗四升,兼搭改兑粮一十一万五千六十七石七斗,共兑正改粮六十六万五千三百十二石三斗四升。若将本总卫所专兑本省之粮,则正兑六十万石而加多,改兑三万石而加少,且余下军船一百七十只,该领兑粮三万五千三百一十二石三斗四升,必须于直隶府州县改兑粮内拨足,以完六十六万五千三百一十二石三斗四升,方彀额数。况南京官军既不可领兑浙省之粮,则浙江总官军又岂可领兑直隶州县之粮?此未敢轻议者一也;其浙江总正兑粮数,通该搭派改兑粮一十一万五千三百一斗二石四斗四升,共止改兑粮六万五千三百一十二石三斗四升,以足实有运军之数,尚余欠改兑粮四万九千七百五十五石三斗六升,必须添拨南京江南等总改兑米石,以就浙江正兑有余,而补船数之不足,方得完纳。况使浙江一总三六轻赍有余,而使江南南京等总二六轻赍不足,似非善处之道。所以旧规裒多益寡,牵长补短,实亦通融之法。此未敢轻议者二也;其言要将直隶卫所止兑直隶之粮,固是一说,但如江西布政司改兑粮五十七万石,江西都司一十一卫所,止有旗军九千七百九十四名,浅船八百六十六只,该运兑改正粮三十万六百九十五石三斗九升,其余正粮二十六万九千三百四石六斗一升,该船八百余只,用军八千余名。为因江西无军可拨,递年添拨南京、湖广、江南、直隶四总军船领兑,若依所拟,则四总俱应住拨,不知遗下江西粮米,应否彼处再添军船自运?再如遮洋一总,俱是河南、山东二省民粮,亦派南京八卫、江北五卫外省官军领兑。若以南京官军,山东、河南岂复有军可领?一概住拨,若此定为通规,不知天、蓟各仓更有何船运纳?若以外省军船不便管束,交兑自有监兑官员,法典具存,恐只可以因事而处事,不可以因噎而废食也。及照漕运均派始因,更改淮、德、临、徐四仓支运以为改兑,又遂失转搬之意,而贻直达之苦。计今五十余年,议者尚欲复之;今又更调军船,则均派之规又自是而变之。但漕规屡变,而卒无定守,时议纷出,而要在善后。缘前项二事,事体重大,非臣等才陋劣区区管见所能悉也。如蒙乞敕户、工二部,会同在廷大臣再加计处,合无定拟画一之规,上请圣裁,备行臣等遵奉施行。奉圣旨:"是。各总浅船都依拟团造,务要如式早完,不许延捱日月,侵欺料价。"】

始改上下江二总。【总兵官场公宏会同都御史俞公谏奏:该户部郎中赵君载题,议得漕运粮船,先年海运至京,俱经文武大臣建议,开浚会通河,分立十二总,遂罢海运。其岁运粮四百万石,内蓟州边储独遮洋一总尚留南京水军左等八卫,江北淮、扬等五卫军船,俱于小滩镇等水次兑运山东、河南粮米三十万石,仍由海道以抵蓟州、天津二仓上纳。成化年间,又因海道不便,始自小直沽开通新河一道,当将遮洋海船每二只,该旗军三十六名,改造五百二十五只,旗军六千三百名。比时船只运道虽改,卫所官军俱仍旧役。虽或爱礼存羊,而其地里之远近,往来之耽阁,军船之狼狈,粮运之稽迟,诚有如郎中赵载之所言者。况该南京给事中彭汝实复建此议,至若江南一总上下两江催攒甚远,不无顾此失彼。而赵载又复言及,皆系漕运要务,拟合通并议处。查得南京、淮扬等一十三卫官军,昔年止因习知海道,存于遮洋,今日既由新河攒运,却乃空身。自南趋北,不惟途路艰辛,人情事体甚是不便。抑且江北船多,摘拨江南就兑加费,过江一三脚米,而南京行粮亦又重费,年复一年,尤当爱惜。况遮洋近年议准折色数多,军得减存,但办料数少,食粮则多,亦应区处。及查北直隶总下德州、天津二仓,不惟道途甚近,抑且原运正耗相若,人情允便。相应改拨,合无将遮洋、江北、淮大、高扬、长淮五卫旗军三千三百一十二名,照旧不动外,将此直隶总下德州、天津等九卫旗军一千七百六十四名,并入本总。其不足之数,再于附近徐州左、泗州二卫添拨旗军一千二百二十四名,通抵南京远运,共辏足六千三百名原数,以备岁运三十万石旧额,仍为遮洋总,就令孙机管理。遇有减存,临时酌派,以苏军困。仍将孙机原额迟与南京领驾,其退下南京水军左等八卫官军,添入江南,分为上下江二总,就以程鹏二人分管。旗军仍每船十名,船不过坝,亦各存与过江米六升,却将原该一三裁去七升。各总以截上江者,兑安庆池太广德等府州粮米,多余军船领兑江西不尽之粮;下江者兑苏、松、常、镇四

府粮米，多余军船领兑浙江不尽之粮，通前仍为十二总。其两京二总，每年却分江、浙二处，尽总拨兑，余船方拨江南。至若浙江等总军船，虽有多寡，亦每就近算派，事不大害，俱宜照旧，不必概为更张。其改拨遮洋行粮，查照议单，北直隶者仍旧二石，徐州左、泗州二卫俱照淮大二石八斗。如此庶水军等八卫得以就近领兑江南之粮，免驾空船北行，江南一总得以分投催攒，亦免往来督兑之难。则远近适均，水程顺便，而粮运不致耽误，且行粮脚米亦因得以少省矣。】

急补浅船攒运。【都御史李公鉞、总兵官扬公宏奏：照得十二总共船二千一百九只，俱系节年火烧漂流事故之数，一向少船缺料，未曾补造。已将缺船缘由，会本具题。续该户部郎中赵载亦奏，前因俱该工部覆题，嘉靖二年四月内钦奉敕谕：著落各该巡抚官将前项缺少事故船只，俱限二年内造完，陆续给军装运。除钦遵外，近又据江西把总刘玺等呈报，通前共缺船二十二百六十六只。查得浙江、江西、湖广、江南四总，该于各省司府卫所打造；山东、北直隶、遮洋三总船只，该卫河提举司打造；中都、南京、江北五总船只，该清江提举司打造。俱原议漕运积余官银百两造船一只。该前任都御史俞将淮安府寄库各年积余，并兑粮官银一万四百余两，行委千户鄺良在于仪真买料见造未完，都御史俞取回京。近该都御史胡将淮安府收贮各项余银一万六千余两，会委指挥许文、扬州府通判章九思等，前往芜湖等处买木打造。间都御史胡又转任南京，前项扶船将近二年之限，完造不及六十余只。如泗州卫原额船三百八十四只，实缺船一百七十六只，其余大河、徐州左等卫亦各缺少数多。连年灾伤，幸得将粮折征银两，用船减少，故得苟且完事。即今会派粮运在迩，若全运本色，见在船只止彀装运粮三百二十余万石，外有粮八十余万石缺船装运，稽迟领兑，有违钦限。臣等误事之罪，固难辞责，而京储空虚实为可虑。如蒙乞敕户、工二部从长议处，转行各巡抚官员，先将太仓节次发去银两，督并各都司卫所原委官员，务在年终造完，先给十分疲弊缺船卫所旗军领驾，其余不敷料银，候今年完粮余银解回，辏补成造，以备攒运。此外缺少不足船只，听各把总官开报，各巡抚官上紧措置，务要银、船两足，免致误事。惟复先尽见在船只领兑，其无船领兑余剩粮米，暂令民船自运，候年岁丰熟，补足千只以上，不必民运，听臣等通融派拨，仍待通造完备之日，将用过银两，造过船只，各另造册奏缴。庶粮运有船，交兑不误，诚为便益。奉圣旨：“是。鄺良等并清江船厂领过造船银两，有无侵尅情弊，著备查下落，务要明白。各总未完船只，还行各该巡抚官严督造完，给军领驾，不许延迟。钦此。”】

二十年，议处京卫军办料银。【都御史周公金准户部咨该本部，题云南清吏司案呈。先该总督漕运左都御史周、总兵官镇远侯顾条陈内开，复旧规以征船料事。据工部委官都水清吏司主事陈尧呈称，南京水军左等三十四卫年例厂造浅船七十四只八分五厘，每只该军三料银三十五两，共银二千七百四十八两。原设军余六百八十七名，每名岁办料银四两，供造不缺。至嘉靖五年，该南京户部题，将前项办料军余掣去改差，遗欠银两，却于南京法司赃罚银两支给。一时更变，不暇远思，讵知赃罚不敷，积成拖欠，自嘉靖十四年至十七年止，各欠不等，共计九千余两，屡至漕运衙门，差官前去该部守取，分毫无给。今嘉靖十八年分，又欠料银二千七百余两，呈乞议处等因。到臣行该南京户、兵二部咨准，南京刑部咨称，赃罚不多，不彀本部逐月买办纸札，无凭解送。及南京都察院亦咨福建、广西二道，止有赃罚荒银米价，共九十一两在库，其余各道并无赃罚等因。前来臣等议照前项料银，系岁用之数，必不可缺。今南京法司赃罚动称无给，负累厂官，借贷以公用之料价，累承委之人员，旧债未偿，新债又欠，势不可行，理不能久。揆之事体，情切何堪？若不急为议处，将来愈致废弛。合无备行南京户、兵二部，自嘉靖十九年为始，将各卫原额办料军余，仍照旧数佥补完足，每名岁办料银四两，著落各卫掌印官并收科委官，依期征解发厂，如有过期不完，照依议单事例，参究提问。其南京法司节年拖欠前项赃罚银两，原系该解之数，各该厂官借贷未偿，亦合行南京户、兵二部查照，转行法司催取。或将别项钱粮处补，则船料不致欠缺等因，案呈到部为照。漕运船只装运国储重计，每岁成造，必须料银完办，以资所费。南京法司既无贮库赃银，而修造船料委不可缺。既该漕司条陈具奏前来，相应议处。为此合咨前去，烦照咨文，备奉钦依。内事理会同南京兵部备查，南京刑部、都察院即今有无积贮赃罚堪以造船，节年拖欠赃罚作何处补？其各卫原设办料军余，应否照旧佥补征办料银？逐一议处停当，径自奏请定夺等因。到部送司，已经案呈，备行南京兵部议处，并行南京刑部、都察院查报。去后续奉本部送准南京刑部咨称，查得本部节年所积赃银，止彀动支买补纸札，其漕运衙门造船银两，及节

年未完之数,本部难以处补等因。及准南京兵部咨称,各卫原额办料军余,俱系先年革回改拨运粮等差。及逃故数多,前项办料军余无从拨补等因。到部送司,遂查得嘉靖三年卷内,为裁处冗费以节国用事。该部先任尚书颜颐寿等题,将办料旗军改拨上运,换出余丁各务生理,免致冒滥月粮,却将刑部、都察院赃罚银两抵解料价。以后年丰,若应照旧拨军办料,径自具奏施行。又经案呈,咨行南京兵部议处。去后又续奉本部送准南京兵部咨称,查得前项办料军余掣回年久,中间逃故数多,而各卫军士原额耗折过半。近因攒运缺人,行各卫所将杂差等项军余通行拨补,数尚未足,若复将在运正军掣回办料,则运军益见缺少,拨补尤为不便。且审据旗手等卫指挥等官李翱等呈,先年军士办料,往往拖欠难征,收料委官常被贻累住俸。今日军士贫困,比之往时尤甚。所关月粮随手食用,前项料银实难出办,拖欠负累,势所不免。虽有办料虚名,恐不能全济造船实用。所据前项拨军办料旧规,似难拘泥。再查得本部武库清吏司收贮缺官柴薪,每岁余银不下二千两。近年南京工部为因修理各项工程,并供应机房织造,曾经动支二三千两,似为无碍,但须减数量支,方可久远。相继再查得,南京户部盐钞积有余银贮库,相应动支,合无从长议处,于本部缺官柴薪银内支一千两,南京户部于盐钞余银内支一千七百四十八两,以补办料之数。行文漕运衙门,每年差官前来,支领造船。如此则粮运不致缺人,而贫军得以安生造船,不致缺料,而粮储亦可减省等因。回咨到部送司,随行准本部陕西清吏司付开,止有盐钞银三百三十四两入钱零,并无余银。本司又经呈堂议于本部,在库贮有两淮等各盐运司所解盐引纸价积余银内,每年动支一千七百四十八两,并南京兵部缺官柴薪银一千两,俱照户部及漕运衙门咨文,自嘉靖十九年为始,给发漕运衙门造船。议处停当外,其嘉靖十四年起,至十八年止,所欠料银又经移咨南京刑部、都察院处补。去后今奉送准前因,通查事体归一,理合案呈施行等因。到部,臣等合同南京兵部尚书熊等议得,原设淮安清江厂办料旗军,先该本部尚书颜因地方荒歉,食粮数少,会议题准,将前项旗军掣回,改拨上运,换出余丁,各务生理,免致冒滥月粮。其该办料银,于南京刑部、都察院赃罚银两抵补。今赃罚不足,漕司条陈,仍要拨军办料,虽称查复旧规,但贫军月粮有限,办纳既艰,卫所军少差多,拨补不便。又各卫该办料银止该二千七百四十八两,今欲复将运军六百八十七名掣补办料,未免照数佥拨余丁补运,计其每岁加增粮赏折算,又该银五千余两矣。此于国储尤为冒费。臣等往复计议,欲于本部前项贮库盐引纸价积余银内,每年动支一千七百四十八两,南京兵部武库清吏司缺官柴薪银内动支一千两,照依户部,各自嘉靖十九年为始,行文漕运衙门,差官赴部支领,造船以济运务。其嘉靖十四年起,至十八年止,未完之数,除南京刑部、都察院见在付过银四百五十两听候支取外,其未足之数,仍候该部积有赃罚银两陆续补给。如此则官军既免办纳拨补之难,漕司又得时济造船之用,而岁额粮赏亦不至冒费数多。是虽出一时权宜之计,似可为日后经久之规。如蒙乞敕户部再加议拟,俯赐施行,则国计民情,庶为两便。缘系复旧规,以征船料事理,未敢擅便等因。题奉圣旨:“户部知道,钦此钦遵。”抄出到部送司,案查先为公务事,该本部会同吏部等衙门,少保兼太子太保尚书等官许等将嘉靖二十年漕运事宜,公同会议,中间应照旧者,申明遵行。应议处者,查勘议奏,开立前件,于本年十月十五日会题。奉圣旨:“这漕运条约事件,卿等既议拟明白,应照旧的著实申明通行,应议处的上紧查议具奏。钦此钦遵。”查得总督漕运兼巡抚凤阳等处左都御史周、总兵官镇远侯顾条陈,奏开复旧规,以征料银事。据南京把总运粮以都指挥体统行事,指挥佥事韩哲呈,据南京水军左等卫运粮指挥等官储金等呈称,各卫运军先年凡有减存办料者,不分正余,每名各关月粮一石,岁办料银二两四钱,以备修造支用。是以船无缺少,军无负累。嘉靖三年,南京户部议将各军月粮减削,正军月支七斗,余丁月支五斗,俱免办料。且船不可少,则料不可缺,以致军士无望,只得将行粮等件佃补修造,为累百端。嘉靖十二年间,漕司因缺料造船,从宜议拟题准,将前项减存,正军月支七斗者,岁办料银一两二钱;余丁月支五斗者,岁办料银九钱,辏给实为不敷。又被各该卫所掌印等官将开去逃亡军数,不即佥补,却将诡名捏报搪抵,军既不足,料益难完,漕司负累。及照以后年分,俱系全运本色,贫军困苦,一无措处,委的难以支持。且南京户部先日剥扣之议,盖为运卒减存在家,比与见运不同乃尔,不相为谋,不知在京在外各项操守军士,俱有上班下班更番轮转休悉之例,总计不啻半载,比之运军,终年撑驾,间有减存,劳逸似亦相当。矧操守者俱支全石,惟运卒减半,且又责其办料。及查外卫运卒,俱是全支。中外事体相同,不宜京卫独异。呈乞议处等因。到臣,查得江浙、湖广等

总漕运卫所，减存运军，不分正余，月支粮一石，岁办料银二两四钱，公私两便。今南京各总共计三十四卫，月粮减削，办料不前。切惟军代民运，全藉月粮抵充料价，今粮减料存，仍责贫军出办，不无夺其衣食以资公家，甚至变卖儿女、典当器物难免，比较揆之人情事体，殊非允当。合无议行南京户、兵二部，将各卫减存运军，自嘉靖二十年为始，仍照先年事例，不分正余，全支本色月粮一石。仍照江南等总，每名岁办料银二两四钱，著落各卫掌印官，照例将粮扣支，类解漕运衙门验发淮安府贮库，以备修造支用。庶漕船有济，军无靠损等因。本部议拟，题奉钦依，咨行南京户、兵二部议处，回奏去后，今该前因，案呈到部。看得南京户部署部事南京兵部右侍郎王题称，原设淮安清江厂办料旗军，往往拖欠难征。先该尚书颜等会议题准，将前项旗军掣回，改拨上运，换出余丁，各务生理，免致冒滥月粮。其该办料银，于南京刑部、都察院赃罚银两抵补。今称赃罚不足，计议欲于本部贮库盐引纸价积余银内，每年动支一千七百四十八两，南京兵部武库清吏司缺官柴薪银内动支一千两，照依户部咨文，自嘉靖十九年为始，行文漕运衙门，差官赴部支领造船，以济运务。其嘉靖十四年起，至十八年止，未完之数，除南京刑部、都察院见在付过银四百五十两，听候支取外，其未足之数，仍候该部积有赃罚银两陆续补给一节，为照前项造船料银，既该南京户部署部事南京兵部右侍郎王等会议，将南京户部贮库盐引纸价积余，并南京兵部缺官柴薪各银内，每年动支应用。揆之事理，经久可行，似应依拟，欲候命下。本部移咨南京户部，将贮库盐引纸价积余银内，每年动支一千七百四十八两；及咨南京兵部，将车驾清吏司收贮缺官柴薪银内，每年动支一千两，俱自嘉靖十九年为始，听候总督漕运巡抚都御史差官支领，前去造船应用，永为定规。其嘉靖十四年起，至十八年止，未完之数，除南京刑部、都察院见在付过银四百五十两听候支取外，尚有未足，仍候该部院积有赃罚银两陆续给补。如此庶事体颇为简便，船料不致缺乏，而于漕运亦有所裨益矣。伏乞圣裁，缘系复旧规，以征船料。及奉钦依，户部知道，事理未敢擅便等因。嘉靖二十年七月初二日，本部尚书李等具题，本月初四日奉圣旨:依拟，钦此钦遵。拟合通行，为此除外，合咨前去，烦照本部题奉钦依内事理，钦遵查照施行。准此会同钦差提督漕运镇守淮安地方总兵官镇远侯顾，议照前事，拟合通行，为此除外，札仰本职，照依咨札，备奉钦依内事理，即便差官赴院领文，前去南京户、兵等部支领前项银两，给发造船，支用施行。】

二十二年，催征人匠班银以复船料。【工部为查催匠银以复漕船料价事。该本部题都水清吏司案至奉本部，送据本司主事朱家相呈。查得清江提举司原额，直隶苏州、淮安、扬州三府人匠共三千二百一十九名，除摘拨贫难人役解司发厂上工外，每岁审有力者，纳银共三千三十两解司，相兼芜、杭二处木价，及本厂抽分竹木油麻等项银两，买料改造里河各种运粮船只。先年各府州县征解如期，买料造船，官旗两便。近年以来，法久弊生。自嘉靖十四年起，至嘉靖二十一年止，每年该解匠价银三千三十两，共银二万四千二百四十两。今查本厂接管卷册内，嘉靖十四年收过匠价银四十五两六钱，嘉靖十五年收过匠价银二百四十四两八钱，嘉靖十六年收过匠价银三百二十四两六钱，嘉靖十七年收过匠价银二十七两，嘉靖十八年收过匠价银四十一两四钱，嘉靖十九年收过匠价银三十九两六钱，嘉靖二十年收过匠价银三十一两一钱，嘉靖二十一年收过匠价银一十四两四钱，共收过匠价银七百六十八两五钱，尚欠银二万三千四百七十一两五钱。日渐侵削，往往缺银买料，及查卫河提举司，山东、济南、兖州、青州、东昌及河南开封、彰德、怀庆，并南直隶庐州、凤阳、扬州等府，滁、徐等州人匠，共二千一百八十四名，每二年一班，每年该匠银一千九百六十五两六钱。及本司住坐匠一百三十四户，每年该匠价银二百四十一两二钱，共银二千二百六两八钱。自嘉靖三年归并清江厂起，至嘉靖二十一年止，共该匠价银四万一千九百二十九两二钱。今查嘉靖六年收过匠价银五十三两四钱，嘉靖七年收过匠价银二百九十八两二钱，嘉靖八年收过匠价银三十五两四钱，嘉靖九年收过匠价银一百二十三两六钱，嘉靖十一年收过匠价银一百一十二两二钱，嘉靖十二年收过匠价银一百七十三两四钱，嘉靖十三年收过匠价银一千一百四十七两二钱七分，嘉靖十四年收过匠价银四百六十七两三钱五分，嘉靖十五年收过匠价银二百四十七两八钱，嘉靖十六年收过匠价银五十七两，嘉靖十七年收过匠价银二千三百一十二两六钱五分，嘉靖十八年收过匠价银八十六两四钱，嘉靖十九年收过匠价银三十二两四钱，嘉靖二十年收过匠价银六百三两六钱，嘉靖二十一年收过匠价银一千七百四十二两四钱三分五厘，共收过匠价银八千二百九十三两四钱五厘，尚欠银三万三千六百三十五两七钱九分五厘。其该司原议芜、杭

二处木价,每年亦止该银五千四百三十两,连人匠银,大约造船不满百只。今该司每年额造山东、遮洋二总粮船多至一百二三十只,本厂前官恐误装运,只得暂将清江银两挪借买料,历年共用过清江银一万七百五十九两九钱九分八厘二毫。除另行呈请,或将何项银两补还,或将芜、杭二处木价增添外,本职莅任以来,历查清江、卫河二提举司递年拖欠前项人匠银两数多,其清江每年上工人匠亦不及二三十名,临期抛勘逃走者过半。揆厥所由,实因本厂原未奉有本部发到人匠册籍,其该班匠役纳银上工者百无二三,拖班旷役者十尝八九,本司官漫无稽考,无凭查勾。况各府州县清匠官不行用心清理,至有潜通贿赂而卖放公行,侵尅匠银而取盈私橐,以致奸猾匠役,往往互相影射,习以成风。或指称该班而骗取户丁贴助之银,或倚恃匠籍而幸免杂泛差徭之派。本厂造船,徒有匠价之虚名,而无益于实用也。若不呈请查催,恐将来之弊日甚一日。况今库藏空虚,船料匮乏,渐难支持,万一有误攒造,致妨漕运重计,关系匪轻。本职朝夕惶惧,莫知所措。如蒙准呈,俯会轸念,早赐题请,严行清江提举司所属南直隶苏州、淮安、扬州等府,卫河提举司所属山东济南、兖州、青州、东昌,并河南开封、彰德、怀庆,及南直隶凤阳、庐州、扬州等府,滁、徐等州,转行所属州县掌印清匠官,将原存清江、卫河提举司人匠逐一清查。除远年外,自嘉靖十四年起,至嘉靖二十一年止,某州县原额人匠若干名,每二年一班,已纳班银者若干名,查验批工勘合,果有提举司印信,方许准信。拖欠者若干名,就将应办工银严并追征,倘有贫难自愿上工者听,或有逃故者,另佥户丁补役。其各州县历年收过班银逐查,曾经解赴何衙门,有无取获印信批回,中间若有侵欺那移等弊,将经收官吏参呈各该抚按衙门,问拟如律。其班银见收在官者,不分清江、卫河,俱要批差的当解户,作速解赴清江提举司委官处收,候造船支用。仍令各州县备造人匠姓名、贯址文册,一样二本,限三个月以里,一呈本部备照,一送本职案候稽查。每年终,本职将各属解到匠价银两,并上工人匠各数目,造册类缴本部查考。如各府州县掌印官仍前违慢,不行同心戮力清理者,许本职参呈本部,乞照近年户部议单内速船料以免误运事例,严加参究,掌印清匠官住俸,首领官提解问罪,庶人匠之料价得复其旧,而漕船之攒造亦得以早完矣,等因。到部送司,案呈到部。臣等看得修造漕船匠价,当年解纳,系是定规。今各该府州县清匠等官因循怠玩,以致拖欠数万余两,使造船者借支别项银两成造,稽误国储,关系重大。今主事朱家相议呈前因,即应参究。但拖欠数多,抑且年久,姑与勒限追解,合侯命下本部,备咨山东、河南并南直隶巡抚及都察院,转行各该巡按、御史,督令各该掌印清匠等官,吊查各府州县原存清江、卫河人匠册籍。自嘉靖十四年起,至嘉靖二十一年止,某府州县原额人匠若干名数,内上工若干名,纳班银若干名,于内解过若干,有无真正批单,销缴拖欠若干,曾否征收官库,若有那用,亦要抵数起解。如果小民拖欠,严限追并完足,作速差人解赴清江厂,委官验收,以备漕船支用。若再仍前迟廷拖欠,即照漕规事例,参究重治。以后各该府州县匠价,务要当年解完,每年终,将上班纳班人匠姓名、银两数目,备造文册二本,一道本部,一送清江厂,委官查考。缘系查催匠银以复漕船料价事理,未敢擅便。嘉靖二十二年十二月十五日,太子少保、本部尚书甘等具题,本月十七日奉圣旨:“是,钦此钦遵。”拟合通行;为此除外,合札本官照依本部题奉钦依内事理,钦遵施行。】

卷之七·兴革

天下之利弊恒相乘,而兴革恒相用,盖利不终利而弊生弊也者,利之蠹也。弊必革而后利兴。革也者,兴之渐也。司厂,固利弊之薮也。不有兴革,漕政胡赖?是故本之正己以清其源,申之厉禁以防其溃。诒之良法,以永其守,通其变,使民不倦,神而明之,与时宜之,无弊政矣。志《兴革》。

《春秋传》曰:“作法于凉,其弊犹贪;作法于贪,弊将若之何?”范纯仁曰:“法固有便有不便,然亦不可暴革。盖为治,惟去太甚尔。况法度乃有司之事,得其人,法度虽有不便于民者,亦非所患;不得人,虽良法,亦足为病。”《玉海》云:“虚文不足以救弊,苟政不足以起偷。”刘达可曰:“天下之所患在弊政,士大夫之所累惟私心,使此心不私于玩,则天下无不丰之财;使此心不私于贪,则天下无不通之货。”司厂兴革,幸诸君子经画详备,相也多所藉赖。第时异势殊,法禁就湮,人心日懈,乃蒐罗往牒,得兴革条约若干篇,备列于左,并以己见附焉。后之议兴革者,或有取于斯焉尔。

给号票以稽奸弊【工部主事陈君焕议得,本厂每岁改造运粮船只,其大料银两俱系芜、杭二厂木价,并

淮安府税课司抽分柴炭竹木及苏、淮、扬三府人匠工价内支给。但先年木价不能依期解到，多系赊借商人木料预造，以致重揭冒领，其弊多端，钱粮虚费，船只脆薄，字号混淆。即今见银买木，前弊一扫殆尽。但官军围买木料，客商照船领价，不可无所凭据。为此置立本部挂号关防及提举司印信官票，填写本船原报字号、年分、先今旗甲姓名，出给官军领付，木客收执。围与新料一分，待本船看工之后，许商人执此，随本厂官识赴部投销关领料价，如无原票决不准支。】

免支馆释下程

【工部主事陈君焕议得，本职原蒙本部题奉钦依，兵部起关前来淮安清江厂管理造船事务，每日淮阴驿例该送廪给米五升，下程小菜一分，近因该驿应付繁难，钱粮匮乏，诚为可悯。况本部旧设官地一段，足供朝夕蔬菜之需，本等俸资又足以供买下程应用。为此仰淮阴驿官吏每日照例送廪给米五升，其下程小菜等项悉行免支。至今行之。】

议处漕船料价

【工部主事丁君瓒议得，转运必须于舟，造舟必资于料，驾舟必赖于军。三者之中，料为尤急。料不足，则军必赊借，必陪补。赊借、陪补之患不除，则军士愈疲，而舟楫易坏。此实漕运之大患也。纵使料足，然以见年之料造见年之船，料未至而运期已及，又安得不预赊借以应急迫之用哉？其弊自成化至今已然。瓒自莅事，切虑斯弊。于是，革宿弊，任人怨，催匠价，清抽分，见银买木成造。积以三年，弊尽去而众财集。除还正德十六年以前客债外，余料银三万余两，可以预足造次年之船。若常存此银，每为预造之本，不惟赊借赔之大患不作，而运亦有济矣。患不作则舟得坚固，而军亦不穷，可免覆溺侵渔之弊。其有益于漕运者岂细也哉！】

清船号以塞弊源

【工部主事张君絅议得，各军原有军民运字及一十百千号数，标识分记则船有定数，时有定限，造有定额，立法详矣。年久而莫考，有一号而三年两造者，有同年而一号重支者，甚有年分未及，预动虚号、指号、捏号之弊，皆船号不清所致也。合行吊取各卫所船号底册、花销册、本司号册查对覆实，创造挨年号册一部，各卫所汇列，大书某卫所于上，其下总书原额船只，每年该造几只，以后年分书该造船号、原甲姓名，及虚其位以俟填註，自某年起某年止，十年额船编派俱遍。每厂抄隶二本，一存该厂，一送该卫所，每年查照字号，依额帖厂呈总报部收造，仍令清江提举司印钤。该册十年额满，又覆查造，庶卷册无舛，而字号不淆，料价有稽，而运减可核矣。】

一旗厂船料以革积弊

【工部主事张君絅议得，旗厂船料初分之意，以旗军有力，可以陪补，故令旗造；无力不能陪补，故送厂造。今旗船旗军见领本卫贴助料银三十五两，足勾钉灰、油麻等料，完船全无陪补，船又坚好，工亦早毕。厂船领本卫军办料银，或征解未到，或寄府类支，多系厂官赊借，或借漕司别项钱粮置买料造，且厂官复多侵利苟完，稽延逾时，船只不堪。况除军办料银外，旗军又领本运贴助银五两。除帮补厂官匠价食米外，又复陪补借贷，指关行粮偿还。是旗船军实无陪补之患，而厂船军反有借贷之苦。旗船领银三十五两，船早完而且良；厂船领银四十两，船每迟而不堪。况船分旗、厂，料有军办，减存斗米，其中奸弊尤更纷然。盖旗、厂分，百弊从之，不客不更张之也。合限各船交粮回卫，各厂委官查照该年该造字号，预行该卫催驾底船，年前赴厂，先尽军办料银，次将减存料银支给。如减存银不足，将斗米或羡余银照数给发，厂官协并旗军攒造，船完造册缴报。如此头绪不多而稽考甚易，收支不乱而欺弊难施。省厂船贴助银两，船只俱得早完，下无侵冒迟误之罪，上得执简体要之术。】

量免料办以甦贫军

【工部主事张君絅议得，清江厂年例船若干只，随船旗军若干名，每船兴工至印烙，限四十日，若兴词告扰者，准免做工料银，则良善者何辜？合行各卫所将造船军士、应办料银，每军免四十日，如过限者不免，庶为公平之体，而人均沾其惠。奸顽者岂得告扰成风，懒惰者岂肯延捱工程哉！】

造报循环簿籍以便查考

【工部主事张君絅议得,各厂料银,先年总厂官径呈漕司,行府支给。近因都御史刘批,分司查明支给,则事有统纪,而银无侵冒。为照支取料银,补还赊惜,吊取厂簿查检,往返不便。合照呈报漕司规格,循环文簿,按季造完,送部备照查考。】

查处造船料银

【工部主事吕君希周议得,三总料银九千三百七十二两五钱,京总每岁完解。中、直二总,共料银六千七百五十二两五钱。今该比照在运存军料银事体,通行有司,将各卫办料正军月粮临仓扣除,准料解准正军不足额数,余丁贫难无措,务要摘选殷实军丁补足,各卫编料印信花名文册呈部稽考,则银无侵收之弊,船无赊造之患矣。】

一料报以便查考

【工部主事邵君经济议得,分司木、铁等料该抽本色,逼季或给造未尽,估价未的,候年终造册呈报,按季止将竹篾等项不堪船料八件折收数目报部。近来客商称掣不便,愿纳折色,该司将木铁水竹等一例折抽,纵有本色者亦估定价。每季终,将流水簿发该司总算,通报漕司,将簿发府存贮。而于部报反执旧规,虽云册报有查,而于积日成月按季考岁之意乖矣。以后准将前项物料一并呈报,庶事体简便而查对不难,料办详明而嫌疑自杜矣。】

正体统明旧规以便监临

【工部主事邵君经济议得,《漕船志》载:把总官员有缺,漕运衙门访取。正德四年,始假以把总名色。嘉靖八年,始由漕司会议贤否,于户、兵二部推用。前后虽稍不同,其为船厂把总则一。自立司厂以来,报门当堂参递,一如运粮把总参见理刑衙门之仪。近来各把总官不行堂参,专希私叙,同行进见,则皆挺身抗揖,独行私恳,亦或曲膝行礼,体统破裂,侵越渐深,事属反常,实非旧格。由此赧颜监督,事每掣肘难行。再照各官,或才干可称,或资质有进,正图公委,屡事奖言。但缘体统未明,以故遵守无据,认反常为旧格,假越礼为美观。今思若不改正,再尔含容,此非各官矫抗跋扈,能倚势而怙终,必缘本职阘茸苟且,欲媚下以自利也。乞垂札责改正等因,奉批参详。所呈事关体统,矫抗绌抑,俱属非宜。准议体统正事,务可以责成承接,敬私昵无自而入。况部卫之分,本自相悬,而财用之司尤当致谨。今后船厂把总官员有事到部,止令堂参,不必私款,则监督有体,而嫌疑不生矣。】

请给关防,严出纳以便稽考

【工部主事邵君经济议得,本司监临督造九总运船,合用芜、杭二厂木价及人匠军办等项银料,每年出纳,动计几万余两,给发官商领造。但各项文移回答批札,或止白头署名书押,孰从而辨验?或凭职行私记,亵陋可足以关防?奸弊易生,侵冒百出,稽考未便,干系匪轻。窃照《大明律》内一款:凡伪造诸衙门印信者斩。明法极刑,于今为烈,而尚累累犯之,岂不知死之可畏?立以财利糜心,死且不顾,而况无关无防、无印无信。纵凭职行私记,则伪造者无律,盗用者无奈。官职交更,财利丛剧,小人何惮而不侵冒为哉!再照本厂清江提举司设立以来,制有印信,先年上下文移,俱从该司经过转达。如布按衙门之经历司,虽设有官职,而文移到堂,借此转速以为依据。

垂之久远,以便照刷。所以,虽无关防而事可稽考也。近年本厂官职欲省笔札书办,遂尔径呈径批,而该司印信束之高阁,是以钦铸之章置诸无用之地,岂原设司制印之至意哉!所以事若简便,实有疏虞。先年如某人某事,奸弊百端,难以悉数。当时止问立功调卫罪名,而不处以极刑者,情重律轻故也,岂不可畏哉!今照本厂挨年船号有册,每船出料有票,兴工印烙,各有月日;稽考簿籍,给船驾运,各有领状文册,逐一查明,细密严明,料无此弊。然法外遗奸,不可不预防之也。如蒙准呈,乞为奏请,比照本部管理徐州等处河道衙门,钦降管理清江船厂关防,以便行使。或有出纳钱粮事宜照旧,俱从清江提举司经过,则印信依凭,实便稽考之迹,关防严密,可杜观望之门矣。】

查补逃故用工军余

【工部主事邵君经济议得,京卫者关南京兵部职方司,中直者行凤阳庐州等卫。要查后开逃军脱逃者严责,亲身著役死亡者,亦要照名查补,发厂用工。】

清查用工军余以应攒造

【工部主事邵君经济议得，漕司驾船看府看守厂库，并大小总各厂写字限用军役免拨外，余本部各总听事在闲者照开，责令按月日送部查点，以凭拨厂攒造用工。】

处给浅船以便官军

【工事主事邵君经济议得，官军告称补造船成造年久，沉水者多，欲照新船事例撑驾十年，委难领驾，合行严限。如嘉靖五年成造扣算，至十四年或十五年，以足十年之数，再行改造，刚船只不至委弃，官钱亦无虚糜矣。】

酌处料价以便补造

【工部主事邵君经济议得，遮洋船比之浅船，止多二座梁头。然以十六座梁头比之十四座者，本身多高一尺，共长板二十二丈四尺；阔一尺二寸，共长板九丈六尺。底栈之类，亦共长板三十四丈四尺，难与浅船梁头每座七两五钱相同。今陡减去银十二两七钱七分六厘，诚恐料价不敷，必至苟又成造，钉板稀薄，何堪驾运十年？诚哉！惜小费以伤大规，顾目前而不图久远也。合照前价成造，或照前官后议每船一百二十七两六钱四分，给料改造，庶驾运者沾坚固之体，成造者免贻累之怠。】

除豁厂地税粮

【工部主事江君东议得，卫河提举司运船，近蒙题准，归并清江提举司团造，已该前任主事吕君希周具呈漕司，准添设卫河厂把总官，并行各卫选取官军赴厂，供造运船。及将浙江厂遗下厂地，并大隐寺废基，派给厂官，起盖房舍栖止。今查前地，原系军民人等佃种起纳税粮之数，未经除豁，恐事体不便。于是呈请漕司，准行山阳县，将原住种厂地军民税粮，照地俱除豁。】

并造遮洋船只

【工部主事高君燿议得，遮洋总高邮、扬州、泗州等卫船只，俱系里河该卫厂官带造，事体归一，上下相安。惟长淮一卫远洋船只，复委淮安卫厂官带造，以致事多掣肘难行，船每迟误不便。今据长淮卫旗甲李完等告称，乞要比照高邮等卫事体，并入该卫里河厂官张麟趾带管成造，委于情法适中，官旗两便，相应呈请，照详施行。】

置牌催攒船工

【工部主事高君燿议得，各厂改造粮船，自兴工之日为始，限四十日完船。近访得各厂官旗迁延怠惰，往往违限，致妨粮运，深为可恶。本部置立巡视牌二面，不时差人分投催工，如遇派到木料，即便严督匠役，作急打造。果有勤励趋事先期完者，量行犒赏；如有仍前延缓，滥用木料，造不如式，船不坚固者，本部查验得出，定行重究不贷。】

申明旧例以便攒造

【工部主事陈君尧议得，粮有定数，则船有定额，而料有定价，三者不可缺一也。南京各卫粮船，先年旗造者取诸在运斗米，厂造者取诸办料军人。遵行既久，未闻异议。至嘉靖五等年，蒙将原设厂料军人掣改运粮，与同旗船，俱于南京户、兵二部衙门赃罚银两，每年差官领取，来淮收贮府库，呈支应用。但造船原有定期，赃罚初无定数，节年遗欠银共七千九十一两五钱五分入厘二毫九丝，屡经呈蒙差官领取，未蒙给发。各厂委官恐误装运，只得借贷完船，年复一年，无从偿还，情切可悯。至嘉靖十五年复蒙漕司题奉钦依，自嘉靖十六年为始，旗船于二四轻赍银内它出，厂船仍支赃罚。故旗造船只旧债虽称未还，新料深为得济，惟厂船新旧二料，俱无指实。见今十八年分厂船又将改造。临期迟误，责有攸归；，事关漕运，相应酌处。如蒙合无差官前去南京户、兵二部，通将节年造过旗、厂二项船料共银七千九十一两五钱五分八厘二毫九丝领取，来淮补还前数。除旗船近支轻赍银外，其厂船自十八年为始，每年额银二千七百四十八两，一并于赃罚银内照数领回发厂应用。惟复查照旧规，将原设军人六百八十七名取回办料，庶使漕舟有济，而经久可行矣。】

禁造运官座船

【工部主事陈君尧据庐州等卫管厂所镇抚严密等呈称，本卫运粮指挥刘淬帖委本职，打造座船，除军

办料银外，因添造官仓、捲搂、茶亭、槅扇等项，多用过银七十五两有余，俱系替赊客货，呈乞行追等因。到职，查得《大明会典》内一款，提督运粮都指挥等官许乘粮船一只，量带官粮。此宣德十年例也，指挥而下莫之与也。近来管运官员篾弃礼法，奢僭成风，辄将有号官船起造茶亭、鼓蓬、明窗、净几，名为“粮座”。其实本船粮米尽派别船，名为自备成造，其实出于旗军额外之征求。厂官目前之赊借，而贻害无穷者也。夫一船之费，大料取诸民七，小料取诸军三。部司委官日督理于上，总厂委官日奔走于下，兴工有期，违限有罚，料有不足，致使该厂赊借以成之，所以为漕运计也。今之运官，奈何以公家之费而充私室之用哉！窃意粮船之制，高阔明爽，坐起便逸，亦足以安身而行事矣。而必欲为此者，何哉？谓其可以多占军役而虚张声势也，谓其可以附带土宜而供送权贵也，谓其可以击鼓鸣金、养马坐轿，纵横于各洪闸之间，而慑服官民船只，于粮运何与焉？夫以庐州卫一船所费，动至一百一十余两，推之而四总九十三卫所可知也，又推之而各省四都司四十九卫所可知也。公用不足，私用有余，劳费人财，莫此为甚。可不为之禁革哉！如蒙准呈，乞赐明示，今后把总官仍许座船一只，量带官粮。其卫所旧乘粮座，待及年送厂，俱照原定浅船式样一体改造，违者并该厂官匠听本司参呈问罪，永为遵守，庶军无贴补之苦，官无负债之累。损上以益下，究往而惩来，端有在于斯矣。蒙批准议施行。】

清查人匠以裨漕政

【工部主事叶君选议得，原存清江提举司苏州府人匠二千五百二十五名，淮安府人匠五百六名，扬州府人匠一百四十八名，俱二年一班，每岁纳银共三千三十两以足漕船大料。自设厂以来，各府州县原设有清匠官逐年查理，近年有司篾弃漕规，恬弗加意，支吾塞责，大肆奸欺，匠银全不征解，漕船缺料应用。夫粮不可缺，船不可少，而料岂可废哉！即今若不差官清理，诚恐年复一年愈加废弛，深为未便。于是具至漕司，差官分投清理。】

议处学地税粮

【工部主事叶君选新建义学、书合各一所，恐年久圮坏，因买本处居民杨镗、杨钺、徐伟地，共四十亩，坐落提单司迤南，逐年所收子粒，除交纳本地税粮外，余者以为修理之用。为此合行仰山阳县当该官吏，即将前项学地查明，另开册籍。该纳税粮，须坐派附近常盈仓上纳，刻石以垂永久。】

禁革违例税扰

【工部主事叶君选据商人黄羽告称，桃源县官老人等重复税扰等因。议得征商足国，原有定规，本部督造运船，凡过淮应干造船料物三十税一；不干船料，有司自征商税。其黄羽所贩煤炭，既系打钉造船之物，本司已经抽分讫，桃源县复以商税重征，岂为恤民至意？不惟下情受害，抑且船料无补，仰县即将该吏并地方老人及巡拦人等星驰解部，以凭查审究问。今后商民贩到应干造船料物在彼发卖者，查系本司已经抽分，不必重复税扰，违者一并提究。】

委管征收料银

【工部主事朱家相议照，各卫所军办料银系漕船军三额料之需，必征解之如期，斯攒造之有济。查得南京水军左等卫料银，近年动支南京户、兵二部盐引、纸价、柴薪银两，凤阳、留守中等卫料银，递年扣除各军月粮，俱类解漕运衙门，发淮安府寄库，听候各厂造船领用，无庸别议。其直隶淮安、大河、扬州、通州及卫河、山东济宁、临清、东昌等各卫所军办料银，往年多系掌印官径自委官征收，或潜通贿赂，或私厚亲旧，往往不得其人。加收火耗，任意花费，中间亦有通同侵欺情弊，违限一二年不行完解。间有解到者，不及额数三分之一，或假称灾伤，捏作拖欠，奸弊百出，漫无稽考。各厂官造船缺银买料，恐误装运，只得揭取铺客货物以救燃眉之急。后因负欠日久，债主逼勒，展转出息，倾产荡业，十分亏累。若不慎选委官，严限征解，恐将来之弊未有纪极。本职博采佥谋，少参愚见，除行各厂官严密、唐钦等，将该卫所平素廉干指挥千百户各举保一员，仍取具不扶甘结到职。又经咨访，各厂旗甲相同，拟合具呈。如蒙赐允，将举保后开官员札委，不妨原务，专收该卫所嘉靖二十二年并以后年分军办料银，仍通行各卫所掌印官，俱比照凤阳、留守中等卫事例，先将办料军余月粮照数扣留，如有不敷，照数追补。其缺欠月粮，卫所无从扣留者，仍于办料各军名下照数追征，限春秋二季征完，解赴漕运衙门，发淮安府收贮。如遇各卫所该造粮船到厂，依期支领，

买料应用。其嘉靖二十一年以前,各卫所拖欠军办并减存各料银,就令今次委官,公同历年收料官并收料底簿,将欠料军余逐一拘审。果系拖欠,严限追完。如有侵欺,情弊从实,招参漕运衙门发问如律。每当该卫所审编均徭之年,仍令审户官拣选殷实军余,应充办料军役,不许别项差遣。如有逃亡贫乏者,即行补换。文书到日,限三个月以里。收料官先将办料军余姓名造册,差人赍送漕运衙门备照,仍置立循环簿二扇,每年春秋二季终,备开收过料银若干,拖欠若干,差人赴漕运衙门倒换。查比每年终将征解过并拖欠各数目,造册缴报。承委官务要秉公尽职,恪守漕规。如有别项差委,亦要申禀漕运衙门,另行委官更换。今后征解料银,违限一季以上者,查照近年户部议单题准事例,掌印官住俸收料,委官革去冠带,首领官提解漕运衙门问罪;违限一年以上者,掌印、收料并首领各官一体参奏提问,军职发回原卫带俸差操,首领官降级,送吏部别用。如有地方灾伤,征料难完者,亦查照议单事理,听将在库别项官银借解,候征完补还。其委官如有欺公玩法浸渔作弊者,或体访得出,或被人告发,依律从重参究。如此庶委用专而上有责成,征解严而下知法守,漕船之攒造有济,而粮储之装运亦有赖矣。为此,今将各厂官举保过各卫所收料官姓名开坐,并历年拖欠料银数目开具方册,理合具呈,伏乞照详施行。蒙札付内开,会议看得,所呈区画精详,足见留心船料,革除宿弊之意,合依拟通行。】

申明料银职掌

【工部主事朱家相查得,各卫所军办减存料银,俱系原议造船军三小料,先年俱解赴漕运衙门,转发淮安府称收寄库,待各厂官临期造船支领应用。近年因各卫所料银征解违期,各厂官缺银买料,恐误兴造,或揭取铺客物料,或暂借府库官银,候征解料银至日偿还。后缘因循年久,料银拖欠动以万计,各厂官负累已极,具呈本部前任官处,往往行文分投催征,各卫所官吏不查旧规,多有将征完军办、减存料银径解本司称验,转呈漕运衙门验发淮安府寄库。行之既久,遂成故事。不惟嫌疑易涉,且于职掌有违。本职到任以来,夙夜冰兢惟恐万一粘带,不无有累名节。近据邳州、武平、宿州等卫解到料银,已经发回该卫,行令改写批文,径解本院。及行中都、直隶、山东等处各卫所一体遵依外,但恐因袭年久,难以顿变,呈乞严行各卫所官吏,今后征完前项料银,差委的当人员,径解本院,发府称收贮库,候临期造船,另行呈支。如此,庶职掌不至于下移,而出纳有稽;料银得以早完,而攒造有济矣。蒙准依拟行。】

招商收买木料

【工部主事朱家相照得,本部督造运船合用楠木,先年俱系商人预领官银,前去仪真等处收买,往往乘机作弊,买来之木多细小空朽,不堪成造。兼以过期不到,致使官旗久候,迟误造作,有妨粮运。近日本职拘提各商聂经、黄良等,将领过新旧官银查算,发县监追外,其见年缺木粮船尚有二百余只,并下年额造船七百余只,若不招商收买,不无临期误事。为此出给告示,发去仪真、芜湖并天宁洲地方张挂晓谕外,江山客如有贩到楠木,不拘多寡,尽数拽运抵淮,赴本职告报。照依见定价银,每船壹只给木价银六十两,并不短少分厘,耽延时日。自告示到日为始,如有已到山客将木隐匿江港处所,不行告报,意图抬价私卖者,许彼处牙脚人等赴部首告,以凭拿问。知情通同纵容者,一体治罪不贷。】

给号票以便商民

【工部主事朱家相查得,抽分一节,奸弊多端,本职到任以来,逐一查访,已经痛行禁革。今据某处商人某人贩到某货,见湾某处,投报到部,除监督税司官吏照例三十税一外,为此出给号票,仰本商收执,将报过物料听往某处变卖。如有漏报,及将旧票影射新货者,查出定有一半没官,自取罪戾。仍仰闸坝巡拦埠脚人等验实放行,毋得拦阻需索,所在官司亦不许妄行重复税扰,违者许本商赴部禀告,以凭提究施行。】

参呈贪纵运官

【工部主事朱家相据南京水军右卫管厂百户李梦兰呈称云云等因。据呈到职随于主事叶卷内逐查,指挥周大纶供招罪犯,及原追收贮轿船,俱各是的。为照本年各卫改造粮船,委因连岁大工采取楠木数多,木价腾贵,本职将已到之木酌量撙节,先尽见运者派给攒造,减存者暂令守候。其水军右卫厂官李梦兰该造船只已经给料,兼工造完,责令旗甲李森等九名领驾去讫。查得漕规,凡旗军造船,定限四十日完工,违限者照例问罪,先期完者量行犒赏。及查厂官李梦兰造完船一十一只,俱系二十余日完工,颇有微劳。虽

粮已到坝,李森等不能依期兑运,皆系各甲领船在途迁延之故,似与厂官无干。况该卫原派李森等船粮俱照旧例分派,本帮各船带运过淮,亦于运事未误。再照各卫厂官,俱系本院属官,纵有罪犯,运粮官只合呈禀查究,并不敢擅行凌虐,所以遵体统而存纪纲也。指挥周大纶往年索财打官,肆无忌惮,见系有罪提问人员,不思敛戢,却乃挟仇妄行呈扰,显是长恶不悛。假此以遮饬前罪,若不严加究治,何以警戒将来?参照运粮指挥周大纶职司兑运,心切贪残,因求索而擅责厂官,蔑视漕规,役军伴而僭乘大轿,故违国法,不能悔罪以省躬,仍敢挟仇而反噬,罪状既著,情法难客。如蒙准呈,乞将指挥周大纶发理刑司严加究治,庶贪纵知警,而上下相安矣。蒙准行理刑司拘问。】

议处造船木料

【工部主事朱家相照得,本厂督造各总运船,合用楠木数多。先年,本厂给银,批差商人前去仪真等处地方收买。比因山客狡猾,将出山之木选拣长大坚实者,撑泊江港处所,抬价私卖,止将遗下细小空朽之木,与差去商人成交,坐索高价,指勒多端。其差去商人往往乘机为奸,以致买来木植多不堪用,有妨成造。本职除将前弊痕行禁革外,今查得嘉靖二十二年分尚有减存,缺木船二百六十八只,并下年额造船七百余只,本职已经出给告示,发去仪真、芜湖等处地方张挂,晓谕山客,将贩到楠木尽数拽运抵淮,依凭牙人两平交易,每船一只,遵照本院议定本价银六十两,随即给与。岂料山客明知漕船缺木,故意刁难,将贩到木植见今住泊芜湖、南京等处,意在仍前拣选私卖,若不预为区处,临期必误攒造,致妨漕运重计,关系匪轻。如蒙准呈,合无移咨南京工部、都察院,札行监督抽分,御史及芜湖抽分工部委官,将在彼沿江寄泊楠木已经抽分者,除南京打造马快船合用木料听令成买外,其余剩楠木,不拘多寡,差官查照本商报抽数目,逐一将牌筏封识严禁,彼处牙人不许串同私卖。仍差人督催,星夜赴淮,照前议定木价两平交易。倘山客怀疑,不愿赴淮者,听其湾泊仪真县地方,与本职差去厂官公同彼处牙人,亦照前定木价交易,并不耽延时日,亏少价值。如山客仍前抗违稽延者,许本职申呈本院提究施行,庶木料不致缺乏,漕船得以完造矣。蒙准咨行部院讫。】

分处不敷木价

【工部主事朱家相查得,先年卫河提举司每岁额造浅船七十七只三分,每只原议木价银五十两;遮洋船五十五只一分,每只原议木价银六十一两三钱三分三厘三毫。每遇改造之年,各卫所委官一员,带领各该旗甲,给领官银,前去仪真等处自行买料成造,虽有临清本部主事监督,但地方寫远,难以遥制。差去官旗,往往乘机作弊,以致钱粮虚费,船只不坚。至嘉靖三年,蒙本部题准,将该司船只并入清江提举司团造,其船与清江船式样相同。除遵依递年差官,前去杭州抽分厂领取该司原议木价银一千二百两,并芜湖抽分厂原议木价银四千二百三十两,并各府解到人匠银两,仅足成造该年船只应用。至嘉靖十四年以来,川、湖等处采木日多,楠杂木价腾贵,商人累告亏折。节蒙漕运衙门将该司船价比照清江事体,浅船每只加增木价银四两五钱,共银五十四两五钱;遮洋船每只加增木价银四两,共银六十五两三钱三分三厘三毫。至嘉靖十八年,又将山东总浅船每只加增木价银二两,共银五十六两五钱,每年共该造船一百三十二只四分,该木价银七千九百六十七两三钱一分四厘八毫三丝。除支前项额该木价银五千四百三十两外,尚欠银二千五百三十七两三钱一分四厘八毫三丝。及查人匠银两,近年各府州县清匠官不行清查,匠役互相影射,解到者十无一二。各卫额造粮船到厂,缺银支给,本司前任官恐误装运,只得暂将清江提举司历年支剩木价银两,借给卫河提举司官军买料应用,相沿到今。除嘉靖二十二年分该造船只尚未到齐不开外,嘉靖二十一年止扣算,实借用过清江银一万七百五十九两九钱九分八厘二毫,具载卷册可查,一向未及呈请,若不及今分处,但清江库藏之积有限,卫河改造之船无穷,年复一年,渐难支持。如蒙准呈,合无将卫河提举司借用过清江前项银两,准将何项官银照数补还,惟复悯念,即今公私俱困,免令补还,准将借用过前项银两作正支销,造册缴部查考。仍乞将芜、杭二厂原议卫河总各卫粮船木价,每年于五千四百三十两之外,加增银二千五百余两,本司依期差官领取,与清江船只一例成造。再乞行山东济南、兖州、青州、东昌等府,并河南开封、彰德、怀庆及直隶庐、凤、扬州等府,滁、徐等州,将该司住坐人匠每年应办匠银依期解报。如各处掌印清匠官仍前不行用心清理,以致匠役影射,拖欠班次者,许本职将各官指名参呈本部,重加参究施行。如

此庶木料不致缺乏，漕船得以完造矣。为此，今将卫河提举司节年造船支用过该司并借用过清江提举司木价银两，造完山东遮洋等总运船已未偿还银数，并各年分卫所旗甲姓名，备造文册一本，理合具呈，伏乞照详施行。】

查催未销官银

【工部主事朱家相查得，接管交代册内，嘉靖三年，直隶淮安府因赈济贫民，并海州等处兑粮脚价等项，共借用本厂原扣寄府库官银，除已解还外，尚欠银四千三百二十二两三钱九分九厘九毫五忽，并嘉靖四年，本厂奉漕运衙门明文，补造江北、南京、上江、下江、遮洋各总事故缺船，借用本厂木价等项官银二千七百三十两九钱五分，节经本厂前官通行催取，俱未解还，卷册存照。本职到任以来，备查前项银两，俱系造船木价。即今缺银买木，事在燃眉，兼之年远，该府该总官迁代不常，诚恐卷册埋没，难于查考，而钱粮借贷相应销还。如蒙准呈，乞行淮安府，将前借用过银两，或于无碍官银内处还，或行海州等处照数追补。再乞严行江北把总田世威将原借用银七百四十四两，南京把总方勇将原借用银三百六十六两，上江把总崔汝成将原借用银三百六两，下江把总姚如将原借用银一百九十三两八钱，遮洋把总韩中立将原借用银一千一百二十一两一钱五分，各于在运应动减存斗米无碍官银内，照数处完，通行解赴本职，查销前项借用银两，以济造船应用。庶官银不致拖欠，薄册得以杜绝矣。蒙准行查催讫。】

查催底船赴厂

【工部主事朱家相卷查，本厂每年额造南京、凤阳、直隶、山东、遮洋等总各卫所粮船，先年俱于八月终旬，各军撑驾底船赴厂，以便依期改造。近年各卫旗军专以缺木藉口，故意在途迁延，或至年终，及过年二三月方才赴厂，以致成造不前，有误装运。今查得嘉靖二十三年分额造粮船共七百余只，合用楠木，本职已经差委厂官千百户张玺、陈恕等给领木价官银，前往芜湖、南京、仪真等处，买完楠木八千余株，陆续拽运赴淮。即今九月将终，尚无一船到厂，若不具呈行催，诚恐各卫掌印、运粮等官沿袭年久，不以造船为重，纵令旗军仍前延缓，不无临期迟误未便。如蒙准呈，合无严行各该运粮把总，转行所属合卫所掌印、运粮等官，将嘉靖二十三年分该造粮船责限，俱在二十二年十一月以里赴厂，以便派料，催督成造。如此庶旗军之领驾不致愆期，粮储之兑运鲜有误事矣。蒙准行各总查催讫。】

查催造船料银

【工部主事朱家相案查，各总卫所军办料银，系漕船原议军三额料之需。先年因收料官不得其人，征解违期，奸弊百出。各厂委官造船，缺银应用，往往揭借铺客料物，展转加利，无从偿还。本职已经行令各卫管厂官千百户严密、唐钦等，从公保举各卫所平素廉干指挥千百户各一员，于嘉靖二十二年二月内坐名具呈，本院札委，各官不妨原务，专收该卫嘉靖二十二年并以后年分军办料银，每年春秋二季征完解报。其嘉靖二十一年以前，拖欠军办并减存料银，就令各委官公同历年收料官逐一查审追征，中间如有侵欺情弊，从实参呈。查照近年议单内题准，速船料以免误运事例，参奏提问施行。已蒙札行，各卫委官征解去后，但各该委官勤能守法者固多，违侵误事者不少。近据各厂官呈称，止据滁州卫收料指挥崔文汉、仪真卫收料指挥白思义、六安卫收料指挥周熊、归德卫收料指挥龚卿、徐州卫收料指挥费濂、大河卫收料千户毛诗、扬州卫收料百户刘饮、颍川卫颍上所收料千户阮恩，勤能济事，征解如期，无庸查催。寿州卫收料指挥戈扬、临清卫收料指挥冯时雍、庐州卫收料指挥褚时、泗州卫收料指挥丘陵、武平卫收料百户杨伯勤、淮安卫收料百户赵祖勋，虽征解稍缓，然拖久不多，功过相当，尚堪策励外，其直隶徐洲左卫收料镇抚蒋弼，高邮卫收料千户曹铭，邳州卫收料镇抚王彦，宿州卫收料指挥李良臣，德州卫收料指挥叶澍，德州左卫收料指挥苗子理，天津卫、天津左、天津右卫收料指挥黄栋，东昌卫、平山卫收料千户周镇，东平所收料千户高永禄，济宁卫收料指挥江川，任城卫收料指挥钟继祖，濮州所收料千户倪栋，习于因循，视为故事。该卫所料银俱未解到，致使该厂各官造船缺银买料，仍前借贷。即今债主填门，急于星火，负累已极。及照各卫所料银，近年奉漕运事例，多将办料各军月粮扣除类解，虽有军余，出办者多系殷实之人，岂容拖欠？显是收料官侵欺挪借，掌印官通同不行查催，俱属故违。若不再呈，况今七月将半，嘉靖二十四年分额造粮船，例于十月内到厂，合用钉灰、油麻、食米等项，将何买办？临期有误攒造，致妨漕运重计，责有攸归。如蒙准呈，再乞札行

后开各卫所,著落掌印官严督,收料官蒋弼等公同该卫所先年收料委官,将历年拖欠料银逐一查算明白,作速征收,限在本年九月内通行完解。如有仍前违误者,先将收料官月俸住支,仍解嫡亲家属一名赴本院,发府监候比较,照依前例参问。中间收料官如有侵欺等项情弊,就令掌印官参呈本院,从重参究。如此,庶官知警戒,料银得以早完,船免稽迟,粮运鲜有误事矣。为此,今将各卫所违慢收料委官姓名,并拖欠料银数目开坐,理合具呈,伏乞照详施行。蒙准行各卫所严催讫。】

改正岁办木价银两

【工部主事朱家相卷查,清江、卫河二提举司,原议每年额领立隶太平府芜湖县抽分木价,共银一万八千七百七十两。自成化年间相沿到今,俱是次年差官支取。嘉靖十八年五月二十四日,该署本司事户部主任黄差百户罗鉴赍关,前赴南京工部员外郎潘处,将嘉靖十七年木价银两照数取来,造船支用无碍外,至嘉靖十九年三月初十日,本部前任主事叶差百户罗鉴赍关,前赴贵部主事郑处,领取嘉靖十八年分木价银一万八千七百七十两,比时因抽分银两不足,止领到银八千两。及准贵部关称,十八年分料价已该本部员外郎潘照数给领去讫。今本职解去银八千两,系十九年之数,比时主事叶当查,嘉靖十七年分料价已经差官取到,其十九年差官领取者,原系十八年料价之数,已经移关主事郑处,希查明改正。及呈本部知会去后,卷案存照,其十八年找支并十九年、二十年额银,俱系次年差官领取,一向回关,未及改正。今嘉靖二十二年六月十三日,本职差百户倪震赍关前赴贵职,支取嘉靖二十一年分木价银一万八千七百七十两,到职查得回关内,仍开作二十二年分之数。若不关明改正,但钱粮重事,恐年久混淆,难于查考。况本司年终造册报部,并节年差官领银文卷开载明白。为此合行移关贵职,烦查自嘉靖十八年五月内,百户罗鉴取到嘉靖十七年分料价为止。其十八年分木价银两,曾系本司差委何官支领,有何文移,堪以凭信?委因贵部主事郑彼时关文内,将领银年分字样差讹沿袭到今,希逐查明白改正,庶钱粮有出纳之明,卷册无错乱之患矣。】

裁革水夫以苏民困

【工部主事朱家相查得,淮安府递运所先年呈送水夫四名赴部,常州掌驾座船,每名每年该工食银一十二两,四名共该银四十八两。但本部公出日少,各役空闲,坐费工食,况该所路当冲要,民甚凋疲,良为可悯,相应裁减,以苏民困。为此牌仰淮安府经历司抄呈本府,著落当该官吏照牌事理,即将发回水夫张秀、李节转发该所看役走递,其沈本贤、戎骞暂留看守座船,俟本部公出之日,另行取用,不惟本部无冗食之役,而该所亦沾宽分之赐矣。

卷之七·条约【附】

【前任诸君子《条约》,岁远无稽,惟陈君尧、叶君选仅存一二,今皆参酌润色于其中,不复识别。】

工部都水司主事朱为禁约事照得,本职猥以菲才,谬承明命,前来淮安清江厂督造漕船,兼管闸座事务,顾责任之难胜,每怀忧惕,念奸弊之易长,宜慎关防。除将兴革事宜虚心采访,次第举行外,所有一二条约,合先给示。为此,仰官吏军民人等一体遵守,毋得故违,取究未便,须至告示者。

【一、本职自幼孤特,虽有堂族叔伯兄弟数人,俱在原籍耕读为业,并无一人游荡在外。恐有无藉之徒,探知本职乡贯,诈称弟侄家人亲识名色,在于各该州县镇市处所,需索驿递酒食,诓骗商民财物者,仰官民人等即便拿解本部,以凭问遣。阿纵不举者,事发一体查究。

一、本职凡督造船只,收支料价,及一切兴革事务,俱亲自裁决,吏书、门皂人等不过誊写文移,充给使令,一毫不得干预。恐有指称本部名色,在外诓诈财物者,许诸人即时禀拿,定行从重问遣。如有无知之徒,妄行贿嘱打点者,事发一体重治。

一、本职凡与属官相临,礼虽不失,分则甚严,各官俱宜实心相与。凡朔、望次日,照依旧规赴部作揖,凡有公务当关白者,不拘日时入见。此外各宜在厂办事,不许私揭,如有巧言过礼,以图亲幸,及馈送礼物,投递简书,以致私款者,定行斥责纪过。

一、访得在部老人、吏书、门皂、军余、水手人等,中间半系顶名雇役,奸弊难保必无,欲尽行迭换,势固

难行，若不行查革，法难尔贷。除将老人钱镇、庐正，皂隶张荣，水手杨恩、陆秀等先行革退外，仰各役情愿告退者听，其余各宜改过自新，保全身家，自有无穷利益。倘有仍前生事害人者，事发定行照例问遣。

一、本职职掌止是漕船、闸座、抽分三事，中间倘有官旗作弊，商民匿税，管闸管吏、守坝老人巡拦，及军余、水手等索财害人者，许诸人具实禀告，以凭究治。其余一应民词，自有各该衙门受理，不许妄行告扰。敢有将户婚、田土、斗殴、私债等情，牵扯漕闸事务在内者，定行重治，原词仍不准理。

一、淮安等处凡竹、木、铁、炭等项牙行，先年俱赴本部告给牌面，方许应充，往往互相竞利，乘机为奸。除查革外，自本职到任，并不添设一名，恐生物议，仰各牙各宜遵守法度，毋得作弊取究。今后如有请托，求给牌面者，决不准行，仍重治不恕。

一、访得在部把门、皂隶、听事、军余、水手、巡风、总小甲人等，凡遇各厂旗甲投递到状，商民告报抽分，往往需索酒食财物，名为常例，实损部规。今后各宜痛改，如有仍前作弊者，或访出或告发，定行从重问遣。

一、本职凡差委属官，管总巡捕及办理一应公务，必量本官才力，足以干济方行委用，并无徇私偏听，各官俱宜体谅，毋得夤缘希图公委，自取罪谴。其承委官果著勤劳，本职自有旌别，如怠缓误事及乘机作弊者，定行戒治黜退。

一、运粮官旗，凡粮船经过清江等闸，漕规：先期赴本部投递船粮数目、土宜文册，今后许不拘时候，随到随放，虽本职迟食款客，亦要传禀，决不耽延时刻。如有闸夫人等求索留难，把门人役迟误传禀者，许官旗击鼓禀告，以凭查究。

一、各总运官多有指称馈送，横肆科敛，虽旗甲明受其害，而本职暗受其诬，相应禁革。今后凡过淮入见，先具不致科敛重甘结状招递，以凭粘卷备照，倘有仍前科害者，许旗甲从实禀告，定行参究。

一、本职凡差听事人役，执牌置买日用菜肉等物，俱用本职俸赀白银，照依时估两平交易，并不亏损赊欠。如有指称本部名色，在外诓赊商民货物，及用假银低钱，用强措买坑亏资本者，许被害之人从实跪门禀告，以凭重治。】

工部都水司主事朱为禁革抽分奸弊事，照得本部督造漕船抽分一节，专为船料而设，三十税一，具有成规。比因闸道不通，客船阻塞，以致税课十减五六，兼之法久弊生，人心玩愒，商民货物多匿税以欺公，闸坝人役每受财而卖法。本职莅任以来，仰思国计，俯察民情，因不敢苛刻以病商，亦不敢因仍而旷职。令将禁革条约开具于后，期尔等痛革前愆，乐观新政，庶使人知遵守而上下相安，课无损耗而公私两利，漕船之攒造有济，而本部之职业亦少塞矣。如仍前长恶不悛，律法昭然，然不尔贷，须至告示者。

【一、见利思义，古人重贪得之戒，别嫌明微，君子贵周身之防。本职奋迹孤寒，赋性清约，欲名节之保全，则嫌疑不可不杜；欲心迹之暴白，则防范不可不严。仰提举税司官吏各宜体悉精白，乃心恪共职业，每日轮流官一员，吏二名，在部听候监收税课。每季置立循环号簿四扇，发淮安府，用印钤缝呈部。凡遇商民报抽，即令写单。今役将姓名、贯址、货物、税银各数目，填註号簿格眼内，与本部号票登记相同，开立前件，候纳税毕，即将号票挨次挂号。格眼前件之下，用本职关防钤盖，以备查考。每日收过税银若干，监收官亲手封识，当时下柜贮库。每半月一次，仍公同监收官吏，当堂查算号簿收过银数，并将原封验明，方行折封，称兑完日，发淮安府收贮。按季报本部知会，年终仍造总册赍报查考，庶上下之觉察甚严，而税课之稽考有据矣。

一、本部税法，惟从宽便，除客货值银一两五钱以下，抽纳不及五分者免抽外，凡商人纳税，只用公平法马，就令本商亲手称兑，提举税司官吏不过在旁袖手验视而已。其折算丈尺畸零并秤头火耗，及保头歇家银匠分例诸弊，悉行痛革，商民人等各宜照依时估，遵守则例，从实报抽。今后敢有走水漏税者，事发，货物一半没官，自取罪戾，悔将何及？其船户埠牙人等，通同作弊，不行首告者，查出一体治罪。

一、访得各闸坝官吏、老人、巡拦、总小甲、埠牙、脚夫人等，往往串同商贩，潜通贿赂，纵客走水漏税。及指称对单验货，诈骗多端，深为可恶。除已往不究外，今后凡遇竹木、油麻、铁炭、柴席等项货物过坝，老人、巡拦人等先验本商报抽单票，与过坝货物数日相同，方许放行。倘遇未领号票，及报税不尽者，许将本商并船户即时锁拿，付巡拦、闸夫管解本部，以凭究治，查没施行。如各役不行用心查验，以致商人幸免，及

受财卖放等弊,本部不时差人密访得出,定行从重问遣,决不轻贷。

一、立法贵严,行赏贵信。凡新庄、清江等闸,南锁、方信等坝,相近军民人等,如有商民走水漏税,及官老、巡拦人等,受财作弊者,许诸人缉访得实,密切赴部讦告,以凭查没究治。就将所没货物三分之一给告者充赏。亦不许挟仇妄首,并将已抽货物一概混告,及因而诈财者,访出重治。

一、访得在部写单人役,多有指以增减税银为由,骗取商民财物,及搀越次序,争取工价,奸弊滋甚。除查革外,今后俱要遵照本职分定班次,每日轮流六名,自辰时入部,俱在二门前领单,分写其工价,亦照见定则例,不许多取。如有仍前诈骗作弊,及因而多索工银者,许商民同巡视之人,即时口禀,定行重治,革役不恕。

一、议单内粮船,每只许带土宜二十石,以为在途易换盐柴之用,照例免抽外,其间殷实旗甲,及白粮船粮长,有仍带竹木、枋板、铁炭等货,旧规俱赴部报抽,方许变卖。近访得各总旗甲人等在运艰苦备尝,贫困已极,相应宽恤。今后各船自土宜正数之外,凡装带应抽竹木等货,觅取微利者,一并免税。如有附搭客商、夹带私货者,查出定行照例没官,仍治以罪。】

工部都水司主事朱为禁革造船奸弊以新漕政事,照得各厂改造漕船,旧有成规,比因奸弊日滋,良法寝废,钱粮侵费而漫无稽查,船只脆薄而不堪驾运。本职莅任以来,仰思国计之重,愿报涓埃。博采舆论之同,颇悉利弊。今将禁革条约开具于后,晓谕官旗、商牙、匠役人等,一体遵守,痛惩既往之愆,共睹更新之政。庶漕船之改造得济实用,而本部之职业亦少尽万分之一矣。如仍前作弊玩法,定行从重究治不贷,须至告示者。

一、定船式。【凡清江、卫河等总漕船,每只费百金之赀,每造供十年之用。况经由洪闸,涉历江海,关系甚重。若非成造坚完,何以领驾经久?各厂官旗匠役人等,今后务要遵照漕规。原定遮洋、浅船各式底栈板片,供用坚緻楠木,首尾内外结构齐密,其钉灰、油麻等料,亦要查照原定斤数称给旗甲收领,临期公同厂官匠役应用,船稍仍大书深刻某卫,旁刻军、民、运某字号,厂官某人,木匠某人,并旗甲某人,某年分领造,俱要彩画油饰停当,固不许尅减钉板以利私囊,亦不许多加梁头以便私载。本部不时按临查验,如有板薄、钉稀、麻朽、油杂,造不合式,艌不如法者,官旗问以侵盗罪名,匠役痛治革役。】

一、严船号。【凡各卫所旗甲领造漕船,分别军、民、运等字号,具载本部格眼册内,不及十年者不准收造,此漕规也。近访得厂官有等贪利之徒,往往出格预造,以致船事情混淆,钱粮不敷,深为未便。今后各厂凡遇该卫所帖到船只,即查字号与格眼册,年分相同,方许带领旗甲赴部投递到状及相拆呈文,以凭委官查覆,委无违碍,方准领料改造。如船已损坏,而字号尚不及年者,暂准拆卸钉板寄厂,旗甲告回本卫,待及年赴厂改造。】

一、比船限。【凡各厂造船,旧有漕规,酌定期限,最为宽裕。近日官旗匠役任意迁延,致误工程,本部决不差人催工,恐生骚扰。官旗人等各宜体悉,凡领有本部造船号票,给有木料,俱限十五日内排底兴工,二十五日内报完印烙。先期完日,量加犒赏,违限者责治,久则参究。】

一、查底船。【各厂官凡遇旗甲驾送底船到厂,相拆钉板十分完全者,足彀新船妆修之用,计算价银二十两,即时派领新料成造。如钉板分数不及者,即令该甲买补完足,方许收造。其有遭风、守冻损坏及失火、漂流无存等项事故,船只须验原于所在官司,告有印信文凭,方准行卫告给帮贴银两。如有奸猾旗甲,乘机将底船盗卖肥己,止将余剩钉板赴厂,却假称事故名色,遮饰情罪者,许该厂官指实呈部,以凭追问如律。】

一、处木料。【每漕船一只,合用新料楠木围圆,计该三丈三尺,各长三丈三尺,内有尖扁空朽,照数算补。旧议木价银五十六两五钱,近年因商人屡告亏折,已经漕运衙门会议,量复价银三两五钱,共计价银六十两。况本部给领木价并不短少分厘、耽延时日,所以恤其困者至矣。今后商人、牙脚人等,凡遇围量木料,估看加补,俱要遵照原定丈尺则例,公同厂官发厂造船应用。如有商人勒减木料,牙脚受财作弊者,定行重治革迟,各厂官亦毋得用强多取加补,利己亏商,违者一并究治。】

一、选匠役。【每年清江、卫河各厂改造粮船,约有七百余只,合用匠役数多,因年久不行清查,多有顶

名雇役老幼不堪之人，一概派造，以致造作不坚，奸弊百出。本部访知前弊，逐一查选，除将年力少壮、技艺精通者取具，各匠连名保结在部，已经收造册籍、给付票帖外，今后各匠凡遇派造船只，务要多雇帮作，查照船式攒造。其工食银两亦照原定则例，不许多取。凡锯、艌等匠，各要一体遵守。如有酗酒撒泼，教唆旗甲，及妄费钉板、油麻，索取外贴工食者，事发重治革役。如厂官刁难匠役，尅减工银者，许本匠赴部禀告，以凭追究。】

一、禁刁泼。【访得各卫所有等奸刁旗甲，每遇造船之年，或倚逞惯恶，或听人唆使，往往刁蹬厂官，扬言告讦，诈取财物。虽厂官之弊难保必无，而刁诈之风岂容日长！今后各厂倘有侵尅物料、凌虐旗甲等弊，许该甲即时赴部禀告，以凭依律究问。如旗甲故违禁约，仍前刁诈者，定行枷号重治。】

一、弭火盗。【访得各厂造船旗甲，往往通同临厂军民，暗将底船、钉板盗买盗卖，及(寅)【夤】夜三五成群，纵酒宿娼，不惟耗损财物，抑恐易生火盗。本部除严行各总巡捕、厂官、总小甲人等，给有巡风牌面，日夜常川巡视外，今后如遇前项奸弊，即时锁拿送部，以凭追问。纵容不举，事发一体治罪。】

卷之八·艺文

言以足志，文以足言。《传》有之曰："言之无文，行而不远。"孔子叹杞宋无征，盖伤之也。夫文，岂徒言者哉！感时纪事，而忧国爱民之情咸于是乎寓，君子可以观政矣。志《艺文》。

诗者心之所之也，在心为志，发言为诗，故正得失，动天地，感鬼神，莫近于诗。【出《诗·大序》。】其为物也多姿，其为体也屡迁，其会意也尚巧，其遣言也贵研。暨音声之迭代，若五色之相宣。【出陆士衡《文赋》。】夫文以化成，是以移风俗于王化，崇孝敬于人伦，经纬乾坤，弥纶中外，故知文之时义大哉！【出《晋书·文苑》。】文之为用，上之所以敷德教于下，下之所以达情志于上。大则经纬天地，作训垂范，次则风谣歌颂，匡主和民。【出《隋书·文学传》。】司厂纪载之作，岁久寖以散逸。相也景仰前修，采撷芳润，得诗文各若干篇，极知挂漏，姑存之以俟补焉。

卷之八·诗类

一鉴亭　【梓溪舒芬】

风送长淮系短航，新亭如待落壶觞。江山青眼原相识，天下苍生未敢忘。翠竹引凉来几席，绿荷分色上衣裳。倡酬况是逢知己，炎海他时梦正长。

次　韵　【南津胡琏】

落日似趣清江航，临池不去犹饮觞。新亭历下地已重，别墅辋川人未忘。花雨喜霑清几席，竹风便静懒衣裳。能诗况值何水部，老我偏怜逸韵长。

次　韵　【鸥汀顿锐】

西池竹风催酒航，古铜盘映黄金觞。鸿鹄高举日云晏，鸥凫不惊机已忘。郢客旧歌分水调，素娥新舞按霓裳。匡时踪迹真无似，只有亭台足昼长。

次　韵　【当涂杨谏】

驿路夫牵逆水航，入门随处命壶觞。赓酬坐我诗囊苦，倾倒劳君酒禁忘。秋意对人呈画谱，家儿急板奏霓裳。口夸多少亭台景，先喜风摇凤尾长。

次　韵　【高沙贾愚】

短槛虚亭若系航，高云清露促飞觞。梦悬丘壑期终隐，忧在岩廊莫暂忘。月逗水光摇幌幔，风传秋意著衣裳。共怜世态论心地，卜夜那知刻漏长。

次　韵　【毅斋刘乾】

环碧溪流泛苇航，傍闲随处促飞觞。为怜菊坞真拚醉，却忆葵亭未可忘。小卜又知归数学，放歌不减舞霓裳。匆匆难尽离筵思，且向吟边衍兴长。

次　韵　【莆田柯维熊】

游亭小结此溪航，落落江湖酒一觞。仄径疏篱诗可得，凉云苍木暑能忘。荷池小雨初侵舄，竹屿轻风更拂裳。却喜清幽成吏隐，杜陵此日兴偏长。

次　韵　【四峰张楠】

潮落长淮系短航，小亭日暮共离觞。济川才大还谁许，倾盖交深未我忘。槐影一帘侵卧榻，松风十里透尘裳。宦游踪迹浑如梦，明日怀君梦更长。

次　韵　【亦轩吴彰德】

巨堑谁凭一苇航，故人相慰且飞觞。半生辛苦梦无定，一饭殷勤恩莫忘。高咏好窥唐户牖，清淡须耻晋冠裳。他亭不是无花竹，廊庙关山此兴长。

平地何年驾一航，宁须曲水漫流觞。对君怀抱春偏富，坐我形骸晚顿忘。雅调争传青玉案，俚音翻愧紫霓裳。情投非忍轻为别，回首朝天路正长。

次　韵　【棠陵方豪】

一鉴亭开似野航，月华有意照清觞。烟霞心事鹤能识，尘土襟怀竹可忘。石迳光流喰处屐，池波影动醉时裳。已逢贤主情逾旧，况值初冬夜正长。

次　韵　【定斋王应鹏】

多君深夜舣舟航，白雪红炉细举觞。万事总归新岁月，六龙曾补旧衣裳。边尘滚滚何时靖？淮水汤汤此夜长。南国美人思不见，似君倾盖可能忘。

次　韵　【南隽汪必东】

一匝方池可一航，清光无限落瑶觞。开窗月到竹魂动，拂石凉生坐意忘。幽竹奇花封曲槛，短藤柔(剌)【刺】冒轻裳。独怜好景空留偈，回首风尘道路长。

次　韵　【东坞李录】

水国奔忙日泛航，为怜流景爱飞觞。物华为客留应久，吏事劳人坐欲忘。风气逼秋清栋宇，月光鏖暑荐霓裳。南来未尽江河兴，一望云天万里长。

一鉴亭　【东洲崔桐】

偶系淮阴缆，赴此群妙期。超然入幽处，觉澄游子思。主人展年爱，笑命华觞随。侵云启高轩，冒雨寻芳滋。春日气节佳，解带筵更移。攀崖坐危构，俯槛得清池。川寒细草绿，树古深萝垂。窗晖含竹凉，好鸟鸣迟迟。回首故人咏，韶赏翻凄其。成余宋玉悲，愧子鲍叔知。心神忽千里，尊俎安可羁。黯焉一迴策，星月稀微时。

一鉴亭　【屿墩徐存义】

半水跨虚阁，双山含草亭。客来浑得醉，吾倦屡舒情。月坐荒荒白，春行处处青。直疑泛蓬岛，欲访安期生。

积翠亭　【大谷温新】

积水明于镜，新篁翠欲流。使君中结宇，客子爱从游。烟雨双桥映，琅玕四座幽。定看齐万丈，移向凤池头。

积翠亭　【元冈马麟】

亭袅千竿雨，塘开半亩云。凉侵仙掌色，晴带钵池曛。结翠摇书幌，虚心亿此君。何时裁玉律，清庙奏南薰。

积翠亭　【明厓张景贤】

万竿修竹散清阴，雨过凉生翠色深。叶乱春云何袅袅，影摇池水故沉沉。题诗遍倚风初度，纵酒狂呼暑不侵。隔断世尘容吏隐，此君应识草玄心。

积翠亭　【芝山吴扩】

密篠翠烟蒸，浓阴覆草亭。地偏云冉冉，石细水泠泠。欹枕翻清籁，长歌动杳冥。向来幽兴剧，作赋拟

湘灵。

夏日偕石葵乔元戎饮积翠亭，即席敬赋二首　【前人】

海客寻盟至，将军命驾来。青春何水部，词赋谪仙才。绮馔花间出，文尊竹下开。岩亭邀落景，更上御风台。

仙署晚絪緼，池亭花气熏。过桥逢积翠，把酒看流云。掩映新篁密，跟蹡乳鹤群。百年叨謭赏，奎壁焕人文。

喜乔石葵吴芝山见访留酌，次韵奉答二首　【归德朱家相】

江馆逢迎少，翩翩二妙来。金符天上宠【时乔有新命】，白雪郢中才。海鹤迎人舞，簷花照酒开。留欢情不极，落日更登台。

骚坛金石奏，仙珮蕙兰熏。共醉清淮月，闲看黄浦云。乾坤浑浪迹，江海惜离群。解赠腰间剑，龙光焕斗文。

次韵送刘一轩北上

春风吹楚树，送子木兰舟。沙鸟当杯语，江云捲幔浮。销魂黯南浦，击楫共中流。回首风烟迥，能无亿旧游。

送韩次冈赴南都

黄浦溪头新水生，清淮渡口片帆明。百年意气我何有，万里云霄君且行。紫气暂分星斗剑，青溪遥带凤凰城。悬知后夜同明月，早遣双鱼涴别情。

冬夕喜明厓见访，积翠亭小集次韵

寂寞杨雄宅，能劳上客寻。霜华严袭座，月色澹穿林。促膝茶烟歇，论心玉漏沉。世途君莫问，怀古一伤今。

饮积翠亭，送张明厓北上，次元罔韵二首

眷彼张平子，相看意气多。风流凌鲍谢，文藻逼阴何。使节辞淮海，楼船指□河。□□须尽醉，击节动骊歌。

直北清光近，淮南芳草多。只缘交谊重，其奈别情何。莺燕遥随舫，菰蒲绿满河。天涯亿同调，一寄郢中歌。

送马元罔赴南都

宿雨净炎氛，江亭此送君。风尘怜抱病，霄汉惜离群。淮海孤帆月，钟山五色云。何时袂重把，披豁共论文。

积翠亭奉饯冯南淮尹德清

【冯为刑部郎，以谳狱事谪茂名尉，转今官】

炎海怜孤愤，临溪【德清县名】喜量移。才非黄绶吏，望重白云司。桂楫渺然去，春江空所思。云霄飞舄近，遮莫叹分离。

春日饮望淮亭，次一轩韵

高阁晴云抱，长淮春水来。凭虚一以眺，心赏重徘徊。恋阙心千里，思乡酒一杯。狂歌俱慷慨，缥缈彩云回。

一鉴亭奉饯吴芝山归吴门

倾盖情能洽，临岐酒易醺。冥鸿元万里，神剑忽双分。手弄中泠月，槎浮震泽云。还山有高调，早晚及相闻。

卷之七・文类

清江船厂记

予乡席君文同以进士出宰郯城，入拜工部都水司主事，奉命分司清江船厂。甫至，兴利涤弊，多所裨

益。逾年稍暇,即于厂旁及分司左右,皆树大扁以标识之。又逾年代去,乃考据漕船沿革,次第走使过南京,属予为之记。文同为政,知所重矣。

清江船厂在清河县之南,距淮安三十余里,因临于淮水,故名清江云。其地平衍,弥望旷然,盖南北一要冲也。我太祖高皇帝混一区宇,定鼎金陵,九州百夷,任土作贡。肆我太宗文皇帝中靖家邦,益隆继述,于顺天府肇建北京,爰命文武大臣各一员,浚闸河通舟楫,以省海运转输之半。行之未久,海运遂罢。今所谓清江、卫河二提举司,皆当时成议,以为便宜可久者。累朝相承,略加损益,至英庙时,江南、江北始限为船一万一千七百有奇,清江十九,卫河十一。后清江该造运船之数,复析浙江、南直隶等卫,俾归自成造。隶于清江者,惟南京、镇江、江北直隶诸卫所而已。每船价银一百二十两,所征船料初取诸江西、湖广、四川、福建、直隶徽州诸郡县,民苦解纳,往返经年,破产荡家,公私俱困。军士亦往往有支料不敷,展转陪补之患,始有缘此而鬻子出息,转相逋逃者,有司具实以闻。

朝廷采群议,湖广荆州府、浙江杭州府、直隶太平府委部官抽分,以充清江、卫河造船之用;淮安抽分则令本司自领之。通计每岁例得银二万六百七十两,苏、淮、扬三府人匠银三千三十两。每岁额造五百三十三只,江南诸省府不在数内。迄今遵守,以为定规。顷者总督漕运右都御史安福张公、总兵官都督同知合肥郭公奉诏入朝,会同本部尚书曾公等首建大议,复增入官银二千三百七十两,总计官给银二万六千七十余两,并各军士原旧自办银二万二千七百余两,总得每岁共用银五万余两。疲兵困卒,顿觉少苏。此晁大夫所谓节其力而不尽,邵夫子所谓宽一分则民受一分之赐者也。

夫论大计者不惜小费,图远效者不屑近功。今计费而给之,虽锱铢必较;计艘而督之,虽沉覆不恤。加以罗织多事之吏争衒虚名,远谤避嫌之人仅守成案。数运之后,为弊日滋。吾恐军民皆惫,上下匮乏,不知何拯救之方、通融之术,可以处此而后得耶!

嗟乎!天地间财货止有此数,不在民则在官。孔子曰:“节以制度”。曾子曰:“用之者舒正使”。刘晏诸人复用于世,千岐万径,徒尔纷更,吾圣贤言语足矣。理财之道要不过此,庸系此于末简,为《清江船厂记》。且以告夫将来从事者,万一吾君吾相有问焉,当执此以对。此余日夜所有志而愧未能也,亦文同所以刻石之意也。于是乎书。

【弘治十四年岁次辛酉三月既望赐进士出身南京翰林院侍读学士奉直大夫前经筵讲读官兼修《会典》西充马廷用书】

清江厂题名记

国家分水部以外领漕舟,此经国之远图,济世之第一务也。三代而上,天子食于国中,舟车不出五百里外,故《周官》隶司空者,有林衡、川衡二官,掌山林川泽之禁,领漕之官所由设也。自秦而下,罢侯置守,天子有天之下,括四方之粟,供中都之赋。于是漕法始讲,漕渠不可不浚,漕舟不可不作,而领漕之官不可不之建也。故历代相承,有都水使、都水台、都水监,虽品秩异等,沿革不一,大概不出曰河渠、曰舟楫二署,二署相倚,皆经济邦家者,不能缺其一也。

我太宗文皇帝缵承皇祖,定鼎北平。初从海运,自后清、汶既疏,始更浅舟,由里河以达京师。南于淮安清江、北于临清卫河,设二提举司以职专造理,是即先代舟楫之署,而经济规模尤大焉者。天子尚念储峙切邦家之脉,舟楫适济川之具,惟兹大计经理非人,则利济之功缺而失乃事矣。复于都水部各出郎官一员,监领厂事。在永乐、宣德间,或遣郎中,自景泰后,例遣主事,额以三年一代。代而往者,其间有升藩臬之司,有擢都台之寄,有位六卿之列,固将利济于后先矣。

弘治戊午,书来监莅斯厂,询访前修吏案腐尘,姓名无纪,暇寻乡廉宪石翰卿、大尹张玄卿,仅得大概,未究委曲,苟求备而不为纪述,越后数年,益泯没而无稽矣。因序次而刻著于石,且虚其左方,以俟后之官长,庶方来者尚赖此石而知于后也。

登名于石者,苟忠于舟楫之具,上利吾君,下济吾民,则后有睹斯石而目其名者,皆曰斯人也,吾闻其人也;其或生无济于时,死无称于后,则后有目之者,皆曰斯人也,则吾未之知也。

於戏!石不能品藻乎?人人言之臧否,则因乎石,人之言孰愈于石之言?凡我同官之士,无以侧名于

石为荣,恒以贻言于石为惧。则斯石也,盖有不徒然也。

【弘治辛酉春三月既望赐进士第工部都水司主事遂宁席书记】

济川堂记

淮之清江厂,旧有堂三间,以参漕务。堂周围有库若干间,中贮造舟诸物,约数万计。自永乐迄今十颓六七,中存三四,星散四隅,不便防守。

冬官主事席文同来厂之明年,蹙视所储积于无用,欲为修葺,惧财力艰辛,不可妄举。乃集监属于厂下,会计所需,佥曰:"旧厂过多,今裁其中半计料尚有七八,中歉一二。商利于厂者,咸愿成之,虽不请官钱可也。供役之夫在厂有之,造作之匠在班有之,虽不经有司可也。"冬官白之都宪李公,公曰"可"。于是分官属事,卜日即工,逾再月而诸库成,逾三月而门厨成,又逾月而堂成。

堂成明年,予适督饷事于淮浦,暇往视之,因扁(通匾)其堂曰"济川",盖取《大易》"利涉大川",《商书》"若济巨川,用汝作舟楫"之义也。冬官作而辞,予谓:六军万骑,一日非粟可生乎?不可。长江大河,一日非舟可济乎?不可。以是名堂可乎?冬官默而笑,然有说焉。名济川者,堂也,克称堂之名者,人也,非堂也。居斯堂者不可不勉。冬官赧而惧,然有解焉:济大川者,大君事也。作舟楫者,大臣宰相事也。于吾冬官何有哉!虽然万斛之舟,浊天之浪,非百执事者不可也,此以名堂可也。冬官请以是记之。

【弘治十四年秋八月吉
赐进士第户部主事前翰林院庶吉士　芜湖胡爟书】

一鉴亭记

淮当南北之冲,舟车商贾丛集。旧制,于清江浦设工部都水分司,行三十税一法,以经漕船费,财货之勾稽,修造之支给,官军之监临,少不自明厥心,政率用愦。

正德己卯,予承乏出莅其事,政暇退息公署之东偏燕居,见南扃之外有旧池,前使君席公所凿,甫及泉而去,继者罔事修饬,遂至颓圮。爰命工加浚,甃以砖甓,仅半亩而方,止而平,清而莹,品汇毕照。仍构亭其上,植四楹三间,而板其地。以临池,朴素幽敞,颜以"一鉴",意非凭栏俯视以徒观美也。因念夫理人者必先于自理,己能反观,始足以观物,吾有德心以德容,见有愧心以愧容。见清浊淑慝,举无所逃,必将以其平平其未平,以其清清其未清,优游涵泳于天光云影间而后已。庄周曰:"宇太定者,发天光"。是不出户庭而得大观也,其"一鉴"之意如此。

若夫池中有莲、有鱼,池外有二桥,分左右,上各有牌扁曰:"鸢飞"、"鱼跃"。其南叠石为假山,绿竹幽蔓,结为翠屏,丛中为棋枰。山之南有"环碧亭",杂植花卉、果木,清香袭人,皆所以助池亭之观也。

客有过而饮此者,乐为题咏。因以记属客,曰:"一鉴之理公所自得,尚何以记嘱人"?予因述命亭本意漫记之,工拙要未较也。

【正德十四年岁次己卯孟冬望
赐进士出身承直郎主事　余姚陈焕立】

葵亭记

嘉靖改元之秋,予偶检阅分司故扁,得"葵亭"二字,乃先督厂事贵溪姚秀夫所书,笔意潇洒,无尘俗态,心甚喜之。然不知亭之所在,意以为废。越二日,符卿刘公乾访予于公署,问曰:"葵亭在乎"?予讶曰:"安在"?刘公指视其地曰:"兹亭是也"。旧与寄寄亭同建,今"寄寄"尚存,而兹亭易为"环碧",何兴废之殊途也?顾瞻左右,而葵亦告倾久矣。予因叹曰:"兹亭建于三十年之前,而是扁出于三十年之后复得,符卿以新姚之故志,亦物理之遭际有如此者"。夫葵,其心向日,有忠之道也;低覆其根,又有知之道焉,既忠且知,是不可以泛长目矣。遂与符卿及地官李公录饮于亭中,乃易"环碧"于前,置原扁于故处。明日,觅葵遍种四旁,而葵亦秀起。因感其物,亦有知以副人意也,故识之。

京口丁瓒记

虚白亭记

正德庚辰,予承命署事于清江。公署之西有隙地,旧有小亭,时已芜圮。适我武宗南征师旋,奔走迎

送，未暇修葺。明年辛巳，始得构亭于故址，不雕不饰，惟朴以坚。去亭丈许，环以竹木，以助幽致。其中旷然而虚，莹然而白，少憩于此，则真境内融，物诱外屏，遂名为“虚白”。三峰朱君衮适至，问曰：“名亭之义何居”？予曰：“人心本虚，有欲则室，室则物得以实之，塞碍偏狭而无所容，昏昏冥冥终必归于坑坎而后已也。惟虚则定静，定静则光明，由是可以尽寒署昼夜之变，由是可以尽风雨露雷之化，由是可以尽性情形体之感，由是可以尽飞走动植之应。丰蔀之障不立，而绳束之烦不扰矣。”三峰曰：“圣人不以虚为道，不以虚为德，道德不虚，子奚尚乎”？予曰：“人心不通谓之室，不明谓之暗，暗也室也，有欲故也。且天下之物两实，不能以相致，能致其实者惟虚而已。虚以生其明，明以扩其虚，是故名位货殖，不能以诱我者，以其虚也；不能以磨砺我者，以其虚也。其能有以驰骛奔路我者乎？不然，则物皆得以乘之。于是起居言笑，皆有蒂之私也。何以通乎人心而光被天下也哉！”三峰曰：“然则斯亭不特为游憩而设也。请勒于石以俟同志者，何如？”予曰：“此特述名亭之义云尔，其他非敢僭妄者”。是为记。时嘉靖二年岁舍癸未春王正月既望，丹徒点白子丁瓒敬夫甫记。

《重修清江漕船志》序

清江漕船厂故有志，作于弘治间。正德庚辰，冬官郎丁君敬夫来视厂事，以志迄弘治辛酉，而近事或阙如也，乃重加修订。又比郡史例，以地产、文献附焉。将人梓，属予序之。序曰：

我国家漕运之详矣。斯志所载，为类不一，乃独揭“漕船”以名之，何与？志所先也，亦犹《周官》大司马掌九伐之法，而官以马名，非马之外无所事也。兵用莫如马也，兵行无马，是为徒手抟猛兽。然则漕运非十万之众，讵能籯粮越江河之险邪！故曰：志所先也。且始作舟楫以教万世者谁与？吾圣人之徒也。是故其法有四焉：天时、地气、材美、工巧，合是四者，然后可以为良，而不然者，圣人之所不用也。

国家设专官以理运舟，处之上游，比其材美，又分郎署以监之，此其意亦唯欲适于是法焉耳。吾不知去蝓窳以谋，经久果皆如古之法，而非苟且一时之为者否与？予窃悲夫兵民交困，而骫法者之百出也。议者谓造舟之害，成化以前民当之，其后漕卒当之，至不得已始征税于商。夫商与漕犹夫民也，以民所不堪而移之漕，又以漕所不堪而移之商，岂得已哉！今商征不减，而漕困未纾，当事者有忧焉。而于是书也，三致其意矣。予意漕卒可用也，不可困也；商可征也，不可益也，是在去其所以为蠹者而已。天下之事坐视其弊而不为之所，则其后渐不可为，或遗智者之忧，且启好事者更张之过，以其狃于积习也。一旦从而爬梳之，剔抉之，则众必不乐，而怨谤乘之。以起守不足者，或怵于利害，而沮于中道。夫不为以益其敝，与能为而不克终，斯二者皆过也。乃若深知其故而慎为之图，施为本末，具有定论，不亟始而亦不怠于终，惟自信不惑者能之。然此又可多得也哉！敬夫为清江三年，盖用此道，虽间有沮挠，而自信不惑。其为斯志，皆身所已试，而意所独得者承其后，讲而行之，未必无补也。敬夫，京口人，尝受学于兄补斋先生，故持论不诡于俗如此云。

【嘉靖癸未夏四月之吉
赐进士及第翰林院编修经筵官
同修国史　淮阴蔡昂书】

崇景堂记

工部尚书郎玉泉邵子分署吾淮之清江浦岁余，厥政孔修，而崇景之堂适成。乃遣礼币，诣元山居，而致状曰：夫子道在天下，教及万世，如日丽天，如水行地，故其祀也，与天地终始，虽蛮戎狄貊，罔不尊之。则其崇景之思，匪吾人可得已也。浦去郡治叵远僻，罔克与厥丁祀，以识崇景之思。且复琳宫梵宇在吾道斥逐之者，纷然相望，而夫子之祠蔑有作之。呜呼！高山仰止，景行行止。卫吾道者，可不加之意乎？经济奉明天子命，莅厥载师于兹，朝瞻夕惟，茫无所依，恒用切于怀，虞劳虞伤，作之无由也。爰度署居羌彼左隙，乃迁右圃之闲亭、后隅之逸室以饰之。堂宇既成，中位夫子而配以附焉。乃窃风诗之意，颜之曰“崇景”，识吾瞻仰之心云耳。子曷名言以纪厥意，以俟后之爱礼者，益大其规则幸矣。元乃叹曰：“伟哉！崇景之堂之建乎，其君子反经之心已乎！反经云者，正本清源，策之上也。策之上者，道之幸也，堂之不可不建也明

矣。况建而不至劳吾民、伤吾财，尤为善者。颜堂之意，状言备矣，元复何言？元因是而探子之心所未发者，以塞子之请可乎？子之分署吾淮也，例以三年之久，北望君门，南望亲舍，地之相去各数千里。吾之一身，官寄于兹，宁无思乎？思之所系，祟景为大，故一登斯堂，俨然如见我圣师焉。则忠孝之心不能自已，职已修而益修，功已懋而益懋，仰不愧天，俯不作人，以期不负君恩亲德与师之教焉尔夫。然则吾心与天游，一息罔怠，祟山可仰，景行可行，而吾道之堂巍然日高，焕然日新，在吾方寸中矣。元不佞，倘以元言近道，请付石工，庶不为石累，而元之言亦藉此以垂不朽云。”

【嘉靖九年岁次庚寅仲冬吉

赐进士第亚中大夫山西布政司参政

前监察御史　淮阴李元　撰】

书祟景堂碑阴

堂之有记，纪也，纪厥初以诒终也，纪之以碑，俾终有纪也。纪则载，载则传焉。语曰：“可墟可壝，可沧可桑，而垂之金石者，未可泐也”。故曰：“金石者百世之珤”。兹堂之创之由春山藩侯，记言腴矣。曰堂者三，曰亭者一，右以致斋，左以授馆，而胥以三，垣以环之，池以堧之。水泽既钟，芹茆相匝，而祀可衍矣。乃捐金焉。笵鼎者三，以焫也；笵觚者六，以畣而共也；范爵者十有五，以成献也。奉其几案，陈其匪祝，修其尊缶，洁其巾幂，县其钟鼓。为笾者八，豆如之；为登者五，鉶如之。识以岁时，款以堂名，缉以除门，嗣以籑芗而祀，可视矣。后之？是祀者，或有启焉。而弘其规，而详其制，则存羊之意，不无所补云。

【嘉靖九年岁次庚寅仲冬望日　仁和　邵经济书】

《济漕志补略》序

政典有常，不容紊也，君子不自异也；政法有变，不必齐也，君子不尽同也。故夫画一之守，才誉逾光，更张之调，明机勿失。而世方以诡随为同，矫诬为异者，亦远矣哉！夫天下之治不能久而独善，而况夫财贿监司，弊风夷射，逆遏而豫防之难矣。淮安清江厂督理漕舰，榷征商货，帑藏出纳，岁计不赀。而综理防检之大，凡所谓《漕船志》者，盖彝与也。比数年来，宏纲式昭，而遗奸日起。工曹郎浙杭邵君仲才继司厂事且三年矣，清才远猷，雅不自用。考诸志，盖席元山其主盟，有师承之道。参诸时，盖张、吕二君子其同志，有友辅之益，调停润色，增美前休，事陈义意，物立章程，法斯备矣。屡变而终归不紊，小异而无妨大同，《志补》所以作也。防民为远，明志为洁，取善为公，觉人为厚，有君子之道四，故序以归之。

【嘉靖十一年春三月

赐进士通议大夫南京刑部侍郎前都察院右副都御史

奉敕抚视江浙等处地方　淮阳胡琏序】

《济漕志补略》序

经济薄劣，奉命役于淮三年，昧于事，事弗足以身，兹役而岁深焉。疲神殚虑，或摅一得于兴革者，一遵昔贤元山公建置。《漕船志》之纪陈，不敢执一私见，生一厉阶。虽然能必其弗眚载师梗后役不耶于时代矣。事往矣委诸，或曰心之郛也，存于政，政之绪也。昭于纪，纪斯载，载可考焉，易委诸？且二三君子夙董兹役，政良善殷，近可式法，而重修之志有弗逮者，子代且委焉，非所以存政也。盍汇诸以俟后考？经济敬承缉略如左，名曰《济漕志补》云。

【嘉靖壬辰午日仁和邵经济识】

兼山亭记

嘉靖乙未，客有过清江水部公署者，问曰亭名“兼山”何？曰：墙之东巍然而高者非亭乎？隆然而起者非山乎？故名曰“东山亭”。池之南巍然而高者非亭乎？隆然而起者非山乎？故名曰“南山亭”。斯亭左顾前盼，对焉若宾，附焉若从，实兼是二山二亭者，故名曰“兼山亭”。客曰：“磋乎！亭固旧也，意义固浅而近者也。”曰：“予固欲仍夫旧亭也，固欲浅近夫意义也。天下之物不必已创之为美，凡物之名不必广引之为奇。抚景寓目，观物赏心足矣”。是故登东山之亭则歌曰：“我徂东山，慆慆不归。我来自东，零雨其

濛”。周公固亦勤劳矣乎？登南山之亭则歌曰：“节彼南山，维石岩岩。赫赫师尹，民具尔瞻”。我将得不为师尹矣乎？由是息驾于兼山之亭，则又诵曰：“兼山艮君子以思，不出其位。我将有艮腓之思矣乎？学以察理，养以澄私。时止则止，时行则行。湛一敦厚，驾实光明，则天下之理得可以芜三才而两之矣。莫以二山为哉：”客曰：“旧名‘一鉴’、‘环碧’，语诸水也。专言诸山，何曰艮？言行止用兼之矣”。是故仁则未尝无知，静则未尝不动，夫是之谓一神两化之道也。客曰：“吁！子固庸心于艮身之学，而取则于公旦之业者乎？”曰：“此诚予之愿学而未能者耳！”因次第其言而记之。

【嘉靖十四年岁次乙未孟冬吉旦

赐进士承德郎工部主事　余姚徐存义　撰】

重修工部厂记

陈子奉若明命，董厥清江厂事。至之日，达观于堂、于寝、于门库庖湢，荒圮弗治，蓬蒿蔚如。仰而叹曰：“时余之责也。顾靡财则谤兴，动众则怨集，人其谓何？”既又叹曰：“庸何恤哉”！夫事有小靡而大益，暂动而永息者，昔人为之矣。矧曰：“余责庸何恤哉”！询于众，佥日：“惟允”。乃诹七月之吉，抡材伐石，召匠傭夫，丹垩毕施，绳墨攸正，三阅月而落成焉。为屋以楹计者百有五十，为垣以堵计者二百有八十，为门六，为神祠二，为绰楔一。提举公廨，以棲官吏者，屋凡四十二，楹门二，物鲜暴殄，人咸用情，跂如翼如，化旧为新矣。于是颜其堂曰“鉴空衡平”，著志也。财犹腻也，污焉甚矣。靡公靡明，敝其用滋，故君子秉鉴所以自照也，持衡所以自准也，示民有则也。门之中曰“仰极”，著向也，堂负离而抱坎也。门之外曰“司空行署”，余榷课之暇，时一临焉，以考事也。呜呼！兹余弗获已之政也。后之君子嗣而葺之，庶其有永乎？庸书于壁，以纪岁月。

【嘉靖十五年岁在丙申冬十月吉

赐进士出身工部都水司主事　通郡陈尧书】

新建清江书舍记

清江介于山阳、清河，两邑之民萃焉。去治各三十里，士之原就校师者，苦终岁裹饭，濡迟家食，辄贰崇功之志。石宪张令逝，贤科鲜著，虽有颖慧之资、兼博之才，义聚日疏，追琢未逮，似或歉于大成耳！选承明命，莅事淮濆税举，诸属咸称职司。得乘公务之余，借二三子讨绎夙肄，继而朋来益众。底止靡容，爰谋筑舍。水署之东，隙地旷夷，乃定荒度，捐俸市植，匠厮率力。经始于辛丑二月，阅四月毕绪。外为门曰“清江书舍”，中为堂曰“文会”，后为轩曰“退省”。翼堂之左右计楹十二，则诸生所寓也。仍于书舍南置地数十亩，以为理葺圮毁之需，而书舍可永矣。

夫古之制边也，假士假候，皆择其邑之贤材有护者，试民于射法，教民于应敌。服习以成，勿令迁徙；幼则同游，长则共事；夜战声相知则足以相救，昼战目相见则足以相识，欢爱之心足以相死。如此而前斗不还踵也。选不佞，差有一日之长，义学训蒙，复创书舍，集清江之士躬自道迪，讲题改课，暄寒不废，亦既仿古制边之纪矣。至于互相砥砺，互相切磋，务成居肆之事，如制边之前斗不还踵云者，则责固有所归也。希骥之马，即骥之乘，希颜之徒，即颜之伦，在乎加之意而已。是故登文会之堂则敬业乐群，舍己取人，毋类于小慧，毋愆于乾餱，斯可谓之文会焉尔也。登退省之轩则检身，克己寡过，未能默而成之，不言而信，斯可谓之退省焉尔也。愧于屋陋，厌见肺肝，作伪心劳，枉此宫墙之美者，名曰“自欺”。鉴空故照，水虚故受，若执己见之偏，弗能逊志。观理以求精微高明之致者，名曰“自是”。以筳撞钟，以管窥豹，响象几何？訑訑之声音笑貌，拒人千里，不可与人尧舜之道者，名曰“自足”。自欺则罔矣，自是则蔽矣，自足则画矣。罔也、蔽也、画也，非所以语吾文会也，非所以语吾退省也，盍相与勖之哉！是为记。

【嘉靖岁在壬寅仲春吉旦

赐进士出身工部都水司主事　余姚叶选立】

重建清江义学记

子曰：“十室之邑，必有忠信如丘者焉，不如丘之好学也”。孟子曰：“大人者不失其赤子之心者也”。赤子之心云者，云此忠信而已。人之有生，未有无此忠信者；忠信之人，未有不可以学礼者。风气下衰，幼

便骄惰，长益浮靡，不著不察，不能不失其初心，则所谓不如丘之好学耳！此其转移制裁之机，在家则存乎父兄，在公则存乎官司。

后皋子部使督艍清淮，若无民事之寄，而善与人同之意。虽一介之士，犹存心于有济。矧居民之上，忍视民之沦于无教，而漫然不为之所耶！是故设书舍于署东，以群多士。其自十五以下，宜令习礼诵诗，知进退揖让之节者，古人别有小学焉。水司旧建义学，在关祠之后，基僻而隘，垣宇悉圮。会有杨生愿以芜址入营学舍，杨生贫，即畀之旧地，且助其构室之费，而新创可拓也。辛丑春正，经事捐俸度工，阅二月就绪。广袤周三十二丈，中为堂，外为门，聚镇之童稚，遴宿儒为之师，日给薪资。每暇必躬厘句读，校其勤惰而惩劝之。行之期年，童稚之学礼济济尔，折折尔，咸知求益焉。非敢曰誉髦，亦或庶几乎一介之士之有济也。

夫饥而济人之食，寒而济人之衣，特一夫一时之饱暖也。蒙养以正，山下出泉，果行育德，由此而发之词章，则为文人矣；由此而登之科第，则为宫人矣；由此而跻之明觉，则为哲人矣。诗云："既醉以酒，既饱以德"。言饱乎仁义也，固夫人之膏粱也。令闻广誉施于身，固夫人之文绣也，饱食暖衣之济，后皋子之望于清淮也，岂曰小补之哉！

东江始末[①]

平辽总兵官毛文龙者浙之钱塘人也起家行伍当辽左失陷时聚众二百夜袭镇江城遂踞海岛创为牵制之说媚逆珰为奥援岁糜金钱数十万滥秩都督满门封荫举朝无不患之而旧督师袁公崇焕闻召还京见九列诸公咸举此事相商権袁公应以当徐图之华亭公造袁寓屏去左右低徊再四袁公曰入其军斩其帅效古人作事某饶为之华亭公闻而奇之袁公召对出秘陈方略大称上意赐之蟒玉尚方予以便宜行事

袁公陛辞莅任收拾关宁兵马未暇及此每章奏必及之收其心冀其改也至关宁营制已定于是始议文臣以监之其不以道臣而以饷司者令其将若兵有所利而无疑也又严海禁以窘之以张继善横截旅顺不许一人入其军而改贡道于宁远皆所以图文龙也袁公安排以定文龙有死无生矣为文龙者束身归命于朝廷一听督师节制其为今是昨非则有生无死无奈其毒之所积殒及厥躬自作自受无足惜也且自速其死如驳廷臣之疏信口臬然进登索饷肆行劫掠袁公于是决意东行深入其地遂于崇祯二年五月二十二日发牌仰旗鼓司查东江官兵见在清江者给赏随登岸乘轻骑标下各官当有龙武后营都司金鼎卿带船二十八只接应俱列坐赐酒二十四日赏东江官兵每名行粮二斗登岸试放佛郎机远者闻五六里近者三四里登岭极指画形势云可议屯二十五日未时分东北风起自北泛水开洋历大王山风转是夜大雾诸船从大洋飘一夜次早收泊中岛二十六日齐泊双岛二十七日南风大未开船见本岛白骨暴露如莽抵岸立散与诸将酒饭有登州海防左游击尹继何叩见蒙调兵船四十八只已到二十八日午时风顺穿历船松等岛小里山大里山猪岛蛇岛虾螟岛将船泊双岛此处离旅顺陆路十八里水路四十里旅顺游击毛永义叩见登岛岭谒龙王庙督师向众将云昔我国初中山王开平王诸君子如战鄱阳采石继战于沙漠北众军水战胜马步战亦胜始得底定中原以成一统今水营止以船间守岂能连骑入水战乎本部院若复河东不以水汛了事且要用之陆地各将毋得虚冒赐各将酒饭快船禀报毛帅已至因夜未见六月初一日毛帅见上下交拜毛帅亲进礼帖三封小饭二卓传入毛帅侧坐茶叙止收小饭毛帅出回看毛镇茶叙云今辽东海外只本部院与贵镇二人务必同心共济方可结局本部院历险至此愿相商为进取计军国大事在此一举本部院有个良方不知患者肯服此药否毛帅云文龙海外人耳也有许多功只因小人之说钱粮缺少又无器械马匹不曾遂得心愿若一一应付要帮助成功也不难辞回传免谢分付船上不便供应毛帅账房留饭督师屈体待之杯酒款之毛帅若有所不屑者督师宣谕皇上神圣与尧舜汤武合为一君当勉尔疆场而毛帅若怏怏不得志且谓熹宗皇帝恩逮之隆袁不觉失色及叩其方略则云宁远兵马俱无用止用东江二三千人藏之隐处一把火可收全功袁愈讶之二更方散初二日毛请袁公登岛礼毕东江将官叩见又夷丁叩见赏夷丁每名银一两米一石布一匹毛姓兵丁带刀环绕袁公叱退与之言节制及更定营伍为道厅以监临毛悍然不乐而咬牙切齿恨阎鸣泰武之望二人其意在袁也三更方散初三日差官谢毛帅又置酒请督师袁公便服登岛密讽之曰久营边寨杭州西湖尽有乐地毛应之曰久有此心但职惟知事在东方一举成功之后朝鲜又弱可袭而有也袁公曰朝廷念君勤劳当有代君者毛曰此处谁代得有傲慢不悦意酒散袁公传令副将汪翥叙话反复婉谕再四开导欲其亲信左右提醒之也二更方出

初四日赐东江兵三千五百七十五员赏银三五百两不等兵每名一钱又将带来银十万两交卸东江官明白传令徐旗鼓王副将谢营将叙话出行文毛帅自旅顺以东行毛帅印信西行督师印信又行文定营制又行文恢复镇江旅顺事俱未遵依遂于初五日袁公授计随行将官谢尚政等布置已定传令登岸摆围较射颁赏先设一账房于山上袁公坐以待之毛帅果来谢与之坐毛帅曰老大人何日起身袁公应曰宁远重地本部院来日便行今邀贵镇岛山盘桓观兵角射毛帅领从袁公又云明日不能踵谢国家海外重寄合受本部院一拜并相约减从往岛山谢参将陪传号令各营兵四面摆围毛帅随从官百余员俱绕在围内其兵丁截在营外袁公问东江各官姓名俱应姓

① 柏起宗述。据张海鹏刻《借月山房汇钞》本。

毛毛帅云这都是敝户的小孙袁公云你们那里都姓毛是出乎不得已这样好汉俱人人可用我前的官有许多俸兵有许多粮尚然不能饱你们海外劳苦每名只得米一斛甚至家有数口俱分食这米心忆至此情实痛酸你们受我本部院一拜为国家出力自后不愁无饷各官感泣叩头再四随问毛文龙云本部院节制四镇清严海禁实恐天津登莱受腹心之患今请设东江饷部钱粮由宁远达东江亦便昨与贵镇相商必欲解银自在登莱籴买又设移镇定营制分旅顺东西节制并设道厅稽查兵马钱粮实数俱不见允终不然只管混帐过去费坏朝廷许多钱粮要东江何用本部院披肝沥胆与你谈了三日只道你回头是迟也还不迟那晓得你狼子野心总是一片欺诳到底目中无本部院犹可方今圣天子英武天纵国法岂容得你语毕向西叩头请皇命拿下文龙剥去冠裳文龙尚有抗意督师又责云你道本部院是个书生本部院是朝廷一个首将你这毛文龙有应斩十二罪你可知么兵马钱粮不经查核夜郎自据横行一方专制孰甚一当斩说谎欺君杀降诛顺全无征战劫占首功欺诳孰甚二当斩刚愎撒泼无人臣礼牧马登州问鼎白下大逆不道三当斩每岁侵饷银数十万每月给米三斗五升克减军粮四当斩私开马市潜通岛夷五当斩命姓赐氏不出朝廷走使与台滥给札付犯上无等六当斩劫掠商人夺船杀命积岁所为劫赃无算身为盗贼七当斩部将之女收而为妾民间之妇没而为奴好色诲淫八当斩逃难辽民不容渡海日给椀米令往掘参畏不肯往饿死岛中草菅民命九当斩拜魏忠贤为父迎冕旒像于岛中至今陈汝明一伙盘踞京师交结近侍十当斩铁山之败丧军无数逃窜皮岛掩败为功十一当斩开镇八年不复寸土观望养寇十二当斩这都是你的罪案今日杀了毛文龙本部院若不能恢复全辽以还朝廷愿试尚方以偿尔命又宣言各官曰毛文龙这十二罪你们说该杀不该杀若本部院屈杀了他你们上来就杀我反以身从之众官俱相视失色叩头哀告文龙神颓魄丧不复能言但云文龙自知死罪只求老爷开恩袁公云你不知国法久了若不杀你这一块土非皇上所有向西叩头请尚方剑令水营都司赵可教何麟图监斩令旗牌官张国柄执尚方剑斩文龙首级于帐前即分付将头付他亲人备好棺木安葬围外兵丁汹汹见我兵益整势不能犯督师又唤东江各官来见云本部院今日只斩文龙一人以安海外兵民这是杀人安人尔各将照旧供职各复原姓为国报效罪不及尔不必忧疑又分付将东江兵二万八千分为四协杀其父用其子毛承禄管一协用旗鼓徐敷凑管一协还有二协东江众官请游击刘兴祚副将陈继盛二员管之又分付东江官兵久被毛镇剥削将带来银十万赏各岛官兵每员赏银三两唤赏功官同东江旗鼓冯有时将见在官兵一千八百员名其赏银一千四百两以彰信赏必罚之意其余四协照例给与又谕冯旗鼓速差人往旅顺宣抚又谕将毛帅印缴来东江事务权著陈继盛代管俟那一协建功即将此印题授与他

谕毕离岛登州发牌一面安抚各岛军民票行登州游击尹继何速备坚船二十只候用又行文毛承祚先令安抚后有所欠商银著即办偿还又使小帖云户部委官陈越札授守备督运各岛粮饷又发稿写四协札付又差官陈岛中冤狱并掳来各商船只俱即查报有商人王从义等数十名讫至夜静有徽州朱相公拂缨上船叙坐至二更方散初六日命具祭礼督师亲诣文龙棺前拜云昨日斩你是朝廷的法今日祭你是本部院的情遂下泪各将官俱下泪感叹初七日登山试演初八日差中军至皮岛取尚方剑并同符验初九日早往旅顺官军迎接布置毕初十日晚开船十一日抵宁远是日顺风大作十二日早过江进城毕

平定交南录[①]

(永乐四年十月)癸丑次芹站是日先遣鹰扬将军方政游击将军王恕等直抵富良江北岸嘉林县是时左副将军西平侯亦自云南蒙自县进兵经野蒲蛮入境都指挥朱浚等夺猛烈关俞让等拔栅华隘随处筑堡驻兵伐木造舟都指挥徐源孔斌等突出宣光江口夺其澳沕等沙左参将丰城侯领兵渡其上游都督程达等中夜舁舟越山自间道以出逃水江纵火焚贼舟遂夺富良江

(十一月)癸酉横海将军鲁麟骠骑将军刘札出拔因吾寨是日有伪三带州佥判邓原南策州人莫邃等来降因询降人知贼巢穴在东西二都恃宣江沲江富良江以为险自三江府沲江南岸伞圆山起由富良江南岸东下直至宁江又自富良江北岸自海潮江由希江麻牢江直至盘滩因拔山立木为栅及增筑土城于多邦隘树栅立城连桥接舰七百余里又于富良江南岸缘江下木筏悉国中舟舰泊其内凡诸港汊可通舟处俱下拒木以备贼众聚屯守水陆者号七百万盖悉驱国中老幼妇女以助声势非真也……移军二带州屯个招市口与左副将军西平侯会议造船置铳以图进取时时有划船出没江口王命鲁麟夜舁舟从上流下水夺其船斩首百余级自是划船不敢出没王与西平侯议于上流渡江乃遣朱荣等于下流八十里嘉林置舟筏为欲渡之势以掣其势贼果分遣水军于嘉林夺我舟荣等奋击大破之

(十二月)乙卯议遣左参将丰城侯李彬右参将云阳伯陈旭伐其西都贼首闻多邦破先已焚其仓库携妻子遁于海岛我军至焚其宫室据其城池余党依天建山困枚山等处水陆据守乃分遣清远伯王友都督黄中都指挥柳琮等随贼所在而征剿之自是年冬至明年春前后斩首三万七千余级时王留交州镇适闻贼子黎澄聚舟黄江左副将军左参将领军循富良江左右水陆并进次于木九江对岸下营辛巳贼船三百余艘来犯我军水陆夹击贼众大败斩首万余级溺死者无算

(永乐五年)二月乙巳王闻贼首遁于闷海口出鲁江口与左副将军会兵下胶水县贼闻大军至又远遁大安海口王谓左副将军曰贼闻大军来不敢敌故潜遁他所以观我动静我若回军交州留兵于咸水关两岸留战船守备彼必出闷海口以袭我我俟其出水陆并击之贼必成擒三月癸酉大军回交州甲午贼果犯咸水关报至己酉王与左副将军合兵水陆并进贼以海船横截江中而以战船划船两岸齐进既而登岸植木为栅王乘其栅之未备亲督精锐攻之都督柳升等亦率舟师来奋击贼遂大败富良江水为之赤积尸数十里右参将云阳伯乘势长驱直抵闷海口黎贼父子闻败乘船远遁于灵源王谕将宜乘破竹之势追剿殄灭乃回军交州留左参将镇守备御黄江等处四月乙亥王与左副将军统军由清化府倍道兼进调柳升鲁麟土官莫邃等分领战船由水路穷追戊寅舟师至清化之磊江贼众聚船以拒升等击败之斩首万余级五月丁卯王至演州柳升等舟师来会途中降者相继诇知黎贼父子遁于义安府之深江王议与左副将军兵从陆路柳升等率舟师由水路追贼壬申大军至义安府土油县王从举厥江东路左副将军从举厥江西路进兵两军俱至盘石县下营甲戌柳升率舟师至奇罗海口与贼战大败之获贼船三百艘余船分散贼首潜窜草野

七年正月乃命王佩征虏副将军印往共剿之王以四月至南宁会兵五月入境王躬督战舰破孔目栅再破咸子关斩俘无数贼退保黄江乘胜击之于太平海口贼窜义安茶偈江冬十二月师至清化越四日生擒简定于吉利栅之山并其党陈希葛等轞送京师明年二月王还朝上嘉劳之未几简定余党陈季扩复啸聚僭称重光年号季扩

---

① 〔明〕丘浚撰。据张海鹏刻《借月山房汇钞》本。

乃简定从子简定为阮师等所废而立季扩定败潜远窜闻王班师复与陈景异等同反九年春正月复授王前印往督师征之夏五月师次东关六月进兵贼闻王至以石填神头海口三十丈许设拒木以抗王督将士悉起其石以通舟楫贼惧立堡常月江王戒众曰此堡不足攻其山南险阻彼必设伏以挠我乃使骁将率土兵搜山果得其伏者斩之遂夺其堡贼遂远遁……贼恃荷花海险谓我师不能渡于日丽海口立堡以守王率舟师自奇罗海口洋过荷花海口直抵日丽贼焚堡而遁至茶偈江连进兵破之

汪直传[①]

汪直歙人少落魄有任侠气及壮多智略善施与以故人宗信之一时恶少若叶宗满徐惟学谢和方廷助等皆乐与之游间尝相与谋曰中国法度森严动辄触禁孰与海外乎逍遥哉直因问其母汪妪曰生儿时有异兆否汪妪曰生汝之夕梦大星入怀旁有峨冠者诧曰此弧矢星也已而大雪草木皆冰直独心喜曰天星入怀非凡胎草木冰者兵象也天将命我以武胜乎于是遂起邪谋

嘉靖十九年时海禁尚弛直与叶宗满等之广东造巨舰将带硝黄丝绵等违禁物抵日本暹罗西洋等国往来互市者五六年致富不赀夷人大信服之称为五峰船主则又招聚亡命若徐海陈东叶明等为之将领倾赀勾引倭奴门多郎次郎四助四郎等为之部落又有从子汪汝贤义子汪激为之腹心会五岛夷为乱直有宿憾于夷欲藉手以报及以威慑诸夷乃请于海防将官而剿之无孑遗者而声言宣力本朝以要重赏将官馈米百石直以为薄大诟投之海中从此怨中国频入内地侵盗

直又尝以扁舟泊列表参将俞大猷驱舟师数千围之直以火箭突围去怨中国益深且渺官军易与也乃更造巨舰联舫方一百二十步容二千人木为城为楼橹四门其上可驰马往来据居萨摩洲之松浦津僭号曰京自称曰徽王部署官属咸有名号控制要害而三十六岛之夷皆其指使时时遣夷汉兵十余道流劫滨海郡县延袤数千里咸遭荼毒而福浦黄岩昌国临山崇德桐乡诸城皆为攻堕焚燔庐舍虏掠女子财帛以巨万计吏民死锋镝填沟壑者亦且数十万计比年如是官军莫敢婴其锋但为计狡谲每残破处必诡云某岛夷所为也故东南虽知汪直之叛而不知受祸之惨皆由直者独总督胡公前按浙时见贼进退纵横皆按兵法知必有坐遣者且贼酋来者皆直部落也而不闻直来其为坐遣无疑

先是间使徽州收其母妻及子于金华府狱中至是出之丰衣食洁第宅奉之以为饵而疏请以移谕日本禁戢部夷为名其实注意伺察直也上从之乃遣生员蒋洲陈可愿充正副使以行公以密计授洲等曰汪直越在海外难与角胜于舟楫之间要须诱而出之使虎失负嵎之势乃可成擒耳又曰汪直南面称孤身不履战阵而时遣偏裨杂种侵轶我边圉是直常操其逸而以劳疲中国也要须宣布皇灵以携其党使穷发皆知向化则直之势自不能容然后道之灭贼立功以保亲属此上策也洲等领计敬诺而行居无何倭酋董二被擒讯道直事甚悉与公所料不爽毫发中外始晓然知状于是上以公灼见祸本降玺书褒劳而阃外之事一以委公公得旨规罗益密御史金淛陶承学交章请立赏格有能主设奇谋生擒汪直者封伯予万金部议从之诏曰可

嘉靖三十四年十一月洲等至五岛遇汪激道以移谕事激曰无为见国王也此间有徽王者岛夷所宗令渠传谕足矣见国王无益也明日直出客馆见洲等椎髻左衽旌旗服色拟王者左右簇拥洲等心动坐论乡曲设酒食相对情款方洽洲等曰总督公遣洲等敬劳足下风波无恙直避席曰直海介逋臣总督公不曳尺纆牵而鞫之而远劳讯使死罪死罪洲等曰总督公言足下称雄海曲志亦伟矣而公为盗贼之行何也直曰总督公之听误矣直为国家驱盗非为盗者也洲等曰是何言与足下招聚亡命纠合倭夷杀人剽货坐分卤获而为之辞曰我非为盗者是何异于昏夜操罟以临人之池执之则曰我非盗鱼者为君护鱼者也虽三尺童子知其必不然矣直语塞洲等曰总督公总领官军十万益以镇溪麻寮大剌土兵数万艨艟云屯戈矛雨注水陆戒严号令齐一而欲以区区小岛与之抗衡是何异于螳螂臂以当车辙也又曰总督公推心置腹任人不疑拔足下寿母令妻于狱中馆谷甚厚则公之心事可知矣何不乘机立功以自赎保全妻孥此转祸为福之上策也直默然而罢乃挟洲等巡数小岛而还而从此风闻外夷随其颐。者颇少变而叛贾倚直为渊薮者多有离心直始不安于彼矣

初直闻母妻为戮心甚忿欲犯金华及闻洲等言无恙又窃喜于是始有渡海之谋日夜集所亲信者计之谢和等曰今日之举未可冒昧以往也当遣我至亲为彼所素信者先往宣力以坚其心待彼不疑然后全师继进始可以

---

① 〔明〕佚名撰。据张海鹏刻《借月山房汇钞》本,《四库存目丛书》亦收。

逞直笑曰妙算也遂托宣谕别国为名留蒋洲在岛令叶宗满汪汝贤汪澂同陈可愿回至宁波诘之皆云宣谕未至时徐海陈东已拥萨摩洲夷过洋入寇矣今汪直归顺先遣叶宗满等投赴效力成功之后他无所望惟愿进贡开市而已公报得已揣知其计姑从所请疏上许之公喜曰虏在掌中矣先是海中倭寇败没有零寇百余据舟山为乱公遣叶宗满等协助官军剿之尽歼焉公疏上功次犒赏有差汪澂笑曰此何足赏若吾父至当取金印如斗大嘉靖三十五年三月徐海等果拥众十余万寇松江嘉兴诸郡甚急声言欲下杭城取金陵势张甚公乃谋之汪澂等以观其意澂等初欲小试殷勤故甘心于舟山之寇至于徐海等正其所倚以图大事者且欲速直来共济乃辞曰是非吾所能办须吾父来乃可耳遂留夏正童华邵岳辅汪汝贤在军门自以招直为名与叶宗满开洋去是年徐海等以次就擒事见徐海传公恐形迹彰露委心留用汪汝贤等抚摩若亲子然叶宗满兄弟并加礼遇时时对将吏士民曰直非反贼顾崛强不一见我见我当有处也直闻公意指谓公诚朴可欺欲乘机以全亲属且未知徐海等败没以为纵不如所料亦可与之应援得志而去遂决策渡海

先遣蒋洲次遣汪澂叶宗满等率铳卒千余执无印表文诈称丰洲王入贡先泊岑港据形胜分布已定直乃与谢和等慷慨登舟酾酒誓众曰俞大猷吾尝破之列表泊岸时须谨备之公当直未至时已度其有隙豫调俞大猷于金山而以总兵卢镗代之卢镗者旧与汪澂等从事舟山同饮食抚循倭夷备至直坦然不疑惟日聚群倭砺兵刃伐竹木为开市计且索母妻子弟求官封时公计已定仍姑列状上请以安其心上已知直为釜鱼智力俱非胡公敌乃显诏汪直既称投顺却挟倭同来以市买为词胡某可相机设谋擒剿不许疏虞致堕贼计公奉诏秘而不宣夜驰至宁波城图方略密调参将戚继光张四维等督诸健将埋伏数匝水陆要害星罗棋列鱼鸟莫度乃以夏正等为死间谕直曰汝欲保全家属开市求官可以不降而得之乎带甲陈兵而称降又谁信汝汝有大兵于此即往见军门敢留汝邪况死生有命当死战亦死降亦死等死耳死战不若死降降且万有一生焉直拂然不悦而公与其所亲信汪澂叶宗满先遣来见者连床卧因佯露诸将请战书十余篇于几案汪澂等窃视惊怖夜半公作醉梦中语云吾欲活汝故禁不进兵汝不来休怨我也含糊其辞吐满床汪澂等漏之于直直始疑之又使其子澄啮指血寓直书云军门数年恩养我辈惟愿汝一见使军门有辞于朝廷即许眷属相聚汝来军门决不留汝藉令不来能保必胜乎空害一家人耳又使邵岳童华等往来游说直犹豫未决公以直执恋岑港已踰五旬察其心神终属观望乃开关扬帆示欲进兵直探知四面兵威甚盛终无脱计且知徐海等败没孤立无援因叹曰昔汉高祖见项羽鸿门当王者不死纵胡公诱我其奈我何乃曰部兵无统欲得汪澂摄之公知海上诸贼惟直多智习兵久雄异域得人心为难制其余皆鼠子辈毋足虑诸将亦云以犬易虎不可失也遂遣澂往直乃桀然诣军门时嘉靖三十六年十一月也

公执之付按察司狱乃集三司诸大夫参议曰汪直始以射利之心违明禁而下海继忘中华之义入番国以为奸勾引倭夷比年攻劫海宇震动东南绎骚虽称悔祸以来归仍欲挟倭而求市上有干乎国禁下贻毒于生灵恶贯滔天神人共怒问拟斩罪犹有余辜公具疏上请得旨斩直于市枭示海滨妻子给功臣之家为奴汪汝贤叶宗满俱从末减边远充军汪澂出洋为飓风所覆其余从贼鱼散鸟惊奔聚山谷公亲督官兵扫除党与皆绝

嘉靖三十九年二月兵部始以封赏之议上请诏曰大憝既除海氛已靖部议报谢徐徐何也胡某可太子太保都察院左都御史兼兵部左侍郎荫一子锦衣卫副千户其余有功者升赏有差

纪倭乱者多矣惟范表之述核而实始末具见范督军于浙故知之详贼首汪直竟为总制胡公绐至杭城于己未冬十二月二十五日斩之枭示于浙伟哉其功耶读秋崖朱公甓余漫录与范议若相表里焉夫一夫作难伤生困财流毒于天下东南之忧迄今未息其厄运由诸天乎人乎漫录悉之矣汪直叛逆之迹不知述于何人直自谓弧矢星扰乱两浙杜陵所谓四海十年不解兵岂其人乎因附其传传于后俾有所考焉是冬除夕日袁生漫记【嘉庆戊辰春昭文张海鹏较梓】

海道经[1]

前元至元二十年克取江南至元二十一年起运海粮擢用朱清张暄万户之职押运粮船三万五千石赐立海道万户府千户所百户所领虎符金牌素银牌面各领品职成造船只大者年过一千粮小者三百石自刘家港开船出杨子江盘转黄连沙嘴望西北沿沙行使潮长行船潮落抛泊约半月或一月余始至淮口经过胶州海门浮山牢山福岛等处沿山一路东至延真岛望北行使转过成山望西行使到九皋岛刘公岛诸高山刘家洼登州沙门岛开放莱州大洋收进界河两个月余才抵直沽委实水路艰难深为繁重至元二十六年增益粮米八十万石是岁正月装粮在船二月开洋四月到于直沽交卸五月回还复运夏粮至八月又回本港一岁两运是时船只鲜少人民恐惧至元二十七年朱万户躬请长兴李福四朝奉押运指引自杨子江开洋落潮往东北行使出离长滩至白水绿水径至黑水大洋望北寻望延真岛使转成山正西行便收入沙门岛开放莱州大洋收进界河远不过一月之程顺不过半月之限俱至直沽以致漕运利便是岁加封朱万户为浙江省参政张万户为浙江盐运司都运之职每岁专从此道驾使船粮赴北京将及二十余年至大德七年当蒙官司招顾两浙上户造船运粮脚价一十一两五钱分拨春夏二运延佑以来合造海船大者八九千粮小者二千余石是以海道富盛岁运三百六十万石供给京师甚为便易迤南番海船皆从此道贡献仿效其路矣自南至天津卫各有天妃庙万户马合法忽鲁循万户八十嘉议奏封福惠天妃圣号勅赐太牢今我皇明匡服四夷藩镇奉朔大辽岁给馈饷追辽海之平钦封昭孝德正灵应孚济圣妃娘娘圣号留芳于万万年矣

璃闻杨子江者实海运之患也必当择取小讯大讯艅开洋鲜有危险如大讯行船倘值东风势急恶水急紧船艅稠密一船退下纽二连三缴碇交缠头梢相击风雨相攻人无措手直至沙滩必有损坏宜深慎之海道水程至元一十七年始

准备缓急

如遇顺风使帆之时势颠猛便减帆幔投奔港汊稍泊不得贪程恐风势不止天色昏暮迤逦前行不知宿泊多有疏失不可不知遇顺风正使帆其间忽转打头风便当使回风寻港汊为稳勿得当江抵捱指望风息恐致雨细如缓急猝暴风奔港滩不及之时急抢上风多抛铁锚牢系绳缆如重载船则频频点看水仓怕有客水侵入随处札舱如小船则看风色如何别寻泊处如春夏间于港汊内泊船须要多用壮绳深打桩橛不以早晚恐有山水废洪冲突之患

海道

一自南京开洋出龙江关靠东边行使到观音山中洪一路好行至矾山北有浅滩中洪可行望方山东边中洪一路浅滩直过斩龙庙止至鲥鱼厂东路至龙潭驿一路水紧北边中洪可过径到仪真中洪北到金山寺西首十余里水紧不可抛锚寺北中洪都好行到礁山门仔细戳水行西南嘴有浅滩唤做姜婆沙西北下戳水中洪好行南有浅滩过山中洪一路好行转往南有水是洪至丹徒县南有隔壁沙滩中洪行使到五圣庙中洪好行围山西南嘴一路浅滩中洪到孟子河西南好行东北中间浅滩沙嘴占多是洪有芦青嘴东南冲出有三四里转过南中洪戳水行使便是黄山东北浅滩冲出大江中洪行使望西边紧水洪过东有马驮沙西南嘴冲出沙带一条东南也有沙带一路中洪可行南有江阴县地方抛船江阴县西边是夏港过江阴县中洪到巫子门浅塞打外洪过唤做宝船洪望见西北虾蟆山可转中洪到虾蟆山西有浅北好行南是谷渎港中洪有浅占南有洪照黄泗浦占南岸行使到奚浦港

① 〔明〕佚名撰。据明嘉靖刻《金声玉振集》本,《四库存目丛书》亦收。

南有浅滩北边是洪到福山港中洪到白茆港北有狼山望东北戳水中有浅北有洪径到瞭角嘴南路于刘家港抛泊

一刘家港开船出杨子江靠南岸径使候潮长　西岸行使好风半日到白茆港在江待之潮平带蓬橹摇遇撑脚沙尖转过崇明沙嘴挑不了水望正东行使无碍南有未入沙婆婆沙三脚沙可须避之杨子江内北有双塔开南有范家港沙滩东南有张家沙滩江口有陆家沙脚可避口外有暗沙一带连至崇明州沙亦可避之江北有瞭角嘴瞭角嘴开洋或正西西南西北风往潮落往正东或带北一字行使戳水约半日可过长滩便是白水洋望东北行使见官绿水一日便见黑绿水循黑绿水望正北行使好风两日一夜到黑水洋好风一日一夜或两日夜便见北洋绿水好风一日一夜依针正北望便是显神山好风半日便见成山自转瞭角嘴未过长滩依针正北行使早靠桃花班水边北有长滩沙向沙半洋沙阴沙冥沙切可避之如在黑水洋内正北带东一字行使料量风帆日期不见成山见黑水多必是低了可见升罗屿海中岛西边有不等矶如笔架山样即便复回望北带西一字行使好风一日一夜便见成山若过黑水洋见北洋官绿水色或陇必见延真岛望西北见个山尖便是九峰山向北一带连去有赤山牢山二处皆有岛屿可以抛泊若牢山北望有北茶山白蓬头石礁一路横开百余里激浪如云即便开使或复向望东北行使北有马鞍山竹山岛南可入抛泊北是旱门亦有漫滩也可抛泊但东南风大不可抛系北向便是成山如在北洋官绿水内好风一日一夜正北望见山便是显神山若挑西一字多必是高了但见赤山九峰山西南洋有北茶山白蓬头即便复回望东北行使好风半日便见成山一转过成山望正西行使前有鸡鸣屿中有浮礁一片可以避之往西有夫人屿不可在内使船收到刘岛西小门也可进庙前抛泊刘岛开洋正西行使好风一日到芝界岛东北有门可入西北离有一百余里有黑礁一片三四亩大避之收到八角岛东南有门可入自芝界岛有好风半日使过抹直臼有金嘴石冲出洋内潮落可见避之至新河海口到沙门岛东南有浅可挨深行使南门可入东边有门有暗礁二块日间可行西北有门可入庙前抛泊沙门岛开洋望北径过砣矶山钦岛没岛南半洋北半洋到铁山洋往东收旅顺口东收黄洋川西南嘴有礁石一路山东进口过黄洋川东收平岛口外有五个馒头山进口内抛泊南边一路老岸外洋有一孤望城儿岭尽头东望有三山正中进入内有南北沙带一条相连陡岸深水可以抛泊三山西有南山收进青泥洼西有松树岛北有孤山东北望看凤凰山便是和尚岛烽墩下占西有礁石西北有仓庙外有浅滩乱礁避之三山北看青岛一路山望海驼收黄岛使岛若铁山往西收羊头洼双岛有半边山艾子口望塔山看连云岛东北看盖州一路山看盐场西看宝塔台便是梁房口进入三叉河收牛庄马头抛泊直沽开洋望东挑南一字行使一日一夜见半边山便有沙门岛若挑南字多了必见莱州三山便挑东北行使半日便见沙门岛若挑北字多必见砣矶山往南收登州卫北沙门岛开船东南山嘴有浅可挨中望东行使好风一日一夜到刘岛收入宫前刘岛开洋望东挑北一字转成山嘴望正南行使好风一日一夜见绿水好风一日一夜见黑水好风一日一夜便见南洋绿水好风两日一夜见白水望南挑西一字行使好风一日点竿累戳二丈渐渐减作一丈五尺水下有乱泥约一二尺深便是长滩渐渐挑西收洪如水竿戳著硬沙不是长沙地面即便复回望大东行使见绿水望东行使到白水寻长沙收三沙洪如收不著洪即望东南行使日间看水黄绿色浪花如茶未水夜间看浪泼如大星多即是茶山若船稍坐茶山往西南一字好风半潮北见崇明沙南见清浦墩沿岸刘家港如在黑水洋正南挑西字多必是高了前有阴沙半洋沙向沙拦头沙即是瞭角嘴北便复回往正东行使看水色风汛收三沙洪如风不便收不得洪即挑东南行使看水色收宝山如在黑水大洋挑东多必是低了可见隔界大山一座便望正西挑南一字行使好风一日一夜便见茶山如不见隔界山又不见茶山见黑绿水多便望正西行使必见石龙山孤礁山复回望西南行使见茶山收洪后住尽回帆程限一辽河口开洋顺风一日一夜径至铁山南面山前带东铁二字望南行使径至成山收入南洋望正南行使三日三夜径至桃花班水边望东行使见白水带西二字勤戳点竿寻投长滩一丈八尺渐渐减至一丈五尺望西行戳杨子江洪如寻不见洪内望下使必见茶山至茶山后水弱船稍南面坐茶山望西行使半潮便见崇明州如若顺风一潮送至刘家港口内抛泊若船去回须记桃花班水北有半洋沙向沙阴沙在洋内须要堤防凡空回还不可料程早早可使船小料亦如此即防无碍一福建布政司水波门长乐港船厂门船水程地头预要水手船只护送沿港海岛其神仙壁碧水屋山岛去处古有贼船以备良便船开洋送至三岔河口如过一日二日至古山寺登山送香烛防东南飓作潮大过日平息送至望琪港娘娘庙前抛泊过日至长乐港口过一日至民远镇巡检司过一日至总埠头港过一日至福州左等卫告要水手船送过一日至五虎庙烧总福过一日至五虎门开洋望东北行使正

东便是里衣山正北便是定海千户所东南便是福清县盐场过一日至王家峪海岛抛泊过一日至北高山巡检司西洋山口好抛泊过一日至福宁县晚收风火帮娘娘庙前抛泊过一日至满门千户所防有天雾晚收摆艚巡检司海口过一日至金乡卫告要水手船只引送过一日至松门卫过一日至温州平阳县平阳巡检司海口至凤凰山铜盆山防东南飓作晚收中界山抛泊过一日至盘石卫但见天雾在中界山正北岛抛泊过日南风行使至晚收北门千户所要寻捕鱼小列船送过日南风往北行使过利洋鸡笼山等潮可行至松门港松门卫东港抛泊见捕鱼船十五六只便是港口过一日等潮开船至台州海门卫东洋山晚收抛泊过日离温州望北行使晚到桃青千户所圣门口抛泊过日开洋至大佛头山屏风山至建跳千户所长亭巡检司要水手鱼船过日至罗汉堂山到石浦千户所东门抛泊要水手送过日至定海卫放回金乡卫盘石卫要梢水手离石浦港后门出过铜瓦山后沙洋半边山党公爵溪千户所望北行使至青门山乱石礁洋至前仓千户所双脐港骑头巡检司前抛过至大嵩千户所过家门山招宝山进定海港定海卫南门抛要稍水船送烧总福娘娘庙祭奠开洋望北行使至遮口山黄公洋至烈港千户所海宁卫东三姑山望北行使若至茶山低了至金山卫东海滩松江府上海县海套水浅望东南行使过晚抛船等潮过羊山大七山小七山过太仓宝塔望东北行使两日两夜见黑水洋南风使船一日见绿水瞭见海内悬山一座便是延真岛至靖海卫口浅滩可预避之

海道指南图

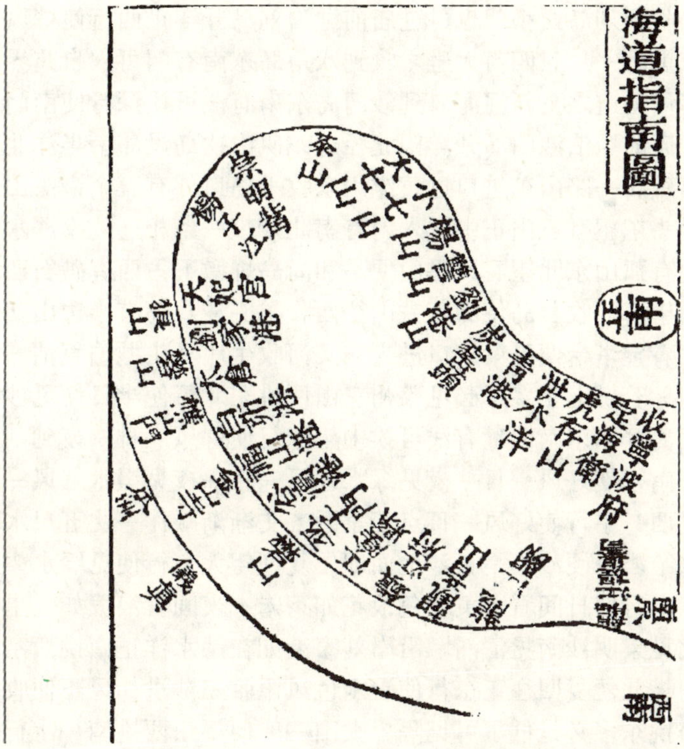

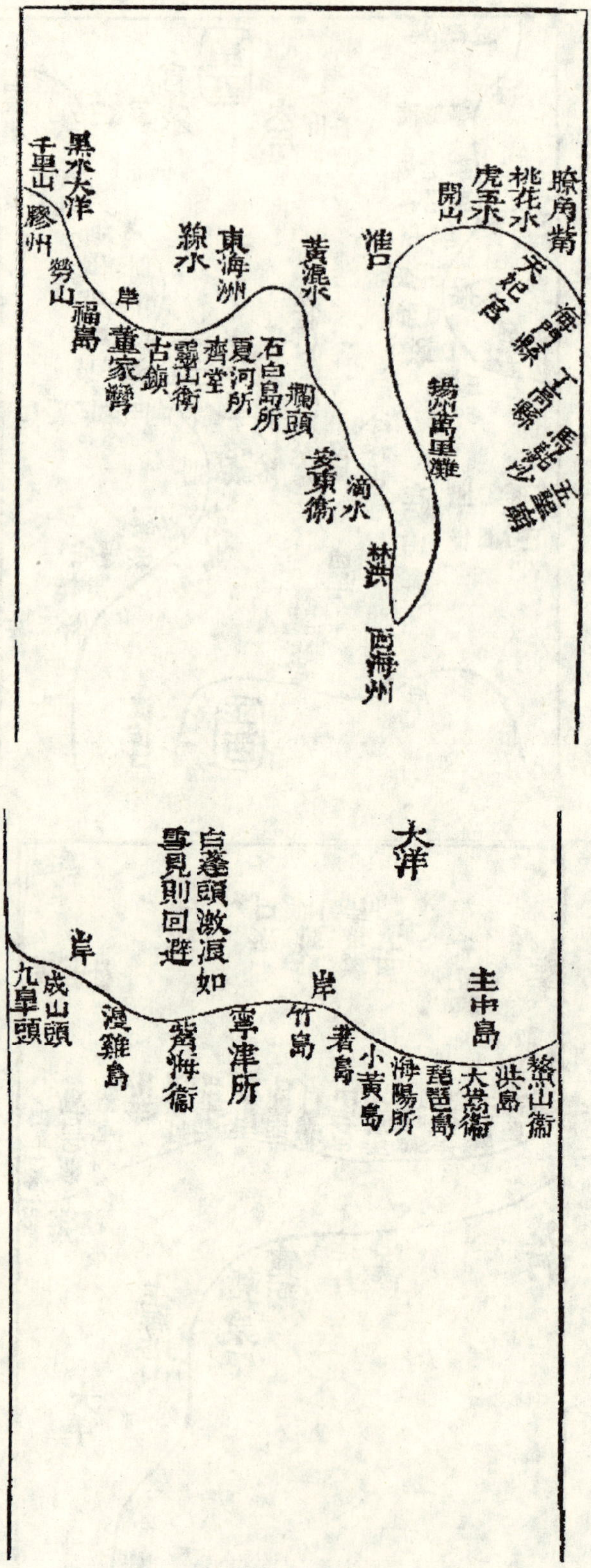
黑水大洋
千里山
膠州
勞山
福島
岸
董家灣
古鎮
靈山衛
夏河所
石臼島所
東海洲
綠水
黃泥水
嵐頭
安東衛
淮口
桃花水
天妃宮
海門縣
西海州
大洋
白蓬頭激浪如雪見則回避
岸
九皋頭
成山頭
寧海衛
寧津所
岸
竹島
小黃島
海陽所
琵琶島
大嵩衛
洪島
鰲山衛

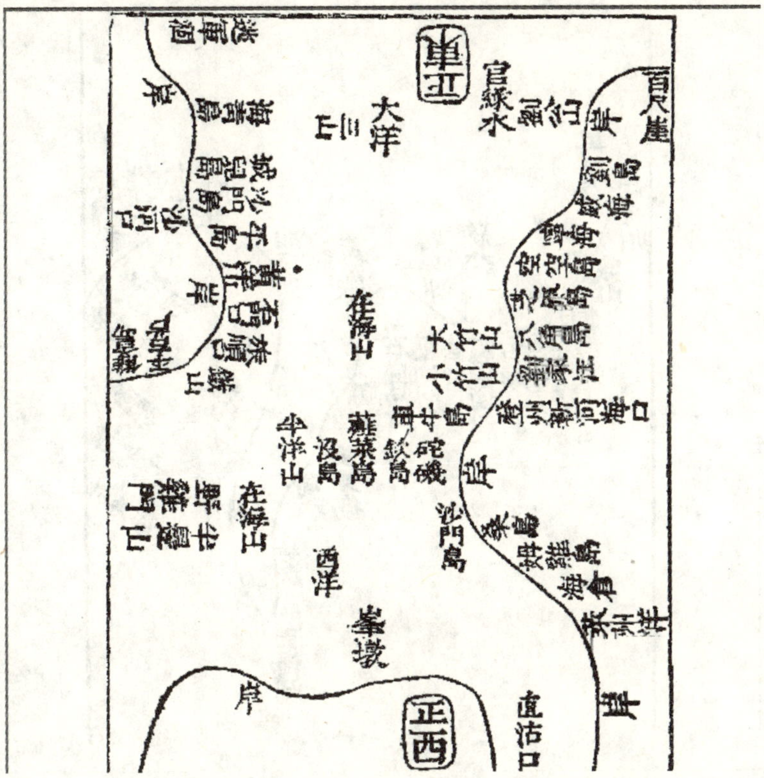
正東
大洋
正西
岸

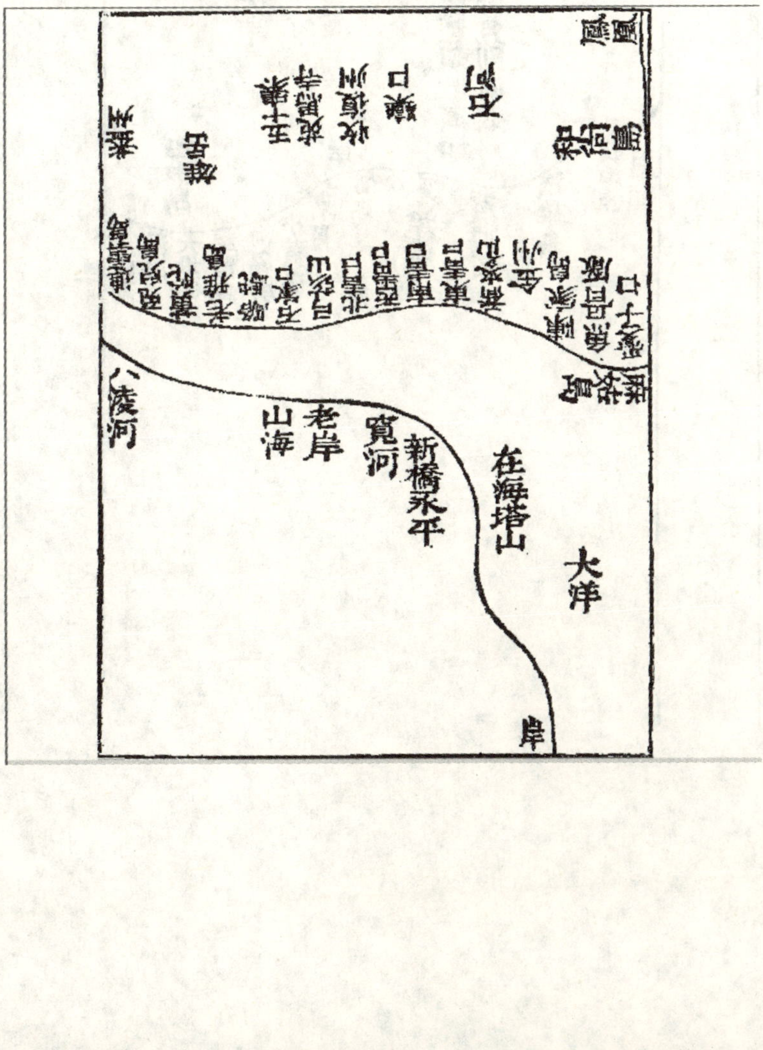
大洋
老岸
寛河
岸

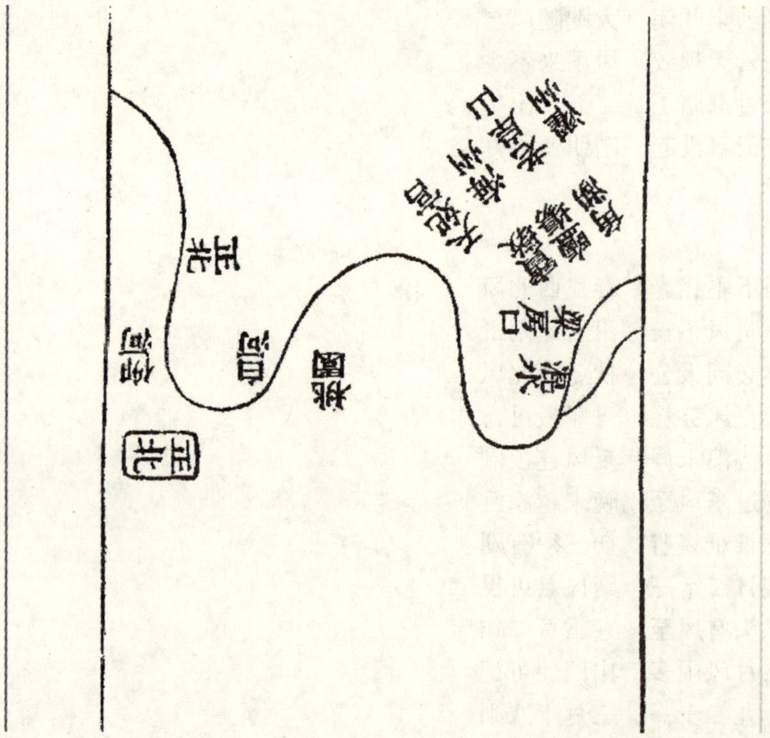

我朝太祖高皇帝建都金陵四方运舟率由大江至洪武三十年造船海运辽东以供军饷成祖文皇帝肇建北京江南粮船一由江入海出直沽口白河运至通州一由江入淮入黄河至阳武县陆运至卫辉府由卫河运至通州永乐九年以济宁州同知潘叔正言命工部尚书宋礼都督周长等发山东丁土十六万五千浚元会通河自济宁至临清三百八十五里漕舟始达于京通及洪武年间海船有一千料有四百料钻风海船运粮自开里河改四百料浅船一只故浅船因海船得名也

占天门

朝看东南有黑云推起东风势急午前必有雨暮看西北有黑云半夜必有风雨

占云门

早起天顶无云 日出渐明　暮看西边无云
明日晴明定　游丝天外飞　久晴便可期
清朝起海云　风雨霎时辰　风静郁蒸热
云雷必振烈　东风云过西　雨下不移时
东南卯没云　雨下巳时辰　云起南山暗
风雨辰时见　日出卯遇云　无雨天必阴
云随风雨疾　风雨霎时息　迎云对风行
风雨转时辰　日没黑云接　风雨不可说
云布满山低　连宵雨乱飞　云从龙门起
飓风连急雨　西北黑云生　雷雨必声訇
云势若鱼鳞　来朝风不轻　云钩午后排
风色属人情　夏云钩内出　秋风钩背来
晓云东不虑　夜雨愁过西　云阵两双尖

大飓连天恶　恶云半开闭　大飓随风至
风息始静然　乱云天顶绞　风雨来不少
风送雨倾盆　云过都暗了　红云日出生
劝君莫出行　红云日没起　晴明便可许

占风门

秋冬东南风　雨下不相逢　春夏西北风
下来雨不从　汛头风不长　汛后风雨毒
春夏东南风　不必问天公　秋冬西北风
天光晴可喜　长夏风势轻　舟船最可行
深秋风势劲　风势浪未静　夏风连夜倾
不昼便晴明　雨过东风至　晚来越添巨
风雨潮相攻　飓长难将避　初三须有飓
初四还可惧　望日二十三　飓风君可畏
七八必有风　汛头有风至　春雪百二旬
有风君须记　二月风雨多　出门还可记
初八及十三　十九二十一　三月十八雨
四月十八至　风雨带来潮　傍船人难避
端午汛头风　二九君还记　西北风大狂
回头必乱地
六月十二日彭祖忌连天大忌须忌七月上旬争秋风稳泊河南莫开船八月半旬潮候时风雨随潮不可移

占日门

乌云接日　雨即倾滴　云下日光　晴朗无妨
早闲日珥　狂风即起　申后日珥　明日有雨
一珥单日　两珥双起　午前日晕　风起北方
午后日晕　风势须防　晕开门处　风色不狂
早白暮赤　飞沙走石　日没暗红　无雨必风
朝日烘天　晴风必扬　朝日烛地　细雨必至
暮光烛天　日光晴彩　久晴可待　日光早出
晴明必久　返照黄光　明日风狂　午后云遮
夜雨滂沱

占虹门

虹下雨垂　晴明可期　断虹晚见　不明天变
断虹早挂　有风不汩

占雾门

晓雾即收　晴天可求　雾收不起　细雨不止
三日雾蒙　必起狂风　白虹下降　恶雾必散

占电门

电光西南　明日炎炎　电光西北　雨下连宿
辰阙电飞　大飓可期　远来无虑　迟则有危
电光乱明　无风雨晴　夏风电下来　秋风对电起
闪烁星光　星下风狂

占海门

蝼蛄放洋　大飓难当　两日不至　三日无妨
满海荒浪　雨骤风狂　大海无虑　至近无妨
金银徧海　风雨立待　海泛沙尘　大飓难禁
若近山岸　仔细思寻　鸟鲟弄波　风雨必起
二日不来　三日难抵　水上鹅毛　风大难抛
东风可守　回南暂傲　白虾弄波　风起便和

占潮门

月上潮涨　月没潮涨　大汛潮光　小汛月上
水涨东北　东南旋瀀　西南水回　便是水落
北海之潮　终日滔滔　高丽涨来　一日一遭
莱州洋水　南北长落　北来是长　南退方觉
杨子江内　粮舟之患　最怕船密　大风紧急
系定且守　船走难缆　纽定必凶　直至沙岸
走花落矴　神鬼惊散　要知矴地　大洪泥硬
滩山一般　铁矴可障　海中泥泞　须抛木矴
黑水洋深　接缴数寻　成山开处　名罗鼓地
磨断棕毛　蔑缴可抛　成山铁山　万丈深泉

北海地方

乾皮岭　杨林子　长滩　浇沟　苫房沟　通江沟　沙滩沟　打铁沟　摆渡口　南寨沟　朝花岛　快活口　红草窠　苦林木　剪子河　青建嘴　步北河　柳河　白河　红草沟　桃园　薙莱驼　宫沟　梁房口

右海道经两见刻本俱止此因以则例供祀二碑有关运事附刻末简庶有所考焉

袁生阳至日记

海运以远就近则例之图

皇帝圣旨里海道都漕运达鲁花赤万户府准本府达鲁花赤嘉议关该照得海道之设职专漕运岁输官粮三百余万石上供京师支持责任至重当职以疏陋之材承重难之责深惧不能称效故自延佑四年十二月到任以来孜孜询访将革弊以兴利稍图报于万一缘每岁海船支装官粮干涉浙东浙西洎上江湖广江西河南四省地面概管船户依傍江海散居闽浙绵亘数千余里其间利病非一论户计则有大小贫富之不同究地里则有远近险夷之不等船户自闽海及浙东温台庆绍南驾海洋前来浙西已自不易况有上江真州太平池州宁国建康装粮路分又涉杨子大江浙流西上经过沙浅山矶尤为艰险惟浙西平江嘉兴常州等处粮斛雇觅小船由里河搬剥比之上江似为便易以此每岁比至船户支请脚价给散勘合摽拨仓分支粮吏胥并缘为兼存或将贫远小户拨于上江重难

远处路分船多附近上户拨于浙西便易去处支装情弊多端伦序颠错致使贫乏远小户计多受其害当职已尝会集僚属讲议推究地里远近将船户湾船处所及装粮路分通画图本明白标写去处里路以远就近从公派拨数内春运粮米止于平江常州嘉兴松江四路支装先尽浙西船户上年夏运回船摽拨以平江路为则定拟其常熟江阴昆山崇明在于平江路东北松江嘉定杭州嘉兴在于平江路东南拟将常熟江阴昆山崇明两所船只于平江常州无锡各仓依验人户湾船远近船料多寡近远仓分摽拨支装据崇明州通州海门县船只沙涉海洋前来刘家港湾泊合于平江路仓支装若有装发不尽粮数将两所小户并常熟江阴近千户计贴装　松江嘉定杭州嘉兴两所船只内杭州浙江富阳及崇明州船只于平江仓上海张家浜嘉定沿江一带船只于松江乌泥泾各仓支装不敷数目与各所坐落太仓刘家港船只于嘉兴海盐各仓摽拨或有支装不尽数目从优将近下小户于平江仓贴装庶得均平所据夏运粮斛跨涉淮东满浦真州泊水湾江东池州宁国太平建康浙东庆绍台州浙西平江常州江阴嘉兴松江湖州镇江等路凡是二十余处既有远近难易之殊又有带装白粳香糯之任为此通行议拟庆元仓步边江快便尽用福建舶船台州有长田港沙浅之险就用本路小船绍兴路三江陡门沙脉艰阻悉以本处谙知水路船只支装庆元若有料船只尽数起发前来浙西刘家港先尽平江常州嘉兴江阴次及湖州松江等处粮米浙西船户合于上江各处支装虽是上江地里俱远中间又有难易之分谓如淮东满浦自刘家港拨船前去经过浅沙止用一千料之下船只就彼便可开洋又免附载白粳真州泊水湾对装江西湖广河南三省粮米及建康路素号重难合于船多近上户内摘拨装发又如池州路虽远海船可以径抵仓步太平宁国亦皆顺便合用酌中户船其浙西平江无锡如有支装不尽粮数并乌泥泾粮宜将近下小户从优摽拨其余松江嘉兴常州等路若有余粮却令支装上江重难去处船户贴装与附载白粳香糯不过通行派拨三二处如此定拟摽拨上下佥称公便亦曾申奉省府札付如委便益就便施行所以当职在任起发延佑五年六年春夏二运并延佑七年春运粮斛皆执前议迄今将及任满深恐前项便利之事渐为吏胥埋没失于遵行复生奸弊为害甚重如沐参考元议以远就近路分画图镌刻碑石树于治所使之昭然在目不为奸吏所欺诚非小补为此关请照验施行准此钦惟圣朝统一疆宇薄海际天罔不臣服严禁密重藩屏上地人民之广官僚师旅之众亿万供馈漕海转输登之天庾始则开府命官崇秩正三品列戟万户侯朝廷又以兵食所系益重其事又分行省重臣以督之于今四十余年立法既久不能无弊弊深则救救则更更必须其人而后可行乃延佑丁巳冬达鲁花赤怯来公嘉议下车之初首察弊端孜孜求访思欲更而张之由是讨论议建新规以便漕户备词申準省札行之三载民皆称便故欲著为定式刻之于石使久而不得堙没吏胥亦不能恣其高下奸民亦无以施其诡诈守而不废岂曰小补云尔

福建舶船前来庆元装粮温台庆元发来浙西并杭州富阳松江船只前来刘家港俱各经涉海洋难以计算里路

淮东道扬州路崇明州湾船

本州岛涉海至嘉定州刘家港约一百五十里西沙涉海至刘家港约九十里

沙涉海至刘家港约一百七十里

浙西各路湾船处所

嘉定州

刘家港六十三里至昆山州太仓一百八里至平江路九十里至无锡州北行九十里至江阴州西行九十里至常州路一百八十里至镇江路一百八十里至建康路一百八十里至太平路一百八十里至宁国路三十六里至水阳仓宁国路一百八十里至池州

张家浜至平江路二百三十四里松江府一百五十里乌泥泾一百一十四里嘉兴路三百四十里

沙头浦至平江路二百一十四里松江府二百一十里乌泥泾一百七十四里嘉兴路三百四十里

上海县至平江路二百六十四里松江府一百里乌泥泾四十四里嘉兴路三百里

常熟州

白茅港至平江路二百二里

福山港至平江路一百四十一里

平江路西南一百八十里至湖州路东南一百四十四里至嘉兴路九十里至海盐州三十六里至澉浦

海运编①

卷上

海运议上勘理河道熙泉何侍御

嘉靖三十三年九月十有一日躬逢诏议海运我明府特秉宪节谘访滨海以奉扬圣天子明命是时且到东莱与朋旧夜话稍涉时事有及胶莱新河环绕胶东郡境南北海口僮仆贸易坦途凡洋礁险易昼停夜泊历历筹划颇惬舆论乘酣相与鼓掌大笑别去不意莱州卫指挥佥事张栋误荐不肖于明府台下令栋讯度航海故事所以不敢闻命者衰绖茕疚尊严之地亵简不仪非敢有所执也窃闻海运之事自秦汉有之唐人亦转东吴粳稻以给幽燕元朝航海泛江浮淮入河裕国富民海运之力居多按邱文庄大学衍义补与海道经一自南京龙江关一自福建长乐港一自太仓刘家港开船俱入扬子江口盘转入山东过胶州登州沙门岛历三洋达直沽交卸我太祖高皇帝抚绥辽东亦尝海运粮七十万石以给军饷成祖文皇帝定鼎幽蓟亦尝海运米七十万石以实京储故道犹存势险难图司国计者讳之宜矣若夫今之议海运者名虽海洋实无异于漕河矣若自南直隶淮安府淮河入支家河至涟子口河计三百八十里入于海由海至山东安东卫至胶州麻湾海口二百八十里风帆一日一夜自淮抵胶矣由麻湾胶莱河至海仓大海口三百五十里入海大海口至唐头一百二十里唐头至小圣庙洋二百里小圣庙洋至北直隶小直沽河八十里又一百五十里抵天津卫丁字沽风帆二日二夜海仓亦抵天津矣通计一千四百余里而海洋之中不过六百里耳回视登莱故道风涛万里洋礁蝟集势之险易殆悬绝矣南北海道姑置毋讲所可虑者胶莱河之淤塞阻滞不通特毫末耳若夫夏霖秋溢胶莱河水泛涨若湖若川两海水势相通又不必挑浚则扬帆无滞矣此乃权宜之术非帝主万全之道以豫为先者也嘉靖十一年侍御方公远宜巡历登莱访兹遗迹檄使采访为图表之而新河之名肇矣嘉靖十七年宪副王公献慨然自任饬材鸠工闸石基址屡获旧迹而新河之事兴矣自此之后商贾云集货物相易南海胶州有桩木税北海掖县有船只料胶州平度邻境十数郡邑之民仰给攸赖船只不行者上年闻倭寇之变海防禁之耳非船舶创始作俑者也议者欲引潍水于上流又艰于地势之下议者又以分水岭之高险而难于取凿议者又以马家濠苦顽石之嶙峋议者又以麻湾海仓口潮沙之流动议者畏秋溢之淤塞议者主尺丈之高下议者论工役之重大众口纷纭从违两持不谙大体专事末节将奚取衷邪古云作室于道三年不成旦窃为明府不取也旦虽不肖岩穴野人无所轻重然其泉源蓄泄闸坝废置停泊远近亦尝留意究心请以一丸泥破之为明府东塞沽河西塞潍河以复海运避万里风涛之险侈无前之伟绩成中兴之大业试与明府言之马家濠石峡五里王公献开凿将成偶为当道所阻事不底绩或欲两头置闸以蓄潮水通舟避险亦有可讲者但旷日持久虚费工役近来客船多由薛家岛迤东淮子口大洋转尖入麻湾口自把浪庙入龙家屯石喇湾虽小石里余亦易为功五里至陈村闸旧时有坝遏沽河水不得东行而海潮止此不北矣大沽河于坝汉唐以来古迹尚存卷扫打坝横遏沽水南下若大雨时行沽水泛滥则开闸以防其横流春夏之交河水浅涩则闭闸以达其清派由小闸口入挑河十五里入吴家口以厚分水岭以南水势分水岭乃白河年久积沙所渗而淘取之甚易置闸障之以隔淤沙由河身坚固如铁非颓岸崩崖之比也窝铺有都泊环水百里筑置长堤作减水闸以约水北下引胶河水入张鲁河河通高密县五龙河连络诸城诸水以厚分水岭以北水势周家庄闸引大坝河与小坝河相通入九穴泊凿渠五尺引水以入昌许渠潍河水势极大打坝遏水东行自媒河以达胶河蓄泄淘泉皆如沽河事例以厚玉皇庙迤东水势玉皇庙浅窄孙镇口淤土稍费工力杨家圈新河海仓大海口潮水时至乘潮可举潮至吕桥亦不南矣河身比之泊身颇高每遇干旱则河水消耗每遇霖潦则野水混合若将河身浚五六尺众水就下取河身土以为堤外取土重复之以成月河减水开水有闸以时蓄泄则水有归向而淤塞之患免矣夫三百余里今开淤挑浅百五十里耳夫以人计不过七八万钱

① 〔明〕崔旦撰。据明嘉靖吴郡衰氏嘉趣堂刻《金声玉振集》本，《四库存目丛书》亦收。

以缗计不过二百万工以时计不过二年权度其疏塞之孰急乘除其利害之孰甚毅然必行不惑浮议久任心膂之臣委以便宜之权择任方面重臣督令所属府县府县督令津吏老人海防有厂济危拯溺以保万全挑浚有役淘淤窒壅以防不虞司津有吏修废补罅以期不坠汇众流归于一导诸泉合其流事半于古功必倍之较之百年漕运坏于涨淤湍激迅复河土澧瀰一夫之牵挽过于六赢之驱驰决注一里之口动费数万之金今日修河之费又不知其几万倍也况成大事者不惜小费就远图者不计近功然所以功不必成而事不必任者何哉盖疏浚之后不能保其不复淤筑坝之后不能保其不复决论事者必从而訾其后故任事之臣未免畏及首尾而不敢竟其策也是故智者不失时以弃功勇者不避险以灭义任者不畏难而掘起举天下所不敢任之事而明府独在之举天下至难为之事而明府独为之任以自立义以动众智以乘时居定则志贞志贞则政豫盖有非常之人而后有非常之功亦理势之必然者也洪惟我圣天子中兴之君遇中兴之佐以建中兴之业特易易耳是故修筑堤防之功多疏浚分杀之力少劳于一时逸于无穷为万世计不顾一时为天下计不殉一方为生民计不恤一人从容优裕以图可久之利以销未然之患圣子神孙遵有成业利溥当时泽流弈世皇图巩固而宗社衍无疆之庆矣旦也俯首畎亩为中兴之民得遂雍熙之乐独不伟欤外胶莱海运图考附上迺平日闻见粗迹聊答相遇之感耳若夫设官置署记时授功造舟遏寇则又因时制宜随见长智临机决策而施舍之俟有成命当杖策语诸河上管见如斯鄙俚不文采葑者毋笑其狂而掷之天下苍生幸甚国家社稷幸甚

泉源考

按舆地志登莱环海而居乃海运故道唯平度州握其吭有新河经腹带流接联两海水源出高密县南自胶州分流北至莱州府海仓入海自胶抵莱因名胶莱河元时疏浚避东海数千里之险故名新河谚曰铜帮铁底今亦曰南新河北新河云平度汉胶东郡河在州治西又曰胶河陶宗仪辍耕录胜国时天下水利十二其一谓胶莱海口距海三百四十里元史载开胶莱河工役始末以其末运兵梗讳其详矣故老相传湾泊闸坝基址遗迹识记甚详尝考山东通志平度东界沽河虽有大小二名实支派沚渚之别耳源出黄县东北入栖霞县招远县界转折西南自莱阳县入平度州崖头南三里挑河小闸口又南至即墨县陈村入海按古迹南村一名于坝旧坝桩木犹存水势阔大北十里至五道口挑河挑河十五里达吴家口入南新河其口名小闸口父老相传昔汉胶东康王寄都诸毛城城古即墨田单据此破燕故基森然犹有王者气象凿此通新河入都泊观莲之渠耳殊不知其遏沽水之迹也小闸口置闸春冬闭塞夏秋开启蓄泄以时则沽河大脉流入新河矣且沿海郡县凡百流泉何渠若以时疏之如宁阳引泰山诸泉特命水部主事督理官夫淘浚泉源以益运河若两河之水既合为一众泉之流又并以归何患乎旱涩邪陈村旧传有坝以遏吴家口之水使之北流过分水岭则接小胶河达张鲁河浩然之势成矣张鲁河源出高密县铁橛山接五龙等河连络诸城县众山之水以小归大以大纳小悉归都泊都泊者众水所聚之处昔桑宏羊牧豕于海上兹其地也周回百十余里中隐二三十泉可设斗门作长堤挑浚诸泉以时启闭以济分水岭以北水势大坝河渠王公献疏浚引水旧迹尚存引入小坝河疏渠以达九穴泊九穴泊者房岭泆口九处水经二三十里中汇为湖又开渠十里置堤约水东北下以入周家口昌许渠事未底绩而功有可讲者正西有昌邑县潍河发源于沂州入莒州经安邱诸山出自潍县至昌邑柳疃入海水势极大不分冬夏常流亦名淮河汉将韩信囊沙破敌于此有韩信坝古迹若修复旧坝稍杀水性又自媒河打坝横遏潍水东行入新河势甚顺利谚云胶翁淮母无媒不成土人又畏其狂流故多讳之苟如沽河置坝蓄泄以时再打月坝约水湍性以济玉皇庙迤东诸闸口之浅夫三河者胶莱河之命脉也舍此不讲将何所据哉若现水之底下白河之流沙罗锅云河之源水又皆羽翼淤塞并系利害者也寻源摘派者必将以予言为是予尝乘小艇于七八月间自小闸口理楫入吴家口抵窝铺至分水岭船底拖沙而行五里下则张帆无停桡矣抵亭口抵杨家圈抵新河水势汹悍浓浪出没宛然江湖之中中流击节自称奇赏以此论水高下可知矣若以尺丈水平论者是又胶柱鼓瑟耳奚以智为哉昔有献渡江策者以钓丝量江按策济渡不失毫末予之小艇往来波上探水熟矣倘有英迈之士以天下苍生为心者必开海运为国大虑当以此与之筹之亦江上之钓丝也荆璞徒泣以俟识者毋曰终于不讲而已

闸坝考

窃观新建石闸仅存者三之一新河闸口石大颇完吴家口闸陈村闸窝铺闸亭口闸周家庄闸玉皇庙闸杨家圈闸倾颓不堪岿然仅存幸耳昔年王公献创建之时财乏民疲止以速成为功不以久远为计略加挑浚少烦人力则石兽闸板桩木旧基屡见迭出而南北之流泛舟矣所乏者沽河不遏之南下潍河不逆之东行独白河张鲁河九穴泊之水耳事无成绩弃之不讲今者置闸之法必欲崇高可障秋水淤塞筑堤取河身土覆两边外重取土以覆之则为月河绵亘夹河以护河身而行潦秋涨各顺其就下之性使河水不通野潦野潦不入河身淤塞之患将何有乎议者以白河之沙年久积高水随南北分流走沙秋涨来复不常宜筑小闸三五处约三四里外以隔之淤塞之患或可免矣或曰沽潍水势汹涨难置闸坝予尝游西蜀观都江堰大江自西域万里势甚澎湃秦昭王时蜀太守李冰凿离堆分灌口一堰遏之江水分擗溉成都千里之田号称陆海今沽潍之水远不过三四百里势之大小悬绝矣按元史河渠传制堰之法宜取大石范铁以关其中取桐油和石灰杂麻油而捣之使熟以苴罅漏岸善崩者密筑江石以护之或植杨柳或种蔓荆栉比鳞次必赖以固或疏旧渠以导其流或凿新渠以杀其势遇秋夏水会之时则为石门或门以时启闭而泄蓄之专官以掌其政凡淘滩修堰之费仍蠲于一省兵民所常徭役俾专其力于堰事又考近世减水闸之制植木为杙中实砖石上为衡木著以厚板墁以巨石屈铁以键之液稬以填之其上甃石五梁而涂之梁可引缆窦可通水俾水溢则稍杀啮势水涸则河身护存庶几无壅滞之处又考漕运开水闸之法命工淘沙底如掌平锤下桩木加大木板铁钉连之上方甃石数级每级上缩八寸高十五六尺置细巨石煮灰以固之底广二十五尺面用石板甃二层广袤随量地势置木板以启闭遇山水泛涨启板听从故道常流水退闭版障流以灌河身两端为逆水雁翅二各长四十余尺顺水雁翅二各长五十余尺中为分水五各广三十尺两石际连以铁锭石上下护以铁拴甃口上横巨石或三或四各长丈余可以免崩塌之患夫治水之法不过疏与塞而已疏之说见禹贡导江浚河随山刊木禹迹可考塞之说不见经传近来堤堰议起往往获利周思豫虑以为之备则塞之之利焉可诬故敢摭拾规矩如左择而行之可也若夫灰石取于附近之山木植采于海上诸岛铁冶油麻责之市集工匠夫役出之召募佥议胥协疏建并举民不告扰而事若助之则又处置得宜经济之妙者也又岂绳墨拘之哉

船舶考

尝闻善谋事者恒于未事之先而有意外之虑予家居滨海僮仆贸易海上颇知海舟之便船行海洋不畏海深而畏浅不虑风而虑礁船法必将仓为龟腹首尾偃月前后俱置柁帆桅眼立有机置长杆篙以探水立定盘星以取向擗风板分水以使风锁口板冲浪以逐波如蓄舶渔舟之制大抵海船与河船不同河水浪活船宜重以压之帆桅易于转折海洋浪死船宜轻以浮之波浪便于乘骑淮安二百余船往来胶州装载州旧纳财为课唐头五六十船出入直沽估赁掖县旧纳银为料南船放洋颇险北船捧路甚多由其利津红铜诸盐场掣盐之路也先用十数船付与驾使给与月粮逐一访问居民捕鱼渔户煎盐灶丁行船家长俾其沿海港汊山岛沙石多寡洲渚远近是何地方可行则行可避则避可止则止立为标帜画图开款以立沿海水程夫风涛漂溺之虞以其天道常变不一也欲免漂溺之患如沈氏笔谈每日五鼓初起视星月明洁四际至地皆无云气便可行船至于已时即止则不遇暴风矣中道云起即便易柁回舟仍泊旧处可保万全港汊窎远卒遇暴风但泊于极深大洋下锚卸桅任其起落亦可无虞万一不保将米先用蒲竹包裹之若遇漂溺随其冲流沿海岛港委曲为之设法多置海防官署晒厂吏夫洋海潮来芥蒂不留波拥至岸百物俱存但畏居民渔人乘变射利耳且海船省其兑支之耗无剥浅之费无俟次之守海船一载千石可当河船一之三以此诸羡补其失时又且合并军卒编立队伍战舰征舫按垒而行当于安东胶州新河利津皆宿重兵水陆齐驱使与淮安登州天津声援相接兵食预备大修战具保有东南控驭西北坐制海上诸夷而国家亦有水战之威矣将见吴艭越艘燕商楚贾珍奇重货岁出而时至以望洋之叹视若坦途而京师之货山积矣足国富民之策万世无穷之利也易曰象财成书曰陈修和君出其令臣宣其力虽大小劳逸之不同同是道也今我圣天子勤民思理珍重馈饷悯恤流垫宵衣而食南顾之忧将见其释矣万一潢池盗兵窃据徐卫梗塞运道又意外之变识者有隐忧焉思患预防之计愚也端有望矣

卷下

再上何公估计新河书

窃念不肖岩穴竖子愚戆违俗屏迹畎亩甘分邱壑谢绝人事久矣自挥使张君荐进之后不揣狂瞽辄取披陈际遇明府询访宣达下逮刍荛虽无知如不肖者亦蒙注意收录待以殊礼感德之私曷能罄怀今则遍观任事之论会计无艺无人可及效者故不敢不言也聊陈平日所闻私窃估计上请台诲诚知烦琐不恭但一得之愚不敢自昧具此详切傥有取焉以备采择其有合行事宜附款简末辞不覼缕惟俟鉴纳

尝见嘉靖初年吏部尚书文襄公桂萼题为朝观事内坎有边墙运河夫役云臣等又议得河南山东四都司春秋二季京操官兵共将及四五万人合无审非灾伤地方不免京操者暂借一季免其来京就令各营管操人员押送二处悉付二省都御史分遣修筑仍将见在官钱量给工食则公家于河道易通军士于荒岁易度而两省小民一旦安堵矣良法美意不黩货不害民似可举之于庙堂酌议行之若专于役夫须编管合省庶为均一之令而沿河地方尤为烦扰如胶州平度州高密县昌邑县监修官之所居供亿之所出夫役之所聚柴米腾贵馆谷繁劳加倍他邑可不优恤耶伏候俯从民望乞将河夫免派少纾民困抚绥茕独不胜乡曲惓惓睇目企望

工程重大烦费不赀银两之出或奏请内帑或工部料价或各省分派庙堂自有处分也草茅之士不敢妄评窃闻宣德年间开通济宁运河发河南山东丁夫一十五万日给口粮仍诏蠲免丁粮二石支用各钞关钞钱并抽分榷盐各衙门银两案牍昭彰乞为奏请敕谕六部九卿及台谏百执事详夺施行

部夫无法实难稽考况动众数万纪律容不严耶今各州县解到河夫或歇操军役或四五百名或二三百名及到工所相聚纷扰数实不足查点雇倩殊为儿戏兵家所谓縻兵不可不慎按孙武子法五人为伍一伍既定众伍皆然虽千百万相率而不乱者伍法定者为今之策合以伍法定之每里三百六十步步四尺共计一千四百四十尺用夫一千四百四十名为一大工每夫一尺十夫一丈中除饭头一名造饭九名包一名工程为什为一小工伍什立伍长一名理之二伍立百长一名掌之五百长立督工官员治之凡逋逃事故冒名作弊许令责罚以警有众仍分隶方面重臣或委府佐州县能干掌印等官专主稽考勤惰往来催促仍立旌功录过簿籍呈请考校修闸打坝淘水运石烧灰运砖悉用此法绳之养威持重静恭凝思居简御繁之要何如耶

挑浚匠役执事官吏经费度支从长预备派定地方通算一工部合工有难易夫役多寡随之中分二十八大工每工系河身十里之地立红布旗一面共分二十八工立旗二十八面上书二十八宿字号每旗督小工十工每工系河身一里之地中央立大黄布旗一面上书钦命督工见我明府足国富民之策持秉九重成命瞻视尊严人心整肃照耀海湄何如其伟观耶诗云自天子所谓我来矣

大旗统驭有众固详言之若伍法不重申之岂不有遗忽之累耶每一红旗管十黄旗一黄旗管三十蓝旗以千字文编定分与地方如天字号旗五十名即于大旗上大书天字号夫某州县却将五十名各令作一小蓝旗插带头上小书天字一号夫即令天字一号夫头执大旗率领四十九人做工天字号立定即以地字号次之凡有点闸骤至某字号大旗下就今五十人赴点卒尔之间何以雇倩又令各旗各夫自相纠察首出到官即将所首免役在逃究治除补本工月日外仍罚工以补所首之数在逃者则众人包工必相愤而不容免役者则众人激发必相攻而不已寓机括于一伍收成效于亿兆非惟夫役不得以轻逃而部夫者亦无由以卖放以寡驭众罔有出其右也

夫海运行船至易惟疏凿之工最难苟不总括会计诸役皆无头绪兹特论其挑河夫大概一里该用夫一千四百四十名十里一万四千四百名三百里通计夫四十三万二千名二月初间上工六月初间止工计一百二十日中间天雨淘水不计外虽深浅难易之不同而计工授日必限等级一月一工作四工分擗该用夫十万八千名每名日给银三分该用银三千二百四十两一个月通计夫三百二十四万名该银九万七千二百两大约一百六十万足矣

催督程严而作息无度人难遵守如四鼓造饭五鼓中漏上工巳时中漏下工吃饭午时上工申酉间早令下工便于休息人以旗为进止工以旗便催督削除点查清革烦扰号令严明事有纲纪笼络钩稽不致譴责民将欢呼鼓舞称便矣

挑浚烦劳调遣固难杂料鸠集功尤不易苟轻重无准则检察不明司事者可无良法预其间哉如石二尺五寸厚一丈长用夫百名一尺五寸厚阔如之长七八尺用夫七八十名五尺长足五阔一尺厚用夫五十名若小石可以

装载小车者一块银三钱足矣往返数日此工琐碎难可计略只在督工官之勤惰而费亦因之矣约长用夫七千名运石足矣烧砖打坯随闸口地势土肥切近去处立窑每闸用砖难以计量每闸用夫二百名足充役使烧砖完毕随从石匠修闸随手差使大约不过四千名足矣烧灰地方如掖县界山昌邑岭上密埠平度门村六曲金泉各立窑厂专官督之每厂置夫一百名灰完仍遣车运照闸远近为限夫计二千名足矣以上三项工役共计不过一万六千名一日该银四百八十两一百二十日通该夫一百九十二万名通该银五万七千六百两遇有闲工随即差补挑河之役庶程限优逸工不旷废矣修闸之料不能概举且如糯米每斗价银二钱桐油每斤价银一钱铁每斤价银四分线麻每斤价银二钱五分以一座闸论之米一百石银二百两桐油二万斤银二千两麻一万斤银二千五百两铁五万斤银二千两闸板长二丈阔四尺厚一尺楠木樟木或用杉木每块价银一十两二十块为约共价银二百两桩木密比鳞次量地势钉之约二万根每根价银五钱共价银万两若挑月河打坝引淤水修闸之费用卷扫麻绳蒿草长柴每闸两边修筑二坝方可上工约价银三千两原修旧闸八座石料十分之三外添设新闸七八座水口斗门十余座大小不等共约二十余座截长补短每座用料银一万五千余两共计银三十余万两沽滩二坝若用石级作斗门则费资非二十万两不能矣犒功赏能之费鼓舞人心之要术不在此限

修闸作坝百务纷纭若石匠木匠瓦匠油匠铁匠灰匠论其周思审处功劳不一考校课工者可无差等耶夫役每名日给银三分除本地帮贴外足为一日之食体恤周全之恩也但匠作与夫役不同人心巧拙之既异而饩廪因之隆杀中工日给银六分摘其巧者日给银八分中间识见超众迈出等夷又从而厚之日给银一钱大约有二千余名每名约给七分算百名日该给银七两二千名共该银一百四十两做工一百二十日该银一万六千八百两智谋之士优赏激劝之举又除此格之外将见贪工之人嗜进之士呈奇献巧从风而靡若工成赏赉我国家自有懋功之典山薮之人何敢觊觎其赏格

物料烦费清理混淆虽摘伏隐幽校计毫厘而日亦不足矣必设良法经纬庶便检察或买稍买麻买草买油买铁及桩木等项不一若令管工官员买用其间奉公守法固有苟且不才者实多致将官银扣除任意冒破罔有考稽若将分派各属收买必报富民大家物价腾贵科派蔓延者不堪或将官银侵克物议纷然民不堪命此招商和买之策亦势之不容已者合将买料者专于招商议定则例收料者专委廉能官员管工者另委一官若有工所合用之料通将数目行与各官知会管工者须料物齐备方可完工必不肯苟容收料之官收料者必得原议之数乃可以应管工之求又岂肯宽纵纳料之商至于料值高下已有估计定规买料者亦不敢轩轾其手则事体牵掣犬牙相制必不敢肆然自放庶乎银不浪费而料得实用矣

任事之官管事之役鲜能冰蘖首尾有訛亦人情之常事耳中间有等不逞之徒放肆从奸把持诸官吓诈役匠争起邪说以撼司执惑众诬人激变叵测诚为深惧合无定为事例凡有光棍捕人罗织延蔓者付之严刑警戒群慝庶数万之众得以宁谧而大工之建不致阴坏其法杜奸绳顽何得雌黄其口耶海运既通必建官属分掌其事官必有公署署必责于此役方称完工如新河设立工部厂修理诸闸胶州设立户部抽分厂收纳课税南北海港选择要会建置晒厂闸坝设立公署官厅以壮等威退居以便熙养下至吏廨隶舍何莫而非今日之虑耶其间土木之费又不下数万而已

夫匠并集炎暑时月亿万杂居凉栖水饮不能便体内伤外感成疾罹疫不为不少矣各处著落官吏择选明医付诸群药河上遇病随时疗治乐事趋功之敏由其报德酬恩之诚也闾阎之下隐然受十余万之惠不必专务赈恤而利之所及亦或溥矣创建大役事务丛脞劳费不经非可亿度期必者也若天时人事齐谐工役告成固云成算如此使或天雨不时人力迟缓功有弗就者姑待秋末水消然后润色之万一银两不敷临期仓卒再烦题请则事蹈周张矣又岂万全之道耶谋大事者不惜小费必将夫价物料估计倍之待工完毕羡余诸料上之作事谋始终焉获允臧之庆矣

设法宜宽督工宜严佚以劳民民忘其劳犒赏有节百工咸劝徒严不能以辑和其众徒宽不能以整肃其心吏畏民怀威德允乎远驭长驾事归画一不动声色而大工之集有子来之愿可也操纵宽严之道自当如此惟高明其图之

附见三事【宋姚宽西溪丛语载此可附见编内】

尝闻习海者云航海自二浙可至平州闻登州竹山驼基诸岛之外天晴无云可远望平州城壁今自二浙至登州与密州皆由北洋水极险恶然有自胶水镇三日而抵明州定海者

杜甫后出塞云渔阳豪侠地击鼓吹笙竽云帆转辽海粳稻来东吴越罗与楚练照耀舆台躯又昔游篇云幽燕盛用武供给亦劳哉吴门转粟帛泛海凌蓬莱

平州今平度州密州今高密明州今四明驼基岛石可琢砚曾见宋琢砚镌驼基岛三字

两种海道针经[①]

海道针经(甲)

顺风相送序

昔者周公设造指南之法,通自古今,流行久远。中有山形水势,抄描图写终误,或更数增减无有之,货筹头差别无有之。其本古年深破坏,有无难以比对。后人若抄写从真本惟恐误事。予因暇日,将更筹比对缉考通行较日。於天朝南京直隶至太仓并夷邦巫里洋等处更数针路山形水势澳屿浅深攒写于后,以此传好游者云尔。

昔者上古先贤通行海道,全在地罗经上二十四位,变通使用。或往或回,须记时日早晚。海岛山看风讯东西南北起风落一位平位,水流缓急顺逆如何。全用水淘探知水色深浅,山势远近。但凡水势上下,仔细详察,不可贪睡。倘差之毫厘,失之千里,悔何及焉。若是东西南北风起风筹头落一位,观此者务宜临时机变。若是吊戗,务要上位,更数多寡顺风之时,使补前数。其正路若七州洋中,不离艮下不离坤,或过南巫里洋及忽鲁谋斯,牵星高低为准。各宜深晓。

行路难者有径可寻,有人可问。若行船难者则海水连接于天,虽有山屿,莫能识认。其正路全凭周公之法,罗经针簿为准。倘遇风波,或逢礁浅,其可忌之皆在地罗经中取之。其主掌人观看针路船行高低,风讯急缓,流水顺急,机变增减。或更数针位,或山屿远近,水色浅深,的实无差。又以牵星为准,保得宝舟安稳。

永乐元年奉差前往西洋等国开昭,累次矫正针路,牵星图样,海屿水势山形图一本山为微薄。务要取选能暗针深浅之人在船。深要宜用心,反复仔细推详,莫作泛常,必不误也。

地罗经下针神文

伏以神烟缭绕,谨启诚心拜请,某年某月今日今时四直功曹使者,有功传此炉内心香,奉请历代御制指南祖师,轩辕皇帝,周公圣人,前代神通阴阳仙师,青鸦白鹤仙师,杨救贫仙师,王子乔圣仙师,李淳风仙师,陈抟仙师,郭朴仙师,历代过洋知山知沙知浅知深知屿知礁精通海道寻山认澳望斗牵星古往今来前传后教流派祖师,祖本罗经二十四向位尊神大将军,向子午酉卯寅申巳亥辰戌丑未乾坤艮巽甲庚壬丙乙辛丁癸二十四位尊神大将军,定针童子,转针童郎,水盏神者,换水神君,下针力士,走针神兵,罗经坐向守护尊神,建橹班师父,部下仙师神兵将使,一炉灵神,本船奉七记香火有感明神敕封护国庇民妙灵昭应明著天妃,暨二位侯王茅竹篨仙师,五位尊王杨奋将军,最旧舍人,白水都公,林使总管,千里眼顺风耳部下神兵,擎波喝浪一炉神兵,海洋屿澳山神土地里社正神,今日下降天神纠察使者,虚空过往神仙,当年太岁尊神,某地方守土之神,普降香筵,祈求圣杯,或游天边戏驾祥云,降临香座以蒙列坐,谨具清樽。伏以奉献仙师酒一樽,乞求保护船只财物,今日良辰下针,青龙下海永无灾,谦恭虔奉酒味初伏献再献酌香醪。第二处下针酒礼奉先真,伏望圣恩常拥护,东西南北自然通,弟子诚心虔奉酒陈亚献,伏以三杯美酒满金钟,扯起风帆遇顺风,海道平安往回大吉,金珠财宝满船盈荣,虔心美酒陈献。献酒礼毕,敬奉圣恩,恭奉洪慈,俯垂同鉴纳伏望愿指南下盏,指东西南北永无差,朝暮使船长应护往复过洋行正路,人船安乐,过洋平善,暗礁而不遇,双篷高挂永无忧。火化钱财以退残筵。奉请来则奉香供请,去则辞神拜送。稽首皈依,伏惟珍重!

---

① 据中华书局 1961 年向达校注本。

行船更数法

凡行船先看风汛急慢,流水顺逆。可明其法,则将片柴从船头丢下与人齐到船尾,可准更数。每一更二点半约有-站,每站者计六十里。如遇风船走潮水却向潮头涨来,此系是逆流。柴片虽丢顺水流向,后来必紧,不可使作船走议论。古云先著风汛急慢,流水顺逆。不可不明其法。

取水法

取水下针,务要阳水,不取阴水。何为阴阳水?盖阳水者风上危也。阴水者风下厄也。

下针法

安罗经,下指南,须从乾宫下。盖乾宫者乃二十四向之首,夫乾者天之性情,故下针必以是为先。庶针定向,不至浮沉。

逐月恶风法

春夏二季必有大风,若天色温热,其午后或云起,或雷声,必有暴风,风急,宜避之。秋冬虽无暴风,每日行船,先观四方天色明净,五更初解览,至辰时以来,天色不变。若有微风,不问顺不顺,行船不妨。云从东起必有东风,从西起必有西风,南北亦然,云片片相逐围绕日光,主有风。云行急主大风,日月晕主大风。云脚日色已赤,太白昼见,三星摇动,主大风。每遇日入,夜观于四方之上,若有星摇动,主有大风,人头颊热,灯火焰明,禽鸟翻飞,鸢飞冲天,俱主大风。正月初十、廿一日,乃大将军降日逢大杀,午时后有风,无风则大雨。二月初九、十二、廿四日酉时有大风雨。三月初三、十七、廿七日午时后有大风雨。四月初八、十九、廿三日午时分有大风雨。五月初五、十一、十九日申酉时有大风雨。六月十九、二十日卯申时主有大风。七月初七、初九日神杀交会,十五、十七日午时大风,八月初三、初八日童神大会,十七、廿七日午时大风。九月十一、十五、十七、十九日,主有大风雨。十月十五、十八、十九,廿七日,得府君朝上界,卯时有大风雨。十一月初一、初三日主大风雨。十二月初二、初五、初六、初八、廿八日,主大狂风,云则无差矣。

定潮水消长时候

初一、初二、十六、十七日子午时长。初三、初四、十八、十九日丑未时长。初五、初六、二十、廿一日寅申时长。初七、初八、廿二、廿三日卯酉时长。初九、初十、廿四、廿五日辰戌时长。十一、十二、廿六、廿七日巳亥时长。十三、十四、廿八、廿九日己亥时长。十五、十六、三十日子午时长。

每月三十并初一、初二、初三、初四、初五、初六、初七日水平,交十五日水又醒。至十六、十七、十八、十九、二十日水俱醒。廿一日水又平似前日。水醒流紧,其势但凡船到七州洋及外罗等处,遇此数日水醒,看风斟酌。船身不可偏东,东则无水扯过西。自初八、初九、初十、十一、十二、十三、十四日止,水退流东,廿二、廿三、廿四、廿五、廿六、廿七、廿八、廿九日止水俱退东。船到七州洋及外罗等处,可算此数日流水紧慢、水涨水退,亦要审看风汛,东西南北,可以仔细斟酌,可算无误。船身不可偏,西则无水扯过东,船身若贪东则海水黑青,并鸭头鸟多。船身若贪西则海水澄清,有朽木漂流,多见拜风鱼、船行正路,见鸟尾带箭是正路。船若近外罗,对开贪东七更船便是万里石塘,内有红石屿不高,如是看见船身,便是低了,若见石头可防。若船七州洋落去贪东七更,船见万里石塘似船帆样,近看似二三个船帆样,可防牵船,使一日见外罗山,千万记心耳。其船若在灵山大佛前,四、五、六、七、八月,流水往西南,水甚紧甚紧。东北时往正南甚紧,船可近山甚妙。船若回唐,贪东,海水白色赤见百样禽鸟,乃是万里长沙,可防可防。多芦荻柴多流界,船若贪西,则见海南山,不可近。行青廉头,生开恐犯难得出,船身低了使开至紧。若遇七州洋见流界七条,乃近南亭门。船若出唐,到交趾洋贪西水色清白,拜风鱼多,船可行开,怕落占笔罗内难出。船见芦荻柴成流界,乃贪东可行,用坤申针,使一日一夜见灵山大佛。若见白鸟尾带箭,便是正路,即是外罗也。

论四季电歌

春天电相对。夏电左右推。秋从电下来。冬电就其吹。

四方电候歌

东电长江水。西电日上红。南电雨如雷。北电南方吹。

观星法

北斗出在丑癸,入在壬亥。华盖出在癸,入在壬。灯笼骨出在巳丙,入在丁未。水平星出在巳丙,入在丁未。

定日月出入位宫昼夜长短局

正月:日出在乙,入在庚。日长七分,夜九分。月出在甲,入辛。

二月:日出在卯,入在酉。日长平分。月出在卯,入酉。

三月:日出在甲,入在辛。日长九分,夜七分。月出在乙,入庚。

四月:日出在寅,入在戌。日长十分,夜六分。月出在辰,入申。

五月:日出在艮,入在乾。日长十一分,夜五分。月出在巽,入坤。

六月:日出在寅,入在戌。日长十分,夜六分。月出在辰,入申。

七月:日出在甲,入在辛。日长九分,夜七分。月出在乙,入庚。

八月:日出在卯,入在酉。日夜平分。月出在卯,入酉。

九月:日出在乙,入在庚。日短七分,夜九分。月出在甲,入辛。

十月:日出在辰,入在申。日短六分,夜十分。月出在寅,入戌。

十一月:日出在巽,入在坤。日五分,夜十一分。月出艮,入坤。

十二月:日出在辰,入在申。日六分,夜十分。月出寅,入戌。

定太阳出没歌

正九出乙没庚方。二八出兔没鸡场。三七出甲从辛没。四六生寅没犬藏。五月出艮归乾上。仲冬出巽没方坤。惟有十月十二月,出辰入申仔细详。

定太阴出没歌

正九出甲没于辛。二八出兔入鸡邻。三七出乙没庚位。四六出辰没在申。五月出巽没坤上。子月出艮乾至真。惟有十月十二月,出寅入戌正可陈。

定寅时歌

正九五更三点歇,二八五更四点彻,三七平光是寅时,四六日出寅无别,五月日高三丈地,仲冬才到四更初,十一十二月四更二,便是寅时君须记。

定天德方

正丁二坤宫。三壬四辛仝。五坤六甲上。七癸八艮中。九丙十居乙。子巽丑庚中。

定三方针法

寅午戌。亥卯未。申子辰。巳酉丑。甲乾丁。庚巽癸。乙坤壬。丙艮辛。

定四方针法

子午卯酉。寅申巳亥。辰戌丑未。乙辛丁癸。坤艮乾巽。甲庚丙壬。

定风用针法

东风巳酉丑。西风亥卯未。南风申子辰。北风寅午戌。东北乙坤壬。西北癸巽庚。东南甲乾丁。西南丙昆辛。

各处州府山形水势深浅泥沙地礁石之图

福州五虎门：打水一丈八尺，过浅取官塘行船，三礁外正路。

东沙山：西边近山打水六七托，好抛船最妙也。

牛屿：内过打水二十五托，外过打水二十五托。

乌坵山：门内过打水二十托，洋中打水三十五托。

湄州山：系天妃娘妈出身祖庙，往来宜献纸祭祀。

泉州港口玳瑁门：有望郎回山上姑嫂塔门，洋中三十托水。

太武山内浯屿：系漳州港外，二十托水。

大小柑山：内过打水十五托，外过打水二十五托。

南澳大山：有屿仔。

惠州山门：洋打水三十五托。

大星尖：洋中有大星尖，内过打水二十五托，外过打水四十五托。

东姜山：对开打水四十五托。广东前船澳港口有南亭门，打水十九托，沙泥地。

弓鞋山：似弓鞋样，对开四十九托水，北低一角，七个高山合做一个山，南边高近大山，内十九托水，泥地。

南亭门：对开打水四十托，广东港口，在弓鞋山，可请都公。

乌猪山：洋中打水八十托，请都公上船往回放彩船送者，上川、下川在内，交景、交兰在外。

七州山：山有七个，东上三个一个大，西下四个平大。

七州洋：一百二十托水。往回三牲酒醴粥祭孤。贪东鸟多，贪西鱼多。

独猪山：打水六十托。往来祭海宁伯庙。系海南万州山地方。头长若见庚山，船身低了。

交趾洋：低西有草屿，流水紧，有芦荻柴多。贪东有飞鱼，贪西有拜风鱼。打水四十五托。贪东七更船有万里石塘。

尖笔罗：打水五十托。山上柴水甚多。有芦竹叶多流水界，西南都是山仔，如笔罗样者多。

外罗山：远看成三个门，近看东高西低，北有椰子塘，西有老古石。行船近西过，四十五托水。往回可近西，东恐犯石栏。

马陵桥：二十五托水，内外俱可过船。南边有礁石出水。

羊屿：内打水六托，外三十托，是新州港口。南有礁，生开不可近。中有沉礁在港口，不可近。

校杯屿：俱系港口，有石塔仔，好抛船。内过打水十八托，外三十五托。取占城妙。

灵山大佛：开，打水六十托。山有香炉礁，往回放彩船。山上高有火石烟洞。大石相连，好取柴水。

钓鱼台：澳口好取柴水。开，打水十五托。

伽俑貌：港口有三礁出水。打水十五托。

罗湾头：五十托水，有小屿看成港门，外洋有玳瑁州。

赤坎山：近山打水二十托，洋中打水四十托。船笼过鸭开恐犯玳瑁州。北头有－高礁，屿平，有树木。南边有古老拖尾，远见玳瑁州。用单坤针取崑崙。下防浅，名叫林郎浅。

崑崙山：内过打水十八托，有弓鞋屿，东南山面是斗屿，东北二十五托，有槟榔屿，生开南一个大小屿，

港内四十五托。近南边单子针，使笼便是占腊泥尾。

小昆崙：西有礁出水，用八更取真糍头，有小树木。在内过，打水十四托，小港，俱是铁板地。

真屿山：成三个山，有三门开船可过十四托，泥地。远看似马鞍山。东边三个小屿内过，打水十五托。

假屿山：北面成三个小山，东南有一个小山，北边拖尾低水十三四托，泥地。西北过远打水三十四五托，外过，近坤辛外有一个屿，西边有树，至屿相连不是正路。单戌针取大横见占腊泥尾，坤身远看一个，近看二个。湾内不是正路。打水三十五托，近打水十三托，泥地。

大横山：正路打水十六托，外打水三五托，远看似碗头样，南高北下。

小横山：门中有礁，北边十四托水。远成三个山，东北低西高，有树木有屿，不宜过船。此西水浅五托，不是正路。

笔架山：远看似笔架样，近山看坤身。山下打水十三托，开打水二十五托。

龟山：东边好抛船，十二三托水，泥地。有澳向东南，有人村可取柴水，有大澳在北边。

黎头山：西边坐高大员，东低尾内面有屿，外无。北边有一派石碑。取山放在船尾，尾对单乾，收在暹罗港口。东面无山，都是坤身树木，仔细行船，莫太过西，恐过程真港。

右边西去山二号

苎盘山：外打水三十托，内二十四托。南头二角尖，有一个小屿西头低。

东竹山：远看南鞍样。东边过船三十托水。远看东高西下拖尾，下屿在西边。

西竹山：远看南鞍样，门中三十托水。见将军帽。

将军帽：远看头盔样，山边有小屿，南有帽带是火烧屿山及海山。

火烧山：打水二十托。远看尖，近看平，小浅，内过七八托水。猪母山相连。

马鞍山：探山入门东边，东北有尖山，近看平坤身。有鱼食钓。西有小屿。

达罗汉屿：有坤身近门可过。北坤身上浅四托水外过。夜门不可行船，防礁，水紧不得行。

白礁：正近港打水三五托，礁与水相对，离浅有三十托水。若过浅，仔细，草屿，外过三十托水，见长腰屿，内过淡马锡门。又礁与港平对换一边船对白礁进，或礁在帆铺边。

淡马锡门：打水三十托，夜不可行船。

长腰屿：打水三十托，龙牙门防南边凉伞礁，是正边正路二十托。又有－沙将北屿泻，有龙牙门。

龙牙门：中央有三十托见长沙浅，北边二十托，南边八九托。石礁多，流水紧，夜间切记不可行船。

牛屎礁：仔细入门见长腰屿，二十余托水，防南边。

凉伞礁：北边打水二十九托。

吉里门：打水二十托，正路见大小尖山八九个，西边有浅。

昆宋屿：西边坤身有浅，南边三四托，正路有三四个小屿。仔细行船，外有高下泥地。

满喇咖

假五屿：打水三十五托，是老古石岸所山嘴。

文鲁古：湾内浅可防，打水三十托正路。

绵花屿：第三湾正好过，七八托水，是老古岸，山嘴吉哪五屿，有泥浅，十八托水，外二十托水。

鸡骨屿：对开六十六托水，远看有古老岸浅，船宜远过。

双屿：对开三十五托水，门中十七托水，正路。

单屿：内十六托水，外四十托水。

陈公屿：十四托水，边有九州山是也。

哑路：坤身有三托水，外十四托水。

淡铭屿：开过二十三托水，去是甘杯大莫尾。

巴碌头：十四托水，边有九州山是也。

急水湾所：西边有湾，有沉礁打浪，开有二十托水。

苏文哒喇:椰树对开,有古老石岸。开过二十六托水,好抛船。

南巫里洋:洋中有口年屿泥浅平半洋屿。

伽僃貌:坐乙卯上来,南见屏风屿。

龙涎屿:时日早北边过洋,时日迟南边过洋。

翠兰屿:三十五托水。

南巫里洋:往回牵星为准。

锡兰山:坐在辛酉上,船身过北,都是坤身,有古老浅。外三十五托水。

淡水马:对开石城礁,外是正路可行。

铁钻屿:对开是竹排礁,内过十八托水,外过三十托水。

大佛堂:四十托水,对开有老古石,浅不可近,流急。

麻里坎:二十五托,好抛船。

牙里屿:打水十八托,开,有沉礁打浪,近老古石。

别罗里:打水二十托,开,有屿,上有椰子树。

高郎务:湾头平过洋礁兰山,三托水入门,四托住船。

甘巴里头:对开,沉礁,门中三托,前去二个山赤泥。

小俱南:打水三十五托,西头有老古石岸,浅。

柯枝港口:打水三四托。

古里国:有三五托水,是泥地。

大巴南:白礁出水外十八托。

丁得把音:对开,打水四十托,是泥地,花蛇多,十六托水。

忽鲁谟斯:往回牵星为记。

美之剌山:四十托水,见山远。

沙姑山:近山十五托,开去水深。

麻定里:四十托水,门中深。

龟屿:二十托水,是老古石地。

沙喇林:近山四十五托,远三十托水。

亚实记:十八托,是泥地。

灵山往爪蛙山形水势法图

东蜈蜞山:远看坤身,近看北高拖尾,近山西过,打水五托。南有帽所门。

杀蛇龙:远看平北有－个小屿,四十托水。东铜鼓,西南有沙湖皮屿有浅,正路。

铜鼓山:正路打水十八托,一路相连,屿港罗虽山有十五托,南边十六托,正路。对开西洋,有老古浅。

鸡笼屿:打水内有丙午针,十更船此有误。

交兰屿山:中门过打水十八托,南好抛船,有柴木西过,二十托水开沙麻洋。

吉里闷山:山势似大船牵杉板样,有三个屿,西边坤身,开,打水五托。

杜板山:内有五托水,好抛船。

新村佛屿:港口东边正路过,浅。外洋北有凉伞礁。前去彭家山铁山所,洋中二三托,东边麻里东山是。

彭家山:东边正路七八托水,西边四托水,前去三麦山。

旧港口:东港口放开有泥浅三托水,是彭家山对开。洋中有三十托水,沉礁,宜仔细,用心仔细。

爪蛙回灵山来路

东董山:远似纱帽样,山头拖尾,西边有礁,西边正路。

西董山:远看似石礁样,西正路。

马鞍山:远看似马鞍,边有老古石,西边正路。

塔林屿:远看山尖有老古生开,西边正路。

西蜈蜞:东边有老古石,西边正路,单丙取十二子山。

十二子山:远看高,东边二个小屿似蛇样相连,西边二个屿,南有两个礁,东正路。

真里马:远看帽样。西边存-屿用单丙取假里马,打水硬地。

假里马:看有大屿六个,高多,中央门西边看中有块大,用单午针,去取交兰山。

交兰山:东边二高块,尾大,西边拖长。门中有屿,西边正路,莫过东边,有浅,西好抛船。

吉里闷:远看似大船牵杉板,东边对西边小屿四个,有老古石浅,用辰巽针取麻里东山及杜板也。

苏鲁马:中央有石排礁出水,打水十托,泥地。港中新村抛船,打水十二托,泥地。

佛屿:内有十四托水,有泥港口十九托,泥地。杜板有三四托水,都麻好抛船,四五托水,泥地,外二十托水。

须奴盆:十二托水,边有个鸡鱼礁,近边有礁,水大不出,落帆。

新村前:有三十托水,泥地,好抛船。

佛屿:内有三十托水,平,港口有浅,三四托水,泥地。

平洋屿:东边有二十托水,七更取麻里东山。

麻里东山:远看北来屿,平十四托水,行船六托水。有杉板屿,见坤身。

杉板屿:船从东边过,九托水,南边五托,近屿有一半水,近屿南有浅,泥地,七托水。

沉礁山:对开九托水,第三鼻头中央行船,平彭家山,是旧港口,七八托水,好抛船。

官屿:有七八托水,泥地,近三十托,门中有一礁出在北边。正路打水十三托。前是平屿。

平屿:西边出礁,打水十七八托,泥地。

三佛屿:远看三个屿,八九托水,泥地。用壬寅及单寅针,三更船平坤身,打水十四托。

鳌鱼屿:远看甘巴门口北边二屿头,九托水,泥地,西边有仁义屿。中央行船宜十分仔细,莫去到仁义礁,出中央门。

甘巴门港口:船身平牛尾排礁有三四个,莫过,中央行船甚妙。

鬼屿:东边浅近出有员礁生开,打水四十五托。东边正路八托水,行船仔细。

新村爪蛙至瞒喇咖山形水势之图

佛屿:屿生得平样,杜板在湾中,有门。

紫屿:蓉所、坤边、嘴哪三地方。

胡椒山:东低南高,有员屿,边正。洋中打水三十托。

吉里闷:东高西低,有小屿四五个,西老古石浅,东正路。

半洋屿:在洋中打水三十六托。

麻里东山:不是正路,帆风西使不得。

铁山:头山梓彭家山。

三麦门:屿生洋中看不是坤身,东进打水九托,西四五托。

旧港口:坤山无山,港口有州,在马户边。

彭家山:高山山嘴第三鼻对开有沙礁,船身贪坤身,行船妙也。

长腰屿 官澳 仁义礁 甘巴门 金鱼礁 二牛屎礁【俱见上】。

射箭山 么六甲 五屿【在外抛船妙也】。

彭坑山形水势之图

斗屿:船身东边过五更,船是彭坊港口也。

铁钻屿:斗屿相望。

打造船山:铁钻屿对此山是大形尖长高,不当对开。北边有断屿,仔细,南边连大山,下屿有树木,边看似船帆,连生坤身拖尾。

坤身:船连寻坤身,坤身上有多南尾去远看亦似沙处,是彭坊港口,亦是大小船出入。

彭亨港口:东边有沙,惟港口浅,过南正路二十半托,东南边处是苎盘山,打水四托,抛船妙。

歌

灵山大佛常挂云,打锣打鼓放彩船。使到赤坎转针位,前去见山是崑崙。崑崙山头是实高,好风使去亦是过。彭亨港口我不宿,开去见山是苎盘。苎盘山头是实光,东西二竹都齐全。罗漠二屿有一浅,白礁过了龙牙门。郎去南番及西洋,娘仔后头烧好香;娘仔烧香下头拜,好风愿送到西洋。郎去南番及彭亨,贩卜玳瑁及龟筒。好个开梳乞娘插,怯个开梳卖别人。新做宝舟新又新,新打艔索如龙根,新做艔齿如龙爪,抛在澳港值千金。

玉皇宝号

志心皈命礼太上,弥罗无上天。妙有玄真境,渺渺紫金阙。太微王清宫,无极无上圣。福禄法光明,寂寂道无祟。玄范总十方,渐戚真长道,恢谋大神通。玉皇大天尊,玄穹高上帝。

谨请

五更起来鸡报晓,请卜娘妈来梳妆。梳了真妆缚了髻,梳了倒鬓成琉璃。身穿罗裙十八幅,幅幅裥 裥香麝香,擗起凉伞盖娘妈,娘妈骑马出游香。东去行香香人请,北去行香人来迎。去时金钗插鬓边,到来银花插殿前。愿降临来真显赫,弟子一心专拜请,湄州娘妈降临来。急急如律令。

敕令图

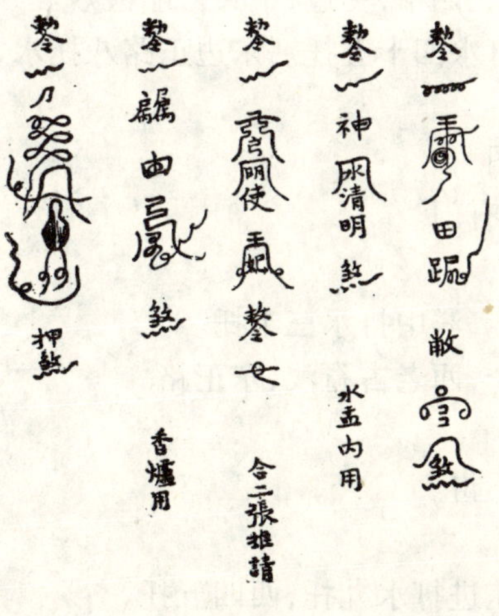

福建往交趾针路

五虎门开船,用乙辰针,取官塘山。船行有三礁在东边,用丙午针取东沙山西边过,打水六七托,用单乙针三更船取浯屿,用丁午针一更坤未针取乌坵山,坤申七更船平太武山,用坤申及单申七更船平南澳山,用坤申针十五更平大星尖,用坤未针七更平东姜山,坤未针五更平乌猪山,用单坤针十三更平七州山,单申

针七更平海南黎母山，即是青南头，用庚申针十五更取海宾山，正路用单亥及乾亥针五更取鸡唱门，即是安南国云屯州海门也。

回针

鸡唱门外开船用辰巽针，五更船取宝山过洋，十五更船取黎母山，用单艮针。二十更船取平独猪山，单艮针五更，艮寅十五更船平大星尖，单寅针十五更船平南澳彭山外过，艮寅针三更船平大小柑山过。外单寅四更船平太武山，单艮针七更船平乌坵山内过。艮寅针四更船平牛屿，艮丑针口更船取东沙外过官塘山五虎门也。

往东埔寨针路

浯屿开船，用丁未及单未七更船平南澳彭山外过。用坤申十更，船用单坤五十更，船用单未七更，船取外罗山外过。用丙午针十更，船取羊屿。用丁未及单丁针十更，船见伽俑貌。用坤未针五更，船取罗湾头，用坤申五更，船取赤坎山、用单申四更，船取鹤顶山。用庚申二更，取真屿。用庚申二更，船取嘴贴头山、抛船妙也。有瓜石兰，生开，不出水，去入港，船到使出山头，用坤未针及坤申针，单申及庚申、辛酉针入港为妙也。

回针

用甲卯针四更，船用单甲三更，船用甲寅针四更，船取鹤顶山、赤坎山，用艮寅五更取罗湾头，用单艮针五更，船取伽俑貌山。单丑三更，取灵山大佛，子癸针及单子针五更，船取羊屿。用壬子针七更，船取外罗山外过。用单丑十更，船用丑艮针二十五更，用单艮针十更，船取弓鞋山。用艮寅针七更，船取大星尖。用艮寅十五更，船取南澳山外过。用丑癸针十更，船取浯屿为妙。用心看风汛使船，若风东风西，临时机变。

福建往暹罗针路

五虎门开船，用乙辰针取官塘山。船行三礁外过，东北边使用巽巳针，取东沙山。西边打水六七托用单巳针，三更船平牛屿，用丁午针，一更坤未，二更坤申，一更平乌坵山，用坤申针七更，船平太武山，远过用单申针四更，船取大小甘山外过。用坤申针三更，船取南澳山外过。用坤小十五更，船取大星尖。用坤针七更，船取东姜山。坤七更船取独猪山。单坤及坤未二十更，船取外罗山外过。用丙午针七更，船取校杯屿及羊屿外过。用丁午针五更，船取灵山大佛往回放彩船。用坤未针三更，船取伽俑貌。用坤未五更，船取罗湾头。用坤未五更，船取赤坎山及鹤顶山。洋中有玳瑁州，大山边有老古石，名曰林郎浅。用坤未及单未针十五更取崑崙。高大，在帆铺边来内过，打水十七八托，烂泥地，外过硬沙地。用单庚及庚酉针三更，船取小崑崙山。西边有礁出水，内过。用庚酉及单酉针八更，取真屿山内过。打水十四五托，泥地，外过打水十四托，沙地。远过只有七八托便是假屿。山北面水浅不可行船，恐风不顺难以出船，至此十分低了又不是正路，只从真屿东北边出水礁南边过船为正路。用辛戌针五更，取大横山外过，南边打水二十五托为正路，近北边水浅只有五托水，船身在南边见小横山或三个各山皆是树木，用辛戌针十更船单戌针，十更船用乾戌，十更船取笔架山。在帆铺边用壬亥针五更，船取陈公屿及黎头山，用壬子针取乌泥浅打水四五托，用单乾针三更，船取竹屿，用单子针五更船到浅，打水四五托。用壬子及乾亥针，沿山坤身尾便是暹罗港口也。用子癸针，船尾坐竹屿入港正路。

回针

港口开船用巽巳针。取乌泥浅尾用单巳针。取陈公屿用丙午针。五更船取笔架山。开洋用单巳及巽巳针，三十五更取大横山，若见是小横山，门中有礁，南边过船，远看小横或三个山俱是树木。用乙辰针，十更船取真屿，东风见假屿，或二个山，东南边一个小山，东北尾低西边高，此小树木便假屿山。看见占腊泥

尾,都是坤身,西北边过船。用单未针,三更船取真屿山,远看看真屿或三个山有门开东北边,有礁出水,外过用甲寅针,内过用甲卯针。二十更船取崑崙头,有礁,山头赤色,用癸丑十五更船取赤坎山。船身高恐犯玳瑁州,仔细行船,用丑癸针五更船取伽俑貌。用子癸针三更船取灵山大佛。放彩船。用子针五更船取新州港口。用壬子针七更船取外罗山。用丑癸针二十更船平独猪山。用单丑癸丑针五更船取铜鼓山。用丑艮针二十更船取弓鞋及东姜山并南亭门。用艮寅二十更船取南墺坪山外过,用艮寅针三更船取大小甘山外过。用艮寅针四更船取太武山。用单艮针七更船取乌坵山。用艮寅针三更船取牛屿。用艮寅五更取东涌山外过,取东沙山,入闽安镇,内是福州。

浯屿往大泥吉兰丹

浯屿开船碇内开,用丁未及单丁针七更船平南澳坪山外过。用坤申针十五更船平大星尖。用坤申针七更船取南亭门。用单坤五更取乌猪山,用单坤及坤未针十三更船平七州洋。用坤未七更平独猪山,用坤未针二十更船取外罗山外过。用丙午针七更取校杯屿及羊屿。用丙午针五更船取灵山大佛。用单午针三更船取伽俑貌山。用丁午针五更取罗湾头,用单坤及坤未针五更船取赤坎。用坤未针十五更船取崑崙山外过。用坤申及庚酉针三十更船收吉兰丹港口。是泥地抛船。用单申针七更船六坤,坤身尾有浅,过西边入港是大泥。

大泥回针

大泥离浅用甲寅针,开山用甲卯针及单卯针,十更船用甲寅针,二十更船取崑崙山外过。用丑癸针,或内用单丑针及丑艮钋十五更船取赤坎山。用丑艮针五更船取罗湾头山,用丑癸针五更船取伽俑貌山。用子癸三更船取灵山大佛山。用壬子及壬针五更船取校杯及羊屿。用子壬针七更船取罗山外过。用单丑六更船二十更船取独猪山。用单艮针五更船取铜鼓山。用丑艮及丑癸针二十更船取东姜山及南亭门。用艮寅针七更船到大星尖。用艮寅针十五更船到南澳。七更船见浯屿外罗开船。或直使用单丑针十更,用丑艮针三十二更取南亭门。或照古使用丑癸针二十更船平独猪山。用丑艮二十更船平弓鞋屿。用艮寅针二十二更船平南澳外坪山。用艮寅七更船平太武为妙。

太武往彭坊针路

丁针四更船平州山。开用未针三更取南澳。用坤申针十五更取大星.用坤未七更取东姜山。用单坤五更船取乌猪山。用单坤十五更取七州洋。用单坤针七更取独猪山。用坤未针二十更取外罗山外过。用丙午针七更船取校杯屿及羊屿。用丙午针七更船取灵山大佛。用单午针三更取伽俑貌。用丁午针五更船取罗湾头,用坤未针五更船取赤坎。身开,恐犯玳瑁州;笼,恐犯玳瑁礁及玳瑁鸭,在山兜用单未十五更船取崑崙山。用坤未四十更船取彭坊港口为妙。

回针

彭坊港口回澳,用艮寅六更船取绵花屿。用单艮针七更,又用艮并丑艮针六更,船用单丑及丑癸二十更船取崑崙山外过。用丑癸十五更取赤坎。用丑艮五更船取罗湾头。用丑癸五更船取伽俑貌。用子癸三更船取灵山大佛。用壬子单壬针五更船取校杯屿及羊屿。用壬子针七更船取外罗山外过。用丑癸及单丑二十更船取独猪山,用单艮五更船取铜鼓山。用艮寅针十三更取东姜。用艮寅针七更船取大星尖。用单寅针十五更船取南澳。用艮寅二更取甘山.用艮寅三更取太武妙。

广东往磨六甲针

南亭门放洋,用坤未针五更船取乌猪山。用单坤十三更取七州洋。坤未针七更船平独猪山。单未针二十更取外罗山外过。丙午针七更船平校杯及羊屿。内外可过,船沿山使前是占城新州港口屿外过船,用

嘉兴路一百八里至松江府
延佑七年九月　　日
海道都漕运万户府立石
石在北察院行台缺字石损俟补刻上下接刻此文中刻道里图

供祀记

至正十三年岁在癸巳夏五月皇帝幸上都六月己酉中书相臣奏今年海漕粮舶已达直沽宜遣使祀所在海神天妃庙以报其佑助之灵今议遣崇文太监臣周伯琦乘传往谨以上闻制可七月丁丑上御水晶殿以白金奁封芗手额致敬以授臣伯琦即日陛辞而南始直沽道淮安历镇江九月壬午至姑苏漕府厥明具祝版奉芗以少牢祀省牲之夕密云脉沐荐裸之晨天宇澄朗微风泠然渊渊沕沕若垂休光咸曰明神享我时与祭官浙西肃政使者臣李帖木儿不华都水庸田使臣文书讷海道漕府都万户臣脱因副万户臣赛甫丁平江郡监臣六十郡守臣高履等率漕府经历臣刘拜住知事臣卞思义照磨臣廉塔不台暨庶司宾佐僚属陪位齐朗序列罔有弗虔越三日丙戌东至属境昆山州庙又二日戊子南至海口路漕庙礼皆如之惟三代以上俗淳事简国之经用赋于侯甸而已逮汉至唐官冗政丛徧征四方日犹不给于是乎输漕之制出焉然踰盟津入渭者路涉迂险繇河达洛者遡流悍湍人劳费繁概可知已皇元奄有万方当春夏之交漕东南之米自姑苏航海乘风径捷不旬日而至直沽距京师仅五百里视吴楚如三辅地用是国赋日赢食货日充内自王官戚里之卫士百执事外至都邑之兵戍编户上自公乡大夫士下至府史胥徒岁以海漕之迟疾丰俭顺阻为忧喜休戚之分校之前代转输其艰易盖万万不侔矣矧寇燹之余旧舶多坏是岁改用江舸增易舳舻权宜北漕人或难之云飘一张如期臻集岂非天相一统无外之大基万世无疆之休邪神明惟人是依陟配显助旋斡杳冥宜矣苾芬报享圣心益严奔走承事下臣时恪刻石庙庭昭示永世职在纪述所不敢让祀之明日己丑翰林直学士知制诰同修国史兼经筵官新授崇文太监嘉议大夫兼检校书籍事臣周伯琦谨记并书篆至正十三年十二月日立　　石在娄门接待寺伯琦楷书亦佳笔

江淛行省兴复海道漕运记

至正十九年秋九月上选侍从臣兵部尚书伯颜帖木儿户部尚书曹履亨赍尚尊袭衣内乘赐江浙行中书省丞相臣达世帖穆尔镇平江太尉臣张士诚分省庆元平章政事臣方国珍等有差重漕事也既至即奉颁上赐宣布德意命士诚治粟国珍治舟丞相总率之以达京师使者往来吴越间将命惟谨明年五月舟至自庆元粟至自平江咸萃嘉兴海次澉浦丞相檄右丞杭州不花宪副范显祖都事钱用壬实监当之神人协顺海若效灵逾二旬而事竟浙之父老加手于额请曰是事也辍而复兴不图今日再见东南盛典愿有纪之仁本承乏左右司郎中执简上下遂谕于众曰惟我皇元富有寰宇任土作贡凡梯山航海之来者莫吴越转粟之为重也至元间置漕运府于平江计诸郡出内之数始运为石近十万渐而增羡至三百五十余万连樯巨舰涉历大海鱼龙鼓舞神鬼具依上达京师以供天子之用天子不自有凡诸蕃辅之赉官吏禄秩之给下逮畿甸之黎氓岁时之赐予悉皆出此富矣盛哉乃至正十六年海区震动淮氛溷浙向之膏腴沃壤化为烟沙而万亿及秭如京如坻之积者迄无斗斛之需海运为之废矣藉国家威灵将相文武不越岁而边疆敉宁境土寻复爰命士诚职太尉就镇平江军旅萃焉赋税有焉先是国珍亦尝以防御海道功累官至平章政事兼领漕府分省东浙舟师驻焉取舟于越取粟于吴俾二臣者交修职贡共济厥美时则有青军偎扰调度日繁供亿日伙虽使命接踵亦莫克集于是中书大臣具奏曰往岁使江南趣漕运者率不任事无以称旨今枢密院判官臣伯颜帖木儿忠贞清慎宜授兵部尚书御史台都事臣曹履亨廉勤端恪宜授户部尚书并充使事慎简乃僚赍赐以往懋底于成制曰可命下即行星槎万里兵部如越户部如吴咸期会丞相府计议丞相为之约束二使间关周折审处从违相其地利人和初议集于昆山刘港中易为浙江石墩终协于嘉兴澉浦海舟既至粟粒亦来波涛妥帖炎风不竞筹算之交错橐囊之负戴庾人授于篙夫篙夫复于小航转登大舶潮汐往回柂梢联属凫趋鳞贯颙颙俣俣翼如以进然后连纲飞挽善达京都能事毕矣夫物盛必衰而无往不复者诚理数之常事穷则变而有开必先者尽变通之道昔储运之肇兴也始自八九万渐至数百万不既盛矣乎盛而衰衰而复今为

数又自十一万始适有吻焉则后日巨万之运变通之道实权舆于此矣岂非理数然欤盖我世祖皇帝开拓疆宇深仁厚德圣子神孙继继绳绳涵育之至故远方职贡之修实天理人心不能间断而泯绝也况其恢复开端作兴振起有如二使之尽心尽职焉者故因父老之请而纪其废复之颠末以赞中兴事机之会尚或有备于史氏之笔也兵部字符臣大都人由进士出身户部字德基曹南人文贞公伯启之子也时至正二十年龙集庚子夏五闰天台刘仁本记

送中书兵部尚书伯元臣回京叙

国家置海道漕运转粟江南供亿京师者垂八十余年矣凡江浙诸郡之粟悉萃平江都漕府然后发巨舟飞挽岁分春夏二纲选官部运转涉辽海以达京庾著为定制诚军国重事也至正十六年淮夷之难作延蔓全吴海道梗而漕运辍朝廷尚仁恤行宥典事之坏乱反常者皆复旧规乃命江浙平章方公兼署海道事分省浙东董舟师以通漕运命太尉张公就平江输粟粒以供常赋而使命之来者或骫骳弗称职甚至冒黩以还徒牵连文法一挫风潮之汛竟堕鲁皋矣十九年九月上特选六曹长吏之贤者若兵部尚书伯颜帖木儿使东浙趋进舟以转粟又户部尚书曹履亨使平江趋治粟以登舟拜命之日兵部曰是可须臾缓乎即陛辞上道僦海舟涉鲸波万里冲冒烟雾迅驶风霆知有国而不知有身知有转输馈饷之责而不知有风涛鱼龙之险既至适际边守有隙事几不就绪公即白丞相辑和二家匡济其艰仍身先率海舟千百艘竢于嘉兴之澉浦而平江之粟亦展转至杭之石墩石墩去澉浦且一舍余海滩浅涩舟胶不进公乃徒涉往来踉肘泥沙几溺于潮者屡矣终订其便利于澉浦得粟为石一十一万奇檝人岸卒谨呼授受于斗斛间浃旬而集事化艰难为平易变险阻为简夷公之勤劳敏捷人皆难之由其以开物成务之学而行之以忠诚贞白盖忠以尽己不欺而诚则能动物贞固足以干事而白则涅而不缁唯是四者故能上宣圣天子之德下摅外方伯之情以通吴越之命脉以作中兴之盛典顾不韪欤浙人砻石以纪嘉绩而使节旋矣请叙以弁舆诵之首是用复命于大庭且为后之使者告云天台刘仁本序

右二文见刘仁本所著羽庭集集凡十卷元时刻者家有此集以二文涉海运事刻附卷末俟有所考焉

嘉靖庚戌蜡月三日藏亭生记

丙午针五更是灵山大佛,放彩船。丙午针三更取伽俑貌,用丁午针五更船取罗湾头,用坤未针五更船取赤坎山。船身开,恐犯玳瑁州;笼,恐犯玳瑁礁。用坤未十五更船取崑崙山外过。用丁未二十更船用单未二十五更船取苎盘山及东西竹将军帽。远看见将军帽内及火烧山。丁未针十五更船取白礁。北及南鞍并罗汉屿。白礁在帆铺边过船。用单酉针五更船取龙牙门。夜不可行船,防南边有牛屎礁。过门平长腰屿,防南边沙浅及凉伞礁。用辛戌针三更船取吉里闷山。乾亥针五更船平昆宋屿,单亥针五更船取前屿。乾针五更取五屿。沿山使取磨六甲妙。

满喇咖回广东针路

浯屿门放洋,用辰巽五更船平射箭山。打水十九托,用辰巽五更船取昆宋屿。打水十二托。对门南有泥浅,北边坤身尾有老古石浅。单巽针三更取吉里闷山,沿山使北边坤身尾谨防。单辰并乙辰,二更取长腰屿不可行,南,恐犯凉伞礁及沙塘浅。出龙牙门,夜间不可行船。单卯针取官屿,防北边牛屎礁。甲卯针五更船取白礁北边过行船,打水十五托正路,防北边罗汉屿,有礁,打水六七托正路,要防礁浅,方出门离白礁远。用丑癸十更船平苎盘山外,东西竹在东边内过。用子癸针及单癸四十五更船取崑崙山,照前取浯屿为妙。

苎盘往旧港并顺塔针路

苎盘山南边生角尖有山屿。西头低,用丙午针过东西竹山。用丙午针十更取长屿。用丁午针十更取龙牙门山,在马户边来过山。用单午针三更取馒头屿。用单丁三更船取七屿。在帆铺边第二山有沉礁。用坤申针取旧港正路。用辰巽针十更船取进峡门。用丙巳针,南边打水四五托,北边打水八九托。用单申针三更,船打水十托,沙泥港地连坤身。使单丁针及丁午针五更船,丁未船五更船都取麻横港口。单午针收林麻塔,有浅不可近,屿身外打水有九托。离了屿用乙辰三更船见奴沙喇,在帆铺边末,打水十四托。离了用丁午针三更船远望见类旦大。单午针五更船取石旦港口。有五屿在马户边,二屿在帆铺边,近正门打水四五托,抛定平安。前来南边六更船使是顺塔,进入为妙。

顺塔往旧港及苎盘针路

港口放洋前去西北六更,船取石旦。甲寅针取交剌。单丑针十更船打水二十五托是正路。用单子一路打水十二托,用壬子针十更船打水七八托是三麦屿。左边浅有浅,右边深可过船,打水四五托。沿坤身使十更,船打水五六托见帆铺边有港口,有一州在马户边来,便是旧港。

福建往爪蛙针路

浯屿开船,照前使取外罗山外过,用丙午针七更船取羊屿。用丙午针五更船平大佛山。用丙午针十三更船取东西董山。用丙午十五更,用单午三十更取东蛇龙山,远过打水四十托,低不见蛇龙山,只是蜈蜞屿生得平平,近看坤身相连。蜈蜞屿若见门向东南都是坤身相连若见。用单巳针四更船使过东蛇龙山,北边有三个小屿内有大山,一个是大龟山,东南大山是铜鼓山。入门打水十五托,近看是坤身,门中二边都是小屿平平,号名沙湖屿,使往东边过。用单丁七更船平大山尾,有一大屿有一个小屿,生门在外过,西边正路。用丁午四更船平鸡笼屿,四边低长,北边拖尾门中有小屿一个,西边正路。丁午针十更平交兰山,见东边高大,北边有-个小屿,西边过船是正路。出门莫得东边有浅。用单午针三十更取吉里闷。用单午针五更取胡椒山。沿山使用丙午及巽巳针十更船取杜板山,即是爪蛙也。

回针

爪蛙放洋,用壬亥针十更船取吉里闷山。远看似大船牵杉板,近看东头高成九个大山,西边有坤身尾老古离山远是。西南风用壬子针,若东南风用单子针,十五更船打水十七八托,硬地,是正路。壬子针十更

见交兰山,东边山高大,北边有二个屿似鸡笼样,西南边有一屿,打水十五托。用单壬针使三更见十二子山。远看三个大山,近看六七个,远看四五个大屿,东头低西头低,有小屿有老古。南有门好行船,北边有一礁相似船帆样,号石屎柠白泥山为准。离山单壬针十五更见蜈蜞屿。远看蜈蜞样,近看似橄揽样。西北路打水十五六托。用单壬针五更船取塔林屿,远看尖西北正路。用壬子针五更船取马鞍屿,远看是南鞍,近打水四十六托近去,防南边有礁出水,名做帽头礁。离山放洋用壬子针及壬亥针四十五更取赤坎山,用单丑针五更取罗湾头。照前取浯屿妙。

赤坎往东埔寨针

赤坎开船,用坤申四更取鹤顶山,沿山使船打水七八托。用庚酉针二更取员屿。用单庚二更沿山,打水七八托,硬沙地,平小山嘴。贴山有一派石栏不出水,行船仔细。用坤申一更,船远看有一条水色黄,打水四五托,沙地,过此贴补山嘴。用庚寅针一更平员屿。山嘴名曰此前面并昆崒上无山屿,看见前面有一小平州在湾内,船在山嘴,可收帆打水四托,正路。取昆崒打水四五托,泥地。沿山使至平半洲放船尾来船头向港,近马户边沙坝莫妄过船,船放帆铺边进沙坝内无碍。进去二十三湾,有大人家在马户边为妙也。

东埔寨毛蟹洲出浅

毛蟹洲对南出浅,上水涨四托,-路打水三托半,看见毛蟹洲对港口北边昆崒腰正路。出浅用甲卯针四更,用单寅四更取鹤顶山及赤坎山。其余照前针。

赤坎往彭亨针

赤坎开船,用坤未十更取崑崙,在西边过。若在东边过,用坤未并单未三十更取斗屿。用丁午针五更入港妙。

回针

港口开船,用艮寅六更取斗屿及绵花屿。用艮寅七更、用丑艮六更、单丑二十更取崑崙山外过。丑艮并丑癸十五更取赤坎。

柬埔寨往大泥

港口开船离浅,打水七八托,用丁午针三更、单申五更、单坤四更见真糍。单坤十更、单申五更、庚申十更见寨里大山。用辛戌四更沿昆崒使沿山使打水十六七托。前去昆崒尾是六坤,下池有浅。过西边巡山入大泥港也。

回针

大泥开船,用单申八更取石碑礁。西南用甲寅二十二更取真糍山。用艮寅八更,用甲寅七更船船尾坐崑崙仔,取东埔寨南港。

暹罗往大泥彭亨磨六甲

暹罗出浅用丙午针十更取笔架山,打水十五托外过,有小屿。用单丙五更取龟山,打水十二托外过,打水十八托,外有小屿。用丙午三更取碗碟屿,打水三四托。用单午针五更取穿心山,打水廿四托。用丙午针五更取佛屿,打水廿五托,泥地。用丙午针三更取栏山,打水廿七托。用丙午五更取塘山,打水廿四托,对门苏梅山在帆铺边,打水二十托。丙午五更取小苏梅山,在帆铺边,打水二十托。用丙午针五更取大苏梅山,内外三门俱可过船,昆崒边有一个山名曰葫芦山,马户边小屿多。用单午针五更取锡山,平港口,打水十二托。丙巳三更取公婆山,都是昆宰,打水十六托,单午五更取昆崒大山,打水十四托。丙午针五更取

六坤港口，打水九托。昆宰外有一屿名玳瑁州，打水十五托。丙午三更取六坤，仔细行船，打水六七托，用丙午针取角奴猫山孙姑那港口，即堀头陇，打水十二托，内过打水五六托。丙巳三更取角奴山，打水十二托，丙巳七更取六坤、下池，沿昆宰使西边巡山入大泥港，中路有浅不可进，记之。大泥港口沿山使七更，船取吉兰丹港口，丙午四更取三角屿内，门有大山当头夹，名角员山，内外可过，单午三更取绵花屿。单午五更取斗屿。单午五更取彭亨港口。单午五更取苎盘山，小船可从内过，大船在外过。前去见东西竹及将军帽、火烧山、猪母山俱在外。内午七更取罗汉屿，有浅仔细，浅上打水八九托，往来须寻白礁为准，打水十五托。礁在帆铺边马户边，亦不可近屿，防浅，打水八九托正路。用庚酉五更入龙牙门，流水急，夜不可行。出门了又过淡马锡门，用庚酉并辛戌针三更取吉里闷山。乾亥三更取昆宋屿，打水廿五托。单乾五更取射箭山。乾戌五更取五屿，打水廿五托。前去昆宰，一更即磨六甲港口也。

磨六甲回暹罗

五屿放洋，巽巳针五更船取射箭山。单巽五更取昆宋屿，南边有浅。用辰巽五更取吉里闷山。沿昆宰使北边，用乙辰三更取淡马锡门及长腰屿，防南边凉伞礁并沙塘浅。出龙牙门南边有牛屎礁，夜间不可行船。用乙辰五更取罗汉屿，屿边有白礁，门中可过，防北昆宰尾浅，打水八九托正路。子癸并单癸三更取火烧山、将军帽，见东西竹，前去苎盘山。用单子五更取彭亨港口。单子五更取绵花屿，西南边有沉礁。单子三更取三角屿并吉兰丹港口。单子七更取六坤、下池是大泥港口。壬子五更取孙姑那港口，是即堀头垄。壬子十更取玳瑁州内过。单子十五更取大小苏梅山门中过。壬子十更取佛屿。壬子十更取龟山，壬子五更取笔架山。单子五更取陈公屿。子癸五更取竹屿昆宰，船尾坐竹屿，进去是港。

罗湾头往六甲针

罗湾头用坤未针取赤坎，看不见州鸭。用坤未八更、坤申七更取崑崙北边过。庚酉八更取真糍。单酉十更、辛酉二十三更取玳瑁州仔内，船尾坐玳瑁州，船头对鹤顶山，又要对船头对庚酉针坐正，方可进港。防南边中央浅，生开远，记之。

回针

浅口开，用甲卯五更取玳瑁州仔内过。用乙卯二十更、单乙及乙辰二十更取真糍。用甲寅十更取崑崙。丑癸五更、单癸一更取鹤顶及赤坎山。用单寅五更取罗湾头。

苎盘往丁机宜针

苎盘开船，五更过东西竹、将军帽，有帽带礁，仔细。丙午四更见缅丹山及过长腰屿。用坤未及单坤入长腰第二屿齐，用单坤入门妙。出猪母头用庚酉、庚申二更见昆宰，使沿昆宰去，见港须认是也。

回针

出独石门，用单卯五更见后面山。用甲寅并单艮，又用丑癸及子癸，五更取长腰屿。用壬子及单壬十更取失力马鞍屿山。用壬子、壬亥二更取东西竹，前去苎盘是也。

赤坎往旧港顺塔

赤坎开洋，用坤未十五更取崑崙山外过，丁未四十五更取苎盘。丙巳针过东西竹。丙午十更取长腰屿，用丁未三更取龙雅大山。单午三更取馒头屿。单丁三更取七屿，在帆铺边。丁未七更取彭家山，牛腿琴在帆铺边东南边第二山头，对开有沉礁，用坤申针船尾坐牛腿琴山，收入旧港。昆宰有三港，中港正路，内有小屿是也。若不入旧港，用辰巽十更出峡门，用丙巳南边打水四五托，北边打水七八托，正路可过。三麦屿在马户边，左边打水八九托，右打水四五托，硬地。用坤申三更打水四五托，沙泥地，沿昆宰行船。单

丁、单午取都横港口。单丁、单行林麻塔港口,有浅,船不可离坤身看不真,亦不可太近坤身浅。若看不真是正路,打水六七托,高下地。用单丙及丙午十更见高大,览邦港口外有二个小屿,名曰奴沙牙。若近屿外打水八九托,离屿用乙辰、丁午三更见奴沙剌在帆铺边近,打水十四托。离了用丁午三更远看见类旦港口大山。单午五更取石旦港口,有四五个屿在马户边,二个在帆铺边,船在门打水四五托住船妙。前去东南七更是顺塔港。

回针

顺塔港口前去西北边使六更取石旦港口。用甲寅针取奴沙剌山。单丑十更取打水廿四托,正路。单子十更一路打水十二托。壬子十更打水七八托,取三麦屿,左右有门可过,左边有浅,右边深,打水四五托,船尾坐三麦屿,用乾亥收对内峡港口,沿西边昆崒打水四五托。行至峡中,见牛腿琴山,昆崒在帆铺边,中有一州,即旧港港口,不入旧港,用壬子针,第二山头防有碎礁生开。离牛腿琴山头,用单癸七更取七屿。单癸三更取馒头屿。单癸三更取龙雅大山门。壬子五更取长腰屿。单子十更取东西竹及苎盘山。用丑癸针四十五更取崑崙山外过。用丑癸十五更取赤坎。洋中有沙,可防礁鸭。

顺塔外峡

浮吕开船,壬子六更,又用单辰取奴沙剌山,中有-条大沙线。西南风用单丑十更,用丑艮十更。恐东南风,用艮寅针,取忙甲山皮大山头脱落山尾第一门。用单子三更出门了。前面有一大山似笔架样,西边有二个白屿仔,西北边有二个白礁,西边个水涨不见不可近。用单壬二十更,用壬亥二十更,见东西竹及苎盘。

万丹往池汶精妙针路

万丹出屿外,用乙卯、单卯、甲卯,沿茭绿巴、茭荖圆头、遮里问、吧哪大山及胡椒山,对开是吉里问山,西边有屿四五个。乙卯八更取双印屿,远看见是印样,此屿在陇。甲卯十更取勿流哪山,山头内是饶潼、吉力石暨双银塔门在内,亦可过。巡山使尽生得平平长长,山尾有门三个,头门尾有老古浅,二门正路,三门有礁可防。用丙午三更取本仔女千山,远看似香炉样。用乙辰三更取麻离大山。用乙卯三更取郎木山。乙卯八更湾内是三巴哇大山,不可入湾。湾尾尽见有昆崒平屿二个,屿头有老古浅,石坪看头仔细。用乙卯针三更见一员屿,取高螺大山东头,山尾有三个馒头屿,一大二小似馒头样,内有湾远看成门,与麻离大山相对连。用辰巽五更取火山门过。门右边山尾近看似山寨嘴头,有老古浅,东边是火山二尖,东边山尖高,西边山尖出火,船近火山进门妙。过门右边有湾好泊船,待流水过急水门祭献。单巽更半取急水门右边是色力礁牌港,门中有屿一列四五个不可近,东北边有老古坪,对中央流势是。丙午更半取单戎武岩。山头边看是鹅角样嘴头,开有屿,流水甚急。出门外用乙辰三更取髻仔山,山尖似髻样。对开南边有见巡巴山港口亦出香。前去见云螺二大小山,用乙卯针八更见苏律门,乃是佛郎所住之处,在左边,右这是池汶山。用甲卯五更收山,不可高低。大山尖下是居邦,欲牧北面港口是息里尖,对开有-屿使进是老虎,使过是美眢港,此是王居之地,出香甚多。过是哑森,前有一石头白,过是吧哪吉知,过是六圭,又过是匏笨出蚋之处。欲收南山之门,从居邦面前对南山门,出见一白石头是吧哪匏滴,过是修修,过是哑妈鲁班,此处出香多,过是柯东央,过是匏洛,过是西宁,俱是一湾头内,即是港门。但欲收南山,流水甚急,俱是挨洋东南起早难抛船,此一针路详考无差。美眢港门亦有淡水,港头陇是湾,两边是老古,佛郎亦居此港。对面是鱼油山、麻力汝沙山暨一连是食人山,天山明亮见之。

顺塔往遮里问淡目

港口开船,用乙卯三更取茭禄巴山,用乙辰三更又辰巽沿山使巡昆崒,使四更,用乙辰三更平昆崒尾。用乙辰及丁午沿使四更取遮里问。前面有出烟大山名特结。用辰巽三更、乙辰三更取五角屿。用卯三更

见昆岺淡目港口，打水十托，正路，防浅。

回针

淡目开船，用辛酉三更取五角屿。辛戌三更、乾戌沿昆岺使六更见出烟大山，遮里问大山对开。一更有三角屿一个可防。若船在遮里问港内，开船用子癸。离屿用辛戌四更平昆岺尾，用辛戌三更、乾戌四更、又辛戌四更取茭禄巴大山。单酉及辛酉近陇屿浅。三更取顺塔，昆岺开屿，南边有浅沙坛防之，使一更收入妙。

万丹往马神

港口开船，用乙卯、乙辰针沿昆岺使，十七更取遮里问，见出烟大山。用乙卯单卯十更取吧哪大山开，是吉里问山。放洋用艮寅三十更取三密港口。沿昆岺用乙卯二更至龟屿。开势有石大小六七块，名猫著万里浅，生带屿，远看似船帆样，赤色坐北边，若见石夜间使船防，东南昆岺甚长。用单巳三更取单戎占万丹，有浅，打水三托，不可行，五托正路，看昆岺不见。用单巳及巽巳，四更，用辰巽收陇取美哑柔港口。前面有大山，中是马神港口。船入港不可贪西，东边打水四五托，正路。

回针

港口开船，用单坤三十更取吉里问，沿山使至万丹入港。

旧港往杜蛮

开洋，用乙卯沿山使十更取山尾，见三麦屿门，用巽巳三更取三麦东门过，打水八九托正路，西门打水四五托，硬沙地边有老古浅可防。用乙辰十更、辰巽二十更见香炉屿并大高山在西边，用乙辰五更见吉里问山在船头。用单辰三更取胡椒山及那参、杜蛮、饶潼是也。

回针

饶潼开船用壬子，离山远了用单亥，五更取吉里问山，东边过，用单亥五更、乾戌三十更取三麦屿东边过，打水七八托正路，切不可近屿。进西门打水四五托，用壬子进门内。使三更取彭家山港口。在马户边及有一屿名郎家屿不可近，有老古浅。生开，对帆铺边昆岺尾嘴生去有浅，不可近。用乾戌十更收旧港正路，中有一州，左右看有人家是也。

大泥往池汶针路

港口开船，丙午取三角屿内过。单午五更取绵花屿，丙巳五更取斗屿。单午五更取地盘山。乙辰十更取七屿。单辰廿五更取吉宁马踏，在帆铺边大山便是。单午三十更取吉里问山，在头前正手边对依吧哪大山。用乙辰五更取吉力石港，打水八九托。乙辰八更取双艮港。丁丑三更取猫里大山。单乙三更取郎木大山，山下便是三巴哇大山，有二个平屿，屿头有老古浅、老古坪、当看头。单卯五更取高丽大山。单卯五更取火山门。丙午五更取双排，即急水门。出门齐五更船远南边见巡巴寻山。乙辰十五更便是池汶，或是昆岺平。若要南四五更，看见池汶大山。若要北单卯及甲卯池汶大山右边见。若左边见便是苏律大山，不可进。左收山不可高低尽是池汶界也。

浯屿往杜蛮饶潼

太武、浯屿照前原针顺行，取灵山大佛。用丙午十三更取东西董。用丙午十五更单午三十更见龙蛇山，东西边有大小山是铜鼓山，入门打水十五托，近看都是昆岺，门中有一小屿名沙湖皮，东边过船正路。用丁午四更取鸡笼屿。单午十四更取色兰山，东边高大，北边看一小屿是鸡笼样，西边低长，北边拖尾，门

中有小屿,东边西浅,西边过船正路。用丙午三十更取吉里问山,单午及丙午五更取胡椒山,丁巳及丙巳十更取猪蛮。饶潼地与猪蛮相连。吧哪即吉里问山对笼。

回针

饶渔开船,壬子十五更取吉里问山,远看似大船牵杉板样,近看东头高大成一行大山。西边昆宰尾有老古。离山若是南风,用壬子针,若是东南用单子,十更打水十七八托,硬地。用壬子十更取色兰山,用子癸及单癸十更取假里马。单子十五更取蜈蜞屿。单壬五更取塔林屿,壬子五更取马鞍屿,壬子及单亥四十更取赤坎,照前针收入浯屿。

猪蛮饶潼回针再详

至色兰山,离了用单壬及壬子十五更取假里马,远著似帽样,西南有－小屿,打水十五托。用单壬五更见十二子山,远著二三个,近看六七个,看相似,有大山东高西低。又一屿有老古石,南边过,北边有礁似帆样,鸟屎污白顶山为准,离了用单壬放洋,用壬子及壬女四十五更取赤坎。

浯屿取诸葛担篮

太武开船,用前针顺取苎盘及东西竹。用乙辰四更,用乙辰、单乙四更,又单乙及乙卯四更,见是独屿,名巳养颜。远看北边高南边低小,略似弓鞋样。南风船在屿北过,见外面独屿四个平长。内画是淡勿兰州府,前去见外屿一列四五个,又见头屿仔大小二个在马户边,俱在屿内过,俱是北风。又见前头屿生开用单午使开,恐西南风内面湾里屿多,是三哒氏州府。恐无风船身挨开,看昆宰内独屿南头高员拖尾,又见前头大小屿生在马户边来是吉宁马哪。丙午收第二门过,又在竹屿边过,用单甲收诸葛担篮是也。

回针

出港,用辛酉针取竹屿吉宁马哪山门,离了用乾戌五更,若遇西风大在缭使二更用乾戌三更前去见然丹山。用辛戌三更,又用辛戌取将军帽,用壬子取苎盘,照原针取浯屿。

浯屿往荖维

太武、浯屿开船,照原针取苎盘放洋。单乙五更见偏舵屿,乙辰十更取仙丹山在正手边。单辰七更取旗屿,东边有尖山四个甚尖。单午五更见昆宰,便是荖维港口。开势有二个大山名陇胶山,打水八九托。陇胶山门打水二十三托,流水甚紧。乙辰三更荖维港口有浅甚远水二三托,入港用丙巳甚妙。

马神往高兜令银

港口开船见昆宰稍现。单酉、辛酉五更取单戎占万丹,有浅,开过。三更昆宰尾,三更见石名猫著万里,在龟屿,对开。有大小六七块沙浅,共屿相连,在北边远赤似船帆样可防。二更见三密港口,有浅,开势过船。四更见芒芒港口,有浅名鳄鱼浅,开过。用单酉四更取单戎旁水,一更见单戎母丁生甚长,开充西南仔细,用单酉或庚酉一更尽昆宰尾,打水十外托,急。用壬子一更、癸丑单丑三更过湾,湾内不见昆宰。湾口有白沙,水退出水,不可见或见不可近。船头见昆宰头双艾磨交见昆宰,船头不可贪东,有沉浅。沿昆宰入港,不可贪开,有浅,过浅方妙。

阿齐回万丹

阿齐开船港口出浅,一更到山尾名蛮突,有一小屿出椰子,屿上有圣人。出急水门有屿四个在西边,不可近,不可抛出额头,巡山边关势流水急,单午四更取匏吕你沙,有人家可抛船,打水二十托。丙午四更匏吕你沙开,有屿可抛,内可过,打水十托。沿昆宰在北边大山,单巳二更、巽巳三更取单戎十马厌,打水十托

可抛。单巽四更沿昆崒打水十托，单巽三更是泥地，辰巽二更打水三十五托，到大山沿山行，辰巽四更、巽巳二更到芦水澳，有小人家可抛。巽巳四更到浮吕勄，内有老古石，打水二十托，是泥地。丙午三更沿昆崒有死树高高看见，有港口，开有老古浅，打水四托，仔细内过，不可开西边。对开有尖山三个，昆崒尾近东北行，有小屿三个。辰巽四更巡昆宰收入猫律港，港口前面有老古石，后面可抛开，有大山出泉在半山，白色流落。须认此山为记。

猫律回加里仔蛮

港口开船，丙午七更巡昆崒到浮吕武郎员，员内过可抛。巡大山，单午六更，打水二十托，西边有昆崒一条不可开使，内有大尖山一个。丙巳六更到掘心蛮港口，有人物。丙巳三更到池渠面有小屿三个，中屿可抛。辰巽三更到加里仔峦山，似笔架样，港口有老古石线二条，开有小屿三个，头屿可抛，屿上有井不可取水，有圣人在焉。

加里仔蛮回万丹

加里仔蛮开船，丙午四更到浮吕，有小屿四个。丙巳七更到鸡里蛮，丙午五更到昆崒，打水十五托，沙地。巽巳九更到大山，下是浮吕螺爰，外有浮吕居静浮吕池掘二屿，内行，十六托水。单巳四更、巽巳五更到大山尾，看山行船，不可开，流水拖开甚紧，到息里巫洋。辰巽七更取大山尾，巽巳三更到鸡里蛮，屿内过，打水二十托，近屿行，不可贪湾。单卯五更到浮吕勿系可抛。单卯三更浮吕上香顺览旁边仔尽了，须看风汛可紧过门，门中流水甚紧，抛南。单卯四更取师公大山，巡山行入班让进港。

磨六甲往阿齐

五屿开船，单乾并乾戌五更取假五屿。单乾五更取绵花屿，辛戌过洋，四更过浅，取鸡骨屿。乾戌十更取双唤。乾戌并辛戌四更取单屿。辛戌十更取亚屿港口，防沙浅。辛戌、乾亥离山远了。乾戌十五更取巴鹿头。单亥并乾女五更取急水湾头，水八九托，有礁浅仔细远过妙。辛酉五更取苏门哒喇为妙。

回针

开船艮寅，离山乙辰，取急水湾，头内有礁浅，船陇行妙。辰巽沿山五更，又五更取巴鹿头。辰巽十五更取亚路港口，辰巽五更取单屿内过。单辰、辰巽四更取双屿，又单辰、辰巽十五更取鸡骨屿，乙辰三更取绵花屿，水廿四托，正路。辰巽五更取假五屿进入妙也。

阿齐往罗里

开船单子离山远，乾戌十二更取伽俑貌，龙涎屿北边时月早过洋。辛戌、单辛十更取翠兰屿山。单亥十更、辛戌五十更取色兰山，番名僧伽那。若船身高有莺歌嘴，恐犯石城礁，开过妙。沿山二十更取竹牌、铁钻屿。单酉、庚酉八更取大佛堂。辛酉五更取牙里坎，有礁打浪，开妙。壬亥十更取罗里山进港，妙。

回针

开船，丙午十更取牙里坎放洋。乙卯五更取大佛堂，单卯八更取铁钻山并竹牌礁，苦看见莺歌嘴放开使，若船身高见色兰山，用乙辰五十更、单巳三十更取翠兰山。乙辰针时月早过洋，取龙涎并伽俑貌，辰巽十二更沿山使单午取阿齐。

阿齐往傍伽喇

开船，单子离山远，乾戌十二更取伽俑貌山边。单乾、乾亥四十五更取安德蛮南头山，单壬及子十二更取平中尖大小山。单亥五十更取赤涂山，水十托，单亥五更见襄列当头来，水六七托，寻擦地港口入门，是

傍伽喇矣。

回针

离浅单坤六更水廿五托,单坤五更,单巳六十更取佛心米山。若紧见山,单丙、丙巳五更取竹牌礁。若浅戗起用辛戌,水四十托,北头正路水四托,过浅用巽巳七更平渤住速山,单巳平九屿各门速过船。单午二十更取阿齐、苏文哒喇是也。

阿齐往古里

开船用乾戌,沿山十五更取伽俑貌山。皮剑离华盖只星八指,辛酉二十更、辛戌五十更、乾亥五更,看华盖双星七指三角,取色兰山。壬亥五更、壬子十五更、单子十五更、壬子十五更,取甘巴里山头。壬子十更取小葛兰山,单子、壬子十五更取柯枝,子癸针沿山使收古里也。

回针

离山单午并丙午取柯枝。丙午十五更取小葛兰山,丙午十更取甘巴里山头开洋。用单午十更、丙午十五更、丙巳五更取色兰山。离华盖双星八指,甲卯七十更取伽俑貌山,沿山使落用辰巽五更取苏文哒喇也。

古里往忽鲁谟斯

开船乾亥离石栏,水十五托,看北辰星四指、灯笼星正十一指半,单亥五更取白礁。沿山使用壬亥四十五更取丁得把昔。著北辰星七指,看灯笼骨七指半,好风过洋。乾戌、单戌一百更姑马山,若戗风用单戊八十五更,见山远的打水五托,船身低了见美之那山。见看北辰星四指半,沿山使用辛酉五更取伽里塔马山头,壬亥、单亥三更取迭微讨水。乾亥五更取麻里实吉。辛戌取龟山门中过船,水十一托,是老古地。单亥及乾亥四更讨亚剌食机山南边,看山平成三个。乾亥廿五更取沙刺抹山,看东西二处都是山。用单子五更驭忽鲁谟斯,看北辰星十四指,灯笼星一指半是也。

回针

开船取嘴头水四托。单午五更取沙剌抹山。单丙十更、单巳五更、巽巳十更取亚喇食机山外过。巽巳五更取迭微山讨水,取伽里马塔山头并龟山外过。巽巳十更内是麻里实吉。沿山五更取沙姑马山,看北辰及华盖双星各十二指,看灯笼星四指半开洋。单巽、巽巳五十更,水五十托,泥地,见山及见花蛇。若不见山,乙辰、辰巽,单辰三十更著北辰四指、灯笼星十一指取古里山过,白礁水十三四托。夜间不可行,怕流水急,沿山使乙辰三更也。

古里往阿丹

开洋乾亥离石栏外十五托,看北斗星四指、看灯笼星十一指半。单亥五更取白礁外过,乾戌五更平希星屿。用乾亥二十更,看北斗辰五指三角,看灯笼星正十指三角,平莽角双儿。过礁开洋,用辛酉一百二十五更平直蕉塔那山,看北辰五指、灯笼星十指取塔巴里付山。沿山一更取小赤塔密儿,取水,巡山使单坤二十更取阿丹马头。看北斗五指、灯笼星十指半,水六七托,沙泥地,是阿丹港矣。

回针

开船,用艮寅沿山使三十更平乃加泥。甲寅三十更平法塔喇山嘴,看北斗五指半、灯笼星十指,单卯廿五更平莽角双儿,水四十托,乙辰、辰巽十五更平希星屿,巽巳五更取白礁,单巳五更取古里也。

古里往祖法儿

开船，乾戌离石栏外水十五托，单亥五更取白礁外过。乾亥五更平希星山。单乾二十更，看北辰五指一角，灯笼十指一角，平莽角双儿。过礁头开洋，辛戌五十更，看北辰六指三角、灯笼星八指三角；单辛七十更，看北斗七指三角、灯笼星七指三角，取祖法儿马头，水六托，泊船是也。

回针

开洋，乙辰五更离山远，看北辰七指半、灯笼八指，单乙五十更、乙卯四十更取礁头。看北辰五指半、灯笼十指，单乙、乙卯廿五更取莽角双儿，水四十托。乙辰、辰巽二十更平希星屿。巽巳五更取白礁，巽巳五更取古里国是也。

东埔寨南港往笔架并彭坊西

港口用乙辰看北势上昆崘尾齐，宜贪东，打水三托，泥沙地，正路。离浅了，用坤申十三更取真糍山。用单戌十更取大横山。用辛戌五更取小横山，用辛戌二十更取笔架山。用壬子五更取陈公屿及黎头屿。用壬子五更取乌泥浅，沿昆崘约二更见内山有塔是浅，乃彭坊西也。

回针

笔架闻船，用单巳及巽巳二十更，用巽巳五更取大横山。若外过用乙辰，若内过用辰巽。十更取具糍山内过。用单寅十三更进南港是也。

东埔寨往乌丁礁林

宜贪东，用乙辰看昆崘尾齐出浅。用单丁三更离小崑崙山。用丁未十一更、用单未十五更、用坤未十八更取苎盘山，在帆铺边。用单坤收入将军帽，帽内有帽带生开仔细。用单丁沿昆崘使至罗汉屿收入，防浅，不可远不可近，量看使船。港口边有浅礁出水，水大看不见。头湾北边有浅，又转湾北有礁。船使至半路，收入乌丁礁林，在北边为是也。

回针

出港用乙辰，使出罗汉屿北边。用单癸及癸丑十一更取苎盘山，内外俱可过。用单癸五更取斗屿。用单癸二十更、用子癸三十更、用丑癸五更，取真糍山。沿昆崘使打水三四托，正路。用甲寅十二更到港口，浅上二托水。过西北些儿，莫贪东，恐犯吕宋浅。船尾坐崑崙，收入港下。崎头内有一假港，使至中州，须南边行船，让风头使至赤面港仔，不从北面欲从南入。使至挞浪港仔口有山，船尾坐山，从东边入港是也。

东埔寨往暹罗

出浅开船，用坤未五更、用单坤八更见真糍山。用乾亥四更见假真糍山。用单辛戌十更取大横。用乾戌三十五更取笔架山。用子癸取暹罗港是也。

回针

出港开船，用丙午五更取乌头山。用单午五更取笔架山。放洋用单巳及巽巳三十更取大横，若不见恐见内山。用单巳及丙巳十二更取真糍。恐南风见假糍，用单巳四更见真糍。用甲寅及单寅取南港口，贪陇不可犯浅，仔细入港。

暹罗往马军

离浅用单午十更取笔架山。丙巳五更取大横山。辰巽八十更取赤土白面山，打水三十二托。丑艮十五更取淡水港。丑艮十更取长腰屿，此是索罗港口。在马户边，有一昆崘，东北边有一小屿，丑艮五更取崑

崙山,远看三个尖山内过,丑艮十更取圣山五屿,在帆铺边。艮寅五更取犀角山。子癸五更取萝卜山,门中有青屿在马户边,帆铺边有香炉礁,大小四个。辰巽及巽巳取罗婆畔。甲卯、乙卯三十更取马鞍山。丑艮十更取巴里山,巡山使丑艮十更取陀罗山,望见马军山婆婆门,进港是也。

回针

离浅辛酉五更取陀罗山,丁未十更取巴里山尾,单酉十更、庚酉十更见北边沙塘浅,有礁出水。单酉十更见冲山,有一大山是七峰山,山尾有处长昆崒在山边。单酉五更见一小屿,三牙屿相对,小屿不可抛船,水十七八托。庚酉三更见白屿在帆铺边,入门是萝卜山。单午及丁午十更取五屿,取圣山。庚酉十更取真崑崙山内过,单未五更取长腰屿。单未十更取淡水港口。东风用辛酉,北风单坤,四十更取东蛇罗。若在赤土白面上放洋用辛戌、单亥五十更、单乾四十五更取笔架山边。用丑艮取竹屿,子癸取浅,是港也。

苎盘往文莱

在苎盘开,用乙卯十五更取林哪喏山,在帆铺边。乙卯二十五更见东边有大山,即是东西蛇罗山,番名叫单戎独山,并有小屿。用单寅二十更取单戎唠梅山,番名叫单绒丝立山,小平是昆崒,并有浅,打水三托。用单寅十一更取赤土白面山,远看山上有石壁似帆样,沿山使十更取淡水港口,亦有浅,打水三四托,船不可开。甲寅并单寅十更取文莱港口,有二个小屿是石,东边有大山,北是长腰屿,港口取毛花蜡,住船为是。

回针

文莱港口开船,二屿是石。单辛并庚十更取淡水港口,船不可开,打水三托有浅,便是港口。沿山使十更取赤土白面,远看山上有石壁似船帆样。单庚十更取单哦唠梅山,一小平生是昆崒,对开有浅,打水三托。单申二十更取西蛇龙山,辛酉二十五更取林唠喏山,在马户边。辛酉十五更取苎盘,是也。

瞒喇咖往旧港

开船用辰巽五更取射箭山,打水二十托。辰巽三更取昆宋屿,西边有浅,打水四五托。巽巳、单巳五更取吉里问山,夜不可行。丙巳、单巳四更取鬼屿东南过,西南恐犯牛屎礁,水涨不见,对过是甘巴港口有仁义礁。单巽四更取甘巴门过。单丙及丙巳十更取鳄鱼屿。单巳四更取佛寺屿西边过。单巳四更取单屿。单巳及丙巳五更沿山打水六七托,使五更取旧港口,中有一州是正路,须认真为是。

回针

开船壬亥三更取彭家山尾,中间有沉礁,沙浅可过,帆铺边沿昆崒使,打水六七托。壬癸、单癸十更取单屿,单壬四更取佛堂屿。单亥四更取鳄鱼屿。壬亥、单壬十更取甘巴门。单乾四更取仁义礁。对甘巴门港口可防,恐犯牛屎礁,水涨不见,近北边中央行妙。单壬及壬癸取鬼屿东边过。单壬四更取吉里问山。单亥四更取昆宋屿过,西边有浅打水四五托。单亥、乾亥取大小射箭山。单乾五更取五屿,内是瞒喇咖。

若船往东埔寨,至灵山大佛,单丙三更取伽俑貌。丁未五更取罗湾头。坤未五更取赤坎,坤申三更取鹤顶山。坤壬四更收外任山落定。看水涨船头对南船尾坐外任山。使-二更之久,便见西南有毛蟹州。欲入港,船头对毛蟹州,船尾坐甲卯,使至浅打水四托乃正路。船当近毛蟹州北边边过,内昆身腰见港口入港内,船沿北边昆崒使甚妙,不可偏南。使四五日至外昆廊。若船柬埔寨出港口,离坤身船头对毛蟹州,尾去近毛蟹州,可转北边出浅。船头对东近看见州近或泥或沙无防,当用甲卯离毛蟹州昆身至浅上打水只有三四托,乃是正路。用甲卯四更取鹤顶山,余依前法而行为妙也。

往彭湖

南风时东墙莱屿往彭湖。莱屿开船乙辰十更见西屿头,入门内庵前抛船为妙。

回莱屿

开船用辛戌、单亥十更取莱屿为妙。

又

北风时莱屿往彭湖前沙开船,辰巽及单巽七更取西屿及门内庵前为妙,抛船。

回前沙

用壬亥及单亥七更取前沙为妙。

南澳往彭湖

用乙卯十五更取西屿头,若船身南边打水十六七托,硬地,入门住船为妙。

回

用单酉及庚酉十更取彭湖山,收南澳为妙。

太武往吕宋

太武开船,辰巽七更取彭湖山。巳丙五更见虎仔山,单丙及巳丙六更取沙马歧头。单丙二十更取笔架山,与大港口相对及红豆屿,丙午七更取射昆美山。丙午及单巳十更取月投门。单丙三更、坤未三更取麻里荖表山,平长,过夜不可贪睡,可防。丙午及单午五更取里银大山,二港相连开势沙表,表生在洋中可防。表尾记之极仔细。巳丙五更取头巾礁,单午五更取吕宋港口,鸡屿内外俱可过船,无沉礁有流水。其船可从东北山边入港篇妙。

回针【往回或遇春多宜加节衷】

鸡屿出洋,壬子、单亥十更,壬亥、单亥七更,取麻里荖,见表放洋。壬子、单子二十五更往回取彩船祭献。此处流界甚多,则是浯屿洋。壬子、壬亥二十更,单亥五更,取太武。

表上放洋

若表上放洋,壬子二十更取射昆美大山。单子三更取红豆屿。丑癸十更是浯屿洋。丑癸八更取沙马歧头。癸十一更取彭湖。壬亥七更取太武入浯屿。

吕宋往文莱

鸡屿开船,用巳丙及乙辰十更沙塘石开船,到吕蓬港口。若是吕蓬山外过讨麻里吕。坤未五更取芒烟山。丁未及午丁十更取麻干洋了讨郁山,无风摇橹二日三夜。单午及丁未取小烟山前密。丁未五更取三牙七峰山。单丁五更取芭荖员。丁未五更取萝卜山文滴古幞山头,高大有云,犀角山。单未、单丁见圣山。单未、坤未取崑嵛山外有老古石过门去,坤未、坤申使见长腰屿。丁未讨鲤塘屿,丁未便是文莱勃泥港也。

文莱回吕宋

港口开船出鲤塘屿,单癸五更取长腰屿门中通,丑艮三更取崑嵛,远看见成三个屿是崑嵛。丑癸五更取望烟山,高大有云,往回放彩船祭献。丑艮三更取五仑,丑艮八更取幞山,对开有老古石,行船极仔细。癸五更取浅马头。丑癸五更取芭荖员。丑癸五更取七峰山。丑癸五更取赤叶,水色清涤,打水六十托。丑艮十更取吕蓬山外过。丑癸五更取藤绑大山,是吕宋港口中一鸡屿,北边是覆鼎安大山。南边猪黎尾入

妙。

松浦往吕宋

柯子门开船,丙丁午及丁未十更见五岛山。过去远用坤申放洋五十四更,若不见山,用丁未二更见小琉球鸡笼头山。巡山使上用丙午六更见北港沙马头大湾山。丙午三十五更取射昆美山。丙午、单巳十更取月投门。丙午三更、坤未三更取麻里荖表崎尾边平过,夜不可睡,仔细。单巳五更取东楼山,丙午五更取里银山。壬丙五更取里安山。丙巳五更取覆鼎安山,上是大小藤绑山,下是吕宋港,有鸡屿,内外俱可过船,无沉礁,有流水,进从东北边妙。南边是佳逸,抛佛郎船,取铳城,妙矣。

吕宋回松浦

鸡屿开船离洋,巳亥及壬子五更取里安山。丑癸五更取里仁大山。单癸五更取东楼山。壬亥、单亥五更取麻里荖表。俱是平平昆崒,过夜不可睡。用壬子放洋二十五更取浯屿,放彩船。单癸、子癸十更取沙马头大湾内山。巡山使子癸六更见鸡笼头山为准。离山有四五更放洋,艮寅五十六更见山。船身在南,见野故山,在北有云贰山、天堂。欲至松浦,船过天堂,用壬亥、壬子十更收入柯子门。松浦即平户津,土名鱼鳞岛。港内水急,中有一小员屿,须当水平进。欲往护屋,平户出港用艮寅三更收入护屋,即陇车仔也,若去西北风大,或从鸡笼后过之,若来西南风大,或鸡笼后过有之,须当仔细。

泉州往勃泥即文莱

长枝头开船,单丙一夜一日、丙午针好风五日,看见小吕蓬山。丙午-日-夜见芒烟大山,北边是吕蓬大山,见门内从边落去。丁未见有一门不可入,沿山边落用单丁见三牙七峰,洋中有凌礁,礁行船仔细。又使二日一夜见沙奇头有浅,船使竹山边,见一列老古,船身半奇头。单午一夜一日出见大小罗模山,见古幞山,又见圣山,对开来高大有云,犀角山尖。坤未取崑崙山,外有老古浅,平使船门。坤未、单未沿昆崒使,取长腰屿有门,丁午取鲤鱼屿,收毛花蜡,是勃泥也,即文莱。

浯屿往麻里吕

太武开船,单巳廿五更取浯屿洋,往来放彩船祭献,丙巳取射昆美山。沿山使三更取白土山并万安旦港口及玳瑁港讨苏安。单丙四更取麻里荖断屿过表是里银并陈公大山,尾见里安大山。看见八个安山开洋,中是吕蓬山,平沿山使取吕宋港口,有鸡屿,下是居民港,看见猪来尾山。猫荖英开山是吕里山,上有白处是麻里吕也。

回针

猫里吕开船,丑癸单丑四十更取里银山并麻里荖表平平长。壬子、壬癸廿五更取浯屿洋中,用壬子廿五更取浯屿入太武也。

泉州往彭家施阑

长枝开船,丙巳七更取彭湖。丙午七更取虎尾山。沿山五更取沙马头,住船二边有鸡笼屿。辰巽十更取毛架及五屿,远看见是红豆屿并东浮甲在东边及甘里,轻取大港,若风东用辰巽取小港出港。辛酉七更取射昆美,若见红豆屿如不收入大港,当用丙午沿山使一二更取哪哦山尾见白土山,沿山使好风,使一日一夜收三屿密雁港口,便是幞头门,即杀牛坑。丙午、单午十-更取十六儿山,下是四屿。单巳五更取郎梅屿下住船。单午取麻里荖断屿,丁午五更取苏安港,沿山使是玳瑁港,过东是傍家施兰港。

泉州往杉木

长枝头开船,丙午七更取彭湖。丙午三十更、丙巳取三屿。沿山使丙午收表。丙巳见里银大山。辰巽入吕宋。单巽取芒烟大山,沿山使用巽巳,取平屿过洋。单辰五更取高西山右边离山。辰巽取里沙大山,沿山落丙巳取大山尾,丙巳好风二十更单巳取麻安大山,单午见双里山,船在山西边过。丙午十五更取苏禄。单酉并坤申出昆宰门,庚酉并辛酉三十更取麻里犇山,在北连离山。巽巳十更入昆宰尾在右边来。单巳取笔架山入港,东加蜡抛船,是杉木。

杉木回浯屿

东加蜡开船见麻里犇山。离昆宰尾用乾亥取麻里奔山,若见半洋小屿在东边过船。乾亥取麻里奔山,离山尾壁头起身。子癸五更取半洋离昆宰。子癸十更壬子并壬癸取三牙七峰,沿山使见南头高。单酉取粪箕屿。单女取苏禄出门过洋。乾亥五更单亥离巴汉头山。十更单子取里银山,并麻里荖表。壬子廿五更取浯屿洋中,壬子廿五更取浯屿也。

福建往琉球

太武放洋,用甲寅针七更船取乌坵。用甲寅并甲卯针正南东墙开洋。用乙辰取小琉球头。又用乙辰取木山。北风东涌开洋,用甲卯取彭家山。用甲卯及单卯取钓鱼屿。南风东涌放洋,用乙辰针取小琉球头,至彭家花瓶屿在内。正南风梅花开洋,用乙辰取小琉球。用单乙取钓鱼屿南边。用卯针取赤坎屿。用艮针取枯美山。南风用单辰四更,看好风单甲十一更取古巴山,即马齿山,是麻山赤屿。用甲卯针取琉球国为妙。

不入港欲往日本,对琉球山豪霸港可开洋。琉球放洋用单丁针,四更船取椅山外过。单癸针二更半是叶壁山,离椅山了。单癸四更取流横山。又用丑癸五更取田家地。用丑癸三更半取万者通七岛山边。用单寅针,五更取野故山内过船。离野故山用艮针二更半船取但尔山。又单艮四更取西甫山平港口,其水望东流十分紧。单寅十更船取哑慈子里美山,其山用单艮二更、单寅三更沿度奴乌佳眉山。用癸针三更,船若是船开单子一更取是麻山边,南边有沉礁,名做长礁,东边过船。单丑一更船是正路。用子针四更船取大山门中傍西边门过船,用单丑是兵库港为妙。

琉球往日本针路

计山对四个椅山,共五十七更,船豪覇港口开船。单子四更取椅山外过。用癸针二更半取叶壁。单癸四更取流横山。用丑癸五更取田家地山。用丑癸三更半取梦加利山。单癸三更取大罗山。单癸二更半取万者通七坵山边过。单寅五更取野故山内过。艮针二更半取但尔山。又艮针四更取野角利出平港口,流水望东十分急。离野里山单寅十更取哑慈子里美山妙,佳眉。单癸三更若是船开,单子一更取而麻山,边一个沉礁名做长礁,东边过船。单丑十更船是正路。子针三更取大山门中傍西边门过船。单丑三更取兵库港为妙。

兵库港回琉球针路

港口开船,单未三更、单午四更,取大门山中傍西边过。用午四更取麻山。单丁三更取沿渡奴鸟佳眉山。单辛针取哑慈子里美山,其山用辛针十一更取哑甫利山。单坤六更取但尔山。坤申四更取野故山。坤申五更取万者通七岛山内过,山名曰坵奴名山,共野山对面一更船有小礁,五更船千万仔细,使船在北边过。单丁三更取大罗山,丁未三更取梦加利山。用丁未五更取叶壁山外过。单丁三更取马蹄山。单午四更取琉球港口为妙。

琉球回福建

港口用坤申一更半平古巴山是麻山。用辛酉四更年,用辰戌十二更、单乾四更、单辛五更、辛酉十六更

认是东路山,望下势便是南犯,坤未三更半台山,三更是乌麻山,坤针见官塘。五更平官塘,取定海千户所前抛为妙。

日本港山形水势

船见云贰山直陇是久志澳,下是秋日澳。

船见鸟屿直陇是山川。

女澳内浦港

船见天堂头是片浦港。天堂内是阿久根。下处是京泊津。

船见天堂,北陇是天草,即野马掘沙。用艮丑针取支岐在东南边进人去即口津,在北边名曰屈津澳子,即及有马大山,即里马国。

船见日屿即五岛头,美甚焉。直陇用单寅收入长岐港,即笼仔沙机,有佛郎番在此。

船见天堂,用壬子、壬亥取松浦港。

船见五岛头,用艮寅取髻仔山进柯子人去即平户津,名鱼鳞岛。

船见对马岛,用乙长、乙卯取松浦为妙也。

或船使高有收上银山港门经纪更妙。

海道针经(乙)

指南正法

指南正法序

昔者圣人周公设造指南之法,通行海道,自古至今,流传久远。中有山形水势描抄终误,或更数增减,筹头差错,别查本年朽损,难以比对。制定手法乃漳郡波吴氏,氏寓澳,择日闲暇,稽考校正。自天朝南直隶至太仓,沿而福建,而广东,并交趾、七洲、夷邦南巫里洋等处更数、针路、山形水势、澳屿浅深、礁石沙泥、撰录于后,已与诸人有志远游于此者共识之耳。

自古圣贤教人通行海盗,全凭罗经二十四位,通变使用。或往回须记时日早晚、风讯东南西北、流水缓急顺逆,如何用钩探水,以知深浅。山势远近切要谨慎,不可贪眠。差之毫厘,失之千里,悔之何及。若遇东南西北,筹头落一位半位,虽针临时机变。若是弔戗,切记上下更数多寡,风汛大小,顺风使补以合正路。或遇七洲洋上不离艮下不离坤。若遇南巫里及忽鲁谟斯,牵星高低为准,各宜深晓。

又云,行路难者有人可问,有径可循,有地可止。行船岐者海水连天,虽有山屿,莫能认识。虽知正路,全凭指南之法,罗经针簿,全凭主掌之人。须知船身高低、风汛大小、流水顺逆,随时增减更数针位,或山屿远近、高低形势、探水深浅、牵星为准,的实无差,保得无虞矣。

凡船到七洲洋及外罗,遇涨水退数乃须当斟酌。初一至初六、十五及二十,水俱涨,涨时流西。初八至十三、念二至念九,水退,退时流东。亦要至细察看。风看大小,流水顺逆,可准正路。慎勿贪东贪西,西则流水扯过东,东则无流水扯西。西则海水澄清,朽木漂流,多见拜风鱼。贪东则水色黑青,鸭头鸟成对,惟箭鸟是正路。若过七洲,贪东七更,则见万里长沙,远似舡帆,近看二三个船帆,可宜牵舵。使一日见外罗对开。东七里便是万里石塘,内有红石屿不高,如是看见舡身低水可防。若到交趾洋,水色青白,并见拜风鱼,可使开落占笔罗,惟得出。若见柴成流界并大死树,可用坤申针,一日一夜见灵山大佛。大佛前四、六、七、八月水流西甚急,可近山便妙。东北风晴,流水正北,紧记之。

定罗经中针祝文

伏以坛前弟子,谨秉诚心,俯伏躬身,焚香拜诸位请历代御前指南祖师,轩辕黄帝,周公圣人,前代神通阴阳先师,鬼谷、孙膑先师,袁天罡、李淳风、杨救贫仙师,王子乔、陈希夷仙师,主倜郭仙师,历代过洋、知山

形水势、知深浅、知礁屿、识湾澳、精通海岛、望斗牵星、望古来今前传后受流派祖师，奉祀罗经二十四位尊神，神针大将，夹石大神，定针童子，换水童郎，水盏圣者，起针神兵，位向守护尊神，鲁班仙师，部下神兵目龙樌棋一切神兵，本船护国庇民著天后，三界伏魔关圣帝君，茅竹水仙，五位尊王部下，喝浪神兵，白水都公，林使总管，伏念大清国某省某府某保某船主某人，与贩某港，涓于某月某日开驾下针，虔备礼物，祈保平安。今日上针，东南西北无差。求谋遂意，财宝自与，来则流星，去则降神。稽首皈依，无极珍重。

观电法

春天电推雷。夏天左右随。秋天电下发。多电实其推。东电长江水。西电红日随。北电南风吹。南电雨如雷。

观星法

北斗出壬子，入壬亥。华盖出发，入壬。灯笼骨水平星出丙已，入丁未。

定昼夜长短

正月：日出乙，入庚。月出甲，入申。日七分，夜九分。

二月：日出卯，入酉。月出卯，入酉。日夜平分。

三月：日出甲，入申。月出乙，入庚。日九分，夜七分。

四月：日出寅，入戌。月出辰，入申。日十分，夜六分。

五月：日出艮，入戌。月出巽，入坤。日十一分，夜五分。

六月：日出寅，入戌。月出辰，入申。日十分，夜六分。

七月：日出甲，入庚。月出乙，入庚。日九分，夜七分。

八月：日出卯，入酉。月出卯，入酉。日夜平分。

九月：日出乙，入庚。月出甲，入辛。日七分，夜九分。

十月：日出辰，入申。月出寅，入戌。日六分，夜十分。

十一月：日出巽，入坤。月出辰，入乾。日五分，夜十一分。

十二月：日出巽，入坤。月出寅，入戌。日六分，夜十分。

定太阴出没

正九出甲入辛位。二八出兔入鸡肠。三七出乙从庚没。四六生辰遇申详。五月出巽归坤位。仲冬出寅入乾上。惟有十一与十二，寅申子细详。

定太阳出没

正九出乙入庚方。二八出兔入鸡肠。三七出甲从辛没。四六生庚遇戌藏。五朋出艮归乾上。仲冬出巽入坤乡。惟有十一与十二，出辰入申子细详。

定三方

东风已酉丑。西风辛卯未。南风申子辰。北风寅午戌。东北乙坤辰。东南甲乾丁。西北癸巽庚。西南午艮辛。

定四方

子午卯酉。寅申巳亥。辰戌丑未。癸丁辛乙。乾巽艮坤。甲庚丙壬。

逐月恶风

正月初十、念二天神降逢大杀,午时后有风,无风即雨或雨平。二月初三、十一、十四、念七天神下降交会,酉时有大风。三月初三、十七、念七诸神上界逢星辰,午后有大风。四月初八、十五、念三诸神逢太白,午后有大风。五月初五、十二、十九诸天王上界之日,申时有风。六月十一、十九、二十乃地合申时主大风。七月初七、初九、十五、十七、十九主大风。八月初五、初八、十二、念七日主风。九月十一、十五、十七、十九日主风。十月十五、十八、念九府君朝上界,卯时大风。十一月初一、初十、十九有大风。十二月初五、初六、二十、念八有大风。

定针风云法

春夏二季必有暴风。若天色湿热,午时后或雷声所作之处,必有暴风,宜急避之。秋冬二季虽无暴风,每日行船,先观西方天色清明,由五更至辰时天色光光无变,虽有微风,无论顺逆,行船无虞。

逐月水消水涨时候

初一初二十五十六子午时。初三初四十八十九丑未时。初五初六二十念一寅申时。初七初八念二念三卯酉时。初九初十念四念五辰戌时。十一十二念六念七巳亥时。十三十四念八念九亥未时。

针方法

定罗经下针从乾位先,盖乾者乃二十四筹头之元首,故以是为先。遮针定法不至浮沉,若伤舵工之人,针头起放舵止,针头垂牵舵回。

定舡行更数

凡行船先著风汛顺逆。将片柴丢下水,人走船尾,此柴片齐到,为之上更,方可为准。每更二点半约有一路,诸路针六十里。心中能明此法,定无差谬。

大明唐山并东西二洋山屿水势

太仓刘家澳:打水九托,好抛船。

宝山:打水五六托,湖嘴出弘口正路,过浅上丈。

茶山:打水七八托。

滩山五屿:打水念四五托。

碟碗山:打水念四五托,湾中十一二托,好抛船。

庙洲门:水深流急。

崎头山:打水八九托,双屿港内流水甚急,洋内打水无底。

孝顺洋:打水十一二托,泥地。

乱礁洋:打水六七托,泥地。

九山:南边打水三十托,泥地。

坛头山:打水十二托,对开有红礁。

东箕山:打水十三托,门中好过船。

贵谷山:东边大陈山,中门十五托。

披山:打水十四托候。

东福山:打水十四托。

东落山:打水十八托。

南纪山:打水二十托。

佥乡大澳:打水七八托,开有八献礁山水,仔细。西边过船,开打水十四托,港门打水五托,在行船湖中水三托。外是小余山,福宁州港口,正路八九托。

东桑山:打水十八托。

呼应山:打水十五托。外是东涌、芙蓉,内是小西洋,门中水十五托,有沉礁打浪,行船细细。

定海千户所:打水九托,对开有一小屿。

福州五虎门:打水一丈八尺,过浅。乙辰针收官唐三礁外过,辰巽取东沙西边过,近山七八托,好抛舡。单已三更牛屿内过,屿有礁出水,打水念五托。坤未、坤申取乌龟,打水十五托,往回祭献。

眉州

姑嫂塔:即泉州港口,打水三十五托。

太武山:打水三十托。东椗外坤四更取柑橘外过。

柑橘山:内打水十五托,外打水念五托。单申三更取南澳坪。

南澳彭山:内打水十八托,外打水念五托。

表山:打水十五托,系是潮州港口。

甲子所:其栏生外,栏内小船可过。

田尾:内高螺大德山,即白沙湖、连寨、浪头、金屿、墩下澳,下有长沙港。

大星尖:即大星栈,在洋打水念五托,坤未七更取东姜,外打水四十五托,坤未七更平乌猪。

弓鞋山:东高西低如鞋样,对门打水四十九托。

南亭门:打水四十五托,在翁山内,是广东港口。请都公。

乌猪山:洋中打水八十托,上、下川在内。单未七更取七洲洋,有屿仔,东有三个西有四个。坤申七更取独猪。

独猪山:打水一百二十托,往回祭献。贪东多鱼,贪西多鸟。内是海南大洲头,大洲头外流水急,芦荻柴成流界。贪东飞鱼,贪西拜风鱼。七更舡开是万里长沙头。

外罗山:东高西低,内有椰子塘,近山有老古,打水四十五托。贪东恐见万里石塘,丙午七更取交杯,内打水十八托,外打水念五托,俱可过舡,南边有礁出水。若是马陵桥神洲港口,打水八九托,鼻头二三托打水进港有塔,可抛舡。

羊角屿:内打水十七八托,外打水二十托,内外俱可过舡。南有羊角出水中,尖有门,门中有礁。丙午五更取灵山大佛。

灵山大佛:打水六十托,身上是烟筒山,下是香炉礁,外面湾头相连,好抛舡。丙午三更取伽倚 俻、圭笼头,对在项势内湾是亚马港。

钓鱼台:打水十二托,湾头相连,好抛舡。内湾是占城蜂头港。山上乌木甚多。有礁出水,不可近,伽倚俻有三礁,水涨不见,远水舡,打水十五托。丁未五更取罗湾头。

罗湾头:打水念五托,内有小屿,外有玳瑁洲,坤未五更取赤坎,舡身恐犯玳瑁洲。坤未五更取崑崙。若往东埔寨,单申四更取鹤顶。

鹤顶山:近山打水念五托,洋中打水七十托,身外更半舡开,有浅,水退看见林。

覆鼎山:即在边近州,恐有沉礁,不可行舡。打水念五托,沙泥地。比山在鹤项身,沿山使尽是假任大湾,内可抛舡。

假任山:近山打水四五托,其湾可抛舡,入东埔寨港俱寄椗在此,候水涨好风。

外任山:认毛蟹州进港,可防浅沙,用水钩点南边进。

毛蟹州:有树看日此身头一样打水深,此乃正路。贪北恐犯北浅。贪南恐犯南浅,行舡当细细记也。

玳瑁州:舡身在外过,留些过好在内迟,看东南有礁出水,流水拖东南甚急,又有老古拖尾离州有三四箭之远。

玳瑁鸭:生连玳瑁州,东南出水甚急,现有拖尾,离远行舡可也。内打水十托,外打水念五托。

崑崙山、小崑崙:西边有一小礁出水,庚酉八更取真糍。

真糍山:远看三个屿,有门可过,内打水十四托,泥地。外打水念四托,沙地。辰戌十更取大横。

假糍山:远看三个屿,如象拜昆身样,南有小屿是红石礁,陇是占蜡港,泥尾,昆身一小港向假糍,北边不可过,恐风汛不顺难以出舡。舡身到此甚然之低,用坤未寻真糍正路。

大横山:打水念五托,泥地,远看成连,略断似枕头样,用乾戌五更取小横。

小横山:有门,门中有礁,远看三个山,东高低。有小树仔,东北尾有长浅礁仔打水十四托,单戌十更乾戌十五更取笔架。

笔架山:陇,打水十二托,沙泥地。下是龟山,长尖峰形似笔架。若见龟山,用壬亥取笔架。

陈公屿:即无好面,用壬取乌头浅。

乌头浅:东边过舡打水十二托,浅生开,仔细行舡。过浅子有一澳,高有一港,是望高西。乾亥三更取竹篙屿,认昆身,恐惧进程,直竹屿港,舡尾坐竹屿,用子癸进港可也。

南澳气

南澳有一条水屿,俱各有树木。东边有一个屿仔,有沙湾拖尾,看似万里长沙样。近看南势有一湾,可抛舡,是泥地,若遇此山可防。西南边流界甚急,其中门后急可过舡,西北边有沉礁,东北边有沙坡,看似万里长沙,拖尾在东势,流水盎皆拖东,可记可记。若见此山,用乾戌使陇,是大星。

冰消瓦碎最难当,盖屋未成先居丧,升官未任先罢职,未妻到底不同床。

正七二八当。三六七四防。五五六六见。七四八五同。九三十四是。子二丑三防。

初一嫁娶主再嫁。初九盖屋主火灾。十七安葬主瘟疫。二十五移徙主死。

日防三十日。年防三十日。节前防一日。

癸亥日穷轸宿。壬寅壬午连庚午。甲寅乙卯巳卯防。神仙留下此六日。探人疾病代人亡。

许真君传授神龙行水时候

正月初三、初八、念一、念五日月尽龙会。初十、十九、念二日午时主有大风。

二月初三、初九、十二日龙神朝上帝。初九、十二、十四日酉时主有大风。

三月初三、初七、念七日龙神朝星辰。初十、十七日午时后主有大风。

四月初八、十五、十七日龙神回太白。初九、十九、念二日午时主有大风。

五月初五、十九、念八日龙王朝玉帝。十九日申时主有大风。

六月初九、念七日地神朝玉帝。十九、二十日卯辰时主有风雨。

七月初九、初九日神杀大会。十五、十七日午时主有大风。

八月初三、初八日龙神大会。十七、念七日主有大风雨。

九月十一、十五日龙神朝玉帝。十七、十九日主有大风雨。

十月初八、十五日府君朝王皇。十八、十九、念七日卯时主有风。

十一月初三、初八、十五、念九日府君朝玉皇。十八、十九、念七日卯时主有风。

十二月初二、初五、初六、初七、初八、念八日主有大风雨。

潮水消涨时候

初一、初二、十五、十六、十七、二十日子午时涨。初三、初四、十八、十九丑未时涨。

初五、初六、念一、念二寅申时涨。初七、初八、念二、念三卯酉时涨。

初九、初十、念四、念五辰戌时涨。十一、十二、念六、念七巳亥时涨。

十三、十四、念八、念九巳亥时涨。

长崎水涨时候

初一日光涨八分，中午退在。初二日光涨四分，后午退在。

初三日见光涨二分，半晡退在。初四日见光涨二分，半晡退在。

初五日光退，小午大涨在。初六日见光退在，后午大涨在。

初七日见光退在，暗涨在。初八日早饭涨，大暗退在。

初九日光涨，尽暗退在。初十日早饭涨，大暗退在。

十一日见光涨尽暗退在。十二日小午涨，下午退在。

十三日中午涨，大半暗涨在。十四日午后涨，尽暗退在。

十五日上涨在，中午退在。十六日早饭涨在，中午退任。

十七日食饭涨在，后午退在，一更退在。十八日小午涨在，后午退在。

十九日光涨，小午退。二十日光涨在，中午涨在。

二十一日见光退在，后午涨在。二十二日早饭涨，午后涨在。

二十三日上午涨，半晡涨在。二十四日中午涨，大暗涨在。

二十五日中午涨，尽暗涨在。二十六日见光退一分，中午退在。

二十七日见光退一分，中午涨。二十九日光涨，后午退在。

三十日见光涨在。

东甲卯乙。东南辰巽巳。南丙午丁。西南未坤申。

西庚酉申。西北戌乾亥。北壬子癸。东北丑艮寅。

定逐月风汛

正月初十、念一日乃将军降日，逢大杀，午时后无风则雨。

二月初九、十三、念四日，酉时主风。

三月初三、十七日，午时后主风。

四月初八、十九、念三日，午时后主风。

五月初五、十一、十九日，申时主风。

六月十九、念七日，卯时主风。

七月初七、初九、十五、念七日，午时主风。

八月初五、初八、十二、念七日，主风。

九月十一、十五、十七、十九日，主风。

十月十五、十八、十九、念七日府君朝上，卯时主风。

十一月初一、初三、十九日，主风。

十二月初一、初五、初六、念二、念八日，主风。

定逐月日出入宫位

正月：日出在乙入在庚，月出在甲入在戌。

二月：日出在卯入在酉。

三月：日出在甲入在申，月出在乙入在申。

四月：日出在寅入在戌，月出在辰入在申。

五月：日出在艮入在乾，月出在巽入在乾。

六月：日出在寅入在戌，月出在辰入在申。

七月：日出在申入在戌，月出在乙入在庚。

八月：日出在卯入在酉。

九月:日出在乙入在庚,月出在甲入在申。
十月:日出在辰入在申,月出在寅入在戌。
十一月:日出在巽入在申,月出在艮入在乾。
十二月:日出在艮入在申,月出在寅入任戌。

观星法

名凉伞星,出巳上。

名水平星,在南斗东。出巳丙入丁未。

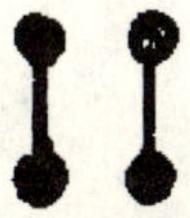

名灯笼星,出丙巳入丁未。

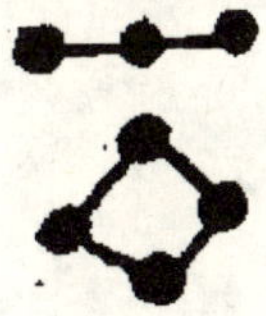

名织女星,在天河东下乃梭仔星。

名牛郎星,在天河西下乃犁头星。

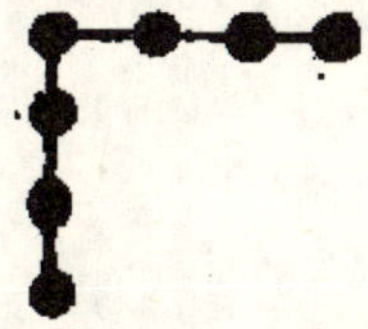

名北斗,中星居处不动。出癸丑入壬亥。

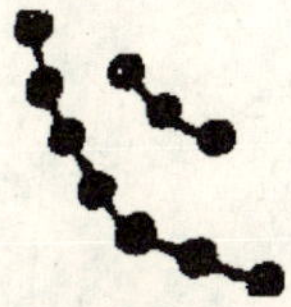

名华盖,与北辰相近居北。出癸入壬。

名小北斗。

名南斗，出巽已中。

犯洪沙日：正、四、七、十月，忌巳日。
二、五、八、十一月，忌酉日。
三、六、九、十二月，忌午日。
大黄沙日：正、四、七、十月，忌午日。
二、五、八、十一月，忌寅日。
三、六、九、十二月，忌子日。

正月七。二月八。三月六。四月七。五月五。六月六。七月四。八月五。九月三。十月四。子月二。丑月三。

犯七娘子

正月初七十五。二月初四十二。三月十二十六。四月初九念一。五月初一。六月初二，七月初二。八月初八十五。九月初三二十。十月十四。十一月初三念二。十二月初六念五。凡作事行舡，逢此日切不可用。

六合出行定图

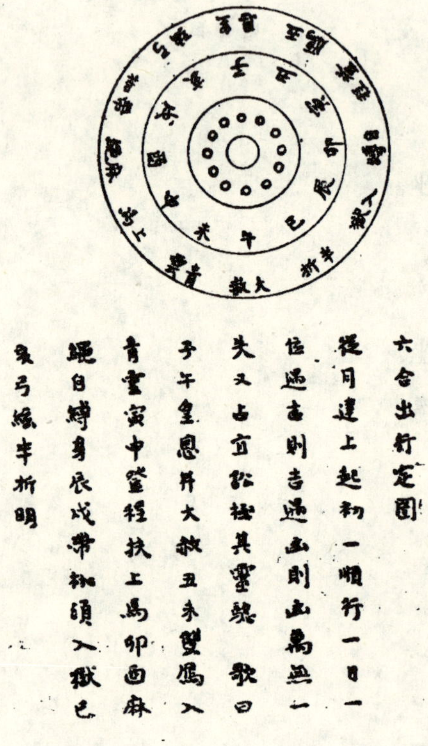

五岛大山中尖共东南势,盐屿为乾巽对坐。
盐屿共五岛头外势额头卯酉对坐。
盐屿共米慎马为丑及坤未对坐。
五岛头为五岛我为艮寅,有寅坤申对坐。
美慎马共五岛外势额头为丁未丑癸有贪丑未对坐。
美慎马共天堂为乙辛对坐。
美慎马共天堂仔为卯酉对坐。
海招屿共尽山为乙辛对坐。
海招屿共两广为丁未丑癸对坐。
尽山西势澳共两广为乾亥对坐。
尽山西势澳共北乌坵为子午对坐。
尽山下两广上有大礁盘一座打涌,其大礁盘共两广丙巳壬亥对坐。

对坐图

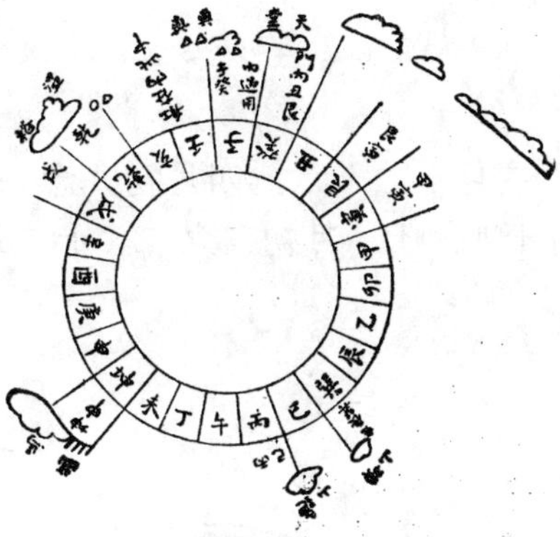

對座圖

东涌共大金为辛戌乙辰对坐。
大金共黄屿巽巳乾亥对坐。
东涌共大西洋为乙卯辛酉对坐。
东涌共黄屿为甲卯庚酉对坐。
东涌共北加头为卯酉对坐。
东涌共官塘为甲寅对坐。
台山共下势南屿丁未丑癸对坐。
牛屿共海坛大山尖巳亥对坐。
牛屿共观音澳乙辰辛戌对坐。
柑桔共打狗仔为乾巽对坐。
柑桔共南大屿为甲庚对坐。
南大屿共打狗仔为辰戌对坐。
屿坪屿大屿为艮寅坤申对坐。
八罩共大屿为丑癸丁未对坐。
大屿共猫屿为乾巽对坐。
猫屿共花屿为子午对坐。
柑桔共膀胱屿为子午对坐。

猫屿共西屿头癸丁共坐。

花屿共西屿头丑未对坐。

查某屿共猪母落水申庚对坐。

西屿头共墨屿丑癸丁未对坐。

花屿共八罩西势三温尾乙辰辛戌对坐。

花屿共屿坪并铁钉屿乾巽对坐。

乌嘴尾共赤礁甲卯庚酉对坐。

乌嘴共东椗子午兼壬丙对坐。

深门共东椗丙巳壬亥对坐。

船抛东户澳内,看大坵在丁上,坵仔在丁午上。

船抛在东户澳内,看奴儿在庚上,奴儿陇上势一员屿仔在酉上。

乌坵共奴儿为巳亥对坐。

乌坵在共湄州找为乙卯辛酉对坐,有兼乙辛一条线。

乌坵共大乍为甲庚对坐,有兼卯酉。

乌坵共小乍为卯酉对坐,有兼甲庚。

南澳头共埭尾为乙卯辛酉对坐。

外罗共硬为庚申甲寅。外罗甲庚相吞。

草屿共硬为庚酉甲卯,陇有兼庚有贪甲。

尖笔罗共硬为卯酉,并陇,有兼甲庚。

大州头共硬为壬子丙午,有贪丙壬取硬尾。

大州共草屿为丑未。

大州头共硬为壬亥丙巳,有贪壬丙,小半取硬中。

大州头共外罗为丁未丑癸,有兼丁癸二条线。

大州头陇,陇用午针十二三更取是硬尾,若用丙午,取是硬中。

外罗用甲卯,八九更取是硬。

尖笔罗对东去十二三更取是硬。

大夷共十二门为甲庚对坐。

宁丁共十二门为艮坤对坐。

滔浪共尖笔罗为乾巽对坐。

尖笔罗共草屿为乾巽对坐。

草屿共外罗为乾巽对坐。

外罗共沙岐为寅申对坐。

外罗共朱窝为卯酉对坐。

广南浅口共尖笔罗西青屿寅申对坐。

大崑崙南势额尾共崑崙仔为卯酉对坐。

墨屿东势离有一更舡开,用单癸四更、丑癸七更圭笼头。

谢昆米在东北方用壬子,西北风用壬亥,取打狗仔。

七星看有七个现现东北风,用单未七更看水挨开陇,转变取大洲头。

舡在五岛我北过,北风用单坤十九更,又风东东南用坤未十一更,又东风并东北用单坤十五更,又用辛酉一更半见台山,舡在台山下势看近,近是乌舡驶。

舡在五岛我北过,南风用坤申,三更半,东南风用坤申十一更,东风坤申四更,东北风用坤申六更,北风用坤申五更,共用坤三更见窑山。

船在五岛我南过,北风十更、西北七更、东北八更、东南四更、南风一更,共用坤申三十更见北乌坵,是船驶。

船在牛屿大陇,陇用乾戌取观音澳好抛东北风。

船在观音澳开,用丁未二更、单午七更、单丙半更,船头对桔。

见屿杠缭在彭湖东过,共九更半折单午四更半,丁午五更。

乌坵离一更开用单午七更取西屿头起。

船在南乌坵外过离有半更,船远丑癸风,用单午取西屿头。

湄州用单丙取西屿头,或用单丙及丙午亦可。或见猫屿西南并丁未风可用辰巽取打狗仔。或猫屿近南风,水是二涨一退,可用辰巽及单辰取台湾港口。

台湾往日本从大港出。东南风可用丁未及单未过笳荖湾线,南到青水乌水墘,可牵舵用壬及壬子,转变取澎湖东过。

堺里取台湾港口。若流水退全可用单巽取大港。若是一退二涨,可用单巽,取柑桔内过。若水涨可用巽巳丙转变取港口,若看王城在甲寅上杠缭无防。若见王城在甲上,可用单甲驶陇收港口,若见王城在卯上,不可杠缭,恐犯线。

南澳看在辛戌位南方并西南风,用单乙十一更,用乙卯四更半,甲半更取笳荖线抛椗。若见南澳坪开南风用乙辰四更、单卯五更,见猫屿一点。

又南澳坪开,南风用乙卯七更、单卯三更、单甲半更取猪屿南过。离一大更开,或大星栈外过近,近南风并西南风,用甲卯二十更半,用单卯五更,取笳荖湾线北。

霜山有五个,各断水屿,脚有屿仔,似舡样。

官塘东势有三个石屿仔,都离门近,近下一门,谅过得舡。

官塘下白犬山有四个石礁,一个员大。

官塘东头陇,陇若要白犬开过,可用丙午及单午。

官塘东头陇,要取白犬看水涨退,可用坤未丁未收入。

白犬乙辛吞作一个,白大有三个山,犬门可过舡,对犬目可抛舡。

东狗是泥,亦可抛舡。

尽山东势安内抛,北风用单午及丙午,在两广内过。

尽山西势山安内要对两广过,可用单丙直取,看水涨水退。

若在尽山抛东安或西安用丙及丙巳可防,尽山下两广上有大礁盘一座打涌,须记之。

两广上礁盘共两广为丙及丙巳,若两广驶上东东风南风用壬及壬亥,可防之,看水涨退转变内外过,妙。

此窑头有金钱屿,屿北有礁打涌。

若北窑出来驶西北风上来可防大礁一座。

坎头北势有大礁盘一座打涌,可防之。或普陀出港用乙亥取乌坵。

乌坵陇用单午及丙转变八更取澎湖。

平海开舡,用单丙二更、丙午六更取澎湖。

湄州开驾,用单丙三更、丙午五更取澎湖。

名曰模草。

草南水生。

朝鲜地界生,向北切记水面白草,朝鲜有狮子鱼阵甚多,日时山头带雾,其船双桅平高似鸟船一样,人物衣冠似大明一样。遍山树木,并无竹丛,无器盖,只有方箭。四时食面。船误至此景要往日用丁未针,寻高丽后用辰巽七更取米甚马。

祥之开舡,用丙午七更取澎湖。

大担开舡,用单乙七更取西屿头,北风及东北用此针。

崇武用单午三更半、丙午二更、丙巳一更半取澎湖,水一涨一退。

乌坵用单午七更、单丁一更,水二涨一退,舡在澎湖北过。

寮罗东北风用单乙及乙辰七更取西屿头,大舡用此针。

澎湖坶里北风用单巽取台湾港口。

台湾往长岐开驾,用单壬七更、单子五更、子癸并丑五更,取圭笼头。用艮寅二十更、单艮十更,及艮寅十五更取天堂虎口里,番人叫系勝岛,抛舡打水十四五托。□地,若近西四屿门相吞,打水十托,沙地,屿尾打水七八托,底有老古石。

圭笼屿不得近,可牵舡,对圭笼屿西过。用丑艮驶入过身,用艮寅甲取系勝岛。

观音屿石屿子不可太近,近打水三四托,是老古石。

圭笼屿有礁一个不出水,看圭笼屿东势颊头对卯上,可防之。

祥之开舡,用丙午七更取澎湖。

观音屿有松柏树,屿脚近可打水七八托,颊尾在坤上,打水四五托。不可太陇,陇打水三托,对中打水八托。舡入来风东南圭笼屿不得近,可牵舡对圭龙西过。用丑艮驶入过身,用艮寅甲取系勝岛。

天德方

正丁二坤宫。三壬四申同。五乾六甲上。七癸八艮中。九丙十居乙。子巽丑寅中。

船回唐贪东,见海水白色,百样禽鸟万群,万里长沙可防之。芦荻多见,舡身贪西即见海南册,不可近青兰头。青兰头生开恐犯难得出,只甲寅使开妙也。过七洲洋,七洲洋流界七条,乃是近南亭门,丑艮见南澳,妙哉。

东洋山形水势

大担门口水十五托,巽巳三更过东椗。

东椗开水三十托,辰巽七更取西屿头,西屿头水三十托开,西南势乌南屿北大城小城及澎湖。澎湖暗澳有妈祖宫,山无尖峰屿多。乙辰五更取蚊港,蚊港亦叫台湾,系是北港,身上去淡水上是圭笼头下打狗子,西北有湾,看石佛不可抛船,东南边亦湾,东去有淡水,亦名放索番子。远看沙湾样,近有港坤身,有树木。

琉球仔生开津屿,有椰树有番住及郎娇大山,前流水过西北转湾,湾内有天古石礁碑有十里之地,下东大低尾即歧尾山尾岐头尾,到只有五更,门中流水东北甚紧,远看三个近看一个。东边有一小屿西东小。近山用祭献剪草。辰巽取藤宗,远看二个近成一个,另开。有山名夷播草,有番住播武开,山大多树木,番亦多。东有笔架,东高见红豆屿,见谢昆米屿,谢昆米屿有二个相排,又名播武澜仔,南是巴踏山门,流水甚急。去东谢昆米尾崎山大湾内是乌人磨,过额头有石佛叫大明神。大明神内有沙湾,是凹眉光眼。又额头东去,随昆身见巴踏有厝一针一巡昆身,过三次柳树,有五更,船是猪勝港。猪勝港港口有沙浅开防之。用乙辰三更巡坤身六托到港,大港口抛椗。进港候水涨,舡尾坐笔架,浅上三托,过浅郎深,剑牛坑湾内出来。单酉三更过三十一坡头,六七托土白土坡有老古石仔。丁午针三更见荖沃港口,是铜鼓屿。铜鼓屿生连大山,港内是荖沃,甚大人家买货。

一屿相生,开,十二托水,内外俱可过。

二屿相对,湾内额头港口是南旺。

三屿即密岸坴尾,生开洋及刣牛坑大山,生落港是刣牛坑。

麻录水过密岸一山湾内有一老古潭是也。内有小尖屿似鲫鱼嘴相减岸童山,山下有一港多岐仔,南山山边有老古。丙午针见凹屿布楼山与岸童相连,山边四屿,内可寄椗讨柴水。

四屿开在布楼前东边见午律大山,巳针入玳瑁,辛酉过坴,玳瑁坴在房仔系兰生来,坴腰有港可过舡,名麻里荖。麻里荖在坴腰。港内出山苏木,可收舡。白坴仔生开船,有老石礁,驾须防之。里银中邦坴下弟大山沿山即使入双口港。大小藤网,在里银山下,见头巾礁山。

头巾礁开洋,可过大山,生充海有一沙湾海,蹈番甚多。

假港中门有屿似鸡屿,西北有礁大小名猪母毛,假覆鼎与假港相连,西南有山是吕蓬,流水甚紧,挨开。

正覆鼎巡山使入去是双口,与假覆鼎相连。对双口鸡屿在门中,南北俱可入港为妙哉。

吕蓬在洋中,有番厝可收船,出西南边内外有老古。

猪膀尾即双口港南边尽尾,湾内是麻老央,麻老央下山是文武楼,有一屿可过。

双口针路

大担开船,用辰巽七更取澎湖,丙巳针七更取虎头山。单丙六更取沙马岐头门。又单丙十更,又丙午十二更取刣牛坑上。丙午五更过四屿入是玳瑁四屿,丙午五更过坴,丙午及单丙十更取艮白坴仔生开洋,仔细须防之。丙巳十更取双口港鸡屿口,算风观水入为妙也。

双口往恶党

鸡屿南过用丙午取文武楼门。用巽巳五更取以宁山,用单巽四更取郁司岭大山。用单巽四更取汉泽大山尾。用单午沿山直落取恶党内屿,妙哉。

回针

恶党开针,用坤未使尽笔架山。用乾亥在嘮东山外过。用乾亥三更见一小屿如白土,远如船头来可防。用乾亥七更取以宁山,以宁山外一连大山万里摆限,山用单亥四更取吕帆。用壬女取头巾礁回唐可也。

敲东山形水势

磁头:湾内好抛舡,上澳须防半腰礁沉水,内有白屿仔,亦沉水,外有米质门阔,出入可防。

深沪:可抛南风,金屿内有一半洋沉水,名叫白善礁。

永宁:宫仔前有浅,外有马鞍礁,行舡可防,或献须防沙提开沉礁二块,礁内不可过浅。献上有沉水礁须防。北去洋是尾有礁烈沉水须防。

獭窟:抛北风潮迟无水,行船出入须防,门中沉水礁须仔细。

崇武:湾内好抛船,亀屿外水有沉水屿,出水仔细,可名巴内去有沉水礁可防,名巴齿礁。

大垿牛内:水浅,湾内有沉水礁,入船上澳须防。垿开有沉水礁献可防,抛南风甚妙。

湄洲蚝壳埕:香炉屿外有礁,仔细抛南风,北风退水无水,船搁浅。内去结乌峰尾南网等处,山上妈祖庙往回。

浮禧所:抛北南水浅,无水不便行船。内是黄螺港,妈祖家,港心打水七八托,好抛舡。

平海所:抛北风,南有一屿名南进屿,门中有礁,出入仔细。东北有猪母毛礁,东南有鹭鸾屎礁,行舵可防之。

青山泥沪:可寄流水退无水。

野马门:门中有沉水礁可防,外去是白屿洋,有沉水碎礁可防,非惯熟不去认。内是兴化、涵头,北是壁头、江口、江阴。

东门屿门扇后:流水甚急,出门有碎礁沉水,门外是南盘。

万安所:入门中央有沉水礁,潮退无水,外是打石湾、草屿、北宫仔、前沙、鸣墓口、后营等处。

海陈山:观音澳、葫芦澳抛北风,湾安海口,好逃台。橹匙头有沉水礁可防,东去是邦田,上去是苏湾,寄南风,西风不便,水退无水。石牌洋有恶礁名叫金钱礁。龙凤宫前有金盏银台,夜间不可行舡,北是天连水浅。

若屿门:门内有草鞋礁,西去是镇东海口,有恶礁名叫鸡屎礁。若屿门外有屿名叫横蒜,有蒜仔礁,沉水。东去即乌龟洋,有恶礁甚多。

南日:共有三澳,东户澳抛北风,西寨抛南风。去是燕山外多鱼,山屿零碎,屿小礁甚多,名十八门。小南日仔可寄舡,门外去有礁名碗礁,当仔细。

东甲:在万安之东,三景大小相错,断续海中,山上有大王庙。内寄北风,乃赋安,可燂洗船。澳口多礁,门有鸭屎甲卯沉水,行船须防之。

牛屿:水底多土堆,坤未四更取乌龟,单癸五更取官唐,艮寅七更取东澳,癸针涌内过,寅针澳水过。不可贪陇,恐犯鸭屎甲卯,须记之。

白犬:在犬处有一块白可寄北风,水深有石剑,椗索亦断,不可久住。

东沙:与白犬相对,上看官唐。澳内打水九托,抛南北风,半洋有礁屿名是三白,夜间行舡须可仔细。

官唐:二山相连,山上多茅草,名曰半塘,上有塘下有塘境,抛南风北风,打水十二托。竹户澳抛南风,长箕澳抛北风。巽巳更半取东沙。

下塘:马鞍抛北风,湾内烂泥时多走椗。内去远有礁名七星沉水,夜间行舡仔细。

朱澳:中门有礁,北有沙仓澳,内潮退水浅入福州,南加面有铁板沙,水涨八九分即敢返加。

镇海所:抛北风,南风难抛。西去有目屿,有布袋澳,好逃台。南去有四屿,定海出当防北边屿仔,外门中沉礁,东边过妙。

黄崎:澳内好抛舡,澳口有沉礁,行舡可防。南去铜鼓洋中有龙船礁沉水铜鼓礁,出入不防。开门中有礁沉水,出入仔细。

北加:东西有罕屿,西北有媳妇娘澳,东看宫仔洋、罗源、宁安、福安等处。

大西洋:门中有西洋仔沉水礁,行舡仔细。澳内抛北风。有一澳名景桥澳,系是赋澳。西洋山东有沉水礁,出入须防之。

小西洋

东澳:东澳在东洋海外西山东相峙,中有一门,离一箭远,共三澳,四面峭壁,打水五托。山上大王庙前拳头西山一澳可抛北风,后山一澳寄南风,乃系海山。若遇风可用丁未七更取牛山澳,一更开,有礁出水可防之。

盔山:在横山西北马砌西南洋东北,上至大金、罗湖,水半潮可寄南风系是赋安。

芙蓉山:在闾夹南马砌北,为罗湖屏翰,寄北风,下有龙潭,舡至此不可放炮。

罗湖:澳内抛北风,水退无水,门外去系是闾夹,好抛南风。内大金所笔架山,下系是鸭也。抛南北风,去是斗米澳,寄北风,东有校栖屿,门中有礁沉水。

霜山:有东霜、西霜共三澳,东西霜抛北风,南霜南风,澳内多礁,出入子细。

三沙五澳:好抛北风南风,去抛根竹洋,洋有恶礁险屿,出入须防。窑山风大门内夹小流水急,外大门有礁,行舡仔细。

沙埕台山:内打水十七托。北去有三星屿,离台山有一更,开南有礁出水,名三白牙,夜间不可行舡。丁未三更取黑山屿入沙埕,可防龙目礁,在沙埕额头。

北关澳:西南澳浅兜有礁沉水,水退即出水,东边好行舡,又门夹小,可北去是黄桑门,可寄流可寄流。

金乡大澳:澳口有渔屿,敲半流水,即是南田。对开有洋屿礁,水退出水打涌,可防之。

南杞:大灵山好抛舡系是赋澳,西北去是凤尾,内有凤仔沉水可防。凤外马鞍连四屿可寄舡。

北杞:澳前有礁,北面去沉礁甚多,夜间不可行舡。

三礵:澳内潮退无水,内是玉环、大门、小门、黄花、温州等处,外是陇山澳,澳内好抛舡,店台,澳内有土堆可防。

大鹿小鹿:有鹿仔沉水可防,可寄北风,北去是鹿头港,有港,入去是乌洋、温岭、乐清县等处。

披山:下有三个蒜屿,夜间不可行舡。

石塘钓邦:有三门,门中有屿尾,生开在西北势上,是蛍壳澳。看见双门卫入金盘、楚门、海门,内是台州等处,外是积谷,积谷南有沉水礁打舡,可防。

东西基:抛北风,澳口有沉水礁二个,西是牛头门。

凤尾山:有澳可逃台,在东南,内浅夹,外澳寄北风。

海洋:入海有沉水礁,礁内是五屿门,门内去是地盘山,山内是海洋港,港内有一沉水礁,子细。北去是小伏头山、长溪、黄江渡等处。

伏头山:入海洋俱是一条水,西南是牛烂基。东开二更是大鱼、小鱼,山上有淡水,小鱼北边有沉礁,当使开,不可近小鱼。

南田:好抛舡东北风,内是急水门,门内东去屿仔,下有沉水礁可防。上去北边大山鼻尾开有礁沉水,仔细可防之。

临门坎头山:南二澳好抛舡,北澳泥地浅,有半洋沉水礁,行舡子细。内是昌国卫地防敲上九山,须防半洋礁,须可记之。

九山积谷:九山抛东北风,不使山尾有沉礁,西是乱礁洋,入舟山等处,南有半洋礁,夜间不可行舡,子细记之。

南窑:中门北门俱可过舡,流水甚急,子细。水退是西南流上。

中窑:打水十托余,有门,过去是普陀,港浅,中门水浅。

北窑:入澳内南边入,北边屿仔下有沉礁,谨防。外洋中一更开有沉礁,丁未七更取凤尾。

舟山:入普陀加门水浅,门中有沉礁,可看须防记之,对西去有港仔,入去是泥地好逃台,即是舟山口港,口内是宁波等处。

普陀:流水急,外澳好抛舡,内是十六门,入舟山、宁波等处,开抛舡是泥地,时多走椗,时多走椗。

北乌坵:内是青光庙祖,无澳,流急水深,内是兹椰澳舟山等处,丁未十更取凤尾山。

螂蜣:无澳,打水念五托,山上有水可取,子癸三四更取尽山。

羊山:在花鸟西,乙卯七更取尽山,羊山流急,兜是泥浅。

尽山:澳内好抛舡,打水七八托,东北洋中屿名海招屿,屿南有礁生外可防,南螂蜣,尽山内门过须防。门北中有沉礁去许内是花鸟,尽山不可开抛舡,水底有石剑,椗索易断,须防记之。

北太武往广东山形水势

料罗:抛北风澳内北椗行舡,椗外过,内有椗索礁沉水,不可行。北去是田浦,有沉水石索行舡子细。内去是官澳头,有网头礁沉水。开有老罩礁尾沉水,行舡子细。

角屿门:门中有沉礁须防,南有白屿,屿下有沉礁,北去有安海、石井等处。

金山澳:大礁下好抛舡,南风南去乌沙头有沉礁,又防后浦湖下俱是沉礁,出入可防。

金门:金龟尾有沉水礁,门有沙仑,外去鸟嘴尾,有沉礁须防之。

烈屿:城仔角可抛舡,风西是崎尾、马鞍屿。南北一派,俱是沉礁甚多。内北去是澳头、刘五店、同安等处,行舡子细。

大担小担:俱可过,黄官仔内有沉礁名曰丈八,又狗齿沉礁,行舡可防。担北兔仔屿内沉礁,名曰生尾礁。

曾家澳:白石头内有大礁,礁下沉水,内去是体仔礁,须防。入去是西湖礁,开些有纸钱礁。

浯屿:门中白屿下有沉水礁,屿后有,开有麦穗礁一列,出入子细记之。

镇海:好抛北风,开有半洋礁,火烧屿有沉礁,行舡不可近屿边。开有南椗索,拖尾,南去有开尾。有三消礁,龟头北湾有鸡屎礁。

大景:澳内有沉礁,出入须防。将军礁下过,内有大礁,礁下好抛船。

陆鳌:后有膀鹅屎礁、香炉礁,献舡可防。

洲门:前屿有沉礁,行舡不可太迫草屿。

杏里:澳内好抛舡,有金屿一个,屿下有大礁一列出水,名曰桔贝礁,出入须防之。

古雷

苏尖:鼻头有苏尖栈,内不可过,欲入澳过额头不可贪鲎壳澳。边澳外额颈有大礁一个在澳口,行船子细。

铜山:东门屿上下俱可过,上门有铁钉一个。

宫仔前:澳内好抛船北风,澳外鼻头有体仔礁,内外俱可过,大舡不可内过。澳底打水三四托,澳口打水五六托。

玄钟:澳内一礁名为玄钟,案近有沙仑,下有流牛礁、酒瓮礁、虎仔屿,对门港口生开有橄榄礁,行舡须近屿不可升,恐犯虎仔,须记之。

鸡母坵:内有屿一个,出入在屿东,过近有沙仑,内是摭林,下是马头山、东石澳、黄冈等处。

南澳:澳内好抛舡,水退无水,下澳是后宅,好抛舡。下是长沙尾,外是云盖寺,有澳可抛舡。开有七星礁,外三个屿是彭了,内甚多礁,行舡子细。澳底浅打水三托。

表头:即广澳,澳口有网头礁,沉水不可贪近。下是钱澳,有观音礁一个在澳。

赤澳:澳口有大礁一个,门内口有礁一个,出入须近东边过,澳底有沉礁在北面,行舡须防。赤澳下有屿仔,使舡在屿外,屿内不可过,记之。

神前澳:澳口有礁一个,出入在鼻头过。澳内有礁仔出水,舡抛在礁仔外澳北浅中,出入搭东鼻头、靖海、北澳、牛头澳,外有礁,出入在礁外过。

甲子:有甲子栏,生甚开长,头内有大小门夹,大舡在外过。澳口有三点金礁,坐在港中。澳口有沉礁,在鼻头。苏公澳好抛椗,出入子细。

田尾:岛东鼻头有沉礁,田尾有大礁,出入在大礁内过。若入澳内鼻头有沉礁,谅开入,不可太近。入田尾澳北有大椗一座,出入不可贪北,澳内浅,打水三四托。

白沙湖:澳内好逃台,出入开些,不可近东鼻头浅,有一屿名金钱屿。

樜浪头:出入不可在东鼻头开,有大礁不可近,北边去内过舡是菜屿头。有礁生在东鼻头在内,过龟龙后,北边有沉礁,不可贪北。

龟龙菜屿:龟龙下是大徒,下去大猫澳好抛舡,在沙澳边。若入澳谅开入潮沙是燕州港口,收入抛在妈祖宫前。潮沙港下有屿一个,可寄东风,出入俱可寄舡。

大星:澳后抛舡,敲风不可贪陇。小物港口水有弩码礁,内外俱可过。出入大星港,搭东鼻头入,入鼻头有大礁一个,澳内有屿仔一个。入须在屿内过港口抛在屿头内过。有一徙一座,出入须在小星,门内外俱可过舡。北边是烟墩澳,好抛舡。出入须在徙澳口过,妙也。

登梁大山:有半洋礁,在山后,可防了。梁出入须在屿门过,舡抛在大屿内。东边是丁梁大山,开是竹篙屿。屿内有门过舡,屿仔内好抛舡,人去是蜈蚣澳大山,甚深,好抛澳。

福建头:内是南风澳好抛舡,出入在福建头屿上门出入,内门夹小,下有荔枝屿。

梁头门:入门是妈祖庙前好抛舡。入去小急水,九龙澳后好抛舡。入出是大急水门,流水急深无礁。北边大山是传门澳,好抛舡。

赤安庙:抛舡东边北边鼻头有徙,内有大屿二个。舡出入在屿外,有小屿无碍也。

虎跳门:外有小屿一个,出入在屿东过。入虎跳了,搭南山边北边浅水入去。北边有横屿仔一个,舡在屿仔直入草尾洋,内中有沉礁名曰三点金,出入子细访之。外是鳄鱼抢宝,入尽搭北边边了。舡搭南边东井山外就是东井塔,至脚就是双港,南边就是新吊下乌尾。舡索任港中,舡在北边入,不可南边过为妙。

北寮海:澳内打水六七托虎仔泥地。澳口舆东姜门壬子丙午对坐,舆东姜北头为乙酉对坐。

广东宁登洋往高州山形水势

赤安庙:面前有罗仆屿一个,内外俱可过舡,须防有网,直出宁丁洋去高州在此放洋。

弓鞋:内有小屿,打水十五托。

东姜:打水十九托,坤未五更取乌猪。

鲁万山:甚深,好抛舡,西去香澳抛鲁万,须防八撑贼,切记之。

乌猪山:打水十五托,坤未十三更取七洲洋。

阳江大澳:澳口有大礁,生开出入,搭大澳东鼻头入,北边是三鸦港平章头,外是老婆髻二屿也。

铜钱湾:屿仔内北边好抛舡,北面有沙仑,出入往东边过,妙也。

龙头:后开有大碇一库,舡使在徙外过,入澳献风之时在碇内过。澳内有礁仔一个,舡抛在礁仔外,东边是电白港,北边有沙坛,下开有放鸡山。

双牛:双牛,舡出入在屿外收入港口。舡在北边轿夹澳,舡使直落在屿外过,或献风在屿内过,须防娇夹脚有礁,落去横枝屿,舡使屿外过为妙。

放鸡山:可寄北风,候好风入高州港。西北去水东港,港内好逃台。收入在北边有沉礁可防,舡抛港口,候水涨顺风而进,入港俱是沙坛头,头起沙仑,北边入妙也。

半棚山:山脚有沉礁,舡不可近。山脚去内是北风澳,澳底有大礁一个,舡寄碇在大礁下候水进港。

限门:港口甚浅,舡若进口,须候水有七八分可进港。进港之时须看塔,塔上有妈祖宫,后草山相重,就口须看虫嘴山东塔上北铳城可直入,舡头向西北沙坛头,舡起头对网桁,至妈祖宫好抛舡,入纸寮,妙也。

白鸽门:限门港口对山头外过直落是白鸽门,北面是沙坛。一舡使搭海头山北边入港。港内东边是广州澳,西边是海头澳。

泉州往邦仔系兰山形水势

澎湖山:巽巳七更取虎头山,即打狗仔。

虎头山:沿山使十更取沙马岐头山,湾内好抛舡是鸡母。

鸡母岫:单午十五更取红头屿。

沙马岐头门:乙辰十一更见红头屿,东是昆身,南是百里经。

笔架:取五屿南边东浮中风东用巽巳收入大港。辛酉取射昆米收入大港。

射昆米:二更取哪哦山。

哪哦【皇山尾】:沿山使一日好风见一二三屿是月投门。

月投门

三岳貌山

龙梅屿　苏安　邦仔系兰　猫里荖

东邦大山　里安大山　中邦里银　大藤捧

小藤捧　头巾礁　假覆鼎　正覆鼎

猪母炁　鸡屿

双口至宿雾山形水势

鸡屿　粮里　猪塍尾　麻里驴　石仔港　龙陌大山　马苏末　白表仔　竹篙屿

宿雾回双口

竹篙屿 市武禄 对开班爱大山 脚桶屿 市武渊大山 慰交头 竹屿 荖降头 里吕大山 五虎下山 海蹈大山 外文武楼 吕篷外山 现平坪山 覆鼎山

往网巾礁荖万荖膏

红面大山:沿山使一更取以能外文武大楼大山门中过。

能久大山

以能屿:外过放洋仔,乾巽八更开屿收。

高乐山

汉降歧山:壬丙九更、单巳六更取系罗裙山。

系罗裙山:沿山使,尽山尾是交逸泉,番仔甚多可防。

交逸山:沿山使去,有港便是三宝颜。

三宝颜:对开南面大山是独奇马山。

独奇马山:有三州相连二边可行舡,落去是山尾。

三宾颜山尾:有屿断腰内深可行舡,单卯五更取里高耀。

网巾礁荖:里高耀沿山使尽四更,大湾即网巾礁荖。

小相逸:巽巳十三更取沿山,名曰髻仔山。

髻仔山:其山甚大,五个山头,东高西低,有一烈屿仔七八个。

龟鱼山

大相逸:此山即脚桶屿千仔致大山。

绍舞:到万荖膏。

往汶来山形水势

吕帆红面山:文武楼出舡,坤未十三更平麻茶洋。丁未二十更,此内是小罗房山、小烟可窑山、七峰三牙山。

七峰山:七个大山头高尖峰。

三牙山:丁未五更取巴荖员。

巴荖员:丁未五更平沙岐头尾。

沙岐头尾:有老石浅,行舡子细,丁未五更取罗仆山。

罗仆山:此山高大。

犀角山:丁未八更及单丁取圣山。

圣山:充天高大。

圣山下:对二个屿是五屿。

五屿:丁未五更平三屿叫崑嵛。

崑嵛山:近看三个,远看一个,开洋有老古石。坤申更半长腰屿门巡昆身使。

长腰屿

鲤鱼塘

渤黎:亦做毛花蜡,即汶来。

浯屿往双口针

浯屿开舡,用辰巽七更取澎湖。用丙巳五更取虎仔山。用单丙及丙巳六更取沙马岐头。单丙二十更取笔架山及红豆屿。用丙午取刣牛坑。用丙午十更取投门。单丙五更取里银大山,二港相连。开有白表仔生在洋中,当可防。表尾尽不可用丙巳,可用丁午。开二三更过白表仔,用丙巳五更取头巾礁。单午五更取圭屿南过。候水涨进港可也。

回浯屿针

圭屿放洋,用单亥及壬亥七更取麻哩老表。放洋用壬子、单壬二十更,往回祭献。此处流水甚多,即是浯屿洋。用壬子及壬亥针二十更,单亥五更取太武,若表上放洋,用壬子十七更取浯屿洋。癸丑八更取沙马岐头。用单癸十一更取澎湖。

长岐往双口针路

长岐开舡用坤申二更、单申五更、坤申五十五更,舡头对乌坵山。用单丁三更、丁午五更,见澎湖山。用丁午五更、单午五更,又单午并丙午十五更、丙巳五更、单巳三更、用巽巳四更见表山。巡山进入圭屿,水涨入港为妙。

回长岐针

圭屿回山使见表尾。单壬五十更见太武。西南风用艮寅并丑艮五更见乌坵。南风单寅六更过圭笼头。用艮寅二十更、用单艮十五更、单寅十一更收入天堂。

大担往交趾

太武开舡,用坤申七更取南澳彭外过。单坤十五更取大星尖。用坤未七更取东姜。坤未五更取乌猪。坤申三更取七洲洋。用单申五更取海南犁母山。单酉十五更取海宝山,正路。用乾亥、单亥五更取鸡叫门,即安南国港口也。

回针

港口开舡,用辰巽五更取海宝山。过洋用甲卯五更取海南犁母山。用单艮二十更取乌猪。用艮寅十五更取大星尖。用单寅十五更取南澳外过。寅艮三更取柑桔外过。用单寅收入太武。

福州往琉球针

梅花开舡,用乙辰七更取圭笼长。用辰巽三更取花矸屿。单卯六更取钓鱼台北边过。用单卯四更取黄尾屿北边。甲卯十更取枯美山。看风沉南北用甲寅,临时机变。用乙卯七更取马齿北边过。用甲卯寅取濠灞港,即琉球也。

琉球回福州针

琉球回舡,用单申一更取包而是麻山。用辛酉取枯美山。用辛酉四更,又用辛戌十五更、单酉十九更,又用辛酉十五更取南杞山。坤未三更取台山,用坤未三更取霜山。用单坤取官塘,收入定海千户所。

宁波往日本针

普陀放洋,用单卯十四更,又用单卯十更,又用甲寅八更,又用单甲八更见天堂,收入长岐。

回宁波针

港口开舡,用丁午五更取天堂山尾放洋。用庚申十三更,又用单□八更,用庚酉十八更,又单酉十更收普陀,即宁波港是也。

温州往日本针路

温州开舡,用单甲五更,用甲寅六更,用单寅二十更,用艮寅十五更,取日本山,妙也。

日本回宁波针路

五岛开舡,用坤申七更,用庚申十五更,用单庚及庚酉二十五更收入宁波是也。

大担往柬埔寨针

大担开舡,椗内过,用丁未及单未七更取南澳彭外过。用坤申十五更平大星尖。用坤申七更取东姜并南亭门。用坤未五更取乌猪。用坤未十三更取七洲洋。用坤未七更取独猪山。用坤未二十更取外罗外过。用丙午七更取交杯屿及羊角屿正路新州港口过。用丙午五更取灵山大佛,往回放彩舡祭献。用丙午及单午三更取伽倆皃山。用丁未五更取罗湾头。用坤未五更取赤坎山,身开,恐犯玳瑁州,身陇,玳瑁鸭。用坤申及单申四更取鹤顶山,打水七八托。用单庚二更取一员小屿,又单庚二更沿山使打水八托,见马鞍形是外任,看大水好风进港,妙也。

回大担针

毛蟹州出浅,用单卯离州有四五箭远,用辰巽及乙辰,贪南看毛蟹州对南港口出浅。从北昆身正路用甲卯四更取覆鼎。用单申二更,用艮寅二更、单寅二更取赤坎。用艮寅及丑艮三更取罗湾头,用丑癸五更取伽倆皃。用单子三更取大佛,放彩舡。用单子及壬子五更取羊角屿。壬子七更取外罗。用丑癸十更、丑艮十更、艮寅二更,普施用艮寅五更,普施二王艮寅五更,送都公用艮寅五更,用单艮十更取南澳彭外过。用丑艮七更取太武,收入思明。

双口往柬埔寨

二月初七双口开舡,东南风用单辛三更,北风用单酉及单辛六更,又东风用单酉四更,北风单酉五更,初十上午用单庚七更,十二日用单坤七更,夜单庚七更,取外任进港。

回针

五月十四日出浅用单卯五更、用甲卯四更,十五日见东洞、西洞及玳瑁中央过。单乙五更,十六日用单卯五更,又用单卯五更,十七日甲卯五更,夜用甲卯五更,十八日甲卯二更夜无风,十九日念三日东北风,至念四日南风用乙卯四更,夜东北风至三十日俱无风,到文武楼收入港为妙。

大担往暹罗针

大担开舡,用坤未四更柑桔外过。用坤申三更取南澳评外过。用坤申十五更取大星。用坤申七更取东姜。坤未七更取乌猪。用单坤十三更取七州洋,祭献。用坤未七更取独猪。用坤未二十二更取外罗。丙午七更取校杯,丙午五更取灵山佛,放彩舡。单午五更取伽倆皃。用丁午五更取罗湾头。坤未五更取赤坎及覆鼎大山,边有老古名是林郎浅。单坤十五更取崑崙,东有槟榔屿在帆铺尾外过。用庚酉三更取小崑崙,西有沉礁出水。过了用庚酉八更取真糍,东边有礁,南边是正路。三更取假糍,便见占月腊尾。坤申有小港不可行,恐风不顺,难出。辛戌十五更取大横,南边正路。用辛戌及乾戌五更取小横,成三个门,门中有礁,俱是横木正路。辛戌十五更取笔架,在帆铺边。用单子及壬亥五更取陈公屿及犁头山,用单子三更取乌头浅。用单乾三更取竹屿。单子五更取浅口,用子癸坐竹屿进港。

回唐针

浅口开舡,用巽巳取乌头浅,单巳取陈公屿及犁头山。丙午五更取笔架放洋。单巳及巽巳三十五更取大横南开。单巽十更取真糍,东见假糍成三个,东边有礁,内是占腊港泥尾。用甲卯十一更取崑崙。用丑艮十五更取赤坎,恐犯玳瑁州,子细。单丑五更取罗湾头,丑癸五更取伽倫皦。用子癸三更取灵山大佛。用壬子五更取羊屿。单子七更取外罗,单艮五更、丑艮三十九更取弓鞋。丑癸二十更取独猪,单丑及丑癸五更取铜鼓。用丑癸二十一更见东姜。艮寅二十二更取南澳。用艮寅七更取太武入浯屿。

浯屿往咬嚁吧

依前针取崑崙,单未并丁未二十五更、单未二十四更取地盘。用丙午三更取东竹。用丙午十更取长腰。用丁未十更取龙牙大山。单午三更取馒头屿。丁未三更取七星。丁未七更取彭家大山,即牛腿琴,舡取西边南边第二山头对峡门。丙已沿昆身便取三更屿南打水四五托,东西竹打水七八托,东边是正路。丙午四更见昆身,打水六七托是高下地。单丁五更打水十托,单子五更取罗山制览傍大山,离罗牙十里之地一条老古线是沙地。丁未见头,丁未五更取咬嚁吧为妙。

咬嚁吧往暹罗针

本港用丑癸五更、子癸八更,又用子癸五更取三拔屿脚,打水十四托,开西势打水六七托,用壬子入峡门,用壬子八更打水八九托是正路。若收入旧港,舡尾坐艮寅,入中门有屿是正路。若往暹罗,用艮寅三更开,用丑癸五更取沾屿。用丑癸七更取七星屿及龙牙。单子三更、子癸五更、单子五更取长腰屿,壬子十三更取地盘,内壬子取彭亨港口。单子十更取斗屿。单亥五更取绵花及员光屿,内外俱可过舡。单戌见二屿可近,不可近昆身边,有浅及石碑礁出水。过门用单乾三更取三角屿。壬亥三更昆身尾是正路。吉兰丹港口用辛戌七更沿昆身驶见六坤下池,取大泥。起身用壬子五更取孙姑那港口,外有二屿仔名用奴角猫。壬子十更取玳瑁屿内过,可防昆身尾中朴浅,此浅生开打水四十一托。行舡用单子十五更取大小苏梅屿,屿有三门俱可过舡。壬子十更取孛丑。单壬十更平龟山。单壬五更取笔架。若收彭亨西用乾亥收陇。若收暹罗,用单壬为妙。

暹罗往日本针

出浅,用单庚取望高西打水七八托。用单巳三更取乌头浅外过。单巳五更取陈公屿,丙午五更取笔架。巽巳及单巳二十五更取小横门,中有沉礁,南边过。用辰巽及乙辰十五更取真糍外过,远看有三个门,南边有一小屿,东北尾低西边高,有树木,即是假糍,远看成三个门。开用甲寅,陇用甲卯,十一更取大崑崙。西有弓鞋石礁赤色。用癸丑十五更取赤坎。丑癸五更取罗湾头,丑癸五更取伽倫皦。单子三更取灵山大佛。壬子五更取羊角屿及交杯。壬子七更取外罗,用单丑五更、丑艮十六更取独猪。丑艮五更取铜鼓山。丑艮二十更取弓鞋。艮寅二十二更取南澳坪外。反寅七更取太武。艮寅七更取乌坵。艮寅十更取圭笼。单口二十五更见流界,用艮寅二十一更取天堂外过。壬子十更收入竹篙屿,妙也。

凤尾往长岐

出港西南风,用甲寅五更、单寅六更、艮寅二更、艮寅十八更、单寅八更见里慎马,甲寅七更收入港甚妙。

普陀往长岐

放洋南风,用甲寅十更、单寅十更、甲寅三更,见里甚马,艮寅七更收入妙也。

沙埕往长岐

开舡南风，用甲寅四更离山，单寅七更、艮寅二十二更、单寅八更，见里甚马南过，艮寅七更收入妙也。

尽山往长岐

开舡北风，用单寅十五更、艮寅九更，取五岛，单寅五更收入港可也。

敲东更数

沙埕二更至南松，内有大小渔舡岛共二个。南松二更至北松，北松二更至南杞，南杞二更至北杞，北杞三更至松门，松门三更至昌国卫，此内有沙山，上有塔。昌国卫二更至凤尾，凤尾二更至九山。九山二更至北积谷，即是台州地面。北积谷三更至普陀，过见茶山，又见松江上海县，水浅不可行。西北普陀三更至思堂澳，思堂澳二更至花鸟，花鸟二更至青山，内抛得二三千舡。好西北风单卯见高丽，辰巽五更取五岛，单寅七更收入可也。

乌坵往彭湖

放舡，单午八更取彭湖，如高山系是桔梖屿，有大鸟仔红脚蓑大叶多见，或系多见海圭母白头蓑是虎尾，此行正路。用单午取西屿头，防水涨可贪丁。崇武往彭湖七更，驶丙午取西屿头。或水涨可贪午。

獠罗往彭湖

放舡，单辰七更取西屿头，收入妈宫。单巽五更取茭荖湾线外入港是东都。菜屿南风用乙辰、单乙八更取西屿头。南澳南风用乙辰十五更取西屿头。

普陀往长岐针

东南风用甲寅，西南风用甲寅，北风用艮寅，三十二更见里甚马，取五岛。普陀南风用单辰及乙卯使二冥日，又用甲卯及甲寅。咸或宁波地界开舡，用甲卯四十五更，若见七岛山及野故山。或牛屿往长岐，用甲寅五更取东涌。用单艮十八更，用艮寅十五更、单寅二十更，用单甲假天堂，正用乾戌三更、子癸五更收入。或东涌往长岐用艮寅五更、单艮十六更，北风用单寅八更、丑艮七更、艮寅八更见冰甚马，用艮寅收入。或宁波往长岐开舡用甲卯十更、甲寅十五更取长岐。长岐回宁波，离港单申七更、庚申十五更，用单庚及庚酉七更取宁波，妙哉。或南杞往长岐用单卯十更，用艮七更，又艮寅壬五更见里甚马，照前针收入，妙甚。

或九山往长岐，北风艮寅三十二更近五岛。单寅五更收入长岐，妙甚妙甚。

或尽山往长岐，北风用单寅十五更、艮寅九更取五岛。单寅五更收入，妙也。

或见马齿用壬子取天堂，妙也。

或见温二，用单癸及壬子取天堂北头过，用子癸收入。若在天堂南头过，用乾亥收入，妙也。

或贪南见七岛，用壬子七更取温裕。

或设子马用乾亥三更见交刀帽，单亥取天堂。或贪北见高丽山。用辰巽十一更取五岛，单寅收入港。或见水甚马，巽巳五更取五岛，单寅收入港。

温二直陇即是设子马地界。沿山使上见桃里马。桃里马上是阿金美，阿金美上是主旧湾，主旧湾内有白沙波，沿山使上是京泊洋，京泊洋上是阿九根，阿九根上是野马居沙，野马居沙上四更洋审马已哪，洋审马已哪上是一枝花，一枝花上是长崎，长崎上是旺浮郡，旺浮郡上是鱼鳞岛，鱼鳞岛上是陇居仔，陇居仔上是花脚踏踏，花脚踏踏上是沂对东地是兴丹，兴丹上四更是望高，望高上是野故岛牛裕，牛褡上是花脚踏，花脚踏上三更是艮山国龟那西渠雄。

设子马断水过是野故大山，有七岛山，设予马若后东去使上是夜明高山，号叫开门山。使上即是空虚甚马。对过是牵支绵澳友子相德。入去即是布至，过去即去断屿，过去雄家入去是望高，即是皇丹。有条水去万丹，其水甚急，开有五屿，其山甚高大，若收此处为妙。

若鱼鳞岛山东去即是陇居仔,对去即是一收山,西北边水甚马,对南是甚马,相连即是高丽朝鲜。

广东往长崎针

尖笔罗开驾,单寅五更、艮寅四十二更取大星,艮寅十五更取南澳,单寅十五更取圭笼头大山。艮寅三十三更单寅见天堂妙。

长崎回广南针

长崎港口放洋,单申七更取美慎马。用坤申三十五更、单坤五更,见山陇。用丁未七更取白犬。丁未五更取牛屿,丁未四更取乌坵。北风用坤申、东北风用单坤,十五更取南澳坪山外过。用坤申十五更取大星尖。用单坤三十五更取大洲头。用坤申十五更取尖笔罗为妙也。

厦门往长崎

大担开舡,用甲卯离山。用艮寅七更取乌坵,内是湄州妈祖,往祭献。用艮寅及单寅七更驭鸡笼头。用艮寅二十更,取单寅下十五更,单艮上十五更,取天堂。用子癸并壬亥收入港,妙也。

北山开舡往长崎只有二十五更。西长外屿有小屿二个是五岛,认真陇是五岛大山。过东来有六七个石屿尖是美慎马。用单艮七更取长崎。对东七更是天堂,似南港样,或头入见天堂门。壬子癸门陇,斟酌转变寻坎马慎马,收入天堂。东去有一个屿,陇近看似东椗样,是温二。温二对东五更一山尖高一头赤色,东南有一屿多是马齿山,舡抵月子癸取天堂,妙也。

暹罗往长崎日清

五月二十一日晚在笔架放洋,西南倚捍用单丙三更。二十三日原风,丙巳三更半夜原风,丙巳二更半。二十三日夜原风,丙巳六更。二十四日夜原风,丙巳六更。二十五日早见小横山,在蚱铺边过,夜用单巳三更。二十六日单巳二更,下午吊头巾顶,用辰巽二更,夜用乙卯三更光真糍齐身。二十七日用甲卯二更半,夜用单甲及甲寅一更半。二十八早见崑崙头,晚平崑崙,夜用丑艮光平大崑崙。二十九日丑艮二更半夜用单艮二更半。三十日无风,至中午南风,丑艮一更半,夜用单丑光见鹤顶山。初一日无风,下午西南风,艮寅晚平覆鼎。初二日西南风,艮寅平赤坎见玳瑁州在开。晚至罗湾头。夜西南风艮寅及丑艮并子癸光平伽倆皦,用子癸平大伏,夜用子癸光平烟筒,风西。初四早平马陵桥,风西用单子二更。初四夜原风用子癸三更半光平外罗放洋。南风用子癸及单癸四更,夜西南风用丑癸三更、丑艮一更。初六夜东南风硬缭用丑艮三更光静。初七晚风东,子癸一更,夜南风用丑艮三更。初八晚静见员山,夜风微光静。初九夜风东南,用单寅二更半,初十早原风原针三更,夜南风单艮一更光静。十一夜东南风微。十二日东南风,夜平弓鞋,用单乙及乙辰光,西南风用单寅六更。十八日南风见圭笼头。十九日见鱼船甚多。用艮寅五更,夜微风单艮一更半。二十日静风东南用艮寅,夜风东南用艮寅一更半。廿一日夜原风,艮寅三更。念二日夜南风,单寅五更光原风单寅四更,夜南风艮寅四更光,艮寅三更,夜西南风,艮寅四更。廿五日原风艮寅,下午单三更半,夜原风单艮五更半。廿六日单艮五更下午见温裕,夜丑艮三更光平天堂,用子癸五更入港。

咬嚁吧回长崎日清

乙丑年四月廿八日在澳内开船,至下午在澳外寄旋。夜五更开船,用丑癸。廿九日寄住鬼仔屿西南势,至五更开船,用丑癸及单癸。初一晚寄在屿头东南势,至二更天开船,风东,用子癸光平头屿。初二日风东南子癸并壬四更夜原风用子癸四更。初三日无定风,下午子癸三更,夜东风,打水十三托,用子癸及丑。近二更抛,至五更开船,用子癸光打水见三麦屿在下势。初四日用壬子及乾戌亥小午抛三麦屿南。下午南风巡西边昆身开,至三更抛在旧港下东北势开。初七早西风不得过琴山抛,下午南风,用乾戌亥大暗平琴西。夜用乾壬亥,下半夜用单子光见七屿正面前东北势。小午平七屿,见前面馒头屿。下午风微,用

丑癸至馒头屿东南势，夜风东南，用丑癸光平猪母山开。初七日用壬子癸五更，晚至罗汉屿，夜用子癸及丑光平长腰屿开，用壬子四更，晚见东西竹在帆下。夜用壬子光见地盘山，船在东势开。地盘当头有尖角三个西北边拖尾。十一日并夜西南风，用子癸十二更。十二日并夜原风原针，十二更暗打水十八九托，用癸及子十更光见水色青白。用单癸五更，见崑崙在船头。用丑癸下半冥平崑崙，在船头东过。用丑癸光离山三更。十五日丑癸五更，夜用丑癸光见伏鼎，并见假任及正任。用丑艮寅暗至罗湾头，下半冥用丑癸及艮光见伽俑僦下势。用丑癸及子暗至圭笼屿，夜静用子癸及丑三更。十八日风屿用子癸暗过烟筒。上夜用子癸三更光见交杯。用子及壬暗在交杯上，光见外罗在西北上，船在东南开势静，至日午风东南单子二更，夜南风用子癸及丑光见大小茜谅，离山有三更。二十一日静晚东南风，用丑癸一更，夜南风用丑癸四更。四更光风东南用丑癸四更，夜风东南丑癸三更光，无定风，夜西南风用丑癸及艮三更。二十四日并夜风西用单癸六更光见海南山及大洲。二十五日风西用艮寅，用五更略平独猪，船在东南开势，夜风西用艮寅四更。二十六日风北硬缭，用丑艮寅二更，至午北风狂坐涌，用未及坤并丁，暗有四更，夜用丙午丁一更返西南，用艮寅及丑四更。二十七日西风狂坐涌，用艮寅三更，夜用艮寅及丑四更，二十八日夜用艮寅九更。二十九日夜用单艮十一更。三十日用艮寅六更，贪艮小半，夜用艮寅三更，初一日早见山认未定，用艮寅，下午甲寅四更暗见帆下有舡一只。夜用甲寅及卯四更光见舡在上势，舡头角。初二日用艮寅四更暗见鱼舡一只，略在户门上，夜用艮寅五更。初三日见舡仔舡十余只，并见北港大山在东南势，又见洋舡二只。夜用艮寅五更光平淡山下，东北上亦有讨鱼舡。初四日艮寅六更暗平圭笼头。夜西北风，用单寅二更半冥西南风，用单寅一更光见梅花屿在西南边。初五日用艮寅六更贪寅小半，夜西南风，艮寅三更。初六日夜西风艮寅九更。初七日夜艮寅九更暗见马齿，舡在东边过。夜用单子光温褡在东边过，并见南势野故、南衢、磺山，东北边是开门山，北边变刀帽，西北边见天堂。用子癸及壬亥暗在天堂内过，用壬子及乾亥光在红尾里开。十一早北风创门，用丁午单坤暗在天堂内屿仔后，西南风用壬亥及乾暗平红尾里开，夜东风用壬亥光平设身湾在下势。十二日风东，壬子及亥暗任塔口屿外，风西北，不得进港，创开陇，十四日方得进港。

长崎往咬嚁吧日清

己丑年十一月初九日开舡，用庚申暗平五岛中山。夜用庚申光平五岛头南势，开庚申及酉暗在里甚马西北势。见前面小石屿仔，夜用庚申三更。十一日风东北，用坤申二更，下午用丁未及单未三更，夜用单午五更，下半夜用单丁二更。十二日风顺，用单申单五更，夜用庚酉辛三更，下半夜用单申一更光静，用庚酉申一更，下午风西北用坤未及申二更，夜原风用丙午三更，下半夜用坤未及申三更，光用坤申四更，夜用单坤四更。十五日用坤申四更，夜坤申三更。十六日用庚及申三更，下午用未及坤二更，夜用坤申见梅花屿在下势尾角，圭笼头在舡头，头帆尾外。用庚酉申五更，夜用庚申及单申七更。十八夜坤申十更，光见柑桔开。用坤未五更见南澳，有三更。夜用坤申七更，贪坤小半。二十日并夜用坤申十二更。二十一日用坤申七更略平乌猪，夜用坤未七更。二十三日开，夜坤未七更。二十四日用坤未小午至沙岐下马陵桥对开。用丙午暗过交杯，夜用丙午七更。二十五日用丁未及单未暗过罗湾头，并夜用未及坤至二更。恐陇些，用单未二更坤未三更。或要开去，寻玳瑁州，或要陇，寻赤坎。用单坤取崑崙。夜用未及坤，至二更尽到玳瑁州两边硬缭，用乾戌一更至玳瑁州并鸭东边过，用申及坤三更。二十八日坤未四更，夜单未六更。二十九日夜丁未十三更光见水色青白。初一日夜丁未十二更。初二日丁未至午见山在上势，船头认未定硬缭，用乙辰一更见东势开，山甚多，东南一山似笠一样。用坤驶过身西尽暗有一更开后认是失力大山。夜用坤未三更打水四十托，用坤未四更光打水六十托，夜一更尽打水三十五托，用坤未四更光见西边有一高山，舡头有一小屿并坤身头，打水二十六托，后是长腰屿。初五日用丙午四更，夜用丁及午光见猪母山，在舡边开。初六日用丁及未，日中午至馒头屿，枉东边近过，下午单未暗平七屿西，夜风西用单未光见牛退琴，北面山亦见后过七屿。初七日至下午在牛迟琴北势，用未及丙午丁用辰巽巳一更寄椗在酒港口开。初八日巡西南昆身，用乙辰巽暗到峡门内一更时分寄椗。光用辰巽及丙午，巡西边昆身打水四十五托，时在三麦屿西。夜风北，下半冥风西，用单午五更光北风微微，用单丙四更打水十托，夜风西北，用单午及丙光在屿头开东

势。初十日丙午丁巡城外驶至东势,寄椗在鬼仔屿西北势,巡五屿用丁午巡合板屿东入门,午至浅口住舡。

咬嚼吧往台湾日清

辛卯年四月二十二日开舡,至午寄湾外。下半冥开舡,用丑艮及子光见鬼仔屿东边,下午用壬子及癸,下午用子及壬,暗过屿头寄椗屿北。二十四日早风东南,用子及癸,下午用子及壬暗过屿头,有一更寄椗,至二更开舡。风东,用子癸一更。二十五日原风用子癸及壬,四更,夜东南风用子癸及壬,光见三麦屿征头帆尾外。二十六日用壬亥及乾戌至午入三麦屿内,一更巡西边昆身开,用乾戌亥暗寄。二十六日巡见身到港口,开用戌乾及壬子,暗在牛退琴西,夜用壬子及癸光平七屿西。二十九日用癸及丑,至午平馒头屿东边过,用癸丑暗在猪母屿下东南势,在用丑癸光离山二更。三十日用子癸暗平罗汉屿头,舡在罗汉屿下东南势开。夜子癸及单子光在长腰屿上东北,初一日风西南,用壬子暗平东竹开。风轻,用壬子光平地盘,开东南势失力山,初二日风轻,用子癸三更。初三日风轻,开夜用子癸六更。初四日夜用子癸六更。初五日用子及癸四更,夜风轻用子癸二更。初六日夜风西,用单癸四更。初七日无定风,用子癸一更,夜西南风,用癸及子二更。初九日南风,下午西南,用单酉二更半,下午用酉及辛一更半,夜用辛酉近一更,乾亥子癸一更,半冥一更,北风用坤未及申二更,又单丁二更光,用午及丁未六更,夜丁午及未三更,下半冥丁及坤三更。十四日并夜坤申八更光,坤申四更,夜坤申及未七更,光坤未及申四更,夜用庚申六更见山是台……

……开南势。二十七日用丁未,下午平东涌外过,用丁未暗平白犬开。夜用丁未及未七更光见北港大山,在东势过,倚捍用坤申及庚七更。二十九日坤申六更暗平坪山,夜用坤申八更光并夜用坤申十更。十二月初一日并夜用坤申十一更光,并夜用坤申十三更,光用坤申及未四更,午见大州头在马户边,夜用坤及未六更。初四日用坤未五更,夜用坤未见外罗,在左边帆铺外,光过帆开捍用辰巽巳三更暗过外罗。下半冥用丙午,光用丙子,暗平新州港口。夜丙午光平大佛下,用单午及丁未暗过罗湾头,下半冥用坤未光见覆鼎不只三更开。用单未及坤六更,夜用未及坤七更见光见崑崙在舡下势,用丁未过山午过崑崙西。用庚酉晚过小崑崙,外看见西边礁,夜用申及坤午庚七更。初十日并夜坤申及庚十二更,晚有山认未定,光并夜用申及庚三更至半冥过帆用壬亥及子癸。十二日用辛酉巡昆身有五更,至一更时分寄椗昆身尾,十三早入浅妙甚。

大泥回长崎日清

戊子年五月十六日西南风在浅尾开船,用甲寅离山暗近五更,夜用甲卯及寅四更光。甲寅六更,夜用单寅及艮寅并中共三更。十八日用单寅及甲卯平真糍外用丑艮一更用单寅二更过泥尾,并开针用辰巽,近合板舡再用子癸在昆身陇,陇寄椗。十九日至晚用甲卯二更,夜甲卯四更,至早饭平泥仑山。二十日并夜用单丑十更。廿一日丑及艮,下午见覆鼎山,暗平赤坎,开下势,夜用丑艮,下半冥近山用寅及甲卯返丑癸,在罗湾头下势。廿二日用丑艮,夜用子癸,光见烟筒,用子癸及亥,夜用壬亥光在新州下势,用子癸暗平交杯。夜巡山使。廿五日用子癸暗平马陵桥。夜风西北用子沿山使。廿七日至外罗沙岐头,夜沿山使。廿八日到尖笔罗住船,至六月初二日放洋,用单寅二更艮寅二更。初三日寅及艮三更,夜用艮寅四更。初四日夜用艮寅七更。初五日南风,用艮寅七更。初六日并夜用艮寅近有五更。初七日夜用单艮八更。初八日夜单艮八更。初九日用艮寅三更,下午见山认未定,东南风硬缭用艮寅二更,下半冥南风,用甲寅三更。初十日风东北用子癸一更,南风,用丑艮及甲三更,夜用甲寅三更。十一日用艮寅及甲七更。十二日用艮寅日小午见鱼船,问是大境,开暗平户门,夜用单艮五更,光见北港大山南势。十三日夜用艮寅八更。十四日用艮暗见鸡笼头未齐身。夜用单艮五更。十五日并夜用艮寅十一更,贫艮半字。十六日用艮寅六更,贫艮小半,夜用艮寅五更光单艮六更,半夜用艮寅六更,贪艮。十八日艮寅三更,下午风西,用甲卯及寅一更半,下半冥用壬子癸一更。十九日见山是温二,用壬子癸及亥一更,无风,至午后风西南,用壬亥,暗见山在东南边过身。夜用壬亥四更,光见山在东南势。用壬子癸下午入长崎可也。

往长崎正月丁丑年

兹根湾尽山,初一夜西北风用单艮四更。初二日夜用单艮四更。初三日西北风,用单艮五更,初三夜西北风,用艮寅四更。初四日西北风,用艮寅四更,初四夜西北风,用单寅五更。初五早见五岛后,在五岛后过,妙也。

宁波往东京针路

出中窑可用丙午,离山一更用丁未,六更见凤尾。用丁未十九更见牛屿。用坤未四更见乌坵。单申七更见太武。起用坤申七更见南澳坪外,用坤申十五更见大星。用坤未七更见东姜。用坤未七更见乌猪。用单坤十三更见七州。用单申二更见铜鼓。用单坤五更见独猪。用坤未四更见海南犁母。用庚酉十五更取海宝。用单亥及乾亥五更取鸡唱门入港。涯州尾,巽乾单戌五更、单乾巽戌三更、乾亥巽巳单乾二更、亥壬巳单亥丙五更。

太武往大泥针路

用单未七更见南澳外过。用坤未十五更取大星。用坤申七更取南亭门。用单坤五更取乌猪。用坤未十三更取七洲。用坤未七更取独猪。用坤未二十一更取外罗。丙午七更取交杯屿,用丙午五更取灵山大佛。用丙午三更取伽俑貌。丁丑五更取罗湾头。单坤及坤未五更取赤坎山。坤未十五更取崑崙山。用坤及庚申三十更取吉兰丹港口,泥地,好抛船。开辛戌,陇用乾亥巡山驶六昆。下七更打水七八托是宋居劳。又来屈头陇连至东势是大泥,有凉伞树,在昆身岸上。前去昆身尾取六昆,下泥尾有浅,船过西南边入为妙。

或见糍可用庚申针来见大泥。大泥身西内马交大山是屈头陇,陇上去西北是宋居唠,宋居唠上是六坤。

大泥回浯屿

大泥、六昆、下池离浅,用甲寅针开舡。用甲寅及甲卯十五更,用甲寅及单寅二十更,取崑崙山外过,用丑癸内过。用单丑及丑艮十五更取赤坎山。船身开用单丑,陇用艮寅,五更取罗湾头。用丑癸五更取伽俑僻。用子癸三更取灵山大佛。用壬子五更取交杯。用壬子七更取外罗,用丑少艮四十六更取南亭门。用艮寅二十更取南澳。用艮寅七更取太武收入厦门为妙。

浯屿往麻六甲针路

依前崑崙针路,用坤未、单未四十五更取茶盘及东西竹。远看将军帽在内及火烧山。用丁未十更取白礁及马鞍山并罗汉屿,沿白礁外边过。用单酉五更取龙牙门,夜间不可行船,切防。南边有半床礁是长腰屿,亦防南边有浅沙塘并凉伞礁。用辛戌三更吉里汶,又单乾三更取昆宋屿,打水十三托。用单亥五更取大小射箭屿。用乾亥五更取五屿,沿山驶是麻六甲,妙也。

麻六甲回浯屿针路

开驾用辰巽,五更取射箭屿,用辰巽三更取昆宋屿,打水十三托,对开有浅,北返有昆身尾,在荖古石浅。凡巽巳三更取吉里汶,前北边昆身尾须防。用单辰及乙辰三更,取长腰屿,切莫过南边,宜行北边过船,打水十四五托,又防北边罗汉屿北有礁,打水十七八托,正路打水出门须防白礁屿。用亥并壬子五更取茶盘。一更开用子癸四十更,打水三十托,见崑崙在船头上势角,用单癸平崑崙。三更开,依前针路而行,妙哉。

太武往彭亨

太武开船,依大泥针直取崑崙。用坤未四十更取彭亨港。

彭亨回太武针

彭亨开船,用艮寅六更取绵花及斗屿,用丑艮十三更、单丑及丑癸二十更取崑崙山外过。其依大泥针回太武入浯屿,妙哉。

太武往咬嵧吧针

至崑崙用单坤及坤申十更。用单申及庚申十八更取绵花屿好抛船,取柴水。用单巽五更平斗屿。用单巳八更取地盘外过。单巳三更取东西竹内过。用单丙十一更过长腰屿。用单午四更、丁午四更平馒头屿。单未四更取七屿。单未四更取琴山。单未五更、单巽三更、巽巳六更取三麦屿内过,用丙巳三更、单午八更取头屿。用单午并丙巳入甲板屿收澳。

咬嵧吧回太武针路

港口放洋,用丑癸八更平头屿。用子癸七更、单子四更、壬子二更取三麦屿。乾戌四更、乾亥六更平琴山。子癸三更、单子四更以馒头屿。子癸四更取龙牙大山。子癸十五更取马鞍屿。用壬子癸变用五十余更取崑崙内过。用丑艮十八更取罗湾头,妙哉。

咬嵧吧澳回唐

澳内用子癸平头屿,平头屿用子癸四更,又子癸三更,打水十三托,用子及癸丑二更,子癸见三麦屿。三麦屿用乾戌壬亥,三麦屿过一更巡西昆身驶,又用乾戌巡昆身到旧港。

旧港用乾戌及壬亥至琴。

琴用丑癸七更取七星屿。

七星屿用单癸取馒头屿。

馒头屿用子癸丑取猪母山。

猪母炁用子癸三更取龙牙大山,门有石产不出水。

龙牙山用壬子十更取长腰屿。

长腰屿用子癸及癸十更取东竹。【长腰大山用丁午四更取馒头屿,打水三十托,南边有小屿三四个,用丁未十更取拢牙。】

东西竹用乾亥壬子三更取地盘。【东竹远看似马鞍样,内外打水二十五托,西边有小屿二个,打水二十五托。西竹山亦是马鞍样,西边低,内有将军帽,有火挠塔及猪母甲子。用丙午十更取长腰,内打水二十二托,西有小屿二个,打水二十五托。】

地盘山。【一更开子癸三十更、子十更,打水二十三托,见崑崙在船头上势角。用单癸平崑崙。二更开,用丑癸十五更取覆鼎。】

覆鼎山。【一更开。用丑癸及艮二更取赤坎。】

赤坎。【用丑癸取罗湾,陇用艮寅取罗湾折五更远。】

罗湾头。【半更开,用丑癸五更取伽倫僌。一更开用子癸三更取灵山大佛,往回放彩舡。】

灵山大佛山。【用壬子五更取羊角屿。壬子七更取外罗。丑癸二十一更取独猪山。用丑癸三更取铜鼓屿。艮寅二十一更取东姜。】

东姜山。【用艮寅二十二更取南澳。用艮寅七更取太武,收入浯屿,哉妙。】

唐大和上东征传[①]

大和上讳鉴真,扬州江阳县人也,俗姓淳于,齐大夫髡之后。

其父先就扬州大云寺智满禅师受戒,学禅门。大和上年十四,随父入寺,见佛像感动心,因请父求出家;父奇其志,许焉。是时,大周则天长安元年有诏于天下诸州度僧,就便智满禅师出家为沙弥,配住大云寺【后改为龙兴寺】。唐中宗孝和圣皇帝神龙元年,从道岸律师受菩萨戒。景龙元年杖锡东都,因入长安。其二年三月二十八日,于西京实际寺登坛受具足戒。荆州南泉寺弘景律师为和上巡游二京,究学三藏。后归淮南,教授戒律;江淮之间,独为化主。于是兴建佛事,济化群生,其事繁多,不可俱载。

日本国天平五年,岁次癸酉,沙门荣叡、普照等随遣唐大使丹墀真人广成,至唐国留学。是岁,唐开元二十一年也。唐国诸寺三藏、大德,皆以戒律为入道之正门;若有不持戒者,不齿于僧中。于是,方知本国无传戒人。仍请东都大福先寺沙门道璿律师,附副使中臣朝臣名代之舶,先向本国去,拟为传戒者也。

荣叡、普照留学唐国,已经十载,虽不待使,而欲早归;于是,请西京安国寺僧道航、澄观,东都僧德清,高丽僧如海;又请得宰相李林甫之兄林宗之书,与扬州仓曹李湊,令造大舟,备粮送遣。又与日本国同学僧玄朗、玄法二人,俱下扬州。是岁,唐天宝元载冬十月【日本天平十四年,岁次壬午】。

时,大和上在扬州大明寺为众僧讲律,荣叡、普照师至大明寺,顶礼大和上足下,具述本意曰:"佛法东流至日本国,虽有其法,而无传法人。本国昔有圣德太子曰:'二百年后,圣教兴于日本。'今钟此运,愿和上东游兴化。"大和上答曰:"昔闻南岳惠思禅师迁化之后,托生倭国王子,兴隆佛法,济度众生。又闻,日本国长屋王崇敬佛法,造千袈裟,来施此国大德、众僧;其袈裟缘上绣著四句曰:'山川异域,风月同天,寄诸佛子,共结来缘。'以此思量,诚是佛法兴隆,有缘之国也。今我同法众中,谁有应此远请,向日本国传法者乎?"时众默然,一无对者。良久,有僧祥彦进曰:"彼国太远,性命难存,沧海淼漫,百无一至。人身难得,中国难生;进修未备,道果未到。是故众僧缄默无对而已。"

和上曰:"是为法事也,何惜身命?诸人不去,我即去耳。"

祥彦曰:"和上若去,彦亦随去。"爰有僧道兴、道航、神崇、忍灵、曜祭、明烈、道黙、道因、法藏、法载、昙静、道巽、幽岩、如海、澄观、德清、思托等二十一人,愿同心随和上去。

要约已毕,始于东河造船,扬州仓曹李湊依李林宗书,亦同捡校造舟、备粮。大和上、荣叡、普照师等同在既济寺备办干粮,但云将供具往天台山国清寺,供养众僧。

是岁,天宝二载癸未,当时海贼大动繁多,台州、温州、明州海边,并被其害,海路堙塞,公私断行。僧道航云:"今向他国,为传戒法,人皆高德,行业肃清。如海等少学,可停却矣。"

时,如海大瞋,裹头入州,上采访厅告曰:"大使知否?有僧道航造舟入海,与海贼连。都有若干人,已办干粮,在既济、开元、大明寺,复有百海贼入城来。"时淮南道采访使班景倩闻即大骇,便令人将如海于狱推问;又差官人于诸寺收捉贼徒。遂于既济寺搜得干粮,大明寺捉得日本僧普照,开元寺得玄朗、玄法。其荣叡师走入池中仰卧,不良久,见水动,入水得荣叡师,并送县推问。

僧道航隐俗人家,亦被捉得,并禁狱中。问曰:"徒有几人与海贼连?"道航答曰:"不与海贼连,航是宰相李林甫之兄林宗家僧,今送功德往天台国清寺,陆行过岭辛苦,造舟从海路去耳!今有林宗书二通在仓曹所。"采访使问仓曹,仓曹对曰:"实也。"仍索其书看,乃云:"阿师无事,今海贼大动,不须过海去。"

其所造舟没官,其杂物还僧。其诬告僧如海与反坐,还俗,决杖六十,还送本贯。其日本僧四人,扬州上奏;奏至京鸿胪寺,检案问本配寺,寺众报曰:"其僧随驾去,更不见来。"鸿胪依寺报而奏,便敕下扬州

① 真人元开撰。据中华书局1978年8月汪向荣校注本。

曰:“僧荣叡等,既是蕃僧,入朝学问,每年赐绢二十五匹,四季给时服;兼予随驾,非是伪滥。今欲还国,随意放还,宜委扬州,依例送遣。

时,荣叡、普照等四月被禁,八月方始得出。其玄朗、玄法从此还国别去。

时荣叡、普照同议曰:“我等本愿为传戒法,请诸高德,将还本国,今扬州奉勅唯送我四人,不得请诸师而空返无益,岂如不受官送,依旧请僧将还本国,流传戒法者乎?”

于是巡避官所,俱至大和上所计量。大和上曰:“不须愁,宜求方便,必遂本愿。”仍出正炉八十贯钱,买得岭南道采访使刘巨鳞之军舟一只,雇得舟人等十八口。备办海粮:落脂红绿米一百石,甜?三十石,牛苏一百八十斤,麦五十石,干胡饼二车,干蒸饼一车,干薄饼一万,番捻头一半车;漆合子盘卅具,兼将画五顶像一铺,宝像一铺,金漆泥像一躯,六扇佛菩萨障子一具,金字《华严经》一部,金字《大品经》一部,金字《大涅槃经》一部,杂经、章疏等都一百部;月令障子一具,行天障子一具,道场幡一百廿口,珠幡十四条,玉环手幡八口;罗钿经函五十口,铜瓶廿口;花毡廿四领,袈裟一千领,裙衫一千对,坐具一千床;大铜盂四口竹叶盂卌口,大铜盘廿面,中铜盘廿面,小铜盘四十四面,一尺铜叠八十面,少铜叠三百面;白藤簟十六领,五色藤簟六领;麝香廿剂,沉香、甲香、甘松香、龙脑、香胆、唐香、安息香、栈香、零陵香、青木香、薰陆香都有六百余斤;又有毕钵、诃梨勒、胡椒、阿魏、石蜜、蔗糖等五百余斤,蜂蜜十斛,甘蔗八十束;青钱十千贯,正炉钱十千贯,紫边钱五千贯;罗补头二千枚,麻靴卅量,廗冒卅个。

僧祥彦、道兴、德清、荣叡、普照、思托等一十七人,玉作人、画师、调佛、刻镂、铸写、绣师、修文、镌碑等工手都有八十五人,同驾一只舟。天宝二载十二月,举帆东下,到狼沟浦,被恶风飘浪击,舟破,人总上岸。潮来,水至人腰;和上在乌蓝草上,余人并在水中。冬寒,风急,甚太辛苦。更修理舟,下至大板山泊,舟去不得,即至下屿山。

住一月,待好风发,欲到桑石山。风急浪高,舟垂著石,无计可量;才离险岸,还落石上。舟破,人并上岸。水米具尽,饥渴三日,风停浪静,有白水狼将水、米来相救。又经五日,有逻海官来问消息,申谍明州;明州太守处分,安置鄮县山阿育王寺,寺有阿育王塔。

明州者,旧是越州之一县也。开元廿六年,越州鄮县令王叔通奏割越州一县,特置明州;更开三县,令成一州。四县,今称余姚郡。

其阿育王塔者,是佛灭度后一百年,时有铁轮王,名曰阿育王,役使鬼神,达八万四千塔之一也。其塔非金、非玉、非石、非土、非铜、非铁,紫乌色,刻镂非常;一面萨埵王子变,一面舍眼变,一面出脑变,一面救鸽变。上无露盘,中有悬钟,埋没地中,无能知者。唯有方基高数仞,草棘蒙茸,罕有寻窥。至晋泰始元年,并州西河离石人刘萨诃者,死至阎罗王界,阎罗王教令掘出。自晋、宋、齐、梁至于唐代,时时造塔、造堂,其事甚多。

其鄮山东南岭石上,有佛右迹;东北小岩上,复有佛左迹,并长一尺四寸,前阔五寸八分,后阔四寸半,深三寸。千幅轮相,其印文分明显示。世传曰:“迦叶佛之迹也。”

东二里,路侧有圣井,深三尺许,清凉甘美,极雨不溢,极旱不涸。中有一鳗鱼,长一尺九寸,世传曰护塔菩萨也。有人以香花供养,有福者即见,无福者经年求不见。有人就井上造屋,至以七宝作材瓦,即从井中水涨流却。

天宝三载,岁次甲申,越州龙兴寺众僧请大和上讲律受戒。事毕,更有杭州、湖州、宣州并来请。大和上依次巡游、开讲、授戒,还至鄮山阿育王寺。

时越州僧等知大和上欲往日本国,告州官曰:“旦本国僧荣叡诱大和上欲往日本国。”时山阴县尉遣人于王亟宅,搜得荣叡师,著枷递送于京,还至杭州。荣叡师卧病,请假疗治,经多时,云病死乃得放出。

荣叡、普照师等为求法故,前后被灾,艰辛不可言尽,然其坚固之志,曾无退悔。大和上悦其如是,欲遂其愿,乃遣僧法进及二近事,将轻货往福州买船,其办粮用。

和上率诸门徒祥彦、荣叡、普照、思托等三十余人,辞礼育王塔,巡礼佛迹,供养圣众,护塔鱼菩萨,寻山直出。州太守卢同宰及僧徒父老迎送,设供养,差人备粮送至白杜村寺;修理坏塔,劝诸乡人造一佛殿,至

台州宁海县白泉寺宿。

明日，齐后踰山，岭峻途远，日暮夜暗，涧水没膝，飞雪迷眼，诸人泣泪，同受寒苦。明日度岭，入始丰县，日暮到国清寺，松篁蓊郁，奇树璀璨；宝塔玉殿，玲珑赫奕，庄严华饰，不可言尽。孙绰《天台山赋》不能尽其万一。

明朝，早食发，欲向温州，忽有采访使牒来追。其意者，在扬州和上弟子僧灵佑及诸寺三网众僧，同议曰："我大师和上，发愿向日本国，登山涉海，数年艰苦，沧溟万里，死生莫测；可共告官，遮令留住。"仍共以牒告于州县。于是，江东道采访使下牒诸州，先追所经诸寺三网于狱，留身推问；寻踪至禅林寺，捉得大和上，差使押送，防护十重围绕，送至采访使所。

大和上所至州县，官人参迎礼拜欢喜，即放出所禁三纲等。采访使处分，依旧令住本寺，约束三网防护，曰："勿令更向他国。"

诸州道俗闻和上还至，各办四事供养，竞来庆贺，递相抱手慰劳。独和上忧愁，呵责灵佑，不赐开颜。其灵佑日日忏谢，乞欢喜，每夜一立至五更谢罪。遂终六十日，又诸寺三网、大德共来礼谢，乞欢喜，和上乃开颜耳。

天宝七载春，荣叡、普照师从同安郡来，下至扬州崇福寺大和上住处。和上更与二师作方便，造舟、买香药，备办百物，一如天宝二载所备。

同行人僧祥彦、神仑、光演、顿悟、道祖、如高、德清、日悟、荣叡、普照、思托等道俗一十四人，及化得水手一十八人，及余乐相随者，合有三十五人。六月廿七日，发自崇福寺。至扬州新河，乘舟下至常州界狼山，风急浪高，旋转三山。明日得风，至越州界三塔山。停住一月，得好风，发至暑风山，停住一月。

十月十六日晨朝，和上云："昨夜，梦见三官人，一著绯，二著绿，于岸上拜别，知是国神相别也，疑是度必得渡海也。"

少时，风起，指顶岸山发。东南见山，至日中，其山灭，知是蜃气也。去岸渐远，风急波峻，水黑如墨。沸浪一透，如上高山；怒涛再至，似入深谷。人皆荒醉，但唱观音。舟人告曰："舟今欲没，有何所惜！"即牵栈香笼欲抛，空中有声，言："莫抛！莫抛！"即止。

中夜时，舟人言："莫怖！有四神王，著甲把杖，二在舟头，二在樯舳边。"众人闻之，心里稍安。

三日过蛇海。其蛇长者一丈余，小者五尺余，色皆斑斑，满泛海上。

三日过飞鱼海。白色飞鱼，翳满空中，长一尺许。

一日经飞鸟海。鸟大如人，飞集舟上，舟重欲没，人以手推，鸟即衔手。

其后二日无物，唯有急风高浪。众僧恼卧，但普照师每日食时，行生米少许，与众僧以充中食。舟上无水，嚼米，喉干咽不入，吐不出；饮咸水，腹即胀。一生辛苦，何剧于此！

海中忽有四只金鱼，长各一尺许，走绕舟四边。明旦，风息，见山。人总渴水，临欲死；荣叡师面色忽然怡悦，即说云："梦见有官人请我受戒忏悔，叡曰：'贫道甚渴，欲得水'；彼官人取水与叡，水色如乳汁，取饮甚美。心既清凉，叡语彼官人曰：'舟上三十余人，多日不饮水，甚大饥渴，请檀越早取水来。'时，彼官人唤雨令老人处分，云汝等大了事人，急送水来。梦相如是，水应今至，诸人急须把碗待。"众人闻此总欢喜。

明日，未时，西南空中云起来，覆舟上，注雨；人人把碗承水饮。第二日亦雨，至人皆饱足。明日近岸，有四白鱼来，引舟直至泊舟浦。

舟人把碗，竞上岸头觅水，过一小岗，便遇池水，清凉甘美，众人争饮，各得饱满。后日，更向池；昨日池处，但有陆地，而不见池，众共悲喜，知是神灵化出池也。

是时，冬十一月，花蕊开敷，树实竹笋，不辨于夏。凡在海中经十四日，方得著岸。遣人求浦，乃有四经纪人便引道去。四人口云："和上大果报，遇于弟子，不然合死。此间人物吃人，火急去来！"便引舟去。

入浦。晚，见一人被发带刀，诸人大怖，与食便去。

夜发，经三日乃到振州江口泊舟。其经纪人住报郡，其别驾冯崇债遣兵四百余人来迎。引至州城，别驾来迎，乃云："弟子早知和上来，昨夜梦有僧姓丰田，当是债舅。此间若有姓丰田者否？"

众僧皆云:“无也。”

债云:“此间虽无姓丰田人,而今和上即将当弟子之舅。”即迎入宅内,设斋供养。又于太守厅内,设会受戒,仍入州大云寺安置。其寺佛殿坏废,众僧各舍衣物造佛殿,住一年造了。别驾冯崇债自备甲兵八百余人送,经四十余日,至万安州。

州大首领冯若芳请住其家,三日供养。若芳每年常劫取波斯舶二三艘,取物为己货,掠人为奴婢。其奴婢居处,南北三日行,东西五日行,村村相次,总是若芳奴婢之住处也。若芳会客,常用乳头香为灯烛,一烧一百余斤。其宅后,苏芳木露积如山;其余财物,亦称此焉。

行到崖州界,无贼,别驾乃回去。

荣叡、普照师从海路经四十余日,到崖州,州游奕大使张云出迎,拜谒,引入。令住开元寺。官寮参省设斋,施物盈满一屋。

彼处珍异口味,乃有益智子、槟榔子、椰子、荔支子、龙眼、甘蕉、拘莛,露头大如钵盂,甘甜于蜜,花如七宝色;瞻唐香树,聚生成林,风至,香闻五里之外;又有波罗捺树,果大如冬瓜,树似槟楂;毕钵果,子同今见,叶似水葱;其根味似干柿。十月作田,正月收粟;养蚕八度,收稻再度。男著木笠,女著布絮。人皆凋蹄凿齿,绣面鼻饮,是其异也。

大使已下,至于典正,作番供养众僧。大使自手行食,将优昙钵子供养众僧。乃云:“和上知否,此是优昙钵树子。此树有子无花,弟子得遇和上,如优昙钵花,甚难值遇。”其叶赤色,圆一尺余;子色紫丹,气味甜美。

彼州遭火,寺并被烧,和上受大使请造寺。振州别驾闻和上造寺,即遣诸奴,各令进一椽,三日内一时将来,即构佛殿、讲堂、砖塔。椽木有余;又造释迦丈六佛像。登坛授戒、讲律,度人已毕,仍别大使去。仍差澄迈县令,著送上船。

三日三夜,便达雷州。罗州、辨州、象州、白州、佣州、藤州、梧州、桂州等官人、僧、道、父老迎送礼拜,供养承事,其事无量,不可言记。

始安郡都督上党公冯古璞等步出城外,五体投地,接足而礼,引入开元寺。初开佛殿,香气满城,城中僧徒擎幡、烧香、唱梵,云集寺中。州县官人、百姓填满街道,礼拜赞叹,日夜不绝。冯都督来,自手行食,供养众僧,请和上受菩萨戒。其所都督七十四州官人、选举试学人并集此州;随都督受菩萨戒人,其数无量。和上留住一年。

时南海郡大都督、五府经略、采访大使、摄御史中丞、广州太守卢奂牒下诸州,迎和上向广府。时冯都督来,亲送和上,自扶上船,口云:“古璞与和上,终至弥勒天宫相见。”悲泣而别去。下桂江,七日至梧州,次至端州龙兴寺。荣叡师奄然迁化,大和上哀恸被窃,送丧而去。

端州太守迎引送至广州,卢都督率诸道俗出迎城外,恭敬承事,其事无量。引入大云寺,四事供养,登坛受戒。此寺有诃梨勒树二株,子如大枣。又开元寺有胡人造白檀华严经九会,率工匠六十人,三十年造毕,用物卅万贯钱,欲将往天竺;采访使刘巨鳞奏状,敕留开元寺供养,七宝庄严,不可思议。又有婆罗门寺三所,并梵僧居住。池有青莲花,花、叶、茎、根并芬馥奇异。江中有婆罗门、波斯、昆仑等舶,不知其数;并载香药、珍宝,积载如山。其舶深六、七丈。师子国、大石国、骨唐国、白蛮、赤蛮等往来居住,种类极多。州城三重,都督执六纛,一纛一军,威严不异天子;紫绯满城,邑居逼侧。大和上住此一春,发向韶州,倾城远送;乘江七百余里,至韶州禅居寺,留住三日。韶州官人又迎引入法泉寺,乃是则天为慧能禅师造寺也,禅师影像今现在。后移开元寺,普照师从此辞和上向岭北去,至明州阿育王寺。是岁,天宝九载也。时,和上执普照师手,悲泣而曰:“为传戒律,发愿过海,遂不至日本国,本愿不遂。”于是分手,感念无喻。时和上频经炎热,眼光暧昧,爰有胡人言能治目,遂加疗治,眼遂失明。

后巡游灵鹫寺、广果寺,登坛授戒。至浈昌县,过大庾岭,至虔州开元寺;仆射钟绍京左降在此,请和上至宅,立坛受戒。次至吉州,僧祥彦于舟上端坐,问思托师云:“大和上睡觉否?”思托答曰:“睡未起。”彦云:“今欲死别。”思托咨和上,和上烧香,将曲几来,使彦凭几向西方念阿弥陀佛。彦即一声唱佛,端坐,寂

然无言。和上乃唤彦，彦悲恸无数。时，诸州道俗闻和上归岭北来，四方奔集，日常三百以上；人物骈阗，供具炜烨。从此向江州，至庐山东林寺，是晋代慧远法师之所居也。远法师于是立坛授戒，天降甘露，因号甘露坛，今尚存焉。近天宝九载，有志恩律师于此坛上与授戒，又感天雨甘露。道俗见闻，叹同晋远。

和上留恋此地，已经三日，即向浔阳龙泉寺。昔远法师于是立寺，无水，爰发愿曰："若于此地堪栖止者，当使抽泉。"以锡杖扣地，有二青龙寻锡杖上，水即飞涌，今尚其水涌出地上三尺焉，因名曰龙泉寺。

从此陆行至江州城，太守追集州内僧、尼、道士、女官、州县官人、百姓，香花音乐来迎，请停三日供养。太守亲从浔阳县至九江驿，和上乘舟与太守别去。

从此七日至润州江宁县，入瓦官寺登宝阁。阁高二十丈，是梁武帝之所建也，至今三百余岁，微有倾损。昔一夜暴风急吹，明旦，人看阁下四隅，有八神迹，长三尺，入地三寸；今造四神王像，扶持阁四角，其神践迹，今尚存焉。昔梁武帝崇信佛法，兴建伽蓝，今有江宁寺、弥勒寺、长庆寺、延祚寺等，其数甚多；庄严雕刻，已尽工巧。

和上之弟子僧灵祐承和上来，远从栖霞寺迎来，见和上五体投地，进接和上足，展转悲泣而叹曰："我大和上远向海东，自谓一生不获再观，今日亲礼，诚如盲龟开目见日；戒灯重明，昏衢再朗。"即引还栖霞寺，住三日。却下摄山，归扬府。过江至新河岸，即入扬子，停既济寺。江都道俗，奔填道路，江中迎舟，舳舻连接；遂入城，住本□龙兴寺也。

和上从南振州来至扬府，所经州县，立坛受戒，无空过者。今亦于龙兴、崇福、大明、延光等寺讲律受戒，暂无停断。昔光州道岸律师命世挺生，天下四百余州，以为受戒之主。岸律师迁化之后，其弟子杭州义威律师响镇四远，德流八纮，诸州亦以为受戒师。义威律师无常之后，开元廿一年，时大和上年满卅六；淮南江左净持戒律者，唯大和上独秀无伦，道俗归心，仰为授戒大师。凡前后讲大律并疏卌遍，讲《律钞》七十遍，讲《轻重仪》十遍，讲《羯磨疏》十遍；具修三学，博达五乘；外秉威仪，内求奥理。讲授之闲，造立寺舍，供养十方众僧，造佛菩萨像，其数无量；缝纳袈裟千领，布袈裟二千余领，供送五台山僧，设无遮大会；开悲田而救济贫病，设敬田而供养三宝。写《一切经》三部，各一万一千卷；前后度人、授戒，略计过四万有余。

其弟子中超群拔萃，为世师范者，即有：扬州崇福寺僧祥彦、润州天响寺僧道金、西京安国寺僧璇光、润州栖霞寺僧希瑜、扬州白塔寺僧法进、润州栖霞寺僧干印、汴州相国寺僧神邕、润州三昧寺僧法藏、江州大林寺僧志恩、洛州福先寺僧灵祐、扬州既济寺僧明烈、西京安国寺僧明债、越州道树寺僧璇真、扬州兴云寺僧惠琮、天台山国清寺僧法云等三十五人，并为翘楚，各在一方，弘法于世，导化群生。

天宝十二载，岁次癸巳，十月十五日壬午，日本国使大使特进藤原朝臣清河，副使银青光禄大夫、光禄卿大伴宿祢胡麿，副使银青光禄大夫、秘书监吉备朝臣真备，卫尉卿安倍朝臣朝衡等，来至延光寺，白和上云："弟子等早知和上五遍渡海向日本国，将欲传教，今亲奉颜色，顶礼欢喜。弟子等先录和上尊名，并持律弟子五僧，已奏闻主上，向日本传戒。主上要令将道士去，日本君王先不崇道士法，便奏留春桃原等四人，令住学道士法。为此，和上名亦奏退，愿和上自作方便。弟子等自有载国信物船四舶，行装具足，去亦无难。"时和上许诺已竟。时扬州道俗皆云，和上欲向日本国。由是，龙兴寺防护甚固，无由进发，时有仁干禅师从婺州来，密知和上欲出，备具船舫于江头相待。

和上于天宝十二载十月十九日戌时，从龙兴寺出，至江头乘船。下时，有二十四沙弥悲泣赶来，白和上言："大和上今向海东，重观无由我，今者最后请予结缘。"乃于江边为二十四沙弥授戒。讫，乘船下至苏州黄泗浦。相随弟子："扬州白塔寺僧法进、泉州超功寺僧昙静、台州开元寺僧思托、扬州兴云寺僧义静、衢州灵耀寺僧法载、窦州开元寺僧法成等一十四人，藤州通善寺尼智首等三人，扬州优婆塞潘仙童，胡国人安如宝，昆仑国人军法力，瞻波国人善听，都二十四人。

所将如来肉舍利三千粒，功德绣普集变一铺、阿弥陀如来像一铺、雕白？檀千手像一躯、绣千手像一铺、救苦观世音像一铺、药师、弥陀、弥勒菩萨瑞像各一躯，同障子，《大方广佛华严经》八十卷、《大佛名经》十六卷、金字《大品经》一部、金字《大集经》一部、南本《涅槃经》一部四十卷、《四分律》一部六十卷、法励

师《四分疏》五本各十卷、光统律师《四分疏》百廿纸、《镜中记》二本、智周师《菩萨戒疏》五卷、灵溪释子《菩萨戒疏》二卷、《天台止观》计四十卷、《法门玄义文句》各十卷、《四教义》十二卷、《次第禅门》十一卷、《行法华忏法》一卷、《小止观》一卷、《六妙门》一卷、《明了论》一卷、定宾律师《饰宗义记》九卷、《补释宗义记》一卷、《戒疏》二本各一卷、观音寺亮律师《义记》二本十卷、终南山宣律师《含注戒本》一卷及疏、怀道律师《戒本疏》四卷、《行事抄》五本、《羯磨疏》等二本、怀素律师《戒本疏》四卷、大觉律师《批记》十四卷、《音训》二本、《比丘尼传》二本四卷、玄奘法师《西域记》一本十二卷、终南山宣律师《关中创开戒坛图经》一卷、法铣律师《尼戒本》一卷及疏二卷,合四十八部,及玉环水精手幡四口、□□金珠□□□□□□□□菩提子三斗、青莲花廿茎、玳瑁叠子八面、天竺革履二量,王右军真迹行书一帖、小王真迹三帖、天竺、朱和等杂体书五十帖,□□□□□□□,水精手幡已下,皆进内里。又阿育王塔样金铜塔一区。

廿三日庚寅,大使处分:大和上已下分乘副使已下舟。毕后,大使已下共议曰:"方今广陵郡觉知和上向日本国,将欲搜舟,若被搜得,为使有殃;又被风漂还,著唐界,不免罪恶。"由是,众僧总下舟,留。

十一月十日丁未夜,大伴副使窃招和上及众僧纳己舟,总不令知。

十三日,普照师从越余姚郡来,乘吉备副使舟。

十五日壬子,四舟同发。有一雉飞第一舟前,仍下矴留。

十六日发,廿一日戊午,第一、第二两舟同到阿儿奈波岛,在多祢岛西南;第三舟昨夜已泊同处。

十二月六日,南风起,第一舟著石不动,第二舟发向多祢去。七日,至益救岛。

十八日,自益救发。十九日,风雨大发,不知四方。午时,浪上见山顶。

廿日乙酉午时,第二舟著萨摩国阿多郡秋妻屋浦。廿六日辛卯,延庆师引和上入太宰府。

天平胜宝六年甲午,正月十一日丁未,副使从四位上大伴宿祢胡麿奏:大和上到筑志太宰府。

二月一日到难波,唐僧崇道等迎慰供养。

三日,至河内国,大纳言正二位藤原朝臣仲麿遣使迎慰,复有道璇律师遣弟子僧善谈等迎劳;复有高行僧志忠、贤璟、灵福、晓贵等卅余人迎来,礼谒□□。

四日,入京,敕遣正四位下安宿王于罗城门外迎慰、拜劳,引入东大寺安置。

五日,唐道璇律师、婆罗门菩提僧正来慰问;宰相、右大臣、大纳言已下官人百余人来礼拜、问讯。后敕使正四位下吉备朝臣真备来,宣诏曰:"大德和上,远涉沧波,来投此国,诚副朕意,喜慰无喻。朕造次东大寺,经十余年,欲立戒坛,传受戒律,自有此心,日夜不忘。今诸大德,远来传戒,冥契朕心。自今以后,授戒传律,一任和上。"又敕僧都良辨,令录诸临坛大德名进内。不经日,敕授传灯大法师位。

其年四月初,于卢舍那殿前立戒坛,天皇初登坛受菩萨戒,次皇后、皇太子亦登坛受戒。寻为沙弥澄修等四百四十余人授戒。又旧大僧灵福、贤璟、志忠、善项、道缘、平德、忍基、善谢、行潜、行忍等八十余人僧,舍旧戒、重受和上所授之戒。后于大佛殿西,别作戒坛院,即移天皇受戒坛土筑作之。

大和上从天宝二载始为传戒,五度装束,渡海艰辛,虽被漂回,本愿不退。至第六度,度日本卅六人,总无常去退心。道俗二百余人,唯有大和上、学问僧普照、天台僧思托始终六度,经逾十二年,遂果本愿,来传圣戒;方知济物慈悲,宿因深厚,不惜身命,所度极多。

时有四方来学戒律者,缘无供养,多有退还,此事漏闻于天听,仍以宝字元年丁酉十一月二十三日,敕施备前国水田一百町,大和上以此田欲立伽蓝。时有敕旨,施大和上园地一区,是故一品新田部亲王旧宅;普照、思托劝请大和上以此地为伽蓝,长传四分律藏,法励师《四分律疏》,《镇国道场饰宗义记》,《宣律师钞》,以持戒之力,保护国家。和上言大好,即宝字三年八月一日,私立唐律招提名,后请官额,依此为定;还以此日请善俊师讲件疏记等。所立寺者,今唐招提是。

初,大和上受中纳言从三位冰上真人之请,诣宅窃尝其土,知可立寺,仍语弟子僧法智:"此福地也,可立伽蓝。"今遂成寺,可谓明鉴之先见也。

大和上诞生像季,亲为佛使;经云:"如来处处度人,汝等亦敩如来,广行度人。"和上既承遗风,度人逾于四万,如上略件及讲遍数。唐道璇律师请大和上门人思托曰:"所学有基绪,璇弟子闲汉语者,令学励疏

并镇国记，幸见开导。”僧思托便受于大安寺唐院，为忍基等讲，四、五年中，研磨数遍。宝字三年，僧忍基于东大唐院讲《疏记》，僧善俊于唐寺讲《件疏记》，僧忠惠于近江讲《件疏记》，僧惠新于大安塔院讲《件疏记》，僧常巍于大安寺讲《件疏记》，僧真法于兴福寺讲《件疏记》。从此以来，日本律仪，渐渐严整；师师相传，遍于寰宇。如佛所言，我诸弟子展转行之，即为如来常在不灭；亦如一灯燃百千灯，瞑者皆明明不绝。宝字七年癸卯春，弟子僧忍基梦见讲堂栋梁摧折，寤而惊怯，知大和上迁化之相也；仍率诸弟子模大和上之影。是岁五月六日，结跏趺座，面西化，春秋七十六。

化后三日，顶上犹煖，由是久不殡殓；至于阇维，香气满山。平生常谓僧思托言：“我若终，已愿坐死，汝可为我于戒坛院别立影堂，旧住房兴僧住。”《千臂经》云，临终端坐，如入禅定，当知此人已入初地。以兹验之，圣凡难测。

宝龟八年丁巳，日本国使遣唐，扬州诸寺皆承大和上之凶闻，总著丧服，向东举哀三日，都会龙兴寺设大斋会。其龙兴寺先是失火，皆被烧，大和上昔住院房，独不烧损，是亦戒德之余庆也。

《唐大和上东正传》一卷

宝龟十年岁次己未二月八日己卯撰

五言初谒大和上二首并序

闻夫佛法东流，摩腾入于伊洛；真教南被，僧会游于吴都。未丧斯文，必有命世；将弘兹道，实待明贤。我皇帝据此龙图，济苍生于八表，受彼佛记，导黔首于三乘，则有负鼎掷钓，虽比肩于绛阙，而乘杯听铎，未连影于玄门。爰有鉴真和上，张戒网而曾临，法进阇梨，照知炬而戾止。像化多士，于斯为盛；玄风不堕，实赖兹焉。弟子浪迹嚣尘，驰心真际，奉三归之有地，欣一觉之非遥。欲赞芳猷，聊奋弱管云尔。

摩腾游汉阙，僧会入吴宫。岂若真和上，含章渡海东。禅林戒网密，慧苑觉花丰。欲识玄津路，缁门得妙工。

我是无明客，长迷有漏律。今朝蒙善诱，怀抱绝埃尘。道种将萌夏，空花更落春。自归三宝德，谁畏六魔瞋。

五言伤大和上传灯逝日本

【传灯沙门释思托】

上德乘杯渡，金人道已东。戒香余散馥，慧炬复流风。月隐归灵鹫，珠逃入梵宫。神飞生死表，遗教法门中。

五言同伤大和上

【金紫光禄大夫中纳言行式部卿石上宅嗣】

上德从迁化，余灯欲断风。招提禅草歇，戒院觉花空。生死悲含恨，真如欢岂穷。惟视常修著，无处不遗踪。

七言伤大和上

【传灯贤大法师大僧都沙门释法进】

大师慈育契园空，空迈传灯照海东。度物草筹盈石室，散流佛戒绍遗踪。化毕分身归净国，娑婆谁复为驱龙。

五言上大和上

【图书寮兼但马守藤原朝臣刷雄】

万里传灯照，风云远国香。禅光耀百亿，戒月皎千乡。哀哉归净土，悲矣赴泉场。寄语腾兰迹，洪慈万

代光。

五言因使日本顶谒鉴真和上,和上既灭度,不观尊颜,嗟而述怀

【都虞侯冠军大将军太常卿上柱国高鹤林】

上方传佛教,名僧号鉴真。怀藏通邻国,真如转付民。早嫌居五浊,寂灭离嚣尘。禅院从今古,青松绕塔新。法留千载经,名记万年春。

历代史料笔记丛刊[①]

唐宋史料笔记

隋唐嘉话[②]

开元初……俗五月五日为竞渡戏，自襄州已南，所向相传云：屈原初沉江之时，其乡人乘舟求之，意急而争前，后因为此戏。

朝野佥载[③]

卷一

（开元五年）青州刺史刘仁轨知海运，失船极多，除名为民，遂辽东效力。遇病卧平壤城下，褰幕看兵士攻城。有一卒直来前头背坐，叱之不去，仍恶骂曰："你欲看，我亦欲看，何预汝事？"不肯去。须臾城头放箭，正中心而死。微此兵，仁轨几为流矢所中。

卷二

杭州参军独孤守忠领租船赴都，夜半急追集船人，更无他语，乃曰："逆风必不得张帆。"众大哂焉。

东斋记事[④]

卷三

国朝言水利者，惟乾州刺史张纶【京板作张纶】为有绩效之最。天禧末，为江、淮发运副使，筑高邮北漕河长堤二百里，旁锢石为距，分十闼以泄横流。泰州有捍海堰，久废不治，与范希文经画修复之，遂命兼知泰州。堰成，复租户万二千七百。州人感之，为立生祠。

水部郎中薛宗孺尝举崔庠充京官。后庠犯赃，宗孺知淄州，京东转运司差官取勘。久之，会赦当释。

---

① 据中华书局版。

② 〔唐〕刘餗撰，程毅中点校。

③ 〔唐〕张鷟撰，张守俨点校。

④ 〔宋〕范镇撰，汝沛点校。

附录(一)辑遗·陈从信

太宗居晋邸,知客押衙陈从信者心计精敏,掌官帑,轮指节以代运筹,丝忽无差。开宝初,有司秋奏:仓储止尽明年二月。太宗因语之。从信曰:"但令起程,即计往复日数,以粮券并支,可以责其必归之限,运至陈留,即预关主司,戒运徒先后于仓,无淹留之弊,每运可减二十日。楚泗至京,旧限八十日,一岁止三运,每运出淹留虚程二十日,岁自可漕一运。"太宗以白太祖,遂立为永制。一岁,晋邸岁终筹攒年费,何啻数百万计,惟失五百金,屡筹不出。一苍头偶计之:晋王一日登府楼,遥观寻种者,赏叹精捷,令某府库取金五百与之,时从信不在,后失告之。【(辑自《类苑》卷二二)】

春明退朝录①

开宝八年十一月,江南平留,汴水以待李国主舟行。盛寒,河流浅涸,诏所在为坝闸,潴水以过舟。官吏击冻督役稍稽,则皆何校,甚者劾皋,以次被罚,州县官降敕而杖之者,凡十余人。

渑水燕谈录②

卷第九·杂录

高丽,海外诸夷中最好儒学。祖宗以来,数有宾客贡士登第者。自天圣后,数十年不通中国。熙宁四年,始复遣使修贡,因泉州黄慎者为向导,将由四明登岸。比至,为海风飘至通州海门县新港。先以状致通州谢太守云"望斗极以乘槎,初离下国;指桃源而迷路,误到仙乡"。词甚切当。使臣御事民官侍郎金第与同行朴寅亮诗尤精,如《泗州龟山寺诗》云:"门前客棹洪涛急,竹下僧棋白日闲。"等句,中土士人亦称之。寅亮尝为其国词臣,以罪废。久之,从金第使中国。

龙川略志③

第五卷·王子渊为转运以贱价收私贩乳香

熙宁中,王子渊为京东转运判官,知密州海舶多私贩乳香,即明召舶客入官中,以贱价收之,自以为奇,言于朝廷。中书户房检正官向宗儒得之,喜曰:"此法所禁,子渊为监司,知人犯法不能禁,而出钱买之,此罪人也。"子渊既得罪,香皆没官,一时以为奇策。元佑初,贩香者诉之朝廷,令户部支还七分钱,议者以为过犹不及也。有傅永亮者,自言尝入香于官,今二券具在,然皆非其本名。诘其故,曰:"皆家人耳。"问其所在,及其亲属之在亡,皆曰:"亡之。"予笑曰:"安知此非奸人乎?"尚书李常、郎中赵偁皆曰:"此大商,家业数万缗,安得为奸乎?"予曰:"为奸不问贫富。此事盖有三说而已:永亮实曾入香,今无以自明,一也;得阑遗文书以欺官,二也;杀此二人而得其书,三也。三说皆不可知,而妄以钱与之,本部吏必大有所受,不可。"李、赵皆曰:"永亮泉人,可符下实其家财。"予曰:"永亮之可疑,非为贫也。"二人固争之,予不得已从之。及泉申部,家财止百余千。予笑曰:"今当如何?"二人犹执欲予。会韩师朴为户部,乃止。然永亮竟诉都省,都省与之。时予已去户部矣。

① 〔宋〕宋敏求撰,诚刚点校。
② 〔宋〕王辟之撰,吕友仁点校。
③ 〔宋〕苏辙撰,俞宗宪点校。

第五卷・言水陆运米难易

元佑三年春，关中小旱，提刑司依法赈民，不以闻朝廷。吕微仲陕人，忧之过甚。有吴革者，自白波辇运罢还，欲求堂除，因议水陆运米，以济关中之饥。朝廷下户部，且使革领其事。革言陆运以车营务车、驼坊驼骡运至陕，水运以东南纲船般至洛口，以白波纲船自洛口般入黄河。革见予于户部，予谓之曰："吾已谓君呼车营务、驼坊职掌人矣，君姑坐待之。"既至，问之。车营务无车，驼坊无驼骡。予曰："此可以贺君矣。若有车与驼骡，君将若之何！"革曰："何故？"曰："陆运至难。君不过欲多差小使臣、军大将谨其囊封耳。车营务、驼坊兵级，多过犯配刺到，既行，必多作缘故，使前后断绝，监者力不能及，所至盗食且卖。若不幸遇雨，则化为泥土，君皆莫如之何也。"革无语。复谓之曰："至如水运亦且不易。汴河自京城西门至洛口水极浅，东南纲船底深，不可行。且方春，纲先至者皆趁酬奖得力纲，辍令西去，人情必大不乐。及至洛口，仓廪疎漏，专斗不具，虽卸纳亦不如法。白波纲运，昔但闻有竹木，不闻有粮食。此天下之至险，不可轻易，吾已付辇运司，令具可否矣。然君难自言，吾当见诸公议之。"及见微仲，微仲业已为之，不肯尽罢。予为刷汴岸浅底船，量载米以往。未几，予罢户部，闻所运米中路留滞，虽有至洛口，散失败坏不可计。

东坡志林[①]

卷一・记游・记过合浦

余自海康适合浦，连日大雨，桥梁大坏，水无津涯。自兴廉村净行院下乘小舟至官寨，闻自此西皆涨水，无复桥船，或劝乘蜑并海即白石。是日六月晦，无月，碇宿大海中。天水相接，星河满天，起坐四顾太息："吾何数乘此险也！已济徐闻，复厄于此乎？"稚子过在旁鼾睡，呼不应。所撰《书》、《易》、《论语》皆以自随，而世未有别本。抚之而叹曰："天未欲使从是也，吾辈必济！"已而果然。七月四日合浦记，时元符三年也。

卷一・记游・记游松江

吾昔自杭移高密，与杨元素同舟，而陈令举、张子野皆从余过李公择于湖，遂与刘孝叔俱至松江。夜半月出，置酒垂虹亭上。子野年八十五，以歌词闻于天下，作《定风波》令，其略云："见说贤人聚吴分，试问，也应傍有老人星。"坐客欢甚，有醉倒者，此乐未尝忘也。今七年耳，子野、孝叔、令举皆为异物，而松江桥亭，今岁七月九日海风架潮，平地丈余，荡尽无复孑遗矣。追思曩时，真一梦耳。元丰四年十二月十二日，黄州临皋亭夜坐书。

卷一・送别・别文甫子辩

仆以元丰三年二月一日至黄州，时家在南都，独与儿子迈来，郡中无一人旧识者。时时策杖在江上，望云涛渺然，亦不知有文甫兄弟在江南也。居十余日，有长髯者惠然见过，乃文甫之弟子辩。留语半日，云："迫寒食，且归东湖。"仆送之江上，微风细雨，叶舟横江而去。仆登夏隩尾高邱以望之，髣髴见舟及武昌，步乃还。尔后遂相往来，及今四周岁，相过殆百数。遂欲买田而老焉，然竟不遂。近忽量移临汝，念将复去，而后期未可必。感物悽然，有不胜怀。浮屠不三宿桑下者，有以也哉。七年三月九日。

卷三・夷狄・高丽

昨日见泗倅陈敦固道言："胡孙作人状，折旋俯仰中度，细观之，其相侮慢也甚矣。人言'弄胡孙'，不知为胡孙所弄！"其言颇有理，故为记之。又见淮东提举黄实言："见奉使高丽人言：所致赠作有假金银锭，

① 〔宋〕苏轼撰，王松龄点校。

夷人皆拆坏,使露胎素,使者甚不乐。夷云:非敢慢也,恐北虏有觇者以为真尔。”由此观之,高丽所得吾赐物,北虏盖分之矣。而或者不察,谓北虏不知高丽朝我,或以为异时可使牵制北虏,岂不误哉!今日又见三佛齐朝贡者过泗州,官吏妓乐,纷然郊外,而椎髻兽面,睢盱船中。遂记胡孙弄人语良有理,故并记之。

卷三·夷狄·高丽公案

元佑五年二月十七日,见王伯虎炳之言:“昔为枢密院礼房检详文字,见高丽公案。始因张诚一使契丹,于虏帐中见高丽人,私语本国主向慕中国之意,归而奏之,先帝始有招徕之意。枢密使李公弼因而迎合,亲书札子乞招致,遂命发运使崔极遣商人招之。”天下知非极,而不知罪公弼。如诚一,盖不足道也。

卷四·古迹·赤壁洞穴

黄州守居之数百步为赤壁,或言即周瑜破曹公处,不知果是否?断崖壁立,江水深碧,二鹘巢其上,有二蛇,或见之。遇风浪静,辄乘小舟至其下,舍舟登岸,入徐公洞。非有洞穴也,但山崦深邃耳。《图经》云:“是徐邈不知何时人,非魏之徐邈也。”岸多细石,往往有温莹如玉者,深浅红黄之色,或细纹如人手指螺纹也。既数游,得二百七十枚,大者如枣栗,小者如芡实,又得一古铜盆盛之,注水粲然。有一枚如虎豹首,有口鼻眼处,以为群石之长。

涑水记闻[①]

卷第十三·交趾入寇

熙宁中,朝廷遣沈起、刘彝相继知桂州,以图交趾。起、彝作战船,团结峒丁以为保甲,结阵图,使依此教战,诸峒骚然。士人执《交趾图》言攻取之策者,不可胜数。岭南进士徐百祥屡举不中第,阴遗交趾书曰:“大王先世本闽人,闻今交趾公卿贵人多闽人也。百祥才略不在人后,而不用于中国,愿得佐大王下风。今中国欲大举以灭交趾,兵法:‘先人有夺人之心’,不若先举兵入寇,百祥请为内应。”于是交趾大发兵入寇,陷钦、廉、邕三州,百祥未得间往归之。会石鉴与百祥有亲,奏称百祥有战功,除侍禁,充钦廉白州巡检。朝廷命宣徽使郭逵讨交趾,交趾请降,曰:“我本不入寇,中国人呼我耳。”因以百祥书与逵,逵檄广西转运使按鞫,百祥逃去,自经死。【郭帅云】

卷第十三·侬智高斩蒋偕

侬智高围广州既久,城中窘急,而贼亦疲乏,又不习水战,常惧海贼来抄其宝货。东莞县主簿兼令黄固素为吏民所爱信,侦知贼情,乃募海上无赖少年,得数千人,船百余艘,泝流而下,夜趋广州城,鼓噪而进,贼大惊,即时遁去。广州命固率所募之众泝流追之,而贼弃船自他路去,追之不及。会通判孟造素不悦固,乃按固所率舟中之民私载盐鬻于上流贩卖,及县中官钱有出入不明者,摄固下狱治之,诬以赃罪,固竟坐停任。既而上官数为辨雪,治平中乃得广州幕职。【蔡子直云】

卷第十五·铁龙爪浚川杷

初,选人李公义建言,请为铁龙爪以浚河。其法用铁数斤为爪形,沉之水底,系絙,以船曳之而行。宦官黄怀信以为铁爪太轻,不能沉,更请造浚川杷。其法以巨木长八尺,齿长二尺列于木下,如杷状,以石压之,两旁系大絙,两端矴大船,相距八十步,各用革车绞之,去来挠荡泥沙,已,又移船而浚之。事下大名安

① 〔宋〕司马光撰,邓广铭、张希清点校。

抚司,安抚司命金堤司管勾官范子渊与通判、知县共试验之,皆言不可用。会子渊官满入京师,王介甫问子渊:“浚川铁杷、龙爪法甚善,何故不可用?”子渊因变言:“此诚善法,但当时同官议不合耳。”介甫大喜,即除子渊都水外监丞,置浚川司,使行其法,听辟指使二十人,给公使库钱。子渊乃于河上令指使分督役卒,用二物疏浚,各置历,书其课曰:“某日于某埽浚若干步,深若干尺。”其实水深则杷不能及底,虚曳去来,水浅则齿碍泥沙,曳之不动,卒乃反齿向上而曳之。所书之课,皆妄撰,不可考验也。会都水监丞程昉建议于大名河曲开直河,既成,子渊属昉称直河浅,牒浚川司使用杷浚之,庶几附以为功,昉从之。既而奏上状,昉、子渊及督役指使各迁一官。

先是,大名河每岁夏水涨,则自许家港溢出,及秋水落,还复故道,皆在大堤之内。熙宁八年,子渊复欲求功,乃令指使讽诸埽申大名府云:“今岁河七分入许家港,三分行故道,恐河势遂移,乞牒浚川司用杷疏浚故道。”府司从之,是岁旱,港水所浸田不过万顷,子渊用杷不及一月而罢。九年,子渊上言:“去岁大河几移,赖浚川杷得复故道,出民田数万顷。其督役官吏,更乞酬奖。”事下都水监,监司保奏,称子渊等有奇功,乞加优奖。是时,天下皆言浚川铁杷、龙爪如儿戏,适足以资谈笑,王介甫亦颇闻之,故不信都水监之言,更下河北转运、安抚司,令保奏。会介甫罢相,文潞公上言:“河水浩大,非杷可浚,秋涸固其常理,虽河滨甚愚之人,皆知浚川杷无益于事。臣不敢雷同保明,共为欺罔。”奏上,上不悦,命知制诰熊本与都水、转运司共按视浚川利害。

本乃与都水监主簿陈佑甫、河北转运使陈知俭共按问,诸埽言:“八年,故河道水减三尺,杷未至间已增二尺,杷至又增一尺,又从此以前十年,水皆夏溢秋复,不惟此一年。”乃奏:“水落实非杷所致。”子渊在京师,先闻之,遽上殿言:“熊本、陈知俭、陈佑甫意谓王安石出,文彦博必将入相,附会其意,以浚川杷为不便。臣闻本奉使按事,乃诣彦博纳拜,从彦博饮食,佑甫、知俭皆预焉,及屏人私语,今所奏必不公。且观彦博之意,非止言浚川杷而已。陛下一听其言,天下言新法不便者必蜂起,陛下所立之法大坏矣。”上以为然。于是知杂御史蔡确上言:“熊本奉使不谨,议论不公,乞更委官详定浚川是非。”

十年,诏命确与知检院黄履详定,有是非者取勘闻奏。确于是置狱,逮系证佐二百余人,狱逾半年不决。上又命入内供奉官冯宗道试浚川杷于汴水,宗道辞以疾;上令俟宗道疾愈必往试之,宗道乃请与子渊偕往。每料测量,有深于旧者,有为泥沙所淤更浅于旧者,有不增不减者,大率三分各居其一。宗道每日具实奏闻,上意稍寤,治狱微缓。会荥泽河堤将溃,诏判都水监俞充往治之,充奏河危将决,赖用浚川杷疏导得免,具图以闻。上嘉之,于是治狱益急。时郊赦将近,诏浚川事不以赦原。狱具,子渊坐上言诈不实,熊本、陈佑甫坐附食违制,陈知俭坐报制院不实。元丰元年正月辛未,勅:熊本落知制诰,夺一官,以屯田员外郎分司,范子渊、陈佑甫夺一官;职任如故;陈知俭夺一官,充替。【知俭云】

卷第十六・王雱托生

兴化县尉胡滋,其妻宗室女也,自言梦人衣金紫,自称王待制来为夫人儿,妻寻产子。介甫闻之,自京师至金陵,与夫人常坐于船门帘下,见船过辄问:“得非胡尉船乎?”既而得之,举家悲喜,亟往抚视,涕泣,遗之金帛不可胜数,邀与俱还金陵。滋言有捕盗功,应诣铨求赏,介甫使人为营致,除京官,留金陵且半年,欲匄其儿,其母不可,乃遣之。【苏兖云】

东轩笔录[①]

卷一

周世宗寿春之役,太祖为将,太宗亦在军中,是时寿春久不下,世宗决淮水灌其城。一日,艺祖、太宗及

---

① 〔宋〕魏泰撰,李裕民点校。

节度使武行德共乘小艇,游于城下,艇中惟有一卒司镣炉,世谓之茶酒司,一矢而毙,太祖、太宗安座以至回舟,矢石终不能及。

卷七

汴渠旧例,十月关口,则舟楫不行。王荆公当国,欲通冬运,遂不令闭口,水既浅涩,舟不可行,而流冰颇损舟檝。于是以船脚数千,前设巨碓,以捣流冰,而役夫苦寒,死者甚众。京师有谚语曰:“昔有磨法磨【平声】浆水,今见巨碓捣冬凌。”

卷十三

仲简知处州,治为东南第一,朝廷累擢为天章阁待制,知广州。会侬智高破邕管,沿江而下,屠数郡,遂围广州,而简应敌之备可笑者甚多。沈起知海门县,有治绩,朝廷擢为御史,后拜待制、知桂州,会宜州蛮徭侵王口寨,起备御甚乖,又欲将兵征交趾,愈益疏缪,以是致交趾入寇,三州被害。孙永俊明文雅,称于时,中间以龙图学士知秦州,会边有警,永以怯懦为边人所轻。三人者皆才士,一当边患,而败事被斥,岂将帅自有体?固非可以常才强也。

国初,官舟数少,非达官贵人不可得乘。李丞相迪谪衡州副使,郑载在淮南为假张驰子客舟以行。朱严第三人及第,赁舟赴任,王禹偁送诗曰:“赁船东下历阳湖,膀眼科名释褐初。”

青箱杂记[①]

卷三

韩退之《罗池庙碑》言:“步有新船”,或以步为涉,误也,盖岭南谓水津为步,言步之所及,故有罾步,即渔者施罾处,有船步,即人渡船处。然今亦谓之步,故扬州有瓜步,洪州有观步,闽中谓水涯为溪步。

齐东野语[②]

卷一・汉租最轻

以武帝南征北伐,东巡西幸,奢靡无度,大司农告竭。当时言利者析秋毫,至于卖爵、更币、算车船、租六畜、告缗、均输、盐铁、榷酤,凡可以佐用者,一孔不遗。独于田租,不敢增益。

卷十八・莫子及泛海

吴兴莫汲子及,始受世泽为铨试魁,既而解试、省试、廷对,皆居前列,一时名声籍甚。后为学官,以语言获罪,南迁石龙。地并海,子及素负迈往之气,暇日,具大舟,招一时宾友之豪,泛海以自快。将至北洋,海之尤大处也,舟人畏不敢进。子及大怒,胁之以剑,不得已从之。及至其处,四顾无际。

须臾,风起浪涌,舟掀簸如桔槔。见三鱼,皆长十余丈,浮弄日光。其一若大鲇状,其二状类尤异,众皆战栗不能出语。子及命大白连酌,赋诗数绝,略无惧意,兴尽乃返。其一绝云:“一飙点破碧落界,八面展尽

① 〔宋〕吴处厚撰,李裕民点校。
② 〔宋〕周密撰,张茂鹏点校。

虚无天。柂楼长啸海波阔,今夕何夕吾其仙。"

卷十八·二张援襄

襄、樊自咸淳丁卯被围以来,生兵日增。既筑鹿门之后,水陆之防日密。又筑白河、虎头及鬼关于中,以梗出入之道。自是孤城困守者凡四五岁,往往扼关隘不克进,皆束手视为弃物。所幸城中有宿储可坚忍,然所乏盐、薪、布帛为急。时张汉英守樊城,募善泅者,置蜡书髻中,藏积草下,浮水而出。谓鹿门既筑,势须自荆、郢进援。既至隘口,守者见积草颇多,钩致欲为焚爨用,遂为所获,于是郢、邓之道复绝矣。

既而荆阃移屯旧郢州,而诸帅重兵皆驻新郢及均州河口以扼要津。又重赏募死士,得三千人,皆襄、郢、西山民兵之骁悍善战者。求将久之,得民兵部官张顺、张贵【军中号张贵为矮张】,所谓大张都统、小张都统者,其智勇素为诸军所服。先于均州上流名中水峪立硬寨,造水哨,轻舟百艘,每艘三十人,盐一袋,布二百。且令之曰:"此行有死而已,或非本心,亟去,毋败吾事。"人人感激思奋。是岁五月,汉水方生,于二十二日,稍进团山下,越二日,又进高头港口结方阵。各船置火枪、火炮、炽炭、巨斧、劲弩。夜漏下三刻,起碇出江,以红灯为号。贵先登,顺为殿,乘风破浪,径犯重围。至磨洪滩以上,敌舟布满江面,无罅可入。鼓勇乘锐,凡断铁絙、攒杙数百,屯兵虽众,尽皆披靡避其锋。转战一日二十余里,二十五日黎明,乃抵襄城。城中久绝援,闻救至,人人踊跃,气百倍。及收军点视,则独失张顺,军中为之短气。越数日,有浮尸溯流而上。被介胄,执弓矢,直抵浮梁,视之,顺也。身中四枪六箭,怒气勃勃如生,军中惊以为神,结冢敛葬,立庙祀之。然自此围益密,水道连锁数十里,以大木下撒星桩,虽鱼鳖不得度矣。

外势既蹙,贵乃募壮士至夏节使军求援。得二人,能伏水中数日不食,使持书以出。至桩若栅,则腰锯断之。径达夏军,得报而还。许以军五千驻龙尾洲以助夹击。刻日既定,贵提所部军点视登舟,失帐前亲随一人,乃宿来有过遭挞者。贵惊叹曰:"吾事泄矣!然急出,或未及知耳。"乃乘夜鼓噪,冲突断絙,破围前进,众皆辟易。既度险要之地,时夜半天黑,至小新城,敌方觉,遂以兵数万邀击之。贵又为无底船百余艘,中立旗帜,各立军士于两舷以诱之,敌皆竞跃以入,溺死者万余,亦昔人未出之奇也。至钩林滩,将近龙尾洲,远望军船栉栉,旗帜纷纭。贵军皆喜跃,举流星火以示之。军船见火,皆前相迎,逮势近欲合,则来舟北军也。盖夏军前二日,以风雨惊疑,退屯三十里矣。北军盖得逃卒之报,遂据洲上,以逸待劳。至是,既不为备,杀伤殆尽。贵身被数十创,力不支,遂为生得,至死不屈,此是岁十一月十七日夜也。北军以四降卒舆尸至襄,以示援绝,且谕之降。吕帅文焕尽斩四卒,以贵附葬顺冢,为立双庙,尸而祝之,以比巡、远。明年正月十三日樊城破,三月十八日,襄阳降,此天意,非人力也。

卷十九·安南国王

安南国王陈日㷣者,本福州长乐邑人,姓名为谢升卿。少有大志,不屑为举子业。间为歌诗,有云:"池鱼便作鹍鹏化,燕雀安知鸿鹄心?"类多不羁语。好与博徒豪侠游,屡窃其家所有,以资妄用,遂失爱于父。其叔乃特异之,每加回护。会兄家有姻集,罗列器皿颇盛,至夜,悉席卷而去,往依族人之仕湖湘者。至半途,呼渡,舟子所须未满,殴之,中其要害。舟遽离岸,谢立津头以俟。闻人言,舟子殂,因变姓名逃去。至衡,为人所捕。适主者亦闽人,遂阴纵之。至永州,久而无聊,授受生徒自给。

永守林　,亦同里,颇善里人。居无何,有邕州永平寨巡检过永,一见奇之,遂挟以南。寨居邕、宜间,与交趾邻近。境有弃地数百里,每博易,则其国贵人皆出为市。国相乃王之壻,有女亦从而来,见谢美少年,悦之,因请以归。令试举人,谢居首选,因纳为壻。其王无子,以国事授相。相又昏老,遂以属壻,以此得国焉。自后,屡遣人至闽访其家,家以为事不可料,不与之通,竟以岁久难以访问返命焉。其事得之陈合惟善佥枢云。

卷二十·舟人称谓有据

余生长泽国,每闻舟子呼造帆曰欢,以牵船之索曰弹【平声】子,称使风之帆为去声,意谓吴谚耳。及

观唐《乐府》有诗云:“蒲帆犹未织,争得一欢成。”而钟会呼捉船索为百丈。赵氏注云:“百丈者,牵船篾,内地谓之笪。【音弹。】”韩昌黎诗云:“无因帆江水。”而《韵书》去声内,亦有扶帆切者,是知方言俗语,皆有所据。陆放翁入蜀,闻舟人祠神,方悟杜诗长年三老摊钱之语,亦此类也。

癸辛杂识①

前集·艮岳

艮岳之取石也,其大而穿透者,致远必有损折之虑。近闻汴京父老云:“其法乃先以胶泥实填众窍,其外复以麻筋、杂泥固济之,令圆混。日晒,极坚实,始用大木为车,致放舟中。直俟抵京,然后浸之水中,旋去泥土,则省人力而无他虑。”此法奇甚,前所未闻也。又云:“万岁山大洞数十,其洞中皆筑以雄黄及卢甘石。雄黄则辟蛇虺,卢甘石则天阴能致云雾,滃郁如深山穷谷。后因经官拆卖,有回回者知之,因请买之,凡得雄黄数千斤,卢甘石数万斤。”

后集·译者

译者之称,见《礼记》,云:“东方曰寄”,言传寄内外言语;“南方曰象”,言放象内外之言;“西方曰狄鞮”鞮,知,通传夷狄之语,与中国相知;“北方曰译”,译,陈也,陈说内外之言。皆立此传语之人,以通其志。今北方谓之通事,南蕃海舶谓之唐帕,西方蛮徭谓之蒲义,皆译之名也。

续集上·海船头发

溆浦杨师亮航海至大洋,忽天气陡黑,一青面鬼跃入舟中,继有一美妇人至,顾左右取头发。舟人皆辞以无。妇人顾鬼自取之,即于船板下取一笼,启之,皆头发也。妇人拣数束而去。

续集上·海神擎日

扬州有赵都统,号赵马儿,尝提兵船往援李璮于山东。舟至登、莱,殊不可进,滞留凡数月。尝于舟中见日初出海门时,有一人通身皆赤,眼色纯碧,头顶大日轮而上,日渐高,人渐小,凡数月所见皆然。

续集上·海井

华亭县市中有小常卖铺,适有一物,如小桶而无底,非竹,非木,非金,非石,既不知其名,亦不知何用。如此者凡数年,未有过而睨之者。一日,有海舶老商见之,骇愕,且有喜色,抚弄不已。叩其所直,其人亦驵点,意必有所用,漫索五百缗。商嘻笑偿以三百,即取钱付驵。因叩曰:“此物我实不识,今已成交得钱,决无悔理,幸以告我。”商曰:“此至宝也,其名曰海井。寻常航海必须载淡水自随,今但以大器满贮海水,置此井于水中,汲之皆甘泉也。平生闻其名于番贾,而未尝遇,今幸得之,吾事济矣。”

续集上·栅沙武口

北军未渡之时,守把统制官王顺欲栅沙武口及沌口。以此二处江水极深,难于用工,遂用拔搭敝舟百余只,载沙石沉之。继以石篰土囊压下,就用樯竿打为桩栅,不两日即办。盖长江之险,此二处最为要害故也。夏贵乃以为不然,遣人尽去桩栅,欲纵北船入口,然后与战。顺极以为忧,请拔搭船三百只,左右前后

① 〔宋〕周密撰,吴企明点校。

皆置棹。先棹以迎之,俟彼船出口子,即以铁猫儿罥定,复回棹拽其船以归。盖口子既小,自不容并进,不过尽入吾穽中乃已。夏老复忌其功,不以为然。及北船尽出之后,散漫大江之中,守兵仅能与未去口子者相拒,而余舟皆已飞渡浒、广矣。

续集上·湖翻

庚寅五月连雨四十日,浙西之田尽没无遗,农家谓尤甚于丁亥岁,虽景定辛酉亦所不及也。幸而不没者,则大风驾湖水而来,田庐顷刻而尽,村落名之曰"湖翻"。农人皆相与结队往淮南趁食,于太湖买舟百十余,所载数千人同往。甫至湖心,大风骤至,悉就溺死。又有千余人渡杨子江,济者同日亦沉于江。净慈、灵隐皆停堂,客僧数百皆渡江还浙东。内四僧偶别门徒,至中途忘携雨具,还取之,至江干则渡舟解维矣。方怅然自失,舟至中流,亦为风浪所覆,四僧幸而得免。岂非所谓劫数者耶!

续集上·船吼

甲戌岁,越中荣邸两舫舟忽有声如牛吼,移时方止,俗谓之船吟,不祥之征也。未几,有透渡之祸。庚寅岁十一月朔,西兴渡以舟子不谨,驱趁渡人上沙太早,既而潮至,趋岸不及,溺死者近百人。时王筱竹、孙小隐同问渡,目睹其事,以钞一锭命舟,仅救三人。孙遂以事白省,遂断两监渡官各一百七下,梢人则处典刑,以谢溺者。既而渡口之舟复大吼,岂溺者有知而然邪!

续集上·海蛆

李声伯云:"常从老张万户入海,自张家浜至盐城,凡十八沙,凡海舟阁浅沙势,须出米令轻。如更不可动,则便缚排求活,否则舟败不及事矣。桅梢之木曰铁棱,或用乌婪木,出钦州,凡一合直银五百两。其铁猫大者重数百斤。尝有舟遇风下钉,而风怒甚,铁猫四爪皆折,舟亦随败,极可异也。凡海舟必别用大木板护其外,不然则船身必为海蛆所蚀。凡运粮则自莱州三神山再入大洋,七日转沙门岛,可至直沽,去燕止百八十里耳。"

续集下·龙负舟

壬辰水祸已作,往往龙物示现,多至十余。湖州土山有富人命数仆驾舟,往田所点视塍岸,至漾中,【凡水阔之处名曰漾。】忽舟若凑浅不能进,极力撑挽,略不为动。意必为暗石所碍,及令仆下水负,乃知舟正阁龙脊上而篙亦正刺龙鳞间。惊窘无策,遂舍舟,急令仆善水者负之登岸,急逃归。再片时,龙跃而起,凡其处田畴数百亩皆为巨浸。其人归舍皆卧病,一人死焉。

续集下·蔡陈市舶

永嘉有蔡起莘,尝为海上市舶。德佑之末,朝廷尝令本处部集舟楫,以为防招之用。其处有张曾二者,颇点健,蔡委以为部辖。既而本州点撞所部船,有违阙,即欲置张于极刑。蔡力为祈祷,事从减。明年,张宣使部舟欲入广,又以张不能应办,欲从军法施行。蔡又祈免之,遂命部舟入广以赎罪。未几,厓山之败,张尽有舟中所遗而归观,骤至贵显。蔡既归温,遂遭北军所掳,家遂破焉。因挈家欲入杭,谒亲故,道由张家滨,偶怀张曾二部辖者居此,今不知何如,漫扣之酒家,云:"此处止有张相公耳。"因同酒家往谒之,张见蔡,即下拜称为恩府,延之入中堂,命儿女妻妾罗拜,白曰:"我非此官人,无今日矣。"遂为造宅置田,造酒营运,遂成富人。张即今宣慰也,名瑄。同时继蔡为市舶者,姓陈,名壁,天台人。有方元者,世居上海,谨徒也。因事至官,陈遂槌折方手足,弃之于沙岸。后医治复全,革世后,隶张万下为头目。因部粮船往泉南,至台境值大风不行,遂泊舟山下。因取薪水登岸,望数里外有聚屋,扣之土人,则云:"前上海陈市舶家也。"方生意疑为向所见杀者,即携酒往访之。陈出迎,已忘其为人,扣所从来,方以阻风告。陈遂置酒,酒

半酣,方笑曰:“市舶还记某否?某即向遭折手足方元也。”陈方愕然,逊谢。三鼓后,方哨百人秉炬挟刃而来,陈氏一家皆不得免焉。此二事,一为报恩,一为复怨,皆得之于天。

续集下·张世杰忠死

张世杰之战海上也,尝与祥兴之主约曰:“万一事不可为,则老臣必死于战,有沉香一株重千余两,是时当焚此香为验,或香烟及御舟,可即遣援兵。或不然,宜速为之所,无堕其计中也。”及厓山之败,张俨然立船首,焚香拜天曰:“臣死罪,无以报国,不能翊运辅主,惟天鉴之。”尚有将佐三十余人,亦立其后,如此者凡一昼夜,从者亦耸立不少动。既而北军拥至,篙师亦皆以小舟逃去,风起浪涌,舟遂沉,溺者甚众。其部曲有张霸都统者,遂收其遗赀,放舟回至永嘉海洋中,与之招魂作佛事。时周文英者一舟正泊对港,远见旗船,遣人觇之,则知为将军也。遂轻舟往见之,甚欢,因谓张曰:“二王既死,吾侪无主,若放浪海中,与盗贼何异。”意欲与之投拜也。张素知其人中险,漫尔应之。次日,张欲置酒招周,将乘间图之。适有人往报于周,周亟杀一马,拂明,亟遣以半体送之,曰:“昨见相公,回马适踠足,今已烹之,敢屈相公一醉。”张不虞其机已露,乃曰:“今日本欲相招,乃为君所先,当即往就邀以归也。”至则周杀张于坐中,因抚其部曲。张军头目竞献子女玉帛,周尽却之,令各自收拾,同往广中梁相公处投拜。止留张世杰所爱二内人,皆绝色也,二人常持家事,尽知世杰所有宝玩及供军金帛类。既约日进发,则凡张军诸舟,各差守把,不许一人登岸,凡数十船金宝悉卷而有之。既约日进,复以世杰节度使印以为根脚,授广州宣慰使。及其还江南也,异时随二王官属、贵珰、幕士,竞往投之,附其舟以归,周皆为料理舟檝。及舟发至海中,乃尽杀之,掩有数家之财焉。时毛文豹为士人,处梁相公之馆,备知其事,故告发焉。

续集下·征日本

至元十八年,大军征日本。船军已至竹岛,与其太宰府甚迩,方号令翌日分路以入。夜半忽大风暴作,诸船皆击撞而碎,四千余舟存二百而已。全军十五万人,归者不能五之一,凡弃粮五十万石,衣甲器械称是。是夕之风,木大数围者皆拔,或中折,盖天意也。

续集下·黑漆船

赵梅石孟　性侈靡而深崄,其家有沉香连三暖阁,窗户皆镂花,其下替板亦镂花者。下用抽替,打篆香于内,香雾芬郁,终日不绝。前后皆施锦帘,他物称之。后闻献之福邸,云后为都大坑冶。又造黑漆大坐船,船中舱板皆用香楠镂花,其下焚沉脑,如前阁子之制。吕师夔亲见之,遂号孟熾为“黑漆船”,后饿死于燕京。

续集下·马相漂棺

饶州乐平县中有某人者,元执役于马相府。后以病死,入冥见中坐者乃马相公也,其人举首叩头以求救。既而以误追放还,方出,马即呼语之,曰:“汝回人间,可与吾儿言,我屋已漏损一角,宜亟修之。可怜儿子读书,将来有用处。”既苏,遂往马府告之,然所居之第初无损漏之事。越明年,山中发洪水,马相之墓适当其冲,遂为大水漂其棺,随流而去,莫知所之。至四十里之外,为枯槎挽定,适渡子见之,讶其棺华大,疑非常人者,即举渡船中,载之以归。既而马府物色得之,给赏取回,改葬焉。此事陈无逸在婺源为山长时,见张伯大家言之甚详,伯大,丞相之妹壻也。

邵氏闻见后录[①]

卷第十八

韦应物云:“野渡无人舟自横”;寇莱公云:“野水无人渡,孤舟尽日横。”

桯史[②]

卷第三·馆娃沿溪

“……古语有之:‘投机之会,间不容穟。’当是之时,退则七庙之忽诸,进则百世之扬觯:嗟肃宗处此,其实难为之。九思而未得其计也!已而舟人告行,秋日已晏;太息登舟,水駃于箭。回瞻两峰,江苍茫而不见。”

卷第四·郑广文武诗

海寇郑广,陆梁莆、福间,飘驶兵犀,云合亡命,无不一当百,官军莫能制。自号滚海蛟,有诏勿捕,命以官,使主福之延祥兵,以徼南溟。延祥隶帅阃,广旦望趋府。群寮以其故所为,偏宾次,无与立谭者。广郁郁弗言。一日,晨入未衙,群僚偶语风檐,或及诗句,广矍然起于坐曰:“郑广麤人,欲有拙诗白之诸官,可乎?”众属耳,乃长吟曰:“郑广有诗上众官,文武看来总一般。众官做官却做贼,郑广做贼却做官。”满坐惭噱。章以初好诵此诗,每曰:“今天下士大夫愧郑广者多矣,吾侪可不知自警乎!”

卷第五·阳山舒城

建炎航海之役,张俊既战而弃鄞,兀术入之。即日集贾舟,募濒海之渔者为乡导,将遂犯跸,而风涛稽天,盘薄不得进。兀术怒,躬命巨艘,张飄径前,风益猛,自度不习舟楫,桅舞舷侧,窘惧欲却而未脱诸口也。遥望大洋中,隐隐一山,顾问海师此何所,对曰:“阳山。”兀术慨然叹曰:“昔唐斥境,极于阴山,吾得至此足矣。”遂下令反棹。其日,御舟将如馆头,亦遏于风,不尔几殆,盖天褫其魄而开中兴云。龙舒在淮最殷富,虏自乱华,江浙无所不至,独不入其境,说者谓其语忌,盖以舒之比音为输也。

卷第十一·番禺海獠

番禺有海獠杂居,其最豪者蒲姓,号白番人,本占城之贵人也。既浮海而遇风涛,惮于复反,乃请于其主,愿留中国,以通往来之货。主许焉,舶事实赖给其家。岁益久,定居城中,屋室稍侈靡踰禁。使者方务招徕,以阜国计,且以其非吾国人,不之问,故其宏丽奇伟,益张而大,富盛甲一时。绍熙壬子,先君帅广,余年甫十岁,尝游焉。今尚识其故处,层楼杰观,晃荡绵亘,不能悉举矣。然稍异而可纪者,亦不一,因录之以示传奇。獠性尚鬼而好洁,平居终日,相与膜拜祈福。有堂焉,以祀名,如中国之佛,而实无像设,称谓聱牙,亦莫能晓,竟不知何神也。堂中有碑,高袤数丈,上皆刻异书如篆籀,是为像主,拜者皆向之。旦辄会食,不置匕箸,用金银为巨槽,合鲑炙、粱米为一,洒以蔷露,散以冰脑。坐者皆寘右手于褥下不用,曰此为触手,惟以溷而已,群以左手攫取,饱而涤之,复入于堂以谢。居无溲匽。有楼高百余尺,下瞰通流,谒者登之。以中金为版,施机蔽其下,奏厕铿然有声,楼上雕镂金碧,莫可名状。有池亭,池方广凡数丈,亦以中金

① 〔宋〕邵博撰,刘德权、李剑雄点校。

② 〔宋〕岳珂撰,吴企明点校。

通甃,制为甲叶而鳞次,全类今州郡公宴燎箱之为而大之,凡用鋌铤数万。中堂有四柱,皆沉水香,高贯于栋,曲房便榭不论也。尝有数柱,欲泒于朝,舶司以其非常有,恐后莫致,不之许,亦卧庑下。后有窣堵波,高入云表,式度不比它塔,环以甓,为大址,象而增之,外圜而加灰饰,望之如银笔。下有一门,拾级以上,由其中而圜转焉如旋螺,外不复见其梯磴。每数十级启一窦,岁四五月,舶将来,群獠入于塔,出于窦,啁哳号嘑,以祈南风,亦辄有验。绝顶有金鸡甚巨,以代相轮,今亡其一足。闻诸广人,始前一政雷朝宗【潨】时,为盗所取,迹捕无有。会市有窭人鬻精金,执而讯之,良是,问其所以致,曰:"獠家素严,人莫闯其藩。予栖梁上,三宿而至塔,裹麨粮,隐于颠,昼伏夜缘,以刚铁为错,断而怀之,重不可多致,故止得其一足。"又问其所以下,曰:"予之登也,挟二雨盖,去其柄。既得之,伺天大风,鼓以为翼,乃在平地,无伤也。"盗虽得,而其足卒不能补,以至今。他日,郡以岁事劳宴之,迎导甚设,家人帷观,余亦在,见其挥金如粪土,舆皁无遗,珠玑香贝,狼籍坐上,以示侈。帷人曰:"此其常也。"后三日,以合荐酒馔烧羊以谢大僚,曰:"如例。"龙麝扑鼻,奇味不知名,皆可食,迥无同槽故态。羊亦珍,皮色如黄金,酒醇而甘,几与崖蜜无辨。独好作河鱼疾,以脑多而性寒故也。余后北归,见藤守王君【兴翁】诸郎,言其富已不如曩日,池匽皆废,云泉亦有舶獠,曰"尸罗围",赀乙于蒲,近家亦荡析。意积贿聚散,自有时也。

卷第十四·开禧北伐

开禧丙寅五月,王师北伐,有诏发镇江总司缗钱七十万,犒淮东军,命官宣旨军前。宣台檄余往,时鏟旗寀入,未有所底,传闻叵测,人皆惮行。文移峻甚,余不敢辞,遂浮漕河而北,次楚道北神,登海舟以入于淮。天方暑,夜碇中流,海光接天,星斗四垂,回首白云之思,恻然悽动。至涟水,城已焚荡,六军皆露宿,独余军学宣圣一殿,岿然瓦砾中。余谒宣参,钱温父【廷玉】方病卧一板门上,在十哲之傍,视像设皆左袵,相顾浩叹。遂至金城,海舟之行,双桅舞风,舷几入水,稍转则反之,未尝正也。

游宦纪闻[①]

卷三

占城国,前此未尝与中国通。唐显德五年,国王因德漫,遣使者莆诃散来,贡猛火油八十四瓶,蔷薇水十五瓶,其表以贝多叶书之,香木为函。

在唐新郴县后,有邑宰潘君满解。遗爱在民。攀卧祖饯,留连累日。其夫人王氏,先以解舟,泊五里汰王滩下。俟久不至。月夜登岸,书一绝于石壁云:"何事潘郎恋别筵?欢情未断妾心悬,汰王滩下相思处,猿叫山山月满船。"末署太原王氏书。诗迹已漫灭,独太原二字入石,至今尚存。字方五六寸许。邑人因以名其滩。

卷十

扬子江心水,号中泠泉,在金山寺傍,郭璞墓下。最当波流险处,汲取甚艰。士大夫慕名求以瀹茗,操舟者多沦溺。寺僧苦之,于水陆堂中,穴井以绐游者。往岁连州太守张思顺,监江口镇日,尝取二水较之,味之甘冽,水之轻重,万万不侔。乾道初,中泠别涌一小峰,今高数丈,每岁加长。鹳栖其上,峰下水益湍,泉之不可汲,更倍昔时矣。

---

① 〔宋〕张世南撰,张茂鹏点校。

铁围山丛谈[①]

卷第三

鲁公宇量迈古人，世所共悉也。元符初上巳，锡辅臣侍从宴。故事，公裳簪御花。早集竟，时有旨宣侍臣以新龙舟。而龙舟既就岸，于是侍臣以次登舟。至鲁公适前，而龙舟忽远开去，势大且不可回，鲁公遂堕于金明池，万众諠骇，仓卒。召善泅水者。未及用，而鲁公自出水，得浮木而凭之矣，宛若神助。既得济岸，入次舍，方一身淋漓，蒋公颖叔之奇唁公曰："元长幸免潇湘之役。"鲁公颜色不变。犹拍手大笑，答曰："几同洛浦之游。"一时服公之伟度也。公时为翰林学士承旨，蒋时为翰林学士云。

卷第四

百戏诸伎甚精者，皆挟法术。元丰中有艺人，善藏舟，舟用数十人举而置之，当场万众不见也。尝经御楼前，上下莫不骇异。裕陵见之，曰："其人但行往来舟上耳。"故知假诳不能诳真人。

金明池，始太宗以存武备，且为国朝一盛观也。其龙舟甚大，上级一殿曰"时乘"。既岁久，绍圣末诏名匠杨谈者新作焉。久之落成，华大于旧矣。独铁费十八万斤，他物略称是。盖楼阁殿既高巨，舰得重物乃始可运。先是，池北创大屋深沟以贮龙舟，俗号"龙奥"者。既纳新舟，而旧舟第弃之西岸而已。都城忽累夕大风，异常不止，众惧为灾，虽哲庙颇亦　。顷风息，方知新旧二舟即池中战，且三日矣。新龙毁一目，旧龙所伤尤甚。后得上达，哲庙怒，降敕悉杖之，始始宁帖。

卷第六

江湖间小龙号灵异，见诸传说甚究。崇宁中淮水暴涨，而汴口樯舟不能进。一日昧爽，小龙者出连网之舟尾，有柁工之妇不识也，谓是蜥蜴，拨置之则跂跂，又缘柁而上。柁工之妇怒，举火柴击其首。随击，霹雳大震一声，而汴口所积舟不问官私舟柁与士大夫家所座船七百只，举自相撞击俱碎，死数十百人。朝廷闻而不乐，第命官为赈恤焉。会发运使上计，而小龙者又复出。大漕甚窘惧，乃焚香祝之："愿与王偕上计，入观天子，可乎？"龙即作喜悦状，因举身入香奁中不动。大漕遂携至都辇，先以示鲁公，得奏闻。上遣使索入内，为具酒核以祝之。龙辄跃出奁，两爪据金杯，饮几釂。于是天子异之，取大琉璃缶贮龙，为亲加封识焉，降付都城汴水之都门外小龙祠中。一夕，封识宛如故，视缶中龙，则已变化去矣。上喜加封四字，仍大敞其祠宇。至大观末，鲁公责东南，舟行始抵汴口，而小龙又出迓鲁公。然小龙所隶南北当江湖间，素不至二浙也。政和壬辰，鲁公在钱塘，居凤山之下私第，以正月七日小龙忽出佛堂中，于是家人大小咸叹异，亦疑必有故。明日，而鲁公召命至，复加六字王。及靖康之初家破，鲁公贬岭外。吾从行至江陵，将遵陆出鼎沣间。公畏暑，因改卜舟，行下江陵，憩渚宫之沙头一仓官厅廨舍，才弛担，则小龙复出见。鲁公为之涕下，且感念神龙，乃不忘恩旧一如此。吾戏公曰："固知小龙之必来尔。"公愕询其故，吾始曰："此亦出公之门也。苟每加意于是，无世情者则今日必来；使此龙一出，世间有世情当又不来。是乌足辱人怀抱耶？"公乃收泪而笑。且龙，神尔，有义风有古圣贤操烈，因为书其初末。是亦《春秋》褒贬之余旨，不敢废者矣。

① 〔宋〕蔡绦撰，沈锡麟、冯惠民点校。

四朝闻见录[①]

乙集·陆石室

陆凝之字永仲,号石室,余杭人,丰神隽拔,论议倜傥,尤好为诗。少年以计偕入汴郡,法从见之,疑其为仙,邀陆杂坐,命相者某道人视之。道人于群官中指陆曰:"这官人只是秀才。"诸公因叩以科第,则曰:"且还山修读。"陆大不得意。道人临别,揖赠以粒丹,曰:"缓急幸用之。"陆亦异其人,寘丹襦带中。果报罢,垂翅南归,舟循汴,风激浪怒,舟不能胜,亟抽带中丹投舟外,风浪始帖息。陆举手谢天,幸不葬鱼腹。汴上有呼其姓名者,则道人也。丹粒炯然已在道人掌中,曰:"吾丹欲济子之身,非济舟用也。"陆方从道人再觅丹,汴流急,不得语,陆惘然而已。归用其说,隐于大涤洞天之石室。人因以"石室"称之。

丙集·高宗六飞航海

《挥麈录》第三录第一卷载高宗六飞航海事:有宣教郎知余姚县李颖士者,募乡兵数千,列其旗帜以捍拒之。贼既不知其地势,不测兵之多寡,为之小却,彷徨不敢进者一昼夜。由是大驾得以自定海登舟航海。事平,颖士迁两官,擢通判州事。

丙集·宁皇御舟

张巨济,字宏图,福清人。嘉泰间上书宁宗,以"慈懿攒陵今在湖曲。若陛下游幸,则未免张乐。此岂履霜露之义?"宁皇感悟其言,旋转一秩,由此湖山遂无清跸之声,非特俭德云。【此句上似有脱文。】御鷁至沈于波臣,黄洪诗云:"龙舟太半没西湖,便是先皇节俭图。三十二年安静里,棹歌一曲在康衢。"

春渚纪闻[②]

卷二·杂记·银盘贮首梦

余杭裴豹隐尝为余言:建炎己酉秋,诏檄自建康至临安昌化县,与县宰鲁士元坐教场按阅士兵。士元云:畴昔之夜,梦身乘大舟,满舟皆人首也,内有银盘贮数首者,同舟人云,系今次第一纲也。士元熟视银盘中首,内一首乃乡人钱塘令朱子美之首也。士元因戏谓豹隐曰:"如闻北寇将欲南犯,若豕突南渡,则子美将不免矣。"十一月,士元暴卒,旅榇归安吉,未及葬,十二月九日,虏寇东至,贼发士元之柩,掠取衣衾,暴尸于外。明年二月,始闻子美初报贼至,弃县先遁村落,为乡兵所杀。则银盘之贮不可逃。士元同舟,虽不为兵死,亦是一会中同舟之人,而银盘所贮,又不知有何甄别也。

卷二·杂记·龙神需舍利经文

涵山令李兖伯源,余妻之内兄也。宣和间侍其季父仲将为广东宪,解秩由江道还楚,舟过小孤,风势虽便而篙橹不进,即与季父焚香祷龙以祈安济,当致牢醴之谢,乞筊不获。旁有言者曰:"龙知还自番禺,或有犀珠之要。"顾视行李,实无所携,独有番琉璃贮佛舍利百余,供事奕世矣。因以启龙,一掷而许。伯源乃跪船舷以瓶下投,而水面忽大开裂。顾见其间,神鬼百怪,宝幢羽盖,鸣螺、击鼓钹、执金炉,迎导者甚众,而不沾湿,一人拱手上承。舍利既下,水即随合,舟柁轻扬。转首之间,已行百里矣。又合门宣事陈安上

---

① 〔宋〕叶绍翁撰,沈锡麟、冯惠民点校。

② 〔宋〕何薳撰,张明华点校。

言：元丰初，安焘厚卿、陈睦和叔二学士，奉使三韩，济海神舟，安贮佛经及所过收聚败经余轴，以备投散。放洋之二日，风势甚恶，海涛忽大汹涌，前后舟相失。后舟载者俱见海神百怪，攀船而上，以经轴为求。先举轴付之，继来者众。度不能给，即拆经随纸付之。又度不给，则翦经行与之，至翦经字而得一字之授者，莫不顶戴忻悦而去。字又随尽，独余一鬼，恳求甚切，云："都纲某所顶之帽，愿以匄我也。"舟人诘其由，云："此人尝赴传经之集，是帽戴经久矣，此有大功德也。"亟取付之，称谢而去。指顾之间，风涛恬息，即安行，晚与前舟相及，往还皆获安济焉。

卷三·杂记·鱼菜斋僧

吴兴蔺村沈氏子，尝具舟载往平江。中道有僧求附舟尾，生因容之。行十余里，生晨炊，僧求饭，遂分共之，且谓僧曰："适与舟人羹鱼为馔，无物为盘羞，不罪也。"僧曰："无问鱼与菜施当在子心耳。"生意僧欲得羹，因分饷之。食竟，僧谓生曰："汝量出数金为榇施。"生曰："食鱼而须榇施，非余所当献也。"僧曰："无问鱼与菜，在汝心施耳。"生复意其欲金，量与榇，僧问生斋僧一员，欲何所献。生曰："食鱼非斋，何献之有。"僧曰："无问鱼与菜，在汝心献耳。"生不得已，戏谓之曰："请献蔺村大王。"僧遂合爪祝献，既行数里，登岸而去。

卷三·杂记·挽经牛

裴亚卿言：绍兴九年，湖州普安院尼沈大师者，闻吴江县潘氏兄弟析居，而家有《华严经》一部，惜不忍分，试往求之。众议皆允，而尼请归，具香花及舟载迎取。潘老谓尼曰："尔往，则恐有中变者。我今并具小舟，假汝载往，如何。"尼欣然更过所望。经既登舟，而岁适大旱，川港干涸不能寸进。翁曰："我更假汝一牛，挽引而前也。"经既至院，牛船还家。公中夜忽语其媪曰："吾之舍经得供养矣，而吾牛何虑也。"媪问之，云："我适梦牛而人言曰：'谢公数年豢养之力，又承公遣以挽经之功。今得脱此畜身，径生安乐处，感德无穷也。'"亟往视之，牛已死矣。

卷六·东坡事实·回江之利

先生元佑四年，以内相出典余杭。时水官侯临亦继出守上饶，过郡以尝渡江败舟于浮山，遂阴画回江之利以献，从公相视其宜。一自富阳新桥港至小岭，开凿以通闲林港，或费用不给，则置山不凿，而令往来之舟般运度岭，由余杭女儿桥港至郡北关江涨桥以通运河。一自龙山闸而出，循江道过六和寺，由南荡朱桥港开石门平田，至庙山然后复出江道，二十里至富阳。而公诗有"坐陈三策本人谋，唯留一诺待我画"谓此。

卷七·诗词事略·司马才仲遇苏小

司马才仲初在洛下，昼寝，梦一美姝牵帷而歌曰："妾本钱塘江上住。花落花开，不管流年度。燕子衔将春色去，纱牕几阵黄梅雨。"才仲爱其词，因询曲名，云是《黄金缕》，且曰后日相见于钱塘江上。及才仲以东坡先生荐，应制举中等，遂为钱塘幕官，其廨舍后，唐苏小墓在焉。时秦少章为钱塘尉，为续其词后云："斜插犀梳云半吐。檀板轻笼，唱彻《黄金缕》。梦断彩云无觅处，夜凉明月生春渚。"不踰年而才仲得疾，所乘画水舆舣泊河塘，柁工遽见才仲携一丽人登舟，即前声喏，继而火起舟尾，狼忙走报，家已恸哭矣。

卷七·诗词事略·苏黄秦书名有僻

东坡先生山谷道人秦太虚七丈每为人乞书，酒酣笔倦，坡则多作枯木拳石，以塞人意；山谷则书禅句；秦七丈则书鬼诗。余家收山谷所书禅句三十余首，有云："牵驴饮江水，鼻吹波浪起。岸上蹄踏蹄，水中嘴对嘴。"与"自是钓鱼船上客，偶除须鬓著袈裟。佛祖位中留不住，夜来依旧宿芦花。"此二诗人间计有数十

百纸矣。“百花桥下木兰舟,破月冲烟任意流。金玉满堂何所恋,争如年少去来休。”

芦浦笔记[①]

卷四·荆佽飞庙

四明城北盐仓之西,有荆佽飞庙,无碑载神姓氏。考《淮南子》,荆有佽非,得宝剑于干队。还渡江,中流暴风扬波,两蛟夹舟。佽非谓枻船者曰:“有如此而得活者乎?”曰:“未尝见也。”于是佽非瞋目攘臂拔剑曰:“武士可以仁义说,不可刼而夺。此江中之腐肉朽骨,弃剑而已,余又奚爱焉!”赴江刺蛟,遂断其头,舟人尽活,荆爵为执圭。孔子闻之曰:“夫善载腐肉朽骨弃剑者,佽非之谓乎。”今庙称荆佽飞侯,图经亦谓州北有蛟池。故老云,尝有蛟自江来窟于此,人患之,故即其旁立佽非庙以镇之。是则真以为荆之佽非矣。

鹤林玉露[②]

甲编·卷之一·辛幼安词

其《题江西造口》词云:“郁孤台下清江水,中间多少行人泪。西北是长安,可怜无数山。青山遮不住,毕竟东流去。江晚正愁予,山深闻鹧鸪。”盖南渡之初,虏人追隆佑太后御舟至造口,不及而还。幼安因此起兴。

甲编·卷之二·农圃渔樵

农圃家风,渔樵乐事,唐人绝句模写精矣。余摘十首题壁间,每菜羹豆饭饱后,啜苦茗一杯,偃卧松窗竹榻间,令儿童吟诵数过,自谓胜如吹竹弹丝。今记于此:韩偓云:“闻说经旬不启关,药窗谁伴醉开颜。夜来雪压村前竹,剩看溪南几尺山。”又云:“万里清江万里天,一村桑柘一村烟。渔翁醉著无人唤,过午醒来雪满船。”……郑谷云:“白头波上白头翁,家逐船移浦浦风。一尺鲈鱼新钓得,儿孙吹火荻花中。”李商隐云:“城郭休过识者稀,哀猿啼处有柴扉。沧江白石渔樵路,薄暮归来雨湿衣。”

甲编·卷之三·南轩六诗

张宣公《题南城》云:“坡头望西山,秋意已如许。云影度江来,霏霏半空雨。”《东渚》云:“团团凌风桂,宛在水之东。月色穿林影,却下碧波中。”《丽泽》云:“长哦伐木诗,伫立以望子。日暮飞鸟归,门前长春水。”《濯清》云:“芙蓉岂不好,濯濯清涟漪。采去不盈把,惆怅暮忘饥。”《西屿》云:“系舟西岸边,幅巾自来去。岛屿花木深,蝉鸣不知处。”《采菱舟》云:“散策下亭舸,水清鱼可数。却上采菱舟,乘风过南浦。”六诗闲澹简远,德人之言也。

甲编·卷之六·廉贾

《史货殖传》曰:“贪贾三之,廉贾五之。”夫贪贾所得宜多,而反少,廉贾所得宜少,而反多,何也?廉贾知取予,贪贾知取而不知予也。夫以予为取,则其获利也大。富商豪贾,若恶贩夫贩妇之分其利,而靳靳自守,则亦无大利之获矣。巨贾吕不韦见秦子异人质于赵,曰:“此奇货可居。”遂不吝千金,为之经营于秦,

① 〔宋〕刘昌诗撰,张荣铮、秦呈瑞点校。
② 〔宋〕罗大经撰,王瑞来点校。

异人卒有秦国，而不韦为相。此其事固不足道，而其以予为取，则亦商贾之雄也。汉高帝捐四万斤金与陈平，不问其出入，裂数千里地封韩、彭，无爱惜心，遂能灭项氏有天下。刘晏造船，合费五百缗者，给千缗，使吏胥工匠，皆有赢余，由是舟船坚好，漕运无亏，足以佐唐之中兴。是皆得廉贾之术者也。东坡曰："天下之事，成于大度之士，而败于寒陋之小人。"

甲编·卷之六·留后门

绍兴壬子冬，刘豫入寇，赵元镇当国，请高宗亲征。行次姑苏，喻子才谓元镇曰："相公此举，有万全之策乎？亦赌彩一掷也？"元镇曰："利钝亦安能必？事成则幸，不成则死之尔。"子才曰："今若直前，万一蹉跌，退将安托？要须留后门，则庶几进退有据。"元镇曰："诚有之，则甚善，计将安出？"子才曰："张枢密在福唐，若除闽浙江淮宣抚使，则命到之日，便有官府军旅钱谷，彼之来路，即我之后门也。"元镇大以为然，于是魏公复用。余谓銮辂亲征，事大体重，固宜进退有据。若论兵法，则置之死地而后生矣，岂预留后门哉？留后门，则士不死战矣。项羽救赵，既渡，沉船破甑，持三日粮，示士必死无还心，故能破秦。

丙编·卷之一·病柟诗

《舟中上水遣怀》诗云："篙工密逞巧，气若酣杯酒。歌讴互激烈，回斡明授受。善知应触类，各藉颖脱手。古来经济才，何事独罕有？"盖叹舟人操舟，尚有妙手，而整顿乾坤，独未见妙手也。

丙编·卷之二·老卒回易

张循王之兄保，尝怨循王不相援引，循王曰："今以钱十万缗、卒五千付兄，要使钱与人流转不息，兄能之乎？"保默然久之，曰："不能。"循王曰："宜弟之不敢轻相援引也。"王尝春日游后圃，见一老卒卧日中，王蹴之曰："何慵眠如是！"卒起声喏，对曰："无事可做，只得慵眠。"王曰："汝会做甚事？"对曰："诸事薄晓，如回易之类，亦粗能之。"王曰："汝能回易，吾以万缗付汝，何如？"对曰："不足为也。"王曰："付汝五万。"对曰："亦不足为也。"王曰："汝需几何？"对曰："不能百万，亦五十万乃可耳。"王壮之，予五十万，恣其所为。其人乃造巨舰，极其华丽。市美女能歌舞音乐者百余人，广收绫锦奇玩、珍羞佳果及黄白之器；募紫衣吏轩昂闲雅若书司、客将者十数辈，卒徒百人。乐饮逾月，忽飘然浮海去，逾岁而归。珠犀香药之外，且得骏马，获利几十倍。时诸将皆缺马，惟循王得此马，军容独壮。大喜，问其何以致此，曰："到海外诸国，称大宋回易使，谒戎王，馈以绫锦奇玩。为具招其贵近，珍羞毕陈，女乐迭奏。其君臣大悦，以名马易美女，且为治舟载马，以珠犀香药易绫锦等物，馈遗甚厚，是以获利如此。"王咨嗟褒赏，赐予优渥。问能再往乎，对曰："此戏幻也，再往则败矣，愿仍为退卒老园中。"呜呼！观循王之兄与浮海之卒，其智愚相去奚翅三十里哉！

丙编·卷之五·多景楼诗

前贤咏题，如太白《凤凰台》，崔颢《黄鹤楼》，固已佳矣。未若近时刘改之《题京口多景楼》，尤为奇伟，真古今绝唱也。其词云："壮观东南二百州，景于多处却多愁。江流千古英雄泪，山掩诸公富贵羞。北府只今唯有酒，中原在望莫登楼。西风战舰成何事，只送年年使客舟。"盖言多景可喜，而乃多愁何也？

湘山野录[1]

卷上

孙集贤冕,天禧中直馆几三十年,江南端方之士也,节概清直。晚守姑苏,甫及引年,大写一诗于厅壁,诗云:"人生七十鬼为邻,已觉风光属别人。莫待朝廷差致仕,早谋泉石养闲身。去年河北曾逢李,【见素。】今日淮西又见陈。【或云陈、李二公被差者也。】寄语姑苏孙刺史,也须抖擞老精神。"题毕,拂衣归九华,以清节高操羞百执事之颜。朝廷嘉之,许再任,诏下已归,竟召不起。王冀公钦若,里闬交素也。冀公天禧中罢相,以宫保出镇余杭,舣舟苏台,欢好款密,醉谓孙曰:"老兄淹迟日久,且宽衷,当别致拜闻。"公正色曰:"二十年出处中书,一素交潦倒江湖,不预一点化笔,迨事权属他,出庙堂数千里为方面,始以此语见说,得为信乎?"冀公愧谢,解舟遂行。

玉壶清话[2]

卷第二

乾德初,国用未丰,苏晓为淮漕,议尽榷舒、庐、蕲、黄、寿五州茶货,置十四场,一萌一蘖,尽搜其利,岁衍百余万缗,淮俗苦之。后晓舟败溺,淮民比屋相贺。

卷第三

太祖欲开惠民、五丈二河,以便运载。吏督治有陈丞昭者,江南人,谙水利,使董其役。丞昭先以緪都量河势长短,计其广深,次量锸之阔狭,以锸累尺,以尺累丈,定一夫自早达暮合运若干锸,计凿若干土,总其都数,合用若干夫,以目奏上。太祖叹曰:"不如所料,当斩于河。"至讫役,止衍九夫,上嘉之。又令督诸军子弟浚池于朱明门外,以习水战。后以防御使从征太原,晋人婴城坚拒,遂议攻讨。以革内壮士,蒙之为洞而入,虽力攻不陷,师已老。上深悯之,且将新幸其洞,携药剂果饵慰抚士卒。时李汉琼为攻城总管,挽御衣以谏,曰:"孤垒之危,何啻累卵,矢石如雨,陛下宜以社稷自重。"遂罢其幸,止行颁赉而已。既不克,又欲增兵,丞昭奏曰:"陛下有不语兵千余万在左右,胡不用之?"上不悟,丞昭以马策指汾,太祖遂晓,大笑曰:"从何取土?"丞昭云:"纫布囊括其口投上流以塞之,不设板筑,可成巨防。"用其策,投土将半,水起一寻,城中危蹙。会大暑,复晋人闲道求契丹援兵适至,遂议班师。

邵晔知广州,凿内濠以泊舟楫,不为飓风所害。相次陈世卿代之,奏乞免本州计口买盐之害。五年之后,民始有完衣饱食,广人歌曰:"邵父陈母,除我二苦。"

胡太监旦知明州,道出维扬。时同年董给事俨知扬州,遇之特欢,截篙投橹以留之。一日,延入后馆,出姬侍,列殽觫,其宴豆皆上方贵器,饮酣,胡谓董曰:"吾辈出于诸生,【一作'书生'。】所享若此,粗亦忝矣。弊舟亦有衰鬟二三,容止玩饰,不侔同年之家,人生会合难得,或不弃,来日能枉驾弊舟数杯可乎?"董感其意,大喜,徐又曰:"三品珍器,贫家平生未识,可略假舟中,聊以夸示荆钗得否?"董笑曰:"状元兄见外之甚也。"亟命涤濯,以巨奁尽贮之,对面封讫,令送舟中。明日五鼓,张帆乘风,瞥然不告而行。不旬至杭

---

① 〔宋〕文莹撰,郑世刚、杨立扬点校。
② 〔宋〕文莹撰,郑世刚、杨立扬点校。

州，薛大谏映亦牓下生也，首问胡曰：“过维扬，见董同年否？”胡曰：“见。”又曰：“董望之材器英迈，奇男子也，然止是性贪。”一日，尊前胡谓薛曰：“聊假二千缗，创立鉴湖别墅，鄞麾才罢，便当谢病，一扁舟钓于越溪，岂能随蜗蝇竞吻角乎？”薛公不得已，赠白金三百星，聊以为钓溪一醉。旦觑领领之，不为少谢。后知制诰，王继恩平蜀有功，恃勋徼宠，潜溢怨讟，将加恩，以银数千两赂旦，托为衰诏，事败，旦削籍为典午，窜浔州安寘焉。

卷第五

梁周翰诗曰：“谁似金华杨学士，十联诗在御屏中。”十联诗者，有《江行》云：“犬吠竹篱沽酒客，鹤随苔岸洗衣僧。”《寒食》云：“天寒酒薄难成醉，地迥台高易断魂。”《塞上》云：“戍楼烟自直，战地雨长腥。”《僧舍》云：“偶题岩石云生笔，闲绕庭松露湿衣。”《湘江舟行》云：“新露染枫叶，皓月借芦花。”《哭江为》云：“废宅寒塘雨，荒坟宿草烟。”《嘉阳川》云：“青帝已教春不老，素娥何惜月长圆。”又云：“浮花水入瞿塘峡，带雨云归越嶲州。”《年夜》云：“春归万年树，月满九重城。”《宿东林》云：“开尽菊花秋色老，落残桐叶雨声寒。”余窃谓公曰：“以天地浩露，涤其笔于冰瓯雪椀中，则方与公诗神骨相附焉。”

卷第八

太宗深惜民力，擢樊知古为谏议、河北东西都转运使，自樊始也。奏请修河北诸城，计木五百万条，畚镬什具七百万事。上曰：“大河乃天设巨堑，以限夷夏，匈奴岂有违天限这势乎？万里长城，金汤之固，又奚为哉？重困吾民，损和伤事，所陈过当，宜罢之。”诏有司量给材用修整。知古，江南人，无乡里之爱，举于乡，不获第，因谋北归，献伐于朝。以钓竿渔于采石江凡数年，横长絙量江水之广深，絙或中沉，阴有物波低助起，心知其国之亡，遂仗策谒太祖，奏曰：“可造舟为梁，以济王师，如履坦途。”送学士院，本科及第，遣湖南督匠造黄黑龙船于荆南，破竹为索，数千舰由荆南而下。舟既集，就采石矶试焉，密若胼胁，不差尺寸。知古旧名若冰，太祖以其声近“弱兵”之厌，故改之。江南平，为侍御史，邦人怨之，累世丘木悉斩焉。

卷第九

显德中，周世宗即位，主遣韩熙载往朝。及归，主因问新帝容表言动。及朝廷体貌，熙载盛言：“惟见殿前典亲兵赵点检，即太祖也，龙角虎威，凛然有异，举目顾视，电日随转，公卿满庭，为气焰所射，尽夺其色。新帝虽富威武，其厚重之态，负山河之固，但恐不及。”其后太祖即位，主方悟熙载之语。主将近暮年，厄运所会，日渐衰谢，自世宗平淮甸，已抱唇亡之忧。无何，太祖于京城南池按甲舫战舰，日习水战，间者归报，主误猜疑，愈抱隐忧，实将平扬州也。

卷第十

徐常侍得罪窜邠，平日尝走书托洪州永新都官胡克顺曰：“仆必死于邠，君有力，他日可能致我完躯，转海归葬故国，侍先子于泉下，即故人厚恩也。”未几，果遣讣来告，顺感其预托，创巨舟，赍厚费，亲自往邠迎之。舟出海隅，一巨邑，忘其名，邑有东海大帝祠，帐殿严盛，祷享填委。时索湘典邑，舟未至，铉先谒之，称江南放叟徐铉。湘素闻其名，悚敬迎拜。冠服严伟，笑谈高逸，曰：“仆得罪于邠，幸免囚置，放归故里，舣舟邑下，因得拜谒，仍有少恳拜闻，迨晚再谒。”语讫，失之，湘大骇。未久，津吏申：“有徐常侍灵柩船到岸。”湘大感动，亟往舟抚其孤曰：“先公有真容否？”曰：“有。”遂张之于津亭，果适之来谒者。湘设席感动，置醪俎再拜以奠。迨暝，果至，曰：“适蒙厚飨，多谢，实已之幸。盖少事。不得已须至拜叩。……”

泊宅编[1]

十卷本·卷第二

泉州万安渡水阔五里,上流接大溪,外即海也。每风潮交作,数日不可渡。

十卷本·卷第三

崇观以来,天下珍异悉归禁中,四方梯航,殆无虚日,大则宠以爵禄,其次赐赉亦称是。宣和五年,平江府朱勔造巨舰,载太湖石一块至京,以千人舁进。是日,役夫各赐银椀,并官其四仆,皆承节郎及金带,勔遂为威远军节度使,而封石为盘固侯。

盐官县安国寺双桧,有唐宣宗时悟空大师手植,今三百余年矣。其大者蜿蜒盘礴,如龙凤飞舞之状,小者与常桧不甚异。宣和乙巳春,朱勔遣使臣李鬫取以供进。大者载由海道,遇风涛,舟桧皆没,小者只自漕路入。既献上,鬫转二官,知县鲍慎好赐绯。

虔州龙南、安远二县有瘴,朝廷为立赏增俸,而邑官常阙不补。它官以职事至者,率不敢留,甚则至界上移文索案牍行遣而已。大抵此地唯水最毒,当以铜盆贮水,须臾铜色微黑,或大锡缾挈佳泉以自随。处瘴乡者有诗云:"避色如避难,冷暖随时换。少饮卯前酒,莫吃申后饭。"

越州禹庙元圭,匮藏之,色黑如黳,径五寸,厚寸余,肉好相倍,上下有邸,州将掌封钥。

赣石数百里之险,天下所共闻。若雨少溪浅,则舟舫皆檥以待,有留数月者。虔州水东有显庆庙甚灵,或至诚祷之,则一夕长水数尺,送舟出石。故无雨而涨,士人谓之清涨。

十卷本·卷第九

旧传赣川清涨,有神司之。据《梁史武陵王纪》,伐蜀前,此江水可揭,及登州而水长数尺,皆喜曰:"天赞我也。"又陈武帝自南康赴江州,水暴长,三百里赣石皆没,此非清涨乎?

十卷本·卷第十

富韩公曰:"契丹正强盛,奚、霫、渤海、党项、高丽、女真、新罗、黑水达靼、回鹘、元昊凡十国皆役服之,贡奉不绝,唯与中原为敌国。兵马略集,便有百万,多作大舟,安四轮陆行,以载辎重,遇塘水、黄河,则脱轮以度人马,亦欲自沧州东泛海而来,为牵制掎角之势。"

往年车驾巡师建康,诏以防秋在近,令侍从职事官各条其利害,实可实行者闻奏。郎官张虞卿所陈最善,其略曰:"臣尝历考前世南北战争之际,魏军尝至瓜步矣,石季龙掠骑尝至历阳矣,石勒寇豫州至江而还,此皆限于江而不得骋者也。然江出岷山,跨郡十数,借之不至,一处得渡,皆为我忧。使吾斥堠既明,屯戍唯谨,士气振,而人心固矣,恃长江为阻可也,虽无长江之阻亦可也。苻坚百万之众,马未及一饮江水,谢玄以八千锐卒,破之于肥水,岂非其效也欤?不然,如王巢以奇兵八百泛舟渡,吴人有北来诸军乃飞过江之语,韩擒虎以五百人宵济采石,守者皆醉,遂袭取之。由是观之,徒恃江而人不足与守,鲜克有济矣!曹操初得荆州,议者谓:'东南大势可以拒操者,长江也。操既得荆州,蒙冲战舰,浮江而下,则长江之险已与我共之矣!'独周瑜谓:'舍鞍马,仗舟楫,非彼所长。'赤壁之役,果有成功。至于羊祜之言,则以南人所长,唯在水战,一入其境,长江非复所用,它日成功,略有祜策。故臣以谓有如瑜者为用,则祜之言谓之不然可也,无如瑜者为用,则祜之言不可不察也。彼为说者,谓虏人以马为强,而江流迅急,渡马为难;虏人便于作伐,

① 〔宋〕方勺撰,许沛藻、杨立扬点校。

而江流迅急，非筏能济。是未知侯景以马数百，一夕而渡，王浚自上流来，尝用大筏也。州县一也，有最为要害者；津渡一也，有最宜备豫者。苻坚自项城来寿阳，侯景自寿阳移历阳，孙恩自广陵趋石头；王敦渡河格，苏峻济横江，侯景渡采石。考前世盗贼与夫南北用兵，由寿阳、历阳来者十之七，由横江、采石渡者三之二，至于据上流之势以窥江左者，尚未论也"，文多不载。

三卷本·卷上

先子晚官邓州，一日秋风起，思吴中山水，尝信笔作长短句名《黄鹤引》，遂致仕。其序曰：予生浙东，世业农。总角失所天，稍从里闬儒者游。年十八，婺以充贡。凡八至礼部，始得一青衫。间关二十年，仕不过县令，擢才南阳教授。绍圣改元，实六十五岁矣。秋风忽起，亟告老于有司，适所愿也。谓同志曰："仕无补于上下，而退号朝士，婚姻既毕，公私无虞。将买舟放浪江湖中，浮家泛宅，誓以此生，非太平之幸民而何？"因阅阮田曹所制《黄鹤引》，爱其词调清高，寄为一阕，命稚子歌之，以侑樽焉。词曰："生逢垂拱。不识干戈免田陇。士林书圃终年，庸非天宠。才初阘茸。老去支离何用。浩然归弄。似黄鹤秋风相送。尘事塞翁心，浮世庄生梦。漾舟遥指烟波，群山森动。神闲意耸，回首利　名鞚。此情谁共，问几许淋浪春瓮？"

秦之长城，西起临洮，尽辽海。今但穴其下以来往，望之若紫横亘沙漠上。

自登州岸一潮渡海，即至岛，岛有五所，即《禹贡》之羽山。

三卷本·卷中

泉州东二十里有万安渡，水阔五里，上流接大溪，外即海也。每风潮交作，辄数日不可渡。刘鋹据岭表，留从效等据漳、泉，恃此以负固。蔡襄守泉州，创意造石桥，两岸依山，中托巨石，因构亭观。累石条为桥基八十，所阔二丈，其长倍之，两头若圭射势，石缝中可容一二指酾潮水，每基相去一丈四尺。桥面阔一丈三四尺，为两栏以护之。闽中无石灰，烧蛎壳为灰。蔡公于桥岸造屋数百楹，为民居，以其僦直入公帑，三岁度一僧，俾掌桥事，故用灰常若新，无纤毫罅隙。春夏大潮，水及栏际，往来者不绝，如行水上。十八年桥乃成，即多取蛎房，散置石基上，岁久延蔓相粘，基益胶固矣。元丰初，王祖道知州，奏立法，辄取蛎房者徒二年。

宣和五年，平江府朱勔造巨舰，载太湖石一块至京，以千人舁进。是日，役夫各赐银椀千，并官其家仆四人，皆承节郎及金带，勔遂为威远军节度使，而封石为盘固侯……宣和乙巳春，朱勔遣使臣李𫛰取以供进。大者载由海道，遇风涛，舟桧皆没，小者只自漕路入。既献上，𫛰转二官，知县鲍慎好赐绯。

老学庵笔记[①]

卷一

鼎澧群盗如钟相、杨么。战舡有车船、有桨船、有海鳅头，军器有拿子、有鱼叉、有木老鸦。拿子、鱼叉以竹竿为柄，长二三丈，短兵所不能敌。程昌禹部曲虽蔡州人，亦习用拿子等，遂屡捷。木老鸦一名不藉木，取坚重木为之，长财三尺许，锐其两端，战船用之尤为便习。官军乃更作灰礮，用极脆薄瓦罐，置毒药、石灰、铁蒺藜于其中，临阵以击贼船，灰飞如烟雾，贼兵不能开目。欲效官军为之，则贼地无窑户，不能造

① 〔宋〕陆游撰，李剑雄、刘德权点校。

也,遂大败。官军战船亦仿贼车船而增大;有长三十六丈、广四丈一尺、高七丈二尺五寸,未及用而岳飞以步兵平贼。至完颜亮入寇,车船犹在,颇有功云。初,张公之行,赵元镇丞相以诗送之云:“速宜净埽妖氛了,来看钱塘八月潮。”

建炎中,平江造战船,略计其费四百料。八橹战船长八丈,为钱一千一百五十九贯;四橹海鹘船长四丈五尺,为钱三百二十九贯。

卷二

刘韶美在都下累年,不以家行,得俸专以传书。书必三本,虽数百卷为一部者亦然。出局则杜门挍雠,不与客接。既归蜀,亦分作三船,以备失坏。已而行至秭归新滩,一舟为滩石所败,余二舟无他,遂以归普慈,筑阁贮之。

卷五

王黼作相,请朝假归咸平焚黄,画舫数十,沿路作乐,固已骇物论。绍兴中,秦熺亦归金陵焚黄,临安及转运司舟舫尽选以行,不足,择取于浙西一路,凡数百艘,皆穷极丹雘之饰。郡县监司迎饯,数百里不绝。平江当运河,结彩楼数丈,大合乐官妓舞于其上,缥缈若在云间,熺处之自若。

卷六

蜀老言:绍兴初,漕粟嘉陵以饷边。每一斛至军中,计其费为七十五斛。席大光、胡承公为帅,始议转船折运,于是费十减六七。向非二公,蜀已大困矣。故至今蜀人谓承公为“湖州镜”。

故老言:大臣尝从容请幸金明池,哲庙曰:“祖宗幸西池必宴射,朕不能射,不敢出。”又木工杨琪作龙舟,极奇丽。或请一登之,哲庙又曰:“祖宗未尝登龙舟,但临水殿略观足矣。”后勉一幸金明,所谓龙舟,非独不登,亦终不观也。

卷八

宣和末,有巨商舍三万缗,装饰泗州普照塔,焕然一新。建炎中,商归湖南,至池州江中。一日晨兴,忽见一塔十三级,水上南来。金碧照耀,而随波倾飐,若欲倒者。商举家及舟师人人见之,皆惊怖诵佛。既渐近,有僧出塔下,举手揖曰:“元是装塔施主船。淮上方火灾,大师将塔往海东行化去。”语未竟,忽大风作,塔去如飞,遂不见。未几,乃闻塔废于火。舒州僧广勤与商船同行,亲见之。

西溪丛语[①]

卷上

杜甫:“野航恰受两三人。”晋郭翻乘小舟归武昌,安西将軍庾亮造之,以其船狭小,就引大船。翻曰:“使君不以鄙贱而猥辱临之,此固野人之船也。”

至唐贞观五年,有传法穆护何禄,将祆教诣阙闻奏,敕令长安崇化坊立祆寺,号大秦寺,又名波斯寺。

① 〔宋〕姚宽撰,孔凡礼点校。

至天宝四年七月，敕："波斯经教，出自大秦，传习而来，久行中国，爰初建寺，因以为名，将以示人，必循其本，其两京波斯寺，宜改为大秦寺，天下诸州郡有者准此。"

武宗毁浮图，籍僧为民。会昌五年敕："大秦穆护火祆等六十余人，并放还俗。然而根株未尽，宋公言祆立庙，出于胡俗，而未必究其即波斯教法也。

王防元规尝云："杜诗古本：'辞人解作《清和颂》，诗成珠玉在挥毫。'盖为和舍人，故云。"又云："'青青竹笋迎船出，白白江鱼入馔来。'盖为送扶侍，故云。"

"洞庭春水绿于云，日日征帆送远人。曾向木兰舟上过，不知元是此花身。"一小说：唐末，馆阁数公泛舟，以木兰舟为题。忽一贫士，登舟作此，诸公览诗大惊，物色之，乃李义山之魄，时义山下世久矣。又《岚斋集》载此诗，陆龟蒙于苏守张抟座上赋此木兰堂诗。未知孰是？

南人不善乘船，谓之苦船。北人不善乘车，谓之苦车。苦，音库。

卷下

尝闻习海者云："航海自二浙可至平州。闻登州竹山、驰基诸岛之外，天晴无云，可远望平州城壁。今自二浙至登州与密州，皆由北洋，路极险恶，然有自胶水镇三日而抵明州定海者。"杜甫《后出塞》云："渔阳豪侠地，击鼓吹笙竽。云帆转辽海，粳稻来东吴。越罗与楚练，照耀舆台躯。"及《昔游篇》云："幽燕盛用武，供给亦劳哉。吴门转粟帛，泛海凌蓬莱。"其事可见。

《寰宇记》："三佛齐国，南海水中，有山，五色耸峙，其石有小焰。每船舶过其下，水流如涌，人或以刀斫击之，有石迸入船中者，是此石也。烧之，有硫黄气。"又谓："舶船上下，爱其山石者，多以手扪之，故云摩䃜石。"非前说也。匮五金，伏三黄，制铅汞。

石林燕语[①]

卷一

琼林苑、金明池、宜春苑、玉津园，谓之四园。琼林苑，乾德中置。太平兴国中，复凿金明池于苑北，导金水河水注之，以教神卫虎翼水军习舟楫，因为水嬉。宜春苑本秦悼王园，因以皇城宜春旧苑为富国仓，遂迁于此。玉津园，则五代之旧也。今惟琼林、金明最盛。岁以二月开，命士庶纵观，谓之"开池"；至上巳，车驾临幸毕，即闭。岁赐二府从官燕，及进士闻喜燕，皆在其间。金明，水战不复习，而诸军犹为鬼神戏，谓之"旱教"。玉津，半以种麦，每仲夏，驾幸观刈麦；自仁宗后，亦不复讲矣，惟契丹赐射为故事。宜春，俗但称庶人园，以秦王故也，荒废殆不复治。祖宗不崇园池之观，前代未有也。

卷二

元丰间，三佛齐、注辇国入贡，请以所贡金莲花、真珠、龙脑，依其国中法，亲撒于御座，谓之"撒殿"。诏特许之。御延和殿引见，使跪撒于殿柱外，前未有也。注辇在广州南，水行约四千里至广州；三佛齐，南蛮别种，与占城国为邻。【珽案：江少虞《皇宋事实类苑》卷六十，熙宁中，珠注国使人入贡，乞依本国俗撒

---

① 〔宋〕叶梦得撰，宇文绍奕考异，侯忠义点校。

殿。诏从之。使人以金盘贮珠,跪捧于殿槛之间,以金莲花酌珠向御座撒之,谓之“撒殿”,乃其国至敬之礼也。据此,则撒殿乃熙宁中事,不在元丰间。虽同为神宗纪元,然有先后之别。考《宋史》,凡两见。注辇国撒殿,在熙宁十年,三佛齐国撒殿,则在元丰五年也。又《宋史》载,注辇国水行至广州,约四十一万一千四百里,李攸《宋朝事实》所载亦同。今《燕语》谓约四千里,其间相去悬殊,疑又有所误记矣。《通考》三百三十二云:凡千一百五十日而至,其去中国最远。】

高丽自端拱后不复入贡。王徽立,尝诵《华严经》,愿生中国。旧俗,以二月望张灯祀天神,如中国上元。【珽案:袁文《瓮牖闲评》引此条云:西域正月一日燃灯,中国正月十五日亦燃灯;但西域燃灯本是供佛,而中国燃灯特宴饮而已。高丽复用二月十五日燃灯祀天神,亦各从其便耶。】徽一夕梦至京师观灯,若宣召然。偏呼国中尝至京师者问之,略皆梦中所见,乃自为诗识之曰:“宿业因缘近契丹,一年朝贡几多般,忽蒙舜日龙轮召,便侍尧天佛会观。灯焰似莲丹阙迥,月华如水碧云寒,移身幸入华胥境,可惜终宵漏滴残。”会神宗遣海商喻旨使来朝,遂复请修故事。余馆伴时,见初朝张诚一《馆伴语录》所载云尔。【廷琯案:《石林诗话》载此诗,但有首尾二联,作绝句一首。幸入华胥境,作忽到京华地。《诗话》云:元丰初始遣使来朝,神宗令张诚一问其复朝之意,始有记梦诗等语,与此海商喻者之言颇异。第六句,杨商二刻本皆作泄云寒。泄云,谓云之飘散者。鲍照诗“泄云去不极”,语非无根。此作碧云,疑为后人所改。】

卷五

金明池龙舟,太宗时造,每岁春驾上池必登之。绍圣初,亦尝命别造形制,有加于前,亦号“工丽”。余时正登第在京师。初成,琼林赐燕,蔡鲁公为承旨,中休往登以观,至半辄半水,几不免相继。哲宗临幸,是日大风昼冥,池水尽波,仪卫不能立,竟不能移跬步。自后遂废不用。二事适相似,亦可怪也。

卷八

太宗北伐,高琼为楼船战棹都指挥使,部船千艘趋雄州。

卷十

米芾诙谲好奇。在真州,尝谒蔡太保攸于舟中,攸出所藏右军《王略帖》示之。芾惊叹,求以他画换易,攸意以为难。芾曰:“公若不见从,某不复生,即投此江死矣。”因大呼,据船舷欲坠。攸遽与之。

云麓漫钞[①]

卷第一

春秋晋楚战于邲,“邲”又音汳,即汴河,或恶有“反”,文改从“汴”。汉乐浪人王景、谒者王吴始作浚仪渠,浚仪即今开封也。永平十二年夏四月遣将作谒者王吴修汴渠,自荥阳至于千乘海口。晋太和中,桓温北伐前燕,将通之,不果。义熙十三年,刘裕西征姚秦,复浚汴渠,始有湍流奔注,而岸善溃,裕更疏凿而漕运焉。大业二年,诏尚书左丞皇甫谊发河南男子百万开汴河水,起荥泽入淮,千余里,仍目渠河为通济渠;又发淮南兵夫十余万开邗沟,自山阳至于扬子江,三百余里,自是南北水始通。世言大业凿汴,以此考之,汉晋已有渠,炀帝特开耳。

① 〔宋〕赵彦卫撰,傅根清点校。

卷第二

补陀落迦山，自明州定海县招宝山泛海东南行，两潮至昌国县，自昌国县泛海到沈家门，过鹿狮山，亦两潮至山下。正南一山曰翫月岩，循山而东曰善财洞，又东曰菩萨泉，又东曰潮音洞，即观音示现之处。又东曰仙人迹，又东曰甘露潭，东即大海。南逾海曰善射醮，南亦大海。自翫月峰之上过一山，中有平地，四山包之，即补陀寺。寺后正北曰狮子岩，左曰真歇庵，右曰佛迹石，狮子岩上曰妙应峰，乃最高处。东曰盘陁，又东曰白衣峰，又东曰圜通岭，又东曰古寺基，又东曰里党、外党，又东曰桑木湾，下曰木柆，东即大海。白衣峰下曰无畏石，又下曰象岩。自妙应峰西曰石观音，下即佛迹，又西曰善财峰，又西曰西方岩，又西曰弥陁峰，西即大海。自西登舟，有路曰高丽道头，循东经普门岭，上有塔子峰，旁曰梅岑，自此又东复南入寺；由普门岭自南有路，循翫月岩北至善财洞及观音岩寺前路，循东到古寺基，过圜通岭，即山之北，亦大海。此山在海中，初，高丽使王舜封船至山下，见一龟浮海面，大如山，风大作，船不能行，忽梦观音，龟没浪静。申奏朝廷，得旨建寺，乃元丰三年也。《华严经》云："补怛洛迦山，亦云小白花山，今此山皆白丁香花。东南天水混合无边际，自东即入辽东、渤海、日本、毛人、高丽、扶桑诸国。自南即入漳、泉、福建路云。"观音多现于洞中，或于岩上及山峰，变化不一，甚著灵验。

卷第五

福建市舶司，常到诸国舶船。大食、嘉令、麻辣、新条、甘秠、三佛齐国则有真珠、象牙、犀角、脑子、乳香、沉香、煎香、珊瑚、琉璃、玛瑙、玳瑁、龟筒、栀子、香蔷薇、水龙涎等。真腊亦名真里富、三泊、缘洋、登流眉、西棚、罗斛、蒲甘国则有金颜香等。渤泥国则有脑版。阇婆国多药物。占城、目丽、木力千、宾达侬、胡麻、巴洞、新洲国则有夹煎。佛啰安、朋丰、达啰啼、达磨国则有木香。波斯兰、麻逸、三屿、蒲里唤、白蒲迩国则有吉贝布、贝纱。高丽国则有人参、银、铜、水银、绫布等。大抵诸国产香略同。以上舶船候南风则回。惟高丽北风方回。凡乳香有拣香、缾香、【分三等。】袋香、【分三等。】榻香、黑榻、水湿黑榻、缠末。如上诸国，多不见史传，惟市舶司有之。

卷第六

六朝自石头东至运署，总二十四度，皆浮航往来。建康城外有朱雀航，即今之浮桥是也。今浙西临流州县，凡载行旅之舟，谓之航船，义或取此。

东坡《黄州词》云："人道是三国周郎赤壁。"盖疑其非也。今江汉间言赤壁者五，汉阳、汉川、黄州、嘉鱼、江夏，惟江夏合于史。汉阳之说，出于《荆州记》。汉川之说，盖以赤壁草市，今其近处，亦有乌林。唐《汉阳图经》云："赤壁又名乌林，在汊川县西八十里，跨汉南北。【汊川即汉川。】"据此二说，相去不远。然曹操初败赤壁，再败乌林，赤壁、乌林乃二地；今指一地二名，已失之。况曹操舟师，自江陵顺流而下，周瑜自柴桑，【今江州。】泝流而上，两军相遇于赤壁，则赤壁当临大江。今临嶂、汉川皆非临江处。《通典》、《元和郡县志》皆尝辨汊川谬，则临嶂缪亦可知。黄州出于《齐安拾遗》，以赤鼻山为赤壁，【见《水经》。】以三江下口为夏口，以武昌华容镇为曹操败走华容，其说尤缪。盖周瑜自柴桑至樊口会刘备，与备进军逆操，而后遇于赤壁，则赤壁当在樊口之上，今赤鼻止在鼻口对岸，何待进军而后遇？又赤壁初战，操军不利，引次江北，而后有乌林之败，则赤壁当在江南岸，今赤鼻乃在江北岸，亦非也。又曹操既败，自华容道走保南郡，汉南郡，今江陵、华容、监利、石首、武昌，华容岂走南郡路？嘉鱼之说，唐章怀太子注《东汉刘表传》云："赤壁，山名也，今在鄂州蒲圻。"《通典》引《括地志》亦同。《元和郡县志》则云："赤壁山在蒲圻县一二十里，北岸乌林，与赤壁相对，即周瑜用黄盖策焚曹公舟船败走处。"唐蒲圻临江，今析为嘉鱼，故说者据之而指今石头口为地。然石头口初未尝以赤壁名，而《嘉鱼县图经》亦云："此地无赤壁。"考之《水经》，则不然。《水经》云："江水左源流至今巴陵之下。"云："江水左径至乌林。"【江水东注，凡《水经》言左者，皆北岸，右

者,皆南岸。】郦道元注云:“村居也,吴黄盖败魏武于乌林,即是处。”又云:“江水至今汉阳界。”云:“江水左径百人山南。”郦道元注云:“右径赤壁山,昔周瑜与黄盖诈魏武大军所起处。”据此则赤壁、乌林相去二百余里。《元和志》所指乌林,已与此合,而赤壁则不同。今汉阳百人山对岸大江中,有赤矶者在。《江夏县境江图》谓之赤圻,为江夏之说者曰:“此即道元所指也。曰矶、曰圻者,壁之误耳。”尝以为乌林赤壁二战相继,乌林之捷,又自赤壁始,不应两地悬绝如此。及观《江表志》,赤壁败后,黄盖与操作诈降书,给操以众寡不敌,交锋之日,盖为前锋,当因事变化;至战日,盖始用火攻之策,操乃败走。如此,则二战初不同日。方是时,操师八十万,首尾相接二百里,不足衔。《水经》之言为然,《后汉纪》总书乌林、赤壁,故后人指为一地。

卷第七

当涂当水陆之冲,素无城壁,建炎三年八月,得旨刱筑。时光公为吕丞相辟督其役,儒林郎当涂令钟大方、朝散郎知芜湖县周方将、朝散郎繁昌丞赵士　主部夫,儒林郎司理参军王俦都壕寨,欲以闰八月五日兴工。七月二十九日贼刘麟犯城,十一月十八日金人渡江,遂并力兴筑。凡役夫一万余人,用夜义任木等五十余万条。城成,周六里半零六十五步,高三丈,门楼、月城、马面、敌楼悉备,开壕阔十二丈,深二丈。四年正月旦,贼卢进领兵据芜湖县。二月,邵青、张琪踵至,七月崔增围,闭一十七日。至绍兴元年五月十六日,青领单德忠、孙立、魏羲、阎在驱众数万,驾大小战舰数千直入姑溪河,布兵围城,札硬寨,开河水以没堤,掘断援路,地方二百里,发火焚民居,掠乡民三千余人,沿江采青薪,叠慢道,二贼首执刀枰驱逼,稍缓即斩首,以尸叠路,一日与城平,下瞰城中,射火箭烧楼橹;执孕妇十有二人,至城下,剖腹取胎以卜。自十七日至二十七日,昼夜攻击不息,用云梯、三梢五梢大炮百余座,天桥、对楼、鹅车、洞子,四面填壕,志在必得。先公召募长枪敢死士,下城四壁劫寨,乘东风急,发火烧贼叠慢道,风猛火盛,延烧贼炮、鹅车、洞子、云梯,贼救接不暇。驱强壮无残疾乡人,衣以锦绣巾裹,拥至江口,剖腹取心,欲祭转西风,反烧楼橹。官军刼中贼寨,连夜接战,杀死贼兵不计其数,头项贼首,往往中箭炮舁归。及相度得姑溪河水面高于贼营,遂于二十六夜募军民下城决河,水势湍急,渰浸贼寨,计穷,遂于二十七日申时拔寨顺流而去。凡守御十有二日。是时,先公中流矢,得归朝人参议马观国万金良剂,即裹创巡城,士气鼓作,卒保一城生聚。

台州临海县章安祥符寺法堂有高庙御坐,寺僧师颜年八十余矣,能言东巡事。云:“时年方十四,事悟讲主。建炎三年十二月二十六日,民间讙言天子航海东来,泊金鳌山下;二十八日平明,有十六人皆以战袍,步自金鳌,入寺,有黄领者坐顷之,问寺有素食否。时方修岁忏,乃取炊饼五枚以进之,食其三,已又食其半,悟讲主复撷园蔬,芼以姜盐进之。有旨取一内人,乃借民间小竹舆乘之以来。立语良久,复令登舟,晚遂复幸金鳌。凡留十四日,始航海幸永嘉。又留四十五日,复航海幸金鳌。又留八日,忽闻六军皆呼‘万岁’,捷书至也。于是航海由四明还绍兴。”李正民侍郎《乘桴录》云:“己酉十二月五日,车驾至四明,十五日大雨,遂登舟至定海,十九日至昌国县,二十六日移舟之温台。自是连日南风,舟行虽稳,而日仅行数十里。二十九日岁除。庚戌正月二日,北风稍劲,晚泊台州港。三日早至章安,知台州晁公为来。上幸祥符寺,从官迎拜于道左。是日,得余杭把隘官陈彦报:‘人马至县,迎击乃退。’六日,得张俊奏,云二十八日、二十九日、正月二日凡三遇敌,杀伤相当。八日,张思正奏云:‘张俊出兵击退虏骑。’十四日,张俊自台州来。十八日移舟离章安,十九日晚雷雨又作,二十日泊青隩门,二十一日泊温州港。”国史载此事,皆在四年正月,与颜言不合,然今岁忏,皆开岁乃修,则颜所记误耶?金鳌山,盖一独峰,坡陁郁茂,若鳌背然。正与栅浦相对,两涘之间,略辨牛马;东看海门,云飞波翻,渺然无际。山顶有善济寺,与夫祥符塔院,绍兴三十二年始赐额。先是有人题诗云:“牡蛎滩头一艇横,夕阳多处待潮生。与君不负登临约,同向金鳌背上行。”高庙览之,以为诗谶,求其人,不可得。御坐,一竹椅,寺僧今别造,以黄蒙之,壁间有诗云:“黄帽当年驾舳舻,东浮鲸海出三吴。中兴事业风波恶,好作君王坐右图。”不著姓氏。

江海之有潮，辰刻不移，昔人尝论之。《山海经》则以为海鳅出入穴之度。浮屠书以为神龙之变化。窦叔蒙《海峤志》以谓水随月之盈亏。卢肇《海赋》以谓日出于海，冲击而成。王充《论衡》以谓水者地之血脉，随气进退。独徐明叔传墨卿《高丽录》云："天包水，水承地，而一元之气升降于大空之中，地乘水力以自持，且与元气升降互为抑扬，而人不觉，亦犹坐于船中者不知船之自运也。方其气升而地浮，则海水溢上而为潮；及其气降而地沉，则海水缩下而为汐。计日十二辰，由子至巳。其气为阳，而阳之气又自有升降，以运乎昼；由午至亥，其气为阴，而阴之气又自有升降，以运乎夜。一昼夜合阴阳之气，凡再升再降；故一日之间，潮汐皆再焉。然昼夜之晷，系乎日；升降之数，应乎月。日临于子，则阳气始升，月临乎午，则阴气始升，故夜潮之期，月则临子，昼潮之期，月皆临午焉。又日行迟，月行速，应迟二十九度半而月行及之。日月之会，谓之合朔，故月朔之夜潮，日亦临子；月朔之昼潮，日亦临午焉。且昼即上天而言之，天体西转，日月东行，自朔而往，月速渐东。至午渐迟，东而潮亦应之以迟于昼；故昼潮自朔后迭差而入于夜，此所以一日午时，二日午末，三日未时，四日未末，五日申时，六日申末，七日酉时，八日酉末。夜即海下而言之，天体东转，日月西行，自朔而往，月速渐西，至子渐迟，西而潮亦应之以迟于夜；故夜潮自朔后迭差而入于昼，此所以一日子时，二日子末，三日丑时，四日丑末，五日寅时，六日寅末，七日卯时，八日卯末。且加以时有交变，气有盛衰，而潮之所至，亦因之为大小；当卯酉之月，则阴阳之交也，气以交而盛出，故潮之大也异于余月；当朔望之后，则天地之变也，气以变而盛出，故潮之大也异于余日。"

卷第九

自浙江东南溪行，而溪水浅涩湍急，深五七寸，碎石作底，小者如弹，大者不过盆椀，齿齿无数，五色可爱，行三五步一滩，即四边或上流；或拥起碎石，或如堆阜，或如堤堰，水势喷激怒如瀑。而舟人所用器，特与它舟异，篙用竹，加铁钴；又有肩篙拐篙，皆用木加拐，如到书某字于其上。每遇滩碛，即舟师足踏樯竿，手执篙，仰卧空中撑舟；忽翻身落舟上，覆面向水急撑，谓之身撷篙。舟师每呼"肩篙"、"头篙"、"转篙"、"身篙"、"抢篙"，诸人即齐声和曰："嗷！嗷！"诸人皆齐力急撑。所谓肩篙者，覆面向水用肩撑；所谓头篙者，覆面向水用头撑；转篙者，自身左移舟右转转；身篙者，或仰面即覆面，覆面即仰面云；抢篙者，舟尾有穴，每诸篙出水，即一人急用一大木梃抢船尾，盖恐舟复下也。一舟复数人自水牵挽，水深处亦不过膝。自处之青田至温州，行石中，水既湍急，必欲令舟屈曲蛇行以避石，不然，则碎溺为害。故土人有"纸船铁梢工"之语，言寄命于舟师也。厥惟艰哉！

鸡肋编[①]

卷上

襄阳正月二十一日，谓之"穿天节"，云交甫解佩之日。郡中移会汉水之滨，倾城自万山泛彩舟而下。妇女于滩中求小白石有孔可穿者，以色丝贯之，悬插于首，以为得子之祥。湖北以五月望日谓之"大端午"，泛舟竞渡。逐村之人，各为一舟，各雇一人凶悍者于船首执旗，身挂楮钱。或争驶殴击，有致死者，则此人甘斗杀之刑。故官司特加禁焉。

浣花自城去僧寺【忘其名】凡十八里，太守乘彩舟泛江而下。两岸皆民家绞络水阁，饰以锦绣。每彩舟到，有歌舞者，则钩帘以观，赏以金帛。以大舰载公库酒，应游人之家，计口给酒，人支一升。至暮遵陆而归。有骑兵善于驰射，每守出城，以奔骤于前。夹道作棚为五七层，人立其上以观，但见其首，谓之"人头

① 〔宋〕庄绰撰，萧鲁阳点校。

山”,亦分男左女右。至重九药市,于谯门外至玉局化五门,设肆以货百药,犀麝之类皆堆积。府尹、监司,皆步行以阅。又于五门之下设大尊,容数十斛,置杯杓,凡名道人者,皆恣饮。如是者五日。云亦间有异人奇诡之事。方太平盛时,公私富实,上下佚乐,不可一一载也。如澧州作“五瘟社”,旌旗仪物,皆王者所用,惟赭伞不敢施,而以油冒焉。以轻木制大舟,长数十丈,舳舻樯柁,无一不备,饰以五采。郡人皆书其姓名年甲及所为佛事之类为状,以载于舟中,浮之江中,谓之“送瘟”。成都元夕,每夜用油五千斤,他可知其费矣。

高宗南幸,舟方在海中,每泊近岸,执政必登舟朝谒。行于沮洳,则躧芒鞵,吕元直时为宰相,顾同列戏曰:“草屦便将为赤舃。”既而傍舟水深,乃积稻秆以进,参政范觉民曰:“稻秸聊以当沙堤。”

先公元佑中为尚书郎,时黄鲁直在馆中,每月常以史院所得笔墨来易米。报谢积久,尺牍盈轴,目之为“乞米帖”。后领漕淮南,诸公皆南迁,率假舟兵以送其行。故东坡到惠州有书来谢云:“蒙假二卒,大济旅途风水之虞,感戴高谊,无以云喻。方走海上益远,言之怅焉永慨!”余池饬宝之。崇宁初,晁无咎尝跋其后曰:“明月之珠,夜光之璧,以暗投人,则莫不按剑而相眄,况嗜好吴越哉!季裕加于人数等矣!”

卷中

吴辉子华中奉云,渠倅严州日,太守李裁者信州人,每夕焚《尊胜陀罗尼》以施鬼神。自言前知万州,有一妓忽持白纸至郡,视其神色,大异平日。问其所诉,乃云:“某乃境内之神。每荷公厚赐,欲以少事相报,愿使吏以授其言。”遂令书之,云:“某月日郡界当有灾,比邻境为轻,冀无惊惧。”欲再询其名号,则妓已省,不自知其来也。至其日果大风雨,已而震雷大雹,伤害田稼。但循江而过,两岸所及不广。比郡至杀人畜,田之损者,十多八九,又尝自钱唐将还家,泛舟已到桐庐。五鼓欲行,忽有人大呼,寻李大府船。李惊起视之,乃一老人,衣布道袍,云:“睦州贼发,吾家所存者,三人而已。不可往彼,宜速回也。”李欲登岸询其子细,则已不见。因遽还会稽。乃方腊已至睦州,同行数十舟,往者皆遇害。李后守严,尽饰境内神祠。有一庙,神像皆毁,惟三躯独存。而吴不记其名。严之城隍神乃敕封王爵,亦世所罕有。吴亦不忆其始因也。则尊胜之利于幽冥,盖不可不信矣。

二浙旧少冰雪,绍兴壬子,车驾在钱唐,是冬大寒屡雪,冰厚数寸。北人遂窖藏之,烧地作荫,皆如京师之法。临安府委诸县皆藏,率请北人教其制度。明年五月天中节日,天适晴暑,供奉行宫,有司大获犒赏。其后钱唐无冰可收,时韩世忠在镇江,率以舟载至行在,兼昼夜牵挽疾驰,谓之“进冰船”。

尝有舟人杀士人一家,乃经府陈状云,“经风涛损失”,辉更不会问,便判状令执照。后事败于严州,尚执此状以自明。鞫之,前后此舟凡杀二十余家矣。其在临安,凡两经遗火,焚一城几尽。人谓府中有“送火军”,故致回禄。盖取其姓名,移析为此语。竟以言者论其谬政而罢。不数月,即除沿海制置使。终以扶持之劳,简在上心也。言者弗置,命乃不行。

建炎以来朝野杂记[①]

卷十一·官制二【外路官】·都转运使

都转运使,渡江后惟四川有之。明受元年三月,始以黄右司【概】为四川水陆制置发运使,置司遂宁

① 〔宋〕李心传撰,徐规点校。

府，未行而反正，遂除兵部侍郎。明年，张魏公出使川、陕，遂以赵应祥为随军转运使，专一总领财赋。应祥言："总领财赋，于四路漕计或不相关，当正其名，使知有所统属。"张公是之。绍兴六年冬，遂除应祥都转运使，后又置副使或判官。十五年，省都转运使，以其事归宣抚司，用郑亨仲请也。其年十月，汪侍御【渤】言："制军给食，通而为一，虽密院、户部不得而专。"于是复置总领矣。【绍兴二年十月，尝置江、湖等九路都转运使，置司湖州。未几，即废之。】

卷十五·财赋二【常平义仓泛料市舶粮草料】·市舶司本息

市舶司者，祖宗时有之，未广也。神宗时，始分闽、广、浙三路，各置提举官一员，本钱无虑千万缗，海货上供者山积。宣和后，悉归应奉。建炎初，李伯纪为相，省其事归转运司。明年夏，复闽、浙二司，赐度牒直三十万缗为博易本。【元年七月己亥废，二年五月丁未复。】四年春，复置广司。【二月。】绍兴二年秋，废闽司，【七月甲子。】寻并广、浙，提举官皆罢。【八月。】已而，闽、广复置。六年冬，福建市舶司言："自建炎二年至绍兴四年，收息钱九十八万缗。"诏官其纲首。【十二年乙巳。】十四年，命蕃商之以香药至者，十取其四。十七年，诏于沉香、豆蔻、龙脑之属，号细香药者，十取其一。至绍兴末，三舶司抽分及和买，岁得息钱二百万缗，隶版曹。然所谓乳香者，户部常以分数下诸路鬻之。郴州，当湖、湘穷处，程限颇急，宜章吏黄谷、射士李金数以此事受笞，不堪命。乾道元年春，因啸聚峒民作乱，遂陷桂阳军。上命刘恭甫为帅，调鄂州兵讨平之。盖利之所在，害亦从生，此可为理财者之戒。

卷十八·兵马【戎器舟车】·平江许浦水军【江阴左翼摧锋 延祥江上水军】

平江许浦水军者，本明州定海县水军也，旧隶沿海制置司，防托海道。乾道中，改隶殿前司，以三千人为额。五年冬，又改为御前水军。八年春，并归许浦镇，置副都统制统之。淳熙四年冬，诏以七千人为额。五年秋，又增额五百人。江阴水军，旧自泉州调发，乾道三年，陈正献在枢莞，以其劳费，奏留屯二千人于江阴军，而沿海制置司又别屯千人，逮淳熙末，累增至四千人，分三将。此外，左翼军亦有水军三千人，摧锋军二千，福州延祥寨千人，而镇江、建康府、池州、鄂州、御前诸帅亦各有水军，多者数千人，少者千余人。其后，殿前又有澉浦水军，而淮阴、靖安、唐湾、采石诸水军，则皆冠以御前之号。

卷十八·兵马【戎器舟车】·纲马水陆路

凡川、秦纲马，皆遵陆路。乾道初，吴信王【璘】为宣抚使，始议以马纲劳费，又均、房一带，类历峻岭乱石之间，马伤其蹄，道毙者多，请以舟载马而东。【元年五月丙寅。】上命夔路造舟与之。张真父帅夔，力言其不可，以为每纲三舟，【舟安马十八匹。】用梢、火一百二十人【每船梢公三十四人，火手六人。】自夔至归，往返半月程，【下水三日，上水十二日。】雇食钱九百缗，【每人日雇钱二百，食钱三百。】以岁额一百三十五纲计之，度用钱十三万一千五百缗，而起盖马驿及一行官兵批支草料不与焉。一州如此，其余十州可以类推。又每郡且约造十五纲之舟，循环津载，凡为三万五千缗，【每舟费八百缗。】而一舟十五纲往返，势必腐败，来岁又当改作。况十郡之舟，应用水手万二千人，【每舟以千二百人，循环往来津载，方不积压。】每舟批支三日，计料二千八百二十石，【每匹日支大麦八升。】粟草四十五万七千五百斤。【每匹日支十三斤。】自利至峡十一州，岁费约二百万缗，又且出产不敷，决难桩办。大臣进呈。【九月丁卯。】上曰："第令造舟与璘，他日有损坏者，军自修，其它皆吴璘自辨。"其事遂行。汪圣锡时在成都，亦言其不便。不听。始议马舟至鄂州遵陆。枢密汪明远乞令诸军以马舟泛大江而下。上曰："大江风涛或作，即数日不可行。自鄂州遵陆可也。"【元年十一月辛酉。】未几，璘条上马纲画一，复以刍秣等事委茶司及沿流诸郡。明远以为不可。【是月辛未。】而又请修归、峡栈道。宰相洪景伯曰："归、峡道路陋峻，人犹不可行，马岂可行也。"乃命至荆南遵陆。【十二月庚寅。】于是璘已俾三卫取马军士贴船而东。上闻之，谕大臣曰："如此即空舟如何得回？"遂更命璘措置。【三年二月庚辰。】璘奏，已出本司钱七万五千缗付合州，造马船二百，【每只约物

料、人工、食费四百五十贯钱引。】约三船可载一纲。【五百料船可载二十匹,七百料船可载二十五匹。】自利州至峡州计二十八程,【利至阆,阆至果,果至合,皆三日可到,今各计四日程。合至恭,恭至涪,涪至忠,忠至万,万至夔,皆一日或一日半可到,今各计两日程。夔至归,归至峡,各计三日程。】每五十纲,日支料二百石,通计五千六百石,已支钱一万一千二百缗。【果州以上,每石两贯,合州以下,每石一贯五百,今并支两贯。】五十纲,募梢、火八百人,【每纲二舟,梢、火各八人。】益以牵马人一千二百五十人,【每纲二十五人。】及逐州所差回船军兵二百五十人。【每纲五人。】除军兵外,梢、火雇钱为二万缗。【利、阆、果、夔、万五州梢工各二贯,火儿半之。合恭、涪、忠、归五州梢工各二贯五百文,火儿一贯五百文。】如今所发来五十纲西马,比陆路无死损阻滞,即川马亦依此拨发。奏可。【二月丁亥。】于是大臣因为上言,恐璘亦疑水路未尽善。上未以为然。明年春,夔路转运司主管文字潼川任续至行在,上言:"今造舟已毕,工役遂事,山程滩险,利害相当,在所不论。惟欲拨陆路之刍秣,以免沿流之烦费,辍四路之军兵,以免篙梢之追扰,四路厢、禁军数目不少,若各辍五千人于沿流十郡充水军,其衣粮令元来处科拨。马纲行,则迎送舟船,马纲住,则训练水战,莫此为便。"上大善之。下制置司拨厢、禁军共三千五百人,如所请。【三月甲子。】时真父已去,王龟龄代之,与漕臣查元章皆力论其扰人,而不听也。有知归州周允升者,传会璘说,言本郡舟船、草料皆已办集,即擢为夔州转运判官。而任续者,亦除知涪州,又易恭州,使行其说。峡江湍险,军士素不谙习,一遇滩碛,人马覆溺,于是驱沿流之民为之操舟,所赍衣粮皆遭劫夺,所过鸡犬为之一空。未几,璘薨。虞并父代为宣抚使,奏言:"水路至荆南二千余里,一旦隔风,行船不得,或至三、五日,马失馈饲。乞自金州舟行五驿,至净口遵陆,行至均州。"上从之。【三年十月庚子。】后月余,言者又奏马纲所至,骚扰江村,而商贩米斛之舟,尤被其毒。况水路马数,较之陆行,存亡相若,而于籴场大有妨碍。乃诏川路马船,日下废罢。【十一月己巳。】盖自璘建请之后,利、夔两路沿江十余郡之被其害者三载,而后得免云。

卷十八·兵马【戎器舟车】·舟师战车

东南沮洳,非用武之地,故多以舟师胜。建炎四年春,阵思恭窘兀术于太湖。绍兴三十一年冬,李节使斩完颜郑家奴于石臼岛,虞雍公败完颜亮于采石矶,皆舟师也。今沿江诸军咸有船棹士,每按试中流,上下如飞,北人骇愕。

卷十九·边防一·兀术犯浙江

建炎末,兀术谋犯江、浙,上将幸会稽。三年秋七月,先奉孟太后及祖宗神主往豫章。闰八月,上自建康东往,留杜丞相【充】领行营之众十余万守长江之险,又命刘武僖屯池州以为之援,而韩蕲王屯京口,张忠烈以其兵从上行。冬十一月,兀术渡江,武僖退屯星子,太后奔虔州,卫兵皆溃,祖宗神御、后宫美人颇有失者。杜相遁而降,韩蕲王亦焚镇江而去。十二月,兀术自宣城径趋临安,上遽航海。是岁除夕,金遣偏将锐士至明州,为忠烈所败。四年春,虏兵再至,忠烈引兵遁,虏遂屠明州。及春水将发,兀术乃焚临安而去。韩忠武要之于黄天荡,相持四十有八日。夏四月,兀术自建康潜凿小河而去,忠武追之,虏自上江纵火焚其舟师,韩军大败。是役也,江、浙、荆湖皆为虏人所践,然兀术亦危,几不得免,自是不复过江焉。

曲洧旧闻[①]

卷四·柏松皆可为舟不可溺于所见

凡人溺于所见,而于所不见,则必以为疑。孙皓问张尚曰:"'泛彼柏舟。'柏中舟乎?"尚曰:"《诗》又

① 〔宋〕朱弁撰,孔凡礼点校。

云‘桧楫松舟’则松亦中舟矣。”皓忌其胜己,因下狱。

南方佳木,而下舟不及松、柏,此皓所以疑也。今西北率以松、柏为舟材之最良者。有溺于所见,遂谓柏不可以为舟,断以己意,以训导学者,而弃先儒之说,可怪也。邶之风言舟宜济渡,犹仁人宜见用,柏宜为舟。

墨莊漫录[①]

卷一·朱勔进石

宣和癸卯,平江朱勔采石太湖鼋山,得一石,长四丈有奇,广得其半,玲珑嵌空,窍穴百千,非雕刻所能成也。并郡宅后池光亭台上白公桧,世传白乐天手植也。创造二大舟,费八千缗以献。时常、润间河渠浅淤,重载不前。乃先绘图以闻。宸翰赐石名神运昭功敷庆万年之峰,时人莫不目击。余时初至吴中,亦获一观。是秋方至京师,诏置于艮岳。

卷三·明州陈生海上奇遇

明州士人陈生,失其名。不知何年间,赴举京师。家贫治行后时,乃于定海求附大贾之舟,欲航海至通州而西焉。

时同行十余舟,一日,正在大洋,忽遇暴风,巨浪如山,舟人失措。俄视前后舟,覆溺相继也,独相寄之舟,人力健捷,张蓬随风而去,欲葬鱼腹者屡矣。

凡东行数日,风方止,恍然迷津,不知涯涘,盖非常日所经行也。俄闻钟声舂容,指顾之际,见山川甚迩,乃急趋焉。果得浦溆,遂维矴近岸。

陈生惊悸稍定,乃登岸。前有径路,因跬步而前,左右皆佳木荟蔚,珍禽鸣弄。行十里许,见一精舍,金碧明焕,榜曰“天宫之院”,遂瞻礼而入。长廊幽阒,寂无諠哗。堂上一老人据床而坐,厖眉鹤发,神观清臞,方若讲说。环侍左右,皆白袍乌巾,约三百余人。见客皆惊,问其行止,告以飘风之事,恻然悯之。授馆于一室,悬锦帐,乃馔客焉。器皿皆金玉,饮食精洁,蔬茹皆药苗,极甘美,而不识名。

老人自言:“我辈皆中原人,自唐末巢冦之乱,避地至此,不知今几甲子也,中原天子今谁氏,尚都长安否?”陈生为言:“自李唐之后,更五代,凡五十余年,天下太定。今皇帝赵氏,国号宋,都于汴,海内承平,兵革不用,如唐虞之世也。”

老人首肯,嗟叹之,又命二弟子相与游处。因问二人:“此何所也?老人为谁?”曰:“我辈号处士,非神仙,皆人也。老人,唐丞相裴休也。弟子凡三等,每等一百人,皆授学于先生者。”

复引登山观览,崎岖而上,至于峻极。有一亭,榜曰“笑秦”,意以秦始皇遣徐福求三山神药为可笑也。二人遥指一峰,突兀干霄,峰顶积雪皓白,曰:“此蓬莱岛也。山脚有蛟龙蟠绕,故异物畏之,莫可干犯也。”

陈生留彼久之。一日,西望浩然有归思,口未言也。老人者微笑曰:“尔乃怀家耶!尔以夙契,得践此地,岂易得也。而乃俗缘未尽,此别无复再来矣。然尔既得至此,吾当助尔舟楫,一至蓬莱登览胜境而后去。”遂使具舟,倏已至山下。

时夜已暝。晓,见日轮晃曜,傍山而出,波声先腾沸,汹涌澎湃,声若雷霆,赤光勃郁,洞贯太虚。顷之天明,见重楼复阁,翚飞云外,迨非人力之所为,但不见有人居之,唯瑞雾葱茏而已。

同来处士云:“近世常有人迹至此,群仙厌之,故超然远引鸿蒙之外矣。唯吕洞宾一岁两来卧听松风耳。”

① 〔宋〕张邦基撰,孔凡礼点校。

乃复至老人所。陈生求归甚力。老人曰:“当送尔归。”山中生人参,甚大,多如人形,陈生欲乞数本。老人曰:“此物为鬼神所护惜,持归经涉海洋,恐贻祸也。山中良金美玉,皆至宝也,任尔取之。”老人再三教告,皆修心养性、为善远恶之事,仍云:“世人慎勿卧,而语言为害甚大。”又云:“《楞严经》乃诸佛心地之本,当循习之。”

陈生再拜而辞,复令人导之登一舟,转盼之久,已至明州海次矣,时元佑间也。比至里门,则妻子已死矣,皇皇无所之。方悔其归,复欲求往不可得也,遂为人言之。后病而狂,未几而死,惜哉!

予在四明,见郡人有能言此事者。又闻舒信道尝记之,甚详。求其本不获,乃以所闻书之。

卷四 · 发运使建官及职事

发运使,淳化四年始建官焉。六路转输于京师者,至六百二十万石。通、泰、楚、海四州煮海之盐以供六路者,三百二十余万石。复运六路之钱以供中都者,常不下五六十万贯。

淳化四年,以内殿崇班杨允武恭为都大管勾江南诸州纲船搬运盐粮钱帛茶货。当时殿直蔡崇道、供奉官刘全信同管勾。

五年七月,允恭授西京作坊使,逐次添管职事,乃立制置发运使额。至乾兴元年十二月,文武官二员。皇佑元年,施昌言以天章阁待制充使。

自后多除两制,置统六路。年额上供米六百二十万石,内四百八十五万石赴阙,一百三十五万石南京畿送纳。

淮南一百五十万石,一百二十五万石赴阙,二十万石咸平、尉氏,五万石太康。

江南东路九十九万一千一百石,七十四万五千一百石赴阙,二十四万五千石赴拱州。

江南西路一百二十万八千九百石,一百万八千九百石赴阙,二十万石赴南京。

湖南六十五万石尽赴阙。

湖北三十五万石尽赴阙。

两浙一百五十五万石,八十四万五千石赴阙,四十万三千三百五十二石陈留,二十五万一千六百四十八石雍丘。

卷四 · 崔伯易因空舟得杀人船主

崔公度伯易赴宣州守,江行,夜见一舟相随而行,寂然无声。晚,船得港而泊,所见之舟,亦止近岸。公疑之,遣人视之,乃空舟也。舟中有血痕,于舟尾得皂绦一绦,系文字一纸,取观之,乃雇舟契也。因得其人姓名及牙保之属。至郡,檄巡尉缉捕,尽获其人。盖船主杀雇舟之商,取其物而弃其舟,遂伏于法,岂鬼物衔冤而诉乎!

卷五 · 普陀山观音洞

予在四明市舶局日,同官司户王操粹昭,郡檄往昌国县普陀山观音洞祷雨,归,为予言:

普陀山去昌国两潮,山不甚高峻,山下居民百许家,以鱼盐为业,亦有耕稼。有一寺,僧五六十人。佛殿上有频伽鸟二枚,营窠梁栋间,大如鸭颊,毛羽绀翠,其声清越如击玉,每岁生子必引去,不知所之。

山有洞,其深罔测,莫得而入。洞中水声如考数百面鼓,语不相闻。其上复有洞穴,日光所射,可见数十步外,菩萨每现像于其中。粹昭既致州郡之命,因密祷,愿有所睹。

须臾,见栏楯数尺,皆碧玉也。有刻镂之文为毬路,如世间宫殿所造者。已而,复现纹如珊瑚者亦数尺,去人不远,极昭然也。久之,于深远处见菩萨像,但见下身,如腰而上即晦矣。白衣璎珞,了了可数,但不见其首。寺僧云:“顷有见其面者,乃作红赤色。”今于山上作塑像,正作此色,乃当时所见者。东望三韩、外国诸山,在杳冥间,海舶至此,必有所祷。寺有钟磬铜物,皆鸡林商贾所施者,多刻彼国之年号。亦有

外国人留题，颇有文彩者。僧云："祷于洞者，所现之相有不同，有见净瓶者，有见缨络者、善财者、桥梁者，亦有无所睹者。洞前大石下，有白玉晶莹，谓之菩萨石。

粹昭平生倔强，至是颇信向云。

卷五·唐人行役异乡诗

唐人诗，行役异乡，怀归感叹而意相同者，如贾岛云：

客舍并州已十霜，归心日夜忆咸阳。无端更渡桑乾水，却望并州是故乡。

窦巩云：

风雨荆州二月天，问人初雇峡中船。西南一望云和水，犹道黔南有四千。

柳宗元云：

林邑山联瘴海秋，牂牁水向郡前流。劳君更问龙池地，正北三千到锦州。

李商隐云：

君问归期未有期，巴山夜雨涨秋池。何时共剪西窗烛，却话巴山夜雨时。

皆佳作也。

卷十·崔伯易金华神记

崔伯易书尝有《金华神记》，旧编入《圣宋文选后集》中，今无此集。近读《曲辕集》，复见之，因载之以广所闻云。

汴人有吴生者，世为富人，而生以娶宗室女得官于三班。嘉佑中，罢任高邮，乃寓其家于治所，而独与兄子赍金缯数百千，南适钱唐，道出晋陵、舣舟于望亭堰下。

是夜月明风高，乃危坐舷上，顿然殊不有寝意。久之，忽有绯衣被发，持两炬自竹林间出者。后引一女子，冠玉凤冠，曳蛟绡文锦之衣，颜色甚丽，而年十八九耳。生见而惊。俄顷至岸侧，回叱绯衣者曰："可去矣，无久留也。"于是灭炬泣拜而去。

女子即登舟，面生坐，谓生曰："见向来绯衣者乎？此君之夙仇也，而索君且数十年矣，乃今方得之，第以我故得免。不然，今夕君当死其手。"生闻益惊骇，不自安。女子笑曰："君怯耶？"即以金缕衣置肩上。生稍安，乃问曰："若神欤，其鬼耶？"女子曰："我非人，亦非鬼，盖金华神也。过去生中，尝与君为姻好，窃知将有所不济，故相救耳。今事已，我亦当去君矣。"遂去，不复返顾。生以目送，至于竹林中，不见，将掩门，忽睹女子坐其后。生大惊，女子笑曰："知君怯，故相戏，安有数十年睽索一得邂逅而遽往者耶！"遂相与入舟中，取酒共饮，其言谐谑，悉如常人。

然生诫曰："毋高声，恐兄子知之。"女子曰："我言时，君可闻。他人虽厉声，亦不能闻也。"生益疑，窃自惧，曰："此果神也？固无所惮，傥鬼，则必有所畏矣。"因出剑、镜二物示之。女子曰："此剑、镜耳，精与鬼则畏。夫剑阳物而有威者也，鬼阴物而无形者也。以无形而遇有威，是故销铄其妖而不能胜，故鬼畏剑也。镜亦阳明而至明者也，精亦阴物而伪变者也。以伪而当至明，是故暴著其形而不能逃，故精畏镜也。昔抱朴子尝言其略而我知之且久矣，乃欲以相畏乎？"生惧，起谢曰："诚无他意。"

至明起，谓生曰："舟楫已有晓色，势不能久留，当与君子诀矣。君后十年游华山日，多置朱粉于路隅梧桐下扬之。虽然，君今不可终此行，恐复不济也。"因索笔题诗一章曰："罗袜香消九九秋，泪痕空对月明流。尘埃不见金华路，满目西风总是愁。"书已，辄复流涕歔欷而去。

明日思其言，遂回棹不复南去。复以其事语人，人或诘其兄子。果亦不知也。

可书[1]

香燕大尹

燕瑛罢广漕,还朝,载沉水香数十舰以遗宦寺,遂尹应天府。时人谓之香燕大尹,

磐谷侯【库本无】

宣和初,宿州灵壁县进巧石,中有一洞,皆天成,以巨舰漕至京师,费数百万缗。赐名磐谷侯,置于禁苑。

海上长人

明州一海船,附带到广州,一兵云:"在一海舶上,自发广州,遇风飘至一山下,两人上岸,行三四里,见二长人荷锄,各长三丈余。两人前往问路,二长人倚锄相视而笑。久之,遂以手拈两人,在掌中戏玩。两人皇恐再拜,皆笑语不可晓。一长人以手拾两人,置山穴中,用一大石塞口而去。少顷,携一大瓢贮酒来,二长人对酌。两人于窦中觇之,惟深惶惧。二长人酒尽欲醉,一长人起,取塞石,拈一人出两足捉两脚,劈作两片,各饵其一,遂醉卧。老兵匿石穴中,伺其睡,奔出,窜伏田野。望见有海舶过,哀鸣求救。舶上以小舟济之,得至明州。

侯鲭录[2]

卷二·刘贡父自校书郎出倅泰州作诗

刘贡父先生元佑作少蓬,余被旨,召赴本省呈试。贡父作主文,幕次中,闻与顾子敦诵渠昔自校书郎出倅泰州作诗云:"璧门金阙倚天开,五见宫花落井槐。明月扁舟沧海去,却从云气望蓬莱。"

卷二·王平甫滕王阁诗

王平甫年十一过洪州,有《滕王阁》诗,盖其少成如此。又再赋一首,叙其事云:"滕王平昔好追游,高阁依然枕碧流。胜地几经兴废事,夕阳偏照古今愁。层城树密千家笛,江渚人孤一叶舟。怅望沧波吟不尽,西山重叠乱云浮。"

卷二·滕子京兜娘诗

张子野云:往岁吴兴守滕子京席上见小妓兜娘,子京赏其佳色。后十年,再见于京口,绝非顷时之容态,感之,作诗云:"十载芳洲采白蘋,移舟弄水赏青春。当时自倚青春力,不信东风解误人。"

卷二·东坡与鲁直等录鬼诗

东坡云:元祐三年二月二十一日夜,与鲁直、寿朋、天启会于伯时斋舍,录鬼仙所作或梦中所作。尝记《太平广记》中,有人为鬼物所引,入墟墓间,皆鲜华洞户,忽为劫墓者所惊,遂失所见,但云"芫花半落,松

---

① 〔宋〕张知甫撰,孔凡礼点校。

② 〔宋〕赵令畤撰。

风晚清”。又录《鬼》诗云:“江上樯竿一百尺,山中楼台十二重。老僧楼上望江上,遥指樯竿笑杀侬。”又云:“爷娘送我青枫根,不记青枫几回落。当时刺绣衣上花,今日为灰不堪著。”又云:“酒尽君莫沽,壶乾我当发。城市多嚣尘,还山弄明月。”又云:“卜得下峡日,秋江风浪多。巴陵一夜雨,肠断《木兰歌》。”又云:“浦口潮来初渺漫,莲舟溶漾采花难。芳心不惬空归去,会待潮平更折看。”又云:“忽然湖上片云飞,不觉中流雨湿衣。折得荷花浑忘却,空将荷叶盖头归。”又云:“寒草白露里,乱山明月中。是夕苦吟罢,寒烛与君同。”

卷三·参寥题杭城外小溪诗

参寥杭州城外题小溪诗云:“城根野水绿逶迤,袅袅轻舟掠岸过。欲采云兰无觅处,渚花汀草占春多。”

卷三·东坡称滕元发为伟人

东坡云:久在江湖,不见伟人,在金山见滕元发乘小舟破巨浪来相见。出船,巍然使人神耸,好一个没兴底张镐相公。且为我致意,别后酒狂甚长进也。杜甫诗云:“张公一生江海客,身长九尺须眉苍。”谓张镐也。萧嵩荐云:“用之则为帝王师,不用则穷谷一迂叟耳。”

墨客挥犀[1]

卷三·开笼纵鹤

林逋隐居杭州孤山,常畜两鹤,纵之则飞入云霄,盘旋久之,复入笼中。逋常泛小艇,游西湖诸寺。时有客至逋所居,则一童子出,应门,延客坐,为开笼纵鹤。良久,逋必棹小船而归,盖常以鹤飞为验也。逋高逸倨傲,多所学,惟不能棋,常谓人曰:“逋世间事皆能之,惟不能担粪与著棋。”

续墨客挥犀[2]

卷二·渡观江风作

王荣老尝官于观州,罢,渡观江,七日风作不得济。父老曰:“必箧中畜奇物。此江神极灵,当献之得济。”荣老顾无所有,有玉麈尾,即以献之,不可。又以端石砚献之,不可。又以宣包虎帐献之。皆不验。夜卧,念曰:“有黄鲁直草书扇头子题韦应物诗曰:‘独怜幽草涧边生,上有黄鹂深树鸣。春潮带雨晚来急,野渡无人舟自横。’”即取视,惝恍之际,曰:“我犹不识,鬼宁识之乎!”持以献之,香火未收,天水相照,如两镜对展,南风徐来,帆一饷而济。余谓观江神必元祐迁客之鬼,不然何嗜之深也。

【按:此则出《冷斋夜话》卷一。】

卷五·海人

李仲游承议知同安县日,有人泛海舟交易外国,经岁始还云。谓为大风飘至一岛屿,时月正明,见十数人自海连臂而出,登屿笑语,语不可解,体貌与人无异,但裸形耳。舟人鸣锣鼓以骇之,复连臂大笑入海而

---

[1] 〔宋〕彭乘辑撰,孔凡礼点校。

[2] 〔宋〕彭乘辑撰,孔凡礼点校。

去。近屿人云:“此名海人,室在屿下。”

北梦琐言[1]

卷第二・高骈开海路【王审知开海附】

安南高骈奏开本州海路。初,交趾以北,距南海有水路,多覆巨舟。骈往视之,乃有横石隐隐然在水中。因奏请开凿,以通南海之利。其表略云:“人牵利楫,石限横津。才登一去之舟,便作九泉之计。”时有诏听之。乃召工者,啖以厚利,竟削其石。交、广之利,民至今赖之以济焉。或言骈以术假雷电以开之,未知其详。

葆光子尝闻闽王王审知患海畔石碕为舟楫之梗,一夜,梦吴安王【即伍子胥也。】许以开导,乃命判官刘山甫躬往祈祭。三奠才毕,风雷勃兴,山甫凭高观焉,见海中有黄物,可长千百丈,奋跃攻击。凡三日,晴霁,见石港通畅,便于泛涉。于时录奏,赐名甘棠港。即渤海假神之力,又何怪焉?亦号此地为“天威路”,实神功也。

卷第五・成令公和州载

唐天佑中,淮师围武昌不解,杜洪令公乞师于梁王。梁王与荆方睦,乃讽成中令帅兵救之,于是禀奉霸主欲亲征,乃以巡属五州事力,造巨舰一艘,三年而成,号曰“和州载”。舰上列厅事洎司局,有若衙府之制,又有“齐山”、“截海”之名,其于华壮,即可知也。饰非拒谏,断自己意,幕寮俛仰,不措一词,唯孔目官杨厚赞成之。舟次破军山下,为吴师纵燎而焚之,中令溺死,兵士溃散。先是,改名曰“汭”,汭字,即水内也,水内之死,岂非前兆乎!湖南及郎州军入江陵,俘载军人百姓、职掌伎巧、僧道伶官,并归长沙。改“汭”之名,“和州”之说,盖前定也。

卷第九・成令公掷杯珓事

荆州成令公汭,唐天复中,准诏统军救援江夏,舟楫之盛,近代罕闻。已决行期,不听谏诤,师次公安,县寺有二金刚神,土人号曰“二圣”,亦甚有灵。中令舣舟而谒之,炷香虔诚,冥祷胜负,以求杯珓阴阳之兆,凡三十掷皆不吉。乃谓所信孔目官杨师厚曰:“卦之不吉,如之何?”师厚对曰:“令公数年造船,旌旗已启,中路而退,将何面目回见军民?”于是不得已而进,竟有破阵之败,身死家破,非偶然也。向使杨子察人之情,幸其意息,一言而止,则成氏灭亡,未可知也。

卷第十三・张建章泛海遇仙

张建章为幽州行军司马,后历郡守。尤好经史,聚书至万卷,所居有书楼,但以披阅清净为事。经涉之地,无不理焉。曾赍府戎命往渤海,遇风涛,乃泊其船。忽有青衣泛一叶舟而至,谓建章曰:“奉大仙命请大夫。”建章乃应之,至一大岛,见楼台岿然,中有女仙处之,侍翼甚盛,器食皆建章故乡之常味也。食毕告退,女仙谓建章曰:“子不欺暗室,所谓君子人也。忽患风涛之苦,吾令此青衣往来导之。”及还,风涛寂然,往来皆无所惧。又回至西岸,经太宗《征辽碑》,半在水中。建章则以帛包麦屑,置于水中,摸而读之,不欠一字,其笃学也如此。蓟门之人,皆能说之。于时亦闻于朝廷。葆光子曾遇蓟门军校姓孙,【忘其名。】细话张大夫遇水仙,蒙遗鲛绡,自赍而进,好事者为之立传,今亳州太清宫道士有收得其本者,且曰:“明宗皇帝有事郊丘,建章乡人掌东序之宝,其言国玺外唯有二物,其一即建章所进鲛绡,箧而贮之,轴之如帛,以红

---

① 〔五代〕孙光宪撰,贾二强点校。

线三道札之。亦云夏天清暑展开，可以满室凛然。”迩来变更，莫知何在。

卷第十七·李习吉溺黄河

太原李克用自渭北班师，次河西县，王珂于冰上构浮航，公渡浮航，马足陷桥。李习吉从，马轶坠河，习吉抱冰，舟人拯之获免。王珂惧，公谓曰：“公之于吾，非机桥者，何嫌之有？李谏议有闻于时，则不吾知也。”置酒笑乐而罢。习吉，右相林甫之后，应举不第。黄巢后，游于河东，摄榆次令，李公辟为掌记，笺檄之捷，无出其右。梁祖每读河东书檄，嘉叹其才，顾敬翔曰：“李公计绝一隅，何幸有此人？如鄙人之智算，得习吉之才笔，如虎之傅翼也。”其见重如此。

南部新书[①]

南部新书(乙)

开元中，将军宋清有神剑，后为瓜州牧李广琛所得。哥舒翰知而求之，广琛不与，因赠诗曰：“刻舟寻已化，弹铗未酬恩。”

南部新书(庚)

薛宜僚，会昌中为左庶子，充新罗册赠使。由青州泛海，船频阻恶风雨，至登州，却漂回青州。邮传一年，节度乌汉贞加待遇。有籍中饮妓段东美者，薛颇属情，连帅置于驿中。是春薛发日，祖筵呜咽流涕，东美亦然。及于席上留诗曰：“阿母桃花方似锦，王孙草色正如烟。不须更向沧溟望，惆怅欢娱恰一年。”薛到外国，未行册礼，旌节晓夕有声，旋染疾，谓判官苗田曰：“东美何故频见梦中乎？”数日而卒。苗摄大使行礼。薛旅榇还及青州，东美乃请告，至驿素服奠，哀号抚柩，一恸而卒。情缘相感，颇为奇事。

范成大笔记六种[②]

骖鸾录

石湖居士以乾道壬辰十二月七日，发吴郡，帅广西，泊船姑苏馆。

十四日，出盘门。大风雨，不行，泊赤门湾。

十五日，发赤门，早饭松江，送客入臞庵。夜登垂虹，霜月满江，船不忍发，送者亦？归，遂泊桥下。

十六日，发垂虹，宿震泽，前福州教授闻人阜民伯卿、贺州文学周震震亨皆来会。余去年北征，感腹疾于滑州，且死复生，今惟皮骨粗存。比怀桂林之章，再上疏丐外祠以老，弗获命，乃幞被行。则从故人李嘉言圣俞，致一老成馆客与偕。圣俞举震亨，故今日远来。震亨举业外，尤精《珞琭子》林开诸书。试评余五行，则曰：“吾知之旧矣，数语可决。公欲遄归以老，抑未也？今南去三千里，安坐再期，末年冬中，复西南行万里，亦再期乃归。但此时某恐不及被公饮食教载之赐耳。”其言诡异，姑笔记之。

十七日，至湖州，泊碧澜堂。

十八日，湖守薛季宣士隆开宴。方祈雪，蔬食而旦张乐。

十九日，将游北山石林，薛守愿同行。乘轻舟十余里，登篮舆，小憩牛氏岁寒堂，自此入山。松桂深幽，

① 〔宋〕钱易撰，黄寿成点校。
② 〔宋〕范成大撰，孔凡礼点校。

绝无尘事。过大岭,乃至石林。则栋宇已倾颓,西廊尽拆去,今畦菜矣。正堂无恙,亦有旧床榻在凝尘鼠壤中。堂正面下山之高峰,层峦空翠照衣袂,略似上天竺白云堂所见而加雄尊。自堂西过二小亭,佳石错立道周。至西岩,石益奇且多。有小堂曰承诏。叶公自玉堂归守先垄,经始之初,始有此堂。后以天官召还,受命于此,因以为志焉。其旁,登高有罗汉岩,石状怪诡,皆嵌空装缀,巧过镌劖。自西岩回步至东岩,石之高壮礌砢,又过西岩,小亭亦颓矣。叶公好石,尽力剔山骨,森然发露若林,而开径于石间,亦有自他所移徙置道傍以补阙空者。方公著书释经于堂上,四方学士闻风仰之,如璇玑景星,语石林所在,又如仙都道山,欲至不可得。盖棺未几,而其家已不能有,委而弃之灌莽丛薄间。游子相与徘徊,叹息之不能去。或谓此地离人太远,岑蔚荒虚,非大官部曲众多者难久处。又云:公没后,山鬼抢攘,暮夜与人错行,妇子不能安室,故诸郎去之云。出石林,饭旌善寺,叶氏坟祠也。霅川有两玲珑山,石林为大玲珑,又有小玲珑,在长兴县界路口,闻其尤胜石林,遂过之。小玲珑今属沈氏。沈氏之父死,二子幼,方检校于官。此山石色微黄而更奇古,一丘,悉中空,洞穴十数,皆旁相通贯,故名玲珑。泉声泻坏磴中,窈如深谷。堂前小池,石如牛马,飑隤其中。池后山屏上洗出之石,赑积嵌岩,巧怪万状。缺罅清泉泓泓,丛桂覆其上。亭、馆既无人居,亦渐荒废。霅川特无好事者能捐厚赀买之沈氏,虽不得仙,亦足以豪矣。玲珑山,杜牧之所游,即石林。小玲珑晚出而加胜。由沈家步登舟,回至城下,一鼓后矣。

二十日,发湖州。十八里,宿横山。横山虽小,乃截然溪上,蔽遮一川,若前无路者。相传为霅川风水向背之要。

二十一日,发横山,宿德清县。

二十二日,泊舟左顾亭。访县中知识数家,大抵倚山瞰溪,易得卜筑之胜。前户部侍郎李公子至之居,甚轮奂。其兄参政之子德甫者居郭外,据一丘壑,曩岁尝过之,今其人亡,室亦虚矣。闻运使沈度公雅方考室,往观之,甚洁而庳,堂之檐,手可接也。公雅素传过庭所教,常有"知止易足"之说,意其规摹出此。左顾亭者,孔愉放龟处。亭前两大枯木,可千年,德清古物,余不知他。今孔侯墓、庙在焉。庙居墓前,与其夫人像皆盘膝坐,盖是几席未废时所作。龟溪倚山,而薪蒸贵溪,而不数得嘉鱼,以其密迩行都,尽贩以往,风物已不逮曩年。出郊三里,游城山。顷岁赴太学试,道病暑,三宿晚对轩,题诗壁间,故在。凡僧寺皆南向,此独反北,故夏无凉风。闻自此过武康,才二十五里。道间有梅花邨,以千万计。客行有程,不得往。午,发德清,宿安溪。

二十三日,宿余杭县苕溪馆。

二十四日至二十七日,皆泊于余杭。乳母徐,自登舟,病喘甚,气息绵惙,若以登陆行,则速其绝,委之,恩义不可。过余杭五日,计无所出,昨夕达晓不寐,往来方寸中,此其势,必不可以远行也。且政使嫡母有兼侍,而长子远使,亦当就养他子,况乳保哉!张氏妹从其夫方宦临安,又同乳于徐者,遂决意留之张氏。分路时,心目刲断。世谓生离不如死别,信然。

二十八日,陆行,发余杭,与吴之兄弟妹侄及亲戚远送者别。皆曰:"君今过岭入厉土,何从数得安否问,此别是非常时比。"或曰:"君纵归,恐染瘴,必老且病矣。亦有御瘴药否?"其言悲焉。呜泣且遮道,不肯令肩舆遂行。又新与老乳母作生死诀,一段凄怆,使文通复得梦笔作后赋,亦不能状也。晚宿富阳县废寺中,即客馆也。

二十九日晚,复登舟,大雪不可行。

三十日,发富阳。雪满千山,江色沈碧。夜,小霁。风急,寒甚。披使虏时所作绵袍,戴毡帽,坐船头纵观,不胜清绝。剡溪夜泛,景物未必过此。除夜行役,庙祭及乡里节物尽废。晚,宿严州桐庐县。

癸巳岁正月一日,巳午间至钓台。率家人子登台讲元正礼,谒三先生祠。登绝顶,扫雪,坐平石上。诸山缟然,冻云不开,境过清矣。臧获亦贪殊景,皆忍寒犯滑来登。始,予自绍兴己卯岁,以新安户曹沿檄来,识钓台,题诗壁间。后十年,以括苍假守被召,复至,自和二篇,及今又四年,盖三过焉,复自和三篇。薄宦区区如此,岂惟愧羊裘公,见篙师滩子,惭颜亦厚,乃并刻数字于右庑柱间,而宿西口。

二日,午,至严州,泊定州馆。

三日，泊严州。渡江上浮桥，游报恩寺，中有潇洒轩，取吾家文正公“潇洒桐庐郡”之句以名。浮桥之禁甚严，歙浦杉排，毕集桥下，要而重征之，商旅大困，有濡滞数月不得过者。余掾歙时，颇知其事。休宁山中宜杉，土人稀作田，多以种杉为业。杉又易生之物，故取之难穷。出山时价极贱，抵郡城已抽解不赀，比及严，所征数百倍。严之官吏方曰：“吾州无利孔，微歙杉不为州矣。”观此言，则商旅之病，何时而瘳。盖一木出山，或不直百钱，至浙江乃卖两千，皆重征与久客费使之。

四日、五日，皆泊严州。

六日，发严州，宿大羊。

七日，至婺州兰溪县，泊澄江馆。此县旧出名酒，漕司扼其坊，近年所酿，寖不及昔时，大抵甘滞不快，声称减矣。

八日，泊兰溪。

九日，大雨。连日小舟跧湾。病倦，又闻衢之龙游小路，泥深溪涨，渡江不如陆，乃改陆行，取婺州路。晚至婺州，泊金华驿。

十日，泊婺州。

十一日，早饭马海寺。世俗所用百忌历，出此寺。宿汤嵊。

十二日，早饭舍利寺，宿龙游县龙丘驿。未至，有长桥，工料严饰，他处所未见，前令陶定所作。自登陆来，所至山有残雪，村落无处无梅，客行匆匆，自无缘领略，可叹也。

十三日，至衢州。自婺至衢皆砖街，无复泥涂之忧。异时两州各有一富人作姻家，欲便往来，共甃此路。

十四日，前吏部尚书汪公圣锡亦自玉山来，同赴郡守敷文阁待制张几仲灯宴。是日乃立春，晓旛夜蛾，同集尊前，真良辰也。

十五日，十六日，谒公于超化寺之两山阁。留饭，与前馆职郑升之公明偕。余与公明同召试，同除正字、校书郎。汪公时修国史。馆中例序齿，公明长余十余岁，复用故事逊公明，公明力辞，云：“各已出馆，正当叙官。”至逡巡欲遁去。汪公拱立无言。余从容请之，公徐曰：“应辰旧与凌季文尚书皆为正字，季文年长上坐。比岁仆以端明殿学士守平江，过湖，季文在焉。时为显谟阁学士，同会郡中。仆亦用故事逊季文，季文不辞。”公明遂就坐，记于此以补《麟台后志》。季文名景夏。

十七日，将发衢州，暂游郡圃，登超鉴堂。前守施元之德初所作，甚得登眺之胜。但恨小偏，与木相直，若右徙数丈，尽对诸山，乃佳。夜行，宿招贤市。

十八日，过常山县，宿蒋连市。

十九日，宿信州玉山县玉山驿。

二十日，宿沙溪。自入常山至此，所在多乔木，茂林、清溪、白沙，浙西之所乏也。

二十一至二十三日，皆泊信州。自此复登舟。

二十四日，舟行，宿霍毛渡。

二十五日，过弋阳县，宿渔浦。

二十六日，过贵溪县，宿金沙渡。去县数里，有桃花台，大坛石色如桃花。旁入数里，有鬼山。远望一山特起，与他小山接，如龟然，特起者其首也。大抵自上饶溪行，南岸绵延皆低，石山童无草木，色赤似紫，或一石长数里不休，或有如盘、如屏、如几及卧牛、蹲蟆之状者，不可胜计。石上平浄，可以摊曝麦禾。

二十七日，过饶州安仁县。吏士自信州分路陆行者，适方渡水，取抚州路，会余于南昌之宿港。

二十八日，至余干县。前都司赵彦端德庄新居在县后山上，亦占胜。同过思贤寺清音堂。下临琵琶洲，一水湾环循县郭，中一洲，前尖长，后圆阔，如琵琶，故以清音名此堂，从昔为胜处。晁无咎书其榜。前贤题诗满梁壁。琵琶洲一名鳖洲，野人相传，长沙尝旱，占云：“余干新涨一洲，如鳖，远食兹土。”潭人信之，至遣人来凿洲，今有断缺处。又云：“岁涝，洲不没。大甚，仅浸琵琶之项后，又谓浮洲。余干之名见《前汉书》。县有干越亭。

二十九日，宿邹公溪。

闰月一日，宿邬子口。邬子者，鄱阳湖尾也。名为盗区，非便风张帆及有船伴不可过。大雪，泊舟龙王庙。

二日，雪甚风横，祷于龙神。午，霁，发船邬子，宿范家池湖中。称某家池者，取鱼处也。随一家占为名。道中极荒寒，时有沙碛、芦苇，弥望，或报盗舟不远。夜遣从卒爇船傍苇丛，作势以安众。

三日，未至南昌二十里，泊。

四日，泛江至隆兴府，泊南浦亭。

五日，登滕王阁。其故基甚侈，今但于城上作大堂耳，榷酤又借以卖酒，“佩玉鸣銮”之罢久矣。其下江面极阔，云涛浩然。西山相去既远，遂不能一至。又登南昌楼、江月台。郡圃偪仄无可观。江西帅前右正言龚实之，欲取王士元三江五湖之句，以厅事后堂为襟带堂，余为书其榜，戏为谶曰：“襟者，金也，不三年，府公其腰黄乎！”

六日，游东湖，谒孺子亭，又过其祠庙，转至咏归亭。东湖秀而野，旁多幽居，松桂蒙郁。又过许真君观。观铁柱，在东庑一小枯池中。有柱出地上，高三尺许，其端如槎牙，如枯株怪石状，不知其深几何。相传以为许君锁怪孽于下，且以镇此方云。漕使前司业刘焞文潜之治所园、池、亭宏丽，大胜帅府，然二使者乃共一圃。

七日，将发南浦。终日雨，诸司来集，遂留行。夜分，大雪作，燃炬照江中，舞蝶塞空，亦奇赏也。

八日，泝清江，宿张家寨。

九日，宿市汊。缘岸居人，烟火相望，有乐郊气象。

十日，宿上江。两日来，带江悉是橘林。翠樾照水，行终日不绝，林中竹篱瓦屋，不类村墟，疑皆得种橘之利。江陵千本，古比封君，此固不足怪也。

十一日，过丰城县，小舣宝气亭。闻旧县去北，尚四十里。剑池乡张雷庙前有小池，云：“掘剑处也。”又尝徙治其南，名故县。今三徙至此。沿江石堤甚牢，密如钱塘。不如是，即颓啮不可保聚。宿木湖滩。

十二日，风驶尽帆力，舟如飞。宿临江军。初议诣宜春。出陆至此，则江道渐浅，大艘不可进，遂泊。夜，大风急雪，顷刻积盈尺。蓬窗摇荡震压，终夕危坐，以须其定。

十三日，登富寿堂。城西有富寿冈，盘绕郡治，以此为形胜，因以名堂。登清江台，前眺江流，练练如横一带。合阜、玉笥诸山江外，残雪未尽，萦青缭白，远目增明。

十四日，将登陆，家属已行，独冒微雨游芗林及盘园。芗林，故户部侍郎向公伯恭所作。本负郭平地，旧亦人家阡陇，故多古木修篁。厅事及芗林堂皆为樾荫所泊，森然以寒。宅傍入圃中，步步可观，构台最有思致。丛植大梅，中为小台，四面有涩道，梅皆交枝覆之。盖自梅洞中蹑级而登，则又下临花顶，尽赏梅之致矣。企疏堂之侧，海棠一径，列植如槿篱，位置甚佳。其他处所，自有图本行于世，不暇悉纪。没后，诸子复葺墙后园池，搴芳诸亭，亦不草草。大率无水，仅有一派入园作小池及涧泉之类所谓虎文者，亦不能详考。出芗林，对门又有荒园，甚广，未及葺。中有古岩桂大数围江乡无双者。伯恭欲为堂，亦不果。雨终日廉纤，假篮舆，以板为底，上起四柱，篮缺其前，以垂足于空虚，有雨雪，则以僧笠覆其上，两夫荷之。

盘园者，前湖南倅任诏子严所居，去芗林里许。其始酒家之后。有古梅，盘结如盖，可覆一亩，枝四垂，以木架之，如坐大酴醾下。子严以为天生尤物，求买得之。时芗林尚无恙，亦极叹赏，劝子严作凌云阁以瞰之，迄今方能鸠工。梅后坡垄畇畇，子严悉进筑焉。地广过芗林，种植大盛，桂径梅坡，极其繁蕪。但亦乏水，当洼下处作池积雨水而已。周旋两园，遂以抵暮，炬炳追及前顿，宿倒塔铺。

始，余得吴中石湖，遂习隐焉，未能经营如意也。翰林周公子充同其兄必达子上过之，题其壁曰：“登临之胜，甲于东南。”余愧骇，曰：“公言重，何乃轻许与如此。”子充曰：“吾行四方，见园池多矣，如芗林、盘园，尚乏此天趣，非甲而何？”子上从旁赞之。余非敢以石湖夸，忆子充之言，并记于此。噫，使予有伯恭之力，子严之才，又得闲数年，则石湖真当不在芗林、盘园下耶！

十五日，过栖桐山，游玉虚观，撷仙茅作汤。旧记晋有王长史居此地，许旌阳既仙，过其家，飞白茅数叶

与之,曰:"此茅备五味,服之,度五世。"乃以其居为观,入萧史洞隐去,以余茅植山后。道士间采得之,极芳辛,以煮汤饮,尤郁烈。徙植他所,无复香味,与凡茅等,余亲验之,疑自是一种香草也。观中有飞茅殿、仙茅碑。南唐中书舍人江文蔚,尝为修观碑,大中祥符中再修,以纯绿涂饰,至今色可摘也。魏国张忠献公尝宿此,梦与君谈养生,有石刻志之。宿万安驿。

十六日,宿新喻县。

十七日,宿袁州分宜县。

十八日,至袁州。桂林帅前大理寺丞李浩德远先在此相候,欲讲交承礼,为留三日。泊报恩光孝寺。

十九日,二十日,二十一日,二十二日,皆泊袁州。闻仰山之胜久矣,去城虽远,今日特往游之。二十五里,先至孚惠庙。栋宇之盛,与祠山张王庙相埒。祠兄弟二王,不血食,其神龙也。旧传二龙昔居仰山中,以其地施仰山祖师,迁居于此。江湖诸郡皆春秋来祭。奉之甚严。庙有杨氏称吴时加封司徒竹册尚存,文称宝大元年。余向居乡,得吴江邨寺石幢,所记亦以宝大纪年,盖钱氏有浙时或曾用杨氏正朔,此二证为甚确也。二王灵迹有《感化录》一篇,著之甚详,此略之。

桂林迓吏自言吾州亦有此庙。问何以然,则曰前帅中书舍人张安国赴镇,适湖南贼李金方作乱,广西岌岌,张过袁,祷于二王,如西广不被兵,当于桂林为神立行庙云。

出庙三十里,至仰山。缘山腹乔松之磴,甚危。岭阪之上,皆禾田层层,而上至顶,名梯田。建寺之祖仰山师者,事具《传灯录》中,号小释迦。始入山求地,一獭前引,今有獭经桥。至谷中,即二龙所居,化为白衣,逊其地焉。大仰之名,遂闻天下。二龙故迹有大池,上有颜渊亭。别有一泓,名叔季泉,酌以瀹茗。自小释迦塔后,方竹满山,取以为杖,为世所珍。登寺楼以望四山,各有佳峰,每峰如一莲华之叶,如是数十峰,周遭绕寺,山中目其形胜为莲华盆。晚,出山,复入袁州。

二十四日,发袁州,宿宣风市。

二十五日,宿七里铺。自离宜春,连日大雨,道上淖泥之浆如油。不知何人治道,乃乱置块石,皆刓面坚滑。舆夫行泥中,则浆深汩没;行石上,则不可著脚:跬步艰棘,不胜其劳。

二十六日,宿萍乡县,泊萍实驿。人以此地为楚王得萍实之地,然去大江远,非是。

二十七日,二十八日,皆泊萍乡,咽痛,径程以求医。

二十九日,发萍乡,宿里田驿。

三十日,宿潭州醴陵县。数日,行江西道中,林薄逼塞,蹊径欹侧。比登一小岭,忽出山,豁然弥望,平芜苍然,别是一川陆,盖已是湖南界矣。县前渌水桥下小江,本名漉水。比年新作桥,改今名。江色黛绿可爱,流而出于潇湘。驿屋最雄胜,冠江湖间。县出方响,铁工家比屋琅然。其法,以岁久铛铁为胜,常以善价买之,甚破碎者亦入用。

二月一日,宿山阳驿。夹道皆松木,甚茂。大抵入湖湘,松身皆直如杉,江西则柏亦峭直,叶如璎珞二物,与吴中迥不同。吴中松多虬干,柏则怪局。

二日,宿槠州市。又当舍舆泝江。此地既为舟车更易之冲,客旅之所盘泊,故交易甚伙,敌壮县。

三日,始泛湘江。自此至六日,早暮行倦则少休,不复问地名。湘江两岸小山坡陀,其来无穷,亦不间断。又皆土山,略无峰峦秀丽之意,但荒凉相属耳。

七日,宿衡山县。西望岳山,岧嶤半空。湘中山既皆冈阜,迤逦至岳山,乃独雄尊特起,若众山逊其高寒者。

八日,入南岳。半道,憩食。夹路古松三十里。至岳市,宿衡岳寺。岳市者,环皆市区,江、浙、川、广诸货之所聚,生人所须无不有。既憧憧往来,则污秽喧杂,盗贼亡命多隐其间,或期会结约于此,官置巡检司焉。

九日,上谒南岳庙。四阿各有角楼,两庑土偶仗卫,皆取则帝所。正殿独一神座,监庙与礼直官日上香火,后殿乃与后并处。湖南马氏所植古松满庭。殿后东西北三廊壁画,后宫武洞清所作。绍兴二十五年,火发殿上,烧后廊,壁本不圮,官时不覆护,为风雨所坏,帅司亟遣众工模搨。新庙成,用模本更画,虽不复

武氏笔法,然位置意象,十存七八。自宴乐、优戏、琴弈、图书、弋钓、纫织,下至捣练、汲井,凡宫中四时行乐作务,粲然毕陈,良工运思苦心,有如此者。朵殿又画嫔御上直、奁香篝衣之事,尤为精妍。庙吏常鐍后宫门,非命官盛服,毋得入。前廊及中门所画文武官班、旌旗戈甲之属,则常笔也。

衡岳寺在门西集贤峰下,有善果尊者铁锡存焉。孟氏有蜀,特来施此寺藏经。其帘衺,则蜀人户部侍郎欧阳彬所施,织文妙绝。胜业寺在庙前。登御书阁以望岳,晚晴,众山云尽卷,石廪、紫盖、岣嵝诸峰毕见,惟祝融在云气中。岳庙正值紫盖峰下一小山,曰赤帝峰。南台寺在瑞应峰上,登山之最近者。胜业寺有隋柏,盘局于地,几一亩,甚怪奇。柳子厚《般舟和尚碑》,子厚自书,亦有楷法。余病寒,不能风雨中登山,遂还。

十日,行舟数里,即再见南岳峰崛敦可尊。而仰带江别有小山一重,山民幽居点缀上,桃李花方发,望之如临皋道中。卢仝诗"湘江两岸花木深",至此方有句中意。

十一日,早暮行湘江中。

十二日,至衡州。

十三日,十四日,泊衡州,谒石鼓书院,实州治也。始,诸郡未命教时,天下有书院四:徂徕、金山、岳麓、石鼓,山名也。

州北行,冈陇将尽,忽山右一峰,特起如大矶,浸江中。蒸水自邵阳来,绕其左;潇湘自桂州、零陵来,绕其右:而皆会于合江亭之前,并为一水以东去。石鼓雄踞要会,大略如春秋霸主,号令诸侯勤王,蒸、湘如兄弟国奔命来会,禀命载书,乃同轨以朝宗。盖其形胜如此。合江亭,见韩文公诗,今名绿淨阁,亦取文公诗"绿淨不可唾"之句。退之贬潮阳时,盖自此横绝取路,以入广东,故衡阳之南皆无诗焉。

西廊外,石磴缘山,谓之西溪。有洼尊及唐李吉甫、齐映诸人题刻。书院之前有诸葛武侯新庙,家兄至先为常平使者时所立。

十五日,舍舟从陆。

桂海虞衡志・志蛮・六・宋黄震黄氏日钞卷六十七本节节文

自交趾渡口水,即占城国,汉林邑也。其南浦有马援铜柱山。东西皆大海,占城隔一水为真腊。又一水,曰登楼眉。此数国之西有大海,名细阑,为交趾、大理、吐番之西境。南接大洋海,海口有细阑国。其西有五天竺,南有故临国。又西则东大食海,海西则大食国。又西则西大食海,蕃商不通。南大洋中诸国,以三佛齐为大,诸蕃宝货之都会。三佛齐之东,则阇婆国。稍东北,则新罗国、高丽国。诸蕃之去中国,唯占城最近,大食最远。至大食,必舟行一年。凡诸国,皆蛮而递及者也。

容斋随笔①

容斋四笔・卷一【十九则】・犀舟

张衡《应间》云:"犀舟劲楫。"《后汉注》引《前书》:"羌戎弓矛之兵,器不犀利。"《音义》曰:"今俗谓刀兵利为犀。犀,坚也。""犀舟"甚新奇,然为文者未尝用,亦虑予所见之不博也。

容斋四笔・卷六【十五则】・记李履中二事

崇宁中,蔡京当国,欲洗邢恕诬谤宗庙之罪,既拔拭用之,又欲令立边功以进身,于是以为泾原经略使,遂谋用车战法,及造舟五百艘,将直抵兴灵,以空夏国。诏以付熙河漕臣李复。复,长安人,久居兵间,习熟

① 〔宋〕洪迈撰,孔凡礼点校。

戎事，力上疏诋切之。予顷书之于国史恕列传中。比得上饶所刊《潏水集》，正复所为文，得此两奏，叹其能以区区外官而排斥上相之客如此。恨史传为不详尽，乃录于此。

其《乞罢造舡奏》云："邢恕乞打造舡五百只，于黄河顺流放下，至会州西小河内藏放。有旨专委臣监督，限一年了当。契勘本路只有舡匠一人，须乞于荆、江、淮、浙和雇。又，丁线物料，亦非本路所出。观恕奏请，实是儿戏。且造舡五百只，若自今工料并备，亦须数年。自兰州驾放至会州，约三百里，北岸是敌境，岂可容易！会州之西，小河咸水，其阔不及一丈，深止于一二尺，岂能藏船！黄河过会州入韦精山，石峡险窄，自上垂流直下，高数十尺，船岂可过！至西安州之东，大河分为六七道，水浅滩碛，不胜舟载，一船所载，不过五马二十人，虽到兴州，又何能为！又不知几月得至。此声若出，必为夏国侮笑，臣未敢便依旨挥擘画，恐虚费钱物，终误大事。"

容斋四笔·卷九【十六则】·南舟北帐

顷在豫章，遇一辽州僧于上蓝，与之闲谈，曰："南人不信北方有千人之帐，北人不信南人有万斛之舟，盖土俗然也。"《法苑珠林》云："山中人不信有鱼大如木，海上人不信有木大如鱼。胡人见锦，不信有虫食树吐丝所成。吴人身在江南，不信有千人毡帐，及来河北，不信有二万硕船。"辽僧之谈合于此。

容斋四笔·卷十一【十八则】·船名三翼

《文选》张景阳《七命》曰："浮三翼，戏中沚。"其事出《越绝书》，李善注颇言其略，盖战船也。其书云："阖闾见子胥，问船运之备。对曰：'船名大翼、小翼、突冒、楼船、桥船。大翼者，当陵军之车，小翼者，当陵军之轻车。'"又，《水战兵法内经》曰："大翼一艘，广一丈五尺三寸，长十丈；中翼一艘，广一丈三尺五寸，长九丈；小翼一艘，广一丈二尺，长五丈六尺。"大抵皆巨战船，而昔之诗人乃以为轻舟。梁元帝云"日华三翼舸"，又云"三翼自相追"，张正见云"三翼木兰船"，元微之云"光阴三翼过"。其它亦鲜用之者。

容斋四笔·卷十六【十二则】·兵家贵于备预

晋盗卢循据广州，以其党徐道覆为始兴相，循寇建康，以为前锋。初，道覆遣人伐船材于南康山，至始兴贱卖之，居人争市之，船材大积，而人不疑。至是悉取以装舰，旬日而办。萧衍镇雍州，以齐室必乱，密修武备，多伐材竹，沉之檀溪，积茅如冈阜，皆不之用。中兵参军吕僧珍觉其意，亦私具橹数百张。衍既起兵，出竹木装舰，葺之以茅，事皆立办。诸将争橹，僧珍出先所具者，每船付二张，争者乃息。魏太武南伐盱眙，太守沈璞以郡当冲要，乃缮城浚隍，积财谷，储矢石，为城守之备。魏攻之，三旬不拔，烧攻具退走。古人如此者甚多，道覆虽失所从，为畔涣之归，然其事固可称也。

封氏闻见记校注[①]

卷四·漳渎

开元中，拾遗盖匡朝上书："以江、淮、河、济，各能独达于海，故受'四渎'之名。按，《尚书注》云：'漳水横流入河。'今之此水，与古有异。发源潞州，东赴沧海。有踰淮、济，合著'渎'名。请以漳水为一渎，并前为五。以淮水配西岳，漳水配北岳，济水配中岳，庶随正方，各得其宜，阴阳克和，风雨时若。"奏上，不许。

---

① 〔唐〕封演撰，赵贞信校注。

卷五·烧尾

士子,初登荣进及迁除,朋僚慰贺,必盛置酒馔音乐以展欢宴,谓之“烧尾”。说者谓虎变为人,惟尾不化,须为焚除,乃得成人;故以初蒙拜受,如虎得为人,本尾犹在,体气既合,方为焚之,故云“烧尾”。一云新羊入群,乃为诸羊所触,不相亲附,火烧其尾,则定。

贞观中,太宗尝问朱子奢烧尾事,子奢以烧羊事对。

中宗时,兵部尚书韦嗣立新入三品,户部侍郎赵彦昭假金紫,吏部侍郎崔湜复旧官,上命烧尾,令于兴庆池设食。至时,勅卫尉陈设,尚书省诸司,各具采舟游胜,飞楼结舰,光夺霞日。上与侍臣亲贲临焉。既而问吏部船为仗所隔,兵部船先至,嗣立奉觞献寿。上问:“吏部船何在?”崔湜步自北岸促之,遇户部双舸,上结重楼,兼胡乐一部。即呼至岸,以纸书作“吏部”字帖牌上,引至御前。上大悦,以为兵部不逮也。俄有风吹动所帖之纸,为嗣立所见,遽奏云:“非吏部船。”上令取牌,探纸见“户”字,大笑。嗣立请科湜罪,上不许,但罚酒而已。

卷七·海潮【原注:“缺。”今由《全唐文》卷四百四十录出补入。】

余少居淮海,日夕观潮。大抵每日两潮,昼夜各一。假如月出潮以平明,二日三日渐晚,至月半则月初早潮翻为夜潮矣。如是渐转至月半之早潮复为夜潮,月半之夜潮复为早潮。凡一月旋转一帀,周而复始。虽月有大小,魄有盈亏,而潮常应之,无毫厘之失。月,阴精也,水,阴气也,潜相感致体于盈缩也。

卷八·鱼龙畏铁

海州南有沟水上通淮、楚,公私漕运之路也。宝应中,堰破水涸,鱼商绝行。州差东海令李知远主役修复,堰将成辄坏,如此者数四,用费颇多,知远甚以为忧。或说“梁代筑浮山堰,频有阙坏,乃以铁数万斤坟积其下,堰乃成”。知远闻之,即依其言而塞穴。

初,堰之将坏也,辄闻其下殷如雷声;至是其声移于上流数里。盖金铁味辛,辛能害目,蛟龙护其目,避之而去,故堰可成。

大历中,刑部郎中程皓,家在相州,宅前有小池,有人造剑,于池内淬之,蛇鱼皆死。予家井中有鱼数十头,因有急,家人以药杵投之于井,信宿,鱼皆浮出。知鱼亦畏铁焉。

元明史料笔记

南村辍耕录[1]

卷一・大军渡河

世皇取江南。大军次黄河。苦乏舟楫。夜梦一老叟曰。陛下欲渡河。当随我来。引至一所。指曰。此即是已。帝遂以物标识之。乃觉。历历可记。明日。循行河浒。寻梦中所见处。果是。方惊顾间。忽有人进曰。此间水浅。可渡。时帝征梦中语。因谓曰。汝能先涉否。其人乃行。大军自后从之。无一不济。帝欲重旌其功。对曰。富与贵悉非所愿。但得自在足矣。遂封为答剌罕。与五品印。拨三百户以食之。今其子孙尚有存者。此事。杨元诚太史瑀所云。

卷五・朱张

宋季年。群亡赖子相聚。乘舟钞掠海上。朱清、张瑄最为雄长。阴部曲曹伍之。当时海滨沙民富家以为苦。崇明镇特甚。清尝佣杨氏。夜杀杨氏。盗妻子货财去。若捕急。辄引舟东行。三日夜。得沙门岛。又东北。过高句丽水口。见文登、夷维诸山。又北。见燕山与碣石。往来若风与鬼。影迹不可得。稍息。则复来。亡虑十五六返。私念南北海道此固径。且不逢浅角。识之。【杭吴明越杨楚与幽蓟莱密辽解俱岸大海。固舟航可通。相传朐山海门水中。流积堆淤江沙。其长无际。浮海者以竿料浅深。此浅生角。故曰料角。明不可度越云。】廷议。兵方兴。请事招怀。奏可。清、瑄即日来。以吏部侍郎左迁七资最下一等授之。令部其徒属。为防海民义。隶提刑。节制水军。江南既内附。二人者。从宰相入见。授金符千户。时方挽漕东南供京师。运河隘浅。不容大舟。不能百里五十里。辄为堰潴水。又绝江淮。遡泗水。吕梁彭城。古称险处。会通河未凿。东阿在平道中。车运三百里。转输艰而糜费重。二人者。建言海漕事。试之。良便。【至元十九年也。】上方注意向之。初年不过百万石。后乃至三百万石。二人者。父子致位宰相。弟侄甥婿皆大官。田园宅馆遍天下。库藏仓庾相望。巨艘大舶帆交番夷中。舆骑塞隘门巷。左右仆从皆佩于菟金符。为万户千户。累爵积赀。气意自得。二人者。既满盈。父子同时夷戮殆尽。没赀产县官。党与家破禁锢。大德六年冬也。【见胡石塘先生所撰何长者传。】

卷七・金鳌山

吾乡于佩远先生演题金鳌山诗曰。金鳌之山金碧浮。重玄宝坊居上头。钟声夜渡海门月。树色远揽丰山秋。龙伯国人真妙手。掣此巨灵镇江口。丹丘逸士来跨之。石洼为尊江当酒。黄须天子七宝鞭。黄头渔郎棹江船。百年尘迹果何在。芒砀云去山苍然。历试诸难固天造。中兴开国何草草。腹心有疾日月昏。英雄无声天地老。两宫不归汴水流。此地空传帝子游。惜无健笔驱风雨。一洗江山万古愁。此诗至今脍炙人口。山枕海。属临海县章安镇。初。宋高宗在潜邸日。泰州人徐神翁。云能知前来事。群阉言于徽宗。召至。以宾礼接之。一日。献诗于帝曰。牡蛎滩头一艇横。夕阳西去待潮生。与君不负登临约。同上金鳌背上行。及两宫北狩。匹马南渡。建炎庚戌正月三日。帝航海。次章安镇。滩浅阁舟。落帆于镇之福济寺前以候潮。顾问左右曰。此何山。曰。金鳌山。又问。此何所。曰。牡滩。因默思神翁

---

① 〔元〕陶宗仪。

之诗。乃屏去警跸。易衣徒步登岸。见此诗在寺壁间。题墨若新。方信其为异人也。时住持僧方升坐。道祝圣之词。帝趾忽前。闻其称赞之语。甚喜。戒左右勿惊怖。而谛听之。少焉。千乘万骑毕集。终知为六飞临幸。野僧初不闲礼节。恐怖失措。从行有司。教以起居之仪。山下曰黄椒村。村之妇女闻天子至。咸来瞻拜龙颜。欢声如雷。曰。不图今日得睹天日。帝喜。敕夫人各自遂便。故至今村妇皆曰夫人。虽易世。其称谓尚然不改。宋史但载御舟幸章安镇。而不见金鳌之详。偶与张善初话乡中旧事。因笔之。善初。章安人也。

卷八·长年

吾乡称舟人之老者曰长年。长。上声。盖唐已有之矣。杜工部诗云。长年三老歌声里。白昼摊钱高浪中。古今诗话谓川峡以篙手为三老。乃推一船之最尊者言之耳。因思海舶中以司柁曰大翁。是亦长年三老之意。

卷八·星入月

松江孙元璘言。至正乙未七月六日夜。自平江归。泊舟城西栅口。方掀蓬露坐。忽见一星。大如栝椀。色白而微青。尾长四五丈。光焰烛天。戛然有声。由东北方飞入月中而止。此时月如仰瓦。正乘之。无偏倚。若人以手拾置其中者。尝记宋张端义贵耳集云。丁亥年。余为仪真录参。十月二十三日夜。因观天象。见一星人月。算历者邹淮绝早相别。云。昨夜星入月。恐两淮兵动。不可住。径唤渡过建康。余问之。古有此否。邹云。汉献帝时。一次星入月。今再见也。十一月十二日。刘倬举兵僇孝姑。姑反戈。一城狼狈。仅以身免。继此兵祸未泯也。据此说。则松江之祸。亦非偶然。松江自丙申二月十八日军乱。越三日。苗来克复。首尾两月之间。焚杀掳掠。十里之城。悉化瓦砾之区。视它郡尤可畏。是则星入月不知此时在于何所分野。顾乃松江独应其兆与。

卷十·溺水不跃

漳州龙溪县澳里人陈端才之妻蔡氏三玉。后至元间。本处寇起。掠其里。里媪集里中妇女同舟避难。寇追及。三玉亟以水渍衣。寇视三玉有姿色。欲先汙之。三玉绐曰。衣湿。更求衣。间寇取衣。投水死。寇曰。溺者必跃。以长竿络钩。俟其跃而举之。尸竟不跃。寇退。三玉之父端广。舟次上流。尸逆流附父舟。捽之不去。移舟遡河而上。尸从之上者三。父异甚。视。则其女也。夫三玉。一妇人耳。宁死不辱。出于天性。宜其贞爽不昧如此。

卷十一·海运

国朝海运粮储。自朱清张瑄始。以为古来未尝有此。按杜工部诗出塞云。渔阳豪侠地。击鼓吹笙竽。云帆转辽海。粳稻来东吴。又昔游云。幽燕盛用武。供给亦劳哉。吴门持粟帛。泛海凌蓬莱。如此。则唐时已有海运矣。朱张特举行耳。

卷十二·浙江潮候

浙江。一名钱唐江。一名罗刹江。所谓罗刹者。江心有石。即秦望山脚。横截波涛中。商旅船到此。多值风涛所困而倾覆。遂呼云。此事见吴越时僧赞宁传载中。其昼夜二潮甚信。上人以诗括之曰。午未未未申。申卯卯辰辰。巳巳巳午午。朔望一般轮。此昼候也。初一日午未。初二日未初。十五日如初一。夜候则六时对冲。子午丑未之类。汉东宣伯聚先生昭尝作浙江潮候图说云。大江而东。凡水之入于海者。无不通潮。而浙江之潮独为天下奇观。地势然也。浙江之口。有两山焉。其南曰龛山。其北曰赭山。并峙于江海之会。谓之海门。下有沙潭。跨江西东三百余里。若伏槛然。潮之入于浙江也。发乎

浩渺之区。而顿就敛束。逼碍沙潭。回薄激射。折而趋于两山之间。拗怒不泄。则奋而上隮。如素蜺横空。奔雷殷地。观者胆掉。涉者心悸。故为东南之至险。非它江之可同也。原其消长之故者。曰天河激涌。曰地机翕张。揆其晨夕之候者。曰依阴而附阳。曰随日而应月。地志涛经。言殊旨异。胡可得而一哉。盖圆则之运。大气举之。方仪之静。大水承之。气有升降。地有浮沉。而潮汐生焉。月有盈虚。潮有起伏。故盈于朔望。虚于两弦。息于朓朒。消于朏魄。而大小准焉。月为阴精。水之所生。日为阳宗。水之所从。故昼潮之期。日常加子。夜潮之候。月必在午。而晷刻定焉。卯酉之月。阴阳之交。故潮大于余月。大梁析木。河汉之津也。朔望之后。天地之变。故潮大于余日。寒暑之大。建丑未也。一晦一明。再潮再汐。一朔一望。再虚再盈。天一地二之道也。月经于上。水纬于下。进退消长。相为生成。历数可推。豪厘不爽。斯天地之至信。幽赞于神明。而古今不易者也。杭之为郡。枕带江海。远引瓯闽。近控吴越。商贾之所辐凑。舟航之所骈集。则浙江为要津焉。而其行止之淹速。无不毕听于潮汐者。或违其大小之信。爽其缓急之宜。则必至于倾垫底滞。故不可以不之谨也。某承之兹郡。属兵革未弭之秋。信使之往来。师旅之进退。虽期会纷纭。边陲警急。必告之曰。谨候潮汐。毋躁进以自危。然而迹累肩摩。晨驰夕骛。有不能人喻而户说之者。考之郡志。得四时潮候图。简明可信。故为之说。而刻石于浙江亭之壁间。使凡行李之过此者。皆得而观之。以毋蹈夫触险躁进之害。亦庶乎思患而预防之之意云。此说博极群书。辞理超诣。而古今之论潮候者。盖莫能过之矣。因并录之。

卷十四·忠烈

越明年。壬辰春正月初二日。行省左丞孛罗帖木儿。奉总兵御史大夫领枢密院也先帖木儿命。领兵进攻淮西。亦来屯驻。逗遛不前。十四日。武昌陷。十六日。藩王大臣官民舟航蔽江而下。我民解散。十九日。秃坚不花、孛罗帖木儿皆遁去。僚佐司属。悉为一空。公亟发廪振民。收召士卒。数日。稍辑。机务繁剧。不遑寝食。以二十三日卧病。然犹扶惫乘肩与领兵出境。行省以公忠诚昭著。授本省参知政事。行江州南康路军民都总管。便宜行事。二月初九日。秃坚不花惧台宪公议。自三山移兵入城。十一日。寇忽至城下甘棠湖。纵火焚西门。公立城上。身当矢石。秃坚不花从北门遁去。日中。势益炽。分众攻北门。城遂陷。公犹执铁檛指挥左右迎战。众惊溃。公被执。胁以刃。不肯降。口骂不绝声。遂杀之。侄男秉昭亦遇害。初。武昌陷时。公谓子秉方曰。我国之守臣。当死此土。汝可奉母往下江依伯父。以存吾后。秉方曰。父死国。子死父。有何不可。公怒曰。汝不遵命。是不孝也。秉昭亦告其兄曰。兄不去。则叔父无后。不孝莫大于是。某当与叔父同死生矣。兄无虑焉。秉方不获已。买舟奉母夫人行。舟次何家堡。迟留不忍舍。公闻之。手批责以大义。遂去。不半月。公死。

卷二十四·误堕龙窟

徐彦璋云。商人某。海船失风。飘至山岛。匍匐登岸。深夜昏黑。偶坠入一穴。其穴险峻。不可攀缘。比明。穴中微有光。见大蛇无数。蟠结在内。始甚惧。久。稍与之狎。蛇亦无吞噬意。所苦饥渴不可当。但见蛇时时砥石壁间小石。绝不饮咽。于是商人亦漫尔取小石噙之。顿忘饥渴。一日。闻雷声隐隐。蛇始伸展。相继腾升。才知其为神龙。遂挽蛇尾得出。附舟还家。携所噙小石数十至京城。示识者。皆鸦鹘等宝石也。乃信神龙之窟多异珍焉。自此货之致富。彦璋亲见商人。道其始末如此。

卷二十五·论秦蜀

秦皇坑儒。武侯相汉。未有置异议于其间者。偶读宋萧森希通录。及俞文豹吹剑录。而得其说。可采。……坑儒一事。未有究极之者。仆按史书。所坑特侯生、卢生四百六十余人。非能尽坑天下儒者。为其所坑。又非儒者。何以知之。始皇三十二年。使卢生求羡门。刻碣石门。坏城郭。决提防。又卢生入海还。因奏录图书曰。亡秦者胡也。始皇乃遣蒙恬。发兵三十万人。北伐匈奴。起临洮。筑辽水。又

卢生说始皇曰。日方中。人主时为微行。以避恶鬼。恶鬼避。真人至。愿上所居宫毋令人知。然后不死之药殆可得也。其后建阿房宫。千间万落。必自此言发之。观其二事。皆卢生稔其恶。又纵臾之。特方伎之流耳。岂所谓儒者哉。始皇因封禅之议。谤口纷纷。已怀杀意。及其一怒而坑之。或者天理之不容。方其求药海上也。则挟童男童女以行。皆取于民间。夺其无告之孤。肆厥不轨之状。如今所谓妖教。窃其中死无辜者多矣。此一罪也。

卷二十八·义丈夫

吴兴钱泰窝云。至正初。二贾自嘉兴来平江。买舟至海口。收市舶货。行二十余里。两道人诣舟求度。一负磬。一持鬼神像。既上舟。去巾服。乃两甲者。从像中出二长刀。叱曰。吾逐盗至此。汝真盗也。舟人阳应曰。我固知为盗。顾无以发。今壮士诚与吾意合。此未可。前途乃可耳。故纡行。且曰。二盗已落公手。治酒助公勇。遂命妻取酒劝甲者。迟暮。醉。抽其刀斫贼。其一跃起。复斫之。二盗尽死。舟还。二贾泣且拜曰。非公吾几不免虎口。遂以白金二饼为舟人寿。吁。决死生于阽危之际。不负贾之托。不谓之义丈夫可乎。

卷二十九·纪隆平

张士诚弟兄四。淮南泰州白驹场人。泰州地滨海。海上盐场三十有六。隶两淮运盐使司。士诚与弟士义、士德、士信。并驾运盐纲船。兼业私贩。初无异于人。先是。中书省右丞相脱脱在任。灾异叠见。黄河变迁。至正十一年。遣工部尚书贾鲁。役民夫一十五万。军二万。决河故道。民不聊生。……方国珍弟兄。啸聚台州海上。……十三年五月。士诚又与华甫同谋起事。未几。士诚党与十有八人。共杀华甫。遂并其众。焚掠村落。驱民为盗。陷通、泰、高邮。自号诚王。改元天祐。……士德又与与敬提兵入杭州。军器甚锐。杭州大军。敛锋不敌。丞相退避萧山。士德军检刮虏掠。罗木营万户普贤奴。乃庆元路万户全驹儿之子。年未弱冠。智勇过人。率兵先出。完者部领苗军继进。民亦挺身巷战。士德大溃。收拾残兵。十丧八九。及攻海盐。又为乍浦钟氏所挠。后得马道骁勇。禽获苗军无算。西南接境。赖此无虞。不然。松江非士诚有矣。昆山数为方国珍海军攻击。托丁氏往来说合。结为婚姻。昆山之民。幸遂苏息。湖之长兴、武康。与广德相界。花枪军出没之地。虽互有胜负。然亦不胜其苦。所跨三州。皆邻勍敌。可畏者特集庆一军最盛。陆路则无锡、宜兴、长兴。水路则太湖。士马震耀。舳舻相衔。自后长兴陷。常州又陷。士德战败被擒。缚致集庆。俾其作书劝士诚归附。士德以身徇之。终无降意。士诚势穷力迫。愿就丞相招安。使者往返。讫莫成就。仁亲诣江浙省堂。具陈自愿休兵息民之意。议始定。时十八年秋八月也。

草木子[①]

卷之一上·管窥篇

海潮。天理之喘息也。天有昼夜。故潮有潮汐。随月进退。从其类也。

昼长则多热。昼短则多寒。寒热进退。皆由于日也。月满则潮盛。月亏则潮衰。潮汐进退。皆由于月也。

岭外录。江浙之潮。自有定候。钦廉之潮。则朔望大潮。谓之先水。日止一潮。谓之小水。琼海之潮。半月东流。半月西流。潮之大小。随长短星。不系月之盛衰。岂不异哉。

---

① 〔明〕叶子奇撰。

卷之一下·观物篇

尝闻海贾云。南海时有海人出。形如僧。人颇小。登舟而坐。至则戒舟人寂然不动。少顷复沉水。否则大风翻舟。又大金时。有龙见燕京旧塘泺。手托一婴儿。如少年中官状。红袍玉带。略无畏怖之容。经三时始没。由此观之。水亦有人类也。但幽明相隔。不可相知耳。观温太真牛渚燃犀事。理亦可见。

卷之三上·克谨篇

至正初。扬子江一夕忽竭。舟楫皆阁于涂中。露有钱货无数。盖是累年覆舟之遗物也。人争取之。潮至辄走。潮退复然。亦有走不及而溺死者。如是累月。江复安流。识者曰。此江啸也。其后果先失江南。

至正戊子。永嘉大风。海舟吹上平陆高坡上三二十里。死者千数。世人谓之海啸。其后海寇方国珍据海为盗。攻剽濒海数州。朝廷终莫能制。

庚申帝幼年。远贬南服。舟泛清江。忽有二老猴登舟献果而拜。及去。使人尾之。至山洞中。群猴凡四五百。上命近寺僧每日设饭饲之。及癸酉还都登极。群猴复相率拜送。余猴数百皆去。忽其中大猴卒死者三十六枚。当时皆惘然。莫知所以。盖申肖猴。迎拜。见祥也。送死。示孽也。庚申帝既贬而得国。在位凡三十六年而亡国。盖天示之象也。在昔唐明皇酉生肖鸡。明皇好斗鸡。兵争象也。其后卒有禄山之乱。

元京军国之资。久倚海运。及失苏州。江浙运不通。失湖广。江西运不通。元京饥穷。人相食。遂不能师矣。兼之中原连年旱蝗。野无遗育。人无食。捕蝗为粮。

庚申帝初年。秦王伯颜为政。变乱旧章。江西有朱光卿。在后有李致甫罗天伦之变。国力犹全。寻皆殄灭。至正戊子间。海寇方国珍始为乱。先是蔡乱头剽劫海商。始悬格命捕之。方为台之杨屿人。慕赏功官爵。募众至数千人。时台州总管焦鼎等纳蔡之赂。薄其罪而不加诛。玩忽岁月。方遂入海为寇。官兵皆不战而败。朝廷恐为海运之梗。招安之。即啖之以海运千户。及既定。濒海之民莫不愤之。与万户萧载之谋袭杀之。不果。又叛。朝廷命参政孛罗元帅董抟霄率兵加讨。兵未交。皆先溃。郝万户为所获。方拘置舟中。使求招安。郝故出高丽后位下。请托得行。遂特旨释之。进爵已拜参矣。呜呼。边方贪官既失之于始。中宫宠后又失之于终。当赏而不赏，当刑而不刑。刑赏之柄既失。纪纲于是乎大坏。而中原之寇起矣。

沔阳盗倪文俊。号蛮子。聚众从为乱。倪世以渔业居黄州黄陂。其生之夕。母梦有白虎入室。遂生。及徐僭号。倪为伪相。用多桨船。疾如风。昼夜兼行湖江。出人不意。故多克捷。所至杀害。掳威顺王诸子。妻其妃子。庚申帝特降诏招抚。然乱端已成。俱无所及。王诸子竟为所杀。荆鄂潭岳黄蕲沣六常德宝庆江虔洪吉等州。皆为所据。然骄恣不抚其下。后竟为其下所杀。前夕。母复梦白虎死。遂遇戮。又一二日前。有大星落蛮子舟前。蛮子曰。又有大官人当吾手中死。不知乃自己应天象也。呜呼。区区一盗。使之为乱以祸天下。而亦内符母梦。上应乾象。岂徒然哉。其弟倪文郁同乱。后封长沙王。镇岳州。及蛮子诛。文郁亦见杀。独季弟倪七不从乱。亦不及祸。至今尚居汉川县。耕稼为业。富于牛田。

高邮盗张九四叛。于正壬辰年。朝廷命脱脱丞相征之。中散其兵。兵遂溃。张乃陷平江路。先是。中原上马贼剽掠淮汴间。朝齐暮赵。朝廷不能制。张为盐场纲司牙侩。以公盐挟带私盐。并缘为奸利。然资性轻财好施。甚得其下之心。当时盐丁苦于官役。遂推其为主作乱。朝廷命脱脱讨之。王师号百万。声势甚盛。众谓共平在晷刻。及抵其城下。毛葫芦军已有登其城者矣。疾其功者曰。不得总兵官命令。如何辄自先登。召其还。及再攻之。不下。未几下诏贬脱脱。师遂溃叛。乙未。张泛海以数千人陷平江路。海运遂绝。后朝廷力不能制。以诏招之。累官至司徒。自号成王。据有平江嘉兴杭州绍兴五路之地。

庚子岁。伪汉王陈友谅杀其君徐贞一。称帝于采石五圣庙。先是。徐虽为君。权皆在倪蛮子。友谅其所部也。倪为丞相。颇骄恣。待其下无恩。陈因与其党袭杀之。其党复谋杀之。事泄见杀。于是大权悉归于陈。封伪汉王。欲举兵攻台。兵至采石。谋称帝而后下兵。遂遣其党杀徐。僭号曰汉。改元大义。引兵攻台。大败而归。营江州为都。

友谅。原沔阳人。承平为县贴书。及从为盗。弟兄四五人专兵为卫。既杀倪杀徐。遂谋为帝。既败于建康。复弃江州而遁回武昌。于是洪虔吉赣袁瑞抚饶皆归建康。壤地益蹙。竭力制舟师。谋图报复。合兵攻隆兴。久不下。台兵至。合战鄱阳。前后相持者八十余日。大战者五六。死者六七万人。兵既不支。欲退出至湖口。为流矢所中而卒。其下复立其子为帝。袭位居武昌。改元德寿。台兵攻围一年不拔。泼张以潭岳兵赴援。兵败见执。遂俱降。国亡。重庆盗旻眼子。僭号称帝。国号大夏。改元旻。先沔阳人。瞎一目。为巡司弓兵牌子头。随倪蛮子为盗。分兵攻四川。陷成都。杀戮既尽。退居重庆。陈矫徐命。使会兵建康。既而愤陈之杀逆。竟引兵归。曰汝能为帝。我岂不能为帝耶。据有全蜀之地。绝不与陈通。居位六年。后为其弟所杀。其妻复图杀其弟。立其子为帝。袭位。以其党戴牌为冢宰。事皆专之。小旻主拥虚名而已。辛亥。台兵攻之。七月。四川破。遂同其母俱降。其后母召入宫。以海舟送小旻主同德寿陈少主去高丽。飘然入于海矣。

卷之三下·杂制篇

元海运自朱清张瑄始。岁运江淮米三百余万石。以给元京。四五月南风至起运。得便风十数日即抵直沽交卸。朝廷以二人之功。立海运万户府以官之。赐钞印。听其自印。钞色比官造加黑。印硃加红。富既埒国。虑其为变。以法诛之。而海运自后岁以为常。及张九四据有浙西。而海道又有方国珍。运道遂梗。而国已不国矣。

卷之四上·谈薮篇

国朝初。朱张二万户以通海运功。上宠之。诏赐钞印。令自造行用。自是富倍王室。及事败。死于京。有僧以诗弔之曰。祸有胎兮福有基。谁人识破这危机。酒酣吴地花方笑。梦断燕山草正肥。敌国富来犹未足。全家破后始知非。春风只有门前柳。依旧双双燕子飞。

菽园杂记[①]

卷一

民间俗讳,各处有之,而吴中为甚。如舟行讳“住”,讳“翻”,以“箸”为“快儿”,“幡布”为“抹布”。

---

① 〔明〕陆容撰。

卷三

永乐七年，太监郑和、王景弘、侯显等，统率官兵二万七千有奇，驾宝船四十八艘，赍奉诏旨赏赐，历东南诸蕃，以通西洋。是岁九月，由太仓刘家港开船出海，所历诸蕃地面，曰占城国，曰灵山，曰昆仑山，曰宾童龙国，曰真腊国，曰暹罗国，曰假马里丁，曰交阑山，曰爪哇国，曰旧港，曰重迦逻，曰吉里地闷，曰满剌加国，曰麻逸冻，曰彭坑，曰东西竺，曰龙牙加邈，曰九州山，曰阿鲁，曰淡洋，曰苏门答剌，曰花面王，曰龙屿，曰翠岚屿，曰锡兰山，曰溜山洋，曰大葛阑，曰阿枝国，曰榜葛剌，曰卜剌哇，曰竹步，曰木骨都东，曰阿丹，曰剌撒，曰佐法儿国，曰忽鲁谟斯，曰天方，曰琉球，曰三岛国，曰浡泥国，曰苏禄国。至永乐二十二年八月十五日，诏书停止。诸蕃风俗土产，详见太仓费信所上《星槎胜览》。

卷五

永乐中，建都北平，漕运转输，始倍其耗。由是民不堪命，逋负死亡者多矣。宣宗明烛是弊，诏官田减税三分，时格于国用不足之议，事遂不行。郡守况钟抗章上请，得遵优旨，共减税粮七十二万余石。又得巡抚周文襄公存恤惠养，二十余年，岁丰人和，汔可小康。自后水旱相仍，无岁无之，加以运漕亏折，陪贼不訾，民复困瘁。况沿江傍湖围分，时多积水，数年不畊不获，而小民破家鬻子，岁偿官税者，类皆重额之田。此吴民积久之患也。

卷六

元起朔漠，建都北平，漕渠不通江、淮。至元初，粮道自浙西涉江入淮，由黄河逆水至中滦旱站，陆运至淇门，入御河。中滦，即今开封府封邱县地。淇门，今属大名府浚县，乃淇水入御河之处，即枋头也，去中滦旱站一百八十余里。自黄河逆水至中滦，自中滦陆运至淇门，其难盖不可言。况运粟不多，不足以供京邑之用，于是遂有海运之举。然海道风涛不测，损失颇多，故又自任城开河，分汶水西北至须城之安民山，入清济故渎，通江、淮漕，经东阿，至利津河入海。由海道至直沽，接运至京。任城，今之济宁州也。须城，今之东平州也。其后海口沙壅，又自东河陆运二百余里，至临清始入御河，其难尤不可言。时有韩仲晖、边源辈，各出己见，相继建言，乃自安民山开河，直抵临清，属于御河，而江、淮之漕始通矣。然当时河道初开，不甚深阔，水亦微细，不能负重载。所以又有会通河止许一百五十料船行之禁。海运之初，岁止得米四万六千余石，其后岁或至三百余万石。会通河所运之米，每岁不过数十万石。终元之世，海运不罢。国初，定鼎金陵，惟辽东边饷则用海运。其时会通河尚通，今济宁在城闸北岸，见有洪武三年晓谕往来船只不得挤塞闸口石碣在。至二十四年，河决原武，漫过安上湖，而会通河遂淤，自是江、淮舟船始不至御河矣。永乐间，肇造北京，粮道由江入淮，由淮入黄河，水运至阳武，发河南、山西二布政司丁夫，旱路般运，至卫辉上船，由御河水运至北京，亦不可谓不难矣。后得济宁州同知潘叔正建言，工部尚书宋礼等提督，始开凿会通河。潘之建言，止为济宁州往北旱站递运军需等项艰苦，欲开此河以省民力耳，初未尝言开此漕运也。河成，宋尚书建言，始从会通河漕运，而海运于是乎罢。当会通河漕运之初，又得平江伯陈瑄，于凡河道事宜莫不整顿。所以至今京储充羡，不至缺乏者，会通河之力。开凿经理以底于成者，斯又数君子之力也。此出刑部侍郎三原王公恕《漕河通志》，节其要语记之。

永乐五年，会议北京合用粮饷。虽本处岁有征税及屯田子粒，并黄河一路漕运，然未能周急，必藉海运然后足用。见在海船数少，每岁装运，不过五六十万石。且未设衙门专领，事不归一，莫若于苏州之太仓，专设海道都漕运使司，设左右运使各一员，从二品，同知二员，从三品，副使四员，从四品，经历司照磨所品级官吏，俱照布政司例。本司堂上官，于文武中择公勤廉干者以充其职，行移与布政司同。各处卫所见有海船并出海官军，俱属提调，以时点检，如法整治。奏上，太宗有再议之旨，遂不行。

卷七

江南巡抚大臣,惟周文襄公忱最有名。盖公才识固优于人,其留心公事,亦非人所能及。闻公有一册历,自记日行事,纤悉不遗。每日阴晴风雨,亦必详记。如云某日午前晴,午后阴,某日东风,某日西风。某日昼夜雨。人初不知其故。一日民有告粮船失风者,公诘其失船为何日?午前午后,东风西风?其人不能知而妄对,公一一语其实。其人惊服,诈遂不得行。于是知公之风雨必记,盖亦公事,非漫书也。

卷八

袭封衍圣公每岁赴京朝贺,沿途水陆驿传,起中马站船廪给。回日,无马快船装送。而张真人往回水陆,起上马站船廪给,且有马快船之从。盖其时方崇道教,而内官梁芳、左道李孜省辈方用事,故致隆于其所尊如此。予闻之,颇不平,言于尚书余公,欲优厚之。公慨然曰:“是义举也。”即日奏允。自是衍圣公往回陆路,得起上等马,回日,应付马快船装送。于吾道实有光云。时成化十六年三月初五日也。

天妃之名,其来久矣。古人帝天而后地,以水为妃。然则天妃者,泛言水神也。元海漕时,莆田林氏女有灵江海中,人称为天妃。此正犹称岐伯张道陵为天师,极其尊崇之辞耳。或云:水,阴类,故凡水神皆塑妇人像。而拟以名人,如湘江以舜妃,鼓堆以尧后。盖世俗不知山水之神不可以形像求之,而谬为此也。

苏城商人蔡某,尝泊舟京口。见一客长躯伟貌,须髯被腹,髭长数寸,蔽口。窃计其有碍饮食,乃邀入食肆以观之。客临食,脱帽,拔髻中二簪,绾其髭,插入两鬓,长歠大嚼,旁若无人。食已,谢去,曰:“感君厚情,何以为报。”令舟中取一木棍授之,云:“倘舟行有人侵侮,当以此示之,云胡子老官压惊棍在此,彼必退去。”后行江中,猝遇暴客,蔡如其言,果不犯而去。如是者再。始知其为暴客之渠魁,威信素行于人故也。蔡后死九江,客闻之,赙以白金,遣人护丧至京口而去。

卷九

永乐间,平江伯陈公瑄把总海运粮储,共一百万石,时未有总兵之名。十三年,里河漕运加至五百万石,统各处一百七十余卫。后以湖广、浙江、河南、山东各都司所属茶陵、临山、彰德、济南等卫地远,省之,每岁上运四百万石。洪熙元年,始充总兵官督运,镇守淮安,此设总兵之始也。宣德四年,同工书黄福计议于徐州等处立仓,令官军接运。六年,挂漕运之印。八年,公薨,以都督佥事王瑜、都指挥佥事吴亮充左右副总兵同管。正统四年,专以马兴充总兵,汤节充参将,此设参将之始也。景泰二年,设左佥都御史王竑同管。此文臣总督漕运之始也。

毗陵谢应芳子兰,尝论三高祠不当祠范蠡。云:“季鹰、鲁望,吴产也。吴人视为东家某是已。鸱夷子皮始终事越,间以行成留吴,其心未尝一日忘乎越也。进美女,献宝器,以惑吴之君臣。乘虚进兵,以灭吴之宗社,大率皆蠡之谋。越人论功,蠡居第一,岂非吴之大仇乎?惟其功成名遂,遁迹而去,其识见固高于常人。然浮海之装,捆载珠玉,在齐复营致千金之产,自齐居陶,父子耕畜,转物逐利,复积畜累巨万。太史公前后不一书者,盖深鄙之,非美之也。较诸子房辞汉,翛然从赤松子之游,相去多矣。杜牧之、苏子瞻皆谓蠡私西施,以申公夏姬为比。由是观之,谓其人为贪为秽,亦不为过。尚何风节足慕乎!

卷十

徐州百步洪、吕梁上下二洪,皆石角巉岩,水势湍急,最为险恶。正统间,漕运参将汤节建议于洪旁造闸积水,以避其险。闸成而不能行,遂废。成化六年,工部主事郭升,凿百步外洪翻船石三百余块,又凿洪中河道,累石修砌外洪堤岸一百三十余丈,高一丈。八年,主事谢敬修砌吕梁上洪堤岸三十六丈,阔九尺,

高五尺；下洪堤岸长三十五丈，阔一丈四尺，高五尺。二十一年，主事费瑄修砌吕梁上下牵缆路若干丈。皆便民美迹。而三人皆遭谤议，遂至坎坷。盖志于功名者，多不避小嫌；无所建立者，辄生妬忌，当道者不能察，则辄信不疑，而废弃及之。知巧者遂有所惩，而因循岁月，虽有当为之事，一切逊避，以免谤议矣。呜呼！仕道之难如此夫。

卷十二

漕运定规，每岁运粮四百万石，内兑运三百三十万石，支运七十万石，分派浙江、江西、湖广、山东各都司，中都留守司，南京、江南、江北、直隶一十三把总，管辖各卫所旗军领运。浙江都司运船共一千九百九十九只，每船或军十名，或十一名，或十二名，共该旗军二万一千六百七十名。每船大约装运正米三百石，连加耗四百余石，共该装运七十余万石。该运粮者，杭州前、杭州右、海宁、温州、台州、处州、宁波、绍兴凡八卫，海宁、金华、衢州、严州、湖州凡五所，其余沿海备倭卫所，俱不运粮。自宣德八年，里河漕运到今皆然。运船每五年一造，每一船奏定价银一百两，军卫自备三十两，府县出价七十两。兑运者，各卫所军驾船至府县水次仓兑粮起运，京仓、通州仓交纳。支运者，原系民夫民船，运至淮安、徐州、临清、德州四仓。军人驾船于四仓支运京、通二仓。近年又有改兑之名，盖免民起运淮安等仓，加与耗米，就令军船各到该运府县兑粮，直抵京、通二仓也。

卷十三

石首鱼，四五月有之。浙东温、台、宁波近海之民，岁驾船出海，直抵金山、太仓近处网之。盖此处太湖淡水东注，鱼皆聚之。它如健跳千户所等处固有之，不如此之多也。金山、太仓近海之民，仅取以供时新耳。温、台、宁波之民，取以为鲞，又取其胶，用广而利博。予尝谓濒海以鱼盐为利，使一切禁之，诚非所便。但今日之利，皆势力之家专之，贫民不过得其受雇之直耳。其船出海，得鱼而还则已，否则遇有鱼之船，势可夺，则尽杀其人而夺之，此又不可不禁者也。若私通外蕃，以启边患，如闽、广之弊则无之。其采取淡菜龟脚鹿角菜之类，非至日本相近山岛则不可得，或有启患之理。此固职巡徼者所当知也。

卷十五

弘治五年，扬之瓜州聚船处，一米商船被雷击，折其桅。近本处，大小鼠若干皆死。盖鼠齿空而窟宅其中也。大鼠一重七斤，小鼠约二斗。乡人印绶初闻而未信，尝亲问其船主云然。意者天恐风折于扬帆时，致误民命，故击之耶！

归潜志①

卷第九·和游溪

青溪雾气散，水涵天影空。白云翻著底，移舟明镜中。鸟近前滩日，花移别岸风。遥知夜来雨，山色翠如葱。

卷第十

金朝钱币旧止用铜钱，正隆、大定、泰和间始铸新钱，余皆宋旧钱。及高岩夫为三司副使，倡行钞法。初甚贵重，过于钱，以其便于持行也。尔后兵兴，官出甚众，民间始轻之，法益衰。南渡之初，至有交钞一十

① 〔金〕刘祁撰，崔文印点校。

贯不抵钱十文用者,富商大贾多因钞法困穷,俗谓坐化。……一起一衰,迄国亡而钱不复出矣。予在淮阳时,尝闻宋人喜收旧钱,商贾往往以舟载,下江淮贸易,于是钱多入宋矣。

卷第十一 · 录大梁事

金正大八年辛卯冬十一月,【一作“十二月”。】余居淮阳,北兵由襄汉东下,时老祖母、老母在南京,趋往省焉。既至京师,边声益急,闻北兵阻荆江,与平章政事完颜合打等谋纵北兵东渡,将以劲骑蹴入江。北兵既渡,皆殊死战,合打兵不能遏,遂帅八都尉退保钧州。北兵袭之,不进。时朝廷忧惧不知所为,然天下劲兵皆为二帅所统,倚以决存亡。【〔案〕二帅指完颜哈达(即合打)与伊喇蒲阿(即移剌蒲瓦)而言,上文未著伊喇蒲阿之名,疑传写有脱佚。】

万历野获编[①]

卷一 · 列朝 · 建文君出亡

少帝自地道出也。踪迹甚秘。以故文皇帝遣胡濙托访张三丰为名。实疑其匿他方起事。至遣太监郑和浮海。遍历诸国。而终不得影响。则天位虽不终。而自全之智有足多者。

卷一 · 列朝 · 赐外国诗

(永乐)四年。又以日本国王源道义捕海寇有功。赐白金千两、织金彩色币二百、绮绣衣六十件、银茶壶三、银盆四。及绮绣纱帐衾褥枕席诸物。海船二支。封其国山曰寿安镇国之山。上亲制碑文。赐以铭诗曰。日本有国巨海东。舟航密迩华夏通。衣冠礼乐昭华风。服御绮绣考鼓钟。……六年。嗣浡泥国王遐旺还国。赐金镶玉带一、金带一、金百两、银三千两、钱钞锦绮纱罗衾褥帐幔器皿。及王母王叔以下有差。先、遐旺父言。蒙恩赐爵。国之境土。皆属职方。而国有后山。封为一国镇。至是其子又请上命。封长军镇国之山。御制碑文。其铭诗曰。炎海之墟。浡泥所处。煦仁渐义。有顺无迕。慺慺贤王。惟化之慕。道以象译。遹来奔赴。同其妇子。兄弟陪臣。稽颡阙下。有言以陈。谓君犹天。遗其礼乐。一视同仁。匪厚偏薄。顾兹鲜德。弗称所云。浪舶风樯。实劳恳勤。稽古远臣。顺来怒逆。以躬或难。矧曰家室。王心亶诚。金石其坚。西南番长。畴与王贤。矗矗高山。以镇王国。镵文于石。懋昭王德。王德克昭。王国攸宁。于万斯年。仰我大明。先是浡泥国王麻那惹加耶乃率其妃弟妹男女陪臣来朝。上遣中官宴劳。所过诸郡设宴。比至。上亲享之。宴其妃于三公府。未几卒于会同馆。上致祭以礼。葬安德门外。赐谥曰恭顺。命其子遐旺袭封。因有是请。又遣官行人送归其国。

卷一 · 列朝 · 贡鲊贡茶

楚中鱼鲊之贡。始自成化初年。盖镇守内臣私献耳。为数不过千斤。后渐增至数万。改属布政司。贡船至十二号。孝宗仁恕。仍命属中使。减去船十只。累朝因之。

卷三 · 宫闱 · 文臣赐官婢

太祖赐右丞相汪广洋死。时汪谪南海。已在舟中。使至之日。汪奉诏自经。有一妾从死。

---

① 〔明〕沈德符撰。

卷六·内监·内臣禁约

永乐四年。上谕兵部尚书金忠等曰。皇考之世。宦寺无故无敢与外廷交接。昨有一人。以私财寓外人。此虽小事。渐不可长。随已罪之。因敕卫士。于出入之际。遵制严搜。文皇之驭中官。如此其峻。然前一年。已遣内使王琮。同给事中毕进。封真腊王。又遣太监郑和。率兵二万七千。赏西洋诸国矣。二臣若欲寓财于外。安得禁之。

卷六·内监·内臣封外国王

本朝内使出使外国。始于成祖时。如内臣李兴。使暹逻国。又太监郑和。勒兵使西洋满刺加诸国。不过奖劳赏赐之事。唯永乐三年。命内使王琮。同给事毕进。封真腊国长子参烈昭平牙为王。则衔锡土分茅之任。日与省垣法从为伍矣。至成化四年。命太监郑同、翟安。册朝鲜世子李晄为王。已奉诏行矣。

卷六·内监·内臣何文鼎【再见】

至弘治五年。则鼎已为惜薪司左司副。又奏通州仓粮储。一时权置。初非经久。军士不便于关支。警急不便于防守。请于都城隙地。增置仓廒。移通州仓粮于其中。且请修浚大通桥以东石闸河道。令漕舟直至桥下。以省挽运之劳。户部以为京仓之建固善。但时诎未可举。河闸请试之而行。上是之。自是大通河至今为百世利。而京仓则不尽行。鼎之悉心体国。朝士所不逮也。

卷十一·吏部·借官出使

洪熙元年。宣宗即位。遣行在鸿胪寺丞焦循摄礼部侍郎、鸣赞卢进摄鸿胪少卿。颁登极诏于朝鲜。上复以朝鲜世修职贡。简用尔等为言。且命以礼自持。其怀远人。较诸国特厚。今使高丽者。例以翰林或给事为正。行人为副。不复借官。但赐一品服以往。复命缴还。最为得体。其后使琉球国亦然。

使朝鲜者类拜命即行。然必出疆始改服。惟琉球一差。以五年为限。第必于福建造船逗留。又有出五年外者。以故在闽中腰玉被麟。用八人肩舆。多设中军旗鼓等官。其尊与抚臣无异。识者以为非体。又近年日本关白举兵。廷遣行人司宪者。慰谕朝鲜。司君甫被命。即于都下麟玉骑马拜客。倾国窃笑之。使还未几。为辽抚所讦。以墨败。

卷十二·户部·海上市舶司

太祖初定天下。于直隶太仓州黄渡镇。设市舶司。司有提举一人。副提举二人。其属吏目二人。驿丞一人。后以海夷狡诈无常。迫近京师。或行窥伺。遂罢不设。洪武七年。又设于浙江之宁波府、广东之广州府。其体制一同太仓。其后宁波寻废。今止广州一司存耳。盖以宁波亦近畿甸。为奸民防也。按市易之制。从古有之。而宋之南渡。其利尤溥。自和好后。与金国博易。三处榷场。其岁入百余万缗。所输北朝金缯。尚不及其半。每岁终。竟于盱眙岁币库搬取。不关朝廷。我朝书生辈。不知军国大计。动云禁绝通番。以杜寇患。不知闽广大家。正利官府之禁。为私占之地。如嘉靖间。闽浙遭倭祸。皆起于豪右之潜通岛夷。始不过贸易牟利耳。继而强夺其宝货。靳不与直。以故积愤称兵。抚臣朱纨谈之详矣。今广东市舶。公家尚收其羡以助饷。若闽中海禁日严。而滨海势豪。全以通番致素封。频年闽南士大夫。亦有两种议论。福兴二府主绝。漳泉二府主通。各不相下。则何如官为之市。情法可并行也。况官名市舶。明示以华夷舟楫。俱得住泊。何得宽于广而严于闽乎。况迩年倭侵高丽。亦何曾问闽广海道也。

卷十二·河漕·先朝设海运衙门

文皇帝靖难后。初议迁都北京。以馈饷艰苦。乃于永乐五年八月。下廷臣会议海运。议已定。奏请

于苏州府太仓卫。设海道都漕运使司衙门。左右运使二员。秩从二品。同知二员。秩从三品。副使四员。秩从四品。经历照磨各首领官及吏。悉依布政司。各沿海卫所。俱属提调。奏既上。太宗如议行矣。又有言不便者。乃命再议。事遂中止。至正统七年三月。又命南京造洋船三百五十艘。由海运赴蓟州诸仓。乃知海运一事。先朝未常一日不讲究。后世习于便安。不复议及。即间有建白者。多旁訾掣其肘。盖虑始甚难。小有蹉跌。罪及首事。即如向年徐尚宝【贞明】开垦西北水田。终为忌者所阻。况海运乎。

卷十二·河漕·海运

元之海运。始于至正之十九年。止于天历之二年。凡受五十年之利。初起时至燕者。四万二千石。及其盛也。遂至三百六十万石。其始建议者为伯颜。任之者为张瑄、朱清。嗣后又设立都漕运万户府。每粮石给价六两五钱。以后香糯白粳。以渐加矣。其海道凡三易。最后开新道。从刘家港上船。过崇明放洋。自浙西至京师不过旬日耳。至元顺帝时。漕河不通。始纳张士诚之降。赖其海道贡米。以活燕京垂绝之命。闽大将陈友定。又从闽广大洋纲运杂货至都下。以暂济危亡。盖海运之利如此。本朝辽东一镇。岁饷专仰给于海运。文皇徒都北京。犹议立海漕都运使。得比布政司。已而中辍。今十三总中。遮洋一总。尚为海道设也。议海道自不得不议胶莱。以防海运之阻。隆庆五年。山东巡抚梁梦龙等。上海运议曰。今漕河多故。言者争献开胶河之说。此非臣所敢任。第考海道。南自淮安至胶州。北自天津至海仓。各有商贩往来。中间自胶州至海仓一带。亦有岛人商贾。出入其间。臣等因遣官自淮安运米二千石。自胶州运麦一千五百石。各入海出天津。以试海道。无不利者。其淮安至天津。以道计三千三百里。风便两旬可达。况舟皆由近洋。洋中岛屿联络。遇风可依。非如横海而渡。风波难测。比之元人殷明略故道。实为省便。大约每岁自五月以前。风顺而柔。过此稍劲。诚以风柔之时。出并海之道。汛期不爽。占候不失。即千艘万橹。保无他患。可以接济京储。羽翼漕河。省挽牵之力。免守帮之苦。而防海卫所。犬牙错落。又可以严海禁。壮神都。甚便。事下部覆。海运法废已久。难以尽复。乞敕漕司量拨漕粮十二万。自淮入海。工部即废节省银万五千两。雇募海舟。淮扬商税。亦许暂支万五千两。充佣召水手。诏从之。已而梦龙等。又上海运经理之要四款。如修葺大嵩灵山等卫城池。以壮门户。增复利津等县巡检司弓兵。以资警备。及禁私从出远洋等事。俱得旨严行。即遮洋一总。为给事胡应嘉议革未久。至是复设时总漕王宗沐。又有海运三大势。七便宜之疏更详。并奉俞旨。此非远年事也。

卷十二·河漕·永平海运

永平府。自嘉靖庚戌虏入之后。增设燕河石门二路。主客兵饷。岁需三十万石。而卢龙地瘠。旱涝相仍。又无商估肯至其地。全仰给于挖运。艰苦最剧。抚臣温景葵始倡通漕之议。继之者则抚臣耿随朝勘议覆奏。谓永平境内。有青滦二河。青为工颇巨。似不必议。滦自永平西门外。经流一百五十四里。而至纪各庄入海。自纪各庄至天津。凡四百二十六里。悉傍岸行舟。其中放洋仅一百二十里。沿途有大小沽诸支河。倘中流遇风。随处可泊。宜于纪各庄修造仓廒。事半功倍。可为左辅永利。部议以为然。诏下行之。自是每岁通漕。卢龙一镇。稍得休息。而近滦诸邑。遂称乐土。时值嘉靖之末。接隆庆初元。主之者。华亭相与雷司空【礼】也。乃知北方转输。一切车马全不足恃。汉唐都关中。俱视漕河通塞为盛衰。即故元运道一梗。而国随之。使永平此议。在相嵩当事时。其疏亦必见格。可见海运之难。亦难于虑始耳。

卷十二·河漕·黄河运道

景泰四年。张秋河浅。漕船不前。河南参议丰庆建议。请自淮安之清河口。入黄河至开封府荥泽县河口。转至卫辉府胙城县。泊于沙门。陆挽三十里。即入卫河。船运至京。诏下总漕诸臣覆议。卒见

沮。然山东运道有梗。此亦可备缓急也。是年河南佥事刘清。亦言自淮至荥泽。转入沁河。经武陟县马曲湾。装载冈头。一百九十里。引沁水以入卫河。行人王宴。亦如清言。欲开冈头。置闸分沁水。南入黄河。北入卫河。只费卫辉一府税银粮。便可挑浚。帝命侍郎赵荣。同宴相度。还言不便而止。今遥计之。开二百里之沁。不如开河三十里之便也。三人所议大抵皆同。第就中微有曲折小异。然始终不用。盖是时方用徐有贞治河于澶濮间。已稍见功绪。宜其言之不售也。然用之亦未必成。请以胶莱近事验之。是时陈芳洲之权。可得比江陵之十一乎。

按隋炀帝开永济渠。因沁水南接于河。北通涿郡。此时都关中。欲游幸广陵。固宜取道于此。然借沁通河。则明效已见。今以沁水较济汶。固云辽远。然有成迹可循。则预防不虞。亦何惜迂道二三程也。然难与守经者言矣。

卷十二·河槽·宣大二镇漕河

宣府大同二镇。粮饷运道最苦。嘉靖末年。行挖运之法。山谷崎岖。率三十石而致一钟。当事者忧之。时御史宋仪望按其地。疏称桑乾河。发源于大同县瓮城驿之古淀桥。会众水而东入京师之芦沟桥。凡一千里至塞上。在大同。则下邨稍有乱石。在宣府。则黑龙湾有石崖亦险。但石险不过四十五里。而水自深即浅者。亦盈二三尺。欲加疏凿甚易。时抚臣侯越。曾驾小舟。自怀来卫至下村龙湾。俱坦途无沮。又自怀来运米三十石。溯流而上。竟达古淀桥。则河之通济甚便。疏上。下兵部。长部者为聂贞襄【豹】。极主其议。且云前任都御史赵锦。亦曾使人从桑乾河舟行千里。直抵大同镇城。今稍加疏瀹。遂可通漕。又河成可以捍虏骑。其策最善。诏命会工部议之。长部者为欧阳必进。惮于兴役。谓道远费烦。请再加勘明举行。欧与相嵩姻厚。遂遏其议。自甲寅至今六十年。更无人谈及。并不晓塞上有此渠可漕矣。

卷十二·河槽·汴河故道

天顺八年七月。都察院都事金景辉言。会通河自安山北至临清。二百五十余里。仅有汶水。若春月少雨。则水脉渐微。而舟行浅滞。其汴梁城北陈桥。旧有古河一道。北由长垣。经曹州至巨野县安兴墓巡检司地界。乃出会通河。合汶水通临清。每秋水溢。有舟往来其间。惟陈桥迤西一舍许。水道浅狭。水小之际。不能流通。请兴工开浚。亦可分引沁水。仍置二闸。以司启闭。则徐州临清二河。均得利济。而会通河之水。亦皆增长。且长垣曹郓诸处粮税。可免飞挽之劳。而江淮民舟。又可由徐之浮桥。达陈桥至临清。而无济宁一路壅塞之苦。其利多矣。事下工部。请按实以闻。其后亦格不行。按景辉所议。则由汴入汶。其遗迹尚存。更不假开凿。仅稍烦疏导之劳耳。比之景泰中。三臣建白。尤为简便省费。此说当时已置高阁。然亦取给沁水。以资漕河。则沁在西北。有济军国多矣。近日范少参一疏。大同小异。可备采择。

卷十二·河槽·关陕三边饷道

故太宰倪文毅【岳】在事时。见关中三镇。转输不给。曾上疏云。今关陕所需。皆出山西、河南。此三省俱近黄河。其中虽有三门、孟津之险。然汉唐粮运。皆由此济。即今盐船木筏。往来无滞。今计山西米豆。必运至榆林诸仓。河南必运至潼关、陕州诸仓。诸州卫皆濒海通舟楫。可免陆运之苦。况黄河当潼关之地。北连渭河。渭东流接洛河。可通延安。渭西流接泾河。可通庆阳。龙门之上小河径通延绥。稍加修葺。必可行舟。是在按求古迹。何处可避险。何处可陆运。何处可立仓倒运。何处可造船装运。忽惮一劳而失永利。事竟不行。

卷十二·河槽·贾鲁河故道

今上甲辰。泇河告成已年余。既而南阳稍淤。异同之说遂起。时中州范岫云【守己】以降补在京上

疏。其略云。河工之需。用银八十万。动夫数十万。过计者不无意外之虞。况挑筑于此。能保不横决于彼。何不别求利便。以为永图也。臣尝往来沁口诸处。见沁水自山西穿太行而南至武陟县东南入河。十数年前。河沙淤塞沁口。沁水不得入河。乃自木兰店东。决岸奔流入卫。彼时守土诸臣。塞其决口。筑以坚堤。仍导沁水入河。而堤外遗有河形。直抵卫浒。固至今存也。若于原决筑堤处。建一石闸分沁水一派。东流入卫。为力甚易。再将原冲河形。补加修浚。两岸培为纤道。为力亦易。计其功费。用银不过二三万。用夫不过三万余名。而大工告成矣。乃引漕舟自邳州遡河而上。直抵沁口。因沁入卫。东达临清。则会通河可以不用也。若谓遡河数百里。或有滩溜之患。无纤道之便。则又有一河可繇者。查荥阳之东。广武山南。一水东流。经郑州中牟之北。祥符之西。繇朱仙镇南。经尉氏、扶沟、西华之东。沈邱之南。在元时名为郑水。土人名为贾鲁河者也。南至周家口。与颍水合流。名为沙河。至颍川正阳镇入淮。直抵淮安。今自正阳至朱仙镇。舟楫通行。略无阻滞。自朱仙镇而北而西。至郑州西北惠济桥地方。不及二百里。河身略窄。稍当修浚。若于惠济桥西。开一支渠。分水一派。北入黄河。不及二十里耳。渡河而北。直入沁口。为道甚便。如谓郑水微弱。不任漕舟。则荥郑之间。又有京水、索水、须水诸泉。皆可引入郑水。以济漕挽舟。每二十里建一石闸。如会通河之比。则蓄泄有时。水自裕如。计其工费丁力。亦不过四五万两耳。若此道既通。则漕舟出天妃闸。即由洪泽湖入淮。遡淮入颍水。遡颍入郑水。牵挽尤稳。黄河又可不用矣。虽冲溢万变何虑焉。如河流安妥。不至侵漕。则夏镇南阳之间。仍加修浚。两利而俱存之。分舟并进。可免守闸之困。如河流变迁。东道有梗。则专由郑水。而徐吕之道可无问。便利之策。无逾此者。臣怀此已二十余年。因会通河无阻。不敢轻言。今屡浚屡塞。而黄河又冲决无时。侵逼益甚。与其竭海内脂膏。以填不测之壑。孰若改弦易辙。就此易竟之功绪也。如果臣言可用。先将武陟迤东至于卫水之浒。东西百余里。原有河身故道。发夫万余名。及时挑浚。约深一丈阔十丈。却于木兰店东。筑堤处所。修建石闸一座。分导沁水一派。东行入卫。舟至则启闸以通漕。舟尽则闭闸以掩水。明岁春末。其功可成。姑将漕舟遡河而上。由沁入卫。以济目前之急。却于议修浚朱仙镇迤北。至惠济桥迤西。分导郑水以通漕舟。则帑藏民力。可省百倍。而国家之利赖无穷矣。疏上。得旨下部行总河及河南抚按。勘议具奏。按范疏所陈。与景泰天顺间诸臣建白略同。而其说更详。及今查勘。即命范往任其事。亦可济惠通河之梗。

卷十二·河槽·吕梁洪

徐州吕梁。为宇内险道。自唐尉迟恭开凿。始通舟楫。至宋元祐间。渐成通渠。本朝遂以为运河。然其下乱石如鳄齿排连。惊湍如蛟涎喷薄。孔子观澜处。称为悬流三千仞。流沫四十里者。即其地也。遇水溢时。顺流者一瞬而下。逆泝者以尺寸许。若值旱涸。行舟一遭伏石。立葬鱼腹。余幼时侍先人过此。闻其险已渐夷。然犹用纤夫二百人挽一舟。老稚相顾无人色。

卷十二·河槽·泇河胶莱河

泇河初议。费数百万。先朝往勘者。及身当其事者。皆谓断不可开。屡议屡止。至潘印川【季驯】司空。始以挑河余力。寻葛墟岭故道。尚未暇浚治。而舒中阳【应龙】稍从韩庄疏凿之。继之者如杨后山【一魁】。褚爱所【铁】诸公。俱相度经营。渐有次第。至刘晋川【东星】在事。则功已将半矣。迨李霖寰【化龙】从平播起任何事。遂决计专治泇河。初尚浅淤艰阻。今遂成康衢。避淮黄三百里之险。而所费不及先朝所估十分之二。真不世功也。因思胶莱河亦必可开。往年江陵当国。用刘白川【应节】、徐凤竹【栻】二人谋。锐欲图之。以刘为南司空主之。徐则以少司空奉敕专领其事。时李敏肃【世达】抚东省。亦主其说。劝江陵亟成之。既而东省仕绅。苦于征发。群起哗之。即江陵亦不能违改。二人他用。役亦中罢。其胶河之中梗者。仅百徐里。沙石硗确。畚锸良难。要之不过如泇河之葛墟止矣。今国计方绌。或难兴此大役。妄意水道所不接处。南北各设一城。以为发运收运之区。中道再筑一城。为运夫憩顿之

所。三城各以州邑卫所佐贰守之。度起车至入舟。仅三数日。可克期搬运。而总以一户部郎专管。如隋唐洛口、河阴。及本朝临、德二仓事例。其道近费省。似亦策之次者。余曾间语言路诸公。颇亦首肯。终未有抗疏及之者。盖虑始之难。久矣。

泇河之成。工部郎梅春宇【守相】功最多。仅得加四品服俸。寻积资升副使去。竟未有以酬其劳云。

卷十二·河槽·胶莱便道

淮河之北岸一里。名支家河。安东县至海州路也。自支家河至涟河海口。共三百八十里。其外即为大海矣。又历赣榆县。至安东卫。即山东界。由安东卫过石臼所、夏河所、灵山所。遂至胶州瞭头营。又至麻湾海口。共二百八十里。俱循海壖而行。其中止有马家湾为陆路。此则须以畚锸开通。然只五里而近。一入麻湾口。即从把浪庙。经平度州以至莱州。所属海仓口俱小河。共三百七十里。自海仓口入大洋。便直抵直沽天津卫。凡泛海共四百里。盖所疏凿者止五百里耳。疑其未然。但此嘉靖十一年。御史方远宜亲历彼方。汇为图说者。其后山东副使王献言之。未几给事李用敬。御史何廷钰又言之。皆不果行。至万历三年。南工部尚书刘应节。始建议直任胶莱河之役。谓胶州南北不通者。约百五六十里。然沟与湖居其半。应挑者止数十里。可借潮水通漕。而无放洋之苦。刘即山东之潍县人。生长其地。所谈较方远宜更确。时江陵公力主其议。又选藩臣有才者佐其事。时山东参议李学礼为上佐。具疏条其便宜更详。兴工未几。齐鲁缙绅大哗。且詈刘荼毒桑梓。将甘心焉。刘惴甚谢役。江陵亦无如之何。工遂中罢。至今无敢议及者。按此为元人所浚故道。以避海运不转尖。可免成山诸岛之险。最为省便。今谈者俱云。若不兴工。则中间分水岭陆路二百里。可纵舟次车剥再入水即抵直沽。亦是便计。余向有建城置仓之说。盖本于此。当时刘白川上疏。只云以万夫之力。兴数月之工。榷数万金。掘数十里。何惮而不为。其说凿凿。不知东省何以哗。江陵何以辍。任事盖难言之矣。

卷十二·河槽·泇河之成

李少保【化龙】浚泇通漕。甫一年而以忧归。代总督者曹时聘也。曹素无素丝之誉。适南阳堤稍坏。曹遂思大兴工作。因以为利。谓泇不足恃。而河且为大害。请发帑金六十万。留漕粮四十万。以遏大河之决。工科给事宋一韩从而和之。谓河不胜徙。安可胜避。且云河溃昭阳。害及祖陵。治河诸臣。择轻避重。图易辞难。盖暗攻少保以佐新督兴工之议。李不胜愤。从忧中上书。谓臣非弃黄而事泇。势不得已也。泇以二百六十里之安流。代三百六十里之险道。八千运艘。不两月过尽。谓非百年永利耶。向非臣丁忧。则一年开泇。一年挽黄矣。臣以时势艰窘。图为国家省费。故泇之成早。臣得以二十万成前估三百万之工。黄河之成迟。故臣不得以数万成今估八十万之役。臣诚无所逃罪。盖明指新河臣豁壑其中。且六十万后。又请二十万也。旨下。姑调停之。命催新工而已。大功不赏。而娼妒之辈。弹射已及之。真令人解体。

丙午之八月。曹时聘又上疏极称旧河臣李化龙开泇之功。且云自臣接管改挑后。三十三年及今年。粮艘尽数渡泇。则泇之可赖。昭昭耳目。仍列善后事宜以请。盖借以完兴工之局。而八十万之帑金、四十万之漕粮。俱销归无存矣。工科既不驳。上亦允其言。不复诘。

卷十七·兵部·边材

嘉靖初。杨邃庵以先朝勋旧故相。起行边而无战功可录。其后杨虞坡出镇入枢。功名亦如之。至末年惟沧州刘带川。以文士奋迹。而历践戎行。初为吾浙之嘉湖道臣。出城游徼。而倭艇率大众猝至。适台州解箭到。满一船。因立桥上。与健儿十余曹取射之。发辄洞甲。尽舟中之矢。倭始退归。而肩髀不能举。则骱已脱矣。

卷十七·兵部·南京贡船

南都入贡船。大抵俱属龙江广洋等卫水军撑驾。掌之者为车驾司副郎。专给关防行军。入贡抵潞河。则前运俱归。周而复始。每年必往还南北不绝。岁以为常。闻系文皇帝初迁北平所设。定制有深虑存焉。其贡名目不一。每纲必以宦官一人主之。其中不经者甚多。稍可纪者。在司礼监则曰神帛笔料。守备府则曰橄榄茶橘等物。在司苑局则曰荸荠芋藕等物。在供用库则曰香稻苗姜等物。御用监则铜丝纸帐等物。御马监则惟【惟字据写本补】。苜蓿一物。印绶监则诰敕轴。内官监则竹器。尚膳监则天鹅鹧鸪樱菜等物。其最急冰鲜。则尚膳监之。鲜梅枇杷鲜笋鲥鱼等物。然诸味尚可稍迟。惟鲜鲥则以五月十五日进鲜于孝陵。始开船。限定六月末旬到京。以七月初一日荐太庙。然后供御膳。其船昼夜前征。所至求冰易换。急如星火。然实不用冰。惟折乾而行。其鱼皆臭秽不可向迩。余于夏月北上。曾附其舟。几欲呕死。偶邻舟友人邀会文。则舫斋芳洁。不减吴下沙棠。怪问之。乃知纳赂主者。尽徙贡物于他舫耳。其鱼到京。始洗刷进充玉食。上颁赐阁部大臣。及经筵日讲词臣。先人时叨恩赉。次日早朝谢恩。贵珰辈杂调鸡豕笋菹。以乱其气。用以银沙锣饷遗近臣。侈为珍味。然实不堪下箸。亦何止海上之癖也。有一守备大珰。新赴南任。夏月忽呼庖人。责以馔无鲜鲥鱼。庖人以每顿必进为言。珰怒不信。索至谛视之。始疑讶曰。其状颇似。但何以不臭腐耶。闻者捧腹。

金陵城外临江。旧设鲥鱼厂。每打鱼时。内官出视。科索百端。大为渔户及地方之害。十年前矿税盛行。阉人流毒。辄于宝坻县创为银鱼厂。与南对峙。乃至冬月椎冰。令渔者跣立打捕。又课富室折乾润橐。民不聊生。近年闻上知其弊。已革去矣。

冰鲜船在途驿骚日久。弘治初。上欲革之。以中贵人进言。祖宗时荐为重。遂得不罢。旧京土产上供寝园。即劳民亦不为过。而孝宗圣德。轸念邮传。自节口腹至此。以视大业之责食车。天宝之贡荔子。不亦霄壤哉。今上顷年。以湖广鱼鲊不洁。斥左布政使武尚耕为编氓。盖祖宗时食。在圣主孝思。又须虔恪。守土大吏。不举其职。自当议罪。此又用汉世酎金失侯例。所谓先圣后圣。其揆一也。

近年龙袍船。尤为恣横。远出冰鲜之上。即凶恶如漕卒粮船。亦敛避不敢较。至仕绅乘传者。为其所凌。噤不敢出声。何况行旅。按龙衣之进。止在南京。其后增入苏杭。初犹以镇守中臣兼领。及世宗革镇守。始特设内臣管织造。至隆庆登极革回。止留南京旧设者。至三年复遣太监李祐。往莅其事。至六年二月再遣。以迄于今。遂成故事。中贵以此差为登仙。其名下小阉。踞以为外府。春秋二运。往来如织矣。

卷十七·兵部·日本

日本贡道。本从浙福二省。自朝鲜之役。我往彼来。俱从朝鲜之釜山径渡。海面既无多。亦无湍险。至封贡事起。则直自山海关入京。日本几成陆路通衢矣。

卷十七·兵部·程鹏起

关白侵朝鲜事起。建白者。章满公车。石司马以集众思为名。多所采纳。其可哂者。如张念华冏卿【文熙】。议集浙、直、福、粤濒海四省之兵。入海捣日本之巢。已为悠缪不经之甚。旋为言路所驳。谓其骚动江南。罢不行矣。有一妄男子程鹏起者。求往海外暹罗国借兵。以攻关白。可令回师自救。以解朝鲜之困。石司马大喜。以为奇策。即请于上。加参将职衔。给饷召募。其寮掾二十人。皆无赖椎埋辈也。并授指挥。充中军旗鼓等官。先入朝鲜。约会师之期。索其赂数万。至闽广造船募兵。费饷数十万。俱匿入橐中。盘桓海上不发。

卷十七·兵部·沈惟敬

沈惟敬。浙之平湖人。本名家支属。少年曾从军。及见甲寅倭事。后贫落。入京师。好烧炼。与方

士及无赖辈游。石司马妾父袁姓者。亦嗜炉火。因与沈善。会有温州人沈嘉旺。从倭逃归。自鬻于沈。或云漳洲人。实降日本。入寇被擒。脱狱。沈得之为更姓名。然莫能明也。嘉旺既习倭事。且云关白无他意。始求贡中国。为朝鲜所遏。以故举兵。不过折柬可致。袁信其说。以闻之司马。惟敬时年已望七。长髯伟干。顾盼烨【烨字原缺。据写本补】。然。司马大喜。立题授神机三营游击将军。沈嘉旺亦拜指挥。与其类十余人充麾下。入日本。司马既以封贡事委之。言无不合。言路交攻。不为动。沈留釜山年余。廷遣制使二人往封。以惟敬为宣谕使。偕渡海。临淮李小侯既逃。朝命副使杨方亨充正。即以惟敬为副使代之。过海至山城州。草草毕封事。而倭留朝鲜者。终不去。贡事亦不成。石司马以违旨媚倭下狱。沈为督府邢司马捕至京论斩。妻子给功臣为奴。惟敬无子。妻为南妓陈淡如。少亦知名。时已老矣。沈诛后。部曲星散。淡如与嘉旺。俱不知所终。

惟敬渡海时。余家有一旧仆随之。及还。云日本国多风。四时皆然。四面皆至。所谓飓风也。俗好楼居。至十余层。而又不善陶埴。即王居亦以茅覆。故易败。亦易成。土俗与旧传略似。唯所谓用箸最奇。其俗侈于味。强半海错。中国所未名者。每宴会。虽黄白杂陈。不设匕箸。临食则侍奴取小材长尺许者。对客削成札。人置一双。既馂。便对客折之。不复再用。每堂庑间。必设箸材半楹。以备朝夕供具。日必再浴。不设浴锅。但置密室。高设木格。人坐格上。其下炽火。沸汤蒸之。肌热垢浮。令童子擦去。然后以水从顶灌之。大抵其好洁如此。

卷十八・刑部・逸囚正法

江陵当国时。持法不少假。如盗钱粮四百两以上。俱非时诛死。吴中有银工管方洲者。私用官帑千金。事发问斩。奏请旨下即正法。暂系苏州卫之镇抚司狱。时押狱者王百户。即管儿女姻也防范稍疎。听其出入。一夕忽叛逸。上台震怒。即以主者代其罪收禁之。百户家故温。出重赏募人。四出搜讨。当事亦愍其苦。督捕役甚急。微闻有浮海行者。踪迹可疑。乃南至闽广近海诸地。无不遍历。杳无消息。捕者意已阑。理归装矣。一日至香山岙。忽传走洋败船飘至。姑往观之。则桅舵俱失。寂无人声。仅火舱留一二垂死者。则管在焉。诸役大喜。

卷二十二・督抚・阮中丞被围

嘉靖甲寅乙卯间。倭夷寇东南。吾浙首被其毒。时按浙御史胡宗宪升佥都御史。督军有功。峻擢右都。总制浙直福江四省。而以浙江提学副使阮鹗升佥都代胡任。阮好大言。然不甚知兵。胡轻之颇成隙。至丁巳年。胡已用蒋洲、陈可愿等谋。与倭酋汪直讲好。倭酋徐海者未得要领。海闻阮避居桐乡县中。且兵饷山积。遂聚兵攻之。用空漕船实以瓦石。冲其城。雉堞摇动如挥箑。

卷二十二・司道・王大参鹹倭

乙卯。倭至禾郡劫漕卒。褫其衣。匿精锐于空舟。令闽人向道者负板牵舟。皆不知其倭也。比至王江泾。离城已三舍。聚落繁庶。乃弃舟易衣。操刀焚劫。居民奔散。老弱妇女兵死弥望。至有全家遭刃者。

卷二十八・鬼怪・邓子龙香木

武弁邓子龙。东南骁将也。初以偏裨在粤东剿海寇。忽有一浮木触舟。弃去复来。不暂离。子龙试钩取。其气作沉檀香。阅其材可雕刻。因令工治作人形。而首居大半。置之卧室。以为肖己状貌。时时抚弄之。后入粤西。入滇南。为参戎副将。屡蹶屡起。每以香木自随。至关白事兴。邓已久废。邢昆田为制府。起之锢籍。拜大将。命督水师。与倭众战于对马岛海中。初获全胜。深入。遇伏发而殁。后求得其尸。而失其元。即以所刻香木续脰入敛。

卷三十·外国·琉球女入学

洪武二十九年。琉球国入贡。先是其国山南王。遣其姓三五郎等。及寨官之子麻奢里等。入太学。既三年归省。至是复与贡使善佳古耶等来。乞仍入太学。许之。至三十一年。其国中山王察度。遣其臣阿兰匏等贡马及方物。先是其国遣女官姑鲁妹在京读书。至是来谢恩。因而入贡。

卷三十·外国·使西域之赏

文皇初平内难。即使给事中胡濙以访仙为名。潜行人间。又遣内臣郑和等将兵航海使东南诸夷。最后则中使李达、吏部郎陈诚。使西域。得其风俗程顿纪之以还。正与郑和星槎胜览堪互读。但星槎板行已久。此则睹者甚尠。且水陆亦不同程也。

卷三十·外国·两使外国不赏

至壬申又使占城。则泛海。亦终无褒赏。

卷三十·外国·册封琉球

本朝入贡诸国。惟琉球朝鲜最恭顺。朝廷礼之亦迥异他夷。朝鲜以翰林及给事往。琉球则给事为正。行人副之。琉球小国最贫。其随中朝奉使者。皆海上无俚游手。充中军诸名色。官造船于闽。先奉檄行八府。指材索价。云此堪桅、此堪柁。满欲饱橐。则又转他郡。动经数年始成。其船广不必言。深亦数丈。梯而下之。所贮皆麾下私货。一至彼行礼毕。其王即遁去。

卷三十·外国·红毛夷

红毛夷自古不通中国。亦不知其国何名。其地在何所。直至今上辛丑。始入粤东海中。因粤夷以求通贡。且于彭湖互市。不许。次年又至闽海。时税监高宷肆毒。遂许其市易。以抚按力遏而止。至岁甲辰。徐石楼【学聚】抚闽。忽有此夷船近海壖住泊。时漳州海商潘秀等。素商于大泥国。习与红夷贸易。且恃税监奥主。因先世于旧浯屿通贡市为辞。两院仍拒绝。遂罢议。而通番奸商。私与互市。与吕宋诸国无异。距今又十五六年矣。彼日习海道。而华人与贸易。亦若一家。恐终不能禁。说者又以广之香山岙夷盘踞为戒。似亦非通论也。当此夷初至内地。海上官军。素不习见。且状貌服饰。非向来诸岛所有。亦未晓其技能。辄以平日所持火器遥攻之。彼姑以舟中所贮相酬答。第见青烟一缕。此即应手糜烂。无声迹可寻。徐徐扬帆去。不折一镞。而官军死者已无算。海上惊怖。以其须发通赤。遂呼为红毛夷云。次年复漂洋出粤东。迫近省会。粤人谋之香山岙诸贡夷。皆云。彼火器即精工。万无加于我曹。愿首挫其锋。比舳舻相接。硝铅互发。则香山夷大衄。所丧失以万计。及诱之登岸。焚其舟。则伎俩立穷。自此相戒毋犯。岙夷因与讲解议和。往来大浸。听其贩鬻。然终无敢以互市请者。自来中国惟重佛郎机大炮。盖正统以后始有之。为御夷第一神器。自此夷通市。遂得彼所用诸炮。因仿其式并方制造。即未能尽传其精奥。已足凭为长城矣。其人双瞳深碧。举体洁白如截肪。不甚为寇掠。亦有俘执解京者。大抵海上诸弁。诱致取赏。非尽盗也。近且骎骎内徙。愿为天朝用。亦亘古未有之事。

卷三十·外国·大西洋

利玛窦字西泰。以入贡至。因留不去。近以病终于邸。上赐赙葬甚厚。今其墓在西山。往时予游京师。曾与卜邻。果异人也。初来即寓香山岙。学华言读华书者凡二十年。比至京。已斑白矣。入都时在今上庚子年。涂经天津。为税监马堂所谁何。尽留其未名之宝。仅以天主像及天主母像为献。礼部以所称大西洋。为会典所不载。难比客部久贡诸夷。姑量赏遣还。上不听。俾从便僦居。玛窦自云。其国名欧逻巴。去中国不知几千万里。今琐里诸国。亦称西洋。与中国附近。列于职贡。而实非也。今中土士

人授其学者遍宇内。而金陵尤甚。

卷三十·外国·香山岙

丁未年。广东番禺举人卢廷龙。请尽逐香山岙夷。仍归濠镜故地。时朝议以事多窒碍。寝阁不行。盖其时岙夷擅立城垣。聚集海外杂沓住居。吏其土者皆莫敢诘。甚有利其宝货。佯禁而阴许之者。时督两广者戴耀也。又七年甲寅。则督臣为张鸣冈。疏言岙夷近状。谓岙中私畜倭奴。且私筑墙垣。抗杀官兵。倭已有妻子庐舍。今不亡一矢。逐名取船。押送出境。数十年岙中之患。一旦祛除。惟倭去而夷留。议者有谓必尽驱逐。须大兵临之。以弭外忧。有谓濠镜内地。不容盘踞。令移出浪白外洋。就船贸易。以消内患。然濠镜地在香山。官兵环守。彼日夕所需。咸仰给于我。一怀异志。即扼其喉。不血刃而制其死命。若移出浪白大海。茫茫无涯。番船往来。何从盘诘。奸徒接济。何从堵截。勾倭酿衅。莫可问矣。

补遗卷三·兵部·倭患

比岁倭犯朝鲜。中朝倾兵力救之。一时大帅非人。蹂践其境。剽掠淫恣。更倍于倭。顷闽人谈及嘉靖癸亥十一月。倭至兴化府。伪为官军赴救。城中开门纳之。倭遂入据其城。逾岁方去。其惨毒不必言。其时立功大将如刘显者。即今刘綎父也。其在东南号为良弁。然御军全无纪律。兴化城逃出妇人。显军即掠夺之。

补遗卷四·外国·华人夷官

弇州纪。琉球国相程复。以饶州人为琉球相四十年。至年八十。乞致仕归故乡。许之。命以相国兼长史。赐四品服。以为奇事。然正统元年。更有瓜哇国入贡使臣。名财富八致满荣者。自称福建龙溪县人。姓洪名茂仔。取鱼为业。被倭虏去。逃至瓜哇。为改今名。遣充使进方物。今乞复业。上命给口粮脚力。送还其家。正堪与程复作对。时瓜哇同遣使臣名郭信。其国王名扬惟西沙。上赐特敕。具海船遣回。并以永乐间真腊等十一国贡使。附之同行。至正统三年。瓜哇使臣亚烈马用良、通事良殷南、文旦奏。臣等俱福建龙溪人。因渔飘堕其国。今殷欲与家属同来者还乡。用良、文旦欲归祭祖。造祠坐。仍还其国。上命殷冠带还乡闲住。用良、文旦但许祭祖。盖援洪茂仔例也。弘治十年。又暹罗国通事奈罗。自言为福建清流县人。因渡海飘至其国。今使回。便道乞展墓归国。许之。至正德间。鄞人宋素卿。为日本国王壻。更异矣。

水东日记[①]

卷三十四·太监陈芜恩宠

御用监太监陈芜,交阯人,永乐丁亥入内府。宣庙为皇太孙,芜在左右,既御极,即升太监,赐姓名曰王瑾,字润德……尝记童时芜过太仓,封西洋宝船,势张甚,此志所不具闻。

卷三十七·广宁伯父子名讳

国朝名将刘江以中军左都督、总兵镇辽东杀倭寇事,载在《五伦书》悉矣。近阅杨文敏公《两京类藁》,乃曰:"公镇守辽东备倭寇,至即相地形势,请于金线岛西北之望海埚筑城堡,立烟墩。一日瞭者言东南海

① 〔明〕叶盛撰,魏中平点评。

岛夜举火光,公计寇将至,亟遣马步军赴埚上小堡备之。翌日,倭船三十余艘泊马雄岛,寇相属登岸,径奔埚上。公亲督诸将伏兵堡外,山下预遣一裨将领马队要其归路,一裨将领步队与之逆战。公举炮伏发,寇大败,奔入樱桃园空堡中。合军围之,自辰至酉,擒戮无遗,生获百余人,斩首千余级……"

及考《辽阳新志》,则曰:"广宁伯刘江少有大抱负,战胜攻取,累拜中军都督,总东辽戎政,能明号令,严赏罚,谨斥堠,练甲兵。永乐己亥间,倭贼屡为边患,江乃驻兵金州备之。适倭贼二千余以数十海　直逼望海埚下登岸,鱼贯行,一贼貌甚丑恶,挥兵率众,如入无人之境。瞭者飞报江,遂下令犒师秣马,略不经意。以都指挥徐刚伏兵于山下,百户姜隆率壮士潜烧贼船,截其归路……"

戒庵老人漫笔①

卷一・太祖御札

江阴侯傍封追券在靖难时,其裔孙所藏,惟太祖高皇帝未定鼎以前御赐四札在焉。此史册所不载者,谨录之以为世宝。【札中国兴是侯初名。】"密旨教江阴卫指择吴国兴知会:即日我用马军往淮上取濠州安丰,你那里则是守城,不须与人野战。你那城中马军,可拨一百精锐的,教忽雷王元帅领来厮杀。你料著不妨,便拨将来。"

龙凰十二年二月十九日亲笔:"吴王令旨教连阳卫吴指挥:如今贼寇近我境界下营,不问多少,则是掣军的法。而【缺】你则是牢固守城,不妨可战即战,不可战,等大军来与他厮杀。"十二日:"吴王令旨教连阳卫指挥吴国兴:既是贼兵来,近境界边厢,须要严兵固守城池,我城中粮食草料广有,不必便与他战,不必便望应兵。你且守两个月日,我方来救。贼人此行,不过则是要解泰州之围。这等计量,如何解得?我既是要征他城子了,如何无堤备,教他解了围?他若要来时,江南船都休出来,惹放来上面,深入我境,我自有分晓。泰州早晚下,你守两个月时,泰州先下,不要轻意与他战。你不见浙东胡参政儿子率兵守城如此谨慎,长兴小耿指挥也那般谨慎。你兄弟二人及大小头目,如何不强似他每?则是牢守。亲笔。"闰十月十六日:"徐相国差屠千户报到捷音,当日辰牌时分克复泰州城池了当,全城军民尽皆俘获。亲笔。"

卷一・宸濠元宵纸船

宸濠曾因元宵,用纸造旱莲船一只,头作二狮子,口俱衔钱,傍列五道士,冠皆斜侧,一竿半青,至尾则否。遍游各街,问人有晓其意者召来。忽遇一秀才见,云此甚有意,召去问之,数日:"好一白莲船,两司俱要钱。五道官不正,一竿清不全。"大喜,留宴,赏元宝一个。盖江西有五道太守姓甘,初政颇清,故云。

卷一・举逆祸兆

宸濠举逆日,霹雳大震,苍蝇无数集头上。舟行至江中,见风不利,欲转,问至何地,对曰:"黄石矶。"音协"王失机",怒斩舟人。

卷一・清明上河图

李阁老东阳《清明上河图后记》云:"右《清明上河图》一卷,宋翰林画史东武张择端所作。上河云者,盖其时俗所尚,若今之上冢然,故其盛如此也。图高不满尺,长二丈有奇,人形不能寸,小者才一二分,他物称是。自远而近,自略而详,自郊野以及城市。山则巍然而高,隤然而卑,洼然而空。水则澹然而平,渊然

① 〔明〕李诩撰,魏连科点校。

而深，迆然而长引，突然而湍激。树则槎然枯，郁然秀，翘然而高，蓊然而莫知共所穷。人物则官、士、农、贾、医、卜、僧道、胥隶、篙师、缆夫、妇女、臧获之行者坐者问者答者授者受者呼者应者，骑而驰者，负者戴者，抱而携者，道而前呵者，执斧锯者，操畚锸者，持杯罂者，袒而风者，困而睡者，倦而欠伸者，乘轿褰帘以窥者，又有以板为舆无轮箱而陆曳者。有牵重舟泝急流极力寸进，圜桥匝岸，驻足而旁观，皆若交欢助叫，百口而同声者。驴骡马牛橐驰之属，则或驮或载或卧或息或饮或秣，或就囊龁草，首入囊半者。屋宇则官府之衙，市廛之居，村野之庄，寺观之庐，门窗屏障篱壁之制，间见而层出。店肆所鬻，则若酒若馔若香若药若杂货百物，皆有题扁名氏，字画纤细，几至不可辨识。所谓人与物者，其多至不可指数，而笔势简劲，意态生动，隐见之殊形，向背之相准，不见其错误改窜之迹，殆杜少陵所谓毫发无遗憾者。非蚤作夜思，日累岁积不能到，其亦可谓难已。此画当作于宣、政以前丰、亨、豫、大之世，卷首有祐陵瘦筋五字签及双龙小印，而《画谱》不载，金大定间，燕山张著有跋。据向氏《书画记》，谓与《西湖争标图》俱选入神品，既归元秘府，至正间为装池，官匠以似本易去，售于贵官某氏，某守真定。主藏者复私鬻之于武林陈彦廉氏，陈有急，又闻守且归，惧不能守，西昌杨准以重价购之，而具述其故云而。后又为静山周氏所得，吾族祖云阳先生为跋其后，又有蓝氏珍玩、吴氏家藏诸印，皆无邑里名字。不知何年复入京师，予始见于大理卿朱文征家，为赋长句。后为少师徐文靖公所藏，公未属纩，谓云阳手泽所在，治命其孙中书舍人文灿以归于予。呜呼！韩退之《画记》，其所关系几何？旋复丧失，独其文奇妙，故传之至今。今有图如此，又于予有世泽之重，而予之文不足以发之，姑撮其要如此。”

卷三・瘗蚕得祸相同

《分类夷坚志》乙集五卷中载：江阴民云，林扬明甫说绍兴六年寓居江阴时，淮上桑叶价翔湧，有村名居江之洲中，去泰州如皋县绝近，育蚕数十箔，与妻子谋曰：“吾比岁事蚕，费至多，计所得不足取偿，且坐耗日力，不若尽去之。载见叶货之如皋，役不过三日而享厚利，且无害。”妻子以为然。乃以汤尽死，瘗诸桑下，悉取桑，棹舟以北行。半道有鲤跃入，民取之，刳腹实以盐。俄达岸，津吏登舟视税物，发其桑，见有死者，民之厥子也。惊且哭，吏以为杀人，拘系之。鞠同舟者，皆莫知，问其所以来，民具道本末。县遣吏至江阴物色之，至其家，门已闭，坏壁以入，寂无一人，试起瘗验之，又其妻也，体已腐败矣。益证为杀妻子而逃，无以自白，吏亦不敢断，竟毙于狱。

沈石田《客坐新闻》七卷末载《瘗神报冤》云：弘治庚申，太仓孙廷慎行贩安吉，往来阜林，见巡司获盗三人，其人是彼处大族伍氏家丁也。盖其家每岁畜蚕多，桑薄，饲之不继，因弃蚕十余筐，瘗之土窖中，三人仍驾船往市桑叶不得，舟还途次，忽一大鲤跃入舟中，约重数斤，三人喜其罕得，载归馈主。舟经阜林，巡司异其小船而用两橹急驾，疑之，遂追捕至，检其外，见头仓有人腿一，三人自相惊骇。巡司即缚解浙江臬司，拷掠甚至，诘其身尸所在，三人不胜锻炼，诉辨得鱼之故，变异之端。主司不信，三人者不得已而认之，云杀人，身尸见埋在家隙地内。主司即命吏卒人等押至此家，妄指一地发之，正是瘗蚕之处，蚕皆不见，惟见一死尸，身躯完全，乃少一腿。事之符合，并家主俱抵罪。

夫岂害蚕命数多有此报冤耶？按此与《夷坚》所志大略相同，岂太仓孙君偶因蚕事遂缘饰旧闻以诳石田而石田信之耶？不然不应鲤鱼跃舟瘗蚕变尸之符如是也。后得唐安定皇甫牧所撰《三水小版》，中云唐咸通庚寅岁，洛师大饥，谷价腾贵，民有殍于沟壑者。至蚕月而桑多为虫食，叶一斤直一鍰。新安县慈涧店北村民王公直者有桑数十株，特茂盛阴翳，公直与其妻谋曰：“歉俭若此，家无见粮，徒竭力于此蚕，尚未知其得失。以我计者，莫若弃蚕，乘贵货叶，可获钱千万，蓄一月之粮，则接麦矣。岂不胜为馁死乎？”妻曰：“善。”乃携锸坎地，养蚕数箔瘗焉。明日凌晨，荷桑叶诣都市，鬻之三千文，市彘肩及饼饵以归。至徽安门，门吏见囊中殷血连洒于地，遂止诘之，公直曰：“适卖桑得钱，市彘肉及饼饵贮囊，无他也。”请吏搜索之，既发囊，惟有人左臂若新支解焉。群吏乃反接，送于居守，居守命付河南府，尹正琅琊王公凝令纲纪鞠之，其款云：“某瘗蚕卖桑叶市肉以归，实不杀人，特请检验。”尹判差所由监领就村验埋蚕处，所由领公直至村，先集邻保，责手状，皆称实知王公直埋蚕，并无恶迹。乃与村众及公直同发蚕坑，中有箔角一死人而

阙其左臂,取得臂附之,宛然符合。遂复令公直诣府白尹,尹曰:"王公直虽无杀人之辜,且有坑蚕之咎,法或可恕,情在难容。蚕者天地灵虫,绵帛之本,故加剿绝,与杀人不殊,当自严刑以绝凶醜。"遂命于市杖杀之。使验死者,则复腐蚕矣。今据《小版》,则《夷坚》之说,正当时洪公门下所窜入唐事以投其好者,当以《小版》为的,余皆系讹袭云。

卷四·常熟倭变

(嘉靖)三十四年乙卯四月廿五日,倭寇杀数人西去,甚惨。五月廿四日早复细雨,闻倭在常熟墅桥抢小船装物,顷报至,则常熟邑令王公铁、余姪壻父大参钱公泮并耆民徐察、钱铸、钱班、钱锡、宋涛等俱被害,其民兵死者不可胜数,诚为异变。

卷四·船神名

梁简文云:船神名冯耳,又呼孟公、孟姥。

卷五·蒋陈二生【附王直徐海妓】

蒋生名洲,字信之;陈生名可愿,字敬修,皆鄞人也。弱冠同游学,为郡庠生。嘉靖二十九年,倭寇东南边,东南骚动。我军连摧败,创罢日甚,公私累岁不得休息,重臣往往得罪。然首倭而作之乱者徽人王直也。直任侠尚气,好施与,得恶少年心。先是与恶少叶宗满等商于海,挟中国货往来日本、暹罗、西洋诸夷间。赀益饶富,益施与,大信服夷人,夷人称为王五封,据萨摩洲,三十六岛夷属之。会直与某岛夷有郤,请于边将官而奸杀之,边将官报之不酬,遂与边将官有郤,大怨望。适边禁严通市,遂坐遣夷人寇边尝中国,则寇边无虚日,乃中国视王直者居然敌国比,竟又不可奈何。

先是,言官奏请悬立赏格,曰:"有能生获王直者,予万金,封伯,有能使海致王直降者,予世袭指挥佥事。"于时都御史胡宗宪又请得上命,命有曰:"人难之,莫敢行,则蒋生请行,又荐陈生行也。"

三十四年八月,以蒋生为正使,陈生副之,充市舶司员,率夷夏若干人以往,招抚王直,因宣谕日本王也。九月出鄞江桃花渡,至马鞘汇,风飓,舟半覆,得救起,至小衢山遇寇,二生率众与战,贼败去,则兵器火攻药等大半耗矣,乃回舟舟山。蒋生念缓急惟己,移书家人,貰田产备具。又前舟覆时,失坏应使等物,亦蒋生致家中貲具偿也,官为给券纪之。凡六日夜人大洋,又四日而抵五岛夷,夷长宁久、夷僧是柏者来见。译知上国使,甚修礼敬,二生因谕之宣谕日本王意,夷长曰:"日本王权在丰后、山口二国,当往谕丰后、山口,无谕日本。况二国又诸国长,天使行,吾以船人导,则又密知王直处。"使密使往谕直,直来、殊倨傲也,又密谕之曰:"即不念汝祖宗坟墓,独不为老母妻子计乎?今中国知汝出无奈,不甚罪汝,募汝归诚,以此时归正,朝廷岂薄汝待?将官之海藩,节镇诸夷,长富乐矣。乃借区区数岛,与中国之众久抗衡,不祥莫甚。况夷情贪狡,即一日下片纸檄曰能以叛贼某来者劳千金,恐汝头与贡使俱北也。去醜秽而就荣名,孰舆身死累老母妻子哉!"直悟,谨拜诺,因定归计。

二生与直同行二国,先至平户,平户长礼敬导送如五岛夷。会闻巨贼徐海且率夷众入寇,恐我军无备,三十五年春,陈生先以王直子激、养子毛臣、叶宗满、王汝贤、善译辨者夏正等归报。徐海者,夷称名山和尚,比次王直云。已而蒋生行至博多,见博多小夷长,知山口国荒乱不可往,谋先往丰后国,丰后王源义镇与山口王源义长兄弟国也,乃源义镇接蒋生即夷礼恭至,蒋生曲谕以寇边利害,义镇引罪,辄传谕诸夷无寇中国边。会山口国使来,蒋生又至山口,山口王源义长接礼尤恭,又会同丰后,禁诸夷寇边。盖二国服蒋生说,又知王直附中国,故戒寇边。又遣使修贡献朝廷谢罪也。三十六年,蒋生以王直归,归途安焉,无盗贼如去时。

方陈生归时,适徐海拥众围桐乡,桐乡大困。都御史阮某困不知计,陈生及夏正说海而解其围,计擒徐海等。又叶宗满覆舟山贼党,皆陈生以贼攻贼云。王直至城下,犹观望持两端。当是时,直众犹盛,乃胡宗

宪与王激等同卧起，甚交欢，遂授计夏正，为好辞以激易直，乃诿而执之，竟谕诛死。王激亡海，叶宗满、王汝贤末减从戍。直死时再呼："蒋洲、陈可愿误我，误我！"直意盖期官之海藩，节镇诸夷，长富乐也。则王直诛而党与散矣。

夫倭寇寇东南六七年而天始厌祸，东南民死焚掠者、死征戍役者、死供饷死逃亡者，累数十百万人，至不欲为民。若大吏兵将材官，若土蕃军官，往往陷没，徒以王直等耳。即宗宪轻财用事，能尽人死力，得王直、徐海，海夷遂平。而二生者，可谓无功于国哉？

二生言海外四际无地，如行鸡卵中，日月出没时状奇甚。日以山夜以星辰为道，忽如眉浮天际者，山之来，忽如山浮者，鱼也。又言往返时，舟几再覆，乃天妃有神，或下一雀至七雀，或一燕至三燕，或空火流，船卒免于水云。当时有害功者，并二生谮之，漫为蜚语，二生竟落格废赏。宗宪为之轮粟为太学生。此王叔承《从二生纪行稾》，诠次其事如右。

【张少华者，故金陵民家女，少鬻于齐倡家，假母移之居吴阊。年及破瓜，色益美丽，性慧善音。嘉靖壬子中秋，从汪贾来游虎邱，倅遇周生仕者，吴歈冠绝一时，且韶秀，骇慕丧魄，竟称腹胀辞汪去。使人召周至，遂阖户绝外，假母强之，欲自缢，遂听。其和周歌，日夜不绝音，遂出周上。其后周吹箫，而以肉音韵之，听者辟易，所得缠头，皆以与周。周亦母事假母甚谨。

是时海上徐公子慕少华，持千缗为聘，除舍别墅，迁两人于中，日供费二金。岁余，公子乘周醉请私不得，周闻，以语见侵，公子不堪。乃阴畜少年胜周者沈郎美服饰，使习吹箫，出见，以移其好，少华果目注。更使人伪聘，周去，中道髡其发，复剺其面黥之。公子又赂假母金不得，因移沈郎居与并，计引箫声动之月下，少华讯公子已寝，启扉抚沈郎曰："可儿可儿，劳人终夕缭绕念也。"沈请誓绝周，少华遂向镫誓，已共寝，至晓去。明日，公子复请私不得，夜伏壮士，候两人登床，持刃跃出，捽其发曰："必杀此以惩淫者。"假母闻变趋入，叩头乞解，遂共书券，即真为公子妾矣。

公子置之秘室，而以五十金谢遣沈郎。居半岁，忽忽不乐，晨夜诅公子速死。诸姬闻之以告，出之去，居松陵，复为倡。而故所交周者迹至其家，周既被剺面，且多疡，少华不纳，周甚怨忿，缢于户外。少华恐，乘夜窜走，将至昆山，为海寇所掠，传诣岛主王直，直帐中有姬三十人，姿貌皆出其下，嬖之甚，称为张夫人。直颇好吴歈，每夕令所虏伶人联袂歌而佐酒，而海上沈郎亦没岛中，事贱作久之，作苦，闻帐中歌声，趋而窃听，彷徨不能去。少华忽见之，以目相瞬，已泪淫淫下。直觉之，密讯沈郎，得其状，曰："固也，吾向怪其有平康姿态。"明日衣沈郎善衣而前，使歌吴歈，又使吹箫，一坐称善。自后每夕使与沈隔帷而歌，其声杳渺悲怨，坐客无不流涕而起者。

居久之，益爱幸，据诸姬上。直有事必就之谋，少华亦阳昵之，而阴幸其败，冀与沈郎归中国偕老也。会督府使蒋、陈来岛中讽直，直意颇欲降，而腹心皆以为不可。少华力折之曰："若谓为海中王，沈沈而可百年哉？兵久不解，沿海州邑又皆收保，则安从得庚癸而常主夷也？妾以今日事势，何异骑虎？不如且降，则得官，有功无祸。"直信之，留蒋为质，而令腹心王激等同陈报谢。督府亲挟激与起居，激归报，直尚犹豫，少华泣曰："若不降，亡无日矣，妾请先死。"直悟，遂以激摄营兵，留少华守帐中宝货，而身诣幕府。少华度直已远，私出宝货重赂客为营脱计。直初发，特密语激曰："吾往矣，有尺一来，必用某印为识。"少华潜听之，窃其印记与客，客伪效直书，传道上，激不能辨，遽遣张夫人，而沈郎亦潜匿舟后，取金珠价最高者与沈郎腰缠之，半夜走投四明主家。主家怪之，伏壁间窃听其语。明旦，主人以鸩毒沈郎死，而迫妻之。少华泣曰："天乎！何薄命至此？吾一妇人，不自意降一酋，而死儿子也，降一酋功隐，死二子罪著，兹不可以再辱。"遂自刎死。

王翘儿者，故临淄民家女，少鬻于倡，冒马姓，假母呼为翘儿。携至江南教之，即善吴歈，善弹胡琵琶。其貌不逾中色，而音吐激越，度曲婉转，往往倾其座人。然有至性，雅不喜媚客，大贾赀多金赂之，意稍不属，或竟夕虚寝而罢，贾恚而收金去。以是假母日窘而笞骂之。会有少年私之金者，遂以计脱假母，而自从居海上，更称王翠翘云。

海上多贵游，尤以音律相贯重，令一启齿，以为绝世无双，以是翘儿之名满江南。岁所得缠头无算，乃

更以施诸所善贫客。久之,倭寇掠海上,遂窜走桐乡,已转掠桐乡,城陷,翘儿被虏。诸酋执以见其寨主徐海,海初怪其姿态不类民间,讯之知为翘儿,试之吴歈及琵琶以侍酒,绝爱幸之,斥帐中诸姬罗拜,咸尊为王夫人。翘儿既已用事,凡海一切计画,惟意指使,乃亦阳昵之,阴实幸其败事,冀一归国以老也。会督府遣华老人檄海,肯来降与之官。海怒,缚而将斩之,翘儿谏曰:“今日之势,在君降不降,何与来使?”亲解其缚而厚之金。华,海上人也,翘儿故识之,而华亦私觑所谓王夫人者,心知为翘儿,不敢泄。归告督府曰:“贼未可图,第所爱幸王夫人者,臣视之有外心,当藉磔贼耳。”督府曰:“善。”乃更遣罗中书诣海说降,而益市金珠宝玉,以阴贿翘儿,乃日夜在帐中,从容言:“大事必不可成,不如降也,降且得官,终身当共富贵。”海遂许罗中书约降。督府因诱致居东沈庄,与党陈东相斗,官兵乘之,海沈河死,永保兵俘海两侍女,一名绿珠,一即翘儿也。督府饮之辕门,以享诸参佐,令翘儿歌而遍行酒,诸参佐皆起为寿。督府酒酣心动,亦握槊降阶而与翘儿戏。夜深,席大乱。明日,督府颇悔夜来醉中事,而以翘儿功高,不忍杀之,乃以赐所调永顺酋长。既从永顺酋长去,之钱塘舟中,辄悒悒不自得,叹曰:“明山遇我厚,我以国事诱杀之,杀一酋而更属一酋,何面目生乎?”夜半投江死。

右王直、徐海妓大略,晚得之徐太室学谟、冯文所时可所撰述中,约而录之,以追附蒋、陈二生之末。直妓系徐作,海妓系冯作,徐叙海死一段颇舛,余略正之,直始末详范表议。

卷五·五风生日

太湖中渔船,以十月初五日为五风生日,聚舟杀牲合祭散福,饮酒极醉,狂噪争斗,各船互相惊搅,则以为有鱼之兆。

卷六·安南邓尚书【附陈日照】

《枝山野记》云:永乐中征安南黎季牦,降其三子,皆随入朝。其孟曰澄,赐姓陈,官为户部尚书。澄善制鎗,为朝廷造神鎗,后贬某官,而命其子世袭锦衣指挥。澄愿从文,乃许,令世以一人为国子生。今凡祭兵器,并祭澄也。某仲曰某,赐姓邓,亦官尚书,后贬江阴县佐,有三子,亦令一人袭锦衣指挥。久之,乞归祭墓,既往,即自立为王。季牦死,葬京师,其子后迁葬于钟山之傍,所记邓赐姓事甚欠真,余得《邓氏尚书公事状》,录以订其误焉。状曰:“公讳明字光远,号信心,安南产也。三岁失怙恃,其姨君阮枢密抚之成人,长而力学,国王陈日焜知其才,以女妻子。元至正间,诏拜尚书省左参知政事。迨我国朝永乐元年,充其国王使,赍方物表笺入庆贺,上嘉其驰驱,赐宴于庭,陛辞,赐钞锭绮衣,遣官护送还国。永乐三年夏,逆臣黎季牦杀其主,诈称陈甥,请署国事,公毅然兴义兵伐之,请王孙添平自老挝间道赴愬于朝,季牦服罪,请添平还。四年春,上遣使以添平归达其境,季牦伏兵于途,杀之,并及使者。上闻震怒,制谕成国朱公能将兵讨之。公首迎王师内附,率其子建平府镇抚使邓师诲并官僚阮人杰等一百二十四员军民万余,献纳东都路、国威等二十八府州县。元戎英国张公辅受之帐中,遂命统摄归附人员。捷奏,赐忠义银牌二面,敕公协同将官苏文作向导,击破鸡翎、醎水、溢留等关,平定上下二洪州,伏奇兵潡汤沙上,纵火焚富良江一带贼艘,烟焰蔽天,血流芹站山下,溪涧尽赤。生擒伪上皇季牦及其子孙于高望山,献俘阙下,诏求陈王子孙立之,无所得,请依汉、唐郡县故事,改国为交阯都布按三司。六年春班师,秋七月策功行赏,敕公为参政,抚其民,授师诲九真知州,继以招降郭专等三百六十三户功,调知福安。是冬,余孽陈简定作乱,兴师讨平之。八年,陈季扩复啸聚,会朝廷屡诏抚,兵部尚书王公福遣公至军,谕以祸福,责以僭号之罪,言辞恺切,季扩倒戈效顺。诏授季扩左布政使,凡招徕者擢官增禄有差。上乃命户部郎中王进、指挥陶弘乘传趣公至京,锡之筵宴,拜资善大夫、行在工部尚书,赐第京师,仍给钞锭白金衣塌器用。命扈驾北征,乃与同附大鸿胪陈公季暄、工部尚书黎公澄创神机营,建盔甲厂,制神鎗神铳,退鞑虏于九龙山下。未几遘疾,以永乐十年五月初一日卒于王事,享年六十有一。上悼念功劳,遣官谕祭,赐葬京师西山玉台冈南安河村之原,与陈、黎二公邱陇相望,诚异数也。”

按谱，公本李姓，为唐宗室，有讳公蕴者，宋封南平王，八传至昊旵，无子，以女昭圣主国事。闽人陈京入为国壻，生子威晃，执国柄，歼灭李族。李嫔方娠，潜归其父邓氏，生子名萼，遂从邓姓，长仕防御使。萼生畾观察使，畾生琼枢密院佥知，皆其国官也。琼生政，早卒，政生公，公生师诲，师诲以公旧勋，晋职燕山卫，寻以言事谪直隶常州府江阴县主簿，卒于官。奏闻，赠光禄寺丞，遂葬江阴由里山之东麓。未几廷议交阯推诚顺化，功臣子孙宜颁恩命，敕下户工二部，发给勘合，赐江阴县善政桥南庄房一所，靖江东西二沙孤山等处沙田十八顷有奇，赐其子孙，俾居其地，仍世荫。其后一为顺天府儒学额外廪膳生员，科贡任用，一为鸿胪寺司宾署序班，典其国通事。

【《齐东埜语》载陈日照事，在十九卷，日照以国相壻得国，邓以日焜壻起家，可谓奇合，因附录之。"安南国王陈日照者，本福州长乐邑人，姓名为谢升卿。少有大志，不屑为举子业，间为歌诗，有云'池鱼便作鲲鹏化，燕雀安知鸿鹄心'，类多不羁语。好与博徒豪侠游，屡窃其家所有，以资妄用，遂失爱于父。其叔乃特异之，每加回护。会兄家有姻集，罗列器皿颇盛，至夜悉席卷而去，往依族人之仕于湘者。至半途，呼渡舟子，所须未满，欧之中其要害，舟遽离岸，谢立津头以俟。闻人言舟子殂，因变姓名逃去，至衡为人所捕。适主者亦闽人，遂阴纵之。至永州，久而无聊，授受生徒自给。永守林岊亦同里，颇善里人，居无何，邕州永年寨巡检过永，一见奇之，遂挟以南，寨居邕宜间，与交阯邻近，境有弃地数百里，每博易，则其国贵人皆出为市，国相乃王之壻，有女亦从而来，见谢美少年，悦之，因请以归，令试举人，谢居首选，因纳为壻。其王无子，以国事授相，相又昏老，遂以属壻，以此得国焉。自后屡遣人至闽访其家，家以为事不可料，不与之通，竟以岁久难以访问返命焉。其事得之陈合惟善佥枢，云焜后照十二世。"】

卷六·石婆婆

圖【音徐。】山向江一半，舟行过者，远望石形，紫裙乌发，俨然一老妪，人呼石婆婆。

卷七·西湖佳舫

杭州湖船最精妙者曰水月楼，惟以供要路之过杭者。

卷七·笔墨

笔墨二事，士人日与周旋，不可茫然莫识其梗概也。曩时买墨于金阊，吴山泉饷余以文衡山帖一，中乃记墨法也。余邑孙大雅《沧螺集》有《赠笔生张蒙序》，二文论笔墨大略具矣，并存之。

《序》曰："昌黎韩子传毛颖为中山人，中山非晋，乃唐宣州中山也。宣州自唐来多擅名笔，而诸葛氏尤精。诸葛尝遣其子授笔柳诚悬，且语其子曰：'柳学士善书，当留此笔，不而即以常笔与之。'既而柳果以不入用，别求他笔。其子不能知，诸葛语之曰：'前所进者，非二王不能用也。'柳为一代法书，而不知诸葛之用意，诸葛之艺，乃能过诚悬之书，信乎千里马常有，而伯乐不常有也。

国初，此法流吴兴，自冯应科、陆颖辈首被赵文敏赏识，而宣州之笔殆无闻焉。余尝以笔何胜于宣、湖，笔工有不能言，此盖未见韦续论笔之过。其法取崇山绝仞中兔毛，八九月收之，毫长一寸，管长五寸，锋齐腰强为善。大抵岩石陟绝，其兔下上奔突，举身之力皆聚于毫；至八九月霜降竹枯，耸身曲脊以耐寒栗，则其力愈劲。宣、湖又山郡，兔材易集，故家有其业，业有其人。至于用意之妙，齐锋不难，而腰强为难，锋齐者类不能强，腰强者有不能齐，虽赵文敏用冯陆笔，亦仅得其齐，而罕得其强。余虽不善书，然私识其故，而有以知韦说之不谬。

吴兴陆用之精于为笔，不在冯颖之下。徙居娄江，授其甥顾秀岩，秀岩又授其甥张蒙，世传笔法，如出一手。自漳泉广海贾舶来吴，舣舟岸下，百金易之，殆无虚岁。虽淞之士大夫求笔，有不待远走百里而取之几席之下矣。

生论笔之利病，辩析至到，始余识之吴郡学宫，数求余言，时造次欲书未暇也。后余还淞，其请益坚，故

序以广士君子之知,而难识者之稀也。”

记曰:“昔人雅重文房之选,余学书五十年,颇留意兹事。近时陶颖之外,惟楮墨最为敝滥,古纸不复可见矣。墨出歙州者差强人意,盖其地去李氏虽远,而制法犹存。其取烟、入胶、和材、捣炼、收贮之类,极为烦琐,故其成甚难,而其直亦甚昂。数十年来不胜售者之众,其直之下曾不及所费百分之一,若是而求其不滥,何可得哉!

余往岁喜用水晶宫墨,盖歙人汪延器所制,延器自号水晶宫客,家富而好文雅,与中朝士大夫游,岁制善墨遗之,然所制仅仅数十挺,特供士大夫之能书者,而不以售人,故其制特精。尝为余言制法之妙,谓所燃灯心必染茜用之,尝一岁失染,墨成,精光顿减,其不可忽如此。

近有吴山泉者,廷器之甥,实得其法。居吴中,制墨亦精,余亦喜用之。恐其欲易售而忽其法也,故为说廷器之用心不苟如此。

按古法,用好纯松烟,干捣细筛,每烟一斤用胶五两,浸梣皮汁中,梣皮即江南石檀木皮也。其皮入水绿色,又解胶,并益墨色。鸡子白五枚,真珠麝香各一两,皆别治合调,铁臼中捣三万杵,可过不可少。一法,松烟二两,丁麝香乾漆各少许,入紫草色紫,入梣皮色碧,皆助墨光。

大凡墨以坚为上,古墨以上党松心为烟,以代郡鹿角胶煎为膏而和之,其坚如石。惟易水人祖氏得其法,祖盖唐之墨官也。其后有奚超者,亦易水人,唐末与其子廷珪来歙,而唐时赐姓李氏。父子皆善制墨,而超尤精。论者言超墨其坚如玉,其纹如犀,徐常侍铉尝得李超墨,长不过尺,细如箸,用十年乃尽,其磨处边际似刀,可以截纸。又言其墨书版牍,岁久牍朽而字不动;皆言其坚也。当时但知廷珪善墨,而不知超之尤精如此。陶雅为歙州刺史,谓超曰:‘尔近制墨,甚不及吾初至郡时。’超曰:‘公初临郡,岁取墨不过十挺,今数百挺未已,何能精好?’夫超之能,犹以多不得精为患,今之制者,动以数千,呜呼,是尚得为墨乎?嘉靖乙未仲冬衡山文征明书。”

典故纪闻①

卷五

洪武间,镇南卫卒造官船,擅伐民树木为楼橹,民诉之。太祖曰:“辇毂之下尚如此,其他可知。”命斩其为首者一人示众,余杖之,谪戍甘肃。

卷六

永乐初,西洋诸国使臣来朝贡方物,因附载胡椒,与民互市,有司请征其税,成祖曰:“商税者,国家以抑逐末之民,岂以为利? 今夷人慕义远来,乃欲侵其利,所得几何? 而亏辱大体万万矣。”不听。

靖远伯王友征海寇,奏募民严宝等杀贼数百人,并得其所掠货物。成祖谕友曰:“下人成功者,未必皆出其能,皆由主将能导之方略,作其志气。今严宝等有获,亦尔之功,但所获货物,宜悉与之,尔勿干与毫末。盖人冒险成功,而不推利与之,后来不复乐为用矣。”

旧令,海运赴天津者,舟必同日俱发,有先后者,治部运官罪。有三十余艘违约,五日方行,而同日俱达,亦无所损。或请治违约之罪,成祖曰:“始虑海寇为患,故勑令同约,今已济而无损,其功可赎。凡用人者,录功而略过,则人奋于功,若计过而略功,则救过之不暇,何暇懋功哉!”

---

① 〔明〕余继登撰。

卷七

永乐间，内官张谦及指挥千百户等官使西洋诸番还，至浙江金乡卫海上猝遇倭寇，时官军在船者才百六十余人，贼可四千，鏖战七十余合，大败贼徒，杀死无算，余众遁去。朝廷闻而嘉之，赐勅奖劳，升赏有差。

卷九

宣宗尝谕兵部侍郎王骥曰："近闻南京运送诸物者，每船所装，皆未及半，而经过之处，一体添拨军夫接送，虚劳人力。令襄城伯李隆及南京工部、都察院、锦衣卫各委官监视，凡有运送务令满载，若仍蹈前弊，具奏罪之。"

德州民奏，本州路当冲要，每遇军务，官船经过，例给丁夫，而督运者多不守法，威逼有司，以一索十，以十索百，前者未行，后者踵至。本处丁夫不敷，有司无计。或执商贩行道贫人补足其数，督运者中路逼取其赀，无赀者至解其衣而纵者，有为所逼迫不胜而赴水死者。在船军士，本用操舟，乃得袖手而坐，所载私货，多于官物，沿路发卖，率以为常。乞勅所司禁约。"奏下行在兵部，兵部奏："请自今运物船马快船，俱令掌船者每船预置木牌一，大书本船军夫数目姓名，有急运应增者，上水不过七人，所司给与印信帖子，大书所增贴于牌上，以牌竖于船头，所过有司如牌所增给之。下水不给，违者许被害之人及有司指实以闻。仍遣内外官不时沿路搜检私载物货究治其罪，庶使小人知所警惧。"从之。

卷十一

正统时，巡按福建监察御史郑颙等奏：琉球国事沈志良、使者阿晋斯古驾船载瓷器等物往爪哇国买胡椒苏木等物，至东影山遭风桅折，进港修理，妄称进贡，今已拘收人船，将前项物货并护船器械发福州府大储库收顿听候。英宗曰："远人宜加抚绥，况遇险失所，尤可矜怜，其悉以原收器物给之。听自备物料修船，完日催促起程，回还本国。"

卷十三

天顺时，南城县知县陈升疏言时政，内一款言："臣以考满来京，见马快等船所载官物少而私货多，甚至夹带商旅，以规厚利，沿河索军卫有司挽夫以千百计，稍有稽缓，辄加笞辱。丁夫到舟，受诸箠楚，质其衣鞋而役使者有之，要其钱米而纵放者有之，忍视其饥寒至于僵殍而不恤者亦有之。乞勅今后每舟令载官物若干，著为定式，不许擅带私货及客商人登。仍将其舟会数，分定班次，如差前次舟，即拨后次舟，所编军夫一半助驾。沿河亦酌定每舟一只，贴助挽夫若干，余外不许多索。至差后舟亦然。"命会官议行。

天顺时，阎臣言："南京马快船装载官物，一船可载者分作十船，却搭客商人等私货，俱要人夫拽送，动经二三百号。又阻滞粮船，深为不便。乞令南京守备官，今后或有进来品物，一船只载十五扛，其余一应供用官物，侭船装载，不许仍前多拨船只，劳人拽送。"英宗从其言，敕南京内外守备如所言行之。

卷十四

成化元年秋，南京吏部郎中夏寅奏："马快船只，供应艰苦，所载官物，一箱一柜而已，辄用一船，夹带客商，装载私货，所至骚扰，法宜禁约。"部覆，从其言。凡送官物，务侭船装载，每船添夫上水二十名，下水五名，军卫三分，有司七分。违者并应付之人，皆治以罪。

成化时，户部会议漕运事宜，内一段言："邻近河道南北往来马快流船，昼夜不绝起集，军夫接递，常以一二千计，凌冒风雨，送往迎来，艰苦万状。而经过官船，往往附载私盐客货，应付稍缓，辄将官吏高悬痛

筆,不徒索夫,兼且求贿。原其所由,皆其随从仆隶指使之也。宜禁约内外公差官员,船运载官物,不许附带私盐客货,其随从仆隶姓名,及上水下水夫数,悉于关文明白开写。敢有多索一夫一军及分关前驱逼取钱物者,许巡河御史、按察司官将各人随从仆隶并附船客商拿问,民编口外,军发戍边,盐货入官。"

卷十六

旧例,漕运船,松木者五年一造,给价六十一两九钱,楠木者七年一造,给价七十七两五钱,俱军三民七出办。乃后则渐求增加,非复当时之例矣。

玉堂丛语[①]

卷之一·行谊

吴先生与弼,司业溥之子。读书穷理,累辟不就。不教人举业,弟子从游者,讲道而已。父在京时,命还乡毕姻,亲迎后,不行合卺之礼,另舟赴京,拜父母毕,始入室。祭酒胡俨,父执也,自京还,与弼往谒之,至大门,四拜而退。明日又造其宅,方请见,曰:"昨自行拜礼,今惟长揖。"问其故,曰:"先生,父执也,若四拜,恐劳尊。"凡行类此。有来从学者,不纳贽,或极其诚敬,始收之。后或有过,即以所收者还,辞而不教。非其力不食,一介不以取于人。或亲农事,弟子亦随而助其力,多不能堪。躬行实践,乡人化之。

陈公甫自京师还,与族弟同舟,至广东阳江,遇寇,乘小艇御之,尽劫舟人财物而去。公甫居舟尾,呼曰:"我有行李在此,宁取我物耳。"寇曰:"汝为谁?"答曰:"我陈献章也。"寇举手作礼曰:"我小人不知,惊动君子,幸无怪。舟中之人,皆先生友也,忍利其财乎!"悉还于舟,乃去。

卷之一·文学

高启以修《元史》成,授翰林编修,擢户部侍郎,不拜,致政归。所著有《姑苏杂咏》、《娄江吟稿》、《史要类抄》,及《缶鸣》、《江馆》、《凤台》、《吹台》、《槎轩》、《扣舷》、《凫藻》诸集。与杨基、张羽、徐贲齐名,世以拟唐初四子。族弟士敏,亦工缀述。启尝评其文有春容温厚之风,无枯槁险薄之习,所著有《辛丑集》。

卷之二·政事

江南巡抚大臣,惟周文襄公忱最有名。盖公才识固优于人,其留心公事,亦非人所能及。闻公有一册,自记日行事,纤悉不遗,每日阴晴风雨,亦必详记。如云某日午前晴,午后阴,某日东风,某日西风,某日昼夜雨。人初不知其故,一日,民有告粮船失风者,公诘其失船为何日,午前午后,东风西风。其人不能知,妄对。公一一语其实,其人惊服,诈遂不得行。于是知公之风雨必记,盖亦公事,非漫书也。

周文襄为侍郎巡抚十九年,为尚书巡抚又二年,百姓不知凶荒,朝廷不知缺乏。或问之,曰:"当时济农仓米常数十万,一遇水旱,即据实奏闻,求免岁粮,上无不准,所免之数,即以济农仓米补完。所以民不知凶荒,朝廷不知缺乏也。"问:"当时何处得此米?"曰:"此有二项。其一,奏改南京公侯禄米于各府关支,省下运耗十五万;其一,奉例劝分得米又六万,每岁兑军起运毕,令催粮里甲,运此十二万米入济农仓。赈济补灾之外,岁有宽余皆积之,此米所以多也。米积既多,每腊月征粮毕,新正十五以后,即有文移放粮。"曰"此是百姓纳与朝廷,余剩数今还百姓吃,种朝廷田,秋间又纳朝廷税也。所放米,每户率二石或三石,不曾有放一石者。时文书虽曰抵斗还官,其实多不取。每岁折粮银布,常以正月半开局"。曰"百姓多间纳

① 〔明〕焦竑撰。

了米,留些须与过年,畜养牲口,至二月可卖以纳银,缉纺绵纱,至三月可织以纳布,四月起解于朝廷。事亦不误也"。粮运过江遭风损失者,公皆先知,人以为异。久之,乃知公于金、焦二山各委一僧,使日具风水报,各与数健卒,给其使令,人感其诚,无不尽力。其思虑详而计算密,虽处家者亦恐不能然也。又曰,公巡抚时,往来皆乘小轿,驿站遇村庄僻处,询访民瘼。五保有王槐云者,夏月林下乘凉。公至,与并坐,说田里间事甚悉,俄而从者至,始知为巡抚,叩头谢罪。公笑而抚之,且毕其说而去。其心勤民事如此。然自视歉然,有《感怀》一首云:"日宴忘餐夜半兴,簿书烦恼为无能。秉心初拟逢衡鉴,任戆宁知越准绳。法在恤民民反病,事因除弊弊愈增。前非未悟羞籧瑗,敢叹微躯践薄冰。"【顾清撰年谱】

济川等卫快船工料,额设江西、湖广、南直隶等处,每负课不完。刘公龙请遣官催督,岁终上计簿。锦衣卫赤黑沙洲及陂池苇荻鱼稻之税,不下数千金,率多揞克。公奏差屯田御史及本部属官查计租额,量给支用,其余解部贮库,并新开之田,通收租课,备买马之用。

漕河通,张居正谓岁赋往往迁缓,逾春而后发,即水横溢,非决则涸。乃采漕臣议,督艘卒以孟冬月兑运,及岁初而毕发,未少罹水患。其始,司农颇不便之,久而习以为常。太仓粟至支十年。

卷之二·筹策

占城王子古来,为安南所逼,弃国至广求援。部议令守臣送之还国。尹直言:,"远夷为强国所侵,其来愬者,恃我能为之主也。若徒遣之归,而一无所处,是弃之矣。宜令大臣至广审度事宜,且敕责安南,敦睦邻好,庶不失以大字小之体。"因荐都御史屠滽往。由是安南敛戢,古来得领封还国。

卷之四·忠节

黄观字澜伯,洪武二十三年发解京府,明年会试第一。廷试对御戎策,以天道福善祸淫之机、人事练兵讲武之法为言,高皇嘉之,擢状元,授修撰,复黄姓,历尚宝卿。建文初,迁礼部右侍郎,定官制,增左右侍中员次尚书,改观为礼部侍中,与孝孺等日见亲用。文皇索齐、黄时,观草制,极陈大义,辞多指斥。北师渡淮,观奉诏征兵上游,率诸郡入援。至安庆,闻金川门变,痛哭谓人曰:"吾妻翁素有志节,必不辱。"遂招魂葬之江上。文皇命收观妻翁氏并二女,给配象奴。翁持钗钏,佯使出市酒殽,遂携二女投通济门桥下死。观至东阳河,知事不可为,会有朝使召观,观给使者曰:"入贺新朝,礼当预习。"乃朝服东向再拜,遂自投罗刹矶湍急处,舟人急钩之,仅得珠丝棕帽以献。命束刍象观,帽之,而刭于市,籍其家。初,翁夫人及二女尸,顺流至赛工桥侧,土人藁葬之。万历癸卯,青阳施益臣立墓祠,请于京兆春秋祭祀不绝。

永乐中,有一人居洞庭湖之滨。久而复有两人至,聚居一室,不轻出门户。风月之夕,则棹小舟,操酒榼,泛湖而饮,饮至醉,扣舷而歌,歌竟,相持大恸而归,人莫测也。居人时以钱米周之,或受或否。而一人病革,呼其邻曰:"吾欲告汝以姓名,恐为女累;不言,女终见疑。奈何?"其人固请,乃曰:"我建文朝某编修也,幸葬我湖旁某山下。"居人收葬之。其二人后不知所在。【《冶城客论》】

卷之五·识鉴

高帝渡江,取太平,陶安与李习等出迎。安见上状貌,谓习等曰:"龙姿凤质,非常人也,今有主矣。"上召安与语,安因献言曰:"方今四海鼎沸,豪杰并争,攻城屠邑,互相雄长,其志皆在子女玉帛,非有拨乱救民之心。明公率众渡江,神武不杀,人心悦服。以此顺天应人,天下不足平也。"上曰:"足下言善,吾欲取金陵,何如?"安曰:"金陵龙蟠虎踞,限以长江,据其形胜,以临四方,何向不克?"上喜。从克金陵,由行省都事拜左司员外郎郎中。吴元年,置翰林院,开礼乐二局,召为学士。凡制度仪章,诸所草创,皆委之。锡

以诰命曰："朕初渡江，尔首谒军门，赞襄政务。宣号令，则军民信，议礼乐，则体要成。建白以忠，出纳惟允，朕甚嘉焉。顷开翰苑，以崇文治，设学士以冠儒英，重道尊贤，莫先于尔。尚勤献纳，赞我皇猷。"

常忠武王薨，高丽王遣使来祭。曾鲁索其文观之，使者靳不与，鲁不可，使者不得已，出之。外则袭以金龙黄帕，内则不书洪武之号。鲁责之曰："龙帕固疑误用，若纳贡称藩，而不奉正朔，君臣之义安在？"使者顿首谢过，皆命易去，乃已。

成化间，朝廷好宝玩，中贵有迎合上意者，言宣德间尝遣王三保使西洋等番，所获无算。上命一中贵至兵部，查西洋水程。时项公忠为尚书，刘公大夏为车驾郎中，项使一都吏检旧案，刘先检得之，匿他处，都吏检之不得。项笞都吏，令复检，凡三日夕，莫能得，刘竟秘不言。会科道连章谏，事遂寝。后项呼都吏，诘曰："库中案卷，安得失去？"刘在旁微笑曰："三保下西洋时，所费钱粮数十万，军民死者亦以万计，纵得珍宝，于国何益？此大臣所当切谏。旧案虽在，亦当毁之，以拔其根，尚足追究有无邪？"项悚然降位，向刘再揖而谢之，指其位曰："公阴德不细，此位不久当属公矣。"后刘果至兵部尚书。

卷之五・廉介

宋潜溪临财廉，尝大书于门曰："宁可忍饿而死，不可苟利而生。"君子以为名言。权要非其人，虽置金满橐，一字不肯，纵与之，亦不受馈。日本使奉敕请文，以百金为献，先生却不受。上以问先生，先生对曰："天朝侍从之臣而受小夷金，非所以崇国体也。"【《行状》】

张洪，洪武间以明经荐，授靖江王府教授。永乐元年擢行人，奉使日本，却其馈金，二年，复使辽东，修茶政于蕃界，亦不受馈。时缅甸宣慰那罗塔杀孟养宣慰刁木旦，并其地，命洪赍诏责还所侵地，立孟养后。塔不服，凡六往，始听命。塔欲毒之，服其诚信，乃已。

端木孝文，溧水人，尚书以善子，与弟孝思皆以儒士起家，孝文为翰林待诏，孝思为翰林侍书，先后使朝鲜，以清节为远人所服，立双清馆。【《应天府志》】

卷之五・义概

胡俨尝督漕至三山，中流有覆舟，命仆夫急援之。道见饿死者，命掖就民舍，给以药食。是夜风雨大作，所全活者数百人。

卷之六・师友

永乐间，胡文穆公与杨文贞公俱在内阁，文穆尝语文贞曰："吾二人将老，得退，即各具小舟可二僮操者，舟中贮书册、楮笔、壶觞、棋局。如广访君，舣舟君门外一里所，遣童子招君，君迳入舟，溯流至五云驿，望夫容峰则返棹，至君入舟处，君独归。君访广亦然，但溯流至玉峡而返，岁必五六过，用此共适余年。及文穆殁后半岁，文贞夜梦偕文穆泛舟，自快阁至郡城下，同载甚乐。共联诗，文穆起首句，文贞续第二第三句，相续成一律，觉而忘第六第七二句，文贞悲怆不胜，遂补之，诗曰："金螺潇洒对夫容，鹭渚渔洲窈窕通。远树白云秋色净，故人清兴酒尊同。河山梦冷讴吟后，生死交深感慨中。犹想胜缘如夙昔，并骑黄鹤过江东。"

卷之七・恬适

刘野亭自制墓志，其略曰："归之日，有先公敝屋数楹，城之南有别墅一区，田百亩，桑、枣、榆、柳百余株。继又于居舍后凿小池，放一舟其中，每当春暖秋晴，病起意适之时，或驾舆登墅，或张席命舟，徜徉自放

于水云林月之际。其所获赐，余则岁分十之三四，以颁诸流离贫饿者。间尝进元嗣，谕之曰：'吾老且病，没之日，勿请葬祭谥赠，勿干名笔为诔文诗挽，有一于是，吾不汝子矣。'文成，或者乃曰：'公簉仕几四十年，所历非一官，各有所职，今何为不书？'盖予虽以文翰著衔，其所职，则启沃辅翼，有关于上下者颇重大，予于是无一能效焉，书之，徒以自贻愧也。公孤穹阶而居之，若不能一日安者，盖予性峭直狷介，既无功业以为显明之资，又乏低昂以为植立之地。不即去，则罪日大，愧日集，士夫清议，并以先所有者而夺之矣。归而居家，虽杜门谢客，然犹有车马游从之乐，有贫饿周恤之惠，若未能绝意于世者。盖游从之乐，所以章上之赐，周恤之惠，所以侈上之恩，外此则非所知焉。其不敢有恤典文诔之请者，盖无实德而尚虚名，此予平日所深耻者。今若是，使予昭昭累士夫之余议，冥冥为地下之愧魄矣。尚幸有不死，可持之以见先祖考于九泉者，自揣平生无大过，此心无少负焉耳。其铭曰：呜呼野亭，胡为而生？胡为而仕？胡为而归？胡为而死？盖其生也，穷天地之委和，其仕也，滥皇明之介祉。考诸已，考诸人，则归有余裕。委者还，滥者收，则死获所止。呜呼，世有为野亭嗤者，曰如斯如斯，后有为野亭嗟者，曰乃尔乃尔。"

卷之七·夙惠

王文恪公年十二能诗，人以《吕纯阳渡海像》求题，公援笔书其上云："扇作帆兮剑作舟，飘然直渡海风秋。饶他弱水三千里，终到蓬莱第一洲。"识者知其为远器。

卷之七·术解

赵天泽，蜀新都人，与同邑杜圭明春秋齐名。弃官薄游江南，无贵贱皆倒屣迎之，最善括苍刘公伯温。一日行省大臣论江左人物，天泽首以伯温对，众愕然疑且窃笑之。赵公退而赠刘公文曰："萧何拔韩信，玄德师孔明，非信任之笃，则泜水之奇，八阵之妙，何由照耀后世？"其文载于《翊运录》中。方刘公之未遇也，授之以卜法者曾义山，而深奇预识者，赵公也。赵有《吴江月下泛舟》诗云："余霞敛遥岑，微霭生近浦。江行得良夜，月出鸣柔橹。茫茫天欲流，历历星可数。水萤明乍灭，沙禽或翔舞。此意谁与同，三高渺千古。"

卷之八·志异

陶凯微时，夜归，陷于大溪，不能渡。忽有人撑小舟泊岸，即摄衣登舟，人皆无见者，异之。一日，里人家大疫，凯探视病者，见妖神入瓮器中避之，奉纸笔与封识，命弃水中，疫即愈。

白公圭会试，偕同事数人者往觅饷舟，舟卒方假寐，梦神人叱之曰："急起，尚书来矣，众中最少者是也。"卒方寤，而白公至，卒延纳之，日致款馈甚恭，与之值不受，问其故，亦不应。比登岸，始潜以实语公，公识之。是年，公果登进士，后至兵部尚书。公为都御史征麓川时，计别卒二十余年矣，江行遇漕舟，有人坐其上，疑卒也，止而问之，是已。移檄俾从军事，抵麓川，卒以功累升为指挥使，食厚报云。卒之梦虽为公征，而实已被遇之祥也。

余姚戚澜字文渊，景泰二年进士，授翰林编修。尝诣京，渡钱塘，风涛大作，有绛纱灯数百对，照江水通明，丈夫九人，帕首袴靴，带剑乘白马，飞驰水面如平地。舟人大恐，戚公曰：，毋惧，吾知之矣。，推窗看之，九人皆下马跪，问曰："若辈非桑石将军九弟兄耶？"曰："然。"曰："去，吾谕矣。"皆散。公命舟人返棹，曰："有事吾当还。"遂归。抵家，谓家人曰："某日吾将逝矣。"及期，沐浴，朝服坐。向九人率甲士来迎，行践屋瓦，瓦皆碎，戈矛旌帜，晃耀填拥。有顷，公卒后，车骑腾踔，前后若有所呵卫者，隐隐入空而灭。后琼山丘文庄公夫人入京，舟过鄱阳湖，夜梦达官呵拥入舟，曰："吾乃翰林编修戚澜也，昔与丘先生同官，义不容绝，特报尔：三日后有风涛之险，只帆片橹无存。可亟迁于岸。"夫人惊觉，如其言，移止寺中。未几，江中果有风涛，众舟尽溺。至京，夫人白其事于文庄公，公以闻于朝，遣官谕祭，文庄又为文祭之，云："于乎，文

湍,刚劲之质,豪放之气,高义激切,直上薄乎云天,巨眼空阔,每下视乎尘世。凡众人之嗜欲,举不足以动其中,一时之交游,少足以当其意。时发惊筵之辩,臧否罔不称情。间若骂坐之狂,毁誉皆有所试。醉言无异于醒,面折不违于背。仆也于君,若有宿契,始落落以难合,终偲偲而交励。奈何命与心违,中道而逝。老我后死于十二禩,孰知冥冥之中,犹有旧交之谊。老妻北来,舟次江滏,梦中见报,风涛将至,预告以期,使知趋避,既而果然,幸免颠踬。於乎,人传君之为神,莅胥涛而享祀,即今所过而验之,无乃秉司乎江湖之事。由其生也,不尽用于明时,故其死也,仍见录于上帝。於乎,友道之废也久矣,曰友曰朋,如兄如弟,指金石以为盟,刑鸡犬而设誓,头角稍殊,情态顿异,云泥隔则易交,势位判则相忌,对面如九嶷之峰,跬步有千丈之势。半臂才分,遇诸涂则掩面而过,宿醒未醒,踰其阈则腾口以刺。过门不入室,反为操戈之举,落穽不援手,忍抛下石之计。亲于其身也遑恤,况伉俪乎?生为人也尚然,况下世乎?于乎文湍,生死无二心,始终同一致,不忝为聪明正直之神,真可谓英迈特出之士。缅想旧游,稠人广会,一饮百十钟,挥毫数千字。故以平生之素好,用答故人之阴惠,诗以写不尽之情,酒以侑有从之泪。具别纸以焚燎,就宿草以浇酹,灵神如在,来鉴于是。不鄙世人之凡言,特歆御酤之醇味。尚飨。诗曰:幽显殊涂隔死生,九原犹有故人情。曼卿真作芙蓉主,太白常留翰苑名。念我冥冥来入梦,哀君恻恻每吞声。朝回坐对黄封酒,怅叹鸡坛负旧盟。"【《琼台类稿》、《升庵集》】

寓圃杂记[①]

卷第五·吴中近年之盛

正统、天顺间,余尝入城,咸谓稍复其旧,然犹未盛也。迨成化间,余恒三、四年一入,则见其迥若异境,以至于今,愈益繁盛,闾檐辐辏,万瓦甃鳞;城隅濠股,亭馆布列,略无隙地。舆马从盖,壶觞罍盒,交驰于通衢。水巷中,光彩耀目,游山之舫,载妓之舟,鱼贯于绿波朱合之间,丝竹讴舞与市声相杂。

补遗十则·张生被盗

金陵张允怀以画梅游苏、杭间,其为人好修饰,虽行装,必器物皆具。一夕,泛江而下,月明风静,舣舟金山之足,出酒器独酌。将醉,吹洞箫自娱,为盗者所窥。夜深,益杀允怀于江,尽取其酒器以去,视之,则皆铜而涂金者也。

谷山笔尘[②]

卷之五·臣品

隆庆丁卯,新郑为华亭所逐,门生故人无一敢送者,惟吴送至潞河舟中,握手垂泣而别,新郑大感,而华亭因深恨焉,为郎数年不调。新郑再相,遂不次用之。

卷之九·官制

肃宗乾元元年,节度使王玄志死,朝廷遣中使往抚将士,就察军中所欲立者授以旌节,于是裨将李怀玉杀玄志之子,推侯希逸为使,朝廷因而授之,此军中废立之始也。未几,希逸渡海而南,据有淄、青、沂、密、

① 〔明〕王锜撰,张德信点校。
② 〔明〕于慎行撰,吕景琳点校。

青、齐六州之境,犹冒平卢之号。

卷之十一·筹边

万历壬辰,倭寇朝鲜,朝廷遣兵援,恐其不胜,欲调播酋杨应龙兵东救朝鲜。又听一妄男子上言,欲发暹罗之兵,使由海道捣其巢穴,庙堂以为奇策,识者闻之,无不骇笑。播酋不奉汉法,阻兵拒命,朝廷遣使即讯,数年不出,此何等情形也,乃欲调其甲士出入中土,窥见虚实,纵使有功,何以善后?此岂制播酋之方?至于暹罗小国,僻在海南,日本视之,何啻培塿?而欲使捣其国都,是以蠛蠓入鼎也!匪独如此,纵使播酋恭顺,暹罗盛强,势亦不能。何也?由蜀至辽,一经两海,水土不习,强弱亦异,而暹罗小国乃在占城之南,琉球之西,三十余年不通朝贡,使者佩虎符而往,将安问津?况能发其兵乎?此等见解,如醉如痴,谋国若斯,不败何为?国家福德,天实默佑,非人力也。方议调兵时,有一当路过东,驻车相访,语次,叹曰:"暹罗可调否?恐其兵入中国,多所蹂践,奈何?"予笑应曰:"暹罗知在何方?取得来再虑未迟。"此公亦未披舆图,不知暹罗所在也。

日本在洪武初年虽绝其贡,至永乐以后,即以金印诏书封其国王,每朝易位,辄赐日字勘合若干号。六年一贡,赍勘合而至,人舡货物皆有定数。至嘉靖二十九年入贡以后,始不来耳。奈何谓二百年来不许通贡?又倭中自有国王、州郡官长,类如朝鲜,可考而知,亦不问其颠末,而从一二舶商之言,所指地方官职,皆以洪荒剏造未经缔构者,尤可笑也。

卷之十二·形势

吴王夫差沟通江、淮以窥中国。后人以淮水低、沟水高,故立堰以防之,舟行度堰入淮,谓之北神堰,在楚州北城五里,即今土坝之所始也。周世宗南征,以舟师自淮入江,阻于此堰,乃凿楚州西北老　河水以通其道,而淮水之舟皆达于江矣。江、淮之通,古盖有之。沟水不知所在,当是高宝湖耳。

周显德间,渡汴口之渠,导河水达于淮水,以通江、淮之漕,又自大梁城东导汴水入于蔡水,以通陈、隶之漕,又于都城之东浚汴水为五丈渠,东过曹、济、梁山泺以通齐、鲁之漕,此皆宋之漕运所由始也。

隋炀帝开通济渠,自东都西苑引谷、洛之水达于河,又自板渚引河水达于汴,又自大梁东引汴水入泗,达于淮,又自山阳至扬子达于江,于是,江、淮、河、汴之水相属而为一矣。炀帝又开永济渠,因沁水南连于河,北通涿郡,又穿江南河,自京国于杭州八百里。盖今所用者,皆其旧迹也。夫会通河自济、汶以下江、河、淮、泗通流为一,则通济之遗也;滹沱、御漳则永济之遗也;自京口闸通于浙河,则江南之遗也。

闽王审知奉事朱梁,岁自海道登、莱入贡,没溺者十有四五,当时吴越、淮南据有江左,故不敢取道两浙。及考其海道,则自福州开洋,过温、台、明州,北渡大洋,抵登、莱上岸,其险远亦至矣。方今河运之议,但从南浙下港,北至直沽,仅得大半,已不能行,况由闽、越而发耶?其后,钱镠入贡,亦由海道抵登、莱出洋,即今所议海运道也。

至正六年,盗扼李开务闸河,劫掠商舡,即今东昌南李开务也。

元时,海运岁米百万,会通河成,岁运米五百万,浮于近代矣。

贾鲁河自黄陵南达白茅,放于黄堌等口,即今贾鲁河故道也。白茅在曹县,黄堌在单县。万历丙申,黄堌河决,由贾鲁河故道出符离集等处,盖即元人所挑也。

唐自建中、贞元以来,每岁江、湖、淮、浙运米百一十万斛,至河阴留四十万斛贮河阴仓,至陕州留三十万斛贮太原仓,余四十万贮东渭桥,其法与今相似,但以四十万斛供长安之用,其何能给?当时关中租米犹

足供亿,非如今日畿辅空虚尽仰江南也。

三国时,辽西乌桓以袁尚兄弟入塞,曹操将讨之,乃凿二渠以通运,一自滹沱入派水,谓之平虏渠,一自泃口入潞河,谓之泉州渠,以通海运。《说文》:派水出雁门葰人戍夫山,东北入海。《水经》:泃水出无终西山,西北流至平谷,又南流入于潞河,又东合泉州渠口,曹操所筑也,渠东至乐安亭南与泸水合入海。按:二水当时通漕以制辽左,所谓平虏渠者,在今都城之南,疑即滹沱入运处也,惟泉州渠乃在京北而东入辽海,不知定在何处,若因其遗迹通之以馈平卢、辽西,亦一便也。泉州故城在幽州雍奴。

卷之十五·杂记【一】

天宝二年,玄宗幸望春楼,观江、淮运艘,韦坚上百牙盘食。

卷之十五·杂闻

尹恭简公旻掌铨十八年,以知人名,济上至今尊蓝慕之。……贾人再过井上,恍若有忆,徘徊久之,尹翁讶而问之,贾以状告。翁因叩其金多少与囊襆之状,皆与旧合。即谓贾曰:"若无忧,而金在也。"掘井旁尺许,得之,封识宛然。贾顿首谢去。持井旁失金与主所更畀者,入海为市。舟中猝遇盗,贾即出其金献之,盗亦感慷慨,谢曰:"于无意攫子金也,然吾尝劫麻一舡,无所用之,以予子,可获大利,而易子之金,可乎?"贾随载麻而归挚巨室之门,具以实告,主人发而视之,则皆金也。盖海贾畏盗,藏其金麻中而盗不知,以予贾耳。贾遂与主人中分之,利且十倍。

嘉靖中,海丰有渔子数人驾一舟入海,忽为飓风所漂,泊一绝岛,险峭无人,渔子相对号泣,以为必死。因入其中,见古木蓊蔚,鸟雀啁啾,不似人境。行可里许,林木之中,微有烟火,稍见人迹。其人皆椎结袒裼,网木叶为裳,面目犂黑,肌肤如枯,睢睢盱盱。见渔子入,相顾惊笑,语不可解,稍前逼之,辄走不敢近。其居率如蘧庐,而无爨釜,其旁往往有池,池中以密浸食物,大抵黄精、薯芋之属。渔子饥甚,前取食之,其人亦不嗔,但远立而笑。已而取柏叶食之,亦将以授渔子使食。渔子始泊,舟有余鱼,已而鱼尽,苦饥不得已,从之食。食久益甘,而其人亦稍狎,相与游处,但语不通耳,如是者月余。其山涧流水处,皆文石五色,璀落可玩,渔子各收数升,置之舟中。一日,飓风大至飘返故岸,家人以为已死,见之惊喜。已而取所挈文石,则皆靺鞨瑟瑟诸宝也。其中有紫者,以五铢入火,间以白金,成黄金二两,不镕,则柔甚,可屈折云。

卷之十八·夷考

《新唐书》:"登州东北海行千余里至鸭绿江,乃东南行七百里至新罗王城,自鸭绿江舟行,东北泝流五百余里至凡都县,故高丽王都也,又东北泝流五百里,又陆行千里至渤海王城。"盖唐时高丽在今朝鲜北境,而渤海又在其北,想今海西、建州女真所据即其地也。后晋天福元年,高丽王建击破新罗、百济,于是东夷诸国皆附之,有二京、六府、九节度、百二十郡,则新罗、百济并于高丽,在今朝鲜境内矣。

四友斋丛说[①]

卷之十一·史七

乙卯年。倭贼从浙江由严衢过饶州。历徽州宁国太平而至南京。才七十二人耳。南京兵与之相对两阵。杀二把总指挥。军士死者八九百。此七十二人不折一人而去。南京十三门紧闭。倾城百姓皆点上

① 〔明〕何良俊撰。

城。堂上诸老与各司属分守各门。虽贼退尚不敢解严。夫京城守备不可谓不密。平日诸勋贵骑从呵拥交驰于道。军卒月请粮八万。正为今日尔。今以七十二暴客扣门。即张皇如此。宁不大为朝廷之辱耶。

倭贼既杀败官兵。此日即宿于板桥一农家。七十二人。皆酣饮沉睡。此农家与顾彭山太常庄邻并。某庄上人亲见之。此时若有探细人侦知其实。当夜遣一知事将官。潜提三四百人而往。可以掩杀都尽。但诸公皆不知兵。闻贼至则盛怒而出。一有败衄则退然沮丧。遁迹匿影唯恐不密。殊不知一胜一负乃兵家之常。古人亦有因败而为功者。此正用计之时也。而乃甘于自丧。何耶。且又不用细作。全无间谍。遇著便杀。杀败即退。不知是何等兵法也。

甲寅乙卯年。倭子已焚劫常州。传言欲窥南京。京城震恐。有言丹阳为南京咽喉之地。南京之守。守在丹阳。须筑一坚城以扼之。余曰。此所谓知其一不知其二也。夫丹阳之所以有关于南京要害者。使丹阳有城。贼人攻丹阳城不下。必不敢越之而至南京。何也。恐丹阳兵之蹑其后也。苟不得丹阳城。越之而来。则南京兵当其前。丹阳兵蹑共后。句容出一兵捣其中。此之谓腹背受敌。兵家所忌。乃必败之道也。故能遥为南京声援。譬如倭子越嘉兴而至苏州。使苏州兵迎敌。嘉兴兵蹑之。吴江兵从而捣之。则岂能如此得志哉。今贼至嘉兴。嘉兴坚闭城门。与之一战城下。任其过去。则吴江苏州当其冲。嘉兴方安坐相庆以为无事矣。若但如此。则丹阳虽有城。亦何益于南京胜负之数哉。然此等调度全在总督。而当事诸公曾无一人及此者。可叹可叹。

倭寇既去之后。司寇景山钱公在大理。余与之言曰。夫倭寇之来。大江之外有三路可达南都。从常镇来。则句容其一路也。从宜兴来。则秣陵关其一路也。从太平而来。则江陵镇其一路也。夫古之用兵须得地利。今参赞与守备诸公。当亲至其处相度地形。如某处可以屯兵。某处可以会战。某处可以设伏。皆默识于心。倘一日有警。则差某将官豫先提兵扎营于某处拒敌。某将官于某处策应。某将官于某处设伏。待其既至。则与之争利。先占山头。则我为主。彼为客。我以逸。彼以劳。所以制敌者在我矣。万一不利。则策应兵与伏兵俱起。左右合击。此兵法之至要。而我之所谓庙胜者盖不越此。今必待敌人既至。然后遣兵出城。猝然而遇。即与合战。夫猛虎食人。使其人神全。虎必不能伤。若忽与虎遇。苟非至人。神未有不去者。神去而虎始能食之矣。今出战之兵。气未及定。猝与敌遇。神安得不去。神去则万万必败。又岂待智者而后知耶。公当可言之地。可与当事诸公一言之。景山果白之诸公。后亦颇用其说。余初不知之。一日偶见守备何太监。余谢山田舍即何太监旧庄也。何云。公庄上杨树何萧疎若此。余云。公无事不出城。何由可见。何云。前日与诸公看埋伏耳。夫既谓之伏。当使人不得知之。但宜托以游行。潜觅其处。岂可显言于众曰。吾往寻设伏处耶。谓之机务。恐不如此。

张蒙溪在参赞时。颇好兴建。其所置振武营。后遂启黄林原之变。其他如仙鹤营望江楼等处。所费动以数十万计。然使一朝有事。实分毫无补于朝廷。无救于地方。又以南都形势与各营垒刻一石碑以传。中间刻城南十二伏。城东十二伏。城北十二伏。刻成。江荆石以一本见遗。余语荆石曰。老子云。国之利器。不可以示人。昔唐太宗征高丽。命元万顷为檄文。檄中有不知守鸭绿之险之语。高丽即移兵守鸭绿江。兵不得渡。太宗遂贬谪万顷。夫谓之曰伏。当使鬼神亦不得而知。顾可传刻以示人耶。公在部中。当即白之。亟毁其石。无殆有识者之诮。江亦不言。石至今存。此岂虞诩增灶之意。盖有余者示之不足。不足者示之有余。诸公或自有见。然非愚陋者之所知也。

甲寅岁。倭寇到柘林。即以余兄弟三家为巢穴。屯扎将一年。本地方劫掠既尽后。往嘉兴湖州劫掠。空巢而出。去旬日复归。府县闻之。即遣人纵火。而三家百年营构尽付烈焰矣。初报至南都。舍弟颇不平。余意色恬然。盖此宅既为倭寇所据。已非我之所有。若烧去房室。彼不能驻足。必往他处。则此处田土尚有人耕种。不然则方将安居乐业于此。而居民远避。田卒污莱。宁有穷巳时耶。顾不如烧之为愈。但当事诸公不能烧于倭贼方在之时。而乃烧于倭贼既去之后。此则深为可忿耳。

陆五台从总督幕中回。余问之曰。倭贼之在柘林与在周浦寺中者屯住甚久。不知其亦有斥候否。夜中亦令人巡警否。四周设绊索响铃否。云皆无之。余以为使当事者用计。周遭以铁蒺藜密布。命细作二三人深夜入贼中举火。大军在二里外但鸣锣发喊。则此辈惊动自相攻击。可以歼尽矣。夫山林险阻不以

屯兵。正防火攻也。岂有贼住在人家淹顿日久。不知用计焚之。但欲白日与之较力。几何其不败衄也哉。

张半洲为总督时。余尝条列数事。时选部署为赞画。仪制郎中盛南桥亦在选中。条列中有肃威刑一事。曰总督受命出师。朝廷给与旗牌。正欲假以生杀之柄。今逗挠军机与临阵畏缩。未闻有斩一人以徇者。如此而欲致胜难矣。盛即吐其舌曰。乃欲使我辈杀人耶。殊不知杀一人乃所以全千万人也。今独惜败残数十卒。而不念东南被杀者数千万人。此数千万人独非民命乎。可叹可叹。

陆五台自赞画幕中返南都。余戏之曰。公平昔论兵。智略辐辏。此行何寂寂如此。五台言。总制公初不令吾辈画策。余问然则要公辈何用。曰终日只理会各处文移耳。昔日李文饶因维州之事造筹边楼。终日上楼计算敌人。无论用兵。即今人有构讼者。遇一硬对头。则梳头也计算此对头。吃饭也计算此对头。岂有工夫管闲事。况用兵乃朝廷大事。地方之得失百姓之存亡所系。岂有不专心计算敌人。而终日理会文移哉。文移纵理会得甚详密。亦何益于胜败之数。则无怪乎总制诸公偾事之接踵也。

今世将官皆受制于总督。无论赏罚。虽出师之期。亦必请命而行。此甚无谓。盖用兵机宜在于呼吸之间。正须出其不意。使彼不虞我至而我适至。则彼之气先夺矣。夫然后可以制胜。今必请之总督。请之巡按。请之兵备。我未及发而彼先知。已自有备。况正合机宜而或相沮扰。未合机宜而或加督促。则我之气已夺。虽韩信李靖复生。欲其制胜。难矣。闻祖宗朝遣大将提兵。则设一都御史与之督粮。不与兵事。此甚得任将之道。

古称王公设险以守其国。若南都之险唯在长江。夫倭寇入海口。抵龙江关但四五百里。设中原有警。从襄樊顺流而下。直捣建康。或自淮扬而来。只一水之隔。使守在江上。犹有险可据。若已渡江奄至城下。则我已失其险。而朝廷所设重兵十万之众。如鼠在穴中坐而待毙耳。今江上之守。独操江有少兵。亦甚单弱。南京兵部略不干与。而宿重兵于无用之地。甚非长算。余尝与赵大周先生言之。大周谋于六科诸公。科中即建言。要以兵部侍郎带管操江。然此议亦未允当。盖操江都御使亦可不革。但当开府于仪真。督率镇江仪真等卫军。专一校阅水战。南京于京营中抽选一万余人。给以行粮。以兵部一侍郎领之。亦在江上教习水战。苟一时有事。彼此策应。则长江之守。庶几如常山之蛇首尾相救。而祖宗根本之地始为有恃矣。科中建白既欠周详。后朝廷下南京大小九卿议报。兵部推奸避事。惧其委任责成。担子颇重。多方阻之。其议遂寝。

夫以长江之势言之。荆门为之首。狼山为之尾。而九江安庆是其脊。当使其如常山之蛇。击首则尾应。击尾则首应。击其中则首尾俱应。然后长江之险始为我有。人不得而共之矣。观古来战争之时。自中原窥长江者凡有数处。由南阳邓州以至襄阳。其一道也。昔刘玄德投荆州将出樊邓。三顾孔明于南阳者是也。由夷陵荆门以出荆州。其一道也。昔刘玄德迫于曹公。走当扬长坂者是也。自东西属出峡。顺流而下。其一道也。昔司马氏既定蜀遂取吴。所谓王浚楼船下益州者是也。由公安夏口以出武昌。其一道也。由寿春合肥出濡须。又一道也。昔孙权徙治秣陵。闻曹公将来侵。作濡须坞以拒之。又自公安都鄂。改名武昌。魏乃命曹休出洞口曹仁出濡须夏侯尚围南郡者是也。自凤阳盱眙道滁州由和州渡。又一道也。我高皇帝之取金陵者是也。自淮安而南。越高邮以至仪真。又一道也。昔魏文帝观涛于广陵。临江而叹曰。长江天堑。固天之所以限南北者是也。其他如常德沔中皆沮洳之地。若由鄱阳湖出湖口而来。亦一道也。昔陈友谅兵夜至石头城者是也。今虽以社稷灵长之福。四海宁晏。固万万无虞。然岂可不预为之虑耶。夫留都祖宗根本重地。所关固甚大。况隔岸即饷道之咽喉也。昔孙恩卢循广中之寇数至京口。尝贻宋武帝以益智粽。宋武帝以续命汤报之。用相嘲调。今广中之寇颇为猖獗。倘或流劫他处。由福建而犯浙直。则自狼山以抵京口一帆可至。特顷刻间耳。万一稍侵饷道。能不遗当宁南顾之忧耶。然祖宗所以宿重兵于都城。而不为江山设备者。盖以高皇帝当定鼎之初。南有张士诚方谷珍。西有陈友谅陈友定。皆患在肘腋。况元之遗孽尚在朔漠。明玉珍在蜀。梁王在云南。方事讨除。未遑远略。至建文朝。则齐黄以书生当国。欲效贾生更制度定章程。改易官名。裁损宗藩。不三年而难作。成祖既靖内难。即徙都于燕。又将拓定三边。经制宣大榆林延绥诸处。以为门厅之卫。视南方之事为稍缓矣。况天

下当二祖创造之始。威德宣布。四方慑服。罔敢干纪。故承平以至于今。然治久防乱。则讲之正在今日也。盖操江须假以重权。于北京都察院择一有才力者任之。其开府当在仪真。若以为去上流稍远。则或于九江安庆诸处。其宛子城与沿江各卫皆以属之。湖广与九江苏常兵备亦听其调遣节制。则彼得以稍展其效。而江上有事。朝廷亦可以责成之也。今仍住扎南京。而江上卫所与之绝无相关。其所理者唯江山群偷耳。夫缉捕盗贼乃一县尉之任。何必设都御使哉。况沿江之守。分布虽密。略无总统。万一有警。则有首尾腹背分为数截。彼此推调。莫肯用命。而祖宗根本之重。朝廷馈饷之急。顾当责之谁耶。则亦不可谓之细故也。此固杞人之忧。知不足为社稷至计。聊书之以备采择耳。

卷之十四·史十

初立清浦县时。余偶至南京。即往拜东桥。东桥问曰。贵府如何又新创一县。余对以青龙地方近太仓州。离府城甚远。因水利不通。故荒田甚多。有人建议。以为若立一县则居民渐密。水利必通。而荒田渐可成熟亦。故有此举。东桥即应声言曰。如此。则当开先河不当先立县。毕竟立县后。水利元不通。而荒田如故。县亦寻废。乃知前辈论事皆有定识。不肯草率轻有举动也。

青龙自唐宋以来。是东南重镇也。相传有亭桥六座。亦通海舶。由白鹤江导吴淞出海。宋时设水监于此。盖以治水利兼领海舶也。宋时卖官酒。酒务亦在此处。江南所卖官酒。皆于此制造。入我朝来。水道湮塞。而此地遂为斥卤矣。祖宗时。松江旧有水利通判一员。谓之治农官。嘉靖中以为冗员。已经裁省。夫朝廷粮饷取给东南。然其生之之源。全在于农。农之耕种。全赖水利。则治农官其可以为冗员而裁革之耶。今清浦县既立不成。当奏复水利通判。于青龙镇设一衙门。令其住扎。上司不得别有差委。专管水利。则庶乎有所责成。而松江之农事可以无忧矣。

江南自有倭夷之变。用兵六七年。中更总督数人。所费钱粮数百万。然毫发无用。唯胡梅林稍能建功。如擒徐明山。掳麻叶。诱致汪直。皆其谋也。其破冒钱粮虽多。然其功亦何可终掩哉。一时如曹东村任复庵。忠勇绝人。然卒无所成。正以其量小惜费。不能用人耳。今不能成功功之辈。一切置之不问。而独将任事之人置之于死。籍没其家。则此后谁复与朝廷任事哉。失政刑矣。

沿海防守之处。起自吴淞。所历川沙南汇青村柘林而西抵金山卫营堡。凡五处。中间所设之兵。虽多寡不同。大率每处五百名。五处总二千五百名。亦有稍多之处。大约不出三千名。每名月给银八钱。则一年总计兵饷银三万两矣。但所募之人皆非土著。恐一朝有事。人皆瓦解。此其所可虑者一也。每领兵饷。则吏胥队长蚕食其中。而兵无实惠。此其所可虑者二也。兵人坐食兵银。渐成骄惰。散操之余。游手生事。因而乱法。此其所可虑者三也。常年春汛之后。五百之兵革去其半。待来春重募。亦为重惜兵饷也。然每年新兵。教习武艺。亦自不易。况革去之人。素习骄悍。不能保其无他。此其所可虑者四也。今海山无警。宿兵无用之地。而每年秋粮中加派银数万。使百姓坐而待困。此其所可虑者五也。故为今之计。莫善于屯田。某尝计之。每兵一名。给田二十亩。若此处有兵五千。当买田一万亩。大率每年兵银五千。则田价将彀一半。如少。则以每项下赃罚银买添。或更少。则以入官田足之。权其重轻。则所费者少。所省者多。一劳而永逸矣。其所募之兵。皆要本地人。凭里长开报。必须海防府官与把总指挥公同拣阅。令其夏秋务农。冬春讲武。是即古人寓兵于农之意。如是则兵皆土著且终岁力作。无暇游手。则不至骄悍。各兵既已受田。每年至秋亦不必裁省。而百姓每岁亦省加派银数万。是一举而五虑可以尽去。则何故不遂行之。昔袁泽门在任时。余偶论及之。泽门曰。我近日挑拣八事申呈上司。已准行五件。屯田是头一件。独不肯行。不知何也。

卷之十六·史十二

蒋性中为给事中。甚清介。贫苦刻历。家居时。尝驾一小舟入城。止带村仆二人。遇潮落水逆。船

不得进。遣二仆上岸牵挽。蒋自到舟尾刺船。适一粪船过。偶触之。蒋本村朴。乡人不知。大加窘辱。二仆厉声曰。此是蒋老爹。如何无礼。蒋骂家人曰。奴才哄人。此处那得个蒋老爹。促家人牵船径去。

蒋给事曾因公差泊舟江浒。有一官船继至相并。即过船共奕。适有一女子至江边洗圊桶。官随呼隶人缚之。此女甫到家。即闻岸上有哭声。蒋谓是此女畏责而哭耳。不知其已死矣。再三劝解。寻命释之。俄而此女复苏。临别语给事曰。明日我先去。公且未可行。次日侵晨。见一舟陵风而去。上有旗号曰江湖刘节使。公遂不敢解维。是日开船者皆覆没。盖公之素行通于神明。故此神来告之耳。

卷之十八·杂纪

存斋先生为编修时。进京过吴门。时王南岷为苏州太守。设席相款。独请衡山同席。盖重存斋先生也。衡山见余。每道存斋与罗念庵资质纯粹。独不喜唐荆川。

余造衡山。尝径至其书室中。亦每坐必竟日。常以早饭后即往。先生问曾吃早饭未。余对以虽曾吃过。老先生未吃。当陪老先生再吃些。上午必用点心。乃饼饵之类。亦旋做者。午饭必设酒。先生不甚饮。初上坐即连啜二杯。若坐久。客饮数酌之后。复连饮二杯。若更久亦复如是。最喜童子唱曲。有曲则竟日亦不厌倦。至晡复进一面饭。余即告退。闻点灯时尚吃粥二瓯。余在苏州住。数日必三四往。往必竟日。每日如此。不失尺寸。

戊午年到家。返南京过无锡。与华补庵约来岁同至苏州与衡山先生做九十。时余尚住南京。已未三月,依期而发。至无锡已昏黑。即差人往补庵家问讯。云老爹往苏州去了。余曰。岂补庵负约。乃先期而往耶。再往问之。曰。文老爹作故。我老爹待老爹不至。已往吊丧去了。次日早发。抵暮到射渎口。遇补庵。即过补庵舟。相与伤叹者久之。补庵命置酒。复回舟至虎丘。携壶榼饮剑池上。余时携一善筝歌者。补庵令人遍至伎家觅筝。竟不能得。留连倾倒。半夜别去。

钱同爱少年时。一日请衡山泛石湖。雇游山船以行。唤一妓女匿之梢中。船既开。呼此伎出见。衡山仓皇求去。同爱命舟人速行。衡山窘迫无计。同爱平生极好洁。有米南宫儿云林之癖。衡山真率。不甚点检服饰。其足纨甚臭。至不可向迩。衡山即脱去袜。以足纨玩弄。遂披拂于同爱头面上同爱至不能忍。即命舟人泊船。放衡山登岸。

徐髯仙少有异才。在庠序赫然有声。南都诸公甚重之。然跅弛不羁。卒以罣误落籍。后武宗南巡。献乐府。遂得供奉。武宗数幸其家。在其晚静阁上打鱼。随驾北上。在舟中每夜常宿御塌前。与上同卧起。官以锦衣卫镇抚。赐飞鱼服。亦异数也。后武宗晏驾。未及于祸。赖诸公素知之。力为保全。遂得释放还家。

卷之二十四·诗一

李端古别离诗云。水国叶黄时。洞庭霜落夜。行舟问商贾。宿在枫林下。此地送君还。茫茫似梦间。后期知几日。前路转多山。巫峡通湘浦。迢迢隔云雨。天晴见海峤。月落闻津鼓。人老自多愁。水深难急流。清宵歌一曲。白首对汀州。与君桂阳别。今君岳阳待。后事忽差池。前朝日空在。木落雁嗷嗷。洞庭波浪高。远山云似盖。极浦树如毫。朝发能几里。暮来风又起。如何两处愁。皆在孤舟里。昨夜天月明。长川寒且清。菊花开欲尽。荠菜拍来生。下江帆势速。五两遥相逐。欲问去时人。知投何处宿。空令猿啸时。泣对湘潭竹。杨升菴云。此诗端集不载。古乐府有之。但题曰二首。非也。其诗真景实情。婉转惆怅。求之徐庾之间且罕。况晚唐乎。大历已后。五言古诗可选。唯端此篇。与刘禹锡捣衣曲陆龟蒙茱萸匣中镜温飞卿悠悠复悠悠四首耳。今徐崦西家印五十家唐诗活字本李端集。亦有此诗。但仍分作二首耳。

治世余闻①

上篇卷之一

是年，朝鲜之海南夷有输米其国而覆舟于海者。夷赖浮板得半不死，随漂至岛屿。值巡海官军舟至，载入浙境。事闻，朝廷令给衣粮，馆伴辽东，示以归路。夷自陈本国米尽失，归不能自明，罪必死。乃差通事二人送之，仍勑其国王悯其情，毋事苛责。此真柔远之道也。

继世纪闻②

卷之五

逆府宸濠于正德二年知政归宦官，阴赂刘瑾以希宠幸，使南昌儒学生徒颂己孝行，递相呈达巡抚、巡按官奏闻，降勅褒奖。刑部侍郎李士实字若虚，南昌人，素有诗名及善书，与李东阳交厚。及致仕，避宸濠之害。居别郡。濠必欲招致来南昌，因厚遇之，遂为知己。陆完字全卿，苏州人，初为江西按察使，独为濠所器重。尝曰："陆先生他日必为公卿。"士实、完皆以心附濠。宁府南昌护卫并屯田，天顺间以事革罢。濠赂瑾复得之。……臧贤之婿司钺犯罪，充南昌卫军。濠令钺教演江西伶人秦宏等歌乐，因钺以通于贤。每亲书寄贤，辄称为"良之贤契。"良之，贤字也。及是乞护卫，辇载金银宝器藏于臧贤家，分馈诸权要。内阁大学士费宏素知其故，乃大言曰："宁府以金银巨万，打点护卫，苟听其所为，吾江西无噍类矣。"钱宁、臧贤再三恳浼陆完题覆，称："宁王乞护卫，以典章为言，事体重大，合会多官议。"中官卢明以本来内阁拟旨，票云："既王奏缺人使用，护卫、屯田都准与王管业。"言官交章论护卫不可与，竟不行。濠以宏作梗，恐其更改，乃托贤等谮于上曰："宏私乡里，取进士黄初及第。"且曰："乾清宫灾，下诏皆宏视草，归咎朝廷。"时御史余珊劾宏私其弟费寀，选入翰林，久不认罪。送罢宏致仕。濠既得护卫，益骄横。……廷和又欲召兵部议发兵事，琼曰："此可议而不可泄者。前因给事中孙懋、易瓒之言，议选精兵操江，为江西盗贼设备。疏入留中，日久不出。尽力求批出前议，备兵之方，无过此矣。"由是廷和与琼益不相协。初，京师知崔元等差往江西，不知止革护卫，以为必擒濠。适王府预侦卒徐华等在京，既飞报于濠。至六月十三日到南昌见濠，值濠生日，宴镇巡三司。报曰："驸马等官兼程来矣，后又闻宣兵部，不知何事。"濠大惊，因忆昔日擒荆王时，差太监萧敬、附马蔡震、都御史戴珊，曾过南昌，今此来为擒我也。罢宴，夜如李士实议所处。士实曰："事急矣，明早镇巡三司官谢宴，可就擒之，因而举事。"乃夜集剧贼吴十三等，各饰兵器。明旦各官入谢，左右带甲露刃数百人侍卫。拜毕，濠呼曰："汝等知大义否？"孙燧曰："不知。"濠曰："太后有密旨，令我赴京。"燧曰："请密旨看。"按察副使许逵曰："天无二日，此是大义。"濠怒曰："尚敢如此无礼乎！"命左右曳二人出，斩之。仍尽拿三司诸官，锁杻系狱。令布政使梁辰等用印信咨文，差人遍行天下布政司，告谕新王、三司举兵之意，大概诬称"祖宗不血食者十五年"等语。乃分给银米募兵，修理战具，以夜继日。十七日，濠留中官万锐等守城，自以妃眷世子登舟，北出鄱阳湖。令佥事潘鹏持檄谕降安庆诸郡。命参政王纶提督军务，为兵部尚书，李士实为军师，举人刘养正副之。督率护卫军并闵念四、吴十三等贼党五六万人，尽夺官民舟船万余艘，蔽江而下。九江府开门迎纳，遂趋安庆。守备都指挥杨锐、指挥崔文偕知府张文锦竭力御之，宁兵不径下南京，而守安庆者十余日不克。又闻南昌被王都御史守仁进兵攻破，遂弃安庆，复回援救。……镇守江西太临毕真见守仁累获军功，欲与同事，通于近倖，奏下兵部。议称："兵法最忌遥制，若使制赣用兵而必谋于江西镇守，断乎不可为。惟江西有警，则听南赣兵径往策应。"朝廷从之，特勅守仁

① 〔明〕陈洪谟撰，盛冬铃点校。

② 〔明〕陈洪谟撰，盛冬铃点校。

得以策应江西。盖庙堂之上,亦素闻宸濠畜有异谋,阴欲为之备也。至是,福建军士作乱,乃勅守仁往福建勘处。守仁启行,由江路过吉安,将至南昌,濠差人迎之。丰城知县顾佖密以宁贼反状告之,且劝勿径下南昌。守仁即变服返舟,值风顺,径至吉安。乃与知府伍文定计议,仍遍行诸路举义兵,征调南赣、袁、临兵四万余人,令知府徐琏、邢珣、戴德孺统领,而伍文定总之。兵至南昌,破城入宁府,其守城内官并宫人皆自焚缢而死。遂统众人鄱阳湖袭濠。遇于湖中,王尽散金宝,犒军死战。伍文定为前锋,军少挫,守仁命立斩退者二十余人。伍文定立舟上,火焚其须,不动。守仁令小舟载柴,燃火焚之,乘风直入宁军,大军继之。濠败,先驱其妃娄氏并世子皆投水中。濠为知县王冕军所获,溺水死者万余人。李士实亦被获,为南昌人乱捶而死。守仁囚宸濠于南昌,奏捷候旨,有曰:"人徒见兔雉之多获,而不知王良为之御。"盖前此守仁报捷,皆为此语,以归功内阁及本兵之意,故此疏亦云然。

上在南京,命张永复至江西抚安地方,查盘库藏等项。许泰等因怪守仁不候伊等至,先将宸濠等解由浙江水路而去,挟私指称守仁先与濠通谋,将伊门徒用事者皆捕获逼供。张永独知守仁有功,不肯依从,由是赖保无虞。逆濠众犯解至南京江口月,久候回銮。至次年春,驾至通州,乃令逆濠等自尽,扬灰江中,不与埋葬。又缉得臧贤、钱宁、秦用、卢明并萧敬、陆完等与濠往来书简,通捕获下狱。驾回,将臧贤等绑缚前导献俘,议坐重典,籍没家产。后得末减,陆完充福建军,萧敬以老,罚银二万两赎罪。王守仁封新建伯、南京兵部尚书,伍文定操江都御史,徐琏等各升职有差。

松窗梦语①

卷之一・宦游记

世庙时车驾狩楚,拟从卫辉乘舟北还。命南部饰黄船五,以五日为限,完即趋赴候驾。余时为水部郎,昼夜鸠工竣事,送兵部发行。兵书王軏为避害计,推托三日。余曰:"南部黄马快船,皆水军撑驾,何独吝于上用之舟?"軏怒形声色。余白周司空用曰:"事亟矣!急具疏曰'某日舟完,今方拨军驾送',且遍告从行诸臣。"疏达,上知缓不能及,有旨曰:"回銮从陆,南京取来船只,都不必用。"不然,驾临卫水,觅舟不获,何以逃不测之谴?士大夫不达事理,缓急奚赖耶!

漕河溃决,上命大司空朱公衡往浚。时以故道壅塞,乃另开新河,自南河之阳,折而至于夏镇。大工甫竣,漕船入新河,风雨陡作,水骤腾涌,覆舟百余,粮以万计。朱方自危,乃移书来会。余曰:"此天意也,于人何尤!"遂上疏曰:"夏镇之役,在臣一人。臣精诚不足通鬼神,知虑不足先事变,覆败之虞,实臣所致,乞免旗军赔补。"时部院闻之,咸曰:"河道失事,引咎自归,甚盛德也。"

时广中剧贼,惟曾一本、林道乾称雄,结连剽掠,横肆海上。庙堂难当事之人,乃以属余。余闻命疾趋,移镇梧州,易将领,招客兵,备舸舰,制器械。事集矣,乃指授方略,会集三省诸军,分布要害,使贼进退无据。又以其间招抚道乾,令直捣其巢穴。贼始大窘,擒有日矣。适奉旨回籍,而代者刘公焘乘传至。余离任甫十日,一本剿灭。人谓:"岭东之捷,伊谁之功?卒令后人坐享其成!"余方以得归故乡为幸。道出安南,郡守林舜道迎迓,曰:"督抚重臣,行李萧然如此。即马伏波、曹枢密,不是过也!"余乘轻舟,不两旬而抵家。乃卜筑湖西,构屋三楹,辟地三亩,时游息其中。榜于门曰:"烟水矶。"题其柱曰:"敢谓身闲遗物累,衹将心赏寄烟霞。"又曰:"门前荫满先生柳,座上香分处士梅。"以寄吾志焉。

---

① 〔明〕张瀚撰,盛冬铃点校。

国朝岁供军储四百万，大抵取给江南。漕舟道出江、湖，遡淮、河入汶、济以北，潴畜众水，设闸启闭。踰卫遵潞，直达京师。二百年来，但葺堤、补决、浚壅、泄溢，使故道无滞而已。近岁故道不可专恃，宜循元海运旧踪，以备不虞。喜功者辄一试之，失不偿得，则又议开胶河，谓功可立就。又一试之，未有百一之效，而费已巨万矣，齐民汹汹怨嗟。时在事者陈其状，下公卿议。司空郭公朝宾曰："上意大概主行，诸君之意若何？"余曰："闻之：海边有山难凿，出口淖泥难挖。今功未百一，而耗费不赀，民心如此，万一力竭财尽，竟无成功，谁任其咎？窃谓停止便。"公卿相顾无一言，乃各书"宜止"二字。事闻，亦洞察大功难成，遂如众议。其事得寝。

卷之二・南游记

昔人谓桐江一丝，扶汉九鼎。余尝经富春山，泛舟桐江，登子陵钓台，瞻先生遗像。因思先生高谊，不独千载之下令人兴起，而春山江水亦藉以传不朽。人杰地灵，非偶然也。自桐江而上百余里间，两山苍郁，一气澄清，秋行如在画图中。严州以南，溪流差缓，水皆縠纹，无烦摇拽中流，自在而行。将至兰豁，山开水渟，势逆而聚，风气顿异，城郭修整，人民富庶。离浙而南，诸郡邑不是过也。龙游、衢州沙滩高，溪流浅，舟不易达。至常山，踰岭则浙之南界矣。

再踰玉山为广信，郡治建于山麓，规制整肃。至铅山，河口坊曰"保障河汭"，犹广信之属邑也。自铅西南为弋阳、贵溪、安仁，达饶州。而余干之瑞洪塘则民居辐辏，舣舟蚁集，乃东南商贾往来之通道。寻渡鄱阳，夏潦方涨，大水奔流，忽高丈余，茫然波光。时西北风恬，摇拽而过，展帆数叶，顷刻行数十里，至湖口之黄家渡。沿途汪洋，俨成巨浸，傍水人家，皆为没溺。舟在陆地中行，林莽仅露树杪。水流甚急，赖风乃济，遂达江右之会城古南昌故郡。

建宁以北，溪流虽急，傍无高崖，人从石上牵缆，犹可挽舟而行。建宁以南，山高无岸，溪滩复多巉石，舟从石畔中行，极为危险。而黯淡滩溪流屈曲，洪中湍急，即长年三老震惧，尤为最险者也。出险，达延平。两渡桥梁，一渡舟航，上下山坡间，为顺昌。复渡黄石滩，石大而多，水流迅捷，雪浪拍舟，转盼已过。由剑浦而达邵武。郡有熙春山，山巅二亭高旷，可以眺远。延东南经茶洋，自黄田登舟，顺流而下，为芋源，即抵闽中会城，古闽越地也。

卷之二・北游记

浙之属郡，北去止檇李。檇李以北，遂为姑苏之吴江，而虎丘一山，亦三吴之胜地也。自姑苏涉毗陵，经锡山，由云阳，而达京口，皆江南大郡。渡扬子江，登金山寺，绕佛阁七层，高者临绝顶，顶有二亭，为大学士张萝山、霍兀崖诗碑。下及中泠，泉水清洌无比，品为天下第一。回廊甚多石刻，皆国朝名公之作。四顾青山，峰峦峭拔，如万笏朝拱。睹江上舟航，往来迅捷，其行如飞。旦暮视日月之出没，大如车轮，光焰万丈，目夺神竦。时江飚乍起，波涛汹涌，雪浪排空；已而风恬日朗，江波澄静，浑如素练。人生显晦升沉，亦犹是耳，安得砥柱中流，屹然如金、焦者。焦山去金山三十里，山面东南，即太仓通海处。遡焦山上流百余里，抵北岸，为仪真邑。下扬州，之广陵，泛邵伯湖，顺风扬帆，迅疾飞渡。惟高邮、宝应二湖，遇风最险，近筑内堤，可免风波之患矣。自淮入河，为桃源、宿迁、邳州。嘉靖初年，黄河之水澎湃横流，尚畏深险。数年后，河道顿异，流沙涌塞，仅存支派，浮舟甚难，行人抠衣可涉。时方命疏浚，殊劳民伤财，竟不能挽黄河之故道也。惟五月以后，河流冲突，从旁决开，行民间田野中，荡为江湖，舟人亦称曰湖中。但水势散漫多浅，沿河堤岸皆为渰没，舟行近逼民居，无牵缆之路。至马湖口、沂河口，水涌急流，度缆而过，行者苦之。迨冬水涸，尤为难行。旋复流澌，河冰渐合，益不敢入湖。湖中留滞之舟，不可胜计。自房村渡吕梁、徐州二洪为彭城，由此泝流而上，踰耿山，至沛县，皆直隶界矣。夫二洪之间，犹可鼓枻而前，耿山以上，大水漫漫，浩荡无涯，皆自溜沟来，不从浮桥出。村落仅存高阜之十一，余皆巨浸波涛，舟航无岸可傍，停于水中。官民

舍宇,尽皆没溺,一望渺然,惟数峰巅而已。田野之间,民船取捷,四散飞挽,莫辨所之。舟人以铁猫前系,然后牵挽而行。过沽头等闸,皆弥漫汪洋,森不知闸之所在矣。

自沛以北,经二十余闸,始达济宁,为山东界。涉获麟渡,为南旺湖。湖中遍栽莲花,香芬袭人,积水以防泉涸。东望一山,即梁山泺。西遡汶水,孔林在焉。汶水至此,南北两分,以济漕船。南流由徐以入黄河,北流由临清以出卫河。历张秋七级十余闸,为东昌。东昌即古聊城。再经堂邑之土桥、清平之戴湾,至临清,始无闸。自临清之武城,即弦歌古渡,过甲马营,为德州。而东光、沧洲,乃北直隶之界矣。自青州历天津、通州,始达京师。

卷之二·东游记

大江近海皆有潮,惟浙江有巨涛,浪卷如山,声闻如雷,天下奇观也。浙江下流有黄公洋,广三百里,始自大海,纳以巨泽,水势相夹激而怒涛生。昔唐卢肇赋云:"犹兹水也,夹群山而远入,以巨泽灌其喉。"可见不特海门二山之一阻矣。塘为钱镠王所筑,因以名之。而浙江之源出婺源浙岭,其山高峻难行,缘山取道,凡十八曲折而上,故曰"浙"也。昔渡钱塘,值大风陡作,雪浪滔天,江空无西渡者。踰日早发,至中流,风雨大至,舟屡倾侧,几至颠覆。舟中之人相顾骇愕,呼天吁神,众相扰乱。余戒舟人稳坐,喻以生死有命,如命当绝,即葬于鱼腹中耳,何忧惧为!幸数浪拍岸,同舟者得以共济。后继至一舟,竟溺于江。已而登岸,见沙尘蔽天,道傍拔木无算,始知异常之风波也。踰西兴关,复登小舟,由萧山至会稽,探禹穴,登越王台。仍踰东关,谒孝女祠,遂泛江上之舟。江狭水迅,顺流而下,至曹娥、东坝。一望东山,皆谢安故迹,上有洗屐池、蔷薇洞、著衣亭、白云轩,明月堂中有晋安石、康乐、宋深甫、明木斋四像。余览毕登舟,睹江山佳丽,风日晴和,诚胜游也。自此盘旋溪涧中,终日行数十里,即古剡溪。

……

洪武初,置漆园、桐园、棕园于钟山之阳,种木各万株,以收油、漆、棕缆,用造海船及防倭战舰。其省民之供,虑周如此。城北为太平门,内曰太平冈,外曰太平堤。三法司在堤之南,公庭简肃,殊清闲无事。夏月面后湖,观夹堤芙蕖,湖光荡漾,鹤舞松阴,鹿鸣芳砌,可称吏隐。都察院邸第在太平冈下,壮丽严整,传为刘诚意先生所建。北之西有鸡鸣山,登之可以眺远,故宫遗址,俨然一望中矣。自采石放舟而下,经燕子矶,上有观音阁,悬大江之崖,望之危险。再下为黄天荡,江阔水涌,四望无涯,亦无芦苇沙洲,虽值风恬日朗,而江涛震撼,白浪横空,唯闻澎湃之声而已。

卷之二·西游记

岁已未,自武林泛舟苕溪,遂从陆行。……自此入巫山,始为蜀界,而夔州、云阳则版木商贩之所聚也。自巴阳峡乘小舟,沿江而抵万县。……渡巴江为重庆城,城临江而倚山,历壁山、永川、荣昌、内江、资县,皆面江流。……既历汉东、江津间,已为返棹,复抵重庆。夫蜀中皆山也,江流在两山夹　中,陡峻处江狭迅驶,开衍处江阔稍缓。面面青山,西望不见路所从来,东去亦不知水所自出,盖千回万转,始至三峡而下湘江也。时乘桃花水发,放舟千里间,良一快游。但舟制不佳,四橹摇撼,板木皆动,舟中之人不能稳坐,况咿哑之声聒耳,对面语不相闻,较他处舟航迥异。江流湍急,瞬息数十里,四顾山峦,不及凝眸瞻盼,倏忽已渺茫矣。因咏太白"千里江陵一日还"之句,乃实际语也。

卷之三·南夷记

余参藩闽中时,二天使至,一郭给事汝霖,一李行人际春,奉命出使琉球,由福州长乐县之石澳出海洋。余成俞宪副曰德供护送之役,登其封船。船长一十六丈,阔三丈六尺,桅高与船等。桅上斗中坐四人,四面各占风色,日夜寝处其上,其人攀援附索,而上下如履平地。船内凡四级,下置泉水,以海水苦咸不可食,次置粮食、器具,最上舟人处之,而天使与随行人处其中。几榻皆以绳系之,悬于空中,以舟底下尖,海波荡漾

无顷刻定，坐卧皆不能安也。行从约五百人，百工之事咸备。顺飙利艘，七日而至。时舟以夏至日发，以后七日皆南风，以冬至日归，以前七日皆北风，此气候之不爽者。

琉球在海东南，前朝不通中国，我明洪武初，国分为三，有中山、山南、山北，称三王。遣使入贡，各赐镀金银印、文绮。已而中山王察度遣子侄、陪臣子弟入国学。上喜，礼遇独优，赐闽人三十六姓善操舟者，令往来朝贡。景泰中，中山尚思达并山南、山北，遣使入贡。上令三年一贡，贡无过百余人。自察度五传至尚真嗣。嘉靖壬辰，尚真卒，子尚清请嗣。上遣给事中陈侃、行人尚高澄以太牢祀真，封清嗣王，赐王、妃冠服、锦币。至是，尚清卒，复遣二使往。国王出迎，向不敢居正殿，迨奉王命，始正位焉。

国无货殖，不通商贾，惟鱼盐泛小艇入，朝贡始乘大舟，航海而来。

至往来海上，见巨鱼横亘数十里，草木蒙丛，望之无异山峙，而舟人指示为巨鱼脊。一日，舟停不进，左突右倾。舟师跳跃而下，起云："鱼身也。"人力无如之何，惟焚香叩首呼神。俄而鸟止于桅，舟师云："天妃至矣。"众罗拜桅前。已而波涛冲激，风复飙起，舵忽损折，舟几颠覆。舟师惊惧，复焚香罗拜。俄而桅有火光，乃卜请易舵，不许。卜来日，许之。至旦，果风息波平，易舵而行。夫海若之神，其灵显若响应，而舟师出没于海，亦若鱼龙不可方物。

二天使归，道之如此。

卷之三・东倭记

日本在东南大海，近日所出，故以名之，即古倭奴国。海中诸夷，倭最强盛，东北负山，西南濒海，后汉始通中国，史称自乐浪、带方至。其地循海而行，历朝鲜国，乍南乍东，渡三海，历七国，凡一万二千里，大较在会稽东，与儋耳相近。自六朝及宋，多从南道浮海入贡及通互市，以北方辽东非中国土也。宋雍熙中，有僧奝然与其徒浮海而至，献铜器十事，并本国职贡年纪。道其国主世为王姓，群臣世官，地分五畿、七道、三岛，又有附庸国百余，惟拘韩最大。其国小者百里，大者五百里，户小者止千，多至一二万，皆倭种也。倭王世居邪高台，后恶倭名，更号日本。踰年，僧奝然随台州商舶归国，后复遣弟子奉表陈谢。叙其来，则曰："望落日而西行，十万里之波涛难尽；顾信风而东别，数千重之山岳易过。"何其远也！叙其归，则曰："季夏解台州之缆，孟秋达本国之郊。"又何近也！可见其国去闽、浙甚近，去辽东甚远。其初通中国，实自辽东来，故迂回如此。

我明洪武初，倭奴数掠海上，寇山东、直隶、浙东、福建沿海郡邑，以伪吴张士诚据宁、绍、杭、苏、松、通、泰，暨方国珍据温、台等处，皆在海上。张、方既灭，诸贼强豪者悉航海，纠岛倭入寇。时倭王虽遣使入贡，高皇以其虽朝实诈，坐宰相胡惟庸罪，竟绝倭使。乃遣信国公汤和筑登、莱至浙沿海五十九城，调民戍兵；江夏侯周德兴筑福建漳、泉等十六城，亦募戍卫所。又命南雄侯赵庸招蜑永、岛人、渔丁、贾竖，自淮、浙至闽、广几万人，尽籍为兵，分十千户所，于是群不逞皆得衣食于县官。海中逋贼壮者老，老者死，郡县稍得休息。

永乐初，遣太监郑和等率舟师三万下西洋，日本国入贡。是役也，虽足伸威海表，而华人习知海夷金宝之饶，夷人亦知我沿海要害之处，以故寇盗复起。自后倭奴假我勘合，方物、戎器来朝，遇官兵诘问，矫云入贡。贡不如期，守臣徒幸无事，辄请俯顺夷情，主客者为画可条奏，云"不为例"。嗣后再至，亦复如之。每乘我师无备，即肆行杀掠，满载而归。

正统、弘治间屡屡入寇，嘉靖初，倭国内乱，诸道争入贡，会至宁波，自相仇雠杀，悉皆遣还。遂议罢市舶所，未几复设。始设太仓黄家渡，寻以京师，改设浙江宁波、福建泉州、广东广州。夫市舶本以禁海贾、抑奸商，使利权在上，罢市舶而利孔在下，奸豪外交内诇，海上无宁日矣。自后番货至，辄赊奸商，奸商欺负，多者万金，少者不下千金，转辗不偿。不得已，乃投贵官家，久之亦欺负不偿，甚于奸商。倭人泊于近岛，坐索不得，乃出没海上为盗。贵官欲驱之出海，以危言撼官府，使出兵备倭。倭人大恨云："我货本倭王物，

尔价不我偿,何以复倭王?不杀尔欺负,掠尔金宝,誓不归!”于是盘据海洋。时值贵官居近侍,迭相蒙蔽,而时宰宠赂公行,官邪乱政,小民迫于贪酷,困于饥寒,相率入海,为之奸细。中有狡猾如王五峰、徐碧峰、麻叶之徒,皆我华人,金冠龙袍,称王海岛。所至攻城掠邑,劫库纵囚,官司莫敢谁何,浙东大窘。

天子命朱纨为浙江巡抚,兼领兴、福、漳、泉,以兵备倭。纨勤劳任怨,严戢闽、浙诸贵官家人,疏暴通番二三渠魁,云:“去外夷之盗易,去中国之盗难;去中国之盗易,去中国衣冠之盗难。”于是声势相倚者切齿欲杀纨,纨愤懑而卒。

复遣都御史王忬巡视,以都指挥俞大猷、汤克宽为参将。时兵政久弛,士卒怯懦,贼来登岸,望风奔溃。而贼船联翩海上,破昌国、临山、霩霭、乍浦、青村、南汇、吴江诸卫所,围海盐、太仓、嘉定,入上海,掠华亭、海宁、平湖、余姚、定海诸州县。而通番奸豪又以忬、大猷捣巢非计,乃至群偷流散,遗害诸郡。因改忬大同巡抚,以徐州兵备李天宠代忬,以南司马张经提督浙、闽、江南北军务。

余时自关中趋归,适海寇侵突浙之会城,屯城北关,焚劫闾舍,掳掠子女,湖墅荡然一空。天宠闭门自守,余止于临安者旬日,寇始退。余觇知贼载小舟,仅百余艘,计贼众不过数百人,而所掠男女尚居十之五六,白天宠速出师勦除,毋使滋扰。第畏避不敢发兵,仅曰:“贼势猖獗,余为疆场,得保城池幸矣。”事闻,天子逮经及天宠,系狱论死西市。

乃以浙江巡抚胡宗宪代天宠,以侍郎杨宜代经。时贼益昌炽,纵横出入二十六郡。天子遣侍郎赵文华请祷海神。贪鄙无厌,所至骚然。还朝未几,又出监督诸军,搜括官库富家金宝书画数百万计。交通蒙蔽,以败为功,以功为罪。虽有沈庄、梁庄之战,竟莫求荼毒之惨矣。宗宪计擒贼首王直,浙西、江东稍得安枕。乃升文华工部尚书,加少保,宗宪升右都御史,加太子太保,各荫子锦衣千户。然两浙、江、淮、闽、广,所在征兵集饷,加派军粮,截留漕粟,迫胁富民,释脱凶恶,滥受官职,浪费无经。其为军旅之用,才十之一尔,征调汉、土官兵,川、湖、贵、广、山东西、河南北之兵,临贼驱之不前,贼退遣之不去,散为盗贼。行者居者咸受其害,数年不息。据其一时之功,非无可嘉,而浙、直军饷,每岁增至数十万,至今赋敛无已,则罪浮于功矣。后文华谪戍,宗宪狱死,而海隅之鲸鲵犹未息也。

自后闽、浙、江、粤之人,皆从倭奴,然大抵多华人,倭奴直仅十之一二。彼贪中国贸易之利,或附贡舶,或因商舶;其在寇船,率皆贫穷。然其停桡焚劫,一视乎风。东北风猛,则由萨摩或五岛至大小琉球,而北多则犯广东,东多则犯福建,正东风猛则由五岛历天□□□□□浙之临、观、钱塘、稍南犯温、台、昌国,稍北犯直隶之□□□若在大洋而风值东南,则犯淮、扬、登、莱。若在五岛开洋而南风方猛,则趋辽阳、天津。故防海者以三四五月为大汛,以时多东北风,以九十月为小汛,时亦有东北风也。凡海中之地,大曰洲,洲之小者曰岛,岛之小者曰屿,随其大小而聚,惟无草木而多石者曰嶕,而海深无际曰洋,海舟之行,触嶕则摧,入洋则覆。又有黑风、海动之变,遇之则天地晦冥,波涛鼎沸,故舟人每委曲趋避。出急水门至群山岛,始称平洋,非数十日不能至也。然一遇顺风,则历险如夷,可数日而至。海道之当防如此,惟有备可无患耳。

嘉、隆以来,诸洲岛屿各相雄长,山城君号令久不行于诸侯。近传华人关白平秀吉者入其国,尚倭王寡宫主,阴窃其位,号令洲岛,并国数十,今已下朝鲜,堕两京,摇八道,走其国王,逃窜于我辽阳边境。遣统帅名田、浅野、大谷、孙七郎等据之。平壤以北,皆高垒坚壁,以抗王师。此其狼心尚未艾也。我高皇因其屡寇,罢宰相胡惟庸,至绝其使,不使通贡市,因知高皇之神圣,为万世虑至深远也已。

卷之四·商贾记

至于中国商贾之税课,虽国用所资,而多方并取,亦所当禁。盖以各外商人所过关津,或勒令卸车泊舟、搜检囊匣者有之,或高估价值、多索钞贯者有之。所至关津既已税矣,而市易之处又复税之。夫以一货物当一税课,有羡余,有常例,巡拦之需索,吏胥之乾没,不胜其扰;复两税之,贾人安得不重困乎?余筮仕为南京工部郎,兼摄龙江上、下关榷务时,与侍御方克用同事,余语之曰:“古者关市讥而不征,征商非圣朝所宜急。顾缓急在人,讵谓今无善政哉!”方韪余言,相与弛商之什二。自后商贾乐赴,舟楫骈至辐辏,国课较昔反增十之五。以此见人心可以惠感也。

卷之六·异闻记

岁丁丑，余奉旨致仕。驰至彭城，河尚未冰，乃乘舟顺流而下，至崔镇，河冰始合，累日不解。舟泊河涯，四顾无人烟，余秉烛夜坐，衣不解带，凭几假寐。忽梦神人五丁，踊跃而前，为余凿冰通道。方觉，果有五人乘小舟来，奋梃大呼："河冰忽解！"至旦，舟始入淮，大风飙起，河冰复合。余乃得优游渡江而归，亦神佑云。

卷之六·梦寐记

丙申需次铨曹，孙斯立过余，谓其内子梦余移家水中央，傍有红庙，意谓都水郎。但红庙不知为何。余亦自梦入朝领一木牌，上书"督造"二字。后遇南京龙江关，监造战舰。公廨在旷野中，四围皆水，左有朱门晏公祠，大门一坊，果题曰"督造"。

卷之八·漕运纪

漕运乃国家重计，国初自永乐移都北京，军国之需尽仰给于东南。时漕渠之功在江淮以南者，平江伯陈瑄为大，在齐鲁以北者，尚书宋礼为多。永乐初，北京、辽东军储不足，瑄帅舟师海运。后疏清江浦，引水由管家湖入鸭陈口进淮。就管家湖筑堤长亘十里，以便行舟，浚仪真瓜洲以达潮水，凿吕梁二洪以平水势，开泰州白河以通大江。筑高邮湖堤，堤内凿渠，横亘四十里，又治邗沟，始通江淮。礼治济宁，修会通河。置十五闸。复黄河故道自祥符鱼王口至中泺下二十余里，以杀水势。又于宁阳筑堽城坝，遏汶水尽入漕河，泄海丰大古河凡四百五十七里。自是挽漕京师，大为便利，遂罢海运，而法日益详。然始犹自淮安用运船载三百石以上者，运入淮河、沙河，至陈州颍岐口。跌坡下，用浅船载二百石以上者运至；跌坡上，别以大船载入黄河，至八柳树等处，令河南车夫运赴卫河，转输北京。其间滨河置舍五百余，以居运卒，置仓五十区，以便积贮。故事不壅，而兵不疲也。自后直运历经年之苦，修浚经累岁之劳，艰苦万状，不可胜言。迩来弊增于积习之后，政隳于姑息之余。军卫有司，人持异见，兑运交纳，挂欠迟违，则漕务宜议。

夫漕务统于把总，领于旗甲。余以把总宜每年更代，一员督催交兑，粮完押帮赴京上纳守掣，通关回南；一员在省遍历卫所，严督掌印指挥千百户等官，选补旗军，修造船只，追补旧欠等项，预整来年事务，听候新粮派到，即督各官前赴水次交兑，完日就便赴运。限五月渡淮，毋及河溢。若旗甲、领运，往往中途侵盗，以致临仓挂欠，良由旗甲不得其人。向属卫选，不公，近由府选，但势分悬隔，军旗虚实，既不周知，视点选为故事，以致殷实之家，爱惜身家，多方规避，而积年奸顽，乐于充补。又撑驾众军，数常不足，临期乏人，随处雇倩。本系乌合之人，通同侵盗，势不能免。须委公正有司，遍历卫所，吊取军册，不分屯操，如官吏监承，除本身外俱听从公拣选，以殷实者充之，务足十二名原数。敢有故违，许令参究。然旗军远出，父母妻子皆赖月粮养赡。今有预给半年者，有经年不给者，以致众心不服，易于犯法。及责赔补，辄先逃避，无产堪变，贻累各官。宜通查各总军丁，除预给半年月粮外，见以四月给散安家，将两月每石折银五钱，申解司府，转发该总解京，完补积年挂欠。若交兑粮米，亦要悉遵议单事例，晒扬干洁，两平交兑。如有仍前怠玩者，听凭参究。其他漕政诸务，节经督臣区画，备载议单，严明详悉。但人心易于玩愒，申饬贵于及时。余尝条列五事上陈，载入议单：一申严降黜以慎交兑，一申禁囤户以速交兑，一甄别运官以益漕政，一专任提调以济厂务，一复旧党运以苏困累。亦漕政之一助也。

若夫输运帆樯，必由河道。每岁舟千艘、粮万石，渡江淮以泝黄河，从此浮济入汶，踰沧瀛而达通惠，皆藉渟溜疏通。其中设堤岸以束奔腾，建闸坝以时启闭。虽浚凿排瀹，运用赖于人谋；而转徙变迁，缓急难调水性。迩者徐、沛数十里间，巨浸滔天，漕河失其故道，以致舟楫不通，粮运阻滞。近乃集财纠工，旋议开凿。议漕河于北，有云宜引沁水者。有云宜开胶河者。夫沁水之流甚微，即引之河渠，不足济长川之势，是画饼耳。胶河之议已举行，未见其利，先被其扰，所费不赀，又毋论已。孰有灼见功之可成，建必然之画者？且齐鲁之间，地广人稀，一望萧条，恐生不虞，是石田耳。故议北河，但当不时葺堤补缺，浚壅泄溢，使故道

无滞,则停留冲激之患皆可免矣,策无奇也。议漕河于南,则江淮之间有宝应、范光二湖,最为危险。其湖约长三十余里,东西广阔,一遇风起,水涌浪高,往来舟楫,俱难驾御。东风急则牵挽难留,飘荡出湖;西风急则扑击岸石,船屡倾覆。不惟飘失粮米,往往淹溺旗军,实为大患。思得高邮湖往年添筑内堤,舳由中行,至今便之。今宝应比照前规,修筑内堤,亦百世之利也。若云宜循元人旧踪,做国初平江故事,以复海运,则先达丘文庄浚尝有说焉。要亦以为兼河海之运,则可循转搬之法,以省直达之费,申休番之令,以息膂力之艰耳。此虑漕河或阻,亦不得已而为海运之说,漕河通则海运之说绌矣。

余尝督漕,奉穆宗恩诏,奏免带砖,以免牵挽之劳,省交纳之费。值夏镇河决,事干河道,疏惟引咎自责,奏免旗军赔补。凡以漕挽之役,转输暴露,尤可悯也。兹欲使之出入风涛,踯躅不测之渊以待命,即有利国家,余不忍言。矧兑运长运,老岁月于奔忙,正耗除耗,剥脂膏于溪壑;积债催役,而偷生虎狼之吻,露居野宿,而委身鱼鳖之乡?悠悠天堑,几何而不为漕役之陷阱耶?

卷之六・两粤纪

尝谓两粤之盗如深秋落叶,扫尽复聚。当事者不先时扑灭,迨其燎原,用力难而成功不知其几倍矣。余在粤时,山瑶海寇纷纷流毒地方,征剿殆无虚日。盖种类众多,积习难驯也。山寇犹易剿除,若海寇出入江海,扬帆鼓枻于波涛震荡之中,自非生长海滨,熟谙水战,岂易奏功?余观粤以东崇冈臣浸,内则山寇巢穴,累千百计,外则海寇侵突,借日本诸岛夷为爪牙。流劫纵横,民多废业;踪迹诡秘,兵难驰骋。间尝并力于西粤,以西乃岭表边鄙,为湖广藩篱,居东粤之上游,内环万山,瑶僮渊薮,外扼交南诸蛮夷,郡县虽多,赋税实少,恒多资藉于东。明兴以来,两广建官置守,讫无定议,寇乱亦无宁时。

盖海上之寇,每结山寇为心腹,故欲剿海寇,当先除山寇,欲除山寇,当整齐约束齐民。夫两广山峒联结,民瑶杂处,往往勾连固结,恣肆猖獗,焚劫杀掳,岁无宁日。今欲计图安弭,须严保甲。

议抚不可,则有进剿,乃诸道出师,或舍难就易,或弃水入山,奸避逗留,心多携贰,兵既分属,概无统纪。以致各处贼徒日渐滋蔓,威愈亵而事愈难,此实置叛逆而不剿灭之故也。且雷霆之威,不哓哓天下以求击人,而人自畏之,为其震荡发舒,奋迅难测也。使轰轰焉日绕天下,而置叛逆不击,人将玩易视之,何以彰雷霆之威乎?余以盗贼愚顽冥悍,若非一大惩创,何以荡濯妖氛之气,以享宁谧之庆哉?然两广巨盗,山寇居十之七八,海寇居十之二三。近如曾一本、余乾仁、林道乾辈,则称雄于海上,如黎汝诚、黄朝盛、李应孙、李汝忠、许永等,又倡乱于山中。其余若海丰、归善之人万峒、葫芦峯、和平之岑冈、长乐、兴宁、程乡等处,德庆、新恩、会宁、清远之罗傍、红嘴、大罗等山,广西之古田、凤凰、宾州、八寨、府江等巢,依附声势,肆无忌惮,杀掠人民,占据田业,遍地皆盗区矣。时又有安南夷目莫福山、莫文明、莫中正等奔赴西省,奉旨分发安插肇庆、韶州二府及清远县养赡,而频年供给,苦于不继,余时奏闻发回。日本第三倭王与倭酋迷沙湿波跟等驾船浮海,率众前来,屯聚平山,负险劫掠,时统大军歼除殆尽。自后有宜山、大小都亮之捷,全夥扑灭;惠、潮、韶、肇之捷,则广、肇翦其渠魁,惠、韶获其丑类;宾州、渌里,渌闇之捷,则攖其负嵎之势,制其出柙之凶;岭西阳春、电白之捷,则东击西奔,土崩瓦解,巢穴荡平,根株悉拔。亦敉宁山海之一时也。但海上之寇,道乾虽已招抚,而一本犹黠悍难擒。向非大将得人,何以率先士卒?夫一本乃吴平遗孽,素习凶悍,狡猾尤甚,出没波涛,流毒闽、广。先年盘据深澳,两省合师进剿,被其溃围逸出。自后阳顺阴逆,屡招复叛,积恶既久,胁众渐多,焚劫乡村,掳集船只,抗拒天师,势将以乘我之怠则兽聚长驱,饱我之利则鸟散飘忽,瞬息千里,莫可追袭。后得总兵俞大猷,素居海滨,习知水道。彼云"广集兵马,多造舰舸,四省合围,期于必克",诚胜算矣。但分两省之将领,联数百之兵船,遥制于海洋浩渺之间,各官兵有彼疆此界之嫌,怀分功计利之意,心志不齐,应援不力,其势固难尽合,若臂指相使之顺也。余以誓师决计,必须事权归一,而后调度可施,统驭无碍。即福建官兵,亦应听两广节制,齐心戮力,庶易成功。后奉旨俞允。余方解绥而一本就擒,计诚得也。先朝韩雍去任,两粤分抚,事不协一,盗贼益炽,乃复以言官议,仍用雍总督。开府苍

梧，实自雍始。梧本两省交会之区，诸蛮盘据之地，必藉重兵弹压，始可詟服群凶。彼时调兵三万，戍守镇城，分布要害，后盗贼相宁，减至万名。所以贻东西百年之安，良有以也。

今言[①]

卷之一·一

高皇戊辰生。生二十五年入淮西从郭元帅。三年起兵渡江，明年定建康，为吴国公。八年为吴王，四年为皇帝。是年灭胡，享国三十有一年。

卷之一·五十八

外夷封王，如朝鲜、安南、占城海岛诸国来朝贡者，各以其国名封。惟琉球封中山、山南、山北三王，今存中山王。北虏封王者四人：鞑靼阿鲁台和宁王，瓦剌马哈木顺宁王，太平贤义王，把秃孛罗安乐王。西域二人：哈密忠顺王；阿端安定王。西番七人：正觉大乘法王，如来大宝法王，阐化王，阐教王，辅教王，赞善王，赞化王。

卷之二·一百二十二

《禹贡》夹右、碣石入于河，今遮洋运道也。浮于汶，达于济，浮于济、漯，达于河。会通河也。浮于淮、泗，达于河，淮安至徐、沛也。沿于江、海，达于淮、泗。

国初，海运沿于江、海也。永乐初，中栾之运，达于淮、泗也。浮于江、沱、潜、汉，江西、湖广之道也，未必尽同，大势若此。剑阁云栈，通于秦始皇时，故梁州贡道，西倾因桓，是来浮潜，逾沔入渭，乱河也。其不浮潜沿江，从今仪真出淮安者，盖吴城邗沟以通江、淮之道，禹时未通，又须入海遡淮，太远故也。浮于积石，至于龙门西河，今兰州北折而东，为河套，转入中国山西之西，陕西之东之河道是也。然禹时可通贡，今皆不可行，何也？汉儒亦云此不能通舟。倪文毅公尝疏乞复漕运，以足兵食，而纾民力。略曰：

"今关、陕所需，皆山西、河南所给。而三方之地，俱近黄河。其间虽有三门、析津、龙门之险，然昔汉、唐粮饷，由此而通。即今盐船木筏，往来无滞。今令户部所计，山西米豆必运贮榆林及保德州县诸仓，河南米豆必运贮潼关卫及陕州诸仓。其诸州卫地，皆濒河，可通舟楫。踵往古故迹而行，免当今陆运之害。公私之利，奚啻万万！况今河道当潼关之北数十里，接连渭河，可通陕西及凤翔、巩昌。渭河西流数千里，接连洛河，可通延安，及北上源可通边堡。渭河西流三百余里，接连泾河，可通庆阳。又龙门之上旧有小河，径通延绥。倘加修浚，必可行舟。此宜简命水部之臣，示以必行之意，相度地行，按求古迹。某处避险，可以陆运，某处可以立仓倒运，某处可以造船装运。淤塞悉加导涤，漕河务在疏通，毋惮一时之劳，而失永久之利。如是则不但三方之困可纾，虽四方之物无不可致矣。"

卷之一·一百二十八

邵文庄公言运法五变：一曰海运，二曰海陆兼运，三曰支运，四曰兑运，五曰改兑。恐未然。予谓运法凡三变，初海运，再海陆兼运，三漕运。已而漕运之法又二变，初转运，再兑运。已而兑运又有支兑、改兑、遮洋，一总犹海运。但不自太仓开洋绕出登莱大洋，只从天津入海运至蓟州耳。转运虽变为兑运，而淮、徐、临、德四仓尚存。改兑，即改支兑者为兑运。其为兑运一也，非变也。今考洪武末及永乐初，苏、松、浙江岁粮，俱输纳太仓，由海道达直沽。洪武中，航海侯张赫、舳舻侯朱寿；永乐初，平江伯陈瑄皆督海运。

---

① 〔明〕郑晓撰，李致忠点校。

及建北京,江南粮一仍海运。一渡江,由淮入河,抵阳武。陆运至卫辉,沿卫、沂、潞达通州。永乐五年,议者言,北京军饷,河运不能给,须兼海运。今海船少,岁运不过五六十万石。且未设官专领,事不归一。请于太仓设海道都漕运使司,择文武大臣中公勤廉干者充使。行移如布政司,提调各卫所海船并出海官军。文皇令再议。九年,始命工部尚书宋礼、都督周长等发山东十六万五千人,浚元会通河,自济宁至临清三百八十五里,以通漕舟。十年,礼言海船造办太迫,请造浅船五百,由会通河运淮、扬、徐、兖诸郡粮百万石,补海运一年之数。十二年,瑄等始议转运苏州等府并兖州送济宁仓,河南、山东送临清仓交收,浙江并直隶官军,于淮安运至徐州;京卫官军于徐州运至德州;山东、河南官军于德州运至通州,名为支运,一年四转。十三年,增造浅船三千余,乃罢海运遮洋船,兑三十万石。内六万入天津仓,二十四万直沽渡海入蓟州仓。

江南巡抚周文襄议里河民运多失农月。始令民运于淮安、瓜州,补给脚价,兑与运军卫所,出通关付缴。宣德八年,参将胡亮言:江西、浙江、湖广、江南船,各回附近水次领兑,南京、江北船于瓜、淮领兑,其淮、徐、临、德诸仓,仍支运十之四。浙江、苏、松等船,各就本司府领兑。不尽者,仍于瓜、淮交兑。其北边一带,如河南、彰德于小滩,山东济南州县于济宁,其余水次仿此。成化七年,都御史滕昭议罢瓜、淮交兑。里河官军将江船于江南水次交兑。民加过江之费,视远近为差。十年,议淮、徐、临、德四仓支运粮七十万石,改就水次兑军,名为改兑。

卷之三·一百九十七

大禹治河易,今治河难。大禹时直欲除害,今并欲兴利,以故甚难。既欲顺其流,不逆水性,必难得其济漕运。既欲济漕运,难保淮西陵寝无冲决之患。大名、张秋、济宁、徐州,处处畏河患,又必须引之东南流。虽大禹治之,恐亦便无长策。以故中滦之运及胶河故道,皆不可不早图之。胶河即今所谓南北新河。不出登、莱大洋之险,直自安东至海仓,三百里耳。

卷之三·二百二

景泰元年五月,漕粟十五万石,自丁字沽舟行抵雄县,分给军饷

卷之三·二百七

辽东之不隶山东,先朝有深意。辽山多,苦无布。山东登莱宜木绵,少五谷,又海道至辽一日耳。故令登莱诸处田赋,止从海运。运布辽东,无水陆舟车之劳,辽兵喜得布,回舟又得贩辽货,两便之。后以夹带私货故禁止,海船遂废。今布运者,又不得由遮洋运舡,海道须经京东,出山海关入辽。苦劳视登莱海道何啻百倍!此以人事言。若论地利,辽东须直隶、京师为东辅。

卷之三·二百八

洪武初,设太仓、黄渡市舶司,至今称为六国马头。寻以海夷黠,勿令近京师,遂罢之。已复设于宁波、泉州、广州。七年九月,又罢。后乃复设提举一人,副提举二人,属吏目一人,驿丞一人。三提举司皆然。

卷之三·二百三十九

近日东南倭寇类多中国之人,间有膂力胆气谋略可用者,往往为贼。躧路踏白,设伏张疑,陆营水寨,据我险要。声东击西,知我虚实。以故数年之内,地方被其残破,至今未得殄灭。缘此辈皆粗豪勇悍之徒,本无致身之阶,又乏资身之策,苟无恒心,岂甘喙息。欲求快意,必致鸱张,是以忍弃故乡,幡从异类。倭奴藉华人为耳目,华人藉倭奴为爪牙,彼此依附,出没海岛,倏忽千里,莫可踪迹。况华夷之货,往来相易,其有无之间,贵贱顿异。行者逾旬,而操倍蓰之赢,居者倚门,而获牙侩之利。今欲一切断绝,竟致百计交通。

利孔既塞，乱源遂开，驱煽诱引，徒众日增。若不包荒舍垢，早为区处，恐数年之后，或有如卢循、孙恩、黄巢、王仙芝者，益至滋蔓，遽难扑灭矣。

洪武年间，倭奴数寇东南傍海州县，其时浙江一省，既遣信国公汤和筑城，又遣魏国公徐辉祖、安陆侯吴杰练兵，又遣都督商暠、杨文、刘德出战，又遣都督于显出海巡倭。此皆上公元侯，谋臣宿将，尤且迟之数年，未得宁息。复遣南雄侯赵庸招抚沿海渔丁、岛人、盐徒、蜑户，籍为水军，至数万人。又遣莱州府同知赵秩、礼部员外郎吕渊宣谕倭奴。迨至洪武二十五年以后，而海上始得安靖。则凡可以解散贼党者，宜亟为议处也。

卷之三·二百四十四

洪武三十年，海运赴辽，七年万石有奇。永乐六年六十五万有奇。十二年，北京五十万由卫河、通州，四十万由海。十六年，会通河运四百六十万有奇。宣德八年五百余万。正统二年四百五十万。景泰二年四百二十三万，七年二百九十二万。天顺四年四百三十五万。成化八年以后四百万石，又有江南常、苏、松、嘉、湖白粮十八万八百六十余石，山东、河南粟、米、豆、麦又若干石，不在四百万数。

卷之三·二百四十六

席文襄公论漕船利害，成化以前病在民，成化以后病在军。

卷之三·二百五十

漕船一万二千一百四十三。里河浅船遮洋海船十年一造，免仪、瓜坝也。江南皆五年一造，往回皆经坝也。官军十二万有奇。

卷之四·三百一十一

东南海寇日甚一日，丙午秋遂至浙江，吾邑亦被其害。此事皆缘势要之家通番获大利，以贻国家东南之忧。国初设官市舶，正以通华夷之情，迁有无之货，如西边茶市，北边马市亦然。观其官以市舶为名，意可知矣。圣祖特起信国公于衰暮之年，令其筑城海上，自山东至浙，专防倭寇，而乃有市舶，许海夷进贡，岂无深意！今徒禁绝番夷入贡，遂使势豪得侔其利。禁愈严，则势豪之利愈重，而残杀之害愈酷矣。要之，势豪之家亦必有殒身灭族之祸。盖缘其始欺官府而结海贼，后复欺海贼而并其奇货，价金百不偿一。积恶既深，一旦致毒，祸不远矣。

卷之四·三百二十六

洪武二十四年，河决武原、黑羊山，东经汴城北五里，又南至项城入淮，而故道遂淤。

正统十三年，决张秋、沙湾，东流入海。又决荥泽，东经汴城历睢阳，自亳入淮。景泰七年始塞沙湾，而张秋运道复完。自后河势南趋，而汴城之新河又淤。

弘治二年以后，渐徙而北，又决金龙口等处，直趋张秋，横冲会通河，奔流入海，而汴城南之新河又淤。六年，命副都御史刘东山治之。施功未竟，伏流溃溢。人皆言黄陵冈塞口不合，张秋护堤复坏，河不可治，运道不可复，且有为海运之说者。盖荥泽孙家渡口旧河，东经朱仙镇，下至项城、南顿，犹有河流，淤浅仅二百余里。若多役夫力，疏浚深广，使由泗入淮，可杀上流之势。黄陵冈贾鲁旧河，南经曹县梁进口，下通归德丁家道口，足以分杀水势。然梁进口以南，滔滔无阻，以北淤淀将平。计其功力，仅八十里。若多役夫力，疏浚深广，使由徐入淮，可杀下流之势。水势既杀，则决口可塞，运道可完矣。但既疏之后，不能保其不复淤。既塞之后，不能保其不复决耳。是时，东山能虚怀博访，推心任下，五旬而事竣。

附录一·《明史郑晓传》

郑晓，字窒甫，海盐人。嘉靖元年举乡试第一。明年成进士，授职方主事。日披故牍，尽知天下阨塞，士马虚实强弱之数。尚书金献民属撰《九边图志》，人争传写之。以争"大礼"廷杖。大同兵变，上疏极言不可赦。张孚敬柄政，器之，欲改置翰林及言路，晓皆不应。父忧归，久之不起。

许赞为吏部尚书，调之吏部。历考功郎中。夏言罢相，帝恶言官不纠劾，诏考察去留。大学士严嵩因欲去所不悦者，而晓去乔佑等十三人，多嵩所厚。嵩大憾晓，调文选。嵩欲用赵文华为考功，晓言于赞曰："昔黄祯为文选，调李开先考功，皆山东人，诏不许。今调文华，晓避位而已。"赞以谢嵩。嵩欲以子世蕃为尚宝丞，晓曰："治中迁知府，例也。迁尚宝丞，无故事。"嵩益怒。以推谪降官周鈇等，贬晓和州同知。稍迁太仆丞，历南京太常卿。召拜刑部右侍郎。俄改兵部，兼副都御史总督漕运。

大江南北皆中倭，漕艘几阻。晓请发帑金数十万，造战舸，筑城堡，练兵将，积刍糗。诏从之。中国奸民利倭贿，多与通。通州人顾表者尤桀黠，为倭导。以故营砦皆据要害，尽知官兵虚实。晓悬重赏捕戮之。募盐徒骁悍者为兵，增设泰州海防副使，筑瓜洲城，庙湾、麻洋、云梯诸海口，皆增兵设堠。遂破倭于通州，连败之如皋、海门，袭其军吕泗，围之狼山，前后斩首九百余。贼溃去。录功，再增秩，三赉银币。

时贼多中国人。晓言："武健才谞之徒，困无所逞，甘心作贼。非国家广行网罗，使有出身之阶，恐有如孙恩、卢循辈出乎其间，祸滋大矣。洪武时倭寇近海州县。以高皇帝威灵，兼谋臣宿将，筑城练兵，经略数年，犹未乂安。乃招渔丁、岛人、盐徒、蜑户籍为水军至数万人，又遣使出海宣布威德。久之，倭始不为患。今江北虽平，而风帆出没，倏忽千里。倭恃华人为耳目，华人借倭为爪牙，非详为区画，后患未易弭也。"帝颇采纳之。

寻召为吏部左侍郎，迁南京吏部尚书。帝以晓知兵，改右都御史协理戎政。寻拜刑部尚书。俺答围大同右卫急，帝命兵部尚书杨博往督大师，乃以晓摄兵部。晓言："今兵事方棘，而所简听征京军三万五千人，乃令执役赴工，何以备战守。乞归之营伍。"帝立从之。

寻还视刑部事。严嵩势益炽。晓素不善嵩。而其时大狱如总督王忬以失律，中允郭希颜以言事，晓并予轻比，嵩则置重典。南都叛卒周山等杀侍郎黄懋官，海寇汪直通倭为乱，晓置重典，嵩故宽假之。惟巡抚阮鹗、总督杨顺、御史路楷，以嵩曲庇，晓不能尽法，议者讥其失出云。

故事，在京军民讼，俱投牒通政司送法司问断。诸司有应鞫者，亦参送法司，无自决遣者。后诸司不复遵守，狱讼纷拿。晓奏循故事，帝报许，于是刑部间捕囚畿府。而巡按御史郑存仁谓讼当自下而上，檄州县，法司有追取，毋辄发。晓闻，率侍郎赵大佑、傅颐守故事争，存仁亦据律执奏。章俱下都察院会刑科平议。议未上，晓疏辨。嵩激帝怒切让，遂落晓职，两侍郎亦贬二秩。

晓通经术，习国家典故，时望蔚然。为权贵所扼，志不尽行。既归，角巾布衣与乡里父老游处，见者不知其贵人也。既卒，子履淳等讼晓御倭功于朝，诏复职。隆庆初，赠太子少保，谥端简。履淳自有传。

赞曰：李钺诸人皆以威略干济显于时。钺与王宪、王以旗之治军旅，李承勋、范鏓之画边计，才力均有过人者。胡世宁奋不顾身，首发奸逆，危言正色，始终一节。《易》称"王臣蹇蹇"，世宁近之矣。王邦瑞抵抗权幸，踬而复起，郑晓谙悉掌故，博洽多闻，兼资文武，所在著效，亦不愧名臣云。

三垣笔记①

笔记下·弘光

江督袁继咸闻闯贼南渡，恐由岳犯沙，则袁、吉危，乃以邓林奇、郝效忠、陈麟三将守九江，自统副将汪

① 〔明〕李清撰。

硕画,李士元等援袁、吉。已登舟矣,闻左良玉反,复旋九江,移诸将家眷入城,系兵心,诸将列兵城外拒战。九江士民环集,言:“众寡十不及三,激之祸不测,不若俟良玉至,谕以理。”诸将亦请敛兵入守,相机行。继咸味入城示弱,不可。乃逆弁郝效忠兵则已不待令,随家口先入矣。良玉舟抵北岸,书言:“愿握手一别,为皇太子死。”九江士民泣请继咸往晤,纾一方难。继咸曰:“宁南语虽顺,举动与前殊,往必堕计。”士民请益坚,遂同监纪余有灏会良玉于舟中,良玉言及太子下狱事,大哭。次日,移舟南岸,云欲请教,继咸以良玉入城不便,同各镇以单骑往。良玉袖出皇太子密谕,劫诸将盟,继咸正色曰:“密谕从何来?先帝旧德不可忘,今上新恩亦不可负!”良玉怒,监纪余有灏阴蹑继咸足,曰:“再激事立变!”继咸遂不复言,与良玉成宾主礼而别,约不破城。继咸归,集诸将城楼,洒泣曰:“兵谏非正,晋阳之甲,《春秋》所恶,可同乱乎?予已说宁南易檄为疏,屯扎候旨矣。”时继咸方约诸将坚守,而效忠先阴与良玉约,部将张世勋又故与良玉部将张国柱善,潜调其兵,夜入城纵火,扑一火,复一火发。世勋与效忠遂夜半劈门出,诸将惧罪,俱出城,与良玉营合。良玉兵溷入城杀掠,九江人不能复辨识,妇女财物俱席卷去。继咸正冠带将就死,黄澍入署,拜且泣曰:“宁南本无异图,公以死成其为乱,大事去矣。”副将李士春密禀曰:“隐忍到前途,王之明之事可图也。”继咸以为然,出城面责良玉,良玉疾方据,望城中火光,大哭曰:“予负临侯。”呕血数升,是夜死。秘不发丧,共推良玉子梦庚为留后,急移舟东。

附识上·崇祯

山东贼李青山据梁山泊,诸生王某为谋主,分遣其众,据八闸,梗运道。周辅延儒北上,二贼以门生名刺来谒,众惊怖,延儒命入见,两贼自云:“非敢为乱,以护漕耳。”延儒曰:“如漕粟无梗无失,当言之朝,授汝官,以卫漕船。”及岁终,青山塞安山闸,凿河十里,通梁山,驱漕舟,并系漕卒去,焚掠近临清,意在胁招。张漕督国维惧,适内臣刘元斌率剿寇京军还,合镇兵击之,诱青山降,执送京师献俘。上率太子、永定二王御门受之,凡三十余人,贷一人,磔青山及王,余斩首。方缚付西市,众贼云:“许我做官,乃缚我耶?”至市,青山奋起,所缚之桩立拔,王诟骂当事负约,死乃绝声。

附识中·崇祯

予赐环北行,遇成枢曹德于舟中,自言耻罹沈给谏迅荐,然迅卒死难。及渡江,居金沙,语人曰:“我未渡江时,望东林诸君如山岳,及渡江后,始悉钱谦益、熊明遇等所为,夙昔之意都尽矣。”又曰:“与人之口皆言张捷美,而诸公攻之,何也?惟刘中丞宗周、章给谏正宸则所心折者。”

附识下·弘光

福王登极南都诏至楚,左宁南良玉返自承天,驻兵汉阳,意不可测。未读诏,何抚军腾蛟往汉阳,以剑自随,曰:“社稷之安危在此,若不开读,此身有付三尺剑耳。”幸良玉私置正纪庐鼎者力以为当拜,且语良玉云:“方今四镇合心,同戴新君,若拥兵而下,能保必胜乎?不胜,无乃身家两亡乎?”良玉时已耄老,乃曰:“是固当拜耶。”乃拜诏。

江西黄直指澍入朝,拟进何抚军腾蛟为总督,已为巡抚,面许荐永州吴司李晋锡【崇祯庚辰,吴江人。】为代巡。及与马辅士英相诋,不胜而归,鞅鞅失望,已又革职提问,愈怒。适传假太子至,澍阴乘小舆,夜见左宁南良玉,谓拔营往南,可图大事。良玉夙有此志,以督抚调和止,一闻澍言,从之。又念何腾蛟负中外望,欲屠武昌,劫取其印,一切文移皆用之,耸动人心。时民万余人惧为良玉所屠,入避何腾蛟署内,腾蛟坐于门,向内坐,听民人入。良玉复传令从院后破垣入,举火焚之,匿者悉死于火。腾蛟即解印付家人,令速出城,无为所得。良玉至,索腾蛟印,腾蛟故觅印腰间,不获,反尤良玉曰:“何太匆匆,致此印失抢攘中耶?”良玉无奈,拥之行,欲与腾蛟同舟,腾蛟不可,良玉另与一舟,遣四副将守之,置舟于后,黎明,各船俱发,腾蛟舟次汉阳门,跳入万丈江涛,守者惧诛,赴江死。腾蛟顺流十里许,至竹牌门,遇一渔舟救之起,登

岸视之,则关帝庙,而怀印出走之仆亦在,相视大惊,喜亟,觅渔舟,不知所之。说者以为神救也。是晚宿民家,乘肩舆从江右宁州小路转入浏阳,抵长沙。吴监军司李晋锡语腾蛟,以为"良玉在时,抚军有权,不得自繇。今既弃省去,湖南北兵饷皆在掌握,应破尽从前局面,大为整顿,总计饷数,配合兵数,以各府之饷练各府之兵,督抚任大帅,司道任副将,府州县任参游,以文臣理武事,则令出惟行,生杀予夺,抚军以一人操之。维楚有材,择可为大将者若而人,择可为偏裨者若而人,悬殊格以待有功,则真英雄自出。湖南北一带应设水陆连珠营,十里一砲台,一方有警,号砲辄发,千里百里皆应。所练之兵孰勇孰怯,抚军不时单骑按行部落,即以此程殿最,縻饷者正军法。居守之兵若干,征调之兵若干,一纸书集师数万,如是者三年,可告成功。"腾蛟善其言,然卒为人阻格,不得行。

弘光末,北兵渡淮,扬城失守。五月初七日,杨江抚文骢命黔浙郑兵往瓜洲,及门,见辫发者,遂惊溃。北兵进至江口,郑兵亦极力御之。晚浮椑于江,蔽以帷席,中置灯,南来郑兵遥见发火砲矢石,不知其误我也。初八日,大雾,兵守京口。北兵则自上游七十里七里港渡,早以五骑来,浙兵及郑兵追之,不数里,遇大众,矢蔽天如蝗飞,众乃不战而溃。郑兵有船者入海,无船者走丹阳,与浙兵夺舟,而南黔之骑则走金陵,而镇江遂降。丹阳狱囚越狱,村民入掠城中,遂火城外居民,北兵实未至也。其镇江城外居民,官欲焚,北兵止之,得全。

马辅士英挟太后渡独松关,沿途淫掠。至广德州,州人拒之,攻城入,知州赵景和被杀,死者甚众。杭州民闻之惧,抚按等因先遣官往迎,以驻兵城外请。士英至,寓临湖楼外楼。五月二十八,太后驾至,以城中总兵府为行宫。群臣及潞王往朝,入见仪卫萧条,疑为士英母所假。薄暮,城中丰乐、太平二坊竞以爆竹投楼外楼,士英方宴,惊起,以二楼船舣湖心亭。至晚入朝,用精甲百许自卫,请太后出,服赭,一紫衣女官侍,令官吏士民皆入见。朝罢,传旨召用在籍诸臣,独不及刘总宪宗周、章廷尉正宸。时江北彭直指遇 适奔杭,命以佥都御使募兵两浙,钱粮一凭取用,皆士英意也。翼日,宗周与熊给谏汝霖【崇祯辛未,余姚人。】入朝,汝霖见士英,诘:"圣驾何在,辄来此?"士英无以应,然犹盼上江捷。不数日,阮司马大铖、朱中丞大典、方总兵国安俱仓皇到,则黄靖国得功兵败死矣。次日,请潞王监国,不受,太后召王,王泣拜,终不受,惟迎请太后入府,从张抚军秉贞、【崇祯辛未,桐城人。】陈总兵洪范等计,迎款而已。楚藩一镇国将军恸哭,解衣冠投地去。时杨江抚文骢、郑总兵鸿逵亦自海入钱塘,请王入闽,王终不许。至六月十三日午,北兵突至,士英等方与抚按饮江干,急渡钱塘,何巡按纶、李盐院挺亦行。惟秉贞缒城入,偕王迎降。钱塘令顾咸建【崇祯癸未,昆山人。】出,佯迎,旋遁,执至,迫之降,不从见杀,悬头城上,方暑,蝇无集者。越月余,北兵挟太后、潞王等北去。或曰,洪范与北通,许割地封王,故王为所欺而降也。陪都既失,人咸恨不立潞藩。时张奉常希夏奉敕奖王,语予曰:"中人耳,未见彼善于此。"又叶主政国华为予言:"潞王指甲可长六七寸,以竹管护之。又命内官下郡县广求古玩。"倪廷尉胤培尝曰:"使王立而钱谦益相,其不支与马士英何异?"

庚己编[①]

卷第五·金华二士

弘治中,金华有张王二士,赴试礼部,不第,附舟而归。有四人若公隶者,亦同载,每经一市镇,必登岸良久,醉饱而返,即鼾睡,罔测为何人也。行达山东,二士私计,以为彼踪迹诡昧若是,殆必盗也。张乘其宴坐,突入掩之,四人者方共阅一纸文书,见张入,亦都不惊讶。张请观,因示之,其言亦与今官府公移同,所

① 〔明〕陆粲撰,谭棣华、陈稼禾点校。

当追捕者百余人，而二士亦豫。张大惊曰："公等何人，此文移出何官府，乃有吾二人姓名耶?"四人错愕曰："孰是君辈姓名?"张指示之，四人相顾曰："吾侪大疏脱。"因谓张曰："吾实酆都使也，方奉阎君命追此一行人，不意为所窥，君亦有缘者矣。"张闻之益惊恐，下拜求免。四人初不可，张力恳不已，四人曰："秀才诚有心求救，我辈同载许时，宁得无情。今有一策能解此厄，然惟二君知之可耳，此外虽妻子勿与语，若一泄露，则事便败矣。"张请问计，乃曰："君归，于某月日驱家人尽出，堂中列三界诸神祇位，一凳一索以待，吾辈当来，来自有说。"因枚举诸神名，令市纸马，张一一记之，又叮咛戒以无泄，登岸而去。张具以语王，勿信而嗤之。张疑惧不已，竟别觅舟，疾行抵家。至期，假他故尽遣家人向外，如言设神位及凳索，扃扉独坐待之。俄四使自空而下，见张喜曰："君真信人。"相与叩首神前，跪而陈词，不知所言为何，因持索缚张于凳，鞭之一百，解缚曰："君可免矣。"张匍匐谢之，忽失所在。王生者，竟以是夕死。【右二事金华严知县说。】

卷第六・张道士

太仓沙头市道士张碧虚，早岁游江湖，得异术。所居村中一教书学究家，仅足衣食。尝有五人泊舟其门，衣冠如贵游公子，延学究入舟，盛设享之，学究因亦设馔以谢。自是无日不来，来必欵饮，所费浸多，渐不能给，至典卖衣物以继之。其所饮酒瓶罂，堆积满场，其家苦之而不能远也。邻人怪之，扣以五人居止姓名，谢不知，乃曰："此必祟也，闻张碧虚精于斩勘，盍招之?"乃使人请张。张先令其家迎所奉王灵官像供其室，为怪摄去，继挂真武亦如之，乃以令牌、天蓬尺往，复被摄置梁上。张怒，自备香纸符檄至其家，行持数日，忽所摄牌、尺自梁上坠下，仍用学究馆生所写仿书裹之。张喜曰："是计穷矣。"已而，其家一群儿奔入，告云："有数百个鬼，朱发蓝肤，头目狞恶，在场上梭巡。"又传报云："一将军红衣兜鍪，从者数百人，皆著红，将军立场间，指麾红衣人将诸鬼一一捽之入诸酒瓶中。诸鬼彷徨抢攘，势甚汹汹。"张知将军是灵官神也，使儿伺其每入一鬼，则持瓶来，书一符封之，投于水，便沉下去。瓶投尽，鬼亦尽，将军及从者一时都灭。乃设祭谢将，未毕，学究家忽失其长子，遍寻不得，数日乃归。问之，云："被五人者捽我入舟，意象迷罔，行百数十里，身忽在岸，恍如梦觉，乃在苏州吴山下。因从居民问路得归。"吴山地近楞伽，疑五鬼者，五通也。

卷第六・江神鱼头

毋党沈江家人，商于江右，载货物自大江而下。中流船忽漏水，仓卒间，货物皆重大不得移动，船人惶恐无计，但拜祷江神求救。俄而水不复入，安行达家，则一鱼头也。神明之巧，至于如此。

卷第六・神船

阳山惠瑶说：其邻居一小民，以事之京师，还至张家湾附船。时方黎明，见河中一船甚大，贵人冠服坐其中，侍卫者十数。民趋拜船所，言欲往苏州，求附载。贵人曰："吾船今到苏州尔。"即命载之。民坐船尾，良久，觉困倦，乃脱所著草履置身畔，以衣囊为枕暂睡，不觉沉鼾。寝寐开目，乃见身卧草野中，囊籍首如故，而草屦不见。惊起视，日犹未晡，行出官道，问人："此何处?"曰："枫桥也。"益大骇，循途走至阊门，入一庙中少憩，举首见神像，俨如舟中贵人。屋偏挂一船，与向所见妆饰不加异，但加小耳，船底及橹皆湿。探其尾，则草屦在焉。竦慄下拜，问之巫祝，云："宋相公庙也。"

卷第七・海岛马人

数年前，有巨艑自海外漂至崇明，中有七人，巡检以为盗执之。七人云："吾等广中海商，舟入西洋，为飓风飘至此耳，非盗也。"送上官验视，檄遣还乡。其人自言：在海中时，尝泊一岛，欲登岸取火。忽见异物四五辈，人形而马头，自岛入水而泅，以头置船舷，作吁吁声。诸人中或举刀斫其一首，余悉奔去。吾等度

其必呼同类来复雠,亟解维张帆行。未食顷,有马头者百余辈,立水滨,跳踉欲来擒执,而风利舟驶,莫能及。倘少迟,已落其口矣。

卷第十·鄱阳水神

余姚戚澜,字文湍,景泰二年进士,授翰林编修。丁艰服阕上京,渡钱塘江,风涛大作。有绛纱灯数百对,照江水通明,丈夫九人,帕首袴靴,带剑乘白马,飞驰水面如平地。舟人大恐,戚公曰:“毋惧,吾知之矣。”推窗看之,九人皆下马跪,公问曰:“若辈非桑石将军九弟兄耶?”应曰:“然。”曰:“去,吾喻矣。”皆散。公命舟人返棹,曰:“有事,吾当还。”遂归。抵家,谓家人曰:“某日吾将逝矣。”及期沐浴朝服坐,向九人率甲士来迎,行践屋瓦,瓦皆碎,弋矛旌帜,晃耀填拥。有顷,公卒后,车骑腾踔,前后若有所呵卫者,隐隐入空而灭。后琼山丘文庄公夫人入京,舟过鄱阳湖,夜梦朱衣贵人来见曰:“吾仲深古人戚澜也,见为水神。昨奉天符,应覆数百艘舟,夫人慎毋渡。”觉而舟子方解维欲行,夫人亟止之。瞬息大风,舟行者皆溺。明日夫人乃渡。至京以告文庄,文庄感其意,缄文祭之。戚公之乡人项生侍公渡江,亲见其与九神语,又尝得见丘公祭文。

卷第十·棕三舍人

棕三舍人者,棕缆也。太祖御舟师败陈友谅于鄱阳湖,死者数十万。返还,委棕缆于湖,冤魂凭之,遂能为妖。舟人必祭,否则有覆溺之患。

客座赘语[①]

卷一·转运兑运长运

漕运旧例,军民各半,互相转运。民运淮安、徐州、临清、德州水次四仓交收,漕运官分派官军转运于通州、天津二仓,往返经年,多失农月。于是侍郎周忱议,将民运粮储俱于瓜州、淮安,补给脚价,兑与运军,自是转运变为兑运。至成化七年,右副都御使滕昭议,罢瓜、淮兑运,令南京各卫官与直、浙等处官,径赴水次州县交兑,民加过江船费,视地远近有差,自是兑运又变为长运矣。

卷一·漕运总兵流官

顷见台谏与部疏议漕运总兵,改用流官,不必沿推世爵。案此官旧制,流官世爵,原相兼并推,不待改也。嘉靖中,吾乡刘都督玺、黄都督印,皆以卫官任至总兵,管漕运。黄与先大夫往还,余犹及见之,颇非辽远。建议者不举此以闻于上,第云欲革世爵,改用流官,遂奉旨“祖宗旧制,原用勋臣”。不知兼用流官,正祖宗朝旧制也。

卷一·宝船厂

今城之西北有宝船厂。永乐三年三月,命太监郑和等行赏赐古里、满剌诸国,通计官校、旗军、勇士、士民、买办、书手共二万七千八百七十余员名。宝船共六十三号,大船长四十四丈四尺,阔一十八丈;中船长三十七丈,阔一十五丈。所经国曰占城,曰爪哇,曰旧港,曰暹罗,曰满剌伽,曰阿枝,曰古俚,曰黎伐,曰南渤里,曰锡兰,曰裸形,曰溜山,曰忽鲁谟斯,曰哑鲁,曰苏门答剌,曰那孤儿,曰小葛兰,曰祖法儿,曰吸葛剌,曰天方,曰阿丹。和等归建二寺,一曰静海,一曰宁海。案此一役,视汉之张骞、常惠等凿空西域尤为险

① 〔明〕顾起元撰,谭棣华、陈稼禾点校。

远。后此员外陈诚出使西域,亦足以方驾博望,然未有如和等之泛沧溟数万里,而遍历二十余国者也。当时不知所至夷俗与土产诸物何似,旧传册在兵部职方。成化中,中旨咨访下西洋故事,刘忠宣公大夏为郎中,取而焚之,意所载必多恢诡谲怪,辽绝耳目之表者。所征方物,亦必不止于蒟酱、邛杖、蒲桃、涂林、大鸟卵之奇,而《星槎胜览》纪　寂寥,莫可考验,使后世有爱奇如司马子长者,无复可纪。惜哉,其以取宝为名,而不审于《周官王会》之义哉。或曰宝船之役,时有谓建文帝入海上诸国者,假此踪迹之。若然,则圣意愈渊远矣。

卷二·形势【九则】

江默曰:自淮而东,以楚、泗、广陵为之表,则京口、秣陵得以蔽遮;自淮而西,以寿、庐、历阳为之表,则建康、姑孰得以襟带表裹之形,合则东南之守不孤,此形势攻守之大规局也。

宋元嘉二十七年,魏人声欲渡江,文帝大具水军为防御之备,所遣戍守将领军将军刘遵考等数十人,所守地曰横江,曰白下,曰新洲,曰贵洲,曰蒜山,曰北固,曰西津,曰练壁,曰谯山,曰薄落,曰采石。皇太子出戍于石头,徐湛之守石头仓城。齐建元元年,魏主宏闻太祖受禅,发众入寇。明年,众军北讨。初寇至,缘淮驱略,江北居民犹惩狒狸时事,惊走不可禁止。乃于梁山置二军,南置三军,慈姥山置一军,烈州置二军,三山置二军,白沙置一军,蔡洲置五军,长芦置三军,徐浦置一军以备之,魏不能攻。魏文帝尝至广陵,魏狒狸军尝至瓜步,石季龙尝至历阳,石勒寇豫州至江而还,皆限于江而不得骋者也。黄巢以奇兵八百泛舟即渡,吴人有"北来诸军乃飞过"之语。韩擒虎以五百人宵渡采石,守者皆醉,遂袭取之。曹彬师下江南,以樊若水言采石矶引巨缆,浮梁济师,如履平地。此则人不能守险,与敌共之,而孙忌称长江当十万之师,无所用矣。曹操初得荆州,说者谓:"东南之势可以拒操者,长江也。操既得荆州,则长江之险已与我共之。"独周瑜谓:"舍鞍马而仗舟楫,非彼所长。"赤壁之役果有成功。晋人伐吴,王浚楼船自益州而下,直抵建康。初羊佑之言曰:"南人所长,惟在水战,一入其境,长江非复所用。"它日成功,略如佑言。苻坚自项城来历阳,侯景自寿阳移历阳,孙恩自广陵趋石头,王敦自姑孰渡竹格,苏峻自横江取小丹阳,侯景自采石向慈湖,韩禽虎自采石屯新林,贺若弼自广陵断曲阿,曹彬自采石取新林,兀术自乌江度马家渡。

考前世盗贼与南北用兵,由寿阳、历阳来者什之七,由横江、采石渡者三之二,至于据上游之势以窥江左者,未论也。自建康至姑孰一百八十里,其险可守者有六:曰江宁镇,曰碙沙夹,曰采石,曰大信口,曰芜湖,曰繁昌。又曰:采石渡江阔而险,马家渡江狭而平,相去六十里,皆与和州对岸。又曰:和州乌江县界,可自江北车家渡径冲建康府之马家渡;滁州全椒县可自江北宣化渡径冲建康府之靖安镇。又泗州盱眙有径小路,由张店上下瓦梁、盘城,亦自径至宣化渡,不满三百里。兀术曾于此路来,至六合下寨,又自上瓦梁下船,直至滁河口可以入江。元人万户府镇守地界,自东而西起溧阳州,曰急水港,曰老鹳嘴,曰观山,曰撅河口,曰韩桥,曰新开河,曰大城港,曰三山矶,曰碙沙夹。观以上所记,而古今金陵控制之略,思过半矣。

卷二·快船

快船之害各卫军,至万历初年极矣。修船则有赔賍之苦,编审则有需索之苦,出差在各干涉衙门,则有使用之苦,中途则有领帮内官索打帮钱之苦,卒遇风水不测,则有追赔罪罚之苦,役之轻重,总于卫官,则又有非时勒胁诛求之苦。以故卫人语及快船,无不疾首蹙额。盖有千金之家财,出一差而家徒四壁者矣。

万历十四年驾部倪博采公议,将快船改同马船事例,额减为五百只,官募江、济二卫人驾之,而总计每船每年出差物力应费之数,均摊派算,每船计一年约用银三十两。而于旧日各卫领船之丁,裒多益寡,每船定派一百丁,每丁出银三钱,以供一船一年之费。而认丁之法,止计物力,不计人口,富者或一人而认二三十丁,贫者或二人而共一丁,大约如田土条编之法而制加详,计每年输银兵部一万五千余两。疏奏,得旨允行,于是百年之积困,一朝顿苏。卫之应快船役者,家家如脱汤火,愿子孙是时祷祠倪君,不敢忘矣。

第此法行后,卫弁于正编之外不敢擅役一人,不能别需一钱,往往愤恨倡言,思有以乱其成法。及计不

得行,又设为运军逋窜,掣丁帮运之论,以动当事者。不知即时果有窜者,亦千百中之一二耳,何补于运!且卫之四役,自操备外,屯田、修仓、快船、粮运各有司存,原不相涉,何得牵此合彼,藉以伸其鱼肉之计哉!矧所编之丁一掣,则所认之银随减,掣一富者而所认数十丁之银于谁处补!是掣丁之利,未及于运,而其害快船,已先受之也。且以二役校之,快丁乃出银雇人,为朝廷供役者也,运军则朝廷自出银米,雇其应役者也。故快丁以出水为苦,而运军以改折不出水为苦,一权度而明知指掌矣。

卷二·运船【二则】

自兑运变而为长运,计每米一石兑军,除正数外,既有加耗之米矣,又有过江盘费之米矣。而运船则官造也,且蓬桅锚缆等项官给之,搬垻起浅诸费官给之,况每军有行粮之赏,每船又有许带土宜若干石之利。国家为挽漕计,所以优恤运军者厚矣,何至忧不给哉!而亡柰夫军之自为奸也。盖有刁顽亡赖之人,一到水次,则妻子衣食之需,酒肉之费,一一取给于米,甚而逋负之物、嫖赌之具皆悬指所兑之米以充之。兑米未收,随数分散。又甚则利粮里之金,虚收实数者有之;又甚则私受其金,听粮里自以水土搀和,计百石不满六七十石者有之。未离水次,粮数固已亏矣,比至中途,如前诸费,又尽以米或捐、或买以充之。彼自计所亏之粮可补,则徼幸牵扯那凑以抵。湾不可补,则尽贸余米,凿船沈之,托言漂流,与脱身而窜者,亦有之矣。比入仓挂欠,则赔补鞫讯,曾未有舍官而问军旗者。常见运官系狱拟罪,扣俸卖产,累岁不归,累世不结,而旗军方且再领新运,扬扬无事。后运官方以新运为急,明知其然,莫敢呵问。呜呼,可恨哉!

在京挂欠之法,既严于官而宽于军;且在途钤辖之法,或又密于官而疏于军。以官讦军,什不得一,以军讦官,什得八九,以是运官日困,而运军日刁。至应领运之官,有涕泗祷祀求免于行而不可得者。呜呼,可怜哉!谁实使运官之饮血吞声,苦于无告,至此极也。而其中之蒙不省悟者,不求其本,乃徒欲掣修仓、屯田、快丁之殷实者以帮之,不知三役之丁,岂尽殷实?即使掣其殷实,所补几何?杯水车薪,讵弥烈焰,割人肥己,谁则能甘!然则运事终不可为邪?余谓今日诚能如万历初年,十月兑粮,二月过洪,以避河水之泛涨,则漂流之害可免。诚洞烛刁军之弊,水次中途,加意提防,则侵牟私鬻之害可免。诚分别挂欠,在官在军之罪,使各有所归,则偏累运官之害可免。而又择领运之官,务求其才之足以统众,与守之足以自持者,而不拘近日更番一定之例,则贫军不苦于诛求,刁军有所畏而不敢肆,即肆而犹不至于决裂而不可收拾。此又根本之要图,匪是,吾未见漕事之可利而无害也。

运官之甫受委也,有办行李、执事、轿伞之费;至水次有交际之费;领帮大总有贽见下程之费;每该漕运,衙门吏书有常例之费,此皆取资于运军,扣除行粮银两以充者也。而一切常规决不可少,武弁多贫,何所措办?故官银未领,则借贷以应需,既领,则加利以偿贷,无船不然,无官不然。如是即时官不用一钱,所去已不訾矣,用安得不绌?此一端也。遇有州县官偏护本处百姓,米色水湿者,土搀者,强运官收之,不收则惧有刁措生事之谤,收之则每石一经簸晒,折去不啻什之三四矣,起纳时安得不欠!此又一端也。若夫不肖之官,以官银入手为己物,间有身未出门,即用行粮大半者,有与旗军共作弊,受粮里银收米滥恶者,有共盗卖正米者,官既如此,安问旗军!此又一端也。兑粮既迟,五六月河、淮水发,偾运者或求欲速,间令漫帮,争先角逐,因而失事者有之,此又一端也。若夫风水之变异,卒然遇之江河,间有人与船同委于洪涛巨浪者,此又天时适然,非人力矣。

卷二·水利

王敬所中丞海运之议,谓:“京师有海为大利,海运通,能如元之用朱瑄等,则咽喉之梗与河之利害可无患。且以京师据天下之首,俯而?? 乎中原,窥左足而资粮于海,所谓从肘腋间取物者也。”又曰:“唐都长安,有险可依,而无水通利。有险则天宝、贞元乘其便,无水则会昌、大中受其贫。宋都汴梁,有水通利而无险可依。有水,故景德、元祐享其全,无险,故宣和、靖康当其害。”可为笃论。然要而论之,唐不如宋,宋不如今之京师,而京师又不若南都。何也?京师惟有潞河与海可以挽漕耳,且河势逆而海势险。南都则长

江上下，皆可以方舟而至。且北有銮江、瓜洲，东有京口，而五堰之利，或繇东坝以通苏、常，或繇西坝以通宣、歙，所谓取之左右逢其源者也。自古都会之得水者，宜亡如金陵，惟思所以固守其险，则可与京师并巩固于万年，而唐、宋真不及万万矣。

卷六 · 供用船只旧例

嘉靖间进贡船只，一则司礼监，曰神帛、笔料。二则守备尚善监，曰鲜梅、枇杷、杨梅、鲜笋、鲥鱼。三则守备不用冰者，曰橄榄、鲜茶、木犀、榴、柿、橘。四则尚善监不用冰者，曰天鹅、腌菜、笋、蜜樱、藓糕、鹚□。五则司苑局，曰荸荠、芋、姜、藕、果。六则内府供用库，曰香稻、苗姜。七则御马监，曰苜蓿，后加以龙衣板方等项，而例外者亦多。夫物数以三十，而船以百艘，此固旧规也。今则滥驾者不减千计矣。此在当时已然，今日又当何如哉。

卷六 · 粮船帮次

嘉靖间，天下十总，每年过淮船一万二千一百四十三只。其一则南京总，曰旗手卫、羽林左卫、金吾前卫、府军左卫、浦阳卫、应天卫以及兴武卫共十三卫。其二则中都留守总，曰凤阳卫、怀远卫、留守中卫、长淮卫以及颍上所，共十二卫。其三则南京总，曰留守左卫、虎贲右卫、锦衣卫、鹰扬卫以及虎贲左卫，共十九卫。其四则浙江总，曰杭州前卫、绍兴卫、宁波卫、处州卫、台州卫以及海宁所，共十三卫。其五则江北直隶总，曰淮安卫、大河卫、徐州卫、以及归德卫，共八卫。其六则江南直隶总，曰镇江、苏州、太仓、镇海等十一卫。其七则江北直隶总，曰扬州、通州、泰州、盐城、高邮等十卫。其八则江西总，曰南昌、袁州、赣州、安福等十二卫。其九则湖广总，曰武昌、岳州、黄州、蕲州、荆州等十二卫。其十则遮洋总，曰水军、龙江、广洋等十三卫。迄今则有十三总，事体亦多所更置矣。

卷六 · 舟樯

《野记》言："太祖初渡江，御舟濒危，得一樯以免。令树此樯于一舟而祭之，遂为常制。今在京城清凉门外，已逾百四十年矣。有司岁祀，给一兵世守之。万历乙亥秋，余从先大夫登舟北上，犹见此竿，高仅可丈五六尺，一木栅围之，植地上，后不复见矣。

卷九 · 城内外诸水

留都自秦淮通行舟楫外，惟运渎与清溪、古城壕可容舴艋往来耳。然清溪自淮清桥入，至四象桥而阻。运渎自斗门桥入，西至铁窗棂，东亦至四象桥而阻。以其河身原狭，又民居侵占者多，亦为堙塞也。顷工部开浚青溪、运渎，其意甚韪，然此河之开塞，仅城中民家利搬运耳。若郊外诸湖，堙塞既多，秦淮源远而受水复众。溯秦淮之发源，一自黄堰坝而东，上抵句容之南门；一自方山东南，上抵溧水。其诸水相灌注，一支绕方山东面，上抵彭城山；一支自张山上溯金陵镇，过马家桥，抵横山；一支西抵后乾桥；一支西抵陈墟桥；一支自上方门外小河东，历高桥门抵沧波门郭内；一支自涧子桥南上，至天界寺。此皆可以行舟楖者，而久为田地侵蚀，遂多狭窄，且易淤垫。唯此诸河不通，以致伏秋水涨，处处梗咽。盖溧水、溧阳、句曲诸水，惟一秦淮为之尾闾。夏秋江潮盛大，上壅下泛，无支派分泄。所以近年留都时苦水，而乡间尤甚，正坐此耳。若当事者肯慨然议为挑浚，或令傍河有田地者，计其亩数长短，帮出工值，委两县五城官分程督濬，功成之后，不但支流分派，水无氾滥之忧，而乡民往来搬运，舟航所至，所省财力无限，关系国赋民食者非轻，此当今首宜讲求者。当事者以身在城中，目所不经，未及区画，不能不望于为国家计根本者也。

卷十 · 城内外诸水续考

余前曾言城内外水利，因检《金陵新志》载《东南利便书》曰：建康古城向北，秦淮既远，其漕运必资舟

楫,而濠堑必须水灌注,故孙权时引秦淮名运渎,以入仓城。【即今斗门桥以北一带河,至铁窗楞者是。】开潮沟以引江水,【东发青溪抵秦淮,西通运渎,北连后湖,即今北门桥至珍珠河一带是也。】又开渎以引后湖,又凿东渠名青溪,皆入城中,由城北堑而入后湖,此其大略也。自杨溥夹淮立城,【即今自通济门起,西至石城门皆是。】其城之东堑皆通淮水,【即今通济门外上至南门一带是也。】其西南边江以为险。然春夏积雨,淮水泛溢,城中皆被其害。及盛冬水涸,河流往往干浅。【此一段在今日正同,与宋无异。】宋隆兴二年,张孝祥知府事,奏秦淮流经府城,正河自镇淮、【今南门内桥。】新桥【今新桥。】入江,其分派为青溪,【今洞神宫后一段,经四象桥一带是。】自天津桥【今内桥是也。】出栅寨门【今铁窗楞是。】入江。【宋时今水西、旱西二门外,似未有土地如今日广远,石城下即临江。】栅寨门近地属有力者,因筑断青溪水口,创为花圃,为游人玩赏地。每久雨,水暴至,则正河不能息泄水势,于是泛滥城内,居民被害。【今古潮沟、青溪、运渎河身皆为住民日久侵占,堙塞不通,故水患正与此书相类。】今欲复通栅寨门,使青溪径直入江,则城内永无水患。及汪澈继孝祥知府,诏澈指定以闻,澈言开西园古河道,通栅寨门尤便,从之。戚氏《志》云:秦淮水源甚远,小川流入者众,又古来贮水湖衍,后世筑为圩田日多,每夏雨暴至,江潮复涌,水即泛溢,皆经流城内一河入江。自源及委,所过不计几桥,凡过一桥,皆为木石岸堰束扼,即居民筑土侵狭河道,故水失其常,横流弗顺。是以必资栅寨门河,【今内桥以西至铁窗楞。】及长干桥下河【今南门外大桥是。】分泄其势,其关于国赋民食者非轻。如云通便舟楫,特是小事。自前如李祥所言,止谓城内被水,然多不过数日即退,其害亦轻。若观乡外圩田,则始见其害可畏尔。上元、江宁、溧水多赖圩田,农民生计居处,多在圩中。每遇水至,则举村阖社,日夜并力守圩,辛苦狼狈于淤泥之中,【今上江滨江田地及句容以西、方山上下一带,皆同此害。】如御大寇。幸而雨不连降,风不涌浪,可以苟全一岁之计。其为坏决,则水注圩中,平陆良田,顷刻变为江湖,哭声满野,挐舟结筏,走避他处,国赋民食,两皆失之。是皆水不安流之故尔。其言城内外之水患,最为明切痛快。与余前言郊外水患,悬合于数百载之前。第今诸湖既难议复,惟浚支流一节,稍可举行,是在有地方之责者亟议永利尔。

卷十・沿江开河议

兴化李君思聪尝建议:自南都抵京口,江水险恶,往来舟楫常有风波倾覆之苦。谓大胜关至燕子矶一带有内河,故数十里无长江之险,今燕子矶以下抵京口一带,旧有河形,宜加开浚,则一百八十里江险可以引避,此漕运与士商往来之永利也。余甚韪其论,因考旧志,古漕河一名靖安河,在龙湾市上元金陵乡。宋吴聿《靖安河记略》云:自金陵抵白砂,江险,其尤者为乐官山李家漾,至急流浊港口,凡十有八处,号称老风波,而玩险阻者,至是鲜不袖手。东南漕计,岁失于此者什一二。宣和六年,发运使卢公访其利病,得古漕河于靖安镇之下缺口,谓其取径道于青沙之夹趍北岸,穿坍月港,繇港尾越北小江,入仪真新河,高枕安流,八十余里抵扬州新城下,可易大江百有五十里之险。按此论正与李君意同,特彼在径趋北岸,此则专傍南岸抵京口耳。北岸之河今亦堙塞,盖江水东西冲决不常,沿江洲地,时有坍卸入江者。今上新河旧传自江东门可数里至江岸,今不过里余矣。陵谷变迁,江上尤速。李君之议甚美,俟再与习江上地形者筹之。

贤博编[①]

民间造船,各因地利水势,大抵皆卷箬蓬盖之,或用锁服板,则货在板下,人宿板上,下重上轻,便于波浪。独小航船厚板周札,高方如榇,仅留一门,非伛偻不能出。又牢固如窒,上重下轻,既难举动,又易倒溺,此何拙也。有客对曰:"此昔天下未平,江、淮间奸人为盗,故造此以阱孤商,使不得仓卒应变。行之久远,各效其式,遂成便利耳。今欲改造,其夥中群挤之矣。"此言虽近戏,细思未必不尔。

① 〔明〕叶权撰,凌毅点校。

海寇初起时，不过五七十人，往来仁和、海宁。地方官军民壮遇之辄败，乃请游僧月空为之首。月空亦一伟人，所持铁棒重四十余斤，诸游僧数十从之，亦各用铁棒。相约，贼死不得割首级，以尽毙为止。遂前击杀二十余寇，军壮之。后随者始则观望，至是争功，夺头自相扰，贼得散走，僧亦解体矣。月空后不知所终。

嘉靖乙卯，海寇败于浙西，走绍兴，途中杀钱御史。刘知府畏，不出，纵之渡江。入富阳、余杭、昌化界，直抵徽州，出太平，至南京，杀挥使及官军百余人，城门为之昼闭。复由丹阳经苏州，将入其故垒，陷于泖中，调中后所官军始剿之。初，贼仅五十，行二千里，过数郡，经留都而一转，归不失一，可恨可笑。中后所官军三百人，皆精锐，立什伍相救护，各持长枪，带短刀，不用弓矢及他器械。寇至与之战，不争利，不甚追北，战罢方取首，货财则均分之。浙西诸卫所，惟此军号为有纪律，然仅不大失，无他功。

嘉靖辛酉，吴中大水，村墟皆漂没，茫茫如海。有宦家少年驾楼船，携妓载鼓吹，周游玩赏，撑入阡陌中，停深阔处，歌舞欢笑，以为奇观。俄有小舟十余，舟五六人，悉裸体持长柄杓，围绕以水浇之。诸少年仓卒遮蔽不及，各污秽如堕溺，酒筵翻倒，惊骇号叫，莫之所以。小舟中且泼且骂，再三乞饶，至拜伏谢罪，始散去。彼膏粱不识世务，幸灾乐祸，自取戮辱，闻者莫不痛快。

吴江沈检讨位，故留都解头也。隆庆壬申，奉命南行，与运粮船争河道，以书白漕运都御使。都御使执管船挥使，将责之，挥指词直。都御使回书送至沈船，令谢罪。沈怪都御使庇武弁，辄自与杖十数。众军大不平，相聚噪骂，沈轻出，一军持挺前击，应手而毙。

琉球国，在福建泉州之东海岛中，古未通中国。洪武间，其国分为三，曰中山王、山南王、山北王，皆遣使入贡。后为中山所并。嘉靖丙戌，中山王尚真卒，其子尚清表求袭封。越壬辰，朝廷遣吏科左给事中四明陈侃、行人司行人高澄，充正副使，赍诏以往，费且巨万，官员军民同行者四百人，三年始讫事。中间风涛之险怪，几葬鱼腹者数四。陈公有《使琉球录》，备载始末。昔张博望使西域，欲断匈奴右臂。使琉球得毋为海岛诸夷衔嚼耶？不然，指南针示之归路足矣。

游岭南记【乙丑年】

是年春，东莞兵变，楼船鼓行，直抵省城下。城门昼闭，贼作乐饮酒天妃宫中。汤总兵克宽与战，连败衄，乃使诱濠镜澳夷人，约以免其抽分，令助攻之，然非出巡抚意。已夷平贼，汤剿为己功，海道抽分如故。夷遂不服，拥货不肯输兑，省城官谋困之，遂阻道不许运米面下澳。夷饥甚，乃听抽分，因谓中国人无信，不知实汤总兵为之也。中国亦谓夷难驭，不知汤固许之免也。天下事变每生于两情不通。

粤剑编①

卷之一・志古迹

广城东六十里为南海神祠，门左有达奚司空立像。按宋阮遵记云“菩提达磨与二弟由天竺入中国，达奚其季也。经过庙，欵谒王，王留与共治。达奚不可，揖欲去，俄死座间，化为神。航海者或遇风波，呼司空辄有应云”。或曰司空本夷人，入中国，因植波罗树，不克归，立化于此。故至今海神庙土人皆呼为波罗庙。又谓司空像本肉身也，而泥傅其外，未知真否。

① 〔明〕王临亨撰，凌毅点校。

程乡而下百里为蓬辣滩,悬溜百尺,澎湃喧豗,舟行最险道也。宦游者经此,多从陆以避之。其地两山夹程水而下注,逶迤屈曲,具有幽致,当出七里濑上。

罗浮道士邓守安,于惠州东门外合江渡口作浮桥,以铁锁石矴,连四十舟为之,随水涨落,榜曰东新桥。州西丰湖上有长桥,屡作屡坏。栖禅院僧希固筑进两崖,为飞阁九间,榜曰西新桥。东坡先生施犀带,颍滨先生、史夫人出内赐金钱以助厥工。东坡先生有两桥诗以纪之。今东新桥之制无改于旧,西新桥不过如常,一石梁,内筑石堤以捍湖水而已,似不若宋时之壮观也。

卷之二・志时事

(粤东)开采使下令民间,曰:"有能造巨舰募夫役而从吾游者,我与之共合浦之利。"一时豪民造船应募者百数,中使多之,汰其大半。其不得收者相与谋曰:"吾竭赀毕力以应募,而使者弗受,吾舶安所用之?"皆集亡命,泛海而去,不知所之。今春有倭舶百余,横掠闽、广,人颇归咎使者云。

己亥春,有一倭船飘入潮境而船坏,倭六十余鼓噪登陆。千兵许旭中谒总戎请曰:"事急矣!旭中愿以三寸舌说之;不济,愿以六尺殉。"即免胄而见倭曰:"若属非有入寇形,此来者岂见厄于风伯耶?"众曰:"然。"旭中曰:"若属室剑,吾为请于主者,当具舟相送,慎勿惊吾土,自取诛灭为也。"众皆顿首谢。旭中请于总戎而许之。遂往报倭,倭留旭中为质而索舟。总戎与监司议,以舟送倭不可上闻,不若以一旅歼之。遂发兵往。倭闻之,以旭中为卖已,磔旭中而来斗,卒皆就擒。总戎驻师闽、广间,受两地开府节制。因献馘闽中视广差少,闽开府望之,不与叙功,广自是亦不敢言。千兵之死,竟尔泯泯。余闻而悲之,为纪其事,以俟后之传死难者。

卷之三・志外夷

西洋古里,其国乃西洋诸番之会。三四月间入中国市杂物,转市日本诸国以觅利,满载皆阿堵物也。余驻省时,见有三舟至,舟各赍白金三十万投税司纳税,听其入城与百姓交易。

西洋之人往来中国者,向以香山澳中为舣舟之所,入市毕,则驱之以去。日久法弛,其人渐蚁聚蜂结,巢穴澳中矣。当事者利其入市,不能尽法绳之,姑从其便,而严通澳之令,俾中国不得输之米谷种种,盖欲坐而困之,令自不能久居耳。然夷人金钱甚夥,一往而利数十倍,法虽严,不能禁也。今聚澳中者,闻可万家,已十余万众矣。此亦南方一痈也,未审溃时何如耳!

番人有一种,名曰黑鬼,遍身如墨,或云死而验其骨亦然。能经旬宿水中,取鱼虾,生啖之以为命。番舶渡海,多以一二黑鬼相从,缓急可用也。有一丽汉法者,谳于余,状貌奇醜可骇。侍者为余言:此鬼犴狴有年,多食火食,视番舶中初至者晢白多矣。然余后谳狱香山,复见一黑鬼,禁已数年,其黑光可鉴,似又不系火食云。

辛丑九月间,有二夷舟至香山澳,通事者亦不知何国人,人呼之为红毛鬼。其人须发皆赤,目睛圆,长丈许。其舟甚巨,外以铜叶裹之,入水二丈。香山澳夷虑其以互市争澳,以兵逐之。其舟移入大洋后,为飓风飘去,不知所适。

卷之四・志游览・纪行一

万历庚子夏,余奉命虑囚岭南。故事,使者被命,以远近为差,悉期明年正月入境视事。冬杪,余治装者屡矣,顾慈闱恋恋,不忍言别。以献岁之四日发舟,时方寒甚,河冰如砥,几不成行。已而旭日渐高,惠风徐扇,始得鼓枻。是夕泊跨塘。五日抵郡,谒辞直指何公暨府县诸公。相送者亦以次别去,独内弟微仲、弟

贞夫、兄子和卿从。是夕次吴江。六日次黄岗泾。七日早抵嘉禾。嘉禾有故人子,人传以阋墙之衅逐至破家者。及访之,仅剥床以辨耳,为之解颜相慰。是夕次石门。八日次塘栖。九日次武林。武林督邮使者治邮事方苛,而余司驿符吏复懵然不解事,以此逗留不能遄发。十日治装舟中。十一日偕微仲悲著葛巾从湖上游。追忆七年前,于堤上见一玉蝶梅,颇异他种,偕往视之,向不能把,今逾拱矣。攀枝泫然,宁独宣武!日晡抵舟,与微仲辈别。十二日赴张都阃席。席设湖中,连三巨舰而进,金鼓軿阗,丝肉竞奏,篙师所指,游人辟易。忆昨与微仲辈游,连袂红妆招摇而过我者,不审凌波罗袜匿景何所,喝道松间,宁止贻笑山灵而已。十三日得骑从抵富阳,入舟夜行。十四日辰抵桐庐。十五日辰抵建德,是夜遂抵兰溪。十六日陆行抵龙游。十七日停午抵三衢。三衢盖不佞旧游地,士民念故主,将迎者踵至。余亦感其来意,人为之劳苦生平,不觉委顿,更以期限颇逼,客程甚修,遂谢诸父老,乘夜达常山,而痔疾作矣。十八日舆疾行至沙溪。十九次弋阳。二十次安仁。二十一次徐桥。二十二过进贤,中途雷电雨雹交作,踉跄投入民家。盖余从三衢来,起必五鼓,宿必夜分,积劳已甚,所苦因挟积劳以因我,劳日益深,疾日益炽,不腆六尺躯,几付之何有。方思得一安寝,而其家复颓垣败壁,不蔽风雨,视其上屋也,其旁乃似荒郊者乎,令人达旦不寐。二十三日勉强就道,雷雨复大作。余念舁夫殊苦泥淖,而余亦病甚,势不复能陆行,因先走急足,从丰城觅舟。顾其地水浅,民舟一叶耳,不可登,仅一官舫,邑侯物也。舟子畏跋涉,谬余以不可假。余至,索舟不得,正徘徊间,而署篆者郡丞蔡君见顾,慨然以舟相许,且嘱余曰:"长年傲不可使者,当効张徐州鞭之耳。"余逊谢而别。舟方泝流,复值淫雨,至二十五日始达临江。仅仅一程,悉挽夫五十余人,力穷两昼夜而至,亦艰矣。然余病亦以两昼夜安寝,坐此小瘥。是夕由临江从陆复走四十里而宿。二十六次峡江。二十七次吉安。二十八过泰和,访故司理龙君,颓然一老秃翁矣,感叹久之而别。是夕宿腰站。二十九次乌兆驿。三十日过赣州,中丞李公招饮,辞以疾,次九牛驿。二月朔次南安。二日早发南安,平旦度梅岭。其阴,石径蛇行,屈曲而多委;其阳,峭壁林立,深秀而多致。要皆平坦靡咫尺,险隘足困客趾者。忆余尝由金华过括苍度一岭,高险倍之,而以僻,故其名不传。此岭独以横截南北,为百粤数千里咽喉,犀象、珠翠、乌绵、白氎之属,日夜辇而北以供中国用,大庾之名遂满天下。山河大地亦自有幸不幸耶!度岭后,更八十里,乃息肩于南雄府治。

玉镜新谭[①]

卷三·称颂·附

原任兵部职方清吏司主事陈祖苞疏畧云:"天启六年正月,奴围宁远,全关震动。臣念举家世受国恩,百口悉甘殉难,军民感奋,始有固心。又羽书络绎踵至,难民襁负叩关,每一昼夜,启闭不下救十次。臣两旬目不交睫,露立关门,亲自一一稽察,不令真正难民摈于关外,奸谍逃兵逸于关内。而又外通声息,内促援师。于是内变尽消,东宁士卒,始无退志。先是,四年冬,有被掳辽民三千余人,还乡关外,水将用船,先后接渡。内有流棍吴国秉,与同船聂廷瑾等七人借贷不遂,以奸细首告东厂。魏忠贤即图封拜,密留国秉在京,行文阁部,时孙少傅恺阳经制山海。严审正法。时臣理刑山海,奉批承问,细鞫毫无风影。全辽官民泣保者二百徐人,俱甘同罪,臣因拚一官一身,尽力开释七命。致忠贤大怒,驳行速处。

卷五·逸游·弄舟

于时三月上澣,春风澹荡,丽日融和,紫禁中花萼交辉,上林内莺燕喈鸣。魏忠贤导引游逸,上幸于南海子。见水面清波粼粼,碧天倒映,乃驾龙舟游玩,宴赏其间。歌舞进御,箫鼓中流,承应者百技递呈,扈从

① 〔明〕朱长祚撰,仇正伟点校。

者千官侍燕。天气清朗,圣心欢畅,忠贤传呼水次操演,以当玩戏。自为大帅,发纵指麾,千军齐出,百将拱听,五方悬帜,彩光夺目。一语开操,炮声振耳,倏绕御舟之前,忽分队伍之次,鼙鼓激动,波光零沓,旗鎗密布,云影交驰。突见武弁戎装跃马报曰:天门阵势。则貔貅四列,骁骑当门,衣仗鲜明,纪律整肃,人无傍观,敌不敢近,以鼓而进,闻金而退。于是上悦,放舟中流,远观直视,衔杯上坐,回眸纵眺。又见长林丰草之间,飞出一骑报曰;梅花阵势。而分为五队,点点如花簇起垓心,人人似虎踊跃行间,随开随伏,或左或右,散漫零乱,而收复则壹也。天颜愈喜,以是群臣捧觞称庆,乐斯嘉会,永祝万春,仙乐齐鸣,娇歌迭奏。又见绯衣白马突报曰;再演长蛇阵。直出望中,气吞海外,击其首则尾应,击其尾则首应,首尾相顾,前　合辙。倏报曰:乌鸦阵。参差散复,严明杂沓。又报曰:八门阵。分为八队,形似八卦。军容愈壮,游骑四闯不能入,士气增雄,逻卒周遭鼓其勇。于是圣意大悦,犒赏三军。千骑飞来,齐叩天恩。忠贤夸其提督有方,群臣媚以经济多才。日之将暝,传旨驾回。舣舟石级之次,一拥而登,舟因稍戾,水为之涌起,以懦帝舄。人人恐惧请死,荷蒙皇仁浩荡,宣谕:今日之游乐矣,与众共之,岂以小误而罪尔等乎? 成赦之。

山志①

初集卷二·兰蕙

世重剑兰久矣。先司马在虔州日,庭前尝蓄之。时吾宗昆华公为南国子监祭酒,每书来索。予同三兄自豫章归,舟过白下,曾遗之数丛。

初集卷四·秦始皇

始皇三十二年使卢生求羡门,刻碣石门。坏城郭,决通堤防。又卢生入海还,因奏录图书曰:"亡秦者,胡也。"……观其二事,皆卢生稔其恶,又纵臾之,特方伎之流耳。岂所谓儒者哉? 方其求药海上也,挟童男、童女以行,皆取于民间,夺其无告之孤。肆厥不轨之状,如今所谓祆教。

初集卷六·文丞相墨迹·过淮

北征垂半年,依依只南土。今晨渡淮河,始觉非故宇。江乡已无家,三年一羁旅。龙朔在何方,乃我妻子所。昔也无奈何,忽已置念虑。今行日已近,使我泪如雨。

二集卷三·应酬诗文

予在广陵,适汪舟次简讨奉诏出使琉球,相见索予赠诗。予闻舟次出都日,公卿赋诗祖道:极一时之盛,何有于草野芜词,未之应。舟次复索之亟,乃作一律。末云:"天遣归帆早,倚闾双鬓丝。"

二集卷四·羿奡

"羿善射,奡荡舟,俱不得其死"为句,金文安曰:"连然字读者非,然字起下句,正见尚德之意。"王文宪、何文定俱如此读。盖此章述二人于既死之后,故止曰"不得其死",是断词也。与"由也,不得其死然"不同。又"奡荡舟"者,《竹书》所谓:"浇伐斟、鄩,大战于潍,覆其舟,灭之也。"汉儒以为陆地行舟,似强为之解,而朱子仍之。

① 〔清〕王弘撰撰,何本方点校。

二集卷六·蔡忠襄公传

蔡忠襄公,文学之臣也。巡抚山西,卒死封疆,忠义之节,争光日月矣!谁得议之?所惜作公传者,未得其实,又不谙地形,欲溢其美,徒为虚诬之词,反开指摘之端耳。当陕西既陷时,为国家计者,莫急于守河。且河与江不同,船又少,河船不可以战,不能如江船运转随意。诚以数千人守之,多用炮,贼不能飞渡也。李自成于甲申正月元日,在西安即顺王位,二月出潼关,从容渡河而北,寂无人焉,将至蒲州,乃有迎降者矣。

二集卷六·史阁部

乙酉四月初一日,阁部史公在扬州,闻北兵讯急,督师往泗州防守。初六日奉旨:"辅臣史可法、藩镇黄得功等,星夜提兵渡江,以御左兵。"公于初九日抵浦口,复奉旨:"黄得功等渡江,史可法仍守扬、泗。"公驰至泗,而总兵官李遇春等已降。乃同副将史得威率数十骑回扬,洒泣谕士民,登陴为死守计。

双槐岁钞[①]

卷第一·朝云集句

洪武中,西蓭孙典籍仲衍蕡,号岭南才子,工于集句,叙所作《朝云诗一百韵》,语多不录,录其叙,盖传奇体以资谈谑尔。

叙曰:"庚戌十月,余与二客自五仙城泛舟游罗浮,道出合江,访东坡白鹤峰遗趾,还,舣舟西湖小苏堤下,夜登栖禅寺,留宿精舍。时薄寒中人,霜月如昼,山深悄无人声。二客醉卧僧榻上,余独散步东廊,壁光皎洁若雪,隐约有字,急呼小奚童,篝灯读之,字体流丽飞动,似仿卫夫人书法。诗凡十首,皆集古语而成者。

其一曰:'家住钱塘东复东,偶来江外寄行踪。三湘愁鬓逢秋色,半壁残灯照病容。艳骨已成兰麝土,露华偏湿蕊珠宫。分明记得还家梦,一路寒山万木中。'

其二曰:'妾本钱塘江上住,双垂别泪越江边。鹤归华表添新塚,燕蹴飞花落舞筵。野草怕霜霜怕日,月光如水水如天。人间俯仰成今古,只是当时已惘然。'

其三曰:'三生石上旧精魂,化作阳台一段云。词客有灵应识我,碧山如画又逢君。花边古寺翔金雀,竹裹春愁冷翠裙。莫向西湖歌此曲,清明时节雨纷纷。'

其四曰:'东望望春春可怜,江蓠漠漠荇田田。绕篱野菜飞黄蝶,糁径杨花铺白毡。云近蓬莱长五色,鹤归华表已千年。梦回明月生南浦,泪血染成红杜鹃。'

其五曰:'浮云漠漠草离离,泪湿春衫鬓脚垂。秋水为神玉为骨,芙蓉如面柳如眉。钟随野艇回孤棹,蝉曳残声过别枝。青塚路边南雁尽,问君何事到天涯。'

其六曰:'身前身后事茫茫,恼断苏州刺史肠。猿带玉环归后洞,君骑白马傍垂柳。鹤群长绕三珠树,花气浑如百和香。惭愧情人远相访,为郎憔悴却羞郎。'

其七曰:'孤月无情挂翠峦,金炉香烬漏声残。云收雨散知何处,鬓乱钗横特地寒。去日渐多来日少,别时容易见时难。明朝有约谁先到,青鸟殷勤为探看。'

其八曰:'杏花疎雨立黄昏,金屋无人见泪痕。短鬓欲星愁有效,此身虽异性常存。关门不锁寒溪水,环佩空归月夜魂。倚柱寻思倍惆怅,夜寒皴玉倩谁温。'

其九曰:'万紫千红总是春,登临一度一思君。舞低杨柳楼心月,香沁梨花梦里云。风景苍苍多少恨,

① 〔明〕黄瑜撰,魏连科点校。

阴虫切切不堪闻。思君今夜肠应断,书破羊欣白练裙。'

其十曰:'零落残魂倍黯然,一身憔悴对花眠。南园绿草飞蝴蝶,落日深山哭杜鹃。天若有情天亦老,月如无恨月长圆。此声肠断非今日,风景依稀似往年。'其后复书:罗浮王仙姑月夜过此有感而赋。

余惊曰:'此非仙语,乃人间意态也。'方欲再谛视,而灯为北风所灭,月亦烟晦,林木渐沥作山鬼声。余毛发森竖,不敢久立,即还室掩户,踉蹡而卧。梦一美人上衣红绡,下衣系荷丝裙,从花阴中来,年可二十六七,奇葩逸丽,光夺人目,风鬟雾鬓,飒然凄冷,殊不类人世中所见者,仿佛若有金支翠蕤导从其前后。隔竹先闻歌声,似吴人语,余侧足倾耳竦身听之,则悠扬宛转,欲断还续。半空松柏作笙箫声,助其清婉,而蛩蚓唧唧,若为之击节也。

其词曰:'舞衫歌扇旧姻缘,万事伤心在目前。云物不殊乡国异,夭桃窗下背花眠。烟笼寒水月笼沙,谁信流年鬓有华。燕子衔将春色去,梦中犹记咏梅花。青山隐隐水迢迢,客梦都随岁月消。惟有别时今不忘,水边杨柳赤兰桥。杜陵寒食草青青,长诵《金刚般若经》。雨冷魂香吊书客,梦中同蹑凤凰翎。远上寒山石径斜,宫前杨柳寺前花。红颜未老恩先断,莫怨东风当自嗟。与君约略说杭州,山外青山楼外楼。屈指别来经几载,愁心一倍长离忧。旅馆寒灯夜不眠,湘波冷浸一枝莲。何时最是思君处,月落乌啼霜满天。欲写愁肠愧不才,依稀犹记妙高台。问余别恨知多少,巴蜀雪消春水来。紫烟衣上绣春云,一树繁花对古坟。辛苦无欢容不理,半缘修道半缘君。春愁冉冉带余酲,珍簟银床梦不成。知子远来深有意,酷怜风月为多情。光阴卒卒一飞梭,怨入东风芳草多。旧枕未容春梦断,秦云楚雨暗相和。身前身后思茫茫,秋菊春兰各吐芳。惭愧情人远相访,为郎憔悴却羞郎。'

歌已,复续拗体诗三首:'白袷玉郎寄桃叶,金鞍骏马换小妾。翠眉蝉鬓生别离,南园绿草飞蝴蝶。野棠开尽飘香玉,细柳新蒲为谁绿。匆匆穷愁泥杀人,逢人更唱相思曲。瞿塘嘈嘈十二滩,绕船明月江水寒。欲随郎船看明月,游丝落絮春漫漫。'其声哀而不伤,怨而有容,亹亹而不穷,如孤凤之鸣梧桐,雌龙之吟水中也。歌阕,余不觉泣下,亟趋见之,环佩余音犹泠然也。谓余曰:'妾钱塘歌者,眉山苏长公妾也。'言讫不见,余亦惊觉。询之寺僧,则曰:'寺南有王氏朝云之墓,今数百年矣,或其余魄也耶!'余怛然自失。酹以椒浆云。"

卷第四・谪官尽职

河南参政陈孙原贞奏旌贤事:"故汜水县典史曾泉,始由进土擢任御史,以事黜降。自宣德六年到任,操行廉谨,莅事勤能,劝学兴礼,督农事,稽女工。尤恤贫窘,无牛具者,劝与耕种,乏绵花者,借与纺织。时历乡村,察其勤惰,以示劝惩。又率民垦荒田,以收谷麦,伐材木以易货财,用以纳逋税,办军需。官有储积,民无科扰。以其羡余造船,以备攒运,置棺以助死丧。历任三年,俗淳讼简,家给人足。然其所以裕民者,不过用民力因地利以阜其财厚其生耳。圣明在上,郡邑率多俊人,然求共用心之勤,治事之能,见效之速,如泉者,不多得也。臣至其邑,泉没已三年,民之怀惠,至今称之。乞敕该部核实,原其过名,追复其官,以为天下士风之劝。"泉字本清,吉安人,谪官尽职,可谓贤矣。近时贬秩者,张旧棨戟,服旧采章,气惫然,藐视民事,若不干涉,真泉之罪人也哉。

卷第五・倭国逸书百篇

日本即倭也。洪武辛亥,国王良怀遣僧祖来入贡。《祖训》云:"虽朝实诈,暗通奸臣胡惟庸,谋为不轨,故绝之。"乃于辽、浙、闽、广沿海置备倭官军。永乐初,国王源道义入贡不绝,后犯辽东之金州,广宁伯刘荣大败之。虽朝实诈,可征矣。宣德中,以久不通贡,求可往使者,或言主事浦城潘赐尝为行人,两使日本,复除鸿胪少卿充正使。求可副者,礼部尚书胡濙会荐国子学正金壇高迁,遂改行人。俱赐一品服以往。既至其国,即遣陪臣随之入贡,宣宗甚加奖劳。乙卯五月,以举贤,擢迁翰林编修。按温公《日本刀歌》有云:"徐福行时书未焚,逸书百篇今尚存。"夫既绝之矣,信使往来,俾进逸书,使五经由是而完,帝王大典得

以不泯，顾不韪与！

卷第七·黄寇始末

南海贼黄萧养者，冲鹤堡人也。貌甚陋，眇一目，而有智数。坐强盗，在郡狱逾年，所卧竹床皮忽青色，渐生竹叶。同禁者江西一商人也，曰："此祥瑞也。"因教以不轨，使人藏利斧饭桶中，破肘镣越狱而出凡十九人，商人遂逸去，不知所在。官隶狱卒追之，挥斧而行，人莫敢近。其党驾船以待，遂入海潜遁。正统十三年九月也。于是啸聚群盗赴之者如归市，旬月至万余人。十四年八月，攻围郡城，官军御之，辄为所败，城中饿死者如叠。制云梯吕公车冲城，几为所破。设开都伪官，招诱愚氓渐至十余万。都指挥王清自高州引兵赴援，至广，舟胶浅水。有小艇载柴及盐鱼者奔迸，若避贼状。官军问萧养所在，言未脱口，伏兵出柴中，擒清，尽歼其军。城中震恐，三司官登城望之，刃矢森发，相顾涕泣而已。闲道告急，驿至京师，诏遣都督董兴总兵，都指挥同知姚麟副之，兵部侍郎孟鉴、佥都御使杨信民督其军。寻命信民巡抚广东。贼既屡胜，遂僭称东阳王，改元，授伪官者百余人，据五羊城为行宫，四出剽掠。信民旧为广东参议，将至，贼众渐散。景泰元年春，兴等进兵，时天文生马轼随行，至江西，夜半闻鸡，兴问之曰："此何祥也？"对曰："鸡不以时鸣，由赏罚不明，愿公严军令。"及经清远峡，有白鱼入舟中，轼曰："武王伐纣有此征应，此逆贼授首之兆也。"时萧养聚船河南千余艘，其势甚张。众欲请兵，轼曰："兵贵神速，若请兵，则缓不及事。以所征两广、江西狼兵，取胜犹拉朽耳。"兴从之。三月初五夜，有大星坠于河南，及旦，以所占告曰："四旬内，破贼必矣。"四月十一日，兴率官军至大洲头，与贼遇，果大破之。时信民使人赍榜谕贼使降，萧养曰："杨大人我父母也，当徐思之。"护巨鱼为献，信民受之，立斫数十段，颁于有司。贼出而叹曰："势不佳矣。"叛萧养者渐多，留者不满一千。会信民中毒卒，鉴乃益加招徕，萧养中流矢而卧，为官军所擒。于是奏捷于朝，萧养伏诛，余党悉平。诏鉴代信民巡抚，乃析南海冲鹤、大良诸堡为县，名曰顺德云。

卷第七·王清罹难

王清字一宁，济宁卫指挥。慷慨多勇略，常提兵入卫。宣德间，率所部出喜峰口，及至鸳鸯海觇虏，累立奇功。曾有句云："落日龙荒觇虏还，剑光直射斗牛寒。少年气节应无敌，肯负平生一寸丹。"正统丁巳，升广东都指挥，以亲老不遂迎养，陈情乞分俸于原卫，诏许之。蛮夷叛据大藤峡，清往讨，有功。戊辰，总督广东军务，己巳协同总兵驻军高州，广贼黄萧养刦乡民叛，众十余万，围攻广州，清帅舟师赴援，至沙角尾，水浅舟胶，失利被执。贼素知清威望，不敢害，清投水不死，因寄衣还广城中，大书诗云："两捧天书镇百蛮，偶因兵败不生还。飘零身世轻于叶，磊落襟怀重似山。半夜愁吟珠海寺，几回梦堕鬼门关。凭君独有衣相寄，为我招魂宇宙间。"数日，贼拥清至城下，使谕众开门降，清骂贼不绝，遂遇害。有《建橐集》行于世。

卷第七·彭蠡缆精

天顺初元，予计偕北上，经彭蠡湖，舟人言宗三秀才灵异，当具牲醴求神福者。问之，扣齿摇首不敢言。既望奠后，乃言曰："昔圣祖之鏖战伪汉也，有棕毛巨缆，分判为三，岁久化为蛟龙，宗一、宗二飞腾而去，独其季弟淹留在此，每蜿蜒波涛中，舟人稍欠修敬，遇之辄有祸败。或化为丈夫，题诗作谶，后无不验。予大不然之。后告往南监，再经其地，则妖已熄矣。时都昌孔知县韶文镛者，最号廉能，偶岁大旱，闻其出没，乃往验之。一巨木岁久为水草交络，真若鳞鬣然，笑曰："宗三秀才乃汝耶！"命左右秉炬焚之，了无他异。韶文由是声名大著，累官至右副都御使、工部侍郎。系出先圣，家于姑苏，景泰甲戌进士。

卷第八·河套墩台

黄河套周回六七千里，土肥饶可耕桑，三面阻河，切近陕西榆林堡。东至山西偏头关，西至宁夏镇，东

至二千余里,南至边城,北至黄河。远者八九百里,近者二三百里。惟黄甫川稍近,逾河则唐三受降城,又东则旧东胜址也。国初,虏遁黄河之外,正统初始渡河来犯近边。镇守都督王桢始筑榆林堡城,仍设法御之。往北二三十里之外,沙漠平地,则筑瞭望墩台,虏窥境,即举烟示警。往南二三十里之外,则埋军民种田界石,多于硬土山沟立焉。界石外开创榆林一带营堡,累增至二十四所,岁调延安、绥德、庆阳三卫官军分戍,而河南、陕西客兵助之。列营积粮,以遏寇路。

景泰初,虏犯延庆,不敢深入。天顺中,阿罗出掠我边人以为乡道,遂知河套所在,入居其中,以伺机变,不时出没,然犹不敢径犯人家。自是虏顾居内,散漫潜往,而我列屯反在其外矣。成化初,边人被掠日多,于是毛里孩纠众深入,攻围墩台,而孛罗忽继之,秋冬则举众为寇,春夏则潜退河套,远近军民,大被抢掠。阿罗出复勾引满都鲁乩加思兰,聚众益为边患。朝廷添调京营及大同、宣府、宁夏、甘凉、陕西护卫军马数万,颁给银两,起倩陕西、山西、河南军民,或趱运,或借拨,或籴买,或预征,或开中,或采打,多方整理粮料草束,军民困苦,不可胜言。复恐财力费耗,致生他变,止留大同、宣府、山西、宁夏客兵及两班军马各一万二千五百员名,相机战守。议者尝请于榆林堡立卫,犹未成也。都御使余公子俊始请以先年陕西清出远年不明军籍及有罪责戍南土者之子孙,免其远戍,就近编伍以实之。凡墩台,每座基各阔三丈,高三丈,对角悬楼二座,长阔各六尺,空内挑壕堑阔一丈五尺,深一丈。依界石一带,随其山势弯曲,铲削如城,高二丈五尺,川口去处,两傍俱筑大墩,拨军防守。虏既出套,乃东起清水营之紫城砦,西至宁夏之花马池,延蔓几二千里,每二三里闲为对角敌台崖砦,连比不绝。于其空处筑边墙者二,横一斜一,如新月状,以侦敌避射。凡为堡十二,崖砦八百十九,小墩七十八,大墩十五,凡两月而功成。然宁夏东路自花马池往西,为黄河东岸平山墩,西路则为黄河西岸黑山营,相距一百九十余里,乃河套要害,停歇工筑,盖有待也。且又拓其城,比旧加广,凡军中器用,率范铜铁为之。又奏立卫学,以教军中子弟。榆林俗不艺圃,乃求种教植,自是蔬果与内地等。又于界石外开地,以为屯田,给军民耕种,得粮十数万石,以助经费。自是榆林为重镇,与宁夏、甘肃鼎立为三矣。入套之路,多由黄甫川南焦家坪,以两岸夹山,冰先合后泮,此外则娘娘滩及羊圈子渡口。冬月冰坚,随其所择。而官军驻劄,多在神木堡或高家堡,莫能测也。成化十五年,满都鲁乩加思兰死,其子僭称小王子,弟亦思马因僭称太师,播迁宣大边外。使有勇知之将,一鼓禽焉,遍搜匿套者,彼将喙息不暇。于是招募勇士,筑城屯种,套中虏患,或可除矣。

卷第九 · 援溺得子

成化初,高邮卫有张百户者,备漕运差事。将过家料理,别顾小舟而行,渡湖风作,舟覆,仅获免。乃惩险,从湖堤陆行。至半途,望见一覆舟,沉浮波上,有人踞舟背呼号求援,烟雾中,了不可辨其为谁。张心怜之,呼岸旁小渔艇俾往援,不肯,则解装出白金十星与之,乃行援之。至,则其子也。因候父而来,遭风溺者半日,出自水,尚振掉不能言者久之,稍迟,则葬鱼腹矣。人诧为异事。岂父子天性默相感通邪?不然,行旅络绎,宁无一人恻隐者而援之,乃独张邪?

卷第九 · 奖贤文

吾广方伯陈克庵士贤选尝作《奖贤文》曰:"保民以固邦本者,臣之忠,教之以尽臣节者,母之贤,贤母忠臣,国家之所褒嘉,方伯连帅之宜奖予也。广东市舶太监韦眷,招集无赖驵侩数百十人,分布郡邑,专鱼盐之利。又私与海外诸番相贸易,金缯宝玉,犀象珍玩之积,郿坞不如也。然犹奋其威诈,渔猎民财无厌。衔冤者莫敢诉,持禄者莫敢问。官府所鞭挞者,囹圄所紧者,皆种禾捞蚬之民耳。由是,岭表之民,不蒙至治之泽。而诸司慑其威,甘遂其非,非惟莫敢问,又从而助其虐。悉禺令高瑶,独毅然不与为之屈,民有遭其荼毒者,力捍御之,若卫赤子,谓非保民以固邦本之忠臣不可也。且闻其母贤,恒励瑶以忠孝大节,古人有言,非是母不生是子,信然哉。予承方伯之乏,于是命广人作《戏彩图》贻之,以示奖予也。噫,斯举也,岂为高氏母子哉,为国家也,为岭表之民也,为食禄者劝也。"克庵雅尚澹泊,无异韦布,每食,饭一盂,韭树

根，或鸡子半枚而已。凡事涉风教，必捐俸为之。日使瞽者振木铎以徇道路，置深衣幅巾，择耆民有德者予之，使教子弟。听讼不事刑朴，隶人惟令业巾网于左右，以闲其心。与讼者约，自持一票诣被告家，使自出诣官，罔不从者。民化其德，皆不忍欺。瑶字庭坚，闽人，丙子乡贡，莅政廉公有威。县左有韦眷所创寺，僧不敢杵钟，眷问其故，曰："畏高正衙耳。"及盘眷私货归县库，以身当之。克庵称为古循吏。及克庵奏眷不法，反被诬就逮，瑶亦落职，束书数箧，戴平头巾，飘然去。士民拥道涕泣交送之者几千人。

枣林杂俎[①]

智集·逸典·江南民运

民运白糙粳糯，隆庆二年奏定府佐一人领州，县佐一人副焉。正月解维，六月告纳，否则罚。六年许同军船挽进。

苏州船百二十七只，粮七万六千零五十七石。

松江船九十四只，粮六万一千六百四十□石。

常州船百二十七只，粮三万三千一百二十五石。

湖州船八十二只，粮□万□千□□□□□□石。

嘉兴船百三十九只，粮六万五千七百五十石。

嘉、湖专供光禄寺酒醋局，浮费犹省。弘治十□年，安吉知州舒城郑昌奏除安吉白粮。无锡县供御上白米，岁一千三百三十一石，常用七百余石。

智集·逸典·南京贡船

司礼监制帛二十扛，【船五。】笔料。【船二。】内守备鲜梅、枇杷、杨梅各四十扛或三十五扛。【各船八，俱用冰。】尚善监鲜笋四十五扛，【船八。】鲥鱼先后各四十四扛。【各船七，俱用冰。】内守备鲜橄榄等物五十五扛，【船六。】鲜笋十二扛，【船四。】木犀花十二扛，【船二。】石榴、柿四十五扛，【船六。】柑橘、甘蔗五十扛。【船一。】尚善监天鹅等物二十六扛，【船三。】腌菜薹等物百有三坛，【船七。】笋如上，【船三。】蜜煎樱桃等物七十坛，【船四。】乾鲥鱼等百三十盒，【船七。】紫苏糕等物二百四十八坛，【船八。】木犀花煎百有五坛，【船四。】鸬鹚、鸨等物十五扛。【船二。】司苑局荸荠七十扛，【船四。】姜种芋苗等物八十扛，【船五。】苗姜百扛，【船六。】鲜藕六十五扛，【船五。】十样果百四十扛。【船六。】内府供应库香稻五十扛，【船六。】苗姜等物百五十五扛，【船六。】十样果百十五扛。【船五。】御马监苜蓿种四十扛。【船二。】共船百六十六只。龙衣、板方、黄鱼等船不预焉。兵部马快船六百只，俱供进贡。

智集·逸典·朝鲜上书

万历二十四年丙申五月十八日，朝鲜国王李昖书奉天朝石太师阁下："吾闻天朝之大恩，封日本国王关白，实太师之独力擒当运筹。日本岂不欲封？不料海上风霾渐盛，或风或雨，或晴或阴，又兼山水相冲，舟不能渡。但日本至釜山顺水，釜山至日本逆水，一朝狂风大作，浪过于天，故此迟延月日。吾已于四月十三日差陪臣哈金锁率二十余卒，探听日本情形，至二十日方回。日本国王关白求天朝之封甚要，但倭将清正诈幻多端。其行长恭顺之心亦有，故将倭分作三班，已渡二班，止有清正之倭，分作一班，已屯于釜山。故行长、正诚回奏关白，言倭众二班已渡，止有一班迎接天使一同渡。关白亦言天使一渡海后，倭众尽数撤归，不许迟缓有违。其天使往，但我礼接不周，有慢天使。故于正月十五日差行长来请沈惟敬过海，请说礼

① 〔清〕谈迁著。胡明校、罗仲辉点校。

义,以迎天使往对。其沈惟敬已至相骂岛地方,去日本止隔二百余里。其关白又见沈惟敬渡海,又见天使入营,故同行长将清正之倭尽数撤回。其清正不肯,行长又差飞禅回奏关白。关白大恼,将粮米尽不发去。故清正问小国要地图,要谷种,思屯田积草。故吾将谷种与三十石、地图一张,差陪臣永正赍至马领地方。清正见吾谷种,又有地图中乌岭有伏兵之处,扼塞有养马之场。其釜山至登莱乃深山大岭,虎穴之处,兵不能进,马不能行,止有一条小路,长三百余里,有七十二湾,士兵能进不能出,故惧吾不敢犯。又闻天使于四月初三日夜逃出釜山,不知何意。但日本且有恭顺之心于天朝,而天朝反无抚恤之心于日本。釜山恬然,乃是大人威震,我已遗书与关白:'天朝差册使出釜山一年有余,而国如何不差使臣迎请?'关白亦答云:'但封我甚要,只待风息,馆舍有备,不日即迎请矣。'日本情形如此,特差小卒尤禹赍览,以便施行,伏祈照鉴不宣。"

智集·逸典·暹罗贡表

天启丙寅二月,广东市舶提举司唐允中,报怀远驿暹罗入贡金叶表曰:"暹罗国王森烈帕臘照采伦帕臘陆悃西亚卒赞鸦普埃,诚惶诚恐,稽首顿首,谨译书奏启大明皇帝陛下:伏以圣明新登宝位,万国胥庆。微臣经差使臣坤皮叭具沙等,捧赍金叶表文、方物,诣阙庆贺外,钦奉勅谕厚赐回还。开读拜受,恭询圣躬祚祉,国治政平,拜舞山呼,无任欢怿。追思世沐恩宠,自古及今,地隔天涯,心驰帝阙,虽华夷两地,实同一国之忠也。兹当贡期,循例修贡。谨差正贡使臣郎勃查缉、副贡使臣坤加离颜那茶迈低厘、臣乃实填朴里、办事臣乃纳统、通事臣曹汉等,乘船一只,捧赍金叶表文,装载方物、译书,用罗字五号勘合,从广东省送诣阙下贡献。恭候万福,伏乞圣鉴微衷,用伸臣子之职,庶存怀远之义,并祈往来不断,使获蝌幪永久。事竣,乞早遣使回归,臣无任瞻天仰圣激切屏营之至。谨具表以闻。"并开进皇帝上品龙涎香一斤、西洋遮那密缎四端、采色乌地双面花幔二条、采色蓝地砑光双面花幔二条、采色花地柳条双面幔二条、采色花地乌文砑光双面幔二条、采色柳红暗地花双面幔二条、西洋红地绣金绵毵帕二条、象牙三百斤大小十一根、胡椒三百斤、藤黄三百斤、速香三百斤、降香三百斤、白荳蔻三百斤、大枫子三百斤、乌木三百斤、苏木三百斤。进皇后上品龙涎香八两、西洋遮那密缎二端、采色红地双面花幔二条、采色双面暗花幔二条、采色金身花幔二条、象牙一百五十斤共六根、胡椒一百五十斤、藤黄、速香、降香、白荳蔻、大枫子、乌木各一百五十斤。

按:暹罗万历三十八年、四十五年并入贡,天启元年入贺。

智集·逸典·安南

(天启丙寅)五月六日,安南入贡,补万历四十五年,金香炉花瓶四副共重二百零九两,银盘十六共重六百九十一两,沉香六十斤,速香一百四十八斤,降真香三十根,白木香五十件,黑绵香八千株,白色土绢二百匹,犀角十二座,象牙十二枚。随从二十一员。陪臣三员:阮进用、杜克敬、阮自强。通事一员:阮曰仁。行人四员:黄文通、范世和、阮光启、阮世阅。从人十三名。补贡方物并如前。随从二十一名。陪臣三员:陈玮、裴必胜、阮瀨。通事一员:阮程。行人四员:黄茂才、郑棫、阮仁通、阮智能。从人十三名。

圣集·艺箦·续哀江南赋

帝不悔亡,淫荒是遑,金鞭未收于传舍,铁杖已投于晏寝。方采佳丽以实椒宫,构迎风以连结绮。元宰无东山之望,牧伯非睢阳之拟。第鼠首而蝇营矣,恣苞苴而成水火。地坼天崩,鼓臥旗仆。鬼同谋于曹社,帝醉锡以秦土。翳上将之披猖,各飞扬而跋扈。既主器之沉沦,乃不耻乎降北。单于置酒而长围,截横江而竞渡。立马于吴山之颠,射麋于苏台之浒。羡靖国之捐躯,独名存而祸酷。爰有河桥魏将之符,关路田文之客,试玉张旃,寻盟许国。思坐观于时变,亮国仇而莫塞。青龙之舰未浮,飞燕之舟□□。喟鱼甲之潜去,闻鹤唳而不得。闽胄空悬,浙钩寡色。日冉冉而虚逝兮,思搴掌而弗释。纠冤心以为纕兮,编愁苦以为臆。奚我逢此厄辰兮,刻著志之靡适。掩柴藿之荒扉兮,浮云幡而送日。服缦缨而椎结兮,别无虬龙之与

蟆蚁。于是胡风晓白,清笳夜惊,控弦洞庭之浦,校阵彭蠡之阴。艅艎烟散,□□□□。戈既挥于汉皋,守无闻于寿春。精卫衔石而遇矢,文鳐夜飞而触兵。曩时冠带衣履之俗,莫不输金缯于穹帐,谢簪笏于龙庭。遥瞻巫岫,极目海陵。荒台月寂,古榭风平,驰鸣春草,骆汗芳葵。书尽灰于秦劫,剑已化于丰城。若乃金柯霞震,璚叶云靡。别艳姬于楚幄,坠宝玦于城隅。悲有雍门之瑟,客无报韩之锥。玉笛碎而人往,雉裘委而身麋。溘朝露以同尽,积为怨而难舒。至如李陵穷幕,王衍排墙,吊影夺魄,名陨心怆,惭麈尾之刻玉,羞雁足之裂纕。求牵犬兮故里,咏落月兮北梁。华榱云覆,金穴何常。顾白日以无色,入修夜之不扬。若夫二京学士,五都游子,脱略公卿,跌宕文史。驱征马而不前,伤摇风之四起。似轻絮之扬丝,类弱鳞之失水。劚青霞之奇志,独快抑而谁语?况复君涉江波,妾溯交湖。望子琴而不返兮,放子去而烦多。哀拍留声于文姬,新筝写恨于罗敷。紫台梦香,江南草枯。感别离之万状,凄雨散而烟哀。更有孤臣危涕,烈士坠心,尸悬马革,血洒乘塵。霜张其志,日贯其精。厉劲节于岁寒,守如石之筠贞。慕嵇卞之遐躅,渺翩翩而结缨。彼阖门之殉死,实铁中之铮铮。原金陵之始祸,盖萧墙之内起。上游惧楚甲之乘,天堑遂胡马之济。十五国之亡忽焉,十六王之宗不祀。汉老想司隶之仪,南人望寿皇之址。痛麦秀于殷墟,泣山河之异主。朔弓如月兮心胆寒,朔刀凝雪兮骨肉凛。□□□殇魂游于凤凰之台。鬼火乱于潇湘之渚。苍云则七量合围,海潮则三日不至。叹东舟之已胶,何南风之不竞?虽复荆有七泽,扬沮三江,曾无淝水之捷,屡效石头之降。河方坚而骑断,楫未击而鸡荒。冤霜暑落,愤水秋长。天之所废,其何以昌?昔天下之一家,倚东南之籓蔽。自付托之庸邪,举江淮而全弃。信辞乡而哀赋兮,机入洛而荣著。聊儃佪以娱忧兮,观江南之变态。

义集·纬候·竞渡

黄州俗,五月十八日有龙舟之戏,设屈原像及祇候,俱运机捩。服饰极丽,金簪玉带,费尝二三百缗。土人舁舟送之江中,顺流至其湾,土人先泊舟掠以为常。

义集·名胜·海市

海市见于登莱,然不独登莱也,凡滨海皆如之,人不经值,故无得而称焉。海盐周翁家澉浦西门外,尝曰万历中于葫芦山观剧,忽海上现城郭楼台,女墙内行人如织,或负载,或荷盖,可二十刻,颓其一隅,余渐沦没。浙江观察中牟张天机石平,尝行部海盐,登城楼,望见海中有浮屠,高三十仞,白云滃滃从之。初谓绝岛所未有之奇也。已而石塘阒沸,人皆走,且呼曰:"海市矣,海市矣。"未几,赤壁矗起,甃堿剥落若堵墙,少间色变,白色楼数十间涌出其际。窗棂玲珑,金碧如画。忽苍烟飞来,复阁尽没。而修竹万丛,松柏槎枒,层城睥睨,横亘异状。烟尽,楼脊尽出,顿还旧观。乃有长桥出于水上,隐隐历历,车马无声,楼船旗帜,似有人队介而立。其余若鼎若珰者、幡盖者、盘盂杯枪者,目之所接,手之所指,盖不可胜数。而又倏忽尽矣。石平为吴太史骏公述之,见太史《记》中。

嘉靖四年四月二十三日,福宁州海中浮来五山,自笔架山外而至。峰峦突兀,上有草木人马,往来贸易。阖城聚观,自午踰申乃没,盖海市也。

义集·名胜·刘炳文海舟纪程

万历乙未,浙帅刘炳文提舟师从海道趋登州备倭,四阅月始至。纪云:乙未上元,从台州开帆,百里至金鳌山,高宗南渡避金处也。历老鼠屿,出琛门,风适猛烈。两礁夹起,东西矶,牛头、圣堂两门尤为险阻。而五屿、羊屿、昏山、黄珠、茶盐两山,皆四面巉剥,总莫系泊,飘逐空洋。夜半飓发,船各涣散。诘旦于灵门山聚合。出金齿门,因潮浮至箬竿山,复依南田岙,夜触韭山,船多破损,收回五爪山修舱。至点灯礁,犯及乱礁洋,为藏龙薮。倏而惊触,震荡翻激,水赤天昏,龙须捲水,至半空而倒泻,船皆碎毁,几为鱼鳖。出白马礁,过大漠坑,依险而泊。由浪檑头,转历升罗屿,得登普陀山,傍依金钵盂,俨然峙焉。出此渡横山洋,

入五爪湖,移往庙子湖。随风逐浪,直蹴陈钱山。其下有大毒,信宿而往,面颜尽变,且多患瘧疾。及下八山浪、岗马迹、李墹嶴,举皆砂石乱列。其水有绿有黑,有淡有辛,有苦有臭,有清澈见底,鰕鱼可数,有浅滩如湖,蛟龙麟角显著。俄为飓风打出穷洋,直抵倭国五岛山,转经渔山假泊沙。俟风息,驱滩山过鼠狼湖,及上川、下川、鹰巢头诸山,再入西洋嶴,则谓之落漈。船凡撇入,十无一回。乃乘飓风逐羊山,上有圣姑礁。盘礴巍峨,宛如装砌。许山联脉金山卫,其柘林、乍浦、澉浦,延袤千余里,又皆控扼三吴者也。复顺流而东,七丫诸港,岐分错杂,窒碍莫前。崇明县孤悬海外,而大阴、新安诸沙,生聚甚伙。福山直对三爿沙,傍通杨子江,与狼山相望。若东洲河、七星港、竖河口、黄泾河,不下十余口。海潮灌浸,直达维扬。转而西行,有三杈、大横、深洴、非予四口,张方、大楼、沥水、姜系、掘巷五港。一望无山,其川山洼、川渔洼、三寨洼,狂澜澎湃,殊甚险剥,水纹斑斓,因号"虎斑水"。仅得开山,无嶴可泊,至射阳湖之云梯关宿焉。适反风解缆,自辰至申,浤浤颓波,极目无际。漏下三鼓,得抵莺山之湾。问其程,则余五百里。越明日,朔风举帆,踊跃碧虚,蹀躞于黄混水,号曰望昊洋,依凭延真岛。此皆从来人迹不到之乡,但见灵鳅老龟三五,喷沫相陁。大者方丈,高厚六尺,彀背乱缨,长目虎口,就矶舒伏。迤逦于白山高公诸岛,登竹岛之巅,四顾寥廓,惟东海所城甚迩。其夜三面受风,避入杜林山,因陟云台山,古三元修道上升处也。翌日西北作云,东南吼风,巨浪掀翻,桅樯断折,凡三日夜,不知疾行几千里。澻澫汧呷,风虽少平,余波尤涌。东方既白,迸崖滴水之湾,隶山东境上矣,去安东卫仅百里。须臾潮至,开行二三日,海天一色,并无嶴屿可以停舟,野宿洋飘,如浮萍无定。泊裁堂山,至拓沟、塔埠、杜家港诸洋。越日入胶港,补缮坏船。过东岛,依田横岛,夜泊福山岛南。山若有神,上无草木,中有穴洞,悲鸣有声。翌日至草岛嘴,去大嵩三五十里。风湿瀰漫,海面愈赊,仅有巨高岛、棘簪岛、灵井山,依傍海阳,所距咫尺,莫能跻焉。夜将半,犁入鱼网上,探水不过十余丈,乃莫耶岛也,与辽东连界,海运所经故道,至聿青岛明光山,不半潮已达塔岛,觅泉取水。相望佛山,涛沫潠洒,宛如一挂珠帘。顷刻抵渚里,去查山仅几里。上有古迹塔,甚崎岖,附葛攀藤,一步一蹶,得造其绝顶焉。其上复有南天门,巉岏秀拔,淩接云际。东限一洞,幽稚修洁。昔王阳真人煮练于此,骑白鹤飞升,有云光宫在焉。傍多山茶,名"子心",香馥袭人。丹井碧泉,峥嵘犄角,天然云房石室也。登舟行于马大嘴,见一巨鱼,横于乱礁上,长百余丈,其脊如山,口阔无鳞。令刃其脊,总数百人仅开一肋。肉不堪烹,可熬油。栋骨一节计千余斤,而肉内小刺亦逾寻丈。潮回日落,携刺数根而西,遇飓风。至宁津所,戍卒萧条,烟火不过百余家。西有岩石,参差十数里,乃西杨舍人之墓。每每作祟,覆雨翻云,秋则远去掠人田禾,春夏于此邀劫过船。捩舵放舟,越三百里,遥望大洋,突起数丈,如银砌玉妆,近如喷雪饰粉,俗呼为"白蓬头"者是也。其山脉绵亘,暗藏水底,密迩成山,郁葎数百里,皆雄崖剑峰。万里海涛,衔注会集。秦始皇造石桥渡海观日,神人驱石,鞭之见血,至今山石皆红。内有成山卫。出此险道,泄□宵行,至威清卫所,开泊刘公泊。其岛尚有居址,似旧有辽人在焉。不移时入大空岛,岛多浮石,即顽钝碔趺,浮水不沉。转入宁海州外洋,盘旋落子窝之里若清泉寨、寄山所,又其扞屏。递过福山县,入龙山港,至栲栲岛,乃云晴雨止。转泊八角山,则见斜曛凝耀,矶屿烟笼,始若楼台错列,继若城郭周围,俄而人马纵横,又俄而旗帜掩映,出没无定,变换不常,或告曰此海市也。旁有长山岛,有黑岛,上多巨蛇,产金砂。少选抵蓬莱阁矣。自浙适齐,计日四越月,计程七千里。自浙江达直隶延袤二千七百里,自直隶金山卫抵东海所计一千八百里,自东海抵蓬莱计二千四百里。【谢肇淛删略。】

中集·名胜·运河

镇江至杭州运河,相传隋炀帝凿。济宁杨士聪游武进戚墅堰读遗碑,戚墅支河自六朝已有之。此言必有所据。夫使运河未通而先有支河,此涓涓者将安所归?则知自古而然,非自隋始也,或因而浚之耳。见《玉堂荟记》中。

愚按:夫差凿邗沟以通江淮,能致力江北,岂苏常近地独不通舟楫耶?攻楚攻齐,转饷一二千里,必非陆挽,则运河为夫差时无疑。

中集·名胜·潮汐

招远杨太史观光曰:"地之有潮,即在人有天癸之说也。潮之理,每岁升降于二八。二八为一岁寒暑之分,每月升降于初八、廿三,为朔望之分。每日升降于朝夕,朝夕为晦明之分。八月潮生而天交于地,二月潮生而地交于天。天交于地而秋冬闭,胎息之象也。地交于天而春夏启,长养之象也。天地男女,一而已矣。"

中集·名胜·泸水

诸葛孔明五月渡泸。泸水即黑水,非泸州也。其水色黑,故曰泸。《沈黎古志》:"孔明南征,繇今黎川四百余里至两林蛮,自两林南瑟琶部三程至嶲州,十程至泸水,泸水四程至弄栋,即姚州也。"金沙江在滇蜀江,一在武定府元江驿,一在姚安之左却。据《沈黎志》,孔明所渡当是今之左却。瑟琶一作虱琶,两林今之邛部长官司也。

中集·器用·藤船

南夷船俱缚以籐,用松胶和漆涂之。永安州岁办松胶若干。【张岳《交事纪闻》。】

中集·赜动·龙

嘉靖初,海门县牛渚潭产龙无数,傍崖近水处皆龙窟,舟过其下亦不伤人。偶黄龙起,杨氏射之,中一目,黄龙遂以杨氏舟挟置山巅,迄无害,余数十舟覆没。

平湖徐在中,以工部郎中分司张秋。张真人舟过,侍儿清丽,徐时谑之。真人曰:"先生可自重,此某地龙也。"不信,命进盘水,侍儿忽入之,即雷雨。

万历己卯,行人谢杰使琉球。航海飓风作,大雷雨,有龙三挂于周上,见其头角。一长年曰:"此来朝玺书。"急挟杰起,书"免朝"示之,即退。

龙涎香,出苏门答腊国。其国西有龙涎屿,峙南巫里洋之中,群龙交戏其上,遗涎焉。国人驾独木舟伺采之,每一斤值其国金钱百九十二枚,准中国铜钱九千文。嘉靖三十四年,下户部取香百斤,遍示京师不得。下诸藩司采买,广东购每斤千二百金,仅得十一两进,内验不同,姑存之,亟取真者。广东狱囚马那别的贮有一两三钱,上之,黑褐色。密地山夷人继上六两,白褐色。细问状,云:"黑者采在水,白者采在山,皆真不赝。"寻有密地山商再上,通前共十七两三钱五分,次年进,内辨验是真,许留用。自后夷舶闻上供,稍稍挟来,定价每两售百金。龙涎之为用也,入香合和,能收歙脑麝清气,虽数十年香味仍在,焚之翠烟袅空不散。或言涎沫有三品:曰泛水,曰渗沙,曰鱼食。泛水则轻泛水面,善水者伺龙出随取之。渗沙则凝积多年,气渗沙中。鱼食则化粪,散于沙碛。惟泛水者可入香用。又鱼食亦有二种:海旁有花若木芙蓉者,春夏间盛开,花落海,大鱼食之,若腹肠中先食龙涎,花啮入久即涨闷,昂头向石上吐沫,干枯可用;惟粪者不佳。

和集·幽冥·苇舟

崇祯乙亥,予馆海盐横山张氏。其邑寓李洪宇,先年暮趋横山,中道有舟鼓帆而来,求附载,登之。行里许心动,亟登岸。因足抵其舟半覆,疑之,遂他宿。或曰:"此安得舟也?"旦往视登处,则巫者缚苇为舟,列鼓帆半覆者也。李迄今亡恙。李又云:"贼曹李恃勇亡赖,尝于西盐仓击私盐者,始而角,已舟渐缩如鸭,异之,抱归。时妇暴卒,移刻而苏。问之,云:'我登舟为恶少年所蹴,幸夺免也。'"

和集·丛赘·镇海卫指挥

常遇春幕客上官□,专掌书记。遇春薨,上思及上官氏,召其二子入,分姓。上□授镇海卫指挥,官□授山西□卫指挥。

和集·丛赘·蒲寿庚子孙

太祖禁泉人蒲寿庚子孙世不得齿于士,盖罪其先世导元倾宋也。宋端宗至泉州,招抚使蒲寿庚来谒,张世杰分淮兵二千五百人,命寿庚将海舟以从。寿庚闭城门拒命,与州司马田真子上表降元,帝遂如潮州。

和集·丛赘·漕艘

相传国初漕艘,太祖命焚其一,秤得铁钉若干。按:宋许元初为发运判官,舟多报破钉,鞫之数,盖陷于木中不得秤盘,故可以为奸。一日元至舡场,命拽新造之舟纵火焚之,火过取其钉鞫秤之,比所破财十分之一,自是立为定额。

和集·丛赘·汀人善舟

汀州九龙滩险激,舟人世居滩上,习水性也,精其业。舟人入滩,例倩最能者为护,护一舟下,反护其次者。世业亦数姓,又仅数人,誓不外传也。

和集·丛赘·贩海

闽、粤人颛贩海,今延及浙、直。自太仓、崇明出洋,载淡水,人日给六瓯,泊岛亦可汲,或未易泊。抵日本对马岛,或早弥岛,将至,舟声三炮,岛人出迓,登货于邸主。延款一日,听岛主定直。华人多杂居者,亦好花木书籍。

玉光剑气集[①]

卷一·帝治

永乐三年,命太监郑和行赏西洋诸国。通计官校军民二万七千八百七十余员名,宝船六十三号,大者长四十四丈,阔十八丈,中者长三十七丈,阔十五丈。所经之国曰占城、爪哇、旧港、暹罗、满剌伽、阿枝、古俚、黎伐、南渤里、锡兰、裸形、溜山、忽鲁谟斯、哑鲁、苏门答剌、那孤儿、小葛兰、祖法儿、吸葛剌、天方、阿丹。凡泛海数万里,遍历二十余国。

正德中,满剌伽使臣亚刘劫杀同使亚智等二人。事发,问拟凌迟处死。其人江西万安萧明举也。幼为盗,附海船往其国,得用。

武宗自太原至临清,乘飞舸至张家湾,挟妓刘良女而南。道遇湖广参议林文缵,入其舟,夺一妾而去。

熹庙登方泽坛回,即幸西苑,客氏与逆贤在桥北水浅处乘大舟饮酒为乐,上独与一二少珰在水深处泛小舟荡漾,上身自刺船,二珰佐之,相顾欢笑。忽风起船覆,俱堕水。两岸惊哗,尽无人色。管事谭敬等奔

① 〔清〕张怡撰;魏连科点校。

趋入水,救驾得出,二少珰皆溺死。见《酌中志略》。

而庚子辛丑间捉舡载兵一操舟老人百卄余岁,子近百岁,孙六七十余矣。当事见之,免其役。

芝麻李之遁也,混迹于僧,天下既定,游徐之永固河,题诗邮亭云"忆昔曾为海上豪,胭脂马上赤连刀。因知今日天心定,方忆当年漫自劳"云云,投笔而叹。有一翁舣舟于岸,问其发叹之故。李泣下曰:"我即萧县李二也。起兵时,自谓天下可得,今乃匿迹缁流,功名不就,乡旧无存,是以悲耳。"翁亦泪流,曰:"我湘乡贼邓文元也。避难诡名,作渡于此。"沽酒对酌而别。

永乐中,琉球中山王遣使送其长史程复来京,表云:"复本中国饶州人,辅臣四十余年,不懈于职。今年八十有一,乞致仕,欲还其乡。"诏从之。仍除复琉球国相,兼左长史致仕。

卷二·臣谟

章溢子存道勒乡兵万五千,从李文忠入闽,闽平,上诏存道以兵从海道北征,溢持不可,曰:"乡兵,农人耳,始令征闽,许以事平归农,今复用之,是爽信也。"上不怿,溢曰:"未也,已入闽者俾还州里,其昔尝叛逆之民,宜籍为军,使北征,一举而恩威著矣。"上喜曰:"孰谓儒者果迂阔哉!"

文皇欲征交趾,缙谓:"自古羁縻之国,通正朔、时责贡而已。得其地不可以为郡县。"不听,卒平之,为郡邑。洎宣庙时,交趾果叛,既而弃之。

英国公张忠烈辅,历事永、洪、宣、正,累立战功。征交趾,亲禽黎季　。汉王谋反,密遣人问计,公即缚其人以白,事得早觉。公为朝廷眷毗,宠遇日隆,官至太师,天下倚以为重,四夷咸知其名。权珰王振视大臣如属吏,独重公。

王忠肃翱自两广召为太宰,舟次济宁,都水主事法以先后序过闸,虽贵官不得越次,公遵行之。

连矿总理河道,值澍雨,军堤冲决,矿自济趋邳,极力疏通。奏称,北河张秋、济宁,地高而水易涸,患在春月,故启泉门以济之;南河自徐州小浮桥引黄河以济运,而清淮一带,横流浩荡,犯之尤难,必春夏未尽之前可循也。运早过淮,则南河免泛滥之忧,北河当顺利之势。时以为确论。

琉球诸国遣子弟来就学,刘公宣为教习。人曰:"行故事耳,奚庸教?"公曰:"夷狄慕中国而来学,不尽心诲迪之,是遏抑其良心也。"外国生俱感悦,厚贽以献,公固却。

卷三·法象

正统十四年,广东巨盗黄萧养破械越狱,入海作乱,众五十余万,僭号称王。次年景泰改元,都督董兴等率兵讨之。

又许敬观,明州卫兵也。事母孝。一日,与同伍十人,驾舟贩盐,北渡江,劈历一声,挈人、船上江岸,皆震死。独敬昏绝中念无人事母,即有人援之,去死所三丈地而苏,惟火燎发半秃。

嘉靖元年七月,海风大作,沿江林木,合抱者皆摧拔。至夜半,风势转烈,平地水高二丈余,江海为一,

茫无涯岸。沿江舳舻庐舍皆漂溺,人死无数。大水中火光闪烁,轰若万马之驰。父老相传,百年来无此异也。按史载,风赤如血。盖知风为阳气,本无形也。惟风极盛,则阳气所聚极厚,故有色可见,而赤如血,阳之色也。火光闪烁,亦是此理。

古今疆域,始大于汉,最阔于唐,复狭于宋。我明过于宋而不及于唐。江南诸省,咸自汉武伐南越始通中国,而瓯、越、闽、粤以次归附,西粤则其西路进兵之地也。唐全有汉地,分十道十五采访使,南北万里,东西万七千里,州府三百五十八,县一千五百五十一。又有通四夷羁縻路,一曰营州,入安东;二曰登州,海行入高丽渤海道;三曰夏州,塞外通大同、云贵道;【按:"云贵"似当作"云中"。】四曰中受降城,入回鹘道;五曰安西,入西域道;六曰安南,通天竺道;七曰广州,通海夷道。故东至安东,西至安西,共府州八百五十六。宋北失燕云山前、山后十五城于辽,西北失银、夏、灵、盐四城,甘、凉、鄯、廓七城于元昊,西失松、叠十一城于羌,西南失滇云全省于段氏,本朝纵一万九百里;横一万一千七百五十里,此寰宇通衢四至延袤之数。然北弃千里之东胜,南弃二千里之交趾,东北弃五百之朵颜三卫,西北弃嘉峪以西二千里之哈密,于唐为不及矣。

刘伯温尝曰:中国地脉,俱从昆仑来,北龙、中龙,人皆知之。惟南龙一支,从峨嵋并江而东,莫知其结局。顷从通州泛海,乃知海盐诸山是南龙尽处。盖天目虽为浙右镇山,然势犹未止,蜿延而来,右束黟浙,左带苕霅,直至此州长墙、秦驻之间而止。于是以平松诸山为龙,左抱以长江、淮、泗之水,以庆绍诸山为虎,右绕以浙江曹娥之水。然诸水率皆朝拱于此州,而后乘潮东出,前后以朝鲜、日本为案。此南龙一最大地也,非周、孔不足以当之。

王三原《漕河通志》略云:元起朔漠,建都北平,漕渠不通江、淮。至元初,粮道自浙西涉江入淮,由黄河逆水至中滦【今开封府封丘县地。】旱站,陆运至淇门,【今属大名府浚县,乃淇水入御河之处。即枋头也。去中滦旱站一百八十余里。】其难盖不可言。况运粟不多,不足供京邑之用。于是遂有海运之举,而风涛损失颇多。故又自任城【今济宁州。】开河,分汶水西北,至须城【今东平州。】之安民山,入清济故渎,通江淮漕,经东阿至利津河入海,由海道至直沽,接连至京。其后海口沙壅,又自东河陆运二百余里,至临清,始入御河。其难尤不可言。时有韩仲晖等建言,自安民山开河直抵临清,属于御河,而江淮之漕始通。然当时河道初开,河身犹狭,水亦微细,不受重载,所以又有会通河不许一百五十料船行之禁。海运岁止得米四万六千余石,后至三百余万石,而会通河所运之米,每岁不过数十万石。国初定鼎金陵,惟辽东边饷用海运。至二十四年,河决原武,漫过安上湖,而会通河遂淤,自是江淮舟船始不至御河矣。永乐间,北京初建,粮道由江入淮,由淮至黄河,水运至阳武,发河南、山西二省丁夫,陆运至卫辉上船,河水运至北京。亦不可谓不难。后济宁州同知潘叔正以州民往北递运军需旱站艰苦,开凿会通河以省民力。河成,而司空宋礼方督工,建言从会通河漕运,而海运于是乎罢。当会退河漕运之初,又得平江伯整顿经理,以底于成,功不可泯也。

河自龙门下流,束于万山,南至豫州,地平,势怒,而河无安流矣。故河之决,必在河南,而决之后,不南浸全淮,即北冲齐鲁。侵全淮者,溃散于颍、亳、徐、宿,而害在田庐;冲齐鲁者,横激于曹、郓、濮、单,而患兼在运道。淮近而身大,决入淮者,患小而治速;漕远而身小,决入漕者,患大而治难。洪武初,决原武,自颍、寿入淮。正统中,决荥阳入漕,溃沙湾入海。景泰中又决沙湾。弘治二年,决开封入淮。三年,决原武,支流三:一自封丘下冲张秋;一出中牟、尉氏;一溢兰阳及归德,弥漫至宿。五年,决张秋。七年,又决张秋。嘉靖十九年,决睢州野鸡冈。四十四年,决沛之飞云桥。万历五年,决崔镇,廿五年,决黄崮口。崇祯十五年,决汴城。大抵决口必在开封南北百里,而被害之地,淮三漕七。盖合大河以归一淮,物不能两大,况水又泥棹多滓,驱二渎之水,行阏遏之涂,其必溃也明甚。而兖州卑下,齐鲁濒海,黄河所向。并牵漕河诸水,尽泻入海。故河决之世,陆则病水,水则病涸;发则病水,去则病涸;齐鲁病水,漕河病涸;一隅病水,全河病涸。【按:此句上原有蓝笔眉批曰:"此皆不讲尽力沟洫之故也。非大英雄置成败生死于度外,谁能任之?

然非专任久任，毋听书生见小临速之言，功亦未能成也。”】而说者谓，河既欲自豫决兖，入漕达海，何不尽浚豫、兖诸决地，听河北流，过济宁，下临清，出直沽，漕与河合，漕不病竭，淮与河分，淮不病溢，策至便也。不知黄河瀚浩，千里一泻，犹不能泄怒，时思沸涌，而漕水千步百折，委纡盘曲，河岂能按辔徐行乎？若必废漕制以伸河体，取咽喉之地，为尾闾之泄，必无幸矣。故治河之道，古无上策，史册所载，不过三说，曰疏，曰浚，曰塞。塞，在上流堙谷截流是也；疏，在下流分支洒泽是也；浚，在河身筑堤固岸使之安行是也。疏近上策。神禹北播九河，贾让北放渤海，弃地迁民，费以巨万，已难言之。近世以来，浚塞兼行。徐有贞谓：“水平后乃可治决，决上乃可浚淤。”此先塞后浚之法也。故力筑张秋金堤，坚塞决口，而徐浚漕河之淤，水道乃平。刘大夏言：“河道不治，乃修筑堤防之功多，疏浚分杀之功少。”此先浚后塞之法也。故力浚贾鲁河、孙家渡、杀水入淮。又浚淤河，出宿迁、亳州入淮，复筑长堤，起豫达徐，冲决遂止。他如潘季驯之不失故道、不分浊流，杨一魁之首开武墩、次疏兴坝，皆良策也。夫殷都带河，嚣、耿屡迁；武帝刑牲，宣、瓠时决。终明之世，河患时儆，未尝一岁阻运者，浚塞之力也。九河故道已不能修，漕河一线，势不能废。然则塞浚之功，与河终始矣。

漕运道里之略：京口设闸，而浙舟入江，谓之浙漕；高邮筑堤，而江船入淮，谓之江漕；入淮以后，谓之出黄。初凿吕梁洪，舟河行者百五十余里；继开董家口，避河险者二百七十余里。河行至此，谓之入口。南阳、夏村，皆引诸湖，既达济宁，而湖漕入济，谓之湖漕。而进此皆会通河矣。由天井闸至临清，三百八十余里。而济漕入卫，谓之出口，而会通河尽矣。卫水顺流直抵天津，谓之卫河；卫漕入潞，潞水之流，谓之白河。白漕既入，径达通州矣。

《禹贡》：“夹右碣石，入于河。”今遮洋运道也。“浮于汶，达于济”，“浮于济、漯，达于河”，今会通河也。“浮于淮泗，达于河”，淮安至徐、沛也。“沿于江海，达于淮、泗”，国初海运船沿于江海也；永乐初，中滦之运达于淮泗也。“浮于江、沱、潜、汉”，江西、湖广之道也。未必尽同，大势若此。剑阁云栈，通于秦初，故梁州贡道，“西倾因桓是来，浮潜逾沔，入谓乱河也。”其不浮潜沿江，从今仪真出淮安者，盖吴城邗沟，以通江淮之道，禹时未通，又须入海，溯淮太远故也。“浮于积石，至于龙门西河”，今兰州北折而东为河套，转入中国，山西之西、陕西之东河道是也。然禹时可通贡，而今皆不可行。倪文毅尝疏乞复漕运，以足兵食而纾民力。略曰：“今关、陕所需，皆山西、河南所给。而三方之地俱近黄河，其间虽有三门、析津、龙门之险，然昔汉、唐粮饷由此而通，即今盐船木筏往来无滞。今令户部所计山西米、豆，必运贮榆林及保德州县诸仓，河南米、豆，必运至潼关卫及陕州诸仓。其他州卫地皆濒河，可通舟楫，踵往古故迹而行，免当今陆运之害，公私之利，奚啻万万？况今河道当潼关之北数十里，接连渭河，可通陕西及凤翔、巩昌。渭河西流数千里，接连洛河，可通延安，及北上源可通边堡。渭河西流三百余里，接连泾河，可通庆阳。又龙门之上，旧有小海，径接延绥，倘加修浚，必可行舟。乞命部臣亦以必行之意，相度地形，按求古迹，某处避险可以陆运，某处可以立仓倒运，某处可以造船装运。淤塞悉加导涤，漕河务在疏通，一劳永逸，不但三方之困可纾，虽四方之物，无不可致矣。”

隆庆中，礼科陆公某疏言民运之苦，云：“东南财赋之来，有军运，有民运，军运以充六军之储，民运以供百官之禄也。夫军运以十军运米四百或五百石，民运一民而亦运米四百或五百石。军运以军法结为漕法，一呼百应，人莫敢犯；民运以田里小民供役远道，人人得而凌之。军运经各该衙门，无抑勒需求；民运经各衙门，动以迟违拟罪，上价并诸杂色使用，每一处辄费十五六两，少亦不下十两。军运过洪闸一钱不烦，且夫与挽拽；民运每过一洪，用十余两，过一闸，用五六钱，所过凡三洪五十余闸，而费可知矣。其最苦者，船户皆江、淮奸民，惯造此船装载，粮一入船，其驱使粮长，不啻奴隶，粮长奉之不啻父母。盖粮在船中，身家所系，吞声忍气，不得不然也。最可恨者，军船过之，故将己船撞擦，微有损伤，百计挟诈。其在途之苦若此，至于入京，揽头之需索，入仓交纳之艰难，又有不可胜言者。凡充此役，无不破家。臣目睹其苦，询之父老，咸谓宜将白粮并入运军顺带，使民出所有以益军，军出余力以代民，似亦无不可者。”得旨，下总督漕运

各衙门一体尊行。而闻苏、淞间,尚有为白粮累者。

梁太宰梦龙请通海运,略云:“我成祖定鼎燕京,转运大计,一由河道,一由海道。至永乐时,平江伯陈瑄开清江浦,尚书宋礼开会通河成,始尽由河道。然海船仍存遮洋,海运未废。礼亦尝言:‘虽由会通儹运,每一、二年海运一次。’是其为虑远矣。弘治间,大学士丘浚请于无事时通海运故道,与河漕并行。嗣是滞塞,大小臣工争请海运,竟未力行。正、嘉之间,河患益剧,每当挖浚塞筑,工程浩大,上下窘急,丁夫劳怨,启衅干和,所关非小。先蒙皇上采纳忠猷,遣臣等会同计处,臣等勘得原题,海道南自淮安至胶州,北自天津至海仓,各有商民船只,经行岁久,委堪行运。又勘得中段自胶州至海仓一带,亦有岛人并商民船只经行,做贩鱼虾芩豆,往来不绝。堪以一体行运。臣等早夜思维,大海风涛,人谁不知!然海人行海,犹陆人行陆傍海而行,亦横海而渡,间由近洋,洋中岛屿联络,遇风可依,岸上人烟,举目可望,行道占候,自无他虞。请及今以河道为正运,益加综理;以海道为备运,兼为规复。再照海防至重,沿海卫所,疲玩岁久,今行海运兼饬海防,不但有裨于国计,兼有益于地方。”疏入,报可,而竟不行。

海运非遂以代漕,然开此一路,以为漕河之副,未为不可。今自登州东南大洋至直洛,【按:“洛”字似当作“沽”。】详其道路,以备考:自玄真岛始。玄真岛者,大嵩、静海二卫之东南洋也。海船至此转扦岛嘴,始收洋入套。一程,北过成山头,西北望威海山,前投刘公岛,二百余里,用南风为顺风,一日而到。内可小湾泊十处,当回避十处。二程,自刘公岛西行,远望芝罘岛,约二百里。用东风、东北风,半日而到。内可小湾泊四处,回避四处。三程,自芝罘岛开船,西六十里,过龙洞,直西,此备倭府外洋也。远望长山岛,西投沙门岛,一百八十里。用东南风,一日而到。内可小湾泊三处,回避六处。四程,自沙门岛开船,西南远望三山岛,约二百余里,用东风半日而到。内可小湾泊二处,回避四处。五程,自三山岛开船,过芙蓉岛,直西投大清河口,约四百余里。用东风与东北风,一日而到。内可小湾泊二处,回避三处。六程,自大清河开船,投大沟河,约一百六十里,用西南风,一日而到。内湾泊三处,回避一处。七程,自大沟河投大沽河,约二百余里,望见直沽,俱无回避。此运船所行,与倭船共之者也。

谢在杭曰:“古者诸侯封国,各食其土,江北之地,如齐、晋、燕、代、秦诸国,士饱仓盈,不闻其仰给于东南也。汉楚血战,军士粮饷乃自关中转输。即武帝穷兵黩武,频年暴师,亦不闻其借粟于吴楚也。至唐而始有漕运,自江而淮,自淮而河,计米一斗费钱七百。然当其盛时,未闻乏食也。至于季世,乃有‘米已至陕,吾父子得生’之喜,岂非内无储积而待积而哺于外哉!宋时汴及临安,地皆咫尺,不闻转饷之苦。本朝三大营、九边数十万军,悉仰漕粮,而海运之法,废而不讲,亦大患也。

卷四·国是

浙以丁未被倭寇,始以朱公纨巡抚。公至,严禁巨家大侠泛海通番。又立钩连主藏之法,诛走倭岛互市向导者长岐、林恭等若干人。于是海上大族咸怨。御史周亮杀分宜旨,劾纨擅杀乖方,遣科臣杜汝桢就讯之。拟一道臣一都司死,纨惧逮,仰药。

市舶司,国初设于太仓,以近京,后移闽、浙。虽绝日本,而市舶不废,海上利之。夏公言当国,因宋素卿、宗设仇杀,遂罢市舶。自后番货为奸商所笼,负至数千万,番乃主贵官以耆商,而贵官所负更甚。番人失利,乃为寇,贵官则以不御寇让有司。及出师,又设计以啊啗番人,于是番怒,日焚掠。一二不逞生儒阴翼之,而王五峰、毛海等,遂以华人据近岛,袭王者衣冠,假为番寇,海上无宁岁矣。朱公纨严禁之骤,不得法,为贵官所反陷。御史董威乃复请宽海禁。是浙倭之乱皆浙人自乱之也。

卷六·忠节

练公子宁死国时,有侍媵抱其幼子匿民间,展转入闽,为人佣保。至六世孙,为新宁陈孝廉掌书记。万

历戊戌，孝廉计偕入浙。有江右生同舟，先一夕，梦练公持刺谒己，心异之。比入舟，书记侍侧，雅皙不群，指问何姓，曰："姓练。"生心动，叩之曰："得非吾里中丞后乎？"练不答而流涕满面。

时广贼黄萧养倡乱，攻围广州。王一宁清提督军务，率兵往援。水浅舟胶，失利被执，投水不死，因寄衣还，大书一诗云："两捧天书镇百蛮，偶因兵败不生还。飘零身世轻于叶，磊落襟怀重似山。半夜愁吟珠海寺，几回梦堕鬼门关。凭君犹有衣相寄。为我招魂宇宙间。"遂骂贼死。

监国入海舶，张公国维留守，遏防四邑。义乌破，众劝公入山，公曰："误天下事者，文山、迭山也，一死而已。"

兴国公王公之仁，载其妻妾并两子妇、幼女、诸孙，尽沉于蛟门海中。捧勒印，北面再拜，投之水。独至淞，具冠带登陆，百姓骇观。

卷七·吏治

国初某令有治才。有民将出商，既装载，候仆久不至，舟人以商孤身而地僻，遂挤之水中，携赀归。更诣商家，叩门曰："娘子，官人何以不下船？"商妻使人视之，无有也。急问仆，仆言："适至船，不见主人，不知所之也。"乃报之官。官逮舟人及邻比讯之，反复无状，历数任未决。此令至，屏人问商妻："舟人初来问时，情状若何？"妻曰："夫去良久，舟人来问曰：'娘子，官人何以不下船？'言止此耳。"复召舟人问之，语同。令笑曰："杀人者汝，汝已自服，不须他证矣。"舟人哗辩，令曰："明知官人不在家，所以扣门称'娘子'，岂有见人不来，即知其不在而不呼之者乎！"舟人骇服，遂正法。

公于金、焦二山，各委一僧，使日具风水报，与数健卒，给其使令。【按：此句上原有墨笔批曰："与刘晏日报物价同意。"】人感其诚，无不尽力。是以粮运过江，遭风损失者，公皆先知。其思虑详而计算密，虽处家者，恐亦不能然也。诸郡钱谷巨万，一屈指，无遗算。尝有一册，日记所行事，及阴晴风雨，一一详记，人初不解。一日，某县民告粮船江行失风，公诘其时刻及风之东西，其人所对参错，公案册以质，其人惊服。

王庄毅竑总督漕运，值徐淮大荒，饥民流离。公发官仓，敛富人粟，舟过河岸下者，令随意出米鬻。齐、豫流民，闻风麇至。

广西府江两岸，六百里湍流悍激，林木翳暗，瑶、僮执戈戟窜伏，钩引商舡，劫夺盐米，甚至杀伤官吏，屡剿不止。盖以深林密菁，彼得伏而下，我不得迹而上也。万历中，少参韩公绍议召商伐去沿江林木，开一官路，令舆马通行，凡取路一千三百余里，凿石五千二百五十二丈，为桥梁四百七十有五，铺亭一百三十三，渡船十五，率用戍守士卒，所用库银止六千四百在奇。松林，鼓锣二峡，尤称险绝，并力凿之。自此瑶、僮种田输租，不敢出劫。舟船昼夜通行，功莫大焉。

卷八·武功

明氏据蜀，陈阻瞿塘，北恃金牛，负固不服。上命汤中山为水帅，率廖永忠等，以舟师由瞿塘趋重庆，傅颖川为陆帅，率顾时辈以步骑由秦、陇趋阶、文。

方师之次曲靖也，扼险莫前，忽大雾四塞，英麾军冲雾，及白石江而止。比霁，贼大惊，以为神兵。遂乘胜取云南。后文皇命张辅取安南，师过清光，晴久水涸，贼众先遁，我军莫渡。俄大雨数尺，千艘毕进，遂俘

其主,郡县其地。

永乐中,刘公江总辽东戎政,时倭贼屡为边患,公驻金州备之。适贼二千余以数十海鳅直逼望海埚下,登岸,鱼贯行。一贼貌甚丑恶,挥兵率众,如入无人之境。公下令犒师秣马,伏兵山中,令壮士潜烧贼船,截其归路。

陆公完为诸生时,以击妖惑方士,时王三原公为监司,奇之,为奏得免,历官大司马。时寇起山东,诸郡靡溃,纵横近畿,遣将辄衄,乃命完讨焉。……完追至扬,兵四合。贼于江乘舰上下,掠无所得,乃之狼山,谋遁入海,值大风作,颠覆者半。遂灭之。

舶主许瑞,拥万众,出没近岛。诸帅私其赂而阴庇之,时取羁縻而已。会倭三百犯广之大金门,瑞相引恫喝为重。诸将入问策,李公迁笑曰:"无恐。"乃令偏将将二百人往,而使监司檄喻瑞:"若名事中国,而有二心,急取倭自效;不者,大将军悉两广兵歼若矣,非可赂免也。"瑞惶怖,掩倭艘,悉获以献。

南塘陈公忠,家贫,有胆智,膂力绝人,能浮江面游百里,尝于神烈山擒两虎,由是知名。微时,补役新江口营中。时都督高某每矜其健儿拳勇,演武比艺,公连踣三人。都督怒,苛求小过,锁禁营中,欲致之死。公夜断索遁归,渡江至淮,投开府李公。李公以治兵宿庙湾之关王庙,公宿别帐。忽梦中示儆,急呼所部,巡至庙,倭方放火,乃折垣救李公出。集兵与战,斩级七十二,李公始重之。复从李公于牛王河与倭战,倭以奇兵袭后,公曰:"事急矣!"负李公渡河,且战且走,始得脱。后隶胡梅林幕下。一日,方布阵,倭耀武挑战,梅林曰:"谁能挫其锋者?"公请往,梅林以所乘马与之,白铠双刀,直入倭阵,万贼辟易。梅林大喜,挥兵继进,遂获全胜。又于通州逐倭,举鎗钉一倭于樯,余贼惊遁。生平百战,未尝少挫,称名将云。

赵本学精于《易》,以天下承平,人不知兵,著《韬钤》内外篇。时公为诸生,赵以授公。公与汤克宽击贼海中,风涛忽起,天色黯晦,绝粮二日,军士皆哭,公独称快。克宽曰:"此岂快时?"公曰:"某生平无所忧挂,今与公同时溺海,业缘既尽,岂非快事?"克宽大服,风定,执贽称弟子。

卷十·方正

刘都督玺初为江西守备,王文成一见器之。……公在漕,权奸用事,率以悖入之货,逼胁漕总,领置各船,而倍责其息,运事由此而坏。公预置一棺舟中,右手持刃,左手招权仆言曰:"若能死,犯吾舟,吾杀汝,即自杀,卧棺中,以明汝辈之害吾军也。"其人惧而退,终亦不能害公。巡按穆相荐公,有"僚友比之学官,家人谓之穷鬼"语。上识其名。后推总漕运,上喜曰:"是前'穷鬼'耶?"即用之。武定侯郭勋有宠,强公市南物附运舟载入都,公不应,以疾请告。

卷十一·清介

轩公輗天性廉介。初为进士,督粮于淮,值冬寒,舟行,忽堕水,救出,衣尽湿,得一绵被裹之。有司急为制衣,不受,徐待旧衣之干。

武宗初即位,例颁诏外国,江西刘景元戬以侍讲使交南。时交人吞占城,侵缅甸,众难其行,以毅然就道。携二仆,由南宁直抵其境。交人大惊,曰:"昔天使皆航海来,扬樯蔽洋,贸易重载。公岂天人耶!何简速也?"奉之甚恭。

卷十二·才能

薛公祥，洪武初漕运河南孟津。夜半贼来劫掠，公谕之曰："汝众，良民也，兵乱啸聚，情不得已。今圣天子出，汝等当归守家业，无累妻孥。汝虽百千人，不过劫得千石。我所部不下十余万，待晓，纵兵搜捕，汝何以存?"众服其言而散。

平江伯陈恭襄瑄累立战功，永乐初，岁董北京海漕百万。建仓尹儿湾，城天津卫，籍兵万人戍守，筑淮扬海堤八百里。寻罢海运，浚会通河，通南北饷道；疏清江浦以避淮险；设仪真瓜州坝港；凿徐州吕梁洪；筑刁阳南旺湖堤；开白塔河通江；筑高邮湖堤；自淮至临清，建闸四十七；建淮、徐、临、通仓，以便转输；置舍卒导舟，设井树，便行者。

张公曰韬为常州推官，江彬从驾南来，怙宠横索，奸党横甚。公召父老并民间壮士，格之境上；而又释囚徒，呼乞丐，以瓦石投之。其党驰告彬，公亦即上书御史台言状。御史即行部抵常，谓公曰："事急矣！彬且以他状逮公于理。"乃命公登御史舟先发，而自以小舟尾之。已而彬党果误截御史舟，御史挺身出示，令急捕截舟者，阴令纵之。于是诸党悉遁，彬乃稍戢。

会稽范公槚知淮安，景藩出封，王舟出淮，供顿千里，夹涂锦缆而牵者五万人。时诸郡括丁夫俟役，呼召甚急，公略不为意。漕院召而诘之，谩曰："此事独烦明公一纸牌耳。今王船方出，粮船必不敢入闸，比次坐候，日费为艰。令以旗甲守船，而用其十人为夫，彼利得僦直，趋役必喜。"曰："如不足何?"曰："今凤阳夫数万，协役于徐，役毕，必过淮而反。若乘归之便，资而役之，无不乐应，则数具矣。"于是漕院大喜。公进曰："无用此也。方今上流养水以济王舟，比入黄，则各闸绵泄，势若建瓴，众可无用也。"漕院愈喜。比至，遣人持金逆于道，遗王左右曰："水悍难泊。"于是舟皆穷日行，水漂疾如箭，三泊，祗供千三百金。比仪真所费，才百分之二耳。

时王舟重载，群盗谋劫，布党：起天津，至鄱阳，分徒千余，往来游奕。

清远峡未至英德四十里，故有妖庙。林莽深奥，盗据为穴，时出剽掠，而神号灵异，过必祭以牲，不则风波为祟。中流有突石，舟触之，十毁八九。霍文敏知之，过而焚焉。从者谏，不听。已而，风雨大作，舟簸荡不可测，榜人咸泣。公曰："此余烬未尽耳。"返而伐木蕴草，取余烬尽焚之。又告于县，役徒夫凿去突石之损舟者。自是妖庙不复为祟，而盗亦无所伏，两患俱息。

王长年，闽人也，失其名，慧黠有胆勇，操舟渔海上。嘉靖中，倭薄会城大掠，长年为贼挟入舟。舟中贼五十余人，同执者少年十余，妇女数人，财货甚多。贼舟数百艘，同日扬帆归。长年能为好语媚贼，贼信之，解其缚。并尽解诸人缚。长年与诸同执者谋，会夜，舟碇海中，令妇女歌诸媚曲劝贼酒，贼欢饮，俱大醉忱籍卧。长年率诸少年取其刀尽砍五十余贼。断缆，日夜乘风举帆行，抵岸。

世庙幸楚，所从水道，则南京当具楼船以待。欲具而恐上改道，耗县官金钱；不具而上猝至，获罪。大司空周用疑不决，以问主事沈公　。　曰："召商需材于龙江关，急驿侦上所从道，以日计，舟可立办。舟则归直于舟，不舟则归材于商。不难也。"上果从陆，得不费水衡钱。中官请修皇陵，锦衣朱某往视，　乘间语之曰："高皇帝制'皇陵不得动寸土，违者死！'今修不能无动土，而死可畏也！"朱色慑，言于中官而止。

嘉靖中，倭大作。张公经巡方至嘉禾，贼自武塘将逼城。公出酒百瓮，米五十包，毒之，载以二小舟，授健儿赍官服、方牒，若犒军者，贼见逐之，健儿浮水遁。贼信为犒军也，呼类共饮食之，一时流血死者七八百人。贼知中计，遁去。

汪海云肇曾来南京，误附贼舟。值祭江神，约夜掠一太守舟，欲汪备数。汪不逆其意，自陈善画，开箱

取扇,人画一扇赠之。及饮酒,又作诸戏事以娱劝之。贼首沉醉,劫遂不行。明日舍岸而去。

卷十三·理学

陈白沙自京师还,与族弟同舟,至阳江被劫,舟人财物尽失。公居舟尾呼曰:"我有行李在此,宁取我物耳。"盗曰:"汝为谁?"曰:"我陈献章也。"盗举手作礼曰:"我小人不知,惊动君子,幸勿怪。舟中之人,皆先生友也,忍利其财乎!"悉送还乃去。

邹南皋进京,奉母以行。至彭泽,母舟在前,驿夫不至。公惧母舟埜泊,乃呼县尉,厉词诘之。须臾,夫集舟行,后公自悔,呼尉以好语劳之。

卷十四·孝友

永乐中,曲公祥年十四,随父任金山,为岛夷所虏,转商日本。其王见而爱之,留侍左右,遂为土官。然心未尝一日忘中国也,因屡讽王入贡。宣德,与使臣抵京,陈情愿留,上方隆柔远,不许,许给驿省母。母子相见,抱头痛哭,悲动邻里。还至日本,复请入贡,重申前请,许袭父职归养。

嘉靖中,张御史瞻送母归,母道卒,奉柩登舟,遇风,邻舟多覆,公抱棺痛哭吁天,欲自尽而风止,得全。

卷十五·德量

李公秉巡抚宣府,时张公鹏以御史巡按,每以公事与公抗。后鹏与杨瑄俱以言事得罪,谪戍两广,官校监行,二人同手梏,行坐俱妨,朝夕莫保。过南直,时公移巡抚南直,鹏方以夙憾为惧,忽传呼至,问谁为二御史船,顷之公至,见二人同桎梏不能起,命左右去之。

白沙访庄定山,定山拿舟送之。有维扬一士子,素滑稽,同舟数十里,极肆谈锋,尽衽席狎昵之事,以困二老。定山怒不能忍,声色俱厉。

姚江陆某计偕北上,有一人青衣皂帽,携一衣裹来附舟。许之。陆与诸友恒评论经史,酬谑永日。其人不语,亦不作士人态,同舟未之识也。后同举会试,见于礼部,曰:"公非同舟者乎?"曰:"然。"始叹服,以为不可及。

蒋性中为给事归,清苦刻厉。尝驾一小舟入城,遇潮落水逆,船不得进。二仆牵挽,公自刺船。适一他船过,触之,大加窘辱。二仆厉声曰:"此是蒋给事,汝如何无礼!"公骂家人曰:"何为哄人?此处那得个给事来!"促家人牵船径去。

周文襄抚吴,舟从锡山来,天未曙,盛服待旦。抵阊门,舟触石,烛仆,污公衣,公易服而出。舟人伏地请罪,公曰:"衣无恙,偶自欲易耳。"

卷十六·义士

郑处士,失其名,舟中遇贼,众怖而避,处士独留,不为动。俟贼至,解橐中数金予贼,曰:"此吾市人者,尽以奉公等。"贼信而不问。时乡人寄金百数,藏于座下,幸得完。而同舟者走,仓卒失橐金在处士侧,处士持蒲席覆之。贼去,失金者方号哭,处士笑曰:"无忧也,汝金在兹。"既归家,还寄金,寄者闻处士以己金予贼,而完其金,请以金分偿,处士曰:"吾自失金,君自完金,何偿之有!"却不受。

卷十七·豪爽

王公冕，越人，磊落有大志，穿曳地袍翩翩行，两袂轩翥。下东吴，渡江，入淮楚，北抵燕都。历览名山川，搜访奇才侠客，谈古豪杰事，呼酒悲歌。

靖江李时可凤，大侠也，通傥喜结客。时杨铁崖最自负，而每慕时可，与之游。铁崖挟四青衣浮河过其家，时可访之舟中，舟中器，黄金犀毗相半也，铁崖岸然自喜。……高皇下江南，乏军兴，贷粟万钟者再。时可曰："嘻！将不免。"乃浮家去之琉球。

溧水生章星文，通星纬奇门之术，多奇验。有膂力，能直行壁上数步。尝游于浙，贼登其舟，生徒手夺械，擎贼于顶，旋转数周，掷岸上，群贼惊溃。

卷十八·高人

曹宪副时中，华亭人。谢事归，闭户却扫，甘贫自守。每入城，令二人操小舟，身自持柁。其或祭祀，则亲采蘋藻。久之舟坏，公常徒步往来。太守吴公钺为制一舟，署曰"采蘋"，恐公不纳，乃令士大夫题咏成帙而后赠之。公预作寿藏，日往坐片时，曰："此中无朝无暮，无春无秋，恍如天地未判之初。"【按：此条下有朱笔批语曰："贤哉守！"】

上海朱邦宪，父为太守，与赵文华友。文华视师海上，势张甚，语上海令："吾故人子朱生，汝物色与偕来。"令具楼船奉宪住，宪不受，而操一叶上刺幕府。

宋应登自号海翁，又号鹅池生。妻子女相继死，遂屏家于其兄，而囊书出游。由博陵之京师，历渤海，登峄山，浮沧海，渡扬子江，过云阳，涉吴会，访天竺灵隐。

卷二十三·诗话

新都赵天泽与刘青田善，有《吴江月下泛舟》诗云："余霞敛遥岑，微霭生近浦。江行得良夜，月出鸣柔橹。茫茫天欲流，历历星可数。水萤明乍灭，沙禽或翔舞。此意谁与同，三高渺千古。

史明古鉴，仲彬之孙也。方生鉴时，帝适至其家，闻之喜，命名曰文，既而曰："我文也，而不终，将无疑耶！"因更命曰鉴，且曰："是儿当贵，即不贵，当以文名世。"鉴尝有《秦淮歌》云："停君金叵罗，听我《秦淮歌》。长江西来几千里，沿洄直入都城里。浮青荡绿南北流，至今犹号秦淮水。秦淮之水能容舟，秦淮之上花满楼。美人卷帘垂玉钩，太白仙人清夜游，酒酣来月往石头。棹歌渡淮水，倒披紫绮裘。英风撼山岳，豪气溢九州。迩来四千四百九十五甲子，无人继此移山倒海之风流。水光依然月如故，断云零落今人愁。岂无清歌与美酒，与子碌碌诚堪羞。我歌《秦淮歌》，送君秦淮去。城西酒楼在何处，主人今非旧孙楚，且须痛饮歌达曙。达曙歌，醉方寝，笑厌吴姬股为枕，满身模糊覆窗锦。明年我亦泛秦淮，手解金龟就君饮。"

鄱阳高公举，以御史罢归。一日，棹小舟至城下，微服坐舟上。值重午，郡守方饮月波楼，观竞渡。怒逮之至，令供不合状。举笔书一绝云："皇后升遐未一年，今春先帝又宾天。江山草木皆垂泪，太守如何看画船。"守得诗大惭，延之上坐，公拂衣不顾而去。

陆平泉有诗云："陆瑁湖边水漫流，谷阳城外问渔舟。鲈鱼正美莼丝熟，不到秋风已倦游。"

《花石船》云:“擢歌发中流,龙船见充斥。或云贡龙衣,或云采花石。其船皆黄旛,动则十数只。来如飙风发,帆樯尽辟易。海内近多故,至尊不安席。虽下捐赈诏,不减织造额。内官为督催,此辈毒如　。寿宫初兴工,花石相枕籍。陆挽水亦运,前后更络绎。一丝万家血,一石万夫骼。有司忽民苦,德意竟阏隔。谁当一披沥,为讼沟中脊。”

《南兵行》云:“海风吹腥日来大,剥肤震怒高丽破。北兵瑟缩募南兵,南兵犒饱北兵饿。此曹当年曾破倭,藤牌筤筅倭为挫。至今恶少窜虚名,大言掉臂仍残唾。去年苏州脱巾呼,跳梁跋扈谁能那。今年健儿蔽江下,沿途不啻豺狼过。白夺钗钏换酒沽,市头乱攫船头卧。用兵岂分南与北,万人如虎驱不得。君不见,望海涡头鏖战歼长鲸,昔人亦是边上兵。”

卷二十四·嘉言

高皇曰:……“金石之有声,击之而后鸣,舟航之能运,操之而后动,贤者之有才,用之而后见。”

卷二十六·玄释

庄节公治兵庙岛,拉与俱,宿署楼上。楼滨海,海上自入冬,即无日不雪,雪即数尺。人争塞向墐户,而道人夜必敞北窗,以首枕窗而卧,早起雪压身上如堆絮,道人拂袖而起,额上汗犹津津然。或投身海中,盘薄游泳,及登岸,遍身气如蒸,而衣不濡湿。后游东江,与刘兴治忤,取大木刳其中,坐而浮海,莫知所至。

卷二十七·列女

海康吴金童妻庄氏,成化初随夫避贼于新会,傭刘铭家。铭悦其姿,欲犯之,不可。乃谋于乡人梁狗,令其夫入海捕鱼,挤之海中。越三日,庄见其夫不还,走觅海滨,得尸,手足被缚。

宣德中,吴邑朱生,商于湖襄。泊舟河下,忽有名妓王二者与一优偕来,生视之,真国色也。其船与生之船比,数挑生,生亦漫应之。一日生登岸,独一仆守船。妓乃就问生家世眷属极悉,仆一一告之。明夕使娼邀生饮,又潜告生曰:“君但言延我入舟则可,我欲有所言。”生从之。既入舟,饮间,妓戚戚不乐,生数殷勤之,亦漠然。俄径起,先卧榻上,呼之不起。生有新衫在榻,妓取□□。生以风尘骄贱,不为介意。夜深就寝,问之,妓顾旁舟,无□□,密语生曰:“我非娼,淮安蔡指挥女也。吾父以公务调湖广之襄阳,至江中,舟人王贼乘父醉,挤之江,并害我母及僮婢,而独留我,据为妾。所以不死,图雪仇耳。

卷二十八·征异

高邮张百户者,以漕运差,将过家料理,别雇小舟而行。道湖,风作,舟覆,仅免,乃从湖堤陆行。至半途,望见一覆舟浮沉波上,有人踞舟背呼号求救,烟雾中了不可辨。心怜之,呼岸旁渔艇往援,至则其子也。因候父遭风,稍迟则葬鱼腹矣。

四川赵雪岩曾往泸州,江行阻风,乏薪,令人上山樵采。山顶险峻,人迹罕至。有铁船一只,露其半,中皆大钱,有文曰“诸葛之宝”。亦有无字者,因取数石回。忽大震一声,山合,船不见矣。行一二日,岸上人众汹汹。泊舟讯之,乃铸孔明像者方募铜。雪岩惊异,尽以钱施之,恰足所募之数,而像成。

王文成以劾逆瑾,谪龙场驿丞。至钱塘,瑾遣人侦之。公度不免,乃托言投江,因附商船至舟山,遇飓风,一日夜抵闽界。登岸入山,径叩一寺求宿。僧不纳,趋野庙,倚香案卧。

蒋给事某，曾因公差泊舟江浒。有一官船继至，相并，即过舡弈。适一女子至江边洗圊桶，，官呼隶人缚之。俄闻岸上哭声，蒋谓此女畏责而哭耳，不知其已死，两三劝解，寻命释之。此女复苏，临别，语曰："明日我先去，公且莫行。"次晨，见一舟凌风而去，上有旗号"河湖刘节使"。以遂不敢解维，是日开船者皆覆。

宜兴西溪中有三人驾一舟，遇雷击，一捆缚于船仓，一头入瓮中，一横阁于篙杪，篙特竖船头上。旁舟见之，皆不敢近。船自流六七里许，缚者解，瓮中者出，篙杪者堕，皆始苏。

遂昌村中有三人同行，前临一渡，值溪水骤涨，而舟在对岸。中一人素愚，二人诱使脱衣泅水取舟，出没湍流中，仅而获济。仍竭力撑舟，来渡二人，二人登舟，愚者忽腹痛欲泄，不可禁，跳而登岸。二人挥手曰："日已暮，不能候若矣。"竟撑去。俄而水急，舟横抵岸一触，俱覆溺焉。愚者以在岸得免。

夏贵溪尝祈梦九鲤仙，得"问舟子"三字。及罢相再起，泊舟淮上，与故人赋诗赠别，取孟浩然诗探韵，拈得《问舟子诗》云："向夕问舟子，前程没几多。滩头正好泊，淮裹足风波。"怅然不乐，罢酒而别。不能于此时翻然勇退，而贪进不已，以杀其身，真痴人也。

谢大行杰使琉球，见海波顿裂，深黑不可测。长年曰："此龙神迎诏也。"顷之，涎湧如白塔，高可数十丈。涎尽处，突起白虹，直际天表，不翅千余丈。如是者三，若鼎足然。虹尽处，结为黑云，大盈亩，须臾浸广。众请发牌止之，正使以为幻，人心汹惧。谢公力请安众心，书"诏勅在船，龙神免朝"八字，牌甫发，即时云散于天，涎归于海，若可呼而应者。朝廷威灵，百神呵护如此。

卷二十九·类物

世庙初年，赐勋辅夏扇。有木刻海榴罂坠子，可寸许，穴其腹，藏牙刻诸物百件，真奇巧也。熹庙时，有王叔远者，能以径寸之木为宫室器皿人物，以及鸟兽木石。因势象形，各具情态。尝作一核舟，首尾八分有奇，高可二黍许。中轩敞者为舱箬覆之。旁开小窗，左右各四扇，启窗而视，雕栏相望。闭之，则右刻"山高月小，水落石出"，左刻"清风徐来，水波不兴"。石青糁之。船头坐三人，中峨冠而髯者为东坡，山谷居左，佛印居右。苏、黄共阅一卷，东坡左手执卷端，右手抚山谷背。山谷左手执卷末，右手指卷，如有所言。东坡现右足，山谷现左足，各微侧。佛印卧右膝，诎右臂，支股而竖其左膝，左臂挂念珠倚之，珠可历历数也。舟尾横卧一楫，楫左右舟子各一人，居右者椎发仰面，左手倚一横木，右手扳右趾，若啸呼状；居左者右手执蒲葵扇，左手抚炉，炉上有壶，视端容寂，若听茶声。其船底稍夷，则题名其上，文曰："天启壬戌秋日虞山王毅叔远甫刻。"钩画了了。又用一章，曰："初平山人色丹。"盖以橄榄核为之。

永乐甲申，驺虞出周郊，二虎随之。甲午，榜葛剌来贡麒麟，次年麻林国亦贡麒麟。

《青溪暇笔》载，凤台民家有欲杀一牛者，牛直入南城兵马司，逐之勿去，遂获屠者，治其罪。牛为人买送湾塘，为僧磨麦。又象母将死，其子取草饲之，已不能食，则运鼻周拭其身，双泪如雨。及死。子亦跳掷而毙。高邮湖渔者获一鸳鸯，其一飞鸣逐舟不去。舟人杀所获烹之，将熟，揭釜，其一投入沸汤而死。又淮阴一人宰牛，其犊衔刃，奔走而泣。一僧怜之，并其子母赎之。

泰和俗好食虾蟇，得者辄折其股，以防逸。鄢叔敬恒购其未伤者，投之泽中。邑有澄江，忽洪水弥漫，叔敬欲渡，已登舟矣，有故人呼之登岸，握手夷犹。见两虾蟇戏于桥畔，谛视久之。才欲复渡，而舟已先发，中流溺矣。

陕西凤翔县东有怪鼠,剪食豆谷,村民逐之,其去甚速。获得,自首至尾,约一尺八寸,横阔一尺,两旁肉翅,腹下无足,足在肉翅之四角。前爪趾四,后爪趾五。毛软细深长,若鹿之黄黑色。尾甚丰大,能飞,不甚高。破其腹。粟豆几一升,秤之,重三斤。先是,瓜、仪江北一带,群鼠衔尾渡江而来,不计其数,尽投江南塍圩穴隐。状如常鼠而稍肥大。半月乃止。

一曰义鱼。徽商某挟重赀自维扬归,误买盗舟。适见渔人获巨鱼,商赎放之。盗夜缚商,将投之水,偶里许外逻卒舟泊焉,鱼乃跃入舟中跳荡,卒醒,得鱼喜,就舟乞火,因救商获益,而鱼已重创死。

大红绣球,中国无此本,海舶自暹罗携来,今闽中有之。

卷三十·杂记

大驵郦氏,初家贫甚,偶获钱一千,诣市门鬻蔬为业。有海贾见其巧给,俾操舟海上。久之,分母钱与之,俾商林邑、扶南间,而中析其利。又久之,所得香药、犀象,充牣左右。又久之,富与贾埒。被锦衣绣,丽姬十人,歌舞为乐。又久之,乃挈货宝东归,将泊岸,先登问家。一夜飓风作,尽覆所有,视腰缠,仅得千钱。

卷三十一·惩诫

妖僧行果自海上来杭,以符咒治病多瘉,人皆信之。

五岳游草[①]

卷四·越游上【记四首】·越游注

东湖者,去鄞东三十里,受七十二溪之流,灌鄞七乡,一名万金湖。湖口有堰,易舟而渡,山长洑远,两崖青草,正啮秋水,水中白蘋红蓼,洲以百计,海鸥片片往来。堰前乔木,咸史丞相弥远后。泊舟霞坞,正当湖心,中藏补陀洞,凿深百步,则卫王为其母作之者。登岸适余中舍别野,则背山面湖,葱蒨在门,琪花瑶草,大率取胜于湖色为多。出湖渡汇涧桥,陆行至玉几山,有阿育王寺焉。昔刘萨诃得佛舍利于地中,置塔以藏。塔高不及尺,四隅角起,非木非石,悬舍利于金钟下,大不逾菉菽,色黄白,焜燿动摇无定时,盖宇宙之神奇哉。观毕假宿焉。时丙戌九月,与友人陈大应同行。自此东行至定海,渡海再潮汐,则有补陀之胜。

补陀者,东海岛屿孤绝处,为大士道场。善财岩、潮音洞、盘陀石、莲花洋,俱在焉,其胜称绝。余友屠长卿往海上,初欲拉与俱往,而长卿方作客宛陵,余乃独与陈生乘艩艑,至定海而渡。适云雾连三日重,海气昏昏不辨,侯大将军力止之,仅得于招宝山县望焉。招宝一名望涛,寡崖屹立海际,去城里余,石磴岑嶔,嗌隘且峻,及其巅始得平冈城之。谒大士不能渡海者,多于此遥祝云。东有望海亭,望大海茫无津崖,与天为一。是日风觉霁,日照海中诸岛,远近明灭,方壶、员峤,如在几席间。近者霍山,又近蛟门,又近金堂、大榭,海舶过岛下,仅仅一木叶浮沤而已。

卷五·蜀游上【记四首】·入蜀记中

乙卯,詹牧甫约为浣花之游。乃与元承自中和门出,过万里桥南。昔费祎使吴,诸葛孔明送之,曰"万里之行,始于此"矣。杜子美亦云"门泊东吴万里船"也。……祠前即浣花溪也,以夜不得至草堂。溪有月洲,联舟而下焉,泊于水月楼下,登楼命琴僧弹《落梅》一曲而去。

---

① 〔明〕王士性撰;周振鹤点校。

卷五·蜀游上【记四首】·入蜀记下

时诸大夫饯于江皋，王穉玉、詹牧甫复至舟中，遂泊焉。次日甲子，行次木马驿，犹然丹山绿水也。一宿而过彭山，再宿而过眉，三宿而入青神之中岩。中岩去县十里，峙江之东。上水月楼俯长江，玦抱胸次。洒然下楼，傍溪入东北里许，青壁十仞，下瞰细流，为唤鱼池，僧呼则鱼出。过桥上丹磴里许，为罗汉洞，崖头刻佛像数千。又前里许为玉泉亭，泉自岩窦出，泠泠也。坐泉上久之，幽怀入梦，恍然身在层城、阆风间。又度小桥而南，则中岩寺。寺左穿虚岩之悬构数十楹，为伏虎崖。崖前历飞阁，峙石如门，有诺讵那尊者陶像倚焉。稍转过之为三石笋，则牛头僧击木寻讵那处。余登台为书"问月"二字，则上岩也。再蹑石磴百级，石台与笋齐，名睹佛台。又数十级上藏经阁，又百余级北至蔚蓝天界亭。古松一株，偃蹇虬屈，见江水在松稍内，山左右抱平畴大道，殊不似山巅也。稍转又二石笋而小，则称石笋分支处，山后可望仁寿、富顺、井研，昔苏长公舣舟欲登，惜为僧诒以崄而止。

丁卯，至嘉定州，州在川、雅二江合处。东一山为凌云寺，九峰环峙，左为东坡墨池，又为注书台，台上望江流有声，三峨隐隐在云雾间，绝景也。东下石崖万丈，倚江刻弥勒像，高三百六十尺。又东南一山孑立水面，为乌龙山，则郭景纯注《尔雅》处。凌云茶蜀中称佳。次日去峨眉，别有记。

癸酉，还自峨眉，宿犍为。犍有油井，其水见火即燃。次日泊下坝，乙亥，至叙州。李臬副邀登翠屏山，岷江后缠，马湖江前绕之，合于城东。岷江清，合马湖始浊。丙子，过南溪，止江安。

丁丑，过纳溪，止泸州。泸江左岸也，城东为岷江，北为资江，又合焉。戊寅，止合江，己卯，在江津。

庚辰，过铜罐故驿，居民蔽堑，环石蹲江，竹树荫岩扉间，景色堪画。又过落鸿市，连山岩岩，亦奇也。晚宿重庆。石城天险，依岩而立，过处石脉如蒂，而嘉陵、岷江合于东。其县有巴峡及温阳峡，登朝天楼瞭然在目也。次日宿长寿，则十月辛巳朔矣。

壬午，过李渡，蜀雄镇也。烟火千家，南通播、贵，为估客往来停舶之所。晚次涪州。

癸未，达酆都，上平都山，道书第十八福地也。山横峭围邑后，唐断碑五段，书"洞天道山"字置山门。汉王方平、阴长生于此上升，亭塑二仙围棋像如生。因忆乙酉春乩仙别余诗云："相别都门下，相逢益水边。平都江上路，晴日锦帆悬。"固知人生行止有数也，

甲申，次忠州，次日过曹溪十里，有石蹲山顶，高十数丈，阔倍之，远望如天柱，为石宝寺。是夕宿万县，又次日发，过周溪，至巴阳峡，峡长二十里。是夕抵云阳，即古云安也。隔江为张桓侯庙，祭而后发。先是渔人洪、穆二家，得飞首以塑土像腹中，像故像也。二家即食庙中土为祝，今其子孙尚存。

丁亥，至夔府，上城东观图亭，视八陈石在鱼腹上，左右八迹，其一尚在明灭间，谓六十四蕝者非，左复垒石为城形。元承诵"江流石不转"句，似为武侯饮恨者。余乃酹酒于侯庙曰："即今日江山已非汉室久矣，侯何恨？"复笑而下。城东一水为左瀼，数里为杜公草堂。又数里有城跨二山，犹古白帝城也，问旧柏柱无存矣。左山昂，据为赤甲，对江为白盐江，水奔流如在石罅中出。下白帝，一石嶷然踞瞿塘口，为滟滪。盛夏雪消，水没，滟滪顶如象马，则峡封舟。兹已出水二十丈，舟安流过其下，渐入削壁，开蓬仰天一线，昔人谓非亭午不见日景，固然，数里石刳成　，见箱形，俗称风箱峡，即瞿塘峡。二十里出峡，夜宿巫山，高唐观在县西山顶上。

己丑，发巫山，二十里复入峡中。峡更奇峭，石末远见明星，迫视之，隙光也，土人呼弹穿峡。出峡谒神女庙，石坛土偶，剥蚀殆尽，何啻无神鸦送客也。庙正对巫山，中峰屏立，两翼如刀戟，成"巫"字，与江水称巴同。其他十二峰各有名，不能尽识也。过此，崖壁方者、锐者、仆者、蹲者、倾欲堕者，争相献奇。夜宿巴东，邑据山亦壮。庚寅下巴东至归州，即古秭归也，以屈原女嬃而名。州前石铦利矛立，水汇成盘涡，舟入不出，名吒滩，亦名人鲊瓮。黄鲁直谪涪云："命轻人鲊瓮头船，行近鬼门关外天。"今讳之改瞿门关，在巫山路上。过州二里为莲花滩，又为石门滩。又十五里为香溪，范成大谓溪中鱼洞，生成幢幡、日月、仙兽之类，天下岩窦巧莫过之，惜舟急，不得至也。再过为归峡，即兵书峡。峡长十余里，两崖如巫峡。出峡口为新滩。二滩上下浪激如飞，震雷昼夜鸣。每一舟下滩，后舟始发，恐卒遇于石罅难解也。嘉靖间山崩而成，故名新滩。余宿于滩上，次日盘滩而下，三里阻石尤风不进。再过一峡为马肝峡，出峡十里为空舲滩，泊

焉。

壬辰,谒黄陵庙。庙后山数叠如屏,舟人指其中叠,有丈夫牵牛道水影,则黄牛神也,孔明曾志其事于庙。庙左右石壁环江排列数十里,如芙蓉城。记云:"朝见黄牛,暮见黄牛,三朝三暮,黄牛如故。"庙前滩声雨色,幽寒逼人。又过石牌峡,黄金藏皆在峡中。再过南井关,则至州。州称夷,险至此平也。州守殷无美谓庙有神龟,缘甲具八卦像如剞劂成者,大奇。道人常于石坎呼出之,余乃无缘亦。大约川江行三千里至夷陵,都如从石岘出,三峡中视之较显。余行以霜降,水涸不遇险,不及睹千里一日,与榜人舟子击汰鸣榔绝技,乃蜀都山川撑拄余腹,较左太冲所赋什百倍之。元承少时曾过此,不能忆。余乃初至。

卷七·滇粤游上【记六首】·桂海志续

漓山据漓江之滨,横障江流,与伏波、斗鸡峙。前有水月洞,后有古云崖轩,宋方信孺故居也。羽士起数椽,祀方与范致能,故以九月二十日约余为泛舟之役。《虞衡志》云水月洞在漓山之麓,其半枕江,刓刻大洞门,透彻山背,顶高数十丈,其形正圆,望之端整如大月轮。江别派流贯洞中,踞石弄水,如坐捲蓬大桥下。大月轮之中又一小规,穿山而南出,暑月坐规中,风飕飕起洞口,真不减北窗羲皇也。其下可以观鱼,亦可濯足,乘舟过之,如象掀鼻,俗亦称象鼻岩。是日欲遂游南溪龙洞,日下舂不果。

伏波山迫城外,屹立千丈,趾没于江流之西。洞乃东向,维舟始入,别无他道。洞前悬石如柱,去地一线不合,俗名伏波试剑石。初阳起射,光照岩室,后渐潭水,潭清晃人,岩影倒挂,千尺之内跃金。余至在水落时,石齿齿足玩,水涨溢无奇也。张羽王谓伏波军行未出此道,邳离新息,俱下湟水而西,元丰间游者题为洑波,盖取麓遏澜回之义,近之。

白龙洞,繇斗鸡山口别有派,曰南溪。拿小舟问津而入,四壁峭悬,苍翠时落人衣袂。溯流南去,高山丽空,其半有洞,蹑衣而上洞口,有物倒悬如龙首,故名白龙。

卷七·滇粤游上【记六首】·泛舟昆明池历太华诸峰记

余以辛卯春入滇。滇迤东西花事之胜,甲于中原,而春山茶尤胜。其在昆明者,城中园亡论,外则称太华兰若焉。余时随监郡诸大夫入省,以上巳日道出碧鸡关。关去会城三十里而遥,盖趾指之矣,乃问途为太华之游。循关右箐斗折而南,五里至高峣,旧有杨太史用修海庄,已废,而入于贵倨者,高台曲池,曾楼覃榭,前用五色杜鹃棚之,题构方新也。至此遂俯昆明池,余视步无余皇,乃买渔舟一叶,令驺人踦跂皋陆,独挟一二黄头郎泛焉。池一望五百里,潴西南隅,俗号滇海。滇去海远,水顷亩即称海。下高峣,轻洲浅渚,蒲苇飒沓长过人,又称草海。海长廿余里,草中津港以千数,往来击罜?而渔,余荡桨其中,不复知非山阴道上也。草穷且挂席出水,海水不及余东海一洴澳,而风力差足畏。滇中镇日咸西南风,春风较狂,掠余飘堕水中,乃回棹泊焉。易笋舆而登,渐霁,盘桓上数里,及太华山门。蕊宫琳宇,荧煌金碧,倚山隆起,拟于紫霄碧云之间。余右陟飞磴,历龙藏,东下黔宁祠,览其世像,出文陛前,两墀山茶八本,高三丈,万花霞明,飞丹如茵,列绣如幄,倦欲坐其下,神愯愯复王,疑入石家锦步障也。廊右绕出缥缈楼观海,危槛一粟,水势黏天,颜以"一碧万顷"然哉。夕阳西下,太华踞其东,倒影半浸。已,素月复流光于上,山影为藻荇据之,更胜也。

是夕宿僧塌,漏下,月色入户,宿鸟惊栖聒人耳,余旅思转深矣。质明,缘碕岸碛历而南,远见山顶室庐嵌空,一如罨画,舆者云罗汉寺也,以有石像比丘而名。稍近之,一村落居河之麋,渔者织宿楚以家,傍置官署焉,寺尚在数千步绝壁上,仰视之如欲堕者。盘辟而生,计四五曲,入寺问南北庵,寺后树金马碧鸡碣,摩碣乃入南庵。丘亭香宇,咸崭岩檐覆之,承以瑶台,趾半悬外,北入南出,过一刹庙,复间一亭台。庙为雷神,为龙伯,为大士,为玉虚师相,杂以释道。亭为回澜,为望海,又有赵羽士之塔。文殊之岩,咸傍海岸,时而惊涛拍空,飞沫可溅佛身也。路回则转北庵,蹑级而上,过朝天桥,谒老君庙,入真武宫,最上升玉皇阁,

如鹊巢燕寝，悬度飘摇，雷祠、龙井跆藉足下，益又胜也。二庵者，南疏朗，北幽峭。南庵横截山麓而过，金铺绿房，足称近水楼台，北庵抟扶摇以上，层层各十丈，转山椒斗大崖，则憩一宇焉，人侧身而度鸟道尔。然北庵虽高，仅见草海，白蘋红蓼，楚楚有致；若南庵面东南，水海风帆，雪浪日月出没其中，故大观也。下山邑令掉庐舟以迓，稍具舲舥，欲放中流，以五两尚颠，复穿荻浦披鱼梁，鸣榔击汰而归。睆西山顶上丹垩之丽，适当李招道得意笔也。时水浅舟胶，不及过近华村。

余行滇中，惟金、澜二江横络，其他多积洼成海，如洱海、通海、杨林海，是不一海焉，非独滇也。惟滇流如倒囊，腹广而颈隘，且逆西北流，故称滇云。昔汉武帝欲取昆明，乃习战长安，凿池以象之，至劫灰出于人世。麻姑云：东海当复扬尘也。信如斯言，则此真滇池者不知几更劫灰矣。

卷九·吴游下【诗三十六首，天台、剡川、越王台咸越山川，缘游吴而作，故系之吴】**·立春江行见金山雪霁**

千里流澌一望平，芙蓉插汉晓钟清。长江日抱龙蛇影，大壑天空鸟雀声。白雪乍消杨子渡，春风已过石头城。向平未遂名山愿，肯把屠苏让后生。

卷九·吴游下【诗三十六首，天台、剡川、越王台咸越山川，缘游吴而作，故系之吴】**·赋得大江行**【送圭叔之南水部郎，时中叔守浮光，余亦请告将归海上。】

大江西来六千里，惊涛射日长风驶。金山倒擁海门开，玉堞平临浪花起。结绮涵虚事已空，皇州春色逐征蓬。六朝事业寒烟里，一统河山化日中。汉家习战昆明水，舳舻横蔽江之涘。旌旗昼拂石城飞，鲸鲵夕泛沧溟徙。共看巨舰驾黄龙，亦有轻舠贡白雉。江上千艘为君使，尚书之郎古虞氏。君才本是济川舟，握筹五月下扬州。何逊暂教为水部，青山绿水恣行游。采石矶空明月夜，雨花台迥晚风秋。转忆和歌燕市曲，衹今离别楚江头。吴、越山川梁苑客，萋萋芳草隔汀州。龙江关南海天碧，龙江关北淮云愁。一水盈盈双鲤杳，大江山下日悠悠。

卷九·吴游下【诗三十六首，天台、剡川、越王台咸越山川，缘游吴而作，故系之吴】**·陈从训茅平仲二山人饮余京口舟中语次有怀张助父绿波楼**

江上相逢意若何，停云缥缈暮愁多。匣中双剑称神物，河畔三星动客槎。北固青还春草长，广陵白擁夜涛过。临流共作天中想，千里高楼起绿波。

卷九·越游下【诗共四十六首】**·泊鄞江**

锦缆牙樯江上舟，采菱歌断雨初收。白云半掩林皋色，红叶全惊海国秋。霜落鱼龙游浅渚，月明鸥鹭起芳洲。客怀澹荡随流水，不共芦花相对愁。

卷九·越游下【诗共四十六首】**·九日候涛山望海**

鸿雁江湖处处心，高台此日一登临。天回南斗星辰近，水落寒涛渤海深。把酒暂逃兰社会，凭楼试作越乡吟。长风吹入蛟门岛，蜃气苍茫涌万寻。

卷九·越游下【诗共四十六首】**·登金鳌山**【宋高宗、文信国俱航海至此。】

巨鳌不戴蓬、瀛去，独向江门枕浊流。曲磴眠云芳草湿，洪涛浴日曙光浮。山城埤堄黄沙碛，水国蒹葭白露秋。极目西风伤往事，谁家君相屡维舟。

卷九·越游下【诗共四十六首】**·舟次海口**

蒹葭秋水木兰桡，挟客来观海上潮。万里苍茫空碧落，三山缥缈接青霄。西风木落惊帆影，南极星明

射斗杓。目断扶桑天外尽,何烦鞭石驾危桥。

卷九·越游下【诗共四十六首】·七夕宿江心寺

巨鳌忽断双龙起,屹立寒涛薄太清。沧海无津烟屿远,青天不动暮湖平。星槎此夕通银汉,月色千山满玉京。灯火城南才咫尺,恍疑身世隔蓬、瀛。

卷十·蜀游下【诗二十三首】·黄陵庙

壁立重霄迥,斜连斗极高。山回石倒出,拍岸尽惊涛。石上一丈夫,驱牛擁旌旄。云是古黄龙,佐禹成勋劳。丹书返沧水,石影留神皋。彷佛无支祈,扬灵在淮濠。雨色滩声旧,林猿落日嗥。维舟一酹酒,巨鳌日滔滔。

卷十·蜀游下【诗二十三首】·江楼八景【为甘征甫公题。】·鹭沙月白

皓月笼轻渚,蒹葭一望秋。道人心似水,群鸟逐行舟。

卷十·蜀游下【诗二十三首】·江楼八景【为甘征甫公题。】·渔磴风清

返照入荒郊,晚风何处笛。轻舟罢钓归,相向柳阴侧。

卷十·楚游下【诗十三首】·梦游楚中因绎为楚歌

六千大楚压江滨,吞吐风云几万春。鹦鹉矶头诛傲吏,汨罗渡口放忠臣。
黄鹤高楼几度过,一声铁笛傍渔歌。夕阳倒处波心动,明月来时树影多。
湖湘千里洞庭开,一发君山天际来。驾鹤仙人蓬岛去,牧羊神女泾阳回。
舟过夷陵第七滩,棹歌声在白云端。巴心明月猿啼远,石首清风《郢调》单。

卷十·楚游下【诗十三首】·寄题九疑山酬李十二使君以图示

洞庭南来几千里,九点苍山凝暮紫。云是重华古帝陵,夕阳明灭浑相似。玉辇何年去不还,湘娥泪尽箨衣斑。白云一片苍梧远,木落湘江杳珮环。山鬼跳前狖啸后,暝烟历乱浮云走。金支翠舆不复御,九山黛色无寻处。苦竹业头叫鹧鸪,帝子不知春色已去。风雨寒崖荐绿蘋,千年陈迹总留君。披图若听山灵语,制锦于今有美人。

卷十·楚游下【诗十三首】·过洞庭

楚天牢落楚江秋,枫叶芦花伴客愁。三十六湾凉夜月,雁声远度岳阳楼。
天际孤帆载白云,一空烟水半江分。九嶷日落瑶华远,哭断潇湘不见君。
紫箨萧萧染泪痕,鹧鸪声里几黄昏。龙堆草色春心暮,望断谁招帝子魂。
洞箫吹月起江波,响彻君山绕黛螺。白苧满船秋露湿,不堪清怨月明多。
七泽三湘逗客槎,酒香亭畔结渔蓑。若为旅思逢归雁,一夜乡心到薜萝。

卷十·楚游下【诗十三首】·还自粤途中即事

络纬秋风枕簟新,天涯莽荡一羁臣。青萍自拂谁知己,白首相逢尽路人。岭徼瘴随风雨恶,蛮家路逐犬羊邻。生还此日逢明主,咫尺桃源去问津。

三湘石出洞庭波,聚散浮云奈尔何。落日舟中无薏苡,秋风濑下近牂牁。蛮烟共怕逢青草,旅梦翻惊

在绿萝。为问溪头旧相识,白鸥孰与向时多。

卷十·楚游下【诗十三首】·昆明池泛舟夜宿太华山缥缈楼

高秋风雨欲西来,秀拔三峰掌上开。半浸混茫分野色,平临紫翠落城堞。洪涛涨处无烟屿,青海翻时有劫灰。共道风光天外尽,谁看咫尺在蓬莱。

登山临水为谁留,苇白蘋青起暮愁。万顷涛声行木末,千寻岳色倚池头。石鲸不见秋风动,金马来追夜月游。何限乾坤萧瑟意,依然缥缈一飞楼。

玉堂嘉话[1]

卷二

《西使记》。壬子岁,皇弟旭烈统诸军奉诏西征,凡六年,拓境几万里。已未正月甲子,常德【子仁卿。】驰驲西观,自和林出兀孙中,西北行二百余里,地渐高,入站。经瀚海,地极高寒,虽暑酷雪不消,山石皆松文。西南七日,过瀚海。行三百里,地渐下,有河阔数里,曰昏木辇,夏涨,以舟楫济。数日,过龙骨河。复西北行,与别失八里南以相直。

西有密乞儿国,尤富。地产金,人夜视有光处,志之以灰,翼日发之,有大如枣者。至报达六千余里,国西即海。海西有富浪国。妇人衣冠如世所画菩萨状,男子胡服,皆善。寝不去衣,虽夫妇亦异处。有大鸟,驼蹄,苍色,鼓翅而行,高丈余,食火,其卵如升许。其失罗子国出珍珠。其王名擙思阿塔卑云。西南,海也,采珠盛以革囊,止露两手,腰絙石坠入海。手取蛤并泥沙贮于囊中,遇恶虫,以醋噀之即去。既得蛤满囊,撼絙,舟人引出之。往往有死者。印毒国去中国最近。军民一千二百万户。所出细药、大胡桃、珠宝、乌木、鸡舌、宾铁诸物。国中悬大钟,有诉者击之,司钟者纪其事及时,王官亦纪其名,以防奸欺。民居以蒲为屋。夏大热,人处水中。已未年七月,兀林国阿早丁算滩来降,城大小一百二十,民一百七十万。山产银。黑契丹国名乞里弯,王名忽敦马丁算滩,闻王大贤,亦来降其拔里寺大城。狮子雄者,鬃尾如缨,拂伤人,吼则声从腹中出,马闻之怖溺血。狼有鬃。孔雀如中国画者,唯尾在翅内,每日中振羽。香猫似土豹,粪溺皆香麝如。鹦鹉多五色。风驼急使乘,日可千里。鹁鸽传,日亦千里。珊瑚出西南海,取以铁网,高有至三尺者。兰赤生西南海山石中。有五色鸭,思价最高。金刚钻出印毒,以肉投大涧底,飞鸟食其肉,粪中得之。撒八儿出西海中,盖瑇瑁之遗精,蛟鱼食之,吐出,年深结为,价如金。其假者即犀牛粪为之也。骨笃犀,大蛇之角也,解诸毒。龙种马出西海中,有鳞角,牝马有驹,不敢同牧,每被引入海不复出。皂鹏一产三卵,内一大者灰色而毛短,随母影而走,所逐禽无不获者。垅种羊出西海,羊脐种土中,溉以水,闻雷而生,脐系地中。及长,惊以木,脐断啮草,至秋可食。脐内复有种。又一胡妇人解马语,即知吉凶,甚验。其怪异等事,不可殚纪。往返凡一十四月。郁叹曰:“西域之开,始自张骞。其土地山川固在也,然世代浸远,国号变易,事亦难考。今之所谓瀚海者,即古金山也;印毒,即汉身毒也;曰驼鸟者,即安息所产大马爵也;密昔儿,即唐拂菻地也。观其土产、风俗可知已。又《新唐书》载拂菻去京师四万里,在西海上,所产珍异之物与今日地里正同,盖无疑也。中统四年三月浑源刘郁记。

卷三

黄华论汴河:“前宋以洛河入汴为京西漕路,其后黄河卧南,洛水旧道断绝。今汴河名存,其实止是

① 〔元〕王恽撰,杨晓春点校。

京、索、须三水自荥泽南入汴河故道行流。”

沅州安抚使郭彦高,大名人,说广中风土:“其地皆山,如水之波浪然。盖古盘瓠国,在夜郎西南数百里,与大理东境相接。”郭有诗:“地连两广多蛇窟,水隔三湘绝雁书。”

卷四

《和宋书》:“皇天眷命大蒙古国皇帝致书于南宋皇帝:爰自平金之后,蜀、汉、荆、杨挐兵几三十年,交聘非一,卒无成约。比者川蜀捣虚,荆湖批亢,生灵有涂炭之苦,战士有暴露之劳,朕甚悯焉。是以即位之始,首议寝兵,用示同仁,以彰兼爱,期于休息元元焉,天下共飨有生之乐而已。且南交、广而西巴、蜀,北长江而东沧海,分兵守险,彼所恃以为国者也。今战舰万艘,既渡江以扼海;铁骑千群,复踰广而出蜀。四塞无结草之御,六军有破竹之威,人所共知,不必遍举于此时也。非不能犄角长驱,水陆并进……”

卷五

五代吴越贡赋,朝廷遣使皆由登、莱泛海,岁常漂没其使。

至元十一年十二月十四日,国兵至阳罗洑渡江。明年十二月,临安降,度宗二庶子为陈宜中、文天祥、两淮张世杰拥入许浦江口。时有黑龙见,因改号景炎,凡十八月。

山居新语①

卷一

应中甫【本】,钱塘人。壮年笃志学道,得请仙降笔法,甚验,每在杭州万松岭上同志家为之。过数日,欲设祭,将之供,适无钱。降仙告归,不许。漫以借钱叩之,乃允。降笔云:“适有壑翁平章【即贾似道。】在此,可立约借汝。”遂写契,以金纸甲马同焚炉中。复书曰:“汝二人可往葛岭相府故居大银杏树下稍西,有草一茎,长而秀者,就此处掘之可得。”二人遂买舟过湖至其所,不见是草。

陶庵梦忆②

卷一·金山夜戏

崇祯二年中秋后一日,余道镇江往兖。日晡,至北固,舣舟江口。月光倒囊入水,江涛吞吐,露气吸之,噀天为白。余大惊喜。移舟过金山寺,已二鼓矣,经龙王堂,入大殿,皆漆静。林下漏月光,疏疏如残雪。余呼小仆携戏具,盛张灯火大殿中,唱韩蕲王金山及长江大战诸剧。锣鼓喧填,一寺人皆起看。有老僧以手背摋眼瞖,翕然张口,呵欠与笑嚏俱至,徐定睛,视为何许人,以何事何时至,皆不敢问。剧完将曙,解缆过江,山僧至山脚,目送久之,不知是人、是怪、是鬼。

---

① 〔元〕王恽、杨瑀撰,余大钧点校。
② 〔明〕张岱撰,马兴荣点校。

卷一·葑门荷宕

天启壬戌六月二十四日，偶至苏州，见士女倾城而出，毕集于葑门外之荷花宕。楼船画舫至鱼艖小艇，雇觅一空。远方游客，有持数万钱无所得舟，蚁旋岸上者。余移舟往观，一无所见。宕中以大船为经，小船为纬，游冶子弟，轻舟鼓吹，往来如梭。舟中丽人皆倩妆淡服，摩肩簇舄，汗透重纱。舟楫之胜以挤，鼓吹之胜以集，男女之胜以溷，歊暑燂烁，靡沸终日而已。

卷二·燕子矶

燕于矶余三过之，水势湁潗，舟人至此，捷捽抒取，钩挽铁缆，蚁附而上。篷窗中见石骨棱层，撑拒水际，不喜而怖，不识岸上有如许境界。戊寅到京后，同吕吉士出观音门游燕子矶，方晓佛地仙都，当面蹉过之矣。登关王殿，吴头楚尾，是侯用武之地，灵爽赫赫，须眉戟起。缘山走矶上，坐亭子，看江水潎洌，舟下如箭。

卷二·焦山

仲叔守瓜州，余借住于园，无事辄登金山寺，风月清爽，二鼓，犹上妙高台，长江之险，遂同沟浍。一日，放舟焦山，山更纡谲可喜。江曲過山下，水望澄明，渊无潜甲。海猪、海马，投饭起食，驯扰若豢鱼。

卷五·金山競渡

看西湖竞渡十二三次，己巳竞渡于秦淮，辛未竞渡于无锡，壬午竞渡于瓜州，于金山寺。西湖竞渡，以看竞渡之人胜，无锡亦如之。秦淮有灯船无龙船，龙船无瓜州比，而看龙船亦无金山寺比。瓜州龙船一二十只，刻画龙头尾，取其怒；傍坐二十人持大楫，取其悍；中用彩篷，前后旌幢绣伞，取其绚；撞钲挝鼓，取其节；艄后列军器一架，取其锷；龙头上一人足倒竖，敁敠其上，取其危；龙尾挂一小儿，取其险。自五月初一至十五日，日画地而出。五日出金山，镇江亦出。惊湍跳沫，群龙格斗，偶堕洄涡，则百蚨捷捽，蟠委出之。金山上人团簇，隔江望之，蚁附蜂屯，蠢蠢欲动。晚则万艓齐开，两岸沓沓然而沸。

卷八·楼船

家大人造楼，船之；造船，楼之。故里中人谓船楼，谓楼船，颠倒之不置。是日落成，为七月十五，自大父以下，男女老稚靡不集焉。以木排数重搭台演戏，城中村落来观者，大小千余艘。午后飓风起，巨浪磅礴，大雨如注，楼船孤危，风逼之几覆，以木排为戙索缆数千条，网网如织，风不能撼。少顷风定，完剧而散。越中舟如蠡壳，局蹐篷底看山，如矮人观场，仅见鞋靸而已，升高视明，颇为山水吐气。

西湖寻梦①

卷一·西湖北路·大佛头

大石佛寺，考旧史，秦始皇东游入海，缆舟于此石上。后因贾平章住里湖葛岭，宋大内在凤凰山，相去二十余里，平章闻朝钟响即下湖船，不用篙楫，用大锦缆绞动盘车，则舟去如驶，大佛头，其系缆石桩也。

卷二·西湖西路·上天竺

建咸四年，兀术入临安，高宗航海。

① ［明］张岱撰，马兴荣点校。

清代史料笔记

池北偶谈[①]

卷一·谈故一·傅而都嘉利亚国

康熙己酉,大西洋傅而都嘉利亚国贡使玛讷撒尔达聂入贡,有旨:"该国从来未通中国,凡赐赉皆加一等。"其人物贡物与荷兰略同。

卷一·谈故一·外国封使

国朝声教之远,梯航至者数十国,而受封遣使者惟安南、琉球二国。安南又凡三遣:始则康熙三年谕祭黎维禔,奉使者侍读学士程芳朝。继则康熙五年册封黎维禧,奉使者编修吴光也。六年八月维禧逐都统使莫元清,夺其谅山高平地,元清奔皈朝,两广守臣以闻。七年遣使宣谕,则侍读李仙根、职方主事杨兆杰为正副使。琉球封王:顺治中遣给事中张学礼、行人王垓为正副使,居闽数年,罢归。康熙初复遣,时张已改御史,王已迁户部郎中矣。康熙十二年暹罗请封,上以海道鸾远,令以敕印付其使臣带往,于事理甚便,而亦不失柔远之体。按嘉靖二十年降安南国为安南都统使司,仍以莫登庸为都统使。国初定粤,莫敬耀来归,未受爵,卒,授其子元清都统使。黎维提亦来归,未受封,卒,子维禧立,康熙五年册封维禧安南国王。康熙二十一年琉球、安南复入贡,遣编修孙卓、仪制司郎中周燦往安南,检讨汪楫、中书舍人林麟焻往琉球。二十三年暹罗复入贡云。

卷二·谈故二·琉球入学

康熙二十三年册封琉球,翰林院检讨汪楫、中书舍人林麟焻等疏言:"中山王尚贞亲诣馆舍云:'下国僻处弹丸,常惭鄙陋,执经无地,向学有心。稽明洪武、永乐年间,常遣本国生徒入国子监读书,今愿令陪臣子弟四人赴京受业。'"云云。事下礼部。部覆:"史载:唐贞观中兴学校,新罗、百济俱遣子入学。琉球自明初始内附,《会典》载:大琉球国朝贡不时,王子及陪臣之子皆入太学读书,礼待甚厚。"又载:"洪武、永乐、宣德、成化间,琉球官生俱入监读书。今该国王尚贞,以本国远被皇仁,倾心向学,恳祈使臣汪楫等转奏,愿令陪臣子弟四人赴京受业,应准所请,听其遣陪臣子弟入监读书。"云云。

时予为祭酒,咨覆礼部,略云:"查《太学志》载:洪武二十五年秋,琉球国遣其子及陪臣之子日孜等入监,命工部给罗绢为秋衣。冬,琉球中山王遣其舅仁悦慈等至。永乐二年,琉球中山王从子三五良亹等九人以谢恩至,奏请入监,给赐一如洪武中故事,令工部建王子书房于监前以处之。三年,琉球山南王遣寨官子李杰至。四年,中山王遣寨官子石达鲁等六人至,其后李杰、石达鲁等每在监三年,得乞归省。九年,中山王遣王相之子怀德、寨官子祖鲁古至。十一年,遣寨官子周鲁等三人至。是年有奏归省者,命礼部厚赐,以荣其归。是后乞归省,或令候其使者还国以行。永乐以后至于正德,常三四遣。至嘉靖五年,中山王遣官生蔡廷美等四人至,十一年归国。十七年遣梁炫等四人至,二十三年归国。寻又遣蔡朝用等五人至,今在南雍,处以光哲堂,岁时给衣物如例。向慕文教,琉球于诸国为最笃,国家待之亦为最优"云。康熙二十七年,琉球国王遣耳目官魏应伯等恭进朝贡方物,又遣陪臣子弟梁成楫、郑秉均、阮维新、蔡文溥等四人同

① 〔清〕钱泳撰。

贡使赴京，入监读书；于正贡方物外，敬加屏风纸三千张、嫩蕉布五十疋。

卷二·谈故二·琉球世缵图

琉球国，或云流求，或云留求，自元已前不通中国，明洪武五年中山王察度始遣使入贡，入本朝为属国，职贡不绝。然纪载诸书，不详其世次。予门人汪翰林舟次【揖】使琉球归，作《中山沿革志》进呈御览。云世系沿革，彼国有厉禁，秘不以告。多方购得琉球《世缵图》一卷，今译者以汉文释之。知其国自南宋始称王，元延祐间国分为三。【中山、山南、山北】。明宣德时，复合为一。【明初，山南王承察度、山北王帕尼芝亦遣使入贡受封】。自宋及今，代已四易，所谓姓欢斯者无据；谓皆尚姓者，亦非也。《世缵图》载之如左：

大琉球国中山王舜天以来《世缵图》：舜天、舜马顺熙、义本、英祖、大城、英慈、王城、【二城、或作成】。西威、察度、【始通中国】。武宁、尚思绍、尚巴志、尚忠、尚思达、尚金福、尚泰久、尚德、尚圆、尚宣威、尚真、尚清、尚元、尚永、尚宁、尚丰、尚贤、尚质、尚贞、【即今袭封世子】。

卷三·谈故三·三国贡物

康熙丁未夏，荷兰国甲娄吧王油烦吗绥极遣陪臣卑独攀呵闰等入贡，内有刀剑八枚，其柔绕指；旃檀树四株，各长二丈许；西洋小白牛四，高一尺七寸，长二尺有奇，白质斑文，项有肉峰；荷兰马四，锐头卓耳，形态殊异；又玻璃箱、牡丁香、哆啰尼绒之属。是岁，暹罗国王森烈拍腊照古龙拍腊马呼陆坤遣贡使握坤司答喇耶迈低礼，贡六足龟、孔雀、驯象等物。回回国贡牛，三角三目云。

卷三·谈故三·安南始末

安南入本朝，顺治初，莫敬耀来归，未受爵而卒，授其子元清为都统使，居高平。黎维禔亦来归，未受封而卒。康熙三年，遣编修吴光、礼部司务朱志远谕祭维禔。五年，遣侍读学士程芳朝、礼部郎中张易贲册封其子维禧为安南国王。六年，维禧夺元清高平地，遣侍读李仙根、兵部主事杨兆杰谕还之。粤西孙延龄、马雄叛，元清负恩助逆，病死，其弟敬光为黎氏所讨，来奔，令地方官送归本国，死于泗城土府，爵除。维禧死，弟维祳嗣。维祳死，弟维禛嗣。康熙二十二年，遣侍读明图、编修孙卓册封维禛为安南国王，仍赐御笔扁额“忠孝守邦”四大字；又遣侍读邬黑、礼部郎中周灿谕祭两故王维禧、维祳。二礼并举，称盛事云。

卷三·谈故三·周礼部使交趾诗

周礼部星公【灿】，陕西临潼人，自安南使归，有诗一卷，颇见风土，粗载数首于此。“谅山南去万峰稠，细雨深林石径幽；一水随人千百折，中宵勒马问安州。”【夜抵安州。】“回首燕台不计程，空山坐待月初生；乾坤自是无遗照，行尽天南一样明。”【屯麋见月。】“一枝挺出森青玉，两叶分披展绿云；名是千秋兼可啖，长栽篱落护山村。”【千秋草。】“四围山色映晴岚，此地交人号格甘；竹树参差冬稻熟，风光触目似江南。”【茶山早晴。】“沧江岸上有荒祠，杉叶棉枝近水湄；短柱高龛双锦鹤，【国俗，祠庙以木雕双鹤为侍。】报功异域礼同之。”【黎英王，交之功臣，城镇人。】“宸翰亲挥日月光，龙书凤篆照遐荒；交人奉比羲文画，首出中天颂圣皇。”【册封其六。】“才名奕奕世无双，三译常思戴上邦；别后怀君何处是，寒风落日富良江。”【留别阮司马公望、黎司空僖、阮佥宪廷衮、黄大参公寘。】“关门晓日拜天颜，得识南郊青琐班；记得深林风雨夜，多君相伴出茶山。”【留别阮廷柱、武维匡、宋儒、陈琦四给事。】“翠干森森傍水涯，梢垂雀尾乱纷拿；秋来结就槟榔果，交子逢人代煮茶。”【槟榔树。】“衣冠文物重南疆，何事关名太不祥；题曰畏天思此义，万年带砺控炎荒。”【易鬼门关曰畏天关。】周，顺治己亥进士，庶吉士。

卷三·谈故三·林舍人使琉球诗

康熙甲子，莆田林舍人玉岩【麟焻】使琉球归，有竹枝词一卷，与周礼部同时示予，并录数篇，以志本朝

文物之盛云。“手持龙节渡沧溟,璀灿宸章护百灵;清比胡威臣所切,观风先到却金亭。”【明使臣陈侃建】“徐福当年采药馀,传闻岛上子孙居;每逢卉服兰阇问,欲乞嬴秦未火书。”“日斜沙市趁虚多,村妇青筐藉绿莎;莫惜筹花无酒盏,人归买得小红螺。”“疋练明河牛斗横,咚咚衙鼓欲三更;思乡坐拥黄绸被,静听盘窗蜥蜴声。”【蜥蜴能鸣,声如麻雀】“三十六峰瀛海环,怒潮日夜响潺湲;楼西一抹青林里,露出烟萝马齿山。”“射猎山头望海云,割鲜挏酒醉斜曛;纸钱挂道松楸老,知是欢斯部落坟。”“心斋生白室能虚,棐几焚香把道书;读罢凭阑笑幽独,藤墙西角对棕榈。”“庙门斜映虹桥路,海鸟高巢古柏枝;自是岛夷知向学,三间瓦屋祀宣尼。”“王居山第兔园开,松枥棕花倚石栽;多少从官思授简,不知若个是邹枚。”“奉神门内列鹓行,乞把天书镇大荒;唤取金縢开旧诏,侏儒感泣说先皇。”“閟宫甍桷压山原,将享今看几叶孙;二十七王禋祀在,厘圭锡卣见君恩。”“译章曾记莋都夷,槃木白狼归汉时;何似岛王怀圣德,工歌三拜鹿鸣诗。”“宗臣清俊好儿郎,学画宫眉十样妆;翘袖招要小垂手,簪花研帽舞山香。”“望仙楼阁倚崔嵬,日看银山十二回;笙鹤彩云飞咫尺,不教弱水隔蓬莱。”“纤腰马上侧乘骑,草圈银钗折柳枝;连臂哀歌上灵曲,月明齐赛女君祠。”“久稽异域岁将徂,自笑流连似贾胡;三老亦知归意速,时时风色相铜乌。”林,康熙庚戌进士。与林同使者,为汪检讨舟次【揖】,别撰《中山沿革志》若干卷,进呈御览。二君皆予门人也。

卷四·谈故四·荷兰贡物

荷兰国自康熙六年入贡,今二十五年。台湾平,设郡县,其王耀汉连氏甘勃氏遣陪臣宾先吧芝复奉表进贡,表词有云:外邦之丸泥尺土,乃是中国飞埃;异域之勺水蹄涔,原属天家滴露云云。贡物大珊瑚珠一串,照身大镜二面,奇秀琥珀二十四块,大哆囉绒十五疋,中哆啰绒十疋,织金大绒毯四领,乌羽缎四疋,绿倭缎一疋,新机哔叽缎八疋,中哔叽缎十二疋,织金花缎五疋,白色杂样细软布二百一十九疋,文采细织布一十五疋,大细布三十疋,白毛里布三十疋,大自鸣钟一座,大琉璃灯一圆,聚耀烛台一悬,琉璃盏异式五百八十一块,丁香三十担,冰片三十二斤,甜肉豆蔻四瓮,厢金小箱一只【内丁香油、蔷薇花油、檀香油、桂花油各一罐】,葡萄酒二桶,大象牙五支,厢金鸟铳二十把,厢金马铳二十把,精细马铳十把,彩色皮带二十佩,厢金马铳中用绣彩皮带十佩,精细马铳中用精细小马铳二十把,短小马铳二十把,精细鸟铳十把,厢金佩刀十把,起花佩刀二十把,厢金双利剑十把,双利阔剑十把,起金花单利剑六把,照星月水镜一执,江河照水镜二执,雕制夹板三只。

卷四·谈故四·祭北海

丁卯四月,副都御史徐元珙疏请厘正祀典,其略云:臣按历代祀典,唐望祀北海于洛州,即今河南府也。宋望祀北海于孟州,即今怀庆府也。明亦望祭于怀庆府。我朝典制,东海祀于莱州,南海祀于广州,二祀近海,诚为允当。西海则于蒲州望祭,盖西海遥远,循宋、明之旧而望祭之,宜也。至北海则仍祭于怀庆。夫宋都于汴,而怀庆在其北,彼时幽燕皆非宋土,即出国门而望北一祭,亦权宜之计。有明定鼎燕京,仍往南而祭北海。我朝因之,殆非宅中以莅四海之义。伏查北镇医无闾山,在奉天府属,今为北镇。山海关迤北之海,非北海乎。况盛京发祥重地,土厚水深,源流绵邈。皇上声教四讫,幅员之大,亘古未有。长白山水并乌龙、鸭绿诸江,亦尽朝宗于海,则北海之祭,不应仍在怀庆。此祀典之急宜厘正者。伏查顺治十七年,科臣粘本盛题请改祭北岳于浑源州,祈下部议,嗣后告祭,更定于迤北近海地界云云。得旨:下九卿詹事科道会议。上言:明臣丘浚言京师东北乃古碣石沦海之地,于此立祠,就海而祭为宜。浚所云碣石,今在永平府,但我朝幅员广大,混同江水发源长白,流入北海,今北海之祭,应改混同江边望祭可也。得旨允行。

卷四·谈故四·暹罗表

康熙二十三年,暹罗国进表云:启奏大清国皇帝陛下,伏以圣明垂统,继天立极,无为而治,德教孚施万国,不动而化,风雅泽及诸彝,巍巍莫则,荡荡难名。卑国世荷皇恩,久沾德化,微臣继袭践祚,身属遐方,莫

能仰瞻天颜。幸遇贡期，敢效输款，颛遣正贡使坤孛述列瓦提、二贡使臣坤巴实提瓦抒、三贡使臣坤司吝塔瓦喳、正通事坤思吝塔披彩、辨事文披述嗒新礼呼等，梯航渡海，赍捧金叶表文方物译书，前至广省，差官伴送京师，朝贡进献，代伸拜舞之诚，恪尽臣子之职。恭祝皇图巩固，帝寿遐昌。伏冀俯垂鉴纳，庶存怀远之义，微臣瞻天仰圣，不胜屏营之至。

卷二十一·谈异二·香山

门在香山县大海中，忽起一石，埂广十馀丈，长六里许，首尾相属不断，如莲之有茎，中途瓮城名关闸，逾之抵墨门，则如莲墨。番人依山筑城，广袤四五里，三面皆临巨浸，惟北通地脉一茎耳。海中诸峰包裹，前十里为十字门，如两眉横列，而缺其正中。又南十里为小横琴，塞隘口；又南稍折西为大横琴，重案也。番人之停舶必于湾，湾之所在，即名澳，香山故有澳，名浪白，诸番互市其中。而今之墨门，则旧名濠镜地，有南北二湾。明万历中，有大西洋人至此乐之，遂请濠镜为澳，而就二湾停舶。久之，益自彼国遣众聚居，岁输税五百金，本朝除之。番人安其业者已数世，所居率依山为楼，三层，方者、圆者、三角者、六角八角者，俱为螺旋形以入。其教曰天主，其寺曰三吧，高十馀丈，于屋侧启门户，石作雕镂，金碧照耀。寺僧曰法王，以时集男女礼拜，其所奉曰天母，名玛利亚，抱一婴儿，曰天主，为耶稣，被服珍怪，障以琉璃，望之毛发生动，云汉哀帝时人也。寺有风琴，其琴铜弦，弹之以和经呗，并管箫诸乐器，藏机木柜，联以丝绳，轮牙相错，一人转机，则诸音并奏。有定时台，巨钟覆其下，立飞仙台隅，为击撞形，亦以机转之，按时发响，起子末一声，至午初十二声，复起午末一声，至子初十二声，昼夜循环无少爽；前揭圆槃，书十二辰，俟某时钟动，则蟾蜍移筹指某位。有千里镜，番人持之登高以望舶，械仗帆樯，可瞩三十里外。又有玻璃千人镜、多宝镜、显微镜、小自鸣钟、自行表，以及海洋全图、璇玑诸器，皆极工巧。花有贝多罗、丁香，禽有五色鹦鹉、么凤倒挂，兽有獴猾、短狗。其人昂鼻蜷发，目深碧不眴；贵女而贱男，昼卧而夜起。男有白黑二种，白者贵，黑者为奴。衣以多罗尼、辟支，曳高屐，戴黑毡笠，相见脱之以为礼。腰佩长刀，刀著地尺许；间有握赤藤者，则甚贵，墨中四人而已。其女子则华袮宝鬘，出以锦被蒙其首，而跣足不袜。其家政女子操之，父死，女袭其业，男子则出嫁女家，不得有二色，犯者，女诉之法王，立诛死，或许悔过，则以铁钩钩其手足，血流被体而免之。墨中有议事亭，番目四人，受命于其国，更番董市事。凡市〔事〕经四人议，众莫敢违，及官司有令，亦必下其议于四人者，议得当以报闻。其行贾之地曰马西，以中国丝帛、白铅易胡椒、檀香、苏木以归，且与马西约：不得以所产市他国。康熙辛未，马西背约，私与他国市，墨人怒，驾舸往所市之国责之。马西患之，遂相仇杀，死者三百馀人，市道中绝。稍西曰小西洋，去中国万里，半年始至，所产有碧琉璃诸器。极西曰大西洋，去中国九万里，三年始至，往者以其太远，只就旁贩，未尝亲至其地也。番舶之出以冬月，冬月多北风，其来以四五月，四五月多南风。既出，则岙中黑白鬼一空，计期当返，则妇孺绕屋号呼，以祈南风，亦辄有验。其舵工素与海习，虽卒遇飓母浮椒，亦万不失一云。右见龚兵部蘅圃【翔麟】《珠江奉使记》。

卷二十二·谈异三·洞庭神

宋牧仲【荦】言其乡梁中翰【遂】奉使西粤时，道出洞庭，风日晴明，呼风而渡。忽雷雨骤至，云气昼晦，舟中人共见一神人，美须髯，戴乌纱巾，骑异兽，行水上。兽身半在波涛中，仅露头角。后一人形貌怪伟，衔兽尾而行，其速如飞。去船里许，人兽皆渐腾上，云雨晦冥，遂不复见。舟人以为洞庭之神也。【梁，丙戌进士，后官山东提学道佥事】。

卷二十四·谈异五·贺相国

明相国对扬贺公【逢圣】，崇祯中枚卜诣京师，舟至九江之鲟鱼嘴，风浪大作，公具袍笏拜祷，舟上人忽见空中有绯衣神人，执一黑鬼投水中，风遽息。公设祭大王庙以答神佑，自是香火益盛，日宰羊豕无算。十三年，蕲王欲兴复沩仰道场，延三昧律师入楚，过九江，梦神告曰，某九江神宋大王也。前生与师及贺相公

三人同在山中修道,师不昧正因,今为大师;贺以福缘为宰相;唯某一念之差,为血食之神。昨因鲟鱼嘴树妖欲覆贺舟,某以前世因救之,缘此宰杀日繁,将来必堕无间地狱。师明日过此,必至庙中为我授记,更布其事于四方,使来祷祀者戒宰杀,幸甚。师如其言。自是鲟鱼嘴行旅坦然矣。此与《冷斋夜话》所记弄亭湖神托安息国王子建洪州大安寺事相类。

卷二十四·谈异五·荷兰刀剑

康熙六年,荷兰国入贡,其贡物有刀剑八枚,皆可屈伸,萦绕如带。《剑侠传》载,种谔畜一剑,可屈置盒中,纵之复直。张景阳《七命》论剑曰,若其灵宝,则舒屈无方。斯之谓欤。

卷二十四·谈异五·铜人

闻西洋人钦天监管理监事加工部侍郎南怀仁言,自大西洋入中国,凡十万里。海舶甚巨,海口有铜人,高不知其几由旬,舶出其胯下,或出其胁间乃入海洋,不知何由铸造也?

蕉廊脞录[①]

卷一·何璟辞让兼管闽海榷税

光绪四年,翰林院侍讲张佩纶奏请闽海关榷税改归总督经理。时香山何小宋丈璟方督闽浙,疏陈体察情形未便更张,略言:"闽海关监督始于康熙二十三年,其时仅将南台、厦门两处口岸报部。雍正七年,始将南台等二十处口岸报部。其初,或由巡抚兼管,或由监督专管,本无一定。乾隆元年,归福建总督管理。三年,总督兼辖闽浙,始以关务改归将军。七年,由督抚臣题定徵税口岸共十九处。列圣于此几经详慎比较,而后垂为定制,率由罔愆。督臣任兼两省,案牍纷繁,加以台防紧要,既不能躬亲琐务,仍须抡委平时可信之员前往勾稽,与派协佐领等官,亦复何异。若派大员分驻总口,诚恐收数未增,耗费转钜。倘章程不能画一,稽查偶有未周;或初年竭泽而渔,而来岁难乎为继;或一时损下益上,而日久百弊丛生。喜事纷更,效略可睹,更而滋扰,抑又何裨?"疏上,遂不果行。海关监督,人人视为利薮,何公生平清介自矢,让而弗居,立言尤得体要。余在史馆见此疏,因亟录于此。

卷二·胡林翼论战守两信

胡文忠公在黔日,先大父与吴文节公合疏保之,其后往来书牍甚夥。亲笔数通,在晋阳日,为陆紫英携去。今检得二通,为文忠集中所遗者,录之如左。

文云:

仲畇老伯大人阁下:……武汉若复,肃清境内,尚有所待。侄意欲添舟以载陆师,如杜征南、王龙骧之迹。古人以舟兼陆。如平淮夷而赋江汉之诗,及汉之楼船,横海下濑,勾践之习流,夫差之余皇,吕蒙之伏精兵冒白衣,皆未尝不登岸也。若得水师之专水战者八千人,分为两翼,得陆师之习陆战者万二千人,分为两部,各以一留后,以一东征,陆军亦载于舟中,水师先导,陆师突起击之,出不意而攻不备,吴会之地必可速胜。舟中携三月米钱薪煤,则陆师可三月不匮,水师所携亦如此。惟三月之火药炮子各须三十万斤,而陆师之坐船必须另造,大不易易耳。其必分两班者,凡战久,必多伤、必疲,两班则力不疲,而战守胥有赖耳。且深入与贼战,可幸大胜,贼必坚守不出以老我师,以逞其故智。我仍登舟以归,贼知班师矣,必他计而改途,后之留守者改为征兵,飘忽千里,岂非将军从天而下耶!多方亟疲之法,莫捷于此。即使无功,亦

① 〔清〕吴庆坻撰,张文其、刘德麟点校。

使贼多备而虞我力争上游,则于吴越之事必纾。

古夫于亭杂录①

卷一・木兰舟

陆鲁望《咏木兰花》诗云:"几度木兰舟上望,不知元是此花身。"《述异记》:"七里洲有鲁班刻木兰为舟,至今在洲中。"【或以为李义山诗】

卷三・孟子

日本国重儒书,十三经而下无所不有,独无《孟子》。中国人有私携过海者,辄有风涛蛟龙覆舟之患。此理之不可晓者。余谓孟子,泰山岩岩气象,于此犹见一斑,历数千年肸蠁如在也,《刺孟》、《非孟》之属,其亦可以不作矣。

广东新语②

卷一・天语・变风

风之始发。恒以月七八之日。及早暮二时。过此即甚暴烈。多不终朝。谚曰。七风八到。九日无来风过造。又曰。朝三晚七。半夜下风无过日。然近海多风。亦不尽如所云。三伏时有飓母起。数日间即有巨风起东北。必回南转西而后解。或未转西而解。则数日必复暴发。凡先西北而后东南曰左飓。辄起辄止曰石尤。石尤多以夏秋间潮上时发。发必三日连发。望西北云起如蝻蟧脚。瞬息即至。船行宜早避之。

卷二・地语・南交

南交者。粤也。陶唐之南裔也。故举南交而可以概粤矣。然史称周武王巡狩。陈诗南海。又诗曰。于疆于理。至于南海。则举南海又可以概粤矣。汉称粤为交州。盖本于唐。秦分粤地为南海郡。盖本于周。然扬雄交州箴。有曰。南海之宇。圣武是恢。又曰。交州荒裔。水与天际。则举交州而南海在其中矣。举交州亦可以概粤矣。其称曰交趾。交州之趾也。粤趾于中原。而交趾趾于粤也。交趾自高阳时已砥属。而尧名为南交。故论地名以南交为古。论事以宅南交为古。

卷二・地语・越裳

越裳。在象林界外。越之裳也。越诸上郡为衣。而诸下郡为裳也。南极入地。至南海而益下。故称交州为天下之趾。而象林界外为越之裳也。谚曰。裙田裙沙。言乎为边之幅也。裳之说也。又古言疆域皆曰服。越为荒服。汉文帝赐尉佗书曰。服、领以南。王自治之。史记。领南沙北。刘安云。其入中国。必下领水。汉书岭亦作领。领者。衣领也。五岭之于荒服。犹衣之领。故曰岭。其边海之地。则曰裳也。越故剪发文身。非中华冠带之室。汉高帝尝遗尉佗蒲桃宫锦。而文帝赐上、中、下褚衣。其欲以衣裳袭彼鳞介也。春秋重衣裳之会。盖以黄帝、尧、舜垂衣裳而天下治。天下而皆有其衣裳。而天下治矣。衣

---

① 〔清〕王士禛撰,赵泊陶点校。

② 〔清〕屈大均撰。

裳取诸乾坤。无衣裳。斯无乾坤矣。越西有瓯骆。其众半羸。南面称王。越裳之地而有衣裳。是犹知夫礼义。非同裸国之民也。古者衣与裳相连。犹乾与坤不相离也。越裳而欲通于中国。盖欲以其裳连乎中国之衣也。

卷二·地语·三关

湟溪、阳山、洭口皆有秦关。名曰三关。清远、汇口亦有之。盖粤东要害。首在西北。故秦所置三关皆在连州之境。而赵佗分兵绝秦新道亦在焉。佗既绝新道。于仁化北一百三十里。即今城口筑城。以壮横浦。于乐昌西南二里。上抵泷口筑城。以壮湟溪。盖仁化接壤桂阳。乐昌接壤郴州。当时东岭未开。入粤者多由此二道。即使南安有守。而精骑间道从郴、桂直趋。可以径薄韶阳。横断南北。此佗设险之意也。或曰乐昌古城。任嚣之所筑。其在隔河二里之城。乃佗所筑。以夹武溪之水者。盖自宜章而下。三泷水最湍急。舟可两日至韶。二城夹扼泷口。则西北之要害据矣。自韶至英德。水路一日。故佗又筑万人城于浈水也。伏波出桂阳。下汇水为奇兵。即此道也。楼船出豫章。下横浦为正兵。其道直。无泷水之险。故先至。攻陷寻陕。伏波从衡岳而下。道远。亦以二城夹扼。费攻坚之力。故后期也。武帝平南粤。以曲江、浈阳、浛洭三县属桂阳郡。隶荆州。所以扶粤之门户。为犬牙参错。意深哉。

卷二·地语·海门

南海之门最多。从广州而出者曰虎头门。最大。小者曰虎跳。曰鸡踏。曰鸡蹄。曰三门。曰东洲。此中路之海门也。从东莞而出者曰南亭。从新安而出者曰小三门。曰屯门。曰急水。曰中门。曰鲤鱼。曰双箸。曰南佛堂。曰北佛堂。从新宁而出者。曰大金。曰小金。曰寨门。曰官门。从惠来而出者曰甲子。从潮阳而出者曰河渡。从澄海而出者曰水吼。此东路之海门也。从新会而出者曰崖门。曰松柏。从顺德而出者曰黄杨。从香山而出者曰金星。曰上十字。曰下十字。曰马骝。曰黄麖。从吴川而出者曰限门。从海康而出者曰白鸽。此西路之海门也。凡三路。东起潮州。西尽廉。南尽琼、崖。皆有水寨以守。水寨在潮者曰柘林。在惠曰碣石。在广曰南头。在高、肇庆曰恩阳。在雷曰白鸽。在琼曰白沙。凡六寨。六寨之信地。其港深者。在南头有屯门、佛堂。在柘林有东山、下河渡。在恩阳有神电、马骝。在白鸽有北隘头。可泊大船。余则港浅。洋中皆有暗沙。大船不利。在白沙有清澜。可泊大船。若白沙与万州。其港亦浅。鬼叫门亦有暗沙。在碣石有白沙湖。可泊大船。余港多外浅内深。难于出入。碣石卫则海石嵯岈。船易冲磕。甲子门其港亦浅。盖海防甚难。一遇飓风。船无湾泊之所。每多覆溺。船少又难以战守。故必量各寨广狭置船。多为之备。

卷二·地语·虎头门

广州山有三路。分三门。而以大庾为大门。海亦有三路。分三门。而以虎头为大门。虎头者。天地之阳气所从入。刘安所谓阳门也。地体阳而用阴。海者地之宗。故祀南海神于虎头门之阴。门在广州南。大小虎两山相束。一石峰当中。下有一长石为门限。潮汐之所出入。东西二洋之所往来。以此为咽喉焉。出虎头咫尺。则万里天险。与诸番共之。诸番非表而吾非里也。大唐之地止乎此。然止而不止。天下山川之气亦止乎此。然止而不止。止者地之势。而不止者天之行也。自虎头而入为滥口。次曰大滥。又次曰二滥。至滥尾则为波罗之江。予家在其上。终岁间南风多而不大热。以海水盛也。北风多而不大寒。以山火盛也。盖得安居之乐焉。

卷二·地语·厓门

厓门。在新会南。与汤瓶山对峙若天阙。故曰厓门。自广州视之。厓门西而虎门东。西为西江之所出。东为东北二江之所出。盖天所以分三江之势。而为南海之咽喉者也。宋末陆丞相、张太傅。以为天

险可据。奉幼帝居之。连黄鹄、白鹞诸舰万余。而沉铁碇于江。时穷势尽。卒致君臣同溺。从之者十余万人。波涛之下。有神华在焉。山北有一奇石。书镇国大将军张弘范灭宋于此十二字。御史徐瑁恶之。命削去。改书宋丞相陆秀夫死于此九字。白沙先生谓当书宋丞相陆秀夫负帝沉此石下。瑁不能从。光禄郭棐谓。如白沙者。则君臣忠节胥备。其有关于世教更大。而予则欲书大宋君臣正命于此。凡八字。未知有当于书法否。

卷二·地语·甲子门

甲子门。距海丰二百五十里。为甲子港口。有石六十。应甲子之数。又有奇石十八。屹立如人。宋承奉郎范良臣。常刻登瀛二字于石。取十八学士之义。景炎元年。端宗航海而至。良臣给军食三日。留帝像登瀛石上。今石中像端然临者。帝也。跪而进食者。良臣也。予铭其上云。天留一石。以作天家。君臣遗影。苔蚀如霞。芜蒌之饭。化作琼沙。衔珠青鸟。以瘗重华。

卷二·地语·澳门

凡番船停泊。必以海滨之湾环者为澳。澳者。舶口也。香山故有澳。名曰浪白。广百余里。诸番互市其中。嘉靖间。诸番以浪白辽远。重贿当事求蠔镜为澳。蠔镜在虎跳门外。去香山东南百二十里。有南北二湾。海水环之。番人于二湾中聚众筑城。自是新宁之广海、望峒、奇潭。香山之浪白、十字门。东莞之虎头门、屯门、鸡栖诸澳悉废。而蠔镜独为舶薮。自香山城南以往二十里。一岭如莲茎。逾岭而南。至澳门则为莲叶。岭甚危峻。稍不戒。颠坠崖下。既逾岭。遥见海天无际。岛屿浮青。有白屋数十百间在烟雾中。斯则澳夷所居矣。六十里至关。关外有番百余家。一寨在前。山巅有参将府。握其吭。与澳对峙。澳南而寨北。设此以御澳奸。亦所以防外寇也。初至一所曰青洲。林木芊郁。桄榔、槟榔之中为楼榭。差有异致。又十里至澳。澳有南台、北台。台者。山也。以相对。故谓澳门。番人列置大铜铳以守。其居率为三层楼。依山高下。楼有方者、圆者、三角者。六角、八角者。肖诸花果形者。一一不同。争以巧丽相尚。已居楼上。而居唐人其下。不以为嫌。山顶有一台。磴道横贯。常登以望舶。其麓有东望洋寺、西望洋寺。中一寺曰三巴。高十余丈。若石楼。雕镂奢丽。奉耶苏为天主居之。僧号法王者司其教。凡番人有罪至寺。法王不许忏悔。即立诛斩。许忏悔。则自以铁钩钩四体。血流狼藉。以为可免地狱之患。男女日夕赴寺礼拜。听僧演说。寺有风乐。藏革柜中不可见。内排牙管百余。外按以囊。嘘吸微风入之。有声呜呜自柜出。音繁节促。若八音并宣。以合经呗。甚可听。有玻瓈千人镜悬之。物物在镜中。有多宝镜。远照一人作千百人。见寺中金仙。若真千百亿化身然者。有千里镜。见三十里外塔尖。铃索宛然。字画横斜。一一不爽。月中如一盂水。有黑纸渣浮出。其淡者如画中微云一抹。其底碎光四射。如纸隔华灯。纸穿而灯透漏然。有显微镜。见花须之蛆。背负其子。子有三四。见虮虱毛黑色。长至寸许。若可数。又有自鸣钟、海洋全图、璇玑诸器。花则贝多罗、丁香。禽则红白鹦鹉、么凤、倒挂。兽则獴　、短狗以为娱。人以黑毡为帽。相见脱之以为礼。锦　裹身。无襟袖缝绽之制。腰带长刀。刀尾拖地数寸。划石作声。其发垂至肩。绀绿螺蜷。鬅如也。面甚白。惟鼻昂而目深碧。与唐人稍异。其侍立者。通体如漆精。须发蓬然。气甚腥。状正如鬼。特红唇白齿略似人耳。所衣皆红。多罗绒、辟支缎。是曰鬼奴。语皆侏　不可辨。每晨食必击铜钟。以玻璃器盛物。荐以白氎布。人各数器。洒蔷薇露、梅花片脑其上。坐者悉置右手褥下不用。曰。此为触手。惟以溷。食必以左手攫取。先击生鸡子数枚啜之。乃以金匕割炙。以白氎巾拭手。一拭辄弃置。更易新者。食已皆卧。及暮乃起。张灯作人事。所积著西洋货物。多以妇人贸易。美者宝鬘华褵。五色相错。然眼亦微碧。彼中最重女子。女子持家计。承父资业。男子则出嫁女子。谓之交印。男子不得有二色。犯者杀无赦。女入寺。或惟法王所欲。与法王生子。谓之天主子。绝贵重矣。得一唐人为婿。举澳相贺。婿欲归唐。则其妇阴以药黧黑其面。发卷而黄。遂为真番人矣。澳人多富。西洋国岁遣官更治之。诸舶输珍异而至。云帆踔风。万里倏忽。

唐有司不得稽也。每舶载白金钜万。闽人为之揽头者分领之。散于百工。作为服食器用诸淫巧以易瑰货。岁得饶益。向者海禁甚严。人民不得通澳。而潘王左右阴与为市。利尽归之。小民无分毫滋润。今亦无是矣。

卷二·地语·南澳

南澳在饶平东南二百里。盖海中之山。而潮之边幅。全粤之东蔽也。地周三百余里。中分四澳。东折为青澳。风涛险恶。泊舟者患之。西折为深澳。环以黄、赤二屿。一口裁通。可容千 q2。而隆澳其门户也。其曰钱澳。则宋帝所尝驻跸。是为四澳。钱澳有洲曰辞郎。景炎元年。帝舟迁于甲子门。邑人张达率义徒扈从。其妻陈璧娘送之至此。故曰辞郎。其名甚悲。夫妇之义。盖与此洲而长存焉。洲之青径口。有陆丞相疑墓及丞相母赵氏太夫人墓、少子九郎墓。周弘禴诗。身死厓山勤少帝。魂归南澳恋慈闱。是也。其曰沙园者。有学士馆遗基。莲花石礫高丈许。海涯有太子楼。垒石为之。旁有行宫及指挥司甬道。区区尺土。在波涛浩渺之中。为闽越闰余地。天偶忘之。故患难君臣得以相保须臾耳。噫。

卷二·地语·铜柱界

钦州之西三百里。有分茅岭。岭半有铜柱。大二尺许。水经注称。马文渊建金标。为南极之界。金标者。铜柱也。林邑记云。建武十九年。马援植两铜柱于象林南界。与西屠国分疆。铭之曰。铜柱折。交趾灭。交趾人至今怖畏。有守铜柱户数家。岁时以土培之。仅露五六尺许。铜柱不一。考唐、晋皆立铜柱。马援所立。在林邑南大浦。其铜柱五。唐开元时。何履光以兵定南诏。取安宁城及盐井。复立铜柱。其后安南都护张舟。立铜柱。元和中。马总为安南都护。又立二铜柱于汉故处。镵著唐德。以名伏波之裔。晋天福五年。楚马希范平群蛮。自谓伏波子孙。立二铜柱于溪州。铜柱故不一。马援所立在林邑。则分茅岭铜柱。必马总之遗也。今人但知为马援铜柱。岂以后人所立。亦即前人之所立乎。然柱之以铜何也。吾粤不多产铜。而伏波所为铜物。处处多有。吾意古时蛮里多以铜为兵。伏波既平交趾。或尽收其兵销镕。既铸铜柱五以表汉疆。又为铜船五、铜鼓数百枚。遍藏于山川瘴险之间。以为镇蛮大器。于钦州北。又铸铜鱼为窦。今有铜鱼之山焉。而伏波善别名马。又尝以铜铸马式上于朝。而合浦之北铜船湖。复有一大铜牛。时浮出水。横州乌蛮滩。亦有铜船。每风雨晦冥。有铜蒿、铜桨冲波而出。声若震雷。舟人往往见之。是皆铜之物也。伏波故有神灵。为徼外蛮酋所畏。自汉至今。恪遵约束。岁时腊。或祭铜柱于西屠。或祠铜船于合浦。其涉乌蛮之滩。渡朱厓、儋耳之海者。亦必精心祈祷。乃得安流。今虽山川移易。铜柱湮沉。而蠢尔跳夷。犹惴惴然以遗谶为忧。不敢埋没故迹。盖震慑将军之威灵若此。吾观交趾之山。其脉发自贵州。贵州为川之余。其山自巴蜀而来。大率过龙。如波涛万叠。奔腾不止。直至交趾而后结成国土。云南为其后门。广西为其前户。东界则广东钦州也。其地城郭不完。兵止徒卒。器止交枪。绝无中国长技。向者乘我艰危。阻绝天使。某将军以数百骑突之。夷椎数万。踉跄溃走。所乘象。闻丛雷大炮。亦辄崩奔。其脆弱可见矣。汉弃朱厓。今朱厓为文物澳区。名公卿比肩而出。明弃交趾。使铜柱旧封。日沦异域。极目关河。非复元封、建武之盛。使有伏波其人者出。安知不可荡平。复为衣裳礼乐之地耶。霍尚守云。永乐中讨平陈氏。收复交南。千载之奇勋也。倘于斯时。地濒广东者。割二三郡隶之。濒广西者。亦割二三郡隶之。各置大帅。屯重兵。以分其势。命张英公世镇。如沐西平故事。交趾之境。岂不若泰山而四维之哉。马骐贪暴。而酿祸于先。王通弃地。而委弱于后。柄国者复执贾捐之之说。于是封疆竟归黎利矣。嘉靖中。黎、莫变生。廷议征讨。文敏公欲遣大司马按兵境上。诏谕交人。以郡归者授之郡。以州归者授之州。使人自为守。若广西之土官然。可不血刃而定。湛文简权论亦如此。人咸惜其议不行云。且夫交趾其为郡十七。为州四十有七。为县一百五十有七。岁入司农一千三百六十余万。举闽、广、滇、黔之赋。犹不足以当之。乃宣德初。当国者弃若弁髦。且旋师仓卒。曾不少待。使中国官吏工商。沦陷异类。无虑数十万。计亦左矣。豪杰之士。恶得不以此

为痛恨哉。

考伏波铜柱。一在钦州东界。一在凭祥州南界。三在林邑北为海界。五在林邑南为山界。林邑者。秦之林邑县。地属象郡。汉之象林县。属日南郡者也。自伏波削平其地。至后汉末。有区连者。杀县令自号为王。连死。外孙范逸代立。逸死。奴范文篡位。攻并旁国。及日南郡据之。文死。子佛立。犹屯日南。晋九真太守灌邃。率兵讨佛。走之。追至林邑。今横州东三十里有地曰平佛。疑即灌邃战胜处。其后隋文帝平陈。乃遣行军总管刘方击之。其王范志。率蛮徒乘象而战。大败走。方入其都。护庙主十有八枚。皆铸金为之。盖有国十八叶矣。此亦一小南越也。尉佗王后。凡五世九十三岁而亡。而林邑自桓、灵之季至隋。乃得下有八传。蛮酋之力。其亦强盛也哉。赤雅云。林邑王范文。本牧羊奴。于涧中得二鳢鱼。欲私食。郎知捡求之。文曰。非鱼。砺石也。郎至。鱼化为石。其质如铁。文异之。就冶作刀。刀成。举之向石祝曰。文当有国。石即中开。石破。遂王林邑。子孙宝之。以鱼刀比之斩蛇剑云。林邑即越裳。今曰占城。在厓州之南。风顺一二日可至。丘文庄言。昔史臣纪禹贡山川。而终以圣化所至。其东、西、北皆以地言。至于南。独言其方。盖以圣人体天为治。面之所向。目之所视。其明德之光被。初不可以地里限计也。数千年以来。三方皆未尝越之而有加。惟南则日辟日远。崖州在当时远在荒服之外。今既开拓为提封。则占城他日安知不复为吾郡县之地耶。去崖州南六百里即占城。每南风顺。闻占城鸡声如洪钟。自海外悠扬而至。其近若斯。琼、崖屏障广东。占城亦可以屏障琼、崖者也。

卷二·地语·陈村

顺德有水乡曰陈村。周回四十余里。涌水通潮。纵横曲折。无有一园林不到。夹岸多水松。大者合抱。枝干低垂。时有绿烟郁勃而出。桥梁长短不一。处处相通。舟人者咫尺迷路。以为是也。而已隔花林数重矣。居人多以种龙眼为业。弥望无际。约有数十万株。荔支、柑、橙诸果。居其三四。比屋皆焙取荔支、龙眼为货。以致末富。又尝担负诸种花木分贩之。近者数十里。远者二三百里。他处欲种花木及荔支、龙眼、橄榄之属。率就陈村买秧。又必使其人手种搏接。其树乃生且茂。其法甚秘。故广州场师。以陈村人为最。又其水虽通海潮。而味淡有力。绍兴人以为似鉴湖之水也。移家就之。取作高头豆酒。岁售可数万瓮。他处酤家亦率来取水。以舟载之而归。予尝号其水曰酿溪。有口号云。龙眼离支十万株。清溪几道绕菰蒲。浙东酿酒人争至。此水皆言似鉴湖。又云。渔舟曲折只穿花。溪上人多种树家。风土更饶南北估。荔支龙眼致豪华。

卷二·地语·茭塘

茭塘之地濒海。凡朝虚夕市。贩夫贩妇。各以其所捕海鲜连筐而至。疍家之所有。则以钱易之。蛋人之所有。则以米易。予家近市亭。颇得厌饫。尝为渔者歌云。船公上樯望鱼。船姥下水牵网。满篮白饭黄花。换酒洲边相饷。又云。鳝多乌耳。蟹尽黄膏。香粳换取。下尔春醪。

卷二·地语·沙贝

增城者。五岭山水之丛。盖大庾西来。由韶、英德、番禺至增城而止。罗浮东来。由汀、惠、博罗至增城而止。北江自南雄北来。由韶、英德趋虎门而入海。东江自惠东来。由龙门、博罗趋虎门而入海。甘泉湛公。世增城之沙贝。前对虎门。为山水汇会之区。语曰。山川孕灵。不其征欤。大抵中原之山。至岭而穷。至虎门而益穷。其水亦然。然而穷之所在。大通以之。予尝欲移居沙贝。以翕受地灵。且所产多荔支异种。与香柚、甘蕉之美。实野人乐志之胜区也。况予沙亭乡去沙贝仅五十里。扁舟乘潮。半日可至。沙贝在扶胥之北。沙亭在南。或渡江先至南海神祠。从祠外东行三十里即至。有湛子钓台。在于江曲。五湖烟水一亭。在于林间。前贤之流风。悠然其未远也。昔白沙以江门钓台授甘泉。而甘泉以蒲葵笠与弼唐以为传道之契。予亦垂竿人也。先哲神明。其必有以默相予哉。

卷二·地语·沙田

广州边海诸县。皆有沙田。顺德、新会、香山尤多。农以二月下旬。偕出沙田上结墩。墩各有墙栅二重以为固。其田高者牛犁。低者以人秧莳。至五月而毕。名曰田了。始相率还家。其佣自二月至五月谓之一春。每一人一春。主者以谷偿其值。七八月时耕者复往沙田塞水。或塞箖箔。腊其鱼、虾、蟮、蛤、螺、蝗之属以归。盖有不可胜食者矣。其田皆一熟。或种秋分。或白露。或霜降。必兼种之。使自八月至十月。月月有收。其以八九月熟者曰小禾。秋分、白露、霜降等种是也。以十月熟者曰大禾。赤秥是也。沙田咸卤之地。多种赤秥。粒大而色红黑。味不大美。亦名大秥。皆交趾种也。其黄秥、花秥。惟内地膏腴者多种。禾既获。或贮墩中。或即舟载以返。盛平时。海无寇患。耕者不须结墩。皆以大船载人牛。合数农家居之。丧乱后。大船为官府所夺。乃始结墩地居。自癸巳迁海以来。沙田半荒。主者贱其值以与佃人。佃人耕至三年、田熟矣。又复荒之。而别佃他田以耕。盖以田荒至三年。其草大长。佃人刈草以售。每一日之功。可充十日之食。又有鱼、虾、蟮、蛤、螺、蝗之属。生育其中。潮长辄塞箖箔取之。其利甚饶。草之未尽刈者。则燔以粪田。田得火气益长苗。而田荒之至三年又复肥沃。故佃人每耕之三年。必荒之三年。不肯为田主长耕。如数纳谷。此有沙田者之苦也。沙田既多荒弃。于是赔赎虚粮。为累未已。而阴以其田贱赁于沙头。有司捕问。则里长以沙头告。沙头乃上限状于有司。请先输粮而后获。沙头者何。总佃也。盖从田主揽出沙田。而分赁与诸佃者也。其以沙田为奇货。五分揽出。则取十分于诸佃。不俟力耕。而已收其利数倍矣。此非海滨巨猾不能胜任。当盛平时。边海人以沙田而富。故买沙田者争取沙裙。以沙裙易生浮沙。有以百亩而生至数百亩者。今则以沙田为累。半委之于莫可如何者矣。

粤之田。其濒海者。或数年或数十年。辄有浮生。势豪家名为承饷。而影占他人已熟之田为己物者。往往而有。是谓占沙。秋稼将登。则统率打手。驾大船。列刃张旗以往。多所伤杀。是谓抢割。斯二者。大为民害。顺德、香山为甚。岩野先生尝请著为令。凡浮生沙潬。悉以入官。官募民耕种。以其租为赈饥饷军之需。如有能清察报闻者。与垦田同功。此则既绝争端。又资国用。诚为长利之策。或曰。古时五岭以南皆大海。故地曰南海。其后渐为洲岛。民亦蕃焉。东莞、顺德、香山又为南海之南。洲岛日凝。与气俱积。流块所淤。往往沙潬渐高。植芦积土。数千百晦膏腴。可跻而待。而农民又辄于田边筑坝。以致封岸之田崩没。而流其泥沙至坝。以为浮生。以故争讼日甚。有司者每不能平。使能于沙田已报税者。按籍给之。无籍者即没于官。召民承买。而取其价以供公。斯则绝讼之术也。

卷二·地语·永安三都

永安者。惠州府岩邑。先是。嘉靖三十九年。蓝能贼长驱府之东郊。破涌口。旬日乃去。不能以一矢加遗。自是两江群盗并兴。弥满归善、长乐、海丰之间。大群数千人。小群数百。凡数十百群。执官吏。攻乡保。龁齕坟墓。系累子女。屠戮人民。首身分离。暴骸骨于薮泽。假息城郭。不能尽去。高垒相守。往往陷没。从衡六七百里。攻劫恣行。或至郊垧。乃遣一卒道归。且行且劫。猥去爰处。上下相匿。以文辞避法。百姓嗸嗸无所控诉。自万历初年。五军合剿。贼乃荡平。府以归善秋乡、凤凰冈、磜头等。违县五日。海丰鹅埠岭。违归、海两县亦各二日。山海之寇、倏忽出没。最要害。度地创县控制便。南赣督府下其议。竟寝。叶春及谓。昔人论广。以狭治之。广中一县。常五六百里。缓则不驯。急则啸聚。未可归之山川与有司绥抚失策也。贼不畏民。朝廷之畏官亦然。故贼鲜犯城。官惟城兢兢。民蔑如也。永安县。民乃免于锋镝。咽而固有。食可废哉。永安既县。违惠州府城二百余里。重茧三日乃至。水行自倍。皆崎岖万山中。异时未县。罪人藜来者鲜。龙蛇易生。盗贼猬毛而起。其地然也。县宜矣。县有古名、宽得、琴江三都。幅员几七百里。连崀複复嶂尽其地。徯隧谽谺少夷衍。或二三十里无室庐。然地肥美。饶五谷。三都皆然。三都一曰古名都。自榄溪入。笮行二百里至火带。自火带以下皆秋乡江。旁溪注之甚众。水道纡曲。舟行半日。从陆以趋。尚不及数里云。两山蹙沓。江流如线。树木蔚

荟。多郁燠之气。民皆佃作。地腴多谷。秋冬间。衔接漕归。水湍石径。滩三百六十。乃至泷头。上益浅。不可漕。载不过十石。邑令常议疏浚之。排其填阏而凿横江之石。亦锐矣。春夏水涨。沙随之行。石碣碣京积。恐不能卒就也。围子乙、李郊、苦竹、车峒间。皆有傜。依凭崖谷。伐山而苗。爇草而播。患吾扰。彼不为患。一曰宽得都。北界河源。二合南趾、古名东入县。而佛子凹绾毂其口。龙川江西下。都之门户在焉。义容、神两江皆皇流。衡贯都内入龙川江。而神江之源最远。聚落数十。盘错两江间。被山排崎。丰草茂树。散为夷陆。原隰衍沃。自昔以为上田。沥口其望姓也。蓝能作难。则柏埔不能安枕。桃子园陀塞。弄兵之民负焉。上下窖铁冶。昔尝鼓铸。下凤凰冈。踰梁化。因材于山。以入幕府佐镶。后贼大起。因之是惧。不敢言鼓铸事矣。一曰琴江都。石马西驰。突起鸡公嶂。过芙蓉径入都。白叶、帘紫官山诸嶂。怵臬南走。踰貉獠坪至南岭山漏里。海丰、归善之山。由此始矣。是为邑之脊旅。水东西分流。若两胁然。西皆入秋乡江。东会琴口入横流渡。民务稼穑。饶积聚。有余以出米潭、大梧至潮。上镇、中镇。其会也。上方近河源、密坑、海丰、长乐之间。逃军坑直其下方。异时两处矿开。奸民趋之。如水赴壑。则南岭、赤溪以至上镇。当其要道。日夜行輷輷不绝。东与海、揭、程乡地比。三县盗起。不得安枕而卧矣。故昔垒寨。是都为独多云。宋末文信国提兵至循。屯南岭。南岭信险固。不义之民。往往负之。乃设文武将吏。屯戍其地。今空垒矣。狡然思逞其凶。何日蔑有。其可忽诸。

卷二·地语·秋乡

秋乡。在永安县西南。川流自铁潭渡汇合众水。奔泻而西。距城二百余里为县水口。合于大江。凡艘艇皆泊于此。怪石嶙峋。惊涛湍急。村灯渔火。隐映垂杨深竹之间。此地又多枫林。秋时叶丹。如火艳艳。一望烧空无际。绝与秋色相宜。故名秋乡。予诗。人家秋色在秋乡。

卷三·山语·三峡

自基德至清远有三峡。一曰中宿。一曰大庙。一曰浈阳。大庙介二峡之间。尤险狭。故尉佗筑万人城于此。汉杨仆先陷寻陕。姚氏云。寻陕在始兴三百里。地近连口。即此。然其险盖与蜀异。蜀三峡其险在滩。粤三峡其险在峡。自皋石山而下。危峦峻巘。为铁步障。为玉屏。凡数百里不断。其在中宿者。有南北二禺。南禺峰三十有六。北禺少其四。峰峰相抱。一水萦回而出。水如环肉。北禺为之好。而北禺之山且憩。南禺之山且行。行而南以东。至广州为白云诸峰。又东至海上为罗浮。其憩者。耸而为峰。两两壁合。巉锐绝特。望之若攒玉插天。其下苍磴屈盘。箐从茂密。临危飞石与古木互相撑拒。往往有崩陷之患。盖粤山之第一嶮。南禺路陡绝。挽舟车率从北禺。衣钩笮挂。乍却乍前。至浈阳。路益紧束。彼此绳索相牵。腾藉而上。踝血沾溉利石。往往至剧。陈岩野先生诗云。双峰若人立。举手相攀摘。步障四十里。恺崇势均敌。磴道虽新凿。猿猱苦绝壁。往年罥牵夫。山鬼至今嗅。其险如此。大庙峡。一曰香炉。当虞夫人庙右。有一峰状若香炉。故名。其前有二小峰。曰狮子、眠羊。横当湾环之间。舟人畏之。歌曰。朝见眠羊。估客烧香。暮见狮子。梢公化纸。自此至清溪、濛里二驿。一路多虎。又歌曰。清溪濛里。早眠晏起。而中宿峡往时尝有潮至。经宿乃返。予则歌曰。潮上飞来。一宿即回。飞来潮上。二禺皆响。峡中又有望夫台。予歌曰。望夫台。侬今化为石。郎且不须回。望夫台。一名望夫山。又歌曰。望夫山。侬虽化为石。犹自待郎还。自南禺以下有七湾。则歌曰。一湾复一湾。朝流侬泪去。墓流郎泪还。又歌曰。一湾复一湾。朝流郎泪去。暮流侬泪还。盖皆言行旅之苦也。凡自韶阳而下先浈阳。自广州而上先中宿。予歌曰。浈阳头。中宿尾。中央一峡香炉是。又歌曰。头中宿。尾浈阳。香炉一峡是中央。峡中复多怪石。或有两两相抄。状如牛头者。曰牯牛滩。则歌曰。过得牯牛。舟子白头。有名龙头硬者。鳖背者。歌曰。舟上龙头。一沉一浮。舟上鳖背。一进一退。有曰狮子角者。歌曰。水冲石口。狮子哮吼。水石争飞。舟船却走。有时滩水甚浊不见石。石激水成花乃敢行。歌曰。船行莫行。看石花生。有名银瓶钓丝滩者。则歌曰。大银瓶。小银瓶。酒香鱼味美。沉醉卧沙汀。又歌

曰。天晴钓丝短。天雨钓丝长。但求滩水满。不用鲤鱼尝。有曰磨刀滩者。歌曰。石为刀。舟为砺。朝磨暮磨。人与之敝。又歌曰。舟石相磨。舟奈石何。有曰弹子矶者。远望之。一峰锐竦。欹壁千仞。绝似太华南峰之背。上有穴。亦与 穴相似。云黄巢弹子所穿。是中空洞。一声入之。如震雷盘旋石腹。四山传响。壁上花木。与石色青白红紫相间。若锦屏。其南有数十峰。亦皆绝壁。石乳下滴。半空沾濡。时时坠一巨石。与惊湍日夜舂击。过此又有数峰相连。一壁横出。高广不及弹子矶。而迤逦若层城。盖皆与弹子矶本一圆峰。而削其半以为壁者。此巨灵斧凿之迹也。山翠空濛。阴者如烟雨。晴者如云霞。为日光所夺。不能自主。日午色多绿。薄暮多青。青而岝崿千百乃可数。越十余里。又一峰若弹子矶。上有洞曰碧落。僧嵌壁为楼。俯临潭水。势甚危。

卷三·山语·二禺

二禺在中宿峡。相传轩辕二庶子。长太禺。次仲阳。降居南海。与其臣曰初曰武者隐此。太禺居峡南。仲阳居峡北。故山名曰二禺。在南者曰南禺。北曰北禺。七十有二峰相对。一一奇峭。而北禺以飞来寺尤称胜。由十九福地坊而上。有嘉会亭。迤而西。一崖曰苍雪。异石矗立。如叠古琼。老榕横架其上。轮囷盘攫。风尝飕飕不绝。踰涧。有轩辕二帝子别业。祠二禺君。二禺君者。太禺、仲阳也。右为山晖堂。祠二禺臣。则初与武也。其下复有二帝子读书台。皆邑人朱叔子所建。台旁为飞来新寺。折而西。地稍夷旷。有叔子清音楼。泉自上行。锵锵有声。乃子瞻所谓仰看泉落珮。俯听石转毂者。四壁多青脂石乳。及海棠红踯躅之属。有泉渗出。萦纡伏流凡九曲。可以泛觞。左折沿涧而上。东望有一瀑布。其下为淙碧轩。子瞻以溪水太峻。当少留之。教寺僧于轩北作小闸。潴为澄潭。使水尝雷轰雪溅。又夏秋水暴。可为启闭之节。用阴阳家言。寺当少裕云。历磴二百余级。至一洞。镌仙源二字。瀑布发源处也。下有桥曰流香。是为第三桥。沿涧西行。竹林中有阮俞径。昔二帝子善音。采阮俞之竹吹之。凤凰来集。至今月明。犹彷佛闻其遗响焉。两崖摩挲皆作翠褐色。古木苍藤。垂阴水际。烟波隐映中。时有渔舠往来。篙落一声。岩壑四应。是为石洞最幽之处。其巅最高峰。林木益深。希见天日。有一岩广数百步。多钟乳。地下有石棋子。大者径二寸。凡百余枚。下为和光洞。安昌期丹灶在焉。常产五色榴花。折而西。为归猿洞。孙恪妻留玉环之处也。又一岩有古窑器。函黄金蜕一具。壁上刻秦时五百人避难于此九字。上即古飞来寺。梁普通年。二帝子自舒州移至此。一角遗于梅关。今为云封寺。粤故有客山二。一曰浮。一曰逃石。有客寺二。一曰飞来。一曰云封。飞来寺颇多题咏。区海目云。客帆山寺两依依。闻道飞来便欲飞。若使客帆同此寺。不烦一宿也能归。予和云。潮至胥江力渐微。峡门开处野猿归。空王亦爱禺阳好。飞寺而今更不飞。寺后绝壁有云隐二字。罗隐所篆。上尝生异云。祷之辄雨。称云台峰。距古寺数里。又有一岩。内分三洞。甚高广。唐时望气者言。南海有灵山产神草。遣使求之。果于此得金芝数十茎。锵然作金钱声。因名金芝岩。岩中床、几、瓶、垆悉具。一丹井与海眼通。石盂中有乳英满注。岩上又有天池二。一大一小。其水散为北禺诸泉。南禺巅为缥幡岭。与北禺之巅并高。下有钟楼冈。一巨钟旧悬其上。俄飞入水。每寺中伐鼓。水底钟隐隐相应。今渔者歌有云。山上钟声水底闻。南禺飞落北禺云。谓此也。由冈西折有一洞。又数百级有岩二。坞三。平台一。皆产金粟花。泉分数道而下。流为花溪。自一湾至于五湾。湾尽为百花洲。第五湾上有奇石三叠。高五十尺。平衍而白。名瑶台。下有花阡。叔子瘗落花之所也。二禺皆多水。凡山罅辄有流泉迸出。而南禺尤多泉。所冲啮压崩堑断。每为桥以便牵挽。宋时有栈阁七十余间。今易以石。磐路如丝。缭绕峰麓。舟上者百缆纠缠。钩藤罥石。乍断乍连。呼号多凄惨声。如哭如相杀。一散为百。百散为千。远近相应。自二禺至浈阳。凡三日皆然。浈阳峡小而长。其西壁益巉岩。可蛇行者仅尺许。故于东壁凿梯为平路。浈阳有连州水口出贼。大庙峡径路四通。花山、铁山诸寇。率从此乘龙艇出。每艇二十余桨。首尾如一。上下互为首尾。轻捷如飞。多用砂炮利器。遥见黑烟一点。即已中人。又数从庙东杀鸡坑而出。坑口下。又有滙江、大燕两水口。及黎峒坑。皆贼要冲。戍兵往往与通。咫尺间辄不赴救。哨船塘铺。皆在大庙对岸。不当隘口。名为御寇。实避之。

卷三·山语·罗浮

向称罗浮在海之中。不知海乃在罗浮之中。自朝至墓。自云如波涛。浩浩无际。予身渺然。乃一叶之舟。尝言登罗浮有如浮海。赋诗云。霡霡太古云。至今未开辟。山气日汹涌。随风洒精液。触石生洪波。微茫在咫尺。登山若浮海。舟航即轻策。浮山复浮去。与罗万里隔。仅余玉女峰。娟娟在肘腋。

山中有罗阳溪。水甚浅。可筏而不可舟。吾尝恨南汉刘鋹于增江水口穿渠达罗浮。其事未成。此渠成。则北从增城舟入罗浮之阴。南从东莞舟入罗浮之阳。无不可矣。

罗浮凡有约必不成游。昔梁公实常与黎瑶石约游罗浮。观沧海日出没。探勾漏令丹鼎。庶几其人一遇。而属海飓作。不可以舟。乃止宿田舍者三夕。飓益甚。山木尽拔。道为徙。而公实亦意尽。乃赋诗而归。是时属寒疾中凑矣。归而疾大作。遂不起。年仅三十有六也。使公实不即旋归。于黄龙冲虚之间葬骨。罗浮有一诗人冢焉。以与葛洪衣冠冢为邻。岂非罗浮之幸事乎哉。罗浮固灵山也。得游与不得游。良有命焉。观公实可以知之矣。

卷三·山语·官富山

官富山。在新安急水门东。佛堂门西。宋景炎中。御舟驻其下。建有行宫。其前为大奚山。林木蔽天。人迹罕至。多宋忠臣义士所葬。又其前有山曰梅蔚。亦有行宫。其西为大虎头门。张太尉奉帝保秀山即此。秀山之东。有山在赤湾之前。为零丁山。其内洋曰小零丁洋。外洋曰大零丁洋。文丞相诗所云零丁洋里叹零丁是也。小零丁洋有二石。一乌一白。对峙中流。高可百余仞。当时以为行朝双阙。今渔人称曰双箸。其海门则曰双箸门。此皆亡国遗迹也。嗟夫。大命已去。即一洲一岛之微。天亦不肯以与残华。使之暂为根本。浩浩沧波。必尽委君臣于鱼腹之中而后已。天之所以厚其惨毒于宋。抑何甚也。白沙尝作哀歌亭于厓门。其诗曰义尽君臣俱死节。感之深矣。

卷三·山语·端州山水

何磻云。自广州过三水县而西。山石奇险。峡江屈曲。高岭之上。小峰万叠。闻斧声丁丁。仰而瞩之。乃辨樵子之与尺树。俨在云岚开合间。长縴溯流。人百其力。舟行迟迟。看山良足也。过峡三十里至烟萝山。山半有束江亭。此为高峡口。牂牁西来。束以入峡故名。泉甘石润最可玩。至端州北门。望有茂林飞阁为宝月台。老树参霄。日景微漏。北窗正对七星岩。南临牂牁。江光明灭。盖为郡城烟火所蔽。台下百顷洿池。时雨平堤。芰荷数里。坐久凉生。非复炎境。二里为七星岩。端州之山。近而易登者无若七星岩。平地自起小峦。白石如雪。一名玉屏。雨之所淋。黑若点漆。树自石壁挺出。根无所著。而冬夏深翠自固。虽名七星。然大小不齐约八九峦。高者百仞。北海李邕镌记石壁。风雨剥落。犹可辨识。有洞有泉。却暑避喧。允为佳胜。

卷四·水语·西江

西有三江。其一为漓。一为左。一为右。右江至浔而汇左为一。而右江之名隐。左江至梧而汇漓为一。而左江之名亦隐。惟曰西江。西江在西粤为三。在东粤为一。一名郁水。唐志称。南海名山灵洲。大川郁水。亦曰牂牁江。予以其源远委长。经流四省。可为一大渎。而岣嵝碑有南渎衍享之语。因名之曰南渎。盖东粤江之大者无如牂牁。故南海一名牂牁海。亦曰牂牁大洋。南海固以江而重也。则祠牂牁于广州以为南渎也亦宜。牂牁者。江中两山名。左思云吐浪牂牁。西江之水。以牂牁之山为始。以厓门之口为终。牂牁其亦西江之岷山也。

牂牁江即今巴盘江。黔之水惟此为大。由滇阿迷、罗雄。径广南泗城、田州乃至粤。自广南以上。皆

崎岖不通舟楫。而唐蒙以为一奇。欲从夜郎浮船制南越。计亦疏矣。光武时。牂牁大姓龙、傅、尹、董氏。与郡功曹谢暹保境为汉。自番禺江奉贡。盖陆至广南乃由水道耳。用兵贵取奇道。然深入人国。其势在分。武帝攻南越。兵分五路。其命驰义侯发夜郎兵下牂牁。特以为奇耳。正兵以下横浦为先。下横浦至番禺。水道平而径。故楼船先至寻狭。

西江发自夜郎。尽纳滇、黔、交、桂诸水而东。长几万里。然趋海之道。苦为羊峡所束。咽喉隘小。广不数武。霪雨时至。则狂波兽立。往往淹没田庐人畜。民居城上。南门且筑三版。故老言。伏波平定侧、贰。筑堤于其国。使交水不为粤患。自是交人恒虞泛滥。贿粤吏去石一版。遂以我为壑。考水经注。马文渊积石为塘。达于象浦。盖以防交水之患也。文渊此举。与史禄皆有功于粤。粤之上游。如洭。如漓。如横浦。如牂牁。皆湍急多石。其可舟行者。或皆史禄所凿。不止灵渠。自史禄凿灵渠。而两伏波赖之以下楼船。唐蒙所以请从夜郎浮舟直至番禺西浦者。亦以禄尝开辟此道云。

卷四·水语·涨海

万州城东外洋。有千里长沙。万里石塘。盖天地所设。以堤防炎海之溢者。炎海善溢。故曰涨海。后汉书云。交趾七郡献贡。皆从涨海出入。涨者嘘吸先天之气以为升降。气升则长。长则潮下虚。下虚十丈。则潮上赢十丈。气降则消。消则潮下实。下实一尺。则潮上缩一尺。皆气之所为。故曰涨。凡水能实而不能虚。惟涨海虚时多而实时少。气之最盛故涨。若夫飓风发而咸流逆起。大伤禾稼。则气郁抑而不得其平。亦涨之说也。涨海故多飓风。故其潮信无定。雷州调黎之东。一日两潮而两汐。西则一。调黎之潮。东消而西长。那黄则西消而东长。其风不定。其潮汐因之。风者气之所鼓者也。平常则旧潮未去。新潮复来。常羡溢而不平。故曰涨海也。或曰涨海多瘴。饮其水者腹易胀。故入涨海者必慎其所养。亦一说也。

卷四·水语·海水

炎洲之水。其边大洋以北者。清而绀。边大洋以南者。碧而黑。西涨暴下则黄浊。黄浊故淤泥壅积以成田。碧而黑。则性劲味咸。水卤所生。火膏所发。鬻之可成盐末。故凡海水。秋冬咸而春夏淡。咸则益清见底。谚云。咸水清。淡水浊。咸水满洋。不如淡水一掬。言淡者虽浊而可食也。虎门外之水重。咸也。虎门内之水轻。淡也。舟入虎门。则低五寸。出虎门。则高五寸。水咸故有力也。凡下海之船日以轻者。水咸且劲。入木而木质坚。故轻也。上江之船日以重者。水淡且柔。入木而木质松。故重也。入夜则海水纯丹。火光万里。波浪乘风。如千万火山冲击。物触之辄生火花。咸故生火也。然海中生火。亦尝不必以咸。凡水中必有火也。天地间水不足则火不生。海者水之至足者也。火之体虚。必丽于物而明。水亦其所丽之物也。水贵乎行。火贵乎畜。畜于山亦畜于水也。故海色之碧与味之咸苦。皆火之所为也。董子谓火至阳而有凉焰。此凉焰也。木华谓阴火潜然。此阴火也。邵子谓有温泉而无寒火。此寒火也。大抵火生于山与生于水皆半。山之光。火之所为。水之光亦然。火在山则阳。在水则阴。在山则热。在水则寒。而南海独称炎海者。既接暘谷。复迩扶桑。其精气与日相摩而生火。故曰炎海也。

出澳门。其水纯黑。至琼海则蓝。其分界处水。一蓝一黑不相杂。舟人谓之海畛。盖水积厚则纯黑如靛。以咸故兼碧色。淡则黄白。其咸淡同流。当中必有一直路。两色判然。然掬之在手。黑者亦清。黑者水之真色。又海大天色沉冥。日月为之不曜。兑之一阴与天同玄。故水黑。

凡潮水两边落至三尺。中间潮心乃高。潮心者俗谓之畛水。畛者界也。潮心行乎江中。其白如雪。明明可辨。故曰界。以其在江中流。故曰潮心。心从中而行。独高出于左右之流。盖坎中一阳之象。坎之心亨以此。水非火之力不流。水之流。地二之火所使也。天一能生水而不能流。须地二生火以流之。地二之火阳火也。无形之火也。有形则海中之阴火也。故夫求阳水于火中者必于山。求阴火于水中者必

于泽。新安海中之火。每成块。大如车轮。随风入城。人惊以为天降火也。风止即旋消灭。以阴火故著物不焦。得湿而愈炎。以水折之。则光焰至天。物穷乃止。盖阴火喜湿。阳火喜燥。阳火可以水灭。阴火可以火灭。以湿伏阳火。以燥伏阴火。其理一也。

凡江阳而海阴。阴故海水重而沉。阳故江水轻而浮。新安灶丁煮盐。俟潮至取注缸中。以饭粒试焉。饭粒之所止。乃可分其咸淡。咸则留之。淡则去之。盖海水阴。有力而能任重。故饭粒止而不沉。能胜饭粒。则可以为盐也。盐与火同类。咸故生火。火故生盐。火者盐之本也。阳也。盐者火之末也。阴也。凡人食淡则血红。淡阳也。阳纯故红。食咸则血黑。咸阴也。阴纯故黑。水者天地之血也。

祝融之汪。南海也。停水曰汪。楚曰汪。闽广曰洋。从广州虎门而出。水皆曰洋。在东为东洋。西为西洋。五月南风大盛。舟始开洋。亦曰飘洋。从洋皮观水。近低远高。如千重云山。上接霄汉。与在江湖观水。近高而远低者不同。每望黄气。知有人烟国土。白气知有山峰。黑气则水。是谓望洋。洋中空旷。风起即知。落帆下矴亦无恙。惟经山岛防旋风。若漏发。载重难寻则沉溺矣。然舟不能轻。轻须以土石实之。风浪既大。非重载不能镇压也。

万州一港。四围有天然石堤。常伏水中不见。港颇宽广。海艟争避风其中。稍不虔。则港口忽生一沙横塞之。须祭禳乃灭。盖海中沙礁。时有时无。皆有鬼神于其间。

廉州海中。常有浪三口连珠而起。声若雷轰。名三口浪。相传旧有九口。马伏波射减其六。予有伏波射潮歌云。后羿射日落其九。伏波射潮减六口。海水至今不敢骄。三口连珠若雷吼。

琼州以海水占年。凡海水热则荒。谚曰。海水莫热。禾谷将结。海水其凉。禾谷登场。

卷四・水语・潮

广人以潮汐为水节。或日一潮而一汐。或日两潮而两汐。皆谓之节。其在番禺之都。朝潮未落。暮潮乘之。驾以终风。前后相蹙。海水为之沸溢。是曰沓潮。一岁有之。或再岁有之。此则潮之变。水之不能其节者也。若以岁之十月。自朔至于十有二日候潮。朔日潮盛。则明年正月必有大水。二日则应二月。日直其月。至于十有二日皆然。此亦潮之常而人罕知之。盖水之神于节者也。然大率潮与月相应。月生明则潮初上。月中则潮平。月转则潮渐退。月没则潮乾。月与日会。则潮随月而会。月与日对。则潮随月而对。月者水之精。潮者月之气。精之所至。气亦至焉。此则水之常节也。盖水与月同一坎体。故以月为节者。在在有常。而以日为节者。在在有变也。余靖云。月之所临。则水往从之。故月临卯酉。则水涨乎东西。月临子午。则潮平乎南北。彼竭此盈。皆系于月不系于日是也。

张潮谓潮者气之所为。故谓潮应月可也。谓水往从月。潮系于月则不可。临安志云。潮汐往来。天地之至信。气升而地沉。则水盈而为潮。气降而地浮。则水缩而为汐。然谓水随气而往来可也。谓水因地而盈缩则不可。尝有候二海之潮者。谓平于东者尝先。平于南者尝后。每差三时。又有谓北水南来则潮长。南水北来则潮落。夫潮长何以自北而南哉。盖河图一六水居北。后天卦位。坎亦居北。夫北。水之汇也。气之关也。天地之喘息。一翕一张。而潮之长落因之。气之张于地也。则水自北奔南而潮长。张之极。则水益南而潮平。张极而翕。翕则水北还而潮落。夫惟气之张翕无停机。故潮之长落应期而不爽。若夫小大早晚之异。临安志又云。当卯、酉之月。则阴阳之交也。气以交而盛。故潮之大也。独异于余月。当朔望之日。则天地之变也。气以变而盛。故潮之大也。独异于余日。盖时有交变。气有盛衰。其气机一与月应。故谓海潮应月。理亦昭然。若夫踏残之水。则天地余气。吸将尽而复出也。春夏昼有踏残。昼之永也。秋冬夜有踏残。夜之永也。永故余气复出也。若夜短则汐水无踏残。昼短则潮水无踏残矣。盖皆乘气而往来也。袁昌祚云。有人于北海往来。见正北一望。海皆平水无潮。返东北隅。始渐见潮有消长。盖正北方位。先天为坤。后天为坎。皆天一始气。潮从此生而常平。渐乃通诸四海。若循环然。大率应昼夜子午二气为消长之候。有不尽由于月者。虽月常一月而一周天。潮亦常一日而一周地。然皆以先天之气。流行于后天之方位。世儒乌所据而云月配先潮配后也。

卷四·水语·广州潮

广州潮。以朔日长。至初四而消。以望日长。至十八而消。谓之水头。以初四消至十四。以十八消至廿九、三十。谓之水尾。春夏水头盛于昼。秋冬盛于夜。春夏水头大。秋冬小。故防倭者。自清明前三日。至大暑前一日。谓之春汛。春汛为大。以水头故。言大汛也。自霜降前一日。至小寒前一日。谓之冬汛。冬汛为小。以水尾故。言小汛也。渔者歌云。水头鱼多。水尾鱼少。不如沓潮。鱼无大小。沓潮者潮之盛也。一名合沓水。水之亲旧者。去来相逆。故曰沓。沓。重沓也。当重沓时。旧潮之势微劣。不能进退。鱼去而复来。故多。鱼大者始能乘潮。故大。沓潮者渔人所喜。又粤人以为期约之节。予有沓潮曲云。与郎如沓潮。朝暮不曾暇。欢如早潮上。侬似暮潮下。又云。两潮相合时。不知早与暮。与郎今往来。但以潮为度。

卷四·水语·琼潮

琼州潮。每月不潮不汐二三日。冬不潮不汐三四日。八九月潮势独大。夏至大于昼。冬至大于夜。二十五六潮长。至朔而盛。初三大盛。后渐杀。十一二又长。至望而盛。十八大盛。后又渐杀。大抵视月之盈虚为候。以为随长短星者。妄也。以为半月东流。半月西流。亦非也。盖地形西北高。东南下。琼、雷两岸相夹。见水长而上。则以为西流。见水消而下。则以为东流耳。然陈让云。天下潮汐消长皆同。惟琼海两岸。东西异流。每南岸水流东而长。则北岸水流西而消。北岸水流东而长。则南岸水流西而消。同此一海。两岸异流。彼逆此顺。然东流日仅廿四刻。西流则计时有九。又或数日不流。盖伏流也。天妃庙碑言。十六七八九四日伏流可渡。至中流始有怒涛。乃东西合流处所。所谓中洋合巢浪也。过此可勿戒心。如风大则半日可渡。又岁三月二十三日。天妃渡海南。必有北风。舟楫宜候之。以是日须臾可渡。是日广东边海地。亦皆有风雨。

卷四·水语·昌乐泷

昌乐泷。在乐昌县西北六十里。自泷口以上至平石。凡有六泷。乃郦生所称。崖壁峻阻。岩岭干空。交柯云蔚。霾天晦景。谓之泷中者。泷中之山名监豪。两峡相抵触。欲崩欲陷。枫、楠、豫章诸大木撑之。天从石罅中出。仅寻丈许。随峡势以为大小。屈曲萦回。百余里至泷口。乃稍开豁。峡中一名武溪。其水源出桂阳王禽出。入临武。经鸬鹚石南流。合泸水泠君之水。激为大泷。滩流最怒。惊湍飞注。凡有六处最险。其曰寒泷者。涛风沫雪。凛冽如深冬。舟出没者。衣尽湿。如裸而泅。冻不可忍。上有庙。祀汉桂阳太守周昕。报始疏凿之功也。庙左祀昌黎韩愈。愈昔至此。不敢涉。有泷吏诗云。险恶不可状。船石相春撞。故亦称韩泷。一曰金泷。其崖昔为雷击。倾裂数百丈。颓波所入。众鼜　冲。鼓若山腾。转如电掣。尝有金银光怪。一曰白茫泷。一曰垂泷。悬洪百余仞。汇为巨潭。滀瀃腾沸。望之茫洋。一曰梅泷。上多梅树。有兽白毛而长臂。旦夕吟啸。人以为猿公。一曰腰泷。言在泷之腰也。亦曰穿腰泷。舟人率以两篙穿腰。舁舟而上。日不能十里二十里。舟下者。势如劈箭。直入九渊。离巨石尝一发许。路或穷。折而入岩窦。则山液滴沥。阴湿毒淫。若有蛟蛇鬼怪之物。欲相搏噬。令人凄神寒魄。不能自持。自寒泷至此皆绝险。舟上者与石争。下与水争。与石争者势在篙。与水争者势在船。其可为力者。人半之。不可为力者。天亦半之。出峡至泷口。有鹅公石。在水中险若滟预。过此乃敢泊舟。岭南谓水之湍浚者曰泷。诸州皆有泷。英德有泷头水。罗定有泷喉。而以此六泷为大。六泷又以穿腰为大。予有泷中号子云。舟子穿腰欲上天。下泷船笑上泷船。上泷争似下泷险。一片风帆乱石边。又云。舟随瀑水天边落。白浪如山倒翠微。巨石有时亦却立。白鸥欲下复惊飞。泷口东岸。有赵佗古城。佗昔自王。首筑此以扼楚塞。盖以秦新道惟此泷中最险。彼北从湞水、西从漓水以入者。险皆不及泷口。有望泷楼。去县西北三十里。县西门曰西泷。其东曰东川。南曰武水。武水至县南有龟峰。横当水口。水为萦纡倒流。上有一亭。予书曰武溪亭。有记。

卷四·水语·白鹅潭

珠江上流二里。有白鹅潭。水大而深。每大风雨。有白鹅浮出。则舟楫坏。丙申五月朔。二白鹅状如小艇。随波上下。时无风雨。舟经此者皆见。以小铳逐之。飞数百步没于水。相传黄萧养作乱。船经此潭。白鹅为之先导。亦妖物云。

卷四·水语·开河

陶三广公尝从高州开一河。直达肇庆。功垂成。为人所沮。今因前绪而继之。费不大而成永利。盖雷、廉、高、钦地方所以寥落。由水路不通。少商贩也。开此河。则四郡皆为沃壤。寇盗不治自弭。而雷、廉积滞之粟。由河至广州。广州因以资裕。地利至要也。又陶公欲开河三道。一从那龙渡东一里许凿之。以通恩平县南阶山之水。以达蚬冈。一从绵阳涌凿之。使西流以达麻濠之水。皆遇石而废。一从南津港沿海而西。以达丰头港。今淤。然那龙之水达于阶山。不过十里。南津之水达于丰头。不过三里。今取他道另凿。迄有成功。亦百世之利也。恩平诸父老尝以为言。守土大臣欲兴水利。其以此地为先。

南海治西四十里。有两山对峙。吕嘉尝积石其下。名曰石门。盖百粤山川之会也。史称杨仆先破石门。得越船粟。即此。水今乾浅。三江之水。一由大路峡迳九江以入熊海。一由黄雀冈迳分水以趋珠江。其分流西南潭者。夏月四之一。余月十之一。以故舟楫不由石门。郭光禄云。西南潭二支之派。一绕广州。一护顺德、东莞。旧势然也。今则沙淤水涸。不趋石门。会城无朝宗之水。无以贯通元脉。不得不勤君子经纬之虑。然则疏浚之功。不可阙矣。

卷四·水语·潭滘河

潭滘河。在新宁县境。新宁最边海。明初设卫广海。以为备倭阨塞。其前五十里地曰铜鼓角。山势崒嵂。横截海湄。怪石张牙。参错沙际。风水冲激。噌吰成声。舟舶每经。颦蹙震悚。稍不戒。船辄倾覆。盖洋海之滟滪也。地去广州三百余里。一望汪洋无际。不可驻汛。猝有外寇。并力以渡。过险则扬帆直入。而新会、香山、顺德、番禺等县。边鄙皆震。闻我治兵。辄先出险。徜徉角外。我师至险。方与风水为敌。艅艎不支。惧其犄我也。往往水犀遄旋。阻险而止。寇虽遁而不能追。两广总制吴公巡海至此。念新宁百峰山下有潭滘乡。河形隐隐。湮塞已数百年。浚之径海。可以去患而就安。趋便而夺险。一日制胜。十世之利也。于是下令浚河。河成。逶迤三十里。下通上川、下川以至广州。上通广海大洋以出角背。口子设炮台若干。戍以水军。寇至既不得入。又不敢越我而过险。设或昧于一来。我潜师从潭滘出。表里夹攻。必将片帆不返矣。不宁惟是。潭滘所处。逼近百峰、蕉石诸山。层峦叠嶂。其民犷悍。往往阻宋跳梁。不就戎索。自潭滘开为坦途。兵民络绎。至是奸宄失据。咸俯首而遵约束。此一举诚众善皆得云。薛炎洲记。

卷四·水语·潮候

昼潮夜汐。天地呼吸之气。广州里海。视大海每迟数刻。径迅纡回之别也。俗传初一十五。水上日午。初九二十三。水大牛归栏。盖潮候左券。琼海潮昼夜惟一汛。半月潮长则西流。半月潮消则东流。予诗。半月西流半月东。乘潮不必更乘风。又临高、儋州接壤间。水性迥别。儋州东流。则临高西流。儋州西流。则临高东流。予诗。琼潮系星不系月。东流半月西半月。昼夜从无两汛时。临高儋耳东西绝。王佐云。琼潮东西流之说非也。海水只有消长。无东西流。盖因地形西北高而东南下。琼、雷南北两岸相夹处。见水长上则以为西流。消下则以为东流耳。有分水漾在琼海中流。漾南属琼。北属雷州。予诗。一漾分流大海中。南潮北汐不相同。

卷四·水语·移肇庆水窦

肇庆江干多石矶。苦无泊舟之所。或谓东门外三里许有跃龙桥。其下水窦两重。为崧台石室一带山水之所从出。如徙此窦。深入三四里许。潴水成湾。可泊大小船数百。免风涛不测之患。且于本城下关甚利。窦旁居人稀少。田畴不多。官买之筑堤。费约数千金而已。此似可行。

卷四·水语·开浚河头小河

新兴河头。有渠形在林阜中。可以疏凿。使水南行三十里许。直接阳春黄泥湾。以通高、雷、廉三郡舟楫。免车牛挽运之苦。谷米各货往来既便。则东粤全省之利也。此宜亟行。

卷四·水语·南江水口

南江水口。有浮沉石在江中。舟人谣曰。要知风雨至。但视石沉浮。

卷五·石语·石船

高州潘仙坡有一石船。中圬。两端微起若荷华片。长八尺有半。广四尺。又有石篙一。在云炉洞。长二丈许。相传潘茂名真人遗物。予有石船铭云。至人餐石。以刚为柔。至人乘石。以沉为浮。风将气御。水以神游。芙蕖一瓣。泛泛如舟。虚无之滓。为尔长留。

卷六·神语·海神

溟海吞吐百粤。崩波鼓舞百十丈。状若雪山。尝有海神临海而射。故海浪高者既下。下者乃复高。不为民害。父老云。凡渡海至海安所。闻涛声哮吼。大地震动。则知三四日内有大风雨。不可渡。又每月十八日勿渡。渡则撄海神之怒。又云。凡渡海风波不起。岛屿晴明。忽见朱旗绛节。骖驾双螭。海女人鱼。后先导从。是海神游也。火长亟焚香再拜则吉。其或日影向西。巨舶相遇。帆樯欹侧。楼舵不全。或两或三。时来冲突。火长必举火物色之。举火而彼不应。是鬼船也。火长亟被发掷钱米以厌胜。或与之决战。不胜。必号呼海神以求救。海神甚灵。嘉靖间有渡琼海者。见海神特立水上。高可丈余。朱发长髯。冠剑伟丽。众惊伏下拜。海神徐掠舟而过。有光景经久不灭。次日有三舟复见。大譟拒之。风波大作。舟尽覆。语云。上海人。下海神。盖言以海神为命也。粤人事海神甚谨。以郡邑多濒于海。而雷州出海三百里余。琼居海中。号特壤。每当盛夏。海翻飓作。西北风挟雨大至。海水溢溢十余丈。漂没人畜屋庐。莫可胜计。盖海神怒二郡民之弗虔也。故以生人饷蛟鱼。蛟鱼食之而弗餍。又为之嘘噏咸雨。放为咸潮。使水卤积于洋田。逆流万顷。禾苗朽烂。数年而不可复耕。以病二郡之民也。噫嘻。民之生长于雷、琼。其不幸若是。然今粤人出入。率不泛祀海神。以海神渺茫不可知。凡渡海自番禺者。率祀祝融、天妃。自徐闻者。祀二伏波。祝融者。南海之君也。虞翻云。祝。大也。融。明也。南海为太明之地。其神沐日浴月以开炎天。故曰祝融也。祠在扶胥江口。南控虎门。东溯汤谷。朝暾初出。辄见楼殿浮浮。如贝阙鲛宫。随潮下上。每当天地晦冥。鲸呿鳌掷。飓风起乎四方。雾雨迷其咫尺。舟中之人。涕泣呼号。皆愿少缓须臾之死以请于祝融。其声未干。忽已天日晴朗。飘行万里。如过衽席。而天妃神灵尤异。凡渡海卒遇怪风。哀号天妃。辄有一大鸟来止帆樯。少焉红光荧荧。绕舟数匝。花芬酷烈。而天妃降矣。其舟遂定得济。又必候验船灯。灯红则神降。青则否。其祠在新安赤湾。背南山。面大洋。大小零丁数峰。壁立为案。海上一大观也。凡济者必祷。谓之辞沙。以祠在沙上故云。而二伏波将军者。专主琼海。其祠在徐闻。为渡海之指南。苏子瞻云。自徐闻渡海适朱厓。南望连山。若有若无。杳杳一带耳。舣舟得济。股栗魂丧。相庆再生。咸以伏波为恩我。李伯纪常祷于二将军。北得生还。乃书子瞻所作碑。刻石祠中。祠有二。正祠为新息。别祠为邳离。

卷六·神语·南海神

南海神庙在波罗江上。建自隋开皇年。大门内有宋太宗碑、明太祖高皇帝碑。其在香亭左右。则列宗御祭文。使臣所勒者也。韩昌黎碑在东廊。宋循州刺史陈谏重书。神自唐开元时。祭典始盛。尝册尊为广利王。岁以立夏气至。命广州刺史行事祠下。祝文书御名。宋真宗锡王玉带。至和元年。加王冕九旒、犀簪导、青纩充耳、青衣五章、朱裳四章、革带钩觼、緋韨、素单、大带、锦绶、剑、佩、履、袜。内出花钗九株、袿、襡、簪、鐄。署曰赐明顺夫人。明顺者。王之夫人。皇　所封号也。元时。数遣使奉锦幡、销金幡、金银香盒。吴莱古迹记言。南海庙有玉简、玉箫、玉砚、象鞭。林霭所献铜鼓。面阔五尺。脐隐起。有海鱼虾蟆周匝。及宗真宗所赐玉带、蕃国刻金书表、龙牙火、浣布。今皆不存。洪武六年。赐黄金香盒。重十六两。黄绫幡一副。藩臬大夫每春秋仲月壬日致祭。先出香盒于官库。赍至神前。祭毕复归藏焉。其礼器。柷一。笾四。豆四。簠二。簋二。爵三。鉶如爵之数。篚一。尊一。羊、豕函各一。祭品羊一俎。豕一俎。和羹三鉶。帛一篚。黍稷二簠。稻粱二簠。枣、栗、盐、藁鱼四笾。韭、菹、醓醢、鹿醢四豆。皆有司存。庙向无祭田。宣德间。吾从祖萝壁、秋泉、南窗三公。始施四六顷六十八亩。在波罗海心沙、东马廊、西马廊、深井、金鼎、石鱼塘。田乃潮田。岁一熟。淤泥所积。子母相生。今又增数顷矣。庙中有道士一房。僧二房。收其租谷。岁仲春。十二、十三日。有事于庙。萝壁子孙主道士。秋泉、南窗子孙主于僧。予从兄士煌有碑志其事。而吾乡沙亭。与庙仅隔一江。一舸随潮。瞬息可至。以有祭田之供。辄视之为家庙焉。而沙亭亦有南海离宫。高曾之所俎豆。灵怪之所凭依。世修其祀罔或懈。盖生乎南海之上者。祠南海。生乎南岳之下者。祠南岳。亦庶民之礼也。非僭也。予尝为文以祭曰。洪惟灵德。重润南中。茫茫百越。潮汐咸通。火膏滋沃。金气冲融。洋洋发育。天一之功。三门以外。浩淼如空。天墟洒北。日母浮东。君王百谷。莫不朝宗。扶胥南岸。有庙巃嵸。高阳苗裔。俎豆其恭。此方士女。所恃离宫。天吴海怪。饮食咸丰。咸波不溢。禾稼芃芃。分龙有雨。怒飓无风。清和春仲。远近来同。波罗望拜。相应雄钟。虔申礼荐。以达玄聪。

卷六·神语·南海之帝

予尝于南海祠书额曰南海之帝。盖以家语云。水、火、木、金、土。是为五帝。又庄生云。南海之帝为倏故也。南海之帝实祝融。祝融。火帝也。帝于南岳。又帝于南海者。石氏星经云。南方赤帝。其精朱鸟。为七宿。司夏。司火。司南岳。司南海。司南方是也。司火而兼司水。盖天地之道。火之本在水。水足于中。而后火生于外。火非水无以为命。水非火无以为性。水与火分而不分。故祝融兼为水火之帝也。其都南岳。故南岳主峰名祝融。其离宫在扶胥。故昌黎云。南海阴墟。祝融之宅。海在南而离宫在北。故曰阴墟也。体阴而用阳天之道。故以阴为宅也。四海以南为尊。以天之阳在焉。故祝融神次最贵。在北东西三帝、河伯之上。

祝融。赤帝也。淮南子云。南方之极。自北户之界至炎风之野。赤帝祝融之所司是也。正义云。赤帝。南方赤=怒之神。赤熛怒者。火赫赫炎炎之象。火者南人之命。南人之事赤帝。盖事火也。事火者事其命也。岁之冬日。必为火清之醮以答神庥。龙车冕服。极其珍丽为之。所在皆然。

卷六·神语·伏波神

伏波神。为汉新息侯马援。侯有大功德于越。越人祀之于海康、徐闻。以侯治琼海也。又祀之于横州。以侯治乌蛮大滩也。滩在横州东百余里。为西南湍险之最。舟从牂牁至广必经焉。滩有四。曰雷霹。曰龙门。曰虎跳。曰挂舵。每滩四折。折必五六里。出入乱石丛中。势如箭激。数有破溺之患。夹岸皆山。侯庙在其北麓。凡上下滩者必问侯。侯许乃敢放舟。每岁侯必封滩十余日。绝舟往来。新舟必磔一白犬以祭。有大风雨。侯辄驾铜船出滩。橹声喧豗。人不敢开篷窃视。晴霁时有铜篙铁桨浮出。则横水渡船必破覆。须祭禳之乃已。此皆侯之神灵所为云。凡过滩。每一舟拨招者四人。使舵者四人。前

立望路者一人。左右侧竖其掌则舵随之。然此地仅一姓人知水道。世为滩师。余人则否。其人亦马流遗裔也。滩为交趾下流。征侧叛时。侯疏凿以运楼船。至今石势纵横。宛如壁垒。大小石分曹角斗。奇阵森然。戈甲之声。喧阗十余里外。侯威灵盖千年一日也。祠中床、帐、盘、盂诸物。祝人拂拭惟谨。居民每食必以祭。事若严君。予亦尝以交趾簳珠为荐。簳珠者薏苡也。

伏波祠广东、西处处有之。而新息侯尤威灵。其庙在交趾者。制狭小。周遭茅茨失火。庙恒不及。交趾绝神之。交趾人每惧汉人诉其过恶于侯而得疫病。于是设官二人守庙。不使汉人得入。而其君臣入而祭者。必膝行蒲伏。惴惴然以侯之诛殛为忧。侯之神长在交趾。凡以为两广封疆也。

卷六・神语・天妃

天妃海神。或以为太虚之中。惟天为大。地次之。故天称皇。地称后。海次于地。故称妃。或曰非也。易。兑为泽。泽通于天。故曰天泽。以海为大。故曰天池。而兑为少女。故曰妃。艮之男为地公侯。故兑之女为天妃。然今南粤人皆以天妃为林姓云。

卷六・神语・龙母

龙母温夫人者。晋康程水人也。秦始皇尝遣使尽礼致聘。将纳夫人后宫。夫人不乐。使者敦迫上道。行至始安。一夕龙引所乘船还程水。使者复往。龙复引船以归。夫人没。葬西源上。龙尝为大波。萦浪转沙以成坟。会大风雨。墓移江北。每洪水淹没。四周皆浊。而近墓数尺独清。墓之南有山。天将雨。云气必先群山而出。树林阴翳。有数百年古木。人不敢伐。以夫人有神灵其间云。夫人姓蒲。误作温。然其墓当灵溪水口。灵溪一名温水。以夫人姓温故名。或曰。温者。媪之讹也。夫人故称蒲媪。又称媪龙。唐李绅诗。风水多虞祝媪龙。然媪非生龙者也。得大卵而畜之。龙子出焉。养之以饮食物。龙得长大。盖古之豢龙氏也。始皇以为神。遣使迎媪。以尝闻徐福言。海神之使者铜色而龙形。光上照天。意媪其同类也。求三神山患且至。船风辄引而去。岂亦龙之所为耶。

卷七・人语・士燮

士燮字威彦。广信人。建安初。为交趾太守。中国士人往依者百数。陈国袁徽与尚书令荀彧书曰。交趾士府君。处大乱之中。保全一郡。二十余年疆场无事。民不失业。羁旅之徒。皆蒙其庆。虽窦融保河西。曷以加之。官事小阕。辄玩习书传、春秋左氏传。简练精微。皆有师说。其称之若此。燮兄弟并为列郡。雄长一州。偏在万里。百蛮震服。会交州刺史张津死。汉赐玺书。以燮为绥南中郎将。董督七郡。是时天下丧乱。道路断绝。而燮不废贡职。复下诏拜安远将军。封龙度亭侯。建安十五年。孙权遣步骘为交州刺史。骘至。燮率兄弟奉承节度。权加燮左将军。建安末年。燮遣子廞入质。又诱导益州豪雍闿等东附。权益嘉之。迁卫将军。封龙编侯。论者谓燮不能始终于汉。权乃国贼。与昭烈力争交州。而燮兄弟乃助权为逆。岂诚识春秋之义也者。燮卒。而其子徽乃据交州。为吕岱所破。惜乎见之晚矣。后主建兴十三年。有廖式者。起兵苍梧。以应诸葛丞相。诸郡应之。此真汉之义士也。燮视之宁无愧于心乎哉。叶春及云。一统志。苍梧县即汉广信。苍梧郡治此。故陈元父子载于苍梧。而肇庆旧志谓封川西一里为广信县。虽非治所。固彼提封。陈氏之隶封川。未可知也。燮亦广信人。身本名儒。兄弟四人。拥兵据郡。岭海归心。中原丧乱。孙权、刘表皆窥南土。燮于此时。以甲兵之力。循赵佗之迹。西连蜀汉。庶几比美桓文哉。奉权节度。复诱益州附之。旄矣。岂度已审势耶。然燮名虽不终。亦可谓一时之豪杰也。大均云。当是时。又有揭阳吴砀者。砀。汉末为安成长。权使吕岱取长沙郡。砀据县以拒之曰。砀受天子命为长。知有汉而不知有吴也。又苍梧衡毅。与同郡钱博。皆为郡太守吴巨所信用。建安末。权以步骘为交州刺史。骘至。使人谕巨。巨纳骘而后图之。骘知巨。以诈斩巨首以徇。遂治船兵二万。下取南海。毅、博念巨部曲旧恩。且骘之来非汉命也。乃兴兵逆骘于高要峡口。与战三日。既溃

败。毅与众皆投水死。死者千余人。无一生降。嗟夫。砀与毅、博。又皆汉之忠烈臣也。以列于季汉书内传。岂曰非宜。

卷七·人语·马人

马人一曰马留。俞益期云。寿泠岸南。有马文渊遗兵。家对铜柱而居。悉姓马。号曰马留。凡二百余户。自相婚姻。张勃云。象林县在交趾南。马援所植两铜柱。以表汉界处也。援北还。留十余户于铜柱所。至隋有三百余户。悉姓马。土人以为流寓。号曰马流人。铜柱寻没。马流人常识其处。常自称大汉子孙云。其地有掘得文渊所制铜鼓。如坐墩而空其下。两人舁之。有声如鼙鼓。马流人常扣击以享其祖。祖即文渊也。有咏者云。铜鼓沉埋铜柱非。马留犹著汉时衣。予亦有诗云。山留铜柱水铜船。新息威灵在瘴天。终古马留称汉裔。衣冠长守象林边。又云。朝鸣铜鼓伏波祠。大汉儿孙实在兹。一任金标埋没尽。马人终古识华夷。铜船在合浦。相传马援铸铜船五。以其四往征林邑。留一于此。天阴雨浮出湖面。樵捕者常得见之。因名湖曰铜船湖。邝露诗铜船互奔流。又云冒险触铜船是也。马人今已零落。而钦州之峒长皆黄姓。其祖曰黄万定者。青州人。初从马援征交趾。有功。留守边境。后子孙分守七峒。至宋。皆为长官司。无时以贴浪峒长黄世华有讨贼功。赐金牌印信。洪武初年收之。仍为峒长。其在时休峒者。祖曰禤纯旺。亦马援战士。永乐初。时罗峒长以事被革。移纯旺孙贵成守之。其如昔、博是、澌凛、鉴山、古森五峒。亦皆以姓黄者为长。盖皆万定后裔。马留之人也。然黄氏繁盛而马氏衰。亦独何欤。

卷七·人语·黑人

林邑记。有儋耳民以黑为美。离骚所谓玄国。即今儋州也。其地在大海中。民若鱼鳖。鱼鳖性属火而喜黑。水之象黑。儋耳民亦水之族。故尚黑也。然儋州今变华风。绝无缓肩镂颊、耳穿缒为饰之状。独暹罗、满剌伽诸番。以药淬面为黑。犹与古儋耳俗同。予诗。南海多玄国。西洋半黑人谓此。予广盛时。诸巨室多买黑人以守户。号曰鬼奴。一曰黑小厮。其黑如墨。唇红齿白。发鬈而黄。生海外诸山中。食生物。捕得时与火食饲之。累日洞泄。谓之换肠。此或病死。或不死即可久畜。能晓人言。而自不能言。绝有力。负数百斤。性淳不逃徙。嗜欲不通。亦谓之野人。一种能入水者。曰昆仑奴。记称龙户在儋耳。其人目睛青碧。入水能伏一二日。即昆仑奴也。唐时贵家大族多畜之。有南海郡守。常赠陶岘昆仑奴摩謌。勇健善浮游入水。永乐间。娑罗国东王西王。遣使来朝。以黑小厮充贡物。亦是此种。其曰　者。出暹罗之崛垅。举族巢林樾中。有同猿猱。身短小精悍。圆目黄睛。性专悫不知金帛。夷獠谙其性。常驯扰以备驱使。蒙以敝絮。食以　鲅。饮以漓酒。即跃然欢喜。举族受役。至死不辞。虽历世不更他姓。尝使之采片脑、鹤顶。皆如期而获。授以毒镖。有犀象辄往刺之。升木而匿。犀象怒。索之弗得。移时毒发而毙。　取其齿角以输主人。他姓夺之。亦至死弗畀也。有曰奴囝者。出暹罗国。暹罗最右僧。谓僧作佛。佛乃作王。其贵僧亦称僧王。国有号令决焉。有罪者没为奴囝。富豪酋奴囝至数百口。粤商人有买致广州者。皆黧黑深目。日久亦能粤语。又红毛舶至。常以白小子赠人。长仅尺许。面与手足皆如玉雪。独发绀耳。见人辄能脱帽跪拜。语甚细。咿嘤不可辨。云小人之国所产。男女皆然。不能耕种。有自然粉豆取食可以饱云。

卷七·人语·蛋家贼

广中之盗。患在散而不在聚。患在无巢穴者。而不在有巢穴者。有巢穴者之盗少。而无巢穴者之盗多。则蛋家其一类也。蛋家本鲸鲵之族。其性嗜杀。彼其大艟小艑出没波涛。江海之水道多歧。而罟朋之分合不测。又与水陆诸凶渠。相为连结。我哨船少则不能蹑其踪迹。水军少亦无以当其锋锐。计必兵恒有余于盗。毋使盗恒有余于兵。又设为严法。如盗杀一人。则以一兵抵。杀一兵。则以一官偿。劫一

民舸。则夺一哨船之食。而责之立功。昼夜巡行。惟盗是索。而蛋人则编以甲册。假以水利。每十艇为一队。十队为一长。画川使守。略仿洪武初以蛋人为水军之制。择其二三智勇者。为之大长。授以一官。俾得以军律治其族。与哨船诸总。相为羽翼。又使诸县富民。仍得朋造乌槽、横江二船。专业渔盐。有警则船人皆兵。分班守直。凡出外海制贼用乌槽。里海制贼用横江船。又使东西二江日艘夜艘诸艘长。皆为哨长。而勿征其饷。如此。则上无养兵之劳。而水师自足。一有事。旦暮可集矣。

卷七·人语·黄盗

黄盗名萧养。初为盗下狱。卧榻枯竹生花。诸囚以为祥也。萧养乃率囚越狱。纠集战船数百艘。直犯广州。于五羊驿僭位。称东阳王。改授伪官百余人。珠江之南。有伪南汉离宫故址。增筑居之。船抵五羊门外。其手下衣貌与同者数十人。官兵莫能辨。乃以响箭向天射。萧养仰视。一箭直贯其喉。堕水死。其众尽降。于是广州始作外罗城。今南面新城是也。海寇之雄。莫过萧养。前有曾一本。后有刘香。皆力攻广州弗克。盖当盛当则然。

卷九·事语·四路下南越

汉当时四路下南越。楼船以偏师先至。其道径也。先陷寻陕、破石门。则南越之险夺矣。复居前。得以自择便处。居乐南面。则越之下流据矣。乘暮而疾攻。纵火烧城。计莫善焉。有楼船之锋锐。战如雷霆。而后伏波得以遣使招降。故破越者。杨仆也。然越人至今祀伏波不衰。未尝及仆。则以伏波遣使招降者赐印。复纵令相招。务行其德之故也。太史公以杨仆为酷吏。观其反驱越人入伏波营中。亦可见其惨暴之一端也哉。

卷九·事语·两伏波楼船

汉孝武讨南越。遣伏波将军路博德、楼船将军杨仆。其后光武征交趾。亦遣伏波将军马援、楼船将军段志。盖以越人素畏伏波、楼船之威。故仍其号。使闻之而知震惧也。然两伏波至今俎豆。而两楼船无闻。当时实以德济之。不纯用威。故民之不能忘若是。

卷十四·食语·舟楫为食

广为水国。人多以舟楫为食。益都孙氏云。南海素封之家。水陆两登。贫者浮家江海。岁入估人舟算缗。中妇卖鱼。荡桨至客舟前。儵忽以十数。弱龄男女崽。身手便利。即张罗竿首。画钓泥中。鳖、蟹、蜃、蛤之人。日给有余。不须衣食父母。又舟人妇子。一手把舵筒。一手煮鱼。橐中儿女在背上。日垂垂如负瓜瓠。扳罾摇橹。批竹纵绳。儿女苦褴褛。索乳哭啼。恒不遑哺。地气多燠。既省絮衣之半。跣足波涛不履袜。或男女同屐。男子冬夏止一裤一襦。妇人量三岁益一布裙。如是则女恒余布。地惟粳稻。土厚获多。人日计米一升。加以鱼、蚌、乌菱、蕉、橘、薯、芋。减炊米十可二三。如是则男有余粟。故古称饶富居甲焉。按吾广多杂食物。而水居尤易为生。顾禾虫之埠。　蚬之塘。皆为强有力者所夺。以渔课为名。而分画东西江以据之。贫者不得沾丐余润焉。蛋人之蚬　虾篮。虽毫末皆有所主。海利虽饶。取于人不能取于天也。

卷十五·货语·银

闽、粤银多从番舶而来。番有吕宋者。在闽海南。产银。其行银如中国行钱。西洋诸番。银多转输其中。以通商故。闽、粤人多贾吕宋银至广州。揽头者就舶取之。分散于百工之肆。百工各为服食器物价其值。承平时。商贾所得银。皆以易货。度梅岭者。不以银捆载而北也。故东粤之银。出梅岭十而三四。今也关税繁多。诸货之至吴、楚、京都者。往往利微折资本。商贾多运银而出。所留于东粤者。银无

几也。故谚曰。物贱银贵。无钱可替。大抵小民贸易喜用钱。上之人苟能以钱易银。尽弃银而勿用之。而银于是乎同于瓦砾矣。

卷十五·货语·铜

考唐建中初。赵赞判度支。采连州白铜。铸大钱一以当十。而韶州城南七十里。宋初置埸采铜。曰岑水铜场。谓场水能浸生铁成铜。今不然矣。而连州亦绝无白铜。大抵广东无铜矿。惟广西右江州峒有之。往时掘地数尺即有矿。故蛮人好用铜器。然广东亦有赤铜。宓山云。凡赤铜一石。可取白银四两。从云、贵来者有光。盖未取炼者也。其价贵。从洋船来者无米。其价稍贱。以取炼者也。赤铜铸钱。须以倭铅、卢甘石入之则黄。官诚能平价采买于洋舶。而取英德、仁化矿铅以铸制钱。钱既行。渐废银而不用。将见富者难以为富。贫者易以为贫。此亦便民之道也。说者谓地不产铜。而开局铸钱则铜价顿高。势不得不殽杂以充课额。钱既殽杂。质脆而色黯。遂启伪钱之端。此说亦未必然。

卷十五·货语·琥珀

琥珀。来自云南者多血珀。来自洋舶者多金珀、蜜蜡、水珀。广人雕琢为器物特工。余则以作丸药之用。琥珀者。龙阳而虎阴。龙为魂而虎为魄。盖得松液之阴精。因己土而结者也。梁氏云。凡松老则其中所附之金精甚坚。坚则重而下注。潜伏于根节之中。夏月时太阳气盛。松以金水之精。受大火之蒸炙。于是通体融液。肤理有疏。皆渗泄而遗漏。而是时火在天上。地下之气寒而敛。以地下寒敛之气。而受松热液之精。二者相抱。遂凝而为琥珀。久在土中。愈坚而愈明莹。其内之光亮者精也。如金色者血也。故服琥珀。则宁心魄而利小遗。血经之药阴也。服茯苓。则安神魂而补脾胃。气经之药阳也。物以类各相从也。广中抱龙丸为天下所贵。以其琥珀之真也。其以油煮蜜蜡为金珀。吸芫草易。但不香。

卷十五·货语·玻璃

玻璃来自海舶。西洋人以为眼镜。儿生十岁。即戴一眼镜以养目光。至老不复昏矇。又以玻璃为方圆镜。为屏风。昔汉武帝使人入海市琉璃者此也。南州异物志云。琉璃本质是石。欲作器。以自然灰治之。自然灰状如黄灰。生南海滨。今西洋人不知亦用此灰否。每裁锯为大小物。或以镶嵌壁障。潘尼所谓灼爚旁烛。表里相形。凝霜不足方其洁。澄水不能喻其清者。广人或铸石为之。然殊不及。

卷十五·货语·龙脑香

龙脑香。出佛打泥者良。来自番舶。粤人以樟脑乱之。樟脑本樟树脂。色白如雪。故谓之脑。其出韶州者曰韶脑。樟脑以人力。龙脑以天生者也。凡脑皆阳气所聚。阳香而阴臭。而龙者纯阳之精尤香。其脑与涎。皆香品之最贵者。

卷十五·货语·诸番贡物

诸番之直广东者。曰婆利。曰古麻剌。曰狼牙修。曰占城。曰真腊。曰爪哇。曰暹罗。曰满剌加。曰大泥。曰蒲甘。曰投和。曰加罗希。曰层檀。曰赤土。其直安南者。曰林邑。曰槃槃。曰三佛齐。曰急兰丹。曰顿逊。曰州湄。曰浡泥。曰阇婆。曰扶南。曰彭亨。曰毗骞。曰天方。曰锡兰山。曰西洋古里。曰榜葛剌。曰苏门答剌。曰古里班卒。是皆南海中大小岛夷。见于明祖训、会典者也。其不可考者。有辇、罗兰、顿田、离其、门毒、右笪、罗越、佛逝、河陵、个罗、罗谷罗、婆露、狮子、摩逸、佛朗机诸国。则未尝入贡懋迁有无者也。安南本汉交趾地。洪武初朝贡。其物有金银器皿、熏衣香、降真香、沉香、速香、木香、黑线香、白绢、犀角、象牙、纸扇。占城本古越裳氏界。洪武二年。其主阿荅阿首遣其臣虎都蛮来朝贡。其物有象、犀、象牙、犀角、孔雀、孔雀尾、龙脑、橘皮、抹身香、熏衣香、金银香、奇南香、土降香、檀香、柏香、烧

碎香、花藤香、乌木、苏木、花梨木、芜蔓、番纱、红印花布、油红绵布、白绵布、乌绵布、圆璧花布、花红边缦、杂色缦、番花手巾帕、兜罗绵被、洗白布泥。暹罗在占城南。洪武四年。其王参烈昭毗牙。遣使柰思俚侪刺识悉替等来朝贡。进金叶表。其物有象、象牙、犀角、孔雀尾、翠毛、六足龟、龟筒、宝石、珊瑚、金戒指、铜鼓、片脑、米脑、糠脑、脑油脑、紫檀香、速香、安息香、黄熟香、降真香、罗斛香、乳香、树香、木香、乌香、丁香、丁皮、阿魏、蔷薇水、琬石、紫梗、藤竭、藤黄、硫黄、没药、乌爹泥、肉豆寇、胡椒、荜拨、苏木、乌木、大枫子、苾布、油红布、白缠头布、红撒哈剌布、红地绞节智布、红杜花头布、红边白暗花布、绵棋子花布、织人象花文打布、西洋布、织花红丝打布、剪绒丝杂色红花被面、织杂丝竹布、红花丝手巾、织人象杂色红文丝缦。真腊本扶南属国。洪武六年。其王忽儿那遣使柰亦吉郎等来贡。其物有象、象牙、犀角、孔雀翎、苏木、胡椒、黄蜡、乌木、黄花木、土降香、宝石。爪哇本古阇婆国。洪武三年。其王昔里八达剌。遣使八的占必等来朝贡。其物有胡椒、荜茇、黄蜡、乌爹泥、金刚子、苏木、乌木、番红土、蔷薇露、奇南香、檀香、麻藤香、速香、降香、木香、乳香、黄熟香、安息香、乌香、荜拨、茄龙脑、血竭、肉豆蔻、白豆蔻、藤竭、阿魏、庐荟、没药、大枫子、丁皮、番木鳖子、闷虫药、碗石、宝石、珍珠、锡、西洋铁、铁枪、摺铁刀、铜鼓、苾布、油红布、孔雀、火鸡、鹦鹉、玳瑁、孔雀尾、翠毛、鹤顶、犀角、象牙、龟筒。满剌加在占城南。永乐三年。其王西剌八儿速剌。遣使奉金叶表来朝贡。其物有番小厮、犀角、象牙、珠母壳、玳瑁、鹤顶、鹦鹉、黑熊、黑猿、白麂、锁袱、金母鹤顶、金厢戒指、撒哈剌白苾布、姜黄布、撒都细布、西洋布、花缦、片脑、栀子花、蔷薇露、沉香、乳香、黄速香、金银香、降真香、紫檀香、丁香、丁皮、塝、胡椒、血竭、乌爹泥、肉豆蔻、没石子、阿魏、窠铅、片脑、肉果、玛瑙珠、竹布、苏合油、乌木、苏木、大枫子、番锡、番盐。三佛齐本南蛮别种。在占城南。洪武四年。其王哈剌扎八剌卜。遣使玉的力马罕亦里麻思。奉金字表来朝贡。其物有黑熊、白獭、火鸡、孔雀、五色鹦鹉、诸香、兜罗绵被、苾布、龟筒、胡椒、肉豆蔻、番油子、米脑。浡泥本阇婆属国。洪武四年。其王马谟沙。遣使亦思麻逸朝贡。其物有珍珠、宝石、金戒指、金绦环、金银八宝器、龙脑、牛脑、梅花脑、降香、沉香、速香、檀香、丁香、肉豆蔻、黄蜡、玳瑁、龟筒、蠃壳、鹤、熊皮、犀角、孔雀、倒挂鸟、五色鹦鹉、黑小厮。锡兰山。正统十年。其王遣使耶把剌谟的黑哑等来朝贡。其物有宝石、珊瑚、水晶、金戒指、撒哈剌象、乳香、木香、树香、土檀香、没药、西洋细布、藤竭、芦荟、硫黄、乌木、胡椒、碗石。苏门答剌。永乐三年。其王锁丹罕难阿必镇。遣使阿里来朝贡。其物有马、犀、牛、龙涎、撒哈剌梭眼木香、丁香、降真香、沉速香、胡椒、苏木、锡、水晶、玛瑙、宝石、石青、回回青、硫黄、番刀弓。大坭。称隶暹罗助贡国。其来贸易。有胡椒、乳香、血竭、没药、片脑、荜拨、乌爹泥、土檀、黄檀香、降香、沉香、沉粟香、丁香皮、乌木、苏木、藤黄木、贪子、龟筒、象牙、番牛角、玳瑁、珠壳、宝石、打麻、西洋布、竹布、茭张席、灰筒。急兰丹。正德四年来贸易。有胡椒、乌木、丁皮。以上凡十二国。皆尝来往广东者。旧例。贡舶三艘至粤。使者捧金叶表。入京朝贡。其舶市物还国。次年三舶复至迎敕。又市物还国。三年三贡。或五年一贡。一贡则其舶来往三度。皆以澳门为津市。黄文裕云。往者番舶通时。公私饶给。其贸易旧例。有司择其良者。如价给之。次则资民买卖。故小民持一二钱之货。即得握椒。展转交易。可以自肥。广东旧称富庶。良以此。助国供军既有赖。而在官在民又无不给。是因民之所利而利之者也。议者或病外番闯境之为虞。夫暹罗、真腊、爪哇、三佛齐等国。洪武初首贡方物。臣服至今。永乐时。浡泥入朝。没齿感德。成化间。占城被篡。继绝蒙恩。南方蛮夷。大抵宽柔。乃其常性。百余年间。未有敢为寇盗者。迩者佛朗机来自西海。其小为肆侮。夫有所召之也。见今番舶之在漳闽者。亦未闻小有警动。则是决不敢为害。亦章章明矣。霍文敏云。东南番皆由广入贡。因而贸易。互为利市焉。中国不可拒之以自困。惟佛郎机则贼人之桀也。不可不拒。因拒佛郎机并拒诸番。非策也。为今之计。在诸番之来则受之。在佛朗机则斥之。否则厉兵以防之。示之必诛。

卷十五·货语·黩货

东粤之货。其出于九郡者。曰广货。出于琼州者。曰琼货。亦曰十三行货。出于西南诸番者。曰洋货。在昔州全盛时。番舶衔尾而至。其大笼江。望之如蜃楼赑屃。殊蛮穷岛之珍异。浪运风督。以凑郁江之步者。岁不下十余舶。豪商大贾。各以其土所宜。相贸得利不赀。故曰金山珠海。天子南库。贪者

艳之。晋书称。广州包带山海。珍异所出。一箧之宝。可资数世。然地多瘴疠。人情惮焉。惟贫窭不能自立者。求补长吏。故前后刺史。皆多黩货。朝廷欲革其弊。以吴隐之为广州刺史。隐之至郡。清操异常。每食惟乾鱼菜。帷帐器服。皆附外库。其后有王琨者。刺史广州。人言南中沃实。官此者常致钜富。世云广州刺史。一经城门。即得三四十万。琨无所取纳。表献禄俸之半。有王僧孺者。为南海太守。叹曰。昔人为蜀部长史。终身无蜀物。吾欲遗吾子孙。不在越装。有张田者。知广州。尝谓人曰。南海饶诸珍物。但身为市舶使。不欲以此自污。作钦贤堂。绘古昔清刺史像。师事之。有周穜者。知广州。故事。番舶抵郡。犀象香珠之属悉选以献。曰呈样。穜一无所受。终任不至舶务。有余靖者。知广州。奏罢番舶之税。以来远人。又戒在任官吏。不得私市南药。及受给由苏息二钱。比自罢归。囊中无南海一物。有孔戣者。为岭南节度使。始至。免属州逋赋十八万缗、米八万斛、黄金税八百余两。番舶初来。有下碇税。有阅货宴。所饷犀象、香琲。下及仆隶。戣禁绝无求索。旧制。海商死者。官籍其货。满三月。无妻、子诣府。则没入之。戣以海道远。岁一往复。苟有验者。不为限。悉推与之。有卢钧者。为岭南节度使。番舶之来。旧帅皆作法兴利以致富。钧奏请监军领市舶使。己不干预。有韦正贯者。为岭南节度使。旧日番舶始至。大帅必取其上珍。而售以下直。番人厌苦之。正贯至。一无所取。之数公者。皆清廉自爱之君子。求其取所当取者不可得。况于身为大贾。斡山海之货。役利细民。与市井子孙争为奸利者乎。比年以来。岭海亦大空虚矣。所喜者大庾绾毂其口。百里间磴道巉岩。十郡之大阻恃焉。天欲留不尽之货财于南越。故以此台关一线为咽喉。俾玩巧事末之民。与夫呰窳偷生者。得仰机利而食。不然者。地之所产者有尽。而贪人之捆载者无穷。岭海虽为天下饶。所存以为生且养者。亦无几矣。嗟夫。国之富藏之于民。复藏之于其地之民。夫使其地之民各享其利。而无眈眈者虎视其间。而其国治矣。

卷十六·器语·铁鼓

韶州忠惠公祠有铁鼓。一面微损。击之有声。先时江中有一蛟。舟行者多为所害。公以铁为鼓及船。使役人乘之。一日夜来往五羊。得蛟斩之。至今蛟骨二段存祠中。盖以铁物治蛟。乃金克木之道。龙性畏铁。蛟亦然。是皆属木。故以金制之。伏波铸铁船沉于合浦。其亦以镇压毒龙而已。

卷十六·器语·大铳

往塞上大将军铳。蓟镇岁声一次。以势大。人不敢发也。其重也。斤以一百五十计。以千斤铜母装放如佛朗机。少保叶公梦熊益为斤二百五十。长三倍之。得六尺许。以滚车发之。可及八九百弓。不以铜母。中以铅弹七斤者为公。三斤者为子。一斤者为孙。三钱、二钱者二百许为群孙。名曰公领孙。弹以铁磁片。杂斑猫毒药煮就者佐之。凡重三十斤。发时势如霹雳。可毙人马数百计。沿边以千万架处处安置。俾将士习熟。人人能发。又以滚车转运之。虽重大可以登高涉远。夷险皆宜。斯火器之最神者矣。其曰西洋大铜铳者。重三千斤。大十余围。长至二丈许。药受数石。一发则天地晦冥。百川腾沸。蛰雷震烨。崩石摧山。十里之内。草木人畜无复有生全者。红毛夷擅此大器。载以巨舶。尝欲窥香山澳门。胁夺市利。澳夷乃仿为之。其制比红毛益精。安置南北两台。以守要害。发时以铳尺量之。测远镜度之。无不奇中。红夷乃不敢犯。用于中土。则诚攻守重器也。顾夷人不吝重赀峻法。讲习演试。中土反之。以故不得其效。盖铜质欲醇。铜汁欲清。铸候欲齐。土范欲泽。引缄欲后。方可免迸裂之患。五者备矣。药又欲精欲燥。发火之人欲练。乘火之人欲整欲敏。而悬重赏以待之。然后守无夹砦。攻无金城。如徒曰重器而已。安知不反以资敌乎。

龙塘叶公。尝以甘肃无墙。仅有一夹把边。夹把者。夹草与沙而为把者也。公以大神炮为墙。一发可及六里。谓以两门更番而放。则六里无患。计东起金城。西至嘉峪。一千六百余里。北起镇番。南至西宁。一千七百余里。以大神炮一千门。分布其中。又以灭寇、三眼、百子。佛朗机、涌珠等炮。及火箭、

火砖、火雷佐之。则三千余里无患。其炮洞也。有墙者穿墙为之。无墙者则安置土墩院中。每一门立炮长一人。加粮三斗。率领炮军五人。日夜练习。有急则聚而为阵。战则以大神炮歼敌于五六里之外。俟其将近。乃以灭寇、三眼等器杂施之。其步下兵。每人执一挨牌。牌中藏一窝蜂火箭九枝。夹以长枪一、长斧一。计挨牌一千。则得火箭九千。长枪、长斧二千矣。当齐发时。如天火下焚。铁石莫御。枪斧先锋而摧坚。马兵两翼而冲突。而又有贵州土夷。如罗鬼、仲家、黑苗之类。恒以一二千人而敌十万。诸蛮能骑野马。不用鞍辔。步下放弩。马上标枪。跣足踏冰。有进无止。所食者又皆血腥生物。不用烟火。寇人往往望而怖畏。以故所向无敌。

卷十六·器语·机铳

澳门所居。其人皆西洋舶夷。性多黠慧。所造月影、海图、定时钟、指掌柜。亦有裨民事。其风琴、水乐之类。则淫巧诡僻而已。至如机铳者。名觌面笑。弢藏于衣袂之中。而突发于咫尺之际。杀机不测。良可寒心。其制也。小石如豆。啮皮函外。铁牙摩戛。火透函中。盖皆精铁分合而成。分之二十余事。邈不相属。合之各以牝牡橐籥相茹。纳纽篆而入蜗户。栝转相制。机转相发。外以五六铁梔梔之。大四寸。围长六七寸。以带系置腰间。带有铜圈。可插机铳二十枚。铅弹亦怀于身。用时乃入。弹重八九分。用止二枚。不可多。多则坏铳。危急时。一人常有二十铳之用。百不失一。此亦防身之奇技也。区怀瑞有铭云。有械咫尺。出自岛舶。具铳之型。焰烟小弱。支绪琐陈。炼钢而作。辐辏委蛇。洞空橐籥。节短势长。旋螺屈蠖。鱼乙畛分。犬牙绣错。关键相须。石金喷薄。浑合自然。不焚而灼。激射摧残。等于戏虐。迅击寻丈。不爽锱铢。蜕胎重器。巧捷于兹。触光毫末。锋镝为威。变生衽席。狃而不知。明信在躬。圣铁是衣。君子警斯。毋中于微。

卷十六·器语·席

粤之席。以西洋茭文者为上。其草随舶而至。澳人得之亦能织。然皆复而不单。单者用细方胜斜纹。惟西洋国人能织。次则龙须席。龙须出广宁、高明二县。其茎多倒垂。似莞而细。土人春取其萌于石穴。种之成田。名曰龙须田。谚曰。山种龙目。水种龙须。龙须至芒种而肥。肥则勿壅。壅之生虫退色。至秋分而熟。熟乃与灯心草同收。而使金渡村人织之。长乐龙须礤亦产此草。而织手不及。有通草席。出高要白土村及新会。有莞席。出东莞县。莞丛生水中。其中茎圆美。尔雅曰。莞。苻蓠。其上蒚。蒚中茎也。莞故与蒲相连。蒲下而莞上。故周礼司几筵。有蒲筵莞筵。蒲粗而莞细也。诗。下莞上簟。簟凉而莞暖也。礼曰。莞簟之安。言其细精可以安人也。汉文帝以莞蒲为席。颜师古曰。莞。夫离也。今谓之葱蒲。以莞及蒲为席。亦尚质也。盐铁论曰。大夫士。复荐草缘。蒲平单莞。庶人富者。闒坐平莞。拾遗记曰。穆王时。西王母来。敷黄莞荐。宋起居注曰。广州刺史韦朗。作白莞席三百二十领。莞音完。又音官。盖其为用最古。东莞人多以作莞席为业。县因以名。县在广州之东。故曰东莞。亦曰东官。卢中丞祥有莞草诗云。菀彼莞草。其色芃芃。厥土之宜。南海之东。菀彼莞草。芃芃其色。不蔓不枝。宜之为席。菀彼莞草。寒暑攸宜。长舒不卷。君子安之。他若琼有藤席。有定安席。有椰叶席、槟榔席。皆席之美者。槟榔。山槟榔也。叶如兰。大三指许。长可数尺。淡白中微带红紫。绩为布。似葛而轻。亦可作席。人知粤多奇布。不知有槟榔布与槟榔席也。又澄迈染茜草为饰。久而愈滑。曰黄村席。又琼有红竹籧篨。潮有流黄席。

卷十八·舟语·操舟

越人善用舟。刘安云。越舲蜀艇。不能无水而浮。又云。汤武。圣主也。而不能与越人乘舲舟而浮于江湖。又云。九疑之南。陆事少而水事众。九疑之南。盖越也。又云。越地幽昧而多水险。其人皆习水斗。而左思云。篙工楫师。选自闽、禺。禺。番禺也。山海经云。番禺始为舟。番禺者。黄帝之曾孙

也。其名番禺。而处于南海。故今广州有番禺之山。其始为舟。故越人习舟。古时吴楚之舟。皆使越人操之。刘向云。鄂君汎舟于新波之上。有越人拥檝楫而歌。而越王句践。尝发习流二千伐吴。又作大翼、中翼、小翼以攻吴。战舰之制。至句践而渐备矣。越既灭。其子孙散处海峤。然当秦之时。始皇尝使尉佗、屠睢将楼船士卒平越。其后汉武帝亦遣五将军。率楼船十万师平越。何当时越人不能以水斗长技与之争耶。杨仆得越船粟。因推而前挫越锋。遂至番禺。汉将军凡分五路。皆以水军。南越之平。实以水军之力。故知将在勇。勇则神速。能使敌人长技不及施。策之上者也。

粤人善操舟。故有铁船纸人。纸船铁人之语。盖下海风涛多险。其船厚重。多以铁力木为之。船底从一木以为梁。而舱艎横数木以为担。有梁担则骨干坚强。食水可深。风涛不能掀簸。任载重大。故曰铁船。船既厚重。则惟风涛所运。人力不费。小船一人一浆。大船两三人一橹。扬篷而行。虽孱弱亦可利涉。故曰纸人。篷者。船之司命。其巨舰篷。每当逆风挂之。一横一直而弛。名曰扣篷。谚所谓。广州大艨艟。使得两头风。输一篷。赢一篷也。横行曰输。直行曰赢。篷。飘也。以蒲席为之。亦曰篷也。或以木叶为之。曰帆叶也。每舰有二篷。风正曰八字。八字风在后则正。在前则横。故又有后八字风。扬篷当中。前八字风。勾篷西东之语。其或舟子撮唇为吹竹叶声。及鸣金鼓以召风。风至。二篷参差如飞鸟展翅。左右相当。其形亦如八字。是皆铁船乃胜任。上江自凌、泷、湟、武诸水以下至清远。一路滩高峡峭。水多乱石。其船食水浅。率以樟木为之。底薄而平。无横木以为骨。放之顺流。遇砐硪大石。一折而过。势如矢激。故曰纸船。其逆崩流而上者。触崖抵礐。随石回旋。撑者、钩者数人。牵者数人。牵者在限岸或怪石间。为深林密箐所蔽。前后不相顾。舟子虑其或过或不及。冲陷石棱。则终日大叫。叫且如哭。如相杀声。一一凄酸郁怒。或于石告哀。或与石拒敌。其船乍前乍却。前者如暴虎。后者如搏熊。一槁失势。舟破碎漂没。入于涡盘矣。故舟子非强有力者不能胜。故曰铁人。其上乐昌泷者。率以双槁穿舟。腰之而上。舟子谣曰。朝穿腰。暮穿腰。槁如铁一条。又曰。上滩槁在手。上泷槁在腰。其上乐昌滩者。舟人为藤圈于舟旁。槁在圈中。二人肩槁以行。名曰肩舟。舟行以肩。亦曰舟舆。其上乌蛮大滩者。每一落槁。男女则偃身船旁。以助其势。曰眠槁。行者笑之。有谣云。妇人撑右。丈夫撑左。估客笑人。眠槁不可。是皆非铁人不能任。其驾诸乡艔船者。虽隆寒袒裸。血汗沾濡。摇橹之声。如雷霆。如战斗。常使惊波披靡。舟过而水痕不能合。虽逆水逆风。日犹百里。亦皆号为铁人云。广州故多艔船。而日艔夫尤壮。日艔多勤。夜艔多惰。勤者之力。恒使风潮无功。风潮不能厄其势。海寇不敢争其强。是皆所谓铁人也。

东莞艔船赶水。常以一人执杵在船头。以杵左右舂船。为摇橹疾徐之节。左舂则足左跃。右舂则足右跃。诸橹人以之作势。以之齐声。又口唱山歌。使诸橹人属和以苏其苦。于是筋力尽忘。舟行迅速。须臾至彼步头矣。此古舂堂之遗俗也。寰宇记云。新州俗。豪渠之家。丧祭则鸣铜鼓。召众则鸣舂堂。按舂堂状如小船。长丈余。两三人交击。一云。刳木为槽。旁约十杵。男女间立舂谷。槽声若鼓。闻数里。盖本舂器。因用召众也。一曰。椎塘。志云。罗浮山中人。凿方木为舂。曰椎塘。昧爽声震而虎潜。韶台诗。椎塘声合虎狼归。即舂堂也。

卷十八·舟语·战船

广之蒙冲战舰胜于闽艚。其巨者曰横江大哨。自六橹至十六橹。皆有二桅。桅上有大小望斗云棚。望斗者。古所谓爵室也。居中候望。若鸟雀之警示也。云棚者。古所谓飞庐也。望斗深广各数尺。中容三四人。网以藤。包以牛革。衣以绛色布帛。旁开一门出入。每战则班首立其中。班首者。一舟之性命所系。能倒上船桅。于望斗中以镖箭四面击射。势便。或衔刀挟盾。飞越敌舰。斩其帆樯。或同蛋人没水凿船。而乘间腾跃上船杀敌。或抱敌人入水淹溺之。其便捷多此类。舰旁有芘篱。夹以松板。遍以藤。蒙以犀兕绵被。左右架佛郎机炮、磁炮、九龙信炮、蒺藜锡炮、霹子炮、神炮数重。及火砖、灰礶、烟球之属。尾梢作叉竿连棒。又有箐竹楼橹以隐蔽。又或周身皆炮。旋转回环。首尾相为运用。其捷莫当。此戈船之最精者也。其小者曰飘风子。曰大小拨桨。大拨桨。每船一艘。桨百余。小者亦五六十。人坐

船内拨之。其行若飞。人各有所隐蔽。箭炮莫能中。桨之利胜橹。橹立桨坐。立则人在舱外易受敌。坐则人在舱中。每一桨有一鸟枪或三眼神枪辅之。桨动则群枪齐发。其飘洋者曰白艚、乌艚。合铁力大木为之。形如槽然。故曰艚。首尾又状海鳅。白者有两黑眼。乌者有两白眼。海鳅远见。以为同类不吞噬。其载人与货物者曰艘。制亦如斗舰。上施兵器及炮火、飞石、灰罂。旁布渔罛。小者曰横水艘。捕鱼者曰香舠。亦曰乡舠。曰大涝罾、小涝罾。其四橹六橹者曰小舠。八橹者曰大舠。曰綀罛船。曰沉罾。其曰朋罛者。以船十数椮为一朋。同力以取大鱼。故曰朋罛。亦曰摆帘网船。其上滩濑者。曰匾水船。即艑艖也。亦曰扒竿船。叉二木于船首。以张帆席。故曰扒竿。竿即樯也。蛋人所居曰艇。孔鲋云。小船谓之艇。释名云。艇。其形径挺。一人二人所乘行也。盗舟曰龙艇。长四五丈。裸无篷盖。数十人以桡拨之。奋迅如龙。最利攻刦。吾粤水道多歧。山海相通。盗贼易为出没。龙艇之为害。无处无之。其曰大龙艇者。长九丈七尺。宽一丈一尺六寸。两旁有桨四十四。橹十二。入洋则纯用桨。出洋则纯用橹及风篷。每橹八人。桨一人。更番出力。凡有三百余人。为两班。船上有木柜。其形方。长六七尺。可避波涛。两旁为铳眼及强弩架。弩亦四十有四。又有竹栏。以支牛皮、絮被、罾罛。为御矢石铳炮之具。其船轻而疾。受水浅。倏忽可数百里。白艚、乌艚最畏之。以其无风可行。不能追逐故也。其名生船。以乌、白艚无风则死也。其柜以水椰之木。帆以布。布以粗麻为之。染以薯莨。浸以矾水及盐。其底以铁力木或红卢桂木。性柔耐水。可长久。更佐以香舠之船。左右相夹。往往无敌。香舠长短与相等。宽亦如之。周以竹篱而头方。上亦有柜稍圆。惟不用桨而纯用橹耳。橹十四或十六。桅则三之。或于船两旁作代风轮二或四。以激水。水力即风力也。或止作空底一层。于最近水处。稳便愈甚。不然止在船两旁顺置长空匣。疾亦如之。

卷十八・舟语・洋船

洋舶之大者。曰独樯舶。能载一千婆兰。一婆兰三百斤。番语也。次牛头舶。于独樯得三之一。次三木舶。于牛头得三之二。次料河舶。于三木得三之一。底二重。皆以铁力木厚三四尺者为之。锢以沥青、石脑油、泥油。填以礧石。矴以独鹿木。扎以藤。缝以椰索。其碇以铁力、水桫。钉以桄榔、□簩。淬钉以蛇皮内膏。盖海水咸。烂铁妨磁石。故皆不用铁物云。桅凡三。一桅常植。二桅以风而植。桅长者十四五丈或二三接。中皆横一杆。上有望斗。容四十余人。又以木为人。或升或降。遍置梯绳之间。前木照后柁。以黑鬼善没者司之。其舶小者。四围皆密。腹中仅留一孔。自上而下。飘洋时。梢公缚身桅下。余悉在舶腹之中。凡上舶容人千余。中者数百。皆有舵师、历师。然必以罗经指南。尸罗经者。为一舶司命。毫末分利害焉。每舶有罗经三。一置神楼。一舶尾。一在半桅之间。必三鍼相对不爽。乃敢行海。大鱼至。以铜铳击而退之。大鱼去而波浪为怪。以长剑斩之。其人为西南诸番将卒工商之属。一一凶狠。海寇皆莫敢近。故得输其珠贶奇物。以辐辏五羊。尝有贺兰国舶至闽。有客往观之。谓其舶崇如山岳。有楼橹百十重。上悬五色幡帜。环飞庐皆置木偶以疑远。内则含伏大佛朗机百位。外则包裹牛革数重。月以丹漆涂墍一周以为固。梯以藤结而上下。客登。则番人从雀室探其首。眼皆碧绿。发黄而面黧。以手相援。见之惊犹魑魅。登未及半。则施放火器。黄雾蔽人。咫尺渺不相见。声如丛雷。轰阗足底。译人云。此吾国所以敬客。愿毋恐。其人无事皆细绒大笠。著红　长襦。金纽连绵至地。或持骨朵。或负手闲行。自晨至暮不息。帆绳交结如网罗。或皆在其上坐卧。帆以布。凡七张之。绳以棕细藤。窗牖以玻璃嵌之。舱以辟支缎铺之。凡十数重。酒以葡萄以香春。器以宝玉椀。高倾以泻注成贯珠为礼。瓜蔬味皆酸脆碧色。笔管以木为之。如冠簪而细小。有一卷长二丈余。绘画山川。有番字识其下。考之皆五虎门内水深浅处。其心故不可测也。贺兰舶亦尝至广州。予得登焉。舶腹凡数重。缒之而下。有甜水井、菜畦。水柜水垢浊。以沙矾滤之复清。悬釜而炊。张锦绷白氎而卧。名曰耎床。人各以柔韦韬手。食则脱之。食皆以苏合油煎烙。曼头牛臑。皆度色如金黄乃食。其刀可屈信如蛟蛇。左右盘拿。类古之鱼肠剑。然时鼓弄铜琴铜弦。拍手髀肩。对舞以娱客。似有礼者。吾广承平时。西南诸番尝至者有十五国。其安南、占城、暹罗、真腊斛、锁里五国。岁一朝贡。余则或至或不至。所患者。吾奸民为

彼舌人通事。时或椎发环耳。侏㒧入群。为之乡导。诱之以妇女妖淫。告之以官司重轻。示之以地形虚实。为我腹心祸患。正德间。佛郎机绐称入贡。自西海突犯莞城。大肆杀掠。此其明征矣。贺兰从古未至。而红毛鬼者。长身赤发。深目蓝睛。势尤狰狞可畏。比年数至广州。其头目号曰白丹。每多闽漳人伪为之。其骄恣多不可制。红毛鬼所居大岛在交趾南。盖倭奴之别种也。常入洋中为盗。其船有五桅者、九桅者。首尾皆有舵。以利回旋。舵工分班使风。昼夜兼行。惟视罗经所向。时登桅视千里镜。见远舟如豆子大。则不可及。若大如拇指许。即接长其桅而追之。桅有雌雄二窍。箍而楔之。益左右帆。数百里之遥。逾时可及。吾船亦有三五桅者。两舷作木城。摇橹于中。且行且战。若大炮多、风顺。亦可逸去。倘众寡不敌。为所擒。则尽屠矣。红毛鬼之为恶若此。嗟夫。吾粤三面阻海。而南岙为左蔽。涠洲为右翼。虎门为前屏。此皆险要。倭与红毛若乘汛举连天之舶而前。则南岙必先受敌。虎门犄角二隅。未多置兵。则内户不键也。诸舶既往来飘忽。而山寇阴行勾引。其为祸可胜道哉。

卷十八·舟语·藤埠船

琼船之小者。不油灰。不钉鎝。概以藤扎板缝。周身如之。海水自罅漏而入。渍渍有声。以大斗日夜戽之。斯无沉溺之患。其船头尖尾大。形如鸭母。遇飓风随浪浮沉。以船有巨木为脊。底圆而坚。故能出没波涛也。苏轼云。番人舟不用铁钉。止以桄榔须缚之。以橄榄糖泥之。泥乾甚坚。入水如漆。盖自古而然矣。

卷十八·舟语·洋船桅

洋船桅。其巨者一桅费千余金。每洋中风狂。船将覆没。以刀顺风势斩桅。桅大者合两人抱。皆立断。如鸿毛飘空。船人以桅为命。桅既断。则船随风所至。得至岸者无几矣。

卷十八·舟语·船帆

广州船帆。多以通草席缝之。名之曰幔。其方者曰平头幔。顺风使之。其有斜角如折叠扇形者。逆风可使。以为勾篷。勾篷必用双幔。前后相叠。一左一右。如鸟张翼。以受后八字之风。谓之鸳鸯幔。舟人有口号云。鸳鸯双篷。使风西东。

卷十八·舟语·泷船

舟自宜章下平右者。曰单船。自平石下六泷至乐昌者。曰双船。单。小艑也。双。大艖差也。六泷古名武溪。或以为即马援门生所歌武溪深者。水最湍怒。舟上下砯石。单船小水易漂没。故必用双船。其力能与石斗。船胜石则生之机。石胜船则死之机。固峤南之绝险处也。双船兼二独木为之。形若浮槎。单者止刳一木。每船三人。上水者篙人在水中。下者桨人在舟中。二人分左右打桨。一人在后。一手持舵。一手打桨。舵亦以长桨为之。故谚曰。上篙下桨。予尝有上泷谣曰。篙直如箭。船石不见。篙曲如弓。船石相舂。又歌曰。上泷下泷舟不同。双船与石相争雄。双船一曰泷船。昌黎诗。仍将衰病入泷船。泷船又即下濑船。方愚者云。东越传下濑将军。南越传下厉将军。厉即濑也。海水深故用楼船。滩水浅故用下濑。下濑之船小者也。戈船者。戈音划。撑小舟曰划。音华。广陵以小舟为划子是也。舟进篙谓之划篙。一日拿庄子。方将杖拿而引其船。

卷十八·舟语·蛋家艇

诸蛋以艇为家。是曰蛋家。其有男未聘。则置盆草于梢。女未受聘。则置盆花于梢。以致媒约。婚时以蛮歌相迎。男歌胜则夺女过舟。其女大者曰鱼姊。小曰蚬妹。鱼大而蚬小。故姊曰鱼。而妹曰蚬云。蛋人善没水。每持刀槊水中与巨鱼斗。见大鱼在岩穴中。或与之嬉戏。抚摩鳞鬣。俟大鱼口张。以

长绳系钩。钩两腮。牵之而出。或数十人张罛。则数人下水。诱引大鱼入罛。罛举。人随之而上。亦尝有被大鱼吞啖者。或大鱼还穴。横塞穴口。己在穴中不能出而死者。海鳝长者亘百里。背常负子。蛋人辄以长绳系枪飞刺之。候海鳝子毙。拽出沙潬。取其脂。货至万钱。蛋妇女皆嗜生鱼。能泅浮。昔时称为龙户者。以其入水辄绣面文身。以象蛟龙之子。行水中三四十里。不遭物害。今止名曰獭家。女为獭而男为龙。以其皆非人类也。然今广州河泊所。额设蛋户。有大罾、小罾、手罾、罾门、竹箔、篓箔、摊箔、大箔、小箔、大河箔、小河箔、背风箔、方网、辏网、旋网、竹箵、布箵、鱼篮、蟹篮、大罟、竹筻等户一十九色。每岁计户稽船。徵其鱼课。亦皆以民视之矣。诸蛋亦渐知书。有居陆成村者。广城西周墩、林墩是也。然良家不与通姻。以其性凶善盗。多为水乡祸患。曩有徐、郑、石、马四姓者。常拥战船数百艘。流劫东西二江。杀戮惨甚。招抚后。复有红旗、白旗等贼。皆蛋之枭黠。其妇女亦能跳荡力斗。把舵司篴。追奔逐利。人言傜居畬而偏忍。蛋居水而偏愚。未尽然也。粤故多盗。而海洋聚劫。多起蛋家。其船杂出江上。多寡无定。或十余艇为一艐。或一二罛至十余罛为一朋。每朋则有数乡艄随之腌鱼。势便辄行攻劫。为商旅害。秋成时。或即抢割田禾。农人有获稻者。各以钱米与之。乃得出抄。其为暴若此。议者谓诚以十船为一甲。立一甲长。三甲为一保。立一保长。无论地僻船稀。零星独钓。有无罟朋及大小艄船。皆使编成甲保。互结报名。自相觉察。按以一犯九坐之条。则奸舸难匿。而盗薮可清。然清艄船及澳艇。尤为先务。

卷十八·舟语·大洲龙船

番禺大洲。有宣和龙舟遗制。是曰大洲龙船。洲有神。曰梁太保公。盖以将作大匠。从宋幼帝航海而南者也。公将营宫殿于大洲。未成而没。村民感其忠。祠祀之。每岁旦请举龙舟。覆珓得全阴。则神许矣。许则举。辄有巨木十数丈浮出江中。舟之长短准之。号曰龙骨。自崇祯丁丑以来。请辄不许。辛丑之岁。有泣诉于神者。吾老矣。神今垂许。犹可传之后人。否则此法遂绝矣。神乃许之。船长十余丈。广仅八尺。龙首尾刻画奋迅如生。荡桨儿列坐两旁。皆锡盔朱甲。中施锦幔。上建五丈樯五。樯上有台阁二重。中有五轮阁一重。下有平台一重。每重有杂剧五十余种。童子凡八十余人。所扮者菩萨、天仙、大将军、文人、女伎之属。所服者冠裳、介胄、羽衣、衲帔、巾帼、褦襶之属。所执者刀槊、麾盖、旌旗、书策、佩帨之属。凡格斗、挑招、奔奏、坐立、偃仰之状。与夫扬袂、蹙裳、喜、惧、悲、恚之情。不一而足。咸皆有声有色。尽态极妍。观者疑为乐部长积岁月练习。不知锦幔之中。操机之士之所为也。每一举费金钱千计。神之许以十年二十年之久。盖以惜民力也。龙之口。铁鑔鑔之。问之神。曰。不尔则雨。

卷十八·舟语·龙船

顺德龙江。岁五六月斗龙船。斗之日。以江身之不大不小。其水直而不湾环者。为龙船场。约自某所起。至某所止。乃立竿中流以为界。船从竿左右斗。不得逾界。先期定其敌。两龙船为一偶。大小长短相若。黄头郎相若也。主者书于册。又以两筹书某龙船。字中分。主者执其两半。而以两半酌卮酒与之。两船既斗。则胜者交其筹于主者。主者合筹不爽。则书于册曰。某船胜某船矣。以一标书胜字与之。其负者又与他船斗。或胜。则亦得一胜标。是日也。船连三胜。得三胜标者。是为初场最。次日三胜者又与三胜者斗。三胜者连得二胜。则得一五胜之标。是为二场最。次日五胜者又与五胜者斗。其一得全胜者。是为三场最。于是主者与以状头标。张伎乐。簪花挂红。为四六庄语送之还埠。凡出龙船之所曰埠。斗得全胜还埠。则广召亲朋燕饮。其埠必年丰人乐。贸易以饶云。

东莞有鼓峡。两山夹蹲。芊绵起伏。怪石礌砢。若冈若阜者数十里。堪舆家称南行三紫龙。此其一云。峡西多居人。荔枝林郁蓊蔽日。有高楼二十余座。与黑叶丹苞相映。舟贩酥醪花果之属者。交错水上。称水市焉。峡中一小山。山下为龙母祠。有老榕垂须百尺。与飞藤纠结。拂水葳蕤。游人争系舟其下。南望罗浮诸峰。隐隐可数。予诗云。渐近罗浮紫翠分。纷纷瀑布下层云。谓此也。峡东皆沮泽。五

月时。洪流滂濞。放于百里。乡人为龙舟之会。观者画船云合。首尾相衔。士女如山。乘潮下上。日已暮而未散。龙舟长十余丈。高七八尺。龙髯去水二尺。额与项坐六七人。中有锦亭。坐倍之。旗者、盖者、钲鼓者、挥桡击柑者。不下七八十人。竞渡则惊涛涌起。雷雨交驰。舟去而水痕久不能合。斯亦游观之至侈者。广中龙船。惟东莞最盛。自五月朔至晦。乡乡有之。如彭峡者可纪也。

吾沙亭乡当海岸。有地曰石头。一巨石作鲤鱼形。名曰鲤鱼石。吾宗人岁于此装造龙船。与诸村竞渡。未尝不得胜夺标。有风雨。龙船益疾。他村墟有借此地以造龙船者。有请其神侯王像至彼船。冀得腾空疾渡者。吾宗人不之许也。沙亭龙船。比他所长大倍之。然出辄飞渡不可胜。斗罢汗血满船。油衣尽赤。可诧也。

琼人重龙船。四月八日。雕木为龙置于庙。唱龙歌迎之。而投白鸡水中以洗龙。五月之朔至四日。乃以次迎龙。主人先为龙歌。包以绣帕置龙前。其歌辞不可见。止歌末一字可见。诸客度韵凑歌。能中帕中歌字多者。得酬物多。其谚曰。未斗龙船。先斗龙歌。欲求钱帛。中字须多。

卷十八·舟语·诸舫

新会伍处士云。为光风艇。月夕乘艇而歌。其师白沙先生扣舷和之。飘飘乎任情去来。不知天壤之大也。南海陈秋涛宗伯。有舫名此花身。取唐人几度玉兰船上望。不知原是此花身之义。东莞邓参政云霄。有舫名天坐轩。取少陵春水船如天上坐之义。东莞尹冲玄先生。年九十余。读书不辍。常于竹杪为亭。翼以扶阑。盛夏竹叶阴浓。日光不漏。风一起。荡漾如舟。名曰荡云航。藏所著皇明史窃其中。客至。与梯而上观之。张西园有舫。曰五石瓠。尝载所著书。从罗阳水入罗浮。

卷十八·舟语·梦香船

从肇庆新桥而上。人烟寥落。山路多歧。乃三县交界之区。盗贼之所出没。行者以艘船僦资贵甚。因附小船以行。舟人及此险地。即然梦香。客皆酣卧昏迷。遂被启鐍。易资财以砾块。封识宛然。若枕间置水一盂。则迷魂之药涣散矣。又以药名破布叶者。煎汤服之。立解。行者歌云。身无破布叶。莫上梦香船。广州艘船多有趱舱之患。黠者或以骰子宝字盒诱人赌博。尽局财物而去。又或佯相斗殴。乘利便因而抢掠。或先伏盗躏于舱中。中道拔刀而起。斩舵工以应外贼。其害不可枚举。

卷十九·坟语·越佗墓

南越武王赵佗。相传葬广州禺山。自鸡笼冈北至天井。连山接岭。皆称佗墓。交广春秋云。佗生有奉制称藩之书。死有秘异神密之墓。是也。孙权尝遣交州从事吴瑜访之。莫知所在。独得明王婴齐墓。掘之。玉匣珠襦。黄金为饰。有玉玺金印三十六。铜剑三。烂若龙文。而文王胡墓亦莫知其处。佗墓后有大冈。秦时占者言有天子气。始皇遣使者凿破此冈。深至二十余丈。流血数日。今凿处形似马鞍。名马鞍冈。其脉从南岳至于大庾。从大庾至于白云。千余里间。为危峰大嶂者数百计。来龙既远。形势雄大。固宜偏霸之气所钟也。冈南至禺山二十里。禺山南至番山五里。二山相属如长城。南控溟海。木棉松柏刺桐之属。一望葱青。实为灵穴之所结。故佗墓营焉。自南汉刘龑铲平二山。积石于番为朝元洞。积沉香于禺为清虚台。而地脉中断。然霸气亦时时郁勃。元至正间。广州人林桂芳兵起。称罗平国。南海人欧南喜兵起称王。又至元间。增城人朱光卿兵起。称大金国。他如邵宗愚、王成辈。争战纷纭。么麽草窃。是皆以东粤天险。绝五岭。通二洋。可以纂赵、刘之业而抗中原也。独东莞何真。灼知天命有归。不敢妄为一州之主以祸生民。诚为识时俊杰也者。洪武初。永嘉侯朱亮祖戡定南粤。于越秀山巅建望楼。高二十余丈。以压其气。历二百余年。清平无事。黄萧养僭称齐帝。即位五羊驿馆。逾月而亡。盖其验焉。岭南形势。盖与曩时大异。风气既开。峤路四达。梅关横隘。车马周行。泷水漓川。舟航交下。虽有强兵劲马。戍守不给。一夫夺险。势若山崩矣。

郎潜纪闻初笔[①]

卷一·温壮勇公守六合县

咸丰三年,粤寇自武昌下窜,俘掠五十万人,蔽江东来,帆樯如荠,吴头楚尾,千里无坚城。陆建瀛方总制三江。新膺市钺,奉命出境筹防,驻武穴下之老鼠峡。锋刃未交,掩旗宵遁,长江天险,至不能一日守。

卷一·曾文正公知人

公东征时,沪上乞师,公奏请以今相国合肥李公赴沪,而以参将程忠烈公学启从。临发,公送之登舟,拊忠烈(江忠源)背曰:"江南人誉张国梁不去口,君去,亦一国梁也。行闻君克苏州矣,勉之!"李公至沪,由下游进兵,自青浦、昆山转战至江苏行省,拔名城、殪大憝,虽尝借助英法兵,而西人独推忠烈功为淮军诸将最,其声威殊不出张忠武下。

卷一·炮墩御夷

道光朝,英夷横海上,师船游弋闽浙诸洋面,宣宗命都御史祁寯藻、大理寺少卿黄爵滋,驰往福建阅海口。祁、黄会奏:控海口莫如以炮墩易炮台,法以囊沙为墩,以小渔舟层叠沙囊之外,以两船首尾夹缝为炮洞;贼炮不能洞我沙,而我兵隐墩内,可于船罅击贼。于是福建厦门为炮墩,贼果不能近。今西夷虽创设轮船,势迅锐不可抵御,然于潮落之时,沙浅之地,此法犹可行也。讲海防者,不可不知。

卷二·赐郑克塽公衔

闽海之平,王师已由澎湖入鹿耳,直抵台湾。郑克塽党羽携贰,险要尽失,始率届薙发迎降。当时犹诏授克塽公衔,其大将刘国轩、冯锡范伯衔,俱隶上三旗,开国之宽大如此。

卷二·俄罗斯踞雅克萨城

俄罗斯人来边境者,国初呼为罗刹。康熙二十四年,踞雅克萨城,上命副都统公彭春往讨。师薄雅克萨,遣人以书谕降,不从,军其城南,集战船于城东,城下三面积柴,为焚城状。城中大惊,其酋额里克舍穷蹙乞降,乃宣恩谕宥其罪。额里克舍引六百余人稽颡谢,即徙去。时彭春奏:陆行自兴安岭以往,林木丛杂,途径窄隘,冬雪之时,沙结冰坚,夏雨泥深淤阻,惟轻装可行。水程自雅克萨还至爱辉城,于黑龙江顺流行舟,仅须半月,两岸可纤挽。若逆流行舟,须三月,较陆倍期,而于运粮炮为便。时尝建木城于黑龙江呼玛尔,调兵千五百往驻,造舟运炮。又选福建投诚善用藤牌兵四百人助剿。当此泰山压卵,北海浇荧,蠢兹岛夷,一鼓可下。且使慑彼降人,命为乡导,即犁庭扫穴何难。而我圣祖犹宣谕诸将,谓中国兵马精强,器械坚利,罗刹势不能敌,归诚时勿杀一人,俾还故土。祖宗朝义征仁育,怀柔远裔至此。他日出使虏廷者,称述旧典,或犹足壮我威棱,感动异类也。详见国史彭春传,时务所关,特录于此。

卷七·闽浙水师攻剿蔡牵

嘉庆十四年,闽浙水师攻剿蔡牵,鏖战重洋,阅两昼夜。蔡逆夫妇淹毙黑水洋,盗船一律烧毁,余盗擒斩无遗,经闽浙总督张师诚由五百里驰奏。上大喜慰,封福建提督王得禄子爵,赏戴双眼花翎,封浙江提督邱良功男爵,并各颁赏珍物有差。是役,吾郡孙军门大刚、童军门镇升,先有罪,至是还孙总兵原职,童开复

① 〔清〕陈康祺撰。

顶戴。相传浙军围攻逆船,追逐千里,枵腹苦战,喋血于狂风巨浪中,兵勇伤残极众。比闽军迟一日到,已功在垂成矣。奏捷之疏,由总督主稿,遂有闽帮优于浙帮之说,而恩赏亦稍有轩轾。邱军门致浙抚书,谓扫荡鲸鲵,肃清海甸,总是大快事,不必计较功伐,真名将风规也。昔钟、邓入蜀,浑、浚平吴,设皆如军门大度,固当功名始终。

卷七·四镇守舟山

四镇守舟山时,兵民辑睦,忠义响应,西人已丧胆思遁。其时若非大帅遥制,可使弭首受约束,而中国威棱,更一二百年犹赫赫也。不幸穆相当国,壹意主和,耆英、琦善、伊里布诸人,多巽懦无远略。自和议成而军士灰心,敌益狂狡,遂有四忠拼命之祸。有士人赋诗纪事云:"海外方求战,朝端竞议和,将军伊里布,宰相穆彰阿。"直笔叙述,不恶而严矣。

卷七·曾文正公不禁秦淮灯舫

六朝金粉之遗,祇剩秦淮一湾水。逮明季马湘兰、李香君辈出,风情色艺,倾动才流,迄今读板桥之记、画舫之录,纸墨间犹留馨逸。自兵燹十年,而一片欢场,又复鞠为茂草矣。金陵克复后数月,画船箫鼓,渐次萌芽。时六安涂廉访守郡,亟飞牒县厉禁。次日,谒曾文正公。公笑谓曰:"闻淮河灯船,尚落落如曙星,吾昔计偕过此,千艘梭织,笙歌彻宵,洵承平乐事也。"又次日,公先约幕府诸君,买棹游览,并命江宁、上元二邑令,设席款太守。一时士女欢声,商贾麕集,河房榛莽之区,白舫红帘,日益繁盛,寓公土著,闻信来归,遂大有丰昌气象。公真知政体哉。

卷七·神风助顺

嘉庆初年,东南海上多盗,曰凤尾帮,曰水澳帮,皆闽盗;箬横小帮,浙盗。续出有黄葵帮及和尚秋等小盗,皆闽、粤间人。而闽盗蔡牵帮,粤盗朱濆帮,尤骁悍难治。后惟黄葵帮于玉环投诚,余则皆闽、浙水师危樯大炮,次第击灭。天子甄序劳臣,有列爵至五等者。其最奇莫如五年四月,神风助顺,荡平安南盗一事。时舟师犹未成,安南大艇帮纵横南海,蚁聚五六千人,有四总兵及爵侯伪号,其声势与朱、蔡二逆埒。方游弋海壖,忽大风暴雨,黑浪山立,漂全股盗船于台州松门杳冥间,若有神人追逐。沿海守兵,乘风威下击,如屠豕羊、捕蝗蝻然。四总兵溺死者三,磔死者一,爵侯亦殄灭,群盗无一幸脱者。奉旨:以总兵敕印掷还。安南王阮光缵表言,但令总兵巡海,不虑其入浙为盗,悚息谢罪。自后安南夷盗,无复有片帆入中国海境矣。圣朝怀柔,百神威灵遐震,固宜海若天吴,代将帅驱除之任。今袄教小丑,蔑视中华礼义之邦,一旦天怒贯盈,当复有嘉庆五年四月事。

卷七·皮船渡水

金川之役,阿文成公攻克美诺寨时,以皮船渡水,克小金川,僧克桑遁泽旺降,遂进讨大金川。皮船之制,今不知尚有存否?【按《金川琐记》载皮船制甚详。又称西宁多以羊皮舟,名浑脱。】

卷八·嘉勇贝子

乾隆间,嘉勇贝子援诸罗时,壮勇公海兰察前行,行约百里,贝子督师继进。夜大雨,天黑如墨,遇土山,驻军山顶。贝子中坐,随军官围贝子坐,外亲军、外正军皆围坐。贼游兵近山,践泥泞过,火炬千万,贼自炬中窥山,黝黑无所见,疑有军,发铳炮击之。贝子令曰:"无出声,无动。"久之,贼过尽,雨霁天益明。壮勇公已入诸罗城,捷使至,军始起行,无一伤,视铳炮子皆历落入山腹。又贝子征卫藏时,有隘道几一里,贼屯军守隘北甚严,大军屯隘南三十里许,贝子调军伏隘东西,而以前军分五军攻隘,迭退迭进,战一日盖数十胜负。贝子在大军中,前军军报沓至,不动。及二更,前军大败,退不止,贼逐前军出隘南,炮声大震,

火炬尽爇,照耀如白昼,东西伏军皆起,贼惊退,相蹂躏,我军蹙之入隘。贝子急上马,万骑齐足,顷刻至隘口。前军伏军已过隘,闻贝子至,勇气百倍,大军乘势合攻,遂夷贼屯,追奔五十里而后止。又贝子平林爽文时,凯旋自三衢,方舟下严陵江,舟设重楼,陈百戏,中军鼓吹竞作,从官舟衔舳舻,并两岸直下,军容之盛,为史策所未有。嘉庆元年,贵州平苗之役,五月丁巳,有大大星陨于西南,声隆隆然,数百里皆闻见叹诧。踰日,一骑白衣冠,自大营来,知贝子薨矣。右节录恽敬《大云山房稿》纪言。恽自言闻之同时在军中者,乾嘉距今才百年,其时戚懿重臣,忠勇骁果如是,盖犹有开国遗风矣。

卷十一·兵家护背之义

王雁汀制军庆云《勃海图说》,拟于隍城石岛之间,驻水师将领一员,登州、金州南北兼巡,内防盗匪,外慑夷人;与康熙朝嵩祝请登州水师巡哨金州铁山之说,颇足相辅,盖兵家护背之义也。

卷十二·湘淮军志

自李伯相奏设铁厂机器局,一切军械,皆仿西洋制造,遂改劈山炮队为开花炮队,抬枪小枪队为洋枪队,从此火器之利,与西人共之。自闽省奏设船政局,创造轮船,从此江海之利,亦与西人共之。论今日时政,必欲事事效法泰西,用夷变夏,此武灵胡服、伊川野祭之兆,诚为无识。若谓轮船、洋枪,徒耗赀费,则不识时务,误人家国之谈也。

卷十二·庚申和战之纷议

庚申西人扰天津,台省意见龃龉,一日之间,递封奏者六次。显皇帝特降朱批,交团防王大臣偕巡防王大臣传集科道,会议于朝,议战议和,纷如聚讼,阅两时许无定议。至第三日,台谏诸君始在直隶会馆公议覆奏稿,送淀园王大臣阅看。则云,前日已面奏,盖和议成矣。时科道中主稿者,陆眉生侍御秉枢也。

卷十三·蓝太守台湾论

蓝太守鼎元《台湾论》,条画井然,鲲身、鹿耳之区,形势瞭如聚米。其所云"台湾山高水肥,最利垦辟,利之所在,人所必趋。不归之民,则归之番、归之贼,即使内贼不生,野番不作,又恐寇自外来,将有日本、荷兰之患"诸语,尤为切至。乾、嘉以来,奸民屡畔,本年复有东师压境之事,其言不幸中矣。《鹿洲集》及《平台纪略》诸书,世有传本,任边寄者,盍浏览及之。

卷十四·度支考

近年中外士大夫留心时事者,莫不以库藏匮乏为忧。康祺郎曹多暇,亦尝博稽详考,或采之邸抄疏奏,或询之户部友人,综核出入,终不解咸、同已来,何以与康、乾之世,赢绌若是其悬殊。惜官非司农之属,究不获洞见底蕴。私心妄揣,开源节流,因利而利,事事必核其实,人人【不】顾其私,吾中国之大可有为,断断然也。考康熙元年至四十四年,所免钱粮共九千万有奇,五十一年又免地丁银三千三百万有奇。且康熙初年,军务、河工,需用浩繁,三逆盘踞、蹂躏之处,正供多未征取,乃至四十八年,户部库银尚存五千余万。【见吴督部熊光《伊江笔录》。】乾隆一朝,大兵大役,散财不赀,四十五年以前,又普免天下钱粮四次,户部尚余银七千八百万。【见曾文正公《简练军实疏》。】五十五年已前,又免钱粮多次,而户部尚存银八千万。【洪北江庚戌祝厘诗云:"免钱粮,免钱粮,四次两次看誊黄;今年诏下恩尤厚,普免正供由万寿。"又云:"大农钱粟虽频散,耕九余三积储惯,户部银仍八千万。"】即谓四十六年增兵之案,添兵六万有奇,每年费银二百余万,【亦见曾疏。】而嘉庆、道光两次裁兵一万六千,计可节省五六十万。至于道光年间,一耗于夷务,再耗于库案,三耗于河决,以及秦豫二年之旱,东南六省之水,并咸、同二朝剿粤逆、剿捻逆、剿回逆,入少出多,原不可以数计。然中兴迄今十余年矣,以地丁计之,直隶额征二百四十三万余,【近年户部咨直隶,地丁额征一百八十万余,与此稍异。】耗羡十三万余,近数年截长补短,每年约完九成余;山东三百四十三万

余，耗羡四十七万余，近年约完七成；河南三百十九万余，耗羡四十一万余，近年约完八成；【光绪四年，袁保恒奏：河南田赋额征三百余万，岁收仅二百余万，与此数符。】山西三百零五万余，耗羡三十七万余，近年约完八成；陕西一百六十万余，耗羡二十三万余，近年约完九成；甘肃【一】百二十二万余，耗羡十五万余，近年实完数未报部；安徽一百六十七万余，耗羡十八万余，近年约不及八成；江南、江宁九十一万余，耗羡三十五万余，近年约完二三成；苏州一百四十三万余，耗羡二十二万余，近年约不及八成；浙江二百七十九万余，耗羡十三万余，近年约不及八成；福建一百二十四万余，耗羡二十二万余，近年约不及八成；湖北一百零六万余，耗羡二十八万余，近年约完五成以上；湖南一百十三万余，耗羡十三万余，近年约完六成以上；广东一百三十二万余，耗羡二十三万余，近年约完三四成；广西四十万余，耗羡四万余，近年完一万余；四川六十七万余，按粮津贴数亦如之，近年全完；【同治十三年约八成余。】云南十九万余，近年实征数，奏明缓报；贵州十二万余，近年完一万余；四川、云、贵三省，耗羡未详；东三省额征各项五十余万，盛京船规在内。【岁支约须银一百四十余万。】总计地丁所入，以今光绪初年较承平时，约减七成耳。以漕粮计之，江苏苏松粮道所属，同治三年前原额漕白正耗米一百七十余万石，四年减定一百二十余万石，十一、十二、十三年奏报起运，自六十七八万至七十万余石不等；额征漕项银六十余万两，除轻赍一项，每年起解外，余俱留充海运经费。江安粮道所属之江北各属，额征正耗米二十五万余石，同治九年、十年、十一年、十二年奏报起运，自十万石至十一万余石不等；额征漕项十四万余，除轻赍四千余两批解通库，余俱留充起运经费。浙江原额漕白正耗米九十六万余石，四年减定六十九万余石，十年、十一年、十二年，自三十八九万至四十万余石不等；额征漕项约四十余万，除轻赍一项起解外，余俱留充海运经费。山东额征米豆三十四万余石，【近年多以粟米一项抵征。】同治十一年起运二十七万余石，到通交仓十八万余石。【按：山东漕粮，惟同治九年折色，每石解部银一两三钱。】河南额征粟米麦豆二十万九千余石，同治元年抚臣张公之万奏定折色，各州县每米一石，折解藩库银三两三钱，以二两解部，以一两充军需，以三钱为通省公费。嗣李公鹤年奏定，杞县等三十三州县，于军需内减银二钱，公费内减一钱；又祥符等十四州县，于军需内二次减银共四钱，兰仪等四州县，军需、公费全行减征，惟各属解部银每石二两不改。额征漕项十一万余，同治十一年实解部五万两。江西额征正耗稜米七十六万石，咸丰三年后均系折色，每石以银一两三钱解部，同治十一年实解部七十万两；额征漕项十八万余，亦未零解。湖北额征正耗米十六万四千余石，咸丰三年后均系折色，每石以银一两三钱解部；八年，胡文忠公奏定每石折收钱，各属少者四千文，多者六千五百文，解部银每石一两三钱，各属一律；同治十一年，实解部银十六万；额征漕项一万余两，未零解。湖南额征正耗米十五万石，咸丰三年后均系折色，每石以银一两三钱解部，同治十一年实解部十万两；额征漕项一万余，未零解。安徽江安粮道所属之安徽各属，额征正耗米二十六万余石，咸丰三年后均系折色，每石以银一两三钱解部，历年未解。奉天额征粟米黑豆三万八千余石，同治十一年咨报，起运米豆二万余石。是总计漕粮项下，较承平时米加少，【定例：漕入四百万云。道光时，已无全入者。同治十年，天津收江、浙漕白米一百九万六千余石。】而银实加多也。【按：国初海运未兴，京仓备米，本有赢余。是以乾隆年间，纯庙以京、通二仓存米充溢，久藏陈腐，不如蠲免。其时阿文成奏云：漕异于钱，非旦夕可达京师，蠲免后设有水旱，恐一时缓不济急，未如所请。至嘉庆间，河患阻漕，仓储支绌，人皆服文成先见。然在今日，则无虑也。考近年运米虽少，而京、通各仓，每年进米，尚不下一百万石；除岁支八旗甲米约六十万石，春秋俸米京仓约放十二万石，通仓约放五万石，一切杂支约数万石，桥仓转运，例除折耗及抽查挐欠约数万石，总共出数不及九十万石。是以光绪四年二月，户部侍郎翁公同龢折称：现在京仓米数，除粟米及未到南粮不计外，实存粳籼米二百二十七万石。按照现放章程，尚可支两三年之用云云。】以盐课计之，【每引四百斤觔，其课正杂并计，每引至重不过一两七钱四分，轻者一两零。】长芦五十万二千余两，灶课一万三千余两，近年实完二十八万两上下，又征完复价银二十万两零；山东正课十五万六千余两，灶课二万余两，近年实完十一万两上下；河东五十九万余两，又加费羡余，加价约三十万余两，近年全完；两淮二百十四万余两，折价九万五千余两，近年课厘二项约收二百七十余万两，制钱八千余万串；两浙三十二万三千余两，灶课十一万两零，【同治八年，浙抚李公瀚章奏改纲运，浙东认销二十七万九百余引，浙西六万六千引。】近年课厘二项，约收六十余万两；福建十六万余

两,溢课等十八万余两,近年改票,每年应收三十七万九千余两;广东六十五万余两,余项无考,近年约收五十七八万两;四川十五万五千余两,羡余等银十五万八千余两,近年约完十六万零,又零收盐厘六十余万两;云南额征正课杂税等五十万余两,近年未据报部。总计盐课项下,顺治中各省约二百余万两,乾隆中五百七十余万两,近年除云南外已八百余万两矣。是较承平时,有赢无绌也。以各关常税论之:天津额征四万八千余两,盈余二万两,又应解内务府一万二千余两;山海六万一千余两,盈余四万九千余两,加增八万两;东海约六七万两,未定额;镇江九万二千余两,盈余七万一千两;江海二万三千余两,盈余四万二千两;九江十七万二千余两,盈余三十六万七千两;浙海三万五千余两,盈余四万四千两;闽海七万三千余两,盈余十一万三千两;江汉未详;粤海五万六千余两,盈余千万两;临清三万七千余两,盈余一万一千两;又户关正银二万九千余两,铜斤水脚七千六百余两,盈余一万一千两,以六千六百为额内,四千四百为额外;又工关正银四千五百余两,盈余三千八百两,以二千三百八十两为额内,一千五百二十两为额外;【按:临清关各款,同治十三年约征六成。】凤阳九万两,盈余一万七千两;【现未开征。】芜湖二十二万七千两,盈余十二万两;【现未开征。】龙江西新九万八千两,盈余八万八千两;【现未开征。】淮安二十五万四千余两,盈余十一万两;浒墅十九万一千余两,盈余二十三万两;【现未开征。】赣关四万六千余两,盈余三万八千两;太平五万二千余两,盈余七万五千两;杀虎口一万六千余两,盈余一万五千余两;张家口二万两,盈余四万五百余两;崇文门十万二千余两,盈余十万左右,【光绪元年,收盈余七万零,原折云:较最多年份少十四万二千零,殆无定额也。】又洋药一万七百零。【加平三百余两】以上各关常税,除未开征外,收数不无短绌。【按:常税足额约四百万,现得二百万零。】然考康熙中,关差各员,非无盈余,而报解正额亦多不足数;自雍正年始定考成,自后盈余之额,亦以雍正十三年为准,近虽盈余未足,较康熙间几不啻倍增矣。至于昔无今有者,洋税为一大宗:【一年四结,六成听拨,四成解部,零存。】津海约四十四万两上下,山海约十八万两上下,【光绪元年收至二十三万九千余两。】东海约二十八万两上下,镇江约十三万两上下,江海约三百二十万两上下,九江约五十三万两上下,浙海约六十七万两上下,闽海约二百四十九万两上下,江汉约一百五十七万两上下,粤海约一百四十九万两上下。【按:此酌中之数也。同治初年,总数仅六百余万至九百余万;同治十三年年终税单:则江海三百二十五万,闽海一百八十万,江汉一百四十五万,粤海九十一万,浙海七十六万,九江六十七万,潮海六十六万,厦门五十八万,津海三十七万,东海三十一万,山海十九万,镇海十五万,台湾十三万,淡水十二万,总计十四关,几及一千二百万矣。是以前定经费七十万,光绪元年总税务司赫德坚请加增,已奉旨加三十五万,定为每年经费一百九万八千二百两,盖奖其综核之劳也。】又厘金亦昔无今有之一大宗:江苏每年约收三百万两;安徽约三十余万两,钱约六十万串;浙江约一百万两;江西约一百三十万两;湖北约五十五六万两,钱一百九十万串;福建约一百八十万两;广东约一百二十万两;【按:广东以洋银折合。】广西约七十余万两;山西约十万两;河南约洋药、厘金约数万两;直隶洋药、厘金八万两;奉天厘金约收东钱三百万串;四川、湖南、山东屡催未据报部,陕西、云、贵无抽厘案,据贵州闻可收厘三十万,报明十万两。总计厘金项下,合未报各省而言,又不下一千五百万也。考近年京师库款所入,提拨京饷八百万两,各省批拨漕折约一百万两,各海关批解洋税无定数,京铜局收捐约六七十万两。【按:捐输一项,近以例银减成,外省捐局太多,故入款反少。乾隆中,每年捐监、捐级、捐封三项,亦可得三百万两。若一旦毅然停捐,仍照乾隆旧例,非户部不得收捐,非实银不得上兑,计虚衔、封典、加级、贡监各项,恐尚不止六七十万可入也。捐输已成弩末,惜无以此进言者。】至京师出款,每年支发旗、绿各营兵饷银两,及二成折银,红白例赏,年终恩赏,约银三百五六十万两;神机营经费一百万两;八旗兵米折色约八十万两;一切杂支约三百余万两;出入甚可相敷。若京外出款,昔无今有者,除吉地两处每处岁拨六十万两,惠陵工程岁拨八十万两,竣工计已不远。西征善后次第就绪,闻左伯相方兴蚕桑之利,创织呢之局,畜牧屯耕,数年后必可自顾。所不能节省者,台湾之开郡县也,【他日有木植、米麦、煤铁、番布之利。】闽中之造轮船也,【兵轮船外,有发商转运之利。】各国之驻使臣也,长江之设水师也,沿海各省之留防军,【可使筑坝、浚河,广开水利。】制机器也,时势所迫,岂能过惜度支。然苟统筹全局,保洋税,【洋药及奇技淫巧各物入口,似可加税、加厘。即不能行,而售卖洋药之行栈店铺,分别大小,悉令领帖,每岁更换。吾行吾令,度洋人无可置辞

也。】核厘金,【宜先照会各国领事,凡华人有冒托洋商避就半税者,查出严治。】开荒田,撤分局,兴修西北水利,【自明徐贞明后,本朝诸臣,多创此议,以孙文定、朱文端疏为最详,今协揆沈公抚山西时,亦尝疏请此事。大行大效,小行小效,或即以直隶练兵,先开下游,渐俟推广亦可。】省并冗员,【道光十二三年,各省奉敕裁汰冗员,直隶裁通判以下二十余员,他省十数员不等。梁中丞章钜尚谓不实不尽,近时河督乔公、沈文肃均有此议,而冯中允桂芬《校邠庐抗议》,论列尤详。】裁绿营疲弱兵丁,缺额不补,酌量地势中边、弁兵强弱,以裁汰十之三四为止。而又铸银钱,织洋布,培护丝茶,以收利权;开银铁、煤矿,以取地宝。生之者众,食之者寡,计以中国之大利,供中国之支应而有余。疆域四五万里,岁入五六千万,【顺治一朝,以十七年入款二千五百余万为最多。】而司农以下,攒眉束手,相聚而忧贫,无是理也。然而圣君贤辅,直省各大吏,焦心劳思,迄无成效,岂筹策犹未至欤?则总揽其成者,不得而辞咎矣。【按:是则所纪出入各数,多得之辗转传闻,且仅据一二年而论,恐舛误不免。特联缀成文,于国家近年经费出入之数,借可考见大略云。】

郎潜纪闻二笔[①]

卷一·滇省运铜差之苦累【二则】

乾末嘉初,滇省运铜,为最苦之差,一经派出,即身家不保。推原其故,凡全滇属员中,有亏短者,有才具短绌者,有年迈者,本管道府即具报,委令运铜。于承领运脚时,即禀明藩司,将所短各数扣留藩库,以至委员赤手动身,止有卖铜一法。所短过多,或报沉失,或交不足数,至参革而止,此数十年弊政也。自蒋砺堂相国攸铦任滇藩,查得铜厂内有提拉水泄一项,每年应发银二十万两,八成给发,扣存二成,得四万两;于四正运,每船津贴银八千两,副运减半,于起运时给发一半,船至湖北全给之。保举运员,须本管府道加考,以并无亏空、年力正强为合格。此法行至道光年,尚无更变,人不以为畏途矣。见崇庆杨袭侯国桢自定年谱,杨亦道光初藩云南者。今滇铜久不采运,旧章未必遵行,录此以为讲铜政者之一助。

杨袭侯在滇两署藩篆,其时各省采铜委员,率羁留至四五年。侯访知四川乌坡厂铜可以般运,遂陈请大宪,在乌坡采买铜二百万斤,五省委员咸获赍运。虽铜价略贵,而运脚节省,合计有盈无绌,此亦留心度支所当知者。

卷四·关忠节早定死志

关忠节公天培,道光朝名将也。起行伍,拜专阃,官广东水师提督。时海警方萌芽,与林文忠经营十台,累战克捷。奏上,公卿相贺。嗣以和战聚讼,廷议蜩螗,孤军莫援,公卒身受数十创以殉,天下痛之。方公以海运入都,常从故人饮酒肆中,醉而言曰:"日者谓吾生当扬威,死当庙食,今吾年四十余,安有是哉!"夷难起,缄一匣寄家人,坚不可开。及后启视,则堕齿数枚,赐衣一袭而已,盖死志早定也。呜呼!庚、辛海上之变,文臣中可倚以御侮者,仅林文忠公一人,次则裕靖节耳。奈懿亲重臣,临戎丧胆,御防媚敌,惟恐失欢,以致穷岛魍魉之徒,横行溟渤,择利而食。而一时筑室之议,反以开衅责文忠,以穷蹙而死谤靖节;亦舌烧城,天地易位,至今犹有拾唾余者。至于陈忠愍公之守吴淞,葛壮节、王刚节、郑忠节三公之守定海,及公之守虎门,皆以同舟匪夫,援绝鼓死,结缨免胄,颓我长城。余生庚子,世贯海东,采父老之传闻,睹近年之世变,濡笔纪此,愤气填膺。恨不能起懦帅残魂,缕割寸刲,充死事诸忠臣祠庙牺牢之用。呜呼!亦何及已【按:关忠节在广,著《筹海集》,其奏疏亦俊伟光明,咸出公手,非假幕僚,倘生承平,亦彬彬儒将也】。

---

① 〔清〕陈康祺撰。

卷四·裕靖节为余步云所陷

裕靖节公之殉节,中外亦多异论。以康祺所闻,公之死,提督余步云陷之,而公则从容就义者也。方道光辛丑七月,厦门失,公得报,集兵镇海,率文武僚属,刑牲酾酒,誓于众曰:“逆虏悖天寒盟,得气于广、闽不为备,罹兹猪毒,今乃扬帆起碇,卷众北趋。镇军葛、镇军王、镇军郑,先帅偏师,急趋定海。幕府总统大兵,相机援应。且虏数和以要我,今日之事,有死靡他。幕府四世上公,勋烈不沬,受命专讨,义在必克。文武将佐,敢有异心受夷一纸书、去镇海一步者,明正典刑,幽遭神殛。”音词慷慨,闻者震奋。及三镇毕命,定海告陷,公知不济,叹曰:“昔先义烈公以乾隆二十一年八月死于难,今道光二十一年八月谦在此,命也夫!”谓其客曰:“明日将战,今先有言,凡军中谕旨奏疏,及他文簿置行馆中。”又曰:“余无子,可以德峻承祧。”又曰:“吾所草诸疏,藏之家祠,朝廷有所推问,以此进。”将战,又曰:“公等去城西数里外,观我破贼,急草露布。不者,与家人会于余姚,勿顾我。我死,提督必以我说于夷,夷虽得镇海,不能有也。朝廷复命大将断曹娥江而西,东南尚可为。勉之。”公浩气忠肝,成算夙定若此,岂犹夫智穷数极,一死塞责者比哉?而其时余步云守招宝,早怏怏怀二心。方事亟,公与约,分脸驻军,步云忽称疾。二十六日,公登城督战,亲援桴鼓,战方交,而步云单骑上城,有所谒,公不答。旋去复来,曰:“我死固当,如百口何?且步云有息女,今日嫁,何如哉?”公曰:“儿女情故不免,然忠义事大。”步云既归,招宝山提标兵即溃,公遂不能支矣,投身泮池,昏顿展转以死。步云虽终伏国法,而荒裔鬼獠,从此益轻中国。黄犬东门,朝衣西市,岂足蔽辜。

卷四·圣祖之远虑

康熙三十二年,俄罗斯遣使进贡。仁皇帝谕曰:“外藩朝贡,虽属盛事,恐传至后世,未必不因此反生事端。总之,中国安宁,则外衅不作,当以培养元气为根本要务。”仁皇帝又云:“岛国互市广东,百年后必为中国之患。”圣明远虑,早洞见今日时势矣。

卷五·陆建瀛为军兴第一罪魁

咸丰三年金陵失守,中外舆论,咸归咎制府陆建瀛之偾事,盖万口一词矣。时祁文端公弟文节公幼章方伯,以守城悲愤呕血殒命。文端哭弟诗云:“严严制府公,抵掌运才智。提兵扼九江,库藏悉罗致。神炮五百余,尽数充武备【原注:上海购炮六百尊,仅以四十尊留备守城】。京帑六十万,并取毋遗置【原注:部议三十万给军,三十万守城,督帅悉檄取之】。遗之以危城,置之于死地。”又云:“疆帅控上游,初议岂不壮。舳舻亘千里,江皖赖保障。前茅甫遇贼,一战总戎丧。翩然乃退飞,踉跄弃兵仗。匿迹归白门,吾民复奚望。城中十万户,湍决各奔放。大府方闭阁,猜嫌仍未忘。”又云:“追思偾事繇,后懦而前亢。若使谋乃进,据险审所当。纵退时犹纡,援军势可仰【原注:时向军门自湖北统兵追贼,已及九江】。严城民气固,内外力足抗【原注:弟借帑各关,储粮练勇,布置周密,民不惊徙。若前军徐退,小孤、东西梁山,重险不彻,则向军援至,胜负未可量也】。此错竟谁铸,此灾实无妄。”读公此诗,可见制府之贻误大局,实军兴第一罪魁。嗣以薾茝黄巾,身膏乱刃,显皇帝悯其一死,即亦不复追咎封疆。此正圣朝体恤之深心,包涵之大量。康祺窃谓:郑祖琛、何桂清辈,本以试帖楷书进身,骏昧空疏,洊膺节钺,猝罹祸变,颠蹶何奇。沔阳制府平日宾礼贤士,研究儒书,迹所施为,尚不肯自居庸儒。不意临变失措,顿丧生平,以致东南门户,江皖藩篱,尽坏于九江之一著。较张浚符离之败,房琯陈陶之溃,殆有过之。士大夫与人家国,谋人军师,顾可不自审量,贸然一出与?

卷七·安徽失陷之原因

金陵之失,祁文端诗归狱沔阳,可谓允矣【见前卷】。顷观山阳鲁一同《通甫类稿·安徽巡抚蒋公神道碑》,复得安徽失陷之详。碑云:“当日陷败,由于寿春镇之去。自古以孤城当贼冲,未有不为犄角之势而能御敌者。寿春镇,公之手足,而皖省之肢体也。制府既夺公之手足,而断皖省之肢体矣。易之以江南新

兵二千，驻之城外。二千人皆客兵，王鹏飞又客将，其心已与抚标不一。彼见制府统大众，趋上游，耳目声息，皆视上游为进退。制府走，则二千人之心去；二千人去，则守城数千之兵，与城中数万之众之心俱去，虽有孙吴之法，墨翟之守，不能善其后矣。借令制府奏调之日，公上疏力争，以本镇不可调，新兵客将不足恃，贼至犹可一战。乃公旧为制府属吏，而制府矜而褊人也，而朝廷新向用制府，知恩镇之能便于自助，而不恤其他。恩镇有治军之长，用违其方，而卒见枉害。公有深远之虑，抑于统帅，孤立无援，而全局去矣。”又曰：“贼入湖南，公奏言安省库帑无余，请将司库续收地丁契杂，芜、凤两关征存，一并存留，以备军需。制府以为迹涉张皇，渐生异议。又奏调江苏兵三千，制府以江苏重地，靳不与。已而制府督师至皖城，公戎服出见，乞海防之舢板船，阳许之，又不与。”又曰：“三年正月，贼陷武昌而东出，与官军遇于九江。贼艎蔽江，建瀛大惧，寿春镇恩长败没，益惶惑不知为计，遽登轻舟东走，顺流达皖城。遣人报曰：贼众不可当，制府归守江东，已过矣。沿江守兵遂散，贼大至，公知事不可为，草遗疏向阙叩头，吞金不死，息仅属，为家人缚入肩舆，遇贼被害。”通甫所述，较文端诗尤详。一夫轻退，而两藩陆沈，沔阳洵死有余辜矣。康祺窃以蒋公之抑于统帅，孤立无援，碑文诚非曲护。然公自本藩开府，经营累年，巡抚为古连帅节度，苏皖中隔大江，不得以祁方伯之同城僚属相例。当全楚骚动之时，不能博访贤才，收罗名将，简军储饷，固我疆圉，而仅倚一寿春镇为长城。比狂寇突来，又不闻有画江一旅之师，婴城一日之守，苍黄引决，祸及东南，公在九原，当亦耿耿有遗憾，特其心可原耳。公名文庆，汉军人，追谥忠悫。

卷十二 · 仁宗信任李忠毅

嘉庆初，李忠毅公长庚剿除洋匪，屡败蔡牵于浙洋，以闽师掣肘，牵尚游弋海上。上闻，逮治督臣，而代者入闽中文武之谮，疏参忠毅逗留，捏报斩获。谕密询浙抚清安泰公，赖公力陈忠毅剿贼之勇，海战情形之难，仁宗委任忠毅，由是益笃。当时贼中谣，有“不怕千万兵，只怕李长庚”之语，亦达天听。

卷十二 · 姚启圣平台湾之谣谶

台湾开于郑芝龙，顺治初，其子成功复往据之，时出没江海为大患。厦门民掘地得一碑，文云：“生女灭鸡，十亿相倚。”见者莫能测。后郑氏为姚尚书启圣所殄灭，乃知十亿，兆也，加女，姚也；郑从酉，鸡也，灭鸡，灭郑也。郑氏初起海上，尚书始生，传四世六十年，而公适为闽督，遂平台湾，执郑克塽以归。此谣谶之有验者，然亦我圣清之威德震铄，师武臣力，有以应之。

卷十二 · 黎吉云疏陈兵事之先见

黎侍御吉云，以翰林入台垣。道光中，英吉利船窥津门海口，侍御独上疏言：“岛夷不可纵，和议不足恃。”条用兵事甚悉，弹主款大僚，言词切直。比款议决，遂引疾归。咸丰改元，广西军事急，御史方家居，忽办装诣京师补官，劾湖广总督程矞采庸怯误事，纵贼深入湘中，将为天下患。已而贼果围长沙，破武汉，连陷江南，躏及畿辅，都城戒严。侍御奉命驻东城，一日语守者曰：“城上宜多积砖云。”守者谬诺之，督责益急，谓明日不具，将治尔。守者惧获罪，走诉诸大僚，言御史恐我明日寇将至也。大僚闻于朝，以框扰降，时论惜之。康祺谓：明日寇至，固守者之甚其词，第被命守城，而不作寇至之想，守何事矣。粤匪之变，所以狼奔鼠窜，天下无完城者，大抵皆明日必不寇至之念误之也。呜呼！粤匪平矣，明日顾可恃哉。

卷十三 · 林文忠办理河工之精核

河工为国家漏卮二百年矣，道光十一年，林文忠公擢东河总督，奏言秸料乃河工第一弊端，其门垛、滩垛、并垛诸名目，非抽拔拆视，难知底里，遂将南北十五厅各垛逐查，有弊者察治，所属懔然，岁省度支无算。得旨：“向来河臣，从未有如此精核者。”

卷十三·琉球臣服本朝之恭顺

故事:琉球国间岁一贡,道光十九年,诏改每四年遣使朝贡。是岁中山国王尚育咨达闽抚,谓“琉球地滨海,最患多风,惟朝贡以时,则风雨和顺,每遇贡年,岁必大熟。又贡舶出入闽疆,岁颁时宪书,得以因时趋事,庶务合宜。又琉球不产药材,赖贡舶载回应用,至航海针法,全赖随时学习,番休更替。若四年一朝,则丰歉不齐,人时莫授,药品缺乏,针盘荒疏,请奏复旧制。”时抚闽使者为吴文节公文镕,疏闻,手敕报曰:“据奏情辞真挚,如所请行,并允令陪臣子弟随同贡使,入监读书。”按:琉球臣服大朝,最称恭顺,在我国家八荒亭毒,原望其承庥衍绪,永为瀛海维屏也。

卷十四·邓廉访守南昌

咸丰癸丑,粤贼由武汉蔽江下,九江不守,江西巡抚司道皆帅师出防,会城岌岌,市肆昼闭。邓廉访仁堃方守南昌,揭示曰:“太守料贼犯金陵,志不在我。不然,敢以八旬老母为孤注乎?尔军民其安堵无恐。”示出,市立开,贼果不至,而设备益严。当时江右文吏号知兵者,邓君名几与广信太守沈文肃埒。

郎潜纪闻三笔①

卷四·黄太常密陈平台湾郑氏方略

国初平海寇郑氏一役,袁随园撰姚公启圣神道碑,谓发踪指示,姚实首功,而提督施琅攘之。顷读沈尚书归愚文钞,则姚督部之功,又多出于漳浦黄太常。方督部奉命入闽,太常谒军门,条平海十便。督部用其策,相与密谋,伺间出奇,先收诸要地,以蹙其势。乃大开修来馆于漳州,来降者予官服车骑,即亡无所问。卒有亡入贼者,皆夸示所有。贼心动,谍至,密使诸营厚款之,谍即以情输。战有日矣,或填馆舍,盛供具,大书某镇某官公馆,声言某月日某将当来降。贼互猜贰,归者日众,贼党日孤。我师一鼓而下十九寨,遂复海澄,克厦门,澎湖一战,郑克塽面缚求贷死,海寇以平。诸将克金、厦门时议悉诛贼党而以其子女资财犒军,督部申禁令,全活数十万众,亦由太常密请也。太常总藩湖南时,适武昌夏逢龙乱,已陷四府,廷议出京军,上曰:“湖南有黄性震在,彼佐平数十年海氛,何愁幺麽跳梁辈。”时抚臣亦拟请兵,太常第主静镇,未几,逢龙果诛死。然则太常亦人豪矣【按:太常以道士自郑氏来降,复入台,以计间刘国轩于克塽,郑氏由是失势。见全吉士姚公神道碑,盖亦唐魏文贞之流亚云】。

卷五·西人受困于嵊县乡民

浙江嵊县有小村落,曰俞家庄。道光壬寅,西人寇吾郡,官兵莫能御,越州震动,嵊尤有唇齿之忧。乡民起相约,捕鱼海上,一日,见有夷船停泊,突入其船,夺其兵仗,杀夷人过半,折毁其船,取其货物以归。意夷人必来报复,乃操小舟十余只,载稻草管索,捕鱼海上如故。不数日,果见火轮船二扬帆来。乡民俟其近,各怀利刃,跃入水中,密以所携稻筐系两轮旁,船不得动。夷人方愕然,乡民已跃火轮上,出利刃击夷,夷尽歼焉,取其货物,防守益固,夷因不敢入嵊县境,而一邑无恙。盖亦静以待动之法也。见陆伊湄大令所著《庚辛日记》,今海防孔亟,录之以俟采择者。

卷九·湘省大员会劾曾文正

咸丰四年春,粤逆陷湘潭,围攻长沙,曾文正檄塔忠武帅师复潭,复躬率水师及贼于靖港,战失利,投水者三,幕客掖以起。公终以事不可为,遂止妙高峰,草疏及遗属凡二千余言,密令公弟靖毅公贞干市棕,将

① 〔清〕陈康祺撰。

以是夕自裁。会湘潭捷书至，乃再起视事，然仍以师不全胜自劾。时诟谤丛集，湘省藩、臬、粮、盐诸使者，至会牍上巡抚劾公，公姑忍之。按：公仗钺十四年，九江、祁门【守祁门事略见前】及是役，皆屡濒于死。设当日竟如公志，成仁取义，公则何憾，藩、臬诸君亦所快心，其如东南百万苍生何。录此以晓士大夫之狭中浅识，拘论成败者。

卷十一·梁山舟书名播于日本琉球

梁山舟学士书名满天下，求书者纸日数束。尝言古善书皆有代者，我独无，盖不欲以伪欺人也。其诚笃如此。时日本国有王子好书，以其书介舶商求公评定。琉球生自太学归国，踵公门乞一见。公以无相见仪却之。其人太息曰："来时国王命必一见公而归，今不得见奈何。"因丐公书一纸，曰："持是以复国王耳。"其名盛又如此。

卷十二·吴中丞奏请弛私渡之禁

台湾海外上郡也，例禁私渡，而民犯死偷渡者日益众。故台湾令鲁鼎梅修县志略云："内地穷民在台者数十万，其父母妻子欲就养，格于禁例，于是贿船户，冒水手姓名挂验。妇女则以小船出口，上大船，抵台后复用船接载，率以夜行，名曰灌水。更有客头勾通习水积匪，用漏船收载多人，入舱封闭，遇风则尽入鱼腹。比及岸遇有沙，驱之上，名曰种芋。或潮涨漂溺，名曰饵鱼。穷民迫于饥寒，相率入陷阱，言之痛心。"固始吴湛山中丞抚闽，据志语入告，请旨弛禁，从之。其疏中有云："内外人民，皆朝廷赤子，向之在台为匪者，悉出只身无赖，若安分良民，既已报垦立业，有父母妻子之系恋，有仰事俯育之辛勤，自必顾惜身家，各思保聚。此从前督抚诸臣所以叠有给照般运之请也。及奉准行过台以后，亦未有在台滋事者，乃因奸民偷渡，致令良民在台者身同羁旅，常怀内顾之忧；在内者怅望天涯，不免向隅之泣。以故老幼妇女，茕独无依之人，迫欲就养，竟致铤而走险，毕命波涛，非所以仰体我皇上如天之覆，一视之仁也。"言简意赅，恺恻入听，中丞之造福海外，闽人至今感颂。若彼鲁令者，殆亦有心人已【康祺尝谓：凡修纂郡邑志乘，以陈述民瘼，钩扬潜德为得体，若乃铺张形胜，攀附人物，皆庸笔也】。

卷十二·葛壮节缉海盗之神算

葛壮节公治吾乡水师时，捕盗最力，以海为家。某年岁除，将士方休息，公忽下令巡海，扬帆掩旗鼓，直捣某山，围其岛，盗方酣饮，尽缚之以归。岁旦，僚属集公署贺岁，闻入海捕盗，皆大惊。已而公至，马前絷大盗数十，付有司诘问，斩之。而以所得器用财货散士卒，皆叩头辕门，欢声雷动而去。或请其故，公曰："海□最细者出某山下，近吾访诸市而无之，此其山必薮盗，故渔舶不敢前。异时捕之，徒多苦我将士，又散走难尽获。岁暮，盗必聚窟中，且料我必不出；不设备，故可掩而尽也。"闻者叹服。公精忠大节，已载前编，即其缉盗谋算之神，时方承平，乃竭忠尽智如此，今之建旄列戟者，能师法公百一否耶？【康祺又闻公恂恂如书生，遇人片长，称扬不辍，而往往谩骂其僚属，常曰：号称武官，乃不能杀一贼，国家设武官焉用此。】

郎潜纪闻四笔①

卷一·前有孙虎后有李龙

壮烈伯李公总统浙、闽水师时，海盗歼灭几尽，望风跳逃海上，为之语云："前有孙虎，后有李龙。"孙虎

① 〔清〕陈康祺撰，褚家伟、张文玲点校。

盖谓黄岩总兵孙全谋也。其名稍晦,然能与壮烈并称,想横海楼船,亦必有洸洸这战绩也。故录之。

卷二·郑祖琛炮击英人

郑梦白中丞抚粤西,慈柔佞佛,贻误边疆。及洪、杨事起,时论均指为首祸。顷见长乐梁氏《归田琐记》载:道光乙未春夏之交,英人垂涎武夷茶山,曾以两大舟停泊台江,别驾一小船由洪山桥深入水口,时郑梦白方任闽藩,乞假卸事回籍,遇之竹崎江,密令所过塘汛兵弁,开炮击回。是官止监司,身已乞病,尚肯勇往任事,不畏督抚议其侵权,其人非全无肝胆可知。何一抚粤西,猥琐至此?岂劫运将至,为大吏者,亦随之转移与!

卷二·治河名手常出布衣小吏

永安河在高邮州北,旧名清水潭。康熙中,淮水溃高堰三十六处,成河九道,东注于此,尽坏堤防,激旋成渊,数十里无畔岸,漕艘至此多漂没,运道中阻。费百万筑之无效。时河帅靳文襄公,老于河务,亦束手愁叹。幕客钱唐布衣陈天一先生,名潢,方客帅幕,创议以十万金塞之。监司以下无一人任者,先生乃自请治河。先筑高堰缺口,使淮水出清口,俾上游势缓。又察潭中已成深渊,不可径直筑堤,乃环潭而堤之,工以底绩。文襄治河之功,多用先生言,兹河尤一手所办也。后有以其事上闻者,遂以布衣赠佥事道衔,配食文襄祠。先生名位未显,史馆例无专传,异日《河渠志》中,固不没其劳勚也。而文襄知人之明,用人之专,亦于此益见。按:二笔所纪乾隆间老坝一役,郭大昌佐河督吴公嗣爵治河事,可与此并传。奈何河工人才,常出布衣小吏耶!

卷三·陈化成壮烈抗英

道光庚子至壬寅,英人入寇,江、浙殉难诸忠臣,余已搜访事迹,散见前三笔矣。兹闻袁翼《邃怀堂文集》,有江南提督陈忠愍公殉节记略,叙述详赡,有官私记载所未具者。翼,宝山人,忠愍死事即其地,其言较碻,爰删润节存,备异日使臣之采。公由偏裨从李壮烈伯,屡歼海盗,洊升至金门镇。道光十八年,授厦门提督。庚子夏,粤东兵事起,特谕公移节江南,年七十余矣。任事五日,而浙警至,公带兵驰赴吴淞口,驻帐操台基,节相伊公驻宝山城。相度形势,沿塘筑二十六座土堡。公枕戈海上二年,自备薪水,肩舆出入无仪从。尝大雪压帐,竟夕失寐,晨起,阅部下有寒色,制绵衣给之。庚子秋,伊公移浙督办军务,江苏巡抚裕公兼署总督,驻宝山。初闻公耐劳状,未深信也,值夜飓风大作,暴雨倾注,潮溢塘面,部将请公移帐,公曰:"大帐一移,三军惊扰。且我独就高燥,而士卒卧泥水中,可乎?"严不动,而潮旋退。裕公度公必移帐,使人骤马觇之。公凝坐帐中,闻蹄声出视,使曰:"大人以风雨非常,遣来问候。"公笑谢焉。裕公驻上海。闻公剧痢,聘医来,公却之曰:"栉风沐雨,军营常事,某老惫偶疾,何独张皇?"不服药而愈。辛丑夏,伊公逮入都,上以裕公为督师,驻杭州,调狼山镇谢为前锋。特命徐州镇王率师助公,听公节制。公令守塘北小沙背,不从,居城中书院。小沙背后,由崇明入淞口门户也。徐兵犷悍滋事,公召徐镇治违令者,鞭贯十余人,徐镇由是衔公。上命河南巡抚牛公督江南,奏亲督师于吴淞,知公忠勇,闻食粗粝,即令军需局每十日馈白金二百五十两,坚不受。公生日,客营某弁制金字旗以寿,立使裂之。闽安协周,外貌朴讷,公信为诚,保升苏淞镇,守西炮台。方镕废铁铸炮子,周镇监工,铁汁精纯,实新铁,而匠人抽铁,胚中填以碎砖,见者哗然,周为掩饰。试炮,炮裂,箍以铁皮,公皆不知也。是年秋,敌再犯镇、定,旋陷宁波,裕公、三镇均死难。公潸然出涕,谓诸将曰:"武臣死疆场,幸也。君等勉之!"当英人犯乍浦时,有汉奸导攻上海,小舟游弋,屡以千里镜瞭公帐,见昼夜备严,未敢轻入。壬寅三月,敌遣一头陀乞食东炮台,欲试吾军炮力也。公知之,不同炮船忽飏去。初五日,船集益多,炮声震天,击往来商舶。初六日,敌以木牌浮战书来告,周镇得之,请公报书缓师期,公弗许,掷书塘外,戒战备。初七日,牛公至帐,以敌锋难犯,议迎犒缓师,图后举。公抚膺曰:"某经历行阵四十余年,今见敌异议,是畏敌也!大人勿怖。"牛公不答,去。明日敌舰衔尾南进,两两相

辅，分池东西台，俄扬帆出小沙背前，徐镇按兵不击。公出帐，挥旗发炮。敌飞炮对击，所注摧陷。牛公闻炮声，飞舆至校场，鸣鼓助阵。敌架炮桅顶，击演武厅，弁兵拥牛公奔胡巷镇，遣守备姚雁字，以令箭檄徐镇急援，人马中炮死。公然炮，毁敌头一船，西船稍却，东船并力击西台。我军炮子多砖心，至敌船而灰，炮门且裂，全塘震动，部将韦印福、钱金玉、许攀桂、徐大华皆死，尸积公前，公麾旗痛哭，有飞炮拂旗角而坠，陷地一尺许。公见事急，亦以令箭召徐镇及驻海庙之王游击军，皆已潜遁。周镇上塘劝公退，公叱之曰："曩以尔朴诚，荐拔至此，今负我，致我负国，尚何言？"时药无布袋，炮无米囊，公掬药纳子，炮震伤手，血流至胫，气倍奋。旋有巨炮冲陷土牛，击公仆地，细子中股，纷如雨点。敌见公手执红旗不偃，药子亦竭，炮热灸手，回帆欲退，而桅上瞭见守塘弁兵溃败，遂麾队登塘。吴淞把总龚增龄迎战，刃数人，敌围而禽之，胁降不屈，钉手足于板，掷诸海。公部戈什哈许林，率壮士巷战，洋枪四出，林死。公犹拔佩刀接仗，枪亦洞腹。时在塘仅三人，公呼武进士刘国标曰："我不能复生，即绝我，掷体沟中。"一恸而绝。刘亦创甚，负尸掩丛芦中，脱公凉鞋一只，怀之，以芦叶对缬为识，出苇而逃。初，公中枪时，敌船冲入土门，有衣周塘兵王某，出不意迎船然炮，轰击舰面如扫，塘上敌惊窜，故公尸得匿，是役也，碎敌八船，杀敌五百余口。越八日，宝山士民寻芦中公尸，负之出，敛诸嘉定，封太牢以祭。敌遂入宝山城。置酒镇海楼，头陀与焉。复运北门谯楼炮子五百石归船中，继而掠上海，陷镇江，犯江宁，皆以我之军火攻我郡县，是真可发竖眥裂者也！公驻军海上，百姓安堵，呼为"陈老佛"。英人窥伺两年，不敢遽逞，又有"陈老虎"之称。即无致命之忠，亦不愧一朝名将，政权不属，军令旁挠，卒以偾事。呜呼！是谁之罪欤？袁君是记，本吴茂才《忠愍纪略》，原本繁冗，袁为删节千余字。余录袁作，又为删数百字，尚冗长如此，想国史据当时奏报，必不能如家私纂述之详尽。窃思铺陈战状，章阐忠义，足以昭前烈而儆后贤，当不厌其词之费也。

卷三・哀忠集纪事四十七则

九江镇总兵马公济美，省城被围，公然炮击一大桅粉碎，又用火箭烧贼船数只，既而帅所部缒城出战，贼为披靡。忽马陷泥淖中，贼骑四集，遂及于难。公侄怒甚，摩贼垒三，卒夺尸出。公女亦娴武略，欲督家勇二百人杀贼报仇，张中丞止之。

鄱阳县知县沈公衍庆，石埭人。公生时，大父梦中闻风雷甲马声。以乙未进士令鄱阳，善折狱，喜用四六骈文判谳词于牍尾，编二卷。邑遭水灾，悉心抚字，民不流亡，士民绘《芝阳恤灾图》以颂。自贼据九江，君知必犯饶州，誓必死，作自挽楹联，悬诸厅事。闻省城被围，率练勇入援，杀贼数十人。贼分投扰鄱阳，公驰回守御，复用计烧贼船只，贼稍却矣。卒以众寡不敌，御贼康山，殉难。

卷四・武显将军黄标

今中外一家，外舶梭织，伏波、横海之将，朝廷所侧席以求者也。康祺窃谓水师人才，不必他求，但能于闽、粤、江、浙数省，沿海水营弁勇，核实训练，秉公搜擢，拔茅连茹，必有奇才挺出，足以慰圣主鼓步鼙之思。嘉庆间，有广东虎门左翼总镇黄公村者，籍隶香山。初以擒获海盗吴昌盛等，又剿灭狗头山贼，积功至都司。嗣为总督福公所知，洊保至专阃，前后手缚贼六七百人，沈盗艘无算。公身长八尺，能开二石弓左右射，又善占云气，测风雨，著《测天赋》及《海疆理道图》，凡东南水道，浅深险易，如指诸掌。尝曰："水战与陆战不同，全在验风旬，识水性，司命寄诸舵，可以转逆为顺。"故每战必亲操舵，援桴以鼓，发炮纵火如弄丸。一舟先，众舟尾之，浪高如山，随风上下。贼望见旗帜即远遁，故所向有功。

嘉庆五年，奉旨赏戴花翎，命绘象以进，异数也。七年，博罗会匪陈烂屐四盘踞罗浮山，制府檄公会剿。贼闻风奔窜，一昼夜直捣巢穴。事闻，赐珍物，晋封开显将军。八年，海贼大队出掠，与提督孙全谋率舟师剿捕。贼遁广州湾，湾险不可进，公曰："守隘口半月，贼乏粮，可尽歼也。"孙妒公功，不听。公力争不得，叹曰："此机一失，海氛无已时矣。"师退，愤懑成疾卒。病中犹大呼"纵船！纵船！"云。公结发从戎，未尝

失利,擒贼歼首恶,不妄杀一人。所获赃物,以其二分士卒,其一储修船费。每南海登舟,衣短后衣,大布裹头,与士卒均饮食,同卧起,故人乐为用。麾下末弁,擢显职成良将者相望。粤中虽妇人孺子,无不知有黄总镇者。

比岁日、法诸国,动训衅端,我国家所藉以御侮者,长江则经制水师,外海则南北洋兵轮船耳。顾康祺生长浙海,兵轮将士,多半乡人。及久官暨阳,则与长江诸营尤有唇齿之谊。窃尝揆度时势,窥觇军容,详询黜陟校练之成法,旁探火器驾驶之技能。觉目前江海之备,仰仗天威,鲸浪永息,则旌旗器械亦自能震慑强邻,其酬酢趋跄更足彰中华之文物。倘得如黄镇军者十数辈,参错海疆,似更可倚为长城。释深宫宵旰之虑。而吾曹孱弱文吏,亦与叨福芘于无穷矣。故详录吴应逵所作《黄公传》,不禁辍笔三叹。应逵,粤人,善古文,著有《雁山文集》,其言信。

卷八·水师提督颜鸣皋

广东梅州人颜鸣皋,少负豪气,敏于读书。遇一相士,谓他日当以长枪大戟取功名。颜嗤其妄,攻苦益力,年三十矣。急于进取,居父丧,禫服未终,应试入学,乡人攻讦之,被斥。或谓之曰:"相士之言验矣,观君骨相魁梧奇伟,异日为朝廷寄阃外任无忝也,安事役毛锥子为?"颜题目其言,诵读之暇,间习骑射。越岁一试冠军,旋登武科。比应会试,以出身文士,武备究非夙娴,外场仅列单好,而策论则洋洋数千言,中肯綮,场中无与埒者。同考官亟赏之,姑呈之主司刘文正公。公读竟,击节曰:"此名将才,祭遵、羊祜之流也。"擢登上第。后历任海疆,沈雄儒雅,辖境倚为长城。官于福建台澎镇署水师提督,以功名终。

鄉言解頤[①]

卷一·天部·云

《周礼》:保章氏以五云之物,辨吉凶水旱,降丰荒之祲象。《左传》:凡分至启闭,必书云物。物者,色也。日旁云气之色也。韩魏公等第唱名时,太史奏五色云见。又天瑞有五色云,人瑞郑仁表。五色云不容易见也。乡人谓云曰云采,采亦色也。云之有采,如月至有光。谓月曰月亮,则谓云曰云采,似也。云者雨之母,农夫望雨先望云。谣曰:齐头云,雨淋淋。爱云则忌风,曰黄登登,又刮风。盼云先看日,曰晚晌火烧云,明早晒煞人。又曰云往东,刮大风。云往西,披簑衣。云往南,撑大船。云往北,发大水。虽系童谣,其初必有应验者。若夏天则曰恼云,即多奇峰之意也。七月八月看巧云,即秋云似罗之意也。谓云之散布者曰一块云采一块雨,言不普也。又曰一块一块的云采,不知那一块云采有雨?则所谓虽云零雨自天,终待云兴四岳者。谓善于奉承者曰将他抬到云眼儿里去了,看他怎么下来,则所谓径将我入青云间,何由得论地上事者。有味乎其言哉!

巢林笔谈[②]

卷一·双回夜泊

予婚于乙巳之仲春,寻以两家多故,及今四载,始赴外家,【娄东王氏。】徇双回之俗也。舟从西转,夜泊东关,愁云罩星月之光,寒风散鳌灯之焰。花飞六出,耳倾淅沥之声;溜滴半舱,骨透阴寒之气。虽苏公

① 〔清〕李光庭撰,石继昌点校。
② 〔清〕龚炜撰,陈铁民点校。

有兴，终败意此际元宵；【东坡上元夜入延祥寺观灯，以无灯败意。】纵谢女多才，亦倦赋今番雪夜。己酉元夕书于邑之东关舟次。

卷三·秦生能武

锡山有秦先生者，尝应试江宁，舟遇将军眷属，生短视，溺于鹢首而不及避，兵众竞殴之，生拳捷，落数人于水，众号主者，主者皆叱去，至生诉，则曰："君以书生能武，壮哉！本欲治军罪，饱君尊拳够矣。本军愿进一言：宾兴，大事也。今日幸过罢兵耳，脱逢敌手，格斗致伤，我即重惩之，无及矣，后当慎诸。"生深感其言。其后馆一富商家，有群盗来劫，盗知其家先生能，先欲除之，排馆门入，枪棍乱下，时馆中无器械，生不得已，左右捉胡床抵之，呼声彻内外，其徒素受武艺于生者，闻变出救，生已攫盗棍，夹攻之，盗乃退。明旦出视，血流满地，器物齑粉，而生但觉两腕无力云。

卷六·漕粮新弊

漕政自制台尹公清弊以后，官民安帖久矣。迩年粮户米色，迥胜于前，而黦烝数告，其咎安在？往时粮艘开时，但闻插入谷子。近传运丁巧弊叠出，著水不已，甚至衬灰图涨。幸而混交，则利归愁壑；脱或烝烂，则罪诿收粮。连年米坏，职此之由。此言亦未必无因，并察之何如？

庸闲斋笔记[①]

卷三·泰西制造之巧

天下之巧，至泰西而极。泰西之巧，至今日而极。古人言铁船渡海，为必无之事，嗣以铁皮包裹者当之。壬申之春，竟有《北德意志国》铁甲船至吴淞海口，其船纯以精铁铸成，大片镶合为船，重数千万斤，可载军士万人。内中作为机括，可以沈行海底，大炮击之，不损分毫。每造一船，须用银三百万两。此时英、法、俄、美各国皆有此船，或数只，或数十只不等。海中有此船，则各样火轮船均不能敌。机器局冯竹儒观察曾买船铁一片观之，计银一千五百两，以费太钜，故尚未能学制。然此船非至吴淞口，人虽有言，余亦不信也。又有气球大者，其内可分作五六间屋，用机器转连，则上升数十丈，东西南北，无不如意所向。北德意志围法兰西都城时，法主乘气球出亡，北军亦乘气球追之，空中争战，卒为法主逸去。此则行于天上矣。现在制益加精，向高不过四五里，即为天气所遏，气不能舒，人且闭死；今则用法吸地之生气置于中，可以上行至二十七里之高。现此球尚未至中国，计数年后必有来者，来而仿制，则江河皆失其险矣。向称海为至深，今则测量知极深之处不过六里，故海底均可以开地道行走，特工费浩大，不能举行。若泰西诸国之高山，倘是要道，皆从山根凿通一穴，或数十里，或数百里，行火轮车矣。鸟枪之精者，余曾见一具，可连发六十四枪。又有气枪，不用火药，自能飞弹击物。至炮之灵便迅疾，有非口所能述者，战阵用之，无坚不摧。各国之制，皆已穷极工巧。壬甲之春，英、美二国因赔贴军饷事怒欲相攻，然皆不敢先发。盖炮火均极精炼，两军相当，可以死伤尽净。泰西诸国向言用兵总须一二年间始决胜负，今则不过一月之内便可立判，故皆畏而不发。后得奥斯马国为之解纷，遂和好如初。此皆余宰上海时所见闻者也。

卷三·中西礼俗之异点

崇地山宫保厚使法国归，言泰西各国人亦知尊敬孔子。在彼处曾见洋官家供奉一泥塑之土地神，云是孔子像。则圣教固被于海外矣。孙稼生观察家谷游历各国还，言外国仪文简略，见国王只须罄折致敬，无

① 〔清〕陈其元撰，杨璐点校。

所谓拜跪也。独布国以新战胜故,于礼节大为增加。其贵臣谓观察曰:“我国仪文繁重,见皇帝须三虾腰。”然亦不过三磬折,而已谓为繁缛矣。每到一国,必见其后妃,大都以接唇为礼。观察告以中国以是为亵狎,不肯从,彼亦不强也。在法国,偶于街市闲步,忽传言曰:“皇帝来矣。”人皆旁立摘帽,皇帝步行,一狗在前,一公主在后,别无从者,更无论仪卫矣。皇帝见众人之摘帽,亦以手稍掀其帽为答礼然,疾趋而去。俄罗斯国之皇帝,曾隐姓名赴荷兰国做工,学制火轮船,学成,国人来迎,彼国始知之。各外国之称其主,惟俄、法、日本、布鲁斯四国称皇帝,若英,若比利时、奥斯马、日斯尼亚、北德意志及丹国、义国,皆称君主。米利坚其君三年一代,故称大伯理玺天德。今法国之主为布国所掳,国人奉故相摄君事,故亦同此称。余在上海与各国领事官互相往还,皆各尽其礼。日本新通商换约,其代理领事官神代延长最恭顺,谓余曰:“我国读中国书,写中国字,行中国礼,本是一家。”云云。曾文正公莅沪,其人来见,至门则科头而入。科头者,伊国之大礼,即古之免冠徒跣也。奥斯马国亦于日本通商之年换约,恩竹樵方伯奉命为换约大臣,讫事之后,其国之公使及提督领事官相率来谒,方伯张筵款之,余等皆陪宴。公使等遇菜即食,噴声如流,使繙译官致辞曰:“莫笑贪吃,中国之滋味极好也。”席罢,鼓腹欢笑而去。英吉利之副领事达文波亦谓余曰:“久居中国,饮膳俱精美;洎回至本国,虽同是牛羊肉食,反觉不惯矣。”日斯尼亚国之领事官每见余等补服,必啧啧曰:“中国衣裳好看。”再三言之,殊有夫差好冠之意。俄罗斯国之代理领事官聂鼎者,自言:“到中国十五年,未尝归去,喜读中国书,《论语》、《孟子》略皆上口,觉甚有意味。”等语。此则几几乎有用夏变夷之道矣。大抵各国领事等官久在内地,与中国官交际谈讌燕,颇有中外一家气象,第一涉及利字,则必攘臂而争,无交情之可论;惟以理折之,以不遵和约责之,虽强项亦无他说。即使故为狡辩,终必为俯就戎索也。

卷四·中国史纪外事之讹

三国魏明帝时,纪日本国女王卑弥呼遣使人贡者凡二次。今考日本国史……日本与中国同轨同文,何以于其主名亦讹误若此?即如《明史》记封平秀吉为日本王事,云沈惟敬私以衮冕奉秀吉,尊以帝号。今考其史亦殊不然。盖秀吉求封明王,惟敬许之,归而不敢言,洎宣读至“封尔为日本王”,乃怒,脱冕服投地曰:“向言明主封我为明王,故命班师。日本在我股掌,为霸为王,彼何与焉!”是秀吉之心固未尝帝制自为也。其国人中井积善亦曰:“明岂有以其国号封外国之理?秀吉武人,昧于事体,以取嗤于异域,贻羞于后代。”云云。则奉以帝号之说,实属诬罔。总之,以中国人纪外国事,无从质证,故舛错恒多也。

卷六·海中异物

同治丙寅,余总办江苏海运事。三月中,乘天平轮船赴津门,于黑水洋忽见海中涌起一山,高数十丈,俄顷即没。舟人曰:“此大鱼也。”后摄南汇,见《县志》载,国初时,有大鱼过海口,其高如山,蠕蠕而行,阅七昼夜始尽,终未见其首尾。辛未,修刊《上海县志》,见一条云:“明嘉靖年间,有一大鹿浮海而上,县官率众掉船击杀之。称之,重五百余斤。”

卷六·神灵荡寇

同治癸亥正月,粤逆李世贤踞金华府城已二年矣。时蒋方伯益沣【澧】方统师攻克汤溪县,将移兵向金华。尚未起行,贼忽于夜间见四山皆火光照耀,杀声震地,以为大兵百道并进,大骇,遽开城逃窜。次日,方伯师至,不费一矢,收复郡城,人皆称为神助。然自粤逆倡乱以来,历观各省奏报,称神灵翊佑,请赐封号及匾额者,不一而足。仰见天之助顺,百神效命,具征国家之无疆大历服矣。因记先大尝言,嘉庆五年,阮文达相国抚浙时,神风荡寇一事,尤为奇异,用并识之。先是,乾隆末年,安南国内乱,有伦利贵者,安南之总兵也,以战功封侯爵,本系海贼出身,故以巡海为名,私结闽盗,来浙劫掠,国王不知也。其船巨炮巨,船外蔽以牛皮网索,使我炮弹不能入,号安南艇。横海上者五六年,往来浙、闽濒海地方,缚人妻女,系人父兄,以要人货,不如约,则剖心脔肉,惨不可言。盖祸较明之倭寇为尤烈。四年,文达莅浙抚任,尝遣吏探

之,贼饮之酒,指艇大言曰:“吾驾大舶,赍十月粮,炮重数千斤,来收税耳。尔大吏宜自计,非我敌也。”当是时,权众寡强弱之势,浙师实不足以歼贼,文达乃以贼情下询诸官弁及士庶人,采李巽占之言,严保甲,以绝盗粮;用周凤鸣之策,灭土寇,以断贼路;听王鸣珂之计,合防御攻击,以蹙匪势。而以造巨船、铸巨炮为首务;严号令,警废弛,明赏罚。期年而剿贼之具成,贼情已窘。遂击之于三盘、大陈、石塘、鲎壳等处,皆有斩获。五年六月,文达亲督师至台州,定海镇李、黄岩镇岳、温州镇胡皆会。安南艇匪适连䑸进踞龙王堂、松门之下,艇船环于松门山,计将扑岸。月之癸酉,文达檄李镇之师赴海门攻贼,复令胡镇自楚门出,与两镇会于金清。是日,日甫没,风大起,且雨。甲戌之夜,风势更甚。乙亥,文达遣使探两镇所在,水阻不得达。丙子,有弁凫水至,言是夕风雨狂烈,独注龙王堂,雨中有火爇人,贼艇撞击皆破碎。李镇船在海门,为风水所举,絓于岸木,乃无恙。两镇兵船亦多损坏。胡镇师在黄华关,风不之及,完好如故。是时,贼奔窜海山,我陆路兵乃由松门涉石塘巢贼。贼乘破舟,犹以炮拒,皆就获。有一艇未坏者,贼数百争乘之,亦沉没。其登岸攘食者,皆为我兵所擒。前后俘馘八百余贼,淹毙贼约四五千人。狱不足禁,栈郡厅以拘之。磔伪进禄侯伦利贵于市,其余首从,各论如律。艇贼尽平。事闻,仁宗以为诚感神应,敕建天后宫、龙王庙于松门。是役也,文达之布置已周,贼固不难破灭;然非神风助顺,断不能一夕而悉数歼夷。观于蔡牵之平,至嘉庆十四年。则是举不归功于神助不可矣。

卷八·西国近事汇编

俄人谓中国近畿各口守御甚严,大沽口增筑炮台,驾克虏伯大炮六尊,并开垣道,以通天津。十年前时,西船至此不易,今更因险设防,声援相应,金汤之固,洵足资拱卫矣。

布报谓:中国相臣大吏近时译阅新报,皆能深悉各国情形,知法国新败,布国新合;奥惧内变,有分裂之虞;俄患内虚,惟农桑是务;英国之志只在通商,且在中国最亲;他国亦愿结中国欢,云云。

卷十·魏赐日本女主诏书

日本从古服属中国,自元世祖征之而败,始渐形崛强。明初,亦经封贡,第羁縻耳。至嘉靖时,海寇藉其资以入盗,东南诸省重罹倭毒,实则仍是我民导之,倭固无能为役也。本朝监明之弊,康、雍以来,绝不与通,海疆晏然者二百载。今则以西洋通商,彼亦闻风而至,讳其先世服事之迹,蕞尔小邦俨然抗衡上国矣。然其先君神功皇后息长足媛于魏明帝时,梯航入贡,彼国史册固大书特书焉。兹特录魏景初二年赐倭女主诏著于篇,俾览者知我国家怀柔远人,同天之度尔。

制诏亲魏倭王卑弥呼:带方太守刘夏遣使送汝大夫难升米、次使都市牛利,奉汝所献男生口四人,女生口六人,班布二匹二丈以到。汝所在逾远,乃遣使贡献,是汝之忠孝,我甚哀汝。今以汝为亲魏倭王,假金印紫绶,装封付带方太守假授汝,其抚绥种人,勉为孝顺。汝来使难升米、牛利涉远,道路勤劳,今以难升米为率善中郎将,牛利为率善校尉,假银印青绶,引见劳赐遣还。今以绛地交龙锦五匹,绛地绉粟罽十张,茜绛五十匹,绀青五十匹,答汝所献贡值。又特赐汝绀地句文锦三匹,细华斑罽五张,白绢五十匹,金八两,五尺刀二口,铜镜百枚,真珠、铅丹各五十斤,皆装封付难升米、牛利还到录受,悉可以示汝国中人,使知国家哀汝,故郑重赐汝好物也。

卷十·应敏斋上张振轩请讨日本书

同治甲戌,日本以台湾生番戕杀琉球人为词,举众数千,突入台境,扎营筑垒,与生番攻战,蓄意叵测,全台震动。事闻,上命福建船政大臣前江西巡抚沈公统师莅台,相机筹办。沈公怒其猖獗,上疏请剿,廷议久之不决。倭势益张,将图深入,其议院有踏平我二百郡之说,闻者发指,讹言繁兴,沿海皆警。余前在上海,颇悉倭情,知其有瑕可蹈,爰上书李爵相,请发舟师,分道径捣其国,为围魏救赵之计。爵相亦深韪余言,会倭与番战不利,且疾疫大起,英国公使威妥玛从中调处,朝廷重惜民命,允予抚恤银两。倭人喜得息肩,遂解而归,然其众之死亡者已不少矣。余颇以吾谋不用,坐失此虏为恨。嗣见应敏斋方伯上张振轩中

丞书,与余意见相合,且议论较余更为畅达,用录存于右,俾天下后世莫谓秦无人也。方伯之书略曰:

日本介在东洋,密迩中国,其人狙诈多端,素无信义。近者,一切效法西人,妄思自强,潜图开辟,盖其意狡焉思逞久矣。今乃背约称兵,藉词构衅,闯入我边地,虔刘我番民,中国欲全旧好,据理与争,不遽用武;并许为之建望楼塔表,护彼商船,可谓宽大极矣,礼义著矣。讵料彼之诡计,即以虚言款我,而久踞番社,诱胁番人;又运屋材,携农具,为筑室屯耕之计。群番迫于凶焰,势必尽受羁縻,则台湾之地与我共之,异日难保不驱群番为前导,以与我争台湾。夫台湾虽小,我圣祖皇帝勤劳二十年而得之者也。台湾有事,则闽粤江浙处处戒严,古人谓"一日纵敌,数世之患",今日台湾番事之谓也。且诸国通商以来,所以犹就范围,不启戎心者,以其有条约在也。今日本不守条约,若令得志,非惟为日本所窃笑,西人更将藐视中国。为今之计,宜举日本背约之罪,布告诸国,并援公法,严捕倭人。在台诸军分据险要,务遏绝敌人接济并其归路,勿轻与战。密谕番人,伺间狙击。厦门一口,未知能扼以舟师、断敌人往来之路否?一月以后,彼之粮饷、煤火、子药必渐告罄。番人见官军相助,亦必奋力抗拒,彼前阻深山,不能骤进,又畏官军相助;其后台洋风涛险恶,彼船虽利,岂能久泊?势孤心怯,宜无不退师之理。所虑者,既退而修怨,必扰我沿海诸省,设防之具,自不可不预筹也。现在本省防务业经督抚严密布置,无可再赞;惟以全局而论,设防之法,必使诸省各自为战,则守御有责成,亦必使各省互相救援,则气势方联络。何以言之?今之倭寇与前明之倭寇异,明之中叶,各岛奸商乘明纲纪废弛,勾结莠民为乱,其迹同乎流寇,故蔓延而害广。今日本兵士二千有奇,工役二千有奇,闻尚雇有西洋及中国人在内。乃其国王所遣,成军以出,志在开边,故力聚而势专。然窃料日本之兵力,可以注我一路,多亦不过两路,万不能分扰各省。今察地势,直隶可与奉天、山东并力,江苏可与浙江并力,广东可与福建并力,彼省有警,则此省出兵以救之,甚至一省有警,则四、五省酌度分兵以救之。轮船迅疾,固朝发而夕至也;至中国轮船宜再陆续购备,合之闽沪两厂所造,凡火轮战舰须过三十号以外,再得铜包战船四五号,分拨少许,以扼最要之口。此外共配精卒万余,会合训练。昔年水师宿将,如前陕甘总督杨宫保,智勇兼备,战功卓著,威名播于遐迩,应请奏恳皇上特召视师,专督轮船大军追逐寇踪,南则与之俱南,北则与之俱北。各省诸军夹击,客主顺逆之分,胜负必有所在。筹防之要,当不外此。虽然,古之驭外夷者,必能守而后和可恃,亦必能战而后守可完。与其战于内地,不如战于外洋;与其战于外洋,不如战于彼国。窃观今之日本有可伐者数端,请陈其说。往者日本国王不改姓者逾二千年,国中七十二岛,岛各有主,列为诸侯,自美加多篡国,废其前王,又削各岛主之权,岛主失柄而怀疑,遗民念旧而蓄愤,常望一旦有事,乘间蜂起。彼昏不悟,尚复构怨高丽。使国中改西服,效西言,焚书变法,于是通国不便,人人思乱。今宜思管子攻瑕之说,乘中国寇平未久,宿将多存,劲旅未散,有事东洋,亦藉以练习船炮,兴起人材。失此不为,后数十年彼基益固,而中国承平日久,民不知兵,猝为所乘,悔将奚及。此揆之于时而宜致讨者,一也。昔年,中国由普陀趋长崎,水程四十更,风浪巨险。由厦门趋长崎,水程七十二更,商民渡海皆由之。元代征倭,会兵合浦,大抵亦由南道,今则往来者众,新道益开。自上海至长崎,水程不过千四百余里,轮船两日夜可达,断无元代飓风之虞。且中国所以屡绌于外人者,以彼合从连横,协以谋我,不得不防决裂,含忍至今。今幸泰西诸国未兴合谋,尚得用全力东注,而日本之国小援孤,亦断非泰西诸国之比。此酌之于势而可致讨者,一也。议者每以元代征倭,丧师十万,用为殷鉴。不知元人以征贡不至,遽兴无名之师;又用宋降将范文虎为统帅,一遇飓风,遽自弃师潜遁,盖其理不直,其用人又不当,以至于败,使倭人至今有轻中国之心,正宜因此折其骄锋,破其故见,使之有所震慑。古来两国交兵,苟能仗义执言,则胜者常十八九,反是,则败者亦常八九。今日本败盟弃约,侵犯我疆,彼固内反而自惭,各国亦旁观而窃议。我之兴师,以奉辞伐罪为主,而初无耀兵域外之心,以征抚降服为图,而非存拓地开疆之见,将所谓堂堂之阵,正正之旗,于是乎在。此质之于理而当致讨者,一也。今中国海疆自琼崖迄于辽碣,回环几二万里,若欲处处设防,中国劳费固已不支,而又未能保处处无虞也。诚选劲旅万人,径捣长崎,进逼倭都,则彼先已夺气,将撤兵自救之不暇,断无余力以犯我。兵法所谓"批亢捣虚,形格势禁","致其所必救"也,夫是之谓以攻为防。以攻为防,则合数省之力萃于一路,劳费省而防转可恃;以守为防,则竭数省之力分备诸路,劳费繁而防且难恃。此其得失不待明者而决之也。且我军战内地,一有失利,则全省震惊;即幸而获胜,而内地之民

被其荼毒，受其诱胁者，已无穷矣。我军战倭地，虽偶有挫失，不过损伤军士而已，添募以往不难也。若战而胜，则我可因粮于敌，招彼民为向导矣。夫攻人之与受攻于人也，岂可同日语哉。此筹之国计与民瘼，而尤不得不致讨者，一也。凡此数端，机不可失，亟宜预为布置，速购船械，以备训练。倘若庙谟早定，以李伯相节制沿海军务，仍镇天津，拱卫畿甸；杨宫保节制战轮水军，直指长崎，必可以内外协力，奋扬威武，檄令高丽起师，渡对马岛，使震荡日本之北路，以分其兵势。高丽本我属藩，必愿乘时略地，以泄旧憾。我师宜禁止杀掠，号召其前王之旧将与故臣、遗民，有愿举义匡复者，俾求故王之后，立以为王，许尽复其国之旧制。各岛主有挈地投诚者，封以王号，使各为自主之国。夫日本之人望变久矣，临以大兵，蔑有不瓦解者。且事固有措注不劳而厥效甚溥者。汉武帝时，募良家子及有罪之戍卒，得自请奋击匈奴。雍正中，选各省技勇数千人，号"勇健军"，屯巴里坤故地，盗贼绝踪。道光回疆之役，选南北路遣犯二千为死士，屡挫贼锋。今宜远仿汉制，近法先朝，广募沿海枭徒、蛋户、渔丁，及闽粤间械斗之民，及哥老会中鸷悍之士，许令投效军前，奋击日本。优其廪饩，凡合三千人，鼓之以不次之官，不赀之赏，统以健将，济以轮船，用为前驱。此辈皆亡命犯法、不畏死之人，正所谓以毒攻毒，死固无损于中国，不死亦能建威于外国。倘日本自知理屈势穷，遣使行成，愿申旧约，则必使偿我兵费，称我东藩，然后收师而退。果能如是，非特令日本畏怀，亦且使西人詟慄，中国之患，少有豸乎。然则综而计之，今日畀以番地，曲全和约，兵端若可暂弭，而后患无穷，和亦难恃，策之下也。决计驱逐，待其入寇，随时御之，策之中也。先为非常之举，以奋积弱之势，虽得失参半，犹愈于坐而自弱，策之上也。使彼或闻天威赫怒，知中国未可与争，愿遵和约，不战自屈，尤善之善者也。抑本司更有望者，自来天下大事，往往败于二三，成于一旦。在昔，庚子、辛丑之间，洋人初入中国，朝廷未悉外夷情状，和、战迄无定局。每变一议，则罪其前议之人，于是当事者不敢任事，局益变而势益不振。迨剿办粤孽，坚持定见，不稍改移，卒能使贤才勃兴，歼除巨寇，此盖断与不断之效也。应请奏求皇上，博采群议，衷于一是，然后乾断独运，默定至计，俾中外大臣奉而行之。用人则慎之又慎，方略则精益求精，尽屏局外之浮言，勿视东洋为过重，此即制胜之道也。本司通计中国应购船炮及水雷开花、后膛洋枪之属，为费当逾千万，一时无从筹措，只可商借洋款，由各海关分年筹还。即使不战而守，前项船械亦须预备。当此时事多艰，但望中外力节浮费，数年之内偿此要需，则元气不至大损，或尚可补救于万一。梼昧之见，是否有当？既承命妄参末议，不敢不尽其区区之愚，如蒙酌核而俯采焉，幸甚！

卷十一·左爵相奏开船政局

同治元年冬，宁波诸军进攻粤贼于绍兴，三战三捷，将傅其城，而洋火药告罄。史士良观察令余赴上海向李爵相商借数千斤；乃爵相亦以剿贼药尽，而洋船不至，正在踌躇，无可应付。余乃遄返，谓不如自己仿照造之。于是开局制配，无机器，则以手舂当之；无洋硝，则以土硝炼净抵之；无藤炭，则以柳炭及杉炭代之；以意加樟脑等物，舂配极细，居然造成。第力较洋药少逊，且发后有渣滓留存管底，须时加刮洗耳，然足以资救急之用。爵相闻之，亦饬余在宁局制造万斤。久之，洋人之药运到，遂止。然自是知药可配造，因从而推广及洋枪、洋炮等类，并仿造小火轮船二只，试之，均能合用。第以公费甚钜，无款可筹，且贼已将次剿灭，乃置之不讲。至五年秋，左爵相由广东平贼归，遂决计开轮船局。疏陈于朝，朝议允之。局将开，爵相又奉陕甘总督之命，率师西征，奏保前江西巡抚沈公葆桢为船政大臣，莅其事者九年。沈公擢两江总督，又命前江苏巡抚丁公日昌继之。从此中国之轮船与外洋争烈矣。左爵相之疏，剀切详明，筹画周当，今节录载之，俾后世言船政者，有所考焉。公疏谓：

窃惟东南大利，在水而不在陆。自广东、福建而浙江、江南、山东、直隶、盛京，以迄东北，大海环其三面，江河以外，万水朝宗。无事之日，以之筹转漕，则千里犹在户庭。以之筹懋迁，则百货萃诸廛市，匪独鱼盐蜃蛤足以业贫民，舵艄水手足以安游众也。有事之时，以之筹调发，则百粤之旅，可集三韩。以之筹转漕，则七省之储，可通一水。匪特巡洋缉盗有必设之防，用兵出奇有必争之道也。况我国家建都于燕，津沽实为要镇。自海上用兵以来，泰西各国火轮兵船直达天津，藩篱竟成虚设，星驰飚举，无足当之。自洋船准载北货行销各口，北地货价腾贵。江浙大商以海船为业者，往北置货，价本愈增，比及回南，费重行迟，不能

减价以敌洋商。日久销耗愈甚,不惟亏折货本,浸至歇其旧业。滨海之区,四民中,商居十之六七。坐此阛阓萧条,税厘减色,富商变为窭人,游手驱为人役,并恐海船搁朽。目前江浙海运,即有无船之虑,而漕政益难措手,是非设局建造轮船不为功。从前中外臣工,屡议雇买代造,而未敢轻议设局制造者,一则船厂择地之难也;一则轮船机器购觅之难也;一则外国师匠要约之难也;一则筹集钜款之难也;一则中国之人不习管驾,船成仍须雇用洋人之难也;一则轮船既成,煤炭薪工需费不赀,月需支给,又时须修造之难也;一则非常之举谤议易兴,创议者一人,任事者一人,旁观者一人,事败垂成,公私均害之难也。有此数难,毋怪执咎无人,不敢一纾筹策,以绚公家之急,臣愚以为欲防海之害,而收其利,非整理水师不可;欲整理水师,非设局监造轮船不可。泰西巧而中国不必安于拙也;泰西有而中国不能傲以无也。虽善作者,不必其善成;而善因者,究易于善创。如虑船厂择地之难,则福建海口、罗星塔一带,开漕浚渠,水清土实,为粤、浙、江苏无所。臣在浙时,即闻洋人之论如此。昨回福州,参以众论,亦复相同。是船厂固有其地也。如虑机器购觅之难,则先购机器一具,钜细毕备,觅雇西洋师匠与之俱来。以机器制造机器,积微成钜,化一为百。机器既备,成一船轮机,即成一船;成一船,即练一船之兵。比及五年,成船稍多,可以布置沿海各省,遥卫津沽。由此更添机器,触类旁通。凡制造枪炮、炸弹,铸钱,治水,有适生民日用者,均可次第为之。惟事属创始,中国无能赴各国购觅之人。且机器良楛,亦难骤辨,仍须托洋人购觅,宽给其值,但求其良,则亦非不可得也。如虑外国师匠要约之难,则先立条约,定其薪水,到厂后,由局挑选内地各项之少壮明白者,随同学习。其性慧、夙有巧思者,无论官绅、庶士,一体入局讲习;拙者、惰者,随时更补。西洋师匠尽心教艺者,总办洋员薪水全给,如靳不传授者,罚扣薪水,似亦易有把握。如虑筹集钜款之难,就闽而论,海关结款既完,则此款应可划项支应,不足,则提取厘税益之。又臣曾函商浙江抚臣马新贻新授广东抚臣蒋益沣,均以此为必不容缓,愿凑集钜款,以观其成。计造船厂,购机器,募师匠,须费三十余万两。开工集料,支给中外匠作薪水,每月约需五六万两。以一年计之,需费六十余万两。创始两年,成船少而费极多,迨三、四、五年,则工以熟而速,成船多而费亦渐减。通计五年所费,不过三百余万两。五年之中,国家捐此数百万之入,合虽见多,分亦见少,似尚未为难也。如虑船成以后,中国无人堪作船主、看盘、管车诸事,均须雇倩洋人。则定议之初,即先与订明,教习造船,即兼教习驾驶。船成,即令随同出洋,周历各海口。无论兵弁各色人等,有讲习精通,能为船主者,即给予武职千、把、都、守,由虚衔洊补实职,俾领水师,则材技之士,争起赴之。将来讲习益精,水师人材固不可胜用矣。且臣访闻浙江宁波一带,现亦有粗知管驾轮船之人,如选调入局,船成即令其管驾,似得力更速也。如虑煤炭薪工按月支给,所费不赀,及修造为难之费,则以新造轮船运漕,而以雇沙船之价给之。漕务毕,则听受商雇,薄取其值,以为修造之费。海疆有警,专听调遣,随贼所在,络绎奔赴,分攻合剿,克期可至。大凡水师宜常川住船操练,俾其服习风涛,长其精力,深其阅历,然后可恃为常胜之军。近观海口各国所驻兵船,每月操演数次,俨临大敌;遇有盗艇,即踊跃攫击,以试其能。所以防其恶劳好逸者如此。且船械机器废搁不用,则朽钝堪虞,时加淬厉,则晶莹益出。故船成之后,不妨装载商货,藉以捕盗而护商,兼可习劳而集费,似岁修经费无俟别筹也。至非常之举,谤议易兴,始则忧其无成,继则议其多费,或更讥其失体,皆意中必有之事。然臣愚窃有说焉。防海必用海船,海船不敌轮船之灵捷。西洋各国与俄罗斯、米利坚,数十年来,讲求轮船之制,互相师法,制作日精。东洋日本始购轮船拆视,仿造未成。近乃遣人赴英吉利,学其文字,究其象数,为仿制轮船张本,不数年后,东洋轮船亦必有成。独中国因频年军务繁兴,未暇议及。虽前次有代造之举,现复奉谕购雇轮船,然皆未为了局,彼此同以大海为利,彼有所挟,我独无之。譬犹渡河,人操舟,而我结筏;譬犹使马,人跨骏,而我骑驴,可乎?均是人也,聪明睿知相近者性,而所习不能无殊。中国之睿知运于虚,外国之聪明寄于实。中国以义理为本,艺事为末;外国以艺事为重,义理为轻。彼此各是其是,两不相喻,姑置弗论可耳。谓执艺事者舍其精,讲义理者必遗其粗,不可也。谓我之长不如外国,藉外国导其先,可也;谓我之长不如外国,让外国擅其能,不可也。此事理之较著者也。如拟创造轮船,即预虑难成而自沮,然则治河者,虑合龙之无期,即罢畚筑?治军者,虑蒇役之无日,即罢征调乎?如虑糜费之多,则自前道光十九年以来,所糜之费已难数计。昔因无轮船,致所费不可得而节矣;今仿轮船,正所以预节异时之费,而尚容靳乎?天下事,始有所损者,终必有所益。轮船成,则

漕政兴，军政举，商民之困纾，海关之税旺。一时之费，数世之利也。纵令所制不及各国之工，究之慰情胜无，仓卒较有所恃。且由钝而巧，其粗而精，尚可期诸异日，孰知羡鱼而无网也。计闽、浙、粤东三省通力合作，五年之久，费数百万，尚非力所难能。疆臣谊在体国奉公，何敢惜小费而妄至计！至以中国仿制轮船，或疑失体，则尤不然，无论“礼失而求诸野”自古已然，即以枪炮言之，中国古无范金为炮，施放药弹之制，所谓炮者，以车发石而已。至明中叶，始有“佛郎机”之名。国初，始有“红衣大将军”之名。当时得其国之器，即被以其国之名，谓“佛郎机”者，即法兰西音之转；谓“红衣”者，即“红夷”音之转，盖指红毛也。近时洋枪、开花炮等器之制，中国仿洋式制造，亦皆能之。炮可仿制，船独不可仿制乎？安在其为失体也？臣自道光十九年，海上事起，凡唐宋以来史传、别录、说部及国朝志乘、载记官私各书，有关海国故事者，每涉猎及之，粗悉梗概。大约火轮兵船之制，不过近数十年事，于前无征也。前在杭州时，曾觅匠仿造小轮船，形模粗具，试之西湖，驶行不速，以示洋将德克碑、税务司日意格，据云：大致不差，惟轮机须从西洋购觅，乃臻捷便。因出法国制船图册相示，并请代为监造，以西法传之中土。适发逆陷漳州，臣人闽督剿，未暇及也。嗣德克碑归国，绘具图式、船厂图册，并将购觅轮机，招延洋匠各事宜，逐款开载，寄由日意格转送漳州行营，德克碑旋来漳州接见，臣时方赴粤东督剿，未暇定议。德克碑辞赴暹罗，属日意格候信。彼此往返讲论，渐得要领。日意格闻臣由粤凯旋，拟来闽面订一切。臣原拟俟其来闽商妥后，再具摺详陈请旨。因日意格尚未前来，适奉购雇轮船寄谕，应先将拟造轮船缘由，据实驰陈，伏乞圣鉴。

续又疏陈：

据日意格等禀呈保约条议清摺、合同规约各件，业经法国总领事官白来尼印押担保，臣逐加覆核，均尚妥洽。所有铁厂、船槽、船厂、学堂及中外公廨、工匠住屋、筑基、砌岸一切工程，经日意格等觅中外殷商包办，由臣核定，计共需银二十四万余两。船槽尤为通局最要之件，应用法国新法，购办铁板，运来船厂，嵌造成槽。此外一切局中应用什物，由护抚臣周开锡委员估置，日意格、德克碑俟厂工估定，即回法国购买机器、轮机、钢铁等件，并购大铁船槽一具。募雇员匠来闽，一面开设学堂，延致熟习中外语言文字洋师，教习英、法两国语言文字、算法、书法，名曰求是堂艺局。挑选本地资性通敏颖悟、通文字义子弟，入局肄习。并采办铜铁木料，一俟船厂造成，即先修造船身。庶来年机器、轮器运到时，可先就现成轮机，配成大小轮船各一只。此后机器、轮机可令中国匠作学造。约计五年限内，可得大轮船十一只，小轮船五只。大轮船一百五十四马力，可装载百万斤。小轮船八十四马力，可装载三四十万斤。均照外洋兵船式样，总计所费不逾三百万两。惟采买物料一切，有此月需多，彼月需少者，势难划一。应将关税每月协拨兵饷五万两，划提四万两，归军需局库另款存储，以便随时随付。而前后牵计，仍不得逾每月四万之数，以示限制。抑区区之愚有不敢不尽者，兹局之设，所重在学造西洋机器，以成轮船。俾中国得转相授受，为永远之利也，非如雇买轮船之徒取济一时可比。其事较雇买为难，其费较雇买为钜，巨德薄能浅，不足为其难；又去闽在即，不能为其难。当此时绌举盈之际，凡费宜惜，钜费尤可惜。而顾龂龂于此者，窃谓海疆非此兵不能强，民不能富，雇募仅济一时之需，自造实无穷之利也。于是则虽难有所不避，虽费有所不辞。然而时需五载，银需二百数十万两，事属创举，成否未可预知。幸而学造有成，纵局外议论纷纷，微臣尚有以自解。设学造未能尽洋技之奇，即解造轮船，不能自作船主，曲尽驾驶之法。则费此五年之时日，二百数十万之帑金，仅得大小轮船十六号，机器一分，铁厂、船槽、船厂及各房屋。虽所造轮船较寻常购买各色轮船精坚适用，而估计所费多于买价一倍，于大局仍少裨益，责以糜帑，咎何可辞？凡此皆宜预为绸缪，而不能预为期必者。故此局之定，爱臣者多以异时之咎责为臣虑，局外阻挠为臣疑，即日意格亦言：“此时局面既更，势难兼顾。如欲停止，愿将已领之银仍即缴回。”臣答以事在必行，万无中止之理。但愿一一谨守条约，尽心经画，共观厥成。如有差谬，当自请朝廷严加议处而已。察看情形，尚可望其有成。合将日意格、德克碑合纂保约条议清摺、合同规约照抄，咨呈军机处总理各国事务衙门存案外，谨胪举船政事宜十条，另缮清单，恭呈御览。谨会同兼署闽浙总督臣英桂恭摺具奏，伏乞圣鉴，训示施行。

卷十一·李爵相奏开轮船招商局

李爵相既平粤贼后,于同治四年,先在上海开机器局,以制造洋枪、洋炮及铜帽、洋药诸军火。比督两江,于金陵亦设制造局。曾文正公再督两江,仍踵行之。嗣福建创造轮船,文正公亦令于上海兼造。数年来,已成八艘。十二年,又仿造铁甲船一艘。洋人所能者,我尽能之矣。十三年,李爵相又奏开轮船招商局,共集资一百五十万。先购买外国轮船,而以机器局所造之轮船益之,以运江浙二省漕粮。漕运既毕之后,准商人雇载,赴外洋及各海口销售货物,以分洋船之利。无事则运粮贩货,取其资为修购船只之用;有事则用为战船,以之巡防,以之攻击。盖一举两得之术也。光绪元年,于招商局内又分设保险公司,以保轮船,先由商集资十五万。本局之船可以无须向外国保险,而外国之船我转可保之,则保险之利亦分之矣。李、左二相国所以为国计民生筹画者,至矣,尽矣。惟铁甲船之造费,较轮船十余倍,只能为攻战之用。且船身太重,时虞搁浅,若海口以最巨之炮击之,亦不能抵御。此时英国已经停造。计数年之后,各国未必踵行,则我国亦似可不须效颦也。

卷十二·王畹上李秀成陈攻上海策

同治元年春二月,上海中外诸军攻克粤贼七堡逆垒,获苏州诸生王畹上伪忠王书,具陈攻取上海之策。薛观堂中丞阅之,大惊,疏闻于朝,江南北大为警备,幸贼不从其计,卒以无事。至四月后,李爵相督师来沪,以上海为关中,战胜攻取,遂奏廓清之功。然当畹献策之时,使贼稍听其谋,上海一有失事,则后来爵相无驻节之所,饷源断绝,不知又多费若干经营矣。贼平后,畹遁入米利坚墨海书院以死,不婴显戮,三吴人有遗恨焉。然畹先时亦尝谒吴晓帆观察,陈书,当事者不置意,遂往从贼,此亦张元之流亚也。国祚中兴,彼昏不用,岂非天哉!畹书余于薛中丞幕府中见之,洋洋数千言,今则不能记忆矣。大略劝贼与洋人和,而藉其势以图中原。谓洋人遣使至金陵,以各国贸易所在,请无攻沪,而贼酋不许,洋人遂助中国城守,为失策。此时宜急许其不攻,而要令不得以军装、火药资中国,再遣舟师渡江,分扰通、泰、里下河完善之区,并于海道劫掠华商,使不敢载运货物。贸易不通,厘捐断绝,官军乏饷,洋人坐困上海,聚数百万避难之人,无所得食,必且生变。而洋人生理既绝,亦必俯首来求修好,然后胁之使献上海,策之上也。若一时不能与洋人和,而先欲得上海,亦不必调集大兵也。盖洋人耆利,近以苏、浙二省避难麕至沪地,遂于夷场广造房屋,重收租息,初不问人之来历也。宜遣精兵数千人,伪作难民,赁洋屋以居,地系夷场,中国官无从稽察,中夜一呼,应者四起,纵火焚烧,遇人斫杀,洋人计惟登舟逃逸,而上海唾手得矣。上海既得,然后招回洋人,而厚待之,不撄其怒,而仍可为用,策之次也。云云。其虑甚周,其计甚毒,故在上海者阅之,无不发指,无不失色。乃以枭雄之李秀成,亦如陈叔宝之昏庸,弃书床下,此真国家之福也。呜呼!岂非天哉。

卷十二·愚民不解文告

同治丁卯九月,有英国商人载煤夹板船,于大洋胶沙而沉,煤遂散浮海面,南汇海滨之民,咸捞获储于家。固不见洋船也,但识为洋煤而已。未几,有洋人挟通事来县见余,谓南民抢掠其煤,焚烧其船,索赔银五万两。余以其语涉狂诞,拒之去,而密遣人赴海滨察得其情。因思我民断无赔银之理,而洋人必不肯已。若不查还其煤,必致肇衅,事闻总理衙门,所伤实多,则不赔而赔矣,且庸知不伤令赔者?不如先事图之。遂选干差,往沿海各村挨查,而缮手谕数百张,挨村遍贴,剀切晓谕,令将捞存之煤缴向公所,免致拖累云云。语极谆切,又亲自赴乡督查,乃沿海之地延袤计有百余里,一时不能周历,而英国领事官已照会上海道,札委华洋同知陈君宝渠,暨伊国施翻译官,偕洋商来,并令火轮船驶至海面逻巡,开炮示威,势汹汹然,民情震恐。而洋商则仍力持赔银五万之说以相恫喝,余大声疾呼,以理折之,洋商气稍沮,然总执赔银之说,惟不言五万耳。余曰:"若尔以失煤之故,乞我代为查还,我体两国交好之情,自然竭力查办。若言赔银,是讹诈矣,讹诈则安有交情?我官可去,尔银不可得。"于是陈君亦以正谊责之,其翻译官从而调停之,则须查煤矣。余于次日,复偕施翻译暨洋商,到海滨审视,一片汪洋,无从究诘,相顾无策。余乘其意气消

沮之时,因与约,查得煤若干,即以若干还之,令其先归听信。而自向最大之村落名泥城者,集众谕话。附近各村之民聚观者,不下数万人。余先以夷情谕之,又以拚一官保卫百姓之语告之,更以手谕之意,反覆开导数百言,乡人多有感动泣下者,云实不知有此道理,于是均愿以所捞之煤送还。余喜,问曰:"尔等岂不见我手示乎?"则万口同声对曰:"虽经见示,实无一人识得字也。"余不觉骇然疑,因历询保董诸人,所言如一。余又不禁慨然叹,始悟古人悬书、读法之意。悬书以治识字之人,读法以治不识字之人耳。是役也,共收缴煤十八万斤,皆以舟由内河运还之,匝月竣事,共费钱千缗,悉余捐给,不以累民,民得晏然无事。至次年,余遂于境内乡镇,设立义学二十所,俾之读书识字。海滨之人靡然从风,即泥城左近亦自捐置义学二所,不廪于官。从此南邑四郊之内,弦诵之声相闻矣。

卷十二·福星轮船失事

光绪元年三月,苏省招商局福星轮船,装运江苏漕米七千石赴津。内有江苏海运委员、补用知府蒯君等二十一人,浙江海运委员石君一人,暨董事、仆从等数十人。行至山东烟台地方,天起大雾,觌面不能见物,猝遇英国澳顺轮船,两船相冲,福星船竟被撞沉。于是委员、董事、仆从人等并溺毙六十五人。其遇救得生者,仅江苏候补知县江君等三人而已。事闻,李爵相据情入奏,朝廷震悼。死事各员均加衔,照阵亡例议恤荫子。并命于天津、上海二处,建立专祠,董事、仆从等,咸得附祀。江苏大吏复筹库款,提出银两,各予死者家养赡,以十年为期。英国官员亦罚澳顺轮船赔银作恤。死事诸人既厚邀国恩,复得中外优恤,计存殁均无遗憾矣。惟内中有候补县丞长楙一事,最为奇绝,因特志之。长君系满洲人,以佐贰需次苏台者久矣,光景困甚,上官怜之,给予津运一差,俾得薪水,以顾其家。长君奉委,忻然别妻子而去。去未旬日,其妻晨妆竟,出户操井臼,忽倒地大呼,作长君语曰:"轮船失事,我已死矣,可速延我好友某某来。"其友至,则缅述船破事始末,时苏城尚未得信也,众皆大惊。长又曰:"我死后,已得差使。心念家贫子幼,故晓夜奔驰而归。"因嘱某友曰:"我子年甫十岁,无人养赡,乞君念交情挈之去,譬如家中多用一小仆耳。"言讫泪下,某亦哭而允之。长复曰:"我妻如此命苦,在人世亦无好处,当与之同赴冥间。"于是众争劝曰:"尔子尚幼,若非有母抚育,如何得以长大?请勿作此想。"长思之良久,乃应曰:"诺。"遂作谢,辞别而去。其妻乃霍然醒,问以附魂诸事,皆不能知,第谓出户之际,觉冷风一阵,吹向身上,遂不省人事矣。越二日,乃闻恶耗。时余薄游苏台,寅好中喧传其事。署方伯应敏斋先生,守程、朱之学,不信鬼神,余举所闻以询,方伯亦早有所闻,共相叹异。方伯曰:"子方作《笔记》,可叙入之,与《神灭》、《无鬼》二论相辨也。"

异辞录①

卷二·张树声奏调张佩纶帮办水师

以下僭上,惟君臣之礼宜严,师弟则稍杀矣。圣门之中,有尊卑之别,不可稍逾。曾子责子夏曰:"吾与女事夫子于洙泗之间,退而老于西河之上,使西河之民,疑女于夫子。"隐然有天泽之分焉。刘焉、刘璋父子,相继为益州牧,刘表讥其有西河之似,可谓罕譬而喻。庚子议和之役,李文忠居贤良寺别宅。建德周玉山制府,时以直隶布政使为随员,寓寺东院,有时乘肩舆而出,京朝官自侍郎以下所未有也。于晦若侍郎讥之曰:"如刘璋之在蜀。"此制府一时任意,侍郎亦一时戏言耳。实有其事者,惟文忠丁忧之时,张靖达护理直督,庶乎近之。其奏调丰润张幼樵学士帮办水师,有参四道八镇之说。斯时学士直声振中外,挟以自随,实为示威属下之意。诏责其冒昧,弗许。相传公子蔼卿部郎,清流党人也,与之为友,先得其同意,而后奏入。学士语人曰:"事诚有之,而未之允,疏已遽上,诚为憾事。是日考差,余适有小功之服,未之前往。

① 〔清〕刘体智撰,刘笃龄点校。

不知者以为避考待旨,尤为误会。"未几,靖达至京,遇学士,谓之曰:"吾尝读《四书》文矣,冒昧足以偾事,冒昧亦足以济事。"学士一笑置之。然靖达遂以是得罪南城舆论,直至移督两粤,开缺从军,众口雌黄,犹未已也。

卷二·张佩纶借舰

法舰至闽,丰润以浙为闽督辖境,电调浙江"超武"、"建威"两舰,舰长未奉巡抚之命,不敢驶往。丰润恶其违命,奏请逮治。先文庄怒,拟疏弹劾丰润玩寇之咎。已将驿递,幕客汪小彭曰:"公勿尔。不日行见丰润败矣,公何所图而取怨于友?"事遂中止。未几,丰润书来借舰,云:"浙仅两舰,无能对法。如移而之闽,闽足以御法,而闽日固,闽足以卫浙而浙不孤。于以见苏季合从之计,足破孟明鄙远之师。"邮至,马江已败,船械俱烬矣。及文庄移督四川,超武拖船送至汉口乃还。

卷二·吴杰守镇海以终

法攻镇海之役,先文庄为战备,命吴吉人副将杰守海口,招宝山炮台。旧部中,杨西园提军岐珍、钱荣山提军玉兴、马聘三总镇朝选均守要隘。未几,法师船果至,攻招宝山弗克,杰功居多。提督欧阳利见,湘人,曾文正之妻党远族也。剿捻军中曾献策,令军士各持竹筒一,敌至掷之,以羁绊马足,传为笑柄。因文庄素轻其人,弗予增兵,亦弗重用。及文庄移督四川,利见谓副将居心险诈,函请闽浙总督奏参革职。时宁绍台道薛福成新简英使,抗疏力争。朝廷以谘文庄,副将得昭雪,留川防边。及日本师起,浙抚廖谷似中丞叠电调用,皆辞不往。中丞取朝旨,促之而后行,守镇海。历任巡抚仍之,至死乃易人。谚曰:"国乱思良将。"惜乎承平之时,凡事未之豫也。

卷二·刘秉璋昭雪吴杰原奏

中法之战,湘淮旧将犹有人焉,冯勇毅、王孝祺鏖战于越南,刘壮肃、孙壮武撍拄于台北,皆有令名。镇海之役,李文忠电稿载上海电报捷音,薛叔耘副都《浙东筹防纪略》,诩为中外交涉后初次增光之事。先文庄身亲其役,当时绘有战图,进呈御览,其副本尚存余家。战最烈者为吴杰,守威远、靖远、镇远三台,当炮火之冲,奋击甚力。功最巨者为钱玉兴,潜伏清泉岭下,置过山炮,击毁法船,自是法舰不敢近宁波海口……前镇海营参将郑鸿章所部兵丁,竟有翻穿号衣潜逃者。吴杰手开巨炮,与南洋退回之轮船,彼此齐发,各中两炮,洞穿法船两只,敌始败退。越日,又来猛攻,复击退之。法船尚于我炮不及之处,攻打旬馀,实赖吴杰稳守招宝一台,扼其咽喉,使不得逞。上海洋人登诸画报,中外传为美谈。

卷二·薛福成描写捍海奇勋

镇海击沈法舰,薛副都时任宁绍台道,谓先文庄奏报,全凭诸将告捷文书,不善描写,未免将捍海奇勋,湮没不彰。乃援乾嘉年间新疆回疆之例,绘成战图附说。兹摘钞如下:浙省至宁波郡城向有电报,由宁波至镇海四十里,乘潮往返,文报稽延。法越事起,抚臣拟亲莅宁郡,就近调度。薛福成以巡抚出省,则调兵筹饷转多隔阂,因请由宁至镇,添设电线,一切机宜,电饬营务处薛福成、杜冠英传谕各营,虽相距数百里,而号令迅捷,如在一室。十年冬,法船游弋浙洋,迨十一年春接仗后,与法船相持数月,电报往来,日十数起,军机无误,则设立电线之效也。镇海海口散漫,南岸育王岭,布阵岭、孔峙岭、清泉岭、沙蟹岭,北岸蟹浦、湾塘、沙头堰等处,均登岸要区。招宝山至梅墟,关系尤重。抚臣饬杨岐珍、钱玉兴将南北营垒布置后,各率所部,修筑堤卡。故声势联接,脉络贯通焉。镇海口自小金鸡山至招宝山,宽约二百丈。马江告警后,抚臣以南、北两岸虽有炮台,仅二百磅子大炮一尊,若不于海口设立拦阻船路之物,恐敌以一二兵船羁绊炮台,余船直驶入口,两岸营勇力无所施。檄饬营务处薛福成,督同杜冠英与宁波府宗源瀚,购买椿木,用机器排钉海口。或七八十枝为一丛,或四五十枝为一丛,或二三十枝为一丛,自南至北,横立二十二丛,自内

至外，直列十丛，经营数月始告竣。海口定议钉椿，抚臣虑椿密则水道壅滞，椿疏则罅漏较多。复饬薛福成督率杜冠英、宗源瀚，买海船三四十艘，饬令两岸防勇满装石块排沈椿缝之内，中间仍留口门二十丈，以便商船出入。另购大船五艘，三杠网三重，并借宁商宝顺轮船一搜，以备有事时封塞口门。厥后五船虽沈，宝顺尚留未用，商旅仍通，饷源不匮，而宁镇居民安堵如故，盖恃椿船之力也。海口设防，抚臣咨请北洋大臣，饬派水电匠目四名到杭州，设局制造，并购置水旱电线。饬杨岐珍于营勇炮兵中，选择精细伶俐者，令其习沈埋演放之法。岐珍与杜冠英督率吴杰，于海口沈船排椿之外，沈放水雷六排。每排八雷，纵横相距十丈许，共沈四十八雷。又于小港濒海严要之处，埋伏地雷六十枚。其他如布阵岭、孔峙岭、清泉岭、沙蟹岭、蚶子岭等处，长墙卡门之外，各埋地雷三四十枚。敌知有备，始不敢登岸。法船在马江开战，宁波绅民指目教堂，皆言法人藏匿大炮，将为内变。薛福成照会英国领事官固威林，俾转告法国主教赵保禄，速迁往江北岸居住。赵保禄请饬查教堂，果有大炮与否。薛福成谓此说本非确实，但众怒难犯，如不速迁，日后断难保护。郡城团练夜过教堂，或以矛撞其门，争詈法人，法教士不自安，乃率男女徙居江北岸。薛福成允拨兵代守教堂，亦隐以稽察奸宄。俄而，定海讹言又起。定海民人教者二千人，教堂内日纠二百人操演，枪声与定海镇操兵声相溷也。薛福成谓徙其教士，则教民无所附丽。适奉抚臣严檄督促，致书定海守将，密商机要，而明告法教士以不能保护。往返驳辩甚坚，赵保禄语多恫喝，薛福成严折之。一日，教堂中阒然，则教士已尽室迁回宁波江北岸矣。薛福成乃禀调衢军右哨，及派卫安勇五十人，驻扎江北岸，名为保护教士，实拘守之，教士亦悚服听命。又令新关稽查洋船，凡法国商民、教士，但准出口，不准进口，以清间谍。故海口鏖战，而内地晏然。法事日棘，抚臣函饬薛福成，遵照北洋大臣电传密谕，设法暗阻敌船引水宁波尚有引水洋人必得生、师密士二人，领新关执照，驾小船，在镇海口外，受雇领港。薛福成与约，月给厚费，俾敛船入口，交杜冠英差用。是时，师密士适接法兵船密信，雇为引水，薛福成使拒绝法人，且另给重资以酬之。既又函会税务司葛显理，派洋人随同杜冠英撤去新关向设之七里屿、虎蹲山等处塔灯、标杆、浮筒，以迷敌轮之路。迨开战后，薛福成侦知孤拔在上海募英人赫尔、德人贝伦为人浙向导，各许万金，如伤亡，则十倍给其家属。因亟电商江海关道邵友濂，派员禁阻。声言将撤销其执照，永不许在中国引水，乃议定各酬以千金。福成复告各国领事，如有洋人为法船引水，宁郡民情强悍，必相率而攻毁洋房。此以一无业之莠民，累及合埠安分之富商也。且难保非法人诡计，欲故坏各国声名。诸领事以为然，密致书驻沪领事，禁约洋人。后闻孤拔欲募引水，以攻镇海，悬价六万金而莫之应云。法船四艘驶入蛟门，抚臣得报，飞饬各营，要约赏罚，并严饬南洋三轮合力协助，电饬杜冠英，传谕各炮台，镇静以待。正月十五日未刻，法将孤拔乘一小轮，亲入虎蹲山北，测量水道。我台开炮，击之几中，乃遁去。旋一大黑船，名纽回利，扑攻招宝山炮台，杜冠英饬炮目周茂训，开炮迎击，一发中其船头。敌势惶迫，掉头用排炮轰击，又被我炮台弹折头桅。我炮台，亦被敌击中数十弹，弹重二三百磅，陷入三合土内。后一弹著我炮洞门楣，铁炸入洞，击伤周茂训右胫。杜冠英令吴杰亲自开炮，杨岐珍亦至炮台，仝励弁兵，又弹中敌船尾，南洋兵轮，亦两炮击中敌船。随后三法船群开排炮，我两岸亦开排炮御之。自未至申，轰声不绝。法船连受五炮，伤亡颇多，我炮兵勇丁，只阵亡三人耳。正月十五日之战，法轮败退，泊金塘山下。十七日黎明，又添两船，巳刻，复以一大黑船驶入虎嶟山之北，攻我招宝山炮台。杨岐珍、杜冠英督率吴杰开炮，敌船甫近，即被我弹中其烟筒，再中船桅。横木下坠，压伤兵头及护从多人。南洋兵船，复从旁击中二炮，法船创甚，收旗转轮，仅获出险遁去。厥后，闽浙总督杨昌濬接探员电报，有法船运到一兵头之柩，葬于马祖澳，送葬者数百人，据传即将军迷禄，正月十七日在镇海伤亡者也。法船再败之后，不敢再近招宝山口门。十八日夜，乘风雨晦冥，将用小船潜登南岸，图袭我港口之炮台。我师水陆弁勇，每夜轮流放哨。副将费金组瞥见小船，戒营勇屏息以待。及其渐近，突发枪炮，尽力截击，沈其两舸，余悉惊遁。小港炮台，旧置炮位五尊。内光膛生铁炮三尊，未能及远，钢炮击远两尊，弹仅重四十磅，早经移置沙蟹岭、乌龙岗，但留空台，为疑敌之计。正月二十七日，法船遥对小港，开六七十炮，著炮台十数弹，陷入三合土内。二十八日，又来轰击，连开数十炮，未中。复将炮车吊桅顶，意在凭高易中。乃甫扯登桅，绳忽中断，炮坠舱面，压毙多人。自此遂不来攻，其为计穷力竭，已可概见。法船屡挫之后，退泊金塘，唯以一船向前抛泊，倚游山为屏障。钱玉兴以乘夜袭击，可以得志，适当薛福成在镇海劳军，

相与密商定计。二月初四夜,钱玉兴亲督副将王立堂,选敢死士,潜运后膛车轮炮八尊,伏南岸清泉岭下,四更后突击之,敌船连受五炮,伤人颇多,传闻孤拔亦受伤云。法船开炮回击,弹落水田。我军一无所损,旋即收队。

卷二·都人讥词臣任军役联语

法越战役中,张文襄授山西巡抚,闽县会办江防,丰润会办福建船政,以词臣而仕军役,皆异数也。文襄受命,上书谢恩,有"身为疆吏,犹是依恋九重之心;职限方隅,敢忘经营八表之略"。文襄既去,其兄文达相国偶取视时辰表,笑谓客曰:"余只一耳,其七在舍弟所。"及越事急,移督两广,力主潘仕钊之说,弛闱姓之禁,颇为时论所訾。时各省军务多不利,闽县单衔条陈时务,触上怒,镌级去。侯官与闽县同城,实为一地。丰润败于马江,船械尽失。疏请恤马江死事诸人疏有云:"李长庚死事于闽洋,而其部将邱良功等卒平海盗。曾国藩初覆师于湖口,而其后遂为中兴第一功臣。此固人事之平陂往复,抑亦天心之草昧艰贞。"措词之妙,不可言喻。都人为之联云:"八表经营,也不过山西禁烟、广东开赌;三边会办,请先看侯官降级、丰润论功。"

卷二·刘秉璋奏请缓加旗饷增练海军

归政、大婚,两次大典,三代覃恩,赉及赫德。其余军功,督抚提政,无论存没,皆叨异数。所遗者,惟先文庄及沈文肃二人。文肃殁已久,或一时遗漏。文庄以浙抚任内,奏请缓加旗饷,增练海军,与醇亲王设施大政全然相反,致忤邸意,故不及。李文忠函,则谓邸于此事,并无意见云。附录《缓加旗饷疏》如下:叠准部咨,筹办海军经费、旗兵加饷二事,此皆国家根本之计,远大规模,臣虽至愚极陋,何敢稍有异词。惟两事并重,当先重其尤重者;两事并急,当先急其尤急者。方今外洋环伺,迭起衅端,我所以隐忍议款者,以海军未立也;彼所以肆意要挟者,亦以我之海军未立也。圣漠宏远,创立海军衙门,筹备船械,操练兵轮,此至重至急之务,万不可再事迁延稍缓须臾者也。至于八旗兵丁,皆我朝开创之初,从龙旧旅。自减饷以来,不免拮据,议复原饷,固理所当然,臣昧亦所钦仰。惟两大政同时并举,需饷太巨。天地生财,只有此数,府库进款,岁有常经。自咸丰初年用兵以后,外备强敌,内防伏莽,各省防勇,万难全撤,虽益以厘金、洋税,仍若不足。臣忝抚浙江,已叠将支绌情形一再陈奏。各省情事,虽不尽知,然屡准户部咨催协饷,开列清单,即如江苏、广东,素称丰裕,亦复欠数甚巨,其余各省,大略相仿。今骤需巨款,势必纷纷欠解,部议处分虽严,然只能竭其所有,势不能强其所无。两事兼营,万难兼顾,不如略分先后,期于必成。可否饬下户部,将各省协解饷款通盘筹计,不以历年派拨之数为定,而以各省实解之数为额,究竟每年能添解若干。如不能两事并举,只可先竭一二十年之功,岁提三四百万,专意海军。待海军就绪,库有储馀,再议旗兵加饷。庶循序渐进,事有归宿。溯查旗兵减饷三十年,固属异常困苦,亦已支持到今。臣非敢谓加饷之不重不急也,而以海军关系较之,则尤为至重至急。故为此万不得已之说,或亦一举两全之计。至国家亿万年丕基,当筹亿万年久长之策。八旗丁口众盛,数十百年后,蕃衍生息,其数更倍于今。即兵饷复额,万无给足之理,朝廷亦更无养育之法。其应如何安插疏通,拟请旨密饬亲信王大臣从长计议,徐图补救,是非臣之谫陋,所能拟议毫末者也。光绪十二年三月二十二日,奉到朱批:创立海军自系当务之急;而旗兵日久困苦,何以资操练而固根本?至欲另筹安插疏通,轻议更张,尤属非是,原摺著即掷还。

卷三·甲午之败李鸿章不得辞其罪

李文忠以大学士任北洋重镇,虽不入阁办事,而隐持国柄。法越之事,举凡用人、调兵、筹饷、应敌、交邻诸大政,朝廷均谘而后行。武进盛愚斋尚书常云:"是时吾与眉叔,日在傅相之侧。公于签押房外,另辟一室,处吾二人,以应不时之召。回忆年少,殊无所知,虽云仕优则学,究无所取资,半载之中,受公陶,平生得力之处无过于此。"眉叔者,丹徒马建忠也,均于是役知名。以弱敌强,虽甚支绌,未至败绩,中外尚无异

言。公明瞭兵事,不宜开衅,犹未知兵械两绌,不可以战。其《巡海疏》中有云:“内卫京畿门户,外控藩属邻邦,俾北洋海疆千馀里,有事得资援应,尚称缓急可恃。”有云:“渤海门户深固不摇。”有云:“修筑新式炮台,讲求制胜机宜,俾声威既张,敌情自慑。”读公之章奏,似嫌过于自满,启上骄志。光绪十四年,户部奏言,不购军械。十五年上谕:“嗣后购买机器军火,各项物料,均著先行陈奏。”当时节缩经费,专为颐和园土木工程之用,公以汉臣而膺宠眷,未便与人家事,此不能为公咎者。然北洋海陆全军,缓急足恃与否?渤海门户,深固不摇与否?公于事前似未尽知。不然,观常熟《日记》,未开战先,常熟曾至津,督促宣战。公当以去就争之。何至轻于一掷,情见势绌,底里毕露,百患皆作。陵夷至于土崩瓦解,不可收拾,酿为他日神州陆沈之祸。《春秋》责备贤者,公不得辞其罪矣。

卷三·海军之败兆

海部成立,福建船厂学生位至提镇,多有妻妾,筑室刘公岛上,平时自为嬉乐。琅威里治事严,无论旦夕,一闻令,师船齐集,将帅士卒同甘苦,行则舰长司机,泅则兵官下海,军中苦之。南巡之役,琅威里在旗舰定远,海军提督丁汝昌在镇远,至香港。当是时,中国海军等次,列世界第六。琅威里上岸,方以提督之荣,炫于其乡人。暮归,帅纛移于镇远。问其故,部众拒不受命,怒而辞去。海军之败兆于此。

卷三·袁世凯闻变先归

项城闻变,惧为日俘,将先归,举唐绍怡自代。绍怡请以中州之人能留弗去者,与之俱守,汴籍人莫敢应。适项城中表某甲至汉城,谋事未成,慨然自任。项城立授为随员,议协登舟。次日,敌军大至,绍怡夙与英使朱迩典善,避入英馆,礼遇甚优。某甲踪迹而往,杂居仆役之间。及相偕返国,甫登轮船,入大沽口,突抱持绍怡入海,泣述始末,谓绍怡辱己以辱国。项城两解之而不责。其后项城治兵,用理军需,屡以侵蚀败,项城不咎。

卷三·李鸿章殊难辞责

中日战事方起,是时当局要人李文忠为海陆军帅,手握全权,直隶提督叶曙青为大将,身当前敌。项城为行人,通使命。合词请班师,以待天下公论。政府未识敌情,不知日本之不可胜,惟惧胜倭之后,俄人乘势而动,攘以为功。不知日本历年备战,兵力财力远出我上,惟责海陆军统帅意存畏葸,顾虑延宕。且惧商民之赍敌粮,又恐日兵登陆,强劫军火,欲拆卸过关铁路,屡次皆见上谕。当轴诸公心目中,视日本渺小之甚,犹可说也。而自顾左右,无一亲臣,欲与人战,岂堪妄动。读史者,辄谓宋人于女真、蒙古轻于启衅,然史者,鉴也,诸公读书而不知鉴于往事,殊难辞责。

卷三·政府孤注一掷

行军之事,未有知其不可而为之者。自户部奏定,光绪十四年之后不购新械,武库已空如洗。战衅既开,一则议购英国新式三快轮,再则议购智利兵轮七艘,三则议购德国鱼雷猎船四艘,言明能行二十八迈,四则议购英国阿厂新造大快轮,五则议购德国大炮一百二十尊。船械不敌,政府未尝不知,而敢孤注一掷。寿伯符诗云:“衮衮诸公胆气粗,竟凭意气丧皇图。”为庚子咏也,然甲午亦复如是。

卷三·张謇为主战派首领

中日之役,主战者,高阳、常熟。奔走高阳之门者,项城,为常熟之耳目者,通州张季直殿撰、萍乡芸阁学士也。项城归自朝鲜,力诋文忠设计之缓,使从己谋,可以制敌于先。光绪九年,殿撰从吴武壮率师援朝,先据汉城,拒退日本,身亲兵事,谓确有胜算。是科会试,与学士同出常熟之门,互相标榜,欲以奇计自见,实为主战派之首领。

卷三·大东沟之役

将战,当局知器械不利。海军客将献策,购新舰,别成一队,袭敌后路,多方以误之,使彼不敢轻出全力,萃于我师中坚。诚良计也,然屡议而屡败。彼外交利而我钝,益束手无策。惟恃两铁舰,而十寸口径之炮弹时,只余三枚。津沪各局,能铸较小之径二又半者,强配之以应敌。八月十八日,我陆师闻平壤败,将渡鸭绿江为后援,海师泊于口外,食时遥望,浓烟一缕,知日军且到。我军本作双排,如篆书二字形.以镇远、定远、致远、靖远、超勇、扬威为一队,而镇、定两舰列左右角;来远、经远、济远、平远、广甲、广丙为二队,而致、经两舰列左右角。强者当先,弱者在后,本英将琅威里所练阵法。提督丁汝昌率诸将立于望台上,指挥诸舰应战,客将踊跃,谓堪一试。令下,阵容大变,横列为一字阵,强居中而弱为辅,愈弱者愈落边际。弱舰觉处危地,退避稍后,全军遂成半月形。汝昌不谙军事,总兵刘步蟾掌旗号,实为此谋,以图白免。定远望台,为平时觇远之资,下有巨炮,战时折叠弗用。步蟾将发巨炮,未计及此,一轰而裂。汝昌倾坠,不复能与战事,号旗之干,经一炮而折,我师失所指挥,众心益涣。日军作双行,鱼贯而至,船迅炮捷,如疾风骤雨,势不可当,攻我军之右,直冲而进,以达于后,圈超勇、扬威两舰于阵外而歼之,燔;广甲惊遁。敌舰比睿、赤城、西京丸受重伤,不支而逃。日移军攻我之左,复用前法穿插,使致远、经远、靖远、来远、平远、济远、广丙七舰,与中军镇远、定远截为二段,夹攻之。致远力战,被重损,将湮,欲毁一敌船,与之俱尽,驶入日炮密集之处,几至而没。管带邓世昌,救起不欲独生,奋掷自沉,死事最烈。同时,经远管带林泰曾,战死船毁。来远、靖远、济远均著火。济远先逃归,来远、靖远且战且熄火。镇远、定远奋斗甚猛。其时敌军尚有九艘,以四舰当之,自日中至暮,胜负不决。日船小于我,速率倍我,不敢夜战。令船松岛受伤至重,几弗能兴,乃全师而返,我师亦旋。

卷三·丁汝昌见危授命

丁汝昌夙将骑兵,以统海师,朝廷用人,自为失当。汝昌屡受督责,欲战,自知不敌,惟求一死塞责。大东沟之役,仓卒应敌,不知学理,立定远望台之上,致被震仆;反谓日炮击毁,倾覆受伤。朝臣不知机械之学,无从指驳。外人见之,无不匿笑。然汝昌见危授命,较之临阵脱逃之方伯谦、服毒呼救之刘步蟾,高之奚止一等,于以知旧道德,犹胜于新知识。

卷三·旅大守将

宋庆,旅顺守将也。刘盛休,大连守将也。庆调赴边,御敌于鸭绿江岸。盛休调赴平壤前敌。乃以赵怀业新募六营守旅顺,徐邦道新募四营守大连。倭师过鸭绿江,中朝震荡,几于手足无措,不啻驱市民而战之,安得不败。

卷三·劣械案

文忠庖人罗之婿某甲,为信义洋行犹太德人满德之商伙,奔走于诸将之门,承买军器。诸将至督署求见,某甲辄为伺文忠起居而恰当其候,诸将大欢,咸乐与交易。及败,日出一军渡鸭绿江,趋辽沈;复出一军由海道至貔子窝,取大连、旅顺,如风扫叶,吾国上下,无智愚贤不肖,咸知不敌。时帅府方主购械而料其无益,或朋比某甲,蚀其金而尽予以敝者。建德周玉山制军,时以开缺按察使掌前敌粮台,力送至军,辄取复文为证,弗任运输不继之咎。诸军见敌,尽弃军实而走,器械尽失,即良窳无所分。文忠内幕,不至有簠簋不饬之嫌。于是诸将无罪可逭,卫汝成、聂桂林、赵怀业、黄仕林相继就逮。

卷三·聂士成等虚报战绩

日本军锋所及,当者辄靡。是时,其兵未若后日之众,皆在沿海一带,与舟师相接应,且利以入关,无暇他顾。大连、凤凰两城,虽克勿守,金、复、海、盖均下,舍辽阳不取,卷甲西趋,急攻牛庄。山东荣城、文登,

既得旋弃。兵舰游弋，已近大沽口外，其意可知。聂士成守连山关，以克复凤凰城为己功。依克唐阿、长顺守辽阳不失，以为陪都保障，且盛称东山猎户之力，而辽阳州知州徐庆璋，因此而有“徐青天”之称。所谓虚报战绩者，非耶！

卷三·康有为逃香港

有为先奉严诏，促其出京。事泄，杨锐、林旭、刘光第、谭嗣同、杨深秀及有为之弟广仁，同时被逮。有为出都，航海南下，已在“重庆”舟中。上海关道，以逻卒伺于太古公司埠头，将俟其至而执之。及舟近吴淞，英国兵舰阻其行。随有兵官乘舠缘梯而上，以图象询得有为，挟至香港。有为曾以事之始末，告诸港官，载于西报，谓其幸脱法网，为威尔斯籍教士李提摩太之力。改名更生，盖以此云。太后怒外人为逋逃主，义和拳灭洋邪说乘之而起，无识之徒群起附会，遂有庚子之变。

卷三·清代学风之变

国初人解经，引经注之别见者以示其精，而案头不可少之书，惟《注疏》一部。乾嘉人解经，引经文之他见者以炫其博，而唯一法门，非三代两汉之书不敢读。同时之儒者，或专攻小学，或避而考子、史、地理，各有所长。自《经籍纂诂》出，为训诂之渊海；自《皇清经解》出，为经典之集林；自敷文阁刊《方舆纪要》，于地志一览无余；自广雅堂辑《史学丛书》，于诸史各家咸备。于是人人可以掇拾，不废稽古之功。道咸而下以及光宣，学风一变而为钟鼎石刻，作矜奇炫异、避熟就生之计。经史大义，置之度外。再变而为宋元旧板本，朽腐复化为神奇。趋时之士各手一编，求其岐异之处，若国史馆之校对官，若书班房之对读生，不知学问为何事矣。世道愈趋愈劣，至于如此。等而下之，译书亦然。海禁开后，士大夫稍稍讲求新学，五台徐松龛译《瀛寰志略》，无锡薛叔耘作为《续编》，侯官林文忠译《四洲志》，邵阳魏默深益以历代史书及明以后岛志，钩稽贯串而为《海国图志》。其后译局盛开，京师之同文馆，上海之制造局，以及教会附设，如广学会、益智书局之类，译出西籍，不下数百种。鸿篇巨制，不乏其人，即天文、地舆、动植物、理化之类，何莫非专门之学。较之近作寥寥短篇，不可同年而语矣。至抄撮之教科书，犹之乎往日高头讲章，不在著述之列，当作别论。

卷三·庚子战功优于甲午

甲午之后，外人皆谓吾国人不宜于武事，故不任战。彼以为人各有能有不能，无足异也。庚子衅起，罗荣光守大沽炮台。敌舰大至，彼众我寡，荣光力战拒之，卒以兵无后继，奋斗以死。同时，聂功亭、马景三两军守津，与联军遇，虽败，颇有杀伤，较诸甲午为优。

旧典备征[①]

卷一·大将军

康熙二年八月，都统穆里玛为靖西将军，都统图海为定西将军【会剿郧、襄流贼】。九月，都统噶褚哈为镇西将军【镇西安】。三年七月，福建水师提督施琅为靖海将军【征台湾】。

卷一·提督加将军封号

康熙一朝，于直省提督之战绩茂著或治军有方者，往往特授将军封号，以示优异。如陕西提督王进宝、

---

① 〔清〕朱彭寿撰，何双生点校。

【十五年八月加奋威将军。按十四年三月,甘肃提督张勇曾加靖逆将军,此为讨伐王辅臣时所授职衔,非封号也。已见前将军条内。】福建提督杨捷、【十七年□月加昭武将军。】宁夏提督赵良栋、【十八年十月加勇略 将军。】福建水师提督施琅、【二十二年九月,加靖海将军。按施琅先于康熙三年以靖海将军征台湾,至是复加为封号。】甘肃提督孙思克、【三十一年十一月加振 武将军。】湖广提督徐治都、【三十三年六月加镇平将军。】贵州提督李芳述、【四十五年四月加镇远将军。】福建水师提督吴英、【四十六年五月加威略将军。】

安乐康平室随笔[①]

卷二

上海制造局之设,始于同治六年,厥后随时扩充,规模极为宏敞,惜所制军械,尚未尽善,而地居商埠,尤有慢藏诲盗之虞。光绪三十年,湖广总督张公【之洞】会同两江总督魏公【光焘】奏请移建新厂,朝廷以事体重大,特命铁宝臣侍郎【良】前往各地详细查勘,覆奏一摺,余实司之。第此等折件,向不发钞,故外间无由得见。辛亥春,忽于故纸堆中,发见当时手拟底稿,因录存以志爪痕。【先是练兵处议覆张督原奏,亦余属稿者,惜已无存矣。余先后在练兵处、政务处、税务处承拟奏摺,皆未留稿,倘彼时随时钞存,当不下百余通也。】

奏为遵旨查明江南制造局厂应否移建各情形,据实覆陈,恭摺仰祈圣鉴事。窃【奴才】前在保定练兵营次,承准军机大臣字寄:光绪三十年六月初五日奉上谕:前据张之洞等奏江南制造局移建新厂一摺,制造局厂,关系紧要,究竟应否移建,地方是否合宜,枪炮诸制,若何尽利,著派铁良前往各该处,详细考求,通盘筹画,据实复奏,等因。钦此。仰见朝廷于扩张武备之中,寓郑重精详之意,钦服莫名。【奴才】于上年七月间陛辞请训后,取道天津,乘轮赴沪,即连日率同随带各员,至江南制造总局及龙华镇分局,逐一履勘,详加考察。嗣【奴才】赴苏州调查欵项,复留员在该处,将所制枪炮及造械各机器,分别检验。旋于十一、十二月间,先后赴安徽湾沚及江西萍乡地方,照原奏议设新厂之处,陟巘降原,亲历数过。谨将所查详细情形,敬为我皇太后、皇上陈之。查江南制造局自同治四年五月,在上海虹口地方购得洋人机器铁厂一座,修造轮船、枪炮,至六年夏,始于高昌庙地方购地,移设新厂。计先后造成机器厂、汽炉厂、木工厂、铸铜铁厂、熟铁厂、洋枪楼、库房,煤栈、工务厅,文案房、轮船厂、船坞等处厂屋。八年,添设汽锤厂,又另建枪厂,专造来福枪枝,并将城内广方言馆移入局中兼管。十三年,于局西十里外之龙华镇设黑药厂,制造黑色火药。光绪初年,因原设汽炉厂地不敷用,复设法扩充,改为锅炉厂;又于龙华镇设枪子厂,制造来福、林明敦、马梯尼、黎意、格林各项枪子。四年,改汽锤厂为炮厂,仿造英国阿姆斯脱郎后膛炮位。五年,设炮弹厂,雇用洋匠,仿造各种开花实心炮弹。七年,立炮队营,并创设水雷厂。十一年,停造轮船,专修南北洋兵轮。十六年,购办炼钢机炉,拓地建厂,试炼枪管炮胚及各种钢料。十七年,改造快利枪,并添造各种快炮。十九年,仿造栗色、无烟两种火药。二十四年,创设工艺学堂。二十七年,加造新式快炮,并停造快利枪,专造小口径新毛瑟枪。三十年,以黑药、栗药造存颇多,暂行停造,并因筹办铜元,将炮弹厂机器并入他厂,腾出厂房以备铸钱。此前后因革损益之大略情形也。综计该局开办,垂四十年,缔造扩充,规模甚大,惜该厂所有机器,新旧羼杂,大都不甚齐全,其中因年久而损坏者有之,因省费而缺少者有之。即如枪厂各机,本系昔年所造来福枪之件,嗣改造林明敦枪,又改造快利枪,现又改造小口径毛瑟枪,均就原机陆续凑配,从权改用。其大小有不合者,则兼以人工剉磨。所用工匠,又皆未经教练,不过仿照洋式,以意为之,以致所出之械,一经逐件拆卸,厚薄宽窄,互有参差,彼此不能调换。而局中自总办以至员司人等,亦无精通制造之学,于制就之枪炮弹药等项,其是否合用,并不详加验视,分别良楛,以定去留,但造成后即盛箱发用。【奴才】

① 〔清〕朱彭寿撰,何双生点校。

此次派员,将该厂所造之械,整件零件,逐细考察,疵累甚多。以如此钜厂,岁糜经费一百四十万金,而各械无一完善者,殊为可惜。至于员司之冗滥,工作之宕延,各物购价之浮开,各厂用料之虚耗,种种积弊,又复不一而足。而该处又为江海要冲,吴淞口内外,各国兵轮不时萃集。上年该督【臣】原奏,曾有慢藏之害、岌岌堪虞等语,绸缪未雨,具见深谋。夫旧机欠利,旧法未良,尚不难添购新机、整顿办法。至旧地弗善,而欲求深邃之所,臻稳固之方,则该厂之移建,自不容已。原奏又以旧厂诸器,搬运易损,糜费亦多,谓移旧厂不如设新厂,亦属不易之论。独是改建固属正办,而择地尤为要图。查安徽湾沚地方,由芜湖江口,入内河东南行七十里至该镇,距镇四里,至启发山,即原勘厂基地。其地广袤一千四十余亩,土脉尚称坚实,详考面积,亦尚敷建厂之用。惟该镇地势稍卑,每当夏令,山水冲发,直趋下流,市面积水约四五尺不等,其低洼之处,数月方退,此地势之不合者一。由芜至湾,河水盛涨时,约有八九尺,冬令水涸,仅及尺余,重载之船,不克驶入,此运道之不宜者二。机厂以煤铁为大宗,原议就宣城煤矿,而该矿迄未开采,此外泾县、南陵等处虽有煤矿,闻煤质欠佳,不合机器之用,此煤铁之不便者三。运船来往,临河须筑码头,码头前水宜深阔,以便停泊旋转,今该处河身既浅,且系沙底,纵或开挖,易就淤塞,此码头之不易建者四。厂中料件出入,须有马路或铁道载运,今距河四里内,非羊肠小径,即高下圩滩,倘一律垫平,工费太钜,此轨道之不易修者五。有此诸弊,似该地不如湘东之优。湘东在江西萍乡县境之西,自湖北武汉溯江而上,经岳州,入洞庭湖,复历湘阴、长沙,至湘潭县属之洙州镇,计水程九百八十里;由洙州陆行至醴陵,由醴陵循铁路抵湘东,共一百五十里。如由洙州舟行,经湘河涤口、醴陵以达湘东,则共一百八十五里。该镇原勘厂基,地名杨家场,嗣又添备二处,曰峡山口,曰朝天柱。峡山口地约一千三四百亩,濒河地势稍低,水大时恐致冲刷;朝天柱在峡山口之西,地约六百二十余亩,土质尚坚,惟较峡山口尤为洼下,均无足取。杨家场局面最广,约可得平地三千余亩,三面界山,一面傍水,以中心估计,距铁路约六七里。就该处全局而论,远隔大江,深居堂奥,地势高旷,土质坚凝,界内庐墓稀少,除建厂外,隔山余地,尚可扩充。东临大河,足供厂用。其西北隅之泉塘湾,流泉清洁,于造药及汽锅亦甚相宜。安源煤矿即在邻近,去安源四十里,闻尚有铁矿可开。而由武汉至洙州,江湖运道,四时可通,由洙入湘东河,虽河水涨落无定,不免节节盘剥,然装载一二百石之船只,亦尚可往来,且闻萍洙铁路本年四月间即可造齐,是陆运亦尚便。具此格局,自较湾沚为胜。惟其中尚待斟酌者,亦有数端:一、湘东虽两江辖境,而距江宁省城及沪局太远,稽察为难;二、该镇山阜甚多,层层拱峙,非得重兵驻守,防御难周。惟节节设防,恐饷项所需,为数必钜;三、铁矿尚未开办,是否可用,尚无把握;四、萍醴矿路如能接通粤汉干路,运道固较便捷,惟此项路权,其中有无轇轕,尚须详查;五、该省地势偏南,于东北诸省运用军火,稍觉不便。以上各节,均为原奏所未详,既于厂务有关,自不得不预先筹及。此查明江南局厂之应行移建,及移建地方有宜有不宜之实在情形也。窃维强国之举,首重练兵,练兵之要,必先利器。兵以精练为贵,即军械亦以自制为宜,以中国全势论之,断非一二厂所能敷用。当此时局艰危之际,尤应计出万全。奴才再四图维,谨就目前情形,酌拟办法二条,敬备圣明采择:一、统筹全局办法。各省军队,现方次第编练,所需新械,较前日多,非得南北中三厂源源制造,恐所出之械,难期因应而不穷。拟请就湘东现勘之地,设为南厂;再于直豫等省,择其与山西煤铁相近便者,另设一处作为北厂;而以鄂厂贯乎其中,以辅南北厂之所不及。应需款项,南厂于五年内,则取给于沪局节存之七十万两、江皖赣三省协济之三十万两,及铜元一半余利;北厂则于奴才上年奏请试办八省土膏统捐项下动支,得以各归各用。惟照原议购备全机等项计之,所需甚钜,恐该款尚有不敷,拟将两厂均按全局之规模布置,而办法则分别次第,先从枪厂、子弹厂、药厂入手。所造枪式,三厂均须一律,不得稍有参差。俟将来经费充足,再将炼钢造炮等厂,逐渐扩充。南鄂两厂,则专造过山快炮,北厂则专造陆路车炮,冀臻美备。此时并随厂各设学堂,招集生徒,延师教练,藉以储备厂才。此通盘筹画之正计也。一、变通办法。湘东厂基,大致可用,惟于东北诸省,相距稍远耳。如南北两厂一时难以并举,止能先务其急,而又以该地偏南,转输究多不便,则惟有将该处暂行缓办。另于江北一带地方,选择深固利便之区,取其与南北各省均属适中可以兼顾者,专设一厂,地段局面仍须具有全厂体格,而亦无从枪厂、子弹厂、药厂办起,庶需费较省,成功较速,制造较专而易精。其款项即照原奏内筹款一条,将拟建湘东新厂之五年经费六百五十万两,尽数拨归此项工需,当可敷用,一俟

办有成效,再行添制炮钢等厂。似此择要办理,虽未必如两厂并建之美备,而亦不致有顾此失彼之虞,此求全不能,姑思其次之变计也。总之无论如何建置,似宜循序渐进,量力而行,较有把握。外洋各国,凡兴一大工,造一巨厂,无不由日积月累而成,其办法大率类是。至厂务责任綦重,自应以专员督理其事,并由练兵处随时派员考察,以昭慎重。其沪局除提存新厂经费外,每岁所余洋税等款,及铜元一半余利,亦尚有一百余万两之谱。应将不急之工作,闲冗之员司,核实删减,即尽此项银两,于现时应需各件,如各项子弹及炼钢、修船等项,精求造法,暂应急需。俟数年后新厂告成,届时如何归并,再行酌核办理。惟新厂之设,事体重大,究应如何定议,较为妥善之处,奴才未敢擅便,应请饬下政务处、练兵处会同妥议具奏。至枪炮诸制,原奏拟请仿照德国枪简少之机件,而用日本枪六密里五之口径;行营台船各炮,则分别大小口径,定为长身短身等四种,度其地势而用之,自系为力求利便起见。惟查枪枝口径既小,则子弹因之亦小,如不中要害,恐不能致敌人之命。闻各国枪枝口径,互有不同,除日本外,均较此项有大无小。且德枪曾改口径为七密里,旋又复其七密里九之旧式,其反覆改制,自非无因。又快炮为摧坚击远之具,其身长口径,斤重大小,关于武备者尤要,考订不厌求详。以上两项,拟请一并饬下练兵处详细考校,妥拟画一成式,奏请钦定施行。所有奴才遵旨查明江南制造局厂应否移建各情形,谨恭摺具陈,伏乞皇太后、皇上圣鉴训示。谨奏。

广阳杂记[①]

卷第一

彭夏琴咏台湾七律四首。其一云。台湾绝域贡降笺。举族归朝尽内迁。历授尧封千载后。地开禹贡九州前。人民半与鱼龙杂。郡县全依岛屿偏。四十年来空倔强。至今始得罢戈船。其二云。当年犀甲下扶余。衔璧谁怜轵道车。西市赭衣魂已渺。南朝紫盖事终虚。帆来日本通商近。邑改天兴置吏初。一自孙恩分战舰。烽烟边海几丘墟。其三云。高华遗屿自隋朝。营垒依然识旧标。淡水鸡笼虽竟渡。飓风蜃市岂全消。乘桴何意真浮海。叱石无能远驾桥。抽调可怜诸将士。不教辛苦说征辽。其四云。穷岛军需飞檄催。蔗霜兼买鹿皮来。生番穰【一本作褉】社三冬集。互市洋船六月开。浪峤山形随地尽。夏门风信逐潮回。荷兰故土非瓯脱。窥伺将毋隐祸胎。

卷第二

杨于两为余言台湾赐姓公之贤。以为诸葛忠武、郭汾阳、岳武穆后之一人也。赐姓少时。思文帝绝爱之。其父芝龙怀逆谋。赐姓屡谏以尊朝廷。恢复中原。遭其父之怒骂。后芝龙、鸿逵皆提兵出关。思文诏赐姓谋。赐姓劝思文出关。思文曰。芝龙、鸿逵。朕将谁依。赐姓曰。臣父臣叔。皆怀不测。陛下宜自为计。与帝相持痛哭。帝曰。汝能从我行乎。赐姓曰。臣从陛下行亦何能为。臣愿捐躯别图以报陛下。此头此血。总之已许陛下矣。思文出关。赐姓遂入海。聚众至数万。据厦门、金门。而芝龙已降本朝矣。思文至邵武。知大势已去。有二宫人缢死。敕取三棺。皆钉之而出。则皇后曾氏亦在其内也。呜呼。思文皇后之死在行在。烈皇后之死在宫中。永明皇后之死在系虏。虽先后不同。其成仁取义则一也。思文后此不知所之。赐姓之妻董氏。其父讳飏先。号沙筑。晋江人也。先朝进士。于两之表叔。于两与赐姓幼同笔研。赐姓既据厦门。沙筑住金门。后于两以贫困往干沙筑。赐姓知之。召至厦门。遂留之。表奏永明。授以兵部车驾司郎中。以其未曾蓄发。遣之往来京师。永明以延平王爵封赐姓。而赐姓不敢受也。清使往招抚之。而赐姓不屈也。曰。和则可矣。奈何曰抚。大国若存此弹丸之地于海外。以延有明之一线。请从安南、朝鲜之例。不废贡职。大国苟不以为然也。则亦惟命耳。上知抚之不就也。

① 〔清〕刘献廷撰,汪北平、夏志和点校。

召芝龙温语曰。汝子有书至乎。汝知厦门抚议之就乎。芝龙曰。臣不知也。亦无书来。上曰。汝子诚反矣。汝无罪也。已往不究。今后汝子使人来。汝即以闻。芝龙得旨未两日。而于两适至都门。祸几不测。幸芝龙以方得旨而遽有人至。恐上见疑。遂命于两走。得脱。后为人告发。发遣芝龙于关东。后遣大兵征厦门。赐姓命居人迁徙。空其地以诱清兵。舟楫之费。皆赐姓任。于两不知。以为赐姓弃厦门也。事则败矣。遂徙其家人于内地。而身送之。既渡海。肩舆行。与清兵遇。远望见。亟取田塍间间道以走。清兵追之。马辄陷。其道非土人不知也。走匿村中。田夫则于两之故仆。少焉。已发兵围而搜之。于两薙发以免。而置敝簏故靴于海滨渡口。若由此以济者然。清兵信之。清兵渡海而败。于两从此亦不得复归厦门。然以其兄同苏立在广东。不敢出投诚。赐姓军法。凡有一人投诚。则其宗族皆在必诛故也。苏立与许隆、杨文广。皆广东尚王之客。为尚王行商海上。颇跋扈。尚王患之。鸩杀文广。苏立、许隆自此与厦门结连。不可杀。后苏立乃为一游兵所杀。其事杨符五曾为余言之。尚未详其颠末。更当留心。文广之子。今候补同知。昨从湖南北上。留于两处。一宿而去。赐姓之死也。面目皆爪破。曰。吾无面目见先帝及思文帝也。余曰。赐姓提一旅之师。伸大义于天下。取台湾。存有明正朔于海外者。将四十年。事虽不成。近古以来未曾有也。贤于文信国远矣。然赐姓既死。无人继起。则其当日成就人材者。必不得其道矣。亦未闻有非常之人为之辅也。于两曰。恶。是何言也。吾闽向为文胜之邦。今一变而为用武之国。居方镇。握重兵。十之八九皆闽人也。姑以我晋江一县言。则一公二侯二伯。其余任将帅之职居八座者。共十有八人。若通八闽计之。指亦不胜屈矣。前此阿罗斯之捷。昨岁阿鲁特之退。皆敝亲家林兴珠之功也。兴珠今老。然持藤牌而舞。辟易万夫。前跃八尺。后退一丈。不可敌也。诸如此者。实繁有徒。濒海之地。风土柔弱。一变至道。伊谁之力。凡此皆赐姓之余勇也。其成就人材。为何如耶。余闻此言。爽然若失。虽然。武勇之士。为他人所贾。多至富贵。忠义之士。则从未之闻矣。慨然曰。黄金用尽教歌舞。留与他人乐少年。遂投箸而起。

长沙小西门外。望两岸居人。虽竹篱茅屋。皆清雅淡远。绝无烟火气。远近舟楫。上者下者。饱张帆者。泊者。理楫者。大者小者。无不入画。天下绝佳处也。

长沙至江西路程：自长沙至湘潭县九十里。至渌口九十里。至醴县三十里。至湘东一百里。起旱至萍乡县三十里。至虑镇九十里。觅舟至宣风五十里。至袁州府五十里。又觅舟至分宜县九十里。至新喻县九十里。新喻属临江。至黄土镇七十里。至临江府五十里。至樟树镇三十里。至丰城县八十里。至市叉镇到江西省城南昌府。共一千零四十里。

自衡州由南昌下湖口水路：自衡州府三十里至樟木市。十五里至七里滩。十里至大浦。十五里至杜光埠。十五里至川州。八里至螺师滩。十七里至斗米洲。五里至大严滩。二十里进小河至吴集。一百四十里至攸县。一百二十里至茶陵州。九十里至高垄。若从陆止六十里。起旱六十里至潞江。十五里至楮塘李田黄梅树下。共六十里至永新县。三十里至容江。自容江历方邬桥而【案而原作面。】上马吉坪、上周垣、枕石头、敖城、刘江、正阳渡、白水狼、湖兰村。共一百六十里至水阳市。自永阳历三挑、石山头、高沙。共一百里至吉塘桥。十里至神冈山。十里至吉安府。雇张家渡渔船往赣州。水程四百五十里。吉安甚难搭船。至此停舟问访。自吉安历峡江、樟树、丰城县、河泊所。至江西省停舟。由广润门至吴城。共一百八十里。由吴城一百八十里出湖口县。

卷第三

总河靳辅疏。言从淮安运粮二万石。自黄河沂流而上。以赈关陕之饥。周郎风便。直抵秦川。漂没之舟。五只而已。此亦千古之所未有也。

涵斋又言：海澄公黄梧。既据海澄以降。即条陈平海五策：一迁徙沿海居民于内地。距海三十里。不

令人居住。一言郑氏祖坟。风水甚美。当令人发掘。一郑氏有五大商。在京师苏杭山东等处。经营财货以济其用。当察出收拿。一郑氏虽居海中。而其田产财贿皆在漳泉等处。当察出收官。一造八桨小船数十只。无风时出海以取厦门。四面环攻。令彼疲于奔命。上然其策。惟迁海一条未行。郑氏始祖之茔。在泉州之石井。发掘时不得尸。在漳州者无遗骸矣。梧。漳州平和县皂隶也。与门役赖玉谋。潜通赐姓。杀知县以降。赐姓用二人以为将。使守海澄。而梧之报赐姓也。不遗余力矣。三藩变后。郑氏攻破海澄。梧已死久矣。发棺而僇其尸。尸用汞殓。肢体犹未僵也。其子投井中。出而剐之。人见其眼胞睫睫不已云。赖玉为泉州提督标人所僇。迁海之策。施烺复言之。始行。

余问涵斋云。吾闻台湾向为红夷地。郑芝龙得而复失。赐姓公复取之。有诸乎。涵斋曰。非也。台湾向为番地。嘉靖中。红毛国人取其一角。为诸国贸易之所。盖红毛国人领其主之船只。于各国占地为市。而岁输租赋。地多而大者加官焉。台湾口岸故巨。其西则淡水。山石林立。不可泊舟。惟东南有水潆折而下。可通舟楫。红毛人筑城于内。曰赤瞰城。有山对峙如鹿耳。曰鹿耳门。舟必从此入。红毛人于弯环处皆有炮台。设巨炮以守。不可攻也。台湾之名。盖取之此。赐姓公江南之败。复回厦门。念厦门金门不可守。海澄公黄梧又议无风时出小舟环攻。疲于奔命。遂思东取台湾。本意原欲由彭湖入。而一夜风起涛涨。诸石皆没。前此所未有也。由淡水径至赤瞰境下。鹿耳之险。无所用之。使求救于本国。而往返须三年。围城两月。食尽而降。赐姓纵其舟归本国。台湾遂为郑氏有。后红毛国合清兵以巨舟来攻。郑氏以小舟往。而钉小舟于巨舰之旁。人没于水而火其舟。此后不敢复至云。自厦门出洋。七更至彭湖。入师屿泊舟。必待顺风。一日而至台湾。凡八更。而更约六十里。否则为海沟急流所漂而东矣。此台湾之大略也。

卷第四

舟过中湘石头。洪涵斋立鷁首呼余出。言此地伪周时。本朝披甲五百人驻此。以绝其粮饷。有舟过。以巨炮打之。后以去长沙远。孤军不能久驻。即撤回。今其上犹有寨基存焉。有石滩横截江中。曰过江龙。其上为柞树市。

赐姓攻金陵之前。经营海上。舟泊羊山。山在普陀之东。有鸡山、羊山。鸡山一山皆鸡。羊山皆羊也。其地有龙。不可泊。赐姓曰。吾有命在天。龙何能为。事苟有成。自有百灵拥护。不成死此耳。舟泊。金鼓作。龙起震荡。见纱帽红袍人揖赐姓上小舟。风吹小舟上岸。得不死。舟覆甚众。精锐十丧五六矣。

卷第五

癸酉正月十三日部议。议得原任总河靳辅疏。山东东昌府通判原管十一州县卫河道。共计六百余里。道理绵长。不能分身兼顾。今查德州原设有管河州判一员。但德州河道。止于一十八里。诚可兼归州同带管。将此州判裁出。添入东昌府。改为下河通判。分辖德州一州二卫、恩县、夏津、武城、直隶之清河、故城八州县卫河道。驻札武城县。仍以现任通判改为上河通判。分辖聊城、唐邑、博平、临清、馆陶六州县河道。驻札郡城。又直隶河间府管河通判一员。专辖景州、吴桥等十一州县卫河道。绵长八百里。内天津同知。止于分催沧州、青县、静海并天津三卫、六州县卫之重空漕船。其修防疏浚之处不与焉。今应将景州、吴桥、东光、交河、南皮五州县河道。与夫重运回空漕船。旧责令通判修防、挑浚、催攒外。其沧州、青县、静海三州县。并天津三卫河道。与夫重空漕船。一并分与天津同知专管修防、挑浚、催儹。至青县河道二百余里。主簿一员。不能兼顾。应与该县兴济镇巡检分管料理。又直隶故城县河道。夹在山东武城、恩县二县之中。江南沛县河道。夹在山东鱼台、滕县二县之中。故城现隶河间府管河通判专辖。远

住泊头。沛县现属徐州同知专辖。远住徐州。俱不能兼顾。应照直隶清河县例。将故城改隶山东东昌府下河通判兼辖。将沛县改隶山东伽河通判兼辖。至凡有河道州县。俱有管河丞簿以专司之。今山东博平一县。直隶之香河、南皮、吴桥、故城、清河五县。俱无专员。乃系典史带管。夫典史有城社捕盗之责。不能兼管河道。查邻近城僻之县。可以不设县丞。并有丞簿兼设之县。如山东之冠县。直隶之魏县、南乐、清丰、东明、元城、滑县等县。俱可通融裁并。应将冠县之丞裁去。改为博平县管河县丞。将魏县之县丞裁去。改为吴桥县管河县丞。将南乐县之丞裁去。改为故城县管河县丞。将清丰县之丞裁去。改为清河县管河县丞。再查大名府元城、滑县。各有县丞、主簿两员。应将元城县主簿裁去。改为香河县管河主簿。将滑县主簿裁去。改为南皮县管河主簿。所遗元城、滑县卫河河道。并长垣县新泾黄河徙至境内创筑堤工。俱应归并各县之丞。又大名县亦有卫河。并无专员。应将东明县县丞裁去。改为大名县卫河县丞。专管而责成之。并内黄、濬县二县管河县丞。俱令大名府通判管辖。至于河南丹、卫两河。每年春夏之交。资其东流清运。而修武、汤阴二县。并无专设河员。应将尉氏县县丞裁去。改为修武县丹河县丞。并河南武涉县管河县丞。令怀庆府通判管辖。再将永城县之丞裁去。改为汤阴县卫河县丞。又安阳县恒水流入卫河济运。令该县县丞专营疏浚。一并交与彰德府通判管辖。又卫辉府汲县、新乡、获嘉、淇县管河县丞。辉县管河主簿。相应交与该府通判管辖。再江南扬州府管河通判。管辖高、宝、江、仪四州县之运河。事务颇烦。更兼兴、泰、如、通四州县之下河。地方辽阔。一员不能兼顾。且下河已设立运河减水坝。且又建闸疏通一切沟洫渠堰。不必专员。岂可置之不问。应将下河兴、秦、如、通并范公堤、串场河等处。分与扬州府管粮通判兼管。移驻泰州。幅员甚广。州判一员。亦难综理。应与该州州同酌量分管。以期无误。若夫如皋县亦无管河专员。查泰兴县僻处空间。亦应将县丞裁去。改为如皋县管河县丞。其通判兴化、盐城、海州四州县河道。俱应责成该县州州同、州判、县丞管理。而令庙湾同知兼辖等因。具题前来。查通判、县丞、主簿。俱各因事设立之员。倘若更调各官职务以致废弛。亦未可定。且黄、运两河俱设专员责成分管。已经年久。若照所题更调。事属繁多。相应无庸议。奉旨管河官员分调调立之处。俱照该督题行。

康熙二十七年平武昌塘报。六月二十四日。湖广提督徐治都督兵驰抵金口。初遇贼。击败之。随广发牌谕。招携逆党。二十八日。据陷逆抚标把总沈朝相等五人密款称。夏包子于五月二十二日密纠裁兵。乘各官上抚院衙门。蜂拥擒绑胁从。拨随逆总兵杨兆先统驻蒲圻。共一千四百余名。约期进剿。请为内应。臣思我兵已捣逆贼肘腋。咸、蒲二邑。关系岳、常一带要害。随给谕密授机宜。属期速行。去后。于七月初二日。朝相等擒杨兆先。并先兵九百余名投降。其父母妻子俱被杀僇。自六月二十四夜击败之后。夏逢龙窥我兵单。私回武昌。起发战船。悉兵赴金口。又密期杨兆先七月初二日抄我后路。合兵齐犯。臣军前止有本标官兵二千余员名。偏抚标兵三百。辰协水师六百。衡协二百。岳州洞庭共二百余员名。令由岳州一路前进蒲圻。恢复咸宁县。余宝庆等营尚未调到。倏闻此信。惟戒严以待。至初二日。逆兵水路之船只泊金口龙床矶下达磨亭边。陆路伪兵扑我营盘。密布山头。施放枪炮。自辰至酉。揣知蒲城已经投诚。于戌刻各处齐发。喊声震天。攻近各营。被我兵枪炮弓矢击死甚众。初三、初四。彼此对放枪炮。初五日午刻。乘北风顺便。又发沙船战船三十余只。由北岸而上。顺风放下。施放大炮。陆路大肆猖獗。见我官兵船只抢风上迎。水陆严整。不敢亲迎。又将船只忽拢矶下。船兵上岸。齐力攻我营盘。臣督率兵将。登墙迎敌。杀死逆副将、大小首领官数十员。逆兵不计其数。天晚方收兵。停未寸晷。又复攻犯各营。直至初六。昼夜截杀。枪炮之声闻四野。又初七日初更时分。乘暴风天黑。大队齐犯。我兵冲敌数阵。击退回巢。见今攻打不休。前后接战六昼夜。官兵不能刻停。臣损赀赏赉。人人思奋。虽极劳而未见甚疲。臣思此项叛兵。见臣深入肘腋。拚命迎敌。以求逃遁。乃敢如此大胆。公然四犯。且思在城从叛原兵无几。何以有如此之多。审据拿获逆兵供称。在城兵丁。除抚标几百名已投诚外。原兵不过三千。兼招来裁兵三四千。以及招募无赖等。合二万多人。今来金口者。有老本兵三千多人。夹挟新募水陆共八千多人等语。臣查此会接战。若非抚标官兵擒获逆首投献。则我有首尾之劳

矣云云。

逆以各路汉满官兵船只尚未逼近。惟臣驻札金口。扼彼咽喉。势所必争。是以自七月初二日起。今止。旬有余日。昼夜未曾停刻。臣惟亲列行伍。鼓励官兵。水陆督战。逆被枪炮矢石击死甚众。我兵伤亡无多。岂逆于十三日五鼓。陆路站队架梁。直迫我营。水路乘驾战沙船四十余只。顺风前来。施放枪炮。意谓我疲。若水陆拚命一战。以为死中求生之策。臣随将本标辰协、衡协等营。水陆俱分二股。其陆路令一股出营站梁逆杀。一股暗伏栅内。施放枪炮矢石。水路船兵一股抢风上逆。遏来势以便下压。一股静泊江岸。密排枪炮矢石。更番迭出。联络水陆。自五鼓鏖战至酉。逆首施放号烟。陆路约有三千余众。一齐奔我木栅。被我枪炮矢石打死、跌落陷坑甚众。余逆奔溃。被我站梁官兵掩杀回巢。其水路兵扑我泊岸船。被炮子击入逆船中火药桶内。烧逆沙船二只。沈四只。逆众大败。

逆自十三日败后。复调存省兵万余。于十五日黎明。乘北风大起。驾沙船四十余只。夏包子亲领。直至纱帽山对江鲤鱼料地方拢岸。臣知其牵制官兵前去抵敌。乘虚攻我大营狡谋。臣密调中军前去。会合彼处驻营衡协都司剿杀。去后移时。上游烟起。贼船下奔。臣指挥沿岸及先锋营开放战船枪炮。打坏沙船二只。淹死逆兵五百余名。该将驰至杨都司营。会同密商。案兵休息。俟逆船兵尽数上岸。以便一鼓追擒。贼果移兵扛抬挡枪。率逆众布作方阵。以为冲我营盘之势。值大风猛雨。乘彼安置未定。我兵齐力一拥。推毁挡枪。平踏贼营。枪炮弓矢击死逆兵七百余人。赶落水中淹死八百余名。活擒伪总兵一员。众官二十余员。兵三百余名。夏包子奔命上船。官兵追赶去讫。臣以贼胆已丧。亲率水陆官兵。合力齐攻。昼夜不休。奋勇夺彼山梁。贼众如山崩海泻。奔溃上船。于十六日夜半。水陆逃遁去讫。至三十里外聚住。夏逢龙十六日带残兵数百。连夜逃回武昌。不得入城。十七日至黄冈县。被民擒赴振武将军瓦代军前磔死。随从止三人。十八日伪中军总兵胡耀乾等杀妖僧伪军师大员。赴军前投诚。武昌平。

自厦门至澎湖七更。自澎湖至台湾五更。凡十有二更。

海舶上司罗盘者曰伙长。置一龛。下铺细砂。安盘于上。取平。周回置灯。伙长昼夜视之。较之以刻漏而定方向焉。其水之浅深。泥之颜色臭味。皆知之。验之毛发不爽。一见山。则事在舵工。伙长之任卸矣。

台湾土蛮。男子皆赘妇家。而从其姓氏。故族贵女而贱男。向也男女皆无衣裳。今女亦以布缠身矣。今台湾已立学塾。乡试必举一人。

台湾惟有一城。乃红毛国所筑者。临海畔。俗呼红毛城。郑氏向居之。今台湾府治。不在此城内。

台湾知府蒋集公家人翁总管。于康熙二十三年自台湾归。过澎湖遭风折舵。急安橹。橹亦折。遂斫去其桅。割断篷索。舟中惟本锭四具。以缆沈之海中。随风浪飘泊。任其所之耳。凡二十八日。水久竭矣。舟中二百余人渴死者四分之一。死者之尸。以毡裹之。从水门投海中。巨鱼日俟其下。随取吞之。惨甚矣。后至一处。见竹木葱葱。知有地矣。然未见其人。随放铳炮以惊之。久之有象四十余骑。自丛篁中出。其人言语不通。画沙为字则可识。盖安南国界也。既登岸。则以兵围之。食以鱼饭。馆之茅屋中。奏闻国主。然后具舟送至琼州界。

人初入海舶。必晕眩呕吐。久亦安之矣。迨震荡既久。初登平地。反昏瞀摇颤。行则颠仆。甚矣惯习之能移人也。能不慎哉。

又案。金刚三昧经有新罗国元晓法师疏。考宋赞宁高僧传载。元晓国师新罗国人。初与义湘法师发心航海求法。至唐州。抵暮遭雨。宿于土龛间。乃古冢骸骨旁也。已而致疑。恍然悟三界惟心之旨。即还国中。著华严疏大弘员顿教义。一日。新罗国王因夫人脑瘻痈肿。巫言应往大国求药。王即遣使渡海。舟行将半。龙王邀入宫中。曰。有三昧金刚经。乃二觉圆通示菩萨行也。今托夫人之病。为增上缘。令持此经至彼流布。又云。汝去上白国王。当请元晓法师造疏讲演。夫人之疾自愈。使还具陈。王即请法师造疏。晓乃悟是经以本始二觉为宗。白王具角乘。将几案在两角间置笔研。始终于牛车造疏。

成五卷。夫人之疾果愈。王刻日请晓于黄龙寺演义。又因簿徒盗其疏去。复重录成三卷。名为略疏。后广略二本。俱行本土。略本传入中国。后有翻经三藏改为论云。宋时觉范禅师林间录中。亦载前事。明万历末。显圣澄禅师有注。而华严玄谈宗镜录、智证传等。皆引用金刚三昧经语。员觉略疏。又引东海疏说。略见一斑。第全书不可得见矣。又翻译名义集中。载僧道【法眼嗣】有注。今亦无传。

明季。台谏与部疏议。漕运总兵改用流官。不必沿推□世爵。案。此官旧制。流官世爵。原相兼并推。不待改也。嘉靖中。刘都督玺、黄都督印。皆以卫官任至总兵。管漕运。议者不举此以闻于上。第云欲革世爵。改用流官。遂奉旨。祖宗旧制。原用勋臣。不知兼用流官。正祖宗朝旧制也。

漕运旧例。军民各半。互相转运。民运淮安、徐州、临清、德州水次。交收漕运官分派官军。转运于通州、天津二仓。往返经年。多失农月。于是周忱议将民运粮储。俱于瓜州、淮安补给脚价。兑与运军。自是转运变为兑运。至成化七年。右副都御史滕昭议罢瓜、淮兑运。令南京各卫官与浙直等处官径赴水次州县交兑。民加过江船费。视地远近有差。由是兑漕又变为长运矣。

陶庐杂录[①]

卷五

潘少保季驯。嘉靖己丑。受命治河。至万历庚辰工成。著有宸断大工录。先后四总河务。晚辑河防一览。其大指谓通漕于河。则治河即以治漕。会河于淮。则治淮即以治河。合河淮而同入于海。则治河淮。即以治海。立意在筑堤束水。借水刷沙。以此奏功。

陆深溪山余话。宋时漕运。自荆湖南北。米至真阳交卸。舟人皆市私盐以归。每得厚利。故舟人以船为家。一有损漏。旋即补葺。久而不坏。运道亦通。太宗尝谓侍臣曰。篙工柁师有少贩鬻。但无妨公。不必究问。真帝王之度哉。

北游录[②]

纪程

癸未。是日吴人赛司疫之神。士女骈舟如溱洧。午同友人乘舴艋而西。望王文肃相国墓道。问其堂斧尚远。自枫桥北入慈泰寺。则旧王路禅院也。万历中常侍张随建赛者叢焉。仪仗供张。导神以出。及于城闉。肩踵摩接。不之耐。还入寒山寺寓。戍主益嚣江村渔火。唐季犹萑苇之场。非如今剧市也。返同朱太史于门观赛者。多角觝之戏。时总戎王【燝】楼舩泊下津桥西。苍头弹一十岁女损。一老破脑。

戊子。晨发十五里浒丰镇。五里洛社桥。左墟而右廛。凡乡落类然。十二里五木镇。十二里横林镇。市民尚数百家。通杂贩。十里戚墅堰。堰左。戚氏榔比也。运河自镇江至杭州。相传隋炀帝凿。济宁杨太史士聪于戚墅堰读遗碑云。戚墅支河。自六朝已有之。此言必有所据。夫使运道未通而先有支河。此涓涓者将何所归。则知自古而然。非自隋始也。或因而浚之耳。余按禹治水于吴。则通渠三江五

① 〔清〕法式善撰,涂雨公点校。
② 〔清〕谈迁撰,汪北平点校。

湖。其来久矣。夫差凿邗沟以达江淮。加浚江北。岂苏常近地。转饷齐楚。独不为通檝乎。六朝都建康。凡三吴船避京江之险。自云阳西城凿运渎。径至都下。隋费二渎。大业末穿京口至余杭八百里。或深广。或凿治参之耳。自戚堰而北。土坡蜿蜒。循常州城南折行。夹岸如复岭。且十里。泊西门之昆陵驿。

丙申。早起。沿江三里曰银山。多丛祠。左曰补陀岩。其下垒石为门。曰昭关。按战国策。伍子胥橐载而出昭关。夜行而昼伏。至于菱夫。【菱夫索隐云溧水也。】无以饵其口。坐行蒲服。乞食于吴市。昭关在和州界。距全椒二十七里。又归德府城东南三十里。亦曰昭关。子胥渡江东走矣。当径和州。今京口其走姑苏道也。门傍石壁镵铦孝血字迹。崇祯二年后学吴成学为伍师立。以事问土人。不能对。岂即子胥事耶。或今人因伍氏例见之也。至西津渡京口旧名须口。即西浦也。瓜洲直其北。玉山据江骨立。江水汤汤。不风而怒。玉山寺之门一曰避风馆。瓜洲馆亦如之。并以急泊。稍左危峦千尺。上有神祠。祠下重阶曰来烟亭。蜀人雷起剑立。吞吐波光。缥缈无际。然因金山而银而玉。其汰已甚。石卫尉以财累。穷为山灵祟之。南半里蒜山。卷石戍削。上设斥堠。北魏焘至瓜步。宋文帝遣司马刘元庆守蒜山。咨议参军沈昙庆守北固。尚书褚湛之先行京陵。仍守西陵。明高皇帝追败汉人于此。太仓吴骏公先生蒜山怀古。有满江红词。沽酒南徐。听夜雨江声千尺。记当年阿童东下。佛狸深入。白面书生成底用。萧郎裙屐偏轻敌。笑风流北府好谈兵。参军客。

人事改。寒云湿。旧垒废。神鸦集。伬沙沈浪洗。断弋残戟。落日楼船鸣铁锁西风吹尽王侯宅。任黄芦苦竹打荒潮。渔樵笛仍过银山。稍南金瓶山。卑小。其上残碑为元学田记。碑阴隆庆戊辰仙居吴时来题。曰水操亭。山下潮音洞。斗穴耳。午饭讫。又越阳彭而西。大岘山。秦始皇废赭衣所凿京岘也。小憩于茶庵。又南里余曰小九华。万历初。里人周栋弃家事地藏佛。开山以代池州九华者。规制轩翥。问招隐、鹤林二寺。云近之。东出迷径。披莽甚苦而反畏渴不畏步也。是日。吴丹阳贻扇币。辞。

庚子。晴。舟趋扬子渡。即扬子桥旧县也。李白诗。挥策扬子津。元世祖至元二十八年七月己未。移扬子县治新城。辛卯。渡石建塔。今五级未竣。久之。泊扬州广陵驿。同友人问渡。东入福缘庵。本福国院僧德宗【明道】住。二十年拓之。杰阁重楼。缁素云集。好谈休咎贾忌。今五月。武司理鑚绪杖死。云出巡台李氏意。足儆游衲矣。庵左故少司马乐平范公【鏓】祠。范尝任两淮都运。谣曰。盐政奚废公未逢。盐政奚兴逢我公。

乙巳。阴。午废。十五里扬子湾。一曰茱萸湾。隋北宫也。四十里泊邵伯镇。晋太傅谢安出镇广陵。筑湖隄。民比召伯甘棠焉。因名湖。与埭属江都。其东艾陵湖。齐建武五年立表塘屯。以灌民田。西白茆湖。旧有斗门桥。漕河涸则引湖水济运。是夕。江都刘孝廉彦祖【元凯】兄弟追饯朱太史同饮。始月别。即雨。镇虽剧。晚不克登。

丙午。雨。扬帆十二里至三沟。我舟樯折。方据梧。声震。不知其故。时帆沦水之半。驿卒六人适坐帆下。无害。旋霁。登柁楼望邵伯湖。

壬子。西渡走田间。麻菽被野。问土人以高家桥。曰相距四十里。汉陈登筑堰。万历元年增筑漕运。新河所取道也。田西尽为湖。闻周世宗开老鹳河于淮安城西。或其处乎。淮人俭约。故云淮贫。滨河多苫舍。或瓦其内。盖瓦屋一楹。岁征一两五钱。苫舍只一钱五分。凡兵船炮船贡船。其至络绎。负米肩货。咸瓦舍之是任。一瓦舍岁且费数金。故苫之以避徭也。近秦御史世祯痛裁之。稍苏。

癸亥。总漕贻朱太史螺钿杯十二。镂金刻玉。发翠毫丹。出维扬巧工。直百二十斤。按唐大理蛮阁

罗凤陷成都。得巧工以归。习其艺。至今重于滇南。今维扬匹之矣。晡刻发舟。折行经湖心寺。水木扶疏。闻山阳县西北十里故沙河。宋转运使乔惟岳所开。以避山阳湾清河口之涛。后蒋之奇又自淮阴开漕渠。至洪泽湖入闸。明永乐十三年三月乙丑。平江伯陈瑄因旧渠而疏之。置闸曰清江浦。宋元运船止于满浦闸。更剥运入淮四□里。自清江浦凿渠二十里。民甚便之。凡行下五里抵板闸。闸废。前二十年。舟内转里许。径榷部公署而后出。今移河直达榷部。放舟出公署数武。驻河上之水心亭。榷署前石桥。并废。今犹曰板闸。非故道也。宋元旧河淹。尚隐隐可见。市居千余家。

丁卯。舟人云。我舟昨岁胶于宿迁。总督河道兵部尚书兼左副都御使广宁杨方兴。【清初解元。】以宋口、徐州北河决溃及诸县。役数万人治之。十一月。自清江浦南及淮安杨家庙。解冻趋役。寅作酉息。稍不力。岸兵即矢贯其耳。簿尉等被箠扶杖而立。清江浦至清口。三浚三淤。或言金龙神之灵。不之信。入庙不揖。神附榜人。言其谩。以妖妄再杖死。最后苇裹其人。沈于河。三日不死。泝流而上。始嗟异之。时南河汤汤。中流若界画。洼隆殊势。杨因约神四月二十日开坝。万艘竞济。因葺庙有加礼。晡后。放舟渡淮河。淮自泗州龟山。萦回至此入于海。出泗州曰南河。宋入汴故道也。出清口曰北河。汹涌滈瀑。心目廓落。十里泊清河县。县瘠无城。儒学大成殿。碧瓦独壮。有大清、小清二河。俱泗水之委。源出泗水县。经徐、沛至县西北三义口。歧流大者县东北。小者县西南。俱入于淮。

壬辰。晴。洪相国督师南下楚粤。舳舻唧接不绝。先一日。朱太史贯轻舟驰谒。今舣。竢其过焉。……己丑。加少傅兼太子太傅。今南征。朱太史舟晚发。虽忤风而流下。故舟驶用招。招者。直其木于舰首。四五人转之以破浪也。出城半里黑龙潭。一曰平河泉。深不可测。大旱不枯。相传龙渊也。嘉靖初。郎中杨旦饮其地。欲涸而观之。水决未半。风雷大作。舟皆覆没。杨乃惧而祭之。过张秋山遂绝望。徒见冯夷之虐。又八里泊荆门上闸。属阳谷。

庚子。阴。出西城。渡河而东北走五里。登永寿寺塔。万历癸丑建。塔九级。登其三。亦遐瞩百里矣。还憩一村庵。僧云。洪督师舟过贩盐。派各文武吏输价若干。故今盐贱。

辛丑。重阳节。午刻解维。是日。朱太史别御淮安之轻舟。六里。阻风泊。

丙午。发三十里桑园。【景州东十八里。】十里吴桥口县。在漕渠东二十里。又二十里景州安陵镇。民家三四百家。有尚书曹思诚莊。曹故党魏忠贤。今尚以资雄。东岸为东光。土堡之戍百人。偶久安陵院。有阉僧云尝监团营。同成国公朱纯臣、襄城伯李国桢。今披缁六年矣。问其姓不答。俄风恬。行四十里。为吴桥莲窝驿。月皎甚。二十五里东光县。在漕渠东岸三里。汉渤海之弓高县也。十五里夏店。二十里油坊。二十里交河县泊头镇。夜分乃息。

丁未。登陆。泊头镇在交河东五十里。嘉靖三十年筑土城。隆庆二年易砖。商贾辐辏。南北大都会也。河间管河通判驻此。有新桥驿。未刻。发二十里齐家堰。二十里窝。二十里冯家口。十五里沧州砖河驿。中夜泊。

庚戌。发四里抵天津卫。为三河下流。沽水自北。淀水自西北。至卫城西北二里合流东注。城左漕河自西又合之。流东南九十里入海。禹贡同为逆河入海即此。故曰渤海。亦曰东海也。又曰北海。楚子语齐师。君处北海。洪景庐曰。北至于清海。故曰北海。以地连沧州。亦曰沧海。金封王福沧海公是也。卫地属静海县。城中不见井。俱外汲于河。道易淖。余舟处苦之。镇城百货交集。鱼虾蟹鳙并贱。

纪邮上·甲午

(正月)癸巳。晨入宣武门。无顺承门。俗因之。舟左天主堂。访西人汤道末若望。大西洋欧罗巴

国人。去中国二万里。万历戊午。航海至广州。其舟载千人。历二年。同辈十二人。至者七人。从江浙入燕。故相上海钱文定龙锡以治历荐。今汤官太常寺卿。领钦天监事。勅封通玄教师。年六十有三。霜髯拂领。先是。万历辛巳。欧罗巴国利玛窦入中国。始到肇庆。表贡耶苏像、万国图、自鸣钟、天琴等。庚戌卒。勅葬阜城门外二里。其徒先后至。严事天主。筑堂。其制狭长。上如覆幔。傍倚疏藻。绘诡异。供耶苏画像。望之如塑。右像圣母。母治少。手一儿。耶苏也。耶苏译言救世者。一曰陡斯。汉哀帝元寿二年庚申生如德亚国。圣母玛利亚。本王族。童贞不嫁。忽娠天主。六十三卒。后三日复甦。升天。天主年三十三上升。其教耶苏曰契利斯督。法王曰俾斯玻。传法者曰撒责而铎德。如利玛窦等。奉教者曰契利斯当。祭陡斯以七日。曰米撒。其降生升天等日。曰大米撒。玛窦亡。其友庞迪峨、龙华民辈。代主其教。今汤氏尤见重。登其楼。简平仪、候钟、远镜、天琴之属。钟仪俱铜质。远镜以玻璃。琴以铁丝。琴匣纵五尺。衡一尺。高九寸。中板隔之。上列铁丝四十五。斜系于左右柱。又斜梁。梁下隐水筹。数如弦。缀板之下底。列雁柱四十五。手按之。音节如谱。其书叠架。蚕纸精莹。劈鹅翎注墨横书。自左而右。汉人不能辨。汤氏善饮啜。颇厚自奉。别而出。壁示今岁春牛式。干以桑柘木县治左门为承板。又西至象房。旧象十有七。新象三。俱黎色。象奴命之呈技。随命随籁。无不各肖。越朝日列仗。视秩科为差。疾则代。伤人则仗或贬秩。终不敢越位。吕氏春秋肉之美者有髦象之约。约。即鼻也。是日。阴。归涂冻融。履化为屐。

纪闻上·海运新考

梁玉宰梦龙海运新考曰。海道里数。淮安府至安东县九十里。安东县至马洛关五十里。马洛关至庐浦四十里。庐浦至杨寨四十里。杨寨至白沙关二十里。白沙关至云梯关二十里。云梯关至淮河套六十里。淮河套至大海东州山百二十里。东州山至高公岛三十里。高公岛至鹰游山三十里。鹰游山至卢沟所十五里。卢沟至青口六十里。青口至兴庄五十里。兴府至东流所百里。东流所至涛落场三十里。涛落场至信阳场百二十里。信阳场至斋堂岛四十里。斋堂岛至灵山岛九十里。灵山岛至竹槎岛五十里。竹槎岛至浮岛四十里。浮岛至湾岛六十里。湾岛至鳌山管岛三十里。管岛至田横岛七十里。田横岛至钦岛十里。钦岛至青岛百二十里。青岛至海洋所灰岛七里。灰岛至炕儿岛十八里。炕儿岛至玄城岛百二十里。玄城岛至双驼埠二十里。双驼埠至宁津所八十里。宁津所至成山卫五十里。成山卫至青鸡岛六十里。青鸡岛至罗山所五十里。罗山所至威海卫四十里。威海卫至刘公岛五十里。刘公岛至宁海州七十里。宁海州至空空岛五十里。空空岛至奇山所三十里。奇山所至福山县三十里。福山县至登州新海口八十里。登州新海口至沙门岛六十里。沙门岛至桑岛五十里。桑岛至莱州岬屺岛四十里。岬屺岛至三山岛八十里。三山岛至芙蓉岛五十里。芙蓉岛至海仓百里。海仓至鱼儿铺十里。鱼儿铺至白浪河五十里。白浪河至八沟河五十里。八沟河至小清河二十里。小清河至清河五十里。清河至丝网口十里。比网口至江坌河十里。江坌河至大口子四十里。大口子至大清河十里。大清河至唐头寨十里。唐头寨至小沙河五里。小沙河至浑水汪十五里。浑水汪至降河三十里。降河至久山河十里。久山河至大沙河二十里。大沙河至泊油河十五里。泊油河至套河十五里。套河至沙头河十里。沙头河至大头河三十里。大头河至桑句河三十里。桑句河至徐家沟十里。徐家沟至乞沟河七十里。乞沟河至大沽河二十里。大沽河至天津卫百五十里。天津卫至张家湾八十里。自淮安至张家湾海道水程。共三千三百九十里。

海道湾泊。舟行停泊。宜在旧设墩上。昼树旗帜。夜悬灯笼。以便趋集。尝考永乐间平江伯陈瑄督海运于灵山。建烽火台。高三十余丈。今宜师其意。多为标识云。

由淮安至信安场。【场东土民董氏门前。可泊舡二三百只】。

斋堂岛。【属诸城县。在夏河所东南。水陆相去共约二十里。自鹰游山风利一昼夜到岛后王嘴。可泊二三百只。涛落夹仓口旧夏河等所。安东灵山一带。近多徽、闽商贩】。

灵山岛。【西离斋堂水路五十里。北离灵山卫水路四十里。属胶州。风利由岛北径行。或阻风奔本

岛。或灵山卫前。可泊舡二百余】。

古巡检司。【由镇南海边行。或阻风在镇西海王门前龙王溜处。可泊舡五百余】。

竹槎岛。【属胶州。在灵山卫东薛家岛前。离灵山卫水路五十里。舡由岛前行。或阻风。或薛家岛前。可泊二三只】。

黄岛。【商舡每泊此守风。可泊舡百十只】。

淮子口。【属胶州。舡由岛前行。潮退有旱路。内为民居】。

麻湾。【西口通胶州。可泊舡】。

福岛。【一作浮。即墨县南五十里颜武社地方。舡行岛后。亦可泊】。

淮口港。【鳌山卫。遇大潮。可泊四五十艘】。

董家湾。【即墨县南九十里。每三四月捕鱼时。湾前有石堌。须近里二里开舡】。

大管岛。【即墨县萧旺社地方。距县十里。岛内外俱可行舡】。

小管岛。【萧旺社地方。离岸十里。如舡奔程不及。此岛可泊。离鳌山卫十余里】。

田横岛。【属即墨县。去县百二十里。西去斋堂岛水陆共有五百里。风利一日可到。岛后东圈西圈。俱可泊】。

柘岛。【春时舡由外行。秋由内行】。

沙岛。【属大山所。去岸十里。可泊舡百十余只】。

马公岛。【即墨县正东。雄岸所正财。属莱阳。岛前岛后并何家马头。可泊舡六七十只】。

草头嘴。【大嵩卫正东。去卫二十里。属宁海州。自田横岛开舡。或阻风奔此。可泊舡六十只】。

青岛。【乳山寨西南小海。最可泊舡。带麦岛海口、杨家盘海口、擒虎山海口。俱可泊舡不多】。

黄岛。【海洋所正南。去所二十五里。岛西所前。可泊舡。属宁海州。去百六十里。

海洋所白沙海口。可泊舡不多】。

宫家岛。【即琵琶岛。宁海州即楚社地方。去海洋所四十里。岛西北可泊】。

长湾圈。【文登县可泊舡处】。

龙门口。【文登县界。在靖海卫西北。可泊】。

狗角口。【靖海卫东。苏心岛西北。与苏州南北相对。故名苏心。岛上有海神庙。此口可泊】。

槎山。【文登县南二十里。有九顶。南瞰大海。可以远瞭。为水程标记】。

宁家园。【即沙岛。去岸五里。文登县东百二十里】。

石岛。【文登县赤山寨界。舡行】。

别付岛。【在赤山寨南。舡行】。

木家岛。【即镆鎁岛。南可泊。岛东北海内有凹屋港。最险要。舡须内行。岛在文登县百里。昔有捕鱼者于此获宝剑。故名】。

黑石岛。【辽呼虾兕驼。舡内外可行】。

扬家茔。【宁建所东南。潮落则显。长则隐。内有石龙。有六七十墩。由内洋数里开舡无害。岸人呼为忤岛。岛人或为乾岛】。

绿豆岛。【寻山所南。遇南风可泊】。

窝岛海口。【可泊舡百十余】。

骆驼石。【水急可泊】。

竹岛。【成山卫正南相去二十里。舡由嘴东行转马山。至秦皇庙。或阻风。进马山北小海口。可泊舡守风】。

送波嘴。

家鸡汪海口。【属成山卫。可泊四十余只】。

春山嘴。【一名黄石崖。滩陡水湍。无风。激浪如雷。嘴可避。亦可泊百余只】。

成山卫海口。【可泊百余只】。

柳大川界口。【可泊百余史】。

白峰头。【属成山卫。约十里。其处多礁石。激浪有声。舡出此向东开十余里避之】。

仙人桥。【潮退桥显十余里。潮长水没止露尖。激浪如雷。由里开洋二十里行舡。可口西亦可】。

海驴岛。【成山卫东北四十里。可避仙人桥之险。开洋二十里。岛东北望西转】。

鸡鸣岛。【即青吉岛。文登县东一百里。自成山卫西北行抵此岛。行舡亦可泊。遇东南风即行避。或回成山。或前山刘公岛。有鸡鸣屿。内有浮礁一片。可避。望西有夫人屿。不可在内行舡。望西北行。至刘公岛。约四十里】。

大沟海口。【文登县南。有暗石沙港。不可泊】。

辛江寨。【文登县迤北。有陈家崖。可泊】。

黑山洋。【近黑岛。在威海卫东北洋。险不可泊】。

刘公岛。【去文登县百二十里。东北行至王家嘴。转西行过有漫村海口。有二滩在威海卫后。东西有黑海口。俱陡崖不可泊。遇南风。在卫东北张家海口可泊。自刘公岛转西至小杵岛。抵空空岛。约百余里。风利一日可到芝罘岛。或值西风。西北风。正北风。亟回刘公岛避之。空空岛不可泊】。

威海卫东关外海套。【可泊舡二百余】。

宁海卫东柄海口。【可泊舡不多】。

养马岛。【水路至宁海卫十里。可泊。否则泊花合港】。

龙门港口。【古泊舡处】。

金山所双寺等海口。【俱属宁海卫。可泊舡三十余】。

芝罘岛。【俗呼慈乌岛。奇山所西北。山东通陆。东西二里长。】

大河海口。【不得已可泊舡五六十】。

奇山所前圈海口。【不多泊】。后圈海口。【不多泊】胜子圈。【不多泊】。

滩名口。【可泊舡六十】。

婆娑海口。宅窠。

登州新海口。【备倭都司城。进可泊百十只】。

长山岛、沙门岛。【俱蓬莱海道要处。有井可汲。旧有监察行台二。巡检司。有海庙。正备前。有司春秋二祭】。

乐家海口中。【可泊舡十只。遇北风。不敢久停。西至黄河口塞三十里】。

黄河营。【属登州卫。有东小海口。可泊舡二三十只。土人岛人最习者】。

桑岛。【一名桑鸡岛。岛前可泊舡百五十。东至新海口。六十里去岸。马亭寨十五里。有井可汲】。

马亭镇巡检司。【属黄县。迤西地名大龙口一带。滩浅不可泊】。

马亭镇备御所。【属莱州卫。西至东艮海口。属招远县】。

界河。【海道经云。开放莱州大洋收进界口。即在此。黄河西六十里。今浅沙不可泊。

东艮海口。【东北羊栏河口。历王徐寨。城北海岸一带礁石。宜避】。

□屺岛。【属黄县。南可泊舡五十。避北风。西至三山岛。约五十里。四面各有礁石。宜避。内有龙王庙。此岛有路约一里。南通陆】。

三山岛。【属莱州。西北俱可泊舡五十余。西南有礁石。有龙王庙。西至芙蓉岛四十里】。

蠓蜐岛。【属莱州。一名芙蓉岛。东有沙塔半截。没水显露。开舡里行无害。西至海仓巡检司一百里。岛可泊舡五十余。至虎头台五十里。至唐头寨三百余】。

莱州海神庙后海口。【潮浅。可泊舡十余】。

虎头崖。【登舟上舡。至虎头崖。俱有岛屿可泊。虎头崖至海仓口七十里。唐头寨百八十里。唐头寨至天津七百余里。此路虽远。有泊处堪行。又虎头崖开洋往西北。至天津五百余里。此路迳便。但无

泊处】。

海仓口。【西半里。新河海口可泊。而至鱼儿铺巡检司十里。至潍河三十里。可泊舡十余】。

潍河口。【可泊舡三十余。西至鱼儿铺三十里。至白海河五十余里】。

鱼儿铺巡检司。【属昌邑县。西至青州左卫唐头寨二百二十里。洱河海口往里五十里。可泊舡三十余】。

洱河海口。【属青州。可泊】。

小清河大清河海口。【并可泊】。

唐头寨。【属乐安。通商处】。

小沙河口。【至浑水汪十五里】。

浑水汪口。【可泊舡三十余】。

大沙河。【往里二十余里。可泊舡三十余。至沙头河十里】。

沙头河。【可泊舡百十余】。

徐家沟海口。【可泊舡三十余。至乞沟河七十里】。

乞沟河海口。【可泊舡三十余。至天津卫百二十里】。

天津海口。【至张家湾八十里】。

隆庆辛未。【海运初雇海雕舡五只。分载米二千石。每驾舩十二人。自淮安至天津。试运无碍】。

后纪程

乙卯。凌晨。陈羽君来。即去。以兼送陈冰远也。余饭讫。别朱太史。走宋俊伯所。策蹇出东便门。值韦剑威以送冰远至。郑重而别。驰策于通州南门宿焉。闻北门外迎福寺侧。有李卓吾墓。不及问。

丙辰。步五里土桥。十五里张家湾。餔糜二瓯。张家湾城外。居民半毁。土桥剧聚。多祖道于此。今荒垣十九也。又策蹇。沿河积沙如雪。故曰白河。值风而飏。不生草木。三十里登舟。宋俊伯先约处州卫之漕舟。至则褊陋。无可易矣。先是。走白云观。见城河冰泮。余心皇皇。及沿河冰坚如故。夜大风。

丁巳。午刻。宋俊伯来。泊舟处隶武清。东隶香河。

戊午。

己未。惊蛰节。河冰例节后而解。

庚申。

辛酉。阴寒。冰始泮。夜雨。

壬戌。阴。巳刻发舟十里。夜大风。

癸亥。晡刻。发三里抵河西务。河岸善崩。往见崩及城下。今城倾数十丈矣。榷署虽空周先给筹。过后而缴。

甲子。早霜。经桃花渡宿。

乙丑。阴。风逆。宿于丁字沽。夜雪。

丙寅。舟阻风。屡泊。

丁卯。大雾。午泊天津而晴。天津产雨盐。榷署在河西务。昨岁增满洲官二人。知回漕多贩鱼。又税之。时回漕五百七十一艘。余置鲍鱼一石。费二金。

戊辰。行三里杨柳青。又二十里宿。

己巳。十里大王庄。顺治六年。以盗薮居之。

庚午。旦。抵静海县。是日阴。午风利。行□十里。宿唐官屯。

辛未。晴。唐官屯产盐。余从众置盐一石。余拘人也。亦鱼亦盐。今而后其有市心乎。十八里流河

驿。十五里蔡家庄。三十里宿青县。自静海来。河稍平而径。

壬申。舟早行。以管河厅通判促之也。三十里兴济县。二十里以风泊。值陈冰远。

癸酉。行十里沧州。州多名园。河东故中丞王公弼园尤盛。故总督刘泰墓颇近。其裔多诸生。已经刘氏故居。舟人曰。此名绝地。西有将兵至此。问士人何地。云绝地。遂引去。今因以名。晚风利。自城南三十里砖河驿。十二里冯家口。十八里薛窝。

甲戌。行二十里戚家堰。又十里尹家圈。【交河县。】舟人曰。地名大柳树。有南京沈万三、北京大柳树之谣。余偶阅墙角一碑。云尹家圈也。十八里泊头镇。

乙亥。行二十里。阻风野泊。昨夕风利。诸舟赂游徼。逐停帆。惜哉。

丙子。发二十里东光县。县谯楼云鲁班造。楼八觚。其梁横垒。东光县西北三十里青山。即古观津地。汉文帝后窦氏父业渔钓。坠渊而卒。景帝即位。尊为太后。遣使更填所坠而葬。起大坟。曰窦氏青山。高数丈。周四五里。俗呼为千古李家坟。四十里莲儿窝。为雄镇。适戍楚之兵北还。市人闭户。二十里野泊。

丁丑。法师里安陵镇。即汉甘陵也。河底多瓦砾。试篙历落有声。十里宿。

戊寅。阻风。且避楚戍。不发。晚登陆为德州李中墓。万历元年贡士。终武强令。

己卯。风利。仍避不发。

三月庚辰朔。发二十里桑园驿。产菽。为剧市。【吴桥县。】三十里老君堂。四十里德州界。二十里泊城下。德州人善织帨。肩贩踵至。

辛巳。四十里四女祠。【恩县。】风虽利。以河纡曲不能速。又十里泊。

壬午。雾。二十里阻风泊。过陈冰远舟中。语久之。风息。又三里经故城县。县在河右。邑屋颇盛。有鬻灯薪者。驿卒诱入庙中闭之。以供挽纤。又二十里宿。中夜大风。谚云。三月三。九月九。无事不向江边走。良然。

癸未。阻风不发。中夜风息。

甲申。发二十里方家浅。十五里距郑家口不远。大风。杨晨蔽天。咫尺不辨。中夜始息。寒甚。

乙酉。巳刻抵郑家口。地产梨。里门鼎鼎。或树旗焉。篙人云。此权氏。为余姻。明季贫甚。尝事外戚田都督。没其赀致富。子弟补诸生。叔旗者也。噫。田氏败。宜权氏兴矣。

丙戌。风梗。且阻浅。

丁亥。未刻。发五十里马家营。五里宿。

戊子。发三里阻风。晚风仍阻。

己丑。清明节。二十里武城县。城西逼运河。儒学先师庙俱土像。其西剧市也。又五里。泊。

庚寅。风阻。

辛卯。风虽利。仍不乏。盖舟人闻临清榷货。严盐禁也。回空利于货。而盐尤利。过临清倍价矣。明永乐初。许回空带盐以此也。满洲人榷关。琐细已甚。晚发二十里。

壬辰。霜寒。发五里渡口驿。驿故大聚。今耗矣。二十里油房。四十里半边店。

癸巳。三十里泊真武庙。距临清十里。闸浅。多滞舟。故不发。

甲午。夜大风雨雷雹。寻止。

乙未。阴。田麦改色。登永寿寺塔。尽九级。返舟行十里。泊水门。巳饮于处州卫舡夏氏。

丙申。午。入临清上闸。泊总兵公署前关将军庙。有井近日焰腾数。有司以驗听。石覆之。

丁酉。出南门。临清南北水门。相距十五里。各筑角楼。沿河士女。多溱洧之游。二十里双浅闸。废。今时建。三十五里泊清平县界。

戊戌。讓重运不发。

己亥。发五里戴家湾闸。有清平管河主簿分署。三十里魏家湾。泊。

庚子。是日。魏家湾为集。属清平县。稍北朱家湾。则博平县境也。旧市人三千余家。今耗甚。闸

板十二。蓄水至八板可重运。否则封闭。故不发。

辛丑。

壬寅。魏家湾闸始起。放淮阳运艘。夜二十刻发。五里入土桥闸。【博平县。】又五里泊。

癸卯。晡刻。梁家乡启闸。发舟五里泊。

甲辰。阴。步五里许为梁家乡闸。上下悬流五板。瀑声雷厉。夜大风。闻雨。寻止。

乙巳。晴。梁家乡放闸。【堂邑县。】行三里梁家浅。十八里新闸。十五里东昌城北。

丙午。晨刻。同陈冰远步五里。渡浮桥。入东昌北门。城坚濠广。先朝铁铉之所守也。光狱楼当城之脊。凡四层。其架栋如井字。俗传鲁班之斤。妄也。碑刻俱无猥。且不详其所始。寻出东门。即鲁仲连射书处。往年大水塞东门。由子门入。仲连祠尚岁祭。祠废于水。

丁未。粥后寻隆兴寺。寺当城濠之左。明初建。铸铁塔十三级。顺治七年。寺被水。门以外方水盈盈。非其初也。出寻羊使君、丁御史二祠。俱东门外。羊使君。史失其名。五代晋开运二年。知博州。大水。城且陷。使君投水死。以请民命。丁御史志芳。洪武□□进士。殉建文难。祠在环阛间。子姓可八十余人。羊祠倾于水。不存。

戊申。未刻放闸。我舟待渡。俄飞骑止之。云满洲官舟来也。顷刻间。陈冰远之舟隔矣。夜大风。绍兴漕艘火其一。

四月己酉朔。辰刻。南舟立平南王之牌。旗上双龙贯月。巳刻。我舟渡闸。十五里周家店闸。

庚戌。大风。步堤上。入高氏茅斋。土垣草卉。楚楚可爱。

辛亥。又入茅斋。值主人语。移刻而别。午大雷雨。晚霁。度闸十里泊。

壬子。步五里至七级镇下闸。【阳谷县。】观音寺直闸。明初浚土得旧碣云琥珀寺。观音寺则其来旧矣。民居殷繁。其北真武庙尤壮。殿前文武菓一。金雀花一。并奇卉也。

癸丑。暮度闸。十二里阿城下闸。阿城。古阿大夫邑地。后徙治东四十里。曰东阿。

甲寅。午度阿城下闸。才数十家。直闸而西三里有井。楼其上。汲井水煮黑驴皮为胶。治女科神效。晚行三里阿城上闸。八里荆门下闸。以上俱属阳谷县。夜雨。

乙卯。晴。行二十里张秋城。先时城北大水。今舟出厓下如壑。文昌阁、三元宫。并杰出。则河伯之吐余也。士人縶一小狼。如灰犬。喙尾略长。须五十钱。沿城南挂剑台。走上流西岸之月河。则五空桥。修十五丈。五窦。弘治九年刘大夏筑。登桥读李东碑。记往大水舟行桥之左。今淤其左。仍右行矣。堤多石。南二里有庙。舟人云。昔淮安大河卫千户某。运粮舟坏。自沈于河。迨运舟抵京。则运先告竣。漕卒神之。因立庙。卫弁岁祭。惜碑刻未及考也。又十里寿张县之十里铺。麻山枕其后。土妇曰。钓台山也。河西梁山。汉梁孝王葬处。今辄称宋江。则儿童之见也。宋江大小碑二。通近河中。十五里戴家庙闸。亦巨镇。今屯将城焉。戍以五百人。夜行二十五里泊。

丙辰。走五里安山闸。即安民山也。东十二里东平州。宋状元梁灏故居。闸接桃山、蕘山之水。设驿。今筑石城。未刻雨。夜梦访张元岵话旧。

丁巳。晴。午度安山闸。风利。三十里新家口。地左属东平。西属汶上。旧剧镇。今才三百余家。有城戍。入泰山行宫。东望龙山。稍北白府山、牛山相属。又十二里泊。是日处州卫彭氏之舟刲鳖。得肉像三寸。如兜头观音状。夜月皎甚。

戊午。行四里石头口。自戴家庙以来。左右极望。不见村舍。至此稍见一二。有支河。东自肥城来。故垒石堤。其右二里袁老口闸。【汶上县。】其地高。为南旺分水之脊。水一淤浅。余辈同观彭氏肉像。陈冰远曰。往常州某嗜鳖。剖得观音像而止杀。吾湖李生。夜梦青衣人求救。明日脍鳖。其夜又梦青衣人曰。若殒我。当祸其子。越三日蒸酒。儿三岁。戏堕死。宋俊伯曰。吾妹丈陈氏。开食肆。尝买鳖七枚。宰夫烹其三。见梦宰夫。幸贷其余。明日。仍脍之。夜梦责滥杀。啐其背。亡何。背创死。亦可戒也。夜度闸。

己未。行十八里开水闸。居人百余家。有砖城。十二里北柳林闸。居人稠于开河。土堡不如也。六

里分水龙王庙。昨春二月六日火。庙僧谓神梦去此。似未可信。今修复矣。汶水东来。直庙前。左岸如复岭。西多石堤。二里南旺庙。【汶上县。】十里寺前铺闸。一日南柳林闸。八里大长沟。十里小长沟。十里虎头湾。泊。

庚申。早望河左右各有三山。非兖、青诸山也。左属宁阳。右属嘉祥。河左南旺湖。先宋尚书礼。割湖而堤之。以通漕。湖产菱芡。转弯曰通济闸。有土堡。十里耐老坡闸。元时置。今废。居人百家余。五里安居镇。居人数百家。有土堡。十五里济宁州下闸。去年徐道力绝处。夜不能酒。寄悼四首。

辛酉。度天井闸。仍泊济上。数里三闸。相传下有古井。或曰。天星卦德象形而名也。已过古南池。入南门。寻释迦寺铁塔。其址垒砖石。高三丈。八觚。上置铁塔九级。高数丈。初。徐永安妻常氏造七级。明万历九年增二级。加顶焉。塔镌字不能详也。石刻多孝秀。出寺过状元坊。为金李演立。重加修饰。非以其时耶。市逵多夹槐。柴氏业胭脂。门外盘石高八尺。老藤穿石罅。宏覆如盖。亦可异也。济宁繁富。倍于东昌。晚饮于戴氏之舟。度任城闸。八里赵村闸。

壬戌。度新店闸。居人甚盛。五里新闸。亦百余家。五里仲家浅闸。登仲庙。朱门方新。殿奉子路像。冕服如上公礼。后仲氏书室也。已废。侧室三楹。仲氏子肄业焉。族指三百人。诸生十余人。贡二人。内翰林国史院世袭五经博士仲于陛。则子路六十一代孙也。方贺诞入京。里阀轩翥。问子路故居。在汜水县东关。距曲阜八十里。汉季避王莽之难。徙今处。墓在开州。遗裔二十余人。石刻多成弘以后。则后人无识。凡旧碑辄磨改之也。八里施家庄闸。五里羊桥镇。居人千余家。自济宁来。东北诸山。远不可望。至是。凤凰山直其左。东西凫山缀之。又东峯山最高矣。五里枣林闸。十里砚瓦沟。【俱济宁州。】十里南阳镇。

甲子。度南阳镇闸。居人三千余家。东蜀山湖。纵长而衡狭。右南阳湖。各巨浸也。十八里桥口闸。三十里泊。夜梦徐道力话旧。向尝诗悼王介人。感其梦谢。今道力亦然。莫谓才鬼无知也。

乙丑。发十里宋家闸。茆舍百余家。【滕县。】有土堡。南风劲。且重运络绎。晚发三十里河口泊。夹堤颇峻。似丹阳道上。自南阳来。左右各湖。其右多涸。草泽旷远。不屋不田。

丙寅。十里杨庄闸。【沛县。】四无居人。极望始见村树。八里夏镇闸。虽剧地。不城。屡被寇。其东南又见诸山相属也。北来至临清南见山一。东昌南见山再。夏镇南见山三。镇久不雨。市人大雩。断屠宰。十五里滕县界。其东白山颇峻。巅有玉皇阁。稍下真武庙。三里冯家口。左右支河。右为石牐。盖左有山六七。流急。故石牐以障之。与尹平山、青山、东林山相宜。稍北朐山。滕界邹、费间。东过滕。则峄。则郯城。则沂州也。又十里泊。夜大风。

丁卯。午风利。行三里郗山集。在运河东。其右即微山湖也。山以微子名。直湖中。登郗山望之。虽带水弥弥。不异望洋。郗山集旧在三千余家。半殷姓。俱微子后。遭乱。邱墟十之九。问殷氏尚五百人。大半徙微山。微山流籍殆万家。田数千顷可畊。兵燹所不及也。湖最广。茫茫无畔岸。崇祯十三年旱。亦涸。郗山在集之左。弥陀寺宋康定二年建。金承安二年重修。距滕县九十里。俗传宋相吕蒙正木兰寺读书处。水际有破窑。非也。梦正家洛阳。木兰寺在焉。唐相王播木兰寺。在扬州。齐东野人之说。不知何昉。舟人称郗山曰赤山。微山曰伊山。传声之讹如此。余按寺碑乃得之。弥陀寺后。郗山周三里。高数丈。意晋郗鉴等故居也。晚行二十里。泊微山湖西岸。地多獐。或逐之不获。夜雨。

戊辰。雨霁。十五里韩庄闸。有土堡。居人百余家。【峄县界。】自杨庄来。土多石脉。而韩庄南尤甚。相传凿河时。沃醋于石而去之。亦难矣。闸西又有闸。以绾微山湖者。湖西即沛县。通徐州。又西南二山据水中。北卑而南雄。总出微山下。未征有名。沙沟守备在郗山东南有城。今往韩庄催漕。左堤固罔脊。其下并旷土。十八里新闸。近闸三湾。舟人任篙不任纤。语云。三湾当一闸。又云。三浅当一闸。古人潴水。不欲概直概深也。又六里泊。

己巳。晴。六里抵居梁桥闸。闸右支河。桥曰居梁。茅舍二十余家。又六里万年庄闸。诸舟夜度。独余留。颇不怿。

庚午。江南贡舫至。启闸得行。十里丁家庙闸。旧二百余家。今数家。东直尹平山豹子谷。西直库

山、高山、黑山。余未详。【峄县。】俱征于途人之口。按石刻曰沛县杨庄闸。带管泇河丁家庙闸。初。万历三十一年。总督河道尚书刘东星。议开泇河。舍黄流。引汶、泗山水。泉源之水助运。自邳州直河口起。至夏镇李家巷。计长二百六十里。内凿陆八十二里。浚旧八十里。筑堤二十七里。建闸八。次年。李化龙继之。告竣。自韩庄来。左多支流。盖诸山之水道也。暮雨。泊。

辛未。发十里顿庄闸。七里侯先闸。四里大风口。其歌风台之支流乎。雨止风利。四里台庄闸。烟井辏集。旧二千余家。今半之。西直态耳山。稍南车辐山、王母山。【邳州。】态耳之北花山、寨山、黑山。【峄县。】

壬申。晴。市上菽麦俱贵。以春三月大霜伤麦也。丰、沛、萧、砀并灾。十二里梁王闸。东八闸尽矣。梁王城。水经注秦以睢阳为碭郡。汉沛公为碭郡。天下既定。五年为梁国。即今碭山县。文帝十二年封少子武为梁王。疑即此。汉书。梁孝王筑东苑三百里。广睢阳城七十里。大治宫室。相传蒸土为城。旧多居人。今才数家。有古井。云有室。又有庙闸在城西。平于水。圮极。不下板。南二里神王山。颇高大。麓有村聚。河西王母山连岭。其石尤峻。上为王母庙。又梁女南游蛤湖观荷。产子一。留居弥月。云过满山。岂即神王山耶。十里夹沟镇。旧河稍纡曲。崇祯□□□周鼎直之。距镇里许。居人罢市。堤上立周尚书祠。又二十里泊。

癸酉。行直河。快甚。十里徐塘口。左有支河。十里二郎庙。二十里猫儿窝。右有支河。产鮆鱼。俗名刀鲚。价贱。二十里鱼头集。集距运河二里。顺治三年六月。南舟十有四艘。北输人参。夜泊。大雷雨。忽一舟闻神语拔桅拔桅。则大桅忽移陆。时絷一役卒忽脱。舟始覆。更不损人。亦一奇也。十里夹口。四十里麻湖店。【宿迁。】二十里路马湖口泊。湖在运堤左。其广不下蜀山湖。

甲戌。大雾。行六里。阻舟不发。

乙亥。行四里董家口。广十余丈。居人二百余家。黄河自开封、徐、邳经口。波涛汹涌。土人方植椿。置埽埽。其腴亩直一钱。硗者以次灭。盖苦于役重也。晡刻雨。出黄河。风虽逆。倒退二十里。宿迁县泊。

丙子。霁。十二里小河口。十里陆家坟。二十里白洋河。镇人数千家。西隶宿迁。东隶桃源。宋俊伯市豆三百斛。

丁丑。阴。有笼小獐二。斑文似鹿。未刻发。十五里古城。居人三百余家。有三义庙。左为观音。据高阜。二十里崔镇。居人千余家。二十里满家湾。八里野泊。

戊寅。风雾。有寒色。十二里桃源县。在南岸。其北亦数百家。四十里三岔巡检司。十五里西湖城。旧数百家。有小市。又五里东湖城。才六七十家。十里清河县。在河北。无城。儒学大成殿。覆以琉璃瓦。左即邑治。俱临河。有状元坊。嘉靖己未科丁士美立。先是黄河入古城。入毛家湾。经县后曰大清河。会淮水。过鱼沟。达安东。下云梯关入海。嘉靖初。古城口塞。南自县前合于淮。曰小清口。十里出淮河。泊通济闸南岸。

五月己卯朔。早雨。寻止。晚登陆。访韩信城。在兴福闸南。韩信母冢在城下半里。西魏漂母冢。水经注。周延数百步。高十余丈。昔漂母食信于淮阴。信至下邳。盖投金增陵以报母矣。太史公谓韩信母冢。其旁可容万家。余观北土旷衍无际。奚独韩信母冢哉。晚发五里新庄闸。闸不设板。十里兴福闸。十五里清河浦。

庚辰。晴。抵户部公署前。清江浦居人数万家。夹河二十里。余登北岸。见淮河汤汤。历天妃庙后而东入海也。对望王家营。限隔天堑。晚发十里。宿板闸。

辛巳。辰刻。度板闸。宋俊伯以榷豆颇受诟。十五里淮安。四十里平河桥。为剧镇。支河通盐城。桥跨之。三十里泾河镇。十五里王望镇。【宝应县。】淮东麻麦被野。村烟相接。田家莳秧。穿堤设筒。输缗于官。犹吾乡之垷也。又二十里泊。

壬午。发五里宝应县。稍南有闸。不设板。淮扬间多柳。农贾似有熙攘之色。行六里。风泊。余思家。走宝应城南关将军祠卜焉。登文峯楼。东入般若庵。故侍郎江右李梅公【元鼎。】建。僧云。梅公于

运河西作准提、普善二庵。极水石之致。盖汜水湖上也。晚发十二里泊。

癸未。雨。过槐角楼。三十里瓦店铺闸。苫舍数家。十里汜水镇。居人二百余家。诸舟泛蒲不发。

甲申。阴。发十里界首驿。【高邮州。】亦剧镇。又十里六合镇。苫舍三十余家。农人架木悬蓬七片。设转毂车水。乘风而旋。省人牛之劳。亦创见也。西岸甓社湖。其中耿七公墩。大水不没。望丛树尉尉。三十五里高邮州。十里车乐镇。二十里露筋庙。庙左运河。右负邵伯河而立。俗传贞女不他宿。露坐饲蚊。至筋见而殒。按王肯堂笔尘曰。江德藻聘北道记云。自邵伯埭三十六里至鹿筋。梁先有逻此处足白鸟。故老云。有鹿过此。一夕为蚊所啮。至晓见筋。因以为名。北音谓鹿为露。故讹为露耳。西阳杂俎云。江淮间有驿。俗呼露筋。尝有人醉止其处。一夕白鸟咕嘬。血滴露筋而死。始则讹鹿为人。既又误男为女。世事往往皆然。杂俎续集。世既罕行。卒莫为是正。故特表而出之。庙四进。俱尼僧。【山阳县。】二十里三沟闸。十里邵伯镇。居人数万家。东北支河通庙湾。五十里扬子湾。二十里扬州钞关。非风利不及此。

乙酉。晴。度钞关。二十里扬子桥。桥以唐时名。今废。即三叉河也。恭顺侯吴维华建塔七级。昨岁落成。十五里瓜洲下闸。东有余氏园。

丙戌。阴。寻陈冰远之舟。盖隔旬矣。挈冰远渡河东三里。入瓜洲城北门。度文昌桥。登南城大观楼。江山雄畅。顿豁积目。下楼左出南门。沙上架木侯警。以张革发炮。宋叶义问守镇江。列木栅为潮所漂。正此类也。因市饮。从故道兰入余氏南园。楼台虽圮。树石如故。婆罗花尤奇。余氏之富吴世矣。其先贩鸡畜。有大贾奇之。借箸起家巨万。高杰之乱而园坏。今田园俱易主。东南有丹徒华氏园。不及问而还。暮雨。

丁亥。阴。过瓜洲上闸。上下闸相距八里。河东江都。西仪真也。又五里泊江口。夜雨。

戊子。渡江。江中多伏椿。防寇警。于是渡者赂桨舡导之。泝郭璞而上。礁石突其首。伏其脊。尻加峭焉。从金山左支善财岩。有洲横于前。置戍舍。其下即焦山也。江广十八里。南至蒜山。东岸列炮车营房。经镇江西门桥。望西南诸山。蔚然深秀。三十里丹徒镇桥。十里月河。其西蜀山。丹徒县二十里新丰镇。【丹阳县。】泊陆公桥。是日。雨彻夜。

己丑。雨。发十里黄泥铺。二十里丹阳县。郭外石桥四。三义庙塔七级。僧舍有倒影。铃铎飞鸟历历可数。十二里清扬铺。有莲花庵。二十里大王庄。泊。

庚寅。发十二里吕城镇桥。十八里奔牛镇桥。奔牛视吕城为雄。二十五里桐子河。十五里常州北门。环城出白家桥十里。又十二里丁家堰。十里戚家堰。泊。

辛卯。发十里横林镇桥。产蒜。三十里洛社镇。居人甚少。桥圮。十五里高桥。亦圮。西南锡山上有塔。次慧山。入邹氏园。亟反。

壬辰。陈冰远来。癸巳。泊东门外之高桥。

甲午。发二十里新安镇。二十里望亭镇。旧市廛五里。南北各跨石桥。今圮。其北存。其南居人才百卅家。二十里浒墅。泊北桥。

乙未。雨。午度榷关。二十里泊枫桥。雨止。

丙申。晴。宋俊伯荳始售。晚发十五里。泊胥门。

丁酉。发五里泊灭渡桥。

戊戌。雨。发十二里尹山桥。旧居人数十家。今废。桥旁义井。元大德十年凿。十里葛布桥。十里吴江北门。五里新桥。题重建浮玉州桥。州当是洲。御史周宗建祠废。其石坊存。自是长堤多水窦。水莹绿异常。左为庞家湖。二十里泊八尺镇。

己亥。阴。二十里平望镇。镇北五里有敌台。其东陆家荡、杨家荡。其西唐家湖也。时浙福总督佟代罢归。连舟三百。镇人輟市。遂泊。寻雨。

庚子。晴。发十里王家湾。为小市。十里集庆寺。河东隶秀水。西隶长洲。至王江泾北而止。十里王江泾。二十里嘉兴。宋俊伯贾舟至杭。

辛丑。早雨。余别俊伯易轻舟。晚抵舍。

谈迁曰。余北游倦矣。得返为幸。而修途四千里。身怯骑乘。势必舟。舟不任独。故任附。至于附。而耳目皆非我有矣。语云。飞鸟依人。人自怜之。余行能无足数。不见弃于人。虽执鞭所欣慕焉。第间关南北。而山水古迹。终茫茫夜。噫。好古如余。犹未必酬一二。矧肤涉虚往者乎。在燕时。或修贽广谒。略可自润。而余不能也。别居停竟长揖出门。不更求他牍。道中蹑一敝屣。殆于决踵。余岂不忧日后又不如忍目前。余归计决矣。担簦而往。亦担簦而回。箧中録本。殆千百纸。余之北游幸哉。余之北游幸哉。

纪咏上·櫂歌行

乘风遵渚从潇湘。木兰击檝泝流光。眠鸥宿鹭半自藏。芙蓉岸岸被红装。晨气澄鲜苍以凉。须臾六合开扶桑。峨舸大艑多吴倡。金丸妬杀双鸳鸯。青丝玉壶春正长。白紵前溪声绕梁。邻舫倾听来何方。鲂鲤为沉雁未翔。远帆□已过茅罔。九河沉影夹垂柳。浮家泛宅古姓张。钓竿埋没徙茫茫。

纪咏下·吴江道中

扁舟笠泽远相同。落日松陵面面风。桑柘渐稀非浙石右。莼鲈未老自江东。十年人共忘痴叔。三日吾应媿阿蒙。翘首五湖无恙在。烟舸缥缈独渔翁。

纪咏下·戏柬朱太史二首

一时顾曲漫停樽。误道多情目语频。桃叶风流非问渡。莲花颜色解倾人。江东玉树陈家月。灞上金茎汉殿春。闻说紫云称绝艺。分司去后已沾巾。【昨陈编修饮朱太史。用伎乐。】

金焦对峙大江东。一苇茫茫万里空。饮马虽闻来代北。啼鸟终见集山中。从游愿执鞭相后。参学应留带可同。旦日轻风乘舴艋。肯容狂醉瞰龙宫。

纪咏下·渡江二首

蜚廉启道指云帆。落日三山半欲衔。万历岷峨奔似马。三分吴魏气如欃。【欃枪。彗星。】金汤扼险终无地。天堑称雄多自谗。莫谓先鞭祖逖易。书生徙尔老青衫。

长江骇浪□东南。坐叹孙陈二主惭。击楫漫期销垒块。投鞭竟欲罪沉酣。中冷水递思新汲。海岳书狂别旧庵。【米芾于京口作海岳庵。】往日魏焘临北岸。相传征味致黄柑。

纪咏下·阅冯先生元成集渡江次韵

渔父江潭羡独醒。越人附载得扬舲。兵余草木空多恨。渡后鱼龙不厌腥。铁笛美化吹易白。玉壶竹叶饮能青。轻帆亡恙秋风里。斗野骎骎指旧亭。【扬州斗野亭。宋熙宁二年立。】

纪咏下·迷楼遗址今观音寺

蘼芜落照满连空。明月徘徊忆故宫。眉黛易求千石绿。露桃难种万年红。龙舟岂有慈航渡。莹苑今曾宝炬空。好梦江都归未得。杨花吹尽五更风。

纪咏下·高邮

淮南论要地。屏蔽赖高邮。土沃饶鱼蟹。年饥难鹄鸠。停舟烦夜柝。乘障斥谯楼。借问王磐在。何如秦少游。【宋秦少游、明王磐。并高邮人。善词曲。】

纪咏下·甓社湖

荒芜极望界长堤。湖上分帆波浪齐。闻有夜珠光似月。几时为一照穷黎。【宋孙莘老家于湖阴。夜读书。觉窗明如画。循湖求之。见大珠。其光属天。黄庭坚诗。甓社湖中有明月。淮南草木借光辉。】

纪咏下·七月既望泊宝应月蚀

芙蓉露冷浸金波。乌鹊南飞夜若何。掩镜乍遮云母障。汎珠空照蚬晛河。【河在宝应县东北六十里。】论交月似真师友。作客秋尤可啸歌。虽而蟾蜍轻妬我。卢仝险句亦成魔。

纪咏下·经高邮宝应诸湖放歌

淮南诸山俱积土。虽有卷石不足数。土德何如水德嬴。冯夷据作神仙府。天吴出没百怪生。燃犀顿欲击长鲸。泾阳暴烈亦解怒。但闻鼍鼓时宵鸣。秋风猎猎吹芳杜。鸬鹚鸡鶒无朝暮。风帆林接织行舟。杨柳天边断津树。往日射蛟白帝子。浮江万乘尝过此。会稽功德勒丰碑。淮南警跸遗前史。后来阿　江都游。妖姬锦缆挽龙舟。千秋更我毅皇帝。汜光云气湿龙裘。庙堂供豫讥简册。吾曹潦倒领薮泽。锦袍须借谪仙才。更向四明唤狂客。

纪咏下·悼同舟义务朱生

五更残梦咽啼鹃。淮浦稠川路几千。山鬼游魂同怨楚。涓人买骨似投燕。瀼瀼薤叶侵晨□。落落桑榆薄暮烟。太息同舟数朝夕。孤云何处大江边。

纪咏下·渡淮

万檝千樯刻未停。分帆南北各推棂。征漕拟续河渠志。弔古尝闻岳渎经。桐柏有山来自远。草茅无地独为醒。踰淮枳橘形相变。白发何时又转青。

纪咏下·晓舟行

秋气澄澄露欲曰。飞出扶桑推金魄。凉生枕簟鸡再鸣。曲岸沿洄逐沙碛。须臾薄雾渐弥空。前村之树转濛濛。清景求摹摹不得。呼吸直与天相通。古人夜游尝秉烛。月光暗澹凝沉绿。晓来艋首灌灵根。每旦空明看不足。

纪咏下·宿迁县

谯楼舟上望。迢递抱黄河。驿舫时闻鼓。蔀蓍各覆罗。鸡雨欣市溢。菽麦幸田多。淮北称饶沃。将来寄钓蓑。

纪咏下·南舟引【淮北有艀艋如吴制。云东昌鱼山河中皆然。漫赋之。】

五湖少伯舟偏捷。百里飞桡随曲折。钓艇玄真一叶轻。秋水但知深且洁。吾生海上苦尘埃。安得乘桴独往来。瓜皮舡子拍浮满。胜彼徐福求蓬莱。北人南舟今日见。东昌渔父亦不贱。将来会访武陵源。空舡落却桃花去。

纪闻下·郑芝龙

南安伯郑芝龙。在闽跋扈。无人臣礼。丙戌洪内院遗书谕降。七闽风靡。大将军孛罗礼接加等。将入朝。芝龙曰。吾子森走海上。将来不靖。且累我。当往谕之而北。孛罗以他虑。折刀为誓。同入京。

赐宅一区。以镶黄旗固山额真刘之源领之。封同安侯。芝龙故海盗。积通舶资珍玩不赀。结纳贵帐人得其欢。子森。本同安诸生。逃海上。先是。芝龙元娶□氏。走日本。纳□氏。甚有姿。生森。清兵入闽。森母避一祠中。被污死。森恨甚。铸金为母像如生。沉香为床。五色珠宝为帘。奇南为案。供以珊瑚树若干尺。碧玉盆盛之。壅以金屑。森一名成功。往隆武初。改名。赐国姓。居安海城。城距同安县七十里。雄据海上。百货辐辏。有夏门岛。距同安海岸可一程。望若咫尺。凡渡海者必自安海。而舟则皆郑氏也。成功窟于夏门。积赀如山。在安海者。为芝龙后母王氏。亦有才略。顺治辛卯正月。成功贩米于高州。分过副使黄澍固利其赀。瞰其往粤。说巡抚张学圣袭夏门。总兵马得功以兵往。问舟于王氏。王氏不知所出。亦惟命。临发。王氏犒师甚盛。抵夏门。夏门之人。以我舟也。不之备。俄登岸杀掠。尽倾其赀。舟运半月不绝。惟窖金不及发。学圣、澍先还。成功闻变亟反。则马得功大恐。适舟未至。参将某求济于王氏。否则引剑自刎。王氏不得已。又渡得功脱于祸。成功修怨。二月末犯漳州。以母像不存。谓他物易致耳。乞还其像。而像为澍等镕分。无以应矣。芝龙闻其事。作书致总督都御史金砺、都督同知马进宝。遣人以遗成功。成功报书。略曰。数年以来。儿未一省吾父。我父不听儿言。致有今日。虽欲一扫祖宗坟墓。其可得乎。儿本无他志。株守海上。贼臣黄澍勾连抚臣张学圣、镇臣马德功。乘儿远出。阴行劫掠。运我黄金八十万银百万云云。我是以有漳州之师。如朝廷欲抚我。捐福建、广东之地。俾有司输赋列为外藩可也。若其不尔。有兵数十万云云。我父已误。儿岂容再误。芝龙得书以闻。于是诏逮学圣等三人至。下法司。已谓成功未擒而先罪此三人。是为成功报怨也。因释三人。癸巳。许成功以漳、泉、潮、惠之租。俾有司输之。加官宁海大将军。封海澄公。遣学士张□□以勅印往。至县不迎。勉至安海城。宅前列甲交刃。诏使俯出刃下。升其堂。有顷。成功策马至。则刃开矣。见诏于堂。一仰手而去。牙校捧诏入。延宴诏使如礼。甲午。诏成功自决去就。成功上书。称男。称国家。末云惟英明截断施行。字大如拇指。无人臣礼。所寄父书。字尤大。朝议犹欲縻之。再遣诏使。终不得。十月告警。乙未二月。命幽芝龙。簿录其家。弟芝豹适至。并下请室。前许其少子□往招成功。至苏州。亦逮入。

永宪录[①]

卷一

台湾叛逆贼首朱一贵等伏诛于京师。

一贵与胁从李勇、吴外、陈印、翁飞虎、王玉全、朱阿三等俱凌迟。杜会三与自行就抚之杜君英、陈福寿等减等立决。其同宗有服之亲。照叛逆例分别治罪。六十年四月二十二日。台湾南路木岗山后坑底地方匪类朱一贵等聚众为乱。竖立大旗。上书大明讨□大元帅朱。镇臣欧阳凯闻变。遣兵扑灭。于南北二路失利。守备马定国自刎。余杀伤过半。凯亲督兵往援。连败贼众。五月一日。贼四面蹂躏。凯力不支。没于阵。副将许云等皆歼焉。遂陷府治。厦门提督施世骠统大兵于十一日飞赴澎湖。以扼其吭。十六日攻进鹿耳门安平镇。贼众披靡。二十二日克复府治。贼走凤山。世骠分遣署参将林秀、王万化、游击边士伟等追入。南北二路贼多降附。闰六月初八日。凤山居民获一贵、勇将献于林秀。台湾复平。用兵之际。总督满保驻师厦门。以为声援。调遣将士,接济军需。故速成功。林秀时官游击。世骠报功抑之。雍正三年。引见各省保举武职。始叙前劳。擢参将。至总兵。台湾东倚山。西薄海。北界红毛鸡笼城。与福州对峙。南则河沙矶近小琉球。周袤三千里。水陆之产咸备。明末海寇郑芝龙出没其中。归明后。地为红彝所据。及芝龙辅伪隆武。王师下浙闽。芝龙降。少子成功窜入海。集兵寇闽、粤。侵江、浙。顺治十八年围台。败荷兰。遂有其地。伪永历遣人封成功为延平郡王。至子经自称招讨大将军。传孙克塽。康

① 〔清〕萧奭撰,朱南铣点校。

熙癸亥入我版图。封克塽汉军公。三世僭乱三十八年。荷兰一曰和兰。即红毛。其国船高三十丈。铳长二丈余。发之洞石城。震数十里。中国传其制。号大将军。相传炮之为用。石则震之而开。若入土一尺即不行。故行阵之间,机每向上。骑兵多受其伤。而元史载西域人亦思马因造炮攻襄阳。入地可七尺。两存其说。以俟辨。余详后卷。

新总督觉罗满保题荐征台奏绩职官。

水师千总董方赴厦门领饷。遇朱一贵倡乱。随提臣施世标与澎湖守备林亮为头队先锋。于六十年五月十六日先夺险攻入鹿耳门。二十三日又于西港仔苏历甲地方大败贼众,克复台湾。题补水师守备。又南澳镇标守备犹麟、千总陈瑞俱于十九日在昆身奋勇杀贼。二十二日在西港仔大几贼众。克复台湾题补南澳游击、守备。台湾之北沿海。沙积为堤。名昆身。自大昆身于七昆身止。

署总督河道陈鹏年请定河工铨补官弁之制,以杜钻营。

每道员、同知、通判、守备等官缺出。择合例三员具题引见。候上钦点。千总杂职等官缺出。亦择合例三员咨部难看掣签。从前河官缺出。督臣即保题莅任。鹏年一切示公。后遂为例。河营兵用以防河。江南十河营。后增至二十。兵丁战二守八。椿手下埽签。力作更苦。得食战饷也。先时每营统以守备。后紧要地亦设参、游。乾隆元年。准河南、山东河兵亦以战二守八为制。按河兵。食粮之河夫无所谓弓马技勇者。隶总河标。

始令漕运总督亲催艘赴通。

往例。府佐贰、卫千总领运。今定例。粮道押运过淮。总漕督运交通。使沿途卫弁不得侵蚀。旗丁不致生事。世宗登极后专其事于粮道。而每年御史分巡沿途漕务。著为令。按粮运之费。每年治理河工。修造船只。雇募水手纤夫一切官役俸工。论者谓约粮一石。当费银六两余。而后达仓。凡官禄兵粮皆取于此。其供御膳曰御稻米。出京师西山。颗粒长巨味香。更有一种可长成树。每年结实。其色鲜红。品又在御稻上。是年冬曾以示大臣分则之。则往籍所闻者。乃种于御苑。一云树上天生者。白如粘米。与硃红两种。

丁亥。总督漕运施世纶卒。

世纶号浔江。福建晋江人。由荫生授泰州牧。晋扬州守。历顺天府尹。总督仓场。至今职。皆由圣心特简。不假荐举。所在清介著声。貌甚寝。耳缺其半。父烺字琢公。少为海寇郑成功将。来归。官至太子太保靖海将军。平台湾。封靖海侯。世袭罔替。府謚襄壮。子八人。世范袭爵在京。世骠镇厦门。平朱一贵乱。六十年八月卒。赠太子少保。世纶遗本乞归葬厦门。依烺墓旁。从之。

免江西积欠运粮脚耗等银五十万两有奇。米六十余万石。嗣后例支给在官。

上谕。江西漕粮各州县先运至省。自省仓上运船。有脚耗扒夫修仓铺垫等费。康熙二十三年。部驳不准支给。行令追还。三十四年。圣祖特谕免追。三十八年。部议又以脚耗扒夫等项分晰未清。仍令追还。至今三十余年。积累增多。究无完解。其悉蠲免。以后仍准支给。

苏禄使臣奉表于京。

表称。天无烈风淫雨。海不扬波。知中国必有大圣人。微臣捧阅历朝纪事。原有观光之例。颂功朝天之诚等语。部议。查海外诸国初次表奉纳贡。例颁钦赐敕谕一道。给来使恭捧还国。至筵宴颁赏事宜。交礼部照例行。颁谕未详。

西洋噶乐国遣世子波尔都一本无此三字麦德乐来朝。宴劳归国。命御史常保柱伴送至澳门。

西洋凡十六国。明永乐中各遣使入贡。若默德那则回回祖国。其人能识宝。每附舶香山濠镜澳贸易。此云麦德乐。或其国也。

卷二(上)

琉球岁贡遇风覆艘。

贡使毛宏健并随从水艄百二十人俱沉没。福建巡抚以闻。上命表文各物俱免补进。所余亦赍回给赏次船林宗琏等归国。

始命汉军监察御史巡视奉天、黑龙江船厂。

黑龙江船厂二地。向止武臣驻劄。上以旗民杂处。商贾聚集。事件繁多。今宜文职巡察。永以为例。奉天则满、汉各一人。从御史梁文谦所请也。

典试山东贵州道监察御史柯乔年条奏山东饥民逃散情形。命户部郎中博尔多、太仆寺卿须洲往赈。

卷二(下)

总督漕运张大有疏称。河漕两院事烦任重。不能兼摄淮河关税务。巡抚又相距七百里。难于稽查。请仍差遣。

户部陈鼓铸之制

云南巡抚杨名时奏。本省开铸。以铜七分。配倭铅三分。所铸色黄亮。用铜一百万觔。加倭铅三万。可得钱一十五万一千二十串零。臣查搭放兵饷。每千文价银一两。以钱一千二为率。留本省钱九万一千二十串。以四万串解运邻省。应请解费以二万串听候部议拨发。其铜价每百觔校灭价银九两二钱。倭船每百觔价银四两五钱。部议。云南矿铜名曰蟹壳铜。从前未称云南铜。有铅气。与其多费。不如仍照旧例。铜六铅四配搭。鼓铸一百万觔。应设炉四十座。每铜铅百觔用工料钱一千八百二十文。折耗九觔合算。每铸钱一千应给工料一百七十五文。其节省之处。该抚酌量节省。将每铸铜铅百觔应给工料灰钱数。开具清册报部送会考府。

远总河道赵世显亏空国帑。下刑部狱。籍没家产。

康熙六十年冬。效力河工聂大煊讦告世显纵容家人崔三等尅扣沿河工料。侵蚀国帑诸弊。得旨帑问。籍没家产。赔补不足。遂毙于狱。世显奉天旗人。始为两淮运使。升江苏按察使。皆有贤声。复巡抚山东。总河张鹏翮内拜户部尚书。荐为河督。在任十九年。穷奢极欲。废弛河务。扬州崔大献其妻于世显。遂兄弟三人皆同事。各擁巨赀行盐。篡登仕版。至是皆罹刑狱。家口入旗。人咸快之。淮关原额银一十一万九千八百三十八两。五十八年。世显请归併河院管理。而增加铜觔脚价银一万三千三百八十四两。淮安仓项下银三万一千七百四十两。又代交光禄寺银三万两。交与庆间银五千两。并节省银十五万两。盈余银三万两。合之则三十八万一千六百六十两。遂以为例。困商民而累后官。其以亏空罹罪。可为渔利者戒。乾隆十年中再加核减。尚有二十万一千九百六十两零。

鸿胪寺少卿张应诏病免。

应诏字图南。湖南五关卫人。以辛酉举人历任两淮运使。升巡盐御史。承李、陈、常诸人贪污之后。弊绝风清。一尘不染。故乡亲族来冀赠遗者。一概谢绝。归而掘其先茔。亦不悔。居家小屋数椽。瘠田半顷而已。其荷两朝清望之知。洵无忝矣。

移湖口关于九江。

两江总督查弼纳覆奏。湖口县背山面湖。左右两石。钟山巉岩尖峙。直插江中。止有钟山脚下虹桥一港泊船。春冬水涸。不能进港。两江、闽、楚、川、广七省之船无由直径经行。必从梅家洲嘴转十余里。牵挽维难。若经暴涨。湖水江流交会于虹桥港口甚为汹涌。少有微风。不免漂溺。三十九年。左都御史王泽弘、请移九江。另于大姑塘设口岸抽分。抚臣马如龙奏止之。今既移九江。仍于大姑塘设立口岸。庶使江南、江西来往船只不致漏税。

扬州画舫录①

卷一・草河录上

扬州御道自北桥始。乾隆辛未、丁丑、壬午、乙酉、庚子、甲辰。上六巡江、浙。江南总督恭纪典章。泐之成书。谨名南巡盛典。内载向导统领努三、兆惠奏自直隶厂登舟。过淮安府。阅看高邮东地南关、车络坝等处河道堤工。拢扬州平山堂。渡扬子江至金山。三百七十七里。分为八站。此江北地也。又自崇家湾。三里腰铺。九里竹林寺。四里昭关坝。七里邵伯镇。三里六闸。二里金湾坝。一里金湾新滚坝。二里西湾坝。六里凤皇桥。七里壁虎桥。三里湾头闸。由北桥七里香阜寺御道。旱路八里天宁寺行宫。计程六十二里。此扬州水程一站也。盛典载御制诗云。清晨解缆发秦邮。落照维扬驻御舟。谓此自天宁寺行宫入天宁门。出钞关马头登舟。四里文峰寺。四里九龙桥。八里高旻寺行宫。计十六里。此水程第二站也。自高□寺行宫十六里锦春园。一里陈家湾。一里由闸。五里江口。计程二十三里。此水程第三站也。又云。徐家渡至直隶厂。由小五台至平山堂、高旻寺等处。由钱家港至江宁府。由苏州至灵岩、邓尉等处。由杭州至西湖。由绍兴至禹陵、南镇等处。俱系旱路。盖江南皆水程。其由小五台至平山堂、高旻寺等处旱路者。乃由于十六年天宁寺未建行宫。香阜寺皆设大营。由香阜寺入天宁门出钞关马头。此一段为旱路。即今之北桥御道也。由陆路至江南清江浦为水程。御舟向例在清江浦。仓场侍郎及坐粮厅司之。舟名安福舻、翔凤艇、湖船、扑拉船。皆所谓大船也。其余上用船只。装载什用等物及随从官兵船。例给票监放。御舟前派御前侍卫、乾清门侍卫各二员。前引船只派两对出两边行走。船旁令一人骑马在河路行走。以备差遣。拉船帮纤。侍卫四员。四副撒袋。令在拉帮纤侍卫后行走。纤手用河兵沙飞马溜。添纤用州县民壮盐快。不敷。雇民夫。升跸御舟。凡御前大臣、侍卫内大臣、军机大臣、御前侍卫、乾清门侍卫船。及载御马船。上驷院侍卫、官员批本奏事军机处、侍卫处、内阁、兵部官员船。以有事承办。俱在前行走。两岸支港汊河、桥头村口。各安卡兵。禁民舟出入。纤道每里安设围站兵丁三名。令村镇民妇跪伏瞻仰。于应回避时。令男子退出村内。不禁妇女。

马头皆距府州县城门一二里或三四里。马头大营例五十丈。皇太后大营例二十五丈。居住船上备带三丈四方帐房一架。二丈正房圆顶帐房一架。一丈五尺帐【正】房帐房一架。耳房帐房一架。于马头支盖。清早拆卸。兵部船例在豹尾枪后。与军机一处行走。驻营时将船在布城后角湾住。以便接递。牛羊船系京城备带。茶房所用乳牛三十五头。膳房所用牛三百只。布棚外皆诸号沙飞马溜。传宣接递用小快船。名草上飞。追上岸时。大船令其先行。恐不能赶到马头。另备如意船先在马头伺候。今钞关马头御舟即如意船也。

高桥马头在桥下。有檥有杙。画舫集焉。御制诗云画舫于斯易即此地也。湖上有十二马头。小舠大舸。皆属画舫。若园有家艇。寺有僧舟。屿有渡楫。及柴草粪水等船。十二马头弗收焉。

---

① 〔清〕李斗撰，汪北平、涂雨公点校。

卷七·城南录

御舟水室在古渡禅林后堤。庋屋水上。一舟庋屋五楹。龙凤各二舟。庋屋四层。两旁用红黄竹席围之。以避风雨。名曰藏舟浦。此内河御舟。与外河马头备用如意船有别。是舟用四桨。船首刻龙凤。布云母。或庋板屋飞庐。翠帏羽盖。或用厂船。其余随从船。或六桨、八桨、二桨、八舻。谓之官船。二桨即今划子船。谓之差船。差后各归工次。谓之园船。惟御舟入藏舟浦。有官司之。自是而北。则西城外矣。

蕉轩随录①

卷四·粤东舟人挽篙

屈翁山《广东新语》曰:"江自凌、浈、湟、武诸水以下至清远,一路滩高峡峭,水多乱石。其船食水浅,率以樟木为之,底薄而平,无横木以为之骨。放之顺流,遇砐硪大石,一折而过,势如矢激,故曰纸船。其逆崩流而上者,触崖抵礐,随石回旋,撑者、钩者数人,牵者数人。牵者在隈岸或怪石间,为深林密箐所蔽,前后不相顾。舟子虑其或过、或不及,冲陷石棱,则终日大叫。叫且如哭、如相杀声,一一凄酸郁怒,或于石告哀,或与石拒敌。其船乍前乍却,前者如暴虎,后者如搏熊。一篙失势,舟破碎漂没,入于涡盘矣。故舟子非强有力者不能胜,故曰铁船。"张瘦铜中翰诗曰:"群山万壑峡门通,一路沿洄地势穷。小杜无心诗宛合,人歌人哭水声中。"予往来西、北两江,方知此诗之妙。

卷五·记台湾渡海开禁事

台湾自古不通中国,名曰东番。明天启中红毛荷兰夷人居之,属日本。本朝顺治六年,郑成功据而逐荷兰夷,伪置承天府,名东都,设二县,曰天兴、万年。其子郑锦改东都曰东宁省,升县为州。康熙二十年,用姚启圣议,授施烺为靖海将军征之。二十二年,烺率舟师,由铜山进人八罩,直抵澎湖,歼其精锐,郑克塽穷蹙归命。台湾平,改置府治,领县三。雍正元年,复添设一县。初,私渡之禁严,闽、粤人利其土地肥美,辄偷往开垦。久之,欲归则不忍弃业,归则干例禁,其父母妻子之在内地者,亦不得往。大吏悯焉,曾奏宽其禁,未几复停罢。乾隆己卯,光州吴湛山先生【士功】抚闽,特以情上闻,其疏曰:"凡有渡台人民,禁绝往来,不能搬移。现在台地汉民已逾数十万,其父母妻子身居内地者,正复不少。若弃之而归,则失谋生之路;若置父母妻子于不顾,更非人情所安。故其思念父母,系恋妻孥,实有不能自已之苦衷。以致急不择音,冒险偷渡,百弊丛生。伏查乾隆十七年原任台湾县知县鲁鼎梅纂修《台湾县志》云:'内地穷民在台者数十万,其父母妻子俯仰乏资,急欲赴台就养,格于例禁,群贿船户,顶冒水手姓名挂验,妇女则用小渔船夜载出口,私上大船。抵台复有渔船乘夜接载,名曰灌水。经汛口觉察,奸梢照律问遣,固刑当其罪,而杖逐回籍之民,室庐抛弃,器物一空矣。更有客头串通习水积匪,用湿漏船只收载数百人入舱,将舱盖封钉,不使上下,乘夜出洋,偶值风涛,尽入鱼腹。比到岸,恐人知觉,遇有沙汕,辄赶骗离船,名曰放生。沙汕断头,距岸尚远,行至深处,陷没泥淖中,名曰种芋。或潮涨漂溺,名曰饵鱼。穷民迫于饥寒,相率入陷阱。言之痛心。'《志》言如此,臣思愚民之被害,奸梢之肆恶,鲁鼎梅身莅台湾,见闻自确,载诸邑乘,考订非虚。臣一载以来,留心察访,实属确有之事。然卒未有因陷溺而告发者,缘在汪洋人迹罕到之地,被害者既已溺于波臣,幸免者亦缘自干禁令,莫敢控告。故例禁虽严,而偷渡接踵。臣计自乾隆二十三年十二月至二十四年十月,一载之中,共盘获偷渡民人二十五案,老幼男妇九百九十九名口,内溺毙男妇三十名口。其已经发觉者如此,其私自过台在海洋被害者,恐不知凡几。伏念内外民人,均属朝廷赤子,向之在台为匪者,悉出

① 〔清〕方俊师撰,盛冬铃点校。

只身无赖,若安分良民,既已报垦立业,有父母妻子之系恋,有仰事俯育之辛勤,自必顾惜身家,各思保聚。此从前督抚诸臣所以叠有给照搬眷之请也。及奉准行过台以后,亦未有在台滋衅生事者。乃因奸民偷渡,致令良民在台者身同羁旅,常怀内顾之忧,在内者怅望天涯,不免向隅之泣。以故老幼妇女,茕独无依之人,迫欲就养,竟致铤而走险,毕命波涛。非所以仰体我皇上如天之覆,一视之仁也。合无仰恳敕部定议,嗣后除内地只身无业之民,及并无嫡属在台者,仍遵例不许过台,有犯即行查拿递回外,若在台有业良民,果欲迎其祖父母、父母、妻妾、子女、子妇、孙男女及同胞兄弟过台者,许赴台地。接管官报明籍贯眷属姓氏年岁册,移原籍核覆,给照回籍搬接。其在内地眷属,欲过台完聚,报明该管地方,移台核覆,申督、抚给照亦如之。过台时验照放行,如人照不符而放行,及滥给路照,各当该官司均分别议处。其余偷渡人,仍如旧例严禁。"疏入,下部议行。从此渡海良民,感颂皇仁,咸有室家之庆矣。

卷八·海洋记略

《扬子法言》云:"君子避碍则通诸理。理,势所在有,未可一概论焉。"浚师官京朝十年,从事于洋务者七年,每于官文书中择其事理之当否,审乎时势之艰难,或存于心,或记于简,其机密者不敢言,而其可言者要不外理、势之两途。昔程子谓宋世有不可及者数端,而其一曰待夷狄以礼。礼者,理也。我有理以通之,亦何患乎彼之无礼哉!尊周攘夷之义,无日不在士大夫心也。而所以尊之、攘之之道,又非徒士大夫空言塞责也。兹就见闻所及,录于后,俾质诸世之讲经济者。

"粤东准外国通商以来,惟英吉利国生理较大。向经该国设有公局,派令大、二、三、四班来粤经理贸易,其公司船每年于七八月间陆续来粤兑换货物,至十二月及次年正二月内出口回国。该大班商人等,于公司船出口完竣之后,请牌前往澳门居住,俟七月八月间该国货船至粤,该大班人等复请牌赴省料理。嗣因公司散局,大班不来,现值该国来船络绎,商船人等实繁有徒,亟资钤束,以期绥靖。今洋人义律领有该国公书文凭,派令经管商梢事务,虽核与向派大班不符,但不别有干预,似可量为变通。查照从前大班来粤章程,准其至省照料。"【道光十七年正月,广督邓廷桢奏折。】此英领事义律住广东省城之始,今则建领事官署,尽河南沙面地基盖造洋楼。而各省海关均有领事官署,且于京城设驻京全权大臣。

中外诸洋,以老万山为界。老万山以外汪洋无际,是为黑水洋,非中土所辖。老万山以内如零丁、九洲等处洋面,是为外洋,系属广东辖境。其逼近内地州县者,方为内洋,如金星门其一也。【道光十八年正月,广督邓廷桢奏折。】

太常寺少卿许公乃济奏请收鸦片烟税。道光十八年闰四月,鸿胪寺卿黄公爵滋奏请严禁,引余文仪《台湾志》云:"交留巴本轻捷善斗,红毛制造鸦片烟诱使食之,遂疲羸受制。"此禁烟之始。今鸦片烟仍弛禁而收税。黄固正论,许官粤东监司久,所议亦不为无见。事激则变,《易》之戒履霜,信然。

英义律之在粤也,曾言马化伦系英国官目,来粤稽查贸易,令伊进省代具呈词,免写"禀"字。道光十八年七月,广督邓公廷桢奏闻。此洋官致督抚书函不称"禀"之始。今条约中全权大臣等与部院督抚用照会,领事官以次用申呈。

粤东陆路各口岸人烟稠密,良莠杂处,以潮州府澄海县属之汕头、潮阳县属之达濠为最。今汕头建有官署,惠潮嘉道往来于其间,而洋人入潮城之举,迄未能阻。署粤东巡抚郭公嵩【焘】有言:"议款以后,内地府县各城听从游历,载在和约,诸君子严拒之之义,而先违谕旨。是彼之欲入城,其势顺;我之阻其入城,其势已先处于逆。洋人通商汕头,距潮州咫尺,商贾觑其余利,而与之交易,工匠夫役受其雇值,而为之奔驰,徒恃一二学者持不准入城之议,以求相胜,其言诚正,其气已孤。"数语实为颠扑不破。

道光十九年三月,林公则徐等奏:"趸船鸦片销除净尽,乃为杜绝病源。臣则徐当撰谕帖,责令各洋人将所有烟土尽行缴官。即于二月十三日据领事义律禀覆,向各洋人名下追究呈明,共有二万二百八十三箱。"此查缴鸦片烟土之始,以后复陆续令其呈缴,并严定夹带罪名。或者曰:"禁内地之吸烟,即不能不杜绝外地之卖烟,禁果行矣。内地无吸食之人,外来之烟土从何售卖?今乃勒缴烟土,彼商原为谋利而来,利

不获而并其本没之，激之甚而反相陵者，势也。文忠斯举，不无遗憾。

“番船初到时，先于虎门口外寄碇，如担杆山、铜鼓洋、大屿山、零丁洋、尖沙嘴、仰船洲、琵琶洲、上下磨刀、沙湾、石笋、九洲沙、沥潭，仔鸡颈等洋，皆向准洋船寄泊之所，此等洋面虽在老万山以内，而老万山并无口门，洋船必雇引水小船，报明引入虎门口内，停泊黄浦，始得开舱验货，按则报税互市。其在虎门以外寄泊中路各洋者，皆未入口之船。”【道光十九年七月，广督林则徐奏折。】据此，虎门乃天险也。险而能守，是在人事。

“广东水师大鹏营所辖洋面，延袤四百余里，为海船经由停泊之区。其尖沙嘴一带，东北负山，西则有急水门、鸡踏门，东则有鲤鱼门、佛堂门，而大屿巨岛又在其西南。四面环山，藏风聚气，波活浪静，水势宽深。就粤省海道而论，凡东赴惠、潮，北往闽、浙之船，均不能不由该处经过。尖沙嘴山麓有石脚一段，其形方长，官涌偏南一山，前有石排一段，天生磐固。两处各建炮台一座，声势既相联络，控制亦极得宜。”【道光二十年四月，广督林则徐奏折。】

道光二十年六月初七日，定海镇臣张朝发与英人接战，此洋人攻城之始。

“定海、镇海相距仅止百有余里，一帆可到。镇海口直通内地，其要隘全在笠山外障，与招宝山及金鸡山对峙，作为钤口。”【道光二十年七月，浙抚乌尔恭额奏折。】

钦差大臣左公宗棠曰：“泰西诸国以奇巧著闻，自唐以来，载籍详之矣。惟火轮船之制，从前未有所闻。据彼中人言，近四十余年乃始造成。以西历推之，则道光初元前后也。”浚师按：道光二十年七月，广督林公则徐奏称：洋人先后来有车轮船三只，以火焰激动机轴，驾驶较捷。此项船只前曾到过粤洋，专为巡风送信。”盖彼中历千数百年研精覃思，发其奇秘，父以是嘱之子，师以是望之弟，不至于极诣不止。黠哉！人巧乃夺天工。

钦差大臣左公宗棠曰：“学习西洋制器，内地工匠执柯伐柯，所得者不过彼柯长短之则，至欲穷其制作之原，通其法意，则固非习其图书算学不可。故请于船局中附设艺局，招十余岁聪俊子弟，延洋师教之，先以言语文字，继以图书算学。学成而后，督造有人，管驾有人，轮船之事始为一了百了。如果有成，则海防、海运、治水、转漕，一切岁需之费，所省无数。而内纾国计利民生，外消贼患树强援，举在乎此。”善哉言乎！同文馆学习西洋文字之八旗俊秀，予曾历试以各国洋字文件，均能通晓译写，此非其明效与？考试之奏，出台臣、阁臣，发明《春秋》正论，事虽未罢，而有名无实矣。予尝有句云：“局外是非谈似易，个中筹画解原难。”知我乎？抑罪我乎？

“杭州省城东面清泰等门，近临钱唐江岸，江水南来北流，至银〔艮〕山门之东北转而向东，由凤皇山鳖子门下注于海。两岸涨沙，时坍时长，平日止通小船，遇有潮汛，微大船只亦可乘潮而入。查得水面较窄，枪炮易施之潮神庙地方，为咽喉要路。”【道光二十年七月，杭州将军奇明保等奏折。】

道光间英人马里逊能书汉字，义律亦英人，十余岁时前来澳门，有马里臣者教以汉洋言语文字，管理贸易、带兵等事，后为英国领事官，告示文字，悉出其手。英国兵船向泊离粤二万余里之孟甲喇、万打喇沙等处，皆听义律调遣。

直隶总督琦善公奏折中有云：“该洋人呈阅所谓全句，其式圆而上有斑文，近似符篆。”不知全权者，乃彼国之全权大臣，洋人所谓保其自主之权而可以代其君主发号施令也。外国印信，或圆、或方、或长、或大、或小，无一定。从前止有洋字，今则加以汉字。凡和约等件，用蜡饼印成，堆出纸上。有斑文而似符篆者，实印信耳。当时未能考核。陶弘景所以致慨于一事不知也。

嘉庆二十一年英国官罗斗何、美士德等自北遣回，由内河逐站护送回粤，予曾遍访其成案，竟未得见。

《宋史·邓肃传》肃尝言：“外夷之巧在文书简，简故速；中国之患在文书烦，烦故迟。”今之制轮船、修铁路、设铜线，欲其速耳，不仅在文书一端也。署广东巡抚郭公嵩焘曰：“鄙意欲仿宋、元遗制，稍加变通，于通商各口，设立市舶司，由督抚择本地士绅为之，达其名于部，令海关量给经费，三年一更置而授以官。凡商民制造轮船，司其籍而稽其贸易之盈虚，其赴各国贸易者，由市舶司给照而移知各国领事，加勘合焉。凡与洋人贸易交涉事宜，悉听理处。大者白于督抚，而课税仍责之监督，市舶司不得干预，有营私者罪之。

其余出海各船,皆听稽查。从前文武各官稽查海船出入旧例,悉罢除之。去官吏烦苛之政,而稍通以情;司海船修废之籍,而务课以实。而后中国商民得以渐服官之约束,乃可推类以及洋人。其与修铁道、铜线之属,皆责成中国商民主之。而于所过关津市镇卸载货物,依课则征税。闻南海伍氏借修花旗铁道银一百万两,为花旗商民所推重。若一切由中国商民主持,则洋人之助工者,亦伍氏帮修铁路之类也。中国之实情,计无有逾于是者。故各省官置轮船,一时之利也,可以议行;而使商民得公置轮船,永远无穷之利也,一切皆可以是推行。官商各船运载货物,沿海畅行,其有裨于国家之经费,亦必多矣。"予每读之,辄为击节。惜此议迄未有成。郭公又曾致予一书,亦经国之要务,藏之匣中,未敢宣播云。

江苏巡抚李公鸿章曰:"西士出入中国,其书之译行者,天算之外,有《奇器图说》诸书。佛郎机各火器图式,载于戚继光兵书。佛郎机即法兰西,以国名其炮也。而其数术,终明之世,抑不见用。我朝定鼎,确有见于中法之不合天行,首以西术列于台官。顺、康之初,西士肩臂接于京师,仁皇帝特爱其术,童而习之。逮吴三桂之变,南怀仁时官钦天监监正,奉谕多造西洋轻便铜炮,以便攻伐,卒削平三藩。嗣以平定准部、攻金川、征缅甸、剿川、黔土司,皆以炮火随征,所向克捷,于是有八旗火器营之设。耿光大烈,有自来矣。西人既受中国宠任,倡行耶稣之教,几遍海内。物忌太盛,乾隆中乃有杨光先者著《不得已》一书,极言天主教之害。其言谓宁可天算违行,不可任用西士,学士大夫亦交口丑诋,于是严行驱禁,毁其堂宇,西士绝迹于中土者近百年。然台官循其法不能变,军火利器依旧式制造,亦无奇巧变幻之方。孰意智巧之士,伏于海外,殚精竭虑,日新月异,其锋驯致不可当,而中国未知也。然其法既出,亦必不能深自藏匿。某考道光初年英吉利犹入贡,间有小巧火器,载在《礼部则例》。揆其意,盖隐然以此相炫耀。其时识者已为海洋抱隐忧,假令昔日体会仁皇帝圣人学于万物之意,去短取长,则天主教自不妨禁,西士自不妨留。梯航踵接,必有如南怀仁能为中国效力制造,尽其思之所至,变化出之,安见轮船、硼炮、洋枪、铜帽之独为外国擅绝也。至今日而杨光先《不得已》之论果何如哉?某每一念及,未尝不叹一孔之儒,贻误至此。是故火器之亟宜精学,非谓剿除贼盗少此不可,实则自强之道舍此莫由。"

江苏巡抚李公鸿章曰:"购买外洋各种军火,尽心研究,略知端倪,又雇募精巧匠人,留心仿制,近来稍有把握。试将各局制造施放之有成效者,约略言之:一曰长炸炮,大者吃子至百余磅,小者吃子至十余磅。造炮之法,先铸一实心大铁块,头大尾小,外如塔形,铸就后锉削炮质,先定何处为炮耳,何处为浮线,外面锉磨光滑,然后用铁车对准中线,车空炮腹,由小而大,由浅而深,至近头之处,铁皮极厚,缘此处药气紧闭,其力甚猛,比药在空地然者其力约加三十倍,愈近尾则力愈松,是以近口处铁可稍薄。降而至受二十四磅弹、三十二磅弹之炮,则铜铸、钢铸者尤妙。弹有空腹者,有实心者。空腹之弹,先制内模,抟沙为球,蒂系铁丝,炭焙令沙燥,则内模成。次制外模,和泥为之,揉以稻穗,底盖如一,刳其中令空,宽过内模二三寸,盖端穿小穴,置内模于底而加盖,则蒂端铁丝贯出穴上,匠人将镕就铁汁斜倾入穴内,俟满,然后决去弹心内模之泥,而弹以成。弹口必用螺旋,冒以锡盖,以免潮湿。弹口用引,或以铜,或以黄杨木,外国人击远敌用铜引,击近敌用木引。中国仿制则用木引,较灵木引长二寸至四寸不等,首尾皆平圆,形如锥柄。引首圆径约一寸,尾圆约七分,引首中镟陷二分许,外备轮廓,中通而不到底。中通处入缓药,陷深处施药线。引旁穿细眼,或九、或十七、或二十一。其及远之可稽算者,以二百步起,至二千一百步止。弹入炸药后,木引配好舂紧,其口朝外。炮药然时,其火焰包出弹子之外,初而然及木引首之药线,继而然及木引中之缓药。如击近,则就靠上之细眼钻穿,火力行至此斜穿,然及炸药,而弹炸矣。击稍远,则就中间之细眼钻穿,再远则就靠下之细眼钻穿。时时较试,自有效验。凡长炸炮之弹,皆下施木座,络以马口铁,出口时势才直而不偏。一曰短炸炮,身短而口哆,炮耳在后,形如怒蛙,俗名田鸡炮,其口斜昂向天,故外国人又名天炮。分周天三百六十度八分之一为四十五度,炮口测准四十五度,不可时高时低,但以药之多寡,定弹之远近。从高坠下,落地开花。内地炉所制短炸炮,有受十八磅之弹,炮重不满五十斤,用药仅三两许,远及千余步,最为轻便。其次有受四十八磅之弹,有受一百零八磅之弹,用药递加,弹迹递重。大约轰坚城,破炮台,则用长炸炮,雷奔电击,累累贯珠,击厚攻坚,殆同摧枯。惊敌心,散敌阵,则兼用短炸炮,砉然中坠,势若下石,洞垣穿墉,虽趋莫避。炮有不同,而用弹则一律,惟以莹滑合膛为主。大约炮口径一寸,弹必径九分六厘,所

争不过一皮纸厚，药气不外泄，弹方能及远有力。其余各弹，有椭圆者，有顶锐而底平者，有首尾俱尖如橄榄形者，有双层上实药而下实子，中间以铁皮者，又有洋铁盒内藏群子者，又有菩提子弹，用绳络大子，涂以漆，击远则四散者，又有腰包锅中施铁柱，内藏自来火，触物而机自发者，又有三眼喷火子，用以烧物者。以上各种炸弹，皆可仿铸。至如英、法近来新出之炮，有炮尾开门，决去螺旋以受弹者，其炮腹亦有螺旋药，然则弹子旋转而出，势最猛烈而击远，名曰来福炮。又炮腹有火药房，比长炮较短，而比短炮较长，名曰蒿勿惹炮。又有无双耳，腹下有一圈，此乃击近所用，名曰加鸾力炮。此皆妙品，最难仿制。某曾购有西人汽炉，镟木、打眼、铰螺旋、铸弹诸机器，皆缩于汽炉。中盛水而下炽炭，水沸气满，开窍由铜喉达入气筒，筒中络一铁柱，随气升降俯仰，拨动铁轮，轮绾皮带，击绕轴心，彼此连缀，轮旋则带旋，带旋则机动。仅资人力之发纵，不靠人力之运动也。”

《万国公法》，美国丁韪良所译，予与陈子敬、李叔彦、毛升甫三君竭年余之力，为之删削考订，其中于中外交涉事宜，颇多可采。惟以钩辀格磔之谈，律以中华文字，不无勉强牵就，并有语气不合处。有心者分别体会，未始不可据理论辩，因势利导也。全书具在，披览可知。

《乘查笔记》斌君【斌椿】著，予曾为之校订。所至者九国，但叙其程途之远近，服御之奇巧，大要仍不出《瀛寰志略》范围。验游踪则可，无甚关系处，故不具录。

卷十·书用外国银两事

咸丰间长白恒祺公为粤海关监督。时值粤氛正炽，需用浩繁。商人伍崇曜有借用美国银两之举。事平，未筹给。同治初，美国缮递总理衙门照会，索还原款。余以天朝之待外国，首重诚信。此项既归官用，自应由官给还，请于堂官，一面奏闻，一面分咨户部暨广东督、抚妥为筹画。顺德罗椒生师方领司农，具疏密陈，持论极正。第事本在官，未便推脱，为外人口实，故所陈仅奉旨抄交该衙门查核而已。庚午粤闱中凉秋公暇，与李星衢中丞道及，中丞亦颇以余论为然。并云乾隆丁酉奉有谕旨一道，曾托院幕友人抄稿存匣中，实为今日所当法守。出闱后余向中丞索取稿本，谨录于此。乾隆四十一年十一月二十四日奉上谕："刑部奏驳李质颖咨称革监倪宏文赊欠英吉利国夷商嗡等货银万余两无还，问拟杖责未协，议将倪宏文改拟杖流监追一案，已依议行，并明降谕旨，将李侍尧申饬，李质颖交部察议，令将倪宏文查产变抵，仍勒限一年监追，再照部议发遣，如该犯限满不完，即令该省督、抚、司、道及承办此案之府、州、县官于养廉内照数摊出，并传朕旨，赏给该夷商收领归国，以示体恤矣。此等夷商估舶，冒越重洋，本因觅利而至，自应与之公平交易，使其捆载而归，方得中华大体。若遇内地奸民，设局赊骗，致令货本两亏，尤当如法讯究。乃李质颖仅将该犯拟以薄惩，而欠项则听其自行清结，所谓有断无追，竟令外洋孤客负屈无伸，岂封疆大臣惩恶绥遐之道？幸而刑部奏驳，朕始得知其详，为之更正。若部臣亦依样葫芦照覆，其错谬尚可问乎？中国抚驭远人，全在秉公持正，令其感而生畏，方合政经。若平时视之如草芥，任听地棍欺凌，而有事鸣官，又复袒护民人，不为清理。彼既不能赴京控诉，徒令蓄怨于心，归而传语岛夷，岂不轻视督、抚，鄙而笑之？且或虑粤商奸恶，至呼吁仍复成空，将来皆裹足不前，洋船稀至，又复成何事体？且朕此番处置，非只为此事，盖有深虑汉、唐、宋、明之末季，多昧于柔远之经，当其弱而不振，则忽而虐侮之，及其强而有事，则又畏惧而调停之。姑息因循，卒致酿成大衅而不可救。宋之败，明之亡，皆坐此病，更不可不引为殷鉴也。方今国家全盛，诸属国震慑威棱，自不敢稍生异志，然思患预防，不可不早杜其渐。英吉利夷商一事，该督皆以为钱债细故，轻心掉之，而不知其关系甚大，所谓涓涓不息，将成江河者也。朕统御中外，一视同仁，如内扎萨克诸藩恭顺诚服，其辈行本小，朕皆抚若儿孙，每至必欢欣踊跃，与旧满洲、蒙古之执役无异。而新附之准夷、回部年班来者，朕亦必联之以情，待之以礼，厚其饩赉而遣之，众亦莫不怀德戴恩，几与内扎萨克相等，皆内外臣工所共知者。即如伊犁与哈萨克易马一节，办理亦须妥善。或哈萨克所驱至者，本不皆善马，原不妨如法择而取之。若既是可用之马，即当按其所值，与之市易，始能经久无弊。设或所给缎匹轻薄，暗减其价，致所得不偿所售，哈萨克贸易已非一日，皆能悉其底里，口即不言，而心岂能允服？即违立法通市之本意，其流弊且无所底止。朕每以此廑怀，该伊犁将军不可不实力妥办，以裕永远之规。若听其日趋日下而不知返，

朕一有所闻,惟该将军是问,恐不能任其咎也。又如朝鲜、安南、琉球、日本、南掌及东洋、西洋诸国,凡沿边、沿海等省分,夷商贸易之事,皆所常有,各该将军、督抚等,并当体朕此意,实心筹办。遇有交涉词讼之事,断不可徇民人以抑外夷。即苗疆、番境诸省,亦当推广此意妥行。若仍视为具文,再有此等事件,一经发觉,或经朕访闻,及为言官纠劾,必将该将军、督、抚重治其罪。不能似此案之仅予议处也。将军、督、抚皆朕委任之人,惟当善体朕意,毋怠毋违,自可寓久安长治之计。即我世世子孙,敬体朕训,守而勿失,亿万年无疆之庆,讵不在是耶？此旨著传谕各将军、督抚一体遵照,并著入于交代,令各后任永远遵行,勿稍玩忽。并另录一分,交上书房,俾皆恪循罔懈。钦此!”恭绎天语,知圣人用心周密,得长驾远驭之方,非庸愚所能管窥蠡测也。余从事洋务有年,遇事禀承堂官,每拟一奏疏、一公牍,惴惴焉惟恐稍失其平。不知者或以措置太弱,论事过琐诮之,然而臣之心在《扬水》卒章之四言矣。

卷十一·日本舆地

予得日本赖襄【安艺人,字子成。】所著《新策》六卷,首载六略,曰《舆地》,曰《封建》,曰《官制》,曰《兵制》,曰《财用》,曰《法律》。其叙彼邦舆地颇为明备,历朝史册及我《皇清四裔通考》、顾亭林《天下郡国利病书》、魏默深《海国图志》皆未得其详细。今为　缕记之俾读者有所考焉。

赖襄曰:皇和之邦,处于大海之心,东西六百余里,南北二百余里,其形如磬折【魏氏图志注云:“尝见日本所刻《和汉纪年》,其国本曰和,华人讹称曰倭也。”】其地脉起于中而左右降,中最隆,东北亚之,西南最纤。故东北以连山斜限,连山外弃之毛夷。景行天皇使皇子日本武尊逾连山东征而辟之,成务天皇隔山河而分国县,随阡陌以定邑里。东西为日纵,南北为日横,凡为国百有四十四。尔后相继,竟有四裔。至文武天皇因山海形势,分为六十六国。【顾书:“国王一姓,历世不易。初号天御中主,居筑紫宫。其子号大材云尊,自后皆以尊为号。传世三十二,至彦瀲尊第四子号神武天皇,徙太和州强元宫。传至守平天皇,凡四十一世,复徙都山城国。两汉时始通中国。魏、晋以后得五经、佛教于中土,于是沙门之教盛行。唐贞观间遣使往谕。宋初遣国僧奝然浮海贡献,太宗赐紫衣,厚存抚之。其传国已六十四世。”浚师按:梁玉绳《元号补遗》云:“同里王观宸自日本归,得其国人新刻《大成年代广纪》,凡百二十代,起周惠王十七年,至我朝嘉庆五年。上纪本国年代,黑字,下记中国年代,朱字,了若指掌。”今考《新策》所纪年号次序,与《广纪》正合。四十一世系持统,唐垂拱三年立,至万岁登封元年,在位十年。六十四世系圆融,宋开宝三年立,至雍熙元年,在位十五年。顾氏谓太宗赐以紫衣,当是六十六代一条、六十七代三条时事。魏氏图志谓顾书所云六十四世,溯之当在商、周,其国王一切名号,当系通华文后增饰为之。盖未见《广纪》而凭其臆说耳。】畿内凡五州,曰山迹,曰山背,曰河内,曰和泉,曰摄津,【顾书谓是山城、太和、河内、摄津、和泉。】地拖于尾西北海中。其南滨七国,曰播磨,曰备前,曰备中,曰备后,曰安艺,曰周防,曰长门,合称山阳道。北滨九国,曰丹后,曰丹波,曰但马,曰因幡,曰美作,曰伯耆,日出云,曰石见,曰隐岐,合称山阴道。【山阴一曰景背,山阳一曰景面。景,日景也。】山迹之南一国,曰纪伊。纪伊西北海中一国,曰淡路。其西南四国,曰阿波,曰赞岐,曰土佐,曰伊豫,合称南海道。南海之西、山阳之西南海中九国,曰丰前,曰丰后,曰筑前,曰筑后,曰肥前,曰肥后,曰日向,曰大隅,曰萨摩,合称西海道。【肥前西北有二岛,曰壹岐,曰对马。对马、萨摩管朝鲜、琉球二蕃。二蕃与毛人,景行以来皆服日本,经源氏、足利氏而浸倨,丰臣氏而降服,故皆贡方物,萃于征夷府。朝鲜之地倍毛人,琉球三分毛人之一,最纤软易制,故其执礼尤恭。顾书谓日本三岛,一伊岐,一对马,一多绽。误壹岐为伊岐,而添出多绽一岛。魏氏图志谓日本三岛英人图萨摩于对马西为大误,并云萨摩即萨峒岛,居日本之南,皆误于各纪载耳食之谈。如萨摩在日本南,则不得称之为西海道矣。】日向为神武天皇兴起之地,神武都山迹,仁德都摄津,【神武、仁德二君当在唐贞观以前。】天智都近江,【天智为三十九代君,立于唐龙朔二年,至咸亨二年,在位十年。】。元明都山迹之平城,【元明为四十三代君,立于唐景龙二年,至开元二年,在位七年。】五帝因之。【五帝当是四十四代元正、四十五代圣武、四十六代孝谦、四十七代废帝、四十八代称德、四十九代光仁,其六代而曰五代者,或废帝不列入欤?】至桓武天皇【五十代,唐建中三年立,至永贞元年,在位二十四年。】乃定都山背。自山背之背缘北海而东北上七

国，曰若狭，曰越前，曰加贺，曰能登，曰越中，曰佐渡，曰越后，合称北陆道。自山迹缘南海而东上十五国，曰伊贺，曰伊势，曰志摩，曰尾张，曰参河，曰远江，曰骏河，曰甲斐，曰伊豆，曰相模，曰武藏，曰上总，曰下总，曰安房，日常陆，合称东海道。南海、北海之间八国，曰近江，曰美浓，曰飞弹，曰信浓，曰上毛，曰下毛，曰陆奥，日出羽，合称东山道，东山谓其多山也。而信浓与东海之甲斐，所谓连山斜限者。东山道一曰中山道。南北遭运由于河，【遭运当是漕运。】东西之运由于海。桓武之世改山背曰山城，都曰平安。东左京，西右京，各领三十坊，南北九条皇城在中。四面十四门，置六关，曰相坂，【在近江。】曰铃鹿，【在伊势。】曰不破，【在美浓。】曰清见，【在骏河。】曰须磨【在摄津。】曰赤间。【在长门】。清见以上控其东，须磨、赤间扼其西也。以六关制七道。道以统国，国六十有六。【南怀仁《坤舆图说》所记同。】国以统郡，郡六百有四。【《潜确类书》作五百七十二郡。顾书作五百八十五郡，朱竹垞《静志居诗话》作六百一十三郡、八十二浦，皆与《新策》不符。】郡以统乡，乡一万三千。国有五等，曰大、上、中、下、小，郡亦如此。七道之驿三百九十三，【东山八十余，南海二十余，西海九十余，山阳、东海合五十，山阴、北陆各三十余。】建太宰府于西海，以备西蕃。【朱竹垞《静志居诗话》谓："日本国俗无冠，国王但著乌帽"。皆不确。按：赖襄《官制略》云："天智、文武之际，官制大定。盖比推古、舒明始通隋、唐简质者，渐趍于文。以冠服采色定其位级，推古帝创十二阶冠，孝德帝制七色十三阶冠，天武帝改爵位号，定朝服采色。至称德帝变官名，光仁帝即位，尽复其旧。其大定至今，自一位至三位，各分正从，为六阶；自四位至八位，各分正从，而正从又各分上下，为二十阶；从八位下之下有大少、初位，各分上下，为四阶；凡三十阶，以叙诸臣。别有一品至四品四阶，以叙亲王。别有勋十二等，第一等准正三位，第十二等准从六位下，凡位、阶皆以少者为贵。】四边之塞，四十里一堠。凡海内形势、风气、民俗，畿内以西之民勤农而少熟，东北民惰农而多熟，皆无鱼盐蛤蠃之利。畿内及阿波、赞岐、播磨以东，伊势以西，其风气同，其地小险小沃，其民柔软，好机利，其言语浮俐，其产纤工奇技，其港泊或多任侠，而要之非用武之地。甲斐、信浓、越后、越中，其地大险，其民沈毅精悍，业及蚕丛，其言语深重，其产金、铁、文绢、佳鹰。关八州尾张以东诸国，其地大沃，其人爽达，果断喜武，其言语斩截，其产竹箭、利刀、善马。常陆、陆奥、出羽，其地大险大沃，其人似关八州而朴挚，其言语前卑后高，其产巨牛、善马。其朴挚愈北愈甚，毛人乃其极者。毛人之国固【疑是涸。】泽咸卤，不生五谷、桑麻、六畜，其民茸毛，妇人黥面文身，男子挟弧插毒矢于头，射熊罴猎虎，擉鲑鱼以为食，无文书，刻木结绳以为约束，独知敬日景，曰是天皇所宗也。毛人北与鲁西亚夹海相望，自鲁西亚西南缘海与北陆、山阴、西海千里相望。山阳、山阴、西海及伊豫、土佐其风气相同，地小险小沃，其民鄙琐，言语卑贱，产荐席、致布，特肥前、土佐以西颇有大险大沃者，其民颇类信浓、陆奥。陆奥、西海其人长大，山阴、山阳其人短小。朝鲜、琉球与毛人间北海而相去者四百余里云。

是书前有大和菊山骢序，谓伊藤氏之唱古义，物氏之唱古文辞，皆立不朽之业，又谓此录可补常藩之史志、表未具之阙。惜均未获睹也。

卷十二·三萍船

吾宗密之先生【以智】《七星岩分韵》诗云："兵戈秋兴几曾经，怪得笙箫谷口听。乱后天容人择地，洞中石指客为星。郡斋载酒开山径，【注曰：子暇时守端州。】幕府停旌问草亭。【注云：巢友新构，瞿年伯留此，为之落成。】独喜牵船岩下住，随风飘泊号三萍。【注云：时予造一舟。】浚师按：顺治三年，故明桂王由榔从兵部侍郎瞿式耜等请，称尊号，改元永历，以肇庆府署为行宫。未几，广州破，桂王出奔，命朱治憪总督两广，守肇庆。子暇者，治憪之号。时密之与瞿稼轩、林六长、徐巢友均在端。四年，大兵克肇庆，桂王复奔桂林。密之与吴炳并为大学士，同瞿公人阁办事。此诗盖作于三年春也。三萍船，人无知者，《肇庆志》亦不载。

漏网喁鱼集[①]

（道光）廿八年新春，运米上海出口，英夷藉扰，兵备道被殴，朝服皆碎。继又揽载包送，如不允，双欲开兵衅，各大员讲和始免。道员即撤任，现调向在广东夷馆服役，不通文墨、新捐江南道员补授。二月出口放洋，又有海洋巨盗横截，苟有行驶，即欲劫掠，又调水师剿捕，幸未有失。主议者藩司李蔚也。六月二十日，潮涌丈余，沿海一带，飘泊无依。八月，黄河水决，逃荒如蚁而来，又开例捐输，分别议叙。节奉上谕，告诫谆谆，立除漕弊。抚军陆建瀛严饬所属，不许掯勒浮折，如再蹈前辙，指名参革。无如积弊既深，一时难挽。禾得八、九分，木棉五、六分，灾缓三分九厘，下忙银例缓，昭令毓庆撤底返清，又致纷纷上控。十月，上谕著各督抚严革帮费，冬米价一元四、五角，洋合制钱一千五百二、三十，折色四元三、四，小户荒均注二分，大户亦有参差上控者，设法弥缝，长短之弊，于兹又起矣。至于海运，其费已省，各大员札饬频严，竟坚不可破者，奈之何哉！

（咸丰元年）闰八月初七日黎明，天色黄，炎日如火，晚即雨，又连十日，从此只三分年景矣。又闻黄河大决数百丈，请帑巨万。粤西军饷不时提解。常、昭荒准四分六、七，开仓大户照额，小户一分，价四元三、四，洋合制钱一千四百七、八十，仓色米大贱一元三、四角。督抚奏请海运，奉旨以苏、松、常、镇、大五属准由海达津，仍上海雇船出口，其海运较河运所费大可节省。谣闻有海岛巨盗包送，预将礼物讲通，吾谓断不至若此。盐枭扰攘。

（咸丰）七年正月，昭邑有刷印催粮启一纸，发各粮户，其语云：飞启者，照得本年应征熟田漕粮，除酌提由海运津外，其余米石，奉各宪统筹全局，悉数截留，抵充大营军饷。现在各营停釜待炊，兵勇竟有食饼食粥朝不谋夕之势，是以钦差大臣万分焦急，业经奏请严催督抚宪转饬各属，将应解军营粮饷，限于岁内一律解足，不能稍有短缺。兹查开仓以来，熟田漕未完者甚属寥寥，设有贻误，本县之考成固不足惜，而军营粮米不继，饷绌兵哗，苏郡生灵，何堪设想？深恐各粮户未知底细，视同往年漕米，因循坐观，致误大局。合亟飞布，务望将应完熟田漕粮，不论本折，于五日内扫数清完，以济军需而安生业。倘有乡遇无知，狃于积习，亦望将此意剀切剖谕，俾共知之。想诸君子见闻有素，定能鉴此真情，必不视为泛常，有误军储，致妨全局也。此启。

据云：有密旨将上海夷房尽毁，严禁鸦片，再犯者死不赦，督抚未敢擅办，迨夷船闯入天津焚毁圆明园之后，此议亦寝。后各帮米船沿途寄卸，竟有原载回沪。

（咸丰）九年，漕艘仍由沪达津，夷船包送，不允即驶天津滋事，大败。又放大小钦差会同督抚与夷约法，到沪住数十天覆旨，其鸦片准作药料，归入药材店买卖，一例收税。前林则徐严加禁拒，甚而缴解焚烧，将以净尽，今听其贩运完税，归入药料，其办事迥乎天壤！

（咸丰十年五月）初五日，白茆口有兵船一百廿只，从外口来停泊，登岸买物，金鼓交接，据云孙大人之兵。附近各镇大为惊吓，奔避如蚁。吾镇于黄昏时，有妇女沿海结队而来，或有人劝其返，不必慌张。吾镇屹立如山，始终未有摇动。五月初，常地搬场船更多，有搬出者，有搬归者，有东搬西而西复东者。常令出示，钦加同知衔常熟县护理布政司周，昭令出示，钦加同知衔昭文县兼理太仓州事王，署理白茆巡厅代理昭文县事刘。

---

① 〔清〕柯悟迟撰。

支塘乡勇目徐容堂前往太仓，名称收复城池，实则满载而归。遂希冀昆山，又探得贼亦归省，钱少湘即雇船数十，旗帜鲜明，领勇六百，径入昆山，及入城后，贼蜂拥冲出，勇即溃散伤毙，亦有奔回支塘，径各归家，官董连夜逃避，阖镇料想不保，尽避乡僻，自此勒捐稍松。

谣闻天津夷船又复猖獗，苏城贼匪分窜湖州、嘉兴、杭州吃紧，支塘乡局又大集威武，窑镇分勇防堵，自双凤、直塘一带，扰动不堪，常邑查缉倍严，米不出境，航船只许四、五石为度。十八日，小东门到焦湖船五只，县即出查看，船队以俟到齐后一并查视为对，练勇硬检，惟火药枪炮，勇即逃逸，官亦退步，小东门紧闭，阖城又哗，搬场四出。练兵各镇亦少，此扣传闻纷纷不定。

（咸丰十年）八月初一，庞公严鼓，大获胜仗。我与汪庚山于午后发棹到城，值顺风大潮，迅捷如飞，一路询问往来舟楫，风声若何，皆云近日风声颇好，常地安堵，迁避下乡之船绝无，搬运归家之船极多。

（咸丰十年八月）廿五日，闻各镇贼尽归杨舍城矣。徐市乡土匪结队，手执火把。夜喊杀妖，里中大惊，适有识是土匪，即兜众捉杀，匪等希图抢劫，乃遭杀身灭门，不足惜也。贼到一镇，必先封典铺，支塘二典封后，被土匪抢空，贼传地方领剿。廿六日，传闻永昌徐氏已破常熟，王元昌攻江阴，贼调各股回城救援。白茆港蓦谣长毛已到，人皆争渡，船覆溺死十余人，身边皆有行李，无人殓埋。九月初，传说纷纷，阴雨半月，禾稻又为减色，贼焰稍平，人情略定。二十后，有百廿毛往来支塘、董浜、梅里一带驻扎。廿六日，支塘又到船一百五、六十号，约二千余贼，如有土匪抢夺，即行枭示。再四出示，急送人丁册，即给门牌，安居乐业，照常耕贾。贼虽言之谆谆，终不敢轻信，贼心素怀叵测，难必其无诡诈。梅里、支塘皆设馆，往来无定，旗帜遍野，每膳音乐迭奏，户户悬挂门牌，出示安抚百姓，招归迁避之家，放还有亲之子。是时各处不守分之匪类，投入贼中，作为乡官，指点谁富谁贵，贼故洞悉其中矣。常、昭两令暨庞公自八月初过江后，犹冀召募克复，后大集兵勇，声势甚大，被贼侦知，先将各海口加紧防守，福山、白茆尤固。十月五日，北港庙大集儒释道三教同坛设公醮，亦是千古未有怪事。其实皆儒教变常，妄邀富贵耳。适毛贼到海口探虚实，约有百余人，醮事遂废，逃避一空，宿义庄典中，金银尽掠。十六日，留十余贼守镇，余皆归城。不意西路土匪趁贼孤单，截杀其四，余逃回。而北沙召募之兵，恰已抵南岸，从徐六泾、浒浦进，周沐润亦到，不过二千余名，头裹青布，器械不齐，粮饷似不充足。董事已各路发信，催檄上款。沙勇到梅里，贼闻风逃走，常、昭即出示，张市、梅里，大获胜仗，支塘贼连夜逃城，咸谓从此进剿，各城不难克服。十七晨，大雾对面不见，贼已抄抵梅里，水陆并发，沙勇闻声即退，各路溃散。贼竟追至浒浦，焚烧房屋，杀害良民，支塘一股直趋白茆口，与沙勇接仗，贼势浩大，沙勇不支，遂被杀，余溃。贼尽追至海滩，沙勇涉水已过其腹，不能再逃，尽被贼害，乡农亦有死伤。贼回城一路劫夺，周沐润几不欲生，此又瓦解冰消。

（咸丰十一年）三月初，由白茆口航海到　，其发已飞去大半，尚不能行走，只是剃净。盘桓半月，回家发尚短，又不能行走，更须潜避。至于　本万商云集之所，现人烟稠密，十倍于前。兼之各国码头，督抚司道皆苟安于旦夕，皆赖夷人声势，贼亦不敢正眼窥探。上海县刘郇膏调度得宜，华夷皆服。闻乍浦克复，湖州大败，贼皆丧胆。常邑贼目操演水陆兵卒。四月初一，各处征收上忙银，兼收下忙，追清漕尾，田捐红粉税，一井严摧，乡里日夜不宁。白茆水旱关税又加一倍，尚不能出境照票，远出必得再税，真所谓十里三关，一年八课，如此盗贼行为，其能久存乎？出示沿海一带集民团练。十三日，太境环集乡民，拆毁旅帅房屋数处。十五，锣声四起，聚议抗拒，又延烧县境旅帅房屋。及太城贼目提兵进剿，捉杀数人，余自尽已不少矣。五月十五日，突有兵船三十余从北来，停泊白茆港外，领勇者即杜少愚也。登岸先向港上各行铺筹饷，允者即付。扬称此次大兵云集，各港进兵，以冀一鼓歼灭，兵船随进港登岸，先取水旱卡，逼人薙发，守卡贼奔逃报信。沿海居民似乎兵贼交争，与民无涉，遂懈。十六日，遂贴示写常州府兼理常熟县正堂周【即沐润。】兵勇先到横泾捉贼，而横泾贼亦已逃空。十七日，常邑贼目领四、五千毛贼，长驱水陆，从浒浦、徐六泾、白茆三路抵御。贼将到沙荣庙，不论农夫妇女人等，见即砍死，哗然逃避。及到港，兵船皆出港外，群贼喊杀

妖一声,真山崩海裂之势,互相大骂一场。所惜者,横泾捉贼之兵七、八十名,皆骁勇精壮,闻港口贼到,即返身兜杀,过六河镇有人语曰:贼势众,不可轻敌。兵勇皆云:我等不避艰险,尔民助我声势可也。即飞奔而回。六河人即鸣锣为助,遇贼于宋家桥,竟能一以抵十,无如众寡悬殊,将伤及半,余逃散。贼伤亦不少,趁势掳掠,沿海民居十余里,可云净尽。最可恶者,蚊帐食锅家家日夜必需之物,俱被抢去。六河镇助威者,亦去一掳。连夜归城,吾镇幸未生事,尸横道路,掳去不下数百人。十八日,太仓贼目率兵到横泾,已风过浪平,又遭掳掠,乡里切齿,惟杜少愚一人而已。余于端午又往上海,廿六日返棹。虽得信,尚未吃惊。是夜北斗边起一星,光芒直冲东南,有二丈许,粗甚,后渐收且没。白茆港从此萧索,徐六泾盛。六月廿二日,突有广艇八桨船,直入港口,开炮登岸,插竖旗帜。内地人一面送信贼毛,一面鸣锣聚众,被其杀死数十人,港口居民掳掠一空,市面又罢。究其根底,即上年常州溃散总兵李德林,游奕海面为盗。

同治元年(一八六二年)正月朔,晴朗,严实滴水成冰,相继十日。自道光廿一年大雪之后,未有如是。廿六年严寒之后,亦未有如是。岁时应有稔望。正、二月中,风和日丽,大有否极泰来景象。如将贪官污吏尽为革除,并惩创刁绅顽缙,则我朝气运之隆,可立而待也。三月,菜麦勃然兴起,贼忽而要米数百石,忽而要金数百两,忽而要水木工作衣匠,忽而要油盐柴烛,忽而要封船数十,忽而要小工数百,时时变,局局新,其横征暴敛,莫可名状,师旅帅亦无可奈何,虽鸡犬亦不宁也。初一、二日,支塘贼兵不下数万,攻沪城。初六日,上海大兵涌出四杀,贼兵弃甲而逃,仍由支塘回,死约五、六千,人皆大快。若再得一举,贼皆丧胆矣。现青黄不接,挪措丝毫无告,粮食极贵,纺织无利,家家洗荡一空,已所谓室如悬磬。而贼之迫催严比,无出其右。各路官兵尚未会集,生灵倒悬已久,若再迟滞,恐尽遭其毒而不能救也,奈何!支塘镇设弔硝局,专拆古庙,民房破旧者亦然。横泾镇东西筑城墙,开濠沟,附近十里庙宇,尽行拆毁。三月初一,考试文童,著师旅帅硬捉,应试者皆疲癃残疾而胸无点墨之徒。题出:知我者其天乎?吾方无一取者。初八试武童,又因所来考者皆未完卷,重新补考。太城贼到横泾,六河起房捐,每间屋每日捐钱七文,弔硝局拆支塘民房,贿赂可免,又需各镇津贴,如不然,纵铜墙铁壁,画栋雕梁,亦能倾圮。常城贼目毕西路催粮张市典,巨细一卷而去。徐六泾港生意极盛,河海各船稠密,被贼拉住捉领船凭、大船二、三十千,小船三、四千;大行捐二、三百两,小行捐三、四十两。港内设苏关,外口设海关,完税抽厘。又有永昌徐厘捐。如布每疋加外耗钱九文,他货进出亦然,白茆港可类推。贼与枪船相打,蟠龙黄马褂扯碎,捷足而逃。

水窗春呓①

卷下·中外通商

西洋各国,上古不通中土。明中叶,始有葡萄牙人航海来粤,赁居濠境地,即今之澳门,而俗呼之为大西洋。嗣后则佛兰西继之,荷兰继之,所谓红毛夷也。本朝钦天监用西人,亦皆其最近诸邦。若英吉利则绝远,至康熙末始来通市。花旗即美利坚,港脚即普鲁斯,白头即五印度,来者益夥,而朝廷制度森严,无敢与之交结。粤之洋商亦惟十三行主其贸易,此外莫有问津者。

乾隆五十九年,奉表入贺,召见便殿,不责以中国仪注。礼毕,使由内地行走。沿路以严兵护送,以军机大臣松筠偕行,而两广总督长龄至梅岭接护。高宗纯皇帝洞见远人情款,宽严操纵,无不中窍,西人畏而怀之,无可起衅。所乞天津、宁波两处给一小岛,以便屯货,卒未允行。

迨嘉庆十三年粤督吴熊光任内,西人已渐桀骜,用兵船入内洋要挟矣。至二十一年复入贡,户部尚书和世泰不谙先朝掌故,递请照属国拜跪礼。至期,上升正大光明殿,而使臣不肯入内,上大怒而罢。自此益轻中国焉。至道光十三年,卢坤任粤督,又有如吴熊光之事,迁就完结,气焰益张。海关洋行需索抑勒,每

---

① 〔清〕欧阳兆熊,金安清撰,谢兴尧点校。

年多至千万，西人不能堪，天高听卑，久必决裂，固不待禁烟之肇衅也。烧烟之役，实由于广府余保纯之承望风旨，而洋商伍姓相与谋，冀以塞星使一时之责，徐图弥补，非出自洋人之本志。乃林文忠公惑其说，遂成非常之举。使当日先查洋行、海关之弊，而施其惠于洋人，夫然后令其自行禁止，以情理曲喻，未必不从。总由中西隔绝，于西洋之情伪无从周知，致措施未得其当耳。天运使然，人谋亦难以主之。吁！可慨也。

附录·洋务宜遵祖训安内攘外自有成效说

窃惟今日国事之最切者，莫如洋务海防之一端，议战，议守，议抚，议防，至不一矣，而二三十年以来，卒无定论。古人云，"知彼知己，百战百胜"，正不必论我之制彼如何，当先察其彼之胜我安在？近人之羡慕而悚息于西洋者，一曰富，二曰强。所谓富者，各处洋面占据马头，岁入之款倍于中华而已。所谓强者，船坚炮利，新色火器层出不穷而已。至于其所以致富、所以致强之道，无有能揣其本而探其源者。纵有其船、有其炮，而驾驶、开放之技艺不如也，坚忍勇鸷之人心不如也，如山不动之号令不如也，则与无船无炮又何异哉！试以最近之事较之：我大清国龙兴东土，以骑射为绝技，当时与明人交战，明人有鸟枪大炮，而我则无之，与今日我之枪炮不敌西洋情形相类。然明人有枪有炮往往不及施放，而我之劲弓怒马已至其前，明兵率弃枪炮以逃，其故无他，人心一齐一不齐，士气一勇一不勇之别耳，固不在有器无器也。前年普鲁斯与佛郎西相哄，法国之旱队枪炮冠于泰西，千百年来尊雄无敌，普鲁斯乃褊小之国，徒以君明臣良，蓄谋岁久，殚精竭智，上下一心，遂使法郎西火器诸技失其所恃，而为普所挫败。是西人与西人交战，所用轮船枪炮，两俱精良，而仍以人心之整齐涣散分胜败。中土日习军火，即事事得法，亦不过与佛郎西相等极矣，使不先求鼓励兵心，整饬刑政，设有如普鲁斯之强锐无前者，我能不为所挫乎？故以前明之有火器与国初之无火器言之，则有者败而无者胜；以普、法二国言之，则火器著名者败而火器未著名者胜。然则其所以必败所以必胜者，仍以兵心之勇怯为优劣，而器之有无利钝实为第二著，灼然可睹矣。

以中土十八省，分南北两途，南人工于文词，精于书写，北人往往不及焉。乃北人只效南人之笔砚精良，纸墨华美，而不能于幼小之年，耳濡目染，如南人之勤学，无益也。北人习于弓马，美于驰骋，南人亦不及焉。乃南人之效北人，但购其名马高车，劲弓健矢，而不能如北人练习筋骨，耐习艰苦，无益也。以同一中华之人，而南北异宜，尚不能事事相师，反客为主。乃一旦欲强中华开天辟地数万年之人心风俗，驱迫之以仿照西洋，虽以汉武、秦始之威，其不能有尺寸之效亦明矣。

臣愚，窃谓今日中华之于西洋情势，有无足深虑者三，不能学步者三，大可有为者三，敢为圣明详陈之：

泰西大小各国以数十计，而不为统于一尊。最大者为俄、为英、为法、为美，而普鲁斯后出亦颉颃其间，与中土从前之战国绝相似，互相联络，互相猜忌，更互相防维，故历次条约中必云"如后有施恩之处，各国一律均沾"，其牵制钤束之隐情大可概见，断不能一国独启兵端。使我驾驭得宜，操纵有法，则彼且为我用。使为鹬蚌可也，使为冰炭可也。即或不然，亦必有此疏而彼尚亲，一违而众不合，断不致各国同时决裂，与我为难。此无足深虑者一也。西人勇于战事，而兴兵则其慎其难，必一国中君臣绅商询谋佥同，且筹有巨饷，方能命将。即如道光二十年，洋兵初来，正林则徐为两广总督，威名最盛，遂不敢遽犯广东，特乘浙江之隙；及占据定海，大可接踵内犯，乃仍向天津诉冤。次年二月，奕山在广东议和，给予六百万，已可罢兵，苟非裕谦剥皮为缰于宁波，则江宁二千一百万断不致如此之甚也。咸丰六年，叶名琛与之争执入城一事，辗转年余，始将省城攻陷。迨僧格林沁在天津击沉洋船一只，法国急于报仇矣。至下年春令上海道吴煦令商人与之讲解，只给兵费二百万，一切仍照戊午原议，其各兵即可撤回，乃端华、肃顺拒之于内，何桂清、薛焕拒之于外，洋人无可如何，始大队北上。其时洋兵麇聚上海，载来战马二万匹在洋泾浜游牧，中国共见共闻。正发逆叠陷苏、常，使洋人乘利逐便，翻然改图，以攻天津之兵先据杭、湖，为贼前驱，则固唾手而得耳。而西人未奉君命不敢为也。以洋人前后数年情节论之，其善战而不轻于决战，实已昭昭然矣。盖华军虽不能与之海上交锋，若陆路鏖兵，则洋人自揣亦无必胜之券，且我之兵勇调募可以不穷，彼则来者只有此数，全仗潮勇汉奸为之前队。此无足深虑者二也。洋商自十三口通商以来，其在中国购房屋长子孙已二三十年，恋土情深，牟利是急，一有变故，其数千万赀财皆付荡然。故前数年屡次为中国剿逆，非其向化

之独真,乃其自谋之更切,苟非万分怨恨,岂肯自害其羽毛!上年东洋无故饶舌,在京威公使尚出而排解,其不愿通商各口岸搅扰为池鱼之忧,亦确凿可证矣。虽东洋人心险诈叵测,与西人不同,不可不为之备,然通商各岸有西人之贸易在,断不令其独肆鸱张。此无足深虑者三也。

西人兵法至严,而养之至厚,其月饷多于中华数倍。虽一队千人十死八九,其一二成尚且直前不退。每船数百人,终日寂然无声,所派在船分段分查者,持枪往来,足无停趾,不但无故无一登岸,即在船亦无酣嬉高卧之人。枪炮器械绳索什物,不惜厚费,必新必坚。终日淬厉如待敌至。即炮子之光滑,亦如球如镜,大小合膛,加以规算测量,故能致远中命。虽王子贵人,一经入伍与齐民等,劳苦蠢笨事皆习为之。桅高数丈,缘索以登,必行走如飞,尽各兵之所能,方为水师提督,行伍之中,从无一官一兵可以幸进。此法律之精严,中国不易学者一也。西酋奉命出疆为全权大臣者,行止皆可自决。其督兵时,临阵行伍开仗,每于未曾定计之先,广咨博访,必集众人所见,择善而从,虽走卒末寮皆可预议;及既定策之后,即王公贵人不能摇撼,一切无知浮议,更屏而不顾。故下情无不上达,而善策不能中挠。敌之山川形势,兵将强弱多寡,城郭之远近平险,必先期侦探确实,宣示各兵,皆能胸中了了,更授以地图,临时再三申诫,令众心为一心,操有胜算,方肯举动,从无孟浪从事之时。此用兵之详慎,中国不易学者二也。西洋旧制,除临阵死亡无论外,凡所获之囚,伤者医之,死者殓之,生者养之,绝无摧辱凌虐之事。两兵相交,使命往来,不加梗阻,一树白旗,立即止仗,不得无故伤害。逐日战事,准局外士人随笔纪载,无所为讳饰。为将之胜败,苟布置实非其罪,为众人所原,各国皆可录用,如现在法国麦马韩之类。此待人忠厚,中国不易学者三也。有此三长,故其人心精力果败少胜多,此皆船坚炮利之所由来,必兼此三者而船坚炮利始克收其成效。否则,孟子所谓兵革非不坚利也,委而去之而已。兵将法律之精且严者,本也;轮船大炮之利且远者,末也。有本而无末,虽制挺可挞秦、楚之坚甲利兵矣。有末而无本,虽强弩不能穿鲁缟矣。谈洋务者,于西人之根本长技,独不一深长思之,何哉?

夫今日我之大清国,大有为者实有三焉。列祖列宗深仁厚泽驾乎三代,故三藩之变、川楚之变、发捻之变,皆系扰及半天下,而民心顶感,浃髓沦肌,非若汉、隋、唐、明一旦有土崩瓦解之势。两宫皇太后十余年之任贤使能,削平大难。中外上下各官皆凛凛奉法,无一骄恣专擅贪婪玩愒者。吏道之澄清,尤胜于承平二百年之际,既无尾大不掉之患,亦无积重难返之忧。洋人之在内地,一有不善,此间攘臂大呼,千人立应,无甘心受其窘辱者。即远而寄居海外如旧金山之类,衣服冠制至今不改华风。此乃民心固结之大可为者。本朝经入之款,康熙时只二千数百万,雍正、乾隆两朝,整顿关税盐务加至四千二三百万,下迄嘉庆、道光,年年如此。同治四五年后,海内以次肃清,各海口渐增洋税,多至一千一二百万,各省厘捐多至一千七八百万,共增银三千万,为自来所未有。其旧入之四千二三百万,虽欠解者多,亦尚可收至三千万。合新旧两款计之,已及六千万。果能省费得宜,处处核实,以今视昔,国用不患不充。此经费从容之大可为者。承平时,民不知兵,绿营固多偷惰,即旗兵亦迥不如前。自军兴以来,先后二十年,各省人民皆有衽金革而不厌之意,挑濠筑垒,制造枪炮,无不视为常事。倘能精选勇健勤以训练,虽未必能取胜于各洋,而中土乱民无由动作。此营伍奋励之大可为者。具此三大可为,而九重宵旰忧勤,尚鳃鳃以未雨绸缪安益求安为念,此真古圣王之用心矣。

伏思顺治以来,列圣实录尊藏大内,非臣下所能窃窥,宝训则遍赐大臣,即会典律例亦已多半详载。从前每立一法,每定一例,列圣苦心酌度,为子孙万世计者,包括无遗。使今日中外大小臣工,皆能细究官书,洞明例义,则于治国平天下之道,自能无偏无倚,可以垂久,可以自强。未便以嘉庆以后,中外各衙门拘泥律例,致胥吏弄权之一二事,遂并远年祖宗成宪为不足法也。溯查顺治年间先后三藩之变,一时国势固岌岌可危,即康熙时,伊犁之准噶尔尚为敌国,上烦圣祖仁皇帝三次亲征漠北。雍正一朝,防兵只到巴里坤,屡次出关,我军大败,西北边外之寇患,无时不战,无岁不争,更甚于今日东西两洋十倍矣。两朝圣主惟以培养内地元气,修明中外政事为急图,使民心大定而兵力自强。至乾隆初年,准夷内乱,我师兵不血刃,开拓新疆二万余里。此即固本待时,尧舜之成效具在,未闻世宗宪皇帝以上圣之姿,耻于退让,急急于穷兵讲武也。即乾隆六十年中,缅甸、安南、大小金川、廓尔喀诸大役,高宗纯皇帝十全武功,震耀四海。而方略所

载上谕，刻刻以罢兵息民为念，务在以仁为治，以德服人，此万古帝王圣圣相传之心法。有一日之天地，即有一日之道理，举世戴高履厚、食毛践土，苟非不具人心者，孰得而违之乎？夫中土之于西洋，未必百事不如，亦未必百事皆胜，其间人情风俗各有所长，而天理所存则无二致。今人但知西人处处恃势，处处恃强，而不知平日优使其民，信使其军，仍不能逃出中土圣贤之大道至理。且举措之间，时有一二暗合者，此其所以强也。世人皆以西洋为智，而臣独以西洋为愚，惟其愚也，故用心能专，制器能利。而中土之聪明十倍过之，其不专不精处，则皆聪明误之也。世人皆以西洋为谲，而臣独以西人为骙。唯其骙也，故政令严肃，军律整齐。而中土之圆融亦十倍过之，其不整不肃处，则又圆融误之也。今欲与之角逐，求其富强之效，必先探其富强之源。究竟各国得力之实际，乃由于军民一心法令严整乎？抑仅在于船炮猛烈所向无前乎？苟能执其两端而详辩之，则朝廷之上，整饬纲纪，发号施令，孰先孰后、孰缓孰急之次第，自有主持，而不眩于道谋筑室矣。盖兵可百年不用，不可一日无备，此古语也。然一日无备则不可，一旦必强则亦有所不能。人生气禀强弱各有不同，即欲转弱为强，亦必先为保养精神，调和血气，加以逐日练习筋骨，方可望其力足气雄。若急服壮药以戕其身，多购利刃以助其势，一旦两相搏斗，力既不能举其器，气亦不能持其久，虽求其支吾撑柱而尚有所难，而平日本身元气因此内伤，已悔不可追矣。总之，立国之道，武事不可不修，而政令为之本；外患不可不备，而信义乃其根。蒙恬以三十万众攘匈奴于北边，汉武使五将军更番出塞，兵力可谓雄矣，而单于内附乃在宣帝之时。隋炀征突厥、征高丽，旌旗车马亘数千里，国威可为震矣，而渭桥受抚乃在唐太宗贞观之年。即近日普鲁斯之攻佛郎西，其未举兵之先，受法人之欺辱不下六七十年，普君但知激励本国民心，讲求本国政令，使小民共感其上，乐为之死；而又广求将相之才，推诚以任之，上下内外，恩信固结，如共一身；其出征之兵将，感激其平日君相之恩，故有进无退，视死如归，始能成此不世奇功。使普鲁斯不于内政用心，专恃造船制炮，张皇四播，先为法人所觉，必别出新法以驾乎其上，则普人之挫灭久矣，尚何能一泄其忿哉！拟之汉、唐以来及乎本朝之往事则如彼，求之泰西各国先后用兵之近事则如此，固未有不先其本而后其末者。伏愿我两宫皇太后，思古今之全局，继祖宗之贻谋，先保元气，以恤民生，大整吏治，以维邦本。盖抚剑疾视者，匹夫之勇也；修德待时者，大圣之智也。倘皆如雍正一朝世宗宪皇帝之励精图治，自中至外，自上至下，处处破格用人，处处破格办事。计其时朝廷大政及北直水利，则专任怡贤亲王、大学士朱轼；军机处事务则专交张廷玉、蒋廷锡，皆言听计从，朝奏夕可。云贵苗疆事，则设三省总督，专任鄂尔泰；河南、山东专任田文镜；浙江巡抚专任李卫，兼辖江南盐务，一切营伍皆归举劾；河工海塘等处，专交嵇曾筠。此外，张广泗一捐班知府耳，不及五年，用为七省经略；岳钟琪一副将耳，用为陕甘总督。再下至同知知府，皆准其专折奏事，督抚幕友皆知其姓名，万里之外，雷厉风行，无不上邀九重洞烛。惟独断速，故浮议不能挠。惟赏罚明，故群情无可诿。十八省中，皆夜不闭户，野无遗贤，但有一技一长，无不为国家效死力。所以雍正朱批上谕，冠绝古今，至今天下流传不朽也。近来中外人材蔚起，未必无怡贤亲王、朱轼、鄂其爱憎，责其尽心而恕其不及，则人人用当其才，而天下无不治矣。

夫洋人之擅长在海，战争在此，谋利亦在此。国初郑成功窃据台湾，圣祖仁皇帝移沿海之民三十里以避之，郑氏遂为我困。此即不与争海之利也。此时诚弃海之利害与洋人，而但恃陆路兵民之心以胜之，彼必技无所施矣。溯自道光庚子起，至今三十年，内地与洋人交锋，惟广东三元里义民八十三村及台湾各社，两次大创之，皆不恃枪炮之猛，而但恃人心之坚。前者已死，后者再进，洋人之利器竟不能致力。从前捻匪盛时，各省各县皆曾筑圩，其圩长不过秀才监生，乃一发号令，数十圩中百万人皆能为之效死。如果沿海地方官皆能如圩长之恩信及人，则平日之民皆临事之兵，虽一呼而数千万皆集矣。船炮乃呆物，待人用之而灵。民心兵心乃活物，激之可以必死，其间优劣，天壤相判矣。先选沿海之督抚，再选沿海之州县，如身之使臂，臂之使指，上下联络，万众一心。中土有船有炮，固足以取胜外洋，即无船无炮，亦必卓然有恃而无恐。与其费二三千万买非人不行之船炮，何如只用一千万或减厘捐或垦荒产即可收沿海万里之人心乎！夫天下之大，兵刑钱谷之烦，边防海防之重，一一综核其名实，明作而有为，使各直省中，无一民不安其生，无一官敢旷其职，节无益之费以薄敛于民间，求有用之才各专以要任。船炮固不必废而不讲，但不专恃船炮以自强；兵将要在练之使精，更当求其兵将之敢死。将见薄海内外，同仇敌忾，众志成城，国势蒸蒸日上。

外洋之人,各有耳目,自然既敬且畏,不敢妄求。其办洋务之大臣,恪守条约,以恩信结之,断不致有无端要挟欺蔑之事。再历一二十年,我皇上春秋日富,英武神明,上荷天心眷佑,机会方来,亦如乾隆朝准夷故事,定可复数世之仇,泄敷天之愤。目前固不必急急速求奇效,徒乱人心,制器则画虎不成,临阵则羊鹤不舞,以举棋不定累庙算,以狼狈相倚启外疑,竭千百万小民之脂膏,购东西洋唾余之船炮,筹防未足云备,帑项则已全虚,弊政永远难更,民生则已重困,有百损而无一益,此天下庶士绅耆所异口同心而无敢上诉者。臣不胜愚戇之至,急迫之至。谨冒死上陈,伏乞圣明垂鉴,天下幸甚,人民幸甚。

计开:兵七万名,每名每月十元,计八百四十万元,合银六百万两。大将七员,每员每年三万元。连军火器械、造炮台、造船一切,每年千万足矣。以一半发现饷,一半存公为各兵恒产。

直隶一万人驻天津,山东驻烟台,江苏驻鹅鼻嘴、上海两处,浙江驻乍浦、宁波两处,福建驻省城、厦门两处,广东驻省城一处,顺天驻牛庄一处。此七万人皆于楚淮两军中择其年三十以上五十以下身经百战朴实敢死者应之。别筑城垒,群处其中,逐日训练。其眷属另处一城,每月准假六日省视。各按各队,周而复始,以均劳逸,而示体恤。其饷分三宗:一养身,一赡家,一留恒产。如此则兵心固,兵志定,养之千日,可用之一朝矣。

兵之黔面刺臂者,皆始于五代,而南北宋极重之,虽狄武襄一代伟人,亦所不免。此时设立专兵,宜用刺臂之法,以为识别而坚心志。

世载堂杂忆[①]

太平天国佚史·打馆与搜妖

打风军士回来,招了兄弟几万人,将红绸缎布疋搜尽,每人发红巾一条包头。又将长江下红船摆江,大号船只聚集数千条。时江水枯极,由汉阳门一船横拼一船,架起浮桥一道,排到龙王庙。汉口官兵甚多,都寒了胆,一个军士叫妖跪下,数十官兵即弃刀跪下,束手就戮。汉口大火,光焰冲天,十余日后,东王乘大船数千艘,率师东下,清兵又占省城。

何子贞轶事

(何)子贞为海山仙馆书联云:"海上神山,仙人旧馆"差满回京后复来,仕诚益礼遇有加,尽出其所藏书画,由子贞遍加题跋。又特制画舫曰牡丹舸,为珠江游燕之具,终日置酒为乐。子贞因急事返乡,仕诚作长夜之饮为别,临行乘舸转舟,仕诚尚酣醉未醒也。子贞又为之书长联县厅事云:"无奈荔支何,前度来迟今太早;又乘连舸去,主人长醉客长醒。"

子贞所取举人,有番禺沙湾何生,榜名绍基,与子贞同名姓,乃呈请老师亲笔代为易名,仕诚即置酒集诸门生,为锡名会。

清游题句雅集敲诗

戊戌前,张之洞由鄂省移督两江,游焦山,题长歌于松寥阁,颇有感慨时局,左祖维新诸贤之意。寺僧精装悬壁。政变事起,节庵先生乘小兵轮由汉星夜抵焦,问寺僧张督题诗尚存否?寺僧出轴曰:不敢损坏。梁曰:张督欲再题跋于后,题好还汝,携卷归,裂而焚之。

① 〔清〕刘禺生撰,钱宝甫点校。

王湘绮之遗笺零墨

某次课期，先生出赋题，某生赋中有“船中一枝曲，曲中是何人”二语。（王湘绮）先生批曰：“是耒阳人。”或问其故，答曰：耒阳驶船人喜吹小笛，此生殆写实非用典。

马眉叔与招商局

马建忠，字眉叔，予师相伯先生之同怀弟也。以下所纪，得诸相伯先生。

光绪甲申，中法开衅时，马眉叔任上海招商局总办，恐海舶往来，多有窒碍，以此局本系购自其昌洋行，不如仍畀该行暂管为善，电禀李鸿章照准，于是各商轮悉改悬美国旗帜。京师清流诸公，忿且骇，以为马建忠午外洋数十万金钱，擅将招商局全局卖与外人，而数百万之国帑商本，皆付流水。盛宣怀素忌马眉叔，力为作证。执政诸公，无不嫉马眉叔主张洋务，且曾纪泽、郭嵩焘均称其学冠中西，招忌更甚，谓其败坏国事。又以盛宣怀为科第世家，其言可信。

宣怀又阴怂清流派御史，参劾眉叔，谓此等佥壬，非尸诸市朝不可。众口一座，行将奏请提解，惟以马为李鸿章所举用，尚在迟疑。翁尚书则谓此区区事，不必大举。因翁常熟曾颇常识叔学问文章，见诸适可斋记言记行。遂由常熟一人出名，电眉叔到京；盖常熟主张姑电饬该员来京，当面诘问，如有不合，即论斩，免得李哓哓救护，反致误事。众皆谓然。

常熟详问眉叔原委。眉叔具言两国相争，商船改悬他国之旗，此为各国通例。盖海道往来，敌人见中国旗，必用炮击，货物不足计，商客何辜。且长江商船，仍悬中国旗，不过海船一部份出保护费耳，改旗自护，殆非得已。且卖局于人者，得人之财也，今我实以自有之财，聘用他国之人，代为经理，不得目为交易。常熟问：将来尚可归还否？答：中法何日停战，何日即可还原。常熟又问：倘不能如议奈何？答：此何敢欺，某人全家性命在。常熟正色曰：既如此，汝姑回沪，苟他日不能取回，国法将不汝贷，非洋人所能护也。眉叔唯唯而退。过天津，见李鸿章告之。李曰：吾尚在讥谗中，何况尔？吾辈值此时，惟委蛇观变而已，余无可言也。时招商局挂洋旗，局中司事者，仍皆旧人，照常办事，各分局之总办，及江海各船之账户，亦仍旧贯，惟美国人员八九人，在总局指挥耳。眉叔仍日日到局，次年和议成，即龙旗高挂，煊赫如前，江海各船亦同日更易。而政府终以眉叔为不可恃，加派盛宣怀为招商局督办，李鸿章亦无如之何，而眉叔遂不能久于其位矣。

甲午一役中之八仙

张季直初露头角，事在光绪壬午以前。其时张随吴长庆军驻防朝鲜汉城，长庆以张季直及朱曼君掌书记，袁慰亭权营务处，马相伯、王伯恭为国王聘客，李鸿章奏派马建忠与各国通商。壬午朝鲜之乱，建忠、长庆拥大院君与兴中，兵船载归，安置保定，季直与诛。及韩国甲申之乱，季直已归国。尽至甲午，季直遂大魁，为翁常熟得意门生矣。

补述容闳先生事略

先生容纯甫（闳）氏，为我国学生留学美国之第一人……容氏南屏乡人，南屏距澳门约十三里。幼时随其父赴澳门，入英教士古特拉富夫人所设之学塾。清道光二十一年，进澳门玛礼孙学校。二十七年，随校长美国人勃朗，经印度洋、好望角、圣希利那岛，渡大西洋而至美国纽约。同行者有黄胜、黄宽二人，共入美国麻省之孟松学校，究心算术、文法、生理、心理及哲学等。尤擅长文学。……回国后，常以教育后进为己任。时太平军连下江汉州郡，英人复陷广州，与粤启衅，全国骚然。容氏至香港，任高等审判厅译员，兼治法律。已而弃去，至沪任海洋繙译。……咸丰十年，赴金陵，遇秦日昌于丹阳，得谒干王洪仁玕，秀全弟也，因陈七事：（一）依正当军事制度，组织良好军队；（二）设立武备学校，养成将才；（三）建设海军党校；（四）建设良好政府，聘用富有经验人才，以备顾用；（五）创立银行制度，及厘订度量衡标准；（六）颁定各

级学校教育制度,以基督教圣经为主课;(七)设立各种实业学校。仁玕深善其议,格于势,不能用。授义字四等爵,辞不受。赠护照,乃藏之以出。因得溯江而上,至太平产茶地,载绿茶四万五千箱回沪。

清同治二年,第一炮舰统带张世贵承督帅曾国藩意,自安徽驰函召之。容氏疑有不测;会李善兰亦以书来,因谒国藩于军中,陈创办机器厂议。国藩喜,畀以全权,就上海高昌庙觅地建筑,与徐寿、华蘅芳同计功,即所谓江南制造局也。旋随美机械工程师哈司金至美国非克波克城朴得南公司,购订机器,期以半年。适美国南北战争起,以曾入美籍,投效美军。至同治四年,自纽约而东,绕好望角直趋上海。

同治六年,李鸿章平定捻宫外,国藩任两江总督,亲阅制造局工程。容氏复以创设兵工学校造就工程师为言,并陈计划四章:(一)组织合资济船公司,纯招华股;(二)选颖秀青年,分批出洋留学,为国储才;(三)设法开矿产以尽地利;(四)禁都会干涉人民词讼,限制外力侵入。由丁日昌赍京。既而天津教案起,毁天主教医院及教堂,梓法国男女僧侣多人,朝令曾国藩、丁日昌、毛昶熙调停,容氏随日昌为译员,颇多赞划。又规教育四事:曰订出洋学生名额,曰设立预备学堂,曰筹定留学经费,曰酌定留学年限。国藩、日昌并深韪之,至是奏选各省子弟赴美留学,容氏与陈兰彬同为监督,陈固顽旧,非其选也。

李鸿章曾命容氏就哈特福之克林等,造中国留学事务所,课堂斋舍俱备。旋返津,会秘鲁专使欲招募华工,备述优待状,容氏直破其奸,并奉派至秘鲁调查,尽得其虐待状,附影片二十四张,报鸿章。华工受笞,被烙伤痕,斑斑可见,秘使大惭。迄光绪元年,陈兰彬擢任驻美公使,容氏以副使兼留学生监督。翌年,兰彬荐吴子序继任。子序性情怪僻顽旧,与兰彬至善,即电陈容氏失职,鸿章谂其诬,因以容氏为专任公使。

会美国施行华工禁约,兰彬、子序乘机请解散留学生事务所,撤回留学生。光绪七年,令百二十名留学生回国。容氏既蒙回护学一之嫌,绝不能为之言;鸿章亦不为学生援手,此容氏所引为大憾也。至中日启衅,容氏上书张之洞,略陈我国兵单,宜亟向英伦商借五千百万元,购已成铁甲三四艘,雇用外兵五千,由太平洋抄袭日本之后,使首尾不相顾。则日本在朝鲜之兵力,必以分而弱,我国乘隙练军,海陆并进,以敌日本。更由政府派员,将台湾全岛抵押与欧西各国,借款四万万美金,为继续战争军费。之洞称善,其时张、李(鸿章)未和,李又深得慈禧太后宠,故卒成和议,容氏志不得行。

述戢翼翚生平

会甲午中日战争,马关和议告成,两国互派公使,首派李经芳、后派裕庚。时外交人员少娴日本语言文字者,两国交涉,多以英语酬酢。观马关议和,李相国鸿章、日本内阁总理伊藤博文,辩论问答,俱用英文,刊为专书;翻译则李经芳、罗丰禄、伍廷芳也。两国既复邦交,来往须用日本文字,译员多用留日华侨,若辈焉知交涉,裕庚乃派其参随安徽吕某,来鄂招使馆练习学生。元丞应选。东京中国使署,特辟学堂,为教授翻译人才之用。【李盛铎为驻日公使,书长对,首句曰:“斯堂培翻译人才”,传为笑谈。盖当时留学外国,只习其语言文字,他无学问也。】元丞等乃为留学日本开山祖师,使馆学生学成者,湖北戢翼翚、刘艺舟,安徽吕烈辉,广东唐宝锷,江苏冯阅模等凡七八人。

甲午战后,日人决策,提倡中日亲善,在中国设东亚文会,派子爵长冈护美,游说南北各省派遣文学生,习精神、物质各科学;陆军少将福岛正安,游说南北洋、湖北派遣陆军学生入日本士官。东京留学生日众,元丞遂领袖诸生,宣播革新、革命两种政派之说。时梁启超在横滨,发行清议报,倡保皇君主之说,元丞与雷奋、杨廷栋、杨荫杭等,设译书汇编于东京,为改革中国政学之说,尚未明言革命也。然阴与由伦敦归横滨兴中会首领孙逸仙先生声气呼应,协谋合作矣。

予往东京,元丞安置与萱野长知同居左门町,力山等皆在焉。元丞利用日本女子贵族学校校长下田歌子资本,欲宣传改革文化于长江。孙先生亦壮其行,用设作新社于上海。

清振贝子赴日，首携留学生陆宗舆以归，后曹汝霖、章宗祥、金邦平亦相继来北京，均有大用，而元老学生戢元丞，尚在上海，乃谋召其入京，此不经留学生考试，大加擢用之留学生也。

苏曼殊之哀史

苏曼殊，字元瑛，幼随母河合氏，适岭南商人苏翁，时苏经商东瀛也。未几，苏翁归国，河合氏亦携曼殊同返广州，而大妇奇悍，遇河合氏尤为严酷。逾数年，苏翁病歿，何合氏不得于其大妇，只身复回日本，遗曼殊于苏翁之家，年仅十一二耳。托足慧龙寺中，祝发为僧，长老某，喜其慧，梵呗之余，课之读，并使其习英吉利文字。数年，学大进，中西文字，均斐然可观。初，苏翁在时，曾为曼殊定婚某氏，巨室也。女贤而才，自苏翁歿后，两家之消息隔绝矣。

曼殊居寺数年，所往来者，惟一老媪之子，时为存问，盖媪曾为曼殊乳母，又受河合氏之恩惠最深也。曼殊年十五六，学长，辞寺长老东渡省母，苦乏资斧，随媪子贩花广州市中。言似集资之日本。一日，过巨室侧，适婢购花，识曼殊，讶曰："得非苏郎乎？何为至是耶？"阴唤女至，曼殊以笠自掩，且泣曰：惨遭家变，吾已无意人世事矣。并告以出家为僧及东渡省母之故，劝女另字名门，无以为念。女闻之亦为之泣下，誓曰：是何说也，决守真以待君耳。解所佩碧玉以赠，善沽之，当可东渡将母。曼殊遂以其碧玉易资赴日本，比还国，闻女以忧愁逝世。曼殊既悼女亡，复悲身世，怆感万端。时清末季，革命党人群集上海，曼殊客居觉生之家，与吾老友均县萧纫秋共据一室，自道其详，其所为绛纱等记，皆是时之所作也。作时伏枕急书，未数行，则已双泪承睫。尝欲将其事撰成长篇小说，共为百回，每回并附一图，图已绘在三十幅，托纫秋请孙先生资助印书之费。先生时正困穷，孙夫人倾箧出八十元赠之。曼殊持此二次东渡，卒未能将其书印行，惜哉！迨后卧病宝隆医院，致书广州胡展堂，另附一纸，为转交纫秋者，仅书一鸡心，旁缀一行，为"不要鸡心式"五字而已，众皆莫解所谓。萧嘿然久之，曰：苏和尚【当时人同称曼殊语】殆将不起已，岂嘱予代购碧玉一块，携以见其地下未婚夫人乎？即在市购方形碧玉一块，由徐季龙带沪。季龙抵岸，趋宝龙医院，则曼殊病已危殆。三日不饮食，若有所俟也。医院护士近前告之，并云广州萧某托带碧玉至矣。曼殊启目，强以手承玉，而使护士扶手以唇亲玉，欣然一笑而逝。

翠亨村获得珍贵史料

陈（粹芬）老太太为言革命时期惠州之役。香港李纪堂、梁慕光等商议在惠州起事，军械皆由海员公会海员秘密输运，经日本邮船与美国、高丽等邮船运来者最多，以横滨为居中策应，视情势如何，在横滨定行止。陈老太太任来往船只起落密件之责，故横滨邮船一到，老太太即往接船，以港方确实消息，转告密运枪械之海员。日本因妇女上下，毫未注意。及事败，梁慕光来横滨，盛称陈老太太英勇不已。老太太曰：我当时传递书简，并不害怕，大家拼命做去，总有办法。

纪伍才博士

予居广州大总统府，日夕与伍老博士（廷芳）接谈，今举其遗言遗事，逐条记之。

老博士曰：予住英国伦敦，习法律。何启沃先生，亦先在伦敦习法律，皆得大律师学位。……伍老博士又谓予言：在香港业律师时，薛叔耘福成方出使欧洲，邀之同往，博士以用度不敷辞。郭筠仙嵩焘、曾小侯纪泽，均望博士随使出洋，感其意未允。后李鸿章因中日之役，往马关议和，博士与罗丰禄、李经芳随行，英文和约，皆经三人之手。后北京议修正法律，沈家本刻意邀聘，谓博士为中国老于英国法律之唯一人物，乃出而仕矣。

今再述伍老出使美国公使任内轶事。当美国修贯通东西大陆铁路，开发太平洋沿岸各省时，募集广东华工数十万，铁路成，华工多不愿回国。欧洲移民，蜂拥入美，嫉华工资贱而夺其利，由合众国上下两院议

决，禁止华人入境。所谓华人入境条例，只官、商、教、游、读五项华人所持护照入美，华工一概禁绝，除华人土生可注册为美籍民外，亚洲人种，皆不得入美籍。其用意以为华工老者死，壮者一人不得来，不待禁而数十年后自绝迹矣。伍老博士为驻美公使时，正值禁止华工条例与中国政府订约期满，由美议院复提出，照前续行，无大修改，伍老博士以公文争驳最力。议院开会议，表决禁止华工案，博士坐议会骑楼公使席上旁听，小有争执，大多数一致表决，仍继续前约，对华工入境案，无用修正。博士乃由骑楼座上，起而演说，痛斥美议院议员，无人道、无法理，有如英殖民初业美大陆之放牛儿。根据外交，根据法律，谓如此议员，违背耶苏，违背华盛顿平等民主之遗教遗训，演说至一小时。当起立陈词时，有议员发言，制止中国公使，谓议院旁听席规则，不准发言，扰乱会场，伍氏身为外交官，精通法律，是故意滋扰，请议长令其退席扶出。老博士闻言，仍旁若无人，演说不止。又有议员起立曰：让此老毕其辞。伍老演说毕，有议员起而答复曰：伍老知真有外交才能，第一流人物也，惜汝生于中国，不能发挥其所长，可惜。予问老博士：当日明知干犯议院规则，何以为此？曰：予当时愤极，不以人类视若辈矣。

墨西哥欲仿效美国与中国签定外人入境条例，禁止华工入境，由墨国议院提出。伍老博士亲赴墨国都城，与墨政府办理此案，起交涉上之大冲突。墨外交部长强硬无礼，伍老博士大怒，击桌起立曰：下旗回国，再电中国政府调兵船来，与汝等周旋。墨西哥政府乃请美国国务卿兰生，出面调停。当伍老博士在墨国会议击桌时，电报传达美国，各报纸皆用大字刊载其事，并加插画，绘伍老博士发怒状；又画一中国巡洋舰向墨西哥渡海直驶。此交涉案经美国务卿调停，墨国乃屈服不议。伍老博士行抵美国，卜技利学生欢迎，问老博士曰：中国兵船何在？曰：予知墨国政府昧于中国情形，故毅然为此言。又问曰：老博士何毅然敢言绝交？曰：在华盛顿出发赴墨时，美国务卿与予最善，予与彼密谈，如在墨西哥交涉决裂，彼已应允负责调停矣。

新华宫秘密外交·德皇亲笔书函

民国元年，备皇威廉第二密派要人来谒袁世凯，先由我国驻柏林公使密电袁，谓德愿尽其财力、物力，赞助中华民国建设事业，结东方新起大国之好友，事前勿令英、日两邦探知。德要人来京，由驻北京德公使偕谒世凯，呈递德皇亲书密函。并称：如以德皇建议为然，请即密派极亲信重要之人，赴德答聘，德皇当竭诚密商，助定大计。未几，世凯密遣其子克定往德，谒威廉第二，赍世凯亲笔长函报聘。

苌楚斋随笔①

三笔·卷十·大院君捉放原委

光绪八年，朝鲜国大院君李昰应主谋变乱，突于六月间围逼王宫，王妃被难，大臣被戕，日本使馆亦受扰害，实为党恶首祸，罪不容诛。合肥李文忠公鸿章，以居母丧回里，合肥张靖达公树声，署理北洋大臣、直隶总督，传电谋之文忠。是时外舅同邑吴武壮公长庆防海登州，急檄武壮东渡。武壮自登州率师三千，并同邑丁雨亭军门汝昌、南徐马眉叔观察建忠等同往。用一日夜，迳抵仁川，直入朝鲜都城，拿获乱党壹百余人。殄厥渠魁，赦其胁从，旬日之间，祸乱悉平，人心大定。日本海军迟一日至，顿兵海口，错愕不能发。武壮以祸变由大院君而起，伪为纳交以诱之。大院君果来答拜，武壮即使人监视行营，用兵轮解交天津。旋奉上谕，以"朝鲜国王于李罡应谊属尊亲，若竟置之重典，转令该国王无以自处，是用特沛恩施，姑从宽减，李昰应著免其罪，安置直隶保定府地方，永不准回国。仍著直隶总督优给廪饩，严其防闲。以弭该国祸乱之端。即以给该国王伦纪之变。钦此。"云云。嗣后礼部奏，接据朝鲜国王来咨，吁恳准令李昰归国。复

① 清，刘声木撰。

奉上谕："李昰应以宗属至亲，积威震主，谋危宗社，罪无可逭，所请将李罡应释回之外，著无庸议，嗣后不得再行渎请。钦此。"云云。是当时情形，上谕已十分明白，无庸置喙。靖达且以是役高度有方，得赏加太子少保衔。武壮率军回，至金州殁，复蒙优恤。良由恭忠亲王久秉国钧，庙堂之上主持得人，故能内外相衔，恩威并济，消弭祸患，海宇澄清如此。未几，文忠以丁母忧，奉旨夺情起复，赏假期满，复回直隶总督本任。恭忠亲王为谏臣所讦，谪出军机。醇贤亲王以德宗景皇帝本生父资格，当时虽无太上皇之名，确有太上皇之实，代为秉政。以李昰应事正与己同，首以此举为不然，大为震怒。尤以监禁朝鲜国王本生父大院君李罡应，为挫辱朝鲜国王、太上皇为非礼，力谋翻案。复经文忠力劝苦求，始已。李昰应以监禁保定府□□□□年，久已相安无事，无故纵之回国，致使前功尽弃，复召光绪甲午朝鲜国第二次之乱，李昰应仍复主持其事。先文庄公当日闻文忠言，深悉其中原委，后每言及此事，未尝不太息痛恨也。

四笔·卷七·册封琉球次数

我朝册封疏球中山国王，共计捌次。顺治十一年，册封王尚质。康熙二十二年，册封王尚贞，五十八年，册土王敬。乾隆二十一年，册封王尚敬。嘉庆五年，册封王尚穆。嘉庆十三年，册封王尚灏，并追封王尚成。道光十八年，册封王尚育。同治五年，册封王尚泰。语见乾隆廿二年十二月，翰林院侍讲周□□□□煌《琉球国志略》、福州赵又铭观察新《续琉球国志略》。声木谨案：周书采辑颇详，编纂有法，非苟作者。书共十六卷，卷首一卷，曾进呈御览，武英殿聚珍版为之排印，无他刊本。赵编《续志略》二卷，刊入《还硕斋全集》中，光绪壬午，桂秋黄楼家刊本。体例虽如前编，而采辑掩陋，无可考证。

四笔·卷十·琉球国赏贡等礼物

同治五年，琉球国中山王世子尚立，特命詹事府右赞善赵新为册封正使，内阁中书舍人于光甲为副使、照例持节，賫捧诏〔勅〕币帛按临。赏品皆历来照旧如此，无稍增减。颁赐国王为蟒缎贰疋、粧缎贰疋、字缎陆疋、蓝缎叁疋、緜叁疋、纱肆疋、罗肆疋、纺丝肆疋。颁赐王妃为粧缎贰疋、字缎肆疋、蓝缎贰疋、青缎贰疋、绵贰疋、纱肆疋、罗肆疋。贡品为金鹤形壹对鹤踏银嵒座各全盔甲壹领，护手护肷各全金靶鞘腰刀贰把，银靶鞘腰刀贰把，黑漆靶鞘镀金铜结束腰刀贰拾把，黑漆靶鞘镀金铜结束枪壹拾把，黑漆靶鞘镀金铜结束衮刀壹拾把，黑漆洒金马鞍壹座，辔衔络头前后牵鞧屧脊障泥镫俱全金彩彩画图屏贰对，精制摺扇伍百把，土绵贰百束，练蕉布叁百疋，土苧布百疋，白刚锡伍百斤，红铜五百斤。例赏正副使臣宴金贰封，共计壹百玖拾贰两。屡次却还，仍由琉球陪臣将却还宴金进呈，吁叩圣恩，勅赐使臣收受，云云。语见福州赵又铭观察新《续琉球国志略》。声木谨案：我朝定例：琉球国每贰年入贡壹次，册封自顺治十一年至同治五年，共计捌次，历见汪舍人揖□□□□□徐□□葆光《中山传信录》、周侍读煌《琉球国志略》等书。观察复撰《续琉球国志略》二卷，编入《还砚斋全集》中，光绪八年八月，黄楼家刊本。历代颁赐之品及贡品，班班可考者，只此而已。我朝字小之道，诚卓越千古也。

五笔·卷十·论中日战事纪略各书

光绪甲午，我朝与日本一役，纪事之书，约在数种。上海蔡紫绂茂才尔康等，编辑《中东战纪本末》八卷、《续编》四卷、《三编》四卷、光绪丁酉、上海广学会排印袖珍本。此书其风行一时，而实为芜杂，不知撰述体例，新会梁卓如孝廉启超《读西学书法》谓，宜分别观之，是也。仍有王炳耀编辑《中日战辑》六卷，较为简洁，光绪廿一年，香江排印袖珍本。余亦自郐以下，惟丹徒姚□□侍郎锡光，撰《东方兵事纪略》五卷，光绪丁酉，武昌自刊本，其后翻刊本甚多。窃谓言中日战事者，实以此书为最佳，叙事固翔实，文笔亦雅洁，迥非他书所可比拟。惟其中于合肥李文忠公鸿章，颇为讥刺，亦是正论，非同偏党。然当时我国陆军【为】〔万〕不能敌日本陆军，海军万不能敌日本海军，稍有知识者无不知之，不待智者也。德宗景皇帝昧于外情，轻于尝试。文忠久知淮军暮气甚深，海军又属新练，厌战主和，原属不得已之苦衷。力沮战端，终不见

纳,终遭不幸,文忠一人,实难尸其咎也。兵事初起之时,海军提督丁汝昌同邑丁禹廷军门汝昌,时率舰队,泊于□□□,急电文忠,欲率舰队,直捣扶桑。文忠止之,世人遂因此诟病。殊不知此等送羊入虎口之策,冒昧从事,焉能有济。果如此,则不待刘公岛一役,海军早已全覆。幸有文忠一电,犹得苟延残喘数月。刘公岛一役,论者皆谓军门投降,实非事实。军门当时自知不敌日军,早存必死之志,是以屡登瞭望台观战,实兵舰中至危之地。原冀以死报国,旋经日本两次炮击,未死。以余所闻,与□国泰莱所撰《甲午中日海战见闻记》,张荫麟繙译,刊入《东方杂志》第贰拾捌卷第陆柒号者,无大差异。泰莱尚谓钦敬诚服,亦必有故矣。当时所以投降者,实各舰管带,与军门幕府无为张鹤楼孝廉尔梅,熟商定计。孝廉本属书生,身临危地,首先畏死,与闽人同意,是以定计投降。军门原未知也,及知之,已仰药死矣。此无为常曙东茂才师必森的告余者,茂才师即闻之于孝廉自谓,当不诬也。

海国四说[①]

兰仑偶说·卷三

(英吉利)康熙间始来通市,中断不至。迨雍正十二年后,乃来市不绝。每抵外洋虎门口外炮台卸帆,验实报官,官令引水带入泊黄埔。炮械先起之而后入,去仍还之。其商人则寓以广东十三行楼,岁必七、八月至,乘北风回帆。其候账不去者,令居澳,谓之住冬。设公司,大班掌之。语详后。入市以来,屡被天朝怀柔。凡丝斤绸缎,准其展限配带。行商有欠货价者,先于关税盈馀给还,令其早得回国。夷馆偶灾,内商未分其货,【内地总散,凡十三商公司,呢羽至,必立股分之,买茶即以股为则,有一商而三、四股者。】例由其国商纳税者全予豁免。又船规征钞,历朋定则,亦因其国商之请,一、二、三等船,各减去十之二。故来市者咸颂皇仁,其王亦恭顺自矢。国旧受辖于荷兰,既与为敌。乾隆初,佛兰西欲以力服西洋,而英吉利屡与抗衡,将藉天朝为重。

乾隆五十七年,故王雅治遣使由天津入贡方物,使臣呈请于直隶、天津、浙江贸易,并恳赏给附近珠山海岛及附近广东省城地方一处居住,留人于京师理贸易。并敕戒之。其后,道光十一年,国商遂驶船由福建、浙江、江宁、山东各外洋游奕,刻送通商字说,复驶至朝鲜,不纳,则驶盛京者,皆执此意也。

六十年,复备贡由驻粤大班呈督部代为奏请。表文自言:一次大将军兵至的密,彼国兵船亦曾相助。盖大兵征廓尔喀时,闻其南界忽有兵患,至是,方知其故也。

嘉庆九年,复备物入贡。其前两年,西洋居澳门夷目委黎多,书寄其国人之当差京师者,言英吉利战船泊澳,恐其觊觎澳门。随经管理西洋堂大臣以闻奉谕旨查询。故九年贡表,有"与佛兰西争,恐其谣言疏间"语。

二十一年,仍由天津入贡,正使罗耳阿美士德,副使即以在粤之大班司当东者充之。届期,两使并称病不能瞻观,即日立遣回国,敕谕其王。此入贡之始末也。【乾隆六十年贡表自称:"管佛兰西、爱伦等处"。至嘉庆九年表,衔则已去佛兰西字。盖先胜之而未得据而有之也。若乾隆五十九年,其总目百灵呈词有"本国王管呀兰地密吨、佛兰西、爱伦三处地方。"语则溯而夸大之词而已。】

护货兵船,每随货舟至内地,使椗外洋,而后引货舟以入。中国自唐讫明,代行市舶抽分之例。国初,惩海寇扑岸,闽、粤周设界墙,严行洋禁,澳夷得专其利,久为诸国垂涎。于时边境又安,大开关市于澳门、漳州、宁波、云台四处,设官榷税。时宁波之舟山尚未置县,英舟每泊此。乾隆三十七年,奏准移关舟山,以就商船,建红毛馆寓其水梢。已而,粤关清厘陋规,改正归公,后又渐增规费。先是,二十年,英商华苗殊泊定海,请收饷定则。逾二年,闽浙总督疏请增饷,奉旨严饬。其商洪任辉赴天津,讦粤关积弊,仍求市守波。钦差按验得实。罪监督如律,洪任辉亦圈禁澳门三载,释还,照会国王收管。公司货舟内市,既日有增益,

---

① 〔清〕梁廷枏撰,骆宝善、刘路生点校。

故护货船亦络绎至，货尽回去。散商无之。

乾隆七年，英人仇劫吕宋国船，取其赀货，而掳其二百九十人，顺风达澳门。官诘之，其总兵亦恐食尽，听大吏以所俘人还吕宋，受赏去。逾年，吕宋人遣兵数千，来泊澳前十字门，扬言欲修怨于英，将泊而待其来船与战。官数其负恩，吕宋人内愧，居数日遽遁。又明年，英人在粤者，复纠合佛兰西巨舰，伺吕宋船至图报复。适佛兰西商船南来，英船一时骤起碇，将邀截之。官遣澳目劝止，始散。

嘉庆七年，兵头黎尔也求市粮食，称旧与佛兰西、吕宋有隙，恐货来被其中途拦阻，故以兵卫行，至而乏食。例禁私市，爰请于官，遂如所请给焉。其年，复截兵数艘来泊鸡颈洋面，欲遂居老万山。大吏谕之不听，则断其买办食物，惧而后退。

十三年，大西洋国为佛兰西攻陷，国王投依英吉利，因处之以附近米利坚国之罢剌西利地，兵以防之。会英吉利兵亦败于佛兰西。其时，市埠之近吕宋国界者，并为所据。寻以兵九艘至粤，称其国与大西洋姻好，虑佛兰西来攻据澳门，则在澳西洋人贸易立为所制，故挈兵来助守。泊舶鸡颈洋，而率其兵三百人居澳内之三巴寺、龙嵩庙，复分守东、西望洋炮台。官止其开舱互市，宣谕威德，而后震慑开行。行后，始知其大班剌佛侦知越南东京内讧，亲至孟阿腊结其掌兵者，驾兵十舶，图袭越南。其副以七船深入富良江，越南出不意以小船火之，悉烬焉。溃兵遁至粤，剌佛匿不敢见。兵目惧此行无名，欲因夺澳以偿所失，终畏不敢登。【按：越南小舟名轧船，人二十四，尔头可棹，如游龙。每攻大舶底使沉，故西海舶相戒避之。】兵目度路利虽利虽明知无济，然犹迁延不遽去。而澳之理事夷目亦惧罪，诡云："国王有书，许为安置。"九月，遂驶三舶入虎门，泊黄埔，以三板船沿省河入夷馆，军官击之退。封舱令下，剌佛始出赀自犒其兵，具词输款。王闻黜剌佛而擢四班益华威者代之，嘉其据澳时不从署名也。明年，商船至，大班卑词求请，大吏陈奏，方许入。

当道光初年公司袭缅甸时，既为缅酋所败，遁至粤取饷，泊零仃洋。其兵试放鸟枪，击毙新安县民数人，遽驶去。王闻，亦以纵兵滋事，褫大班职。岁冬货尽，商未返者，则例迁于澳。寓澳者欲于所寓前立马头，竖其国号旗，西洋夷目不可，乃止。

七年，公司官之在粤者，设马头于寓舍前而栅围之，行者不利于渡，大吏以闻，遂奉有毁拆之命。大班部楼顿，遽令来船咸出泊外洋，资其食费，不令复入。又约诸国和之，惟合省国商不从，部楼顿潜附去。

十三年，公司散局，督部令大班旋者言于国王，仍以官来约束其散商。于是，夷目聿劳卑至，自称监督。欲设审判署司官十二人。而移文督部，不自言其来意，还其文。则以巡船扑入内河，拒击炮台兵，旋悔罪出。将还国，未行，辄念死。而后领事义律总之。【详见后。】此兵船节次内扰之始末也。

兰仑偶说·卷四

英国税皆资于市，货多故税亦日蕃，国用咸出于是。初，但以土产之物售于印度，还至天朝而已。近年则自西海达于南海，凡他国市舶经行之地，必设市埠，易出天朝茶叶、丝斤、大黄，辄转贩诸埠。埠各征税，出入均有例额。航船四出，懋迁流徙，岁羡悉归公，而支发亦因以浩繁。

自毕波销行日广，他国并受其害，而英国遂独专其利焉。实则兰仑本不产是物也。波毕者，即罂粟花中卉本也，俗谓之鸦片，以吸烟于火曰鸦片烟。上者麻哈默哪，次麻尔洼、孟买、加尔吉达，皆东印度地所产。以官地听民栽种，而按征其地税，既而花开时征之，取液再征之，及制成、出口，又征之。凡四次征收，而地税较重。近岁旺者可四百万，花液逮出口可五百万员。【孟阿腊岁税九百六十八万四千余员，孟买百余万员，除留充经费外，归本国者三百万。北亚墨利加所属七部罗阿加那达，岁税八十万员，经费五十万。阿巴加那达，以修路、浚河故，亏至三、四百万。那洼士葛底阿，收四十七万，费五十三万四千三百有奇。组墨兰士埝，收三十四万，费十九万五千。纽方兰岛，收八万，费十三万五千。勃林士遏岛，收三万八千四百，费六万八千七百有奇。道光十四年，津贴两加那达文事费三万，武事百二十万六千。各部合计，文事费十万，武事七十万。按：合印度税已足千万。而孟阿腊仅居印度之一隅，乃云九百六十余万，其数见《澳门月报》，未免矛盾可疑矣。今以道光十九年出纳之数计之：所入共四千八百十二万八千棒，所出还欠及杂费

四千九百九十八万八千,计是年实欠一万二千棒无著。二十年,所入四千七百八十四万二千棒,所出还揭二千九百四十三万九千,又杂费二百四十一万,官俸等千七百四十五万一千,合计所出凡四千九百三十万。除揭入文学馆用者百万,爱伦和尚用者二十六万,并已归入还揭项内,是年实欠十九万八千棒。二十一年,计还欠并利息三千一百八十七万七千棒,兵船军库一千六百八十八万,兵费十万,海上设官费七万五千,加那达地公费三十五万,又兵费用一十五万,所出计四千九百四十三万以上。据兰仑新闻纸云:二十年,甘文好司派员甘密底清查国库,其中虽多悬拟之费,然大要彼国入不少,而出尤多。以前后三年计之,皆入不敷出也。又与佛兰西争战,欠商民银四十二万四千百有四十一万有奇,息银万有六千九百二十七万,由兰仑银号给票按年支取。】每载以咯粒巴船箱二满,满六十七棒,棒十有二两,价自千三百鲁碑至五百。每船三百趸。始至尚少,天朝以为药材,与他物同征其税。后积渐而多,则售于澳门。迨奉禁约,澳夷之索费者奢,遂迁泊伶仃洋。趸船逐渐入内地,源源衔尾而至。船甫空而随实之。伶仃地届重洋,在老万山外,或夹杂于米石,或与他货并载,至必先运诸趸,而后诣守口台汛,验无禁物,给引水以入虎门如例,自道光二年始也。中国例,入市但许易货而出,其易银者禁。而波毕不入税课,于是私买者以纹银,岁出不赀。【闻壬寅前,计来者已三十三万余箱,箱五百圆,为数已多矣。】廷议禁之。饮差大臣驻粤,令私贩呈缴,颁新例以绝来源。以领事不能具结,则罢其市易。诸国闻罢市,大黄、茶叶不肯售,值大起。而所缴烟价及关税各有亏缺。缴烟事起,义律还报其国,未至而兰仑已先知之。甘文司官众皆惊动,银号息骤长,【长至六分。】贷于佛兰西银号者四百万棒,合省国银号以十万棒,支发茶值亦骤加。【按:茶自内地正税、洋行抽费、及沿海各税外,合以兰仑自税,已倍于买价,而运费在外。今再加二分,则翔贵甚矣。】继闻市易禁止,且闻有兵事,值复再长。积不肯售,黑绿者值如上茶。【是岁十一月,贩回兰仑者七万包,先售五万八千,存者万二千。】湖丝、大黄诸物,无不昂贵。而鸦片、棉花之存孟买者,计亏银六百万棒。盖与内地互市,岁得税不下千五百万,国用有资,故当公司未散,大班亦常虑及停市,辄积茶为两年之备。迨局散不复议及,而散商意主营运侔利,但求速售,无存蓄者。民俗嗜茶,而土不宜种植,惟印度阿山颇有出产。其臣尝请免试种之税,【道光十九年事。】所出少,而制法未善。【其年得茶百九十箱,所种者白毫五种,小种三种。其国茶师谓此茶中有烟气,味苦,有伤茶性,每株止值六、七先士而已。故欲得中国人往种之。近又欲于模定地试种。】大黄尤印度旦夕所必需,味一时周章。至是,乃募孟阿腊人为兵,仓皇至粤,入扰内河,求香港为市地。当事令给还夷欠。又去而分扰江、浙,奏奉恩旨:许以广州、福州、厦门、宁波、上海五口为市,而核裁从前关口陋规之不在则例者,遂就款。

闻时廓尔喀使请于驻藏大臣,自谓与里底所属地邻近受侮,今里底与京属构兵,愿率所部攻其属地。所称里底即英吉利,京属即广东,里底属地即指印度。驻藏大臣未之知也,爰以蛮触相争,天朝向不过问却之。而当时复有传闻。鄂罗斯遣其陪臣来天朝,请出兵由缅甸夹攻印度。使臣已自其国东藩属之比革尔地起程,由鞑鞑里入都者。后虽不果,而英吉利人已闻而畏之。盖廓尔喀介西藏、鄂罗斯之间,世与英吉利为仇,故乘其不能兼顾,欲以兵袭其印度。而鄂罗斯则更不能一日忘印度。先既连年血战,后又伺隙而谋之,皆将欲一伸其夙怨也。

粤道贡国说·卷一·暹罗国一

谨案:我朝威德覃敷,远无弗届。朝鲜一国率先效顺,厥后琉球、越南、日本相继叩关,咸称属国,同奉正朔,久列藩封,方物贡期,胥归定则。此外,则西海穷陬,从古未通之国,靡不向化输诚,梯赆航琛,来庭恐后。入贡道路,例按海洋远近,分隶沿边各省,宗伯掌之。由广东入贡者,惟暹罗、荷兰、西洋所属意大里亚、博尔都噶尔雅,以逮英吉利诸国。每届使舟至境,大吏以闻,辄奉俞旨,燕劳有典,伴送有官,厚往薄来,恩施优渥。臣海邦生长,耳濡目染,继牒难书。然往籍可徵,即方隅典故,已足觇一统无外之规,圣德怀柔之远,与前代遣使招致者回殊。彼世沐皇仁,所为感激欢欣,当不知如何鼓舞。其有吐蚩尤之雾而煽鲸鲵之波者,使天良未泯,静念将何以为心?是用溯考旧章,就诸国贡道之例出广东者,各举其人贡之期,奉贡之物,敕词之褒奖,赐予之便蕃,悉著于篇,俾共知昭代同文之盛。至若越南,接壤廉、琼,依光更近,民夷牙

错,咨会为多。顾其贡道自出粤西,两不相越,今不载焉。

粤道贡国说·卷一·暹罗国一·入贡通例

顺治元年定,外国朝贡,以表文、方物为凭。该督、抚查照的实,方准具题入贡。

又定,凡外国人送该督、抚礼物,永行禁止。

又定,贡使到京,所贡方物,会同馆呈报礼部,提督该馆司官,赴馆查验,分拨员役管领,该部奏闻。贡物交进内务府,象交銮仪卫,马交上驷院,腰刀、鹿皮、青黍皮等物,交武备院。凡进硫黄者,留交该督、抚收贮。

又定,外国贡使在途病故,礼部具题,令内院撰祭文,所在布政司备祭品,遣堂官致祭一次,仍置地茔,立石封识。若同来使臣自愿带回骸骨者听。若到京病故,给棺木红缎,遣祠祭司官谕祭,兵部应付车辆人夫。其应赏衣服、缎疋等物,仍付同来使臣领回颁给。若进贡从人在京病故者,给棺木红绸;在途病故者,听其自行埋葬。

凡进贡员役,顺治元年定,每次不得过百人,入京员役止许二十人,余皆留边听赏。其进贡船,不得过三只。每船不得过百人。

又定,凡外国进贡,除定例船只外,其接贡、探贡等船,一概阻回,不许放入。

顺治八年,题准:"凡外国进贡正、副使及定额从人来京,沿途口粮、驿递夫马、船车,该督、抚照例给发,差官伴送,及兵丁护送到京。其贡使回国,沿途口粮、驿递夫船,兵部给与勘合。其留边人役,该地方官照例给与食物,严加防守,候贡使回国时,同送出境。"

康熙五年,题准:"凡外国奏疏,不得交付遣往使臣带来,合专差官交该督、抚转奏。"

六年定,外国投文到该督、抚,该督、抚即开阅原文议题。

又,题准:"凡督、抚、提、镇等官,不许擅自移文外国。"

乾隆三十六年六月,礼部奏:"奉圣谕:'据诺穆亲奏:南掌国遣使贡象到滇,即照向例派员伴送起程。复检查乾隆三十五年部议,嗣后外国入贡,俱令按省派员伴送,更换交代,毋许一人长送。乃并未详查新例,仍照上届办理,实属错误,请交部严加议处等语。已批该部议奏矣。此事礼部新定之例,未为妥协。该即因福建伴送琉球贡使到京逾期,议令派出伴送之员,按省更替,毋许一人长送,意在防其沿途稽滞,而未能切当事情。福建之于琉球,云南之于南掌,贡使初至,该省皆有应行照料事宜,既派有承办伴送之员,即当终始其事。而派员与贡使伴行日久,一切与之相习,途中屡易生手,亦觉非宜。若虑派员在路托故迁延,止须于经过各省,添派妥员护送趱行,自不虞其任意迟缓。若以此而论,议停长送专员,何异因噎废食。所有外国贡使来京,及由京归国,派员伴送及各省添员护送之例,著该部另行定议具奏。诺穆亲虽未照礼部新例,而所办未为错误,毋庸交部议处。钦此。'臣等伏查乾隆三十五年□月,臣部因琉球贡使自福建起身,行走四月有余,直至正月二十一日始行到京,有误元旦朝贺。当查福建抚臣所委伴送官,仅一试用举人王绍曾,即不足以资弹压,任意稽延,经过地方官,又不为趱送,以至沿途逗遛濡滞。是以奏请,嗣后贡使到省,该抚于同知、通判中遴委一员伴送,一面知照前途,亦按省派委同知等官一员,更换交代,毋须一人长送,以免隔省呼应不灵之弊。并请嗣后各省凡有外国入贡者,俱照此画一办理。奉旨允准通行在案。兹因南掌遣使庆贺万寿,贡象到滇,该署抚诺穆亲业已派员伴送起行,旋以未照新例办理,请旨交部严加议处。奉硃批:"该部议奏。钦此。"复奉谕旨:"礼部新定之例,未为妥协,著另行定议具奏。诺穆亲所办未为错误,毋庸交部议处。钦此。"臣等伏读圣谕,谆详开示。仰见我皇上加惠远人,办理周密之至意。

伏思长途伴送夷使,原须彼此相习。若屡经更换,诚觉非宜。从前所定之例未为详尽,臣等酌议:嗣后各省贡使到境,该抚即于同知、通判中遴委一员,应用武弁者,并酌派守备一员,伴行长送至京,俾沿途足资照料弹压。并一面知照经过各省,预定添派妥员护送趱行,按省更替,庶不致委员逾省呼应不灵。其回国时,仍令原派委员长送,经过各省,亦仍遴委妥员护送出境。如此,则既有长伴熟习之人照看经理,复有沿途添派之员护送趱行,自不至稽延贻误,而于柔远之道,益昭周密矣。至琉球、苏禄、安南等贡使回国,向例

臣部拣选司员引见,派出伴送。嗣后应请停止,以归画一。”奉旨:“依议。钦此。”

五十六年,奉旨:“嗣后外藩各国赍表来京,贡献方物,所有安南、缅甸、暹逻、南掌等国,来京使臣,及随从人等,应行照料事宜,俱著内务府经理。仍著礼部派委司官二员帮同照应。钦此。”

粤道贡国说・卷一・暹罗国一

谨按:《明史》及《东西洋考》并云:暹罗,即古赤土国。后分为罗斛、暹二国。罗斛为暹所并,明赐以暹罗国王印,始称暹罗。地在越南之西,缅甸之南,占城之西北。其西即榜噶喇海也。

据《隋书》云:“赤土国,扶南别种,在南海中,水行百余日而达所都。土色赤,因以为号。其王姓瞿昙氏,名利富多塞,不知有国远近。称其父释王位出家,传位于利富多塞。其俗敬佛。炀帝即位,募能通绝域者。大业三年,屯田主事常骏、虞部主事王君政等请使赤土。赍物五千段,赐赤土王。其年十月,骏等自南海郡乘舟,昼夜二旬,至蕉石山而过,东南泊陵伽钵拔多洲,西与林邑相对。又行二三日,西望见狼牙修之山,于是南达鸡笼岛,至赤土界。其王遣婆罗门鸠摩罗以舶三十艘来迎,进金锁以缆骏船。月余,至其都,王遣其子那邪迦请与骏等礼见。先遣人送金盘,贮香花并镜镊;金合二枚,贮香油;金瓶八枚,贮香水;白叠布四条,以供使者盥洗。其日,那邪迦又将象二头,持孔雀盖以迎使人,并致金花、金盘,以藉诏函。男女百人奏蠡鼓,婆罗门二人导路,至王宫。骏等宣诏讫,奏天竺乐。事毕,还馆。又遣婆罗门就馆送食,以草叶为盘,其大方丈。因谓骏曰:“今是大国中人,非复赤土国矣。饮食疏薄,愿为大国意而食之。”后数日,请骏等入宴。王前设两床,床上并设草叶盘,有黄、白、紫、赤四色之饼,牛、羊、玳瑁之肉百余品。延骏升床,从者坐于地席,各以金钟置酒,女乐迭奏,礼遗甚厚。寻遣那邪迦随骏贡方物,并献金芙蓉冠、龙脑香。以铸金为多罗叶,隐起成文以为表,金函封之,令婆罗门以香花奏蠡鼓而送之。既入海,见绿鱼群飞水上。浮海十余日,至林邑东南,并山而行。其海水阔千余步,色黄气腥,舟行一日不绝,云是大鱼粪也。骏以六年春与那邪迦于弘农谒帝,帝大悦,赏各有差。”

又《元史》云:“成宗元贞元年,进金字表,欲朝廷遣使至其国。比其表至,已先遣使,盖彼未之知也。赐来使素金符佩之,使急追诏使同往。以暹人与麻里予儿旧相仇杀,至是皆归。有旨谕暹人“勿伤麻里予儿”。大德三年,其国主上言,其父在位时,朝廷尝赐鞍辔、白马及金缕衣,乞循旧例以赐。帝以丞相完泽答剌罕言:“彼小国而赐以马,恐其邻忻都辈讥议朝廷。”仍赐金缕衣,不赐以马。”

又《明史》云:“即隋、唐赤土国。后分为罗斛、暹二国。暹土瘠、不宜稼,罗斛地平衍,种多获,暹仰给焉。元时,暹常入贡。其后,罗斛强,并有暹地,遂称暹罗斛国。洪武三年,命使臣吕宗俊等赍诏谕其国。四年,其王参烈昭毗牙遣使奉表,与宗俊等偕来,贡驯象、六足龟及方物,诏赐其王锦绮及使者币帛有差。五年,贡黑熊、白猿。明年,其王之姊参烈思宁别遣使进金叶表,贡方物于中宫,却之。已而,其姊复遣使来贡,仍却之,而宴赍其使。时其王懦而不武,国人推其伯父参烈宝毗邪思哆罗禄主国事,遣使来告,贡方物,宴赍如制。已而新王遣使来贡、谢恩,又遣使贺正旦,贡方物,献本国地图。七年,使臣沙里拔来贡。言去年舟次乌猪洋,遭风坏舟,飘至海南,赖官司救护,尚存飘余兜罗绵、降香、苏木诸物进献,广东省臣以闻。帝怪其无表,既言舟覆,而方物乃有存者,疑其为番商,命却之。世子苏门邦王昭禄群膺,亦遣使上笺于皇太子,贡方物。命引其使朝东宫,宴赍遣之。其旧明台王世子昭孛罗局,亦遣使奉表朝贡,宴赍如王使。十年,昭禄群膺承其父命来朝。帝喜,命礼部员外郎王恒等赍诏及印赐之,文曰“暹罗国王之印”,并赐世子衣币及道里费。自是,其国遵朝命,始称暹罗,比年一贡,或一年两贡。二十八年,昭禄群膺遣使朝贡,且告父丧。命中官赵达等往祭,敕世子嗣位。永乐元年,赐其王昭禄群膺哆罗谛剌驼纽镀金银印,其王即遣使谢恩。二年,其王以帝降玺书,遣使来谢,贡方物。赐赍有加,并赐《列女传》百册。使者请颁量衡为国式,从之。时暹罗所遣贡使,失风飘至安南,尽为黎贼所杀,止余孛黑一人。后官军征安南,获之以归。帝悯之。七年,使来祭仁孝皇后,命中官告之几筵。时奸民何八观等逃入暹罗,帝命使者还告其主,毋纳逋逃。其王即奉命遣使送八观等还,命张原赍敕币奖之。十四年三月,赖波罗摩剌的赖遣使告父之丧。命中官郭文往祭,别遣官赍诏封其子为王,赐以素锦、素罗,随遣使谢恩。十七年,命中官杨敏等护归。以暹罗侵满

剌加,遣使责令辑睦,王复遣使谢罪。景泰四年,命给事中刘洙、行人刘泰祭其故王波罗摩剌的赖,封其嗣子把罗兰米孙剌为王。天顺元年,赐其贡使及口花金带。成化九年,贡使言:"天顺元年所颁勘合为虫所蚀,乞改给。"从之。十七年,贡使还,至中途窃买子女,且多载私盐,命遣官戒谕诸番。先是,汀州人谢文彬,以贩盐下海,飘入其国,仕至坤岳,犹天朝学士也。后充使来朝,贸易禁物,事觉下吏。十八年,遣使朝贡,且告父丧,命给事中林霄、行人姚隆往封其子国隆勃剌略坤息剌尤地为王。弘治十年,入贡。时四夷馆无暹罗译字官,阁臣徐溥等请移牒广东,访取能通彼国言语文字者,赴京备用,从之。正德四年,暹罗船有飘至广东者,市舶中官熊宣与守臣议,税其物供军需。事闻,诏斥宣妄揽事柄,撤还南京。十年,进金叶表朝贡,馆中无识其字者。阁臣梁储等请选留其使一二人入馆肄习,报可。嘉靖元年,暹罗、占城货船至广东。市舶中官牛荣纵家人私市,论死如律。三十二年,遣使贡白象及方物,象死于途,使者以珠宝饰其牙,盛以金盘,并尾来献。帝嘉其意,厚遣之。隆庆中,其邻国蛮牛求婚不得,惭怒,大发兵攻破其国。王自经,掳其世子及天朝所赐印以归。次子嗣位,奉表请印,予之。嗣王励志复仇,万历间,敌兵复至,王整兵奋击,大破之,暹罗由是雄海上。移兵攻破真腊,降其王。从此,岁岁用兵,遂霸诸国。六年,遣使入贡。其后,奉贡不替。崇祯十六年,犹入贡。其国周千里,风俗劲悍,习于水战。大将用圣铁裹身,刀矢不能入。圣铁者,人脑骨也。王,琐里人。官分十等。自王至庶民,有事皆决于其妇。其妇人志量,实出男子上。妇私华人,则夫置酒同饮,恬不为怪,曰:"我妇美,而为华人所悦也。"崇信释教,男女多为僧尼,亦居庵寺,持斋受戒。衣服颇类中国。富贵者,尤敬佛,百金之产,即以其半施之。地卑湿,人皆楼居。男女椎结,以白布裹首。富贵者死,用水银灌其口而葬之。贫者移至海滨,即有群鸦飞啄,俄顷而尽,家人拾其骨,号泣而弃之于海,谓之鸟葬。交易用海肌。是年不用肌,则国必大疫。其贡物,有象牙、犀角、孔雀尾、翠羽、龟筒、六足龟、宝石、珊瑚、片脑、米脑、糠脑、〈脑〉油、脑柴、蔷薇水、碗石、丁皮、阿魏、紫梗、藤黄、硫黄、藤竭、没药、乌爹泥、安息香、罗斛香、速香、檀香、黄熟香、降香、乳香、木香、丁香、乌胡椒、苏木、豆寇、荜茇、乌木、大枫子、撒哈剌、西洋诸布。其国有三宝庙,祀中官郑和。"

又《大清一统志》云:"其国在占城西南,东连大呢,西接兰场,北界大海,国周千里,有大库司九、府十四、县七十二。"

又《皇朝职贡图》云:"其官制九等:四等以上,戴锐顶金帽,嵌以珠宝;五等以下,则以绒缎为之。衣锦绣及织金,或花布短衣,系锦带。妇人以金银为簪、钏、约指,上衣披五色彩缦,下衣五彩织金花缦,拖地长二三寸,足履红革趿鞋。其选举,皆引至王前咨以民事,应对得当,即授官服候用。文字横书,有事,则具书文朗诵呈之,地卑湿,民皆楼居,坐卧即以楼板上藉以毡席。其风俗劲悍,习于水战,崇佛斋僧,饲象取牙以奉夷目。男白布缠头,衣短衣,曳革履,佩刀剑。妇女椎髻,上衣披青蓝布缦,下衣五色布短裙,性喜游冶,亦下纺绩。俗重女轻男。"

又《海国闻见录》云:"尊敬中国,用汉人为官,属理国政。城郭轩豁,从海口至国城,溪长二千四百里,水深阔,洋船随流出入。通黄河支流。岸夹大树,田畴饶广。农时阖家棹舟耕种,事毕而回,无俟锄芸,谷熟仍棹舟收获而归。粟槁长二丈许,以为入贡土物。盖播秧毕而黄河水至,苗随水以长,水尺苗尺,水丈苗丈,无旱涝之患,水退而稻熟矣。米价石可三星。以银豆为币,大者重四钱,中者一钱,次者五分,小者二分五厘。其名皆王铸字,法不得剪碎,零用找以海螺巴。"今胪采诸书,详其风俗云。

国初,定贡期三年一贡,由两广总督、广东巡抚代题,敕部议准后,知照该督、抚令其入贡。其贡使来,有正使、二使、三使、四使,其下为从人。赴京者不过百二十六人。其贡物为:驯象、备象、龙涎香、幼噢香、犀角、象牙、豆蔻、降香、膳黄、大枫子、土桂皮、息木、苏木、荜拨、樟脑、儿茶皮、树胶皮、硫磺、檀香、冰片、翠鸟皮、孔雀尾、阔红布、大荷兰毡、冰片油、蔷薇露。又,贡物一分,其数减半,或有加进之物,听其随宜进献。题准收受,交内务府。象交銮仪卫。表用金叶,贮以金筒、锦袱、锦袋,袋上有金钮、金圈,加盛以螺钿盒一,贴金盒一,并有花缎盒套,套上各有金圈。

其颁赏:赐国王锦八疋,织金缎八疋,织金纱八疋,织金罗八疋,纱十二疋,缎十八疋,罗十八疋;赐王妃织金缎四疋,织金纱四疋,织金罗四疋,缎六疋,纱六疋,罗六疋;贡使各织金罗三疋,缎八疋,罗五疋,里绸

二疋,布一疋;通事缎五疋,罗五疋,绢三疋;从人各绢三疋,布八疋;伴送官彭缎袍一件。如贡使系微员,视职分酌减,通事、从人等,俱一例酌减赏给。所赏国王、王妃物件,及特恩加赐物件,俱礼部移内阁撰入敕内,交贡使赍回。

顺治九年十二月,遣使请贡,并换给印敕勘合。

十年,广东巡抚奏:"暹罗国遣使请贡。"

十六年,两广总督题准:"暹罗国再来探贡,所带压船货物,就地方交易,其抽丈船货税银清册,移送户部察核。"

康熙二年,暹罗国正贡船,行至七洲海面遇风飘失,止有护贡船一只来至虎门,仍令遣回。

三年七月,平南王尚可喜奏:"暹罗国来馈礼物。"却不受。

是年,题准:"进贡正贡船二只,令员役二十名来京;补贡船一只,令六人来京。准该国贸易一次。"其年,暹罗入贡方物凡十三种,有孔雀、六足龟。

谨案:是年定制:孔雀、六足龟,后俱免进。

四年十一月,国王遣陪臣握坤司吝喇耶低迈礼等,赍金叶表文,航海入贡。表称:"暹罗国王臣森列拍腊照古龙拍腊马呼陆坤司由提呀菩埃诚惶诚恐稽首谨奏大清皇帝陛下:伏以新君御世,普照中天,四海沾恲幪之德,万方被教化之恩。卑国久荷天朝恩渥,未倾葵藿之心。今特躬诚朝贡,敢效输款。敬差正贡使握坤司吝喇耶低迈礼、副贡使握坤心勿吞瓦替、三贡使握坤司敕博瓦绨、大通事揭帝、典办事等臣,梯航渡海,赍奏金叶表文、方物、译书一道,前至广省,差官伴送京师进献,用伸拜舞之诚,恪尽远臣之职。伏冀俯垂宽宥不恭,微臣瞻天仰圣,曷胜屏营之至。谨具表称奏以闻。"圣祖仁皇帝命从优赏赉。御前方物:龙涎香、西洋闪金缎、象牙、胡椒、籐黄、豆蔻、速香、乌木、大枫子、金银香、苏木、孔雀、龟、凡十有三种。皇后前,方物并同,各减半。赐国王缎、纱、罗各六,织金缎、纱罗各四;王妃各减二;正、副使每人正赏采缎、罗各四,绢二,布一,衣缎表、裹各一,加赏织金罗、采缎各二,靴一双;通事、从人缎、罗、绢、布、靴有差。

又,议准:"该国正贡船二,令员役二十人来京;补贡船一,令六人来京。"

是年,题定:"暹罗国贡期三年一次,贡道由广东,例于常贡外有加贡,无定额。"

又,覆准:"进贡船不许过三只,每船不许过百人,来京员役二十名。其接贡、探贡船,概不许放入。"

谨按:暹罗贡道,据雍正年修《会典》,议在康熙四年;嘉庆年修《会典》,议在六年。年各异。

又按:是年暹罗进贡正贡船一只,护贡船一只,载象船一只,故有是议。

五年十一月,国王遣陪臣握坤司吝喇耶低迈礼等来贡。部议以所贡物与《会典》不符,应令后次补贡。得旨:"暹罗小国,贡物有产自他国者,与《会典》难以相符,所少贡物,免其补进。以后但以伊国所有者进贡。钦此。"时贡物内有神幔一条,以非进奉天朝之礼,交来使带回。赐国王、王妃与四年同。正、副使每人缎七、罗四,织金罗、绢各二,裹绸一,布一,靴一双;通事、从人及留边人,给赏各有差。

九年,遣使入贡如例。

十一年三月,国王遣其陪臣来贡。得旨:"贡使所携货物,愿至京师贸易,则听其自运;或愿在广东贸易,督、抚委官监视之。钦此。"

十二年二月,国王遣陪臣奉金叶表文入贡,表称:"暹罗国王臣森烈拍腊照古龙拍腊马呼陆坤司由提呀菩埃诚欢诚忭,稽首顿首,启奏大清皇帝陛下:伏以天生圣君,嗣登宝位,刚明果断,国治民安。声闻海外,泽及诸彝。卑国世荷皇恩,微臣继袭践祚,远沾九重德化,莫能瞻仰天颜。幸遇贡期,敢效输款。耑差正贡使臣握坤司吝喇耶低迈礼、二贡使臣握坤司殊噶剌耶西、三贡使臣握坤押派瓦耻、通官握坤心物迈知理揭帝、典办事文司叨申理呼等,梯航渡海,赍捧金叶表文、方物、译书,前至广省,差官伴送京师,朝贡进献,代伸拜舞之诚,恪尽远臣之职。恭祝皇图永因,帝寿遐昌。伏冀府垂鉴纳,庶存怀远之义。微臣遵旨再陈:明季旧颁敕银印,卑国以凭进京朝贡。前因宫殿火煨烬无存,今进京朝贡,无可为凭。微臣以表文内不敢琐渎,委握耶大库具文,呈部转奏。圣旨特赐敕银印,以便进京奉贡。康熙九年三月,内贡使回国,礼部奉旨咨文到暹罗。内开:使臣具表题请,伏望圣恩颁赐敕印,以光属国,庶朝贡有凭。按古例,贡船三只到

广，贡使捧表进京朝贡，其船置办国需，随泛回国，庶臣早知圣体兴隆，于次年再至广省迎接圣敕回国。伏乞俞旨，赐依古例，特敕礼部行文广省各衙门遵照施行。微臣不胜瞻天仰圣，欢忭踊跃之至。谨具表朝贡以闻。”后开贡物：皇帝方物：金叶表文一道，译字表文一道，龙亭一座，【安奉金叶表文】。驯象一只，孔雀四只，六足龟四只，龙涎香一斤，碗石一斤，沉水香二斤，犀角六座，速香三百斤，象牙三百斤，安息香三百斤，白豆蔻三百斤，籐黄三百斤，胡椒三百斤，大枫子三百斤，乌木三百斤，苏木三千斤，胡椒花一百斤，紫梗二百斤，树皮香一百斤，树胶香一百斤，翠鸟毛六百张，孔雀尾十屏，儿茶一百斤，鲛绡布六疋，杂花色大布六疋，　天四条，红布十疋，红撒哈喇布六疋，印字花布十疋，西洋布十疋，大冰片一斤，中冰片二斤，片油二十瓢，樟脑一百斤，黄檀香一百斤，蔷薇露六十罐，硫黄一百斤；皇后方物一样减半，【内止少驯象】。奉圣谕：“暹罗国航海远来，抒诚进贡，其虫蛀短少等物，免令补进。嗣后各国皆照比例。钦此。”四月，册封暹罗国王，领镀金驼纽银印，赐诰命，令使臣赍回。诰曰：“来王来享，要荒昭事大之诚；悉主悉臣，国家著柔远之义。朕缵承鸿绪，期德教暨于遐陬；诞抚多方，使屏翰跻于康乂。彝章具在，涣号宜颁。尔暹罗国森烈拍腊照古龙拍腊马呼陆坤司由提呀菩埃，秉志忠诚，服躬礼义。既倾心以向化，乃航海而请封。砺山带河，克荷维藩之寄；制节谨度，无忘执玉之心。念尔悃忱，朕甚嘉焉。今封尔为暹罗国王，赐之诰命，尔其益矢忠贞，广宣声教，膺兹荣宠，辑乃封圻。于戏！保民社而王，纂休声于旧服；守共球之职，懋嘉绩于侯封。尔其钦哉！无替朕命。”贡使事毕，礼部堂官司员，朝服在午门前恭设几案，鸿胪寺官引贡使等，行三跪九叩首礼，跪领诰印。移咨该国王，令王出城恭迎诰印。

二十三年，国王遣正使王大统、副使坤字述列瓦提、从人三十名，具金叶文入贡。奉旨：“览王奏，航海远来，进贡方物，具见悃诚可嘉。知道了。馀著议奏。钦此。”又，奉圣谕：“暹罗国进贡员役，回国有不能乘马者，官给夫轿，从人给舁夫。钦此。”

是年，国王附奏言：“贡船到虎跳门，地方官阻滞日久。迨进至河下，又将货物入店封锁，候部文到时，方准贸易，每至毁坏。乞敕谕广省，嗣后贡船到虎跳门，具报之后，即放入河下，俾货物早得登岸贸易。又，本国采办器用，乞谕地方给照置办。”下部议。寻经议准：“应如该国王所请行。”

又，奏准：“暹罗国照例颁赏，其靴皆折绢。”

又，覆准：“贡使回国，除护送来京官外，特差本部司官、笔帖式各一人伴送。”

二十四年，题准：“暹罗国王原赏缎三十四，今加十六，共表裹五十。”

四十七年，国王森烈拍腊照古龙拍腊马呼陆坤司由提呀菩埃，遣陪臣恭进金叶表文，进到贡物，外加进贡物九件。其副贡船被风漂至安南地面，续到。粤东省仍差官伴送至京。进驯象二只，外添进金丝猴二只。赐国王、王妃及贡使，均照二十四年议定之例，其副贡人员等，照从人赏例，绢各二，布各七。广东伴送经历，亦照例赏彭缎袍一领。

又，覆准：“暹罗国进贡船压舱货物，如愿在广东地方贸易，照例免其收税。”

五十九年，国王遣陪臣恭奉金叶表文，贮以金桶，裹以锦袱，上饰金珠三，金圈七，盒三重，内盒饰螺钿，外盒饰金紫梗牌二；入贡驯犀二只。又贡使呈称：“国王命加贡西洋金缎二疋，大西洋阔宋锦一疋。”

六十一年四月，国王遣使恭进金叶表文，于贡物外，献金筒一，螺钿盒一，贴金盒一，金球三，金圈七，锦袱二，紫梗牌一，驯犀一。又，贡使呈称：“奉国王命，加贡大西洋金缎二，大西洋阔宋锦一。”俱交总管内务府。奉旨：“览王奏，倾心向化，遣使航海远来，进贡方物，具见悃诚，历久弥笃，深为可嘉。钦此。”

又，议准：“暹罗国入贡，照安南国例。”加赐国王缎八，纱四，罗八，织金缎、纱、罗各二；王妃缎、织金缎、纱、织金纱、罗、织金罗各二；贡使四人每人加缎、罗、织金罗、绢各一，裹一；通事四人，二人加缎、罗、绢各一，裹一，二人加缎、罗、绢各一；从人二十一名加绢、布各一。

又，覆准：“暹罗国奏称：彼国有二红皮船，前因禁洋被留。令广东督、抚查明，交贡使带回。其在广驾船水手人等，系内地者，各拨原籍安插；系暹罗夷人，令随船回国。”

又，奏准：“贡使回国，遣礼部汉司官一人伴送。”

又，覆准：暹罗国进贡后，补进犀牛，贡使系微员，比具表进贡之使酌减，赏缎六，罗三，织金罗二，绢三，

裹二,布一;通事缎三,罗三,绢二;从人四名,绢各二,疋各六件;送驿丞赏彭缎袍一领。奉旨:“朕闻暹罗国米甚丰足,价亦其贱,若于福建、广东、宁波三处,各运米十万石来此贸易,于地方有益。此三十万石米,系为公前来,不必收税。礼部问暹罗使人,定议具奏。钦此。”遵旨会同来使,据称:该国米用内地斗量,每石价值二三钱。今议定:载米到时,每石给价五钱。除为公运三十万石不收税外,其带来米粮、货物,任从贸易,照例收税。

粤道贡国说·卷二·暹罗国二

雍正二年十月二十八日,广东巡抚年希尧师报暹罗国运米并进谷种等项。奉上谕:“暹罗国钦遵圣祖仁皇帝谕旨,不惮险远,进献谷种、果树及洋鹿、猎犬等物,最为恭顺,殊属可嘉。作何奖赏,著定议具奏。所奏谷种、鹿、犬,已经差官送京。各种果树,俟来岁春和,另行委解,知道了。运来米石,令地方官照粤省现在时价,速行发卖,不许行户任意低昂。所奏每米一石,定价五钱,则贱买贵卖,甚非朕体恤小国之意。著行文浙、闽,此次已到之米,与该国现经发运续到者,皆照粤省一体遵行。嗣后且令暂停,俟有需米之处,候朕降旨遵行。其压船随带货物,本当照例征税,但该国王既能输诚向化,冒险远来,此次应输税银,著一概免征。来船梢目徐宽等九十六名,虽系广东、福建、江西等省人民,然住居该国,历经数代,各有新属妻子,实难勒令迁归。著照所请,免令徐宽等回籍,仍在该国居住,以示宽大之典。钦此。”御前贡物:龙涎香一斤,银盒装西洋闪金花缎六疋,象牙三百斤,胡椒三百斤,豆蔻三百斤,籐黄三百斤,苏木三千斤,速香三百斤,乌木三百斤,大枫子三百斤,金银香三百斤;皇后前贡物并同,数目减半。

又,议准:“暹罗国入贡,照康熙六十一年加赐之例,船长照通事例,番梢照从人例,加赏缎、罗、绢、布有差。其船长虽非贡使可比,但载运米粮,向化远来,于原赏布十疋外,再各加赏十疋。又特赐国王各色缎二十、松花石砚、玉器、瓷器、珐琅器等物,差司官赍赏物,一并送至广东交与该抚,付船长领回。”

四年,覆准:“暹罗国前经奉旨暂停运米。所差探贡二船,带有米石货物,伊等由该国起行,尚在未奉旨之先。既已涉险远来,听其就近发卖,俟风讯回国。”

六年,礼部议覆:“福建巡抚常赉疏言:‘暹罗国王诚心向化,遣该国商人,运载米石货物,直达厦门。请听其在厦发卖,照例征税,委员监督。嗣后暹罗运米商船来福建、广东、浙江者,请照此一体遵行。’应如该抚所请。”奉旨:“依议。米谷不必上税,著为例。钦此。”

七年六月,该国载米船艘,因风飘泊。其捞回压船货物,并免其征税。

七月,国王遣陪臣朗微述申黎呼等赍金叶表文,贮以金筩、锦囊,与康熙五十九年同入贡。御前方物:驯象、龙涎香、幼馔石、冰片、沉香、犀角、孔雀尾、翠鸟皮、象牙、速香、安息香、紫降香、豆蔻、籐黄、胡椒、大枫子、乌木、荜拨、紫梗、桂皮、儿茶皮、樟脑、硫黄、檀香、树胶香、织金头白袈裟、桃红袈裟、幼花布、阔幼花布、织金头白幼布、阔红布、花布幔、大荷兰毡、冰片油、蔷薇露;皇后前方物不进象,馀物减半。又加贡宝剑、仗剑、金地交枝柳条板带。奉旨:“暹罗国王遣使远来,贡献方物,具见悃诚。朕念该国远隔海洋,赍送不易,欲酌量裁减,以示恩恤远藩之意。但此次贡物,既赍送前来,难以带回,著照往例收纳。其常贡内,有速香、安息香、袈裟布疋等十件,无必须用之处。嗣后将此十件,免其入贡。永著为例。钦此。”遵旨议定:免贡速香、安息香、胡椒、紫梗、红白袈裟、白幼布、幼花布、阔幼花布、花布幔等物。皇后前照此免贡。

又,奏请召见贡使。奉旨:“著大贡使于同来贡使内选一人,令二人进见。”时,贡使呈称:京师为万国所景仰,国王意欲令伊等观光上国,遍览名胜回述,以广见闻。奉旨:“不必禁止,著贤能司官带领行走,仍赏银一千两。若所喜物件,听其购买。钦此。”又呈称:奉国王命:本国所产马匹甚小,久慕天朝所产马、驼、骡、驴之高大,请各买三四匹回国。奉旨:“著照所请,准其购买。所买价值,著内库支给。钦此。”照康熙六十年加赏例,赐国王缎、罗各十有八,纱十有二,锦缎、织金缎、罗纱各八;王妃缎、罗纱各六,织金缎、纱罗各四;来使四人,每人各缎八,罗、绢五,织金罗三,裹二,布一;通事各缎、罗五,绢三;从人各绢三,布八。特赐国王御书“天南乐国”四字,内库缎二十,玉器八件,珐琅器一件,松花石砚二方,玻璃器二种共八件,瓷器十四种共百四十六件;贡使内造缎八,银百两。

又，十一月三十日，奉上谕："暹罗国远隔重洋，输诚向化，恭顺修职，历有年所。其所请采买物件，著行令该抚采买赏给，以示朕嘉惠远人之意。钦此。"

乾隆元年六月，国王森烈拍照广拍马呼陆坤司由提呀菩埃以嗣立，故遣陪臣朗三立哇提等赍表及方物。例贡象一只，因航海故，增一以备。又加进金缎二疋，花幔一条。并咨礼部言："往时钦赐蟒龙大袍，藏承恩亭上，历世久远，难保无虞，恳再邀恩赐一二袭。"经据情代奏，奉旨："暹罗远处海洋，抒诚纳贡，除照定例给赏外，可特赏蟒缎四匹。钦此。"礼部奏称："暹罗昭丕雅大库呈称：伊国造福送寺，需用铜斤，奉禁之后，无从采办，恳请准其赴粤采买。查铜斤关系鼓铸，禁止出洋，定例已久，今若准其采买，恐日后奸商藉此为由，越境滋弊，应毋庸议。"奉旨："暹罗远处海洋，抒诚纳款。采买铜斤一项，该国王称系造福送寺之用。部议照例禁止，不许令其采买，固是。今特加恩赏给八百斤，后不为例。钦此。"

又，议奏："暹罗国陪臣朗三立哇提等四人入贡来京，或召见大贡使一人，或四人，或令其选一人同大贡使二人进见，或停其进见之处，请旨遵行。"奉旨："皆令进见。"

又奏："朝鲜国来使召见，赐坐、赐茶，原因其该国王族人称君者，与我国内大臣位次不甚相悬，故相待如此之优。至琉球、安南、暹罗等国差来陪臣，若系该国王兄弟、世子来朝，自应如朝鲜之例；若寻常贡使，乃伊国陪臣，与内大臣相去悬远，其仪注似不宜照朝鲜国称君来使之例。今暹罗国贡使朗三哇提等召见之日，皇帝御乾清宫，升宝座。应入班之内大臣、侍卫等，照例排班序立，礼部堂官引来使，随带通事一人，由乾清门西门入，于丹墀西边，行三跪九叩礼毕，礼部堂官由西阶引至乾清宫中门外跪，通事在来使西边稍后跪。皇帝慰问毕，引出，候旨赐茶，或赐饭毕，引至午门外谢恩。其议政大臣等会集，赐坐、赐茶之处，似应停止。嗣后琉球、安南等国来使，皆照比例遵行。"奉旨："所奏是。此次仍照世宗宪皇帝召见例行。钦此。"

七年，福州将军兼管闽海关事务新柱奏："本年七月内，有暹罗国商人方永利一船，载米四千三百零；又蔡文浩一船，载米三千八百石，并带有苏木、铅、锡等货，先后进口。查该番船所载米石，皆不足五千之数，所有船货税银，未便援例宽免。"得旨："该番等航海运米远来，慕义可嘉。虽运米不足五千之数。著免船货税银十分之三，以示优恤。钦此。"

八年，奉圣谕："上年九月间，暹罗商人运米至闽，朕曾降旨免征货船税银。闻今岁仍复带米来闽贸易。似此源源而来，其加恩之处，自当著为常例。著自乾隆八年为始，嗣后凡遇外洋货船来闽，粤等省贸易，带米万石以上者，著免其船货税银十分之五；带米五千石以上者，免其十分之三。其米听照市价公平发粜。若民间米多，不需粜买，即著官为收买，以补常社等仓，或散给沿海各标营兵粮之用。俾外洋商人得沾实惠，不致有粜卖之艰。该部即行文该督、抚、将军，并宣谕该国王知之。"

十三年，入贡方物外，附洋船贡黑熊一只，斗鸡十二只，太和鸡十六只，金丝白肚猿一只。

十四年，国王遣陪臣朗呵派提等，赍奉金叶表文入贡。御前方物：象二，龙涎香一斤，犀角六，沉香二斤，土璇石十一两二钱，象牙、紫降香、大枫子、豆蔻、籐黄、乌木各三百斤，胡椒、花桂皮、 朴齿舌皮、樟脑、檀香、硫黄各百斤，苏木三千斤，上冰片一斤，冰片二斤，冰片油二十瓢，翠毛六百副，孔雀尾十屏，红布幔十疋，荷兰毡二块；皇后前不贡象，馀物各减半。又附洋船贡到黑熊、斗鸡、金丝猿，令其进献。

又，奏准："暹罗国使臣朗呵派提等，奉表来京，恭遇圣驾巡幸，于启銮之日，礼部满堂官引来使等四人并通事一人，至圆明园宫门外，于圣驾启銮之先，行三跪九叩礼。恩赏该国王物件，于宫门前赏给。随率至王公百官送驾排班之末，跪候瞻仰。如蒙慰问，来使跪聆毕，礼部堂官领回。"又，是年照康熙六十一年加赐之例，特赐国王御书"炎服屏藩"四字，蟒缎、片金缎、妆缎、闪缎各二，锦缎四，各色缎八，玉器六，玛瑙器二，珐琅炉瓶一副，松花石砚二方，玻璃器五种共十件，瓷器二十三种共百四十六件。又因续进黑熊、白猿等物，特赏国王库缎十二疋。

十六年，奉圣谕："朕阅潘思榘摺内称：本年六月内，收入厦口暹罗商船一只，买回米四千石等语。闽、浙各处，现在需米孔殷，若官为办理，岂不于民食更有裨益？但虑官办或致外人多疑，或闻内地官为购觅，即乘势居奇，多方掯勒，必致价值日益昂贵，并使商船来往亦不能随便携带。著传谕喀尔吉善、潘思榘，令

其会同酌量,若无此虑,可于暹罗等国产米之处,官为购运。或先行试买,看其嗣后可以源源接济,不致启番人掯勒之弊,抑或应仍听商人陆续运带,一一详筹奏闻。钦此。"寻经总督喀尔吉善等奏称:"该国地土,广不过百馀里,户口无几,每年馀米有无、多寡并无一定,官赴采买,番情趋利如骛,难免居奇昂价,急官为购运,止宜听商自行买运,尚可资其缓,未便举行。"得旨俞允。十八年,奏准:"暹罗国使臣郎损吞泒沛等奉表来京,恭遇驾幸南苑,已令使臣道帝瞻仰,应照例停其召见。"

是年,喀尔吉善奏:"暹罗地方,近年虽有商船带回米石,于民食不无补济,但欲采买补仓,势须委员领帑前往买运,若向商船招买过洋之米,止可随到随粜,不能日久贮仓。今复加筹酌,与其官买补仓,不如仍听商贩带运,随其多寡,皆足有济民食。"奉旨允行。

其年二月,入贡方物,加进西洋金花缎番袍、金花缎夹裤各一条,西洋金缎带三条。并恳赐人参、缨牛、良马、象牙及通彻规仪。内监部议不可。并请饬使臣于归国后,晓谕国王,恪守规制,益励敬恭。得旨:"方物照例收受,其筵宴赏赉,著加恩照上次例行。"加赐人参四斤,锦缎共二十疋,及玉器,玛瑙器,珐琅器,玻璃器,磁器,铜暖砚。

二十二年,入贡。特赐国王蟒缎、锦缎各二疋,闪缎、片金缎各一疋,八丝缎四疋,玉器、玛瑙各一件,松花石砚二方,珐琅器十有三件,瓷器百有四件。

二十六年,议准:"暹罗国贡船在粤遭风,飘失龙涎香、桂皮、豆蔻、儿茶皮、树胶香五件,免议。"

二十七年,议准:"暹罗国上年贡物沉溺,免其补进。复遣探贡船呈请代谢天恩。所有馀舱货物,因多霉湿,准其先行发卖,免征税银。"特赐国王物件,与二十二年同。

三十一年,国王森烈拍照广敕马呼陆坤司由提雅普埃遣陪臣奉金叶表文入贡。御前方物:驯象、犀角、沉香、上冰片、中冰片、降真香、大枫子、籐黄、乌木、象牙、豆蔻、土璇石、苏木、樟脑、檀香、硫黄、荜拨、儿茶皮、树胶香、土桂皮、翠毛、孔雀尾、龙涎香、冰片油、红布幔、荷兰毡,凡二十六种;中宫前不贡象,馀物减半。特赐国王物件,与二十七年同。适因该国为邻番所破,经两广总督奏明,将原颁赏赐缴还。

谨按:邻番为花肚番,即缅甸也。

四十六年正月,暹罗国长郑昭遣使朗丕彩悉呢霞握抚突等二人入贡,并奏称:"自遭缅匪侵陵,虽复土报仇,绍裔无人,兹群吏推昭为长,遵例贡献方物。"奉旨:"国长遣使航海远来,具见悃忱。该部知道。原表并发。钦此。"赐宴使臣于山高水长。所贡之物赏收象一只、犀角一担。其象牙、洋锡、籐黄、胡椒、苏木,准其在广东自行变价,并压舱货物,一体免税。特赏国长蟒缎、锦缎、闪锻、片金、八丝缎、玉器、玛瑙器、珐琅器、瓷器、松花石砚。

是年入贡,暹罗国长郑昭恭进例贡外,加进驯象、犀角、象牙、洋锡、籐黄、胡椒六种,奉旨:"据奏暹罗国长郑昭,豫备正贡一分,具表恳请代奏。并备象牙、犀角、洋锡等物,以为副贡等语。该国长输诚纳贡,备具方物,所有正贡一分,自应照例送京收纳。至所备副贡,若概令赍回,致劳往返,转非所以体恤远人。著于副贡内只收象只、犀角二项,同正贡一并送京交礼部,于照例赏给之外,查例加赏,以示厚往薄来之意。其馀所备贡物,准其在广省自行觅商变价,并将伊等压舱货物,均一体免其纳税。钦此。"

五十年,暹罗国长郑华,遣使奉金叶表文入贡。御前方物:龙涎香、金钢钻、沉香、冰片、犀角、孔雀尾、翠皮、西洋毡、西洋红布、象牙、樟脑、降真香、白胶香、大枫子、乌木、白豆蔻、荜拨、檀香、甘蜜皮、桂皮、籐黄、苏木、驯象二;中宫前方物,不贡象,馀物减半。奉旨:"览国长奏:继嗣父业,恪承先志,遣使航海远来,进贡方物,诚悃可嘉。知道了。该部知道。钦此。"

又,正月初二日,紫光阁筵燕。赏暹罗正使锦缎四疋,绒缎二疋,各样花缎十疋,荷包大小十个;二使、三使、四使,锦缎各二疋,花缎各六疋,荷包大小各六个。

谨案:此次紫光阁筵燕,赏暹罗正、副使,与五十二年悉同。

五十一年,奉圣谕:"据穆腾额奏称:'暹罗国每年正、副贡贡船到关,其随带之船,至十馀只之多。又有藉名探贡船只,俱属内地商船,所带货物甚多。该监督查明应征税银若干,报明该督、抚具题概行宽免,殊非杜弊防奸之道。请将正、副贡船各一只,照例免其纳税,其馀船只,俱按货征税'等语。暹罗国修职输

诚,遣使呈进方物。其正、副贡船,自应免其征纳税银。岂容内地商船藉名影射,希图免税。此等商船到关时,该监督原可逐船履勘,除贡物之外,若有私带船只,无难一望而知,自应按货征税。该监督即当商之督、抚,分别办理,何得概予具题邀免。此系该督、抚、监督等分内应办之事,何必形之章奏,候朕降旨始奏行耶。除就近传知穆腾额遵办外,著传谕富勒浑、孙士毅:于该国贡船到关,所有正、副贡船各一只,仍照例具题免税,其馀若果查系夹带客商私船,俱逐一查明,按货纳税,以杜奸商取巧通同弊混之计。将此传谕知之。钦此。”

五十二年,入贡。赐宴紫光阁。赏正、副使有差。

五十三年,该国长遣使入谢。

五十四年正月初五日,紫光阁筵燕。赏暹罗正使锦、漳绒各三疋,小卷八丝缎、五丝缎各五疋,大荷包一对,小荷包四对;赏副使锦、漳绒各一疋,小卷八丝缎、五丝缎各三疋,大荷包一对,小荷包二对。

五十五年,暹罗国王具表遣陪臣进贡,并因庆祝万寿,沉香、紫胶香、冰片、燕窝、犀角、象牙、通大海、哆啰呢凡九种。奉上谕:“据奏:‘暹罗国王遣使进贡祝厘,于七月十一日正贡船甫到,副贡船尚未抵粤’等语。该国王情殷祝嘏,恭进方物。阅其表文,欢欣踊跃,具见悃忱。但现届八月初旬,该国贡使抵粤较迟,既未能如期到京随班庆祝,自毋庸即令趱紧行程。著将该国前后抵粤贡使人等,俱酌量令其缓程行走,于年底到京,随入燕赏,以示朕体恤远人至意。钦此。”加赐暹罗国王御笔“福”字一,玉如意一,玉器二,瓷器、玻璃器八,“福”字方百幅,绢笺四卷,砚二方,笔三匣,墨三匣,雕漆盘四。

五十六年,入贡。正月初九日,紫光阁筵燕。赏暹罗正使一员大卷缎、大卷宫绸各四疋,大荷包一对,小荷包三对;副使一员大卷缎、大卷宫绸各三疋,大荷包一对,小荷包二对。又特赐正、副使八丝缎各一疋,笔、墨各一匣,笺纸各一卷。

六十年,入贡方物:龙涎香、沉香、檀香、白胶香、降真香、金钢钻、冰片、樟脑、孔雀尾、犀角、象牙、西洋毡、西洋红布、翠鸟皮、甘蜜皮、桂皮、荜拨、大枫子、豆蔻、膳黄、乌木、苏木;恭进皇宫方物,其数减半。除夕,赐燕保和殿。

嘉庆元年,恭进太上皇帝、仁宗睿皇帝汉番字金叶表文并方物。正月初四日,举行千叟燕。暹罗使臣在宁寿宫入燕。特赐正使圣制千叟燕诗一章,玉如意、寿杖各一,锦缎、洋花缎、云缎、大卷缎各二,“福”字笺一卷,绢笺二卷,湖笔二十枝,朱墨十锭,砚一,鼻烟一瓶,鼻烟盒、瓷牙签筒、洋漆茶盘各一;副使锦缎、洋花缎各一,绢笺一卷,湖笔十枝,朱墨四锭,馀赏与正使同。又燕于紫光阁、正大光明殿、山高水长,加赏有差。

其年,又遣使赍金叶表文,庆贺太上皇帝归政,恭进龙涎香、上冰片、中冰片、沉香、金钢钻、孔雀屏、犀角、象牙、荷兰毯、红毛厘布、翠鸟皮、白檀香、白胶香、樟脑、甘蜜皮、桂皮、荜拨、降真香、大枫子、白豆蔻、膳黄、乌木、苏木,凡二十四种;恭进皇宫前贡物减半。又庆贺仁宗睿皇帝登极,并进皇后贡物,均与庆贺归政贡同。

二年正月初十日,紫光阁筵燕。特赏暹罗使臣与元年同。

三年,使臣在京,召入重华宫筵燕。赏正、副使荷包、芽茶、鼻烟壶、火镰、玻璃碗、福橘等物。

四年,入贡,赐宴如例。

五年,国王遣使赍祭文仪物,恭诣高宗纯皇帝前进香,并进献方物。经广东巡抚遵旨:“令该使臣毋庸进京,所有呈献仪物、方物,令赍回。钦此。”

六年,入贡。赏使臣羊裘、缨帽。奉圣谕:“暹罗国第二贡使帕窝们孙哰哆呵叭突,在广州南海地方患病身故,情殊可悯。现已饬地方官妥为照料。著加恩再赏银三百两。遇有该国便船,即令先行带回,将银两给伊家属,不必等候此次贡船回国,转致稽缓。嗣后如遇有此等外国使臣在内地身故之事,著照此例办理。钦此。”

七年正月十二日,赏暹罗正,副使与二年同。

八年十二月二十八日,赏暹罗使臣四员、从人十九名衣帽、靴袜,均与六年同,通事二员,与赏贡使同。

二十九日，重华宫筵宴。特赏三贡使、四贡使各瓷盘一件，玻璃器二件，小荷一对，茶叶一瓶，瓷器一件。

九年，入重华宫筵宴。加赏使臣、通事有差。

十年正月初十日，特赏暹罗大贡使锦三疋，漳绒三疋，大卷八丝缎四疋，小卷五丝缎四疋，大荷包一对，小荷包四对；二贡使锦二疋，漳绒二疋，大卷八丝缎三疋，小卷五丝缎三疋，大荷包一对，小荷包四对；三贡使、四贡使各锦二疋，漳绒二疋，大卷八丝缎三疋，小卷五丝缎三疋，大荷包一对，小荷包二对。

十年十二月二十九日，暹罗贡使于重华宫入燕。加赏贡使玻璃瓶二个，玻璃鼻烟壶一个，瓷带钩一个，茶叶二瓶，橘子一盘，荷包二对；二贡使、三贡使、四贡使各玻璃碗二个，荷包一对，馀俱正贡使同。

十二年，暹罗贡使于重华宫入燕。加赏二贡使、四贡使各玻璃碗一对，玻璃鼻烟壶一个，瓷带钩一个，茶叶二瓶，福橘五个，瓷碟一个，荷包一对；副通事一员荷包一对。

九月，奉圣谕："外洋诸国夷人，自置货船来广贸易，自应专差夷目亲身管驾，不得令内地商人代为贩运。今金协顺、陈澄发，皆以内地客商，领驾暹罗国船只，载货贩卖。虽询明委系该国王所遣，并无假冒捏饰及夹带违禁货物。但该国王何以遽肯造船交伊等管带，情节不无可疑。且恐日久相沿，必致奸徒潜往外夷赊欠诓骗，或竟冒为夷货，代盗销赃，不可不防其渐。吴熊光请敕下礼部，于该国贡使到京时，传知饬禁。恐该贡使回国传述未能详切，现已另降敕谕，申明内外体制。所有金协顺等船二只，既已驶至内地，姑准其起货纳税，另置新货，给照回帆。自此次饬禁之后，如再有代驾夷船进口，即查明惩办。钦此。"又敕谕："暹罗国王郑华，嘉庆十二年九月，据两广总督吴熊光奏称：'有船商金协顺、陈澄发，装载暹罗国货物来粤贸易，并请于起货后装载粤省货物，回赴暹罗。经地方官查明：金协顺，系福建同安县人。陈澄发，系广东澄海县人。饬传暹罗国贡使丕雅史滑厘询问。据称：金协顺，陈澄发二船，委系由该国新造来粤。因该国民人不谙营运，是以多倩福、潮船户代驾，并非冒捏，呈递译书禀结'等情。天朝绥怀藩服，准令外域民人赴内地懋迁货物，惠逮远人，恩至渥也。惟是中外之限，申画厘然。设关讥禁，古有明训。我朝抚御诸邦，如朝鲜、越南、琉球等国，各以本地物产来中土贸易，皆系其本国民人，附朝贡之便，赍带前来，从未有中国之人代彼经纪者。今金协顺、陈澄发，以闽广商民，代暹罗营运，即属违禁。中土良民，谨守法度，断不敢越制牟利。其私涉外域者，此中良莠不齐，设将贩运货物隐匿拖欠，致启讼端，亦于该国诸多未便。本应将金协顺等饬法治罪，念其船只系由该国制造，给令代驾，从前未经严立科条，此次且从宽免究，并施恩准其起货售兑，仍给照令其置货回帆。特降敕谕知该国王，宣明例禁。嗣后该国王如有自置货船，务用本国人管驾，专差官自带领同来，以为信验，不得再交中国民人营运。若经此次敕禁之后，仍有私交内地商民，冒托往来者，经关津官吏人等查出，除不准进口起货外，仍将该奸商治罪，该国王亦难辞违例之咎。柔远能迩，宽既往以示含宏之义；宅中驭外，申明禁以严逾越之防。尔国王其凛遵毋忽！特谕。"

十三年，暹罗贡使入蒙古包燕。加赏大贡使与乾隆六十年朝鲜正使同；二贡使、三贡使、四贡使与朝鲜副使同。

十四年，暹罗国遣使祝嘏，进贡寿烛十对，金钢钻一斤，冰片二斤，燕窝十斤，沉香二十斤，犀角二十斤，孔雀尾五十屏，翠鸟皮五百张，檀香一百斤，降真香一百斤，砂仁米一百斤，紫梗一百斤，象牙二百斤，豆蔻二百斤，胡椒二百斤，膳黄二百斤，荷兰毡二领。加赏正、副使筵宴重华宫如仪。其国王表请倩雇内商驾船。奉旨："不准。表文给还夷目带回。钦此。"

暹罗国世子郑佛遣使进贡请封。在洋遭风，沉失贡物九种。奉圣谕："据百龄等奏，暹罗国赍贡使臣抵粤一摺。该国贡船在香山县属荷包外洋，突遇飓风击坏，沉失贡物。此实人力难施，并非使臣不能小心防护。其沉失贡物，不必另行备进，用昭体恤。所有郑佛恳请敕封之处，著该衙门照例查办。俟该使臣回国，即令领赍。钦此。"十月初一日，暹罗贡使于重华宫入燕。加赏正使一员，洋瓷带钩一个，玻璃鼻烟壶一个，玻璃碗一对，红橘一碟，茶叶一瓶，荷包二对；副使一员，荷包一对，馀与正使同。

十五年，封世子郑佛为国王。照例给与诰命、银印，交该国使臣祗领，恭赍回国。正月初十日，暹罗国贡使入蒙古包燕。加赏正、副使，均与乾隆六十年朝鲜正、副使同。

十六年正月初四日，暹罗贡使于紫光阁入燕。加赏正、副贡使四员，均与乾隆六十年朝鲜正、副使同。

十七年十二月，暹罗国进贡方物，贡使于重华宫入燕。加赏正、副使二员，各玻璃瓶一对，茶盅一个，玻璃鼻烟壶一个，茶叶二瓶，大荷包二对。

十八年十二月，奉圣谕："前据蒋攸铦奏：'暹罗国正贡船只在洋失火，所载贡使人役及表文方物等件，俱无下落，仅有副贡船抵粤。'当经降旨，将该国副贡使及所存贡品十种，派员送京，无庸补备正贡。今又据蒋攸铦奏：'该副使唧拔察哪丕汶知突因在海船感冒风寒，又闻正贡船失火焚烧，致受惊恐，现在患病，难以起程，请俟医治痊愈，再行护送入都'等语。该副贡使患病受惊，正需调理，长途跋涉，甚非所宜。现已届年节，不必再令进京。著加恩令将所存贡品十种，就近交贮粤省藩库，由该督委员解京。其副贡使令在粤休息，妥为调治。该国王抒忱纳赆，其正、副贡使，适因事故不能到京，而航海申虔，即与赍呈无异。所有例赏该国王及贡使人役物件，著礼部查明奏闻，将赏件发交该督，转行颁给该副贡使，令其于病痊之日，赍领回国。并将此旨传知该国王，以示怀柔远人之意。钦此。"礼部遵旨，将例赏物件并敕书，交兵部发交两广总督颁给。

十九年，该国遣使补贡。正贡船遭风，漂至越南，副使在粤患病。该国王闻遭风之信，复补备贡物，遣使来京。赐宴紫光阁。赏正、副使有差。

二十年九月，奉圣谕："蒋攸铦等奏，暹罗国王闻上年贡船被风损坏，复备副贡船遣使补备方物到粤一摺。暹罗国所进嘉庆十八年正贡船，在洋焚烧，其副贡船所赍贡品，业经进呈。十九年，该国王敬补方物，分装正、副船入贡，适遇飓风漂散。现在正、副船已先后收泊，其表文方物，由该贡使赍送赴京。该国王因闻贡船遭风之信，复备补贡方物来粤，其恭顺实属可嘉。该国向系三年一贡，明年又届入贡之期，著加恩即将此次赍到方物，作为嘉庆二十一年例贡，交粤省藩库存贮，俟明年委员解京。其使臣巧銮纹是通，留于粤省，俟本年进京各贡使旋粤时，一体筵宴，俾令回国。并传知该国王，明年无庸另备表文方物航海远来，以示怀柔至意。钦此。"贡使到京，入同乐园听戏。赏正、副贡使有差。国王复表，请用内地水手驾驶船只。经礼部奏驳，奉旨："依议。钦此。"

二十四年，副使至京，进万寿贡：大寿烛五对，小寿烛五对，冰片二两，金钢钻一斤，沉香二十斤，燕窝十斤，犀角二十斤，檀香一百斤，荷兰毯二领，降真香一百斤，豆蔻二百斤，砂仁二百斤，胡椒二百斤，翠鸟皮五百张，孔雀尾五十屏，象牙三百斤，膽黄二百斤，紫梗二百斤。又贡方物如例。加赏副使玉如意、仙果、献瑞花、普洱茶膏、人参膏、蜜饯、荔支、哈蜜瓜。赐宴正大光明殿，入同乐园听戏。

道光二年，遣使入贡方物如例。

三年，遣使恭进万寿贡。赏赐有差。

七年、九年，并入贡方物如例。

十年，恭进万寿贡。

十一年、十四年、十七年，并入贡方物如例。

十九年三月，奉上谕："向来暹罗三年一贡，著改为四年遣使朝贡一次，用示朕绥怀藩服之至意。"

粤道贡国说·卷二·暹罗国二·暹罗国入贡仪注事例

贡使人等到省，委员备办牛酒米面筵席等项，俟起贮表文、方物后，前赴犒赏。

起货，通事、船主先期将压舱货物，呈报广州府转报，委员查明其货物数目斤两册，汇同表文、方物，由司详候督、抚会疏题报。俟题允日，招商发卖。其应纳货饷，候奉部行，分别免征。

贡使入京，通事将起程日期具报广州府，转报布政司，移会按察司，颁发兵部勘合一道，驿传道路牌一张，并请院宪委护送官三员，随同伴送。将上京贡使人员廪给口粮、夫船数目，填注勘合内，经过沿途州县，按日办应。其在省看守贡船人等，以奉旨准贡日，移明粮道，每名每日支米八合三勺。

贡使入京伴送官，文职应委道、府大员，武职应委参、副大员，并委丞倅一员随往，长途护送进京外。自省起程，前抵韶州府，例委分巡广州府之督粮道护送弹压。自韶州府至南雄州度岭，委该管之南韶连道护送、弹压出境。仍饬各属照例应付，不准丝毫滥应。京旋之日，一体照办。

贡使进京,贡使、通事先将起程日期,报府转报,预行取办祭江猪只、吹手、礼生应用,然后起程。

贡使、委员自京护送敕书大典回广,船到河下迎请,安奉怀远驿馆,遵奉筵宴一次。等候风泛便日,上船回国。

贡使京回,广州府即谕令各船修葺,俟风帆顺便回国。所买回国货物,除一切违禁物件不许买带外,其应买货物,俱照定例听其买回。应委官一员,监督盘运下船,毋得违禁夹带。并令护送该船出口,俟其扬帆回报。

粤道贡国说·卷二·暹罗国二·会验暹罗国贡物仪注

是日辰刻,南、番二县委河泊所大使,赴驿馆护送贡物,同贡使、通事由西门进城,至巡抚西辕门停放。贡使在头门外帐房站立,候两县禀请巡抚开中门。通事、行商护送贡物,先由中门至大堂檐下摆列,通事复出,在头门外候。两县委典史请各官穿补褂、挂朝珠,至巡抚衙门。通事引贡使打躬迎接。各官会齐,升堂开门。各官正坐,司道各官傍坐,通事带领贡使由东角门报进,至大堂檐下,正行一跪三叩首礼。赐坐、赐茶。各官即起坐,验贡毕,将贡物仍先从中门送出西辕门。通事引贡使由西角门出,至头门外站立。候送各官回,将贡物点交,通事、行商、贡使同送回驿馆贮顿。

贡使贡毕回国,在广东省筵宴一次,额支银一十七两五钱。又,贡使船只在省守候梢目、水手等,每名日给口粮米八合三勺,于奉旨准贡之日起支,贡使回广之日住支。伴送之委员,自省赴京往回,额给盘费银五十两,均于广东存公银内,并地丁项下额支米内动支。

暹罗贡使坤匣沠拍纱来谒,列贡舶数以上,具言:"船名乌头夹板舵正贡船,长九丈九疋,中广二丈五尺三寸,深一丈五尺四寸,头广八尺,尾广一丈四尺,桅名打马树,大者长七丈五寸,围九尺,次长五丈九尺五寸,围七尺。象船,长八丈二尺四寸,中广一丈八尺,深一丈四尺,头阔四尺八寸,尾阔一丈,大桅长六丈六尺,围五尺五寸,次桅长五丈三尺八寸,围四尺。正船空时食水七尺,装载食水一丈一尺五寸。象船空时食水五尺,装载食水一丈二寸。以康熙二十二年五月初二日发本国,正船于闰六月二十日抵虎门。象船于六月初十日自广南外暹失风,漂至厦门,九月二十一日始至虎门。"

谨案:该国贡船大略如此。此见杜榛《粤闽巡视纪略》。附引之,俾得其概云。

粤道贡国说·卷三·荷兰国

谨案:荷南,即《明史·外国传》所称之和兰,又名红毛番。地在今欧罗巴洲,即热尔玛尼红夷。在博尔都噶而雅之东,意大里亚之东北,英吉利、弗南西之东。乾隆五十九年,奉旨:"贺兰国改写荷兰国。"《明史》云:"地近佛郎机。其人深目长鼻,发眉须皆赤,足长尺二寸,颀伟倍常,万历中,福建商人岁给引往贩大泥、吕宋及咬　吧者。和兰人就诸国转贩,未敢窥中国也。自佛郎机市香山,据吕宋,和兰闻而慕之。二十九年,驾大舰,携巨炮,直薄吕宋。吕宋人力拒之,则转薄香山澳。澳中人数诘问,言欲通贡市,不敢为寇。当事难之。税使李道即召其酋入城,游处一月,不敢闻于朝,乃遣还。澳中人虑其登陆,谨防御,始引去。驾二大舰直抵彭湖,遂伐木筑舍,为久居计。总兵施德政令都司沈有容将兵往谕。有容负胆智,大声论说,酋乃悔,扬帆去。然是时佛郎机横海上,红毛与争雄,复泛舟东来,攻破美洛居国,与佛郎机分地而守。后又侵夺台湾地,海上奸民,兰出货物与市。崇祯中,为郑芝龙所破,不敢窥内地者数年。十年,驾四舶,由虎跳门薄广州,声言求市。其酋招摇市上,奸民视之若金穴,盖大姓有为之主者。当道鉴壕镜事,议驱斥,或从中挠之。会总督张镜心初至,力持不可,乃遁去。已,为奸民李叶荣所诱,交通总兵陈谦,为居停出入。事露,叶荣下吏。谦自请调用以避祸,为兵科凌义渠等所劾,坐逮讯。其本国在西洋者,去中华绝远,华人未尝至,其所惟恃巨舟大炮。舟长三十丈,广六丈,厚二尺余,树五桅,后为三层楼。旁设小窗,置铜炮。桅下置二丈巨铁炮,发之可洞裂石城,震数十里,世所称红夷炮,即其制也。然以舟大难转,或遇浅沙,即不能动。而其人又不善战,故往往挫衄。其柁后置照海镜,大径数尺,能照数百里。其人悉奉天主

教。所产有金、银、琥珀、玛瑙、玻璃、大鹅绒、琐服、哆啰嗹"。

其国远在西南海。《大清一统志》云:"荷兰国在西南海中,亦曰红夷,俗称红毛国。明万历三十二年,佛郎机横海上,红毛与争雄,攻破美洛居国,与佛郎机分地而守。后因咬吧假台湾之于日本,筑安平、赤嵌二城,倚夹板船为援战,久留不去。又泊舟风柜仔,求互市,滨海郡邑为戒严。崇祯中,为郑芝龙所破,不敢窥内地者数年。本朝顺治初,伪郑成功攻安平城,战败去。"

顺治九年,郑成功寇镇江败归,谋取台湾。会荷兰通事何斌逋夷,负遁鹿耳门,说成功以水师从鹿耳门乘涨入,与荷兰相持,久克赤嵌城。荷兰战败,弃台湾。

十年,使至广东请贡,兼请贸易。巡抚具奏,经部议驳。

十二年,广东巡抚奏:荷兰国遣使赍表文方物请贡。经礼部议准:"该国从未入贡,今重译来朝,诚朝廷德化所致。念其道路险远,准五年一贡。贡道由广东入。至海上贸易,已经题明不准。在馆交易,照例严饬违禁等物。该督、抚量差官员兵丁护送来京。贡使不过百人,其到京人数不得过二十。余留住广东俟进京人回,一同还国。仍令该督、抚择请晓荷兰言语三、四人偕来。"奉旨:"荷兰国慕义输诚,航海修贡。念其道路险远,著八年一次来朝,以示体恤远人之意。钦此。"

使臣进贡方物:哆啰绒、倭缎各二疋,哔叽缎六疋,西洋布二十四疋,琥珀十块,琥珀珠、珊瑚珠各二串,镜一面,人物镜四面,白石画二面,镀金刀、镶银刀各一把,鸟枪、长枪各二杆,玻璃杯、雕花木盒、石山匣各二个,缨帽一顶,皮小狗二个,花鹦哥一个,四样酒十二瓶,蔷薇露二十壶。奉旨赏伴送官巡海道镶领蟒袍一件,护送兵丁缎袍一件。

贡使归国,特降敕谕赐其国王曰:"惟尔荷兰国墨投为也甲必丹物马绥掘,僻在西陲,海洋险远。历代以来,声教不及。乃能缅怀德化,效慕尊亲,择尔贡使杯突高啮惹诺皆色等赴阙来朝,虔修职贡,地逾万里,怀忠抱义,朕甚嘉之。用是,优加锡赉大蟒缎二疋,倭缎二疋,闪缎四疋,蓝花缎四疋,青花缎四疋,蓝素缎四疋,帽缎四疋,衣素缎四疋,绫十疋,纺丝十疋,罗十疋,银三百两,以报孚忱。至所请朝贡,出入贸易有无。虽灌输货贝,利益商民,但念道里悠长,风波险阻,舟车跋涉,阅历星霜,劳勚可悯。若朝贡频数。猥烦多人,朕皆不忍。著八年一次来朝,员役不过百人,止令二十人到京。所携货物,在馆交易,不得于广东海上私自货卖。尔来体朕怀保之仁,恪恭藩服,慎乃常赋,祇承宠命。"

十三年,荷兰贡使毕历我悦野合圭惹等到京,贡镶金铁甲一副,镶金马鞍一副,镶金刀、镶银剑各六把,鸟铳十三口,镶金鸟铳四口,短铳七口,细铳二口,铳药袋三个,玻璃镜四面,镶银千一,镜、八角大镜各一面,琥珀五十斤,珊瑚珠、琥珀珠各二斤,珊瑚树二十枝,哆啰绒五疋,哔叽缎四疋,西洋布一百疋,被十二床,花被面六床,大毡一床,中毡二床,毛缨六头,丁香五箱共二百斤,番木蔻一箱重三百六十斤,五色番花三包共三百五十斤,桂皮二包共二百一十斤,檀香十石共一千斤;恭进皇后镜一面,玳帽匣、玻璃匣、乌木饰人物匣各一个,珊瑚珠、琥珀珠各三串,琥珀四块,哆啰绒二疋,哔叽缎三疋,西洋布十八疋,白倭缎一疋,花毡一床,花被面二床,玻璃杯四个,花石盒三个,白石画二面,蔷薇露十壶。

赐国王大蟒缎二,妆缎二,倭缎二,闪缎四,花缎八,蓝缎四,帽缎四,素缎四,绫十,纺丝十,罗十,银三百两。赏使臣二员,每员大蟒缎一,妆缎一,倭缎六,蓝缎三,绫四,纺丝四,绢四,银一百两;赏标官妆缎一,倭缎一,花缎三,蓝缎一,绫二,纺丝二,绢二,银五十两;通事、从人,缎、绸、绢、银各有差。

康熙二年,荷兰国王遣其臣称出海王者,统领兵船至闽安镇助剿海逆。三月,遣其户部官老磨军士丹、镇统兵官巴连卫林等朝贡,请贸易。奉旨:"准二年贸易一次。"

三年,大兵渡海攻郑锦等,进克厦门。荷兰国率舟师助剿,以夹板船乘势追击,斩首千余级,遂取浯屿、金门二岛。事由靖南王耿继茂入奏。赐国王文绮、白金等物,颁敕谕二道褒奖。遣官赍至福建,令给付本国人带回。赐出海王银一千两,大蟒缎四,妆缎四,锦四,彩缎表、裹各二十四。又赐国王银二千两,大蟒缎五,妆缎五,倭缎五,闪缎五,片锦五,彩缎表、裹各三十五。

五年,国王耀汉连氏、甘勃氏遣陪臣宾先巴芝奉金叶表。入贡大尚马四匹,鞍辔具镀金镶银,马铳、起

花金刀各八把,镶金小铳六把,大哆啰呢、大哔叽缎各十六疋,中哆啰呢、哔叽缎各八疋,小哆啰呢一疋,哔叽、缎各四疋,荷兰绒、大花缎各六疋,荷兰五色大花缎三疋,大紫色金缎、红银缎各一疋,大珊瑚珠二百零二颗,五色绒毡、五色毛毡各二领,西洋花布三十六疋,西洋白细布、西洋小白布各一百疋,西洋大白布六十疋,西洋五色花布褥十五领,照身大镜二面,小车一张,西洋白小牛二只,琥珀四块共五斤八两,牡丁香、白胡椒各五百。又恭进珊瑚珠四串,琥珀一块,沉香六块,密蜡金匣、银盘、盛珠银盒各一个,火鸡蛋四个,二眼长枪、二眼马铳、小鸟铳各二把,铁甲一领,白尔善国缎褥一条,哆啰绒十疋,海马角二块,小马、铜狮各一个,小狗二个,铜山一架,铜炮二封,刀二把,照水镜四面,蔷薇露二十罐。

赏正使,亲男一名系闲散,照从人例。赏给伴送守备三等马一匹;照磨官及士通事各缎袍一件;护送兵丁彭缎袍一件。奉旨:"荷兰国既八年一贡,其二年贸易,永远停止。"

谨案:此次表文有云:"外邦之丸泥尺土,乃是中国飞埃;异域之勺水蹄涔,原属天家滴露。"见《澳门记略》。据《纪略》云:"康熙初,征台湾平,共王耀汉连氏、甘勃氏遣宾先巴芝入贡。"即是年也。然考大兵剿郑逆,平台湾,在康熙三年。今二十五年,贡使同一人。此据《纪略》补书其名耳。

六年五月,国王噶喽吧王油烦马绥极遣陪臣奉表文,入贡方物:大尚马、鞍辔具镶金镶银、荷兰五色大花缎、大紫色金缎、红银缎、大珊瑚珠、五色绒毯、五色毛毯、西洋五色花布、西洋白细布、西洋小白布、西洋大白布、西洋五色花布褥、大玻璃镜、玻璃镶灯、荷兰地图、小车、大西洋白小牛,并进大琥珀、丁香、白胡椒、大檀香、大象牙,并琉璃器皿一箱。又,使臣进贡方物:珊瑚珠四串,琥珀一块,沉香六块,密腊金匣、银盘、盛珠银盒各一个,火鸡蛋四个,二眼长枪、二眼马铳、小鸟铳各二把,铁甲一领,白尔善国缎褥一条,哆啰绒十疋,海马角二块,小马、铜狮各一个,小狗二个,铜山一架,铜炮二对,刀二把,照水镜四面,蔷薇露二十罐。

奉旨:"照顺治十三年例。"加赐国王大蟒缎、妆缎、倭缎、片金缎、闪缎、帽缎、蓝缎、素缎各一,花缎、凌、纺丝各四,绢二;正使蟒缎、大缎各一。

又,题准:"荷兰国远例从福建来入贡,除今次不议外,嗣后遇进贡之年,务由广东道入,别道不许放进。"

谨案:"此次贡物,有刀剑八,皆可屈伸。马四,凤鹰鹤胫,迅速异常。

二十五年,国王耀汉连氏、甘勃氏,遣陪臣宾先巴芝表贡方物:哆啰绒十疋,乌羽缎四疋,倭缎一疋,哔叽缎二十疋,织金花缎五疋,织金大绒毯四领,白幼软布二百十九疋,文彩幼织布十五疋,大幼布三十疋,白幼毛裹布一百疋,大珊瑚珠六十八颗,琥珀十四块,照身镜、江河照水镜各二面,照星月水镜一面,自鸣钟一座,琉璃灯一架,聚耀烛台一悬,琉璃杯五百八十个,象牙五枝,镶金鸟铳、镶金马铳、小马铳、起花佩刀各二十把,马铳、鸟铳、镶金刀、剑、利阔剑各十把,彩色皮带二十佩,绣皮带十佩,起花剑六把,火石一袋,雕制夹板船大、小三只,丁香三十石,檀香二十石,冰片三十二斤,肉豆蔻四瓮,丁香油、蔷薇花油、檀香油、桂皮油各一罐,葡萄酒二桶。

又,覆准:"荷兰道路险远,航海艰辛,嗣后进贡方物酌量减定。令贡珊瑚、琥珀、哆啰绒、织金毯、哔叽缎、自鸣钟、镜、马、丁香、冰片、鸟铳、火石,余均免贡。"

又,荷兰使臣进贡方物:银盘、银瓶各一个,西洋刀头六柄,荷兰花缎、哆啰呢、羽缎各一疋;哆啰绒四疋,倭绒、织金线缎、哔叽缎各二疋,西洋咁马氏布、西洋毛裹布、西洋沙南匏布、西洋佛咬唠布各二十疋。

赐国王及正使,均照六年加赏例;副使照顺治十三年赏标官例;夷目官、掌书记、伴送官、通事、从人,各赏绸、缎、绢、袍、银有差。赐敕谕曰:"朕惟柔远能迩,盛化之嘉谟;修职献琛,藩臣之大节。输诚匪懈,宠赉宜颁。尔荷兰国王,属在遐方,克抒丹悃,遣使带表纳贡,忠尽之忱,良可嘉尚。用是降敕奖谕,并赐王文绮、白金等物。王其祗承,益励忠贡,以副朕眷。"

又,议准:"荷兰国进贡之期,原定八年一次,今该国王感被皇仁,更请定期,应五年一次。"

又定:荷兰国贡道改由福建。

谨案:该国请定贡朝,以船入广东路近而险,福建路远而稳。部议如所请。

又,定减贡额。嗣后荷兰贡物,止令进大尚马、珊瑚等十三种,其织金缎、羽缎、倭缎及各样油、小箱、腰

刀、剑、布、琉璃镫、聚耀烛台、琉璃杯、肉豆蔻、葡萄酒、象牙、皮袋、夹板样船，俱免其进献。由是职贡弥谨。

乾隆元年，特命减荷兰税额，谕曰："朕闻外洋红毛夹板船到广时，泊于黄埔地方，起其所带炮位，然后交易。俟交易事竣，再行给还。至输税之法，每船按梁头征银二千两左右，再照则抽其货物之税，此向例也。乃近来夷人所带炮位，听其安放船中，而于额税之外，将伊所携置货现银，另抽一分之税，名曰缴送。亦与旧例不符。朕思从前既有起炮之例，此时何得改易。至于加添缴送，尤非朕嘉惠远人之意。著该督查照旧例，按数裁减。并将朕旨宣谕各夷人知之。钦此。"

二十七年，准荷兰国夷商，每船配买土丝五千斤，二蚕湖丝三千斤。是年十月，荷兰商人许力等呈称：彼国无织纫之工，求量带绸缎。经两广总督苏昌奏准：每丝千斤，扣带绸缎八百斤。著为例。

五十八年十月，奉圣谕"据苏楞额奏：'凡红毛货船进口，与各国夷船一律丈量收税'等语。前因英吉利遣使航海远来，输诚纳赆，是以格外加恩，将携带货物免其纳税，系指此次贡船而言。外省办事，往往胶柱鼓瑟，或因有此旨，意存拘泥，竟将该国别项贸易商船概行免税，转致西洋各国心生冀望，纷纷吁请一体免税，成何事体。著传谕苏楞额；务遵前旨，固不可例外浮收，亦不得于贡船之外概行减税。惟当按照定例收纳。以昭平允。钦此。"

五十九年，荷兰国王威咻哔兰至哪嗖，遣陪臣余悚第生奉表入贡。表称："和兰国王勃嗹氏，委吧国公勃沙里仁直唠兼管牛屿暨公班衙等处地方事务泥律帽禄沃力丁勃里稽哞时袂力等顿首书：奉皇帝陛下以德临御，宜履四海之福；以仁恤众，将来无疆之寿。溯自圣祖仁皇帝以至于今，敝邑在粤东贸易，永承圣泽之广被，而远迩无不向化者也。来岁恭逢国寿，天下咸庆之期，万民乐德之秋，历稽开古以来，未有我皇上圣神建极之盛也。勃嗹属在遐陬，历受惠泽，敢不闻风而致庆焉。谨遣来使余悚第生，恭赴阙下，谨行朝贡，兼贺皇太子来年践祚，庆万国之咸宁，叶千龄之广运。来使倘礼法疏略，万乞包容。仍恳速赐旋棹，曷胜激切仰慕之至。伏惟圣慈垂鉴。谨奉表以闻。"

又奏称："至大普惠仁慈中外洋溢天朝大皇帝陛下：呢德波、啡呢坚咏吐厌喇打施卑喱四人，专主办理贺兰国事务，恭代国王威林华兰至哪嗖具奏：保佑天朝大皇帝万事遂心，吉祥如意。天降征祥，从心所欲。因为声教覃敷，天下一人。圣明睿智，天下无不感颂。再，贺兰国来广东贸易，感沐天朝列祖大皇帝、天朝大皇帝格外施恩。缘本国王同公班衙世代沾恩感激，本国王久有心输诚，命专主国事呢德波四人，在叭打末就近探听，闻得明年恭逢天朝大皇帝六十年大庆，普天同庆。本国王同公班衙十分欢喜，一面启知本国王，一面专差贡使得胜，赍表到京叩贺。务求天朝大皇帝赏脸。今贡使得胜恭代国王来京虔诚叩首，恭贺千载难逢之盛典，即如本国王亲来叩贺一样。贡使叩见天朝大皇帝面奏，惟愿上苍庇佑，岁岁天下太平，长生万万岁，将来天朝在皇帝亲见皇太子受天庇佑，万事如意，均同天朝大皇帝一样。贡使得胜来京叩贺，定邀天朝大皇帝喜欢优容。惟愿贡使回国时，面述天朝盛典，更加舞蹈欢呼。"【末书千七百九十四年七月二十六日。】

九月二十二日，总督长麟会奏："本年九月十六日，据洋商禀称：'有荷兰国使臣得胜恭赍表贡到粤，叩祝明年大皇帝六十年大庆。船只已抵虎门，恳求代奏'等语。臣等当即派员将该贡使照料到省。据称该贡使呈出表文，译出汉字，词意极为诚敬。臣等当即会令贡使得胜进见。据该贡使先向北望阙行三跪九叩头礼，并跪称国王威林华南至那叟仰慕大皇帝仁德，倾心已久。因相距天朝甚远，每遇庆典，得信较迟。且系海外远夷，不谙天朝体制，是以未敢造次冒昧。国王原叫专主国事之呢德波等四人，在叭打末地方就近探听，如遇天朝庆典，即一面启知国王，一面预备表贡，遣官赴粤，不许稽迟。本年呢德波等探知，明年系大皇帝六十年普天大庆，若俟回国修表备贡，叭打末地方相距本国来往十几万里，势必迟误。是以一面启知国王，一面遵奉国王命代缮表文，恭备贡物，遣大头目即贡使得胜由叭打末地方起身来粤，吁求臣等代奏，恳恩准其进京叩祝等情。臣等察其词色亦甚恭顺，除查照向例，先行敬宣谕旨，赏给筵宴，并将该贡使妥为安顿外，恭折请旨。倘蒙圣恩准其赴阙瞻观，或应于本年十月内，令其由粤起身，赶于本年十二月到京，随同各国外番输诚叩祝。抑或令其在广东暂住，恭候来年万寿之前，再行到京。或将其表贡即由臣等代进，毋庸贡使进京之处，恭候谕旨遵行。"

又片奏:“臣等伏查自上年英吉利进贡回国之后,各国在广贸易夷人,无不感皇上如天恩威,较前倍觉恭谨。且见英吉利使臣得以进京瞻仰天颜,亦无不共生仰慕,引为荣幸。今荷兰国遣使进贡,臣等查其表文,系公班大臣尼德波等恭代国王出名,以与体制不符。但经臣等再三盘诘,据该国王实在诚心,早要纳贡,呢德波等因得信已迟,计算日期,不及回国缮表属实。并非呢德波等敢替国王擅作主意等语。倘蒙圣恩准其赴诣阙廷,随班叩祝,不惟该国君臣幸叨恩宠,即在广贸易之各国夷人,亦必更深钦仰,共戴宽仁,合并陈明。”

十月初九日,奉圣谕:“长麟等奏荷兰国遣使赍表纳贡,恳求进京叩祝一折。此系好事,披阅长麟等译出原表,该国王因明年系朕六十年普天同庆,专差贡使赍表到京叩贺,情词极为恭顺。长麟等因其表文系公班大臣尼德波等代伊国王出名,与体制稍有不符,复加盘诘,何必如此深论。自应准其来京瞻观,遂其向慕之忱。著长麟等即谕论该使臣等知悉,并派委妥员护送起程,只须于十二月二十日封印前一、二日到京,俾得与蒙古王公及外藩诸国使臣一体同邀宴赉。并著知会沿途经过省分,令各督、抚一体派员按例照料,以便如期到京。再,荷兰国所进表文,在京西洋人不能认识,并著长麟等于住居内地之西洋人,有认识荷兰字体兼通汉语者,酌派一、二人随同来京,以备通译。钦此。”

贡使至京,恭进万年如意八音乐钟一对,时刻报喜各式金表四对,镶嵌金小盒一对,镶嵌带版四对,珊瑚珠一百八颗,琥珀珠一百八颗,千里镜二枝,风枪一对,金银线三十斤,琥珀四十斤,各色花毡十版,各色羽缎十版,各色大呢十版,西洋布十疋,地毯二张,大玻璃镜一对,花玻璃壁镜一对,玻璃挂灯四对,燕窝一百斤,檀香五百斤,豆蔻一百斤,丁香二百五十斤,檀香油三十瓶,丁香油三十瓶。

赐该国王例赏物件,内银三百两,折玉器二件;贡使银百两,外加五十两;大班一名,银八十两,缎疋照库官、掌案官之例;弗兰西番人二名、写字人二名、医生一名,缎、银俱与库官、掌案官例同。加赐国王玉如意一,大红龙缎、大红蟒缎、百花妆缎、锦缎各三,绫、罗、纺丝、春绸各十;又御笔福字一,龙缎、漳绒各二,玉器、珐琅器各二,雕漆器、文竹器各四,瓷器八;贡使一名;石青蟒缎、蓝妆缎、绿闪缎、紫锦缎各一,绫、罗、纺丝、春绸各四,又大卷八丝缎、锦缎各一,瓷器四,茶叶四瓶,大荷包二,小荷包四,又大卷缎、闪缎各二,鼻烟壶一、瓷器三,大荷包二,小荷包六;大班一名,妆缎、锦缎、大缎、宁绸各一,绫、纺丝各二,又大卷五丝缎、锦缎各一,瓷器二,茶叶二瓶,大荷包二,小荷包四,又大卷缎、闪缎各一,鼻烟壶一,瓷器二,大荷包二,小荷包四;弗南西番人二名,妆缎、锦缎,大缎、宁绸各一,绫、纺丝各二;写字人二名、医生一名,与弗兰西番人同;跟役、跟兵十八名,彭缎、绸各二,布各四。

十二月,奉圣谕:“上年英吉利国遣使来京,恭进表贡,所有经过各省,曾令各该督、抚给与筵宴。此次荷兰国遣使来京,本日据陈淮具奏,未经给宴。但该国慕化输诚,航海远至,自因知上年英吉利使臣到京时,得蒙天朝恩锡优渥,宴赉骈蕃,是以闻风踵至。今该使臣等在途经过省分,未预筵宴,是同一西洋进贡使臣,转似区分厚薄,失中国正大之体。该贡使等闻知,未免稍觉觖望。除俟该使臣等到京后,一体酌加赏赉外,著传谕各该督、抚,将来该使臣等回程经过时,俱仍依照英吉利使臣之例,酌给筵宴。时并宣谕该使臣等,此次尔等慕化远来,大皇帝鉴尔恭顺,从前尔等进京时,原应筵宴,但因尔等赶于年内到京,沿途行走期限紧迫,恐耽延时日,是以未经筵宴。今尔等回程舒徐,仍遵旨赏尔等筵宴等语,向其明白宣示,该使臣等闻知,自必益臻欢感也。钦此。”

又奉上谕:“据奏:荷兰国贡使搭坐商船来粤,船商吉时现已装货完毕放洋,业据吉时时将入口出口船料税银等项全数交纳。荷兰国贡使远来纳贡,恭顺可嘉,所有该贡使搭坐商船,除进口货物照例纳税外,其应纳船料及出口买带货物,著加恩免其交税。今此项出口船料等税,业据全交,著俟该贡使回国时,仍令给还。以示柔远怀来至意。钦此。”

粤道贡国说·卷四·西洋诸国

【谨案:雍正年修《会典》,统称西洋诸国,而以意达里亚等国附其后,各按年月分载,今从其例。然据徐朝俊、高厚《蒙求》称:“以西把尼亚国王亚丰肃,能研天运。”其王名与康熙九年贡表同,则入贡之国,似

为西洋之以西把尼亚矣。又叶钟《杂记》称:"西洋即今葡萄雅,与西洋人书同,即澳门之祖家。"岂两国分贡,当时并止自称西洋,而未云来自何国欤?】

谨案:西洋在西南海,去中国极远,于古无可称。明初,使中官郑和远使西洋。其时,始知有西洋各国而未尽详。至万历九年,西洋有利玛窦者,至广州之香山澳。二十九年,以其方物进献。其徒继来者益众,士庶多与游者。崇祯初,历法疏舛,礼部尚书徐光启,请令西洋人罗雅谷、汤若望等,以其国新法相参校,开局纂修。书成未上,旋遭鼎革。本朝建元,采用其说,命若望等理钦天监事。医学亦间用之。

又案:西洋诸国,前有治世王,有教化王,诸小国皆听命焉。就中尤重教化。凡贸迁者,皆治世类也。康熙间来贡,尚称教化王。

康熙六年,广东巡抚奏称:"西洋国遣官入贡,正贡船一只,护贡船三只。"

又,议准:"西洋贡道由广东。"

七年,题准:"西洋进贡,以后船不许过三只,每船不许过百人。"

八年,题准:"令正、副使及从人二十二名来京。其留边人役,该地方官给与食物,仍加防守。"

九年六月,西洋国王阿丰肃,遣陪臣奉表入贡方物:国王画像、金刚石、饰金剑、金珀画箱、珊瑚树、珊瑚珠、琥珀珠、伽楠香、哆啰绒、象牙、犀角、乳香、苏合油、丁香、金银乳香、花露、花幔、花毡、大玻璃镜等物。奉旨:"西洋地居极边,初次进贡,具见慕义之诚。可从优赏赉。钦此。"

又,西洋国贡使吗诺吻萨咧哒惹到京具表进贡。赏赐筵宴毕,差司宾序班一员,伴送至广东,交该督差官护送出境。赐国王大蟒缎、妆缎、倭缎各三,闪缎五,片金缎一,花缎十,帽缎、蓝缎、青缎各五,绫、纺丝各十有四,罗十,绢二,银三百两;使臣大蟒缎一,妆缎一、倭缎二,帽缎一、花缎六、蓝缎二,绫、纺丝各四,绢二,银百两;护贡官、从人缎、绸、绫、绢、银各有差。

又,贡使吗诺吻萨喇哒惹行至江南山阳地方病故。礼部题准:"内院撰祭文,所在布政司备祭品,遣本司堂官致祭一次。仍置地茔葬,立石封识。若同来使臣愿带回骸骨,听从其便。"

十七年八月,西洋国王阿丰肃遣陪臣本多白垒拉,奉表贡狮子,并奏言:"凡在所属,瞻仰巍巍。大清国咸怀尊敬,愿率诸国永远沾恩,等日月之无穷"云云。圣祖仁皇帝召见于太和殿,宴赉遣归。

御前贡物:国王像一幅,金刚石饰金剑一柄,金珀书箱一座,珊瑚树一枝,琥珀珠六串,伽楠香二段、哆啰绒三疋,象牙一枝,犀角四只,乳香六桶,苏合油一桶,丁香一笼,金银乳香二笼,花露一箱,花幔四端,花毡一铺。皇后前贡物:大玻璃镜一面,珊瑚珠一串,琥珀珠十串,花露一笼,丁香一笼,金银乳香一笼,花幔四端,花毡一铺。

又,西洋国入贡,赏例照九年,外加赐国王大蟒缎、妆缎、倭缎、片金缎、闪缎、帽缎、蓝缎、青缎各一,花缎二,绫、纺丝各四,绸二,共百;加赏贡使绫、纺丝、罗各二,绢一,共三十;护送官、从人各加赏有差。

又,西洋国贡使回国,兵部给口粮、驿递夫船,部仍差官伴送至广东,交该督、抚差官护送出境。

二十四年,监督宜尔格图奏言:"粤东向有东、西二洋诸国来往交易,系市舶提举司征收货税。明隆庆五年,以夷人报货奸欺,难于查验,改定丈抽之例,按船大小以为额税,西洋船定为九等。后因夷人屡请,量减抽三分,东洋船定为四等。国朝未禁海以前,洋船诣澳,照例丈抽。但往日多载珍奇,今系杂货,今昔殊异,十船不及一船。请于议减之外,再减二分。东洋亦照例行。"奉旨俞允。

谨案:海禁之开,在是年之前一年。沿海民人,得以五百石以下船出洋贸易。其海口内桥津舟车等物,停止征收。据此,则是旧例丈抽已行议减,是年,因再酌减也。

五十九年,西洋国王遣陪臣斐拉里奉表来贡。是日,设表案于畅春园九经三事殿皆下正中,圣祖仁皇帝御殿升座,礼部、鸿胪寺官,引贡使奉表陈案上,退行三跪九叩礼。仍诣案前奉表进殿左门,升左陛,膝行至宝座旁恭进。圣祖仁皇帝受表,转授接表大臣。贡使兴,仍由左陛降,出左门,于阶下复行三跪九叩礼。入殿,赐坐、赐茶毕,谢恩退。

乾隆十八年,西洋国王遣陪臣巴哲格等,奉表来京。令来使候于后左门,恭候高宗纯皇帝御乾清宫,升

宝座,礼部堂官一人,率领在京居住西洋人一人,引来使进见。进表仪同雍正五年。是日,会集之大臣咸补服,议政大臣入内大臣班,不赐茶,豹尾班侍卫照常随进,扈卫如仪。

谨案:雍正五年,西洋意达里亚、博尔都噶尔雅两国并入贡,分载于后。

赐国王及正使,均照雍正五年例。其副使总理官,每人蟒缎、帽缎各一,妆缎、采缎、蓝花缎、青花缎、蓝缎各二,绫、纺丝各四,绢二;护送官,每人潞䌷、纺丝各四,绢二,银五十两;从人每名潞䌷、纺丝、绢各二,银五十两。又,加赐国王龙缎四,妆缎十二,妆花缎、线缎各八,绫、纺丝各二十二,罗十三,绢七,册页一,玛瑙玉器六件,珐琅器二种十二件,漆器十九种四十八件,瓷器三十三种共一百八十八件,及紫檀木器、画绢、香袋、香饼、纸墨扇、茶等物;正使妆缎二、花缎、线缎四,玉器二,珐琅器二,漆器三种五件,瓷器八种共三十三件,及画绢、纸墨扇、茶等物。又,随敕书赐国王龙缎、片金缎各二,蟒缎、倭缎各三,妆缎七,花缎六,闪缎、花缎、蓝花缎、青花缎、蓝缎、青缎、帽缎、线缎各四,绫、纺丝各二十二,罗十有三,绢七。又五月初一日,于圆明园,赐国王纱四十、葛百,及香囊、香串、宫扇、药锭等物;正使纱三十、葛四十;副使、总理官纱十有二、葛十,及香囊、香串、宫扇、药锭等物各有差;从人纱五十、葛百。

三十一年,覆准:"嗣后西洋人来广,遇有原进土物及习天文、医科、丹青、钟表等技,情愿赴京效力者,在澳门令告知夷目,呈明海防同知,在省令告知行商,呈明南海县,随时详报总督具奏请旨,护送进京。仅带书信物件,由海防同知、南海县交提塘转递。"

粤道贡国说·卷四·西洋诸国·意大里亚国【即意达里亚】

谨案:即《会典》所称之意达里亚。东与哪吗接壤,地在博尔都噶尔雅之南稍西,佛兰西之东,荷兰之东南,并居大西洋中。《明史》云:"自古不通中国。万历时,其国人利玛窦言:欧罗巴诸国,历奉天主耶稣教。而耶稣生于如德亚,其国在亚细亚洲之中,西行教于欧罗巴。其始生在汉哀帝元寿二年庚申,阅一千五百八十一年,始泛海抵广州之香山澳。至二十九年入京师,中官马堂以其方物进献,自称大西洋人……

自玛窦入中国后,其徒有王丰肃者,来居南京,专以天主惑众,士大夫暨里巷小民,间为所诱。礼部郎中徐如珂恶之。其徒又自夸风土人物远胜中华,如珂乃召两人,授以笔札,令各书所记忆。悉舛谬不相合,乃倡议驱斥。四十四年,与侍郎沈漼、给事中晏文辉等合疏,斥其邪说惑众,且疑其为佛郎机假托,乞急行驱逐。礼科给事余懋孳亦言:"自利玛窦东来,而中国复有天主之教。乃留都王丰肃、阳玛诺等,煽惑群众,不下万人,朔望朝拜,动以千计。夫通番、左道并有禁。今公然夜聚晓散,一如白莲、无为诸教。且往来壕镜,与澳中诸番通谋,而所司不为遣斥,国家禁令安在。"帝纳其言,至十二月,令丰肃及迪我等俱遣赴广东,听还本国。命下久之,乃迁延不行,所司亦不为督发。四十六年四月,迪我等奏:"臣先与利玛窦十余人,涉海九万里,观光上国,叨食大官十有七年。近南北参劾,议行屏斥。窃念臣等焚修学道,尊奉天主,岂有邪谋。惟圣明垂怜,候风便还国。若寄居海屿,益滋猜疑,乞并南都诸处陪臣,一体宽假。"不报。乃怏怏而去。丰肃等寻变姓名,复入南京,行教如故。其国善制炮,视西洋更巨。既传入内地,华人多效之,而不能用。天启、崇祯间用兵,数召澳中人入都,令将士学习,其人亦为尽力。崇祯时,历法益疏舛,礼部尚书徐光启,请令其徒罗雅谷、汤若望等,以其国新法相参较,开局纂修。报可。久之书成,即以崇祯元年戊辰为历元,名之曰《崇祯历书》。其法视《大统历》为密。其国人东来者,大都聪明之士,意专行教,不求禄利。其所著书,多华人所未道,故一时好异者咸尚之。而士大夫如徐光启、李之藻辈,首好其说,且为润色其文词,故其教骤兴。时著声中土者,更有龙华民、毕方济、艾如略、邓玉函诸人。华民、方济、如略及熊三拔,皆意大理亚国人。玉函,热而玛尼国【即荷兰国】人。庞迪我,依西把尼亚国【即以西把尼亚国】人。阳玛诺,波而都瓦尔国【即博尔都噶尔雅国】人。皆欧罗巴洲之国也。"

雍正三年,西洋意达里亚国教化王伯纳第多,遣陪臣噶哒都易德丰奉表,谢圣祖仁皇帝抚恤恩,并贺世宗宪皇帝登基,贡方物。使臣至京,贡厚福水五十瓶、绿玻璃凤壶一、哩阿期波罗杯一、蜜蜡杯一、小蜜蜡杯一对,蜜蜡小瓶三、珐琅小员牌三、蜜蜡小刀柄二、银累丝四、轮船一、小铜日规一、连银累丝瓶二、累丝花

二、水晶满堂红灯一架、各宝玩器共十八件、加石仑鼻烟罐一对、各色玻璃鼻烟壶十二、各宝员球八十二、各宝鼻烟壶十六、银累丝大小花盘四、宝地银花盘一、连座银累丝船二、银花匣一、连银累丝小花瓶一对、镶宝石花二枝、银丝小漏盘一、线花画五张、皮书九张、皮扇面画十二张、绣花纸盘四面、小银罐二十九、花石片大小十八块、铁花盆二，巴尔萨吗油二盒、加石仑盖杯一对、镀金皮规矩一对、镶牙片鼻烟盒十一、银花素鼻烟盒一对、镶银花砂漏一对、加石仑、绿石鼻烟盒各一、阿噶达片四块、番银笔一对、加石仑带头片大小二十四块、玛瑙刀柄一、玛瑙鼻烟壶一、各色石鞭头六、小石盒一对、珊瑚珠二串、玛瑙珠四串、各宝素珠十四串、花纸盘七面、香枕囊六、显微镜一套、石头火漆印把一对、火字镜一、玻璃棋盘、棋子共二盒、火漆八包、大红羽缎四、周天球一、鼻烟五十罐、照字镜二架。

使臣归国，令赍敕谕其王曰："览王奏并进方物，具见悃诚。我圣祖仁皇帝，怙冒万方，无远弗届。龙驭升遐，中外臣民悲思永慕。朕缵承大统，勉思绍述。前徽教化王远行陈奏，感先帝之垂恩，祝朕躬之衍庆，周详恳至，词意虔恭。披阅之下，朕心嘉慰。使臣远来，朕已加礼优待。至于西洋寓居中国之人，朕以万物一体为怀，时教其谨饬安静。果能慎守法度，行止无愆，朕自推恩抚恤。兹因使臣归，特颁斯敕。并赐妆缎、锦缎、大缎六十疋，次缎四十疋。王其领受，悉朕惓惓之意。"

赐国王大蟒缎、妆缎、倭缎各四，片金缎二，闪缎、蓝花缎、青花缎、帽缎、蓝缎、青缎各六，绫、纺丝各十有八，罗十，绢四，银三百两；使臣大蟒缎、妆缎、倭缎、帽缎、蓝花缎、青花缎、蓝缎各二，绫、纺丝各六，绢四，银二百两。又，特赐国王貂皮、人参、各色妆缎、锦缎、大缎、次缎、洋漆器、瓷器、芽茶、纸、墨、绢扇等物。

又，奉旨："其来使赐燕毕，差司宾序班一人，伴送至广东，该督抚差官护送出境。钦此。"

四年六月初五日，谕意达里亚国教化王："览王奏请援释放德里格之例，将广东监禁之毕天祥、计有纲一体施恩释放等语。查德里格于康熙五十九年，因传信不实，又妄行陈奏，圣祖仁皇帝念系海外之人，从宽禁锢。及朕即位后，颁降恩诏：凡情罪可原者，悉与赦免，开以自新。德里格所犯与赦款相符，故得省释。彼时广东大吏未曾以毕天祥、计有纲之案入大赦册内具题上闻。今据王奏请，朕查二人所犯，非在不宥之条，即王不行陈奏，朕亦必察出施恩。今特降旨与广东大吏，将毕天祥、计有纲释放，以示朕中外一体，宽大矜全之至意。兹因使臣回国，再赐人参、貂皮等项，用展朕怀，王其收受，故兹敕谕。"

五年，其国又遣使贡方物：大珊瑚珠、宝石素珠、金镶加石仑瓶、金珐琅盒、金镶蜜蜡盒、银镶加石仑盒、金镶玛瑙盒、银镶蓝石盒、银镀金镶云母盒、银镀金镶玳瑁盒、玻璃瓶贮各品药露、金丝缎、金银丝缎、金花缎、洋缎、大红羽毛缎、大红哆啰呢、洋制银柄武器、洋刀、长剑、短剑、针银花火器、自来火长枪、手枪、上品鼻烟、石巴依瓦油、圣多默巴尔撒木油、璧露巴尔撒木油、伯肋西理巴尔撒木油、各品衣香、巴斯第理葡萄红露酒、葡萄黄露酒、白葡萄酒、红葡萄酒、加石仑各色珐琅料、乌木镶青石桌面、乌木镶黄石桌面、乌木镶各色石花条桌、织成各种远视画。

粤道贡国说·卷四·西洋诸国·博尔都噶尔雅国

谨案：地居英吉利之东南，佛兰西之东北，意大里亚之南稍东。曰雅者，即译音之亚也。在欧逻巴极西境，周七百里。西滨大洋。地分五道。四方商船皆聚国城。有大河曰德若，经由城西入海。通海大市凡六，水泉二万五千。国有二学：曰阨物　，曰哥应拔。欧罗巴高士多出此学。土产果实、丝棉，多水族，善酿葡萄酒，即过海至中国不坏。园囿有周数十里者，禽兽充牣，异国名王过其地往射猎焉。俗有仁会，恤孤寡茕独。商船至，或有死而无主者，收其行李，访其戚属还之。国王随处遣官为孤子治家，长则还所有，且加益焉。明以前未通中国。

雍正五年，西洋博尔都噶尔国王若望，遣陪臣麦德乐等具表庆贺，恭请圣安，进献方物：大珊瑚珠一串，宝石素珠一串，金镶加石仑瓶一，金珐琅盒一，金镶蜜蜡盒一，银镶加石仑盒一，金镶玛瑙盒一，银镶蓝石盒一，银镀金镶云母盒五，银镶金镀玳瑁盒一，玻璃瓶贮各品药、露五十四瓶，金丝缎一，金银丝缎一，金花缎一、洋缎三，大红羽毛缎二，大红哆啰呢二，洋制银柄武器一具，洋刀一柄，长剑一柄，短剑一柄、针银花火器一具，自来火长枪一口，手枪二柄，上品鼻烟十二瓶，右巴依瓦油四瓶，圣多默巴尔撒木油四瓶，璧露巴尔撒

木油二瓶,伯肋西理巴尔撒木油二瓶,各品衣香十二瓶,巴斯第理十二瓶,葡萄红露酒十二瓶,葡萄黄露酒十二瓶,白葡萄酒十二瓶,红葡萄酒十二瓶、加石仑二大块,各色珐琅料十四块,乌木镶青石桌面二张,乌木镶黄石桌面二张,乌木镶各色石花条桌二张,织成各种远视画九张。

来使呈称:"国王蒙圣祖仁皇帝抚恤多年,兼庆皇上御极,仍一视同仁,感戴洪恩,敬备方物,愿得恭捧至宫,亲身进献,庶得达国王敬奉皇朝之诚心。"其表文由内阁翻译,贡物由礼部折奏,恭呈御览。奉旨:"准其进献。"颁敕一道,付来使赍回。赐国王大蟒缎、妆缎、倭缎各六,片金缎四、闪缎、蓝花缎、蓝缎、帽缎、素缎各八,绫、纺丝各二十二,罗十三,绢七;贡使大蟒缎一,妆缎、倭缎各二,帽缎一,蓝花缎、青花缎、蓝缎各三,绫、纺丝各六,帽三,银百两;护贡官十人,每人倭缎一,蓝花缎、青花缎、蓝素缎、绫各二,纺丝三,绸二,绢一,银五十两;从人三十名,每名绸、纺丝三,绢二,银二十两;广东伴送把总彭缎袍一领。又,特赐国王人参四十斤,内库缎二十五疋,瓷器百三十件,洋漆器六十六件,荔枝酒,哈蜜瓜,松糕,茶糕,芽茶,纸三百张,墨二十匣,绢一百张,灯扇,香囊等物。来使亦加赐倭缎、瓷器、漆器、纸、墨扇等物。

又,西洋国遣使臣进表庆贺,仪与康熙五十九年同。

又,议准:"西洋博尔都噶尔雅国王,感被德化,遣使来京,不比寻常进贡。所带贡物,令其由水路来京,其来使从人,愿带来京者听,愿留粤省者,令该地方官从丰拨给房舍食物。"

又,奏准:"该国初次进贡,遣内务府郎中一人,同在京居住西洋人一人,往迎来使。至回国时,仍遣前往迎之人伴送,由水路至广东,交该督抚护送出境。"

乾隆十八年三月,西洋博尔都噶尔雅国王若瑟,遣陪臣巴哲格等,进贡方物:自来火鸟枪,珐琅洋刀,银装蜡台,赤金文具,伽什伦文具,螺钿文具,玛瑙文具,绿石文具,赤金鼻烟盒,加什伦鼻烟盒,螺钿鼻烟盒,玛瑙鼻烟盒,绿石鼻烟盒,银装春、夏、秋、冬四季花,金丝花缎,银丝花缎,金丝表缎,银丝表缎,各色哆啰呢,织人物花毡,露酒,白葡萄酒,红葡萄酒,巴尔撒木酒,鼻烟,洋糖果,香饼,凡二十八种。贡使进御前方物:银盘玻璃瓶,银架玻璃瓶,意大石文具,银圆香盒、银长香盒、蜜蜡香盒、翦子各一对,意大石牙签、玻璃牙签各一,异石鼻烟盒一。

命钦天监监正刘松龄前途导引至京召见,巴哲格等赐宴。并赐敕谕博尔都噶尔雅国王曰:"览王奏并进方物,具见悃忱。洪惟我圣祖仁皇帝、世宗宪皇帝,恩覃九有,光被万方。因该国王慕义抒诚,夙昭恭顺,是以叠沛温纶,并加宠锡。今王载遴使命,远涉重瀛。感列圣之垂慈,踵阙廷而致祝。敬恭式著,礼数弥虔。披阅奏章,朕心嘉悦。既召见使臣,遂其瞻仰之愿;复亲御帐殿,优以宴赏之荣。西洋国人官京师者,晋加显秩,慰王远念。兹以使臣归国,特颁斯敕。其锡赉珍琦,具如常仪。加赐彩缎罗、珍、玩器等物,王其祇受,悉朕眷怀。"

又,特赐该国王龙缎四疋,妆缎、花缎、线缎各八疋,百花妆缎十二疋,绫、纺丝各二十二疋,罗十三疋,杭绸七疋,册页一付,玛瑙玉器六件,珐琅器二种,漆器十九种,磁器三十三种,及紫檀木器、画绢、香袋、香饼、纸墨扇、茶。又,加赏正使画绢、纸墨扇、茶及文绮。又,随敕书赐国王龙缎、片金缎各二疋,蟒缎、倭缎各三疋,妆缎七疋,花缎六疋,闪缎、花缎、青花缎、蓝缎、青缎、帽缎、线缎各四疋,绫、纺织各二十二疋,罗十三疋,绢七疋。又因端阳节,加赏国王纱四十疋,葛百疋,香囊、香串、宫扇、药锭等物,并正、副使纱、葛、香囊、香串、药锭等物。盖念其远道涉险而来,故锡予优厚如此。

粤道贡国说·卷五·英吉利国一

乾隆七年十一月,英吉利巡船遭风,飘至澳门海面,遣夷目至省城求济。两广总督策楞,令地方官优给赀粮,修整船只,俟风便归国。先是,其互市处所,或于广,或于浙。二十二年,部议英吉利不准赴浙贸易,于是皆收泊广东。每夏、秋交,由虎门入口。其土产则有大小绒、哔叽、羽纱、紫檀、火石,及所制时辰钟表等物,精巧绝伦。二十四年,方严丝斤出洋之禁。两广总督李侍尧奏言:"近年英吉利夷商屡违禁令,潜赴宁波。今丝斤禁止出洋,可抑外夷骄纵之气。惟本年丝斤已收,请仍准运还。"奏入,报可。

是年,英吉利夷商洪任辉,妄控粤海关陋弊。讯有徽商汪圣仪者,与任辉交结,擅领其国大班银一万三

百八十两,按交结外国,互相买卖,借货财物例治罪。

二十七年,奉上谕:"据奏:'英吉利夷商波兰,以丝斤禁止出洋,夷货难于成造,吁恳代奏,酌量准其配买,情词迫切'一折。前因出洋丝斤过多,内地市值翔踊,是以申明限制,俾裕官民织纴。然自禁止出洋以来,并未见丝斤价平。亦犹朕施恩特免米豆税,而米豆仍然价踊也。此盖由于生齿日繁,物价不得不贵。有司恪守成规,不敢通融调剂,致远夷生计无资,亦堪轸念。著照该督等所请,循照东洋办铜商船配搭绸缎之例,每船准其配买土丝五千斤,二蚕湖丝三千斤,以示加惠外洋至意。其头蚕湖丝及绸、绫、缎疋,仍禁止如旧。钦此。"

谨案:此次因该国夷商白兰等求,仍照前通市。两广总督苏昌请照东洋铜商搭配绸缎之例,酌量配买。得旨:"每船准买土丝五千斤,二蚕湖丝三千斤。其头蚕湖丝及绸、绫、缎疋,仍如旧禁止,不得影射取戾。"自是,英吉利来广互市,每船如额配买,岁以为常。其明年,并准带绸缎成疋者二千斤。

五十七年九月初七日,署总督郭世勋会奏:"本年九月初三日,有英吉利国夷人啵啷哑哩免质臣等来广,臣等会同传见。据呈该国字禀二纸,随令通事译出。称系该国王因前年大皇帝八旬万寿,未及叩祝,今遣使臣吗嘎尔呢进贡,由天津赴京。恳求先为奏明等语。臣伏思前年恭遇皇上八旬万寿,中外胪欢。凡边塞夷王酋长,骈集都下。今英吉利国王涉历重洋,远道祝嘏,具见凡有血气,莫不尊亲。惟是外夷各国,凡遇进贡,俱由例准进口省分,先将副表贡单呈明督、抚,奏奉允准之后,委员伴送使臣,赍带贡物,赴京呈进。而英吉利国历来在粤东通商,今欲赴天津进口。该国王又无副表贡单照会到臣所递禀札,仅据该国管理买卖头目佛兰西氏百灵差遣赍投。据称:'该夷人起程之时,贡船尚未开行,约于八月自本国起程,明年二、三月可到天津。至贡物尚在备办,伊等不知是何名目。又贡品繁重,由广东水陆路程到京纡远,恐有损坏,此时已由洋海径赴天津,夷人等无从查探'各等语。臣等思夷船进口,向例定有停泊省分。若任由择地收泊,于事非宜。现在若再照会该国王,令其至粤候旨遵行,则洋海辽阔,往返无时。该国王既称感戴悃忱,理合据实具奏。并将译出底稿,一并送呈御览。如蒙圣恩,准其在天津进口,则所历闽、浙各省海道,诚恐有风帆收泊各口岸之事,请敕下浙、闽及直隶省各督、抚,饬令所属,查验放行,由天津进京。是否如斯,伏候皇上圣明训示。谨奏。"

粤道贡国说·卷五·英吉利国一·附两夷禀

英吉利国总头目官管理贸易事百灵谨呈天朝大人,恭请钧安。我本国国王,管有牙兰地密屯、佛兰西、爱仑等三处地方,发船来广贸易。闻得天朝大皇帝八旬大万寿,本国未曾著人进京叩祝万寿,我国王心中十分不安。我国王说称:"恳想求天朝大皇帝施恩通好。凡有我本国的人来广,与天朝的人贸易,均各相好,但望生理愈大,饷货丰盈。"今本国王命本国官员公辅国大臣吗嘎尔呢,差往天津。倘邀天朝大皇帝赏见此人,我国王即十分欢喜,包管英吉利国人与天朝国人永远相好。此人即日扬帆前往天津,带有进贡贵重物件,内有大件品物,恐路上难行,由水路到京,不致损坏,并冀早日到京。另有差船护送同行。总求大人先代我国王奏明天朝大皇帝施恩,准此船到天津,或就近地方湾泊。我惟有虔叩天地保佑天朝大人福寿绵长。

又,禀请天朝大人钧安。敬禀者:我国王自管三处地方,向有夷商来广贸易,素沐皇仁。今闻天朝大皇帝八旬万寿,未能遣使进京叩祝,我国王心中惶恐不安。今我国王命亲信大臣公选妥干贡使吗嘎尔呢前来,带有贵重贡物,进呈天朝大皇帝,以表其恭顺之心。惟愿大皇帝恩施远夷,准其永远通好,俾中国百姓与外国远夷同沾乐利,物产丰盈,我国王感激不尽。现在,吗嘎尔呢即自本国起身,因贡物极大极好,恐由广东进京,水陆路途遥远,致有损坏,令其往赴天津,免得路远难带。为此具禀,求代奏大皇帝,恳祈由天津海口,或附近地方进此贡物。想来必蒙大皇帝恩准。谨禀。

十月二十日,奉上谕:"郭世勋等奏:'英吉利国夷人啵啷哑哩免质臣等来广禀称:该国王因前年大皇帝八旬万寿,未及叩祝,今遣使臣吗嘎尔呢进贡,由海至天津赴京'等语。并译出原禀进呈。阅其情词极为恭顺恳挚,自应允其所请,以遂其航海向化之诚,即在天津进口赴京。但海洋风帆无定,或于浙、闽、江

苏、山东等处近海口岸收泊,亦未可知。该督、抚等如遇该国贡船到口,即将该贡使及贡物等项,派委妥员迅速护送进京,毋得稍有迟误。至该国贡船,虽据该夷人禀称,约于明年二、三月可到天津。但洋船行走,风信靡常,或迟到数月,或早到数月,难以预定。该督、抚等,应饬属随时禀报,遵照妥办。再,该贡船到天津时,若大船难于进口,著穆腾额预备小船,即将贡物拨送起岸,派员同贡使先行进京。不可因大船难以进口,守候需时,致有耽延也。将此传论各督、抚等知之。钦此。”

又,正月十八日,奉上谕:“上年据郭世勋奏:‘英吉利国夷人啵啷哑哩免质臣等来广禀称:国王因前年大皇帝八旬万寿,未及叩祝,今遣使臣吗嘎尔呢由海道至天津赴京’等语。并译出原禀进呈。阅其呈词极为恭顺恳挚,因俯允所请,以遂其航海向化之忱。并以海洋风信靡常,该贡使船只或于闽、浙、江南、山东等处近海口岸收泊,亦未可定。因降旨海疆各督、抚,如遇该国贡船进口,即委员照料护送进京。因思乾隆十八年西洋博尔都噶尔国遣使进贡,系由广东澳门收泊。其时两广总督阿里衮曾于海岸处所调派员弁,带领兵丁,摆齐队伍,旗帜甲仗等项,皆一体鲜明,以昭严肃。此次英吉利国贡船进口泊岸时,自应仿照办理。此等外夷输诚慕化,航海而来,岂转虞有他意。但天朝体制,观瞻所系,不可不整肃威严,俾外夷知所敬畏。现在海疆宁靖,各该督、抚皆未免意存玩忽,近海一带营伍可想而知。著传谕各该督、抚等:如遇该国贡船进口时,务先期派委大员,多带员弁兵丁,列营站队,务须旗帜鲜明,甲仗精淬。并将该国使臣及随从人数,并贡件行李等项,逐一稽查,以肃观瞻而昭体制。外省习气,非废弛因循,即张大其事,甚或存畏事之见,最为陋习。此次承谕办理,务须经理得宜。固不可意存苟简,草率从事,亦不可迹涉张皇,方为妥善也。钦此。”

是年,贡方物:天文地理,音乐大表,地理运转全架:天球、地球、指引月光盈亏、测看天气晴阴、探气架子、运转气法,西瓜炮,铜炮,椅子火镜,玻璃灯,印图丝毛金线毯,大毡毯,马鞍,凉暖车,成对相连枪,自来火,金镶、自来火银镶枪,自来火,小枪,小火枪,大火枪,钢刀,早晚运动能长人精神巧益架子,西洋船样,千里眼,各色哆啰呢、羽纱,凡二十九种。

特赐国王玉如意一,龙缎三,蟒缎二,妆缎七,百花妆缎六,倭缎三,片金缎二,闪缎、袍缎、蓝缎、彩缎、青花缎、衣素缎、线缎、帽缎各四,绫、纺丝各二十二,罗十三,杭绸七,玉双解瓶一,战图一盒,红雕漆桃式盒九,朱漆菊瓣盘四,绢笺、蜡笺各五十,挂灯四对,绣锦香袋八盒,绣香袋、连三香袋各四盒,宫扇十三扇,百香饼四盒,普洱茶团四十,茶膏、柿霜各五盒,哈密瓜乾、香瓜干各一盒,武彝茶、六安茶各十瓶,藕粉、莲子粉四盒;正使龙缎、妆缎、蓝缎、酱色缎、素缎各二,倭缎八,丝、缎各一,绫、杭绸、纺丝各四,瓷碗六,瓷盘八,霁青白里瓷盘六,扇二十,普洱茶团六,六安茶六瓶,茶膏二盒,哈密瓜干二盒;副使龙缎、妆缎、倭缎、蓝缎、酱色缎、素缎各一,绫、杭绸、纺丝各二,瓷碗二,瓷盘八,霁青白里瓷盘四,扇十,普洱茶团四,六安茶四瓶,茶膏、哈密瓜干各一盒;副使之子龙缎、妆缎、素缎八,丝缎、锦、漳绒、羽缎、绫各一,花缎、纺丝各二,瓷碗、瓷盘各四十,锦扇十,普洱茶团四,六安茶四瓶,茶膏、冰糖各一盒,雕漆盘一,大荷包二,小荷包四;代笔官、总后官二员,每员闪缎、妆缎、倭缎、蓝缎、绫各一,瓷碗、瓷盘各二十,锦扇十,普洱茶团二,六安茶二瓶,茶膏、哈密瓜干各一盒,大荷包二,小荷包二;副总兵官、管兵官、听事官、管船官等七员,每员妆缎、闪缎、蓝缎各一,瓷碗、瓷盘各二,扇二盒,普洱茶团二,大荷包二,小荷包二。

又于如意洲赏正使大卷缎、大卷纱各三,大荷包二,小荷包四,瓷鼻烟壶一,五彩鸡尊一对,副使大卷缎、纱各二,大荷包二,小荷包四,瓷鼻烟壶一,五彩卤壶二;副使之子大卷缎二,大卷纱一,大荷包、小荷包各二,瓷鼻烟壶一,瓷四足香炉二;总兵等官九员,每员缎纱一,大荷包一,小荷包二,瓷鼻烟壶一。

八月十三日,万寿圣节,该使臣等行庆贺礼于含青斋。赏正使大卷八丝缎、锦缎各二,瓷茶桶、瓷碗、瓷盘各二,宜兴器一;副使大卷八丝缎三,锦一,瓷茶桶、瓷碗各二,瓷盘一;副使之子八丝缎二,锦一,皮茶桶、瓷碗各二,瓷盘一;副使之子绘画呈览,赏大荷包二;通事、总兵等官九员,每员八丝缎二,瓷碗二。

十四日,于清音阁赏正使御笔书画册页一,玉杯一,瓷盘、瓷瓶、漆桃盒、葫芦瓶各二;副使玉杯一,瓷器、漆桃盒、葫芦瓶各二,小荷包一;副使之子瓷器四,漆桃盒二,瓷瓶一,小荷包一;通事、总兵等官九员,每员漆桃盒二,瓷器四。

二十九日，于太和门颁给敕书。赐该国王百花蟒缎二，袍缎、线缎各四，紫檀彩漆铜掐丝珐琅龙舟仙台一，玉器八，玛瑙盂盘一，瓷器二百有二十，漆器三十七，葫芦器十四，文竹挂格、棕竹漆心炕格各二，花卉册页二，画绢二十，洒金五色字绢笺纸、白露纸、高丽纸各二十，墨六匣，各样扇四十，普洱茶团八，六安茶八瓶，武彝茶四瓶，茶膏、柿霜四盒，哈密瓜乾、香瓜乾各四盒，藕粉、莲子各二盒，藏糖三盒。又，随敕书赐国王龙缎三，蟒缎二，妆缎七，百花妆缎六，倭缎三，片金缎二，闪缎、袍缎、蓝缎、彩缎、青花缎、衣素缎、线缎、帽缎各四，绫、纺丝各二十二，罗十三，杭绸七，画绢、白露纸各百，洒金五色绢五十，五角笺纸、高丽纸各二百，宫扇十三，十锦扇百，连三香袋四盒，十锦香袋八盒，锦香袋四盒，香饼四盒，普洱茶团四十，茶膏、柿霜各五盒，哈密瓜干、香瓜干二盒，武彝茶、六安茶各十瓶，藕粉、莲子各三盒，文竹炕桌二，雕漆炕桌二，挂灯十二，墨二十匣；正使龙缎、帽缎各一，妆缎、倭缎各二，蓝缎、青花缎、彩缎、杭绸各三，绫、纺丝各六，茶叶二瓶，茶膏二盒，砖茶二块，大普洱茶团二，刮膘吉庆一架，青玉全枝葵花洗一，玛瑙葵花碗一，玛瑙葵花碟一，藏糖二匣；副使龙缎、帽缎各一，妆缎、蓝缎、倭缎、青花缎、彩缎、绉绸各二，绫、纺丝各四，茶叶四瓶，茶膏一盒，砖茶二块，女儿茶十，白玉全枝蔡花洗一，花玛瑙菊花瓣碗一，葫芦器藏糖二匣；副使之子龙缎、妆缎、倭缎、青缎、蓝缎、锦、漳绒、帽绒各一，绫、纺丝各三，绉绸二，茶叶二瓶，砖茶二块，茶膏一盒，女儿茶八，藏糖一匣；总兵官、副总兵官二员，每员龙缎、妆缎、倭缎、蓝缎、青缎、帽缎、锦各一，绫、纺丝各三，绉绸二，茶叶三瓶，砖茶二块，茶膏一盒，女儿茶八，藏糖一匣；通事、管兵等官四员，每员龙缎、妆缎、漳绒、锦、蓝缎、彩缎各一，绫、纺丝各二，茶叶二瓶，砖茶二块；代笔、医生等官九员，每员龙缎、妆缎、锦、漳绒、蓝缎、彭缎、绫、纺丝各一，茶叶二瓶，砖茶二块；贡使从人七名，每名绫、绸各二，布四，银十两；吹乐、匠作、兵役等六十七名，每名绫、绸各二，布四，银十两；内地护送官二员，大缎各二；贡船留存管船官五名，每名回子布、高丽布、波罗麻、兼丝葛各二；留存贡船兵役水手共六百十五名，各高丽布、回子布、小增城葛、波罗麻各一。

其时，贡使在京妄有陈请，所司代奏，奉旨：以"该贡使越例干渎，断不可行。"

颁给该国王敕谕曰："英吉利国王知悉：尔国远在重洋，倾心向化，特遣使恭赍表章，航海来庭，叩祝万寿。并备进方物，用将忱悃。朕披阅表文，词意肫恳，具见尔国王恭顺之诚，深为嘉许。所有赍到表贡之正、副使臣，念其奉使远涉，推恩加礼，已令大臣带领瞻观，锡予筵宴，叠加赏赉，用示怀柔。其已回珠山之管船官役人等六百余名，虽未来京，朕亦优加赏赐，俾得普沾恩惠，一视同仁。至尔国王表内恳请派一尔国之人住居天朝，照管尔国买卖一节。此则与天朝体制不合，断不可行。向来西洋各国，有愿来天朝当差之人，原准其来京。但既来之后，即遵用天朝服色，安置堂内，永远不准复回本国。此系天朝定制，想尔国王亦所知悉。今尔国王欲求派一尔国之人住居京城，既不能若来京当差之西洋人在京居住不归，本国又不可听其往来常通信息，实为无益之事。且天朝所管地方，最为广远，凡外番使臣到京，驿馆供给行止出入，俱有一定体制，从无听其自便之例。今尔国欲留人在京，言语不通，衣服殊制，无地可以安置。若必似来京当差之西洋人，令其一例改易服色，天朝亦从不肯强人以所难。设天朝欲差人常住尔国，亦岂尔国所能遵行？况西洋诸国甚多，非止尔一国，若俱似尔国王恳请派人留京，岂能一一听许？是此事断难准行。岂能因尔国王一人之请，以致更张天朝百余年法度？若云尔国王为照料买卖起见，则尔国人在澳门贸易，非止一日，原无不加以恩视。即如从前博尔都噶尔亚、意达里亚等国，屡次遣使来朝，亦曾以照料贸易为请。天朝鉴其悃忱，优加体恤。凡遇该国等贸易之事，无不照料周备。前次广东商人吴昭平，有拖欠洋船价值银两者，俱饬令该管总督，由官库内先行动支帑项，代为清还，并将拖欠商人重治其罪。想此事尔国亦闻知矣。尔国又何必派人留京，为此越例断不可行之请？况留人在京，距澳门贸易处所，几及万里，伊亦何能照料耶？若云仰慕天朝，欲其观习教化。则天朝自有天朝礼法，与尔国不相同，尔国所留之人，即能习学，尔国自有风俗制度，亦断不能效法中国，即学会亦属无用。天朝抚有四海，惟励精图治，办理政务。奇珍异宝，并不贵重。尔国王此次赍进各物，念其诚心远献，特谕该管衙门收纳。其实天朝德威远被，万国来王，种种贵重之物，梯航毕集，无所不有，尔国之正使等所亲见。然从不贵奇巧，并无更需尔国制办物件。是尔国王所请派人留京一事，与天朝体制既属不合，而与尔国亦殊觉无益。特此详晰开示，遣令贡使等安程回国。尔国王惟当善体朕意，益励款诚，永大恭顺，以保乂尔有邦，共享太平之福。除正、副使臣以下各官，及通事、兵

役人等,正赏、加赏各物件,另单赏给外,兹因尔国使臣归国,特颁敕论,并赐赉尔国王文绮珍物,具如常仪。加赐彩缎、罗绮、文玩器具诸珍,另有清单。王其祗受,悉朕眷怀。特此敕谕。"

并谕署总督郭世勋密行防范,毋任潜行占住。郭世勋覆奏称:"英吉利夷人贸易广东,历年既久,目睹西洋夷商居住澳门,未免心生歆羡。且同一夷人,而英吉利国人投澳居住,必向西洋人出租赁屋,形势俨成主客。是以吁请赏给附近一地方,以为收存货物之地,与西洋人澳门相埒。溯查西洋人住澳已二百余年,已往者不必驱之使去,暂寄者岂可许其常留。况广东附近各处,滨临海洋,尤不容任听外国夷人纷投错处。诚如圣谕:'海疆一带,戒备宜严。钦此。'钦遵办理。再查夷人到广,不在澳门居住,即在黄埔泊船,往来出入俱由该管官给票照验,不容任意行走。现在密饬地方官严行查察,倘有洋行、通事、引水及地方无籍之徒,串通该夷人诡图占住,即密行拿究。"

又,十月二十八日,奉上谕:"长麟奏官带英吉利贡使,趱出浙境日期,及该夷等悦服恭顺情形一折,览奏已悉。又据奏:'该贡使向护送之道将等称:该国王此次进贡,实是至诚。我们未来之前,国王曾向我们商议,此次回去,隔几年就来进贡一次,是早经议定的。惟道路太远,不敢定准年月,将来另具表文再来进献。若蒙恩准办理,即将表章、贡物、呈送总督衙门转奏,也不敢强求进京,只求准办,就是恩典'等语。此尚可行。著长麟即传知该使臣,以尔国王此次差尔航海远来,输诚纳贡,大皇帝原为嘉许,赏赉优加。嗣因尔等不谙中国体制,冒昧渎请。天朝定例綦严,应准应驳,无不按例而行。尔等所请,于例不合,是以未准。大皇帝并无嗔怪尔等之心,尔等不必害怕。今据尔禀称:将来尚欲另具表文,再来进贡。大皇帝鉴尔国王恭顺悃忱,俯赐允准。但海洋风信靡常,亦不必拘定年限,总听尔国之便。贡物到粤,天朝规矩,凡外夷具表纳贡,督、抚等断无不入告之理。届时表贡一到,即当据情转奏。大皇帝自必降旨允准,赏赐优渥,以昭厚往薄来之义。尔等回国时,可将此意告知尔国王。以此次尔国所请,未邀允准,系格于定例,大皇帝并无怪意。尔国王尽可安心。将来具表进呈,亦必恩准从优赏赉。如此明切晓谕,不特该使臣闻知益加悦服,将来回国告知该国王,亦必弥深欣感也。至此次该国贡船,因其初次效忱,是以将所带货物免其税课。嗣后该国进贡,除贡船装载物件外,其余应纳应免,惟在该督等会同监督,查照定例,临时酌办。固不可于例外加征,亦不可照例宽免,使夷人等多得便宜,妄生觊倖也。钦此。"

六十年,英吉利国王雅治,具表文、方物,由该国驻粤司理贸易之大班皮朗,禀请总督代为奏进。表称:"英吉利国王雅治,管佛兰西国、爱仑等处地方,呈天朝大皇帝:我国宗室议政大臣吗甘呢,由天朝京都回到本国,带有大皇帝书信,所谕情由恩典,我心中十分感谢欢喜。所差贡使进的礼物,蒙皇上赏收。此贡物不过表相好之心,并望同大皇帝永远通好之意,多谢大皇帝赏脸与贡使及随从人等。因贡使恭顺诚敬进贡,已沾大皇帝恩典。我也看得他重,他赉到大皇帝御赐各物,当即拜领。足感大皇帝记念的心,即如大皇帝赏收我的贡物记念一样。中华外国的物件,均是要紧合用之物,但至贵重的是,彼此相通的心事。我彼此虽隔重洋,但俱要通国太平无事,百姓安宁。是以彼此都要通好,相依相交。蒙大皇帝谕我称:凡有我本国的人,来中国贸易,俱要公平恩待。这是大皇帝最大的天恩。虽然天朝百姓不能来我国贸易,若有来的,我亦要尽心一样看待。我已吩咐在港脚等处地方官员,遇有天朝百姓、兵丁人等,务要以好朋友相待。为此,从前有一次,天朝差大将军到的密地方,我的兵总也曾相助。前贡使到京时,未得我们因都土丹地方音信,是以将此事奏明大皇帝,得见我们诚敬的真心。但将来亦有机会可以表我们的诚心,彼此通好。即如贡使未起程时,亦曾奉上谕,恩准贡使再到广东,候旨进京。将来或再差使叩见大皇帝,以表远夷的诚心。据贡使回称:大皇帝万寿康宁,并称我将来年寿,仰托大皇帝鸿福,均同一样。我心实在感激。惟望大皇帝天下太平,中华同外国永久共沐天恩。顺具本国些须土物,伏乞大皇帝赏收。"

十二月初六日,经总督朱珪会奏:"洋商禀,据英吉利大班皮朗称:伊国王备具恭进大皇帝表文、方物,由本国夷船寄粤,令伊面见总督、关部大人,将表贡赉呈,转求代奏等语。臣等当即传见该大班,据将夷字正、副表二件,伊国自书汉字副表一件,贡物一方呈出。臣等公同阅验,其汉字副表,虽系中华字书,而文理舛错,难以句读。随令通晓该国字书之通事,将夷字副表,与汉字表核对,另行译出。臣等核其文义,缘该国王因前年贡使进京,仰蒙皇上怀柔体恤,赏赉渥优,不胜喜欢感激。是以备具表文、土物呈进,以表悃忱。

且声明前年天朝差大将军带兵到的蜜地方,伊国曾发兵相助。此事在从前贡使起身之后,他们不曾得知,是以未在大皇帝前奏明等语。臣等询问该大班,的密是何地方?据云:'在中国西北地方,与本国海道毗连'等语。是的密似即系廓尔喀地名。其所称曾经发兵相助之语,措词极为恭顺,而又意存见好。外夷慕化输诚,益仰圣主德威广被。惟是各国进贡,向系专遣使臣赍奏,今该国并无贡使来粤,止系该大班接到表贡,求臣等转奏,于例未符。谨缮录贡单同原表,恭折奏呈御览。其贡物如准赏收,候命下,委员赍京。"

又,片奏称:"再,臣等传见大班皮朗时,据称:伊国夷官卑打吐总管公班衙等,尚有寄送总督长大人、监督苏大人礼物二分等语。臣等告以长大人、苏大人俱已调任别省,礼物难以转寄。且天朝大臣官员,例不与外国夷官交际,长大人、苏大人即在广东,亦断不收受礼物。竟可毋庸呈出。据该大班云:'当即禀知本国,寄回原物'等语。合并奏闻。"

十二月二十五日,奉上谕:"朱珪奏英吉利国呈进表贡一折,该国王因前年贡使进京,赏赉优渥,特具表文、土物呈进,具见悃忱。虽未专使来粤,有何不可,已准其赏收,并发给敕书一道,及赏赐缎疋等件。朱珪接到后,可即交与该国大班啵啷转送回国。俾该国王益加感戴恭顺,以示怀柔。至天朝官员例不与外夷交际,其致送前任总督、监督礼物,朱珪饬令寄回,所办极是。钦此。"

粤道贡国说・卷六・英吉利国二

嘉庆元年,英吉利国恭进贡物:黄色大呢、酱色大呢、罽弥大呢、新样大呢各六版。

九年十二月,英吉利国王雅治具表文、方物,由该贸易商船恭赍至粤,禀请总督代为奏进。表称:"英吉利国王雅治,管爱仑等处地方,呈天朝大皇帝:从前太上皇帝恩威远播,四海升平。今大皇帝仁慈威武,天下太平,均同一德。我十分喜欢。天朝同本国往来通好,定蒙大皇帝照太上皇帝一样,永远通好。从前凡有本国的人来中国贸易,俱蒙太上皇帝公平恩待。今闻近来本国的人到中国贸易,均蒙大皇帝一体公平恩待。我因天朝百姓不能来我本国贸易,我已吩咐在港脚等处地方官员,如与中国相连地方,有天朝百姓、兵丁人等,务要加意相待。即遇有别项事情,要我出力,我亦十分喜欢效力。我与佛兰西国,前已修和。因和之后,伊国强横无理,是以我今复与伊国战争。我本意欲和好无事,岂料伊国强横凌辱,至我不能忍受,又于海口地方设立重兵,显有歹意。我恐被伊国占夺,无奈亦只得设立重兵防守,并非意存好斗。我虽然与伊国争战,仍可照旧来中国贸易通好,并无阻碍。那佛兰西国海口虽有重兵,我已用兵船围住,伊不能出口。此外又多派兵船护送,是以我贸易船只可保无虞。又幸遇大皇帝圣明,即使佛兰西国有著人到中国,谣言疏间我国,我想大皇帝必不听信。再伊国不独存心想占夺我国,并欲占夺我之属国。伊国若兵力不能相敌,伊必另设阴谋。即伊国恃强设计,我国均能设备提防,可保无虞。查该佛兰西国内已乱了十三年。一切事宜,毋庸我细陈,定邀大皇帝洞悉。即如佛兰西老国王为人甚好,竟被伊国人弑害,料想大皇帝早已闻知,深为可悯可恨。如今伊国有一人做了国长,存心无道,意欲惑乱人心,使通国之人,不顾五伦,不畏天地。我想,伊断不能惑中国,大皇帝英明素著,定然洞察其奸。恭祝大皇帝长享四海升平之福,万寿康宁。我将来战争平定,身体强健。中华同外国天下太平,我心实在欢喜。顺具本国些须土物,伏乞大皇帝赏收。"其贡物:洋花地毯五张,酱色罽呢一疋,太平貂呢一疋,山羊绒一疋,新样黄、绿、蓝呢三疋,新样黄哔叽一疋,新样红哔叽一疋,丝呢一疋,花袈裟布七疋,花洋布十疋,红小呢一疋,圆镜一对高二尺四寸余,圆镜一面高二尺五寸余,洋花露水一箱,鼻烟五竦,金镶洋刀十二把,洋剪刀十二把,新样洋刀三把。

十二月二十六日,总督倭什布会奏:"据洋商禀:据英吉利国夷目哆啉哎称:伊国王雅治,备具恭进大皇帝表文、方物,交本国贸易夷船,恭赍到关,令伊面见奴才等,转求代奏等语。当即传见该夷目哆啉哎,据将夷字正、副表二件、贡品一分呈献。随令将夷字副表译出。表文词义,备陈仰荷天朝怀柔至优极渥,以及该国王欢欣感激之意,极为敬谨恭顺。惟外藩进贡,例应专遣使臣,今止据附赍来粤,令该国夷目求奴才等代奏。恭查乾隆六十年,该国呈进表贡,亦交该国夷船附赍到粤,经前署督臣朱□等据情代奏,蒙高宗纯皇帝俯赐赏收,并加恩赉。今此次呈进表贡,可否准令代为转进之处,奴才等未敢擅便。谨将原正、副表二件,并译出汉字表文一件,贡单一件,一并恭呈御览。如蒙恩准赏收,俟命下之日,即委员赍京呈进。"

同日,片奏:"再,英吉利国王表内所称与佛兰西国争斗,及'佛兰西国有著人到中国,谣言疏间'等语。查系嘉庆七年八月间,有在澳居住之夷目喽嚟哆,寄信与在京居住之西洋人索德超言:'英吉利国有大战船六只,相近澳门停泊,恐有觊觎澳门情事。'转呈管理西洋堂大臣苏楞额具奏。钦奉谕旨查询。经前督臣吉庆查明:'英吉利国护货兵船,均已陆续回国。其在澳门外湾泊时,并未滋事。因该国向来恃强,住澳夷人是以惊疑'等情,奏蒙圣鉴在案。今该国王表文所称谣言疏间之语,自系指前事而言。本年,该国亦有护送货物兵船四只来广,随即护送货船回国,并未丝毫滋事。且贸易夷船,英吉利国货物最细,较别国买卖殷厚。该国夷目、夷商,均称恭顺。因与佛兰西蛮触相争,恐为离间,有妨贸易,故表内特陈其事。再,据该夷目禀称:该国宰相罗加事里,有寄呈天朝中堂书一封,总督书一封,并礼物各一分。又,该国公班理事官押化臣,有寄呈总督、关部书各一封,关部礼物一分。当谕以该国王表贡,不敢壅于上闻。至天朝国法森严,大臣官员不准与番国交接,不但中堂书信、礼物不便转寄,即我等亦不便接阅收受。令其毋庸呈出,遇便带回本国。"

十年二月初七日,奉圣谕:"该国王重译输诚,情词恭顺。从前乾隆六十年间,该国曾经附进表贡,蒙皇考高宗纯皇帝俯赐赏收,加以锡赉,赐之敕书。此次既据该国王备进方物,交夷船恭赍到关,自应照例赏收。著那彦成等,即行查照办理,并将贡品委员赍京投递。彼时再行颁给敕书、赏件,俾遂忱悃而示怀柔。至另片所奏,该夷目禀称:该国宰相有寄呈天朝中堂书一封、总督书一封、礼物各一分。又该国公班理事官寄呈总督、关部书各一封、呈关部礼物一分,业据倭什布等,以天朝法制,大臣官员不准与外夷交接,谕令毋庸呈出,带回本国等语,所办甚是。但外番呈进表贡,例由总督、关差转奏,寄书通问,尚属有因。至寄呈天朝中堂之书,必系该国王因从前进贡时,知有和珅在朝,且管理西洋堂事,是以此次专函备礼。看来所寄之书,未必系遍致大学士公函。现在倭什布等已将原信发还,不妨向该夷目等,将该国王所寄中堂之书,究系寄与何人之处,讯问明晰,遇便覆奏。至该国与佛兰西国构衅兴兵,不过蛮触相争,尽可置之不问。惟所称该国有护货兵船四只来广一节,近闻外洋货船到粤,各该国均有兵船护送,亦不独英吉利国为然。必系因洋面不能肃清,自为守卫之计。各国货船在外洋行走,恐遇盗劫,自设护卫,原与天朝无涉。迨驶至澳门,已近内地口岸,或致有窃掠之事,岂不贻笑外夷?该督等当严饬地方文武,整饬巡防,使澳门一带商船停泊,得以安静无虞。至伊等护货兵船,向来自必定有湾泊处所,总当循照旧规、申画界限,勿令任意越进为要。再阅该督译出该国原表内称:'遇有别项事情,要我出力,我亦十分欢喜效力'等语。此言似非无因。自系闻洋面时有盗警,或需伊国兵力帮同缉捕,是以隐跃其词,亦未可知。海洋地面,番舶往来,原应内地官兵实力查缉,焉有借助外番消除奸匪之理。那彦成到任后,惟当遵照节次谕旨,修明武备,整顿营伍,使奸徒闻风自远,以慑外夷而靖海疆,方为不负委任。钦此。"

旋经总督那彦成、监督延丰覆奏:"臣等钦遵谕旨,传谕夷目,谕以'该国王呈进表贡,业荷大皇帝赏收'。并谕以'大皇帝君临万国,恩被四表,无论内地外夷,均系大皇帝百姓。即如汝国钟表、大呢、羽毛等物,原非中国必需之物,所以准汝国贸易通商者,皆出大皇帝垂怜外夷子民,一视同仁之恩。此次汝国王恭进表贡,大皇帝鉴汝等恭顺之心,谕令赏收。谕令我等大人们好生恩待汝等,并管束内地商人,平允交易。汝国来此贸易之人,亦须安分,谨遵禁令,毋得有违。俟将进到表贡委官恭送进京,再降恩旨。至汝国王子大臣等,与中国中堂大人们书信、礼物,天朝法度森严,大臣从无外交之事,汝等带来礼物,断不必送出。惟所带书信,必须交出。我大人们也不敢私自拆阅,将原封恭呈大皇帝御览,再请发回至汝国管理贸易头人。不过专为汝国贸易事务,并无别项面见禀议事件。只须在此好好管束汝国之人,不得违禁生事。自来中国大人,从无私谒、私见之例,我大人们谨遵大皇帝恩旨,体恤夷商,管教内地民商,公平贸易。汝等须知天朝法度,感大皇帝之恩'等语,明白晓谕。该夷目等人人欢忭,叩头感服。伏查外洋各国夷人,见小图利,中国布帛、茶叶等物,亦其日用急需。各夷又互相蛮触,是以生恐别夷国间其往来贸易。其书信因从前未经收受,是以带回澳门。今臣等明白宣谕,伊等呈出原封书信、礼单。臣等又将副本令人译出清稿,一并呈览。

"查各国洋船,向来湾泊,均有一定处所。澳门离省三百余里,系西洋夷人常川居住。向止准西洋夷

船二十五只，更替贸易。其余各国夷船，例应收泊黄埔。欲收泊黄埔，必须先进虎门。虎门离省一百六十里，山岸阴沙，自然天险。其护货兵船，只准在虎门外之潭仔、零丁等洋面湾泊。而黄埔、虎门、潭仔、零丁等处，层层炮台，常川均有兵船巡防。该夷船收埔时，臣等两衙门仍派武弁、关役、弹压稽查，立法极为周备。

"至各国夷船，俱无兵船，惟英吉利国货船，有兵护送。而该国商船亦无兵船，惟其国王货船，始有兵船四只护送。其兵船在虎门外交易后，随同货船回国，不准少有逗遛。其余各夷国货船内，均有炮火器械，自资防范。于例原准携带。

"至该国原表称'欢喜效力'等语，隐跃其词，诚如圣谕，自系闻洋面不靖，或需伊等出力之意。查夷人不过沾沾计利，即如上年澳门夷目，愿备兵船二只，帮同师船出洋缉捕。臣延丰即以体制不符，且不能得力，与倭什布议，以后停止夷船协捕。而此二只洋船，迄今无踪，亦实无遭风失事等事。细揣情形，不过藉协捕为名，可以免此二船出入纳税。而英吉利国自亦得闻此事，希冀效尤免税。又恐澳门夷船出力有功，或待彼国冷淡，其意不过如此。

"至各该国夷船，船只既大，多载炮火，向来洋盗俱不敢抢劫。澳门等要处，又有师船巡防，不敢少有疏失。可以毋廑圣念。"

奉圣谕："那彦成等覆奏英吉利国呈进贡表一折，览奏俱悉。英吉利献表输诚，呈进方物，前已降旨加恩赏收。现在那彦成等奏明，专员齐京。俟到京时，颁给敕书、赏件，用示怀柔。

"至折内称澳门夷目愿留兵船协同缉捕之处，延丰以体制不符，且不能得力，与倭什布商议停止，所见甚是。缉捕洋匪，内地自有兵船，岂有天朝藉资外夷之理？且安知伊等不窥探虚实，因此生其轻视之心。乃倭什布、三义助上年于夷船请往协捕时，冒昧允准，今该夷船已查无踪迹，可见并非认真出力。那彦成、延丰能见及此，较之倭什布、三义助有识多矣。

"至各国洋船向来湾泊，既有一定处所，自当仍循其旧。那彦成等自当督率所派员弁，随时留心稽查弹压，勿稍疏懈。

"又据覆奏：译出英吉利贡使所带该国宰相寄呈天朝中堂大人书信一节，那彦成等谕以'礼物不必送出，惟所带书信必须交出，我们也不敢私拆，将原封呈览'等语，此语甚是。但看所译寄与天朝中堂看书信，其语气似专向一人而言，并非公信。那彦成等当再加以询问，究竟书内所指中堂系属何人？若该使臣系寄呈天朝中堂之公信，则当明白告知：以总督、关部俱驻扎粤省，经管各国夷船，尔国等寄呈书信，尚无不合，至于天朝大学士不止一人，皆随大皇帝在朝办事，从无外交，尔国宰相不应寄呈书函、礼物，此后不必再有呈递。那彦成等询问时，看该使臣如何登覆，著随时具奏。钦此。"

总督那彦成奏："据该夷目覆称：'本国僻处重洋，不知天朝有几位中堂，亦不知中堂名姓。以不过照常办理，是以所寄书函并无专指'等语。"奉朱批："览。钦此。"

二十一年五月十一日，总督董教增会奏："本年五月初九日，据洋商禀称：英吉利国王遣夷官加啦威礼，带同贸易公班司事觅加府、但依利、马礼逊三名，持有夷禀，恳求面递。臣等当即率同司道，在大堂传见。据该夷官呈递夷字禀一扣，译出汉文查阅，系因该国太子摄政，思念高宗纯皇帝恩德，仰慕大皇帝仁圣，遣使进献，以输诚敬，并铺张征服佛兰西功绩，声明贡使于一月后起程，查照二十三年前经由之路，由州山一路水程入都等情。臣等当询以该国太子何年摄政？所贡系何品物？使臣几人？随从几人？乘坐几船？何时由该国起程？由州山一路水程入都，州山是何处地名？贡船因何径赴天津，不由广东行走？旋译据该夷官覆称：该国太子摄政已有四年，现因战争宁息，钦仰大皇帝德威远播，诚心进贡。夷官上年九月间由本国起程，时贡使尚未登舟，所贡何物，使臣及随从共有几人，乘坐几船，均不知道。州山是浙江地名。贡船于上年十一月由本国赴天津，须由浙江洋面经过。从前进贡，即系由此路行走。约本年五、六月间可到天津等语。臣等随将该夷官等安顿驿馆，恭候谕旨。并犒以茶、布等物。该夷官等免冠俯首，欢感形于颜色。

"臣等伏查英吉利国夷人，在粤贸易历有年所，仰沐天朝化涵濡，至优极渥。该国曾于乾隆五十八年

由天津进贡一次,又于乾隆六十年恭赍方物至粤,由前任督、抚臣代为呈进二次。兹因该国太子摄政,复遣使臣航海纳贶,其恭顺向化之心,实出至诚。惟该国贡船果否于上年十一月间起程,何时可抵天津,曾否经由浙江洋面?粤省无从查探。既据称五、六月可到天津,诚恐差弁赍折行走稽迟,臣等谨合词恭折,由驿四百里驰奏,并将夷字禀及驿出汉文,一并恭呈御览。

“再,海洋风信靡常,该国贡船或漂泊别省,事未可定,请旨敕下直隶、江苏、浙江、福建、山东各督、抚臣,一体查探防护,并候圣裁。”

粤道贡国说·卷六·英吉利国二·附夷禀

英吉利国宰相部京咸含,奉本国王命,率同通国官员,恭请两广总督大人金安。今因奉命将本国情由详述与总督大人知悉:我老国王抚有一国,地方辽阔。今因年老有病,将通国地方事务,全交与长太子掌管。我太子时常思念天朝乾隆太上皇帝英明恩德,万邦钦服。我太子自摄政以来,一向与佛兰西国战争,无时止息。今因将佛兰西假王般那毕地捉获,另立佛兰西旧王亲人做佛兰西国真王,本国与各国俱安静无事。我太子是以专差大臣敬诣天朝,叩见大皇帝,并赍呈书函及各方物。驾驶巡船于一个月后自本国起程,于二十三年前,经由州山一路水程行走入都,叩见天朝大皇帝仁心圣德,天下太平,万邦颂扬,四海欢腾。奉本国太子命,肃具此书,寄与公班衙在粤办理贸易事务头人,转呈两广总督大人得悉本国太子专差使臣入都情由。伏祈按例照料一切。以上皆系奉本国摄政太子之命。英吉利国一千八百一十五年十月初七日。

又,六月十九日,总督董教增奏:“本年六月十五日,奉圣谕:‘董教增等奏英吉利国遣使入贡一折。英吉利国纳贶输诚,情词恭顺,自应准其入贡。其入贡船由天津登岸。现已降旨谕知那彦成、广惠妥协办理。该抚等因恐天津等处口岸无熟悉夷情之人,饬商选派谙晓夷语、夷字者二人,分送直隶、浙江督、抚衙门、以备翻译之用,办理甚为周妥。至该国王所遣夷官加啦威礼,现在粤东省城,该抚即传谕该夷官,以尔国王输诚纳贡,业经奏明大皇帝,仰蒙允准尔国贡使到京,定邀恩赉。其夷官先行照例遣回本国可也。钦此。’臣董教增当即钦遵谕旨,逐一传谕夷官加啦威礼,令其先行回国。据夷官覆称:‘渥蒙大皇帝允准贡使赴京,得邀恩赉,并令夷官先行回国。俟有便船,夷官即附搭回国,敬谨宣布圣慈。不但本国王感激荣幸,即举国臣民无不顶戴大皇帝恩德’等语。察其欢欣鼓舞,出于至诚。臣祥绍现已选派谙晓夷语、夷字妥协之人,捐给盘费,遴委妥员,兼程分送直隶、浙江督、抚衙门,以备翻译之用。

“至英吉利国贡船,前据夷官加啦威礼禀称:‘由彼国驾驶,经过浙洋,直达天津。’臣等溯查乾隆五十八年,该国贡船曾由粤省老万山外洋乘风驶过。此时或仍经由粤洋,亦未可定。当饬香山县及巡洋舟师留心查探。旋据香山县具禀:‘风闻在澳西洋夷人,修葺夷馆,似为款接英吉利国贡使。又,英吉利国王以在澳夷商司当东粗知汉语、汉字,曾于乾隆五十八年随从贡使入都,谙习礼节,有谕令附搭贡船进京之语。’正在批饬确查间,据洋商等代司当东递具禀词,内称:奉伊国太子命,充副贡使臣,现赴外洋迎探贡船同行。并据香山县探报:‘司当东带同在澳贸易夷商啵臣、马礼逊、孖嚀喘、爹必时一共六人,乘坐船只出洋’等情。臣等查英吉利国王,以夷商司当东曾经入都,谙习天朝礼节,谕令充当副贡使进京,系属外藩臣服敬事之诚。即司当东禀明起程,亦属小心恭顺。现在该国贡船并未经过粤洋,司当东是否已经迎赴贡船,事在外洋,无从探悉。

“其西洋夷人,拟留英吉利国贡使在奥居住一节,臣董教增现严谕西洋夷目,以各国贡使至粤,大皇帝恩礼优加,无庸该夷人代为款接。且英吉利贡使,奉旨准由天津上岸,即不应绕道逗遛。澳门本系天朝地方,恩准西洋夷人寄居贸易,藉资生计,所以仰承皇仁者,至优极渥。其偶将夷馆赁与各国夷商暂寓,不为深究,已属格外施恩。如果擅留英吉利贡使居住,则是私行交结,任意妄为。一经奏明大皇帝,即不能长承恩泽。并饬行水师各营协,于要隘口岸密行防范。查西洋夷人久居内地,怀德畏威,经此番饬谕之后,断不致有违禁令。倘英吉利贡船或因风漂泊粤东外洋,自应仍尊谕旨,令其驶赴天津。或尚需修葺船只,耽延时日,应否由粤进应,臣等当妥为防护,一面另行驰奏,请旨遵行。

"刻下英吉利贡船驰抵何处，查探并无确信。洋面风信靡常，事难悬揣，臣等不敢不先事熟筹，吁恳圣训，俾有遵循。"

又，七月十五日，奉上谕："此次英吉利国贡使到天津时，谢筵不遵礼节，至通州已称叩跪必能如仪，迨至御园，朕将次升殿，正、副使臣俱托病不能瞻观。是以降旨：即日遣回。但念该使臣虽有失礼之愆，该国王万里重洋，奉表纳贡，其意至为恭顺，未便绝之已甚，转失字小之意，因将该国王贡品内，择其至轻微者，地理图四张，画像二张，铜板印画九十五张，加恩赏收。仍赏给该国王白玉如意一枝，翡翠玉朝珠一盘，大荷包二对，小荷包八个。交该贡使领赍回国，以示厚往薄来之意。该贡使等领到赏件，极为欣感，亦颇形悔惧。现已自通州启行，俟到粤后，著蒋攸铦等仍照例给与筵宴一次。并谕以尔等福分浅薄，已至宫门，不能瞻仰天颜，大皇帝怜念尔国王慕化输诚，仍酌收贡件，并赏尔国王贵重品物，尔等应感激天恩，迅速回国，俾尔国王敬悉恩意。其未收贡件，均妥为照料上船，勿令损失。倘晓谕之后，该贡使等复将未收贡件恳乞赏收，总以业经奉有明旨，不敢渎请，正言拒绝。钦此。"

又，七月二十日，敕谕英吉利国王曰："尔国远在重洋，输诚慕化。前于乾隆五十八年，先朝高宗纯皇帝御极时，曾遣使航海来庭。维时尔使臣恪恭成礼，不愆于仪，用能仰承恩宠，瞻观、筵宴、锡赉便蕃。本年尔国王复遣使赍奉表章，备进方物。朕念尔国王笃于恭顺，深为愉悦。循考旧典，爰饬百司，俟尔使臣至日，瞻观宴赉，悉仿先朝之礼举行。尔使臣始达天津，朕饬派官吏，在彼赐宴。讵尔使臣于谢宴时即不遵礼节。朕以远国小臣，未娴仪度，可从矜恕，特命大臣于尔使臣将次抵京之时，告以乾隆五十八年尔使臣行礼，悉跪如仪，此次岂容改异。尔使臣面告我大臣，以临期遵行跪叩，不致愆仪。我大臣据以入奏，朕乃降旨，于七月初七日，令尔使臣瞻观。初八日，于正大光明殿赐宴、颁赏，再于同乐园赐食。初九日，陛辞，并于是日赐游万寿山。十一日，在太和门颁赏，再赴礼部筵宴。十二日，遣行。其行礼日期、仪节，我大臣俱以告知尔使臣矣。初七日瞻观之期，使臣已至宫门，朕将御殿，尔正使忽称急病，不能动履。朕以正使猝病，事或有之，因只令副使入见。乃副使二人亦同称患病。其为无礼，莫此为甚！朕不加深责，即日遣令归国。尔使臣既未瞻观，则尔国王表文亦不便进呈，仍由尔使臣赍回。但念尔国王数万里外，奉表纳赆，尔使臣不能敬恭将事代达悃忱，乃尔使臣之咎。尔国王恭顺之心，朕实鉴之。特将贡物内地理图、画像、山水、人像收纳，嘉尔诚心，即同全收。并赐尔国王白玉如意一柄，翡翠玉朝珠一盘，大荷包两对，小荷包八个，以示怀柔。至尔国距中华遥远，遣使远涉，良非易事。且来使于中国礼仪不能谙习，重劳唇舌，非所乐闻。天朝不宝远物，凡尔国奇巧之器，亦不视为珍异。尔国王其辑和尔人民，慎固尔疆土，无间远迩，朕实嘉之。嗣后毋庸遣使远来，徒烦跋涉。但能倾心效顺，不必岁时来朝，始称向化也。俾尔永遵，故兹敕谕。"

九月初七日，总督蒋攸铦奏："本年八月二十六日，承准军机大臣字寄，奉圣谕：'蒋攸铦等奏详查英吉利国入贡情形一折，朕览奏甚为欣悦。该督等于数千里外，所谕事理，与朕前后饬办情形无一不相符合，实能深知朕心，遇事能见其大，可嘉之至。现在英吉利贡使已由内地回粤，该督即尊前旨，派员接护，不必问及京中之事。若有干求，总以正言杜绝，不可姑息，示以整肃。仍照例筵宴一次，令其乘坐原船回国。并谕知该正使，以司当东既在粤充当大班，即不应派充副贡使，本系尔国错误。司当东此次既已承充贡使，则不应复令留粤，即令该正使带回本国，永远不准再来澳门。至啵臣等五人，该督查明如系夷人，令该贡使等一并带回。若系内地商人，即分别安置，此后不许仍在澳门居住。并谕知该使臣等，现在天津口岸，已奉大皇帝谕旨不许尔国船只再至该处收泊，如有违禁到彼者，该处官吏必立即驱逐，不准登岸。尔国船只，总应照向例，在粤洋收口，以遵定制。将该贡使等礼遣回国。如一、二年后，该国王复遣使来贡，该总督遵昨降谕旨，将表贡据情转奏，由粤送京。颁赏之件，亦由京发往。其贡使令其在粤守候，由彼筵宴遣回，毋庸令其复来京师。'等因。钦此。

"伏念臣等识浅才庸，仰蒙简畀海疆重寄，凡遇外夷交涉事件，防范中不可骤启其疑，羁縻之尤须预杜其渐。仍时时凛遵圣训，慎密持循，以冀办理得臻妥协。乃以管蠡之敷陈，特蒙纶口之褒奖，寸忱缕感，弥切惭惶。遵查英吉利国驶往天津贡船五只，业有三只驶回粤洋。并该国货船每年在海关纳税数目，及酌议办理各缘由，均经臣等先后具折，奏蒙圣鉴。现闻未到二船，遭风漂泊吕宋。如果属实，约计九月内，该二

船亦可驶回粤洋,尚在贡使未到粤之前,可饬随同回国。臬司明山、南韶连镇总兵何君佐,现已遵旨前赴与江西交界之南雄州接护贡使。臣等札饬沿途营汛,弁兵、甲仗,务须一律整肃,以壮声威而崇体制。倘贡使到粤后,妄有干求。臣等定当严词杜绝,断不姑息。

“查东粤向来筵宴暹罗国贡使,系于未入宴之先,臣等会同将军、都统、海关监督,率同司道等,在巡抚衙门大堂,带领该项使行三跪九叩之礼,望阙谢恩,然后入宴。兹英吉利国贡使在天津筵宴时,谢宴已不能如仪。且查乾隆五十八年,粤东并未给予筵宴。应遵旨颁赏使臣筵席三桌,仍旧例赏给牛羊等物,以广皇仁。

“至该国来粤管理贸易大班,系该国王选派,数年一换,向不知会粤省。该国夷情贪诈,如从前充当大班之喇佛、益花臣、司当东,及现在代办之觅加府等数人内,惟益花臣人稍诚实,余俱性情诡谲。大率恃其船坚炮利,货众税多,夸耀于在粤贸易之各国,而又妄思干请,以图遂其垄断牟利之心。凡夷商来粤贸易多年,每有能通汉话、精识汉字者。随从司当东入都之啵哑等五人,均系夷人。内马礼逊一名,系其书记。该五人俱不过随侍之人,无足重轻,非司当东可比。若概责令贡使一并带同回国,转恐滋其疑惧。此时该贡使如或将五人一起带回,或留一、二人随后回国,似可听从其便,更足以昭覆帱之仁。盖夷情多诈而复多疑,驾驭在经权并用。国体宜崇,而尤宜慎措置,宜宽猛兼施。臣等惟有随时随事悉心筹度,期归妥善,以仰副圣主谆谆垂训之至意。”

又,片奏称:“再,英吉利国大班司当东,曾随同前次贡使入都,又在粤年久,习知天朝礼节。乃此次奉使到京,不克成礼。钦奉谕旨:饬令随同正使一并回国。顷阅邸抄,恭读上谕:以此次英吉利国贡使至天津,筵宴不能如式,又将原船私行驶去,系苏楞额、广惠之咎。其至通州不能演礼,迨行至宫门复藉词延宕,不克成礼,系和世泰、穆克登额奏对未明之咎。交部严议,通行中外。仰见圣明至公无私,中外一体之至意。第夷人愚昧无知,万一误会纶音,转疑咎在大臣陈奏不明,竟以朝服未到为口实。而臣等节次所奉谕旨,并未明发,恐其藉词延宕。彼时再行奏明,请旨往返,须迟至月余,办理不无窒碍。盖英吉利夷人固属狡悍,不知礼义。其是非之心,亦未尽泯。如果直揭其非,正言驳诘,未尝不理屈词穷。可否仰恳天恩,再行颁发明谕,令臣等转发行该贡使知照。不特伊等无可置喙,而各国共凛然于朝仪不可稍紊,益生其敬畏之诚。计贡使十月初旬始可行抵粤省,装载贡物及置买茶叶,尚有旬日耽搁,至速亦须十月望间放洋回国。如蒙俞允,仰祈圣恩颁发谕旨,敕部由驿五百里递发到粤,尚不为迟。俟贡使由虎门出口后,谨将上谕刊布,晓谕各国夷商,一体遵照。

谨案:该国自雍正十二年入市。其以英吉利名来市,自乾隆八年始。

啸亭杂录[①]

卷四·天津水师

雍正中,宪皇帝念津门附近京畿,海防綦重,因设满洲水师都统一员,副都统二员,其协领下若干员,兵三千名,守御海口以防鲸涛不测之变。然满兵虽雄健,不利水师,初设时,章程草率,所训练技艺不及绿营之半。乾隆丁亥,纯皇帝巡幸津甸,是日大风,海船逆势,难以施演。时都统为奉义侯英俊,年既衰老,复戎装繁重,所传令俱错误。兵丁技艺既疏,队伍紊乱,竟操,喧哗不绝。上大怒,因裁革焉。

卷六·台湾之役

台湾自古不通中国,《文献通考》云:“泉州之东有岛曰澎湖,澎湖旁有毗舍耶国。”盖即是也。明末为

① 〔清〕昭梿撰,何英芳点校。

荷兰夷人所据。国初时，明将郑成功自江南败归，遂取其地以为国。及其子经当三逆叛时，屡乘间入犯海疆，先良亲王遣吴兴祚、姚启圣等收复金、厦二门。康熙二十二年，靖海将军施琅克澎湖，经愤悒卒，子克爽降，台湾乃隶版图。特设台湾府及台湾、凤山、诸罗三县。其地东倚山，西傍海，北至鸡笼城，南至下淡水，长千余里，东西阔四五十里或十余里。山之东则层峦叠嶂，皆生番所居，打鹿为生，不隶版籍也。康熙六十年，奸民朱一贵叛，水师提督蓝廷珍荡平之。雍正元年，以诸罗北境辽阔，增设彰化县及淡水同知。六十余年以来，地大物博，俗日益淫侈，奸宄遂媒孽其间，官斯土者，又日事朘削。会漳、泉二府人之侨居者，各分气类，械斗至数万人，官吏不能弹治，水师提督公黄仕简率兵至，以虚声胁和，始解散。自是民狃于为乱，竖旗结盟，公行无忌。淡水同知潘凯者，方在署，忽报城外有无名尸当验，甫出城，即为人所杀，并胥吏歼焉。当事者不能得主名，则诡以生番报，谓番性嗜杀，途遇而戕之也。使人以酒肉诱番出，醉而掩杀之，奏罪人已伏法。而杀人者脱然事外，于是民益轻官吏，而番亦衔怨次骨。

乾隆五十一年，彰化县有林爽文者，恃其所居大理口弋地险族繁，恣为盗贼囊橐。闽、广间故有所谓天地会者，为奸徒结党名目，爽文借以纠约群不逞之徒，啸聚将起事。太守孙景燧至彰化，趣县令俞峻及副将赫生额、游击耿世文率兵役往捕。不敢入，驻营于五里外大墩，谕村民擒献，否则村且毁。先焚数小村怵之，被焚者实无辜也。爽文遂因民之怨，集众夜攻营，全军覆没，赫、耿、俞皆死焉，时十一月二十七日也。明日，贼乘势陷彰化，孙守及都司王宗武、同知长庚、前同知刘亨基、典史冯启宗悉为所杀。十二月六日又陷诸罗，县令董启埏死之，淡水同知程峻亦为贼所害。凤山县有庄大田者，亦盗魁，乘乱起。十三日，陷县城，县令汤大奎自刎死。惟府城有总兵柴大纪及监司永福、同知杨廷理等率兵民固守，贼屡攻之不能破。而彰化之鹿港贼已遣伪官来监税，有泉民林凑等起义擒之，是以府城、鹿港两海口俱未失。闽中闻变，时总督雅德被逮，将军常青本以宁王府长史起家，老而耄，以和相私人故，得署督印。时毫无措置，惟檄黄仕简及陆路提督任承恩入台擒贼。时黄病初愈，策杖而行。任为金川殉难总兵官任举之子，少年世荫，素不知兵。二将军仓卒入台，仕简由厦门渡海入府城，承恩亦由蚶江渡海入鹿港，俱以五十二年正月初旬至，贼势稍敛。仕简卧病床箦，因命大纪北取诸罗，总兵官郝壮猷南取凤山。大纪骁将也，率乡兵数百，说以大义，转战贼寨间，屡擒其首，遂恢复诸罗，固守之。壮猷南出二十里，为贼所阻，任承恩之至鹿港也，距大里杙贼巢仅四十里，亦观望不敢进，壮猷顿兵几五十日，二月二十一日始进凤山。凤山空无人，招民复业，贼即潜入其中与外贼相应。三月十日城复陷，游击郑嵩死焉，壮猷等遁归府城。

先是，二月中，上见两提督彼此观望，恐不能速殄贼也，有旨命常青往督师。青不得已，迁延入台，踞府城，百姓以青为督府，当知兵，人心稍定。闽督李侍尧甫莅任，即预约广督孙士毅调兵四千备缓急。而凤山再陷之信至，立即趣兵往，遂以三月末悉抵台，贼方攻城急，赖以不陷。李侍尧又奏调浙兵三千，上益以驻防满兵一千，令将军恒瑞为参赞赴府城，提督蓝元枚亦为参赞，分浙兵二千赴鹿港。有旨以失律诛郝壮猷，于是诸将咸思进兵，而常青畏葸，日夜惟涕泣而已。时贼虽猖獗，势力尚未甚大，各村民俱未为所胁也，而诸将以五月二十四日出师，城中士民咸设犒酒以待。甫交绥，常青战栗，手不能举鞭，于军中大呼曰："贼砍老子头矣！"即策马遁，诸将因之即退，贼大欢啸而归。青入城，即令闭关，又请兵一万。贼得以暇蚕食各村，不从者辄杀，于是遍域皆贼矣。庄大田驱以扰府城，林爽文驱以扰诸罗，势益炽。迨官兵从邻省调至闽，又守风过海，凡两三月，则我兵仅增万，而贼已增十万矣。诸罗为南北之中，林爽文必欲陷之，自六月中攻围，连日夕不止。大纪指挥诸将云："语曰'有城守责者，生死以之'，大纪虽武夫，敢弃天子所付之封疆乎？誓与此贼始终可也。"因置酒召诸将饮，席间亲酌之酒，挥涕拜诸将曰："君等如能坚守固佳，否则斫大纪以降贼，无使苍生遭锋镝也。"诸将感激用命，日夜防守甚严，时出军扰贼营。贼用吕公车，以数百人牵之，击城北堞，城上用飞炮碎之。贼复用火箭射雉楼，诸将预蓄水桶，随手扑灭。贼日夜喧噪以乱军心，城中鼓角应之，使不得闻，如是者凡百日。诸义民鼓于忠节，各皆出饷劳军，城赖以济。大纪数遣敢死士突围出，请救于常青，青笑曰："若是呆汉，适足以予贼，始快余心也。"终不发兵救之。副将蔡攀龙请行，上复严旨督责，青不得已，命孱弱兵数百，使攀龙率之往援，咸没于敌，惟蔡仅得入城。诸罗之围益密，入者不能再出，大纪告急之文，用小字书寸纸，募人间道夜行，始得达府。而贼禁粒米不得入城，城中士庶已饥疲不能

支。上谕大纪,命拔身出,大纪以士庶已共守久,恐遭贼屠戮,誓死不出。奏闻,上垂泣曰:“大纪忠诚,虽古名将何以复加,所谓我君臣各尽其道也。”因封大纪为一等嘉义伯,世袭罔替,赐银一万两。念诸罗被围久,特改名嘉义,以旌士民。时常青在府城,欲弃城遁者再,赖诸将护持,因密札哀乞和相,请以他将往代。和相晏见奏之,上亦预烛青必偾事。

六月中,即调陕督福康安为将军,及领侍卫内大臣海兰察来统兵,并发明诏,声言调兵十余万来灭贼。冬十月,所调蜀番及粤西兵共五千先至,有旨官兵不必至府城,当即往鹿港进。会飓风不得渡,守风于崇武澳。二十八日忽得顺风,一昼夜数百艘尽抵鹿港海口,樯竿如栉,列数里。贼闻之,不测多寡,谓真有十万兵至;始惧。十一月八日,福康安等起行,贼方列拒于仑仔顶,海兰察率巴图鲁侍卫发矢殪数十贼,贼大惊曰:“是何老骑兵,强壮乃尔?”遂即披靡。海兰察笑曰:“此一群犬耳,何畏之有。”遂麾兵入。盖时常青伪造蜚语,谓贼有异术,实不可撄,福康安亦先惑其言,至是始知其妄,乃沿路复击杀之,伺隙者至朱稠山,再败之,即以是日抵嘉义。城中官民出迎,饥羸无人色,见福至,无不欷歔啜泣,喜其来而悲其晚也。惟大纪以功高,与福康安抗行宾主礼,康安衔之,遂密奏其人奸诈难信。会侍郎德成自海上监修城垣归,复媒孽大纪之短。上信其言,遂以前贪纵事,逮大纪及永福入,先后正法。而大纪部下诸将李长庚、王得禄、邱良功等,后皆有所建树,立功海上,盖承大纪训也。嘉义城北有山名小半天者。四面陡绝,贼遁而聚于此。十八日,福康安率将士百道仰攻,又克之。贼自猖乱以来,狃见常青畏怯,以官军不足畏,不虞此次之难抗也,遂遁归大里代。贼巢已筑,土城坚固,二十四日,官兵至,贼犹数万出拒,退而复集者数次。既夕,我兵伏沟坎间,贼万炬来索战,我兵在暗中,贼不能见,而我兵视贼,则历历可数,发枪箭无不中贼。贼自知失计,遽灭火,复击鼓来攻,我兵又从鼓声处击之,杀死无算。黎明进兵,遂克其城,林爽文已携孥走,据守集集埔。其地前临大溪,溪之上,就高岸垒石为陡墙,长数里,其所预营厄险处也。十二月五日,官兵腾而上,杀千余人,于是贼党皆溃。林爽文先匿其妻孥于番社,惟与死党数十人窜穷谷丛箐中。十三日,先获其孥,福康安又遣使入大山,怵以兵威,生番惧,遂献爽文出。而庄大田虽与林爽文同逆,又各自号召不相下,乘官兵未南,益焚掠聚粮为旅拒计。已又思出降,计未定,而福康安已于十六日抵牛庄。大田仓猝出拒,败而走,官军连蹴之,累战皆捷。极南有地名郎峤者,负山临海,最辽阻,庄大田力不支,与其党潜匿焉。福康安先遣水师由海道绕而截之于水,自以大兵环山围之,贼冲突不能出,阵杀者数千,溺海者数千,擒而戮者亦数千,庄大田遂就获,台湾平。上大喜,封福康安为一等嘉勇公,赐宝石顶,四团龙补服,紫缰辔以旌之,其余将士皆优赉焉。常青以失机被逮,复以重贿赂和相,和以其年老多病语奏,上宥之。逾年,复为礼部尚书,卒终于任。至今台民犹有余憾焉。

卷九·杨文勤

杨文勤公锡绂,江阴人。任漕帅二十年,以清介称,纯皇帝甚宠之。其时漕运通畅,旗丁富庶,天庾赖之以济,后共称之。谢芗泉巡南漕归,告余曰:“见公所定条例,每项皆有宽饶余利,使人乐于从事,故一时所理井井,久而易行。”其后某公皆加撙节,国课所多无几,而诸事丛脞,至私货载满舱板,而官米以致亏绌迟滞。故老成之见,非浅识者之所能知也。

卷九·海道

按《宋史》,徽宗遣马政报书于金,当时云“艰难险阻,始达其国”云云。按金时已据会宁,今盛京诸地,俱为所有。宋使自登州航海,可朝发而夕至,何艰难之有?岂政不识海道,故纡其路与?抑记事家之附会也?

续录·卷一·端午龙舟

乾隆初,上于端午日命内侍习竞渡于福海中,皆画船箫鼓,飞龙鹢首,络绎于鲸波怒浪之间。兰桡鼓

动，旌旗荡漾，颇有江乡竞渡之意。每召近侍王公观阅，以联上下之情。今上亲政后，亦屡循旧制观之，然每以雨泽愆期，罢演者多矣。

续录·卷二·张汉潮渡汉江

嘉庆戊午夏，教匪张汉潮自秦窜入楚境，势甚猖獗。楚督景安畏懦，远避武昌，贼如风飘豕突，无所抵拦。汉潮欲渡汉江以窥全楚，时汉阳最为富饶，市廛毗连数十里，甲于天下，闻警，商贾惊避，有老贾某祈于关帝庙。会大风骤起，飘泊贼人舟楫，毙于江者如鹜也，汉潮亦落水得拯，因狼狈返秦中，自是不敢东下，逾年乃为明参政亮所擒。当时假使贼得济，蹂躏江、淮，其祸不可问矣。信夫，国祚昌炽，水伯得以默为佑护也。

续录·卷二·海神祠

瀛台中有海神祠，塑明内官像三人祀之。传即熹宗于南海覆舟时拯帝所溺毙者，帝封三人为河神，因立祠以祀之。按当时正人君子为魏阉所害者，指不胜屈。其辽左、奢安殉死诸公，如王三善、张铨等，亦颇有人。帝罔知怜恤，乃煦煦于溺死之阉璫，亦可谓厚其所薄矣。

续录·卷二·李鸿宾

【海疆之祸，鸿宾为两广总督时贪而纵之，致令该夷肆行无忌。养痈贻患，自鸿宾始也】

李御史鸿宾，新建人。成辛酉进士，馆选，改官御史。时值林清之变，公上数疏，皆言朝廷利弊，洞中□要。上嘉其直言，立擢河东副总河，汉员升迁之速未有及者。公亦感激用命。其年运河淤壅，微山湖蓄水尽涸，粮艘壅滞，公立率下属疏瀹，上流湖水通畅，船只得以济运，实近年之罕见者。逾年，丁母艰归。

冷庐杂识①

卷二·谳狱

江淮卫漕船，多满十年粮道发价改造。其间有停运三次二次者，户部以未满十运驳，取擅动库项职名，司钱谷者援例顶详。总漕不准，商之汪。汪曰："援十年之例，而部以十运为计，创也，非破其十运不可。"乃为之议曰："截留漕船以裕民食，破格之恩前所希有。是以向来止计十年，而不扣足运。但船只一项，利于行驶，不利停泊；盖一轻停运，久泊河干，上之日晒雨淋，犹有苫盖银两，时为检点，至船底版片泥胶苔结，日渐朽损。若因船身无恙，勉强起运，重载米石，远涉江、黄，设有疏虞，所关非细，故不敢因慎重钱粮，致误天庾正供。既满十年，不得不造。"议上，总漕大为许可，达部允行。

卷七·陈忠愍公

同安陈忠愍公化成，由行伍积军功，官至提督，封振威将军。故例，提镇不得官本乡，上以非公莫能膺海疆重任，破格授厦门提督。道光庚子，英夷扰浙东，命沿海严防，特移公江苏。抵署甫六日，闻舟山失守，即帅师驰赴吴淞口，审度险要，列帐西炮台侧以居，三易寒暑，未尝解衣安寝。优待士卒，犒之厚，而自奉甚俭，或馈酒肉，必峻却之，时有"官兵都吸民膏髓，陈公但饮吴淞水"之谣。每潮来，必登了望，戒军士曰："平时宜休养，毋辄来辕，如有警呼之不应，刑毋赦。"尝与制府牛某大阅，见近地兵多弱，而上江各营较强，牛曰："是可当前锋乎？"公曰："近者皆有家室虑，且服吾久，无离心。客兵恐难恃。"及战，果先遁。壬寅四

① 〔清〕陆以湉撰，崔凡芝点校。

月,乍浦失守,公益鼓励军士,以大义喻之。时他邑皆骚动,惟吴淞左右恃有公,安堵如故。五月,夷船大集,公登台守御,日夜不怠。初八日,自卯至巳,发炮千余门,伤大夷船五,火轮船二,夷人势欲却,适牛制府携兵出城,夷从樯头望见,置炮于樯击之。牛急召守小沙背之徐州总兵王志元来,而王已遁去,牛惧亦遁,众兵随之皆窜。夷人复奋力攻击,公孤立无助,犹手发炮数十次,身受重伤,炮折足,枪穿胸,伏地喷血而死,年七十六。民闻公死,皆大惊曰:"长城坏矣!"老幼男女无不号泣奔走。夷酋入城,登镇海楼酣饮,或作华语曰:"此战最危险,但有两陈公,安能破耶?"酋大笑。有武进士太湖刘国标为公所赏识,随行戎间,忍创负公尸藏芦丛中,阅十日,以告嘉定县令,辇尸入城,殓于武帝庙,面如生。事闻,诏赐专祠,予骑都尉世职。淞江人哭公哀,作诗成帙,颜曰《表忠崇义集》。宝山王树滋为作《殉节始末记》,余特撮其大略,并录诗之佳者于左。云:"一木难支大厦倾,将军殉节万民惊。丹心料有天垂鉴,白日愁看鬼横行。公已成仁甘就死,士惟见义竟忘生。怒涛夜激芦花岸,阴雨灵旗战鼓声。"【上海王城】"皓首不能生击贼,丹心惟此死酬君。"【上海陈培庭】"肘常旁掣生余愤,掌仅孤鸣死竭忠。"【崇明施子良】"右师邴泄驱车后,壮士勾卑在列时。"【上海林曜】"事到艰难惟一死,身经保障已三年。"【上海曹树杏。】

卷七·葛壮节公骈语

葛壮节公以水师起家,擒斩海盗,不遗余力。尝伪作商舟以诱贼,屡获巨寇,贼惧,为之谣曰:"莫逢葛,必不活。"官镇海总兵时,巡洋劳瘁,感暑,卧病甚剧。时闻闽省盗船百余拦入浙海,大府檄公率三镇兵船总巡。公力疾前往,先以书驰告曰:"寸心自誓,期尽瘁以事君;一息尚存,敢偷安而负国!"时道光戊戌年也。公官瑞安副将时,会稽宗涤楼侍御稷辰赠联云:"武穆两言,不爱不怕;文成一诀,即知即行。"公尝手书一联揭于治事之堂,曰:"持躬以正,接人以诚;任事惟忠,决机惟勇。"并自作擘窠大字,颜其堂曰"威惠",论者谓能不负所言。

卷七·明阉祸

江阴杨大令宁谓有明一代,如王、汪、刘、魏,其害固不可容言,其余诸帝自太宗、仁宗而外,未有不任阉人者。按:《明史》载永乐三年,命太监郑和帅舟师下西洋;八年,命内官马靖镇甘肃、马骐镇交址;十八年,置东厂令刺事。因谓明世宦官出使专征、监军分镇、刺臣民隐事诸大权,皆自永乐间始。然则明之祸,莫甚于宦官,而宦官之祸,实基于太宗也,安得谓其不任阉人哉!

卷七·观龙舟诗

嘉庆间,御制《观龙舟》诗,命诸词臣赓和,皆为"水嬉"嬉字韵所窘,鲜有合作。钱塘陈荔峰师嵩庆和句云:"四海鱼龙呈曼衍,九重珠玉戒荒嬉。"盖是日方以《崇俭黜奢诏》宣示中外,故诗意及之。睿皇帝大称赏,谕为诸诗之冠,由是宠眷有加,遂跻卿贰。

卷八·西征日记

吾里孔雅六茂才宪采,绩学能文,尤敦品谊。尝游秦中,历主古莘、文昌、岷阳书院讲席。训迪谆谆,士心悦服,以文就质者甚众,坐是得眩症,遂归。撰《西征日记》,备载游迹,有云:"兰州西门外桥名镇远,以船为之。横排二十四只,自南岸达北岸,每船相离寻丈。船填土石,头尾用大铁索,囊砖石沉河底,复用大铁链连贯之。链环大如盘,余两手不能举一环,不知几何重也。两岸均有铁柱插沙土中,大合抱,出地约丈余,相传为明初所铸。船面铺大木板数层,以草土填平,沿河联以红栏。凡往来甘、凉口外者,悉由此桥,车马日以千计,谚所谓'天下黄河一道桥'是也。冬河冰合,制府率僚属祭河神,始拆船桥,车马皆行冰上。正二月间冰泮,仍驾以桥。冰桥之最可危者,在将泮未泮时,两岸冰已有罅漏,车马仍往来如织,旁观为之寒心,习惯者自若也。"雅六有《渡冰桥不果》诗云:"脚踏黄河冰,魂飞白塔山【黄河对岸山】。山峭险而

峻,冰薄危乎艰。往来车马驰间关,已溺犹将凋朱颜。如何以身临深渊,父母发肤同一斑。不如仍上望河楼头去,昆仑星宿影落杯酒间。"【望河楼在南岸,今为皇华馆】。

浪迹丛谈①

卷一·西湖船名

杭州特鉴堂将军特依慎,儒将风流而怀抱深稳,当道光壬寅, 夷犯东浙,公以参赞与扬威将军相抗,扬威甚齮龁之,而朝廷素知其忠勇,故扬威蹶而公独全也。公本吾闽驻防,相遇于杭,叙乡谊甚笃,暇日尝招同杨飞泉、甘小苍及恭儿饮于西湖朱庄,竟日泛舟而归,各赋诗纪之。余得一律云:"郊垌小队碧波湾,画里楼台一再攀【三日前甫游此】。邂逅客星依上将,招邀循吏话乡关【杨、甘皆吾闽人】。雄谈不觉花皆舞,纵饮浑忘鬓已斑。漫说镜中缘偶聚,天教此会重湖山。"湖舫中小扁"镜中缘"三字,将军所题也。将军询余湖舫旧扁名目,可得闻乎?余举《曝书亭集》中一则示之曰:"西湖船制不一,以色名者为游红,申屠仲权诗'红船撑入水中去',释道原诗'水口红船是妾家'是也。以形名者为龙头,白乐天诗'小航船亦画龙头'是也;为鹿头,杨廉夫诗'鹿头湖船唱赧郎'是也。有形色杂者,中为百花十样锦,钱复亭诗'又上西湖十锦船'是也。有以姓名者,如黄船、董船、刘船,见吴自牧《梦粱录》。大者谓之车船,盖贾秋壑所造,棚上无人撑驾,但用车轮脚踏而行,其速如飞。小者谓之瓜皮船,欧阳彦诗'瓜皮船子送琵琶',张大本诗'瓜皮船小歌竹枝',周正道诗'瓜皮船小水中央'是也。今时最著者为总宜船,盖取东坡居士'淡妆浓抹总相宜'之语,李宗表诗'总宜船中载酒波',浚彦翀诗'几度涌金门外望,居民犹说总宜船'是也。"按此朱竹坨先生自录所见所闻,嗣厉樊榭先生又增广为《湖船录》,今则名目愈多,殆难究诘矣。

卷一·红船

今大江来往之船,以云台师巡抚江西时所制红船为最稳、且最速。嘉庆十八九年间,始创为于滕王阁下,后各处皆仿造,人以为利。今湖北、安徽以迄大江南北,吾师所制之船随在,而有船中小扁,多师所手题,有沧江、虹木、兰身、曲江舫、宗舫诸号,数十年来利济行人,快如奔马,开物成务之功伟矣!吾师尝为余述在江右时,偶以事遣家丁回扬州,恰值风水顺利,朝发南昌,暮抵瓜州,若非红船断不能如此快速也。因制一联悬于舟中云:"扬子江头万里浪,滕王阁下一帆风。"

卷二·下河舟中杂诗

余与杨竹圃亲家别已五年,今夏挈眷属来扬州,本拟即可把晤,乃竹圃于今春抱重恙,虽已痊愈,而气体虚羸,惮于远涉,且时方酷暑,祗宜养疴于安丰场署中,余因渴欲相见,遂于初秋四日,买舟径为东淘之游。住署斋者十日,时竹圃已健胜如常,复拿舟同游海陵,访魏笛生观察,又盘桓三日,始分手归舟。时竹圃年七十一,余年七十二,笛生则年七十五,皆轻健无龙钟态,海陵城中观者啧啧,以为老人星聚,殆不虚也。余有《下河舟中杂诗》十二首纪之,他日或可编入方志乎?诗云:"席帽山头秋气清,扁舟飞出绿杨城。朅来已厌筝琶耳,要作听风听水行。""闽江邗水路三千,凤泊鸾飘又几年!谁信抟沙仍得聚,好风吹到月华圆。""宦海前尘不倦谈,家常情话转谫谫。助君儿女团栾趣,记取当年老退庵【时三子妇亦挈小孙归宁】。""借人官阁避尘嚣,豆架瓜棚亦足豪。绕座素兰如客淡,倚墙红蓼比人高。""不妨终夜听滂沱,欹枕喧传屋漏多。我正归舟要新水,东淘涨接海陵波。""官舍融融子舍春,不嫌地僻不忧贫。累君小试调羹手,一醉饕翁动浃旬【谓雪峰世讲】。""承明旧侣猛回头,海角天涯一聚沤。樽酒匆匆快谈艺,便将三日抵

① 〔清〕梁章钜撰,陈铁民点校。

千秋【谓笛生观察】。”“连日欢筵杂醉醒,三人二百十余龄。海城童叟齐骧首,信有天边小聚星。”“此间刺史旧同官,助我清游续古欢。爱读剑南碑记好,碧云香雨一庭宽【张东甫州牧招游光孝寺,寺建于晋义熙,南宋奉敕改今名,陆放翁为碑记。香雨楼在大殿后;方丈额“碧云”二字,为宋宁宗所书】。”“圌关形势实巑岏,往事迷离付浩叹。眼底胸中今了了,何人真措泰山安【登泰山墩望见圌山关,即当年英夷由海入江之路。山因州为名,山顶有岳忠武庙,盖忠武尝知泰州也。圌,市缘切,音遄;又是为切,音垂,皆古音,并见《唐韵》及《集韵》。今江南皆呼圌山为“徐山”,则因垂音而转耳】。”“归海归江路不明,桑麻井里总关情。须知得守真须守,两害相衡但取轻【近闻运河各坝齐开,所过下河低田,未免淹浸,为之慨然】。”“茱萸湾外最喧豗,壁虎桥边听溯洄。旧日布帆无恙在,兼旬访戴已归来【初由湾头进下河,即茱萸湾也。归途仍坐去时原舟,由壁虎桥出运河,以避湾头闸之险浪】。”附录竹圃和作云:“滨海衙斋冷,长年无客临。径先荒草满,门掩白云深。忽见故人刺,如传空谷音【七月初六日阍人走报公来,始以为误也,既见名柬乃信】。趋迎真倒屣,狂喜自难禁。”“语笑分明是,相逢岂梦中。何期居僻地,竟得挹清风。话旧供鸡黍,称觞荐韭菘【是日为公诞辰】。更怜娇弱女,随侍省衰翁。”“已下悬陈榻,还乘访戴舟【公在安丰住十日,复偕公同往泰州访魏笛生观察】)。高情方外约,遗迹箧中搜【张东甫招饮光孝寺,时公方有《师友文钞》之刻,笛生为搜罗丛残附益之】。童叟各青眼,主宾皆白头。古欢只三日,良会足千秋。”“同是他乡客,他乡又别离【十九日公即由泰州回扬州,余亦归安丰】。一江分去路,两地系相思。泥雪飞鸿迹,蒹葭白露诗。论文重剪烛,尊酒更何时?”

卷二·焦山纪游

扬州同人盛称钟立斋太守大志洲宅之美,拟于花时往游。清明前一日,立斋遂招同邹公眉观察、程柏华别驾光治先为焦山之游,由钞关门登小舟出大江,换坐红船,是日东风甚大,兼有微雨,顺流逆风,用满帆折数十戗始抵焦山。

卷二·颜柳桥

道光二十二年六月初七日,英夷兵船闯入圌山关,将犯扬州,周子瑜观察札委余东场盐大使颜柳桥崇礼驰往招抚,颜有胆略,素喜任事,遂与办事商人包恪庄计议,禀商但云湖都转,许即相机办理。颜即于初八日随带羊酒鸡豚等物赴瓜洲,渡江至象山,纤道瞭望。值夷船飞帆驶进,势甚凶猛,象山与焦山紧对,颜伺其抵焦山马头,以礼招呼,效郑商人弦高故事,头顶说帖,跪献江干,因得上夷船,见其头目郭士利,引与郭富相见。词色慷慨,晓以敬天心保民命诸语,郭漫应之。次日,复带金币等物以婉词导之,时夷人已将瓜洲民房占踞,并遍树亦帜,将江路全行堵截,无一民船往来,而火轮船及三板船已有七八十只,尽拦入金山、北固之麓。颜探闻郭酋主战,仆酋主和,正在设法谋见仆、酋,而镇江已破。传闻驻防海都统闭城锢民,尽遭屠戮,颜心胆俱碎,即欲为脱身计,而包以扬城危在旦夕,力怂恿之,颜亦以扬州若失,则夷船必溯江而上,金陵、皖江一带俱不可问,遂激于义愤,幡然复出,因吗利逊见仆酋。吗能通汉语,颜晓以战争之害,和议之利,转述于仆酋,始有献银百万,不入扬城之议。归复于包,包为转请于都转,时城中人人危惧,移徙者十之七八,颜复上夷船,嘱吗酋与仆酋,允为减银数,往复数四,议定给洋银五十万元,每元作银七钱一分,遂面与仆酋定约,旋即分次送给,而扬城安保无恙,居民亦旋定安辑矣。

卷四·日本

日本,古倭奴国,唐咸亨初更号日本,以近日出而名也。其国有官名关白者,犹云宰辅之职,代相更替,专国政。国习中华文字而读以倭音,俗尊佛,尚中国僧,敬祖先,得名花佳果非敬僧即上祖墓,立法严,人无争斗,有犯法者,事觉即自杀。气候与江、浙齐、产金磁器、漆器、金文纸、马,出萨峒马者良。萨峒马即萨摩州也,其地山高水寒,刀最利,故倭人好以为佩。所统属国,北为对马岛,与朝鲜接,南为萨峒马,与琉球接。

对马岛与登州直,萨峒马与温、台直,长崎与普陀东、西对峙,水程四十更。厦门至长崎,北风由五岛入,南风由天堂入,水程七十二更。海道以更计里,一昼夜为十更云。其与中国贸易者,长崎岛为百货所聚,商旅通焉。国尤饶铜,我朝经制,鼓铸所资,滇铜而外,兼市日本铜,谓之洋铜,安徽、江苏、浙江、江西等省,岁额市四百四十三万余斤。商办铜斤,有倭照以为凭信,携带绸缎、丝斤、糖、药等物往日本,市铜分解各省。乾隆二十四年禁止丝斤出洋,又两广总督请将绸缎、绵、绢一并禁止,嗣据江苏巡抚奏请,仍许洋商酌量携带,每船皆有定额,非办铜商船,不得援以为例,从之。前明关白兴帅蹂躏朝鲜,八道几没,后朝鲜内附本朝,而侵凌始息。崇德四年日本岛主及对马州太平守平义成致书朝鲜,胁取土产,朝鲜国王惧,以二书来告,然日本究不敢兴兵,则震詟天威之所致也。前明日本使者嗒哩嘛哈上表入贡,明太祖因询其国风俗,奏答五言诗一首云:"国比中原国,人同上古人。衣冠唐制度,礼乐汉君臣。银瓮刍清酒,金刀脍素鳞。年年二三月,桃李自成春。"帝恶其不恭,绝其贡献,示欲征之意。考日本疆域分八道、六十六州、一百二十三郡、八十八浦,宜其不知汉大而云"国比中原国"也。然其人多寿,就国王论,如神武天皇一百二十七岁,孝灵天皇一百十五岁,孝元天皇一百十七岁,昭孝天皇一百十八岁,孝昭天皇一百三十七岁,开化天皇一百十五岁,崇神天皇一百二十岁,垂仁天皇一百四十岁,景行天皇一百有六岁,成务天皇一百有七岁,神功天皇百岁,应神天皇、仁德天皇俱百有十岁,雄略天皇百有四岁,降年之永,中土所希,所云"人同上古人",盖言虽大而非夸矣。

卷五·英夷

□英夷初至中国,未尝不驯谨,自道光二十年以后,始逐渐骄肆,名为恭顺,实全无恭顺之心,尝与云台师谈及往事,师深为扼腕,曰:"尚记得嘉庆二十二年,我为两广总督时,首以严驭夷商、洋商为务,盖洋商受英夷之利益,英夷即仗洋商之庇护,因此愈加傲黠不驯,我每遇事裁抑之。时英船在黄浦与民人争水,用鸟枪击死民人,我严饬洋商,必得凶犯方登船,而此犯即拔刀自刎死。又咈阑西国夷人打死民妇,我立获凶犯,照例绞决抵罪。道光初,英夷有护货之兵船,在伶仃山用枪击死小民二人,我饬洋商向英国大班勒取凶手,大班诡言只能管贸易事务,兵船有兵头,职分较大,我令不能行于彼。我旋饬传谕兵头,兵头复诡称夷人亦有被民伤重欲死者多人,欲以相抵,我察其诡诈,传谕大班,如不献出凶手,即封舱停止贸易。大班又称实不能献出凶手,无可如何,情愿停贸易。时兵船已诡避在外洋,将匝月,我持之益坚,大班乃率各夷人全下黄浦大船,禀称无可如何,只好全帮回国,不做买卖。我发印谕,言尔愿回即回,天朝并不重尔等货税。于是英国大货船二十余号,收拾篷桅,作为出口之势,仍上禀云:大人既许回国,何以炮台上又设兵炮?我又加印谕,言虎门炮台本是终年常设,并非此时待尔等出口欲加轰击,且天朝示人以大公,岂有许尔等回国复行追击之事。于是各船不得已而出口,复又旋转在外洋校椅湾,停泊多时,而其兵船遂真远遁矣。未几,大班又禀兵船不知何时远遁,我等实愧无能,大人如准入口贸易,固是恩典,否则亦只好回国等语,而洋商亦代为禀求,并令大班寄禀回国,告知国王,下次货船来粤,定将凶犯缚来,方准入口,否则不准。大班亦同此禀求,我始应允。直至三年春,始照旧开舱通货。此事冬末春初,凡夷商人等皆惶惶,言关税必由此大缺,且恐别滋事端,城中各官亦有为缓颊者,我一人力持,以谓国体为重,货税为轻,索凶理长,断不可受其欺胁。并饬其以后兵船不许复来,非是护货,适以害货等印谕。及四、五年货船来粤,禀称前此犯事兵船不敢回国,委不知向何处逃散,无从寻获,而四、五、六年间此种兵船亦实不复至,我对众曰:此所谓'可欺以其方'也。自我去粤后,兵船复来,门人卢厚山亦仿我之意行之,时有褒嘉之旨云:'玩则惩之,服则舍之,尚合机宜,不失国体也。'闻此后惟林少穆督部亦守此法,而情事顿殊,为之慨然而已!"

卷五·鸦片

近日英夷就抚而雅片之禁渐弛,漏卮之弊愈不可稽,于是留心国计者佥议,请令各直省普种罂粟花,使中原之鸦片益蕃,则外洋自无可居奇之货,且罂粟浆之成鸦片,其毒究不如乌土、白皮之甚,则吸烟者之害

亦不甚深,可以逐渐挽救,其用心可谓苦矣,其设想亦可谓周矣,然究非政体之所宜,即陈奏亦恐难邀俞允。愚谓为今之计,则不如仍用前许青士太常所奏,甚可行也。按道光十六年四月太常寺少卿许乃济一摺,奉旨交广东大吏会同妥议,不知彼时如何覆奏,未见施行。今节录其原摺如左,以备采择。云:为鸦片例禁愈严,流弊愈大,应请变通办理事。窃照鸦片烟本属药材,其性能提神止泄辟瘴,见于李时珍《本草纲目》。本名阿芙蓉,惟吸食必应其时,谓之上引,则废时失业,莫此为甚。甚者气弱中干,而灰齿黑,有明知其害而不能自已者,诚不可不严加厉禁,以杜恶习也。查鸦片烟之品有三,一曰乌土,一曰白皮,一曰红皮,皆英吉利属国所出,乾隆以前海关则例列入药材项下,每百斤税银三两。其后遂入例禁,嘉庆初年食鸦片者,罪以枷杖,今递加至徒流绞候各重典,而食者愈多,几遍天下。乾隆以前鸦片入关,税后,交付洋行兑换茶叶等项;今以功令森严,不敢公然易货,皆用银私售,嘉庆年间每岁约来数百箱,近竟多至二万余箱,乌土为上,每箱约洋银八百元,白皮次之,约洋银六百元,红皮又次之,约洋银四百元,岁售银一千数百万元。以库平纹银七钱计算,岁耗数银总在一千万两以上,由是洋银有出无入矣。夫以中国易尽之藏,填海外无穷之壑,日增月益,贻害将不可言。或欲绝夷人之互市,为拔本塞源之计,在中朝原不惜捐此百余万两之税银,然西洋诸国通市者千有余年,贩鸦片者惟英吉利耳,乃因英吉利而概绝诸国之互市,则濒海数十万众恃通商为生计者,将何以处之?且夷船在大洋外随地可以择岛成廛,内洋商船皆得转致,又从何而绝之?比岁夷船周历闽、浙、江南、山东、天津、奉天各海口,其意即在销售鸦片,虽经各地方官随时驱逐,然闻私售之数亦已不少,是但绝粤海之互市,而不能止私货之不来。且法令者,胥役棍徒之所藉以为利,法愈峻,则胥役之贿赂愈丰,棍徒之计谋愈巧。道光元年两广督臣阮元,曾严办澳门屯户叶恒澍夷商一案,继任督臣卢坤,亦曾拿获梁昌荣一案,起出烟泥一万四千余个,格杀生擒者共数十人,并将窑口匪徒姚九、区宽等籍产入官,查办非不认真,而此害终不能戢。盖匪徒之畏法,不如其骛利,揆其鬼蜮技俩,法令亦有时而穷。更有内外匪徒冒充官差,以搜查鸦片为名,乘机抢夺,良民受累不堪。此等流弊皆起自严禁以后。究之食鸦片者,率皆浮惰无志不足轻重之辈,亦有逾耆艾而食此者,不尽促人寿命,海内生齿日繁,断无减耗户口之虞,而岁竭中国之脂膏,则不可不早为之计。闭关不可,徒法不行,计惟仍用旧例,准夷商将鸦片照药材纳税,入关后,只准以货易货,不得用银购买,夷人纳税之费,轻于行贿,谅彼亦必乐从。洋银应照纹银一体禁其出洋,有犯被获者,鸦片销毁,银两充公。至文武员弁、士子兵丁,或效职趋公,或储材待用,岂可听其沾染恶习,至蹈废时失业之愆!惟用法过严,转恐互相容隐,如有官员、士子、兵丁私食者,应请立即斥革,免其罪名,宽之正所以严之也。该管上司及统辖各官有知而故纵者,仍分别查议。其民间贩卖吸食者,一概勿论。或疑弛禁于政体有关,不知觞酒、衽席,皆可戕生,附子、乌头,岂无毒性,从未闻有禁之者,且弛禁仅属愚贱无事之流,若官员、士子、兵丁,仍不在此数,似无伤于政体。而以货易货,每年可省中原千万余金之偷漏,孰得孰失,其事了然。倘复瞻顾迟回,徒循虚事,诚恐鸦片终难禁绝,必待日久民穷财匮而始转计,则已悔不可追。谨以上闻,伏乞密饬粤省督抚及海关监督,确查以上各情节,如果属实,速议变通办理章程,以杜漏卮而裕国计。臣不胜惶悚待命之至。

卷五·水雷

粤东近传咪利坚国夷官创造水雷之法,遣善泅水者潜至敌人船底,借水激火,迅发如雷,虽极坚厚之船,罔不破碎。粤省洋商潘姓者如法制造,凡九阅月而成,曾经将水雷器具二十副赍京,恭呈御览,于道光二十三年八月奉旨交直隶总督、天津总兵会同演试,旋据覆奏:于九月在天津大沽海口会同演试,用径八寸长丈六杉木四层扎成木筏,安于海面,坠定锚缆,将吃药一百二十斤水雷送至筏底,系定引绳,拔塞后待时四分许,轰然一声,激起半空,将木筏击散,碎木随烟飞起,其海面水势亦围圆激动,洵为火攻利器云云。并纂成《火雷图说》进呈刊布。窃谓此器甚好,非夷人之巧心莫能创造,非洋商之厚力,亦莫能仿成,惟是大海茫茫,波涛汹涌,此器如何能恰到敌船之底,又恰能使敌船浑然罔觉,坐待轰击,则皆非瞽儒浅识之所敢知矣。

浪迹续谈[①]

卷二·夏湖舟行诗

自处州至夏湖登舟【俗又称为下河】,中经青田入永嘉,皆顺水,而沿途多滩,舟行荦确中,颇似吾闽建溪,但不如建溪之艰险耳。距温州郡城百里而盈,即须候潮,盖本系顺水,为潮所冲,反其逆流,故又必俟退潮,始克随潮前进。此江自青田县承处州府大溪,东经七十二滩,流入永嘉境内,始安流少石,因称安溪,又绝似吾闽自　关至竹崎关一路,故余有诗纪之云:"笋将换得木兰艭,荦确声中走怒泷。七十二滩都历遍,安溪真似竹崎江。""诗思迟于下水船,瞥来双塔涌中川。推窗细认江心寺,已隔前尘四十年。"

道咸宦海见闻录[②]

壬寅四十三岁【道光二十二年 1842 年】

正月十六日,谒前制军颜鲁舆先生伯焘于守备署中。先是制军轻视逆夷,谓和抚皆非善。乃将各城巨炮,运至厦门,排列海口,而炮身极重,非数十人不能拉挽,制军惜费,不造炮车。同人进言,以炮台在墙外,非用炮车拉回,则兵丁不敢出墙装药。制军言骄气傲,以为一炮即可灭贼,何须再装药也?及逆船至,兵士见其帆影已将炮放完。英逆炮在船两旁,每边计四十门,衔尾二船齐进,至我炮墙边,开炮四十声,拽船而去;后船如之,前船复回,又连四十炮,不转瞬间,而治海炮墙齐塌,军士大溃,制军亦奔,衣物并失,仅以身免。奏入,奉旨革职。而怡悦亭中丞良代其位矣。怡本粤抚,来闽会办军务,始在省住考院中,今因颜罪斥,遂至泉州统颜军。余谒见数次,临行时谓谓曰:"公到任宜饬坚守,勿令挑衅;脱有贪功名心,则夷必撤浙省之兵船来一我抗,是我为浙受祸也。漳镇声名平常,须属其好自检束。传闻漳州镇扣饷肥己诸事,营中啧有烦言,公往察之。"

……漳州城南二十里外即为海口,有天生石限,形如桥梁,水小则沙阻,水大则上浅,来往舟楫,至此必须盘坝,逆夷兵船断不能到,可以无虑。其每日防守者,土匪也。郡南四十里为海澄县,三面滨海,夷船寄碇厦门,与海澄一水相望,每潮落后,逆夷必来量水深浅。城内居民早经逃散,惟屯扎防兵而已。余与英总戎、赵守分班夜巡,或在城上,或在关厢以外,查察奸宄,恐有汉奸从中勾结。然言语不通,道路不熟,稽察亦大难事。文武员弁制造大小炮数十尊,安放城上。余看城外居民铺户,聚居鳞次,即有警而炮亦难施,排列多尊,饰观而已。又造炸弹、铁蒺藜等物,尤属无用。铁蒺藜所以限马足,逆夷使船不使马。闽省一线石道,若埋蒺藜,则必先去石,断无如此办法。炸弹不过一二里,亦不能及其船只;且炸弹有炸不炸,或掷出而终不炸,或甫燃而即炸,分寸时刻最难定准。至歕筒火器,燃放不远,亦非利器。文武各员多事张皇,以为报销地耳。成事不说,姑且听之。

漳郡城外有军功厂,每月派遣督造战船一只,以为驾驶巡缉之用。其实水师将船领去,或赁与商贾贩货运米,或赁与过台往来差使;偶然出洋,亦不过寄碇海滨而已,从无缉获洋盗多起之事。水师与洋盗,是一是二,其父为洋盗,其子为水师,是所恒有。水师兵丁,误差革退,即去而为洋盗;营中招募水师兵丁,洋盗即来入伍,诚以沙线海潮,非熟悉情形者不能充补。林少穆到处整顿,余尝举此营制询问办法,先生曰:"虽诸葛武侯来,亦只是束手无策。"水师提督窦建德,即洋盗投诚者,近已老悖,是以厦门之败,彼亦狂奔

① 〔清〕梁章钜撰,陈铁民点校。
② 〔清〕张集馨撰,杜春和、张秀清点校。

至同安县矣。军功厂则为道中大累,厂中有水师武弁一员在彼监造,道中派文员数佐杂在厂相陪造,又派道差县役多人弹压匠役,薪水月费,由道发给。每修造一船,道中少则赔洋银千数百元,多则赔三四千元;赴司领款,刁难需索,非给以司费,则应领之款亦领不出。幸龙岩卡口,内有木商来往,遇木簰到卡,每百根抽十根,每根给官价五钱,虽大木亦然,此虽非例所当然,道中非此则更形支绌。官斯缺者,莫不以军功厂为苦海也。闽省三厂:一在漳,一在泉,一在省,俱归道负责经管。省厂则近水楼台,院司朝夕相见,武营不敢挑剔,司费可以量减;泉厂则与水师提戎同城,平日时相周旋,年节小为酬应,武弁亦不敢欺凌;惟漳厂相距较远,每有船只造成,驾出海口,咨请水师收功领用,乃延搁竟至一年半载,海风飘荡,烈日熏蒸,及至牒清,至查来收功时,油色不能鲜明,不肯领用,复重新修饰,更添赔累。余在不久,恰值英逆盘踞海口,战船不能入厂,未曾修造。而文武员弁薪水,道县各差役食,皆须发给,又未能赴司领款,计已赔垫不资。卡木因未修,亦未抽买。

海澄屯兵,一日飞报,以英逆高筑烟墩,为滩民拆毁,叠放巨炮;有数巨船,量暮于潮退时在距城不远处量水深浅,意殊叵测。又谍报该逆有调厦门兵船来攻海澄之说,城中兵勇不无震恐。余约英总戎晓谕郡城士民曰:"此虚声恫喝,万勿轻信。我郡有天生石限为界,逆船何能飞越?且守兵甚多,足以抵御。若先自惶惑,土盗必乘机窃发,为害甚巨。"至海澄则滨海孤悬,必须计守。一面分札带兵各文武员弁,饬守城兵勇将心放定,逆船距城若远,则偃旗息鼓,不闻人声,但将枪炮持满,不准燃放,俟逆船炮子落城上,我军再一齐呐喊,枪炮兼施,轮流装药,贼船若中数炮,必然惊走,此万全上策也。诸公若心定神完,不涉慌张,破贼必矣。先是城上所设各炮皆以沙袋垫稳,防其后坐;而炮身笨重,一炮放后,非数十人拉挽不能撤回装药。余令作炮车,车上再加厚板一层,用磨脐安于板底,前后仍用小沙袋垫稳,杪〔眇〕准装药,一尊巨炮不过数人,似觉灵便;且各炮至重者不过三千余斤,非比万余斤大炮压在车上便难拉运。至后坐则病在火门,火门以后无药,必无后坐之病。又嘱将士:"贼如专攻海澄,用力死拒,与城存亡。我再与镇分兵勇,由北路前来助战。盖海澄三面临海,北路则走漳城大道也;贼若分兵袭石码镇,城中虚作救援状,却不准妄出一兵,恐其因舟掩袭,防兵措手不及。石码虽巨镇,人稠货集,究不过一镇市耳,非城市可比,吾断不肯重镇市而轻在池。其石码迎敌,则余亲任之。然余非孟浪,轻于一掷,已先于要隘处令强兵埋伏,专以刀矛枪炮四军器相拒,而以羸军数百人尝敌;羸兵交绥必溃,溃必反奔,贼见官军败奔,必然穷追,即可入吾伏矣。彼时吾再以策应之兵勇继之,总可决一死战。诸公见贼,切勿惊惧,贼入陆地,无能为也。"谋定而贼竟未来。

谍知逆船不识海澄沙线,雇渔人为握舵,渔人曰:"近城虽水深,而中伏暗里礁,触之则船必糜碎。"贼胁之以刃,渔人曰:"去则去耳!设若遇礁损船,莫怨余也。"遂驶行,竟触暗礁,船震贼惊,又以刃挟,咎其有心,令舍东而西,复触暗礁。渔人抛舵,力言礁大,且城中人民货物,迁徙一空,得亦何益?贼乃放渔人归,而息攻城之念。余闻而嘉之曰:"此义民!"令营县觅得是人,赏以银牌,且优加赉予。余闻海中暗礁极恶极险,夷人窥伺台湾,曾为礁伤二船,沉搁浅滩之上;又为沿海洋盗肆劫,并拆毁其船。时台镇达洪阿、道姚莹,以沉夷船,生擒多名入奏。副将叶长春来,为余言如此。夫兵凶战危,吾又未娴军旅,只以事势逼迫,不得不竭力运筹,其是否克敌致果,则未敢必耳!吾计定,密禀怡悦亭制军,得回信嘉许,并告余贼前队甚坚,须谨备之,万毋忽视。

初八日,夷舟驶入长江,环攻京口,城破,死者枕藉。先是夷船在上海,总督牛鉴见敌辄奔,甫至镇江,而夷船踵至,牛复奔避金陵,夷亦尾追。长江一带,炮声不绝,烽火烛天,合邑震动。居民扶老携幼,哭声载道。土匪私枭乘间劫杀,官不能制。街市轰传夷人不日入城洗荡,一日数惊。

履园丛话[①]

丛话一·旧闻·康熙六巡江浙

圣祖仁皇帝南巡始于康熙二十三年甲子,十月二十六日,御舟抵浒墅关,先于二十四日过扬州,将由仪征幸江宁府。忽遇顺风,可以速达京口,遂乘沙船顺流而下,次早上金山,晚而登舟扬帆过丹阳、常州、无锡,俱未及泊,一昼夜行三百六十余里。时汤文正公斌正为巡抚,务俭约,戒纷华。御舟已入邑境,县令犹坐堂皇决事也。上骑马进阊门,士庶夹道,至阗塞不得前。上辄缓辔,命勿跪,访求民间疾苦,蔼然若家人父子。至接驾桥南,行幸瑞光寺。巡抚前导,由盘门登城,穷檐蔀屋,极目无际,上为眷念者久之。遂从齐门而下,幸拙政园,晚达葑门,驻跸织造府。

第二次南巡是二十八年己巳,二月初三日,御舟抵浒墅关,苏州在籍诸臣汪琬、韩菼、归允肃、缪彤等接驾。日晡时,上入城,衢巷始结灯彩。次日,幸虎邱,登万岁楼。时楼前有玉蝶梅一株盛开,芳香袭人。上注目良久,以手抚之。出至二山门,有苏州士民刘廷栋、松江士民张三才等伏地进疏,请减苏、松浮粮。上命侍卫收进,谕九卿科道会议。至十九日,车驾自浙江回苏,合郡士庶进万民宴,上颔之,命近侍取米一撮,曰:"愿百姓有饭吃。"士民复请,上又取福橘一枚掷下,曰:"愿尔等有福也。"

第三次南巡是三十八年己卯,奉慈圣太后以行。三月十四日驾抵苏州,在籍绅士耆老接驾,俱有黄绸幡,幡上标明都贯姓名、恭迎圣驾字样。自姑苏驿前,虎丘山麓,凡属驻跸之所,皆建锦亭,联以画廊,架以灯彩,结以绮罗,备极壮丽,视甲子、己巳逾十倍矣。十八日,恭逢万寿圣诞,凡百士庶献康衢谣若干帙,颂圣诗若干帙,万寿诗若干帙,分天地人和四册,以祝万年之觞。又于诸山及在城名刹广列祝圣道场,百姓欢呼涂路。十九日,召苏州在籍官员翁叔元、缪曰藻、顾汧、王原、祁慕琛、徐树谷、徐升入见,赐赏各有差。又赐彭孙通、尤侗、盛苻升御书扁额。二十日辰刻,御驾出葑门,登舟幸浙江。时两江总督为遂宁张鹏翮,江苏巡抚为商丘宋荦也。上问云:"闻吴人每日必五餐,得毋以口腹累人乎?"臣鹏翮奏云:"此习俗使然。"上笑云:"此事恐尔等亦未能劝化也。"四月朔日,驾由浙江回苏。

初二日传旨,明日欲往洞庭东山。初三日早出胥口,行十余里,渔人献馔鱼银鱼两筐,乃命渔人撒网,又亲自下网获大鲤二尾。上色喜,命赏渔人元宝。时巡抚已先到山上,少顷,有独木船二拨桨前行,御舟到岸,而随从者未至。巡抚备大竹山轿一顶伺候,上升舆,笑曰:"到也轻巧。"有山中耆老百姓等三百余人执香跪接,又有比丘尼艳妆跪而奏乐,上云:"可惜太后没有来。"其时翠峰寺僧超揆步行先驱,引路者倪巡检、陈千总也。在山士民老少妇女观者云集,上分付众百姓:"你们不要踹坏了田中麦子。"是时菜花已经结实成角,上命取一枝细看,问巡抚何用,奏云打油。上曰:"凡事必亲见也。"是日有水东民人告菱湖坍田赔粮,收纸付巡抚。上问扈驾守备牛斗云:"太湖广狭若干?"奏云八百里。上云:"何以《具区志》止称五百里?"奏云:"积年风浪,冲坍堤岸,故今有八百里。"上云:"去了许多地方,何不奏闻开除粮税乎?"奏云:"非但水东一处,即如乌程之湖缕,长兴之白茅嘴,宜兴之东塘,武进之新村,无锡之沙漖口,长洲之贡湖,吴江之七里港,处处有之。"上云:"朕不到江南,民间疾苦利弊焉得而知耶?"初四日,即由苏起銮北发。

第四次南巡是四十二年癸未,二月十一日,驾抵苏州。时巡抚宋荦尚在任,一切行宫彩亭俱照旧例。荦扈从时,见上勤于笔墨,每逢名胜,必有御制诗,或写唐人诗句。荦从容奏云:"臣家有别业在西陂,乞御笔两字,不令宋臣范成大石湖独有千古。"上笑曰:"此二字颇不易书。"荦再奏云:"臣曾求善书者书此二字,多不能工。倘蒙出自天恩,乃为不朽盛事。"上即书二字颁赐。顷之,又命侍卫取入,重书赐之,上勤于笔墨如此。

第五次南巡是四十四年乙酉,三月十八日,驾抵苏州。是日为万寿圣诞,奉上谕:"江南上下两江举监生员人等,有书法精熟,愿赴内廷供奉抄写者,著报名齐集江宁、苏州两处,俟朕回銮日亲加考试。"四月十

① 〔清〕钱泳撰,张伟点校。

四日，命掌院学士揆叙赴府学考，进呈册页，取中汪泰来等五十一人，同前考过郭元釪等十人俱赴行宫引见，各蒙赐御书石刻《孝经》一部。是年，驾又幸昆山县，登马鞍山，旋往松江阅提标兵水操。

第六次南巡是四十六年丁亥，二月二十六日，上幸虎丘山。三十日，幸邓尉山圣恩寺，僧际志恭迎圣驾。午后传旨宫门伺候，御赐人参二斤，哈蜜瓜、松子、榛子、频婆果、葡萄等十二盘。上云："吾见和尚年老也。"六次南巡中，天恩温谕，莫可殚述，江南父老至今犹能言之。初，无锡惠山寄畅园有樟树一株，其大数抱，枝叶皆香，千年物也。圣祖每幸园，尝抚玩不置。回銮后，犹忆及之，问无恙否。查慎行诗云："合抱凌云势不孤，名材得并豫章无。平安上报天颜喜，此树江南只一株。"迨圣祖宾天，此树遂枯，亦可异也。

丛话一·旧闻·御舟即事诗

吴南村廷桢，博学多才，书法少师赵、董，馆于巡抚慕公天颜署中。南村故吴人，因冒陕西籍中式北闱，行查斥革。康熙三十八年三月，恭逢圣祖南巡，廷桢献诗。四月朔日，上自浙江回銮，伏谒平望河干。上召见，命作御舟即事，韵限三江一绝。吴援笔立就，云："金波溶漾照旌幢，共庆回銮自越邦。"正在构思，闻自鸣钟响，宋中丞荦奏曰："将到吴江矣。"吴遂得续句云："御幄裁诗行漏报，计程应已到吴江。"上得诗，甚喜，称赏。次日引见，命廷桢写擘窠大字讫，问廷桢曰："苏州民既庶矣，看来是庶而未富。"对曰："并非不富，只因皇上视民如伤之心太切了，觉得如此。"天颜甚豫，遂命礼部注册复还举人。其明年会试中进士，入翰林，官至宫谕。

丛话四·水学·协济

东南水利为国家至切至急至重之务，工繁费巨，而必资帑藏以行之，非下民之所能办。然为民者，亦当思所以协济国家之要务，而后可以告厥成功。如帑藏之外，或动支衙门之闲款，或量罚有罪之豪右，或激劝仗义之巨室，或举贤才，或起废员，或收投效，计工筹费，相为表里。盖费足则工举，工举而水利兴焉。小民难于虑始，可与乐成。如官帑先行，则协济自至。若徒以空文催督，彼亦以空文谩应，虽有兴修之虚名，终鲜兴修之实效。故设处钱粮为第一著。库无盈余，似以浚筑为缓事。然水利为民生之本，乡闾之休戚赖焉，国赋之盈缩系焉，协济之功，尤不容已。

大凡运河官渎、通江大湖，以及闸坝陂堰、蓄泄利民者，其施工自在有司。凡府州县城内外濠河浜港可通舟楫者，其施工则在本城富家铺户。凡府州县地方与官河稍远处，有通河支港及蓄水围圩可资农田者，其施工则在近处居民。凡江南、江北有通海道藉以运盐者，其施工又在盐商矣。此协济之一法也。

国家承平将二百年，生齿日繁，太仓无三年之蓄，所藉七省漕运。是以设官分职，从事淮、黄。惟河身日高，河岸日加，设有冲决，运船阻塞，此最危之事。往者封疆大吏，尝议及海运一事，卒不果行，何也？朝廷不忍使民以蹈海，有司不敢保漕以无事。即运官、运丁、水手人等，生平未尝出海，亦何能挺而走险以济事耶？此断断不能行也。今查上海、乍浦各口，有善走关东、山东海船五千余只，每船可载二三千石不等。其船户俱土著之人，身家殷实，有数十万之富者。每年载豆往来，若履平地。常时放空北去，而必以泥土砖石以压之，及装豆回南，亦无货不带。一年之中，有往回四五次者。是海船去空而回重，较运船去重而回空，正相反也。盍请有司上奏，先以减一存造之粮，乘其放空北去之时，试行有效，递年增加，送往天津交卸。以江浙、江西、湖广全漕受载牵算，每船运以千石，处之豫如也。其法只求地方官先选殷实船户，花名注册，取其连环保结，方许出运。如果踊跃从事，运载功多，则赏之以币帛，加之以衔名，船户无不乐从者。况近年海道清平，百无一失，因风乘便，不劳人力，而所费无多。既省朝廷治河治漕之帑，又省州县陋规帮费之烦。自此太仓日积，国课日盈，亦协济之一法也。

丛话五·景贤·乡贤二

孝子杨士选字有贞，吴县人。父公瑞，业贾，走中州营什一之利，屡竭其赀，郁而成疾，欲归不得。父之

客徐生者来苏言其状。士选时年十三，闻之瞿然惊起，向母曰："父病危，隔二千里，茕茕无倚，有子不得侍，何以立天地间，儿今日行矣。"遽束装出门。舟经黄河，顾视东南，云气昏黑。未几，风雨大作，邻舟覆者无算，舟人相顾失色。士选窃祷曰："某数固应死，但愿一见父，死无恨矣。"有顷风止，舟竟无恙，抵怀庆，人呼为孝子舟。先是，其父病逆旅久，家问不通，自度无生理，梦神人语之曰："尔子当来。"比士选至，父惊喜，病少愈，遂奉父归。方公瑞业贾时，家已中落，至是益窘。逾二载，娶妇唐氏。值岁荒，米价腾贵，士选与其妻忍饿，惟餍糠秕，间屑豆食之，而于父母曲尽甘旨。父病思食枇杷，时移居下堡村，僻不可得。下堡近洞庭东山，因渡太湖觅之。中流遇风，波浪冲激，同舟数人皆溺，独士选以渔船救免。渔人前夕梦神呼曰："明日杨孝子有厄，吾从中保护，烦尔一手之力，必有重赏。"及救至船，诘之，则杨姓也，而身无一钱，不解所谓厚赏也。是夜月明，泊舟湖滨，得白金一定，始信神言之不爽。杨妻唐氏，庠生姜震女，亦有孝行。姑病疽，医言不治，氏含泣吮之，出毒血数碗而愈。而己亦病疽者三载，不令姑知，后遇村妪授之药，疽以痊。

丛话五·景贤·书周孝子事

前在京时，戴君以路程目相赠，凡江途夷险、城市疏密，及停帆易艇、旅行水宿之事，无不详备。遂依目中所载，附估客船以行。适公安水发不能前进，枉道由洞庭湖折而西上。舟中侧席而坐，临食而叹，时时以泪洗面，或竟夜不眠，咄咄自语。同舟者怪而问之，不以实告也。至宜昌，空囊如洗，饮食俱缺，检随身物凡值一钱半镪者，悉付质库，得钱一千余文，易舟就道。是夕芳容梦其父形貌如昔，诫曰："明日上滩，汝宜留意。"明日过青滩，水势狂悍，石角参错波涛间，触舟，舟漏，几沉没江中。既出险，各贺重生。乃于九月初一日抵归州城下。自宜昌浮江上溯，滩滩梯接，势若建瓴。归州城濒江设险，鸡鸣犬吠，恍在霄汉。明初崇墉屹立，后为张献忠所夷，乃栅要害守之。近复毁于寇乱，重事版筑，官府方招集流亡，疏节阔目，与民生聚，由是闾阎阛阓，较旧制更严且整。

芳容临行，钟君持刘公官封书一通，俾归投华亭县，互相咨照。遂白衣冠负骨登舟，居人出郭争视，途为之塞，时嘉庆十八年九月二十日事也。及解缆，风顺水急，不数日即达汉口，作书托旗牌谢张将军，乃由汉口易舟而东。舟人于柁楼祀金龙神甚虔，芳容亦早晚焚香稽首，祷求默助。

是役也，芳容在京师时几冻饿死，正阳关几病死，商、雒万山中几中蛇虎盗贼死，宜昌滩险几破舟死，盖及于死者数矣。非耿君不能出京，非戴君书，即往归州，与不往等，非史君济以资斧不能至汉口，非钟君遣老役指迷，力任其事，无由觅冢得棺，非刘州牧与张将军倡赙赠舟，不能浮江归里。

丛话六·耆旧·山舟侍讲

钱塘梁山舟先生名同书，字叔颖。乾隆壬申恩科进士，官翰林侍讲。引疾归，以重宴鹿鸣，加四品衔。家居六十年，博学多文，而尤工于书。日得数十纸，求者接踵。至于日本、琉球、朝鲜诸国，皆欲得其片缣以为快。余少时游幕杭州，尝修士相见礼谒先生于竹竿巷里第，必纵谈古今书法源流以启迪后生，有董思翁老年风度。年九十余尚为人书碑文墓志，终日无倦容。盖先生以书法见道者也。

丛话十四·祥异·汉口镇火

汉口镇为湖北冲要之地，商贾毕集，帆樯满江，南方一大都会也。毕秋帆尚书镇楚时，尝失火烧粮船一百余号，客商船三四千只，火两日不息。嘉庆十五年四月十日，镇上又失火，延烧三日三夜，约计商民店户八万余家，不能扑灭，凡老幼妇女躲避大屋如会馆寺庙，亦皆荡然无余，死者枕藉。

丛话二十三·杂记上·徒阳运河

今丹徒、丹阳百里之间,为江潮淤垫,舟楫难行,每到漕船回空之后,辄两头打坝,雇夫开浚,每年所费不赀。而一经水浅,不特不通漕运,而商船亦以阻塞,至于物价腾贵,行路咨嗟,而莫可如何也。盍请当事抽分开浚之费,为造船百余只,计口授食,以备不虞。水浅则藉以拨粮,粮过则取以载土过江,弃于瓜步之下,不久成田,招民耕种。而徒、阳两县之闸,以时启闭,不使长开,行之五年,必有大效。

竹叶亭杂记①

卷三

夷船只许进澳门,易小舟进黄埠,此外不得至也。戊寅,有一夷船至,守口者问之,答以遭风,将整篷索而后去。越数日,篷索不整,亦不去。守者禀于制府,禁米菜小艇不得出口。夷船不得食,具状以诉,不由其大班转禀。阮制府令责其大班,以该船既不应到所不当到之地,乃又不诉所应当诉之人,何该国漫无统属至此。大班乃实诉,其船系为提取军饷六十万而来,非数日所能卒办,俟饷齐即去。乃不禁米艇,越半月果去。盖红毛时为雁雕战败而提饷也。红毛善水战,雁雕善弓矢,引以登陆,以强弩毒矢射之,大丧其师。红毛近渐强,横遭此损折,是亦天挫其锋也。

卷五

琉球国遣官生入监读书,自康熙二十二年部议准行,五年限。每逢册封之年,请于使臣回京代奏。其来也四人,率以四年而归,归其国则授四品官。嘉庆十年,其子弟来,吴兰雪时以博士教之,颇聪颖。十四年己巳,还国过山东,蒋别驾第护送之。其子弟有赠蒋诗者,有诗草,即今传海国"笔花何止属江郎"之句,工秀可诵。兰雪衣钵传之海外矣。后兰雪为候补中书,尝作诗云:"凤凰未识池边树,桃李先栽海外花。"亦韵事也。

琉球人作书,大率皆学《十七帖》,惟子弟遣入学者,始学作楷。其书札与中华无异,但以"阁下"字易称曰"门屏"耳。官制;宰相曰"法司",王族子弟之俊秀者曰"若秀"。其国以得兰雪诗为珍宝。尝得诗,藉子弟寄礼物谢之,刀、扇、雪酒、花布、蕉布、铜壶、护寿、□□八种。护寿者,纸也。□□者,烟也。得吴姬墨兰,亦酬以八种,刀以团扇易之。

榆巢杂识②

上卷·设立边门

山海关外迤东一带,共设七边门,边门外系各蒙古部落。七边之东南,直接凤皇城,为六边,乃奉天,宁古塔分界,向令总理大臣轮流查阅。又熊岳所属旅顺海口,设有水师营官兵,为奉天南面保障。

上卷·巡漕御史

雍正间,粮船过淮,派御史二员前往淮南巡察,至抵通时,亦派御史二员前往巡察。乾隆二年,准给事中仓德等请,将巡漕四员一员驻扎淮安,巡察江南江口起,至山东交境止;一员驻扎济宁,巡察山东台庄起,

① 〔清〕姚元之撰,李解民点校。
② 〔清〕赵慎畛撰,徐怀宝点校。

至北直交境止；一员驻扎天津，巡察至山东交境止，一员驻扎通州，巡察至天津止。自乾隆三年始，按驻扎处所请旨简放。

上卷·贩运米谷

天津商船前往奉天贩运米谷，先呈报该县，将前往人数及或赴锦州、宁远，或赴海城、盖平、复州等处填注，照票登记出海口日期，到时该处即对票查明，令其运回，以便接济民食。此乾隆二年直督李卫议。

上卷·漕粮改折色

乾隆二年，大挑运河，谕将淮安属之山阳、盐城、阜宁，扬州属之宝应、高邮、甘泉、江都等县本年应纳漕粮，照雍正八年、十一年每石纳银一两之例改征折色。又谕，将淮关客贩米、麦、杂粮概免纳税，工竣复旧。

上卷·漕船规制

向议：漕船载米不得过四百石，入水不得过六捺，遂相沿，河水以三尺五寸为度。雍正二年定议：江西、湖广粮船远涉长江，造船以十丈为一，载米一千石有余，入水八捺。乾隆二年，定闸水以四尺为度。饬沿河官弁实力奉行。

上卷·分水口

东省汶上县南旺地区较南北独为高，元向称水脊，汶水至此，南北分流，以济漕运，故又名分水口，为东省全河枢机。旧有禹王府、分水龙王庙、前明工部尚书宋礼祠。

上卷·洞庭石台

乾隆初，洞庭湖舵杆洲动帑建筑石台，以为行舟避风停泊之所。并于北面筑护堤，以缓水势，节省帑银三万余两。经总督史贻直疏请，交商生息，以资岁修，责令岳州同知经管，并添设舵杆洲等处救生船只。四年，总督班第以石台孤悬湖中，四面风吹浪激，并无涯岸依恃，加帮添筑，徒费工程，疏请拨此岁修银修理濒湖城楼及城根堤岸之用。六年，尚书署总督那苏图、总督阿尔赛同称：石台粉饰壮观，徒为虚设，尽可停止岁修事宜，将此银别充公用。十年，总督阿弥达疏称：现在石台，设有岳营龙协水师塘汛，岁修竟停，石台必圮。请即于节省银内酌拨五千两，作一分生息，为石台岁修之资。得旨允行。

上卷·粮船免税

乾隆三年，畿辅歉收，米价昂贵，谕督抚及司榷官，将临清、天津二关米豆船免其纳税。至通州、张湾等登陆处所，旧有米豆杂粮落地税银，亦著免征。俾远近商贾，贩运日多，闾阎可无乏食之虞。

上卷·滇川运河

滇省开凿通川河道，自东川府小江口入金沙江，溯流至新开滩，直通四川泸州，千数百里；皆藉人力化险为平，工费约数十万金。自乾隆八年十一月兴工，至十年四月造成。由滇督公庆复上请始。

上卷·漕粮岁额

糟粮岁额四百万石。顺治六年题定，除旧例永折外，不准改折。惟高淳、溧水二县，淹没田亩，粮多虚额，于顺治十六年题准永折，以苏民困，他处不得援以为例。

上卷·漕粮蠲免

乾隆三十一年、四十三年、五十九年，普免各省应征漕粮。前两次章程，皆分作七年轮免。五十九年，部臣议将粮数较少省分归并一年，其粮数多者仍自为一年。自六十年起，统计五年之内，即普免一周。至漕粮款内，有例征折色，及民户输银，官为办免之项，一体概予蠲免。

上卷·漕粮征收

各省漕粮，向系军、民交兑。军强民弱，每多勒索。自顺治九年以后，定为官收官兑。酌定赠贴银米，随漕征收，官为支给。民间交完粮米，即截给印串归农，军民两不相见，一切浮费概行革除。然每遇开征时，劣衿、蠹役包揽代完，飞派、浮收之弊又起矣。

上卷·漕粮赠贴

漕粮赠贴，各省名目不同。江南谓之"漕赠"，浙江谓之"漕截"，山东、河南谓之"润耗"，江西、湖广谓之"贴运"。康熙九年题准：漕粮赠耗银米并刊入易知由单，存给纳户，随漕征给军丁。

上卷·运粮军丁

民之隶卫籍者，曰"军丁"，又曰"运丁"，专为转运漕粮而设。前明于各卫选都指挥一员，统领官军运粮。后改令把总领运，共有漕运十三把总。其运丁即于各屯伍中拣择，统谓之"官军"，凡十六万余名。挽运漕粮，南自瓜、仪二江口入运河，出河口，由黄河入会通河，出临清，北接卫河至直沽，溯潞河达于京通仓。明邱文庄有云：前代所运之夫，皆是民丁，今则以军丁；前代所运之粟，皆是转递，今则是长运。唐、宋之船，江不入汴，汴不入河，河不入渭；今江湖之船，各远自岭北、湖南直达燕京。唐、宋之漕卒，犹有番休，今则岁岁不易。盖自三代以来，纳秸纳穗，迄于汉、晋、唐、宋，转、漕输粟，虽有运米丁、挽漕夫、漕吏、门丁、牙官、纲户、漕户、漕卒、民户诸名，或应募，或受直，考之，皆民也。至明，乃有军丁之目，于屯伍中抽选，别为一途，不劳民运。我朝因之，惟革卫指挥、千、百户等职，改设卫守备、千总、随帮等官，专司屯运之事，丁则名仍其旧。前明之初，招集民人充实行伍，以为征兵，指挥领之，得地即令坐镇。厥后镇守日久，官丁皆与本地子民婚配，安居食业。又因本地别设营伍，足资捍御，原派镇守之兵虚设无用，裁其粮饷。但年久难驱回籍，给荒田责令开垦，以资生计。故凡属卫军，皆有屯田，是以谓之"屯军"，又谓之"军丁"。军代民劳，著令挽漕，即今之旗丁也。裁饷开屯之始，有仍令操演者，防守汛地方者，谓之"操军"；屯丁年久，将屯田售与民人，子孙赤贫无屯，谓之"赤丁"。先是，领兵之指挥并千、百户等官，子孙承袭管理屯饷；至坐签长运以后，以世辖军丁运粮。国初用为押空随帮，雍正年间停止不用。嗣后行令各省，追夺委牌、执照。所遗世职子孙，谓之"舍丁"，派令各省督抚衙门轮班役使之丁，谓之"班军"，派令把守城门，谓之"门军"；帮帖运丁每船十二丁，谓之"驾军"。继又裁门、驾二军。统曰"什军"，各卫皆有，而长淮卫则名"纲军"。又有无屯无运者，谓之"闲丁"；派令驾驶黄快船者，即今之"黄快丁"也。以上各丁，名目虽殊，其为运丁则一。每逢佥运之年，一体勾签。康熙二十五年，每船概定十丁。雍正四年，酌改江南、安庆前后两帮每船十七丁，江淮、兴武十八帮每船十二丁，其余各省帮船，每船仍系十丁。十三年，计出运军丁四万三百四十名。至乾隆十六年，实计现运军丁五万六千五百九十八名。

上卷·卫河

卫河，即南运河也，亦曰永济渠；亦曰御河。源出河南卫辉府辉县之苏门山百门泉。东北会淇、漳诸水，过临漳，分流为二：其一北出，经大名，至武邑以入滹沱；其一东流，经大名东北，出临清，合会通河至直沽，会白河入海。自山东德州界入直隶景州，经吴桥、东光、南皮、沧州、青县、静海，至天津府北三岔口入海，计长八百余里；自德州桑园至临清板闸，计长三百五十里，皆曰卫河。其间建闸、开渠，为漕、农之交赖

者有三:一曰小舟河,乃卫河迤西之分支;一曰百泉,乃卫河发源之正派;一曰洹河,乃卫河迤北之分支。三处分泄,均入卫河。其流似众,然在春水未长,仅涓涓泉流,设遇亢燥,则泉流更细。漕运、民田,均需调剂,故有"三日纹水济漕,一日闭口灌田"之例。

上卷·汶文

汶上县分水之处,在元时为会源闸,即今济宁之天井闸也。元人遏汶水北出阳谷以通卫水,南出济宁以通泗水。然按地势,南自沽头以达河、淮,殊为便利。而北由安居至南旺,南旺地高于天井,安能激水逆流而使之分乎?故当时虽多设闸坝,常患漏竭。至明永乐时,总督河道宋礼用老人白英之计,筑戴村坝以遏汶,导之出鹅河口,入南旺湖,然后分流南北,从分水口为水脊,因势均导,南得四分,北得六分,增修水闸,以时启闭,漕运遂通。今南北流惟吾所用,如浅于南,则闭南旺北闸;浅于北,则闭南旺南闸。湖、泉并注,南北合流,虽有旱川,靡不有济。每岁东南漕艘,无或滞留,此皆白英遏汶水之功也。

上卷·台湾多地震

台湾多地震,往往月辄数动。泛海者遇地动,无风而舟自荡摇,舟中人辄知之。京房言地震云:"于水则波",信然。

上卷·辛酉大雨

辛酉六月,京城水灾,为从来所未见。自朔至十日,倾盆大雨不间昼夜。城内外墙屋坍塌,伤人甚众。至十五后复大雨连日,民居房舍无不透漏者。闻宫殿皆漏,以毡裹之。昆明湖水闸撤去二板矣。上自园入内,各部司堂皆无立足地。特旨命大臣十数员分路查灾。无舟可汛,坐箕篓渡去。畿辅被灾者九十余州县。

下卷·册封琉球王

《隋书》琉球王姓欢斯,明永乐中尚巴志并三山以后,皆为尚氏。都会名首里城。世子袭封,遣陪臣赍表,由礼臣奏请内阁、翰林院、都察院衙门各选中书、讲、读、修撰、编、检、科、道中之仪度修伟、文采华赡者数员带领引见。钦简正、副二人,赐一品麒麟服,捧诏敕往行册封礼。顺治年间遣使一次,康熙年间遣使三次,乾隆年间遣使二次,今上已遣使二次矣。

下卷·周海山使琉球

周海山先生以编修充册封琉球副使,于六月放洋。至姑米,遇飓风,舟不可泊。琉球接封大夫请易小舟,登岸暂避。周以诏敕在舟,岂容暂离?若奉以行,众将何恃?不如勿动,以安人心。或议以绳系腰缒入小舟者,周斥其非礼,力止之。逾十日,风愈暴,龙骨折,碇索皆断。问筊于神,专泊此地吉。入夜风暴转甚,大雷雨。倏见神火飞向桅末,焚招风旗。海面一灯浮来,若烟雾笼罩。须臾船身直趋向岸,一礁石透入船腹,不动亦不沉。风定,彼国连发海船迎载,乃易舟开驾至琉球。归后,写"登舟图",题者如林。又著有《琉球志略》。

下卷·琉球八景

琉球国三山八景,曰:"泉崎夜月"、"闽海潮声"、"龙洞松涛"、"久米竹篱"、"城岳灵泉"、"中岛蕉园"、"长虹秋霁"、"笋崖夕照"。

柳弧[①]

卷一·天下之中

吴燕贻观察言:曩年有四西洋人,各出一火轮船,以穷海东西南北。对准晷线,同时开轮而去。未几,东去者已忽回原地,如行地下然。西去者亦如之。南去者至极黑之地,不能前进,遂返棹。惟北去者竟至冰河,轮船冻坏,不能开行,遂死于北。后其妇见夫不还,亦开轮船往寻之,将至冰河,见船板破碎,知为北去船也,痛哭而返。按,河南为天下之中,此以中华论也。以四海而论,则昆仑为天下之中。然中州测日影者毕曰最中,则日月无私照,如不在中,断不能因中华而中也。东西环转,故有印度足心相对之说。南北各有底止,故有南极北极之称。大约上方匀称,而河南遂为天下之中也。

卷一·燕窝

古人食品,最重者有鹿脯、豹胎、驼峰、猩唇、象白之类,所谓八珍也。燕窝出浡泥国,不知起于何时流入中国。相传燕食银鱼则吐丝为窝,有吐一大窝者,至秋日则共载以渡海,如乘槎然。每一枚圆数尺,价值五六十金。又缅甸国之燕吐丝有血,所谓血燕也。又云海上有绝壁,燕叶丝于壁,下皆奔流激湍,船不能去,取者用长铲铲之,多性命忧。人言燕丝尚真,广东近有做燕窝行,用牛筋漂洗蒸晒数十百次,然后和燕窝少许;有不和燕窝,用参附稍煮者,略不避人。近世饮宴,以燕窝为贵,有此则客必起谢。其实味同嚼蜡,尽属赝鼎。甚至有燕丝、燕珠,则变本加厉,盗铃更不掩耳矣。

卷一·缅甸入贡人

予十二岁时,游行街市,见人丛集,内一黄布文身者,首有布围之如螺形,形极奇丑,坐酒肆前,盖缅甸国人入贡至滇池者也。彼于稠人广众之中瞥见予,熟视良久,口中啁咕不可辨。旁有译者曰:"请手一观。"予即伸左手,彼细看移时,忽嘻笑仰面,忽点头数语,复伸巨臂称讚。译者以美语告之,复让予同坐,意甚亲洽恭谨。噫!荒陬异类,尚识贤如此!

卷一·万国诗

俗称万国,今就其知者,则有亚墨利加,西班牙臣可命,始驾舟寻新地至此。……洛哀伦诗曰:"路入哀伦指画楼,楼头白屋小于舟。玻璃四面春帆过,万盏银缸夜不收。"……铁耳聂离依休句诗曰:"黑风拥住火轮船,铁耳山头浪接天。行至南溟莫南望,冰疆万里绝人烟。"……北冰海诗曰:"冰为大地雪为天,万盏渔灯拥妇眠。昨日春雷北溟坼,云帆齐挂捕鱼船。"铜人巨像诗曰:"水土出金火照天,铜人千丈一螺旋。鱼油不惜三千两,留照沧溟万里船。"此海内七奇之一也。地中海诗曰:"双栖亚尔海波凉,稳渡欧罗万里航。若得地中阿力满,也应胜似马金囊。"海风浪极大,俟亚尔爵虐为巢,无风始可渡;阿力满,草名,。皮可疗饥;马金囊,果名。小人国诗曰:"长夜银缸跨鹿游,烛龙无计照荒陬。莫嗔鹳鸟欺人甚,自有鱼皮惯负舟。"国在北海滨,人长二尺许,冬不昼,行中以灯,跨鹿行,鹳鸟能啄之,常负鱼皮自蔽,入水即以为舟。……荷兰诗曰:"水上珠楼浸月华,丝烟奶饼是生涯。台湾血事君知否?甲板东来已化沙。"甲板,船名。比利时诗曰:"火轮车上罨云烟,铁汁镕成路八千。莫怪米干港口绝,荷兰龙战已经年。"米干,河史,为荷兰所塞。孟加拉诗曰:"水幔压腰鼻戴环,五纹刺额印成斑。泪珠同化山头火,请把生苗跳月删。"俗重节义,夫死有自焚以殉者。又诗曰:"铁钩绳系半仙身,祆庙今年赛事新。辘轳高县篮半撤,家家拾果拜天神。"……赤尼西亚诗曰:"百尺艨艟万里波,撒丁冤血草成窠。美人发尽弓弦绝,一炬西风失土罗。"……

① 〔清〕丁柔克撰,宋平生、颜国维等整理。

越南诗曰："林南柳叶剧风流，浑浩来时著贯头。莫怪长衫工扪虱，珠厓弃后已千秋。"柳叶，女王；浑浩，人名。又诗曰："千里石塘万里沙，舟行落漈鬼为家。七洲洋里休惶恐，箭鸟来时路不差。"日本诗曰："沈水梳头玳瑁簪，春风曳地〔地〕尽罗襟。东洋对马雄三岛，作赋居然拟上林。"

卷一・秦淮诗

张介辅大令，性和厚，工诗词。秦淮诗曰："江淮咽石石欲语，舟人笑指秦淮路。秦淮水榭锁寒云，万点鸦啼乌桕树。当年旧梦短长桥，鬓影眉湾送六朝。临水妆楼朝对镜，添灯游舫夜吹箫。鹦鹉报道王孙返。美人一笑珠帘卷。玳瑁筵前姊妹花，茜纱窗下红牙板。槊弧一夕走鸩媒，丁字帘前剩劫灰。春梦已随豺虎去，秋声无复燕莺来。美人名士俱黄土，赚有清溪照千古。潮水空流剩粉香，柳条犹解临风舞。桃叶桃根暮雨斜，琴樽寂寞五云车。输他一片东山月，曾照秦淮百种花。"

卷一・鄂省防靡费

铁锁横江，终归烈焰，精卫填海，何损苍波。当中法战事孔亟时，鄂省距外洋甚远，固不待言，即入吴淞后，京口、镇江、南京、采石、大小孤山、东西梁山、安徽芜湖、江西九江，处处设防，节节守险，法虽强悍，岂能飞渡？又岂能势如破竹？若真能到汉口，天下事尚可问乎？且法人一至汉口，不但深入重地，欲退綦难；若进川，则有巴江之险阻；若入陕，则有汉水之胶濡，秦蜀必不虑，汉口亦不必虑也。鄂省自闻预备江防，先则购鹅卵石用银四千余两，并造沉石方大柜数十支。继则买绳索数千万条，效上古结绳而治，为一网打尽之计。后又买大木，用银四万余两。忽一旦闻和，则石也、绳也、木也，皆归无用矣。

卷二・诸神姓名

玉皇讳刺渴。文昌帝君即陷河神张恶子。金龙大王姓谢，讳绪，行四，南宋人，隐金龙山，死难。天妃娘娘乃五代时闽都巡检林愿之第六女。灌口二郎神，秦时李冰父子。张仙名远霄，眉山人，五代时游青城山得道。刘猛将军是南宋刘锜。屈原为海伯，统八海。颜渊为明晨侍郎，又封三辰司直。子夏为修文郎。麻姑乃秦始皇时知县麻秋之女。石曼卿为芙蓉城主。伍员为涛神。洞庭君乃丁奉。杨大洪名涟，为天下都城隍。于忠肃公为云南省城隍。苏东坡为奎伯。纪信为南通州城隍。韩文公为天下都土地。韩擒虎、范文正为阎罗王。解缙为交趾国圣人。

卷二・汉水

襄河即汉水，自嶓冢山发源，至汉口入江，所谓"嶓冢导漾，东流为汉"是也。汉水之岸两旁皆沙泥，往往迁徙不常，东崩西出，北转南旋。自均州以上，则滩凶湍疾，怪石森立，如瞿塘滟滪，有过之无不及也。舟行稍不慎，必有碰击沉溺。又有跑沙、奔坎。跑沙者，沙共水驰也。奔坎，岸如山倒也。一有不测，碰其跑沙，或船如笔立，或船被沙埋。遇其奔坎，或船为齑粉，或船满泥污。夏秋水大，不可行也。予奉大吏委，查通省厘局数年，跑沙、奔坎、凶滩、怪石无不遇之，幸临危遇救，绝处逢生。自今思之，肌发洒淅。

卷二・襄河錨神

襄河有铁锚成神，亦如洞庭之木将军、錨大王是也。錨神府，在沙阳水中。一日，予遇跑沙，合舟皆溺，予已下水。下水后，身即不由自主，仰卧波涛，合舟大号。忽见水中出一铁手，众大呼曰："錨将军来矣。"果皆救起，未伤一人。始知襄河錨神亦如黄河之大王、沧海之天妃也。

卷二・冰雪行

《夏小正》："孟冬之月，水始冰。季冬之月，水泽腹坚。"水之冰常事也，然未见千里江河，滔滔流水，而

一冰千里也。光绪丁丑夏,予在鄂大病几死。愈后,恭养泉观察甚体恤,欲予是岁即可在省请假静养,不复出。予虽感之,然一则予恐旷职,遂于冬日复至襄郧一带稽核厘局。而是年艰险饥寒为尤甚,数堕蚕丛,几人鱼腹。先是予至均州时,欲去郧阳,因惧上水滩凶,有劝予陆行两日者,予以为然。起行后,此日即遇大雪。晚于万山中,迷不得路,羊肠鸟道,难转肩舆。无已,下舆冒雪行。忽天暮,逆风怒号,雪花似掌,无火燃烛,即有火亦不能燃。而万丈悬崖,路若一线,蜿蜒如龙,更无栖止。遂以一人掖予行,而砠石嵯岈,黑夜摸索,颠踬不已,如误落山涧,必成齑粉。如是行二十余里,汗浃背,雪满头,足冷如冰,腹枵似火。二更后至一荒村,村人皆拒之不许宿。再四求之,不可,乞一浆而不能。残山断港,如许风雪,人皆睡,十叩柴扉九皆键户。予惶骇,命呼地保。亡何,地保至,云有一宿店。予喜。少顷,地保返命云:"店仅一间,已宿过路囚人,满矣。"锒铛污秽,恐难楚囚对也。而马瘏仆痡,徒唤奈何。予又问:"此地有庙宇否,及小衙署否?"对曰:"有一把总某汛。"予遂径造其庐。而把总会哨远出,阍者拒之。予告以故,只求一席地聊避风雪,强而后可。予入室甫燃火,食残饭少许,一夜寒不能寐。此去时事也。来时买櫂至宜城之下,汉水忽冰,一望茫茫数百里,予舟及他舟皆冻于内,如盂中茶叶然。冰厚三上尺,椎击斧凿,惟稍碎白痕少许,若啮冰粮。夜半,满江大号,响如雷动。盖上流冰开数十里,沿江而下。幸予在船内,在外之船一扫而碎。冰则堆若山积,行如箭驰,重亿万斛,利如锋刃。共坏船大小十四只,死二人,漂没货物无算。次日,又能行数十里,复遇冰阻,不能前进。而各船焦号抢攘,盘费将我。时予舟米亦匮,我处借买。后船愈聚愈多,将近五百余号。予遂命人至丁芝浦处借炮船一艘。予亲至岸,鸣锣号众,每舟各出一人,同力凿冰。人皆喜跃,从者如市,然每日,人力仅能凿十数里。时当岁暮,无不惆怅。予舟皆上前为导。一日至丰乐,河又凿数里。予孤舟深入冰巷,忽四面雷震风号,天旋地转,冰广数十亩皆裂,如大地行来。予舟不及退,舟子仆从皆骇绝痛哭,倒地呼天。予说面色如土。而炮船迅速返棹来救,已被冰隔。斯时也,其危如千钧之引一发,瞥眼间,冰已至船。幸承天眷,傍船者皆系薄冰,然船已去板一块,长三尺余,宽五寸。舱中水涌如注,予急呼人以被塞之方缓,用人左右趋揉之,一更后始退出,而船前已冰山压顶矣。此来时事也。噫!

卷二·逃难

咸丰十年冬,予尚未需次鄂省,小住均州,时随贾中丞偶至襄阳,藉资游览,主单文恪公地山家。樊城有敦厚钱店,大腹贾李某者固约予饮。饮次,忽市中轰传贼至,盖捻逆已到。时樊成〔时〕尚无土城也。予投箸起,携仆欲过江。而襄阳各门皆闭,人尽登陴,炮响如雷,炮子从耳旁过。予在江中进退维谷。忽见一上水两帆大船至。心回均,急呼搭船,船驶行若弗闻者。予划逐而大呼之,大船无已,半落帆接予上。船中油伞尽满无隙地,乃坐于后。至三更风顺,抵老河口中。时人心惶惶,予身无一钱,大船亦不予索。命仆寻舟,时深夜兵乱,舟皆奇贵,且要现银。首家呼一小划至,以篙为桅,予遂过小划。时倦甚,夜半坐而假寐。忽又人声鼎沸,纷纷投水,岸上火光烛天,捻逆又至老河口矣。满江大小舟乱刺,拉杂碰击。予舟被挤欲碎,舟子大号,而抢攘之中人不闻也。亡何,舟破矣。予满身皆湿,几至溺水。予大骇,急跃上一大船。船上人欲以篙击予入水。予执其发辫云:"与偕亡。"闹至天明,予一谢上岸。与仆相失,小划亦不见,而男妇哭号逃窜,房屋余烬未熄,死者枕藉。予又进退无路,如丧家狗矣。苦腹饥渴甚,无一钱,亦无一物,万不得已,遂行九十余里,天暮至一山下,惟茅屋一间,叩扉求食。一老妪叹曰:"何处觅食。"赠冷茶一大碗,而饮而甘之。欲借其屋中暂坐,老妪疑为匪人,执不可。予遂枯坐门外茅棚下一夜。次日,又步行九十里而还。盖饿三日两夜,而行一百八十里矣。客曰:"劳其筋骨,饿其体肤"云。

卷二·甲午感事诗

中东之役,予感事诗曰:"岛国新鸣霹雳弓,肯嗤魏绛善和戎。空闻鼓角从天下,不见雷霆出掌中。舶□长风惊浪黑,瀛堧斜日大旗红。从戎亦是书生事,太息酌量酌量纪武功。""十丈旌麾拥节旄,便从沧海狎波涛。丹青霄汉传封事,星斗秋空落宝刀。铁舰夜悬狼燧急,电机朝递阵云高。阿奴下策浑无赖,鼙鼓

声中唱董逃。”“比户无端困转输，云屯艕艭护储胥。绣衣持斧名高下，玉帐谈经事有无。不信鲸鲵能手搏，漫劳牛马任人呼。云中金甲精魂在，千载人思屈大夫。”“飞鸟辕门静不哗，疏帘清簟隐高牙。杨么水战功谁夺，房琯车攻计已差。十郡陈陶哭新鬼，百年瓯脱问谁家。临流一唱公无渡，闲煞西风白藕花。”“慷慨专征秉钺行，当关人讶弃繻情。英雄已是论成败，壮士何堪半死生。传箭堠烽飞海水，吹笳山月下空营。尉缭书传分明在，何事虚谈纸上兵。”后吴礼园爱极此诗，倩予将此诗送伊。

卷三·扬子江船户

昔有孤客携重赀至苏贸易，行至扬子江，船户欲谋害之，商于伙。伙与船户同里，伙不可，船户威胁之。伙曰：“不与谋亦不敢洩。”要之誓，伙曰：“若洩当吐血死。”船户遂杀客沉之，人无知者。船户归，广置田产，如素封者。又贸易，利市三倍，家日起。其伙亦归，惟种田度日，终不洩。但每闻船户家一有喜庆事，即开门出，仰天呼曰：“无天理！”妻子固问之，不答。未几，船户子入泮，登贤书，捷南宫，入词林。伙呼曰：“无天理”更急。未几，得某省知县实缺，迎其父母合宅赴任。行之夕，家遭祝融，荡然一空。尚以为有任可赴，仓卒就道。行到杨子江谋客处，忽黑风卷起，阖船皆没。方其被焚时，伙开门呼：“有天理”，及闻全家溺死即于某个，伙大呼：“有天理！”村人疑之，询伙，曰：“无之。”此后伙家亦渐丰，子耕读皆成立。伙年九十余，病且殆，方呼子请村邻细告之，众皆咋舌。言毕，吐血痰一口而卒。

卷三·广济令

贾大令宰湖北广济时，将封印，偶至武穴厘局。忽一妇人貌姣好，手抱一婴，极口呼冤，若不胜怨者。江边破船一，妇人自船上来者也。傅〔覃〕问之，言语啁唧，莫辨一字。傅〔覃〕因呼厘局数十司事共听之。一司事曰：“此系安徽某县乡音，余虽徽人，亦莫辨也。”秦〔覃〕又传各当商伙听之，幸内中有一知者，代告曰：“妇言，夫被船户三人谋杀，沉尸于江。”问夫姓名及船户姓名及所杀之地，皆对曰不知。问何处买舟，亦不记忆。秦〔覃〕遂带至署中。刑名某知案难辨，曰：“长江数千里，知杀于何处？非我县境内事，何问为？”令曰：“不然，官者为民父母。此等大案，何能坐视而分畛域！”卒问之。日夜踌思，无从下手，徘徊良久，忽大悟，命传船行十数人来，至河下看妇之船为何名。船行看毕，曰：“此船乃湖北、湖南、江西三交界某荡中所制之船。”令立命仆人六名，每人赏银十两，命记此案。署中皆以官之多事也，窃笑之。又亲笔印信六件，六人各执其一，以备请兵差之用。六人去讫，一仆遂至三交界处，伪为商人贩货者，歇饭店中，与栈主商，欲买舟至汉口。栈主云：“年迫矣，此地无船。”仆曰：“如无船，可否代觅二三人，仍添拉我原船？”栈主允之。次日来，曰：“有三人，长江被风破船者，愿去，然非重价不往也。”仆皆应诺。次日三人来，视之，与妇人所言面貌衣履无少异。仆曰：“我尚欲取信，明日开行。”仆遂夤夜至某县，伐鼓递信。县派差役二十获之，归广济。妇人一见，即欲吞噬。复于破船中起上竹箱一口，内皆字纸。检得死者姓名、功名，乃曾文正公营中所保参将花翎某某也。令一面通禀本省，一面禀曾相，缴其行知。曾相大为奖誉。三人论罪如律。又因此妇已寡，此仆尚鳏，为两合之。武穴人勒碑记其事。

卷三·王璧人谈怪

云南云龙州知州王璧人，名佩玮，楚人也。……咸丰初年，泊舟武昌城外之鲶鱼套，时江清若练，月白如银。四鼓时，忽闻水上嘈啾声，急起视之。见水上旌旗招展，队伍整严，率皆鱼头人身者，尽趋下流，顺水而行，不下数万。末后皆马队，马大半黑色，马上人执枪，枪上有灯，照耀数里。璧人急呼同舟人共视之，所见皆同。末后一王者，著黄袍，乘白马，髯垂过腹，按辔徐行，亦顺江下，约天明始过尽。此殆《柳毅传》所谓洞庭君耶，抑《博物志》所谓扬子江之白马将军，抑伍子胥之涛神耶？所赴何地，所耀何兵，则不得知矣。

卷三·拦江案

拦江案者，鄂处所谋财害命于江者也。一日，予鞫一案，其幼子供曰：“谋客屡矣，惟某日白昼谋客为

奇。白昼谋客已奇矣,而妙在一大镇市炮船之旁,则更奇。”予骇询之,答曰:“此日,余父兄三人共缢一客,客自床头颠仆复起,如此者再,船中震响。适旁过一炮船,幸我母在后舱拿舵,大呼曰:‘教你们不吃酒,你们偏要吃,今醉而殴打,成何样子,’于是众人皆不疑,而客死矣。”

卷三·厘局司事

龚鲁川言:昔在湖南某厘局时,一司事谨愿无能,主人以其憨也,派司门。一日,过数大木簰,约值数万金。众商上厘毕,泊簰于局前。明月皎洁,某司事忽腹痛甚,苦厕远,遂登木簰而遗矢焉。偶忘携纸,因四顾无人,且赋性甚憨,遂以手掬水而濯,恐其污手,且濯且嗅。木簰商自窗窥见,呵为谁。某厉声答曰:“局中查河者。”盖恐其讪笑,差恼成怒以掩盖也。木商大惊,延至舱中,约众木商至,耳语良久,哀恳不已,复陈朱提六百两。某莫名其妙,惟摇首曰:“此何等事,岂鳃鳃所能毕哉。”众商又往复商酌,凑于千金。某方作不得已状允之。暗运入局,收入箱箧。次日遂告假他去,终身不知其故。后有知之者云:木商夹带私磺,皆以油石灰泥罐坠木簰底。某之嗅者屎也,木商惧以为嗅磺,恐数万金大簰立即充公,且又大罚犯禁,故不恤千金云。

卷三·张芑邦恶报

张芑邦者,历官至提镇、曾署皖南镇者也。一日至南京,未到时,泊一孤僻处。旁仅有一官眷船,其孺人已嫠,船有官柩,有女公子二,貌美甚,有迷阳城、惑下蔡之态。张见之,始而骇,为而思,终则淫心起矣。命其数勇为说客,欲纳为篷室。孺人不可,张再四强之,愈不可,并嗤之。张怒,率其勇至船,欲掠其女。孺人大号,张怒杀之。一女大骂,亦杀之。一女及众人纷纷投江死,或逃去。张遂携其财物归,共分之。并凿沉其船,人无知者。二日后,于南京城外,忽风雨大作,雷电皆至,轰击其船,张及众勇皆击死。内惟一水手未得财,死而复甦,言之凿凿。旁的邻船,以巨铁链系张船者,链皆中断,如刀截然。复有一火药船,亦遭焚如焉。此事予当年闻之,不知其名。著此书时,欲叙之,因无其名,搁笔者再。忽来一远客,予留之饮,偶无意中言及之。冥冥中若或使之欤?噫,奇矣!

卷三·陆世明下第诗

长洲陆世明,南宫下第归,过临清,钞关错认为商,令其纳税。陆即书一绝呈之曰:“献策金门苦未收,归心逐水日东流。扁舟载得愁千斛,闻道君王不税愁。”关吏笑遣之。

卷三·岳阳楼诗

予于壬午夏日奉檄榷新堤牙厘局,闻涂制军到省,予出境接之于州府。时制军尚未到,予遂登岳阳楼远眺,所谓“昔闻洞庭水,今上岳阳楼”是也。予偶得诗五首,诗曰:“仙醉楼空去不还,二妃留塚葬君山。无情惟有湖中月,曾照千年亦等闲。”“范公文字村公诗,百感茫茫信有之。千百年来名胜迹,扁舟浏览未嫌迟。”“当年北固看金焦,又向巴陵一望遥。来去风帆天际白,江湖名利太无聊。”“幕天席地谢繁华,万顷琼田作浪花。星鬓渐增游渐老,夕阳秋水看神鸦。”“崇德蜕螂柳毅书,奇逢千载说当初。我今飘泊毫无遇,岂有神仙尽子虚。”

卷三·余镜湖

余镜湖,名鉴,安徽人,寄居江北。时值乡试,余至瓜洲,见江中覆一舟,溺多人。余大呼曰:“有能援一人上者,吾酬以百金。”众水鬼闻言,踊跃从事,立救起十余人。至余船索金。余曰:“我寒士也,乌得金?我书籍行李皆在此,听众分取。否则,仍请将援起者推掷水中,亦无不可。”众大哗,救起者皆泥首抟颡不已,复曰:“以救我等累余公,将奈何?”其中有富者,遂挽人缓颊曰:“场后致谢。”其余身有资者,亦各薄谢

之。余亦尽其所有数十金赠之。水鬼无已，渐散去。余入头场，在号中梦其父谓之余后屡试春官不第，亦无再去志矣。一日遇一卜者，力劝之，且倾助其赀。余心动复去，果捷南宫，得庶常，后捐道员。惟余最喜狭邪游，半生囊橐如温庭筠皆肖耗于花天酒地中，弗恤也。苏、杭、沪、汉以及江南北州县之勾栏曲院，无不知"余镜湖"三字者，未几以瘵卒。

卷三·清河命案

太守某江北人，家素封。忽欲进都，携一美妾，其二仆乃两佃户也。太守囊二千金而行，于表兄某处辞行。表兄亦素封，信宿而去。至清江，妾忽病，太守以路穹远，且携妾难行，又系熟店，遂留妆于店调治而独行。并云：出都后，拟仍由清江回家也，遂去。去贰日，忽一仆奔回至妾处，告以途中主忽遘疾且殆，欲妾去船中伺应，盖行运河也。一仆奔回表兄处云："主因无钱，命小人回至尊处，立俟借银一千两。"表兄疑之，忖曰："去未多日，何二千金皆挥霍尽也？"且无信函，姑应之。夜间，表兄忽见此太守披发至，曰："余已被二恶仆杀矣，今一去清江拐余妾，一来尊处骗君钱。"表兄泣问之，则一梦也。时正三鼓，辗转不寐。次早，表兄仆私告曰："昨晚余约某佃至烟馆，我见伊手金镯灿然，大疑，问之，伊如鬼迷，私告曰：'余二人已杀老爷矣，金镯即老爷物'"云云。表兄见与梦符，乃首于官。正办间，而清河县亦来提此仆矣。先是，太守行后，行运河，二仆利其赀，密谋于船户，船永不可。一仆复涎其妾，以刃要挟船，船户惧，亦姑应之。夜间遂杀其主，沉尸于江，瓜分其银，并与船户银五十两，船户不收，二人强委之而去。一则欲骗其妾，一则仍欲骗其表兄银也。船户俟二人去后，命其子捞其尸，日夜奔至清河县首之，故清河县来提也。讯供验尸毕，二人凌迟处死，并挖心设太守位祭之。

卷三·张太守遇险

张太守湘人，仕于滇。一日过陕西泉流县，携重资，偕一仆，搭一船。船先有三人，商贾也。过某处，复搭一武弁，相貌猛恶，知非善类。然已至船，无已，姑听之。二日后，行过某滩，水激浪险，天已暮，乃泊荒山下。夜四鼓，太守忽觉项下有冷物如针刺然，遽醒，以手格之，则刀也，手伤血流。太守大呼："有贼！"跃而起，则见此武弁以刀刺伊。太守时著一短衣，一布袴。衣披于身而未扣钮，刀来如雨，太守让，衣承刀，一衣鳞破，体居然未伤。三人亦醒，内一人以产火燃烛照之，武弁刀刺愈疾，三人坐地呆视，噤不语。太守仆已杀毙于舱，血痕狼藉，流如注。太守大号，船户皆起，武弁攫银一百两上岸遁。次日鸣于官，官来，验仆尸，缉凶。太守不能候，遂行。太守在轮船为予弟言之。予后复同饮于鄂，言之凿凿。

卷三·龚溥谈奇二则

龚溥言，昔年至某省探亲时，路过山西某县，亦因天暮无棲止，无已投一废庙。神像皆剥蚀，而东西偏侧似多年无人至者。庙有楼，楼有梯。龚因嗜洋烟，欲寻一避风处，遂展被于梯下。夜三鼓，忽鬼声四起，龚亦不惧。惟乍闻马蹄声下楼，龚毛竖肌栗，因念从无养马于楼之理，遂大诃之。马忽缩足而上，得得然，灰尘满枕褥。龚又吸洋烟，马又至，复下楼，此次则二马蹄声矣。龚又厉声诃之，马如知者，亦大怒，以蹄点其梯，泥淅淅然，烟具皆满。龚不敢卧，惟终夜吸烟，马来六七次，不胜其嬲。次日天明，龚上楼观之，空无一物。后问其近乡土人，皆咋舌曰："此庙马鬼，非马也，鬼也，猛恶已极，魇人皆不得活。君幸嗜洋烟，否则殆矣。"龚笑告人曰："洋烟能救性命，不可不嗜也有如此。"

又言，在广东某税局时，一日立河干，忽来一上水船，一女持篙撑之，盖两广多用妇人抬轿、刺舟也。而此妇面皙如玉，靥艳如花，修饰亦明洁，岸上人皆立观之。此妇见人有誇羡意，愈搔首弄姿，顾盼自喜，刺舟愈疾。适此处波迴水激，妇正刺时，篙忽滑，妇堕入水。观者大哗，赶即捞救。及救起，已死矣。

卷三·林文忠公

林文忠公竢邨大府任两广时，烧烟具结，要杀林维喜，擒一义律不得，谗者谓其作事过激。及至定海失

陷，中外震恐，公请戴罪赴浙，殫竭血诚，克复定海以赎愆尤，未蒙允准。又陈以敌攻敌，又陈固守藩篱，又请以粤饷三百万造船置炮，皆未行。后收书驰奏，伊等以牛酒贺其革职，而伯麦洋人尚持公论。乙巳冬月，伊江旅次被命回京，纪恩诗曰："飘泊天涯未死身，君恩曲贷荷戈人。放归已是余生幸，起废难酬再造仁。一唱刀环悲白发，重来辇毂恋红尘。枯根也遇阳回候，会见金门浩荡春。"

卷三·海外奇谈

孙稼生廉访年伯，昔日奉使了洋，遍游各国，归而述之。雕题、交趾，光怪陆离，诚大观也。坐火车数十万里遨游。云：曾至一国，其王及后见贵客至，必执客手而跃之不已，客亦只好陪跃，不胜其苦。又有一国，国多伎，如管仲征夜合资，以供国用。然凡伎之接人与否，次日皆以一机器支其阴而窥之，洞见脏腑，不敢隐也。有人笑曰："得此机器人中国看喉咙岂不大妙。"

卷四·打瓦

湖北人谓事大坏曰"打瓦"，莫知其故。一日，遇一老言此事，闻昔年有他省士人在鄂时，孤身呼小划渡江，正风浪大作，舟子见士人手戴金镯一支，至中流，忽停桡谓士人曰："求赏。"并求手上之镯，士大号。时风浪声大，江中无船，距岸均远，无应者。舟子笑曰："如不与，将与君同赴龙宫一游。"士人骇绝，相持良久，大雨将至，姑脱与之，欲俟泊岸再为理论。而舟子若逆知也者，缓其船而慢行焉。少顷，中流忽又来一小划，两舟相并，此舟欲士人过彼舟，士人不可。舟子故以桡侧其舟，士人遂溺。而舟子复提其发辫而出，衣履皆湿。士人大哭，两人大笑。士无已，遂过舟焉。甫登岸，而水涌风狂，一回首，两舟皆不见矣。士〈人〉鸣之官，官以其毫无据也，或推诿之，或置之士人乃痛哭拂衣而去。后三十余年，此士人即为两湖总督。到任后，遍点划船人名，无前二人面目，复不知其名姓，无从追究。而念昔日之事，痛恨不已，遂出令：每划船毋论大小，均置瓦一块，上贴总督紫印花一张，终日置划船上。如渡江而需索者，准渡江人击碎其瓦，瓦碎即杀其舟子，而微赏其击者。如匿瓦不置划上者、误碎者、失去者、甚至缺者，皆杀无赦。派文员武弁，河干稽查，三日小收，十日大验。盖此总督创深痛巨，几欲尽杀乃止。而一则杀之无名，一则不可胜诛，故为此举，以稍伸当年之愤懑也。

卷四·江船命案

金陵克复之后，有两发酋漏网，一老一少，薙头后，各有黄金贰百余两，誓为善士矣。两人谋欲至汉口，合伙为商贾，在沙市外江雇一船，同行船户沔阳人，一妻一子，子尚幼，食乳于怀。行至窑湾地方，少者见船户妻美，时时调戏而勾引之。船户妻私告其夫，夫怒甚而忍之。少以语老，老者怒曰："既改行为善，何得想人妻女？若再如此，是无路走矣。"少者佯诺之，而思之不释。一日，行至石首地方，因风大泊焉。地孤僻无人，少者忽持刀向老者曰："能助吾，则甚善，否则毋多管。汝呼，则先杀汝，洩亦先杀汝。"老者惧，不敢过问。少者遂先杀船户，复杀其伙，皆弃尸于江。来后舱寻妇人，妇人手抱儿大呼救命数声，共投于江。时月黑风凄，江深水涨，岸无居人。老者怨少者，少者曰："事已至此，且拭尽血迹，我二人得一船，亦可解嘲也。"于是，少者划桡，老者持舵，遂解缆放之中流。而二人不谙行舟事，未数里，碰一木簰，振振有声。木簰上人正为叶子戏，一人曰："我木簰不怕撞，恐耳船也。"言未毕，又连碰数次。木簰上人喝曰："尔是何船，夤夜开行何处？"一人曰："此人似非驾船者，全不在行。"少者心虚，入舱欲与老者商量偕逃之计。而船首无人，且风大水激，更碰不已。簰上人大怒，大声叱之。见无人答应，一人曰："先风大时，仿佛闻人呼救命声。"遂一閧上船，惟见一老者。众人问船户何在？老者不能答。遂揭其舱，见血迹未干。执问老者，老者以实告。而遍觅少者不得，一人在舵底水中觅得这。大呼曰："在此矣！"遂并执之而鸣于官，论抵如律焉。

卷四·沙市码头

予于咸丰十年全眷过楚时，于荆州沙市，日已晡矣，欲就一码头系舟。而此处之船皆称船不合帮，坚不准挤进。盖沙市船多，欲泊时必分船而进也。然日落风狂，江宽浪激，舟子不得已，遂仍解缆。家人皆愤愤，予亦觉不平，姑忍之，遂泊于下半里外。三更时，忽一码头舟中失警，延烧大小船二十余只，合江大号，死于水火者各半焉。问其地，则正予先欲泊舟地也。沙市船虽归帮，然间有一二只亦无不可，如当时坚不再移，彼亦无如之何。伊恐多一船则愈挤，而更少一隙地。火发时，予舟人皆合掌诵佛可知矣，冥冥中若或使之欤？噫，危矣！

卷四·对聊

云南大观楼有长聊，乃孙髯翁所作，聊曰："五百里滇池，奔来眼底，披襟岸帻，喜忙满空阔无边，看东骧神骏、西著灵仪、北走蜿蜒、南翔缟素，高人韵士，何妨选胜登临，乘海䲡螺舟，梳裹就风鬟雾鬓，更蘋天苇叶，点缀些翠羽丹霞。莫辜负四围香稻、万顷晴沙、九夏芙蓉、三春杨柳。"其下聊云："数千年往事，注到心头，把酒临风，叹滚滚英雄何在，想汉刁楼船、唐標铁柱、宋挥玉斧、元跨革囊，伟烈丰功，费尽移山气力，侭珠帘画栋，捲不及暮雨朝云，便断碣残碑，都付与苍烟落照。只赢得几杵疎钟、半江渔火、两行秋雁、一枕清霜。"

卷四·闷香

湖北江湖中多窃贼。予于丙子年出差至汉川县之巨马口，著名贼巢。天黑风大，无已，孤舟遂泊。时舟子、仆从有戒心，皆未睡。船有一犬，甚灵捷。三更时，果来一贼船，烧闷香而来。时予已睡矣，忽被魇。舟子大呼，仆人亦大呼，予惊醒，而贼船已拖二芦席而去矣。水流黑夜，万不能解维逐之，听其去而已。次日，予头痛欲裂；犬则夜中不吠，次日亦一日不食。按，闷香内有死人天灵盖及闹杨花等药，而地方有司全不过问，行旅畏出其途。贾中丞当年为秀才时至省，亦被贼用刀割其额，亦在此地，血流被面。后贾中歪在滇为府县，痛恨穿窬，盖有故也。

卷四·陈尧墓

明侍郎陈尧者，其墓与予家后门望衡对，树木参天，翁仲高大，隧道、墓门、神道碑、石马，无不巍然。闻其风水甚好，有船来去，必过其墓，而纤板如朝笏，谓之"万笏朝天地"，子孙亦盛。后其子孙开罪一官，官适任通州，遂舟挖其河使曲。嗣后舟过此则不能用纤，须上船刺篙，遂谓之"万箭钻心地"矣。予奉讳家居时，夏日每至后门，见对河绿阴数亩，气势沉雄，遂尝过河至其内徘徊久之。后数年，陈姓有族孙名陈二邋遢窃伐其树，族中鸣之官，官禁之，不敢伐矣。又数年，而邋遢愈穷，又窃树，族中又讼之官。官恶其烦，且曰："古来陵寝犹有废时，何况区区之一侍郎乎？"置不问。邋遢遂恣行无忌，伐树卖石无不为，族人亦群起共卖之，现已成荒塚，而旁皆锄为田矣。内一树已成神，众欲伐之，已卖成二百余千。伐之时，工匠具鈇钺以俟，族人共爇香拜之。忽树有小孔吸香入，而树焚矣。树甚高，灌之不及，伐之亦不及，遂听其焚。焚数日夜始息，观者甚众。至今惟翁仲岿然。

卷四·翁运标

余姚翁君，名运标，号蓼野。匀瀛，廪生也，以寻亲患失所在。舟人大索不得，报其家，并返其行箧。扃锁未动，失其钥。时君甫三岁。雍正元年，君举进士，悲不得父骨，誓往寻，祷于关帝，有"谁知意外得生还"句。乃遍走湖南万山中，刺臂血作疏，告于神。两岁无所遇，乃榜一船曰："余姚翁某寻父"，溯洄衡永间。又半载，一日泊新塘，遇士人郑海还者，言三十年前其弟海生失足溺水，格苇得不死。视苇间有已溺尸，身佩小钥囊，因瘗之白沙洲，存钥囊为识。乃遣急足证钥于家，以启箧，牝牡吻合，囊故君姊昔年少制以

奉父者也。始悟生还之谶,实应郑氏兄弟名。遂号泣启攒,扶榇归,仍于前瘗处留封树焉。时雍正丁未八月也。君后知桐柏、武陵、道州各州县事,多惠政,不可枚举。

卷五·昆明池

汉武帝欲伐昆明,穿昆明池。以杨仆为楼船将军,习水战。中有豫章台。刻石为鲸鱼,每至雷雨,常鸣吼,鬐尾皆动。旁有二石人,象牵牛织女,立河东西。养鱼以给诸侯祭祀。老杜《秋兴》诗曰:"织女机丝虚月夜,石鲸鳞甲勒秋风",即指此也。不然既云"昆明池水汉时功"矣、"武帝旌旗在眼中"矣,何又扯上织女、石鲸乎。

卷五·洋烟致命

乂河如皋乡镇有一船,自南京载客六七人,云皆至乂河者。既至,人皆上岸,无一人付船钱。船户索之,数人曰:"吾等非人,乃鬼也。我辈皆服洋烟而死,特至此地讨替身耳。"言讫皆不见。船户大惊,奔告镇上,人皆嗤其妄。次日,有一子,承祧三房,大家也。性好樗蒲,习以为常。一房孀母皆溺爱焉,听其所欲。赌忽稍负,以一金约指至川土店暂押洋烟二两。店疑其素非嗜烟者,伊曰:"送人耳。"晚遂吞之死。又,周三娘者,乡妇也。有侄为子娶一媳,子媸而媳妍,不相能也。一日舅姑责其子妇,子遂吞洋烟而死。媳见其为厉,如影随形,超荐不许。无何,媳亦服洋烟死。又缪姓,大户也。其妻无子女,爱一小婢甚笃。忽命婢送土与仆煮,婢偷土食少许亦死。然则替代之说,稗官野史往往载之,岂冥间必有一人顶替一人,方准一人投生耶?似此反复相寻,伊于胡底。使凶死之人竟无已时,且并有无辜而凶死者,是遵何说欤?

卷五·江湖风暴

江湖风暴之说,往往其应如响。如五月十三雨,俗言磨刀雨,则十有九验,即使不验,亦前一二日,后一二日亦必雨也。风暴亦然,皆在前后二三日之间。今特录之,亦行舟之一助。正月初九玉皇暴,廿九龙神暴。二月初七春期暴,十九观音暴,廿九龙神朝上帝暴。三月初三真武暴,初七阎王暴,十五雷将暴,廿三天妃暴,廿八诸神朝上帝暴。四月初一白龙暴,初八太子暴,廿二太保暴,廿五龙神太白暴。五月初五屈原暴暴,十三关帝暴,廿一龙母暴。六月十二彭祖暴,廿四雷公暴。七月十八神佛交会暴。八月十四伽蓝暴,廿七龙神大会暴。九月初九重阳暴,廿七冷风暴。十月初五风信暴,廿日东岳朝天暴。十一月十四水仙暴,廿九西岳朝天暴。十二月廿四扫风尘暴。凡月内遇箕毕翼轸四宿之日,亦主风。所谓暴者,如弹簧风且暴之类。又,渡江湖者,朱书禹字佩之,则免风涛保安吉。又,船神名冯耳,下船呼之亦佳。

卷五·川河之险

川河之险,自古已然。杜工部诗曰:"绝壁惊风雨,阴崖泣鬼神。"又云:"滟滪大如马,瞿塘不可下,滟滪大如牛,瞿塘不可游。"此为最险。其他如所谓兵书剑峡、鬼见愁、道士观、叉鱼子、大佛崖、牛肝马肺峡、清滩、叶滩、东洋庙矶、虎牙滩、加冠石、乌鱼寺、土地坎、猪圈门、空亡沱、黄爪滩、回水沱、伏滩、红石、两路口、腰河、火焰口,共三百六十余滩,不可胜数。予以咸丰十年由滇而来,过川河时,值水大涨,瞬息千里,至巫峡,直迫滟滪,船如奔马,势不可留,将触石壁,阖舟大号。榜人李天和神色仓黄,跪于船顶,崩角呼天,血流满面。予奉先嫡母李太夫人、家生母于太夫人,夫妻母子弟兄相抱大哭,哭声震天,浪激风狂,合而为一。看船头已触滟滪,间不容发,从者水手皆伏地大哭,已万万无生理。忽望见大起,地动山摇,一舟如环,旋转无已。人皆蹲居瞑目,魂魄飞越,不计死生。顷间少息,开目视之,已退回上水十余里矣。合舟骇绝,痛定思痛,复大哭。后至宜昌,予敬求关帝签,签诗曰:"登山涉水正天寒,兄弟姻亲那得安。不遇虎头人一换,全家谁保汝重归欢。"签亦灵矣。后数年,鄂省廉访刘甲三令弟分发滇南,询路程,予告以川河之险。刘廉访曰:"人能往,余弟亦能往也。"不意其弟行至巴东溺毙焉,而川河失事之人,亦古今来无从计数矣。

卷五·船名

船名,仅择予知者略记一二。予奉差在江湖五六年,在舟中无事,或著书,或绘事,或弹琴,或观山水,否则画眠,因记熟船名甚多,泚笔记之。如巴杆满江红、麻阳辰条子、钓钩子、鸽子头、湖船、艄子、划子、舦子、焦胡子、老鹳船、沙飞、麻雀尾、桡拐子、蓬子、　子、歪尾舦、襄阳艑子、黄陂艑、汉川艑、团风艑、铲子、鸦稍、斗口划子、神驳子、沙窝子、燕尾船、平头舦、三板、五板、茅蓬、胯子、江划子、湖划子、邵壮划子、黄艄子、摆江粮船、蒲鞋头、无锡快、大花蓬、小驳、私网子、凉蓬舦、脚登船、川艄子、两舱、三舱、三官舱、夹板舱、火轮船。一事不知,儒者之耻,予生平无一事一物不考校也。

卷六·胡雪岩妾

庚辰腊月,予由镇江搭轮船下江阴。至趸船,闻人言镇江某妓为胡雪岩所买,正价三千,旁费及万两之数,今在趸船某舱房者是也。予趋视之,见此妓素服淡妆,年约二十三四,脸长眉细,亦中人姿也,叹息而退。予之住舱适与此女邻,次早,忽闻异香扑鼻,沁人心脾间。问人,始知此女正值早妆傅粉,此香乃外洋香水,用以掺发可闻数里,每瓶值洋蚨三元,可用三日。噫,一梳洗也而暴殄若是,其他可知矣!又闻此女系胡姓第四十四房妾也。

卷五·卓沃

四川卓沃,饱学而贫。应省试,搭船乏钞,梢子辱之,令宿于舟尾。卓自悼曰:"搭船谁敢道心酸,梢尾中间一斗宽。缩头睡时如凤宿,曲身坐处似龙蟠。九天雨下浑身湿,三夜风生透体寒。最是有钱真个好,官舱里面乐盘桓。"将登岸,舟子故意刺船,卓跌入水,众皆大笑。卓又吟曰:"一到江边船便开,天公为我洗尘埃。时人莫笑衣裳湿,乍向龙门跳出来。"入试中亚魁,登进士,授职云南。过巫江拘舟子,舟子避去,即锁其母。十日不出,复锁其妻。次早投见。沃断曰:"禁母十日,拘妻一宵,劬劳之恩何疏,伉俪之情何厚?往辱儒生,今违孝道。用申严律,以警奸民,爰仗而戍之。"

在园杂志①

卷一·二三 遂宁先生治河

排淮泗而注之江。上古淮泗并未入江。明永乐间罢海运,命陈平江【伯瑄】开通运道,由江南、山东、直隶直达京师,淮泗之水以三分济运河入江,七分敌黄入海。

卷一·六三 辽东不称三韩

辽东人自署多称三韩,非也。《晋书》:韩有三种:一曰马韩,二曰辰韩,三曰弁韩。马韩为高丽,辰韩为扶余,弁韩为新罗,皆东方外国。汉传亦谓三韩各在山海间,地方合四千余里,东西以海为限,即古之辰国也。又唐太常张卿求仙得幸,少陵以诗讽之,首云:"方丈三韩外,昆仑万国西。"考蓬莱、方丈、瀛洲,海中三神山也,方丈在东海中央,四面相去正等,方丈【许】五千里。盖方丈、昆仑,秦皇、汉武求仙处也。诗意以为秦皇之求方丈,汉武之穷昆仑,皆阔绝不可致之事,岂如张卿奉使求符,往而遂获乎!可见"三韩外"云者,指极远边地为言,而辽东乃汉晋时内地,乌得以三韩称之。

---

① 〔清〕刘廷玑撰,张守谦点校。

卷二·一〇三 武人能诗

明定襄伯郭登,武定侯英诸孙也。有……《入缅取贼早发金沙江》:征帆如箭鼓声齐,舟渡金沙更向西,石栈夜添蛮雨滑,晓江晴压瘴云低,水边乌鬼迎人起,竹里青猿望客啼。又隔滇阳几千里。桐花榕叶晚凄凄。

余参将承恩《鹤池集》……《答草池约泛蓉溪》:春来花鸟总关情,夜雨愁听不到明,怪杀主人犹病酒,晴江鼓柁放舟行。

《放舟行》:芙蓉溪水三尺强,苍苍两岸花草香,若待长江新涨合,撑舟直上小茅堂。

《望忠州》:高江落日片帆秋,岸上鱼罾次第收,无数峰峦云雾里,舟师指点認忠州。

张右都督如兰《功狗集》

《吴门夜泊》:帆影初抽落日斜,江桥风涌太湖沙,行人莫上苏台望,无复吴王苑里花。

陈百户鹤《海樵集》……《泊京口望金山寺》:南徐一片石,千古柱中流,绕树开僧舍,缘空结梵楼,踈灯明水底,落月挂潮头,向晚禅钟起,风吹到客舟。

《题杨法部容闲阁》:阁傍江城外,窗开云水间,祗因尘境远,自觉主人间。日落见归鸟,月明看远山,移船候潮至,相送野僧还。

《宋张伯淳还关中》:怜君独棹渡黄河,西北山川入雍多,料得到家春未至,马蹄半在雪中过。

《邵武舟次》:樵川泛轻舟,青山起当面,薄雾频往还,奇峰互隐见。滩滩若峻坂,下下如飞箭。秋容西楚通,人语南方变。茂树杂村烟,澄溪胜江练。始知溯回艰,转喜随流便。对景持一杯,幔亭未足羡。

《客中立秋》:蒸湿前朝雨,凄凉今夜风,秋声先蟋蟀,露气到梧桐。顿觉絺衣薄,尤怜旅橐空,潞河问舟楫,明月向吴中。

《李佥宪招饮黄鹤楼》:胜地渐非作赋才,清尊今向大江开,当年黄鹤云中去,何处梅花笛里来。风卷潮声喧岛屿,日斜帆影上楼台,相逢俱是他乡客,衰草涔阳漫复哀。

卷三·一六七 绣球

绣球一名雪球,一名玉团,旧皆木本大树。近以通洋,自洋载至中国者,名洋绣球,草本也。其花初放小蕊,黄色,成球始白,将败则紫,开最长久,惟畏日耳。截枝插地,避阴易活。

卷三·一七五 洪泽邨

洪泽湖心离堤三十里,有洪泽邨。秋深水落时,屋基石礎,隐隐犹在。东坡诗,题《发洪泽中途遇风复还》,即此地也。明平江伯陈【瑄】,筑堤百里,环抱湖水,令其出清口,以三分济运,七分敌黄。每水涨时,堤里之水,较堤外之地已高数丈。谚所云"日费斗金,不抵西风一浪"者是也。至今一片汪洋,人亦不知有洪泽邨矣。余初赴河工,总理高家堰,见长堤屹然巩固,宽八丈三尺,堤里俱层层石砌,纵有狂风巨浪,可保无虞也。

卷三·一七六 洪泽涧

隋炀帝由河南幸扬州,开河行舟,今【泗】州之汴河,即其故道。一日至破釜涧而雨,乃易名洪泽涧。

《齐书》云:"洪泽涧在淮阴镇之东。"淮阴镇即今之清江浦也。

卷三·一九八 江宁叶某

本朝初年,江宁叶某者,曾任明末太守。……其妾张介瑶,能诗善画。先大父任江藩时,介瑶以扇献先大母,上画官舫,岸人曳牵。题云:"舟中人被名利牵,岸上人牵名利船,江水悠悠浑不断,问君辛苦到何年。"

卷四·一九九 扶乩佳句·青莲:吾有一题,尔等聊之,小窗鹤梦。

掠舟西去下空庭,既白东方睡未醒,漫拂羽裳抟北溟,带来琴韵到南汀。松龛冷月酬孤啸,瓮牖寒云护晓星,渡海觉来看世界,一声烟雨九皋青。

卷四·二〇七 义犬

妹倩董副使【绍孔】,昔任西安太守,为余言:秦中有商于外者,归,挈一犬以行。抵黄河,行囊在船,候人满乃渡。偶腹痛欲泻,亟上岸,犬随往。有布袋裹银五十两,解置地,戏向犬曰:"看好。"少顷,舟子以人满风顺,连摧登舟,帆已满张,一瞬而开矣。关中黄河,水如建瓴,对渡二十里许方达。商入舟,方悔忘银与犬,然日暮不能再渡,明晨纵往,安得前银尚在,遂归。越明年,渡河复经前地,慨然曰:"银已无存,犬何归乎?"往寻,见狗皮覆地,检之,白骨一堆耳。商悯焉,掘地埋其骨,骨尽则前银尚在。盖犬守银不离,甘饿死,覆尸银上耳。商泣瘗之,为立塚。谚云:"宁畜有义犬",旨哉言乎。

卷四·二〇九 宝应暴风

扬州之宝应县运河内,有红船二,泊甚稳。忽被暴风飘起,一送向东岸野田内,一送向西氾光湖中。离河下坂一家方祀先,下拜毕,其视所居房,风飘云际,如纸鸢状,而祖先前之香火仍莹莹然。康熙壬午七月十五日事也。

卷四·二一〇 龙见

乙酉五月,阅看河道形势,驻盱眙县之玻璃亭。数日大雨如注,稍霁,扬帆赴龟山淮渎庙,庙在水中,即大禹时,命大将庚辰锁水怪无支祁处。返棹时,风雨大作,雨点大如茶盂。见四龙挂空中,最近者可一箭及之,然皆不露头角。止见大水四股,倒流上天,如旱地之大旋风,声势俱恶。历数十刻,渐次消完,完时犹若有余波自上而下者。据土人云:"年年有之,无足怪。"王新城《渔洋集》亦载,《纪异行》:"壬寅七年海东啸,崇川化作鼋鼍乡,今年雨雹杀禾稼,雉皋民徙龙为殃。"注有"龙见如皋境内,挟巨舰飞空中",则龙见亦寻常事也。

养吉斋丛録①

卷之一

工部:尚书二人,左侍郎二人,左侍郎管右侍郎事一人,右侍郎二人。司员内有督理两窑,各省织造,总管内务府副理事衔。又另有管理街道,管宝源局,管琉璃黑窑,管临清砖厂,提督古北抽分,管理三山,管理

① 〔清〕吴振棫撰,童正伦点校。

卫河,提督通惠河道,提督张秋北河,提督潘家桃林抽分,管节慎库,提督徐、淮中河,提督仪真南河,提督南旺河道、泉闸,提督夏镇闸,提督江南芦政,提督龙江瓦屑闸,提督芜湖抽分,提督杭州抽分,提督荆州抽分,提督清江造船等差。

卷之二

钦天监旧用西洋人推算,有为监正、监副者。道光间,高拱宸等或归本国,或病殁,时监中已谙西法,无须用彼土人,遂奉旨停止西洋人入监。宣武门内迤东城根,有西洋天主堂,康熙间修建,极宏丽,十九年己酉,亦命拆毁,咸丰间,和议既定,复建此堂。

按:顺治间《缙绅》,管钦天监印务者,敕赐通元教师,加通政司使,用一品顶戴大西洋人汤若望,其左右监副仅二人,皆汉人。有五官保章正【今称五官正】、司历、司书,又有回回科博士,而无司农、漏刻、时宪诸科。

附录:明万历中西洋人利玛宝与其徒汤若望、罗雅谷等奉天主教来游中国,极言授时历之误,当时未之信也。至国朝顺治元年,若望进浑天星球、地平、日晷、窥远镜各一具及舆地屏图,请依西洋新法推算二年仲秋朔日食。若望先期进时、刻、分、妙,起复方位,至期,令廷臣公同测验,诸法俱舛,而新法独合。于是令若望用新法,修时宪历。时天下初定,海禁尚弛,西洋人来者愈多,散居中国。于济南、淮安、扬州、镇江、江宁、苏州、常熟、上海、杭州、金华兰溪、福州、建宁、延平、汀州、南昌、建昌、赣州、广州、桂林、重庆、保宁、武昌、西安、太原、绛州、开封等处共建天主堂三十余所。入其教者,厚与金帛。无籍之徒群相依附,其焰遂炽。有歙民杨光先者,著《辟邪论》,又著《孽镜》、《中星说》、《选择议》、《摘谬十编》,痛詈新法之非,总名其书为不得已。又以若望等邪党惑众,包藏祸心,具《请诛邪教疏》,康熙三年赴部投递下吏部会审,若望得罪革职。四年,以光先为监副。光先五上疏辞职,不准。寻升监正。西法中废。后西洋人南怀仁复具疏讼冤,又革光先职,用南怀仁,而西法复行。正雍正间,严海禁,毁各处天主堂,止留京师一处,俾西人修历者居之。有潜来内地,妄称传教者,皆严绳以法。岁月既久,禁防稍疏。迨道光、咸丰以来,传教者益纷纭,疆吏不敢过问矣。

卷之三

乾隆四十八年,以漕运河道总督与各省总督不同,故给兵部侍郎右副都御使衔,与巡抚同。

顺治间,河道总督驻济宁。康熙十七年,移清江浦,二十七年,移济宁。以协理之侍郎开音布、徐廷玺驻清江浦。三十一年,总河移清江浦。三十九年,裁协理。四十四年,山东河道交巡抚管理。雍正二年,设副总河于武陟。五年,以副总河管山东、河南河务。七年,分设南河河道,总督驻清江浦,改副总河为山东、河南河道总督,驻济宁。八年,设直隶河道、水利总督,驻天津。于是北河、南河、东河为三督。若协理、协办、帮办、学习诸名,又随时别经简派者,自康熙至嘉庆,往往有之,非定员也。九年,设北河副总河于固安,又设东河副总河,移南河副总河驻徐州。乾隆二年,副总河俱裁。六年,复设南河副总河,旋裁。十四年,裁直隶河督,归总督管理。于是总河凡二人,而加南河协办河务官。其后协办归巡漕御史,南河以两江总督总理。山东、河南巡抚亦兼河务。二十二年,设南河副总河,二十三年裁。嘉庆十一年,设南河副总河,十五年裁。十九年,设东河副总河,二十年裁。道光二年,巡漕御史裁。六年,设南河副总河,九年裁。

往制,府佐贰卫、千总领运。康熙六十一年,定粮道押运过淮,总漕督运交通仓。雍正初专其事于粮道,而遣御史分巡沿途漕务。

台湾道加按察使衔,俾奏事,自乾隆五十三年台湾道万钟杰始。

国初，江、浙有船政同知，管理修造粮船，侵渔最甚。雍正二年裁。

国初，提、镇甚多。以顺治十八年官册考之，有挂镇海大将军印，镇守京口都统一。镇守沿江沿海副都统二。镇守京口左路水师总兵官一。镇守京口右路水师总兵官一。随征江南左路提督、总兵官左都督一。随征江南右路总兵官都督佥事一。镇守云南团练、火器总兵官一。镇守天津防海，统辖水陆官兵总兵官都督佥事一。……提督江南苏、松等处总兵官左都督一。镇守苏、松等处水师总兵官都督佥事一。提督全浙总兵官左都督一。镇守宁、绍、温、台等处总兵官都督佥事一。镇守金华等处总兵官左都督一。镇守宁波等处水师总兵官都督佥事一。随征福建中路等处总兵官都督同知一。镇守温州等处总兵官都督佥事一。提督江西全省总兵官都督同知一。镇守九江等处总兵官都督同知一。镇守南、赣等处总兵官都督佥事一。提督湖广全省总兵官左都督一。……镇守湖广、彝、陵等处总兵官左都督一。镇守湖广、益阳等处总兵官左都督一。镇守湖广、祁阳等处总兵官都督佥事一。镇守湖广、沅州等处总兵官都督佥事一。镇守湖南左路等处总兵官都督同知一。镇守湖南右路等处总兵官都督佥事一。提督福建等处总兵官左都督一。镇守福建兴、泉、漳等处，【驻漳州。】兼管温州一府右路总兵官都督同知一。镇守福建延、建、汀、邵等处【驻汀州。】左路总兵官左都督一。镇守福建兴、泉、漳等处右路总兵官左都督一。……靖藩镇、守广东等处左翼总兵官左都督一。靖藩镇、守广东右翼总兵官右都督一。平藩镇、守广东等处左翼总兵官左都督一。平藩镇、守广东等处右翼总兵官右都督一。镇守广州等处，兼制沿海水师总兵官都督同知一。镇守惠州等处总兵官都督同知一。镇守潮州、饶平等处，援剿无分疆界、闽界挂印总兵官左都督一。镇守肇庆海防等处总兵官都督佥事一。镇守高雷、廉州等处总兵官都督佥事一。镇守广东碣石水师沿海等处总兵官左都督一。镇守琼州等处总兵官都督同知一。

卷之七

国家有大庆典，遣官祭狱渎。如西海、北海、河渎、长白上皆望祭，余皆因庙行礼。【长白山，清语曰果勒敏珊延。望祭于吉林城西南之温德亨山。】乾隆以前，多由京师遣官，后则命各省大员如副都统等致祭，所以恤邮传也。其直省所在山川诸神，及捍灾御患，有封号，建专祠。守土官致祭者百数十区，详《会典》。

按：唐宋以来，祭北岳于直隶之曲阳。明尚书马文升、巡抚胡来贡惑于俗说，请移祀山西之浑源州，礼侍儿岳、礼尚沈鲤驳寝。顺治十七年，刑科给事中粘本盛请改祭于浑源。太常陶正靖尝疏论其误。今仍祭于浑源，未改也。又康熙二十六年，副都御使徐元珙请改望祭北海于混同江，疏略曰："历代北海祀典，唐望祭洛州，即今河南府；宋望祭孟州，即今怀庆府；明亦望祭于怀庆。本朝沿宋、明之旧，仍祀怀庆。臣愚以为岳镇方位，当以天子所都为汇，往南而祭北海，义窃未安。谨按北镇医巫闾山，在今奉天府境，山既为北镇，则北海之祭，应更定于迤北近海地界"云云。事下九卿议，改望祭于混同江。今《通礼》称祭于山海关。又其时徐乾学议，谓宜祭于永平，以医巫闾在辽之广宁，去海远，永平则南临大海也。

乾隆四十四年，仪封决口，久未合龙。高宗以古有沈璧礼河之事，特制白玉璧一，亲制祭文，由驿递往虔祷。

明代河臣，以陈公瑄、潘公季驯并称。曩时清江浦有陈专祠，而潘未列祀典。乾隆间，命以陈、潘并祠。本朝河臣最著者，靳公辅而外，齐公苏靳、嵇公曾筠、高公斌次之，先后奉旨于江南建祠。

河南河神，最著者为灵佑襄济显惠王。本姓黄，名守才，河南偃师人。世称"黄大王"。乾隆间，以其子孙一人为奉祀生。又顺治间，总河朱公之锡，歿为河神。乾隆间，从阿文成公等请，封助顺永宁佑安侯，世称"朱大王"。

卷之八

朝鲜岁进糯米四十石，盛京留三石五斗四升，官三仓实收三十六石四斗六升，供四时飨祀粢盛之用。

按:康熙时,南书房翰林查慎行《五月朔日赐高丽米粽恭纪》诗注:上谕云:"此米本出自高丽,太宗朝,岁贡百石,为端午上供。"云云。是朝鲜贡米已久。雍正五年,减去稻米三十石,江米三十石,每岁贡江米四十石。【江米即糯米。】

卷之十四

顺治十一年端午,召内大臣大学士等乘龙舸游西苑,至北桥登岸,幸南台,欢宴至暮。自后遇午日,宫中每以龙舟酬节。圣祖御制有《五日泛舟赐大臣侍卫宴》诗。乾隆间,五日则奉慈舆至御园观龙舟。圣驾在望瀛洲,【亭名。】王公大臣及内廷词臣亦得与宴赏。其东则蓬岛、瑶台,皇太后观竞渡处也。嘉庆间,移于澄虚榭宴赏。高宗诗云:"中流九龙舟,谁肯相参差。"仁宗诗云:"九龙顺轨原无竞。"据此可识龙舟之数。又按:北地四、五曰往往少雨,如届节未沛甘霖,即罢此戏。道光初年,尚沿竞渡故事。其后停止。

按:乾隆庚辰,留京回部王公,亦许入内观龙舟。

卷之十五

乾隆五十年举行千叟宴时,命朝鲜国酌派年六十以上陪臣二、三人充正、副使与宴。该国王遵派进京。高宗嘉其忱悃,于常例外,特赐国王宋澄泥仿唐石渠砚一方、梅花玉版笺二十张、仿澄心堂纸二十张、花笺二十张、花绢二十张、墨二十定、笔二十枝。

乾隆五十五年,圣寿八旬,朝鲜、琉球、安南、巴勒布皆诣阙祝厘,因复赐宴于御园。诸国正使,高宗皆手卮以赐。午刻宣示御制诗章,俾使臣能诗者恭和。于是朝鲜、安南、琉球三国使臣皆拜效颂祝,得诗九章,附录于后:

朝鲜国正使,行判中枢府事李性源诗曰:"尧阶春叶报中旬,湛露恩深法燕频。薄海欢欣同玉帛,寰区庆祝竞神人。陪筵每感黄封遍,赐醖那安御手亲。五纪馨香跻八耋,南山北斗总归仁。"朝鲜国副使,礼曹判书赵宗铉诗云:"春回庆岁月中旬,玉帛来庭侍燕频。姬箓万年跻寿域,尧阶三祝效封人。身沾法醖叨恩旷,衣惹香烟仰圣亲。武帐嵩呼同内服,双擎云汉颂皇仁。"安南国谢恩正使,刑部右侍郎阮宏匡诗曰:"筵开前节值新旬,春暖名园诏问频。恩侈帡幪高覆物,泽覃优渥广同人。怀侯柔远天生圣,饱德观光子慕亲。化外幸陪冠带会,期颐介寿拜皇仁。"安南国谢恩副使,东阁学士宋名朗诗曰:"虞廷肆觐未盈旬,拜奉天恩灌沃频。不限阳春覃异域,式隆膏泽宠来人。沦肌浃髓知优渥,望日瞻云妥戴亲。分外帡幪何报答,愿将嵩寿祝皇仁。"安南国谢恩副使,翰林院待制黎梁慎诗曰:"天眷皇王启寿旬,亿年圣泽祝声频。御园日暖常佳气,华宴春浓及远人。星度共旋依北极,威颜咫尺仰慈亲。观光幸缀明堂列,顶踵均沾雨露仁。"安南国进贡正使,翰林院侍读陈登大诗曰:"虞阶何待舞经旬,玉帛初通雨露频。煦育肯分千里外,绥怀浑似一家人。幸陪周宴清光接,近挹尧樽咫尺亲。新宠归来分海国,共将华祝颂皇仁。"安南国进贡副使,东阁学士阮止信诗曰:"华旦欣逢万寿旬,春卮塵祝叩筵频。象方玉帛聊王会,鹿宴笙簧慰远人。望日有年陶煦暖,朝天何幸妥尊亲。南归愿即呈皇耇,早拜丹墀仰至仁。"安南国进贡副使,翰林院阮偍诗曰:"九十韶光甫二旬,灵园莺燕报春频。星驰轮辔趋行殿,云集衣冠拜圣人。仰见英君德得寿,可知天命敬惟亲。金章玉席洪恩浃,泸伞难酬顶踵仁。"琉球国副使,正议大夫郑永功诗曰:"御极垂衣正八旬,普天沐德献琛频。四夷駢贡蒙皇化,五代同堂仰圣人。召入华筵龙液酒,飞登紫苑凤卮亲。天颜咫尺沾恩湛,永祝升平万寿仁。"

乾隆间,缅甸使臣陪宴万树园,以其国乐器五种合奏。其后每逢筵宴,备陈汇部、回部、安南、缅甸、廓尔喀乐。

向例,紫光阁及上元赐宴,惟蒙古诸藩及年班回部降番等。乾隆壬寅,命朝鲜、琉球、南掌、暹罗四国陪臣亦入宴观礼。朝鲜使臣黄仁点、洪秀辅各赋纪恩七律一章。癸卯,依例与宴,朝鲜使臣郑存谦、洪良皓亦

赋诗呈进。

卷之十八

船坞旧有御舟甚多，如瀛搓、仙汉乘春、太液翔莺之类，其名不一。又有酒船、茶船、纤船、扑拉船、牛舌头船、膳船，皆所以备隋扈者。中有蓬岛飞龙一船，尚是前明所遗，飞甍重楼，壮丽称甲。乾隆间尚加修饰，以其重滞不复乘用。迨道光间，三海之船户、網户，十九汰去矣。

卷之二十

乾隆十六年，画院诸臣奉勅撰《职贡图》。以朝鲜诸国为首，其诸部落番夷各以所隶为次。会方戡定西域，拓地二万余里，乃增绘伊犁、哈萨克、布鲁特、乌什、巴达克山、安集延诸部，共为三百数十种，分图系说。告成于乾隆二十二年。迨二十八年以后，爱乌罕、霍罕、启齐玉苏、乌尔根齐奉表入觐，土尔扈特远自俄罗斯来归，云南整欠、景海诸土目相继内附，廓尔喀归降，皆依类附图卷中。嘉庆九年，新奉越南国王阮福映遣陪臣黎伯品等谢恩进贡，亦命附图卷中。每图各绘其男女之状，及其部长属众衣冠之别。凡性情习俗，服食好尚，罔不具载焉。

卷之十六

康熙十七年戊午，西洋古里国贡狮子，诏群臣观之。毛奇龄有诗纪其事。

康熙末年，海蛮以驯犀贡，命畜之畅春园板方。雍正间，命返之。仍加以厚赐。

乾隆间，象房喂养贡象多至三十余只，因谕令暂行停贡。向来各国贡象皆有名。咸丰三年，南掌贡四象，曰陶罕董、陶罕控、陶罕换、陶罕慕。缅甸亦于是年贡五象，一曰喃斗，一曰蟒墨，一曰戛那走，一曰那纪麻，一曰看麻。又象房有象倒毙，太医院官验视有无象黄。世知牛黄，不知象有黄也。

乾隆间，大学士福康安剿台湾林爽文，赐以大利益吉祥右旋白螺。奉之渡海，灵验非常。嘉庆初，赵文楷、李鼎元出封琉球，亦命带往。后命赛冲阿渡洋剿蔡牵，复赐之。事讫，留藏闽督署。螺长五寸六分，腹圆，首尾各出二寸，由渐而削，纹四旋而及口。嵌宝石八，外袭文锦五重，重一色，而以楱扃藏之。按：高宗御制右旋《白螺赞》注云："每年藏中喇嘛于新正及万寿节进丹书，所陈供器时有献右旋法螺者，以为奇宝而不多见。""涉海者带于舟，则吉祥安稳，最为灵异。"

养吉斋余録·卷之三

施公琅征台湾，岛门之克，奏到正值中秋。圣祖大喜，解是日所御之衣，驰赐之，并赐五律一章，云："岛屿全军入，沧溟一战收。降帆来蜃市，露布彻龙楼。上将能宣力，奇功本伐谋。伏波名共美，南纪尽安流。

养吉斋余録·卷之六

《禹贡》碣石入河，说者指为海运之始。秦起黄腄輓辽左，且有据杜诗谓唐亦海运者。然皆无详考。元海运最久，仅数十万石。明张赫等初运三十万石，最多至七十万石。我朝康熙、嘉庆间屡议海运未果。道光四年十一月十一日，大风掣塌高堰，湖水尽洩，清口淤。明年，漕不能行。协揆英公和连疏请海运，下江南督、抚议行。时苏藩善化贺公长龄也，至上海，议水脚雇直，定剥兑章程。六年二月起止六月上旬止，两次起运。苏藩司所属四府一州额漕正耗米一百六十三万三千余石，用江、浙海船一千五百六十二，自吴淞出口，十潋放洋，至天津之上园剥运交仓。中途鬆舱抛失，耗米八百余石而已。时上海设局，募船、筹费、验兑、催儹事皆属之。又檄武员押运，文员至天津交米。崇明、狼山、登州三镇总兵官，舟师会哨，以备不

虞。事竣,敕加天后“安澜利运“四字封号,御书”风神海神庙“匾。在事文武官及绅、商、耆舵,桨賚有差。贺公遂刊《海运全案》一书。七年,仍行河运。时余方守登州,比冬,奉檄议海运巡哨事,谓明年将复行也,而卒不行。迨咸丰元、二年,江苏之苏、松、常、镇、太四府一州,复行海运,计米一百数万余石。二年,浙漕亦海运。十二月起运,正月开兑,计米六十余万石。其时以丰工决口及起运过迟,不能回空,是以议改。乃三年贼陷江宁、京口、扬州,漕路梗阻,幸有海运一策,已屡行之。成法具在,不至缺天庾正供,洵国家之福也。浙无黄公宗汉实司浙漕,刊有《浙江海运全案初编》、《续编》,盖仿贺书为之者。

山东登、莱诸郡滨海盐贱,觔值钱十余文至二十余而已。道光癸巳秋冬,浙苦雨,禾稼尽损,而海滨沮洳,无卤可煮。场中积盐立尽,价骤踊。觔值钱七、八十文至一百二十余文,买者不得过五十觔。清晨张市,顷刻停闭,不复出卖。时两淮亦以多雨,产盐不旺。请借运芦盐,由海艘南下,或至上海,或至乍浦,或至宁波,民间始免食淡之苦。

北海神祠去莱州城西北十八里。每岁春秋仲月,观察使者率有司祭焉。国有大事,则遣官来祭。祠有康熙四十二年御书“海天浴日”额,乾隆十六年御书“万派朝宗”额。祠旁蠡勺亭,王西樵为掖县学官时,渔洋来省其兄,尝游于此,有《登高邱而望远海》一诗。然掖海仅支汊,迥不若蓬莱阁上眼界之宽也。此十余里多渔家,高榆大柳中,柴扉历落,晒罾补网,可以入画。

养吉斋余録·卷之八

康熙中,台臣有请俊海口者。圣祖遣官行视,还奏当如台臣言。河臣冀董其役,而朝命乃属之皖臬于清端。河臣大失望,因别创一议,疏上之。下九卿议,多右河臣者。宝应乔子静莱闻之,言其害于司空。司空曰:“事必行矣,言之何益?”会圣祖以役大费重,意未决。复命询淮、扬人之官京师者。河臣使其客以重贿? 子静,子静笑却之。淮、扬士大夫集子静多,子静昌言曰:“如河臣言,有大害四,某当以死争。”诸人闻所陈说,咸以为然。乃篝灯曹议,明日入直起居注。是日秋决,故事赐阁臣及请官饭。子静方为请官与焉。既而驾御南暖阁,圣祖顾问某学士曰:“海口事如何?”某学士亦右河臣。复顾问子静,因力言不可状。圣祖曰:“尔一人意乎?”对曰:“淮、扬人皆同臣,有公议当奏上。”翼日进议,复至会议所,具论得失,主河臣者噤不能发声,于是议遂寝。户尚梁公清標叹曰:“江、淮之间,可谓有人。”

靳文襄为国朝治河名臣。幕客陈潢,钱塘人。善治水。文襄用其策,遂有成功。尝著《河防摘要》一书。同里张霭生复纂《河防述言》一卷附之。康熙二十三年,圣祖特授潢佥事道,令赞理河务。其后两河既奠,潢倣古沟洫法,为沟田之制。先于安东近湖地,试民屯墾有效。因力赞文襄开屯收息,以业两河游食贫民,补历年糜帑,兼备后此防河经费。拘庐分界,归者如市。辟土渐广,佔利私墾者多,有司清厘,奸民腾谤,忌者乘之,文襄与潢皆削职。潢死,文襄再起,以义友竭忠,疏陈于朝,得追复其官。文襄所治,如堤翟壩,塞清口潭,改南运口于太平壩,疏皂河,辟中河,其议悉自潢发之,故疏陈墾款,自言不敢冒功罔上,以负死友。文襄功名彪炳国史,而潢事鲜有知者。

养吉斋余録·卷之九

黄標,字殿豪,南澳人,籍香山。由行伍累官至虎门左翼总兵。善射,又善占云气,测风雨。凡东南海道浅深险易,如指诸掌。每战必亲操柁,所向有功。嘉庆五年,以军事方殷,未能入覲。特命绘像以进。

嘉庆间,壮烈伯李忠毅长庚,治海盗最有声。所系灭攻散如“水澳”、“凤尾”、“补网”、“卖油”、“七都”等帮,不下千艘。终岁在海不归,即归亦在镇海,修船补粮,不至家也。尝封所落齿寄其夫人,示以身许国,恐无归榇之意。后系蔡牵于粤洋,喉间中炮而薨。先是祷于宁波关帝庙,占签诗云:“到头不利吾家事,留得声名万古传。”故文达哭公诗云:“麦城久合关家谶,仿佛英风满庙旗。”

任昭才，鄞人。入海底能数时之久，行数十里之远。阮文达元抚浙，获安南二千余斤铜炮，遭飓沉温州三盘海底。命昭才往图之。昭才用八船，分二番。一番四船空其中，四船满载碎石。自引八巨绳入海底，系沉船之四隅，以四绳末系四石船。系定，掇其石入四空船，则石船空矣，浮起者数尺。复以四绳系二番之石船，系定，复掇石入第一番空船，浮起者又数尺。如此数十番，船与炮皆出水面。此盖祖秤象之意而变通之者。昭才入营，得微官，以病卒。

阅世编[①]

卷一·灾祥

二十二年癸亥十一月初十日，狂风大作，至十三日，严寒口冻，数十年间所未见，十七日尤甚。余在笋里馆中，自朝至暮，终日拥炉饮酒而寒不能却，砚池中用酒及醋而顷刻成冰。黄浦中亦冻，两塘叠冰如山。自闸港以北，中间稍通数尺一路，然冰牌乘潮而下，势若排山，舟逢之者，往往立碎；以西则全浦俱冻，潮汐往来，皆由冰下，不通舟只。闵行渡口略通而冰牌覆舟死者数十人。上海董家渡渡船亦覆，死者亦如之。县大夫亲临验阅，重责篙师，禁止开渡。漕白亦俱停比，直至二十四日，冰始稍释。二十七日浦中始通船行，两塘叠冰，犹未解也。

卷一·田产二

自顺治十六年己亥，江上海氛深入。次年，朝廷遣大臣苏公讷海等相度沿海机宜，奏迁濒海之民于内地，并弃长荡，不容樵采耕驻。于是尽徙山东、闽、浙以及江北、江南滨海之地，严禁不许人迹至海滥，片板不容入海洋，盐课、芦税几几不可问矣。吾乡独从南汇所守备刘效忠议，以为松属沙滩，素号铁板，船不得近，不在迁弃之列，惟以浙、闽、山东等处，因迁而缺之课额均摊于苏、松不迁之地，曰摊派，而盐课之额极重矣。自海宁将军郎赛驻扎吴门，放马数千于沿海，沙头遂为牧地，而芦课之税赔矣。

卷二·学校五

犹忆昔年，每遇岁、科两试，水次停泊，舳舻数里，高艑画舫，多如栉比。今皆小艇，数亦寥寥。稍可容膝者，每逢上台征缸令下，县邑得而封解之。亦可见物力之日艰，人心士气之不振，而时势之多故也。

卷三·建设

上海仓，旧在小南门之外，面东启门，当浦水薛家港口，以漕船泊浦，便于交兑转运也。方广百余步，外周土垣，内列仓禀，中设公廨，以备官司临视，规制亦略具焉。崇祯十三年庚辰，邑宰章茂暗光岳，因而修葺之，周垣覆瓦，门建重楼，雉堞森然，殊有仓城之象，中添公廨一所，以为监司督兑憩息之所，尤为轮奂。未几鼎革，贮米运漕，犹存旧制。至顺治十年癸巳九月，海寇入浦，直至闵行镇，大掠而去。时汝南阎康、侯绍庆正宰吾邑，虑微漕贮仓，万一海□宗复入，则贻误不小，因申请各台，迁仓入城，相度东南隙地，遂即杜氏废宅而建仓焉。以其地近旧仓，去浦不远，运米出入亦易，而在城内水关之口，堤防尤便耳。仓宇凡数百间，重门公廨，虽稍逊于旧，乃越两月而毕具，公私俱赖，亦称能吏矣。

松江守御，前朝止设千户一员，统兵有限……崇祯之末，又添水营，哨船数只，水哨官一员。自鼎革以后，间以参将、游击统各兵分驻，因而裁去土兵，仅存数十名，以备仓库、城门之守，谓之城守营。迨顺治十

① 〔清〕叶梦珠撰，来新夏点校。

年，海艉入犯，直至闵行，人心惴惴，当事者谓城守单弱，议拨抚标参将一员，统兵一千，长驻上海，谓之黄浦营，而建牙于学东之南察院。十七年庚子，大司马苏公讷海奉诏巡阅，请调崇明水师二千名，副总兵一员移驻上海，建牙于虹桥南艾方伯故第，几与郡城等矣。康熙七年戊申，邑绅张青□周宸为夏官郎，疏请裁归崇明，而于提标量拨汛兵防守，驻于城隍庙西之驿馆，即今所称松江分府，为海防驻扎之地也。十三年甲寅，以方隅多故，复移吴淞副将一员于上海，亦谓之黄浦营，而驻于北门褚氏之民舍焉。十七年戊午，副将王虎山升去，复于提标拨守备一员为黄浦营，而仍驻南察院云。

川沙滨海而城，向设把总一员，额兵四、五百名，北连宝山，南达南汇，与青村、柘林诸堡，并隶金山卫参将。自顺治十七年，江上之警。次年庚子，上命兵部尚书苏公讷海等相度沿海机宜，乃议于镇江京口设镇海大将军一员，松江设川沙参将一员，罢宝山城守兵而并于川沙，共一千名，建牙于南城故乔宪副第，而以旧总司为中军守备所，与金山卫参将，分辖松江沿海，自南汇以北隶川沙，以南隶金山。时苏州添设宁海将军，驻扎于娄门海宁陈相国之拙政园内

沿浦自吴淞海口而入，率浒筑土墩，高方数丈，上匝土墙，内盖小房，谓之寨台，前此无之。自顺治十年，海寇入犯，因而签役建筑，并于浦之近邑入郡一面，约计数里，择要害处，筑台拨兵防守。浦滨两岸，大小水口，俱造桥梁，通马步。凡遇寇至，则守御官兵，夹岸堵截。十二年己未，闵行之捷，不无得力于此。然建立之初，台有卒，哨有巡，人心犹知警备。迨日久懈弛，登陴无卒，台上墙屋俱废，甚者或溃于水，或宅于草，徒弃良田，空劳民力而已。其后更有架木为台，九里一建，置鼓其上，一闻寇警，鼓声相应，以便官兵援捕，则官塘要路，在在有之，不但沿浦也。然法非不良，今亦或毁或废，徒为具文，宁独一寨台为然哉！

松江西门外市西尽处，有南北桥石梁跨秀州塘，曰跨塘桥。潮汐最急，舟行遇逆水，数十篙师不能挽一舟而过，水洞三环，高可通巨舰，漕船当水涨亦出入无碍也。南北两岸，更楼当其上，列栅以司启闭，规制颇壮。康熙十九年庚申坍毁，土人改木架梁。鼎新旧制，尚未有日。至康熙二十三年甲子，得重造成功。

崇明县旧隶苏之太仓州，为苏、松沿海外屏，然在前朝，素无重兵。本朝定鼎后，因海寇出没不时，特设水师营总兵等官，额标兵六千。康熙十三年甲寅，起原任浙江总督刘公兆麟为帅，以官阶既贵，改陞总兵为提督，而标兵如故。至二十三年甲子，以台湾荡平，海氛尽熄，户部酌议节饷，疏请裁减，崇明营水师乃裁去三千，存兵三千，仍设总兵官统辖，提督撤回。

上海之有榷关，始于康熙二十四年乙丑。关使者初至松，驻扎漴阙，后因公廨窄陋，移驻邑城。往来海舶，俱入黄浦编号。海外百货俱集，然皆运至吴门发贩，海邑之民，殊无甚利，惟邑商有愿行货海外者，较远人颇便。大概商于浙、闽及日本者居多。据归商述日本有长耆岛者，去其国都尚二千余里，诸番国货舶俱在此贸易，不得入其都。岛上居民，华夷杂处，格物者多利比中国，不能倍价。凡奇技淫巧，市俱有禁，惟必需之物方收，若细帛书籍尤易售，严禁西洋货及画像，携入者必置重典。向来交易，俱用纹银，今日滥恶，只八九成，直有三成者，客商扣算资斧及官税外，余利无几矣。其人物土俗，颇有华风，初尚直朴，今渐狡滑，恐任其往来，奸民或纠合倭之黠者，如明嘉靖中故事，又为地方酿祸耳！当事者不可不防之。

卷四·宦迹一

康熙十七年戊午，以博学鸿儒荐，内召入都，敝衣藿食，薪水几于不继，逮御试《璇玑玉衡赋》称旨，补授翰林院侍读，寻升学士，清操愈励，上心识之。二十三年甲子，特升都察院右副都御史，巡抚江南、江苏等处。升辞之日，召对赐宴，赐白金、鞍马、文绮，慰谕谆谆而出。甫下车，墨吏望风解绶，而公则以身范物，不怒而威，不令而化，吏畏而民怀之。莅任未几，会上南巡，有司议拆毁苏州阊门外南濠一带，西至枫桥沿河

市房,治驰道,且便挽舟。南濠为苏州最盛之地,百货所集,商贾辐辏,人情惶惶。公毅然曰:“皇上心切爱民,必不忍以巡游之故,毁坏民居,御舟篙桨,亦可运行,何必强为牵挽之计耶?”有司惧罪,犹力请。公曰:“此地方事,倘有罪及,我独任咎,与诸公无与也。”遂不果毁,人情安堵,乃偕总督王公新命渡江迎驾,凡供御所需,处分井井,用不乏而民不扰,公私赖之。

卷十·纪闻

曾樱,亦隆武相,大兵至,同郑鸿逵等入海,驻厦门。顺治辛卯三月,张抚军同马镇攻厦门,家人请樱登舟,樱给令先行,阖户自经死。

楚有美姬,左帅良玉之以舟师至武昌也,其部曲争掠贵家子女。某给谏二女以国色,闻俱被掠,时李茂明先生名邦华以御史大夫召,方在道,闻之大怒,具威仪往见左。左素慕李名节,相对甚恭。李具言掠女事,左极讳且辩。李曰:“将军第搜营,必有所见。”左首肯。李甫归,左即下令合营大索,令甚严,诸部曲不知所为,争驱所掠女从后舱舵口沉之于江,搜毕不得一人。时李已解维去,左亦更不复问。明日自武昌下流至燕子矶一带,浮尸蔽流,衣皆五彩,望之若云锦,见者无不太息,时癸未夏、秋也。

清嘉录[①]

卷五·五月·划龙船【烟囱洞】

龙船,阊胥两门,南、北两濠及枫桥西路水滨皆有之。各占一色,四角枋柱,扬旌拽旗,中舱伏鼓吹手。两旁七桨十六,俗呼其人为“划手”。篙师执长钩立船头者,曰“挡头篙”。头亭之上,选端好小儿,装扮台阁故事,俗呼“龙头太子”。尾高丈许,牵彩绳,令小儿水嬉,有独占鳌头、童子拜观音、指日高升、杨妃春睡诸戏,谓之“鳥【《玉篇》:鳥,丁了切,悬物貌。】梢”。舵为刀式,势者谓之“挡舵”,画访游客争贾土罐掷诸河,视龙舟中人执戈竞斗,入水相夺以为娱乐,谓之“磬罐头”。多者受上赏,号为“做胜会”。胜会之时,先有葛袍、缨帽之人,鞠躬、声喏于前舱,手执五色小旗插画舫之棚,而后诸龙各认旗色,回朝盘旋,谓之“打招”。一招水如溅珠,金鼓之声与水声相激。出龙之前数日,祀神演试,曰“下水”。上岸送神,谓之“拔龙头”。当头之人,率皆里巷游手,隔岁先以带叶竹竿竖桥上为来年出龙认色,其名曰“钻五”。月朔互相往来,名曰“拜客”。余则日驻塘河。交午曼衍,粲如铁锦,男女耆稚倾城出游。高楼邃阁,罗绮如云,山塘七里,几无驻足之地。河中画楫,栉比如鱼鳞,亦无行舟之路。欢呼笑语之声,遐迩振动。土人供买耍货、食品、所在成市,凡十日罢。俗呼“划龙船市”。入夜,燃灯万盏,烛星吐丹,波月摇白,尤为奇观,俗称“灯划龙船”。郡中踏布坊人操小舟,亦鸣金伐鼓,划桨如飞,俗呼“烟囱洞”。有无名氏《划龙船》乐府云:“汨罗已死三千年,招魂野祭端阳前。苏州龙船夸绝胜,百万金钱水中迸。冶坊浜口斟酌桥,楼头水面争妖娆。小龙船划疾如驶,大龙船划乱红紫。胜会争夸十日游,青帘画舫结灯球。四更堤外笙歌散,博得人称假虎丘。”又蔡云《吴歈》云:“胜会山塘看水嬉,大船几处插红旗。挈瓶不向波心跳,苦忆汨罗怀石时。”

案:丁度《集韵》:“划,胡瓜切,音华。舟进竿谓之划。”欧阳修《五代史》:萧结令祈阳。方暮春时,有州符下,取竞渡船。结怒批其符,曰:秧开五叶,蚕长三眠,人皆忙迫,划甚闲船?守惭而止。又《旧唐书·杜亚传》:“江南风俗,有竞渡之戏,方舟并进,以急趋疾进者为胜。亚乃令以漆涂船底,贵其速进;又为绮罗之服,涂之以油,令舟子衣之,入水而不濡。”然皆在春中,不在端阳。或曰“五日竞渡,相传吊三闾大夫而作”,本《荆楚岁时记》之说;但于吴地无涉。赵晔《吴越春秋》以为起于勾践,盖悯子胥之忠而作。周栎

① 〔清〕顾禄撰,来新夏点校。

园《因树屋书影》以为习水报吴，托于嬉戏。宗懔引邯郸淳《曹娥碑》云："五月五日迎伍君，逆涛而上，为水所淹。"谓是东吴之俗。事在子胥，不关屈氏。然则荆楚自为灵均，吴越自为子胥耳。高濂《遵生八笺》云："南方竞渡者，治其舟使轻利，谓之'飞凫'，又曰'水车'，又曰'水马'。盖越人以舟为车，以楫为马也。"今俗"烟囱洞"，殆其遗制。《吴县志》："端午为龙舟竞渡，游船聚集，男女喧哗，管弦杂沓。投鸭于河，龙舟之人争入水相夺，以为娱乐。"旧有胥门塘河，故邵长蘅《冶游》诗有"五月胥江怒，水嬉欢竞渡，团扇薄不遮，故教冶容露"之句。又族高伯祖侠君先生有《竞渡词》十首，今录其三。词云："锣挟鸣涛鼓骇雷，红旗斜插剪波来。锦标夺到轩腾处，风卷龙髯雪作堆。""香拨琵琶内府调，紫檀截管玉装箫。绝怜于上《霓裳曲》，吹遍红阑四百桥。""鼓翻旗飐跃凫鹥，黄篾推开粉颈齐。贪看河心龙影乱，忘人偷眼舵楼西。"《昆新合志》云："五日，有龙舟竞渡之戏。"康熙间，城内外有舟五、六，后已绝响，近复如旧。

卷五·五月·拔草风

梅雨既过，飒然清风，弥旬不歇。谓之"拔草风"。俗又以小暑日东南风，主旱，谚云："小暑吹了东南风，四十五日拔草风。"

案：高德基《平江纪事》："梅雨之际，必有大风连昼夜，谓之'舶趠风'。"卢《志》云："此风从海外来，舶上祷于海神而得之。"东坡诗序云："是风起天不雨，约十日余止。"诗云："三旬已过黄梅雨，万里初来舶趠风。几处萦回度山曲，一时清驶满江东。惊飘簌簌先秋叶，唤醒昏昏嗜睡翁。欲作兰台快哉赋，却嫌分别问雌雄。"又长、元、吴《志》皆载："小暑日，若东南风及成片白云起，则有舶趠风。主退水，兼主旱。"崔实《农家谚》云："舶趠风云起，旱魃深欢喜。"《吴县志》："舶趠又作白掉，今更讹为拔草。"蔡铁翁诗："拔草风从何处来。"

卷六·六月·虎丘灯船

豪民富贾，竞买灯舫，至虎丘山浜，各占柳阴深处，浮瓜沈李，赌酒征歌。赋客逍遥，名姝谈笑，雾縠冰纨，争妍斗艳。四窗八拓，放乎中流，往而复回，篙橹相应，谓之"水辔头"。日晡，络绎于冶芳浜中，行则鱼贯，泊则雁排。迫暮施烛，焜煌照彻，月辉与波光相激射。舟中酒炙纷陈，管弦竞奏，往往通夕而罢。蔡云《吴歈》云："避暑天天闹虎丘，连前端午后中秋。船涡那得凉风到，急放一回水辔头。"又云："灯船入夜尽张灯，五色玻璃列上层。赢得火光人面映，夜凉犹著薄吴绫。"

案：龚明之《中吴纪闻》云："虎丘，旧名海涌山，阖闾既葬之后，金精之气化为虎，踞其坟，故号虎丘。后避唐讳改为武丘。"黄省曾《吴风录》："虎丘自胡太守缵宗创造台阁数重，益增眺胜，四时游客无寥落之日。寺如喧市，妓女如云，谚有'假虎丘'之称，言非真山也。"卢湛《竹枝词》云："侬今住近真娘墓，郎莫传言假虎丘。"香雪道人《南窗杂志》："虎丘山塘，七里莺花，一湖风月，士女游观，画船箫鼓。舟无大小，装饰精工，窗有夹层，间以玻璃，悬设灯彩，争奇竞巧，纷纶五色，新样不同。傍暮施烛，与月辉波相激射。今灯舫窗棂，竞尚大理府石镶嵌。灯则习用琉璃俗呼明角，设遇风狂，毋虞击碎也。"王冈龄《山塘灯船行》云："夕阳明灭遥山遮，湖波淡沱书残霞。曜灵退避赤乌匿，欻忽焰吐金虾蟇。长空一碧浩无际，晶光烂烂铺晴沙。良辰美景岂易得，一时胜举千秋万。江南夙号佳丽地，金阊习尚尤豪奢。山塘七里箫管沸，绮罗镇日争喧哗。莺声呖呖花外转，《竹枝》低唱多娇娃。重三双七恣游衍，隔帘鬟影看 。兹来炎暑更消遣，红栏绿水环人家。鱼鳞一带屋高下，雁齿两岸桥横斜。今夕何夕月正望，清辉万里穷幽遐。忽闻人语竞鼓噪，延堤橹窣声咿哑。黄头之郎蜗角妓，鱼衣划破兰桡划。清歌嘹喨出云表，嘈嘈切切鸣筝琶。明灯一道唧尾过，中流拉沓纷如麻。蝉联鱼贯互分合，蜂屯蚁聚争盘拿。前船后船相断续，蜿蜒直似长山蛇。是时灯光如白昼，平湖旷望无津涯。南油西漆纷照灼，九枝火树堆银花。琉璃千重势闪烁，璎络一片形鬖髿。灿如银河披瑞霭，丽似琼岛开朝霞。朱宫贝阙水晶域，千影万影相交加。世间那有此间景，得毋海上来仙槎？又岂巧工类丁缓，创制妥帖精无瑕。吴侬斗胜真好事，掠钱买醉穷繁华。舫斋促坐列珍味，八窗四拓

轻褣纱。谁家姹女三五队，亭亭小髻梳双丫。长眉弯环晕柳叶，纤手莹白抽姜芽。连翩侠少正麇集，宝马杂遝随香车。吾闻君子戒逸乐，屏除丽色兼淫哇。何为终日事游冶，外强中干空　。桁无宛衣儿女泣，盎乏粒米妻孥嗟。徒夸逐队作豪举，百缗酒券还须赊。何如居家习死素业，男耕妇织良非差。白堤花柳纵烂熳，会须处处栽桑麻。”

卷六·六月·荷花荡

是日为为荷花生日。旧俗，画船箫鼓，竞于葑门外荷花荡，观荷纳凉。今游客皆舣舟至虎阜山浜，以应观荷节气。或有观龙舟于荷花荡者，小艇野航，依然毕集。每多晚雨，游人赤脚而归，故俗有“赤脚荷花荡”之谣。蔡云《吴歈》云：“荷花荡里龙船来，船多不见荷花开。杀风景是大雷雨，博得游人赤脚回。”

案：徐崧、张大纯《百城烟水》云：“荷花荡在葑门外二里许，其东南接黄天荡。”又云：“六月二十四日，画船、箫鼓竞于荷花荡，观荷纳凉。”旧《府志》：“二十四日游荷花荡。”又《城南草堂集》：“六月廿四日，谓之荷诞，实无所出。惟《内以日疏》：是日为观莲节，黾采与其夫各以莲子相馈遗。昔有扶觇者，是日降坛，诗云：‘酒坛花气满吟笺，瓜果纷罗翰墨筵。闻说芙渠初度日，不知降种自何年。’盖嘲之也”云云。然相沿既久，类成风俗，读张远《南歌子》曲，犹想见当时之盛。词云：“六月今将尽，荷花分外清。说将故事与郎听，道是荷花生日，要行行。粉腻乌云浸，珠匀细葛轻。手遮西日听弹筝，买得残花归去，笑盈盈。”邵长衡《冶游》诗云：“六月荷花荡，轻桡泛兰良。花娇映红玉，语笑薰风香。”今数十年来，翠盖红衣，零落殆尽，烟波浩渺，剩有小艇渔父，相为莫逆而已。又沈朝初《忆江南》词云：“苏州好廿四赏荷花。黄石彩桥停画鹢，水晶冰窨劈西瓜。痛饮对流霞。”注：“六月廿四日为荷花生日，游人都至葑溪，溪傍置冰窨，盛暑不热。”然今俗亦都非亦。

桐桥倚棹录[1]

卷七·堤塘

白公堤，即今山塘路也。《图经》：“唐白居易守郡时，尝作虎丘路，免于病涉，亦可障流潦。”《长洲县志》：“自阊门至虎丘，计七里，语云：‘七里山塘，行至半塘三里半。’”《采风类记》：“白公堤延亘七里，约三里半为半塘。”宋范成大《半塘》诗云：“柳暗阊门逗晓开，半塘塘下越溪回。炊烟拥舵船船过，芳草缘堤步步来。”自此至山麓，红阑碧树，与绿波画舫相映发，为游尝最胜处。明万历年间修，王稺登、范允临皆有记。舒位《虎丘竹枝词》云：“春堤风嫩草纤纤，绿上裙腰一道粘。不信山塘真七里，弓弓量过绣鞋尖。”

山塘河，《长洲县志》云：“唐白居易始凿渠，以南北而达运河，由是南行北上，无不便之，而习为通川是也。”《苏州府志》：“山塘桥河，南接沙盆潭，西北行至通贵桥，长一百一丈有奇，北阔三丈有奇，南阔十五丈有奇，自通贵桥至通济桥，长三十六丈有奇，阔二丈有奇；通济桥至半塘桥长三百丈有奇，阔三丈有奇，此为白公堤东段。半塘桥至西山庙桥长二百五十丈，阔四丈有奇，此为白公堤西段。塔影浜等河三道，共长一百六十三丈，阔三丈有奇，此山塘河之支流也。给时舟随橹转，树合溪回，鬓影衣香，薄罗明月，笑语歌呼，帘帷高卷，此身宛坐天下。”顾贠《虎丘山塘词》云：“柳摇花市漾晴溪，七里芳塘锦绣齐。舆骑近来都不尚，游船爱趁夕阳西。”又，舒位《虎丘竹枝词》云：“幻出阎浮色界天，青山绿水两桥边。不知谁障牙筹者，替算他家树上钱。”“论片玻璃载酒船，船窗还要紫檀边。肉屏风里黄金穴，压扁山塘水底天。”“五月龙船八月灯，绮罗箫鼓水层层。阿谁读破鸳鸯谱，只有巢云阁上僧。”又，蒋泰墡《山塘竹枝词》云：“一路长堤系桂桡，疏帘斜卷隔河遥。诗情画景登时集，烟雨垂杨绿水桥”“野芳浜窄腻春流，斟酌桥高接画楼。晓起买花

---

① 〔清〕顾禄撰，王稼句点校。

簪满鬓,粉妆玉琢坐船头。”“谁家姊妹擅名多,藉甚香云覆素娥。低语教遮洋布幔,笑将花朵骗鹦哥。”“桥洞圆月上楼台,鳞集游船向暮开。今夜传觞应更盛,看他若个夺标回。”“拂尘鹅扇挂肩舆,小帽罗衫杂佩裾。入坐便携纤手问,咋遗条脱样何如?”“濠上呼朋过日斜,棕鞋布袜老行家。为卿拼得番角白,买赠祥云实地纱。”又,尤维熊《虎丘新竹枝》云:“云母船窗四面安,玉箫金管竹檀栾。却嫌画鼓中流竞,撑出桐桥野水宽。”“斟酌青山绿水湄,所看虹影半天垂。画船傍晚桥门过,细认舵楼人是谁。”又,顾我乐诗云:“归鸦才噪绿杨烟,早有游船沸管弦。我倚篷窗恣情听,几曾抛却沈郎钱。”“十笏朱提一曲歌,当筵赚煞众青娥。春花秋月年年事,那记缠头若个多。”

长荡,文《志》:“有东西二荡,《图经》所谓长荡湖是也。”《府志》:“在府西十里,周二十里。府西诸流,多汇于此,潴为巨浸。后多为豪民所据,遏水畜鱼,河流渐狭。又西北达于运河。《姑苏志》:自胥塘北流,经南濠至阊门外,与北濠山塘水会,曰沙盆潭。自潭西流,出渡僧桥,会枫桥诸水,与虎丘之北曰长荡。射渎之水横出运河,为浒墅。运河一名漕河,自嘉兴北流,经郡城,又北绕白公堤,出望亭,入无锡界。《续图经》谓之邗沟。”明沈周有《长荡泛舟》诗。

卷七·溪桥【浜泾附】

【浜,《广韵》:“布切耕,安船沟也,纳舟者曰浜。”李翔《俗呼小录》:“横绝断港谓之浜。俗作滨,非。”】

东溪,今名东山浜。郭《志》云:“进斟酌桥,通虎丘山后。”明王宠有《东溪泛舟》诗,载本集中。郭凤有《寓居东山浜》诗云:“东风自缓缓,摇荡春波暖。凭栏待夕阳,画舫一湖满。山林杂罗绮,笑语间箫管。须臾人影乱,人散天亦晚。繁华一洗空,暂为山明眼。新绿众树浓,晚禽啼不断。风吹塔铃声,入耳始清婉。主人不知谁,胜地我乎馆。高卧看人忙,山灵笑予懒。峰顶明月来,下照人影短。此时把一杯,何异金印绾。醉来辄成句,满壁挂诗版。”

青黛湖,在长荡内。两岸居民多浚池育鱼,故土人呼为“鱼池路”。路旁皆栽杨柳,以固池防。春夏之交,泛舟于此,浓青烟景,绝妙一幅文氏画图。

玉带河,自斟酌桥转出万点桥是也。虎丘山若无斟酌桥、万点桥、望山桥通旱路,便如金、焦两山孤立水中耳。

十字洋,在胜安桥内。顾诒禄《志》云:“以两水会合之处横直作十字形,故名。”其南俗呼“桐桥圩”,昔日竞渡龙舟,多集于是。近只纳凉时有一二舟泊此耳。顾志冲《吴中岁时竹枝词》云:“茉莉花兰花市开,洞庭五月熟杨梅。洋名十字宜消夏,日暮吴姬荡桨回。”

卷十二·舟楫

沙飞船,多停泊野芳浜及普济桥上下岸,郡人宴会与估客之在吴贸易者,辄赁沙飞船会饮于是。船制甚宽,身残志坚檐走轳,行动捩舵撑篙,即昔之荡湖船,以扬郡沙氏变造,故又名“沙飞船”。今虽有卷艄、开艄两种,其船制犹相仿佛也。艄舱有灶,酒茗肴馔,任客所指。舱中以蠡壳嵌玻璃为窗寮,桌椅都雅,香鼎瓶花,位置务精。船之大者可容三席,小者亦可容两筵。凡治具招携,先必期折柬,上书“水窗候光,舟泊某处,舟子某人”。相沿成俗,寖以为礼。迓客于城,则别雇小舟。入夜羊照春,凫壶劝客,行令猜枚,欢笑之声达于两岸,迨至酒阑人散,剩有一堤烟月而已。沈朝初《忆江南》词云:“苏州好,载酒卷艄船。几上博山香篆细,筵前冰碗五侯鲜。稳坐到山前。”盖承平光景,今不殊于昔也。

郡城灯船,日新月异,大小有三十余舟。每岁四月中旬,始搭灯架,名曰“试灯”。过木犀市,谓之“落灯”。多于老棚上竖楣枋椽柱为檠,有镫有镦。灯以明角朱须为贵。上覆布贴紧,下舒锦账。舱中绮幕绣帘,以鲜艳夺目较胜。近时船身之宽而长几倍于昔。有以中排门扃锢,别开两窦于旁,如戏场门然。中舱卧炕之旁,又有小衖可达于尾。舱顶间有启一穴作洋台式者,穹以蠡窗,日色照临,纤细可烛。炕侧必安置

一小榻，与栏楹桌椅，竞尚大理石，以紫檀红木镶嵌。门窗又多雕刻黑漆粉地书画。陈设则有自鸣钟、镜屏、瓶花。茗碗、吐壶以及杯箸肴馔，靡不精洁。值客必以垂髫女郎贡烟递茶，其人半买自外城，间有船娘己出者，大致因伺佳丽之登舟者而设也。佳丽来自院中，与长年相表里，有主人携至佐酒者，有所招之客挈至自娱者。酒酣席散，无论主宾与侑觞之伎，各以番钱相饷，有幺三、幺四之目，幺则给与值舱之舟女，三、四则给与榜人，俗呼"酒钱"。良辰令节，狎侣招游，谓之"下虎丘"。必先小泊东溪，日晡，与诸色游船齐放中流，篙橹相应，回环水中，俗呼"水辔头"。少选，红灯一道，联尾出斟酌桥，迤逦至野芳浜，亦必盘旋数匝，谓之"打招"，与月辉波光相激射。传餐有声，睹爵我算，茉莉珠兰，浓香入鼻，能令观者醉心。设有不欲明灯者，亦任客所指。其头中尾舱，必燃灯一十盏，以自别于快船。予时驾小艇，尽灭灯火，往来其间，或匿身高阁与树木深处，远而望之，不啻近斗牛而观列宿也。吴周钤《灯船歌》云："水嬉吴下盛，约丽推灯船。操船七十户，多住白堤边。兰桡桂楫芳塘路，曾与龙舟夸竞渡。待到秋来月上弦，正宜秉烛晚凉天。盘螭舞凤翻新样，费出豪门不计钱。宾携幸舍骄珠履，妓选倾城耀翠钿。玉树歌声传夜半，银河星采即筵前。夜夜银河恣欢乐，舟师便是填桥鹊。买笑金多尽许分，黄头气焰铜山托。争睹当场热戏豪，那知转盼惊波作。呵禁朝来下急符，威行赤棒敢支吾。星桥火树俱销歇，剩用湖心片月孤。莫讶官司如束湿，由来薪突防宜急。金穴何堪逐水流，昆冈也虑飞灰及。寄语乌衣白面郎，欢场弹指易炎凉。秋风破屋人多少，宵烛何妨赐末光。"

快船之大者即灯船之亚，亦以双橹驾摇，行运甚速，故名曰"快船"，俗呼"摇杀船"，有方棚圆棚之别。户之绮，幕之丽，帘窗之琼绣，金碧千色，嵬眼晃面，与灯船相仿佛，但不设架张灯耳。有等舟身甚小，位置清洁，只可容三四客者，谓之"小快船"，行动更如疾如驶，即舒铁云诗所谓"吴儿驶船如驶马"是也。泊船之处，各占一所，俗呼"船涡"。捧轴理棹者多妇女，故顾日新有"理楫吴娘年二九，玉立人前花不偶。步摇两朵压香云，跳脱一双垂素手"之句。

有本船自蓄歌姬以待客者，近葺歌院，可以登岸追欢。其船多散泊于山塘桥、杨安浜、方基口、头摆渡等处。运动帮作迟缓之势，似舟行逆水中，俗呼"逆水船"。其人间有负一时成名者，分眉写黛，量髻安花，虽示能真个销魂，直欲真个销金，盖亦色界之仙航、柔乡之宝筏也。船中弦索侑酒，又必别置辫发雏姬，女扮男装，多方取悦于客，俗呼"鼻烟壶"，言其幼小未解风情，只堪一嗅而已。舒铁云诗"不男不女船中娘"，正谓此也。闺秀席蕙文《虎丘竹枝词》云："画舫珠帘竞丽华，玻璃巧代碧窗纱。吴歈宛转香喉滑，小调新翻剪靛花。"林涣《画舫雏姬词》云："阳春二三月，杨柳垂堤边。柔波戛鸣橹，划破桐桥烟。豪贵扣舷坐，宾从何联翩。娇痴十龄女，短发垂双肩。岂知梦云乐，故作眉语传。一吹引凤箫，再拨鲲鸡弦。新翻子夜，博取黄金千。黄金有时尽，白璧终难坚。安得大海波，净洗出水莲。"

虎丘游船，有市有会。清明、七月半、十月为三节会，春为牡丹市，秋为木犀市，夏为乘凉市。一岁之中，惟龙船市妇女出游为最盛，船价亦增数倍。小户妇女，多雇小快船，自备肴馔，载以俱往。豪民富室率赁灯船，罗袂藻水，脂香涨川，女从如云，语言嘈杂。灯船停泊之处，散在上津桥、接官亭、杨安浜、通贵桥、八房河头一带。城河狭窄，路通而不能入，以是女眷出游，每肩舆至阊门马头或接官亭、钓桥登舟。夜归则仆从候久，弃水登旱，舆帘下垂，花香徐拂，道旁行客知人家眷属归也。李福《虎丘游船词》云："秋罗衫子艳于霞，雅鬓争簪茉莉花。人眼何人在篷底，东船西舫本无遮。""忽然归棹又相逢，人影灯残花气浓。上得香舆如驶去，静听街鼓响冬冬。"

有等小本经纪之人，专在山塘河中卖水果为生。每值市会，操小划子船，载时新百果，往来画舫之间，日可得数百钱，俗呼"水果船"。

杂耍之技，来自江北，以软硬工夫、十锦戏法、象声、间壁戏、小曲、连相、灯下跳狮、烟火等艺擅长。每岁竞渡市，合伙声喏于前舱，搬演一出，索值一二百文不等。又有一名堂者，乃嘉兴人，能以一人打十番锣鼓，并为昆腔、摊簧诸戏，手动足踹，音节悉合，亦日坐小艇，来往游船之际，以技觅食，过十五日，弃之他往。有等游民，呼朋引侣，自雇小舟，敲动粗细锣鼓，并为盘杠、盘叉、舞火把诸戏，自得其乐。闺秀徐映玉诗云："戎戎山市翳烟萝，斟酌桥西柳荫多。春昼画船相次泊，氍毹上部拂云和。"

虎丘每逢市会,有等老妪或乡间之人,操疲舟,驾朽橹,泊山浜,于灯船杂沓之际,渡人至上下塘买物或游玩乐便,每人只乞一二文,谓之“摆渡船”。然乘危履险,识者有覆溺之虑,宁行纡道,不敢褰裳也。

人有于虎丘、浒关等处或入城勾当者,多雇乘小艇,往来代步,其值甚廉。艇制短小而窄,创于浒关之税厅,一篙一橹,行动捷如飞凫,俗呼“关快”,亦名“七里刄”。泊处有九:一在小普陀,一在花园衖口,一在快嗯场,一在桐桥,一在缸甏河头,一在白姆桥,一在新桥,一在通贵桥,一在山塘桥。操舟者皆西郭桥八都、九都之乡人,不务农桑,专在水面日觅升合之供。犁旦已鼓枻而出,迫暮仍欸乃而还,虽寒暑晴雨无间也。

卷十二·市荡

鱼市,亦谓之“鱼摊”,日过午,集于虎丘山门之大马头、二马头,谓之“晚鲜”。其人皆生长于桐桥内及长荡一带。每出操小舟,以丝结网,截流而渔,俗称“丝网船”。大率多鲤鱼、鲂鱼之属。长荡南北又多蓄鱼池,每岁寒冬起荡,如青鱼、鲢鱼、鲩鱼等,亦艇载而出,坌集于市,名曰“起荡鱼”。施闰章《虎丘杂诗》云:“虎丘茶试蓑衣饼,雀舫人争馄饨菱。欲待秋风问鲈鲙,五湖烟月弄渔罾。”今虎丘白云茶已萎,而山上蓑衣面饼亦如广陵散,绝乡久矣。《元和县志》:“虾亦长荡者为美,身长而味鲜。”

菱荡,在虎丘后山浜与西郭桥一带。菱有青、红两种,青色而大者名馄饨菱,小者名小白菱。然馄饨菱本荡不多得,小白菱为多,又小者名沙角菱。七八月间,菱船往来山塘河中叫卖,其整艇采买者散于各处水果行,鬻于贩客。今虎丘地名尚有称“菱行河头”者。沈朝初《忆江南》词云:“苏州好,湖面半菱窠。绿蒂戈窑长荡美,中秋沙角虎丘多。滋味赛蘋婆。”又,闺秀席蕙文诗云:“楼台照水影层层,隔岸波光午夜灯。小艇一声歌欸乃,半湖明月采红菱。”有种水禽,名曰鱼虎子,红翎翠羽,专在鱼池菱窠啄食,即翡翠鸟也,亦本山所产,皮日休诗:“高下不警红翡翠”。

夷氛闻记[①]

卷一

英夷狡焉思逞志于内地久矣。大西洋葡萄亚【即布路亚】于前明乞得香山濠镜澳以居,曰澳门,易中土物归而懋迁于西海诸国。诸国皆艳羡之。国朝康熙初,因郑成功寇闽,上下及浙、粤,为沿海郡县患,于是迁民内居,筑界墙,严海禁,洋船自此不得入。设兵树桩,置墩守界。惟澳夷地在界外,生齿已繁,不便就阡陌耕作,舍贸易又无以资其生计。乃于入香县隘道,曰横石矶,设为关闸。许买食内地米石,计口而授。月两启放,内货随之,得航出大黄、茶叶如故。转缘禁海得独专其利。时英夷已据印度之孟阿腊(Bengal)海岸,辟为市埠,肇设公司局,循东南洋转相贩买。自恨其市舟不能至粤,羡澳夷益甚。二十二年七月,提督施琅荡平台湾,海氛大靖。又二年,南洋开禁,置江、浙、闽、粤四海关。江之云台山,浙之宁波,闽之厦门,粤之黄埔,并为市地,各设监督,司榷政。定海时尚未立县,英船至则泊舟山。迨新城定海,监督张圣诏乃筑红毛馆城外,使居焉。其市粤,则自雍正十二年始。既乃厚集赀本为公司,称"公班衙"(Company),掌以班酋,司贸易。粤关官商吏役,利其货殖饶裕,逐渐迭增其规费,征索视浙关独夺奢。巡抚杨文乾清釐以归诸官,今关册所称归公例是也。未几归公者又积成正饷,而旧私收之规费未裁。英商故狡狯,心计析及铢锱,孟阿腊土番船之假英旗报以入者,率愚戆,辄受欺于吏役,且苛。乾隆二十年,英商华苗殊(Samuel Harrison?)知浙关费视粤减也。驶舟定海求市。当事请倍增其税。谕以夷并市宁波,日久又成一澳门,民风土俗之有关系者大,是以更定其税则,视粤稍重,俾洋商无所利而不来,意初不在增税也。二十四年,其国商任洪辉以市浙非便,此后势必就粤市,扬帆直赴天津,讦粤关陋弊。钦使讯实,监督得罪。洪辉坐交结内商,囚澳门三载,始释回国。【《康輶纪行》:康熙间,英吉利始来通市,后数年不复来。雍正七年后,互市不绝。初广东碣石镇总兵官陈昂奏言:"臣遍观海外诸国,皆奉正朔。惟红毛一种,奸宄莫测。其中有英圭黎诸国,种族虽分,声气则一。请饬督抚关部诸臣,设法防范。"乾隆七年十一月,英吉利巡船遭风飘至澳门海面,遣夷目至省城求济。广东总督策楞,令地方官给资粮,修船只。先是,其互市处所,或于粤,或于浙。二十二年,部议英吉利不准赴浙贸易。于是皆收泊广东。每夏秋之交,由虎门入。土产则有大小绒、哔叽、羽纱、紫檀、火石,及所制玻璃镜、时辰钟表等物,精巧绝伦。二十四年,方严丝斤出洋之禁。两广总督李侍尧奏言:"近年英吉利夷商屡违禁令,潜赴宁波。今丝斤禁止出洋,可抑外夷骄纵之气。惟本年丝斤已收,请仍准运还。"奏入报可。是年英吉利夷商洪任辉妄控粤海关陋弊。讯有徽商汪圣仪者,与任辉交结,擅领其国大班银一万三百八十两,按交结外国互相买卖借贷财物例治罪。二十七年,英吉利夷商白兰求照前通市。两广总督苏昌奏准照东洋铜商搭配绸缎之例,酌量配买,每船准买土丝五千斤,二蚕湖丝三千斤。其头蚕湖丝及绸绫缎匹,仍禁止不得影射。自是英吉利来广互市,每船如额配买,岁以为常。其明年,并准带绸缎成匹者二千斤。】其年,英商白兰求仍通市。出洋丝斤船予以限,粤关规费复裁以归诸公。故事,诸夷来粤旧货毕,即乘风去。以索逋留者,必令移居澳门,谓之住冬。澳夷初缘市利裕,习惯奢靡,楼房栉比,土木华侈。既开海禁,不获终专厥利,渐形贫弱,岁恃诸国侨寓,征租值自给。其富者出货,就额定海艘二十有五,载货还澳,例得自与客民交易,税征买者。【客入夷楼,买货下,便单渡过关,按货投税。林制府以渡夫充自蛋民,输税失体,革之,而别招澳商,亦终不果召充。】他夷则必令入虎门,泊黄埔。至即有丈船输钞之令。自裁改归公后,积年而私费复增。例禁在官,所以制限诸夷者,尺寸皆不容越。英夷苦之,益垂涎澳夷得安居内地,又闻俄罗斯人之得入太学而羡之。然当粤关开时,已虑俄夷来舶骤旺,妨蒙古生业,别开陆市于车臣法部之恰克图,不令至粤矣。惟荷兰以助剿台湾,首得通市,特缘赀本未裕,来

① 〔清〕梁廷枏撰,邵循正点校。

船尚少。佛兰西之来,虽远自前明,顾物产货赀并绌,其例,民不许茶食,销流内货无几。故虽与欧塞特黑【即双鹰(奥国)】、普鲁社【即单鹰(普鲁士)】、领墨【即黄旗(丹麦)】、雪际【即琏国(琏国即丹麦,雪际疑即下文瑞国重出。)】、绥沙兰【即瑞国(瑞典)】等国,皆岁以船至,而不及英商远甚。米利坚虽源源而至,而物粗船小。独英船易茶出,分售西南洋国。自以货多税重,弁冕诸夷,又方战胜佛兰西,终不得有其地,欲倚重天朝,将为诸夷雄长。每思所以得天朝心,莫输诚入贡若。恭遇纯庙八旬万寿,其王雅治遣使马戛尔尼,备方物。先使其大班赍呈总督请奏,谓贡物颇贵重,请免由粤道入都,于是贡舟迳泊天津。上嘉其响慕诚悃,燕赉回赐视他国优厚。事毕,从容其王副表,请留一人居京师,理其贸易。使臣复诣内阁陈请,欲改由宁波、天津通市,并求给舟山小岛,与附近广东省城一小地段定居,其来商广州者,自城外下澳,及货由内河载运,求竟免税,或酌减而少之。皆非贡使所宜妄干也。纯皇帝念其化外无知,不予深究,但谕以所请均属窒碍难行而已。使臣返,复颁勅以谕其王,俾知所以不可行之故。时贡舟先开,泊定海。侍郎松筠护送,陆行至浙,代请免所市茶丝税,且许由内河达粤。恐其所求不遂,或煽诱他国,随令所过提镇陈兵接护,录勅宣示广督,俾存档交代,便他时考核。五十八年事也。六十年,复备贡物,由驻粤大班波郎(Henry Browne)呈总督代进。表文陈及助兵攻廓尔喀事。盖用兵廓夷时,大将军闻其南界忽有兵事,至是始悉其由。嘉庆十年,使臣多林文(James Drummond)入贡。适海盗张保等猖獗,英兵船四,泊虎门,请代捕盗,故又表称有事喜欢效力语。先是七年,英兵船六,泊鸡颈洋数月,殆有窥伺澳门意,因与佛夷构兵,虑佛人至直揭其隐,为所中伤,妨市,亦表及之。十三年,兵败于越南富良江,驶三船泊十字门,登澳,踞守诸台。既又续来船八。兵目度路利越关私入公司馆,总督吴熊光知而晓之,不听,则封舱禁期买办,凡四阅月,乃扬去。二十一年,使臣罗尔灵(William Pitt Lord Amherst)、哃当东(G. T. Staunton)仍由天津入贡。尚书和世泰、苏楞额如津门部署,促两使尽一昼夜驰至圆明园,衣装皆落后。睿皇帝御殿受朝,正使称病请假,副使以朝服未至不能成礼为言,世泰遂亦以病奏。上震怒,却其贡物,即日令使臣出都。英夷本意,欲借贡厚结天朝,希恩泽。迨三贡而弗获如所望,图澳复不得逞,大班喇佛旋以洋商行用骤加二十倍,诣巡抚禀讦。下司议,又寝不行。【例定,货银每两抽行用三分,为辛工。据禀,棉花每担近抽二两,为加至二十倍。他货称是。盖军需、贡价及摊还夷债,皆取诸行用,遂有内外用名目。此洋行商人所私增致夷怨者。】于是英商积不平,屡形桀骜。道光中,署督朱桂桢毁其夷馆前马头。遽率其来船碇泊外洋,举八事要挟,以米利坚不从而止。犹以载运鸦片为利不赀,而税羡实足资其国计,常虑市易中断,则利失无以立国,且历受中国怀柔,亦无隙可乘,无口可藉也,故隐忍久之,不敢骤发。盖西南洋五印度之南、中、西,属诸英者十三部,而孟阿腊居首,与孟买部皆鸦片所自出。乾隆初年以来,内地嗜食渐众,贩运者积岁而多,一时来至二万余箱,价值逾六千万。由南洋新埠陆续运至粤海伶仃洋船,随卖随又运至不绝,谓之趸船。全恃沿海内地游手、走私奸民,【详见后。】为之载棹入口,灌输内地。【每千六百八十斤为一趸,约三百趸为一船,故名趸船。】沿海边郡,递于天津,皆趸船之所流注,贩户先收赀会城,入夷馆,易片单出,付买者,持示趸船,则按数而给。【《海国图志》:鸦片制造,一在八达拿,一在默拿。加尔吉达(Calcutta)税簿上,可查每年到中国多少。近来五六年间,孟阿腊出产七万九千四百四十六箱,内有六万七千零三十三箱到中国。道光十三年,七千五百九十八箱。十四年一万二百零六箱。十五年,九千四百八十五箱。十六年,一万三千零九十四箱。十七年,一万零三百九十三箱。十八年,一万六千二百九十七箱。此孟阿腊一处数目。孟迈等处所发卖在外。每年印度所收鸦片税饷,自五百万至一千万员不等。故巴厘满遂以印度为属国中之第一。因孟阿腊官贪心,故港口贸易较之孟买尤大。每年解至英国之银,约三百一十五万员。连存留在印度以及各官所用,大约有一千万员。故英国受鸦片之利益不少。又在印度鸦片之税,英国多年得孟阿腊地税银四百二十二万九千七百十二员。地税外又征收饷。现在常例外再加四款税饷。第一款:种波毕之时,即须上税。第二款:波毕成熟之时,以估价之多少上税。第三款:于取波毕汁之时上税。第四款:于出口之时上税。合计收饷银连地税,共收银九百六十八万四千余员。除公司贸易外,余地皆禁止,不准栽种,以免走私漏税之弊。除英国所辖地方外,他国亦有出产者,如麻尔洼地方,亦种波毕,且制作好,价值昂。先年有公司包揽时,三分中一分由孟迈出口,二分由布路亚国所辖之拿孟出口。今却有十分之九由孟迈出口,只一分由拿

孟出口。因此英国逐年得孟迈鸦片税饷银百万员。又一千八百年间，中国准鸦片进口，以药材上税。及后奉旨禁止，而广东官府仍准鸦片趸船长湾在黄埔，尚未湾零丁洋。二年，令趸船出口，不准湾泊黄埔，由是湾零丁洋及澳门急水门等处。又议定规银每箱若干，自总督衙门以及水路文武官员皆有之。惟关口所得最多，或在船上来取，或在省城交收，皆逐月交清。亦有将鸦片准折，每次自一箱以至百五十箱为止，却无定数。此走私之光景，著实可痛。若想印度人不栽榦波毕，除非中国人不食鸦片。若想中国人不买鸦片，除非印度人不栽波毕。二者皆所不能。又零丁洋系中国荒地，并无兵房营汛保护，可以任外国人停泊。然水手为人所杀，中国亦将凶手捉获施刑，是中国人在相近自己海岸上施行其政治，以保护他国之旗号，故亦可在彼处地方行其所立之章程。不得谓在零丁洋面贩卖鸦片系合法之事。又英吉利之外，米利坚人销用绿茶最多。道光十三四年，米利坚船由中国装出茶叶，不下一千八百六十八万八千五百三十三棒。从前并无此数也。欧罗巴内地销用茶叶，以荷兰、俄罗斯两国为最。荷兰每年要销二百八十万棒。耶麻尼每年销用一百八十万棒，或二百万棒。佛兰西在广东出口时，茶叶虽多，然沿途分售，及到本国进口时数已减少，只销二十五万棒。然只用之以作医胆经之药材。因佛兰西酒多便宜，故不甚销中国之茶也。俄罗斯茶在北边蒙古地方买去，在道光十年买去五十六万三千四百四十棒，在十二年买去六百四十六万一千棒，皆系黑茶，由喀克图旱路运至担色，再由水旱二路分运娜阿额罗。其黄旗（丹麦）船、绥领（瑞典）船、并鲁社船所运茶叶，皆不甚多。其印度各埠销用之茶，每年有英国六七船前去售卖。其阿支比拉俄（马来亚）各岛中茶叶，系中国福建人装出贩卖。中国人海船放到苏禄、文莱、路哥尼阿、新奇坡附近各处，系顺西北风驶去。英吉利人亦有在新奇坡买中国茶回国者。其茶均是上等，现在各岛每年销茶之数，年增一年。总而计之，中国每年出口之茶叶，有七千余万棒，与鸦片贸易可以抵对。】

道光十三年，公司以连岁失利，期已久逾，听臣民请散局而还其原赀于国。散商来舶益多，常货无以遂其垄断，故即以所分赀载运鸦片。光禄寺卿许乃济之观察东粤也，稔知非恃文告可禁，害将无所底止也，时怀隐忧而未得所以清源之法。其同年生顺德何太青，令仁和，擢丞乍浦，罢归，谊最投契，从容为言："纹银易烟出者不可数计。必先罢例禁，听民间得自种罂粟。内产既盛，食者转利值廉，销流自广。夷至者无所得利，招亦不来，来则竟驰关禁，而厚征其税，责商必与易货，严银买罪名。不出二十年，将不禁自绝。实中国利病枢机，如无敢举以入告何。"乃济大为所动，以质教官之监课书院吴兰修者。兰修故嘉应知名士，号多闻，留心世务者也，亦是太青言。退为论曰"弭害"而畅明之。【论云：天下之害，常与利相因。上焉者利害均，其次利一而害十，甚则利一而害百。如是止矣。其弭害之策者三：上焉者，拔本塞源。次则严法厉禁。下则避重就轻。亦如是止矣。若鸦片者，其于人也，利一而害百。其于国也，无纤末之利，有莫大之害。其弭之也，几于无策。夫害至几于无策，而不急为之权，何异厝火积薪之下而燕息其上也。请得而条议之。鸦片之类有三：一曰公斑，皮色黑，亦曰乌土，出明雅喇。一曰白皮，出孟买。一曰红皮，出曼达喇萨。其气薰，其性敛，能提神止泄辟瘴。其于人也，柔而善入，狎而易溺，久则废时失事，相依为命。甚者气弱中干，面灰齿黑，明知其害而不能绝也。嘉庆初食者甚少，不二十年，蔓衍天下，自士大夫以至贩竖走卒，群而趋之，靡然而不返。所谓利一而害百者此也。鸦片之入，贩于澳门，后徙零丁洋。初至约数百箱。乌土每箱价约一千二百员，白皮每箱约千员，红皮约八百员。总计岁耗洋银约数十万员。近年多至二万余箱，乌土约八千箱，每箱约八百员，白皮约一万三千箱，每箱约六百员，红皮约二千箱，每箱约四百员。总计岁耗洋银约一千五百万员。其始犹以洋银买货，今则尽以归国矣。始则专收光面，今则兼用碎花纹银矣。始则英吉利之银不来，今则花旗（美国）港脚之银亦少来矣。我国家休养生息几二百年，四海殷富，金贝充塞。然而天地之数散之甚易，聚之甚难。以中原易尽之藏，填海外无穷之壑，日增月益，不知其极。所谓无纤末之利，有莫大之害者此也。论者谓下闭关之令，绝其互市，捐一百余万之税，留一千余万之银，则失小而得大，此拔本塞源之说也。夫西洋诸国，通市舶者千有余年，住澳门者二百余年，其贩鸦片者止英吉利耳。今将绝英吉利乎，抑尽诸国而绝之乎。尽绝则无以服其心，专绝则无以善其后。即使诸夷尽去，而濒海数十万众，一旦失业无以为生，小则聚而为奸，大则引以启衅，东南之患自此始矣。就令无患，而蛟门以外，择岛为尘，天津、江、浙、闽、广之船，皆得而至之，又乌从而绝之哉。论者又谓民情之玩法也，非重典不

能止。此严法例禁之说也。嘉庆初,食鸦片者罪止枷杖,后则屯贩有禁,熬煮有禁,海口出入有禁,密以巡哨,重以流徒,加以连坐。法非不严也,禁非不厉也,而弊仍不止,何也。盖法令者,胥役之所藉以为利也。立法愈峻,则索贿愈多,其包庇如故,护送如故,贩与食者卒如故也。否则获十百而报一二,夺人之禁物而鬻之,犹自贩耳。而况伪官假役,百弊丛生,前车之辙,亦可鉴矣。奈何恶浊而扬波,止沸而益薪哉。然则为今之计,亦惟权害之轻重而已。自一人言之,则鸦片重而银轻。合天下言之,则雅片轻而银重。查海关旧例,药材款下,雅片每百斤税银三两,又分头银二两四钱五分。嗣后请饬外夷照旧纳税,交付洋行,兑换茶叶。内地种者勿论。至夷船出口,止准带光面洋银,其内地戳印等银,照纹银例,一体严禁,由洋商报查具结。关口盘获者给之,密报者给半,具结不实者罪。如是则通天下之货,留海内之银,十年以后,生计复矣。此避重就轻之说也。顾论者必谓宽一时之法,戕万众之生,则开禁难。窃以君上之养民,犹父母之爱子。饮食男女之欲,皆足以伤生,严以禁之,不可得也。使餍其心而生其悔,则溺者寡矣。论者又谓耗中原之地力,夺天下之农功,则内种又难。谨案,南方罂粟三月成苞,收浆之后,乃种早稻,所妨者麦耳。夫三熟之田,二稻一麦。稻之利八,麦之利二。鸦片之利数倍于麦,其益于农者大矣。楚人失之,楚人得之,不犹愈于夷人乎哉。】

总督卢坤、巡抚祁𡎴见而心折。兰修更约其长学海堂,同事南海熊景星、番禺仪克中,各著论以与为辅翼。坤随述"粤士私议",附片陈焉。以例方严,仅约略其词,终不敢明请弛禁。成庙亦置之,但令沿旧禁加严而已。十五年,坤卒官。邓廷桢自皖抚擢继其节。乃济先改官都门,取兰修旧说,稍稍润饰条上,举朝无继言者。御史许球疏争以为不可。乃下粤督抚察其当否,会议未决。克中故𡎴同乡,寄粤籍,得举,方就𡎴记室,劝行颇力。海事会奏,总督例主稿。𡎴亲袖克中所拟覆草诣商,廷桢留之,发掾录正,会印拜发有日矣。值廷桢生朝,嘉善陈鸿墀主讲越华,南海李可琼以都转假归,皆门下士,相将入祝,共约以弛禁不便,阻其成议。酒间果及奏覆事,可琼耄且聋矣,鳃鳃谓他日子孙恐沾染耗财为累。鸿墀大言曰:"事系天下风化,累在吾师声闻。百世后,青史特书某实首请弛禁,若之何。胡以一家之私为也。"廷桢悟,即以"禁约正严,黾勉绸缪,安知无济,请从此力持三年,如至期果不效,始计更张未晚,"具稿。𡎴勉列奏,究非意所安也。

十八年,鸿胪寺卿黄爵滋有"漏卮宜防请置重典"之奏。【奏云:臣惟皇上宵衣旰食,所以为天下万世计者,至勤且切。而国用未充,民生罕裕,情势积渐,一岁非一岁之比,其故何哉。考诸纯庙之世,筹边之需几何,巡幸之费几何,修造之用几何,而上下充盈,足称极富。嘉庆以来,犹征丰裕。士大夫之家,以及巨商大贾,奢靡成习,较之目前,不啻霄壤。岂愈夺得则愈丰,愈俭则愈啬耶。臣窃见近来银价递增,每银一两,易钱一千六百零。非耗银于内地,实漏银于外夷。盖鸦片烟流入中国,我仁宗睿皇帝知其必有害也,故告戒谆谆,例有明禁。然当时亦不料其流毒至于此极。使早知其若此,必有严刑重法于将萌。查例载,凡夷船到广,必先取具洋商保结,其必无夹带鸦片,然后准其入口。尔时虽有例法,视为具文,夹带断不能免。故道光三年以前,每岁漏银数百万两。其初不过纨袴子弟,冒为浮靡,尚知敛迹。嗣后上自官绅,下至士商以及妇女、僧尼、道士,随在吸食,置买烟具,为市日中。盛京等处、为我朝根本重地,近亦渐染成风。外夷来烟渐多,另有趸船载烟,不进虎门海口,停泊零丁洋中之老万山、大屿山等处。此粤省奸商勾通巡海兵弁,用扒龙、快蟹等船,运银出洋,运烟入口。故自道光三年至十一年,岁漏银一千八百万两。自十一年至十四年,岁漏银二千余万两。自十四年至今,渐漏银至三千余万两之多。此外福建、浙江、山东、天津各海口,合之方数千万两。以中国有用之财,填海外无穷之壑,易此害人之物,渐成病国之忧。日复一日,年复一年,臣不知伊于胡底。各省州县地方钱粮,征钱者多,及办奏销,皆以钱易银,折耗太苦,无不赔垫。各省盐商,卖盐俱系钱文,交课尽归银两,昔之争为利薮,今则视为畏途。若过数年,银价愈贵,奏销如何能办,税课如何能清,如有不测之用,又如何能支。臣每念及此,辗转不寐。今天下皆知漏卮在鸦片,所以塞之之法。纷纷讲求。或谓严查海口,杜其走私之路。固也,无如稽查员弁,未必悉皆公正。既有数千余万之交易,分润毫厘,亦不下数百万两。利之所在,谁肯认真查办,偶有所获,甚属寥寥。况沿海万里,随在皆可出入。一也。或曰,禁止通商,拔其贻害之本。不知洋夷载入呢羽、钟表,与其所载出洋茶叶、大黄、湖丝,通

计交易不足千万两，其沾润利息，不过数百万两，系以货易货，较之鸦片之利，不敷数分之一。故夷人之著意，不在彼而在此。今虽割粤海关税不准通商，而烟船全不进口，停泊大洋，居为奇货。内地吸食之人，刻不可缓，自有奸人搬运。故难防者不在夷商而在奸民。二也。或曰，查拿兴贩，严治烟馆，虽不能清源，亦庶可遏其流。不知自定例以来，兴贩鸦片烟者，发边远充军。开设烟馆者，比照左道惑人引诱良家子弟例，罪止绞。今天下兴贩者不知几何，开设烟馆者不知几何，而各省办此案绝少。盖缘粤省总办鸦片烟之人，据设窑口，自广东以至各省关口，声势联络。各省贩烟之人，其资本重者，窑口包送，关津胥吏，容隐放行，转于往来客商，藉鸦片为名，恣意留难勒索。其各府州县开设烟馆者，类皆奸猾吏役兵丁，勾结故家大族不肖子弟，素有声势，于重门深巷之中，聚众吸食。地方官之幕友家人，半溺于此，未必不庇其同好。三也。或有曰，开种罂粟之禁，听内地熬烟，庶可抵当外夷所入，积之渐久，不致纹银出洋。不知内地所熬之烟，食之不能过瘾。不过兴贩之人，用以搀和洋烟，希图重利。虽开种罂粟之禁，亦不能塞漏卮。四也。然则鸦片之害，其终不能禁乎。臣谓非不能禁，实未知其所以禁也。夫纹银之多，由于贩烟之盛，贩烟之盛，由于食烟之众。无吸食者，自无兴贩，无兴贩者，则外洋之烟自不来矣。今欲加重罪，必先重治吸食。臣请皇上严降谕旨，自今岁某月日起至明年某月日止，准给一年期限戒烟。虽至大之瘾，未有不能断者。若一年以后，仍然吸食，是不奉法之乱民，置之重刑，无不平允。查旧例，吸食鸦片者，罪仅枷杖，其不指出兴贩者，罪止杖一百，徒三年。然断瘾之苦，甚于枷杖。若罪以死，则临刑之惨急，更苦于断瘾之苟延。臣拟其情，愿绝引而死于家，必不愿受刑而死于市。惟皇上明慎用刑之意，诚恐立法稍严，互相攻讦，必至诬及无辜。然吸食鸦片者，是否有引到官熬审，立刻可辨。如非吸食之人，虽大怨深仇，不能诬枉良善。倘果吸食，究亦无从掩饰。故虽用刑，并无流弊。臣查余文仪《台湾志》云，"咖嗰吧本经捷善斗，红毛制造鸦片，诱其食之，遂疲羸受制，其国竟为所据。

红毛人有自食鸦片者，其法，集众环视，系其人竿上，以炮击之入海，故红毛无敢食者。今入中国之鸦片，自英吉利等国，其法有食鸦片者以死论。故各国止有造烟之人，无一食烟之人。臣又闻夷船到广，由孟迈经安南，过境力诱，安南人觉其阴谋，立即严禁，凡有食者，死不赦。夫以外夷之力，尚令行禁止，况我皇上雷电之威，赫然震怒，虽愚顽之沉溺既久，自足以发聩振聋。诚恐畏事之人未肯任怨，明知非严刑不能治，托言吸食人多，治之过骤则有啸聚之患。今宽限一年，是缓图也，在谕旨初降之时，以严切为要。我皇上之旨严，则奉法之吏守法。肃，则犯之人畏。一年之内，十已戒其八九。已食者竟藉国法以保余生，未食者亦因戒烟以全身命。此皇上止辟之大权，即好生之盛德也。臣伏请谕饬各省督抚严切晓谕，广传戒烟药方，毋得逾限吸食。并一面严饬各府州县，清查保甲，预先晓谕居民，于一年后取其五家邻右保结。仍有犯者，准令举发，给予优奖。倘有容隐，一经查出，照新例处治，将互结之人照例治罪。至如通都大邑，五方杂处，往来客寓，饬令邻右准予查察，责成铺店，如有容留食烟之人，照窝藏匪类治罪。现任文武大小各官，如有逾限吸食者，是以奉法之人敢为狂潮之事，应照常人加等，除本犯官治罪外，其子孙不准考试。地方官于定例一年之后，如能实心任事、拿获多起者，拿获盗例议叙，以示鼓励。其地方官署内及官亲幕友家丁，仍有吸食被获者，除本犯治罪外，该管官严加议处。各省满汉营兵，照地方保甲办理。其余管理失察人，照地方官衙门办理。庶几军民一体，上下肃清。无论穷乡僻壤，各必体察详明，使天下晓然于皇上爱惜民财，保全民命之至意。向之吸食者，自当怀刑感德，革面洗心。则漏卮可塞，银价不昂。】诏下其奏，欲广收众论，令内而九卿，外而将军、总督，巡抚具议，得各抒所见条对。于是有请稍加罪名者，有请铸铜为牌当银者，悉留中。独两湖总督林则徐言极剀切，谓目前因循不办，十余年后，银日消耗，兵日吸食，大为中国患。因条上分限、投首、制具、兴贩、处分诸法，为禁物永绝之券。【奏云：部咨奉上谕，著各直省督抚各抒所见，妥议章程具奏云云。臣查由杖加徒，已属从重，若迳坐死罪，是与十恶无所分别，即于五刑恐不协中。一则以犯者太多，有不可胜诛之势，若议刑过重，恐讦告、诬扳、贿纵、索诈之风，因而愈炽。所以论死之议，私相拟议者未尝乏人，而奋然上陈者独有此奏。然流毒至于已甚，非常法之所能防，而力挽颓波，非严刑蔑济。夫鸦片烟非难于革引，难于革犯法之心，安得不立诛心之法。行法在一年以后，而议法在一年以前，转移之机正系诸此，断不至与苛法同日而语也。惟是吸烟之辈，陷溺已深，志气无不昏惰，今日安知来日。当严刑初

设,虽亦魄惊魂悚,而转思期限尚宽,姑俟临时再断,至期迫而又不能骤断,罹法者仍多。一年中,必直省大小官员共矢一心,极力挽回,间不容发,期于必收成效,必绝浇风,此法乃不为赘设。兹谨拟具章程:一,烟具先宜收缴净尽也。查吸烟之竹杆,谓之枪具。枪头装烟点火之具,名曰烟斗。凡新枪斗不适口,且难过引,必其素所习用,有烟油渍于其中者,愈久而愈宝之,虽骨肉不轻以相让。此外零星器具不一而足,惟枪斗切难替代,而斗比枪尤不可离。无枪时,以用熟之斗配别样烟杆,犹或迁就一吸,若无斗,即烟无装处,万不能吸矣。今须责成州县,尽力收缴枪斗。视其距海疆之远近,与夫地方之荒僻,户口之繁约,民俗之华朴,酌期定数,责以起获,示以劝惩。除新枪斗由州县自行毁碎,不必核计外,凡渍油之枪斗,皆须包封送该省大吏,当堂公同启封毁碎。无论此具或由首缴,或由购买,皆许核作州县功过之数。若地方繁广而收缴寥寥者,立予撤参。如能格外多檄旧枪,亦当分别奖励。一,将一年之期画为四限,递加罪名也。查重典之设,原为断吸起见。各省奉文之后,应由大吏发给告示,遍行剀切晓谕。自奉文之日起,扣至三个月为初限。如于初限内改悔断绝,赴官投首者,请照习教之人首明出教例,准予免罪。然投首必将家藏烟具几副、余烟若干,全行呈缴到官,出具改悔自新毫无庇匿甘结,加具族邻保结,立案备查。如日后再犯,或被告发,或经访闻讯实,倍加重办。其二、三、四限内投首者,虽不能概予免罪,似亦可酌量减轻。惟不投首者,一经发觉,即须加重。盖四时成岁,三月成时,气候不为不久,果知畏法,尽可改图。若仍怠忽延迟,已非徒杖所可蔽辜。四限以内未首之犯,拿获审实,似应按月递加,一等重罪,先后投首,如何减等,首后再犯,如何惩办之处,均请勅部核议施行。似此由宽而严,由轻而重,不肖之徒和,如再不知悔惧,置之死地,诚不足惜矣。一,开馆兴贩以及制造烟具各罪名,均应一律加重,分别勒限缴具自首也。查开馆本系死罪,兴应元戍。近因吸食者多,互相包庇,以致被获转少。今吸烟已议重刑,若辈岂宜末减,应请一体加重。自奉文之日起,开馆者勒限一月将烟具烟土全缴,准将原罪量减。拿获照原罪办理。地方官于一月内无论或缴或拿,均免从前失察处分。倘逾限拿获,犯照新例加重,自获之员减等议处。其兴贩之徒,路和远近,应请三个月不拘行至何处,准赴所在有司缴烟免罪。若逾限发觉,亦应论死。其缴到之烟膏,眼同在城文武,加用桐油,立时烧化,投灰江河。匿者与犯同罪。至制造烟枪,固多用竹,亦间有削木为之。大抵皆烟袋铺所制。枪头镶以金银铜锡,枪口饰以金玉角牙。闽粤间又有一种甘庶枪,漆而饰之,尤为若辈所重。其烟斗自广东来者,以洋磁为上,在内地制者,以宜兴为高。恐其屡烧易裂也,则口包以银锡,而发蓝点翠,各极其工。恐其屡吸易塞也,则又通以铁条,矛戟锥刀,不一其状。奇技淫巧,兑相传习,虽照例惩办,而制造如故。应请概限奉文一月内,将所制造大小烟具,全行缴官毁化,免罪。并示谕烟袋什物瓦器以及金银铜锡竹木牙漆各匠,互相稽察。如逾限不首,及首后再制,俱照新例重办。保甲知情不首,与犯同罪。一,失察处分宜先严于近地文武属员。有犯,该管上司奉文三个月内查明举发者,均予免议。逾限失察者,分别议处。其本署戚友家丁,应勒限一月查明,若不能早令革除,又不肯据实举发,即是有心庇匿。除犯者加重治罪外,应将庇匿之员革职。临审时,恐其带药丸过引,则必先将身上按名严搜,然后点入封门,如考棚之号,各离尺余,不准交言往来。问官亦只准携带一丁两役,不许擅离。自辰巳以至子时止,须静对,不必问供,而有引之人,情态已皆可出矣。何员所审,即令何员照具切结,别经发觉,惟原审官是问。以上就臣愚见斟酌筹议,伏乞皇上圣鉴训示。再臣十八年来,禁戒吸食,即行施药瘳之,历试历验者,计有丸方两种,谨缮另单恭呈】上大为感动。召至京,面受方略,以兵部尚书佩钦差大臣关防,驰驿至,会督抚商办。

廷议贩卖吸食皆死,著为令,予戒限年有半。粤中办理已节节从严,访缉贩户,不遗余力。货舟往天津,官为查验封舱。抵津复由官验启。沿海诸营以兵递送。驻舟师中路伶仃、东路惠潮洋面,按月轮截。民泊夷船售私者,见即捕执,格杀勿论。首令省绅设局劝缴膏土吸具。廷桢先严檄州县实力奉行,劾去其吸食者。虑属吏具文应也,则故差其材官分出而坐催之。民俗骚扰,熬验于官日以百计,瘐死者众,诬首之风四起。因有条陈仿保甲法为五家互结者,然后良民得自为联保。【时查办严,邓公明知骚扰,而转有假是以动民,使永戒痛绝之意。派及材官,原不得已之权宜也。省中兵役,栽赃肆害,旦夕诈索,络绎于道,皆雇工贱役,巨贩率以贿纵,获者寥寥。外县武弁,尤藉以居奇,草木皆兵,几无宁宇。黄埔本番禺近海村落,夷船所聚泊处,不能无所蓄。邓公密调顺德令威昌夜挈兵役往搜。乡人以番令张锡蕃不至,意其伪,遽出

拒，遂伤官役。予下乡收缴还，言诸邓公，乞勿过为操切，宜听五邻结保，以为究竟。遂令予补牍上之。绍兴名士胡蕃，方就幕潮阳，以为是虽变通古法，而不可行于潮郡，虑乡有土城，将负隅以抗，而卒亦如此议行矣。当谕旨严切时，高要广利墟素有所积，由此越梧州关灌输西粤，有旨切责，盖条奏者以广利有小澳门之名故也。邓公既拘关吏，并以责高要令，无所得。乃召予入署，示以军机字寄，语次涕下，予亦感动。为购得墟铺之为营土窖以藏者，列其铺号以入。曾令缴十颗至，忘撤所记铺名，对验正中。又实以泥沙，询悉由更保查起者。于是令修补知县言良钰往。予劝公事苟办，幸勿以人命为功，良钰首肯，终事拘一火者奏覆乃已。墟铺之藏者凡十余家，各以地道入。时有由渡分寄以函，官至令亟避者。】皆则徐未至前事也。凡大班始至，具盛服，带剑，候谒洋商，三日而后见。自夷性日骄戾，废此礼久。商之所以投夷好者，无乎不至。勾通府幕，官有举动，夷辄先知。又虑大班遇事挑斥，益低首下心，委婉而承顺之。商贤愚固不一，然利夷之利，则人有同情，夷遂得而恃之矣。公司局散费省，不复以官来。大吏恶其水梢素横，散商无所统一，谕使仍派夷官自理。逾年即以聿劳卑（Lord Napier）至。欲设审判署，辟属自助，未报，遽入，出其国文，将面投总督。商代呈不许，遣广州副将偕守谘询，亦秘不以来意告。遂禁其火食，惧而出，旋愤极而死于澳。十六年，继以义律。已惩前事，初至，极恭慎，再请而后入，居夷馆，称远职。盖英俗贵所都兰仑（伦敦）人，义律籍其国属的赊士小岛，于国实疏逖，利权非其所专，逊大班远甚，帮自抑不敢肆如此。西夷于卦方属兑，俗重女子，从师就学，一同丈夫，嫁则跬步弗离，事必顺而听焉，土风然也。义律素敬服其妻，生一子矣。此来谓招自中国，驻粤必久，携以至。然亦但治其船梢，未尝与闻贸易。盖来者皆其民之赀货，出入盈歉皆所自主，非复向者之官六民四，属诸公司大班也。

十九年正月，则徐既抵粤，详考禁令，访悉近年情事、与夷商轻藐所由来。【林公前官苏抚，得士心，江苏郭桂船庶常，书院中所最常识者。豫厚菴堃来榷粤市，聘就幕中。会予应聘总修粤海关志，署牍录发出其手。林公未度岭关，以役迎诸意向州，郭亦附书以迓。知予先在海防书局，所有诸国禀件禁令，及沿海要隘、诸营县界域道里、墩营炮械，皆有录存图绘。于是諄嘱予摘其切要有关海事，畅为图说，为羔鴈献。先是，林公官杭嘉观察，见予所著书，谬承奖借。至是，就局中录为巨帙，授郭献之。予方由越华院迁邻舍，以备行辕，公过而先下顾，谈极畅。】严责首商。商众咸畏服。随札谕夷商，速缴禁物，委曲开导。时夷商闻中国法在必行，往日售私最多者曰喳吨，已先遁出伶仃。次则颠地，尚徘徊未去。则徐以义律领袖诸夷，预示以将来缴尽，宜出具"夹带者人正法货入官"甘结，乃可不断市易，为谕四条。【谕云：一，论天理应速缴也。查尔等数十年来，以害人之鸦片骗人钱银，前后所得不知几万万矣。尔则图私而专利，人则破产以戕生。天道循环，能无报应乎。及今缴出，或可忏悔免殃。否则恶愈深而孽愈重，尔等离家数万里，一船来去，巨海茫茫，如雷霆风暴之灾，蛟蛇鳄蟒之害，刻刻危机，天谴可畏。我大皇帝威德同天，今要杜绝鸦片，是即天意要绝鸦片也。天之所厌，谁能违之。即如英国之人，犯内地禁令者，前有大班喇咈占澳门，随即在澳身死。道光二十四年，聿劳卑闯进虎门，旋即忧惧而死。马里臣（Robert Morrison）暗中播弄，是年亦死。此外凡有不循法者，该夷回国而遭重谴，或未回复受冥诛，各国新闻纸中皆有记载。天朝之不可违如是，尔等可不凛惧乎。一，论国法应速缴也。闻尔等国禁，吸食鸦片者处死，是明知鸦片烟之害人也。若禁食而不禁卖，殊非恕道若禁卖而仍偷卖，是为玩法。况天朝贩卖之禁，本比吸食为尤重，尔等虽生于外国，而身家养活全靠天朝。且在内地之日多，住尔国之日少，日用饮食以及积蓄家财，无非天朝恩典，比之内地百姓更为优溥。岂非尔等于天朝之德转不知悔惧耶。从前鸦片虽禁，尚不加以严刑，则是天朝宽大之政。至于尔等私下贩卖，亦不十分罪究。今则大皇帝深恶而痛绝，后民人不特卖鸦片者要死，而吸食者也要死，都是尔等害之。岂内地民人该死而尔等独不该死乎。今体大皇帝柔远之心，姑饶尔等之死，只要尔等缴清烟土，出具以后不夹带甘结，如有再带入口，人即正法，货尽缴官，这是宽既往而儆将来，何等包含浑厚。且无论尔历年所卖鸦片不计其数，就论上年带来鸦片，偷卖去的谅亦不少。尔仅将趸船之现存者尽数呈缴，已极便宜。那有再让尔等多赚银钱，更诱内地民人买食以陷互罪之理。恭查大清律例内载，凡外人有犯，并依律拟斩等语。从前办过夷人死罪，如打死人偿命之类，都有成案。试思打死一命，不过衅起一时，尚当依律抵死。若贩卖鸦片，直是谋财害命。况所谋所害，何止一人一家。此罪该死乎，不该死乎。而尚不思速

缴烟土以免其死乎。尔等细思之。一,论人情应速缴也。尔等来广通商,利市三倍。凡尔带来货物,不论粗细整碎,无一不可销售,而内地出产,不论可吃可穿可用可卖者,无一不听尔搬运。不但以尔国之货,赚内地之财,并以内地之货,赚各国之财。即使断了鸦片一物,而别项买卖正多,则其三倍之利自在,尔等仍可致富。既不犯潮,又不造孽,何等快活。若必要做鸦片生意,必应断尔贸易。试问普天之下,岂能更有如此好马头乎。且无论大黄、茶叶不得,即无以为生,各种丝斤不得,即无以为织,即如食物之白糖、冰糖、桂皮、桂子,用物中之银朱、腾黄、白矾、樟脑等类,岂尔各国所能无者。在中原物产充盈,尽可不需外洋货物,若因鸦片而闭市,尔等全无生计,岂非由于自取乎。况现在鸦片无人敢买,尔等寄在趸船,按月有租赁之价,日夜有防范之工,岂非多此枉费。一遇风狂火炽,浪涌潮翻,沉没烧毁,皆意中事也。何如呈缴而得优偿乎。一,论事势应速缴也。尔等远涉大洋,来此经营贸易,全赖与人和睦,安分保身,或可避害得利。尔等售卖鸦片,贻害内民,正人君子无不痛心疾首。甚至兴贩吸食之人置之于死,皆由尔等而起,即闾里小民多抱不平之气,众怒难犯,甚可虑也。出外之人,所恃者信义耳,现在各省皆待尔等以信义,而尔等转毫无信义,于心安乎,于势顺乎。况以本不应卖之物,当此断不可卖之时,尔等有何为难,有何恨惜。且尔等国不食,势难带回,若不缴官,留之何用。既缴之后,贸易愈旺,礼貌愈优,岂非尔等之福也。本大臣与督抚两院,皆有不忍之心,故不惮如此苦心劝谕。祸福荣辱皆由自取,勿谓言之不早也。】又筹办内地兴贩吸食者,先以所访积年贩户,下司行拘。颁结式,令四民互保,海口船户亦编澳甲,书名帆上,以便稽察。【当时章程十条:一,吸食者立限断引。省城以二月为始,截至三月底止。外府州县以奉文日为始,勒限两月,一体戒断。其有旧存烟土、烟膏、烟枪、烟斗及一切零星器具,一概准其缴官,不问姓名,但不得稍有隐匿。所缴烟枪,必须辨明真伪。外已纯熟,中渍烟油者为真,以新竹灌烟油者为伪。至于窑口兴贩烟馆等项人犯,若不将烊烟膏首缴到官,及至被人告发,或线人引拿,搜获真赃实据,定当尽法惩治,并以本犯财产籍没变价,赏给首告及引拿之人。诬者反坐。一,有人告发,或现犯供指,或线人密首,应行进屋搜查赃据者,其夹带栽赃之弊,固不可不防,而谣言鼓惑之风,亦不可不戢。嗣后遇有应行入室搜查者,文武各官须亲带兵差,甫经进门,先将带去兵差,逐一搜检明白,仍于出门时,当众照前搜检,栽赃攫窃二弊,均无所藉口矣。一,大小文武官员,许其所属禀首,广开指揭之门,非纵其凌长犯上也,直指告罪人耳。沿海营弁,更难保无得规、狥隐、售私、吸食诸弊。嗣后无论地方盐务文武官员,其属下有吸食或包私者,该管上司代为狥庇,一并严参。其上官有吸食或包私者,属下果能切实禀揭,熬审不虚,分别记功奖励拔补。一,各州县奉文之后,勒限两月,收缴烟枪烟土器具。应责成该州县分都分图,由城及乡,挨次编查保甲,以塞其流。敦请绅士为之综理,再由绅士选举各乡公正衿者分段编查,赴县具领门牌底册,详细填注。其有不能相信者,许于该户名下注明不敢保字样。地方官即将各乡不敢保结之人,另立一册,限日搜查。无实据者,再责成该管族党正副立限确查,切实保结。倘仍前不敢担保,立即严拘讯究。一,士为四民之首。文武生员有吸食鸦片者,予限两月。若再观望迁延,则其情罪实较齐民为重,即责成教官,逐一挨查,转报地方,审明实据,立即详革治罪。教官查核学册,随意拨派五人,互相联保。各于册内,详注互保姓名。事竣,申缴备案。至捐职及贡监生,令各州县细查档册,开明人数,造册移送教官,谕令生员各保所知。倘生员未能尽悉,不肯据保,即责成已经保过之捐职贡监,保其同类。其无保之人,查讯熬验。一,兵丁吸食,精神筋力疲惫不堪。亟应明定章程,严加考验以除积弊而肃戎行。每五人为一伍,令其互具连环保结呈送。所不敢保者,另立一册,听候委员熬试。一,幕友官亲长随,统于两月限内,将署中有无吸食之人,出具切结,属员申送上司,同官互相咨送,以凭查考。经承小书、各班差役,亦应责成本官设法查禁,亦随便指拨五人,互相派保。一,粤东中、东、西三路口岸出洋之艚船、拖风渡船、泥船以及虾苟等项,或揽载私货,兴贩吸食,或贪图微利,接济奸夷。责令该口岸澳甲,编号造册,呈送该管衙门。饬令五船互保,将无人保结之船,另造一册,随时挨次搜查究办。即或查无实据,亦应编入岸地,交保约束,不准再令驾驶出洋。其内河大小船只,以及蛋家渔船,均责成地方官一体查办。倘有客商违例夹带吸食,许该船户前赴沿途地方官密行首禀。一船有幔三扇,或一二扇,书写大字三行,中一行写某州县某人姓名,左一行写某字第几号,右一行写第几甲第几牌。一,客寓寺观伙店,所有暂时寄寓之人,应由地方官责成庙祝店主,设立循环号簿,诘询里居姓名,详细注

册，每五日送该管衙门考核。许该庙祝店主随时密首。一，各客商过关投税，势难一一打开盘验。责成行户经纪人等，逐一检查。到关即将货单保结呈缴，关口委员核对图记相符，然后抽查货物。】二月初十日，义律自澳入省，欲挟颠地（L. Dent）私逃，以为匿处澳门，或下船次，皆无如我何也。则徐侦知，撤其买办，调集巡船，围泊夷馆后，查截严紧，使无从下河。而筏断猎德，防其远遁。十四日，义律计无复之，乃请就夷楼、黄埔及椗洋趸船所有，合二万二百八十有三箱，尽数呈缴。【闻缴数虽多，然中有内地人先向夷楼交银取单未及载运者。又有上年由粤赴天津，以港口查办严，不敢入，因而原船带还，仍借放趸船者。似非尽英夷之物。然据澳门月报，一云缴与中国值鲁碑二千五百万两。一云缴销破费一千二百五十万员。皆以所缴数核算。鲁碑值半员，两数相符，是并借放者亦作该船物矣。】则徐亲赴虎门验收，凡二百三十七万六千二百五十四斤，以箱凡百二十斤计，转浮出所呈数外。奏请派员解京。得旨令在海口销毁，俾军民知所震畏。乃开池引卤水入，随投随夹以石灰，俟其扬沸，旋自糜烂【事后因免解京，有疑及所缴中多空箱者。不知义律当时实尽缴无存，松公带同官役，万眼同观，且委员下船收缴，亦开箱点足，无空箱事。】趸船既空所载，恐其聚泊生事，逐使还国。【海船必重载而后可行，趸船止椗泊载私，半属敝坏之船，非修不可驾驶。时市尚未禁断，而散商买货，有时必以原船运出。趸船实无货可载，一时难以开行，逐之焚之，皆难驱使去。其时舟师奉公，又不敢稍作疏懈。夷人所以谓林公不知外国情事者，此一端也。】续至者亦令续缴，甫至闻即开行者，免其穷追，此缴烟始末也。

溯考康熙中，鸦片入口以药材收税，来尚无几。厥后恶吸食伤人，除其税而禁之。嘉庆中，私贩日盛，稍加食者罪，摘总商顶戴，虽岁具季结，总属具文。始则屯于澳门，自香山叶恒树得罪，乃改囤黄埔船。既虑内河受制，又租船而尽趸于伶仃、急水等洋。每制出，即载至新埠，陆续来粤，源源轮运售销，来数驯至莫可穷诘。道光十三年后，岁至者已七千余箱，至是且万有六千余箱矣。当阮元官总督时，知流毒日深，终必决裂，而内地商民资以求食，欲操其本而无从也，则密奏暂事羁縻，徐为之计。无如代者渐积因循，李鸿宾创设两广巡船，【道光六年事】而月规反从此起，水师关口，视为利薮。内匪私制船形如蝌，百桨飞运，谓之快蟹，代为灌输，行无晓夜。遇查捕仅十之一，不能避，则以炮抗。兵船遇之，亦不复向问。外洋运米入济，例免征税，夷埠米至较多，往往因而夹压米舱以入。卢坤知巡船积弊，立令裁撤，【十二年事】已不可及。廷桢始至，以中军副将韩肇庆言之。【十七年事】肇庆布其属，如蒋大彪、伦朝光、王振高、徐广、梁恩升、保安泰辈，假查为纵，时取趸船数百箱，间自出所得规赀易纹银为报功地。肇庆未几而获擢总兵，赏花翎，每指文员规费语其徒，实皆假名以入已橐。廷桢但见报获叠至，以为实效可睹，无可起疑。且易纹银为私货赃赀，缴公至巨万，变幻更出意外。事固甚秘，即有闻见，亦疑信参焉，无敢质言者。实不虞肇庆之相负至此也。【林公在道未至，邓公为予言，云："少翁在两湖查缴烟具，以为民间无具可用，即为戒绝之证。殊不知具虽缴，而凡可借以为吸而食之者，皆具也。"时方在二堂右佥押房隔案坐，因指砚侧水盂曰："譬诸禁花样，茶碗缴尽，犹可以此盂为饮具，正源之法，却不在此。惟互结一法，尚可行于乡里，可先仿其意行之。"予既陈五家互结，牍末并及两广船名目，请因便核查。盖凡送京报船之往来北江者，其额必书两广报船，粤人因亦称曰两广船，与海口巡船名目相同。但报船止从内河往返连州江口，挟私或有或无，即有亦属零星，原无与查办。其时公乃密令冯弁者，至报船泊处，详访至再，不可谓不随知随办。无如神猾之弥缝，能出意计外，海口两广船名目，向未入公耳也。闻规费之归营员者，每借节署为言。尤荒谬可发指者，则莫如讹言及三公子。无名氏题壁诗，仅从耳食。又有"月钱三万六千金"，及"何时钟室诛韩信，自昔铜山属邓通"语。邓公闻之，恶其无根讪谤，因有"查办从严，不利食者，致作为诗歌"之奏。及至奉旨查拘，又不欲为已甚。时关署有令江陵罢官在幕者，以所闻作者姓名告，固谓得诸传闻，非有所证据也。先是公甫至粤，属其门下陈舍人鸿墀为觅品学兼优之士为公子师。舍人转访于庠，予以其人并南海林学正伯桐荐。公命取阅所著书义，其人方馆鲢席，入丰，为书答予使辞之，而感公知己之意，洋溢楮外。予以书呈。至是已四年矣。公偶言及作诗事，予背诵前书感激语，由是释然。其延林时，公子方舞象，授经之暇，辄讲古礼，无故不令入内。署书房门在二堂庭左，设老役守之，署内人且不得入。入则公自房窗一望即见。迨西省阅兵去，更恪守馆规，旬日不入。一日童子出请，向师揖告片刻假，林恐其荒业也，笑谓盍学书乎，遽逡巡还座。顷之，官

戚有长辈者入言,今日其先夫人木主奉安里第,署中亦同时行礼。林乃怃然曰:"何不质告,几误矣。"其醇谨率教如此,林知之最悉。林故恭谨通儒,殁后,缙绅举礼乡贤,言动皆为人信。每谈此未尝不冲冠也。后林公令观风诸生陈积弊,各书所知于片纸,数百人无一言及公子者,可见公论之自有在也。】

则徐因其乡人之久于粤者习闻水师得规故纵之说,乃选集会城粤秀、越华、羊城三书院肄业生数百人,为观风试。假学政考棚扃而考之,卷夹条纸,开四事为问。【四事:一,大窑口所在及开设者姓名。一,零星贩户。一,令各就耳目所及指出,而不书己名于纸片。一,断绝禁物法。卷册先由监院教官备送。前一夕预传刻匠,以三鼓刻印,留于行署,诘朝乃出,点名后诸生见条纸始知。】于是诸生各以所闻详书于纸。则尽悉屯户姓名及水师贿纵报获献功欺矇大吏状。商之廷桢,奏褫肇庆职,尽发遣其属弁。【当时林公有严议至死罪之意。予从容谓欺罔者当不止此数人,后终以邓公故轻之。然当讯诸人,邓公适至,婉却之,直告以方讯罪弁,有所商请,先诣巡抚署相待。林公亦随至。始终无私言也。】惟恩升伪为目疾,禁未起解。

奏定赏缴烟夷船茶叶,计箱给五十斤。【每石茶税银二两五钱。洋行会馆石抽银六员至九员不等。有公司时,洋商包饷费至六两七钱。归时,沿途海口七八处皆有税。至英国则每茶十二两纳三钱七分五厘。较原值已加一倍。并水脚与武夷买价已及数倍矣。此出自恩赏,虽五十斤,然彼所得已不薄。】则徐探知夷埠烟税最重,岁留充孟阿腊经费,有余尽收归国库,王享其厚利久矣。今中国虽禁绝吸食,而来源未断,是当责诸其王。王果恭顺天朝,即宜在延缓先禁栽种,此后私产不前,庶可永享乐利。于是会督抚衡照会英国。【予言于林公谓宜奏请敕谕,且引乾隆嘉庆两贡并颁以敕,似可率由旧章为言。林公以前次之赐敕,皆有使臣可带,今既不便以人往,事当敬慎,不如由大臣照会为当。惟虑义律未必肯代寄。予举康熙中赐敕俄罗斯,亦虑及边目阻隔,因荷兰人至,交其转行賫发,此次似可交西洋在粤舟,令其代寄。】并虑义律惧王以已不善办理受责,辞不肯收,收亦浮沉,文既未达,终无实耗。乃缮封数十,按其在粤国船及他国船之必抵其兰仑城者,船与一通,使归投焉,以期必至。【照会云:照得天道无私,不容害人以利己,人情不远,孰非恶杀而好生。贵国在重洋二万里外,而同此天道,同此人情,未有不明于死生利害者也。以天朝四海为家,大皇帝如天之仁,无所不覆,而遐荒绝域,亦在并生并育之中。广东自开海禁以来,流通贸易,凡以内地民人与外来番船相安于乐利者,数十年于兹矣。且于大黄、茶叶、湖丝等类,皆中国宝贵之产。外国若不得此,即无以为命。而天朝一视同仁,许其贩卖出洋,绝不靳异,无非推恩外服,以天地之心为心也。乃有一种奸夷,制为鸦片烟,夹带贩卖,诱惑愚民,以害其身,以谋其利。从前吸食者尚少,近则互相传染,流毒日深。在中原富庶蕃昌,虽在此等愚民,贪口腹而戕其生,亦属孽由自取,何必为之爱惜。然以大清一统之天下,务在端风俗以正人心,岂肯使海内生民,尽甘心鸩毒。是以现将内地贩卖鸦片并吸食之人,一体严行治罪,永绝流传。惟思此等毒物,系贵国所属各部落内鬼蜮奸人私行造作自非贵国王令其制卖。但各国之中,亦只数国制造此物,并非诸国皆然。稔闻贵国不准民人吸食,犯者必惩,自系知其害人,故特为之厉禁。然禁其吸食,何如禁其贩卖,并禁其制造,乃为清源之道。若自不食,而仍敢制造贩卖,引诱内地愚民,则是欲己之生而陷人之死,欲己之利而贻人以害,此皆人情之所痛恨,天道之所不容,以天朝力震华夷,何难立制其命,而仰体圣明宽大,自宜告诫于先。且从前未有公文移会贵国王,一律严禁,则犹得诿为不知。今与贵国王约,将此害人之鸦片永远断绝。我内地禁人吸食,属国禁人制造,其从前已经造作者,贵国立即颁行搜尽投之海底,断不许天地间更有毒物,非独内地民人不受其害,即贵国民人既有造作,安知其不吸食,果并造作而禁之,则该国亦不受其害,岂不各享太平之福,益昭贵国恭顺之忱。如此,则明于天理,而上不致降灾,协乎人情,即物亦能感化。况内地既经严禁,无使吸食,即使该国制造,终亦无处可卖,无利可图。与其亏本徒劳,何不改图别业。况内地搜出鸦片,尽行付火油烧毁,再有夷船夹带鸦片前来,不能不一体烧毁。恐船内所载他货,难免玉石俱焚,是利不得而害已形,欲害人而先害己也。天朝之所以臣服万国者,正有不测之神威,毋谓言之不早也。贵国王接到此文,即将各海口缘由速行移覆,幸勿谎饰支延。道光十九年二月 日】遴随员知府余保纯、刘开域出虎、澳门,颁式各国,使合汉夷字缮结。诸国皆如式缴送。义律请令随员入澳,会议禁烟章程,因请此后听其国船至,即收泊于澳门,由澳卸载,不经虎门。则徐以澳门西洋船旧有定额,非英船可得援照,如不入泊黄埔,海关从何征税,私货从何稽核,严词批驳。义律言既不

准收泊澳地,便无章程可议。遽负气缴还所赏茶斤,坚不具结,尽止其国来船,候王文至方放入口。盖其时义律先附阿厘尔船,以缴烟中国,列所缴数并开应偿商本一切,驰禀其王。别缮【甲乙本均误绘。】会单十有七纸,付其库官,令照在粤原约,按十二个月限期,出库款给还商缴原价,俟商归领。船未至,而所都兰仑城已于六月二十日风闻其事矣。【彼国七月十三日。海国图志:"义律缴与中国鸦片共计二万零二百八十三箱,值鲁碑二千五百万个。麻尔洼存旧鸦片一万二千箱,值鲁碑七百二十万个,存新鸦片二万三千箱,值鲁碑一千一百五十万个。孟阿拉存旧鸦片八千箱,值鲁碑三百二十万个,孟阿拉新鸦片二万二千箱,值鲁碑八百八十万个。总共值鲁碑五千五百七十万个,该五百五十万棒有奇。十二月,到兰顿之茶七万包,当卖去五万八千包,存下一万二千包未卖。所存下之茶内有一半系带茶叶进口之人收起,奈价甚高,卖出之茶叶,比十月间价更贵。后因买者日少,价钱渐已减落。前月十六日,接得印度信来说:自七月间,广东已将英国贸易停止,送致茶叶价值又复长价。至前月下旬,传说国家要与中国打仗,茶叶价更增长。自后市上卖茶之人,皆囤积不卖,买茶之人,到外购买毫不能得。以致下等之黑茶绿茶,亦如常时好茶并工夫茶一样价值。"又缴烟时,鸦片价值每箱不过洋银二百五十员。何各英国人将烟卖与义律,呈缴之时,又索价每箱五百员之多,欲望英国库中偿补之。】故义律以待命为请。其不敢具结也,实稔知南洋息辣(锡兰)、新嘉坡诸市埠,积顿鸦片尚多,运至伶仃者方源源不绝,自惴人疏职小,无奥援于国,倘一遵中国结状,则来者货没人杀,皆出其手,为指顾间事,而彼国尚未之知,肩任重大,用是筹之愈决,持之愈坚。【予上邓制府书云:日昨抠谒軨辕,饱德醉醇,三爵而退,入城已及更深矣。逾分之爱,敢寻常称谢而已耶。钦使筹办海禁,极为严密周详,通国所乐为祝颂。刻下出驻虎头门,令刘、余两随员勒取义律结状,坚不我从,固属顽梗。然在鄙见论之,就使彼能具结,亦不过一时虚应故事耳。揆之钦使生平实事求是之意,似有尚宜细思者。事系中外大防、生民至计,蒭荛一得,弗敢避嫌缄默。盖将求内地无鸦片之传染,必外邦无鸦片之栽种而后可。鸦片之来,自开关已入税则,今榷册未去其条。但从前止供药料,后喷香食众,销流广,则制造多,其势然也。英夷自乾隆初年攻据陵园阿腊,即古印度海口,驻守至今,凡租地开花取液出口,四征其税,所以资于鸦片者甚厚。彼壤地为里有限,而鸦片乃日出无穷,非土番舍耕耨而专种罂粟,不能多至于是。其来也,先囤之于新埠,由新埠而运至零丁洋外之趸船,随卸随载,随卖随补,源源不绝,情形如是。今具结之后,能日陈兵于口岸为之迎而搜之乎。纵设法不令入虎门,而自老万山外,蔓延诸省、灌输内地者,安所底止。目前虽缴烧净尽,恐不转盼而航帆至者,即以结具禁懈,而窥伺且接踵矣。故善后之策,实难计其万全。不如明白宣谕,使义律使返报国主,俾切谕其酋,谓中国既严禁令,誓断绝而后止,将来到必失利,而他货亦随以入官,夷商即从之受法,种种窒碍,利害悬殊。今中国一视同仁,特予以三年期限,令外邦种植鸦片旧壤,得以立行改种禾稻架非之属,凡地性所宜,可资生夷众者,听照未有鸦片之前,就地栽植,以所出代鸦片而胆生计。语既迫切,时尚从容。贪利之邦,宜知去害。一俟三年期满,孟阿腊生计有资,鸦片既不制造,则来商自无从获罪,至此方为尽绝根株。尚恐义律未明大体,不敢遽达其王,似宜加以照会,彼方图天朝之市易,惧行法之严峻,安在其不能如响斯应乎。在钦使集思广益,饮食教诲,数月于兹,相待洵为至厚,每思抒忱献悃,觅便进言,惟是远驻海壖,面陈无自。且海禁一役,大人与中丞公同办理,未便越渎,用谨披陈于左右。曩者缮禀,请永禁烟,以五家互结之法。当奉行司,倏遍两省。当时所识潮阳幕客胡君画堂者,来函以"地多土城,奉行颇窒"见商,始知通行文件均声及禀陈之由。自问职仅课文,为公越分,每一念及,时抱悚惶。兹可否仍作密商,勿令宣露,权衡有在,伏乞鉴原。】延至五月,会有英船水手殴毙村民于尖沙嘴者。正严勒取结,怒其藐抗,报至,更令交凶犯讯抵。义律购缉正凶,自拘集其起事黑夷五人,听官查勘,尚未敢遽形悖逆也。【雍正中,总督奏:"溯查自来内地杀夷人多,而夷杀内地人少。缘夷人犯罪,畏交省禁,而地方官亦畏不能交禁受处分,于是任其设法消弭,转非所以畏服外夷。请嗣后免其交禁,令夷目拘犯禁于澳门夷监,而委官赴澳会汛取供。俟部覆处决,仍委官往监视行刑。"自是夷杀人无交省禁之例。】则徐恐义律久居澳门,得与西洋人交结为奸。谕以"英商在澳,原为摒挡贸易,今货船既不入口,无舱可开,无货可售,逗留无谓,"令其概行迁出,下令禁绝入澳蔬食。西洋人惧为所累,莫肯为英人居停。义律不得已,携其妻若子,率住澳英夷五十七家,仓卒下海,暂出尖沙寄泊,由是诸夷怨甚。其国旧设护货船,兵随货至,大

者护以二船,小者一船。货入,留兵外洋。英夷既出,澳夷代请将趸船尽遣去,夹带者货充公而人不杀,谓西洋向不知有斩杀例也。则徐以所请不与内地办法及各国结语画一,斥之。保纯屡促义律具结,义律转以结则已受累,故开诚以告,保纯亦无以难也。遂劝其自请船至口岸,泊候盘验,意以为夷商畏盘失货,临时将即甘自投结,可省口舌也。义律未明其用意所在,谓私但入官,仍未至正法,可行也,欣然从之。旋具牍代请,为则徐驳饬,事已不行,而义律误以为委员许之矣。既知仍需结,怨大吏反覆。群夷因人际义律督护货兵,与我舟师抗,数自易其官名。自是始决意内犯。洋面皆出舟师,带小舟,载引火物,烧其趸船之不肯回国者。

八月初五日,英夷所雇吕宋墨尔咩那(Bilbaino)二桅趸船,泊潭仔洋售私,舟师二,率二火船至,首尾夹毁,顷刻烧尽。夷众下水逃者悉捞获。九月晦,义律率其得忌喇士等货船三,与夷埠应招新至兵船二,赴九龙山炮台索食,突攻我师船。参将赖恩爵炮击之,翻其三桅船一。夷驾三板驶近助战,皆中于炮,余退泊尖沙中级。昧爽,复配械于三板,再至,亦被击,旋自驶退。诸夷哗以为怯。是日,适有英船缮结纸求入者二。义律挥其兵阻之。先二日,英兵船二自澳来,至穿鼻洋。兵目士密(H. Smith)【译称吐密,今据其新闻纸。】投词虎门,请停攻毁尖沙嘴船,俟其国信至,事即定,约其船退三里候批。提督关天培仍责令交凶,原封掷还,随领五船巡洋。士密误疑专以战出也,遽燃炮迎击,师船拒之,阅一时久。天培身先士卒,挺立桅前,挥四船同时炮击。值风潮皆顺,坏其奉伦船头鼻,夷兵多落水死。时提督本以巡洋出船,树红旗,官舟仪帜也。夷商居粤久者,习见之,不为讶异。盖西洋无事,船旗皆白,进战则改用红者,迨易黑旗,则死斗矣。士密初至具禀,自谓意本无他。忽见师船出,且用红旗,以为来挑战也,故先开炮。既败,即与义律、秧马礼信,(Young Morrison)【官名,说见下。(即小马礼逊,不是官名)】同驶避于尖沙。十月初,又来攻尖沙嘴、北官浦山炮台,接仗凡六次,卒为舟师击毙无算。凡淡水泉脉,皆守以兵,或下毒物,英船不敢聚泊,遂相将出椗外洋。事闻,赏天培福员阿巴图鲁名号。十一月初八日,诏"英夷反覆,先放大炮,末即绝其贸易,不足示威。即使此时出结,亦难保无反覆情事。兹屡次抗拒,仍准通商,殊属不成事体。区区货税,何足计论,彼自外生成,尚何足惜。著林则徐等酌量情形,即将英吉利国货贸易停止,船只尽行驱逐,不必取结,凶犯亦不值令交出。著出示列其罪状,宣布各夷,倘敢包庇,潜带入口,从重治罪。"则徐时方驻海澨,接奉字寄,即为晓示军民,通谕诸国而还。【前九龙之奏,奉有批谕:"不患卿等孟浪,但患过于畏葸。"折内"苟知悔悟,尽许回头"语,奉硃批云:"不应如此,恐失体制。""奉法者来之,抗法者去之"语,奉硃批云:"未免自相矛盾。恭顺抗拒,情虽不同,究系一国之人,不应若是办理。"十二月,赏赐林公福字,有楷书玉音云:"愿卿福寿日增,永为国家宣力。"】

适大理寺卿香山曾望颜条奏:"夷情反覆,请封关禁海,设法剿办,澳夷货物,亦请定限制。"下广东大吏议奏。则徐等以"别国货船皆遵例呈结,查无夹带,乃准开舱,惟英船屡谕不遵,是以驱逐。今若将未犯法者一同拒绝,事出无名。且米利坚、佛兰西外,余皆仰英夷鼻息,彼荣此辱,此中控驭,可以夷治夷。广东人以海为生,不准出洋,势即不可终日,"奏覆而止。【奏云:"查粤东二百年来准令诸夷互市,原系推恩外服,普示怀柔,并非内地赖其食用之资,更非关榷利其抽分之税。况自上冬断绝英夷贸易以来,叠奉谕旨,区区税银,何足计论。大哉谟训,中外同钦。臣等有所秉承,无所用其瞻顾,惟将各外国在粤贸易一律停止,则有尚须从长计议者。窃以封关禁海之策,一以绝诸夷之生计,一以杜鸦片之来源,虽若确有把握,然专断一国贸易,与概断各国贸易,揆理度势,迥不相同。盖鸦片出产之地,皆在英吉利国所辖地方。从前例禁宽时,原不止英夷贩烟来粤,即别国夷船亦多以此为利。而自上年缴清趸船烟土以后,业经奏奉恩旨,概免治罪,即未便追究前非。此后别国货船,莫不遵具切结,层层查验,并无夹带鸦片,乃准进口开舱。惟英吉利货船聚泊尖沙中级,不遵法度,是以将其驱逐,不准通商。今若忽立新章,将现未狂潮之各国夷船,与英吉利一同拒绝,是抗违者摈之,恭顺者亦摈之,未免不分良莠,事出无名。设诸夷禀问何辜,臣等即碍难批示。且查英吉利在外国最称强悍,诸夷中惟米利坚及佛兰西尚足与之抗衡,然亦忌且惮之。其他若荷兰、大小吕宋、连国(丹麦)、瑞国、单鹰、双鹰等国,到粤贸易者,多仰英夷鼻息。自英夷贸易断后,他国颇皆欣欣向荣。盖逐利者喜彼绌而此赢。怀忿者谓此荣而彼辱。此中控驭之法,似可以夷治夷,使其相间相

睽，以彼此之离心，各输忱而内向。若概与之绝，则觖望之后，转易联成一气，勾结图私。左传有云：彼则惧而协以谋我，故难间也。我朝之驭诸夷，固非其比，要亦罚不及众，仍宣示以大公。且封关云者，为断鸦片也。若鸦片果因封关而断，亦何惮而不为。惟是大海茫茫，四通八达，鸦片断与不断，转不在乎关之封与不封。即如上冬以来，已不准英夷贸易，而臣等今春查访外洋信息，知其将货物载回夷埠，转将烟土换至粤洋。并闻奸夷口出狂言，谓关以内法度虽严，关以外汪洋无际。通商则受管束而不能违禁，不通商则不受管束而正好卖烟。此种贪狡之心，实堪令人发指。是以臣等近日不得不于各海口倍加严拿，有一日而船烟并获数起者。可见英夷货去烟来之言，转非虚捏。不然，以外洋风浪之恶，而英船仍不肯尽行开去，果何所图。若如原奏所云，'大小民船概不准其出海，则广东民人以海面而为生者，尤倍于陆地，故有渔七耕三之说，又有三山六海之谣。若一概不准出洋，其势即不可以终日。至谓捕鱼者止许在附近海内，此说亦虽近情，然既许出洋，则风信靡常，远近难定，又孰能于洋面而阻之。即使责令水师查禁，而尽伏则夜动，东拿则西逃，亦莫可如何之事。臣林则徐上年刊立章程，责令口岸澳甲，编列船号，责以五船互保。又令于风帆两面，及船身两旁，悉用大字书写姓名，以及里居牌保。惟船数至于无算，至今尚未编完。继又通行沿海县营，如有夷船窜至该辖，无论内洋外洋均将附近各船，暂禁出口，必俟夷船远遁，始许口内开船。其平时出入渔舟，逐一查验，只许带一日之粮，不得多携食物。若银两洋钱，尤不许随带出口，庶少接济购买之弊。至大黄、茶叶二物，固属外夷要需，惟臣等历查向来大黄出口，多者不过一千担。缘每人所用无几，随身皆可收藏，且尚非必不可无之物，不值为之厉禁。惟茶叶历年所销自三十余万担至五十余万担不等。现在议立公所，酌中定制，不许各夷逾额多运，即为籍制之方。然第一要义，尤在沿海各口查拿偷贩出洋。否则正税徒亏，而漏卮依然莫塞。是以制驭之道，惟贵平允不偏，始不至转生他弊。若谓他国买回之后，难保不转卖英夷，此即内地行铺互售，尚难家至目见，而况其在域外乎。要知英夷平日广收厚积，本有长袖善舞之名，其分卖他夷，独牟余利，乃该夷之惯技。今断绝贸易之后，即使从他夷转售一二，亦已忍垢蒙耻，多吃暗亏。譬如大贾殷商，一旦仅开子店，寄人篱下，已觉难堪。惟操纵有方，备防无懈，则原奏所谓该夷当畏惧而求我者将于是乎在矣。至于备火船、练乡勇、募善泅之人，则臣等自上年至今，皆经筹商办理，惟待相继而动。即和山淡水，上年本已派弁守之。始则夷船以布帆兜接雨水，几于不能救渴，继而觅诸山麓，随处汲取不穷，则已守不胜守，似毋庸议。总之，驭夷法宜刚柔互用，不必视之太重，亦未便视之太轻。与其泾渭不分，转致无所忌惮，曷若薰莸有别，俾皆就我范围。而且用诸国则不啻驱鱼。此际机宜，不敢不慎。况所杜绝者惟在鸦片，即原奏亦云'凡有夹带鸦片夷船，无论何国，不准通商，'"则不带鸦片者，仍皆准予通商，亦已明甚。彼各国夷人，原难保其始终不带。若果查出夹带，应即治以新例，不但绝其经商。如其无之，自不在峻拒之例也。又另片："请将澳门西洋贸易，定以限制。查上年臣林则徐先已会同前督臣邓廷桢节次议及。嗣经核定章程，谕澳门同知转饬西洋夷目遵照。即如茶叶一项，每岁连箱准给五十万斤，仍以三年通融并计，以示酌中之道。其他分条列款，该夷均已遵行。至所请责令澳夷代英夷保结一节，现既不准英夷贸易，自可毋庸置议。"

卷二

英市禁绝以后，货续至不下三十艘，皆阻于义律不得入，咸怨义律计事冒昧。义律以国信至未有期，而外洋风潮可畏，又惧衅开自己，见众情携贰，遂更为婉词，自陈奉国命来粤司理，本念实欲安静无事，今事势至此，心绪殊多忧虑，请此后一照大清律办理，而彼亦得无违其国法。且仍许率诸商还澳，一得国信，即开舱贸易，词颇婉顺。则徐以新奉严旨，不敢骤有更张，峻词拒之。其船遽驶出老万山外者半，然尚观望不肯去。滨海村落，初尚利夷厚值，接济其食用。及是，以则徐出驻海滋，罔避风雪暑雨，辛勤筹办，群知感愧，相戒无复私售。惟售籍游民，或潜越他港，运出牛豕米石，五倍其值难之，而卒不能不就。汉奸初为所诱，互引俦类，日接踵以出。至是感则徐诚悃，不敢自外，续往者亦少矣。

时则徐留督粤，谕令廷桢调督两江，寻改闽浙。【林公自越华院将迁入节署，谓予曰："我占诸生肄业地，殊抱不安。"予曰："公以粤事来，诸生望之久矣，何歉为。"既迁，同事六人诣谒。会客至，留予刺使俟

之。及见,公慨然曰:“任大责重矣,何以处此。”予曰:“海事公所优为,无待蒭荛之献。然公初至,集思广益,自可执而用之。近则条陈者多,而愈足以乱人耳目,此后但以夷情来者见之耳。”公首肯。予因言公既受节钺,从此地方利病,似可访其重且大者施行之,庶不负百姓之望。因举桑园围帑息备岁修资者,为目前首要,请饬查本项,令择绅抢修之。公越日即以所查见示。先是,予撰“粤海关志”成,已缮红本,将次缮《海防彙览》。林公谓且少缓,俟此次海禁事竣,增入数卷。遂停笔待之。迨夷难作,不复及此矣。】则徐以舟师出洋,不能如夷舶帆炮之得手,令水师不必在洋攻剿,但固守口岸籓篱,备火船,乘月黑潮退,出其不意,分起潜出,乘上风攻其首尾,火器皆从桅掷下。又招募渔蛋,董以兵弁,潜伏岛屿,随时挈小船攻扑,先练钉夷舶四旁,使受火一时难脱,重给赏资。与兵勇约法七章,训练既娴。人知运用,踊跃争先。【七章:一,夷兵船虽长若干丈,尔等不必看得他长,虽有大炮若干门,尔等不必畏他炮多而大。盖夷炮惟在两旁,我师只要攻其头尾。譬如头南尾北,有北风则攻尾,有南风则攻头。若头东尾西,亦以东风攻头,西风攻尾。既占上风,又避炮火。再兼空耗看潮势,取其顺潮,则得胜必矣。夷船吃水多者二丈余,少亦丈余,我船吃水不过数尺,自远处绕转,必能占其上风。若攻头,则必先打其头鼻。攻尾,则必先打其后舱。后舱有玻璃者,乃其带兵大官所住,火药等物皆在焉,此处叠攻必破,破则火药自发。其舵虽有铜包,但是生铜,炮打可断。舵断鼻断,则全船皆无主宰。且船立拉蓬之人,前后最多,若经几炮轰打下海,则船上无人不能自动,即大炮皆为我得矣。一,驶近夷船头尾,则我船俱须分左右翼,如鴈翅形,斜向船头扑拢,船尾摆开,方能聚得多船,且火器不致误掷自家帮内。譬如夷船头东尾西,我船乘西风攻尾,则近左者船头应向东南,其近有者船头应向东北。大家都用斜势,则炮火无非击在夷船,不致反击自己,其余俱可类推。此惟在乎舵工转舵之得力。巧者快者,加赏数倍,并将所得夷船上银钱、钟表、呢羽等物,以双分给予舵工。若临时误事,当进不进,当转不转,即将舵工斩首示众。一,炮火能及之处,即先开炮,至鸟枪可及,便兼开枪,迨喷筒火罐能及,则随便用之,多多益善。总须掷到夷船,不致误掷本船为要。其桅上抛火罐之法,应择两人头戴竹盔,胸前遮小籐牌,击绳于背,其腰仍带双刀,并系火绳。一人上头桅,一人上二桅,皆上至顶与篷齐为止。其下每桅两人,拉滑车,将竹篓所装火罐,用力拉上。其桅顶之人,即用火绳点著火罐,随点随放,此篓放完,彼篓又上。总使夷船上应接不暇,且桅上罐,而船头仍须多放筒,如此络绎不绝,则夷船被毁必矣。即使船未全毁,而火势既猛,夷人必站不住,我师定可乘势过船。既过之后,则火罐喷筒皆停止不用。一,兵勇过船,遇夷人便用刀砍其首级,留在随后统算,不可急献首级,转误要事。除砍夷人外,其船内最要之物,莫如柁车、缆篷、桅缆、鼻头缆,能将各缆全行砍断,则船已为我有,又何患银钱货物之不我有哉。凡得一夷船,所有过船之人,应将船上银货一律尽行分给,并别颁重赏。总不许于船内先行抢货,转误杀贼工夫。违者照军法惩办。一,我船斜向攻击夷船头尾,大抵以四角分计。每角,拖船至多不过容四只,其大者不过容三只。即四角合攻,亦不过用十二船至十六船攻击夷船一只。此外即有多船,亦可分击他船,不必聚在一起,转致凌乱。若有时必须多船齐攻,应听带兵将官号令。或有时前队船斜攻已久,未见得手,则应暂令休息,后队仍由斜向拢上。但须听带兵官号令,方准调换,不得擅自退息,违者立斩。一,瓜皮小艇,应雇三十只,上装乾草、松明、擦油蔴斤,配火药十之一二,用草绳捆住,上盖葵席。船之头尾,各用五尺长小铁炼一二条,以铁环系定。其一头拴大铁钉长七八寸,其末须极锐利,船上置大铁鎚二把,使善泅者二三四人,皆半身在水,半身靠在船旁,挨桨以行。妙在甚低,夷船炮火所不能及。一经拢近夷船,无论首尾两旁,皆可贴紧敲钉,将火船钉在夷船木上,将火点著燃起,其人即泅水走开。纵有极大夷船,有此火船十余只钉住焚烧,亦无不毁之理。况上面有火罐喷筒,中间有壮勇爬桅过船,下面又有火烧,该夷三层受敌,抵当此一层,不暇兼顾彼一层,安有不授首于我者乎。一,破敌首重胆气,胆大气盛者必胜。况此次杀一白夷赏二百员,黑夷半之,生擒者视其人之贵贱格外倍赏。是杀得十夷即得千员,杀得百夷即得万员,再多者并可得官,何等快乐。即或阵亡,亦可得二百员赏卹。各宜拚命奋勇,立功邀赏。如有临阵退后,即刻斩首悬竿示众。按第六条小火船用铁钉钉夷船之法,本出郑芝龙。崇祯十二年,广督熊文灿檄芝龙拒吕宋郎必即哩哥夹板船于湄州外洋。病夹板坚厚,无所施力,乃选能下水者五六十人,驾小渔舟七八,人腰背大竹筒二,以麻棕灌油并硝磺引火物,实小船中,拨棹直冲夹板,将斧钉定发火,人跳水回大船。夹板舷高炮远,一时被

火毁五船而遁。林公生长于其地，见闻有自，非臆说也。】二十年正月，游击马辰分四路攻于长沙湾，毁内地济夷运私船二十有二。奸民焚死缚献有差。金星门亦以二舟师驱火船进逼。会风转，窝拉尼兵船遣三板拢拨火船近岸，延及岸旁小艇，与他国底威尔三板头桅，英国哥哇支麻里船，皇遽开避，胶浅幸免。夜再以火船出，亦缘风潮不顺而返。五月初九夜，我火船烧其三板二于磨刀外洋，夷船中火断椗而逸。是时夷兵大小十二船，轮船三，先后入泊金星门。十四日，令火船十艘，每二艘连以铁索，乘潮盛攻之。夷船亦以三板撑拒，我兵遂超过其特威尔船，杀水手，泅水而返。先是，上年九月，中国禁市之令先闻于印度，已传知其兰仑国都。有茶叶者，皆屯积居奇，银价又再长，如初闻缴烟时，迨议出兵，黑绿茶骤如上茶值矣。义律请兵文亦随至国，女王与其"巴厘满"（即议会）衙门及"甘文好司"（下院）诸酋议，佥以非兵争不可。顾通国商民皆不欲启衅东粤，且用兵势将加税也，议数日不决。律士丹乃公上条陈，谓："贸易之停，起于鸦片之犯禁，中国之禁，既派有专官，原非向日有名无实者比。至谓拘留我使，不知义律原不足称使者，其在粤，止一时代理卑吏，何能听彼言致累通国正货乎。请先将鸦片停止，自正本源，然后可对中国。"【兰顿新闻纸内载云：律士丹合递一禀，讲论中国停止贸易，皆由鸦片犯禁起见。请国王将鸦片贸易停止。中国人禁止鸦片，系为风俗、政事、税饷。外国人即应遵其法律而行。现在众人皆说中国官府受规不管，禁止有名无实。又说中国拘禁我等使者。殊不思受规乃官府之事，而朝廷一知，立即究办，安得说禁止有名无实。况义律并非使者，不过系代理人而已。若按英国律例，即应按各客商所有之鸦片，更加三倍罚银。今中国不过只将其鸦片收缴而已。然因致累我国正经贸易，亦受亏缺，所以不能任人再卖。】国王是之，因悬重赏，募能者筹设章程，代拟断绝鸦片文告，晓示出产属地。终以众喙汹汹，人持一见，随以求和争战两事，诣其所事罗占土神祠龟卜，将决焉，得战龟三，于是专意称兵。命其国戚伯麦率守国水兵船十余艘，合以印度驻防兵船数十，联艘来粤。启行未旬日，而印度兵目马哈他寻病死。还军，待易将。旋代以布尔利。【顺德有周彦才者，少商于越南。因其地无赖淘金沙者，人多失食，掠及行贾。彦才使商客抽赀募勇卫之，往还关外者安焉。会阮王争国，招以为助。既得国，官彦才总兵，理铸钱事。嘉庆中，英夷以收夙债为名，欲窥越南马头，泊兵船港口。王令彦才出与语，折还负赀。夷目知彦才籍粤东，相约旋籍。至省，夷馆与结纳。其夷目即数年前驶舟山东成就刻印通商字说，为沿海截击者也。未几，彦才老眷旋粤，诣之，夷以彦才熟越南风土，欲予以赀，使返越南，约旧王宗戚为乱，而通夷船以应。彦才拒其赀，权词答而缓之。及粤东夷事起，彦才仍诣其舟。是春即知印度夷兵必以七月至。偶为予言，予已密言于林公，请早为备。至是，秋仲无耗，林公使予招致，询以夷不果至之由。彦才抡指计其期日，仍决其早晚必至。去，越二日来，则以"兵目死于印度海，今已易人，往返迁延，来不出十一月"为言，盖再探于夷而知之也。予疑信间，以复林公。其冬，夷船果大至，始信其不妄。夷每至一船，必具文赴官报。时林公欲造海舟与夷战，有绘子母舟献者，贴说谓一大舟中藏十小舟，但伏兵炮于小者，使敌但见大舟，临时则小舟四出，围毁敌舟，此越南于富良江败走英夷七船成法也。林公又属问之彦才。答以"是役身在行间，越南制独木舟，锐其首尾，镶以利铁，令善水者压舟水底，而以大舟摇旗水面。英夷见旁无策应亟进。甫及舟，而十小舟遽浮水出环攻之，立败。非藏于舟腹机动可横出也。"林公是其言。又英夷至天津陈诉，义律不列名，文但称"统领本国水师主帅子爵巴儿免（Bremer）协同本国陆路统领总兵官布尔利（Burrell）。"盖巴儿免即伯麦，先与马哈他同发，马哈他死，伯麦亦还候代者，故与布尔利同至粤，同往天津。其在定海与王知县书，则云"水师将军子爵伯麦，陆路统领总兵官布尔。"官同名异，意其一人两名也。】其国"甘文好司"，综理国事者，于兵行日，预下令诸将，至粤用兵，无骤胜理，亦不必遽求得志，宜挨延日月，使中国苦于费繁扰久，在在厌兵，庶可望如所愿。诚以航海远出不易，虑诸将苟且蒇事，堕中国计中也。

则徐自奉旨断英市，首防偷漏，更定澳夷茶叶岁市之数，责诸夷毋听英夷假借船号，毋代运出入货物。计米利坚、佛兰西之在粤者，既以阻贸易故，气各不平，相与切齿，方欲归国招兵来与争论，断不直英夷所为。而俄罗斯、廓尔喀旧奉本朝冠带，并与英印度属地为邻，挟有夙怨。上年英取阿付颜尼（阿富汗），俄夷出兵助其恢复，攻巴社【（Parsee 原伊朗人移居印度）即用英旗来粤之港脚。】以撼印度，袭取其机洼、木哈腊二城，与英南北止隔一山，【山名兴哥都士。】血战未息。英夷常虑其乘间袭已，又虑其效劳中国，凡俄

夷有出边界者,即群相惊讶,以为入中朝请兵,彼此切切探报。廓夷虽力不如俄,而倚中国与英为难之意,无时或已。【语详下。】则徐悉侦知之。【英属孟阿腊为东印度,孟迈为南印度,痕都斯坦为中印度,巴社白头国为西印度。阿付尼颜在痕都南。道光十九年,与沙苏野相攻,沙王求援于英。七月,起孟阿腊、孟迈、痕都三部兵,将以副目沙机尼,以大炮破阿夷加模尔、牙尼士二城,留兵为沙夷守。阿王退保麻缅,亦求援于俄,攻巴社。英帅律屋兰救之,俄为所拒,以收逃仆为名,袭取巴属机洼、木哈腊二部,乘胜取沙属哀都斯麻尔格模特散三部,驻兵荷萨士阿,接英界,习印度言语,购响导,以图印度。英亦驻阿界备之,议还阿王于故城自蔽,而息俄夷之忌。故二十年英夷书寄国商之在澳门者云:"俄罗斯约木哈腊同取阿付尼颜以攻印度。我兵头沙阿力山及马约里治御之。前俄与巴社立约,欲收阿付,亦为我兵头律屋兰所拒。俄不知要到何地方肯住手。现闻其使者已自比特革起程,由鞑鞑里到中国,必怂恿中国与英争斗,并欲求谕缅甸人来攻。今必要提防,倘我撤兵,俄必攻阿付矣。我兵若收沙属三部,俄兵与木哈腊兵来夹攻,我兵恐扰乱而回,宜先预备。"】料英内顾,辄生疑虑,且闻其远来兵费綦重,鸦片减值而售,成本不敷,尽供军用。礼拜日,集夷商劝捐,有仅出数员者,决其势近穷蹙,与天培定议严防要隘,全力剿办,俟其悔祸诚求,得操纵自我,庶几一劳永逸。令洋商出卖茶抽分积项,并盐局商人潮州客民分捐银项。募水勇五千,横铁练木排于虎门横档。【邓公已委保纯办成排练,为风飘散。至是复之。】购西洋炮二百具,雇同安米艇红单拖风船六十,制火舟小舟倍之,买甘米力治夷船,便兵士演习攻剿。躬出狮子洋校阅。悬赏格令:杀白夷一赏银二百,黑夷半之,义律二万,领兵夷目数递降有差,获夷艘者钱物尽以充赏。凡夷舶可入之海口,皆增驻重兵。夷见赏重,汉奸之受雇在船者,虑就购为内应,时滋疑忌,旋遣散去。夷船盘旋洋外,知要口无隙可乘,坐待非计,遽驶三十一艘赴浙江矣。则徐初但知其兵资货为饷,先停市易,次严接济,以为不久将失食自归。固不料义律竟能请动国款,蓄意大举入寇。然事前亦移会闽海、江、浙,使各刻意防其舍粤他犯。江浙大吏以事出过虑,未尽信也。

赴浙之船,经福建,便道驶五舶突攻厦门。提督陈阶平在病,廷桢亟出驻泉州,缴金厦道刘耀椿就旧炮台垒沙为垣,率兵驻守。炮击其火药舱,沈兵船一。分装水勇数百人,如商人舟者八,护以师船三,遇其希尔拉士船于南澳港之西北打鱼洞中,驶近其右后梢,火枪齐发。值海天波平无风,夷舟重不能转。船主穰西不知兵至,疑海贼诱劫,亦急呼发枪回拒。弹子及师舟,尽为皮席遮隔,我兵匿迹席内,外视甚明,所击悉中。继掷火罐,燃喷筒,倒毙夷兵数十。风起,始拽帆扬去。六月,夷全艘齐至定海,至书总兵张朝发、知县姚怀祥,欲假县地劄兵岸上,语极狂悖。初七日,朝发与接仗,兵多伤,兵船亦被击而沉,溃不能守。越日城破,怀祥投水死,典史全福继之。镇标将备,相将趋入镇海。巡抚乌尔恭额闻夷将至,先调湖州、绍兴兵赴援,预檄宁波知府邓廷彩相镇海通内要口,备铁炼木排保护,防其突入,一时均未得就,相顾束手。奏入,严议提督祝廷彪恭额罪。诏提督余步云驰赴堵御。七月,以两江总督伊里布为钦差大臣赴浙。敕沿海督抚遇夷投书,许收受驰奏。初,当事者以夷商意在急图售私,稍加惩创即无能为,当可畏而就范。迨定海失事,虑隔海壖非舟师不能收复,承平久武备废弛可知,恐其更肆猖獗,势滋延蔓。会外间有"粤中缴烟时,先许以值,后负而激成"之语。都中略闻之。【林公至粤,居越华书院。洋行总散各商,侨寓其侧,备日夜传讯。义律呈缴禀至,夜传总商入见,责以"汝为官商,倘有私许夷人以价而后设法赔补事,慎汝脑袋。"总商叩首,力言不敢而出。盖是时粤人纷纷疑夷人居奇之物,不数日而呈缴净尽,意行商必许以事后给价,及闻公言,畏得罪,不能不负约以自保,不暇复计夷怨,而夷已禀缴无及。然语皆出揣测,事秘,固无显据也。】适澳夷代求释前获夷俘,不许。【先是获一夷目,有以为即伯麦者。时欲奏设一道于澳门,先令易守中孚出驻,西洋夷官待以酒食,请代求释所俘。至省,为林公正词诘责,废然而返。】留澳夷船,忽焚澳门后通香山之关闸。前山营都司实守此,挈兵出,且拒且扑灭余火,炮伤其夷目及夷兵数十,沉其小舟。十八日,则徐侦知士密兵船五,泊磨刀洋,令副将陈连升率马辰挈五兵舶,各配六百人,往逐之。辰先与遇,乘风破其头鼻,夷多溺,铅弹亦尽。小夷舟十,亟驶来救,围辰船,仰攻炮及木排。辰开子母炮,断其绳缆,不能进。士密船乘战酣遁。以捷闻,奉有"贪功启衅"严旨,则徐惶惧,遂力陈六月后粤海防范情形,请戴罪赴浙,竭力图克复,不报。【奏云:"窃臣奏报拿获鸦片烟犯折内,钦奉硃批:外而绝断通商并未断绝,内而查

拿犯法亦未能净,无非空言搪塞,不但终无实际,反生出许多波澜,思之曷胜愤懑,看汝以何词对朕也,钦此。臣跪诵之下,伏地碰头,愧惧悚惶,莫能言喻。伏思上年微臣奉命来粤查办禁烟,先蒙颁给钦差关防,继复简调两广总督。责成之重,委任之专,臣何人斯,膺兹倚,敢不殚精竭虑,以冀永臻成效,仰答高厚。乃为时已阅年余,而鸦片未尽除,夷船别经远窜,虽异数难延残喘,而浅谋未策万全,夙夜循思,时怀愤愧。兹蒙训饬,感悚尤深。自惭庸质驽骀,实无词以对君父,惟有仰求圣主将臣从重治罪,以儆无能,不胜战慄拼挡之至,所有微臣惶悚下忱,谨缮折内具奏:为臣渥受厚恩,天良难昧,每念一身之获咎犹小,而国体之攸关甚大,不敢不以见闻所及为皇上陈之。查此次英逆所憾在粤省,而滋扰乃在浙省,顽变若出意外而其穷蹙正在意中。盖英夷所不肯灰心者,以鸦片获利之重,每岁易换纹银出洋数千万两,若在粤得以复兴旧业,何必远赴浙洋。现闻定海一带,大张招帖,每鸦片一斤只卖洋钱一元。量即该国孟阿拉等处出产之区,尚且不敷成本。其所以甘亏者,急于宽销。或云以充食用,或云以给雇资。并闻其在洋夷各埠,赁船雇兵而来,费用之繁,日以数万金,即炮子火药亦未能日久支持,穷蹙之形,已可概见。夫夷人向来迎冬以毡为暖,不著皮衣,其素性然也。浙省地寒,势不能忍受。现有夷信到粤,言定海阴湿之气,病死者甚多。大抵朔风盛发,自然舍去舟山(洋)扬帆南窜。而各国夷商之在粤省,自六月以来,贸易为英夷所阻,俱各气忿不平,均欲由该国派来兵船与之讲理。是该逆现有进退维艰之势,能不内怯于心。惟其虚骄性成,愈显其桀骜,试其恫喝,亦且别生秘计,冀阴售其奸。如一切皆不得行,仍必帖然俛伏。臣前屡经体验,颇悉其情。即此时不必与定海交锋,而第困守藩篱,即可使之自困。夫自古苗顽逆命,初无梗于尧舜之朝。我皇上以尧舜之治治中外,知鸦片之为害甚于洪水猛兽,即尧舜在今日,亦不得不为驱除。圣人执法惩办,实为天下万世计,而天下万世之人,亦断无以鸦片为不必禁之理。若谓夷兵之来,系由禁烟而起。则彼之以鸦片之内地者,早已包藏祸心。发之于此时,与发之于异日,其轻重必有别矣。臣愚以为鸦片之流毒于内地,犹痈疽之流毒于人身也。痈疽生则以渐而成脓,鸦片来则以渐而成寇,原属意计中事。若在数十年前查办,其时吸者尚少,禁令易行,犹未成脓之痈,内毒尚可解散。今则流毒已久,譬如痈作痛,不得不为亟拔脓。而英夷滋扰浙洋,即与溃脓无异。然溃脓而后疾去,果其如法医治,托里扶元,待至脓尽之时,自然结痂收口。若因肿痛而别筹消散,万一毒邪内伏,诚恐患成养痈矣。溯查办鸦片以来,幸赖乾断严明,天威震叠,趸船二万余箱之缴,英夷领事义律自行递禀求收。现有奸夷原字可查,亦有夷印封可验。继而在虎门毁化烟土,先期出示,准令夷人观看。维时来观之夷,有撰为文数千言以纪其事者,大意谓天朝法令,足服人心。夷书中具载其文,谅外域尽能传诵。迨后各国来船,遵具切结,写明"如有夹带鸦片者人即正法,货尽缴官,"以夷字合为一纸。查验他国夷船,皆已绝无鸦片,唯英夷不遵国法,且肆鸱张,是以转奉谕旨,断其贸易。然未有浙江滋扰之事,或尚可以仰恳恩施。今既攻占城池,戕害文武,逆情愿著,中外咸已闻之,难诈旷日持久,设法羁縻。抑知夷性无厌,一步又进一步,若使威不能克,即恐患无已时。且他国效尤更不可不虑。臣之愚昧,务思上崇国体,下慑夷情,实不敢稍存游移之见也。即以船炮而论,本为防海必需之物,虽一时难以料办,必为长久之计,亦不得不先事筹维。且广东利在通商,闻道光元年至今,粤海关已征银三千余万两。收其利者必须防其害,若前此以关税十分之一,制炮造船,何至尚形棘手。臣节次伏读谕旨,以税银有何计较,仰见圣主外本内末,不言有无,诚足昭垂奕?? 粤东关税既比他省丰饶,则以通变为防夷之用,从此制炮必求极利,制船必求极坚,似经费可以酌筹,即裨益实非浅鲜矣。臣于夷务办理不善,正在严请治罪,何敢再献刍荛。然有裨国家,须顶踵捐糜,不敢自惜。倘格外天恩宽其一线,或令前赴浙省随营效力,以赎前愆,臣必当殚竭血诚,以图克复。至东省各处隘口防堵加严,察看现在情形,逆夷似无可乘之隙,藉堪仰慰宸怀。】已命侍郎黄爵滋、祁寯藻赴福建查勘廷桢军实,并筹画防守事。

是月,伯麦偕义律驶五商舟【未敢以兵往。】赴天津陈诉。【奏云:英吉利国臣统领本国水师主帅子爵巴儿免多,谨呈天朝大清国大皇帝驾下:窃巴儿免多现奉敝国主命,协同本国陆路统领总兵官布尔利,带领水陆战船,前来贵国。缘为去年本国之正领事官义律,暨来贵国贸易之商民,竟被广东钦差林、邓总督凌辱无道,以众欺寡。并从一向敝国之商民到广东,被该省大宪等欺压无辜。为此奉命前来上诉。惟思船多兵众,夫用兵必须水陆择地,护船安营,是为首要之机。孰思贵国各直省大宪,以为业已封港,不通贸易,决不

纳言,不肯接呈代奏,准有相拒之势,此即必彼此相斗,因此不得不直登定海,俾得各船安营有所倚。去年林钦差到广,不几日,首先将西洋各国人,用水陆官兵围困在省城寓行之内,立即封舱,连日不准出入,兼绝伙食,勒缴在洋面停泊船内之烟土。又言限日尽缴,否则要斩要杀,如于限内缴出,则仍前交易买卖也。窃思贵国新例,禁买禁卖烟土,但既已禁绝,无人敢买,则西洋人亦必不再来,即有愚人带来,亦无人敢买,然则带来何益。且去年所缴之烟土系在洋面,并非起运入内地,而外国商人亦万万不能运得入港也。奈林、邓二宪勒缴,而英国商人等如不缴,即不受杀亦要饿死,虽不惧杀,而饥渴难当,只得含恨忍气以缴之,然后再酌议论。巨料已缴之后,忽又要具结,称如有嗣后查出船内夹带烟土,即将贸易全行入官,其领事人即正法等语。但查犯禁货物入官,其领事人连船逐出,不准交易,此例西洋各国古今通行。惟正法条,西洋古今无杀头之刑,况且船多人众,万一遇有一二水手不肖,私自夹带,不拘多少,岂不累人,货物入官,而人亦受杀戮之惨。即因此正领事官义律暨诸客商皆不肯具此结之原委也。林、邓二宪,因前事不服众,未得具结,即著封港,不准交易。窃思英国荷蒙通商已来,百十余年,于贸易买卖场中。岂无赊欠通融。今计贵国洋行商人,前后共欠已有数百万两之多。一旦封港,不独不能贸易,又坏了到广东船内之货物,不胜枚举。英国商人所失之本,何可胜言。且封港之后,林、邓二宪曾与义律商允具结,嗣后货船到广,任从查搜,如无夹带烟土方准入口,否则逐回不准贸易。奈林、邓二宪,前言不对后语,反复无常,忽然改变,仍执前议具甘受正法之结也。后来义律等另有求商事体递呈,奈林、邓二宪绝不肯收。即去年封港后,适有英国兵船巡海到广洋面,该船之总兵官递呈,系请询封港之由,以为开解。奈二宪仍不独不肯收呈,更又命水师提督带领水师官兵,前来相拒,是以不得不还炮相护矣。去年林、邓二宪,禁止买办,不准供办伙食之后,有吕宋货船一只,与英国船只同泊洋面,正欲回帆之际,适其船内人过来英船探望,即或随送些少食物。林、邓二宪,责言吕宋人不应与英船人往来,不应送食物,竟用毒计,命人于默认之中将吕宋船只烧毁,并伤毙三人。可怜该船无辜,受此惨害,神人共愤。窃思欧罗巴洲各国,即大国小邦帝国王邦,无分统属。吕宋国与英国火烟相盖非亲即故。今同在异邦客地,过船探候,即或送些伙食,亦系人情之常事。且欧罗巴洲与亚细亚洲,相陨九万余里,不独无分统属,而且只有西洋船只到中华,而中华船只万万不能到西洋。今林、邓二宪系中国之官,在广东止可管中国广东事,岂能管到西洋耶。今大英国主仁慈,怜念吕宋船人无辜受此惨苦,即命如数赔其银两,但未审林、邓二宪将此事如何奏报。】又出其国"巴厘满"衙门寄我宰相书,要求六事:一,索货价。二,求广州、厦门、福州、定海、上海为市埠。三,欲敌体平行。四,索犒军费。五,不得以外洋贩烟船贻累岸商。六,请尽裁洋商浮费。【后就款时,则并商裁之。盖英酋不知粤商情形,故迳请裁汰。义律则久于粤,目睹诸商富豪,不敢为是言,但思灭费而已。】直隶总督琦善以闻。天津巡道陆建瀛议,以"夷所请前三事,颇有关度支国体。今当以免税代烟价毕,仍照微输。以澳门为市埠。【西洋澳夷必以其逼处不服。然澳前原有望厦等地,可于此建楼椗泊。西洋额船入泊娘嫣角,两不相混。且义律亦尝以是请,当可塞其口。但地远难以殚压,在澳曾不如在省也。】以监督与平行。后三事所关尚小,应令其还粤,就则徐定议。总以烟之绝不绝,为所请之许不许,示中国禁令始终如一也。"琦善不能用,故不复与夷辩论,但以现在夷情奏。又令奸民鲍鹏,【无名氏《寇海记》作白如鹏,意其畏罪而改名也,今据案牍。】复书夷目,称以公使。谓上年缴烟必有曲折,将来钦派大臣往粤查办,不难水落石出。婉词慰之,犒以牛酒。【时竞传,如鹏至夷船,授意使请已赴粤者,见无名氏《寇海记》,不知其据,或出自鹏私意而已。】诏革则徐、廷桢职,令俱在粤候勘,而命琦善驰驿至粤代其任。敕沿洋各省,遇回粤夷船,且勿开炮。夷目丹据县印在定海,欲征粮署吏,县人苦之。诸夷见虽邀准查办,而六事尚未切实许允。八月,自天津辞琦善,先驶还粤,止半撤其泊定兵船,留者扰地方如故。

九月,义律道经浙镇海城,见伊里布,请释余姚令汪仲洋先设伏渔舟陷夷浅沙所诱执之夷目突德等数十。伊里布谓定海见未缴复,不许。仍如天津故事,馈遗伯麦羊酒。伯麦报以呢匹,暂收以安其心,奏奉谕旨发还,夷不复肯收。【下年二月,收定海,欲并夷俘及原物还之,夷已开行矣。无名氏《夷艘寇海记》云:"伊里布遣其奴张喜赴夷船,丑牛酒,首贺以林、邓革职之事。夷酋伯麦摇首曰:'林公自是中国好总督,有血性,有才气,但不悉外国情形耳。鸦片可断,一切贸易不可断,断则我国无以为生,不得不全力以争通商,

岂仇林总督而来耶。'"此与澳门月报所云:"中国官府不知外国政事,又不询问考求。惟林总督行事全与相反,署中养有善译之人,指点洋商通事引水二三十位,官府四处探听,按日呈递。有他国讨好,将英吉利书卖与中国。林系聪明好人,不辞辛苦"等语,相符。至云"鸦片可断,不能断通国贸易,"皆彼国所常言。又供称,"喜与陈志刚同赏夷物,夷回洋呢,奉旨发还。"姑无论记中语有据否,要在理中也。至语及林、邓革职,不过厮役不谙大体之言,无与伊相矣。】山东巡抚托浑布亦有犒遗,并以夷情恭顺奏,缘是浙亦效焉,皆羁縻意也。【奏有"各夷向岸罗拜"语。英夷惟事天行跪礼,余见其王不跪。《寇海记》据参折以校之,然罗拜非必跪,当时或免冠揖谢耳。夷在粤亦往往有学内地作揖者。】

十月,琦善至粤城。因伯麦之在天津语近乞怜肤诉,误以夷性尚易驯伏,未度岭,蓄先赴虎门定约而后入城惩办积弊意。以为不过稍给烟值,仍许贸易,夷必俯首听指挥,所事

易了。或语以监督署规岁余之数,极为充裕,可劝监督筹出六百万员,举其二三年所入偿夷应公,徐代请奖叙、留榷,资其弥补者。及抵粤途次,始病夷恃有查办恩命,求索无厌,转多窒碍,不可行事。方思有以折其贪而慰其望,兼释其怨也。偶以所闻粤关盈余,质之怡良。至是乃知津贴酬应外,余存无几,然后叹事有棘手。既又自以专办海口无与他人,一切不复商诸巡抚,即司道以下,非召不得入谒。时夷船候于粤,诸省海防兵皆撤归伍,粤兵船还至半途,出不意为夷掳。怡良以闻。琦善虑妨和议,不欲深究。首诘开炮肇衅者,将罪副将以谢夷,兵心由是解体。又中于夷言,谓"英王尝投书求通商,为则徐所拒,匿不以奏,"欲证成于怡良,怡良以事属子虚,为正言而止。盖两年来,怡良深服则徐正大、料事如见,故言无不听。又尝为姚文僖公旧堂属,其子衡方在幕,为则徐所礼,亦力争之。琦善终无以夺。义律初请缴烟,再开实数,夷禀具在,节次批发,并揭示于外,绅民皆知。至役守夷馆,又惩义律携商逃出之故,层递办理皆正,无所指摘。但散遣其旧雇丁勇数千,横档前后备拒夷船之水底暗桩,悉如夷意裁之。将欲促其早就范围,衅卒消弭也。

鲍鹏者,香山人,幼习夷言,投身为颠地幸童。义律已见而轻之,待如奴仆,而寄以耳目。烟禁既严,畏廷桢拘惩,则逃之京,依其同乡,因转依南海作令山东之招子庸。适琦善觅通夷语者,鹏由是被荐。琦善喜其与夷狎,较衙官倍得力也,一切往来文牍口传,皆倚任焉。因而内地情形意见,悉为所泄。所裁去之船桩、丁勇,亦鹏归述夷意,谓非是必乖和议,不得已强从之。则徐之募勇也,择海滨渔蛋斗狠亡命之徒,熟悉沙礁险隘向为夷所惮者。一旦裁使失业,相与彷徨口岸。夷专倚奸目二人,转相煽引,尽出而应夷招。内外海口水道浅深避就,夷非引水无从谙悉者,至是亦为所泄。义律知内防既懈,复投书,有"多增兵勇来敌即和不成"语,以挟之,与鹏所口述符。计无所出。且已裁之勇不复可招而集,诸营兵亦缘是不复再调。

先是,廷桢自闽解任至,值夷坚索埠地,琦善以闽之厦门、粤之香港,就廷桢商二地所与。廷桢曰,"厦门全闽门户,夷居厦门可以窥内地。且澎湖、台湾之在厦东者,声势为所隔绝,不得联络。其害至深,固万无许理。即香港亦在粤洋中路之中,外环尖沙嘴、裙带二屿,夷舶常藉以避风浪,垂涎久矣。今一朝给与,彼必筑建炮台,始犹自卫,继且入而窥伺。广东货船,鳞泊黄埔,辎重在焉,其白黑夷之居夷馆者以千百计,皆香港应也。与之良非所便。"琦善亦无以夺,已奏闻矣,至是进退远征。思借商议和款,往还论说,暂缓时日。义律已窥见其情,所请更日有加增,而求香港意愈坚。天培密请添兵守虎门,琦善虑夷知而有词也,峻拒不许,而允偿烟价至七百万员,终无成议。

义律不俟回文,突攻沙角、大角炮台,二台在虎门镇远、威远、靖远、横档八台外,所恃为第一重保障也。三江协副将陈连升,以六百兵拒大角前。夷船驶至二十余,驱汉奸二千余人扒越后山夹攻,从墙缺入台背,中于地雷,毙贼百余,后至者蜂拥而登。我兵犹奋力拒战,以扛炮歼贼二三百,而火药垂尽矣。横档以下诸台仅足自保,地与两台隔,增兵运药,必以舟渡,而前后已扼于夷,既无生力可继,药尽炮亦空设,已束手待毙。故当时夷尚能以余力驶轮船三板,绕出三门口,焚我战舰,溃我营兵。诸台兵瞪目望见,势不能救,顿足相呼,而无可如何。大角兵房,延毁殆尽。守台千总蔡志安,负伤督兵,尽取台上堪用炮,推而堕诸海,防夷夺运,反身跳围而出。沙角台隔水相对为穿鼻湾,夷众哄入,先焚草棚,亦越后山至,四面受敌。连升急发大炮,夷稍却,我兵无药,炮不复发,发者又以省局掺杂炭屑,力弱无济。贼弹箭迸落如雨,身无完肤。其

子方在侧,见父死状,挺戟大呼,左右跃杀数夷,袍皆血染,与千总张清龄等同时死。先是议款,戒毋击海口登岸夷。前二夕村民报赛,夷众登而聚观。连升叹曰:“台不可守矣。夷能登岸即能越山,咫尺已及我后。”谓清龄曰:“观汝才气可大用,盍留汝身,图他日报效乎。”语至再,清龄誓同死不移。连升乃顾其子曰:“予久不食肉矣,汝盍往太平墟为市之。”子知其父意欲出而生之也,亦不行。至是皆及于难。【陈公有马甚神骏,绝爱之。既殉节,夷牵马不行,强驱至香港,饲之不食,鞭而复饲,则哀鸣凄惨,卒以饿死。有图而题之者,一时题咏甚多。】夷人据两台,自此遂与我逼。十二月十五日事也。【琦制府二十年十二月十八日奏云:“窃奴才前奏英夷不候回文,直击炮台师船,尚在彼此相持,无分胜负系据水师提臣关天培函报驰奏。旋又接准该提臣函称:该夷即于本月十五日,复驰来大小兵船二十余只,分攻沙角炮台、大角炮台。炮火较前倍增,直至申时方息。随查得大角炮台前面灰沙炮墙,已被打倒数段,至后围墙亦被打坏数处。又打断炮耳六位,火药局亦被打穿,火药轰发,药局被烧,并延烧兵房十四间,打倒兵房三间。该夷又另拨夷兵汉奸约数百名,由大角山后缘山而上,后墙缺处打进炮台,经陆路官兵打死汉奸十数名。无如众寡不敌,守台千总黎志安身受重伤,因恐炮位被其撤去,当督台兵将好炮十四位推落海内,负伤打出,众夷均亦回船,仅存破烂空台。此大角炮台之大略也。又沙角炮台于被破之际,该夷另拨黑夷一千余名、汉奸数百名,由穿鼻湾登岸。兵船则攻打台面,黑夷即从山后攻夺陆路。营盘被飞炮落火,延烧各兵草棚。接仗一时之久,我兵两面受敌,遂致不支。副将陈连升、守台千总张清龄,俱已阵亡。守备程步韩受伤亦重。兵丁死伤过半。炮台遂为夷目义律所夺。此沙角炮台之大略也。又守口师船十只,先经该夷开放火轮船四只,于是日巳刻进攻,已被我师击退,各有受伤。该火轮船只,复纠约大小三板船数十只,续来攻击。其三板船中,全用鸟枪、火箭、火罐等械。其火轮船均用空心飞炮,铁弹打落船中,即行炸裂,内藏有火药,炸散焚烧。致我官弁兵丁有被枪炮击毙者,有被火烧伤者,船只亦有被烧毁者。又前雇拖船十二只,现被抢去二只,其余尚未查明。此师船拖船之大略情形也。据该提臣声请奏参从重治罪,又请将该夷前次来文仍从权再行照覆,藉作缓兵之计,庶可量为布置等情,函致前来。奴才伏查此间水师兵械技艺之废弛已久,该夷所用之飞炮弹子,内藏火药,所至炸裂焚烧,不独为我军所无,亦该夷兵械中所未见。经此次猖獗之后,我师势必益形气馁。为今之计,总须设法止住夷兵,俾得再行筹办。而该夷日前来文内称本有战后再商之说,奴才正以该夷如果续有所请,其来文接收与否,颇觉两难。若如该提督所称,将前日夷书仍行从权照覆,即今此情形已与前日不同。该夷既不候照覆,此间更不值覆伊前日之文。惟思该夷前投具夷书后,总应听候回文,何以辄先滋扰。不若藉此作为诘问之词,令其将是何意见,再行登覆,庶此后该夷续有来文,系其禀覆文书,既于国体无伤,仍得设法羁縻奴才甫经备文饬发去后,续准提督臣函称:十六日辰刻,该夷将掳我营兵何一魁放回,交其带至该提督夷书一件,经提督臣答复后,该夷随又递一书,列明请求各款,声称听候三日内照覆各等情。奴才随代提督臣拟具覆文稿,寄交缮发。告以奴才业经行文诘询,俟该夷登覆再办,现尚未据回报。所有该夷两致提臣夷书、并提臣寄到覆夷文稿、暨奴才代拟底稿,一并进呈御鉴。至提督臣关天培身膺水师统辖,督率无方,据请奏参从重治罪,相应据情代奏,听候谕旨。奴才来此查办夷务,虽正在筹办之际,该夷不候回文辄先肆扰。大角炮台、沙角炮台亦本系孤悬海外,然不能驾驭贴服,致令占夺炮台,戕伤兵弁,实深惶惧,相应请旨将奴才交部议处。再此次仍据提臣来函具奏,虽续经准到咨文,以尚在仓猝之间,其阵亡受伤官员兵丁及被抢被烧各船只确数,未遽逐一查明。奴才已飞咨确查,俟其咨覆到日具奏,并俟该夷目义律如何登覆,再行驰报外,所有现在大概情形,谨具折由六百里奏闻。】

义律日夜赶制三板,增集贩烟快船数百,多备火箭、喷筒、竹梯,为攻台计。时潮州镇袭伯【忠毅公子】李廷钰,先调驻虎门,与天培、张辰分守诸台,兵仅数百。天培点兵入守镇远,兵哗,谓夷船多,非驻守兵可敌,观望不行。天培切谕之,则索赀寄家,示必死。天培不得已,出其衣装,付质库,得银,按名遍赏之。然后勉从。入则令满汲淡水,而扃锁其台门,不放出一兵。夜有扒越台墙遁者。廷钰知势难敌,夤夜至会城哭琦善前,求亟增兵药。并言后山空虚,夷人必来暗袭,非力护之不可。同城文武亦旁为代请。琦善不可却,凡两次,但许增兵七百。【亲供云:“天培阵亡时,兵勇增至八千九百余。”而十二月十六奏乃云:“拨提标抚标兵五百名”】使以小舟乘夜渡出,分派各台,惟惧迟明为夷所知,故仓皇至此。琦善见夷人日肆狡

猖，非羁縻【［刻本误糜。］】之计所得缓。恐其再夺诸台，则粤防全撤，得罪益重，思救目前之急，遽奏请开禁通商，给厦门为市地，以明年正月初旬为期，还以烟价，又复许以香港全岛，与义律再伸和约，称之公使大臣，以浙江所获夷俘易定海。义律得议约大喜，请缴还沙角、大角两台，及所掠师船盐船，由海道赴浙撤兵，求备文代递伊里布，俾知缴还定海之由，送给留定船目。文至，琦善亦代封付伊里布，嘱其据以收地。伊里布缘是观望不敢出兵。不知两台失陷奏到，上已决意痛剿，革琦善天培顶戴，带罪立功，速调湖南、四川、贵族官兵，及南赣兵二千驰赴剿办矣。

二十一年正月初三日，琦善自出阅视虎门，舟次狮子洋，于中道之莲花山与义律见，商议条款，丰待以酒食，使保纯【时已官广州府】偕广州副将赵承德主席劝酬。义律欲示其军伍之整肃，饮已，领兵队，携枪炮，列阵山坡操演，请琦善出阅，欣然临观毕，给赏而去。保纯等亦先旋省。十九日，义律复请见于镇远山后之蛇头湾，出上年所给香港券约，请盖关防，琦善不允。【亲供："正月十九日，义律又来求见，欲求给香港为寄居之地，求为盖用关防，未经允许。"又云："当日逆夷求讨地方兼贸易马头，恐后有建台设炮等事，是以据实奏明。迨后逆夷围困炮台，事在紧要，不得不佯允所请，以救眉急。"是香港之许给，已在上年围困炮台之时。其正月在虎门再见，所求系请盖用关防。则上年许给时，未经盖有关防，今和后乃请补盖为据也。互勘极明。】汉奸杂夷兵，从义律入虎门，乘两次接见，随员无暇稽察，暗放小舟，四测水势，因而内河沙澳，尽为夷梢所悉。琦善既目睹夷阵，怯其兵炮，愈执初见，以为非和则事未可知，特自惴无以回天也，遽以"粤中地势无要可握，军械无利可恃，兵力不固，民情不坚"陈奏。【谓夷用飞炮，为从来所未见。不知西洋蝴蝶炮，阮相国元《揅经室集》有之，广东海防书已有引及，不足异。】语似过张夷势而代其邀恩，奏到在调兵后，遂奉严旨。且奉有"烟价一毫不许，土地一寸不给"之谕矣。

又以伊里布误听琦善据夷文缴还定海之言，屡诏不肯用兵，初七日，宣示逆夷前后罪状，命宗室奕山为靖逆将军。湖南提督杨芳方入观，道安徽，命折往粤，与户部尚书隆文，同为参赞大臣。以刑部尚书祁𡎴，向曾巡抚广东，熟识夷情，命驻江西，总理军饷，皆驰驿兼程而进。二月，命伊里布回本任，代以裕谦，趋浙接理。奕山方度岭，有劝以全师驻三水，使夷不能探我虚实者。保纯自省迎谒，令以此意还语在粤官吏，且令传谕诸夷，代奏仍准其通市。随行司员李湘棻座间忽为大言，谓奉命剿夷，当驰抵粤城，相继高度，未宜远驻示弱。奕山乃促棹倍道而前。旋以外来兵炬攻具未集，暂止韶州。义律既探知和议中变，一琦善不足恃，计非焦头烂额不能讨便宜也，倍形忧惧。则徐自受代，别居馆舍，病疝，不接一客，琦善亦未尝过问。及冬仲，与廷桢奉命协理夷务，始复出，询知前所备舟勇已尽撤，欷歔无如何。三水刘文澜策购义律垂得，而虎门事已急矣。

初五日，夷船乘风潮大至，聚攻横档，台前攒排突进，炮密如栉。台药皆自省发，不可源源继，虽极力拒击，究不能如夷舟之不时运送，彼此抽换也。横档后有小河，旧无行楫，则徐雇船以备，咸议其迂，撤后守者不复顾及此。适潮水盛涨，夷分船闯越后河，前后夹攻。天培力竭，守御不支。手燃巨炮忽自炸裂。兵无人色，皆走。一弁大呼曰："事急矣，盍去乎。"言次，伏使受背，将负以出。天培挥刀揕之，弁亟闪避。一弹当胸至，洞焉不倒。夷众拥入。天培与都司署提标游击麦廷章俱阵亡。参将刘大忠先遁。【当时以大忠同时殉难，因已奏补香山协副将，照副将例赐卹。事竣后，与天培、廷章、湖南总兵祥福、游击沈占鳌、守备洪达科，同立专祠，祀虎门。大忠旋自回营，以遇救得生自解。】夷见天培屹立如生，反骇而仆。续至者前迫视之，知气已绝，相与惊叹，取所遗蟒袍糸普褂为服之，鼓乐安置台中。奏入，上赐卹如例。增派齐慎参赞军事。急调广西兵二千，湖广兵之赴浙者二千八百，改道入粤。琦善先奏及内河由狮子洋入至乌涌、猎德、二沙尾、大王滘，及乌涌迤西长洲冈、深井、黄埔、白泥涌，均握要，宜守。有旨令芳先至，速相机布置，毋令其驶近城下。夷越虎门直入内河。虎门大炮之运自省会者三百余，则徐所购洋炮二百余，已尽为夷有。防内河者，皆搜括选余旧炮，草率周章，虽层递分段设防，究乏把握。会湖南提督祥福，统常德兵千余新至。琦善仓卒令与粤兵同驻乌涌。乌涌者，会城东出数十里，先筑土台于南岸，备虎门有失为第二重守御计者也。夷船缚炮于桅，空弹子心，实以药，杂铁屑小炼于中，合而圆之，击则堕地，触机自启，屑炼乘内药四飞，著人恒毙。乌涌沿河屑延垒土墙，穴墙置炮，墙尽处不复更为横筑，墙缺大开。夷循北岸来，炮向南斜发，

辄及缺,弹从空堕,又无铁网承阻。【铁网以铁线五分目,而大线为纲。予尝条陈及之,而仓猝不能用。】粤兵先溃,楚兵亦相率败走,争先逃窜村落,道半阻于河桥。修补知县瑞宝,方主管乌涌小粮台,兵奔亦奔,惧落后为所隔,甫过,遽呼从役撤其桥板。兵勇前走至河岸,为后队逼堕河,自相残踏,塞填河面。后至者踏人首肩而过,无一生者。祥福及其属将游击沈占鳌、提标守备洪达科,皆遇害。【《南越游记》云:"或以祥公坠水,求其尸不得。"然当时已赐卹立庙,殉节无疑,或自死于水耳。】二沙尾亦预沉石隘口,购敝夷舟,沉而堵之。顾未守以兵。夷至,以轮舟乘火势拔起,通流无碍。越猎德即省河矣。怡良方悬赏招回汉奸,及运私快船,当时利赏畏罪,【将藉以卫省河,投回者十九艘。】艘二三十人,率代以老弱。至是,出梁恩升于狱,令率投诚船,出乌涌堵贼,与夷战。【有荐之者,语见下文。】省河自虎门戒严,弁兵官勇舟航梭织,夷烟不时得售。迨越虎门,方实鸦片于轮舟,尾其兵船以入,约窑户快艇泊其旁,乘战酣载运。乌涌溃兵不复集,畦岸空其无人。恩升亦放虚炮,烟焰蔽天,售私者从炮声中络绎移诸快艇,陆续发棹以去,迨炮收烟散,则货已售尽矣。芳之始至,道佛山口入,民耆其宿将,望之如岁,所到欢呼不绝,官亦群倚为长城。入城,即发议,谓"夷炮恒中我,而我不能中夷。我居实地,而夷在风波摇荡中。主客异形,安能操券若此。必有邪教善术者伏其内。"传令甲保遍收所近妇女溺器为压胜具,载以木筏,出御乌涌,使一副将领之。自部卒隔岸设伏,约闻已炮响,即举筏齐列水涘,眠器口向贼来路,而后自抄出筏首夹攻之。夷将至,举筒镜测筏纵横排岸侧,驶近,而副将已望见旗帜先遁,筏上无一人,遂长驱直进,芳侦知夷顺流势猛,亟勒兵入城,缚副将欲斩之,诸帅为祈而免。乃令总兵永福率兵千,驻东南十余里之东胜寺,以防陆路。寺距河干尚五六里,夷舟过,炮远不能及。又使总兵长春率兵千,驻西南十五里之大黄滘后凤凰冈。对滘旧筑石台大而固,夷不敢越以入省,迳趣省东,中流水深,虽不能沉石堵浅,但横排木筏,下水桩,亦未敢闯而拔也,芳久历戎行,夷亦震其威望,且未深悉省河虚实,使其徒持书至凤凰冈营,假求款为名,密挈汉奸随路探水。长春新来,不知其诈,收书使送芳于城,令候报,即掩帐坚卧。汉奸已乘便引夷遍阅营盘,知无备可袭,甫出而两路分入,势如破竹。从东入者,逐我猎德炮台兵而守之。从西南入者,登大黄滘台,坏台一角,亦留守焉。

先是,正月,义律伯麦合出新伪示,张于新安赤柱,晓其居民,称:"尔总督琦善将香港地方让给英国,存有文据,是居香港者为英国子民,事须禀英官治理。"复以此语照会大鹏营副将赖恩爵,恩爵以呈怡良。则徐闻而发指,劝怡良实奏,谓:"人民土地皆君职,今未奉旨而私以予叛逆之夷,岂宜缄默受过。"怡良尚徘徊,东莞邓淳集郡绅于学,具词以请,谓伪示横悖已甚,宜加痛剿,并诣制府陈焉。入见者数十辈。琦善谓款夷出自上意,而诸君未识情形,争执如是,早晚祸及,可自为计,仍举所陈四事为言。驻防进士朱朝玠者,旗士笃实君子也,与辩至日昃而出。【营文并录夷示上,绅士皆未之知。林公见事关重大,揣怡公意必俟绅士呈请而后奏,尚可以对琦相。时晦前二日,林公召予语以故,且问外间公议将如何。予曰:"既非绅士请奏,不可,惜某年望皆轻,又素居江村,未尝授读省会。否则立集科甲门生,列名具词,顷刻可行。若俟通知启,不惟辗转需时,抑事几先露,将有悔之者矣。"林公是之。辞出,即招黄学博培芳商之。黄盖香山人,居省且十世,门下多通显故也。黄出语予,谓:"我两人方当有差,未便与名,不与则无以告同志。"正踌躇间,而邓征君淳至,知其事,慨然集诸绅于学,以朔日具词进。姚司马衡、何文学榛,同在抚幕,其日见林公,亦与正言及之。两人归劝但据情转奏,怡公遂首肯。】迨怡良奏到,而两法总督裕谦,力参琦善畏葸偏私之奏适至。【片奏云:"再去年英夷至天津递呈,仅船五只,且所泊之直沽河,距天津府城甚远,而琦善张皇其事,遽称'几辅盛亦处处堪虞,浙江洋面海口全被占住。'并称'后来船只无数必将南北并扰,'希图耸听以掩其武备废弛之咎。继又牛酒犒师,遣弁讲款,因而山东浙江相继效尤,馈送络绎,致使攻陷城池之逆贼,竟所至如宾。而山东抚臣托浑布,又饰称该夷欢呼罗拜。查英夷腰劲腿直,见该国王尚无拜礼。嘉庆年间入京,即因夷使不能拜跪驱逐回国,是其明证,岂有于攻陷城池大肆猖獗之后,忽向山东犒师弁兵罗拜之理。以大辱国体之事,为欺蒙天听之词,不顾中外之窃笑,皆由天津之办理不善所致。此琦善张皇欺饰之罪一也。该夷回粤以后,桀骜愈甚,求索愈多,情势日形迫切。琦善当一意调集满汉水陆兵勇,亲巡海口炮台,严防要隘,明立赏格,激励将士,先为不可胜以待贼之可胜。乃惟知责副将赔礼,责兵认错,毫无激励堵御之方。将士解体,军心沮丧,以致该夷乘其无备,突开枪炮,攻据炮台,多折将士。又以未申二时一事,

分为二奏。其称'我兵众寡不敌',查粤中水师船炮,纵不如该夷之坚猛,至陆路官兵,则省城有驻防,有督标、抚标、提标,又有沿海水勇,以数万计,视贼何啻十倍。而贼之在粤者不过数千人,其陆路夷兵只有打尖鬼船二只,约计不过千人。琦善能调兵严防后路,何致夷匪千余绕出山后,便称众寡不敌耶。琦善不自知愧惧,尚以粤人武备久驰诿过前任。试思琦善未到任之前,载余以来,即以粤省之兵,剿堵粤洋之夷连获胜伏,屡烧夷船,望风不敢窥伺。并未调兵饷于外省,亦未闻有丧师挫锐之事。此琦善驰备损威之罪二也。沙角、大角炮台既失以后,至虎门尚有炮台八座。而威远、巩固、永安,三台鼎峙,铁链横锁,天险断难飞越。此时自当速调兵勇固守,亲自驰往虎门,号令调度,以安人心以作士气。一面知会浙江,乘机进剿克复,使贼首尾不能兼顾。其时定海只有夷船二十余只,且货船居其半。又义律、伯麦皆未回浙,定城只有副将一人,而粤中义律得炮台后,已舍舟登陆,正是极好机会。乃折中于剿堵布置事宜,一字不题,惟以覆书缓兵为言,危言协抚入奏。且赶紧札嘱浙省不必进兵。旋即以给予香港、即日在广州通商定议。不但故违高宗纯皇帝敕谕,并未俟缴还定海后恭请皇上准否赏给之谕旨。是该夷先得马头后还定海,以地换地,既不使威在朝廷,且许其即日通商。给地在前奏闻在后,又非恩出自上。该逆占据城池,戕害文武,荼毒生民,罪大恶极,竟可置之勿论。倒行逆施,谬妄专权。此琦善违例擅权之罪三也。琦善既在粤给与马头换出定海,即当说明浙中夷船全撤。乃期递到夷目给伊里布咨文,则又称:'定海夷船各货,请即令宁波商人前往销售。'查该夷在定海大售鸦片,有去冬定邑难民呈可凭。是该夷仍欲于宁波违禁通商,售卖鸦片,何以在粤讲抚时,并不与之详确订定,斩截葛藤。此琦善将就苟且之罪四也。夷目公司领事义律,只系夷商首领,与中华洋行商人一例。向在广东,例由澳门同知递禀督抚,皆自称远商,或称远职,而督抚行文饬令该府同知转谕。则称该领事,称谓有定,历有案卷可查。自上年在天津、浙江投书,擅用照会,僭称公使大臣,而琦善等不知详察,辄以贵公使大臣称之。以外夷市侩,竟与天朝将相平行,大关国体。倘海外各国夷商藉口,纷纷效尤,何以处之。岂有谨严于各国而独屈辱于英夷之理。又岂有现屈辱于英夷,而仍能谨严于各国之理。此琦善失体招衅之罪五也。臣愚昧之见,边疆大吏,必须稍有威望,方足以镇服外夷。广东澳门大小西洋通市者数十国,皆观望强弱以为向背。天朝举动遍播海外,若使英夷得志,则愈足以夸胁诸夷,启侮召患,其害有不可胜言者。琦善挫军损威,委曲求款,已为英夷所藐玩,并为大小西洋各国所轻视。若令其久在广东,势必专务敷衍弥缝,恐不止难收禁烟靖夷之效。从来外夷只知畏威不知怀德,故驭夷必先剿而后抚。自宋至明,边患不同,要之示国威者皆忠义之臣,而不顾国体者皆奸佞之辈,虑久远者皆智勇之士,而敔图目前者皆庸懦之流。我朝二百年来声威远震,四夷臣服,旷古未有。英夷不过奸商,其所纠合不过贩烟之匪类,何必如琦善奏,惟务张外夷以挟制中国。臣受恩深重,不敢瞻顾嫌怨而误边疆重计,谨沥诚密片附奏,伏乞圣鉴。再臣闻夷人到粤必用汉人为买办。而其为买办者实为汉奸之尤,教猱升木皆其所为。前此邓廷桢任内奏明驱逐之奸夷颠地,有买办鲍聪,系买办中最为可恶之人。因查办严紧,逃往山东,转至直隶,改名鲍鹏。随同琦善前赴广东,托以心腹,与义律往来议事,情殊诡秘。琦善所称夷言先战后商之说,难保非即系此等汉奸有所窥伺而教之使然也。臣谓鲍鹏不诛,夷务必多反覆。可否请旨密饬靖逆将军参赞诸臣,确查琦善处如果实有鲍鹏其人,实系买办鲍聪,即行秘拿,严究交通实情,正法海滨,以杜内外勾结之弊。臣既有所闻不敢因事无所确据,缄默不言,坐视琦善误堕奸匪之计。合并密陈。"】

卷三

时琦善先已革职,至是上疑其私,命派副都统英隆拿解赴京,【时以佛山同知李百龄出门下,故粤中令协解。】籍其家,使怡良暂权,而以祁𡎴继其节钺。义律知圣怒不测,外军云集,势必用兵,在粤永绝和议,兵船费重,即资捐于商舶,亦必通市乃可。而诸国商船续至者四十余,虽未尝一律禁绝,先以虎门严守阻诸外洋,虎门破而后得联䑸以抵黄埔。而会城内外居民店铺迁徙十已七八,市井兵多民少,货益滞销,咸怨英夷。会义律进退失据,神情颠倒。

二十四日,船遽由西南扑入,为守凤凰冈江西参将谭恩、都司伍定青、守备周荣升、湖南守备王金国奋击急退。越日,米利坚领事多利那赴凤凰冈营请见兵帅,称:"英夷自是不敢再有他求。犯顺称兵止其国

兵头之过,其货船原未尝附会助逆,请准与诸国一体开市,则货船在埔,兵船即顾忌不敢滋扰矣。”议未决而出。

二十六日,夷增多船,乘风越凤凰冈,且前且拒,冒险闯入省河,飞炮向城,随退泊白鹤滩,月尽乃去。洋商亦代呈英夷字约,有“不讨别情,惟求通商,私货查出甘愿入官”语。艺、怡良据以会奏,奉旨饬驳,皆革留。当芳之来粤行抵江西也,闻琦善和议将成,欲附和之。途次,忽有“给墺夷人堆货”之奏。是时上方整练戎行,大申天讨,特简老将,赞画师中,今芳未至粤先有此请,已失圣望,既而复有攻守八难之奏,迹并与琦善暗合。至是又请许港脚通市。港脚种类虽异英夷,而印度实为役属,即与英船无异,许港脚实许英也,掩耳盗铃,未战而款,大非命将出师本意。且奏内未将琦善畏葸致误,及外兵即集,夷再猖狂,如何剿办情形,层次筹及,此“有意阻挠,怠慢军心”之谕所由来也。

墳既入城,病居民空城先徙,思所以招徕之。以士为民望,乃示召观风,取粤秀、越华、羊城诸书院生童而合试之,以示整暇,于是还居者半。【祁公至,泊佛山汾江。予先时以林公意,往佛山,延南海在籍吴中丞荣光、李都转可琼,商守城策。虎门既破,是夕,林公先知之。二公为其乡人综团练,不可出,予具文以覆。因条陈旗勇协守法,以驻防余丁皆骁勇可募用也。自是寓佛山,往还两地者三阅月。偕李都转候见祁公于南岸市楼,刺入,而林、邓二公同棹小舟适至。祁、邓本同官交好,林亦袖其任内所办夷务层折缮厚折开诚以告。祁未暇阅,随手置之席下。二公并以夷舟据省河,凡官船有旗帜恒为所扰,劝祁公一出花埭海,即折而上,由泥城入北门,偃旗息鼓登岸。当公未入沙,已有劝其道灵洲山过石门舣泥城者,语与二公合。语毕辞去。会日昃,都转老倦先归。予登舟,祁公言少穆以所办示我,不知旧令尹事如何。随长叹,谓我去不几时,不料地方遭劫竟至于是。予曰:“公来劫有救矣。”公曰:“不然,我以小心谨慎作无事时巡抚尚可,总督则非其才矣,况有事乎。吾兄不记邓制府阅兵广西,我以巡抚兼应夷事时乎。非墨农事事提醒,不知误却多少矣。”墨农者,高阳仪克中,就书记,数年来所心折者。及公内擢,仪已作古,故忆及之。予因谓如大君子谦卑自牧,何不别举精力强毅者相助为理耶。公曰:“枢廷方以我熟悉夷务,非善辞则早来久矣。此次半道接旨,不得不勉肩艰巨也。”既又问林、邓并劝改道入城说可行否。予答以“故事,大吏抵任,必由近日亭登岸,便各官行礼,而总督署在靖海门内,此次似可由靖海门入,诸官必集迎于此。公旧望赫然,夷船何敢犯前驱,若竟道泥城,未免滋其疑惑,失观瞻矣。”公大以为然。】三月,奕山、隆文亦至。义律来文请在香港开市,督抚以未奉谕旨驳之。【二月末,马礼信于夷义一体严拿走私之说,代注“此端与英官无涉”语。今来文请纵走私,故拒之。】是时夷船之在定海者,多驶复广东,虎门香港合五十余船。奕山意芳有将略,首与商军事。芳谓夷越虎门深入,粤城外民居铺舍栉比,无隙可乘,即无隙可守。惟于东南猎德、西南大黄滘,通下桩滘沉舟堵塞,而以重兵扼岸上,堆沙垒为城,庶几可作省城外障,使夷不能搜截军械、运船,散我谷米埠,然后俟风潮,集柴苇为筏,用火攻之,方可得手。既又商诸则徐,则徐为六事答之:一,堵塞要口。谓夷日扰省河,法皆难用,当设法诱夷出猎德、大王滘外,否则束手待毙。二,洋面船查明备用。三,炮位验演拨用。四,火船水勇,整理挑用。五,外海战船,分别筹办。六,夷情宜周密探报。较芳条陈尤为详密可行。【六条:一,水道要口宜堵塞严防也。此时夷船既破虎门,深入堂奥。查省河迤东二十余里,有要隘曰猎德。其附近二沙尾,两处皆有炮台,其河面宽约二百丈,水深二丈有零。又省河西南十五里,有要隘曰大黄滘,亦有炮台。其河面宽一百七丈,水深三丈余。若前此果于该两处认真堵塞,驻以重兵,则逆夷兵船万难闯进,省垣高枕,何须戒严。乃既延误于前,追悔无及。今夷船正于此两处要隘,横亘堵截,使我转不能自扼其要,几如骨鲠之在咽喉矣。惟有密饬近日往来说事之员,督同洋商,先用好言诱令夷船退离此两处。而在我则密速备运巨石,雇齐人夫,一见其船稍退,即须乘机多集夫兵累千,连夜填塞河道,一面就其两岸厚堆沙袋,每岸各驻精兵千余,先使省河得有外障,然后再图进剿。此事不可缓图,尤不可偏废。若仅驻重兵而不塞水道,则夷船直可闯过,虽有兵如无兵也。仅塞水道而不驻重兵,则逆夷仍可拔开,虽已塞犹不塞也。塞之驻之,而不堆沙袋,则以兵挡炮,立脚不住,相率而逃,仍犹之乎不塞不驻也。此两处办成后,应致力于内洋之长洲冈及蠔墪最后则筹及虎门。彼处有南沙山巨石可采,如何堵塞,容再酌议。一,洋面大小船只应查明备用也。查虎门所泊师船,除沙角失事时被焚十只外,闻尚有提中营二号、三号大米艇

二只，五号小米艇一只，提右营二号大米艇一只，五号小米艇一只，现停镇口，自应由水师提督配齐弁兵炮械，以备调用。其虎门以外附近之水师营分，东则提左营大鹏协平海营碣石镇，西则香山协广海寨，现在各有师船若干，配驾弁兵炮械若干，亦应分饬配足报明候调。至省河有府厂运厂两处，均系成造师船之所，现在各有造竣师船几只，另购堪以出洋大船几只，应饬据实开报，并将蓬索桅椇即日备齐，听候查验。再，上年府厂改造巡船，及新造安南三板，现在尚存几只，装配炮械若干，亦即开明听用。其招到快蟹船十九只，现泊何处，此内壮勇若干，炮械若干，亦即禀候核夺。一，大小炮位，应演验拨用也。查此次虎门内外各炮台既被占夺，所失铜铁炮位，合各师船计之，不下五百余尊。其中近年所买夷炮约居三分之一，尽以藉寇资盗，深堪愤恨。今若接仗，非先筹炮不可，而炮之得用与否，非先演放不可。查佛山新铸八千斤火炮十四尊，佥谓无处试放。殊不知演炮并不必极宽之地，只须水上备一坚固之船，安炮对山打去，其山上两头设栅栏截，必不至于伤人。并须堆设大沙袋，每袋约长四五尺，宽二尺余，堆成横竖各一丈，高七尺许，以为炮靶。对靶演放，既有准头，而炮子之入沙囊深至多少尺寸，果否沙可挡炮，亦即见有确凭矣。此十四尊试过如皆可用，即日运省备防，其余即于佛山如式再铸。倘试后有须酌改铸法之处，亦即就近谕匠遵办，以臻周妥。又番禺县大堂，现有五千斤夷炮四位，似可拨至离省十五里之燕塘墟向来演炮处所，亦照前式堆排沙袋演试。又广协箭道，有夷炮六位，斤重较小，似可拨在北较场如式堆演。所有来粤客兵，即令该管官带领轮班演炮。如此，则炮力之远近，炮挡之坚松，与兵技之高下，无不毕见，一举而三善备焉。再，前据广州协赵副将开报，该协箭道并贤良祠，现存堪用各炮约五百位，又红单船拖风船卸下各炮，亦约有一百位，虽俱不大，然未尝不可备防。似应分别查验演放，以便分配各船及岸上营盘应用。至装配船兵，宜将船只驾到将近佛山之五义口、茉莉沙、瓜步口等处，分起装就听调，庶免疏虞。一，火船水勇，宜整理挑用也。查夷船在内河，最宜火攻。前月经杨参赞饬备柴草、油料、松香，装就火船约百余只，闻系署督标中军副将祺寿、候补知县钱燕诒等经理其事。兹隔多日，恐柴草等物莓湿短少，应饬查明重加整理。其装载之船不，原只以备焚烧，固不必坚固新料，但亦不宜过于?? 旧。且必须有篷，方能驶风，若专藉一二人之力，犹恐推送迟缓不能成功。其船约以数只为一排，驶近夷船，则环而攻之。能于各船头尾，系大铁钉，钉住夷船，燃火，使之推不开拔不去，当更得力。其未用之先，此船宜移上游，近佛山一带，装载完妥，黉夜乘风，与有炮各船一同放下，随攻随毁，谅必有效。又内河东路之菱塘司一带，另有捐办火船百余只，即某所捐办也，分段停泊，如需应用，亦可随时调集，以收夹击之效。至水勇一项，人人以为必须雇用，惟患其有名无实，前此虚糜雇赀，已非一次。除淇澳之二百八十人系鲍鹏为前琦部堂雇用，闻已散去，可毋庸议外，若臬运两司访雇之水勇一百二十名，闻有董事管带，应可得用。第未知其船现泊何处，似应查点试验。又番禺县张令，原由揭阳带来壮勇三百名，皆系以鸟枪擅长，每人各有自带之枪，施放颇准。此一起虽系雇为陆路之用，而上年曾经谕明肯下船者多加雇赀，彼即欣然下船。似宜将此壮勇三百名作为水战之用。此外再雇，务须考其技艺，查其底里，必使层层保结，不任滥竽。并谕明临阵争先者即予拔官，如敢潜逃，立斩示众。信赏必罚，自足以励士气而壮戎行矣。一，外海战船，宜分别筹办也。查洋面水战，系英夷长技。如夷船逃出虎门外，自非单薄之船所能追剿。应另制坚厚战船，以资制胜。上年曾经商定式样，旋因局面更改，未及制办，其船样尚存虎门寨。如即取来斟酌，赶紧制造，分路购料，多集匠人，大约四个月之内可成二十船。以后仍陆续造成，总须有船一百只，始可敷用。此系海疆长久之计，似宜及早筹办。若此船未成之前，即须在洋接仗，计惟雇觅本省潮州及福建漳泉之草乌船，亦以百只为率，将其人船器械一齐雇到，给予厚赀，听其在洋自与夷船追击，不用营员带领，以免牵制。仍派员在高远山头了望探报，果得胜仗，分别优赏。其最得力者赏拔弁职，充入营伍。缘漳、泉、潮三郡，人性强悍，能出死力。既可兼得名利，自必踊跃争先。较之本地弁兵顾惜身家者，相去甚远。至于能在水里潜伏之人，查本省陆丰县之高良乡、饶平县之井洲及福建澎湖之八罩乡，其人多能久伏水中，似亦可以募用。其火攻器具，如火箭、喷筒、火毬、火罐之类，亦宜多为制备，以使临阵挑用。一，夷情叵测，宜周密探报也。查逆夷兵船进虎门内者，在三月中旬探报有三桅船十四只、两桅船三只、火轮船一只、两桅大三板四只、单桅大三板一只。其各国货船在黄埔者现有四十只。自虎门以外，则香港地方现泊有夷兵船十七只、伙食船三只。此等情形，朝夕变迁，并非一致，似宜分遣妥干弁兵，轮流改装，

分路确探,密封飞报,不得捕风捉影,徒乱人意。其澳门地方,华夷杂处,各国夷人所聚,闻见最多。尤须密派精干稳实之人,暗中坐探,则夷情虚实自可先得。又有夷人刊印之新闻纸,每七日一礼拜后即行刷出,系将广东事传至该国,并将该国事传至广东,彼此互相知照,即内地之塘报也。彼本不与华人阅看,而华人不识夷字,亦即不看。近年雇有翻译之人,因而辗转购得新闻纸密为译出,其中所得夷情,实为不少,制驭准备之方多由此出。虽近时间有伪托,然虚实可以印证,不妨兼听并观也。至汉奸随拿随招,自是剪其羽翼之良法。但汉奸中竟有数十等,其能为之画策招人、掉弄文墨、制办船械者,是为大奸。须将大者先除,则小者不过接济食物,即访拿亦易为力矣。】是月,则徐旋奉"以四品卿衔驰赴浙江候旨"之命。缘是时裕谦已抵浙,自去冬曾与闽浙总督颜伯焘、浙江巡抚刘韵珂,先后密陈则徐在粤办理无误,宜责以戴罪立功。而谦之劾琦善,则以"上年广东就本省兵防本省夷,未闻败辱"为言,比较迭失台口功罪,则徐又先自请赴浙竭力筹办。【粤中初闻有调外兵攻剿之信,林公实不知意出自上,尚疑琦相因夷情反覆,当大示兵威,密为奏请,但未商及同城耳。此予亲闻之林公者。林公因言:"封疆大吏得调本省兵。粤中兵额隶水师者已不少,皆总督所属,就地调用,不致多费帑项,故办理边事以不至奏调外兵为正。今国家方全盛,经用及天兵,何事不了,此办理至于万不得已之举。"盖初未料及外兵他日之败也。】

至是,上见夷情叵测,外兵至粤者已有八千,防夷败而窜浙,爰有是命。然其时粤聚兵虽众,守御尚无胜算。所备攻具。巨木之运自西省编札为排筏者未成。水勇募自福建者千人,香山东莞者三千,一时亦未能骤集。奕山初尚用芳"待时而动不可浪战取败"议。而翼长,文则李湘棻、西拉本,武则段永福、张青云辈,皆利在一战,为得功地,且非是则军饷将无以开销也,密请开仗。张必禄亦从而怂恿之。奕山为所动,谋于熉。熉官粤久,素悉夷恫喝伎俩,以为外兵新至,当乘锐而用,亦不阻止。爰于三月晦,密集军官,发令,三路分出。一屯西宁炮台外,为中路,一屯东炮台,为左路,一由泥城出,为右路。使及夜运炮出。布置粗定,将突攻夷船于省河。调发毕,已日墓,芳犹未之知。兵出城,奕山始诣芳告以故。芳乍闻不觉大讶,拔剑奋呼,谓事且败而局难收,顿足至再。奕山亦旋悔,亟思挽回,然令已行,人自为备,兵众地散,已莫及矣。先苦水勇未集,会四川营余丁四百愿充其数,与广州应募者合为千七百余人,乘小快舟,挈火箭、喷筒,都司胡倖伸率领而往。分三队伏,约闻炮齐起,抄后路攻之,专以长钩钩其船底,掷火焚烧,官兵但沿岸施炮轰击应之。省河夷船出不意,又值风逆,一时四面受窘。西路攻毁其大兵舶一、火轮船二、三板四、小艇数十于白鹅潭。东路击其三板,夷众从睡梦中闻变,亦狱不及备,相继溺死于二沙尾者无算。总兵张青云设伏西宁炮台,夷见守御空虚,舍舟登岸者数百人,伏发退不及舟,我兵涌出气锐,迎刃皆毙无存者。义律夜深闻攻杀声,不知何处有兵,咫尺间调遣不及,自夷馆踉跄走出,呼小三板渡上夷舟,兵目援以登,仅而获免。四川、湖南兵,探悉义律所在,相率向围,不知其已遁也,蜂涌入夷馆,登楼搜之,不得,则掠其货物。【时米利坚夷商居馆者,外兵不能辨,误伤其数人。】越日黎明,夷兵大集援救。止击沉其三板船一。风潮转顺,我兵反为所乘。夷船竖黑旗,连日游奕省河,直逼炮台,势甚张。段永福领勇千余,守天字马头,望见夷飘旗,速放空炮,一哄而溃,所设八千斤大炮,未及放,炮眼已为登岸夷所钉。守泥城者为副将岱昌、参将刘大忠。大忠即协守虎门,夷至先逃,以阵亡奏请赏卹,事后饰词归营者。所备木筏材料,购自西省,费至巨万,及油薪船三十余,大军辎重咸萃此。至是亦不战而走,军资可用者尽为夷有。守北门外山耆定台【俗以形称四方炮台。】者,为总兵长春。粤城北五台,此其一也。明以前无之,迨至国朝大兵南下,攻数月而守尚固,乃筑此以瞰城中,了若指掌,辅以东西得胜台,既筑,城始不支。盖攻之利即为守之害。粤既隶版图,承平垂二百年,无议毁者。【其年,前湖督周天爵奉命从军至,亦以形势不便,思将北门城伸筑,而以耆定两得胜围入城内。盖不敢遽议毁折,而不知加城于山,所费不赀,尤非策也。此与所议伐村里古树堵河,皆不可行而行之事。】至是,初五日,夷泊岸试登,无阻拒者,竟据之,筑土堤藏药,为久守计,登高俯瞰,窥以筒镜,凡城中措置及官民来往悉为所见。熉与怡良议亟调炮置南西二门,示民死守。是日,福建水勇适至,既入,抚标官以令箭挥使出城应敌,以驻防将军不肯启而止。芳立北门女墙下,视至移晷刻,忽掀髯大呼曰:"可擒也,"欲以兵二千分两翼下城击之,亦阻于同事不果,称疾不出者二日。火箭巨弹,自下上者,肃肃过耳畔,芳谈笑自若,骂曰:"丑虏要击死老子耶,"左右咸股栗,劝稍避之,不顾。夷既聚泊,游奕

小舟如梭织，其兵船迭运飞炮攻城。沿珠江二十里间，环东西南三门外，炮声无片刻断。炮子往往堕城西北隅，盖知大将军以下皆驻城北贡院，特向而注发，而不知蚤已偕迁避巡抚署。顷亦移驻城内矣。入夜，火光如昼，日则四射火箭，焚南北岸铺舍，南门外烧毁尤甚，民间无救者，官军亦不敢出扑，听其自焚自灭。留者但洋行积货栈舍而已。

时内外兵万七八千，军令皆撤入城，都司守备以上无一人在城外者。【夷小舟放火延烧两岸，惟洋商屯货之栈则过而不毁。自二月虎门失事及是，连日遇绅民眷属迁下乡者，每为夷舟阻辱。巡船至则撮药毁之。有洋商家属为所追及，遽出条纸示之，夷即反棹，且为护送入花埭河口。连日火光烛天，而放入箭弹恒著空处，或竟坠池塘。飞炮弹子大者至百十斤，每自屋面滚下，无著人致伤者。是时内城分藏火药至二万斤。汉奸知藏药所在，火箭向之，会大雨如注，曾不延烧。事后夷人言，当时共见一白衣人夜立城上以手接箭，箭到即熄。或以为非神助顺不及此，设一有延烧，则人心不固，城从此不可问矣。】贡院号舍八千有奇，令舍住一兵，而兵往往拆数号通为一，携所自备物居之，因不能容。则令其自择居民间空舍。客兵各招引其同队，三五成群，撬门挈具而入，随地驻足。于是夹杂散处，布满内城。营主但知按籍记其兵数，实不知兵所寓何地，同寓何人。遇有号召，辄出小旗沿街市招呼，有畏征发匿不出者，非领饷之期无从见而问所驻地也。夷登耆定台，越山磴径十余里。军帅坐北门楼，亲睹夷兵鱼贯而上，所至无阻，莫可谁何。驻防甲兵见而发指，动公愤，自请出城截击以阻其登，城亦不启。有超城下者数十人，中途复相计旗营藤牌少，不足御夷火器，旋返城縋上。【驻防将军阿克精阿，先期令地方官以沙包遍塞城门。初五六七日城闭。城内米值大起，油薪将乏，亟开一门放行。归德门开后，仍置笔砚于卡房，凡肩舆出城者，令自书姓名始肯放出。当时虽官亦不免。盖有谣言，谓夷将装扮差官舆入为内应者，故有是事。然不搜其入而搜其出，且但搜肩舆而步行者不与，亦疏甚矣。】诸帅初以众兵闭处一城，虽不得其用，尚幸其安静坐食，可不扰害闾阎。忽初五日，南海义勇为湖南兵诬杀。【楚兵初驻东门校场，其地多疯女，少未发面，往往夜出，就男子交移毒，则男受其病而女愈可嫁。楚兵新至未之知，既而多传染者。或言孩肉可已疯疾，于是攫远近小儿旋营烹食之。壮勇知其事，以为人人如此，遂力与拒。此致怨之由。】群勇大哗，拥入贡院不散。大帅不得已，摘永福翎顶，解其怨，而互斗者已乘势四出，放火杀人，校场中尸骸如积矣。逃难入城者，恒指为汉奸，攫其财物。有挑夫于大佛寺前买粥，方食，芳以送琦善就逮下舟，马至，适逃夫辍食出，抵其前驱，遽令斩之，刀挑其首，出至河干，民环城聚观，骇甚。先是方开仗，越日，旋有不循纪律聚抢夷馆之事。所抢货物，肩挑背负，各餍所欲。抢物多者，不便回营受指摘，则相与潜遁，军官未之知，知亦无计招复也。去者信足所之，罔识途径，道中每以所得易赀消散，所过州县，沿途诣官索饷。北行远抵三水、清远者，尚数十人，地方为之应付具舟，送返会城，佥以追逐败夷迷途为词，人多不能束以军法，反人为犒赏为其压惊，非不知夷在南而兵反从北返，然不暇正言诘也。

夷兵中率有多年市粤者为之领导，民与夷习。义律初发难，时时以"缴烟断市万里亏缺"为不得已之词，谓："兵来但与官为难，而无与民户为。"与市者诉：其资市为生者，半出番禺、香山、新安之市井无识，否即蛋民渔户，未明大义以为害不及民，窃私怜之。市粤者初谓义律仅六七等官，视若无关轻重，船梢姑听命焉，食用居处终与大班二班回别，义律亦退抑不敢擅作威福。迨来粤七八年，值变起，夷商虽号殷富，实半民，或假赀于国，或合力置船，义律虽微亦官也，倚以为重。国王亦因其居久事习，就令为诸船总管。伯麦虽以国戚初至，反副之。自以劳顿风涛数月，至则使义律赴浙，自留粤暂代。其时义律随挈兵以出，破定海，留船以守，意中国且厌兵，当可动，乃偕伯麦北抵天津，获陈达，得恩旨，复相与挈琦善文还粤候款。及侦知琦善以失圣意得罪，大局全易。虎门攻陷，皆两人者为之。伯麦绝不谙中国底细。义律自缴烟取结，屡与保纯晤语，数出其妻于座示敬。保纯亦感其诚，还辄私语所亲，故当事但知有义律，以为人尚明白，可以理谕。城既闭，军帅伏处一隅，半筹莫展。百姓汹汹，谓兵不足恃，城必破，夷人必遭焚掠也，则扶老携幼，哭诣怡良，请权宜为目前计，于是款夷之议遂决。城上改换白旗，军帅以下，各会印檄付保纯縋城出，就义律商之。会夷用正急，思得赀以济。旋议定，饷军六百万员，计四百二十万两，作清收内商夷欠，约限五日内银项交足。大将军挈外兵先离省城远屯，夷船亦退出虎门。【保纯还，述义律自指其心，有天理良心

不敢攻城语。】议定,洋商合力,仅得银百二十万两,余从公帑代为垫支,括藩、运、关三库足之。时参赞齐慎后至,城未启,阻居佛山。会奏者,惟奕山、隆文、杨芳、阿克精阿、祁𡎴、怡良、裕瑞,言"调兵万七千人,奈无战地安营,热熯湿蒸,久而多病。夷入北路山巅,居高临下,势已危极,一有疏失,收复固难。而土匪窃发,通省摇动,亦断难久守,若不权宜行事,必致决裂。其洋商欠项,分于各商摊还。【又奏:"据原商伍秉鉴等禀称,积有夷欠,议明分年归款。自十九年停止英夷贸易,至今未能归结,除商等自行筹措外,不敷银二百八十万两一时无可借贷,恳于库贮款内拨借 交领,以清夷欠,分四年在生理价银行用内,按款摊出,将借项全数归补。此项虽由商欠,而关系夷情,不若先为垫借,庶几洋商无可藉口"等语。当时诸商实欲以其行羡清还库项,及和约内已准英夷请裁去洋商,无羡可取,此项虽该商旧欠在先,终归悬宕,久而未清。又台湾夷俘颠林供云:"广东行商给还烟价,不云该商旧欠。"盖当时两项,在夷商尚未及分晰也。】至所给还夷欠,即作烟价,及此后是否停给香港,皆未之陈及也。

方议款时,夷兵以船泊泥城,登岸肆扰,沿西及北。其据守耆定台者兵千余,款成尚迁延不遽退。伯麦身肥体健,首大如斗,自恃膂力,率领余众自台下闯至泥城、西村、萧岗诸村落,大肆淫掠,奸及老妇。村民大哗。举人何玉成,即柬传东北南海、番禺、增城、连路诸村,各备丁壮出护。附郭西北之三元里九十余乡,率先齐出拒堵。对岸之三山等村亦闻声而起。老弱馈食,丁壮赴战,一时义愤同赴,不呼而集者数万人。夷目毕霞领其兵与村民战。村民稍却,被追,深入牛栏岗。所近居民大至,转瞬民多夷少,急匿丛薄间,放枪自卫。村民但遥围之。入夜,则脱衣悬树杪,迎风摇扬,作疑兵,民不敢前。及天明,入林内,搜杀几尽。逃者不识途径,亦多被截击。有叩首流血得免者。伯麦、毕霞同时殒命。收其调兵符券、防身铁剑、小枪之属。夷兵方舍命突围出,无奈人如山积,围开复合,各弃其鸟枪徒手延颈待戮,乞命之声震山谷。村人以其困不复逞,亦即不杀。其留耆定台余夷尚众,一人不敢下。村民但环立山麓,相约听其饿毙,围既久,越日,义律驰至,亦被围。密遣人间道求救于保纯,保纯闻报,请于𡎴。或劝出福建新至生力军助村民活缚义律,监而勿杀,挟使悉其船出外洋,还我汉奸,以是痛惩之机不可失。当事相顾无敢任者,咸以为事在和后,不欲更为戎首,且款银已先给,设败盟,于我有害无利,坚却不用其策。然款赀来从三库,商行分起运下夷舟,其日计已给者仅及四之一,而久困之夷得全款,一时骤裕,有所恃以外扰江浙。粤为彼中市舟最旺马头,向所称呢边火石弃物皆可易钱者。万不肯取快片时,招怨贾恨而轻弃之。当时能略延期日,陈兵城上,不下与战,纵不给以赀,彼无所焚掠将自止,亦无攻及城池之事。不过以朔日之战遽收兵入城,为彼所窥,因以焚扰为报复,我愈退而彼愈进,盖情事之常,亦兵家之所宜然耳。事经两日之久,倘官民同志,稍善机宜,村民万口同声,索其缴还原赀而后散,官为调停其间,续给者当可免。彼目睹民情,计无复之,未有不可行者,惜乎策不及此也。𡎴令南海令梁星源、番禺令张熙宇,随保纯出,步向三元里绅民揖劝,代夷乞免,越数时许。绅士潜避,民以官故不复谁何,遂亲翼义律下,群夷继之,众口喧哗,笑声闻十里。【其后逆匪犯湖北,梁殉节。张防九江,败于小孤山。皆擢至两司矣。余守因试为士辱,引病去,皆保全粤人而不之感者。】夷自是始知粤人之不可犯,克日全帮退虎门外。

其时近海绅民,有欲邀于海口,夺还所得赀。适其大船搁于浅沙,将截焚之,亦为𡎴所闻,切谕而止。其他船在虎门外者,初四日,新安武举庾体群,夜半出火舟三队,自穿鼻湾乘潮攻而毁之。佛山义勇,亦于龟冈炮台,乘上风扬毒烟,毙夷数十,破其援舟。款夷事闻,举以切责,诸帅皆罣吏议。义律入内河,恒陆居,坐肩舆,遨游市上,例所不许也,百姓已见而切齿,遁后自惭无以对汉奸,乃出伪示,有"不难报复,姑示宽容"语,以掩其辱。三元里等村民,亦大张文檄,痛斥而丑诋之,戒其毋复相犯。尽出所馘级及夺获炮械,缴之官。当事优予奖励,为祠祀死事者。玉成等请自海珠至石门水陆冲隘,如仁威、沙南、荔园、泮塘、澳口,及对岸之白沙、增步,各按险要,设防置炮。河南数十村及城东燕塘,亦均起而团练。进士何有书等,接踵倡行,各就所近设为社学,辅以公所而二之。西北曰升平,东门曰东平。练勇至数万,无事相安农业,有警,农即为兵。一时声势联络,咸隶广州协副将。【二社学外,继起者,河南桥内曰隆平,设于道光二十九年夷请入城时。南门外曰南平,则奏而未成。村间曰坤维未果。】民与官应。𡎴复防其内扰,策之大帅,取则徐前堵塞两台口之议,稍推而远之,于东西两口,先大石,次沥滘,又次猎德,沿及石壁、黄埔、三山,凡

夷船可以直达省河之道，度其船之修广，劝绅民买石沉而狭之，浅其河底，仅留中小口，通民楫，而阻夷船之闯入者。先又于所堵四旁，密坚桩栅，复纵横曲折投石其内，虑其轮舟挟火力，或可用钩扒拔石，徒劳无济也。于是勘择要道，东路如东炮台、赤冈、二沙尾、洋桃地、姚家围，南路如大王滘、南石头、东圣，凤凰冈，西路如西炮台、永靖、海珠、新墩、竹排头、泥城，北路如永康、拱极、保极、耆定、红棉寺、饽饽山，或旧有炮而坏于夷，或旧未设台而新相形势补筑者，并铸安巨炮，分防丁勇。别于海口要隘设土墩三十余，防维周密，以补东南两口台所不逮。令训导黄培芳、拔贡生余廷槐，齐檄周遍村落，开陈大义，民气感动，而后檄知府杨霈、署粮道西拉本、南韶总兵马殿甲、高州总兵赵承德、督标参将曾逢年、游击李志和、赵如胜、督学正曾钊，守蚺蛇洞大冈边，为南路正防，而以从九品林俊英守穗石，文生彭鹤年守坝头庙，武生范廷安守南亭，职员何大山应之。教谕陈文辉守官州，外委曾文基守官州门，为东路正防，而以从九品卫绶光守沥滘应之。从九品杨汝正守三山、大通河，为西南河路正防，而以副贡生高廷佐、武举关鹏飞守南头，教谕虞世珍守东塱，应之。拉本、殿甲又自守龙船墟、得胜坪及猎德诸台，举人李国贤守员村，文生叶炤守下渡头，拔贡陈大勋守东炮台，文生林福祥以水勇为应。计南海、番禺团勇至三万六千名，而营兵不与焉。取滨海数县涨生田坦凡十七万余亩，收诸公，招佃纳租，曰屯田，为守台墩与捐造巡船兵食。【屯田之说，条陈于南海曾钊、旗人樊封，皆博古士，见知于祁公者也。始以兵食急需，知粤东近海沙田之归殷富家者，日有涨积，每视原承多溢。下令许田邻首于官，勘实收为公田，一时首者纷至，被控者动借废照影射，非通海清丈不可。祁公虑扰民，遂止其事。又谕召好义者出己田归官，以原买价银数请奖。于是黠者以西潦盛浸失收之田献，引勘收委员诣田所，但见禾根在畦，不知水退萎苗所余，发佃无应者。因议使本土绅士驻局，分别受浸田段，俟赴局献者，按其土名先定拒受，非乡间绅士不识情形，颇难其选。许员外祥光，亟述孔观察意，谓予当省差久，且悉香顺沙田被水处所。时予方居忧，驰书见劝，予辞之再三，恐以一人误公事也。未几，献田之事又不行，乃奏请取沿海数县凡贫民照例赴县承垦而未经升科者，尽归公田，召佃，分别定其租款，仍令原垦户各按所垦赴官领佃照，部限半年，限外即准他人承佃。白太守从瀛率各县劝民认领，督抚出示招之，以养兵费急，檄促县行且严。香山垦户视他县独多，初尚徘徊无以应。香山令陆君孙鼎，省中旧交也，使其属香山司巡检饶长春来予村舍，谆嘱代劝绅民出承。会大府亦以为言，且出印示交予为验。当时犹以为官佃常例，不过欠租易佃，无害于民，重以大吏及白守之故，时亦略有所劝，令其自以保佃姓名呈官备案而已。其后部议照地丁例行，则官受考成者重，而自垦之田自领其佃，虽属顺理，而田尚在水，久之待围筑而后成，未免壅水为害，可叹矣。】方运石堵塞，视夷所入要津，一时并举。南湾九龙产石之山，悉在虎门外，夷船所聚，因购于内地之潭洲，络绎运载，随至随沉诸河。夷已侦知之，谓不利已出入，则驶三桅船泊横档，驰轮舟三，扑入大石、四沙、赤沥角，遇石船即焚。绅士曾钊、林福祥、周其俊、何达海，各督其勇护之，工始克竣。【祁公委调省令冯沅，督诸绅堵河。沅曰："堵河当量其浅深广狭以开方法测之。今由石船遇河口即投，受石不均，恐有阻水之患。"又其时所募守口壮勇，月食或八员六员不等，悉出筹捐局。设大佛寺劝捐，洋、盐二商捐百二十万两，绅民各自赴局捐赀及铸炮筑台购械三十余万两。劝及半，予随告养。】炮械甲仗皆日有补造。赀既厚集，凡有一材一技足资捍卫可称破夷妙计者，胜揭黄榜，奉谕旨招徕之，即所条策而详为讲求，著效者优奖，与筑台制械者等。当是时，人人思奋，翘首企足，以款夷为辱，将待夷船之再入也而尽歼之。广管数县，游手之众，收勇籍者十之八。缘是内河村落盗匪亦无复窃发，盖丰其口食，时其训练，日饱食于台墩，力无所用，无不磨拳擦掌，以待一试。【当时设勇未试，而内贼以是少，及勇一散而贼即四起，实见过不见功。】塡以内势既定，省城根本无可动摇，而后由内及外，层次整理，以虎门诸台修复为终事，至派将弁设防守如平时而后已。

英夷平日已畏粤民勇悍至此，知内河守备綦严，愈不敢正视粤东，越虎门一步，因变其说，谓"市久人习，不忍肆害，且存市地为他日相见计，"欺粤民之恃夷为食者。但速建香港房舍，拆虎门旧台石，悉运以出，请官为示，召商民就香港与贸易，至是请已再矣。内商以风浪险，无肯往者，夷请以尖沙嘴、九龙山二地易香港，当事以未奉谕旨却之，而反劝其入市黄埔。夷以入埔必经虎门，诸台修于彼不利，遂泊兵船阻我兴筑，盖毁石之举不尽关营建也。以是虽就款，市仍未得流通，货物仍壅滞如初。国商咸以义律卤莽就款，不

以各省所索马头入议,责之。会英国王别派仆鼎查(Henry Pottinger)为大总管,又派巴葛(William parker)与思哑敕力巴敦时为副。增船,大者合前至百余,小舟数百,来粤。义律亦自以官小,为所属,宜受钤制,虑其至或生异议无以对保纯也。遂先期借带运粤所得银,扬帆返国。【按颠林供:"伯麦奸淫被殴死,报知女王,派仆鼎查来。"然伯麦之死在四月,而七月仆鼎查已犯厦门,彼国遣将不如是速。"寇海记"云:"佯言国王谴义律无能,改命仆鼎查",所指无能者,以议款不索各省马头,亦与伯麦死同一时事。意义律先自请换,已得请而行,且知增兵易将将至,故迳去而非代交也。】奕山因议款有离出省城之约,旋偕隆文退居距城数十里三水县之金山,撤湖南兵归伍,留芳驻城弹压。【芳初居贡院,避暑,欲迁越华书院,以尝为大帅行辕也。予方监院,陈止之。】隆文素刚直,军事多持正论,格于势不得行其志。金山山水孤僻之地,居甫数日,心抑郁,恒咄咄自语,谓无面目对君上,叹不绝口。寺僧颇知事,故进以谐谈,欲舒其愤懑,果略一启颜。因沽卮酒奉焉,不饮,曰:"汝方外人不识予心,非相却也。予自分辜恩罪重,方愧悚无地,日在忧愤中,敢以酒自娱乎。"僧再劝,则色变曰:"若更相迫,吾立嚼吾舌矣。"竟不食死。【西观察为翼长,攻城时方居贡院。忽炮弹飞至,击中其仆,遽倒,时惊悸丧魄,未几以心疾死。隆参赞家都城,死后门户萧条,一妻发皤然,抚其子孀守。广东癸卯乡试,主考率小门生见之,犹问粤事。】

仆鼎查至粤,知义律议款止了粤事,且所得故商欠,而闽、浙、江南之市地将开,英国他日无穷利源,又恰符其借失市构兵之本意,且犯他省仍不与在粤和议背,况义律适去,粤官难以责备,设远来无奇功,是明居义律下矣。计既定,遂尝试以觇中国意。乘谕旨令酌将所调防兵裁撤,谓有机会,未宜坐失。于是舍粤洋而北,以潮州南澳为粤闽适中地,帆樯之所必由也,爰于南澳长山尾预泊数船,载马,备登陆。计船狭不便刍秣,则沿岸盖造房屋,上为层楼,澳官无止之者。土木日渐增益,驻人为两省往来航舶响应。埴令海阳令倪沣谕毁之。【先是澄海学诸生就课海防论,卷有及长山尾盖夷屋养马事,言之切实。时方奉旨,不准香港搭盖,故南澳文武无敢言及者。予已奉调旋省,袖卷呈制府祁公,行海阳倪令,带邵巡检往查。夷初尚支吾不肯折,再往以正言晓之。时驻泊止一二船,惧内地兵威,即遵折而放马于长山,凡十二匹,过者皆见。凡夷马皆剪尾可认也。此辛丑九月事。】以七月初十日,与巴葛、思亚勒力巴敦时等,驶火轮兵船数十,唧尾闯厦门,椗青屿。越日,投书提督,仆自称公使,巴称水师,敦称陆路,并云提督。词极悖诞,谓不照上年天津所议事款,即应交兵,暂空厦门城邑,让其军士棲止,俟定议后缴还。提督陈化成老而能军,遇闽海游奕者辄击之,炮伤足犹鼓勇进,寻改官江南去。时总督颜伯焘先已出驻泉州,提督窦振彪适洋巡出,留兵无几,方以粤夷就款,有旨撤兵,水勇已散。伯焘率兴泉永道刘耀椿自白头汛仓卒出迎,击以万斤巨炮。传令对岸之屿仔,中路之鼓浪屿,三面合攻,沉其大船一、兵船五,复损折其船桅。夷冒炮蜂湧而进,集七八船并攻一副将凌志以下多被伤且死,兵勇血肉狼藉,犹奋前拒敌,自辰至酉,斩杀亦略相等。夷船络绎,愈至愈多,人登岸者亦愈杀愈厚。迨并力环攻大炮台,我兵遂不支矣。沉兵船五,官房铺舍悉为飞炮延烧,又转我台上巨炮内向反击,城破,据之。伯焘退保同安县城。专派同知顾教忠移驻浔尾汛,以防越厦入县咽喉,调金门镇江继芸、陆路提督普陀保分防要隘。继芸战败落水死。志负伤杀退前夷,为后队所逼,剖腹死。都司王世俊殉之。游击那舟珠、杨青江罹重伤,备弁死者数人。

前一年,夷船初次入扰,廷桢方督师,但令耀椿固守旧炮台,兵力聚于一处,得自保。伯焘世任封圻,又籍东粤连平州,与厦门距近,地方夷情,皆所素习,深恨琦善一意主和,开门揖盗,而意见与则徐颇合。甫抵任,即追劾提督陈阶平告病规避罪,以为廷桢但知自守,势不能剿尽横逆。且谓守而不攻,则我劳而彼逸,彼省而我费,夷炮不及岸炮之大,载火小舟虽恃以焚夷,然仅可用于内港而不能挈出外洋,凿凿见诸奏牍,慨然有澄清海宇之志。请帑三百万,造战舰,买商船五十余,募伍数千为新兵,招海滨勇士八千,铸大炮千。【先期,令候补知县孔昭慈赴潮州,购买船铁及一切军资,不惜赀费。孔故庶常,令广东饶平,丁艰服阕改发闽,至是效力军营者。寓潮城谷仓,会予送试至潮,以旧识旦夕过从。谈颜公布置事甚详。从沙汕头购大商船,欲归领项再至,予谓军务孔亟,当随购随令先由海往,而后以人解价偿之为便。时首邑为倪念渔太守沣,旧令顺德,可与暂假,否则汕头售船主人,其父兄子弟多在学,一言为保即可了,无事往来稽延也。孔大喜,议甫定,而厦门已破,孔遽踉跄还矣。】增建口外之峿屿、青屿、大小档三炮台。守御既分,船又购自

沿海邻郡，不时至。计师船需炮千，一台需一二百，急卒匠铸未成，攻守虽有人有地，而军械不备，仍复掣肘。台墙开门置炮，墙厚门深，又不能左右活转，但可直击，夷船一知避我炮路，过此即冲突无碍，往往先试以敝舟，而后卿艄排进，致有此失。既退至同安海上，先期散遣之丁壮，因厦地人皆迁徙，无所觅食，夷遂招而养之，尽为所用。厦虽为全闽阂户，然实无险可据，故夷得之亦不能守，遽以二十一日驶其三十余船并挂帆而北。留椗内港者仅数船，势孤，不复登岸。椗鼓浪澳者濒出，犹大言今虽暂去，行当复至，至则于此盖造楼房，必俟官给银乃已。盖犹是广东故智，已为圣明所洞悉，有"可堵则堵，可剿则剿，此外更无酌量办理"之严谕也。【颜制府奏云："逆夷窜离厦门口岸，于七月二十一日开去船三十余只，尚有五只在港游奕。经臣饬令厦防同知顾教忠，安集逃避回乡民人，并查明被害之家，量予抚卹，于二十四日由驿驰奏各在案。兹于二十六日，据厦兴泉永道刘耀椿禀称，'该同知顾教忠禀奉前往厦门口岸，会同署水师中军参将陈胜元，查得各处街巷，并无夷人踪迹。所有逃避各乡男妇，陆续转回，各群旧业。商贾肆市未经残毁者，亦渐照常交易。谷米流通。经该同知逐处安抚，人心稍定。并经该道移营妥为弹压，谆谕各乡绅耆各率子弟保卫相资。其被害之家，尚须逐细查询造册，详请抚卹等情。臣查海岛中后两路一百三十余乡，虽皆秋毫无犯，而前面口岸炮火所及，民皆惊恐，痛定思痛，疾心奚裨。自夷船开三十余只之后，臣分遣员役，各处高山，用镜了望，附近大海东控一带大洋，帆影不绝，或驶或泊三五只至十余只不等。其在厦门港内，或五六只，或八九只，来往游奕，不敢上岸。所有在鼓浪澳声言起盖夷楼必须官为给银，方肯全行开驶。探问如有文武在厦，即欲呈递夷害。'是以饬令顾教忠暂驻乡间，与陈胜元察看动静，随时禀报，酌量办理。除臣督同在事文武、团练兵勇，相继追剿，不遗余孽外，所有收回厦门口岸及安集逃避各乡民人，现在办理情形，由驿五百里具奏。道光二十一年八月廿一日，奉上谕，据奏，厦门各处街巷并无夷人踪迹，商民复业，谷米流通等语，览奏已悉。现在大海东控一带大洋，帆影不绝，厦门港口夷船来往游奕，是此时厦门街巷虽无夷人，难保不怀别项奸计，欲进故退，该督务须督饬水陆将弁加意严防。本日已降旨从宽治罪，其应得之罪交部议处，倘再有疏虞，罪在不赦矣。凛之。该夷声言鼓浪岛起盖夷楼，俟官为给银，全行开驶，显因粤东代还商欠，得遂所欲，又欲踵其故智。该督深知广东办理不善，若尤而效之，罪又甚焉。如果呈递夷书，断断不准接受。现在办理机宜，可堵则堵，可剿则剿，此外更无酌量办理之法。又另片奏，此次夷船探闻义律在内，仍著严密侦探，遇有获到夷人，细加询问，可得其实。该夷如果复来，自当痛加剿洗，即仅数人数十人登岸，亦当尽杀乃止。现在该省新兵义勇已有二三万之多，若驾驭得宜，据险设备，亦不虑其滋扰牵制。该逆屡经犯顺，未受其创，正当乘其骄横之际，力挫其锋。若外托持重之说，内存畏葸之见，尚安望其一鼓作气，大伸国威。即将此由五百里谕令知之。钦此。"】

伯焘令激励中后两路百三十余乡及马港一带，团练至万余人，同安募兵三千余，昼夜轮防，乱石抛掷，使留船聚泊无所。其速去也，意固在江、浙、台湾，亦缘闽续防严密，有以使之。是时分扰定海、台湾者，半为厦门退出之船，同时分扑两地，而意则专在定海。故所用船，台湾少而定海多。当时汉奸为夷画策，或以定海界接内地，兵力易集，非如台湾为海外孤郡，止恃澎湖为声援，而风信不常，势难联络，但能入其口岸即可得力。或以台湾昔为荷兰所有而夺于郑氏，港门险阻，较诸荷兰之沉舟拒鹿耳门时，难越百倍，海舟素所习闻，止可以一二船尝试，知难而退，不值枉耗无益之兵力。是二说者，皆夷所知而不能舍。至福州通市，则彼意中事，而离厦时反未之扰及者，盖五虎门在省河外，河沙甚浅，潮盛乃可通舟，潮渐缩则渐为沙搁，非轮舟牵拽不可。恐舟未浮，早为我兵击碎，且受火焉，所畏在此也。郑氏之入台湾，在顺治十六年，兵败江南被剿金厦后。逾年遂据台，屡扰闽、粤，为沿海患。康熙中，兴师征讨，克塽降，至是已百四十年矣。南自瑯??，北至苏湾，以台澎为中路。南凤山，北嘉义、彰化、淡水，及新辟之噶玛兰，绵亘延于山后，凡千八百余里。设总兵综摄师干，分水陆十六营，额兵万四千六百有奇。无土著，但从闽中督抚水陆提四标，漳、汀、建、福、海，金六镇标，福州、兴化、延平、闽安、邵武五协，计五十八营，抽拨更戍。渡台后，自七八百至百数十人，布散台内外十六营，以三年为瓜期。期满，台湾、鹿港、蚶江、厦防四同知，各配船渡新还旧，是为班兵。盖台地番民杂处，漳、泉、粤人各分气类，动辄肇衅械斗，民气浮动，易生反侧。生番深居山社，自耕而食，不与民接，更性野难驯。故不欲召募于本土。班兵则家在内地，同营来者，多不过百，其至也又为之错

杂散布。立法之意,诚以海外孤悬,风潮汹涌,往返非可以常期测,有事势难恃内地策应。班兵既有兵饷,仍给以赡家米石,【岁由台运入谷八万五千二百余石。】可以安受训练,为东南沿海数十郡籓篱,外夷不敢窥伺,成效昭然也。【道光二年,闽督抚以叶台道议,欲改班兵为召募,岁省内长养米数万,且以处偷渡游民,免补革造册之扰。时观总兵未能决,质于姚司马莹,为议二篇畅论之,事乃中止。乃叶道擢闽抚,面奏及此,上命与总督筹议而行。会赵文恪慎畛继节钺,得莹议乃罢。至今仍沿旧制。】

夷事初起,台湾时廑圣虑,屡谕总兵达洪阿、兵备道姚莹,以夷船沿海骚扰,亟宜严为预备。督抚亦以内地防范严紧,且定海既失,大兵云集,一经击败,势必窜逃,台为归途所经,备哨巡拒击,勿任停留潜销鸦片,莹使知县魏瀛,会厅县营勘修炮台,复加以炮墩炮墙,麻袋贮沙以卫。又于郡城自小北门至小西门加筑外城。【祁相国寯藻、黄鸿胪爵滋奉使所会奏者。】在籍提督王得禄,洊历海洋,尝以水师六百破海贼蔡牵党数万于洲仔尾,既又败朱濆于苏湾者,以功世袭子爵,最精习海战,至是老而家居。莹请于廷桢,奏请使出襄军事。得旨令与镇道协力商办。夷船自上年夏,已不时经台澎洋面,西驶及鹿耳门外马鬃隙深水外洋,但徘徊不敢进口。副将江奕喜,恐其窜入北路内洋,则难以制伏,即乘东南风越其前,枪炮兼施,夷亦还炮回拒,遽转帆向西南急遁。追至茇丁仔洋,黄昏雾大,越晨始收,望之不见。由是始议造巨舰,仿得禄旧制建威萛海船式以备战。得禄建议但严守口岸,不轻与海上决战。洪阿先缘他事与得禄有隙,莹劝两人弃嫌敦好,两人亦各矢公诚,顿忘前怨。得禄自募精兵三百出驻澎湖。以澎湖西距厦门水程七更,东距台六更,一协守之,虑其单薄也。督励将弁,为台声援。台地募勇安兵,洪阿出郡城南路,莹赴北路,至鸡笼两路口岸,亲为整理。【郡城要口三:曰安平大港,曰四草,曰国赛港。嘉义县一,曰树苓湖。彰化一,曰番仔窑,即鹿耳港外口。淡水厅二:曰滬尾,即八星坌,曰大鸡笼。噶玛兰界外一,曰苏湾。皆水宽深。余南北路小口九,较浅狭。鹿耳原称天险,道光二年淤废,船不能入。各口共水师兵二千四百八十二,屯丁二百,勇二千一百六十,水勇五百二十。得禄及厅县团练不在此数内。各庄壮丁自一二百至七八百。计团练凡万三千余人。】相其险次,测水深浅,堵以船筏,装石木桶而沉之。严杜奸民接济,收其悍徒为勇,俾绝内顾。时班兵额缺未补者千余,就现在水师,派员弁于十七日,授以机宜,令于台墩多插旗帜。守口者日必三次登陴。【姚石甫观察"驳台湾令壮勇不能登陴议"曰:"夷匪往来台澎,无非窥探虚实,见口内无人则乘虚入。必多插旗帜,使不测我兵多寡。台地游手,每秋冬蠢动,今借防夷得资生,免为敌用,攘外即以靖内。惟夷大帮若至,尚须调陆兵,岂数百水师壮勇即能济事。守口之人逸乐,恐其滋事,故每日三次登陴,使其练习。今每日一次点卯,余俱听其自便,失召募守口本意矣。"又"驳凤山港毋庸设炮勇议"曰:"据称内修战备,毋庸外示兵威,所恃者口小夷不能入耳。彼非愚人,岂不知更换小舟耶。现奉宪檄,夷匪刦商艘取汉人衣服,则有坐小船冒汉人入港矣。夷腿直,利水不利陆,登岸原足胜之,今纵之使入,欲诱登岸乎。万一所谋不遂,徒自撤其籓篱,不蹈定海覆辙乎。夷大帮果至,则各保团勇足以破之,使登陴者得休息,非徒任在戍久劳之士,责以破敌也。"】无事以守口者为正兵,有事则出新兵以应之,视敌多寡定派防人。来船少则出击,多则守内港以俟,大船既不可人,小船则非所畏,诱近炮台歼之,可以得志。布置定。【姚观察覆颜督书,谓:"王提军以乡勇乌合,恐无纪律,欲分交各营操演。但今雇募在口长驻防者二千六百余人,各庄团练万三千,为数实众。若配营操,恐十余万民兵,素不相洽,动即械斗。台人好乱,所以易扑者,乌合也。若入营教以纪律,则营中所长,彼且有之,异日不可复制"云云,此通论也。粤中已款夷且堵河矣,又募勇至众,日教以抬枪弓箭。及裁撤失食,则群起为盗。每言,营兵不可靠而后招我。轻视营兵如无物,贻害至不可胜言,不独台湾民悍难制也。】至是八月十五日,夷船一,挟三板自鸡笼杙移泊近口之万人堆。越日黎明,驶进口门,对二沙湾炮台连发二炮,坏兵房一。参将邱镇功、守备许长明、欧阳实,发炮回击,三沙湾墩亦接放为应。镇功突燃八千斤巨炮,中其船桅,立折,索纷纷断,即随水退出。适口外骤起潮头,撞礁,船碎,夷多落水,凫岸,下其三板驶窜。文武官分带兵勇驾船出,生擒黑夷百有十四人,格杀者五,一夷目投水死,其一驾三板偕诸夷逃。别营闻信截击。千总陈大坤,在野鼻头,遇逃驶者,沉其三板,杀白夷一,擒黑夷二十。同知曹谨,在大武仑港外,杀白夷二,黑夷十七,擒者九。十七日,在草屿,杀白夷五,获其图册。【绘山海五十一页并夷书。曹谨获夷后,巡至鸡笼门左乌踏山下,有自刎夷尸二。一白夷,戴黄金冠,红呢

战甲。一黑夷，似系夷奴。此尸似投水之白夷。然据颠林供："船上官头，一响呋万，一吧喇吓，一咙吓噒。势危，一人跳海，一人刺目，一同白黑夷驾三板走。"是登岸自尽者即走脱者矣。鸡笼破获夷舟奏云："本年八月初一初五等日，据淡水凤山各属禀报，北路之鸡笼中港，南路之小琉球等外洋，有夷船游奕。当饬守口文武各员相机防守，倘进口门，即开炮轰击。旋据护台湾水师副将江奕喜，南路参将余跃龙、署凤山县知县白鹤庆禀报，南洋夷船一只，将进口门，见文武兵勇人多，防守严密，立即窜驶北去。又据淡水厅营先后禀报，八月十三日申刻，有夷船在鸡笼口外之鸡笼杙洋面停泊等情。又经臣等飞饬厅营会督文武委员义首人等严防去后，兹于八月二十五日，据艋舺营参将邱镇功、淡水同知曹谨、委驻鸡笼协防澎湖通判范学恒、委巡海口之即用知县王廷干禀报，该夷船于十五日辰刻移泊近口之万人堆洋面。该员等用千里镜照见一双桅大号夷船，拖带三板多只，有夷人在桅顶张望。十六日卯刻，该夷船驶进口门，对二沙湾炮台连发两炮，打坏兵房一间，我兵尚无损伤。该参将邱镇功，督率调防鸡笼之署噶玛兰守备许长明、署艋舺守备欧阳宝等，在二沙湾将安防大炮紧对夷船轰击。曹谨、范学恒、王廷干督同艋舺县丞宓惟慷，在三沙湾炮墩，亦放炮接谈。邱镇功并手放一炮，惟八千斤六千斤大炮。有凖。立见夷船桅折索断，船即随水退出口外。海涌骤起，冲礁击碎，夷人纷纷落水，死者不计其数。或凫水上岸，或上三板驶窜。邱镇功督同署守备许长明、欧阳宝、署千总陈连春。外委尤登和，带兵驾船赶往，生擒黑夷四十三人，又割取格杀黑夷首级四颗。该令王廷干遣派家丁随同县丞宓惟慷，亦驾快船，带领屯丁乡勇出洋，生擒黑夷三十一人。总理谢集成、董事吴助友，及屯弁义首人等，生擒黑夷二十五人，割取首级一颗。该同知曹谨之亲属郝芝，带领家丁，生擒黑夷五人。督臣差委来台之修补从九周晋昭亦经赶到，帮同出力。当该船击碎时，见一白夷自行投水，是否头目，打捞无获。其时有署艋舺营滬尾守备台协千总陈大坤，同委员德化县典史陶荣在滬尾防守，闻信驶驾巡船截击。在野柳鼻头洋面，见夷人数十，驾三板一只，向南逃驶。该署守备等，挥令兵勇开炮，将其三板击沉，夷人落海。该署守备带同亲丁陈功、陈经邦、义首林得方等，割取白夷一人首级，生擒黑夷十八人。委员陶荣生擒黑夷二人。金包里汛外委林光章、目兵何得和、兵丁李起凤等，皆一同出力。又据该同知曹谨、通判范学恒、参将邱镇功、署北路右营游击安定邦，先后禀报，十六日晚，有白夷带领黑夷二十余人，驾三板一只，在大武仑港外窜驶。该厅遣派役勇坐船追寻，十七日早，在观音山追及，互相格斗。该署游击督带兵丁截击。当经官兵役勇刺死白夷二人落水，生擒黑夷九人，杀毙黑夷十七人，夺获夷炮四门。兵丁谢捷升同乡勇二人均各受伤。谢捷升伤重，旋即殒命。十九二十三等日，署守备许长明、县丞宓惟慷，在海滨捞获白夷尸身二具查验。一穿红呢战甲，胸前刺有八卦形。一系寻常夷服，胸前刺莲花形，左右臂腕左右腿，或刺人形，或刺莲花、乌形、狮形。又捞获夷炮五门，重七八九百斤不等，大小炮子数十粒，铁椗一门，大铁钩一个。署千总陈连春捞获大夷炮一门，重二千斤，大铁子一粒，棕球二个，被水火药不计斤重。又该同知曹谨、通判范学恒，遣派义首带领壮勇及宓县丞丁役人等，十七日驾船搜捕至外洋草屿，有白夷二人、红夷二人，携带图册，在彼藏匿。经役勇等上前围拿，该夷俱被格杀，割取首级带回。搜获夷图一幅，中绘山海形势，册页五十一篇，夷书二本，又夷字十纸。其夷书内亦绘有城池人物车马形状等语。"】时厦门外援已失，台中形势益孤危，民间惊惶，谣言一日数起，遂撤还巡洋兵船，塞鹿耳国赛三鲲身，专防要险，请帑三十万资军需，人心始定。洪阿、莹均赏花翎。九月初五日，三桅红旗夷船，泊鸡笼口外，忽换白旗，驶近万人堆，放三板二进口，愿以银每名百员赎还俘夷，无答者，流连数日。十三日，辰刻，大船突入，直扑二沙湾台，炮发猛烈，破我台石兵房。其地三面环山，形势颇峻，有险可凭。守备许长明率外委伍云升，先装炮伏三沙湾之鼻头山，伺击之，毙夷二，退守冲隘，义首壮勇齐至助战。夷船之在龟头洋者亦遥放巨炮为彼声援，而不敢入。越日，夷见兵勇骤增，人丛山险，仰攻不利，日半遽出口去。会南北两路土匪乘机窃发，郡兵存者无多，内地方处处设防，未便请渡添兵壮来助，镇道就以民勇选补班兵之缺，鼓率兵将，克期扑灭内逆，一时剿办净尽。先后奏闻，以功并给世职。洪阿骑都尉，莹与知府熊一本并云骑尉。在事出力文武员弁，同得优奖。有旨集讯夷俘，因知仆鼎查攻厦门后，分其船二十余北抵浙江，别派啊呋万率颠林等，驶其三桅船三，同赴台洋，伺便窥台郡。开行后，二船者不知何地阻风停泊，未得联綜，而一船先至闯入被击也。其再扰定海之船，亦同以是月出。

当英夷之候处分于粤也,定海尚留船盘据,不肯遂归我地。伊里布示谕居民,谓夷人无向定民扰累,即不得复行查拿。并据夷书,以现在夷已起椗十四船赴粤,移慰巡抚。盖未深知夷之诡诈,以为从此驯服,直信不疑。然当时巡抚刘韵珂则侦探留定诸夷,方筑炮台,开河道,穿达城中,踞住岑港、沈家门两处民房,抢夺淫辱如故。又伪示招居民接济,种种情尚可疑。奏谓定海为通洋适中,南闽广,北江、鲁、直隶,并可扬帆分驶,忽南忽北,难保其不勾引渔盗为羽翼。浙为财赋渊薮,宁波、定海又浙中精华,在定海者必觊觎宁波,请乘市地未定,早为杜绝。因综举八端之不便者:曰地利,曰物产,曰勾结,曰烟禁,曰关税,曰防费,曰国体,曰民心,反覆缕陈,固逆知夷情之必不能决估定海以去,不可谓非先几之烛也。【浙抚刘奏云:窃滋弊不可不决,防患不可不严,筹国家之大计不可使顾目前,驭化外之夷情不可稍疏事后。臣查夷船停泊定海者百二十余只,空城亦未献还。如果真心赴粤,既蒙恩准查办,自应率类偕往,何以分头恋踞。恐该夷有欲在定海通商之意,自不得不近虑远图,乘此粤议未定之时,缕陈弊患,叩乞圣裁。一,在地利。查粤东海口,向系各夷互市之区,止准停泊虎门,例不容其进口。广州城外驻札重兵,虎门俱设炮位,故夷人有深畏虎门炮台之说,不敢轻犯。是广东海口既可守,回环诸山护卫,形势控制,防范綦严。至定海孤悬海外,并无咽喉险要附以控扼。其西北直达定海之镇海、象山、奉化、石浦,及绍兴之余姚,再西则达台州之宁海、黄岩,温州之玉环、瑞安、乐清等处,正北则直达杭州、海宁、钱塘,又北则达嘉兴之平湖、海盐、乍浦各城,俱与江苏之崇明、上海、通州等处,一潮可达。绵亘二千余里,大小海口数十处。并与绍兴石塘及江口河道可通。若英夷在此通商,地势散漫,一无钤束,即极力稽查亦断难周密。且马头既立,该夷盘踞日久,恐于沿河形势,探访熟悉,不可不防其渐。一也。一,在物产。查浙江通省皆产稻谷,杭、嘉、湖产蚕丝,温、处二府又产纯铁,严、金、衢、温、台、宁、绍各府,则又皆产茶叶。铁斤例禁出洋,蚕丝素为夷人所重,至茶叶则夷人更以之为命。是中国之所以能制外夷,外夷之受制于中国者,在此。若英夷在定海通商,稻谷、铁、丝既可就近谋取,而各处茶叶更必潜收。不特耗内地之赀财,驰该夷之忌惮,且恐其居奇转售他国,获价倍蓰,适足以遂其贪而益其富。二也。一,在勾结。查英夷自占踞定海县城,其定民之殷实有力者,先已航海逃避。其贫甚无依者,不能不困守故巢。现闻该夷有在城中典当衣被散给老细之事,要结伎俩,已有明征。浙江沿海,半系捕鱼煮海为生,既无恒产,却少恒心。若该夷在定海通商,阴施小惠,恐无衣食之徒,即甘心为其役使,而乍浦海口,又逼近杭、嘉、湖及苏、松等府,粮船水手,多系无业游民,桀骜性成,亦难保不为夷人以利煽惑。且粤、闽洋面,为海盗渊薮,定海一帆可通,更恐其串结为害。三也。一,在烟禁。鸦片来源实在广东,自上年严定例条惩办,渐有成效。该夷因广东断其烟利,故秋浙滋扰,欲求通商,假售货以售烟。现闻该夷在定海城内,开设铺面,所售者未必即无禁物,遽行查禁,深恐另生枝节有碍广东查办。若该夷在定海通商,与闽、广、江苏、山东、直隶,往来甚便,势必潜谋分售,畅遂欲壑。听之则流毒滋扰,禁之则阳奉阴违,诡计弥缝,转得藉口,不能相安。四也。一,在关税。查宁波浙海关,岁征税银七万九千余两。乍浦、温州各小口,均附于宁波正口投销。其税银俱由闽、广、山东、天津来浙商船,及本省商渔船征收。定海为各船只出入必由之路。自英夷占据定海,各船裹足不前。现闻该夷已有在定海强取羌税之事,若准在此通商,商船势必畏葸不来,奸诈商渔必依附偷漏。是广东之税既少,而浙关之税又缺。五也。一,在防费。查英夷自夺定城数月,浙省防费已属不赀。即闽、粤、江苏、山东、直隶,各有防堵,亦不无耗费。纵准其将来在粤贸易,沿海口岸尚择要防守,若在定海通商,居适中之洋面,各省防范更宜倍加严密。防夷于粤与浙,其难易迥不相同。且日久土盗渔船设为该夷之用,随处可到,不特海防宜设,即江防河防亦俱难弛。则费愈繁亦愈巨。六也。一,在国体。夷人既不欲在粤东贸易,已属自外生成,乃因通商而先占定海,而又求通商,恐其择立马头。七也。一,在民心。查浙省兵丁胆力逊于闽粤,而民心之懦更甚。即如英夷占据定海,居民纷纷逃避宁波府城。迨酌量撤防,镇海居民又联名具禀,哓哓恳留。粤省查办未定,而民心惊惶已难言状。若准该夷在此通商,且恐惊惶者不止宁波一府。镇、定两邑之民,终无归家安业之日。八也。种种弊患,关系匪轻。惟求圣恩谕令广东钦差大臣琦善,计出万全,必不可准在定海通商,则夷奸可破而海疆可期渐安矣。】

江西巡抚钱宝琛,亦于病中致伊里布书,谓:"夷筑定海炮台,志在安居。今攻剿之策,徒若捕风,兵苦

久役,溃散可虑。商渔失食,盗贼将作。浙之温、台,江之徐、寿,民皆犷猂,前调兵海滨,城守空虚,尤易窃发。若仍一味迁延,要害为夷所守,奸民为夷所用,欲水陆夹攻,其道无由,必自作主裁而后可。”伊里布不省,事几已失。

裕谦素重则徐为人,既代来浙,意中将倚为左右手。定海初收复,安内防外,改修建置,事出草创。寿春镇总兵王锡朋、处州镇郑国鸿、定海镇葛云飞以兵五千驻焉。云飞尝练亲兵六百,最强勇,明纪律,可驱以用。宁波城则别以兵四千镇之,城与定海、镇海,并隔一洋,修筑城台,招集流亡,亦日不暇给。未几而则徐遣戍,旋改赴河工。谦失谋主,已怀惆怅。提督余步云,又谦所素轻鄙者,但令其驻防招宝山,一时孤掌自鸣,无臂指腹心之助,不得不专任候补知府黄冕、知县舒恭寿。时议,增筑外城;定海形势,三面皆山,而一面临海。云飞欲尽围滨海市埠,收归城中,左右袤延至山麓,其三面则但依山为城。谦方驻宁城,据图说从其请矣。诤之者曰:“贼踰山入,跬步即在城内。且城分则备多而力懈,我兵登陟山岭,未战先劳。不如舍近水市埠,但加筑内城为新郭,庶受攻可守,实为当前至计。”既而挠于众议,竟不果筑。谦会大父勇烈公,乾隆中开西域,有大勋。故自受任军旅,每念系出将门,毅然以剿平丑逆为己责。至则购重赏,号召沿海渔蛋,礟屿穷民,同心杀贼,禁断接济。招复汉奸之为夷用者,许以自新,而责其后效。谆谕闾阎,毋遽迁徙。闻夷将出粤犯浙,驰文诘粤督,谓通商既由粤代请,盍向其询驳,折其桀骜,何至恣彼飘忽贻祸邻疆。义正词严,粤中大吏终无以答。又访求上年擒解夷官晏士打剌打里之义民包坦等,亲为鼓励,优加奖赉。盖自伊里布停兵不战,夷得以群游无忌。民间虽抱公愤,已畏不敢前,至是骤形踊跃。有纠集多人,故假就买烟土,迳泊夷舟,或作捕鱼潜伏山陬岛澳,百端设法,诱擒夷党诣官报受赏者。由是兵勇亦思愧奋,咸知用命。夷船先犯石浦,礁险失利,遽游奕外洋。八月十一日,忽内驶扑岸,为我兵击退。夷合二十九船,横截定、镇洋面。风潮陡涨,镇城外水深四五尺。装帆起碇,将乘巨浸来攻。官兵炮火并移高阜不动。风转西北,潮亦退落,夷转帆遂向定海。十三日,午刻,驶至十三船,停泊竹山门外,先以三桅船一,火轮二进。云飞击断其大桅,即退。十四日,连帆逼攻晓峰岭,我兵伏山后,夷下三板渡而登。国鸿击杀夷兵无算。傍晚,绕至县南孤悬之五奎山。越日,就山上支搭房帐。我兵排立土城遥击,毙夷十数。又越日,改从吉祥门驶入,攻东港浦,畏我炮火密,前且却。旋再攻晓峰岭及竹山沿,又毙其登岸夷众。十七日,甫四鼓,即驶火轮船冲入力攻。云飞手燃巨炮,中其船上药柜,顿刻烘烈,般自焚尽。已刻,一由五奎山,一由港东浦,一由晓峰岭,三路分至。锡朋首当其锋,夷冒死直前,我兵前队伤亡,后队继进,夷屡却复集。攻晓峰者,甫上岭,即自撤其舟,绝反顾。会我兵枪炮红透,不复可装药,延至未刻,夷三四千,分路驱汉奸驾筏续进,亦舍筏登山,凶猛有加,势难抵御,县城寻失,三镇同时阵亡。【锡朋炮断一腿死。国鸿在竹山、云飞在东岳宫死。】恭寿婴城守,伤于火箭,饮毒自殒。将备弁兵苦战迄六昼夜,筋疲力尽多死者。自接仗,连日风逆浪险,夷船梗阻,难以东渡策应。谦在镇海,督步云守御,自矢城存俱存。招集内渡散军,亟调江宁驻防兵八百,寿春镇千、徐州镇三百,又改调原发福建之江西兵二千,克期图克复。然焦劳盼望皆未至。时镇海防兵仅四千,谦自统千余驻守城内外,步云所率亦千余,仍守招宝山及沿江炮台,总兵谢朝恩则率千余出守隔江之金鸡岭,数皆不及千五百人。谦知兵力难敌,贼急,又不获从容布置,则誓死报国。仓皇拜折言:“黑夷汉奸不下万人,合艅来犯,而我兵必处处分守,夷可数日不攻,而我兵刻难弛懈。夷乘风潮至,前船退势自与后船相撞击,故以有进无退为利。当兹艰巨,计惟有竭尽血诚,奖励士卒,不敢以兵单而退离镇海一步,不敢借保民而受逆夷片纸。盖事势已洞悉胸中久矣。奏发,即召步云盟神誓师。步云见谦死守志确,难以婉劝,已心恶之。及行礼,托足疾不跪。【军机讯步云供,奏云:“据裕谦家人余升,以步云心怀两端,廉督战城上,步云欲暂事羁縻,有是日嫁女,一家三十余口可怜语。步云则供:闻定海接仗,曾商之谦,谦以镇海止有兵三千,不能往救。又谦言守兵单弱,步云答以早应奏添。谦云尔系提督,尔也可奏,是日并无嫁女事。质之余升,称得自仲丰太,而丰太亦称止听闻谦尔也可奏语。因步云退守,意当时必系商退守事,故牵连述及耳。”又“寇海记”:谦先期见招宝山建白旗,知步云贰志,乃盟神誓众。讯案无此节。未败而先竖旗,未免骇众,然无论有无,已先怀贰矣。】二十六日,夷船分犯金鸡、招宝二山,队各数千人。谦上城督战,自辰及午,金鸡山兵奋力下,击毙夷数百。步云不令兵开炮,夷甫至山麓,攀援欲登,步云遽弃炮台走。谦

挥城上兵燃炮,截而止之。下者稍却,卒绕转山后,纷纷随步云溃散。夷登据招宝山,俯攻镇海城。守金鸡山者朝恩,协守者冕,而分守泱港,则朝恩子荣光也。谦以泱港去海近,守兵尚薄,且沿海路歧,处处可登,与其分路迎敌,不如握要合击。使冕持令传知朝恩,撤泱港乡勇,移沙蟹岭,与官兵合,无论夷由何路上皆可从半山下压击之。移定,夷果分道进攻,由泱港登岸者,绕出山后,环击沙蟹岭。朝恩力竭阵亡。谦是日将临阵,先出所佩关防,付副将伸丰太,令赍赴浙江。【浙抚刘奏云:"都司珠隆阿赍缴到省",而军机讯步云供奏,则云丰太保护各印至浙,当同时受命也。】及是,见大势已去,诣学望北阙叩首,跳沉泮池殉节,为从兵捞起,已昏不知人,亟抬之出城,舆至宁波府署,而后徐为易湿衣灌救,仅存微息,宁波亦危在旦夕,不敢稍停,复舆至余姚县,去城五里气绝,殓于杭州。【时八月二十八日,无子。遗言以弟一等诚勇公裕恒子德峻兼祧。】

二十九日,夷船八、火轮船二、挟三板三四十,直驶薄宁波城东北。量水进泊灵桥门。城炮先已分运定、镇,两城连陷,守御空虚,人心惶惧。宁郡六门,临江者三。夷炮夹火箭,飞钻凶烈,随发随拥而登。步云开门拒杀数夷,被拒者绕至西门。其攻东门者为将士周士德、李宗白并力拒退。民舍为飞炮延烧,男妇挤拥出南门。步云适至,获汉奸二,而夷已攻破云桥门,且至提督署。步云喊杀,夷放枪不及,奔入巷。步云骑为弹击倒,压伤右足,不复搏战,遽易马出城,直奔上虞,宁绍台道鹿泽长,知府邓廷彩亦从以去。【刘奏云:"据泽长禀,自镇海陷后投水,为兵勇捞起,小舟送至慈溪。苏醒,带伤至上虞,招集溃散,欲至宁郡守御。随据廷彩家人禀知宁波已失,廷彩跳入西门河,为船户捞救,送县城,姜汤灌救,稍有微息。"】宁郡既陷,浙江又失一重屏翰,所属奉化、象山,皆被隔绝。虽府境迤西河道悉浅窄,夷舶不能深入,而汉奸诱其探水递进,则小舟可随地绕达。慈溪逼近夷氛,居人一时迁避,百室皆空。兹以内之余姚、上虞、会稽、山阴、萧山诸县,亦纷纷逃徙,土盗因以四起。夷方以所得定海令、镇海丞二印,多制汉衣,令汉奸所至煽诱。于是浙以西大震动。巡抚刘韵珂思握要守御,保卫绍兴,断其长驱内犯省城之路。以曹娥一江下可以顾余姚、上虞、慈溪,上可以保绍郡,而所调寿春、江西、湖北兵仍未至。遂截留先调之江宁旗兵驻焉。仁和郑祖琛方以福建藩司在籍,【祖琛后官广西巡抚,以逆匪被议戍,为举人祖球之弟。祖球词章为浙中知名,是时已先死。】谦知其小心慎重,奏以原官赴军营,迨抵镇海而城已陷,折还杭州。韵珂乃令堵握曹娥江。祖琛亦以桑梓难亟不辞,与泽长及衢州总兵李廷扬,各以所招散兵往。臬司蒋文萝亦出驻绍郡为之声援。而省城则实力清查,募勇团练至二万,以固根本,仁和令张印塘之力为多。当谦死时,步云自知畏死罪重,欲以先走归之谦,谓犹足掩饰也,爰以"谦率江南将备兵丁,星夜退走,衢、处二镇兵亦借护送为名,不复婴城固守,"谎词入告。适韵珂亦举谦属官受遗赍印,及余姚死状,殓送江宁事,一切详缕以闻。上恻悼,褒忠赐卹,典礼隆厚,臣节昭彰,海内咸闻而陨涕。步云身为本省提督,徒拥重兵,不能赴定海之难,又不能固守郡城,镇海失则退入宁波,宁波失则退入上虞,率先奔溃,将弁效尤。其他节次遇贼闻风即溃者,推原未尝不由于此。乃厚诬忠义以自掩其迹。又亲驻曹娥江,遇渡江难民,琐尾流离,万喙怨咨时,辄招与语,以谦夏间不合枭斩白夷昷里,致夷船此来特寻其报复,欲使百姓怨有所归。殊不知夷欲未厌,故为易帅败盟,而粤不可再扰,所最易犯者定海,安得不仍其故智。不然,乍浦之犯,江南之扰,所枭何俘,所报又何仇哉。武夫狡诈,一至于此,适以增其罪状而已。【夷寇一役,提镇大员皆死疆场,朝廷无不赐祠赐衰,偷生者独一步云。平日本有夙将名,而必正典刑者亦惟此。】九月初旬,夷果以轮船挈小艇入犯,余姚城兵少民逃,无拒守者,所至焚掠而去。其后再入肆掠,凡五六日,退入慈溪饱掠,旋还宁郡。别夷驶入上虞之斗门窥探,退泊城外。【十一月十一日至十七八日事。入余姚在十五日,入上虞在十七日。】又越五六日,至奉化,以云梯登城,开门而逸。【十一月二十六日事。】凡三县仓库无拆毁。余姚乱民,于贼退后拒地方官,不使进剿,致县内奸民藉以肆掠。官以夷在近不复能兼顾,又虑激变,因遂忍之。【夷之在浙,不畏寒雪,反取以为食每晨必以冷水浇其身。林公前以为避冷不敢过冬,原属揣测之词耳。】夷所在蹂躏,地方官令民间集赀权设席棚,挨户支更,城辰启酉闭,民日延领以待大将军至。

卷四

九月,命宗室大学士奕经为扬威将军,侍郎文蔚、副都统特依顺为参赞,收城剿贼。广东巡抚怡良以钦差大臣驰赴福建。河南巡抚牛鉴擢督两江。琦善已议罪下诏狱,出之,使效力军前。举人臧纡青者,宿迁人,有智略,为奕经所知,至是招商军事。首劝先奏召则徐于工次,令其来浙勷办,而止琦善,斩余步云,福建军官,并如江浙例,归将军节制,皆目前切要事也。奕经故谦谨,终以为迹涉自专,不敢用其说,但奏止琦善,随命荷戈出塞。【夷事竣,岁终,即以四品侍卫代为叶尔羌帮办大臣,后仍领封疆节钺。】纡青又建议:“浙兵屡受挫败,士气不扬。宜别调川陕豫三省兵六千为新军,遣员募选鲁、汴、江、淮勇士万人,加以沿海渔蛋,与近场盐枭,并及江湖土盗二万,分其名为南北勇。以南勇备耳目,而北勇壮其胆气。使分伏定、镇、宁波三城,不区水陆,不合大队,不克期日,水乘风潮,陆匿丛莽。或伺伏道路,见夷即杀,遇船即烧。重悬赏格,随报随给。人自为战,战不择地。务令住舟登岸,诸夷出入,步步疑忌惊惶,所在皆风声鹤唳,俟其魂飞气馁,然后蹙以大军,伏舟港口,内外交逼而尽歼之。”又以“三城多通贼奸细,请令浙之官京师者,各保举其乡绅士耆民,按人密授方略,使各率士勇分伏,预为内应。”奕经皆如议奏陈。得旨,谕奕经先前驻苏州城,兵勇如未大集,毋迳赴浙杭,致使夷知有备。十月,抵苏。随员杨熙、联芳、阿彦达,侍卫容照,并少年有志。苏城故金粉繁华地,歌亭舞榭,最足动人豪兴。所携仆隶,虽谙师中纪律,受供张率如平时,不及加意裁抑。一时人多费重,讹言骤起。奕经颇有所闻,虑遂影响传播,遽促移营嘉兴。

以二十二年正月初吉赴杭州。留特依顺驻守。文蔚出渡曹江。十六日,奕经前驻绍兴。两人者,先于腊之望夜,同梦夷党悉弃陆登舟,联帆出海,宁波三城已绝夷迹。迨侦探,果有运械归船之事,以为佳兆昭著,连城恢复在指顾间。于是定议克期进剿。预计兵至,民舍必曹焚刦,戒诸军入城毋载火器,但听城内首奸为应,缚其酋,挟以就款,自意策及万全矣。浙地冬雪较往岁深且数尺,入春又连旬霪雨,小舟引火物既湿蒸不可用,官军以三城隔洋地广,布置未周,请缓至二月中旬而后进。奕经意锐甚,仅许展至二十八日。下令统兵者,遇夷则排阵对垒。纡青初议,所谓“遇便散攻,人自为战”之法,已变而不用。

二十二日,黑夷持书至三江口,约战,大意谓:“如不敢战,则还我烟价。因内地百姓尚知就我交易,故未即长驱至耳。今必以定、镇、厦门为市地,如香港,方肯罢兵。”语狂悖如前。将军还其书,调提督陈阶平,挈寿春兵六百守三江,总兵李錡挈六百守历海。越二日,进驻舒适东关镇,又进驻余姚。原千总张天台,购首盗能飞簷走壁者六七十人,偕藏药衣枕之丁壮,先期陆续混入宁城。【出入者被获二十八人,虽钉之,然仍不甚搜查。】购夷奸郭大耳、安得掇、罗濮丹等,重赏有差。夷闻官军势盛,宁波一路,悉令夷目舍城还舟,留大炮城上,守以夷兵数百,候拒我兵之至西门者。镇海一路,则驱夷兵尽劄招宝山,便俯击我兵之入城者。师期既预洩,故夷得及早为备。奕经营于绍兴之东关者三千人,文蔚屯慈谿二十里之长溪岭者四千五百人,分其半以属副将朱桂,参将刘天保,顿西门外之大宝山,使遥图镇海。提督段永福,既为粤翼长,溃失天字马头,至是在浙,率四千五百人,半伏宁波城外,半屯大隐山,备攻宁城,为第一队。壮勇则泗州知州张应云领第二队。城绅杜宝辰领三队。其镇海宁波届中地曰骆驼桥者,亦令副将谢天贵率兵千余驻焉。步云亦率三千人驻奉化。时乡勇析分水陆。在陆者,令其沉船梅墟,隔绝宁镇两地夷船来往,俾不获自为连络,应云实统之,别令杨熙率勇伏于上虞为之应。在水者,则专驻乍浦,雇渔舟潜渡岱山,图定海,且俟夷船败出,穷诸海而攻焉,海州知州王用宾实统之。处州总兵郑国鸿,既殉定海之难矣,其子鼎臣志切复仇,投军自效,带定海水勇,多挈火具,伺攻夷船。布置粗定。陆路兵皆按期乘夜冒雨而进,抵宁城,已晴霁,永福出所屯五百攻西门,千总陈兆平、勇目薛举,各率兵勇以从。城内伏者起,毙守门夷贼,钉塞城上炮孔,夺门,启而俟之。二十九日午,西城内夷使汉奸冠五品顶,加翎,迎我兵,大呼,谓夷先走东门出,宜亟追勿失。我兵莫能别,又察在城夷少,相率以入。应云、宝辰所伏勇,侦知夷奸目郭大耳匿府署楼,转夷炮向楼击,放火烧署,夷惊呼,巷战多死,绕北门出我兵后夹战。山西勇六七百,击碎南门外轮船,即入南城,适遇地雷轰发,遽退出。永福亦中火箭。我兵死伤过半。他夷踞街楼,登屋,夹街掷火如雨,墙高巷狭,我兵仰攻复不利,无所施力,且战且却。举力护永福退至城外。后队适至,知我兵败,不敢握城以拒夷。追至大西坝。永福竟趋东关,不复退保原驻之大隐。步云中道闻败信,终夜吁喘疾奔,而宁波城遂不可复矣。镇

海城虽有内伏,若人数无多,至期,亦已开门待,自顾势弱不能缚贼。天保与桂初约先后发。天保自大宝山率河南劲勇五百先至,依军令,未携火器,乏攻具,亟令出城连取枪炮,往返需时。时至,则天正黎明,招宝山夷炮已齐发,俯击我兵,仓猝窜出城外。桂统兵后起,半道风雨迷失,不得如约至,而镇海城遂不可复矣。两城虽败,军士尚伤亡无几。桂仍率陕甘兵千二百,还屯大宝山右。天保收窜出之河南勇五百,还屯大宝左。应云亦率原领兵勇还守慈谿。既而文蔚调应云诣奕经营商军事,慈谿守勇无主,一时溃散。夷以三十日闯进去宁三十里之故墟,我兵击破其三板船三,获白夷三。二月初二日,夷轮船三,至慈谿之城山渡,毁我火舟十余、械舟三。初四日,轮船至姚江,焚我火舟数十。慈谿城外获白夷,夷众蜂涌来夺,三江守兵见者皆逃。夷兵数千复自慈谿登陆,越十余里,攻大宝山,仍自撤其来船,止中途返者,噪令奋力前,意在必胜。桂督扛炮兵四百与战,自辰迄未,我兵匿崖石树林自蔽,毙夷兵四百余,夷目巴麦尊亦被杀,我兵无伤者。夷既深入,船先撤,欲返不可,懈而怯且甚矣。此时倘得一生力军夹击,可覆灭其全队而谢天贵兵不至,应云慈谿之勇又溃不复集。天保兵火器失于镇海之战者多,徒守大宝山左,不敢张空拳下山尾贼后,文蔚所驻之长溪岭,故与大宝山距近十余里,桂请增兵数百为援,不许,及暮仅发兵二百,而夷已分四百越旁港出我兵后,桂至是前后受敌,父子同死难。天保兵亦同时惊散。其乍浦所募渔舟,已渡岱山者万余人,分伏港汊,亦用容照议悉散之,骤为夷用。文蔚孤军屯岭上,随员佥谓险无足恃,防夷夜攻,力劝弃军而去。【寇海记:"容照、联芳等,请文蔚弃军宵遁,沿途赏舆夫,赏舟子,惟恐夷追及。弃辎重器械山积,反奏营被汉奸宵毁。其实次日薄暮,夷尚未至岭也。"又天保军仅伤七人,而奏言全军覆没,脱回七人,大宝山之死以百为千。语不知何据。】于是长溪岭之兵亦溃,军资尽矣。三城地残破已久,夷意无所留恋,而上虞、慈溪以上又势难突入。江口咫尺一帆可达,议者每虞其北扰。其时军声不振,夷志益骄,有请"移营上虞,选新到未受惊挫之兵,出与决战,诱之深入重地。一战不胜,则增兵再战,务缀其后为之牵制,使无暇改图而北。庶几可夺其骄矜之气,杜其贪索之谋。因遂乘便,乃可徐与议款。若但畏避不出,适以坚其出海入江之本意而已。"当时大帅不用其策,而误听军报,以"慈溪夷兵登岸竟至万有七千"奏。不知夷自倡乱以来,从未闻有此兵数。其国先后来船七十余,仆鼎查实分厦门之二十余船,再扰舟山。合兵舶商艘计之。所雇汉奸并杂其内矣。当时讹言失实,徒张敌势,丧师辱国之举,良由前途探者虚词塞责,有以致之也。

先是仆鼎查分其厦门三桅船三,同至台湾窥伺。其二阻风停泊未至,惟呵吠万等一船,先抵台洋,入鸡笼口,为我兵击破。【二十一年八月十六日事。】其一船继至。怒求赎夷俘不遂,突扑二沙台。【二十一年九月十三日事。】台郡守御愈益严密。达洪阿、姚莹以筹议方略要端有五会奏:一,塞港。二,御炮。三,破其鸟枪。四,守城。五,稽察奸民。【二十二年二月奏云:一曰塞港。近时塞港之法,各省皆有讲求,当各因地势而用。台郡近城,惟国赛港与三鲲身之新港,最为宽深。新港现用大竹篓及木桶载石填塞。国赛港则以不堪用之哨船数只,并制大木笼千余个,载石堆贮水中,拦其大小船只。港内岸上均设兵勇守之。至四草与安平大港对峙,安平为重兵所在,而以偏师扼守四草港内,复制大木排四座,上架大炮,拦截港门。更制二丈长大木钻数百枝,上安大铁钻,带钩,贯以藤条,横浮水上,以罣其船。此塞港与守港之法也。二曰御炮。沿岸建设石壁,外以竹篓建贮土堆作炮堆,或用大竹簟夹筑土墙,长数十丈及百余丈不等,其下更挖濠沟,或埋钉桶竹签,或布铁蒺藜。臣达洪阿近更制地雷数十处,埋伏以待。三曰破其鸟枪。水中用竹筏,上张木架,悬挂牛皮棉被,使水勇乘之以进。岸上则于藤牌之外,新添翻被架五十名为一排,后藏小铜炮、抬炮、抬枪,可以破其鸟枪、火箭、火镖。又练翻被手,其法用五十人为队,手执水湿绵被,张其两角,兼执两刃,排列而前。长矛鸟枪随进,较藤牌更为得力。四曰守城。台湾郡城逼近海边。安平即系西城。三郊商贾云集之所。向有炮台三座,近更加筑坚厚,复围建木栅七百余丈,守以义勇。城内八坊八十二境,谕令绅士铺民每段树栅,自选壮丁稽查严守。现在送册亦五千余人。此筹防君城内外之大概情形也。五曰稽察奸民。夷虽猖獗,皆由所在奸民勾引。广东、厦门、宁波,本洋商所聚,通市已久,无赖之徒,素食夷利,故为之用。台湾向无洋商,夷舶不到,似无此患,而民情不靖,则其患更深。昨获凤山逆匪张从,竟以广西逃军,在广东与通夷奸民勾结,回台纠人为夷接应。幸逆党首从伏诛,该逆为台湾县知县阎炘所获,并究出夷用汉奸刘相、苏旺为之主谋。本年夷酋仆鼎查,复自定海遣夷目颠林,偕汉奸黄舟等,以重赀来台窥探,

欲行勾结，又即破获。而南北两路匪徒，上年复痛加歼剿。惟是逆夷既屡次失利，怀恨转深，果否遂能戢其邪谋，尚在未定。臣等益当督饬文武，随时严密稽查，以防意外之虞。且夷囚现在郡监一百六十八名，解省既有不可，久禁亦非善计。经奏请训示，设未奉到硃批回，而大帮猝至，惟有先行正法，以除内患，是为要著。】以防大帮夷船猝至。请别筹经费五十万。得旨褒俞。二十二年正月二十六日，三桅夷船三，在五汉港外洋向北而驶。时方以御史福珠隆请，查讯台获罪夷，录目莉空等供词奏覆，尽得其窥伺台湾情事，请决禁者于台。【福御史原奏解省讯办，而达镇、姚道，并以现乏官兵配船解送，恐洋面夷船截获，请照原议即行在台正法。原属实在情形。然未解省讯，夷日后得以生端矣。】二月三十日，三桅夷船一，带三板船四，在淡、彰交界之大安港洋面，挟粤奸黄舟等七人，持奸目刘相、苏旺书至，将招台内逃匪张从等勾结为夷内应，觅机便入口。同知曹谨、魏瀛、能判范学恒、知县黄开基、副将关桂、游击安定邦，率兵堵御，别在港口迤北土地公港设伏。夷船畏军容整盛，遽退。巡检高春如、谢得琛，预雇渔舟驶近夷船，使粤人周梓等以土音与舟问答，舟许以重利，令其指引海口。梓即诱从土地公港进，旋为暗礁所拦搁，船倾侧入水。夷众正扰攘间，伏勇齐起，摇荡水势，夷船不能开驶。官兵发炮奋攻，又急切不能装炮回拒。船立破，夷众堕水淹死无数。有跳三板窜者。复有数十夷，持短械，跳上渔舟，欲夺以逃者。兵勇合力围击，杀红白夷数十，生擒十九，黑夷三十，粤奸五。所获鸟枪腰刀，皆镇海宁波营械。上得去冬奕山在粤奏，逆夷曾声言驰驶回国，添派兵舶于明春大至台湾。谕询洪阿、莹，"计大队夷船万一果复至，如何定谋决策，操必胜算。"并令查讯夷俘，五汉港北去二船，究驶何地，此次扰台船从何来。取供后，与上年获禁百三十余夷，提同从逆奸民，均即正法。其夷目仍暂留禁锢勿杀。【按夷用鸟枪，不拘双单，皆以机击。火曰自来火，与内地用火绳不同。枪口旁，有尖小刀长出，内营所无。今获枪七杆，有浙江营镌号。据颠林供：望迈来船十九只，颠林在其内，带大三板二，小三板一。管税官马里监发银十二万，置备烟土及呢羽。到广东，雇现获之奸民黄舟、郑二，转邀陈盛、张广、张有，并跳水在逃之唐高、陈二在船。上年十二月，仆鼎查闻本国兵船在鸡笼被兵击破，随叫颠林兵船多只与黄舟来探，相机行事。刘相、苏旺写信交黄舟带与台湾张从，嘱同赖妈来、陈恶在地勾结为应。游奕数日，不见张从等接应，不料搁浅被获，银物落水。据此则颠林等以商船载兵随仆鼎查至浙打仗，故船有营枪。又讯供，张从，凤山人，十八年从逆配广西。赖妈来，嘉义人，十二年从逆，配贵州。陈恶，凤山盗犯，配新疆，逃回，听从刘相、苏旺回台纠人内应。黄舟、郑二俱香山人，在望迈与夷熟识，投为汉奸。苏旺、刘相、陈盛俱番禺人。张广，顺德人，张有，南海人。凡投充汉奸，俱奸目苏旺、刘相荐引。寄张从原信，缝领衳夹层，被获遗失。】三月，滬尾、中港、五汉港、番仔搾诸洋，有夷船一，自北而南，复自南转驶。草乌船十数，或尾其后，或为引导。滬尾渔舟有被牵去放还者。夷询以滬尾水门深浅甚详。郎璠生番山后大秀房洋面，亦泊夷船六，其一游奕打鼓港洋面，草乌数船亦随之，见兵即向西南而驶。黑水外洋亦望见夷船十。别有草乌匪船，驶至四草湖口，官兵击沉其二，余即驶遁。其夷船亦先后由南向北去。【三月十八至二十五六日事。】二十二日，夷船一，带草乌数船，在树苓湖口外窥伺。兵勇又击破其近岸者二，夷船在洋面开炮应之。炮子皆落水，旋去。越日，草乌船八复至，击沉其三，溺毙多贼，获夷皮盔一，内营鸟枪一。【镌年字二十七号，为厦门水师所失。】土贼林山等，各备草乌船，俟夷帮齐至，纠结其党以应。别有贼黄劝等，亦出草乌十余，已与夷约为向导，先留夷盔于其船为事成相谢之验，皆为县营获。而夏秋间乘郡戒严肆掠洋面之盗贼，亦分起弋获。计夷船先后凡犯台者五，而击走者二，潜遁者一，破舟斩馘者二，卒不复谁何。盖知其守备之严，无懈可窥，驯至受抚，不敢再图入扰台地矣。【八月初五日，国赛港外洋，三桅夷船一，自西南来，泊马沙沟，由西北去。初九日，在凤山打鼓洋，过四鲲身、四草湖，向外洋去，望见师船，即竖白旗，不敢近岸。皆畏避之据。】

奕经、文蔚既以二月还驻杭州，战火诸船尽撤，独鼎臣以父仇未报，不肯听令，仍联火舟，围烧夷船。【语详后。】随员皆请治以军法，奕经念鼎臣意出忠孝，不为已甚，诺而不行。臧纡青愤己计不用，而诸将又非可恃也。暴怒伤肝，眇其左目，将归医，入辞奕经勘力。奕经终以左右无运筹决胜之人，一时智士无出纡青右者，坚不使去。纡青既留，请复行伏勇散战法，议数日乃定。是月十六日，再渡江，分檄诸路之带兵勇者，副将托金太、游击高峻、勇目王建功等，各以计密授其众，俾得随宜自效。于是兵勇仍伺夷出入骤起刺

之，随处惊扰，凡杀黑夷三百余，擒夷目四，白夷五十余，缚而献于宁波。自是夷每见兵勇坌至，莫敢迎拒，纷逃归舟。又获汉奸之为夷主谋者二。余奸闻之尽解散。鼎臣以三月朔，联火舟数十，围夷巨船于岑港，攻而焚之。又分所部攻其三巨船于别港，亦焚之尽。小夷船来助救者十余，或焚或沉，无片板存者。先后焚溺夷兵五六百。副将郑宗凯、守备徐槚宝等，亦乘风雨大作，密出火舟七十余，驶近夷船，掷药罈毁其船首，我船连排继进，火焰飞腾，四面攻抢喊杀，夷船多被焚烧，溺死者又三百余。同时建功等在定海口头门抢击掷罐，焚夺其船，杀夷目丁时仪之弟。【初八日事。】镇海令叶堃亦率勇火攻夷船于县属海口。时巡抚刘韵珂意在羁縻，奏请仍命伊里布至浙主款，勿杀零夷，违者罪之。会奕经以海港焚攻夷船奏，赏复双眼翎，文蔚亦复一品顶戴。有以鼎臣等虚报邀功，言于韵珂，方奏请验实。鼎臣具四大舰，尽载所获夷级衣械，及击碎船板送核，且有不实甘当军法语，事乃白，终受奖。

上命宗室尚书耆英署杭州将军，为钦差大臣，与参赞齐慎赴浙。兵勇自奉不许杀夷之令，所裁水勇，复受夷雇，转为乡导。夷日造小舟，如内地蛋船式，求渡浅水，遂以船出海而入江，扰及松江。天一阁者，范氏藏书楼，世守至今，宋以来图籍咸具。夷至，取所藏一统志，而别购内地之黄河长江两图，略识地理与江河梗概。

先是，上年宁波失守，夷即归报，其国女王令再往天津，求得埠地通商即止。至是月之初旬，夷之留宁波者得国信，有行意，绅官皆未之知也。随索其地犒军银百二十万员，退出宁城。会各路兵勇大加焚剿，夷亦仓皇失措，果以二十六日登舟，越日，奕经乘诸路胜夷气壮，以大兵来收复，而夷适走。其在镇海者亦以四月初一日下舟北去，留夷兵千余，分四舟，仍据守定海及钱塘江口龛、赭二山，而不敢窥杭者，知近年滩潮淤浅，防搁阻如福州也。

初九日，突犯乍浦。副都统驻防其地。夷先整阵船上，排列而进，随进随开炮。都统长喜率旗兵出拒，夷遽以小舟分路登岸，直攻东门。陕、甘客兵以扛炮击之，伤夷兵甚多，遂转至南门，力攻。踰城入，尽焚满州旗营。长喜见营中火起，知事势已失，不复能抵御，投水尽节，被救出，旋复投入死焉。乍浦兵力未尝单弱，又先集有福建水勇为备。旗兵率横暴，平素蔑视土人，临时每指摘以为汉奸，即水勇新至亦不堪其辱，已人人切齿，积愤甚深，战正酣，骤举火为内应，拒贼仅数时，遽报失陷。两年中所备军资，一时丧尽。标兵有未及交绥，见而奔溃者。副将哈拉吉那被戮伤重。同知韦逢甲亦带勇西行防堵，受伤被掳，不屈死。惟兵备道宋国经退走嘉兴。会城闻而戒严。

夷驶轮船游奕尖山口外，嘉兴府平湖、海盐二县，水道相通，小舟可入。民心惊惶失措，势骤危急。拨陕甘兵一千分往防守，并俟河南、广西兵到境，截留同出守卫。上闻，谕酌留将军参赞中一人驻曹娥江，余统将备弁兵速为应援。十八日，乍浦夷临岸列队，城中夷亦络绎出，相与鼓吹登舟。越日，二十余船悉泊小军山，旋开行而东。小军山界交江浙，去乍浦近，盖扰入长江之志已定于此矣。上以乍浦兵溃被破，不过顷刻，追咎溃散之由。实余步云有以倡之，屡走屡失城池，未议重谴，遂使人人各怀徼幸，相率效尤，严旨拿解治罪。伊里布诣乍浦夷舟，晤商受款退兵事。无知夷当迭胜而骄，又窥见我军怯状，所要求多不可行，议不成而返。韵珂意夷重得前俘，还之，仇当立解，从此可与销兵矣。随奏出所获白黑夷于狱，载乍浦以归之夷，至而夷船先期启尽，又改道而远送诸镇海。俘还船不谢，受者亦嘿无一言以复。【二十年，粤南海村民有获白夷目解官者，林公令禁之，西洋代请不释。琦相至，以夷日益肆虐，出所禁夷将以还义律。令司狱偕至节署。入见，但叉手于腰，直立不拜，问之不言，告以送还之由亦不答也。留堂侧，令巡捕官饭之，更不谢而出。其倔强与此同。】

当夷之离宁波也，谍者谓闻国急耗，以所属印度地有警，不得不去者。盖边西有小国曰廓尔喀（尼泊尔），在我后藏之南，与披楞【（藏语英人，清廷误谓孟阿腊部名）】部西隔小港，英夷据有孟阿腊时，【外部称之曰第哩巴察。】以利诱披楞属焉。乾隆中，廓夷并有其邻哲孟雄部，缘交易扰及藏境，旋畏天威，悔而求贡，既又叛服不常。五十七年，军帅福康安、海兰察征之，檄哲等诸郡协力助攻。廓夷因索援于孟酋曰果尔那尔【（总督，即 governor 音）】者，辞以国人市粤恩厚，义难背逆，拒不为应，更兵袭其南鄙。【英夷贡表陈及是事。】廓夷遂卑词表求内附。披又尝椟贻廓王珍宝，约亲启，疑而启以囚，中机炮发而囚死。由是积

与披部有隙。哲部越披,即后藏地,中一山,颇险峻,有道仅容羊行,英夷凿而宽之,可由披达藏。初,廓王溺爱其次妃子,触正妃恨,置毒杀焉,穷死状,诛其臣毕兴。【贵官称大噶基。】有乌大巴兴者,毕兴姪也,入披请兵护以还,废王改立正妃子。凡治毕兴狱者悉杀之,籍及入贡中朝充使之两噶基。使还不敢入,亦逃于披。为廓夷所忌,潜使人诣我驻藏大臣,言:"闻第哩巴察之莫斯党【头目也,指义律。】与京属打仗,愿假我饷,得助击之。大臣不知第哩【(魏源"夷艘征抚记"作"底里",云"即英吉利",是。)】即谓孟阿腊,京属谓广东也。奏奉,查覆,得前大臣和泰庵西藏赋注,称西南徼外大国,以为蛮触不必问也,助饷廓夷之议遂寝。及英夷叠犯闽、浙,廓知孟地空虚,自起兵乘间掩袭,大胜之,掳获无算。英夷兵船方远集中国,耀兵待款,欲全师还救,又徘徊虑中国训练严防,再至机顿失,仅分船还至孟,以粤所得赀厚赂廓夷,赎还所掳男妇千人,就与约和而消其衅。此二十二年事也。中国因他市来者,略有所闻,而未详审其故,英夷尤秘不以告人也。至是,忽驶离宁波。适会其时粤中好事者,遂竞传孟阿腊夷埠么恇土番,久苦英虐不敢逞,今复缘出兵故括其货舟,勒派其子弟为伍,汹汹势不可终日,因乘其兵行守虚,噪起突攻而尽歼其众,杀颠地之弟某,夺复其旧据鸦片税埠,酋驰轮舟倍道趋粤,亟召夷兵之泊宁波者,踉跄返救。粤愤夷甚,乍闻谣言,纷纷传述,几于万口一词。【五月二十二日,姚石甫观察覆怡樾亭督部书云:"闻夷人孟阿腊地方,屡为东印度国所败,掳其将士妇女千余,夷必回兵往救。若我更益持三月,夷将为溃。惟诸将屡经挫衄之后,怵于夷之威诈,未知能及此否。"又八月初八日覆云:"闻广东有言,英夷国已空虚,群夷不服所为,颇多兴怨,似有内溃之形。乃转掠商艘以助其势,外益夸张,内实急迫。米利坚谓天朝不可堕其术中,此言又与职道前月所陈不无吻合,我但守口岸不与海上争锋,内查奸民诛之,不事姑息,再持数月,夷将自溃。"据此,则当时台湾亦有是言,海外传闻,不独粤人矣。】官都中者闻而信焉。粤人御史苏廷魁讲经济,最留心时务,见机有可乘,将有以慰圣心也,即据所闻入告,请就此时,先修虎门炮台,资他日抵御,筑城东大沙河堤,营龟冈东岸。时耆英方以钦差大臣驰及嘉兴,上命特依顺代杭州将军,促耆英改赴粤,确查印度及船回帆虚实,令相机攻灭香港,重整海防。未至,而夷船已大队犯江左复命回江堵御。是时虎门炮台尚阻于夷,未得修复。香港新为海盗薮,夷驻兵千余,盗目倚为声势,各设堂号,沿海刦掠商渔,满载则归泊香港。奕山等设法招徕汉奸,为之剀切晓谕,动以天良。投还者凡三千有奇,盗目之投首为官用者逾半,群愿立功自赎。请兴修诸台,而各率其首党拒夷虎门外,纠合香港汉奸为内应,乘冬月潮缩月晦,出夷不备,突攻尖沙夷船,使表里受困,一鼓歼旃。奕山心动,以商于墳。墳事持小心,始终谨慎,自惜乏权宜济变才,海事更非所素习,初尚守则徐"由内及外次第举办"之议,既目睹夷但扰闽浙,绝不与粤为难,因循久隐,有顺时听天意,惧衅端再启,触夷怒势不可收,特微言劝止其事。山亦不再言。而不知屡奉严旨复虎门,攻香港,将以牵制闽浙之夷,圣意固大有在,而转以繁械未备为言。其运石塞海,不过一时从权,非经久制胜之大计,遂镌职还都。【六月革御前大臣左都御史。】伯焘亦缘厦门夷船未能剿办革职,而代以怡良矣。

五月初三日,夷船闯入吴淞口。奕经闻北扰之报,驰檄令暂事羁縻,夷已突攻宝山。宝山旧设炮台,正当大流入港之口,高下适中,无突出水上四面受攻患。县城亦去淞江口不远。知县周恭寿,号知兵,建议以台城两逼汪洋,惟口内东沟、江湾,并号险隘,可握以固守,欲弃海口,但设伏口内,诱夷至击之。总督牛鉴不能用其策。而步云前在招宝山所领见贼即溃之徐州残旅,至是又使总兵王志元领五百以守小沙背,素藐纪律,日以诈索恐吓为事。民被骚扰,夷未至已哄然无固志。恭寿请撤而易他兵,实防民心激变,亦不从。初八日,提督陈化成率游击张蕙在南门外海塘与夷战。化成久历海洋,先二年击闽海夷受伤,随调江,稔知水师恇怯不可用,选闽中亲军教练之,兵志顿奋励,防亦严密。夷在吴淞,畏化成不敢骤入。潜购汉奸,间道伏,觅便焚其药局,为所获。甫缚斩,而夷船适进,炮悬桅上,弹子从空飞下,对击良久。我兵运巨炮轰沉其大船二,二桅船樯亦被击折,溺死夷兵二百余。夷更厚集火箭,随炮急攻,烟燄腾溢,较场附近民舍,转盼延毁。弹箭所著,屋瓦乱飞,同时灰烬,将台亦坏。化成勗励将士悉力拒守。鉴初闻捷,自出督战,与化成分守海口。夷再入,飞炮及山。鉴失色,知势不利,匆遽旋城。方移动,而所督诸军皆尾而溃走。夷遂乘势大进,更以小舟绕至小沙背,徐州兵望风先逃。化成亲军不及百,手燃巨炮击贼,临危犹破一舟,志元亦遁,化成中炮死。【谥忠愍。】恭寿领勇二千,力既孤,惧贼围,亦与塘兵及东炮台兵一时并溃。宝山陷。鉴北

走嘉定,上海震惊。参将继伦急猝走松江。上海兵备道巫宜禊、知县刘光斗相率以从。独典史杨庆恩投水死。水勇无军令约束。则相聚为盗,焚掠难民。及夷七八船驶入上海,城市已空,无炊烟。又二日,轮舟二,挈三板四五,至松江。寿春总兵尤渤,先相度违城八里之港口沉塞坏舶,领陕甘兵二千以守,教兵伏避夷炮,俟炮轰尽,然后发以击之。夷连爇炮数千无中者。对击至半日,夷力懈目退。越日又至,相持如昨,复力尽退出。松江之得免夷难,赖此。轮舟沿道量水,至泖湖,雇渔舟避沙线引入,将窥苏州,轮为草胶,遽舍去。至二十日,遂退离吴淞,而驶入大江矣。耆英与乍浦都统伊里布,求款夷居间者,颇难其人,知洋商伍敦元夙为英夷深信,思差出与周旋,虑其惧事后指摘,必将以老难跋涉辞,咨粤派员送其子弟赴江,未至,急不能待。常州镇道请守鹅鼻嘴,鉴又以长江沙路屈曲,夷船万不能深入,却之。江苏巡抚梁章巨,方引病卸任,二月,居邗上,与运使但明伦言:“夷猖獗必犯长江,则瓜州一带口门当预为计。扬州富盛,都转筦度支,尽可挹注。今大江两岸口里,满号漕艘,不下千百,宜预调至,横塞江口,铸铁索联为巨栅,艚内伏兵设炮,火器从头舱中,穴孔以待。再集捆盐夫丁一二千,予以械船,使并力堵御。以废船为前茅,捆徒为后劲,四十里外得此两层握隘,夷未必能飞渡。”明伦深然其说,方调画间,而夷已挟沙船引其轮舟渐次驶进,见诸险全未设备,而近水可以设伏之丛沟荻港,皆虚无兵炮。遂以六月八日直薄瓜州,以城空,过不入,越江路六百余里,迳抵镇江。镇居江宁下游,枕北固山,运河绕其右,守以重兵,实有险可握。时鉴已至江宁,副都统海龄率其驻防兵千余,合绿营兵六百,守镇江。下令禁富户出徙,犯者杀。兵缘是夺行人财物。虚传城中藏有奸细,沿户搜索,稍可疑者即受诛戮,城内人人惕息。又不知预备守具,与团练民间丁壮协守。参赞齐慎、提督刘允孝以兵至,海龄拒不延入,但使御贼城外。贼由西北登岸,为我兵所击,夷多兵少,相持者二三日。夷方攻北门,我兵奋力与战,夷已分队潜绕西南,梯陴上,守者亟手刃之,仅伤数夷,余已相继而登,肩挨趾错,不复可止。城上兵立溃。夷先就旗营纵火,城陷。海龄自缢殉节,其妻与孙并同时死难,骁骑校祥云掷都统印入井,随自投入,与其父及妻及二女亦同时死。夷入焚掠惨逾他县。

镇江既破,仆鼎查将如国王后命,仍遵海赴天津,再求通商地,中于马理逊言而止。马理逊者,夷官也,世及称秧马理逊,幼禾曰秧,童时随其父来粤,故国商以是名而别之。当嘉庆中,入贡使臣,即以当年驻粤之大班司当东者为之副,出粤洋,迎贡舟抵津,挈其父使司笔札,入都,粗知中朝地里政事。至是言:“燕京漕运以江宁为咽喉,今但盘踞江面,阻绝南北,即可要挟,所求当无不如志。否但扬言将密招汉奸,挖冲高家堰堤,彼虑工险费巨,合龙无期,阻于外舟,工亦难举,计更无不得请者。事出权宜,将在外君命有所不受,但期有利于英,不必踽守国王来文也。”仆鼎查深然其言。随下令诸船齐进,一路炮声不绝,瓜州仪征所有盐舶商舟,焚烧殆尽。二十八日,集船八十五,直逼江宁城,势益凶暴。先既奉有“设法招抚许便宜行事”之谕。伊里布已遣武举张振龙、家仆张禧等,冒险赴夷船以候款开导,夷果停不复攻,而责覆款议殊亟。初六日,耆英至自丹徒,复遣佐领塔芬布、陈志刚等,与禧再诣夷船,切实论议。时民情惊骇失措,若岌岌不可终日。仆鼎查终恃马理逊熟悉情势。条件皆属其登覆。马理逊先索三千万员,稍减为二千一百万,中以六百万为补偿烟价,三百万为续还旧商欠,千二百万为军费。预拟过付期日,本年先交六百万,余分三年带交。侍卫咸龄亦偕往,语以“烟价曾由粤偿还,今同一名目,何以重索,难达天听。商欠自当清结,但贸易利归洋商,宜商欠商还,何以官为赔垫,未免公私混淆。至此次因尔国称兵,爰有军费,若反取诸中国,是中国以钱买乱,何以服民。”因反覆与之辩论。夷众同称:“烟非产于英地,实为邻埠客商货物。缴烧者久已折赔,在粤所收六百万尚未及原价之半,必得此乃足所赔。又国商市粤年深,积欠数巨,商疲且众,悬宕稽延,今所索尚不及原欠十之一,请行粤关清查,可以勒限归款。是数仍有著,官但先为保交而已。其军费一项,因现已议和,来船均宜赏犒遣散。不给所欲,则船之退否非吾辈所能强抑。倘有帆航仍留内海,遇兵民势必与战,争端再开,恐中国将来费更不但此。况艟艨所集,已阻遏京口要冲,一得当则令及早退出,所以裨补于中国者甚大也。”龄不便再言。夷复求赏给香港为彼来商侨居地,听在广州、福州、厦门、宁波、上海四省五地,通商贸易。五口外仍不准商船驶往他港,违即受治。【梁芷舲中丞章巨,致刘次白抚部书云:“自引疾得请后,应即旋闽。因俶装之顷,忽闻浙东英夷猖獗,大帅已回杭州,钱塘江一带戒严,莠民乘机刦及行旅,相戒裹足,不得已暂至扬州避之。嗣因扬城警报踵至,探知夷艓已迫焦山口,复踉跄挈家于六

月初渡江。时京口草木皆兵，一叶扁舟，从锋镝中夺路而出。甫过丹阳，即闻镇江府城已被夷兵攻破，道途梗阻，幸途遇带兵大帅齐礼堂参赞慎北来救援，某与参赞曾为甘陇同寅，承其沿途拥护，星夜趱驰，得以安抵苏州，复连夜乘潮至富阳，神魂始定。六月杪至衢州，探闻江南大吏，以千万金钱与英夷议和，许其于江南、浙江、福建、广东四省，设立马头互市，业经奏准。呜呼，此乃城下之盟，不得已权宜之计，惟我皇上如天之德，深悯东南百姓久遭荼毒，勉从疆吏所请，使民气得以小苏，凡薄海含生负气之伦，无不感颂皇仁，而咨嗟太息于臣工措理之失当也。七月初至浦城，本拟即日买舟顺流归里，忽闻英夷复欲在福州添设一马头，执事已为据情奏请，不胜骇愕。且闻省垣绅户纷纷各为搬移之计，因此观望不前。继闻此事已奉中旨再三驳饬。仰见圣明覆载无私，洞鉴于万里之外，俾滨海臣庶，均各安耕凿于尧天舜日之中，为之额手称庆。乃不数日，又闻执事以此事顶奏求顺夷情，则诚某之所不解也。试问执事，夷情重乎，民情重乎。夫前此之准议和，乃我皇上之顺民情以顺夷情，此经中之权，史传中屡有之。今此之请添马头，乃执事之拂民情以顺夷情，果何说以处此。民为邦本，执事于本末之分，顺逆之理，亦曾熟思而审处之乎。且此事本末至易明也。以省分论，福建不能先于江南、浙江、广东也。以富强论，福建不能胜于江南、浙江、广东也。乃江南、浙江、广东，每省只准设一马头，而福建一省独必添一马头以媚之。此又何说以处之。且江南之上海、浙江之宁波、福建之厦门、广东之澳门，本为番舶交易之区，而神话则开国以来并无此举。今以亘古未闻之事，而为恭奉外夷之故，强率吾闽数十万户商民，必与上海、宁波、澳门，一律办理，于国计民生政体，均所未安。此又何说以处之。况中原滨海各省，不一而足，倘该夷援福州之例，于山东索登州马头，于直隶索天津马头，于辽东索锦州马头，则概将惟命是听乎。况外番如英夷者，亦不一而足。倘各外番并援英夷之例，亦于滨海各省请分设马头，则又将惟命是听乎。且福州省城，外距五虎门大海，尚有百十里之遥。苏州省城，外距常熟海口不过百里。浙江省城，外距龛、赭、海门，亦不过百里。广州省城，则外距澳门不过数十里。若皆以海道可通之故，各援福州之例，并请于各省会分设马头，又何词以拒之。且执事亦知该夷所以必住福州之故乎。该夷所必需者中国之茶叶。而崇安所产，尤该夷所醉心。既得福州，则可以渐达崇安。此间早传，该夷有欲买武夷山之说，诚非无因。若果福州已设马头，则延、建一带，必至往来无忌。某记得道光乙未年春夏之交，该夷曾有两大船停泊台江，别驾一小船由洪山桥直上水口。时郑梦白方伯以乞假御事回籍，在竹崎江中与之相遇，令所过塘汛各兵，开炮击回。则彼时已有到崇安相度茶山之意，其垂涎于武夷可知。此时该夷气燄，视十年前更甚，得陇望蜀，人之常情。况犬羊之无厌乎。此局果成，其弊将有不可殚述者。愿执事合在城文武各官及在籍老成绅士，从长计议，极力陈奏，必可上邀谕旨，下洽舆情，使英夷知中国不可以非理妄干，自当帖然听命。甚不愿后日以卢龙之责，归咎于当时之大吏及士大夫也。"按原奏已云五口通商，而梁中丞"归田琐记"乃云然，盖当时传闻之误。】龄等答以"香港之建造夷屋，在未款前已上事，尚可代请。至市地旧止广州，今增其四，数实过多，不无窒碍。其开市贸易，如何输税，亦应预为详议，庶免临时争执。"夷言："既有香港寄泊，此后船货来者，较前宜倍，必得五地分售，方可通流不滞。税属公帑，自宜公立章程，谨遵中国成例，按则征输。厦门、宁波、镇海、定海、乍浦、宝山、镇江各城岸，一俟五口通商，便即退还，不敢再事滋扰。将来贸易各关。并设领事官经理，用资约束而慎输将。从前官设行商，侵克受害。此后请听来商自投行交易，货至责成领事赴关纳税，庶不受洋商挟制，期保久远相安。"龄等仍令将市地删减。夷坚执不从。最后又请"彼国官至，与中国官用平行礼，及事后将被掳夷人与被诱汉民，一体释放，俾反侧胥安，无复顾虑。"语毕，促诸人亟归商定，诸人终以索费过重，濒别有迟疑意，颇形踯躅。马理逊因为言："所有军费马头，皆我国现请之数，非即中国已许之数，归自酌裁之可也。"

塔芬布等还报。当事佥以所请悉如夷初意，而索项视前转奢，迁延莫决，难以遽覆，又使更往传语。当往返议拟时，夷船已易白旗以俟矣。而汉奸有虑和议成不利已私者，七月初八日夜二鼓，夷闻汉奸哄播谣言，有"当事实无和意，不过借议款事暂杜急攻，已一面飞调寿春兵，昼夜驰来决死战"语。夷酋信之，恐遂中我计，忽下令诸船皆易旗，约以次早复开仗，猖獗更不可名状。当时相顾无策，虑及江宁城周五十余里，防守兵力不敷，所调江宁、浙北、徐州兵，率挫败之余，断难恃以克敌。又望见夷登据城外钟山，俯瞰全城虚实如指掌，飞炮轰堕，势必难支。事势至斯，不得已咸愿为国受过。随使咸龄偕署布政使黄恩彤面见夷酋，

开诚告以无他,劝勿为流言所中,致中道乖违,因尽勉徇所请,一切不复再加挑驳。夷众乍闻,欢呼,喜出望外。于是鉴、伊里布、耆英会奏,言:“夷逼金陵,情形危迫,呼吸即成事端。根本一有挫动,邻近如安徽、江西、湖北,皆可扬帆直达。所请虽贪利无厌,而意但在求市地通商,尚非潜蓄异谋可比。与其兵连祸结,流毒滋深,曷若不惜巨费以全大局。所索纹平七折银一千四百七十万两,商欠折二百十万两,行令粤商按数归还。本年先交四百二十万,就将扬州商人现给之五十万员扣抵外,令江苏捐备百万,再拟于浙江、江苏、安徽三省库存及关征粤库通融借拨。其余三年带交,岁不及三百万。彼国货税既新加饶裕,可以作抵,较用兵费实不及三之一。【癸卯(一八四三年)六年,给三百万,于洋商欠项追交。十二月三百万,于各海关税拨给,不敷,仍于粤闽库借交。甲辰(一八四四年)、乙巳(一八四五年)、丙午(一八四六年)届期通计各口新税筹办。】至厦门夷虽退,尚未收复。香港、古浪澳、定海、招宝山,则仍据守未退。与其久被占据,不若归我土地,既愿遵输税课,即属悔过向风。此后彼因自护马头,我即借以捍蔽海疆,似为国家之利。所请与官讲平礼,虚文本可通融。事定后,亦应释俘囚以坚和好,宽胁从以安反侧。附单详载条款以闻。”上念东南数百万民命惨遭涂炭,强为遏抑加恩,勉如所请,而谕令反覆详议,永销后患。耆英等同诣夷舟,与立和约十有三条,善后事宜八款,钤以关防。海关丁书巡役陋规亦悉予禁革。【奏云:臣等查该夷请求各款,虽已定有和约十三条。惟一切善后事宜,尚须明晰妥议,立定章程,书一办理,方可期一劳永逸,永杜衅端。其奉旨指出各款,尤须宣示该夷,俾知遵照,诚如圣谕:“不厌详细,万不可将就目前,草率了事。”当即派四等侍卫咸龄、署江宁布政使江苏按察使黄恩彤、浙江宁绍台道鹿泽长、石浦同知舒恭寿,连日接见该夷酋,反覆详议。该夷马里逊、罗布且、郭世利,均通晓汉文,兼习汉语,不须通事传话,反致隔阂。该侍卫等与之口讲指画,推诚开导,酌定善后章程,彙分八条。禀经臣等备文明晰照会,该夷酋仆鼎查亦即照覆,均无异说。谨将各条另缮清单恭呈御览。至此次奉旨指出各款,如“该夷赴各口贸易一节,听其自便。但日久难保民人无拖欠之弊。只准自行清理,地方官概不与闻”一节。查前议,商欠三百万员,即在二千一百万员总数之内,此外欠项均不能官为补交,业经与该夷议定。并奏明在案。复于善后条款内载明:“此后该夷自投之行,非中国额设行商可比,如有欠债,只可官为著追,不能官为偿还”等语。现据该夷覆称:“嗣后利害均由自取,万不再求官为还欠,”其情业已贴服。又如“此次已经和好,两国民人,视同一体,断不致概行诛戮。倘该民人别经犯法,我国自当照例办理,与该国无涉”一节,查该夷原议此款,系专指犯顺以来被诱被胁之民人而言。臣等切以此等莠民即属汉奸,与夷匪相为表里,夷匪既散,汉奸亦不能复聚。惟人数众多,究系国家赤子,绳以峻法则相率为盗,宥以宽典则反正来归。自当蠲除既往,予以自新。是以臣等奏恳天恩,准予释免,以安反侧。至通商以后,华民归中国官管束,英国商归英国自理。华民有罪逃至英馆者,英夷不准庇匿。英商有罪逃入内地者,中国官即行交还。均经臣等明定善后章程,该夷亦切实照覆。是该民人等别经犯法,自当仍由该管官照例惩办,该夷断不致多端阻挠。至各国税银,该夷情愿按照则例,如数输将。惟称粤海关丁书、税役,内藉陋规,求为查明禁革。其中国商人按例交纳关税,非该夷所得越阻。该夷于本年六月十五日以后,止有扬州商人致送曹平银三十五万五千两,折洋银五十万员,现已议明扣除,此外并未收过银两。再“舟山、古浪屿暂住兵船,应俟各口开关即行退出,不准久为占据”一节,前此该夷酋必欲俟银两分年交清,方始退还。现经奉旨饬议,复向开导,该夷总称:“和约既定,必须坚守,未便遽行更易。至渠等酌留兵船,不过数只,既不侵犯百姓,亦不阻拦商船,均于善后章程内议定,不致滋生事端。惟求代为奏明,仍如前约”等语。臣等查该夷既以坚守和约为词,若不允所请,转恐藉口反覆。其兵船如何渐次撤退,应俟开关后,由地方官察看夷情,相继妥办。其分年措给银两,臣等悉心筹划,所有癸卯年六月应给洋银三百万员,拟于广东洋商欠款内先行尽数追交。十二月应给洋银三百万员,拟于各海关税银内拨给。倘有不敷,再于广东、福建藩运各库均筹款措交。至甲辰、乙巳、丙午应给之项,届期各海口均已开关,税额议有成数,应俟通盘计算是否足以相抵,再行筹办。至新设五处马头,尤非善后事宜可比,必应妥为筹定,以期永久安堵。容臣等将未尽各事宜,悉心详议,务期周妥,另行具奏外,理合恭折具奏。一,广东洋行商欠,除议定三百万员官为补交外,此后英国自投之行,即非中国额设行商可比,如有拖欠,止可官为著追,不能官为偿还。查此项业据该夷照覆:“嗣后通商利害,均由自取,若有欠项,由管事官呈明内地官著追,

万不可再求官为偿还。”一，和议既定，永无战争，所有广州、福州、厦门、宁波、上海五处，止可货船往来，未便兵船游奕。其五处之外，沿海各口，及直隶、奉天、山东、天津、台湾诸处，非独兵船不便往来，即货船亦未便。均宜守定疆界，以期永好。查此款业据该夷照覆：“一，俟五港开关则例颁行，即由英国君主出示晓谕英民，止准商船在五口贸易，不准驶往各处。至该国向有水师小船数只，往来各口稽查贸易，亦当协同中国地方官，阻止商船不准他往。并请中国地方官严禁华民，除议明五港外，不准在他处与英商贸易。一，既经议和，各省官兵应撤应留，须听从中国斟酌。期内地炮台、墩堡、城池，业经残毁者，均应次第修整，以复旧规。实为防缉洋盗起见，并非创自今日。英国既相和好，不必有所疑惧，或行拦阻。查此款业据该夷照覆：“以上各事宜，均应听中国斟酌修整如旧，系属正办，英国断无拦阻之理。盖此次和好，惟赖中国诚信践约，而英国亦当专心以信守为务。”一，广东、福建及浙江等省距江宁较远之处，不知和好信息，见有英国兵船驶入，或相攻击，均须原情罢战。不得援藉为口实，致乖和好。查此款业据该夷照覆：“两国和好信息，业经由火船速行晓示。所有英国水陆军师，自必与中国兵民互相友爱。倘有攻击之误，未足为仇。惟求臣等速将议和情由，飞行各省，一体知照，免起纷争，更属欣幸。”一，和好之后，付给本年所交银两，各兵船自应退出江宁、京口，即福建、广东、浙江等省停泊兵船，亦须约定同时退出，散遣归国，方坚和好。其定海之舟山、厦门之古浪，据议仍留英兵暂为驻守，但不便多驻兵船。致中国百姓暗生疑惧，与该二处通商之事，转多窒碍。所有每处泊船若干只，自应预为申明以示限制。查此款业据该夷照覆：“俟本年银两交清后，所有兵船自应退出江宁、京口等处。其他省停泊船只，除舟山、古浪屿二处，酌留兵船数只，管理货船，及香港仍须留兵驻守外，其余均可遣散归国。盖留兵于他国未免重费，英国意在省费必不多留兵船，中国不必多虑致伤和好。”一，舟山、古浪屿泊有兵船，须令带兵官约束兵丁，不得侵夺民人，致乖和好。并闻古浪屿所泊兵船，曾有拦阻中国商船扣收货税之事。此时既经通商，应令各兵船不得于中国商船再行拦阻抽税。查此款业据该夷照覆：“各处兵船，本应带兵官严为约束。此时和议已定，尤当彼此亲爱。所有拦阻商船，即行饬放，不得再行抽税各情，早经行文各处晓谕在案。嗣后倘有不遵，致有侵夺拦阻情弊，即当严行讯究，不致有乖和好。”一，英国商民既在各口通商，难保无与内地居民交涉狱讼之事，立即明定章程，英商归英国自理，华民归中国讯究，俾免衅端。他国夷商仍不得援以为例。查此款业据该夷照覆：“甚属妥协，可免争端，应即遵照办理。”一，内地奸民犯法应行究办，若投入英国货船兵船，必须送入交官，不可庇匿，有违信誓，致伤和好。查此款业据该夷照覆：“内地犯法奸民，若投入香港及英国货船兵船，即行送出交官，断不庇匿。其英国及属国逃民逃兵，若潜逃内地，中国亦须送交英国近地理事宜领回，以敦和好。”】

八月初十日，恭值万寿，夷官仰祝纯嘏，虔请代奏。夷船以八月二十五日出江入海，诸帅设饯于正觉寺而去。【夷人归后，绘舟上议和图。牛鉴、伊里布、耆英、咸龄、江苏按察使黄恩彤、宁绍台道鹿泽长、同知恭舒寿。夷官仆鼎查、马理逊、罗布旦郭世剌。盖四人皆通汉语。马理逊与恩彤各坐一棹，执笔立约，余皆坐于其后。夷多立者，不知何许人，神情逼肖。】给事中董宗远力陈款夷不便，已无及矣。【奏云：“臣闻逆夷深入，直犯江宁。该大臣等以形势万分危迫，奏恳允夷所请，与彼联和，仰蒙皇上如天之仁，重卹民命，准大臣等便宜行事，德至厚也，恩重渥也。而臣愚以为果如所请，则国威自此损矣，国脉自此伤矣，乱民自此生心矣，边境自此多事矣。值可取胜之机，而忍辱偷安，贻此四患，该大臣等诚误国之尤，难逃史议者也。谨为皇上陈之。该大臣等之言曰：该逆自犯顺以来，屡经命将出师，总未能挫其凶锋云云，伊谁之咎，乃敢以此扬敌人之威乎。逆夷构兵三载，两军对垒之处少，望风逃窜之处多。业既仰邀圣鉴，将为倡之余步云拿解进京，孰知将士等罔知警惕，自吴淞失守之后，福山，团山、京口等由海入江之路，或赍粮纵敌，或弃地潜逃。逆夷直达江宁，则深入重地，料难免脱，该大臣等临境仓皇，曲成和议，且为危词以悚皇上，有士气不扬及钟山迫近省城，登高临下，一经轰击，势必不支等语。试思士气不扬，谁实使之乎。总督控制二省，以迫近省会之钟山，并不能据守乎。又云：倘载不胜，即偷挖高堰，伊谁之责，防其偷挖岂遂无术，乃苟且从事置国体于不问乎。我朝定鼎二百年来，臣服遍于四海。藐兹丑类，只以督兵者逡巡畏缩，未蒇其功。设以皇上知人之明，别遣威望素著之大臣前往办理，数邑何难克复。该大臣等见不及此，许洋银重二千余万之多，是岁币之输也。让五处马头与处，是割地请和也。甚且请盖御宝与之，是犹欠债者之写负约与。是犹

卖产者之立文契也。不知该大臣等视皇上为何如主,自视为何国之臣。方今全盛之势,以强畏弱,纵敌苟安,忠义之士闻之谁不愤恨,四海属国闻之谁不轻中国乎。臣谓国威自此损者此也。该大臣等又云:该夷讨洋银二千一百万员,内烟价若干,商欠若干,军费若干。不知鸦片有明禁,该逆以犯法之物诱我华民,已属非是,况烧烟之日曾以大黄茶叶相易,并非白手取之,何言索价。且其价重千余万之多也。至于商欠,尤属一面之词。军费何得取偿于敌。该大臣等因该夷怒目而视,遂不敢与之诘难。试思此款之出,不外国帑民脂两项,以有限之财力,供无厌之横索,中国能堪之乎。且既给之后,能保其安然无事乎。设又增所请,何以给之乎。抑于是时始背盟议战乎。军兴三载以来,用度浩繁,上下交病,加以征徭迁徙,失业废时,如此数事,民穷财尽殆不可支,将何以裕国用厚民生乎。臣谓国脉自此伤者此也。该大臣又曰:该夷情为被虏夷人及被诱之汉奸一体释放,夷务完竣后应释俘囚以敦和好,免胁从以安反侧,似属可行云云。诡以此为羁縻之术则可耳,若果行之,天下尚知有国法乎。虏夷姑置勿论,试以被诱汉奸言之,彼所犯者叛逆重罪,逆夷所由蹂躏我中国者,皆彼等为之向导,为之内应,中国之民恨不食其肉而寝其皮。若概从宽宥,则綦布星罗,在在皆夷之巡逻。昔犹服汉奸之罪名,今公然防戍之敌卒。即暂且无事,而中国之人闻之,谓薄眚误罹,尚能受有司之罪,弥天大罪,竟蒙释宥之条。事之不平,莫此为甚。恐小则拒捕抗官,大则揭竿起事,皆势之所必然者。臣谓乱民自此生心者此也。该大臣等又曰:与其博征剿之名,莫如收实效若作权宜之计,永息兵端。真掩耳盗铃之说也。该夷在广时,曾讨烟价六百万员,允退兵归国矣。乃口血未干。复肆猖獗,今又如此陷江宁城之人。且有分年交清之约,则嗣后更得以索欠为词,滋扰不已。并闻其与该大臣等一面议和,一面登岸肆扰,该大臣等不敢动问,能保其日后无事乎。该大臣又曰:此后结以恩信,抚驭有方,彼既自护马头,即有捍蔽海疆,未必不转为我用。此更梦呓之语也。彼既占据险要,则内地在其腹里,吞噬之势已成。如被盗之家,已被捆载出户,彼方盘踞其侧,将图大索,乃转以守门之责寄之,虽三尺童子,能信此语乎。大臣等将谁欺乎。臣谓边境自此多事者此也。总之该大臣等视居官如传舍,但求目前苟安,绝不为国家久远之计。不知以现在之夷情度之,即苟安亦未必能也。该逆无厌之求,实出情理之外,亦聊以此相试矣,岂敢期中国之必许我。今既悉许之矣,乃犹豫不决,恐堕术中,久之而杳无闻见,事必蹶然兴起,谓中国果无人也。则将肆然无忌,为所欲为而不堪设想者矣。臣籍隶江宁,眷属俱在围城中,与守土各官,仅一身暂寄官署,妻子辎重早经迁徙者不同。虽蚁命至微,岂不顾苟存旦夕,而必冒万死以为此奏者,诚为国家计久远。且逆知祸不旋踵,不与和固死,与和亦死,置之死地而后生,愿暂借江宁为战场,与之决一战,即死犹有一生之望也。按江宁东距京口,西接和州,南距太平,北距天津。虽京口业被占据,而扬州实据京口上游,为由京师至江宁要道。伏乞皇上简任上将,速发大兵,任用王亲,大申挞伐,并飞谕江苏、安徽、江西各抚臣,带领精兵,三路堵截,四面合围,解省城目下之倒悬,恢各属已失之境土。该逆舍海入江,已属去宽就窄。况现交秋仲,潮势渐退,船只笨重最易浅搁。既地利天时之交济,实摧枯拉朽之同时。转弱为强,在此一举。昔吐番之骚扰于唐,金人之为患于宋,皆议和误之。皇上聪明智勇,讵弗深悉其非。至大臣等坐失事机,专机误国,国法具在,无待臣言。】鉴以不守江口被逮,代以耆英。奕山、奕经、文蔚,皆得罪。沿海失守城池道府以下及失事将弁,皆予处分。恩免被夷地方钱粮。命伊里布至粤议开市事。

佛兰西者,西海故国,与英国并居大西洋同港,界接邻近,各争强不相下,连兵构怨数十年。近虽约和,而各怀疑忌。船至粤者,英多而佛少。上年十二月,闻英市被禁,阴喜而阳慰之。王恐其偶胜益骄,则先受其睥睨。遣兵目真时尔(Jancigny),士思利(Cécile)驾兵船一,来泊尖沙嘴,士思利入寓省馆,引见大吏,偕所带谙华语之夷僧玉遮、依里达(耆英奏作"玉实、玉哲")二人为通,不受官通事,防泄也。奕山遂率当事同官,出城西潘氏园见之。夷目自陈其国王闻英夷远犯中国,构兵久,恐其国商或波及受累,令其来护,因得便善为解散。英素悍,自非禁以力不可。而彼与英方新和,骤苦攻之无名,愿出与英酋讲说,俟其坚执不见允,则曲在彼,乃可藉以交兵。语颇诚切。奕山等谕以英自津门转粤,日加猖獗,天威震怒,今奉命征剿,未便遽闻款议,辞之,夷目乃请自以己意与言,无论其意见云何,亦当入覆。既去,会仆鼎查方潜回香港,佛目与晤及矣。而士思利偶缘他事,寻于初春驶赴吕宋,留真时尔以二月再入会城,呈递说帖,仍以和解为词,劝给英夷香港,补其烟价三百万。奕山疑佛目为英居间,将图异日得与分地而居,且为探内地虚实来

也。即拒绝之。【六月，有奏："英夷纠集天竺、咈喃、小吕宋等国，同恶相济。镇海、定海所到夷船，或称来自天竺、咈喃及吕宋。"谕奕山查明解散。奕山以"英夷船皆来自本国或雇西娑柳代人打仗之黑夷船在内，均未可定。天竺即印度，其孟阿腊即英属国。诸国无咈喃名，当系佛兰西尾音致误。佛兰西无助逆事，吕宋更贫弱，不能助人，"详为覆奏。】misc鼎查又复离粤而北，佛目傺至六月，终不得我实耗，乃自赴江，仍将力任款事，折其贪心，得当以复我官吏，较在粤便也。迨抵吴淞口，英船已入长江。官上海者，更莫测其来意，不敢导之入。佛目不获已，随易小舟溯江，抵金陵，则所款议先已大定，驰奏且数日矣。遂废然与英舶同返粤。

英夷自以香港为彼国奉给地，远在海口，诸国市舶所必经，凡货船至粤者，欲抑使先就彼报验，按船抽钞，而后入埔输税中国。其至五口者，亦援香港为例。佛兰西、米利坚皆大愤讶，谓彼此同在天朝贸易，我非尔属，谁甘受挟制。于是各自通书其国，以兵船至，将与英为难。英酋自知理屈，顿止前说。两国使臣适至，请入都密陈机宜，当事不可。而伊里布寻卒于广州将军任。耆英驰至粤，【皆二十三年事。】许诸国并如英夷例，给以印册，条例事款，各国乃喜跃而归。其冬，仆鼎查尚以归师驻厦门鼓浪澳，候释还俘囚，挈以还。遣其属尔夫至台湾，领所释叠战获禁之夷。莹传见，告以百余人中前后病毙及正法，尚存夷目九人。合以就款后，回自舟山，遭风为台官救起之夷目七多忍占与白夷二十五人，尽付尔夫带出。【七多忍占供：係英小商船载白夷二十余，黑夷百数十。同轮舟，前月自舟山撤回广东，驶至台湾洋面。九月十六日遭风，因轮船上被火，大夷官将伊船上黑夷尽数叫去救护。本船上白夷不谙行驶，以致击碎，幸蒙救起，只求释回。是所救之遭风夷亦从兵中来者。】尔夫感激，请莹亲临其舟，燃六炮，悬彩旗百以迎，饮其太平酒而还矣。【是日姚观察察看其船，无两舭贮水防炮击事。知前供之出自咱利啌者夸也。】仆鼎查至是始知俘夷已戮，惧为诸夷笑，密商于夷目札士必。于是忽生异议，诈言台湾被杀者，皆遭风夷商。【按姚观察与曾卓如方伯颜书云："大安之役，承示以中丞所闻，此亦不得已之苦心也。惟前据夷供，仆鼎查给银九万及纹银六千，来台购买奸民，实无五十万之事，姚县丞私信尤为不确。且上年经鲁与制府、甄甫中丞两次印示，凡获夷舟银货，悉与兵民充赏。弟与达镇会示，破夷所得银货不许官人索扰，是以民间利其所有，乐破夷舟，实不能有裨于军需也。"据此，是当时传闻有获夷舟五十万之说，故商拨军需。然据夷酋伪示，亦止云："民船遭风逃生上岸，俱被拿禁，被总兵官凶心歼杀，"始终无失去银货若干索赔之语。其云"执械相争，被擒尚不容歼杀，"是明明知有抗拒我兵之事。至云"此等难人，原系水手小人、随营担夫，"则又明云在夷营数内，且欲将镇道家财入官，交英官分济枉死家属，亦非谓以其家财赔补失项也。即所自言已见偏诈，安有交兵时手执战械相敌，而尚不得诛之理乎。又二十一年十月，观察复泉州沈守书云："承惠书，台湾破获夷囚，大府意令解至内地，以厦门、鼓浪屿尚未收复，欲示德于夷帅。此事若出自英夷，则可以百余囚人易回鼓浪，无损兵威，复可布德，无善于此。今夷初无此意，且大肆鸱张，所至残破，势锐志骄。彼以厦门为囊中物，据之以通浙、粤咽喉。安可以不甚爱惜之人，遽弃其所算哉。设使囚人既得，仍逗留不去，将何以处之。且内渡三口，厦门已失，泉之蚶江，福之五虎，皆有夷舟。起解夷至百余。奸民必往告，徒为所劫，何能至福州待我之求耶。事势如此，非敢方命也。"三十二年五月，复怡制军书云："台湾前获夷犯，亦遵旨分别留禁正法。沈守两次来书，深以逆夷性好报复为言。夷性畏强欺弱，我擒其人，久而不杀，以为惧彼，明示之弱也。又以舟山、厦门失守，为报复之证。试思夷初至舟山，非有所仇。上海又岂有仇乎。夷垂涎台湾已久，即不杀夷囚，彼亦可以破舟丧赀索偿于我。前所斩溺之夷，无不可为报复之词也。杀之犹可以壮我士卒之气，两军对垒，非我杀贼，即贼杀我，乃先存畏彼报复之见，何以鼓励士卒乎。"又七月复福州史守书云："夷囚除头目外悉斩之。台人素怵于泉厦郊商之言，颇怀畏惧。及目睹夷临斩时觳觫情形，转甚于台地强悍之逆犯，士卒胆气益壮，而畏事者犹津津以报复为疑。殊不知夷性畏强欺弱，即使大队复来，仍是垂涎之素志耳。论者每谓宁波之失，由裕督师之剥皮逞忿，厦门之失，由阵守备之箭射夷酋，非衷论也。台先后交锋，死及囚不下千人，丧赀甚巨。彼欲甘心于我，岂待戮其人乎。大戮夷囚，议必纷纷，大宪言及，尚望代达鄙意，"云云。在省中大吏，见夷势猖獗，虑其报复，欲以俘夷还之，以解其怨，亦权宜之所不废。即使解省中道为夷船所夺，亦事所常有。然平心论之，广东、浙江，两次还其夷俘，彼未尝因是稍生感激。则闽以台湾之俘还之，亦未必能动其天良，遽然舍去。盖其所求者大，声言报怨，皆虚作恫喝之长技耳。当请为正法，

正普天同仇之时,而鳃鳃逆料将来祸或归己,是以私害公,血性男子不为也。扶同邀功之事,必其私相交结于平日而后可。莹为台道,例如按察司衔,而文至必称提督衔台湾镇传谕某道,莹心已不能无私言。及奏夷情,引及嘉庆年得自松筠语,洪阿即疑有道无镇。莹请作松语洪阿,但求事理畅明,不妨彼此相易。洪阿思之数日,终用原奏上。即此一事,两人已勉强相就,以同事不能不和衷耳。非交深莫逆不言而喻也。谁肯临时起意,为此欺诳之事乎。】遽张伪示,以上年八月其国纳尔不达民船遭风鸡笼洋,本年正月阿纳船遭风淡水洋,皆逃生被获监禁。总兵等贪功,以攻犯奏请正法。假使手执兵械奋勇相争被擒,尚万不容歼杀。是必请大臣奏明,坚求将台官正法,家财交英分济,文责大帅。于是大帅遂相继以镇道冒功请旨。上命怡良赴台查办,台兵汹汹,共纳诣行署诉。洪阿虑起风波,婉词解散,百姓有焚香跪请者。迨委员堂讯,官勇随有并未接仗之结。怡良据以责备洪阿。莹自惴受恩深重,今幸大局既定,从此安人息事。倘愤而愬争执所获赃物为证,则夷酋必哓哓不服。大臣既不可与对质,夷船未返或别生事端,所关甚巨,事机如此,止宜引咎。莹先以夷在厦门,上书制府,请奏易镇道,至是乃具词请罪,怡良据词奏覆。上圣明令解京,遂逮洪阿莹下诏狱。怡良内渡。寻告病还旗。代者刘鸿翔,尽取营县义首禀报原牍,乃所得夷船掠载浙闽营械、浙抚营员印文册咨送。【十二月,镇道见夷伪示录奏,自请撤回查办,折弁守风,追回,未及上,镇道已自服罪。莹见鸿翔泉州,谓:"原奏未尝非,惟斩到会太速。逾两月则抚议成,事可免。"是亦持平之论。正法虽出谕旨,究属镇道先请,事与禁市小异大同。】上深知二人功过所在,供甫上,旋出狱起用矣。【姚观察奉逮入都别刘中丞书云:"莹与达镇军以擒斩夷俘为夷酋序愬,大帅相继纠弹,复有摭拾浮言为夷之助者。致上震怒,逮问入都,既负圣明特贳之恩,更辜宪台知荐之德,惶悚不可言也。吕游击示知宪檄护解,以道府原案及所获夷件均送大部,即当赴省候文就道,不得面辞,歉仄愈不得已。在泉州时承明谕:原奏未尝非,惟斩夷太急。再逾两月,则抚议成而事可免。又谓:镇道此行为辱甚矣。大君子持论之允也。顾一得之愚,尚有未白于左右者,兹当远违,敢卒尽其区区,惟鉴督焉。今局外浮言,不察情事,方台湾镇道冒功,上干天听。夫冒功者,必掩人之善以为己美,未有称举众善而谓之冒功者也。鸡笼其地,距郡程十日,大安稍近,程亦五日,皆在台湾北境。两次擒夷,镇道均非身在行间,惟据文武士民禀报之词耳。自古军中验功,皆凭俘馘旗帜铠仗,有则行赏,故人人用命,非如狱吏以摘奸发伏为能。是以周师耀武,史有漂杵之文,项羽自刎,汉有五侯之赏。所谓兵贵虚声,宽则得众也。鸡笼之夷,虽以冲礁,大安之夷,虽云搁浅,然台湾擐甲之士不懈于登陴,好义之民咸奋于杀敌,乘危取乱,未失机宜。夷船前后五犯台洋,草乌匪船勾结于外,逆匪巨盗乘机数乱于内。卒得保守岩疆,危而获安,未烦内地一兵一矢者,皆赖文武士民之力也。苟无以鼓舞而驱策之,焉能致此哉。况当时各路禀报。皆称接仗计诱,所献夷囚炮械衣甲图书,既验属实。复有绿营旗帜军衣刀仗,与浙江巡抚营官印文火药道里数册,确系骚扰内地之兵船。其时夷焰方张,蹂躏数省,荼毒我人民,戕害我大将。朝廷屡有专征之命,阃外曾无告捷之师。宵旰忧勤,忠良切齿,郡中得破舟擒夷之报,咸额首称庆,谓海若效灵,助我文武士民,歼此丑类,亟当飞章入告,上慰九重焦愤之怀,且以张我三军挫夷锐气。在事文武,方赏劳之不暇,岂为镇道不在行间,功不出己,遂贬损其辞哉。镇道原奏皆据众报彙叙,未言镇道自为。即文武禀报,亦未没士民所获,士民亦未有控文武攘其功者。怡督宪渡台逮问镇道,成算早定。一时郡兵不服,其势汹汹。镇军惧变,亲自巡循慰谕,乃散。翌日,众兵犹人持香一炷赴钦使行署泣愬。全台士民,远近奔赴,佥呈为镇道申理者甚众,皆未邀夷案议叙之人也。虽怡督宪批不准行,然皆已受其辞,在案可稽,则镇道非有冒功之心明矣。鸡笼夷船到口三日后乃开炮,我兵亦开炮相持。大安夷舟,实为渔人所误搁浅,兵民因以乘之。当时陈辞,初非臆造。讵夷就抚后,追恨台湾擒斩其人,遍张伪示,以为中华之辱莫甚于此,计逐镇道以快其私。大帅相继纠参,而台湾冒功之狱成矣。在诸公创巨痛深,以为甫得休息,深惧再启兵戎,谋国之意,夫岂有他。正月二十五日,怡宪渡台,二十六日,传旨逮问。以所访闻,令镇道具辞。莹与镇军熟计,夷人强梁反覆,今一切已权宜区处,肤愬之辞,非口舌所能折辨。镇道不去而夷或至,必不能听其所为。夷或别有邀求,又烦圣廑,大局诚不可不顾也。且愬出夷人,若以为诬,夷必不肯服。镇道天朝大臣,不能与夷对质辱国。诸文武即不以为功,岂可更使获咎,失忠义之心。惟有镇道引咎而已。盖夷未抚以前,道在扬威励士。既抚之后,道在息事安人。镇道受恩深重,事有乖违,无所逃

罪，理则然也。且上年十二月初三日，镇道见夷伪示，当即照录具奏，自请撤回查办。其折在口守风，闻怡宪已奉旨渡台，乃追回。曾钞呈怡宪舟次，缮折犹存，今以罪去，诚乃本怀。此所以具辞请罪也。至于官民结构并未接仗计诱者，台湾地本孤危，众恃镇道壮其胆气。今镇道获咎，委员复以危词恫喝，谁敢坚执以自取戾而致怨于夷乎。此又情事之昭然者矣。镇道入都，亦必如前请罪，以完夷案。惟宪台有知己之感，区区微衷，若隐匿而去，非所以对大君子。夫世俗纷纷，皆由功名富贵之念重，则君臣道义之念轻耳。胸无俗见，不特进退坦然，苟利社稷，即身家在所不计。古有杀身成仁毁家纾难者，彼何人哉。怡督宪未谅志士立身各有其品节，以为及此尚形强矫，颇深责之，不能辨也。居常言：台湾镇道奏事，乃国制也。隔海文书往复不能克期，军中朝夕百变，若事事请命，则贻误多矣。鸡笼获夷之奏，如常发驿，奉上硃谕，嗣后夷事皆四百里奏报，若获胜仗即五百里，大胜则六百里，诚念切海外，欲速知情事望捷书也。圣虞若此，何敢复为辗转耶。"】

诏直隶江南总督筹善后，条上御外防内八议，增设通水一镇，驻芦台，控山海关以西。盖奉天、山东为京师左右辅，以天津为中门，旅顺、成山为外户。夷至天津，止新兵六千守直沽，助以义民始得安堵故也。

㖊鼎查计逐台镇道后，随还香港。至二十三年，始尽率其来船回国。

卷五

㖊鼎查濒去，留绿衣兵守香港，五口分留夷目开市，司税务之领事亦至。所掳于宁波妇女，有失鞵裂帛缠其足者，载入澳门夷楼，作长夜饮。香山鲍某，方受雇为夷守门。楼凡二层，上居白夷，下厮役。其夜白夷十余，同聚居一楼，皆自江来留粤者。妇女啼哭，声彻楼下。鲍一时愤甚，思举火焫其楼，已他出觅得药，裹以入矣，转思不忍妇女一时同死，且虑火发，救者至，已不能窜脱，遽止。【此闻诸鲍太史逸卿俊者，云其族人也。】

英商在粤，重开市易，益肆骄矜。旧制，大班不得乘肩舆入馆，至是散商出，率乘坐，遨游通衢。与内地人交易，动因口舌，陡起风波，愈以忿争为强。所留夷役，沿街攫掠市店货物。买物论值未成，迳携以去。又挟流娼招摇市上，遇平民，辄喝令急避，否则鞭扑陈之。市井之民，受者已不可忍，特畏官之禁，虑因是滋为祸首，强自遏抑而姑容之。始则会城众怒难犯，久而并所近村氓之来城就工贾者，无不积为深怨，㖊鼎查之未行也，夷馆遣役出买零物去，不给值，索之，反被詈辱。旁观者不平，助其回詈。役遽入馆，纠众夷持鸟枪出，视人迹多处施放，有受伤者。行道人一时驻足，哄观不散。其夜火忽自夷馆起，夷货迁出，尽为百姓推掷地上，无丝毫夺归己者。米利坚诸国商，亦楼居毗连，财物听其搬出，卫至河舟，无一人越馆界入扰。当火盛发时，闻万口齐呼杀贼。远近水军赴救，皆挺刃而止之。员弁以兵役至，将为扑灭，亦阻于万手飞石不得前。越日火息而后散。【二十二年十月初六日事。】㖊鼎查闻而愤懑，移书责墳，索赔所失。谓："必举兵入搜起衅匪类"。墳举是日实在巅末，为书以复，称以领事，戒勿纵酿后祸。得书乃不敢言。【书云："道光二十二年十月十四日，得接来书，备悉两国商民近况，窃以为责人须当责已，启衅尤贵审机。向者英国称兵，我皇上仁恩如天，用许和好。本部堂仰体圣主德意，方且劝谕兵民，勿存芥蒂。在领事更宜戒饬商民，无得恃强招非。乃在省夷商，自向议和，即纵兵役，或在街市攫物遁价，或引娼妇逐队鞭人。行路且为不平，何况身受其毒。本部堂屡申禁遏，深恐为小忿而乱大谋。不料于初六日，公司行内商人，遣役买物，又复不给价值。百姓跟随愤骂，该役竟敢众放枪，百姓被伤不散。及夜，无端火发。该商搬出货物，闻百姓扯碎掷地，毫无掠夺。花旗等国财物，并不越界搔扰。兼之数万众大呼杀贼报仇，水车赴救，俱被挺刃截止。文武员弁率兵缠压，亦被飞石拦阻。各国商民，共知共见。但思此等匪徒，一时数万众齐心，非同小可。本部堂岂不惊愕异常。且百姓大呼杀贼报仇，不知谁人为贼。又不知百姓与英国有何仇恨，祸激至此。我地方虽令团练足恃，猝遇奇变，亦当分别细办，不致卤莽用事。诚虑处置过迫，本部堂与领事将有担带不起之忧。若领事确知数万匪徒所在，必欲尽数拿获，即使带兵来省，擒置重典，本部堂为安靖边疆起见，亦各从其便。至若该商散失银两，黑夜之中，良歹虽辨，此正宜详究。已饬文武员弁及升平公所，河南沿海已西南北各乡绅士义民，通缉在案。惟是两国交兵，商民受害，不独英国为然，即如上年焚我庐店，掠我货财，我国

又将向谁索补。赔补之说,谅亦英国商民所不敢出诸其口者也。刻下和议初定,边省诸臣,皆膺重罪。伊大人来粤无期,本部堂亦为百姓指谪,黜陟莫保。领事揣人情,度时势,静候章程为便。如必骄兵自肆,胜败正未可逆料耳。再者,英国所招之汉奸,实内地之匪徒,恐其熟知英国虚实,习见英国赀财,将于香港海外,号令而起。领事未必安枕而卧。彼台湾遭风被戮,特其余事。设三省风应,则和议迟延,岂不徒劳心力。况我皇上素得民心,而又将相迭出不少奇人,彼一时、此一时也。领事自识经权,无为梦梦。即前日到省之火船,其急退出,免令百姓猜嫌。并嗣后务须严禁商民,勿再挟妇恣行,藉横激变。所有三板船只,除搬货外,不得无故游奕内河。否则本部堂惟知约束吾民而已,至于匪徒数万伏发,断不独任其咎。兹体圣天子怀柔远人之意,略布心腹,惟领事察照。】同时澳门人亦有英夷强横,杀其夷目于澳者。

初,奕山在粤时,上谕"有捐助军资及以破夷奇计献而行之有验者,皆予重赏。"一时上书言事者踵至。奕山以军务日无暇晷,而条陈者率请给赀自试,切中事情者颇乏,乃令就绅士劝捐局之在会城大佛寺者,收而准驳之。人既众,不能一一延诸座与为面商也,则但批其词,使吏录而悬诸门。江苏钱江者,在粤不为士失所齿,当时以为失待贤智礼,遽肆詈。局绅不可复耐,乃言于官召而诃斥之。所交多为不平。何大庚者,浙诸生也,为婿于蒋文恪家,尝习申韩,就院司幕,工笔札。则徐始至,保纯延主随员案牍。既而就驻澳道员易中孚幕,病中孚为澳夷诱弄,将入省代英夷请释夷俘,先语则徐,既而中孚果诣请,则徐以是信之。久于粤,目击府署幕之有与商人往还者,虑有事必先洩于夷,屡切齿裂眦言之。怀平夷之策,卒不见用,每就江语。会夷恃抚,日益肆,粤中人有思倡义民挫折之,而不敢迳行者。大庚乃撰为文檄,袖示墳,墳面称其文词,实不意其遽镂板而张贴之也。为江劝,声言将以十月,集粤绅府校明伦堂,捐赀召勇,示夷以威。时款夷甫数月,船未返国,当事惧有中变,于是以倡乱拘江而戍之新疆,大庚递籍,自是粤绅无敢复言夷事。【后夷人不敢入粤城,官绅受奖。莹与陆制军书云:"广东夷不入城,官民同心也。以如此可用之民,前人不用而摧抑之。天语煌煌,隐忍之衷,一朝宣露。从前杀伯麦之人,倡为文檄者,当为声请,可致书粤中言及之否。"】

耆英既代伊里布于粤,相与议定开市章程。【奏云:窃照广东、福州、厦门、宁波、上海五关,议定英吉利国出入货物应完税则,及与该国互市章程,现经臣等另折具奏。伏查盘征关税,既须先筹国计,又当俯卹夷情。现定章程,于国计夷情,似皆有裨。向来粤东粤海一关,办理公事,不免掣肘。但查此后闽、浙、江苏所收英吉利等西洋各国税货,皆由粤海分出。以粤海一关而论,税数虽难免于稍绌。而统五关而计。彼此互相挹注,必当较往年有盈无绌。臣等督饬臬司黄恩彤、侍卫咸龄,体察情形,悉心筹划,期于粤海关不致废弛,税货尚能充足,并可绝沿海漏卮,以整顿内地各关之税务。酌议九条,敬为我皇上陈之。一,海关原定税额,应暂归五口匀摊,以免伪折也。查粤海关每年应征外洋各国及内地商船及铜斤水脚,并额定盈余,每年一二十万至三四十万不等。现在既分五关通商,则粤海关出入货物必少。若仍责令照旧解征,势有所难。此后粤海关征不足数,应请暂于福州、厦门、宁波、上海四关所征西洋各关税货内拨补足数,即由粤海关迳自拟拨。其额外盈余,各归各关,尽收尽解。一,五口征收西洋各国税额,应请试行三年,通行酌定以归核实也。查西洋各国货税,本为福州、厦门、宁波、上海四关所无。现在甫准通商,其贸易之衰旺,难以预拟,税额即摊定准。原海关将来能否征足旧额,亦不能预定。应请俟三年后,察看五口每年可征税银各若干,比较准额,再将粤海关原额银八十九万九千六十四两,分款科算,匀归五口,作为定额。如有盈余,仍以额外盈余拟拨。一,粤海关税货款目,应行删除,以归简易也。查粤海关税则,除正税耗羡之外,尚有节次改正归公案内,各官估价一六算三八担定头总巡口担规、东炮台口黄埔口扁艇号规、及船钞内之进口规、出口规、日规、月规等项。正耗计款,归作一条编征,总计均尚有盈无绌之银。节次之案内名目,无论现在已未查明,应请一概删除,免多纠缠。一,平余各贡等款,应于额外盈余项下开销以免无著也。查粤关解部银两,向有每千两加平余银十五两,系按税加收。今既归作一条编征,则此项银两无从抽收,请仿照解部饭食银两等项,在额外盈余项下开销之例,各归各关划解。又每年应解各贡银五万五千两,人参变价约银十万两上下,均有洋商按货抽算,彙缴监督,转解内务府。又有"放关分头"名目,亦由洋商按船按货抽算,每年约银四五万两,迳缴粮道衙门,发兑普济堂老人口粮及汉军孤贫养赡、义渡扁船水手工食、卹嫠口粮各项之

用。如有盈余，留备部拨，现在英吉利国已议裁洋商，倘各国亦一体议裁，则前三项银两亦归无著。应请将每年变价参斤，毋庸饬发，其价银一款，每年以十万两为率，与各贡银五万五千两，一并在各关额外盈余数内划开，视各关征税数，以多寡均匀摊解。其"放关分头"银两，每年于粤海关额外盈余项下，拨银四万两，解支粮道衙门查照原案，分别支发。其余各国课税，仍须由洋商经理。应由臣埙等体察情形另行酌量办理。一，粤海关应酌留羡余以备有用也。查粤海关每年有应进贡税，及奉文传辨将件，连盘货包札，经由各关税银等项计算，约需银十数万两。查应得羡余，均已归入额外盈余项下，而一切均不可少。应请于粤海一关，即在卸货关口纳一关税数，再准贸易。如有偷漏，照例惩办，与各国商无涉。其余货物，悉循其旧。海关丁书人等，倘有藉口勒索，许各商据实控告，严行提究。一，内地各省贩茶叶、湖丝、大黄、紬缎，不准外海载运，以杜影射也。查茶叶、湖丝，例禁多出洋，近因内地各关勒索过多，致有内地各省等行销湖丝茶叶等项，搭船载运，内地各关税额数因而暂短，实由于此。现定章程，西洋各国应完税银大有加增，与内地流通商货税则，轻重悬殊，易启避重就轻，与洋船私相交易之弊。嗣后除请贩东洋等由洋进口货税，与本地民间日用诸物，仍循其旧外，其有内地各省，行销茶叶、湖丝、绸缎正项，准由内地行走，不准涉海。倘有情愿由海贩运者，即照与西洋各国货物例，一体先税，方准贩运出口。如海关则例内原有粗茶叶、粗湖丝、土丝等项名目，全行删除。其台湾等处所有应用茶叶、丝斤、绸缎等物，由各该督抚体察情形，各行奏明办理。一，与西洋各国货税无涉之客货，应仍旧章办理，以免纷更也。查粤海关江浙等省，商民每多出入海口贩运，上至盛京，下至广东，往来贸易。其所运货物，除茶叶、土丝、绸缎外，均非西洋各国所需，无庸影射。向来应完税银，各有定章，相安已久。所有五处海关，无论大关小口，一切章程悉仍其旧，无庸另议。一，各项浮费应全行革除，以杜弊端也。查各项浮费，于雍正乾隆年间改正归公之后，旋又陆续添出，更多于前。已全行裁革，如再有需索情事，无论官弁兵役，俱照枉法贪赃，参革治罪。惟粤海关差役，并无工食，向在进口出口货物内，由洋商按货抽给。于乾隆九年，经前任监督禀明，准其存留在案。现在浮费裁撤，未免令各差役枵腹从事，应请查明，照海关书吏之例，核给工食。由臣埙等酌定名数，另行办理。以上各条，系就臣等管见所及，随条酌议。惟治法需人，全在各海关监督深明通商为抚驭之要领，少取即所以多取之义，廉以自持，严以约束，不稍逾越，则中外相安，海疆永靖矣。】会埙以病开缺，耆英代督粤，恩彤亦来陈臬事，相与委曲调停，事事弥缝，不使稍生衅隙。

番禺绅士潘仕成、许祥光及鹾官，皆尝出赀造船甚固，而未可出洋，于是有四省合巡之议，当事不果用。【议云："夷舶在洋，如履平地。各省虽有战舰，从未闻有驾兵出洋攻剿之事。故其驶行数省洋道，如入无人之境。其自洋而趋港也，止畏内兵向前而拒，不畏外兵从后而追。锐意直进，毫无顾忌，屡胜之故，端在于斯。设使环洋经过之地，有船可以堵截，有兵可以攻击，彼方却退之不暇，又安能饱挂风帆；瞬息百里，出没超忽之若此其捷哉。今宜创造坚大战舰百艘，艘各配以弁兵百人。于广东、福建、浙江、江南四省外海水师营分，各选精锐二千五百人。多储水炮械以实之。抽移内河陆路名粮，补其空籍。擢提镇大员之有世功威望者，别颁勅印，为四省统巡。其属仍以副将而下，游击而上，视官之高卑，给船之多寡，使分领之，不隶四省营制之内。西界越南夷洋，北抵盛京，无论内外诸洋，咸责巡哨。而江南以西，迄于钦廉，尤不时梭织游历。每出以二十船为一队，啣尾联行。风讯既齐，樯帆尺度又相等，即相去远近不一，究可互为声援。遇英夷兵舶轮船，审定旗帜，不遽燃炮轰击，但随所向紧蹑其后。设彼炮先发，我亦应之。彼船帮单寡，我合队环攻，无不得志。俟其扬窜内港，而后从外击入，本地防兵亦闻声自内迎出，首尾势难兼顾，出路既已断绝，自可令片帆不留。盖大要全以尾追为牵制，而不专事乎交锋。始则出彼不意，突如其来，继且步步牵缠，层层掣肘。以彼终岁驰突海面，耳目间曾不见一外洋接仗之船，一旦棋布星罗，舟师络绎，必将迟回却顾，到处风声鹤唳，草木皆兵。夷性多疑，虽远望商船樯帆，亦将绕洋纡避，其气以周章而自夺，其志以艰难而渐懈，其力以众寡不敌畏缩而顿衰。而我方四集艟艨，沿途相待，兵分而巡防觉密，时暇而势力转舒。又况猝至纷来，纵有不肖兵丁，亦将征规不及，则奸民接济，不戢自消。人知去火在于抽薪，不知添薪在于止沸。事几所在，莫要于此，亦莫大于此。效似缓而实急，功似难而实易。欲使永绝根株，不得不痛施惩创。欲使实受惩创，不得不重费银钱。永逸必始于一劳，分防不如其合剿。务令化外顽蠢之辈，晓然知此时天

威震叠,迈绝寻常,未有不悔从前轻侮之愆,转而作格外涵容之请。声灵四讫,并杜效尤,中外大防,维持无极。所谓一举而数善备焉者也。审几贵断,今正其时。谨备刍荛,条陈以备采择。"谨按制船之法,必先预筹款项,择产木最盛处所,招募善工,设官监造。闻嘉庆年间福建剿办蔡逆,亦于额设营船外,别创坚大适用战舰。提督壮烈伯李公,亲临监制。故洋面安驶,戗柁便捷。当时督带出洋,与蔡逆抗衡,虽亡命亦势有不敌。黑水洋之役,剿办几净尽,久著明效。闻旧时得力匠头,多有存者。潮州李爵镇,少习海务,匠作皆乃父旧人。潮郡密迩闽汀,又为产木之地。予今岁七八月间,在潮屡与商及。似宜就潮设厂,责成爵镇,协以晓畅文员,当有成算,可杜浮縻。或招徕贾客,使集越南洋木,不半载即可运至齐备。就近省河,别设官厂,檄闽省送至壮烈旧匠,选熟习船工随其指使,但受其成法而不予以出纳之权,则并无弊可言。既不然,剀切谕运府二厂委员,使知此次创办,与从前例修者大有区别,亦未尝不可得收实效也。】夷氛已靖,复修武备,沿海议造战舰,诏派仕成监之。仕成因延佛兰西人雷士壬,造洋炮水雷以进。粤人怨英夷甚,见仕成家或饮诸夷,不能辨何国也,则哄于其门,从容解譬而后已。

广州府刘浔出,尝杖双门市民之未避前驱者,行道讹言骤起,以谓府署藏纳英夷。万喙如湖,假虐责良善为繇,遽相聚而火其署。掷物火中,虽贵玩丝毫不取,与夷馆受毁时相似。浔越后垣,走匿藩署。藩使傅绳勋,素得民心,出署婉语,以夷例不许入城,府署夷何所来,搜而弗见,宜各还,晓之再,始欢呼而散。福州开市通商,夷货舟至,相挈入省会,与官吏通谒,讲钧礼,据乌石山之积寺为厅舍,设牙旗鼓角,民甚惊扰。常以深夜驺从入城,官无如何。其居上海者,恃海道吴某(吴健彰)幼出夷馆,易而狎之。见辄呼其行次,拜会不分旦夕。舆夫用中国帽,而杂用五色为缨纬,以表异,出入城门,士民无敢以为言者。彼意以既和好,且与平行,则不问城内外,皆可听其游处如土著矣。不知职贡诸国,非验贡不得入,英虽列冠带,而贡无常期,两次贡舟,皆由天津,更无故事可援也。惟广东民习见暹逻、越南,必随贡物,乃入筵宴,易冠服而出,英夷无之,以为中外大防,正系于此。凡夷有三五为群,思进太平门西门者,【两城门去夷馆近。内城四门,尚隔外城,非夷可至。】守者辄斥之退。民或遇见,辄顷刻聚千百人鼓噪其后,必使其急遁返而后散。太平门内外,市舍栉比,城闼内日有设铺售零物者,守兵三四,但驻所近,平时门实无容足地也。夷偶瞯往来人偶少,遽闯进焉。接门内为状元坊,顺德南宋状元张镇孙故里。过坊不数武,市民遇之,大哄,夷举所持鞭竿辟人,于是万手齐动,几毙拳下。领事虽诉诸官,众怒难犯,莫可谁何也。旧制,夷人以久住夷馆,恐生疾病,故道光十五年,总督卢坤奏定,许夷商于每月三旬八日,得往附近之花地海幢寺散游一次。行则导以通事,分辈出次,不得过十人。及申,即令返。有在外住歇饮酒,及出不以期,或逾所限人数,或别赴村落墟市者,并治及行商。自款成商裁后,夷众益无约束。往往挟鸟枪,或袖小枪,驶其小三板,或雇珠江小艇,远及四乡游泊。遇村集树林丛医处所,恒登岸弹取鸟雀。村民妇孺聚观,言语不通,疑为嘲辱,动至角口,夷必以枪拟之,民畏之急走避,如是者不知其几矣。

夷难之作也,沿江上下数十村,去会城十里,近或二三里者,咸筑闸设栅于其村口自卫。夷登岸未之入,则村民听其自为来去,见惯亦不异也。二十七年夏月,英商驶舟至黄竹歧村。村在城西上游,去城颇远,有密林在村外。夷相率竟入其栅,妇女见而哗,夷不知避,反举枪以击人。顷刻间,村众毕集,鸣锣,将递传邻近诸村来护。夷益暴燥,状凶猛,众一时愤激,杀三夷,畀尸沉村外巨河,下石压之而掩其迹。其艇亟驶还,以事报夷众。领事请耆英缉凶备抵,声言召香港守兵入,火其村,语多不逊。耆英令其巡捕弁黄者华,会南海令张继邹。募泅人入渊,起获夷尸。夷众愈以被戕有据,多端迫挟,索多凶,请交夷馆讯办。时恩彤得罪,携巡抚职,徐广缙新至,慨然谓杀人偿命,法也。然一命一抵,法安可滥,不能鱼肉吾民以徇夷欲而塞夷责也。乃召其村绅士,讯致杀之由,缚三人出,请王命于犯事之地正法。夷酋犹???? 不服,照会耆英,以彼国商不能不出游,倘他村亦复如是,将何以处,非焚其庐舍,不足以息众怨,杜效尤。耆英寻以省绅已自为公函,约诸村毋许妄杀,后此永保无事,复之。随令府县集省绅于大佛寺,合拟函词,刻而遍帖,以慰夷心。【当时绅众咸集,彼此推让,无肯执笔起草者。自已至酉,耆制府以人来催,府县亦促之至再。予乃起入丈堂,率拟一稿,言:"黄竹歧杀夷抵法事,毋庸议。此后诸村落,遇夷人至村口,彼不犯民但止放枪捕鸟,父老当各约束子弟,勿令出与见面,听其自来自去。万一夷人率众入栅,以捕鸟为名,或至调戏妇女,枪

伤平人者，宜即将夷用绳捆缚，就近送官讯办。勿骤加诛杀，俾有藉口，事后索多人抵命，牵及无辜，致官棘手。遍约诸村一律知照云云。”绅官咸以为当。座中一官阅之摇首，谓此当非制府本意，宜改云：“如夷有不法事，且勿向拒，许该村民立即赴官喊诉，以凭委员来提赴公署核办。”众绅无语。予不得不前伸其说曰：“当时夷既不法，即指调戏妇女，枪伤平民等事矣。一有其事，村民势必鼓噪，众怒骤起，夷必拒护。两相动手，彼此转盼致伤。民众夷少，伤每在夷，夷既受伤，村民谁敢挺身赴官受责成者。劝其缚夷送署，势已难从，况令其任夷横肆，袖手旁观，止以一二父老报官，听夷行凶后从容以去。此可以告养如木鸡之君子，不可以强血气方刚之村民子弟。盖夷自入村启衅，于彼义愤所激，众怒难犯。先劝其绅老约束子弟，不与搏力，至万不得已，亦不可遽杀。此为黄竹岐事之遽杀受累而起，人心尚庶几可从。否则函到徒滋口实。而夷以既有公函，临时不肯受缚，不至决裂不止，转失劝戒之意，更转失制府息事之本意矣。”其人亦首肯，取稿以去。】夷酋知绅士持公论，亦稍知敛迹，不敢再有后言矣。

英国自称雄西海，都但西河畔，筑宫兰仑城外。故宫之在城中者，犹相沿未废，他国人至，必导以入，使遍观焉，以夸壮丽，其俗然也。夷酋来者，每谓明明通商和好，宜相信无虞诈，尚何中外夷夏之可分。故所至视其城如户阈。独粤城垣门，与夷馆相距，仅咫尺间，转不得一入。时时讼言于耆英、恩彤，始尚诚求，继兼责备，阅时既久，无复可以支吾。盖夷俗期约至速且屡，不自知其渎，微言之又不悟。两人者日为所促，相与踌躇至再。不获已，姑许其一行燕会，而预为设备，将假酬酢礼掩招入之迹。以为一而不再，他日非因延请，无缘自至。有所商，则仍出而就之。权宜之举，不激夷怒，亦堪以对我士民，顾尚迟疑未有期日也。二十三年，六月，省绅侍读衔何有书，老成练达，方以创董社学受奖，有所闻。爰集同志具词节院云：“闾阎闻夷将进城拜晤，以此舆论沸腾，不知实有其事，曾已约许否。请率循旧章，免滋众口。”耆英亦窃幸其词适至，得有藉以谢夷也。但以“道路讹传，初无成议，”大书揭而慰之。【呈云：“窃以故老狃于旧闻，群黎安于习见。故有异闻必相惊诧，遇创见则起猜嫌。民情大抵然也。我粤东民蒙朝廷厚泽深仁，休养生息，士农工商，各执一业，高曾子孙，与享太平。举凡践土食毛，无不尊君亲上矣。查各国夷人来粤互市，夷商向来交易而退，各得其所，历久相安。但夷人到省，向在城外夷楼聚处，国有典章，二百年从无夷人入城之事。旧闻习见，妇孺同知。迩有道路传言，说有夷长欲进城垣拜会各大宪，未审果否。舆论沸腾。盖既有拜会之名，必将肩舆仪仗，卤簿前驱，民间闻所未闻，见所创见，震慴人心，惊骇耳目。观者定如堵墙。所可信者，各县联络，千有余乡，围绕义民，十万余众，均已拨归各社各乡，时勤操练，严加约束，断不致滋生事端。但虑省城五方聚集，良莠不齐，诚恐烂匪凶徒，猝然干犯，夷人或不相谅，是敦和好，反至参商。书等愚昧之见，欲求循旧章程，定于城外齐整地盘，或汇议事宜，或燕会交欢，或铺排犒赏，不啻行所无事，似属易便也。恭维钦差大人，天潢一派，赞化调元，盛德所加，夷情悦服。凡经灼炤，洞见几微。书等愚蒙，原不干预公事。但地方关系，一有所知，不敢壅于上闻，用是沥陈下悃，冒渎尊严，伏乞俯顺舆情，查照旧典饬遵办理，则万民歌颂，同荷生成矣。”制府批云：“查中外务在相安。据呈请循旧章以顺舆情，理极详明，虑尤深远。惟夷人欲行进城之说，不过道路讹传，并无是事。诸绅素为民望所归，可即传谕城乡各士民，免生疑虑。本部堂向以士民之心为心，凡有关系地方夷务事件，自应熟筹妥办也。”】婉举其事之可证验民情者，为夷告，而哓哓之来正未已，继请而继却者屡矣，因循又越数年。

酋驻香港三年，例满当受代返，耻在粤之众，终未得请以入，见外中国，归无以对居者。在来粤夷中，则已为长，自谓责有专属也。二十七年二月，行将届，骤率其绿衣防兵三百，偃息旗鼓，从香港潜载，越虎门入。当时海疆安谧，货舟梭织，虎门大启。守者以为运货舟至，不复查验。循内河趋，经猎德炮台，椗舟台侧，接踵而登，出不意，挟众钉塞我炮眼、浇药水毁我炮枢。守台兵仓卒装械不及，遂听其所为。迨把总梁定海击以炮，夷兵已一哄还舟，解缆顺流西上，甫至夷馆，不入，即断安澜桥上下为驻足地，逐市人，空其铺舍而踞之。耆英出诘以私入故，则请废馆后通海之新豆栏道，收拓馆地。既许而立堵之矣，又请租河南地以建夷楼，则当日初与琦善讲和条款所尝及者，其后香港尚奉谕停给，所议已虚。迨定和约，准英国在通商埠地，出赁，自与民间租赁，建楼立栈。但仍由中国地方官会同领事，体察民情，择定地基，听与内民公议租值，内民不得抬价措勒，远人不得强租欺占，以期两情允协。盖愿租则民自得利，不愿则夷当别图，强即起

争,必然之理也。珠海南岸,旧称河南,正对省城,生齿日繁,不独铺店民居寸金寸土,即田塘栈舍,亦与荒郊僻岸者价值回殊。其人比屋而居,非耕即农,非商即贾,自食其力,自谋其生,各赖咫尺之地,为仰事俯育计。又其迤西壤地,沿水横出,与今夷楼隔水想望。一旦租为夷有,恐他日夹岸临海,筑台置炮,势成交牙。有事则来往帆樯,西道顿形窒碍,于民固有不便,而借以截阻黄埔各国商舟,设起货入省,仍勒其于此查验,复萌初得香港故智,更有不便于诸国。其南则地随河折,由折处直下,即为西南入省河之凤凰冈、东望、鸡鸭滘一带。倘从洲嘴折处,别筑一台,即有以握我西南乡县入省咽喉。龟冈炮台,虽设而无所用。河南四十八乡绅老,有识解事者,早虑及此。且夷之伎俩,久在百姓意中。彼就款于江南之大饱欲壑,与在粤之佯还商欠,皆事出已甚,非百姓梦寐能忘之事。今因有此约,令其举祖宗百年世业,流离播迁,靡所定止,而拱手让之,所得几何。设令诱以租资重利,亦将粪土视之,万无如意理。而夷酋未识其情势所在,误听夷馆贱役及洋商工伴子弟之所怂恿,遂一意卜居。谓耆英为经手立约之大臣,总制其地,我责官而官责民,挟约而行,当无不获。不复计及体察民情之为何语,更未能思及地未许租,则所指为抬价措勒之词,悉属无根,隙莫可乘也。况岁租每视夷旺淡。西洋人之在澳,衰败之后,租竟何如。徒予耆英以所难,贸贸强求,逼人过甚。于是耆英不得已,勉派府县官频传业主,令议价值。未到,而德酋竟以二十四年四月初二三四日,身履河南洲头,自为丈量,插旗志界。民见事在必行,越日集众双州书院,言出而发指者数千人。其老成者,谓与其生端事后,不如陈说事前。乃以情理利害四端,详缕其词,投以公函,斥其背约图占之非。【书云:窃以谋事必体乎人情,作事当循乎天理,而事之成败,尤须计及乎利害之重轻。我粤东与贵国通商。百有余年,彼此有相资之益,中外无诈虞之嫌。而贵国商民亦素以信义相交,即千百万之货财,一言为定,一诺不移,从无失约背议之事。此中国商民所以乐与交易,而历久所以能相安也。迨至二十一年,构怨交兵以来,货物多不能流通,商贾亦日见倒败。在粤商固多失业,而遗国之货,亦未为得利。且当扰乱之余,土匪借端寻衅,小人乘机焚掠,远商皆受其累。此前车可鉴,各国所同知共见者也。自宜各蠲宿恨,坚守和约,以图补救,共享太平。乃近闻贵国欲勒租河南地方,建造屋宇。我绅耆始以为此事必须两相情愿,贵国素重信义,断不肯强占逼租。今见我府县官频传业主,勒令议价,且德公使差人,竟于初二初三初四等日,到河南洲头中级地方丈量,插旗志界。于是各乡士民,大为骇异。初四日,会众集议于双洲书院。谓与其相争滋闹,责我启祸生端于事后,何如先为陈说,辨此是非曲直于事前。兹特将情理之可否,利害之得失,细为陈之。夫河南习俗,非十三行可比也。而河南地势,又非上海各港可同也。盖十三行与外国人居住有年,久相熟习。倘令河南创建洋楼,必致惊奇猜忌,彼此断不相安矣。上海系新开港口,向无远商贸易棲止之所。且海滨荒地,无碍民居,故择地租住,其理尚顺。若粤东近则有洋行,远则有香港,居住则有新建之公司大楼,贮货则有现租之洋商栈房,又何必贪多务得,费此无益之巨赀乎。况河南地方,寸金寸土,皆民血产。该处田墉栈房铺户,居民或藉此耕作以赡家,或居此贸易以谋利。甚或孤儿寡妇,赖微息以存生。或大族微宗,设尝产以延祀。既不能聚族他徙,又不能舍业别图。一旦强逼夺之,以致游离失所,谋生无地,情何以堪。贵国人素以医人济世为心。何忍出此。此众情之不能强其所难者,一也。抑吾闻之,无信不立,违约不祥。查前次我官示谕万年和约条款内载:"各国商民,准其租地,自行建楼立栈,仍由中国地方官会同领事官体察民情,择定地基,听各国与内民公平议定租息,内民不得抬价措勒,远人不得强租硬占,务须两情允协"等语。今河南之地,若云体察民情,则众口一词不愿出租矣。若云公平议租,则既未经愿租开价,又何抬价措勒之有。至于倚我大宪之势,欺我小民之愚,挟制逼勒,必欲租得而后已,又不待业主允议,遽行差人丈量,此非强租硬占而何。所谓万年和约者,曾不及数年,即思翻约背议。试问当时书此约者何用,立此约者何心。我等士民,偶立券契字据,尚能久要不忘。岂自称英国堂堂之公使大臣,而肯背此两国永守之和约乎。此义理之不容失信者一也。且贵国商人数万里航海至粤,无非为谋利而来耳。贵国之所以获利于粤东者,利其民之相与交易也。今欲与交易,而先拂民之意,人心不服,于利何有。凡人安居,方能乐业,守信始可通财。今若不守信约,恃强挟势,夺人之产,占人之田,固将为粤商所疑虑,而不敢重托货财,亦将为各国所耻笑,而不肯相与共事。况夫夺则必争,争则必斗,争斗之际,商贾避乱而不前,货物停市而不售。试观近来生意冷淡,已可概见。是欲夺人之利以为已利,终致小利未见,而大利行失。此智者所

不为也。抑且不独失利已也。其害更有不胜言者。夫众怒难犯。专欲难成。今河南共四十八乡，烟户不下数万家。其间贤愚不齐，强弱不一。心既不甘于弃地，志即可激以成城。若使强夺得地，建造行栈，则英商挈眷必于此往来，货物贵贱皆于此屯积。窃恐出入而致砖石之相攻，贮货而致焚毁之肆害。其能时时为之防御，处处为之设备乎。是跬步之间，皆为荆棘，邻右之近，尽成雠仇。将以万千之资，建此地而不足，即以百十之人，毁此地而有余。贵国亦何乐得此丛怨之府，生此为厉之阶乎。此祸福之机甚明，利害所关甚巨，不待智者而知也。惟熟思而筹度之。我等绅耆，生长河南，目睹民情有汹汹之势，恐致激变，故不得已会集众人，将情理利害四端，先行详晰陈明，尚祈转达贵公使，体察此情，永守和约，免致两败俱伤，而谓吾言之不先耳。并将此情节投诉于各国领事官，及富商大贾，请各国正人君子，评其是非，分其曲直，免谓我天朝士民，不知礼义。即将来闹事生端，有所累及，亦可知衅由谁启，咎将谁归也。倘不曲谅愚衷，不采纳正言，仍然恃强硬占，窃恐怨积日众，祸贻日深，其身与家相依为命者，能不舍死相争乎。盖前次构兵，未之及民，故民情未愤。若此次贻害，与民为仇，故民动公忿，而心甚齐。此非我绅耆所能排解，亦非我大宪所能压服者也。】领事方迟疑未肯收书，而河南人已刻印四布。酋知众议鼎沸，非恃耆英可以威胁，再往必滋意外也，爰暂止河南之议，更索租花地口之石围塘，其流弊一如河南洲头。且缙绅世业，何可利动，已废然而返，是皆已事。至是迳以兵挟，覆述前意，劫以必从。耆英晓之，谓倘缓其期，将来或分任租值，尚有可商，愈迫则租愈不赀，亦非尔利，急之且必激变，正言以却。顾英酋之来，本以求约入城为重，实非有余力租地，不过假作引端而已。故终之以定入城期请。谓："地从民出，议租权既在民。城为官守，议入权则在官。非若租地之听民自愿者比矣。今西洋诸国，咸谓我难入此城，势成骑虎。不得其期，则驻兵留此不复出。"盖夷兵之来已数日，人言藉藉。不调集兵力驱之使去，则民心时刻可动，动则酋与其兵皆粉齑。坏约启衅，悉缘诸此，而酋又倔强不可以口舌争。于是慨然与订二年后予入城之约。谓二年中，以官调绅，以绅调民，至期庶几可扫径相待矣。夷酋与订约，而后从容挈其兵还香港。事定，耆英复定海而迁其官。酋既归国，则以入城期定告其王，凡邻邦之商于其国，及其印度、亚墨利加所属之地，尽以是铺张其词，招其届期至粤观礼。他国商之在粤者，虽晓然于民志之不可夺，而明明有大臣期约在。习闻耆英为太祖皇帝天潢支属，协赞纶扉，持节出办夷务，体统冠诸大吏，必有以动上听者。粤民纵强悍，而惟缙绅言是从，倘上许彼入城，绅士自不敢异议，百姓惟有隐忍，究何能为。以是信入城之举之非虚语。方将相约随英夷后，观其所为，且自以同一准市之国，中朝断不忍厚彼薄此，将俟英夷既入，然后援以为请。凡此皆诸夷意中所有，亦事理之所必至也。

无如耆英先期以在粤久，奏请述职，得俞旨，命以二十九年春暖来京，择正月行矣。濒行，请以广缙佩大臣关防，权督两粤，而布政使叶名琛权巡抚。【未几两公即真，耆相遂留差枢庭。】是年，两载期届。二月，夷酋以文来请践入城约。始犹出以正言，继且烦絮操切，坚执前议，势不可止。广缙念中外大防，在此一举，此而不力为阻遏，他日将时以燕会至，因无辞可拒，是又与福州上海等。而密察民志，城乡万众，无虑妇孺，鲜有以听夷之入为当者。缙绅即或面从，亦必退有后言。且夷假礼以来，安知其不包藏祸心，逞其平日诡谲之见。或事后求地为行署，甚或临时索所经官舍，留其徒居之，不惟立生口舌，抑且骤起兵戎。就使聚兵设防，万不至有当时之失，而大衅即从此开。况耆英亲自许之，乃先时而去，责其难于后人，艰巨之任，惟志定足以肩之耳。于是不俟徘徊，已默定拒夷之志。及商于名琛，更谓："官民合心，方称同志，无怫百姓以顺夷理。且民情若是其坚且众，夷一动则民顷刻生变，势难终日，官转无立身之地。惟有拒诸城外，纵有他故，亦官与城为终始。其事实有把握，已先单衔具折密陈情形矣。今我两人和衷一志，顺民心以行之，复何疑之有。"商既定，广缙乃先备内防，自省河以东诸炮台，选择将弁，诲以方略，俾俟夷闯入，沿途迎击。分绘要隘台墩图纸，核其所有炮洞，计一炮装药施放，洗刷移运，应需兵士若干人，使临时各事其事，是为首班。别预备策应者，各如其数，为次班。又别备补再策应者于后，人数亦同，为三班。填写首班策应及补策应各兵士姓名于台，图所宜跕立处，令其各守位次，寸步不移。首班胜则已，如一人伤于贼炮，则策应者亟趋前而补其缺，伤者散兵扶以下，而所备再策应者，又亟趋前补策应之缺。首班战久而懈，或猝遇暴病，则领兵之弁，以所备之策应递补，直至三班皆受伤尽，然后听其败溃，不复责战。所选储炮位，亦按台洞各备

三炮,放多炮热,即令轮换。先以图使将弁选精壮军士,详为指示,令知此次战守,系一省官民成败,所关最重。不特不能如往日见夷自溃积习。但于派定立处,稍离分寸,及临阵告退,即自代有人,亦按军法。并令一月前点定班兵,开诚告以人之勇怯,原出天性,非可强抑。自揣或至临时瑟缩,未能自信,或家有老亲,或尚无子息,内顾不能无所系恋者,仍准其预期请假,事后许再充伍,不罪。俟其慨肯以身殉国,对天矢誓,情形踊跃,又察其平素体健技精,无他隐疾者,谆谕以一经应命,当自视其身已死,历询不悔,始取其切实甘结,书名画押,保以亲属,而后分班带入节署,亲许以功成优拔,死者官养其家。于是凭将选弁,凭弁选兵而验 于将,兵将人人自请效命,万伍一心。次第筹积军资衣甲,皆制备外郡,封解军局,络绎内运,而省城民户毫未知觉。密饬中军副将,召近城社学绅士,假捕盗名,令各归励械聚勇候拨,分社延见,使各不相知,亦属其各不相谋也。【社学原议;有事官为调用,给以口粮。无事各归耕农,勇出自民,随时可备。】

布置既毕,乃揭牌于辕,以某日出阅虎门舟师。时夷酋文翰(Bonham)已代德(Davis)来驻香港数月矣。闻广缙巡历海口,思乘其出刬之于舟,俾险浪惊心,仓卒间必践夙诺,较以文争易而不虑再有迁延也。则请临其舟。广缙慨然许之。夷舟方椗内洋,随行官吏,咸谓风涛固不测,且身入虎群,履其咥人之尾,设有变,将奈何。广缙曰:"若辈虑彼敢遮留我乎。留我不有水师提督在乎。因语提督洪名香,若我留彼舶不还。可悉舟师攻之,我自有处,勿以我故迟疑投鼠忌器也。"言已,欣然掉扁舟,越重礁险澳,乘如屋浪起,跨登夷舶梯二十余级,至其舶楼,从容顾盼,旁若无人。从官不得已,群随以上,风舟摇荡,相顾皆股慄无人色。文翰握手,延入舱后,免冠为礼,遽杜其门,隔从官于门外。厚设机,一刦即闭,坚牢如壁,不可复启。广缙谈笑自若。文翰袖出所陈事数款,率货税之琐屑者,求面为许允。广缙随阅随举其不中理者,手指口驳,索笔而删之。文翰下气低声,固固乞请。广缙固却之,色颇庄厉,侃谔开导至良久,声琅琅彻舱外。从官闻未悉所繇,欲入不可。仅逡巡以俟。最后,忽更端起言,中国许我入城,两年前约以今日,今我国诸凡备具,专候示我期日,请必定期而后返。广缙曰:"耆相之许尔,在我来粤之先。我来未奉诏谕,何能妄予尔期。且百姓之不肯听尔入,原执千百年旧章,尔在此当有所闻。亿万同心。我更何能自主。是当以夷情民情两相歧异之故,入告大皇帝请旨。我为疆吏,必有所遵奉而行。今为汝由驿驰奏则可,私予尔期则不可,有旨即有期,不得旨期将谁出,尔宜少安毋躁也。"文翰问批折还当在何日,遂举由粤达都往返常程,约略告之。文翰以为缓,愿自备火轮舟出粤洋抵津代递。广缙哂曰:"奏折拜登,本朝自有定制,沿途所过关津驿站,各定时刻,皆有专官。处分綦重,安敢违制。以进呈请旨重件,轻付外国,罹谴责。且汝舟近日亦安能迳至天津乎。尔居粤地,一切当遵天朝法度,勿率性生事可也。"文翰语塞,即送出,仍下小舟。骑浪还虎门。越日来报谒,予之食,食次,嗫嚅间再欲有言。但谕以静候旨意,语不及其他。旋省,直陈期事,夷酋自意事有成约,耆英方在朝,当陈明在粤订约缘由,计无不得请。即未遽允,亦必命督抚酌量现在情事,以定可否。我请已坚,微露强入之意。大皇帝纵不欲逆民志,亦重虑失信远人,有旨令粤官自定,官又何词可以却我。故自陈请后不复喋喋。但自为数日计程,盼折回如望岁。稍逾往返期程三二日,即令其副兵目曰赞臣者,轻舟私入夷馆,探听消息。及奉到纶言,大意以为,民心即天心,在彼重译来斯,更不宜与民颉颃。念万里贸迁不易,官吏当随时为其保护货物。紬绎圣谟,盖有万民一体四海一家之意,非臣下所能窥测,更非外夷所能议拟者矣。旨既宣布,夷始知上意。其国商人一时败兴。有转咎文翰不如德之一请即许者。有追咎德当时从两年约,不能随许随入,致炉灶另起者。而他国商因亦从旁以为笑柄,微词讽激之。于是夷酋文再至,责中国信义之邦,不合反覆若是,更为危言相挟,意殊悻悻。广缙至是正言答之曰:"曩者江南议和后,中国重信义,凡夷船之经我口岸者,听其出入,不复诘查阻禁。盖设诚相与也。耆相亲主和议,初不料尔国前兵目之潜载卒械,掩我不备,毁炮枢而塞炮眼也。其时兵不及调,炮不及易,尔兵深入据桥,阻遏行路,民情惊骇,瞬息便酿祸端,乖和局,故酌量缓急轻重,不得不权宜约以年分,许以入城。使尔兵目如愿而出,以保和好于未艾。是信义之失,尔国先之,而反以责人乎,耆英之奏请陛见,实逆知民心之不服,举国胥无异词,不能为左右袒也。"夷得报,已辞穷,则又强词以辩。谓:"事必自度可行而非后许,许则必践方成丈夫。当我兵入时为数无多,何难一战。战不敢而后许我,许而复背,中国他日何以示信于人。我今日又何颜以对他国。不得不率我兵商,一拥而至。且闻省中方团练,壮勇皆董于官。既虑抗官匪徒出

而拒我,何不即分所练勇,拒乱民而卫我人耶。”又答以“民情所在,既屡举相告。今民自团练,实维汝故,而犹哓哓不已,反欲为疆吏者率民拒民。背理逆势,愈言愈远。此后不必更劳唇舌,请即挈尔兵人。我为粤大吏,当四开城闳以待尔,其试之。邮牍凡数返,辗转辩论,端且百出。当是时,自上冬迄三月,会城粤秀书院监院,刻印公柬,延集越华、羊城二院同事,暨城中在籍绅士许祥光等,及内外城以递河南居民铺店,按其街约,予以规程。【会城书院,粤秀最先,越华次之,羊城又次之。先是柏公为观察,令三院监院,劝民自为守卫。彼此观望,未之动也。追事急,双门底铺民,群至粤秀,谓阖省人士所萃,责以倡首。会院长南海何员外文绮养疴里门,予方为正监,不可辞。乃印备柬启数万,会同监院顺德罗教授家政、南海谭训导莹、灵山仇训导乾厚、顺德张学正应秋、番禺丁教谕熙,先期使院役分投街约,送以章程,偕番禺候选道许祥光、修补同知礼光、候选郎中金菁茅、候选同知沈光国、香山候选员外鲍俊,亲诣诸约,一时响应,分期以勇数来粤秀报。予约两首令以夜校阅,备具芯烛。中间罗下乡,未旬返。仇、丁并以送试去,沈亦及半以事未至,偶会阅,粤秀令役分延诸绅,役以夜不及遍请。是夕,惟予在,徐制府侦知之,令易太守召诸绅,谓不能实力则事败。予遂以:“罗查南海神庙工,不过一日即还。张谭皆世居西关,其地人众,非土著绅士不可劝,故分段去,非有他也。丁居城西北,其地多幕客长随所寓,已约其送试速还,彼处出勇宜在后,必无贻误。”太守以予言覆,乃已。九人者,皆不辞劳瘁,故民情踊跃。南海候选郎中伍崇曜,则以熟悉夷情,事藉探报。当时从制府出虎门,事定,许伍得旨给三品衔先选,八人得升衔先选,仇、沈外奖有差。】劝家自出丁设械,为拒夷入城之备。预期分诣诸街约,剀切与商,一时雷动云合,自老城而及新城,新城而及四郊。河南人亦创隆平社学,同时响应。地大者至数千人,少亦数百,按日分期自具所练丁勇名数,柬报粤秀。随以其夜,延官绅同集其公所,壮目带令笼灯执械分队以过。越日,官出炙猪水酒奖之。自城内而城外,遂及河南,以次校阅。旬日间,得十万人有奇。【内城双门底上街,陈廷森、苏荫清,同督带四百四十人。下街,刘联芬、苏沧,同督四百三十六人。惠爱街,四约,沈维镛督百十七人。惠爱,五约,何定海、何荣芳,同督六百七十人。六约,口泰,督百六十人。西七约,黎承恩、叶文卿,同督四百十人。首七约,吴廷辉督百六十人。东七约,邓龙光,督百人。西七约,冠世隆,督九十三人。八约,陈彬英、李秀蕃,同督五百三十人。九约,易杰,督百八十五人。东九约,谭聘珍,督二百人。十约,张俊,督百又五人。育贤坊,西首约,罗家骥,督九十五人。东四约,欧阳威,督九十五人。二西约,湛庆,督九十五人。贤思街,甘国权,督八十八人。何佩仁,督百六十二人。大佛寺前东西约,黄芳华,督二百十人。龙藏街,单亦晓,督三百四十人。马鞍街月泉南首,二三约,吴树桢、黄锦济,同督五百四十五人。北约,江兼三,督百八十人。九曜坊,彭昆明,督百七十人。西湖街,何瑛,督二百九十二人,早亨坊,杨光耀,督四百三十五人。早亨坊东,李猷,督百三十人。孚通街,刘锡芳,督二百六十人。四牌楼六约,唐圣功、陈国忠、何廷标、李耀祖、李望爵、黎安邦,同督千六百十人。魁巷,简宪,督九十三人。惠福巷,郑世荣,督七十三人。厚玉巷,何澍,督二百三十二人。正南街,陈沅英,督二百四十人。二牌楼,曾湛恩,督二百二十人。东岳庙前段,桂清,督二百八十五人。天平街,丁焘,督二百三十人。东约,曾恕修,督百人。北约,郑廷铨督百人。状元桥,方振宗,督二百六十四人。善庆坊,陈焕章,督百有三人。黄黎巷,何金荣,督二百五十人。大塘街,中约,朱莹,督百一十人。南约,欧阳骝督百八十五人。长塘街,北约,何启中,督二百二十六人。南约,廖永墉督八十五人。德政街,南约,甘国宽,督百三十人。北约,林长清,督百五十人。西约,何献图,督百三十人。德政桥中约,黄舟安,督百一十人。兵马司街,邵朝安,督百三十人。承恩里,萧月恒,督百二十人。新城内,南门直街,张国权、潘国正,同督四百二十二人。东横街,东、中约,李春蕃、崔兼,同督四百八十人。西横街,上、下约、麦逢秋、梁英,督三百六十人。仰忠街,李朝华,督百二十二人。东约,陈国汾,督三百人。南约,李文聚,督百二十人。高第街,中、东、西四约,陈习龙、雷镇玉、胡敬之、陈肇芳、梁赞功、胡广琦、吴国锐、梁应时,同督千九百八十四人。小市街众约,张逢熙、邓正华、胡殿清,督八百五十六人。正市街,陈廷桂,督三百六十人。一德社,刘鸿升,督三百十五人。五仙门内,西约,杨裕景、李荣邦,同督五百十人。东约,周士超,督百八十人。大新街,十八约,朱德均、钟俊、邓秀扬、翁子珩、翁珣、李紫堂、李如瑛,同督千七百八十六人。元锡巷,吕泰来,督四百二十人。玉子巷,何应堂、郭荣光、陈松盛,同督六百二十人。白米巷,梁国恩、翁玲同,同督五百有七人。华德

里,黄绍光、孟智祥、罗玉亭、盛廷桂、冯扬廷,同督千五百八十二人。小新街,彭朗川、谢进高、朱福康李式光、翁遇安,同督千三百五十人。濠畔街,众约,何瑞忠、梁汝文、李锡荣、陈元惇、盛沛霖、杨廷玑,同督千六百人。卖麻街,戴英元、冯经、谢述衡,同督八百二十六人。聚贤坊,黄仕元,督百六十人。木排头,梁有容、陈宗植,督四百三十人。三府前,谢绰然、胡刚常,同督五百二十人。水母湾,陈明泽、李冠荣,同督五百八十人。文畅里,刘汝顺,督二百八十人。五显巷,吴树德,督二百五十人。太平街,伍汝歖,督四百三十人。旧部前街,杨垣,督二百九十二人。聚贤坊,冯桢,督百六十人。青云直街,谭朝恩,督二百三十四人。定安里,胡开业,督二百八十五人。敦睦里,谈振盈,督四十人。眼镜街,林显瑛,督二百八十人。状元坊,冯文藻、陈作楫,同督五百三十人。清水濠,张普霖、廖鸿源,同督五百人。城外,东门外,正东,首约,郑文藻督九十人。东贤里,白崇韬,督二百八十五人。得胜街,香宜吉,督三百九十二人。越秀马草步街,李东屏,督百七十人。长庚里,苏福祥,督三百四十人。荣华坊,洪国俊,督三百五十人,元运街,李能善,督百八十人。猪栏,黄干才,督三百五十人。东皋街,黎荣芳督三百四十人。海旁街,陈铭勋。督二百十人。小东门外,永安首四约,陈国桢、雷显廷,同督四百二十人。永安横直街,梁敬宽、梁鸿基,同督四百六十八人。三角市,黄敬之,督三百二十人。镇龙坊,霍廷高,督三百八十人。元运街,中约,吴逢登,督百八十人。筑溪众约,梁荣景、何灿信,同督六百五十人。湛溪众约,梁殿光,督二百五十人。小半约,邱凤麟,督百五十人。珠光里,何应棠、郭泰光、陈斯盛,同督七百五十人。珠光里半约,崔荣,督二百人。三鞏门,何启泰,督二百五十人。龙王庙八约,陈仲琼、潘大彪、岑灿堂、黄俊辉、袁朝元、李时泽、李仕川、黄铨朝、郑瑶、吕震淳、张饶勋,同督千六百八十八人。前鉴街,刘绍昌,督四百七十六人。海旁,中约,何学亭,督二百人。海旁东街,胡结清,督百三十人。西约,口口口,督百二十人。永清门外,永清街,蔡邦常,督二百六十人。东石新街,戴恩,督百六十七人。豆腐巷,增沙,太平沙,郑大勋、黄庭椿、李裕才、霍仁盛、孙世祥,同督千二百九十四人。仓前街,彭霭如,督二百人。中约佘云阶,督二百二十五人。南约赵宗方,督二百人。西约招焕辉,督百七十人。寿康街东南约,翁仁埙、梁泰,同督二百九十人。泰康里,伍荣茂,督二百三十人,石基里,冯諟,督二百五十六人。东西约,洪正魁,督二百五十六人。永祥坊,卫浩骈,督三百十人。西门外石冈街,梁炳华,督二百六十七人。源胜坊,马应元,督二百人。第四甫,彭文雄、胡景修,同督四百九十人。第五甫,南北中约,曾国良、杨应春、同督五百五十人。第六甫,梁远超,督二百四十五人。第七甫,甘汝良,督三百七十二人。第九甫,尤怀谦,督三百八十人。上九甫,绣衣坊,廖彪、李天骥,同督五百八十人。下九甫,欧阳桢、梁国泰,同督四百七十八人。第十甫,冯清扬、伍花聪、梁国璿、沈成安、崔铉光、冯升,同督千四百八十人。十一甫,杨作权、龚仲良,同督千百有二人。十二甫,东中约,左康祺、朱任良、钟立诚,同督八百十人。西约,陈鹤清,督二百十人。十三甫,叶逢春、潘凝晕,同督五百有五人。小半甫,冯庆良,督百一十人。十七甫,陈毓桂、谢际安、黎建威,同督七百五十四人。丛桂丛秀坊南二约,冯家树,督二百三十人。丛桂太和里,潘应扬,督百二十人。丛桂大巷,黄则昌,督百一十人。湛露巷,李崇基督百二十人。西阴里,邓廷安,督百一十人。丛桂元和新街,梁岳光,督百二十人。和睦里,蔡德辉,督百一十人。泞溪约,李文炘,督百一十人。丛桂新街,徐泽霖,督百三十人。南约,关畅时,督百八十人。丛桂之南,廖赓,督百五十人。丛桂黄沙,郭观光、李锦华,同督五百有三人。丛桂柳波,颜金钊,督百五十人。丛桂恩宁,西约,蔡伯彤,督百五十人。桥东西约,黄文超,督百二十人。蓬莱新街,简熊飞,督百三十人。东约,梁传基,督百二十人。太平门外,天平街,区昌俊,督四百三十五人。清平众约,胡毓辉、何秀林、张清禧、卢俊华、吴启、何成业、欧阳绪,同督二千一百人。朝圣门街,蔡天衢、黄东扬,同督六百五十人。长寿前九街,李光鹏等,同督二千二百九十三人。长寿里,黄兆蓉、刘康泰,同督五百九十人。寺前街,潘会蕃,督二百人。打铜街,李春华、黄国成、林守宪、李耿光、陈荣,同督千四百五十人。桨栏街,潘有培、陈纯辉、劳慎荣、胡钱、梁国华,同督千二百人。十三行,严藉芳,督二百六十人。联兴街众约,李俊峰、蒲希颜、何恩普、冯骥,同督千四百七十人。宁远坊,关敬修,督二百六十人。福星里,郑惟,督百二十人。仁安里,陈光钊,督百四十人。德星里,黄子权,督二百七十人。新胜街,陈信彬,督二百七十人。广埠五约,蒲良弼、余德芳、何耀南,同督八百八十人。同安街,郭应元,督二百三十人。彬木栏,黄来泰,督三百九十人。新基,七约,梁今葆、邓荣耀、吴德昭,同督

八百十人。万钟，四约，林祺、何瑶、黄承恩、伍观光，同督千一百七十三人，清平中约，冯近光，督二百十人。靖远街，范宏禹，督二百十人。故衣街，卢纪常，督百七十人。大宁街，陈尚贤，督二百二十人。白糖街，赖贵清，督九十五人。同文街，严应昌，督二百五十人。油栏门外，七约，冯济美、李福恩等，同督千八百九十人。谷埠，王琨，督三百四十人。乐安街，梁浩光，督百五十人。迎祥，东西约，何吕东，督二百八十人。安澜街，王敬，督三百九十人。盐亭，首约，李成长，督三百七十人。潮音街，刘天球，督二百五十人。潮兴街，潘廷绅，督百五十人。琼花直街，李太昌，督二百五十人。吉星里，黄炳光，督二百五十人。贤梓里，邝容光，督百六十人。靖海门外，东首约，林鸿泰，督二百人。吉昌街，黄河瑞，督二百八十五人。五仙门外，会仙街，霍骞标，督三百二十人。龙庆街，罗织昌，督二百七十人。河南龙溪，七约，潘正理、王尚之、陈锡麟、程国泰、梁今荣，同督九百八十二人。白鹅洲，漱珠东市，张日宣、张国经，同督六百五十八人。廿四乡，梁作舟、梁捷冠、黎梁材、植振德、胡树棠、区鉴清、胡和德、梁金、谢俊勋、李明上，同督九千七百七十八人。南田，区国镛、邓暘晕，同督四百四十人。洗涌众约，梁东升、周为泰，同督四百八十人。洗涌西约，崔福贤，督三百二十人。东约，欧光大、林应春，同督四百四十人。龙尾导街，梁威连，督百三十人。东西南约，刘廷鉞，督二百二十人。溪峡东约，张成贵，督百三十人。南约，李宗泰，督百八十人。西约，杨达荣，督百八十人。官渡头，梁名世、张业隆，同督五百五十七人。鳌洲，东约，刘奕荣，督二百十人。西约，何润隆，督三百人。鳌洲外街，何汝成，督二百七十人。永兴社，冯汉仪，督三百八十人。福仁里，霍衍祥、陈士清，同督四百八十七人。福麟社，梁章觉，督百一十人。蒙圣里，东约，邓信中，督二百四十人。西约，孙遇庭，督二百四十人。聚龙社，杜琼亮，督二百三十人。草芳村，邓怀玉，督三百有六人。蚕科乡，林联芳，督二百二十人。太平坊，何潮清，督二百六十八人。百睦坊，梁万盛，督百人。云桂乡，谢再禧，督二百七十人。南岸东约，麦穗芳、胡龙安，督三百四十人。宝冈乡，李鸿发、区朝俊，同督五百九十八人。福场里，冼兆镛，督二百五十人。福场外街，徐应科，督百一十人。厂前街，罗锡彤，督百一十人。事后皆给以顶戴。其匹头行众，向与夷售呢羽者，洋商未撤，夷呢羽至，则按其行之有力无力，而分其受货之股。交厚者，夷则多其股以私之而买茶归，亦即按其受呢羽股分。故商皆媚夷以求多分其股，夷亦以此挟商，由来已久。洋商裁后，所至呢羽，皆归铺店，无高下其手之病。于是殷户多作呢羽生理，棉花亦为洋货入口之最大者。销行广则赀亦厚，两行方据夷利。自入城议起，两行自行联约，停止不入夷馆买货。数月以来，夷货滞销，以责孖毡。孖毡者，民夷交易，通夷言之经纪，两行招之于店，使入议货值者也。当时孖毡语夷商，谓入城与否，官主之，非贸易家所宜干与，惟虑城内外出勇，旬日至十万，势必酿成事故，则货不能转售，赀本将无所归，非以停买相为挟制也。匹头行之胡光巨、林槐材、棉花行之梁维翰、朱正祥，亦集丁随众勇以出，同受奖。】当勇之夜出也，四城灯烛照耀，殆同白日，枪炮声闻十里，首尾凡十旬。城西之密迩夷馆者，登层台四望，了在眉睫。其稍远者，若新城以内，若河南南入村落平视阻隔之处，夷设巨镜，高擎而倒影之，火点如乱星，诸夷结舌不能语。戒馆役黑夷，未黄昏，即自闭前后户，市肆暂停交易。诸货既骤壅不行，香港微有所闻，犹未畅知其事，知亦未尽信也。迨副兵目以文翰意入探夷馆，举所见告。会绅士恐夷酋尚未深悉利害，顿成纠结，集缮公函，语以民间设勇事，使通事齐书至领事所，令转致文酋。适副目入探时，方同集旧洋栈。领事正寓其邻，虑书词至，彼不克畅明曲折，即令传语领事，将亲至晓之，令勿先避。领事迎入，招副目围案而坐，遂悉举今昔情事之不同者正告焉。副目领事并唯唯。【夷楼临海凡三间，中为客座，两房皆役居之。后为卧室，即公司未撤时大班二三班所居，以理贸易之所也。今领事司税于此。时同登者七八辈，领事接入，有握手为礼者，予但遥揖之，辞亦一拱而行。初至，各尚齿，围圆棹而坐。领事偕副兵目，及一幕友，三人杂坐其中。出茶敬客，次葡萄酒，次则卷叶于纸不筩而吸者，彼称孖姑烟是也。稍久，则或起而阅所陈器。三人惟副目不谙中国官语，余二人皆能为北腔，颇熟。幕客者，略通华文而不甚了了。出绅士所致函，招伍观察栏边质问其所未达者。函中有“不可激成”一语，误以为攻击之击，疑云以兵攻彼。伍徐举以水激石义语之，顿悟。壁上悬三镜，一兰仑图，一论伦三花桥图，一则厦门图也。当幕客与伍栏边问答时，二夷在座。予察其词色温平，指兰仑图问领事，谓：“尔王有城不居，而为宫室于外，以为不恃城卫，殊不知宫外环以炮台，其畏人攻伐，不视城更甚乎。”彼笑而不能答。又指三花桥图曰：“尔国既卖水收税于民，设中国亦有此，则

此珠江皆银海矣。”领事转述以语副目，继问予何以知之。予曰：“五大洲皆在域中，近事不知，尚读古书耶。”因指厦门图曰：“设当时仍守旧炮台，尔国何从入。此不过一时事耳，不能视为常局。即如入城之事，似乎先有约在。而绅民意中，并以前兵目先不宜背约私入耀兵，致钦差大臣不能不许，是成约彼此皆无定，则践否亦无定矣。今香港绿衣兵与护货兵，皆非肯战者。尔幸兵少，倘兵多遽挟之入，则殊失绅士意矣。”二人不觉点头，而终亦无语。】副目出，而文翰请自后停止入城议之文亦至。

奏入，圣情大悦。谕曰：“夷务之兴，将十年矣。沿海扰累，糜饷劳师。近年虽略臻静谧，而驭之之法，刚柔不得其平，流弊以渐而出。朕深恐沿海居民有蹂躏之虞，故一切隐忍待之。盖小屈必有大伸，理固然也。昨因英夷复申粤东入城之请，督臣徐广缙等连次奏报，办理悉合机宜。本日又由驿驰奏，该处商民深明大义，捐资御侮，绅士实力劻勷，入城之议已寝。该夷照旧通商，中外绥靖，不折一兵，不发一矢，该督抚安民抚夷，处处皆抉根源，令该夷驯服，无丝毫勉强，可以历久相安，朕嘉悦之忱，难以尽述。允宜懋赏，以奖殊勋。徐广缙著加恩赏给子爵，准其世袭，并赏戴双眼花翎。叶名琛著加恩赏给男爵，准其世袭，并赏戴花翎。以昭优眷。所有粤省文武各员，著徐广缙等择其尤为出力者，酌量分别保举，候朕施恩。至我粤东百姓，素称骁勇，乃近年深明大义，有勇知方。固由化导之神，亦系天性之厚。难得十万之众，利不夺而势不移。朕念其翊戴之功，能无恻然有动于中乎。著宣布朕言，俾家喻户晓，益励急公向上之心，共享乐业安居之乐，第其劳勚，锡以光荣，毋稍屯膏，以慰朕意。钦此。”时将军穆特恩、副都统乌兰泰、托恩东额、水师提督洪名香、粤海关监督祥麟，并以合力同心，各尽其职，照军功议叙。粤中绅士：候补道许祥光，归新班即选；候补郎中伍崇曜以道员选，皆给三品顶戴。员外郎金菁茅、鲍俊，并以朗中选。同知许礼光，尽先选。书院监院教官梁廷枏、张应秋、丁熙，各给内阁中书衔。罗家政给五品衔。【家政应以子贵，覃恩封太仆卿，以方服官，不受封，故请五品衔。】余各就原职加奖有差。督带城内外河南壮勇者三百七十三人，皆咨部奖。有职者递进一阶，无则给以九品职。【已酉同谱录序云：“盖闻同仇偕作，义者声诗，连茹彙征，象昭大易。自来缙绅筮仕，录志同官，所以示共事之缘，即以寓相维之义。至若士流登进，首重初阶，同案同房，各存谱籍。不独乡会科之同年叙齿，贯阀綦详，沿及后嗣，称谓攸资，交情互倚之通行宇内也。他如历开事例，名目悬殊。然甫截卯期，亦必次其后先，都为一帙者。盖弹冠相庆，联步齐登，取便检查，不嫌蛇足。由斯推类，悉数难终。矧以事关中外之大防，恩冠古今而特异，如我等今日之同受品秩一视同仁者。使不为之记其缘起，列厥芳名，将永矢弗谖之谓何，毋乃怠忽承之乎。当道光二十九年二月，夷人之申请入城也，事则违例，而成约是循。文牍要求，万难自止。惟是抚之已成大局，彼诡以礼至，未可遽诘戎兵，势处两难。倘当事稍一依违，即已大拂民志。且果听其窥我郛郭，履我城阛，恐变故猝乘，难善厥后。院宪徐、叶二公，知众心之不可弃，夷情之未可徇也，躬临海澨，诚谕而严拒之，至再至三，足以夺其气。于是粤秀书院，肇发柬启，集绅贤商议条约，普劝城厢内外，以逮省河之南，使各就各地，各选各社，整械明灯，自巡其境。不假招募，不领经费，旬日之内，如响斯应，如辙斯合，一时得十万人。夷馆耳目切近，始而骇，继而畏，终而服，而后贴然受范，市易相安，事遂寝息。大吏以闻，成皇帝圣心嘉悦，爰沛懋赏，给督抚以子男世爵，官绅奖擢有差。恭读恩旨：“我粤东百姓深明大义，有勇知方，难得十万之众，利不夺而势不移，朕念其翊戴之功，能无恻然有动于中乎。著该督等第其劳勚，锡以恩荣，毋稍屯膏，以慰朕意，钦此。”在我等此举，念固因公，亦期自卫。当时曾蒙官犒奖，许伐石按地作六坊，纪其名姓。此心已云不负。何图圣泽优浓，有加无已。大吏善承德意，广予褒嘉。在事董率者给以一命之荣，原有品衔则递进一阶，三百七十三人，各颁以印照，恭录谕旨冠其端，将以所奖入告，且籍送大部存之。人人共沐洪施，时时难逢盛典，使义问延于后嗣，荣声达乎遐陬，与国同休，永永勿替。伏念我等幸际天威萧将，海邦安谧之时。一介编氓，滥邀冠带，洵为过分，允宜联列名姓，附以乡贯里居三代仕履，勒为一编，各藏诸家，垂之永久。庶使他时顾名思义，敬志不忘。是用涤毫，将受恩始末敬书其简端。】是役也，海内智勇之士，咸叹继者之无所措手。而夷酋自谓词直理顺，亦更不作丝毫将就之想。以为百姓虽众，若抗违官命，即属叛民，粤民断不肯出此。故始终责枢纽于官。且自香港整棹以入，虎门既无所阻，此外即非所虑。况官畏生事，势不得不卫以兵旅，百姓期如官兵何。初不料督抚之协力同心，有以感绅民之速之深，一至于此。宣旨后，已不能斤斤责于官矣。倘其始终

不悔，则入者不旬日必片板无存。此时亟图自全之术，惟有退居海外，知他国之以耻笑见激，实速其祸。棉塞两耳。庶不致并香港驻足之地亦遭折毁，帆随湘转，尚见知几。盖当时新安先设有社学，九龙附近，尖沙一带，贫民向以牛羊石米济夷，不过利其厚值，而久矣苦其暴戾，积怒者深。其春已自为团练，将俟夷众一离香港，骤起杀其寥寥守者，毁其楼舍，付之一炬。夷入虎门一步，方为百姓所拒，入内河愈深，见拒愈众，万不暇外内兼顾。事几捷如影响，若数计而龟卜焉。然衅隙从此复开，虽快意一时，究非谋国之善，不如其自知之而自止之，国威以是而伸，圣心以是而慰，驭夷操纵之方，以是而行，尤为美善并臻之道，是可识方隆之国运耳。

论曰：当夷事初起，民谣无端自城递传乡曲，七字为句，多离奇难解。有曰："寅虎之年定干戈"者，其后果以壬寅就款。岂天地刦数之一定不可逃者乎。自虎门陷，夷接迹省河，所求率悖理叠出。市断，商舟皆载兵至，以日而增。甫扑厦门，知不可久，则剿浙之宁波，又以余力攻乍浦，缘是以突入长江。其势甚凶，其志甚锐。兵队皆出雇募，酬赀重而驱策严。火器又为西海数百年长技。我军之北，不尽关武备之废弛，与将帅之无谋也。林文忠理海事，首先至粤，旋秉节钺，所征者粤兵，所筹者粤饷。但一意严守口岸，使籓篱自固。临海门而激励之，众即为用。终其任，未尝有所挫失。论者遂谓文忠倘获始终其事，必能令桀骜之夷叩关悔罪，由我操纵，畏若神明。为此说者，诚有见。文忠聪达谙练，集思广益，视国如家，兵旅所过，文戒预颁，村市秋毫无扰，及遇敌临阵，又教以成法，人人争先，其忠勇之气，早有以慑服远人，推诚士卒，夫是以信于事先，万口同词耳。不知夷意主争市侔利，倾国以求尝试，先定旷日持久之谋，不得逞于粤，则肆毒于闽、浙，粤能阻其入，不能阻其出。省河内扰之日，文忠适奉如浙之命。夜送诸佛山，方且临别欷歔，叹洋氛不知何时可了。盖至是虽文忠亦无如何矣。然夷之伎俩，全在恫喝以取虚声。兵食资于商人，货滞则商无所出，船愈多而费愈重。汉奸虽有供火食者，究非可长恃。往往重子息，假诸澳夷，不可得，以礼拜日责损于商，有仅应以数员者，明明势已穷蹙，久将益乏。文忠刺取其新闻纸与月报，洞悉其情，持之颇坚。既而事起波澜，犹深扼腕。果使粤中无六百万之与，帆航鳞集，售烟为食，所得几何，曷敢他出。纵至浙至江何能为。且亦断不肯以空虚难继之赀，深入南北适中进易退难之地者。郑成功之冒险一试，转瞬而舍舟逃命，彼独无所闻见乎。况粤议款时，佛山炮已铸成，所未备者船械而已。战于外海，必求巨舰，今既层阻深入，盘桓内港，东南洋商船之在省河，拖风缯艍之泊陈村，一日可招者，以百十计。倘移款夷之力，以收召汉奸，严备守御，此中良有把握。即不然，以堵河设勇之数百万，与泥城编札制造之物，移诸战守，明罚厚赏，背城一战，未尝不可驱夷于海外。顾大用所在，非文忠无见及者，惜乎其去之稍速也。琦侯之款夷也，所许数与粤他日同，而前之款无他省之累，后之款开他省之端，从后日款于江者而两两较之，不得谓琦侯卤莽而许，乏先见之明。所不能解免于众口者，天津初接，无所持以折服诸夷之胆，反以粤事办理不善为言，适足长夷骄而启夷侮。迨抵粤，又取所备一切而尽裁之，事事务与相反，而卒为所挟至此。然后知夷之诡诈出意计外，自怨所请有因，而不见信于君上，不见信于粤民。至于匹马单骑赴万寿宫，恰中丞邀而返之。其志可悲，其事可谅，然而晚矣。臧孝廉之伏勇散战，施于近海水陆，是即予四省造船抽兵以尾追为牵制之策。彼用于内河，此用于外海。用于内河者，胜在一时。用于外海者，利在久远。夷所以轻我舟师之故，以市粤久，耳目所及，知师船例造限费，监修者复从而减克之，弁兵畏风浪沙礁，心胆先怯，不能驾驶如履平地，一旦使舟如马，梭织相遇，彼方借商舟为兵舶，长短异度，势必孤行，见我联艅，安得不惧而变计哉。废然而返，匪直一时之利而已。竹轩祁公调予于潮，以告养入辞。谓予静者心多妙，盍告我今兹所亟，退即以是陈，善而不用。未几庙谟果有船政之举。假使当事于奉旨饬查少卿金应麟、监生方熊飞请造之便，合四省通融制造，派令巡洋，不必购木越南，恃捐绅士，已得一劳永逸之计矣。今天下非无讲求胜夷之法也，不曰以夷攻夷，即曰师夷长技。姑无论西夷同一气类，虽日为蛮触争，而万不肯为中国用也。就令乐为我用，而一舟之费，内地可调兵数千，败必索偿，胜更求无底止，终难以善其后。天朝全盛之日，既资其力，又师其能，延其人而受其学，失体孰甚。彼之火炮，始自明初。大率因中国地雷飞炮之旧而推广之。夹板舟，亦郑和所图而予之者。即其自学所称东来之借根法，亦得诸中国。但能实事求是，先为不可胜，夷将如我何。不然而反求胜夷之道于夷也，古今无是理也。虽然，服之而已矣，何必胜。